全国公共图书馆评估
上等级图书馆全集(第五次)

第一卷

北京 天津 河北 山西 内蒙古 辽宁 吉林 黑龙江

中国图书馆学会 编

中国文史出版社

图书在版编目（CIP）数据

全国公共图书馆评估上等级图书馆全集（第五次）：全5册／中国图书馆学会编. —— 北京：中国文史出版社，2016.1

ISBN 978-7-5034-7473-6

Ⅰ. ①全… Ⅱ. ①中… Ⅲ. ①公共图书馆-图书馆评估-中国 Ⅳ. ①G259.252

中国版本图书馆 CIP 数据核字(2016)第 024761 号

责任编辑：詹红旗　　梁　洁
装帧设计：童　昊　　李玉琴

出版发行：中国文史出版社
网　　址：www.wenshipress.com
社　　址：北京市西城区太平桥大街 23 号　邮编：100811
电　　话：010-66173572　66168268　66192736（发行部）
传　　真：010-66192703
印　　装：廊坊市汇兴印刷有限公司
经　　销：全国新华书店
开　　本：16
印　　张：210
印　　数：1-2600
版　　次：2016 年 1 月 北京第 1 版
印　　次：2016 年 1 月 第 1 次印刷
定　　价：1980.00 元(全五册)

《全国公共图书馆评估上等级图书馆全集（第五次）》

编委会

组稿负责人（按姓氏笔画排列）

马慧艳	乌兰格日勒	王祝康
石焕发	旦增卓玛	严　真
李　茁	李盛福	陈卫东
杨岭雪	杨洪江	吴　荇
张　蕊	陆丽娜	尚　庄
金晓英	金晓明	金美丽
武巍泓	钟海珍	贺定安
段蓓虹	闻德锋	高　莹
贾　莹	徐力文	徐向东
陶嘉今	黄　俊	董　隽
雷兰芳	熊　文	

前　言

2013 年，文化部在全国开展了第五次公共图书馆评估定级工作，上等级图书馆共 2230 个。为做好本次评估工作的经验总结、成果交流和资料留存等工作，展示上等级图书馆风采，充分发挥公共图书馆在我国公共文化服务体系建设中的重要作用，中国图书馆学会编辑、出版了《全国公共图书馆评估上等级图书馆全集（第五次）》（以下简称《全集》）一书。

《全集》共设 9 个基本栏目：概述，业务建设，读者服务工作，业务研究、辅导、协作协调，管理工作，表彰、奖励情况，馆领导介绍，未来展望，联系方式。内容全面介绍了上等级图书馆的发展状况及取得的成绩。本书是近年来全国上等级图书馆发展的最新成果集萃和最高水平展示，凝聚着全国图书馆工作者的心血和汗水。

《全集》由中国图书馆学会副理事长、国家图书馆常务副馆长陈力和中国图书馆学会副理事长、文化部公共文化司巡视员刘小琴共同担任主编，邀请中国图书馆学会、国家图书馆以及各省级图书馆学（协）会领导和相关专家共同组成编委会。《全集》编辑过程中，中国图书馆学会、各省级图书馆学（协）会和全国上等级图书馆相关人员积极配合，搜集、整理了诸多第一手素材和资料。《全集》编撰涉及面广，内容介绍详细，参考价值大，互动性佳，系统性强，这得益于上述各方的大力支持和倾力合作，才确保了本书的品质和质量。借此出版之际，也向大家表示最诚挚的感谢。

《全集》具有权威性、全面性、系统性、工具性等特点，集中收录第五次评估上等级图书馆的有关资料、照片等内容，真实、准确地记述上等级图书馆相关方面的史实，全面、客观地反映上等级图书馆的建设成就，对社会各界了解和研究上等级图书馆具有重要的参考作用。

《全集》编辑过程中，为统一版式，对部分入编单位的版面进行了调整。由于时间和水平的原因，恐有疏漏之处，诚望谅解！

《全集》编委会

图书馆：社会进步的力量

LIBRARY:

the power of social progress!

目录

北京市

天津市

河北省

山西省

内蒙古自治区

辽宁省

吉林省

黑龙江省

首都图书馆

概述

首都图书馆是北京市属大型公共图书馆，坐落于东南三环华威桥东侧，是北京市重要的知识信息枢纽和精神文明建设基地。

首都图书馆总建筑面积9.4万平方米，具有2万人次的日接待能力。收藏文献以古籍善本、北京地方文献、近代书报、音像资料、外文书刊最具特色。另外，图书馆设有多功能剧场、展厅、电影鉴赏厅、报告厅、多功能厅及会议室等十余个专业厅室，为读者提供多样化文化服务。

首图在职职工385人，其中大学本科以上学历占职工总数的87.5%，高级职称占业务人员的15.1%。

业务建设

截止2012年底，首都图书馆总藏量654.5563万册（件），可供读者使用的电子文献藏量为215.52TB。各类商用数据库40余个，并与国家图书馆、NSTL开通了资源共享服务。2012年，新增藏量购置费2281.16万元，2013年度增长到3553万元。

2009—2012年入藏图书44.9万种，平均每年入藏11.2万种；2009—2012年报刊平均每年入藏5792种；2009—2012年入藏视听文献1.57万种，平均每年入藏3927种。根据北京市新闻出版局提供的北京地方出版物目录及本馆入藏标准，2012年地方文献入藏完整率为95.4%。

近年来，首图加快了数字资源的建设步伐和整合力度。截止2012年底，本地存储的数字资源总量为108.2TB，其中，自建数字资源总量41.61TB，建设了以“北京记忆”、“首图动漫在线”和“古籍珍善本图像数据库”为代表的特色数字资源。“北京记忆”是国内第一个地域文化的大型多媒体数据库，数据总量超过7TB。“首图动漫在线”是面向未成年人的绿色文化品牌，具有自主知识产权，目前已完成系列动画600余集，并可通过互联网开展服务。“古籍珍善本图像数据库”已加工30余万拍，入选《国家珍贵古籍名录》145部，可按四部分类和版本类型进行浏览，同时提供书影的在线阅览。

读者服务工作

在读者服务工作方面，首都图书馆全年365天免费开放。2012年总流通287万多人次，文献外借178万册件（其中搬迁闭馆3个月）。全年网站点击量1580万次。

2009—2012年为中央及北京市领导机关决策提供信息服务共计66项。如为北京市人大常委会编制的《“国家文化中心建设之国际比较研究”相关资料选编》等。2009—2012年共完成专题信息服务34项、文献提供2567条，如《北京地区道教遗迹资料》、《北方昆曲剧院信息综览》等。

针对特殊群体开展服务工作，在馆舍建设、设施购置、服务项目等方面予以考量，并设有无障碍通道、盲道等。2012年与北京市未成年犯管教所、北京市第二监狱等签署服务协议，开展送书服务、举办讲座和配置数字资源，以利于提升服刑人员技能和素养。

新技术应用方面，除RFID智能管理、智能架位导航外，还陆续推出了掌上图书馆、自助图书馆、高清交互电视应用系统、视频点播、市民学习空间多媒体平台、触摸屏、电纸书等新媒体服务项目。全馆实现无线网络全覆盖。

2012年首图举办各种讲座、培训、展览、活动、阅读推广等共计816场，参加读者近百万人次。打造出了“首图讲坛”、“首都科学讲堂”、“红领巾读书活动”、“北京换书大集”等北京地区文化服务品牌。同时，首图还依托北京作为全国文化中心的特殊地位，与文化部及外国使领馆合作，每年组织4场左右的大型国际文化展览。全年各种媒体报道共计552篇。

业务研究、辅导、协作协调

在业务研究方面，2009年至2012年员工发表论文158篇，出版学术专著13种。主持或参与9个科研项目，其中国家级1个、省部级2个、市级3个、参与国家标准制度3个，并有8个科研项目获奖。

在北京市公共图书馆服务体系建设方面，作为北京市中心图书馆，首图积极履行职责，对全市公共图书馆的建设与总体发展进行指导与协调。目前，本市公共图书馆服务体系已实现市、区县、街道、乡镇的全覆盖。以首图为中心，23家区、县图书馆为地区分中心，涵盖全市334家街道、乡镇图书馆和4823家社区、村图书室的公共图书馆四级服务网络已经形成。四级服务网络依托“北京市公共图书馆计算机信息服务网络工程”和“全国文化信息资源共享工程”，采取统一业务规范、统一服务标准的方法，通过联合检索、通借通还、数字资源共享、全民阅读活动等服务手段，为市民提供公益、基本、均等、便利的文化服务。

在本地区图书馆服务网络建设方面，首图作为北京市中心图书馆，与全市各级公共图书馆建设了“北京市公共图书馆计算机信息服务网络”一卡通服务工程。以首图为中心的北京市中心图书馆管理模式基本成熟，网络已覆盖全市16个区县的156个成员馆。

北京换书大集

柴静新书发布会

通天书墙

首图A座外景

首图B座外景

首都图书馆大厅

2012年3月，由首都图书馆牵头，北京110余家各类型图书馆联合发起成立了“首都图书馆联盟”，以坚持合作共建、资源共享的发展理念，统筹资源，发挥优势，形成合力，推动与提升北京地区图书馆事业的发展和整体服务水平。

管理工作

近年来，在事业发展规划及制度建设方面，制定了《首都图书馆“十二五”规划》、《首都图书馆“十二五”人才发展规划》。同时，在财务管理、人事管理、档案管理、环境管理、安全消防、资产管理等方面建立了完善的规章制度，保障了各项工作的正常开展，责任到人、措施得力。各类统计分析全面，数据真实、内容准确，撰写各类统计分析报告，用于指导与改进工作。

表彰、奖励情况

2009–2012年，首都图书馆共获得各种表彰、奖励85次。其中，国家级表彰、奖励1次，省部级表彰、奖励31次，其他表彰、奖励53次。

馆领导介绍

倪晓建，男，1952年2月生，研究生学历，中共党员，教授，副巡视员、馆长。1969年11月参加工作，历任北京师范大学信息管理系副主任、主任、教授、博士生导师，2000年12月任首都图书馆馆长。兼任国家社会科学基金项目学科评审组成员、中国图书馆学会副理事长、学术委员会主任，中国社科情报学会副理事长、北京市图书馆协会理事长，北京大学、中国人民大学、北京师范大学等高校兼职教授、博士生导师，北京市人民政府专家咨询委员会委员、北京市十二届政协委员、北京市社科信息学会副理事长等职。享受国务院政府特殊津贴。

肖维平，女，1963年1月生，在职研究生学历，中共党员，高级政工师，党委书记、副馆长。1981年9月参加工作，2004年2月任首都图书馆党委书记、副馆长，主持党委工作，分管组织人事工作等。兼任北京市图书馆协会监事长、北京市志愿者联合会理事等职。

邓菊英，女，1962年6月生，本科学历，中共党员，研究馆员，副馆长。1984年8月到首都图书馆工作，2004年8月被北京市文化局任命为首都图书馆副馆长，分管全馆业务工作。兼任中国图书馆学会副秘书长、理事，中国图书馆学会图书馆建筑与设备专业委员会副主任、编译出版委员会年鉴分委员会委员，北京市图书馆协会常务副理事长、秘书长，北京校外教育学会常务理事、首都图书馆联盟副秘书长等职。

陈坚，男，1962年11月生，本科学历，研究馆员，无党派人士，副馆长。1984年8月到首都图书馆工作，2007年5月被北京市文化局任命为首都图书馆副馆长，分管全馆业务工作。兼任中国图书馆学会标引与编目专业委员会委员、阅读推广委员会副主任，北京市图书馆协会副理事长、信息资源委员会主任，北京学研究基地副主任等职。

胡启军，男，1963年10月生，在职本科学历，中共党员，副馆长。1981年12月参加工作。2004年11月，转业至首都图书馆。2010年1月，被北京市文化局任命为首都图书馆副馆长，分管全馆保卫、行政后勤等工作。

李冠南，男，1980年4月生，在职研究生学历，中共党员，馆员，副馆长。2001年7月到首都图书馆工作，2012年12月，被北京市文化局任命为首都图书馆副馆长，分管全馆会展服务、读者教育培训、经营性文化服务等工作。

未来展望

以实现世界一流的公共图书馆为目标，首都图书馆将进一步发挥北京地区中心图书馆作用，对北京市图书馆事业发展开展顶层设计，加大对基层图书馆的扶植和引导，持续推进北京地区资源整合的步伐，逐步建立公共文化服务体系经费保障机制和业绩考核奖惩机制，全面提升公共图书馆服务效能，打造全覆盖的均等化、标准化、数字化公共文化服务体系。

联系方式

地　址：北京市朝阳区东三环南路88号院
邮　编：100021

百年首图伴百年

讲解绘本

西德尼·甘博摄影图片展

北京市东城区第一图书馆

概述

北京市东城区第一图书馆原名北京市东城区图书馆，成立于1956年，原址在东城区东四北大街248号。现馆址大楼建于1996年，位于东城区交道口东大街85号，面积11780平米。2010年，原东城区与原崇文区合并为新东城区。2013年，东城区图书馆正式更名为北京市东城区第一图书馆，是区政府兴办的综合性公共图书馆。现有阅览座位610个，计算机135台，宽带接入30M，读者服务区100%无线网络覆盖。1998年、2003年、2009年、2013年四次获得文化部“地市级一级图书馆”称号。

业务建设

截止2012年底，图书馆文献总藏量为560304册（件）。其中，图书499248册，中外文报刊9160册，古籍40000册，视听文献11896件，电子资源量为12.1TB。

2012年，图书馆新增藏量购置费为132.7万元。2009-2012年，共入藏中文图书46151种，中外文报刊4522种，视听文献10828件。

截止2012年底，图书馆数字资源总量为16.19TB。其中，自建数据库3个，分别是“东华流韵”、“科举集萃”、“中国古代服饰文献”，资源量为50GB。

图书馆采用“智慧2000”图书管理系统，涉及采、编、流业务，可与北京市联网成员馆进行数据交换、共享，实现了“一卡通”借阅，文献通借、通还服务。

读者服务工作

倡导“以读者为中心”的服务理念，将其落实到吸引读者、方便读者、满足读者的文献需求、文化需求的具体行动之中。

图书馆全年365天开放，每周开放70小时，除古籍外，所有部门书刊开架借阅。2009-2012年，借阅总流通149.1108万人次，书刊外借131.3631万册次。

东城区第一图书馆与国家图书馆、国家博物馆等多家系统内外图书馆建立了馆际互借关系。2012年馆际互借文献超过1000册次。

2009-2012年新增馆外服务点18家。目前，馆外流动服务点42个。2009-2012年，为馆外服务点集体送书484次，外借量为11.9445万册。

2009-2012年，东城区第一图书馆共举办讲座、展览、培训、阅读推广等读者活动1059场次，参与人数19.9130万人次。在社会教育方面，强调以读者为中心，以文献为基础，以活动为载体，彰显阅读之美。2012年，“书海听涛”被评为首都市民学习品牌，图书馆被中国图书馆学会评为“全民阅读示范基地”。

2011年，在北京市率先推出自习室、公共电子阅览室免费服务。2012年，被文化部评为“全国文化信息资源共享工程公共电子阅览室示范点”。

图书馆重视网站建设，由网站领导小组每年做出计划，分工落实。网站结构完整，更新及时，美观实用。2009-2012年，IP访问总量716619次，页面访问总量960340次。2011年，开通官方微博。2012年7月，启动移动图书馆服务，成为北京市首家开通移动阅读服务的公共图书馆。作为区政府指定的舆情信息报送单位，每年上报的信息及编制的《瞭望东城》均得到上级领导好评。

业务研究、辅导、协作协调

2009-2012年，图书馆职工发表论文16篇，出版专著8部，获准立项的国家级课题2项，本馆立项4项。业务研究重点放在特色数据库建设与服务及全民阅读推广上。

图书馆采编部作为十家街道分馆的统采统编中心，负责各类文献的统一采购、编目、配送任务。自2004年起，10家街道分馆统一加入北京市公共图书馆“一卡通”，实现了传统服务向现代服务的根本转变。目前，东城区已建成“一卡通”服务网络、“共享工程”网络、“文献采编中心”、“24小时自助图书馆”、“数字文化社区”五大资源平台，通过多个服务网络辐射全区，提高了文献资源利用率，使文献服务达到了全覆盖。

2012年，图书馆积极开展跨系统合作，整合资源，先

故宫讲坛：故宫博物院院长单霁翔主讲从“故宫”走向“故宫博物院”

蒋友柏新书发布会杨澜现场主持

创意文献阅览室

少儿借阅室

外文阅览室

后与故宫博物院、国家大剧院、北京市文保协会、北京市档案学会、北京摄影爱好者协会、区残联，及出版社联合开展讲座，推广阅读。2012年，加入首图图书馆联盟，积极开展"首都读者周"活动，吸引公众走进图书馆，利用图书馆。

2012年，与《北京晚报》、北京出版集团合作，共同征集、编辑、出版《我与中轴线》、《聚焦中轴线》两书。

在跨地区合作上，2009年，与青海省玉树州图书馆馆员先后两次交流学习，并向玉树州图书馆赠送书刊。2011年5–7月，通过《北京晚报》，倡导市民捐赠图书，联合邮局，将1万册书刊捐赠北川羌族自治县图书馆。2012年–2013年，与江西省九江市图书馆、浙江省绍兴市图书馆合作推出讲座，得到读者好评。

东城区第一图书馆与法国巴黎大区伊西市图书馆建立业务联系，2011年以来保持隔年互访，双方图书馆分别设立了对方文献专区，双方网站实现互相链接。

早在2004年，东城区第一图书馆就加入了广东省中山图书馆的联合参考咨询网，开展网上参考咨询、文献传递服务。十年来，解答各类咨询2万余条，传递文献10万余篇。

管理工作

在人事管理上，实行全员聘任制。同时，建立了量化考核机制。分为月考评与年度考评。此外，图书馆还根据事业发展需要，推出一些业务项目，根据项目完成情况，分时段对项目执行者奖励。在业务上，每年制定年度工作计划，通过馆务会分解各项任务、指标，下达到各部室，各部室细化分工，具体落实。在档案与统计管理上，设有专人对行政、业务、财务档案进行专门管理。

表彰、奖励情况

2009–2012年，东城区第一图书馆共获得各种表彰、奖励36次。其中，国家级表彰、奖励8次，省级表彰、奖励26次，地市级奖励2次。

馆领导介绍

肖佐刚，男，1963年12月生，本科学历，中共党员，副研究馆员，馆长。1982年2月参加工作。1990年到馆，历任借阅部、少儿部、采编部、信息部主任、工会主席、副馆长、馆长（副处级）。2011年12月–2013年9月，兼任东城区第二图书馆馆长。负责全面工作，主抓文献建设、网络与自动化建设、阅读推广工作。2013年，任北京市图书馆协会副理事长。

王鸿鹏，男，1954年10月生，本科学历，中共党员，研究馆员，党支部书记。1974年参加工作。1996年到图书馆工作，任图书馆副书记兼副馆长。2008年至今，任东城区第一图书馆书记、副馆长职务（副处级）。分管图书馆党务、人事、地方文献工作。编写出版科举文献10余种。

穆红梅，女，1974年10月生，本科学历，中共党员，副研究馆员，副馆长。1996年7月到东城区第一图书馆工作，先后任图书馆宣传辅导部主任、馆长助理。2013年9月，担任副馆长，分管借阅部、少儿部、宣传辅导部等业务工作。

未来展望

从首都核心功能区的地位与作用出发，充分利用现代科技成果，强化自身在本区公共图书馆事业发展中的中枢作用、辐射作用、引领示范作用，全力推广全民阅读，提供知识导航服务，建设书香东城、首善之区。

联系方式

地　址：北京市东城区交道口东大街85号
邮　编：100007
联系人：穆红梅

道德讲堂——听孙茂芳爷爷讲故事

央视著名主持人白岩松与读者见面会

图书馆经典诵读活动

北京市西城区第一图书馆

概述

西城区第一图书馆原名西城区图书馆，始建于1956年，后由北京市市立图书馆西单分馆及西四区分馆合并而成，馆址几经变迁，现馆址位于西城区后广平胡同26号于1999年12月对外开放。2010年行政区划调整与原宣武区合并统称为西城区，自2013年6月起正式更名为西城区第一图书馆，是全国首家获得国际图联会员资格的区县级公共图书馆，建筑面积11720.28平方米，馆内设有13个服务厅室，764个阅览席位，计算机142台，专业服务器和硬盘阵列的合计存储容量达到17.5TB。西城区第一图书馆以"社会化、开放式"为办馆方针，围绕新西城区的功能定位，认真贯彻落实"文化兴区"战略，连续三次全国公共图书馆评估达到一级馆标准。全年举办形式多样、丰富生动的读书活动，实行免费开放，通过公益讲座、公益展览及全民阅读系列活动，带领地区14个基层分馆，全方位发挥地区中心图书馆功能和作用。

业务建设

2009年以来地区财政逐步提高资源的拨款力度，丰富了图书馆馆藏，截止到2012年底，馆藏资源总量图书为613958册，古籍2250册，报刊10076件，视听文献52392件，电子图书24123种。

图书馆作为地方文献征集单位，对2010年以来收集的文献进行整理，编辑并出版了《北京市西城区图书馆藏地方文献目录提要》一书，建立了地区非遗特色资源专题数据库、什刹海地方文献数据库，为把握西城区的文化特征，保存和利用特藏文献创造了便利条件。

2011年12月西城区第一图书馆建立官方微博，拥有近万名读者关注。2012年1月馆内无线局域网投入使用，公共区域覆盖率达到100%，并成为全市首家无线网络全覆盖公共图书馆，读者通过无线网络终端(如笔记本电脑、iPad、智能手机等)，凭北京市公共图书馆"一卡通"读者证号免费注册为互联网用户并使用互联网资源。图书馆通过采购、共享、自建等不同方式，为无线网络用户提供了10TB的特色数字资源。2012年西城区第一图书馆完成了RFID升级技术改造，在北京市区县图书馆中率先实现了自助借还书系统全覆盖。

读者服务工作

西城区第一图书馆一直坚持执行无假日图书馆，全年对外开放，周开放66.5小时。藏书刊文献年外借率为80.72%，人均年到馆次数为39.24次/人；2009年至2012年，下拨至本馆图书87629册，下拨至街道社区图书102870册，全部图书与报刊统一实行开架借阅；图书馆先后与8家图书馆签订合作协议，建立馆际互借关系，开展馆际互借服务，累计提供图书491册，借阅图书315册，为读者解决文献需求；自2008年起，图书馆参加广州中山图书馆网络联合参考咨询服务工作，2009年至2012年实施文献传递服务达到707次；还通过多种方式开展书刊宣传，西图书讯16期，推荐图书378种；新书快报53期，推荐图书564种；新盘推荐3期19种。2009年至2012年，西城区第一图书馆馆外服务点书刊借阅四年累计为18011人次，54033册次；平均值为13.508千册次/年。截止2012年底，西城区第一图书馆共建有馆外流动服务点29个。服务点全部分布在西城辖区内。

截至2012年底，西城区第一图书馆已确定5台24小时自助借还机的先期各项筹备工作，完善了"十五分钟阅读圈"的布局，并解决部分无条件建立图书室的社区居民对文献借阅的需求；依据数字文化社区建设标准和需求图书馆确定了4个街道列入首批建设名单，并得到了各街道办事处的大力支持。

业务研究、辅导、协作协调

2009年以来，图书馆员工在省级以上刊物或国际会议上共发表论文43篇，人均发表0.17篇。其中有ISSN号的连续出版物7篇，有ISBN号的出版物34篇，省级以上有内部资料准印证的图书馆专业期刊2篇。完成本馆业务调研报告7篇。获得科研项目立项有3项：2009年度可持续发展项目"区视障人图书馆二期改造与技术推广示范"；西城区可持续发展项目"西城区非物质文化遗产数字图书馆建设"；2010年获得实用新型专利发明"智能图书净化机"。

2012年西城区第一图书馆的基层辅导工作主要针对基层图书馆的33名工作人员开展，内容涉及基层图书馆业务工作辅导、"智慧2000"管理软件使用辅导、全国文化信息资源共享工程辅导、24小时自动借还机工作实施辅导、数字文化社区建设开展一对一辅导等159次。2012年基层图书馆工作人员参加各种培训共有10次，总课时达到456学时，共有115人次，人均达到35学时。

在跨地区协作协调工作中，西城区第一图书馆与美国帕萨迪那公共图书馆开展中美英语角交流活动；与中国国家图书馆文献提供中心、东城区第一图书馆、朝阳区图书馆、东城区第二图书馆（原崇文区图书馆）、包头市图书馆、天津河东

盲文图书馆西城支馆揭牌仪式

2013年度全馆业务技能劳动竞赛

外交官带你看世界系列讲座现场

自习室

老年合唱团文艺汇演

双语阅读活动

区图书开展馆际互借工作；加入首都图书馆联盟，与首都图书馆在培训、数据下载以及惠民服务等多方面开展协作工作；与四川省攀枝花市图书馆建立了友好图书馆，先后与1个国外图书馆、8个国内图书馆同行建立了跨地区协作协调关系。在跨系统协作协调工作中，西城区第一图书馆与歌德学院北京分院、瑞典LIFE机构等开展国际交流活动；与中国盲文图书馆、红丹丹教育文化交流中心、西城区团区委、西城区老年大学开展针对于视障人、外来务工人员、老年人等特殊群体的延伸服务；与国家大剧院、区直机关工委、西城区史志办开展精品活动，树立阅读品牌；与央广新媒体文化传媒（北京）有限公司合作，拓宽自我宣传渠道；与部队、监狱、机关等不同系统建立共建关系，拓展读者队伍，先后与2个国际机构、44个国内单位建立了跨系统协作协调关系，切实发挥了文化导读作用。

管理工作

2012年图书馆内设机构由原来7个部门变为6个部门，取消理论研究室。在岗57人，5人不参加竞聘（2人将退休、2人见习期、1人借调文委工作）。参加竞聘工作52人，公布52个职位，全部按要求应聘上岗。

表彰、奖励情况

2009至2012年西城区第一图书馆先后获得了多项荣誉，包括7项国务院业务主管部门及省级党委、政府表彰奖励，16项省级业务主管部门、地级党委、政府表彰、奖励，21项地市级业务主管部门表彰、奖励。

馆领导介绍

阎峥，男，1976年11月生，研究生学历，馆长。1998年7月参加工作，历任西城区图书馆特色阅览部主任、副馆长、常务副馆长职务，2011年11月任西城区图书馆馆长，2013年4月任西城区第一图书馆馆长。

吉晓明，女，1961年7月生，大学本科学历，中共党员，副馆长兼党支部书记。1981年12月参加工作，历任西城区图书馆报刊阅览部主任、特色阅览部主任、党支部副书记、党支部书记，2006年4月任西城区图书馆党支部书记，2013年4月任西城区第一图书馆副馆长兼任党支部书记。

王璇，女，1961年9月生，大学本科学历，中共党员，副馆长，副研究馆员。1979年6月参加工作，历任西城区图书馆采编部主任、社会工作部主任、信息技术部主任、办公室主任、业务总监，2013年4月任西城区第一图书馆副馆长。

郑彩萍，女，1966年5月生，大学本科学历，副馆长，副研究馆员。1984年8月参加工作，2000年5月调入西城区青少年儿童图书馆工作，历任西城区青少年儿童图书馆宣传辅导部主任、副馆长，2011年12月调入西城区文物保护研究所担任副所长，2013年4月调入西城区第一图书馆任副馆长。

未来展望

经过几年的努力，西城区第一图书馆夯实了基础建设，优化了服务质量，开辟了新的服务领域，随着读者对数字资源需求的不断提高，图书馆也在积极开展数字图书馆推广工程的相关工作，加强数字化建设，提升数字资源存储量，依托数字图书馆技术，大力开展信息服务，并积极争取资金支持；在学术研究方面，有待于进一步加强规划和组织，提高理论研究水平；做好地区古籍普查保护工作，提高古籍保护与利用的水平将是我们下一阶段的工作。按照地区图书馆事业发展规划，本着“阅读提升城市品味、求知丰富精彩人生”的理念，为读者搭建一个传授知识、传播文化、引领学习、激发智慧的公共平台，发挥好图书馆在全面建设小康社会和构建社会主义和谐社会中的作用。

联系方式

地　址：北京市西城区西直门内南小街后广平胡同26号
邮　编：100035
联系人：阎 峥

旅游资料室

一层展厅

西城区第一图书馆正面图

北京市西城区第二图书馆

概述

北京市西城区第二图书馆（原北京市宣武区图书馆，2010年宣武区与西城区合并，改现名）成立于1956年，是区级综合性公共图书馆，于1998年、2003年、2009年、2013年全国公共图书馆评估定级中均被评定为国家一级图书馆。现馆址位于北京市西城区教子胡同8号。图书馆现建筑面积6004.6平方米（其中主楼建筑面积3484.6平方米）；现有藏书50余万册；阅览座位560个，计算机123台，宽带接入采用歌华20兆光纤接入方式，通过歌华专线搭建共享工程数据接收存储资源服务器，采用智慧2000图书馆自动化系统开展图书借阅服务。

业务建设

截止2012年底，西城区第二图书馆总藏书量50.5125万册（件），其中，纸质文献393387万册（件），电子图书7.0500万册，视听文献3.0902万件。

2009年新增藏量购置费90万元，2010年起增至100万元。2009—2012年，共入藏中文普通图书34458种，中文报刊2292种，视听文献10983种，电子文献7.0500万册。地方文献入藏完整率为100%。

截止2012年底，西城区第二图书馆数字资源总量为54TB，其中，自建数字资源总量47TB。西城区第二图书馆“京城会馆”特色数据库是自主研发的地方文献数据库，内容汇集北京会馆600余处图文资料。2012年，我馆成立共享工程工作室，组建视频拍摄小组，走街串巷，实地拍摄了“北京会馆现状”6集视频资源，时长3.5小时，搜集、抢救、保存了一批即将消失的北京会馆现状老照片，为拍摄制作“北京会馆揭秘”系列专题片提供了丰富的原始资料。

2012年4月实现馆内无线网络覆盖，覆盖范围达到90%。网络采用歌华4兆光纤，读者可通过移动设备wifi链接xwtsg即可登录互联网获取文献资源。

读者服务工作

西城区第二图书馆按照《北京市图书馆条例》有关规定，全年365天，天天对外免费开放，每周开馆64小时。2009—2012年，流通总人次28.7739万人次，书刊外借35.1597万册次。利用馆藏文献资源开展地域文化研究，先后与中国佛教图书文物馆、首都图书馆北京地方文献中心、北京市回民学校图书馆、天津市南开区图书馆等开展馆际互借服务，2009—2012年，共开展馆际互借31次，互相借阅图书碑帖266册。2009—2012年，引进街区24小时自助图书馆2台，建成14个分馆，有44个流动服务点，馆外书刊流通总人次0.8659万人次，书刊外借1.6424万册。

西城区第二图书馆在馆内设立政府信息服务专区，提供相关设施、设备，并有专人负责来往文件的登记、管理、咨询。2012年，提供政府信息公开纸质文本查询服务20人次，电子信息查询服务786人次，提供政府信息资料66张。围绕图书馆的中心工作，结合时事政治、热点话题及纪念日、传统节日开展书刊宣传活动，全年向读者推荐馆藏文献2198种。

截止2012年12月，西城区第二图书馆网站访问量192万人次。开通宣武移动图书馆，通过手机、iPad、PSP等手持移动终端设备，为广大读者提供检索和阅读数字信息资源，自助查询服务，读者可免费阅览7万余册电子图书。

截止2012年，西城区第二图书馆数字资源总量总计约54TB，其中视听文献24527种，电子文献1006种，随书光盘1860种，随刊光盘307种，约46TB，共享工程专用服务器存储资源7TB，移动图书馆数据库服务器0.7TB，非线编存储服务器1TB，网站服务器0.03TB。

2009—2012年，西城区第二图书馆举办讲座、展览、培训、阅读推广等读者活动711场次，参与人数20.0574万人次。以图书馆为阵地，打造了“西城区第二图书馆公益讲座”“夕阳共享人人乐”“书香尚茶”“名篇诵读”“首届‘读书的艺术’百姓摄影大赛等多品牌的阅读推广活动。创新开展红领巾读书读报活动，创办了“红读专刊”及东方少年小作家俱乐部等一系列少儿读书活动。延伸读者服务，连续举办了11届北京法源寺丁香诗会、北京法源寺丁香笔会活动，成为北京市知名文化品牌。关注弱势群体的文化需求，定期为残疾人、老年人、外地务工人员及未成年人开展送书上门服务。

业务研究、辅导、协作协调

2009—2012年，西城区第二图书馆职工发表论文6篇，撰写调研报告10篇，出版专著1部。2010年《北京宣南寺庙文化通考》荣获北京市第十一届哲学社会科学优秀成果二等奖。

西城区第二图书馆自2002年加入北京市公共图书馆文献资源共知、共建、共享合作协作网络后，即加强对本地区各分馆及社区图书室的业务规范化建设，对分馆下属各社区图书室开展业务培训及指导。截止到2012年底，辖区内八个街道共建成14个分馆，80个社区图书室。针对基层图书馆（室）的不

成立北京市军休系统首家分馆

温馨的祝福

迎新春朗诵会

同情况，开展了全面而有针对性的业务辅导41次，使基层图书馆（室）建设更加规范化。举办6期基层图书馆（室）的业务培训班，共340人次参加。通过培训，基层图书馆（室）工作人员理论水平和业务能力都明显提升。

西城区第二图书馆积极组织各方面力量，开展全方位、高质量、多途径、跨地区、跨系统协调工作，使图书馆的服务职能进一步增强，延伸服务力度更加深入广泛。开展地区联合编目，加入北京市公共图书馆计算机信息服务网络，利用首都图书馆网上共享资源、培训及其他省市图书馆联合参考咨询服务平台为读者服务。实行图书“一卡通”服务，实现通借通还，使图书文献无障碍流转，更好地满足了读者的阅读需求。跨区域的协作协调工作促进了本馆各项业务的发展，规范了工作标准，提高了专业水平，加强了队伍建设，增进了业务交流，对图书馆事业发展发挥了重要的积极作用。

西城区第二图书馆以满足广大读者需求为出发点，与各系统加强沟通、扩大影响，充分开发本地区文献资源价值，开展跨系统协作协调，共同开展资源共建工作。整合本地区各街道图书馆文献信息资源，开展“一卡通”借阅服务。协助分馆及社区图书室加强文献资源建设，建立分馆特色馆藏，开展文献统编及各种内容丰富、形式多样的读书活动。

西城区第二图书馆地处牛街回民居住区，注重民族特色图书的收藏与利用，为了实现资源共建共享，与北京市回民中学、中国伊斯兰经学院，共同编制了民族特色专题图书联合目录，极大地方便了广大读者查询利用，建立了跨系统的合作关系。

管理工作

西城区第二图书馆认真贯彻落实《北京市事业单位聘用合同制试行办法》，按照“科学合理、精简效能、统一规范”的原则进行岗位设置。在明确岗位任务、工作指标的基础上，制定岗位说明书，合理定岗、定编、定责。2012年，图书馆编制总数46个，实有人数37人，按岗位需要设岗45个。领导岗位3人，37个岗位都聘用了相应的人员，其中有10人被聘为各部门主任。采取月小结，季考核，签订工作责任书等多种形式强化业务管理。将继续教育作为职工年度考核、评优、职称晋级的重要依据，支持和鼓励职工参加继续教育学习交流培训，提升理论研究水平。

表彰、奖励情况

2009–2012年，西城区第二图书馆荣获各种表彰、奖励68次，其中，国家级表彰、奖励17次；省级表彰、奖励31次；地市级表彰、奖励20次。

馆领导介绍

李金龙，男，1958年5月生，本科学历，民革会员，研究馆员，馆长。1978年参加工作，历任北京市宣武区文化馆副馆长，北京市宣武区图书馆馆长，2013年4月任北京市西城区第二图书馆馆长，兼任中国图书馆学会学术委员会社会合作与研究委员会副主任、中国社区民间文化交流中心秘书长、北京市图书馆协会副理事长、西城区文联副主席、西城区社科联副主席、西城区宣南文化研究会副会长兼秘书长、西城区政协委员、西城区政协学习指导和文史资料委员会主任等职。2007年荣获享受国务院特殊津贴专家，2010年被评为北京市先进工作者，2012年荣获西城区首届百名英才突出贡献人才称号，2013年荣获北京市“身边雷锋——最美北京人”新闻人物。2010年10月主持编辑出版课题研究成果《北京宣南寺庙文化通考》，荣获北京市第十一届哲学社会科学优秀成果二等奖。

林凤兰，女，1966年12月生，本科学历，中共党员，研究馆员，副馆长、党支部书记。1986年8月参加工作，2003年10月任北京市宣武区图书馆副馆长，2013年4月任北京市西城区第二图书馆副馆长，分馆业务和党务工作。兼任北京市西城区宣南读者协会副会长。2012年荣获北京市创先争优优秀共产党员称号。编辑出版图书馆专业论文集《文献资源建设与共享的思考》。

王宏亮，男，1957年4月生，大专学历，中共党员，馆员，副馆长。1973年1月参加工作，2005年3月任北京市宣武区图书馆副馆长，分管行政后勤工作。2013年4月任西城区第二图书馆副馆长，在西城区第二文化馆分馆工作。

未来展望

西城区第二图书馆将继续发挥自身优势，坚持以服务读者为中心，以文化兴区战略为目标，为构建现代公共文化服务体系建设，为首都文化事业发展做出积极的贡献。坚持以辖区内各街道、社区及公益性服务机构为依托，延伸服务半径，进一步推进“1121”文化基础设施建设工程，使本地区的服务网络覆盖面更广、惠及的百姓更多，提升图书馆整体效能。加大基层图书馆（室）管理员的培训与考核，每年定期组织辖区内各街道分馆管理员开展集中、分散等多种形式的学习培训，提升分馆管理员的业务水平，更好的服务读者。依托辖区内各街道地域文化特色，以西城区第二图书馆为中心，深入各街道社区联合开展讲座报告会、知识竞赛、送书下基层、共享工程阅读推广与计算机知识培训等“特色”文化品牌活动。积极协助辖区内有条件的街道社区建立“城市街区24小时自助图书馆”，为百姓提供全天候自助借还书、办证、查询等方便快捷的自助服务。巩固数字文化社区建设，使社区百姓就近免费享受网上阅读的快乐，满足百姓对文化知识的需求。

联系方式

地　址：北京市西城区教子胡同8号
邮　编：100053
联系人：王丽业

举办计算机培训班

西城区宣武图书馆移动阅览专业技术培训班

著名诗人陈满平诗歌创作60周年诵读活动

北京市西城区青少年儿童图书馆

概述

北京市西城区青少年儿童图书馆是地市级少儿图书馆，1998年5月30日面向社会开放，占地面积3800平方米，馆舍面积6548平方米，馆藏图书33万余册(件)。西城区青少年儿童图书馆面向西城区及北京市18岁以下青少年儿童免费开放，藏书结构以文学、艺术及科普读物为主，设有题名、责任者、主题词及分类等检索途径。

业务建设

截止2012年底，西城区青少年儿童图书馆总藏量37.6万册（件），其中，纸质文献30.8万册，音像资料2.18万件，电子图书3.85万册。

2009年西城区青少年儿童图书馆新增藏量购置费为40万元/年，2010年起增至50万元，2009–2012年共入藏中文图书27206种，70017册，中外报刊1492种，视听文献9249件。

2009年，西城区青少年儿童图书馆网站改版进行系统升级改造，对读者提供多元化的网络服务功能。2011年底，设立了馆内无线网络专区为读者提供上网服务。

截止2012年底，西城区青少年儿童图书馆现有数字资源5.31TB。先后自建了《北京儿童文学作家库》和《西城区学校名录数据库》。购置数字动漫点点书库；方正Apabi数字文献数据库；基础教育第二课堂爱迪克森《网上报告厅》等数据库。2012年12月，依据《全国少年儿童图书馆（室）基本藏书目录》，对本馆现有馆藏进行核对，目前入藏率已达50.79%。

西城区青少年儿童图书馆藏书分别使用《中图法（儿版第2版）》和《中图法》第4版进行标引，编目数据规范一致；当年新入藏图书编目率达到100%，供读者使用的目录数量占馆藏普通图书、报刊总量的99.9%。

西城区青少年儿童图书馆实行借阅一体化的藏书组织管理模式，严格按照分类体系排架。针对光盘资料特殊保管需求，购买了光盘塔进行科学管理和存放。

读者服务工作

西城区青少年儿童图书馆自开馆以来，一直实行开架借阅，开架书刊册数占总藏书量的81.20%。坚持365天不间断免费开放，确保新书在10个工作日内与读者见面。2012年流通总人次达到20.58万人次，外借书刊达到30.96万册。2003年，本馆成为北京市文化信息资源共享工程支中心，支中心由42台计算机组成，备有适量的电子读物。2009年，开通“点点书库”——数字动漫平台&书库，成为北京市首家引进数字动漫平台系统的图书馆。在服务上采用开架阅览，借阅合一的服务方式，向全市18岁以下青少年儿童免费办理集体、个人外借证；对老弱病残读者给予特殊服务；设有集体外借、电话续借、预约、送书上门等服务项目，年接待读者27万人次。配有设施完备的流动图书车，建立学校、幼儿园、社区服务点43个。搭建了具有本馆特色的网站www.xslib.net，点击率已突破250余万人次。

2009–2012年，西城区青少年儿童图书馆共举办讲座、展览、阅读推广等读者活动1324场次，246052万人次。

业务研究、辅导、协作协调

2009–2012年，西城区青少年儿童图书馆职工发表论文57篇。2012年12月编辑《西城区青少年儿童图书馆论文集》，共有27篇论文入选。

2009–2012年，西城区青少年儿童图书馆对本区中小学图书馆（室）工作人员进行培训52次，年均85学时。制定业务辅导和培训计划，开展馆藏分类编目及自动化管理等相关业务指导，进行业务情况调查、统计、分析和总结。2009年底，本馆收录了来自43所中小学校的64篇论文，结集刊印《创新、服务、发展》论文集。

2009–2012年，西城区青少年儿童图书馆组织员工参加“三北”地区及全国各地少年儿童图书馆学术交流与研究工作；与西城教委、北京市少年儿童教育机构在全区中小学生中开展特色活动；参与中国图书馆学会青少年阅读推广委员会组织开展系列活动；与德国歌德学院北京分院图书馆联合举办学术报告会。

管理工作

西城区青少年儿童图书馆自开馆以来，坚持人事管理制度化；财务、设备、物资、档案、统计管理规范化；环境管理人性化；安全管理常规化的做法。

2009–2012年先后制定《西城区青少年儿童图书馆人员、机构设置和岗位说明书》等一系列规章制度。其间进行三次

开展“让我们荡起双桨”主题日活动

开展民间艺术家走进图书馆活动——手工制作

图书馆报告厅

综合阅览室

电子阅览室

岗位聘任工作，通过竞争上岗和绩效考核，提高员工的业务水平。

西城区青少年儿童图书馆重视员工岗位培训和继续教育工作，创建学习型单位。2009-2012年年人均继教142学时，年均在省级以上学会获奖论文11篇。截止2012年，本馆在编员工50人，大专以上学历46人，占职工人员总数的92%；专业技术人员45人，中高级职称19人，占业务人员总数的42%。

表彰、奖励情况

2009-2012年，西城区青少年儿童图书馆先后获得首都文明单位、北京市“阳光少年”活动优秀组织奖、“北京市红领巾读书活动”优秀组织奖等省级表彰奖励37项；荣获西城区市民终身学习服务基地、综合治理先进单位等地市级表彰奖励16项。

馆领导介绍

樊亚玲，女，1963年7月生，大学本科学历，中共党员，副研究馆员，馆长，党支部书记。1983年4月参加工作，历任北京市西城区图书馆馆长、北京李大钊故居管理处主任，2013年4月任西城区青少年儿童图书馆馆长。担任北京市图书馆协会理事、西城区图书馆协会副会长、“知识工程”专家委员会委员和“新阅读”研究所童书评审委员会专家。

于燕君，女，1966年7月生，在职研究生学历，中共党员，副研究馆员，副馆长，工会主席。1985年9月参加工作，2006年5月任北京市西城区青少年儿童图书馆副馆长。分管工会工作、精神文明建设、职工继续教育培训等工作。

潘兵，女，1967年3月生，大学本科学历，中共党员，研究馆员，副馆长，业务总监。曾任内蒙古军区图书馆采编室主任职务。2001年4月任西城区青少年儿童图书馆副馆长、业务总监，分管全馆业务工作。

陈宝珑，女，1965年3月生，大学本科学历，中共党员，副馆长。1982年7月参加工作，先后在西城区文化馆、西城区文物局工作，历任北京历代帝王庙管理处副主任职务，2011年7月任西城区青少年儿童图书馆副馆长。

未来展望

报刊阅览室

本馆以“服务立区、金融强区、文化兴区”为战略发展方向，在首都图书馆的精心指导下，通过加强科学规范管理，不断的发展成熟，无论在优化读者服务、举办阅读推广活动、推进数字化建设方面，还是在深化业务、拓宽服务领域、提高员工素质等方面，都在逐步改进和提高，受到广大青少年儿童读者及家长的好评，也得到了上级部门和社会各界的肯定。在未来的几年里，西城区青少年儿童图书馆将逐步建立覆盖全区、结构合理、功能健全、实用高效的服务网络，带动全区中小学校图书馆事业发展。深入开展科普、阅读、交流、宣传推广活动，满足少年儿童的文化需求，扩大西城区青少年儿童图书馆对未成年人的影响力，提升社会价值和知名度。真正把西城区青少年儿童图书馆办成广大少年儿童的“第二课堂”。

联系方式

地　址：北京市西城区西直门内大街69号
邮　编：100035
联系人：张春霞

（撰稿人：张春霞）

开展“激辩青春”高中生辩论赛活动

快乐假期有奖知识问答活动

开展端午节制作香囊活动

北京市朝阳区图书馆

概述

朝阳区图书馆成立于1958年，是北京市朝阳区区属公共图书馆。朝阳区图书馆前身可上溯至1913年京师学务局设在朝外大街的"劝学所"。其馆址先是位于朝外关厢普济寺，后迁至朝外小庄。2012年又在朝阳区广渠路开设新馆。新馆建筑面积14600平方米，阅览座位1000个以上。至此，朝阳区图书馆总馆舍面积达19724平方米，总阅览座位1916个，总藏书量超过130万册。2001年开设官方网站，2002年起采用智慧2000计算机管理系统。现有计算机398台，宽带接入30Mbps。

朝阳区图书馆于1998年、2004年、2009年连续三年被文化部评为"国家一级图书馆"。

业务建设

截止2012年底，朝阳区图书馆总藏量1309373册，其中，图书1287825册，报刊11143册，电子及视听文献8092册。

2009–2011年，朝阳区图书馆年新增藏购置费300万元，2012年增至970万元。2009–2012年共入藏中外文图书168171种，584133册，中外文报刊3462种，视听文献4913种。

截止2012年底，朝阳区图书馆数字资源总量为15.45TB，其中包括自建"朝阳工业记忆"、"CBD创意资料数据库"、"老工业遗址数据库"3个数据库。

读者服务工作

朝阳区图书馆于2011年9月实现公共空间设施场地全年365天免费开放，周开放时间为84小时。2009–2012年，书刊总流通1300907人次，书刊外借2165845册次，2012年朝阳区图书馆与中国盲文图书馆、通州区图书馆、首都经济贸易大学图书馆、中国石油大学（北京）、上海市长宁区图书馆等11家单位开展馆际文献互借服务。

2010年朝阳区图书馆成立图书配送服务中心，服务于43家街乡图书馆（含6家分馆、7家直属库）和158家益民书屋，及体系外区域内的企、事业单位、学校、部队等。2012年借阅量为128939册。截止2012年，建有24小时自助图书馆45台，借阅量为311203册。

2012年朝阳区图书馆网站访问量150余万人次。

2009–2012年，朝阳区图书馆共举办讲座、展览、培训、阅读推广等读者活动1900余次，参与人数220736人次。

业务研究、辅导、协作协调

2009–2012年朝阳区图书馆发表论文49篇，其中一等奖1篇，二等奖10篇，三等奖16篇。

2012年朝阳区图书馆成为"首都图书馆"联盟首批成员单位，同年与中国盲文图书馆建立合作关系，成为中国盲文图书馆全国首家支馆。以此为奠基，在朝阳区残联的支持下，针对视障人群共同开展多项服务工作；与民办图书馆建立合作关系，探讨吸引社会力量共同参与公共文化建设，同时携手开展多项活动；继续与驻区部队建立共建关系，实现互动双赢。2012年获得"全国军（警）民共建精神文明先进单位"荣誉称号。

2009年，朝阳区图书馆成立以本馆为中心的区域图书联采统编中心，为24小时自助图书馆、15个分馆和直属库采购、编目、交送图书50869种、138798册。

2012年，朝阳区公共图书馆"四级网络"体系已初步形成：第一级区域中心馆（区图书馆）、第二级区图书馆分馆（直属库）、第三级街乡馆、第四级社区馆、行政村馆（益民书屋）、自助图书馆。

朝阳区共有45家街乡图书馆，参与服务网络建设的"一卡通"联网点有37家。2012年朝阳区通借通还流通量为553263人次，548418册次。

2012年，图书馆下基层开展业务辅导达43次，内容包括日常管理，书库管理，自动化管理，以及对智慧2000系统与共享工程推广使用过程中出现的问题的维护指导工作。组织对基层的业务培训3次，益民书屋管理员培训1次，培训人次222人；数字文化社区培训1次，培训人次70人；贯彻落实《北京市文化局关于开展全市基层文化队伍培训工作的实施意见》组织基层公共图书馆员队伍培训1次，35人参加培训。

管理工作

朝阳区图书馆根据区人事局核准的岗位设置方案，在核准的岗位总量、结构比例和最高等级限额内，明确拟定岗位职数、岗位职责、任职条件、考核标准，编制岗位说明书，按岗聘任。朝阳区图书馆设置管理岗位4个，专业技术岗位55个，工勤技能岗位1个。

表彰、奖励情况

2009–2012年朝阳区图书馆获得国家级表彰奖励2次，市级表彰奖励18次，区级表彰奖励3次，总计获得表彰奖励23次。

馆领导介绍

李萍，女，1959年1月生，本科学历，中共党员，馆长。1978

刘云山调研书香朝阳24小时自助图书馆

三十年图书拥军之路结硕果

书香朝阳24小时自助图书馆启动仪式

4.23”全民阅读活动启动仪式

朝阳区盲人支馆启动仪式

亲子阅读活动启动仪式

年参加工作，历任北京市香河园文化娱乐中心党支部副书记、北京民俗博物馆党支部书记、常务副馆长、北京朝阳剧场党支部书记。曾在专业期刊发表《关于口头文化遗产抢救工作重要性的认识》等学术论文。

韩卫勃，女，1972年10月生，本科学历，中共党员，党支部书记。1993年参加工作，历任朝阳区文化馆副书记、朝阳区图书馆副馆长。

李凯，男，1980年5月生，本科学历，中共党员，副馆长。2001年参加工作。曾任北京市民俗博物馆龙王庙管理部主任，朝阳区图书馆副馆长。

宋巍，女，1971年4月生，本科学历，中共党员，副馆长。1990年参加工作。曾在武警北京部队医院工作，2011年任朝阳区图书馆副馆长。

未来展望

朝阳区图书馆秉承“读者第一，服务至上”的宗旨，把握机遇，始终致力于为百姓提供丰富的阅读资源及“公益、均等、便捷、高效”的阅读服务。朝阳区图书馆将成立专家委员会，制定朝阳区图书馆发展规划，并介入朝阳区公共图书馆课题研究，参与朝阳区图书馆人员考核，推进图书馆整体工作水平提升，宣传普及社会主义核心价值观，完善公共文化服务基础设施，对发展基层群众文化，提升市民科学文化素养和身心健康水平，推动未成年人思想道德建设做出贡献。朝阳区图书馆还将着力提升业务能力与研究水平，利用1年左右的时间积累、学习、探索图书馆课题研究、地方文献研究、二次文献编纂、图书馆业务档案建设等工作，并不断丰富完善朝阳区图书馆“法律资料”数据库及“朝阳工业记忆”数据库数据。继续编辑出版《朝阳区公共文化信息监测报告》、《朝图资讯》、《书香朝阳》。在2011年搭建完成“北京文化创意资料”数据库框架基础上，补充资源，2012年实现对外开放。开发“书香朝阳”网上图书馆，图书馆将实现图书馆电子资源图书馆内局域性阅读向移动方式身份认证阅读的转变，实现读者随时随地通过网络确认身份，进入“书香朝阳”网上图书馆阅览及获取查询、续借等基础性服务功能。并在此基础上逐步实现移动阅读、预约借书、快递服务。还要争取用2–3年时间，产生一批业内有影响、社会有反映的图书馆业务建设、地方文献研究成果，实现朝阳区图书馆特色数据库初具规模，业务档案建设达到优秀水平。

联系方式

地　址：北京市朝阳区广渠路66号院3号楼朝阳区图书馆
邮　编：100022
联系人：李 凯

朝阳区图书馆新馆

书香朝阳”喜迎建党90周年书画笔绘活动

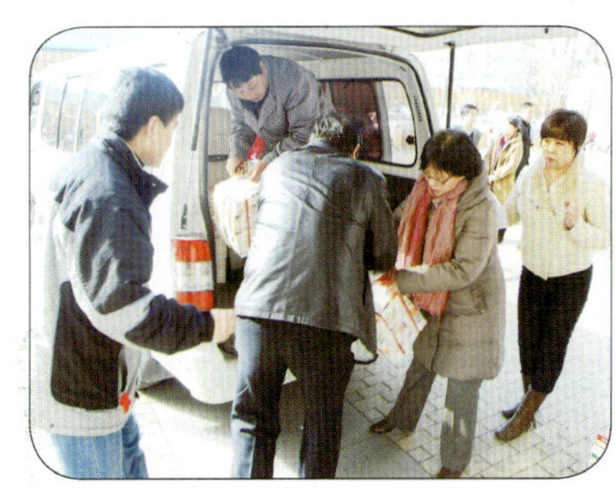

图书配送中心成立首轮配送

潘家园街道数字文化社区

北京市丰台区图书馆

概述

丰台区图书馆始建于1978年6月，是丰台区唯一的综合性公共图书馆，1989年迁入丰台文化中心大楼，位于西四环南路64号，建筑面积8000平方米，设计藏书66万余册（件），可容纳读者座席600个，计算机共118台，宽带接入20兆，读者服务区域的无线网络覆盖率达到100%，无线网络接入点共30个，可同时为5千个用户提供无线接入服务。选用“智慧2000”图书业务管理系统。2008年，参加第四次全国公共图书馆评估，首次获得一级图书馆。

业务建设

截止2012年底，图书馆文献总藏量651504册（件）。其中，纸质文献637148册（件）、电子文献藏量14356种（电子图书14315种；电子期刊50种）。

2012年新增藏量购置费为183.1万元。2009年至2012年，中文图书年入藏量持续在1万种以上，年入藏种数平均为13525种，中文报刊年入藏量为816种，年入藏种数平均值为800种。视听文献年入藏量780件，年入藏种数平均值675件。

截止2012年底，图书馆数字资源总量10.04TB。馆藏中文文献书目数字化达到99.8%。地方文献全文数据库数据761种、特藏花卉2225种、普通图书11329种、电子图片11379种、电子期刊50种，共计25744种。容量为1.04TB。

读者服务工作

自2011年6月，馆内公共设施及场所全部实行免费开放；基本服务项目全部免费提供，全年365天对外开放，周开放66.5小时。

近三年来，图书、报刊全部实行开架借阅，最大限度地发挥馆藏图书的价值，外借率达到了73.39%，外借册次为46.1172万册，人均年到馆次数为21次/人。

2009年4月“一卡通”的开通，实现馆际互借，通借通还业务工作，市民可享有通借通还服务，通过“一卡通”服务，集中配送，实现服务网络内的资源共享，通借通还覆盖率为47.6%、文献借阅53023册次。

2009年至2012年，馆外流动服务点书刊借阅51600册，平均每年借阅书刊12.9千册次。

书刊宣传工作是图书馆业务工作的重点。我馆充分利用宣传栏、信息屏、展架等各种宣传形式，定期为读者推荐各类文献资料，利用各种传统节日和“世界读书日”、“图书宣传周”、“全民阅读月”等活动，有针对性的向广大读者宣传、推荐图书。全年开展书刊宣传共24期，类别达到600种。

为满足公众对政府信息的有效利用，我馆参考咨询部设有专用席位，为读者免费提供政府机关公开的纸质文件和电子文本查阅服务。为领导机关决策提供信息服务，内容包括《丰台区图书馆工作通讯》、《丰台文化发展动态》、《中国文化报报摘》、《图书馆期刊文摘汇编》等。

2012年完成代检索课题共63项、定题服务3项、二、三次文献4项；为科研与经济建设提供信息服务2项；撰写了10余万字的课题资料；解答咨询服务14502人次。

同年为特殊群体（残疾人、进城务工人员、未成年人、老年人）开展专题讲座、电脑培训、社会实践、赠书等各项活动6次，参与人数1040余人次。

设有残疾人通道及各种防护设施；阅览室设有老年人、残疾人阅览专区、盲人书架及盲人图书。与区残联举办“书香北京、文化丰台”关爱残疾人专场文学讲座活动，聘请著名作家解玺璋老师主讲。“三下乡”期间，走访和慰问了15户残疾人家庭，为他们送去了涉及励志、健康、文学等内容的图书及光盘。

定期为丰台区保洁公司的外来务工人员赠送图书、期刊及放映电影。

组织未成年人（丽泽中学初一学生）开展社会实践活动，有400余名学生参加。“六一”儿童节，为卢沟桥小学400名师生赠送了百册精美儿童读物，共享节日和阅读带来的快乐。

各服务窗口为老年读者准备了花镜、放大镜、笔、纸等提供方便。定期与区老龄委共同举办电脑知识培训班，以丰富老年读者的业余文化生活，掌握现代化技能。

随着文化工作的不断发展，图书馆设施、设备的建设逐步提升，2007年我馆建立了自己的网站，内容丰富、服务齐全、管理规范。充分利用其功能为广大读者提供各类服务。

2012年以“书香北京，文化丰台”为主题开展各项活动95次，累计参与人数120095人次。通过媒体、网络、宣传栏、发放宣传资料等多种形式进行宣传报道。

业务研究、辅导、协作协调

2009年至2012年丰台区图书馆职工参加征文比赛5次，获奖2篇，在省级以上刊物上发表论文3篇。完成本馆业务调研报告5篇。撰写了《丰台区图书馆2012年中文图书增量分析》等专题调研报告4篇。常年组织参加国家图书馆学会和首都图书

馆长宋淑媒参加花乡造甲村读书会

八一共建为部队赠书

丰台区图书馆外景

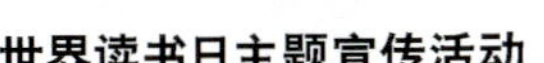
世界读书日主题宣传活动

为部队赠书

举办地方文献培训

馆等单位组织的各类学术活动。

图书馆基层辅导工作坚持有计划的开展，涉及的方面有业务辅导、流动送书、组织各类活动等，并对基层图书室、益民书屋、共享工程管理员及文化干部定期开展业务培训，各项工作做到有计划、有总结、有反馈，专人负责，经费保障，全年点对点辅导162次，集中辅导8次，培训4期。

随着公共图书馆建设的逐步完善，公共图书馆服务网络体系也开始逐步向基层图书馆蔓延，我区建立了由区文委、图书馆、各街道、乡、镇三级文化服务网络，以计算机联网点和共享工程等工作为主，形成统一规划、合理布局、整合资源、规范管理的服务体系，公共文化设施建设和管理取得成效。

图书馆与10个街道、乡、镇签订了《服务网络建设、资源共享》协议书。占全区21个街道、乡、镇总数比例为47.6%以上。

与密云等4个图书馆签订了合作协议，建立了馆际互借合作关系。同时与本区7个驻军部队、老龄委、区残联、区教委等单位建立合作关系，各项业务进行深入的合作。开展各类专题讲座及培训，为学校提供社会实践场所。建立馆外流动服务点29个，其中部队10个、机关4个、企事业单位14个、敬老院1个。

管理工作

自2005年起，每年进行全员岗位竞聘工作，使人员结构更加合理。2012年根据人员编制和工作需求，设业务岗位33个、行政岗位9个、工勤岗位3个。建立了岗位监督考核制定，全年进行总体工作考核。

表彰、奖励情况

2009年至2012年，图书馆获得国家级表彰五次、北京市表彰12次、区级表彰17次。

2010年起在公共文化服务体系项目中被定为中小学生社会大讲堂市级资源单位，并连续三年荣获优秀资源单位。

馆领导介绍

宋淑娣，女，1961年4月生，大专学历，中共党员，馆长。1976年参加工作，历任丰台区图书馆副馆长，丰台区电影发行放映中心经理，2005年任丰台区党支部书记、馆长。

高捷，男，1956年6月生，大专学历，中共党员，副馆长。1976年参加工作，历任丰台区文化馆馆长，2006年现任丰台区图书馆副馆长

王海洲，男，1963年9月生，大专学历，中共党员，副馆长。1981年参加工作，历任丰台区电影发行放映中心副经理和经理，2012年任丰台区图书馆副馆长。

未来展望

丰台区图书馆遵循“科学、效率、创新、发展”的办馆方针，完善服务体系，扩大服务辐射区域，带动地区事业发展。2013年在不断强化自身综合能力的同时，创新服务理念，通过开展“书香丰台”阅读系列活动，带动了全区文化事业的发展，成为全区文化工作的引领工作，也成为我区文化工作亮点之一。未来几年，丰台区将建设一个具有现代化的新型图书馆，目前区委、区政府正着手进行建设项目的筹备工作，全面进行调研，设计规划。

联系方式

地　址：丰台区西四环南路64号

邮　编：100071

联系人：孟淑燕

文委王虹主任致辞“颂祖国华诞喜迎十八大”读书演讲比赛颁奖仪式

三下乡活动

组织街乡文化干部参观首都图书馆

北京市石景山区图书馆

概述

石景山区图书馆独立建制于1978年，2009年第四次评估定级被国家文化部定为一级图书馆。石景山区图书馆建筑面积9042平方米，阅览座位525个。区信息网络中心10M及网通10M光纤接入，采用“智慧2000”数字图书馆应用平台系统，数据存储容量达到80TB，实现了无线网络全覆盖。2010年引进了触摸屏读报和视听读报系统，2013年安装了自助借还设备。自2009年以来，投入专项资金对馆内的围栏、绿化、内墙、暖气等方面进行了改造修缮。在改善馆舍条件的同时，市、区财政对图书馆经费投入逐年增加，2012年财政拨款1398.2722万元，其中文献购置费为125万元。

业务建设

石景山区图书馆现有文献总藏量66万册，数字资源达到15TB以上。2012年入藏新书40916册、报刊1237种、视听文献727件。多卷书、连续出版物入藏完整率达到90%以上。每年组织评报评刊活动，根据读者意见配置资源，更换部分报刊购置方向。

石景山区图书馆收藏地方文献2121种，共计图书2735册。设有地方文献专架，书目数字化达到100%。“地方文献数据库”已数字化图书100余册，数据容量达到10GB。

石景山区图书馆共有古籍文献385册，实行封闭管理，部分采取函套保护。所有古籍均经过普查、整理、归类，古籍数据上传至“全国古籍普查平台”，获得普查登记编号。

读者服务工作

石景山区图书馆常年坚持365天开馆，每周服务64.5小时。2012年接待读者34.5万人次，外借图书35万册次，解答读者咨询2000余次。自2011年7月1日起，石景山区图书馆采取系列措施推进免费开放，对广大读者实现零门槛进入，还为读者提供手机短信菜单式服务，在明显位置设置读者购书需求意见建议登记本，提供活动预告、馆情通知等服务。

石景山区图书馆设立了无障碍通道，残疾人专用卫生间，电梯语音提示、盲文触摸键，购置盲文图书80余册，对视障读者免收逾期费；开设未成年人学习空间，购置电子积木、磁力棒、显微镜等设施；在外来务工人员相对集中的地方建立图书室，根据他们的需求配送图书，邀请他们参加馆内组织的各项读者活动；春节前后提供网络订票专用机位及视频通话服务，并派专人进行技术指导和保障。

石景山区图书馆常年开展讲座、展览、培训等丰富多彩的活动。2012年共举办读者活动139次，20170人参加。2009年以来，毛泽东嫡孙毛新宇博士、营养专家马方、著名作家石钟山等各界名家先后做客石景山区图书馆“名家讲坛”，讲座内容涉及军事、科技、文化等多个门类；与中央电视台《百家讲坛》栏目组联系，把读者请进《百家讲坛》的录制现场；参加国家图书馆组织的“讲座联盟”；开展“世界读书日”、“图书馆服务宣传周”、“全民读书月”宣传活动；承办石景山区科普之夏启动仪式暨北京百万家庭数字生活技能大赛，被北京市评为优秀组织奖。

石景山区图书馆长期为区委、区政府和企事业单位提供课题和二次文献服务，为政府部门的决策提供信息服务。2012年编发《决策参考》、《会计资料专刊》、《石景山区文委消息摘要》等二次文献8种，为区委、区政府提供调研课题26个，索引条目247个。同时，石景山区图书馆设置了政府信息公开服务窗口，制定了《石景山区政府信息公开流程图》、《石景山区政府信息公开各单位联系表》等。共接收48家机关单位送达的3200余份政务信息。

业务研究、辅导、协作协调

石景山区图书馆在全区建立9个图书分馆、41个图书服务点、111个社区图书室，形成以区图书馆为中心，各图书分馆及流通站为网点的覆盖全区的公共图书馆服务网络，覆盖率达到100%。目前，全区各街道图书分馆全部实现通借通还。推进图书“五进”——进机关、进学校、进社区、进军营、进企业，2012年共送书126次，43922册。石景山区图书馆还将科普、养生保健专场讲座送进军营、社区、学校，将不同主题的宣传展板在分馆巡展。

2011年，石景山区图书馆与中国传记文学学会联合创办的国内首家传记图书馆落户石景山，传记图书馆邀请多位名家做客石图“名家讲坛”。“毛主席管家”吴连登、中国传记文学学会会长万伯翱等均在石景山区图书馆进行讲座。

传记图书馆揭牌仪式

共享工程知识竞赛

名家讲坛–词坛泰斗乔羽

发挥石景山区图书馆协会的作用，整合区内资源，目前已有会员单位81个。利用世界读书日、全民读书月、服务宣传周等时机，组织会员单位进行展板展览、条幅展示、发放宣传资料等多种形式的宣传活动，组织会员参加业务培训、征文、比赛。2人被中国图书馆学会评为优秀会员。

石景山区图书馆将全区9个街道图书分馆全部纳入石景山区全国文化信息共享工程基层服务点，还将共享工程资源送到社区图书室和武警部队图书室，送到居民和战士身边。和区电视台合作举办了共享工程知识竞赛；在“颂歌献给党——全国文化信息资源共享工程群众歌咏活动”中，《小山村安上了电视大锅》获得三等奖和优秀原创作品奖。

管理工作

2009年以来，石景山区图书馆共招聘大学毕业以上学历的24人。石景山区图书馆现有职工35人，其中硕士研究生3人，本科生26人，大专学历4人；高级职称1人，中级职称11人。馆领导班子4人，硕士研究生2人，本科2人；高级职称1人，中级职称2人。实行全员聘用制；落实岗位责任制，对每个岗位的职责范围、工作任务、岗位要求等做出明确规定；部室主任公开竞聘、择优上岗，实行绩效考核；所有新进员工采取社会公开招聘制。

表彰、奖励情况

2009年以来石景山区图书馆共获得市、区表彰奖励34项。被首都文明办评为“首都文明标兵单位”、连续10年被评为“首都文明单位”；团支部获团中央“先进团支部”荣誉称号；连续多年获得北京市文化局“送书下基层先进单位”、“千场讲座先进单位”。

馆领导介绍

王红，女，1968年11月生，大本学历，中共党员，副研究馆员，党支部书记、馆长。1987年到石景山区图书馆参加工作，1999年任馆长助理，2001年任副馆长，2007年任石景山区图书馆馆长，2011年任石景山区图书馆党支部书记、馆长及石景山区图书馆协会会长。

李树平，女，1966年8月生，研究生学历，中共党员，中级职称，副馆长兼石景山区图书馆协会常务副会长。1984年参加工作，1997年调入石景山区少年儿童图书馆，先后在低幼阅览室、低幼家庭借阅室工作，2001年任少年儿童图书馆副馆长。2009年调入石景山区图书馆任副馆长。

裴群，男，1972年5月生，本科学历，中共党员，中级职称，副馆长。1989年参加工作，先后在北京市石景山区文化馆、区文联工作。2009年任石景山区图书馆副馆长。

石景山区图书馆新馆

井倩菲，女，1978年11月生，研究生学历，中共党员，副馆长。2001年到石景山区图书馆参加工作，先后在流通部、办公室等部门工作。2009年任石景山区图书馆副馆长。

未来展望

2009—2012年，是石景山区图书馆历史上发展最快的四年，也是成效显著的四年。未来，石景山区图书馆将乘势而上，抢抓机遇，立足石景山区转型发展大局，着眼中国特色世界城市和社会主义先进文化之都建设，努力构建普遍均等、惠及全民的公共图书馆服务网络，全面提升石景山区图书馆的服务能力、服务水平，最大限度地发挥公共图书馆在保护文献典籍、传承中华文化、建设学习型社会、培养公民高度的文化自觉和文化自信、提高文明素质等方面的重要作用。着力把石景山区图书馆办成服务理念人性化、服务功能多元化、服务模式网络化、读者活动品牌化、管理制度精细化、馆藏文献特色化的公共图书馆。

联系方式

地　址：北京市石景山区八角南路2号
邮　编：100043
联系人：田　薇

军民知识竞赛

指导视障读者听报

元宵节灯谜有奖竞猜

北京市石景山区少年儿童图书馆

概述

石景山区少年儿童图书馆于1984年6月1日正式开馆。当时馆舍面积1020平方米，开放窗口3个。1996年在各级领导的支持帮助下，借第62届国际图联大会在北京召开、少儿馆被指定为专业参观单位的机遇进行了扩建。扩建后馆舍面积增加到3236平方米，对外服务窗口增加到13个。读者用房面积达到2617平方米，占总面积的81%。有阅览座席490个。设有面积126平方米的寓玩于教的亲子乐园，深受广大学前儿童的喜爱。

实现计算机网络化管理，拥有95台计算机，读者用机68台，互联网接口2个。除政务网外，还开通了10兆带宽的光环新网用于自动化办公。采用了“智慧2000”数字图书馆系统进行采编、流通、检索，全面实现了办公自动化、集成化管理。

业务建设

截至目前，石景山区少儿图书馆共有藏书29万余册，评估期内年均新增图书5400余种，订阅报刊512种。评估期内年均购进连环画、低幼读物2849册；新增电子、视听文献藏量4500余件。2012年《全国少年儿童基本藏书目录》我馆入藏率达到40%。

2009年–2012年市区财政拨款分别为280万元；251万元；341万元；492万元。平均年增长率为136%，每年购书经费为45万元。中央财政补助经费10万元、地方配套补助经费23.7万元全额到位，保障了免费开放的顺利实施。馆内使用《中图法》（儿版）进行标引。

读者服务工作

自2005年1月1日起，我馆向少年儿童免费开放。2011年，全面彻底实现免费服务。

馆内全年不闭馆，平均每周开放52小时。年流通接待读者总人数173513人次，年外借192012册次。全面对读者开架借阅，开架率达到99.9%。

一直关注弱势群体的阅读需求。门前经过改造设立了残疾人专用通道，在专题阅览区设立了“阳光天地”特殊读者阅览室。对特殊少儿读者提供专门的服务，免费办理借阅证，定期送书上门。在外来务工人员子女比较集中的学校、社区建立图书站（点），定期送书上门，并组织他们开展丰富多彩的读书活动。

2003年10月正式建立石景山区少儿图书馆网站，2009年进行了更新改版，网站提供了“全国共享工程网站”和“北京市共享工程网站”的超级链接。开通官方微博，获得新浪官方认证，升级为政府版。馆内有专人负责，及时上传馆内的各种资讯，每日推荐一本图书。推出了“我是你的小粉丝”、“我最喜爱的图书”等系列主题微活动，并受邀做了一期微博在线访问活动。目前我馆微博的粉丝人数已经达到近上万人，点击交流量达上万人次。

我馆评估期内平均每年组织活动56场；活动参与人数达到9224人次。举办大型读者活动28场；参加活动的人数占地区学校少年儿童总数的比例超过90%。

每位职工都负责检索咨询任务，对所解答的咨询进行记录，必要时留下读者电话，进行跟踪反馈，力求达到实效。为学校、幼儿园流通站（点）提供统一、大规模的业务咨询，提供专门图书，辅助教学活动的开展。重视读者教育与用户培训，开展社会大课堂活动；为参与红领巾读书活动的中小学师生提供专业培训；组织培训小小文化志愿者开展志愿服务；开设家教沙龙，组织家长交流教育经验；对少儿图书馆分馆、流通站（点）及全区中、小学校图书室老师进行业务培训。2012年，共组织读者教育活动20次，读者培训169次，1323人次从中受益。

图书馆服务宣传周共组织7项读者活动，有1551人参加。在“4·23”世界图书与版权日期间，组织14项活动，有4707人参加。充分利用报纸、刊物、电视、网络等媒体，对图书馆工作进行宣传报道。充分发挥纸质、电子、电视三种形式的《少图花苑》杂志的宣传作用，利用微博、博客展示我馆工作的风貌。

2001年，石景山区少儿图书馆启用了流通图书车，在区内的学校、街道、社区、部队建立图书分馆和流通站，目前达到43个。组织分馆管理人员开展业务培训、讲座。组织开展丰富多彩的读书活动。评估期内仅学校流通站平均年借阅11898人次，12709册次。

石景山区少年儿童图书馆外貌

图书馆外貌夜景

视听室

阳光天地阅览室

英语阅览室

业务研究、辅导、协作协调

评估期间，职工撰写论文在省级获奖及发表论文34篇。组织职工及分馆工作人员开展自动化管理指导2次，业务辅导活动14次。评估期内，年均培训2.5场次，接受培训的单位覆盖90%以上。

与北京市教育学院石景山分院、石景山区科技馆等单位签署了《合作协调协议》，与区内的部分中小学校签署了《"社会大课堂"社会实践基地共建、共享协议》，全年共组织开展活动11场，有1216人参加。

作为石景山区图书馆学会理事单位，积极参与学会开展的各种学术活动，组织开展各类征文，参与石景山区"古城之春艺术节"演出和石景山区"非遗"项目"永定河传说"传承教育基地建设等活动。

每年负责区内"红读"工作的组织，代表区文委与区教委、少工委、团区委、区精神文明办合作开展活动。此外，我馆还与区妇联、区科委、区科协、区残联联合开展各类主题活动。联合"小豆豆艺术工坊"等区内多家少儿教育机构举办亲子活动。2012年共举办活动25场，有3万多名中小学生及学前儿童参加。

与"青少年阅读体验大世界"、"京华时报"等其他地区的教育机构共同举办活动。年内共举办活动36场，有近2000人参加。

2次市属公共图书馆的专题座谈会、研讨会。

管理工作

馆内现有职工21人，大专以上学历为18人，占职工总数86%；具有中高级职称13人，占职工总数62%。少儿图书馆班子成员3人，年龄在34－44岁之间，结构合理，专业性强。全部大学本科毕业，受过图书馆专业系统学习。其中图书专业副研究馆员1名，中级职称1名，在职读研1名。馆内现有在职读研职工3人。评估期内年人均学时达到106小时。

提出"团结、敬业、创新、发展"的工作思路，"工作专心、服务热心、操作细心、接待耐心、相互关心、赢得众心"的"六心"工作准则。严格落实"三重一大"、民主集中制，做到党务馆务公开，实现管理工作的科学、民主、有序。

表彰、奖励情况

评估期间，我馆工获得各项荣誉嘉奖49次，其中，中央、部级奖项7个；省市级奖项30个；其他奖励12个。

馆领导介绍

吴私，男，1968年5月生，学历大学本科，民建会员、中共党员，助理馆员，支部书记、馆长。1987年7月参加工作，曾担任过石景山区少儿图书馆副馆长，石景山区图书馆副馆长，石景山区慈善寺文物保管所副所长。

李亚红，女，1969年2月生，学历大学本科，中共党员，馆员职称，行政副馆长。1987年7月参加工作，曾在石景山区图书馆工作，曾担任流通部主任，馆长助理职务。

刘婕，女，1978年9月生，学历研究生，学士学位，中共党员，副研究馆员，业务副馆长。2000年到石景山区少年儿童图书馆参加工作，曾担任过外借部主任。

未来展望

石景山区少儿图书馆将以"文化兴区，文化惠民"为目标，充分发挥文化引领、服务社会、推动发展的作用。大力推进文化设施建设，完善公共文化服务体系，提升服务能力，促进我区少年儿童阅读事业繁荣发展，在全面建设小康社会和构建社会主义和谐社会中发挥积极作用。为实现中国梦，实现中华民族的伟大复兴而努力奋斗！

联系方式

地　址：北京市石景山区古城南路11号
邮　编：100043
联系人：刘 婕，李亚红

科普阅览室

低幼家庭外借室

计算机阅览室

北京市海淀区图书馆

概述

北京市海淀区图书馆前身为1917年建立的西郊阅书报处，1984年建制定名为海淀区图书馆，馆址几经变迁，2005年12月26日，位于海淀区中关村西区丹棱街16号海兴大厦C座1－4层的新馆正式对外开放。未来新馆建筑面积29175平方米，设计藏书量为100－150万册（件），阅览座席1200个，年接待读者预计50万人次，借阅100万册次。1998年、2009年和2013年参加全国公共图书馆等级评估，均获得一级图书馆。目前，海淀区图书馆拥有阅览座席627个（含少儿座席132个），计算机126台，其中为读者提供服务用机79台，宽带接入30Mbps，选用智慧2000图书馆自动化管理系统。

业务建设

2012年度海淀区图书馆接收财政拨款1168万元，新增藏量购置费118.59万元。截止2012年底，海淀区图书馆总藏量103.7685万册（件），其中，纸质文献54.7902万册（件），电子资料39.7061万册（件），古籍429册，中文普通期刊88805册，电子期刊102种，视听及缩微文献3488件。

海淀区图书馆数字资源总量为18TB，完成了古籍数据普查和核对工作并将所有数据导入全国古籍普查平台，著录古籍45种441册，自主开发了"海淀叙录网站"。

2002年，海淀区图书馆将自动化管理系统升级改造为智慧2000联合馆系统，以适应北京市公共图书馆服务联盟建设的需要，同时，增加了通借通还功能。2013年年初，实现了馆内无线网络全覆盖功能，覆盖范围达到100%，极大地满足了读者需求。

读者服务工作

从2001年12月起，海淀区图书馆全年365天全天对外开放，每周开放70小时，2011年4月1日起，按照文化部、财政部正式印发的《关于推进全国美术馆、公共图书馆、文化馆（站）免费开放工作的意见》和《国家图书馆关于加强和改进公益性服务的实施方案》的要求，海淀区图书馆全面实现了免费对外开放。

2009－2012年底，海淀区图书馆开架书刊累计513307册，外借84.29万人次，借阅书刊132.62万册次。2012年开始，海淀区图书馆与门头沟区图书馆等5家图书馆建立了馆际互借服务关系，交流文献2118册。海淀区图书馆利用北京市文化局配置下发的流动图书车建立了22个流动服务站点，2009－2012年，流动图书车出车1675次，行程20008公里，办理借书证762个，流通11441人次，31478册次，解答读者咨询2392人次。

2009－2012年海淀区图书馆网站并链接了全国文化信息共享工程和海淀叙录等9家网站，设置了政府信息查询专用计算机8台和政府信息查询专架1个，截至到2012年底，共接收了海淀区各级政府以及相关机关单位纸质信息共计11202份，读者访问量达37.47万人次。

2009－2012年，海淀区图书馆共举办讲座、展览、培训和阅读推广等读者活动571场次，参与人数16.83万人次，每万人年均参与活动次数为225次。其中，为特殊群体组织活动：老年人计算机培训班44期，3440人次参加培训；农民工技能培训班8期，380人次参加了培训；青少年网页制作培训班4期，98人次参加培训；组织并接待农民工3批120人次集体走进海淀区图书馆全国文化信息共享工程支中心参观学习；针对弱势群体的大型活动6次，参与者近3000人次，组织各类讲座8场，听众达5330多人次。

业务研究、辅导、协作协调

2009－2012年，海淀区图书馆专业技术人员发表论文5篇，地方文献部出版专著2部，《海淀镇记忆》和《关于海淀》。

截止到2012年底，海淀区图书馆先后建成基层图书馆53家，其中含"一卡通"成员馆35家。建立24小时自助图书馆1个；社区益民书屋50个，村益民书屋82个；全国文化信息资源共享工程点112个，其中：共享工程区级支中心1个，街道基层中心22个，镇基层中心7个，村基层服务点82个；共享工程公共电子阅览室4个，数字文化社区公共电子阅览室8个，通过以上服务网络资源的使用，累计办理读者证15183个，接待读者120万余人次，借阅书刊129万余册次，举办读者活动189次，讲座151场，受益民众50余万人次，举办各类培训班55场，5200多人次接受培训。

截止2012年底，参与图书馆志愿服务的成人和青少年志愿者累计60名。

2012年3月，海淀区图书馆正式加入首都图书馆联盟体系。

区长视察工作

政协视察工作

送书进核心区

海淀文化节红色展览

图书馆内景

管理工作

截止到2012年底，海淀区图书馆拥有正式员工43人，本科学历以上人数为25人（含研究生3人），专科人数为18人；拥有高级职称专业技术人员3人，中级职称专业技术人员15人，初级职称专业人员21人。海淀区图书馆为中图学会单位会员，个体会员43人。编写《海图信息》、《海图分馆信息》32期，撰写专项调研、分析报告28篇，中级职称以上专业技术人员撰写论文64篇，发表并获奖5篇。

表彰、奖励情况

2009－2012年，海淀区图书馆共获得各种表彰、奖励21次，其中，北京市级表彰和奖励17次，区级表彰和奖励3次，其他表彰1次。

馆领导介绍

赖双平，男，本科学历，中共党员，馆长。1980年10月参加工作，2006年11月任海淀区图书馆馆长。2009年被北京市人民政府评为“优秀军队转业干部”先进个人；2011年被北京市海淀区公共委评为“2011年度优秀先进个人”、被北京市科学技术情报学会高等院校科技情报专业委员会授予“北京信息服务先进个人”、被北京市海淀区文化委授予“北京市海淀区首届文化服务之星”。

姚光丽，女，本科学历，中共党员，馆员，书记兼副馆长。2002年10月参加工作，先后在采编部、计算机服务部工作，任计算机部主任，2006年10月任副馆长，分管业务工作；2010年5月任图书馆支部书记。

闫京海，女，本科学历，中共党员，馆员，副馆长兼办公室主任。1990年9月到海淀区图书馆工作，先后在阅览部、辅导部、流通部、少儿部、机关分馆、馆办公室等部门工作，任副主任、主任等职；2006年10月任副馆长。

未来展望

海淀区图书馆新馆目前正在建设当中，新馆在设计中充分融入节能、环保和低碳的理念，自然采光、自然通风、自然调温，同时用足够的植物配置和丰富的人文景观与周围的建筑群自然联系，建设成一个节能环保、绿色低碳，楼宇自动化、通信自动化、消防自动化、安全防范自动化、办公自动化的新型图书馆。

未来新馆建筑面积29175平方米，设计藏书量为100－150万册（件），阅览座席1200个，年接待读者预计50万人次、借阅100万人次。

新馆的社会功能定位为：一是为最广大的普通民众服务；二是为传承海淀历史文化服务；三是为中关村核心区建设服务；四是为打造海淀精品文化服务；五是为居民文化交流休闲服务；六是为基层公共图书馆体系服务。设想以海淀区“文图”两馆为龙头，增强区、街镇、社区村三级公共文化服务设施，以及社会公共文化服务的协调配合，统筹公共文化资源要素的合理配置和资源的整合利用，探讨总分馆、联合协作网等管理模式，形成三级联动、区域共建、运转有序、服务高效的公共文化服务设施运行机制。

联系方式

地　址：北京市海淀区丹棱街16号海兴大厦C座1－4层
邮　编：100080
联系人：姜 威

新馆鸟瞰图

北京市房山区图书馆

概述

房山区图书馆馆舍建筑面积6211.5平方米，其中：一、现房山区图书馆大楼，建筑面积3362平方米，位于房山区城关东大街15号，1996年建成并投入使用；二、房山区图书馆培训部，建筑面积1084.50平方米，位于房山区城关东大街42号，2007年文委迁址良乡后，原办公楼交付图书馆使用，现开展业务培训、社会教育培训等工作；三、作为房山区图书馆文博分馆，建筑面积1765平方米，位于房山区石楼镇二站村。全馆共拥有阅览座席550个，计算机112台，选用智慧2000系统。目前新馆正在建设中，建筑面积15840平方米，预计于2016年竣工投入使用。

业务建设

截止2012年底，房山区图书馆总藏量达到600534册（件），其中，普通图书519773册，报刊816种10552册，视听文献2802件，电子图书66943册，古籍464册。

2012年，我馆购书经费共计96.5246万元，其中70万元用于购置图书；14.813824万元用于购置报刊；11.7108万元用于购置电子图书。

我馆存储在本地的数字资源总量约为6.32TB，其中：工享工程资源文件4.35TB，文化共享工程接收资源0.27TB，电子图书0.68TB，县级数字图书馆推广计划资源1TB。自建全文数据库资源0.02TB。地方文献书目数据库选用以ASP及NET为核心技术，建立MS-SQL的核心动态数据库；存储设备使用的是专用存储服务器。我馆将部分地方文献进行全文数字化加工，纸质文献通过扫描，转换成PDF等格式的多媒体资源。截止到目前，地方文献数据库已有资源20GB，其中包括图片208张；图书17册；论文5篇。读者可通过我馆网站检索平台按书名、作者、出版社、等不同内容进行书目检索，方便快捷。

1996年便引进了深圳图书馆开发的ILAS图书馆管理系统。随着图书馆数字化、网络化程度逐步提高，2003年，更换了智慧2000系统。2012年我馆加入了图书馆联盟，成为当时北京市71家通借通还图书馆成员之一，实现了读者卡的互认和图书文献无障碍流转。2012年1月，为读者提供无限制免费无线上网服务，覆盖率达到100%。

读者服务工作

从2011年5月起，房山区图书馆公共空间设施场地全年365天对外免费开放，周开放68小时，全年开馆3264小时。2009-2012年，年流通总人次21万，流通册次达30万册。2008年6月，我馆与大兴区图书馆、燕山图书馆建立馆际互借关系，签订协议书，在三家联合馆内开通馆际互借服务。2012年，我馆累计馆际互借图书88册。2009-2012年，已有6个流动服务车服务点，馆外共借阅图书105160册，平均每年达到26290册。2008年5月，政府公开信息查询中心为公众提供房山区70家区委、区政府机关以及各乡镇、办事处免费的政府信息、政府公报、法律法规的查询和咨询服务。承担政府信息查询工作四年来，共收到公开指南资料纸本文件68种，公开信息6800份，2012年共接待查询公开信息的读者108余人，查询信息300余条，使图书馆真正成为社会各界了解党和国家方针、政策的“窗口”，成为政府与大众沟通的桥梁与纽带。

2012年，房山区图书馆举办讲座、展览、培训、阅读推广、图书馆服务宣传周等读书活动，成人和少儿讲座、报告会30场，参与人数6322人次，与基层联合开展讲座175次，51643人次；举办成人培训41次，2293人次；举办各类展览12次，参与人数达1842人次；送书下乡10万册，147次；并在全区成人和小学生中组织开展了换书大集、情景剧、演讲、摄影和征文比赛等阅读活动17次，8402人次。2012年，累计举办读者活动279次，参与人数达79674人次。

作为郊区馆，与城区馆最大的不同就是我们同时担负着为居民和农民提供阅览服务的重要任务。2012年，国家图书馆赠送一台24小时自动图书馆，为了更好的满足山区群众对图书阅读的需求，我们将这个先进的小小图书馆安装在了韩村河府前广场，辐射周边数个乡镇。同时，我们考虑到我区人口聚居情况，将首都图书馆赠送二台自助图书馆安装在商业开发迅速、人群密集长阳地区，方便了民众阅读，受到当地群众普遍欢迎。

业务研究、辅导、协作协调

2012年房山区图书馆共组织普通职工、党员积极分子岗位培训18次，共652课时。组织全体干部职工参加首都图书馆的全员培训，共2745课时。总课时达到3397，平均每人113课时。截止2012年底，我馆共有在职职工25人，全部加入到中国图书馆学会。

2009-2012年，共撰写、提交论文5篇，其中3篇获得中图学会三等奖，2篇被图书馆省级核心期刊《金山》第8期、第10期收录。

2012年，房山区图书馆的共享工程工作，不仅有大量资源的普及与应用，也针对少年儿童开展特色活动。如组织开展了“像雷锋那样”为主题的电脑小报设计比赛活动，继承和弘扬雷锋精神，加强中小学生思想道德培育，不断深化爱党爱国爱社会主义主题教育，此次活动评选出的优秀作品参加全国的比

共享工程送爱心、庆六一活动

科普讲座进校园

红读系列活动之科普剧比赛

赛时均取得优异成绩，荣获全国二三等奖和优秀奖。同时，还举办了“童心友爱·绽放未来——全国文化信息资源共享工程送资源进校园”活动。在“六一”儿童节当天，文化部全国文化信息资源建设管理中心、首都图书馆与房山区文委、房山区图书馆在民仁学校共同举办了“童心友爱·绽放未来——全国文化信息资源共享工程送资源进校园”活动。在活动中，我馆为民仁学校捐赠了光盘60套，图书近200册，为小学生们送去了节日的礼物。

2009年，共享工程房山支中心根据区域特色建立了两个数据库，即石文化数据库和地方文献数据库。除此之外，我们还拍摄了宣传短片《山西威风锣鼓》，并按照上级要求，多次拍摄、制作视频短片颂歌献给党作品《大山里的小姑娘》和《赶上好时候》、“全国文化信息资源共享工程·公共电子阅览室示范点——洪寺数字文化社区”等。

目前以我馆为中心，乡镇级服务点23个为分中心，村级服务点全覆盖的资源共享模式。2012年，共组织培训639人次，培训的开展，提高了基层管理员的业务水平，保障了全区共享工程工作的顺利开展。

房山区图书馆积极参与跨地区联合编目工作，分别于2002年、2003年与国家图书馆、首都图书馆签订了联合编目协议，从两家不同权威机构获得数据支持，下载编目数据进行套录，规范了本馆文献编目工作。作为本地区中心馆，我馆积极组织街道乡镇图书室联合编目工作，与各图书室签订协议，统一购置、统一编目，保证配送中心图书、街道乡镇自购图书的数据规范、一致，为房山区图书馆网络建设奠定基础。

管理工作

2009–2012年，房山区图书馆完成2次全员岗位聘任，本次聘任共设27类岗位，有27人重新上岗，同时，建立了工作量化考核指标体系，每月进行工作进度通报，每半年和全年进行总体工作考核。

表彰、奖励情况

2009–2012年，房山区图书馆共获得各级各类表彰17次，国家级表彰、奖励3次，北京市文化局、首都未成年人思想道德建设、首都图书馆、北京市红读活动等上级主管部门表彰、奖励14次。

馆领导介绍

宋守鹏，男，1969年12月生，大学学历，中共党员，政工师，馆长。1989年3月参军入伍，2000年3月转业到房山区文化馆，历任文化馆办公室主任、文化馆副馆长，2009年6月任房山区图书馆馆长。

周兰萍，女，1961年9月生，大专学历，中共党员，助理政工师，党支书记。1979年1月参加工作，2007年调房山区图书馆任馆长，2009年11月任支部书记至今。

孩子在流动送书车内借阅图书

刘冬梅，女，1973年12月生，本科学历，中共党员，馆员，副馆长。1996年8月参加工作，先后在个人外借室、采编室等部门工作。2009年6月任命为房山区图书馆副馆长，分管业务工作。

刘晓阳，女，1979年2月生，本科学历，中共党员，馆员，副馆长。2002年8月参加工作，2002年8月–2014年4月在文化馆工作，2011年任文化馆副馆长，2014年5月调任图书馆副馆长，分管读者活动。

孙亚杰，女，1974年6月生，本科学历，中共党员，助理政工师，副馆长。1997年10月到文化馆参加工作，2005年任文化馆艺术培训学校校长。2009年6月调任图书馆副馆长，负责行政后勤、消防安全工作。

王宏梅，女，1967年8月生，本科学历，中共党员，副研究馆员，副馆长。1992年4月参加工作，1992年9月到图书馆工作。2004年被评选为流通部主任，主要负责少儿部、个人外借部、成人阅览部、良乡外借室3部1室的工作。2011年12月，任命为图书馆副馆长，分管业务工作。

未来展望

房山区图书馆新馆正在建设中，新馆面积将达到15840平方米，位于人口密集的长阳CSD中心城区，藏书能力将达到100万册以上，能够满足房山、良乡地区借阅需求。在新馆建设、开放的基础上，我们可以吸引更多的读者到馆阅读；开展更多的读者活动；开辟更多的社会教育途径，让社会上更多的人群走进图书馆。

联系方式

地　址：房山区城关东大街15号
邮　编：102400
联系人：刘冬梅

4·23世界读书日活动

元旦春节活动

流动送书车走进山区

北京市通州区图书馆

概述

通州区图书馆是区属综合性公共图书馆，始建于1958年，馆史可追溯到1916年在通县成立的河北省立第一通俗图书馆，当时隶属于京兆学务范围，馆址设在城内潞河公园。通州图书馆2002年成为北京市全国文化信息资源共享工程通州分中心；2003年成为北京市公共图书馆一卡通成员馆，首都图书馆特色资料分馆，实现图书通借功能；2008年建成北京市少儿科普阅览通州分中心；2011年被团市委命名为社区青年阅览室；2012年成为首都图书馆联盟成员单位和图书通借通还馆。通州区图书馆多年来始终坚持以人为本的服务准则，以"读者至上、服务第一"为宗旨，以红领巾读书活动和少儿科普活动、新书阅读活动为特色品牌，以构建和谐通州为奋斗目标，是通州区科学、教育、文化事业的重要组成部分、重要的知识信息枢纽、精神文明建设基地、首都副中心的文化地标之一，是为广大社会公众提供文献借阅、信息咨询、讲座论坛、展览交流、文化休闲等全方位、多层次的文化信息服务，以及开展社会教育、开发智力资源的公益性文化服务机构，是通州地区的中心图书馆。

从"十一五"到"十二五"期间，伴随通州区公共文化发展，北京市公共图书馆计算机信息服务网络、全国文化信息资源共享工程、北京市全民阅读工程先后启动，通州区图书馆作为北京市计算机服务网络的成员馆、北京市文化信息资源共享工程支中心，先后在通州区建立了3家分馆、8个联网图书室、499个文化信息资源共享工程基层服务点，实现了共享工程村村通。2011年末通州区图书馆新馆破土动工，2012年加入首都图书馆联盟，与全市100多家图书馆（室）实现通借通还。

业务建设

2012年，通州区图书馆财政拨款总额1017.3792万元，2009—2012年拨款增长率与当地财政增长率的比率为254.11%，新增藏量购置费为280万元，电子资源购置费占资源购置费的比例为3.13%，截止到2012年11月，全年共收到中央财政免费开放经费10万元。

截止2012年底，通州区图书馆馆藏文献34.83万册（件），其中：图书372314册，视听文献5585件，报刊26668册，地方文献7110册（件），电子文献30.79万件。

截止到2012年底，通州区图书馆可提供给读者访问存储本地镜像资源总量为22.59TB.其中包括：通州区图书馆自购专题数据库9个、自建专题数据库《北运通州》1个、北京市分中心配发文化共享工程资源和数字图书馆推广工程资源。

读者服务工作

通州区图书馆365天全年对外免费开放，周开放时间为65小时，年接待读者20万余人次，年外借图书22万余册次。

2012年馆藏书刊年外借率是24.8%，书刊文献年外借册次30.09万册（次），馆藏书刊文献年外借率为74.85%，持证读者人均年到馆次数15次/人。

2009—2012年，馆外流动送书点33个，累计借阅人次62512人次，累计年借阅册次134794册次。

2012年，通州区图书馆采取设立新书推荐专架、开展主题图书推荐专架以及图书馆网站分期刊登新书推荐目录三种形式，累计推荐图书2100种9000余册。

通州区图书馆长年坚持为特殊群体的服务工作。为残疾人设置盲道、无障碍通道、无障碍卫生间；为外来务工人员及其子女开设免费电脑上网知识培训，设立"关注特殊群体"专架，送书进工地；为外来务工人员子女开展"爱心快递"活动；为老年人免费提供老花镜、放大镜等；设立老年读者专座；订购大字版阅读资料；为老人开展免费的电脑知识普及培训班等。

2012年通州区图书馆先后与包括朝阳区图书馆在内的3个图书馆签订了馆际互借协议书，全年累年馆际互借图书114册。

2012年，通州区图书馆根据社会需求，为社会公众做好参考咨询服务，解答信息咨询10840人次、提供文献代查代检62份、编制二次文献6种、为科研与经济建设提供2次信息服务。利用馆藏文献及共享资源，从多个角度分别为通州区文化委员会、通州政协、张家湾镇政府、投资促进局、通州区文明办等提供信息服务5份，编制文献7份。接收政府信息公开文件60件，接待政府信息查询275人次，电话查询80人次，查到率100%。

2012年，通州区图书馆举办讲座、培训、展览、阅读推广等活动190次，参加人数20780人次。其中讲座、培训76场，接待读者32221人次；展览13场，参观人数56800人次；阅读推广活动70场，参加人数65603人次。举办服务宣传活动31场，参加人数52793人次。

通州区图书馆网站始建于2009年，网址：www.tztsg.com。网站内容丰富，设计美观，制度健全，更新及时。

业务研究、辅导、协作协调

2009—2012年，通州区图书馆职工在省级以上刊物或专业会议上发表论文4篇；成立科研项目3项，完成了《通州区少年

儿童科普资源平台建设项目完成情况报告》、《北京市科普基地申报书》及《科普工作总结》。

2012年，通州区图书馆参加首都图书馆、区文委及本馆开培训25项，人均学时102.5小时；组织馆内业务培训15天，120学时；参加北京市图书馆协会组织的业务培训2次；组织基层图书管理员业务培训6期，640人次，累计投入经费48899.91元，开展活动54次，参与人次超过1907人。

2003年5月，通州区图书馆与首都图书馆签订了《北京市文献联合编目协议书》，2004年6月与国家图书馆全国图书馆联合编目中心签订了《成员馆协议书》。

2012年通州区图书馆共上传编目数据14785种，下载中文图书编目数据9146种，23931条。

2012年，通州区图书馆先后建立了八方达通州分公司、高炮师预备役、区政协机关"流动图书送书点"，共送图书、期刊3000册。开展以"悦读分享"为主题的换书活动，为全区各党派、团体、界别、委员提供学习平台。举办的"全民阅读"等大型读书活动，携手教委签订北京市中小学社会大课堂建设项目合作意向书，与通州区第六中学、东方小学、南关小学签订读书基地合作协议。被通州区科委推荐建设通州区少年儿童科普资源建设平台。

通州区图书馆建成了区、乡镇（街道）、村（社区）三级图书馆服务网络模式，截止到2012年底，11个乡镇，4个街道，480个行政村，60个社区都建立了图书室，实现了基层图书室的全覆盖。另外还建成北京现代音乐学院等八个分馆及33个基层送书点，全部加入北京市"一卡通"服务网络。2012年基层图书室借阅人次22998人，册次60450册，开展活动54场，参加人数1907人。

管理工作

通州区图书馆按需设岗，按岗聘用，严格制定岗位责任制，并实行竞争上岗，结合一年的工作情况，制定考勤制度及年终考核奖励机制。

表彰、奖励情况

2009-2012年，通州区图书馆共获得各种表彰、奖励28次，其中，获得市级业务主管部门、党委、政府表彰、奖励16次；获得区级业务主管部门表彰、奖励12次。

馆领导介绍

通州区图书馆领导班子4名，全部具有大专以上学历；老、中、青三代结合，职责分工明确，结构合理；主管业务的馆长助理受过系统的图书馆学培训；领导班子主动参加首图、区委、文委等上级机关及馆内举办的各类培训班。

杨兰英，女，1966年6月生，本科学历，中共党员，副研究馆员，馆长、副书记。

董本和，男，1958年1月出生，大专学历，中共党员，书记、副馆长。

任永红，女，1961年9月出生，本科学历，中共党员，副馆长。

未来展望

集文化教育中心、文献收藏中心、运河文化服务与研究中心、信息导航与开发服务中心、读者阅读活动中心、艺术资源阅读视听中心为一体的知识、信息殿堂，更是一座实施全开放的人性化服务，充满现代与人文气息的示范性图书馆，也将成为面向世界的对外交流、文化服务窗口。

突出地域特色，创建"中国大运河数字资源库"。通过技术手段保护通州区图书馆古籍和珍贵文献，展示中国大运河北运河段，主要是北首通州地区的文献资源，使之成为展示通州文化精粹，便于公众利用，弘扬运河文化的平台。

建立数字资源电子服务大厅，为创建人与信息交流的新界面提供环境基础。通过LED大型信息公告栏、数字信息交互平台、北运通州新媒体展示平台等表现形式，让读者方便有效地获取信息资源。

引进"真人图书馆"，开展特色服务。"真人图书馆"为读者提供真人交流平台，让读者体验阅读纸质图书所不具有的最直接的感受。

承接中心城的行政、商务、商贸、文化创意等功能，依据地域特色、读者结构和需求，开设特色专题阅览室，为国外领先行业和外国人设立的"多语种读物"阅览室，为宋庄地区艺术爱好者和设计从业者提供"艺术设计图书阅览室"。

打造示范型、智能型的少儿数字科普体验馆。利用新馆少儿新媒体体验区和穹隆式少儿科普活动中心，为少年儿童搭建普及科学知识，提升阅读兴趣，激发想象力和创造力的益智平台。

建设中国盲文图书馆通州支馆，服务弱势群体。视障人士可语音控制电脑，通过盲文图书馆获得与普通读者一样的数字信息资源，还可免费收听有声读物、音乐欣赏、在线讲座等丰富多彩的特色资源。

百年沧桑，地杰人灵；千年运河，翰墨飘香。通州区图书馆将以崭新的面貌、丰富的资源、方便快捷的服务方式、温馨舒适的阅读环境，引导每位读者度过每一刻幸福美好的阅读时光，在建设首都城市副中心的历史时期，与全区人民共谱一道亮丽的诗篇。

联系方式

地　址：通州区京贸中心东侧50米通州区图书馆
邮　编：101100
联系人：郝津俐

北京市昌平区图书馆

概述

昌平区图书馆前身为昌平县文化馆图书组，成立于1949年9月，1979年1月单独建制。1999年10月昌平撤县设区，昌平县图书馆升格为昌平区图书馆。1985年9月28日独立馆舍建成开馆，馆舍面积2300平方米。2003年初区政府投资建图书馆新馆，2004年12月18日新馆正式投入使用，建筑面积1.2万平方米，设施齐全，功能完备。2012年，昌平区图书馆馆藏资源达到61万册、件，有阅览座位1074个，少儿阅览座位102个，计算机172台，宽带接入20Mbps，采用智慧2000数字图书馆管理系统。在1994年全国公共图书馆首次评估定级工作中，以887分的成绩名列全市郊区县馆第一名，被评为全国二级图书馆；在1998年第二次、2009年第四次、2013年第五次全国公共图书馆评估定级中被评为“全国一级图书馆”。

业务建设

2012年昌平区图书馆用于新增藏量购置经费110万元，其中用于电子文献购置经费14万元。截止2012年底，昌平区图书馆馆藏总量达到610615册、件，其中图书579665册，电子文献、视听光盘14517件，装订报刊15812册，古籍379册，盲文图书242册，地方文献藏书1102册。近四年年均入藏量15270种，39817册，报刊年均入藏量831种；视听文献年均入藏1175件。

2004年11月与中国网通集团北京市通信公司签订《宽带接入协议》，开通10兆宽带。2011年底，增加一条10兆带宽光纤，网络总带宽达到20兆。截止2012年底，局域网上已有各种微机200余台，各种应用服务器10台，并在全馆实现无线网络覆盖。昌平区图书馆可使用数字资源总量70TB，其中有自建的地方文献专题数据库，有共享工程下载数据库、共享工程自建资源库、数字图书馆专题数据库、万方数据库、龙源期刊、CNKI、方正数据、读秀、百链、超星图书多种优秀电子资源，为广大读者提供了丰富的馆藏资源。

读者服务工作

昌平区图书馆坚持“读者第一，服务至上”的宗旨，为全区读者免费提供主动式、开放式服务。2011年底图书馆全部免费开放，文献资源借阅、检索与咨询、公益性讲座和展览、基层辅导、流动服务等基本文化服务项目健全并免费提供，为保障基本职能实现的一些辅助性服务如办证、验证及存包等全部免费。每周开馆时间达到68.6小时，实行全年365天开馆，节假日不休息。

2009–2012年，昌平区图书馆年均接待读者40万人次、流通图书50万册次，每年举办读者活动百余次，参加人数十万人次。仅2012年，年流通图书504209册次，向读者推荐新书、好书10期，1323种；解答读者咨询2302条，接待到馆读者627857人次；举办各类活动271场次，107042人参加，其中讲座、培训72场次，有6858人参加。展览活动13次，43050人参加。阅读推广活动40场次，参加活动人数超过万人。截止2012年底，昌平区图书馆拥有持有效证读者30690人，

昌平区图书馆依托自身丰富的文献信息资源，开发多种二次文献为不同群体服务。始于1987年创刊的《知识情报信息》，刊物栏目灵活多样，紧密结合形势和本地区的中心工作，地域特色十分鲜明，为领导科学决策提供参考；针对农户开发《致富好帮手》；针对少儿读者编制了《星海花》；为大众读者编制了《大众常识》有针对性地提供特色信息服务，满足不同阶层读者信息需求。

业务研究、辅导、协作协调

2009年至2012年，昌平区图书馆组织会员和工作人员参加中国图书馆学会、北京市图书馆协会学术活动，在省级以上刊物或专业会议上发表及获奖论文共计13篇。

到2012年底，昌平区图书馆在全区建有镇级图书馆分馆19个，村级图书室303个，社区图书室个112个，实现全区镇、村级图书馆（室）全覆盖。2012年举办基层图书管理员培训班6期，331人参加；下乡业务辅导59次；建立基层送书点20个，送书100次，25500册；并以基层图书馆（室）为依托积极开展各类读书活动。

2008年底昌平区全国文化信息资源共享工程实现昌平区镇、村全覆盖。每年举办基层管理员培训班6期，对基层管理员进行培训，并定期下乡检查解决实际问题，2013年培训基层管理员320人次，下乡检查维修各类故障40余次。

2008年9月1日，我馆加入“一卡通”服务，实现和城区、郊区“一卡通”联网馆的联网，实现通借通还服务。2013年，东小口镇图书馆实现通借通还服务。

管理工作

昌平图书馆认真推进科学化、精细化管理，结合自身发展实际，提出了人事、财务、设备物资、档案、统计、环境、消防保卫工作的管理目标，明确了管理工作的指导思想和总体要求，制订了完备的规章制度。

严格目标责任制、聘任制和奖惩制度，每年对全馆岗位进行竞聘上岗，对中层干部进行竞聘聘任，每半年对各部室工作进行一次全面检查，奖勤罚懒；严格遵循"预防为主，防消结合"安全工作方针，每周对各部室进行安全检查。

表彰、奖励情况

昌平区图书馆自1984年进入市级先进行列后，先后多次荣获市级文明图书馆、全国文明图书馆的光荣称号。2000年以来，我馆先后荣获北京市及全国"巾帼文明示范岗"的光荣称号，被文化部评为"读者喜爱的图书馆"，连续几年"红领巾读书活动"、"全民阅读"活动中荣获优秀组织奖。2009年至2012年，昌平区图书馆共获奖项44个，其中市级奖项34个、区级奖项10个。

馆领导介绍

董秀芳，女，1963年10月出生，本科学历，副研究馆员，中共党员，1985年7月参加工作。2000年4月，调入昌平区图书馆，曾在辅导部、采编部、办公室、网络部、地方文献部等部门工作。2003年11月评为副研究馆员，2007年4月，任昌平区图书馆副馆长，主抓全馆业务工作，2012年，任代理馆长。

陈丽娟，女，1977年9月出生，本科学历，馆员，中共党员，1996年12月参军，2000年9月到昌平区文化馆工作；2005年5月担任昌平区文化馆工会主席，2007年4月调入昌平区图书馆，任副书记、副馆长，2012年，任图书馆党支部代理书记。

张连钢，男，1963年8月出生，大专学历，中共党员，1990年在农机局供应公司工作，1998年至2006年在昌平区科技园区任行政科长，2007年4月，任昌平区图书馆副馆长。

未来展望

昌平区图书馆将秉承"为建设学习型昌平，满足每位读者需求"的办馆方针，坚持面向基层、面向群众，把社会效益放在首位，不断拓展教育及信息功能，狠抓读者服务工作，强化服务创新，逐步建立区—镇—村—户四级图书馆服务网络，加快推进数字图书馆网络建设。

联系方式

地　址：北京市昌平区府学路10号
邮　编：102200
联系人：孟晓庆

北京市大兴区图书馆

概述

大兴区图书馆建于1958年，是区内唯一的综合性公共图书馆，于2006年7月迁址黄村西大街。大兴区图书馆以"团结、奋进、开拓、创新"为工作方针，结合图书馆事业发展方向，致力于建设"纸质文献与电子文献并重、实体馆藏和虚拟馆藏互补、信息资源与社会发展相适应"的馆藏体系，现已成为具有一定规模和特色的现代化图书馆。2009年，参加第四次全国公共图书馆评估，首次获得一级图书馆。

大兴区图书馆总建筑面积1.2万平方米，馆内设有多媒体阅览室、个人外借部、少儿阅览室等6个对外服务窗口，阅览坐席502个，计算机182台，信息节点60个，宽带接入30Mbps，选用"智慧2000"图书馆自动化管理系统。小剧场、培训教室、展厅、多功能厅等配套设施一应俱全，可举办会议、培训、展览、文艺演出、数字电影放映等活动。

业务建设

截止2012年底，大兴区图书馆总藏量81万余册（件），其中，纸质文献79万册（件），电子图书30.6661万册，期刊文献1500余万篇。

2009年至2012年，大兴区图书馆新增藏量购置费分别为127.10万元、116.08万元、114.72万元、129.82万元。2009–2012年，共入藏中外文图书3.1万余种，18万册，中外文报刊3872种，视听文献720种，电子文献30余万册。

截止2012年底，大兴区图书馆数字资源总量为15TB，拥有各类型数据库9个。数据库信息类型广泛，包括期刊、报纸、论文等。电子信息与纸本文献互补，又自成系统，学科内容涵盖文学艺术、经济金融、语言文字等多个领域。

2004年开始，馆内采用"智慧2000数字图书馆系统"，实现了纸质文献采访、编目、流通、入藏、信息检索查询等各项业务的现代化管理；图书馆网站建于2006年，读者既可以查看新书推荐、兴图资讯等栏目，也可以全天24小时访问电子文献资源；此外，于2010年，在馆内开通无线网络，读者只需携带智能手机、笔记本电脑、平板设备等，即可浏览数字资源。

读者服务工作

大兴区图书馆在服务中，突出公益性，实行全年开放制，周开放时间达到64.5小时。自2011年4月起，全面落实"三馆一站"免费开放政策，并于2012年3月，加入首都图书馆联盟，使读者尽享文化惠民的服务成果。2009–2012年，书刊总流通61.5787万人次，书刊外借124.9049万册次。

在完成传统借阅服务外，还注重发挥教育职能，通过开展丰富多彩的读者活动，引导群众走进图书馆、利用图书馆。2009–2012年，大兴区图书馆共举办讲座、展览、培训、阅读推广等读者活动535场次，参与人数12.1064万人次。创建了兴图讲座、兴图影像、兴图培训三个公益性活动品牌，深受广大读者喜爱。2012年，大兴区图书馆还举办了首届读书节，贯穿全年的读书活动得到了群众的广泛参与。

近年来，按照"总馆—分馆"制的建设模式，建成镇（街道）级分馆15个，村级图书室527个、共享工程服务点527个，社区阅览室65个、学校借阅点16个、部队阅览室10个、机关、企事业单位图书室37个。2009–2012年，馆外书刊流通总人次29.0943万人次，书刊外借25.9571万册。同时，依托现有区、镇、村三级文化服务网络，探索建立了"1+7"多维度拓展空间模式，共拓展出8万平米的文化活动场所。例如在人防工事开辟阅读空间，在馆内实现无线网络覆盖，开通官方微博，在私人企业设立图书馆借阅点等，逐步建立起现代化、深层次的读者服务网络。

此外，大兴区图书馆还深入挖掘基础工作的宣传点，突出服务的重点、亮点，注重对工作职能及社会效果进行宣传。仅2012年，就编印《工作简报》10期，《农业资讯》6期，微博发布新书通告12期；利用《大兴报》推荐各类图书200余册。大兴电视台采访报道读书活动近30次，报纸刊登近50次，各类网站发布转载100余次。

业务研究、辅导、协作协调

近年来，大兴区图书馆联合各镇（街道）文体中心，每年对群众文化组织员开展定期集中辅导和按需个别上门辅导工作，进行基层图书室管理、共享工程等相关内容的培训。仅2012年，共对14个镇、5个街道的管理员开展集中培训22次，累计培训2000余人次。与此同时，按照"请进来，走出去"的原则，邀请首都图书馆专家到馆内讲解图书分类、分类标引等专业知识，并组织馆内职工到厦门图书馆、首都图书馆二期、北京石油化工学院图书馆、中国人民公安大学图书馆（南校区）、朝阳区潘家园街道数字文化社区及其他兄弟区县馆进行参观学习。

近年来，大兴区图书馆致力于构建多方合作的资源共享机制。建立了纵横交错的区内外图书馆资源共建共享体系。横向与首都图书馆和其他区县图书馆建立联系，2011年7月，大兴区图书馆与北京石油化工学院图书馆开展"区、校图书馆共建共享"合作，双方签属了共建共享协议，正式确立了合作伙伴

多媒体阅览室

共享工程基层服务点

少儿阅览室

"我喜爱的书中人物"讲故事比赛

首届大兴区益民书屋服务纪实情景剧大赛

第二届北京阅读季暨"书香新区"大兴区首届读书节启动仪式

关系。近两年来，石化学院图书馆在馆内设立图书专架，为广大读者提供专业书籍。同时，也走进石化学院举办宣传活动，向广大师生展示具有馆藏特色的地方文献、共享工程资源等。目前，区、校图书馆可共享纸质图书资源150万册，电子图书100万册。纵向，区内图书馆作为三级信息服务网络的龙头，为镇（街道）图书馆、基层借阅点提供技术支持和业务辅导，进行区内的联采统编工作。

管理工作

2009年至2012年，大兴区图书馆不断完善内部管理制度。重新修改了《大兴区图书馆考勤管理办法》、《大兴区图书馆考勤管理考核办法》等规章制度，进一步规范了单位内部管理，确保了各项工作正常开展。大力提倡"五点工作法"，即微笑多一点、行动快一点、理由少一点、质量好一点、效率高一点，进一步强化服务意识。于2013年初完成了全员聘任制，所有人员进行双向选择。针对全员聘任办法，对部室主任、各部室工作任务、各岗位工作职责进行重新设定，做到"四个明确"，即岗位明确、职责明确、任务明确、目标明确，进一步健全了公共文化服务绩效考核体系。

表彰、奖励情况

2009–2012年，大兴区图书馆共获得各种表彰、奖励23次，其中，国务院业务主管部门及省委、省政府表彰、奖励1次，省级业务主管部门、地级党委、政府表彰、奖励20次，地市级业务主管部门表彰、奖励2次。

馆领导介绍

孙海波，男，1980年4月生，研究生学历，中共党员，馆员，馆长。2000年8月参加工作，先后在采编部、电子阅览室、合作协调部、办公室工作。2009年4月至2013年1月担任大兴区图书馆副馆长，2013年1月被任命为大兴区图书馆馆长，负责全面工作。

侯燕，女，1973年4月生，本科学历，中共党员，馆员，党支部书记兼副馆长。1996年7月参加工作，先后在个人外借部、合作协调部、少儿阅览室工作。2003年1月被任命为大兴区图书馆副馆长。分管基础业务工作、党团工作、工会、老干部等。

王伟，女，1980年12月生，本科学历，中共党员，馆员，副馆长。2004年7月参加工作，先后在少儿阅览室、电子阅览室、采编部、宣传策划部工作。2013年3月被任命为大兴区图书馆副馆长，分管共享工程建设、读者活动开展、对外宣传等工作。

未来展望

今后，大兴区图书馆将注重加强以下几个方面的工作，一是在学术研究方面，要加强规划和组织；二是进一步加强地区性、跨系统资源共建共享和合作；三是在数字图书馆建设的标准化方面下工夫；四是加大高素质人才队伍的培养；五是进一步深化信息服务工作。总之，大兴区图书馆将继续发扬优势、弥补差距，根据办馆理念和奋斗目标，进一步明确定位，扎扎实实地改进提高，把各项工作推向新的水平。

联系方式

地　址：北京市大兴区黄村西大街11号
邮　编：102600
联系人：孙海波

个人外借部

图书馆外景

北京市怀柔区图书馆

概述

北京市怀柔区图书馆初创于1934年（民国23年），怀柔县城建立“民众教育馆”，设有书报阅览室；1946年（民国35年）建“社会服务处”，设有图书室，并自办油印小报《怀柔半月刊》；1950年1月怀柔县文化馆建立，同时设图书组；1979年11月，图书组从文化馆分出，单独建制，正式建立怀柔县图书馆。馆址几经变迁，2008年3月18日，位于怀柔区富乐大街8号的新馆建成开放，新馆占地面积6520平方米，建筑面积7309平方米。北京市怀柔区图书馆有阅览坐席589个，计算机157台，宽带接入50Mbps，选用智慧2000图书馆自动化管理系统。2009年，参加第四次全国公共图书馆评估，首次获得一级图书馆。

业务建设

截止2012年底，北京市怀柔区图书馆总藏量80.1万册（件），其中，纸质文献54万册（件），电子图书26万册。2009—2012年，北京市怀柔区图书馆年新增藏量购置费150万元，共入藏中外文图书7.2988万种，21.018万册，中外文报刊5152种，视听文献4606种。截止2012年底，共征集地方文献430种，1195册（件）。

截止2012年底，北京市怀柔区图书馆数字资源总量为16.21TB，其中，自建数字资源总量13.38TB。在建的数据库有《怀柔区地方文献》、《怀柔长城文化》、《怀柔非物质文化遗产》、《怀柔不可移动文物》、《怀柔区镇志、村史》、《怀柔古籍》。

馆内安装美萍上网行为管理系统、上网认证系统、OA平台办公系统，为读者提供安全可靠的上网环境。2013年年初，实现馆内802.11N无线网络覆盖。

读者服务工作

从2011年4月1日起，北京市怀柔区图书馆实行全年365天对外免费开放，周开放66.5小时。2008年6月，开通与首都图书馆等5家图书馆的馆际互借服务。2012年3月，加入首都图书馆联盟，开通通借通还服务。2009—2012年，书刊总流通175.9491万人次，书刊外借136.718万册次。截止2012年底，怀柔区共建成街道、乡镇图书馆16个，覆盖率达到了100%；建成社区、村级图书室311个，覆盖率达到了98.7%。馆外书刊流通总人次59.1751万人次，书刊外借57.8008万册。2012年，收到区内52家单位的政府公开信息文件261种711份，累计3626种10889份；每双月为怀柔区委宣传部、怀柔区文化委员会及政府机关提供信息服务；2012年，为北京市怀柔区总工会提供信息咨询服务，完成《城市志愿者队伍建设工作资料汇编》。

2009—2012年，北京市怀柔区图书馆网站访问量10.601万次。2011年，添购触摸屏电子读报机，同年，开通怀柔区图书馆微博。截止2012年，北京市怀柔区图书馆发布使用的数字资源总量为16.21TB，均可在馆内进行浏览。

2009—2012年，北京市怀柔区图书馆共举办讲座、展览、培训、阅读推广等读者活动416场次，参与人数46.5089万人次。以“书香怀柔”为品牌，由怀柔区委宣传部、怀柔区文化委员会主办，怀柔区图书馆承办的全民阅读活动，每年在全区14个镇乡、2个街道，14个区直工委中组织开展形式多样的读书活动，并进行评选表彰，是怀柔区图书馆阅读推广工作的特色，活动于2012年被北京市建设学习型城市工作领导小组评为“首都市民学习品牌”活动，填补了怀柔区在申报首都市民学习品牌的空白。

业务研究、辅导、协作协调

2009—2012年，北京市怀柔区图书馆职工撰写论文223篇，出版发表13篇。

2003年5月，怀柔区图书馆与首都图书馆签订了《北京市文献联合编目中心用户协议书》。2008年加入“一卡通”后，每天向首都图书馆中心机房上传编目、读者、财产等数据。2012年，共上传编目数据12459条，累计上传134559条，下载中文图书编目数据1161条，累计下载22812条。2012年4月，与国家图书馆全国图书馆联合编目中心签订了《成员馆协议书》，可下载国图数据，直接使用。

每年组织本馆工作人员和本地区基层图书馆（室）工作人员开展各项学会工作。2012年，共组织会员及基层图书馆（室）管理员培训30次，536人次参加；参加北京市图书馆协会组织的业务培训2次，158人次参加。2010年，推荐的基层演讲选手孙晓裕被评为“全国最佳读书奖”；2012年，培训的基层管理员张玉霞获“全国文化共享之星”称号。

2009年12月，怀柔区图书馆被共青团怀柔区委员会授牌成为怀柔区首批志愿服务公益实践基地，公开招募志愿者，先后与北京京北职业技术学院青年志愿者协会、中国联合网络通信有限公司怀柔分公司签订了共建协议。自2010年开始，在馆内少儿综合阅览室面向中小学生开展志愿者招募工作，并将此项工作作为每年的常规工作。

迎国庆全民读书活动颁奖仪式

我眼中的北京精神”讲故事比赛

志愿者为小学生讲《三字经》

电子阅览室

少儿图书借阅室、科普图书借阅室

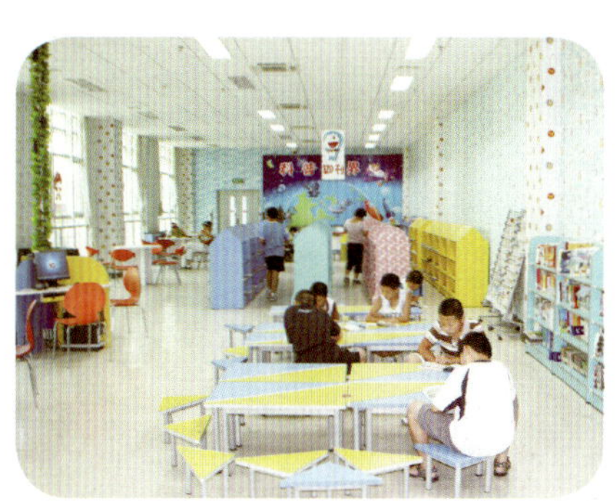
少儿科普阅览分中心

管理工作

2011年，北京市怀柔区图书馆完成第三次全员竞争上岗工作，全馆共设12个部门、55个岗位；从2008年起，每年年初制定岗位责任制和考核办法，年终按照责任制和考核办法，结合年内的实际工作、出勤、参加培训、获奖情况对各部门和职工进行考核。健全固定资产管理制度、中心机房设备管理制度、办公用品采购与领用制度、报告厅大型设备管理制度等，并严格执行，对固定资产的管理，实行国有资产动态管理。档案制度健全，实现所有档案目录电子化，并于2010年顺利通过档案管理市一级达标工作。

表彰、奖励情况

2009—2012年，北京市怀柔区图书馆共获得各种表彰、奖励29次，其中，国家级表彰、奖励4次，北京市文化局、共青团北京市委员会等上级主管部门表彰、奖励25次。

馆领导介绍

王建军，男，1960年5月生，本科学历，中共党员，会计师，馆长，党支部书记。1989年12月参加工作，任北京市怀柔县红螺寺管理处会计；1998年6月，任北京市怀柔区图书馆馆长。

李晓东，女，1969年12月生，本科学历，副研究馆员，副馆长。1989年11月到北京市怀柔区图书馆参加工作，先后在打字复印部、采编部、辅导部、电子阅览部等部门工作。2005年3月被北京市怀柔区文化委员会任命为北京市怀柔区图书馆副馆长。分管除益民书屋、文化信息资源共享工程以外的业务工作。

张慧，女，1985年4月生，研究生学历，中共党员，助理馆员，副馆长，党支部委员，工会主席。2007年10月到北京市怀柔区图书馆参加工作，先后在采编部、办公室工作。2011年12月被北京市怀柔区文化委员会任命为北京市怀柔区图书馆副馆长。分管行政、工会和共青团工作。

李超，男，1985年8月生，本科学历，中共党员，副馆长，党支部委员。2008年2月到北京市怀柔区图书馆参加工作，在办公室工作。2013年8月被北京市怀柔区文化委员会任命为北京市怀柔区图书馆副馆长。分管益民书屋、文化信息资源共享工程、后勤和安全工作。

未来展望

北京市怀柔区图书馆将继续秉承"读者第一，服务至上"的宗旨，营造优良的图书馆文化和团结和谐的服务氛围，提升图书馆的服务功能，扩大服务辐射区域，带动本地区图书馆事业的发展。2010年，在怀柔区文化委员会的支持下，怀柔区图书馆组建了全市首支文化志愿管理员队伍，实现了基层图书室和文化信息资源共享工程基层服务点工作有专人负责管理、组织开展活动的良好局面；2011年，组织人员编写了《怀柔区益民书屋管理工作手册》，用以指导全区各益民书屋和基层图书室开展工作；2012年，组织开展了"十万图书进农家"活动，为基层图书室配送图书十万余册；承办了北京市第二届阅读季"北京精神·美德传承"演讲比赛复赛与决赛，提升了图书馆的社会知晓度，带动了本地区图书馆事业的整体发展。

展望未来，北京市怀柔区图书馆将在现有馆舍的基础上，积极争取筹建分馆；重点做好数字资源的采购、计算机设备的更换，为数字图书馆推广工程奠定基础；继续加强对基层的业务辅导，组织开展好全民阅读活动，让更多的读者走进图书馆；以服务大局、服务读者为己任，用专心、爱心与信心谱写图书馆发展的新篇章，努力让美丽小城处处飘溢书香。

联系方式

地　址：北京市怀柔区富乐大街8号
邮　编：101400
联系人：张　慧

报刊阅览室、政府信息公开查询中心

北京市怀柔区图书馆屋顶花园

北京市怀柔区图书馆外景

北京市平谷区图书馆

概述

平谷区图书馆始建于1978年，新馆于2005年底正式投入使用，是区属综合性公共图书馆。新馆以卓立的欧式风格位于平谷区府前西街一号，与区文化馆合建为文化大厦综合楼，总馆舍建筑面积为12183.82平方米，其中图书馆所占面积为8100平方米。馆内设少儿借阅部、成人外借部、宣传辅导部，报刊阅览室、电子阅览室、多媒体视听室、自习室等18个部室，拥有阅览座席606个，其中少儿阅览座席100个。同时设有北京市政府公开信息查阅中心、北京市少儿科普阅览分中心和全国唯一的“冰心奖陈列室”和“冰心奖儿童图书馆”。共有计算机137台，宽带接入30兆；使用智慧2000数字图书馆系统。2004年，参加第三次全国公共图书馆评估，首次获得一级图书馆。

业务建设

截止2012年底，平谷区图书馆总藏量74.9653万册（件），其中，纸质文献74.0000万册（件），电子图书23.4TB，视听文献8780（件），盲文图书226册（件）和地方文献647册（件）。

2009年，平谷区图书馆新增藏量购置费29万元，2010年，平谷区图书馆新增藏量购置费260万元，2011年，平谷区图书馆新增藏量购置费142万元，2012年，平谷区图书馆新增藏量购置费152万元。2009–2012年，共入藏中文图书253996册，中文报刊2471种，电子视听文献2656种。

截止2012年底，平谷区图书馆完成数字资源总量为23.4TB，其中，自建数字资源总量0.3TB，2009年完成地方文献数据库、冰心数据库建设。2009–2012年，平谷区图书馆网站访问量300.6045万次。

截止2012年底，读者服务区域实现无线网100%覆盖；以独享30Mbps光纤宽带接入因特网；馆内存储容量为36TB；本馆现使用智慧2000数字图书馆系统、清华同方信息资源建设与管理系统（TPI4.5）、捷聪智能管理系统、网络神盾、摇钱树电子阅览室管理系统等，业务已完全实现自动化管理，且运转正常。

读者服务工作

平谷区图书馆全年实行365天免费开放，平均每周开馆时间为70小时，对图书、报刊文献的借阅全面实行开架管理。2009–2012年，书刊总流通64.8310万人次，书刊外借123.0748万册次。2012年文献年外借率38%，年外借册次28万册，流通总人次16万人，人均年到馆次数为5.3次。结合本区实际，制定平谷区公共图书馆服务网络建设规划，开通馆际互借服务。截止2012年，全区建立分馆46家，村、社区图书室301个，“农家书苑”163家。有4个流动服务车服务点，馆外书刊流通总人次48.6688万人次，书刊外借58.2781万册。2009年11月1日，平谷区图书馆内设平谷区政府信息公开查阅中心面向公众正式开放。读者无需任何证件即可进入查阅中心查询信息。

2012年共完成代检代查60项、课题检索10项、定题跟踪服务5项，编辑《平谷区图书馆地方文献摘录》、《绿谷新闻》、《文化信息参考》等二三次文献共8种。

2009年–2012年，平谷区图书馆共举办讲座、展览、培训等读者活动243场次；参与人数6.1159万人次。

业务研究、辅导、协作协调

2009–2012年，平谷区图书馆职工在省级以上刊物或专业会议上发表论文11篇；2012年完成调查研究报告5篇；馆级科研项目3项。

管理工作

平谷区图书馆在人事管理上实行双向选择、全员聘任。馆班子聘中层干部，中层干部聘员工。各部室主任确立之后，再由他们组织部内人员的竞聘。但职工也有选择部门的自由。

2012年，平谷区图书馆完成第二次全员岗位聘任，本次聘任共设42个岗位，对42人重新聘任，同时，建立工作量化考核指标体系，全年进行总体工作考核。

表彰、奖励情况

2009–2012年，平谷区图书馆受省级党委、政府、业务主管部门奖励共计14次，受地市级党委、政府、业务主管部门表彰、奖励共计1次，由省级文化部门组织的重点文化示范项目1个。

馆领导介绍

王宇，男，1973年11月生，本科学历，中共党员，馆长。1990年12月参加工作，原平谷区文化馆书记，2012年7月任平谷区图书馆馆长。2013年获第三届北京阅读季“先进个人”荣誉称号。

于晓伶，女，1963年8月生，本科学历，中共党员，书记。1980年8月参加工作，2004年由平谷区残疾人联合会调到平谷区图书馆任业务副馆长，2012年任平谷区图书馆书记职务。2010获北京市读书益民工程先进工作者、2012年获北京市红领巾读书活动优秀辅导员。

“书香沁北京 阅读进万家”服务下基层活动

冰心奖陈列室

捐书活动

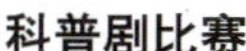
科普剧比赛

流动借阅活动

少儿借阅部

报刊阅览室

电子阅览室

成人外借部

刘凤革，女，1974年10月生，本科学历，中共党员，副研究馆员，副馆长。1992年8月参加工作，先后在成人外借部、采编部、辅导部、办公室工作，任辅导部主任、办公室主任等职。2009年担任业务副馆长，分管全馆业务工作。2006年10月，荣获北京市红领巾教育奖章；2011年4月，荣获北京市读书益民工程先进工作者；2010年至2012年，荣获北京市红领巾读书活动优秀辅导员。

赵宝利，男，1974年3月生，本科学历，中共党员，馆员，副馆长。1995年7月参加工作，2007年由平谷区第九中学调到平谷区图书馆工作，在成人外借部工作，任主任职务。2009年担任业务副馆长。

联系方式

地　址：北京市平谷区府前西街1号
邮　编：101200
联系人：罗　敏

密云县图书馆

概述

密云图书馆是县委县政府实施绿色国际休闲之都发展战略的重点工程，是密云县文化设施的重要标志。同时也是我县唯一的综合性公共图书馆，是全县人民读书学习的重要场所。是国家级"一级图书馆"、市级爱国主义教育基地、北京市少儿科普阅览分中心、首都图书馆"生态保护"专题资料分馆，全国文化信息资源共享工程县级分中心。

图书馆建筑面积7500平方米，投资3千多万元。于2012年11月16日正式对市民开放。现有藏书58万册，报刊文献537种。视听文献年入藏1280多件，到1.7万种，存储容量达到5TB。

业务建设

2002年6月率先使用智慧2000图书管理软件系统，成为北京市第一个公共图书馆信息管理系统的成员馆，2008年实行免费开放借阅，2009年实现"一卡通"借阅服务，全国文化信息资源共享工程（简称"共享工程"）自2002年正式启动至2008年实现全县全覆盖。

图书馆设有辅导部、采编部、外借部、共享工程办公室、图书配送部、办公室6个部门。设有图书外借、儿童、老年阅览室、电子阅览室等11个对外服务窗口，全部实行免费开放，且每周对外开放时间63小时，节假日不休息，全年不闭馆。2013年办理读者证6679个，持证读者达17482人；阅览座席达到近400个，年接待读者136540人，日平均接待读者近400人次，外借图书254160册。

读者服务工作

加强便民服务（即"一卡通"通借通还）力度。自2008年年底北京市公共图书馆"一卡通"的开通，到2012年11月全新的图书馆正式投入使用，已经实现了北京市公共图书馆图书通借通还业务，在密云县域内建立了北京经济贸易大学密云分院图书馆、果园文化数字社区图书馆和溪翁庄镇图书馆3个社区分馆，并且同本馆一起实现了通借通还业务，即社区馆通借通还的覆盖率达到了100%。

我馆秉承"科技兴农、最大限度地为基层百姓提供实用、快捷的信息化服务"的指导思想和原则，开展送图书下乡、送科技书入户、"一卡通"联网馆、文化信息资源共享工程、建立休闲特色图书室、益民书屋、数字文化社区等一系列作法，受到当地群众的一致好评，我县四级服务网络建设已初步形成。

加强文化信息资源共享工程建设。未来几年，平均下乡指导检查共享工程设备使用情况148次，对330个村级服务点与农村数字影院资源进行了整合，实现了资源共享。年刻录下共享工程资料3000余张，为群众提供丰富的数字资源。

我馆还采取了"走出去请进来"的工作方式，借鉴与学习其它馆的先进经验。先后到顺义图书馆、朝阳图书馆和怀柔图书馆进行学习，交流许多先进管理经验，起到了互相促进的作用。2008年6月16日与首都图书馆、昌平馆、延庆馆、平谷馆、怀柔馆达成共建共享协议，同时又与怀柔、顺义、丰台于2012年3月6日达成共建，并开展互借、互享借阅服务，互相提供相应资源，为本地区读者提供高质高量的服务，使"一卡通"服务工作更加科学更加扎实。

我馆从2012年11月16日开馆以来，开展了以不同内容为主题的全民读书季活动，共收上摄影作品5000余张，其中评选出在"书香家庭"评选活动中有3组参加了北京市"书香家庭"的评选活动。每年连续开展的"换书大集"活动，年均换书3000余册。开展以不同内容为主题的流动的展览展示活动100余场，近10000余人次读者驻足观看，两年来，开展全民阅读活动120余场，参加人数高达60000余人。通过开展为未成年人服务，老年人服务、残障人员服务、为进城务工人员服务等特殊服务形式，较好地吸引读者更多地走进图书馆，利用图书馆，受到广大读者的好评，读者满意率达到99%以上，极大地丰富了我县人民的业余文化生活，共参与市民达6万余人次，在全县范围内掀起了全民阅读高潮。

业务研究、辅导、协作协调

（一）几年来，密云县图书馆在学术研究方面，先后参加国家级论文学术研究及学术论文竞赛10次，有15次分获国家奖一、二、三等奖，有30人参加市级学术论文竞赛中分获市级一、二、三等奖，并有15人的学术论文发表出版。

（二）到现在为止，在专题数据库建立方面，密云图书馆分别建立了3个专题数据库，并得到不断完善优化，形成密云县图书馆专题数据库服务特色。即：书目数据库，密云地方文献数据库，密云生态保护数据库。

（三）基层图书馆（室）、益民书屋、共享工程建设

1.分馆建设：为不断满足广大人民群众对文化阅读的要求，几年来，密云图书馆分馆建设已在全县各社区和乡镇紧锣密鼓的进行着，现已建成分馆有：首都经济贸易大学密云分校、果园、溪翁庄，古北口民俗分馆、巨各庄、东邵渠，现与县

送图书进军营

三八妇女作品展

各镇摄影作品——读书的快乐

图书馆联网，实现了“一卡通”服务，做到北京地区公共图书馆图书通借。

2.业务指导与培训：一是加强基层图书馆（室）业务指导与培训，下乡培训次数年均达100余次，受训人次近400人次。二是加强共享工程的业务指导与培训，年平均704人次。

3.益民书屋工作：北京市读书益民工程自2005年启动后，经过几年时间的发展，已收到显著成效，到目前为止，密云县图书馆为了加强和完善基层图书馆（室）的建设工作，为广大农村读者提供更好更优质的服务，已经完全实现了“益民书屋”的全覆盖。

管理工作

（一）截止到2013年底在职在编人员30人，退休职工14人、占地工4人、劳务派遣25人，临时工2人，计75人。党员19人、团员2人。在职在编人员中按职务职称分：管理岗位4人、工勤2人、初级职称14人、中级职称8人、副高级2人。按学历分：本科以上学历15人、专科11人、高中（含中专）4人。

（二）领导的重视对我们图书馆工作有了强大的支撑，历年来，我县县委、政府领导非常重视图书馆工作，始终把图书馆建设作为我县精神文明建设的重点工作来抓。购书经费逐年增加，从原来的15万元增加到2007年的100万元。自2010年购书经费和活动经费增加到150万元，极大地丰富了密云地区读者对图书的需求。

表彰、奖励情况

在各级领导的关怀、帮助和支持下，我馆全体职工发扬“脚踏实地，同心创业，自觉奉献，勇于争先”的密云精神，取得了优异的成绩，收到了良好的社会效果。2010年和2013年连续两次荣获中宣部、文化部、国家广电总局、新闻出版总署“全国服务农民服务基层文化建设——先进基层图书馆（共享工程支中心）”荣誉称号；多年荣获北京市市文化局全民阅读和红领巾读书活动组织奖和“先进单位”；自2009-2013年我馆共获得国家级奖项3个，市级奖项56个，县级奖项15个；有103名个人分获全国、市、县各种读书活动奖励，在服务基层服务农民方面走在了全市前列。

馆领导介绍

领导班子调整：2015年8月25日密云县文化委员会党组对密云县图书馆领导班子进行了调整，任命刘彩红同志为密云县图书馆馆长，董克宗同志为密云县图书馆党支部书记，吴琼同志为密云县图书馆党支部副书记。

刘彩红，女，1967年6月出生，本科学历，中共党员，党支部书记。2012年2月至今任密云县图书馆党支部书记，2002年12月至2008年2月曾任密云县大剧院党支部书记兼总经理，2008年3月至2012年1月曾任北京市密云县大剧院总经理。2008年获北京市妇女联合会奥运巾帼奉献奖，2008年获北京市密云县“北京奥运会、残奥会”先进个人，2010年6月获北京市密云县“巾帼文明示范标兵”，2011年7月获北京市委宣传部颁发纪念建党90周年宣传工作“先进个人奖”。2014年8月25日被任命为密云县图书馆馆长。2014年11月被评为北京市红领巾活动优秀辅导员。

董克宗，男，1963年1月出生，本科学历，中共党员，副研究馆员，北京市图书馆协会理事，馆长。2002年6月至今任密云县图书馆馆长。2006年获中共密云县委、县政府“密云县优秀基层文化骨干”称号，2007年被中国图书馆学会评为优秀会员，2009年10月获北京市红领巾读书活动优秀辅导员称号，2011年获北京市读书益民工程先进工作者，发表论文专著6篇。2014年8月25日被任命为密云县图书馆党支部书记。

张彩霞，女，1964年7月出生，本科，中共党员，副研究馆员，1993年3月至今任密云县图书馆副馆长。2014年5月在全国中小型公共图书馆联合会2014研讨会征文

吴琼，女，1982年10月出生，在职研究生，中共党员，馆员。2012年至今任密云县图书馆副馆长、工会主席。2011年被评为中共密云县委优秀信息工作者；2012、2013年被评为北京市红领巾活动优秀辅导员。2014年8月25日。被任命为密云县图书馆党支部副书记。

任红梅，女，1967年7月出生，本科学历，中共党员，2013年3月至今任密云县图书馆副馆长，享受正科级待遇。曾任密云县大剧院副总经理、党支部书记。2010年荣获北京市“爱国立功标兵”称号，2011年荣获中共密云县委、县政府“优秀基层文化骨干”称号。

未来展望

领导的重视对我们图书馆工作有了强大的支撑，我们的财政拨款884.18万元，财政拨款年增长率与当地财政收入增长率的比率达到267%，新书购买经费达到138万元，我们的经费与人员得到了保障，这一切的指标更加充分的显示出，我们县委、县政府对图书馆事业的重视。因为我县在北京市来讲，并不是经济建设发展最快、效益最好的，能够在经费拨付上有如此大的力度，足以说明我县对文化工作的高度重视。无论从我馆的新馆建设，还是设施设备，以及财政经费的拨付状况，无不体现出一个理念：就是，文化与社会经济、政治、社会关系密不可分，文化建设已成为我县经济社会发展和人的全面发展的重要支撑力量。

联系方式

地　址：北京市密云县四眼井胡同6号
邮　编：101500
联系人：吴 琼

第三届换书大集分会场

换书大集

图书管理员培训

延庆县图书馆

概述

新中国刚成立时，延庆县没有图书馆。1951年，文化馆设立图书室，设有管理员1名。从而使图书工作隶属于文化馆业务范围，且一直与文化馆同址办公。1965年全县农村建立流动图书站22个、图书室357个、科学普及小组14个。“文化大革命”开始后，图书室被封闭。1968年，“毛泽东思想宣传站”设图书组。1973年10月，文化馆图书组工作恢复。1975年8月，图书工作正式从文化馆分出，馆址设在县城北街路西，有旧民房20间，面积约300平方米，建立了图书馆建制，全馆职工14人，内设个人外借、成人阅览、儿童阅览、采编、农村辅导、科技和后勤7个组。至此，延庆县图书馆正式成立，成为了延庆县唯一一座县级公益性的公共图书馆。1978年，在全县26个公社文化站设图书室。1980年，因筹建文、图两馆大楼，图书馆再次与文化馆合并。此后近30年中馆址几经变迁，于2008年7月迁入到现馆址——延庆县妫水北街16号。同年12月1日正式对外开放，并正式加入北京市公共图书馆计算机信息服务网络，实现北京市公共图书馆的联合借阅即“一卡通”服务。2012年10月，延庆县图书馆实现与全市公共图书馆联盟的通还服务，即加入北京市图书馆联盟，从而全面实现了图书馆的自动化管理。新馆隶属延庆文化中心，共建筑面积为5598平方米，可容纳读者座席375个，计算机124台，安装宽带16Mbps，磁盘阵列存储能力为12TB。2009年，参加第四次全国公共图书馆评估，首次获得一级图书馆。2013年，参加第五次全国公共图书馆评估，保持了一级图书馆的荣誉。

业务建设

2001年9月4日，电子阅览室正式成立，接待读者。根据读者需求，电子阅览室整合了共享工程及网络资源，目前存储在本地的资源共计5.7TB，自建地方文献资源2G和电子报纸161种。图书馆网站与“数字延庆”网站实现了链接，随后又相继链接了百链云、读秀、CNKI、电子图书等数字资源，为读者提供数字资源服务做到每月更新4次，电子报纸每天更新，共享工程资源更新与北京分中心同步。

2004年，购置了业务用车和“流动图书车”，根据北京市图书网络总体规划，购置了13台计算机，在图书编目、分类、登录、排架、典藏和流通工作中实现了标准化、制度化、信息化。

2005年，延庆县图书馆全面改造使用“智慧2000数字图书馆系统”，以适应北京公共图书馆服务联盟建设的需要，实现了自动化管理。

自2009年至2013年底，延庆县图书馆新增藏量购置费6892245.56万元，共入藏图书43400种，217028册，报刊2789种。总藏量373613册（件），其中，纸质文献371893册（件），缩微制品视听文献804件，其它文献916册件。

2011年8月，延庆县图书馆从县委宣传部接手益民书屋工作。全县共有益民书屋402家，五星级6家，四星级12家，三星级23家，在保障开放时间的基础上，每年开展形式多样、丰富多彩的主题读书活动。

延庆县图书馆每年坚持对全县15个乡镇376个基层服务点400余名文化资源管理员进行规模较大、覆盖面较广的书屋、共享工程管理员的培训工作，平均每年共享工程和益民书屋培训各计16学时。

读者服务工作

自2008年12月起，延庆县图书馆全年365天对外免费开放，每周开放66小时。2009–2013年，书刊总流通813556人次，书刊外借893698册次。办理“一卡通”读者证17737个，共举办讲座、展览、培训、阅读推广等读者活动262场次，参与人数150168人次。解答咨询5178次。2009年，引进电子读报机2台。2009–2013年，共建有基层图书室83个，下乡到基层图书室送书517次，197290册。

全方位开展多种形式的全民读书活动，以共享工程、益民书屋、妫川大讲堂为平台，每年创意多项阅读推广主题活动，通过专题讲座、参观展览、放映影片、发放宣传资料、赠送书籍等在所有乡镇、行政村进行，年底进行奖项评选，是延庆县图书馆阅读推广工作的特色。

截止到2008年底，全县共享工程实现了全覆盖，并且实现了共享工程、党员远程教育以及数字影厅的资源整合。对全县15个乡镇、376个行政村的共享工程的检查及其管理员业务上的指导和培训已经成为常规工作。共享工程每年完成基层节目播放3000场，受益人数超过18万人次。

全县益民书屋成为了少年儿童的第二课堂，书屋内开办绘画、书法、主题演讲比赛等，多个活动成果在延庆报上刊登，切实成为了少儿的另一乐园。

作为延庆县图书馆的品牌工作，自2009年以来，“妫川文化大讲堂”活动已然成为我县广大读者所熟知的学习、交流平台。随着活动的进一步开展，县图书馆不断征求和听取多方意见，进一步提高活动的社会教育深度、广度，选择贴近延庆读者需求的文化讲座。内容涉及健康知识、婚姻家庭、延庆文

延庆县图书馆外貌

红读动员会

世界读书日

报刊阅览室

少儿部全景

少儿围棋比赛

化、户外运动、书法、国学等多领域，得到了读者的认可和好评。

延庆县图书馆注重特殊群体的服务，定期送书给残疾人黄焕来、百泉街道温馨家园的残疾朋友、庆源打工子弟学校的孩子们以及农家女书屋，对于其合理需求予以全力的支持。

每年一次的主题型4.23世界读书日系列活动，接待师生、乡镇党员等到馆参观、办展览、发资料、举行“好刊推荐”排行榜、开展演讲比赛；少儿部延伸“红读”精神，开展寒、暑假系列活动，如模型组装、剪纸、围棋、书面知识、书法等比赛活动和“小小图书管理员”、图书推荐会、儿童影片放映等；“元旦送期刊”、新春猜谜活动、“首都读者周”、读书直通车、新书推荐和图书馆知识推广——图书分类连连看，为市民生活增加了文化气息。

业务研究、辅导、协作协调

2009—2013年，延庆县图书馆职工发表论文3篇；2012年参加中国图书馆协会个人论文比赛二等奖1个。

延庆县图书馆于2003年5月与国家图书馆联合编目中心签订了联合编目协议书，全面提高了延庆县图书馆的文献编目水平。2008年12月1日正式加入北京市公共图书馆计算机信息服务网络，实现北京市公共图书馆的一卡通联合借阅。2012年3月加入北京市图书馆联盟，成为成员馆；7月开始启用通还服务；9月多次开展馆际互借活动。每年都积极参加上级图书馆组织的红领巾读书、各种大型展览、换书大集、业务培训以及首都读者周、世界读书日等活动。

管理工作

2010年，延庆县图书馆完成全员岗位聘任，本次聘任共设26个岗位，实行聘任上岗，同时，建立了工作量化考核指标体系，每年进行总体工作考核。2009—2013年，编写《农业小报》30期，撰写调研报告5篇。

表彰、奖励情况

1993年，图书馆科技组获得“北京市图书工作先进集体”称号。

2009—2013年，延庆县图书馆共获得各种表彰、奖励16次。

馆领导介绍

历任馆长任期时间：

裴焕臣：1975.8—1992.8

闫书清：1992.8—1996.3

苏桂文：1996.4—1996.12

王淑华：1997.1—1998.9

孙立民：1998.10—2005.6.16

王尚兰：2005.6.17—2009.3

栾彩明：2009.3—至今

未来展望

在知识经济时代，知识、信息已然成为社会发展最重要的资源，作为社会信息资源管理机制最重要的组成部分之一——延庆县图书馆，将继续发挥其不可替代的作用，竭力保障全县基层图书室服务体系良好的运行，积极与首都图书馆及北京市图书馆联盟成员馆实现资源共享互补，达到服务延庆及进驻延庆的各层次市民的基本标准。努力为社会信息资源管理作出更大贡献，将图书馆事业发展推向新高度。

联系方式

地　址：北京市延庆县妫水北街16号
邮　编：102100
联系人：李　丽

看展板

手工DIY

妫川大讲堂

天津图书馆

概述

天津图书馆始创于1908年，是我国较早成立的省级公共图书馆之一。馆址几经变迁。2011年和2012年位于天津市文化中心和天津海河教育园区两个新馆正式对外开放。原南开区复康路图书馆仍继续对外开放。“一馆三舍”的格局让天津图书馆在规模化发展道路上向前迈出了坚实的一步。三个馆区总建筑面积达12万平方米，拥有4700多个阅览座席和超过600万册的馆藏文献。2013年度，总流通人次272万，文献外借册次275万。自建数字资源27个，总量达20TB；外购并储存在本地的数字资源22个，数据量28TB。

三个馆区实行一套领导班子管理，书刊资源统一采购、统一编目、统一调配、通借通还。文化中心馆定位于市民阅读服务中心；复康路馆定位于科技信息服务中心，海河教育园馆定位于教育馆，满足园区师生课外阅读以及当地居民基本阅读需求。在编人员295人，大学本科以上学历人数195人，占全馆职工66.1%。具有高级职称的员工人数63人，占业务人员总数22.9%。2013年度，市财政局拨款1.07亿元。365天全免费开放。2009年至2013年，图书平均年入藏83747种，报刊平均年入藏数量7881种，视听文献平均年入藏数量5982种。

业务建设

2011年开始实行全免费服务；认真做好图书、报刊的加工、整理、修补和剔旧工作，努力降低开架图书的排架误差率；实现了借阅管理自助化。2012年，开通了“天津市民移动阅读平台”。2012年8月，利用图书馆2.0技术搭建了全新的在线信息咨询服务平台，为广大用户提供在线信息咨询等服务。按照《全国文化信息资源共享工程2011年度地方资源建设指南》的要求，2013年5月，《天津市非物质文化遗产系列专题片》共开机拍摄非遗项目19项，制作完成17集专题片，资源建设量3.4TB。

与天津艺术职业学院联合办学，培养古籍修复专业人才；建立了“天津市古籍保护中心”网站，组织参加“国家珍贵古籍特展”工作。建成了“天津图书馆古籍普查数据库”，成为全国省级图书馆率先上传古籍普查数据的成员之一。与国家图书馆合作完成了古籍修复科研项目《周叔弢先生旧藏敦煌遗书、宋元版散页修复项目》的研究工作；《中华古籍总目·天津卷》顺利完成编目任务，“中华字库”工程“第十三包”——“明清图书底本选择与图像制作”项目也在有序展开。《天津图书馆珍藏清人别集善本丛书》、《三十三种清代人物传记资料汇编》、《天津图书馆藏稀见日本文献丛书》、《天津图书馆藏严修遗稿》、《天津地区馆藏珍贵古籍图录》等成果已完成出版。

读者服务工作

2012年10月，该馆音乐图书馆正式成立并对外开放，主要由“音乐普及体验欣赏区”、“音乐培训教学区”、“音乐资料阅览区”、“专业欣赏和深度体验区”、“专业录音室”等区域组成。文化中心馆设立了少儿、老年人、视障读者综合服务区。与市残联共同举办了“残联分馆迁址挂牌暨向残疾读者赠书”活动、“牵手残疾人,走进图书馆”活动等，市残联命名的“天津市残疾人阅读基地”也正式在该馆视障读者服务区揭牌成立。为外来务工人员建立了分馆和流动书屋；与天津市劳教局联合举办了主题读书月活动，并与市劳教系统签订了“以书为媒”手拉手帮教活动协议书，2009至2013年，全国文化信息资源共享工程天津分中心开展了“文化年货带回家”、“免费送电影下基层”、“共享工程进中小学校园”等社会服务活动，累计提供数字资源量14TB。

“海津讲坛”已形成了“天津记忆”“天津戏曲、曲艺”“天津非物质文化遗产”等多个主题系列，实现了周周有讲座。与天津音乐学院合作，主办“音乐大讲堂”系列音乐讲座，由天津音乐界资深音乐教育家引领广大市民在专业视听环境中步入音乐殿堂。不定期地为读者举办系列讲座，例如“民国文史客厅”系列讲座等。以2012年为例，共举办讲座102场。

业务研究、辅导、协作协调

2009—2013年，共完成省部级以上重点科研课题文献信息服务9项，市级重点科研课题文献信息服务15项，为社会各界提供信息服务430余项。对基层图书馆工作中存在的问题进行具体辅导；积极为区县图书馆做好图书馆自动化系统服务和技术支持工作，努力解决现代化系统建设和系统运行过程中出现的故障和问题；为各区县图书馆网站建设提供了技术

天津图书馆文化中心馆

天津图书馆复康路馆夜景

指导；完成全市公共图书馆书目数据的统采统编和全市报刊数据的编制工作。

与南开大学、天津大学等全市19所高等院校图书馆，以及天津市科学技术信息研究所、天津市医学科学技术信息研究所等单位以联盟的形式，开展联合通阅、通借。联合各区县图书馆完成搭建了“天津公共图书馆电子图书共享系统”，建成19个区县图书馆的书目数据联合数据库，面向全市公共图书馆提供300万册电子图书阅览服务。

该馆先后建成了146个社区及行业分馆。这些延伸机构已经扎根在天津市的很多企事业单位、社区、街道，切实地做到了“将读书之风送到千家万户”。2011年在河南的兰考、甘肃的敦煌、新疆的于田建立了三个分馆，目前天津市及全国流动服务点已达59个。

2010年创办了《政府信息公开查阅服务资讯》，及时公布与老百姓自身利益密切相关的政策，为市级决策机构提供数字化信息资源；与市政府研究室合作编辑《报刊动态》，有计划、有针对性地定期为市政府领导提供专题决策参考信息；为天津市文化广播影视局编辑《参阅信息》，全面详实地介绍一周的新闻热点及焦点，使领导更全面地掌握动态信息。

管理工作

该馆着力加强人才队伍建设，提出“存量优化、增量优选”的队伍建设理念。采取公开招聘的方式招收在编和非在编人员，并有计划、有步骤地加大人才队伍教育力度，加强职业操守和专业技能培训力度。全面开展“星级服务”活动，制定服务标准和工作规范，建立监督与投诉管理办法，提出服务标兵评选和表彰办法，保证该馆在拥有良好硬件的同时，服务软实力也不断提升。

表彰、奖励情况

该馆员工在省级以上刊物或国际会议上发表论文201篇，成功立项1个国家级和5个省部级科研项目，主编或参编学科专著11部。曾荣获天津市卫生先进单位、天津市工人先锋号、天津市未成年人道德建设先进单位等多项殊荣。

馆领导介绍

李培，男，1964年2月生，1986年7月参加工作，研究生学历，管理学博士，中共党员，教授，馆长。天津市古籍保护中心主任、文化信息资源共享工程天津分中心主任、天津市图书馆学会副理事长。2009年入选天津市宣传文化“五个一批”人才工程，2014年获文化部优秀专家称号。

王建平，男，1964年6月生，1986年参加工作，中共党员，硕士，副研究馆员，党委书记、副馆长。

张颖，女，1974年8月生，1995年8月参加工作，在职研究生，中共党员，高级政工师，党委副书记，分管党务、工会、共青团及宣传报道工作。

天津图书馆海河教育园区馆

赵彦龙，男，1965年8月生，1988年参加工作，本科学历，中共党员，研究馆员，分管读者服务工作。

李茁，女，1967年10月生，1990年7月参加工作，硕士，中共党员，研究馆员，副馆长。分管图书馆信息化工作。天津市图书馆学会副秘书长，中国文献影像技术协会常务理事。

马忠庚，男，1967年8月生，1988年7月参加工作，研究生学历，博士学位，中共党员，研究馆员，副馆长，分管天图海河教育园区图书馆。

孟繁华，男，1968年11月生，1989年8月参加工作，大本学历，中共党员，副研究馆员，副馆长。

刘铁，男，1965年7月生，大学本科学历，中共党员，副研究馆员，副馆长。

未来展望

在今后工作中以国家文化发展战略为指导，紧紧围绕文化部和市文广局的工作重点，进一步发挥龙头作用，实现全市公共图书馆的通借通还；强化“星级服务”理念，全方位提高服务水平；发挥图书馆社会职能，提升公益讲座层次；全面推进古籍修复工作；不断增强创新和服务意识，强化“星级服务”理念，全方位提高服务水平，为天津市图书馆事业的发展作出更大的贡献。

联系方式

地　址：天津市南开区复康路15号
邮　编：300191
联系人：李　茁

文化中心馆（内景）

音乐读书馆影视资料欣赏区

音乐图书馆音乐欣赏区

天津市少年儿童图书馆

概述

天津市少年儿童图书馆馆始建于1958年，是我国首批创建的少儿图书馆之一。馆舍建筑面积为5022.47㎡，占地面积1161㎡。读者用房面积为3168.7㎡，占总面积的63.09%。分布在各个对外服务窗口的阅览坐席达461个。现代化设施完备，有可使用的计算机155台，其中供读者正常使用的计算机数量为103台。本馆现有ILASII系统，包括采访、编目、流通、期刊、书目检索、连续出版物等子系统，并具备完备的OA系统。2012年，财政实际拨款总数1536.4万元，财政拨款年增长率与当地财政收入增长率的比值为101%，新增藏量购置费达500万元。地方补助的免费开放专项经费35万元全额到位。人员学历结构合理，至2012年大学本科以上学历人数占比职工人员总数达72.8%。

业务建设

该馆2009–2012年入藏文献97840种503738册，其中普通图书新增藏量90571种（包括中文图书40447种，342700册；连环画、低幼读物11106种93587册；国产动漫1946种14600种；特藏海外动漫、港台图书37072种43927册），电子文献、视听文献3850种5237件，报刊3419种。新入藏图书编目率达到99.1%。供读者使用的机读目录占总藏量的91.26%。数字资源总量达到17TB，其中自建特色数据资源库5TB，包括“成长讲坛”、“天津故事”系列视频专题库及“动漫特色数据库”。

读者服务工作

该馆于2012年1月1日起全面实现免费开放。2012年当年，年流通人次达395593人次，年外借册次达973980册次，年接待读者总人次达426077人次。各服务窗口每周开馆时间为48小时，中午、周六、周日及节假日不闭馆，全部实行开架借阅。2012年以来建设的104个各类型分馆和“阳光书屋”覆盖了全市，遍布了全国西部及贫困地区，并形成延伸服务的长效机制，用扎实稳健有效的工作体现了少儿阅读的公益性、基本型、均等性和便利性。2012年各分馆、服务点共接待读者650413人次，外借图书1018085册次，为分馆送书累计325次，614251册。

2012年，馆内、馆外活动丰富多彩。馆内活动包括：环保活动、讲座活动、六·一活动、阅读指导服务、导读服务活动、图书馆服务宣传周活动、世界图书与版权日活动等，读者活动达114次，参加活动读者达14305人次。“大田杯”天津市中小学生“好书伴我成长”大型读书活动作为天津市少年儿童图书馆的馆外读者活动，每年有60–70万名中小学生参加，涵盖全市18个区县以及开发区和大港油田的24个图书馆、少儿图书馆、近千余所中小学校，活动覆盖面达100%。读书活动覆盖范围从城市、郊县到乡村，参加年龄涉及全市6至18岁的广大中小学生。目前，此活动已经走出了一条企业搭台，文化唱戏的联合互赢模式。

业务研究、辅导、协作协调

该馆与全市18个区县及开发区的24个图书馆、少儿图书馆、中小学图书馆（室）的保持着良好的业务往来和协作关系。2009年–2012年对本地区图书馆、少儿图书馆、中小学图书馆（室）工作人员进行的业务培训次数共计13次，年平均值为3.25次，培训对象涵盖全市18个区县及开发区的24个图书馆、少儿图书馆、中小学图书馆（室）的工作人员。接受培训的区县少儿图书馆数超过本地区地市级少儿图书馆总数的91%。

2010年4月至12月，该馆举办了“第七届天津市少年儿童图书馆、中小学图书馆学术暨工作研讨会”；2011年承办了“第十二届三北地区少儿图书馆学术暨工作研讨会”；2011年10月17日–20日在召开了“第十二届三北地区少儿图书馆学术暨工作研讨会”表彰会；2012年4月至12月，举办了“第八届天津市少年儿童图书馆、中小学图书馆学术暨工作研讨会”。

2012年与本地区其他图书馆开展协作协调工作，举办了2012年“大田杯”天津市中小学生“好书伴我成长”读书系列活动；在区县图书馆建立分馆及阳光书屋；组织召开2012年天津市区县图书馆、少儿图书馆馆长联席会。

一楼大厅

电子阅览室

2012年承办了“全国图书馆未成年人服务提升计划”启动仪式；组织本市中小学生参加由中山图书馆承办的“绘出心中的童谣——全国少年儿童童谣绘画创作征集大赛”；协助盘锦市少儿图书馆组织第十三届三北地区学术研讨会，并在天津地区征集学术论文68篇；承办“全国少年儿童数字阅读推广月”活动，吸引全国40余个图书馆少儿图书馆参加。发挥了该馆在全国少儿图书馆界所发挥的龙头作用。职工在省级以上刊物发表论文数在评估期内平均值达到8篇。2011年7月至2013年6月，该馆与国家图书馆合作，向中华人民共和国文化部申报国家文化科技提升计划项目，项目名称为“全国少年儿童阅读推广服务平台”。

管理工作

该馆实行全员聘任制，竞争上岗，并建立、健全了一系列制度；将实绩、贡献有机结合，建立分配激励制度。在设备、物资管理方面，严格按照所制订的规定要求由会计室负责固有资产管理并行使监督责任，对馆现有的固定资产进行不定期的盘点、清查、剔旧。而对于空调、电梯等设备的管理，则依托相关公司进行维护服务和保养。在档案管理方面，依据馆档案管理制度，做到每卷立卷准确无误，资料详实，归档及时，装订整齐，每卷有目录。馆职工考核档案、参考咨询档案、读者活动档案、业务辅导档案均齐全。在统计管理方面，不仅统计数据齐全，同时还有对统计数据的分析研究，并以此指导和改进工作。在环境管理方面，依托天津中海华昌物业管理有限公司管理，为小读者提供了一个良好的学习和借阅环境。安全管理方面各项指标考核合格，连续多次被上级主管部门授予“消防先进单位”等荣誉称号。

表彰、奖励情况

2009年至2012年间，该馆共获中央、部级奖项7项，省级奖项3项。特别值得提出的是在2010年6月和2012年2月获得了由中央精神文明建设指导委员会授予的“全国未成年人思想道德建设工作先进单位”和由中华人民共和国文化部授予的“全国第十五届群星奖”。

馆领导介绍

李俊国，男，1957年5月生，1974年10月参加工作，研究生班学历，中共党员，研究馆员，党总支书记、馆长。中国图书馆学会常务理事、中国图书馆学会未成年人专业委员会副主任、天津图书馆学会副理事长。2000年获天津市第二届读书节先进个人，2001年获1996–2000年度实施天津市妇女儿童发展规划先进个人，2003年获中共天津市委宣传部优秀共产党员，2005年获中华人民共和国文化部首届文化部创新奖，2009年获中华人民共和国文化部先进工作者，2013年获2013年度图书馆榜样人物。

亲子阅览室

林洁，女，1962年10月生，1982年4月参加工作，研究生学历，中共党员，副馆长，分管辅导部、技术部、培训部工作。

未来展望

天津市少年儿童图书馆将以构建和谐少儿图书馆的理念为指引，以建设一支纪律严明、诚实守信、爱岗敬业的干部队伍和服务广大未成年人少儿图书馆为目标，进一步解放思想，开拓创新，干事创业，以更加优异的成绩，为促进我市乃至全国少儿图书馆事业的发展作出更大的贡献。

联系方式

地　址：天津市南开区复康路15号
邮　编：300193
联系人：李秋颖

动漫基地

中小学阅览室

天津市和平区图书馆

概述

和平区图书馆始建于1958年，原馆舍分别坐落在和平区山西路98号、和平区承德道68号。现馆址为天津市和平区吴家窑二号路42号，占地面积712.96平方米，建筑面积6000平方米。2007年12月正式动工兴建，2009年8月10日对外开放服务。

和平区图书馆职能机构设有综合办公室、总务部、文献借阅部、技术部、参考咨询阅览部、采编部。有阅览座席623个，计算机132台，选用ILASIII图书馆自动化管理系统。馆内网络节点100个，读者服务区和办公区实现无线网全覆盖。设有文化信息共享工程和平支中心、文献借阅室、自修阅览室、电子阅览室、参考咨询阅览室、报刊杂志阅览室、视听室、少儿阅览室、天津作家馆、爱心阅览室等部门，每周开放66小时，建有44个社区图书馆，开展图书外借、阅览、参考咨询、视听、影视欣赏等服务。每年举办"和平区读书节"、"全国读书漫画大赛"等读书活动，还定期举办讲座、培训、展览、学术交流、读者沙龙等。此外，还利用本馆现有设施、资源，积极配合和平区各社区开展多种形式的社区教育活动。

业务建设

截止到2012年底和平区图书馆馆藏总量达40万册，其中图书约36万册、报刊合订本9253册，古籍4344册、民国文献1833册、音像资料20936件、接受捐赠3610册。还收藏1949年创刊以来的《天津日报》，从2000年开始订阅人大复印资料光盘版、电子图书、电子期刊以及全国文化信息共享工程等大量数字资源，这也成为该馆的馆藏特点。

和平区图书馆购书经费从2010年起，每年确保60万元的购书水平；2011年新增电子文献的购入量10万元；2012年为街道图书馆增加纸质文献购置费100万元，电子资源92万元，合计252万元。

2012年在图书馆原有网站的基础上，建立了"和平区数字文化网"，它不仅将区属各公共文化场馆资源进行了整合，而且整合了设备资源，机房设在图书馆内。成为一个数据信息共享的平台，方便快捷的充实群众文化生活，在网上百姓除能享受先进的数字文化资源外，还能充分展示自己的艺术才华，实现文化进家庭，百姓可以足不出户就能享受和平区的文化大餐。数字文化网投入使用后，日点击率超过1000。同时还建设完成了和平区独有的四个特色资源数据库：全国读书漫画大赛数据库、群文视频数据库、群文才艺展数据库和非遗数据库。使读者能够近距离地接触和感受和平区独有的地域魅力和文化遗产。

和平区图书馆除保留传统的读者服务部门外，建立了三个特色阅览室，在服务上也由传统服务向数字服务、自助服务转变；由阵地服务向延伸服务转变。

读者服务工作

和平区图书馆本着"一切为了读者"的办馆宗旨，最大限度的发挥本馆职能作用，在搞好自身服务的同时，在为社会服务工作上坚持"立足社区、服务全区、面向社会"的服务方针，利用自己现有资源，为全区各机关、学校、社区和部队等单位服务，建立了6个街道图书馆、44个社区图书馆、5个军营分馆、17个警营分馆、1个机关图书馆；为残疾读者和老年公寓的老人们送书上门，深化和延伸自身服务。

2011年底，和平区图书馆所有服务项目实行免费开放，财政每年补充经费50万元，2012年达60万元。免费开放以来，读者活动不断增多，读者人数成倍增长，读者素质也在不断提高。图书馆做到天天有活动、月月有展示、季季有比赛、年年有创新。2012年，引进RFID技术，实现了馆藏文献的自助借还及图书馆与六个街道图书馆的通借通还。

和平区图书馆的读者服务面覆盖全区。主要服务方式有书刊阅览、外借、参考咨询、电子阅览室、视听资料借阅、影视欣赏活动、英语晚会活动、日语晚会活动、二次文献的编辑发行、专题书展、漫画展览、硬笔书法展览等。坚持"以人为本、读者至上、服务第一"的服务理念，不断拓展延伸服务渠道，使读者服务工作得到不断的深化，借阅人次和流通册次逐年增多。

2009–2012年，和平区图书馆共举办讲座、展览、培训、阅读推广等读者活动560场次，参与人数达20万人次。和平区图书馆每年举办读书节、每两年举办一届全国读书漫画大赛及全国硬笔书法大赛活动，已成为和平区图书馆阅读推广工作的特色。

业务研究、辅导、协作协调

2009–2012年，和平区图书馆职工发表论文8篇，获准立项的国家级课题1项。

市、区领导为爱心阅览室揭牌

第三届和平杯全国读书漫画大赛颁奖仪式

环卫局新市民图书馆揭牌

电脑公益讲座

全国读书漫画作品展

作为国际图联会员单位，和平区图书馆一直重视与国际同行的学术交流与合作，特别是2011年全国“读书”漫画大赛参加了第77届国际图联大会展览，得到海外同行的追捧。在第五届和平区读书节期间举办中德图书馆学术交流，两国图书馆界专家相互交流、切磋先进经验，同时还在第78届IFLA大会和美国ALA大会进行学术交流。

2009–2012年间组织、参加了跨行业、跨地区的文化交流，扩大宣传和平区精神文明建设。举办“万卷书漂流·爱心公益行”，将签有读者读书寄语的图书漂流到云南傈僳、河北易县贫困地区；送文化下乡、进大墙；组织、参加天津财经大学图书馆“读书主题漫画展”、军事交通学院“阅读修德·文化筑梦”读书月、文化志愿者边疆行敦煌市读书节等。同时与湖北恩施文化代表团、大冶文化代表团、九江市文化局同行进行文化观摩、交流。

和平图书馆启动“图书漂流”接力活动

管理工作

在职工管理上，和平区图书馆实行岗位聘任制，职工上岗采取双向选择，图书馆对每个岗位都有明确的工作目标和相应的考核机制，每半年和全年进行总体工作考核。工作业绩的优劣，与职称晋升、奖金分配，考察学习等都有紧密的联系。2009–2012年，撰写专项调研、业务分析报告24篇。

表彰、奖励情况

2009–2012年，天津市和平区图书馆先后获得文化部“文化志愿者边疆行”项目奖，中国图书馆学会“全民阅读示范基地”，天津市文明单位，和平区文明单位，和平区科普项目奖等各种奖励20余项，全国“读书”漫画大赛，在第十届中国艺术节荣获项目类“群星奖”。

馆领导介绍

李金玲，女，1965年出生，大学本科学历，中共党员，副研究馆员，馆长。天津市劳动模范。

杨卫红，女，1965年出生，大学本科学历，中共党员，副研究馆员，副馆长。

未来展望

天津市和平区图书馆将一如既往地遵循“一切为了读者”的办馆宗旨，在继续深化全民阅读、延伸服务的同时，还要不断加强业务研究、提高学术水平，加强古籍文献的保护、普查与利用。从人才培养、队伍建设做起，充分利用周边高等院校、科研院所的优势，与其加强协作、协调，努力提升公共文化服务体系各项服务功能，为实现我区国际性现代化宜居城区的目标做贡献。

联系方式

地　址：天津市和平区吴家窑2号路42号
邮　编：300070
联系人：杨　明

传递正能量读者讲座

首届读书节开幕式讲座

参加“春雨工程”推广读书活动

天津市河东区图书馆

概述

天津市河东区图书馆始建于1956年，重建于1997年，馆址几经变迁，现馆址位于天津市河东区八纬路129号，馆舍面积6070平方米，拥有藏书30万册。自1997年参加第二次全国公共图书馆评估定级以来，连续四次被国家文化部命名为“地级一级图书馆”。2014年，河东区图书馆有阅览坐席516个，计算机110台，其中提供读者使用的计算机80台，宽带接入20M，选用ILASII2.0图书馆自动化管理系统。

业务建设

河东区图书馆设有采编部、辅导部、少儿借阅部、信息技术部、外借部、阅览部、办公室等7个职能部门，每周开馆时间为68小时。截止2014年底，河东区图书馆总藏量30余万册（件），其中，电子文献18000种。

2014年，河东区图书馆新增藏量购置费30万元，购进中文图书5697种，订购期刊报纸361种，试听文献600种。到2014年底，地方文献收录400册，多卷书、连续出版物完整率90%以上。

截止2014年底，河东区图书馆数字资源总量为5TB，其中，以“直沽述源”为题建立地方文献数据库，包括文字、图片、音像，数据容量400G。馆藏中文图书已按CNMARC格式做成机读目录，共210200条，占总藏量70%。2013年初，实现馆内802.11N无线网络覆盖率100%。

读者服务工作

自2012年1月1日起，河东区图书馆实行免费对外开放，周六、日不闭馆，周开放时间68小时。自2009年以来，河东区图书馆所购图书、期刊、报纸全部实行开架借阅，馆藏书刊文献年外借率60%以上，年均外借册次200300册次。截止2013年初，河东区图书馆先后与天津市图书馆、天津市和平区图书馆、天津市南开区图书馆、天津市河西区图书馆、天津市红桥区图书馆、天津市河北区图书馆、北京市西城区图书馆、贵州省凯里学院图书馆、辽宁省本溪市图书馆、内蒙古农业大学图书馆建立馆际互借关系。并由天津市图书馆牵头与天津市各大学图书馆建立数据中心，实现资源共享。截止2014年底共建成分馆32个，2009年–2014年河东区图书馆分馆、服务点、书刊借阅共计107900册次，平均21580册次/年。

2014年，举办各类讲座、展览、培训、读书活动、阅读推广等读者活动52次，参与人数10万人次。

河东区图书馆网站开发于2004年，于2007年第二次升级改版，采用ASP和数据库动态管理方式。自2012年1月以来，访问数量超过16000人次。建立河东区政府信息公开查询平台，并在电子阅览室设立信息查询专席6个。

业务研究、辅导、协作协调

2009–2014年，河东区图书馆职工发表论文19篇，获奖论文8篇。

河东区图书馆与河东区教育系统合作，中小学生读书活动每年参加人数4万名以上；针对中小学校图书馆工作及现状开展有关调研，吸收学校图书馆工作人员参加各种业务培训和学会活动，提高学校图书馆的服务水平。

自2008年起至2014年，累计为部队建立分馆服务点5个，支援并更换图书期刊2万册次，走进军营义务为官兵举办科普讲座共15次，受众4000人次，丰富官兵文化生活。

重视为弱势群体服务，在养老院、老年公寓、干休所、老年活动中心、老年日间照料服务站这些社会养老机构内建立馆外服务点，为他们送书上门服务，截至2014年底，为老人送书并定期更换图书达3000册次。

河东区图书馆坚持29年为残疾读者上门送书服务累计达7000册，先后向河东区残疾人服务中心、残疾人活动站赠书万余册，2012年，河东区图书馆建立盲人有声读物阅览室，提供专用电脑并安装读屏软件，配备先进的收听设备，及时更新阅读资料。

与河东区工会和企业合作，为外来务工人员服务。开展“关爱农民工，书籍送温暖”活动，2012年与河东区工会合作举行金秋助学活动，向外来人员务工子女发放免费借书证、赠阅图书、学习用品和助学金，组织23位农民工子女参观电子阅览室，体现了对外来务工人员子女的关怀。

2012年与河东区社区教育办公室合作，开展社区文化建设，利用图书馆的资源丰富社区学校的学习内容，拓宽

为机关单位建分馆

馆长吴方

盲人有声读物阅览室

音乐阅览室

期刊阅览室

学习型社区创建途径，为社区居民提供更便捷、丰富、优质的学习资源，与区社教办形成助推共建、共享互惠的服务机制，并积极参与有关社区教育方面的科研课题，2012年参与河东区教育实验项目“搭建早教平台——提高社区散居婴幼儿受教育率的实验”，荣获天津市社区教育项目三等奖。

与机关、单位合作，丰富职工业余文化生活、满足职工文化需求，从陶冶精神情操和提高文化素养入手，求真务实地搞好机关、单位文化建设。

2012年由天津市图书馆牵头，与高校图书馆合作，共同建立天津市数字共享中心，实现了我市公共图书馆系统内部的数字化文献资源共享，相关电子文献资源的利用率也得到了大幅度的提高。

截止2014年，河东区图书馆在街道、社区、部队、企业、机关单位共建立基层图书馆32个，其中参与服务网络的基层图书馆21个。

管理工作

截止2014年底河东区图书馆在职员工31人，全部实行岗位聘任，其中专业技术人员29人，高级职称1人，占全馆专业技术人数的3.45%，中级职称9人，占全馆专业技术人数的31%，全馆人员平均年龄40.16岁，本科以上学历19人，占全馆总人数61.29%，专科以上学历27人，占全馆总人数的87.1%。

表彰、奖励情况

2009-2014年，河东区图书馆共获得各种表彰、奖励18次，其中，文化部表彰、奖励三次，天津市级表彰、奖励15次，区级4次。

馆领导介绍

吴方，男，1963年生，大专学历，中共党员，馆长。主持全面工作。

韩凤勇，男，1978年生，本科学历，中共党员，馆员，副馆长。负责信息部、期刊部、少儿部的工作。

季鹏，男，1978年生，本科学历，中共党员，助理馆员，副馆长。负责采编部、外借部、古籍部的工作。

王俊，女，1982年生，本科学历，中共党员，助理馆员，副馆长。负责辅导部工作。

未来展望

天津市河东区图书馆遵循“以人为本，服务至上”的原则，按照公共图书馆免费开放要求，继续做好公共文化惠民服务工作，扩大服务辐射区域，带动地区文化事业发展。河东区图书馆今后将进一步加强与各街道社区的联系合作，增加分馆数量，加强分馆管理，提升分馆服务水平，提高分馆图书流动利用效率。同时，根据图书馆数字化的发展要求，进一步加强数字资源建设，完善数字资源库，建立特色资源库。提升改造公共电子阅览室，发挥好河东区共享工程支中心的作用，指导全区各街道电子阅览室建设，紧密合作加强沟通，打造河东区电子阅览资源共享网络平台，提升电子资源利用率，为河东区文化惠民工作做出贡献。

联系方式

地　址：天津市河东区八纬路129号
邮　编：300171

金秋助学活动

河东区图书馆外景

天津市南开区图书馆

概述

南开区图书馆始建于一九五九年，是在原区文化馆图书室基础上建成的，馆址座落于南开区二马路88号。一九八四年九月新馆建成。馆舍建筑面积约3000平方米，于一九八五年一月二日正式开馆对外服务。其总体布局为：一楼为开架外借处；二楼设有电子阅览室、报刊阅览室、参考咨询室、采编部；三楼设有自学室、老年人阅览室、古籍和地方文献阅览室、党支部、行政办公室、会计室；四楼设有多媒体厅、儿童阅览室、馆长室、会议室。为贯彻落实2011年文化部、财政部有关图书馆免费开放的指示精神，使免费服务成为政府的重要民生项目和公共文化服务品牌，满足人民群众日益增长的文化需求，推动区图书馆事业的发展，使黄河道影剧院充分得到利用，为广多读者提供更好的活动空间，南开区文化和旅游局决定，将本局所属的黄河道影剧院无偿提供给南开区图书馆使用。黄河道影剧院面积是4600平方米。目前我馆的使用面积为7600平方米。

业务建设

截至2012年底，文献总计337968册（件）。其中，中文普通图书314533册，中文报刊（保留）19478册，电子视听文献3957册（件）。2009–2011年，年新增藏量购置费均在40万元，2012年增藏量购置费为50万元。2009–2012年共入藏中文图书16451种35894册，年均入藏中文报刊733种。

数字资源总量8TB，目前我们已经建设地方文献数据库6个，分别是《天津庄王府》、《故里名人》、《妈祖文化》、《南开年鉴》、《南图资讯》、《南开旅游资源》。馆藏中文文献书目数字化也达到了83%，截至到2012年年底我馆地方文献书目数据库存有数据920条。

从1995年开始了图书馆自动化的应用，是我市区级图书馆中较早的单位之一。目前全馆拥有电脑76台，与网通签订了10兆共享宽带服务协议，整个图书馆已经实现全面的无线网覆盖。我馆现有存储设备包括华为磁盘阵列，容量为4.5T；希捷2T大容量移动硬盘4块和2块4T移动硬盘，共16T。存储容量累计达到20.5T。从2010年开始了“古籍普查登记平台”的录入工作。从2011年开始了1911年以前古籍（182部3112卷1514册）普查平台的录入工作。

读者服务工作

2012年该馆实行免费开放，2012年投资100万元进行整体改造，同时，将原来用于弥补经费不足出租的房屋，全部收回。为更好地服务读者，多年来南开区图书馆以坚持节假日不闭馆、不休息为原则，制定了相应的工作制度，并将每周开馆时间规定为68小时以上，由于该馆2012年有三个月时间闭馆进行装修和总体整合，因而数据统计为2011年度。2011年流通总人次为38944人次，2011年我馆全年书刊文献外借208960册次。2009至2012年，馆外流动书刊借阅共48512册。

自2006年以来，该馆先后在社区、政府机关、企事业单位、部队、派出所、消防分队，建立图书馆分馆31个，极大地拓展了图书馆的发展空间。为区级“两会”服务，促进代表、委员的参政议政更具针对性，图书馆紧紧把握党的“十八大”精神，根据社会的宏观形势，围绕社会热点、焦点问题分析，确定选题范围与内容，搜集并整理“反腐倡廉”、“社会保护与民生”及“文化大发展”三个专题，汇集最新专家评论、各地动态与做法及相关数据在“两会”召开前夕，在资料准备方面做了充足的准备，编辑了《“两会热点”专题资料》为与会者提供参考服务，共发放信息资料500余份，受到了与会者的欢迎和鼓励。

南开图书馆网站，主要功能是馆内信息对外发布，图书馆服务宣传，图书馆网上读者服务，馆内资源网络共享。设有网上书目的查阅、预约续借、参考咨询、在线读报、书目排行榜、新书推荐、文化新闻和社区新闻、特色服务、特色资源等服务

项目，能够满足读者的基本需要。并有本馆的电话和邮箱作为与读者的联系方式。

2012年，为了更好的丰富广大读者及社区群众的业余文化生活，我馆筹划并组织了以"社科大讲坛"系列讲座为代表的各种各样的专题讲座和培训，共计70余场次，累计共有20160人参加了活动。利用自身资源优势编辑了《南图资讯》，为区各级领导提供政策、经济等各方面文摘信息，为区域政治、经济的发展做出贡献。成为南开区图书馆的特色品牌，我馆的一张名片。且为配合共享工程南开分中心网站，推出了《南图资讯》网络版。

坐落在南开区图书馆的全国文化共享工程南开支中心于2007年7月12日建成。南开支中心一直积极响应国家管理中心和天津分中心下达的各项任务。自2009年起，电影放映就成为我馆每年消夏纳凉之际开展的特色惠民工作。此项工作已经成为了南开区图书馆招牌式的工作。由于放映场次逐渐增加，共享工程的设备已经不能满足放映的需求，为此区文化和旅游局又为图书馆配备了专业的数字电影放映机，放映效果有了质的飞跃，深受部队指战员及社区居民的欢迎，同时实现了惠民和拥军两项社会服务工作。

业务研究、辅导、协作协调

2009—2012年，南开区图书馆职工在省级以上刊物和国内会议上发表论文18篇。

本馆1999年参加了天津图书馆采编中心联合编目工作，成为天津图书馆采编中心联合编目成员馆，积极配合采编中心做好图书的联合编目工作；2003年加入全国图书馆联合编目中心并成为成员馆，与联编中心签有协议书，可以共享联合编目中心所拥有的书目数据。

管理工作

南开图图书馆实行按需设岗、按岗聘用、竞争上岗，体现出"能者上、平者让、庸者下"的原则。将想干事、能干事、思想好、责任心强的优秀人才推向重要岗位，并建立了相应的奖励制度，以鼓励工作突出的干部职工。同时，按照岗位目标管理要求每年对我馆干部职工进行考核。

表彰、奖励情况

2009—2012年，南开区图书馆共获得各种表彰、奖励8次，其中国家级2次、天津市级6次。2009年在第三届《枫叶杯》全国青少年儿童书法绘画艺术大赛获组织一等奖、2010年在第三届《枫叶杯》全国青少年儿童书法绘画艺术大赛获组织二等奖；2010年在"大田杯"天津市中小学生"好书伴我成长"读书活动中获优秀组织奖。

馆领导介绍

徐卫红，女，1969年10月生，1989年1月参加工作，大本学历，中共党员，馆员，馆长。

李楠，男，1982年3月生，2003年3月参加工作，大本学历，中共党员，党支部书记。

赵猛，男，1980年2月生，2004年6月参加工作，大本学历，中共党员，馆员，副馆长。

未来展望

在认真落实好各项基础业务工作的同时，做好图书馆延伸服务，整合、优化南开区图书馆分馆建设，在做好原有分馆的服务和配套工作的基础上，不断拓宽南开区图书馆的分馆覆盖面和文化辐射力度。同时，利用我馆已建成的各个图书馆分馆，积极组织多种形式的读书活动，再以分馆带面，拓展该馆服务的辐射作用。深入挖掘潜力，深化现代化服务。大力开展网上信息导航服务，以南开区图书馆网站为平台，配以微信等新型宣传方式，使图书馆与读者的沟通形式灵活多样。紧贴"建立科技南开，实现南开发展"的工作思路，努力践行图书馆的职能作用。

天津市红桥区少年儿童图书馆

概述

天津市红桥区少年儿童图书馆始建于1981年10月28日，是由天津市红桥区人民政府于1981年51次常务会议讨论审定在本溪路规划片建立的，并于转年1982年4月正式开馆，是天津市建立较早的公共少年儿童图书馆之一。馆址几经变迁，现坐落于天津市红桥区丁字沽一号路56号，建筑面积3400平方米，共计三层。其中读者用房面积1460平方米，占总面积的43%。有阅览总坐席340个，其中阅览室60个，儿童阅览室36个，电子阅览室35个，玩具室20个，残障阅览室6个，自习室30个，报告厅150个。馆内现有计算机75台，其中供读者使用共41台，包括电子阅览室35台，有4台供读者查询用机器，其它供读者用2台，供读者使用计算机共41台。互联网网络接口为独享光纤10兆。2004年选用ILasⅡ为图书馆自动化管理系统。

业务建设

截止2012年底，天津市红桥区少年儿童图书馆共有图书10.1万册（自建馆以来应有总藏量为15.13万册，1999年以后注销5万册，实际藏量为10.1万册），连环画6000种，预计13年采购种数达10000种，连环画、低幼读物新增藏量均在2000册以上。现阶段，电子文献、视听文献新增藏量为1000件/年。

2009年，天津市红桥区少年儿童图书馆财政拨款为68万元，2010年财政拨款118万元，2011年137万元，2012年143万元，2010–2012三年平均值为132.8万，平均增长率29.65%。

读者服务工作

2011年底实现全面免费开放，每周开馆时间：周二至周日9：00–18：00，周一闭馆，周开馆时长为54小时。2009–2012年均流通人次均在8万人次以上，年外借册次均在15万册以上。同时上架书刊册数占到总藏书数量的80%。除2万余册连环画不对外借阅，其余全部图书均为开架借阅。且到馆新书上架服务时间在10个工作日之内，满足读者阅读的需要。

2011年，天津市红桥区少年儿童图书馆开通官方网站，年访问量在8万人次以上，同时能够积极做好网站建设与维护，做到了结构合理，操作简便，突出读者服务、数字资源服务，网站内容丰富，信息量大，读者服务、数字资源服务占主导地位，网页设计美观，风格统一；更新维护及时，有专人管理，有规章制度。

年均举办读者活动40场以上，活动主要在寒暑假，六一儿童节举办，参加总人次均在5千人次以上。天津市红桥区图书馆每年都会在市少儿馆指导下举办全区“大田杯”和“枫叶杯”大型读者活动，2010年至2012年共组织全区大型活动六场，这类活动由领导小组及专人负责，活动有计划方案和实施措施，有总结、表彰、有档案，活动内容丰富，形式多样，规模大，全区中小学生覆盖面达90%以上。

通过书刊宣传、阅读指导、课外阅读兴趣辅导来进行推广，通过网站专栏、LED液晶显示器、宣传栏、红图视窗等多种方式进行书刊宣传，新书推荐，每月进行一次，推荐新书30–50种，全年累计推荐新书近500余种；通过读书活动大田杯、网络读书大赛、科技周、读者宣传服务周、推荐图书，开展书评、举办读书会、故事会、讨论会10场；利用每年举办的科技周、读者宣传服务周、寒暑假期间举办课外阅读兴趣辅导班活动。这是其在阅读指导与推广方面的工作特色。

业务研究、辅导、协作协调

2010–2012年，在省级以上刊物发表获奖论文数为年均4.3篇，2010至2012年共获省市级以上学会获奖论文11篇，发表在省级以上刊物2篇，共13篇。

该馆对业务辅导工作有详细的安排，做到有计划、有总结、有专职人员、有经费，对本地区少儿图书馆的业务工作有统计分析，对区、县少儿图书馆自动化管理有指导，每年一次，对所在区29所小学图书馆教师进行图书馆自动化管理培训。业务辅导活动10次以上，对于推动其所在区29所小学图书馆规范化，自动化，信息化打下良好基础。并先后做了其所在地区少儿图书馆事业建设的综合性报告共3篇，主题明确，有事实、有数据，有分析和建议。每年都会组织业务培训2场以上，对其所在地区少儿图书馆（室）工作人员的组织培训。其中仅2012年对其所在区小学图书馆室工作人员进行为4场培训，主要科目是：学校图书馆在中小学校园文化建设中的地位作用、图书馆古籍收集与保护、共享工程、图书采分编四门课程8个课时的讲解，并编制试题，组织相关科目考核，确保学习效果。有计划、有总结、有照片。

红桥区少年儿童图书馆新馆

红桥区少年儿童图书馆外景

电子阅览室

儿童阅览室

外借室

该馆还与天津市少年儿童图书馆建立协作协调关系，每年举办大型读书活动。与其所在区教育局德育科设备站在对小学图书馆（室）的业务辅导上，建立起密切的协作关系，德育负责行政管理，少儿馆负责业务辅导。与其所在区各校大队建立协作协调网络，每年共同开展各种读书活动，咨询服务、业务培训等，同时与其他区、县级分馆均建立协作协调网络，每年共同开展各种读书活动，咨询服务、业务培训等。

管理工作

2011年完成了岗位设置管理工作，并且实现了六个“做到”。做到有岗位设置方案，有总结，实现按需设岗，按岗聘用、竞争上岗，有岗位责任制，年底按人事考核要求组织事业单位干部考核，并填写上报考核表，专业技术业绩卡存入每人业务档案中。有相应分配激励制度，效果显著。做到有财务管理制度，有财务监督机制并严格执行。做到有设备、物资管理工作制度，并严格按其实施，固有资产及时登记、清点，国有资产管理严格。做到了档案健全，资料详实，归档及时，装订整齐，每卷有目录。有职工考核档案；参考咨询档案；读者活动档案；业务辅导档案。做到了人事管理统计、业务工作等齐全，并对有关业务统计数据进行分析、研究，对工作具有指导和改进。做到了对消防和安全保卫工作的高度重视，层层制定了目标责任书，责任到人，消除不安隐患。2008年，综合治理检查合格，当地消防和公务部门年检合格。

表彰、奖励情况

2010年至2012年，荣获全国奖项1次，市级奖级1项，获区级奖励3次。其中在2012年天津市“大田杯”读书活动中荣获天津市优秀组织单位奖。

馆领导介绍

田立锋，男，1976年12月出生，大学学历，中共党员，副研究馆员，馆长，1998年参加工作，2007年7月任红桥区少年儿童图书馆副馆长，2008年11月任红桥区图书馆、少年儿童图书馆联合支部副书记，2011年12月任馆长，兼任天津图书馆学会常务理事，天津市红桥区第十三届政协委员，2003年天津市红桥区“十五”立功先进个人，2011年获天津市“五一”劳动奖章，2012年红桥区优秀共产党员。

刘南，女，1979年2月生，大学学历，中共党员，馆员，红桥区图书馆、少儿图书馆联合党支部书记，红桥区图书馆副馆长。2001年8月参加工作，历任红桥少儿图书馆副馆长，红桥区图书馆、少儿图书馆联合党支部副书记等职。分管党务工作，兼任团支部书记。

路巍，男，1969年9月出生，大学学历，中共党员，助理馆员，副馆长，1992年参加工作。

未来展望

天津市红桥区少年儿童图书馆经过多年的努力建设，实现创建国家一级馆的目标有了一定的基础和条件。但与兄弟区县、与上级要求，特别是与当前的少儿图书馆事业发展的要求相比，我们还有一定的距离，我们相信，随着社会经济的发展，和各级财政投入力度的不断加大，我们会把少儿图书馆建设的更好。

联系方式

地　址：天津市红桥区丁字沽一号路56号
邮　编：300131
联系人：田立锋

业务培训

消防器材检查

天津泰达图书馆

概述

泰达图书馆地处天津开发区行政、金融、文化的中心区域，馆舍为天津开发区地标性建筑。与天津开发区档案馆合署，是国内唯一一家实行图书、档案、情报一体化管理的区域性公共文化机构。被文化部评为全国公共文化基础设施管理先进单位。

泰达图书馆总投资4.5亿元，建于2002年1月，2003年12月正式开馆，位于天津经济技术开发区宏达街21号。占地面积1.67万平方米，总建筑面积2.67万平方米，设计藏书量150万册，阅览座位1200个，计算机246台，宽带接入100Mbps，采用Aleph500图书馆自动化管理系统，日可接待读者5000人次。2009年参加第四次全国公共图书馆评估，在天津市率先被评定为国家一级公共图书馆。

业务建设

截至2014年底，泰达图书馆总藏量1260603册（件）。其中纸质文献892020册（件），电子图书158898种、355732册；按年度订购中国学术期刊全文数据库和龙源期刊网期刊，共计10700种。其中，同方知网（北京）技术有限公司中国期刊全文数据库7700种，北京龙源创新信息技术有限公司龙源期刊网3000种。

泰达图书馆每年资源购置费500万元。2014年泰达图书馆图书入藏33524种；报刊入藏平均值1859种；视听文献年入藏平均值345件。

泰达图书馆数字资源总量43T；截至2014年12月，共有规范中文期刊MARC记录2511条，馆藏期刊书目数字化达到100%；设有专门的“地方文献目录管理系统”，书目数字化率为100%。截止2014年底，收藏地方文献共866种、4056册（份、盘）。地方文献数据库数据量68GB，包括书刊、报纸、年鉴、报道等内容，并在数据库中增加多媒体内容文献，包括视频文献和照片文献若干。2013年年初，实现馆内无线网络覆盖。

服务工作

泰达图书馆每周开馆时间69.5小时，周六日照常开放，全年开馆353天。自2003年12月5日开馆以来，全部实行免征、免费、零门槛开架借阅服务，并在各层阅览室设立了自助OPAC电子书目检索、电子读报、读者网上续借预约等。文献传递、文献检索亦为免费服务。2014年，书刊文献外借量12.4万册次。在9个社区全部建立了社区分馆，使社区分馆覆盖率达到100%。根据开发区的特点，在外来人口稠密的天江公寓、国翔公寓等外来务工人员聚居地建立了分馆，并根据其需要配送了内容丰富的图书。随着网络技术的普遍应用，在翠亨社区、芳林社区、雅园社区、华纳社区、天江公寓、天海公寓、西区国翔公寓、西区海燕公寓、生物医药联合研究院等陆续建立了共享工程基层服务点和数字分馆。截至2014年12月，泰达图书馆共建立基层分馆28个。2014年，向分馆推送数字资源500G。2008–2009年，分别与国家科技图书文献中心、中国国家数字图书馆签订合作协议，开展馆际互借与文献传递服务。2010–2014年，通过国家科技图书文献中心累计传递文献22737篇；馆外流动服务点书刊借阅平均每年3.25万册；在馆内外利用各种方式开展书刊宣传活动；制定了政府信息公开的规章制度，并提供专门的场地和设施，服务效果良好。

泰达图书馆策划、编辑了《信息摘编》等10种决策类刊物，为领导机关决策提供有力的信息服务。2011年以来，市委原书记张高丽，原副书记、滨海新区区委原书记何立峰等主要领导同志在多期刊物做出重要批示，充分显示出该馆在政府决策信息服务方面的水平和实力。《石油化工与能源动态》、《泰达低碳》、《泰达金融创新》、《科技情报资讯》等受到开发区管委会及相关部门领导高度重视，成为政府决策支持的强力载体。

2011年，先后受东疆保税港区管委会、滨海旅游区管委会、滨海新区发展与改革委员会等委托，定向编发《东疆参考消息》、《滨海置地信息参考》、《政策与动态》等，将决策服务延伸至滨海新区有关功能区，得到高度认可和广泛信赖。结合滨海新区“两会”召开，协助滨海新区发展与改革委员会编辑《政策与动态》“两会”专刊，及时为新区人大代表和政协委员提供信息参考。

泰达图书馆为企业提供科技项目咨询及成果查新服务，已为数百家单位提供500余项科技查新服务，以专业的科技信息服务全力支持开发区科技型中小企业发展。积极协助区内高级人才申报各级“千人计划”及职称评定，累计为15人次提供国际科学引文索引、工程索引、国际社会科学引文索引等收录引用查证服务。结合区域支柱产业发展，定期开展行业信息简报工作，2014年累计编发7项简报163期，推送信息1370余条。全力配合政府招商和相关研究工作。2014年，及时搜集并提供定题服务、舆情监测等信息支持，全年为11个部门19项课题提供信息资料300余篇。

2014年泰达图书馆举办讲座培训64次、大中型展览33次、阅读推广活动9次；每万人平均参与活动次数1000人次；定期举办图书馆服务宣传周、全民读书月、世界图书与版权日等活动，收到了良好的社会效果。

泰达图书馆注重通过网站向读者提供内容丰富的在线服务，每年根据年度工作计划制定相应的网站年度建设计划，使网站建设工作有章可循。网站在结构上分为借阅服务、数字资源、信息服

泰达图书馆

期刊阅览区

文献阅览区

务、阅读推广、档案服务等版块，网站内容全面、准确，突出服务性，便于读者使用，实现了图书、档案、情报一体化的资源整合。

协作协调

2006年，泰达图书馆加入全国图书馆网上参考咨询联盟。自2013年起，加入"天津市公共图书馆参考咨询服务网上咨询平台"服务。2008年底，与国家科技图书文献中心（NSTL）签订协议，成立了泰达服务站，开展了跨系统的文献传递服务。注册用户3000余人，涉及企业高管、科研人员、医务工作者、教育工作者、公务员及退休"老科研"等。2014年，网站访问量60余万人次，检索文献近2万次，文献传递近10000篇。

2012年下半年，泰达图书馆和泰达科技集团联合主导的"滨海科技信息服务平台"项目，获得滨海新区科学技术委员会立项批准，2014年正式开通上线。根据本地科技型企业的多样化信息需求，集成国内外期刊、研究论文、会议资料、专利标准等信息资源，建设资源丰富、开放共享、技术先进、服务便捷的科技信息服务体系，为区域创新体系的研发和成果转化，加强科技创新能力建设，提供基础性、系统性、专业性的海量信息资源保障。2012年，建立泰达电视数字图书馆和泰达移动（手机）图书馆，打破了时空限制，打造了文献信息服务的新业态，满足了读者碎片式阅读需求。

天津开发区图书馆学会吸纳会员单位22个，个人会员140人，根据需要举办各类专题活动，注重计划性、针对性和有效性，每年撰写年度总结报告，组织撰写、评选、报送学术论文。

2003年，成为天津图书馆"采编中心"成员馆，2009年，成为天津市公共图书馆中文期刊联合目录共建单位。

管理工作

泰达图书馆系隶属于天津经济技术开发区管理委员会全额财政拨款的事业单位。现有馆员101人，实行全员聘用制。相继出台了一系列重要规章制度，对人事管理、队伍建设及业务发展，均起到了积极的促进作用和指导作用。吸纳志愿者参与图书馆工作，对其进行科学管理，制定了登记、签到、培训和表彰等管理制度。馆舍及日常公共事务性工作委托天津天孚物业有限公司代为管理。自动化系统及现代化办公设备，由易泰达科技有限公司负责维护。图书装备、办公家具等，按照委属固定资产管理办法，由管委会和本馆共同负责。

泰达图书馆一直重视统计工作，建立了科学的统计制度，各项统计工作均指定专人负责，并能及时整理、汇总、分析各种统计数据向馆领导报告，为及时了解情况、发现问题、科学决策提供科学依据。自建馆以来，严格内部管理制度，将建立健全档案管理制度作为重点工作之一。各类档案健全，内容详实，归档及时，装订整齐，每卷均有目录，便于随时查询利用。

表彰、奖励情况

2010—2014年，获得省级业务主管部门，地级党委、政府表彰、奖励23次；获得地级业务主管部门表彰、奖励8次。

馆领导介绍

吴营，男，1965年7月出生，天津市人，1988年7月参加工作，中共党员，研究生学历，副研究馆员职称。曾任天津开发区管委会办公室科长，开发区文教卫生局副局长，开发区培训中心主任，天津市食品药品监督管理局开发区分局副局长，开发区社会发展局副局长、党支部书记，现任泰达图书馆档案馆馆长、党支部书记。2011年被评为全国档案工作先进个人、天津市档案系统授衔专家。

田忠强，男，1957年5月出生，河北省人，1976年11月应征入伍，中共党员，本科学历。曾任空军驻津某团政治处副主任、团纪委副书记、直属党委副书记、团委书记，天津开发区文教卫生局文化科副科长，社会发展局办公室主任、助理调研员、党总支组织委员等，现任泰达图书馆档案馆党支部副书记兼工会主席。

马爱华，女，1971年11月出生，天津市人，1997年7月参加工作，中共党员，研究生学历，双硕士学位。曾任天津开发区微电子工业区管理局招商部部长，天津开发区经济发展局/投资促进中心综合咨询部部长，现任泰达图书馆档案馆副馆长。

季晓林，女，1964年8月出生，浙江萧山市人，1987年7月参加工作，中共党员，研究生学历，研究馆员职称。曾任天津开发区文教卫生局办公室主任、图书资料中心主任，天津开发区社会发展局助理调研员、泰达图书馆新馆建设筹备组常务副组长，现任泰达图书馆档案馆副馆长。

未来展望

泰达图书馆秉承"搭建平台，服务社会，传承文明"的宗旨，坚持"用户第一、服务至上"的理念和"经营事业"的方针，以丰富的文献信息资源和优质便捷的服务，面向政府、企业、学校、社区等，提供全方位、多层次的文献信息服务。在今后的服务中，在服务资源方面，继续加强文献型纸本图书的基础比例，努力满足读者用户的全方位个性化需求。在服务效能方面，围绕总分馆服务、远程服务和个性化服务，达到新的提升。在服务效率方面，不断优化业务流程，提高馆藏外借总量和人均借阅量，加快文献获取时间和参考咨询响应时效，在注重硬件建设的同时，更加注重培养泰达图书馆的软实力。为建立覆盖全社会的公共服务体系建设，为区域经济与社会良性发展，发挥更好的作用，做出更大的贡献。

联系方式

地　址：天津经济技术开发区宏达街21号
邮　编：300457
联系人：刘 博

休闲阅览区

新书展示区

办证处

天津滨海新区大港图书馆

概述

大港图书馆成立于1985年7月19日，是全市各区县建馆最晚的图书馆，占地面积1500平方米，总建筑面积6170平方米，建筑总投资700万元。1996年开始动工兴建，1997年1月1日正式对外开放服务。该馆是本地区唯一一家公共图书馆，2009年参加全国公共图书馆评估，首次获得一级图书馆称号。每周开放时间73.5小时，开展图书外借、报刊阅览、网上联合参考咨询、网上阅览一码通、家庭虚拟图书馆、视听等服务，定期举办讲座、培训、展览、学术交流等活动。阅览座席500个，计算机台数101台，读者服务区和办公区实现无线网全覆盖。使用ILAS II业务管理系统，业务系统全面自动化。

业务建设

截止2012年底，该馆馆藏总藏量20.03万册。其中普通图书12.8024万册，中文报刊31674册（合订本），视听文献2880册，电子文献37722册。

2011年财政拨款403.9974万元，2012年财政拨款497.3849万元，2012年区级财政收入同比增长22%，财政拨款年增长率与当地财政收入增长率的比率为105%。2012年电子资源购置费3.5万元，2012年度本馆实际新增藏量购置费为30万元，电子资源购置费占资源购置费的比例为11.6%。2012年4月至7月，政府又单独拿出100万元，对图书馆馆舍从室内到外檐进行了全面装修改造，改善了图书馆的办馆条件和服务环境。

该馆每年拿出一部分经费购置一定数量的视听、电子文献，供读者免费阅览。从相对固定的读者服务对象，到社会化、国际化、知识化的信息用户服务。信息化技术在图书馆中的利用，更促使图书馆的服务对象由封闭的“读者”概念，升华为开放“用户”概念。几年来我馆共建立了24个分馆（集体外借点），范围涉及公安、部队、交警大队、监狱、学校、企业、社区、乡村等。从阵地有限的文献服务，到远程规模化的信息资源共享服务，充分利用和发挥了资源的共享化。

读者服务工作

传统服务：大港图书馆每年定期主办、承办各种形式，各种规模的读者活动。每个活动都主题鲜明，内容充实。还定期或不定期举办著名专家讲座、读者座谈会、优秀读者评选、读者问卷以及以各种特殊纪念日为契机，在社会上广泛开展的阅读推广活动。2012年举办了72次主题鲜明、内容丰富的讲座、报告会及内容丰富的各种培训，参加人数共计9376人；举办了12次主题鲜明的大型展览，参加人数共计25900人次，均收到了良好的社会效果。在学校、街镇、部队举办各类讲座、展览、培训；开展读书征文、演讲、绘画、书法等系列活动，参与人次近20万人，每万人参与活动的次数为40次。

延伸服务：完成了大港文化信息资源共享工程的1个支中心，8个镇（街）分中心，26个村（居）基层点的建设，形成了一个资源丰富、技术先进、服务便捷、覆盖全区的文化信息资源共享的三级共享网络体系。同时，将大港图书馆网站与大港文化信息网、天津图书馆和其他区县馆的网站链接，形成一个覆盖全市、乃至全国的服务网络。2012年又建立了大港文化信息网，包括了大港地区文化方面的所有信息。5个特色数据库包括：大港报刊、大港风情、大港民间艺术、大港文化、视频资源、组织近1万册图书为本地区的基层农村图书馆配送图书，解决了农村借书难、看书难的问题，丰富了农民的业余文化生活。该馆还在本地区的各个领域包括部队、学校、企业、社区及农村等地建立了图书馆分馆。2012年年初与河西区图书馆、河东区图书馆、和平区图书馆、南开区图书馆、津南区图书馆、滨海新区塘沽图书馆、滨海新区塘沽少儿图书馆等7家地市级图书馆签订了馆际互借协议，极大地满足了广大读者的阅读需求，实现了资源共建共享。

新型服务：该馆已拥有了一个覆盖面广、设施完备、手段先进的文献信息资源开发与利用的服务网络，设有网上预约、网上续借服务。在网站上为读者提供了新型服务平台，揭示馆藏信息，宣传服务内容，为读者利用馆藏资源提供了便利。还利用互联网开展网上联合参考咨询服务，解答读者提问；以电子邮箱、公告栏等形式，向公众推送信息摘编、发送活动通知、介绍服务内容等，极大提升了该馆的服务手段和服务水平。

每周开放时间为73.5小时，各服务窗口实行开架借阅。2012年本馆外借30.12万册次（包括基层分馆和集体外借点22.24万册次和本馆读者借阅4.9万册次、过刊2.98万册次）。文献年外借率61.6%。2012年本馆流通总人次31.48万人次（包

局及馆领导认真听取专家组评估反馈意见

局里领导为专家介绍馆内情况

专家视察本馆开展活动场地1

专家视察本馆开展活动场地2

专家在采编部查marc数据

括文献借阅30.12万人次和各阅览室流通1.36万人次）。本馆持证人数8000人，人均年到馆次数39次/人。

业务研究、辅导、协作协调

2010–2012各年发表论文9篇，完成调研报告5篇。自2011年3月始，我馆参与了就文化工作深入开展调查研究的工作，调研课题为"关于加快文化公益设施建设的思考"。1999年以来，参照天津市图书馆"采编中心"统采统编工作，承担起本地区联采统编工作。2009–2012年期间，先后与6家大地方图书馆签订了《大港地区图书馆统采、统编成员馆协议书》，保证了书目数据的规范化、标准化、统一化。

2009年至2012年连续四年联合大港成教中心、区委党校共8家图书馆编制《大港地区图书馆报刊联合目录》，并挂在我馆网站上供读者查阅。

自2009年开始，该馆对共享工程基层服务点的管理员进行每年一次的业务培训。经常走访下属的分馆，对其业务及人员进行现场指导及培训，收到很好的社会效益。

管理工作

近年来该馆制定了严格的岗位设置方案，采取按需设岗，实行岗位管理。按岗聘用，岗位聘用有聘用制度。实行竞争上岗，每两年按照岗位要求进行一次。实行目标管理，具有严格的考核制度，每季度、半年、年终根据目标责任书对部门、个人进行考核。具有健全的奖励机制，根据考勤制度、劳动纪律管理办法、年终奖金发放制度等开展管理工作，效果显著。

表彰、奖励情况

自2009年至2012年以来获获省级业务主管部门、地级党委、政府表彰12次。

馆领导介绍

郑凤岗，男，1963年出生，中共党员，大学本科律师专业学历，副研究馆员，馆长兼党支部书记。

张秀敏，女，1972年出生，大学本科信息情报（北大函授）专业学历，馆员，副馆长。

高爱贤，男，1972年出生，中共党员，北京交通大学人力资源管理专业，助理工程师，副馆长。

未来展望

大港图书馆在未来的发展中将坚持开放性与公益性原则，在资源体系、服务模式、推荐导读工作、信息媒体素养教育以及文化中心建设等诸多方面做出努力，为公共图书馆事业的持续发展作出贡献。要将业务重心放在网上联合参考咨询、网上信息导航等网络服务方面；将管理重心放在资源重组，实现资源合理配置，通过区域性合作，实现资源共享，建立总馆/分馆型的区域公共图书馆系统，并加强与其它如大学、研究机构等图书馆系统之间的合作；将读者服务工作向高质量、深层次发展。还要加大力度通过继续教育等多种途径，不断提高馆员的业务素质和职业素质。

联系方式

地　址：天津市滨海新区大港迎宾街87号
邮　编：300270
联系人：张秀敏

李培馆长认真审枋评估材料

专家审核评估材料

天津市东丽区图书馆

概述

东丽区图书馆前身为东郊区文化馆图书室，始于1953年；1974年从区文化馆独立出来，正式建制，因无新馆址，仍在文化馆内办公，1978年在张贵庄荣成路7号兴建图书馆馆舍，1979年6月建成并交付使用，建筑面积950平方米，经逐年扩建，发展至1588平方米。1992年5月东郊区图书馆更名为东丽区图书馆。

跃进路46号新馆建设工程于1998年10月动工兴建，2000年4月18日交付使用，同年12月28日正式开馆对社会开放，建筑面积4005平方米。东丽区图书馆是“国家一级图书馆”、“天津市文明单位”、“全国文化信息资源共享工程东丽支中心”、“天津市少年儿童图书馆东丽分馆”、“东丽区科普活动中心”。

编制人数25人，截止2013年12月，实际在岗人员22人。设馆长1人，副馆长2人；有本科学历20人，大专学历2人，大专以上学历者占工作人员总数的100%；副高级职称4人，中级职称8人，初级职称10人，中级以上职称占工作人员总数的45.8%。

设有采编部、外借部新书快借室、外借部综合借阅室、少儿部、阅览部、阅览部资料室、信息部电子阅览室、辅导部、多功能厅、自修室、办公及财务室等11个功能部室，共有阅览座席400个。开展书刊外借、阅览、参考咨询、读书活动以及讲座、培训、展览、学术交流等服务，年接待各类读者30万人次。

业务建设

我馆藏书以普及性、综合性中文书刊为主。反映东丽政治、经济、文化和社会发展的地方文献一直是我馆的收藏特色，随着网络与电子资源的发展，将逐步加大电子报刊、数据库的收藏。截至2013年12月，馆藏中文普通书刊240691册，其中普通图书196691万册，报刊合定本12000册，音像资料4千张、电子图书28000册，现报刊600余种；另有农家书屋藏书20万册（我馆拥有财产权）；同时使用的电子资源库有：CNKI数据库、Apabi电子图书、龙源期刊、天津公共图书馆电子图书共享系统、方正报纸等数据库等14个。

我馆实行书刊全开架借阅，周最长开放时间达到70小时。服务项目有书刊借阅、电话续借、预约借书、集体外借、送书上门；网上书目查询续借；电子书刊在线阅读；网上咨询和文献传递；基层图书馆（室）辅导；用户培训；二次文献编印；读书活动、培训、讲座、展览等。我馆与市馆联合推出电子文献网上阅览“一码通”服务。读者在我馆网络科普活动室可通过“一码通”系统平台阅览天津图书馆向社会开放远程网上服务的数字文献资源。

读者服务工作

我馆利用各种节假日以及科技周、图书馆服务宣传周等有利时机，每年举办不同形式、不同主题的活动6次。多年来，知识讲座、读书征文、演讲、诵读、知识竞赛、藏书评比、读书摄影、优秀读者评选、废旧物品制作、科技竞赛、冬令营、网络培训、漫画比赛、手抄报、故事会、诗歌吟诵会、灯谜会、剪纸比赛、书画大赛、图书捐赠、图书漂流等丰富多彩的读书形式我们都曾经尝试过，自2000年以来，千余位读者在活动中分获区级、市级、国家级奖励。

2000年新馆开馆后，在送书上门的基础上，针对广大学生开展“请进来——馆内阅读课”活动，既解决了学校无课外书供学生阅读的问题，又解决了图书馆少儿部在学生上课时间门前冷落的现状，图书馆阵地及书刊资源发挥了更大的作用；随着农家书屋工程的建设，全区基本已经实现了农家书屋的全面覆盖，为每个村居的每个书屋配备阅览桌椅、图书、报刊、光盘，为其培训人员，读者服务工作延伸到每一个村居，面向的服务人群达到30万人。

管理工作

2014年，东丽区图书馆完成第三次全员岗位聘任，并开始实行绩效工资考核制度，建立了工作量化考核指标体系，每月召开部主任工作会议，进行工作进度通报，每年编写《图书馆工作简报》4期，每个部组完成专项调研、业务分析报告1篇。

东丽区图书馆大楼

馆领导参加丽泽小学首届读书节，孩子们接受赠书

“祖国在我心中”阅读表演秀比赛　　“绿色与生命”小学生演讲比赛　　举办暑期英语快乐营

业务研究、辅导、协作协调

2000年以来，全馆工作人员有近百篇论文在不同级别专业刊物或学术研讨会上发表获奖。2009年《网络环境下图书馆服务新模式的应用与研究》和《东丽区“农家书屋”工程示范》项目通过区科委专家委员会评审，被东丽区科委列为年度科技创新专项资金群体发展项目，得到了资金支持。

表彰、获奖情况

2000–2007年连续被市文明委评为天津市文明单位；2013年第五次全国公共图书馆科学评估中，被文化部授予“国家一级图书馆”荣誉称号。2007年《图书馆里的阅读课》分获中央文明办举办的第一届未成年人思想道德建设创新案例三等奖和天津市优秀奖。2009年《东丽区信息网络“共享工程”建设》获得东丽区第五届科学技术普及奖——科普阵地建设二等奖。

2000–2013年我馆连续11年获得天津市中小学生读书系列活动优秀组织奖；2000年以来，每年获得东丽区科技周先进组织单位；2004–2008年我馆连续5年获得东丽区科学技术普及奖；2009年我馆被天津市委宣传部、市社科联授予2006–2008年天津市社会科学普及活动优秀组织单位；2008–2009年连续两年荣获天津市公共图书馆系统网站建设与服务优秀奖；2008年我区被文化部授予“全国文化信息资源共享工程先进示范区”；2009年我馆被市共享工程分中心授予“数字资源利用率先进奖”和“网上联合参考咨询服务先进奖”。

馆领导介绍

张广明，男，1968年出生，天津市河西区人，中共党员，副研究馆员，馆长。天津图书馆学会理事，天津市作家协会会员，天津市音乐家协会会员，出版个人专集《暖冬》、《换个方式呼吸》等多部作品，文化信息资源共享工程天津东丽支中心主任。

岳立春，女，1969年出生，天津市东丽区人，中共党员，副研究馆员，副馆长，分管全馆业务工作。2003年被市委宣传部、团市委等十二部委授予2003年度“天津市青农系统十杰百优先进个人”荣誉称号。2003年8月，被团市委、市文化局授予“2002年度天津市乡村青年文化活动带头人”荣誉称号。

曹振玲，女，1968年出生，天津市东丽区人，中共党员，高级政工师，副馆长，分管全馆行政、后勤工作。

未来展望

东丽区图书馆新馆搬迁在即，建成后的区图书馆随着设施、功能的完善以及新技术、新手段的使用，必将是一座集学习阅读、信息交流、展览讲座等综合文化教育功能和数字化网络服务为一体的现代化公共图书馆。东丽区图书馆将以取得的各项荣誉为动力，充分发挥服务社会、服务基层的文化阵地、文明窗口的作用，为繁荣发展社会主义先进文化，促进人的全面发展，提高全民族的思想道德和科学文化素质、建设富强民主文明和谐的社会主义现代化国家而努力！

联系方式

地　址：天津市东丽区先锋东路3号
邮　编：300300
馆　长：张广明
书　记：张广明
联系人：岳立春（东丽区图书馆副馆长）

中小学生读书系列活动优秀作品展示

为丰年村小学举办集体阅读课

科普知识竞赛活动

天津市津南区图书馆

概述

津南区图书馆成立于1981年，1998年在区委、区政府的关怀支持下，在原址重建新馆并于2001年6月向全区人民开放。总面积为6500平米，主楼5300平米，附属楼1200平米用公益大讲堂和各种展览、读书活动。馆藏总量：429167册，阵地藏书233573册，114个农村分馆藏书191922册，社区分馆藏书3672册，天津少年儿童图书馆调拨15000册，全部实行开架借阅。现有图书外借室、报刊阅览室、参考咨询室、自修室、电子阅览室、少年儿童借阅室、少儿集体阅览室、多功能演播室、公益大讲堂、培训教室等服务窗口。现有七部一室一中心，分别是：外借部、阅览部、技术部、采编部、辅导部、少儿部、资源共享部、办公室、培训中心。全馆在册总人数22人，其中男同志8人，占36%女同志14人，占64%。本科以上16人，占全馆职工73%。大专以上22人，占全体工作人员100%。高级职称3人，占总数14%，中级职称11人，占总数50%，初级8人，占总数的36%。

业务建设

截止2012年底，藏书排架方面严格按照评估标准进行检查，以降低误差率。最近投资6.7万元购置了电子图书6000余种，视听资料600种。年流通总人次10万人次，外借册次208649册次。2012年度市区财政拨款总额508万元。包括：工资办公费322万元，图书购置费51.6万元，免费开放156万元，其中包括主体楼装修28万元，暖气改造50万元，读者外挂电梯78万元。年采购图书7853种、报刊449种。电子文献及视听文献6600种.现拥有阅览座席520个，办理个人外借证6000余个，社区分馆16个，农家书屋114个，馆外流动服务点22个。2012年免费开放后，由市政府拨专款50万元对整体大楼取暖设备进行全面更换，并投资46万元对图书馆进行了整体装修和文化装饰(其中财政投入28万元，本馆投入18万元)。由市、区政府投入78万元为图书馆安装了读者室外电梯，并把这项工程列为2013年津南区民心工程之一。特别是评估工作开展后，局领导非常重视，积极向区政府争取资金，目前区政府已同意投资107万元用于图书馆硬件建设，包括：电子阅览室投资31万元增设计算机40台和2台服务器，图书馆馆网站建设和无线上网系统，30TB磁盘阵列存储器一台和四台服务器，增加图书购置费30万元，新拔免费开放专款48万元。经费的投入为我馆在第五次评估中奠定了物质基础。配备了ILASII图书馆自动化管理系统，实现了文献采、编、流、检等四个子系统。在办公自动化上我们采用OA办公自动软件系统，具备了计算机管理条件，同时建立了有40台机位的电子阅览室、25台计算机的自习室和25台计算机为现代办公所用；建立了有50人座位的共享工程演播厅，区政府投入3台计算机和一台一体机为读者提供政务信息查询服务。每年区财政拨款2万元运行费，配备了对外接口10兆光纤宽带网，建立了42个点位工作站的馆内局域网，开通了津南区图书馆网站、津南文化信息网和馆内无线上网系统。

读者服务工作

2012年为了增加服务力度，搞好文化大讲堂和各种展览，文广局把原平凡画院调拨给图书馆使用共1200平米。5个阅览室、1个自习室、10个培训室、1个演播厅、2个外借室、114个农家书屋、16个社区图书馆和22个流动服务点。扩大了读者看书学习的场所，在开馆时间上延长到每天63小时，个别活动室达到70小时。图书文献、报刊全部实行开架借阅，开展为弱势人群服务，定期到培智学校、津南区颐养院送书，与天津图书馆联合在小站镇宗氏公寓建立一个农民工图书馆，吸引了广大读者，满足了不同层次的读者需求。为了让广大读者走进图书馆、认识图书馆，使其发挥社会教育这一图书馆应有的职能，我馆首先克服困难自筹资金创办了津南区图书馆培训中心，开办各种知识培训，同时与汉晟华鼎文化公司联合创办了津南区高校艺术类学习实习基地，开发学生潜能，培养良好的优良品质。2012年文化局调拨平凡画院1500平米，利用这块阵地举办公益大讲堂和各种展览活动，邀请社会知名人士、著名学者来讲课，使图书馆的声誉在我区越来越大，加深了人民群众对图书馆的认识，使他们学会了如何利用图书馆，同时也使图书馆的自身的社会职能到了充分发展。

业务研究、辅导、协作协调

发表论文情况：2009–2012年全馆在市级、国家级刊物上发表论文9篇。近三年我区总投资263.1万元，共在我区建立了114个农家书屋，采购图书191922册、光盘9500张、报刊

杂志1344种。近年来我馆依靠“农家书屋”这块阵地组织广大农民开展了“我的书屋，我的家”读书演讲比赛。在管理方面我馆每年进行一次农家书屋管理员培训，努力提高他们的自身素质，把学到的知识运用到实际工作中去。2012年度双港鑫新家园和咸水沽镇张书珍荣获全国“农家书屋”先进集体和先进个人，2012年新闻出版总署司长来我区进行农家书屋抽查，对我区“农家书屋”给予了高度评价，受到了领导的表扬。

管理工作

坚持编印二次文献，及时送到各级领导及各镇、局、企业手中，同时为各村、镇办企业科技养殖提供各种文献信息。有力推动了我区政治、经济、文化建设的发展。建立图书流动点和图书馆分馆，有计划有目的开展为我区部队、公安干警、农村、镇、学校、企业机关送书服务活动。截止2012年共建立114个农家书屋、流动服务点22个，社区分馆16个。学校图书馆43所。2012年底区财政投资28万元对图书馆主体楼进行了全面整修，2013年初投资18万元进行了文化美化，环境的改变。

表彰、奖项情况

2009—2012年在全国及市级业务活动中国家级有：国家新闻出版总署2项，中国图书馆学会1项，全国“枫叶杯”青少年书画大赛连续四年荣获特等优秀组织奖，市级活动4项，区级活动3项，2012年度共举办各种大、中型读书活动10余次。各种图书、图片展12次。全区共有8万余人次参加，获国家市级、区级奖600余人，集体奖6项。

馆领导介绍

杨经中，馆长兼书记，男，1955年7月生，中共党员，大专毕业，副研究馆员。主抓党务、办公室、财会及培训中心。

张绍军，副馆长，男，1969年12月生，中共党员，大本毕业，图书馆馆员。主抓阅览部、少儿部、辅导部工作、农家书屋。

安秀丽，副馆长，女，1967年9月生，民主建国会成员，研究生毕业，副研究馆员。主抓采编部、外借部、电子阅览室、共享工程。

未来展望

我馆恳求区财政在力所能及的情况下，确保购书经费的增长。加大资金投入，增添图书馆自动化设备、数字化图书馆建设工程、公共电子阅览室建设工程、文化资源共享工程、图书设备的更新。解放思想，更新观念。利用馆内的各种优势提高全体人员政治业务素质，增强服务意识，积极做好免费开放，逐步把我馆打造成“市民的大书房、村镇社区的大教室、文明服务的大窗口”通过展现图书馆功能的延伸性、包容性和创新性来打造公共图书馆在我区发展中的形象。

联系方式

地　址：天津市津南区咸水沽镇红旗路
邮　编：300350
联系人：安秀丽

天津市北辰区图书馆

概述

天津市北辰区图书馆，前身是天津市北郊区文化馆图书室。1953年5月北郊区建制时成立。经历十多年发展，1980年区政府决定文化馆与图书馆分别建馆。由区政府投资，选址在北辰区果园新村街果园东路32号兴建馆址。1981年8月1日北郊区图书馆新馆正式对外开放，有工作人员19名。1992年5月随区改名北辰区图书馆。2006年5月区政府投资兴建区文化中心大厦。2007年5月我馆搬入新建在北辰区中学西路的区文化中心大厦B座3-5楼。建筑面积5040平方米，2007年7月10日正式对外开放，2012年1月1日实行免费开放。

北辰区图书馆是以建设数字化图书馆为目标，体现多功能、多领域、多手段满足公众学习知识、获取信息、丰富生活、休闲娱乐的现代化图书馆。采用开放灵活的藏、借、阅、查、展为一体的新型服务模式，坚持“读者至上，服务第一”的宗旨，为读者提供图书外借、报刊阅览、过刊借阅、资料咨询、信息导航、培训讲座等优质服务。

配合形式开展多层面、多主题的大型读书活动。指导管理农家书屋建设，及镇、街、居分馆建设工作。

2009年第四次公共图书馆评估工作中，本馆从区县三级图书馆跃升为一级图书馆。2013年第五次评估中，再次通过一级馆的评估认定。

业务建设

本馆有因特网设备1（套），建有网上导航及本馆网页，互联网接口10兆，网络节点80多个，年网上访问量5万次以上。阅览坐席502个，计算机102台，选用ILASⅡ图书馆自动化管理系统。截止2013年末数据：本馆藏书21.6万册，数字资源总量16TB，电子文献6000册，报刊500余种，盲文读物369册。在建的数据有《北辰区地方文献》数据库。对外服务窗口设有：图书外借室；残疾人读者服务区；报刊阅览室；电子阅览室；区文化息资源共享工程及政务网信息平台；少儿借阅及亲子活动室；地方文献办公室及办证处；多功能报告厅和自习室等。

读者服务工作

我馆每周开馆时间72小时。2013年统计数字：年到馆总人数11.8万人次，书刊文献外借册次20.18万册次。馆内读者活动举办46场次，馆内活动参加读者15950人次。大型馆外读者活动举办场次12次，参加活动的中小学校占本地区中小学校总数的比例98%。本馆流动网点（含分馆）建设20个，流动网点（含分馆）书刊借阅13850人次，流动网点（含分馆）书刊借阅27700册次。

2010—2012年过刊装订6562册，提供读者外借。针对不同人群开展了知识、技能培训；面对公众开设文化讲堂，宣传地域文化和传统文化。每年组织不同年龄、不同层次读者参与不同主题读书活动，获得市级各种奖励。组织迎春猜谜及各类读书活动吸引中小学生踊跃参与，围绕读书征文活动，开展了读书征文演讲比赛等。

业务研究、辅导、协作协调

本馆积极组织职工参加学术研讨活动，并制定相应的奖励措施。2010—2012年间在参加中国图书馆学会、天津图书馆学会、及外省市图书馆学会举办的论文研讨会或征文中，本馆职工有十几篇论文获奖，在图书馆专业核心期刊收录登载论文数篇。

文化部副部长周和平视察工作　市人大副主任左明指导工作　区政协领导视察图书馆

市、区领导肖怀远、袁树谦、李宝琨、高学忠等到图书馆指导工作

区委书记张胜茹、副区长陈文慧来馆指导工作

天津信息工程在北辰成立

报刊阅览室

电子阅览室

少儿阅览室

2013年对本地区基层图书馆进行业务辅导50次，组织本地区基层图书馆工作人员开展业务培训12次。经常开展送书到学校、下乡、下部队等活动，促进社会主义新农村建设及军地双拥互建，满足基层人民群众的求知欲，丰富部队战士的文化生活。使图书馆的资源让更多的读者分享。开展十大藏书家庭评选、优秀农家书屋及优秀农家书屋管理员评选。通过开展各类活动，展示了图书馆的社会效益及社会服务功能。实现了图书馆与读者的互动，充分展示了图书馆的魅力，提高了公共图书馆的社会影响力。

管理工作

2013年5月结合我区人事部门事业单位绩效工资实施，北辰区图书馆完成全员岗位聘任，建立了工作考核指标体系，制定了岗位职责及管理制度，修订完善了各项学习、培训、业务研讨、评优奖励制度和规定。每季进行与工资挂钩的岗位责任制考核，以确定职工的奖励绩效工资。

截至2013年末，本馆在编人员28人，其中馆长1人，书记1人，副馆长3人。人员的学历层次是硕士学历1人；大本学历15人；大专学历9人；大专学历以上人员占职工总人数89%。专技人员19人，其中副高级职称3人，中级职称8人，初级职称8人。

表彰、奖励情况

2010–2012年，本馆获国家级表彰、奖励共7项，获省级表彰、奖励共9项，获地市级表彰、奖励1项。

馆领导介绍

馆长：陈洪亮，男，1958年9月生，大本学历，中共党员，副研究馆员。1995年任北辰区少儿图书馆馆长。2009年4月北辰区图书馆与区少儿图书馆合并任区图书馆馆长至今。本馆法人，主持本馆全面工作。市图书馆学会理事。

书记：李继国，男，1973年6月生，大专学历，中共党员，中级职称。2008年6月从区文化馆调入北辰区图书馆任馆长，2009年区图书馆与区少儿图书馆合并后任书记，负责本馆政治学习党务工作。

副馆长：王晓东，男，1967年7月生，大本学历，中共党员，馆员。1984年12月至今在本馆工作，负责信息资源、数字化建设、共享工程及馆内图书馆自动化系统管理工作。

副馆长：孙娟，女，1963年3月生，大本学历，中共党员，馆员。2006年从区文化馆调入本馆，负责采编部工作。

副馆长：卢红，女，1960年5月生，大本学历，中共党员，副研究馆员。1980年至今在本馆工作，负责图书外借部、报刊阅览部、行政办公室工作。

未来展望

天津市北辰区图书馆坚持“读者至上，服务第一”的宗旨，遵循文化大发展大繁荣的发展目标，在建立健全公共文化服务体系中，在未来的发展建设中，充分发挥地区公益文化服务本地区公众的重要作用，将成为地方文献宝库，知识信息的集散地，高雅的文化休闲场所，公众终身教育的学校。成为集本区文化、科技、信息传播、保护文化遗产、开展社会主义教育、示范改革开放成就为一体的综合性公共图书馆。成为公众读书学习、获取信息、享受公共信息资源和服务的交流中心，为北辰区经济建设和社会文明发展发挥重要作用。

联系方式

地　址：天津市北辰区中学西路文化大厦B座3–5楼
邮　编：300400
联系人：卢　红（北辰区图书馆副馆长）

北辰区图书馆送书到驻区武警部队

亲子阅读教育指导讲座

文化大讲堂系列讲座——运河情怀

静海县图书馆

概述

天津市静海县图书馆始建于1978年6月，原址在静海镇东方红路春发胡同县文化馆前院，面积180平方米，1984年在静海镇胜利南路83号兴建了两层的图书馆大楼。占地10000平方米，建筑面积为1270平方米。1998年进行了扩建，现在建筑面积5700平方米。2009年对静海县图书馆进行了整体改造。对庭院进行规划，对馆内布局做出重大调整，工作台，阅览桌椅焕然一新，读者使用面积扩大了420平方米。另外，还更换了13套不锈钢门，正门改为感应门。改造了图书馆全部的供暖管道实现了集中供暖，彻底改变了图书馆室内冬天冷的没法坐下来看书的状况。

业务机构设置为12个部室，即采编部、成人外借部、基藏外借部、少儿外借部、综合阅览室、少儿阅览室、电子阅览室、资料室、静海人书馆、张孟良文学馆、信息技术部、宣传辅导部。

人员情况：2013年底编制48人，现实有47人，领导干部岗位3人。大专以上学历31人占职工人数的65%。中专及高中的人数12人占职工人数的25%。高级职称6人占职工人数13%，中级职称24人占职工人数的50%。

经费逐年增加，2012年财政拨款总计466万元。2013年财政拨款总计504万。

业务建设

截止2013年底，天津市静海县图书馆总藏量37.15万册（件）。其中电子图书20万种、视频讲座600多集。馆藏图书侧重普及性、教育性，休闲娱乐和实用相结合。2003年根据静海县是农业大县的特点，与天津市图书馆、天津农业科学院图书馆联合成立了静海县农业科技分馆，并陆续在下面乡镇建立了5个基层农业科技书屋，从2008年开始到2010年在全县383个村都建起了农家书屋，实现了农家书屋全覆盖。并且每年都为全县所有农家书屋补充新书。为实现我县文化建设三级网络，2014年建成1个乡镇分馆、残疾人分馆、徐庄子小学分馆、老年阅览室等基层分馆，为静海县农业生产和全县居民提供全方位的服务。2010年建成“静海人书馆”，2011年3月，建成“张孟良文学馆”，2012年建成静海县数字图书馆，我们在已有设备的基础上，增加了服务器、存储设备、电子书、视频讲座以及数字资源制作发布软件，对本地特色资源进行数字化整合。截止2013年底，天津市静海县图书馆数字资源总量为2.3TB。静海县图书馆网站改版上线，在建的数据库有《静海书画》，同时进行《静海文苑》和《团泊湖》的续建工作。2014年申请的全国共享工程地方特色资源建设项目纪录片《静海·中国传统文化书画艺术的传承之地》正在筹备拍摄。我馆积极探索公共电子阅览室建设和管理工作，从2010启动到现在完成22个公共电子阅览室的建设，制定较为严密的“静海县公共电子阅览建设方案和管理制度”。为确保公共电子阅览室安全、健康服务，还安装了“静海县公共电子阅览管理系统”。方便快捷的为外来务工人员等弱势群体及特殊群体服务。

读者服务工作

从2008年1月起，天津市静海县图书馆全年365天天天对外免费开放。2009—2013年，书刊总流通83.45万人次，书刊外借42.3808万册次。馆外书刊流通总人次5.286万人次，书刊外借25.7624万册。

2009—2012年，天津市静海县图书馆网站访问量36.8436万次。截止2013年，天津市静海县图书馆图书馆发布使用的数字资源总量为2.3TB，均可通过天津市静海县图书馆网站提供检索、浏览和下载服务。

2009—2013年，天津市静海县图书馆共举办讲座、展览、培训、阅读推广等读者活动81场次，参与人数14.245万人次。

业务研究、基层辅导

2009—2013年，天津市静海县图书馆职工发表论文101篇，省委级课题1项，其他课题5项。

在业务辅导方面：一是深入调查服务到村入户。图书馆作为农业科普推广基地，结合实际深入基层，不断拓展为农服务的新方法，充分发挥图书馆服务职能，对全县18个乡镇383个村，调查了解种植、养殖户的种类、规模、图书资料需求情况。对他们所遇到的问题，我们从农业期刊杂志及网上查找（资料

农业科技书屋揭牌送书

读书活动

为他们解决，遇到解决不了的问题我们邀请市农科院专家帮忙解决。

二是广开思路，创办农业分馆。同天津市农科院图书馆携手同心，深入农村开展服务"三农"文化惠民行动，共同创办静海农业科技分馆五家，并经常邀请市农科院的蔬菜、土壤等方面的专家为农民进行技术培训、现场指导农业生产，及时把最新农业科技信息传递给农民，让更多农民们直接得到市农业专家的指导。

三是搞活农家书屋。到2010年全县383个村都建起了农家书屋，实现了农家书屋全覆盖。为了充分发挥这些基层文化设施和资源的作用，推进全民阅读活动，探索建立农家书屋长效管理机制，促进农家书屋的可持续发展，我馆先后开设了八期农家书屋管理员培训班，对全县各个村的书屋管理员进行培训，并经常深入到村进行现场辅导。不定期进行优秀农家书屋和书屋管理员评比。

四是为弱势群体服务。为残疾人服务。该馆在静海残联设立图书馆分馆，并为其捐赠图书3500册，把图书馆的数字资源共享给他们，为我县残疾人提供定制服务，尽力满足他们的阅读需求。为外来务工人员子女服务。静海县徐庄子小学有700多名学生，其中有三分之二为外来务工人员子女。这些孩子的生活条件较为艰苦，家长没有多余的资金为孩子购买课外读物，我馆了解到这种情况后，于2014年六一儿童节为静海镇徐庄子幼儿园和小学捐赠图书1000余册，并为小学办理了集体借阅证，每次可以借阅200册图书，力争让每个外来务工子女都能读到优秀的课外读物。

表彰情况

静海县图书馆先后多次获得全国"文明图书馆"、"文化工作先进集体"、"读者喜爱的图书馆"等称号。在1998年、2004年和2013年全国公共图书馆科学评估中，都被评为"一级图书馆"。2010年12月在第四届全国服务农民服务基层文化建设先进集体表彰会上，被中宣部、文化部、国家广电总局、新闻出版总署授予全国为农服务先进集体并在表彰大会上发言。2014年参加文化部最美基层图书馆的网络评选。

2009–2014年，静海县图书馆共获得各种表彰、奖励35次，其中部级表彰5次，市级表彰26次，其他表彰4次。

馆领导介绍

安士夺，男，1959年10月生，大学专科学历，中共党员，高级政工师，书记。1976年7月参加工作，历任电影公司经理，图书馆副馆长，书画院书记等职。负责图书馆全面工作。

送农业科技到田间地头

元玲，女，1969年4月生，大学本科学历，中共党员，副研究馆员，副馆长。1989年8月参加工作，在静海县图书馆工作，分管全馆业务工作。

刘加江，男，1965年4月生，大学本科学历，中共党员，副研究馆员，副馆长。1989年8月在少儿图书馆工作。

未来展望

一是改造少儿借阅环境，购置少儿专用的书架、桌椅及附属设施，把图书馆打造成我县少年儿童读书、休闲、活动的重要场所。

二是加大农村基层分馆的建设。2014年天津市静海县图书馆筹建静海县图书馆公共文化服务体系的总分馆集群管理平台，实现以县图书馆为中心馆，在18个乡镇建立分馆，383个村农家书屋为基层点的总分馆体系，并在全县实现通借通还。并以此为依托，共享天津市静海县图书馆的数字资源，组织附近农民开展读书活动、科普讲座，传播科学知识、宣传惠民政策，提升我县农民的整体素质。

联系方式

地　址：天津市静海县胜利南大街83号
邮　编：301600
联系人：元　玲

网上知识竞赛

评估定级

蓟县图书馆

概述

蓟县图书馆1984年迁入现址，位于蓟县文昌街11号，建筑面积为3216平方米，2009年被文化部评为县级二级图书馆，2011年图书馆内部进行整体装修改造，改善了借阅环境，新购置了书架、空调、阅览桌椅等设备，扩大了少儿借阅部及成人外借部书库、阅览室面积，现有阅览座席260个，计算机46台，接入十兆光纤宽带。

业务建设

截止2012年底，蓟县图书馆藏图书总量13.1万册，2012年图书年入藏量2425种，报刊年入藏量102种，视听文献自2009年至2012年共计492件、706盘，历年的平均种数为123件。地方文献207种，357册。收藏有地方特藏张仁芝书法作品书籍1668册及渔阳九叟书画作品。该馆普通图书、期刊报纸及视听文献全部进行编目著录，有相关编目细则，编目数据规范一致，图书文献到馆1个月内完成编目，文献编目清晰完整；同时积极做好藏书组织管理工作，努力做好图书、报刊的加工整理，修补和剔除工作；努力降低开架图书的排架误差率，遵循图书分类排架规则，对图书进行全面倒架、整架，实现严密规范排架，为读者提供更贴心的服务；认真做好书库的防火、防尘、防盗、防虫、防潮工作。确保藏书质量，降低藏书破损率。该馆目前数字文化工程资源量为500GB*9，国家下发的光盘605张。自2001年蓟县图书馆使用机读目录格式著录图书到目前为止共著录图书35101种、54774册；机读目录占中文图书总藏量的42.4%。古籍书库1个，有古籍图书755册，对古籍图书的保护有专人负责管理。地方文献数据库建设初具规模。

读者服务工作

2012年1月1日起对图书馆公共空间设施场地及基本服务项目全部实施免费开放。馆内成人外借和少儿借阅部藏书全部实行开架，开架率为84%。全年无闭馆日，开馆时间每周超过56小时。年读者接待达6.38万人次；外借图书8.19万册次，馆外服务点借阅5600册次，书刊宣传375种。在参考咨询和特殊群体服务，2007年，县政府就在蓟县图书馆设立了政府公开信息服务点，提供电脑及配套设施，方便了广大群众对全县相关信息的咨询和参考需求；同时蓟县图书馆非常重视为特殊读者群体的服务，残疾人、进城务工人员、未成年人及老年人都以不同方式进行服务。在社会教育服务方面，2012年举办“低碳环保、绿色生活——环保从身边做起”等各种展览5次。举办包括“大田杯”“枫叶杯”“读书日”在内的大型阅读推广活动6次，参加活动人次五万多人次。此外每年正月十五与“恒信钻金店”联合举办的有奖灯谜竞猜活动已连续举办六届，每次都有近千名读者参加活动。蓟县图书馆也重视图书馆服务自身宣传，每年5月中旬积极开展图书馆服务宣传周活动。

协作协调、辅导

自2008年以来，该馆与天津市少儿馆开展协作协调工作，几年来共接受天津市少儿馆捐赠图书12批次、27549册，并为蓟县馆网上传送图书编目数据3256条，提高了图书的采编效率。自2009年以来，蓟县图书馆与天津市图书馆签订了协议，通过蓟县图书馆进入读秀电子图书系统可以网上阅读180万册电子图书及观看专家讲座视频，实现了馆际互借。2012年，制定了图书馆服务网络建设计划和制度，为打造城乡一体化服务体系，蓟县图书馆积极规划2012年图书服务网络建设工作，以县图书馆为龙头，以乡镇文化站为纽带，依托村农家书屋、社区基层图书室，规划建立遍布城乡的县、乡、村（社区）三级图书服务网络，并制定八条相关计划及六条相关建设制度。2012年，对全县949个村的农家书屋进行培训，全年共培训45次。

管理工作

蓟县图书馆每年初均精心制定全年工作计划。在财务制度上，严格执行《中华人民共和国会计法》，每年文广局都对蓟县图书馆原始凭证的真实性、合法性、准确性、完整性进行审核和监督，从未发现任何问题；在人事管理上，对在职人员实行岗位设置管理，建立分配激励制度，按需设岗、按岗聘用、竞争上岗、择优聘用，并且每年进行年终考核，评选出优秀、合格人员，对优秀人员进行宣传和表彰。对不合格人员进行批评教育，限期整改；在环境管理上，为了给读者创造整洁、美观、安静的阅读环境，制定了严格的卫生制度和阅读制度，馆内各部门都悬挂了标牌，同时设备设施得到良好维护，没有破损，节能减排措施得力；安全保卫工作方面，制定了一系列安全消防制度，层层签订安全消防责任书，制定完善突发事件应急预案，并多次进行实战演练，组织安全教育讲座，增强全馆人员安全防范意识，真正做到守住自己的阵地，确保一方平

安，扎扎实实做好每一项具体工作。成立了全国文化信息共享工程蓟县支中心，设备达标，有专职人员4名并积极参加各种培训，各种活动有计划、记录、总结；服务、活动档案完善，积极完成国家管理中心的上缴任务。在社会服务上有社会教育培训、辅导、参考咨询服务等。定期对基层点的技术人员的专业知识和技能进行培训和辅导。管理规范、系统有统一的管理制度和相关管理信息，针对青少年、老年人、农民工的服务，有专门的服务方案。重视对古籍保护的宣传，通过讲座、展览、培训、等形式宣传古籍保护知识，培养公众的保护意识，营造全社会共同保护古籍的良好氛围。加强领导，认真落实保护措施，建立健全古籍保护责任制度，加大古籍保护资金投入。积极争取县财政部门对我县古籍普查、修复、数字化等工作的资金支持。对我县档案馆、教育、宗教、民族、文物等系统的古籍收藏和保护状况进行了普查。

表彰、奖励情况

几年来蓟县图书馆王丽霞等同志获得国家级表彰5项，李燕等同志获市级表彰19项，马俊煜等同志获县级表彰4项。

馆领导介绍

吴子英，男，1963年9月生，大专学历，中共党员，馆长，天津图书馆学会会员。2008年被蓟县文化局评为2007—2008年度“优秀共产党员”，2010年被蓟县文化广播电视局评为2009—2010年度“优秀共产党员”，2010年被中共蓟县县委评为2009—2010年度县级“优秀共产党员”，2012年被蓟县文化广播电视局评为2011年度“优秀共产党员”，2013年被蓟县总工会授予蓟县“五一”劳动奖章。

赵良杰，男，1971年8月生，本科学历，中共党员，党支书记，分管党务工作、安全消防工作及部分业务工作。2003年被蓟县文化局评为2002—2003年度“优秀共产党员”。

未来展望

蓟县图书馆坚持“读者第一、服务至上”的办馆服务理念，不断完善服务体系，扩大服务网络建设范围，带动城乡一体化发展。在未来几年里，蓟县图书馆将把通过网络组织读者访问的数字图书馆和文献信息数据库系统建设，作为未来工作的重点。同时，还将进一步扩大县、乡、村（社区）三级图书服务网络，让图书馆的服务遍布蓟县所有社区、军营、乡村，实现图书馆文献资源信息共享的最大化。

联系方式

地　址：天津市蓟县文昌街11号
邮　编：301900
联系人：吴子英

天津市河西区图书馆

概述

河西区图书馆成立于1957年10月1日，是天津市创建较早、藏书较多的大型地级公共图书馆之一。新馆于1998年3月动工兴建，1999年12月26日对外开放。馆舍建筑面积达4470㎡，拥有阅览坐席409个；全馆计算机数量为73台，全年无闭馆日。在职人员29人（其中业务人员为25人），大学专科以上学历人员约占93%，其中大学本科以上学历约占59%，而高级职称占业务人员的比例为24%，中级职称占业务人员的比例为40%。

业务建设

2012年的新增藏量购置费40万元，馆藏总数为41.9万册（件），各种载体形态的文献达到图书5494种、报刊800种、电子文献6000种、视听文献661件；2012年图书馆内外借为330271册次，流通人次达到159615。馆藏中文图书书目数字化达到80%；期刊目录数字化达到100%；地方文献除书目数字化达到100%外，文献采访、编目、流通和书目数据目检索检索、图书馆办公均实现了自动化管理；馆内建有共享工程支中心、全区13个街道、60%社区建有共享工程站点。

读者服务工作

全面实行免费开放服务。2010年至2012年3月对图书馆内外环境进行了重新装修，改造了外借书库。实行全开架借阅和全年无闭馆日（365天所有对外服务窗口均为天天开放）。2013年通过书目推荐、专题书展、图书陈列等方式宣传书刊3400多种。

建立十余个“西岸图书馆漂流基地”，覆盖了部队学校、街道社区、机关单位、乡村、监狱、菜市场、老年人公寓和残疾人服务中心等等，“津城书吧”，在全区建立25个；坚持为我区特殊人群和弱势群体奉献爱心，面向启智学校、外来务工人员以及老年公寓等开展送书和读书推广等活动。

检索咨询和信息服务向深层次发展。通过与区政府、区政协、区科协和区经协办建立联系，了解他们的需求，以定题服务的方式直接为领导机关决策和科研与经济建设服务，利用天津市通过的全市公共图书馆共享数据库全年完成了47项课题。其中超过50%为获奖课题。

“打开悦读之门”暑期家庭读书活动、“书香飘军营”读书节，在图书馆服务宣传周、全民读书月期间“以我们的节日”为依托开展多种形式的读书活动，积极推动了河西区居民的读书热情。

业务研究、辅导、协作协调

该馆在2009–2012年平均每年7篇图书馆专业论文在刊物或论文集上发表，四年全馆平均每人发表论文0.22篇。组织全馆专业技术人员参加中国图书馆学会、中国图书馆学会中小型图书馆专业委员会、中国图书馆学会社区乡镇委员会、三北地区少儿图书馆学会、天津市图书馆学会组织的论文研讨会，共报送论文27篇，其中获得二等奖5篇，三等奖5篇，优秀奖7篇。图书馆获得2013年度中小型图书馆联合会颁发的优秀组织奖。

作为全区的中心馆，积极开展建立全区13个街道图书馆和学校图书馆在内的河西区图书馆系统服务网络，组织全区各个基层图书馆开展协作协调和资源共享，使各基层图书馆文化资源可以达到最大化的利用。

管理工作

在人事、财务、设备和物资、档案、环境等方面的管理上都有一定的提高，实施改革聘任和实行责任目标管理及建立健全各种规章制度，在人事管理方面：进行实行岗位责任目标管理，建立内部分配激励机制；在财务、设备和物资管理方面：通过建章建制、成立职代会和各种专项工作领导小组及开展“合建月”等活动，确保制度的有效执行；在加强消防和保卫工作方面：一方面抓制度建设，落实责任；另一方面抓组织建设。目前馆内各种制度健全。

表彰、奖励情况

河西区图书馆几年以来先后荣获了中共区委宣传部和天津市社会社会科学联合会颁发的优秀组织单位、区文明单位等荣誉称号。

馆领导介绍

刘霄，女，1963年生，本科学历，中共党员，高级政工师，馆长。

于家利，男，1960年生，本科学历，中共党员，副研究馆员，党支部书记。

张亚洲，女，1967年生，本科学历，副研究馆员，业务副馆长。

未来展望

天津市河西区图书馆将进一步配合河西区整体规划，提升办馆条件，调整硬件水平；坚持以人为本，实行开放服务；突出办馆特色，强化信息意识；积极探索城市书吧、图书漂流等服务方式；全面提高馆员的素质；引进专业技术人才，建立竞争和奖惩机制等方式全面提高馆员的素质；推动数字图书馆建设，完善我区的公共图书馆服务体系。

联系方式

地　址：天津市河西区大沽南路961号
邮　编：300210
联系人：刘 霄

天津市滨海新区汉沽图书馆

概述

天津市滨海新区汉沽图书馆原为天津市汉沽区图书馆，始建于1949年，1980年年初迁建现址天津市滨海新区汉沽福顺街2号，1988年10月全部建成投入使用。总建筑面积4200平方米。1994-2009年，在四次全国公共图书馆评估中，首次被评为三级图书馆。1999年、2004年、2009年被评为二级馆。2009年更名为天津市滨海新区汉沽图书馆。

业务建设

截止2012年年底，天津市滨海新区汉沽图书馆总藏量30.03万册，2009年-2011年，汉沽图书馆新增藏量购置费为11.5万，15万和19.92万，2012年增长至25万。2009年-2012年，共入藏中文图书11468种，26422册。视听文献2640种。馆藏中文文献书目数字化率为81.5%。共享工程自采电子数据2.2T，自采光盘8T。

汉沽图书馆致力于各类地方文献资料的收集工作，内容涉及多个方面，本土作家、艺术家的精品力作。反映本地区政治、经济、科学、文化教育等历史状况的地方志、反映本地区内某部门发展变化历史的专业志，本地区名人学者撰述的回忆录、人物传记资料及文章。

宽带接入10Mbps，读者服务区无线网覆盖范围90%以上，采用ILASII图书馆自动化管理系统。2013年，为适应汉沽图书馆总分馆建设需要，将自动化管理系统更换为Interlib图书馆集群管理系统。

读者服务工作

2012年1月起，汉沽图书馆全部实行免费开放，全年无闭馆，周开放时间70小时。2009年-2013年一季度，总流通人次11.57万次，书刊外借56.67万册次。2012年，与河西街七星里社区等10家社区居委会，汉沽一中等3家单位图书室签订流动服务点协议，开展流动服务。馆外书刊外借1.11万册。

2009年-2012年，汉沽图书馆网站访问量4.23万次。读者通过汉沽图书馆网站使用书目查询、预约续借、数字期刊下载等服务。

2009-2012年，汉沽图书馆共举办讲座、展览、培训、阅读推广等读者活动420场次，参与人数18.6万人次。

业务研究、辅导、协作协调

2009-2012年，汉沽图书馆职工发表论文5篇，出版专著（与他人合著）4部。

2012年，我馆参加了由天津市少儿图书馆主办的“第八届天津市少年儿童图书馆、中小学图书馆学术暨工作研讨会”、第十三届“三北”地区少儿图书馆学术暨工作研讨会，共报送了本馆会员的16篇学术论文，取得了很好的成绩。

管理工作

2009-2012年，共抽查文献排架50次，书目数据30次，撰写专项调研、分析报告12篇。

表彰、奖励情况

2009-2012年，天津市滨海新区汉沽图书馆共获得各种表彰、奖励19次，其中，天津市委教委会、天津市文广局4次，全国文化信息资源共享工程天津分中心3次，天津图书馆2次，中共滨海新区汉沽工委组织部4次，其他奖励6次。

馆领导介绍

刘秀峰，男，1964年12月生，1983年1月参加工作，大学学历，民建会员，馆员，馆长。

张金明，男，1954年10月生，1972年参加工作，大专学历，中共党员，副研究馆员。党支部书记。

刘绍武，男，1965年4月生，1982年12月参加工作，大学学历，副研究馆员，副馆长。

未来展望

未来几年汉沽图书馆以提升服务质量、办馆水平、整体形象为目标来开展工作。继续全面深入做好免费服务开放，提高读者满意率。调整和完善设施功能，提升现代化管理和运行水平。积极申报创新项目，争取有较大突破。主要包括：按照公共图书馆服务国家标准和公共文化示范区东部地区标准，制定汉沽图书馆提升计划，全面系统规定近、中期工作目标、路径和进程。对设施功能进行提升，对馆舍形象和环境进行整治。调整借阅布局，加大开放面积，增设服务项目。充实馆藏、优化流通、规范管理、提升数字化水平夯实基础。从自身实力和社会需求出发，针对读者群特点，重点培育有特色、有影响的活动项目。推进延伸和拓展性工作，开辟馆外服务新局面。大力改善提升服务整体水平，充实管理团队、规范服务行为、提升整体形象。

联系方式

地　址：天津市滨海新区汉沽福顺街2号
邮　编：300480

天津市河北区图书馆

概述

河北区图书馆筹建于1956年6月，1983年迁至现馆址(黄纬路三马路139号)并于1983年5月1日开馆。现馆舍面积为2111平方米。总藏书30余万册，在岗工作人员23人。1994年、1998年、2004年连续三次被文化部命名为国家二级公共图书馆，2009年被文化部命名为国家一级公共图书馆。2013年，河北区图书馆有阅览坐席248个，计算机60台，宽带接入10Mbps。

业务建设

截止2012年底，总藏量324000余册。2009购置费10万元，2010年、2011年增至14万元，2012年起增至20万元。2009-2012年，共入藏中文图书16958种，32140册，中外文报刊828种。数字资源总量为8.02TB。2011年-2012年完成河北区地方文献全文数据库的《河北百科》、《地方法规》、《河北旧事》及《网论河北》建设工作。

读者服务工作

该馆节假日不闭馆，周开馆43.5小时。2009-2012年，书刊总流通450329人次，书刊外借325884册次。2012年，启动“津城书吧”建设项目，同年9月起陆续对广大市民免费开放。书吧接待读者近13000人次。2005年，编辑出版了旨在服务于所在政府的内部交流刊物《观察文摘》，2012年更名为《微观察》。2012年，青少年电子杂志——《青春在线》在我区首创上线发行。2012年，成立读者英语口语俱乐部，每月两次开展口语培训、交流活动，20余次活动、500余人次参加。2009年-2012年网站访问量37200次，开通天津市河北区图书馆微博，建立河北区图书馆读者QQ群。有计划有步骤的建设河北区地方文献全文数据库。截止2012年，发布使用的数字资源总量为10TB。2009-2012年，举办讲座、培训、阅读推广等读者活动236场次，近15万人次参加。

业务研究、辅导、协作协调

2009-2012年，该馆职工发表在省级以上刊物或其他专业论文13篇。该馆担负对坐落在本区内的基层图书馆(室)、津城书吧、共享工程基层站点的业务辅导任务。1981年，在天津市率先成立了河北区图书馆学会，至今已召开十一届学术研讨会，并有上百篇论文参加全国、三北地区和天津市级的学术研讨会，并在专业刊物交流和发表。2009-2012年，举办基层图书馆（室）管理员业务知识培训等共75次、150课时、177人次。2012年，“河北区图书馆盲人阅读室”正式对外开放。

管理工作

2012年，该馆建立了工作量化考核指标体系，每月进行工作进度通报，年底进行总体工作考核。2009-2012年，共抽查文献排架24次，书目数据16次，撰写工作创新提案20项，编写各部门工作进度通报20篇。

表彰、奖励情况

2009-2012年，该馆共获得各种表彰、奖励42次，其中，国家级表彰1次，天津市市级表彰17次，区级表彰24次。

馆领导介绍

杜志刚，男，1957年5月生，1982年到河北区图书馆参加工作，大学专科学历，民进党员，副研究馆员，馆长。

李军，男，1973年11月生，1996年到河北区图书馆参加工作，大学本科学历，中共党员，副研究馆员，党支部书记（兼副馆长）。

未来展望

该馆将继续大力加强馆藏资源建设，进一步优化馆藏结构。充分发挥文化信息资源共享工程支中心的优势，延伸服务范围、拓展服务功能。在功能上更加突显公共图书馆在社会教育、网络服务及文化休闲等方面所起的作用；努力加强信息化建设，拓展新的数字化服务手段，大幅度提高服务效率。

天津市河北区少年儿童图书馆

概述

河北区少年儿童图书馆1981年1月成立，现馆址于1991年落成，面积为892平方米；其中办公用面积259平方米，读者用面积633平方米，读者用面积占馆舍总面积的71%；阅览座席共计305个，综合阅览室20，电子多媒体阅览室45、美术室20、一楼活动室30、三楼4个教室90坐席、四楼6个教室100坐席。总藏量92365册。2002年1月建立了电子多媒体阅览室，计算机有40台，行政管理方面实现了办公自动化。

业务建设

2009年区财政拨款210000元，其中购书经费是4万元。2010年区财政拨款202630元，其中购书经费是6万元。2011年区财政拨款336574元，其中购书经费是6万元。2012年区财政拨款268302元，其中购书经费是10万元。2009年至2012年区财政平均拨款254376.5元，（扣除人员经费后），平均拨购书经费是6.5万元。12年区财政拨款免费开放专项经费10万元。在岗人员13人。

读者服务工作

2012年，实现全免费开放。全年实现无闭馆日。每周开馆时间约为44小时，本馆专门为残疾人设立阅览座席，全馆书刊实行全开架，2009至2012年建立8个幼儿园分馆、8个小学图书借阅站。每年在馆内定期举办“图书检索-知识讲座”、“阅读—知识讲座”辅导读者高效地利用图书馆；在幼儿园图书分馆开展早期阅读教育的重要性知识讲座及阅读兴趣班等。每年举办阅读辅导班26个班次以上。

业务辅导培训、协作协调

职工撰写的论文13篇在省、市级以上学会获奖或刊物发表。建立有小学图书馆名录和对其进行业务辅导的成效、调研报告、基层馆材料，每年定期举办了两期业务培训班。与教育局德育科、幼教科在对小学图书馆、幼儿园的业务辅导上建立起密切的协作联系成立了8所幼儿园图书分馆、8所小学图书借阅站，德育科、幼教科负责行政管理，少儿馆负责业务管理的模式已经在我区确立；与市少儿图书馆加强协作成立了天津市少儿图书馆河北区“阳光书屋”。

管理工作

坚持深化改革，实行全员聘任制，突出不同岗位、不同职责、不同报酬，建立了内部分配激励机制和对有突出贡献的专业技术人员给予奖励的制度。2009至2012年，组织岗位培训人均12.7天。本馆藏书管理、图书保护规章制度健全，书库防火、防盗、防尘设施齐全，能够及时修补破损图书。针对残疾人、进城务工子女制定了服务的制度和措施。本馆制定了档案管理工作制度，档案健全包括职工考核档案、参考咨询档案、读者活动档案、业务辅导档案。财务管理按照相关制度确定了本馆的工作细则并认真落实制度的执行情况。

表彰、奖励情况

2009至2012年“大田杯”好书伴我成长读书活动荣获优秀组织奖。2010年：第四次全国公共图书馆评估定级工作中评为三级图书馆。2009年至2012年连续四年《枫叶杯》荣获团体特等奖。

馆领导介绍

胡立沙，男，1961年9月生，1979年7月参加工作，大本学历，中共党员，副研究馆员，馆长，天津市图书馆学会理事。

赵莉，女，1969年5月生，1987年11月参加工作，大本学历，九三学社，副研究馆员，副馆长。

联系方式

地　址：河北区中山路小关大街金辉里34号
邮　编：300143
联系人：胡立沙

河北省图书馆

概述

河北省图书馆前身为1908年筹建、1909年11月正式开放的“直隶图书馆”，馆舍设在保定古莲池。1918年至1953年，先后更名为“直隶省第二图书馆”、“河北省立第二图书馆”、“河北省立保定莲池图书馆”等。1953年4月，经中央政府批准，正式命名为“河北省图书馆”。由于省会搬迁等历史原因，1962年省图建制撤销。1978年，河北省图书馆在石家庄市重建，占地60亩，建筑面积28605平方米，投资960万元，1987年10月正式开放。2005年5月，河北省图书馆改扩建工程启动，工程投资3.2亿元。2011年7月，新馆部分向公众开放，10月1日全面开放。建筑面积5.3万平方米，服务窗口34个，阅览面积15627平方米，座席3200余个。拥有计算机终端592台，信息节点4979个，双百兆宽带接入且无线网络全覆盖，存储容量206TB。新馆专设少年儿童馆、无障碍服务中心。河北省图书馆分别于1994、1998年被文化部评定为一级图书馆，因改扩建工程未参加文化部第三、四次估。

业务建设

截至2012年底，河北省图书馆总藏量251万册（件），数字资源75TB。2013年新增藏量购置费增加到1100万元。2009－2012年，每年新增中外文图书3.5万种、报刊5000种、视听文献1500种。拥有电子图书250万种、电子期刊2.4万种。本省出版物入藏完整率95%以上。自建地方特色资源达15.1TB，建有《冀图讲坛》、《品读》等视频栏目，自建《河北古建筑及风光》等多个特色数据库，通过网站24小时不间断服务。引进RFID无线射频识别技术实现自助借还服务，建设7个24小时街区自助图书馆、36个馆外服务点，开通流动图书车深入基层及偏远区域。

河北文化共享工程已建成1个省中心，11个市级支中心，172县个级支中心，1444个乡镇基层服务点，499个城市社区基层服务点，4.4万余个农村基层服务点，基层培训5万余人次。数字图书馆推广工程建成了省级和7个市级数字图书馆的硬件平台。建成了公共电子阅览室省级中心硬件平台。

2011年，河北省图书馆入选全国古籍重点保护单位。省图新馆建设了高标准古籍书库和古籍文献修复室，建立了省古籍保护中心网站。编辑出版了《河北省公共图书馆善本联合目录》、《河北省图书馆馆藏古籍目录》，整理出版了直隶图书馆旧藏《畿辅七名家诗抄》等。近年来举办古籍保护培训班，为全省古籍收藏单位培训古籍保护专业人员300人次。

读者服务工作

河北省图书馆采取藏、借、阅三位一体的开放模式全面实施免费开放，每天开馆12小时，节假日不闭馆。日均接待读者7000余人次，暑期近万人次。2012年接待读者近200万人次，书刊文献年外借86万册次。馆外服务点年均借阅书刊9.9万册次。网络用户11.7万个，访问量710万人次，下载数字资源2000GB。举办公益讲座220期，听众3.2万人。推介新书4.3万册，举办读者活动百余次，80万人次参加。举办读者及用户培训36期，万余人次参加。

2012年，在网站推出由员工自编自导自播的导读专题视频《品读》。虚拟图书馆、移动图书馆、手持阅读器和云图书馆等项目，可为读者提供315万种中文图书信息、240万种图书全文、50余万首音乐数据、1万余部视频等服务。中国政府公开信息整合服务平台河北分站实现了与46个党委、11个政府部门网站链接。

品牌服务“燕赵少年读书系列活动”已连续开展十年，“冀图讲坛”形成了10个主题系列。“河北诗人沙龙”、“冀图展览”、“冀图讲堂”、“暑期安全教育”等渐成品牌。“燕赵红色记忆馆”采用多元化技术与手段，深入挖掘、整合多种载体的红色资源，吸引众多机关、企事业单位和社会团体举办主题教育活动。与省残联联合举办首届河北省残障艺术节分会，承办第23次全国助残日“最美的声音”爱心接力系列活动，扩大无障碍服务中心影响。积极为“两会”服务，大力宣传图书馆资源。

业务研究、辅导、协作协调

鼓励并引导员工开展学术研究，2009－2012年，全馆职工在省级以上刊物发表论文81篇，出版专著18种，科研项目10项，其中3项科研成果获奖。完成了《河北省图书馆发展报告》、《河北省图书馆免费开放调查报告》、《河北省图书馆无障碍服务情况调查报告》、《河北省、市、县公共图书馆一体化服务研究报告》等。

每年举办学术报告会，举办基层业务培训。2012年，组织培训1873人次，为基层图书馆、农村书屋、馆外服务点提供业务指导300余次、1200余人次。在全省范围内征集未成年人和大学生阅读推广优秀案例并推广交流，提升了全省阅读推广活动整体效果。

发起建立了全省图书馆公益讲座联盟、展览联盟、全省联编中心（全国联编中心河北分中心），成员馆达150余家。每年

河北省图书馆新馆南门主入口

河北省图书馆阳光大厅、智慧塔

河北省图书馆鸟瞰图

组织召开省市级公共图书馆馆长联席会、全省图书馆学术年会。举办华北图协工作会议、川吉苏桂冀五省区学术研讨会，扩大跨区域交流与合作。作为“科技文献资源与服务信息网”的发起成员馆，积极推动全省文献服务机构的资源共享。

河北省图书馆与省内外近30家图书馆开展了馆际互借，加入了全国公共图书馆讲座联盟。在全省建成了12个红色旅游文献服务网点、300余个燕赵少年读书活动荐读示范点。1995年起，与日本鸟取县立图书馆签署了年度交换文献协议，累计接收日文书刊600余种。

管理工作

作为河北省事业单位人事制度改革试点，2010年，河北省图书馆进行了首次全员双向选择竞聘上岗，并进行了聘中述职考评。2011年，实施奖励性绩效工资考核分配制度。2013年，完成了第二次中层干部演讲竞聘、全员双向选岗工作。

建立了馆领导带班、中层干部值班的导读咨询制度。坚持工作督查组每周巡查督导全馆工作、每月进行督导情况通报制度。为缓解人员不足压力，提升专业管理水平，全面落实外包服务岗位责任制，将大型设施设备维护、保洁、保安、绿化等综合服务委托专业公司管理。向社会招募文化志愿者，参与公益讲座、读者服务、文献整架等工作。组织党员中层干部在法定节假日到一线窗口志愿服务。

表彰、奖励情况

2009年以来，河北省图书馆共获得国家、省部级表彰25次。先后被文化部命名为一级图书馆、文明图书馆和全国文化工作先进集体，多次被省委省政府命名为“省级文明单位”，分别被中国图书馆学会、中国科学技术协会和省科技厅、石家庄团市委授予“全民阅读示范基地”、“科普教育基地”和“红领巾阅览基地”。改扩建工程获国家优质工程奖。研发的“网上跟我唱”系统获文化部群星奖。燕赵少年读书活动2012年获中图学会“在科学世界里遨游——青少年科普阅读推广系列活动”最佳组织奖，2013年获文化部群星奖。

馆领导介绍

李春来，男，1956年3月生，本科学历，中共党员，研究馆员，馆长、书记。兼任河北省图书馆学会理事长、河北省文化志愿者协会会长。1973年3月参加工作，历任河北省文化厅办公室副主任，计财处处长，2002年11月任河北省图书馆馆长、书记，2003年3月兼任河北文化信息资源共享中心主任（正处级）。2012年7月，被文化部授予“全国文化文物系统创先争优活动优秀党务工作者”称号。

魏金水，男，1956年9月生，本科学历，中共党员，专职副书记、副馆长。1975年6月参加工作，历任石家庄陆军学院政治部保卫办公室主任（正团职）、河北省文化厅市场处副处长，2007年10月任河北省图书馆专职副书记、副馆长。负责党务、后勤保障、安保消防、工青妇、老干部等工作，分管党群工作部、后勤保障部、安全保卫部等。

顾玉青，女，1956年6月生，本科学历，研究馆员，副馆长。兼任河北省十二届人大常委会委员、省人大教科文卫委员会委员，河北省图书馆学会副理事长兼秘书长、中国图书馆学会经典阅读推广委员会主任。1975年10月参加工作，1982年9月到河北省图书馆工作，1996年8月任河北省图书馆副馆长。2013年10月获文化部群星奖“群文之星”称号。负责全馆业务协调和省图书馆学会工作，分管采编部、典藏与分馆工作部、特藏部、研究辅导部、教育培训部。

孟洪涛，女，1955年12月生，双大专，中共党员，研究馆员，副馆长。1972年12月参加工作，在总参通信部三团服役。1981年4月到河北省图书馆工作，曾任办公室主任，2004年4月任河北省图书馆副馆长。负责读者服务工作，分管借阅部、报刊部、少儿部、宣传推广部。

靳志军，女，1964年6月生，研究生学历，研究馆员，中共党员，河北文化信息资源共享中心副主任（副处级）。1989年7月参加工作，曾任河北省图书馆计算机室副主任、自动化发展部主任、馆长助理，2003年3月任河北文化信息资源共享中心副主任。负责河北文化信息资源共享中心、图书馆自动化、数字资源建设与服务工作，分管共享中心、参考咨询部、网络技术部、数字图书馆工作部。2010年11月获河北省“有突出贡献的中青年专家”称号。

丁若虹，女，1967年1月生，本科学历，副研究馆员，中共党员，副馆长。1989年7月参加工作，1993年10月进入河北省图书馆工作，曾任办公室主任、馆长助理，2013年4月任河北省图书馆副馆长。负责人事、财务、深度服务等工作，分管办公室、财务部、图书馆服务中心。

未来展望

河北省图书馆将始终秉承“读者第一、服务至上”的原则，围绕“巩固、发展、规范、提高”工作方针，不断强化服务全省经济社会发展的大局意识和创新意识、创优意识，用先进的服务理念、现代化的技术手段，不断改进工作，多途径、多手段提升服务能力，提高服务水平，拓宽服务领域，拓展服务内容，为进一步推进全省公共文化服务体系建设，促进图书馆事业发展，为推动文化大发展大繁荣，建设文化强省、强馆做出不懈的努力。

联系方式

地　址：石家庄市东大街16号
邮　编：050011
联系人：冯宝秀

24小时自助图书馆

“冀图讲坛”已举办百期，深受读者欢迎

流动图书车进社区

石家庄市图书馆

概述

石家庄市图书馆成立于1958年，馆舍历经1987年和2006年两次改扩建，面积由1936平方米，达到现在的16170平方米。馆内设有社工部、采编部、综合部、文学部、报刊部、少儿部、咨询部、古籍部、辅导部、典藏部、数字资源部、休闲阅览部等14个部室。改扩建后的新馆舍，服务设施和功能更趋于完善，拥有各种座席866个，设总服务台、普通图书借阅（含综合、文学）、少儿图书借阅（含低幼）、盲文图书借阅、报刊杂志借阅、历史文献、地方文献、休闲书刊、数字资源阅览、政府文件查阅、参考咨询室、读者自习室、报告厅15个服务窗口，能满足读者多方面的需求。目前馆藏总量为120多万册，其中普通图书105万册，古籍15.6万册，盲文图书879册，电子文献34000余种。每年订购期刊1500种，报纸200余种。线装古籍和解放前报纸藏量大、价值高为馆藏特色。2010年被国务院公布为“全国古籍重点保护单位”。曾荣获文化部授予的“读者喜爱的图书馆”荣誉称号，是国家一级图书馆。

现有正式在编职工66人，其中管理人员5人，专业技术人员59人，工勤人员2人；具有大专以上文化程度61人，其中研究生学历5人，本科学历48人。专业技术人员中，现聘任正高2人，副高8人，中级25人。

作为公共文化服务机构，石家庄市图书馆始终坚持“服务人民，奉献社会”的工作宗旨和“平等、无偿、开放”的办馆理念，不断强化服务意识，创新服务方式，提高服务质量，实行了“全开架、零门槛”免费服务，在全省率先实行无证阅览。现拥有持证读者近11万人，日均接待读者4500人次以上（节假日日均接待读者超过6000人次），年累计接待读者超过160万人次。

服务部门

石家庄市图书馆的服务项目内容丰富，形式多样，主要包括以下十个方面：

一是检索服务。建立了完善的检索系统，并通过LED大屏幕检索机为读者快捷地检索馆藏信息。

二是图书、报刊借阅服务。设置多个服务窗口，图书和过期下架期刊全方位开架，读者可以外借，也可在室内阅览，实现了借阅合一。

三是参考咨询服务。提供馆藏资料的查询和课题服务，创办《社会视点》动态信息月刊，为党政机关提供信息参考服务。

四是辅导、培训服务。负责全市23个县(市)、区公共图书馆和基层图书室的业务辅导工作，定期举办各种业务培训等活动。

五是数字化和信息资源共享服务。通过数字化硬件平台、资源平台和服务平台为读者提供海量数字资源的查询、阅览等服务。我馆是国家“共享工程”市级分中心，安装了国家、省中心的数字资源，为读者免费提供浏览、检索等服务。

六是历史文献查阅服务。古籍阅览室所藏古籍图书，有多种已收入《中国古籍善本书目》和《河北省古籍善本书目》，为读者提供历史文献的查阅服务。

七是地方文献查阅服务。可查阅反映石家庄地区的政治、经济、文化、人物、风俗等内容的图书、杂志、报纸、光盘等文献资料。

八是政府文件查阅服务。市民可免费查阅自2001年以来政府及各部门出台的现行公开文件、各种法规性文件汇编及市政府公报。

九是社会教育服务。创办《石图讲堂》，常年举办公益讲座、电影赏析、相声演出等活动，定期举办各种展览，努力满足广大读者多样化需求。

十是盲文阅览服务。我馆的盲文阅览室为全省首家盲文图书阅览室，现有盲文图书和有声读物1700多种（其中纸质图书522种，有声读物1200种），免费向盲人读者办理借书证，并提供电话预约、送书上门等服务。

服务工作

（一）业务建设和服务工作稳步推进。全年分编入藏图书24000种，102300册。全年累计接待读者160万人次，外借图书40万册次。编印《社会视点》信息汇编、《石图学苑》会刊。《社会视点》信息涵盖面广泛，内容丰富，为市领导及有关部门提供了更有价值的参考决策信息。《石图学苑》在沟通情况、交流经验、促进学术研究等方面发挥了重要作用。

（二）数字化、自动化建设快速发展。建立了可提供图书查询、阅读图书、期刊、报纸、图书续借和挂失等多元化服务的手机移动图书馆，建立了SSO身份认证系统和免费无线wifi网络服务系统，引进了LED大屏幕检索机、读报机、点读机，在全省图书馆中率先安装了数字图书借阅机，受到了读者的热烈欢迎。全年读报机报刊浏览点击量达170余万次，通过检索机、点读机进行检索、查询的读者达100余万人次，通过电子书借阅机下载图书20万余册次，通过网站下载使用数字资源的读者达60余万人次。15台自助借还机和自助办证机投入使用，实现了图书自助借还；建立集借书、还书、阅览等多功能于一体的24小时自助图书馆服务大厅，实现了每天24小时“全天候”为读者提供服务。积极开展数字图书馆宣传推广工作，通过网上答题、现场讲座等多种方式，让更多的人了解和利用

刘国红馆长与读者亲切交谈

我馆被命名为全国古籍重点保护单位

第五次评估在我馆

一级图书馆

中华人民共和国文化部

二〇一三年十月

一级图书馆

石图讲堂公益讲座

儿童借阅室

数字图书馆。图书馆数字化、自动化建设工作的实施，不仅搭建起了比较完善的数字图书馆硬件、资源、服务平台和自助办证、自助借还、24小时自助图书馆服务平台，实现了图书馆事业发展的新跨越，而且也为广大读者提供了更加丰富、便捷、高效的服务，赢得了读者的普遍赞誉。

（三）阅读推广和读者活动精彩纷呈。紧紧围绕世界读书日、图书馆服务宣传周和“五一”、“六一”、“十一”、春节等重要节日，大力组织开展多种形式的阅读推广和读者活动。《石图讲堂》举办公益讲座、电影赏析等活动200余场，受众22000余人。创新活动形式，推出“开启快乐阅读”公益相声演出，获河北省服务创新案例二等奖，并尝试推出了话剧演出、音乐会等多种服务模式，深受广大听众和观众欢迎。石图讲堂还荣获“河北省全民阅读优秀读书活动”荣誉。举办的“你来读书，我送祝福”春节送春联活动、国学讲座、经典诵读、亲子阅读、中小学生读书知识竞赛、“文津图书奖”获奖图书展览、中华古籍保护计划成果展、馆藏民国各大书局线装出版物展览等活动，内容丰富，各具特色，吸引读者和观众30余万人次。以“品读乡情乡味，爱我大美燕赵”为主题的2014年燕赵少年读书系列活动规模大、影响广，收效显著。此外，还公布年度借阅排行榜，直观地反映广大读者的阅读取向和阅读趋势，激励更多的读者多读书、读好书。

积极开展送书、送科技信息下基层活动，先后深入省会石门小区和灵寿、行唐等县（市）区，为市民和农民群众送书、送科技信息资料。帮助草场街小学、66172部队和鹿泉市平北村、元氏县北储村等地建立图书阅览室，丰富了校园、部队和农村的精神文化生活。图书馆服务宣传周期间，与新乐、灵寿等县（市）图书馆合作开展了多种形式的读书用书宣传活动，广受欢迎和好评。

（四）总分馆制建设扎实推进。为加快构建总分馆制网络化服务体系，在深入调研的基础上，结合实际，制定了总分馆制建设规划，试点建成了新华、矿区、灵寿、晋州等8个县（市）区分馆，并实现了通借通还和资源共享。在建设过程中，为每个分馆提供了1–2万册图书，提供了软件系统和2000个借书证，还对各分馆工作人员进行了相关专业知识培训。从各分馆反映情况来看，分馆的建立，解决了县级图书馆旧书多、新书少，缺乏吸引力、利用率低的问题，得到了当地读者的广泛好评，读者人数大幅增加，有效提升了县级图书馆的工作质量和服务水平。总分馆制已成为本市公共图书馆建设的新亮点。

（五）古籍保护工作不断加强。石家庄市图书馆拥有古籍15.7万册，其中不乏熠熠生辉的善本：有34种，640册被收入《中国古籍善本书目》，600余种近万册收入河北省古籍善本书目。其中《周易传义大全》二十四卷，明弘治四年（1491）罗氏竹坪书堂刻本和《湟中牍》七卷《家食藁》一卷，明万历刻本，《中国古籍善本书目》著录为全国独家收藏；《易经讲意纲目集注》、《四书大文》、《学林就正》、《新刻三苏论策选粹》等4种为包括石家庄市图书馆在内的全国两家收藏。有10种珍贵古籍入选《国家珍贵古籍名录》，28种入选《河北省珍贵古籍名录》。

自中华古籍保护计划实施以来，石家庄市图书馆高度重视古籍保护和利用工作，认真贯彻“保护为主，抢救第一，合理利用，加强管理”的方针，切实加强古籍保护工作的硬件和软件基础建设。在古籍书库中安装了独立的恒温恒湿空调系统、火灾和110自动报警系统、自动灭火系统、漏水检测系统、温湿度计录仪、空气净化器、防紫外线窗帘等。现有的古籍书库环境和条件基本达到了恒温、恒湿、防尘、防光、防老化的效果。2010年，投资120万元，制作了250个樟木书橱，全部古籍在樟木书橱得以更好的保存。2014年争取5万元专项资金，用于制作古籍函套，年底，又将古籍书库地面加以改造，古籍书库的保护环境进一步得到改善。

近两年，石家庄市图书馆以古籍普查平台登记工作为中心，建立健全古籍保护工作规章制度，加强古籍保护队伍建设。科学管理，精心组织，深入推进古籍保护工作的扎实开展。多次举办古籍及民国文献展览，向社会公众宣传推广古籍保护理念，促进全社会对古籍保护工作重要性的认识。加强珍贵古籍的保护，积极参与全国珍贵古籍名录申报工作。推进古籍文献的数字化建设，认真落实中华古籍保护计划，做好全国古籍普查平台登记录入工作，共录入数据八千余条（部）。2014年10月在北京召开的全国古籍保护工作会议上，石家庄市图书馆被文化部授予“全国古籍保护工作先进单位”称号。

石家庄市图书馆

等待进入图书馆的读者排起了长队

宽敞明亮的图书馆大厅

唐山市图书馆

概述

唐山市图书馆于1956年开始筹建，1958年10月1日正式对外开放，由郭沫若先生题写馆名。1976年7月28日举世震惊的唐山大地震把唐山市图书馆夷为废墟，1986年7月19日，位于文化路40号的新馆建成开馆。新馆占地15283平方米，建筑面积5332平方米，1994年进行整体改扩建，至1996年完工，扩建后建筑面积达10133平方米。截止2012年底，唐山市图书馆拥有阅览座席745个，计算机107台，宽带接入20Mbps，业务工作全部实现自动化管理，选用图创集群图书馆管理系统，读者服务区无线网覆盖范围达到80%以上。

业务建设

截止2012年底，唐山市图书馆总藏量为873359册（件），数字资源存储容量为32TB。其中普通中文图书582800册，中文报纸28814册，中文期刊53495册，古籍52450册，电子文献80000种，视听文献75800件。

2009年至2012年，唐山市图书馆新增藏量购置费年均95万元，新入藏图书28906种，报刊4987种，视听文献2605种。地方文献管理规范，设有专柜和专门的目录，由专业人员进行管理。多卷书、连续出版物入藏完整率达到90%以上。

读者服务工作

唐山市图书馆一直坚持全年开馆，每天开馆10小时。2011年11月，实现书刊借阅、上网服务、信息查询等多种服务项目全免费开放。馆内图书和当年的报刊全部实行开架借阅。2009年至2012年，书刊文献外借总人次108.24万人次，总册次121.67万册次。实行与各县区图书馆和室内高校图书馆的馆际互借服务。截止2012年底，共建立馆外流动服务点20余个，每季度提供书刊流动服务，总流通册次7.8148万册次。设立政府公开信息专柜，政府公开信息上缴率100%，总藏量为4267件。参考咨询室开展定题服务、跟踪服务，为读者以及科研与经济建设提供多种信息服务，每年协助完成各类课题30余项。馆内设有盲人阅览室、老年人阅览室、亲子阅览室等专门阅览室，并针对残疾人提供上门服务、定点服务，自唐山大地震后坚持每季度为唐山市截瘫疗养院病人送书上门。

2011年至2012年，唐山市图书馆网站访问量64.55万人次，2012年6月开通唐山市图书馆微博。截止2012年底，唐山市图书馆数字资源总量19.12TB，包括电子图书、电子期刊、视频资源、读秀知识库、人大复印报刊全文数据库等，并实现了每月、每周、每日均有更新。

2009年至2012年，唐山市图书馆在世界读书日暨读书节、图书馆服务宣传周、全民读书月以及节假日期间共举办讲座、展览、培训、阅读推广等读者活动920场次，参与人数23.6268万人次。馆内丰富多彩的活动多次被《中国新闻出版报》、《唐山劳动日报》、《唐山晚报》、《燕赵都市报》、《唐山广播电视报》、环渤海新闻网、唐山信息网、虎视网等多种媒体报道，共计120余次。

业务研究、辅导、协作协调

2009年至2012年，唐山市图书馆职工发表论文54篇，撰写各类调研报告9篇，配合省馆编著《农村司法案例选编》一书，完成市社科联立项课题3项。

重视基层业务辅导工作。馆内设立辅导部，配备专职人员，通过实地调研和发放调查表等形式，及时掌握公共图书馆动态信息，了解县区图书馆发展状况，根据实际情况，制定工作计划。2009年至2012年，唐山市图书馆针对县区公共图书馆完成重点辅导12次，举办包括“图书馆服务礼仪”、“图书馆与阅读推广”等专题在内的的业务培训6期，387人次接受培训。

唐山市图书馆已经成为国家图书馆联合编目中心成员馆之一，参与了河北省公共图书馆讲座联盟、展览联盟和地方文献建设合作。

管理工作

唐山市图书馆管理规范，制度健全。编制了《唐山市图书馆规章制度汇编》、《唐山市图书馆岗位职责汇编》、《唐山市图书馆业务条例汇编》，并定期予以完善修订。在财务工作管理上，严格执行预算和政府采购等各项规定，使各项财政资金按规定合理有序流动，定期接受上级有关部门审计。在人员管理方面，实行岗位聘用制度，坚持按需设岗，按岗聘用、竞争上岗，遵循以人为本，科学管理，教育为主，制度考量的管理

唐山市图书馆外观

检索大厅

老年人阅览室

少儿图书借阅出

送书进工地

原则，形成了制度约束，奖惩分明的科学管理机制，坚持以制度管人管事，努力构建长效发展机制，确保各项工作规范顺利进行。

表彰、奖励情况

唐山市图书馆各项工作一直处于省内领先地位，取得了一系列显著的成绩。在1994、1998、2004、2009、2013年五次文化部全国公共图书馆评估定级中均被评为“国家一级图书馆”。2009年至2012年，共获得各种表彰、奖励15次，其中文化部表彰、奖励1次，省文化厅表彰、奖励2次，唐山市委、市政府表彰、奖励3次，其他表彰、奖励9次。

馆领导介绍

王昕，女，1962年生，本科学历，中共党员，高级政工师，馆长、书记。1980年4月参加工作，历任唐山电影公司经理、党支部书记，2002年8月到馆，2008年4月任唐山市图书馆馆长、党支部书记，兼任唐山市图书馆学会会长，河北省图书馆学会常务理事。

王淑敏，女，1963年生，本科学历，中共党员，研究馆员，副馆长，1986年8月到唐山市图书馆工作，先后担任阅览部、辅导部、共享工程支中心主任，馆长助理等职务。2011年2月被任命为唐山市图书馆副馆长，兼任唐山市图书馆学会秘书长。

穆桂苹，女，1976年生，本科学历，中共党员，馆员，副馆长，1996年参加工作，2008年到馆，先后在阅览室、少儿部任副主任、馆长助理，2013年5月被任命为唐山市图书馆副馆长，兼任唐山市图书馆学会理事。

刘莉，女，1970年生，本科学历，中共党员，馆员，副馆长，1989年参加工作，1991年到馆，先后在外借部、少儿部工作，2012年5月被任命为唐山市图书馆副馆长。

吴凤琴，女，1966年生，本科学历，中共党员，研究馆员，馆长助理，1988年7月到唐山市图书馆工作，先后在阅览部、流通部、电子阅览室等部门工作，任主任，2013年5月被任命为唐山市图书馆馆长助理，兼任唐山市图书馆学会理事。

未来展望

唐山市图书馆以引领阅读为己任，围绕“努力建好市民大书房”的办馆理念，依托“读书圆梦——万人采书”和唐图讲堂等活动，深入社区、学校、医院、企业、乡村、机关，扩大服务半径，推动基层文化发展，全面促进全民阅读的开展。

在唐山市委市政府、唐山市文化广播电视新闻出版局的大力支持下，唐山市图书馆新馆项目已于2012年立项，预计2015年建设完成。新馆位于风景秀丽的唐山南湖生态区，总建筑面积2.6万平方米，阅览座席2000个，可容纳纸质图书150万册，年服务人次可达110万人次，书刊文献年流通量300万册次，设立网络节点2000余个，实现馆内无线网全面覆盖，提供全覆盖、不间断、无时空限制的数字文献远程和移动服务。

唐山市图书馆新馆将作为标志性的文化建筑，以新建一流馆舍、整合一流资源、培养一流队伍、实施一流管理、争创一流服务为重点，把唐山市图书馆建设成为唐山市一流的综合性文献收藏中心、信息服务中心、书目数据中心、检索咨询中心、协作协调中心、教育培训中心，为唐山的经济发展和社会进步，提供全方位、多层次、高质量、高效率的文献信息服务。

联系方式

地　址：唐山市路北区文化路40号
邮　编：063000
联系人：王淑敏

举办党史知识竞赛活动

开展“你选书，我买单”活动

重阳节举办老年演唱会

秦皇岛图书馆

概述

秦皇岛图书馆始建于1978年，位于海港区菜市街，1986年9月迎宾路馆向公众开放。2007年7月5日，秦皇岛图书馆又搬迁至新址—市文化广场，建筑面积11000余平方米。设有参考咨询室（含地方文献室、政府公开信息查询室、古籍藏书室）、社会科学图书借阅室、自然科学图书借阅室、特色阅览室(含视障阅览室、老年阅览室)、报刊借阅室、儿童借阅室、电子阅览室、自学室等8个服务窗口，阅览坐席800个，并配有一个300个坐席的学术报告厅，宽带接入双百MB光纤网络，应用图创（Interlib）图书馆集群自动化管理系统。

业务建设

秦皇岛图书馆现有藏书70万册、件（含电子文献10万种），古籍4359册。年购书经费投入100万元。年订阅期刊1000余种，报纸120余种，并购买了万方科技期刊、读秀学术搜索、超星百链云、维普考试资源系统等数字资源。

秦皇岛图书馆始终秉承"读者至上、服务第一"的理念，努力为读者提供便捷、文明、高效的服务。普通阅览无需任何证件，基本服务项目全部免费。

读者服务工作

秦皇岛图书馆所有服务设施、服务空间全部免费开放，每周开放64小时。2010年11月，在河北省率先采用RFID技术，实现了馆藏图书自助借还。2013年，共接待读者56万人次，书刊外借64.4万册次。

分馆、图书流动站：秦皇岛图书馆近年来致力于构建覆盖全市的图书馆服务体系，目前已建有6个分馆，25个图书流动站，遍布学校、社区、乡村、企业、部队等基层单位，进一步扩大服务范围，延伸服务触角。流动图书车定期下基层开展送书服务，进行业务辅导。总分馆及市县区图书馆间实现了文献通借通还，资源共享。

读者活动：2009—2013年，共举办读者活动151项。2012年成立了阅读推广部，专门进行读书活动的推广与普及。燕赵少年读书系列活动、元宵灯谜、少儿经典诵读大赛、科普小讲堂等活动逐渐成为服务品牌。2011、2013年被中图学会评为全民阅读先进单位。

讲座培训：利用双休日，针对市民不同需求和社会热点，多方位、多视角开展讲座活动。自2009年5月秦图讲座开办以来，已举办秦图公益讲座503场，举办各种培训展览等69次。

为特殊群体服务：视障阅览室现有盲文图书750种890册、有声读物2364种2498盒、专业期刊2种。配置电脑、阳光盲文网络版软件、盲文刻印机、阳光听书郎L905等盲人专用设备。采取"一送二建三代四免"服务措施，送书到家，建立图书流动站，为视障读者代购盲人学习、生活用品、为读者刻录光盘、磁带等，免费培训、免费上网。

儿童阅览室面积400平方米，藏书6万余册，报刊253种，阅览坐席80个，自助借还设备2套，目前有持证读者17000余人。针对少年儿童开展形式多样的读者活动，如经典诵读、科普小讲堂、少儿英语角等，培养孩子们的阅读兴趣。2013年少儿阅览室接待读者16万人次，书刊借阅23.7万册次。

老年阅览室面积订购了《养生保健指南》、《老人世界》等80余种报刊，并配备医药箱、老花镜、热水器等，并定期举办老年读者座谈会、养生保健讲座等活动，读者满意率达98%以上。

参考咨询服务：一是开通图书馆在线QQ咨询服务、电话咨询服务，读者可与馆员进行实时交流咨询，拓展参考咨询的服务渠道。二是为领导机关决策提供信息服务。针对每年两会，现场为代表免费办理借阅证、编制《直通两会》、《秦皇岛市情资料目录》等资料。三是资源开发。适应秦皇岛市改革开放和经济发展的客观需要，开发出独具特色的资源，编印《秦皇岛古旧文献书目》、《旅游之窗》、《工作简报》、《秦皇岛旅游简报》等资料。

政府公开信息服务：秦皇岛市政府公开信息查阅点目前总藏量6556件，向社会各界及广大人民群众提供政府信息的电子服务和纸质文献服务。设有专用网络查阅平台、纸质文件（原件）查阅服务专区。

数字资源服务：读者可以登陆秦皇岛图书馆网站，实现网上书刊检索、借阅查询、续借等服务。免费利用包括万方科技期刊、超星百链云，读秀学术搜索、维普考试库等资源。馆内实现了无线网络全覆盖，一楼大厅安装了触摸读报系统、手机电子图书借阅等设备，利用新媒体为读者服务。

业务研究、辅导、协作协调

2009—2013年，职工发表论文40篇，专著2部，调查报告6篇，科研立项8个，获奖项目5个。

协作协调工作：开展跨地区、跨系统图书馆间的合作与协调，是实现资源共享，推动图书馆事业可持续发展的一项非常重要的方式。秦皇岛图书馆一直致力于不同地区、不同系统间

秦皇岛图书馆楼体外观

图书馆服务大厅一角

儿童阅览室

视障阅览室

老年阅览室

秦图公益讲座

图书馆的协作与协调工作，在文献资源建设、资源共享、参考咨询、馆际互借等取得了一定成效。

联合编目，数据共享：与国家图书馆联合编目中心签订协议，下载图书、报纸、期刊、视听资料等书目数据，保证书目数据的标准化；签订"河北省、市图书馆联合编目中心建设合作协议"，成为编目中心的加盟成员馆，实现省内公共馆书目数据的联合编目与资源共享。

馆际互借，资源共享：与中国国家图书馆文献提供中心签订协议书，开展馆际互借与文献传递工作；与中国盲文图书馆签订"中国盲文图书馆盲文书刊免费借阅团体协议书"，成为中国盲文图书馆支馆，首批借阅113册。与东北大学秦皇岛分校、河北科技师范学院、河北职业外国语学校签订馆际互借协议书，实现与高校图书馆的馆际互借。

加入讲座联盟，实现讲座资源共享：与上海图书馆签订"公共图书馆讲座资源共建共享协议书"，加入了"全国公共图书馆讲座联盟"，签订"河北省公共图书馆讲座联盟协议"。

参考咨询，远程服务：2012年11月，加入了全国图书馆参考咨询联盟。为来自全国各地的参考咨询需求，提供免费文献远程传递服务。

管理工作

秦皇岛图书馆现有职工62人，其中馆长1人，党支部书记1人，副馆长1人，工会主席1人。全馆本科及以上学历48人，占职工总数的77.4%；正高职称2人，副高职称14人，中级职称23人，初级职称9人。

秦皇岛图书馆是河北省指导33个规范化试点单位之一，通过推进聘用合同管理，建立起了以全面聘用制和岗位管理为核心的用人制度。结合岗位需要，设置管理岗位、专业技术岗位、工勤岗位三类。中层管理岗位、专业技术岗位、工勤岗位人员全部实行竞争上岗，双向选择。规范了图书馆内部管理及奖惩制度，努力打造规范、文明的服务团队。

表彰、奖励情况

2009—2013年，荣获各级部门表彰、奖励48项，其中文化部、中国图书馆学会、中国科协等表彰4项，省文化厅、教育厅、省科协、省质监局、省图书馆学会、省教科文卫工委等14项，地市级30项。几年来，先后荣获中国图书馆学会"全民阅读先进单位"、全国"科普教育基地"、河北省服务质量奖、省全民阅读活动先进单位、省燕赵少年读书活动优秀组织奖、秦皇岛市文明单位标兵、市扶残助残先进集体、全市文化工作先进集体、市科技工作先进集体、市行风评议先进单位、市AA级劳动关系和谐文化团体等称号，1994年以来，连续5次被文化部评为国家一级馆。

馆领导介绍

馆长：郝富贵，男，1964年生，本科学历，中共党员，研究馆员。

党支部书记：王俭，女，1966年生，本科学历，中共党员，研究馆员。

副馆长：宋舸文，女，1969年生，本科学历，中共党员，副研究馆员。

工会主席：马猛，男，1978年生，本科学历，中共党员，馆员。

未来展望

秦皇岛图书馆将继续秉承"读者至上、服务第一"的服务宗旨，把握住新世纪的发展机遇，注重学习和服务创新，努力搭建更适应社会和读者需求的图书馆服务体系为构建学习型社会，提升市民素质、建设文化强市、构建和谐社会做出积极贡献。

联系方式

地　址：秦皇岛市秦皇东大街80号文化广场
邮　编：066000
联系人：张　波

到农村小学建站送书

流动图书车开进抚宁县台营镇乡村大集

"八一"到部队流动图书站送书慰问

邢台市图书馆

概述

1978年，邢台市成立图书馆筹备组，在桥西区育才南路建设图书馆。1980年8月，市图书馆建成投入使用，占地面积6372平方米，建筑面积3670平方米。2012年6月29日，位于邢台市钢铁北路789号的新馆建成并对外开放，新馆建筑面积2.5万多平方米，投资近1亿元，是全市公益文化设施的标志性建筑。2013年，参加第五次全国公共图书馆评估，首次获得一级图书馆。新馆有阅览座席522个，其中少儿阅览室座席60个，有各类型计算机103台，信息节点216个，宽带接入100Mbps，馆内实现了无线网络全覆盖，选用Interlib图书馆集群自动化管理系统，并实现读者自助借还。

业务建设

截止2012年底，邢台市图书馆总藏量40.21万册（件），其中，纸质文献20.585万册（件），电子图书19.3031万册，电子期刊8138种。

2009至2012年，邢台市图书馆新增藏量购置费逐年增加，2012年列入财政预算的购书经费40万元，电子资源购置费10万元，年底市财政又追加购书经费150万元，2012年新增藏量购置费总计200万元。2009—2012年，共入藏中外文图书2.1789万种，4.1176万册，中外文报刊2108种，视听文献1116种。2013年上半年采购图书6万多册，分编入藏普通图书13251种，32924册，订购报刊669种。2012年底邢台市图书馆共入藏地方文献1082种1534册。2013年上半年市图书馆征集地方文献300多册，设立了专门的地方文献阅览室，地方文献资源书目数字化达到100%，50%地方文献建立了全文数据库。

截止2012年底，邢台市图书馆本地存储数字资源总量11TB，2013年上半年本地存储达16TB，另有异地存储的万方数据、博看电子期刊、电子报纸索引库、读秀知识库及维普考试系统等，自建数据库有地方文献全文数据库，邢台地方志专题数据库及视频数据库。

2012年邢台市图书馆在搬迁新馆之际，将图书馆自动化管理系统更换为Interlib图书馆集群自动化管理系统，以适应邢台公共图书馆服务联盟总分管制建设的需要，同时，增加了无线射频识别技术RFID管理系统，并顺利与Interlib图书馆集群自动化管理系统对接，实现了读者自助借还和智能导航功能。

读者服务工作

2011年7月1日，邢台市图书馆在中央财政及地方财政的支持下，实施了免费开放。2012年6月29日新馆开馆试运行期间，每周开馆六天，开馆51小时，周六、周日及其他节假日正常开馆。2009—2012年，书刊总流通90.978万人次，书刊外借80.9576万册次，建成11个馆外流动服务点，捐建5个农村图书室，馆外书刊外借14.84万册次。2013年，参加了全省图书馆馆际互借服务。邢台市图书馆编印的《决策参考信息》主要围绕对邢台市政治、经济、文化各方面有影响的大事、社会动态以及中长期发展战略，搜集相关信息，为本地区政府和各级领导提供参考资料，为领导机关决策提供依据。

邢台市图书馆于2013年重新注册了域名xtstsg.cn，建立了邢台市图书馆·邢台市数字图书馆门户网站，实现了馆藏书目资源检索、网上预约、续借等功能，邢台市图书馆通过馆内局域网及数字资源馆外访问系统为读者提供馆藏数字资源检索、浏览和下载服务，网站为“邢台市政府信息公开平台”做了链接，满足读者获取政府公开信息的需求。

2009—2012年，邢台市图书馆举办各类讲座、展览、培训、阅读推广等读者活动172场次，参与人数5.1674万人次。邢台市图书馆通过邢台市图书馆学会的纽带作用，带领全市成员馆利用4.23世界读书日、图书馆服务宣传周等开展了若干有创意的阅读推广主题活动，《牛城晚报》、《邢台日报》等新闻媒体对图书馆工作及活动的开展进行了宣传报道，扩大了图书馆影响和知名度，强化了公民的图书馆意识。2011年邢台市图书馆被省图书馆学会授予“全民阅读活动先进单位”，2013年5月，被省全民科学素质工作领导小组办公室评选为“河北省公民科学素质教育示范单位”，多次荣获“全省公共图书馆燕赵少年读书系列活动”和社会科学普及周活动优秀组织奖。

业务研究、辅导、协作协调

2009—2012年，邢台市图书馆职工在省级以上刊物和专业会议上发表论文35篇，人均年发表论文0.36篇，出版专著3种，撰写调查研究报告5篇。

2009年，邢台市图书馆与17个县级公共图书馆签订了地方文献资源建设合作协议书，成员馆之间通过交换、赠送等方式互通有无。2010年，编辑出版了《河北省地方文献提要目录 邢台卷》。2012年，成立了邢台市图书馆联盟，探索成员馆之

邢台市图书馆外貌

馆藏经典图书图片展

公共电子阅览室

间的合作模式，现有公共图书馆及驻市高校图书馆等成员馆31家。

2011年，邢台市图书馆加入了全国公共图书馆讲座联盟，2013年参加了全国图书馆联合编目中心。2013年，带领全市各县公共图书馆加入了河北省公共图书馆讲座联盟、河北省公共图书馆展览联盟、河北省图书馆联合编目中心。

2012年5月份组织了“图书馆专业知识培训班”，时长5天，培训学员42人。12月1日组织了“文化共享工程培训班”，时长1天，培训学员45人。此外，邢台市图书馆每年组织业务骨干到基层图书馆开展业务辅导，同时组织基层图书馆骨干参加省图书馆组织的各类图书馆专业知识培训班。

管理工作

2012年搬迁新馆后，邢台市图书馆对《邢台市图书馆行政管理制度》及各项业务管理制度、财务管理制度进行了修订和补充，以适应新图书馆工作需要。按照事业单位人事制度改革的有关精神，完成了全员岗位聘任，明确了各部室工作职责以及量化考核标准，建立了内部收入分配机制，制定了严格的奖惩细则。2012年共抽查文献排架12次，书目数据6次，编印《邢台图书馆工作简讯》28期。撰写专项调研、分析报告11篇。

表彰、奖励情况

2009年—2012年，邢台市图书馆共获得省级业务主管部门、地市级党委、政府表彰奖励12次，受到地市级业务主管部门表彰奖励5次。

馆领导介绍

葛立辉，男，1968年10月生，本科学历，中共党员，副研究馆员，馆长。1991年9月在市文物管理处参加工作，2002年9月至2011年3月在市文广新局工作，2011年3月任邢台市图书馆馆长、书记，邢台市图书馆学会理事长，河北省图书馆学会常务理事。2003年3月被省委宣传部、省文明办评为全省“三下乡”工作先进个人，2007年被河北省新闻出版局评为全省新闻出版管理部门行风建设工作先进个人，2008年被省人事厅、省文化厅授予“河北省文化文物系统先进工作者”。

刘洪，女，1963年5月生，本科学历，中共党员，副研究馆员，副馆长。1983年6月参加工作，1986年1月到邢台市图书馆工作，先后在报刊阅览室、图书外借部、总服务台、热门书屋、参考咨询部等部门工作，任副主任、主任等职，2003年2月被邢台市文化局任命为邢台市图书馆副馆长。2010年荣获市直机关优秀共产党员称号，2013年获市级嘉奖奖励。

张春花，女，1971年4月生，本科学历，中共党员，副研究馆员，副馆长。1996年1月分配到图书馆参加工作，先后在辅导部、采编和自动化部工作，任主任、馆长助理等职，2013年3月任邢台市图书馆副馆长，兼任邢台市图书馆学会副理事长、秘书长。2004、2007年两次被中共邢台市委、邢台市人民政府授予“邢台市劳动模范”；2008年荣获邢台市“三·八”红旗手，2013年被全国大中城市社科联工作会议主席团授予“全国先进社科工作者”。

车文文，女，1983年10月生，本科学历，中共党员，馆员，副馆长。2005年7月毕业于河北经贸大学，经济学学士。先后在国家级，省级专业期刊和报纸上发表论文多篇。积极参加各种征文活动，有一篇论文获文化部优秀稿件评比一等奖，多篇论文获国家级、省级、市级征文奖项。记三等功一次，嘉奖两次，并获得全省文化统计工作先进工作者、邢台市信访系统先进工作者等多项荣誉称号。

未来展望

邢台市图书馆坚持“服务立馆、资源强馆、人才兴馆”的办馆宗旨和“读者第一、服务至上”的工作理念，不断拓展服务辐射领域，推动全市图书馆事业的发展。2009—2012年，邢台市图书馆不断强化自身综合实力，特别是2012年搬迁新馆以后，馆舍、设施、文献资源和服务都发生了翻天覆地的变化。同时，邢台市图书馆以邢台市图书馆学会和邢台市图书馆联盟为依托，带动了全市公共图书馆事业的整体发展。在今后工作中，邢台市图书馆将按照“满足大众阅读需求，服务经济社会发展”的文献采选方针和实用性、思想性、系统性、经济性相结合的原则，不断丰富馆藏文献资源，逐步建立起结构合理、富有特色的馆藏文献体系；积极推进图书馆免费开放工作，加强讲座、培训、展览、阅读推广等社会教育宣传活动，拓宽服务领域，拓展馆外服务，开展流动书车服务，引进街区自助图书馆，为读者提供方便快捷，高质量服务；加强数字图书馆建设，完成地方文献等特色数据库和手机图书馆建设，加快图书馆的现代化和信息化进程，提升图书馆的服务质量和管理水平；发挥邢台市图书馆联盟的作用，实施总分馆制，开展通借通还等现代化、新型管理体制，逐步建立起我市现代化图书馆服务网络，满足群众基本文化需求，逐步将邢台市图书馆建成全市的文献资源收藏中心、书目中心和图书馆间协作协调及业务交流研究中心，在保障群众基本阅读权利、开展居民素质培训和社会教育中发挥更加积极的作用，为邢台经济社会又好又快发展提供智力支持和文化保障。

联系方式

地　址：邢台市钢铁北路789号
邮　编：054000
联系人：张春花

开展网络书香答题活动

山区儿童参观体验图书馆

群众排队办理读者证

沧州市图书馆

概述

沧州市图书馆始建于1956年，原址位于文庙大成殿内。1982年迁至西环中街134号。2010年7月2日，市图书馆新馆正式开工建设，2013年7月1日试开馆运行，9月28日正式开馆接待读者。

沧州市图书馆新馆是河北省社会公益事业重点项目，是沧州市人民政府投资兴建的大型现代文化设施，总投资3亿元，位于沧州新城文化公园内，占地57亩，建筑面积31714平方米，分为半地下层和地上1—4层。其建筑造型体现自然、人文与城市建筑空间有机融合的风格，彰显沧州厚重的历史文化内涵与现代文化风骨，突出公共图书馆特有的文化气息。设计馆藏260万册件，设有中文文献借阅区、报刊阅览区、少儿服务区、视障读者服务区、地方文献阅览区、数字资源服务区、音乐图书馆、休闲区、自习区、研修室等30多个读者服务区，读者座席达2600个，网络节点1980个，全馆实现了无线网络覆盖，日均可接待读者16000余人次。设有报告厅、展厅、多功能厅、多媒体电影厅、教育培训室等功能设施，可开展各种形式的文化服务活动。

业务建设

2014年，沧州市图书馆文献购置经费达到500万元，文献总藏量达到80余万册件，其中普通图书60万册、报刊3000余种、古籍1.3万册、沧州地方文献3.5万册。入藏了中国知网全文数据库、万方数据、国研网、龙源期刊、超星数字图书馆等数字资源共53TB，可供读者查询和下载。

近年来，沧州市图书馆地方文献和专题文献资源建设也取得突破性进展，征集沧州地方文献和武术、杂技、运河、纪晓岚、张之洞、张岱年、沧州作家、诗经、书画等专题文献4000多种、1万余册，建成9个专题文献馆（区），并于2011年牵头成立了沧州市地方文献资源共建共享协调委员会，与各县（市）图书馆签订了《沧州市公共图书馆地方文献资源共建共享合作协议书》，定期编印《沧州市地方文献工作简报》，通报各成员馆地方文献工作开展情况。截止到2014年底，共有1万种地方文献实现了数字化。

读者服务工作

沧州市图书馆从2011年4月23日起面向公众全方位免费开放，2013年7月新馆试开馆后，秉持“平等、免费、无障碍”的服务理念，积极运用现代信息技术与数字阅读技术，采取借阅合一、开放式、自助式、智能化的服务方式，为读者提供了多样化的现代阅读体验，推出了几十项方便读者的服务措施，周开放时间达到72小时，节假日照常开馆，全馆无线网络覆盖，可供读者使用的计算机数量达到385台。拥有自助办证机、自助借还机、数字资源展示屏、电子触屏读报器、OPAC公共检索设备、少儿益智游戏机、导航屏等先进的网络化、智能化设备，大大节约了读者时间。24小时自助图书馆实现了全天候自助借书还书服务；公共空间设施场地和基本服务项目全部免费开放，打印复印等服务只收取成本费，办证只收押金；同时提供免费直饮水、免费存包等服务。

沧州市图书馆2014年开始筹资配备流动服务车，装载7000册图书，配有手提电脑、自助借还机、音响、LED彩屏等设备，可为读者提供办证、图书期刊借阅、数字资源浏览、播放宣传片、电影、讲座等便捷的服务。

沧州市图书馆组织开展了形式多样的阅读推广活动，打造了“沧图讲座”、“沧州市读书节”、“沧州市全民读书月”等知名文化品牌。利用节假日举办各类读者活动860场，参与人数200万余人次；同时积极组织开展图书馆服务宣传周、科普宣传、燕赵少年读书系列活动；2009—2014年“三下乡”活动共向当地农民赠送图书、期刊、光盘等文献10000册。

沧州市图书馆为特殊群体提供贴心的服务，新馆设有视障读者服务区、少儿服务区和老年人阅览座席，并根据需求组织开展了农民工文化服务、老年人文学沙龙等形式各异的活动，受到一致好评。

业务研究、辅导、协作协调

2009—2014年，沧州市图书馆馆员在省级以上专业期刊和学术会议上发表论文32篇，出版专著4部。2012年参与的市级科研课题《对沧州名人纪晓岚研究文献的研究》和《高校图书馆与公共文化服务体系构建》被批准立项，并于当年结题。

从2011年起，沧州市图书馆在全市市、县两级公共图书馆中推行总分馆制。以沧州市图书馆为总馆，各县（市）图书馆为分馆，乡镇（街道）、村（社区）为基层服务点，统一使用Interlib图书馆集群自动化管理系统，实现了联合编目、联合检索、资源共享，同时与国家图书馆、首都图书馆、上海图书馆等建立了馆际互借关系。

在各会员馆的支持下，沧州市图书馆学会做了大量卓有成效的工作，每年召开常务理事会、年会、学术研讨会、县级馆长联席会，并邀请国内知名学者举办高水平的学术报告；坚持编发学术季刊《狮城图书馆》，使之成为广大会员和图书馆工作者进行学术研究与交流的园地。

沧州市图书馆编印的二次文献《信息参考文摘》，为有关领导和部门提供决策参考和信息服务。

管理工作

2009—2014年，沧州市图书馆加强内部科学管理，建立健全各项规章制度和服务规则，狠抓工作效能督查，实行固定资产统一管理。馆方与各部室和个人均签订了责任状，分工明确，责任到人；成立了行政和业务工作督查小组，由馆长任组

沧州市图书馆外景

沧州作家专题文献馆

纪晓岚专题文献馆

文学艺术文献借阅区

低幼服务区

少儿绘画活动

长，定期对行政和业务工作进行考查，保证了各项制度落实到位；在馆内实行岗位目标责任制，按需设岗定编，并建立了激励机制，按照上级有关部门要求制定了绩效工资发放办法，严格执行，大大调动了全体馆员的工作积极性。

表彰、奖励情况

2008年获第九届“燕赵群星奖”服务奖。

2009–2014年连续被市委、市政府命名为市级文明单位。

2010年荣获河北省精神文明建设委员会授予的“全省未成年思想道德建设工作先进单位”称号。

2010年获由河北省文化厅、河北省教育厅、河北省图书馆学会颁发的“2010年燕赵少年读书系列活动组织奖”。

2012年被河北省文化厅、河北省教育厅、共青团河北省委、河北省图书馆学会授予“2012年燕赵少年读书系列活动优秀组织奖”。

2012年被河北省全民阅读活动组委会办公室授予“2011年度河北省全民阅读活动先进单位”称号。

2013年被中华人民共和国文化部评为“一级图书馆”。

2014年被中国图书馆学会授予“2013年全民阅读先进单位”称号。

2010年、2015年被河北省质量奖评审委员会、河北省质量技术监督局授予“河北省服务名牌”称号。

馆领导介绍

宋兆凯，男，1966年10月出生，本科学历，中共党员，研究馆员，馆长，河北省图书馆学会副理事长、沧州市图书馆学会理事长。1998年8月至今任沧州市图书馆馆长。2010年，在核心期刊发表的论文《浅谈公共图书馆地方文献资源建设与利用》荣获沧州市第十一届社科优秀成果论文一等奖；2011年获“沧州市城镇面貌三年大变样先进个人”荣誉称号、记二等功；2012年主编的《沧州市公共图书馆馆藏沧州地方文献提要目录》获沧州市第十二届社会科学优秀成果著作一等奖；2013年获沧州市政府“爱沧州、做贡献、干成事、出亮点”活动先进个人称号，记二等功；2014年获“河北省文化系统先进工作者”荣誉称号，享受市级先进工作者和劳动模范待遇；2014年获中国图书馆学会榜样人物提名。

张广越，女，1967年7月出生，本科学历，中共党员，研究馆员，副馆长，沧州市图书馆学会副理事长兼秘书长。1998年8月至今任沧州市图书馆副馆长。2009年获河北省图书馆学会先进学会工作者称号；多次被市社科联评为优秀学会工作者；2012年主编的《沧州市公共图书馆馆藏沧州地方文献提要目录》获沧州市第十二届社会科学优秀成果著作一等奖；论文《关于公共图书馆免费开放若干问题的思考》在核心期刊发表，并获沧州市第十二届社会科学成果论文一等奖。2012年、2013年获沧州市文广新局嘉奖奖励，2014年获沧州市政府记三等功奖励。

杨培颖，女，1969年11月出生，本科学历，中共党员，研究馆员，副馆长，沧州市图书馆学会常务理事。2015年任沧州市图书馆副馆长。2009年沧州市政府给予记三等功奖励；被评为2010–2011年度河北省图书馆学会优秀会员；2011、2012年度获沧州市文广新局嘉奖奖励；2011–2012年度被沧州市文广新局评为优秀党员；2011年获中图学会征文二等奖；获沧州市第十一届社会科学优秀科研成果三等奖、沧州市第十二届社会科学优秀科研成果一等奖。

未来展望

随着新馆的建成开馆，沧州市公共图书馆的管理水平和服务水平已步入全国先进行列，新馆以其先进的设施、完备的功能、优雅的环境和一流的服务，将进一步发挥中心图书馆的引领辐射作用，成为沧州先进文化的辐射源、学习型城市的策源地、市民学习休闲的目的地，一个以沧州市图书馆为中心，县级图书馆和乡镇（社区）、村级图书室为辐射点的图书馆服务网络也在逐步形成，将更好地为沧州经济社会发展提供精神动力、智力支持和文化支撑。

联系方式

地　址：沧州市上海路与吉林大道交叉口向西300米

邮　编：061000

联系人：张广越

元宵猜谜会

阅读的力量大型图片展览

沧图讲座

廊坊市图书馆

概述

廊坊市图书馆始建于1994年3月，1996年2月正式对外开放。2007年9月20日位于廊坊市和平路238号的新馆建成开放，新馆位于开放性公园内，占地面积1.25万平方米，建筑面积10921.39平方米，建筑高度21.75米，分为地下一层，地上五层，设计藏书83万册，可供900人同时来馆学习或进行学术交流活动。2012年，设有阅览座椅510个，少儿座椅100个，计算机154台，其中可供读者使用的达98台，宽带接入40Mbps，选用ILAS图书馆自动化管理系统。2004年，参加第三次全国公共图书馆评估，首次获得一级图书馆。

业务建设

截止2012年底，廊坊市图书馆总藏量149.1889万册（件），其中，纸质文献75.9889万册（件），电子文献73.2万册。

2009—2011年，廊坊市图书馆新增藏量购置费200万元，2012年起增至300万元。2009—2012年，共入藏中文图书61449种，188285册，中文报刊1178种，视听文献4445种。

截止2012年底，廊坊市图书馆数字资源总量20TB。数据资源含有电子版的图书、期刊、报纸、年鉴以及考试题库、新东方多媒体学习库、少儿多媒体图书馆、中华连环画数字阅览室、科技视频等，自建数据库有浩然文学馆、廊坊文化艺术志、地方文献集。

2011年，廊坊市图书馆将自动化管理系统升级改造为ILASIII。

读者服务工作

廊坊市图书馆设有13个对外服务窗口，每周二至周日对外免费开放，每周开馆84小时。2009—2012年，到馆读者2132519人次，书刊流通1209194册次。同时与17家单位合作，开展集体外借，2009—2012年集体外借114068册次。2012年在儿童图书借阅厅首先开通自助借还服务。

截至2012年底，搜集政府公开信息，共入藏42种文献。每月编制一期《信息通报》，是廊坊市政府上报中央办公厅"舆情信息"和"观点摘编"的重要信息源，编者得到廊坊市政府"先进个人"的奖励。

2009—2012年，廊坊市图书馆网站访问量1356730人次。网站设有14个栏目，向读者提供电子图书、电子期刊、专题数据库的全文浏览和下载服务，提供市区内各图书馆联合书目检索。

2009—2012年，廊坊市图书馆共举办讲座、展览、培训、阅读推广等读者活动408场次，参与人数335716人次。

截至2012年底，廊坊市已建成文化信息资源共享工程市级分中心1个、县级支中心10个、农村基层服务点2931个，农家书屋3212家。

建有公共电子阅览室，设有96台电脑，2012年初实现全免费开放，可供读者免费上网、查阅廊坊市图书馆网站各类数字资源。

业务研究、辅导、协作协调

2009—2012年，廊坊市图书馆职工发表论文42篇，出版专著3部，获准立项市级课题5项。

2009年—2012年，先后与河北省图书馆签订讲座、展览、联合编目的合作协议，与下辖县（市、区）图书馆签订讲座、展览、联合编目的合作协议，建立行业合作网络。

为基层及中小学校的图书馆做业务培训和辅导，帮助整理图书，完善各项业务工作。为廊坊市第二、三、十中学以干代训，协助这几所学校完成图书馆室建设管理工作。

廊坊市图书馆与市区十几所大中专学校图书馆进行馆际合作，建立联合目录，实现期刊、数字资源的联合采购。

管理工作

廊坊市图书馆编制总数为63个，截止到2012年底，共聘任有56人。同时，实行按需设岗、按岗聘用、竞争上岗、择优聘用、年度考核的岗位管理制度。建立考勤制度、月报制度、周例会制度，每半年和全年进行总体工作总结和考核。建立消防、安全制度，实行24小时保卫制度。2009—2012年，共抽查文献排架40次，撰写专项调研报告3篇、分析报告1篇、工作提案15篇，编写各部门工作总结48篇。向上级主管部门上报《工作周报》257篇。

开放式的服务台更贴近读者

走廊的休闲椅供读者休息

期刊厅

读书座谈会

六一活动

表彰、奖励情况

2009—2012年，廊坊市图书馆共获得各种表彰、奖励11次，其中，文化部表彰、奖励1次，省级表彰、奖励2次，市级表彰、奖励8次。

馆领导介绍

刘东君，女，1969年10月生，本科学历，中共党员，副研究馆员，馆长。1991年7月到廊坊市文化局工作，1995年10月到廊坊市图书馆工作，任副馆长，分管全馆业务及妇女、青年工作，2011年9月任馆长。同时兼任河北省图书馆学会常务理事、廊坊市图书馆学会理事长。2006年获河北省科技文化卫生“三下乡”先进个人。2011年获廊坊市嘉奖奖励。

甘义，女，1971年5月生，本科学历，中共党员，研究馆员，副馆长。1991年7月参加工作，先后在文物管理处、文化局机关党委工作，1995年9月参与廊坊市图书馆筹建，1996年2月任廊坊市图书馆采编部主任，2002年12月任廊坊市图书馆副馆长，兼任廊坊市图书馆学会副理事长。2009年被河北省文化厅授予全省公共图书馆“燕赵少年读书系列活动”突出贡献奖，河北省图书馆学会授予2004—2009年度“优秀会员”称号。

郭爱菊，女，1975年11月生，本科学历，中共党员，馆员，副馆长。1998年12月参加工作，先后在采编部、阅览部、图书借阅部工作，2011年9月任廊坊市图书馆副馆长。兼任廊坊市图书馆学会副秘书长。2006年、2007年、2011年获廊坊市嘉奖奖励。

未来展望

廊坊市图书馆以“自我加压、负重奋进、创优争先、甘做奉献”的主人翁精神，坚持“花园式、标准型、人为本、现代化”的发展定位，以创建国家公共文化服务体系示范区为契机，在统一搭建的图书馆集群自动化管理系统平台上，建成以廊坊市图书馆为中心馆，以各县（市、区）图书馆为总馆，以各级各类图书馆为分馆的总分馆服务体系，尝试以物流和技术外包的形式，实现图书流转、技术支持和设备维修维护。在未来的2年内，廊坊市图书馆将由传统手工办证更新为自助办证，传统手工借还更新为自助借还，并在市区安装使用24小时自助借还设备。使用新技术，以图书馆自动化管理系统为基础，开通图书馆门户网站，供读者实时查阅个人信息、检索各分馆文献资源、进行图书荐购，开通手机图书馆，实行短信服务与提醒，利用图书馆QQ群、微信等方式服务网络读者。

联系方式

地　址：廊坊市和平路238号
邮　编：065000
联系人：李昕朔

唐山市丰南区图书馆

概述

唐山市丰南区图书馆前身为丰南县文化馆图书组，唐山大地震前即拥有藏书7万多册，并专门建成2层藏书楼，震后藏书楼倒塌，经奋力抢救大部分藏书得以保存。1978年经省文化厅批准正式建馆，1985年建成独立图书馆楼，建筑面积1500平方米。2011年4月，丰南图书馆再次乔迁新馆，新馆位于丰南西城区惠丰湖畔，建筑面积8600平方米，地上四层、地下一层，设计藏书量50万册，共有阅览坐席860个，其中少儿阅览坐席200个；有计算机125台，其中提供读者使用92台，宽带接入100Mbps，使用Interlib图创图书馆集群管理系统。丰南区图书馆1994年参加首次全国公共图书馆评估，被评为二级图书馆，1998年二次评估仍为二级，2004年第三次评估中被降至三级，2009年第四次评估中跃升为一级图书馆，2013年第五次评估中蝉联一级图书馆。

业务建设

截至2012年底，丰南区图书馆总藏量21.565万册（件），其中纸质文献21.363万册（件），电子文献2000种。为了保护、发掘、整理展示丰南地域文化，还收藏各类实物文献300余件。

2009年–2011年，丰南区图书馆年度新增藏量购置费50万元，2011年因新馆的建成开放补充专项购书费100万元，2012年新增藏量购置费30万元，2013年恢复至50万元。2009年–2012年间，共入藏图书41465种、101231册，视听文献367件，年均入藏报刊535种。2012年投入30多万元购藏影印线装文渊阁本《四库全书》一套。

2010年，丰南图书馆被国家中心列入全国县级数字图书馆推广计划试点单位，获得了系列数字资源。2011年以来，随着新馆的建成开放，投入200多万元，打造了文化共享工程高标准硬件设施，同时还购买了电子报刊数据资源、万方数字资源、少儿3D科普数字资源。截至2012年底，丰南图书馆共有数字资源5.5TB，其中本地资源1.5TB。自建10GB丰南地方文献数据库，并在持续补充资源。

2011年，随着新馆的开放，丰南图书馆一方面升级了Interlib图创图书馆集群管理系统，应用了短信服务平台，实现了短信续借、短信催还，另一方面同时应用了RFID自助借还系统，实现了智能化服务。

读者服务工作

2007年，丰南图书馆免除了办证工本费、图书磨损费等项收费，实现了图书馆的免费开放，走在了全国的前列。并不断延长开馆时间，于2013年初达到每周开馆62小时。2009年–2012年，书刊外借59.96万册次，流通人次达55万人次，截至2012年底，有效读者证9680张。

丰南区图书馆一直坚持流动服务工作。2009年秋季，图书馆依托小型客车开展流动服务，配备自行设计制作的可拼装书架，增加文化共享工程视频播放服务。同时率先应用3G无线网络，提供数字资源、馆藏书目检索等服务，并充分发挥图书馆集群管理系统的优势，与馆内服务器连接，实现了馆外借阅和办证程序的自动化。传统图书借阅与文化共享工程服务的结合，形成了流动服务的创新模式，被业内人士称之为“书香丰南动车组”。2010年，“书香丰南动车组”完善新型流动车方案，购买了厢式货车，完成新型流动车改造，并获得国家专利。2011，伴随新馆设施的智能化，图书馆同时也为流动车增加了自助借还设备，使之成为全国首部造价最低廉、功能最全面、设备最先进的流动图书馆。自2012年以来，图书馆人员状况得到一定缓解，从而大幅增加流动服务次数。坚持夏秋季晚间进社区、进广场，冬春季进农村。全馆人员分4组，每组5到6人，夏秋每周晚间进社区4次，3地循环。从5月底到10月下旬，共完成晚间进社区80次，高峰期每天现场读者和观众达到1000多人次，倍受欢迎。同时，组织冬春季进农村活动20次，全年总计出车达到100次。

丰南图书馆还在社会教育活动中不断发挥自身的优势。2009年–2012年，共组织各类讲座、培训、展览、阅读推广等读者活动近120场次，活动参与达12万余人次。并形成了“欢乐元宵”有奖猜谜、青年读书节（与高校合办）、“故事妈妈”幼儿绘本亲子阅读、亲子教育入园讲座、周末家长沙龙等系列品牌活动。

业务研究、辅导、协作协调

2009年–2012年，丰南图书馆积极组织馆员参与各级图书馆学会征文活动，先后有36篇论文获奖，其中获中国图书馆学会征文一等奖2篇，二等奖2篇，并在2012年、2013年荣获河北省图书馆学会征文活动组织奖。先后组织出版了《书海酌

丰南图书馆区位环境优越

文献流通部

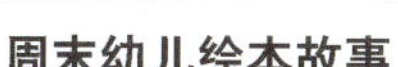
周末幼儿绘本故事

惠丰展窗

少儿馆

蠡》、《马拉火车的地方》、《丰南作家论》等丰南地方文献丛书三种，馆员在各级刊物发表论文12篇。

丰南图书馆积极参加上级图书馆组织的协作协调工作，如河北省公共图书馆展览联盟、河北省公共图书馆讲座联盟、河北省图书馆联合编目等，并与上海图书馆讲座中心拥有长期的资源共享协议。此外，还对辖区内基层图书室定期进行业务培训、指导，并重点发展了一批社区、企业、农村、学校及个人服务点予以重点扶持，为将来的基层服务体系建设做好铺垫。

管理工作

2011年，随着丰南区图书馆新馆的开放，工作人员也在不断增加。截至2012年底，从不足10人增加到36人，其中大专以上学历达到75%。为了让这些新馆员尽快适应图书馆工作，首先是积极组织新馆员参加图书馆界的各类学术活动和业务培训，其次是加强制度化、规范化建设，促进作风转变。不断健全学习制度、工作制度、考勤制度、服务准则和绩效考核制度，制定和完善了《丰南图书馆工作规范》和《丰南图书馆绩效考核实施方案》。同时还不断规范工作行为，实施礼仪服务，进一步强化服务意识，优化工作环境。通过一系列的努力，丰南区图书馆的馆员队伍从凝聚力到服务水平都有了一个质的变化。

表彰、奖励情况

2009年–2012年，共获得各级表彰奖励14项，其中省级表彰、奖励三项，市级表彰、奖励四项，区级表彰、奖励七项。

馆领导介绍

刘志大，男，1969年8月出生，本科，副研究馆员，馆长。1988年到唐山市丰南区图书馆工作。重视少儿阅读推广，主持改造“书香丰南动车组”流动服务车并获国家专利，曾发表专业论文多篇。

王志义，男，1957年4月出生，中专学历，中共党员，馆员，党支部书记，工会主席。1975年5月参加工作，1982年9月到唐山市丰南区图书馆工作，是丰南图书馆从自行车到“动车组”坚持30年流动服务工作的重要骨干。

未来展望

在近年来的发展中，丰南区图书馆一直秉承着打造“百姓书房、城市窗口”的服务理念，同时坚持了“免费、开放；人性、智能；文明、高效；多元、休闲”八大服务特色。在未来几年的发展中，丰南区图书馆将在图书馆服务体系建设工作上力争突破，争取支持、加大投入，在现有基层服务点的基础上，以点带面，逐步形成以丰南图书馆为中心，以辖区各街道、乡镇图书室为纽带，以农村、社区、企业等基层图书室为节点的三级服务体系，实现体系内的资源统一配置、统一管理、通借通还。另外，丰南图书馆还将依托文化共享工程建设，在数字图书馆的建设上做更大的投入，争取资金购买相关的数字资源、争取上级图书馆和相关部门的资源支持、努力实现馆藏地方文献资源的数字化，通过各类资源的整合利用，更好的为读者服务。

联系方式

地　址：唐山市丰南区正苑大街10号

邮　编：063300

联系人：刘志大

书香丰南动车组晚间服务

丰南讲堂

乐亭县图书馆

概述

乐亭县图书馆是一个集文献收藏、信息咨询、社会教育、学术研究于一体的综合性现代化公共图书馆，始建于1983年，经过两次搬迁，现位于乐亭县青春广场西侧文化中心南楼，雍容恬静，环境优雅，是学习、休闲的理想场所。图书馆占地面积6600平方米，建筑面积3000平方米，建筑总投资800万元，2003年3月1日动工兴建，2004年7月建成完工并正式投入使用。

图书馆内设办公室、财务室、采编室、借书处、报纸期刊阅览室、少儿阅览室、盲人阅览室、电子阅览室、地方文献室、古籍室及共享工程支中心等服务窗口。阅览座席248个，少儿阅览室座席48个。2004年，乐亭县图书馆被文化部授予"国家一级图书馆"，并在2009年、2014年两次评估中继续保持了该称号；2004年，乐亭县图书馆建成河北省文化信息资源共享工程乐亭支中心；2005年被河北省图书馆定为红色旅游服务点；2011年，实行免费开放。

业务建设

乐亭县图书馆目前使用ILASS－Ⅲ业务管理系统，图书编目、办证、流通、书目检索、网上读者服务等全部实现了自动化。

为满足读者的阅读需求，2009年－2012年，购置中文图书、报刊、视听文献1万余种，图书年均入藏量2758种，报刊年入藏量240余种，文献资源总藏量已达28.6万册。馆内收藏的中文图书书目已全部数字化，书目数字化比例为100%。

乐亭县图书馆现有古籍6200册，其中有相当数量的清版刻本及民国时期的影印线装古籍，门类齐全，卷帙浩繁，弥足珍贵。地方文献1400册，并已全部数字化。设有李大钊文献专柜，共收藏李大钊书籍57种167册，这些珍贵的文献资源对传播李大钊思想、发扬爱国主义精神有着深远的意义。

2012年，建立了乐亭县图书馆网站，图书馆由此增加了一个强有力的宣传服务阵地。网站设立了多个具有浓郁文化气息和图书馆特色的版块，如乐图概况、读者指南、书目检索、数字资源、特色馆藏、资源分布等。

读者服务工作

乐亭图书馆每周开馆7天，周六周日及节假日不休息。

为提高馆藏利用率，乐亭县图书馆在县城中小学及乡镇、社区、街道办、企事业单位、军营、看守所建立了流动服务点，服务点书刊借阅册次年均为7.75千册次/年。

多年来，乐亭县图书馆致力于基本读者服务工作，如书刊采编借阅、业务咨询、服务宣传、阅读推广等，仅2012年，接待读者数量为78000人，人均年到馆次数是26次/人，书刊文献年外借册次为10.8万册。同时，为充分发挥社会职能和全民阅读基地的作用，图书馆举办了系列读者服务活动。

读书活动异彩纷呈。先后组织志愿者为残疾人送书上门、重阳节联谊会、"六一"趣味猜谜、假期"动漫"展播、"燕赵少年系列读书活动"、中华经典诵读、亲子阅读、"书香乐亭"读书征文、优秀读者评选、为农民工集体办证等等，这些活动激发了群众的阅读热情，收到了良好的社会效益。

图书下乡蓬勃发展。多年来，乐亭图书馆积极扶持和发展基层文化，大力开展图书下乡活动。建立流动图书借阅点，进校园、进社区、进农村，为他们送去图书和资料，深受读者欢迎。2009年以来，我们共下乡100余场，举办基层培训40余次，发放科技资料1万余份。

同时，积极参与农家书屋工程建设。对农家书屋管理员进行培训和辅导，传授图书接收、图书分类、图书登记造册、图书借阅管理等相关技能，提供业务支持，规范书屋管理。正是由于图书馆的鼎力支持，乐亭县533个行政村仅用3年时间，就实现了农家书屋全覆盖，而且涌现出了像"史家大院农家书屋——全国示范农家书屋"等一大批高标准、规范化的农家书屋，我县书屋建设得到省、市的肯定。

共享工程成绩斐然。乐亭图书馆充分发挥共享工程支中心作用，通过互联网、卫星接收等先进技术手段，形成并保存了大量有价值的共享资源，建立了县、乡、村三级共享工程服务体系。到2012年底，全县所属14个乡镇、1个街道办、7个社区、533个行政村已全部建成共享工程基层服务点，覆盖率100%。

社会教育生机勃勃。2012年，举办各种讲座、培训、展览30余次，如老年养生保健知识讲座、家庭育儿讲座、老年电脑知识培训班、少儿书画培训班、少儿书画作品展、"迎国庆"经

乐亭县图书馆外观

李大钊文献

电子阅览室

乐亭县地方文献

图书馆书库

典图书展、“好书共分享”乡镇社区图书展等，参与者达12000余人次，收到了良好的社会效果。

业务研究、辅导、协作协调

为进一步提高读者服务的水平，图书馆常年组织职工进行继续教育培训和理论业务学习，取得了喜人的成绩。2009年—2012年，撰写调研报告7篇，专著1部，在省市期刊发表专业论文13篇，并多次在省市图书馆学会组织的论文征集活动中获奖。

同时加强同上级主管部门组织的协作协调工作，与河北省图书馆、唐山市图书馆建立了总分馆体系，实现了馆际互借，大大提高了图书馆的文献利用率，方便了读者。组织馆员参加省市图书馆学会举办的年会、学术研讨会，知识竞赛等活动。

管理工作

乐亭县图书馆坚持人性化的服务理念和规范化的管理模式，并进一步改革创新，健全制度，规范管理，提高员工的业务素质和专业化的服务技能，以一流的管理、一流的服务为广大读者提供最优质的服务。馆内设置规范化服务监督岗、馆长信箱，自觉接受读者监督。

2009年以来，我馆工作成绩显著，多次受到上级部门的表彰和奖励，市级业务主管部门表彰5次，县政府表彰1次，县总工会表彰1次，县精神文明表彰2次，县级主管部门表彰5次。

馆领导介绍

馆长：李晓英，女，1972年5月生，大学学历，中共党员，政工师。

副馆长：张桂茹，女，1969年12月生，大学学历，馆员。

副馆长：李月好，女，1974年5月生，大学学历，中共党员，助理馆员。

未来展望

随着现代经济、信息的迅猛发展，人们对知识和信息的需求越来越强烈，为满足人民群众的需求，使图书馆在知识经济时代发挥出更大的作用，乐亭县政府正在投资兴建一个开放型、多功能、人性化的多功能现代化新型图书馆。新馆建成后，乐亭县将进一步迎合时代的发展需要，以崭新的精神风貌，更加完善的服务体系，更加科学工作者的管理模式，更加优良的服务质量服务于广大读者和全县人民，为乐亭县的经济文化发展做出更大的贡献。

中华经典诵读室外场景

联系方式

地　址：乐亭县青春广场西侧文化中心南楼
邮　编：063600
联系人：李晓英

六一趣味活动

农家书屋管理员培训

养生保健知识讲座

遵化市图书馆

概述

遵化市图书馆始建于1978年，原馆舍坐落于遵化市建设路。新的图书馆大楼坐落在遵化市文化北路人民广场东侧，于1999年3月30日开工建设，1999年12月15日竣工，2000年1月正式对外开放，大楼共四层，框架结构，建筑面积3160平方米，建筑总投资270万元。2005、2009、2013年连续三次被文化部评定为国家一级馆。目前，阅览总席位达306个，计算机数量80台，宽带接入10M光纤，选用ILASS图书馆自动化管理系统。

业务建设

截止2012年底，遵化市图书馆总藏量17.9万册，其中，中文平装新旧图书12.3万册，古籍图书3000多册，中文期刊1.2万册，中文报纸5000册（合订本），分馆藏书3.5万册。

2012年度财政拨款总额达91.99万元，新增藏量购置费16万元。

截止2012年底，遵化市图书馆的数字资源总量达3TB，馆内中文图书书目数字化达80%以上，地方文献数据库数字化达到95%以上。

读者服务工作

遵化市图书馆于2011年起对馆内的所有设施场地和服务窗口全部实行免费开放。坚持全天开馆、全年开馆，无论双休日和节假日（包括腊月三十和正月初一），均正常向读者开放，每周开馆时间达63小时。书刊文献的开架比例达75%以上。

2012年，遵化市图书馆书刊文献年外借112468册次，外借率达63%以上，馆外流动服务点的书刊借阅册次达7.2千册；设立政府公开信息专架，并及时为读者提供咨询服务31人次；全年为政府机关提供服务9项，为本市教育、科研和企事业单位提供服务11项，为市民群众提供专题咨询10项。

2012年，举办各类讲座、培训等活动共18次，组织展览5次，举办阅读推广活动7次，参与活动人数达3.5万人次。

业务研究、辅导、协作协调

2009–2012年，遵化市图书馆职工在唐山市图书馆学会组织的学术论文征集活动中，发表论文18篇。

2012年，遵化市图书馆利用争取到的“以奖代补”专项资金24万元，全部用于遵化市4个图书服务点购置图书，每个服务点2730册，价值6.4万元。

2012年，对全市27个乡镇（街道）的文化站长和全市602个基层服务点的管理人员进行业务培训9次，培训人员511人次，覆盖率达95%以上。

2012年，遵化市图书馆为图书服务点送书刊2000余册，并免费赠送河北日报、唐山劳动日报等党报6份。

遵化市图书馆与唐山市图书馆签订了馆际互借协议和唐山市地方文献资源建设合作协议，在本地区加大服务网络建设力度，有53%的乡镇、村图书室参与了服务网络建设并与遵化市图书馆开展了通借通还服务。

管理工作

遵化市图书馆狠抓管理与各项制度建设，每年都有年度计划与总结。在财务、人事、设备、物资管理上，有完善的规章制度，各类档案健全，资料详实，立卷准确，装订整齐。各类统计齐全，并且每年度有统计分析。在环境管理上，力争整洁、美观、安静，馆内标牌规范，节能减排措施到位。由于重视安全管理，几年来，从未发生过任何安全责任事故。

表彰、奖励情况

2009–2012年，遵化市图书馆共获得各种表彰、奖励16次，其中，唐山市委宣传部、唐山市文广新局表彰、奖励5次，遵化市委、市政府表彰、奖励3次，遵化市文广新局表彰、奖励4次，其他表彰、奖励4次。

馆领导介绍

张凤春，男，1968年生，大专学历，河北省遵化市人，中共党员，技师，馆长。1987年5月参加工作，历任遵化市文广新局文体中心主任、审批科科长，2009年5月任遵化市图书馆馆长，现为唐山市图书馆学会理事。

王丽彬，女，1976年生，本科学历，河北省遵化市人，中共党员，馆员，党支部书记。1996年10月参加工作，2005年8月任遵化市图书馆副馆长，2012年5月任遵化市图书馆党支部书记。2012年获河北省文化厅阅读推广突出贡献奖。

齐大伟，男，1978年生，本科学历，河北省遵化市人，中共

图片展览

送书下乡

电子阅览室

少儿阅览室

阅览大厅

党员，高级工，副馆长。1997年10月参加工作，2008年5月任遵化市图书馆副馆长。2013年获河北省文化厅阅读推广突出贡献奖。

刘向明，女，1973年生，大专学历，河北省遵化市人，技师，副馆长。1992年7月参加工作，2013年2月任遵化市图书馆副馆长。

未来展望

图书馆是社会发展的产物，遵化市图书馆一定会在知识经济时代发挥重要的地区信息枢纽和遵化市精神文明建设基地的重要作用，成为知识信息的集散地，市民群众终身教育的学校，遵化地方文献的宝库，高雅的文化休闲场所。我们的目标就是让更多的人走进图书馆，利用图书馆，营造书香氛围，建设阅读型社会。在未来的工作上，我们一定继续秉承“一切为了读者”的服务宗旨，在进一步抓好图书馆资源建设和读者服务工作的同时，积极抓好图书馆自动化、网络化、数字化建设，让图书馆在遵化的经济建设中发挥更大的作用。

联系方式

地　址：河北省遵化市文化北路人民广场东侧
邮　编：064200
联系人：张凤春

迁安市图书馆

迁安市图书馆

概述

迁安市图书馆初创于清代县内舍储书院，光绪二十五年（1899年）到任的知县严书勋捐银200两，购书20余种，藏于院中。民国4年（1915年），县内设图书馆，民国20年（1931年），建县民众教育馆，图书馆归属之，1979年成立迁安县图书馆。馆址几经变迁，2011年10月，位于迁安市钢城路中段人民广场东侧的新馆正式开放，新馆建筑面积5138平方米，工作人员47人，其中大学本科以上学历39人。馆舍采用开放、综合、多功能设计理念，集藏、借、阅、查、讲座、培训为一体，充满现代气息。设计藏书能力70多万册，能同时接待500多名读者，馆藏文献全部对读者免费开放。

业务建设

截止2012年底，迁安市图书馆总藏量为20.6954万册，其中，纸质文献20万册、报刊合订本5800册、地方文献1028册、盲文图书117册、视听文献385件。

电子资源，图书馆评估定级原则是以评促建。迁安市图书馆数字资源正在走招标手续，资金总额80万元（其中阿帕比电子图书30万元、超星电子图书15万元，同方知网和万方数据平台35万元）。

2011、2012年，迁安市图书馆购书经费500万元，入藏图书18万册。每年订购期刊742种，纸质报纸102种，电子报50种。

读者服务工作

迁安市图书馆积极响应全国公共图书馆免费开放政策，实现了无障碍、零门槛进入，文献资源借阅、检索与咨询、首次办卡、存包等服务项目全部免费；公益性培训、基层辅导等基本文化服务项目也全部免费提供。为满足读者阅读需求，延长了开馆时间，现每周开馆60小时，周六日及节假日照常开放，极大的方便了读者阅读。2012年总流通15.597万人次，书刊外借12.053万册，人均年到馆次数为30次。馆外流动服务点45个，年书刊外借2.8665万册次。利用展牌、LED屏等方式进行书刊的推介和宣传。迁市政务信息馆内总藏量3113件，在迁安市图书馆网站上供读者参考咨询。

在为特殊群体服务方面，开设了残疾人专用通道，设置盲人阅览室；为进城务工人员提供科技信息、科普知识、致富信息等服务；为老年人准备了花镜、放大镜等；对未成年人加强爱国主义教育，法制宣传教育；为少年儿童购置了适合其年龄的图书、连环画、小人书等；并在各个阅览室设置饮水机、纸杯等为特殊群体服务。

图书馆网站负责发布书刊信息，提供读者交流论坛，网上服务项目正在不断的增加和完善。

2012年举办讲座6次，培训18次（乐理培训班、简笔画培训班、老年电脑培训班等），展览6次（书画展、摄影展等）。

读书活动，在做好阵地工作的同时，开展了不同层次、不同类型的读书活动，年活动10次以上。如：开展“书韵飘香、文明迁安”全民阅读活动。寒、暑假青少年专场阅览活动，活动的同时组织“故事大王赛”、“爱祖国、爱家乡有奖征文活动”、“手工小制作”、“知识竞赛”等一系列活动。积极参加河北省组织的“燕赵少年读书系列活动”和唐山市组织的系列读书活动。

读者活动，已连续10年组织“元宵佳节灯谜竞猜”活动，从第一届200条谜面到第十届10000条谜面，由原来100来人的读者参与到来自全市社会各界20000多人参与的灯谜竞猜活动，已成为我市节日大餐，这个活动的开展增添了浓厚的文化氛围，扩大了图书馆的社会影响，取得了显著的社会效益。

每年组织4.23世界读书日、图书馆服务宣传周等活动，活动形式有图片展、读者座谈会、你购书我买单、送书进工地、进社区、进福利院、进校园等。年参与活动总人数11.5万人次。电视台、报社、网站等媒体对活动的开展进行了宣传报道。读者满意率达到100%。

业务研究、辅导、协作协调

2009—2012年，迁安市图书馆职工发表论文7篇，出版专著1部。

业务辅导工作，每年采取集中培训和下乡个别辅导相结合的方式，2009—2012年以来，共培训镇乡村图书室管理人员和资源共享基层服务点管理人员达400多人次。

协作协调，迁安市图书馆2011年与国家图书馆签订了联合编目协议书，2012年与河北省公共图书馆签订了讲座联盟、

4.23世界读书日街头阅览

赵店子镇农家书屋业务辅导

期刊阅览室

亲子阅览室

少儿电子阅览室

展览联盟和联合编目协议书，2009年与唐山市图书馆签订了采购协调协议、地方文献资源建设合作协议书和馆际互借规则。

管理工作

迁安市图书馆在岗职工47人，大专以上学历人数占职工人员总数的95.6%。馆内定期组织政治、业务学习，在做好政治理论学习的同时加强基础业务知识的培训，各科室负责人结合自身的工作实际讲解本科室的业务工作。图书馆通过季度业务考试、岗位轮换等形式检测全体工作人员的学习效果。

迁安市图书馆对中层干部实行竞聘上岗。通过资格审查、竞聘演讲、民主测评、组织考察等程序，选拔出了懂政策、能管理、责任心强、作风正派的12名同志，充实到部门管理岗位。

表彰、奖励情况

2009–2012年，迁安市图书馆共获得各种表彰、奖励15次，其中河北省主管部门表彰、奖励2次，唐山市主管部门表彰、奖励2次，迁安市政府表彰、奖励3次，迁安市主管部门表彰、奖励8次。

馆领导介绍

周少辉，女，1968年生，本科学历，河北省迁安市人，中共党员，中级职称，馆长。

胡如刚，男，1963年生，高中学历，河北省迁安市人，中共党员，中级职称，副馆长。

李明军，男，1976年生，本科学历，河北省迁安市人，中共党员，中级职称，副馆长。

未来展望

迁安市图书馆是传播知识信息的枢纽、市民终身教育的基地、迁安市地方文献的宝库、精神生活的乐园。迁安市图书馆在传统服务的基础上拓展延伸服务功能，在自动化现代化服务上实现RFID自助借还系统，在网络服务上做好资源共享、远程服务、在线服务、参考咨询服务，在数字资源上提供全覆盖、不间断、无时空限制的数字文献远程和移动服务，数字资源总量12TB；读者在家和在外地都可轻松享受迁安市图书馆的服务，阅读图书馆海量数字资源并下载自己所需要的信息。

联系方式

地　址：迁安市图书馆（迁安市钢城大街中段人民广场东侧会展中心院内）
邮　编：064400
馆　长：周少辉

迁安图书馆外观

灯谜竞猜活动

农家书屋集中培训班

送书进工地

涉县图书馆

概述

涉县图书馆始建于1979年，位于涉县城中街，1983年在原址改建图书馆，次年12月竣工，建成面积773平方米的三层楼房，向公众开放。2006年5月1日，涉县图书馆搬迁至龙山文化中心，新馆建筑面积2400平方米。2012年12月，老干活动中心分馆向公众开放，建筑面积2000平方米。

1994年、1998年、2004年参加全国公共图书馆评估，均被文化评定为二级图书馆。2009年因馆舍维修，未参评。2013年，参加第五次全国公共图书馆评估，荣获国家"一级图书馆"称号。

涉县图书馆是河北省规范化服务达标示范馆，设有6个服务窗口，阅览座席350个，计算机47台，网通（20M）、移动(8M)双宽带接入，使用Interlib区域图书馆集群自动化管理系统V2.0（图创软件）。

业务建设

截止2012年底，涉县图书馆总藏量11.3万册（件），其中：纸质文献11万册（件）；电子文献0.3万种（册）

2009-2012年，涉县图书馆新增藏量的购置费12万元/年，期间，共入藏中外文图书11472种，18643册，中外文报刊1427种，视听文献519种。涉县政府制定了《涉县地方文献呈缴工作办法》，加大地方文献收藏力度，2012年底，地方文献入藏量达700余种，入藏完整率达92%。

2009年，投资近90万元高标准建成了文化共享工程涉县支中心，电子阅览室读者机位达到40个。2010-2012年，涉县图书馆购置了流动服务车、触屏报刊阅读机等服务设施，建成涉县图书馆网站。

截止2012年底，涉县图书馆数字资源总量4TB(含国家中心配发资源等)，其中，自建数字资源0.3TB，馆藏地方文献和红色革命历史文献资源数字化建设已列入选题计划。

2002年，首次使用ILAS(S)自动化管理系统，2006年，更换为善思自动化管理系统，2013年，将自动化管理系统升级改造为Interlib区域图书馆集群自动化管理系统V2.0（图创软件），下载使用国家联编中心编目数据，保证文献著录质量。2012年底，开通了免费无线网络接入服务。

读者服务工作

2012年元月1日起，涉县图书馆对读者免费开放，周开放60小时。外借阅览区所有书刊实行开架式服务。2009-2012年，书刊总流通36万人次，书刊外借31.2万册次。利用流动服务车，定期对12个馆外流动服务点开展送书服务，进行业务辅导，馆外书刊流通总人次3.413万人次，书刊借2.876万册。

2009年-2012年，秉承"读者第一、服务至上"的理念，努力为读者提供优质的服务。一是开设盲人阅览室，为残疾人上门服务，深入中小学、敬老院开展服务；二是公益讲座，依托国家中心、省中心的资源及自身资源，举办各类讲座48场次，受众达1.6万人次；三是阅读推广活动，利用办刊、广播电视等媒体及宣传栏、宣传册、标语、展牌、新书推荐、各类主题活动、进校园、进社区、到乡村等方式，开展宣传，共开展阅读活动20次，参与人数达10万人次；四是公益展览，先后开展剪纸、书画作品展、"低碳生活，绿色环保"等不同主题的图片展12次；五是少儿读书系列活动，每年根据少儿身心特点与兴趣爱好，精心打造暑期活动，如：影片展映、专题（视频）讲座、不同主题的征文、读书心得交流活动等。

业务研究、辅导、协作协调

2009年-2012年，涉县图书馆职工共发表论文10篇，出版专著1种，参加省学会组织的论文研讨交流10人次。

积极参与省、市图书馆组织的协作协调工作，协助省中心完成"燕赵红色记忆""历史文化名村"等主题片的录制工作，成为国家联合编目、河北省联合编目、展览、讲座联盟的成员，5人次参加省联盟培训班，接受培训。

2012年，全县308个自然村建起了图书室（全覆盖），234个村建立了共享工程基层点，自制培训课件，对全县的基层工作人员集中开展技术培训6次，208人次接受培训，共享工程基层点、农家书屋实行统一规范管理。

管理工作

涉县图书馆实行岗位设置管理，建有工作量化考核指标体系，每周各部主任汇报工作进度，每月进行工作进度通报，每半年和全年进行工作量化全面考核。带着问题多次赴省内

送书、送科技、送春联下乡场景

送书进警营

电子阅览室

少儿阅览室

敬老院服务

外先进图书馆参观学习，完善管理制度。

2009年–2012年，共抽查文献排架8次，书目数据6次。

表彰、奖励情况

2009年–2012年，涉县图书馆共获得各种表彰、奖励13次，其中，省图书馆学会、省中心奖励表彰、奖励4次，市文广新局表彰5次，县级表彰奖励4次。

馆领导介绍

李丽芬，女，1969年8月生，本科学历，中共党员，副研究馆员，馆长。1987年9月参加工作，1989年9月到涉县图书馆工作至今，中国图书馆学会会员，河北省图书馆学会理事，邯郸市图书馆学会常务理事。先后获市、县“优秀知识分子”、“优秀专业技术拔尖人才”、政府“嘉奖”、“三等功”等荣誉称号。

张利晓，女。1972年7月生，大专学历，中共党员，中级职称，副馆长。1991年9月参加工作，2003年10月到涉县图书馆工作，先后在办公室、采编部工作，2011年被任命为涉县图书馆副馆长。多次获县政府“嘉奖”“先进工作者”等荣誉称号。

未来展望

涉县图书馆将秉承最大限度满足读者需求的公益服务宗旨，采用开放灵活的藏、借、阅、查、展一体的新型服务模式，打造县、乡、村、户四级服务网络，为广大读者提供便捷、文明、高效的服务，在未来几年内，涉县图书馆将在现有服务的基础上，以建设现代化、数字化图书馆为发展目标，利用先进的计算机技术和数字信息系统，开展各种图书服务活动，为推动涉县经济发展提供智力支持，努力把图书馆办成知识信息中心，文化教育中心，为促进本地经济建设和社会发展发挥重要作用。

联系方式

地　址：涉县龙山文化中心
邮　编：056400
联系人：李丽芬

武安市图书馆

概述

武安市图书馆成立于1956年，1989年搬迁现址桥西路949号，是武安唯一的公共图书馆。图书馆建筑面积2000平方米，图书年入藏量为2000多种，报刊年入藏量400余种。图书检索目录设有分类、题名两种；馆内有9个对外服务窗口，259个阅览座席，计算机58台；少儿阅览室、综合阅览室为开架借阅，借书处实行半开架借阅。1998年、2004年、2009年、2013年连续四次在全国公共图书馆评估定级工作中被确定为“一级图书馆”。

业务建设

截止2012年底，武安图书馆总藏量150770册，其中中文图书90625册，盲文图书82册，中文报纸5740册，中文期刊13094册，地方文献资料1241册，古籍资料17468册，电子文献（种）3270种，远程数字资源220万册，视听文献（件）2520件，少儿文献20000册。

武安市图书馆图书购置费每年12万元。2009-2012年，图书累计入藏量为8802种，年均2200种；期刊报纸累计入藏量368种；视听文献累计入藏量400件；地方文献设有地方文献专柜有专人管理、专门目录，常年开展地方文献征集工作。

截止2012年底，武安市图书馆数字资源总量为2TB，其中共享邯郸市图书馆电子资源1TB：电子期刊220种、报纸50种，少儿图书3000种；另自建地方文献资源、复制共享工程资源、制作本馆活动的音像资料资源1TB。

武安市图书馆接入网通光纤30MB；专用设备容量4TB，采编、连续出版物、流通书目检索全部使用ILASⅢ图书馆自动化管理系统。

读者服务工作

根据文化部、财政部《关于推进全国美术馆、公共图书馆、文化馆（站）免费开放工作的意见》的通知，武安市图书馆于2011年12月实行免费开放。对公共空间设施场地、馆内阅览室区域、讲座室全部实行免费开放；办证、借阅、上网、查阅资料等基本项目全部实行免费开放；周开放60小时；书刊文献开架比例为85.9%；馆内年外借图书册次为12.5万册，文献外借率为82.9%；6个馆外流动服务点年借阅册次为8000；人均年到馆次数为46次/人；读者年到馆人次为13.8万人。

武安市图书馆作为政府公开信息查阅点，设有政府信息室并有专人管理，征集缴送信息单位85个，总藏量2870件。在征集信息的同时，为政府机关决策提供信息资料《文化信息资讯》；为企业提供信息资料《武安图书馆科技信息摘编——冶金版》，并在企业建立分馆；常年为农村提供信息，摘编《农村科技信息》，不定期下乡送到农村。

武安市图书馆常年开展为特殊群体服务工作。建有残疾人专用通道，有盲文图书室，配有盲文图书，并提供为残疾人送书上门服务；建有“农民工书屋”；为少年儿童举办各种读书活动，开办绿色上网培训；为老年人订阅老年健康报，配有老花镜，举办夕阳红培训班，为敬老院老人送保健信息、播放电影。

武安市图书馆建有网站，开通武安图书馆微博、微信公众平台和官方微信账号，读者可以通过网站、微博、微信了解图书馆的最新动态和消息。

武安市图书馆常年举办各类讲座、培训、展览、阅读推广等活动。2012年共举办讲座11次，开展培训3次，举办展览6次，开展大型读书活动6次。全年参与活动总人次约为6万人，开展9项图书服务宣传。

业务研究、辅导、协作协调

2009-2012年，武安市图书馆职工发表论文10篇，出版专著《武安市图书馆馆藏善本古籍图书综录》1部。

武安市图书馆与国家图书馆、河北省图书馆签订联合编目、联合讲座、联合展览等协议。为邯郸市图书馆提供武安地方文献目录，联合举办科技讲座、科技下乡等活动；与邯郸市图书馆联合编写《农村经营与理财一点通》。

全市22个乡镇502个行政村，村村建有农家书屋，实现全市农家书屋全覆盖，图书馆定期为书屋提供辅导服务，为其送去《农村科技信息》，举办农民读书月活动等。

2009年-2012年期间举办“农家书屋图书管理员培训班”一期；分别到农民工书屋、格村农家书屋、东大河农家书屋、玉泉岭农家书屋、西大河农家书屋、明芳分馆进行图书分类、排架、上账、流通、制度建设、投影仪连接与安装等培训共7次。

2009年-2012年，武安市图书馆在全市招募图书馆少儿志愿者和青少年志愿者活动，年培训志愿者一次，13人/次。

2012年参加全国基层文化队伍培训基地、国家古籍保护中心和图书馆数字资源推广与应用培训班4次。

管理工作

武安市图书馆每年按照年度计划制定各项工作任务。馆内有完善的管理制度，实行按需设岗、按岗聘用、竞争上岗，有严格的岗位职业管理制度和考核制度，年终进行考核，根据绩效办法，给予奖励，合理分配；制定物品管理制度，固定资产账目；馆内有规范的人事档案、业务档案、财务档案。同时，对各部门工作量进行每半年和全年总结，各部门编写工作进度和工作总结48篇。

表彰、奖励情况

2009年-2012年，武安市图书馆获得各种表彰、奖励13次，其中，河北省表彰、奖励4次，邯郸市表彰、奖励4次，本市地区奖励、表彰5次。

馆领导介绍

王伟，男，1981年11月生，本科学历，中共党员，馆长兼党支部书记，担任河北省图书馆学会理事。多次参加国家及省图书馆组织的业务培训学习，在图书馆专业期刊上发表多篇学术论文，出版了专著《武安市图书馆馆藏善本古籍图书综录》。年年被评为“先进工作者”、“优秀党员”，多次荣获“三等功”；2011年荣获河北省图书馆学会“先进工作者”；2012年荣获“武安青年五四奖章标兵”，负责图书馆全面工作。

韩艳如，女，1966年3月生，本科学历，中共党员，副研究馆员，副馆长，河北省图书馆学会会员。受过系统的图书馆学培训，多次参加图书馆学会组织的业务培训学习，多篇论文在专业期刊上发表，2011年获河北省图书馆学会“优秀工作者”。在馆内协助馆长抓好全面工作，主管业务工作。

霍春霞，女，1967年11月生，本科学历，学士学位，中共党员，副研究馆员，副馆长。1986年8月参加工作，1988年12月到图书馆工作，先后在借书处、阅览室、参考咨询部、古籍部、办公室工作，负责图书馆业务、档案工作。

未来展望

武安市图书馆坚持“开门办馆，服务社会”的理念，求真务实，开拓进取，努力从提高服务水平，优化服务环境，拓宽服务渠道，创新服务形式入手，不断提升图书馆建设水平和服务质量。充分发挥图书馆文化阵地的服务职能，满足市民群众的阅读需求。2009年-2012年，在不断强化自身服务功能的同时也积极和上级图书馆取得沟通和发现，一起联合做编目、展览、讲座等创新活动。2012年，武安市图书馆为了给读者朋友们营造更良好的阅读环境，先后对馆舍进行整体装修，更换了更为人性化的阅览桌椅，更换老旧的门窗；新增读报桌4台，自习座椅24套，电子阅读平台3部，少儿彩色造型书架、桌椅若干；改造老旧线路若干，使用节能灯改变采光和照明方式，做好节能环保工作；增设总服务台和过刊阅览室两处。在未来几年里，武安市图书馆将在现有服务基础上，不断扩大和提高服务范围和服务职能，首先建立资源共享武安支中心网站，网站将涵盖视频、音乐、图片、地方文献、非物质文化遗产等不同类型的内容；其次逐步实现图书馆的数字化，增加FRID智能自助借还功能；同时，还会定期增加数字资源的填充和更新保障服务体系的良好运行，不断扩大数字资源利用率，使武安市图书馆有更良好的发展和不断成长的空间，始终保持一级图书馆的要求标准和良好形象。

联系方式

地　址：武安市桥西路949号
邮　编：056300
联系人：葛聪怡

沙河市图书馆

概述

沙河市图书馆始建于1987年，于2012年6月24日（农历五月十九），位于沙河市文谦大街199号的新馆建成开放。新馆建筑面积3100平方米，现有工作人员15人，全部为大专以上学历。馆设有办公室、采编室、过刊室、成人借阅室、少儿借阅室、期刊室、电子阅览室、文化资源共享中心、地方文献室、特藏室、多媒体厅等。2004年，参加第三次全国公共图书馆评估，首次被评为二级图书馆。2012年7月，新馆正式对外开放，图书馆现有成人阅览席102个，儿童阅览室座席48个，多媒体培训座席80个，用于服务读者的计算机35台，宽带接入20Mbps，选用纵横3000文献资源管理系统。实现了主要业务工作自动化管理，2013年，在全体馆员的共同努力下，顺利完成了第五次全国公共图书馆评估定级工作，我馆被评为“国家一级图书馆”。

业务建设

截止2013年2月份，沙河市图书馆总藏量24.7415万册，其中，纸质文献24.6万册，电子图书460种，电子期刊160种。

2011–2013年，沙河市图书馆新增藏书量购置费60万元，共入藏外文图书14760种，38452册，中外文报刊245种，视听文献105种。图书馆数字资源总量为6TB。随着时代的发展，图书馆已向数字化、信息化转变，我馆着重从网络建设、培养馆员操作技能方面发展，有了雄厚的基础业务作为前提，才能真正让图书馆在更科学、更高效和可持续的道路上发展下去。

读者服务

图书馆是打开现代文化的一个重要窗口和一个国家文明程度的重要标志。全体馆员意识到自己肩负重大的历史责任，树立“读者至上”的服务思想。图书馆是信息收集、贮藏和传播的中心，是所有求知者学习知识、优化知识结构，弥补知识不足的地方。现代网络技术的迅速发展，是图书馆发生了翻天覆地的变化。读者需求与以往相比也发生了较大的变化，读者个性化、多样化、全面化、高效化需求不断增加，传统的读者服务工作已不能适应新时期读者的需求。以往图书馆的服务工作往往“以书为主题”，在新时期，图书馆的服务工作必须“以人为主体”的服务理念。从2012年7月正式开馆后，沙河市图书馆节假日、周六周日正常开放，在人员少工作量大的情况下，尽量增加开放时间。以满足广大读者阅读需求，我们坚持主动为老、残人员登门服务，通过举办讲座、培训、图书进部队、基层、进社区、进学校、少儿书画展、有奖猜谜等活动，特别是在节假日期间我馆不断举办各式各样、健康向上的活动，扩大图书馆在社会上的影响力。图书馆只有以多种多样的读者服务吸引更多的读者，广大读者把图书馆当做生活的一个重要组成部分，形成良性循环，才能更加吸引社会各个阶层的读者，图书馆才能更好的为读者服务。

我馆以宣传为牵动力，大力发展潜在读者。利用现有的持证读者去发展其自身周围有阅读能力的潜在读者到馆办理借阅证，从而把潜在读者转化为当前的持证读者，扩大读者队伍，向社会公众充分展示图书馆的价值，让读者真正享受到“一卡在手，走遍全馆”。我馆正以“低门槛、高质量的服务”和“低姿态、高效能运作”努力打造成设施先进，服务优质，公众满意的“市民大书房”。让大多数社会成员知道图书馆，了解图书馆，走进图书馆，从而利用图书馆。发展读者，是新时期公共图书馆读者工作的重中之重。读者的存在，是图书馆价值的最大体现。用真诚的服务留住忠诚的读者，吸引潜在读者，使每个读者的合法权益受到尊重和保障。做好读者工作，才能赢得图书馆的可持续发展。

业务研究、辅导、协作协调

图书馆人员的素质高低、业务水平高低，直接关系到图书馆为读者服务质量及业务的好坏，直接关系到图书馆各项工作成果的成败，直接关系到图书馆事业发展得未来。我馆工作人员通过各种各样的学习，提高思想认识，提高文化水平，拓宽视野，从单纯的图书馆“管理员”转变为能应付图书馆各种业务的“专家”。我馆与河北省图书馆签定联合编目协议，阅读推广，业务培训，与技术支持等工作。建立健全长期有效的激励机制，有效促进读者创新服务工作的落实。建立严格公正的奖罚制度，定期对馆员进行业务培训，使馆员的专业水平和业务素质始终与现在社会的发展及需要同步，通过制度建设，真正达到“人尽其才，物尽其用”的目的。

我馆对所有行政村从书屋选置、书架配置等方面多次下乡到村进行指导，督促，打实基础。2009年、2011年、2012年分三次对全市所有农家书屋图书管理员就图书分类上架、登记、阅读等知识进行详细辅导和培训。2010年度、2011年度共建设241家农村书屋，市委、市政府、财政局筹措地方配套资金214万元，为241个村配套了图书87715册，报刊4种，为部分村配套了阅览桌椅100套，书架80套，报刊架81个。2011年度，我市已提前完成农家书屋全覆盖任务，促进了农村精神文明建设和村级经济的发展。

管理工作

图书馆现有工作人员15名，都是大专以上学历，中级以上

职称人数占职工总人数的30%以上，初级职称人数占总人数的60%以上。制订了图书馆管理工作实施方案，实行岗位绩效责酬挂钩，极大的调动了全体职工的工作积极性。建立健全了学习制度、工作制度、考勤制度、服务准则。做到人人都能胜任图书馆各部门的工作。购置了安防设施，加强了安全管理。优化了工作环境，图书馆的各项工作归根到底都有一个硬性指标来体现，那就是读者的满意度。所以我们在开展图书馆管理和运行工作整个过程当中都应该把这一标准贯彻和牢记。“馆员是图书馆的灵魂。”图书馆的现代化建设和职能作用的发挥，依赖于一支德才兼备的图书馆情报专业队伍，合理使用人才，不断提高馆员素质，造就和培养人才是推动图书馆发展的必要因素。我馆坚持集体领导制度，决策民主、公开，工作的问题及时沟通，交换意见。切实加强图书馆工作人员的集体观念和团结合作精神，积极开展好不同职能部门的各项工作，全体馆员在团结、友好、和善、相互交流、取长补短的工作氛围中，只有这样才能做好图书馆工作，传达资讯的桥梁和纽带作用。

馆领导介绍

范蔚，女，1967年11月生，大专学历，沙河市图书馆馆长，中国国民党革命委员会邢台市委员会党员，沙河市政协常委。1982年9月参加工作，2006年9月调入山东省枣庄学院图书馆，2010年3月调入沙河市图书馆，2012年11月任沙河市图书馆馆长。兼河北省图书馆学会理事，邢台市图书馆学会常务理事、理事。2013年度荣获突出贡献奖。

李楠，男，1985年11月生，本科学历，党员，2011年3月参加工作。毕业于河北师范大学。2012年任沙河市图书馆副馆长。

未来展望

沙河市图书馆坚持“以人为本，服务至上”的办馆理念，遵循“科学、效率、创新、发展”的办馆方针，在管理上求规范，对每一个读者做到“不分年龄、种族、性别、宗教、国籍、语言或社会地”，向所有人提供平等服务。目前，我国公共图书馆未来发展功能趋于多样化，文献趋于数字化，服务趋于自动化，建筑趋于现代化，管理趋于科学化。我馆针对图书馆未来发展制定了工作目标。不断强化自身综合实力，通过创建于其它兄弟馆之间的服务联盟，学习掌握先进的图书馆专业知识和服务理念，新的时期面临新的挑战，同时，也为图书馆提供了发展的机遇。紧跟时期步伐，力争实现数字文献远程和移动服务、资源共享互补。加大数字资源存储能力，我们要加大工作力度，改革力度，要适应社会主义市场经济和知识经济时代的需求，把握机遇，开拓进取，迎合时代发展需要，以全新姿态迎接并投入知识信息时代。满足读者对知识信息资源的需求，维护读者获取知识的自由权和其他各种正当的权利。因此，“读者第一”不仅体现在各种完善的制度和完备的服务设施上，更体现在对读者的人文关怀上。图书馆的工作人员对读者要“人心、精心、细心、耐心、专心”，努力营造一个充满人文关怀、温馨和爱意的文化环境，为不同的读者带来帮助和关爱。这样，图书馆才能赢得读者好评，才能在读者心目中里留下美好而深刻的印象。此外，我馆在今后的服务方式上开发有深度的个性服务，建设我们地方文献资料室，地方艺术精品库，地方名人资料室。经常搜集读者对图书馆个性化服务的反馈意见；可开展馆际互借，文献传递等业务，提供定题、定向、定人跟踪服务，尽量满足度这个性需求。努力打造图书馆特色品牌，更好地利用图书馆，从而使图书馆在广大读者心中站有更高的地位，让绵长的历史得以延续，灿烂的文明得以彰显，博大的精神得以汇聚，精深的文化得以传承。虽然图书馆面临着一些不利因素，但机遇又赋予我们战胜困难的条件和力量，只要我们胸怀视野，扬长避短，勤于开拓，团结一致，与时俱进，就一定会迎来我国图书馆事业美好的未来。

涞水县图书馆

概述

涞水县图书馆前身是文化馆的图书室。

1983年5月经县政府批准，图书馆从文化馆析出，编制5人，馆藏文献2000册，报刊40种，在文化馆120平米图书室原址办公。

90年代初根据文化部统计，涞水县属于没有独立馆舍县，1992年文化部统一拨款并动工，1993年初竣工，总建筑面积2000平米，位于县城中心，人口密集的文化广场繁华地段，1994年10月正式对外开放。

涞水县图书馆共有阅览坐席248个，计算机42台，提供读者使用35台，宽带接10Mbps。自建数字资源总量2TB。

1999年涞水县图书馆首次参加全国公共图书馆评估，被评为国家二级图书馆；2013年参加第五次全国公共图书馆评估，被评为国家一级图书馆。

业务建设

截止到2012年底，涞水县图书馆文献总藏量为12万册，其中电子文献1万种、地方文献75种、盲文1千册、年购新书4700种、报刊276种；计算机42台、提供读者使用35台、主机6TB、使用鼎丰图书馆业务管理系统。

藏书建设：由于涞水县属于贫困县，从1983年建馆到2006年，图书馆一直没有固定购书费，馆藏文献不足万册。

1994年付东华馆长上任，为解决藏书匮乏，1995年在本县捐款2万元、捐书图1000册；1996–1998年，通过书信方式与外界联系，先后得到国家图书馆两次捐赠各种文献9000余册、中国人民大学捐赠3200册、清华大学2000册、国家社会科学院4800册、北京对外经贸大学1800册、北京科技大学800册、大连图书馆捐赠600册、中国矿业大学5000册、全国妇联2000册、科技出版社2000册、少儿出版社2000册，浙江大学2000册、金盾出版2000册，北京航空航天大学捐助冷渡锌板书架60个、农业科学院文献中心与中央电视台《农村书架》栏目组织了十二家出版社，联合向我馆捐赠图书3万册、微机两台、书架及办公设备；上海收获杂志社、北京我们爱科学等10几家杂志一直为我馆赠送杂志；在接受北京捐赠几万册图书和几拾个书架中，都是由我们自己往回运。为了节省资金，每回都是带上水和干粮、我们自己义务当搬运工、北京航空航天大学捐助的60个书架，付东华自己购买银粉亲自粉刷；为国家创造了上百万元的固定资产。

购书经费：通过两会付东华多次给政协提建议，2007年1月开始，财政每月向图书馆拨款2000元、每年2、4万元购书费、每年3–4万报刊费、每年1–2万少儿购书费；2012年再次给县长写请示，2012、7、21涞水县遭遇特大洪灾，重建工作非常艰难、在资金短缺的情况下，县长还是批复，每年为图书馆增加10万元购书费，每月拨付10000元。虽然不多，对于目前还是燕山——太行山集中连片特困县，政府尽力了；2012河北省政府为我县捐赠200万元的图书、52万元救灾款。

读者服务工作

图书馆对外服务窗口：图书外借处、报刊阅览室、少儿阅览室、电子阅览室、盲人阅览室、中文开架书库、工具书和旧报刊查询室、采编室、业务辅导等。于2011年11月1日实现了零门槛、无障碍免费向社会开放，周末、节假日正常开馆。

乡镇服务点15个，社区服务点3个，学校和单位服务点5个、农家书屋辅导点284个；年总流通人次8万人次；借阅册次6万。

少儿工作阅览室：于2000年在得到全国妇联和中国儿童出版社捐赠的2000册少儿读物的基础上成立起来的，每年“六一”政府都会为少儿阅览室拨付1–2万元资金，我馆采取让孩子们将自己喜欢的图书的名字写下来的方式，采集少儿读物；目前，3万册少儿图书都是最新版本，每到周末和节假日，少儿阅览室和亲子阅览室都会迎来一批批的小读者，良好的阅读环境伴随孩子们健康成长；“五四”纪念中学生新诗比赛活动；庆“六一”小学生征文和小学生读书周活动，已经坚持20年；2010–2012年参加我省组织的“燕赵少年读书系列活动”共获得34项奖励，并连续三年获得省级“组织奖”。

培养优秀文学人才：为丰富群众文化生活，每年春节前我馆都会举办楹联活动，此项活动始于1987年，至今，已经成功举办到27届，我们通过楹联这种贴近百姓的文学艺术形式，宣传、讴歌我县各行各业的典型业绩和先进事迹及各项法律法规。1992年成立了涞水县楹联学会，学会的队伍从开始的十几个人，发展到今天的上千人；作品由一开始的顺口溜，到年年荣获国家、省、市级奖励，昔日我们的参赛作者已经成为今天国家、省级楹联学会会员，图书馆为我县培养了一批又一批的文学人才。每年县四大班子领导和宣传部长都会参加我们的颁奖仪式。

挖掘历史文化，拓展图书馆的服务空间：涞水县是“千年古县”，历史文化底蕴丰厚，为把家乡辉煌的历史文化挖掘出来，呈示世人。我馆将离退休读者聘为研究员，于2011年2月25

县委副书记陈河（右一）、局长田树江（中）非常重视图书馆工作

每到周末、寒暑假，少儿阅览室都挤得满满的

迎春征联活动已经成功举办了27届

县委书记王义民（中）高度重视研究会工作

原县委书记孙金博向研究会捐款

县委副书记陈河（左六）与研究员合影

日，在图书馆成立了涞水县历史文化研究会。争取政府资金支持2万元，为研究会配备了电脑、打印机、照相机、摄像机等设备。在挖掘、整理、编纂工作中，图书馆承担着查找资料，打印稿件，上下沟通、筹集资金等工作，三年中，先后带领老研究员到省史志局、广西、门头沟、国家图书馆、涞源、张家口等二十多个省、市、县搜集了大量一手资料，拍摄了2000余张历史照片，并多次去北京图书大厦，专门选购专题参考文献五百余种。

2011年底，研究出版30万字，以抗战争文化为题材的《警号与战鼓》一书、2012年出版60万字，以本县历史文化为题材的《故遒钩沉》一书、2013年出版55万字，以平西抗战为题材的《平西抗战实录》一书、45万字的《平西抗战戏剧》30万字的《轩辕黄帝在涞水》等作品，《涞水县文化志》《涞水历史纪年》初稿已经完成。

利用图书馆优势、服务新农村文化建设：一、县级图书馆的工作重点在农村，服务对象是农民，为此，我馆每年都会有重点的专门为农民订购如：农村养殖技术，果树实用技术与信息，科技致富向导等，这些资料知识新颖、信息量大、实用性强，适合农民阅读，利用换下来的杂志，有针对性的送到在农村建立的15个服务流动站。

二、2011年“农家书屋”的建设，图书的后期管理、培训等工作由图书馆负责，2011年我馆建立109家；2012年建立120家，目前，全县284个行政村的“农家书屋”全部建全，我馆以乡镇为单位开展图书管理员培训工作，全县15个乡镇的分管领导、284个自然行政村的领导和“农家书屋”管理员首期600人接受了集中培训。

三、我馆利用财政部、文化部配给的图书流动车为农村送书下乡5次，将省政府赠送的经典图书3500册，免费送赠书给留守在家的老人和儿童。

形式多样、发挥图书馆的社会教育职能：为进一步提高全县广大人民群众的思想道德素质和科学文化素质，我图书馆与河北省群众文艺术馆共同创办了《群星文艺综刊》报，至今10个年头。开设《妇幼保健》、《疾病预防》、《农林科技讲座》、《食品安全》等与百姓息息相关的栏目，每月出版3期，每期5000分，免费发放到全县党政机关、企业事单位、工商个体及284个行政村，使全县广大读者在阅读中受到潜移默化的教育。

表彰奖励

2010–2012年参加“燕赵少年读书系列活动”获得34项奖励，并连续三年获得省级“组织奖”、连续12年获“市级文明单位”、2012年获市级“敬老文明号”、2012年获省“文化共享工程”百题活动“组织奖”2010–2012连续获得“巾帼建功示范岗”称号等多项县级奖励。

管理人员

涞水县图书馆共有8名工作人员，全部为女性。

付东华，女，1994年任图书馆馆长，民盟盟员，在职研究生毕业，副研究馆员，国家图书馆学会会员、县政协常委、涞水县历史文化研究会会长、涞水县楹联学会会长。

倪婷婕，女，副馆长，专科毕业，技师，负责读者工作。

李亚欣，女，副馆长，本科毕业，技师，负责图书工作。

田红，女，副馆长，专科毕业，会计师，负责少儿工作。

未来展望

涞水县目前还是燕山——太行山集中连片特困县，无论是人力、财力、物力、硬件、软件、环境、待遇等远远落后于城市和发达地区，希望上级出台优惠政策向中西部地区县馆倾斜，改善县级图书馆的办公条件；上级配发的免费开放资金能够真正由图书馆自主管理，真正用于图书馆免费开放；农家书屋的图书配送由图书馆有针对性配备，以免千篇一律造成资源浪费；为县级图书馆配备一些专业人员；数字图书馆和数据库建设，希望发达地区图书馆给予中西部欠发达县级图书馆一定支持，尽快缩小城市馆与县级馆的差距；尽快出台图书馆法。

带领研究员刘阜（左）王旭营（右）雷连成（中）到斋堂搜集资料

利用流动图书车到农村送书

历史文化研究会成立近四年中，已经整理出版了五部地方文献

易县图书馆

概述

易县图书馆初创于1952年，正式落成于1979年，是河北省较早成立的县级图书馆之一。馆址几经变迁，1987年12月，位于易县城内中心区开元北大街26号的新馆建成开放。新馆建成后，经过2002年改扩建和2010年升级改造后，现占地面积1352平方米，建筑面积2367平方米，设计藏书容量30万册，可容纳读者座位400个。2013年，参加第五次全国公共图书馆评估定级，被评为全国一级图书馆。2013年，易县图书馆有阅览坐席280个，计算机35台，实现光纤宽带接入，数字资源存储容量达到6TB，选用Interlib图书馆自动化管理系统。

业务建设

截止2012年底，易县图书馆总藏量为10.2万册（件），其中中文图书8.3万册，中文报纸0.6万册，中文期刊0.48万册，地方文献0.015万件，视听文献0.8万件。图书年入藏量2000种，报刊入藏量120种，视听文献年入藏量50余种。地方文献是易县图书馆的重点收藏文献，设有专门书架和地方文献目录，并有专人管理。

易县图书馆使用《中图法》第5版进行分类编目和排架，并用图创公司的Interlib图书馆集群管理系统对图书、期刊、视听文献进行分类、著录，馆藏中文文献书目数字化程度为9/10.2，其中图书与视听文献在进馆一月内完成编目，报纸期刊在2日内完成编目，图书书标、登录号、馆藏章等规范统一，干净整齐。图书报刊开架借阅，图书排架误差率在2%以下。有专人进行架位维护管理，并有专门的文献保护措施和制度。

读者服务工作

自建馆以来，易县图书馆对社会一直实行免费开放。2011年，易县图书馆按照文化部、财政部关于免费开放的有关要求，提高标准，改善设施，深化服务，进一步做好免费开放工作。每周开馆时间63小时，周六周日不休息，有集体活动轮岗，保证不让读者白跑路。为了更好地方便读者，馆内凡读者需要借阅的书刊，一律实行开架借阅。2012年书刊外借6万册（次），读者到馆3.1万人（次）。

现在，易县图书馆对残疾人实行无障碍服务；公共阅览室已成为中老年人的阅读阵地；为进城务工人员送书上门；文化信息资源共享工程易县支中心拓宽了服务领域，满足了不同层次读者的需求。

易县图书馆每年定期举办各类培训和讲座，每年讲座、培训次数达到12次；定期举办各种展览活动，年展览次数达到6次以上。易县图书馆自2007年以来，按照省文化厅通知精神每年举办燕赵少年读书系列活动，组织有关学校参与活动；在每年春节期间举办有奖猜谜活动，迄今易县图书馆已连续举办三十余年，每年都有众多观众热情参与，丰富了春节期间的群众文化生活，宣传了图书馆，扩大了图书馆的知名度和影响力，为使更多的读者走进图书馆起到了积极的推动作用。每年结合图书馆服务宣传周、全民读书月等举办各种读书活动，使图书馆成为市民阅读的大书房，对树立社会主义核心价值观和提升人民幸福感起到了重要作用。

面对当前人们不爱读书、图书文献利用率连年走低的客观现实，易县图书馆积极创新服务方式，于2012年7月成立《茶余饭后》编辑部，对馆藏文献信息进行加工和筛选，出版《茶余饭后》馆报，每月一期，免费发放，满足读者的阅读需求，丰富群众的文化生活。

业务研究、辅导、协作协调

2012年，易县图书馆参加保定市公共图书馆讲座合作联盟，开展了讲座联播等相关工作。同时，易县图书馆积极建设县文化信息网络，以河北省文化信息资源共享工程易县支中心为基础，在全县28个乡镇、469个行政村陆续建立了村级图书室（即“农家书屋工程”），易县图书馆利用文化下乡之际对各村图书管理员进行业务辅导，使他们基本掌握图书分类和著录的基本知识，并借此了解各村镇图书室的新书购进情况，读者借阅情况，以及存在的需求和困难；并自己编印了《农家书屋管理员知识手册》，定期对乡、村管理人员进行业务培训，帮

孙家正同志在易县

农家书屋培训

书法班培训

暑期少儿美术培训班

助调试设备，制定规章制度，保障了农村文化信息资源共享网络正常运行。

管理工作

2009年至2012年，易县图书馆按照易县劳动人事部门的有关规定，实行了岗位管理，制定了按需设岗、按岗聘用、竞争上岗的激励制度。易县图书馆每年年初都制定年度计划，对下一年度的各项工作制定发展目标，且任务明确，切实可行，具有可操作性和连续性，使得易县图书馆近年来各项工作不断夯实基础，得到稳步发展，未发生人员或设施方面的重大责任事故。

表彰、奖励情况

2009至2012年，易县图书馆工作人员多次参与上级业务主管部门和当地行政主管部门举办的各种活动，图书馆及馆内工作人员多次获奖，并被上级或本级行政主管部门授予先进集体和先进个人等荣誉称号。

馆领导介绍

马泉，男，1962年5月生，大专学历，中共党员，馆员，馆长。1980年10月参加工作，1995年3月任易县图书馆馆长。河北省图书馆学会第六届、第七届理事，河北省美术家协会会员，河北省版画研究会会员，河北省连环画研究会会员。

王淑惠，女，1973年10月生，本科学历，中共党员，馆员，副馆长。1997年7月参加工作，2009年12月任易县图书馆副馆长，河北省图书馆学会会员。

付京磊，男，1975年5月生，大专学历，中共党员，高级工，副馆长。1993年9月参加工作，2009年12月任易县图书馆副馆长，易水文化促进会会员。

郝京军，男，1974年10月生，中专学历，中共党员，助理馆员，副馆长。1995年9月参加工作，2009年12月任易县图书馆副馆长。

未来展望

在当今信息社会和知识经济的背景下，易县图书馆一定会发挥全县信息枢纽和精神文明建设基地的重要作用，成为全县的文化、科技、教育、信息、服务和交流中心，为本县经济建设和社会发展发挥重要作用。

联系方式

地　址：河北省易县开元北大街26号
邮　编：074200
联系人：郝京军

猜灯谜活动

易县图书馆书库

涿州市图书馆

概述

涿州市图书馆于1978年在涿州市文化馆图书组的基础上建立，原位于涿州市城内鼓楼大街149号，有阅览室、基藏书库等简要设施，主要开展图书借阅等基本业务。

1991年，涿州市图书馆在南关街277号新址开始建设，1993年竣工；1994年涿州市图书馆迁入新馆并对社会开放。该馆建筑面积3100平方米，馆内设有文化信息资源共享工程支中心、图书外借处、报刊阅览室、少儿阅览室、视听室、盲人阅览室、资料查询室等服务窗口，其中盲人阅览室70平方米、少儿阅览室150平方米、电子阅览室250平方米。文化信息资源共享工程支中心有31台计算机、4台服务器、2台交换机等设备。

涿州市图书馆开展图书外借、报刊阅览、文化资源共享、宣传辅导、少儿阅览、网上阅读与查询以及举办各种类型的读书活动，并兼办知识讲座、培训、展览和有奖猜谜等文化活动。2013年，涿州市图书馆在第五次全国图书馆评估定级中被评定为国家一级公共图书馆。

业务建设

截止2013年，涿州市图书馆藏书总量157413册，其中中文平装图书93577册，中文报刊63836册（合订本），并有涿州地方文献1000余册。馆内藏书按《中国图书馆图书分类法（第五版）》分类、排架；2012年3月馆内书刊借阅全面实行自动化管理。同时建有视听室，有影视光盘和地方文化音像资料供读者播放。

读者服务工作

涿州市图书馆常年开展图书期刊借阅业务。其中2013年全年图书外借52460册次，借阅50120人次；报刊阅览35200册次，阅览32230人次，为读者查询报刊资料850条，图书下乡6500册次。资源共享阅览室阅览18012人次，培训12期，视频室观看视频资料9098人次。盲文阅览室接待读者182人次。

2012年，涿州市图书馆与涿州市残疾人联合会共同创建了盲文阅览室，添置了盲文图书、试听设备、读屏软件及适合盲人读者的试听读物；2013年创建少儿阅览室，以优美的环境和大量的少儿读物，向家长和小朋友们开放；报刊阅览每日更新，并设有报刊资料库可供读者查询。

从2007年起，涿州市图书馆连年参加由河北省文化厅、河北省教育厅、河北省图书馆学会组织的燕赵少年读书系列活动。通过联系有关学校，对读书活动进行辅导，并与涿州电视台青少频道共同成立了七彩阳光文学社，联合举办了不同形式的故事会、演讲会、小记者采访会及读书会，使读书活动有声有色。同时开展流动图书进校园、进幼儿园和进军营活动，图书馆开展读书活动取得的社会效果近年来连续受到省文化厅等部门的表彰，其中2014年被授予燕赵少年读书系列活动“优秀组织奖”。

文化信息资源共享工程是政府实施的一项文化惠民工程。从2012年4月份起，涿州市图书馆配合涿州市文广新局加快了农村服务点建设的步伐，将河北省文化部门下拨的一批投影仪、幕布、音箱和音像资料，按照全市408个行政村的需求总量，以各乡镇为中心点进行划拨配送，于4月12日完成了所有设备的划拨配送和设备调试，并制定了《河北省文化资源共享工程农村基层服务点管理制度》。又于5月份进行了复查。2012年底，涿州市408个行政村已完成文化信息资源共享工程服务点建设，实现了以市图书馆为中心的农村网络全覆盖。

图书下乡是涿州市图书馆长期以来坚持的一项基本业务，目的是为农村服务，为农民群众提供政治、经济、科技、文化、卫生等方面的书籍。图书馆在下乡过程中，以农村集市为站点，定期定点，常年服务，其中2013年图书下乡6500册次，并针对农村的实际需要，印发《经济科技信息》，面向群众免费发放。

从1986年起，每年在正月元宵节期间举办有奖猜谜活动，已成为涿州市图书馆的一项传统文化活动，目的是宣传图书馆，让更多的人认识图书馆并走进图书馆，同时丰富群众的文化生活。2014年春节期间，涿州市图书馆按照文广新局统一部署，在“德信文化周”活动中举办有奖猜谜活动，本次活动推出了谜语2000余条，集知识性、趣味性、科学性于一体，并准备了以学习用具为主的小奖品，成为活动中最吸引观众的精彩项目。同时，馆内工作人员还积极参与“德信文化周”的其他文化活动，包括引导观众、现场服务、搜集资料等工作。

业务研究与辅导

2014年，涿州市图书馆以传承和弘扬涿州文化为宗旨，围绕物质文化遗产和非物质文化遗产，进行调查走访、拍照录制、征集资料，完成专题片《印象涿州》的拍摄工作。同时配合

读书活动的启动仪式

德信文化周开幕式

读书活动中的历史文化专题讲座

文化大讲堂“讲三国故事，悟德信文化”进校园

举办元宵佳节有奖猜谜活动

少儿阅览室的读者

开架借阅室的读者

阅览室的读者

河北省文化信息资源共享中心拍摄组完成了《千年古县涿州》专题片的现场拍摄和资料提供等工作。在此基础上，积极组织举办“文化大讲堂”活动，聘请涿州文化学者，深入有关学校，为广大师生讲述涿州历史和历史故事，以深入挖掘地方文化内涵，展示涿州文化特色。

馆领导介绍

白士茹、女、1964年11月出生、本科学历、中共党员、图书馆员职称，涿州市图书馆馆长.从2005–2007年，被涿州市机关工委连续评为“优秀共产党员”、精神文明建设先进个人和“三八”红旗手荣誉称号。2007年、2009年、2013年河北省文化厅、河北省教育厅、共青团河北省委、省图书馆学会分别于授予白士茹同志“燕赵少年读书系列活动”突出贡献奖。

未来展望

涿州市图书馆作为一座县市级图书馆，未来五年的发展目标是，按照国家一级公共图书馆的标准规范，全面提高优化硬件设施和软件设施，使藏书总量达到25万册以上，开拓服务领域，优化服务方式，使年服务人次达到15万以上。并完成数字图书馆的资源建设，开通网上图书馆服务业务，完成地方文献数据库建设，实现社会服务形式多样化，以举办培训、讲座、各种类型的读书活动，使图书馆成为集收藏、保管、传播和信息服务、社会服务、文化休闲等功能于一体的综合性图书馆。

联系方式

地　址：河北省涿州市南关街277号

邮　编：072750

联系人：白士茹

流动图书、共享资源进一幼

涿州市图书馆外貌

张北县图书馆

概述

民国14年（1925年）张北城创办图书馆。民国17年改讲演所兼阅报所。民国21年改民众教育馆，内设图书室。1949年民众教育馆改称人民文化馆后，图书室改阅读室。1953年复称图书室，仅2间平房。1958年下半年在文化馆院内建张北县图书馆，馆舍5间。1961年上半年下马，恢复图书室，仍附设于文化馆。1978年7月河北省文化厅批准建张北县图书馆，1980年选定花园广场西侧动工兴建，11月竣工交付使用，馆舍10间。1981年始，各乡镇文化站筹办图书室，各村筹建"青年之家"，到1987年底，共建起乡镇图书室19所，"青年之家"图书室240个。2004年张北县图书馆在旧城改造被拆迁后，虽占用当时文化局的房舍开展业务，但由于房舍紧缺、设施落后，多年来未能开展业务。2008年12月在县委、县政府的支持下恢复开馆。2009年全国第四次公共图书馆评估定级中被文化部授予"三级公共图书馆"称号。馆址几经变迁，2012年建筑面积7518平方米的新馆建成开放。2013年全国第五次公共图书馆评估定级中被文化部授予"国家一级公共图书馆"称号。

张北县图书馆新馆位于张北县中都大街三中路口，周围环境清新，是群众读书阅览、安静学习的理想地带。一层设有咨询服务处、检索大厅、全民健身中心，二层设有文献流通部、电子阅览室、报告厅、休闲走廊，三层设有少儿借阅部、多媒体室、展厅、密集书库，四层设有报刊阅览大厅、地方文献及政府信息公开查阅室、自习室及休闲书吧。新馆规划的指导思想是从整体结构上把以人为本作为核心理念，进一步完善公共服务设施，充分利用现有地形特征，合理布局城市建设用地和交通系统，形成具有区域特色的县城空间结构，建成功能设施齐全、分区合理、朝向适宜，符合现代业务办公特点、服务便捷的环境空间。

张北县图书馆有阅览坐席400个，计算机60台，宽带接入10Mbps，选用善思图书馆自动化管理系统。除特定馆藏外，藏书全部对读者开放。设有多个服务窗口，提供图书外借、报刊阅览、文献资料查阅、展览、讲座、学习培训、辅导咨询、学术交流、信息导航等全方位优质服务。办馆宗旨是"以人为本，服务至上"，定位是以数字图书馆为基础，体现信息交互、资源共享、馆际合作理念，融合传统图书馆功能的现代化综合性公共图书馆，采用开放灵活的藏、借、阅、查、展一体化新型服务模式。

业务建设

截止2012年底，张北县图书馆总藏量10.2184万册（件）。2012年财政拨款为153.8万元，2013年财政拨款223.8万元，购书经费单列。2009–2012年，文献年均入藏量为中外文图书5170种，中文报刊120种，视听文献160种。截止2012年底，张北县图书馆数字资源总量为4TB。2013年1月，实现馆内无线网络覆盖。馆内设图书检索机2台，读报机2台，图书、杂志借阅归还全部采用较先进的图书馆计算机操作管理系统。2013年，在第五次全国公共图书馆评估定级中被评为一级公共图书馆。

读者服务工作

张北县图书馆作为全县唯一的公共图书馆，是以图书借阅为特点的终身教育学府，在全县社会教育和普及科学文化知识方面起着重要的作用。依据《中国图书馆图书分类法》对图书进行科学分类编目，达到标准化、科学化、系统化，编录清楚，资料保管完好。

从2008年12月起，张北县图书馆实现对外免费开

馆长：任晓君

放，每周开馆时间为60小时，周六日不休息，除特定馆藏外，藏书全部对读者开放。2012年，书刊年外借8.4817万册次。2009–2012年，共举办讲座、展览、培训、阅读推广等读者活动80余场次，有20个流动服务车服务点，馆外书刊流通10余万人次。

业务研究、辅导、协作协调

张北县图书馆积极组织员工参加省市级图书资料各类培训、学习及学术研讨，全体员工业务知识在工作和学习中得以提高。加强对乡镇文化站图书室、中小学校图书室、社区图书室及农家书屋的指导和建设工作，开办图书资料管理、档案管理培训班，定期为基层点更换图书。加强与省、市、兄弟县区图书馆的互帮互学和工作交流。

管理工作

张北县图书馆有人员编制15人。全馆均是高中（中专）以上学历，其中大专以上学历10人，占职工总数的66.7%；有中级职称6人，中级以上职称人数占职工总数的40%。领导班子结构合理，馆领导均具备本科以上学历和中级以上职称。

注重提高全体员工整体文化素质，每周一下午为政治业务学习时间。2012年，开展员工岗位培训10次。2009–2012年，全馆人员参加河北省专业技术人员创新能力考核、知识产权公需科目培训等，闭卷考试全部合格。

建立工作量化考核指标体系，每月进行工作进度通报，每半年和全年进行总体工作考核。定期抽查文献排架和书目数据，2009–2012年，编写《张北县图书馆工作简报》48期，撰写专项调研、分析报告和工作提案十余篇。

表彰、奖励情况

2009–2012年，图书馆共获得各种表彰、奖励5次。2013年，被评为全市先进文化集体，获得省文化厅表彰1次。

馆领导介绍

任晓君，女，1986年生，中共党员，本科学历，文学学士，中级职称（图书系列馆员），馆长。2008年参加工作，2010年任张北县图书馆馆长，兼任张家口市图书馆学会常务理事。

未来展望

张北县图书馆本着“以人为本，服务至上”的办馆宗旨，“为社会服务，为人民服务”的服务方针，不断完善自身建设和功能建设，把读者服务放在首位，深入开展和推动全民阅读活动，在加强图书馆自身建设的同时积极努力带动乡镇、社区、学校及农家书屋的建设和发展。以县图书馆和乡镇图书室为文化阵地，以高水平、零门槛广泛服务群众，大力开展群众性读书活动和惠民讲座，利用视频教学等现代科技元素延伸图书馆的服务功能，将文化读书活动搞好、搞活，做到活动的丰富性、创新性、经常性和持续性。邀请专家、学者、社会知名人士来馆研讨、宣教、报告，充分发挥图书馆开展社会教育、传递科学情报、开发智力资源的强大社会作用，将图书馆打造成“百姓书房、精神粮库、文化高地”。

联系方式

地　址：河北省张家口市张北县中都大街三中路口
邮　编：076450
联系人：任晓君

滦平县图书馆

概述

清光绪二十九年（1903年）县城设阅报所1处。民国九年，县建公立图书馆一处。图书馆在文革中一度遭到毁坏，1980年图书组从文化馆析出建独立图书馆。馆址几经变迁，2012年8月，滦平县图书馆搬迁至职教中心图书馆楼。面积为3500平方米，藏书容量20万册，可容纳读者坐席288个。1998、2009年，参加第二、四次全国公共图书馆评估，获三级图书馆。馆现有计算机35台。

业务建设

截止2013年7月，滦平县图书馆总藏量251713册（件），其中纸质文献47470册，电子图书20万册，报刊93种，视听文献57件。

2012年滦平县图书馆购置入藏图书2500余种；完成了地方文献数据库建设；应用智慧2000图书软件；存储容量6TB。

2012年底，滦平县图书馆运用智慧2000图书软件管理图书，改变了我馆使用纸质卡片管理图书的历史。

读者服务工作

自2011年5月1日始，滦平县图书馆对读者实行免费开放，节假日、双休日照常向读者开放，周开放56小时。2010至2012年，书刊外借876956册次。

2009到2012年底，滦平县图书馆举办讲座、展览、培训、阅读推广等读者活动55次。参与人数38653人次，连续多年举办“4.23”读书读报节、“河北省燕赵少年系列读书活动。每年年底对获奖读者进行奖励，鼓励读者参与到阅读活动中来。

建立了2个荐读示范点（滦平县第三小学、滦平县老干部读书研究会），不定期为其赠送图书。让我们的孩子和老人在阅读中体会阅读的快乐。

每年的5月最后一个星期，滦平县图书馆都会举办不同主题的“图书馆服务宣传周活动。2011年5月和2012年5月的最后一周，滦平县图书馆在滦平县民族文化广场举办为期7天的“图书馆服务宣传周活动”，采取书展和送一本好书给读者的方式，吸引了众多群众参与，为营造和谐滦平、书香滦平出一份力。

为促进我县公民文明素质和城乡文明程度的整体提升，滦平县图书馆在做好窗口服务工作的同时，积极做好送书下乡等工作，2012年至2013年，滦平县图书馆分别为火斗山井上村、张百湾镇张百湾村、滦平镇东街社区、滦平县第三小学、滦平县第一小学、滦平县老干部局等送书5000余册。

2012年，图书馆克服工作人员少等困难，在全县范围内开展征集地方文献工作，建设具有本县特色的馆藏。在图书馆图书外借处设专架展示给读者，同时方便读者借阅。

管理工作

滦平县图书馆现有在编在职工作人员6人，岗位分工明确，每年年中和年底进行工作总结考核。不定期对每个服务窗口进行抽查（图书排架、新期刊及时上架、电子阅览室机器维护等）。

业务研究、辅导、协作协调

2009年至2012年，滦平县图书馆职工发表论文8篇，获承德市第十一届社会科学优秀成果三等奖1项。

滦平县有22个乡镇225个行政村、11个社区，图书馆担负着全县农村书屋和社区图书室的辅导职责。每年图书馆都会不定期举办农村书屋图书管理员培训班，深入到社区图书室，进行一对一的图书管理基本知识辅导。

另外，为提高本馆工作人员的业务素质，积极选派职工参加河北省图书馆和承德市图书馆举办的各类业务培训。以不断提升馆员的业务素质，以便更好地做好本职工作。

为最大程度实现计算机网络环境下的书目数据资源的共建共享，滦平县图书馆积极参与由河北省图书馆组织的协作协调工作，成为河北省图书馆联合编目中心成员馆。并积极选派职工参加“全省图书馆联合编目培训班”。

表彰、奖励情况

2009到2012年，滦平县图书馆获得各种表彰奖励15次。其中中国图书馆学会表彰、奖励4次，市宣传部、文化局、图书馆表彰、奖励5次，县政府、县文广电新局表彰、奖励6次；获承

为第三小学送书

为张百湾村送书

为农村书屋送书

为阅读获奖学生颁发证书

培训班

德市第十一届社会科学优秀成果三等奖1项。

馆领导介绍

么丹，女，1965年2月生，本科学历，中国共产党党员，副研究馆员，党支部书记。1984年9月参加工作，1984年至1988年7月在文化局工作，1988年8月至1991年1月在滦平县鞍匠屯乡文化站工作，1991年1月调入滦平县图书馆工作至今。1998年8月担任图书馆馆长。系滦平县专业技术拔尖人才。

展望未来

滦平县图书馆遵循“科学、发展”的办馆方针，践行“崇德重信·开放包容·坚韧不拔·众志成城”的滦平精神，不断加强自身的综合实力，充分发挥图书馆的职能作用，开展丰富多彩的读书活动。真正将“以科学的理论武装人，以正确的舆论引导人，以高尚的精神塑造人，以优秀的作品鼓舞人”，落实到实处，充分发挥图书馆在建设社会主义和谐滦平中不可替代的作用。在未来几年里，滦平县图书馆将在县城中心地带重新建一座建筑面积5000平方米的新馆舍。全面建成后的滦平县新图书馆，新馆将增设报告厅、多媒体厅等服务窗口；阅览坐席3000个；设计藏书量（纸质）为60万册；年服务人次10万人以上；数字资源设计存储能力30TB；能够提供数字文献远程服务，实现与省、市、各县馆资源共享互补的先进的县级图书馆。

联系方式

地　址：滦平县职教中心图书馆楼
邮　编：068250
联系人：么　丹

滦平县图书馆楼

泊头市图书馆

概述

泊头市图书馆建于1990年，其前身是泊头市文化馆图书室。2010年8月搬迁到裕华西路159号文化艺术中心大楼，面积3000平方米。现有干部职工14名，其中副研究馆员2名，馆员2名，助理馆员6名。主要业务部门有采编部、外借处、工具书阅览室、报刊阅览室、电子阅览室、少儿阅览室、参考咨询部、老年活动室、青少年心理健康咨询中心。1994年参加第一次全国公共图书馆评估，获得二级图书馆。2013年第五次评估，荣获一级图书馆。2012年元月，新馆正式开放，阅览席位430个，计算机48台，宽带接入10Mbps，选用图创图书馆自动化管理系统。

业务建设

截止2012年底，泊头市图书馆总藏量100030册（件），其中纸质文献79180册（件），电子图书20700册，视听文献150件。纸质文献以文学、历史、政治、法律等社科类图书为主，自然科学及工具书等为辅，其中有珍贵文献资料《古今图书集成》、《四部丛刊》、《中国大百科全书》等，有《泊头市志》、《泊头教育志》等地方文献资料500余册，全部实行开架借阅。2009—2011年，新增藏量购置费5万元，2012年新增藏量购置费20万元，2013年增至35.5万元。2009—2012年，入藏图书10238种，报刊入藏量358种，电子图书20700册，有地方文献全文数据库100种，自建资源有《泊头印迹》等。

泊头市图书馆始终坚持全年365天，天天对外免费开放，在重大节日、纪念日、传统节日、图书馆服务宣传周和读书月期间，曾多次举办有奖征文比赛、“书展”、英雄事迹报告会、有奖猜谜、信息发布会、读书演讲会、大众公益讲座、科技图书下乡进厂等活动。新馆2012年元月开放至2012年底，读者人数已达到4000余人。少儿阅览室一到节假日更是座无虚席，日接待量最多达到800余人。2012年总流通达到60030人次，书刊外借82500册次。

创办安顺社区分馆，方便社区的居民学习和交流。图书馆提供书刊，交河敬老院、聋哑学校、王武中学等多个单位提供场地，建立图书流动点6个。2008年在社会各界爱心人士的大力支持下成立“泊头读书社”，定期免费举办公益文化讲座、书刊推介、文化沙龙等公益文化休闲活动。讲座内容涵盖家庭教育、营养保健、金融知识、传统文化、中医保健等等，至2012年底共举办各类讲座66场。2012年开办了“泊头市公民道德大讲堂”系列讲座，受到社会各界的广泛欢迎。被沧州市文明办评为十大优秀社团。2009—2012年，泊头市图书馆共举办讲座、展览、培训、阅读推广等读者活动180场次，参与人数2万余人次。组织参加每年一度的燕赵少年读书活动和狮城少年读书活动，参与的中小学生达到5万余人次。

业务研究、辅导、协作协调

图书馆重视业务学习和培训，每年派出业务骨干参加国家图书馆及省市学会举办的业务培训班，提高职工的业务素质和水平。并鼓励撰写专业论文，对在期刊发表或论文研讨会获奖的论文作者给予一定的奖励。几年来，共撰写专业论文40余篇，其中国家级获奖或发表12篇，省级15篇，地市级20余篇。开展对基层图书馆（室）的业务辅导工作，帮助泊三中、泊四中、电力局、后陈村、肖杜李村等建立了标准化、规范化的图书馆（室）。

管理工作

图书馆充分借助计算机技术和图书馆管理软件来提升各项业务工作管理。目前，已全面实现图书采编、流通、检索自动化管理，图书馆的各项内务统计都已实现电脑操作、有序化管理。图书馆网站已正常运行，将建立信息服务平台，实现网上预约、网上续借、查询及信息发布等。

实行全员聘任制，制定了在职人员全员培训方案，实行百分考核制度，每年进行一次总考核。文献分类、编目、排架不定时抽查，并及时总结、分析，各部门定期提交工作总结和工作通讯，提供给本局编写的《文广新报》及上一级业务报刊。

表彰、奖励情况

2009—2012年，泊头市图书馆共获得各种表彰、奖励24

图书馆服务宣传周活动

送科技图书下乡

泊头市图书馆少儿阅览室

“如何帮助孩子考出好成绩”公益讲座

北大温爽老师讲“正能量、中国梦”

次，省文化厅表彰、奖励4次，沧州市委宣传部、文广新局、图书馆学会表彰、奖励13次，其他7次。

馆领导介绍

康会芳，女，1965年9月生，大学学历，中共党员，副研究员，馆长。1981年7月参加工作，1997年担任泊头市图书馆馆长。兼任河北省图书馆学会理事、沧州市图书馆学会副理事长。1999年河北省图书馆学会先进工作者，2002年泊头市专业技术拔尖人才，2009年河北省燕赵少年读书系列活动突出贡献奖，2012年泊头市三八红旗手标兵，2013年泊头市市长特别奖。

赵红云，女，1970年4月生，大学学历，中共党员，副研究员，副馆长。1991年7月毕业于河北大学图书情报学系图书馆学专业，1991年8月参加工作。2003年担任泊头市图书馆副馆长。兼任沧州市图书馆学会常务理事，泊头市文广新局文化艺术中心主任。2007年、2011年两次获得河北省燕赵少年读书活动突出贡献奖。

常立君，女1975年1月生，大专学历，中共党员，馆员，副馆长。1992年参加工作，1997年毕业于河北大学图书情报学系信息学专业，2003年任副馆长。

未来展望

在未来几年里，泊头市图书馆在现有馆舍基础上，将在永安新区建设一座建筑面积1万平方米的新馆舍，已列入泊头市政府规划图。在各街区和人口密集处安放自助借还机，方便广大读者借阅，进一步完善馆内自助借还系统。加强市、县、乡、村四级图书馆服务网络建设，实现馆际互借，通借通还。加大数字资源投资力度，引进高素质专业人才，提高图书馆服务能力，促进图书馆事业的整体发展。

联系方式

地　址：河北省泊头市裕华西路159号
邮　编：062150
联系人：赵红云

霸州市图书馆

概述

霸州市图书馆坐落在市开发区裕华东道北侧，于2006年11月建成并对社会开放，图书馆占地面积8000平方米，建筑面积6500平方米，可提供阅览席位1000余个，总投资1600万元。图书馆实行馆长负责制，机构设置为六部一室，即资源建设部、流通部、期刊部、共享工程部、社会活动部、后勤保障部和办公室。直接面向读者的有社会科学第一借阅室、第二借阅室、第三借阅室、第四借阅室、自然科学借阅室、电子阅览室、光盘阅览室、工具书阅览室、地方文献与古籍阅览室，过刊过报阅览室、中学生资料室、报刊阅览室、少儿借阅室、盲人阅览室、还书处、办证处、第一库本库、第二库本库和社会人员自习室、多媒体报告厅等20个服务窗口。图书馆功能完备，拥有多种现代化的服务手段，实现了全天候采访、编目、流通、查询等自动化管理。借阅区实行全开架的一体化服务，并可完成借阅、外借、预借、检索、文印、装订等多项服务。图书馆作为全国文化共享工程的县级支中心，拥有自己的网站，读者不仅可以检索本馆馆藏资料，而且可以共享廊坊市、河北省乃至全国信息资源文化共享中心提供的优质资源信息。

业务建设

截止2014年上半年，霸州图书馆资源总藏量46万册（件），其中纸质文献22万册（件），电子图书24万册，宽带接入20Mbps，拥有计算机100余台，存储容量8TB，图书馆专辟地方文献资料室，有专人管理，征集工作开展得有声有色。图书馆依据有关国家标准或行业标准对图书进行编目著录，有相应的编目细则，保证了编目数据规范一致，图书文献到馆一般半个月内就完成编目。依据有关国家标准或行业标准对期刊报纸文献进行编目著录，期刊报纸到馆2个工作日内就完成记到。图书馆对图书的书标、登录号、条形码、馆藏章等标识规范统一、整齐美观。设机读目录，5台书籍检索仪设专人管理、维护，提供查目辅导。图书馆图书排架正确率大于96%，架位维护管理有专门制度和专门人员。图书馆有文献保护规章制度，有书库防火、防盗、防虫、防潮、防尘等措施和设备，对破损图书及时修补。图书馆1949年以来中文普通图书、报刊等文献资料建立机读目录的比例为90%以上。图书馆非常重视地方文献数据库建设选题工作，霸州籍的作家作品为主要内容，例如《霸州历史文化之旅系列丛书》（12卷），《霸州崔氏家族史》等，建设规模较大。

读者服务工作

霸州市图书馆周六周日和寒暑假不闭馆，每周开馆时间为63小时，每天开馆时间为9小时。图书馆文献书刊开架及半开架数量占书刊文献总量的90以上，书刊文献年外借册次为10万册以上，图书馆年流通总人次为24万，持证读者为6000余人，人均年到馆次数为40次，图书馆利用各种方式在馆内和馆外开展有效的宣传活动。图书馆从人文关怀的角度出发，自开馆之日起就把为残疾人、进城务工人员、未成年人和老年人服务当作最为重要的工作抓紧抓好，开设了盲人阅览室、少儿阅览室、老年书画活动室方便各阶层人员，还深入敬老院为老年人送书和放映电影，请幼儿园的小朋友来馆参观，同时对待进城务工人员和霸州域外人员和市民一视同仁，免费借阅。图书馆网站建设网页美观，及时维护和更新，内容健康丰富，读者点击率与日攀升。图书馆讲座培训年均为19次，展览和阅读推广活动年均为6次，参与活动为年均1万人次以上。为了充分发挥图书馆的教育服务职能，图书馆采用合作、联办、联建等方式举办各类培训班，如计算机培训、书法培训、古汉字讲座、象棋沙龙、中华传统文化诵读等，受到广泛欢迎。同时，图书馆还为读者举办图书检索培训，提高读者利用图书馆现代化手段的能力。

业务研究、辅导、协作协调

图书馆馆员2009年至2013年上半年，发表论文共计15篇，出版专著1篇，并参与了某些科研项目。图书馆主动参与廊坊图书馆的联合编目、讲座联盟、总分馆体系建设及其他业务合作活动，有本地区服务网络建设的规划。本地区街道、乡镇、社区、村图书馆参与服务网络建设的比例为97%，图书馆作为廊坊市图书馆分馆，彼此建立了通借通还业务，还与霸州市看守所、市一中等单位建立了该项业务。图书馆年初有基层业务辅导工作计划，年末有总结，多次深入基层

库本库镇馆图书

电子阅览室

共享工程培训

计算机培训

自助触摸式图书检索系统

图书馆对业务和自动化管理进行指导，年均达5次以上。年初有基层业务培训工作计划，年末有总结，年均培训次数达5次以上。

管理工作

图书馆每年都制定切实可行的年度工作计划，财务和人事归口霸州市第一中学统一管理，有健全的财务管理制度和执行监督制度。有按需设岗、按岗聘用、竞争上岗、岗位责任制、考核、分配激励制度。图书馆吸纳一中学生和社会教师，义务参与图书馆工作。设备物资的管理有制度，有执行和监督措施，国有资产管理有台账，图书馆具备人事档案，业务档案、工程业务档案，档案健全，资料翔实，归档及时，立卷准确，装订齐全，每卷有目录。图书馆具备各种管理统计、财务统计、业务工作统计，有研究分析，以指导和改进工作。图书馆阅读学习设施配备齐全完好，维护及时，环境整洁，美观、安静适度，广场绿化美化，馆内标牌规范，节能减排措施得当。图书馆对人员安全、数据及网络安全有应急预案等方面的考核。

表彰、奖励情况

2009年至2013年上半年，图书馆馆共受到上级主管部门霸州市文广新局、廊坊市图书馆表彰10次，受到霸州市委宣传部表彰1次。

馆领导介绍

崔栋，男，1968年生于霸州市，汉族，中共党员，大学本科学历，中学高级教师职称，1987年参加工作，霸州图书馆馆长，现为河北省图书馆学会理事、廊坊市图书馆学会常务理事，廊坊市书法家协会会员、霸州市书法家协会理事、霸州市象棋协会常务副主席。

张宝华，男，1964年生于霸州市，汉族，中共党员，大学本科学历，1981年参加工作，图书馆员职称，现任霸州市图书馆副馆长。

未来展望

回首过去，图书馆做了一些工作，取得了一些成绩，据不完全统计，自2009年到现在，共接待中央、省市及兄弟市县友好单位参观访问100余次。展望未来，全馆工作人员将秉承“以人为本、读者第一、服务至上、爱岗敬业”的办馆理念，从多方面改进和完善图书馆工作，为将图书馆打造成为精神文明建设成果的靓丽窗口而不懈努力！

联系方式

地　址：霸州市开发区裕华东道150号
邮　编：065700
联系人：崔　栋

平山县图书馆

概述

平山县图书馆始建于1979年，原址位于平山镇益民东路18号，2013年10月搬迁至康乐街平山县图书馆，建设面积1300平方米，设有图书借阅书、资料室、成人阅览室、儿童阅览室、报刊室、多媒体播放室、电子阅览室、展室等服务窗口。阅览室内共有可供读者阅览座席240个。专门设有少年儿童阅览室，室内有座席48个。全馆共有计算机数量45台，提供读者使用的计算机30台，全部采用专线接入，实行ADSL拨号上网，有专用存储设备容量4TB。2012年，安装了纵横3000图书自动化管理系统，系统运行正常。

业务建设

截止2012年底，平山县图书馆总藏量13.6万册（件），其中电子文献入藏量500种，其余为纸质文献。2009－2011年，平山县图书馆经费65万元，2012年经费为95万元，较2011年增加30万元。2009－2012年，平山县图书馆年均购置图书3000册，报刊年入藏量48种，视听文献年入藏量36种。平山县图书馆发展得到了社会各界人士的支持与帮助，其中贾雪阳上将捐赠图书1500册，在京平山籍老干部万伯翰、王林生等4人捐赠图书画册9800册，县志办送地方文献200册。平山县图书馆与县旅游、地方志等部门联系协作从古中山国文化、旅游资源、地方传说等方面正在进行地方文献数据库建设。

读者服务工作

平山县图书馆馆内公共空间设施场地向社会各界免费开放，基本服务项目健全并免费开放，每周开馆时间为周二到周日，全天开放，每天开馆时间从上午8：00至下午18：00，每周开馆时间达60小时。开架书刊占总藏书量的80%。2009－2012，年外借图书达2.5万册次，人均年到馆次数为20次/人。馆藏书刊文献年外借率为23%。

2009－2012年，平山县图书馆在东关小学、平山镇中、平安小区、北马中村委等10个基层单位设立服务点，共借阅书刊5100册次。2009－2012年，平山县图书馆每年举办“革命传统教育”“爱国主义教育”“法制教育”等活动进行社会教育，在平山镇中、教育局等单位共开展各种专题讲座7次，培训5次。利用每年一次的读书活动月，开展阅读推广活动4次，结合图书送书下乡活动开展图书展览3次，每万人年平均参与活动次数为2.2次。

业务研究、辅导及协作协调

2009－2012年，平山县图书馆职工共发表论文4篇。

2009－2012年，平山县共建有温塘镇、西柏坡镇、宅北乡等12个乡镇图书室，村图书室32个，使乡镇、村图书室参与服务网络建设的比例达50%。平山县图书馆与基层图书室定期进行图书交流，实现服务网络内图书资源馆室共享。平山县图书馆每年开展一次全县图书馆业务集中辅导和对新建基层图书室举行一次为期三天的业务培训，共培训业务骨干26人。

管理工作

2009－2012年，平山县图书馆维修了馆舍，粉刷了墙壁，油漆了护栏，整修了院落，规范了标牌，为读者创造了一个整洁、明亮、舒适、优雅的阅读环境，为实现节能减排，我馆对老化的电力线路进行了更换，降低了能耗。

平山县图书馆经常对职工进行安全教育，电脑安装了杀毒软件及防火墙，确保网络数据安全。书刊属易燃物品，为此我馆高度重视消防保卫工作，购置了灭火器材，安装了电子监控，编制了突发事件应急预案，安全保卫工作得到了我县消防、公安部门的好评。

表彰奖励情况

2009年以来，平山县图书馆共得到文化部表彰1次，省级业务主管部门1次，市文化局县政府表彰6次，年年被评为县文化局先进单位。

馆领导介绍

王艳辉，女，1980年12月生，大学学历，中共党员，助理经济师，馆长。2003年3月在平山县文广新局财务科工作，2009年任财务科科长，2014年任平山县图书馆馆长。2010、2011、2012连续三年获石家庄市统计先进个人，2010、2013获平山县三等功，2010年获平山县三八红旗手。

安林风，女，1975年10月生，大专学历，助理馆员，副馆长。1995年8月在平山县新华书店工作。1996年1月，调入平山县图书馆工作，2007年9月至今任平山县图书馆副馆长。

未来展望

平山县图书馆在2009－2012年，各项工作取得了长足发展，今后，平山县图书馆将立足平山实际，紧紧抓住服务这个主旨，克服薄弱环节，使图书馆工作再上一个台阶。根据《平山县图书馆服务网络建设规划》，到2015年，平山县将再建乡级图书室5个，村级图书室10个，使乡、村图书室覆盖率达70%。

联系方式

地　址：平山县图书馆
邮　编：050400

辛集市图书馆

概述

辛集市图书馆是一座现代化的综合性公共图书馆，它承载着为全市经济建设和社会发展提供服务的光荣而艰巨的使命。图书馆建筑面积为2519平方米，内设有外借处、成人阅览室、少儿阅览室、电子阅览室、地方文献室、资料室、公木纪念馆、玉池书屋。

图书馆现有工作人员7人，其中大专学历4人，中专学历3人，截止2013年12月，馆藏图书量为131636册，资源共享电子阅览室电脑42台，自动化管理电脑9台，报刊180种。阅览桌46张、阅览座位176个。

辛集市图书馆，一看读者服务、二求发展探索。提高社会效益、拓展服务范围、提高服务水平、满足读者需求是我们的职责。向现代化、全方位、多功能图书馆迈进是我们的奋斗目标。

业务建设

近4年来，投资22万元进行设备更新，更换阅览桌36张、阅览椅144把，期刊架14个、报刊12个，新书架22个，图书馆楼内外16路监控一套。截止2013年12月，馆藏图书宗量为131636册。其中纸质文献119030册，电子图书12606册。2009—2010年年均增加馆藏1000册。2011年后图书购置费逐步增加。2012年新增图书2600册，视听文献650种。收集地方文献36种118册。2012年底数字资源1.1TB。其中自建0.2TB。2013年10月实现馆内无线网络全覆盖。2013年12月新增电子触模屏读报机一台。

读者服务工作

每周开放56小时。年图书流通45000册，年均读者到馆65000人次。2013年乡镇村图书流通网点12个。一是送书下乡，年均下乡六次为基层图书室送书千余册，信息六千份。二是营建农村图书室，先后对王庄营、东良马、新垒头、南智邱、都大营、等12个农村图书室，并进行了业务辅导，指导分编图书近万册。三是建立流动图书箱，两地图书进行共享。南智邱、新累头、孤庄、镇头等村图书室与图书馆互借书刊资料近万册。

开展丰富多彩的读书活动是我馆的一项重要工作。引导读者爱读书、多读书、读好书。2010年开展“营造学习型社会，共享美好的未来”读书活动。1、“我可爱的家乡”有奖征文。2、“我可爱的家乡”主题绘画展。3、“我与图书馆”演讲。4、法律知识、环境保护、卫生常识等系列图片展览。5、书法讲座、健康讲座等。“爱读书、多读书、读好书”的学习型社会正在形成。

积极开展爱国主义教育活动。利用公木纪念馆组织学生、读者参观，进行革命传统教育活动，年均接待近万人次。2009—2012年共举办讲座、展览、培训、阅读推广等读者活动128次。参与人次55140人次。

业务研究、辅导、协作协调

1、对农村书屋的辅导管理。从2009年以来，我馆辅导工作深入基层，每年多次下乡进入农村文化大院、图书室、农民书屋辅导图书管理、图书分类、图书收藏等业务知识，使管理员的业务水平有了很大的提高。

2、对文化共享工程基层站点的工作人员进行业务培训。针对基层服务点管理不规范，工作人员水平良莠不齐的现状，市图书馆对各基层服务点的工作人员进行专门培训，同时，安排专人深入社区进行实地指导，现场演练，并对各基层服务点的设备网络及时进行技术维护，提供大量的农业科技资料知识和大量的革命故事影片，帮助他们尽快掌握文化资源共享工程的有关技术，不断提高为群众服务的水平。

管理工作

以制度建设规范岗位行为。图书馆十分重视通过制度建设明确岗位责任，规范岗位行为，保证服务质量。制度建设，业务规范和业务学习提高了图书馆的职业认知，激发了图书馆员的科研热情，提高了图书馆员的服务能力。辛集市图书馆实行岗位工资制度。根据完成工作情况发放工资。根据辛集市图书馆奖励性绩效工资分配方案进行奖金发放。

表彰、奖励

2009—2012年辛集市图书馆共获得各种奖励、表彰10次。其中获得石家庄市以上奖励、表彰6次。辛集市4次。

馆领导介绍

刘双杰，男，1961年12月生，大专毕业，中共党员，馆员，馆长。1979.7月参加工作。1979.7任飞行学员、飞行员。1982.3空军指挥学院学员，兼任图书室管理员。1985.2任某飞行团作战参谋。1988.1任辛集市图书馆管理员。1990.4任辛集市图书馆馆长。1996.4任辛集市图书馆书记。2011.11任辛集市图书馆馆长。

薛玉兰，女，1963年6月生，大专毕业，馆员，副馆长。1982.7参加工作。1987.10任辛集市图书馆管理员.2007.6任辛集市图书馆副馆长。

未来展望

确定目标，积极探索。一是要抓住加强公共文化服务体系建设的大好机遇，积极改善办馆条件，提高为群众服务的能力。二是要加强业务培训工作，努力提高队伍素质。三是要努力创新服务内容和服务形式，不断提高为群众服务的水平。四是数字图书馆建设，要进一步提高对文化共享工程的认识，在设施网络、资源、队伍、管理和服务等方面的建设上不断取得新的成就。五是要抓好古籍保护工作。六是积极迎接公共图书馆评估工作，把评估定级、推动规范化建设作为图书馆工作的重点，促进公共图书馆事业再上新台阶。

联系方式

地　址：河北省辛集市兴华路文体广场图书馆
邮　编：052360
联系人：刘双杰

赵县图书馆

概述

赵县图书馆前身是文化馆下设图书室，于1982年成立赵县图书馆，于同年开始对外开放，2000年在原址后院新建馆舍600平方米，总建筑面积达2000平方米。现有图书十二万册，可容纳读者座位300个，自1994年开始参加全国公共图书馆评估定级，其中第一次、二次、四次、五次被评为全国公共图书馆县级二级图书馆。赵县图书馆设有图书外借处、少儿图书外借处、期刊阅览室、少儿阅览室、电子阅览室、政府信息查询室、咨询室、文化信息资源共享中心8个服务窗口，阅览座席248个，其中少儿阅览座席102个，2010年投资2万元对机房进行了装修。新增服务器4台，UPS供电设备一套，磁盘阵列6TB，计算机终端50台，接通10M光纤，无线网络全覆盖，使图书馆自动化、网络化建设逐步走上正规。采用了纵横图书管理系统，对图书进行自动化、网络化管理和自动化的办公系统。

业务建设

赵县图书馆总藏书量总藏书量32万册，其中纸质文献12万册，电子图书20万册。自2011年起新增购书经费13万元。年新增图书10000册，报刊160种，地方文献入藏20种。

设11个乡镇文化站图书室、28所中小学图书室、281个农家书屋，建立了图书流动网点，并开展一系列读书活动，全年流动图书3万多册次。

2013年石家庄市图书馆成立了石家庄市图书馆赵县分馆，流通图书20000册，实现馆际互借、文献资源共享。

读者服务工作

2011年实现了全年免费向读者开放，每周开放56小时。办证、验证等一些辅助性项目全部免费，参考咨询服务、收集信息、科技下乡、资料代查等所有服务项目全部免费。年订阅期刊160种，年图书流通超过7万人次。

2011年至2013年为70个帮扶村安装了数字书屋卫星接收设备，建成了信息共享工程村级服务点。

赵县图书馆每年精心安排丰富多彩的文化活动25项。举办了少儿书法春联展、有奖猜谜、成人座谈会、少儿座谈会、各种培训班、利用资源共享资源，放映“欢乐共享过大年”经典影视。

开展“燕赵少年”系列读书活动；“庆祝建国六十周年”系列读书活动；“经典阅读、伴我成长”系列读书活动；“迎国庆、颂赵州、爱家乡”诗文诵读活动；“庆祝‘6.1’儿童才艺展演”活动等。

2009年7月举办了庆祝中华人民共和国建国60周年图片展。2011年7月举办了庆祝建党90周年图片展；2012年7举办了喜迎党的十八大图片展；每年的世界读书日、服务宣传周、全民读书月，开展优秀图书荐读、征文比赛、电影展播等丰富多彩的活动。

业务研究、辅导、协作协调

2013年赵县图书馆职工发表论文5篇。

2009年与石家庄市少年儿童图书馆建立馆际互借关系，2013年建立分馆。2013年与省图书馆合作，建立省图书馆赵县分馆。2012年、2013年对“农家书屋”管理员的业务辅导4次，培训600人次，帮助村农家书屋整理分类图书12万多册。与学校、科技机构等信息单位开展全面合作，实现资源共享。

管理工作

2010年赵县图书馆实行了聘用制和工作目标责任制，采用月考核、季考核与年绩效挂钩，2009–2013年组织馆员参加继续教育30人次，不断探索创新，健全了各种档案、规章制度等，做到了制度上墙、业绩归档。

表彰、奖励情况

2009–2013年，赵县图书馆共获得各级表彰、奖励12次，其中国家新闻出版总署表彰、奖励1次，省文化厅表彰、奖励2次，市文广新局表彰、奖励5次，县委县政府表彰、奖励4次.

馆领导介绍

宋建涛，男，1970年6月9日出生，中共党员，大专学历，政工师，馆长、书记。1989年9月参加工作，1991至今在赵县图书馆工作，曾任工会主席、业务副馆长，1998年6月加入中国共产党，1999年进修中共河北省委党校党政干部函授学院，2008

举办有奖猜谜

辅导基层农家书屋

多功能报告厅

电子阅览室

借阅书库

年2月担任赵县图书馆书记、馆长。2009年7月河北省图书馆学会六届九次常务理事扩大会上评选为河北省图书馆学会理事。同年被石家庄市图书馆学会评选为常务理事。连续三年被石家庄市文广新局评为先进个人，连续四年被县委、县政府评为先进个人，2009年县政府给予嘉奖、记二等功、被评为优秀共产党员称号。

邱双星，男，1966年2月出生，本科学历，中共党员，馆员，副馆长。1987年参加工作，曾任文化馆副馆长，2010调赵县图书馆，任副馆长。兼任中国书画研究院研究员、河北楹联学会会员、河北音乐协会会员。

未来展望

赵县图书馆宗旨是“读者第一，服务至上”，遵循科学、效率、创新、发展的办馆的方针。近几年不断拓宽服务领域，深化服务内容，提高服务水平。在未来的几年里，赵县图书馆将现有馆舍的基础上，新建11个分馆，建成后赵县图书馆辐射全县11个乡镇。总面积达6000平方米，阅览席位1200个，可容纳纸质文献100万册，年服务人次20万。建立县级图书馆网站，实现文献查询、图书预约、续借、在线咨询等工作的网上服务，为当地政府、企业提供网站托管、网页制作等服务。建立具有互联网浏览、电子邮件收发、光盘数据库和其它数据库的检索并支持远程访问、运行多媒体电子出版物和网上读书、视频点播、多媒体网络教学等功能的电子阅览室。

六一儿童才艺展演

联系方式

地　址：赵县赵州镇永通路46号
邮　编：051530
联系人：梁弘薇

藁城市图书馆

概述

藁城市图书馆成立于1956年，隶属于藁城市文广新局，为全额拨款的公益性文化事业单位。前身是民国18年（1929年）成立的通俗图书馆，民国21年在民教馆内设图书部。中华人民共和国建立后，在县文化馆设图书室。现馆于1999年元旦正式对外开，位于藁城市四明南街118号（市人民广场西侧）建筑面积4913.9平方米，设计馆藏图书能力30万册，该馆集外借、阅览、信息咨询、辅导、网上检索于一体，功能齐全，环境优雅、整洁，是全市人民读书学习、开发智力、休闲养性的好去处。

业务建设

现有藏书80160册，电子文献3.9万册。文献入藏：通过购进、索赠、捐赠等形式，2012年图书年入藏量4497册，报刊140种，电子文献入藏40种，视听文献入藏32件（种）。制定了地方文献工作业务实施细则，并建有地方文献专门数据库和专架，有一定经费保证，专人负责征集管理。

经费保障：藁城市政府和市财政部门大力支持图书馆事业发展，图书事业经费逐年增加，2012年财政拨款已达70万元，图书购置经费从2008年的3万元增长到2012年的10万元，2013年财政预算达到了20万元，图书事业经费增长的比率大大超过了我市财政收入的增长比率。同时截止2012年底各级财政部门下拨了图书馆免费开放专项资金11.5万元，也有力的保障了图书馆各项工作的顺利开展。

人员情况：藁城市图书馆现有编制19人，在职人员12人，其中管理人员2人；专业技术人员5人；工勤人员5人；大专以上学历人员占职工总数的92%；中级以上职称的占职工总数的42%人；领导班子中具有中级以上职称的占2/3。

读者服务工作

我馆施行免费开放，每周开馆56小时，节假日不闭馆。年流通册次、人次在4万、6万以上。全部图书实行开架、半开架借阅，开架率在95%以上。馆藏书刊文献年外借率20%。书刊外借4万册次。馆外服务点设立14个，服务点书刊借阅5千册次/年。人均年到馆12次。利用橱窗、展栏、专栏、板报、新书目等形式在馆内外宣传推介书刊。开设政府公开信息服务窗口，设专柜阵列政府信息资料，方便群众查阅。

业务研究、辅导

(1) 强化图书馆社会教育职能

充分利用“全国公共图书馆服务宣传周”、“全民读书月”、“世界阅读日”等大力宣传图书馆，扩展图书馆的服务范围，提升图书馆的服务水平，提高图书馆的社会效益。通过开展街头宣传、图片展览、编辑推荐书目等一系列丰富多彩的活动，营造读书氛围，引导广大群众充分认识图书馆、走进图书馆。

(2) 提高馆藏资源利用率。

通过开展“图书馆馆藏资源利用”讲座等形式，主动地、有针对性地推介馆藏资源；普及查阅和获取图书、电子信息资料的方法和手段。同时开展“新书推介会”、“少儿书画比赛”、“读者座谈会”“新春象棋赛”等形式多样读者活动，增强人们利用图书馆意识，提高读者利用图书馆的能力，以更好地发挥馆藏资源的价值，提高馆藏资源的利用率。

(3) 注重参考咨询服务。

藁城市图书馆馆注重参考咨询服务。开设了政府公开信息服务专柜；积极开展科技兴市、科技兴农服务活动，利用科技大集、送书上门等形式，把科技资料、政策、信息直接送到读者手中。同时十分重视为特殊群体提供服务，为残疾人、老年人及未成年等弱势群体提供服务送书上门、预约服务等，受到广大读者和用户的好评。

(4) 开放文化共享中心

文化信息资源共享工程是一个不受地域、时空限制的崭新的文化传播渠道，藁城市图书馆充分发挥共享中心的作用，将数字信息资源传输到我市广大群众身边，实现优秀文化信息资源在我市的共建共享，满足我市广大人民群众日益增长的文化需求，实现优秀文化信息通过网络为大众服务的目标。

(5) 加强基层辅导

藁城市图书馆制定了以“分类级别统一、标引识别统一、登记帐目统一”的适合我市特点的基层图书室业务管理细则，使我市基层图书室建设有了科学化、规范化的标准。同时，结合“新农村书屋”建设，加大对“新农村书屋”的辅导，完善县、乡镇、村三级图书馆建设。

采编工作

图书馆书库

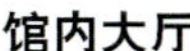
馆内大厅

成人阅览室

协作协调

1、积极参与上级图书馆组织的协调工作，积极与本地区图书馆开展馆际互借等业务合作。

2、建立了以新农村书屋为主体的街道、乡镇、村三级图书馆（室）网络，共有100多个农村书屋向村民免费开放。

3、基层图书室辅导工作效果显著，常年开展基层业务培训工作，建立辅导点5个，2012年培训管图书室理人员40人次，特别是在新农村书屋建设中成绩突出，省市新农村书屋建设现场会多次选在我石井、系井、岗上等村图书室召开，学习推广我市经验和做法。

管理工作、表彰奖励情况

藁城市图书馆实行全员岗位聘任，建立了量化考核指标体系，年终进行总体工作考核。图书馆连年被石家庄市文广新局、藁城市政府评为先进单位、先进集体称号。

馆领导介绍

陈力，男，1974年5月生，大专学历、中共党员、党支部书记、馆长。1991年2月参加工作，五八零一一部队。1994年调入藁城市文化体育局市场管理科。2001年调到藁城市图书馆到今。

李雪艳，女，1969年9月生，大专学历、中共党员、馆员、副馆长。1988年8月图书馆参加工作。

丁梅荣，女，1969年12月生，大专学历、馆员、副馆长。1989年8月图书馆参加工作。

未来展望

2010年藁城市政府计划建设标志性文化建筑新图书馆大楼，新馆设施将更先进、设备将更完善，新馆如建成并投入使用后，将是我市集文化、科技、信息传播、保存文化遗产、开展社会主义教育、展示改革开放成就为一体的综合性公共图书馆。将成为我市群众读书学习的文化、科技、教育、信息、服务和交流中心。我馆在新的起点上，会更加充分发地挥图书馆职能作用，为提升我市广大群众文化素养、服务藁城经济、构建和谐藁城发挥重要作用。

晋州市图书馆

概述

晋州市图书馆建于1995年，1996年落成并投入使用，占地7亩，投资300万元，总建筑面积3380平方米，使用面积2500平方米。1999年参加第二次全国公共图书馆评估，首次获得二级图书馆。

2013年，晋州市图书馆有阅览坐席288个，有惠普服务器3台，UPS供电设备一套，磁盘阵列10TB，可供使用的计算机终端30台，联想硬件防火墙一台，千M交换机多台。还有纵横2000系统管理软件1套，卫星接收系统1套，网络对外接口光纤专线接入。

业务建设

截止2013年底，晋州市图书馆总藏量99022册（件），其中，纸质文献87770册（件），试听文献1202件，其他7800册。2009–2013年，共入藏图书1500种，报刊180种，电子入藏40种，试听文献30件。地方文献入藏完整率为96%。2013年购书费增至70万元。

地方文献馆藏方面，晋州市图书馆大力宣传图书馆收藏地方文献资料重要性，组织力量分别到文联、地方志办、政协等部门，努力争取相关部门的支持，建立良好的捐赠渠道，获赠更多更有价值的地方文献资料，丰富和完善馆藏体系。2013年收藏地方文献资料达到80余册（件）。

2012年，晋州市图书馆安装了图书数字化管理系统，并严格按照《中图法》（第5版）对新进图书进行分编，经过加工整理，做到了排架科学、书标统一，馆藏章规范，同时加强藏书整理工作，及时修补破损图书，保持室内通风透气，保证图书完好。

读者服务工作

从2011年起，晋州市图书馆全年对外免费开放，周开放56小时，2009–2013年，书刊总流通12万人次，书刊外借8万册次。公共图书馆、共享工程基层服务中心提供检索、浏览和下载服务。2009–2013年，晋州市图书馆共举办讲座、展览、培训、阅读推广等读者活动36场次，参与人数10万人次。解答咨询800多条。自2008年实行政府信息公开，截止到2013年共收到政府信息746件。

业务研究、辅导、协作协调

2009–2013 年，晋州市图书馆职工发表论文8篇。

建立了以新农村书屋为主体的街道、乡镇、村三级图书馆（室）网络，共有100多个农村书屋向村民免费开放。切实提高了“新农村书屋”的利用率，作用发挥更大突出。

帮助企业建立图书室5个，并上门加强对各图书网点的业务辅导15次，为他们培训业务骨干，帮助他们整理、分类图书，及时推荐新书，并实行图书的交流、互动，做到用有所书，书有所用，充分提高图书的利用率。

管理工作

年初有计划年终有总结，各项工作有条不紊。

人事管理：2011年，晋州市图书馆实行岗位设置管理。全馆实行岗位责任制和工作目标责任制，实行考核与绩效分配挂钩的激励机制充分调动工作人员积极性。财、物管理得当。建立健全了财务制度、设备物资管理制度、档案管理制度，制定专人负责各项制度落实与检查；注重开展统计分析，为各项工作提供指导和改进依据。标牌规范、美观。消防设施良好。

表彰、奖励情况

2009–2013年，晋州市图书馆共获得各种表彰、奖励10次，其中，省文化厅表彰、奖励1次，其他奖励9次。

馆领导介绍

高从宝，男，1962年4月生，中专学历，中共党员，馆长。1979 年1月参加工作。1996年8月调入晋州市文化馆，2002年8月任文化馆副馆长；2010年调入晋州市文体局文体科，任副科长；2012年5月调入晋州市礼堂，任书记经理；2013年10月调入图书馆，任馆长。负责图书馆全面工作。

王敬满，女，1977年1月生，大专学历，中共党员，中级职称，副馆长。1996年5月参加工作，2007年4月任图书馆副馆长。

周敬梅，女，1968年12月生，大专学历，中级职称，副馆长。1989年7月参加工作，1989–2002年在晋州体校任教；2002年–2012年在文体局工作，2004–2012年在文体局办公室任副主任；2012年7月任图书馆副馆长。

未来展望

晋州市图书馆遵循“科学、效率、创新、发展”的办馆方针，完善单体服务功能，扩大服务辐射区域，带动地区事业发展。晋州市图书馆将在现有馆舍的基础上，增加阅览座位200个，可容纳纸质文献20万册，年服务人次可达20万人次以上，数字资源年利用率5万件/次以上。达到全省一流图书馆的基本标准。

联系方式

地　址：晋州市向阳街113号
邮　编：052260
联系人：高从宝

鹿泉市图书馆

概述

鹿泉市图书馆创建于1983年3月。1985年5月迁到太平河南岸十方院。1996年1月迁到太平河北岸原工商局大楼，馆舍面积900平方米，藏书3万册。1996年8月，全市遭遇百年不遇大雨，鹿泉市图书馆损失严重。馆舍冲淹，图书损失过半。后经过不断争取资金，图书、期刊得以补充，馆舍得到修缮。2000年购买40个钢制书架，替换了全部的木制书架，增加了电视机、电脑、打印机等办公设备。2006年开设电子阅览室、文化信息资源共享中心。2007年4月13日，在市委、市政府的关怀和支持下，鹿泉市图书馆搬迁到环境优美的鹿泉市宣传文化中心，位于海山大街与玉石路交叉口。新馆地理位置优越，设施先进，馆舍面积1800平方米，可藏书20万册。可容纳读者座位500个。2009年，参加第四次全国公共图书馆评估，首次获得二级图书馆。2012年，鹿泉市图书馆有阅览坐席240个，计算机47台，光纤接入10兆，选用纵横3000图书馆自动化管理系统。

业务建设

截止2012年底，鹿泉市图书馆总藏量8万册（件），其中，纸质文献近5万册（件），电子图书5000册，电子期刊2000种/册。年入藏中外文图书1500种，3000册，中文报刊80种，视听文献47种。2011年，地方文献入藏完整率为96%。

截止2012年底，鹿泉市图书馆数字资源总量为1TB。

2009–2012年，已建成地方文献书目数据库1个，可以为到馆读者提供书目检索服务。规划了鹿泉村志系列、年鉴、（市）县志系列、鹿泉作者文学系列选题。

读者服务工作

从2009年8月起，鹿泉市图书馆对外免费开放，周开放56小时。2009–2012年，书刊总流通32万人次，书刊外借16万册次。在部分小学和中学、各乡镇、村设立了读者服务点、流通站，共设立了21个服务点及流通站。2008年开始，全县95个行政单位的政务信息和《鹿泉视窗》在我馆向社会公众公开阅览。开展《政府信息》服务开展定题服务、跟踪服务3项。开通鹿泉市图书馆网站。2009–2012年，鹿泉市图书馆共举办讲座、展览、培训、阅读推广等读者活动108场次，参与人数4万人次。

业务研究、辅导、协作协调

在省级以上刊物或专业会议上发表论文（篇）：《一建二用三坚持，浅谈农村图书室的建设》、《利用地方文献服务地方建设》在2009.1期《图书情报通讯》、<石图学苑>发表。

调查研究报告（篇）：经我馆多年调查研究，写了《县级图书馆的藏书建设》等。

加入河北省公共图书馆讲座联盟、河北省图书馆联合编目中心、河北省公共图书馆展览联盟，参加联合编目等联盟培训班3期，6月19日，我馆参加了在石家庄市图书馆会议室举办的石家庄市少年儿童图书馆图书流动服务站启动仪式，我馆被石家庄市少年儿童图书馆授予图书流动服务站，并挂牌，我馆一次可向石家庄市图书馆借阅500册图书，供我市青少年阅读。配合省市领导部门及省市图书馆完成国家领导人在河北的文化调研工作。

管理工作

图书馆每年制定年度工作计划，在财务管理方面，制定了财务管理制度，实行财务公开，合理利用资金。在人事管理方面，我馆实行聘用制，岗位管理和工作目标管理责任制，每一名工作人员都有明确的职责，责任到人，做到人人各负其责但又相互配合。2010吸纳5名志愿者参与图书馆自动化书目录入工作，进行了科学管理。在设备、物资管理方面，制定了设备管理制度和物资管理制度，设立专门人员管理，实行责任到人。在档案管理方面，我馆设有职工考核档案、参考咨询档案、课题服务档案、业务辅导档案等。并设专人管理。在统计管理方面，我馆实行统计、财务一人兼管制度，每项统计报表都能按规定完成，统计齐全，并做统计分析。在环境管理方面，保证安全的同时给读者创造一个清洁、舒适的借阅环境。我馆制订了相应的卫生管理制度，每日"一小清"、每周"一大清"，洁净的环境赢得了广大读者的交口称赞。我馆在数据及网络安全有应急预案。在消防管理方面专门设立了消防管理人员，楼内设有专业消防栓、灭火器，达到了消防安全规定。工作人员定期进行灭火及逃生演习，确保突发事件中能够沉着冷静，保证生命财产安全。我们设置了值班室，制定了安全保卫工作制度、职工轮流值班制度，全馆定期或适时地召开安全保卫工作会议，职工汇报自己所负责的安全工作，谁出问题谁负责。

表彰、奖励情况

2009年、2010 年分别被石家庄市文化局评为石家庄市县（市）级公共图书馆先进集体，2009、2010年馆长何霞被评为先进个人。2012年被鹿泉市市政府评为政绩突出单位、文明单位，2009–2012年共有5名职工被鹿泉市政府评为嘉奖。

馆领导介绍

何霞，女，汉族，1969年10月出生，本科学历，中共党员，副高级职称，馆长。1991年参加工作。

刘路坤，女，汉族，1972年10月出生，本科学历，中共党员，中级职称，副馆长。1992年参加工作，现任鹿泉市政协委员，鹿泉市图书馆副馆长，分管图书馆业务和文化信息共享工程工作。

未来展望

鹿泉市图书馆对照评估要求，完善少儿区建设，增加书架和图书。加强对基层服务点的指导。进一步提高服务质量和水平，更好开展免费开放，为市民提供良好读书环境。争创国家一级馆。

联系方式

地　址：鹿泉市海山大街北头宣传文化中心综合楼
邮　编：050200
联系人：刘路坤

新乐市图书馆

概述

新乐市图书馆成立于1985年，1991年迁入河北省新乐市礼堂南街49号，占地面积1000平方米，建筑面积1500平方米，可容纳藏书30万册，可容纳读者座位500个，第五次评估定级被定为国家二级图书馆。2012年5月，一楼北区少儿阅览室对外开放，少儿阅览坐席70个。2012年，新乐市图书馆共有阅览坐席310个，计算机45台，宽带接入8Mbps，选用FLCS603图书管理系统。2014年成为石家庄市图书馆新乐分馆，选用图创Interlib图书馆集群管理系统。

业务建设

截止2012年底，新乐市图书馆总藏量11.22万册（件），其中，纸质文献10万多册（件），电子图书2000多册，基础业务工作力求规范化、标准化，严格按照《中图法》第五版和标准著录规则的要求进行，文献标引、著录及目录组织，书标、登录号、馆藏章规范统一。设立了机读目录并及时对目录进行保养，增加了服务器、计算机、扫描仪等配套设施及目录查询系统，实现了图书编目、流通自动化。2009—2012年，共入藏图书3万多册，期刊每年180种，数字资源总量为2TB，地方文献有专柜专架专人管理。2012年，将自动化管理系统升级为FLCS603升级版，同时增加网上读者服务功能。2011年年底，实现馆内无线网络全覆盖。2014年新添了电子书借阅机，触摸屏阅报机。

读者服务工作

根据文化部、财政部《关于推进全国美术馆、公共图书馆、文化馆（站）免费开放工作的意见》及财政部《关于加强美术馆、公共图书馆、文化馆（站）免费开放经费保障工作的通知》等文件的具体规定，新乐市图书馆全年对外免费开放，办证、验证等一些辅助性项目全部免费，参考咨询服务、为读者收集专题信息、科技信息下乡、资料代查等项目也是免费服务。至2011年底，实现了所有服务项目全部免费。市图书馆每周开放56小时，2009—2012年，书刊总流通18.4万人次，书刊外借32.8万册次。馆外流动图书室的借阅在每年5000册。新乐市图书馆于2008年开通了市图网站http://www.xllib.com，2012年我馆对网站进行了升级改造，使其更符合读者的阅读习惯，整合了电子报纸，和众多电子资源，并试用了神州共享数字连环画数据库，2013年7月新乐市图书馆试用博看人文期刊数据库，博看网收录3500多种畅销期刊，提供原貌版、文本版、语音版、等多种阅读方式。2013年4月开通超星汇雅电子图书数据平台。2012年8月1日，开通了新浪官方微博，设有经典阅读推广、新书推荐、市图快讯、古今回眸等系列话题。利用服务宣传周、全民读书月、世界图书与版权日、媒体宣传等多种方式对图书馆进行服务宣传。每年的世界读书日、服务宣传周、全民读书月、春节等均开展优秀图书荐读、征文比赛、电影展播等丰富多彩的活动，参加了历次的燕赵少年读书系列活动，并多次获多项奖。2012年共举办了3次展览，3次讲座，13次培训，6次阅读推广活动。

业务研究、辅导、协作协调

注重馆际互借和其他业务合作，2009年成为石家庄市少年儿童图书馆图书流通服务站，每三个月由石家庄市馆提供优秀图书300—500册，定期更换，每年共同开展读书活动。科普列车老区行活动科普图书室是与市科协共同开展的一项活动，主要为农村读者服务。2012年5月，筹建新乐市图书馆方志分馆-伏羲阁，前期共分编支持图书700册。新乐市文化信息资源共享工程基层服务中心，帮助村镇建立图书室并对农村书屋工作人员进行业务指导，对部分图书室配备书架、赠送图书。为17个帮扶村安装了数字书屋，建成了信息共享工程村级服务点，并于2012年8月份开通使用。2012年成为省讲座展览联盟成员馆，省图书馆联合编目成员馆，并取得上传资格。

管理工作

新乐市图书馆实行岗位聘任制，建立了工作量化考核指标体系，每年撰写调研、分析报告和工作提案，四年来，撰写的19篇论文获省市级奖，发表论文4篇。每年的三月份制定年度计划，并严格落实，在财务管理、人事管理、志愿者管理、设备物资管理、档案管理、环境安全管理以及进行各项统计工作中都有相应的制度和管理措施。

少儿阅览室启用仪式

暑期阅读一角

少儿阅览室

春节猜谜活动

燕赵少年读书活动

表彰、奖励情况

2009–2012年，连年被石家庄市文化局评为先进单位；2012年被新乐市政府命名为文明单位；职工多人次受市政府嘉奖，2013年河北省图书馆学会全民阅读活动先进单位。2011年9月16日光明日报以《文化共享帮大忙》、2011年9月19日石家庄日报以《图书馆成了青少年的好去处》为题对我馆工作进行了报道。

馆领导介绍

韩晓峰，女，馆长，党支部书记。1970年5月生，本科学历，中共党员，副研究馆员，河北省图书馆学会理事、石家庄市图书馆学会常务理事、副理事长，河北省文化文物系统先进个人。

李红，女，副馆长。1973年2月生，本科学历，中共党员，副研究馆员，分管财务和读者借阅工作，新乐市市管拔尖人才。

盖建丽，女，副馆长。1971年3月生，本科学历，中共党员，副研究馆员，分管全馆业务工作，新乐市市管拔尖人才。

未来展望

新乐市图书馆遵循“一切为了读者”的服务宗旨，在未来的几年里，将继续为读者提供更优质、高效、便捷的服务。力争提供全覆盖、不间断、无时空限制的数字文献远程和移动服务，围绕为读者服务上等级、搞创新、树品牌，培养广大人民群众走进图书馆、使用图书馆的良好习惯，让读者在免费读书、看报、参加公共文化鉴赏等活动中亲近图书，热爱阅读。并通过采取不同方式、各具特色服务，使读者能够有效利用信息资源，从而使图书馆的功能最大化。

联系方式

地　址：新乐市礼堂南街49号
邮　编：050700
联系人：盖建丽

唐山市曹妃甸区图书馆

概述

唐山市曹妃甸区图书馆初创于1960年4月，1963年5月建立柏各庄农场文化馆，内设图书组，是现图书馆的雏形。1983年，唐海县图书馆正式落成。2012年7月，撤销唐海县，设立唐山市曹妃甸区，唐海县图书馆更名为唐山市曹妃甸区图书馆。馆址几经变迁，2010年1月，位于唐海县创业大街文化大厦的新馆建成开放，新馆面积2700平方米，内设报刊阅览室、图书借阅室、儿童借阅室、儿童多媒体视听室、资料查询室、自学室、电子阅览室、地方文献室八个对外服务窗口，共设有阅览坐席300个，计算机100台，10Mbps宽带接入因特网，存贮容量6个TB。2012年购置了Interlib图书馆集群自动化管理系统，配置了图书检测仪，目录查询机，编目、办证、流通都实行了自动化管理。

业务建设

截止2012年底，曹妃甸区图书馆文献总藏量121608册，其中图书96390册，期刊21819册，古籍1747册，其它1652册；电子文献20000种，视听文献180件。

曹妃甸区图书馆财政拨款2009年128万元，2012年增加到205万元，2009至2012年，图书年入藏量2500种，其中少儿图书600种，地方文献入藏完整率达98%。

读者服务工作

从2009年起，曹妃甸区图书馆全年360天对外免费开放，周开放56小时。普通图书、报刊实行开架借阅，开架、半开架书刊占80%，书刊文献年外借册次6万册，年流通总人次85000人次。2009至2012年，设有6个馆外流动服务点，馆外书刊年流通总人次6000人次，书刊年外借8000册。2010年起，在区政府支持下，开始对各农场及区直各单位政务信息公开资料进行征集，截止2012年底，共征集37个单位信息公开资料150份。

曹妃甸区图书馆一直在社区、学校、军营等设立服务网点，开展送书上门，送书下乡等服务，先后为残疾人、进城务工人员、留守儿童、老年人等特殊群体送书上门，坚持每季度为曹妃甸远大桥派出所，十里海边防派出所送图书进军营。

2009至2012年，曹妃甸区图书馆共举办讲座、报告会、展览、培训、阅读推广等读者活动40场次，参与人数5000人次。聘请乡土作家开展“大美曹妃甸”系列讲座；“珍惜鸟类，热爱大自然”摄影展；“农垦创业杯”书画展等，宣传曹妃甸文化。每年的世界读书日，图书服务宣传周，全民读书月期间都开展形式多样的阅读推广活动。

“把选书权交给读者”，2011年起，曹妃甸区图书馆开展“你选书，我买单”，“万人采书”活动，让读者亲自选择自己需要的图书，圆各行各业群众的读书梦。

曹妃甸区儿童借阅室常年开展“少儿快乐英语”活动，节假日开展“亲子阅读”“书香家庭”等活动。2012年组建了少儿多媒体视听室，寒暑假对经典故事片，动画片进行展播，丰富了小读者的假期生活，是少儿活动的特色品牌。

曹妃甸区图书馆2010年迁入新馆后，馆内建有局域网。2012年初建成曹妃甸区图书馆网站，并开展新书推荐、培训讲座、浏览下载等服务。

业务研究、辅导、协作协调

2009至2012年，曹妃甸区图书馆职工共撰写论文28篇，其中2篇在省级刊物发表，其余分获历年唐山市图书馆学会学术论文一、二、三等奖。

从2009年起，曹妃甸区图书馆共享工程覆盖全区各个乡镇及大多数社区，唐海镇、一农场、四农场等文化站都参与了网络服务建设，初步形成了以区图书馆为龙头，乡镇文化站图书室为纽带，村级图书室为基础，农家书屋为补充的覆盖全区的图书网络。

2009至2012年，曹妃甸区图书馆根据基层图书室建设情况，起草了乡镇图书室业务培训资料，先后到一农场，四农场，远大桥派出所，十里海边防派出所等图书室进行业务辅导。围绕“建设社会主义新农村，构建和谐曹妃甸”这个中心，举办了“农家书屋”管理员培训班，来自乡镇的30多名图书管理员参加了培训，详细地学习了图书分类、编目、排架等方面的知识。

唐山市曹妃甸区图书馆位于文化大厦5-7楼

在十里海边防派出所建立服务网点

六楼电子阅览室

六楼图书借阅室

七楼综合阅览室

管理工作

曹妃甸区图书馆实行全员岗位聘任制，竞争上岗，责任到人，建立了工作量化考核指标体系，每季度通报工作进度，每半年进行个人工作考核。2009至2012年，共抽查文献排架24次，书目数据10次。馆内人事档案，业务档案，工程项目档案齐全，每卷均附有目录，并备有人事管理统计，财务统计，业务工作统计报表和分析报告。

表彰、奖励情况

2009至2012年，曹妃甸区图书馆共获得各种表彰、奖励9次，其中省文化厅表彰、奖励1次，市文化局表彰、奖励3次，区委区政府表彰、奖励5次。

馆领导介绍

张树森，男，1956年7月生，大专学历，会计师，馆长。1974年1月参加工作，1988年9月到唐海县图书馆（现曹妃甸区图书馆）工作，先后在图书借阅室、财务室工作。

陈洪新，女，1966年10月生，大专学历，馆员，副馆长，1985年2月参加工作，1993年8月到唐海县图书馆（现曹妃甸区图书馆）工作，先后在图书借阅室、报刊阅览室工作。

未来展望

曹妃甸区图书馆秉承“读者第一，服务至上”的办馆宗旨，2009至2012年，利用先进的计算机技术和数字信息系统，开展各种图书服务活动，提高了人民群众整体素质，为推动区域经济发展提供了智力支持。未来几年，曹妃甸区图书馆将不断完善检索系统，加强参考咨询服务，整合特色资源，拓展服务领域，最大限度地发掘和利用文献资源，逐步形成具有地方特色的服务模式和服务品牌，努力打造成设施先进、服务优质、公众满意的“市民大书房”。

硬笔书法免费培训活动

联系方式

地　址：唐山市曹妃甸区文化大厦图书馆
邮　编：063200
联系人：陈洪新

进社区现场办证

工作人员在办理借阅手续

唐山市古冶区图书馆

概述

古冶区图书馆自1979年建馆以来，坚持"读者第一，服务至上"的工作理念，为读者提供图书外借、报刊阅览、电子阅览、资料资询等多种服务，为本区经济建设、社会发展以及文明素质的提高发挥了重要作用。2002年因建文化广场，原馆址被拆除，迁至一临时馆址。2010年年底该馆新馆址在金山开发区落成，并于2011年5月向社会重新开放。新馆建筑面积2000平方米，设有成人阅览室、儿童阅览室、电子阅览室、借书处、采编室等。该馆现有工作人员8人，阅览坐席309个，计算机48台，10兆光纤宽带接入，选用图创图书馆自动化管理软件。

业务建设

截止2012年底，古冶区图书馆总藏量100364册（件），其中，纸质文献99523册（件），电子图书706册，电子期刊50种/册。2012年，古冶区图书馆新增藏量购置费12万元，2013年起增至18万元。2012年，共入藏中外文图书10033种，中外文报刊182种，视听文献120种。截止2012年底，古冶区图书馆数字资源总量为2TB，其中自建数字资源总量0.5TB。

读者服务工作

从2011年5月起，古冶区图书馆全年365天免费对外开放，每周开放63小时，已全面实现馆藏文献的自动化借阅服务。2012年，书刊流通22392人次，书刊外借41000册次。有流动服务点1个，馆外书刊流通总人次2361人次，书刊外借1437册。

2011—2012年，古冶区图书馆共举办讲座、展览、培训、阅读推广等读者活动75场次，参与人数5000人次。古冶区图书馆每年都精心组织世界读书日、图书馆服务宣传周，积极开展燕赵系列全民阅读活动。针对青少年、进城务工人员及残障读者，开展对口服务。设立了盲人阅读专座及辅助人员，组织了少儿兴趣阅读联盟，开展务工人员实用技术培训班。

业务研究、辅导、协作协调

2011—2012年，古冶区图书馆职工发表论文2篇，撰写调研报告3篇，学士论文1篇。

2012年，古冶区图书馆以岗定责，严格绩效管理，通过严格细致的工作量化考核指标体系，实现全员聘任制，通过阶段性考核与随机抽查方式，核验员工的工作质量。2011—2012年，共抽查文献排架21次，书目数据8次，及时纠正存在的问题。

针对基层图书馆服务不够专业规范的情况，古冶区图书馆在2011—2013年间组织了5次乡街村图书馆、农家书屋图书管理员培训班，提高古冶区图书馆服务行业的整体服务水平和专业素养。

古冶区参与唐山市图书馆组织的联合编目及馆际互借，并逐步在古冶区范围内构建以古冶区图书馆为中心、各乡镇街道图书馆（室）及各村的农家书屋为节点的图书馆服务网络，积极开展资源共享。

表彰、奖励情况

2011—2012年，古冶区图书馆共获区、局级表彰2次。

馆领导介绍

馆长：白连勤，男，本科学历，馆员。

未来展望

古冶区图书馆在完成日常工作的同时，要加强古冶区图书馆服务网络的建设，加大流动服务点的建设力度，力争每年建设1—2个流动服务点；继续深入开发数字资源，打造好古冶区图书馆网站这一服务平台，早日实现网上借阅。

联系方式

地　址：唐山市古冶区民生大厦东文图两馆
邮　编：063100

古冶区图书馆新馆址

古冶区图书馆举办演讲比赛活动

成人阅览室一角

电子阅览室一角

儿童阅览室一角

唐山市丰润区图书馆

概述

唐山市丰润区图书馆位于唐山市丰润区人民路110号，建筑面积1050平方米，2001年9月正式动工兴建，2004年2月开馆服务。2012年，唐山市丰润区图书馆有阅览座席171个，计算机45台，宽带接入10Mbps，选用瑞天图书馆自动化管理系统。

业务建设

截止2012年底，唐山市丰润区图书馆总藏量5.1万册（件），其中纸质文献5.1034万册，视听文献0.012万件。

2009–2012年，唐山市丰润区图书馆共入藏中外文图书0.69万种，1.68万册中外文报刊352种，视听文献120种，地方文献49种，103册。

本着以人为本，坚持“读者至上，服务第一”的宗旨，为读者提供图书外借、报刊阅览、资料查询、信息导航等优质服务。

读者服务工作

从2011年1月起，唐山市丰润区图书馆对外免费开放，周开放61小时。2012年，书刊总流通4.9万人次，书刊外借4.4万册次，馆外流动服务点书刊流通0.5万人次，书刊外借0.7万册次。

2009–2012年，唐山市丰润区图书馆共举办讲座、展览、培训、阅读推广等152场次，参与人数7.1万人次。

2009–2012年，每年都举办图书馆服务宣传周、全民读书月、世界读书日等宣传活动和送书到基层等活动，扩大了图书馆的社会影响。

业务研究、辅导、协作协调

2009–2012年，唐山市丰润区图书馆职工发表论文3篇，撰写调研报告4篇。

唐山市丰润区图书馆认真参与上级图书馆组织的协作协调工作，并做好本地区图书馆服务网络建设，240个街道、乡镇、社区、村图书室参与了服务网络建设。

2009–2012年，组织基层培训8次，培训1184人次。2012年组织基层辅导10次，辅导10人次。

管理工作

2009年，唐山市丰润区图书馆完成全员岗位聘任，共设岗位17个，聘用17人，同时每年进行总体工作考核。

表彰奖励

2009–2012年，唐山市丰润区图书馆共获得表彰、奖励13次，其中，市文广新局表彰、奖励3次，区委、区政府表彰、奖励4次，其他表彰、奖励6次。

馆领导介绍

刘大海，男，1962年出生，本科学历，中共党员，副研究馆员，馆长。1981年8月参加工作，2009年9月任唐山市丰润区图书馆馆长。

李春锋，女，1972年出生，本科学历，副研究馆员，副馆长。1991年7月参加工作，2006年2月任唐山市丰润区图书馆副馆长。

联系方式

地　址：河北省唐山市丰润区人民路110号
邮　编：064000

图书馆猜谜活动

图书馆消防讲座

图书馆宣传服务

滦南县图书馆

概述

滦南县图书馆前身为滦南县文化馆图书室，1992年7月与县文化馆分离单独建馆，成立滦南县图书馆。2002年8月迁入新址——滦南县文化体育活动中心。滦南县文化体育活动中心位于城关南大街，建筑面积4712平方米，其中图书馆占用2100平方米，分布在滦南县文化体育中心大楼的1至3层，设有文化信息资源共享工程滦南县支中心、图书阅览室、期刊阅览室、少儿阅览室、资料室、政务信息公开查询等服务窗口，每周开放56小时，开展借阅、参考咨询、培训讲座、政务信息公开查询等活动。

业务建设

截止2014年底，滦南县图书馆藏量12.7万册（件），其中地方文献100多种，"文革"十年的《河北日报》（合订本）是馆藏重要文献，具有较高的史料价值和文物价值。

2009年图书馆实现了自动化管理，有电脑37台，存储容量6TB。2013年与移动公司合作，架设10M光纤一条，馆内实现无线网络全覆盖。

读者服务工作

滦南县图书馆在文广新局正确领导及上级图书馆的指导下，解放思想，务实创新，积极参与全县社会经济文化建设，每年不定期举办农业技术讲座、专题报告会视频讲座、读者座谈会、图书馆服务宣传周、读书圆梦——万人采书等活动，通过各项活动，彰显图书馆的作用，更好地吸引和服务读者。滦南县燕赵少年读书系列活动，参加人数多、范围广，曾经在《新滦南》、《文明网》、《唐山劳动日报》等媒体报道，形成了青少年思想道德建设的品牌活动。

根据文化部、财政部《关于推进全国美术馆、公共图书馆、文化馆（站）免费开放工作的意见》，制定了《滦南县图书馆关于免费开放工作实施方案》，自2011年6月起，开始实行免费开放。年外借图书达到10万册，通过开展各种类型的读者活动，年流通总人次达到20万人次。

业务研究、辅导、协作协调

近年来，滦南县图书馆在各级各类期刊上发表论文10余篇，其中核心期刊发表3篇；省级获奖论文3篇，市级获奖论文15篇。有1篇论文获唐山市社科联第6届优秀社会科学成果3等奖。连续多年荣获燕赵少年读书活动组织奖。承办了唐山市图书馆学会第九届馆长联席会议。

管理工作

滦南县图书馆目前有在编人员8人，其中设馆长1人，副馆长2人；馆员具有本科学历2人、大专学历6人；具有副高职称1人、中级职称3人、初级职称3人。

领导及各部门负责人简介

馆长：张忠，男，1962年生，本科学历，中共党员，副研究馆员。1981年参加工作，1992年10月到滦南县图书馆，曾经获唐山市社科联第6届优秀社会科学成果3等奖，发表专业论文15篇。

副馆长：蔡丽艳，女，1972年生，大专学历，中共党员，经济师。

副馆长：田艳珍，女，1974年生，大专学历，中共党员，馆员。

采编辅导部：赵永芳，女，1971年生，河北滦南县人，助理馆员1992年10月到滦南县图书馆。

读者工作部：刘娜，女，1971年生，大专学历，中共党员，河北省霸州人，馆员。1992年10月到滦南县图书馆，发表论文5篇。

期刊外借部：高淑兰，女，1961年生，河北滦南县人，馆员。

未来展望

滦南县文化底蕴深厚，评剧、皮影、乐亭大鼓均发轫于滦南，被誉为"冀东文艺三枝花"，乐亭大鼓《碧海丹心》、评剧《三进门》、《爱心小院》、《曹妃甸传奇》、《杨三姐告状之后》问鼎国家级大奖，皮影火爆京城，走出国门。群众性文化活动日趋活跃，连续18年被文化部授予全国文化先进县称号。滦南县图书馆作为文化、科技、教育、信息交流的中心倍受各界关注，现已成为集文化、科技信息传播、文化遗产保护、思想道德教育、展示改革开放成果的重要平台，在全县经济和社会发展中发挥着重要作用。

为了提升图书馆的水平，2008年滦南县图书馆制定了《升级改造规划》，并逐年付诸实施。按照县城总体规划，滦南县正在北河新区筹建建筑面积6000平方米的高标准图书馆。图书馆的作用将随着经济社会的快速发展越来越得到凸显。

第一任馆长简介：戴建萍，女，1949年出生，河北省乐亭县人，馆员，任职时间1992.10–2000.12。

第二任馆长简介：刘正普，男，1947年出生，河北省滦南县人，助理馆员，任职时间2001.1–2003.6。

第三任馆长简介：何瑛，女，1963年出生，河北省任丘县人，馆员，任职时间2003.6–2011.12。

联系方式

地　址：河北省滦南县南大街文体活动中心

邮　编：063500

全民阅读活动启动仪式

科技兴农送书下乡活动

"读书圆梦—万人采书"活动倡议书

昌黎县图书馆

概述

昌黎县图书馆原名"民众教育馆"，始建于1932年，1935年更名为"昌黎县立民众教育馆"。1956年8月昌黎县图书馆正式成立，馆址座落于昌黎县城中心的鼓楼南大街西花园，占地面积509.60平方米，建筑面积953.56平方米，建筑总投资600万元。2014年6月搬迁至碣阳大街东段（205国道北侧），占地面积1645.9平方米。

昌黎县图书馆的定位是以数字图书馆为基础，体现知识交互理念、融合传统图书馆功能的现代城市中心图书馆。采用开放灵活的藏、借、阅、查、展、售一体的新型服务模式，除了特定或特殊的文献外，藏书全部对读者开放。

昌黎县图书馆有阅览座位118个，设有文化信息资源共享工程昌黎县支中心、综合阅览部、儿童阅览部、图书外借部、电子阅览室，多功能报告厅，自主学习区等服务窗口7个，每周开放56小时，开展外借、阅览、参考咨询、电子信息、公益讲座、展览等服务。

馆藏资源

截止2011年5月，该馆藏书133555册。其中其中古籍图书2690册,数字资源4.5T。

读者服务工作

图书馆要做到以人为本，坚持"读者至上，服务第一"的宗旨，为读者提 供图书外借、报刊阅览、资料咨询、信息导航等全方位的优质服务。全馆实现了图书馆自动化管理，创建了"昌黎县地方文献数据库"除了开展正常图书借阅基础工作外，还根据县内地域特点，常年坚持下乡服务活动。科技图书赶集、送书下乡、借书到户、跟踪服务、举办实用技术信息发布会、举办公益讲座、举办图书展览、图书、报刊宣传活动等，充分发挥公共图书馆的社会基础功能，为昌黎县的经济建设服务，为昌黎县人民的文化生活服务。

获奖情况

1989年、1995年，被河北文化厅授予文明图书馆称号。

2005年文化部授予"二级图书馆"。

河北省文化厅命名的"省级先进图书馆"。

2005年，被秦皇岛市图书馆学会授予"先进集体"。

2010年国家文化部授予二级图书馆"。

2014年国家文化部授予二级图书馆"。

未来展望

在当今信息社会的条件下，昌黎县图书馆一定会在知识经济时代发挥重要的地区信息枢纽和昌黎县精神文明建设基地的重要作用，成为知识信息的集散地，市民终身 教育的学校，昌黎地方文献的宝库，地区图书馆的中枢，高雅的文化休闲场所。昌黎县图书馆新馆建成并投入使用后，将是我县集文化、科技、信息传播、保存文化遗产、开展社会主义教育、展示改革开放成就为一体的综合性公共图书馆。成为我县群众读书学习的文化、科技、教育、信息、服务和交流中心，为我县经济建设和社会发展发挥十分重要的作用。

读者交流活动

举办图书展览

电子阅览室

儿童阅览室

中举办青春诗话朗诵会

荒佃庄中心小学学生表演孔融让梨

青龙满族自治县图书馆

概述

青龙满族自治县图书馆1978年建馆，2009年1月搬入新馆，并于当年6月开馆。图书馆现有面积1600平米，各种馆藏文献50000余册（件）。设有：少儿阅览室、电子阅览室、报刊资料室、综合阅览室图书借阅室、盲人服务区、自习活动室、特藏借阅室等8个读者服务窗口。图书馆每周一至周日开馆，每周开馆56小时，年接待读者70000余人，图书流通50000余册次，年举办各种读者活动10余次，编印二次文献6种。到基层文化站及农家书屋进行业务辅导10余次。一直以来青龙满族自治县图书馆本着“开放、公益、一切为了读者”的服务理念，保证零门槛高质量的为读者服务。馆内书刊全部实行开架借阅，图书借阅及管理全部采用自动化。在2013年图书馆第五次评估中被评为二级馆。

业务建设

图书馆舍面积1600平方米。阅览坐席280个。其中少儿阅览坐席50个。计算机65台，其中提供给读者使用的计算机53台。10兆光纤网络接入，存储容量6TB以上。图书馆新馆自2009年6月11日开馆后，就全部实现了自动化管理，使用图创自动化管理程序，建立了馆藏图书数据库、报纸期刊合订本数据库、读者数据库、地方文献数据库等。

1、图书馆现有工作人员11人，其中有三人为不在编人员。大专以上学历的人员为7人，中专及高中以上的11人。其中具有中级职称的5人，初级职称2人。

2、领导班子成员3人，均为大专以上学历、中级职称。其中2人受过系统的图书馆学培训，并且每年除了参加省市举办的专业培训班外，都在坚持本馆安排的业务学习课程。

3、图书馆全体工作人员，一直以来都在按照本馆制定的业务学习规划坚持岗位自学，并参加省、市业务主管部门举办的业务培训班及本县举办的各种公需课程的集中培训。都取得了良好的学习成绩。

4、近年来，我县图书馆撰写了大量的学术论文，其中有12篇论文被刊登在省级以上刊物上或在省、市征文中获奖。

5、经费情况：2013年图书馆经费财政拨款总额达到了70余万元。年度藏量购置费7万余元。免费开放资金市配套1.5万元，中央财政下拨的10万元全部到位。

文献资源

1、现有馆藏图书50082册，其中报刊合订本6037册、电子文献512件、地方文献1319册。

2、我馆历年来馆藏补充一直遵循藏以致用的原则，每年均发放读者阅读倾向调查表两次，了解读者的阅读要求，以本县县情、本馆藏书情况及本馆读者的实际阅读需要为主要的藏书补充原则，使有限的购书经费发挥最大的作用。

3、图书馆全部馆藏文献全部采用《中国图书馆图书分类法》（第四版）、（第五版）分编、排架。制定了图书分类、编目、排架细则，目标责任明确。整个图书馆业务管理使用图书馆自动化管理程序管理。并于2013年5月编辑出版了青龙满族自治县地方文献提要目录。文献资料的加工整理规范，图书分类、编目、排架的正确率均在95%以上。

服务工作

1、青龙县图书馆自2010年1月起按照中央文化部、财政部关于公共图书馆免费开放接待读者的有关要求，全面实现了免费开放，并制做了免费开放公示牌、免费开放服务指南、发放免费开放服务宣传单、悬挂免费开放宣传条幅等，大张旗鼓的向全县读者宣传免费开放政策。延长了开馆时间，设立了便民服务台，读者流通总量有了大幅度的提升。

2、图书馆现在每周开馆56小时，夏季每周开馆64小时。馆藏文献资料全部开架提供给读者借阅。2013年图书馆图书流通达到了73440人次，书刊文献外借56000余册次。图书馆有馆外图书流动站3个，年流动图书7000余册次。书刊宣传2000余种。自2009年开始的政府公开信息的收集、加工、整理、利用工作也不断走入正轨。加工政府公开信息272条。年查阅政府公开信息的读者有1000余人。

3、图书馆在各个服务窗口设立了咨询服务台，坚持接待读者提出的各种咨询问题，年为读者提供咨询服务1300余次。

4、多年来我们一直致力于为特殊群体服务。馆内设有少儿阅览室、老年人服务区、设立了便民服务台，备有急救药品、老花镜、纸笔、及饮水处等。并在入口处设立无障碍通道、残障人卫生间。图书馆又于2012年投资5万元设立了视障读者服务区，配备了盲文读物、有声读物500余种，视障读者专业电脑2台，视障读者专业阅读坐席12个。

5、图书馆文化信息资源共享中心网站于2011年8月开通，网页内容丰富，为了让读者及时了解图书馆及共享支中心的服务和活动信息，馆内责成专人经常更新网页内容，网站点击率不断攀升。

6、自2009年公共图书馆第四次评估之后，青龙图书馆除了完成馆内日常行政工作及业务工作、做好读者服务工作之外，一直注重于开展各种丰富多彩的读者活动及阅读推广活

读者座谈会

服务宣传周活动

农家书屋培训

动。每年图书馆都举办讲座、培训5次以上，举办各种展览1—3次以上，阅读推广5次以上。每年都有30000余人次参加图书馆的各种读者活动，取得了良好的社会效果。特别是每年的图书馆服务宣传周、燕赵少年读书活动、暑期阅读，我馆都制定详细的活动计划，开展一系列的读者活动，每年的活动情况市县电台、报纸都有报道

7、每到年末，图书馆都发放读者满意度调查表，广泛征求各界、各阶层读者的意见。2012年我馆发放读者满意度调查表200份，回收200份，有效调查表200份，读者满意度达到了95%以上。

协作协调

1、图书馆积极参与秦皇岛市图书馆的各项业务协作、协调工作。目前，2013年，青龙县图书馆加入了秦皇岛市图书馆图创自动化系统的统一管理，在秦皇岛市图书馆系统实现了联合编目、馆际互借，建成了总分馆体系。

2、多年来县图书馆一直注重于乡镇、村图书馆服务网络的建设，积极抓好基层图书管理员的业务指导及培训工作。特别是自2010年开始的农家书屋建设工作，县图书馆一直积极参与，从农家书屋的选址、管理员的选择、配书到图书的管理利用，图书馆都派出专人进行辅导、管理。每年都举办一次乡镇文化站及农家书屋图书管理员的培训班，系统讲解图书加工、整理、利用的专业知识。几年来我们为基层培训图书管理人员500余人，指导、帮助乡镇文化站及农家书屋分编整理图书50000余册。

3、图书馆自2009年开始积极抓好图书馆流动图书站的建设工作，截止到2012年底，图书馆有馆外流动站4个（县法院、看守所、干沟乡文化站、三叉榆树村农家书屋），每年流动图书6000余册。2012年图书流动站图书流通总数达到了7300余册次。

4、青龙满族自治县文化信息资源共享中心自2009年开通，又于2011年开通了共享中心网站，几年来我们一直坚持利用先进的技术设备服务于民，年开展活动10余次，利用视频资料开展爱国主义教育、公民素质教育。

管理与表彰

1、多年来图书馆一直抓好规范性建设，制定了各个岗位的责任制、考核制度、分配奖励制度、财务、物资管理制度等，规范档案管理，统计工作、安全保卫工作责任落实到人。环境整洁、美观、安静。为读者提供了良好的阅读环境。

2、青龙县图书馆自公共图书馆第四次评估以来，多次受到了上级行政主管部门及业务主管部门的表彰、奖励。2009年被省图书馆学会评为征文优秀组织单位，每年都被市学会评为优秀会员单位，2011、2012、2013年被秦皇岛市文化局评为先进单位。

重点文化工程

1、图书馆的文化信息资源共享中心责成专人管理，所有的设备按照有关规定达标，每年图书馆都有10000余元的经费投入到共享支中心的运转中，支中心制定了设备管理制度、读者阅读制度、工作人员岗位责任制度等。定期开展各种丰富多彩的社会服务活动。

2、图书馆的电子阅览室每周开放56小时，室内工作人员利用室内设施，定期开展各种丰富多彩的读者及社会服务活动。特别是针对老年人及未成年人的服务，深受老年读者及少儿读者的欢迎。

3、图书馆的古籍工作。尽管青龙县图书馆目前没有古籍图书，但自上次评估定级以来，图书馆成立了古籍图书搜集领导小组，制定了古籍搜集整理加工管理制度，但由于县域情况及一些外在因素的影响，至今馆内古籍收藏为零。

回顾几年来的图书馆的各项工作，我们克服了人员、经费紧张的不利因素，青龙县图书馆一班人依托图书馆这个平台，充分发挥图书馆社会教育阵地的作用，以规范的管理、优质的服务赢得了上级主管部门及广大读者的认可，图书馆服务满意度达到了95%以上。但是，由于我县图书馆人员及经费紧张，图书馆的各项工作特别是文献信息资源共享支中心的工作还有待加强。今后我们图书馆一班人将更加努力的做好图书馆工作特别是读者服务工作，使图书馆丰富的馆藏文献资源发挥更大的作用。

图书馆领导班子

池宝侠，馆长，本科学历，馆员，1962年11月生，1977年12月参加工作，2005年担任图书馆馆长至今。

刘文静，副馆长，本科，馆员，1973年10月生，1992年参加工作，2012年任图书馆副馆长至今。

陈晓侠，副馆长，本科，馆员，1976年生，1999年参加工作。2011年任图书馆副馆长至今。

未来展望

青龙县图书馆始终坚持以人为本，开放、公益的服务理念，以服务于大众、服务于县域经济为宗旨，多年来不断扩大服务领域，延伸服务触角，为青龙满族自治县的综合发展起到了积极的作用。在上级领导的关怀和支持下，充分发挥职能作用，服务工作紧紧围绕经济建设为中心，广泛深入农村开展各类活动，指导科学种植、养殖，普及科学文化知识，收到了明显的社会效益和经济效益。在未来的几年里，青龙县图书馆将进一步巩固基础业务工作建设，扎实开展丰富多彩的读者服务活动，以打造实力、魅力、和谐新青龙为服务目标，以更新、更高、更先进的要求为标准，以内容更加丰富、形式更加新颖、服务更加到位的方式，让图书馆的各项工作真正成为群众拥护的惠民工程、民生工程。

联系方式

地　址：河北省青龙满族自治县图书馆

报刊资料室

开展爱国主义教育

盲人服务区

抚宁县图书馆

概述

抚宁县图书馆始建于1979年10月，1997年迁入新馆，馆舍面积2036平方米，阅览室有坐席150个，儿童阅览室60个。拥有办公计算机5台，采编计算机2台，借阅处计算机1台，综合阅览室计算机1台，电子阅览室计算机46台。

业务建设

截止2014年底，抚宁县图书馆总藏量为150622册，其中图书139839册，报刊合订本8519册，视听文献1568种。

2014年度抚宁县图书馆的财政拨款为115万元，购书费(包括订报纸、期刊)15万元。2014年，抚宁县图书馆入藏图书5106册，报刊245种，电子文献300件，儿童读物230种，年入藏共计5881种。收藏地方文献106种，设立了专门目录，供读者查阅。

在自动化、网络化建设方面，计算机已接入因特网，开始利用计算机进行采访、流通和书目检索。抚宁县图书馆已着手编制地方文献书目数据库，但数量有限，尚未供读者使用。

读者服务工作

2014年度外借图书119200册，年流通136700人次。每周五闭馆半天组织职工进行业务学习，每天开馆10小时，每周开馆64小时。

截止2014年度，抚宁县图书馆在全县建立了38个图书流动室，与市图书馆在南戴河娱乐娱乐中心联合建立了首个阅读推广基地，定期调换新书，一年中共计流通图书12100册次。

2014年检索课题20项，解答读者咨询810余条。

在为领导机关决策、为科研与经济建设提供信息服务方面，抚宁县图书馆做了以下工作：编印《信息参考》、2014年度《秦皇岛日报》抚宁报道索引；编印《田园科技》报2期2万份、编印《农业科技资料》手册1万余份到全县各乡镇集市上无偿向群众发放。

2014年度，抚宁县图书馆共举办各种形式的不同年龄、不同阶层的读者活动15次；读书活动8次；讲座、培训25次，参加人员13254人。

4月21日至23日，以“世界读书日”为契机，我馆开展了系列活动：21日，联合秦皇岛市图书馆在台营大集举办“流动图书车赶大集·知识慧农家”活动，22日，开展了“人民的好公仆·干部的好榜样”图片展。23日，在榆关镇捎弓寨寨村开展了“4.23世界读书日——地球与我”主题活动。

5月26日至5月31日开展了图书馆服务宣传周系列活动，5月28日，在大新寨大集上为广大群众免费发放农业科技书籍、养生保健、生活等各类书籍500多册、发放馆里自编的《田园科技报》2000份、《农业科技资料手册》2000多份，科技光盘200余张。5月30日来到资金社区开展了“中国梦·赶考行”百姓故事会宣讲活动，社区居民深受教育。

政府信息公开服务，面向社会开放，2014年度，接收50个单位的信息，共688件。

业务研究、辅导、协调协作

抚宁县图书馆职工积极进行业务研究及论文写作，在省极报刊上公开发表论文4篇，调查研究报告2篇。

在业务辅导方面，2014年到全县乡镇及中小学图书室进行业务辅导9次，讲解了图书登记、分类、采编、藏书的组织等业务知识；开展图书自动化管理知识的辅导10次，并协助他们完善图书室规章制度，使图室的借阅工作进入正轨。

1998年至2014年，抚宁县图书馆相继在偏远山区及周边地区组建了31个村级图书室，极大地推动了抚宁县两个文明建设的步伐。

为基层图书室进行业务培训14次，培训工作人员35人，提高了他们的业务管理水平，使图书室工作得以规范，有序地开展。

管理工作

截止2014年度，抚宁县图书馆有职工13人，其中大专以上学历的有11人，占职工总数的85%；中专、高中以上13人，占职工总数的100%。中级以上职称6人，占职工总数的46%；初级以上职称11人，占职工总数的85%。有正馆长一名、副馆长两名，大专以上学历。

抚宁县图书馆建立健全了岗位责任制，明确了各部室主任及工作人员的职责；制定了专业技术人员考核制度、目标聘任管理办法、以及职工享受各级奖励的有关规定；制定了财务制度及财会人员岗位职责；制定了图书馆高备物资管理办法、书刊资料遗失损坏的赔偿办法，各项制度权责分明，将惩有度。

建立了读者检索课题档案、解答咨询档案、及职工考核档案。

认真进行各种统计资料的保管，做好统计分析，以便发扬长处，改进工作中的不足。

在环境管理方面，规划了各部室的卫生共域，每天清扫，每月全馆进行一次大扫除，给读者提供一个干净，舒适的读书环镜。

在消防保卫工作方面，抚宁县图书馆制定了安全防火规章制度，全天有人值班，在借阅处和阅览室做出了禁止吸烟的安全防火标志。在安全保卫方面，借阅处、阅览室及库都安装了钢筋防护栏，制定了安全保卫人员夜间值班制度。

表彰、奖励情况

2009–2014年，抚宁县图书馆共获得各种表彰、奖励14次。其中，市政府表彰、奖励5次，市文化局表彰、奖励6次。

馆领导介绍

薛锋，女，1962年6月生，大专学历，中共党员，馆长。

薛晓艳，女，1978年11月生，大学学历，中共党员，副馆长。

张晓东，女，1970年11月生，大专学历，中共党员，副馆长。

未来展望

抚宁县图书馆始终坚持以人为本，“读者至上，服务第一”的宗旨，在不断扩大服务领域，延伸服务触角，为抚宁文化的发展起到了积极的作用。2009年–2014年，在上级领导的关怀和支持下，充分发挥职能作用，服务工作紧紧围绕经济建设为中心，广泛深入农村开展各类活动，指导科学种植、养殖，普及科学文化知识，收到了明显的社会效益和经济效益。在未来的几年里，抚宁县图书馆将进一步巩固基础工作建设，扎实开展各项活动，营造良好的和谐氛围，以更新、更高、更先进的要求为标准，以内容更加丰富、形式更加新颖、服务更加到位的方式，让图书馆的各项工作真正成为群众拥护的惠民工程、民生工程。

联系方式

地　址：秦皇岛市抚宁县抚宁镇红领巾路
邮　编：066300
联系人：薛 锋

鸡泽县图书馆

概述

鸡泽县图书馆成立于2003年，是鸡泽县唯一的公共图书馆，建筑面积2016平方米，现有藏书6.4万册，其中县图书馆阅览室内4.1万余册，与鸡泽县第一中学、实验中学、实验小学三所学校的图书馆合作建立了流动图书馆，有流动图书1.6万余册，2012年底图书馆与全县169个行政村的农家书屋实现图书资源共享，共享图书0.5万余册，报纸240余种，中文期刊320余种，地方文学900余册，电子文献500余种（册）；设有阅览座席272个。

业务建设

鸡泽县图书馆建馆以来，根据县级公共图书馆的性质任务、读者服务对象，在藏书建设中力求将综合性、实用性、地方性相结合，现在已形成以社科类图书为主的藏书体系，现藏书总量为6.4万余册，其中，报纸240余种，中文期刊320余种，地方文献900余册，电子类文献500余种。设有图书外借室、盲人有声读物阅览室、少儿阅览室、报刊阅览室、电子阅览室、辅导室、捐书室、书库、多功能演播厅、展览厅等10个功能室。

2012年，鸡泽县图书馆实现了图书自动化管理，方便了读者查找、借阅，降低了图书管理员工作量。在做好读者服务工作的同时，加强文献的保护工作，定期消毒，保持文献的清洁卫生，使馆藏文献得到良好的保护；鸡泽县图书馆藏书布局合理、管理科学，使用方便，有效地发挥了图书馆服务的职能。

读者服务工作

鸡泽县图书馆于2012年1月份面向社会全面免费开放，每周开放63个小时，年接待读者约2.4万人次，拥有计算机45台，通过计算机网络为读者提供电子文献检索服务和多媒体资源的浏览等服务。

鸡泽县图书馆注重加强图书馆的社会教育职能，以“服务读者”为出发点，组织开展世界读书日、图书馆服务宣传周宣传活动；举办电脑普及免费培训、文化讲座、读书征文比赛、电影展播、群众趣味文化活动等丰富多彩的读者活动，不断拓展和深化图书馆的社会服务功能。

2011年5月份起，举办真人图书馆系列活动，邀请各行业成功人士讲述自己真实的经历，和读者面对面交流，传授经验、分享心得，收到很好的效果。

2012年2月份起，开展优秀影片展演系列活动，把优秀的影片送到敬老院、农村，丰富基层群众的文化生活，截止2012年底，累计放送电影32场。

在银行等人群密集且需要等待的场所设立了流动服务点，配放期刊、杂志，让银行客户在等待办业务的时间了解资讯，享受文化。

业务研究、辅导、协作协调

鸡泽县图书馆加入河北省公共图书馆联盟，与省图书馆、市图书馆签订了展览协议、讲座协议以及联编协议。

2010年起，鸡泽县图书馆定期对农家书屋管理人员进行培训，提高了农家书屋管理水平和利用率。截止2012年底，共组织培训12场次，600余人次接受培训。

2009−2012年，鸡泽县图书馆职工发表论文10篇。

管理工作

鸡泽县图书馆根据自身的工作特点，按照部门工作性质的不同制定出详细的规章制度，保证各项工作的顺利实施。同时在全馆开展“爱馆、爱书、爱读者、优质服务”活动。

表彰、奖励情况

2009−2012年，图书馆共获得各种表彰、奖励8次。

馆领导介绍

康素云，女，1966年5月生，本科学历，中共党员，馆员，馆长。

于竹英，女，1972年7月生，大专学历，中共党员，馆员，副馆长。

未来展望

鸡泽县图书馆坚持以改革创新为动力，以“读者第一，服务育人”为宗旨，进一步抓好传统图书馆的资源建设和读者服务工作，同时积极抓好图书馆自动化、网络化、数字化建设，加快传统图书馆向现代化图书馆的转变步伐，努力把鸡泽县馆建成特色鲜明、管理科学、功能齐全、服务优良、环境优美、能最大限度满足读者需要、为全县人民提供切实有效的文献信息保障的图书馆。

联系方式

地　址：鸡泽县人民路中段路南
邮　编：057350
联系人：康素云

鸡泽县图书馆全貌

为农家书屋赠送图书

阅览室

任丘市图书馆

概述

任丘市图书馆前身为任丘县文化馆的图书阅览室，创建于1950年。1980年经上级主管部门批准，建立任丘县图书馆。1997年2月，位于会战北道的图书馆建成并投入使用，面积2000平方米，可容纳读者座位400个。2004年，在全国公共图书馆评估中，获得二级图书馆。

业务建设

近年来，馆内不断加大投资力度，基础设施日益完善，藏书量逐年递增。目前馆藏图书6万余册，其中报刊150余种、6000余册。馆藏电子文献178GB。馆内设综合图书借阅室、期刊阅览室、少儿阅览室、电子阅览室和历史文献室5个服务窗口，为读者提供优质服务。各室分工明确，藏书自成体系，各具特色。综合借阅室有文学、科技、教育、卫生、政治、法律等22大类书系图书4万册，以文学、历史类居多。图书按类排架，查找方便。室内全部图书均开架借阅。报刊借阅室有报纸11种、杂志140余种，涉及文学、农业、健康、家庭生活、体育、艺术等各学科。既有《人民文学》、《收获》、《钟山》等国家级重点文学刊物，又有读者喜闻乐见的《女友》、《青年文摘》等优秀期刊，还有《NBA特刊》、《摄影世界》、《汽车之友》、《垂钓》等时尚杂志。所有期刊均对外借阅。儿童阅览室有优秀儿童读物4000余册，并针对不同年龄段的儿童订阅了一批优秀期刊，如《中华家教》、《童话故事》、《中学生作文博览》等。历史文献室有工具书、及其他各类图书资料1000余种、5000余册，另线装古籍112种，617册。近年来，图书馆还致力于收集保存任丘籍或客籍任丘的各行各业专家学者的各类作品，以及各机关企事业单位公开出版或内刊的各种书籍、报纸，已搜集各类文献资料500余种、2000余册，建立了任丘地方文献专藏库，成为任丘市图书馆馆藏的一大特色。

读者服务工作

读者工作是图书馆工作的核心与重心。该馆历来重视读者工作，把读者视为上帝，为了更好地与读者沟通，馆内每年都要开展十余次丰富多彩的读者活动，举办知识讲座、书画展、作文竞赛、读者座谈会等，该馆针对不同类型重点读者的需求，积极开展特色服务，使儿童、学生、农民、科技工作者在馆内开展的特色服务中受益匪浅。馆内每年还定期派出业务骨干对乡镇图书室进行业务辅导，并举办培训班。每年为乡镇图书室培训60余人次。这些图书室丰富了农村的文化生活，在两个文明建设中起到了重要作用。为配合省文化厅倡导的青少年素质教育，我馆每年都与市值中小学校联合举办丰富多彩的读书活动。

业务研究与辅导协作

该馆坚持“以人为本”的理念，努力提高馆员队伍素质，以适应信息时代需求，从而更好地开展多媒体信息服务。馆内每年定期对全体馆员进行培训，由业务骨干举办业务知识讲座；并创造机会让馆员走出去，到上级图书馆及兄弟县市图书馆进行参观学习；还不定期邀请学者来馆作报告，激发馆员思维，开拓视野；鼓励馆员撰写论文，积极参加学术交流，2009至2012年有6位馆员的14篇论文在省、市级刊物上发表并获奖，出版专著3部。

馆领导介绍

李爱茹，女，1971年11月生。1995年毕业于河北大学中文系，之后到任丘市图书馆工作。2006年担任图书馆副馆长。2010年担任馆长。

许文清，女。1970年3月生。1989年到任丘市文化局工作，2010年担任图书馆副馆长。

未来展望

任丘市图书馆本着“读者第一、服务至上”的宗旨，下大力度改善办馆条件，优化资源配置，规范内部管理，努力提高服务质量。任丘市图书馆新馆正在建设中，坐落在任丘市新区，环境优美，建筑面积6000平米，阅览座位800个。预计在不久的将来投入使用，这必将更好的为广大读者提供更为优质便捷的服务，使图书馆真正成为“市民的大课堂”。

联系方式

地　址：任丘市会战北道47号

邮　编：062550

地方文献成果展

助力任丘征文大赛

图书馆文化下乡

内丘县图书馆

概述

内丘县图书馆的前身是县文化馆图书室，1979年10月，内丘县图书馆正式成立并对外开放，馆址在县文化馆内；1989年在原址翻建新馆，建筑面积1100平方米，1990年投入使用；2008年1月，图书馆搬迁至县文化活动中心大楼，建筑面积2000平方米。内丘县图书馆现设参考咨询室、采编室、图书外借室、普通阅览室、少儿阅览室、期刊库、报纸库、文献资料库、文化信息资源共享中心、电子阅览室等读者服务窗口，拥有阅览座席60个，少儿阅览座席50个。馆内共有电子计算机35台，宽带接入10Mbps，选用力博自动化图书馆管理系统。内丘县图书馆先后参加了4次全国公共图书馆评估，1994年、1999年、2004年三次被评为三级图书馆，2013年被评为二级图书馆。

业务建设

2012年，各级财政拨款总额为70.1776万元（包括人员工资），内丘县图书馆新增藏量购置费为8.848万元，中央财政下拨的免费开放经费为10万元。

截止2012年底，内丘县图书馆总藏量达5.0532万册，其中纸质文献5万册，电子文献0.05万种，视听文献0.0032万件。

2009年–2012年内丘县图书馆图书平均年入藏量为1675种，其中中文图书1508种，少儿图书156种，地方文献11种；2009年–2012年报刊平均年入藏量为97种，其中中文报纸20种，中文期刊77种；2012年内丘县图书馆入藏视听文献32件。图书及期刊的入藏基本达到了完整性、全面性、新颖性、连续性及针对性。

内丘县图书馆普通图书文献编目依据普通中文图书分类细则及中文图书目录组织规则进行编目，图书文献到馆一个月即可完成编目工作；期刊、报纸文献编目依据中文期刊分类标准及分类细则进行分类及编目，期刊、报纸文献当天到馆当天完成记到工作；馆内视听文献分类及编目参照普通图书进行。

内丘县图书馆藏书管理工作：图书书标、登录号、馆藏章等规范、统一、整齐、美观；图书馆设立了三套卡片目录，并设有专人管理、维护；开架图书排架正确率达到了96%以上，设有架位维护管理员，并有专门制度；内丘县图书馆设有图书文献保护制度，并在各个书库配备灭火器等防火器材，定期进行防潮、防虫、防尘，对破损图书及时修补。

内丘县图书馆的数字资源总量为4TB，馆藏中文文献书目数字化达到了80%。

读者服务工作

依据文化部、财政部《关于推进全国美术馆、公共图书馆、文化馆免费开放工作的意见》，内丘县图书馆于2010年实行了全面免费开放（包括公共空间设施场地和基本服务项目的免费开放），每周开放63小时。

截止2012年底，内丘县图书馆书刊文献开架比例达到了80%以上；2012年的书刊文献的年外借册次为4万余册，馆藏书刊文献年外借率达到了80%以上；2012年，书刊年流通22316人次，持证读者为810人，人均到馆次数约为27次；2009年–2012年，内丘县图书馆建立馆外流动服务点8个，馆外流动服务点流通的图书平均每年为5.1千册；2012年，共举办书刊宣传活动5次，宣传书刊214种，活动人次达2884人。

近年来，内丘县图书馆致力于为政府机关决策服务、为各企事业单位及社会公众服务，2009年–2012年，利用图书馆资源取得重大成果和成绩的单位和个人有13个。

2012年，内丘县图书馆为老年人、未成年人、残疾人等特殊群体举办活动4次。在实现均等普惠的公共服务基础上，内丘县图书馆加强面向农村基层、特殊人群的文化关怀，丰富了农村、偏远山区、弱势群体的精神文化生活，有效的提高了对弱势群体的公共文化供给能力。

2012年，内丘县图书馆举办讲座、培训、展览、阅读推广及图书馆服务宣传等活动共计34场次，年参与活动的总人次达2.2万之多。通过一系列的活动的举行，提高了图书馆的文化窗口作用，调动了广大群众的读书热情。2012底，在图书馆发放的读者满意率调查中，内丘县图书馆的读者满意率达到了95%。

内丘县图书馆馆址

专业知识培训班

业务研究、辅导、协作协调

2009年–2012年，内丘县图书馆职工在省级及省级以上刊物发表论文3篇，在本地刊物发表调查报告1篇。

自2008年内丘县图书馆积极参与上级图书馆组织的协作协调工作，2008年自愿加入邢台市图书馆联盟，积极参与联盟活动；2009年，与邢台市图书馆签订了地方文献资源建设合作协议，并参与了《邢台地方文献书目提要》的编写工作。从2009年开始，内丘县图书馆着手本地区图书馆服务网络的建设与管理，2011年，以县图书馆为中心馆，乡镇图书室为分馆，全县309个行政村的农家书屋为服务点的公共图书馆的三级服务网络已基本形成，至此，基本实现了本地区各级图书馆资源共享与服务互动，为群众提供了更便捷的公共图书馆服务。

2012年，内丘县图书馆开展基层业务辅导及基层业务培训工作共计20场次，对全县11个乡镇和9个中小学图书馆的图书管理员进行了图书馆专业知识培训和辅导。此项活动，不仅提高了基层图书室管理人员的业务技能和服务水平，而且促进了基层图书室的进一步发展，有利于更好地为基层广大群众提供优质的文化服务。

管理与表彰

内丘县图书馆自建馆以来，逐步建立和完善各项规章制度，到2012底，内丘县图书馆的财务管理制度、人事管理制度、设备物资管理制度、安全管理制度已基本完善和健全。2012年，内丘县图书馆实行了全员岗位聘任制度，共设8个岗位，有13人上岗，同时建立了岗位责任制和考核奖惩制度，细化了量化考核指标，月底通报工作进度，年底进行工作考核。

2009年–2012年，内丘县图书馆共获得各种表彰、奖励5次。其中，获国家级奖励1次，获市级奖励4次。

重点文化工程

内丘县图书馆设有文化共享工程内丘县支中心，并以支中心为依托，建立了公共电子阅览室，共享工程内丘县支中心和电子阅览室建立了完善的规章制度，配备了专职管理人员。2010年，县财政拨付资金20万元建成了支中心的机房和电子阅览室，并配备了30套电脑桌椅。2011年、2012年县财政分别拨付3万元支持支中心免费开放。共享工程内丘县支中心积极整合共享工程、图书馆及网络资源，有效服务社会和群众，并针对特殊群体积极开展活动。

中华古籍保护计划：2011年内丘县图书馆建立了中华古籍保护制度，配备了一名专职人员负责本县古籍文献的保护工作。2012年，投入经费5000元，进行了一次古籍文献的普查工作，对全县古籍文献进行了登记，并建立了普查档案。

馆领导介绍

吕保明，男，1960年1月生，中专学历，中共党员，中级职称，馆长，负责图书馆全面工作。1976年12月到农村插队，1979年10月到内丘县图书馆工作，先后在图书外借室、阅览室，采编室工作。1997年8月任内丘县图书馆馆长，后兼任邢台市图书馆学会理事、常务理事。任职以来，多次获市县表彰，4次获嘉奖。

燕赵读书活动启动颁奖

赵琳，女，1964年12月生，大专学历，中级职称，副馆长，分管全馆业务工作。1980年12月到内丘县图书馆参加工作，先后在图书外借室、阅览室、采编室工作，2004年7月任内丘县图书馆副馆长。任职以来，多次获市县表彰，2次获嘉奖。

未来展望

内丘县图书馆的发展方向需要做出以下转变：第一、图书馆的办公应从传统的纯手工操作向办公自动化转变，提高业务管理自动化水平，加大数字化、信息化、网络化技术的应用，加强图书馆网站建设，充分利用计算机网络设施开展各类型服务，使公共图书馆成为缩小数字鸿沟的重要基地。第二、图书馆的功能定位需要改变，要从单纯的借还图书，发展成群众文化中心，图书馆除了阅览功能，还要大力开展讲座、培训、展览、交流、文艺演出和休闲娱乐等活动；第三、图书馆的服务需要改变，要从等读者到馆服务发展到推送服务，通过网络、手持阅读器、自助借还机等现代化装备，将资源送到读者手中。

联系方式

地　址：内丘县图书馆
邮　编：054200
联系人：吕保明

世界读书日宣传活动

电子阅览室

阅览室

栾城县图书馆

概述

栾城县图书馆位于栾城县城惠源路27号，始建于1997年，占地9.7亩，建筑面积2500平米，总投资200余万元，2000年底竣工并投入使用。2005年被评定为"国家二级图书馆"，2009年通过了省市复查验收。2013年再次被评定为"国家二级图书馆"。

业务建设

图书馆内设图书借阅室、期刊阅览室、报刊阅览室、少儿图书借阅室、采编室及电子阅览室，功能较为齐全。总藏书7万余册，设有读者阅览席位200个，现有注册读者4700余人。少儿阅览座席60个。现有计算机数量35台，其中提供读者使用的有35台，宽带于2011年改造为光纤线路，接入信号强，网速快。

读者服务工作

栾城县图书馆认真执行国家关于免费开放的各项规定，馆内各种设施、场地和基本服务项目全部实行免费。特别是为读者修建了存车棚，为电动车提供了免费充电插座。在各个阅览室安装了空调，配备了饮水机等设备。每周开馆时间充足，达到了58小时，其中周六和周日全天开放。特别是在学生假期和春节假期等时间段，主动增加开放时间，满足读者阅读需要。丰富的馆藏资源、周到贴心的服务措施和良好的阅读氛围，激发了读者高涨的阅读热情，现在每天到图书馆阅鉴、借阅图书的人数达到了300–500人次不等，年借阅人数可达15万人次，办理借阅证总数达8000个，书刊文献年外借册次达20余万册。

业务研究、辅导、协调工作

一是各种读书活动接连不断，营造了全民阅读的良好氛围。一方面结合春节、国庆、世界读书日等，常规性举办"读书月"和"服务宣传周"等活动；另一方面，与团县委、教育局紧密合作，大力活跃校园读书活动，组织开展"读圣贤书、立君子品"经典图书诵读活动。与县幼儿园、县第一小学联合举办了多期以道德讲座和诵读《新三字经》为主要内容的经典诵读活动。邀请县老干部、县机关工委老领导现场讲座，带领诵读，累计5000余名少年、儿童及部分家长参加了诵读活动，社会反响良好。在读书活动期间组织部分读者召开座谈会6次，解答咨询人员千余人（次），散发科普类宣传明白纸35000余份，

二是举办各种展览、演讲比赛、培训活动，有力配合中心工作。近两年来，栾城县图书馆共组织举办创建卫生县城、幸福乡村建设、"学雷锋、倡善行、树新风"等主题书画展览8次，较好地起到了宣传群众、教育群众的成效。2011年，组织举办了全县农家书屋"我读书我受益"演讲比赛。2011年6月，组织举办了建党90周年红色文化收藏展，在全县社会引起热烈反响，特别是红色文化收藏展，在《石家庄日报》、新华网、人民网等11家媒体宣传报道。

三是组织开展了图书下乡活动，丰富群众文化生活。利用乡镇集日，到全县7个乡镇文化站展览7次，在全县范围内营造了学习知识、爱好读书的良好氛围。

四是扶持农家书屋，推进共享工程。自2007年始，我县启动农家书屋工程，截至2011年底，实现了全县农家书屋全覆盖，走在了全市前列。一是开展培训。自2009年至今，组织开展农家书屋管理员培训班4期，全县农家书屋管理员轮训2遍。二是下乡指导。深入各村农家书屋，对管理员就书籍管理、借阅登记等各个环节等进行现场指导。自2009年以来，共下乡指导80余次，出动人员240余人次。特别在2012年，对基层建设年确定的16个帮扶村进行重点指导，扶持图书10000余册，还亲自帮助一些村整理书籍，张贴标签等具体工作，确保了各村农家书屋圆满通过省市检查验收。在我馆的帮扶支持下，涌现出了一批农家书屋建设先进典型，其中栾城镇南浪头村获得了"全国示范农家书屋"、楼底镇王家屯村获得省、市先进农家书屋荣誉。

栾城县文化信息资源共享工程中心总投资26万元，购置电脑微机45台，卫星接收系统与网络宽带实现联网运营。内设电子阅览室、影视厅、休闲室等设施，年接待读者7万余人。2010年，投资20万元将中心一应设施设备全部更新升级。同时，加大对基层农村文化资源共享的帮扶指导力度，目前，全县村级共享点达到101个，占到全县农村的60%。县乡村三级文化信息共享工程免费向城乡群众开放，为广大农民群众提供现代信息服务。

管理工作

栾城县图书馆在人员管理上实行合同聘用制，按岗定人，按需设岗，严格实行岗位考核制度。图书馆在编工作人员7名，其中自2009年以来新调入人员有5名。人员素质较高，其中中职1人，助理职务6人。图书馆坚持与时俱进，定期开展业务培训，制定各种学习计划，切实提高了工作人员工作技能。

表彰、奖励情况

栾城县图书馆先后被评为国家二级图书馆”、省文化厅“省级规范化服务达标活动示范馆”、连续四年获市文化局“市级先进图书馆”。

馆领导介绍

王希敏，女，1963年生，河北省栾城县人，中共党员，河北省委党校毕业，中级职称。1978年11月分配到栾城县图书馆工作，2001年至今任图书馆馆长。

未来展望

在2012年的购置经费基础上加大投入，购置新书2000余册，期刊订阅300余种。继续深入免费开放政策，充分发挥现有馆舍、藏书和人员等资源的优势，不断降低服务门槛，让所有人能够平等、无障碍地走进图书馆。加强电子阅览室管理，在建设好县支中心的同时，认真指导建设好全县乡镇、村基层服务点，建立起了服务体系和服务制度，切实让这一惠民工程落到实处。

联系方式

地　址：栾城县惠源路27号
邮　编：051430
联系人：王希敏

唐县图书馆

概述

唐县图书馆曾位于繁华的农贸路临街独立的楼房，于2007年搬迁至唐县县城仁厚东路一号宣传文化活动中心综合办公楼，楼内有文化市场稽查队、文化馆、老干部活动中心、文保所和图书馆。到2012年底唐县图书馆总计建筑面积1800㎡，纸质图书资料5万册，电子文献20钟，314个功能不同的席位，计算机60台，宽带接入12Mbps，选用的是美萍图书管理系统。

业务建设

2012年唐县图书馆进行了环境改造，购置图书2123册，安装美萍图书管理系统。

2013年进行了暖气、水、电改造。购置图书3125册。

读者服务工作

唐县图书馆从2012年开始全年对外开放（春节外），每周开放时间56小时。

为了更加方便广大读者对期刊的阅读要求，唐县图书馆实行了期刊外借制度，广大读者每人一次可以借阅两本期刊。

2012年举办了《首届书香唐县全民阅读系列活动》，包括《我读书·我快乐》主题征文活动；迎新年"让阅读支撑我们的生命"演讲比赛；专家讲座和经验交流；"读书伴我成长"亲子知识竞赛。最后评选出"书香单位"三个，"书香校园"五个，"书香家庭"八个。

2014年举办《第二届书香唐县全民阅读系列活动》，2014年5月进行了"经典浸润人生·阅读成就梦想"名著诵读。

基本服务健全，全部免费开放。每年参与活动人数2万人以上。读者满意率95%以上。

业务研究、辅导、协作协调

唐县图书馆参加了《保定市公共图书馆讲座联盟合作协议》。2013年请河北大学金胜勇、赵俊玲两位教授来唐县进行讲座，多次请保定市图书馆领导到唐县图书馆指导工作，并且全馆人员到河北省图书馆、保定市图书馆、定州图书馆、易县图书馆参观学习。

管理工作

2013年唐县图书馆招聘一名图书馆员。

馆领导介绍

马二虎，男，1962年1月生，大专学历，中共党员，馆长。1981年参加工作，曾任唐县教育局教研室副主任，2012年任图书馆馆长。

未来展望

唐县图书馆遵循"立足现实，追求卓越，积极发展"的办馆思想，近期准备进一步加强馆内各种基础设施建设和改进，进一步加强各功能室改扩建，提高服务质量。远期规划是从新建立一个独立的图书馆，使馆内功能更加齐全、布局更加合理，服务更加规范。为广大读者享受更加优质的服务。

联系方式

地　址：河北省唐县仁厚东路1号

邮　编：072350

联系人：马二虎

首届《"书香唐县"全民阅读活动》之"专家讲座"现场

首届《"书香唐县"全民阅读活动》演讲比赛

"读书伴我成长"亲子读书知识竞赛

定州市图书馆

概述

定州市图书馆始建于1954年，几经与博物馆、文化馆等的合并、分立。1998年，位于定州市清风北街89号的新馆建成并对外开放。新馆占地2090平方米，建筑面积1600平方米。设有报刊阅览室、少儿阅览室、综合书库、电子阅览室、过刊阅览室、政府信息查询处、报告厅和自习室。阅览坐席270个。1998年参加第二次全国公共图书馆评估，首次被评为二级图书馆。

业务建设

截止2012年底，定州市图书馆总藏量20.056万册，其中，纸质文献20万册，电子图书530种，试听文献30种。

2011年度，财政拨定州市图书馆总经费58万元。2012年度，财政拨定州市图书馆总经费76万元。2012年，定州市图书馆图书年入藏量1660种，报刊年入藏量240种，视听文献年入藏量85件。馆内所有图书都实行开架借阅，图书的书标、登录号、馆藏章等齐全、规范。

2010年，定州市图书馆使用南京图书馆研发的力博图书管理软件系统，图书馆业务实现自动化管理。

读者服务工作

从2010年起，定州市图书馆全年全面对外免费开放，每周开馆56小时，节假日增加开馆时间。所有书刊全部实行开架借阅。持证读者达2000人，2012年书刊年外借6万册次，政府公开信息服务120人次，举办讲座、培训、展览、阅读推广等读者活动21场次，参与人数1万人。服务宣传周、全民读书月、世界读书日等特殊活动宣传和日常新书介绍宣传相结合，电视、报纸等多种媒体报道图书馆的各项工作，读者满意率达97%。图书馆注重对特殊群体的特殊服务：有为残疾人轮椅专用的通道，有专门的农业书籍和报刊供农民读者借阅，有少儿阅览室和婴幼儿座椅，有老年人专用的老花镜和必备药箱。

业务研究、辅导、协作协调

2009年—2012年，定州市图书馆职工发表论文5篇。

从2009年起，定州市图书馆对本市所辖的485个农家书屋进行轮流的业务辅导，并对农家书屋管理员进行集中的业务培训，促使农家书屋进行规范化管理。同时，定州市图书馆还为本市的部分学校图书馆进行业务指导，促进全市所有图书馆工作的协作和协调。

定州市图书馆参加了保定市公共图书馆讲座联盟，是河北省公共图书馆联合编目中心、河北省公共图书馆讲座联盟、河北省公共图书馆展览联盟的成员。

管理工作

2009年以来，定州市图书馆实行岗位聘任制，制定了绩效工资分配方法，每年进行总体工作考核。2012年底，图书馆正式工作人员11人，大专以上学历8人，中级技术人员2人，高级技术人员1人。员工岗位培训、继续教育每年人均达50学时。财务、档案、统计工作有专门的工作人员管理。

表彰、奖励情况

2009年—2012年，定州市图书馆共获得各种表彰、奖励9次，其中，2010年定州市图书馆被中宣部，文化部，广电总局等授予的“服务农民、服务基层先进集体”。

馆领导介绍

沈淑娟，女，1972年3月生，大学学历，中共党员，副研究馆员，党支部书记，馆长。1993年9月参加工作到定州市图书馆，历任图书馆会计、副馆长、馆长。兼任河北省图书馆学会理事。2008年被定州市市委、定州市政府授予文化文艺工作先进个人，获定州市政府嘉奖5次。

未来展望

定州市图书馆遵循“公众的终身学校”的办馆方针，一切以读者的需求为中心，不断满足读者的各种文化信息的需求。在未来的几年里，定州市图书馆计划在定州市迎宾大道建造一座建筑面积约为2万平方米的新馆舍。全面建成后的定州市图书馆，将容纳纸质文献200万册，阅览坐席将达到3000个，年服务人次可达80万人次以上，数字资源设计存储能力100TB以上。同时，定州市图书馆还将担任起定州市所有社区图书馆、农家书屋等所有公共图书馆（室）的建设、发展和协作等的技术指导工作，成为全市所有图书馆（室）的业务研究、业务指导和资源共享协作协调中心，各项指标将达到市级公共图书馆一级馆水平。

联系方式

地　址：河北省定州市清风北街89号
邮　编：073000
联系人：沈淑娟

读书日活动暨免费开放活动

爱国主义教育进校园活动

少儿阅览室

平泉县图书馆

概述

平泉县图书馆是由平泉县文化馆的图书阅览室演变而来。1979年10月成立平泉县图书馆，2001年3月由原址翻建新馆，2006年8月搬入重新开馆。建筑面积1500平米，职工8名。现有藏书100000册，22大类，电子图书13万册，采用《中图法》分类，年借书62000多册次，5万多人次。

业务建设

在馆内设有成人报刊阅览室、儿童阅览室、对外借书处、辅导部及文化信息资源共享中心电子阅览室等服务窗口，注意利用网上资源和馆藏开展主题服务。

读者服务工作

我馆始终坚持“读者第一、服务至上”的宗旨，并不断强化“以人为本、一切为了读者”的服务理念，积极采取措施，强化科学管理，文明规范服务，实行半开架借阅，简化办证手续、免费对外开放，建立了电子阅览室，实现文化资源共享。利用文化信息资源共享工程在图书馆服务宣传周期间走进敬老光荣院、走进校园。全国文化信息资源共享工程是公共文化服务体系的基础工程，是政府提供公共服务的重要手段，是实现广大人民群众基本文化权益的重要途径，是改善城乡基层文化服务的创新工程。不断拓展服务服务领域，在馆内设有成人报刊阅览室、儿童阅览室、借书处、农村辅导组及电子阅览室等服务窗口，注意利用网上资源和馆藏开展主题服务。为当地的经济、文化建设服务，并开展馆际互借、送书上门、送书下乡，军民共建等服务，形成了自己的特色服务体系。

业务研究、辅导、协调

2009–2013年平泉图书馆在各类学刊发表论文6篇。并对全县298个农家书屋进行了业务辅导对管理人员进行了业务培训，促进了全县所有图书馆（室）工作的协作与发展。

管理工作

平泉县图书馆实行了岗位聘任制，每年参加县人事部门组织的总体考核。正式员工8人，均为大专以上学历，中级以上技术职称4人。

馆领导介绍

邹本良，馆长，1963年4月出生，中共党员。1997年任馆长、支部书记至今。

表彰、奖励情况

连续四次参加全国公共图书馆评估定级中均以扎实的工作，规范的管理获得“二级图书馆”殊荣，受到国家文化部颁发的奖牌。图书馆的少年儿童图书工作曾受到国家四部委的表彰，获得“红领巾读书读报工作先进集体”、省文明图书馆、市级文明单位、国防教育先进单位、三讲文明机关等称号，2009–2012和2013–2016年二次荣获河北省服务质量奖。

未来展望

平泉县图书馆将在各级文化主管部门的正确领导下，锐意进取、努力拼搏为我县的“文化大发展，大繁荣”贡献力量。

联系方式

地　址：平泉县迎宾路2号
邮　编：067500
联系人：邹本良

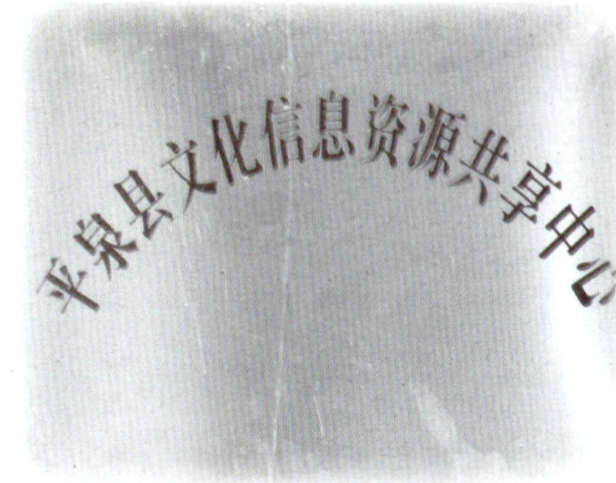

青县图书馆

概述

青县图书馆于1997年6月正式建馆，先后经过两次搬迁，于2011年1月份搬至现馆址——青县文化艺术中心东配楼。现馆面积2000平方米，实际使用面积1200平方米。馆内设图书流通部、少儿阅览室、成人阅览室、地方文献资料室、采编室、文化信息资源共享中心县级支中心、中心机房、读者服务处、咨询处、培训室等职能部门。拥有卫星接收装置、投影仪、DVD机各1台；服务器3台；计算机30台。现有干部职工8人，全部为中专以上学历，其中大专以上学历7人，中职人员5人。

业务建设

青县图书馆现有图书7.7万余册，电子文献1000余种，每年订购报刊40余种，其中2012、2013年分别订购报刊80种、100种，2012年经县政府批准下拨购书经费18.8万元，购置图书6000册；2013年购置图书4800册。

2009年10月引进了善思图书管理系统，经过对馆内图书进行重新加工整理后，于2011年迁入现馆后开始实行自动化借阅。

读者服务工作

青县图书馆自开馆以来，一直坚持节假日不闭馆、全天候对外开放。开展了图书借阅、报刊阅览、信息资料查询、地方文献资料查询、网上阅览、网上查询、远程教育、电话预约借阅等读者服务。从2008年开始实行全免费借阅。

青县图书馆多次独立举办了消夏读书活动、送图书进校、进园活动，自2006年5月份开始一直与我县的特教中心联系，每星期为孩子们换书一次；2008年开始，又与我县的敬老院联系，每月为老人们更换一次图书；联合县宣传部、县教育局、团县委、县妇联、县老干部局、县残联、县科技局等单位，举办了青少年书法大赛、故事演讲会、大型青少年书画展、残疾人书画展、中老年人书画展及戏剧票友大赛、农业科技知识培训等活动，2011年，青县图书馆馆积极筹措，举办了全县中小学生庆祝建党90周年征文、朗诵比赛，和面向全县老干部的老年书画展，以上诸项活动均产生了良好的社会影响。

管理工作

青县图书馆于2003年制定了内部考核制度、青县图书馆工作管理考核制度、奖惩制度、财务管理制度、行为规范各项及各种应急预案共计27条。于2010年开始实行奖金与出勤率、工作效率、工作绩能等挂钩，根据员工的年终最终考核结果进行发放。

业务研究、辅导、协作协调

1人在省级学术论文交流活动中获二等奖、1人获市社会科学优秀科研新成果优秀奖；在市级学术论文交流活动中3人次获一等奖，6人次获二等奖，6人次获优秀奖。多次被沧州市文化局、沧州市图书馆学会命名为“先进文化宣传单位”、“优秀图书馆”。

于1998年4月份的全国公共图书馆第二次评估中，与泊头图书馆一起成为所在市的县级二级公共图书馆，并于后来的2004年、2009年及2013年的第三、第四、第五次评估中，顺利通过复评。

针对农村书屋的普及馆但缺乏管理人员的情况，青县图书馆曾多次与各乡镇联系，或到乡镇文化室或将各书屋管理人员邀至我馆，对各农村书屋管理人员进行基本的图书分类加工整理指导工作。

馆领导简介

馆长：王观权，男，1964年9月生，副研究馆员。毕业于河北省泊头师范学校，先后于青县一中、青县树人学校、青县文化馆及青县文体广电新闻出版局就职，于2008年9月调任青县图书馆馆长。

未来展望

青县图书馆自搬入新馆后，微机编目、借阅、管理工作已逐步走入正轨。今后将充分利用县域交通便利的条件，发展青县城区及乡村图书室的阵地作用，积极开展一上一下活动，即把农村书屋中书送上来，把图书馆的书送下去，使现有图书的利用价值最大化。利用文化信息资源共享工程，组织开展群众喜闻乐见的传统戏曲欣赏、爱国科教影片展播、传统文化讲座等活动。同时，做好青县地方文献资料的搜集、整理、加工工作，使之成为青县图书馆工作的一个亮点。

联系方式

地　址：河北省青县振兴西路2号文化艺术中心东配楼
邮　编：062650
联系人：王观权

省领导莅临图书馆指导工作

省市领导参观图书馆

参赛者在挥毫泼墨

宽城满族自治县图书馆

概述

宽城满族自治县图书馆于1980年建馆，原为县文化馆图书组，是公益性社会文化信息机构，隶属于县文化广播电影电视局二级机构。2014年迁馆于全县图书综合楼内，馆舍总面积2100平米。新馆址内政府投资更新了所有设备，建起了高标准的文化信息资源共享中心，馆内实现了微机管理，基本达到了图书管理和办公自动化。服务窗口设：借书处、阅览室（含儿童阅览及成人阅览，拥有座位120个）电子阅览室（微机200台）。一楼内设资料库2间，办公设备有电脑、打印机、复印机、扫描仪、照像机、录像机、投影仪、吸尘器、书车、安检仪等相关物品，总藏书10.2万册，年度订各类报刊140余种，达到部级二级图书馆标准，本馆自2011年度始常年保持对外免费开放。

业务建设

宽城县图书馆建馆晚，藏书基础差，为不断扩大馆藏，我馆在县财力的支持下，在免费开放经费及时拨发的同时基本保证了藏书逐年递增。

地方文献：宽城建县晚，图书馆起步也晚，藏书质量较差，数量少，尤其是古籍善本书和地方文献严重不足，1989年，宽城成立了满族自治县，开始注重对民族史料和其他地方文献的收集，为了做好收集古籍这项工作，我馆在乡镇利用广播、橱窗及各种宣传，连续订购了《河北文史资》等地方史料，向有关部门和单位收集本地区、本县的地方文献。如《承德府志》、《宽城县志》、《宽城组织史》、《英雄王厂沟》、《满族文化丛书》、其中包括《宽城满族卷》、《宽城满族民族卷》、《宽城满族民间文学、工艺卷》、《宽城满族文艺卷》、《宽城满族文学作品》、《喜峰口长城抗战记》、《宽城抗日斗争纪实》、《宽城抗日故事选编》、《长城诗选》等。为了方便读者查阅和研究，我们将这些散在各类中的地方文献集中起来，并设立了专门目录和专架，责成专人管理此项工作。

图书标引与著录：随着社会的发展和科技的进步，图书资料的数量也急剧增加，我馆根据本县实际需要，也不断的补充藏书，为了更好地利用这些图书资料为两个文明建设服务，就必须把它们有条理地组织起来，系统地揭示出来，我馆依据《中图法》第四版和《普通图书著录规则》进行著录，力求逐步达到标准化、规范化。书标、登录号、馆藏章都有固定位置，力求统一、整齐、美观。

目录体系与管理：根据本县实际情况和图书馆工作需要，我馆设有公务目录、读者目录各2套（分类、题名），分别采用了分类组织法和汉语拼音组织法，并设置了“目录使用说明了”。随着时代的发展，图书管理自动化管理已成规模，现在我馆实现了微机管理，提高了借阅速度，确保读者在设施完整，环境优美的借阅处查看所需图书资料。

藏书组织与管理：我馆藏书大体为基本书库、科技书库、资料库。为使有限藏书长期有效地发挥作用，我们建立了书库管理制度，采取了各种保护措施，并经常检查，及时发现问题，解决问题。为提高图书利用率，对破损图书及时修补，保证破书不出库。为便于读者和内部工作人员检索和管理方便，经常进行整理和检查，保证排架质量。

近年来，宽城图书馆加大馆内购书力度，广大群众看书难的问题得到基本解决，图书馆有效开展阵地服务、流动服务和数字服务，2013年人均购书费0.75元、人均藏书量0.4册，高于全省平均水平。截止2013年底，宽城满族自治县图书馆入藏中哇哦图书39090种，藏书总量为10.2万册，试听文献500余种，2014年新增藏书2000余册。

读者服务

阵地服务工作是图书工作的一项重要组成部分，在开展馆内各类业务活动的同时，努力做好阵地图书外借和阅览工作，为了方便读者，我们一直采取敞开办证、一卡多阅的方式简化手续，有针对性的编印“推荐书目”在借阅处、阅览室展出，起到书海领航的作用，同时，我们将藏书开架借阅，让读者直接接触藏书，方便了读者也提高了图书利用率，又为增强图书的透明度打开了方便之门。据统计，2012–2013年外借图书5万余册（包括基层图书室集体借阅）。

我馆内设置“图书专架”“书刊专柜”“读者园地”“知识专栏”编制“推荐书目”“盲人阅览专区”等，通过多种方式向读者提供图书资料，以满足不同层次读者的需求，图书馆生命在于活动，只有不断的开展活动，图书馆才有活力，我们针对不同层次读者先后配合各有关部门，举办了内部大练兵知识竞赛，如“法律知识竞赛”、“计划生育知识竞赛”、“民族知识竞赛”、“消防知识竞赛”、“电力安全知识竞赛”等，通过开展内部知识竞赛，提高了我馆社会上的知名度，同时也对内部职工进行了一次业务测试，取得了社会良好的效果，同时为了更好的发挥中小学生的写作能力，我馆与教育体育局紧密配合，利用节假日组织中小学生开展了征文、绘画活动，组织故事会、智力游戏、猜谜等多样智力活动，还培养了一批小故事员队伍。培养学生的阅读兴趣，阅读能力和写作水

平，丰富活跃课外活动起到了良好的作用，在省"燕赵少年读书"征文、绘画活动中，我馆积极组织共收征文165篇、绘画51幅，其中我县获省一等奖一名，二等奖八名，三等奖十四名，优秀奖15名，同时被我市评为"燕赵少年读书系列活动"先进集体，同时为敬老院老年人每季度利用投影录像送去有关健康知识及戏曲小品等光盘，为我县看守所服刑人员送去图书、期刊2000余册，投影录像警示教育等有关资料，我馆与看守所根据狱内犯罪倾向制定了"诚信和谐理念"和"亲情感人""正气塑人"的主题教育，并引导他们在改造中学会珍惜亲情、珍惜生命、珍惜成绩、珍惜自由，有效的强化了他们对主题教育的认识和理解，感到了灵魂的洗礼、党的温暖、人民的关怀。

业务研究、辅导、协作协调

几十年来，宽城满族自治县图书馆职工发表论文100余篇，其中先后荣获国家、省、市各级奖励。

业务辅导、协调协作

一建立服务点：我馆虽有10余万多册图书，但在这偏远的小县，也可称得上是个不小的"知识宝库"和"智力资源"。为了最大限度地开发馆藏，发挥馆藏图书的作用，我们首先找准突破口，广泛宣传，组织基层图书室，以此作为我们的服务点。如县直的看守所、消防队、老年公寓、职教中心、县城各所学校等。我县共18个乡镇，205个行政村，已全部建起了图书室。村级205个图书屋，并设专人管理，图书种类已基本能满足当地群众需求。其中乡镇级图书馆2个（板城镇、桲罗台乡），我馆分别对乡镇图书馆（室）进行业务辅导现场办公，使各乡镇图书馆（室）图书管理规范化，真正为老百姓送去了精神食粮，发挥了图书在农村的应有作用。

二、参考咨询：宣传党的富民政策，为农民脱贫致富提供致富信息是图书工作的一个重要课题，为此我馆专设信息组，建立了"信息服务中心"选定了十多种科技报刊，广泛搜集各种科技资料信息，有计划有目的地编印各种专题资料，如：《养兔》、《养鸡》、《养猪》、《食用工业菌》、《种植》、《林果》等方面资料，有针对性地提供给专业户，把科技报上有用资料剪辑、装订成册，编成《科技报刊资料剪辑》和《索引》，创办了《信息小报》、《图书通讯》，每期发送市局、市馆及各乡镇，为领导决策当好参谋。几年来举办科技培训班15期，编印《信息小报》、《图书通讯》20期，《科技报刊资料剪辑》20余种，科技赶集30次，提供信息资料2000余册，建立跟踪服务点15个，其中有的已经取得了很好的效益，我们及时搜索反馈信息，整理成《春粟秋实》小册子向全县人民宣传，起到了活的教材，为推动本县的经济发展起到了积极的作用。

管理工作

宽城满族自治县图书馆固定编制为6人，实有员工7人，其中副高职1人，中职4人，初职以下2人。大专以上3人，占职工总数37.5%，中专（高中）4人，占职工总数的62.5%。

俗话说"没有规矩不成方圆"。为把工作做好做细，几年来，我馆不断总结、探索并逐步建立和完善各项规章制度，针对职工各自不同的岗位，分别制定了"藏书补充细则"、"文献标引与著录细则"、"借阅"、"阅览"、"物资设备管理"，安全及职工岗位目标责任制等（包括奖惩）15项全套制度，并以此为依据，进行表彰和奖励。为使图书馆工作逐步达到科学化、条理化、规范化，建立了业务档案建设，除职工考核档案外，还按业务性质各组分设了"读者档案"、"藏书档案"、"参考咨询档案"和"业务辅导档案"等，以便随时检查落实各项工作，我们平时注意积累资料，及时统计分析以全面掌握图书馆业务工作，为制定下一年工作计划奠定良好的基础。

表彰、奖励情况

近年来，我馆在各级领导主管部门的热情关怀和支持下，为图书馆事业的发展做出了积极的贡献，得到了各级有关部门的肯定和表彰：1994年被评为国家县级"二级图书馆"，1995年河北省颁发"文明图书馆"称号，2002年被河北省文化厅授予"基层文化工作先进集体"，被市妇联授予"巾帼文明示范岗"称号，2008年被市图书馆学会评为"燕赵少年读书先进集体"，2009年被市文化局、市图书馆学会、承德汇文书店评为首届读书读报节"特别贡献奖"。2010年至2012年参加市"读书读报节"分获优秀组织奖。2013年重新认定为国家县级"二级图书馆"。

馆领导介绍

孙志忠，男，1968年3月生，中专文化，中职，馆长。1983年参加工作，历任剧团演奏员、县文化馆副馆长、馆长，2013年调任县图书馆任职至今。

李淑艳，女，1964年3月生，中专文化，中职。1981年参加工作，历任文化站站长、县图书馆副馆长、书记。

未来展望

宽城满族自治县图书馆在各级文化主管部门的正确领导下，全馆上下努力拼搏，锐意进取，始终坚持"夯实事业基础，增强服务功能"的要求，不断扩宽服务领域及质量，为积极促进县域"文化大发展、大繁荣"、建设美丽新宽城争创荣誉、贡献力量。

联系方式

地　址：宽城满族自治县文化馆
邮　编：067600
联系人：孙志忠

邢台县图书馆

概述

邢台县图书馆建于1956年6月，是县政府专门设立的公益性文化事业机构，是河北省建馆较早的图书馆之一。2003年，省、市、县投资，在邢台市人民大街中段建起了邢台县宣传文化中心，2005年，邢台县图书馆搬迁到文化中心一楼、二楼，面积1500平方米。2010年，馆舍进行了全面装修，更新了部分设备，馆容、馆貌焕然一新，为读者营造了良好的读书环境。根据工作实际，馆内设采编、报刊阅览、少儿阅览、外借四个科室和一个文化资源共享支中心。报刊阅览室120个席位（包括阅览室、电子阅览室），少儿阅览室24个席位，计算机31台，全部联网，供读者使用23台。2013年参加第五次全国公共图书馆评估，获得国家二级图书馆。

业务建设

2012年中央财政、县财政划拨给邢台县县图书馆经费共计72.3695万元，其中人员经费29万元，购书经费18.3695万元，装修经费25万元，购书费列入财政预算。在编职工8人，大专以上学历5人，占职工总人数的62.5%，中专、高中3人占职工总人数的37.5%。中级职称以上8人，占职工人数100%。

邢台县图书馆现有藏书5.1万册。藏书文献入藏：其中图书年入藏量为2000–2500册，报刊120种，视听资料50件以上。地方文献设专架、专人管理，专门目录，每年开展征集活动。2012年，地方文献入藏50余件。藏书质量方面，所购图书已做到了高质量、系统性、完整性、重点性、针对性的特点。

中文图书全部用《中图法》（第四版）《普通图书著录规则》进行分类著录，图书著录误差率低于2%。书标、登录号、馆藏章规范、统一、整齐、美观，图书设分类目录、书名目录，期刊设刊名目录，并有专人管理、维护、辅导。目录误差率在2%以下。期刊、报纸依据国家标准编目著录。视听文献也有相关的编目细则。

2012年，邢台县图书馆多方引进资金，实现办公自动化，引进了Interlib图书馆自动化管理系统软件，以适应邢台县图书馆建设的需要。

藏书除工具书、地方文献特藏书外，全部开架借阅，排架误差率在2%以下。文献保护有专人负责，制度健全，措施到位，破损图书均能得到及时修补，完好上架。防尘、防火、防潮、防虫、防盗及卫生工作，做得较好。

读者服务工作

1、邢台县图书馆从2011年国家规定图书馆对外免费开放以来，严格按照国家规定实施，所有馆藏文献（除工具类书和《二十四史》）全部免费对外开放，并发放免费开放宣传册，让广大读者了解政策，使图书馆读者人数大大提高。同时还开展为特殊群体电话办证服务业务，亲自为他们送书上门。

2、每周开馆60个小时，周六、周日不闭馆，除工具书、特藏书外，全部实行开架借阅，开架书刊占95%，书刊外借4.1万册次，流通总人数6万余人次。

3、用各种形式推荐、宣传书刊400余种。

4、馆外设服务点522个，为残疾人、老人、学校送书刊10多次。

5、开展"送书下乡"6次，自办《致富快车》小报12期，为农民提供各类信息300余条，为科研、经济建设、领导决策提供具有参考价值的信息28条，其中，外地建设"新农村书屋"的信息被县委政府采纳，并投资50万元，建起15个标准型"新农家书屋"。

6、举办各种讲座、培训报告会9次，各类读者活动6次，各种展览3次，阅读推广活动6次，参与人数达2万余人次。

7、举办图书服务宣传周，"4·23"世界读书日，全民读书月活动各一次，发放宣传材料5000余份，参与活动达2万余人次。

8、连续3年举办"燕赵少年读书系列活动"，参与人数达3.5万。通过活动，在我县中小学生中形成了爱读书，读好书，多读书的良好读书氛围。

9、召开读者座谈会、联谊会3次，用户培训2次。总之，用活动吸引读者，靠服务留住读者效果很好。读者满意率达到100%。

业务研究、辅导、协作协调

馆长张玉香同志多次受过系统的图书馆专业知识培训。2012年在湖南长沙参加全国第一批县级馆长培训；2013年在石家庄参加评估验收培训等。

全体工作人员每年都参加继续教育和业务培训，学习课时总计已超过86小时。张玉香同志撰写的《浅谈县级图书馆服务观念的创新》、《试述如何构建县级公共图书馆服务体系》、《农村书屋建设现状与发展探讨》，石晓荣同志撰写的《新社会背景下的县级公共图书馆管理》和郭红芬同志撰写的《地

宽敞明亮的大厅

资源共享室

少儿阅览室

书库及外借室

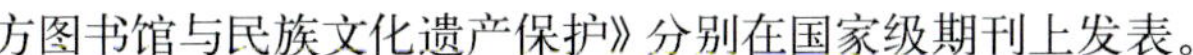

方图书馆与民族文化遗产保护》分别在国家级期刊上发表。

2012年邢台县图书馆参加了邢台市图书馆联盟，该馆作为成员单位，与邢台技术学院签署了联盟协议，共享邢台技术学院的电子资源。2013年又与河北省图书馆签订了公共图书馆展览联盟、图书馆讲座联盟、图书馆联合编目中心签订了协议，积极参与上级图书馆的协作与共建。

邢台县2012年已建各类图书室520个，覆盖率达100%，在全县形成了"百村书库"网络，同时还与县图书馆开展资源共享，互通互借。邢台县图书馆去年下乡10余次，深入到重点图书室、新农家书屋进行业务指导，帮他们建章立制，教他们怎样管理。农闲时，还集中到县图书馆进行培训，去年培训达200余人次，取得了良好的效果。

管理工作

邢台县图书馆每年制定详细的活动计划，并根据活动内容向财政申请资金，严格做到专款专用。

人事管理方面实行全员聘任制，按需设岗，按岗聘用，竞争上岗，择优录用，一年一次考核，根据结果决定解聘或续聘。环境、消防保卫工作做得较好，没有发生任何事故。

表彰、奖励情况

邢台县图书馆2010年被评为"共产党员示范岗"；2011年被县委创先争优办公室评为"优质服务窗口"，馆长张玉香被评为"为民服务标兵"；2011年–2012年被县委县政府授予"文明单位"称号。

2010年以来，邢台县图书馆积极组织中小学生参加河北省"燕赵少年读书"系列活动，其中王启丞、潘宏杰同学获省级"红色精神"文学经典共读活动一等奖，韩子琦等2名同学获省级二等奖。该馆连续3年获市级优秀组织奖。

馆领导介绍

张玉香，女，1969年1月生，本科学历，中共党员，馆长。1990年参加工作，在邢台县新华影院工作，任副经理，2004年调入邢台县图书馆，2009年任馆长。同年任邢台市图书馆学会常务理事。

郭红芬，女，1971年2月生，本科学历，中共党员，副馆长，1991年参加工作，自参加工作一直从事教育工作，2007年调入邢台县图书馆，2010年任副馆长，同年任邢台市图书馆学会理事。

未来展望

邢台县图书馆将加大财政投入，更新软件，增添自助借还设备，实现与市馆资源共享，将成为邢台市图书馆的分馆开展互借互还业务。扩大服务范围，改进服务功能，实现县、乡、村公共图书馆一体化。不断强化县馆的综合实力，加大对基层图书室的服务管理，逐步实现与乡村公共图书室资源共享。

联系方式

地　址：河北省邢台市人民大街66号
邮　编：054001
联系人：张玉香

采编室

成人阅览室

承德市鹰手营子矿区图书馆

概述

承德市鹰手营子矿区图书馆1978年与矿区文化馆分离，成为独立单位。1997年迁入营子大街35号。2011年迁入滨河北路1号。现有馆舍建筑面积1071平方米，建有藏书室、儿童阅览室（含盲人阅览区）、普通阅览室、中心机房、多媒体阅览室、综合活动室、办公室、资料室等。其中，阅览室座席共120个；少儿阅览室座席48个。

目前我馆有计算机数量35台。从业人员5人，其中大学学历3人。

业务建设

本馆现有图书总藏量35万余册。其中纸质图书及报刊5万余册，电子文献30万种，视听文献200种。2012年财政拨款总额为120.2873万元。2012年新增藏量为30.9521万元。供读者使用的计算机30台。外接10兆光纤。专用存储设备容量为7TB（含移动硬盘一块1TB）。图书馆设有自动化管理系统，开展采编、流通、书目检索、网上读者服务等工作，力求向科学化自动化管理迈进。

读者服务工作

依据文化部、财政部《关于推进全国美术馆公共图书馆文化馆（站）免费开放工作的意见》（文财务发〔2011〕5号），我馆免费开放一般阅览室、少年儿童阅览室、多媒体阅览室（电子阅览室）、综合活动室、藏书室等公共空间设施场地；文献资源借阅、检索与咨询、公益性讲座和展览、基层辅导、流动服务等基本文化服务项目健全并免费提供；为保障基本职能实现的一些辅助性服务如办证、饮水及存包等全部免费。每周开馆时间达到58小时。书刊文献开架册书超过4万册，开架比例达到80%。馆藏书刊文献年外借率超过70%；持证读者数年平均为4000余人，年流通总人次为5万余人。利用电子屏对新进图书进行推介,张贴新书目录于藏书室墙上。为读者提供了众多咨询服务，年均年累计参考咨询服务5426条。注重为特殊群体服务，本馆为盲人采选图书200余册，同时还提供上门送书服务，使盲人不出家门也能尽享阅读的快乐。对于有上网需求的外来务工读者，图书馆也应他们的要求增加了每周三晚上上网的机会。为老年读者准备了花镜、碳素笔、饮用水等，更加人文细致地关怀读者。每年利用“世界读书日”、“图书馆服务宣传周”“全民读书月”等时段，举办各类读者活动，并开展专题读者活动，如承德市“读书读报节”活动，“燕赵少年读书”活动等。

业务研究、辅导、协作协调

积极参加承德市组织的各类业务活动，加入了国家图书馆的联合编目，为馆际互借奠定了良好的基础。定期下乡对服务点进行现场辅导。2013年，发挥图书馆社会教育职能，深入乡镇、农村、社区举办各类知识讲座6场次，听众达2600余人。同时，我们针对基层开展共享工程基层网点技术培训工作4次，培训基层网点信息员8人次，下基层文化站指导培训4次，指导基层站点分类、编目、上架图书15000册，举办农家书屋管理培训20次，参训98人次，指导并实施农家书屋图书分类、编目、上架图书45000册。突出服务网络建设，有服务网络建设的规划，每年都有新的服务点加入，定期下乡对服务点进行现场辅导。街道、乡镇、社区、村图书馆参与服务网络建设的比例。全区街道办事处1所；4个镇；10个社区；15个行政村；共30个。图书馆服务点已达21个，占70%。本馆及服务网络内有书屋的达18个，下属图书室书刊文献借阅册次达7000余册。我们采用集中辅导与上门培训相结合的方式，到书屋帮助图书管理员进行具体的图书分类、图书登记、贴书标和图书上架工作，为农家书屋建设和管理提供了示范作用。

表彰、奖励情况

在全馆人员的共同努力下，分获市级、区级“巾帼文明岗”光荣称号。曾被评为市级“卫生先进单位”。单位个人2人次分获省级、市级“巾帼文明”先进个人。多次荣获市级“燕赵少年”和“读书读报节”组织奖。

未来展望

如今，我们沐浴在文化的春天里，营子区图书馆将在上级的正确领导下，全体职工的勤奋努力下，更加蓬勃向上，更加富有生机，让更多的群众共享改革开放的成果，共创图书馆更加灿烂辉煌的明天，为建设书香飘溢的“腹有诗书气自华”的优雅鹰城而不懈努力！

联系方式

地　址：承德市鹰手营子矿区图书馆
邮　编：067200
联系人：王跃华

黄骅市图书馆

概述

黄骅市图书馆始建于1963年，1979年并入县文化馆，当时总藏书量7112册，馆舍面积200平方米，工作人员14人。1997年12月由文化馆分出，成为独立事业单位。1998年12月迁入新建成的图书馆大楼，位于建设大街北段。2011年投资50万元对馆舍进行改建，现馆舍面积1500㎡，下设采编室、外借室、阅览室、少儿阅览室、电子阅览室、黄骅籍文化名人作品收藏室、文献室、盲人阅览室、文化信息资源共享工程市中心，改造后阅览室座席增加到60个，工作人员14人，供读者使用的计算机达35台，宽带接入10Mbps，已加入沧州市图书馆自动化业务管理系统。2013年参加第五次全国公共图书馆评估，由三级馆升为二级馆。

业务建设

截止2012年底，黄骅市图书馆馆藏图书8万余册，视听文献40余册，年平均采购新书3000余册，年订期刊200余种、报纸20余种。收集各类文献资料1447册，收集黄骅籍作家作品426册，充实了馆藏内容及数量。黄骅市图书馆现已全面实现图书采编、流通、检索自动化管理，馆室业务工作实现电脑操作有序化管理，实现了一卡登陆沧州市图书馆、黄骅市图书馆馆藏数字资源，方正阿拉伯数字资源，超星电子图书以及国研网、龙源期刊网全部数字资源等。

读者服务工作

黄骅市图书馆从2010年8月实施免费开馆，周二至周日开馆，周一闭馆一天，保证每周开馆56小时以上。节假日增加值班力量，延长开馆时间，以确保更多市民走进图书馆。年接待读者2万人次，书刊文献年外借14000余册。

年送书下乡2000册，培训乡、村图书管理员100余人次，组织业务骨干下乡对乡村图书室业务指导50人次。坚持对未成年人开放，对过年不能回家的外省籍武警战士提供与家人的上网视频，并多次邀请专家学者讲座，与读者互动交流，增强读者的阅读兴趣。据统计，从2010年到2012年底共开展读书活动25场，讲座71场，展览16场，共吸引了3万余名市民参加。同时积极推进文化信息资源共享工程建设，充分发挥支（分）中心功能，传播先进文化和现代科技知识，共完成249个基层服务点的建设，农村基层服务点覆盖率达到75%。2013年电子阅览室被文化部授予“全国文化信息资源共享工程·公共电子阅览室示范点”荣誉称号。

业务研究、辅导、协作协调

在日常工作中坚持对馆员进行职业道德、业务水平定期化培训。我馆副高职称3人、中职4人、所有馆员均大专以上学历。5名同志撰写的论文发表到省级的专业学术刊物上。全馆共计20余人次论文发表到狮城图书馆学会期刊上。有3人被录为中国图书馆学会会员，5人被录为河北省图书馆学会会员，3人被评为沧州市图书馆学会优秀会员。黄骅图书馆连续十年获得沧州市图书馆授予的优秀图书馆荣誉称号。

管理工作

建立了工作量化考核指标体系，每月进行工作进度通报，每半年和全年进行总体工作考核。2010年-2012年，共抽查文献排架52次，书目数据15次，编写专项调研、分析报告12篇。

表彰、奖励情况

2009-2012年，黄骅市图书馆共获得各种表彰35次。其中，文化部表彰、奖励2次，省级、表彰、奖励5次，沧州市级表彰、奖励12次，其他奖励14次。

馆领导介绍

刘成林，男，1964年8月生，大专学历，中共党员，现任职黄骅市图书馆馆长。1982年10月参加工作，国家、省图书馆学会会员、沧州市图书馆学会常务理事，荣立三等功2次，多次获得省、市级先进个人和优秀党员称号。

吴景素，女，1970年1月生，本科学历，中共党员，副研究馆员，副馆长。1986年12月参加工作，分管全馆业务工作，多次发表专业论文，获得沧州市社会科技成果三等奖。

未来展望

现有资源的合理利用、以人为本的服务理念及创新，是黄骅市图书馆赢得社会和读者认可，真正发挥其社会价值的基石。图书馆自身要建立科学的办馆理念，重视规范化管理，进一步丰富馆藏资源，加强业务学习和培训，加强与读者的沟通和交流，增强宣传力度，改善服务态度，提高服务质量，一切从读者出发，一切为了读者，切实打造文明窗口新形象。

在未来的几年里，黄骅市图书馆将另建一座7500平方米的新馆舍。新建成的图书馆将具有全方位、高效率和高质量的特点。做到各功能分区明确，又联系便捷。建议图书馆主体设计为地上四层、地下一层建筑，并采用1-2层为开放连贯的大空间形式，围绕中央共享中庭布置。按其主要功能分布需要，主要区域大致可划分为：书库、常规阅览室、电子阅览室、多功能视听会议室、多功能展厅、业务办公区、其他设施。一层主要以入口大厅为中心规划设计总服务台（办证咨询处）、读者目录室、还书处、展厅（新书展示中心）等公共空间；二层至四层为各类阅览室及办公、管理、设备用房等，其中多功能视听会议室设于顶层，以便于形成开敞无柱空间；地下一层及屋顶为各类书库及设备用房。配置相应的设备，完善数字图书馆的建设，形成具有绥化特色的科技数字资源；图书馆应实行智能化管理，大门设IC卡，所有图书一律采用条码管理，通过图书管理系统查询便可掌握书本的去向及动态。

大厂回族自治县图书馆

概述

大厂回族自治县图书馆，始建于1978年，于1979年正式对外开放。是廊坊市建馆最早的县级图书馆。2008年搬迁新馆——大厂县西环文化广场北侧。馆舍面积1000多平方米，参加五次全国公共图书馆评估。2010年获得二级图书馆。2012年大厂县图书馆有阅览坐席100个，计算机36台，宽带接入2MBPS，选用图书馆自动化管理系统。大厂县图书馆业务建设截止2012年底，总藏书量129660册，其中，纸质文献66000册，电子图书60000册，少儿文献3000册。图书年入藏量1500种，视听文献年入藏量150件。

业务建设

本着县级图书馆以流通为主，收藏为辅的收藏原则，每年尽力采购一些健康、科学、群众喜闻乐见的书刊。馆内设有外借部、采编部、期刊部、科技与信息编辑部等。面向社会各界设有5个服务窗口：1、图书外借室，2、报刊阅览室，3、儿童阅览室，4、电子阅览室，5、资料室。图书采用《中国图书馆图书分类法》第四版分类。随着现在现代化技术设备设施及自动化、网络化建设发展步伐的加快，2012年大厂县图书馆开通了自动化借阅系统，馆内拥有服务器、交换机、复印机等大量设备，拥有计算机36台，供读者使用30台。电子阅览室设备全部更新，馆内已经建成局域网、外借互联网，并已建成大厂数字图书馆网站，网站设有15个栏目，并连接省、市信息中心网站。

读者服务工作

大厂县图书馆注重自身形象建设，工作人员态度热情，语言文明，仪表大方，着装统一，作风严谨，服务规范。全年365天对外免费开放，周开放63小时。2009年–2010年，书刊总流量7万册。面向社会各界有计划地举办形式各样、主题不同、内容丰富多彩的读者活动，如：各种青少年读者会、读者座谈会、猜灯谜、优秀读者读书专栏、有奖征文等。有效地发挥了图书馆社会职能教育作用，与其他单位联合成立流动图书馆。建立12个流动网点，为未成年开辟第二课堂。

为农业、农村农民服务，一直是大厂县图书馆的特色服务项目。坚持下乡调查农民所需，摘编打印成《科技与信息报》，无偿发放到农民手中。针对种养大户特点，建立特殊服务档案，进行跟踪服务。年编辑《科技与信息报》12期，综合信息4期，摘编养殖、种养索引500多条，下乡60多人次，发放信息资料5000多份。在做好阵地服务的同时，不断把满足农民读书需求、用知识加强农村建设作为一项重要工作来抓，多年来坚持不懈，深受农民好评。

业务研究、辅导、协作协调

大厂县图书馆积极发挥图书馆"龙头"带动作用，协助创建标准化图书馆，利用对基层图书室的人员培训、业务的加强辅导，使全县5个基层图书室业务管理步入正轨，让它们发挥了应有的职能作用。2012年我馆下乡、下基层，共帮建图书室8个。为夏垫中学、大厂一中、北坞三村、大厂三村、尚各庄等图书室辅导分编图书10万多册，培训基层图书馆业务骨干30多人，有效地促进了全县基层图书室建设的全面发展。自全国文化信息资源共享实施以来，2006年9月大厂县图书馆率先建起县级支中心，2007年在全县范围内建起了5个乡镇，90个村街共享工程基层服务点。发挥县级支中心技术指导作用，采取集体培训方法，加大对全县16个乡镇、村级基层服务点技术人员的培训力度，定期举办培训班，培训基层站点的管理人员，了解各站点设备管理和使用情况，帮助解决存在的问题。

表彰奖励情况

2009年–2012年，大厂县图书馆获中华妇女联合会表彰一次。

馆领导介绍

赵晓燕，女，1964年9月生，中专学历，中共党员，助理馆员，馆长。1982年8月参加工作。

刘冬梅，女，1978年5月生，大专学历，助理馆员，副馆长。1995年1月参加工作。2007年被廊坊市文化局评为"先进个人"，2008年被廊坊市委宣传部评为"三下乡先进个人"；2012年参加市纪委"身边的勤廉尚德故事"主题演讲比赛获三等奖。

未来展望

大厂回族自治县图书馆遵循"科学、效率、创新、发展"的办馆方针，坚持"读者第一、服务至上"的服务宗旨。在今后的发展中会不断的强化自身综合实力，不断地拓宽图书馆事业可持续发展的途径，加大文献资源建设，实现共建共享，继续扩大文献资源的采购范围及数量，不断开拓新的服务手段和内容，全面提高馆员的专业素养和敬业精神，有效发挥图书馆的社会职能教育作用。

联系方式

地　址：大厂县西环路青少年活动中心一楼
邮　编：065300
联系人：赵晓燕

石家庄市裕华区图书馆

概述

裕华区图书馆位于裕翔街3号，裕华区文化活动中心三层，西临民心河，东靠区政府办公大楼，北邻裕翔园小区，交通便利，环境优美。占用面积1817平方米，2008年9月26日建成并免费向社会开放。

作为一座基层公共图书馆，参照国家有关具体规定和图书馆信息化、数字化、网络化的发展目标，我们将有效整合资源，完善服务功能，充分发挥文化知识的社会价值和集散地作用，加强图书设备现代化、数字化、网络化建设，以全新的面貌、现代化的设施和高科技的手段，更好地为广大居民、广大读者服务。

截止目前，我馆在编人员5人，其中设主任1人，副主任1人，有本科学历2人，大专学历3人，高级职称1人，中级职称3人，初级职称1人。

2010年、2013年我馆被评为国家三级馆。

业务建设

图书馆一层为共享大厅，二层健身活动区，三层图书阅览区，四层艺术培训区和办公区。目前开放的阅览区有大众阅览室，阅览桌22个，座位132个；报刊阅览室，阅览桌7个，座位30个；儿童阅览室，阅览桌6个，座位36个；电子阅览室，（网络服务器和交换机各1台，电脑20台，电脑桌椅20套；文化信息共享接收设备一套。总计阅览座位218个。另设有健身活动区1050平方米，每周开放45小时，实行“一卡通”，集中开展图书阅览、外借、参考咨询、电子阅览、文化信息共享、健身活动、棋牌娱乐等服务。举办文化讲座，书画展览等活动。

我中心现藏有大众图书3万余册，儿童图书2000余册，中文期刊100种，中文报纸100种，电子阅览电脑20台。

读者服务工作

为满足人民群众不断增长的文化需求，更好地发挥公共文化设施的公益作用，自投入使用以来，基本实现无障碍、零门槛进入，设施场地全部免费开放，所提供的基本服务项目全部免费。

开放时间为每周三—周日，每天上午8:30–下午17:30，向公众免费开放。所有开放场地实现规章制度健全，服务内容明确，保障机制完善。

2014年我馆共计接待读者一万余人次，外借图书6132册次，上网人员1217人次，健身、培训等活动人员三万余人次。

管理工作

图书馆自2008年9月份投入使用以来，始终坚持区委、区政府“一切文化体育健身活动免费为辖区群众提供服务”的宗旨开展工作，为保证我馆工作正常有序开展，我们建立了长效管理机制，建立健全各项规章制度。采取“走出去、请进来”的方式，选派业务人员学习先进的管理办法和经验，并请专业人员来我馆进行工作指导和业务培训，全面提高整体的业务能力和管理水平。

区图书馆建成后逐步完善了各功能厅室，购置了开放型书架、防盗仪、检测仪、查询机、采编系统电脑等设备，现已全面实现图书采编、流通、检索自动化，各项内务统计基本实现电脑操作、有序化管理，对于提升图书馆配套设施标准化以及增进工作效率起到了很大的促进作用。

图书馆是一个窗口单位，为了更好的服务于群众，服务于读者，这就要求我们的工作人员要具备较高的政治、业务素质，图书馆每年要组织几次政治理论学习，专门制作了学习园地，每次学习都要写心得体会进行交流，逐步提高政治觉悟和理论水平，每年都要组织人员到市、县、大学馆观摩学习，进行业务交流，同时还要请老师到单位来进行业务指导，通过多渠道、多层次的学习，实现整体服务水平大的提升，为辖区群众提供一个良好的学习、交流平台，为政府体显“执政为民”思想做好一个端口。

业务辅导、培训

为引导读者多读书，读好书，每年都举办“4.23世界读书日”活动，不定期举办读书征文活动，每年的国庆节、春节都要举办书画摄影展览活动，通过形式多样的活动，扩大中心的社会影响，全面提高辖区居民的文化素养，展现文化魅力，促进社会和谐。

未来展望

今后，我馆将继续坚持“读者至上，服务第一”的宗旨，提高工作人员业务素质和技能，充分利用现有设施资源，开拓完善各项服务功能，使其成为知识信息的集散地，成为辖区人们学习、教育、交流的服务中心，在当今信息社会的条件下，我馆一定会在知识经济时代和精神文明建设方面发挥重要作用，同时为提高辖区居民文化素质，丰富人们业余生活起到主导作用，从而进一步达到一座真正意义上的现代化、多功能的开放式、综合性的公共图书馆，实现最大限度满足读者的需求，为读者提供更优质的服务。

联系方式

地　址：石家庄市裕华区裕翔街3号
邮　编：050080
联系人：周敬佳

承德市图书馆

概述

承德市图书馆前身是“热河省立图书馆”。1945年，热河第一次解放，定名为“承德市人民图书馆”。1948年10月，承德第二次解放，由承德市人民政府接管，改名为“承德市图书馆”。1988年11月，承德市图书馆迁至现址（市西大街路北7号）。占地面积2.6亩，建筑面积4195.8平方米，主体建筑四层，设置封闭型书库七层。包括成人阅览部、外借部、儿童阅览室、电子阅览室、咨询部、技术部、采编部、财会室、办公室、馆长室等10个部（室）。

业务建设

截止2012年12月止，承德市图书馆现有藏书332001册、其中古籍26064册、中文图书237924册、电子文献15000种、视听文献500件。中文普通图书书目全部微机编目管理。

读者服务工作

承德市图书馆以“读者第一，服务至上”为宗旨，保证窗口服务部门每周开馆时间为63小时。普通图书、报刊实行开架借阅，自动办证机免费办理借书证，实行借、阅、自修一体化，一证通用。为保障服务质量，设有读者意见箱，定期召开读者座谈会，针对各种合理意见和建议，及时整改，最大限度满足群众要求，读者数量逐年增加。

截止2012年12月止，承德市图书馆全年共接待读者82412人次，其中外借部2927人次、阅览部77120人次、儿童部2000人次；咨询部365人次，业务部门共接电话咨询500余人次；提供借阅查询书籍、杂志、文献等108824册次。

每年定期组织元宵节灯谜会、座谈会、读书读报节、全民读书月、燕赵少年读书系列活动、服务宣传周、图书漂流、好书推介等活动，深受市民喜爱。加强业务培训，如专题知识讲座、公益展览、读者教育、专业培训等。为了提升服务环境，承德市图书馆积极争取经费，对现有馆舍进行整改提升，打造承德市服务行业“靓丽窗口”，舒适的环境将会吸引更多读者。

业务研究、辅导、协作协调

每年以教育培训的形式不定期举办各种讲座，印发科普知识宣传材料，对中老年读者和青少年进行计算机应用培训等，不断提高读者利用图书馆及其文献资源的能力。定期出版学会刊物《文津点墨》。

参加省内外各种协作协调组织，努力推动各类资源的共建共享。争取中小型图书馆联合会支持，为各县区图书馆免费安装了中小型图书馆联合会赠送的数字资源管理软件，实现了业务管理自动化。并带动全市各公共图书馆参加了全省的联合编目中心、讲座联盟和展览联盟。

多年来，承德市图书馆不但为领导机关、承德市文广新局的正确决策和创建文化大市的发展提供了多项信息服务，而且为科研与经济建设以及社会大众提供了优质的信息服务。

2012年本馆职工在省级刊物上发表相关专业论文5篇、国家级刊物发表4篇，并切实做到了理论联系实际，为图书馆事业发展提供了理论指导和大胆构想，并且对基层图书馆（室）进行业务辅导。

管理工作

我馆到目前为止，已经建立了一套完整的规章制度和岗位考核制度体系，涵盖图书馆工作的方方面面。各项奖惩措施均有章可循，减少了人为因素造成的管理上的随意性和盲目性，从而保障了各项工作的顺利开展。每周四上午为全馆业务人员学习培训时间，每月召开部主任会议，并有部分馆员参加市委党校、自学考试、学会培训等形式的继续教育，文化素质和专业技能不断提升。

表彰、奖励情况

承德市图书馆在全体馆员的共同努力下，多次获得省级、市级主管部门的荣誉表彰：2010年荣获全国大中城市社科联“先进社会科学团体”、在河北省第六届社会科学普及周低碳知识竞赛中获“优秀组织奖”；2011年荣获燕赵少年读书系列活动——文学经典知识大赛“组织奖”、被河北省图书馆学会授予“2010-2011年度先进学会”荣誉称号；2012年被全国大中城市社科联授予“标兵社会科学团体”称号、在2012年度省图组织的全民阅读活动活动中获“全民阅读活动先进单位”；2013年1月在全市文广新系统专业艺术演出中荣获“最佳团队表演奖”等。

馆领导介绍

谭春英，女，1962年1月生，本科学历，中共党员，研究馆员，馆长，1986年7月参加工作，历任承德市图书馆副馆长、馆长，2007年1月任命为承德市图书馆馆长，兼任承德市图书馆学会理事长、河北省图书馆学会常务理事、中国图书馆学会阅读推广委员会经典阅读推广委员会委员。2007年获承德市文化宣传系统"四个一批人才"称号。

张文利，女，1969年1月生，本科学历，中共党员，研究馆员，副馆长。1987年12月参加工作，2007年1月任命为承德市图书馆副馆长，分管业务工作，兼任承德市图书馆学会副理事长。2005年获承德市文化宣传系统首批"四个一批人才"称号，2009年获河北省"三三三人才工程"第三层次人选称号。

冯春阳，男，1968年7月生，本科学历，中共党员，副研究馆员，副馆长。1987年7月参加工作，2012年6月任命为承德市图书馆副馆长，分管行政工作，兼任承德市图书馆学会秘书长。

王燕峰，女，1981年7月生，本科学历，中共党员，馆员，副馆长。2005年12月参加工作，2012年9月任命为承德市图书馆副馆长，分管党务、数字图书馆工作。

未来展望

承德市图书馆将积极争取市委、市政府支持，多途径、多手段推动新馆建设进程，争取财政加大专项购书经费投入，引进先进技术设备，努力创新服务手段、拓展服务领域、提升社会效益。同时努力推动全市公共图书馆的均衡、快速发展，提升基层图书馆服务效能，让公共图书馆服务重心下移，让基层群众能够平等便利地享受到图书馆的公益文化服务。

联系方式

地　址：承德市西大街路北7号
邮　编：067000
联系人：张文利

石家庄市高新区图书馆

概述

高新区图书馆建设是2008年市委、市政府为民办实事的重点工程，为了打造我区读书学习的文化阵地，丰富群众文化生活，利用原54中学闲置教室，经整修改造，于2009年1月1日正式向群众免费开放，周边群众广泛受益，日接待读者100余人，并呈增长趋势，图书馆的服务和管理工作也得到区工委管委的高度肯定，2010年开始投资兴建高新区新馆即将竣工投入使用，新馆面积4000㎡。

业务建设

自我馆成立以来，区工委、管委高度重视图书馆事业，把图书馆建设作为我区文化事业发展的重要内容，纳入了全区社会经济发展总体规划，同经济工作同安排、同部署，同落实，同考核，使我区图书馆工作有了长足发展。

我区自2009年建馆以来为了满足本区广大读者的需求，实现全面免费开放特向区财政每年申请一定经费用于图书馆运营、图书采购等项目。我馆图书总藏量共计3万余册（件）其中中文图书24000余册，中文报纸40余万册，中文期刊120余万册，少儿文献4000余万册。

随着本馆的发展，读者数量的不断增加，群众需求量大幅度的增强，已不满足于单纯的借阅图书，需要更高的文化需求我们积极为读者举办讲座、画展、学习交流等各项活动。这样我馆原来每年申请3、4万元的经费已严重不足，通过向各级领导汇报得到了领导的大力支持。现在我馆由中央、省、市及本区财政按照中央与地方财力与事权相匹配的原则免费开放后，基本公共文化服务项目由中央和地方财政共同承担。到2012年到达我馆的专项经费及本区财政补贴已达44万元。大大提高和保障了图书馆的免费运营和各项活动的举办质量。在2013年我馆申请的经费将达到70万元用于图书馆的各项开销并在此基础上加大图书采购量，强化我馆人员素质，提高硬件设施，积极创新为群众营造一个内、外环境俱优的文化场所。

高新区图书馆2009年正式对外开放。图书馆总占地面积5200㎡，建筑面积1471㎡，建筑结构为二层砖混结构。内部机构设置有办证室、少儿阅览室、期刊杂志阅览室、综合阅览室、电子阅览室，计算机总台数为32台，其中电子阅览室26台。对外开放以来多次进行院内改造、绿化改造、设施设备完善改造，在上级主管部门的指导与帮助下不断进步，能够满足我区群众图书阅览、电子阅览、报刊杂志阅览等多种需求。2010年，在区工委、管委的高度重视下，结合我区拆迁规划总体部署，新馆正式开工建设。新馆按照县区级一级馆建设标准，主体为五层框架结构，总建筑面积4500平方米，内部设置合理，位于高新区中心位置，交通便利、环境优美，便于向群众免费开放服务。现主体已全面竣工，正在进行内部装修。图书馆新馆，预计2013年10月全面竣工，对外实施免费开放。

读者服务工作

图书馆是开发人类智慧的知识宝库，是人民的终身学校。图书馆事业的建设与发展是经济社会发展和社会文明程度的重要标志。因此在我区图书馆开馆伊始，便向社会公开郑重承诺：

1、坚持文明服务，做到挂牌上岗，礼貌接待，热情服务，用语文明。

2、保持优美环境，做到卫生清洁，空气新鲜，无噪音、无污染，秩序井然。

3、有问必答，耐心细致地协助读者检索文献，服务读者主动热情。

4、每日开馆时间：上午8：00–12：00，下午1：30–5：30，双休日、节假日正常开馆（除周四下午闭馆学习外）。

5、加强职业道德教育，严格工作纪律，做到爱岗敬业，无私奉献，努力培育行业新风。

6、积极主动接受社会监督，认真办理群众投诉，及时实施责任追究。投诉电话：0311–85969759。

管理工作

我馆遵循以读者为中心的原则，分区明确、朝向和通风良好。少儿阅览区与成人阅览区分开设立，设置单独的出入口。各馆室馆外有醒目的馆名牌。在阅览区设置文献排架标识；通道处有明确的导引标识。图书馆的服务范围、服务内容、服务时间、服务公约、读者须知、办证方法、借阅规则、便民措施、

高新区图书馆工作人员开展筹备工作

举办发展历程图片展

石家庄高新区图书馆旧址

综合阅览室书库

迎新春书画艺术展

服务承诺等规章制度及各类服务信息在显著位置向读者公示。

馆室内阅览桌椅保持整洁，光线明亮，消防设施健全，有明显的禁烟标识安全通道畅通。工作人员定期检查馆室内的各个电源插头，防范可能引发火灾的各种隐患，为读者创造一个安全、安静、平和的阅读环境。

图书馆对采集的文献信息资源应及时进行科学的加工整序，并尽快发布，提供使用。具体到各馆室报纸须在到馆当天上架；期刊自收到之日起2个工作日内上架；新书到馆后在15个工作日内上架，图书排架应按中图法分类号顺序排列整齐。开架图书错架率要低于3%。开架书库内有专人巡视，帮助读者尽快寻找到需要的书籍。

满足不同阶层，不同类型的读者需求，努力实现"文献传递者"向"文献导读者"、"图书管理员"向"信息领航员"的角色转变。每年开展不少于一次的读者满意度调查。调查问卷表发放数量不少于300份，回收率不少于90%；基本满意率要达到100%以上，要及时分析、总结、研究调查意见，落实整改措施，建立长期档案，进一步提升公共文化服务能力，满足基层群众基本文化需求。

馆领导介绍

陈丽娟，女，1971年生，大学本科学历，中共党员，区社会发展局文体处处长兼文化中心主任（正科级），多次获省、市级文化工作先进个人称号。

未来展望

我区图书馆历经多年的规范管理，服务质量逐年提高，读者数量不断增加，已逐渐成为辖区群众学习文化知识的重要场所，为社会主义先进文化的传播起到了积极的作用。图书馆新馆建成投入使用后，我区图书馆资源将会更加丰富，内部设置将会更加完善，一个崭新的文化传播新阵地正在悄然建立。今后，我们将以新馆建成为契机做好以下几个方面工作：

1、加强制度建设，提高服务质量。

2、进一步完善图书馆信息平台建设，建立更广阔的服务平台。

3、加强人员培训，增强服务软实力。

联系方式

地　址：石家庄高新区秦岭大街与湘江道交口东南
邮　编：050035

石家庄高新区图书馆新馆外貌

石家庄市井陉矿区图书馆

概述

矿区图书馆于2012年6月开始筹建，12月15日投入使用，投资使用面积1000平方米，是集图书、报刊、杂志、电子阅览室、综合展览、培训讲座为一体的综合性图书馆，填补了矿区多年没有公共图书馆的空白，2013年被文化部授予三级图书馆。2014年被石家庄市图书馆纳入“石家庄市图书馆总分馆”序列。

业务建设

图书馆内设有文学阅览室、科教阅览室、电子阅览室等独立的空间，目前藏书量达到5万册，每年征订报刊、杂志100余种。

基础设施

图书馆现有成人阅览座席60个，儿童阅览席16个，培训席位60个。用于服务读者的电脑20台，办公电脑1台，摄像机、照相机、投影仪各一台（件），宽带网络全部接通。馆内现有各类图书架30个，密封书柜3个，杂志柜3个，报架2个。

服务宗旨

1、面向社会开放图书馆，方便人民群众阅读借阅。自图书馆开馆以来，读者办理借阅证1000多人次，累积接待读者2万多人次。同时积极探索多种形式的读书活动，如在图书馆内长期进行书法美术展览，让每位读者在阅读借阅的同时能够欣赏到矿区本土作者的书法美术作品，丰富了图书馆的职能，取得了良好的反响，深受广大读者欢迎。自2012年12月15日开馆以来，共举办书画展览10次、读者座谈会8次。

2、加强自身建设，积极学习图书馆管理的相关知识。结合自身的工作实际，制定了图书馆管理制度、安全管理制度等。在完善业务的同时，加强图书馆的廉政建设，强化每个馆员的责任感、使命感。

3、规范管理，健全协调高效的工作机制。建立健全学习制度、工作制度、考勤制度、服务准则制度。规范工作行为，优化工作环境。在馆内大力提倡微笑多一点、行动快一点、做事早一点、说话柔一点、理由少一点、脾气小一点、胆量大一点、质量好一点、效率高一点的十点工作法，进一步强化了服务意识。

行唐县图书馆

概述

行唐县图书馆位于行唐县衡阳大街481号，建筑面积800平方米，总投资150万元，2005年6月正式开馆服务，行唐县图书馆现有阅览座位50个，设有文化信息资源共享中心，外借室、期刊室、资料室等服务窗口，每周开放56个小时，开展外界、阅览、参考咨询，电子信息等服务，举办讲座、培训、展览、学术交流、读者沙龙等活动。

业务建设

截止2012年底，该馆总藏书量5万余册，其中中文平装新旧图书3万册，外交图书1万册，中文期刊10种，中文报纸16种3000余册（合订本）以人为本，提供全方位的优质服务，坚持"读者至上，服务第一"的宗旨为读者提供图书外借，报刊阅览，资料咨询，信息导航等全方位优质服务。

读者服务工作

我馆年外借5000册次，年流通人数8000余人次，每周开馆56个小时，为特殊群体，少儿及老年人，开展读书上门活动20余次，为社会大众提供信息服务3000余人次，举办读书作文，少儿手风琴、二胡、电子琴讲座活动，参加活动人数达400余人次，为基层图书馆上碑镇西街图书馆、西市庄村农村书屋、口头镇龙兴庄图书室、北羊同图书室、石段庄村图书室等单位开展送书下乡，对基层管理人员进行业务培训并捐赠图书2000余册。

业务研究、辅导、协作协调

2009–2012年行唐县图书馆在省以上刊物发表论文3篇，在国家的报刊发表书法作品1篇，国家级书籍发表书法作品一幅，由我馆参加编号的《行唐历史文化纵览》《行唐志存诗词赏鉴》《行唐历史文物图鉴》已由河北人民出版社出版。

管理工作

我馆严格按有关规定进行管理。定期对职工进行业务培训，提高职工素质，每月进行工作进度通报，每年进行总体工作考核。

表彰奖励情况

2009–2012年行唐县图书馆共获得各种表彰奖励12次，其中县级奖励2次，个人奖励8次，其他奖励2次。

馆领导介绍

魏红岩，女，1969年生，大专学历，中共党员，馆长，1988年参加工作，2013年任图书馆馆长兼文化科科长，文化信息资源共享中心主任。

封少娟，女，1975年生，大本学历，副馆长，1993年参加工作，2004年4月到行唐县图书馆工作，2013年任图书馆副馆长。

未来展望

在当今信息社会的条件下，行唐县图书馆一定会在知识经济时代发挥重要的地区信息枢纽作用，成为行唐县精神文明建设基地，成为知识信息的集散地，成为该县群众读书，学习文化，科技，教育信息服务的交流中心，为该县经济建设和社会发展发挥其重要作用。

联系方式

地　址：行唐县玉城大街
邮　编：050600
联系人：魏红岩

井陉县图书馆

概述

井陉县图书馆始建于1979年，重建于1998年，至今已有30多年的历史，现位于井陉县文化大楼内，是井陉县文广新局直属事业单位，馆舍面积800多平方米，设有综合借阅室、成人借阅室、少儿阅览室、工具室、电子阅览室等功能馆室。

业务建设

井陉县图书馆现藏书106400多册，电子文献404册，图书年入藏平均值为2630种，报刊年入藏平均值为125种，视听文献年入藏平均值为110种。地方文献入藏有专柜、专门目录、专人管理，重视并积极开展地方文献征集工作，并适时针对读者需求采选各类图书。依据有关国家标准或行业标准对普通图书、期刊、报纸、视听文献编目进行编目著录，并制定有关编目细则，保证编目数据规范一致。对各种藏书进行加工整理，并设专人管理，开架图书排架正确率达到了96%以上。

数字化建设及文化共享工程，现数字化建设总量达到4TB。馆藏中文图书机读目录达到总藏量20%，馆藏报刊机读目录达到总藏量15%。地方文献数据库建设有建设内容、选题规划，建设规模不断扩大。文化共享工程已建立建全了组织机构及规章制度，并积极利用网络、电视、广播等各种渠道进行传播，使这一工程为人民群众服务。

公共电子阅览室建设计划，制定了《井陉县公共电子阅览室实施方案》，购置了电脑、桌椅，数字资源总量达到3TB，资源服务不断更新，开放时间与图书馆借阅时间同步进行。

按照文化部行业标准《图书馆古籍特藏书库基本要求》，每年进行古籍文献普查，虽无古籍，但也制定了相应的制度，投入了必要的经费，设置了专人负责这个工作。

读者服务工作

井陉县图书馆根据文化部、财政部《关于推进全国美术馆、公共图书馆、文化馆（站）免费开放工作的意见》及财政部《关于加强全国美术馆、公共图书馆、文化馆（站）免费开放经费保障工作的通知》等文件的具体规定已实行免费开放，并积极为政府机关和社会公众提供服务，制定了为特殊群体服务的优先政策，关爱残疾人、关注进城务工人、关心未成年人和老年人。我们还适时聘请有关专家、学者、行业人士组织读者开展不同内容的讲座培训，推广阅读活动，年参与活动总人次达32000人次。每年在全民读书月、世界图书与版权日在县城大型宣传活动，并与县电视台资讯频道举办了共享助春耕等专题节目。

业务研究、辅导、协作协调

井陉县图书馆积极参加省、市图书馆组织的各种培训活动，并加强了基层业务辅导工作，每年去基层进行业务辅导至少5次，提高基层图书管理员的业务水平，受到基层业务人员好评。

管理工作

井陉县图书馆为适应本馆发展和管理，制定了新的财务管理、人事管理、制备物质管理、志愿者管理、档案管理、环境与安全管理、统计工作管理等管理制度，并对其实行有效的监督，执行情况良好。

表彰、奖励情况

井陉县图书馆在2013年被文化部评为国家三级图书馆。

2010井陉县图书馆被评为“2009年度石家庄县级公共图书馆先进集体”。

2011年许军花同志被文化部聘为“国家级图书馆、文化馆全集编委会特邀编辑委员”。

2012年4月井陉县图书馆获得了“‘阅读红色经典，传承红色精神’2011年度燕赵少年读书系列活动市级组织奖”，许军花同志在此致次活动中获得“市级个人组织奖”。

馆领导介绍

许军花，女，汉族，1973年9月生，籍贯井陉县苍岩山镇上罗峪人，1994年8月参加工作，河北省党校法律专业毕业，本科学历。现任井陉县图书馆馆长。

未来展望

井陉县图书馆立足本馆实际，结合本地读者文化层次，不断增加藏书量和各种电子图书及信息量，不断改进服务方式和服务策略，为本地读者提供更好的服务。

联系方式

地　址：河北省石家庄市井陉县建设北路井陉县图书馆
联系人：许军花

读书演讲比赛活动

世界读书日宣传

电子阅览室

灵寿县图书馆

概述

灵寿县图书馆新建于1992年，1996年6月正式投使用，总建筑面积1500平方米，参加全国第五次公共图书馆评估，首次获得三级图书馆。设有两个图书借阅室（社会科学、自然科学）、采编室、资料室、少儿阅览室、多功能阅览厅（电子、报纸、期刊）、文化信息资源共享中心7个服务窗口，灵寿县图书馆有阅览坐席110个，计算机35台，宽带接入10Mbps。截止到2013年底藏书6万余册，现有工作人员6人，都是大专以上学历。

业务建设

随着经济的发展，物质生活水平的提高，人们对图书馆服务有了更高的要求。首先我们抓好硬件建设，积极利用文化共享工程设备及图书馆专项资金，改善办馆条件，更换门窗、粉刷墙壁、吊顶、铺地板砖、安装空调、更换书架、置办档案柜、办公桌等，新增图书1万册，使我馆整体面貌焕然一新，为读者提供了一个优雅、舒适、美观、安静的阅读环境和增长知识、开拓视野、便捷获取网络信息的平台，使图书馆服务工作更上一个新台阶。

读者服务工作

除搞好本馆7个服务窗口，重点开展了以下服务活动：

1、根据我县实际情况，配合农村畜牧基地建设，确定：平原以孟托村的金针菇、北关的大棚菜、东合村的苹果、忽冻村的养鱼；丘陵地区谭庄的烤烟、狗台的红薯、北洼的花生；山区陈庄、寨头的果树，南营、岔头的畜牧、药材、茶叶基地建设为专题项目服务点，定期送科技信息、书刊下乡，开展跟踪服务活动。如：《食用菌保鲜及系列产品加工》送给孟托村农民孟平均种植金针菇、《十大热门特种养殖》送给山区板栗种植户尚庆祥，并及时送书，及时解答遇到的问题等，受到良好的经济效益和社会效益。

2、实行图书馆全年开馆，节假日不休，我们坚持“为人找书、为书找人”的服务宗旨，根据读者需求，合理安排图书馆开馆时间，周六日正常开放，并为残疾人、老年人、学生代借代还，少儿阅览室和多功能阅览厅免费对外开放。

3、2012年4·23世界读书日活动和图书馆服务宣传周活动中发放科技资料信息及图书1500余册，解答咨询60余次，并组织放电影、猜谜语等系列读书活动，得到了读者的一致好评，并进一步宣传了图书馆。

4、为丰富图书馆活动，吸引更多读者，我馆定期开展摄影展、书法展、少儿绘画展、书画展、送春联等活动，并利用文化共享中心设备播放健康、教育、儿童科教讲座20余次，与文化馆一起联合举办太极拳、大秧歌、柔力球等培训班，得到读者朋友们的一致好评。

业务研究、辅导、协作协调

1、我县自2009年开始帮扶农家书屋建设，至今已经建成279个，实现我县农家书屋全覆盖，并对每一期新建书屋管理员进行培训，定期开展农家书屋业务辅导工作。2012年共建138个农家书屋，累计发放图书共计207000余册，举办农家书屋管理员培训班3次，共培训138名管理员，分别印发了图书分类表和管理制度，保证书屋的规范管理和有效利用。每一个农家书屋可供借阅的实用图书不少于1500册，电子音像制品不少于100张，切实解决了村民“买书难、借书难、读书难”问题，这给他们找到了一个学习知识、提高自身素质、改变自身命运的文化平台，成为农民增收致富的“加油站”，同时也极大地丰富了村民的文化生活，有力地改善了村风民风。

2、乡镇文化站图书室是我县图书馆网点的重要组成部分，为了加强乡镇文化站图书室建设，2012年8月开始，我馆在文广新局领导带领下到全县15个乡镇文化站，进行了一次全面认真的摸底调查，并捐书帮建、辅导业务，对乡镇文化站图书室管理员举办培训班1次，印发了图书分类表，图书管理各项规章制度，使其各项工作都有章可循，逐步走向正规化、制度化。乡镇文化站图书室的建成，使得不仅村村有书屋，文化站也充分发挥了图书室的作用。

3、建立巩固了职教中心、子弟学校、灵寿中学等11所中小学，城关、三圣院、陈庄等11个乡镇，城内、木佛、同下、慈峪等30个村和化肥厂、纺织厂图书室业务联系点。2012年我馆每季度组织学习班1次，共举办4次。与学校及企业图书室的业务联系促进了我馆与其他馆的共同发展，并在努力促进馆际互借。

管理工作

灵寿县图书馆在2013年度文化信息资源共享培训达到22小时、图书馆的阅读推广5小时、“图书馆学：研究方向与研究方法”学术报告5小时、馆内组织岗位培训200小时。2013年我馆图书管理员尹园竹在“市图学苑发表浅谈县级数字化图书馆建设的现状与发展对策”。

表彰、奖励情况

2012年–2013年灵寿县图书馆获得石家庄图书馆表彰、奖励3次。

馆领导介绍

李春岭，女，1981年生，大专学历，馆长。2003年7月参加工作。

未来展望

1、图书馆自动化管理需进一步实施和完善。

2、在图书馆业务研究方面，应积极参与省市图书馆举办的研讨会、征文等活动，与省、市及兄弟县图书馆间加强沟通与协作协调等工作，并围绕本馆业务工作撰写调查研究报告，争取在省、市图书馆刊物发表。

3、充分利用文化信息资源共享卫星接收系统，丰富馆藏，为读者提供更多电子资源。

4、积极主动搞好地方文献的搜集工作，并策划建立地方文献数据库。

5、进一步完善政府公开信息平台，向地方各部门收集文件，设置政府信息查阅场所，为公民、法人或者其他组织获取政府信息提供便利。

6、古籍是我馆文献保护的重点，但是对古籍修缮等方面缺乏专业的学习和指导，在自学的同时，需向省、市级图书馆学习。

我馆在现有条件下，做了大量工作，但是与其他图书馆相比，仍然存在很多不足，仍需要向其他馆虚心学习，加强沟通与合作，共同为图书馆事业发展做出更大的努力。

联系方式

地　址：灵寿县北环路4号
邮　编：050500
联系人：李春岭

深泽县图书馆

概述

深泽县图书馆初创于1988年。馆址几经变迁现位于深泽县东苑街，占地面积1700平方米，使用面积800平方米，总藏书3.5万多册。图书馆设有藏书室、外借室、儿童阅览室、综合阅览室、电子阅览室、多功能厅。阅览室座位90个，儿童阅览室座位20个，综合阅览室40个，电子阅览室30个。2009年，参加第四次全国公共图书馆评估，首次获得二级图书馆。2013年参加第五次全国公共图书馆评估第二次获得三级图书馆。

业务建设

截止2012年底，深泽县图书馆总藏量3.5万多册。从2009年1.5万册到2012年3.5万多册，2012年一年图书增加量已达到1.5万册，平均图书递增量在每年5000册以上。阅览室有报刊40多种，其中期刊25种，报纸15种。

从2010年起，深泽县图书馆图书实行计算机自动化管理。购买了先锋图书管理软件，在局领导和全体馆员的努力下，把全部图书书名、出版社、作者、书刊价格等进行微机录入，并购买条码打印机，对录入图书进行打码，对每本图书进行条码粘贴，经过几个月的奋战，实行了图书借阅微机管理，增强了借阅管理的规范化，图书借阅的准确性，提高了办理速度，得到上级领导和读者的好评。2012年配置了30台联想计算机，开设了电子阅览室，增设一台大型服务器，投影仪等另外还配置了复印机、激光打印机、装订机、等设备。

读者服务工作

从2011年10月起，深泽县图书馆全年363天天天对外免费开放，周开放56小时。2009-2012年，书刊总流通4万人次，书刊外借8万册次。

为了积极推进文化育人，更好地开发利用图书资源，激发读者读书兴趣，图书馆开展了形式多样，内容丰富的各种宣传教育活动：1、充分做好新书报导读工作。利用各种形式建立新书架，推荐新书籍，介绍报刊等。从创建工作开始至今，已出示、介绍新书，推荐好书。同时还以黑板报、宣传窗等形式介绍新增报刊。2、积极开设图书阅读指导工作。辅导学生读者自觉读书，养成良好的阅读行为与习惯，并做到每年度两次，包括图书馆基础知识介绍，工具书的使用，图书的选择和怎样读书，以及读书卫生知识等方面的指导介绍。例如，给学生读者介绍当前“中学生课外阅读新走向”、“阅读的理解、记忆和方法”等，这大大培养了学生检索和利用文献知识及阅读书刊、资料的能力，并为提高学生的学习成绩及他们的终身学习打下了基础。3、积极组织形式多样的读书活动。或读书报告会、演讲会，或开设讲座，或进行读书经验交流会等，写好读书笔记及编撰读书小报等。读书活动的经常性开展，大大增加了读书氛围。组织形式多样的读书活动，如举行《读钢铁学保尔》、《远离网络污染》、《读中外名著，做世纪新人》等读书活动，收到良好的效果。对学生开设阅读指导课，辅导学生自觉读书，并养成良好的阅读行为和习惯，做到每年度2次。充分发挥图书效益，并利用寒暑假开架，提高了书刊的流通率，学生借书量达到很高比例。

业务研究、辅导、协作协调

2012年，深泽县图书馆和残联经过共同努力，引进资金，成立了盲人图书馆。并面向全县盲人朋友开放。盲人图书馆位于图书馆一楼大厅西侧，面积20平方米，收藏盲文图书2000余册，盲人图书馆免费为视障读者提供盲文书刊借阅服务，并精心打造了“耳边的世界”、“我爱听评书”盲人书场、“阅读与欣赏”视障读者品鉴会、盲文培训等活动。盲人图书馆以丰富的盲文书刊、完善的设施设备、雅致的阅览环境、人性化的特色服务，吸引了众多盲人朋友走进图书馆、利用图书馆、享受图书馆。

管理工作

图书馆专职管理人员共6人。管理人员2人，具有中级及以上职称，并经过专业培训。管理人员熟悉图书馆业务，1人任职4年，1人任职1年，保持了相对稳定。馆内工作人员隔周一个晚上开展业务交流，经常总结经验，撰写总结和心得体会。

表彰、奖励情况

2010年深泽县图书馆被评为石家庄市先进图书馆。

馆领导介绍

王亚青，男，1968年生，河北省深泽县人。1990年毕业于石家庄市教育学院体育系体育教育专业。1990年毕业分配到深泽县业余体育学校工作。1994年至1997年在河北体育学院进修体育教育本科。1999年7月至2002年2月任深泽县业余体校副校长。2002年2月任深泽县业余体育学校校长。2009年8月任图书馆馆长。自任馆长一职以来在图书馆工作中，坚持“以人为本，服务为先”的思想，利用现代化管理理念，实现图书馆“藏阅一体化，单一通道控制，开架式服务，超市化管理”，最大限度地为读者服务。2010年荣获石家庄市县级公共图书馆先进个人奖。

未来展望

今后的图书馆建设，面临着信息化、网络化、数字化的挑战。以实际、实在、实效为出发点，以高起点、高品味、高标准为目标，进一步提升管理人员专业化水平，藏书布局合理化，管理手段现代化，图书分类精确化，业务管理规范化，服务工作细致化。今后将加强数字图书馆和图书资源中心的规划建设，充分发挥图书馆在我县文化建设中的作用。

联系方式

地　址：深泽县东苑街深泽县图书馆
邮　编：052560
联系人：王亚青

无极县图书馆

概述

无极县图书馆建于1987年8月，隶属于无极县文广新局管理，原馆舍坐落在无极县无极路东段，1997年7月图书馆搬迁至花园西路92号，馆舍面积2200平方米。无极县图书馆2013年被评为“国家三级图书馆”。随着无极县经济社会的发展，及“全民素质提升”工程和“书香河北，阅动无极”全民读书工程的深入实施。无极县图书馆不断拓宽服务渠道，在克服人员少等实际困难的情况下，积极帮助乡文化站、农家书屋等图书馆进行业务指导，共建农家书屋213个。使其规范化管理。同时创新服务形式，建立流动图书服务点以满足无极县人民精神文明建设的需要。

业务建设

无极县图书馆现有藏书达10万册，征订报刊30多种，杂志300种。依据以农业、工业、文学、教育为重点学科，兼顾其它学科；以成人读者阅读需求为主，同时注重少儿读者阅读需求。

读者服务工作

1、实行免费服务。根据文化部公共图书馆免费开放的要求，无极县图书馆实行全免费开放，包括借阅证办理，书刊阅览、图书外借、检索与咨询、基层辅导等全部实行免费。同时购买了方便读者使用的书架、存包柜，重新布置了阅览室，同时提供热水、改善阅读环境，创造温馨、安静的阅读氛围，吸引读者，方便读者借阅。

2、深化服务层次。服务是图书馆的根本。无极县图书馆始终坚持“读者至上，服务第一”的宗旨，拓展服务领域，创新服务模式。充分利用“全国公共图书馆服务宣传周”、“全民读书月”“世界阅读日”等大力宣传，拓展图书馆的服务范围，提升图书馆的服务水平。

业务研究、辅导、协作协调

无极县图书馆是无极县主要的社会公益文化活动阵地，实行免费开放。根据本地需要采集文献信息资料，整理、加工、保管、开发、开展信息资源服务；宣传党的各项方针政策，为本地区的经济、文化建设、特别是农村经济的发展和新农村建设提供文献信息服务；传播科学文化知识，提高广大群众的科学文化水平；在政府有关部门的的领导下，协助发展本地区各类图书馆、室，对基层图书室进行业务辅导。无极县图书馆的职责是为无极县的广大群众提供丰富便利的图书管理服务、为打造文化无极、书香无极服务。

管理工作

无极县图书馆现有工作人员11名，大专以上学历9人，中专学历2人；初级职称3人，中级职称7人，副高职称1人。

图书管理人员经过培训，具有较高的文化水平和管理的能力。在图书分类、登记、上架、保管和借阅等全部过程严格按照要求，图书馆内的所有书目都经认真核对、登记、制度上墙、免费借阅管理。制定了具体的借阅登记管理办法，要求从爱护书籍，保证图书完整齐全不被损毁和丢失的目的出发，收取与图书价格相符的保证金，打印成册，为实现制度化、科学化、规范化管理打好基础。

表彰、奖励情况

无极县图书馆2009–2013年共获各种表彰、奖励3次，其中，市级表彰、奖励1次，无极县宣传部表彰、奖励2次。

馆领导情况

张占法，男，1969年12月生，无极县人，大专学历，中共党员，图书馆馆员，馆长，1989年参加工作，历任无极县文广新局文化科科长、行政执法队队长、无极县文广新局党组成员兼图书馆馆长。

未来展望

今后的图书馆建设，面临着信息化、网络化、数字化的挑战。以实际、实在、实效为出发点，以高起点、高标准为目标，进一步提升管理人员专业化水平，藏书布局合理化，管理手段现代化，图书分类精确化，业务管理规范化，服务工作细致化。今后将加强数字图书馆和图书资源中心的规划建设，充分发挥图书馆在我县文化建设中的作用。

联系方式

地　址：无极县花园路92号
邮　编：052460
联系人：郝敬敏

元氏县图书馆

概述

元氏县图书馆为元氏县政府举办的唯一一所公共图书馆，2012年被文化部评定为国家三级图书馆。2014年，予以石家庄市图书馆进行共建共享，成为石家庄市图书馆分馆。

图书馆现址建成于1996年，位于元氏县城人民路71号，建筑面积1650平方米，设有图书借阅室、报刊阅览室、少儿阅览室、电子阅览室、影像放映室、学术报告厅等，全国文化信息资源共享工程元氏县分中心设在图书馆。目前拥有阅览座位60个，少儿座位20个，电子阅览室与文化信息资源共享工程一并使用，有光纤宽带接入和卫星信号接入，拥有计算机30台。

目前。图书馆拥有人员6人，其中外聘2人。人员中，大专学历以上人员5人，中级职称1人，初级职称以上5人。

业务建设

截至到2013年底，该馆总藏书量为66790册，其中视听文献44件。几年来，年均图书入藏1100册，报刊入藏121种。图书均按照国图法进行编目管理，建有目录专库，除部分文献资料外，所有图书进行开架借阅，图书书标、登录号、馆藏章等规范、统一、整齐，破损图书及时得到修复，报纸、杂志及时进行装订成册，文献资料得到了较好的保护。

读者服务

自2011年开始，我馆所有服务向社会免费开放。服务时间每天8小时，每周7天。书刊开架比例达到90%以上。年外借书刊平均为22000册，年接待读者30000人次，人均年到馆次数达9次。

近几年，该馆每年组织举办各类讲座和培训活动，积极利用全国的宣传周、读书月、版权日等开展宣传服务活动，为了提高图书馆的服务水平，扩大图书馆的社会影响力，他们一是积极宣传推介，每年都利用宣传周、读书月等开展多种形式的宣传推介活动。先后到机关、学校、社区开展宣传，图书馆每进一批新书，他们都在门前广场利用站牌进行展示推广。二是克服困难，增加开馆时间。目前，由2011年以前的每周开放48小时，增加到目前的56小时，实现了无节假日、无星期天。三是千方百计扩大信息资源。他们与市社科联联系，收集到部分《燕赵讲坛》录像片，在影像放映室定期进行放映。同时，充分利用好省市下发的共享工程资源光盘，及时拷入硬盘，向读者提供服务。四是积极与基层图书馆进行业务联系，吸引农村群众到我馆进行借阅。近年来，先后与鉄屯村图书室、西阳村图书室、二职图书室等开展业务联系，先后对15各乡镇文化站和全县208个村的农家书屋管理员进行了集中培训，组织 参观了县图书馆，对扩大读者群起到了积极作用。

近年来，他们把提高服务质量作为最大追求，把最大限度地满足广大读者的需求作为最终工作目标。采取了一系列有力措施：一是努力增强图书报刊的针对性，使所采购的图书报刊尽可能适合广大读者的需求，适合读者的口味。建立了完善的图书需求登记制度，对读者需要的图书进行现场登记，尽快予以采购。二是建立了新书预报制度。每新进一批新书刊，都在布告牌上予以公告，及时告知读者，方便读者借阅。三是对中小学生需要的图书，深入到学校征求有关教师们的意见和建议，征集购书目录，使所选购书刊更具有针对性，深受孩子们的欢迎。四是借书处、阅览室全部采取开架方式，每位读者可随意在书架上选择书刊。图书馆的工作人员积极学习，不断提高自己的业务水平。他们多次到其它兄弟图书馆参观学习，取长补短，表现出很强的敬业精神。五是不断丰富馆藏。近年来，除了每年购置一部分新书以外，还通过及时了解县内各单位志史修编、文献汇编等情况，积极征集县内文献资料。近年已征集到《元氏县志》、《元氏年检》、《民政志》、《教育志》、《交通志》、《卫生志》及《石家庄之根—封龙山》、《元氏书法美术摄影集》等一大批文献资料。

未来展望

目前，元氏县政府已经批准新的图书馆楼改造规划，预计2014年底以前动工，工期一年。新的图书馆楼建成后，建筑面积达到3000平方米，可容纳藏书10万册以上，各项功能更加齐全，年接待读者可达6万人以上，经过努力可达到国家一级馆标准。

馆领导介绍

张素青，女，汉族，1966年8月出生，中共党员，元氏县北褚乡南褚村人，1981年8月参加工作，石家庄学院毕业，大专学历。具备会计师资格。现任元氏县图书馆馆长。

1981年8月–1992年12月，元氏县商业局会计；

1993年1月–2002年05月，元氏县文化馆会计；

2002年6月–2006年12月，元氏县图书馆会计；

2007年1月–今，元氏县图书馆馆长。

张素青馆长

开放书库

少儿阅览室一隅

玉田县图书馆

概述

玉田县图书馆始建于1986年8月，是国家举办的综合性县级图书馆，是全民所有制公益性文化事业单位，馆址几经变迁，于2006年11月正式迁入玉田县中心广场东侧文化楼。新馆建筑面积1050平方米，内设外借图书流通部，期刊报纸阅览部，电子阅览室，全国文化信息资源共享县级分中心，辅导部，行政办公区和后勤保障区。2009年6月15日与中国联合网络通信有限公司玉田县分公司签订10兆光纤接入合同，并一直延用至今。

业务建设

截止2012年底，玉田县图书馆总藏量42835册，其中纸质文献41321册，电子图书2514册；2009－2012年新增图书购置费14万元；2011年将原有木质书架全部更换为铁质书架，2012年底启用图书馆自动化管理系统，系统运行正常，基本达到图书馆办公自动化。

读者服务工作

玉田县图书馆地处县城繁华地段，交通便利，馆内设施先进，配有电脑100余台，网络光纤接入；配有信息中心机房，投影仪、复印机等现代化办公设施，各功能室环境优雅、宽敞明亮，基础设施设备等都得到了进一步的改善。

玉田县图书馆每天开放8小时，周开放56小时；所有图书、报刊全部免费开架借阅；图书借阅每年30000余人次，报刊阅览每年12000余人次。

2009－2012年，玉田县图书馆在世界读书日、全民图书月等活动中，共举办各类读者活动100余次，开展专题读者活动20余次；利用广播电视、报刊传单、等各种方式进行广泛宣传，其中每年广播电视宣传各两次，报刊传单宣传5次；深入县直部门、乡镇村社举办各类知识讲座31场次，听众达10000多名。

业务研究、辅导、协作协调

2009－2012年，玉田县图书馆职工撰写论文32篇，调研报告15篇。2010年与20个乡镇文化站图书室建立馆室互借关系，定期对基层文化站图书室、农家书屋进行培训和辅导，2009－2012年间，下基层文化站指导培训4次，协助指导基层站点分类、编目、上架图书8000多册，举办农家书屋管理培训3次，参训118人次，指导并实施农家书屋图书分类、编目、上架图书20000多册；开展共享工程基层网点技术培训工作5次，培训基层网点信息员32人次。

管理工作

玉田县图书馆现有职工10人，其中本科学历4人，专科学历5人，中专学历1人；高级职称2人，中级职称8人。

2009年4月，玉田县图书馆完成第一次全员岗位聘任，全馆10人按5类岗位重新上岗，同时，建立了工作量化考核指标体系，每月进行工作进度通报，每半年和全年进行总体工作考核。

表彰、奖励情况

2009－2012年，玉田县图书馆共获得各种表彰、奖励10次，其中市级奖励4次、县级奖励2次、县级文化系统奖励4次。

馆领导介绍

陈宝焕，女，1966年11月生人，中共党员，馆员，馆长、党支部书记。1987年8月参加工作，历任玉田县图书馆副馆长、馆长。

张丽娟，女，1970年9月生人，中共党员，副研究馆员，副馆长。

未来展望

玉田县图书馆以建设现代化、数字化图书馆为发展目标，利用先进的计算机技术和数字信息系统，开展各种图书服务活动，提高广大人民群众整体素质，为推动玉田经济发展提供智力支持，实现科技和文化的完美结合，努力把图书馆办成知识信息中心，文化教育中心，成为重要的知识信息枢纽和三个文明建设的重要窗口。

一年一度的大型图书展销

外借处藏书库

综合阅览室

人文玉田大讲堂

秦皇岛市山海关区图书馆

概述

山海关区图书馆成立于1996年6月，2002年8月搬入新馆，被文化部评定为国家三级图书馆。馆舍面积1200平方米。馆区内设有借阅室1个、阅览室2个；阅览座位100个；电子阅览室1个；盲人阅览室1个，多媒体阅览室1个。山海关区图书馆隶属于山海关区文化局，下设：采编部、流通部、业务辅导服务部、办公室。拥有计算机26台，通过10Mbps光纤连入互联网。采用图创图书馆自动化集成管理系统，使图书馆内部业务和对外信息服务的自动化程度全面提高。

业务建设

截止2012年底，山海关区图书馆总藏量5.97万册（件）。我馆实行财政全额拨款，2012年财政拨款为79万元，购书经费单列，2012年新增藏量购置费3万元。其中中文图书39972册、盲文图书11册、中文期刊8500册、地方文献900册、视听文献(件)50件、少儿文献10267册。2012年征订报刊160种，入藏图书22788册，入藏视听文献30件，地方文献300件。我馆自2008年开始从国家图书馆联合编目中心的书目数据下载书刊著录数据，下载书目数据达100%，并制定了《图书著录、标引、加工规则》，准确率高，加工精美。我馆于2008年使用图书馆行动化图书管理系统，采访工作、编目工作、流通工作、书目检索等全部实行了自动化处理。已建馆内局域网并开展各项工作，已建山海关区图书馆网站，并对外服务，上传我馆的新书介绍，活动简讯等。参加河北地区联网服务，签订了联合服务协议，联合开展参考咨询和联合借阅服务。制定了数据库建设规划，规划合理．具有较强的可操作性，目前我馆已制定地方文献全文数据库建设规划，正加大资源采集力度和技术准备工作。

读者服务工作

我馆坚持全年开放．节假日不闭馆，每周开放时间63个小时。我馆馆藏图书全部开架借阅。全年借阅图书9万册，接待读者8万人次。我们利用我馆的新书介绍栏、精品图书展等形式向读者推荐新书437种。现已建成服务点、流通站40个。2012年，我馆为馆外服务点换书服务34次，各服务点累计外借书刊9000册/次。我馆重视为政府机关决策服务、为本地区重点教育、科研和企事业单位等收集相关资讯，提供二、三次文献服务，服务全区科技周、“农家书屋”建设等工作。我馆积极开发文献资源，对重点读者、科技示范户等开展定题跟踪服务。免费提供大量实用资料、信息，在“科技周”、“三下乡”等活动中免费发放，深受欢迎。2012年开展读者咨询解答近60条，对重点读者开展《代检索课题》服务；利用“读书专栏”、《新书介绍》向读者推荐新书，开展馆藏信息服务，举办专题图片展等。服务形式多样，社会成效明显。

业务研究、辅导、协作协调

山海关区图书馆积极参与上级图书馆、兄弟馆的馆际互借交流，帮助基层图书馆室、农家书屋、文化站、电子阅览室进行业务培训辅导。业务辅导干部全年多次到各街镇乡图书馆进行业务辅导，定期进行工作检查，帮助分编图书。11个街镇乡文化站全部建有图书室。社区全部建立了图书室，全部验收合格。2008年，我区103个行政村全部建立了“农家书屋”，提前完成了我区3年的建设任务。并全部检查验收合格，获得省市各级领导好评。多次开展文体站长、图书管理员培训，全年共培训300余人次，为我区的基层图书室建设奠定了基础。开展了流动图书车的服务工作。

管理工作

2010年，山海关区图书馆完成全员岗位聘任，建立了工作量化考核指标体系，每月进行工作进度通报，每半年和全年进行总体工作考核。

表彰、奖励情况

2009–2012年，山海关区图书馆多次获得市区各种表彰、奖励，多次被评为“秦皇岛市文化工作先进集体”、“秦皇岛市图书馆学会先进集体”等荣誉称号。

馆领导介绍

关月，女，1977年11月生，大学本科学历，中共党员，馆员，馆长。1995年6月参加工作，2009年10月任山海关区图书馆馆长。

未来展望

展望新的世纪，山海关区图书馆将以高质量、高科技的现代化服务手段，不断丰富馆藏资源，提高管理水平，延伸服务触角，创新服务特色，为广大读者提供方便、快捷、优质的服务，成为市民终身教育的知识殿堂，为建设高品位文化城市做出新的、更大的贡献。

联系方式

地　址：秦皇岛市山海关区图书馆
邮　编：066200
联系人：关 月

卢龙县图书馆

概述

卢龙县图书馆成立于1991年，1998年迁入新馆，馆舍建筑面积1576平方米，内设办公室、采编室、借阅室、报刊阅览室、儿童阅览室、电子阅览室、参考咨询室等7个科室，阅览座席200个，藏书13万册，年订阅报刊50余种，发放借书证500余个，年流通22000多人次，书刊文献外借18000多册次，每周开放56小时。2009年，参加第四次全国公共图书馆评估，获得三级馆。

业务建设

截止到2013年底，卢龙县图书馆总藏量13万册。

2010年10月，卢龙县支中心对设备进行调试并开始运行。电子阅览室114平方米，终端25台，服务器4台，投影仪1个，交换机2台，电脑桌椅25套。连接互联网，建立图书馆独立网站。机房20平方米，铺设防静电地板，安装空调1台。

2011年，实现自动化管理。为了促进全国图书馆联合编目事业的发展，最大程度地实现资源共享，与国家图书馆共同合作，并达成协议，加入国家图书馆联合编目中心。

读者服务工作

从2011年，卢龙县图书馆对外免费开放，周开放56小时。2009–2012年，书刊总流通9万余人次，书刊外借7万余册次。

2009年以来，开展元宵节灯谜竞猜，服务宣传周，为农民工、老年人、残疾儿童等弱势群体免费送书，免费送科技资料下乡等丰富多彩的活动。

自2009年起，建立流动图书站5个，馆外书刊流通总人次2万人次，书刊外借4万册。2009–2012年，卢龙县图书馆共举办讲座、展览、培训、阅读推广等读者活动50余场次，参与人数6000余人次。2009–2012年，搜集整理《秦皇岛日报》卢龙报道索引，更好地为读者服务。

业务研究、辅导、协作协调

2009–2012年，卢龙县图书馆有4名职工完成学术论文6篇。2009年以来，参加河北省图书馆举办的《中国图书分类法第五版》知识培训班，参加秦皇岛市图书馆举办的网络信息资源获取和文化信息资源共享等知识培训班。

2009年以来，卢龙县图书馆对全县12个乡镇文化站、4个新建街道、村级图书室进行了业务培训和辅导，使图书管理员掌握了图书馆学基础知识，提高了他们的业务工作能力。

2011年，为了促进全国图书馆联合编目事业的发展，最大程度地实现资源共享，与国家图书馆共同合作，并达成协议，加入国家图书馆联合编目中心。

管理工作

卢龙县图书馆十分重视通过制度建设明确岗位责任，规范岗位行为，保证服务质量。图书馆的管理规章制度严格界定了各部门、各岗位的工作职责。2011年，卢龙县图书馆完成第1次全员岗位聘任，本次聘任共设4类岗位。

表彰奖励情况

卢龙县图书馆连续四年被秦皇岛市图书馆评为先进集体。

馆领导介绍

徐学军，男，1966年1月生，大专学历，助理馆员，馆长。1982年9月参加工作，2012年12月任卢龙县图书馆馆长。

未来展望

卢龙县图书馆秉承“读者第一、服务至上”的办馆宗旨，在图书馆与读者之间架设一座心灵的桥梁，构建一个交流的平台。2012年启动了图书馆新馆建设，占地6000多平方米。新馆建成后，图书馆面积将达到国家一级馆标准，更好地满足广大群众日益增长的文化需求。

联系方式

地　址：卢龙县新城大街
邮　编：066400
联系人：徐学军

科技资料下乡

灯谜竞猜

读书演讲比赛

为特教学校送书

邯郸市邯山区图书馆

概述

邯山区图书馆于1983年建馆，位于滏阳公园南侧滏园街26号，占地1600平方米，建筑面积2500平方米。目前有工作人员13名，其中业务人员11名，人员配备较为齐整，具有较高的业务素质和专业水平。近几年，在上级领导的正确领导和支持下，邯山区图书馆在基础设施建设方面也有了长足的进步，面貌有了很大的改变。在2013年的全国图书馆达标验收工作中，该馆被评为国家三级馆。

业务建设

邯山区图书馆以"读者第一、服务至上"为宗旨，本着人性化服务的理念，坚持优质服务、便民服务、惠民服务，处处为读者着想，事事以读者为先，不断提升图书馆在读者心中的认知度和美誉度。该馆充分利用馆藏资源，努力提高服务水平。近年来，该馆增购新书近23332册，办理图书证2000余个，订阅报刊近200种，拥有成人、少儿持证读者2万余人，接待各类读者约20万人次，外借册次达5万以上。

为进一步弘扬中华民族传统文化，丰富广大群众的业余文化生活，不断创新传播形式，同时能够吸引大众走进图书馆、利用图书馆多读书、读好书，开展各类读书活动，内容丰富，形式多样，极大程度满足了广大读者精神文化生活的需求。近年来，邯山区图书馆已开展各类活动120余次。结合传统节庆和现代节庆开展社会服务活动已成为邯山区图书馆的常规性工作。

邯山区图书馆努力完善公共文化服务体系，利用自身文献资源的优势，积极投身全国文化信息资源共享工程的建设工作，以"资源共享、协调发展"为目标，建立起统一的服务网络，无偿提供书刊，并提供业务指导和人员培训，努力为城乡居民提供文献信息和文化休闲服务。

少儿阅览室

读者服务工作

邯山区图书馆心系读者，站在读者立场上，实行全年免费开放、开架自助借阅、免费上网、取消办证工本费等便民服务。利用网络开展图书推介和宣传，定期推荐好书、新碟以及专题书目，创新图书馆导读和服务的方式；向读者推荐新书并做好预借、续借、导读工作；电子阅览室全年全天候免费向读者开放，方便读者阅读电子图书，查阅资料等。

业务研究、辅导、协作协调

邯山区图书馆除做好自身建设处对基层加强了辅导，不断提升基层业务水平。他们举办了"农家书屋"建设和管理员的培训工作；对乡、镇、办事处各图书室帮助完成图书的采编、上架等业务工作，进行了业务辅导和培训工作，及时为他们提供技术辅导和服务；加大文化信息资源共享工程的宣传力度，完善软硬件设施，对各乡镇办事处文化共享工程基层服务点的工作人员进行业务辅导和培训，充分发挥文化信息共享工程的宣传教育作用。

管理工作

邯山区图书馆实行全员岗位聘任，建立了工作量化考核指标体系，每月进行工作进度通报，每半年和全年进行总体工作考核。

表彰、奖励情况

近年来，邯山区图书馆共获得各种表彰、奖励18次，其中，市文广新局表彰、奖励12次，其他表彰、奖励6次。

馆领导介绍

郭军林，男，1972年10月生，本科学历，中共党员，副研究馆员，馆长。1991年7月参加工作，曾任邯山区绿化路小学副校长、邯山区文化馆副馆长。

未来展望

近年来邯山区图书馆做了大量的工作，也取得了一定的成效。今后该馆将继续加强自身建设，提高服务水平，以高昂的热情、务实的作风，把握机遇、开拓创新，为建设学习型社会做出应有的贡献。

联系方式

地　址：邯郸市滏园街26号
邮　编：056001
联系人：郭军林

报告厅

文化信息共享阅览室

阅览室

邯郸市丛台区图书馆

概述

丛台区图书馆始建于1982年，位于中心城区，原馆舍分别在丛台路小学、曙光路小学、建新路小学。2006年搬迁至邯郸市丛台区北斜街7号，占地3000㎡，总建筑面积1500㎡。图书馆编制人数12人，隶属丛台区文教体局领导。

丛台区图书馆现有藏书6万册，设有借阅室、成人阅览室、少儿阅览室、电子阅览室和文化活动室等，辖区下属13个乡办文化站图书室，全部免费为群众开放。2011年，丛台区图书馆被国家文化部评估定级为三级图书馆。

业务建设

区委、区政府重视图书馆工作，不断加大投入，投资2万余元购置3000余本书刊杂志及8个新书架。投资6万余元购置了20台新电脑，并对部分门窗玻璃进行更换，对指示标牌进行更新，对室内外卫生进行打扫，以良好的环境迎接广大读者的光临。

读者服务工作

丛台区图书馆实行全年免费开放，图书全部开架借阅。每年利用展牌、专架、网络开展图书推介和宣传，创新图书馆导读和服务的方式，并做好图书预借、续借、馆际互借工作；电子阅览室全天候免费向读者开放，方便读者阅读电子图书，查阅资料等。

为丰富广大群众的业余文化生活，丛台区图书馆定期开展送图书进社区、进学校、进机关活动，方便读者就近阅读，吸引了上千群众加入到读书的行列；定期举办各类知识讲座和读书活动，每年讲座活动不少于12场次，听众达11100多名，如：针对青少年儿童，举办“书香丛台”、“学习雷锋好榜样”、“中国梦”等大型读书活动；针对老年人，举办了“秋季养生菜谱”知识讲座、“老年人春季、秋季养生保健知识”讲座、“口腔健康”知识讲座等；针对女性，举办了“饮食文化”讲座、“关爱女性健康”讲座、“女性气质修养”讲座、“办公室瑜伽”讲座等活动，丰富多彩的读者活动受到广大读者的欢迎。

业务研究、辅导、协作协调

丛台区图书馆已加入河北省公共图书馆联盟，与省图书馆、市图书馆签订了展览协议，讲座协议以及联编协议。

图书馆为加强基层图书室的建设，实施文化惠民工程，近年来为一乡十办配置了电脑150余台，图书5000余册，并深入社区基层文化室做好业务辅导、培训工作，每年下基层辅导12次，累计辅导培训160余人次。

管理工作

丛台区图书馆实行了“首问负责制”，要求最先接受读者咨询的工作人员作为第一责任人，必须认真解答读者提出的问题或指引读者查找相关书籍、解释有关借阅制度，直到读者感到满意为止。并通过进行业务培训与教育，增强馆员服务意识，不断强化馆员的爱岗敬业精神。

表彰、奖励情况

2010—2013年，连续4年在邯郸市“燕赵少年读书系列活动”中荣获市优秀组织奖。

馆领导介绍

馆长、书记：徐孟州，男，1961年生人，河北馆陶人，大学专科学历，小教高级教师，党员，兼任邯郸市丛台区民间艺术家协会主席。

副馆长：封俊，男，汉族。1973年生人，河北魏县人，大学本科学历，文学学士学位。河北省民俗文化协会副会长、邯郸市民间文艺家协会秘书长、邯郸市民协会刊《赵都采风》执行主编。

未来展望

新图书馆计划于2015年开工建设，建成后，集文化服务、业务培训、图书阅览等于一体，满足各阶层群众的文化需求。

联系方式

地　址：邯郸市丛台区北斜街7号
邮　编：056002
联系人：徐孟州

丛台区图书馆馆貌

少年儿童读书节活动

“科普进校园”赠书活动

开展“中国梦·我是小小读书师”活动

邯郸市复兴区图书馆

概述

邯郸市复兴区图书馆于1998年建立并开放，馆址几经变迁，2007年建安学校经改建后成为新的馆址，位于先锋路东段，面积1500平方米，2008年参加第四次全国公共图书馆评估，首次获得三级馆。2011年开始免费对外开放。

业务建设

截止2012年底，复兴区图书馆总藏量5万册，包括马列主义、毛泽东思想、哲学、政治、经济、文学、社会科学、自然科学等多大类。共享工程支中心拥有电脑25台，宽带接入。

读者服务工作

自免费开放以来，全年每天对外开放，周开放60个小时；图书全部开架借阅，年外借2万册次；成立了政务公开信息服务点，提供参考咨询服务；全年开展书刊宣传活动，包括新书介绍、流动书摊、各种读书活动等。同时针对不同年龄不同爱好的读者开展多种讲座，如：书法知识、戏曲欣赏、法律课堂、卫生知识等，其中舞蹈培训、声乐培训、器乐培训深受大家的欢迎；共享工程支中心提供检索、浏览、和下载服务，对残疾人、老年人、进城务工人员提供特殊服务。

读者观看视频光盘

业务研究、辅导、协作协调

复兴区图书馆已加入河北省公共图书馆联盟，与省图书馆、市图书馆签订了展览协议，讲座协议以及联编协议，利用全国文化信息资源共享工程中心下发的“跟我学”系列光盘开展各种讲座。

管理工作

复兴区图书馆实行全员岗位聘任，每个人都有明确的分工与责任，年初制定工作目标，年终进行考核，考核情况和绩效工资挂钩。

表彰、奖励情况

2009–2012年，连续四年获得“燕赵少年读书系列活动”市级优秀组织奖，2010年选送的作品还获得省级奖项，受到广大师生的欢迎。

馆领导介绍

李兰霞，女，1960年出生，大专学历，共产党员，副研究馆员，馆长。

魏贵成，男，1965年出生，大专学历，馆员，副馆长，主要负责共享工程支中心工作。

未来展望

为改善文化基础设施，建设文化强区，繁荣文化事业，根据《国家文化部公共图书馆建设标准》要求，在未来两三年内，复兴区要建成一座中型公共图书馆，与文化馆合建为复兴区文化艺术中心，地址位于复兴区光华大街以西、化林西二街以东、友诚路（联纺北路）以南、规划新区政府办公楼公安分局以北。规划总用地约18433.2平方米，总建筑面积约60000平方米，总投资约1.8亿元。其中图书馆约2000平方米左右。包括：文化资源共享工程支中心、借阅区、藏书区、业务区、办公区、公共活动区（报告厅、展览厅、培训室）等。整体建筑由北京市建筑设计院设计，样式新颖，风格独特，建成后将成为复兴区地标式建筑，与临近的复兴区人民政府和三甲医院，形成复兴区政治、文化中心。该项目目前已开工。

联系方式

地　址：邯郸市复兴区先锋路东段
邮　编：056003
联系人：魏贵成

公共电子阅览室

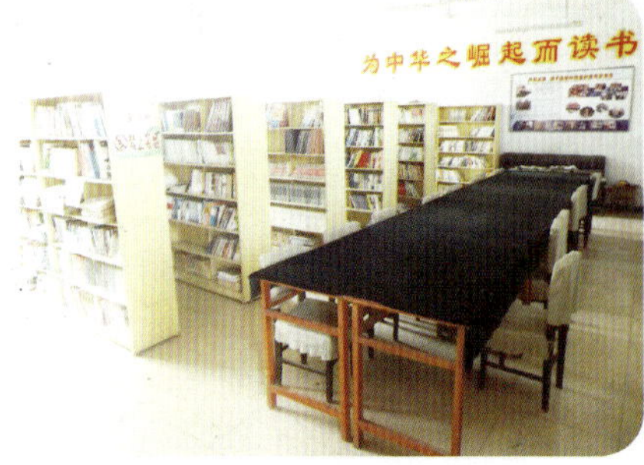

书库

指导小读者上文化信息共享工程网站

邯郸市峰峰矿区图书馆

概述

峰峰矿区图书馆位于邯郸市峰峰矿区的中心地带，始建于1946年，与矿区文化馆合并管理。1990年区委、区政府投资240万元，建成了二千多平方米的多功能的文化大楼，其中图书馆馆舍面积达1500多平米，现有藏书8万余册，阅览座席120个，计算机29台，是峰峰矿区唯一的公共图书馆。1999年全国公共图书馆第二次评估定级工作中，首次评定为县级三级图书馆。2011年采用了FLCS603图书信息集成管理系统。

业务建设

截止2013年底，峰峰矿区图书馆总藏量8.3972万册。2012、2013年，峰峰矿区图书馆新增藏量购置费5万元。入藏图书1803种，3749册。报刊160种，视听文献100种。

2004年建立了峰峰矿区图书馆地方文献室。峰峰矿区历史悠久，文化传统源远流长，历史文化，革命文化，矿产文化，北齐石窟文化，磁州窑文化及民俗文化，为后世留下了一批珍贵的文化遗产和艺术珍品。图书馆与峰峰所辖20个单位，建立了联系，使征集工作有了很大的进展。现已藏书10大类5000余册（本地区的政治经济、文化、科技等各类地方出版物、地方史志、地方革命斗争史、历代地方人士著作、珍贵的历史文献资料）。

读者服务工作

从2010年4月起，峰峰矿区图书馆对外免费开放，每周开放56个小时，开展外借、阅览、参考咨询、电子信息等服务，举办讲座、培训、展览等活动。除特定或特殊的文献外，馆藏图书全部对读者开放。利用文化信息共享工程中心配送的光盘为小读者们播放科教影片，让小朋友们在图书馆度过愉快的周末与假期。

峰峰矿区图书馆在每年的“世界读者日”与图书馆宣传周期间，都举办各类文化知识展览，不定期举办文学、美术、音乐等知识讲座；积极开展“燕赵少年读书系列活动”；开展送书到社区、进村入户活动；与书法家协会、美术家协会联合举办“书画展”、“送春联到农户”等活动。

业务研究、辅导、协作协调

2011年图书馆在条件较好的镇、社区设立图书室，并送去图书、书架、阅览桌、椅等设备，并不定期的更换图书。经常派专业人员下村、镇图书馆进行业务指导和培训，解决基层图书室工作中出现的问题。

2013年峰峰矿区图书馆与河北省图书馆联合编目中心签定协议，成为省图书馆联合编目、联合展览中心的成员馆。

管理工作

2009年，峰峰矿区图书馆工作人员岗位制度为聘任制，每年年底对全馆人员进行工作考核，考核合格者上岗。

获奖情况

2009年度县级公共图书馆业务工作培训活动中，被市文化局授予优秀组织奖。2013年邯郸市燕赵少年读书系列活动中，获优秀组织奖。

馆领导介绍

李媛媛，女，1976年5生，副馆长，大专学历，中共党员。1997年11月到峰峰矿区图书馆参加工作。

未来展望

作为县级图书馆，在有限的工作环境与工作实践告诉我们：无论它的条件最差还是较好，无伦是传统时代的管理还是现代化的管理，其工作的目的都是为读者提供最完善的服务。舒适的读书环境是图书馆服务的基础，齐全的设施是图书馆服务的保障，多种方式是图书馆服务的手段，以求赶上知识经济的步伐。为知识经济的发展提供知识信息，提供智力支持。迎合时代的发展需要，以全新的姿态迎接并投入知识经济时代。

联系方式

地　址：邯郸市峰峰矿区滏临南大街33号
邮　编：056200
联系人：李媛媛

送书下乡

地方文献室

书库

阅览室

临漳县图书馆

概述

临漳县图书馆始建于1978年，面积1805.65平方米，馆藏图书8万余册，年外借册次6万余册，阅览座席300多个。馆内开设普通书库、经典书库、少儿书库、临漳专柜、课本专柜、报刊、杂志、电子阅览室、缩印资料室、古籍收藏室等多个服务窗口。

业务建设

临漳县图书馆近年来不断拓宽服务渠道，在原来仅有普通阅览室的基础上，增设了少儿阅览室、报刊阅览室、经典阅览室、课本阅览室、缩印资料室和临漳专柜。2011年增设了电子阅览室，极大地方便了读者的需求，而且对于整合全县文化资源，传播先进文化，实施"文化信息资源共享"战略，产生了深远而重大的影响。

读者服务工作

从2009年8月起，临漳县图书馆全年365天，天天对外免费开放，周开放79小时，实行敞开办证，不受年龄、职业限制，随来随办，办退自由，并且根据需要可送书上门。

2009–2013年，书刊总流通89万人次，书刊外借50万册次。举办各种讲座、展览、培训、阅读推广等读者活动58场次，参与人数5169人次。

为让公共文化惠及更广泛的人群，临漳县图书馆每年都开展宣传活动，有："书香飘万家"、"世界读书日"、"服务宣传周"等活动，吸引更多的读者来馆免费读书。除外还多次下基层为养殖户、种殖户送去相关的图书，"六一"儿童节，为幼儿园小朋友送去科普、儿童类的图书和光盘达200多种。

业务研究、辅导、协作协调

高素质的图书管理人才是实现图书馆发展的基础，为了提高临漳县图书管理人员的素质，该馆按照"政治强、业务精、纪律严、作风正"的总体要求，不断加强业务理论学习，根据周一读者少这一实际情况，规定每周一为固定学习日，系统学习《图书馆工作概论》以及有关图书管理方面的知识，不断提高工作人员自身业务技能和服务水平。

除了组织馆内学习外，临漳县图书馆还积极参加上级组织的各类培训学习，先后参加过：《图书馆服务规范》培训、《文化资源共享工程》培训、《中国图书馆分类法》第五版培训、《中国古籍保护》培训、《公共图书馆评估定级和公共图书馆服务规范》培训等，通过学习，在岗人员的岗位技能和服务水平大大提高。

自2011年农家书屋开展以来，临漳县图书馆克服人员少等困难，帮助200余家基层图书馆进行业务指导，对图书进行分类、排架、贴标，使基层图书馆达到了规范化管理。

管理工作

建立了工作量化考核指标体系，每月进行工作进度通报，每半年和全年进行总体工作考核。

表彰、奖励情况

每年积极开展"燕赵少年读书系列活动"，取得了优异的成绩。1次获河北省文化厅表彰，4次获市文广新局表彰。

馆领导介绍

李慧芳，女，1966年11月生，本科学历，副研究馆员，馆长，1982年参加工作，历任教研员，教研室副主任。2009年5月任临漳县图书馆馆长，兼文化信息资源共享工程支中心主任，曾担任《中国论文荟萃》副主任主编，县政协第六届、第七届、第八届政协委员，荣获先进提案者，2009年被评为临漳县第七批优秀专业技术拔尖人才。

安丽娟，女，1983年4月生，本科学历，中共党员，中级职称，副馆长。2001年参加工作，2010年到临漳县图书馆工作，分管全馆业务工作。

郭艳英，女，1983年2月生，本科学历，中共党员，中级职称，副馆长。2002年参加工作，2007到临漳县图书馆工作，负责馆内资源共享工作。

未来展望

领导和社会的支持是图书馆生存与发展的关键。为实现图书馆跨越式发展，临漳县图书馆做好宣传引导工作，让图书馆的发展在领导心目中挂上号，摆上位。经过努力，图书馆的发展摆上县领导议事日程，并给予极大地支持。2012年3月19日，经县委、县政府研究决定，在金凤文化城投资新建临漳县图书馆，现已开始动工。

相信临漳县图书馆在各位领导的关心支持下，在全馆工作人员的共同努力下，会成为临漳县一颗耀眼的明珠，会为更多的临漳百姓提供更周到、更全面的服务！

联系方式

地　址：临漳县临漳镇古城大道373号
邮　编：056600
联系人：李慧芳

书香飘万家启动仪式

开展送书下乡活动

整理农家书屋的图书

磁县图书馆

概述

磁县图书馆始建于1987年，原馆舍位于磁县串海路南西海公园对面，面积1100平方米，2009年7月，原馆舍因"三年大变样"而拆除，现搬迁至一民用房屋，面积约1000平方米。在2013年第五次全国公共图书馆评估中，被评为国家三级馆。目前，磁县图书馆有职工11人，设正副馆长1人，书记1人，中级职称8人，初级职称3人。设有流动图书室、少儿阅览室、期刊阅览室、借阅室等服务窗口8个，每周开放时间56个小时。多年来，磁县图书馆积极拓展服务渠道，努力发挥自己的职能作用，在促进图书馆事业的发展中做出了自己应有的贡献。

业务建设

磁县图书馆现有藏书9.5万余册，其中中文平装新旧图书7万册，中文期刊300种，5000多册（合订本），中文报纸100种，5000多册（合订本）。磁县图书馆多年来一直坚持"读者第一，服务至上"的宗旨，为读者提供图书外借、报刊阅览、参考咨询等全方位的优质服务。

读者服务工作

磁县图书馆为了让更多的孩子走进图书馆，热爱读书，不定期组织馆员地到各大幼儿园进行宣传，组织孩子们到图书馆开展集体阅读；利用暑期组织中小学生开展读书征文活动、演讲比赛等，提高他们的写作水平和演讲水平；还组织开展周末讲故事活动，采取请老干部讲革命传统故事，工作人员备课讲孩子们喜爱的故事及孩子们自己讲故事等多种形式，实现了图书馆与读者的互动，充分展示图书馆的魅力。

每年都举办图书馆服务宣传周活动，到博物馆广场及各基层服务点进行宣传图书馆优质的图书资源及服务，让广大老百姓了解图书馆，认可图书馆，扩大图书馆的社会影响。

为满足基层人民群众的求知欲，磁县图书馆先后建立了基层图书服务点，不定期到各服务点进行更换图书及阅读服务指导，极大地丰富和满足了广大人民群众的文化生活和阅读需求。

表彰奖励情况

磁县图书馆自2007年起连续几年在邯郸市文广新局、教育局和共青团邯郸市委举办的"燕赵少年读书征文"系列活动中获优秀组织奖，并有多名辅导老师和中小学生获省、市大奖。

馆领导介绍

秦育红，馆长，女，1968年7月生，大学学历，中共党员，馆员。1987年8月参加工作，曾从事中学教学工作6年，在教育局工作12年，多次被评为"优秀教师""先进工作者"和优秀共产党员，于2005年3月就任图书馆馆长。

梁秀云，女，1969年9月生，大专学历，中共党员、党总支书记，1991年参加工作，2009年5月到县图书馆工作，并任职党委书记，该同志善于学习，能较快适应图书馆工作。

乔树梅，女，1967年5月生，大专学历，中共党员，1985年8月参加工作，1997年6月到图书馆工作，一直从事少儿阅读活动工作，2005年5月任图书馆副馆长。

张爱梅，女，1970年4月生，大专学历，一直担任采编主任，是馆内业务骨干，2010年就任图书馆工会主席。

未来展望

在当今信息社会的条件下，图书馆作为建设知识型社会和精神文明建设的重要基地，将发挥出越来越重要的作用，磁县图书馆虽然目前由于拆迁，场馆面积狭小，严重制约着图书馆各项服务功能的发挥，但是一直以来，县委、县政府对我县图书馆事业的发展非常重视，已初步决定在县城中心（中华慈大街与磁州路交叉口）建设一座高标准的图书馆。目前，该项目已在进行前期各项准备工作，新的图书馆将是一所集文化、科技、教育、信息、服务和交流为一体的现代图书馆，将为磁县的经济建设和社会发展发挥十分重要的作用。

联系方式

地　址：磁县东环路南段
邮　编：056500
联系人：秦育红

肥乡县图书馆

概述

肥乡县图书馆始建于2007年，2011年11月29日正式对外开放。图书馆位于肥乡县广安路西段路南，建筑面积4416平米，是邯郸市东部县面积最大的图书馆。馆内设计藏书30万册，读者座席800个。馆内设有文化信息资源共享工程肥乡县支中心，3个借阅室，2个采编室，7个阅览室，2个电子阅览室等。2013年，首次参加图书馆评估定级，被定为三级图书馆。

业务建设

目前，图书馆藏书15万册，2万多种，电子图书10万册，100多种期刊报纸。图书馆在图书采编加工、检索借阅、数据统计等方面，采用了计算机管理。并采用藏、借、阅为一体的自动化管理模式，对读者实行开架借阅，多方位的服务。目前主要围绕文献入藏、图书管理、图书借阅、读者活动四个方面，为全县广大干部群众服务。

读者服务工作

肥乡县图书馆自2011年开馆以来，全年免费对外开放，随着建设学习型社会活动的深入，人们对县图书馆的需要也越来越多，要求越来越高。肥乡县图书馆突破传统的阵地服务模式，开展创新性读者服务工作。积极参与馆际合作，不断举办讲座、培训、展览、学术交流、读书竞赛、演讲比赛等活动。为充分利用本馆资源，肥乡县图书馆不仅对社会开放，还利用地域优势为肥乡县一中广大师生提供特色服务，举办燕赵少年读书系列活动及阅读推广活动。

业务研究、协作协调

开馆以来，图书馆职工努力钻研业务，撰写论文多篇，以文化共享工程为依托，组建公共图书馆服务联盟，下设联合编目、流通服务、地方文献征集、阅读推广与讲座展览服务、业务培训与技术支持等工作小组。2013年参加河北省图书馆联合编目培训，与河北省图书馆签订联合编目、联合讲座、联合展览等协议。

管理工作

2011年，县政府根据我县具体情况，协调有关部门，安排10名财政人员，专职负责图书馆工作。各岗位实行聘任制，主要设置岗位有馆长、副馆长、采编员、图书管理员等。建立了量化考核体系，每半年和全年进行工作考核。

表彰、情况奖励

2013年参加燕赵少年读书系列活动，荣获市优秀组织奖。

馆领导介绍

马爱军，男，汉族，肥乡县教体局党组成员、县一中党支部书记、校长，肥乡县图书馆馆长。1966年3月出生，1985年加入中国共产党，大学学历，1990年至2009年8月县教体局任办公室主任、党组成员、纪检组长、副局长。2009年8月通过公开选拔被任命为县一中校长。

贺滢国，男，1973年3月出生，大学本科学历，中共党员，副馆长，负责日常业务管理。

未来展望

本着“免费、平等、无障碍”，看书借书“零门槛”的服务理念，肥乡县图书馆面向所有读者免费开放，将图书馆建设为文化休闲中心、全民学习中心、社会教育中心、学术交流中心和文献资料中心。肥乡县图书馆致力于为市民读者提供优质完善的服务，打造靓丽的城市文化名片。

联系方式

地　址：河北省肥乡县广安路130号
邮　编：057550
联系人：贺滢国

图书馆大厅

阅览室

书库

邱县图书馆

概述

邱县图书馆成立于1989年，经多年的发展，现已成为拥有2个图书室、1个资料室、1个采编室、1个文化信息资源共享室、1个电子个阅览室、8万册图书、30余台计算机、6名工作人员全年实施免费借阅的公益性知识服务场所。在图书馆开展阵地服务的同时，还与乡镇村图书室、各学校、企事业图书室开展了图书交流活动、馆际互借活动、图书下乡活动，青少年读书活动，图书飘流活动等等，树立"政府投资，服务大众"良好的社会形象。

业务建设

邱县图书馆馆藏图书8万册，年入藏图书2000种以上，电子文献入藏量在200余种，视听文献入藏量在35件，报刊入藏种类在130种，开架图书排架正确率达到98%以上。地方文献设有专柜，有专人负责收集整理本县的文艺作品、地方史料、经济资料，在网络上收集邱县文化作者发表的小说、通讯报导、散文等各类题材作品，组成邱县网络文化作品集，在文化信息共享室供读者阅览。

读者服务工作

邱县图书馆从2008年实行免费借阅制度，借书规则由原来的一人一证借阅一册图书，改变为一人一证可以借阅五册，借书期限由原来的15天更改为30天，为读者借阅提供了方便。工作人员在服务工作中，认真听取读者的意见，及时反馈，努力提高服务质量，引导读者读好书，读有价值的图书，发挥图书馆精神文明阵地的作用。邱县图书馆的的文化信息工程资源阅览室、电子阅览室、报刊室等服务窗口每周开放时间60个小时以上。

邱县图书馆每年举办图书馆服务宣传周、世界读书日等大型读者活动，"以当今时代是终身学习时代"、"图书是文明的记忆"等为宣传标题，印发宣传资料，收到了良好的社会效果；举办展览5次，开展阅读推广活动8次，年参与活动人次达4万人以上。在馆内设立老年人与少年儿童优先服务台，为弱势群体提供服务。

业务辅导、协作与协调

邱县图书馆与乡镇、街道、学校、企业图书室开展馆际互借服务，提供流动图书70000余册，建立馆外服务网点12个，定期开展图书下乡活动。同时为农家书屋制定管理制度，帮助其分类编目；每年对全县218个农家书屋的管理员进行业务培训；为邱县县志的编纂提供大量的历史资料；根据本地区经济特点，设立地方农业技术知识专柜，举办农业技术，金融知识、青少年美术、英语等多种技术知识培训班，全年累计培训30余次，总人次达到1.5万余人。

管理工作

在工作中建立了人事、财务、档案、统计等管理制度，实施了按需设岗、按岗聘用、竞争上岗、择优聘用的人事管理原则，根据职工的特长，分配不同的工作岗位；建立建全财务管理制度，设备、物资管理、档案管理、统计工作制度；加强安全消防意识，配齐防盗消防器材，防止意外事故发生。

表彰、奖励情况

2009—2013年邱县图书馆在"燕赵少年读书系列"活动中，连续荣获市级优秀组织奖。

馆领导介绍

馆长：陈镭，男，48岁，在图书馆工作28年，在报刊、网络上发表《什么是文化》、《社会与社会素质》等多篇文章。

副馆长：李书霞，女，40岁，分管图书借阅工作、读书活动。

副馆长：孙雪萍，女，35岁，分管财务工作。

副馆长：曹景霞，女，39岁，分管图书采编、基层业务辅导。

未来展望

图书馆是社会传播科学文化知识的重要渠道，邱县图书馆全体同仁以为本地区经济、文化发展为宗旨，进一步规范工作程序、提高服务质量。开展深化服务，建立县图书馆、乡镇、村图书室互借互还机制，有效发挥图书馆的社会功能，更好地为本县经济发展、文化发展服务。

联系方式

地　址：河北省邱县育才路文广新局院邱县图书馆
邮　编：057450
联系人：陈　镭

邱县图书馆外貌

读者阅览

电子阅览室

馆陶县图书馆

概述

馆陶县图书馆始建于1982年，当时工作人员2人，藏书千余册。经过三十年的努力奋斗，馆陶县图书馆迅猛发展，目前图书馆有工作人员5名，其中本科学历2名，大专学历3名，中级职称3名，初级职称2名；馆舍面积由原来的500平方米达到现在的1500平方米，各类藏书增至5万余册，阅览座位达170余个；设有基藏书库、借阅室、少儿阅览室、老年阅览室、新书杂志阅览室、电子阅览室（全国文化信息共享工程县级支中心），建立基层图书室10个，服务范围覆盖10余公里，具有完备的图书馆各项职能，受益人群达10万多人。

业务建设

截止2012年底，馆陶县图书馆总藏书量5.1万册（件）。其中电子图书3200册。2009—2012年共入藏图书3500种，10500件，地方文献入藏完整率95%。

2004年馆陶县电子阅览室初建规模，2011年新增电脑30台，成立馆陶县文化信息共享工程县级支中心。

读者服务工作

2011年7月，馆陶县图书馆全年365天天天对外免费开放，周开放56小时。2009—2012年，书刊总流通4.8万人次，书刊外借5.3万册次。

截至2012年，馆陶县图书馆设立馆外服务点10个，年外借图书1500册次。

2009—2012年，馆陶县图书馆共举办讲座、展览、培训、阅读推广及图书馆宣传周30场次，参与人数6万余人次。

业务研究、辅导、协作协调

2011年10月，全馆人员参加《中图法》五版培训学习。

2012年底，馆陶县建成277村级图书室，设立馆外服务点10个，举办培训班6次，培训图书管理人员300余人次。

馆陶县图书馆已加入河北省公共图书馆联盟，与省图书馆、市图书馆签订了展览协议、讲座协议以及联编协议。

管理工作

2010年始，馆陶县图书馆实施全员岗位聘任制度，建立工作量化考核指标体系，每半年和全年进行总体工作考核。2009—2012年，共抽查文献排架6次，书目数据6次。

表彰、奖励情况

2009—2012年，馆陶县图书馆获得省、市、县级各种表彰9次。

馆领导介绍

张振杰，男，1975年4月生，本科学历，中共党员，馆员，馆长。1996年7月参加工作，2000年7月任馆陶县图书馆馆长。

赵汝国，男，1964年7月生，中师学历，中共党员，副馆长。1983年7月参加工作，2007年7月至今先后在采编室、借阅室、电子阅览室等部门工作，2011年任图书馆副馆长。

郭章凤，女，1963年8月，大专学历，中共党员，馆员，副馆长。1984年10月参加工作，1997年7月至今先后在图书馆担任采编室、借阅室、会计等部门工作。

闫晓燕，女，1979年11月，1998年7月参加工作，本科学历，馆员，副馆长，先后在采编部、阅览部、借阅部等部门工作。

未来展望

馆陶县图书馆新馆正在建设中，新图书馆大楼面积8000余平方米，设计藏书30万册，座位400余个，年服务人数10万以上人次，将实现全馆自动化办公、数字资源共享与整合、无线网络全覆盖等功能，提供无时限、无地域远程和移动服务。新馆投入使用后，馆陶县图书馆继续坚持“读者第一，服务第一”的办馆宗旨，坚守“读书是一种享受，在享受中得到体会”的信念，不断强化服务意识，优化服务手段，提高服务质量，严格按照国家一级馆的标准工作，力争早日跨入一级馆的行列。

联系方式

地　址：馆陶县平安路与建设街交叉路口
邮　编：057750
联系人：张振杰

帮扶

借阅室

学习

曲周县图书馆

概述

曲周县图书馆始建于1982年，2010年2月搬迁至县政务服务中心四楼，建筑面积1500平方米，藏书8万余册，读者座位160个，微机30台，宽带接入8Mbps。2010年，设立曲周县文化信息资源共享工程支中心。图书馆采用自动化管理系统，馆舍宽敞明亮，为全县广大读者提供了便利舒适的阅读环境。2013年4月顺利通过国家第五次县级图书馆评估定级，被评定为国家三级标准图书馆。

业务建设

曲周县图书馆馆藏丰富、图书门类齐全，截止2014年底总藏书量达8万册（件），约3500种。设图书借阅、信息查询、地方文献、少儿文化、读书活动、文化共享工程等20多项服务功能。馆内安装了自动化管理和防盗、监控系统等，成为设施齐备、环境优雅、管理科学、服务优良的现代化图书馆。

读者服务工作

曲周县图书馆实行周一至周日全天免费开放，馆内所有书刊均实施开架式，读者还可以通过电话咨询、网络查询进行图书预约、续借服务。图书馆秉承“读者至上，服务第一，爱岗敬业，创新务实”的宗旨，力求向社会大众提供最优质的公共服务。

2010—2014年，曲周县图书馆接待读者40万多人次，书刊文献外借流通16万多册次。

曲周县图书馆每年开展“世界读书日”和读书宣传周宣传活动，深入到学校和乡村，发放宣传资料，现场解答读者服务、图书借阅流程、文化共享工程等方面的内容，倡导大家多读书、读好书。先后多次举办了“诵读经典、陶冶心灵”读书活动、感恩励志讲座及书画展等活动，激发了读者的读书热情，吸引了更多的读者走进图书馆。

业务研究、辅导、协作协调

曲周县图书馆与河北省图书馆签订联合编目、联合讲座、联合展览等协议，定期开展相关活动。

每年对农家书屋工作人员进行业务培训，并深入农家书屋进行具体指导。先后向小弟八村、东刘庄村、后老营村等100余村农家书屋赠送电脑、阅览桌、阅览架等，确保农家书屋满足农民文化需要。

曲周县文化信息资源共享工程支中心每年分期、分批对乡村基层站点从业人员进行培训，并通过开展业务竞赛、技术比赛、服务创新等竞赛活动，激发文化共享工程从业人员学习业务、提高技术水平的积极性、创造性。两年来，共举办各类培训班11期，参加轮训的各级管理人员达410人次。

管理工作

曲周县图书馆坚持把学习当作首要任务，组织全体职工定期集中学习、专题学习政治理论和业务知识，并多次组织馆员到武安、邯郸等先进图书馆进行学习，以及参加省、市有关培训学习，有效提升了图书管理员素质和管理服务水平。

坚持“以人为本，全民共享”的开馆理念，以设施智能化、服务人性化和内容多样化的服务手段，借助先进的设施设备，尽力把图书馆打造成为宁静的课外学习场所、舒适的文化休闲场所、开放的社会参与场所，力争成为省内一流的县级公共图书馆。

表彰、奖励情况

2011—2014年曲周县图书馆共获得市内各种表彰、奖励3次。

馆领导介绍

李少华，女，1971年2月生，大学学历，中共党员，馆长。1992年参加工作，2014年9月任曲周县图书馆馆长。

裴晓丽，女，1980年1月生，大专学历，中共党员，副馆长。2003年参加工作，2013年10月到曲周县图书馆工作，2014年9月任曲周县图书馆副馆长。

未来展望

曲周县图书馆将不断加大投入，增加图书馆藏量及文献种类。同时，建立数字图书馆，实现资源存储数字化，信息传输网络化、信息服务产业化，不断完善服务功能，提升服务水平，建成综合性、开放性、多功能、现代化的公共图书馆。

联系方式

地　址：曲周县公仆路政务服务中心四楼
邮　编：057250
联系人：裴晓丽

永年县图书馆

概述

永年县图书馆成立于1978年8月，位于临名关镇中大街东侧，当时工作人员6名，面积169平方米，藏书1万册。1979年增加编制2名，工作人员为8名。到1988年藏书量2.6万册，期刊10多种，报纸30多种，线装古旧书165册。至1991年初，由于房屋简陋，年久失修，在新馆尚未建成前，旧馆址已成危房，被迫停馆。新图书馆于2003年3月份建成，位于建设东大街南侧两馆办公楼内，建筑面积1000平方米。图书馆有阅览坐席144个，电脑35台，宽带接入10Mbps，选用Symphony图书馆自动化管理系统。

业务建设

截止2013年底，图书馆总藏量3万册（件），其中，纸质文献0.2万册（件），视听文献30件。

截止2013年底，图书馆数字资源总量为12TB，其中，自建数字资源总量2TB。

读者服务工作

从2012年元月起，图书馆全年313天对外开放，周开放时间60小时。2012－2013年，总流通量6.5万人次，书刊外借4.1万册次。2011年起，不定期为县政府提供最新信息，促使全县信息工作及时得到更新。

2012－2013年，图书馆文化信息共享支中心为全县群众提供检索、浏览和下载服务9.7万次。

2012－2013年，图书馆共举办讲座、展览、培训、阅读推广等读者活动35场次，参与人数4.2万人次。由县图书馆创意阅读推广主题活动21场次，参与人数2.8万人次。

业务研究、辅导、协作协调

2012－2013年，在全县范围内发起组建图书馆（室）联盟，并在馆内设立联盟中心，下设联合编目、流通服务、地方文献联合征集、阅读推广与讲座展览资源服务、业务培训与技术支持等工作小组。截止2013年底，成员馆（室）发展到426家，占全县图书馆（室）总数的95%，联合编目成员馆（室）31家，共举办联合编目培训班7期，98课时，135人次接受培训。

2012年4月，永年县图书馆加入河北省图书馆联合编目、联合讲座、联合展览等协议馆。

管理工作

截止2013年底，聘任岗位20类，全馆18名人员都合格上岗。2012－2013年，撰写专项调研、分析报告和工作提案16篇。

表彰、奖励情况

2012－2013年，图书馆共获得各种表彰、奖励14次，其中，市表彰2次，县主管部门表彰、奖励12次。

馆领导介绍

焦彦雷，男，1971年11月生，大专学历，中共党员，馆长。1990年7月份参加工作，从2011年4月份任永年县图书馆馆长，文化信息资源共享工程县支中心主任。2013年获得市局颁发“燕赵少年读书活动”先进个人。

弓利萍，女，1970年2月生，大专学历，中共党员，馆员，支部书记，1986年7参加工作，历任图书馆职员、副馆长、支部书记等职。分管党的工作和精神文明建设。

耿巧玲，女，1964年5月生，大专学历，馆员，副馆长。1984年7月参加工作，从1986年5月份到图书馆工作，历任图书馆职员、副馆长等职。分管采编部、阅览部等工作。

未来展望

在现有的工作中，我们在不断强化自身综合实力的同时，带动了全县图书馆事业的整体发展。

在2014年，新图书馆建设工作正式启动，新馆建筑面积5000平方米，阅览座位250个，图书15万册，年服务人次可达45万人次。

联系方式

地　址：永年县健康东大街44号

邮　编：057150

联系人：弓利萍

临城县图书馆

概述

临城县图书馆前身为县文化馆图书室，位于旧城十字街东北角，有各类藏书1万余册。1980年10月图书室从文化馆分出，建成临城县图书馆，升格为股级事业单位，编制6人，藏书1.2万册，内设图书储藏室、资料室和阅览室。首任馆长由黄壁华（1980–1981年）担任。1995年旧县城改造搬迁至临城镇府前街135号（县政府门口左侧），临城县图书馆总建筑面积820平方米，2009年投资68万元对现有馆舍进行了修缮、升级改造。拥有阅览座席共72个，提供读者使用的计算机数20台，2011年开始对外全部实施免费开放。2013年5月临城县图书馆参加省级公共图书馆评估定级验收，被评为"三级公共图书馆"。

业务建设

截止2012年底，临城县图书馆总藏量11.8万册（件），其中，纸质文献2.14万册（件），电子文献9.66万册。建有临城县图书馆网站，宽带接入为10Mbps，数字资源总量为4.5TB，有自动化业务管理系统，且运行正常。

读者服务工作

凡持有效证件读者均可入馆阅读。提供免费数字资源服务，图书馆每周开放时间累计达到56余小时，全部馆藏文献实现开架借阅方式，开架比例100%。充分发挥图书馆的信息中心作用，为读者提供书刊借阅、培训辅导，制定县政府信息公开服务计划，2012年共收到政府公开信息49期686件。开展服务承诺，开展为老年人、进城务工人员、未成年人读书活动，无差别服务惠及特殊群体，2012年我们先后举办了养猪技术、核桃栽培等社会教育活动讲座、培训16期；举办展览3次，开展阅读推广活动5次，全年参与活动总人次达13260人次。根据省图书馆学会和市图书馆学会的通知精神，高质量的完成了燕赵少年读书系列活动，受到上一级领导部门的好评。利用服务宣传周、全民读书月、世界图书与版权日等大好时机开展服务宣传。对读者发放问卷200份，进行了全方位的满意程度调查，读者满意率达96.5%。

业务研究、辅导、协作协调

临城县图书馆编制6人，本科以上学历占职工人数总数的83%；专科以上人数占100%；馆长2人，本科学历，高级职称。曾多次参加过业务培训和继续教育学习，有论文、有课题研究，全体人员每年按时参加继续教育培训。

该馆加入了邢台市图书馆联盟，同时，该馆与县交通局、第二中学、临城中学、城关镇中学进行了馆际互借。实施县、乡、村服务网络建设规划，2010年初见成效。该馆制定计划，精心准备辅导培训内容，开展对基层业务辅导和培训工作，2012年共开展了20多次辅导培训。通过培训辅导，使临城县的乡村服务网络覆盖率达到51%。通过馆际互借，实施服务网络建设，开展辅导培训，使临城文化事业发展进了一大步，受到了群众的欢迎。

管理工作

临城县图书馆本着一切为读者服务的宗旨，围绕优化服务、拓展图书馆教育和信息的功能，从管理入手，完善各项制度，做到有章可循，有据可依；实行馆内人员定编定岗，分工合作，责任明确，各负其责；财务管理、设备、物资管理、档案管理，有专人负责；环境管理规范，使读者在干净、整洁、安静、温馨的环境中阅读和学习。通过扎扎实实的努力，受到各界好评。

表彰、奖励情况

临城县图书馆馆在县委、县政府及县教文广新体局的大力支持下，经过全馆工作人员的共同努力下，取得了一定的成绩。2009年、2010年、2011年、2012年均获得邢台市文广新局、邢台市图书馆学会、邢台市图书馆颁发的"燕赵少年读书系列活动"优秀组织奖，2009–2012年连续四年获得临城县文广新体局颁发的"燕赵少年读书系列活动"优秀组织奖荣誉证书。

馆领导介绍

李福忠，男，1967年9月生，本科学历，中共党员，高级职称，1987年8月参加工作，2013年3月任临城县图书馆馆长，2014年5月任邢台市图书馆学会常务理事，2014年6月参加数字图书馆推广工程参考咨询业务培训班学习，获得国家图书馆数字图书馆推广工程培训证书。

张爱平，女，1963年2月生，本科学历，高级职称，副馆长，分管财务、后勤等工作。

未来展望

临城县图书馆今后的建设，面临着信息化、网络化、数字化的挑战。通过2013年评估工作，本着"以评促建"，积极争取改善办馆条件，寻找差距，努力整改，以实际、实在、实效为出发点，以高起点、高品味、高标准为目标，进一步提升管理人员专业化水平，藏书布局合理化，管理手段现代化，图书分类精确化，业务管理规范化，服务工作细致化，努力实现我县图书馆事业的跨越式发展。

联系方式

地　址：临城镇府前街135号
邮　编：054300
联系人：王慧芳

柏乡县图书馆

概述

柏乡县图书馆于1986年建立，原馆址位于县城东街路北，建筑面积只有480㎡。2010年6月，图书馆迁入柏乡青少年活动中心，馆舍面积增加到1280㎡。设有采编室、咨询室、图书室、阅览室、少儿阅览室、电子阅览室、多功能活动室等，拥有普通阅览座席130个，少儿阅览座席36个。馆内共有电子计算机48台，宽带接入10Mbps，选用图创自动化管理系统。2013年被评为三级图书馆。

业务建设

我馆现有馆藏图书3.2万余册，其中中文图书1.9万册，报纸、期刊2000余件，地方文献1000余本，少儿文献1万余册，视听文献0.0018万件。

2012年，各级财政拨款总额为104万元（包括人员工资），柏乡县图书馆新增藏量购置费为4万元，中央财政下拨的免费开放经费为10万元。2009年–2012年柏乡县图书馆图书平均年入藏量为500种，其中中文图书300种，少儿图书200种；2009年–2012年报刊平均年入藏量为30种，其中中文报纸3种，中文期刊27种；柏乡县图书馆的数字资源总量为6TB，实现了馆内无线网络覆盖。

读者服务工作

柏乡县图书馆于2010年实行了全面免费开放（包括公共空间设施场地和基本服务项目的免费开放），每周开放56小时。充分开发和利用现有馆藏图书，积极开展对全县广大读者的图书借阅、查找资料和信息咨询工作。注重了地方文献收藏、保护和上架借阅，近年来，我们先后收集地方文献《名相春秋》、《牡丹魂》、《柏乡汉牡丹》、《金石录》、《柏乡县志》等12种1300多册。在馆内设立了各个年龄段、不同层次面的阅读与检索架位；为离退休人员订阅《健康指南》、《老年世界》等期刊杂志，以更好地为读者服务。2012年书刊外借2万册次，外借率达到70%。

加强对基层图书室的业务辅导工作，开展农家书屋图书管理员现场培训活动，派出图书馆业务骨干下乡辅导，共计培训管理员达121人次。举办各种读者活动、阅读推广活动：正月十六乡艺汇演发放宣传材料；"学雷锋·做有道德的人"讲故事、演讲活动；5.1汉牡丹文化节举办柏乡县历史名人文化展、柏乡县摄影作品展；暑假期间举办硬笔书法、少儿绘画 培训班等。通过一系列活动，极大的激发了广大青少年的学习热情。推动了全民读书热潮、创造了学习型社会风气的形成。

业务研究、辅导、协作协调

图书馆班子成员结合新形势下图书馆的发展和对基层工作的辅导等方面进行了广泛调研，培训了乡村图书馆（室）业务骨干，建起了基层图书馆(室)名录，摸清了基层馆室的底子。协助指导15个农家书屋进行分类、编目、上架，下乡20多天指导并实施农家书屋图书分类、编目、上架图书30000多册。到目前，全县有121个农家书屋，中小学图书室25个。组织人员参加了市馆图书分类专业培训班、全国基层图书馆馆长培训班，馆内人员在《科技信息》、《河北科技图苑》、《大众文艺》等国家级省级刊物上陆续发表四篇专业论文，申请图书资料专业中级职称两名。参加省职称计算机基础知识培训、全国职称英语考试、2009年3月份邢台市文化信息资源共享工程技术人员培训班以及2009年11月份的全省古籍保护（编目）工作培训班。

管理与表彰

图书馆现有职工7名，其中管理人员2名，图书馆理员5名，全部大专以上学历，中级职称3人，初级职称2人，员级2人。图书馆实行财政全额拨款。一是在人事管理上实行岗位绩效责酬挂钩；二是建立健全了学习制度、工作制度、考勤制度、服务准则和绩效考核制度。三是聘用了保安人员，购置了安防设施，加强了安全管理。四是规范工作行为，优化工作环境。

我馆在2009、2011、2012年度"燕赵少年读书系列活动"中荣获优秀组织奖。2009年"我的数字生活"中获优秀组织奖。

馆领导介绍

崔荣香，女，1974年5月生，本科学历，馆员，馆长。2004年9月到柏乡县图书馆工作，2005年被评为邢台市社会文化工作先进个人，2008、2012年度工作考核获政府嘉奖，2010年获邢台市劳动模范光荣称号，2011年被评为图书馆先进工作者，2012年当选为邢台市图书馆学会理事。

赵翠霞，女，1973年1月生，本科学历，馆员，副馆长。1996年参加工作，2009年、2010年获"柏乡县新长征突击手"荣誉称号，2010、2012年工作考核获政府嘉奖，2013年获读书活动突出贡献奖。

未来展望

县级图书馆购书经费普遍不足，人员编制少，希望引起政府部门重视，增加购书经费，增加藏书量，引进专业人才。发展传统图书馆资源的同时，加大对数字图书的投入力度，未来开通移动阅读平台，发展数字文化服务。图书馆将进一步扩大服务功能，延伸服务区域，走进社区、企业、乡镇，扩大服务人群，如农民工、残障人士等。采用现代管理模式，将图书馆构建成功能齐全、资源丰富，运行高效的文献中心。进一步优化服务措施，拓展服务渠道，积极探索为技术型应用人才培养模式提供文献支撑服务的新途径，凸现服务特色，在全县营造出好读书、读好书、善读书的书香氛围，为加快柏乡精神文明科学发展做出贡献。

联系方式

地　址：柏乡县图书馆
邮　编：055450
联系人：崔荣香

隆尧县图书馆

概述

隆尧县图书馆始建于1989年12月。2011年县委、县政府投资千余万元，在位于县城康庄东路兴建了"隆尧县文化发展中心"，其中图书馆面积2000平方米，内设：藏书室、阅览室、电子阅览室、资料室、少儿阅览室、地方文献室、办公室、辅导部、会议室、多功能大厅、影像资料室。全年365天全天侯开放。2013年，隆尧县图书馆参加县级公共图书馆第五次评估，获得三级图书馆。

隆尧县图书馆现有工作人员10人，其中研究生1人，大专学历3人，中专学历4人，高中学历2人。现馆藏图书36000册，资源共享电子阅览室电脑25台，报刊杂志30余种。

做为服务于隆尧县各项事业发展，建设文化强县的重要窗口，隆尧县图书馆致力于"提高图书馆社会效益，加强图书馆服务能力，拓展图书馆服务范围，提高图书馆服务水平"为具体奋斗目标，牢固树立"以人为本"、"以读者服务为中心"、"以优雅宜人的阅览环境和高效灵活的服务方式"为宗旨的服务理念，全心全意的为社会读者服务。

业务建设

1、加强馆舍建设，创造良好的服务环境。

2011年由县政府出资1000余万元筹建新馆，并维修更新了办公设备，上新电脑32台，购新书6000余册，这一系列的投入大大改善了办馆条件，"美化、亮化"了读者的阅览环境，增加了对读者的吸引力。

2、加强文献资源建设，为打造县级图书馆"地方文献特色馆"而努力。每年向社会各界征集符合本县特点的地方文献10余种，百余册，有专人管理，常年开展工作，并开展"隆尧人写的书、写隆尧人的书"陈列展，让社会各界更好的了解隆尧的发展史，为打造县级图书馆"地方文献特色馆"打下了坚实的基础。

3、加强文化信息资源共享工程建设，为服务城乡大众提供重要的技术支持。"共享工程"推动了隆尧县图书馆自动化网络化建设，截止2014年5月已为基层安装253套共享工程投影仪，占全县行政村的90%，为读者服务提供了更大空间。

读者服务工作

隆尧县图书馆通过多种途径宣传"4.23世界读书日"，"服务宣传周活动"，"全民读书月活动"，在馆舍内外、县城主街道、学校以大幅标语、黑板报、名人名言条幅等形式渲染气氛，并通过报纸、电视等媒体的协助，大力宣传图书馆系列活动，大大提高了广大人民群众对图书馆服务的认识。

隆尧县图书馆按照省、市对农家书屋建设的要求精神，于2011年3月在全县276个行政村中组建了农家书屋，使农家书屋建设率达到100%。4月向全县农家书屋共发放价值500余万元图书；2012年12月、2013年12月分别向县委、县政府争取资金20余万元，为全县276个行政村的农家书屋配置图书55200册，2014年3月份配合县新华书店再次向271个农家书屋配发图书26287册。

暑假期间，为了让孩子们在轻松、健康、和谐的环境中度过一个快乐、难忘的暑假，图书馆每年都要开展读书征文活动，其征文多次获省、市一、二、三等奖。

在积极做好本职工作的同时，隆尧县图书馆还广泛开展了各种形式的文化联谊活动。河北省隆尧诗词学会是隆尧县活动较好的一个民间学会。图书馆通过提供场地、帮助组织、参与活动，与之建立了密切的联系。学会每月的例会都在图书馆阅览室举行，它的会刊《尧乡诗词》在图书馆阅览室陈列展出，不仅在工作上相互促进，还为图书馆赢得了更多的读者。图书馆还与书法协会合作，每年在图书馆举办书画展，每次都要接待大量的书画爱好者，大大提高了图书馆的知名度，拓展了图书业务。

业务研究、辅导、协调

1、提高馆员文化素质

隆尧县图书馆馆员坚持定期进行业务切磋、交流与自学相结合形式开展学习，同时积极参加由省、市图书馆组织的各种业务培训，以提高馆员素质和文化修养。

2、对农家书屋的辅导管理

从2009年以来，图书馆辅导工作深入基层，每年多次下乡进入农村文化大院、图书室、农家书屋辅导图书管理、图书分类、图书收藏等业务知识，使农家书屋管理员的业务水平有了很大的提高。

3、对文化共享工程基层站点的工作人员进行业务培训

针对基层服务点管理不规范，工作人员水平良莠不齐的现状，隆尧县图书馆对各基层服务点的工作人员进行专门培训，同时，安排专人深入农村进行实地指导，并对各基层服务点的设备网络及时进行技术维护，帮助他们尽快掌握文化资源共享工程的有关技术，不断提高为群众服务的水平。

管理与表彰

1、以制度建设规范岗位行为

隆尧县图书馆十分重视通过制度建设明确岗位责任，规范岗位行为，保证服务质量，图书馆的《管理制度汇编》严格界定了各部门、各岗位的工作职责。

2、团队建设取得成效

制度建设，业务规范和业务学习提高了图书馆的职业认知，激发了图书馆员的工作热情，提高了图书馆员的服务能力。2005年以来，隆尧县图书馆多次被市文广新局和市图书馆评为先进工作单位。

馆领导介绍

高淑芹，女，1962年12月生，大专学历，中共党员，政工师，馆长。1978年5月参加工作。从事文化工作36年，从事图书馆工作16年。2001年被隆尧县妇联授予隆尧县"三八"红旗手称号，2002年被河北省文化厅授予"河北省基层文化工作先进个人"荣誉称号。2007年被中共隆尧县县委评为"优秀共产党员"，2012年被隆尧县县委评为"隆尧县百名优秀人才"。

薛素巧，女，1968年6月生，大专学历，高级工，副馆长。1985年7月参加工作，从事图书馆工作24年。

刘玉恒，男，1966年12月生，大专学历，中共党员，助理馆员，副馆长，1986年8月参加工作，从事图书馆工作16年。

未来展望

隆尧县图书馆将是该县集文化、科技、信息传播、保护文化遗产、开展社会主义教育、展示改革开放成就为一体的现代化综合性公共图书馆，是人民群众读书、学习文化、科技、教育、信息服务和交流的中心。在当今信息社会的条件下，隆尧县图书馆一定会在知识经济时代，发挥重要的县域信息枢纽和精神文明建设基地的重要作用。成为知识信息的集散地，人民群众终身教育的学校，地方文献的宝库，县域图书馆的中枢，高雅的文化休闲场所。

任县图书馆

概述

任县图书馆始建于1921年，后历经民国、战乱、建国初期、"文革"等历史阶段，曾几度遭劫被毁，至1965年达到馆藏各类图书10万余册。令人遗憾的是，"文革"初期，"红卫兵"将馆藏图书全部烧毁，此后直至2011年，任县图书馆一直没有开馆接待读者，给任县文化事业的发展造成了很大的影响。2012年10月1日，位于任县任城镇人民街387号的青少年活动中心的任县图书馆新馆建成开放。新馆建筑面积1500平方米，阅览座席260个。2013年4月，参加第五次全国公共图书馆达标评估定级，被国家评定公布为"国家三级公共图书馆"。

业务建设

截止2014年6月，任县图书馆总藏量6万余册（件），其中，图书5.9万册（件），电子文献藏量1000余册，期刊2600件，2012—2014年，共入藏中文图书藏量19000种，报刊年入藏量30种，期刊年入藏量20种，地方文献16种。任县图书馆有阅览坐席260个，计算机26台，宽带接入10M，专用存储设备容量1TB，图书馆自动化管理系统采用大管家图书馆管理系统。

读者服务工作

从2012年10月起，任县图书馆全年365天对外开放，每周开馆时间60小时，书刊文献开架比例达99%，馆藏书刊文献年外借率达到50%以上，书刊文献年外借次达1.5万余册，人均年到馆次数达25次以上，举办的讲座、培训、展览和阅读推广活动平均每年10次以上，参与活动人员的总人次达万人以上，经实地调查，读者满意率达97%。

每年有计划地开展读书宣传活动，为政府机关、为本地区重点教育、科研和企事业单位服务，以及为社会公众提供的专题服务也有条不紊地进行，为残疾人、进城务工人员、未成年人和老年人的服务，也专门制订了方案并加以实施，图书馆网站建设与服务方案已出台，并已开始实施。

业务研究、辅导、协作协调

2012年—2014年，为提高管理人员的整体素质，使每一个管理者，都能适应新世纪的公共图书馆事业，任县图书馆多次对现有的馆员进行知识更新和专业知识培训，使人人都有外出进修和内部培训机会，从而不断充实和提升知识水平与整体素质。鼓励图书馆工作人员进行业务研究，以提高业务能力。

2013年任县图书馆对基层村农家书屋管理员进行了专业培训和辅导，基层业务培训工作7次以上，基层业务辅导工作90次以上，使基层管理员能熟练的掌握图书管理技能。

积极参与上级图书馆组织的协作协调，加入图书馆服务联盟，更好的为群众开展服务。对上级图书馆开展的各项服务活动，积极配合制定各项方案，以达到最佳效果。

管理工作

2013年，任县图书馆建立了工作量化考核指标体系，每月进行工作进度通报，每半年和全年进行总体工作考核。年度工作有计划，财务管理有制度，人事管理有制度，志愿者管理有守则，设备物资管理有规定，档案管理有办法，统计工作有制度，环境管理有方案，安全保卫有措施和预案。

表彰、奖励情况

2012—2014年，任县图书馆获得省级表彰、奖励1次，市级表彰、奖励4次，县级表彰、奖励9次。

图书馆成员介绍

刘贵兰，女，1963年12月生，专科学历，中共党员，馆长。

孙莉，女，1983年10月生，本科学历，副馆长。

付羽，女，1990年10月生，专科学历，副馆长。

赵剑敏，女，1971年11月生，专科学历，管理员。

未来展望

任县图书馆实行创新管理，规范体制，以人为本的理念，积极完善任县图书馆的服务功能。在未来的几年里，任县图书馆逐步扩大图书馆规模，加大图书馆的投入，增加图书馆专业人员数量，提高图书馆管理人员的整体素质，实现自我开发和创新，建立科学有效的管理模式。实现图书馆管理系统的升级换代，以适应新形势下的图书管理工作。图书馆网站正在建设中，网站建设完成后，及时发布图书馆动态信息，方便读者网上查询、网上荐书、网上预约、催还和续借服务。建立图书馆信息资源交流平台，实现馆际互借，资源共建、共享。"以人为本"是图书馆管理的核心，不断开拓新的服务手段和内容，使图书馆真正成为任县人民的知识殿堂。

联系方式

地　址：任县任城镇人民街387号青少年活动中心图书馆
邮　编：055150
联系人：孙　莉

任县图书馆楼外景

读书系列活动

机关干部读书交流活动

广宗县图书馆

概述

广宗县图书馆初创于1986年，同年八月正式对外开放，是我市较早成立的公共图书馆之一。馆址后经变迁，2012年6月份，位于广宗县老城西街（大堂院内）重新对外免费开放，馆内设有书库、资料室、阅览室和电子阅览室，拥有可读图书2万多册，包括文化艺术类、文化教育类、人物传记类、政治法律类、经济类、历史地理类、科普读物类、农村实用技术类、百科知识类、医学类、小说类、心理学类、青春文学类、文献类20几个类种。2013年，参加第五次全国公共图书馆评估，首次获得三级图书馆。现新馆已经建成，预计年底入驻，占地5000平方米，建筑面积1000平方米，设计藏书容量8万册，可容纳读者座位100个。

业务建设

截止2013年底，广宗县图书馆总藏量2.5万册（件），其中，纸质文献2.3万册（件），电子图书0.1万册，电子期刊0.1万种/册。2014年，广宗县图书馆新增藏量购置费10万元，共入藏图书20种8500册。

读者服务工作

从2009年7月起，广宗县图书馆全年免费对广大群众开放，周开放60小时以上，同时完善了一套馆藏文献的借还程序。2009–2013年，书刊总流通5万册次，书刊外借3万册次。2013年6月，开通与广宗县2所学校图书馆的馆际互借服务。2013年开设了2个流动图书服务点，馆外书刊流通总人次2千余人次，书刊外借2千余册。2013年7月，中国政府公开信息整合服务平台广宗分站上线服务。

业务研究、辅导、协作协调

2009–2013年，广宗县图书馆职工发表论文非物质文化遗产文章30余篇，县级课题2项，其他课题3项。从2010年起，广宗县图书馆以文化信息资源共享工程为依托，在全县范围内发起组建公共图书馆服务联盟，并在馆内设立联盟工作组，成员包括县域内213个农家书屋和各学校图书馆。截止2013年底，成员馆发展到230家。期间，举办联合联盟培训班4期，20课时，300人次接受培训。

管理工作

2009–2013年，我馆严格按照《中国图书馆图书分类法》对馆藏图书共抽查文献排架10余次，书目数据12次，并对以往登记分类错误的图书(如分类错误，登记码错误等)加以改正，做好对破损图书的修补工作。编写《工作质量周报》24期，撰写专项调研、分析报告和工作提案20篇。

我馆每一年都组织开展丰富多彩的读书活动。在活动中利用多种形式宣传与推荐优秀读物，推荐导读书目等，鼓励引导读者阅读。为了方便群众，多次深入到集市和社区免费为群众办理借书证，2012年图书馆借阅人员达上万余人次。通过开展多种形式的读书活动，极大提高了读者的读书兴趣和写作能力，同时也促进了我县的文化素质修养。

表彰、奖励情况

2011–2013年，广宗县图书馆共获得各种表彰、奖励8次，其中，省级表彰、奖励1次，市级表彰、奖励1次，县级表彰、奖励6次，其他表彰、奖励3次。

馆领导介绍

李玉倩，女，1988年9月出生，大专学历，2009年1月份参加工作。

潘晓琳，女，1988年出生，大专学历，2013年1月份参加工作。

未来展望

广宗县图书馆遵循“科学、效率、创新、发展”的办馆方针，践行“广图发展三步走”战略，即完善单体服务功能，扩大服务辐射区域，带动地区事业发展。2009–2012年，在不断强化自身综合实力的同时，通过创建广宗公共图书馆服务联盟，带动了全县公共图书馆事业的整体发展。2012年，广宗县图书馆另建一座建筑面积1000平方米的新馆舍，全面建成后的广宗县图书馆，总建筑面积10680平方米，阅览座位100个，可容纳纸质文献8万册，达到县级一流图书馆的基本标准。

联系方式

地　址：广宗县老城西街1号
邮　编：054600
联系人：李玉倩，潘晓林

4.23世界读书日

中华经典诵读大赛

阅览室一角

宁晋县图书馆

概述

宁晋县图书馆是1978年经县委政府批准建立，先后经过两次搬迁重建，从最初馆舍面积不足的200平米现已发展成占地6.5亩，馆舍面积5000多平米的颇具规模的县级馆，并克服经费严重不足困难，想法筹措资金，加大了基础设施建设力度，使设施逐步完善。经过多年努力，我馆已完成参考咨询、外借、新特书屋、报刊书库、过刊书库、资源共享阅览室、少儿阅览室、老年科学技术协会活动中心、多媒体讲座室等部门的内部设施的完善工作，各部室内共设有书架160个，阅览桌椅240个，计算机25台。在中央财政和省财政不断加大对文化事业建设投入的基础上我馆基础设施有了长足发展。

业务建设

我馆现有馆藏文献8万册。其中，自然科学1.6万册，文学艺术1.9万册，社会科学1.1万册，哲学0.3万册，线装0.1万册，综合类1.5万册，报刊合订本1万册。

目前，我馆全部采用《中图图书馆分类法第四版》类分图书，采用《普通图书著录规则》进行文献著录，统一实行分类种次号排架，统一要求设立业务分类目录、书名目录和读者分类目录的目录体系，统一设立业务统计项目，明确项目填报要求。我馆还根据本馆具体情况制定了《图书分类规则》、《书刊著录规则》、《书刊保护和管理制度》、《地方文献管理制度》《目录管理制度》等制度和规定。为了使这些制度和规定能够真正贯彻执行，落实到岗位，我馆还积极参加了06年度、08年度09年度、11年度邢台市馆举办的《图书分类》、《标准著录》、《信息资源共享工程》学习班，通过采取以上措施，使我馆藏书建设及业务管理逐渐趋于完善和规范，图书标引、图书著录、目录组织误差率分别降到了2%以下。书刊整理规范、目录管理维护及时，文献保护措施效果良好。

读者服务工作

根据文化部、财政部2011年1月26日共同出台《关于推进全国美术馆公共图书馆文化馆（站）免费开放工作的意见》，就全国美术馆、公共图书馆、文化馆（站）免费开放进行总体部署，我馆与2012年底之前全部向公众免费开放，广大读者只需持有关证件就可免费进入，取消办证工本费，读者办理借书卡仅需交纳100元押金，实行免费借阅。做到了无障碍、零门槛进入，公共空间设施场地全部免费开放，所提供的基本服务项目全部免费。多年来，牢固树立“读者第一、服务至上”的宗旨，认真落实文广新局确定的各项工作任务，努力为广大读者营造良好的学习氛围，围绕优化服务、拓展图书馆教育和信息的功能，举办了多种形式的服务活动，累计读书活动12次，以广场咨询、导读、有奖知识问答、展览、书目推荐、送书下乡等方式在全社会倡导多读书、读好书的文明风尚，进一步促进全民族素质的提高。

在我馆职工的努力下，2013年共完成服务：

1、报刊阅览室共接待读者0.5万多人次，其中阅读报纸的读者多达0.3万多人次；期刊借阅0.4万多册次。收集效果15份。

2、外借部接待读者0.5万多人次，藏书借阅0.7万多册次。修补图书300本，建立重点读者档案10个，搜集效果20份。

3、参考咨询接待读者0.3万人次，藏书借阅0.2万册次，解答咨询500条，修补图书200本，建立重点读者档案15个，搜集效果15份。

4、过刊库接待读者0.2万人次，过刊借阅0.4万册次，修补过刊600本。

5、馆外服务（县城集日借阅、民乐广场图书宣传、送书下乡等各种读者活动）0.5万人次，外借图书和阅览图书0.3万册次。

统计以上，本年度共完成外借2万册次，1.5万人次，效果50份，重点读者25个。

业务研究、辅导、协作协调

2009年，宁晋图书馆发表论文一篇，在全省“深入学习实践科学发展观推动农村建设大发展大繁荣”征文中荣获二等奖。多年来在做好阵地服务的基础上还始终注重图书馆服务网络建设。我县位于河北省中南部，辖10镇4乡和西城区，346个行政村，是河北省首批扩权县之一。资源丰富，主要矿藏有石油、盐矿、煤矿等。先后被评为中国民营经济最具潜力县、中国电线电缆之乡、中国休闲服装名城、全国粮食生产先进县、全国食品工业强县、全国梨产业十强县、全国商标发展百强县、全国百家全民创业示范县、全国可再生能源示范县等称号。随着我国全面建设小康社会的不断加快，在党和政府的高度重视和我县政府县委的支持下，目前已建成农村图书室346个，15个乡镇文化站，达到了农村图书网络的全覆盖，形成了以县馆为龙头，以乡镇为依托、村、户个体图书室为基础的

特刊书库

外借部

阅览室

三级图书网络。图书网络的形成不仅有效缓解了广大农民看书难，更重要的是党和政府在农村有了实施教育方略特别是开展"两讲一建"即"讲科学、讲文明、建设小康社会"的重要阵地。

据不完全统计，全县每年到图书室借阅、学习的农民达10万人次。近万名农民在图书室的帮助下掌握了1–3种专业知识和技能，食用菌、银杏、药材等10多种新兴产业应运而生，直接经济效益1.2亿元。此外，作为龙头的县级图书馆还长期担负着农村图书室的培训和辅导工作。全年辅导基层业务骨干80人，图书管理人员230人，分别在图书登记、分类、书标粘贴、上架、借还管理及图书室书架的制作尺寸和摆放等一一进行详细讲解和示范；着重讲解图书的分类和其在实际工作中的应用；并要求书屋管理员加强读者服务工作，树立"为农民读者找书、为书找读者"的服务意识。为了使基层图书室的业务更加规范，我县图书馆为他们制定了各项规章制度，如图书借阅制度、农村书屋管理制度、书屋管理员岗位责任制度等。

送书下乡

管理工作

我馆实行馆长负责制，实行定岗定编，全员聘任制。根据新形势的发展要求，针对工作中存在的管理不规范、责任不明确、制度不健全的问题，在广泛调研的基础上，重新修订了业务规范条例、借阅管理办法、阅览规则、工作人员守则、文明读者守则等10多项规章制度，并把主要规章制度都装框上墙。制定了安全保卫制度，与各工作人员签订了安全防火责任书，馆领导及图书馆工作人员经常在节假日、晚上进行巡查、值班，确保了安全，由于科学化规范化的管理，我馆从未出现过任何重大责任事故。2012年已经全面实现全开架服务，坚持做到了"文明服务，心灵美；礼貌待读者，语言美；优质服务，行为美；科学管理，馆容美"的文明服务守则。使我馆的服务质量不断提高，赢得了广大读者及社会各界的好评。

表彰、奖励情况

近年来，在县委政府和文广新局的领导下，在市文广新局、市图书馆等上级主管部门的指导下，我馆坚持以邓小平理论和"三个代表"重要思想为指导，深入贯彻落实科学发展观，扎实有效地开展各项工作，积极发挥公共图书馆文化阵地的宣传教育作用，与时俱进，开拓进取，不断发展和完善，取得了较好的工作成绩，在2009年度全国第四次公共图书馆评估定级中被评为县级国家三级馆。同年在"燕赵少年读书系列活动"中荣获优秀组织奖、2012年度荣获全国"公共电子阅览室建设计划"百题知识竞赛优秀组织奖。

馆领导介绍

李琳，1980年4月1日出生，中共党员，在职研究生学历。馆长。1998年参加图书馆工作，2012年取得工程师资格。2012年4月担任宁晋县图书馆馆长。2009–2012年连续四年荣立县三等功，还获得2011–2012年度"巾帼建功"标兵称号。

曹荣辉，1972年出生，中共党员，大专学历。副馆长。1990年参加工作，2007年担任副馆长职务，同年取得政工师资格。

未来展望

在多年的服务中，我馆积极做好阵地服务、窗口服务的基础上，不断拓宽服务层次，积极开展多种形式读者服务活动，加强农村图书网络建设，开辟了送书下乡、图书赶集、集体借阅、跟踪服务、辅导基层图书室培训讲座等服务项目。共设农村书屋346个，其中332个村已经配备了资源共享设备（投影仪），他们可以结合党员远程教育系统接收到我们的文化信息共享资源。基本达到了资源共享设备的全覆盖。在下一步工作中，为全面推进基础业务的规范化、科学化管理，力争县级二级馆，借第五次评估定级这一契机，使我县图书馆办馆条件逐渐得以改善，希望上级政府加大县级馆的经费投入力度，圆我们自动化管理之梦，从而真正发挥其应有的作用。

联系方式

地　址：宁晋县西关街62号
邮　编：055550
联系人：李 琳

平乡县图书馆

概述

平乡县图书馆始建于1992年，原始在平乡县城人民街中段，2011年迁至文明路东段路北，自建馆以来，始终面向社会，免费开放，新馆占地面积3000m²，建筑面积1500m²，下设图书阅览室、电子阅览室、藏书室、办公室、少儿阅览室，平乡县图书馆现有读者阅览坐席50个，其中少儿20个，特殊人群坐席10个，2013年参加全国第五次公共图书馆评估，定级为三级图书馆。

业务建设

截止2013年底，平乡县图书馆总藏书量7000余册，报纸、刊物20多种，光盘100多件（有少儿、戏曲、农业科技等），2013年参加了河北省公共图书馆服务联盟合同。

读者服务工作

自2011年搬至新馆后，平乡县图书馆全年365天对外免费开放周开70个小时，开馆期间，提供周到的借阅服务，例如：馆员介绍书目、提供热水、保持环境卫生、安全存包、收集和整理书籍等服务工作，馆员的热情周到服务受到平乡县干部群众的好评，图书馆被读者称为第二个“温暖的家”，年接待读者达4000人次。

自2009年至今，我馆面向社会、面向基层、面向学校开展公益性讲座、农民科技致富培训班、农家书屋管理员培训班等多项公益性活动，其场次共计40余场，受益人次达到10000多人次，群众受益从而大大提高了平乡县图书馆知名度。

河北省文化厅、教育厅联合开展的“燕赵少年读书系列活动”以来，图书馆每年超额完成推荐作品，连续获得省级、市级“优秀组织奖”奖励，对于此项活动，我馆进行初评，并以一、二、三等奖给予参赛者一定奖励，几年来此项活动收益人数达5000人次。

管理工作

平乡县图书馆，竞聘上岗馆员3人，都具有本科以上学历，自2009年以来，我馆逐步建立健全馆员上岗制度、服务读者制度、图书借阅制度等各项规章制度，并每半年、一年进行总体考核。

表彰奖励

自2009年开展“燕赵少年读书活动”以来，平乡县图书馆连年被评为市级“优秀组织奖”，2013年获得“燕赵少年读书系列活动”省级“优秀组织奖”，上报作品曾多次获省级、市级奖励。

馆领导介绍

馆长：李书平，女，1963年1月出生，中共党员，大专学历，连年获得县级“先进个人”称号，所领导的图书馆连年获得市文广新局、图书馆“优秀组织奖”，2013年获得市级“突出贡献奖”。

副馆长：朱晓丽，1980年1月出生，大专学历，连年获得县级“先进个人”称号。

未来展望

平乡县图书馆按照国家免费开放的政策、方针，正在逐步完善，增加馆藏量，多样化，公益服务，一步一个脚印的走向正规化。

联系方式

地　址：平乡县县城文明路东段
邮　编：054500

局领导和全体馆员合影
热情为读者办理借阅证
读者认真阅览图书

图书馆第一期农民科技培训班

正在发放学习资料

农民正在领取光盘

家正在讲授小麦管理技术

农民正在认真听取专家授

威县图书馆

概述

威县早在民国19年（1930年）就建立了流动图书馆。威县流动图书馆图书从最初200多册，陆续增加到2000余册，得到上海左翼作家联盟将大批马列著作和社会科学理论书籍，为马列主义在威县传播做出重大贡献。1954年，威县文化馆设图书室，藏有图书800余册，1986年达到8000余册。1987年，图书室从县文化馆分出，成立威县图书馆。馆址位于东街与交通大街交叉路口东北角，建筑面积2105.68平方米，馆藏图书10000余册。2003年，迁入威县文化中心二楼。2005年购置更换了书架、阅览桌椅等办公设备，馆藏图书30000余册。2009年参加第四次全国公共图书馆评估，首次获得三级图书馆。2013年，建起了雄伟典雅，充满时代气息的威县图书馆新馆，新馆位于威县人民广场东侧，威县体育健身中心南侧，占地12亩，总建筑面积9200平方米。设有多功能报告厅、幼儿阅览室、少儿阅览室、图书阅览室、报刊阅览室；电子阅览室（文化资源信息共享工程支中心）、当地文献室、古籍阅览室、盲人阅览室和大型展厅等。2014年新馆对外开放，采用了自动借还图书系统，实行图书馆自动化管理。

业务建设

2014年新进图书5万册，威县图书馆总藏书量11万册，其中，中文图书8.3万册，中文报纸1万册，中文期刊1万册，地方文献和古籍书刊0.7万册。

威县图书馆内个室厅共设有书架80个，阅览座位400多个，报刊180多种，在多年的服务中，我馆在积极做好阵地服务、窗口服务的基础上，不断拓宽服务层次，积极开展多种形式读者服务活动，加强农村图书网络建设，开辟了送书下乡、图书赶集、集体借阅、跟踪服务、辅导基层图书室培训讲座等服务项目。建设了乡村基层服务网点和文化资源共享工程支中心。

读者服务

威县图书馆全年对外免费开放，周开放56小时。服务方式实行"全开架、零门槛"免费服务，最大限度地为读者提供借阅、查阅、咨询、讲座、流动图书馆等文化服务。2014年引进了RFID技术，实现了馆藏文献的自助借还。年流通人数8万人次，图书借还5万册次。年举办各种讲座、展览、培训、阅读推广等读者活动10余次。2013年威县图书馆工作人员发表论文8篇。

管理工作

威县图书馆共有工作人员15人，其中大专以上10人。中级职称7人，初级、助理6人。建立了工作量化考核指标体系，每月进行工作通报，每半年和全年进行总体工作考核。威县图书馆多次获得上级嘉奖，2006年起连续获得市图书馆先进单位，多次荣获"燕赵少年读书系列活动"优秀组织奖，荣获"2014年迎新春少儿书画作品展"优秀组织奖。

馆领导介绍

李巧玲，女，1972年出生，大专学历，馆员、馆长。1989年在乡镇参加工作，1990年调入县图书馆，一直从事图书管理工作，多次受到市县嘉奖。

邢燕欣，女，1969年出生，大专学历，中国党员，馆员、副馆长，1987年参加工作。一直从事图书管理工作，多次受到市县嘉奖。

高丽娟，女，1978年出生，双本学历，馆员、副馆长，2001年参加工作，多次在省市参加业务培训，一直从事图书馆管理工作，多次受到市县嘉奖。

未来展望

威县图书馆遵循"科学、效率、创新、发展"的办馆方针，践行"威县图书馆发展三步走"战略，即完善单体服务功能，扩大服务辐射区域，带动地区事业发展。在"硬件"建设的基础上，进一步加大"软件"建设力度，2015年、2016年年新增添图书5万余册，使馆藏图书达到20万册以上；加强工作人员业务培训，全面提升服务能力，为读者提供全覆盖、不间断、无时空限制的数字文献远程和移动服务，主要指标位居全省县级公共图书馆前列，达到国家一级图书馆基本标准，把威县图书馆打造成为全省一流的县级图书馆。

联系方式

地　址：威县三多街
邮　编：054700
联系人：高丽娟

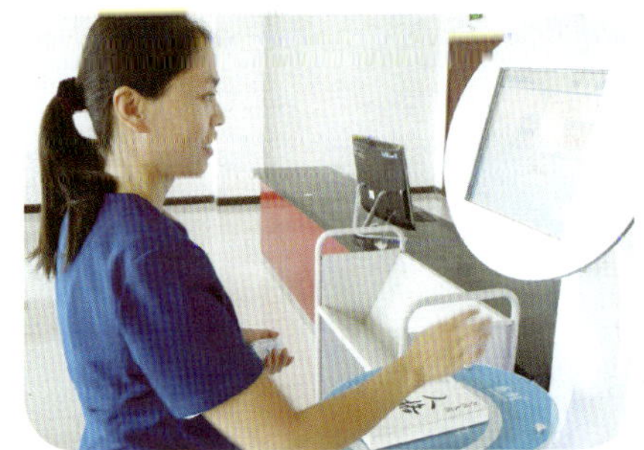

清河县图书馆

概述

清河县图书馆创建于1989年，其前身为清河县文化馆图书室，建筑面积为1600平方米，馆内设有图书外借室、报刊阅览室、电子阅览室、少儿阅览室、地方文献查阅室等服务窗口，其中阅览室3个，座位80个。2010年五月办公地址搬迁，与清河县总工会联合租赁办公楼，馆舍面积、阅览室设置基本和原来馆舍相当，一直对外开放。目前我县"三馆一场"工程（包括图书馆）正在施工建设中，预计今年年底完工，明年完成图书馆搬迁工作。

截止2012年底，清河县图书馆总藏书量5.5万册，其中古籍0.4万册、中文图书2.4万册、各类报刊0.4万册、地方文献0.1万册、少儿文献1.2万册、电子文献视听文献0.5万件（种）、其它类图书0.5万册。全馆共有计算机30台，服务器存储量6TB。

1989年刚创建图书馆时，藏书量仅仅为1万多册，电子文献、视听文献、计算机更是空白。清河县图书馆经过这些年的努力，特别是2009年至2012年这几年在省市图书馆和县领导的大力支持帮助下，使图书馆才初具规模，达到了三级图书馆的标准。

读者服务

自2009年至2012年，清河县图书馆全年对外免费开放，周开放56小时，书刊流通总人次10.3206万人，书刊外借5.8393万册次，免费办借阅证1.4320万份。常年设立了流通服务点10个，讲座12场，展览15场，组织各类读书宣传活动30余次，累计参加活动人数5万多人次。自2010年以来，多次组织形式多样的送书下乡活动，把农业科技书籍送到乡间地头，累计赠书5000余册。

清河县图书馆在编干部职工9人，在职实有人数8人，其中大专以上人员6人，中级职称1人，初级职称3人，高级工人5人。

表彰奖励

自2009年以来获得奖励，市级1次，县级3次。

领导班子

李延蕊，清河县图书馆馆长，女，49岁，大专学历，政工师，联系电话：13784906658。

宋献，清河县图书馆副馆长，女，38岁，大专学历，电话：0319－8160419。

存在问题

1、人员问题：目前清河县图书馆面临专业人员缺乏，文化素质参差不齐，缺乏后备专业人才，特别是缺乏即懂图书管理又懂计算机技术的复合型人才。

2、经费问题：政府配套资金不到位，馆藏图书数量增加有限，与评估标准要求相差甚远，与我县经济的发展不相适应，不能满足我县广大读者的需求。

3、设备设施：清河县图书馆建馆历史久远，有些设备已经老化，急需更新。

未来展望

清河县图书馆借明年搬迁之东风，开拓视野，学习先进图书馆的服务理念，加强人员培训，积极筹措资金，改造陈旧老化的设备和设施，不断增加文献入藏量，提高藏书规模，积极打造一个环境优雅、人文气息浓厚的现代化图书馆。树立县级图书馆以人为本的典范，为清河县的经济建设和精神文明建设服务。

联系方式

地　址：清河县城武松中街
邮　编：054800
联系人：李延蕊

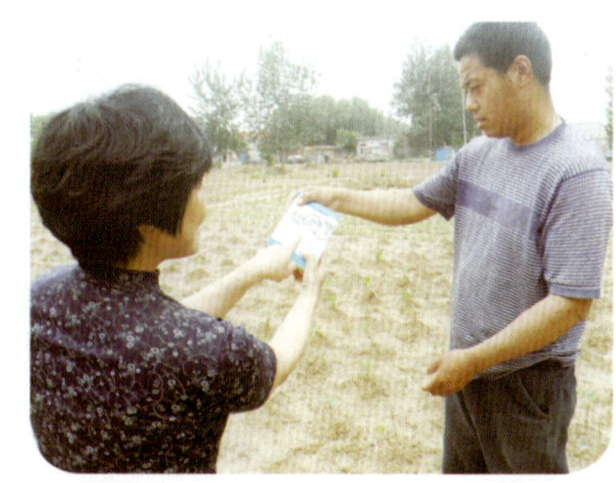

南宫市图书馆

概述

南宫市图书馆始建于一九七九年八月，位于南宫市旧城十字街东北角，主体建筑是一座清代古楼。占地面积524.2平方米，建筑面积868.2平方米。可容纳读者座位90个。在1995年5月被评为"全国文化先进集体"，受到文化部、人事部的表彰。同年被评为国家"二级图书馆"，河北省"文明图书馆"，邢台市"文明单位"。

2012年南宫市图书馆有计算机35台，信息接点68个，宽带接入10兆，专业存储量4T。

业务建设

截止2012年底，南宫市图书馆总藏量13.132万册（件），其中，纸质文献10.932万册（件），电子图书有电子文献2.2万册。

2012至2013年财政新增藏量购置费由原来的3万元达到6万元。共入藏中文图书550种，1650册，中文报刊122种，视听文献185种。

读者服务工作

从2009年8月起，南宫市图书馆全年365天对外开放，周开放56小时，年书刊外借12600册。2013年"文化信息资源共享工程"有限开通了访问国家、省、市和邢台市技术学院图书馆电子资源权限，道扩大了获得数字资源渠道，使读者满意度大大增加，前来上网咨询阅览的读者络绎不绝，年上网读者由原来的11300猛增到现在现在的24322人。

通过举办"图书馆宣传周"、"全民读书月"、"图书展览"、"送书下乡"、"推荐新书目"等活动向城乡居民宣传揭示图书馆。编印各类宣传材料30000多份免费发放到社会的各个角落，吸引更多的读者走进图书馆，利用图书馆。

2012年共举办各类讲座、培训班、读书心得展览13次，参与人数达到1300人次。

业务研究、辅导、协作协调

2009—2012年，南宫市图书馆职工在省级以上专业刊物上发表论文4篇。

选择专业骨干，参加国家、省、市举办的"共享工程业务培训班"、"参考咨询培训班"、"联合编目培训班"、"古籍保护登记培训班"等20多次。培训人员30多人次。

举办乡镇文化站图书室、农村书屋、文化信息资源共享工程基层点等管理人员培训班25次，培训人员1260人次。

管理工作

2010年，南宫市图书馆重新制定了岗位责任制、管理人员守则、读者守则、读者借阅制度。实行竞争上岗、工作量化考核，定期检查评分，年终兑现奖惩，使图书馆各项工作的开展走向有章可循，有量可考，奖惩分明，优胜略汰，健康发展的正确轨道。

表彰、奖励情况

2009年–2012年南宫市图书馆共获得各种表彰、奖励9次，其中，市及奖励6次，县级奖励3次，其他奖励16次。

馆领导介绍

李景春，男，1958年2月生，本科学历，中共党员，副研究馆员，馆长。1975年1月参加工作，历任南宫市图书馆副馆长，馆长。兼任河北省邢台市图书馆学会常务理事。1995年获邢台市劳动模范，南宫市十佳青年荣誉称号。

赵世灿，男，1855年11月生，中专学历，中共党员，馆员，副馆长。1975年1月参加工作。

未来展望

南宫市图书馆继续秉承"读者第一、服务至上"的办馆理念，加强科学化制度化管理，引进培养高素质专业人才，增加文献资源入藏量，创造更舒适，更优美，更宽敞的借阅环境。

1、南宫市图书馆计划未来5年内使管理和服务人员增加到16名。实现工作人员的知识化、专业化、年轻化。

2、资源藏量购置费达到15万元。

3、为更有效将服务的触角扩大到农村的千家万户，田间地头将建成"汽车流动图书馆"。

4、实现书刊借阅人次20万。

5、在市内繁华地段建成3000平方米的专业图书馆大楼。

联系方式

地　址：河北省南宫市北大街1号
邮　编：055750
联系人：李景春

高碑店市图书馆

概述

高碑店市图书馆建立于1983年4月4日，(当时叫新城县图书馆，1993年撤县建市改成高碑店市图书馆。) 1998年第一次参加全国公共图书馆评估，首次获得三级图书馆。馆址几经变迁，2011年4月1日位于高碑店市文苑路6号的新馆建成开放。新馆建筑面积1500平方米，可容纳读者座位300个。2012年高碑店市图书馆有阅览坐席200个，计算机35台，宽带接入为10Mbps，存储容量为6TB。

业务建设

截止2012年底，高碑店市图书馆总藏量6万册（件），其中，中文图书45000册，盲文图书100册，中文报纸7785册，中文期刊4000册，地方文献300册，视听文献815件，少儿文献2000册。

读者服务工作

高碑店市图书馆根据文化部、财政部《关于推进全国美术馆、公共图书馆文化站（馆）免费开放工作的意见》及财政部《关于加强美术馆公共图书馆文化馆（站）免费开放经费保障工作的通知》精神，于2011年所有基本服务设施、公共空间设施场地均免费对外开放，并且基本服务项目健全。周开放时间60小时。2009年–2012年，书刊总流通15万人次、书刊外借12万余册。

高碑店市图书馆把高碑店市敬老院、老干部局活动中心做为流动服务点。常年坚持送书上门活动，2009年–2012年送书上门达到了20400册次。

2009年–2012年，高碑店市图书馆共举办讲座、展览、培训、阅读、推广等读者活动126场。参与人数8万多人次。

业务研究、辅导、协作协调。

2012年12月15日，高碑店市图书馆与保定市图书馆及保定各市县图书馆签订了保定市公共图书馆讲座联盟合作协议书。

2011年–2012年，图书馆完成了对全市409个行政村的图书管理员的集中培训和业务辅导工作。

管理工作

高碑店市图书馆在编5人，实际在岗6人。全体工作人员已于2007年按照高碑店市劳动人事部门的有关规定，实行岗位管理，做到按岗设岗，按岗聘用，竞争上岗的激励制度。每年的职工考核由上级主管部门统一负责。

表彰、奖励情况

2009年–2012年，高碑店市共获得了各种表彰、奖励12次。其中高碑店市委、市政府表彰8次。市业务主管部门表彰4次。

馆领导介绍

刘青华，女，1964年6月生，大专学历，中共党员，中级职称，馆长。1981年4月参加工作，先后在采编室、图书室等部门工作。曾多次被高碑店市妇联评为《三八红旗手》、被文化主管部门评为《先进个人》、被市工会评为《先进女职工》。

未来展望

高碑店市图书馆新馆的建设已纳入高碑店市政府的规划中，准备在市中心地带建立一个文化体育中心广场占地三百亩。同时，在2014年里高碑店市图书馆将实现自动化管理，现正在筹备中。高碑店市图书馆将会在未来几年里达到县级一流图书馆的基本标准。

联系方式

地　址：河北省高碑店市文苑路6号
邮　编：074000
联系人：刘青华

张家口市下花园区图书馆

概述

下花园图书馆原为图书室，与文化馆合二为一，初创于1970年，位于下花园小广场北侧，区财政每年下拨经费用于文化馆事业，文化馆再根据图书室的实际情况购置图书，1996年区政府根据当时城市建设需要，将原文化馆迁至原下花园区电影院楼内，后几经迁址都不具备对外开放条件，原馆藏图书也因历次搬迁而丢失、损毁。2012年国家拨付图书馆免费开放资金，区政府也把新落成的行政办公大楼4层改建为区图书馆，馆舍面积1000多平方米，下花园区文广新局根据这些条件购置了各类图书和配套设施于2012年2月正式挂牌对外开放。

业务建设

截止2013年底，下花园区图书馆购置新书12000多册，电子图书25万册，订购期刊杂志40多种，办理借书证600多张。

阅览室分为成人阅览室、少儿阅览室和电子阅览室，成人阅览室设读者坐席36个，少儿阅览室设读者坐席38个，电子阅览室有电脑22台。图书计算机总数29台。配有可容纳30多人的报告厅一间。60多平米的藏书室一间。

图书馆设图书检索机2台，读报机1台，图书、杂志借阅归还全部采用较先进的图书馆计算机操作管理系统。

2013年，下花园图书馆在第五次全国共图书馆评估定级工作中被评为三级馆。

读者服务工作

2012年2月，下花园区图书馆正式对外免费开放，2013年9月起，周开放56小时，周六日及节假日照常开馆接待读者，至2013年底书刊总流通8000多人次，书刊外借6000多册，接待读者近10000人次。

图书馆报告厅举办各类讲座、辅导、培训等活动40多场次，参与人数近1200人。

采购图书广泛征求读者建议，设置读者意见反馈是下花园图书馆服务读者工作的一个特点。

业务研究、辅导、协作协调

下花园图书馆成立以来，新人，新馆，业务相对不熟悉，积极参与省市级图书馆的的各类培训、学习及学术研讨，是克服业务不熟的很好途径，一年中参加省市级培训、交流6次，业务知识在工作和学习中得以提高。

下花园区图书馆加强还对加强对社区及农家书屋的图书指导和建设工作，开办了两期图书管理员培训班，并定期为基层更换图书，目前全区11个社区均建有图书室，46个行政村都建有农家书屋实现了全覆盖，与社区、农家书屋进行三位一体的协作和协调，加强与周边区县图书馆的互学互帮和工作交流。

管理工作

下花园区图书馆成立以来，由于编制问题。在岗位人员上受到一定制约，少儿阅览室是由2名教育局抽调的教师管理，成人阅览室招聘2名临时工管理，正式编制的管理人员是刚从文化馆调到图书馆的人员1名任馆长。

这5名工作人员负责着图书馆的采编、录入、借阅、图书上架整理及馆内的卫生清理工作。

表彰、奖励情况

下花园区图书馆自开放成立之日起至今两年多的时间，得到了各级文化主管部门的好评和广大群众的认可，周边兄弟县区图书馆多次来馆参观学习。

馆领导介绍

王丽君，男，1962年2月出生，高中学历，美工技师，馆长。1980年参加工作，原在下花园文化馆工作，下花园区图书馆成立后由文化馆调至图书馆任职。

未来展望

下花园区图书馆本着“科学、创新、发展、服务”的办馆方针，不断完善自身建设和功能建设，把服务读者放在首位，在加强图书馆自身建设的同时积极努力带动社区及农村书屋的建设和发展，力争在2014年下半年建立起5个基层服务点，同时与社区农村书屋建立起三位一体的图书流动平台，实现图书资源共享。并逐渐建立社区和农村书屋的电子阅览功能，更好地服务于广大读者，营造读书氛围，以此带动下花园区全民综合素质的提高。

在未来的时间里，加强下花园区文献资料的收集和整理和馆藏建设，争取岗位人员编制，规范岗位职责，深入开展和推动全民阅读活动，主要指标达到国家二级图书馆，使图书馆更好地服务于读者，服务于社会。

联系方式

地　址：张家口市下花园区中学西路福苑大厦4层
邮　编：075300

万全县图书馆

概述

万全县2012年3月重新开放，图书馆位于万全县孔家庄镇民主街县宣传文化中心大楼，建筑面积820多平米。现有成人阅览室、少儿阅览室、电子阅览室三个功能区。成人阅览室有20个座位；少儿阅览室20个座位；电子阅览室20个座位，计算机22台。文化共享工程4台服务器容量6T。10M光纤宽带连接机房和计算机终端。2013年参加全国公共图书馆评估，获得三级图书馆称号。

业务建设

截止2013年我馆藏书3.2万余册。其中2010年投资70多万元新购图书2.8万册及其它设备，2013年新增图书4000多册。视听文献30多件。数字资源总量1T，装有LZJ3000图书管理系统。

读者服务工作

万全县图书馆每天开放时间从8:00-12:00，13:00-18:00，每周开放63小时。书刊文献开架率达到90%以上，书刊外借率达到50%，年外借1.4万多册。馆外流动借阅1000多册。阅览室装有空调、地暖等设备。图书借阅全部微机管理。发放借书证300多个，借阅人次10000多人次。人均年到馆达50多次。书刊宣传活动举办了5次，取得了很好的宣传效果。图书馆收集了政府23个单位公开信息。我馆采用多种方式积极举办了多次讲座、培训等活动，与宣传部、妇联等单位合办了万全党建成果展、厚德万全人、万全集邮展等展览，馆内还举办了鲁迅作品等阅读推广活动，年参与活动人数达到0.3万多人次。我馆发放读者满意率调查表100多份，读者满意率达到95%。

万全图书馆位于县宣传文化中心四、五楼

业务研究、辅导、协作协调

我馆积极参与上级图书馆组织的协作协调工作，并对乡镇、村图书室进行培训指导，各村成立农家书屋，也对村文化共享工程进行指导。

管理工作

2013年图书馆在职职工6人，本科学历4人，全部中专以上学历。领导班子全部大专以上学历。本馆各项业务制度齐全，认真落实，管理有序。各类档案健全、装订整齐、内容齐全。统计资料齐全准确。馆内环境整洁、安静，标牌规范明显。各阅览室均配备消防器材。馆内有健全的安全管理制度。

表彰与奖励情况

2013年图书馆被市文广新局评为先进单位，一名职工被评为先进个人。

馆领导介绍

原建东，男，1970年11月生，本科学历，中共党员，馆长。1993年9月参加工作，2010年任万全县图书馆馆长。

展望未来

万全县图书馆立足现有条件，积极争取上级领导支持，扩大馆舍建筑面积，争取财政资金支持，增加图书馆藏量，新上设备，提高图书馆现代化水平，增加电子图书，提高图书馆的数字化水平。不断挖掘自身潜力，建立高素质职工队伍，提升服务读者水平，积极举办各类讲座、展览、读书活动，把万全县图书馆建设成服务全县群众文化生活的前沿阵地。

联系方式

地　址：万全县民主街宣传文化中心大楼
邮　编：076250
联系人：原建东

工作人员正在办理业务

成人阅览室及书库

展览

丰宁满族自治县图书馆

概述

1980年12月，经丰宁县政府批准，将县文化馆图书组分出，建立丰宁县图书馆。编制5人，馆舍面积不足100平方米，藏书不到2万册，设阅览、采编辅导2个组。1987年4月随着"丰宁满族自治县"的成立，亦更名为"丰宁满族自治县图书馆"。1992年12月，建起三层1500平方米的图书馆楼，座落于现宁丰路西255号。设有外借部、综合阅览室、多媒体阅览室、地方文献与工具书室、科技信息咨询室、采编辅导室。2006年，图书馆楼被改建为县宣传文化活动中心，图书馆搬至博物馆，与博物馆合署办公。2010年，图书馆搬回原图书馆楼。2011年借书处由原来100m²扩建到180m²。图书馆现使用面积800m²。

业务建设

截止2012年底图书总藏量131816册。2009至2012年文献入藏量7271种，72568册。其中图书年入藏量6454种，72568册、报刊年入藏量966种、地方文献年入藏378种，708册。图书依据《中图法》（第四版）进行分类标引和《普通图书著录规则》进行著录、登记、建账建卡；对过期的图书及时清理，下架的报刊及时装订，建账建卡，入库收藏；加工整理质量达到规范、统一、整齐、美观；所有投入流通的图书均设有公务目录、读者目录。供读者使用的计算机30台，业务及办公用计算机5台。宽带网络全部接通。存储容量20TB。2012年5月安装了智慧2000图书馆自动化管理系统。2012年底县财政拨款38万元，其中：人员工资及经费25万元，报刊费3万元，资源共享8万元，扩建借书处2万元。新增藏量购置费3万元。到2012年底，征集到行业志、年鉴、大事记、县党代会、人代会、政协会文件汇编、专业论文集，家谱复印件，传记和本县作者的作品等地方文献378种，708册，对这些宝贵的地方文献资料，我们有专人管理、专柜收藏，有专门目录。

读者服务工作

2010年1月起实施免费开放，馆内公共空间设施场地全部免费开放，文献资源借阅、地方文献、基层辅导、流动服务等基本文化服务项目免费提供，取消了基本公共文化服务项目收费。全年开馆350天，每周60小时。年外借册次4万册。年流通总人次3.8万人，人均年到馆21人次。在馆外设立的13个服务点。馆外流动服务点书刊年借阅5150册。

采取多种形式，宣传馆藏书刊以吸引更多读者。馆内设有新书宣传栏，及时张贴新书介绍，并在馆内新书展示专架上进行书刊宣传。利用"4月23日世界读书日"、"图书宣传周"等活动发放书刊宣传单，并在广场举办读书日活动，全年书刊宣传达1300种以上。

我馆辑印的《信息与决策》小报，年刊4期（每期8K正反两面1页），每期印发400份，发送到县直机关、乡镇政府办公室，为领导机关决策和经济建设提供信息服务。与县城聋哑学校建立了馆外服务点，定期为他们送去立志图书、益智期刊200册，每2个月更换一次。每年都会精心为小读者组织"河北省燕赵少年读书系列活动"，2009年至2012年以来，我县已有近万名小读者参与此项活动。4年来，已有近百名小读者在征文、书法、绘画、唱歌比赛中获得省级奖励。

年举办讲座、培训24场次。参加活动的读者达2万人次。其中由文体局主办，图书馆协办的——丰宁文化讲坛，在县城内外掀起了不小的热潮。讲坛邀请丰宁数10名文化名人讲述了丰宁本土历史、文化、艺术等。20场报告会听众达万余人。业务培训4场。举办展览6次。2012年图书宣传周期间，为小读者举办了"在科学世界里畅游"科普书展；与非遗办联合举办了"丰宁非物质文化文献、图片展"；"日军侵华罪恶史"图片展；"钓鱼岛——中国固有领土"图片展；与县文联举办了"金龙杯"闫国华先生书画展；"学雷锋纪念日'永远的雷锋'"图片展；参观展览达15000人次。

业务研究、辅导、协作协调

2009年至2012年，职工撰写的论文获国家级奖励的7篇；获省级奖励表彰的3篇；获市级奖励表彰的2篇；获县级表彰的4篇。

2009至2012年，举办"农家书屋管理员培训班"5期，参加培训的管理员达400余人。对全县26个乡镇文化站图书室，309家农家书屋进行摸底调查。累计下乡进行业务辅导35天，对26个乡镇文化站图书室和48家农家书屋进行了业务指导，使书屋的图书标引、图书排架规范化，书屋的管理科学化。2012年，我们对县城的第二小学、第二中学、实验中学、进修学校的图书室进行现场业务辅导12次。对学校、社区的部分管理人员以来馆咨询的方式进行业务辅导10余次。

2012年在全县9个社区和一个村部建立了图书室，并捐赠图书2万余册，对管理员进行了业务培训。到目前为止，全县共建成乡镇、社区、村图书室345个，服务网络建设比例达到40%以上。

管理工作

我馆实行岗位目标管理责任制，并根据每年的工作目标修订一次。严格执行《河北省事业单位工作人员考核实施办法》，从德、能、勤、绩四个方面进行民主考核，年终对每名职工评定出合格、基本合格和不合格等次，并评选出一名优秀人员；为增强单位活动，调动职工工作积极性，我馆从2010年起试行"出勤奖励工资制"。

表彰、奖励情况

2009年至2012年，获国家图书馆学会奖励的7人；获省图书馆学会奖励表彰的3人；获市图书馆学会奖励表彰的2人；获县政府表彰的4人。

馆领导介绍

李立红：馆长，女，满族，1973年1月出生。河北省丰宁满族自治县大阁镇人，中职职称。1990年参加工作，2010年4月任图书馆馆长。

吴红：副馆长，女，满族，1969年4月出生。河北省丰宁满族自治县大阁镇人，技师。1989年参加工作，2006年任图书馆副馆长。

未来展望

随着社会经济、文化的发展，现有图书馆已经无法满足人民群众日益增长的物质文化需求，即将建立一个集文献收藏、信息服务、学术交流、文化休闲、教育培训为一体的多功能现代化新型图书馆。按照文化部、住房和城乡建设部、国土资源部2008年6月1日正式发布实施的《公共图书馆建设用地指标》和《公共图书馆建设标准》，新馆拟建筑面积2500m²，拟设计馆藏图书达到20万册，阅览座位约达到200个。

联系方式

地　址：河北省丰宁满族自治县大阁镇宁丰路255号
邮　编：068350
联系人：李立红

怀来县图书馆

概述

怀来县图书馆始建于1957年，是怀来县唯一公共图书馆，承担着搜集、整理、保存和利用图书文献的职能。图书馆现有干部职工4名，其中专业技术人员2名，助理馆员2名。现有馆藏7万余册，囊括22大类1300余种，其中有古籍线装书1646册。设有综合借阅处、儿童借阅处、期刊借阅处、农村借阅处、综合阅览室、儿童阅览室、电子阅览室7个窗口。

业务建设

怀来县图书馆于2005年搬迁至沙城镇京张公路西大街路南（原财政局办公楼），与沙城中学图书馆合并办公，占用1、2楼层，馆舍面积近千平方米。搬迁至新馆后又新购书架10个，期刊柜4个，报架1个，充实了成人阅览室和童儿阅览室相关硬件；在省文化厅的大力支持下，文化资源共享信息平台已在2010年7月底安装完毕，现已投入运行，标志着我县信息资源共享建设已经步入现代化、正规化，图书馆建设也提升到一个新的高度。现建成30平米和60平米的两个标准化机房，新装品牌电脑33台、4台服务器、10M光纤、监控等相关设备。

读者工作

为了满足不同层次读者的需求，我们把收集整理、收藏和流通图书资料放在首位，贯穿于工作之中。积极开展正常借阅工作，在馆内每一个借阅窗口设立读者信息薄，读者可根据自己的意愿，题写自己的想法，将希望看到的图书写到上面，以促进我馆工作。将报刊及时整理、编目，向读者推出，使读者在很短的时间里阅读到最新报刊内容。

怀来县图书馆于2011年6月1号起向社会公众实行免费开架借阅。免费开放借阅主要包括：综合阅览室、少年儿童阅览室、电子阅览室、文献资源借阅、检索与咨询、公益性讲座和展览、基层辅导、流动服务等基本文化服务项目，为保障基本职能实现的一些辅助性服务如办证、验证及存包全部免费。并通过怀来报、怀来吧向社会公众做了宣传工作，图书馆由收磨损费服务转为免费开放。全馆同志克服人员少，业务量大的困难，采取各种措施吸引读者，如：为读者设置图书征订薄，为特殊读者送书上门，为老年读者广开方便之门，可以将下架的报纸带回家去慢慢翻阅，这些服务措施都为提高服务质量起到了良好的作用，每年接待读者都在两万余人次，图书流通达三万余册次。

认真做好图书服务宣传周活动。我馆曾开展主题为“勿忘国耻、热爱祖国，提高全民科技素质”图书服务宣传周活动，开辟了图书专架，受到读者好评。在每年的图书服务宣传周活动中，我馆将服务重点放在沙城镇各中小学，全馆工作人员利用业余时间分组进入到沙城镇第二、三、四、实验等小学，向他们宣传图书馆，介绍图书馆的详细情况，鼓励学生利用业余时间到图书馆来阅读，我馆也相应采取了延长借阅时间，增加借阅量，办理临时借阅卡等措施，吸引了大批小读者。

对读者百问不厌，百拿不倦，既是工作人员的爱岗敬岗职责，也是反映出工作人员的素质。同时向读者推荐介绍新书，引导读者阅读有益书刊热心接待每一位读者。接待好每一位读者是图书馆日常工作的重要部分，为了尽量让每一位读者达到满意，全馆工作人员都做到了微笑接待、积极推荐、轻声细语，使每一位读者来到图书馆都有一个愉快的心情。

业务研究、辅导和协作协调

(1) 在开展好阵地服务、传统服务的同时，积极探索新的服务方式，充分利用闲置的馆藏文献，大力推广分馆建设，使图书馆的服务广度与深度都得到延伸。做好“甘子堡分馆”、“老干部局分馆”和“沙城镇四街村委会分馆”的业务辅导工作，为其提供了大量的图书资料，定期对其进行业务辅导，并按各分馆需要的图书种类定期更换图书，各分馆的建立，使广大离退休干部和广大村民读者能就近阅读，满足精神需要。

(2) 积极为“三农”服务，今年我县农家书屋工程达到了全覆盖。为更好促进农家书屋工程建设，我馆举办了3期管理员培训班，详细讲解了读者服务、图书管理、信息反馈等专业技能，并帮助各书屋制定了规章制度，通过培训使每个图书馆管理员进一步熟悉了图书馆的业务工作。农家书屋工程解决了农民“买书难、借书难、看书难”的问题，并且成为广大农民群众了解党和政府方针政策的场所，学习科学技术和文化知识的园地，交流市场信息和致富经验的中心。

怀来县图书馆大楼

图书馆外景

2010年三级馆牌匾

馆藏古籍

综合书库

(3) 文化资源共享信息平台已投入运行，标志着我县信息资源共享建设已经步入现代化、正规化，图书馆建设也提升到一个新的高度。现有30平米和60平米的两个标准化机房，有电脑33台、4台服务器、10M光纤、监控等相关设备。信息平台的建立，为实现国家图书馆以及省市图书馆系统联网阅读做好了准备工作。电子阅览室的建立，能够最大的提高怀来县图书馆的服务标准和服务质量。网络的连接能够更好的满足全县各阶层读者日益增长的文化需求，更好的服务怀来县两个精神文明建设。

(4) 根据河北省古籍保护（编目）工作会议精神及要求，我馆建立"全国古籍普查平台"，按照河北省古籍保护群网的要求对我馆的古籍善本进行了从新分类、登记、造册，以便在全国范围内更好的进行交流、学习、提高，我馆古籍善本《黄眉故事》这套线装书，入选了河北省古籍保护中心，它是清康熙三十六年（公元1697年）印刷，经济堂藏版。

管理工作

(1) 做好地方文献的搜集、整理、编撰工作。将地方文献进行整合，向全县搜集、收购我县历年来的各种作品，包括反映当地民俗特色的小说、散文、诗歌、人物传记、书法、绘画、摄影以及我县各级领导的书法、绘画作品、著作和文献汇编等，其中侧重搜集、收购具有历史价值的古籍、字画、连环画等，使我县的文化事业有一个系统的展现。重视对古籍的保护。对古籍线装书进行了抢救性的修缮，共制作函匣122个，缝制开线书籍300册，按照中国古代图书分类法经、史、子、集4大部类进行分编，为建立全国古籍线装书数据库奠定基础。

(2) 建立健全学习制度、工作制度、考勤制度和服务准则。规范工作行为，优化工作环境。

(3) 为读者创造一个清新宁静的阅读环境。图书馆对卫生清扫工作历来重视，将馆舍划分为若干卫生责任区，由卫生清洁人员具体分片包干，将卫生工作做足做细，做到每天清洁一次对外服务窗口，每周清洁一次书库并定期进行检查，消灭死角，还读者一个清洁的阅读环境。

(4) 认真做好安全保卫工作。针对图书馆办公场所的特点，对图书馆的各种设施进行了认真细致的检查，包括防火、防尘、防盗设施、电源线路及开关设施，灭火器及消防设施等，认真贯彻落实"安全第一，预防为主"的方针，严格按照安全法规和上级关于安全管理、安全生产的要求，切实做好防范工作。

表彰、奖励情况

2007、2009年获得了燕赵少年读书活动两届活动的优秀组织奖。

2008年获得张家口市图书馆学会先进理事馆荣誉。

李淑萍、张玉炫和王淑珍连续多年分别被评为市先进文化干部和县优秀文化工作者。

馆领导介绍

馆长：张玉炫，1968年7月出生，男，汉族，群众，大专学历。1989年进入怀来县图书馆工作至今。期间，认真学习图书管理专业知识，熟练掌握管理技能，时刻牢记"读者至上"的服务宗旨，全心全意为读者服务。1994年至1999年利用5年时间，将图书馆藏书由原来中小型分类法全部改成中国图书分类法，为图书馆实现规范化管理奠定基础。2000年至2001年，抢救性地整理古籍线装书1646册，并初步按照中国古代图书分类经史子集四大部类进行分类。2005年至2013年连续获得市县级先进文化干部或优秀文化工作者。

未来展望

服务是图书馆的中心工作，数字化服务是未来服务的主体，逐步运用现代技术和设备，同时馆员队伍由知识整合型专业队伍组成，更加方便、快捷地为读者服务是图书馆未来发展方向。

馆长张玉炫

外借窗口

书库一角

承德县图书馆

概述

承德县图书馆建于1980年，2008年迁入新建的文化中心综合办公楼，馆舍面积909平方米，有阅览座席105个，计算机30台，宽带接入10M,设置外借室、儿童阅览室、电子阅览室、政府信息公开室、辅导室五大功能室。2013年公共图书馆第五次评估定级为三级图书馆。

业务建设

截止到2012年底，承德县图书馆总藏量10.2万册，其中纸质图书6.9万册，视听文献300件，报刊杂志1.9万件，无电子图书和期刊。

2011年县财政拨给图书馆费用为63.1万元，2012年为80万元，新增藏量购置费2012年为6万元，免费开放经费到位13万元。2012年入藏图书2025种，3525册，报刊127种，视听文献30件，地方文献43册。

读者服务工作

承德县图书馆每周开馆时间都在48小时以上，全部免费开放，读者满意率在90%以上。在全县的23个乡镇文化站中设立了14个服务点，在全县378个农家书屋开展讲座及读书活动。2012年外借册次为4.5万册，接待读者26746人次。

信息部工作人员通过网络、报刊收集各种致富信息，编印成《信息简报》，每月一期，每期1000份，通过各乡镇文化站进行发放，为农民科技致富提供信息。开展送书下乡活动6次，长期为外地民工、敬老院孤寡老人提供服务。

承德县图书馆通过多种途径宣传开展"世界读书日"、"承德市读书读报节"、"燕赵少年读书"等活动；在重大节日开展读书展、讲座、演讲比赛；寒暑假，图书馆开展手抄报展览、书签设计赛、美文诵读等系列活动；利用电子阅览室，通过共享工程开展健康知识讲座、为青少年读者播放优秀影片，加强爱国主义教育。

业务研究、辅导、协调工作

承德县图书馆2009年–2012年，全馆职工共发表论文11篇，其中国家级期刊上发表7篇，在省级刊物上发表4篇。职工深入农村了解图书室基本状况，撰写了《承德县各乡（镇）村图书室建设情况的调研报告》和《关于农村书屋建设情况的调研报告》，为本县生态文明村建设和农村书屋建设工程提供了第一手材料。

对全县378个农家书屋进行业务辅导，共举办农家书屋管理员培训班三期，培训447人；对各校图书室的业务辅导12次，为文化共享工程基层站点的工作人员进行业务培训三期。

管理工作

承德县图书馆建立了一套较完整的规章制度和岗位考核制度体系，涵盖了财务、安全管理、文献保护等图书馆工作的方方面面。实行岗位目标管理责任制，根据每年的工作目标责任到人，签订责任书。大楼管理处实行24小时安全保卫工作。

表彰和奖励情况

2009–2012年，共获得各级荣誉称号10次，其中获文化部颁发的"全国文化信息资源共享工程·公共电子阅览室示范点"荣誉称号，负责的农家书屋工作被省新闻出版局评为"河北省农家书屋工程建设先进集体"，获市文化局荣誉4次，县总工会荣誉1次，县文化局荣誉3次。

馆领导介绍

李晓宏，女，1974年7月生，本科学历，副研究馆员，馆长。1997年7月参加工作，2002年12月到承德县图书馆工作，先后在采编室、借阅室工作，2008年4月任承德县图书馆馆长。兼任政协承德县第九届常委，承德市第十三届人民代表大会代表。2009年获河北省文化厅"燕赵少年读书"系列活动突出贡献奖，2012年获承德县人民政府嘉奖。

于任杰，女，1975年出生，中共党员，本科学历,馆员，副馆长。1997年8月参加工作，2008年担任图书馆副馆长，分管全馆业务工作。2011年被县委、县政府授予第四届"承德县青年科技奖"荣誉称号。

未来展望

承德县图书馆本着"以人为本"的服务理念，在现有的条件下因地制宜、形式多样的开展读者服务工作，促进了乡镇图书室及农家书屋的发展，满足了广大农民群众的基本文化权益。目前承德县图书馆新馆建设已被列入承德县文体综合活动中心建设项目，建筑面积面积2651.14平方米，阅览座席600个，可容纳纸质文献30万册。面向全县群众提供"藏、借、查、阅"一体化服务，构建一个以网络通信技术为依托的现代化公共图书馆，逐步实现承德县与全国各地区公共文献信息资源共享，满足承德县人民文化生活的需要。

联系方式

地　址：河北省承德县学苑路文化中心四层
邮　编：067400
联系人：李晓宏

对农家书屋业务指导

举行文化共享工程歌咏比赛活动

开展"世界读书日"宣传活动

固安县图书馆

概述

固安县图书馆建成于1987年3月，6月份正式对外开放。馆址位于新中街广播局西侧，占地面积一千多米，建筑面积三百多平米，为仿古式平房建筑。包括书库一间，办公室三间，阅览室一间，可容纳三十多人阅览。

2000年迁至新昌街城关镇政府东侧，建筑面积2000多平方米，其中二楼属于图书馆，约800平方米。2013年第五次全国图书馆评估中首次被评为三级图书馆。2012年9月少儿阅览室对外开放，建筑面积50平米，少儿坐席20个。图书馆共有计算机25台，其中供读者使用的21台，宽带接入速率10Mbps，运行ILASS自动化业务管理系统。

业务建设

截止2012年底，固安县图书馆总藏量3.2万册（件），其中纸质文献3.09万册，电子文献1028件。

2012年固安县图书馆新增藏量购置费5万元，图书年平均入藏2800种，视听文献年平均入藏200件。

截止2012年底，固安县图书馆数字资源总量15.1TB，其中自有5TB。

读者服务工作

固安县图书馆全部免费开放，每天开馆8.5小时，每周开馆60小时，书刊文献开架比例为100%，馆藏文献外借率70%。

2012书刊文献外借册次5059册，自2009年以来，随着馆外流动服务点的逐步完善，馆外流动点书刊借阅平均5千册次/年。

2012年固安县图书馆和文化馆合作举办书画展，还举办了朗诵，猜谜等读者活动，参与活动达5000余人。还针对未成年人、老年人组织专门的、针对性的活动，以满足他们的阅读需求。

业务辅导、协作协调

固安县图书馆与廊坊市图书馆联合编目中心签有各项合作协议，同时加入了廊坊市公共图书馆讲座联盟，实现了全市讲座资源的共建共享。

固安县图书馆自2012年以来，利用广播、电视以及学校发宣传单的形式，宣传图书馆，共免费办证200多个。

固安县图书馆对农村书屋管理者进行业务培训，使农村书屋的图书资源得到有效、有序利用。

管理工作

固安县图书馆有职工人员总数4人，其中，大专以上学历2人，中专、高中学历4人；初级职称2人；员工岗位培训、继续教育年人均50学时。

固安县图书馆对普通图书、报刊、视听文献有相关的编目细则，以保证编目数据规范一致。图书文献、视听文献在到馆1个月内完成编目。固安县图书馆设有架位维护管理专门制度和文献保护规章制度，并有专人对图书馆进行各项维护和管理。

馆领导介绍

马晓凤，女，1965年3月生，大专学历，馆长。1985年7月参加工作，2009年任图书馆长职务，2012年在工作中成绩优异，获得县政府颁发的嘉奖。

未来展望

最近两年，在领导的重视下，固安县馆无论从办馆条件到业务建设，都得到了长足发展。近两年来年增图书在2500种以上，今年申请20万资金，拟增加电子图书和电子阅览室设备。另外已经申请筹建新的独立馆舍，面积约5000平米，奖在藏书、设备、人员、服务等方面均达到一级县级图书馆标准。

联系方式

地　址：廊坊市固安县新昌街
邮　编：065500
联系人：马晓凤

文安县图书馆

概述

文安县图书馆于1984年10月在文安县文化馆图书室的基础上成立，馆址几经变迁，现位于文安县政通道211号文广新局三楼。馆舍建筑面积1050平方米，可容纳读者座位220个。在历次全国公共图书馆评估中均获得三级图书馆。2012年11月少儿阅览室对外开放，建筑面积125平方米，读者座位50个。图书馆共有计算机46台，其中供读者使用的40台，宽带接入速率10Mbps，运行ILASsMD自动化业务管理系统。

业务建设

截止2012年底，文安县图书馆总藏量3.34万册（件），其中纸质文献3.16万册，电子文献1826件。

2012年文安县图书馆新增藏量购置费9万元，图书年平均入藏1610种，中文报纸年平均入藏16种，中文期刊年平均入藏66种，视听文献年平均入藏79件。

截止2012年底，文安县图书馆数字资源总量21.1TB，其中和廊坊市图书馆共享20TB。

读者服务工作

文安县图书馆公共空间设施场地免费开放，基本服务项目健全并免费开放。每天开馆9小时，每周开馆60小时，人均年到馆28次，书刊文献开架比例为61%，馆藏书刊文献年外借率66.7%。2012书刊文献年外借册次2.01万余册；自2009年以来，随着馆外流动服务点的逐步完善，农村书屋的使用率越来越高，农民的借阅积极性也逐年升高，馆外流动点书刊借阅平均5.75千册次/年。

2012年文安县图书馆共举办讲座、培训、展览、阅读推广等读者活动31场次，参与活动达2.06万余人次。同时也为政府机关、教育、科研、企事业单位和社会公众提供参考咨询服务。还针对特殊群体进行特殊服务，为残疾人、进城务工人员、未成年人、老年人组织专门的、针对性的活动，以满足他们的阅读需求。

业务辅导、协作协调

为尽快实现廊坊市图书馆书目数据资源的共建共享，并逐步实现全市范围内图书馆的文献资源共享，文安县图书馆与廊坊市图书馆联合编目中心达成了各项合作协议，同时加入了廊坊市公共图书馆讲座联盟，实现了全市讲座资源的共建共享。

文安县图书馆和县总工会于2012年11月联合成立了文安县职工服务中心职工书屋。书屋设在文体局三楼，面积300多平方米，设有办公室、图书室和阅览室，阅览室可同时容纳100多人阅读，免费发放借书卡500多张，阅览证500多个。图书室藏书涉及工业、农业、科技、经济、法律等十二大类共计2.6万册，书屋实行免费开放，坚持正常借阅工作，为全县职工读书阅览提供了极大地便利。

为繁荣文安县基层文化事业，加强基层群众文化工作，结合“乡村大舞台”建设，文安县图书馆采取上门辅导的服务方式，由县图书馆长带队先后到文安镇、左各庄镇、滩里镇、苏桥镇等图书室、农村书屋进行业务辅导11余次。

管理工作

文安县图书馆有职工人员总数5人，其中，大专以上学历4人，中专、高中学历1人；中级以上职称4人，初级职称1人；员工岗位培训、继续教育年人均52学时。

文安县图书馆对普通图书、报刊、视听文献有相关的编目细则，以保证编目数据规范一致。图书文献、视听文献在到馆1个月内完成编目，报刊在到馆2个工作日内完成记到。文安县图书馆设有架位维护管理专门制度和文献保护规章制度，并有专人对图书馆进行各项维护和管理。

馆领导介绍

杨红新，女，1973年12月生，大专学历，中共党员，馆长。1990年12月参加工作，2012年10月任文安县图书馆馆长。

未来展望

近两年来，在领导的重视下，在相关部门大力支持下，在全体工作人员共同努力下，文安县图书馆无论在硬件设施配置，还是软件建设方面都得到进一步的完善，管理更加规范化、科学化。回首过去，展望未来，文安县图书馆将脚踏实地，立足高标准、严要求，进一步提高图书馆的硬件设施、软件管理、服务建设等，更加认真学习，取长补短，提高业务管理水平，不断的改进工作的方式方法，更好地发挥图书馆的功能效益。

联系方式

地　址：廊坊市文安县政通道211号
邮　编：065800
联系人：胥　静

书画展

基层培训

灯谜活动

景县图书馆

概述

景县图书馆于1984年正式建馆，1997年搬迁至现今新的图书馆大楼，新址位于景县县城景华大街296号，地处景县西市场北门东侧，地理位置十分优越。现馆舍建筑面积1580平方米。馆内设有外借处、阅览室、古籍资料室、王任重存书室、采编室、科技咨询室、业务辅导室、文化信息资源共享景县支中心等8个服务窗口。可供读者和工作人员使用的计算机数量35台。供读者阅读的阅览座席120个。景县图书馆在全国公共图书馆第二次、第三次、第四次、第五次评估定级工作中，连续四次被文化部评为“国家三级图书馆”。

景县图书馆古籍资料室保存有各类珍贵的古籍书籍2千余册，是衡水市所属图书馆当中内仅有的2家保存有古籍图书的图书馆之一。

为缅怀和纪念景县籍的老一辈无产阶级革命家，根据王任重同志遗愿，原中共中央书记处书记、国务院副总理、第六届全国人大常委会副委员长、全国政协第七届全国委员会副主席、党组副书记王任重同志。将其生前藏书2000余种共计4258册，以及王任重同志生前工作、生活中的一些用品、赠与景县图书馆。1997年6月景县县委、县政府决定在景县图书馆设立“王任重存书室”，并由宋任穷同志题写了室名。“王任重存书室”已经成为对景县人民进行爱国主义教育的重要基地。也是王任重同志留给景县人民的一笔宝贵的精神财富。

业务建设

截止2013年底，景县图书馆馆内图书总藏量95000余册，报刊180种，电子图书、DVD光盘300余种。开展外借、阅览、科技咨询、电子信息、视听等服务，举办讲座、培训、展览等活动。采用开放式灵活的藏、借、阅、查、展为一体的新型服务模式，除了特定或特殊的文献外，藏书全部对读者开放。

读者服务工作

从2012年1月起，景县图书馆认真贯彻落实公共图书馆全面免费开放工作的意见精神，实现对读者免费开放借阅，每周开馆时间在60个小时。书刊文献年外借册次6万余次。

2009–2012年景县图书馆共举办讲座、展览、阅读推广等读者活动130场次，参与人数4.89万人次。

2013年以来景县图书馆坚持“开门办馆”加强与读者的交流互动，发放“读者意见卡”，了解读者需求，进一步为读者提供有针对性的贴心服务。近年来我馆坚持以服务基层群众为工作导向，每逢重大节假日都开展了针对留守儿童、孤寡老人、武警官兵等特定群体的专题文化阅读活动。

业务研究、辅导、协作协调

近年来景县图书馆积极组织了针对各乡镇“农家书屋”和乡镇文化活动室工作人员的“图书编目培训讲座”、“古籍保护培训讲座”、“参考咨询培训讲座”、“联合编目培训”等一系列专业培训讲座。多年来圆满参与完成了河北省图书馆组织的“燕赵少年读书活动”等一系列读者阅读活动。与深州、冀州、枣强等图书馆在“办公自动化系统”、“古籍编目”等多项工作上开展了形式多样的馆际间交流与协作。

管理工作

景县图书馆建立了工作量化考核指标体系，每月进行工作进度通报，认真落实岗位责任制，每年度进行总体工作考核。2009年以来共抽查书目数据16次，编写《工作质量月报》48期。

表彰、奖励情况

2009年以来，景县图书馆连续多年被衡水市文广新局评为“文化工作先进单位”。在全国公共图书馆第二次、第三次、第四次、第五次评估定级工作中，连续四次被文化部评为“国家三级图书馆”。

馆领导介绍

丁洁，男，48岁，中共党员，大专学历，中级职称，馆长。1983年参加工作，历任景县文化馆副馆长，景县文体局文化股股长，局长助理，2013年6月任图书馆馆长。衡水市作家协会会员，发表多篇文学文艺作品，著有《董仲舒的故事》《中国民间文学集成·景县歌谣卷》等专著。2001年创作话剧小品《探亲》，荣获河北省“燕赵群星奖”二等奖。

未来展望

景县图书馆将加快建设“数字图书馆与办公自动化”系统的步伐，为读者提供更加便利、快捷、舒心的服务。在县委县政府的关心支持下，新的现代化的图书馆大楼正在规划建设当中。景县图书馆将努力打造功能齐全，服务一流的文献收藏借阅中心、信息服务中心、学术活动和社会教育中心。为早日建成一级图书馆而努力奋斗！

联系方式

地　址：景县县城景华大街296号
邮　编：053500
联系人：丁　洁

枣强县李玉霞图书馆

概述

李玉霞图书馆位于河北省枣强县县城新华东街1号，是枣强县政府与原籍枣强的著名侨胞孙佐民先生合资创建的、以孙先生已故夫人李玉霞的名字命名的县公共图书馆，1992年8月28日落成，同年10月1日正式开馆；占地面积1460平方米，建筑面积741平方米，分两层，共10间用房；有书架单层长度867米，阅览座席120个，服务器5台，计算机52台，因特网专线接入；属财政全额拨款事业单位；在编人员13人，其中馆长1人，副馆长2人；本科学历5人，大专学历6人，大专以上学历者占职工总人数的85%；中级职称6人，初级职称2人，管理人员1人，工技人员4人。

业务建设

李玉霞图书馆纸质藏书9万余册，电子图书约2万册。年入藏图书1700多种，报刊105种。图书采用中图法分类，分类准确，著录规范，排架有序，目录齐全。文献保护措施完备，注意对破损书刊修复。2003年实现自动化管理，近几年现代化管理水平不断提高。2011年，建成5.68GB的《枣强县家谱数据库》，为枣强移民文化研究提供有力支持。

读者服务工作

李玉霞图书馆实行天天开馆、开架借阅、自动化管理和完全免费开放。设办公室、办证处、报刊阅览室、图书外借处、少儿图书阅览室、电子阅览室、中控室、综合活动室、民华公益少儿英语兴趣班、大营镇分馆、职教中心分馆等11个服务窗口，有中小学图书馆、“新农村书屋”等500多个服务点。现有读者3500余人，2012年外借书刊约8万册次，流通10万人次。民华公益少儿英语兴趣班系孙佐民、张学华伉俪于2007年资助创办，现已成功举办7年10届，培训少儿读者约1400人次，开展教学活动约6500课时，发挥了公共图书馆的社会教育职能。针对当地皮毛、玻璃钢等重点行业，该馆注意收集有关书刊资料，积极提供检索、咨询服务。在大营镇设立的以收藏和利用皮毛类图书为主的分馆，为传播先进皮草技术发挥了很大作用，受到当地群众欢迎。该馆还经常组织各种读者活动，如送书下乡、读书活动、书画展等，活跃了人民群众的精神文化生活。

业务研究、辅导、协作协调

2003年，李玉霞图书馆屈林生成功研发Access图书馆管理系统，推动该馆在衡水市县级公共图书馆中率先实现自动化管理。截至2013年，Access图书馆管理系统已推广到枣强、冀州、武邑三县（市）70余个图书馆（包括公共馆和中小学馆），受到基层图书馆欢迎。该馆采用电话解答、网络咨询、上门辅导、集中培训等形式，每年为县内外数十个图书馆提供图书馆自动化建设方面的服务数百人次，促进了当地图书馆事业发展，发挥了公共图书馆的主导作用。

2012年7月，屈林生参加编写的孙佐民自传《皮草人生》出版。该书28万字，170幅照片，真实记述了孙先生1929–2011年这83年的人生经历。孙先生的爱国、敬业、诚信、友善等优良品质契合社会主义核心价值观，值得弘扬。

管理工作

李玉霞图书馆实行理事会领导下的馆长负责制。理事会有县政府、县文广新局有关领导和孙佐民先生及其部分亲属组成。该馆实行按需设岗、按岗聘用、竞争上岗、择优聘用。该馆结合业务、考勤统计情况等，实行馆员年度综合考评，并据此分配绩效工资，建立奖励制度，激发潜能，调动积极性。该馆建立健全规章制度20余种，覆盖了图书馆工作的方方面面，确保图书馆工作有章可循、有序运行和可持续发展。

表彰、奖励情况

李玉霞图书馆曾五次被评为国家三级公共图书馆，曾获“河北省基层文化工作先进集体”、“河北省服务质量奖”、“全省文化文物系统先进集体”、“河北省图书馆学会先进会员单位”、“全省服务农民、服务基层文化建设先进集体”等荣誉，曾十次被评为衡水市文化工作先进集体，连续九年获衡水市燕赵少年读书系列活动组织奖。

馆领导介绍

馆长：屈林生，男，生于1967年7月，河北省枣强县人，中共党员，馆员，河北省图书馆学会第六、七、八届理事会理事。

副馆长：孙立军，男，生于1973年10月，河北省枣强县人，高级工。

副馆长：刘金芳，女，生于1986年11月，河北省景县人。

未来展望

李玉霞图书馆拟于“十二五”期间按照《公共图书馆建设标准》重建，建筑面积3000平方米，馆藏12万册，达到国家一级馆标准，进一步满足当地人民群众日益增长的文化需求。

联系方式

地　址：河北省枣强县县城新华东街1号
邮　编：053100
联系人：屈林生

孙佐民、张学华伉俪视察民华英语班教学工作

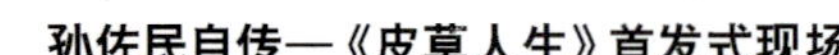

孙佐民自传—《皮草人生》首发式现场

举行枣强县中小学图书管理培训

冀州市图书馆

概述

冀州市图书馆位于国家级自然保护区衡水湖南岸冀州市区冀新西路276号，1994年落成，同年9月正式开馆；建筑面积1200平方米，有单层书架长度1210米，阅览座席180个，服务器4台，计算机30台，电信光纤专线接入；属财政全额拨款事业单位；在编人员5人，其中设馆长1人，副馆长1人；大专以上学历5人，大专以上学历者占职工总人数的100%；高级职称1人，中级职称3人，初级职称1人。

馆藏资源

冀州市图书馆纸质藏书近6.1万册，电子图书约10万册，期刊55种，过刊合订本400余册，报纸10种，报纸合订本100余册。年入藏图书2000多种约3000册，报刊60余种。图书采用中图法第五版进行分类，著录规范，加工整齐，目录设置齐全，分类排架准确，排架、目录组织、图书标引及著录误差率均小于2%。文献保护制度齐全，措施完备，书库整洁，注意对破损书刊修复并作记录。2011年实现了自动化管理，近几年现代化管理水平不断提高。

读者服务工作

冀州市图书馆实行天天开馆、开架借阅、自动化管理和基本免费开放。设办公室、办证处、书刊借阅室、少儿图书阅览室、电子阅览室、中控室、业务加工室、综合活动室、多媒体视听室、地方文献室、展览室、旧书库、值班室等13个服务窗口，有中小学、"农村书屋"等20多个服务点。现有读者700余人，年外借书刊约1.3万册次，流通2万余人次。针对我市重点企业，冀州市图书馆注意收集有关书刊资料，积极提供检索、咨询服务，为传播文化知识发挥了很大作用，受到当地群众欢迎。冀州市图书馆还经常组织各种读者活动，如送书下乡、读书系列活动、各种展览等，活跃了人民群众的精神文化生活。

学术、科研成果及获奖情况

冀州市图书馆近三年中发表国家级论文2篇，省级论文4篇，市级论文5篇，荣获省级三等奖2篇。

在各级领导的关心支持下，全体干部职工以充分发挥图书馆职能为目的，以"读者第一，服务至上"为指导思想，以改善办馆条件为基础，以实施自动化管理为手段，创新实干，锐意进取，取得了一定成绩。冀州市图书馆2012年被评为国家三级公共图书馆。多次被衡水市文化局评为文化工作先进集体及开展活动组织奖。

未来展望

冀州市图书馆建设新馆已列入本市政府实事之一建筑面积5000平方米，馆藏20万册，达到国家一级馆标准，进一步满足本县人民群众日益增长的文化需求。

馆领导简介

馆长：刘文勋，男，1962年出生，河北省衡水市冀州市人，中共党员，馆员，衡水市图书馆学会第一届理事会理事，衡水市书协会员，冀州市书协理事。

副馆长：何素琴，女，1968年出生，河北省衡水市冀州市人，副高级职称。

联系方式

地　址：河北省冀州市冀新西路276号
邮　编：053200
馆　长：刘文勋
副馆长：何素琴

电子阅览室

借阅室

举办的《阅读的力量》大型图文展

山西省图书馆

概述

山西省图书馆创始于清宣统元年（1909），历经风雨，数易其名。1919年为山西教育图书博物馆，1925年为山西公立图书馆，1933年为山西省立民众教育馆，1949年为山西省图书博物馆。1957年成立山西省图书馆筹备处，正式与博物馆分离独立建制，馆址选在迎泽公园西畔文源巷（文源巷因此而得名）。1960年8月28日，山西省图书馆正式对外开放。2013年7月1日，位于太原市长风商务区的长风新馆正式对外开放。两馆总建筑面积达7万平方米。新馆占地面积60亩，建筑面积5万平方米，设计藏书量700万册，有各类阅览室27个，可容纳3000人同时阅览。计算机600台，读者服务区实现了无线网全覆盖，宽带接入400兆，业务工作的组织管理采用公共图书馆集成管理自动化系统INTERLIB，全面实现自动化。

业务建设

馆藏文献总量340余万册件，其中图书169万册，报刊87万册，古籍30万册件，视听、缩微、电子图书及其他文献54万册件。严格执行呈缴本制度，地方文献入藏完整率达到95%。馆藏数字资源35TB，包括CNKI中国知网、万方数据资源系统、龙源电子期刊阅览室、方正阿帕比电子书、超星读秀知识库等外购大型品牌数据库和自建山西地方特色数字资源库。自建地方特色数字资源项目《山西村落》（38集）、《赵树理》（10集）已完成，获文化部优秀自建项目。《对峙与融合——山西古长城》、《凝固的音符——山西古代建筑》、《热血山西——山西抗战史迹》等项目申报成功，正在建设中。

2012年新增藏量购置费600万，2013年增长到800万，其中电子资源占48.07%。2012年免费开放经费183万元。

全省百家总分馆按照《山西省总分馆文献联合分编规范》对图书、报刊、视听文献进行统一分编，上与国家编目中心，下与市县分馆，均实现联合编目，基础业务建设标准化、规范化。

读者服务工作

坚持全年365天开馆接待读者，每周开馆时间超过72小时，启动24小时自助借还系统。读者无障碍、零门槛进入，基本服务项目全部免费。人均年到馆33次，书刊文献年外借册次为85万册。书刊宣传达40多次/年，近万种。定题服务、信息咨询全面持续深入开展，编制《文化视点》、《农业实用信息》、《省外看山西》、《晋图专递》系列专刊五种，每年600余期。关注特殊群体，2009–2012年共为盲人读者借还书12600册，举办活动19次，送书上门6000册次。

全省范围内104个图书馆，包括市县、学校、工会、政府机关、科研院所、寺庙等行业的图书馆，相继加入山西省业务总分馆系统，实现一证通用，通借通还，借入借出图书共计147万册/年。建立馆外流动服务点64个，书刊借阅为平均480万册/年。

倾力打造“文源讲坛”、“文源视界”、“两会服务”、“晋图系列专刊”四大服务品牌。文源讲坛开展13年来，举办讲座2000余场，20余万听众聆听讲座，2012年举办讲座113期；“文源视界”公益展览10年来举办300余期，接待观众350万人次，省内外媒体报道600余次，2012年举办公益展览33次；两会服务连续开展8年，为“两会”驻会代表和委员提供信息咨询服务；晋图系列专刊为省委、省人大、省政府、省政协领导提供决策服务，被山西省政府确定为“山西省舆情信息直报点”。

专题网站有山西省图书馆学会网、三晋文化信息网、山西省图书馆少儿网、山西省古籍保护中心等。网站年均访问量达315.75万次，数字资源服务平台已发布的15个数据库，均可供全省百余个分馆读者远程访问，访问率达到45%。

业务研究、辅导、协作协调

全馆员工接受岗位培训、继续教育116.27学时/年，人均发表论文0.15篇，发表各类学术论文的员工占全部员工总数的34.19%。参加省级课题4项，其中《山西农村书屋工程的长效机制研究》、《公共图书馆如何为党政机关提供信息服务》获奖，《山西省公共图书馆管理体制研究》在国家成果库登记。

全省业务总分馆建设成效显著。为6个市级馆、119个县级馆分两批投入700万元用于各馆总分馆建设。自2009年6月至2013年5月，共有104个分馆纳入总分馆系统。长治市图书馆建立了我省第一个市级总分馆系统平台；古县图书馆建立了我省第一个县级总分馆系统平台。参与服务网络的基层图书馆达到了82%。山西省农村流动书库实现全覆盖。

基层业务培训和辅导常抓不懈，内容全面、形式多样、注重实践。举办总分馆分编培训班、INTERLIB系统培训班、古籍保护培训班等专题培训和辅导，共有789人次参加了集中培训与现场辅导。

管理工作

加强制度建设，实行科学管理。山西省图书馆协助省文化厅起草全省图书馆事业发展“十二五”规划、文化信息资源共享工程“十二五”规划、古籍保护工作“十二五”规划；着力推行行政管理制度化，出台并完善岗位目标责任制度、业务人员年度考核制度、中层干部竞聘上岗制度、固定资产管理办法

读者座谈会暨优秀读者表彰

文源讲坛—山西省领导干部讲座现场

文源讲坛—星期日讲座现场

新馆开馆一周年成果回顾展

小手涂鸦活动现场

随处可见的休闲阅览区

等一系列规章制度；业务管理规范化、科学化，建立规范的馆藏文献资源建设体系，建立业务统计制度，每月定期收业务报表并进行数据分析，为科学决策作参考；安保、维保、保洁等后勤保障实行社会化管理，通过公开招标委托社会专业机构提供专业化服务。

表彰、奖励情况

山西省图书馆共获得各种表彰、奖励37次，其中国家级表彰、奖励16次，省级表彰、奖励20次，其他表彰、奖励1次。

馆领导介绍

魏存庆，男，1965年8月生，本科学历，中共党员，馆长。1983年12月参加工作，历任山西省文化产业信息中心主任、山西省文化厅社会文化处处长。2012年6月任山西省图书馆馆长，兼任中国图书馆学会常务理事、山西省图书馆学会理事长、文化信息资源共享工程山西省分中心主任、山西省古籍保护中心主任、山西大学图书情报专业学位硕士研究生指导教师、《晋图学刊》副主编等职。2009年在促进全省经济社会发展中，成绩显著，荣立个人二等功，同年被山西省文化厅评为先进个人。

石焕发，女，1958年7月生，本科学历，中共党员，研究馆员，党委书记。1975年11月参加工作，1995年6月任山西省图书馆副馆长，2009年8月至今任山西省图书馆党委书记，兼任中国图书馆学会理事、中国图书馆学会乡镇与社区图书馆委员会委员、山西省图书馆学会副理事长兼秘书长、山西省情报学会副理事长、山西大学图书情报专业学位硕士研究生指导教师、《晋图学刊》编委。2009年，被文化部、人社部授予“全国文化系统先进工作者”称号，同时荣获山西省教科文卫体系统第二届“知识女性创新成果奖”；2012年，荣获2006–2010年度山西省实施妇女儿童发展纲要和规划先进个人荣誉称号。

李达秀，男，1962年10月生，本科学历，中共党员，副研究馆员，副馆长。1984年大学毕业到山西省图书馆参加工作，先后在自动化网络部、办公室工作，任副主任、主任等职。分管数字图书馆推广工程、公共电子阅览室建设和文化信息资源共享工程等工作。

王开学，男，1966年4月生，本科学历，中共党员，研究馆员，副馆长。1987年毕业后即到馆工作。先后在古籍部、学术委员会、地方文献部等部门工作任职。2009年任副馆长。从2007年起兼任山西省古籍保护中心办公室主任。具体负责古籍保护工程和民国文献保护工程工作。2010年任中国图书馆学会阅读推广委员会委员。2012年入选“山西省学术技术带头人”行列。

未来展望

2013年7月1日，山西省图书馆长风新馆全面对外开放，硬件极大改善、软件稳步提升，倍受读者青睐，盛况空前。开馆初期日均接待读者达1万人次；最多一天（周日）接待读者达3万人次；少儿阅览室最多一天接待小读者4100多名；接待参观考察团体74批3000余人次；读者流通量达253万人次。

山西省图书馆作为全省最大的公共图书馆，肩负责任与使命，不断开拓创新。山西省图书馆将按照“公益性、基本性、均等性、便利性”要求，坚持免费开放原则，贯彻全新的办馆理念和目标措施，争取实现加强图书馆厚重感和改善到馆读者结构两个突破，继续强化安全、运行、秩序、服务四项管理，突出抓好馆藏资源建设、职工队伍建设、老馆改造提升三项建设，打造开放音乐视听室、编辑出版《晋图指南》等五个服务新亮点。同时，抓好重点工作，完善全省业务总分馆系统，加大对全省基层图书馆工作的督导力度；扎实推进文化信息资源共享工程地方特色文化数字资源建设；加强古籍的数字化工作，继续开展全省民间石刻文献征集工作。山西省图书馆将不断更新观念，提升服务能力和水平，努力担当起公共文化建设的主体责任，积极探索图书馆建设的“山西模式”，朝着美丽中国图书馆梦继续行进。

联系方式

地　址：太原市长风商务区广经路5号
邮　编：030021
联系人：梁金平

馆区环境

童书漂流小手涂鸦

山西省图书馆外景

太原市图书馆

概述

太原市图书馆成立于1954年1月1日，是我市市属唯一的一所市级公共图书馆，是太原市社会主义精神文明建设的重要窗口。现馆舍于1997年开始建设，2001年10月向社会全面开放，馆舍占地30亩，总建筑面积21900平方米，设有社会科学、自然科学、少儿图书阅览室及现报刊、过报刊、地方文献、方志阅览室等共十余个阅览室，阅览坐席共804个。2004年、2009年、2013年连续三次获得全国地市一级图书馆。近年来太原市图书馆加大现代化设施设备的投入，着力搭建现代化技术平台，现有计算机设备共144台（包括供读者使用的计算机），接入50M光纤宽带，选用ILASⅡ图书馆自动化管理系统。

业务建设

截止2012年底，太原市图书馆拥有各类馆藏文献106万册(件)，其中图书768545册，报刊109287册，视听文献8636种，电子图书87195种。市财政逐年加大对我市公共图书馆的投入力度，文献购置费大幅增加，2012年财政拨款总额为1500万元/年，新增藏量购置费为140万元/年。图书年平均入藏量为1.3万余种、报刊年平均入藏量为1000余种，视听文献年入藏量为800余件，数字资源总量约9TB，在建《晋阳文献资源数据库》。2012年底已全面接入山西省总分馆管理系统，实现文献资源在全省108家公共图书馆内的通借通还、网上检索、图书预约、资源共享等方便、快捷的互联网服务功能。

读者服务工作

太原市图书馆全面实施免费开放以来，一改过去的闭架或半开架借阅为全开架式管理模式，使读者与图书、报刊直接见面；在保留原有的手工目录检索的基础上，设置了计算机检索终端，方便读者查阅图书；每周开馆64小时，设立读者咨询处和咨询电话，实施首问责任制；书刊文献年外借约24万册次。

此外，以“世界读书日”、“图书馆服务宣传周”、“科普宣传周”、“全民读书月”及国家法定节假日为活动契机，大力组织开展形式多样、内容新颖、主题鲜明的讲座、报告会、展览及各类读书活动等。年平均组织读者活动（讲座、培训）约127余场次，展览15场次、直接受益读者约26万人次，年流通总人次70.1321万人次。网站年访问量约6万余次。延伸服务领域，拓宽服务渠道，开展馆外流通服务，共有24家馆外分馆，年书刊借阅册次为1.8万册次。

为市委、市政府相关部委及上级主管部门定期编辑报送《并图专递》，每期呈送投递近90份，全年累计送出1000余份；为太原市80余家企事业单位编辑报送《信息之窗》、《信息集萃》。

业务研究、辅导、协作协调

近年来，太原市图书馆利用自身优势，全面协调、组织全市各县级图书馆及本馆加入山西公共图书馆总分馆体系建设，并与8个县区馆签署图书流动协议，为全市范围内实现“通借通还、资源共享、市县互惠”提供免费图书资源，截止2012年底，全市县级以上公共图书馆参与服务网络建设的比率为80%（除阳曲县、杏花岭区）。

此外，市图书馆还充分发挥太原图书馆学会作用，积极深入各县区扶持和帮助各级各类图书馆开展业务工作、进行业务辅导，现共有会员馆92家（其中厂矿馆6家、高校图书馆13家、基层图书馆工作10家、中小学图书馆63家），长期开展图书馆学术研究，推动学科发展。基层辅导工作数量年不少于7次，对公共图书馆免费开放、《公共图书馆服务规范》、总分馆体现建设等进行了专项辅导，并专门建立了“十县区公共图书馆馆长工作例会”制度，定期召开全市公共图书馆馆长例会，每年不少3次，宣传文化服务体系及资源共享工程有关政策，提出建议，引起重视，真正加强了市馆与基层馆的沟通与指导。

为了加强职工队伍建设，不断提升专业技术人员综合素质，市图书馆全年有计划、有安排的组织开展、参加由中图学会、国家图书馆组织的各类业务培训、专题学习、学术研讨等活动，2012年全年员工岗位培训共计9532学时，继续教育学习共计540学时，人均学时为107学时/年。此外，鼓励广大职工积极参加由中图学会、省、市图书馆学会举办的学术征文活动，2009-2012年，太原市图书馆职工在省级以上刊物或专业会议上发表论文共50篇，获准立项的国家级课题1项，馆内组织开展的调查研究报告6篇。

管理工作

太原市图书馆在2012年研究制定并出台系列科学管理体系，不断完善岗位管理制度，努力实现业务管理、人事管理

十县区馆长例会

馆领导向我爱图书馆少儿绘画大赛获奖代表颁奖

举办知识竞赛

送书下乡

小学生接受免费阅览证

的科学化、规范化、制度化。制定并出台《太原市图书馆岗位设置实施方案》、《太原市图书馆考勤管理办法（试行）》，职责明确，奖罚分明，明显改善了岗位效益和作风纪律。修改了《太原市图书馆绩效考核办法》等相关文件，降低馆主要领导分配系数、提高窗口服务工作人员分配系数，进一步调动了广大职工的工作积极性，增强了图书馆的内在活力和动力。同时馆里与部门签定年度工作目标责任书，通过有效组织实施，严格了工作纪律，改进了工作作风，提高了工作效率，规范了岗位标准，明确了任务目标，树立良好的对外服务形象。

表彰、奖励情况

2009年－2012年，太原市图书馆共获得各种表彰、奖励36次，其中，国家级表彰、奖励4次，省级表彰、奖励14次，市级表彰、奖励18次。

馆领导介绍

郭欣萍，女，1965年10月生，本科学历，英美文学学士学位，中共党员，研究馆员，馆长。1979年9月考入解放军郑州技术工程学院（今解放军郑州信息工程大学），毕业后在总参三部从事情报资料工作。1994年由总参三部转业到中共太原市委外宣办、市政府新闻办，从事情报资料、宣传、翻译工作。2012年8月调太原市图书馆工作，任馆长。曾荣获新长征突击手称号、"山西省科技奉献奖"等荣誉称号。

赵晋明，男，1966年2月生，本科学历，中共党员，党支部书记。1987年8月参加工作，曾任太原广播电视中专教师，太原市市委宣传部办公室干事、副主任科员，编辑室副主任，2003年4月被任命为太原市图书馆党支部书记。分管党务工作、精神文明建设、双拥工作等。

陈钦安，男，1963年3月生，大专学历，中共党员，副研究馆员，副馆长。1979年10月参加工作，1982年4月到图书馆工作，先后在典藏部、外借部、辅导部担任部主任、太原市图书馆党支部副书记、副馆长。分管系统网络、内外协调、数字阅读等业务工作，兼任太原图书馆学会副理事长。

曹永生，男，1954年10月生，本科学历，中共党员，副馆长。2003年任命为太原市图书馆副馆长。分管行政后勤工作。

姚俊身，男，1962年1月生，大专学历，中共党员，副研究馆员，副馆长。1985年3月从部队复员分配到太原市图书馆工作，曾任阅览部部主任、馆长助理、副馆长。分管消防、安全及新馆改扩建工程基建工作等。

彭冬，男，1961年10月生，本科学历，中共党员，副研究馆员，馆长助理。1984年5月到太原市图书馆工作，先后在外借部、少儿部工作，任综合开发部主任及馆长助理。

邓凤英，女，1960年6月生，本科学历，中共党员，研究馆员，馆长助理。1983年分配至太原市图书馆工作，先后在外借部、辅导部工作，任辅导部主任、馆长助理。

未来展望

回顾过去，展望未来，太原市图书馆始终以坚定的信念，立足中部，面向全国，着力加强自身建设，以"有特色、重服务、有品位"为建设和发展的宗旨，注重"三个建设"，即：一要挖掘地域特色，传承文化精髓，构建馆藏丰富、地方特色鲜明的文献资源体系；二要完善数字化、信息化服务平台，让图书馆融入社会信息系统，并成为整个社会信息网中重要的信息集散地；三要着力改善阅读空间，优化空间环境、增强空间魅力，营造优雅、舒适、书香四溢的阅读环境。在全市推动公共文化服务体系建设、美丽太原建设的实践进程中，市委、市政府给予公共文化建设的高度关注和大力支持，并正式启动了太原市图书馆改扩建工程。改扩建后的太原市图书馆将从原来的17209m²（不含地下架空层）扩大至53006m²，新图书馆将实施全方位的开放性服务、人性化服务，注重技术先进性、图书馆功能多样性，实现高效精确的典藏管理与便捷服务，为广大市民打造一个更宽阔、更优美的公共文化空间。

联系方式

地　址：太原市滨河西路北段23号
邮　编：030024
联系人：吴静波

2011全民阅读活动启动仪式

小学生网页设计大赛

新馆外貌

长治市图书馆

概述

长治市图书馆前身为太行区公立长治图书馆，创建于1946年10月18日，时为晋冀鲁豫解放区藏书最丰富的图书馆。军事家徐向前、史学家范文澜、哲学家艾思奇等都曾经在这里借阅图书、搜集资料、著书立说。后图书馆几经整合，在1972年恢复"长治市图书馆"建制。图书馆现用馆舍于2003年建成竣工、2005年5月正式对外开放，占地面积1.2公顷，总建筑面积10000㎡，总投资3526.55万元，设计藏书80万–100万册，设置25个对外服务窗口，阅览座席1200个，读者休息座席320个。2008年，图书馆参加第四次全国公共图书馆评估，首次获得国家一级馆。2012年，长治市图书馆有中文期刊阅览室、中文报纸阅览室、中文图书借书室等12个窗口对外服务，计算机220台，宽带接入30Mbps，自动化设备存储容量达到30TB，读者服务区无线网覆盖率达到100%，采用Interlib图书馆集群管理系统。

业务建设

到2012年底，长治市图书馆文献资料总藏量为60.6万册，其中电子文献藏量29376种。图书、报刊及视听文献年均入藏量分别为10230种、1173种和792种。已征集、编目地方文献2437种。数字资源总量达到16TB，馆藏中文文献书目数字化达到40%，地方文献数据库已经建立。

2012年，图书馆接收财政拨款1233万元，较上年增长123.77%，与长治市2012年财政收入27.86%的增长率相比，比率达到444.26%。在各项财政经费中，购书经费120万元，其中电子资源购置费12万元，占整个购书经费的10.03%。

2012年，为加快数字图书馆建设，在长治市委、市政府支持下，投资650万，安装了Interlib图书馆集群管理系统、RFID图书馆管理系统和文化E管家等图书馆自动化管理系统，机房网络防火墙、服务器等设备得到充实，图书馆实现自助借还。以此为平台，长治市图书馆实施了业务总分馆，建设了长治市图书馆集群，成为山西省第一个实施业务总分馆的地市级公共图书馆。

读者服务工作

长治市图书馆全年365天无休，自2011年4月1日起，实行免费开放，每周开馆时间达65小时（其中流动图书车实行早九晚五工作时间）。2012年，书刊文献外借381240册，馆藏书刊文献外借率达62.9%；接待读者29万人次，人均年到馆次数25次/人。

为延伸图书馆服务，已建立起多个馆外图书流动服务点，其中在2012年设立10个流动图书车社区服务点。2009年–2012年，馆外流动服务点书刊借阅册次达到17.58千册次/年。图书馆单独构建总分馆系统平台，到2012年底，长治市图书馆集群建成，实现长治市图书馆、长治市12个县市区图书馆以及全省90多个公共图书馆之间的馆际互借。

2009年–2012年，图书馆在各阅览室政府信息查询点先后设置了政府公报、目录及相关法律文本等纸本政府信息专架和政府信息公开专栏链接，方便读者进入查询。2012年，被评为"政府信息公开先进单位"。同时，积极主动地为长治市领导机关立法决策提供文献信息支持，已多次承担并完成长治市委、市政府和人大政协委托的各项立法决策服务任务。除此之外，积极收集、整合各种文献信息资源，为不同用户提供不同需求的专题参考咨询服务。

图书馆注重特殊群体服务。建馆之初，图书馆就为残疾人读者设立了无障碍通道。从2005年12月"盲人阅览室"开设至2012年底，已接待盲人读者206人次。2011年到2012年，深入建筑工地为务工人员放映电影15场，向长治市太行西街的外来务工人员捐赠图书1000余册，并开展了多种形式的青少年读书活动。

长治市图书馆网站于2009年建成，为宣传本馆文化特色与服务精神的一个重要工作窗口和交流平台。为保障网站健康有序发展，专门制定了网站建设规划和网站维护职责。随着Interlib集群系统平台建设完成，图书馆还在网站上开通了网上书目检索等相关链接，为读者提供快捷服务。

2009年–2012年，以"世界读书日"、"图书馆服务宣传周"、"全民读书月"为契机，举办各种主题讲座培训47次/年、展览15次/年、阅读推广活动13次/年，每万人年均参与活动达40.5次。

业务研究、辅导、协作协调

2009年到2012年，长治市图书馆职工在省级以上刊物发表图书资料专业论文共计32篇。

图书馆业务总分馆建设到2012年底已经建立起以长治市图书馆为总馆、12个县级公共图书馆为分馆的长治市图书馆集群，参与Interlib服务网络的基层图书馆比例达到92.9%，区域内实现通借通还的覆盖率也达到92.9%。同时，长治市图书馆集群与山西省图书馆集群联通，已参与了全国联合编目和山西省总分馆联合编目，实现了与全省90多个公共图书馆之间的资源共享、互通互联和一证通用、通借通还。

为更好地发挥地方中心馆作用，提升基层图书馆服务能力，从2010年到2012年，长治市图书馆联合山西省图书馆学会、山西省图书馆先后举办了"山西省古籍基本信息数据库培训班"、"山西省文化共享工程通讯员培训班"，主办了"长治市县级公共图书馆馆长及业务骨干培训班"、"长治市农家书屋业务培训班"、"图书分类编目主题讲座"等，并多次深入基

借阅部

期刊阅览室

自修大厅

读书活动签名

读书朗诵活动

读书日现场

层积极调研，进行了百余次的具有针对性、实践性的基层业务辅导，辅导效果良好。

长治市图书馆学会成立于1991年。2012年，长治市图书馆学会推荐中国图书馆学会会员11人，山西省图书馆学会会员11人，因在图书馆服务宣传周及读书活动月等阅读推广活动中发挥重要作用，多次受到省图书馆学会的表彰。2012年，长治市图书馆被中国图书馆学会评为“全民阅读”先进单位，被山西省科技厅评为“山西省科普基地”。

管理工作

图书馆实行岗位管理与工作目标管理责任制相结合的管理制度，在财务管理、人事管理、设备物资管理、档案管理、环境与安全管理以及志愿者管理等方面，都有一整套完备、严格、责任明确的规章制度和监督制度，形成了管理靠制度、晋升靠实绩、上岗靠竞争、分配靠贡献的良性工作运行机制。

在文献采选、编目及入藏管理过程中，严格遵循《长治市图书馆文献采访条列》、《山西省公共图书馆总分馆联合编目中心章程》、《山西省总分馆文献联合分编规范》及《长治市图书馆文献保护规章制度》等相关文献加工整理标准，图书文献、试听文献在到馆1月内完成编目，报刊文献在到馆2个工作日内完成记到，多卷书、连续出版物入藏完整率达到90%以上，排架正确率在96%以上。

表彰、奖励情况

2009年—2012年，图书馆接受表彰、奖励21次，其中中国图书馆学会表彰1次，山西省委宣传部表彰1次，山西省图书馆学会、山西省图书馆表彰9次，长治市委市政府表彰、奖励4次，长治市委组织部表彰1次，长治市文化局表彰4次，长治市妇女联合会表彰1次。

馆领导介绍

董书忠，男，1950年9月生，本科学历，中共党员，副研究馆员，馆长。1975年8月参加工作，历任晋东南行署上党落子剧团干事、团长，长治市上党落子剧团团长。1989年10月任长治市图书馆馆长至今，兼任长治市图书馆学会理事长，系中国图书馆学会会员、山西省图书馆学会会员。获“2008年度长治市职工职业道德建设十佳个人”、2010年“山西省劳动模范”、2013年长治市创建国家公共文化服务体系示范区先进个人。

史俊长，男，1967年8月生，本科学历，中共党员，副研究馆员，副馆长。1990年8月到长治市图书馆参加工作，系中国图书馆学会会员、山西省图书馆学会理事、长治市改革和发展协会会员、长治市社科文卫专职咨询委员，先后获长治市劳动模范、优秀党务工作者、优秀党员、模范信息员、新长征突击手、创建全国文明城市先进个人、创建国家公共文化服务体系示范区先进个人。

杨伟，男，1968年生，大学专科学历，中共党员，馆员，副馆长兼工会主席。1984年到长治市图书馆参加工作，系中国图书馆学会会员、山西省图书馆学会理事。多次被评为优秀共产党员，为2012年中国图书馆学会优秀会员，在长治市劳动竞赛委员会“五一”评选表彰中荣记个人一等功。

未来展望

2009年—2012年，长治市图书馆坚持“全面加强内涵建设，全面提高服务质量”的工作主线，始终以人民群众的文化诉求为服务宗旨，以让读者满意为工作目标，在不断完善图书馆服务设施的同时，积极探索与创新服务方式，不断拓展服务空间，图书馆综合服务能力得到全面提升。并通过向基层图书馆提供业务辅导及技术支持，推动了地方图书馆事业的整体发展。2012年，长治市图书馆“流动图书车进社区”服务一经推出就受到老百姓的广泛欢迎。未来，长治市图书馆将会进一步加大对服务设施的投入，继续从优化服务环境、完善服务网络着手，全力打造一批像“流动图书车进社区”这样的特色服务、品牌服务。更要继续发挥好地方中心馆的作用，积极推动地区事业发展，让更多的人民群众在图书馆事业发展中受益。

联系方式

地　址：山西省长治市太行西街178号
邮　编：046000
联系人：马丽军

读书日演讲

发放宣传资料

流动图书车

清徐县图书馆

概述

这是一方山美水美、资源丰富的水土，这是一片充满灵性和活力的热土，中国醋都、千年葡乡、贯中故里、晋商源头，众多的文化遗产如颗颗明珠镶嵌在609平方公里的清徐大地上，丰富多彩的民间文化融入34万清徐人民的血脉中。近年来先后荣获全国文化先进县、全省文化强县和全省文化建设示范县诸多荣誉，“醋都葡乡，文化名城”之称当之无愧。

清徐县图书馆始建于1958年，1989年在县城湖东二街重建，面积1500㎡；2006年在原址进行改建，面积2500㎡，目前为少儿阅览点。新馆于2007年动工，位于文源路文体中心东侧，建筑面积3690㎡，按照国家县级一级标准配备，设计馆藏20万册，是一所现代化的综合性公共图书馆。在太原市首家运行了总分馆制，实现了各级公共图书馆之间图书文献借阅“一证通用”和“通借通还”，实现资源共享。2011年，利用现有自动化、网络化条件先后建立了电子阅览室、文化共享工程播放室等服务场所，电子阅览室使用面积280㎡，设有47台电脑，少儿电子阅览室使用面积120㎡，设有13台电脑，机房使用面积50㎡，装有3台服务器、2台空调24小时交替工作。2013年，参加第五次全国公共图书馆评估，首次获得“一级图书馆”荣誉。

业务建设

新馆于2011年7月1日正式开馆，工作人员15人，在编正式馆员5人。每年征订期刊800多种，可日接待读者800人次。设“五部一室”：采编部、借阅部（残疾人阅览室、典藏室、综合借阅室、过期过刊室、期刊阅览室、少儿阅览室、地方文献室、自习室）、技术部（电子阅览室、资源共享室）、农村部、培训部、办公室等对外服务部门。全太原市首家运行了总分馆制，实现了各级公共图书馆之间图书文献借阅“一证通用”和“通借通还”，实现资源共享。全馆实行开放型管理模式——书报刊全部开架、借阅一体化，并启用电子文献检索、视听服务、电子阅览、文献复制等现代化服务方式，能为读者提供方便、快捷、全面的服务。目前，公共服务体系已覆盖9个乡镇，1个街道办事处。设有多功能活动厅、图书阅览室、辅导培训教室、乒乓球室、棋牌室、老人活动室、文化科技培训室点等公共空间设施场地，并配备有文体活动服务必需的灯光、音响等设备及器材。文化中心全天候免费开放，接纳广大的人民群众，使大家尽情地参与文化活动，丰富了群众的业余文化生活。对所提供的借阅服务、图书保管、图书室秩序、读者借阅和归还书刊等方面都作了具体要求。同时，积极参加各级业务部门组织开展的图书管理员业务培训，交流学习管理经验，提高图书管理员的爱岗敬业、专业娴熟的事业精神和综合素质；提升服务质量，对群众的意见能得到及时回馈、答复，群众满意度达到了98%以上。

读者服务工作

2011年7月开馆以来，清徐县图书馆全年365天天天开放，共接待办证、咨询读者10000余人，接待持证读者22万人次，借阅文献226207册次；接待无证读者约30万人次；组织读者活动、展览、培训156场次，接待参观展览、参与活动读者52万余人次；接待上级领导、同行同仁，检查、参观150余次。

业务研究、辅导、协作协调

新馆开馆以来，结合工作实际，制定了政治理论学习计划，坚持每周集体学习制度，主要学习党在图书馆方面的路线、方针、政策，学习重大会议精神、重要文献知识，特别是在学习十八大精神活动中，认真组织、科学谋划，完成了各个阶段的学习任务，真正做到了“学习、工作”两不误，实现了“以学习促提高，以学习促发展，以学习作动力”的目标，切实增强了全体工作人员贯彻执行党的各项路线、方针、政策的积极性和自觉性，政治理论水平得到更进一步的提升。

2012年，采取走出去与请进来的学习模式，强化工作人员基础素质，先后组织馆员参加省级公共图书馆馆长研讨会议，古籍保护与登记培训会议，图书馆学会学术交流会议，读者服务工作培训会议，县级馆长会议，总分馆制建设讨论会议等等，通过参与交流活动，推进公共文化服务体系建设目标，探讨在新形势下图书馆业务建设的新思路与好方法。请进来省馆、市馆专业老师对工作人员进行系统的业务培训。通过学习，从政治理论到业务技能都得到了全面的提升，为完善公共文化服务体系建设，促进和谐社会全面发展打下坚实的基础。

管理工作

2011年，清徐县图书馆完成了岗位设置实施方案，设管理岗位2个，专业技术岗位6个，其中，副高级专业技术七级岗位1个，中级专业技术九级1个，十级1个，初级专业技术十一级岗位2个，十二级1个。为使考核工作客观公正、民主公平，严格按照考核程序和办法进行考核，本着实事求是，客观公正的原则，认真开展考核工作。按照个人述职、民意测评、领导评鉴、反馈复议的程序对工作人员进行考评。

表彰、奖励情况

2011年度荣获：山西省公共图书馆全民阅读与科普活动“先进集体”；第二届文化共享杯全国文化信息资源共享工程知识与技能竞赛“优秀协作奖”；山西省文化共享工程优秀摄影作品征集评选活动“优秀组织奖”。2012年度荣获：山西省公共图书馆服务宣传周活动“先进集体”；科普宣传与全民

报告厅讲座

电子阅览室培训

图书馆休闲区

阅读活动“先进集体”；通讯报道或（优秀信息）评选“先进单位”；文化共享工程电脑小报设计比赛“优秀组织奖”；同赏数字文化共享幸福生活2012年中秋国庆系列服务活动“先进单位”；被太原市文化广电新闻出版局授予太原市公共文化服务“先进单位”。2013年度荣获：中国图书馆学会命名为“全民阅读先进单位”并顺利完成了文化部组织的第五次评估工作，经过山西省文化厅、山西省图书馆专家组验收，各项指标已达到“国家级县级一级馆”标准；中共清徐县委、清徐县人民政府、清徐县武装部授予“双拥工作先进单位”；太原市图书馆学会全民阅读活动“先进集体”。其他个人奖励6次。

馆领导介绍

常永利，女，汉族，太原市清徐县人，1967年12月出生。1987年12月参加工作，1999年11月加入中国共产党，中函本科学历。1998年聘馆员职称（中级）；2006年至今任清徐县图书馆党支部书记，2009年12月聘副研究员职称(副高级)，2011年6月至今任清徐县图书馆党支部书记、馆长职务。任馆长以来，团结同志、任劳任怨，把有限的人员、资源进行了最大化的组织利用。2011年获山西省图书馆学会优秀会员，太原市图书馆学会优秀会员；2012年被清徐县委、清徐县人民政府授予全民终身学习活动先进工作者，2013年被清徐县精神文明办公室授予清徐好人，2014年经太原市图书馆学会选举任学会理事、副秘书长。

未来展望

清徐县图书馆一贯秉承“一切为了读者、一切方便读者、一切服务读者”的服务宗旨，热情欢迎更多的读者走进图书馆，了解图书馆，多读书，读好书。全年365天开放，在图书馆和读者之间架设一个交流的平台，首先，清徐县图书馆正在努力建立一体式的数字化平台，除了可以检索、查找资料外，还可以实现对数字资源的下载应用等。其次，清徐县图书馆数字化平台的完善将表现在建立了属于自己的平台，使得地方数字资源得到了充分的运用。再次，数字化时代下的清徐县图书馆将建立网络式的体系，争取实现信息资源的共享，实现文献信息资源共建共享，是图书馆事业发展的必由之路，也是图书馆摆脱困境、发展壮大的最好出路。以传播先进文化为已任，坚持以人为本、读者至上、文明优质的服务理念，努力营造人文、舒适、休闲的读书环境，为实现人民的终身学校的办馆目标，构建充满活力、富裕文明、和谐稳定、山川秀美的新清徐贡献着自己的力量。

联系方式

地　址：太原市清徐县文源路与西关大街交叉口（县文体中心）
邮　编：030400
联系人：赵晓娟

清徐县图书馆活动

少儿电子阅览室免费培训

图书馆大厅

文化大拜年

文化年货带回家

志愿者照片

长治县图书馆

概述

长治县图书馆创建于1985年。在历届县委、县政府各级领导关心支持下，经过近三十年艰苦奋斗，藏书规模从小到大，不断发展。在各个历史阶段，为宣传党的路线方针政策，为人民传播知识，传播文化、陶冶情操、丰富文化生活，作出了不可磨灭的贡献，取得了良好的社会效益。

2006年，县政府投资2000余万元建成长治县文化艺术中心，2007年11月20日，位于长治县光明北路新馆全面对社会开放，2009年加入省图书馆集群管理系统，图书馆占用一至二层。图书馆现有馆舍建筑面积3100余平方米，设计藏书15万册，阅览座席500余个。计算机40台，宽带接入10M，图书馆现有在编人员7人，大专以上学历人数占职工总数的比例为100%；中级以上职称人数占职工总数的比例达到73%，2012年馆内实现无线网络全覆盖。

业务建设

截止2012年底，长治县图书馆总藏量达20余万册（件）其中纸质文献12万册，电子图书7.1万册，过刊报纸1万余册，音响制品500多件。

2009－2011年购书经费10万元，2012年起增至20万元。2009年－2012年新增图书15000余册图书。2010－2013年回朔建库共完成图书数据录入6.9万条（册）。2012年为方便读者阅读新增馆藏借阅点4个（乡镇分馆）。

我县图书馆依据“藏于用”原则，合理调配复本量，同时将文献采选重点放在机关干部、学生、农民、种植养殖专业户等群体，针对性强，连续性好。文献编目严格采用中国图书馆分类法、机读目录使用手册等国家规范标准，且已纳入总分馆联合编目；藏书规范、统一、整齐、美观，排架正确率达到98%；数字化资源总量为4.5TB，书目数字化率达到80%。

读者服务

从2010年10月起长治县图书馆实现无双休日、无节假日全天开放，每周开放60小时。书刊文献开架比例达到82%；馆藏书刊文献年外借率为70%。全年共接待读者约5万余人次，图书流通3万余册次，2011年实现借还书使用集群管理系统，实现了资源通借通还。目前，县图书馆免费开放场地有：图书阅览室、少儿阅览室、报刊阅览室、电子阅览室、资源共享室、培训室、综合活动室等公共空间设施场所免费开放；文献资源借阅、检索与咨询、公益讲座和展览、基层辅导、流动服务等基本文化服务项目以及存包、办证、验证等项目。

为社会提供专题服务项目内容丰富；为残疾人、农民工、未成年人、老年人等特殊群体配套健全基础设施并常年提供针对性服务；图书馆建立有网站，日常维护、更新及时，管理规范；经常性开展各类讲座、培训、展览、阅读推广活动年参与活动总人次超过3万人次；读者满意率达到97%。

业务研究辅导协作协调

2009－2012年，长治县图书馆图书馆馆员发表专业论文6篇，围绕本馆业务撰写调查研究报告2篇。员工岗位培训、继续教育人均达到104学时。

长治县图书馆于2010年加入省图书馆集群管理系统进行联合编目，2011年开始进行图书数字化加工，同时展开了馆际互借通借通还业务。2012年由图书馆集群系统辐射到乡镇，建立长治县图书馆乡镇分馆，每家分馆藏书达到5000册以上并进行联合编目，图书数据并网，开通馆际互借通借通还等业务。截止2012年底，县图书馆图书数据录入近6万条，下载数据8000余条，改编数据6000余条。

我县图书馆服务网络建设实现县、乡、村全覆盖，参与服务网络建设的比例达到100%；县与乡实行通借通还，本乡镇与所辖村实行通借通还。

积极开展基层业务辅导和培训工作，2012年全年通过召开现场会、深入辅导点、电话网络解答等形式对基层进行辅导培训次数达到267次。

表彰、奖励

我县图书馆至上次评估以来，每年年初制定全年工作计划，并能较好的完成，且财务、人事、设备、物资、档案等管理完善，监督有力。图书馆位于县城光明路，周边环境优美，馆内环境整洁，阅读环境安静，馆内标牌规范，安全措施到位，近年来多次受到上级表彰奖励，2009年被评为国家二级馆，多个农家书屋和个人受到国家和省市表彰。

多功能厅座席

综合图书阅览室座席

残疾人服务盲文阅览室

残障视听室

地方文献室

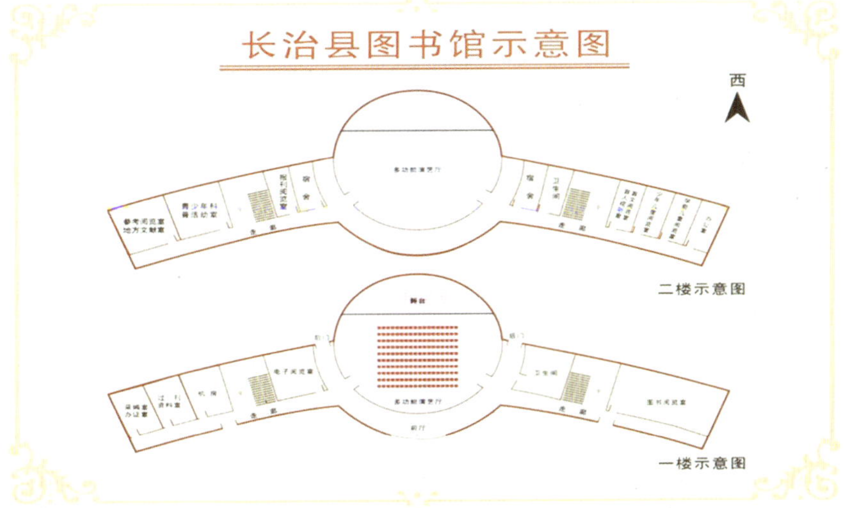

图书馆做为全县文化教育中心、文献收藏中心、信息导航中心、信息加工生产、增值中心，成为全县对外传播文化交流的重要窗口，在构建和谐文明的学习型城市中发挥积极作用。

馆领导介绍

武启云，男，1966年4月生，大专学历，中共党员，馆员。1983年7月参加工作，1987年7月调入长治县图书馆工作，从事图书馆业务26年，熟悉图书馆各项工作流程，2002年4月任职图书馆馆长，2011年获得长治县优秀党员、同年获农家书屋管理先进个人，2012年获得县劳模荣誉称号。

学前儿童阅览室坐席

少儿阅览室坐席

报刊阅览室

参考阅览室坐席

沁源县图书馆

概述

沁源县图书馆始建于1982年，于本年7月1日（农历5月11日）正式开放，至今已有三十余年历史。馆址几经变迁，最初建馆时，馆址借住县文化馆房屋五间，面积约有75平米，图书藏量约1万余册；1985年11月搬入县城剧场东楼，占用房屋22间，面积约330平米，藏书3万余册；1990年8月新馆落成，位于县城剧场东北角，占地面积1600平米，实用面积2664平米，藏书5万余册。2012年10月由于旧城改造，图书馆搬迁至县城桥西街1号(原县法院旧址)办公，实用面积3048平米，图书总藏量为11.7万册，在2013年参加公共图书馆第五次评估定级中，首次被评为国家"一级图书馆"。馆内采用Interlib图书馆自动化图书管理系统，并且运行正常。拥有计算机45台，10M宽带网络接入，开通无线网络，信息全覆盖。馆内阅览室坐席达567个。

业务建设

截止2012年底，馆内藏书11.7万册。其中：图书65500册、报刊37091册、电子图书307058册、视听资源2510件、其他文献5000册。

2009—2012年，沁源县图书馆新增藏量购置费191.6万元。免费开放经费国家和县政府的配套资金以及年购书经费均以足额到位，财政拨款总额较上年增长100%以上。

2009—2012年，沁源县图书馆共入藏中文图书1352种，16430册，中文报刊244种，视听文献403件。2011年地方文献入藏完整率为96%。

2009—2012年底，沁源县图书馆新增数字资源总量为3.4TB。其中：自建数字资源0.3TB，开通沁源县图书馆网站，完成《沁源秧歌》和沁源县非物质文化遗产数据库续建工作，自购CD、DVD等视听资源1TB，磁带1260个，上级调拔和卫星接收资源2.21TB。

读者服务工作

沁源县图书馆各个阅览室全部对社会开放，节假日不休，开放时间为：上午8：00—12：00，下午2：30—6：30。接待读者时间不少于8小时。每周开馆时间累计不少于56小时。

2011年沁源县图书馆响应国家免费开放的政策，于当年7月正式在我县实施零门槛开放。2009—2012年，共办理借书证34641个，其中：仅2012年办理借阅证16691个，书刊外借达8.3万册次，借阅人数达7.8万人次，比上年同期增长10%和15%。

馆内所有图书、期刊实行全开架服务，设立残疾人通道；为社会大众提供政府公开信息查阅服务；为特殊群体服务，为农民工服务；以及为老年读者提供看书、看报及书法讲座等；资源共享支中心为少儿提供绿色数字阅览室。

2009—2012年，先后与社区、学校、敬老院等建立馆外流动图书点，共建成流动图书点306个，其中：社区4个，行政村基层流动图书点254个，14个乡镇文化站图书点，学校6个，敬老院2个，馆外书刊流通人次达24.4万人次，书刊外借21.6万册。

沁源县图书馆网站及时发布本馆动态，通过本网可以为读者提供图书检索，电子图书、共享工程沁源县级支中心网站等免费浏览、下载。截止2012年底，网站点击率达78600次。

2009—2012年，基层文化惠民工程进展顺利。基层图书室和服务站点达到全覆盖，254个行政村农家书屋图书全部登记造册/分类、编目、上架，资源共享基层站点运行良好。

2009—2012年，沁源县图书馆共举办讲座、展览、培训、阅读推广等读者活动120余场次，直接受益人数达20.5万人次。同时，沁源县图书馆借助"图书馆服务宣传周"、"服务宣传月"、"世界读书日"等大型活动，开展丰富多样的图书宣传活动，吸引了更多的读者走进图书馆，利用图书馆。

业务研究、辅导、协作协调

2009—2012年，沁源县图书馆馆员发表专业论文5篇，围绕本馆业务撰写调查研究报告4篇。在2013年由国家图书馆主编出版的《公共图书馆服务体系的探索与实践——山西调研报告》一书中，由沁源县图书馆撰写的"第七章：农村文化的心脏——沁源县农村图书室"一文，对我县农家书屋、文化共享工程、流动图书车和麻巷村图书室的成功经验进行了概述和推广。

沁源县图书馆于2009年7月加入山西省图书馆集群管理系统并进行网上联合编目，同年开始进行图书数字化加工，展开了馆际互借通借通还业务。截止2012年底，图书数据录入达5万条，下载数据3万余条，改编数据18000余条。

截止2012年底，沁源县已建立254个行政村流动图书室，14个乡镇建立乡镇文化图书室，社区、机关、学校图书室18个，图书馆服务网络建设实现县、乡、村全覆盖，参与服务网络建设的比例达到100%；县与乡图书服务实行通借通还覆盖率达100%，并常年开展书刊借阅活动。

2009—2012年，沁源县图书馆对基层图书室、农家书屋开展业务辅导和培训工作587次，采用远程、面授、电话解答、下乡辅导等形式培训达3381余人次，保证了基层图书室和农家书屋工作的正常开展。

管理工作

随着公共图书馆实行免费开放，沁源县图书馆在藏书和人民群众生命财产安全方面做了大量的工作，健全了财务管理、国有资产管理、环境管理、消防保卫等各方面的管理制度，强化安全防范措施，积极倡导依法治馆管理模式，明确分工，落实责任。针对读者队伍的壮大，借阅工作的加大，制定出了一系列安全预防措施，努力杜绝图书馆工作不安全事故发生，为读者营造一个安全和谐的环境。

人员管理方面：全馆人员采取聘用制，按岗聘用择优录取，实现岗位责任制，年终考核分配激励制度；充分发挥管理人员的积极性，工作热情，使同志们以饱满的状态投入到图书馆工作中。

表彰、奖励情况

2009年1月，荣获县委、县政府颁发的“先进文化特别奖”。

2010年1月，荣获国家文化部颁发的“国家二级图书馆”荣誉。

2011年6月，荣获县委、县政府颁发的“优秀基层单位奖”。

2011年12月，荣获共享工程山西分中心颁发的“共享工程优秀作品组织奖”。

2012年12月，荣获全国文化信息资源共享工程山西分中心颁发的“中秋国庆系列服务活动先进单位”；山西省图书馆学会颁发的“科普宣传与全民阅读先进集体”；文化信息共享工程山西分中心颁发的“文化共享工程优秀信息单位”。

馆领导介绍

闫金萍，女，1971年6月出生，本科学历，中共党员，馆长。1991年3月参加工作，2012年10月调入沁源县图书馆工作。两年来，认真学习图书馆业务知识，重视地方文献收集工作，成立了沁源县读书学会。加强图书馆业务建设、阵地服务工作，积极开拓，勇于创新，带领全馆人员积极开展各项读书活动。连续三年被县委、县政府授予“先进工作者”光荣称号。

张笑梅，女，1967年1月出生，大专学历，中共党员，副馆长.1983年1月参加工作于沁源县图书馆，从事图书馆业务工作30余年，先后在借阅部、采编部、读者服务部等部门工作，熟悉图书馆各项工作流程，主要负责馆内业务工作。多次荣获省、市、县“图书馆先进工作者”等荣誉。

未来展望

沁源县图书馆本着“一切为了读者，一切服务读者”的办馆方针，践行“科学、创新、发展”的理念，在新的时代背景下，沁源县图书馆将努力建成数字化图书馆，将文献资源网络化，为读者提供网络信息服务；加大文献资源建设，特别是把地方文献资源的建设作为重头戏，建成有沁源特色的文献资源库。同时，借助于公共文化服并务体系的语境，融入到全社会文化体系建设中，积极与社会机构、广大读者、社会用户开展合作交流，从而体现图书馆积极的正面形象，提升图书馆的社会影响力，彰显图书馆应有的社会价值，获得较高的社会认同，实现可持续发展。

联系方式

地　址：山西省长治市沁源县沁河镇桥西街1号
邮　编：046500
联系人：张笑梅，姚 燕

灵石县图书馆

概述

灵石县图书馆前身是灵石县文化馆图书室，1984年分离出来，正式成立灵石县图书馆，馆址在新建路芦子坪口，和文化局、文管所、文化馆一处办公，占据三层楼中有220平方米的空间。1998年县委政府对文化图书中心大楼重新装修，1999年开馆，馆舍面积达到900平方米，藏书总量达到4万册，可同时容纳200名读者，各阅览室均实行开架免费阅览；1999年灵石县图书馆实行全年365天全天开放，双休日不休息，每周开放时间达76小时，在全国也比较领先。2004年，灵石县图书馆参加第三次全国公共图书馆评估，被文化部评为"国家二级图书馆"；2006年因灵石县城建设需要，文化图书中心面临拆迁，灵石县图书馆搬到尚和小区临时过渡，占地900平方米。2011年10月，灵石县图书馆搬入位于灵石县文化艺术中心大楼6层和11层的新馆，馆舍面积达4000余平方米。收藏书刊文献资料达到20万余册，书架长度达到3036米，阅览室阅览坐席420个，少儿阅览室坐席72个，有计算机78台，其中，供读者使用的48台，光纤接入10Mbps，可存储容量35TB。

业务建设

2009年，灵石县图书馆新增藏量购置费15万元，2012年起增至18万元。2009—2012年，共入藏中外文图书42350册，中外文报刊年入藏量560种，电子文献10万种，光盘、录像932种，地方文献征集560册。

截止2012年底，灵石县图书馆馆藏总量210528册，其中电子图书10万种，纸质文献109116册，光盘932种，电子报刊480余种。图书馆坚持以人为本，"读者至上，服务第一"的服务宗旨，为读者提供图书外借、报刊阅览、资料查询、电子阅览室免费上网及声像视听、文献复制、光盘刻录等服务，还为读者提供数字书刊阅览、电子戏曲观赏、公益性讲座、展览等优质服务。

2009年11月灵石县图书馆加入山西省总分馆Interlib系统，成为第一批县级分馆，按照总分馆联合分编规范进行图书编目，视听文献和期刊在2011年陆续开展联合编目，严格执行省馆分编规范细则，灵石县图书馆与全省几十所图书馆组建馆际互借网络，实现一证通用、通借通还，达到了资源共建共享。

2012年，灵石县图书馆建成图书馆网站。

2012年，灵石县图书馆开始筹备建立灵石县总分馆建设，2013年全县有10个乡镇图书室首批加入灵石县图书馆总分馆系列。

2013年年初，灵石县图书馆实现馆内全程无线网络覆盖。

读者服务工作

灵石县图书馆地处县城繁华地段，交通便利，馆内设施先进，配有信息中心机房，投影仪、复印机、传真机等现代化办公设施，各功能室环境优雅、宽敞明亮，并配有中央空调以及网络信息接入口，实行图书自动信息检索和借阅。有业务窗口13个，即报纸阅览室、期刊阅览室、电子阅览室、亲子阅览室、学生阅览室、视障阅览室、借阅部、过刊借阅部、地方文献部、古籍室、采编部、音像视频部、资源共享中心。从2011年起，灵石县图书馆全年365天天天对外免费开放，每周开放60小时。2009—2012年，办理读者证4196个，书刊总流通27610万人次，书刊外借71864万册次。2009—2012年，灵石县图书馆与7个农家书屋流动借阅点，流通图书13500册次。2012年灵石县图书馆开始筹备建立灵石县总分馆建设，2013年灵石县总分馆网络构架基本建成，有全县10个乡镇图书室首批加入成为乡镇分馆。

2009—2012年，灵石县图书馆共举办讲座、展览、培训、阅读推广等读者活动330场次，参与人数28360人次。

业务研究、辅导、协作协调

灵石县图书馆有职工14人，馆长1人，副馆长1人，大专以上学历占100%，中级以上职称占29%，初级以上职称占67%。每年对职工的培训达到50学时，馆员们积极参与各类学习并取得不错的成绩。2009—2012年，图书馆职工发表论文6篇。

从2009年起，灵石县图书馆以文化信息资源共享工程为依托，以文化资源共享为契机，搭建乡村信息平台，积极推进资源共建共享。

积极配合文体广电新闻出版局，灵石县图书馆在全县范围开展阅读推广与业务培训工作，帮助全县12个乡镇建设文化站和村级服务点，完成对所有行政村基层服务点验收和设备发放，对文化大院、农家书屋进行业务辅导，共下乡指导工作80次以上，2011—2012年培训基层图书管理员200余人，为全县

电子阅览室

学生阅览室

总分馆建设打下坚实基础。

管理工作

2011年以来，灵石县图书馆各服务窗口实行全面免费开放，重新制定和完备了系列《图书馆岗位职责和业务工作细则》等各项制度，认真遵循并以此来规范服务行为，减少了工作盲点，做到“人人有责任，事事有程序，科学化、现代化管理”的工作标准；充分借助计算机技术和图书馆管理软件来提升图书馆各项业务工作管理，为所有阅览室配备电脑，已全面实现图书采编、流通、检索自动化管理，图书馆的各项内务统计都已实现电脑操作、有序化管理；在美化阅览环境方面，投入了万余元添置了绿色盆景盆花，楼道内悬挂字画，美观大方，书香味十足；在个性化、人性化服务方面，阅览室为读者提供纸笔及复印服务，提供开水服务，雨天提供备用雨伞服务，为老年读者配备了老花镜，切实改善了阅览环境和服务质量。

管理方面做到了正规化、标准化、自动化和网络化管理。一是正规化，即读者第一，服务至上，各服务窗口按规则热情接待读者；着装统一，挂牌上岗；文明接待、有问必答；标示规范、借阅迅速；设施完好、环境整洁。二是标准化，即开、闭馆准时，免费办证，开架借阅，微机管理。三是自动化，即采用计算机管理，采访、编目、流通、报刊管理、馆藏文献检索等工作实行计算机业务管理。四是网络化，即加入全省总分馆制，联网编目，可以和全省联网图书馆一卡通，通借通还；读者在电脑上即可查找所需要的图书。

加强安全管理，保证读者和馆内人员、资源的安全。灵石县图书馆坚持每周召开安全例会，进行安全大检查。2012–2014年，每年都邀请太原消防教官对馆内工作人员进行消防培训，使职工时刻树立消防意识，掌握消防知识，确保馆内读者和馆内人员、资源的安全。

表彰、奖励情况

2009–2012年，灵石县图书馆共获得各种表彰、奖励10次，其中，省级表彰、奖励5次，市级表彰3次，其他表彰、奖励2次。

馆领导介绍

蔺建梅，女，1960年12月生，大专学历，中共党员，中级职称，馆长。1978年1月参加工作，1984年调入灵石县图书馆，1998年任灵石县图书馆馆长至今，2014年被评为“晋中市文体新系统先进文化工作者”。

曹志萍，女，1971年8月生，大学本科学历，馆员，副馆长。2010年被山西省文化厅授予“读者满意的图书馆员”荣誉称号，2014年，荣获县总工会“岗位明星”荣誉。

未来展望

十八大召开之后，图书馆事业迎来了新的春天。灵石县图书馆以建设现代化、数字化图书馆为发展目标，利用先进的计算机技术和数字信息系统，开展各种图书服务活动，提高广大人民群众整体素质，不断发挥知识经济时代地区信息枢纽和灵石县精神文明建设基地的重要作用，努力把灵石县图书馆打造成为知识信息的集散地，市民终身教育的课堂，地方文献的宝库，高雅的文化休闲场所，为促进本地经济建设和社会发展发挥重要作用。

联系方式

地　址：灵石县文化艺术中心大楼六层
邮　编：031300
联系人：曹志萍

第二届全民读书月启动仪式

读者爱心捐书

万荣县图书馆

概述

万荣县图书馆始建于上世纪50年代，是政府兴办的综合性公共图书馆，位于万荣县南大街23号，地处县城中心地段，交通便利，环境优美，是读书学习理想之地，是全县科技教育文化事业的重要组成部分，是面向社会公众提供图书阅读和知识咨询服务的学术性机构，是万荣县社会文明发展的重要标志。2009年县委、县政府把兴建3000㎡的五层图书大楼列为全县重点工程，2009年4月破土动工，2010年竣工并实现免费开放。

业务建设

万荣县图书馆设少儿科教阅览室、报刊阅览室、电子阅览室、图书外借室、古籍文献室、名人书屋、采编室、资料室、报告厅。截止2013年底，万荣县图书馆总藏量89800余册（件），其中，图书69000万册（件），杂志20000万册（件），地方文献入藏完整率100%。丰富的馆藏为广大读者提供“精神食粮”。

为加强农村文化建设，2008年启动“文化惠民”工程建设，截止2012年共建设281个“农家书屋”，实现全县农村全覆盖，累计投资500余万元，总藏书量达30余万册。农家书屋的建设为广大农民朋友学习科技知识、了解致富信息、丰富农村文化生活、提高农民文化素质起到了重要的作用，是培养新型农民的“充电站”也成为宣传党的方针政策，传达党和政府声音的重要阵地。

读者服务

服务体系日趋完善，办读者满意的图书馆。逐步完善了“读者服务工作体系”，改变了现有的单一服务方式，在图书馆网站上重点向读者推荐全国文化信息资源共享工程及本馆所有的电子图书资源，让读者接触到更多的数字资源，开辟了更为广阔的阅读途径。我馆实行免费开放以来，年图书流通册次17500册，流通人次12600人，其中，少儿图书流通册次约14000册，流通人次6500人，较好地满足了广大读者的借阅需求。

文明创建有声有色。在作好日常读者接待工作的同时。贯彻“读者第一”的服务理念，在确保365天向读者开放的同时，以创文明行业为抓手，积极开展文明行业创建活动，将创建工作渗透到每个部门，每个岗位。全馆上下营造了良好的创建氛围，把注重服务细节，热心接待好每一位读者作为工作的出发点和落脚点，赢得了社会各界的一致好评。

读者活动丰富多彩。开展了“爱我家乡”书画展活动，展出万荣藉名人名家字画60余幅作品；“世界读书日”，利用悬挂宣传横幅、书刊展示、发放宣传资料、当场咨询等多种方式开展了世界读书日系列宣传活动；积极参加了“科技宣传周”活动，普及科学知识，弘扬科学精神，提高公众科学文化素质.在活动中，免费发放了科普类宣传品400多份；开展“文化三下乡”活动，我馆从农村和农民的实际出发，为当地村民精心准备了科普类、医学养生类宣传手册，种植、养殖、蔬菜栽培、及法律法规等各类光盘，发放宣传制品500多份，受到村民地欢迎和好评；举办读者座谈会，让读者了解图书馆的动态，相互交流读书心得、推介好书、提出建议或意见。

公益活动深得民心。我们利用报告厅阵地分别与卫生局、中华教育研究会、科技局联合举办“健康大讲堂”、“幸福人生健康大讲堂”、“科技知识宣讲”等一系列活动；每年组织开展“小学生作文比赛”活动；积极开展捐书倡议，设立个人书柜5各、书架3个，累计接受社会各界捐图书3580册等。

管理工作

几年来，在县委、县政府及文体局领导的全面支持、关心下，万荣县图书馆紧紧围绕服务宣传、读书活动、业务交流和岗位培训等重点业务工作，积极探索图书馆事业发展的新模式、新路子，在全体馆员的共同努力下，各项工作取得了全面进步，读者满意度得到较大提升。在队伍建设方面，制定了长远的学习教育培训规划，不定期地举办各类学习班、培训班，打造一支了解图书，了解读者需求，热情、敬业、高效，具有较高专业水准的图书管理员队伍；在内部管理方面，建立了严格的岗位责任制和工作考评机制，细化量化考核指标，按月考核，严格奖惩，进一步增强了大家的工作责任感和使命感，形成良好的团队精神；在争先创优方面，把“一切为了读者、一切方便读者、一切服务读者”做为工作宗旨，先后开展了“温馨服务百日活动”和“文化下乡自愿者服务”等一系列服务举措。

表彰奖励

万荣县图书馆2013年被授予市级精神文明单位、2014年被文化部授予“国家一级图书馆”、乌亭村荣获“全国农家书屋”称号。

馆领导介绍

李晓玲，女，1972年19月生，本科学历，馆长。1993年参加工作，历任万荣县文化馆副馆长、2013年任万荣县图书馆馆长。

未来展望

万荣县图书馆将紧紧围绕智慧城市建设的目标要求，牢牢把握公益、均等，惠民的工作思路，以"扩大免费开放、提升服务水平"为主题，努力构建公共文化服务体系，扎实开展群众性阅读活动。一是贯彻免费政策，服务理念有新拓展。深入推进和扩大图书馆免费开放，加强宣传工作，做好免费服务的政策宣传和誉论引导，深入践行公共文化服务理念，努力加强公共图书馆建设；二是倡导全民阅读，服务水平有新提升。全面把握阅读城市建设的工作内涵和基本规律，扎实推进图书馆文化惠民活动的大拓展，大延伸。坚持以群众喜闻乐见的阅读形式为引领，加强多样化阅读方式的探索，组织开展报告会、演讲会、读书征文、新书推介、读者培训、知识竞赛、文化讲坛等活动，扩大图书馆服务的受众面与影响力，促进智慧城市建设；三是强化精品意识，服务成果有新展示。巩固国家一级馆创建成果，大力加强争先创新工作。着力强化品牌意识，树立"品牌第一"原则。扎实做好农村书屋建设工作，积极创建文明行业，开展丰富多样的读书活动，使公共图书馆服务体系，服务内容、服务方式都得到了很好的展示和彰显。展望未来，万荣图书人将进一步深入贯彻落实文化强县的战略部署，紧紧围绕"大文化"建设中心，努力探索图书馆事业发展的新途径，新举措、全力推动管理方式与服务方式的转变、为把万荣图书馆建设成为一流品牌图书馆而努力。

联系方式

地　址：山西省运城市万荣县城南大街23号
邮　编：044200
联系人：李晓玲

晋中市榆次区图书馆

概述

榆次区图书馆是山西省晋中市所在地唯一的一家县级综合性公共图书馆，始建于1958年1月。建馆时称谓是“榆次市图书馆”，馆址设在榆次城隍庙，城隍庙是清代年间建造的一座完整的具有民族特色的古建筑，古色古香，环境优雅，是学习工作的好场所。（当时为县级市，1999年经上级批准“撤地建市”，原来的晋中行署改为晋中市，榆次市改为榆次区，2000年正式挂牌）。馆址几经变迁，2003年10月，位于榆次商业中心的榆次文化艺术中心建成，榆次区图书馆搬迁至中心一楼，并对外开放。新馆占地面积3700平方米，设计藏书容量20万册，可容纳读者座位494个，计算机90台，接入10M宽带网，选用Interlib图书馆自动化管理系统。2004年、2009年、2013年连续三年评估为国家县级一级图书馆。

业务建设

截止2014年6月，榆次区图书馆总藏量18.1067万册（件）=系统统计14.2829万册+3.8238万册{(电子图书2600册)+(电子期刊446+电子报纸125)+（纸质报纸合订本1.7342万册）+（光盘2000）+（古籍图书725册）+(市区各图书馆室无条形码图书15000册)}，其中，纸质文献17.5896册（件），电子文献5171册。

2009年以后，榆次区图书馆经费提高到40万元，2011年–2013年，增至50万元。2009年–2014年6月，共入藏纸质图书22940种，52182册。

2009年，将自动化管理系统升级为Interlib集成管理系统，成为山西省图书馆总馆的第一家分馆。为满足不同年龄层次读者的阅读需求，2013年底，增加了博看触摸屏读报刊一体机3台，歌德电子书借阅机1台。

读者服务工作

榆次图书馆一直实行全年365天对外开放，2011年10月，率先在全省实行免费开放，周开放56小时。2009年6月加入山西省总分馆集群管理系统，实现了全省一证通用，通借通还的馆际互借服务。

2009年–2014年6月，在榆次10个乡镇266个行政村全部建有“农家书屋”。2012年5月，在修文镇建成第一家和榆次图书馆使用Interlib平台的分馆，提供图书5882册，2014年5月在什贴乡又建成第二家和榆次图书馆使用Interlib平台的分馆，提供图书5399册。

2009–2014年，在社区、企业、学校、部队、机关建立图书点56个，下放图书21076册。

2009年8月榆次图书馆网站正式上线开通，2011年进行了改版、美化，2014年6月再次改版，改版后的网页全面体现一切为读者服务的理念。可通过榆次图书馆网站、榆次图书馆共享工程VPN专网向全区读者、共享工程基层服务站点提供检索、浏览和下载服务。

2009年–2014年6月，榆次图书馆共举办讲座、展览、培训等读者活动138场次，参与人数5796人次。

业务研究、辅导

2009年–2014年6月，榆次图书馆职工发表论文15篇，联合出版调研报告1部。

从2004年起，榆次图书馆以文化信息资源共享工程VPN专网为依托，逐步在全区10个乡镇建立共享工程基层服务站点达到全覆盖。从2007年起，逐步在10个乡镇266个行政村建立“农家书屋”达到全覆盖，有2个分馆开始了基于统一系统平

台的文献借阅服务。期间，举办基层图书管理员培训班24次，288人次接受培训。

管理工作

2011年7月，榆次图书馆完成全员岗位聘任并签订聘任合同书，本次聘任共设2类岗位（专业技术岗位、工勤岗位）。制定《榆次图书馆奖励性绩效工资考核分配方案》，建立了根据出勤进行绩效工资考核指标体系，每月统计考勤通报，每半年根据出勤计算发放绩效工资。

表彰、奖励情况

2009–2014年，榆次图书馆共获得各种表彰、奖励20次，其中，中国图书馆学会表彰1次，山西省图书馆协会表彰13次，晋中市文化局5次，榆次区宣传系统党委1次。

馆领导介绍

郑海保，男，1957年5月生，中专学历，中共党员，馆员，馆长兼书记。1976年1月参加工作在山西纺织配件厂，1984年8月调入榆次图书馆，历任办公室主任、副馆长，2004年5月任馆长。2010年被山西省文化厅授予"读者满意的图书馆员"，2010年被中共榆次区委、榆次区人民政府评为2010年度"十佳先进模范人物"，2011年被榆次区劳动竞赛委员会授予"社会主义建设一等功"，2013年，山西省新闻出版局授予"山西省农家书屋工程建设'先进个人'"。

温晓红，女，1965年10月生，本科学历，中共党员，副研究馆员，副馆长。1980年11月参加工作在山西锦纶厂党委宣传部、组织部，1999年4月调入榆次图书馆，历任办公室主任、副馆长。

田娟丽，女，1973年12月生，本科学历，中共党员，会计师，副馆长。1995年12月到榆次图书馆参加工作任会计、出纳，历任流通部主任、工会主席、副馆长。

王鑫，女，1975年8月生，研究生学历，中共党员，馆员，副馆长。1996年5月到榆次图书馆参加工作，历任数字部主任、副馆长。

未来展望

榆次区图书馆遵循"一切为读者着想"的服务理念和办馆方针。2009–2014年6月，在不断强化自身综合实力的同时，通过创建图书馆分馆开展延伸服务。今年拟建立榆次图书馆微信平台，向广大市民朋友宣传图书馆，推送图书馆服务功能、最新动态、新书推荐等，使榆次图书馆真正成为榆次文化的聚集地、传播地。

联系方式

地　址：晋中市榆次区新集街1号
邮　编：030600
联系人：温晓红

祁县图书馆

概述

山西省祁县图书馆初创于明代昭馀书院尊经阁，历经1927年“祁县私立竞新图书馆”、1948年7月7日民教馆、1964年至1973年文化馆图书室、到1979年9月15日正式成立。馆址设于古城内西大街6号，总面积368平方米，设计古籍书库136平方米，现代书库108平方米，阅览室35平方米，办公室63平方米。1987年5月位于新建北路177号新馆建成开放。新馆占地8.98亩，建筑面积2050平方米，设计藏书容量80万册，可容纳读者座位200个，1992年参加第一次全面公共图书馆评估，首次获得二级图书馆。2013年第五次全国公共图书馆评估获得一级图书馆。

业务建设

截止2013年底，祁县图书馆总藏量14.8620册（件），其中，纸质文献13.8620册（件），电子图书1.3万册，期刊156种，报刊39种，视听文献200余种。2010年，祁县图书馆新增藏量购置费10万元，2012年起增至90万元，2012年起，地方文献入藏率达69%，自建数字资源总量100G，其中，古籍数据50G，地方文献100G。2000年，率先在晋中市实现ILAS自动化管理系统，以适应社会发展的需求，2007年拥有计算机60台，宽带接入10Mbps，2013年完成图书馆集群管理系统工程。

读者服务工作

1978年，祁县图书馆馆藏图书4.8万册，到2013年增至14.8246万册的馆藏，图书总量不断增长。全年365天，天天对外免费开放，周开放58小时，实现馆藏文献开架服务。截至2013年书刊总流通36.524万人次，书刊外借29.842万册次。2003年祁县图书馆实施“全国文化信息资源共享工程”、“祁县支中心”，开设电子阅览室，接入宽带2兆，计算机20台、2007年增加到60台，宽带10兆，接待6.792万人次。2013年在全县发展了“共享工程”基层网点160个，并提供浏览和下载服务，2013年引进电子借阅机一台。

1997—2013年，祁县图书馆共举办讲座、展览、培训、阅读推广等读者活动1000余场次，参加人数23余万人次。以祁县图书馆“共享工程”基层网点、“读者服务”等平台为主，服务农村文化活动室、学校图书馆、社区文化活动室，机关、企业文化活动室等创意若干个阅读推广主题活动，进行定期或不定期的评选，是祁县图书馆落实以“服务社会，服务大众”为宗旨的具体工作特色。

业务研究、辅导、协作协调

从初建馆到今年，祁县图书馆职工发表论文8篇，获得国家级奖项3篇。

2004年，祁县图书馆成为“全国文化信息资源共享工程”试点单位，2008年祁县图书馆成为“全国古籍重点保护单位”试点单位。围绕依托两项工程，在全县范围内发起以强化基层服务，活跃农村、社区、学校、机关、企业文化工作。进行了图书编目、流通服务、地方文献征集、阅读推广

祁县馆开架书库

祁县馆期刊阅览室

祁县馆古籍阅览室

祁县馆馆貌

祁县馆古籍书库

祁县馆地方文献室

祁县馆电子阅览室

与讲座资源服务、业务培训与技术支持等工作。截止2013年共培训基层管理员200余名、"共享工程"管理员180余名，辅导图书编目、排架、借阅等项400余次，完成实施《中图法》五版规范编目著录。同时，对馆藏古籍进行普查、整理、修复等工作，培养了古籍普查、修复、鉴定等专业人员8名，形成了基础业务队伍，具备了达国家标准化的古籍收藏条件，影印出版了"镇馆之宝"——宋版书《昌黎先生集考异》，完成了2328条古籍数据，修复破损古籍18册，修复戴氏、王氏家谱36册，截止2013年申报了"国家珍贵古籍名录"17部。"山西省珍贵古籍名录"46部。参加"中华再造善本""中华古籍联合目录""山西省古籍联合目录"工程。2009年获得"全国古籍重点保护单位""山西省古籍重点保护单位"称号。

管理工作

1997年，祁县图书馆实行全员岗位责任制。建立了工作量化严格指标体系。2009年完成全员岗位聘任，共聘任8类岗位，有11人重新上岗。实施每半年和年终总体工作考核。2009–2013年，共抽查文献整理与排架67次，书目数据50次，编写《岗位责任制》《业务质量》18期，撰写工作档案等30篇。

表彰、奖励情况

1997–2013年，祁县图书馆共获得各类表彰、奖励80次，其中部、省表彰、奖励20次，市县级奖励30次，其他奖励35次。

未来展望

祁县图书馆遵循"面向社会、面向读者"的办馆宗旨，着眼社会发展，扩大服务辐射区域，带动本地事业发展。近年来，在不断强化自身综合实力的同时，通过创建"基层网点"的服务平台，带动了全县公共文化事业的整体发展，2013年，祁县文体广新中心大厦工程正式启动，在未来的几年里，祁县图书馆将另有一所建筑面积4000平方米的新馆舍。全面建成后，将覆盖新城区、旧城区、古城区，阅览座位达1000个，可容纳纸质文献500万册。年服务人次可达50万人次以上，数字资源设计存储能力200TB，能够提供数字文献和无线网络服务。同时，具有支撑全县公共文化服务体系良好运行的文献与技术能力，成为与省市系统图书馆实现资源共享互补的支中心，主要指标达市县级一流的标准。

馆领导介绍

杨文龙，男，1964年3月生，本科学历，中共党员，中级职称，馆长。1985年任祁县民俗博物馆陈列部主任，1992年任祁县文物管理所副所长。2009年获得"山西省古籍保护先进工作者"荣誉称号、2010年获得"山西省读者满意的图书馆员"荣誉称号。2009年、2010年、2014年获得晋中市"优秀宣传文化工作者"。

李金莲，女，1967年12月生，大专学历，中共党员，助理馆员，副馆长，1984年12月到图书馆参加工作，先后在借阅部、阅览部、采编部等部门工作，1999年、2011年获得晋中市"优秀宣传文化工作者"。

联系方式

地　址：祁县新建北路177号
邮　编：030900
联系人：杨文龙

祁县图书馆宣传周

祁县馆"两节"猜谜活动

祁县馆健康讲座

曲沃县图书馆

概述

曲沃县图书馆成立于1978年，是一所县级公共图书馆。1998年参加第二次全国公共图书馆评估，首次获得一级图书馆。2013年参加第五次全国公共图书馆评估，第四次获得一级图书馆。目前，曲沃县图书馆馆舍面积3020平方米，拥有阅览座席295个，电脑50台，已加入山西省公共图书馆总分馆管理系统。

近年来，曲沃县图书馆积极争取各级领导支持，努力改善了图书馆的办馆条件。一是筹建了全国文化信息资源共享工程曲沃县支中心，使曲沃县图书馆的现代化装备水平和数字资源提供能力得到了跨越式发展；二是加入了山西省公共图书馆总分馆管理系统，使读者服务工作水平又迈上了一个新台阶；三是实行了图书馆的免费开放，使越来越多的读者享受到了图书馆的公益服务；四是增添了图书设备，配备了安防设施，为读者提供了一个舒适、文明、和谐、安全的看书学习，娱乐休闲的好环境。

业务建设

曲沃县图书馆现有各类藏书19万册（件），近几年图书年入藏2000种，报刊年入藏252种。

2009年以来在保证一定数量图书入藏基础上，特别重视报刊的入藏量。近年来，农业期刊已成为农民读者不可缺少的技术参谋，中小学课外读物也成为青少年读者的学习之友。为此，不断加大这两方面的期刊入藏量。为了使馆藏更具特色，还重视收集地方文献，设置专架存放。馆藏图书、期刊、报纸、视听文献均按照总分馆文献联合分编规范进行编目。对于藏书的排架及保护，都是细规划，严要求，以达到最高标准。馆藏的普通图书、报刊合订本等文献资料均按CNMARC格式建立了机读目录。

读者服务工作

自2011年以来，曲沃县图书馆已实行免费开放服务。图书馆报刊阅览室、少儿阅览室、电子阅览室、综合活动室、自修室等公共场地均已实行免费开放。读者可以自由地，无需任何费用地使用这些公共服务场所。图书馆的文献资源借阅、检索与咨询、公益性讲座和展览、基层辅导流动服务等基本文化服务项目健全，并已全部免费提供。图书馆办证、验证及存包等辅助性服务也已全部免费。

多年来，曲沃县图书馆读者服务工作的思路是：一方面把读者请进来，利用馆内服务部门开展借阅服务；另一方面是工作人员走出去，开展读者活动。

首先是坚持馆内各服务部门阵地服务。坚持全开放、深服务为读者提供了书报刊借阅、电子阅览和参考咨询等服务。在全开放上，一是全体工作人员坚持全周开馆，节假日照常开放，为读者提供充足的借阅时间。二是馆藏书刊除古籍外全部免费开架阅览，为读者借阅资料提供了更方便、更自主的条件。在深服务上，一是优质服务，严格要求全体工作人员积极主动地为读者提供所需资料，并介绍相关资料，使读者乘兴而来，满意而归。二是平等服务。任何人都可以无障碍、零门槛进入图书馆，享受阅读快乐。

其次是充分利用馆藏文献和文化共享工程资源，策划并组织开展了形式多样的读者活动。每年从正月十二的有奖猜谜到十二月的全民读书月，曲沃图书馆围绕核心业务开展的群众性参与活动持续不断。

1、有奖猜谜乐万民。猜谜活动是融群众性、知识性为一体的人们喜欢的智力开发活动，是曲沃图书馆每年正月十二必做的传统项目。活动的内容、形式、猜谜人员的范围都在不断地升级。活动中，上至七八十岁的老人，下到七八岁的孩子，都融入兴致勃勃的猜谜氛围里。此外，还把欢快的猜谜活动下乡到农村，举办到校园。现在，曲沃图书馆的猜谜活动已被纳入曲沃县春节文化系列活动之中，成为全县的一个品牌群众文化活动。2、资源共享惠大众。一是立足文化共享工程县级支中心平台和公共电子阅览室，踏踏实实地开展馆内网上阅览服务。二是把文化共享工程资源送进校园，送往农村，送到工地。3、书刊展览促学风。每逢4·23世界读书日、图书馆服务宣传周、科普知识宣传活动以及全民读书月活动，图书馆就把书刊展送到学校、展在农村、办到厂矿。4、送书下乡系农民。经常组织图书下乡活动，把科普资料送进菜农的塑料大棚，送到农民的养殖场，帮助他们解决生产、生活中的实际问题。

2009年以来，每年举办讲座、培训、展览、阅读推广等读者活动29场次，参与人数达3万人次。

业务研究、辅导、协作协调

曲沃县图书馆积极参与山西省公共图书馆总分馆体系建

曲沃县图书馆馆内猜谜

曲沃县图书馆科普送下乡

设，已加入山西省图书馆集群管理系统Interlib进行联合编目、通借通还。

为提高工作人员的业务水平，促进同行之间的业务交流，曲沃县图书馆出台了专业论文写作奖励办法。近年来，专业论文写作在图书馆蔚然成风。目前全馆已有20余篇专业论文获国家、省级各种奖励或参加学术交流。

对全县7个乡镇的图书室及158家农家书屋的组建、藏书组织与管理等工作做了指导，并对图书室工作人员进行了业务辅导和培训。

管理工作

曲沃县图书馆制定有各种管理制度，但工作着眼点不是用制度卡人、制约人、处罚人，而是一切工作都为了教育人、关心人、鼓舞人。实践了由制度管理向刚柔相济，以人为本的管理模式，馆内各项工作腾腾火火，一派生机。

对馆内各部门人员的安排，实行聘用制，按需设岗、按岗聘用、竞争上岗、择优聘用、严格考核，并实行岗位管理和工作目标管理责任制。

表彰、奖励情况

2009年以来图书馆先后多次被评为国家、省、市、县各类先进集体。其中，2010年第三次被文化部评定为县级国家“一级图书馆”；2009年以来连续被山西省图书馆学会授予“图书馆服务宣传周活动先进集体”和“全民阅读与科普活动先进集体”；2012年被全国文化信息资源共享工程山西省分中心评为“‘同乡同龄同梦想，共学共享共月圆’主题活动优秀组织奖”；2013年被全国文化信息资源共享工程山西省分中心授予“‘同赏数字文化，共享幸福生活’2012年中秋国庆系列服务活动先进单位”；2013年被中共山西省委宣传部授予“山西省文化体制改革工作先进单位”；2013年第四次被文化部评定为县级国家“一级图书馆”；2009年以来连续被临汾市委、市政府评为“文明和谐单位”。

馆领导介绍

何芳，女，1966年4月生，本科学历，中共党员，研究馆员，馆长。1988年7月毕业于山西大学图书馆学系，1988年9月到曲沃县图书馆工作，2002年10月任曲沃县图书馆馆长。兼任山西省图书馆学会常务理事、曲沃县人大常委会常务委员。2009年被中国图书馆学会评为“优秀会员”，2010年被山西省文化厅评为“读者满意的图书馆馆员”。

常红宇，女，1969年7月生，大专学历，中共党员，馆员，党支部书记。1984年1月参加工作，1997年11月到曲沃县图书馆工作，先后在图书借阅室、采编组、办公室工作。2008年任图书馆副馆长。分管党的工作、精神文明建设工作。

王安琪，男，1963年9月生，大专学历，中共党员，馆员，副馆长。1980年9月参加工作，1987年9月到曲沃县图书馆工作，先后在采编组、报刊阅览室、科技阅览室、辅导组工作。分管培训辅导和读者活动工作。

邢小芳，女，1977年2月生，大专学历，中共党员，助理馆员，副馆长。1997年12月到曲沃县图书馆参加工作，先后在报刊阅览室、电子阅览室、办公室工作。分管全馆业务工作。

未来展望

一是积极争取各级政府支持，加大对图书馆的投资力度，努力改善图书馆的办馆条件。

二是充分发挥馆藏文献资料和文化共享工程资源的作用，不断提高服务水平，拓展服务范围，使越来越多的人享受到图书馆的免费服务。

三是合理规划新图书馆大楼的使用，以崭新的馆貌为读者提供服务，为县级公共图书馆事业的发展而不懈努力。曲沃县图书馆新楼位于曲沃县城东新区，建筑面积3600平方米，现主体工程已完工。图书馆新馆的启用，将使图书馆的读者服务水平提升一个新的台阶。曲沃县图书馆将力争创建一所一流的县级公共图书馆，为广大公民提供更好的公益服务。

联系方式

地　址：曲沃县中心广场南

邮　编：043400

联系人：邢小芳

古县图书馆

概述

古县图书馆初创于1979年（当时名称为古县文化馆图书室），新馆建馆时间为2009年6月份，2010年11月底竣工并投入使用。古县图书馆位于文化西街16号，总占地面积为3167平方米，建成一座集地下室为一体的六层高楼，县级图书馆藏书量达8万余册，内设有10个阅览室，涵盖地方文献、少儿、社会科学、自然科学、文学5个方面，现有计算机49台，提供给读者可以使用的计算机33台，实行全天免费开放，节假日不休，每晚延馆开放两个小时，为读者营造了一个休闲、舒适、优雅的阅读环境。

古县图书馆建立了全省首家总分馆系统，实施了文化信息资源共享工程县级支中心建设项目，以县级图书馆为总馆，下设25个分馆，包括各乡镇、企业、社区、学校及有图书室的单位。读者不仅可以方便地借阅到县图书馆的各类图书，还可以通过电子阅览室直接查阅到省图书馆、国家图书馆的电子图书，方便了全县群众利用各级图书馆资源。2013年，古县图书馆被评为国家一级馆，是全临汾市山区县唯一的一家。

业务建设

古县图书馆自2010年底新馆建成投入使用以来，不断加大对文献资源建设的投入，保证图书总量、质量，实施了总分馆系统建设，整合了下设25个分馆的藏书资源，将其纳入到图书馆自动化管理系统中，建设了规范化、标准化的馆藏书目数据库；保证了全县文献资源的共建共享，现有藏书资源20余万册。

截止2012年底，古县图书馆总馆共有藏书81014册，其中有图书65000册，报刊420种，在藏书中有开架书刊65000册，少儿文献15000册，书刊文献外借册数10000余册，视听文献资源35件，地方文献室现有藏书824册，自新馆开放以来，共办理有效借书证4686个。

2013年年底，馆内每层均安装无线网络，信号实现全面覆盖，方便了工作人员和读者，及时了解并反映民生信息，解决了民生问题。

读者服务工作

古县图书馆2009年11月份率先在全国实现免费开放，新馆大楼2010年底投入使用后，也正式向社会免费开放，节假日不休息，每晚延馆开放2小时，书刊文献总流通3.2万册，年外借流通2万册，受到广大读者的欢迎和好评，取得显著的社会效益。

(1) 开放内容：少儿、幼儿阅览室、社会科学阅览室、自然科学阅览室、文学阅览室、馆藏室、地方文献阅览室、电子阅览室、多功能培训室等。

(2) 开放时间：

夏季开馆时间：上午08：00—12:00
下午14：30—18:00
晚上19：30—21:30

冬季开馆时间：上午08：00—12:00
下午14：30—18:00
晚上19：00—21:00

古县图书馆不断探索服务社会的有效途径，创新服务内容，把图书馆的免费开放落到了实处。古县图书馆的服务方式多种多样，主要服务方式如下：

1、爱心帮扶服务。2011年3月2日，古县图书馆的工作人员为距离图书馆远、家庭贫困、学习优秀的城北小学学生李文倩送去了一些工具书及励志书籍，鼓励小文倩乐观面对困难，积极面对生活。

2、教育与培训服务。古县图书馆根据服务对象的年龄、职业不同开展了专题培训、展览、活动等服务。2012年古县图书馆协同县委党校、组织部、学校、书画协会、摄影协会等单位举办的讲座分别为干部培训六期1800人次、小读者培训四期2000人次、书画摄影培训两期200人次、老年读者养生培训一期60人次，举办了“局长论坛”、“岳阳讲坛”等特色讲座，受到广大干部群众的一致好评。开展了“诵《弟子规》讲蔺相如故事 做文明古县人”主题活动等宣传。

3、便民文明服务。古县图书馆的每个阅览室都免费提供纸、笔、老花镜、水杯、免费打印，设有便民服务区、便民信箱、读者意见薄，及时听取读者意见，以便我们及时改进。

4、创新特色服务。古县图书馆建立了以县图书馆为总馆，以各乡镇、企业、学校、社区及有图书室的单位等为分馆的图书馆总分馆系统。共建有25家分馆，包括7个乡镇、5个学校、7个机关、2家企业、3个社会团体、1个乡村。基本实现了县图书馆和乡镇、社区、主要单位图书室业务自动化管理，实现图书采编、流通、检索等业务管理系统现代化，并通过网络拓展各馆、室的服务，实现全县范围内图书文献的集中管理，极大地提高图书借阅量、提高图书利用率。

5、建立了“政府信息公开查询中心”。古县图书馆为读者提供方便、快捷了解政府的有关方针、政策信息。专人负责管理，并专门设立了查询中心，为读者服务。读者如需复印，古县图书馆可免费打印给读者。

业务研究、辅导、协作协调

2010年底新馆建成投入使用之际，古县县委、县政府决定建立全县图书馆总分馆系统，我们积极与省文化厅、省图书馆联系，达成了协议，建立全省首家县级总分馆系统。

古县总分馆系统以县图书馆为总馆，以各乡镇、村、企业、学校、社区、机关、及社会团体等单位为分馆，建立覆盖全县图书馆总分馆系统，其中包括7个乡镇，4个城区学校、6个机关、2家企业、3个社会团体、1个乡村的25个分馆。

各分馆图书由县图书馆负责统一购买、采编、配送，包括文学类图书占40%，历史知识、人物传记类图书占20%，社会学、心理学类图书占20%，保健养生等生活类图书占10%，农业科技类图书占10%，成人图书与少儿图书配送比例为3：1。

分馆管理员要求严格按照《古县图书馆分馆管理员岗位职责》、《古县图书馆分馆管理制度》、《古县图书馆分馆考核细则》等规章制度统一执行；并定期到古县图书馆参加培训，培训内容有：(1)图书馆集群管理系统简介、系统功能介绍、书籍系统著录、数据下载、分类、贴条码及索书号、盖章等图书编目流程；(2)读者证办理、馆际通借通还；(3)分馆阅览室管理及读者活动的培训。

管理工作

2010年底新馆投入使用后，古县图书馆组织召开了数次全馆干部职工工作会议，按照各室设置的制度，对各个岗位的职责明确上墙，对财务财产管理、设备物资管理、档案管理以及其他各类规章制度进行了修订与完善，并新建、重新修订了相关规章制度，重新修订了培训制度。在规章制度的执行方面，我馆每年进行一次管理及业务工作汇报，在馆领导的督促、指导下，图书馆各项管理规章制度执行情况良好；全馆干部职工都能对照上下班制度进行签到；业务人员也按签订的聘任合同和相关职责进行相关业务工作的完成，进行各项公共服务辅导，成绩良好；馆长工作职责、办公室职责、业务人员职责自挂牌上墙以来，执行情况良好；其他各项制度也在正确履行和不断完善中。

另外还建立健全了安全保卫制度，我馆在馆内的各个通道、场所、办公室及活动室设立了安全通道、安全标识、防火器材等相关安全保卫措施，有效保证了各项工作的顺利开展。

表彰、奖励情况

古县图书馆自2009年至今获得了上级各部门，以及图书馆学会等单位的多次表彰，2011年被中共山西省委、山西省人民政府授予“山西省公共文化服务先进单位”、2011年被山西省青年文明号活动组委会授予“省级青年文明号”、2010年至2012年多次被山西省图书馆学会授予“主题征文活动的组织奖”、“全民阅读与科普活动先进集体”、“服务宣传周活动先进集体”、山西省文化共享工程“优秀信息单位”等。多次被古县团县委授予“青年文明号创建标兵单位”，被古县文体广电新闻出版局授予“年度先进集体”。

馆领导介绍

党俊萍，女，1972年11月生，大专学历，2014年1月任馆长职务，负责图书馆全面工作。

贾巧丽，女，1970年8月生，本科学历，中共党员，馆员，现任副馆长职务。分管资源共享工程，全县各分馆、农家书屋的运行工作等。

王建平，女，1972年4月，大专学历，中级技术工人等级，现任副馆长职务，负责阅览室全面业务工作，采编工作及办公室日常业务。

刘红秀，女，1977年5月，本科学历，高级技术工人等级，负责机关后勤保障工作。

未来展望

古县图书馆本着“读者第一，服务至上”的宗旨，扩大服务辐射区域，带动基层文化事业发展，进一步加大对分馆工作的管理力度，不断增强创新意识，积极适应图书馆事业日新月异的发展，开展多项服务活动，改变传统模式，使服务内容和形式处在动态发展过程，不断满足广大读者的精神文化需求，建成一个现代化的馆藏丰富、结构合理、素质优良、服务一流、实力雄厚的县级图书馆总分馆网络系统。

孝义市图书馆

概述

孝义市图书馆是一座集收藏、借阅、咨询、辅导、服务为一体的综合性图书馆。该馆位于新城府东街243号，始建于1979年，前身是孝义市文化馆图书室，于1984年4月从文化馆分设出来，2005年搬入现址，占地面积4500余平米。2013年，被国家文化部命名为“国家一级图书馆”。

馆内设有图书借阅部（分一部、二部）、期刊阅览室（成人阅览室、少儿阅览室）、电子阅览室、报纸查阅室、古籍部、文献部、采编部、图书服务部及综合办等9个科室。现馆藏图书18万余册，报刊杂志200余种，地方文献360余种3500余册，古籍图书3200余册，全部按照《中国图书馆图书分类法》排架于各个书库中。并藏有县级图书馆少见的《古今图书集成》、《四明丛书》及《四库全书》等珍品。

业务建设

孝义市图书馆馆现有可供读者使用的阅览席座240个，其中，可供儿童使用的席座60个，可供盲人使用的席座4个。

有可供读者使用的计算机台数达到35台，全部配备在电子阅览室内，读者可无线上网、共享资源；可供工作人员使用的计算机15台，馆内流通、采编、办证全部实现自动化，所有业务管理系统运行正常。

截止2012年底，孝义市图书馆馆共入藏的古籍、图书、期刊、报纸、录像带、光盘等共计20万册。

截止2012年底，可供读者利用的电子文献数量共计500种。

截止2012年底，孝义市图书馆馆年入藏的中外文图书5603种，其中采购5300种，捐赠图书167种（303册）。

截止2012年底，孝义市图书馆馆年入藏报刊240种。

截止2012年底，孝义市图书馆馆视听文献年入藏量为30件。

孝义市图书馆征订的期刊、报纸均按照《中国图书馆图书分类法》进行整理编目，并与省图数据库联网，做到了编目数据的规范一致。

2012年财政拨款总额达120万元，占到财政总收入的0.6%。且购书经费单列。

2012年，用于购置各类文献的经费总额达12万元，财政补助收入的免费开放专项经费20万元按时下拨。

孝义市图书馆馆内在册人员为28人，中专、高中以上人数达到100%，其中大专以上学历人数为21人，占到职工总数的75%。初级以上职称人数达到100%，其中，中级以上人数为11人，占到职工总数的40%。

2012年，我馆康孝宏、霍继斌、先后发表了论文《公共图书馆的人文教育功能》、《试论公共图书馆服务创新》、《浅谈公共图书馆地方文献征集工作》、《孝义市图书馆电子阅览室的现状与发展方向》并获奖。

读者服务工作

根据文化部、财政部《关于推进全国美术馆、公共图书馆、文化馆（站）免费开放工作意见》及财政部《关于加强美术馆、公共图书馆、文化馆（站）免费开放经费保障工作的通知》，孝义市图书馆于2011年10月1日正式实施了全架免费开放，实行每周开放时间不少于60小时，且节假日、周六、周日照常开馆。我馆图书文献全部对读者开架借阅率为100%。文献外借率达到了70%以上。书刊文献年外借册次达到10万册以上。为了更好的满足全民读书的需求，自2011年以来我馆共建立了馆外流动服务点7个，乡镇图书室18个，年书刊借阅册次达到5千册以上。

为了更好地推动全民读书活动，丰富全市人民的文化生活水平，除每年定期举办图书服务宣传周活动外，2012、2013年我馆已连续2年举办了“全民读书月”活动；并举办了多次的专题讲座以及农家书屋的培训活动。通过这一系列的活动极大地激发了人们爱读书读好书的兴趣，提高了图书馆在人民群众中的知名度。

协作协调

为了使图书馆覆盖到广大的乡镇、企业、社区，2012年孝义市图书馆馆派出骨干业务人员对基层图书馆进行了业务培训及指导，建立了“农家书屋”、企业图书室、社区图书室共计378个，捐赠图书3万册，满足了广大农民朋友和企业职工的读书要求。

管理与表彰

为了更好地开展图书馆的各项工作，孝义市图书馆馆每年都制定工作计划和工作总结。财务制度健全，设有财务公开栏，每月公布财务收支情况。制定岗位责任制和职工考核办法。依据相关法律法规管理国有资产，严格执行我馆财产管理制度。馆内各种档案健全，资料详实，归档及时装订整齐。严格做好环境和安全保卫工作，为读者营造一个整洁、美观、安静地读书环境。

2013年10月被文化部命名为“一级图书馆”，2009年至2012年连续四年被山西省图书馆学会评为图书服务宣传周“先进集体”，2008年–2009年被吕梁市精神文明建设指导委员会评为“吕梁市文明和谐单位”2012年–2013年被孝义市委市政府评为年俗文化节“优秀组织单位”。

馆领导介绍

康孝宏，男，1966年10月生，本科学历，中共党员，馆员，馆

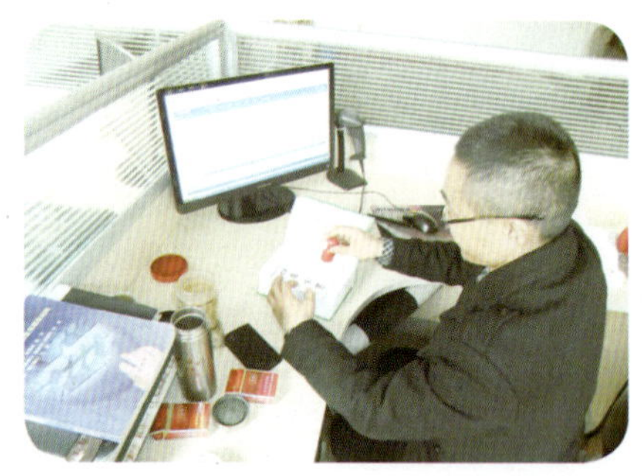

长。1983年7月参加工作，曾在交口县文化局、孝义市博物馆工作，后历任孝义市文化局办公室主任，孝义市东风剧院经理，2003年3月任现职。

陈惠玲，女，1966年3月生，本科学历，中共党员，馆员，党支部书记。1986年12月参加工作，曾在孝义市博物馆工作，1993年8月调入孝义市图书馆任副馆长，2013年任现职。

霍继彬，男，1974年11月生，大专学历，助理馆员，副馆长。1996年参加工作，历任高阳镇文化站站长，白壁关乡文化站站长，孝义市博物馆副馆长，2000年6月任孝义市图书馆副馆长。

李国贤，男，1974年10月生，大专学历，中共党员，助理馆员，副馆长。1996年参加工作，先后在孝义市文化馆，孝义市文化局工作，2002年任现职。

李江，男，1975年6月27日生，高级工，副馆长。1992年12月参加工作，先后在借阅部，采编部工作，均任主任，2013年任现职。

李林艳，1968年9月生。大专学历，馆员，工会主席。1987年12月参加工作，曾在孝义市进出口公司工作，2001年1月调入孝义市图书馆，2013年任现职。

重点文化工程

在上级部门的大力支持下，馆孝义市图书馆建设了文化共享工程，开设了公共电子阅览室，有受过专业培训的人员进行管理，硬件设施达标并对重点服务人群提供了专项服务，实现了免费开放。

在古籍图书保护方面，完善了保护措施，改善了古籍书库，达到了古籍书库的基本要求，并设有专人管理，积极开展了古籍图书的保护宣传工作，对推动本地区的古籍保护工作起到了重要作用。

继续推进图书馆“四个一”工程。即每周放映一部优秀影视作品；每月组织一次资源共享论坛；每季度举办一次书画、摄影、民间工艺美术展；每年举办一次“图书服务宣传周活动”和“全民读书月活动”。

未来展望

近年来，孝义市图书馆经过不懈努力，整体工作步入了一个崭新的发展阶段。也进入前所未有的发展机遇，未来，孝义市图书馆将深入践行“读者至上，服务第一”的服务宗旨，在拓展服务功能狠下功夫。

为进一步提升城市文化品位，满足人们日益增长的文化需求，孝义市委市政府也高瞻远瞩，一座集收藏、借阅、咨询、辅导、服务等为一体的综合性，占地150亩的现代化图书馆新区正在规划之中。新馆建成后，拟将其打造成带动周边文化大发展、大繁荣的一座里程碑式的文化品牌。

汾阳市图书馆

概述

汾阳市图书馆1979年挂牌成立，新馆1999年落成，2000年元月开馆，馆舍面积3193平方米，目前馆藏量20.8万册，数据库资料4TB，藏有最大工具书文渊阁《四库全书》影印本一套1500册，可容纳读者座位600个。2004年参加第三次全国公共图书馆评估，首次获得一级图书馆，先后于2009和2013年再次获“一级图书馆”，2012年汾阳市图书馆有阅览坐席502个，计算机67台，光缆宽带接入10M，选用Intellib图书馆自动化管理系统。

业务建设

截止2012年底，汾阳市图书馆总藏量208154册（件），其中纸质文献149464册件，电子图书58000册

2009、2010年汾阳市图书馆新增购书费7.2万元，2011年起购书费增藏12万元。2009–2012年共入藏中文图书124001册，中文报刊500种、视听文献6%。2011年地方文献入藏完整率为96%。

读者服务工作

从2011年元月起，汾阳市图书馆全年365天天天对外免费开放，周开放79小时。2009–2012年，书刊总流通110万人次，书刊外借179万人次。2012年我馆已参与山西省图书馆总分管制体系建设，积极参与学会活动，与全省公共图书馆建有联合目录，实行通借通还服务。有28个流动服务车服务点，馆外书刊流通总人次17万人次，书刊外借18万册。2001年起为“两会”提供服务。

2009–2012年，汾阳市图书馆网站访问量17001次，截止2012年，汾阳市图书馆发布使用的数字资源总量为1000种，均可以通过汾阳市图书馆网站向全省公共图书馆，共享工程基层服务中心提供检索，浏览和下载服务。政府公开信息服务查询计13281次。

2009–2012年汾阳市图书馆共举办讲座、展览、培训阅读推广等读者活动500场次，参与人数150000人次。

业务研究、辅导、协作协调。

2009–2012年，汾阳市图书馆职工发表论文10篇，出版地方文献点注1部。

2012年底“农家书屋”覆盖全部行政村，建成289个，文化共享工程基层点覆盖全部行政村和所有乡镇（办），建成305个。文化共享工程县级支中心。

2009年二位同志参加山西省文化资源共享工程培训并考试合格。二位同志进行中央党校深造，全馆人员参加市司法局普法知识并考试合格。二位同志参加市会计局继续教育培训并考试合格。2010年，二位同志参加山西省文化资源共享培训并考试合格，一名同志进行中央党校深造，全馆人员参加市普法知识学习并考试合格，二位同志参加市会计局继续教育培训并考试合格。2011年，馆长参加中美图书馆长高级论坛，四名同志参加山西省图书馆图书馆服务讲座提供员工的业务素质。2012年四名参加山西省图书馆公共图书馆通讯员培训班学习，三名同志参加吕梁市公共图书馆2012年业务培训班学习，提高员工的业务素质。

管理工作

2010年1月汾阳市图书馆完成了第一次全员岗位聘任，本次聘任共设2类岗位，即专业岗位和工勤岗位，有21人重新上岗，同时，建立了工作量化考核解决体系，每月进行工作进度通报，每半年和全年进行总体工作考核。2009–2012年共抽查文献排查架71次，书目数据20次，编写《情报信息》48期。

表彰、奖励情况

2009–2012年，汾阳市图书馆共获得各种表彰、奖励22次，其中，文化部表彰、奖励2次、奖励1次，中宣部等四部委表彰，奖励1次。全国文化信息资源共享工程表彰，奖励5次。省文化厅表彰、奖励1次，其他表彰、奖励13次。

馆领导介绍

张茂生，男，1963年11月生，中央党校法律专业函授本科学历，中共党员，副研究员，馆长，汾阳文广新局党总支委员，汾阳市图书馆党支部书记，1984年参加工作，历任汾阳市博物馆业务组组长，山西省图书馆学会理事，2000年获山西省文化厅“好馆长”称号，2011年获山西省文化厅“文化工作先进个人”，2013年获山西省新闻出版局“农家书屋建设先进个人”；吕梁市“优秀共产党员”。

武奎，男，1962年9月生，大学专科学历，中共党员，中级职称，副馆长，1989年至今在山西省汾阳市图书馆工作，主要负责辅导部工作。2012年荣获汾阳市“五一劳动模范奖”称号。

王和韧，男，1979年1月生，本科学历，中国共产党党员，初级职称，副馆长。2001年至今在山西省汾阳市图书馆工作，主要负责农家书屋工作。2012年荣获共青团汾阳市委“优秀共青团干部”称号。

郭小凤，女，1961年7月生，大专学历，中共党员，馆员，工会主席。1979年9月参加工作，先后在采编部、借阅部担任主任职务，分管全馆业务工作。2004年任工会主席以来历年荣获市工会先进工作者和先进基层工会光荣称号。2005年荣获市妇联十佳文化使者光荣称号。

未来展望

汾阳市图书馆遵循“免费、均等、人本、便捷、率先、创新”的服务理念，践行“汾图发展三步走”战略，即完善单体服务功能，扩大服务辐射区域，带动本地区图书事业发展”。2009–2012年在不断强化完善自身综合实力的同时，通过“农家书屋”建设全覆盖，市、乡（镇、办），村（社区）三级图书网络建设完成并运行。2012年，汾阳图书馆扩建工程正式运行。已在汾阳市列为储备项目。在未来几年借城镇化建设和棚户区改造的东风，扩建后的新馆总面积10000平方米，阅览座位1500个，可藏纸质图书资料50万册，年服务人次可达138万人次，建成汾阳市数字图书馆，同时建成汾阳市图书馆和农家书屋总分馆制，主要指标居全省县级图书馆前列，达到全省一流图书馆的基本标准。

阳泉市图书馆

概述

阳泉市图书馆始建于1962年，以市直机关图书馆为基础创建。馆址几经变迁，2008年5月，位于桃北中街1号的新馆建成开放，新馆建筑面积10194平方米，设计藏量50万册，可容纳读者座位800个。阳泉市图书馆在2009年和2013年评估中均被定为地市二级公共图书馆。阳泉市图书馆共有计算机117台，接入了两条专线光缆，其中联通带宽为20Mbps，电信带宽为20Mbps，选用Interlib图书馆集群管理系统。经过多年的运行，阳泉市图书馆已成为市民向往的“知识宝库、城市客厅、精神家园”。

业务建设

截止2013年，阳泉市图书馆总藏量达44.5257万册（件）。其中，普通图书约22.4454万册，报刊约20.0604万册，古籍18613册，少儿读物48116册。视听文献藏量达2206种。

2012年，阳泉市图书馆财政拨款总额为438.6万元，财政拨款年增长率与当地财政收入增长率的比率为80%。新增藏量购置经费为90.4万元，其中，电子资源购置经费占资源购置经费的10%以上。免费开放经费50万元已全部到位。

截止2013年，阳泉市图书馆数字资源总量达到5.5TB。目前，已有90%中文图书数目实现数字化，能够满足读者的需要。随着总分馆制的进一步推进，将实现全面数字化。

2010年，将ILASSⅡ自动化管理系统改为Interlib总分馆系统，以适应山西省公共图书馆服务联盟建设的需要。2012年，增加了RFID智能自助借还机。同时，在读者服务区架设了无线网，带宽为10Mbps，实现了馆内无线网络全覆盖。

读者服务工作

阳泉市图书馆全年365天对外免费开放，周开馆时间64小时，普通图书、报刊实行开架借阅。馆藏书刊文献年外借达20.7362万册次，年外借率为46.57%，并已开通馆际互借功能。馆外流动服务点书刊借阅册次为8.86千次/年。2004年以来，为贯彻文化部、中央文明办“三下乡四进社区”活动要求，我馆连续多年坚持开展送书上门、送书下乡等服务活动。阳泉市图书馆年流通人数达到26.6013万人次，人均年到馆次数8.62次/人；积极开展书刊宣传推荐活动。

2009—2013年，阳泉市图书馆网站访问量78455次，发布使用的知网数字资源3.5TB，地方特色资源45GB，读者还可利用VPN专用网，免费浏览和下载山西省图书馆的所有数字资源。

2012年，阳泉市图书馆共举办讲座、培训等活动54次，展览6次，举办阅读推广活动5次，累计参与人数达到0.49万人。我馆举办的评选“十佳小读者”、“学子论坛”和“公民德行教育论坛”等活动，得到了社会各届的高度赞赏和认同。每年的图书馆服务宣传周、读书月，广泛宣传图书馆的职能作用，有力地扩大了公共文化服务的社会影响面。

业务研究、辅导、协作协调

2009—2013年，阳泉市图书馆职工发表论文9篇，其中国家级刊物发表6篇，省级刊物发表3篇。

阳泉市图书馆十分重视开展基层辅导工作，平均每年提供基层辅导、培训10次，有县区公共图书馆业务辅导、基层工会“图书管理员”业务辅导、农家书屋管理员及共享工程管理员培训、基层图书馆业务骨干培训等。通过基层辅导，不断提高了基层管理员的业务水平，帮助他们更好的开展图书管理工作。

阳泉市图书馆积极参与跨地区、跨系统协作协调工作。联合城区图书馆长年举办“未来之星”演讲比赛，与中心广场社区举办“少儿书法作品展”，与河边街社区举办“少儿主题征文”活动，参与“阳泉市中华传统文化公益论坛”，“城区社区图书流动站”也即将挂牌成立。通过上述一系列活动，增强了图书馆在社会文化服务体系中的竞争力。

管理工作

阳泉市图书馆每年制定年度计划，有完善的财务管理制度和设备物资管理制度。在人事制度改革中，积极推行业务工作量化管理和项目负责制，通过竞争上岗、择优聘用，严格考核等形式，建立了一种重实绩、重贡献、优劳优得的激励机制。

表彰、奖励情况

阳泉市图书馆多次被省图书馆表彰为“图书馆服务宣传周先进单位”，被市科协连续六年三次评为“科普先进单位”。两位同志被省文化厅评为“最满意的图书馆员”荣誉称号，2011年，一位同志参加“全国文化信息资源共享工程知识与技能竞赛”，代表山西省分中心荣获全国三等奖。

馆领导介绍

毛志宏，男，1964年7月生，大学本科学历，中共党员，研究馆员，馆长。1985年7月参加工作，2002年11月任阳泉市图书馆馆长（正科级）。兼任中国图书馆学会会员、山西省图书馆学会理事、阳泉市图书馆学会副理事长、阳泉市社会科学研究优秀成果评审委员会委员、文化信息资源共享工程阳泉市支中心主任等职。2009年3月获中国图书馆学会优秀会员，2009年6月获山西省精神文明建设指导委员会“山西省未成年人思想道德建设先进工作者”称号，2011年10月获山西省委宣传部“优秀思想政治工作者”称号。

李胜，女，1966年12月生，大学本科学历，九三社员，中级职称，副馆长。1989年7月参加工作，2004年10月任阳泉市图书馆副馆长（副科级）。

未来展望

阳泉市图书馆今后在本地要起到龙头的作用，要加强协作协调工作，要积极支持基层图书馆的工作，以提高我市公共图书馆的整体发展水平，形成一定的规模和效应，联合带动区、县图书馆共同发展，为我市“文化兴市”战略又好又快发展多作贡献。

联系方式

地　址：阳泉市桃北中街1号
邮　编：045000
联系人：张 亮

左云县图书馆

概述

左云县图书馆始建于1952年，2009年迁入新馆（文化综合楼二层）。建筑面积1500㎡，现有阅览室座席250个，计算机48台，宽带接入50Mbps，2013年被授予国家二级图书馆。

业务建设

截止现在，馆总藏书量12.8万册，其中，纸质文献11.8万册，电子图书1万册，每年订阅报纸14种，各类杂志220种，固定读者3000余人，年借阅近30000余人次；至2011年起，县每年拨款5万购置费；2014年又新购置了1台电子图书借阅机。

读者服务工作

多年来，图书馆开展了形式多样的读者活动。每年正月初八至正月十四在电子阅览室举办了为期一周的“资源共享优秀剧目展播周”活动。正月初十至十二，举办了“春节有奖灯谜竞猜活动”，共悬挂谜语5000余条，深受竞猜者喜爱。4·23是世界读书日，图书馆工作人员前往全县九个乡镇，开展了以“倡导全民读书，提高全民素质”为主题的图书下乡活动。2011年全县送科技、卫生、教育图书下乡共送图书4000余册，7月份图书馆在全县范围内开展了宣传免费开放活动，发放《图书馆简介》1500余份。

2012年，图书馆充分利用馆藏文献和文化共享资源，开展了各种读书活动，经过图书馆工作人员近2个月的整理、摘编《农业实用信息》一书，印刷2000余册，全部送到农民手中，受到了广大农民的喜爱。2012年9月，联合文化馆、纪检委举办了第二届廉政书画展、廉政读书月活动。

2014年结合党的群众路线教育实践活动，在“图书馆服务宣传周”活动中，图书馆开展了图书进乡镇文化站活动，宣传了读书的意义，读书的好处，农家书屋的利用，并送图书2000余册。

业务研究、辅导、协作协调

2012年8月聘请市图书馆专家组织全县228个行政村的农家书屋管理员进行了业务培训，对图书的编目、上架、借阅等业务知识做了细致的讲解。

管理工作

我馆建立了岗位设置管理制度、分配激励机制、财务管理制度、设备、物质管理制度、档案管理制度，同时加强了对工作人员的业务培训，不断提高创新文化工作的能力，实时提供方便快捷的服务。

表彰、奖励情况

2012年被县委县政府评为公共文化服务体系建设先进集体。

馆领导介绍

张建军，男，1973年1月出生，大专学历，中共共产党员，职务馆长，1994年参加工作。

李波，男，1979年6月出生，大专学历，职务副馆长，1996年参加工作。

未来展望

“读者第一，服务至上”是我馆的服务宗旨；以展览等形式宣传文献资源，为读者提供学习、交流、休闲的平台，同时使文献工作得到全社会的理解、重视和支持，是我馆拓展文献工作的一个重要服务层面。数字图书馆是未来图书馆发展的主要方向，也是图书馆的存在方式、运行机制和社会功能的重新定位。因此，我馆将充分利用这一契机，以建设现代化、数字化图书馆为发展目标，利用先进的计算机技术和数字信息系统，开展各种图书服务活动，提高广大人民群众整体素质，为推动我县经济发展提供智力支持，实现科技和文化的完美结合，努力把图书馆办成知识信息中心、文化教育中心，成为重要的知识信息枢纽和三个文明建设的重要窗口。在今后的工作中，我们将与时俱进，不断完善检索系统，加强参考咨询服务，整合特色资源，拓展服务领域，最大限度地发掘和利用文献资源，逐步形成具有地方特色的服务模式和服务品牌。

2014年左云县两节文艺大型猜谜活动
主办单位：左云县文广新局　承办单位：左云县图书馆

左云县首届廉政文化读书月启动仪式

左云县农家书屋图书管理员培训班

襄垣县人民图书馆

概述

襄垣县在五四运动之前，没有公共图书馆，藏书主要有寺庙藏经，书院藏书和私人藏书。民国20年（1931年）在襄垣县城文庙创建第一个图书馆，馆长王作宾，藏书约千余册。民国26年（1937年）抗日战争爆发后，馆藏图书由襄垣县城转移到下良镇水碾村。民国30年（1941年）10月在襄垣县西营镇成立县民政教育馆（设图书、文化娱乐、卫生教育、大众服务四个股）。民国34年（1945年）全县解放后，襄垣县民教馆由西营迁回县城，馆长邢南。次年春，发动全县机关和工商界人士捐书捐款，筹建了县城第一个图书室，供社会借阅，民国38年（1949年）秋改名为襄垣县文化馆，并设立图书室，馆长李振华。1966年，馆藏图书达到1.2万册，"文革"期间，藏书遭到损失。1977年整理仅存6000余册。1978年8月襄垣县图书馆由文化馆分出，并正式建置，隶属襄垣县文化局。馆址设在崇福寺西厢房。藏书5000余册，供社会借阅。1998年襄垣图书馆由原县电影公司办公用房改扩建为新图书馆大楼并对外开放，新馆位于县城府西街8号，地处县城繁华地段，占地面积1500平米。馆内设综合阅览室、老年人阅览室、少年儿童阅览室、参考阅览室、成人外借部、咨询服务部等10余个对外服务窗口，总藏书量达到4.5万册。

截止2013年底，襄垣县图书馆设有阅览座席150余个，计算机40台，宽带接入10Mbps，选用Interlib图书馆集群管理系统。馆内设有外借部、少儿部、电子阅览室、盲文阅览区、参考阅览室、报刊阅览室、资源共享地工程支中心等10余个服务窗口，开架服务的书刊文献占馆藏的60%以上，馆内实行每周7天开馆，所有部（室）实行免费对外开放。

2013年10月，在全国第五次公共图书馆评估定级中，襄垣县图书馆再次被文化部评选为"国家二级图书馆"。

业务建设

截止2013年底统计，县图书馆文献总藏量9.2万余册，其中纸质图书7.7万余册，3万余种。包括古籍924册、地方文献1000余册，报刊合订本1万余册，盲文图书100余册；电子图书15000余种。

近年来，由于我馆购书经费逐年增加，图书的年入藏量也成梯级稳步递增，其中图书年均入藏量2500种，报刊年入藏量250余种，视听文献年入藏量为100余件。电子图书、视听文献近几年从无到有，使馆藏文献类型日趋多元化。襄垣图书馆重视对地方文献收藏，每年从购书经费中拨出专款购置，另外还通过民间征集、读者赠送等方式去收集。

随着山西省总分馆服务体系建设工程的逐步完善，目前，已实现了在全市各级公共图书馆之间"一证通用"、"通借通还"、"资源共享"、"服务互联"的服务目标，市馆及各县级公共图书馆丰富的图书资源得到了共享、互补。

读者服务工作

襄垣县图书馆从2011年1月起实行免费对外开放，每周实行62小时开馆，节假日不休息，提供图书馆办证、借书、还书、电子阅览、视听等形式多样的服务。馆藏书刊文献除古籍藏书外，全部对外开架阅览，开架率达90%以上。年到馆读者流通量3万人次左右，书刊外借6万册次。

襄垣县图书馆遵循"大开放、大服务"的办馆方针和"以人为本、读者至上"的服务理念，每年策划举办讲座培训30余次，展览5次，阅读推广活动10次，参与人数累计3万人次，受到了社会各界的一直好评。

业务研究、辅导、协作协调

围绕业务工作，襄垣县图书馆职工撰写了题为"县级公共图书馆特色服务体系构建探析"，"当前县级图书馆服务之浅见"的论文分别在《山西文化》和《图书情报工作研究》上发表，并对社区图书馆进行实地调查，完成了《当前社区图书馆建设情况调研报告》。为繁荣县级基层文化事业，加强基层群众文化工作做了贡献，对襄垣县八镇三乡两区，323个行政村的农家书屋、机关、学校图书室进行常年业务辅导，年均30余次。

管理工作

襄垣县图书馆，全额事业单位，股级建制，编制13人。其中管理岗位2人，专业技术岗位5人，工勤技能岗位6人。馆内制定各类规章制度18项计138条，规章制度健全，内部落实严格，领导带头执行，全员遵章办事。

馆领导介绍

杨建德，男，1961年12月出生，大专学历，中共党员，助理馆员，馆长，1982年12月参加工作，原任襄垣县文博馆副馆长，2010年7月调任襄垣县图书馆任馆长至今。

李利军，男，1976年1月1日出生，大专学历，中共党员，助理馆员，副馆长。1991年4月参加工作，2003年12月任襄垣图书馆副馆长至今。

李瑞芳，女，1978年2月出生，本科学历，中共党员，馆员，副馆长。1997年9月参加工作，2003年12月任襄垣县图书馆副馆长至今。

送书下乡活动

省文化厅张厅长来襄垣图书馆调研工作

读者用手机借阅数字图书

4.23 读书日掠影

“科普日”科技培训

送书下乡

“六一儿童节”为王村镇北姚小学送书

表彰奖励

2008年，襄垣县图书馆被文化部命名为全国文化信息资源共享工程“示范县”。2010年10月襄垣县虒亭镇温家庄村文化资源共享工程基层站尚永芳被工信部等命名为“全国农村综合信息信息员”。2012年王桥镇王桥村文化资源共享工程基层站点被文化部表彰为“全国资源共享工程公共电子阅览室示范点”。2013年度襄垣县图书馆被山西省图书馆学会表彰为“全民阅读与科普活动先进集体”。2013年10月襄垣县图书馆在第五次全国县级公共图书馆评估定级中被评为国家“二级图书馆”。

未来展望

在未来的几年里，图书馆将继续本着一切为读者服务的宗旨，围绕公共文化服务、拓展图书馆教育和信息的功能，从读者服务、业务管理、读书活动、提高人员素质入手，扎扎实实努力工作，为办好读者满意的图书馆再创佳绩，再写辉煌。

送书、送电影下乡

电脑培训

长子县图书馆

概述

长子县图书馆创建于1984年，位于长子县东大街336号，占地3060平方米，馆舍面积2500平方米，是全县文献信息资源和数字资源的收藏与生产，交流与服务，协作协调与业务研究中心。内设图书借阅室、综合阅览室、少儿阅览室、电子阅览室、地方文献咨询室，盲文室、老年活动室、典藏室等8个服务处室。馆藏总量127155余册（件）其中：图书54202册，期刊报纸13994册，视听文献959件，电子图书58000册。2010年被国家文化部评为“二级图书馆”。自2011年7月，图书馆实行免费开放以来，逐步成为全县人民开展社会教育，传递科学知识、开发智力资源、文化休闲娱乐的重要场所，也成为丹朱大地社会文明发展的重要标志。

业务建设

截止2012年底，长子县图书馆总藏量12.7万册，其中，图书55199册，报刊13000册，视听文献959件，电子文献58000件。2012年财政拨款总额达86.7万元，其中，免费开放经费及购书经费共计40万元，全部足额到位，财政拨款年增长率为80%。2009–2012年，共入藏各种图书627种，16580册；各种报刊3600件，视听文献959件；电子文献58000件。2012年，地方文献藏量为6892册（件）。截止2012年，长子县图书馆数字资源量达4.3TB，其中，视频光盘1085张，CD210张，磁带368件。

长子县图书馆加入了山西省图书馆总分管制，成为其中馆员之一，使用Interlib管理系统，图书实现了网上办证，统借统还，联合编目功能。2008年长子县图书馆成为规范化县级支中心，有省馆统一配置、安装、调试、全年接收文化信息中心投放的数据包。

长子县图书馆于2007年被列入34个规划县级支中心行列，2008年底县级支中心建设完成并投入使用。全国文化信息资源共享工程支中心配备了服务器4台，存储器1个，1套卫星接收设备，接入10M光纤，建成了中心机房与电子阅览室。

我县已建成共享工程基层服务点399个，实现全县乡镇100%全覆盖。县支中心每年将对基层服务点的技术培训，业务辅导纳入专项管理计划，使此项工作及时化，常规化，为基层服务站点工作的开展打下了良好的基础。

读者服务工作

从2011年7月起，长子县图书馆实行免费开放，国家节假日及双休日均不闭馆，累计每周开放时间62个小时。2009–2012年，书刊总流通50.11万人次；2012年长子县图书馆书刊外借达5.6万册次，外借率为83%。2012年4月23日“世界读书日”期间进行了“倡导读书风气，营造浓厚学习氛围，构建学习型社会”为主题的书刊宣传活动；5月24日进行了“掌握科学技术，建设小康生活”为主题的读书周宣传活动。通过活动让更多的读者亲近图书馆，爱上读书。

长子县图书馆特别重视为特殊群体提供阅读服务，让残疾人，老年人，农民工等同样享受到了图书馆温情的服务，满足了他们的读书愿望。重视图书馆的网站建设，长子县图书馆网站包括：本馆动态、展览讲座、新书资讯、地方文献等丰富多彩的内容。使读者能够直观地了解图书馆，方便、快捷地知晓图书馆的动态和活动。2012年网站点击率达到了65000次。

2009–2012年，长子县图书馆共举办讲座、展览、培训、阅读推广等读者活动150余次，参与人数9.5万人次。取得了较好的社会反响。

业务研究、辅导、协作协调

2009–2012年长子县图书馆职工发表了9篇论文；社会基层服务点全部参与了服务网络建设，通借通还的覆盖率为100%。多次下乡进行业务辅导工作和基础培训工作。

我县已建成共享工程基层服务点399个，实现全县乡镇100%全覆盖。县支中心每年将对基层服务点的技术培训，业务辅导纳入专项管理计划，使此项工作及时化，常规化，为基层服务站点工作的开展打下了良好的基础。

管理工作

随着公共图书馆实行免费开放，为了更好地服务于读者，我馆对各科室都建立了相应的管理及岗位制度，全馆人员采取聘用制，按岗聘用，择优录取，实现岗位责任制，设立年终考核奖励制度，充分发挥管理人员的积极性，更好地为图书馆工作。

表彰、奖励情况

长子县图书馆在历任馆长的带领下近年来取得了长足发展，2009年3月，荣获长治市文化局颁发的“共享工程建设先进单位”荣誉；2009年获长子县颁发的“年度争先创优模范集体”荣誉；2010年1月，荣获国家文化部颁发的“二级图书馆”荣誉；2011年1月荣获山西省图书馆学会“2010年图书服务宣传周活动先进集体”荣誉；2011年获“三八红旗集体”荣誉；2012年获长子县颁发的“2011年度文化工作先进集体”荣誉；2012年3月，荣获长治市文化局“文化信息资源共享工程建设先进单位”荣誉。

馆领导介绍

王旭鹏，男，汉族，1973年10月生，本科学历，中共党员，馆长。1995年7月参加工作，历任长子县碾张乡政府科员、会计，现任长子县文化中心办公室主任，主持图书馆工作，兼任全国文化信息资源共享工程长子支中心主任。

张丽香，女，汉族，1968年9月生，专科学历，中共党员，副研究馆员，副馆长。1984年10月参加工作，1987年8月到长子县图书馆工作，2010年10月被山西省文化厅评为“读者满意的图书馆员”荣誉称号。2012年3月被县妇女联合会评为2011年度妇女宣传工作先进个人。

未来展望

长子县图书馆多年来始终坚持“读者至上、服务至上”的宗旨，因地制宜，开拓进取，逐步成为了全县信息资源开放、社会教育、科技服务、阅读学习，传播先进文化的重要场所。正在建设的长子县图书馆新馆位于长子县城东新区长子会堂内，是县委、县政府惠民工程的又一重大举措。新馆实用面积4000平方米，设计藏书50万册，各类阅览室13个，可同时容纳500人阅览，内设视听室、报告厅、多功能厅、展厅以及可供读者选择的专题阅览区、数字多媒体体验区、休闲阅读区等。新馆的建设将把长子县图书馆打造成为全省一流、全国领先的图书馆，将成为全县人民享受文化知识，提高科学文化素养的又一重要场所及阵地。

联系方式

地　址：长子县东大街号
邮　编：046600
联系人：吴华东

代县图书馆

概述

代县图书馆初创于上世纪70年代并于同期开放。馆址几经变迁，于2005年迁入现址，即代县周玳官邸。新馆占地面积4000平方米，建筑面积1500平方米，藏书近5万册。2012年，代县图书馆有阅览坐席170个，计算机16台，图书馆坚持“以人为本，读者至上，服务第一”的服务宗旨，为读者提供图书外借、报刊阅览、资料咨询、信息导航等优质服务。

读者服务工作

从2009年4月起，代县图书馆对外免费开放，周开放56小时。2009−2012年，书刊总流通近万人次，书刊外借1.5万册次。2012年4月被代县文广体局评为文化先进单位。

读书活动：代县图书馆每年举办文学、历史、科学、艺术等知识讲座，邀请知名专家学者任主讲嘉宾，以优秀的作品塑造人；每年与县教育局、团县委等单位联合举办主题征文活动，以此提高青少年文学修养和写作水平；不定期举办读书演讲比赛，引导读者多读书、读好书；不定期举办评选优秀读者活动，让读者自己投票，选出好学上进的读者。同时坚持经常举办知识讲座、图书展览、谜语竞赛、演讲比赛等读书活动，实现图书馆与读者的互动，充分展示图书馆的魅力。

宣传周活动：每年举办图书馆服务宣传周活动，主要项目有图片展览、知识讲座、谜语竞猜、读者座谈会、送书到基层等活动，扩大了图书馆的社会影响。

送书下乡：为促进社会主义新农村建设，满足基层人民群众的求知欲，每年开展送书下乡活动，组织10000余册图书送到乡镇文化站和村、社区农家书屋，供农村群众借阅，让基层读者也能品尝到丰富的文化大餐。

表彰、奖励情况

2009−2012年，代县图书馆获得县委宣传部和文化广电体育局各表彰1次。2013年5月在第五次全省公共图书馆评估定级工作中被评为二级馆。

馆领导介绍

白弘臻，男，1973年4月生，本科学历，中共党员，馆长。1990年7月参加工作，历任代县图书馆支部书记，文物管理所所长，2009年4月任代县图书馆馆长。2012年获县委宣传部“目标责任考核”先进个人；连续四年被评为山西省事业单位工作人员年度考核优秀个人。

郭金花，女，1962年11月生，大专学历，中共党员，副馆长。1980年3月参加工作，2008年1月任代县图书馆支部书记，副馆长。被代县文化广电体育局授予优秀图书工作者称号。

未来展望

在当今信息社会条件下，代县图书馆将不断发挥知识经济时代地区信息枢纽和代县精神文明建设基地的重要作用，成为知识信息的集散地，居民终身教育的学校，代县地方文献的宝库，高雅的文化休闲场所。代县图书馆将打造成为该县集文化、科学、信息传播、保存文化遗产、开展社会主义教育、展示改革开放成就为一体的综合性公共图书馆，成为群众读书学习文化、科学、教育、信息、服务和交流中心，为促进本地经济建设和社会发展发挥重要作用。

联系方式

地　址：代县上馆镇东南街周家巷11号
邮　编：034200
联系人：白弘臻

黎城县图书馆

概述

黎城县图书馆初创于1956年，在县城十字街（原新华书店旧址）公开对外借阅。于1976年6月正式挂牌成立，馆址最早设在县文化馆院内，桥南街183号。1998年5月馆址搬迁于县广邯街29号正式开展日常工作。2013年3月新馆搬迁县文化活动中心飞翔广场综合楼，6月各阅览室正式向读者开放。县政府共投资122.5万元，图书馆占地建筑面积2080平方米，实用面积约1860平方米。累计藏书124690余册，设读者座位242个，计算机30台，已接入互联网，并使用Symphony图书馆自动化管理系统。2013年，参加第五次全国公共图书馆评估，获得二级图书馆。

业务建设

截止2013年底，黎城县图书馆总藏量65051册。图书馆新增图书15769册，新增藏量购置费35.0525万元，报刊248种，视听文献30种。地方文献入藏完整率为90%。图书馆坚持以人为本，“读者至上，服务第一”的服务宗旨，为读者提供图书外借、阅览、报刊阅览、资料咨询、资源共享、信息导航等优质服务。

读者服务工作

黎城县图书馆已实行全年365天对外免费开放，周开放63小时，馆内共设置8个对外服务窗口，包括图书阅览室、青少儿阅览室、电子阅览室、期刊阅览室、资源共享图书阅览室、黎候虎展示厅、多功能报告厅以及培训室已全部对外开放。书、报刊各种纸质资料将以开架方式直接面向读者服务。

2012年，书刊总流通129995人次，书刊外借45412册次。馆内流动服务车一台，馆外书刊流通总人次76800人次，书刊外借59639册。至2013年底，图书馆网站访问量2308次，均可通过黎城县图书馆网站对长治市图书馆及各县图书馆的图书进行数目检索服务。

黎城县图书馆每年举办文学、历史、科技、艺术等知识讲座，邀请专家学者任主讲，以优秀的作品塑造人；每年与县教育局、团县委等单位联合举办主题征文活动，以此提高青少年文学修养和写作水平；不定期举办读书演讲比赛，引导读者多读书、读好书。同时坚持经常举办知识讲座、图书展览等读书活动，实现图书馆与读者的互动，充分展示图书馆的魅力。每年举办世界读书日、服务宣传周活动、全民读书月活动，主要项目有图片展览、新书推荐、街头宣传、送书到基层等活动，扩大了图书馆对外的社会影响。并且每年开展送书下乡活动，组织10000余册图书送到乡镇文化站和农家书屋，供农村群众借阅，让基层读者也能品尝到丰富的文化大餐。

业务研究、辅导、协作协调

2009—2012年，黎城县图书馆职工发表论文3篇。

黎城县图书馆已对两个村图书室作为图书馆分馆，实行异地交流。并且每年都将对全县九个乡镇和250个行政村图书室相关人员及分馆领导对各项业务知识技能进行培训，对吸收能力较弱的的村进行单独讲解和实际指导。

管理工作

截止2013年底，黎城县图书馆在编人员5人，已聘专业技术人员3名，管理人员2名，大专以上文化程度4名，占全馆人员的60%。同时，建立了工作量化考核指标体系，每月进行工作进度通报，每半年和全年进行总体工作考核。

表彰、奖励情况

2009年3月，黎城县图书馆被县妇女联合委员会授予“巾帼文明岗”称号；2010年被县委、县政府评为“先进单位”；2011年，被县文化事业发展中心评为“先进集体”；2013年在第五次全国公共图书馆评估定级工作中被初评为“二级馆”；2013年被长治市文化广电新闻出版局评为“先进集体”。

馆领导介绍

李红兰，女，1968年4月出生，大专学历，中共党员，副研究馆员，馆长。1977年参加工作以来，多次分别获得长治市戏曲大赛“一等奖”、“最佳配角奖”、山西省曲艺大赛“二等奖”、全国曲艺大赛“三等奖”、黎城县第十二次党代会“党代表”、“巾帼文明岗”、“优秀妇干”、“优秀党员”、“先进工作者”、“劳动模范”、长治市“劳动模范”、“先进个人”、山西省

政府县长郝献民

工作人员参加省图书馆举办的古籍培训参观

电子阅览室

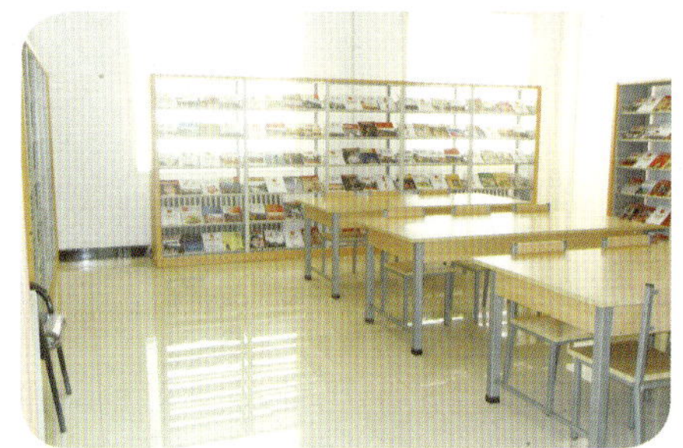
期刊室

图书阅览室

图书采编工作

工作人员在为农民工发放图书及宣传资料

劳动竞赛委员会“二等功”、1986年获得国务院副总理陈云的亲笔题词“出人出书走正路”。分别担任黎城县黎明剧团业务团长、工会主席、文化馆业务馆长、文化局党组副书记。现任长治市曲艺家协会会员、山西省群众文化协会会员、国家群众文化协会会员，山西省图书馆学会会员。

王晓阳，女，1989年9月出生，本科学历，助理馆员，副馆长。2009年到黎城县图书馆参加工作，分别管理图书阅览室、电子阅览室。

未来展望

图书馆将不再是收藏毫无生气的书籍的仓库。在当今信息社会条件下，黎城县图书馆将不断发挥知识、经济时代信息枢纽和精神文明建设为基础的重要作用，成为知识信息的集散地，广大群众终身教育的学校，地方文献的宝库，高雅的文化休闲场所。努力打造成为该县集文化、科学、信息传播、保存文化遗产、开展社会主义教育、展示改革开放成就为一体的综合性公共图书馆，成为群众读书、学习文化、科学、教育、信息、服务和交流中心，为促进本地经济建设和社会发展发挥重要的作用。

联系方式

地　址：黎城县广北路飞翔广场
邮　编：047600
联系人：李红兰

在西井镇举办创建国家公共文化服务体系示范区培训会

图书馆外景

武乡县图书馆

概述

武乡县图书馆创建于1978年4月，原址位于县城迎宾街195号，建筑总面积严重不达标准，只有760㎡。为了改变此状，改善办馆条件，2012年12月，经县长办公会议研究决定，将图书馆整体搬迁至县宣传文化活动中心。2013年2月，县财政划拨专款，由图书馆主持对该楼进行了全面维修改造，3月下旬实施了搬迁，4月，完成了内外部环境整修和图书上架工作，月底正常对外开放。

新馆位于县城红旗路146号，这里地处县城中心繁华地段，占地面积1500㎡，建筑面积2861.4㎡，座东向西，临街而建，框架结构，造型独特，是一个具有典型时代特色和风格的标志性建筑。馆内设综合阅览与外借室、电子阅览室、少儿阅览室、盲人综合阅览室、多功能视听室、展览室和基层辅导室七个主要对外服务窗口；设有阅览座席242个，计算机40台，10Mbps宽带接入，选用Interlib图书馆集群管理系统。2013年10月，在国家进行的"全国第五次县级以上公共图书馆评估定级"工作中，武乡县图书馆被评定为国家二级馆。

业务建设

截止2013年底，武乡县图书馆文献总藏量10.2万册（件），其中：纸质文献10.08万册，电子图书1200余件。2013年起，已列入县财政年度预算专项购书经费10万元。2003年至2012年十年间，共入藏新书21278种计36545册，年均入藏3650余册；报刊装订总入藏1524卷；视听文献入藏1210种。2013年入藏图书12180册，报刊征订183种，地方文献入藏164种306册，地方文献入藏率达95%以上。

武乡县图书馆数字资源总量为4TB，2013年，随着山西省总分馆服务体系建设工程的逐步完善，目前，已实现了在全省各级公共图书馆之间"一证通用"、"通借通还"、"资源共享"、"服务互联"的服务目标，省馆、市馆丰富的图书资源弥补了县馆有限资源的不足和无奈，使广大办证读者受益非浅。

读者服务工作

从2011年1月起，武乡县图书馆实行了免费对外开放服务，每周七日对外开馆，节假日不休息，每周开馆时间达58小时以上。馆藏书刊文献除古籍藏书外，全部对外开架阅览，开架率达95%以上。年到馆读者流通量3万人次左右，书刊外借4.6万册次，外借率达45.1%。馆外设有八路军文化园"红色书屋"、八路军实景剧场、县光荣院、看守所、丰州派出所五个基层图书室，仅八路军文化园"红色书屋"年外借图书就达1万册次以上。2013年，馆内新设立了综合性"道德讲堂"，年举办道德教育专题讲座24场，受教育听众2000人左右；另举办展览、培训、阅读推广座谈会等各类读者活动18次，参与人数5500余人次。2013年5月，武乡县图书馆网站正式开通，至年底，网站访问量达1360余人次。

业务研究、辅导、协作协调

2013年，围绕业务工作，武乡县图书馆职工撰写了题为"学习实践科学发展观，让'农家书屋'真正成为农民的精神家园"、"关于文化信息资源共享工程农村基层服务点建设方案"调查研究报告两篇。2011年以来，武乡县图书馆加入了山西省总分馆服务体系建设工程，省、市、县三级公共图书馆的联合编目，实现了在全省范围内的"一证通用"、"通借通还"、"资源共享"、"服务互联"的建设目标。2012年该馆与武乡一中、二中、上电小学、太行小学4所学校的图书室签定了馆际互借协议，一年两次，每次300至500册数量不等；同年，图书馆职工深入基层图书室和"农家书屋"现场培训辅导达144天，人均20天；馆内组织集体培训四期，参加培训的基层管理员420余人。

道德教育专题讲座

管理工作

武乡县图书馆，全额事业单位，股级建制，编制7人。2010年起，全员实行岗位聘任制，按照有关规定，共设置"三类岗位"总量7人，其中管理岗位1人，专业技术岗位5人，工勤技能岗位1人。馆内制定各类规章制度18项计138条，规章制度健全，内部落实严格，领导带头执行，全员遵章办事。

表彰奖励

2011年–2013年，获山西省新闻出版局表彰奖励2次；获县委县政府表彰奖励的"劳动模范"3人次，获县级主管部门表彰奖励5人次。

服务宣传周活动

能，促进事业发展。在未来的几年里，继续搞好图书馆服务宣传推介工作，努力提高图书馆在社会上的知名度和影响力，多多引起领导的高度重视，并得到政府的财力支持。年购新书达到1万册；常设阅览座位500个；年服务读者6万人次以上。到2020年，馆藏图书总量达到20万册，办证固定读者1000人以上，全面完成数字图书馆的各项建设任务，随着全省总分馆服务体系建设的日臻完善和规范化运作，让越来越多的人真正享受到在全省范围内的“一证通行”、“通借通证”、“资源共享”、“服务互联”的实惠待遇，最大能量发挥好一个公共图书馆的职能作用，实现社会效益最大化的奋斗目标，早日步入国家县级一级馆的先进行列。

馆领导介绍

郝晋平，男，1960年1月生，大专学历，中共党员，助理馆员，馆长。1979年3月参加工作，原任武乡县文物管理所副所长，2002年7月调任武乡县图书馆馆长至今。

刘东兴，女，1973年3月出生，本科学历，中共党员，助理馆员，副馆长。1990年4月参加工作，2000年4月调入武乡县图书馆，2002年7月任武乡县图书馆副馆长至今。

未来展望

武乡县图书馆遵循“务实创新、科学发展”的办馆方针，秉承“一切为了读者、为了读者一切”的服务理念，加强内部管理，强化对外服务，完善服务功

管理员业务培训

朔州市朔城区图书馆

概述

朔州市朔城区图书馆成立于1978年，原名朔县图书室，1989年更名为朔州市朔城区图书馆。现馆址于2011年建成使用，位于朔城区鄯阳大街文体大楼一层。馆舍面积2500平方米，阅览室座席300个（其中少儿阅览室座席60个），计算机50台，有外网络接口，总藏书8万多册，实行总分馆制，无线网络全覆盖，基本满足了城区市民的阅读需求。2013年朔城区图书馆参加第五次全国公共图书馆评估，获评二级图书馆。

业务建设

截止2012年底，朔城区图书馆总藏量8.8862万册（件），其中，纸质文献8.5362万册（件），包括古籍64册（件），试听文件2350件，电子图书1150册，电子期刊500种/册。

2012年，朔城区图书馆新增藏量购置费18.97万元，新增藏量6497册（件），其中，中文图书3257册（件），地方文献50册（件），期刊杂志180种，盲文图书10种，少儿图书3000册（件）。

截止2012年底，朔城区图书馆数字资源总量为2TB，馆藏中文文献书目数字化达到41%。

截止2012年底，朔城区图书馆已全面引入Interlib图书馆自动化管理系统，实现自动化管理。

读者服务工作

2011年10月1日起，朔城区图书馆全面施行“零门槛”免费开放，周开时长58小时，图书开架率90%；定期有书刊宣传活动，建设服务点，开通为特殊人群服务电话专线，开展送书上门活动，设置特需阅览座席等；开展读书有奖知识竞赛，举办展览活动，对读者进行培训等。

公共空间设施场地免费开放主要包括：图书馆阅览室、少儿阅览室、电子阅览室、视听阅览室、古籍阅览室、报刊阅览室等公共空间设施免费向读者开放；以及公共文化信息资源共享工程支中心和基层站点所开展的各种活动及活动场所免费向群众开放。与职能相适应的基本公共文化服务项目健全并免费向群众开放，主要包括：文献借阅、检索、咨询，公益性讲座和展览，基层辅导和流动服务等基本公共文化服务项目免费开放；以及一些辅助性服务免费开放如办证、验证、存包等。公共文化信息资源共享工程支中心和基层站点实行免费开放。

2012年，朔城区图书馆举办讲座、培训、展览、阅读推广等读者活动共计33场次，参与人次26410人。

业务研究、辅导、协作协调

2009年10月，朔城区图书馆正式加入山西省图书馆总分馆，现已全面实行联合编目和总分馆通借通还。在总分馆体制下利用Interlib系统编目图书16670种，共计40008册。

截止2012年底，朔城区图书馆已帮助扶持13个基层乡镇图书室配备图书、器材，并对其进行业务辅导与培训。

截止2012年底，朔城区图书馆依托“中心馆—总分馆”服务网络，辅助建成乡镇图书室11个，村（社区）图书室299个，使区、镇、村多级服务网络基本形成。

管理工作

2012年3月，朔城区图书馆根据市人社局核准的岗位设置方案，设置岗位总量为17个。其中专技岗位15个(高级2个，中级6个，初级7个)，工勤技能岗位2个(工勤四级1人、五级1人)。单位现有正式在职人员13人，其中专技人员11人，包括高级1人，中级2人，初级8人。工勤技能人员2人，其中工勤岗四级1人，五级1人。

朔城区图书馆建立健全各项规章制度，按需设岗，竞争上岗，严格考核，严格管理制度，档案齐全、统计完整、环境较好，消防保卫措施到位。

表彰、奖励情况

2012年，朔城区图书馆被评为“公共文化服务先进集体”、“文化信息资源共享工程先进集体”。

2011年，朔城区图书馆被评为朔城区“三八红旗集体”，并于2008、2011年两度被朔城区人民政府评为“先进集体”。

少儿阅览室

图书阅览室一角

少儿创作大赛

少儿手工创作比赛

馆领导介绍

赵子静，男，1967年2月生，本科学历，中共党员，副研究馆员，馆长。1989年7月参加工作，1997年4月到朔城区图书馆工作。受过系统的图书馆学本科教育。

未来展望

朔城区图书馆按照“抓普及、促提高，抓提高、带普及”的思路，制订了基层文化队伍培训工作计划，每年为基层服务站点培训业务骨干300人次。在今后的工作中，朔城区图书馆将加大经费投入，用于培训各基层站点业务骨干，同时将基层文化队伍的培训工作列入考核的重要内容，基层文化队伍素质提升工程文化骨干培训项目的落实；加强基层文化队伍培训阵地建设，整合资源，上下联动，建立三级培训网络。与此同时，朔城区图书馆将充分利用共享工程网络资源，制作培训课件，开展远程培训，充实丰富基层文化队伍培训内容，为广大市民带来更好更优质的服务。

联系方式

地　址：山西省朔州市朔城区

邮　编：036002

联系人：赵子静

山阴县图书馆

概述

山阴县图书馆的前身，是1953年县文化馆所设的图书室，藏书曾达一万余册。1979年3月，成立图书馆。文化馆与图书馆合署办公，为一套人马，两块牌子。1982年6月，山阴县图书馆正式成立。经费单独核算，行政自行管理。2002年，县文化大楼竣工，图书馆迁入新址。新馆地面积1572平方米，分设基本大库、辅助分库、特藏书库、期刊阅览室、少儿阅览室、电子阅览室、办公区。参加第五次全国公共图书馆评估，获二级图书馆。全馆现有职工20名，其中取得中级职称的7人，初级职称的7人。

业务建设

截止2012年底，馆藏文献6.48万册，电子文献藏量220种计10万张，图书文献年入藏数量2000多种、报刊年入藏量220种，视听文献年入藏量21件，地方文献入藏有专柜和专人管理。立目录，并设专人管理。开架图书排架正确率达98%。文献保护按规章制度管理。普通文献、期刊、报纸编目依照集群管理系统标准进行编目著录。

全县共建成全国文化资源共享工程县级支中心1个，全县13个乡镇、2个社区建立了服务站，257个行政村建立了服务点。在县支中心，13个乡镇级基层服务点配置了投影仪和屏幕，覆盖率达100%。设备类读者座席120个，2009年度以来购书经费5.5万元/年，平均新增藏书量达2000多册。馆内现有电子计算机55台，供读者使用的42台，宽带接入5.8兆（Mbps），机房设备存储容量6TB。由县支中心、乡镇、村服务站点组成了山阴县文化共享工程三级服务网络架构。

读者服务工作

2011年山阴县图书馆将设施场地和阅读，电子查询等业务已都全部免费开放。每周开馆时间58小时，书刊文献开架比例100%。馆藏书刊文献年外借，馆外流动服务点8个，年均到馆人次2600位。2009–2012年来举办讲座、培训12次。在2012年5月底举办《山西省图书馆服务宣传周活动》参加读者群众达8000余人次。

山阴县图书馆服务网络近年来正在逐步建设中，现已形成初步规模。全县13个乡镇的257个行政村，达到村村有图书室，各室藏书量均达1500余册、各类农业科技光盘100张。2010年以来，山阴县图书馆正式纳入山西省图书馆集群管理系统–ILAS II，实现了办证借阅一体化，进行编目、流通。

业务研究、辅导、协作协调

2009–2012年，山阴县图书馆职工发表论文12篇，从2010年起，山阴县图书馆以文化信息资源共享工程VPN专网为依托，在全县范围内进行推广农业科技资源服务、业务培训与技术支持等工作组。截止2012年底，320课时，240人次接受培训。在朔州市范围内，实现了文献资料通借通还。

管理工作

2011年山阴县图书馆建立了《山阴县图书馆事业单位章程》，完成了全员岗位聘任。建立了各岗位工作职责、《财务管理制度》、《山阴县图书馆固定资产管理办法》、《馆内突发公

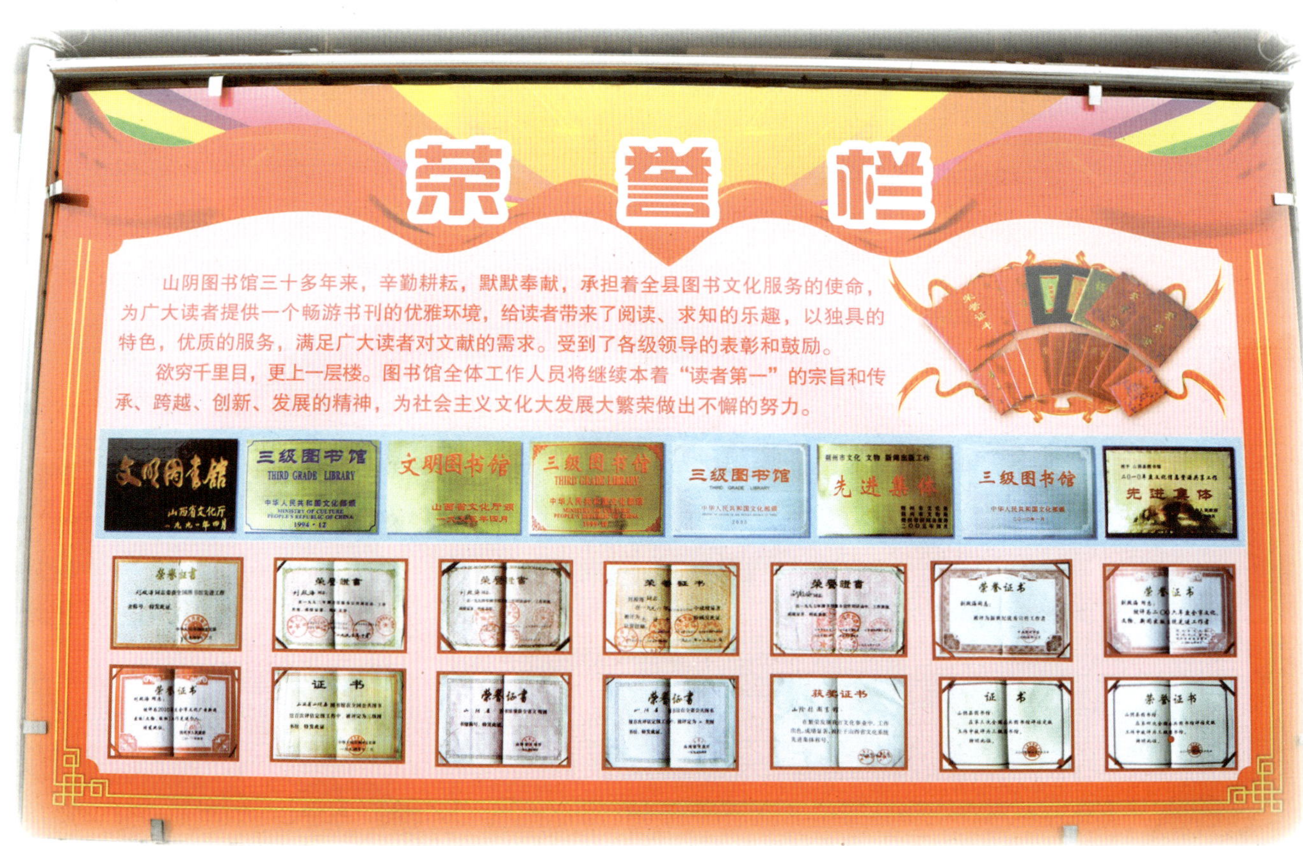

共卫生事件应急预案》、《图书馆防火灭火预案》、《图书馆防震自救应急方案》、重新调整了馆务会成员。全面推行《公共图书馆服务规范》条例。每月进行一次文献排架检查，每季进行工作小结，针对具体情况馆务会提出明确的工作意见，每半年和全年进行工作考核和评比工作。馆内重大活动及时总结，并以《简报》的形式呈报文化局和有关单位。

表彰、奖励情况

2009–2012年，山阴县图书馆获得各种表彰、奖励19次，其中省级表彰、奖励3次，市级奖励6次，县级表彰、奖励10次。

馆领导简绍

陈国惠，女，1934年4月出生，大专学历，中共党员，1953年参加工作，历任山阴县电影公司副经理、山阴县文化局办公室主任，1982年山阴县图书馆成立，出任馆长。1987年调入雁北地区文化局。

刘殿海，男，1957年1月出生，大专学历，中共党员，馆员，馆长。1971年2月参加工作，历任山阴县晋剧团副团长，山阴县图书馆采编，1987年任山阴县图书馆馆长，2003年兼任文化共享工程山阴县级支中心主任等职。1995年获文化部“全国图书馆先进工作者”。

未来展望

在未来的几年里，建立高效的公共文化服务体系，完善对农民工、视障者、老年人、少儿等群体的服务体系。进一步完善文化共享工程网络建设，在做好文化信息资源的下载和整合的基础上，建立山阴县文献资料数据库。强化数字馆建设的力度，并采用图书馆集群管理系统的书目检索、读者服务、资源链接、查找资料、数字图书馆等模块为广大群众服务。同时，还将对山阴的长城、光武辽城、汉墓群、奶牛等特色文化资源进行加工，通过网络展示山阴独特的文化底蕴。开创山阴县文化建设新局面。

联系方式

地　址：山阴县图书馆

邮　编：036900

联系人：贺成平

襄汾县图书馆

概述

襄汾县图书馆成立于1978年，旧馆位于县广场中心，1998年因广场改建，图书馆搬迁至南关路49号。2010年9月搬迁至新馆“丁陶文化公园”。现馆舍面积4600平方米，馆内设立对外服务部门8个。建有文化资源共享支中心，信息点14个，计算机100多台，馆藏文献资料237055万余册。有干部职工10人，其中大学本科以上学历2人，大专学历6人，中专高中学历2人。中级职称2人，初级职称1人。图书馆加入省总分馆自动化管理系统。参加第五次全国公共图书馆评估，首次获得县级二级图书馆。

业务建设

基础业务建设直接影响着图书馆的服务质量。多年来，严格按标准完善各项业务工作。在自动化、网络化建设项目中，已实现图书馆自动化管理，并不断加强数据库建设，截止2014年，图书馆总藏量237055册（件），其中，图书232655册，报刊23000册，光碟2100盘；2010年建成了文化共享支中心，支中心主机房拥有服务器、磁盘阵列、防火墙、ups等，电子阅览室拥有20台电脑、投影仪、音响、打印机等设备，拥有文化共享资源500GB，电子图书12000册，信息点14个，计算机100多台。

馆内的分类标引使用《中图法》第四版。文献著录依据《普通图书著录规则》。图书的加工整理业务达到了规范、统一、整齐、美观。在目录设置、组织、管理方面，普通图书设公务目录和读者目录；读者目录又设分类和题名目录两种。同时，所有目录均有专人管理，及时维护保养。藏书的组织管理，对于藏书的排架及保护，细规划，严要求，以达到标准。

读者服务工作

提供优质服务是图书馆工作的最终目的。为扎实推进图书馆免费开放工作，图书馆多年来始终坚持“读者第一，服务至上”的原则。首先，坚持馆内各服务部门阵地服务。坚持全日制八小时、全方位、深服务，年接待读者2万人次。其次，坚持开拓创新打造工作新亮点。自2011年以来，组织了以“丁陶讲谭”以及各种内容的讲座或文化沙龙活动15场次，“丁陶讲谭”讲座成为图书馆主打品牌；连续三年开展了“《我喜欢的一本书》、《襄汾——我可爱的家乡》、《中国梦·我的梦》”青少年有奖作品征集活动；在“4·23”世界读书日、“全民读书月”、“六一儿童节”等节日开展新书推荐读书活动。通过活动，使广大青少年了解图书馆，走进图书馆，多读书、读好书。自农家书屋建设至今，为基层农家书屋管理人员培训了5次，约1000多人。通过培训，一是管理员明确了图书室的重要性和专业技能；二是规范统一了业务管理；图书馆根据当地农业、产业、养殖业发展情况编辑科技、致富等1000多条信息，利用农村逢集、集会等群众聚集的时候用“流动图书车”送到农民手中。2013年开展对“农村读者阅读调查”，根据调查结果，为农家书屋配置图书15000多册。

襄汾县图书馆围绕县中心工作和馆核心业务开展的群众活动持续不断。充分发挥了图书馆在社会公益性教育、文化传播、促进学习型组织建设的作用。

业务研究、辅导、协作协调

为提高工作人员的业务，促进同行之间的业务交流，组织馆员到业务好的图书馆学习交流。积极鼓励大家踊跃参加各种学术性征文。为此，图书馆出台了专业论文写作奖励办法。截止目前，图书馆管理人员发表论文15篇。

加强对基层图书室的业务辅导是图书馆义不容辞的责任。在农家书屋建设时，多次下乡帮助村级书屋选场地、选配套设施，发放图书时为各书屋制定了详细的工作流程，之后，对基层图书室的工作人员进行业务培训，为做好基层文化工作发挥了主导作用。

管理工作

图书馆管理工作是做好其他工作的重要保障。对馆内各部门人员的安排，按需设岗、按岗聘用、竞争上岗、择优聘用、严格考核，并实行岗位管理和工作目标管理责任制。把每一项工作细化落实到人，并签订工作责任书，年终进行考核，依据考核结果，进行绩效工资分配；对馆内的档案管理建立有职工考核档案、参考咨询档案、课题服务档案、业务辅导档案，并有专人负责管理；统计工作对于搞好管理顺利开展各项业务工作都有十分重要的意义。近几年来，坚持各项业务统计工

举办书画笔会

图书馆举办书画展

13年图书馆举办灯谜活动

征文颁奖

对农家书屋管理人员培训

省领导验收评估图书馆工作

县领导来图书馆调研

作，为很好地实施各项管理提供依据；在环境建设方面，主要是做到规范化、制度化、高标化。同时，还制作了一系列规范的阅览标牌，如名人名言标牌、读者指示牌等。

表彰、奖励情况

2012年获文体广新局“先进科室”、2008年、2010年、2011年、2013年获县“先进单位”、2013年农家书屋农家书屋工作被山西省新闻出版署评为“农家书屋工程建设先进集体奖”。

馆领导介绍

王淑琴，女，1966年3月出生，1984年参加工作，大专学历，中共党员，馆员，图书馆负责人。三十多年一直从事图书工作，2010年加入中国图书馆协会会员、省图书馆协会会员、三晋研究会襄汾研究会理事。多次荣获县、市先进宣传工作者、优秀工作者、中共临汾市第三次党代会代表。

未来展望

积极争取各级政府支持，加大对图书馆的投资力度，建设一个高标准现代化的图书馆；充分发挥馆藏文献资料和文化共享工程资源的作用，不断提高服务水平，拓展服务范围，使越来越多的人得到享受图书馆的服务权益，实现全民共享图书馆服务；建设网络体系，农家书屋加入总分馆，图书馆和县361个农家书屋建立网络体系，使全县实现一证通用，通借通还，资源共享。实现公共文化服务标准化、均等化。

联系方式

地　址：襄汾县丁陶公园
邮　编：041500
联系人：王淑琴

丁陶讲谭讲座现场

图书馆馆长为获奖者发荣誉证书

发放资源共享设备

洪洞县图书馆

概述

洪洞县图书馆初创于1984年5月，位于洪洞县关帝庙院东房有60平方米，一九九零年新建图书馆位于莲花市场东，馆舍的面积640平方米，国画大师董寿平先生为洪洞县图书馆题写了馆名.2007年元月迁入洪洞县文化活动中心1750平方米，（洪洞县财政局大楼培训中心）2012年9月搬迁到古槐北路38号（原洪洞县检察院东楼）2011年11月11日，洪洞县委、县政府，大力实施文化强县工程、完善公共文化服务网络体系、加快公共文化设施建设，筹建多功能综合性服务场所，破土奠基开工建设大槐树文化中心。（包含洪洞县图书馆）。

洪洞县图书馆，位于玉峰东街大槐树文化中心西北角，共四层建筑面积5185平方米。人员编制32人，馆藏各种图书、期刊、各种影像资料14万余册，业务部门有青少年图书阅览部、综合图书借阅流通部、数字图书馆阅览部、全国文化信息资源共享洪洞县支中心，资料藏书部、报刊阅览部、特藏阅览部、地方文献展览部、洪洞人写的书写洪洞人的书陈列阅览部、书画创作室、多媒体教室、盲人有声读物阅览部、书画展览部、多功能报告厅等，全年365天全天候免费开放。2013年10月被中华人民共和国文化部授予二级图书馆。目前洪洞县图书馆已具备一级图书馆标准，全馆同志正向一级图书馆的目标迈进。

业务建设

截止2012年底，洪洞县图书馆总藏量12.7259万册(件)，其中，纸质文献12.0511万册(件)，电子图书4576册，电子期刊1972种/册。

2008年至今洪洞县图书馆年新增图书购书经费10万元。期间共入藏中外文图书2.3251万册，中外文期刊0.4788万册，征集地方文献3369册，极大地充实了馆藏图书。

（数字资源共享工程建设情况）

读者服务工作

从2009年8月起，洪洞县图书馆实行全年365天对外免费开放，周开放58.5小时。2013年，书刊总流通1.1732万人次，书刊外借2.8982万册次。全年图书阅览达到总流通1.8758万人次。2011年5月，由省文化厅、财政厅、省新闻出版集团配发长安之星小轿车一辆，用于农村流动图书，与16个乡镇农村文化站图书室和9个农家书屋，展开馆际互借服务，馆外书刊流通总人次7.2439万人次，书刊外借18.3257万册次，图书阅览12.3199万人次。由山西省图书馆提供的农业实用信息每月一期，装订成册发放到全县463个行政村农民手中。

业务研究、辅导、协作协调

2009年－2012年，洪洞县图书馆职工发表论文12篇，出版专著1部，从2009年起，洪洞县图书馆以文化信息资源共享支中心为依托，辐射至全县16个乡镇文化站。以山西省图书馆配发的440套投影设备分发到全县424个行政村和16个乡镇文化站，全面带动了我县的农村文化服务。

2013年全年共举办各类讲座80期，其中农村文化讲座24期，书画培训讲座10期，县级道德文化讲坛24期，农村文化辅导员培训讲座22期。

管理工作

2012年，洪洞县图书馆重新进行全员岗位聘任，本次聘任共设32个岗位，通过笔试和实际操作实行竞争上岗。每月都进行岗位培训，每半年进行一次全面工作考核，年终进行公开评选，评出优秀和称职人员，且实行年终考核，发放绩效工资，有力地调动了职工的积极性。

表彰、奖励

2009－2012年，洪洞县图书馆共获得各种表彰、奖励17次，其中，文化厅表彰1次，省图书馆表彰2次，市委宣传部市文体局4次，县委、县政府奖励7次。其他奖励3次。

馆领导介绍

张兴河，男，1960年5月生，大专学历，中共党员，馆长。1975年11月参加工作，历任洪洞县大槐树蒲剧团、团长，洪洞县文化局办公室主任，2001年5月任洪洞县图书馆馆长。2010年10月张兴河被山西省文化厅授予；“读者满意的图书馆员”荣誉称号。现为山西省图书馆学会会员，中国图书馆学会会员。

张晓明，男，1977年5月生，大专学历，中共党员，助理馆员，副馆长。1996年8月参加工作。现为山西省图书馆学会会员，中国图书馆学会会员。

郭文伟，男，1971年2月生，大专学历，中共党员，副馆长，技师。1986年11月参加工作。

张兴河馆长作农家书屋管理讲话

张兴河馆长深入基层单位、个人家庭征集地方文献收藏工作

工作人员正在向各站点发布新的信息

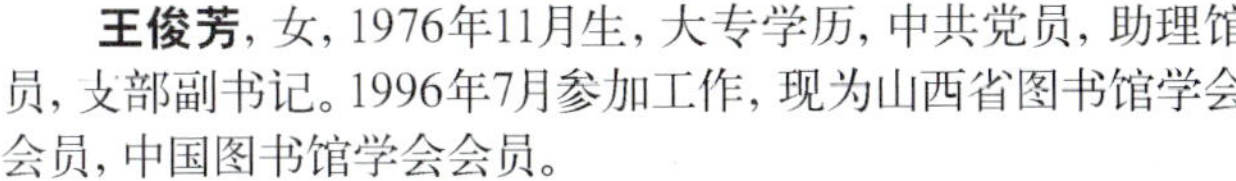

组织全体人员赴山西省图书馆参观学习

王俊芳，女，1976年11月生，大专学历，中共党员，助理馆员，支部副书记。1996年7月参加工作，现为山西省图书馆学会会员，中国图书馆学会会员。

李彦宏，男，1979年12月生，大专学历，中共党员，助理馆员，副馆长，1997年9月参加工作，现为山西省图书馆学会会员。

展望未来

为把图书馆办成人民的终身学校，洪洞县图书馆进一步深化改革，牢固树立以服务读者为中心，以优雅宜人的阅览环境和高效灵活的服务方式为宗旨，每天吸引着数以百计的求知者穿梭其间。在新世纪的晨曦里，洪洞县图书馆一如既往，立足洪洞，服务洪洞，认真贯彻落实党的十八大和十八届三中全会对文化建设提出的一系列新思想、新论断、新要求，特别是习近平总书记的一系列重要讲话，为继承优秀文化传统，弘扬中华精神，建设社会主义文化强国，增强国家文化软实力，实现中华民族伟大复兴的中国梦。努力做好建设文化旅游名县和富裕文明和谐新洪洞的光荣使者。

2014年10月份，洪洞县图书馆将搬迁至新建文化中心图书馆。建成后的洪洞县图书馆，阅览座位1000个，可容纳纸质文献120万册，年服务人次可达30万人次以上，数字资源设计存储能力100TB，能够提供全覆盖、不间断、无时空限制的数字文献远程和移动服务，数字资源年利用率60万件/年以上。同时，还具有支撑保障全县公共图书馆服务体系良好运行的文献与技术能力，成为与县内高校图书馆实现资源共享互补的特大型县市级一级图书馆，主要指标位居全省公共图书馆前列，达到省内一流图书馆的基本标准。

联系方式

地　址：洪洞县玉峰东路
邮　编：041600
联系人：张兴河

方便老干部阅览专门设立老干部阅览室

洪洞人写的书、写洪洞人的书陈列展

安泽县图书馆

概述

安泽县图书馆的前身是安泽县人民文化馆图书阅览室，始建于1954年，1978年正式成立安泽县图书馆。2009年，县委政府投资300万元新修建图书馆，位于县城二中南街一巷8号，建筑面积1964平方米，设计藏书容量9万册，可容纳读者坐席300个，2011年10月份正式投入使用，2009年在第四次全国公共图书馆评估中被评为三级图书馆，2013年在第五次公共图书馆评估中被评为二级图书馆。

2008年底建起公共电子阅览室，2009年底成立文化共享安泽支中心，实现了文化信息资源共享工程。2010年底普及103个行政村文化共享村级服务站点和农家书屋，实现了全覆盖工程。

业务建设

安泽县图书馆总藏量为9.5万件，图书年藏2500种，报刊150种，电子文献年入藏量100种，视听文献年入藏量为30种，地方文献设有专架，有专人管理，征集工作基本上形成了一种模式，主动联系有出版物的单位，其文献入藏我馆。同时还加入了全省图书馆总分馆制建设，建立了数据库，实现图书馆管理的自动化。目前，安泽县图书馆阅览室座席达到120个，少儿阅览室座席达到50个，多媒体活动室坐席达到130个，2009年底，在上级领导支持下，公共电子阅览室共有电脑35台，其中，电子阅览室20台，供读者使用，业务办公使用10台。为贯彻落实《文化部、财政部关于进一步推进全国文化信息资源共享工程的实施意见》精神，我馆积极争取，正式成立了"文化信息资源共享工程安泽县支中心"。工程总投资68万元，建立主机房，拥有服务器、磁盘阵列、防火墙、UPS等。配备便携式计算机、激光打印机、条码制作机、移动硬盘和刻录机等各项设备，2009年使用了总分馆Interlib系统成为第一批县级分馆，实现了图书馆业务标准化、系统化。

读者服务工作

安泽县图书馆本着"以人为本、读者至上"的服务理念，，不断强化和提高工作人员的岗位作风和业务水平，改善服务质量、多形式、多渠道的服务满足读者的需求。利用文化共享设备，开展"服务宣传周，科技文化下乡"等活动，坚持全年免费开馆，节假日不休息。接待读者逐年增加，馆外设立读者服务场所6个。书刊文献年外借册次达到8万册次，通过举办讲座、培训等活动扩大图书馆在社会的影响使人们充分利用图书馆资源，更好的为社会各界服务，取得一定的社会效益。充分利用共享工程设备免费为广大城乡群众提供信息资源。全年每晚在文体广场免费播放群众喜闻乐见的节目（爱国主义教育影片、动画片、健康指南和科技财富）等方面的内容，收到良好的社会效益；利用多媒体活动厅周末多次举办少儿舞蹈班，老年健身舞，各类讲座及培训等，参加人数达3000多人次。大大丰富了群众的精神文化生活。

业务辅导及管理工作

截止2010年底，我县103个行政村完成了文化共享村级服务站、农家书屋的建设工作。为了更好地利用这些设备设施，我们对各村文化员共103个专职管理员进行了培训，初步掌握了投影仪的操作使用技术，图书分类方法，为20多个示范书屋重点辅导、分编图书四万余册，图书按

要求分类，摆放有序，管理制度完善。为提高工作人员的业务水平，我馆经常参加国家图书馆学会和山西省图书馆组织的业务学习，从而促进了馆际之间的业务工作交流。

管理工作是搞好各项工作的保障，对馆内各部门，实行定人员定岗位，竞争上岗，择优聘用，并设定岗位管理和工作目标管理制度。

表彰奖励情况

2008年到2013年，安泽县图书馆共获得各种表彰奖励7次，其中临汾市文化新闻出版管理局文化工作先进单位表彰奖励2次，县政府、文广新局表彰奖励先进集体4次，2013年1月山西省新闻出版局表彰奖励山西省农家书屋工程建设先进集体1次。

馆领导介绍

王嘉君，女，1964年12月生，大专学历，中共党员，图书资料管理员，馆长。1981年12月参加工作，在安泽县影剧院任管理员，1985年4月调入县图书馆工作至今。1991年山西省图书馆业务学校图书馆学专业毕业，1996年晋升为图书资料馆员，2002年10月任安泽县图书馆馆长至今，2005年任山西省委党校经济学管理专业。文化信息资源共享安泽支中心主任。2010年获山西省文化厅"读者满意的图书馆员"荣誉称号。2013年获山西省新闻出版局山西省农家书屋工程建设先进个人。

梁建峰，男，1983年12月生，大学本科学历，网络中心主任，2007年3月在图书馆工作至今，分管电子阅览室日常维护与管理工作。

未来展望

为适应社会发展的需求，本着一切为读者服务的宗旨，围绕优化服务，拓展图书馆教育和信息的功能，从读者服务、业务管理、提高人员素质入手，通过扎扎实实的努力，使图书馆各项工作再上一个新台阶。以下是我们对今后工作的几点设想：

1、积极争取政府支持加大对我馆的投资力度，加大书人藏量。

2、充分发挥共享工程支中心的作用，为全方位开展各项服务工作打好基础。利用文化信息网上的丰富资源，为广大读者求知需求提供优质服务，使我馆的电子阅览室以全新的内涵渗入大众心中，吸引更多的人走进图书馆，利用图书馆。

3、我县是古代著名思想家、教育家荀子故里，收藏和整理好有关荀子内容图书等地方文献工作，做到有专柜收藏、专人管理。

4、加大对大队村级基层站点的辅导培训力度，充分满足农民群众对科技文化知识的需求。

5、为更好地服务于社会，服务于广大读者，我们需要更新观念，创新服务，为建设学习型社会而奉献心血和汗水，促进图书馆事业更好更快地发展。

联系方式

地　址：山西省安泽县二中南街一巷8号文体广场
邮　编：042500
联系人：韩晓聪

侯马市图书馆

概述

侯马市图书馆大楼于1987年建成，建筑面积2150㎡，

共有业务部门7个，即电子阅览室、借阅室、彭真图书室、晋文化图书室、采编室、少儿图书室、报刊库。阅览室阅览坐席250个，少儿阅览室坐席60个，电子阅览室计算机数量32台，提供读者使用的计算机30台，宽带接入存储容量5TB。于2009年7月实施总分馆Interlib系统，成为第一批县级分馆，与全省几十所图书馆组建馆际互借网络，实现一证通用、通借通还，达到了资源共建共享。2008年，参加了第四次全国公共图书馆评估，首次获得二级图书馆。

业务建设

侯马市图书馆总藏书量8万册，电子文献300种，图书年入藏量2000种，报刊年入藏量120种，视听文献年入藏量20件，地方文献有专柜、专门的目录、专人管理。文献入馆后，我们按行业标准进行分类、编目、上架，保证文献规范、统一、整齐、美观，严格遵守文献保护的规章制度。

读者服务工作

从2010年4月起，侯马市图书馆全年358天对外免费开放，在实施文化信息资源共享工程过程中，不断拓展共享工程的服务内涵和方式，充分利用这一全新的工作载体条件，切实面向“五个走进”，开创了基层文化工作的新局面。具体做法如下：

(1)充分发挥公共图书馆的阵地作用。在电子阅览室每周推介优秀栏目、名家讲座、生活常识、电影及优秀地方剧目。日常工作中，我们急读者所急，想读者所想，热心引导读者方便快捷查询资料，缓解了县图书馆文献资料不足，使读者在查阅需求上得到了充分满足，促进基层图书馆在阅读社会中充分发挥阅读家园的作用。

(2) 走进农村、走进社区。农民、社区居民对待现代科技信息和文化的需求迅速增加，结合这一现状，我们深入调查，根据农民群众的需要，下载家禽饲养、苗木、花卉栽培等相关信息达10万多字，印发资料分发到村民手中，并利用基层站点设备，举办知识讲座、科技培训、文化活动等形式多样的读书学习文娱活动，丰富了农民群众文化生活；又结合城区的实际情况，有选择的提供信息资源，让广大群众感受先进科学和现代文明带给的优越，使文化生活更丰富、知识更丰厚、生活越来越好。

(3) 依托多种形式，开展丰富多彩的读书活动和文化信息资源共享服务。每逢节假日，针对青少年成长特点，以新颖活泼的活动方式，开展读书宣传活动，发放图书馆宣传资料、免费阅览卡、网上读书卡，使学生们在接受正面教育的同时，开拓视野、活跃思想、培养情操、提高人文素养，以助于学生的全面发展，提高对社会的适应能力。活动的开展，不仅普及了科学文化知识，而且，让大家了解图书馆，懂得图书馆的服务功能，知道图书馆是免费开放的，是免费为大家服务的，倡议全社会人民都踊跃来图书馆查阅资料、读书学习、欣赏艺术、享受娱乐，在全社会形成良好的读书氛围。

(4) 关心老干部，送书下基层。我们坚持“贴近生活、贴近实际、贴近群众”的三贴近原则，对军队干休所、老年大学、敬老院等老干部们提供资源服务，根据老年人平时生活的诸多习惯特点，上网下载了《营养与健康》、《科学保健》、《晚年的幸福生活》等系列视频资料和战争题材的故事片、名著欣赏讲座等光盘为老人们放映；还根据老年人的阅读特点和实际需求，精心挑选一些有关老年医疗保健等各方面的书籍、期刊，现场为他们办理免费读者证，发放图书馆宣传资料以及图书馆免费开放办证须知，让老干部们休闲时间到图书馆读书、看报、查阅资料、增长见闻、增加情趣，让阅读在老年人的精神生活中不仅仅用于满足文化娱乐需求，还在不同层次上满足老年人对知识信息、情感慰籍、价值尊严和社会交往的需要，保障了充实、健康、有尊严的老年生活。

(5) 重视宣传、扩大影响。自全国文化信息资源共享工程实施以来，随着宣传力度的逐渐深入，在我市农村和城市居民心中的影响也在加深，文化信息资源的需求也不断加大，广大群众都充分认识到这是一项惠民工程、民心工程，认识到文化信息资源的可用性，开始掌握和利用这块知识宝库，我们将努力的探索利用共享工程服务的新思路，更好地发挥共享工程的作用。积极推进公共图书馆免费开放工作，节假日正常开馆，坚持把公益性文化服务放在首位，从读者实际需求出发，

加大馆藏建设，提高藏书质量，满足读者需求，提升读者对图书馆文化传播智能的认知度，吸引更多的人走进图书馆、利用图书馆；利用电子阅览室开展形式多样、范围广泛、内容丰富的文化活动，加强公共电子阅览室管理，引导广大公众特别是未成年人文明、健康上网，为公众提供一个轻松、和谐的上网阅读环境；积极开展一些丰富多彩的阅读活动，在全社会形成普及科学知识、传播科学思想、弘扬科学精神、倡导科学方法的良好社会氛围。

业务研究、辅导、协作协调

为提高工作人员的业务水平，促进同行之间的业务工作交流，我馆经常派人到省图书馆、曲沃图书馆学习，并邀请他们到我馆工作指导。为确保侯马市图书馆协作协调工作的顺利开展，实现文献资源的共建共享，侯马市78家行政村建起农家书屋，他们本着文献资源共建共享、优势互补、互助互利、平等自愿的原则为农民群众提供互惠服务。我们对78家农家书屋管理员进行业务指导与培训，他们经常不定期地选派业务人员到协作馆进行业务培训学习。在条件允许的情况下，我们将在各基层图书室组建全国文化信息资源共享工程基层中心，免费为其提供信息资源及技术支持。

管理工作

管理工作是搞好各项工作的有力保障，我们对馆内各部门，定人员定岗位，竞争上岗，择优聘用，并设立岗位管理和工作目标管理制度。加强政治理论学习、图书馆业务知识学习和计算机应用操作技术，增强服务意识，提高自身业务素质，使馆内工作人员在本职工作中，更好的发挥知识传递和信息传播的作用。

表彰、奖励情况

2008年获山西省分中心"文化共享奥运行"活动二等奖。

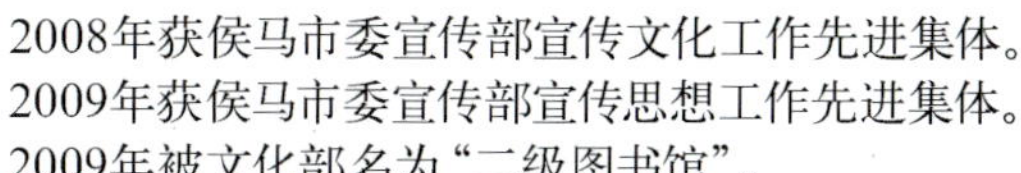

2008年获侯马市委宣传部宣传文化工作先进集体。

2009年获侯马市委宣传部宣传思想工作先进集体。

2009年被文化部名为"二级图书馆"。

2010年获侯马市委宣传部宣传思想文化工作先进集体。

2010年获山西省图书馆学会，全国文化信息资源共享工程山西分中心"图书馆服务宣传周活动"先进集体。

2010年获山西省图书馆学会，全国文化信息资源共享工程山西分中心"全民阅读与科普活动"先进集体。

2011年获山西省图书馆学会，全国文化信息资源共享工程山西分中心"全民阅读与科普活动"先进集体。

2011年获全国文化信息资源共享工程山西分中心"文化共享工程'七一'优秀资源下基层服务活动"优秀组织奖。

2012年获年度山西省图书馆服务宣传周活动先进集体。

2012年全国中小学生电脑小报设计比赛活动中，荣获山西省优秀组织奖。

2012年获得山西省图书馆学会年度科普宣传与全民阅读活动先进集体。

2012年获侯马市委宣传部宣传思想文化工作先进集体。

2013年获得山西省图书馆学会全民阅读与科普活动先进集体。

馆领导介绍

孟风华，女，1968年10月生，大专学历，中共党员，馆长。1985年参加工作，1998年任侯马市图书馆馆长。1998年被山西省文化厅在图书馆开展服务宣传周活动中荣获表彰。2002年–2010年连续多年被市委、市政府评为先进工作者。2005年荣获临汾市文化新闻出版管理局文化新闻出版管理先进工作者。2008年被侯马市委、市政府授予三八红旗手。2010年被山西省文化厅授予"读者满意的图书馆员"荣誉称号。

未来展望

十八大召开之后，侯马市图书馆事业又迎来了一个新的春天，我们要以文化大发展、大繁荣为契机，因地制宜、发挥优势、努力扩大服务范围，拓展服务空间，提高社会效益，促进人的全面发展。面向社区、面向农村、面向基层，着力开创图书馆延伸服务、主动服务的新局面，力争把我们的图书事业办成市民的"精神憩息地"、"知识加油站"、"城市客厅"和"休闲乐园"，让人民群众真正享受到公共文化服务所带来的便捷。

联系方式

地　址：侯马市市府路33号
邮　编：043000
联系人：孟风华

柳林县图书馆

概述

柳林县图书馆始建设于1976年，正式落成于明清街，开馆以来一直对外开放。于2004迁入青龙文化大楼，新馆面积3000平米，全部用于图书馆的藏书和读者活动，无出租部分。设计藏书量30万册，可容纳座位500余个。2012年参加第五次全国公共图书馆评估，首次获得二级图书馆。柳林县图书馆共有阅览座500余个，计算机53台，宽带接入100Mbs，启用了图书馆集群管理系统。

业务建设

截止2012年底，柳林县图书馆总藏量130127册（件）、其中纸质文献129391册，视听文献736件。

2009–2012年共入藏中文图书10109种，20218册，视听文献343种，中文报刊1204种。地方文献入藏完整率为80%。

2012年我馆文献入藏量为1500种，预订报刊共280余种。2012年电子文献藏量500种，视听文献36种，在藏书质量方面我馆采选的实际情况，制定采选方针，采用网上与实地采选相结合的方法，做到查重、查漏、查缺。保证文献采购的连续性、完整性、工作程序较为规范。

地方文献征集方面我馆历年来都十分重视地方文献的收集和征集工作，设立地方文献书库、建有目录，开设专人管理。有专人收集地方文献工作，先后曾几次联合发文、征集地方文献成绩良好。

我馆文献标准与著录，汉文普通图书编目规范。使用《中国文献编目规则（第二版）》规范著录，并按《新版机读目录格式使用手册》编制规范数据，依照《中国法》第四版进行分类标引。由于，我馆制定的相关编目规则，保证了编目数据规范一致。

为保证加工整理质量，我馆书刊上的书标、登录号、馆藏章、条形码等都按规范的尺寸、位置，进行贴写、盖章。

在联合编目工作方面，曾参加省馆组织的县联合编目，完成了本县地方文献的联合编目工作。

在藏书组织管理方面，读者借阅大量的阅览室力争排架正确率不底于96%，地方文献室，报刊阅览室正确率力争控制在96%。图书外借、书库管理等室都订有文献保护的实施办法和执行情况，有防虫、防盗、防潮、防尘措施，定期实行防虫、防尘的处理，阅览室卫生良好，并及时装订、修补破损图书。

馆藏中文图书、中文期刊因人力问题，只保证对外借阅100%书目、目录数字化，其它藏书待省联合编目时统一处理。地方文献数据库，书目数字化达到100%，并可通过系统查询。

读者服务工作

柳林县图书馆书刊文献开架比例100%，年外借率百80%书刊、文献年外借册次10万册，2012年到馆人次达8万余人次。图书馆同时积极利用网站、书展等形势，开展书刊宣传活动，书刊宣传总数达600种以上，我馆从2004年底开馆就执行全年365天开放，每周开馆时间达到60小时的坐席时间，并在学校、乡镇等地开设服务站，经常开展送书上门、送书下乡等服务，先后为老年读者、残障人士等人群开展赠送图书活动。根据文化部财政部关于推进全国美术馆、公共图书馆、文化馆（站）免费开放工作的意见及财政部《关于加强美术馆、公共图书馆、文化馆（站）免费开放经费保障工作的通知》等文件的具体规定，我馆即刻成立工作小组，制定关于加强和改进免费开放工作的实施方案，并对免费开放的基本服务项目、每周开馆时间公示于图书馆服务大厅，我馆从2010年1月起已停止收取外借图书办证公本费，全部免费向读者开放。

2012年，我馆积极举办各种形势的读书活动，结合“喜迎十八大、奋力冲百强、争当示范县”主题实践活动。开展了文化资源进机关、进学校、进企业、进社区、进家庭、进工地、进特殊人群、进网络等活动。

1、1–2月份：利用春节这一传统节日，举办一系列群众喜闻乐见的读者活动。在春节活动期间每天走进图书馆的前十名读者，赠送图书各一册；举办读者答谢会；少儿阅览室开展“和谐新春”读书有奖猜谜活动；

2、3月份：3月学习雷锋月，3月3日我馆开展了“践行雷锋精神，推动惠民服务”系列活动，利用中央文化部管理中心推送的《学习雷锋好榜样》资源光盘，进行自选并复制600余张，下发至乡镇基层点。

4、4月份：举办“4.23”世界读书日系列活动：在4.23当天举办“4.23世界读书日”宣传活动，发放传单、现场办证、送书上门、现场签名赠书、为弱势群体服务等；为读者推荐精品图书，设立图书专架；“送图书回家”还书免责活动，凡是在2012年4月23日归还的逾期书刊，我馆将全部免滞纳金，图书证重新验

证后也可开通使用；"名著有声阅读"优秀影片播放活动。

5、5–6月份：图书馆服务宣传周期间举办活动如下：

(1) 5月28日–6月3日图书馆服务宣传周，图书馆举办少儿暑期主题亲子阅读会，激发少儿阅读的积极性，指导少儿多读书、好读书、读好书；同时展播由著名亲子教育专家陆惠萍"好父母决定孩子的一生"优秀讲座；活动中现场向小读者赠书300余册。

(2) 图书馆免费开放宣传活动

借助宣传栏、大屏幕及各服务窗口，向读者大力宣传我馆免费开放、开架自助借阅、免费上网、取消办证工本费等服务；组织开展图书馆知识宣传、咨询服务、送书活动。

(3) 为未成年人服务活动

开展引导青少年"绿色上网"活动。

7、8–10月份开展活动：为迎接党的十八大胜利召开，由县图书馆具体承办，县文广新局、县文联联合举办"喜迎十八大、百姓看变化"大型征文活动。活动中设一等奖、二等奖、三等奖和优秀奖。

8、12月份：召开老年读者座谈会，征求广大读者对报刊订阅的意见；召开读者联谊会，举办"优秀读者"评比活动。

通过各项活动，提高了图书馆的认知度和知明度。营造全民读书、终身学习的良好社会氛围，提高人民思想道德素质和科学文化素质。

2012年10月10日至12月10日我馆向读者发放160份《读者满意调查表》，收回155份、回收率95%。经统计读者满意率为96%。

业务研究、辅导、协作协调

2009–2012年柳林县图书馆共发表论文3篇。

自2008年省中心授牌我馆为共享工程柳林县支中心，并作为一个独立的机构设置，县财政投资20.4万元购置了计算机、服务器等专用设备，省馆免费赠送卫星接收设备。并制定规章制度，按省中心的要求有计划的组织开展基层中心技术培训，并积极组织面向社会的有关服务活动。

根据文化部、财政部2012年2月下发的地《"公共电子阅览室建设计划"实施方案》要求，我馆积极整合公共电子阅览室的硬件、网络的基础环境，力争使服务环境安全整洁共读者免费上网，同时建立完善的管理规范及资产、人员、服务、考核制度等。严格按照《"公共电子阅览室建设计划"实施方案》的要求，对公众提供服务，时间充分保障。同时为青少年、老人、农民工提供针对性的服务。

柳林县图书馆协作协调方面，为推动整个县城各类型图书室的发展，加强对图书馆、中小学图书室、社区图书室、乡镇文化站图书室的输导，并采取基层图书室的跟班辅导，下基层指导、培训等方式培训自动化、图书分编等工作。从2009年8月参加山西省书日数据的协作协调工作。

把图书馆学会作为图书馆工作的一部分，积极开展学术活动。发展会员配合中心活动等。

管理工作

图书馆至建馆以来每年都积极拟定该年度工作计划并严格执行。在人事管理方面我馆从2008年就按省市政府、人事部门的文件要求：实行岗位设置管理实行按需设岗、按岗聘用、竞争上岗、岗位责任制、考核分配激励制度。

建立会计管理系统内部控制制度，坚持原则，有监督机制，无违规情况发生。设备，物资管理制定《固定资产管理办法》并按财政局国有资产管理的规定办理。档案管理、统计工作、环境管理、安全保卫等工作规范。

表彰、奖励情况

图书馆建馆以来，各项工作先后得到了省图书馆学会、吕梁市文化广电新闻出版局、中共柳林县委、县文广新局的表彰。2009–2012年共获得各表彰、奖励11次。其中，文化部表彰1次，省表彰3次，其他奖励7次。

馆领导介绍

邓四海，男，1959年2月生，高中毕业，中共党员，馆员，馆长。1982年2月参加工作，曾任成家庄镇文化站站长，柳林县文化市场稽查队队长等职，曾荣获文化部"农家书屋先进个人奖"。

吴伶，女，1966年10月生，初中毕业，工人技师，副馆长。1985年12月参加工作，先后在采编室、借阅室等部门工作。

宋彦琴，女，1981年9月生，大学专科，助理馆员，副馆长。2002年12月参加工作，先后在采编室、借阅览室等部门工作。

刘艳琴，女，1981年6月生，本科学历，助理馆员，2002年12月份参加工作，到馆一直负责图书馆综合办公室工作。兼任文化共享工程部主任。

未来展望

柳林县图书馆本着"服务至上，读者第一"的宗旨，不继完善公共图书馆的服务功能，加大力度宣传图书馆，扩大知名度，为柳林县发展提供精神食粮。2009–2012年，柳林县图书馆在读者服务、业务建设方面不断加强的同时，联合社会媒体、企业来带动图书馆事业的快速发展。在未来的几年里，柳林县图书馆将争取建设独立的新馆舍，加大建筑面积，争取纸质文献达30万册，总建筑面积1万平方米。建设丰富的数字资源。同时，不断完善图书馆的延伸服务功能，坚持"走出去，引进来"的原则，为基层群众及社会弱势群体提供服务。争取成为全省一流的公共图书馆。

联系方式

地　址：山西省吕梁市青龙文化大楼三、四层
邮　编：033300
联系人：刘艳琴

朔州市图书馆

概述

朔州市图书馆于2005年开始招标筹建，2008年末主体建筑建成，2012年12月27日正式开馆，目前是山西省规模最大的地市级图书馆之一。总建筑面积1.49万平方米，地上四层，局部地下一层，建筑高度21.10米，设计藏书量50-100万册，各类纸质、电子期刊1000多种，规划各类数字资源藏量50TB。馆内设有各类图书和数字阅览室15个，阅览座位2000个，计算机313台。2013年朔州市图书馆参加第五次全国公共图书馆评估，被评为三级图书馆。

业务建设

2012年，朔州市图书馆新增藏量购置费885.9万元，其中，纸质文献购置费689.5万元，电子资源购置费196.4万元。

截止2014年，朔州市图书馆总藏量41万册（件），其中纸质文献21万册（件），电子图书20万册，电子期刊704种/册。

截止2014年，朔州市图书馆数字资源总量为25.3TB，其中自建数字资源总量2.6TB。

朔州市图书馆的自动化管理系统为INTERLIB，同时配备RFID智能加倍导航和智能借还功能，实现馆内无线网络覆盖。开馆三个月以来INTERLIB系统运行正常，系统中已录入中文图书11万种、62.7万册，过报刊803种、4983册，声像资料5800种、32万册，随书附件3000种、3000册，读者证5322个。

读者服务工作

朔州市图书馆自开馆以来即实施全年365天对外免费开放，周开放72小时，引进RFID技术，实现了馆藏文献的自助借还。自开馆以来短短三个月里，书刊总流通8万人次，办理读者证5000多个，书刊外借3.4万册。自加入山西省总分馆体制以来，已经实现了馆际互借、通借通还。引进街区自助图书馆1台，馆外流动服务点书刊借阅11160册。

截止2013年3月，朔州市图书馆网站访问量38万次，开通朔图微博，开发手机图书馆；发布使用的数字资源25.3TB，均可通过朔州市图书馆网站向全市公共图书馆、共享工程基层服务中心提供检索、浏览和下载服务。

截止2013年3月，朔州市图书馆共举办讲座、展览、培训、阅读推广等读者活动12场次。其中，由市委宣传部主办，朔州市图书馆具体承办的品牌讲座“朔州大讲堂”是朔图阅读推广活动的一大亮点。

八一慰问子弟兵

少儿书画大赛

为敬老院送书活动

方改娥教授为馆员做礼仪培训

太原市图书馆馆长引导参观太原市馆

服务前台

一楼文化会客厅

业务研究、辅导、协作协调

截止2013年3月，朔州市图书馆职工在省级以上刊物或会议上发表论文4篇，人均0.8篇。

我馆参与了山西公共图书馆体系建设，情况介绍、联合编目、通借通还、学会活动、业务培训资料齐全。

2012年7月到2013年3月，朔州市图书馆共进行了6次基层辅导工作，辅导工作有计划、有总结、有工作记录，相关资料齐全。

管理工作

2012年8月份开始，朔州市图书馆按照上级要求，积极为正式开馆做筹备工作，逐步完善了人事、财务、设备物资、档案、统计、环境与安全、志愿者等各方面的管理制度。

表彰、奖励情况

2013年，朔州市图书馆获得“山西省首届119消防奖先进集体”荣誉称号、“朔州市首届119消防奖先进集体”荣誉称号，获评“2013年度图书馆服务宣传周活动先进集体”、“2013年度全民阅读与科普活动先进集体”。

馆领导介绍

张猛，男，1975年7月生，硕士学历，中共党员，中级编辑，馆长。1995年10月参加工作，历任朔州电视台记者、朔州电视台新闻通联部副主任、朔州市文化活动中心主任，现任朔州市图书馆馆长。

未来展望

朔州市图书馆作为图书馆界的新秀，自开馆以来，遵循“传承、融合、创新、超越”的发展理念，以“城市会客厅、市民大书房、文化大展台”为服务定位；从环境设置、资源建设、业务深化、服务规范、团队整合等各个方面入手，优化利用人才、技术资源，努力将自身打造为提供信息化服务、适应社会化协作的现代图书馆。

在今后工作中，朔州市图书馆将继续扩充馆藏，逐步建立适应现代化社会发展的全新图书馆服务理念和工作模式，充分发挥图书馆的社会公益职能和资源优势，构建公共文化服务体系，促进本地区公共图书馆事业的全面发展，达到“打造全国领先、全省一流、业界有名、市民满意的现代化图书馆”这个终极目标。

联系方式

地　址：山西省朔州市振华西街2号
邮　编：036000
联系人：张 猛

少儿阅览室组织小读者阅读推广活动

图书馆外景

太原市尖草坪区图书馆

概述

太原市尖草坪区图书馆新馆于2012年11月13日正式对外开放，总建筑面积3000余平方米，按照国家县级一级馆标准配备，是一所现代化的综合性公共图书馆，按照文化部要求，全馆实现无障碍零门槛进入，公共设施场地全部免费开放，所提供的基本服务项目全部免费。设有6个阅览室供群众阅览：自然科学阅览室、社会科学阅览室、儿童阅览室、学生阅室、电子阅览室、资源共享室，是集现代化、综合性为一体的社会公益性文化服务机构。

业务建设

我馆已正式开通总分馆业务管理系统，凡持有我馆读者证的读者，均可在全省各成员馆之间实行书刊文献借阅“一证通用”和“通借通还”，网络共享数字资源，实现资源共享；还可在网上检索各成员馆的书目、查看自己的借阅信息及续借书籍等延续的服务。2012年，我馆增购新书6729种、30424册，现有藏书10余万册（件），可上网电脑45台，日接待读者可达500余人。组织读者活动、展览、培训29场次，接待参观展览、参与活动读者3万余人次，日均接待读者100余人；接待上级领导、同行同仁，检查、参观10余次。

读者服务工作

我馆心系读者，站在读者立场上，实行全年免费开放、开架自助借阅、免费上网等便民服务。积极开展图书的推介和宣传，定期推荐好书、新碟以及专题书目，创新图书馆导读和服务的方式；向读者推荐新书并做好预借、续借、导读工作；设有图书漂流站，不需要读者证，不需支付押金，也没有阅读期限，是一种全新的阅读体验；电子阅览室免费向读者开放，方便读者阅读电子图书，查阅资料等。我馆为进一步弘扬中华民族传统文化，丰富广大群众的业余文化生活，不断创新传播形式，同时能够吸引大众走进图书馆、利用图书馆多读书、读好书，开展各类读书活动，内容丰富，形式多样，极大程度满足了广大读者精神文化生活的需求。我馆努力完善公共文化服务体系，利用自身文献资源的优势，积极投身全国文化信息资源共享工程的建设工作，以“资源共享、协调发展”为目标，建立起统一的服务网络，无偿提供书刊，并提供业务指导和人员培训，努力为城乡居民提供文献信息和文化休闲服务。在中华古籍保护工作方面，我馆积极进行了古籍及民国文献摸底调查工作，重点对我区史志馆和部分个人收藏者进行普查调研，对特种文献的保护开展了积极有效地工作。

业务研究、辅导、协作协调

2012年8月10日下午，在太原市国防教育训练中心举行了全区文体站站长及农家书屋管理员培训班。10月下旬至11月上旬，下基层为全区90个农家书屋进行业务培训，指导图书分类贴书标等业务工作，并为各农家书屋免费发放书标。

2012年7月10–14日，参加了中国图书馆学会举办的《公共图书馆服务规范》培训班。10月17–19日，参加了2012年数字图书馆推广工程、山西省文化共享工程规范化县级支中心管理与技术培训班。

管理工作

我馆每周一为政治业务学习时间，学习各级政府、党委的文件精神。通过一系列的学习，我馆工作人员对自己的工作有了更深的了解，对自己的职责有了更深的认识。全体职工遵纪守法、秦正廉洁，认真做好本职工作的同时积极配合区委区政府及局党委的中心工作，无受党纪政纪处分者，无违反规定现象发生。

表彰、奖励情况

荣获山西省2012年度“科普宣传与全民阅读活动”先进集体。

未来展望

我馆以“繁荣群众文化生活、服务群众”为己任，立足高标准、高要求、抓住机遇，锐意进取，大胆创新，切实发挥图书馆在引领风尚、教育人民、服务社会、推动发展的作用，以科学发展观统领全局，解放思想，求真务实，不断提高人民群众的精神文化质量。

联系方式

地　址：太原市迎宾北路1号
邮　编：030023
联系人：赵 婷

太原市万柏林区图书馆

概述

山西省太原市万柏林区经1998年太原市整体区划后，将原太原市北郊区的部分乡村划归太原市河西区，更名为太原市万柏林区，使原来以工业为主的城区，成为城乡结合体。随着改革步伐的加快，在区委区政府的重视和支持下，2010年正式成立万柏林区图书馆，副科级建制，编制10人，馆址设在万柏林区和平北路237号。2012年5月31日正式开馆，馆舍面积3000余平方米。

2013年参加了全国图书馆（县）评估定级，被文化部评为三级图书馆。

业务建设

万柏林区图书馆现有藏书5万余册，种类涉及社会科学、自然科学、地方文献、工具书等22个大类；另外有各类报纸70余种，各类期刊100余种。图书馆内设综合图书借阅室1个（分为普通图书区、少儿图书区、地方文献专区和报刊等4个区），可容纳150余人同时阅读。电子阅览室（分为网上浏览区和多媒体视听区），提供可上网电脑20台。

2008年山西省图书馆引入新的图书自动化管理技术，搭建了全省总分馆服务体系的网络平台。2010年万柏林区图书馆完成了与山西省图书馆的总分馆信息联网管理系统建设，搭建起了与山西省图书馆馆藏资源共享的平台，实现了“一证通用”、“通借通还”系统，逐步形成有秩序、有规律、源源不断的信息流。通过快捷的信息通道，进行更广泛的交流与传递，更好地满足了广大读者对文献信息网路服务的需求。

读者服务工作

自2010年开馆以来，万柏林区图书馆全年365天对外免费开放，阅览人数达23000余人，借阅图书4900余人，14000余册。多次开展了丰富广大读者精神文化生活的宣传活动。举办各类学习、讲座、展览、培训、阅读推广等读者活动100余场，参与人数6000余人；通过丰富多彩的业余文化生活，促进了精神文明建设，取得了良好的社会宣传效果。

管理工作

万柏林区图书馆以“外抓服务树形象，内强素质抓管理”的以人为本的治馆理念，把充分调动人的主观能动性，作为工作的出发点和落脚点。注重：一是读者。作为服务对象，在图书馆的感受直接影响图书馆的社会形象。因此，从方便读者的角度出发，万柏林区图书馆想读者之所想，急读者之所急，解读者之所需，开展双向互动交流。如：问卷调查、网上征求意见等方式征集意见。二是员工。员工队伍既是为读者提供服务的具体实施者，也是规范内部管理的具体参与者。因此，从培养员工的集体荣誉感、归属感的角度出发，大力营造爱岗敬业、爱馆如家的工作氛围，切实抓好文明服务，工作规范等各项制度的贯彻落实。开展“微笑服务”、“满意度测评”、“星级馆员评选”等项活动，将员工的工作积极性统一到提高工作质量、提升读者对服务的满意度上来，运用激励机制形成导向，提高服务水平。

表彰、奖励情况

2013年，万柏林区图书馆荣获山西省图书馆学会颁发的全民阅读与科普活动先进集体、图书馆服务宣传周活动先进集体、全民阅读活动先进集体。

馆领导介绍

芦亮芹，女，1985年11月生，本科学历，中共党员，馆长。2005年4月参加工作，历任山西省太原市万柏林区检察院监察科副科长，2013年3月任山西省太原市万柏林区图书馆馆长（副科级）。

未来展望

发展是硬道理，创新是推动力。万柏林区图书馆将以积极向上的姿态，扩展藏书，增添网路资源，提升服务质量，努力成为大众获取各种信息的重要场所，成为集现代化资源、现代化管理、现代化服务的图书馆。

娄烦县君宇图书馆

概述

娄县君宇图书馆创于1996年，正式落成于1999年，同年十月正式对外开放，是我县唯一的公共图书馆。馆址几经变迁，2013年1月1日，位于娄烦县城东区物业大楼的新馆开放。藏书容量5万册，可容纳读者座位104个。2013年参加第五次全国公共图书馆评估，获得三级图书馆。计算机29台，宽带接入10M，2012年娄烦县君宇图书馆成为省馆的第一批分馆，使用图书馆集群管理系统，数据库建在总馆。

业务建设

截止2012年底，娄烦县君宇图书馆总藏量66300册（件），其中图书5万册，报刊15800册（件），视听文献500盘。

2012年娄烦县君宇图书馆新增藏量购置费10901元，1999－2012年，共入藏中外文图书2310种，报刊380种，视听文献500种，2012年，地方文献入藏完整率为94%。

2012年娄烦县君宇图书馆加入山西省Interlib图书馆集群管理系统。以适应山西省公共图书馆服务联盟建设的需要。

读者服务工作

从2011年1月起，娄烦县君宇图书馆全年365天天天开放，周开放56小时，2009–2012年书刊总流通54800人次。2010年底共完成143个村（社区）基层点的建设。年服务人次8000人以上。

2009－2012年，娄烦县君宇图书馆共举办讲座、展览、培训、阅读推广活动23次，参与人数14000人次。2012年3月，开展了名人书画展活动。2012年4月我馆组织了内容丰富、形式多样的知识讲座活动，举办了“《西游记》的发生地及人物点评在娄烦”的知识讲座，主讲人是县政协委员李国成同志。他为广大读者详细分析、介绍了《西游记》书中，各种地名及人物的特征。有176名读者听了讲座。2012年的5月，举办了“开卷有益-和青年朋友谈文学作品阅读”知识讲座。讲座的主要内容是为了广大读者介绍文学作品的阅读方法、阅读技巧。讲座现场，气氛非常热烈，不时响起阵阵掌声，121名读者听了讲座。大家一致反映，收获大、教育深。2012年6月组织举办了两场“如何利用图书馆”的知识讲座，先后有120名同学听了讲座。2012年6、8月举行了两场为“激扬文字，和谐社会”为主题的新书推广活动，为读者提供一个欣赏书籍的机会，为社会营造一种读书的气氛。2012年的11月我们组织了两场讲座分，分别是“天秤上，一边装着金钱与权力，一边装着人性与感情”讲座和“疯狂英语”讲座，共计340名读者，讲座一结束，已有读者询问什么时间再办此类讲座，真可谓余兴未尽。

以山西省图书馆服务联盟为平台，由县图书馆创意若干个阅读推广主题活动，在所有服务站点中同时进行，是县图书馆阅读推广工作的一个亮点。

业务研究、辅导、协作协调

娄烦县君宇图书馆以文化信息资源共享工程专网为依托，在全县范围内组建基层站点的工作，并在馆内设支中心。负责地方文献征集、阅读推广与讲座展览、业务培训与技术支持等工作。

管理工作

2010年有13个公益性岗位人员上岗，同时，建立了工作考核制度，每月进行考核通报，每半年和全年进行一次工作考核。

表彰、奖励情况

2009－2012年，娄烦县君宇图书馆共获得山西省新闻出版局、太原市人民政府、太原市图书馆表彰、奖励6次。

馆领导介绍

曹俊生，男，1963年生，本科学历，中共党员，县文体广新局支部书记兼馆长。2010年太原市人民政府授予曹俊生同志“太原市劳动模范”称号；2011年荣获“太原地区2011年度全民阅读活动”先进个人奖；2013年山西省新闻出版局授予曹俊生同志山西省农家书屋工程建设“先进个人”荣誉称号。

刘洪霞，女，1979年3月生，本科学历，初级馆员，1996年12月参加工作，现任娄烦县君宇图书馆副馆长。

未来展望

娄烦县图书馆在十七届六中全会和十八大精神的指引下，遵循“科学、效率、创新、发展”的方针，我们将在此基础上新增图书、报刊的数量，保障人民群众基本文化需要而努力。

图书馆作为文化事业的一个窗口单位，要吸引更多的读者，利用图书馆不断提高图书馆的知名度，提高社会效益，提高全县人民的整体文化素质，争取为构建和谐社会做出就有的贡献。

联系方式

地　址：娄烦县东区物业大楼
邮　编：030300
联系人：刘洪霞

娄烦县读书月活动捐赠仪式

娄烦县读书月活动现场

图书阅览室藏书

大同市新荣区图书馆

概述

新荣区图书馆始建于1978年7月，隶属文化局下设单位。原馆址在新荣区文化局大院内，有一个书库，一个阅览室，总面积不超过50㎡，工作人员2名，1999年4月，新荣区图书馆迁入旧址（现为新荣区老干部活动中心），面积400㎡，和老干局共用，共有藏书7180册，馆内设施陈旧，藏书很少，阅览室面积不足30㎡，年购书经费连年空缺，藏书量多年不增，相当落后的现状难以满足当地人民群众的文化需求。2006年闭馆待建，原馆设备书籍只能打包入库，借阅工作只能暂停。2010年我馆着手于新馆筹建，2012年3月申报建设，新馆于2012年12月竣工。新馆占地3.6亩，总建筑面积2500㎡，总投资523万元。2013年2月正式搬入新馆，2013年10月被评为三级图书馆。新馆位于新荣区长城西街（新荣中学西100米）。

业务建设

截止2014年6月，新荣区图书馆总藏量3.03万册(件)，纸质文献2.85万册(件)，电子图书0.18万册.从2013年开始本地经费10万元/年基本到位，截止到2014年6月底，新增图书5103册，共购置了15套书架，阅览桌椅130套，计算机35台，宽带接入10Mbps，储存容量4T，实现馆内无线网络覆盖。

读者服务工作

从2013年5月起，新荣区图书馆实行基本服务项目全天对外免费开放，周开放56小时，书刊文献开架比例达82%，馆藏书刊文献年外借册次9万册次，讲座，培训，展览，送书下乡等活动42次/年，读者满意率达97%。

业务辅导、协作协调

新荣区图书馆作为县级支中心，对所管辖的7乡1镇140个行政村每年进行基层业务辅导工作，培训，辅导8次/年，培训工作人员420人，合格率达95%，党员干部现代远程教育与文化资源共享工程村级站点业务培训120人，受益农民2万多人。

工作人员介绍

新荣区图书馆原有职工3人，其中大专学历2人，高中1人，平均年龄在50岁以上，到2012年底已退休2人。现有在编工作人员1名，兼职工作人员7名，本科学历1人，大专学历6人，高中学历1人。中级以上职称人数占职工人员总数20%，初级以上职称人数占职工人员总数100%。由于资金不足，工作人员常年缺乏培训，导致馆内缺乏专业人才。

展望未来

自十七届六中全会提出加强县区公共文化服务体系建设以来，新荣区加大了对图书馆投资力度。上级主管部门把图书馆项目建设列入头等大事，并积极向市、区发改部门和省、市文化部门进行项目申报，项目的建设列入《新荣区国民经济和社会发展第十二个五年规划纲要》中，并且很快筹集资金，于2012年3月投入建设，占地3.6亩，建筑面积2500㎡，于2012年12月竣工。配有成人阅览室、少儿阅览室、电子阅览室、机房、书库、展览大厅、多功能会议室、消防设备齐全。预计每年投资10万元，作为图书馆购书经费及日常活动经费，免费向公众开放。争取把文化共享工程建设起来，不断完善服务功能，扩大服务区域，带动文化事业发展，给当地人民群众提供一个舒适的读书、看报、上网，学习知识的好环境，好地方。丰富人民群众的精神需求，推进图书馆的总分馆建设，真正起到县级支中心桥梁作用，真正实现资源共享。相信在不久的将来，新荣区图书馆一定会以一个全新的面貌展现在全区人民群众面前。

联系方式

地　址：大同市新荣区长城西街新荣区图书馆
邮　编：037002
联系人：李海叶

省图书馆指导工作

图书采编

三级图书馆

少儿阅览室

书库

农家书屋

大同县图书馆

概述

大同县图书馆成立于1975年，是从当时的文化馆分离出来的。当时没有自己的馆址，一直借用文化馆房舍开展工作，当时的大同县图书馆无论从藏书量和工作开展方面在山西省雁北地区县级馆里名列前茅。然而因无自己的馆址，随着文化馆馆址的变迁，在上世纪九十年代初导致闭馆，加之许多因素的制约，直到2012年5月与文化馆合建的位于县城文昌西街的文化大楼落成，总建筑面积为4098.6平方米，使用面积约为3200平方米。大同县图书馆是一个集图书报刊收藏、阅览、文化信息资源共享、多功能艺术培训、报告演示、文博展览等功能于一体的现代化公益性文化服务场所，基本符合新形势对公益性文化服务的要求。参加第五次全国图书馆评估，首次获得三级图书馆。大同县图书馆共有座位：少儿阅览48个、图书报刊阅览40个、电子阅览32个、视听与报告厅176个、读者自修培训室78个，计算机45台，宽带接入10Mbps，选用Interlib图书馆集群管理系统。

业务建设

截止2013年底，大同县图书馆总藏量43.7327万册（件），其中：纸质文献26327册（件）、乡镇图书室2.6万册、村农家书屋31.5万，电子图书70000册。从2012年5月新馆开放以来在馆内基础设施、图书构置、信息平台、视听文献、网络接入等方面共计投入费用约240万元。

读者服务

大同县图书馆从2012年5月实行全年365天对外免费开放，周开放时间56小时，年均到馆阅读人次约3.5万人次。设立了10个乡镇、三个街道办事处图书室，175个行政村“农家书屋”，年均全民阅读达50万人次左右。

业务研究、辅导、协作、协调

图书流动服务车两辆，常态性开展乡镇文化室和农家书屋的图书流动工作；开展“全民阅读”活动，利用“图书馆服务宣传周”、“世界读书日”、“全民读书月”、“儿童节”、“青年节”、“妇女节”、“重阳节”、“科技周”、“学习雷锋”、“文化遗产日”、“全国科普日”、“法制宣传”、“禁毒宣传”节日性等活动与各相关单位搞好协作，开展工作；举办图书馆业务、书画、摄影、科普知识等各类培训及讲座，从而拓展了图书馆服务领域，有效地提高了全民科学文化素质。

管理工作

目前，大同县图书馆共有业务人员10名，管理人员1名。实行了事业单位全员岗位聘用制度，设立了工作岗位责任制，制定了年度目标责任考核制，通过了省市业务主管部门检查验收。

表彰奖励情况

大同县图书馆2012年被县委评为“创先争优活动模范岗”、被山西省图书馆学会评为“2013年度全民读书与科普活动”先进集体、“2013年度图书馆服务宣传周”活动先进集体。

馆领导介绍

李学英，女，1963年出生，大专学历，中共党员，馆员，馆长。2003年3月任大同县图书馆馆长。政协大同县第六、七、八届委员，政协大同县第七、八届常务委员。中国民俗摄影家协会会员、山西省摄影家协会图书馆分会会员、大同市艺术摄影家协会会员。

未来展望

把握发展趋势，坚持高端定位，全面提升素质，培育特色文化，引领社会风尚，把大同县图书馆建成，知识中心；信息中心。

联系方式

地　址：山西省大同市大同县文昌西街文化中心大楼
邮　编：037300
联系人：李学英

馆读书月活动“书香中国”诗歌散文征文暨朗颂活动

大同县图书馆读书周图书捐赠活动

阳泉市城区图书馆

概述

阳泉市城区图书馆始建于1979年6月，1980年4月正式开馆。是由政府主办的公益性、综合性、面向全区广大人民群众免费开放的公共文化场所。原址位于兴隆街兴盛巷一号城区电影院二楼。

馆址几经变迁，2012年6月正式入迁新馆。新馆位于狮脑山角下，面积3140平方米，现有藏书3万余册，涵盖政治、经济、历史、地理、医药保健、教育、艺术、文学，少儿读物等各类图书，其中文学类书籍居多。地方文献2000余册，年订报刊80余种。馆内设有图书借阅部、期刊阅览部、少儿阅览部、电子阅览室、展厅等部门。室内环境优雅，宽敞明亮，除向读者提供完善的文献借阅、参考咨询外，还配备了全国文化共享工程设备及资源，为满足各界读者文化需求提供了良好的条件。

在2013年全国公共图书馆评估定级中被评为三级图书馆。

2012年，图书馆有阅览坐席200个，计算机31台，宽带接入10兆。

业务建设

截止2012年底，阳泉市城区图书馆纸质文献总藏量3万册，每年的图书购置费增至5万元，图书年入藏量在800种以上，报刊年入藏量在80种以上。

读者服务工作

从2012年6月开始，阳泉市城区图书馆全年对外免费开放，周开放56小时，2009–2012年，书刊总流通12800人次，书刊外借16000册次。2012年，我馆在基层社区设立6个“社区图书流动站”，由市图书馆出书，给每个社区配备200册图书，制定相应的规章制度，然后让图书在社区间流动起来，使更多的基层读者在家门口就能借阅图书，享受图书馆送书上门的服务。以后区图书馆将根据社区流动图书站业务开展情况，逐步增加流动图书站的数量和规模，为更多的社区居民提供阅读便利。

2009–2012年，共举办讲座、展览、培训、阅读推广等读者活动30场次，参与人数5万人次。其中每年一届的城区中小学生“未来之星”演讲比赛是城区图书馆坚持了10年的阅读推广主题活动，是给全区中小学生搭建的展示自我、弘扬个性、践行社会主义核心价值观的舞台，受到学校及师生的欢迎。

业务研究、辅导、协作协调

2009–2012年间，负责对全区46个社区图书室进行业务方面的指导、帮助，对基层业务辅导有求必应，尽力地帮助他们解决书刊管理流通，书刊分类编目方面的问题，并为社区统一制作图书馆管理制度及办法，使基层图书室管理规范标准，借阅有章可循。

管理工作

建立工作量化考核指标体系，每月进行工作进度通报，每半年和全年进行总体工作考核。不定期地抽查文献排架、书目数据。

表彰、奖励情况

2009–2012年，城区图书馆受到市、区上级部门表彰多次。

馆领导介绍

霍翠芬，女，1969年1月生，本科学历，中共党员，馆员，馆长。1988年8月参加工作，2012年1月任阳泉市城区图书馆馆长（股级）。山西省图书馆学会会员。2010年荣获山西省“群众满意的图书馆员”称号。

未来展望

“回首过去找差距，展望未来求进步”，在今后的几年中，阳泉市城区图书馆将本着”读者第一，服务至上”的办馆宗旨，积极拓展图书馆服务功能，采取走出去，请进来的方法，广泛开展各种读书活动；发挥区馆作用，带动社区图书馆可持续发展；共建共享，构建公共文化服务体系，深入开展全民阅读活动；不断研究采用新技术和科学管理方法，促进本馆技术进步，为把城区图书馆建设成为人民的精神家园而努力。

联系方式

地　址：山西省阳泉市城区狮脑山路1号

邮　编：045000

联系人：霍翠芬

艺术家代表座谈会

“省级科普教育基地”授牌仪式

社区图书流动站启动仪式

武警官兵走进城区图书馆参观学习

平定县图书馆

概述

平定县图书馆成立于1978年，馆址位于平定县珠市巷10号。馆址几经变迁，2010年3月迁址平定县府新街太行综合楼，建筑面积1600平方米。1999年，参加全国公共图书馆评估，首次获得三级图书馆。2012年平定县图书馆有阅览坐席150个，计算机50台，宽带接入10兆，选用Interlib自动化管理系统。

业务建设

截止2012年12月，图书馆总藏量为87850余册（件），其中图书77794册，报刊6413件，视听文献215件，古籍善本3428册。以及图书馆挖掘、整理、影印出版的"清·乾隆版《平定州志》"等。

2009–2012年，平定县图书馆新增藏书量购置费20万元。2009–2012年，共入藏图书10660种，报刊317种，视听文献200种。"地方文献"入藏完整率为95%，并设有专架、专职人员负责管理。

2012年平定县图书馆数据库建设开始著录。

读者服务工作

2011年5月起，平定县图书馆全年365天对外免费开放，每周开放56小时。2009–2012年文献流通、阅览、外借册次达到120400册，到馆人次达到65000人次。2009–2012年建成5个图书服务流通点，馆外书刊流通总人次19700人次，书刊外借册次29030册。2012年建设了平定县图书馆网站、2002年起平定县图书馆自主创办内部刊物《动态·信息》，为县委县政府、局、乡镇、村提供了信息资源服务。

2012年平定县图书馆网站访问量7200余次。

2009–2012年，平定县图书馆共举办讲座、展览、培训、阅读、灯谜竞猜等读者活动75场次，参与人数160000余人次。

业务研究、辅导、协作协调

2009–2012年，平定县图书馆职工发表论文4篇，出版文学、名俗等专著3部。

2009–2012年，对全县10个乡镇文化站文化员、318个行政村的"农家书屋"管理员以及图书服务流通点管理员进行6期业务培训，352人接受培训。

2009–2012年，平定图书馆与阳泉图书馆以及5个图书服务流通点开展协作协调、资源共享、馆际互借活动。

管理工作

平定县图书馆实行岗位聘用、岗位管理和工作目标管理责任制，按需设岗，全员持证上岗，严格考核制度，同时，建立了工作量化考核指标体系。每年进行总体工作考核。2009–2012年共抽查文献排架8次，编写《动态·信息》48期，撰写专项调研等报告6篇。

表彰、奖励情况

2009–2012年，平定县图书馆共获得表彰3次，其中山西省图书馆2次，阳泉市文化新闻出版局1次。

馆领导介绍

耿宝红，女，1965年12月生，大专学历，中共党员，馆员，馆长。1983年5月参加工作，先后在图书外借部、少儿阅览部、业务辅导部等部门工作。2010年10月获山西省文化厅"读者满意的图书馆员"荣誉称号。

岳涛梅，女，1975年3月生，大专学历，中共党员，助理馆员，副馆长。1993年7月参加工作，先后在图书外借部、采编部工作。2012年获山西省新闻出版局"农家书屋工程建设先进个人"。

李振飞，男，1977年1月生，大专学历，中共党员，管理员，副馆长。先后在办公室、电子阅览室等部门工作。

未来展望

平定县图书馆以建设现代化、数字化图书馆为发展目标，利用先进的计算机技术和数字信息系统，开展各种图书服务活动，提高广大人民群众整体素质，为推动平定县经济发展提供智力支持，实现科技和文化的完美结合，努力把图书馆办成知识信息中心，文化教育中心，成为精神文明建设的重要窗口。

全民阅读活动

"爱我太行，固我长城"讲座

"农家书屋"管理员培训

灯谜竞猜活动

盂县图书馆

概述

盂县图书馆成立于1978年9月，建筑面积800平方米，馆藏图书7.5万册，内容涉及各个学科，其中藏有《四库全书》一套1500册，报纸50种，杂志50种。在全国公共图书馆评估定级中，连续四次被评为国家三级图书馆。2009年与山西省公共图书馆采编借阅系统联网，读者持证可在全省公共图书馆进行图书借阅，实现了全省范围内的通借通还。2011年，实现了借阅全免费服务，读者凭身份证等有效证件可到图书馆免费办理借阅证，凭证免费借阅所有馆藏基本图书。

业务建设

截止2012年底，盂县图书馆总藏量9.5万册。2011年，图书馆新增藏量购置费10万元。地方文献400余种1370余册。馆内设图书采编、图书外借、报刊阅览、电子阅览、共享工程、读者工作等部门。盂县文化信息共享工程支中心设在盂县图书馆。

读者服务工作

为了让公众享受基本公共文化服务，从2009年起，盂县图书馆实行免费办证、免费借阅、免费查询、免费上网。书刊文献开架比例80%以上，馆藏书刊文献年外借率20%以上，书刊文献年外借册次2万册以上，馆外流通点书刊文献年外借册次5万以上。2009—2013年，图书馆共举办讲座、展览、培训、阅读推广等读者活动30场次，参与人数5万人次。电子阅览室，宽带接入，免费供读者上网查询资料、阅读图书。不定期编写《盂县图书馆工作动态》，真实反映盂县图书馆所做的各项工作。盂县图书馆充分利用共享工程资源深入边远山区，为广大农民带去科技知识和优秀影片，得到当地农民的欢迎。每年暑期，还在图书馆前举办为期两个月（7—8月）的“文化信息资源共享工程”电影晚会，既陶冶了群众的精神道德情操，又为人们的消夏纳凉提供了一个好去处，使“共享工程”真正实现了群众共享，受到广大群众的交口称赞。

业务研究、辅导、协作协调

积极参与上级图书馆组织的协作协调工作，不定期对本地区基层图书馆进行业务辅导和培训，取得明显成效。积极参与学术交流活动，不断提高工作水平，2009—2012年，盂县图书馆职工发表论文8篇。

管理工作

盂县图书馆有严格的财务管理制度，每年都有年度计划。建立了工作量化考核指标体系，按需设岗、按岗聘用、竞争上岗，有考核、分配激励制度。各种档案健全，资料详实，内容齐全。馆内外环境整洁、美观、标牌齐全规范。安全保卫工作落实到位。

表彰、奖励情况

2009—2012年盂县图书馆共获得各种表彰、奖励8次，其中，省图书馆学会奖励4次，市表彰奖励1次，县级表彰激励3次。

未来展望

为加快创建国家一级图书馆，稳步推进“文化塑县”战略，2013年6月盂县图书馆新馆已经动工修建，面积4000多平米，预计2015年6月竣工。我们将以此为契机，在今后的工作中，本着创新、发展的宗旨，完善现有的服务功能，进一步扩大服务范围，建立和完善图书馆自动化和数字化网络系统，努力提高我县文化建设的整体水平。

馆领导介绍

辛明堂，男，1962年9月生，大专学历，中共党员，副研究馆员，馆长。1983年9月参加工作，在乡镇担任文化员。1994年调任盂县图书馆任馆长至今。

郭建瑛，女，1968年8月生，本科学历，中级职称，副馆长。1991年山西大学图书馆学系毕业到盂县图书馆参加工作，先后在采编部、读者工作部工作。

闫俊红，女，1970年7月生，本科学历，中级职称，副馆长。1992年山西大学图书馆学系毕业到盂县图书馆参加工作，先后在外借流通部、采编部工作。

联系方式

地　址：山西盂县钟镇北路37号
邮　编：045100
联系人：辛明堂

长治市郊区图书馆

概述

郊区图书馆创建于1987年9月。建馆之初，馆址位于长治市旧紫金西路中段，面积仅仅为28平方米，藏书几乎为零。后经多次搬迁，2008年迁入位于长治市长北漳泽大街西路中段的现馆址，现任馆长姜平。现有馆舍建筑面积2670平方米，现馆藏各类图书45000余册。2013年，参加第五次全国公共图书馆评估定级工作，首次获得三级图书馆。

业务建设

截止2013年底，长治市郊区图书馆总藏量345000册（件），其中，纸质文献45000册（件），电子图书30万册。2013年，馆新增藏量购置费24万元，购买了11916册图书，以后每年列入财政预算购置图书经费10万元。

读者服务工作

从2009年7月起，长治市郊区图书馆每周开馆时间56个小时以上（周末照常开馆），当好读者参谋，及时向读者推荐适合他们的图书或参考资料。

2010—2013年，长治市郊区图书馆每年都举办讲座、培训活动，并深入基层5个镇、1乡、1个旅游开发区、2个办事处，122个行政村辅导图书业务工作。

业务研究、辅导、协作协调

为提高公共图书馆室服务水平，全面推进了各镇（乡、办、区）和村（社区）图书馆（室）体系建设。万事开头难，没经费办不成，可大势所趋，坐、等、靠、退的思想要不得。知难而进，克服种种困难，群众文化全社会办，首先培训一批爱岗敬业的图书管理员（70余名），多方筹集经费，创造条件，书从无到有，积少成多，近几年来创建镇（乡、办、区）文化站图书馆（舍）9个，乡镇图书室建设全面普及。乡、镇中学图书馆9个，村图书室52个，厂矿社区图书馆7个，共藏书35万余册，村（社区）图书馆（室）覆盖率超过50%。涉及区图书馆，各镇（乡、办、区）图书室、学校图书馆（室），各村和大厂社区矿图书馆的区、乡（街道）、村（社区）三级图书馆网络建设框架基本形成。形成一个上下联动，横向联合的大公共图书服务体系，为社会各届提供更加丰富及时的图书借阅服务。

管理工作

2008年，郊区图书馆正式在编人员7人，2012年区政府关于在编人员岗位聘任考核中，区图书馆全员聘任上岗，同时，区人事部门每年进行工作量化考核，区图书馆每周进行工作进度通报上级领导部门，全年进行总体工作考核。除保证图书馆正常工作以外，对基层图书馆每年还要进行图书业务辅导，帮助他们更好、更规范的服务于广大基层人民群众。2012年，区图书馆下乡实地考察了全区122个行政村农家书屋，采集了各村实际情况汇编成册，能更好、更全面了解各农家书屋状况，更有利于管理基层图书管理工作。

表彰、奖励情况

2008—2013年，长治市郊区图书馆共获得各种表彰、奖励11次，其中，市图书馆表彰、奖励3次，区政府表彰、奖励2次，区文体广电新闻出版局表彰、奖励6次。

馆领导介绍

姜平，男，1956年5月生，中专学历，中共党员，馆长。

尚志军，男，1984年10月，大专学历，副馆长。

未来展望

郊区图书馆虽然起步晚、条件差，但近年来结合本馆特点和实际需要，有重点地补充资料和藏书，逐步建立了较为规范、科学的藏书体系。坚持图书分类快、编目快、上架快的三快特点，及时把馆藏优秀图书介绍给读者。管理上采用全员轮休制度，保证节假日不闭馆，每周开放不少于56小时。采取多种形式，热情服务读者，年外借图书报刊达四万余册次，年流通总人次达六万多人次。我们有信心把区图书馆建设成为全区干部群众求知有门、成才有路、致富有策、生活有趣的卓有成效的服务场所。

联系方式

地　址：长治市长北漳泽大街西路中段
邮　编：046011
联系人：姜　平

少儿阅览室

阅览室大厅

平顺县图书馆

概述

平顺县图书馆创办于1979年，位于城北街22号。馆室面积1180平方米，房间96间。藏书5.4万册。可容纳读者座位335个，可供读者使用290个。计算机30台，宽带接入10M。2013年参加第五次全国公共图书馆评估，评为三级图书馆。现新馆建筑面积3993平方米，设计藏书容量10万余册，可容纳读者座位350个。

业务建设

截止2012年底，平顺县图书馆总藏量5.4万册（件），其中纸质文献5.37万册，电子期刊30种（册）。

2009–2012年，平顺县图书馆新增藏量购置费6万元，共入藏图书报刊10780种（册）（其中获捐赠5500册），地方文献（收集）入藏量314种（册）。

截止2012年底，平顺县图书馆数字资源总量为4.1TB，其中，自建数字资源总量3.1TB。

2009–2012年，在我县开展的一些大型活动春节、元宵节街头活动、校园文化展示周、校园文化艺术节、全国新闻记者漂流赛、群众文化活动展示等，我馆工作人员积极参与活动节目文字的编排，提供相关节目资源，同时积极收集活动资料，在元宵节街头文娱活动中拍摄图片5600幅，拍摄视频65集，收集文字资料356卷，在一至六届校园文化展示活动中，注重文献资源收集，共整理节目文字资料152卷，音频30个，视频47集。

读者服务工作

从2011年6月9日起，平顺县图书馆全年365天对外免费开放，周开放时间不少于56小时。2009–2012年，书刊总流通量2.2万人次，书刊外借11.2万册次。2009–2012年，设立图书流动点262个，馆外书刊流通达8.9万册次，馆内书刊外借达2.2万册次。

2012年初，我馆在山西省图书馆专业人员的指导下建立Interlib总分馆系统，实现了长治市以内各县区图书的通借通还；用电脑自动化编目替代了手工编目图书，期刊，报刊等。

2009–2012年，平顺县图书馆网站访问量达1.4万次，可为读者提供检索、浏览、下载等服务。

2009–2012年，平顺县图书馆共举办培训讲座18次/年、展览3次/年、阅读6次/年，年参与活动人次0.05万。

业务研究、辅导、协作协调

2009–2012年，平顺县图书馆职工发表论文4篇，其中：国家级刊物1篇，省内刊物3篇。

从2010年起，平顺县图书馆在全县范围内新建农家书屋，并专门设立领导小组，下设12个乡镇专项指导流通服务1310次，阅读推广与展览讲座45次，业务培训与技术支持90次。截止2012年底，全县建了农家书屋262个，乡镇图书室12个。为基层培训图书管理员274人。

管理工作

2010年，平顺县图书馆完成第三次全员岗位聘任，本次聘任共设8类岗位，有8个人重新上岗，同时，建立了工作量考核指标体系，每月进行工作进度通报，每月和全年进行总体工作考核。2009–2012年，共抽查文献排架21次，数目数据10次，编写各部门工作进度通报10篇。

表彰、奖励情况

2009年–2012年，平顺县图书馆获得各种表彰、奖励16次；其中：获得市级表彰1次；县委县政府表彰6次，获得宣传部门表彰9次。

馆领导介绍

张向平，男，1966年3月生，本科学历，中共党员，馆长。1986年7月参加工作，历任平顺县文化局副局长、文化服务中心副主任，2012年5月兼任平顺县图书馆馆长。多次被县委县政府评为宣传文化先进工作者，2011年12月被长治市精神文明建设委员会评为长治市《长治好人》。

未来展望

平顺县图书馆始终遵循“一切为了读者，为了读者一切”的办馆方针，充分发挥公共图书馆的阵地作用，为广大读者提供更便捷、更规范、更优质的开放服务，为全县基层文化工作者提供业务培训，为全县广大读者提供各种培训，使更多的读者了解图书馆，熟悉图书馆，走进图书馆，进一步加快推进我县公共文化服务体系建设。我馆在县文化广场新建的图书馆，占地面积1400平方米（地下一层，地上六层），总建筑面积3993.69平方米，总投资951.3万元，现在正进行内部装修，今年10月份新馆将以崭新的面貌向全县人民开放。新馆读者阅览座位将达到350个，可容纳纸质文献10万余册，年服务人次可达2万人次以上，数字资源设计存储能力10TB，能够提供全覆盖、不间断、无时空限制的数字文献远程和移动服务，数字资源年利用率15万件/次以上。同时，还具有支撑保障全县公共图书馆服务体系良好运行的文献与技术能力，成为与市内高校、科研系统图书馆实现资源共享互补的大型县级图书馆，达到二级图书馆的基本标准。

联系方式

地　址：长治市平顺县文化广场
邮　编：047400
联系人：张向平

屯留县图书馆

概述

屯留县图书馆成立于1945年，馆址几经搬迁，1991年12月位于屯留县麟绛西大街123号的新馆建成开放。新馆占地2000平米，可容纳坐席290个，2010年，参加第四次全国公共图书馆评估，首次获得三级图书馆。2008年新增计算机30台，宽带接入2M光纤，供读者使用。2012年图书馆馆舍整修，逐步健全了图书库、报纸库、期刊库、借阅室、盲文阅览室、少儿阅览室、综合阅览室。2011年1月图书馆全面面向社会各界免费开放。2011年图书馆加入山西省图书馆总分管制，使用Interlib管理系统，图书实现了网上办证，实现馆藏文献通借通还、联合编目功能。

业务建设

截止2013年年底，屯留县图书馆总藏量78000余册（件），其中纸质文献73000册，期刊3000册，报纸2000份。

2011年屯留县图书馆新增图书3000册，2012年期馆内新增中文图书2000册，少儿图书3000册。

2011年，馆内建成图书馆网站。2013年初，新增电子查询图书一体机。以适应读者需求。

读者服务工作

从2011年起，屯留县图书馆全年365天天天对外免费开放，周开放56小时。2012年购置图书借阅机，读者可以自主查询馆藏图书，更快捷方便读者借阅。书刊外借册次2.5万人次。年接待读者12万余人（次）。

2011年–2013年，屯留县图书馆网站总访问量1600人次，广大读者可以通过图书馆网站，进行检索、浏览和下载服务。

2010年–2013年，屯留县图书馆举办讲座、展览、培训、阅读推广等读者活动120余场，参与人数3.6万人次。

业务研究、辅导、协作协调

历年来我们积极参加省、市组织的各种学习和培训活动。参加了中美图书馆馆长交流会、共享工程培训、馆际互助总分馆体系建设等一系列培训。对于基层业务辅导工作我们进行了广泛的调查研究，特别是在“农家书屋”工程建设中，我们成了了农家书屋建设小组，牺牲了10多个双休日，每天早出晚归，走遍了权限14个乡镇的294个行政村，彻底摸清了全县各村的情况，全面掌握了第一手材料，做到了心中有数，底子清楚，为农家书屋建设奠定了奠定了鉴定的基础。农家书屋建成后，为了提高对“农家书屋”的精细化管理水平。在书屋管理上，制定了一系列规章制度。为使农家书屋管理员在最短的时间内又快又好的掌握图书登记、分类、编目、上架、借阅、活动、管理等相关业务知识，我们采取对农家书屋管理员进行集中培训和专业人员到村现场指导。并把农家书屋与文化活动室、远程教育等结合起来，共同开展活动。用各种丰富多彩主题读书互动调动广大农民的热情和积极性，很大的提高了农家书屋的利用率和综合效能。

管理工作

2013年，屯留县图书馆进行了全员岗位聘任，并建立了工作量化考核指标体系，每季度和全年进行总体工作考核。

表彰、奖励情况

2011年获得县委、县政府表彰。

2012年获得省新闻出版局表彰1个先进集体、1个先进个人、2个示范农家书屋、1个优秀农家书屋管理员。

馆领导介绍

孙建军，男，1979年12月出生，大专学历，中共党员，馆长。1996年屯留县公安局工作，2003年屯留县建设局工作，2005年屯留县文化稽查大队任副队长，2010年屯留县图书馆工作。

江臣敏，女，1982年1月出生，本科学历，中共党员，副馆长，2006年1月到屯留县图书馆参加工作，先后在采编室、阅览室、图书借阅室等部门工作。

未来展望

在社会转型的艰难历程中，公共图书馆肩负重要的历史使命，作为县级公共图书馆，只有抓住机遇，改善办馆条件，提高服务效益，才有生存和发展的希望，要转变观念，大力加强人员队伍建设，共享信息资源，实现网上服务，走出自我封闭的小天地。争取达到一流图书馆的基本标准。

联系方式

地　址：屯留县麟降西大街123号
邮　编：046011
联系人：孙建军

壶关县图书馆

概述

壶关县图书馆创建于1979年，旧馆址在新建路127号。建馆初期，共有3人，藏书量有2万余册。2005年9月，壶关县图书馆搬进新建的宣传文化活中心大楼新址。现有在岗职工8人，大专以上文化程度6人，中级职称2人。馆舍面积为1500余平方米，馆藏各种图书资料11万余册。馆内设图书室、报刊库、多媒体培训室、书刊阅览室、电子阅览室、少儿阅览室、资源共享室县级支中心等服务机构及场所。现有阅览座席250个，能充分满足读者的阅览需要。馆内业务开设图书外借、报刊阅览、咨询服务、资料代查、图书下乡、送书上门服务等，三十多年来为全县经济建设起到了积极的推动作用，为全县广大读者提供了学习、工作、科研的方便。极大地丰富了群众文化生活。

业务建设

我馆总藏量118980册，其中图书总藏量103460册，古籍总藏量200册，报刊总藏是为10820册，视听文献总藏量为4300件，地方文献400余册。

读者服务工作

壶关县图书馆2011年开始实现无障碍、零门槛进入，对公共空间设施场地全部免费开放，所提供的基本服务项目全部免费。为进一步发展图书事业，方便读者借约，我馆将入网图书集群管理系统，读者将实行一卡通，只要读者办理借阅卡，持卡在山西省内的各个公共图书馆都可以借阅和归还，这更进一步的发展图书事业，方便人民群众。

我馆的特色服务：1、为了使残疾人这一特殊群体能够均等、充分地享受到图书馆公共文化服务，壶关县图书馆盲人阅览席，设置了专供残疾人供上网的电脑，并安装阳光读屏软件，在电子阅览室设立了有声读物专区，先后购置了23种79册盲文图书和有声读物光盘65张；下载了文学、历史、戏曲、科普、讲座等数字资源30GB，供残疾人特别是盲人读、看、听、借，以不同形式服务残疾人，基本形成了全面服务残疾人的图书馆服务体系。2、为了方便农民工群体的借阅需要，县图书馆专门设立了"农民工书架"，并组织开展了"进工地为农民工现场送书"活动。为农民工举办了计算机操作知识和互联网知识讲座。

业务研究、辅导、协作协调工作

2011年，我馆加入了省总分馆体系建设。图书馆网络服务的开通将为广大读者提供更为方便的网络图书馆服务，网络服务呈现出两大特色，为了加强运行管理，我馆对在馆工作人员进行业务培训。在网络平台对外开放过程中，服务网的实际效能已然显现。读者反响良好。读书花费"少"。只要你在我馆注册成为正式读者，凭身份证和一寸照片一张办理电子阅览证，不收取工本费。就可得到图书馆免费提供的网上参考咨询和文献服务。真正做到不花一文而读到想要读的书。壶关文化信息资源共享支中心于2009年9月建成，内有电脑20台，安装设备通过卫星接收国家下发的资源和信息。2009年壶关县文化资源共享工程开始普及进入各乡镇行政村，第一批建成了120个行政村，2010年第二批建成了30个行政村，2011年建成了240个行政村，全县390个行政村文化信息资源站点实现了全覆盖。

管理工作

2011年我馆完成全员岗位聘任。根据岗位责任制工作任务，实行联责记分考评制，具体要求是：三定四考一评比，即定时、定人、定任务；考出勤、考成绩、考态度、考纪律；同时，建立了工作量化考核指标体系，每半年和全年进行总体工作考核。

表彰、奖励情况

壶关县图书馆多次荣获省、市、县的表彰和奖励。

馆领导介绍

吴海生，男，现年51周岁，中共党员，大专学历，馆员，馆长。山西省群众文化学会会员，壶关县政协六、七、八届政协委员。曾多次参加省、市图书专业知识培训，该同志在创建基层农家书屋，创建公共文化服务体系工作中成绩突出，曾多次受到省、市、县文化主管部门的表彰。山西省新闻出版局授予吴海生山西省农家书屋工程建设"先进个人"荣誉称号。

梁兰芳，女，现年40周岁，本科学历，馆员，副馆长。曾多次参加省、市图书资料专业知识培训，工作成绩突出，多次受到文化主管部门的表彰，发表《加强基层图书室建设，促进新农村跨越发展》、《浅谈公共图书馆如何服务于社会主义新农村建设》等多篇论文。

未来展望

认真落实科学发展观和党的十八大精神，加强工作人员的职业道德教育，不断提高工作人员的业务水平，建立高层次的服务工作队。同心同德、团结一致、与时俱进、顽强拼搏，牢固树立"读者第一，服务至上"的观念。为推进我县图书馆事业的发展做出新的更大的贡献。

联系方式

地　址：山西省长治市壶关县新建路220号
邮　编：047300
联系人：吴海生

沁县图书馆

概述

沁县图书馆，位于县城红旗街西侧，创建于1978年，其前身是县文化馆图书室。1986年新建图书馆大楼，框架结构，建筑面积620㎡，1989年投入使用。图书馆馆藏图书6.5万册，编制10人，现有在编人员6人，大专以上学历人数占职工总人数33%；高级中级以上职称人数占职工总人数的22%。2012年以来，我县迎来了长治创建全国公共文化服务示范区新机遇，在上级文化主管部门和县委政府的大力支持下，我县投资600余万元开始新建图书馆，新馆建筑面积2000平米，设置有综合阅览室、少儿阅览室、老年阅览室、盲人阅览室以及电子阅览室、报告厅等多项服务功能，目前已完成主体工程建设，正在进行装饰，计划2015年初投入使用。

业务建设

沁县图书馆图书总藏量达6.5万册，其中纸质文献55000余册，过刊报纸1万余册，音像制品200多件。图书馆现设综合阅览室、老年阅览室、少儿阅览室和电子阅览室，内设办公室、采编室、辅导部、共享工程室等业务科室，面向公众免费开放阅览座席120余个，共享工程电子阅览室计算机32台，宽带接入2M。于2010年加入省图书馆集群管理系统进行联合编目，2011年开始进行图书数字化加工，文献编目严格采用中国图书馆分类法，且已纳入总分馆联合编目。藏书规范、统一、整齐、美观，排架正确率达到98%；数字化资源总量为1TB，书目数字化率达到80%。2013年底全县共建成机关、学校基层图书室35个，农家书屋（村级图书室）377个，乡镇文化站图书室13个，实现了全覆盖。

读者服务

从2010年10月起沁县图书馆全面实现免费开放，无双休日、无节假日全天对外开放，每周开放60小时。书刊文献开架比例达到68%；馆藏书刊文献年外借率为60%。全年共接待读者约2万余人次，图书流通9800余册次，2012年实现借还书使用集群管理系统，实现了图书借阅通借通还。免费开放场所项目有：图书阅览室、少儿阅览室、报刊阅览室、电子阅览室；文献资源借阅、检索与咨询、公益讲座、基层辅导、流动服务等基本文化服务项目以及办证、验证等项目。为社会提供专题服务项目内容丰富，为残疾人、农民工、未成年人、老年人等特殊群体可提供针对性服务，图书馆网站日常管理维护与更新及时，读者满意率达到90%。

业务研究辅导协作协调

2008年图书馆馆员李小英在《沧桑》杂志上发表专业论文《浅谈加强新农村图书室的建设》；2012年图书馆馆员杨灵娥在山西文化杂志上发表专业论文《浅谈贫困地区中小学图书馆（室）的发展现状与对策》。图书馆对全县基层图书室、农家书屋每年进行经常化、规范化的业务辅导指导，每年对全县图书管理员进行图书管理集中培训一次。图书馆流动服务每半年在村际流动一次，把最新的图书提供到乡间地头，在县、乡、村三级开展图书互相流动，公共图书体系全面覆盖，实现了资源共享。

表彰奖励

近年来多次受到上级表彰奖励，2013年图书馆被山西省新闻出版总局评为山西省农家书屋工程建设先进集体，多个农家书屋和先进个人受到县委政府及县文体广电新闻出版局的表彰。

馆领导介绍

刘少花，女，1980年10月出生，沁县定昌镇西渠上村人，本科学历，中共党员。2000年参加工作，2008年12月调入县文化局（现为文化服务中心）工作，2012年3月任县图书馆馆长至今，2012年荣获沁县优秀党员、2013年荣获农家书屋管理先进个人和县先进工作者称号。

未来展望

2015年沁县图书馆新馆投入使用后，功能齐全的书刊借阅、电子阅览、报告展览、基层辅导等将为全县人民提供最优质的免费开放服务和图书流动服务，以规范的管理、标准的设施以及全新的服务创建国家二级图书馆，图书馆将以崭新的姿态展示在北方水城·美丽沁州。

举办全县干部“领头雁”讲座培训

电子阅览室

综合阅览室

举办书法绘画展览

晋城市城区图书馆

概述

晋城市城区图书馆成立于1978年，馆址为一座百年老庙，占地面积1258平方米，2009年原址改扩建，现馆舍建筑面积2200平方米。2011年底，晋城市城区图书馆认真落实"三馆一站"免费开放政策，实现无障碍、零门槛进入，公共空间设施场地全部免费开放，所提供的基本服务项目全部免费。馆内设有流通室、报刊室、古籍室等8个对外服务部门，开展书刊外借流通、馆内阅览、电子阅览、参考咨询、培训辅导等服务，并为特殊群体开通了盲人阅读区。2012年7月业务总分馆制建设完成，实现各成员馆之间"一证通用"、"通借通还"的资源共享。2013年，参加第五次全国公共图书馆评估，荣获"三级图书馆"称号。

业务建设

截止2012年底，晋城市城区图书馆总馆藏图书74673册，报纸12种，杂志63种，视听文献（光盘）9种15盒288片。2009–2012年，晋城市城区图书馆采购中文图书4665册，2012年7月份纳入总分馆并按照总分馆文献联合分编规范进行图书编目，截止2012年底共分编图书12000册。其中不包括盲文图书69种，161册。晋城市城区图书馆民国前古籍255种，1338册，其中善本21种（全本12种，残本9种）；民国时期（1911–1949）古籍589种，3667册。

读者服务工作

晋城市城区图书馆本着"以人为本，读者至上"的服务宗旨，不断加强工作人员岗位作风建设和管理水平，提高人员业务素质，改善服务质量，为广大读者提供优质的服务，全馆借阅室少儿、电子、报刊、盲人盲文等全免费开放，取消原有部分收费项目，降低文献复印费，污损书刊赔偿费。晋城市城区图书馆每周开馆时间不少于56小时；书刊文献开架比例达到80%以上；书刊宣传做到一周一报；为特殊群体专设盲文借阅室，包括盲文视听资料和盲文读物。2012年，开展了为智障人送书上门（学习用品、书包等）活动，受到家长的一致好评。晋城市城区图书馆利用版面，LED屏等宣传外，每年发送短信6万条，同时以市新华书店晋城书城为窗口，开展"你选书，我买单"以人为本读书活动，让读者零距离参与到图书馆采选图书中来，及时、方便地为他们提供文献信息资源。

2012年，晋城市城区图书馆阅读推广活动主要以农家书屋读书实践系列活动展开。举办了农家书屋读书心得交流活动、知识竞赛、演讲比赛、现场观摩评比等系列活动，参与人数上千人次，各比赛评出一等奖、二等奖、三等奖、优秀奖若干名。

业务研究、辅导、协作协调

晋城市城区图书馆坚决贯彻"三馆一站"免费开放政策，2011年已实现无障碍，零门槛进入。我们坚持注重实效、逐步完善、坚持公益、树立形象的原则，以免费开放为契机，采取一系列措施，加强规范化建设，并制定了免费开放工作实施方案。其中包括公共图书馆免费开放的意义、公共图书馆免费开放的指导思想、工作原则和主要目标、晋城市城区图书馆免费开放的基本内容和实施步骤、具体举措、保障机制等内容。

截止2012年底，晋城市城区136个农家书屋管理员培训、辅导工作结束。区农家书屋管理员主要以大学生村官为主，按镇（办）区域分八次进行培训、辅导。特点是集中培训，以点带面，规范化发展。并多次下乡督促、检查农家书屋开展情况。

2012年7月业务总分馆制建设完成，成为山西省图书馆分馆之一。凡持本馆有押金读者证的读者在各成员馆之间实行书刊文献借阅"一证通用"、"通借通还"，实现资源共享。

管理工作

截止2012年，晋城市城区图书馆共设置11个岗位，其中专业技术人员7名：中级2名，初级5名；管理人员1名；工勤技能人员3名：技师1名，高级工2名。主体岗位为专业技术岗位，占岗位总量的64%。同时，建立了工作量化考核指标体系，每年进行总体工作考核。主要职责和任务是保存借阅图书资料，促进社会文化发展。图书、文献、报刊、采编与储藏图书资料借阅，图书教学研究、知识培训与社会教育等。

表彰、奖励情况

2012年，晋城市委、市政府表彰公共文化服务先进单位；2013年1月省新闻出版局授予山西省农家书屋工程建设先进集体荣誉称号。

馆领导介绍

邢呆柱，男，1965年12月生，1988年山西大学毕业，学士学位，本科学历，图书馆馆员，中级职称，馆长。负责图书馆全面工作。

贺利利，男，1962年10月生，1992年山西大学函大毕业，大专学历，助理馆员，初级职称，副馆长，现分管图书馆业务。

未来展望

晋城市城区图书馆本着以传播先进文化为已任，坚持以人为本、文明优质的服务理念，营造人文、舒适、休闲的读书环境，2012年区委区政府规划"三馆建设"项目启动，2014年7月正式动工，有望于2016年建成并投入使用。新馆建成后总建筑面积3500平方米，阅览座位530个，可容纳纸质文献60余万册，年服务人次可达上万人次，力争达到一级图书馆定级标准而努力！

联系方式

地　址：山西省晋城市南大街621号
邮　编：048000
联系人：邢呆柱

潞城市图书馆

概述

潞城市图书馆创建于1979年，馆址最早设在潞城市府东北路249号，是全市唯一的公益性文化宣传教育机构。2009年7月馆址迁至新的办公大楼，占地面积1800平方米，设成人阅览室、少儿阅览室，座席410个，同年，我馆通过了全国第四次公共图书馆评估验收，被评为“三级图书馆”。2011年我馆实现了总分馆制，购买了条码打印机，纳入了山西省图书馆集群管理系统，现我馆馆藏已全部按Interlib进行联合编目并回溯建库。

业务建设

从2003年开始，我馆逐年增加购书经费，2011年开始，免费开放配套资金10万元列入财政预算。目前，达到年购图书7061种、报刊107种、电子文献3947种、视听文献250种，做到了图书、报刊月藏量平稳增长。截止2013年底，我馆图书总藏量5.3万余册，人均藏书0.15册，藏有报纸40余种、刊物90余种、少儿图书与光盘400余种、资料4000多册。

2008年增设电子阅览室，购置15台电脑，进行人员培训，省文化厅在2009年又进一步加大我市“共享工程”的投入，为我馆新增20台计算机、以及投影仪、复印机、扫描仪、摄像机、数码照相机等办公设备。在我馆各科室安装了办公自动化程序，并对专业人员进行集中培训。目前，我市“共享工程”设施运行良好，人员配置合理，已建成全省文化信息资源共享工程支中心站，现正在开发建设具有馆藏特色的专题数据库，逐步走上规范化、科学化、网络化的发展道路。

我馆年图书标引误差率低于2%，图书著录误差率低于2%，其书标、登录号、馆藏章等规范有序统一、整齐、美观，达到了标准要求。对图书目录的设置、组织、管理非常重视，购置两套目录柜，设置公务目录读者目录，读者目录有分类目录和题名目录。目录专门有人管理和保养，并有查目辅导。

我馆的闭书库排架整齐有序，准确少误，误差率在0.5%以下，开架图书做到随放随查，误差率在2%以下。

读者服务工作

我们本着“免费、平等、无障碍”，看书借书“零门槛”的服务理念，面向所有读者免费开放。从2009年开始，我馆实行“全年无休假”制，每天开馆时间9小时，每周开馆时间63小时，年外借册次在2万册次，年流通叫人次4万人次，开架书刊册数占总藏量的60%，书刊宣传有400种以上。为方便读者，专门设有专栏、版面推荐图书、期刊，同时运用新闻媒体进行宣传。为做好基层图书服务工作，还设置固定服务点10个，即市一中、史回乡、黄牛蹄乡、合室乡、微子镇、翟店镇、店上镇、辛安泉镇、成家川办事处、潞华办事处，每年为这些单位实行“流动图书箱”上门服务，年解答咨询数量至少有400条。

近年来，我馆每年都要开展“图书服务宣传周”活动。尤其在每年4月23日“世界读书日”全民读书日之际，都要大力开展读书演讲比赛活动和优秀读者评选等活动。每年图书服务周活动和读书日活动接待读者7000多人次，流通科技图书310种，其它各种书籍有300多种。每年读书演讲赛、评选优秀读者等各种活动不少于6次。特别是在2008年“国庆”期间，我馆在市电视台举办了“国税杯”读书演讲会，吸引了市长、分管书记、分管市长和宣传部长等有关领导以及社会各界群众上千人前来参加，规模大，效果好。2010年在电子阅览室进行了少年网页设计的培训，2012年在电子阅览室举办了全国中小学生电脑小报潞城市赛区设计比赛。

业务研究、辅导、协助协调

我馆业务人员每年岗位培训、继续教育达到人均157学时，每年2名馆员参加山西省图书馆和长治市图书馆培训学习。全馆人员现已具有大专以上学历4人，占职工总人数67%，具有中专、高中以上文化程度有2人，占职工总人数的33%。全馆现有高级职称1人，中级职称2人，初级职称3人。

我馆积极组织开展读者分析研究，成立了信息资源开发中心，注重收集和研究信息反馈，并根据反馈情况，组织全馆人员进行了认真学习，相互切磋与研究，并撰写论文，2009年全馆在省级以上刊物发表论文2篇，调研报告2篇。在做好图书馆主阵地工作的同时，我馆还全方位引深和拓展业务辅导工作，图书馆辅导部每年在基层单位办班6次，对基层图书管理员进行业务培训。2007年，我市组织全市9个乡镇160多个村的图书管理员进行了业务培训，提高了基层图书管理员的业务素质和管理水平，促进了新农村文化建设。2012年农家书屋管理员培训、2013年基层文化管理员每季度培训一期。

管理工作

制定了《读者借阅制度》、《电子阅览室管理制度》、《书库管理制度》、《设备管理制度》、《安全保卫和保密规定》等等，并逐步完善了岗位管理制度，制定了年度考核奖惩办法，形成了按需上岗、按岗聘用、晋升靠实绩，上岗靠竞争的考核考评管理机制。每月进行工作进度通报，每半年和全年进行工作考核。同时在全馆开展"爱馆、爱书、爱读者、优质服务"岗位建功立业竞赛活动。2011年，我馆完成第五次全员聘任，本次聘任共设三类岗位，六人重新上岗。

表彰、奖励情况

2008年被山西省图书馆学会评为"山西省全民阅读先进单位"，同年还荣获"山西省文联少儿舞蹈比赛最佳组织奖"；2011年度在全民阅读与科普活动中被山西省图书馆学会、全国文化信息资源共享工程山西省分中心评为"先进集体"；在2011年度山西省文化共享工程优秀摄影作品征集评选活动中荣获组织奖；2014年被长治市文化广电新闻出版局评为"2013年度图书馆工作先进单位"；2014年，被山西省图书馆学会授予"2013年度全民阅读与科普活动先进集体"。潞城市支中心在2012年全国中小学生电脑小报设计比赛活动中，荣获山西省优秀组织奖。

馆领导介绍

程晓青，女，1956年1月出生，大学学历，中共党员，副研究馆员，文图联合党支部书记。1968年参加工作，2003年被任命为潞城市图书馆馆长。2010年被山西省文化厅授予"读者满意的图书馆员"荣誉称号；同年在参加第三届"和谐春晚·全国青少年才艺电视展演"活动中被授予"第四届和谐春晚·最佳指导教师"荣誉称号；2014年被长治市人民政府授予创建国家公共文化服务体系示范区"先进个人"。

未来展望

潞城市图书馆遵循"读者第一、服务至上"的办馆方针，秉承"公平、公益、开放"的服务理念，在不断强化自身综合实力的同时，通过今后的几年科学发展，将以建设现代化、数字化图书馆为目标，利用先进的计算机技术和数字信息系统，初步建立数字化图书馆的雏形，建立全市图书馆信息资源交流平台，实现馆际互借，资源共建、共享，扩展为读者服务的内容和手段，为读者提供网上浏览、网上借阅等各种优质服务。建议市委、市政府五年内在人口较集中的地域兴建一座占地面积不少于4000㎡、总使用面积达3000㎡的独立的现代化的图书综合大楼，将我馆打造成为一个集文化、教育、科研、休闲等功能于一体的现代化数字公共图书馆，为推动潞城经济发展提供信息保障和智力支持，实现科技和文化的完美结合，主要指标位居全省同级同类图书馆上游水平，达到三晋知名、上党一流县市级图书馆的基本标准。

联系方式

地　址：潞城市宣传文化中心一楼
邮　编：047500
联系人：程晓青

沁水县赵树理图书馆

概述

沁水县赵树理图书馆原为沁水县图书馆，始建于1982年，2008年7月为抢注赵树理商标更名为赵树理图书馆。馆址几经变迁，2010年4月，位于沁水县新建街64号的新馆建成开放。新馆馆舍面积4200平方米，馆内设有采编室、借阅室、盲人借阅室、电子阅览室、书库、报告厅、树理文化展厅等功能厅室。馆内硬件设备配置齐全，有计算机25台、盲文点读机1台、综合书架21各、双面期刊架10各、报价12各、阅览桌椅100个，实现10M光纤接入，使用Interlib总分馆管理系统。2013年，参加第五次全国公共图书馆评估，获得三级图书馆。

业务建设

截止2013年底，沁水县赵树理图书馆总藏量4万余册，其中，纸质文献3.8万册（件），电子图书、电子期刊500种/册。以赵树理为代表的各类地方文献500余种。

2010年新馆建成以来，年图书入藏量500种，报刊入藏量100种、试听文献入藏量10种/件，收藏有1963年至今2000余册合计本的报纸、期刊可供读者查阅。

2012年，实现Interlib总分馆管理系统，以适应山西公共图书馆总分馆建设的需要，馆内实现无线网络覆盖。

读者服务工作

牢固树立“以人为本、服务为先”的服务理念，利用现代化管理方式，实现图书馆“藏览一体化、单一通道控制、开架式服务、超市化管理”，做大限度地为读者提供服务。

从2010年4月新馆建成使用起，沁水县赵树理图书馆全年对外免费开放，周开放时间56小时。2010年4月至今，书刊总流通3.5万人次，书刊外借2.8万册次。

2010年配发流动图书服务车一台，实现县馆与农家书屋图书互借。

业务辅导、活动开展

2010—2013年，共开展各类农家书屋管理员培训4次，通过一整套科学实用的培训方式，使农家书屋管理员对图书管理的各项业务流程熟练掌握。并把农家书屋与村级文化活动室、远程教育等结合起来，用各种丰富多彩主题读书活动来调动广大农民群众读书的热情和积极性，极大地提高了农家书屋的利用率和综合效能。

在搞好阵地借阅的同时，积极组织举办“新书推荐、中小学生读书知识竞赛、演讲赛、有奖征文、有奖猜谜进校园、元宵节灯谜等形式多样的读书阅读活动，有效推动全民阅读，最大限度的发挥图书馆对经济社会的服务作用。

管理工作

制订图书馆管理聘用制，签订聘用协议，实行岗位绩效薪酬挂钩，极大调动职工工作积极性。目前共有人员编制10人，现有馆员9人，其中正副馆长各一名，专业技术人员5名，工勤人员4名，本科学历4人，专科学历3人，高中专学历2人，岗位培训率每年达到100%。

表彰、奖励情况

2008年—2014年，沁水县赵树理图书馆共获得各种表彰、奖励20余次，其中山西省新闻出版局表彰1次，县委、县政府表彰4次，其他奖10余次。

馆领导介绍

席崔庆，男，大专学历，助理馆员，馆长。

未来展望

沁水县赵树理图书馆将继续遵循“以人为本、服务为先”的服务理念。在未来的几年里，我馆将在现有馆舍的基础上，增加少儿阅读专区、自动借还书机等设施设备，以期为读者提供更为优质、便捷的服务。

联系方式

地　址：山西省晋城市沁水县新建街64号
邮　编：048200
联系人：席崔庆

电子阅览室

图书借阅室

报刊借阅区

高平市图书馆

概述

高平市图书馆成立于1984年，编制8人，在职人员6人。新馆建设于2009年，总面积12919平方米，总投资3041万元，2012年底迁至新馆。一层报刊阅览室、少儿阅览室、编目室、办公室。二层图书阅览室、展示室。三层过期过刊阅览室、基藏室、报告厅。四层电子阅览室、文化信息共享工程。预计可容纳读者座位500个。图书馆采用山西省图书馆集群管理系统，并已联入山西省公共图书馆计算机信息服务网络，实现联合检索、馆际互借和资源共享，实现了“一卡通”借阅图书，开通了通借通还服务，极大的方便了读者借书还书，简化了读者获取文献信息资源的手续。

业务建设

截止2012年底，高平市图书馆馆藏文献纸质图书4万余册，古籍线装善本图书1100余册，媒介可视图书200余册，报纸期刊400余种，地方文献120余种，电脑60台。

新馆建成后，在上级领导的大力支持下，投入50万元购置了双柱双面六层书架子160组，四人阅览室桌椅50套；期刊架25个，十层报柜斜挂柜10个；24柜门物品存放柜10组；图书防盗监测仪及其相关配件等。

图书馆现拥有3台服务器，2台交换机，5台读者检索专用机，网络存储容量达52TB，保障了图书馆数字化服务的开展和各类资源的有效利用。

图书馆采用《Interlib集群管理系统》，实现了采访、编目、典藏、流通、阅览、公共查询、期刊管理、业务统计、读者信息查询等各项业务流程全部自动化集成管理，使图书馆基础业务管理的自动化水平和服务水平得到了很大地提升。通过与全省联网、网际合作，实现了联机编目、书目资源共享。

读者服务工作

高平市图书馆现已落实免费开放政策，坚持“以人为本，服务为先”的人性化管理理念，全馆实行全开架、全流通的借阅服务模式，通过合理布局馆藏资源，每周开放时间不少于50小时。截止目前为止，年接待读者5000余人次，解答读者咨询200余人次，年图书流通量1.5万册次。

坚持在世界读书日、全民读书月期间依托现有资源，组织开展一系列群众喜闻乐见、形式灵活多样的活动，推动全民阅读，年组织活动3次以上。

积极发挥图书馆社会教育职能，深入基层开展农家书屋工程建设工作，宣传农家书屋惠民政策，组织开展全民阅读、农业技能培训等活动。

业务研究、辅导、协作协调

2012年，高平市图书馆进行了县-乡镇-村图书馆总分馆制度建设模式的课题研究，并向上级部门进行申报，取得了一定研究成果。

高平市图书馆根据高平市政府关于《文化信息资源共享工程实施方案》的要求，在上级有关部门的领导下和组织部党员远程教育中心的支持下，建成了16个基层分中心，434个村级服务点。同时图书馆依托文化信息资源共享工程卫星接收所获资源，开展“送科技下乡，服务地方经济”的活动，向当地农民免费发放农业科技光盘，共计1000余盘。同时图书馆利用馆藏资源，围绕社会主义新农村建设，建成农家书屋434个，实现了我市农家书屋全覆盖，并多次下乡进行业务辅导。

管理工作

高平市图书馆不断完善管理制度，已形成涉及图书馆各个工作环节的管理制度，以制度治馆，以制度化带动图书馆管理的规范化和科学化。

表彰、奖励情况

截止2012年底，高平市图书馆共获得各种表彰、奖励3次，其中，高平市委、市政府表彰、奖励1次，晋城市文化局表彰、奖励1次，高平市文化局表彰、奖励1次。

馆领导介绍

董素芳，女，1965年11月生，大专学历，中共党员，图书馆馆长。1981年1月参加工作，就职于市工商联，后于1997年调入高平市图书馆，2006年担任馆长一职。在2012年9月15日至21日期间参加全国基层文化队伍培训基地第一期县图书馆业务骨干示范培训班，学习成绩优异并取得培训证书。

牛利林，男，1970年7月生，大专学历，中共党员，二馆党支部书记。1986年1月到高平市图书馆参加工作，随后当选二馆党支部书记，分管党务工作、精神文明建设等。

未来展望

高平市图书馆本着“以人为本”的宗旨，树立“全方位开放，全方位服务”的理念，充分利用丰富的馆藏资源，舒适的阅读环境，向全社会提供全面、优质、方便、高效信息服务。2013年将投资200万元，购置图书10万余册，征订报刊400余种，有效地缓解了藏书少、读者多的矛盾。高平市图书馆在未来几年里，将会尽快完善新馆内的软硬件设备，新建咖啡阅览室、影音视听阅览室等新型阅览室，同时也要加快图书馆自动化、网络化、数字化的建设进程，以便更好的为读者服务，让读者满意，努力将高平市图书馆建设成为全国一流的县级图书馆。

联系方式

地　址：山西省高平市神农路中段图书馆
邮　编：048400
联系人：杨　亮

左权县图书馆

概述

左权县第一个图书馆成立于1921年，由美国伊利诺州“友爱会”在县城礼拜堂右侧开设，主要服务于该会教徒。历时几经变迁，1985年5月建立了左权县图书馆，原馆址在辽山路文化馆大楼内（现已拆除），占用面积96平方米。1996年6月，在国家妇联、省妇联、省文化厅、晋中行署妇联等部门资助的基础上，建立了儿童图书馆，行政上与图书馆合署办公。2002年9月，在左权县县委、县政府及有关部门的支持下，图书馆馆址搬迁至左权县辽山路14号宣传文化中心大楼内，建筑面积为1508平方米，环境条件发生了很大改观。图书馆阅览座席达170个，计算机30台，网络宽带全部开通，存储容量4TB。

业务建设

截至2012年底，左权县图书馆总藏量71385册，从2009年至2012年图书馆每年新增藏量购置费6万元，年入藏量均1500余册，报刊年入藏量120种，视听文献年入藏量30种，共入藏中外文图书8829册，地方文献入藏500余册。在采购图书时，我馆根据读者需求，有针对性、目的性地购置，在文献编目过程中，所有文献都采用中国图书分类法（第五版）进行编目，在排架过程中，严格按照排架标准进行，还制定了一系列文献保护规章制度。在图书馆数字化建设方面，我馆正处于初级阶段。

读者服务工作

在为读者服务方面，我们始终坚持“为人民服务，为社会经济服务”的原则，急读者所急，想读者所想，努力为读者提供良好的服务：

常规和特殊服务：在国家对图书馆实行免费开放政策以来，我馆积极响应并付诸实施，公共场所及基本服务项目健全并全部免费开放，读者借阅时间保证每周56小时。书刊文献开架比例达75%，年外借率50%，利用流动图书车到馆外进行书刊借阅0.5千册次，年到馆借阅人次均12100人次。每年为县志办、文化大户、农村养殖户等进行咨询服务年均300余次。从2009年到2012年每季度，我们编排、打印《科技·咨询·文摘》（2013年改版《农民·科技·文摘》）500份，发放群众，为群众提供致富信息。在为特殊群体服务方面，我馆一是对残疾人进行送书上门服务，年服务图书500余册次。二是利用电子阅览室对进城务工人员和少儿进行全方位服务4500人次。

社会教育活动：从2009年到2012年图书馆组织举办元宵灯谜晚会、青少年、妇女读书、送书下乡、科普宣传、图书管理员培训、阅读推广、讲座会、知识讲座等活动共计40余次。各种活动的开展都是根据省、市、县有关指示精神，结合本馆实际进行。通过这些活动，图书馆的宣传力度加大，使更多的人都走进图书馆，把图书馆当做自己生命的乐园，这不仅增强了读者为社会主义经济建设服务的能力，同时图书馆的职能作用也得到了更大的发挥。

业务研究、辅导、协作协调

2009年–2012年，为提高图书馆领导及职工的业务水平，馆内领导和业务骨干积极参加山西省图书馆举办的各种业务技术培训4次，并取得了合格证书。

从2010年起，在上级有关部门的支持帮助下，图书馆网络建设逐步走向正规。全县、街道、乡镇、社区、村图书馆参与服务网络建设的比例达5%，基本能够实现资源共享。

随着国家文化政策向农村的倾斜，从2009年至2012年，左权县图书馆承担了左权县204个行政村农家书屋建设任务，从农家书屋图书、标牌、音像制品等配送、规范化整理上架、信息采集、图片上传、档案整理到每个农家书屋阅览桌、阅览椅、DVD等基础设施配送，都良好地完成了任务，规范化整理图书306000册，并对204个农家书屋管理员进行督促辅导。为使每个管理员掌握更多的图书、投影仪管理知识，2010年我馆组织了农家书屋、投影仪管理员培训共计105人，受到了上级领导的好评，被山西省农家书屋领导组授予“先进集体”称号。

另外，图书馆还为青少年活动中心、四个乡、镇图书室整理图书15000余册。

管理工作

左权县图书馆所有工作都建立健全了协调高效的工作机制，规范管理。在人事管理上，制定了岗位责任制，实行岗位和绩效挂钩，年终按岗位完成标准进行考核，实行奖惩。在财务管理上，制定了严格的财务管理制度，做到账目清楚明了。在设备、物资管理上，要求财产登记清晰，严格按照馆内制定的制度执行，不得丢失损坏。在档案管理上，要求装订整齐、立卷准确。在环境管理上，保证干净、清洁、舒适。在消防保卫管理上，加强防火、防盗等设施建设，强化人们的防火、防盗等意识，使大家在享受精神生活的同时有安全感。

表彰、奖励情况

从2009年开始至2012年，左权县图书馆获得各种表彰10次，其中被山西省图书馆学会、全国文化信息资源共享山西省分中心表彰10次。山西省农家书屋领导组表彰、奖励1次，晋中市委表彰、奖励1次。

馆领导介绍

周爱萍，女，1964年2月生，大专学历，中共党员，副研究馆员，馆长。1986年参加工作，1999年11月任左权县图书馆副馆长，2010年9月任左权县图书馆馆长。2010年由山西省文化厅授予“读者满意的图书馆员”荣誉称号。

郝瑜娟，女，1981年1月生，大专学历，中共党员，助理馆员，副馆长，1999年参加工作，2010年9月任左权县图书馆副馆长。

未来展望

左权县图书馆将严格按照“科学管理，创新发展”的服务理念，完善各项服务功能，努力增加图书馆的基础设施建设，尽快实现图书馆自动化管理，力争扩大服务区域，将资源共享工程辐射面到乡（镇）、社区，以此带动左权县经济文化发展，在现有基础上创建出更具现代特色的创新型图书馆。

联系方式

地　址：左权县辽阳街14号宣传文化中心大楼内
邮　编：032600
联系人：周爱萍

绛县图书馆

概述

绛县图书馆成立于1978年，占地面积3100平方米，建筑面积1200余平方米，全馆可容纳读者座位300个。自1994年参加全国首次图书馆评估至2013年第五次评估，绛县图书馆一直荣获三级图书馆称号。馆内藏有文献资料10万余册（件），2008年建成共享工程县级支中心，拥有计算机30台，实现了业务自动化。

业务建设

截止2013年底，绛县图书馆总藏量101764册（件），其中图书95629册，报刊5261册，光盘等视频资料1871件。2012年选用山西省Interlib图书馆业务自动化管理系统，以实现全省范围内资源共享。

2009至2011年，绛县图书馆新增藏量购置费2万元。年入藏图书、报刊500余册。地方文献入藏267种，571册。

读者服务工作

绛县图书馆坚持“读者第一，服务至上”的宗旨，大力发展读者，图书流通室、报刊阅览室、少儿借阅室、电子阅览室、特种阅览室五个窗口节假日不休息全年免费向读者开放，年接待读者约17000人次，年书刊流通册次近30000册次。在坚持传统服务的同时，还积极开展延伸服务，举办图片展、知识竞赛、培训、征文、优秀读者评选等丰富多彩的读书活动。2012–2014年开展的暑假少儿阅读积分活动、4.23“阅读，让生活更美好”摄影作品展，是绛县图书馆的特色活动。

业务研究、辅导

绛县图书馆自创立以来，截止目前编印馆办刊物《读者之友》总94期，2013年经过改版每年编印4期，分为特别关注、基层来风、读者天地等八个栏目。在建馆十周年、二十周年、三十周年之际，分别编印了《在开拓中前进》、《闪光的足迹》、《壮志铸辉煌》三册馆史资料。

农村图书室工作一直是绛县图书馆工作的重中之重。2011年全县农家书屋工程实现全覆盖，绛县图书馆先后举办11期乡镇文化站长、农村管理员业务培训，215人接受培训。2013年实现了全县十个乡镇、三个社区、两个村、一个活动中心，一个学校统一的Interlib业务系统文献借阅服务。农村图书室工作通过分片辅导、专人包点做到在农村组织读书活动提高图书室的社会地位。通过每年一次的图书室工作会议总结经验树立典型带动全县基层文化工作。2013年全县文化信息资源共享工程网络健全，达到文化部规定标准，覆盖率为100%，县支中心坚持免费为读者开放，乡镇服务点设备齐全，各村级服务点利用投影仪每周一次的放映活动，大大活跃了村民的文化生活。

管理工作

2011年，绛县图书馆实现全员岗位聘任，全馆共设11个岗位，同时，建立了工作量化考核标准，每月进行工作进度通报，每半年和全年进行总体工作考核。

表彰、奖励情况

2011年，绛县图书馆被山西省图书馆学会授予“全民阅读与科普活动”先进集体。2012年，绛县图书馆被运城市文化广电新闻出版局授予“运城市农家书屋工程建设”突出贡献单位。2013年，绛县图书馆被山西省关心下一代工作委员会授予“全省创建五好基层关工委优秀组织”奖。

馆领导介绍

池红梅，女，1964年4月出生，大专学历，中共党员，中级职称，1982年11月参加图书馆工作，2005年任绛县图书馆馆长，中国图书馆学会、山西省图书馆学会会员。2009年荣获运城市“三八红旗手”，2010年荣获省文化厅“优秀管理员”称号。

未来展望

绛县图书馆自建馆以来一直遵循“读者第一，服务至上”的宗旨，在完善基础服务功能的同时，扩大服务规模，努力发展读者队伍，文献利用率达90%以上。在未来几年里，绛县图书馆将在涑水大街建成一座建筑面积达4500平方米的新馆。全面建成后的新馆，阅览座位1000个，可容纳纸质文献30万册，年服务人次可达50000人次以上。农家书屋实现50%以上入业务自动化管理系统，实现全县范围内业务统一管理，资源共享，从而带动全县图书馆事业的发展。

联系方式

地　址：山西绛县文体路
邮　编：043600
联系人：池红梅

第三届摄影作品征集颁奖仪式

暑假少儿阅读活动

元宵节的有奖猜谜

和顺县图书馆

概述

和顺县图书馆建立于1982年10月，2005年11月旧楼被拆，图书馆借助于县宣传文化中心大楼办公，2010年8月搬迁到新建设的图书馆大楼办公，占地面积达到1827平方米，现设有图书借阅室、阅览室、电子阅览室、藏书室、报刊室、农村图书流动室、资料文献室等多个部门，拥有藏书7.83万余册，年订阅杂志量增加到89种，报刊量增加到46种，基本上满足了我县广大群众文化生活的精神需求。目前，馆内的基本建设和各项工作都得到了较大的发展。图书馆正以其丰富的信息资源、优质的信息服务成为全县藏书丰富和功能齐全的文化学习主阵地。

业务建设

图书馆的职能是传播、收集和应用好文化资源。所以，我馆始终坚持“急读者所急，想读者所想”的服务理念，热情接待每一位读者，一年来接待读者人次：图书借阅室为10670人次，借阅图书达17900余册次；电子阅览室室接待读者和外籍农民工6300人次，提供咨询服务300余条。其次我们还做了以下几项工作：

1、每日将今年新到的46种报刊和89种杂志及时的登记、打号、盖章、分类、上架；月末，将所有的报刊全部整理、装订、之后进行贴标、入库、上架保存，现入库装订成册的报刊为1104册。查阅复印报刊资料的读者为86人次。

2、5月9日，我馆组织开展了全民阅读宣传活动。

3、5月27日至6月2日“服务宣传周”期间我馆开展了以“书香中国—阅读引领未来”为主题的读者活动，收到了良好的社会效益。

（1）、送书进校园、进老干局

5月27日县文广新局和县图书馆的有关负责人参加了启动仪式，在图书馆大楼前为中小学生赠送图书，举行了图书馆图书捐赠仪式，现场捐赠文学、历史、生活、保健类书刊杂志400余册。接着5月28日我们专门又去老干局为老干部们送去精心挑选的精神食粮，主要有医药、保健、饮食等和他们老年人生活有关的书籍，共300余册。

（2）、开展图书服务宣传活动：5月29日我馆组织全体工作人员在图书馆大楼前开展图书馆服务宣传活动。现场摆放了2013年图书馆服务宣传周拱门，悬挂了写有“书香中国——阅读引领未来”“以书香为伴，以文明同行，以读书增长知识，以读书增加力量，以读书提高全民素质”的宣传横幅，县图书馆的工作人员走上街头，摆放书籍，向广大市民广泛宣传。给现场营造了深厚的宣传声势。我馆还通过新书推荐、现场咨询、免费办证，发放农业致富资料等形式对图书馆服务项目及公共图书馆免费开放文件精神及内容进行了宣传，上千市民参与了当天的宣传活动。

（3）、利用文化共享工程开展影片放映。此次活动我支中心在一楼的电子阅览室向读者推荐了10余部视频资源。加强了公共电子阅览室的进一步宣传，引导广大公众特别是未成年人能够文明健康上网。

5月28日至6月2日服务宣传周期间，一周来，我馆借阅图书2000人次，借阅图书2200册次。图书馆通过服务宣传周做宣传，目的就是大力宣传图书馆在倡导阅读、指导阅读、推动全民阅读方面有着不可替代的重要作用。

4、6月初全面完成了全国第五次公共图书馆评估定级的全部重要材料和准备工作。

5、暑期期间我馆以“畅想中国梦、描绘中国梦、践行中国梦”为主题，开展了有声情有色的读书节活动，受到了社会和市民的一致称赞。

6、6月28日晚，我馆成功承办了盲艺人宣传专场晚会，受到了局领导和全县市民的一致叫好。

7、8月6日，我馆邀请北京专家在图书馆四楼，成功举办了一期公益性《养生》讲座，参加人数达到80余人，受益更是非浅。

管理工作

1、根据当地农民需要，我馆精心筹备选材，一本含和顺政府公开信息、农民种植，健康养生，农家养殖4大版块为一体的名为《农家信息园》刊物已连续发行3期，每期出来后，我们都及时地送入各乡镇和农家书屋。

2、4月底，全面详细整理和完成了我县所有农家书屋的档案信息整理工作。并全部整理入档。

电子阅览室

图书馆阅览室

陵川县人民图书馆

概述

陵川县人民图书馆始建于1979年9月。现馆位于县城文化街40号，建筑面积2043平方米，内设有电子阅览室、少儿借阅室、报刊阅览室、《四库全书》收藏室、多功能大厅、影像资料室等。馆内藏书6万余册，其中包括一套《四库全书》。

业务建设

作为一个城市的文化象征和文明的重要标志，我县图书馆致力于"以读者服务为中心"，"以优雅宜人的阅览环境和高效灵活的服务方式"为宗旨的服务理念，全心全意地为社会读者服务。馆内配备有1辆面向基层的流动服务车，每年流动下基层40余次，电子阅览室开放时间保证在每周42小时以上，图书馆每周开放时间56小时以上。

读者服务工作

文化信息资源共享工程从2010年实施以来，县级支中心以图书馆作为主体，已初步建成，并拥有20台计算机的电子阅览室。2011年8月，电子阅览室资源共享卫星设备系统全部调试完毕，正常接收资源；12个乡镇网络站、378个村级服务站点，配有电脑、投影仪等相关现代化设备，建成了规范化的县级支中心资源共享工程基层站点，村级文化站拥有了现代化的服务手段。"农家书屋"、"村级图书室"的建设，极大地推动了我县文化事业的发展。

我馆通过多种途径宣传"4·23世界读书日"，"服务宣传周活动"，"全民读书日活动"，在馆舍内外、学校、社区以大幅标语、黑板报、名人名言条幅等形式渲染气氛，大力宣传图书馆系列活动，大大提高了广大群众对图书馆服务的认识。近年来，我馆人员先后向371个行政村捐赠图书，每村发放图书1800余册，对农民流动书屋活动的开展给予了极大的支持和帮助。

业务研究、辅导、协作协调

我县图书馆积极参与上级图书馆组织的协作协调工作，对各基层服务点的工作人员进行专门培训，帮助他们尽快掌握文化资源共享工程的有关技术，不断提高为群众服务的水平。

管理工作

我馆十分重视通过制度建设明确岗位责任，规范岗位行为，保证服务质量。图书馆的《管理制度汇编》严格界定了各部门、各岗位的工作职责。制度建设，业务规范和业务学习提高了图书馆的职业认知，激发了图书馆员的科研热情，提高了图书馆员的服务能力，先后得到了省、市、县文化部门领导的充分肯定和表扬。

未来展望

为更好地服务全县读者，我县新的图书馆已经立项，新馆建成后，各项服务功能会更加完善，能够提供全覆盖、不间断、无时空限制的数字文献远程和移动服务。

联系方式

地　址：陵川县文化街40号
邮　编：048300
联系人：王发明

垣曲县图书馆

概述

垣曲县图书馆建馆于1985年，同年向读者开放。2005年10月，在原馆址新建四层图书馆大楼，总占地面积400㎡，建筑面积1370㎡，馆内设有阅览室、电子阅览室、少儿阅览室、外借室、培训室、流通书库、书库等活动场所，共设读者阅览席位66个，其中儿童阅览席位36个，馆藏图书（报刊）6.0947万册，年接待读者1.2万人（次），外借图书3万册(次)。截止2013年底，垣曲县图书馆共有计算机37台，宽带接入10Mbps，并与省馆互联互通，在完成自动化图书管理的同时，实现了全省图书资源的通借通还。

业务建设

截止2013年底，垣曲县图书馆馆藏图书总量为6.0947万册，电子文献藏量为200种，图书年入藏量平均值为500种，报刊年入藏量平均值为54.2种，视听文献年入藏量33件，地方文献入藏量9种。

截止2013年底，垣曲县图书馆数字资源总量为3TB，大部分资源为省馆资源共享工程配送资源，自建数字资源约1.5TB，大部分为地方文献数字资源。

2013年，垣曲县图书馆为了适应新形势下图书馆业务需求，引入Interlib图书自动化管理系统，在对馆藏图书全面实现了自动化管理的同时，并与省馆、各县市馆互联互通，实现了通借通还。

读者服务工作

2012年，根据文化部、财政部关于图书馆免费开放工作的指示精神，垣曲县图书馆实现了馆内公共设施、空间场地、基本服务项目全部向公众开放，平均每周向公众提供服务的开馆时间为56小时，馆内书刊文献开架率达到80%以上，馆藏书刊外借率达到24%，年累计1.44万册次，馆外流动借阅点年借阅书刊1800余册次，办证读者年平均到馆借阅书报刊、享受资源共享服务20次以上。

与此同时，垣曲县图书馆还针对全民读书日等重大活动，开展形式多样的读书宣传活动，并通过政府信息网发布馆务信息公开，为公众、社团、企事业单位进行参考咨询服务。

特殊群体服务方面，几年来，垣曲县图书馆积极开展图书流通进校园、进企业，进社区活动，向广大在校学生、社区居民、农民工朋友提供周到的图书借阅服务；利用寒、暑假等时间，在馆内举办少儿读书竞赛、讲故事大赛，引导少年儿童爱读书，读好书。

少年儿童在电子阅览室上网

社会教育活动方面，垣曲县图书馆除了多次举办元宵节有奖猜谜、雷锋事迹图片展览、十八大图片展、改革开放三十年图片展、迎新春图书换春联、把年货带回家等丰富多彩的活动以外，还结合馆内实际，利用图书宣传周、全民读书月、世界读书日活动开展形式多样的阅读推广、图书馆宣传活动，并把活动延伸到农村，将优质的农业生产技术书籍、光盘送到田间地头，让农民朋友学科技、用科技，充分享受资源共享服务。

业务研究、辅导、协作协调

近年来，垣曲县图书馆积极推进农家书屋工程，在全县11个乡（镇）、188个行政村建起了图书室、农家书屋，在促进本地区图书馆网络建设做出了不懈地努力，并多次抽调业务骨干，利用集中、分片、上门服务等形式，指导农家书屋工作，对广大图书管理员进行业务培训和辅导，使其能够熟练地开展图书借阅服务，多次受到省、市主管部门和县委、县政府表彰。

管理工作

2011年，垣曲县图书馆完成了首次全员岗位聘任。此次聘任共设2大类岗位（管理人员、专业技术职称人员），全馆7人重新上岗.同时，制定完善了岗位责任制、考勤制度、消防安保制度、设备物资管理制度、会计管理制度、图书志愿者实施细则、固定资产管理办法、档案管理等一系列规章制度及绩效奖励机制，以严格的制度来约束业务人员，使大家严于律己，以馆为家，以馆为荣，从而为公众提供优质、完善的公共图书服务。每月进行工作进度通报，每年年底进行总体考核。

表彰、奖励情况

2010—2013年，垣曲县图书馆共获得各种表彰、奖励29次，其中省级奖励4次，市级奖励24次，县人民政府奖励1次。

馆领导介绍

汤保华，男，1972年11月生，大专学历，1988年参加工作，馆员。1997年，任垣曲县图书馆副馆长。2010年9月，任垣曲县图书馆馆长。2008年，撰写的图书管理论文《浅谈信息技术与公共图书馆》，入选《文化大视野》论文集，并荣获优秀论文奖。2012年，因在农家书屋工程建设中成绩突出，被山西省新闻出版局授予为“农家书屋工程建设先进个人”。

王红娟，女，1976年10月年生，本科学历，副馆长，馆员。1997年参加工作，2010年9月任垣曲县图书馆副馆长。

未来展望

垣曲县图书馆将紧紧抓住图书馆免费开放这一大好机遇，立足馆内实际，以“服务读者”为目标，不断提升馆藏图书容量，加大地方文献资料的搜集整理，深入持久地搞好资源共享工程建设和农家书屋建设，并以省图书馆公共图书资源平台为依托，加大与省馆、省内高等院校、科研单位图书馆的互联互通，实现资源共享互补，为公众提供更为周到、完善的公共图书资源服务，为打造全国先进公共图书馆而不懈努力。

联系方式

地　址：垣曲县新城大街103号
邮　编：043700
联系人：王红娟

长。2007年9月兼任忻府区图书馆馆长，兼任山西省图书馆理事。

赵葆梅，女，1963年8月生，大专学历，中共党员，馆员，党支部书记。山西省图书馆协会会员。分管图书馆的计算机工作，并兼任图书馆的编目，著录工作。

武小玲，女，1964年11月生，大专学历，中共党员，副研究馆员，副馆长。山西省图书馆协会会员。1981年参加工作，负责外借。参考阅览室，报刊阅览室，读者服务等工作。获得了山西省文化厅"读者满意的图书员"荣誉称号，并多次获得忻州市教科文卫体联合会"五一劳动奖章"，"先进个人"及"十八杰出知识女性"等荣誉。

张秀荣，女，1957年生，大专学历，中共党员，副研究馆员，副馆长。山西省图书馆学会会员。负责全馆业务建设工作。多次获得忻州市科教文卫体联合会授予的"杰出知识女性"荣誉称号。

未来展望

1、努力新建标准化图书馆大楼一座，面积4500-6000平方米。

2、做好全区宏观图书馆，流动图书馆室，农民书屋体系建设的总体规划工作。

3、积极争取资金，扩大区图书馆的馆舍面积，增加藏书量。向国家一级图书馆迈进。

4、做好全区古籍保护和开发利用工作。

5、继续推进文化共享工程的建设。

总之，在新的历史条件下，公共图书馆的职能要适应现代经济社会发展的需求，要适应社会文化发展提出的新要求，解放思想，转变观念，坚持实践科学发展观，积极开创服务领域，努力探索新的服务方式，力求加强和提高服务能力和服务质量，通过多种渠道，让文化资源更多地接近普通群众，让公益性的文化为群众奉献真正的文化实惠，以饱满的热情积极向上的精神风貌，以崇高的使命感和责任感为全区的公共图书馆事业做出应有的贡献。

联系方式

地　址：山西省忻州市忻府区光明西街7号
邮　编：034000
联系人：李成有

五台县图书馆

概述

五台县图书馆成立于1978年，图书馆位于县城最繁华地段东米市街，紧临县城购物中心与五台县新华书店、五台县博物馆隔街相对，图书馆办公楼于1987年建成并投入使用，使用面积1000平方米，可容上百名读者就读，2012年参加了全国公共图书馆评估，2013年获得三级图书馆。在新形势下为繁荣农村基础文化，满足农民多层次文化需求，传递中国民族优秀文化资源发挥了积极的作用。

业务建设

截止2012年底，五台县图书馆总藏书量66313册（件），其中，图书4874册，古书籍17439册，书架单层长550米。电子图书1000册。

2011年五台县文化资源共享支中心落户县图书馆，建设了五台图书馆服务器，建成了电子阅览室，配置电脑30台。通过卫星设备直接接收国家中心下发的资源和信息，为广大读者提供新形式多方位服务。

读者服务工作

五台县图书馆于2012年开始实行免费开放，每周开放56小时，2013全年书刊总流通7500人次，其中书刊文献外借5500人次。

五台县图书馆电子阅览室全年免费开放，做为农村（城镇）文化信息获取平台。图书馆担负着保障图书馆设备的正常运行，协调乡、镇、村级文化资源共享设备的使用维护，指导乡、镇、村级图书室活动的开展以及管理员的业务培训。并利用下乡搞服务工作的机会，放映农村种植养殖知识视频，深受广大农民的欢迎。

2012年图书馆举办了5场知识讲座、图片展览、业务培训、爱读书读好书等活动。参与人数达300人次，以图书馆为平台为广大读者传播文化知识。

辅导、协作协调

五台县图书馆注重抓好对乡、镇、村图书室管理员的业务培训工作，通过集中培训、网络培训和上门辅导等形式开展培训，不断提高管理员的专业水平。2012年组织了5次到乡、镇集中培训，对基层图书室进行了2次上门辅导。

积极配合和协助省馆和兄弟馆开展业务活动。

管理工作

五台县图书馆重视管理和队伍建设，2012年全体馆员拿到了岗位聘用资格，制定了相关工作职责和制度，将日常管理纳入制度化。制定乡、镇、村基层服务点工作责任制度，实行制度上墙公开。如何利用好文化资源在于是否有一支好的管理员队伍。通过送出去、请进来的方式，不断提高业务能力和工作水平。

馆领导介绍

智东，男，1966年10月生，本科学历，中共党员，馆员，馆长，1982年10月参加工作，曾任五台县文化馆馆长，2002年12月任五台县图书馆馆长。

未来展望

五台县图书馆本着“热情服务、努力创新”的发展思路。在做好原有工作的同时，积极推进“共享工程”建设，充分利用“共享工程”的丰富资源为广大读者服务。要结合“数字图书馆”工程建设，全面提高五台县支中心的设备，加大馆内设施设备，提供馆内无线网络不间断、无限制全覆盖服务。要进一步扩充文化设施网点，早日实现行政村全覆盖。五台县图书馆新馆建筑以纳入五台县五年规划之中将在不久的将来展现在大家面前。通过多种形式拓展服务范围、创新服务方式，将地方音乐、曲艺、歌舞、美术等优秀非物质文化遗产纳入“共享工程”建设内容，以群众喜闻乐见的形式使“共享工程”更加贴近基层、贴近生活、贴近群众。

联系方式

地　址：山西省五台县台城东米市街
邮　编：055500
联系人：智　东

静乐县图书馆

概述

静乐县图书馆成立于1985年（以前是文化馆的图书室，成立于1950年），现拥有机房、综合加工室、电子阅览室(电脑40台)，宽带接入10兆，使用面积1500平方米。2004年静乐图书馆率先在全市建成了由文化部、财政部设施的全国文化信息资源共享工程，被确立为文化部、财政部100个试点县之一，2006年建立起拥有现代化设备的电子阅览室，08年全省第一批34个县级支中心也在该馆建成，使用山西省图书馆集群Interlib自动化管理系统。

业务建设

截止2012年底，静乐县图书馆总藏量12万册（件），2009年，将管理系统升级改造为总分馆Interlib集群管理系统，以适公共图书馆服务联盟建设的需要，目前可用的数字资源约4TB。2012年初，实现馆内无线网络覆盖。

读者服务工作

我馆主要是面向持有图书馆读者证的读者开放，目前发放阅览证已达1300多个，书刊文献年外借达10万册左右，馆藏书刊文献年外界与馆藏总量比例是80%以上，书刊文献开架与馆藏总量比例是80%以上，人均年到馆次数是20次/人。到了“全民读书月”与“图书馆服务宣传周”的时候，我们会利用书刊和图片展在馆内和馆外利用各种方式开展宣传活动。为了让每一个人都能享受到图书馆家的氛围，为此我们还专为特殊群体开展了绿色通道，为了方便老年人读书看报清晰，我们专门放置了从150°－300°不同度数的老花镜；周末的时候我们会为农民工搞活动、如播放电影、捐赠图书；为残疾人送书上门；为未成年人开放少儿绿色数字阅览室。针对基层图书室及农家书屋管理人员，业务水平差，对相关业务不熟悉的实际情况，县图书馆对基层图书室管理人员全部进行了培训。培训共举办了14期，培训人员400多人，培训过程中解答受训人员的重多疑问，指导他们掌握图书管理方面的知识，提高他们的图书管理水平，目前图书室都建立了借阅登记制度，做到规范有序，分类有别，提高了图书利用率。投影仪作为政府投放到农村的文化设备，是文化共享工程落到实处的具体体现，县图书馆以服务基层站点为己任，专门举办了学习投影仪培训班。经过图书馆工作人员的细心辅导，使基层人员掌握了使用步骤及注意事项，懂得了具体操作方法，能够独立开展工作。

业务研究、辅导、协作协调

积极参与上级图书馆组织的协作协调工作。参与山西省公共图书馆总分馆体系建设，2009年纳入山西省图书馆集群管理系统Interlib进行联合编目、通借通还，积极参与每次的征文活动和学会活动，经常性的举办业务培训。

为打造城乡一体化文化服务体系，静乐文化局积极规划2013年城乡一体的四级图书服务网络建设工作。该局以县图书馆为龙头，以乡镇文化站图书室为纽带，依托村农家书屋以及农户家庭、农家文化大院，规划建立遍布城乡的县、乡、村、居四级图书服务网络。本地区街道、乡镇、社区、村图书馆参与服务网络建设的比例是70%以上。

管理工作

现代社会信息急剧增长，人们的信息需求愈加多样化，图书馆必须增强服务能力，提高服务水平和质量。每一年我们都要认真准备好工作总结与下一年度工作计划。

在财务管理方面：为了规范图书馆的财务行为，加强财务管理，健全内部财务约束机制，提高资金使用效益，促进图书馆事业的发展，重点考察财务制度建设及其执行和监督情况。

在人事管理方面：人力资源是图书馆最宝贵的资源，各馆必须面对现实，把现有的人力资源管理好、利用好、开发好，才能使图书馆各项工作取得最佳效益。为此，人事部建立了岗位责任制、按需设岗、考核、分配激励制度及方案。在设备、物资管理方面：为切实加强我馆物资设备的管理，不使图书资产遭到流失、损毁，形成爱护公有财产的良好风尚，严格遵守《固定资产管理办法》，健全财产验收登记制度，部门对存放和使用的各类物资设备(类别、品名、型号、数量、状态)要有详尽的清单目录，负有保管、维护责任，原则上谁使用谁负责，对电脑服务器等信息设备要按照专门的管理规定实行特殊维护，使各类物资处于完好状态。安全保卫：根据图书馆治安综合治理和安全防范检查的精神，结合我馆实际情况，制定了治安事件处理预案、突发公共卫生事件应急预案、防震自救应急方案、内部防火灭火预案、网络信息及数据安全保障措施。

表彰、奖励情况

2009－2012年，静乐县图书馆共获得各种表彰、奖励16次，其中，文化厅表彰、奖励1次，山西省图书馆学会表彰、奖励10次，全国文化共享工程山西分中心表彰、奖励5次。

馆领导介绍

刘亚明，男，1967年8月生，专科学历，中共党员，图书馆员，党支书记。1982年1月参加工作。历任博物馆副馆长，1998年11月任图书馆馆长。

未来展望

新的一年，我们将进一步深入贯彻落实省、市党代会战略部署，紧紧围绕“大文化”建设中心，努力探索图书馆事业发展的新途径，新举措、全力推动管理方式与服务方式的转变、为把图书馆建设成为区域乃至全国有影响的品牌图书馆而努力。我们将进一步加强基层文化队伍培训工作，努力提高基层文化工作者的业务水平，强化实践和服务意识，为构建公共文化服务体系，加快静乐文化建设提供有力的人才保障和智力支持。

1、促进免费服务制度创新。

为响应省文化厅出台公共图书馆服务一系列意见，加快扩大公共文化设施免费开放范围的步伐，维护公民文化权益，加大文化惠民力度力争图书馆免费服务工作走在全市，全省先进行列。

2、加强科学管理，促进队伍培养机制创新。

大力推进人才培养机制和体制创新，树立人才立馆、服务兴馆、精品荣馆理念，建立有序、高效的人才管理机制和科学的激励机制，充分调动职工的主动性和创造性、充分发挥人力资源效益。

3、加强重点项目，促进服务业态模式创新。

建立全县数字图书馆免费服务体系，旨在建设以县图书馆为中心，乡镇图书馆为分中心，社区图书馆室为纽带、家庭终端为节点的覆盖全县的网络服务模式，以实现图书馆资源的零边际，全覆盖。继续深入推进汽车流动图书馆进基层活动，拓展与机关，厂企、学校、镇村合作，在原有基层服务点基础上，增设新点，开辟新路、以满足远离图书馆的基层群众的阅读需求。

繁峙县图书馆

概述

繁峙县图书馆建于1978年，设立于县城古楼上，于1988年搬迁至县城一道街，现在馆舍面积1379，阅览室3个，书库2个，藏书量4万册，文献资源3000份。图书馆为股级建制，核定全额预算事业编制6名，领导职数1名。全馆现有在编职工6人，其中具有专科以上学历的有4人，初级职称的有4人。1997年被省文化厅评为先进图书馆。图书馆下设有流通部、采编部、期刊部、资源信息部、少儿阅览室、电子阅览室、培训辅导部、办公室、古籍部等科室。

业务建设

(1) 近年来，大力加强我馆的宣传工作是重中之重，通过做版面及LED电子屏等形式让广大读者能够认知图书馆、了解图书馆、走近图书馆。主要宣传内容有图书馆的历史、公共图书馆服务规范、美术馆、图书馆、文化馆（站）全免费开放的主要内容及重要意义。“三馆一站”免费开放是我们宣传的重点，目前我馆按文件要求已实现无障碍、零门槛进入，公共空间设施场地全部免费开放，所提供的基本服务项目全部免费。我们坚持注重实效、逐步完善、坚持公益、树立形象的原则，重新制定了完备的规章制度，责任到人，任务清晰，服务内容明确，为扎实推进图书馆的规范化建设提供了重要保障。

(2) 2014年我馆入藏图书7000册，报纸14份，杂志40余种。

(3) 书刊文献开架比例为80%，馆藏文献外借率为30%，书刊文献年外借册数为1万册，馆外流动服务点书刊年外借2000次，为残疾人开通了免费通道

(4) 健全管理制度，加强队伍建设。我馆现有职工6人，其中专科4人，大专以上学历占职工人数80%，初级职称4人占职工人数90%。多年来，我馆一直非常重视自身队伍建设，为提高职工的素质，在业务上分层次对职工进行培训。鼓励在职人员进行学历教育；对新到馆没有学过图书专业的人员，先在馆内培训，有专业技术人员授课，然后再送出去进修，我馆现在已经形成了一个整体素质较高的专业技术队伍。

(5) 加强馆际交流。组织馆人员到忻府区，代县，宁武等兄弟馆参观学习，互相交流工作经验，开阔了视野，夯实了业务，为业务总分馆建设起到了积极推动作用。

读者服务工作

我馆本着“以人为本，读者至上”的服务宗旨，不断加强工作人员岗位作风建设和管理水平，提高人员业务素质，改善服务质量，为广大读者提供优质的服务，我馆借阅室少儿、电子、报刊、等全免费开放，降低文献复印费，污损书刊赔偿费。由于馆舍面积有限，目前我们利用现有场所对图书馆进行免费开放，周一至周日全天开放，上午8：00—12：00，下午3：00—7：00。包括一般阅览室、少年儿童阅览室、文献资源借阅、检索与咨询、基层辅导、活动服务等。为保障基本职能，我们对借书证办理已全部实行免费，并对每年一次的查验证也实行免费，为广大读者的借阅提供更加周到的服务，从而保障了他们的基本文化权益。为便于对免费开放公共场所的管理需要安装配置了相关电子装置，如电子眼监控设施。二是配置相关服务设施。主要包括相关桌椅，饮水设施，残障人特殊通道，老年人、青少年等特殊群体使用的一些设施设备。三是特殊人才的配备。对于多媒体阅览室（电子阅览室），需要高素质的日常管理和维护的专业技术人才，才能使这些多媒体设备充分发挥其功能和作用。本年度安排了5场人文专题讲座，2场信息检索知识专题讲座。

业务研究、辅导、协作协调

图书管理员是连接图书和读者的纽带，是农家书屋的重要环节。县图书馆负责“农家书屋”的监督与辅导，集中开展了几批“农家书屋”管理员培训工作。对农村图书管理员进行了专门的培训，主要内容包括图书的分类、编目等。同时我们向行政村（社区）的相关领导要求每个农家书屋管理员必须与大学生村官相结合，来更大地发挥出农家书屋的作用。但是每个行政村（社区）的情况有所不同（人员缺乏），现只有一少部分行政村（社区）的图书管理员是由大学生村官来担任的，我们将继续督促相关领导就这项工作逐步开展起来。

2009—2012年我县率先完成402个“农家书屋”的建设任务，实现了全覆盖。组织农民开展“农家书屋”读书知识竞赛，读书讲演比赛，现场观摩评比等一系列活动。通过这些活动，进一步激发全民读书热情，培养广大农民朋友“读好书、好读书、书好读”的良好习惯，从而能够使“农家书屋”迈向良性化发展。

今后我们计划让农业专家解答农发问题，利用农村党员远程教育系统，开通一个农业专家热线号码，按着语音提示操作即可，也可视频。让广大农民朋友在田间地头就能和专家面对面交流，解决他们的燃眉之急。使农家书屋工程真正成为惠及广大农民群众的德政工程，惠民工程。2012年5月17日—6月20日繁峙县图书馆馆举办了“歌颂魅力繁峙”摄影展览比赛。加强了图书馆文化资源建设，丰富了全县人民群众的业余文化生活，提高了市民的文明品味，歌颂县委政府的丰功伟绩，积极倡导文明崇洁的良好风气。2012年8月18日县文广体局、县图书馆开展了全县农民“农家书屋”读书演讲比赛活动。进一步培养广大农民树立“读好书，好读书，书好读”的良好习惯，推动全民阅读活动，丰富广大农民的精神文化生活，达到读以致用的目的。

2014年繁峙县第三届“全民读书月”活动中，繁峙县图书馆向县实验小学捐献图书400册，向社会各界人士发放宣传资料1000余份，为全民阅读起到了极大地推动作用。

管理工作

繁峙县图书馆完成了全员岗位岗位聘任，同时建立了工作量化考核体系，每月进行工作进度通报，每半年和全年进行总体工作考核，严格遵守开馆时间，坚守工作岗位，认真执行本室及馆里的各项规章制度。每天做好报纸验收和上架工作，把最新的报纸及时提供给读者；对过期的报纸及时整理下架，对馆藏保留的报纸进行装订加工。保持阅报室整洁，为读者提供舒适、幽雅的阅览环境。为积极开展图书馆领域综合治理，开展平安建设，建设和规范图书市场，预防各类安全事故的发生，推动社会主义和谐文化建设，结合我县图书市场经营实际情况，制定了安全防范应急预案。各科室责任人加强责任意识，树立全馆观念，各负其责，严格按照规章制度办事，一旦发生突发事件，能够有效组织，快速应急，应付突发事件，力争把各种损害降到最低点。

表彰、奖励情况

1997年被省文化厅评为先进图书馆，2010年被县委、县政府授予文明先进单位。

馆领导介绍

繁峙县图书馆馆长崔晓峰，2008年山西省委党校经济管理专业毕业，助理经济师职称，中共党员，负责图书馆全面工作。

未来展望

繁峙县图书馆将依托文化共享工程，以数字图书馆建设为目标，以自动化服务为手段，以满足读者需求为出发点，以开展服务活动为重点，以传播知识和传递信息为职能，以馆藏文献为依托，努力实现全方位开放式读者服务工作，使图书馆成为文化、科技、传播、社会教育、信息交流的中心，为丰富群众文化生活，提高全民文化素质，构建城市文化建设，做出新的、更大的贡献。

联系方式

地　址：山西省繁峙县永丰街
邮　编：034300
馆　长：崔晓峰
联系人：李越超（图书馆办公室）

宁武县图书馆

概述

宁武县图书馆成立于1996年，因原馆址属危房，于2010年迁入新址（宁武县凤凰大街体育场院内）。实际使用面积1000平方米。目前，新建3000平方米图书馆即将完工，预计2015年投入使用。

业务建设

截止2013年底，宁武县图书馆总藏书量近80000册，其中包括各类图书20000余册，电子图书58000册，报刊杂志280件，视听文献20余种。近年来，图书馆增设图书阅览室180平方米，电子阅览室180平方米，少儿阅览室120平方米，书库60平方米，办公室60平方米。共享工程电子阅览室电脑28台，自动化管理电脑两台，备有读报机1台。

读者服务工作

一、积极征集地方文献。从2010年开始，宁武县图书馆通过电视台、报刊刊登广告，共征集到各种地方图书135种，360余册。设置了地方文献专柜，有专门目录，专人管理，供广大地方文献爱好者和相关读者参阅，极大地提升了当地的文化影响力，得到了各界人士的支持与好评。

二、免费赠送图书活动。从2010年开始至今，宁武县图书馆每年至少组织1次免费赠书活动，先后为当地居民委员会、劳动局、学校等免费赠送图书1500余册。

三、组织图书宣传展览。宁武县图书馆利用"世界读书日"、"图书服务宣传周"、"全民读书月"等大型纪念日共3次。组织"数字阅读共享资源"、"全民阅读分享图书"、"送书下乡服务大众"的专题宣传图片展5次。例如，在2012年"宁武县旅游文化节"期间，宁武县图书馆举办的主题图片展览，参观人数达12000人（次）。在2013年春节元宵节期间，宁武县图书馆举办的"和谐之春.文化共享工程电影展播及猜谜"等活动，吸引了1500余名中小学生及外来务工人员。在2014年"世界读书日"期间，宁武县图书馆结合"群众路线教育实践活动"活动，组织了"宁武县第三届读书月"仪式，宁武县委、政府及宣传文化部门领导亲自参加，宁武县500余名学生及读者参加，"宁武电视台"及"宁武报"还专门进行了报道，进一步扩大了宁武县图书馆在县域文化中的影响力。

四、"农村流动书库"及"农家书屋"建设。从2009年以来，宁武县图书馆已经陆续组建了464个"农村流动书库"、"农家书屋"及资源共享村级站点，共配置图书专用书柜800余个，送书下乡10万余册，同时制作了200个农村图书管理制度牌匾和图书管理登记册，并组织对464个村级站点管理员进行了图书业务培训，初步达到了网络信息化管理水平。

五、实行图书免费开放政策。宁武县图书馆于2012年出台了《宁武县图书馆免费开放实施方案》，规定免费开放具体措施，其中包括"免费办理图书借阅证"、"免费注册验证"、"免费电子阅览"及"信息资源共享工程上网"等。读者可凭有效身份证在图书馆办理"图书免费借阅卡"，积极为广大读者创造方便快捷的"阅读平台"，极大地方便了当地读者。迄今为止已办理"读者证"500余张，受到了社会各界的一致好评。

业务研究、辅导、协作协调

宁武县图书馆建立了可以容纳200余人的"汾源讲坛"，并配备了桌椅板凳、专用电子投影及扩音设备。从2010年至今，每年至少举办5次大型讲座，并为乡镇文化站进行业务指导5次。目前宁武县图书馆"汾源讲坛"已经举办了各类文化（图书）讲座20余场，听课人数平均每年达1000人次。例如，2012年，宁武县图书馆就举办了"文物保护"、"非遗传承"、"边关文化"、"青少年心理健康"等五场专题讲座。2014年5月初，宁武县图书馆特邀中央美术学院高级教授、著名青年画家白文中先生，为大家讲授"中国美术发展史"及"宁武风光系列油画作品创作体会"，使大家受到了一次难得的美学教育。在2014"中国文化遗产日"到来期间，县图书馆特邀宁武县文物馆长符宁乐先生，结合《宁武关历史沿革》、《宁武县古长城遗存》，为数百名中小学生和群众上了一堂别开生面的文物考古课。

管理工作

2012年，宁武图书馆正式人员4名，其中大专以上人员3名，中级职称2名。2014年，宁武县图书馆新增10名大学生公益性岗位人员。2012年吕润莲同志在省级刊物上先后发表论文《文化扶贫的重要作用》和《浅谈县级图书馆员素质的提高》。徐秀莲同志在省级刊物上发表《县城群众文化建设的思考》等文章多篇。宁武县图书馆长王桂萍的《让读书成为习惯》等文稿多次在省市报刊上发表。

表彰、奖励情况

宁武县图书馆自成立以来，馆员徐秀莲同志的论文作品《县城群众文化建设的思考》被"中国群众文化学会"评为"群众文化、图书、博物论文集优秀论文奖"。2013年度宁武县图书馆被评为"国家三级图书馆"。

电子阅览室和影像室

读书月活动

六一活动

爱读书 好读书 读好书
孩子们，是书给我们打开了窗户，使我们看到了广阔的世界，看到了昨天、今天与明天，看到了人类的历史与未来。是书让我们的每一天都变得丰富而充实。让我们拿起终日相伴的书本，快乐阅读。

馆领导介绍

王桂萍，女，1974年生，大专学历，中共党员，馆员职称，县政协委员，馆长。曾多次获得省市县文化系统先进工作者。1992年参加工作，1998年任宁武县文物馆副馆长，2013年12月任宁武县图书馆长。

未来展望

为了宁武县图书事业的发展，目前占地面积3000平方米、投资四千万余元建设的宁武县图书馆新址，其主体结构已经完工，预计2015年装修配套完工。预计阅览座位达到1000个，藏书量达到10万余册，年服务量20000人（次）以上。达到晋升国家二级图书馆标准。

联系方式

地　址：山西省宁武县凤凰大街体育场院内
邮　编：0367000
联系人：王桂萍

奋进中的宁武县图书馆
阅读对人的成长的影响是巨大的，一本好书往往能改变人的一生。而一个民族的精神境界，在很大程度上取决于全民族的阅读水平，为共建和谐社会，进一步激发全民读书的热情，让我们认真读一本好书吧！
少儿阅览室
电子阅览室
读书月启动仪式
阅览室
捐赠地方文献
书库
宁武县图书馆
汾源讲座
新建图书馆
读者证

神池县图书馆

概述

山西省神池县图书馆初创于一九八六年正式对外开放，是我省较早成立的县级公共图书馆之一。

我馆参加第四次全国公共图书馆评估，首次获得三级图书馆。1986年10月正式对外开放，建筑面积300平方米。计算机20台，宽带接入10Mbps。

业务建设

截止2013年底，我县图书馆总藏量11.5241万册（件），其中，纸质文献1.0350万册（件），电子图书0.8524万册，电子期刊4580种/册。

2012、2013年，神池县图书馆新增藏量购置费21万元，共入藏中外文图书5842种，7851册，中外文报刊85种，视听文献152种。2013年，地方文献入藏完整率为82%。

截止2013年底，神池县图书馆数字资源总量为45GB，其中，自建数字资源总量5GB。

读者服务工作

从1986年10月起，神池县图书馆全年365天天天对外免费开放，周开放56小时。2013年止，书刊总流通20.1600万人次，书刊外借76.6451万册次。2011–2013年，神池县图书馆共举办讲座、培训、阅读推广等读者活动30场次，参与人数3050人次。

业务研究、辅导、协作协调

从2010年起，神池县图书馆以文化信息资源共享工程为依托，在全县范围内发起组建农家书屋服务联盟，下设联合编目、流通服务、地方文献联合征集、阅读推广与讲座展览资源服务、业务培训与技术支持等工作组。截止2013年底，成员馆发展到10家。

管理工作

2010年，建立了工作量化考核指标体系，每月进行工作进度通报，每半年和全年进行总体工作考核。编写各部门工作进度通报7篇。

表彰、奖励情况

2009–2013年，神池县图书馆共获得各种表彰、奖励6次，其中，省文化厅表彰、奖励1次，县委、县政府表彰、奖励3次，县文化局表彰、奖励2次。

馆领导介绍

马飞宇，男，1979年8月生，本科学历，中共党员，馆长。2000年12月参加工作，2009年10月任神池县图书馆馆长。文化信息资源共享工程神池县中心主任。

未来展望

神池县图书馆遵循“科学、效率、创新、发展”的办馆方针。2010–2013年，在不断强化自身综合实力的同时，通过创建神池农家书屋服务联盟，带动了全县公共图书馆事业的整体发展。2012年，神池县图书馆扩建工程正式启动，在未来的几年里，神池县图书馆将在现有的基础上，在县区另建一座建筑面积3000平方米的新馆舍。全面建成后的神池县图书馆，总建筑面积5000平方米，阅览座位310个，可容纳纸质文献130万册，年服务人次可达3万人次以上，数字资源设计存储能力500GB，能够提供全覆盖、不间断、无时空限制的数字文献远程和移动服务。同时，还具有支撑保障全县公共图书馆服务体系良好运行的文献与技术能力。

联系方式

地　址：神池县府东街广场西路001
邮　编：036100
联系人：马飞宇

五寨县图书馆

概述

五寨县图书馆成立于1979年9月，是从县人民文化馆图书室分离出来的。馆址几经变迁，2010年搬迁到县城学府东街清涟剧场院。馆舍总面积800平方米，位于剧院广场，东邻五寨一中，西邻五寨师院，南面有五寨二中及五寨第三小学，优越的地理位置，为广大读者带来便利。现有工作人员7名，总藏量50000册（件），有图书阅览座席40个，电子阅览座席20个，计算机25台，宽带接入10Mbps，选用的Interlib图书集群管理系统。2012年5月，图书馆实行了全面免费开放。

业务建设

截止2012年底，五寨县图书馆总藏量5万册（件），其中，纸质文献3.5万册（件），电子图书1万册，报刊0.5万种/册。

截止2012年底，五寨县图书馆数字资源总量为12.TB，其中“五寨八大角秧歌”、“五寨道情”、“五寨地毯”等非遗数字资源为6TB；实现馆内6Mbps无线网络覆盖；选用Interlib图书集群管理系统，实现图书全省内“通借通还”。

2010年全国文化信息资源共享工程五寨县支中心成立后，图书馆兼支中心工作，使图书馆逐步向网络化、数字化、现代化的方向迈进，实现了跨越式发展。图书馆负责全县农家书屋的管理工作也取得了很大的成绩，为营造一个书香浓郁的社会氛围起到积极作用。

读者服务工作

从2012年5月起，五寨县图书馆实行全年365天免费开放，周开放56小时，同时建立Interlib图书集群管理系统，实现全省图书“通借通还”功能，弥补了本馆藏书资源不足，为读者开辟了更广泛的阅读途径。同时创新管理办法、完善各项制度、提高服务水平加强监督管理，准确把握读者及其精神文化需求呈现出的多层次、多方面、多样式的特点，并对现有的图书管理员进行专业培训，提高图书管理员工作能力，使免费开放服务达到更高水平。

业务研究、辅导、协作协调

近几年来，与县委宣传部、县委组织部、县新华书店、县工会等单位共同举办送书下乡、赠书、读书、培训等活动，为进一步完善农村公共文化服务体系，保障农民群众基本文化权益，提高广大人民群众的思想道德素质，促进全县社会主义精神文明建设做出了贡献。

管理工作

2010年，五寨县图书馆完成了全员岗位聘任，同时，建立了工作量化考核指标体系，每月进行工作进度通报，每半年和全年进行总体工作考核。

表彰、奖励情况

2011年8月获得全国信息资源共享工程山西省分中心颁发的“建党九十周年歌咏活动”优秀组织奖；2013年1月获得“山西省农家书屋工程建设先进集体奖”。

馆领导介绍

赵国华，女，1970年9月出生，专科学历，馆员，1995年参加工作，2011年从县文化馆调入县图书馆工作，任副馆长，负责资源共享工程五寨支中心工作及图书馆业务工作。2012年负责图书馆全面工作，独立完成图书馆各项规章制度建设，建起地方文献档案，建成图书集群管理系统。2013年被山西省新闻出版局授予“农家书屋建设工程先进个人”荣誉称号。工作近20年来，一直从事地方文化的收集整理，撰写了“三普”工作报告，十二五规划等工作报告，同时在非遗的收集、整理、申报中做了大量的工作。爱好诗歌，在地方文化刊物中发表多篇诗词作品。

未来展望

随着国家对文化事业的大力投入，五寨县图书馆也将迎来新的发展机遇。县委、县政府把建设新的图书大楼放到重要议程上，增加编制，招聘优秀人才，使图书馆能够更好地服务社会，服务群众，成为我县广大人民群众最喜爱的学习场所。

联系方式

地　址：五寨县学府东街清涟剧场院
邮　编：036200
联系人：赵国华

五寨县委宣传部、文化广电体育局、图书馆为人民群众免费赠送图书

河曲县图书馆

概述

河曲县图书馆的前身是1946年成立的新华书店和文化合称的民众教育馆，1950年改为河曲县人民文化馆、内设图书馆，1978年8月从文化馆分离出来，正式成立河曲县图书馆。馆址占用关帝庙530㎡的简陋馆舍，与县文化馆、博物馆一院办公，1999年国家文化部、省文化厅资助拨款15万元，河曲县委、政府拨配套资金15万元，建成一座面积530㎡的仿古建图书馆楼。2004年国家文化部、省文化厅再次资助拨款30万元，县委、政府拨配套资金20万元，扩建图书馆楼。2005年8月峻工，10月启用。“十五”期间经两次建设总投入80万元，建成总占地1500㎡建筑面积1000㎡的仿古建新式图书馆楼。自此，图书馆由破旧简陋的庙院馆舍迁址到绿草湖泊的街心公园。参加2005年第三次全国公共图书馆评估，获三级图书馆。2010年，2013年连续评估获得三级图书馆。

业务建设

近年来，馆内设置借阅室，阅览室，地方文献资料室，多功能厅，电子阅览室，采编室，音像数据库，各室建章立制密切配合，总藏书量达7万余册，可容纳综合阅览座位98个。少儿阅览坐席40个，计算机29台，宽带接入2兆，年接待读者5万多人次。2005年至今选用瑞文图书馆自动化管理系统。

河曲县图书馆新增购置费5万元，2011年起中外文图书，中外文报刊，视听文献，地方文献入藏完整率为96%。

其中，自建数字资源总量5.38TB。2008–2013年，完成《河曲二人台、河曲民俗、河曲文史资源宝库》数据库建设。现今一直在续建工作中，收到良好社会效益，总浏览人数在42万多人次。

读者服务工作

从2013年8月起，河曲县图书馆全年365天天天对外免费开放，每周工作时间56小时无双休日，全年发展固定读者3000余人，外借图书、书刊实现了馆藏文献的电子借还。全年总流通7万人次，书刊外借8万册次。

2012–2013年图书馆共举办讲座、展览、培训、阅读推广等读者活动20场次，参与人数2万人次。特别是河曲县图书馆服务以地方文献服务为平台，由馆领导创意若干个阅读推广主题活动，举办晋、陕、蒙、冀名家讲座4期，论坛题目：建置沿革、历史图集、历史考论、历代人物、革命斗争、世纪回首、经济文化、旅游民俗等，为河曲县图书馆阅读推广工作的特色。

业务研究、辅导、协作协调

2004–2013年，河曲县图书馆职工发表论文15篇，出版专著5部，获国家级课题论文一等奖一篇，论文《社区乡镇图书馆在和谐社会中的作用》荣获国家级三等。共出版发行《河曲文史资料》1–8辑总字数110万字，《河曲民俗》30万字，《文笔图志》20万字，《娘娘滩传奇》17万字。

2012年起成立与省图书馆联合编目，纳入省总分馆制。现总编目图书2万余册，有效提高地方资源共建共享的新时代服务平台。

现馆内创作电视连续剧文学剧本《走西口》32集（45万字）一部，《娘娘滩传奇》26集（32万字）一部，寻求合作。

表彰、奖励情况

2004–2012年，河曲县图书馆共获得国家文化部、人事部，省文化厅，省图书馆学会，省教委，省工会，忻州市文化局，忻州市政协、文联，河曲县县委授予的各种表彰、奖励，共计18次奖励。

馆领导介绍

刘喜才，男，1962年2月生，大学学历，中共党员，副研究馆员，1978年12月参加工作，曾任河曲县文史资料委员会主任。现为中国民间剪纸研究会会员，山西省美术家协会会员，山西省工笔画协会会员，河曲县图书馆馆长。

未来展望

河曲县图书馆遵循“地方资源特色建设”的办馆方针，逐步扩大服务辐射区域，带动河曲经济、文化事业稳步发展。

2014–2015年，在不断强化自身综合实力的同时，通过项目争取河曲县图书馆新建工程正式启动，总投资1000多万元，总建筑面积3400多㎡可望在2015年8月份搬迁使用。

河曲县新图书馆建成后，全面升华图书馆服务水平，阅览座位1200个，电子阅览90座，少儿阅览90座，多功能厅300㎡，可容纳纸质文献20万册，年服务人次可达10万人次以上，主要指标位居全省公共图书馆前列，达到山西省一流县级图书馆的基本标准。

联系方式

地　址：河曲县黄河大街300号

联系人：刘喜才

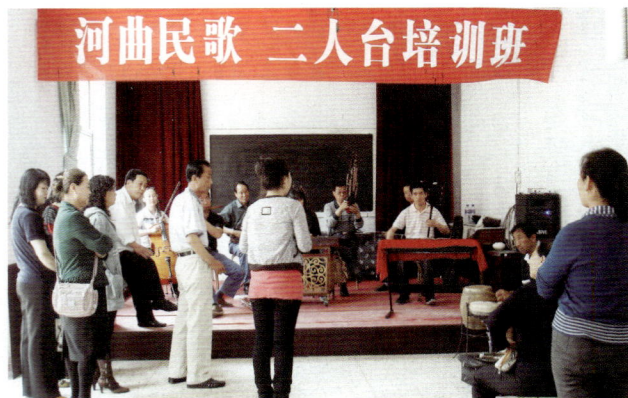

保德县图书馆

概述

保德县图书馆成立于1983年，1986年搬迁新馆，占地面积626㎡，使用面积为526㎡。其中：书库面积60㎡；阅览室面积50㎡；电子阅览室（资源共享办公室）40㎡，少儿阅览室面积40㎡；古籍库25㎡；过刊库面积50㎡；办公室面积261㎡。阅览坐席218个。电子阅览室配备电脑四台，办公用电脑三台，宽带接入。能正常开展上网阅读，普通借还服务工作。2013年参加全国第五次公共图书馆评估，获三级图书馆。

业务建设

本馆截止2014年7月，总藏书38000余册。保存完整资料有《求是》、《新华月报》（从创刊号至今）；保存报纸较完整的有《山西日报合订本》较珍贵古籍有：百纳本《二十四史》、《华阳国志》和《水经注》等。其中：1996年接收张维庆赠书1600余册，自2010年至今新增各类藏书1000余册。电子文献藏量400余种；图书年入藏量500余种；报刊入藏量80余种，试听文献年入藏30件；地方文献入藏共300余种，有专柜，有专门目录，专人管理。收集工作开主要：采用电话问询、出外收集、本人自己送来等方式。在文献入选时，尽可能征对不同人群需要，合理选购。本馆藏书编目采用《中图法普通著录条例》，部分报刊也进行了编目。加工整理质量基本规范、统一、整齐美观。设读者、公务目录，有专人管理维护。实行开架借阅，正确率为96%，各项制度健全。积极采取防火、防盗、防虫、防潮、防尘等措施，破损图书及时修复。

读者服务工作

本馆实行全年免费开放，加强和改进了免费开放的实施方案，为广大读者提供优质方便的服务，开展公益性讲座和展览；配合少年儿童节假日，开展放映电影，读书、猜谜有奖活动。每周开馆时间56小时，书刊文献开架比例为80%。馆藏书刊文献年外借册次3580册；馆外流动点书刊借阅册次2800册。人均到馆次数2000人次。利用全民读书月、世界读书日、图书服务宣传周，开展街头宣传、新书推介目录、散发宣传材料、制作宣传板块、新书展出、新闻媒体专题报道多种形式的宣传活动。为政府部门提供教育科研项目服务以及为社会群体提供专题服务等；为不同人群提供上门服务，如为：双离老干部残疾人、农民工送科技图书；为农村留守儿童，孤儿送知识、送健康，送服务。积极开展网站建设管理服务，为网上阅读的朋友提供健康文明的上网环境。

业务研究、辅导、协作协调

由于正在修建新馆，配套资金一直没落实，所以没有参与公共图书馆总分馆体系建设，也没有进行联合编目，但是本馆尽可能派出工作人员参加省馆培训班学习，积极参与学会各项活动。为基层文化站，图书室经常进行业务辅导，帮助其建立正确的图书管理制度、管理办法。为各乡村图书室配送了科技图书，做到资源共享。

管理工作

保德县图书馆每年年初根据本馆实际情况制订工作计划，根据所订计划，逐项开展工作，做到目标明确，任务明确，责任到人。建立健全财务管理制度、人事管理制度，建全人事、业务档案。按需设岗、按岗聘用；各室都有岗位职责，严格执行考核分配激励制度。奖罚分明。馆内阅读环境干净、整洁；标牌规范，指示清晰。能够及时为上级部门以及本系统提供准确的各类统计报表资料。制定安全防范制度，24小时有人值班，做到安全无事故发生，各项工作顺利开展。

在全民读书月、世界读书日、图书服务宣传周活动开展时，志愿者们都能积极参与图书馆工作，与本馆人员密切配合，在全社会形成全民阅读，共建共享文化资源建设中，起到了推波助澜的作用，为我县图书馆宣传工作做出了很大贡献。本馆连续三年被省图学会评为“图书服务宣传周活动先进集体”。被县妇联评为“巾帼文明岗”、被县残工委评为“文化助残先进集体”。

馆领导介绍

郭咏梅，女，1961年11月出生，本科学历，中共党员，副研究馆员，馆长。1979年参加图书馆工作至今，先后在本馆采编组、借阅组、辅导组、行政组工作，1995年3月担任副馆长，2010年5月担任馆长，山西省图书馆学会理事。

党峰英，女，1969年出生，本科学历，中共党员，馆员，副馆长。1987年12月参加工作，先后在采编组、行政组工作。2006年6月担任副馆长，山西省图书馆学会会员。

未来展望

保德县图书馆遵循“科学发展、创新思维”的办馆方针，在县委政府的统一领导下，在主管部门的关心支持下，继续发扬艰苦创业、勇于奉献、开拓创新的精神，使图书馆干部队伍能达到知识化、专业化、年轻化。全馆人员团结一致、齐心协力，尽快实现数字化管理，把图书馆工作推向一个新的高度。

联系方式

地　址：保德县梅花路58号
邮　编：036600
联系人：郭咏梅

省市领导来馆调研

图书馆馆长郭咏梅

副馆长党峰英

偏关县图书馆

概述

偏关县图书馆成立于1986年，占地面积1300平方米，使用面积1000平方米。书库面积150平方米；阅览室面积120平方米；电子阅览室（资源共享办公室）200平方米；少儿阅览室面积60平方米；古籍库25平方米；过刊库面积50平方米；采编办公室面积50平方米；机房面积30平方米；办公室面积130平方米。阅览坐席240个。电子阅览室配备电脑20台，办公用电脑3台。宽带接入。能正常开展上网阅读，普通借还服务工作。

业务建设

本馆有藏书5.1万余册，电子文献藏量400余种；图书年入藏量500余种；报刊入藏量80余种，试听文献年入藏30件；地方文献入藏300余种，有专柜，有专门目录，专人管理。收集工作开主要：采用电话问询、出外收集、本人自己送来等方式。在文献入选时，尽可能征对不同人群需要，合理选购。本馆藏书编目采用《中图法普通著录条例》，部分报刊也进行了编目。加工整理质量基本规范、统一、整齐美观。设读者、公务目录，有专人管理维护。实行开架借阅，正确率为96%，各项制度健全。积极采取防火、防盗、防虫、防潮、防尘等措施，破损图书及时修复。馆藏中文文献书目数字化比例为50%。

读者服务工作

实行免费开放以来，加强和改进了免费开放的实施方案，为广大读者提供优质方便的服务，开展公益性讲座和展览；配合少年儿童节假日，开展放映电影，读书、猜谜有奖活动。每周开馆时间56小时，书刊文献开架比例为80%。馆藏书刊文献年外借册次4580册；馆外流动点书刊借阅册次3200册。人均到馆次数2500人次。利用全民读书月、世界读书日、图书服务宣传周，开展街头宣传、新书推介目录、散发宣传材料、制作宣传板块、新书展出、新闻媒体专题报道多种形式的宣传活动。为政府部门提供教育科研项目服务以及为社会群体提供专题服务等；为不同人群提供上门服务，如为：双离老干部残疾人、农民工送科技图书；为农村留守儿童，孤儿送知识、送健康，送服务。积极开展网站建设管理服务，为网上阅读的朋友提供健康文明的上网环境。

业务研究、辅导、协作协调

我馆新建馆，配套资金短缺，也没有进行联合编目，但是我们馆尽可能参加省馆培训班学习，积极参与学会各项活动。为基层文化站，图书室经常进行业务辅导，帮助其建立正确的图书管理制度、管理办法。为各乡村图书室配送了科技图书，做到资源共享。并且参加了全县“农家书屋”的建设。

管理、表彰、奖励情况工作

偏关县图书馆每年年初根据本馆实际情况制订工作计划，根据所订计划，逐项开展工作，做到目标明确，任务明确，责任到人。建立健全财务管理制度、人事管理制度，健全人事、业务档案。按需设岗、按岗聘用；各室都有岗位职责，严格执行考核分配激励制度。奖罚分明。馆内阅读环境干净、整洁；标牌规范，指示清晰。能够及时为上级部门以及本系统提供准确的各类统计报表资料。制定安全防范制度，24小时有人值班，做到安全无事故发生，各项工作顺利开展。在全民读书月、世界读书日、图书服务宣传周活动开展时，志愿者们都能积极参与图书馆工作，与本馆人员密切配合，在全社会形成全民阅读，共建共享文化资源建设中，起到了推波助澜的作用，为我县图书馆宣传工作做出了很大贡献。本馆连续三年被县文化广电体育局评为“先进集体”。

馆领导介绍

邬晋文，男，1969年9月生，大专学历，中共党员，馆长。1991年7月参加工作。

贾晓斌，男，1977年7月生，大专学历，中共党员，副馆长。1997年参加工作。

贾春华，女，1966年1月生，大专学历，中级馆员。1986年8月参加工作。

高秀珍，女，1963年3月生，大学专科学历，中级馆员。1986年参加工作。

白巧萍，女，1967年10月生，大专学历，中级职称。1988年参加工作。

范艳荣，女，1975年5月生，大专学历，中级职称。1998年参加工作。

未来展望

偏关县图书馆遵循“科学、效率、创新、发展”的办馆方针，践行“偏图发展三步走”战略，即完善单体服务功能，扩大服务辐射区域，带动农村文化发展。在县文化广电体育局的关心支持下，我们将继续发扬艰苦创业、勇于奉献、开拓创新的精神，带领全馆人员认真解决存在的问题，努力克服一切困难，团结一致、齐心协力，把图书馆工作推向一个新的高度。

联系方式

地　址：偏关县文笔大街
邮　编：036400
联系人：邬晋文

图书进警营

流动服务

送书下乡

原平市图书馆

概述

原平市图书馆成立于1978年，先后借用市文化馆、市委党校房舍进行办公，由此正式对外开放。在上世纪九十年代初，在原平市前进西街正式建成。馆舍面积为1270平方米的固定场地，即原平市图书馆，内设机构有：电子阅览室，图书阅览室。报刊杂志室，少儿阅览室，古籍查询室，地方文献室，采编室等。藏书总量为8万余册，阅览坐席64个，计算机数量30台，宽带接入10Mbps，在2013年第五次公共图书馆评估定级中，再次被评为“三级图书馆”。目前，原平市图书馆正在拆旧新建，主体已竣工，设计建筑面积为4200平方米，雄伟壮观，别具一致，整体设计体现了原平历史悠久，文化厚重，“三里四乡”（三里：三班故里、慧远故里、晋贤故里。四乡：将军之乡、诗歌之乡、书画之乡、民间艺术之乡）的独特风格。

业务建设

截止2013年开放，原平市图书馆总藏量8万余册（件），数字资源总量4TB。纸质图书年入藏量为3000多种，报刊年入藏量为72种，视听文献年入藏量为30多种，电子图书5万余册，电子期刊5千余种（册）。

读者服务工作

原平市图书馆全年对外免费开放，每周开放时间不低于56小时，书刊年外借2万余册，流动图书服务点2个，馆外书刊流通总人次12.7万人次，举办各种展览、讲座、座谈会每年不低于15次，同时原平市图书馆利用投影仪，深入社区、学校、农村播放各类影像资料片，每两周至少一次，年播放量达到30余次，参与观看人数每年至少为8.7万人次。

业务研究、辅导、协调

近几年来，原平市图书馆的员工发表论文10余篇，分别在国家级、省级等刊物发表，并于2012年编写了“农村书屋业务指南”一书，获得了原平市委政府的好评，在平时的工作当中，原平市图书馆把“农村书屋”的建设当成一项重要工作来抓，组织馆内的骨干力量先后对全市18个乡镇文化站520个自然村的农村书屋管理员进行了业务辅导与培训。2011年至今，原平市图书馆先后多次与南城街道办事处、北城街道办事处、范亭中学、原平中学举办了多次读书辅导、读者座谈，图书阅读等活动。把静态的服务变为动态服务，通过交流与互动，拉近读者与图书馆之间的距离。今年，原平市图书馆举办了“晋贤故里”晒书会，把原平籍的乃至山西籍的知名作家会聚一堂，采集了一大批的名人优秀作品，以满足读者需求。

管理工作

原平市图书馆实行会员岗位聘任，现设工作岗位18个，16个人担任，在建立了工作考核制度的同时，每年分期分组进行量化考核，即每天进行工作布置，每周进行工作总结，每月进行工作通报，每年进行工作总体考核，奖惩分明。形成了一套完整的工作管理体系和长效机制。

表彰、奖励情况

2009年至今，原平市图书馆被省图书馆学会评为先进单位的光荣称号。2010年忻州市教科文卫体工会联合会授予原平市图书馆“五一标兵单位”，2012年忻州市总工会授予原平市图书馆“先进单位”的光荣称号，2013年中共原平市委授予原平市图书馆党支部“先进基层党组织”的光荣称号。

馆领导介绍

安文川，男，1962年11月生，大专学历，中共党员，中级职称，馆长。1986年7月参加工作，历任原平市电影公司经理，2004年11月任原平市图书馆馆长，主持全面工作。

李东伟，男，1967年11月生，本科学历，中共党员，副研究馆员，党支部书记。1990年8月参加工作，历任副馆长、书记等职。分管党务工作。

成大玲，女，1963年1月生，本科学历，中共党员，副研究馆员，副馆长。分管业务工作。

未来展望

原平市图书馆以“读者第一，服务至上”为宗旨，进一步强化阵地服务功能，扩大服务辐射区域，发挥城乡结合优势，带动全市图书馆事业的整体发展。原平市图书馆4200平方米新馆即将投入使用，软硬件设施将会上一个新的台阶，今后，通过优质的服务，力争走在全国县级公共图书馆前列。

联系方式

地　址：原平市前进西街1940号
邮　编：034100
联系人：刘美连，安文川

读者座谈会

农村专业户科技讲座

书展活动现场

太谷县图书馆

概述

太谷县图书馆是一个建馆较早（1935年成立）的县级图书馆，2007年建成的新图书馆，位于县城中心文化广场，馆舍面积1500平方米，现有工作人员10人，其中大学本科4人，中级职称5人，图书情报专业人员4人。现为三级图书馆。

业务建设

太谷县图书馆设7个工作部室。现藏有各类文献资料16万册（古籍4万册，其中善本3725册），民国版图书1万多册，订有报纸期刊200多种。

2008年，太谷县图书馆加入了以山西省图书馆为首的Interlib图书馆自动化管理系统，图书采访、编目、典藏、流通等工作实现了自动化管理，与全省公共图书馆实现了图书的通借通还，大大方便了广大读者的借阅，提高了文献利用率。

近年来，太谷县图书馆加大对馆藏古籍的开发保护工作，古籍书库增加了温度湿度检测仪、灭火器材、樟木书柜等设备。工作人员多次参加省古籍保护中心组织的古籍培训，积极申报国家及省级珍贵古籍，先后有5部古籍入选国家级珍贵古籍名录，13部古籍入选山西省珍贵古籍，2009年太谷县图书馆被山西省文化厅确定为山西省古籍重点保护单位。2011年，为配合《山西省古籍普查目录》的编制工作，工作人员对每部馆藏古籍的卷数、册数、版式、装帧形式、出版年代、四部分类、破损程度、函套等方面进行了细心登记，并为每部古籍做了书影，完善了古籍目录。2012年5月，图书馆工作人员参加了“山西省第二期古籍编目暨第一期古籍普查平台使用”培训，6–7月份，本馆两名工作人员进行了古籍普查Excel表的填写工作，完成了馆藏2000多部古籍的普查填写，该普查结果将编入《中华古籍总目·山西卷》一书。

读者服务工作

从2012年起，太谷县图书馆全年免费向读者开放，免费开放吸引了大量读者到馆阅览、借书，截止目前，办理借书证500多个，每年服务读者上万人次。

2005年太谷县图书馆被选为为山西省首批文化信息资源共享工程试点单位，2008年建成文化信息资源共享工程标准化县级支中心，并在全县建成了160个乡（镇）基层站（点）。县级支中心建成以来，配合省级分中心组织了各种培训及文化活动，免费为基层群众发放各种主题的光盘、放映电影、开展讲座、组织培训，丰富了基层文化生活，为太谷县精神文明建设贡献了一份力量。

业务研究、辅导

近年来，太谷县图书馆馆注重对工作人员的业务素质提升，积极参加省图书馆组织的各种业务培训。工作人员先后在省市级刊物发表数篇论文。组织了《源远流长》丛书的编撰工作。2008年文化共享工程县级分中心对全县160个基层站（点）进行了业务培训工作。2010年以来，对全县农家书屋的工作进行了指导，制定了《农家书屋图书管理制度》、《农家书屋图书管理员工作规范》、《农家书屋图书整理流程》等业务规范。

表彰、奖励情况

2009年以来，太谷县图书馆先后多次获得省、市、县级奖励，其中三次获得山西省图书馆学会图书馆服务宣传周先进集体，文化共享工程优秀摄影作品征集组织奖、晋中市文化局颁发的先进集体奖以及太谷县优秀党组织奖等。

馆领导介绍

贠建农，男，1962年生，大专学历，中共党员，馆员，馆长，山西省图书馆学会理事。1980年进入太谷县图书馆工作，先后在少儿阅览，采编部等部门工作，1991年任业务副馆长。2006年担任馆长后，先后完成了图书馆几次评估定级工作、图书馆搬迁、共享工程标准化县级分中心的建设等工作。多次被晋中市文化局评为模范，2009年被晋中市委评为优秀宣传文化工作者，2010年被省文化厅授予“满意图书馆员”称号，先后担任《太谷县志》、《太谷县年鉴》、《山西石刻·太谷卷》编委、编辑等。

杜先玫，女，1962年生，大专学历，馆员，副馆长。1981年参加工作进入太谷县图书馆，先后在报刊阅览室、流通库、古籍库工作。

韩丽花，女，1974年生，本科学历，毕业于山西大学信息管理系图书馆专业，馆员，副馆长。1996年参加工作进入太谷县图书馆，先后在报刊阅览室、流通库、古籍库、电子阅览室工作。

联系方式

地　址：山西省太谷县文化广场西四楼
邮　编：030800
联系人：贠建农

临汾市尧都区图书馆

概述

尧都区图书馆是临汾市区唯一一座公共图书馆，位于平阳广场南侧。图书馆大楼建成于1996年，建筑面积3893平方米，是国家县级三级图书馆。集藏、借、阅、咨于一体化服务的阅览室面积达300多平米，光线充足、环境优雅、宽畅舒适，方便读者借阅；电子阅览室为全国共享工程县级支中心，多媒体活动室拥有投影仪、幕布、环绕声音响，是基层公共图书馆开展新型信息服务的中心场所。

业务建设

2011年4月，尧都区图书馆纳入到山西省公共图书馆总分馆体系，运用Interlib图书馆集群管理系统，建立公共图书馆服务网络，实现了文献借阅“一卡通”服务。

馆藏地方文献的收集、整理、典藏、流通及参考咨询工作利用文献推荐、开架阅览等形式全部开放，向社会各界提供适用的地方社会信息和地方史料。2012年9月尧都区首届尧文化旅游节，参与筹备了“非物质文化遗产精品展”。

读者服务工作

尧都区图书馆全年365天免费对外开放。

尧都区图书馆利用“学习雷锋活动”“世界读书日”“图书馆服务宣传周”“6·1儿童节”等节假日及热点事件，集中开展多种形式的主题阅读活动及摄影展、书画展、各种主题讲座等。举办丰富多彩的少儿阅读活动：少儿读书会及“好书互换、广交书友”活动、少儿志愿者活动、少儿科普展、绘本展、益智游戏、优秀动画展播等。

业务研究、辅导、协作协调

尧都区图书馆注重馆员提高业务素质，进行业务研究，近年来，已在国家及省部级专业书刊上发表论文或参加图书馆学会征文10余篇，分别获奖。

尧都区图书馆承担着全区17个乡镇372个农家书屋的业务辅导培训及管理工作。对农家书屋场地、设备、人员管理等进行摸排，配送图书、光盘、投影仪等，开展农家书屋管理员业务培训，帮助制定《农家书屋工作细则》、《借阅制度》，建成20个高标准示范性农家书屋。

2011年9月，举办第二届文化共享杯——全国文化信息资源共享工程知识与技能竞赛临汾赛区选拔赛，选出3名队员，在山西省竞赛中代表临汾市取得了第一名的优异成绩。

2011年10月，山西省公共图书馆总分馆Interlib集群管理系统第三期培训班在尧都区图书馆开班。

管理工作

2005年人事制度改革，根据区编办下达的编制数，按需设岗，按岗聘用，尧都区图书馆实行全员择优竞岗，建立并完善了一套完整的规章制度和岗位考核制度。2013年建立“绩效百分考核办法”，每月进行工作情况通报，年底进行总体工作考核。

表彰、奖励情况

尧都区图书馆先后被山西省图书馆学会授予“全民阅读活动先进单位”、“服务宣传周先进单位”“主题征文活动优秀组织奖”；被山西省文化信息资源共享工程授予“文化共享杯、文化共享工程与技能竞赛一等奖”；被临汾市文化新闻出版管理局及尧都区委、区政府授予“文化工作先进单位”；图书馆支部被尧都区委授予“红旗基层党组织”。

馆领导介绍

闫娟，女，1974年9月生，党员，本科学历，馆员，馆长。中国图书馆学会会员，山西省图书馆学会理事。山西省图书馆学会第五次会员代表大会代表。

鲁文英，女，1963年10月生，党员，大专学历，馆员，支部书记。中国图书馆学会会员，山西省图书馆学会会员，山西省图书馆学会第五次会员代表大会代表。2012年荣获“山西省农家书屋工程建设先进个人”的称号。

蒲叶，女，1971年2月生，党员，本科学历，馆员，副馆长。中国图书馆学会会员，山西省图书馆学会会员，山西省图书馆学会第五次会员代表大会代表。

黄志刚，男，1971年5月生，党员，本科学历，馆员，副馆长。中国图书馆学会会员、山西省图书馆学会会员，山西省图书馆学会第五次会员代表大会代表。

未来展望

随着国家数字图书馆推广工程的建设，尧都区图书馆将搭建数字图书馆虚拟网，建设数字图书馆服务平台和业务工作平台，打造基于新媒体的公共文化服务新业态，使图书馆服务的覆盖范围由传统图书馆的物理空间扩展到手机、数字电视等智能终端，向公众提供多层次、多样性、专业化的数字图书馆服务。

联系方式

地　址：山西省临汾市平阳中街3号
邮　编：041000
联系人：蒲 叶

翼城县图书馆

概述

翼城县位于临汾市东南端，县域总面积1170平方公里，辖4乡6镇，211个行政村，总人口32万。翼城县图书馆始建于1958年，时有2名工作人员，藏书数千册。1962年合并于翼城县文化馆，馆藏图书及设备在"文革"期间遭到破坏。1979年，翼城县重建图书馆，馆址几经变迁，2003年10月，县政府将位于县城兴华街3号的原县招待所装修改造，作为县图书馆新馆，建筑面积1650平方米，阅览坐席300个，计算机35台，选用Interlib图书馆自动化管理系统。2013年，参加第五次全国公共图书馆评估，获得三级图书馆。

业务建设

截止2013年底，翼城县图书馆总藏量86800册，2008年建成了全国文化信息资源共享工程翼城县支中心。图书馆年入藏量为1500册，报刊年入藏量为200种。电子文献年入藏量60种，视听文献年入藏量为20件，地方文献有专柜专架，有专门目录，有专人管理，征集率达90%以上。2012年4月，翼城县图书馆实行免费开放服务，实现了无障碍、零门槛进入，公共空间设施场地全部免费开放，所提供的基本服务项目全部免费，各项业务活动开展的比较活跃。

读者服务工作

翼城县图书馆年外借册次在8万册以上，年流通总人数12万人次，开架书刊册数占总藏量的60%以上。书刊宣传400种以上，每周开放时间60小时以上。服务点、流通站10个。馆内印有《图书馆之声》内部刊物，为领导机关决策与社会事业发展提供信息服务，为科研与经济建设提供信息服务，为社会大众提供信息服务。举办各类讲座、报告会每年15次，读者活动次数18次以上，活动人数2万余人次。每年利用图书馆服务宣传周、全民读书月，利用新闻媒体进行大力宣传。让更多的人了解图书馆、走进图书馆、利用图书馆。

业务研究、辅导、协作协调

翼城县图书馆有7名人员在《图书馆工作与研究》一书发表论文7篇。写有调查研究报告2篇。翼城县图书馆不定期到基层辅导工作，得到领导好评。农家书屋覆盖率达到100%，每个基层图书室都培训有一名业务骨干。并积极开展协作协调、资源共建共享，取得了一定社会影响。

管理工作

翼城县图书馆规章制度齐全，在业务工作中实行岗位责任制，有明确的职责范围，有工作数量与质量的具体要求。做到按需设岗、按岗聘用、竞争上岗、择优聘用。设备物资管理工作都有制度，并给予实施。档案管理上达到立卷准确、装订整齐、内容齐全、并有目录，尤其领导班子档案受到县委组织部门和宣传部表彰。各类统计齐全，同时做到有统计分析。在环境管理上，阅读学习的设施都是2005年新购置的，环境整洁、美观、安静。标牌规范、标准。设施维护良好，消防设施齐全，保卫工作有专门的门房值班人员。

表彰、奖励情况

翼城县图书馆2007年被山西省图书馆学会授予全民读书月先进集体；2013年被山西省新闻出版局授予山西省农家书屋工程建设先进集体；2007、2008、2009年连续三年被中共翼城县委授予宣传思想工作先进集体。

馆领导介绍

尹国米，男，1970年9月生，中共党员，助理馆员，馆长，支部书记。1988年12月参加工作，先后在报刊部、采编部等部门工作。

刁丽萍，女，1971年9月生，中级职称，副馆长，1988年参加工作，2003年调翼城县图书馆工作，先后在办公室、财务部工作。

未来展望

在当今信息社会条件下，翼城县图书馆充分认识到精神文明重在建设的重要意义，通过抓学习，促职工思想首选建设；抓创建，塑造图书馆文明形象；抓管理，促服务，树行业新风；夯基础、拓产业、谋发展。进一步拓展图书馆服务领域，以建设现代化、数字化图书馆为发展目标，利用先进的计算机技术和数字信息系统，开展各种图书服务活动，提高广大人民群众整体素质，为推动翼城县经济发展提供智力支持，实现科技和文化的完美结合，努力把图书馆办成知识信息中心，文化教育中心，成为重要的知识信息枢纽和文明建设的重要窗口。

联系方式

地　址：山西省翼城县兴华街3号
邮　编：043500
联系人：刁丽萍

电子阅览室

图书馆借阅部

送图书下乡

吉县图书馆

概述

吉县图书馆新馆图书大楼建于2009年3月，占地1500㎡，使用面积1300㎡，其它200㎡。南邻清水河畔，北壤新华街，环境优美，空气新鲜，交通便利，具有浓郁的黄土文化气息。收藏文献资料30000余册，报刊、期刊5000余册，内容包括（政治、文学、工具书为主并兼藏本县有价值的县志文献，包括《二十四史》、《二十六史》各种名著，字典、辞海、文学书籍。共有计算机31台，提供给读者使用的25台，机房内现有服务器4台，交换机2台，防火墙、UPS不间断电源等设备，2013年参加第五次全国公共图书馆评估，首次获得三级图书馆。

业务建设

吉县图书馆新馆始建于2009年3月，总投资为460万元，2011年12月、2013年3月，县政府投资27万元采购了书架、期刊架、阅览桌椅、电脑等办公用品。电子阅览室共享资源存储量为2TB，4兆光纤专线接入。楼内空调、监控、消防系统配套齐全。吉县图书馆自2012年1月投入使用以来，不断加强文献资源建设，保证图书总量、质量，所有图书严格按照《中图法》、《中国分类主题词表》进行分类和主题标引；期刊严格按照《中图法期刊分类表》进行标引；已开展图书系统编目录入工作。

读者服务工作

2011年，在各部门全力配合下，已实现了全县79个行政村“农家书屋”全覆盖；“文化资源共享工程”覆盖率达80%，成为吉县新农村建设中群众文化工作的一道靓丽的风景。2012年3月至5月举行“践行雷锋精神，推动文化惠民工程”服务活动，进一步满足了人民群众对知识信息的需求，得到了当地群众的一致好评。6月，在主题为“文化强国——图书馆的责任与使命，推进公共图书馆服务规范化”活动中，为每个“农家书屋”赠送了2千余册的图书，光盘500张，进一步充实了基层文化活动室，为促进我县文化产业大繁荣、大发展起到积极的推动作用。

2012年8月，利用暑假，少儿阅览室免费向全县少年儿童开放，举办了“我们和你一起过暑假”活动。新上架儿童书目2000余册。活动期间共接纳小读者3000余人。

为了更好地提升图书馆的服务，宣传图书馆，吸引更多读者改进图书馆的服务态度及质量、走进图书馆，于2013年5月召开了“‘书香吉县——阅读引领未来’读者座谈会”，共评选出“优秀读者”、“热心读者”20余人，颁发了荣誉证书和赠送了科技、医学等书籍。此次座谈会及活动，旨在鼓励、激励新、老读者“多读书、读好书”发扬中华民族优良传统精神，为打造“书香吉县”人人尽一份绵簿之力。根据服务对象的年龄、职业不同开展了专题培训、展览、活动等服务。

为丰富社区群众的业余生活，提高生活素养，2013年7月下旬至8月下旬一个月时间，我馆利用文化部下发的“跟我学”、“大众生活百科学苑”光盘资源，组织了为广大人民群众播放“夏日电影”“跟我学”主题活动。活动中我们播放了包括学舞蹈、学体育运动、营养美食、理疗保健、逸趣休闲、职场技能、女性魅力等专题资源，电影《孔繁森》、《杨善洲》、《地道战》、《英雄儿女》等三十余部贴近生活、战争题材影片，受到观众朋友们的一致好评，满足了社区群众怡情逸趣、养生保健的需求。

2013年11月开展为“特殊人群服务活动”，为各类残疾人读者免费送书上门，使他们享受阅读的权利，充分发挥图书馆在推进社会主义文化强国建设、全民提高公民道德素质和丰富人民精神文化生活等方面的作用，保障人民群众的阅读权利，丰富其精神文化生活。

业务研究

2012年至2013年馆长撰写的《县级社区乡镇图书馆的建设与发展》荣获第十一届中国社区乡镇图书馆发展战略研讨会优秀论文奖，应邀参加“第十一届中国社区乡镇图书馆发展战略研讨会（福建）”会议。

管理工作

2014年6月，吉县图书馆完成了第一次全员岗位聘任。本次聘任共设五个岗位，有四人重新上岗，同时建立了工作量化、考核指标体系，每月进行工作进度通报，每半年和全年进行总体工作考核。

表彰情况

吉县图书馆2012年1月开馆以来，2012年12月被山西省图书馆学会授予“2012年山西省图书馆服务宣传周活动先进集体”、“2012年度科普宣传与全民阅读活动先进集体”、山西省文化厅授予“农家书屋”先进集体；馆长、副馆长和其他馆员分别获市妇联、县委、县政府2012年“三八红旗手”、“先进个人”等称号；2013年在县政府“榜样吉县”模范人物评选活动中，馆长与两名馆员分别获得“文明家庭”称号。

经费情况

财政年拨10000元（征订报刊、期刊）专项资金。

未来展望

吉县图书馆遵循“科学、效率、创新、发展”的办馆方针，践行山西省图书馆发展规划要求，按照县委、政府“转型跨越发展”的战略部署，围绕推进“四个发展”、做好“五篇文章”的工作思路和工作重点，坚持“打基础、利长远，顺民意、惠民生”的工作原则，求真务实，真抓实干，在不断强化自身综合实力的同时，认真完成各项目标任务，争取使我馆等级更上新台阶。

联系方式

地　址：吉县新华街94号
邮　编：042200
联系人：冯桂珍

大宁县图书馆

概述

大宁县图书馆创办于1917年，馆址设在县第一高等小学校内，1919年在册图书1999册，可惜这些图书在抗日战争中全部毁于战火。1953年重新建立县图书馆，藏书1000册，1958年藏书2000册（以上资料县志提供）。1979年重新组建县图书馆，当时为文化馆图书室，1980年正式分出，馆舍面积三间平房，馆藏图书5000余册，1986年馆舍面积189㎡，馆藏图书5620册。2004年新建图书馆大楼，总建筑面积1915㎡，可容纳读者座位300个。新建图书馆大楼位于县城东河沿18号。2012年参加全国图书馆第五次评估，被评为国家三级图书馆。大宁县图书馆设有期刊阅览室、图书阅览室、电子阅览室、少儿阅览室、多媒体活动室。拥有电脑42台。宽带接入网通2M专线。

业务建设

截止2013年底，大宁县图书馆总藏量为27772册，其中图书26495册，报刊1041种，其他视频资料236种。

2007年建立了文化信息资源共享工程县级支中心，配置电脑22台。2008年–2012年在全县84个行政自然村建立了文化信息资源共享工程村级站点和农家书屋，发放图书151200册，投影机84台，幕布84个，音响84组，图书柜子1008个，光盘8400张，完成了全县6个乡镇，1个城区办和84个行政自然村文化信息资源共享工程村级站点和农家书屋建设任务，实现了县、乡、（镇城区办）、村三级文化信息资源共享工程和农家书屋全覆盖。

读者服务工作

2012年我馆工作人员在省图书馆老师手把手的培训下，把大部分图书纳入省图总分馆数字化管理系统，实现了一卡通的借阅办法。大宁县图书馆对外全部免费开放，利用流动图书车下乡为农民群众宣传阅读，方便了群众，解决了农民看书难的问题。

2009年–2012年，大宁县图书馆共举办讲座、展览、培训、阅读推广等读者活动32场次，参与人数2300多人次。利用逢集逢会的日子，走上街头向农民推荐农业科技图书、种植养殖图书，方便了群众读书阅读的需求。

业务研究、辅导、协作协调

2009年–2012年，大宁县图书馆多次派业务骨干去省图书馆进行文化信息资源共享工程业务培训和总分馆制采编业务培训，对文化信息资源共享工程村级站点和农家书屋的管理人员进行现场辅导和业务培训。走出去向先进图书馆学习他们的管理方法和先进经验，不断改进管理模式，利用现有资源发展读者、引导读者，提高图书借阅率。

管理工作

2012年，大宁县图书馆进一步完善了岗位责任制，严格考勤制度，定期进行工作情况通报，到2013年底，共印发大宁县图书馆工作简报48期。

表彰奖励情况

2009年–2012年，大宁县图书馆获得各种表彰奖励，其中获省图书馆学会表彰8次，个人奖2次。

馆领导介绍

关丹琴，女，1963年4月出生，大专学历，馆员，馆长。1980年元月参加工作。2001年任大宁县图书馆副馆长。2007年任大宁县图书馆馆长至今。2012年荣获山西省农家书屋工程建设"先进个人"荣誉称号。

李莉，女，1978年4月出生，大专本科学历，中共党员，高工职称，1993年参加工作，2007年任大宁县图书馆副馆长至今，2011年荣获大宁县"三八红旗手"荣誉称号，2009年至2013年参加全县消夏晚会活动获得优秀演员荣誉奖。

展望未来

根据我县实际情况，奔着求真务实，全心全意为读者服务的精神，首先计划与县教委联合在全县中小学中开展读书阅览活动。再是建立信息平台，在电视、网络上定期发布图书馆相关信息，尽最大可能地扩大读者群。利用流动图书车送书下乡方便读者。通过长期不懈的工作，使县图书馆为全县经济建设和精神文明建设发挥更加积极作用。

联系方式

地　址：大宁县东河沿18号
邮　编：042300
联系人：关丹琴

隰县图书馆

概述

隰县图书馆于1947年初创，入藏图书近2万册，开展对外借阅活动。1950年图书馆和文化馆合并，仅保留借阅室。文革期间，图书失盗损毁严重，借阅室一度失管。1978年根据上级精神，县里专门成立了书籍整理小组，对残存的图书进行分类登记，同年10月隰县图书馆正式成立，馆址设在县城南大街毛著园地大院内。1986年原址拆除新建文化综合大楼，图书馆搬入三层，使用面积270余平米。2012年，位于北城新区隰州广场旁的图书馆新馆建成使用，新馆使用面积1500平米，设计藏书量50万册，可容纳读者座位120个，少儿阅览室有座席30个。2013年，参加第三次全国公共图书馆评估，获得三级图书馆。

业务建设

截止2012年底，隰县图书馆总藏量5.1295万册（件），其中，纸质文献4.1198万册（件），电子图书0.9104万册，视听文献993件。

2009–2012年，隰县图书馆共入藏图书3000册（种），年入藏报刊杂志68种，816册。2010年始建《隰县金石拓片资料库》，已入藏拓片352种（张），2012年始建《隰县影像资料库》，现已入藏老照片680余幅。

读者服务工作

从2010年2月起，隰县图书馆实行全年无休免费开放，每周开放时间不少于60小时。2010–2012年，年书刊流通0.5432万人次，书刊外借1.1205万册次。

2009–2012年，隰县图书馆共举办讲座、展览、培训等活动42场次，参与人数2.6511万人次。

业务研究、辅导、协作协调

2009–2012年，隰县图书馆职工参加中图学会和省图学会举办的各类业务培训240学时，均取得合格证书。几年中，图书馆职工共撰写发表论文6篇，其中1篇在中图学会举办的业务研讨会上获三等奖，1篇在省级论文征集活动中获三等奖；根据隰县图书馆开展文化共享服务撰写的《借力打开工作局面》一文被编入由文化部编辑出版的《文化共享十年路——优秀服务案例选编》。

2009–2012年，隰县图书馆协助进行全县农家书屋工程建设，3年共建成农家书屋97个，举办农家书屋管理员培训6次，培训各级图书管理员152人（次）。

管理工作

2011年，隰县图书馆根据本馆工作实际需要对图书流通和读者服务等岗位进行了合理设置，建立健全了岗位工作量化考核制度，每年进行年中和年末工作考核并且纳入事业单位职工全年考核体系。编写并印发《紫川书苑》共8期，发布图书馆工作动态信息48条。

表彰、奖励情况

2009–2012年，隰县图书馆共获得各种表彰、奖励8次，其中省图学会表彰7次，文化共享省中心表彰1次。职工获文化厅表彰1次、省图学会表彰2次、县委政府表彰3次。

馆领导介绍

冯永宁，男，1970年9月生，大专学历，中共党员，馆员，馆长。1988年9月参加工作，1994–2006年在隰县县委宣传部通讯科、宣传科任科员，2006年4月调任隰县图书馆馆长（股级）。2010年被省文化厅授予“读者满意的图书馆员”；2012年被省新闻出版局评为“农家书屋工程建设先进个人”。

王珍珍，女，1965年5月生，大专学历，中共党员，馆员，副馆长。1981年8月参加工作，1985年4月调隰县图书馆，1998年5月任副馆长。

未来展望

随着国家对中西部基层文化事业投入的逐步加大，图书馆办馆条件有了极大改善，但在服务模式和水平等软件建设方面还存在很大差距。未来几年，隰县图书馆坚持“以人为本、创新发展”的办馆理念，着力提升馆员素质，完善服务职能，进一步扩大服务范围和服务影响力。根据读者需要争取加大购书经费的投入，加强图书馆文献收集和保存功能，以开展流动服务、少儿阅读推广并举办丰富多彩的读者互动活动等形式，打造本地区全民阅读、求知的良好氛围。各项工作指标位居全省县级图书馆前列。

蒲县图书馆

概述

蒲县图书馆始建于一九七八年八月，包括位于蒲伊北路122号的图书馆和蒲子文化宫C区一层的新图书室，建筑总面积1600平方米。图书馆内现存各类图书共六万九千多册，报纸25种，杂志77种，电脑30台，内设借阅室、一般阅览室、儿童阅览室、电子阅览室、采编室、辅导室、办公室、财务室共8个机构。

业务建设

2011年底，蒲县图书馆借阅室搬迁工作完成，本借阅室占地400平方米。为此次搬迁活动能够顺利完成，县里投入近百万元，通过政府公开招标的方式，共购得685000元新书三万册，88600元书架、桌椅等设备和88500元防盗、办公设备。新借阅室功能设施完善，图书囊括22大类，更能满足广大读者对精神文化的需求。

截止2013年底，蒲县图书馆总藏量69461册（件），其中，纸质文献66781册（件）。

自2014年起，蒲县图书馆每年20万购书经费列入县财政预算。

读者服务工作

从2009年8月起，蒲县图书馆建立了文化资源共享县级支中心，图书馆全年365天对外免费开放，一般阅览室、少儿阅览室、电子阅览室、培训室、综合活动室等公共空间设施场地，全部实行免费开放，周开放56小时。2012年，图书馆新办理图书借阅证二百多个，借阅图书的人数比以前成倍增加。2009-2012年，蒲县图书馆共举办讲座、展览、培训、阅读推广等读者活动400场次，参与人数3万人次。

同时，文献资源借阅、检索与咨询、公益性讲座和展览、基层辅导、流动服务等基本文化服务项目健全，且全部免费提供；另外，为保障基本职能实现的一些辅助性服务包括办证、验证及存包等全部免费。

业务研究、辅导、协作协调

2012年牛蒲英馆长先后参加了3月19日中国图书馆学会在珠海举办的“自助图书馆的建设与服务专题研讨班”活动和7月初在陕西省神木县举办的“中国图书馆学会第四届百县馆长论坛会”。2014年，参加了4月13日-15日在朔州市举办2014年全省公共图书馆高峰论坛研讨会。参观新建的山西省图书馆，并多次到运城、长治等图书馆事业发展好的地方学习、考察。通过走出去参加这些活动，参观发达地区图书文化事业的面貌，学到了许多积极有益的经验，增强了自身的认识，为以后图书馆事业的发展、图书馆活动的展开带来新的活力。

管理工作

2012年，蒲县图书馆健全岗位责任制，实行年度绩效考核，按照多劳多得、少劳少得的原则分配年终绩效工资，并建立了工作量化考核指标体系。

表彰、奖励情况

1995年蒲县图书馆被市文化局评为“地级文明单位”，1999年被国家文化部评为“县级国家一级图书馆”，2000年被省文化厅、教育厅等十家评为“先进集体”，2001年被县妇联授予“巾帼文明示范岗荣誉称号。在2011年、2012年、2013年，连续三年服务宣传周活动中，蒲县图书馆都被山西省图书馆学会授予的“省级先进集体”荣誉称号。

馆领导介绍

牛蒲英，女，1961年4月生，大专学历，中共党员，馆员，馆长。1983年4月进入图书馆工作，1998年12月经中共蒲县县委组织部部务会议研究决定任蒲县图书馆馆长至今，负责图书馆的全面工作。

梁淑丽，女，1975年6月生，中专学历，副馆长。于二〇一一年十月经蒲县文化体育局研究决定任蒲县图书馆副馆长，主要分管图书馆的业务工作。

未来展望

蒲县图书馆遵循“一切为了读者、一切方便读者、一切服务读者”的服务宗旨，全年365天开放。2013年，蒲县图书馆已纳入县“十三五”建设规划，由蒲县政府及上级支持，在蒲县桃湾村锦绣新区建设规模为3000㎡的新图书馆。新图书馆将成为繁荣当地文化、提升本县文化形象的重要标志。

蒲县文广新局局长王晓晖同志为少儿优秀读者颁奖

蒲县县委宣传部长陈金庄为优秀读者颁奖

2013年文学素质大赛获奖选手

2013年暑假活动合影

联系方式

地　址：山西省临汾市蒲县蒲伊北路122号，蒲子文化宫C区2号门
邮　编：041200
联系人：郭阿纯

流动图书进警营

农家书屋管理员培训

在电子阅览室观看动画故事片

2014年世界读书日优秀读者座谈会

汾西县图书馆

概述

汾西县图书馆建立于1950年3月，馆址几经变迁，2004年12月建成的位于县城西街的汾西县图书馆新址建成开放。新馆占地面积3300平方米，建筑面积1500平方米，内设普通书库、特藏书库、大型图书报刊阅览室、少儿图书报刊阅览室、电子阅览室、文化信息资源共享工程县支中心机房、办公室等。2013年3月，参加第五次全国公共图书馆评估，被评定为三级图书馆。

业务建设

截至2013年3月底，县图书馆藏书总量达10.216万册，期刊1088册，报纸36种12.986万张，视听文献13种100余套，地方文献96种1260余册。拥有流动图书车1辆、计算机62台，数码照相机、刻录机、打印机、复印机、扫描仪、条码打印机、导递式激光条形码扫描仪、磁盘储存系列、百兆网络交接机、投影仪等设备配套，并连线接入宽带网。

读者服务工作

从2009年1月起，县图书馆一是坚持设施设备和文献资源全部免费向公众开放，每周开馆时间达56小时以上，坚持90%以上的文献资料开架阅读，读者年流通量达1.6万人次以上；发放个人借书证12396个，团体借书证268个，年外借各类文献资料4.36余万册，每年重点对1000多种书刊进行宣传推借。二是坚持个性化、特色化服务，在县城东西大街和中心广场设立了3个服务点，为残疾人、老年人、青少年、农民工提供便利服务。坚持每年开展读书讲座和报告会20余次，召开读书交流会10多次。坚持在服务宣传周、全民读书日、世界读书日，集中开展图书文献系列宣传服务活动。多措并举，使县图书馆的读者流通量和借书量逐年增长，受益公众逐年增加。

业务研究、辅导、协作协调

2009年以来，县图书馆配合县委、县政府和县文体广新局新建了8个乡镇综合文化站图书室、阅览室和120个行政村“农家书屋”，为其投放了图书柜、图书架、图书、音像资料、投影机、阅读桌椅。先后举办乡村两级图书馆室专管人员培训班9期，系统讲解了图书管理法规、管理规程和服务技能，并深入各图书馆室进行现场指导、检查、考核，使乡村两级新建图书网络逐步建立健全了各类规章制度，实现了规范化管理和优质化服务。

大力实施文化信息资源共享工程建设。一是依托县图书馆，成立了共享工程县支中心，新建了机房和电子阅览室，装备了卫星接收系统和管理软件，配备了专职管理人员，使县支中心具备了对文化信息资源进行数字加工、整合和传输功能。二是在全县120个行政村建立了共享工程服务点，全部配置了电脑、卫星接收系统、投影仪等设备，对专管人员进行了三轮培训，使各行政村服务点全部按要求开展了文化信息资源接收、播放等服务活动。

与国家图书馆摄影俱乐部、山西省摄影协会图书馆分会建立了捐建流动图书站协作关系，在全县中心乡镇建立了6个流动图书站，乡村两级图书馆室年图书交流量达60%以上。

管理工作

建立健全了严格的岗位目标考核管理责任制，坚持按需设岗，以岗聘人、以岗定责，对各类服务人员实行了严格的目标责任制考核奖惩；采取岗位自学、集体辅导、参加省市对口业务培训等办法，不断提高全馆人员的业务素质和服务能力。建立健全了21项内部管理规章制度，通过狠抓考核落实，有力地促进了全馆的规范化管理和优质化服务。

表彰、奖励情况

2012年9月，馆长马富平被临汾市关工委、精神文明协调委表彰为“关心下一代先进工作者”；2013年1月，县图书馆被山西省图书馆学会表彰为“2012年度科普宣传与全民阅读活动先进集体”，馆长马富平被山西省新闻出版局表彰为农家书屋工程建设先进个人。

馆领导介绍

马富平，女，1965年10月生，大专文化程度，中共党员，1980年参加工作，一直从事图书管理，2003年晋升为馆员中级专业技术职称，2004年任汾西县图书馆馆长。2005年以来先后参加了“中国图书馆学会志愿者行动——基层图书馆馆长培训”、“山西省文化共享工程规范化县级支中心技术培训”、“山西省农家书屋管理干部培训、“数字图书馆推广工程宣传推广项目山西站培训”，使自身管理素质和业务水平得到显著提高。2012年以来，先后被临汾市关工委、精神文明协调委表彰为“关心下一代先进工作者”；被山西省新闻出版局表彰为“农家书屋工程建设先进个人”。

未来展望

从2014年起，县图书馆以晋升二级图书馆为奋斗目标，制定了一系列发展计划和保障措施，全力提升县图书馆的服务能力和服务水平。一是根据县政府规划，2016年在县城新区新建汾西县图书馆，建筑总面积达2300平方米，各种功能区达到二级图书馆标准，信息化、现代化设备配套。二是加强县、乡、村三级图书馆室规范化管理，坚持精心指导和严格考核，确保各类图书馆室全天侯免费向公众开放，向各类人群提供优质化系列化的图书服务。三是加强经费投入，确保县图书馆每年新增图书5000册以上，音像制品1000套（张）以上，订阅报刊100种以上；乡镇综合文化站图书室和行政村农家书屋每年都新增一定数量的图书和音像制品，报刊杂志订阅量逐年递增。多措并举，使全县各级图书馆室的服务能力逐年得到新的提高。

联系方式

地　址：汾西县县城西街文苑楼
邮　编：031500
联系人：马富平

文水县图书馆

概述

文水县图书馆始建于1978年，一九八0年正式对外开放。馆舍由九间二层戴帽楼房和九间平房组成。平房修建于1980年，主楼修建于1987年，建筑面积1150平方米，内设馆长室、副馆长室、办公室、借阅室、综合阅览室、电子阅览室、儿童阅览室、农村辅导室、农村书库、流动书库等机构，共有阅览座席170个，其中少儿阅览室座席60个，计算机35台。其中提供读者使用的计算机30台，并接入100M宽带，存储容量为4TB，实现了业务管理自动化。从1994年起，连续四期被文化部评为国家“三级图书馆”。

业务建设

每年财政预算单列下拨购书费4万元。文水县图书馆截止2012年底，总藏量87601册（不包括电子文献），电子文献藏量58000种。图书年入藏量1520册，报刊年入藏量120种，视听文献年入藏量300件。地方文献逐年收藏，并设专柜有专人管理。

读者服务工作

文水县图书馆公共设施场地和基本服务项目全部免费开放。每周开馆时间56小时，周六、周日照常上班，书刊文献开架比例达60%，年总流通人次22300人次，其中书刊外借人次13250次，书刊文献外借册次16000册次，每年举办图书推荐栏目六期进行书刊宣传，长年开展专题跟踪服务，收集专题资料，多年来一直坚持为看守所服役人员、特校、老年活动中心和城内东南街小学，私评学校、众城学校、县中队、消防队等送书上门，受到他们的欢迎和好评。每年举办各类讲座及培训等活动十余次，举办展览3–5次，征文2–3次，阅读推广活动6–8次。利用服务宣传周，全民读书月等开展丰富多彩、形式多样的读者读书活动，每年活动都制定详细的活动方案，活动结束有总结，活动期间我们还邀请电视台进行跟踪报道宣传，收到很好的社会效果。

协作协调

我们积极参加总分馆体系建设，按照统一标准将书刊输入计算机，并与学校图书室、农村图书室长年进行图书交流，做到资源共享，并对基层图书室进行建档管理，各室情况做到心中有数，定期不定期下乡对农村图书室进行业务辅导，并分期分批对基层图书管理员进行业务培训，参训人次达到120余人次，指导基层图书室进行规范化管理，提供高质量的服务。

管理和表彰

年初我们都要制定工作计划，年底有总结，发扬成绩，寻找差距，以促进搞好工作，严格执行。人事管理坚持按需设岗，按岗聘用，制定岗位责任制，年终进行逐项考核，评出优秀、合格、不合格等级，提高职工的工作积极性。2009年–2012年，文水县图书馆共获得各种表彰奖励三次。

重点文化工程

我馆是文化资源共享工程支中心，有专职人员2名，每年保证有一定的经费，有活动计划、总结、并将活动情况及时上报，并对基层站点不定期进行指导。电子阅览室硬件达标，免费上网，接通网络，服务环境安全整洁，受到读者好评。

在保证每天8小时开放时间的基础上，我们利用网上资源开展针对性服务，长年为青少年开展爱国主义教育影片播映，举办健康讲座、文学讲座、美术讲座，定期编制《农业实用信息》、刻录光盘，利用赶集、赶会和基层图书室开展送科技、送信息下乡，受到农民朋友的热烈欢迎，县电视台做了报道，收到很好的社会效果。

总之，几年来，文水县图书馆扎扎实实的做了一些工作，也受到上级的肯定和社会的好评，但也清醒地认识到与工作要求、与社会要求还存在很大的差距，他们将立足于高标准、高要求，高效益，进一步改善服务条件，提升服务质量，提高服务水平，使图书馆工作再上新台阶。

馆领导介绍

吕巾英，女，1964年3月生，大专学历，中共党员，馆员、馆长，党支部书记。1980年7月参加工作，1982年调县图书馆工作，1987年任图书馆副馆长，1992年任图书馆馆长至今。多次受到省地县表彰，2005年被文水县社会主义劳动竞赛委员会荣记三等功，2010年被山西省文化厅授予“读者满意图书馆员”荣誉称号，2011年被吕梁市文化广电出版局评为年度先进工作者。

邓丽萍，女，1963年3月生，大专学历，中共党员，馆员，1980年12月参加工作，1988年–1991年任图书馆支部书记，1992年任图书馆副馆长至今。

段振亮，男，1970年9月生，大专学历，中共党员，中级职称，文水县图书馆副馆长兼文水县文化娱乐中心经理。1991年参加工作，2006年起任图书馆副馆长，分管文化共享工程。自参加工作以来认真工作为单位争得了许多荣誉，工作之余积极参与社会活动，先后被选为文水县美术协会副会长；吕梁市美术协会理事；山西省群文协会会员；山西省摄影协会图书馆分会会员。历年来作品与论文在省地获奖发表。

支部活动

送书下乡

校园赠书

交城县图书馆

概述

交城县图书馆成立于1979年，馆址位于交城县沙河街，2006年迁址交城县却波街文体广场，建筑面积1500平米，独立馆址。现有编制6人，实有人数7人，在职人数7人，临时工4人。下设外借室、阅览室、少儿阅览室、电子阅览室、多功能厅等公共文化服务场所。馆藏图书资料3.5万余册，电子图书12万余册，阅览室坐席30个、少儿阅览室坐席30个、电子阅览室坐席26个、多功能厅坐席50个。

业务建设

1、2008年建立全国资源共享工程交城县支中心，电子阅览室、机房、办公室面积共计为100平方米，电子阅览室终端计算机26台等配套设备，投入资金约68万元。为广大群众提供了上网服务的场所实现了资源共享，年接待读者约3000人次，深受广大读者好评。县支中心下设10个乡镇基层站点和120个村级基层站点，免费为广大基层群众提供养殖业、种植业、健康知识、电影、戏曲、曲艺等资源。

2、图书馆自动化集群管理系统于2011年1月安装并运行。参加山西省总分馆，实现了图书的采编、分类、加工、检索、办证、读者管理等业务的自动化管理，大大的提高工作效率和读者服务能力。

3、2011年8月依据国家文化部、财政部《关于推进全国美术馆、公共图书馆、文化馆（站）免费开放工作的意见》（文财务发2011、5号）文件的通知，交城县图书馆施行了免费开放。免费开放经费为20万元，其中中央财政图书馆免费开放补助经费为10万元，地方财政配套经费为10元，为读者减免了办证费、年费、上网费、讲座报告门票费等所有费用。截至目前共接待各类群众达8万余人次，举办各类讲座、培训等活动50余次，受益群众达5万余人次，深受广大群众一致好评。

读者服务工作

我馆坚持优质服务环境，强化阵地服务，始终推行免费开放，降低服务门槛，坚持“读者第一、服务至上”的服务宗旨。千方百计满足广大读者的阅读需求，2011年我馆免费开放以来，接待读者38000余人次、外借册次8000余册，新办读者证1030余个。二是以人为本，我馆本着“读者第一、服务至上”的宗旨，开展了一系列的便民服务如：免费为读者提供纯净水、老花镜、资料复印等服务，取得了良好的社会效益，深得广大读者的一致好评。三是狠抓阵地服务，利用多功能厅、展厅、广场等公共场所开展各类讲座、培训电影展播、展览、读书宣传等活动，截至2012年12月底，共举办各类讲座、培训等活动50余次，受益群众达5万余人次。

研究、辅导、协作协调

为了提高业务水平和文化知识，每周二、五下午集中学习业务知识和文化知识。参加省馆组织培训学习6次，共享工程网上培训12期。每年一次全县120个村级图书管理员业务培训，基层图书室业务指导30多次。共享工程村级基层站点设备安装调试和现场培训120次。

管理工作

2011年，建立图书馆考勤制度、请假制度、工作职责、卫生制度和读者守则等各项规章制度。每周一次图书排架检查，发现问题及时解决。

馆领导介绍

馆长：丁琛，男，1973年12月生，大专学历，助理馆员，1996年参加工作，1997年图书馆少儿部负责人，1999年图书馆阅览室负责人，2002年借调文化市场工作，任稽查队副队长，2006年回本馆工作任副馆长，2012年任图书馆馆长。

党支部书记：石润萍，女，1976年6月生，本科学历，助理馆员，1998年参加工作，2005年调入图书馆工作，2011年任图书馆党支部书记。

未来展望

交城县图书馆本着“读者第一、服务至上”的宗旨，一切从读者的利益出发，我馆于2014年6月已申请交城县图书馆建设项目经费812.67万元，以解决目前馆舍面积问题，建成后面积达3168平米，阅览室坐席达500以上，馆藏达20万册以上，年服务人次10万人。建立图书馆网站和数字图书馆，数字资源存储能力10TB，和时代接轨更好的为读者服务。

联系方式

地　址：山西省交城县却波街文体广场
邮　编：030500
联系人：丁　琛

中阳县图书馆

概述

中阳县图书馆于1990年正式对外开放，2013年第五次公共图书馆评估，获得三级图书馆。现馆面积596平方米，阅览座席96个（其中少儿阅览座席40个），馆内现有计算机33台，用于读者服务的30台，2011年，我馆建立了图书馆自动化集成管理系统，全面实现了图书管理的自动化。

业务建设

截止2012年底中阳县图书馆馆藏文献51773册，其中中文图书34172册，期刊、报纸16501册，视听文献100余种，地方文献入藏1200余种，收藏有《历代皇帝御批辑览》、《二十四史》等民国古籍图书。年购书经费3万元。

2011年3月，中阳县图书馆建立了图书馆自动化集成管理系统，系统的功能模块涵盖了图书采访、编目、流通、连续出版物等所有业务范围，实现了图书管理的自动化，读者可以在网上进行馆址查询、续借、预约和推荐图书等。

至2012年底，中阳县图书馆有4台服务器、3台交换机、一套存储器、1台防火墙、1个500GB移动硬盘为数字资源提供服务，图书馆中文图书建立了数据库，图书的借还功能和各项业务环节全部实现自动化管理和服务。

读者服务工作

从2009年8月起，中阳县图书馆对外免费开放，综合阅览室、少儿阅览室、外借室、电子阅览室实行借阅一体化，周开放时间56小时，接待读者逐年增加，2009–2012年，书刊总流通10万余人次，书刊外借1万余册次。

2009–2012年，中阳县县级共享工程支中心积极推进基层网点建设，采取村级基层服务点与图书馆建设相结合，村基层点与党员干部现代远程教育接收站点、村图书室相结合的办法，广泛实现文献信息资源共享，丰富基层服务点内涵。实现了文化共享工程村村通、全覆盖。

2009–2012年，中阳县图书馆利用服务宣传周、全民读书日、世界读书日与版权日，共举办讲座、展览、培训等读者活动47场次，参与人数4万余人次。

业务研究、辅导、协作协调

中阳县图书馆以文化信息资源共享工程为依托，截至2009年底，全县87个村建成“共享工程”基层站点，实现了镇、村文化共享工程全覆盖。

到2012年底，中阳县全面建成农家书屋，实现了农家书屋全部覆盖行政村的目标。并每年对各个行政村的图书管理员进行了业务培训，举办培训班8期，16课时，596人次接受培训。

管理工作

截至2012年底，中阳县图书馆已建立了一套完整的规章制度体系和岗位考核制度体系，涵盖了图书馆工作的方方面面，对每位工作人员每半年进行一次总体业务考核，对没有学过图情专业的人员进行业务培训，即先在馆内培训，然后参与省、市级培训。2009–2012年，24人次接受省、市级培训。

表彰、奖励情况

2009–2012年，中阳县图书馆共获得各种表彰、奖励3次，山西省图书馆表彰奖励2次，其他奖励1次。

馆领导介绍

孔永珍，女，1960年5月生，大专学历，中共党员，馆员，馆长，1978年12月参加工作，先后在采编部、阅览部、图书借阅部等部门工作。2010年被山西省文化厅评为“读者满意的图书馆员”。

未来展望

中阳县图书馆将依托文化共享工程，以数字图书馆建设为目标，以自动化服务为手段，以满足读者需求为出发点，以开展服务为重点，以传播知识和传递信息为职能，坚持方便读者、讲究效率，藏借阅合一，统借统还的开放式管理模式，加强图书馆服务宣传，努力为读者营造和谐的阅读环境。进一步加强中阳县图书馆网络建设，扩大县域通借通还的覆盖率，并努力建立自己的图书馆网站。

联系方式

地　址：山西省吕梁市中阳县新华书店院
邮　编：033400
联系人：孔永珍

临县图书馆

概述

临县图书馆成立于1978年，1979年正式运营。馆址原来和县文化馆一块办公，1987年经省地多部门努力，新建了现在的馆址。现馆址建筑总面积2012平方米，占地面积1700平方米，是我县唯一的一所县级图书馆。

业务建设

截至2013年底，我馆总藏量42310册，其中期刊21000册。现我馆每年财政拨购书款1万元，远远达不到群众的要求。

读者服务工作

从2011年起临县图书馆实施免费开放。由于人员、技术等问题，一直不是很理想，现代化设施一直不能很好利用。年平均外借图书1500册，期刊2000册。年平均流通人次2000次，在人员、技术等方面不足的情况下，我们仍坚持每年搞几次宣传活动、办培训班。今年在读书服务宣传周中搞了一次文艺演出活动，得到了领导和群众的首肯。

管理工作

2011年，图书馆完成了全员岗位聘任，我馆共设6个岗位，11人重新上岗，并建立了考核指标体系。每半年进行一次工作考核。

表彰、奖励情况

2012—2013年，共得到表彰奖励6次，其中，山西省新闻出版局奖励1次，省图书馆奖励2次，其他奖励3次。

馆领导情况

王海涛，男，1968年12月出生，大专学历，中共党员，中级职称，馆长。1990年参加工作，先后在文化馆、文化局工作。2003年到图书馆工作。

高永平，男，1969年出生，大专学历，副馆长。1986年参加工作，先后在电影院、文化馆工作。2010年来图书馆工作。

未来发展

临县图书馆始终坚持党的基本路线为办馆方针，践行县委的一切战略目标，完善本单位服务功能，扩大服务范围，带动我县文化事业发展。在不断强化自身综合综合实力的同时，通过创新、人员培训等方式建立一系列规章制度。在未来的几年里，除本单位的工作外，把全县的农家书屋带动起来，使图书真正起到为人民服务的作用，使图书馆的各项指标达到同级一流的标准。

岢岚县图书馆

概述

山西省岢岚县图书馆成立于1986年，2001年重建新馆，占地面积2100平方米，使用面积1800平方米。本馆藏书量9.5万余册，可容纳读者座位650个，2013年第五次公共图书馆评估，首次获得三级图书馆。书库面积210平方米；阅览室面积500平方米；电子阅览室（资源共享办公室）210平方米；少儿阅览室面积500平方米；古籍库50平方米，期刊库面积50平方米，办公室面积300平方米。阅览坐席50个。电子阅览配备电脑40台，办公用电脑6台。宽带接入。能正常开展上网阅读，普通借还服务工作。

业务建设

本馆藏书量9.5万余册，电子文献藏量102种，图书年平均入藏量3300册；期刊入藏量21册；视听文献年入藏量30册（套），地方文献入藏10余种〔8、9、10张（册）〕，专人管理。

读者服务工作

我馆坚持每周30小时免费开放，重要节假日照常开关，开展公益性讲座、展览、放映。配合县局中心工作开展各类文化活动。开展基层图书室建设，现已建成基层图书室20个，列入总分馆，开通了统借统还业务，书刊年流通总人数12600人次，完成了全县农家书屋总覆盖，12个行政村编目上架。开通了农村流动书库202个行政村的图书互换借阅等活动。开通了岢岚县文化旅游网站，利用流动图书车适时为26个行政村进行图书流动借阅和农业技术科学技术专业信息放映。

业务研究、辅助、协作协调

山西省岢岚县图书馆坚持每周业务学习，赴省馆专题业务培训学习，本馆职工边工作边学习提高业务技能，对全县202个农家书屋图书管理员进行专业技能等培训工作，对企事业、高、中、小学校图书室进行业务辅导，根据不同群体实地进行各种专题科技信息反映和资料借阅，依托全国文化信息资源工程VPN专网，利用农村党员活动室、农家书屋、综合文化站开展各种讲座和技术培训，举办各种培训讲座、展览45次，16700人次接受培训。

管理工作

山西省岢岚县图书馆每年年初根据本馆实际情况制定工作计划，逐项开展工作，严格执行考核分配激励制度。

馆领导介绍

王强，男，1959年5月生，专科学历，中共党员，馆员，馆长。1976年12月参加工，历任文化馆图书文物管理员，1990年10月任山西省岢岚县图书馆馆长，文化信息资源共享工程岢岚县支中心主任。

未来展望

山西省岢岚县图书馆遵循藏、赏、查、用的办馆方针完善拓宽服务功能，扩大辐射区域带动和促进本地区经济发展和公民素质的提高，在强化自身综合实力的同时，带动全县农村书屋和基层图书的发展，为全县的图书阅读服务工作提供全覆盖不间断无时限的辅导和借阅服务工作，逐年增加馆藏科技含量，本地区经济发展农民增产增收和社会公民素质的整体提高而努力工作。

馆际动态

读书日宣传活动

农家书屋业务辅导

素质教育培训

图书流动活动借阅

包头市图书馆

概述

包头市图书馆成立于1956年12月，2005年以921分的综合成绩，首次被国家文化部评定为一级图书馆。馆址几经变迁，2012年10月26日，位于包头市富林路的新馆建成开放。新馆占地22000平方米，建筑面积27268平方米，现有馆藏文献65万余册，阅览座席2410个，计算机178台，宽带接入300Mbps，选用Interlib图书馆自动化管理系统。

业务建设

截止2012年底，包头市图书馆总藏量653096册（件），其中，纸质文献359337册（件），过报刊合订本33759册，电子图书260000册，视听文献854种。2012年报刊入藏达到1964种，地方文献共征集5000余册近500种。

截止2012年底，包头市图书馆数字资源总量达到16TB，地方文献的9个自建数据库正在建设和完善中，其中有包头文化数据库、包头工业特色数据库、包头地方报纸索引数据库等。

2010年，将自动化管理系统升级改造为Interlib图书馆集群自动化管理系统，同时，增加了阿法迪自助借还机和24小时自助还书机等设备。2013年初，实现了馆内WiFi全覆盖。

读者服务工作

自新馆开馆以来，包头市图书馆全年365天免费对外开放，周开放65小时，并引进RFID技术，实现了馆藏文献的自助借还。新馆开馆半年流通借阅总人次达到65.5万，年流通总人次可达112.77万，书刊文献年外借册次58.88万。2009–2012年，我馆共与12家单位开通馆际互借及文献传递服务，引进街区自助图书馆1台，共建有34家馆外分馆（流通点），馆外书刊流通总人次2.5万人次，书刊外借4万册。从2008年开始，我馆作为政府信息公开查阅中心，开展了为市民提供政府信息的网上电子服务和纸质文献服务工作，根据我市经济社会发展的基本情况，配备专人调查和研究领导需求，编印了每月一期的《包头信息参考》、《稀土信息参考》、《文化信息参考》，定期为市各大班子和相关委办局呈送，并为“两会”提供服务。

包头市图书馆网站建成至今，网站访问量3.8万次。开通了图书馆微博、微信，引入国家图书馆数字推广工程移动阅读平台。截至2013年，购买数字资源共11种，9TB；自建数字资源2TB，均可通过网站向读者提供检索、浏览和下载服务。

自新馆开馆以来，包头市图书馆共举办讲座27场，参与人数8000人次，展览8场，参与人数57600人次，深受读者欢迎并取得了良好的社会效益。

业务研究、辅导、协作协调

2009–2012年年底我馆员工年均在省级以上刊物或专业会议上发表论文为4篇，其中，2009年5篇，2010年4篇，2011年4篇，2012年4篇。

2009–2012年，我馆与蒙古国图书馆、蒙古国少儿图书馆结成国际文献交流友好馆，与杭州图书馆、上海浦东图书馆等十余家图书馆签约共建，合作共享特色项目，发挥人才资源、文献资源的优势互补。我馆正在筹备“包头图书馆联盟”的建设，将进一步推动包头地区图书馆服务体系建设。

我馆自2002年开始探索“总分馆制”，现建有分馆（流通点）34个，2009–2012年，共新建分馆（流通点）13个，馆外书刊流通总人次2.5万人次，书刊外借4万册。包头市图书馆定期组织本地知名专家、教授来到分馆（流通点），为基层群众带去有关文学、国学、青少年教育、心理学等方面的科普讲座，以及声乐、舞蹈、美术等方面的艺术指导，并为基层群众精心挑选了共享工程优秀视频资源进行播放，内容涵盖了医疗、养殖、艺术等基层群众关注的科普知识及红色经典影片，深受基层群众欢迎。四年来，共开展送讲座、送展览、送共享工程下基层等活动数十次，极大地丰富了广大人民群众的文化生活。

包头市图书馆学会于2013年3月完成换届工作，并成立了学术工作委员会、培训教育委员会和编辑出版委员会。换届后会员单位发展到43家，个人会员243人。2009年–2012年，学会先后邀请了王子舟、李国新、李志尧、罗云川、詹福瑞等国内、业内专家来包开展讲学和学术交流活动，并举办培训班7次，326课时，1167人次接受培训。多年来学会在加强全市图书馆

包头市图书馆外貌

包头市图书馆大厅

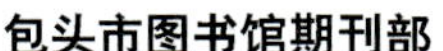
包头市图书馆期刊部

包头市图书馆少儿部

包头市图书馆图书借阅部

公共文化服务体系建设，着力推动乡镇社区基层图书馆事业发展，促进传统图书馆与数字图书馆的相互融合，推进资源共享、拓展协作协调，推动我市图书馆事业整体发展作出了重要的贡献。

管理工作

2009-2012年，包头市图书馆与员工签订了《事业单位聘用合同》实行全员聘用，实现了按岗聘用、竞争上岗。研究制定了各部室岗位职责，实行岗位责任制，实现有效管理。形成了年有计划、月有统计、周有安排的科学管理模式。对财务管理、安全管理、卫生管理、固定资产管理、人力资源管理形成体系，健全制度，强化了内部管理，使单位形成良好的工作秩序。

表彰、奖励情况

2009-2012年，包头市图书馆共获得过自治区级表彰、奖励2次、地市级表彰、奖励17次。

馆领导介绍

高晓红，女，1969年1月生，大学学历，中共党员，馆长。1990年7月参加工作，担任包头市图书馆学会理事长。

张建国，男，1960年11月生，大学学历，中共党员，副研究馆员，党支部书记。1980年9月参加工作，担任包头市图书馆学会副理事长。

李晓同，男，1973年5月生，大学学历，中共党员，助理馆员，副馆长。1996年4月参加工作，担任包头市图书馆学会常务理事。

武咏梅，女，1970年8月生，研究生学历，副研究馆员，副馆长。1989年12月参加工作，担任包头市图书馆学会秘书长。

未来展望

2009-2012年，我馆在不断强化自身综合实力的同时，带

包头市图书馆学会论文研讨会

动全市公共图书馆事业的整体发展。在未来的工作中，我们将从完善阵地服务，扩大服务辐射区域，提高图书馆数字化建设，建立图书馆联盟，丰富读者活动等几个方面着手，以提高读者服务品质为抓手，以全国公共图书馆评估定级为契机，履行图书馆职责为归宿，为推动公共图书馆事业发展、推进我市公共文化服务体系示范区的创建、学习型社会的构建做出更大的贡献。

联系方式

地　址：内蒙古自治区包头市昆都仑区富林路
邮　编：014010
联系人：武咏梅

走进市老干部活动中心分馆

包头图书馆联盟成立仪式

李超平教授来包讲学

鄂尔多斯市图书馆

概述

鄂尔多斯市图书馆成立于1956年，原名伊克昭盟图书馆，2001年撤盟设市后更名，2009年7月搬迁到康巴什新区，馆舍面积35600㎡，设有阅览座席1252个，计算机507台，接入100Mbps的宽带网，读者服务区无线网覆盖范围达80%。2010年，第四次全国公共图书馆评估时，被评为一级图书馆。

业务建设

2012年馆藏总量64.4万册（件），2010—2012年，图书年平均入藏量3.4万种，报刊年平均入藏量1089种。2011年8月，我馆有偿接收了蒙古学学者和蒙元文献收藏家纳贵禅夫6000多种珍贵文献，这批文献中有许多珍贵的古籍，具有很高的学术价值。民地文献是本馆的特色馆藏，在工作人员的积极努力下，得到了较快的发展，截止2012年民地文献总量近1万册，民地文献馆藏形成了一定的规模，2012年民地文献的数字化工作开始启动。

2009年，引入由内蒙古大学图书馆开发的耶理巴文献管理集成系统2.0管理蒙文文献，蒙文图书的回溯建库工作已全部完成。2012年7月，鄂尔多斯市图书馆正式启用了广州图创Interlib第三代图书馆自动化系统，蒙文文献也开始尝试使用Interlib系统管理，与汉文文献实现统一管理。

鄂尔多斯市图书馆自新馆建成以来，不断加大数字资源建设的投入力度，购买多种数据库、电子读报机，建立短信服务平台、智能语音服务平台、手机掌上图书馆，向社会公众提供方便快捷的数字信息资源服务。现拥有数字文献资源总量53TB，引进了《中国知网》、《少儿多媒体图书馆》、《爱迪科森网上报告厅》（视频资源）、《正保远程教育视频数据库》、《新东方多媒体学习库》、《万方数据库》等，此外，还有《库客数字音乐图书馆》、《汇法网法律数据库》、《知识视界教育视频资源库》、《博客期刊》等试用的电子文献数据库，充分满足了广大读者多种层次的阅读需求。

读者服务工作

鄂尔多斯市图书馆从2007年起免费开放，每周开馆时间77小时，普通图书、报刊全部开架借阅。2011年5月，鄂尔多斯市成为首批创建国家公共文化服务体系示范区城市，图书馆以创建全国公共文化服务体系示范区为契机，加强和完善阵地服务建设，不断优化读者服务，丰富和提升服务的内涵和质量，努力为广大读者营造一个和谐、舒适的阅读环境，打造“洁、静、亮、美”的服务环境，吸引更多的市民朋友走进图书馆。2012年接待读者38.9万人次，外借32.1万册次。

为方便残疾人走进图书馆，鄂尔多斯市图书馆为残障人士配备了无障碍通道、盲道、残疾人洗手间等设施，为盲人读者提供盲文书籍、有声读物、网络信息等。此外，还根据弱势群体的信息需求，开展上门送书、送报、送信息的服务，2012年上门服务100多人次。鄂尔多斯市图书馆还为鄂尔多斯市特殊学校组建了图书馆，并长期进行定点服务，让更多的残疾人走进了图书馆，在阅读中获取信息，提高自身素质和生活技能，更好地融入社会。

2010年起，鄂尔多斯市图书馆每年开展“进社区写春联、送文化下基层”和“迎元宵、猜灯谜、读好书、共享文化”的主题文化活动，为全市人民营造喜庆祥和的节日氛围，现已成为图书馆的品牌活动。2012年，鄂尔多斯市图书馆利用馆内良好的条件，成功举办了“文化大讲堂”、“七大文化工程展”、“蒙古语言文字成就展”、“全市创建国家公共文化服务体系示范区知识竞赛”等23项读者活动，为康巴什新区营造了良好的文化氛围，以实际行动拓展了公共图书馆的服务功能。

为有效利用资源，提高服务效益，实现体系内各级图书馆之间的资源共享和服务的互动，鄂尔多斯市图书馆在东胜区、伊金霍洛旗、康巴什新区成立了15个分馆，逐渐将分馆延伸到街道、社区、学校、军营、敬老院、工业区等各系统、各行业。2011年9月7日，在康巴什新区容大地产集团的建筑工地上，鄂尔多斯市图书馆与容大地产集团联合举办了主题为“同根同脉同梦想·共学共享共月圆”活动，并且成立了鄂尔多斯市首家“民工流动书屋”，市图书馆为书屋捐赠图书1000多册，此次活动标志着民工流动书屋的启动。在2012年5月10日的全国农民工文化建设现场经验交流会上，民工流动书屋项目获得文化部“2012年农民工文化服务示范项目”荣誉称号。

为完善我市文化信息资源共享工程的建设，不断拓宽优秀文化信息资源的传播渠道，2012年，在康巴什新区设立了15个共享工程基层服务点。文化共享工程鄂尔多斯市支中心经常走进基层，辅导基层站点工作，举办“共享工程展播月”等活动，把优秀文化资源送到社区、学校、福利院、工地等基层群众身边。

鄂尔多斯市图书馆外貌

元宵节“读好书、送好书、猜灯谜”活动

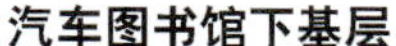
汽车图书馆下基层

24小时城市街区自助图书馆

书香中国·阅读引领未来社区邻里文化节

业务研究、辅导、协作协调

为推动学术创新，提高馆员素质，营造良好的学术氛围，学会积极组织全市会员和图书馆工作者向专业刊物投稿，2010–2012年，在省级以上刊物发表论文102篇。2012年鄂尔多斯市图书馆学会举办了第九届论文研讨会，共收到会员论文100余篇，评选出获奖论文17篇，并交流了工作经验。

针对我市图书馆工作者的实际情况，学会经常组织工作人员到基层馆进行业务指导，为基层图书馆工作者举办业务培训班。2011年–2012年，鄂尔多斯市图书馆配合文化局对全市16个文化站、18个社区中心、38个新建文化室，141个嘎查村文化室、3533个文化户进行调查评估，同时对新建文化站（室）、草原书屋进行实地业务指导。

管理与表彰

鄂尔多斯市图书馆注重体制改革和创新，同时也加强对新型信息服务人才的培养，采取灵活多样的方式培训图书馆专业技术人员，促使他们逐步成为图书馆的学术带头人或现代化技术应用方面的业务骨干和主体力量。积极探索新形势和新的管理模式下的规章制度建设，进一步修改并加以完善，实现管理创新，提高图书馆管理和服务水平，以适应新时期图书馆工作的需求与读者对优质服务的需求。2010年–2012年，获文化部表彰1次，自治区文化主管部门、市党委、总工会表彰5次，市文化局表彰4次，市社科联表彰2次。

馆领导介绍

乔礼，男，1959年12月生，大学学历，中共党员，研究馆员，馆长。1977年1月参加工作，1997年任馆长。兼任内蒙古自治区图书馆学会理事、鄂尔多斯市图书馆学会理事长、鄂尔多斯市非物质文化遗产保护咨询专家评审委员会委员。

李晓冬，女，1961年11月生，本科学历，中共党员，副研究馆员，副馆长。1979年12月参加工作，先后在采编部、辅导部工作，任主任，1996年任副馆长，兼任鄂尔多斯市图书馆学会常务理事。

布和宝力德，男，1970年8月生，本科学历，中共党员，副研究馆员，副馆长。1990年10月参加工作，先后在行政办公室、蒙文部、电子阅览室工作，2012年任副馆长。

未来展望

鄂尔多斯市图书馆始终贯彻以读者为本，以特色取胜的宗旨，并把它们作为开展各项工作的出发点和落脚点，为满足读者需求，鄂尔多斯市图书馆不断优化馆藏结构，着力打造"馆中馆"，2012年4月23日，启动了西部首台24小时城市街区自助图书馆，先后设立了电影图书馆、音乐图书馆、汽车图书馆等颇具特色"馆中馆"，"馆中馆"的建设正式启动，使图书馆的服务延伸有了新突破，"馆中馆"的建设将进一步实现图书馆服务的地点延伸、时间延伸、窗口服务延伸、资源延伸、网络延伸。

联系方式

地　址：鄂尔多斯市康巴什新区正阳街
邮　编：017000
联系人：刘朝霞

文化部领导视察蒙藏文古籍展区

蒙元文献馆

包头市青山区图书馆

概述

青山区图书馆1979年建馆，是包头市图书馆学会常务理事馆、自治区图书馆学会理事馆。2010年完成扩建改造后，总面积达到4300平方米。在2年多的运行期间，不断调整结构布局、拓展服务功能、改善服务手段，以满足人民群众看书学习和索取信息需求为目标，逐步建成一个布局合理、功能齐全、设施完备的县级公共图书馆，2005、2010、2013年三次被文化部命名为"国家一级图书馆"。

业务建设

青山区图书馆2010年扩建改造完成后，总面积为4300平方米，设置13个服务窗口（综合阅览室、自学室、少儿阅览室、工具书阅览室、过刊及地方文献阅览室、电子阅览室、盲人有声读物阅览室、开放式借书处、多媒体讲座厅、共享资源影视厅、文化展厅、培训学习室和全民健身中心，阅览座席总数为451个，其中少儿阅览座席为54个。

目前全馆拥有计算机60台（其中用于读者使用的计算机34台），拥有各类服务器4台，可装电子文献的总容量为23.5TB。图书馆管理软件购置了深图的Ilas3.0版本。利用区政府提供的10兆光纤宽带，所有工作全部实行计算机管理，使得图书馆的现代化建设与管理水平得到了全面的提升和加强。

2012年区财政预算安排经费559万元，其中业务等专项经费为200万元，与2011年相比，财政投入经费总额增加了115%。2012年新增藏量购置费60余万元，经费的增加有效地改善了馆藏资源不足的现状。2011年免费开放以来，对到馆读者实行零门槛服务，各级匹配的免费开放经费当年都能足额落实到位。

青山区图书馆图书、过刊、电子文献、视听文献总藏量达21.7万册（件），其中纸质图书6万多册，期刊合订本2453册，报纸合订本5835册，电子图书15万册，电子期刊2766种、电子报纸1494种、视听文献915件，还购买了银符考试平台数据库等资源。2012年入藏图书3023种，征订报刊244种，新增视听文献80件，2013年12月份采购图书1.6万册、电子图书5万册，购买网上视频资源数据库，馆藏资源的快速增加，为读者索取信息、看书学习提供了资源保障。

青山区十分注重地方文献的收集工作，2010年青山区政府率先制定出台了《青山区地方文献收集办法》，图书馆专门设置了过刊及地方文献部，全面负责地方文献的收集、整理和数据库建设工作。目前拥有各类地方文献1526册，其中2012年收集地方文献76册，完成了地方文献数据库的建设任务并随收集的地方文献资源进行数字加工，为全区地方文献的收集、保存和利用建立了数据平台。

读者服务工作

青山区图书馆2010年扩建改造完成后，馆内所有的公共场地和服务项目全部免费向社会开放，本着方便读者的宗旨，设置不同功能的读者服务窗口13个，特别是新布局的开放式借书处，所有图书全部向读者实行开架借阅，成为借书、看书学习综合服务场所。每周开馆时间达到56小时。馆藏书刊文献年外借率达到67%左右，书刊文献年外借册次达到10.4万册次，人均年到馆人次达到48人次，在辖区的三所高校设立分馆，年书刊借阅册次达到21万多册次。

图书馆通过合理布局服务窗口，为读者提供方便服务；通过科学整理、加工图书资料，为读者提供准确服务；通过美化馆容、馆貌，为读者提供舒适的学习环境；通过简化借阅程序，为读者提供快捷服务；通过解答读者咨询，为读者提供参考咨询服务；每年利用网站、大型活动和馆内新书展示专架进行书刊宣传、新书推荐，宣传推荐总量达到1000多种，为读者提供借书信息服务。采取导读、辅导等措施，为离退休人员、进城务工人员、未成年人、现役军人、残疾人员提供个别服务。使到馆的每一位读者都能感受到优美的学习环境和浓郁的文化氛围，使图书馆真正成为知识信息传播的中心和人民群众精神文化生活的殿堂。

图书馆网站在9年多的运行中，经过几次大的调整和改版，每月对内容进行一次调整和更新，利用网站的9个板块宣传青山区文化工作动态、社会经济信息、进行新书推荐、介绍馆藏资源，特别是包头地方文献和少儿园地板块，利用视频和大量的历史资料，成为了上网读者浏览的首选，在更大范围内让读者了解图书馆、学会使用图书馆，每月有近万人浏览。

图书馆努力构建信息共享和传播的网络框架，充分利用馆内阵地和馆藏资源，为社会各类人群提供多渠道的信息传播。在为领导决策和信息传播方面，我们以青山文化动态、社会经济信息、文化共享工程、热门新书推荐等信息为内容，经常进行信息资源整合，分送有关领导、有关单位并向读者和社会发放，收到了较好的社会效益；在讲座、培训等活动的举办上，利用图书馆服务宣传周活动、少年儿童阅读活动、青山大讲堂活动、节日期间影视娱乐与有奖猜谜等活动，努力打造特色读者活动品牌。特别是青山大讲堂的建成，为各类讲座、报

青山区图书馆大楼外观

综合阅览室

少儿阅览室

电子阅览室

消防安全讲座

阅读经典讲座

告和影视欣赏搭建了重要的社会平台，成为了全区人民群众培训教育、影视欣赏、增长知识、陶冶情操的基地。同时，我们还积极参与全区大型文体活动、老年人文体活动，利用活动进行图书馆宣传和新书推荐，现场办理借书证、发放宣传材料、制作大型展板，受到各级领导、新闻媒体和广大人民群众的普遍好评，为在全社会培养和营造读书、学习的良好习惯起到了积极的作用。我们在举办活动的同时，注重馆员与读者的交流、沟通，在举办重大活动、图书采购、报刊征订等工作中，采取不同的形式征求读者的意见和建议，在今年进行的问卷调查中，读者满意率为95%以上。

业务研究、辅导、协作协调

青山区图书馆以包头市图书馆事业的发展为己任，在《包头图书馆概览》、包头地区图书馆活动的组织、协办和社会工作中，发挥出积极的作用。我们还积极整合地区资源，与驻区高等院校建立了良好的协作关系，开始进行辖区资源共建共享的尝试，利用专门发放的阅览证，院校附近居民可以到他们图书馆进行看书学习，提高了公共服务场所和公共资源的利用率。

与此同时，我们积极发挥三级公共文化服务网络的龙头作用，在强化阵地服务的同时，积极拓展服务领域和功能，在全区建成的47个社区图书室和农村21个草原书屋，先后为他们捐赠了书架、期刊架、报纸架、计算机桌和图书、报刊等设备和资源，每2年举办一次基层文化干部（图书馆知识方面的）学习班，定期对基层图书室的工作进行指导，对工作人员进行辅导，帮助他们制定了科学合理的管理制度、服务制度，及时解决他们在工作中出现的问题，使得基层图书室在社区居民中的影响力逐步加强，社区居民看书学习已经成为他们精神文化生活的重要组成部分。特别是从2012年开始，我们进行“示范文化站、示范文化室”建设，其中将基层图书室建设列为重要内容，2013年将命名10个示范文化站和示范文化室，以此带动其它文化站、室工作的开展，最大限度地实现地区文化信息资源的共建共享。

管理工作

青山区图书馆在多年的发展过程中，逐步形成了年有计划、月有统计、周有安排的科学有效管理模式。以事业单位改革和绩效考核为统领，相继建立完善了行政管理、业务管理等10多项规章制度。图书馆2012年制定完成了岗位设置方案和职称聘任工作，所有馆员全部实行绩效考核、兑现绩效工资，为调动职工的工作热情发挥出积极的作用。

表彰、奖励情况

青山区图书馆经过多年的发展变化，在努力工作、做出成绩的同时，也获得了多项荣誉。2010年被文化部命名为“国家一级图书馆”以来，先后受到各级党委、政府表彰9次。

馆领导介绍

郄云，男，1958年5月生，大专学历，中共党员，副研究馆员，馆长。1976年参加工作，担任包头市图书馆学会副理事长。

徐静，女，1971年12月生，本科学历，中共党员，副研究馆员，副馆长，1989年参加工作，曾兼任区文体局团总支书记，获得包头市五四青年奖章。现担任包头市图书馆学会副秘书长。

王斌，男，1972年生，本科学历，中共党员，副馆长，1994年参加工作，2012年在青山区图书馆任副馆长。

联系方式

地　址：内蒙古包头市青山区繁荣道30号
邮　编：014030
联系人：徐　静

阅读签名活动

端午节系列活动

青山区图书馆学习包粽子

包头市九原区图书馆

概述

九原区图书馆成立于1979年。是我市较早成立的公共图书馆之一。馆址几经变迁，2009年9月迁入新馆，九原区广场街文化大厦。建筑面积11700平方米，图书馆面积达4300平方米，建有自己独立的网站，建成馆藏书目数据库、过刊书目数据库、地方文献及地方文献书目数据库、工具书书目数据库、电子图书数据库等。馆内服务窗口设有：综合借阅室、少儿阅览室、老年阅览室、综合阅览室、电子阅览室、盲人阅览室、自学室、特藏室、书库、过刊查阅室、地方文献查阅室、多功能讲座厅、文化共享工程放映室。共设阅览坐席300多个，其中少儿阅览室坐席40个，综合阅览室坐席40个，综合借阅室50个，文化共享工程放映室坐席40个，多功能讲座厅坐席40个，自习室坐席40个，电子阅览室坐席50个。2010年参加国家公共图书馆评估工作首次被文化部评为“国家一级图书馆”。现有计算机30台，宽带接入100Mbps，选用蒙科立图书馆自动化管理系统。

业务建设

截止2014年6月，馆藏图书137270册。其中电子图书12479册，电子期刊1479种，报刊合订4252册，基层图书室84597册。地方文献收藏率70%。到目前为止图书数据库全部完成，实现了馆藏图书书目和地方文献数字化，图书采访、编目、流通，书目检索实现自动化管理，建成了馆内局域网和九原区图书馆网站，实现了全馆业务数字化管理与馆内网络资源共享。

读者服务工作

九原区图书馆2009年已实施全部免费向公众开放，为读者提供服务。2013年图书馆藏书年外借80709册次，年流通总人次72493人次。为方便读者借阅，制定符合读者自身需要的图书报刊，开架书刊达7000册，占总藏量25%。书刊宣传200多种，每周开馆时间70余小时，周六周日和国家法定节假日照常开馆。为广大农牧民提供优质服务。文化共享工程支中心和基层服务点把种植业、养殖业等方面科技指导，筛选出来，汇编成小报，利用“图书下乡”、“科普活动周”等活动，免费发放给农牧民，2013年全年发放宣传资料3000余册，全年举办各种讲座培训活动18次。举办书画、摄影展览等5次。举办阅读推广活动7次。举办各类服务宣传5次。

业务研究、辅导、协作协调

图书馆现有职工16人。大专以上学历达到100%，领导班子成员大专以上学历达到100%，职工中级以上职称人数占总数60%，初级职称人数占职工人数40%，领导班子成员大专以上学历已达100%。全体工作人员都接受过系统的图书馆学培训。从2009–2013年，图书馆职工发表论文70篇，国家级获奖论文2篇。馆内设有采编部、阅览部、流通部、共享部（文化信息资源共享工程）。现已建立有规模图书分馆4个，农家书屋44个，实现了镇、办事处、社区都有图书室，形成了以区图书馆为中心，以镇、学校图书馆为骨干，以村图书室为基础的三级图书网络。建立以区图书馆为文化共享工程支中心、3个镇、3个办事处、一个苏木、5个村基层文化共享工程点，达到了100%覆盖率。

管理工作

2009年初开始做回溯建库历时10个月完成95%以上，实现了馆藏图书书目和地方文献数字化，图书采访、编目、流通、书目检索实现自动化管理，2011年进行了第二次书目数据库复检工作，历时整整一年，图书馆数据库建设全面完成。从2009年到现在编写《图书馆信息》20期。开展各项大型社会服务活动20期。

表彰、奖励情况

九原区图书馆2009年12月被文化部命名为“国家一级图书馆”，2010年被九原区政府评为九原区文化工作“先进集体”，2011年被自治区文化厅评为“全国文化信息资源共享工程示范县级支中心”，2012年被内蒙新闻出版局评为“2011年度草原书屋工程建设先进集体，2012年被九原区政府评为九原区“三八”红旗集体，2013年被包头市图书馆学会评为“先进单位”。

社区捐书活动

基层图书室辅导工作

文化共享工程基层站辅导工作

迎新春读者猜谜活动

阅读活动

综合阅览室

自习室

电子阅览室

馆领导介绍

馆长：索春琳，女，1962年生，包头市九原区人，中共党员，副研究馆员。

副馆长：高原，女，1966年生，中共党员，副研究馆员，负责财务、人事及采编部工作。

副馆长：李桂梅，女，1968年生，副研究馆员，负责流通部和阅览部工作。

办公室主任：布和毕力格，男，1976年生，馆员，负责办公室和共享部工作。

未来展望

在当今信息社会的条件下，图书馆做为知识的聚集地和集散地，必将在和谐社会的建设中发挥重要的作用，逐步建成地区信息资源中心、讲座报告中心、文化活动中心、人员培训中心。九原区图书馆扩建改造完成后，布局进一步合理、功能进一步齐全、资源进一步丰富、读者人气进一步兴旺，社会公益性作用进一步凸显。随着社会经济、文化的快速发展，我们有决心和信心把九原区图书馆建成现代化的综合图书馆，以人性化的服务接待所有读者的光临，为九原区经济建设和社会发展做出积极的努力。

联系方式

地　址：包头市九原区广场街文化大厦
邮　编：014060
联系人：索春玲

文化大讲堂

送书下乡活动

包头市土右旗图书馆

概述

土右旗图书馆始建于1925年，由地方士绅募集款项所建，是本地唯一一所面向社会开放的公共图书馆。1985年，旗政府拨款新建图书馆大楼，馆舍面积883平方米。馆内设外借部、采编部、儿童阅览室、综合阅览室、科技阅览室、辅导咨询室、蒙文阅览室、资料室等10个服务窗口。2005年，旗政府进行资源整合，图书馆暂时搬迁至旗少儿活动中心三楼。2009年，筹资新建敕勒川文化艺术中心，其中图书馆建筑面积4000平方米，2012年8月22日全部免费开放。本着"读者至上，服务第一"的宗旨，服务于全旗近35万新老读者。馆藏图书除特殊或特定文献外全部对读者开放借阅，新馆内设图书借阅区、少儿阅览区、综合阅览区、电子阅览区（资源共享室）、盲人阅览区、地方文献库、过期期刊库、政协文史资料库、多媒体报告厅、读者服务区10个免费开放服务窗口，办公区设采编部、辅导咨询部、办公室。设有阅览座椅530个。每周开馆时间56小时，节假日不闭馆。

截至2013年底，现有在职职工16人，其中设馆长1人，副馆长2人。本科学历3人，大专学历13人；高级职称2人，中级职称1人，初级职称3人。由蒙汉回三个民族组成。

馆藏资源

馆内现有纸质藏书70000余册，超星数字图书馆数字图书65万册，中文期刊2080种，地方文献480册，工具书收藏3596册，视听文献160种634盘，中文报纸18种。

读者服务工作

读者活动：历年来共建成草原书屋、学校、厂矿、军营等社会服务点301个。每年不定期举办英语、作文培训班，举办饲料业务员、市场营销、酒店管理、美容美发等培训班；举办"小学生庆六一"故事演讲比赛，读好书演讲、小学生手抄报比赛等；与消防中队进行"警民共建"流动阅览；利用文化共享工程设备，组织中小学生、社区离退休干部观看爱国主义影片；免费为养殖户下载资料，刻录光盘送到农民朋友手中。

跟踪服务：从1990年始，对种养殖专业户吕志强进行跟踪服务，2006年7月在包头市图书馆的支持帮助下，成立了包头市第一家农民图书室——吕志强农民图书室，开展课题服务，取得了良好的社会效益，成为全旗科技致富带头人，并且成为土右旗和内蒙古自治区人大代表。

送书下乡：为满足广大农民朋友的文化需求，更直接地接收新的信息，为农民图书室配备了电脑及光盘。每年开展送书下乡活动，精心挑选千余册科技类、娱乐类图书，并编印奶牛养殖技术小册子、发放传单等巡回各村进行流动阅览，极大地满足了农牧民的科技需求，丰富了农民朋友的文化生活。

宣传周活动：在每年的图书宣传周活动中，免费为贫困学生发放电子阅览证；举办"小学生道路安全知识"图片展、"珍爱生命·拒绝毒品"图片展等；印发"我读书，我聪明"、"全民阅读，共享知识"等倡导全民读书，构建学习型社会的传单；每年4月23日"世界读书日"进学校进社区开展读书活动；以"我读书、我快乐、我阳光"为主题举办读书月活动，并评选出优秀小读者。

文化信息资源共享工程：2010年，土右旗图书馆文化信息资源共享工程县级支中心成立，并确定8个基层服务网点，我馆业务技术人员不定期对这8个基层服务网点的管理人员进行操作技能、日常管理、应用维护及利用文化信息资源开展服务的培训，充分发挥全国文化信息资源共享工程的作用。同时，我馆利用文化信息资源共享工程设备，开展一系列如：文化共享工程知识讲座、共享工程资源进农户、进校园、进社区等活动，这些活动进一步加强了宣传文化共享工程，推广文化共享工程丰富的资源，取得良好的服务效果；并以"欢乐假期，精彩共享"为主题，以红色经典教育影片及道德讲座为题材免费举办全国文化信息资源共享工程影视展播活动，观看人次达6300人次。

联盟共建共享：为实现图书馆联盟资源共建共享，推进公共文化建设，2012年，包头市图书馆为我馆捐赠图书2800册；2014年6月，包头师院为我馆捐赠图书4200多册。此项活动加强了两馆之间的合作与发展，共同开展扎实有效的全民读书活动，不断提升全民文化素养。

表彰、奖励情况

2013年7月，内蒙图书馆馆长及专家陪同俄罗斯圣彼得堡大学乌教授一行来我馆做学术访问及交流；2014年6月，杭州

包头市土右旗图书馆外景

4.23读书节

综合阅览区

少儿借阅区

图书借阅区

图书馆馆长褚树青莅临土右旗图书馆，就图书馆发展热点问题、数字图书馆、图书馆第三文化空间等和图书馆职工进行交流，并给予可操作性建议。在此次交流中褚馆长为我们留下了全新的图书馆发展理念，数字图书馆、第三文化空间，是图书馆现在及将来的发展趋势，未来图书馆是集美术馆、展览馆、博物馆、音乐厅、购物中心等为一体的多功能图书馆，通过建立数字化图书馆实现资源开放共享，满足不同群体的需求，并且给人们以美的享受。

利用我馆的信息资源配合土右旗政协、民宗局出版《土默特右旗政协志》、《土默特右旗民族史》、土右文体广电局、旅游局出版《土右旗民间故事》《我们土右好地方》、《土右旗旅游景区传说故事》等；为全旗蔬菜大棚、奶牛养殖、厂矿企业等提供相关资料，服务本旗经济建设。

通过积极努力工作，1995年10月，被内蒙古自治区文化厅评为农牧区文化先进单位；1996年，被包头市妇女儿童工作委员会、儿童少年基金会评为儿童少年工作先进单位；2000年获得自治区公共图书馆经济建设服务成果奖；2007年，获全市公共图书馆先进单位；自2002年建立分馆以来，连续被包头市图书馆评为先进分馆；多次被旗文化广播电视局评为年度考核先进集体、先进党支部。2010年在国家新闻出版总署举办的"我的书屋·我的家"全国"农家书屋"阅读演讲活动中，我馆选手荣获最佳口才奖。2011年在"颂歌献给党"——全国文化信息资源共享工程迎接建党90周年群众歌咏活动中，我馆制作选送的作品《山丹丹开花红艳艳》荣获文化部全国文化信息资源共享工程二等奖。2011年荣获土右旗首届巾帼文明岗殊荣。2012年荣获土右旗文明单位。2011年–2012年度荣获包头市图书馆协会先进单位。1994–2009年，文化部对全国公共图书馆实行评估定级中，土右旗图书馆连续被评为国家三级馆。2013年，在全国第五次公共图书馆业务评估定级中晋升为国家一级图书馆。

馆领导简介

馆长、书记：张晓丽，女，1963年6月出生，内蒙古包头市土右旗人，中共党员，副研究馆员。

副馆长：王敏，女，1970年3月出生，内蒙古包头市土右旗人，中共党员。

副馆长：周丽萍，女，1969年12月出生，内蒙古包头市土右旗人，中共党员。

未来展望

根据信息时代的要求，我馆力争建成一个现代化、多功能、开放式的服务于社会终身教育的文献信息中心，实现图书采访、编目、流通、检索、典藏等工作的自动化管理；充分实现共享资源的信息化，保存、利用、转化及服务的规范化，实现与国家文献信息中心对接、共享；在创建国家公共文化示范旗建设，进一步完善草原书屋的建设、管理和业务辅导，形成全旗公共文化服务网络，为我旗经济建设发挥重要作用。

联系方式

地　址：内蒙古包头市土默特右旗工业大街
邮　编：014100
馆　长：张晓丽
书　记：张晓丽
联系人：赵红霞（包头市土右旗图书馆采编部主任）

图书馆全体职工

共享工程基层服务点设备发放仪式

通辽市科尔沁区图书馆

概述

内蒙古通辽市科尔沁区图书馆，原名，通辽市图书馆。始建于1956年9月，1999年7月哲里木盟撤盟设市，地级政府所在地科尔沁区，图书馆因之更名。科尔沁区图书馆现馆舍座落在通辽市明仁大街西115号，面积3200平方米，其中包括旧有的书库面积800平方米。

科尔沁区图书馆的历史沿革可分三个时期，即县立图书馆（室）时期、文化馆、图书馆时期和改革开放以来的图书馆。

科尔沁区图书馆的创建可追溯到1929年2月通辽县创立的县立图书馆。该馆设立在县教育会院内，有房舍5间，年经费1100元，藏书130种，日平均接待读者9人次。1931年，搬迁到中街楼房，藏书1294册，以《万有文库》为主，汉文报刊有《康德新闻》、《盛东时报》、《凤凰》等，日文报纸有《朝日新闻》、《每日新闻》等。由于时局动荡，图书馆也几经搬迁，但一直没有中断向社会开放，到1939年藏书1074册，平均每日接待阅览读者75人次。

1947年5月，解放了的通辽县成立了县民众教育馆，9月中共通辽县委书记施介病逝后，更名为通辽县施介文化馆。馆址曾暂设于康桥诊所（今明仁小学道南），1949年4月迁至万裕小楼（今明仁大街中段）。馆内设有图书部，所藏书刊居全城之首，报纸除《人民日报》、《东北日报》、《西满日报》、《辽北新报》外，还有外地赠阅的《长春新报》、沈阳〈生活报〉、哈尔滨〈儿童报〉，惟在1949年5月1日正式开馆前，因馆址未定，工作重点以宣传革命和普及文化为主，图书馆基本不开放，但允许各级政府机关查阅。

1956年9月18日，在现通辽市明仁大街中段北市场路南平房门口，挂出了“哲里木盟图书馆”的醒目牌匾。1958年盟委将图书馆移交给了原通辽市。1961年春，由于图书馆借书处房屋倒塌，图书馆无法办公，就此图书馆与文化馆合署办公，业务各自独立，这种组合一直持续到1978年。当时藏书12000册，购书经费700元，工作人员3名，馆内设立成人借书处，成人、儿童两个阅览室年接待读者4800人次，借阅图书5300册次。截止到1975年底，藏书99000册，年购书经费5000元，工作人员7名，接待读者7100人次，借阅图书资料8800册次。这段时期的藏书建设主要是注重图书的积累，对馆藏图书没有系统分编加工，藏书科学化管理尚处萌芽状态。图书馆第一任馆长丁世中，期间副馆长及主管图书馆工作的有曹景山、李宏庆、刘喜容。十年动乱期间，图书馆维持正常开馆，藏书未遭破坏，且以平均年入藏3930册速度递增。截止1976年底藏书达到105000册，年接待读者65400人次，借阅图书70100册次。

1974年破土动工建设的市文化大楼（面积2700平方米，其中文化馆1100平方米，图书馆1600平方米）于1981年建成使用，就此文化馆和图书馆彻底分属办公，此前在1978年就已单独挂牌。重新开馆后，内部机构增设为采编组、辅导组、借阅组、办公室；工作人员21名；藏书13.4万册（件）；年接待读者14万人次。1978年开始对全部馆藏进行整理，按《中国图书分类法》和《中文图书著录条例》进行分类编目。使图书馆业务工作开始了科学化、规范化管理，时任图书馆馆长兼支部书记刘喜容、副馆长李凤珍。1986年底，原通辽市与通辽县合并，县图书馆并入原市图书馆。1990年扩建的1417平方米的书库交付使用，馆舍面积达到3000平方米，藏书27万册，年购书经费6万元，工作人员29名；馆内机构设置也随之扩大，设有采编部、外借部、参考咨询部、蒙文部、办公室、图书馆服务部（三产）。面向社会服务的窗口有8个：综合图书借阅处、报纸阅览室、期刊阅览室、少儿阅览室、内部阅览室、科技资料室、文学图书半开架借阅室、复印打字室。市县合并后的领导班子为：支部书记刘喜容、馆长张文琴、副馆长薛增祥、许斌。

1998年初，实行内部机制改革，采取部主任竞聘上岗，一般工作人员采取双向选择、择优上岗的办法，对馆内工作人员进行优化重组。图书馆班子也完成了新老交替，时任馆长兼支部书记许斌，副馆长兼副书记刘士新，业务副馆长贾敏。1999年10月—2002年5月馆舍拆迁，阵地工作基本停止，科技服务及辅导工作正常开展。

现科尔沁区图书馆实行全开放式的服务，除满足广大读者借阅、检索文献资料之外，还设有多媒体网络中心，地方文献咨询服务中心，社会网络教育培训学校及成人综合阅览室、视听室，可为读者提供查询、阅览、外借等“一站式”服务，以及定题跟踪、参考咨询、信息开发、网上浏览、光盘检索、代查代译、复印打字、教育培训等全方位服务。同时定期或不定期举办各种报告会、专题讲座、展览等多种形式的读者活动。

馆内机构设置为：馆长、书记1人，副馆长2人，下设行政办公室、科技辅导部、采编部、咨询部、借阅部、少儿工作部六部室。在职人员24人，其中大专以上学历16人，占总人数的59%，高级职称5人，占总人数的19%；中级职称11人，占总人数的29%。业务干部大都来自于各企事业单位和各大中专院校毕业生，是一支有着坚强战斗力的优秀团队。

馆藏资源

截止2014年8月，该馆藏书23万余册，其中文新旧图书21万册，中文期刊合订本3万多册，中文报纸合订本30多种，5千多

册。图书馆始终坚持"读者至上，服务第一"的宗旨，为读者提供查询、阅览、外借等"一站式"服务，以及定题跟踪、参考咨询、信息开发、网上浏览、光盘检索、代查代译、复印打字、教育培训等全方位服务。

读者服务工作

读书活动：强化图书馆宣传力度，每年都举办读者"联谊会"、"座谈会"、"报告会"、"专题讲座""书展书评"、"演讲比赛"，还聘请国家、自治区及本市的知名学者担任主讲嘉宾，以期达到授人以"渔"的目的。

宣传周活动：与时俱进的举办每年的图书馆服务宣传周活动，如图片展览、主题讲座、好书推荐及书评、诗歌朗诵会、精品影视剧展播等，还利用多媒体设备开展电影马拉松巡演活动，从幼儿园进校园，再进社区，扩大了图书馆的社会影响。

送书下乡及业务辅导工作：与时代同步，适时开展针对新农村建设的送书下乡及业务辅导工作。各"社区分馆"、"农家书屋"作为新时期建设的重要组成部分，现已在全国范围内迅速开展起来。图书馆开展送书下乡、送书到社区分馆，以丰富其藏书。针对"社区分馆"、"农家书屋"还进行不定期对图书管理员培训。通过讲课、实践操作指导等，帮助各分馆、村建立健全借阅制度，提供完善的后续服务，使分馆及农家书屋工程，真正发挥服务社区居民、农牧民、服务新农村建设的作用。

学术、科研成果及获奖情况

1996年10月，由科尔沁区图书馆牵头，成立了"通辽图书馆协作委员会"，开展地区性的学术研讨活动，同时创办了会刊《通辽图书馆》，（此刊于2003年改刊为《情报信息资料》）。2000年协助内蒙古自治区图书馆学会协作共同出版了《内蒙古图书馆工作》会刊。2005年1月编辑出版了科尔沁区图书馆同仁文集《图书馆工作实践与探索》，收录职工论文80余篇，其中许斌论文《发展乡镇（苏木）图书馆必由之路》获内蒙古自治区第四届社会科学优秀奖；王黎论文《努力做好新形势下民族地方文献的收集》获中国新时期社会科学成果荟萃三等奖，《大战略下民族地区地县级公共图书馆找准工作切入点之我见》获中国图书馆学会民族图书馆委员会第七次学术讨论会论文三等奖。

研究成果方面：由王黎著作的《数字时代县级公共图书馆建设与服务》于2012年12月吉林摄影出版社出版。由许斌编著的《现代图书馆ABC》于2005年1月由吉林音像出版社出版；《民族地区基层图书馆工作研究》于2007年由吉林大学出版社出版；《中国民族文献学研究》于1996年1月由中国华侨出版社出版，本著作填补了我国文献学研究的空白。

多年来，科尔沁区图书馆受到盟市级表彰奖励10余次，自治区表彰奖励8次，国家部级表彰奖励3次，1989年被国家文化部授予"文明图书馆"，1991年再次被文化部评为"在为社会主义精神文明建设中作出突出成绩"的先进单位，1991年被内蒙文化厅授予全区群众文化工作"金牛奖"，1999年、2004、2009和2013年被文化部评定为国家一级图书馆称号，2006年被内蒙古自治区文化厅授予"十佳图书馆"称号。

1995年和2000年科尔沁区图书馆分别组队参加了内蒙古自治区图书馆第二、三届图书馆业务知识竞赛。郭宏获第二届分类标引第三名，薛丽红获第三届编目第二名、王黎获第三届计算机编目第三名。科尔沁区图书馆获第三届团体第5名的好成绩。

馆领导简介

馆长：王黎，女，1968年生，内蒙古通辽市人，中共党员，副研究馆员。

副馆长：孙童妹，女，1979年生，内蒙古通辽市人，中共党员，馆员。

副书记：王艳萍，女，1980年生，内蒙古通辽市人，中共党员，馆员。

未来展望

进入二十一世纪，通辽市科尔沁区图书馆定会与时俱进，准确定位，使图书馆成为新时期市民终身学习的大学、休闲度假的"心灵后花园"，更将是展示改革开放成果的精神文明建设基地，为本市本区政治、经济、文化建设和社会和谐发展发挥重要作用。

联系方式

地　址：内蒙古通辽市明仁大街西115号
邮　编：028000
联系人：王　黎（科尔沁区图书馆馆长）

开鲁县图书馆

概述

开鲁县图书馆隶属于开鲁县文化广播电影电视旅游局，是面向公众免费开放的公益性文化服务机构。图书馆现有职工17人，其中专业技术人员10人。主馆建筑面积3000平方米，有22大类馆藏文献10万余册。内设工作机构有：办公室、采编部、辅导部、计算机部、借阅部、安保部，服务窗口有文献借阅处、少儿文献借阅处、电子阅览室、地方文献资料室、特藏室、多功能厅。外设分馆二处，名为“乡友藏书馆”、少儿图书馆，位于白塔公园中，馆舍面积分别为258、300平方米，收藏19位开鲁乡友、亲友、朋友捐赠的图书和少儿文献15000余册。

开鲁县图书馆成立于1978年，2009年原址新馆建成后，实现了自动化管理，建立了馆藏书目数据库，所有借阅窗口实行了免费服务。1998年被文化部评为国家旗县级二级图书馆，2013年被文化部评为国家旗县级一级馆；2006–2012年蝉联四届自治区“十佳图书馆”，荣获省级以上奖励20余项。

业务建设

馆舍建筑面积3000平方米。阅览坐席包括综合文献借阅处、少儿文献借阅处、电子阅览室、自修室、多功能厅、乡友藏书馆、少儿图书馆合计280个，其中少儿阅览坐席90个。现代化技术设备方面，2010年成立多媒体电子阅览室，拥有计算机51台，提供读者使用的计算机30台，并接入10兆光纤，存储容量为9TB，2009年购入了Interlib图书管理软件，实现了采编、流通、管理自动化。截止2013年开鲁县图书馆文献总藏量为101200册（件），其中电子文献1268种。图书年入藏量2600种，报刊年入藏量240种，视听文献年入藏量35种，地方文献管理规范，有专柜、专门目录、有专人管理，图书馆全员参与征集并聘请了优秀读者参与宣传征集工作。图书的采选以旗县级公共图书馆的服务功能为依据，在充分征求广大读者意见的基础上（发放征集函）有针对性的采购。注重文献的连续性复本量。图书馆坚持传承文化、知识导航、平等、免费、全民共享的服务理念，在实践中以“世界读书日、服务宣传周、科普宣传周、全民读书月“等各种节假日为契机，每年开展有奖征文、故事会、演讲比赛等丰富多彩、读者互动的读书活动10余次，参与读者3万余人。馆内年接待读者13万余人次，流通书刊26万多册次，持证读者达至8000余人。

读者服务工作

开鲁县图书馆在新馆建成投入使用时（2009年）就实施了免费服务。所有公共空间设施场地全部免费开放，免费服务的基本服务项目健全。每周开馆64小时。馆藏文献达到100200册（件），书刊开架比率达到98.9%，数量达到100100册（件）。书刊文献年外借册次17.52万册，外借率达556%，馆外流通服务点书刊借阅册次达5.55千册/年，年人均到馆人次为26万人次。每年发放宣传书刊8种。每年为本县党政机关提供信息服务并在图书馆一楼大厅设立了政府信息公开栏。努力为本县的教育、科研和企事业单位开展定题跟踪服务、咨询服务。针对本县内的特殊群体本馆设立了残疾人楼外扶梯、楼内电梯、送书、送光盘、送电影上门、便民图书箱等服务。图书馆网站建设规范，内容健康规范，服务项目健全，内容更新及时。年均开展各类讲座、培训20余次、阅读推广进校园活动7次，每万人参加活动达3.1次。结合4.23世界读书日、科普宣传周、图书馆服务宣传周、全民读书月、世界图书与版权日等有组织、有方案、有计划的开展系列读书活动，如服务宣传周活动中与镇街道办事处、王中王服装厂联合编发《下岗再就业知识小报》、《百姓健康之友》、《图书馆简介》、《了解图书馆、利用图书馆》、《农业实用技术》、《灵通报》、《投资技巧二十四例》等累计达10万余份，得到了本县和市级媒体的宣传报道。读者满意率达到100%。

业务研究、辅导、协作协调

至2013年，开鲁县图书馆职工发表论文142篇，出版专著5部。

2012年举办开鲁县文化信息资源共享工程基层站点管理员培训班。

1983年，与日本国墨田区图书馆结成姊妹馆；1991年，与云南省腾冲县图书馆缔结姊妹馆，进行人员互访、业务交流和信息资料交流互换等活动。2010年，与通辽市图书馆建立互助互信关系，促进馆际资源服务共建共享。

管理工作

实行岗位责任制，按需设岗、年终进行考核。领导班子分工明确，有明确的职责范围，而且有数量与质量的具体要求，建立了考核制度和检查制度措施，建立了内部收入分配激励机制，注重对业绩、有贡献的优秀人才的合理使用和奖励。组织吸纳志愿者参与图书馆工作，建立了志愿者管理档案，定期

组织培训、参观，进行科学管理。建立完善了馆内各项规章制度如：财务制度、考勤工作制度、书刊管理制度、读者服务制度等，并与奖惩挂钩。严格执行财务制度，馆内设备、物资有专人管理，并有《物品、器材保管制度》，且登记、统计记录完整。档案管理规范有序，设立了职工考核档案、参考咨询档案、课题服务档案、业务辅导档案工程项目档案。各类业务统计齐全，并有统计分析，综合评述。

表彰、奖励情况

1981年在文化部召开的全国农村文化艺术表彰会上，被授予先进集体；1984年，被盟文化处授予“先进图书馆”；1985年，自治区党委、政府授予精神文明先进集体；1995年，被载入《当代中国图书馆事业》县级4个典型图书馆首位；1998年，在全国公共图书馆评估定级中，被评为二级图书馆；2006年–2012年，蝉联四届自治区“十佳图书馆”荣誉称号，2011年被自治区文化厅评为2009–2010年度“全区文化信息资源共享工程示范县级支中心”二等奖等，累积获得奖项40余个。

馆领导介绍

何立群，女，1963年4月生，1984年7月毕业于哲里木盟师范学校，在职进修本科学历，中共党员，副研究馆员。1984年9月参加工作，曾任图书馆副馆长，2002年任开鲁县图书馆长兼书记。2007年被自治区图书馆学会授予先进个人，2010年被通辽市总工会授予全市“5·1”劳动奖章获得者，2011年被自治区图书馆学会授予优秀图书馆长，2013年3月荣获内蒙古自治区首届“群文之星”称号、被通辽市委政府授予先进工作者，2014年荣获通辽市首届行业领军人才奖，累计受表彰奖励28次。发表论文20余篇。

田峰，男，1962年9月生，大专学历，中共党员，馆员，副馆长。1981年10月参加工作，1986年2月开始从事图书馆采编工作，2002年担任开鲁县图书馆副馆长，主抓业务工作及党建工作，兼任开鲁县图书馆学会秘书长。

孙世芬，女，1972年8月生，大专学历，中共党员，馆员，副馆长。1995年7月参加工作，先后在阅览部、图书借阅部、采编部、计算机部等部门工作，2002年任开鲁县图书馆副馆长，现主抓计算机、共享工程、采编等业务工作。

未来展望

开鲁图书馆要逐步完善覆盖城乡的设施网络。积极落实《公共图书馆建设用地指标》和《公共图书馆建设标准》，建设一座面积为10000平方米，藏书30万册，拥有阅览坐席500个的服务功能齐全的现代化图书馆。进一步通过多种形式延伸图书馆服务，加强乡镇、社区图书馆（室）及服务网点建设，建设6座24小时自助社区图书馆，拥有2辆服务农村乡镇的流动借阅图书车，提高图书馆服务获取的便捷性。加强对特定地域、特殊群体的服务，形成结构合理、功能健全、便捷高效、覆盖城乡惠及全民的公共图书馆服务网络建设。

加快推进数字文化建设。积极推进数字文化服务体系建设，以文化共享工程、数字图书馆推广工程、公共电子阅览室建设为抓手，整合全县图书资源搭建覆盖全县、服务全民的资源丰富、服务快捷、技术先进、稳定可靠的分布式数字图书馆服务网络。

加强人才队伍建设。重点提高基层农家书屋业务人员的素质，加大对优秀中青年人才队伍的培养，特别是围绕古籍保护、未成年人服务、信息资源建设、数字图书馆建设等事业发展重点领域培养一批领军人物，造就一支数量合理、结构优化、素质优良、有良好职业道德与服务能力的人才队伍。

联系方式

地　址：内蒙古通辽市开鲁县图书馆
邮　编：028400
联系人：何立群

奈曼旗图书馆

概述

奈曼旗图书馆成立于1978年5月，自建馆以来，一贯保持“读者至上，服务第一”的宗旨，积极发挥公共图书馆的职能，始终坚持把社会效益放在首位，充分发挥图书馆文献资源优势，为地方经济和社会发展服务。2010年，我馆在第四次全国公共图书馆评估定级工作中被评为旗县级“一级图书馆”。2013年，我馆在第五次全国评估定级工作中又被评为旗县级“一级图书馆”。我馆建筑面积3313平方米，共分四层。馆内各种设施设备齐全、环境优雅美观，是广大读者较为理想的读书阅览场所。现馆内共设立了综合阅览室、儿童阅览室、电子阅览室、外借处4个窗口，同时还设有基本书库、蒙文书库、期刊库、报纸库、咨询库、地方文献库6个大型书库。

业务建设

截止2012年底，我馆藏书总量12余万册（件），设有阅览坐席360个，坐席干净整洁，能够为广大读者提供较好的读书阅览服务。

2007年，我馆建成了文化信息资源共享工程县级支中心。该支中心争取国家投入68万元，地方投入20万元，购置了75台电脑及相关设备，有专用的10M光纤宽带接入，拨号上网，有专用的存储容量25（TB）。选用Interlib图书馆集群管理系统，实现了图书采编、借阅等工作的自动化管理。2012年财政拨款218万元（含职工工资），用于图书馆的建设。

图书馆2012年新增藏书购置费19万元（购书10万元、购报刊4万元、编印科技小册子5万元）。职工队伍素质较高，专业性强。共有工作人员12名，取得图书系列专业技术职称的工作人员12名。中级以上职称人员8名。全体职工每年都接受各类教育、岗位培训及继续教育培训。

2012年新购图书3500册以上。报刊280种。电子文献600种。视听文献达50件。地方文献设有专柜、专架、由专人管理、设有专门目录。普通图书设有分类、题名目录，期刊报纸设刊名目录，同时设立了机读目录，并有查目辅导。

我馆实现了采访、编目、书目检索自动化管理。馆内建起了局域网并能够开展工作，建立了图书馆网站并对外服务，同时积极参加地区联网服务。我馆建立了普通图书书目数据库、过刊题名数据库、地方文献书目数据库，并均已投入使用。

读者服务工作

从2009年下半年起我馆全年365天对外免费开放，每周开放60小时以上。书刊文献开架比例达到100%。馆藏书刊文献外借率达到100%以上。书刊文献年借阅11万册以上。我馆设有流动服务点书刊借阅达1.5万册。年人均到馆次数达25人次。每年做新书推荐书目宣传达400种以上。重点宣传农牧民科技致富信息。

我馆充分利用丰富的图书资源和文献资源，创办《情报信息》、《农牧民之友》（季刊），每年编印科技、法律等小册子4种，并定期送到我旗各大机关和农村牧区，为领导机关决策和社会事业发展提供信息服务，为地方科研与经济建设提供信息服务，为大众提供信息和科技知识服务，起到很好的效果。

图书馆网站达到了网页美化、维护、更新、管理及网上服务等项目。

我馆2012年开展讲座、培训活动18次。开展各种类型展览活动6次。开展阅读推广活动6次。参与读者达3万人次以上。每年图书馆服务宣传周、全民读书月、“4·23”世界读书日等都开展不同类型多种形式的活动，并在当地电视台做专题报道。

业务研究、辅导、协作协调

图书馆工作人员每年都撰写业务论文，为提高工作效益提出新的工作思路和建议。

在基层业务辅导工作上，2012年我馆把基层业务辅导工作做为工作的重点之一，取得了较好的效果。首先我们对本地区基层图书馆自动化管理进行业务辅导，对全旗355个草原书屋的工作人员进行业务培训。并联合有关部门对家政服务人员及物业管理人员进行技能培训。

参与上级图书馆组织的协作协调工作，多年来我馆与通辽市图书馆开展馆际互借活动，通过协作协调实现了图书资源共建共享的目的。

管理工作

我馆实行了岗位设置管理，建立起了分配激励机制，实行了内部机制改革，按需设岗，按岗聘任，能者上、平者让、庸者下，形成了行之有效的工作机制。

奈曼旗图书馆服务大楼外景

外借部

电子阅览室

室外宣传栏

五月宣传周活动

为了增进图书馆和读者之间的交流，图书馆吸纳了两名志愿者管理人员，并制定了图书馆志愿者管理方案。

我馆各种档案保管齐全，管理规范。建立起了人事、业务、职工考核、参考咨询、课题服务、业务辅导等档案。档案资料详实、归档及时、立卷准确、装订整齐、内容齐全。有定期馆藏、读者、图书流通统计，不定期抽查文献排架、书目数据等。并有业务台帐，各类统计齐全且有统计分析材料等。

表彰、奖励情况

近年来，我馆曾被中央宣传部评为“全国服务农民、服务基层文化建设先进集体”；获文化部全国文化信息资源建设管理中心组织的“颂歌献给党——全国文化信息资源共享工程迎接建党90周年群众歌咏活动”三等奖。

获内蒙古自治区文化厅2009–2010年度自治区基层文化单位“十佳图书馆”；获内蒙古自治区文化厅内蒙古自治区文化信息资源共享工程“示范县级支中心”。

获通辽市“巾帼建功”活动领导小组“巾帼文明示范岗”；获通辽市委宣传部、文化局举办的通辽市首届“通盛担保杯”——我与世纪同行——全市图书馆工作者爱岗敬业演讲比赛“组织奖”。

获奈曼旗委、政府“文明单位”；获奈曼旗总工会在“三级联创”活动中“四好工会”。

馆领导介绍

王国成，男，1961年7月生，大专学历，中共党员，副研究馆员，党支部书记、馆长。中国图书馆学会会员，1979年9月参加工作。

于贤良，男，1962年10月生，大专学历，中共党员，中级职称，党支部副书记、副馆长，1979年8月参加工作。

席玉梅，女，1966年4月生，大专学历，中共党员，中级职称，副馆长，1986年6月参加工作。

未来展望

以旗委政府提出的“创新奈曼，实现突破”的总体要求，认真贯彻党的十八大会议精神，以“打造奈曼品牌，创造文化大旗”为目标，增强文化软实力，紧紧团结实现全面建设小康社会的宏伟目标，拓宽图书服务领域，为促进我旗经济社会又快又好发展提供强有力的图书保障和智力保障。

在今后的工作中，我们在发展传统图书馆的同时，将加大对数字图书馆的投入力度，开通移动阅读平台，发展数字化服务。发展社区图书馆及数字图书馆，用中心城区图书馆带动社区图书馆，并支援草原书屋建设，加快文化共享工程网络化建设，使文化共享工程网络覆盖率达到100%。开展好阵地各项业务活动，做好农村牧区图书流通工作，共同分享图书资源。完成上级要求的图书馆工作各项指标，改善服务环境，继续保持国家旗县级一级图书馆标准。

联系方式

地　址：内蒙古大沁他拉镇
邮　编：028300
联系人：王国成

文化科技卫生三下乡活动

建立学校图书室

赤峰市红山区民族少年儿童图书馆

概述

红山区民族少年儿童图书馆成立于1987年，共享建筑面积近1500平方米，馆内设机构有学生自学室、学生阅览室、学生借书处、电子阅览室、参考咨询室、低幼活动室、采编辅导部、综合办公室，读者用房面积占总面积的60%以上，配套阅览桌椅50套，可容纳200人学习阅览，馆内共有计算机20台，使用（ILAS）图书馆自动化集成系统进行采访、编目、流通、书目检索。实现了办公自动化，读者服务自动化。馆内现有职工11人，全部为高中以上学历，其中大专以上学历职工9人，占总职工人数81%。

业务建设

作为我市唯一一所公共少年儿童图书馆，多年来我馆特别注重基础业务工作的标准化、规范化。2005年政府改善办馆条件，更新了馆舍、设备、配备了电脑。根据新馆舍条件，开设了6大服务窗口，重新制定了业务管理规范，内容包括各部（室）岗位职责，各项业务操作标准，并装订成册。

读者服务工作

多年来，我馆始终坚持“读者第一，服务至上”的服务宗旨。围绕加强和改进未成年人思想道德建设主题，充分发挥馆内图书资源优势，结合当前主旋律，组织开展形式多样内容丰富的读书活动。2012年举办各项读者活动28场次，10000多人次参加。做到每项活动都有组织，有专人负责，有计划、方案、总结；在社区、农村、学校、特殊儿童群体、打工留守儿童之家、老年活动中心建立图书分馆、基层阅览室共33家，提供图书65000册；举办英语、阅读会等儿童兴趣辅导班22次；举办《新书介绍》、《读者园地》等各种宣传专栏12期；利用各媒体宣传报道17次，信息报送15条。

业务研究、辅导、协作协调

1.加强业务培训，提高职工专业技术水平

作为少儿图书馆工作者，不仅需要有较高的政治素质，还应具有较高的专业理论知识和良好的业务工作技能。根据红山区文化系统岗位大练兵活动，结合我馆人员结构，工作特点，制定了业务学习计划。利用周一下午时间，集中授课与自学相结合的方式，全面提高全馆人员的综合素质能力。

利用新书加工整理时机，组织全体职工学习业务知识、进行业务指导，学习图书分类、书目数据录入，定期组织业务知识考试，以此激励工作人员的学习热情。参加了中国图书馆学会“志愿者行动”基层图书馆馆长培训；我馆职工参加内蒙古图书馆辅导培训部、呼伦贝尔市图书馆学会联合举办东部区《中国图书馆分类法》第五版使用手册培训班；2012年我馆业务人员参加了赤峰市首届公共图书馆业务竞赛。在加强业务技能学习的同时，加强理论学习，近几年有1篇论文在《内蒙古图书馆工作》上发表。

2.加强基层图书室的业务培训与辅导

各基层图书室、分馆由于管理人员不固定，且身兼多职，因此结合实际，采取个别辅导与集中培训相结合的方式，对图书管理人员进行基础专业知识培训，如：怎样为学生借还图书；如何填写借阅统计表；如何利用图书为教育教学服务；如何开展阅读指导活动等，规范图书室的各项管理，使各图书分馆更充分地把图书利用起来。

配合“草原书屋”建设工作，对红山区内学校图书室和草原书屋进行了全面的业务指导，达到规范化、标准化要求。通过业务辅导，写出调查研究报告，对业务辅导工作具有一定的指导性。

3.联合社会各行业，协作协调促进图书馆事业发展

联合学校开展集体阅读活动。如以2012年红庙子镇各中小学为试点，每天有几个班同学到阅览室进行集体阅读，由馆内根据年级高低，配备图书，阅读时要求同学们做好读书笔记，经过近两个学期的阅读活动，同学在阅读、写作、知识面等方面，都有很大提高。校长们身有体会地说：“我校有少儿图书馆这样得天独厚的可利用资源，我们一定要充分利用起来，多读书对孩子们来说是终身受益的好事”。

与红山区教育局联合举办了首届红山区少年儿童课本剧表演赛及新建图书分馆揭牌；联合赤峰文艺台开展亲子活动。组织的“七彩夏日，快乐体验”夏令营活动。这次实践活动带领着孩子们走进军营、走进邮局、走进儿童福利院，在参观调查中每一位小朋友都感受到军营军人的威武、体会到工人的繁忙和辛苦、让孩子们学会关怀，学会感恩。同时我们还在全社会大力倡导人人关心、人人支持、人人参与青少年人思想道德建设的风气，为青少年人的健康成长营造良好的社会舆论环境。与现代牧业联合举办“金龙贺新春欢乐家庭秀”亲子活动；与超星玩具店赤

欢度十一，喜迎十八大，爱国主义诗词朗诵会

阅读推广活动启动仪式

开展“九九重阳与尊老敬老”讲座

峰总代理联合举办"奥迪机甲神兽对战赛"、"奥迪四驱车竞速赛"遥控车大赛；与赤峰市洪森书城、新华书店、市儿童福利院、赤峰朝聚眼科医院等多家单位联手。通过与社会各行业的协作协调，即促进了读书活动的开展，同时也向社会各界宣传了少儿图书馆，吸引更多的小朋友走进图书馆。

与兄弟馆建立信息交流，编印《少图简讯》发往全国各省市少儿图书馆。

管理工作

1、人事管理

我馆坚持以人为本，尊重知识，尊重人才，培育和发展优秀的人力资源，发挥人的主动创造精神，不断提高少儿图书馆的办馆能力。按需设岗，按岗选人，择优用人，制定岗位责任制度、职工学习制度、业务管理制度、行政管理制度等，并不断修改完善。在考核办法上，年初制度目标任务实施方案，明确规定各业务环节的规范化、标准化要求，各部（室）目标任务及奖惩办法，并以此作为年终评选先进、职称、评优的综合评价标准。

2、财务管理

严格执行财务管理制度，持证上岗，在经费使用上，年初有预算，年终有决算，厉行节约，精打细算，做到收支平衡。

3、设备、物资管理

设备物资均有专人负责并有管理工作制度，建有规范的固定资产帐，设备定期进行维护修理，ILAS系统设专人维护，并制定系统管理员工作制度。

4、档案管理

档案专人负责管理，并受过档案管理专业培训，全部按照档案工作管理规定进行归类、装订、立卷。

5、统计工作

各项统计工作做到准确、及时，如：馆藏、读者借阅、阅览，统计记录齐全，并定期作统计分析。

表彰、奖励

2012年被赤峰市红山区人民政府授予"文明单位标兵"称号。

2012年参加赤峰市图书馆举办的"全市首届公共图书馆业务竞赛"获得优秀组织奖。

2012年被赤峰市红山区妇女联合会评为"巾帼建功"先进集体。

2011年被内蒙古文化厅授予"全区十佳图书馆"称号。

2011年被中共红山区长青街道联合工委评为"共建先进单位"。

2011年被赤峰市文化局评为"先进图书馆"。

2011年被赤峰市妇女联合会授予"巾帼文明岗"称号。

2010年被文化部命名为"国家一级图书馆"。

2009年被内蒙古文化厅授予"全区十佳图书馆"称号。

馆领导介绍

林楠，女，1983年7月生，本科学历，研究馆员，中共党员。1999年11月参加工作，历任红山区民族少年儿童图书馆馆员，副馆长，馆长。2014年3月，被赤峰市妇女联合会授予"三八"红旗手称号。

宋春梅，女，1965年1月生，本科学历，中共党员，副研究馆员，党支部书记。1982年11月参加工作，历任红山区民族少年儿童图书馆馆员，党支部书记。

蒙卫东，男，1978年8月生，本科学历，中共党员，副馆长。1997年9月参加工作，2011年12月任红山区民族少年儿童图书馆副馆长。

乌仁图雅，女，1966年12月生，本科学历，中共党员，副研究馆员，采编部主任。1990年5月参加工作，历任红山区民族少年儿童图书馆馆员，采编部主任。1993年9月，被赤峰市委市政府授予"学习使用蒙语先进个人"称号。

陶刚特木尔，男，1962年10月生，专科学历，中共党员，研究馆员，阅览室主任。1983年7月参加工作，历任红山区民族少年儿童图书馆馆员，阅览室主任。

张婷婷，女，1990年1月生，本科学历，外借处主任。2009年12月参加工作，历任红山区民族少年儿童图书馆馆员，外借处主任。

未来展望

赤峰市红山区民族少年儿童图书馆坚持"读者第一，服务至上"和"社会效益第一"的原则，充分发挥公益文化事业单位的社会教育职能。以深化改革为动力，以不断提高服务水平为目的，注重了业务建设、工作机制、服务方式三个方面的创新发展。我们将继往开来，与时俱进，不断提高自身素质，进一步完善读者服务工作，使我们的各项工作水平迈上一个新的台阶。为孩子们营造出健康、良好的读书氛围，充分发挥学生第二课堂的教育职能作用，为孩子们提供了一个理想的课外活动场所，让书香伴随着孩子们健康快乐地成长。

联系方式

地　址：内蒙古赤峰市红山区哈达街中段文化大厦三楼
红山区民族少年儿童图书馆
邮　编：024000
联系人：林　楠

首届红山区少年儿童课本剧表演赛

小小图书管理员体验日

"爱·悦·读"绘本馆局部场景

鄂尔多斯市东胜区图书馆

概述

鄂尔多斯市东胜区图书馆前身东胜区少年儿童图书馆，成立于1987年，是一所独立建制的少年儿童图书馆。因2009年鄂尔多斯市图书馆由东胜区搬迁至康巴什新区，少年儿童图书馆作为东胜区唯一一所公共图书馆，开始承担为成人和少儿读者提供综合借阅服务的职能，馆址位于东胜区宝日陶亥东街10号科技少年宫四楼，面积830平方米。2012年，区编委下发文件，成立鄂尔多斯市东胜区图书馆（挂东胜区少年儿童图书馆牌子）。

2013年，政府投入850万元对科技少年宫三、四楼进行改造扩建，改扩建后图书馆面积2520平方米，环境舒适、设备先进、功能完善。有阅览座席180个，计算机73台，其中供读者使用的计算机数量50台。引进Interlib图书馆集群自动化管理系统，实现无线网络全覆盖，采用自助办证机、自助查询机、自助借还机等智能化设备，为读者提供全面、便捷、优质的信息资源服务。内设12个业务科室：采编室、成人借阅室、儿童外借室、儿童阅览室、公共电子阅览室、音乐视听室、盲人借阅室、地方文献室、馆外流通室、培训室、全国文化信息资源共享工程东胜区支中心、过刊资料室。外设14个分馆、10个社区阅读角、5个机关图书流动点、9个图书馆基层服务点、4台24小时街区自助图书馆、1辆汽车图书馆、15个“共享工程”基层服务点、58个公共电子阅览室、26个草原书屋及4个万村书库。

在第三次、第四次全国公共图书馆评估定级工作中，东胜区图书馆先后两次被评定为国家县级二级图书馆。2013年，在第五次全国公共图书馆评估定级工作中，荣获国家县级一级图书馆称号。

业务建设

截止2012年底，图书馆藏总量69.5万册、件（包含中国光华科技基金会捐赠到馆61.8万册），电子文献资源10325种。其中，图书年入藏3.7万册，6717种；报刊年入藏141种；试听文献年入藏量包括：试听文献（光盘）213件，易趣数字动漫试听文献6517分钟，易趣动漫试听文献（试用）14094分钟，电子报刊1645种，电子动漫图书5272种。2011年开始收集整理民地文献资源，围绕馆藏重点不断拓宽地方文献征集范围，逐步推进图书馆民地文献资源建设工作，截止2012年底，征集民地文献7652册，248种，其中个人捐赠350册。

不断加强数字资源、网络服务平台建设工作，着力打造资源丰富、服务先进的新型图书馆。截止2012年底，拥有数字文献资源6TB，先后投入近62万元用于加强数字资源建设，购买多种数据库、电子读报机、儿童多媒体自助学习机。充分利用网络媒介为市民提供便民文化服务，逐步推广方便高效的网络服务模式。接通100Mbps光纤，在馆内实现无线网络全覆盖。建立图书馆门户网站及掌上手机图书馆，开通官方微信、微博及短信服务公众平台，设专人负责完善网站建设，及时更新网站、微信、微博信息，提供预约借书、续借、还书、书目检索、读者导航、读者互动等多种网络服务项目，截止2012年底，门户网站总访问量39586次。

2007年开始采用ILAS小型版图书管理软件，完成回溯建库工作，初步实现自动化管理。2013年将系统升级为Interlib第三代图书馆集群自动化管理系统，提供“一卡通”服务，实现馆内与城市街区24小时自助图书馆通借通还，为广大读者提供全方位、人性化的综合借阅服务。

读者服务工作

自2007年开始实行全免费开放以来，随着读者阅读需求日益增加，不断充实和完善免费开放的项目和内容，服务时间也逐步延长，由每周开放56小时延长至84小时。年流通157842人次，馆藏书刊文献年外借率达70.5%，书刊文献年外借达48.9975万册次。

东胜区图书馆每年举办一系列主题鲜明、特色突出的读者活动，以活动引领阅读风尚，已成为图书馆一项特色服务品牌。利用传统节日及周末节假日，开展少儿游艺、图书互荐、诗歌朗诵、知识竞赛、征文比赛、环保手工制作、儿童摄影、少儿绘画、亲子互动等形式多样的读者活动，做到“周周有活动，月月有精彩，人人可参与”。持续开展送书下基层、知识进课堂、汽车流动服务等活动，为百姓提供“家门口”服务，建立“身边的图书馆”。其中，“爱心图书接力”作为一大亮点活动，以传递爱心、播撒书香为主题，倡导低碳环保的全新阅读方式，取得良好社会效益。同时，深入学校分馆举办经典诵读、读书交流等活动，并不定期举办专题讲座、培训、展览等公益活动，充分发挥图书馆的社会教育及文化传播职能，为构建学习型社会打下坚实基础。通过丰富多彩的读者活动及社会教育活动吸引更多的读者走进图书馆，使馆藏文献得到更加有效的利用，营造浓厚的文化氛围，形成“人人爱阅读”的良好社会风尚。

关注特殊群体阅读，保障全民平等享受公共文化服务权利也是图书馆服务工作的一项重点，针对不同群体深入开展

东胜区图书馆外貌

成立敬老院分馆

团结向上的领导集体

各类关爱帮扶和文化志愿活动。为视障读者提供盲文书籍、有声读物的借阅、咨询服务，并提供送书上门服务；为鄂尔多斯市特殊学校提供定点服务，定期向其捐赠图书、辅导学生阅读、与学生交流互动，通过多种服务形式让更多的特殊群体走进图书馆；同时为进城务工人员、下岗失业人员、退休老人提供技能培训、知识讲座及免费计算机知识培训等公益服务，提高其个人修养素质和生活技能，打造公益性社会文化教育课堂；针对务工子女学校，增建分馆、图书阅览角，开展“图书进课堂”活动，解决偏远地区学生看书难的问题。

2009年，成立全国文化信息资源共享工程东胜区支中心，坚持多渠道、多形式广泛传播优质数字资源，深入社区、学校、机关、军营、敬老院等地方，开展知识讲座、电影放映、实用技能培训、数字资源推广阅读等形式多样的服务活动，每年举办各类活动50余次。争取多方资金在各镇、街道办事处建立15个基层服务站点，使东胜区共享工程基层服务点覆盖率达100%，进一步提高数字文化服务辐射能力、完善图书馆数字服务网络。支中心还引导和带动共享工程各基层服务点每月至少举办一次相关服务活动，推进数字资源共建共享，让基层服务点成为群众休闲娱乐、增长知识的好去处。

业务研究、辅导、协作协调

为配合鄂尔多斯市图书馆实现联合编目、馆际互借等业务，采用与市馆统一的图书馆集群管理软件，统一条码。联合鄂尔多斯市馆举办业务知识培训，共同开展图书馆学会学术研究、交流活动。鼓励职工积极撰写理论研究文章及专业论文，2009年—2012年，在各级刊物上发表专业论文40余篇。

注重基层业务辅导和管理人员培训工作，承担各分馆、各镇、街道文化站及村、社区图书室、中小学校图书馆、草原书屋、万村书库的业务辅导和技术指导工作，每年累计辅导700多次。定期举办共享工程技术人员及图书管理人员专业培训班，提高基层业务人员的服务能力，使各馆外流通服务点均达到管理有序、运作规范，服务水平和服务质量全面提高，基层群众充分享受到优质公共文化服务，极大丰富了基层群众的精神文化生活。

管理工作

截止2012年底，职工112人（其中辅助岗人员77人，正式职工35人），大专以上学历的有93人，大学专科14人，中专及中专以下5人；初级职称45人，中级职称9人，高级职称4人。馆领导均具有本科以上学历、中级以上职称。全馆实行聘用制，按需设岗、按需聘用，竞争上岗，制定《图书馆规章制度汇编》，严格规范职工岗位职责及各项管理制度，实行岗位目标责任制管理、考核。强化馆员专业队伍素质建设，采取“走出去和引进来”及“馆际馆内以讲促学”的学习方式，选派人员外出学习，邀请专业老师来馆授课，组织业务骨干交流讲课，业务人员岗位培训、继续教育等，年人均受教育达120学时，馆员每月撰写心得体会和学习笔记，全馆学习氛围浓厚，馆员业务水平和专业技能显著提升。

表彰、奖励情况

2009年至2012年，集体及个人受表彰共计22次，其中，国家级表彰1次、自治区级表彰1次、市级表彰13次、区级表彰7次。

馆领导介绍

王芳，女，1968年2月出生，本科学历，中共党员，研究馆员，馆长（副科级），党支部书记。1985年7月参加工作，2006年5月，由东胜区委党校调入少儿图书馆，任馆长。先后被授予公共文化设施管理先进个人、百县图书馆优秀馆长等多项荣誉。

贺银花，女，1968年1月出生，本科学历，中共党员，副馆长（副科级）。1990年10月参加工作，2006年5月，由东胜区文化局社文办调入少儿图书馆，任副馆长，分管采编、外借业务工作。

刘桂琴，女，1963年1月出生，本科学历，中共党员，副研究馆员，副馆长（副科级）。1981年12月参加工作，先后在阅览部、外借部等部门工作，分管网络信息工作。

杭霞，女，1980年12月出生，本科学历，中共党员，馆员，副馆长。2001年7月参加工作，先后在采编室、阅览室、电子阅览室、办公室工作。分管办公室、党建及精神文明工作。

未来展望

东胜区图书馆一直秉承“汇纳百川、书香万家、读者至上、服务第一”的宗旨，以提高服务质量为核心，以延伸服务领域为手段，以建设数字化、网络化图书馆为导向，以实现全民阅读、打造“书香东胜”、建设“图书馆城”为目标，不断拓展思路，全面推进图书馆各项工作。不久的将来，建于东胜铁西区，总面积3.2万平方米的新馆将投入使用，新图书馆将采用更加先进的技术、设备，创造更加人性化的阅读空间，提供更加丰富全面的个性化服务，打造成为集阅读服务、文化交流、休闲娱乐为一体的综合服务平台。届时东胜区图书馆将以更加昂扬的姿态迎接更多市民，让更多的读者爱上阅读、享受阅读、启迪智慧。

联系方式

地　址：鄂尔多斯市东胜区宝日陶亥东街10号
邮　编：017000
联系人：杭　霞

城市街区24小时自助图书馆

社区阅读角业务辅导

汽车图书馆开展流动服务

鄂托克旗图书馆

概述

鄂托克旗图书馆成立于1953年，与旗文化馆合署办公，1958年分设，隶属于鄂托克旗文化局，现使用的图书馆大楼是1997年由旗人民政府投资96万元新建，建筑面积2000平方米，地址位于内蒙古自治区鄂尔多斯市鄂托克旗乌兰镇都斯图路。2011年5月，位于乌兰镇新区的新馆已动工建设，预计2015年可建成开放，新馆占地面积17439.71平方米，建筑面积13043平方米，总投资5000万元，设计藏书量30万册，阅览坐席1000个。2013年，参加第五次全国公共图书馆评估，首次获得一级图书馆。

鄂托克旗图书馆核定编制人数为18人，现在岗人数为18人，其中，大专以上学历17人，占职工总人数的94%，中级职称以上人数为15人，占职工总人数的83%。

业务建设

截止2012年底，鄂托克旗图书馆总藏量7万余册（件），其中，纸质图书41000余册，期刊合订本5000余册，地方文献1000余册，视听光盘1000余件，电子图书2万册。

自2010年开始，鄂托克旗图书馆每年的新增藏量购置费为13万元，免费开放的中央财政拨款及地方配套经费共计20万元，共享工程设备运行费9万元，年均入藏图书约4000余册，征订报刊160余种。

截止2012年底，鄂托克旗图书馆数字资源总量为5.3TB，其中，自建数字资源总量2.8TB。在特色数据库建设方面，鄂托克旗图书馆已经走在全区县级馆的前列，主要抓住当地以蒙古族为主体的少数民族聚集区的地域特点和民族特色，结合地方经济、文化建设等实际情况，有侧重地收集、开发特色资源，现已建立了包括电子图书、地方文献、图片、视频4个资源库的数字资源平台。

2009年，引入了蒙科立图书自动化管理系统，以适应图书馆信息化建设的需要，目前，90%的馆藏资源已录入系统，读者可方便、快捷的查阅和浏览相关文献资源。2012年底，实现馆内无线网络全覆盖。

读者服务工作

从2010年5月起，鄂托克旗图书馆实行全年365天免费开放，每周开放56小时。2009–2012年，书刊总流通约3.82万人次，书刊外借15.61万册次，建成18个分馆，购入流动服务车1辆，设立9个流动服务车服务点，馆外书刊流通总人次1.35万人次，书刊外借5.36万册。2012年3月，开通了与分馆的馆际互借服务。

鄂托克旗图书馆网站于2011年7月建成，截止2012年底，访问量已达16.6216万次，在网站中陆续整合了音乐图书馆、电子期刊阅览、数字资源平台，开通了官方微博。截止2012年，已发布使用的数字资源总量为1.2TB，均可通过鄂托克旗图书馆网站为读者提供检索、浏览和下载服务。

2009–2012年，鄂托克旗图书馆共举办讲座、展览、培训、阅读推广等读者活动65场次，参与人数11.36万人次；以“好读书、读好书、送好书”为主题的全旗中小学生优秀征文活动，从2010至2012年已连续举办了三届，受到了广大师生的欢迎，已成为当地文化推广活动中一个亮点。

2009–2012年，鄂托克旗图书馆通过中国图书馆报、市级和地方电视台、网站、微博等媒体进行了广泛宣传，共撰写各类新闻稿件132篇，积极宣传了馆内的服务动态，并以服务为载体，传达不断更新的办馆理念，使社会公众能够更加理性地认识图书馆、利用图书馆。

业务研究、辅导、协作协调

2009–2012年，鄂托克旗图书馆职工发表论文34篇，其中，2篇论文获得了市级研究机构的表彰。

从2011年开始，鄂托克旗图书馆抓住全市创建国家公共文化服务体系示范区的有力契机，狠抓本地区图书馆服务网络的建设，截止2012年底，已通过国家拨款和自筹资金方式，在全旗各乡镇、社区、学校等地建立了8个共享工程基层网点、10个图书馆分馆，并与旗文化局协作建立85个文化室、71个草原书屋、164个文化户，覆盖全旗的图书服务网络已初具规模。

同时，深入基层开展共享工程基层网点技术培训工作8次，培训基层网点信息员54人次，指导和协助基层文化室、农家书屋进行分类、编目、上架图书共计13.8万册。

图书馆大楼

为基层服务点整理图书

电子资源–鄂托克旗非物质文化遗产

图书进校园

迎接建党90周年群众歌咏活动

2012年初，鄂托克旗图书馆加入鄂尔多斯市公共图书馆服务联盟，并在馆内设立联盟工作小组，负责联合编目、流通服务、分馆建设与支持、阅读推广与讲座展览资源服务、业务培训与技术支持等工作，截止2012年底，已协助5个分馆成为了联盟成员，为下一步实现全市范围内的馆际互借目标奠定了基础。期间，举办联合编目等相关培训班2期，32人次接受培训。

管理工作

2012年，通过对财务、人事、设备、档案等管理制度的不断修订完善，以及各项安全应急预案的制订，已经建立了一套完整的规章制度体系，编制印刷了《鄂托克旗图书馆制度汇编》，做到各项工作都有制度可依。

2010年，鄂托克旗图书馆完成了全员岗位聘任，同时，建立了工作考核指标体系，每季度进行工作进度通报，每半年和全年进行总体工作考核。2009–2012年，共抽查文献排架12次，书目数据8次，编写各部门工作进度通报16篇。

表彰、奖励情况

2009–2012年，鄂托克旗图书馆共获得各种表彰、奖励12次，其中，文化部表彰、奖励1次，自治区表彰、奖励2次，市级业务主管部门表彰、奖励4次，其他表彰、奖励5次。

馆领导介绍

刘亚涛，男，1966年3月生，大专学历，中共党员，副研究馆员，馆长。1985年4月参加工作，2011年，被内蒙古自治区图书馆学会授予全区优秀图书馆长称号。

王凤霞，女，1959年4月生，大专学历，中共党员，副研究馆员，副馆长。1975年8月参加工作，在鄂托克旗图书馆已近40年，现分管全馆业务工作。

未来展望

鄂托克旗图书馆秉承“以人为本、服务人民”的宗旨，紧密围绕“一切为了读者，一切为了利用，一切为了发展”的工作方针，结合当地实际，积极有效的开展读者服务与文献信息服务，充分发挥公共图书馆在社会教育、文献保护、数字资源建设与利用等方面的积极作用。2009–2012年，坚持面向基层，实现服务工作重心的转移，图书馆服务不断向广大农村牧区拓展，读者群不断扩大。不久后，建筑面积1.3万平方米的新馆舍将建成开放，年服务人次预计可达12万人次以上，数字资源设计存储能力100TB，能够提供全方位、多层次、不间断的数字文献远程和移动服务。在未来的几年里，鄂托克旗图书馆将在新馆软硬件设施不断提高的基础上，继续以基层服务为重心，以打造地方特色的数字资源库为目标，创新服务理念，提高技术服务能力，为成为西部最具竞争实力的县级公共图书馆而努力奋斗。

联系方式

地　址：内蒙古自治区鄂尔多斯市鄂托克旗乌兰镇
邮　编：016100
联系人：孙 军

送书下乡

全国文化信息资源共享工程知识与技能竞赛

乌审旗图书馆

概述

1952年，乌审旗图书馆的前身，图书阅览室作为文化馆的组成部分建立起来，图书阅览室基础设施简陋，人员配备匮乏，仅有土房1间，配备工作人员1名，从外地购入一批书籍杂志开始了借阅工作。1959年由于文化馆搬迁，建筑面积扩大，图书阅览室的条件也相应的得到了改善，配有3间土房，馆藏图书也有所增加，达到了5000余册。但由于“文革”，一些珍贵的馆藏图书流失，此后的十多年间，图书阅览室工作基本停顿。1979年新建了乌审旗文化馆，为了满足人民群众的阅读需求，经乌审旗人民政府批准，于1979年年底成立了乌审旗图书馆。馆址几经变迁，现乌审旗图书馆位于二马路文化宫，2007年底实行免费对外开放。2013年参加第五次全国公共图书馆评估，获得国家一级图书馆。现建筑面积2400平方米，工作人员38名，设有阅览坐席304个，计算机88台，宽带接入100Mbps，选用蒙科立多语种图书管理系统。

业务建设

截止2012年底，乌审旗图书馆总藏量132600册，其中纸质文献127600册，电子图书5000册。

2010年乌审旗图书馆新增藏量购置费56万元、2012年增至86万元，2013年为86万元。2010–2012年，共入藏蒙汉文图书18300种，蒙汉文报刊259种，视听文献495种。截止2012年底，地方文献共收集到地方名人资料385件，现藏有相关资料800多种，近1万册。

截止2012年底，乌审旗图书馆数字资源总量为3.2TB，其中，自建数字资源总量2TB。

读者服务工作

从2007年起，乌审旗图书馆全年365天对外免费开放，每周开放56小时。书刊文献开架比例达到了100%，馆藏书刊文献年外借率65%，2012年书刊文献外借册次为87000册次。截止2012年底，共建有流动图书服务点19个，馆外书刊流通总人次6000多人次，馆外书刊外借17100册次。2010年起每年组织书刊宣传、图书下乡活动、共享工程下乡活动30场次。将《国务院公报》放到成人阅览室供所有读者阅览，同时开设了政府公开信息服务专架，让群众了解国家及政府公开信息，为群众提供了更全面的服务。

乌审旗图书馆为特殊群体提供了专门的服务，设有无障碍阅览室、未成年人阅览室，不定期开展形式多样的儿童活动，深入到工地、敬老院、老龄中心等地开展送文化活动。

2010–2012年，乌审旗图书馆网站点击率已达到5万次以上，网站分蒙汉双语，充分发挥了图书馆在民族地区传播文化的作用。

2010–2012年，乌审旗图书馆共举办讲座、展览、培训、阅读推广等读者活动113场次，参与人数13万人次。

业务研究、辅导、协作协调

2010–2012年，乌审旗图书馆严格要求全体职工积极主动做业务研究，职工发表论文23篇，出版图书2部。

2010年起，乌审旗图书馆规划城乡一体的流动图书服务网络建设。以乌审旗图书馆为龙头，以乡镇文化站、文化室图书室为纽带，依托农牧民家书屋以及农户家庭、农家文化大院，规划建立遍布城乡的镇、嘎查、村等共享工程图书服务网络。局分管领导、旗图书馆为具体责任人和责任单位，通过强化组织领导、协调，结合送书下乡等工作，分别为乡镇文化站、文化室和农牧民家书屋进行图书配送，在符合条件的农牧户家庭、农家文化大院建立起图书馆流动服务点和农牧民读书点，促进城乡文化服务一体化。

针对各乡苏木、嘎查村图书室和流动图书服务点在图书分类上架等业务上存在一些不足的情况，乌审旗图书馆不定期的组织相关业务人员到基层图书室进行业务辅导。主要对各流动图书点、草原书屋，对基层的图书管理人员进行手把手的辅导培训，分别就图书分类编目、整理上架、图书借还登记手续以及日常图书的维护进行详细的讲解辅导。

管理工作

乌审旗图书馆年初有计划年底有总结，包括季度、月计划总结齐全，总结以往工作的成绩和不足的同时，为更好的开展下一步工作打下了很好的基础。财务、人事、档案等各项管理制度完善，做到各项工作有章可循，并且严格按照规定实施具体工作。

基层辅导

苏力德苏木查干苏力德旅游区图书下乡

成人阅览室

提供开架式服务

图书展销

表彰奖励情况

2010—2012年，乌审旗图书馆共获得各种表彰、奖励20次，其中，国家级表彰、奖励1次，自治区级表彰、奖励3次，市级表彰、奖励3次，其他表彰、奖励10次。

馆领导介绍

娜布庆花，女，1963年6月生，大专学历，中共党员。副研究馆员，馆长。1983年9月参加工作，自参加工作以来一直在做图书管理工作，1998年2月任乌审旗图书馆馆长。

斯庆格日乐，女，1963年10月生，大专学历，中共党员，副研究馆员，副馆长。1982年9月参加工作，参加工作至今一直在从事图书馆管理工作，主要分管地方文献的搜集与整理工作。

呼斯乐图，男，1974年4月生，大专学历，高级职称，副馆长。2007年10月到乌审旗图书馆工作，2011年任图书馆副馆长，现主要分管办公室日常工作。

乌兰，女，1968年5月生，大专学历，中级职称，副馆长。2007年12月到乌审旗图书馆工作，2012任副馆长，主要分管综合阅览室、图书分编等业务工作。

未来展望

乌审旗图书馆自成立以来，始终坚持“读者第一，服务至上”的宗旨，充分发挥自身优势，结合本地区实际，完善本地区服务网络建设，推进城乡一体化，宣扬社会主义科学文化，推进公共文化服务体系建设，宣传地方文化，在完善自身服务水平的同时，积极配合市图书馆创建鄂尔多斯公共图书馆服务联盟，带动公共图书馆事业的整体发展。乌审旗图书馆在2012年已向乌审旗委政府申请建一所新馆。建成后的乌审旗图书馆，共分八个区域：藏书区、借阅区、咨询服务区、公共活动与辅助服务区、业务区、行政办公区、技术设备区、后勤保障区，总建筑面积8600平方米，阅览座位800个，可容纳纸质文献30万册，年服务人次可达20万人次以上，在不断积极探索图书馆数字化管理模式的同时乌审旗图书馆将为全旗广大群众带来更为全面更为专业的服务。

联系方式

地　址：内蒙古自治区鄂尔多斯市乌审旗二马路文化宫
邮　编：017300
联系人：娜布庆花

科尔沁右翼中旗图书馆

概述

随着科右中旗建设文化强旗的战略目标的实施，旗财政加大对旗图书馆的投入，保障了图书馆行政、业务、书刊、设备购置的开支，为图书馆进入一级馆奠定了坚实的基础。

在兴安盟文体局做好第五次公共图书馆评估定级工作的通知精神下达后，科右中旗图书馆本着务实、求真的精神，自评、自查。把旗图书馆2009年以来的工作梳理。自2009年以来按照全国第四次评估拟定工作目标，制定争创国家一级图书馆为工作目标，并按照全国第五次评估工作标准，结合我馆工作实际做如下简述。

业务建设

科右中旗图书馆面积3290平米.内部机构设置9个部室，其中有6个对外服务窗口(2个外借窗口：图书外借、报刊外借，5个阅览室：成人阅览室、自习室、少儿阅览室、电子阅览室)，阵地阅览座位420个，分馆阅览座位计170个，共计590个。

现代化技术设备有计算机62台包括服务器、笔记本电脑一台，供读者使用的计算机50台，2008年接入网通公司10兆宽带，并与其签订合同。

2011年正式使用蒙科利图书馆自动化系统，文献著录、借阅、连续出版物登到、著录等全部采用自动化系统。并建有普通图书数据库、连续出版物数据库、地方文献数据库、古籍文献数据库、视听资料库、蒙文文献数据库等。录入文献近3万册。

2012年财政拨款总额是128万，新增藏量12万元。免费开馆经费足额到位。馆内现有工作人员11名(其中招聘生3名)，正式在编9名，大专以上学历人数占44%，中专、高中以上人员占100%，中级以上职称人员占44%，初级以上职称人员占67%。

领导班子结构合理，具有大专学历4人，中级以上职称的4人，助级1人。分馆业务的馆长参加过温州图书馆函授班，班子成员参加每年的业务培训。员工培训2012年人均培训52学时。

我馆总藏量为26万多(含电子文献藏量)。2012年我馆人藏量为12350种，视听文献入藏量540多种，电子图书入藏20万种，报刊入藏量242种。2013年我馆普通图书入藏量为2815种，视听文献年入藏量40种，藏有1500种。地方文献现有2700册。设专架、专目录、专人管理。我馆历年来十分重视地方文献收集和专藏工作，每年组织人员下到各单位征集。每人征集25–30种的任务。

采编工作，我馆文献标引和著录从实际出发，本着科学、实用、简便、规范的原则，严格按照《中图法》第五版标引，做到归类正确，反映充分、前后一致。文献著录采用国家标准《中文图书著录MARC格式》以本馆著录细则进行著录。图书文献到馆30天内完成。连续出版物按照国家标准《中文期刊著录MARC格式》以本馆著录细则进行著录，期刊、报纸到馆一个工作日完成记到。视听文献按照国家标准以本馆编目细则进行编目，到馆20天内完成编目。保证了所有文献著录规范、标准、一致。所有书刊、视听文献书标、登录号、馆藏章达到了规范、统一、美观。设有机读目录，有专人管理、维护并有查目辅导。

我馆馆藏文献除了工具书、古籍文献外，其它类的图书、期刊等全部开架借阅，排架正确率不低于96%，有专门管理制度和专门人员。并建有文献保护的规章制度，有防虫、防盗、防潮、防尘措施设备，破损图书及时修补。

数字化建设方面，数字化工程资源量4(TB)，馆藏中文文献书目数字化达到73%，建有地方文献数据库，已录入文献2000多册。

读者服务

根据文化部、财政部关于推进全国美术馆已经执行免费开馆政。除了外借留押金，阅览部、书刊外借、电子阅览室、办证费等全部免费。服务项目健全。每周开馆63小时，节假日正常开馆。

书刊文献开架率达90%，馆藏文献年外借率72%，年流通人次139800，馆外流动点21个，2个分馆。年外借5.1千册次，人均年到馆88次／人。积极宣传和推荐优秀书刊，利用宣传栏、新书通报、书展等形式开展书刊宣传活动。并在社区、学校、党政机关、老年活动中心等开设21个送书点，常年开展送书上门服务，每年参加旗宣传部组织的三下乡活动。

在信息服务方面，每年定期编发自编简报给政府领导，为政府机关决策服务，咨询人员根据需要，为我旗重点学校、科协和建筑单位、史志单位提供信息服务，为社会公众提供我旗两会信息的《简报》服务，外借人员从方便读者需要出发，开展电话预约借书及续借等形式满足读者阅读需求。

开展形式多样的读者活动，促进阅读推广工作，充分发挥旗县图书馆的职能作用，举办为特殊群体服务的播放讲座、电影、培训、阅读等活动，开展少儿阅读、征文、各种比赛、播放讲座、电影等活动，年举办书展、少儿书画展、手抄报展等展

举办文化站人员培训班

中学生读书课

阅览室

览5-6次。年开展播放讲座培训20多场，阅读推广活动年6-8次。每年的5月开展宣传周活动，围绕宣传主题举办书展、为少儿放电影、为送书点送书、发放宣传单、读者调查表等系列活动，每年的6月为全民读书月活动，每万人年平均参加活动每次4万多人，深受广大群众的欢迎和赞扬。建有网站建设规划及科右中旗图书馆网站。

业务研究、辅导、协作、协调

积极参与盟图书馆组织的协作协调工作，开展与兴安盟图书馆的馆际互借工作，互通有无，满足读者的阅读需求。与新建2个分馆开展业务合作活动，与巴六中分馆联合开展阅读课、演讲比赛等活动，与铅矿文化站分馆开展共享工程内容的视频播放活动。使我馆协作协调工作开展有序。

建有本地区图书馆服务网络建设的规划，与本地区13%的乡镇、社区参与本馆服务网络建设。每年开展对基层图书室的业务辅导工作，有统计分析，工作报告，工作记录及相关基层图书室的基本情况。按计划培训基层图书业务人员。效果较好。

管理与表彰

在人事管理等方面，我馆从2003年起就按旗政府，人事部门的文件要求，实行岗位设置管理，各项管理制度健全，档案管理完备，各项统计齐全，让自愿者参与图书馆工作的管理，严格按图书馆工作人员的要求履行职责。阅读环境好，阅读设备齐全，标牌规范，安全设施符合标准。

2009年自今我馆受上级表彰奖励，省级(2009-2110年，2012-2013年两次，被内蒙古自治区文化厅评为区级“十佳图书馆”2010年被文化部评为二级图书馆，2011年被内蒙古自治区文化厅评为“全区文化信息资源共享工程示范县级支中心称号”)；盟级(2009年被兴安盟文化体育局评为“年度全盟图书馆工作突出贡献奖”，2010年3月被兴安盟行政公署评为“全盟社会事业管理先进集体”，2012年被兴安盟文化体育局评为2011-2012年度全盟文化工作“先进集体”)，旗县级(2012年在旗第二届图什业图广场文化艺术节，被科右中旗人民政府评为“突出贡献奖”)；旗文化局(2009年被科右中旗文化局评为年度工作“先进集体”，2010年被评为“先进集体”2011年第一届图什业图广场艺术节“突出贡献奖”，同年11月被评为2011年度“工作实绩突出”单位，2012年被评为年度工作“先进集体”2013年被文化部评为一级图书馆。

馆领导班子建设

馆领导班子是组建于2002年，经十几年的努力，一步一个台阶走过来，历经98洪水的考验，是个零起步的旗县级图书馆。走到今天，离不开上级图书馆的帮助支持，离不开旗政府、主管局的大力支持、投入，离不开馆领导的付出和全体职工的努力奋斗的结果。多年来一直重视图书馆的建设和发展。使各项工作走在全盟各旗县的前列。取得了较好的成绩。

文化共享工程

2007年底，内蒙古自治区中心授予我馆为共享工程县支中心，并作为一个独立部室机构设置，建有电子阅览室、机房，共有电脑含服务器62台，供读者使用的电脑50台，并配有打印机、投影仪、等设备。全部设备达标。2008年正式投入使用，旗财政把每年的运行经费5万元列入财政预算，保证设备的正常运转。配有专职技术人员2名，按时参加自治区文化厅办的技术人员培训班，2008年以来参加16人次的培训，覆盖率达到100%建有各项管理制度，有规划，和年度计划、总结，建有统计信息报送制度，按照上级报送制度上报信息。

充分利用共享工程信息资源开展各种形式的社会服务，为中小学生放爱国主义影片、讲座，开展广场电影节，电影周活动，为特殊群体、进城务工人员、社区播放讲座、电影等。把文化惠民工程落到实处。加强对基层点的培训指导工作，举办两次基层点技术人员培训班，使他们掌握技术要点，利于开展工作打基础，效果良好。

共享工程支中心建立以来，按照文化部、财政部于2012年2月下发《公共电子阅览室建设计划实施方案》要求，硬件达标，免费上网，服务环境安全、整洁，符合标准。数字资源建设，文化共享工程科右中旗支中心，建有信息安全管理平台，在下载和传播全国文化信息共享工程资源的同时，积极做好地方特色资源建设工作，自建资源100G。形式包括视频影像、照片图片、文档资料等。自建视频资源播放长达50小时，内容包括科右中旗2009-2012年春节联欢晚会、科右中旗赛马节比赛实况录像、乌力格尔大赛、四胡比赛、安代舞表演、代钦塔拉国家自然保护区宣传片、五角枫景区宣传片、科右中旗介绍专题片等。电子阅览室各项制度健全，符合上级要求，每周开放10小时，积极开展为青少年、老年人、农民工视频播放服务，有服务方案、总结。2011年-2012年举办两次基层文化共享工程人员培训班，44人，53人次，使基层技术人员初步掌握操作技术，开展日常工作。建有数字资源总量达4TB。各项管理制度健全。

古籍文献的保护工作，我馆对其本地区的普查工作从去年开始，经费投入上万元，有专职人员，并建有制度与管理，举办视频讲座，宣传古籍保护知识，让更多的人了解古籍常识，推动本地区古籍保护工作。完成部分古籍普查工作，建有古籍普查数据库。

通过本次评估达标，促进了上级领导对图书馆工作的重视与支持，也促进了图书馆的各项业务工作的规范化、标准化。同时，本馆工作者更加熟悉、了解图书馆工作的性质和业务标准，有利于提高工作人员的业务技能和素质，对照《评估标准》，也更加清醒的看到，我馆无论实在硬件和软件方面和国家一级馆要求还些差距，特别是经费的投入、馆舍面积、人员素质、体质改革和创新等方面还存在差距，制约了图书馆事业的发展，有待于我们今后工作中不断争取、探索、总结，使我们尽快步入数字化图书馆的行列，使各项工作规范、标准。真正符合国家等级馆的要求。以上得分比较客观，真实的反映了我馆的工作面貌和现状，基本符合国家一级馆的评估标准及必备条件，特申报国家旗县级一级图书馆。

科尔沁右翼中旗图书馆外貌

赤峰市图书馆

概述

赤峰市图书馆于1982年建馆，馆舍位于赤峰市红山区钢铁街西段，建筑面积4200平方米。2011年12月搬迁到位于赤峰市新城区锦山路南段的新馆，建筑面积7800平方米。设阅览座席576个，少儿阅览座席104个；全馆共有计算机150台，提供给读者使用的计算机110台，读者服务区无线网覆盖范围达到100%。使用Interlib区域图书馆集群自动化管理系统V2.0，以总分馆机制实现了全市公共图书馆数字资源全覆盖，并且与高校图书馆实现数字资源共享。

业务建设

赤峰市图书馆现有文献资源总藏量60万余册（件），其中纸质文献近35万册，电子文献藏量26万余种。图书年入藏量8250种，报刊年入藏量800种，视听文献年入藏量600件。地方文献设有专门书库和专门目录，有专人管理。

2009、2010年在老馆时的财政拨款总额分别为160万元、236万元。2011年以后，通过新一届领导班子积极争取，中央、自治区和地方三级财政加大了对该馆的投入力度，两年的财政拨款总额均突破1千万元，2012年达到1.2千万元以上，其中新增藏量购置费2012年为210.3万元。

赤峰市图书馆2007年开始使用图书馆自动化集成系统（ILASⅡV2.0）建数据库，为了带动全市公共图书馆自动化管理，推动数字图书馆进程，搬迁到新馆以后，购入Interlib区域图书馆集群自动化管理系统V2.0（简称Interlib图书馆系统），建立了“赤峰市图书馆总分馆服务体系”，形成了覆盖全市城区与农村的公共图书馆服务体系。

读者服务工作

2009–2011年，赤峰市图书馆在老馆时每周开馆时间为72小时。2012年以后，因为新馆交通不便，每周开馆时间冬夏平均为64小时；普通图书、报刊实行开架借阅，馆藏书刊文献年外借率达到60%以上，书刊文献年外借册次30万册；分馆书刊借阅册次平均为每年1.2万册次；内部交流小报《信息参考》受到农民朋友的欢迎；内部交流文摘《时政参考》，为全市政府部门提供信息服务；利用报刊阅览室、少儿活动中心、盲文阅览室和分馆等服务阵地，坚持为老年读者、少儿读者、盲人读者和农民工服务；2012年建立了赤峰市图书馆网站，访问量正在逐步增加。

业务研究、辅导、协作协调

2009–2012年，全馆中高级专业技术人员共发表学术论文23篇，撰写专门调研报告5篇。注重对基层图书馆业务工作的指导和实地辅导，并对来馆学习的基层馆学员给予全程指导。尤其在机读目录、自动化管理、数字图书馆等方面，对基层单位进行了专门培训，2012年还专门聘请国家图书馆著名专家前来讲授数字图书馆理论与实务、图书馆阅读推广工作、图书馆员礼仪修养等课程，取得了良好的效果。

赤峰市图书馆一直是中国图书馆学会和自治区图书馆学会集体会员，几年来该馆专业人员多次在全国和全区图书馆学会组织的论文研讨会上获奖。2012年，赤峰市图书馆与国家图书馆和自治区图书馆签定联合编目协议，随着图书馆现代化进程的不断推进，这项工作将会逐步完善。

管理工作

赤峰市图书馆一直严格按照主管局的部署制订每个年度的工作计划，并按照计划逐条完成任务。在财务管理上制度严谨、监督机制健全；在人事管理上按需设岗，按岗聘用，制定严格的岗位责任制和激励制度，全体人员竞争上岗，每天严格考勤，年终考评时对优秀人员给予表奖；在设备、物资管理上制定了工作制度，实行了各部室主任责任制，并在书库管理、办公设备管理上实行责任到人；档案管理方面设有档案室，设立了人事档案、业务档案、工程项目档案等，并且按照一级档案室标准进行科学管理；在统计工作上，人事管理、财务管理、业务工作等方面统计齐全，并有内容翔实、对以后工作有参考价值的统计分析报告；在环境与安全管理上做到了完全达标。

表彰、奖励情况

2011年9月，组织参加全区“第二届文化共享杯——全国文化信息资源共享工程知识与技能竞赛内蒙分中心选拔赛”，荣获二等奖。

馆领导介绍

刘淑华，女，1967年5月生，大学本科学历，中共党员，副研究馆员，馆长。1991年参加工作，历任赤峰市松山区文化市场管理办公室副主任、赤峰市松山区文化市场稽查队队长、赤峰市松山区文化体育旅游局副局长，2011年任赤峰市图书馆馆长。

李成林，男，1958年5月生，大学专科学历，中共党员，馆员，党支部书记。1976年参加工作，历任赤峰市电影发行放映公司副经理、赤峰市文化市场稽查队队长，2006年任赤峰市图书馆党支部书记。

鞠红耘，女，1964年12月生，大学本科学历，副研究馆员，副馆长。1987年大学毕业分配到赤峰市图书馆工作，先后任采编部主任、馆长助理等职，2006年任赤峰市图书馆副馆长。

乌云高娃，女，1970年3月生，大学本科学历，中共党员，馆员，副馆长。1988年参加工作，1998年调入赤峰市图书馆，先后任外借部主任、采编部主任、办公室主任等职，2012年任赤峰市图书馆副馆长。

未来展望

搬迁到新馆以后，秉持着“创新办馆理念，优化服务环境，提升服务品质，争创一流业绩”的办馆方针，赤峰市图书馆正在谱写着现代图书馆阶段的新篇章，并通过总分馆服务体系带动全市图书馆事业协调发展。随着现代图书馆开放性、社会化服务的不断延伸，现有馆舍面积不足、功能不够等局限性日益凸显，赤峰市图书馆正在积极争取各级政府和社会各界的大力支持，准备在现馆舍西侧建设一座2万平方米的现代化新馆，争取尽快步入国家一级图书馆行列。

联系方式

地　址：内蒙古赤峰市松山区锦山路南段
邮　编：024005
联系人：鞠红耘

呼伦贝尔市图书馆

概述

呼伦贝尔市图书馆始建于1956年，是我市最早成立的公共图书馆。馆址几经变迁，2013年6月29日，位于呼伦贝尔新城区规划三街三路的新馆建成开放。新馆占地2120平方米，建筑面积12400平方米，阅览坐席800个，计算机280台，宽带接入100Mbps，并实现馆内无线网络全覆盖，选用Interlib图书馆集群管理系统。2004年、2009年参加第三、第四次全国公共建设图书馆评估，获得三级图书馆。

业务建设

截止2012年底呼伦贝尔市图书馆总藏量62万册（件），其中，纸质文献51万册（件），电子图书、声像资料11万册（件）。

2009—2011年，呼伦贝尔市图书馆新增藏量购置费年均10万元，2012年增至179.3万元。2009—2012年，共入藏图书12万种，30万册，报刊1100种，视听文献950种。

截止2012年底，呼伦贝尔市图书馆数字资源总量为20TB。

2006年，使用Interlib图书馆集群管理系统，2012年自购该软件，并在呼伦贝尔市地区建成以呼伦贝尔市图书馆为总馆，各县级公共图书馆为成员馆的总分馆制管理模式。

读者服务工作

呼伦贝尔市图书馆全年对外免费开放，周开放80小时，实现馆藏文献自动借还。2009年—2012年，书刊流通总人次7.5万人次，书刊外借22.5万册次。建成9个分馆，34个图书流动站，馆外书刊外借22.5万册次。

2012年，建立呼伦贝尔市图书馆网站，引入手机图书馆。

2009—2012年，呼伦贝尔市图书馆共举办讲座、展览、培训、阅读推广等读者活动156场次，参加人数1.5万人次。

业务研究、辅导、协作协调。

2009—2012年，呼伦贝尔市图书馆职工发表论文20篇，课题研究2项。

2012年，呼伦贝尔市图书馆建立全市公共图书馆联合编目中心，使用Interlib图书馆集群管理系统，建成总分馆制管理模式，已建15个成员馆，实现区域内服务网络全覆盖。期间，举办联合编目等培训班3期，120课时，96人次接受培训。

2009—2012年，呼伦贝尔市图书馆举办全市专业技术人员继续教育培训班、业务提高班12次，1600人次接受培训。

管理工作

2009年，呼伦贝尔市图书馆完成第三次全员岗位聘任，本次聘任共设6类岗位，有26人聘任上岗，同时，建立岗位工作流程和工作量化考核指标体系，每月进行工作进度通报，每年进行总体工作考核。

表彰、奖励情况

2009—2012年，呼伦贝尔市图书馆共获得各种表彰、奖励7次，其中，国家级表彰3次，自治区表彰4次。

馆领导介绍

张承宏，男，1960年4月生，大学学历，中共党员，副研究馆员，馆长兼党支部书记。1977年7月参加工作，2006年任呼伦贝尔市图书馆副馆长、馆长，兼任呼伦贝尔市图书馆学会常务理事、秘书长。

陈文学，男，1959年12月生，大专学历，中共党员，馆员，党支部副书记。1978年7月参加工作，2010年任党支部副书记，兼任呼伦贝尔市图书馆学会理事。

安艳梅，女，1965年1月生，大学学历，中共党员，副研究馆员，副馆长。1980年参加工作，2006年任副馆长，分管业务工作。

敖卫东，男，1968年生，大学学历，中共党员，中级职称，副馆长。1984年参加工作，2007年到图书馆工作，任副馆长，分管行政工作。

未来展望

呼伦贝尔市图书馆本着创新、务实的办馆方针，践行内蒙古自治区“8337”发展战略，不断完善服务功能，扩大服务范围，带动地区事业发展。2009—2012年，在不断强化自身综合实力的同时，通过建立全市公共图书馆总分馆制管理体系，带动全市公共图书馆事业的整体发展。2013年6月，呼伦贝尔市图书馆新馆已全面建成，现已实现馆内无线网络全覆盖，使用Interlib图书馆集群管理系统，并带动全市公共图书馆共同发展，数字资源建设还将继续加强，成为全市文献资源共建共享的中心平台，努力打造成为一个为广大公众提供阅读、研究、休闲、娱乐为一体的公共文化服务机构。

联系方式

地　址：呼伦贝尔新城区规划三街三路
邮　编：021000
联系人：张承宏

读报机

开架阅览室

蒙古文献阅览室

巴彦淖尔市图书馆

概述

巴彦淖尔市图书馆是巴彦淖尔市最大的综合性公共图书馆，是由政府投资兴办向社会公众开放，具有图书文献资料的搜集、存储、加工、开发和利用的公益性文化事业机构，是巴彦淖尔市7个旗县区的藏书、目录、馆际协作、业务交流和培训辅导的中心。巴彦淖尔市图书馆于1962年在磴口县成立，1974年随盟委行署驻地迁往临河县（今临河区）新华西街2号，2004年撤盟设市遂改现名。2005年在原址兴建新馆，2008年10月新馆投入使用，新馆面积3815平方米。2012年12月，又有一部分搬到文博中心，现巴彦淖尔市图书馆由新华西街馆和文博中心馆两部分组成，服务总面积近一万平方米。文博中心馆内设图书馆行政办公区、自学室、电子阅览室、期刊阅览室、图书检索大厅，儿童阅览室、地下藏书库，蒙文资料室，新华西街馆留驻报刊阅览部、古籍特藏部、民地文献部、自学部、儿童阅览部、参考咨询部。馆内有阅览坐席500个，少儿阅览坐席100个，办公电脑23台全部联网，计算机总台数超过70台，读者服务区无线网覆盖范围大于80%，并有百兆光纤接入。但数字化图书馆尚在初建阶段，计算机数量、图书馆自动化管理等各种服务条件都在逐步完善之中，各类图书架285组，期刊阅览架16个，报架180个。巴彦淖尔市图书馆2004年参加第三次全国公共图书馆评估，被评为三级馆，2013年参加第五次评估首次被评为二级馆。

业务建设

截止2012年底，巴彦淖尔市图书馆总藏量近30万册（件），其中有蒙文图书4000多册，地方文献1300多种3000册，中文期刊累计入藏近1000种，报纸累计近200种，有古籍线装藏书1.8万册，其中有明代刻本、清内府刻本及罕见的写本、稿本等，还有10多种近2000册满文古籍，古籍藏书方面位居内蒙古图书馆前列，在由文化部、国家图书馆、国家古籍保护中心承办的“国家珍贵古籍特展”中，巴彦淖尔市图书馆收藏的一部古籍线装书作为第三批特展书于2010年6月11日至7月12日在北京国家图书馆展出。2012年的文献入藏量是4500多种，其中图书入藏4000多种，期刊500多种，视听文献年入藏200件。数字化建设方面2012年争取到自治区图书馆数字化文化信息资源共享工程设备和平台搭建经费120万元，2013年正式投入使用。巴彦淖尔市图书馆做到了以人为本，坚持“读者至上，服务第一”的宗旨，为读者提供了图书外借、报刊阅览、资料咨询、信息导航等全方位的优质服务。

经费方面巴彦淖尔市图书馆2012年财政拨款总共为610万元，免费开放经费到位45万（共50万），资料购置经费达到标准。

读者服务工作

巴彦淖尔市图书馆的办馆宗旨是“读者第一，服务至上”，发展思路是“加强完善图书馆系统建设，促进服务提高质量”，服务理念是“一切为了读者，一切方便读者”，服务目标是“哪里有读者，哪里就有图书馆服务”，在工作中，图书馆不断拓展服务空间，延伸服务时间，完善服务功能，实行藏、借、阅、参一体化的服务管理模式，除了特定的或特殊的文献外，藏书全部对读者开放。

普通服务：我馆节假日不闭馆，春节期间初二开馆，充分满足了读者的借阅需要。2012年我馆共接待读者155602人，其中：自学70187人次，流通85415人次。外借册次159307册，外借期刊36963册，办理借阅证2179个，修补图书1625册，新增各类图书9000多册，各项统计数据均比往年有所增加。

读书活动：巴彦淖尔市图书馆每年都举办各类型的读书活动和知识竞赛，在春节期间为少儿读者举办谜语竞猜活动；在三八妇女节举办妇女知识竞赛；在军民共建活动中，经常为官兵送去大量书籍，丰富了官兵的业余文化；不定期的举办读者座谈会，选出优秀读者，并发给借书证，以此鼓励，使得更多的读者愿意走进图书馆，利用图书馆，实现了图书馆与读者的互动，充分展示了图书馆的魅力。

宣传周活动：每年都举办图书馆服务宣传周活动，主要项目有购买大量新书，做新书介绍，发放传单，走出图书馆现场办理优惠借书证，开读者座谈会，送书到社区和军营，扩大了图书馆在社会上的影响。巴彦淖尔市媒体（市电视台、黄河晚报、巴彦淖尔报等）均有报道。2012年中国图书馆报大篇幅报道了巴彦淖尔市图书馆馆长的采访纪实。

送书下乡：为促进社会主义新农村建设，满足基层人民群众的求知欲，每年都开展送书下乡活动，组织1000多册图书送到农村基层图书馆，供基层人民群众借阅，让基层读者也能品尝到丰富的文化大餐。

为领导机关决策提供信息服务：我馆每年出版内部刊物《参考文摘》四期，为文化系统提供各方面的信息和时事短讯，每年向市政协提出提案。

为特殊群体服务：我馆在新华西街旧馆也为盲人设置了专门的盲人阅览区，配置盲文书籍，为读者中的特殊群体提供服务。

业务研究、辅导、协作协调

业务研究：出版了《巴彦淖尔市图书馆消息》28期；2009年开始出版内部刊物《参考文摘》，每年4期；2011年出版了《巴彦淖尔市图书馆论文集》，这本论文集共收集57位工作人员的103篇论文；2013年编辑《巴彦淖尔市图书馆工作动态》2期；每年编辑图书馆工作信息若干期。辅导：巴彦淖尔市图书馆每年都组织业务骨干对旗县区的图书管理人员进行业务培训，2012年共培训旗县区学员近300人次。在8月和12月间三次下旗县进行调研和业务培训指导，并参与了草原书屋管理员的培训工作。2012年9月，巴彦淖尔市图书馆主办了为期3天的“2012年全市图书馆业务知识培训班”，组织熟悉一线业务工作、经验丰富的业务骨干对巴彦淖尔市七个旗县区图书馆的二十余名业务工作人员就《中国图书馆分类法》第五版、《中国文献编目规则》第二版等方面的图书管理专业知识进行了培训。协作协调：巴彦淖尔市学会经常参与完成内蒙图书馆及内蒙图书馆学会布置下的工作任务。经常到周边盟市参观学习，组织本地区各类图书馆，进行工作和学术交流，并收集各地图书馆每年发表的专业文献。2011年学会编辑出版了近十年来巴彦淖尔市图书馆系统工作者在省市级报刊上发表过的专业论文集。每年一次的学会理事会议开始转向旗县举办，2012年3月，巴彦淖尔市图书馆在乌拉特前旗图书馆成功举办了2012年全市图书馆学会理事会议。巴彦淖尔市图书馆也应邀为市直单位整理图书，2011年为市电业局整理图书5000多册。

管理工作

2009年底，巴彦淖尔市图书馆完成了新一轮的岗位聘任工作，使各个岗位责任到人。巴彦淖尔市图书馆以“办读者满意的图书馆”为宗旨，规范馆内人员职责，严格实行考勤制度，合理布置馆内资源服务读者。以采编部为例，采编部认真制定书刊资料的选购标准和数量，结构合理，复本量适当。对于新购置的图书，及时验收、登记、分类、编目、出架，每月对破损书籍应及时修补，延长使用寿命。对于内容陈旧、借阅率低、复本量过大和破损严重的图书要定期剔除，及时注销。

表彰、奖励情况

首先在团体方面：2000年巴彦淖尔市图书馆在全区第三次公共图书馆业务知识竞赛中曾获得团体总分第四的好成绩。2000年11月，内蒙古自治区文化厅将巴彦淖尔市图书馆评为“爱我中华”读书活动中发动面广、成绩显著的公共图书馆；2001年3月被自治区人事厅、文化厅联合表彰为“全区文化系统先进集体”；2010年，又相继获得中共巴彦淖尔市直属机关工作委员会颁发的“文明单位”称号和巴彦淖尔市“双学双比”活动领导小组授予的“巾帼文明岗”奖牌。2011年巴彦淖尔市图书馆代表队在第二届“文化共享杯”——全国文化信息资源共享工程知识与技能竞赛内蒙古分赛区总决赛中获得优秀奖。其次在个人方面：2000年9月巴彦淖尔市图书馆1人被授予“1997–2000年中国图书馆学会先进工作者”称号，之后在2005年4月被评为市级“劳动模范”；2007年9月，有两人被评为内蒙古图书馆界“先进工作者”，1人分别于2005、2007年两度被评为中国图书馆学会2001–2004、2005–2007年度优秀会员。2011年3月巴彦淖尔市图书馆胡琼获“全区‘十一五’期间汉语言文字工作先进个人”荣誉称号，巴彦淖尔市图书馆获得“全区‘十一五’期间汉语言文字先进单位。2012年获得巴彦淖尔市“巾帼英雄岗”和文明岗位标兵。

馆领导简介

岱庆巴图，馆长兼书记，男，1965年生，大学本科学历，中共党员，管理7级，内蒙古乌拉特中旗人，1986年8月–1993年3月在巴彦淖尔市图书馆工作，1993年3月–1996年6月在巴彦淖尔市文化体育局工作，1996年6月–1998年6月在乌拉特中旗川井苏木镇工作，1998年6月–2009年7月在巴彦淖尔市文化体育局工作，2009年至今在巴彦淖尔市图书馆工作。

张丽英，副馆长，女，1963年生，大学本科学历，中共党员，副研7级，内蒙古巴彦淖尔市人。

张兰花，副馆长，女，1962年生，大学本科学历，副研5级，内蒙古巴彦淖尔市人。

未来展望

在当今信息社会的条件下，巴彦淖尔市图书馆一定会在知识经济时代发挥重要的地区信息枢纽和巴彦淖尔市精神文明建设基地的重要作用，成为知识信息的集散地，市民终身教育的学校，巴彦淖尔市地方文献的宝库，地区图书馆的中枢。巴彦淖尔市图书馆将成为该市集文化、科技、信息传播、保存文化遗产、开展社会主义教育、展示改革开放成就为一体的综合性公共图书馆。成为该市群众读书学习文化、科技、教育、信息、服务和交流中心，为该市经济建设和社会发挥十分重要的作用。

联系方式

地　址：内蒙古自治区巴彦淖尔市临河区五一街文博中心A座巴彦淖尔市图书馆

邮　编：015000

联系人：赵文华

（撰稿人：赵文华）

乌兰察布市图书馆

概述

乌兰察布市图书馆成立于1956年，其前身是平地泉行政区图书馆，馆址在集宁市恩和路7号。1958年6月，平地泉行政区图书馆与乌兰察布盟图书馆（馆址在固阳县）合并，成立集宁市图书馆。1963年9月，乌兰察布盟行政公署将图书馆收回、更名为乌兰察布盟图书馆。2004年8月，更名为现名。2010年10月，乌兰察布市图书馆新馆在集宁新区建成。新馆建筑面积8400平方米，设计馆藏容量80万册，配备计算机120台，其中提供读者使用95台；无线网络画100%覆盖，宽带100Mbps接入，存储量达到67TB；采用“广州图创图书馆管理系统”。2013年，参加全国第五次公共图书馆评估工作，荣获三级图书馆。

业务建设

2011年5月，乌兰察布市图书馆从旧馆迁入新馆，8月底完成了旧馆近17万册图书的上架整理工作。9月开始安装调试“图创图书馆管理系统”，重点使用图书和期刊编目系统。集中全馆力量对2011年开始采购的图书、期刊进行录入。到2013年5月，录入图书2万余种4万余册，为新馆的新书开架阅读和外借创造了条件。2013年初，安装了蒙科立的蒙古文图书管理系统。完成了“乌兰察布市图书馆借阅证”的设计和印制，并于2013年4月免费向读者办理和发放，图书外借实现了自动化。建立了触摸型读报系统、30图书馆导航系统、自动复印系统、音乐图书馆系统。馆藏总量27万余册，其中纸质文献23万余册，电子版文献4万余册。纸质文献中有线装书6800余册，蒙文文献6000余册，港、台版图书1800余册，民族地方文献120种。2011年新增年购书经费80万元，年入藏图书12000余种，年订阅报纸187种、期刊517种，年入藏视听文献600余件。

读者服务工作

从2012年春节起，乌兰察布市图书馆全年对外免费开放，周开放60小时。2013年底，引进超星移动图书阅读服务系统，建立了乌兰察布市移动图书馆，提供近4万册各类e-pub电子图书，使持有《借阅证》的读者可在任何时间、任何地点获取所需知识。2012年，年外借书刊16万余册次。2011–2012年建立馆外流通服务点10处，馆外流通63000余册次/年。年检索课题、解答咨询4000余条；为领导机关决策、科研、经济建设提供服务，开发信息文摘6种6期；馆内陈列、宣传蒙、汉文新书、地方文献500余种。2011–2012年在大、中学生中开展主题为“共享书香、快乐阅读”讲座，进行诗歌创作，诗歌朗诵，图书阅读，电影观摩15次，同期，举办各类书画笔会、书画展览、少儿读书活动19次。

业务研究、辅导、协作协调

2011–2012年，乌兰察布市图书馆职工发表业务论文11篇，撰写调研报告4篇。到2011年，已与11个旗县市区图书馆建立了协作协调服务网；与集宁师范学院图书馆建立了协作关系，在乌兰察布职业学院建立了乌兰察布市图书馆分馆；与新华书店进行文献资源合作，每年向读者展示推荐新书1000余种。2011年6月，特邀内蒙古图书馆技术部专家，对凉城、丰镇、兴和、集宁等4个县级图书馆的共享工程工作进行了现场巡回辅导。2012年，组织业务人员对所属旗、县图书馆开展才辅导、培训30人次。

乌兰察布市图书馆是内蒙古自治区古籍善本联合目录成员单位，馆藏部分古籍目录收录到《内蒙古古籍奉本联合目录》中。

管理工作

依据市文化局《市直文化系统领导班子工作实绩考核责任状》的要求，结合馆内实际，制定下一年度工作计划，并将工作计划分解到业务部室、落实到人。2012年8月，出台了《乌兰察布市图书馆专业技术岗位聘任工作方案》，对全馆40名专业技术人员重新聘任。

表彰、奖励情况

2011年，在“文化共拿杯”内蒙古分赛区决赛中获得第三名。2012年6月，被市社科联命名为市级“社会科学普及基地”；12月，被市委政府授予“市级文明单位”。同年7月，被市直机关党委授予“先进基层党组织”。

馆领导介绍

敖日格勒，男，蒙古族，1959年10月生，大专学历，中共党员，副研究馆员，书记，馆长。1977年10月参加工作，历任乌兰察布市图书馆辅导部、办公室、采编部主任、副馆长等职。兼任内蒙古图书馆学会理事、文化信息资源共享工程乌兰察布市支中心主任。2004年，被授予“乌兰察布市十五时期中青年科技开发创新带头人”。

张文学，男，1964年8月生，大专学历，中共党员，副馆长。1982年10月参加工作，先后在部队、盟委办公厅、市文化局工作。

李丽芳，女，1964年4月生，大专学历，副研究馆员，副馆长。1981年12月参加工作，先后在借阅部、办公室、采编部工作。2000年，参加内蒙古自治区第三届公共图书馆业务竞赛，荣获“文献编目”第一名。

未来展望

乌兰察布市图书馆遵循“读者第一、服务至上”的服务宗旨，不断完善服务设施，强化服务功能，拓展服务领域，以文化信息共享工程和数字图书馆为平台，在全市公共图书馆逐步实现数字文化远程服务，以及以乌兰察布市图书馆为中心馆的中心、分馆制服务模式，促进全市公共图书馆事业的发展。不断完善以民族地方特色文化资源库建设，强化不受时空限制的移动图书馆服务功能，充分体现构建公共文化服务体系的公益性、基本性、均等性和便利性，使乌兰察布市图书馆达到国家一级馆的标准。

联系方式

地　址：内蒙古乌兰察布市集宁新区格根西街10号
邮　编：012000
联系人：范建平

阿拉善盟图书馆

概述

阿拉善盟图书馆成立于1983年，新馆于2010年7月落成开放，建筑面积6400平方米，设有藏借阅一体化的图书阅览室、报刊阅览室、电子阅览室、多功能会议室等12个对外服务窗口，年均服务人次在10万以上，阅览座位近600席，是集借阅、参观、学习、交流、展示于一体的综合性公共图书馆。2014年，计算机138台，信息节点128个，宽带接入30Mbps，选用金盘图书馆自动化管理系统。

业务建设

截止2014年底，总藏量247923册/件，其中，图书164259册，报刊25600册，视听文献2379件，盲文图书400册，其他文献55685册。2011–2014年，阿拉善盟图书馆新增藏量购置费174.6万元。2010–2014年，共入藏中文图书44331种，96164册。中文报刊1592种，电子图书55685册。截止2014年底，阿拉善盟图书馆数字资源总量为1.5TB。2013年，实现馆内802.11N无线网络覆盖。2014年，完善了多媒体阅览室，积极推动文化共享工程盟级支中心和基层点的建设，负责本地区文化共享工程基层服务点的业务指导、技术支持和信息推送工作。

读者服务工作

从2010年8月起，阿拉善盟图书馆全年365天每天免费对外开放，周开放65小时，同年，引进金盘自动化管理系统，实现了馆藏文献的自动借还，开通了阿拉善盟图书馆门户网站、阿拉善盟图书馆微信公众平台。在文献资源检索、图书借阅、网络服务外，相继推出影视欣赏、阅读推广、基层辅导、流动服务、公益性讲座和展览等形式多样、内容丰富的品牌文化活动，为公众提供了更加多元化的公益性文化服务项目。2010–2014年，书刊总流通35.7485万人次，书刊外借35.7245万册。2010–2014年，建成流动服务点33个，馆外书刊流通总3.6259万人次，书刊外借3.0805万册。2010–2014年，阿拉善盟图书馆共举办讲座、展览、培训、阅读推广等读者活动280场次，参与人数14.4万人次。

业务研究、辅导、协作协调

2010–2014年，阿拉善盟图书馆职工发表论文29篇。

为加强图书馆队伍建设，全面提高员工的业务素质和水平，本馆制定了业务学习规划，有计划、按步骤开展业务培训和岗位练兵活动，不间断的进行内部人员业务培训。结合图书馆工作实际，围绕“内强素质、外树形象、创优服务、创新管理”的要求，采取各种途径对馆员进行业务培训。一是每周组织一次集体学习，党员干部领导班子成员、馆内业务骨干亲自制定学习内容，在全馆范围内开展政治理论、法律法规、业务知识等内容的学习；二是采取走出去请进来的方式，进行业务培训。从2010年开始，先后举办了“全盟第三届业务知识培训班”、《图书分类编目》、《金盘管理软件应用》、《公共图书馆服务规范》等培训班。三是2012年，我馆打造了文化品牌“阿拉善文化讲堂”，针对不同层次听众的需求，注重遴选讲课题目，尽量拓宽选题的知识面和传播面，努力把讲堂打造成为传播先进文化、培育优秀人才的平台。经过三年的发展，“阿拉善文化讲堂”已经成为享有较高知名度的公益型知识讲座。四是积极参加多种形式的业务交流活动，派出多名业务人员前往北京、上海、沈阳、西安、兰州、银川、乌鲁木齐、呼和浩特、包头、赤峰、通辽、乌海、鄂尔多斯、乌审旗等地学习参观。

管理工作

2011年初，阿盟图书馆领导班子在对图书馆现状进行充分研究与分析的基础上，重新修订和完善了馆内各项规章制度。在人事管理方面，制定《盟图书馆岗位设置实施方案》，推进事业单位岗位设置工作，建立绩效考核体系，执行事业单位岗位绩效工资制度。

表彰、奖励情况

截止2014年，阿拉善盟图书馆共受到自治区、盟、旗级表彰17次。

馆领导介绍

馆长：呼群，男，47岁，本科学历，研究馆员。

副馆长：刘卫国，男，46岁，本科学历，副研究馆员。

未来展望

2015年，阿拉善盟图书馆将加快推进“数字图书馆推广工程”建设项目，使我馆成为一个集数字资源加工、储存、管理、访问，24小时自助借还服务以及网上预约、查询、续借等各项新服务为一体的现代化数字图书馆，为读者提供快捷的信息服务，全新的借阅和阅读感受。

我馆将在盟委、行署和盟文广局的指导下，贯彻落实党的十八大、十八届三中、四中全会精神，总结经验，在开展好基础业务的同时，创新服务思维，更新服务方式，本着干实事、求发展、促文明的理念为阿拉善盟图书馆事业进一步发展作出努力。

联系方式

地　址：内蒙古阿拉善左旗巴彦浩特镇东城区安德街与曼德拉路交叉口东北侧

邮　编：750306

联系人：杨佳媛

达茂联合旗图书馆

概述

达茂旗图书馆正式建于1982年3月，前身为旗文化馆图书阅览室，建馆初始，旗委、政府极为重视，拨给馆舍一处，藏书达万余册，首任馆长娜仁格日乐，工作人员最初的三、四人很快扩展至十多人。业务方面有外借处、综合阅览室、儿童阅览室。为做到规范化管理，馆内每年派人到自治区图书馆学习培训，同时，在当时的上级乌兰察布盟图书馆的指导帮助下，开始规范化科学地开展图书馆业务工作。图书馆的建立是达茂旗文化建设发展史上的大事、要事，标志着一个新时期的开始。1987年，在旗委、政府和自治区文化厅的大力支持下，开始兴建新的馆舍，至1988年完工并投入使用。新馆为二层小楼共634平米，在当时乌盟地区旗县馆中已经是很好的馆舍。

到2002年，按照城镇整体规划需要，馆舍又被拆除，因一时没有馆舍，图书业务暂处于停顿状态。到2006年，随着建设文化大旗的规划实施，开始筹建全旗综合性文化大楼——草原文化宫，其中图书馆面积2500平方米，同时进一步投入资金，按照现代化管理需求，逐步更新设备，增加藏书，馆舍条件大为改观，2008年正式开馆。

目前馆藏图书已达11.6万册，现有工作人员9名，大部分同志从事图书专业20年以上，具有一定的工作经验，学历均在大专以上，图书馆中级职称5名，初级4名，党员2名。

图书馆内设机构：图书外借处、综合阅览室、少儿阅览室、老年阅览室、蒙文阅览室、电子阅览室、采编部、基层业务辅导部。

随着文化大旗的建设与发展，对图书事业的重视，资金的投入，图书馆开办服务项目的质量进一步提高，真正做到了科学化、智能化管理。2013年，经文化部审定，达茂旗图书馆再次进入国家二级图书馆的行列。至此，达茂旗图书馆事业的发展进入了一个全新的时代，成为全旗文化建设的一大亮点，为本地区经济、社会、文化建设发展发挥着重要的作用。

业务工作

1、图书外借处：读者可随时办理借书证、随时退证、（返还押金）、读者可借阅各种书刊。

2、电子阅览室：免费为广大读者开放服务、进行实名制登记管理，每天接待读者20多人。节假日接待读者平均每天50多人。

3、少儿阅览室：办理少儿阅览证、以最便捷的方式服务于少儿读者，并逐年增加适合少儿图书及刊物。

4、老年阅览室：专门服务于老年读者，为其提供方便老年读者的用品。

5、蒙文阅览室：是具有民族特色的阅览室，为少数民族读者提供的阅览场所。

6、综合阅览室：我馆免费面向社会广大读者提供人性化服务，如复印、自助饮水、引导阅读成为我旗广大干部群众查阅各种资料，学习和阅读知识的主要阵地。

7、资料室：各种报刊、参考资料、向全旗广大读者提供免费查阅。

8、我旗建有85个图书服务点（文化站、文化室、草原书屋、农家书屋），达茂旗图书馆作为中心馆，为农村、牧区提供服务平台，每年对基层图书网点流动图书达到8600多册。

近两年来，随着馆舍条件的改善和人员、设备质量的不断提高，图书馆的阵地活动开展的有声有色。年均借阅人数达到8700余人次（旗政府所在地百灵庙总人口约三万余人），图书资料流通年均达23000余册次，对外开放时间每周不少于56小时，节假日不休息。图书开架率100%，从办证、借阅到查询资料全部免费服务。与此同时，为进一步提高服务质量，每年开展多种读者服务活动，2009-2014年，共举办读书讲座16次，读书座谈会10次，少儿读书活动10次。在世界读书日期间，举办了大型读书活动月，期间举行了“科普知识有奖问答”、“爱国主义电影展播”以及“组织群众参观图书馆”等活动。

业务研究、辅导、协作协调工作

近几年来我馆围绕“为农牧民服务，共享工程建设”为核心，每年对基层业务人员进行图书分类、编目、上架等工作方面的培训不少于3次，集中于草原书屋、农家书屋所

在地苏木、乡镇。送图书下乡，对全旗图书网点进行图书流动，把适合农牧民需要的科技信息资料及时送到手中，利用我馆农牧业科技资料，解决种养殖的疑难问题。同时每年在"六一"儿童节期间组织少年儿童到图书馆观看健康、积极向上的红色电影，培养小学生接受良好的社会教育。

管理工作及表彰、奖励情况

图书馆实行藏、借、阅、咨询一体化的管理模式，开展流通、阅览、参考咨询、馆际互借、定期下乡等服务。

达茂旗图书馆始终坚持以"服务"为宗旨，在开展基础业务建设阵地、图书借阅、基层网点建设、流通、辅导等主要业务方面做出了细致的工作，取得了显著的成绩，2009年经自治区文化厅验收评估，对馆内软、硬件建设和管理服务给予高度评价，定为国家二级图书馆。2013年达茂旗图书馆再次被评为国家二级图书馆。2007年我馆工作人员3名被评为包头市图书馆先进个人，2011年图书馆馆长薛钢同志鉴于多年来为基层图书馆业务工作发展做出了显著成绩，被内蒙古自治区图书馆学会评为优秀馆长。

馆领导介绍

薛钢，男，1958年11月生，本科学历，中共党员，图书馆员，馆长，文化信息资源共享工程达茂旗支中心主任。1976年入伍，1980年复员，1982年参加图书馆工作，2013年任包头市图书学会副理事长。

孙春仙，女，1964年生，本科学历，图书馆员、副馆长、指导员、文化信息资源共享工程达茂旗支中心副主任。1982年参加工作，同年进入图书馆工作，历任副馆长，馆长。并荣获2007年包头市图书馆先进个人荣誉。

未来展望

进入21世纪以来，我旗的图书馆事业面对全球信息产业和文化产业迅猛发展的形势，迎来了新的发展机遇和挑战。业内众多有识之士从上个世纪末即开始对我旗图书馆事业的未来描绘出各种美好的蓝图，期望为它的进一步成长与繁荣寻求方向。

1、图书馆功能趋于多样化

(1) 休闲功能

(2) 生产功能

(3) 展示功能

2、图书馆文献趋于数字化

(1) "数字化图书馆"的发展是个漫长的过程

(2) 无纸图书馆不会出现

3、图书馆服务趋于自助化

(1) 自助化的图书馆服务适合读者的意愿

(2) 自助化的图书馆服务符合知识交流手段的发展方向

(3) 自助化的图书馆服务其基础是主动服务

4、图书馆建筑趋于现代化

(1) 规模扩大

(2) 设计先进

5、图书馆管理趋于科学化

(1) 科学的管理人才

(2) 科学的管理制度

联系方式

地　址：内蒙古包头市达茂旗图书馆
联系人：薛 钢

赤峰市红山区图书馆

概述

赤峰有文字记载的图书馆（室）可追溯到清光绪三十二年（1906），赤峰县始设通俗演讲所，其中有图书阅览工作。民国十九年（1930年）通俗演讲所易名为民众教育馆（文化馆前身），设有图书阅览室。1947年，赤峰解放，赤峰民众教育馆成立，并设有图书室，面向广大群众阅览和借阅，1952年易名为赤峰县图书馆，1958年赤峰县升为地级市改称赤峰市图书馆，1983年随盟市建制的更名为赤峰市红山区图书馆。2005年图书馆搬迁到文化大厦后，馆舍面积共计1500㎡。图书馆现设有外借处、阅览室、电子阅览室及信息共享工程室，基本书库、特藏书库（包括古籍线装书和地方资料）报刊库，采编及信息服务室、办公室。现有成人阅览座席240个，用于服务读者的电脑20台，办公电脑7台，摄像机、照相机、电视机、投影仪各一台（件），宽带网络全部接通。

业务建设

截止2014年，赤峰市红山区图书馆共藏书26万册，其中古籍线装书6051册，地方志927册。

2010年财政拨款160万元，购书经费5.5万元；2011年财政拨款224万元，购书经费5万元；2012年财政拨款265万元，购书经费10万元。

读者服务工作

根据上级部门对公共图书馆服务时间的要求，我们馆做到了全年零假日开放的学习时间，每周开放60个小时，09年至12年接待读者量年平均在25万人次，10万册次以上，基层分馆及馆处流动借外点图书流动量平均在9千册以上。

2009年以来，我们把读者服务、读者活动、对外宣传、业务研究和对基层的辅导作为重中之重，狠抓了落实工作，取得了较好成绩。一是世界读书日、图书馆服务宣传周、全民读书日、图书月活动，共举办各类读者活动10次。二是发挥图书馆社会教育职能，深入基层社区分馆、乡镇村社举办各类知识讲座72场次，听众达2500多名。同时我们下基层辅导图书业务分类、编目16次、上架图书3000多册。三是结合重大节日纪念日举办各种展览20次，四是在本馆阵地、基层分馆中举办阅读推广活动46场次。五是利用图书馆信息资源编辑科技小报和时事信息报56期，新书推介和新书简介2600多册。六是充分发挥共享工程支中心的职能作用，利用信息共享工程的资源，积极开展各种读者活动，如在社区农村举办的“广场电影放映周”、“种植科技讲座下乡”、“健康保健知识讲座”等等各种不同形式不同内容的活动，每年都能达到10次以上。

红山区图书馆在社区举办读书活动

业务研究、辅导、协作协调

2009年－2012年，赤峰市红山区图书馆职工发表论文16篇。截止2012年底，赤峰市红山区图书馆在红山区内八个办事处一个乡镇中发展了26家社区、农村、部队、机关图书分馆，使图书资源得到最大限度的有效利用。在管理上采用统一思想、统一制度、统一办公的工作模式，使各个分馆在工作管理上规范的基础上，又不失各自的特色。

管理工作

截止2012年底，实行工作人员聘任制和工作目标责任制，聘任共设7类岗位，有25名职工上岗位，同时，建立了工作量化考核指标体系，每半年和全年时行总体工作考核。

馆领导介绍

袁首力，男，1966年11月生，1989毕业于东北师范大学图书馆系，中共党员，副研究馆员，馆长。1989年9月参加工作。1990年被红山区政府授予先进工作者称号，1992年被评为红山区文化系统先进工作者，1990年参加赤峰市公共图书馆首届业务技术竞赛获个人单项第一名，团体第一名，1991年参加自治区图书馆业务知识竞赛获个人单项第一名，2005年获红山区政府二等功奖励。

安淑明，女，1962年6月生，大专学历，中共党员，中级职称，党支部书记。1987年7月参加工作，2007年、2010年获红山区政府三等功奖励，1997年评为红山区文化局先进工作者，2001年被评为红山区机关党委、红山区文化局优秀共产党员。

赵颖，女，1972年4月生，本科学历，中级职称，副馆长。1989年8月参加工作，2008年被评为红山区先进个人，2010年获得红山区巾帼个人先进称号。

米东华，女，1972年5月生，本科学历，中共党员，副研究馆员，副馆长。1993年7月参加工作。2007年获红山区文化系统优秀共产党员称号，2010年获红山区文化系统知识竞赛一等奖，2012年在赤峰市首届图书馆专业技能大比拼中荣获第二名。

未来展望

赤峰市红山区图书馆本着“科学、效率、创新、发展”的办馆方针，践行“读者第一，服务至上”的战略，即完善单体服务功能，扩大服务辐射区域。2012年，经红山区政府批准，红山区图书馆新馆地址选定，在未来的几年里，红山区图书馆的馆舍面积将扩大至1600平方米，阅览席位500个，年服务人次将比现今提高3倍以上。馆内实现全部现代化计算机管理，图书加工整理采用图创软件，读者管理使用“一卡能”开放管理模式。

联系方式

地　址：内蒙古赤峰市红山区新华路中段文化大厦四楼
邮　编：024000
联系人：袁首力

巴林左旗图书馆

概述

巴林左旗图书馆始建于1988年7月，是巴林左旗政府兴办的综合性公共图书馆，社会公益性文化事业单位。建馆时只有近4000余册图书。馆舍建筑面积173平方米，1991年修建图书馆楼，建筑面积1185平方米，1992年竣工投入使用。藏书近1万册，年购书经费3000元，1990年被赤峰市评为文明图书馆、旗级文明单位、读者喜爱图书馆。2013年在第五次全国公共图书馆评估定级工作中被评为二级图书馆。2008–2014年度被赤峰市文广局评为先进图书馆，2013年7月被巴林左旗政府机关委员会评为先进党支部。巴林左旗图书馆2004年10月份迁入新馆，使用面积2000平方米，坐落在新城契丹广场路南。2014年，巴林左旗图书馆有阅览坐席320个，计算机45台，信息节点100个，宽带接入30Mbps。

业务建设

截止2014年底，现馆藏图书10万多册，电子图书1万多册，电子期刊8000多册。

截止2014年底巴林左旗图书馆数字资源总量为300TB，其中自建资源总量10TB。

2014年年初实现馆内无线覆盖。

读者服务工作

坚持“读者至上、服务第一”的宗旨，通过外借、阅览、咨询、宣传等多种方式，为读者提供方便、高效、优质服务。根据中宣部、文化部等部委，于1997年在全国实施“知识工程”计划，为满足读者需求，图书馆先后到国家图书馆、国家图书馆出版社、国家图书馆分馆、国家图书馆分馆文津书店获得捐赠图书5万册、书架、阅览桌椅等物品，改善了图书馆设施建设，促进图书馆事业的发展。馆内设有多个服务窗口，可以满足不同读者的不同层次的信息需求。除书库外，全馆实行开架借阅；对外服务坚持每周开放60小时，坚持全年开放317天。年接待读者达30万人次，书报刊流通50万册次。向社会提供网上24小时服务，图书馆现代化服务进入千家万户。设有馆外图书流通站和图书馆分馆，为充分利用馆藏文献资料，从1994年每年出4期“上京图书”、“科技星花”小报，搜集整理各种信息，为广大读者提供优质服务，经常开展送书上门服务。

1994年开始，图书馆在全旗各中小型图书馆(室)起着业务中心作用，曾对(巴林左旗进修校、林东三小、中行等)图书室进行业务辅导。1998年以来，为巴林左旗“看守所”、“武警中队”、“消防队”送去图书，建立互助单位。

1996年至2014年，由原文化馆退休老馆长刘德高同志白音高洛家乡建立图书室“田园书斋”，并赠送图书期刊、科技信息小报3000余册，发挥图书馆纽带桥梁作用。

1998年7月至今深入农村牧区创办基层图书室，先后对(杨家营子镇、查干哈达召庙碧流台镇等)进行业务辅导。每年举办一次“6.26”国际禁毒日大型图片展，结合当前形势宣传图书馆，开展送书下乡活动，举办各种书画大型图片展览。

业务研究、辅导、协作协调

1994年–2014年，巴林左旗图书馆职工发表论文58篇。从2009–2014年开展基层图书室与文化站共享工程基层点结对帮扶工作，举办培训班12期，120课时，400人次接受培训。

管理工作

2012年，巴林左旗图书馆完成第六次全员上岗聘任，本次聘任共设12个岗位，有6人重新上岗，同时建立岗位责任制，每月进行工作进度通报，每半年和全年进行总体工作考核。

表彰、奖励情况

2011–2014年，巴林左旗图书馆共获得各种表彰、奖励8次，其中，内蒙古自治区表彰、奖励2次，赤峰市表彰、奖励6次。

馆领导介绍

潘献兵，女，1972年10月生，本科学历，中共党员，馆长。历任巴林左旗乌兰牧旗副队长，巴林左旗文化馆副馆长。

未来展望

今后工作中还要坚持不懈地开展图书宣传、读者辅导、咨询服务活动。每年都要开展服务宣传周活动，举办基层馆（室）管理人员培训班，组织红领巾读者活动，并定期举办读书征文活动，在两个文明建设中发挥出一定的作用。

联系方式

地　址：内蒙古赤峰市巴林左旗林东镇
邮　编：025450
联系人：潘献兵

概述

巴林右旗图书馆隶属旗文化体育广播电视局，股级全额事业单位，初创于是一九七九年，八一年初旗政府正式批准图书馆单设机构。目前，馆舍建筑面积有2020平方米，在职职工15名，收藏各类纸质图书有10万余册，其中蒙文图书有1万余册，年订购刊物147种，报纸27种，馆藏地方性数字资源100GB以上。年接待读者6万余人次，图书流通4万余册次。从周一到周日全天开馆服务，给巴林右旗的精神文明建设和创建学习型小城镇事业中起到了很大的作用。前后五次参加全国公共图书馆评估定级，前四次评估定级为国家三级图书馆，2013年首次获得国家二级图书馆。2009–2010年度内蒙古自治区“十佳图书馆”。

业务建设

截止2013年，巴林右旗图书馆总藏量11万册（件）。其中，纸质文献10万册（件），电子图书期刊1万册是“县级数字图书馆推广计划”资源为主。

自2009年开始，巴林右旗图书馆每年新增藏量购置费20万元，提升藏量和图书馆各类活动有了保障。2011年开始使用蒙科立管理软件，初步实现了部分图书的计算机编目与流通管理。2013年开始使用新的图窗软件编目流通。

读者服务工作

一、服务工作到位。1、响应上级有关政策，我图书馆对读者的各类服务活动实现全免费。2、阵地建设与服务。多年来巴林右旗图书馆坚持“读者第一、服务至上”原则，想方设法创造条件为读者热情周到的服务。图书馆坚持成人阅览室、少儿阅览室、电子阅览室、参考咨询等读者服务窗口全天对外开放。3、对读者提供实时服务，时刻关注青壮年读者求职意向以及就业机会，若有招工考试、公务员考试等有用信息，第一时间张贴公布启示读者。

二、读者活动丰富多彩。在开展读者活动时我们根据时节和读者年龄段以及读者的社会阶层灵活开展各类活动。如：针对中小学生开展观看《红色记忆》《童心向党》等影片，进行爱国主义教育，对爱读书的小读者进行奖励，以此带动小朋友们的读书爱好与热情。对青少年读者我们围绕新建立的“巴林文化艺术荟萃展”开展活动，让他们以先人为榜样励志图强。如重点举例介绍吸收巴林文化并很好的进行研究和利用在自己创作当中的巴林文化名人的事迹。如：乌·纳钦怎样观察生活，怎样用巴林生活背景中提炼出创作题材，完成了《口头叙事与村落传统》等书籍的写作和大型歌舞剧《金枝延庆》编写，以此说明他是在巴林文化的熏陶长大、巴林文化的挖掘中创作、创作巴林文化中成了成功的榜样。通过一个个这样我们身边的、活生生的例子激励青年学生们励志图强。逢新春佳节开展猜灯谜、闹新春等群众广泛参与的活动，以此提升图书馆的知名度。年底对读者发放读者意向问答卷，制定下一年的订阅期刊报纸以及采购新书计划。

业务研究、辅导、协作协调

作为基层图书馆，馆员们的年龄也偏向老龄化，近几年业务研究方面发表的论文创作很少，但实际工作中辅导业务、协作协调，为图书馆业务的发展探索出了许多好的经验和新路子。1、技术指导。图书馆知道单靠上述阵地服务是远远不够的，所以派部分人员到各乡镇苏木指导和支持“草原书屋”工作，2011–2012年度，图书馆派人辅导全旗范围内162多个“草原书屋”的业务工作和9个文化信息享工程基层服务点的业务工作，拓展了服务范围，提高了服务职能。2、在流动服务工作中，利用投影机、幕布等移动放映设备，在广场或到我旗边远的嘎查村，为当地农牧民播放影片，为农牧民送去他们喜闻乐道的文化信息和生产技术，丰富了他们的文化生活。3、建设流动服务点是我馆近几年来一直探索的拓展业务的新途径。也是我们图书馆工作的新亮点。近两年我图书馆在中共巴林右旗委党校、巴彦塔拉苏木中心完小、巴林右旗留守儿童爱心辅导站以及索博日嘎苏木文化站等人员比较集中、读书需求高的单位共建立4个流动服务点，进行延伸和拓展服务。4、2013年开始使用新的图窗软件，实现了赤峰地区各公共图书馆之间的联合目录的编纂和联合查询的新局面。

管理工作

馆长全面负责，职工聘任上岗制度。

内设机构有采编部、外借部、参考咨询部、民地文献部、成人阅览室和少儿阅览室、电子阅览室(文化信息资源共享工

揭牌仪式

会议现场

流动图书服务点

展厅

学生们在利用共享工程设备网上报考

程支中心)、财务室、管理岗等9个工作岗位。

表彰、奖励情况

由于巴林右旗图书馆在日常管理、群众服务等各个方面做得比较优秀，得到了上级的认可和表彰。近三年内获得了国家级奖项一个（国家三级图书馆），自治区级奖项一个（自治区十佳图书馆），旗县级奖项四个。

馆领导介绍

阿拉坦其木格，中国共产党员，巴林右旗图书馆馆长。巴林右旗第十三届、十四届人大代表，中国共产党巴林右旗第十四次代表大会代表，中国共产党赤峰市第六次代表大会代表，政协巴林右旗第九届委员会委员。1986年参加工作以来前后到巴彦诺尔盟乌拉特后旗图书馆与巴林右旗图书馆工作。自2002年12月接任巴林右旗图书馆馆长职务，2006年开始兼任图书馆党支部书记。在工作中带领全馆职工，尽心竭力办实事，为巴林右旗图书馆的发展做出了突出的贡献。

未来展望

巴林右旗图书馆坚持“读者第一、服务至上”原则，以与时俱进为引路，以服务和加强队伍建设为基础，确定了近期和远景发展目标，开拓性的开展工作，顺利完成了公共图书馆大力宣传党的政策，收藏、传播优秀文化的总体任务。近期发展目标为在现有的条件上添置一部分图书馆自动化设备和电子图书以便读者携带和24小时借阅和还书。远景发展目标为建5000平米以上的新场馆，藏书与设备方面更加完善，缩短与东部发展地区的差距，成为内蒙地区一流的县级图书馆。

联系方式

地　址：巴林右旗大板镇大板街中段文化广场南侧
邮　编：025150
联系人：阿拉坦其木格

库伦旗图书馆

库伦旗图书馆于1978年正式挂牌成立（前身是文化馆图书室），新馆在中国安代博物馆楼内办公，有办公面积3800平方米。内设业务机构有采编部、辅导部、借书处、阅览室、少年儿童阅览室、地方文献咨询室、电子阅览室、展览厅、报告厅、放映厅。阅览坐席720套位。现有藏书20万册，职工9人，其中本科学历3人，大专学历4人，中专学历2人，中级4人，助理馆员4人，管理员1人。自1998年至今，（包括辽宁民族出版社、国家轻工业出版社、中组部精神文明办公室、财政部、文化部无偿捐赠图书），报刊年人藏量100至150种。地方文献已出具规模，有专人负责管理。

库伦旗图书馆先后组织了青少年读书演讲会、读者书画展览、书评、邀请专家进行专题讲座、报告会、预约借书、咨询服务、定题服务、送书上门，利用板报、刻印小报、推荐书目等不同形式的活动，对外大力宣传馆藏图书、文献。年图书流通20000册，读者24500人次，寒暑假期间专设“绿色通道”，为少年儿童提供优质阅览服务，并延长开馆时间。

每年有组织、有计划的安排图书馆服务宣传周活动，使图书馆更好地为两个文明建设服务。为拓宽服务领域，扩大服务范围，更好地满足社区和农牧民读者的需求，先后在6个乡镇苏木，8个社区，186个嘎查村建立了“草原书屋”（2012年库伦镇西皂户沁嘎查被国家新闻出版总署命名为全国示范性草原书屋，库伦镇三家子嘎查草原书屋通拉嘎被评为优秀管理员）和在消防大队、老干部活动中心、建立了图书室和老年读者协会、图书流通点，开展的活动有：(1) 组织农牧民进行读书、读报及阅览。(2) 开展科技知识讲座。(3) 编印《科技致富信息》等共享资源文献。在解答读者咨询方面，以电话、口头、打印文献等不同形式，年解答咨询1200条以上，并且备存解答记录。

搜集整理针对当前形势、人民群众生活和生产相关文献资料、利用剪报、推荐书目、编印小报等，为领导决策、经济建设、科研生产等提供信息服务。年编各类信息10至12期，累计读者15000多人次，年发放信息资料30000份。

库伦旗图书馆还充分发挥馆藏文献的优势，积极开展群众性服务活动，经常组织中小学生开展具有教育意义的演讲比赛、座谈会、读书交流会等，充分体现了图书馆的教育职能。在科技信息服务方面立足于农村牧区，积极搜集适合本旗实际的各种致富信息资料，编印小报，送到农村牧区，每年达上万份，并开展跟踪服务项目，得到了农牧民的信赖和好评。

现任党支部书记杨春峰，馆长王金山，副馆长白乙拉。

旗长门德白乙拉等领导亲切关怀、指导图书馆的基础工作

举办“全旗草原书屋管理员暨文化信息资源共享工程建设培训班”

为读者办理借阅手续

世界读书日

免费发放图书借阅证

莫力达瓦达斡尔族自治旗图书馆

概述

莫力达瓦达斡尔族自治旗图书馆初建于一九五二年七月，当时设在旗文化馆里的一个机构。并开展图书馆借阅工作。一九七七年九月经黑龙江省文管会批文建立了独立机构，成立了真正意义上的莫力达瓦达斡尔族自治旗图书馆，馆址历经几次变迁，于2002年11月在旗巴特罕大街56号新馆落成，占地面积4670平方米，建筑面积3000平方米，共四层。内设少儿和成人两个部分，可提供读者使用座椅300个，电脑45台，宽带接入口100兆。选用市图书馆共享集群图书自动化管理系统。连续3次在全国公共图书馆评估中获得二级图书馆。2009年–2013年两次被自治区文化厅评为“十佳”图书馆，2011年被自治区评为全区文化信息资源共享工程示范县级支中心称号。

业务建设

莫旗图书馆现馆藏图书10万册（件），其中地方文献3000册，满文古籍200册，现有电子图书、语音影视28万册，年订购期刊289种（含少儿），报纸28种，全馆实行集群图书自动化管理系统，一卡通借阅制。

读者服务工作

莫旗图书馆自免费开放起，实现全年365天对外免费开放，周开放70小时，到馆年流通10万人次，年书刊流动10万册次。建设6个流动图书室服务点。年举办读者活动12次，旗图书馆利用院落自制了文化信息资源共享工程播放平台，年播放影片、讲座、宣传片80场次。

业务研究、辅导、协作协调

莫旗图书馆职工边学习边工作，发表论文20篇在省级专业刊物上发展10篇。莫旗图书馆现采用市图书馆图书管理集群系统。全市图书馆共享系统，方便快捷全市联网共建共享。莫旗图书馆注重人才，培养业务骨干。引进西部大学生志愿者来馆工作，参与和发展，为本馆建设提供了大量的先进思想，以点带面全面提升业务服务。莫旗图书馆积极发展外围空间，在旗委、政府的支持下，与莫旗北京知青、中国青年出版社、新世纪图书出版社，国家图书馆取得支持，2009年以来馆里得到了图书捐赠近5万册。视听文献10万册（件）。

管理工作

莫旗图书馆共有人员15人，大专以上学历占80%，中级职称6人，副高1人。实行考核制，各部门评比制，工作评优秀者制，全馆职工工作热情，服务周全。2012年、2013年两次被旗政府纠正行业不正之风办公室评为政风行风旗直基层站所第一名。

表彰、奖励

莫旗图书馆自2009年以来获得自治区文化厅三次表彰。获本旗表彰7次。

管领导介绍

宋富贵，男，1972年7月出生，汉族，本科学历，中共党员，中级职称，馆长，党支部书记，1990年8月参加工作。

时颖莉，女，1973年4月出生，汉族，大学本科学历，中共党员，中级职称，业务副馆长，党支部组委，1998年参加工作。

未来展望

莫旗图书馆在旗委、政府统筹规划下，遵循科学、创新、发展、延伸全旗服务，造福一方的办馆方针，逐年完善，扩大服务领域。结合本地区发展，不断加强文化领域的建设和投入，逐步发展少儿馆的建设，使旗图书馆能够让更多的读者享受到更好的文化教育。逐步进取，向一级馆的标准化努力。

联系方式

地　址：内蒙古莫力达瓦达斡尔族自治旗图书馆
巴特罕大街56号
邮　编：162850
联系人：宋富贵

莫旗图书馆

举办摄影展

举办青少年读者书法比赛

学生们在利用共享工程设备网上报考

扎鲁特旗图书馆

概述

扎鲁特旗图书馆初创于1955年10月文化馆内设的一个机构——图书室。1979年10月，在原图书室基础上成立了扎鲁特旗图书馆，接受旧房舍250平方米，图书17000余册。1981年，馆内藏书增至29000册，是扎旗唯一的公共图书馆。1985年，建筑面积1174平方米的新楼在原址上破土动工，次年交付使用。设计藏书容量20万册，可容纳读者座位200个。2007年，参加第三次全国公共图书馆评估，首次获得三级图书馆。馆址几经变迁，2006年5月，坐落在泰山大街中段的图书馆新楼正式对外开放，建筑面积2000平方米。2013年，扎旗图书馆有阅览坐席120个，计算机50台。数字资源总量达到3.35TB,其中包含了数字文化工程资源量，自建和外购并存储在本地数字资源。扎旗图书馆采用蒙科立软件，从2006年6月组建书目数据库以来，采用CNMARC格式建立机读目录15277册是馆藏图书103916的比率是14%。地方文献数据库建设有规模，馆藏文献图书、视听资料录入完成。

业务建设

截止2013年底，扎鲁特旗图书馆藏书总量110429册（件），其中，蒙文图书1852种1887册；地方文献1059种3586册件；电子出版物1709件套。

2012年度财政拨款262500.00元，其中：预算安排19万元，追加经费4万元，免费开放上级经费到位32500.00元。财政拨款年增长率与当地财政收入增长率达39.1%；2012年新增藏量购置费5万元。仅2012年统计入藏图书资料1847种6141册，报刊300多种，电子出版物120种件。2012年，地方文献入藏完整率为96%。

截止2013年底，扎旗图书馆数字资源总量为3.35TB，其中，自建数字资源总量2.27TB。2009–2013年，逐步完成综合类图书、特藏文献、地方文献的数据库续建工作。

读者服务工作

2008年12月，旗图书馆便在通辽市图书馆带动下在全区率先取消了办证费，每周开放56小时。2009–2012年，书刊总流通年均81058册以上；已设立15个馆外流动阅览室，书刊流通年均50000册次。

2009–2012年，利用共享设备及资源举办各类讲座81次，其中有读书、健康知识、科技知识等讲座；参加人数达21320人次；开展各类培训4次，参加培训350人次。结合读者活动举办书展84次，在馆内及各流动网点开展的各类读者活动104次，参与人数54790人次。

2009–2012年，结合“元旦”“春节”、“4·23世界读书日”、5月“公共图书馆宣传周”及各大节假日，组织开展书刊宣传，年累计达11,218册件；“新书介绍”，年均2500册以上。设立“政府公开信息服务”专架，及时向读者提供相关政策宣传服务。开发三种二次文献：《领导决策信息》年出4期120份，《春雨》科技专刊6期600份，《科技信息摘编》4期240份，年解答各类咨询600条。常年坚持为4户残疾人上门送书服务，节假日特意播放相关的专题片；常年与旗关工委联合开展：如，读书报告会、播专题片、校园读书周等未成年人教育活动；在老年人活动中心和誉州、学苑两个社区设立了流动阅览室，常年坚持送书、送健康知识讲座等服务活动。

业务研究、辅导、协作协调

积极参与上级图书馆组织的协作协调工作，在市馆统一组织编制《通辽市公共图书馆地方文献联合目录》工作提供了地方文献目录。

参加2009–2012年中国图书馆学会年会。积极组织参加上级馆组织的业务培训和业务合作活动。

2009–2012年在省级以上发表论文9篇，有两篇论文获一等奖。调研报告4篇。

扎旗有206个嘎查村，目前已有15个共享工程基层服务站，誉州、学苑2个社区、鲁北镇都建有基层服务站，比例达6.2%。2012年我馆组织两次基层工作人员业务辅导培训班，并利用一周时间对基层服务站进行业务指导，撰写了情况分析及调研报告，各项培训工作开展都有计划、总结。

管理工作

扎旗图书馆各项制度健全，实施了岗位责任制、绩效工资制。制定了相应的激励措施和奖惩制度。根据“县级图书馆评估标准”国家二级馆标准制定年度工作总体目标，量化、细化

到职能部室，年初与各部室主任签定“目标责任书”，年终逐一考核验收。

表彰、奖励情况

2009–2012年获文化部表彰、奖励3次；获内蒙古自治区表彰、奖励1次；获旗委、政府表彰、奖励6次；获系统表彰、奖励4次。

馆领导介绍

吴青山，男，1965年10月生，大专学历，中共党员，副研究馆员，馆长、书记。1982年9月参加工作，2011年度获自治区级“基层优秀馆长”表彰；2012年度获“全市文化系统先进个人”表彰。

梅花，女，1961年11月生，大专学历，中共党员，副研究馆员，副馆长、副书记。1980年11月参加工作，分管全馆业务、党建、精神文明建设工作和妇女小组工作等。2010年获旗委“优秀党务工作者”，2011年获旗妇联“巾帼建功女状元”表彰。

金梅，女，1964年7月生，大专学历，中共党员，副研究馆员，副馆长。1984年3月参加工作，分管办公室、采编部、电子阅览室等工作。

金山，男，1961年10月生，高中，中共党员，助理馆员，副馆长。1979年12月参加工作，分管馆外流通、辅导、机关事务管理等工作。

未来展望

扎鲁特旗图书馆遵循“人才兴馆、科技强馆、服务立馆”的理念，践行——图书馆服务全民共享这一承诺，完善阵地服务功能，扩大延伸服务领域，带动地区事业发展。2009–2012年，在不断强化自身综合实力的同时，通过馆外延伸服务，设立了15个流动阅览室，推动了全旗全民阅读活动纵深发展。2014年，扎旗图书馆新馆改建工程正在运作，在未来的几年里，扎旗图书馆将在新馆舍的基础上，将由阅览区、藏书区、办公区三部分组成，总建筑面积2684平方米，阅览座位300个，可容纳纸质文献24万册，年服务人次可达9万人次以上，数字资源设计存储能力15.40TB，能够提供全覆盖、不间断、无时空限制的数字文献远程和移动服务，数字资源年利用率15千件/次以上。同时，还具有保障全旗公共图书馆服务体系良好运行的文献与技术能力，成为与旗内各文化共享基层服务站业务指导，负责保障支中心共享设备的运行、维修维护。主要指标达到管理、服务、创新一流图书馆的基本标准，位居全市公共图书馆前列。

联系方式

地　址：内蒙古通辽市扎鲁特旗图书馆
邮　编：029100
联系人：梅　花

阿荣旗图书馆

概述

阿荣旗图书馆1978年独立建馆，2001年建成现馆舍，面积1500平方米。内设展厅形式民地文献收藏室、成人阅览室、儿童阅览室、图书外借室、参考咨询室、多功能电子阅览室、自学室。人员编制14个。现有计算机45台，建立了文化信息共享工程网络服务系统。按照相关要求开展重点文化工程的各项工作。自2011年起，实行全方位免费开放办馆方针。阿荣旗图书馆曾三次被评为“国家二级馆”，曾被评为“自治区十佳图书馆”，现为“市级文明单位标兵”。

业务建设

截止2012年底，阿荣旗图书馆总藏书11万册（其中纸质图书6万册、电子图书5万册）。图书年入藏数量3969种；报刊年入藏量240种；视听文献年入藏量30件。年财政预算业务经费10万元。

地方文献工作设有专柜，有专门目录和专人管理，征集工作开展有序。文献编目统一按照呼伦贝尔市图书馆下发的编目细则执行。藏书组织管理规范，设有3套卡片式目录，架位维护管理良好。数字资源总量5TB，馆藏中文文献书目全部数字化，完成馆藏书目数据库建设工作。

读者服务工作

从2011年起，阿荣旗图书馆公共空间设施全部免费开放，基本服务项目健全并免费开放。每周开放60小时。年书刊总流通3.75万人次，书刊外借7.5万册次。

开展每年一度的图书馆服务宣传周活动。设立宣传点，展出各类学科新书，发放宣传单，展出宣传版。现场办证、解答资询。馆内开展“读者座谈会”，举办各种主题演讲会、诗歌朗诵会。利用“共享工程”优秀文化资源为学生们播放各种主题讲座等。

开展送图书进校园、进社区、进军营、进福利院活动。目前，已建立图书流动点19个。

利用每年世界读书日，开展多种形式“阅读”宣传活动。利用“文化共享工程”设备，为敬老院的老人和特教学校的残疾孩子分别播放保健知识讲座和电影等节目。

在社会教育活动中，阿荣旗图书馆年平均举办讲座、培训18次，展览6次，开展阅读推广活动6次。每年参加活动人数达2万人次。

业务研究、辅导、协作协调

2009－2012阿荣旗图书馆职工发表论文5篇。

已参与呼伦贝尔市图书馆集群管理系统的联合编目。

从2009年起，阿荣旗图书馆利用文化信息资源共享工程开展了各种讲座展览、阅读推广等活动。对基层业务辅导培训工作有计划、有总结、有记录。业务统计有数据、有分析。

2009－2012年，共举办基层图书业务及文化信息共享工程业务培训班8期，240人接受培训。

至2012年底，有图书流动点13个，现有19个。图书室、草原书屋共123个。本馆对本地区图书馆服务网络建设做出了规划，具体实施有成效，服务网络覆盖率达到60%。

管理工作

截止2012年末，阿荣旗图书馆实有职工13人。大专以上学历12人，占职工总人数的92%。中级以上职称8人，占职工总人数的62%。员工岗位培训和继续教育人均学时为52学时/年。职工发表论文5篇，撰写调查研究报告3篇。

阿荣旗图书馆严格按照人事制度改革要求，实行聘用制，实行岗位管理和工作目标管理责任制，各种规章制度完善，设施情况良好，各种档案齐全，统计工作达到标准要求，环境整洁、安静，安全保卫工作有序。

表彰、奖励情况

2009－2012年，阿荣旗图书馆共获得各种表彰、奖励5次。其中，自治区级1次，市级1次，旗级3次。

馆领导介绍

林香坤，女，1964年12月生，大专学历，中共党员，馆员，馆长。1982年9月参加工作。1992年10任阿荣旗图书馆副馆长，1993年7月任馆长。

李梅芳，女，1959年12月生，大专学历，中共党员，馆员、副馆长。1979年11月参加工作。1998年4月任阿荣旗图书馆副馆长。

未来展望

阿荣旗图书馆作为本地区公共文化服务体系的主要组成

阿荣旗图书馆领导班子合影

图书流动服务工作

旗森警大队官兵参加图书馆阅读活

宣传周活动

学生们在阿荣旗图书馆成人阅览室参观

在阿荣旗图书馆电子阅览室观看讲座

图书馆为残疾孩子送去爱心图书

图正中建筑为阿荣旗图书馆新馆舍 3800 平方米

部分，承担着保存人类文化遗产，提供知识信息，传播先进文化，开展社会教育的主要职责。为阿荣旗建设提供信息资源支撑和智力支持，保障和满足公众的基本文化需求。2009—2012年，阿荣旗图书馆本着“服务立馆、促进科学发展”的服务理念，带动阿荣旗图书馆事业整体发展。与呼伦贝尔市图书馆共同采用“图书馆集群管理系统”，实现文献联合编目，资源共建共享。同时对阿荣旗的社区、乡镇及馆外19个图书流动点进行了服务规范与统一要求。未来的阿荣旗图书馆事业将更加辉煌。阿荣旗旗委、旗政府已决定于2014年启动建设图书馆新馆。目前新馆总体设计参照国家公共图书馆建设标准已经出台。总面积为3800平方米，可容纳纸质文献20万册，阅览座席300个。届时随着办馆条件的改善将利用科技手段不断推进服务上新台阶，为实现管理系统自动化、数字化，服务读者采用网上参考咨询、手机短信等服务提供保障。为实现读者服务覆盖全旗每一个角落，完成一体化管理的街道、社区、乡镇或分馆基本提供与旗图书馆无差别的读者服务奠定基础。将为全旗人民提供更加便利，更加优质化的服务。

联系方式

地　址：阿荣旗那吉镇西二道街8号
邮　编：162750
联系人：王春玲

满洲里市图书馆

概述

满洲里市图书馆是满洲里市唯一的一所公共图书馆，成立于1976年5月。当时条件非常艰苦，没有馆舍，分别借用三道街小学仓库，建材公司车库，友谊宫图书室等处。直到1986年，政府投资兴建图书馆，位于二道街35号。馆舍建筑面积1075平方米，1987年5月正式对外开放。

2001年原馆搬迁，市委、市政府决定将政府办公大楼的一部分改建为图书馆。同年12月25日经过改建全新的图书馆正式启用。馆舍建筑面积为3000平方米，为广大读者创造了一良好的读书学习环境。满洲里市图书馆有阅览座位140个，计算机54台，宽带接入10Mbps，选用Interlib图书馆自动管理系统。2004年，参加第三次全国公共图书馆评估，首次获得二级图书馆。

业务建设

截止2012年12月，该馆藏书66480多册，其中中文图书56160册、外文图书200多册、中文期刊210种、期刊合订本7900册、中文报纸44种、报纸合订本1290册，数字资源总量3TB。

读者服务工作

从2011年开始，满洲里市图书馆实行全年对外免费开放，每周开放56小时，年外借册次9万余册，年流通人次56500人，市内社区图书室覆盖率达到100%，设立草原书屋10个，举办讲座，邀请学者来讲课、培训12次，各类展览5次。

业务研究、辅导、协作协调

2009–2012，满洲里市图书馆职工发表论文2篇。

2012年满洲里市图书馆参与呼伦贝尔市地区图书馆集群系统的联合编目。

管理工作

2010年，满洲里市图书馆完成全员岗位聘任，本次聘任共设13个岗位，制定了考勤和考核制度。

图书馆领导负责人简介

纪疆杰，女，1964年11月生，大专学历，副研究馆员，馆长。1981年5月参加工作，2002年10月任馆长。

袁宇雷，男，1972年9月生，中共党员，大专学历，助理馆员，副馆长。1995年7月参加工作，2005年12月调入图书馆任副馆长。

何晓东，女，1967年9月生，大专学历，助理馆员，副馆长，1984年4月参加工作，2007年月2月调入图书馆，2010年7月任副馆长。

未来展望

十二五期间继续加强图书馆数字化和网络建设，完成藏书回溯建库工作。加大职工培训，提高职工队伍素质，增强馆藏图书数量，满足读者的阅读需求，为满洲里市的精神文明和经济建设发挥其应有作用。

联系方式

地　址：内蒙古满洲里市三道街1号

邮　编：021400

联系人：纪疆杰

五原县图书馆

概述

五原县图书馆成立于1979年，是五原县唯一一所县级公共图书馆。馆址几经变迁，2007年12月30日，位于五原县葵花广场西文体大楼内新馆建成开放。新馆占地近1500平方米，藏书6万余册，可容纳读者座位180个。2013年，参加第五次全国公共图书馆评估，获得二级图书馆。2010年6月，文化共享工程五原县支中心建成，总面积150平方米。计算机46台，网络服务为10兆光纤，选用蒙科立图书馆自动化管理系统。

业务建设

截止2013年底，五原县图书馆总藏量6万册（件）。图书年入藏量2000余种，报刊200种。

读者服务工作

从2012年8月起，五原县图书馆全年对外免费开放，周开放56小时，同年，引进蒙科立图书自动化管理系统技术，实现了馆藏文献的自助借还。书刊年流通3万人次，书刊外借6万册次。多年来，我馆在加强阵地建设中，坚持管理、引导与创新并重，从经济发展的需要和群众对文化知识的需求出发，深入持久地开展图书进社区、进村镇、进军营、进校园等送文化活动。为了拓展服务范围，我馆在部分社区、学校、餐饮店、武警中队、消防大队及劳教所设立多个读书点和服务点，并不断开展巡回送书服务和业务辅导。在五原县劳教所设立了图书馆分馆，并向分馆赠送书刊500册，进行了图书管理业务指导。又帮助星元餐饮公司成立了“职工书屋”，并送去了图书报刊约300册。同时全县9个乡镇、117个行政村建立起“草原书屋”（农家书屋）117家，实现了全覆盖。每家书屋有图书1669册，约1254种，音像制品100盘，报纸期刊20种，有力地丰富了农民的精神文化生活，为建设社会主义新农村起到了积极的作用。几年来，我馆工作人员下基层图书室和“农家书屋”整理图书、业务辅导100多次，共整理各类图书约18万册。图书服务形式多样。五原馆每年举办的各类读者活动10多次，累计人次达1万多人，主要有“元宵节有奖猜谜活动”、“八一节军民读书联谊会”、读者座谈会等，活动内容丰富，形式多样，受到了广大读者的好评。在“图书馆服务宣传周”活动期间，为敬老院、社区图书室送书上门并播放了电影。“4.23日世界读书日”期间，图书馆开展了全民阅读活动，发放传单2000余份，展出新书2000余册，参与群众1万多人，现场办理书证50多个，书刊宣传达400多种。2012年在馆舍室外广场设立了报刊宣传专栏，供读者浏览。馆内举办的各类活动都有计划、有组织、有总结，还有媒体的宣传报道。通过举办活动，不仅推动了全民阅读，宣传了“知识工程”，而且使图书馆的各项工作更具新意，提升了图书馆的社会知名度，读者满意率达到百分之95%以上。

截止2013年底，五原县图书馆共举办讲座、培训、阅读推广等读者活动60场次，参与人数10万人次。

业务研究、辅导、协作协调

几年来，五原县图书馆职工发表论文13篇，全部发表出版，其中4篇发表在区级期刊上。县级发表信息报道52篇。

管理工作

图书馆领导班子在多次研讨及征求读者意见的基础上，制定并建立了完善的规章制度，主要有人事管理制度、目标管理制度、奖惩制度、学习制度、免费阅览制度、文献保护制度、财务管理制度、环境卫生制度等。制度健全规范、责任到人、考核量化，工作实绩与绩效工资挂钩，强化了全馆干部职工的责任感，提高了服务质量。馆内现有工作人员11人，高级职称1人，中级职称4人，初级职称6人。领导班子成员3人，均为大专学历。

表彰、奖励情况

五原县图书馆2006年被自治区评为“全区十佳图书馆”，2008年被文体局评为“实绩突出单位”，2009年被局党总支评为“先进党支部”，2010年被自治区评估定级为国家“三级图书馆”，同年，我馆还获得全市业务竞赛团体第二名的好成绩。2011年至2012年连续两年被文体局评为“先进集体”，2013年被自治区评估定级为国家“二级图书馆”。

馆领导介绍

张林，男，1968年10月生，大专学历，中共党员，助理馆员，馆长，兼任党支部书记。1987年10月参加工作，2012年6月任五原县图书馆馆长（正股级）。

杨子芳，女，1967年8月生，大专学历，中共党员，馆员，副馆长。1984年9月参加工作，1991年10月到五原县图书馆工作，2012年6月任命为五原县图书馆副馆长（副股级），分管基层辅导工作及地方文献工作。

张凤真，女，1970年7月生，大学学历，副研究馆员，副馆长。1986年12月到五原县图书馆参加工作，2008年6月任命为五原县图书馆副馆长（副股级）。分管业务工作。

未来展望

在当今信息社会的条件下，五原县图书馆一定会在知识经济时代发挥重要的地区信息枢纽和五原县精神文明建设基地的重要作用成为全县人民群众终身教育的学校。

“十二五”拟建新馆，拟建于人口集中的中心城区，使用面积2500㎡，内设借阅室、书库、采编室、残疾人阅览室、多媒体视听室等。

联系方式

地　址：五原县葵花广场西文体大楼
邮　编：015100
联系人：张　林

乌拉特前旗图书馆

概述

乌拉特前旗图书馆1979年8月成立，座落在河套平原东部，乌梁素海之滨的乌拉特前旗政府所在地——乌拉山镇东风大街文化综合大楼三、四层。全馆建筑面积1873.44平方米，设计藏书容量10万余册，可容纳读者座位150个。2011年，参加第四次公共图书馆评估，首次获得三级图书馆。2009年8月，接入宽带10Mbps，计算机46台，选用蒙科立图书馆自动化管理系统。

业务建设

截止2012年底，乌拉特前旗图书馆总藏量62312万册（件），其中，纸质文献54332册（件），电子图书7980册。阅览坐席109个。

2009、2010年，乌拉特前旗图书馆馆藏购置费5万元，2009年–2013年年入藏图书2000种，2200册，报刊210种。2012年，地方文献入藏完整率为95%。

读者服务工作

2009年11月，乌拉特前旗图书馆全年365天全天免费开放，周开放56小时。年书刊总流通4.63万册，书刊外借3.42万册次。2009年–2012年建成3个流动车服务点，馆外书刊流动总人次2200多人次，书刊外借7000册次。乌拉特前旗图书馆可通过共享工程县级支中心为读者提供浏览、检索和下载服务。

2009年–2012年，乌拉特前旗图书馆共举办讲座、培训38场次，参与人数11400人次。

业务研究、辅导、协作协调

2009年–2012年乌拉特前旗图书馆职工发表论文5篇。从2009年起，乌拉特前旗图书馆以共享工程为服务平台，在馆内和基层图书室开展阅读推广和讲座展览资源服务、业务培训等工作，截止2012年共举办基础业务知识培训班8期，182课时，共321人接受培训。2009年–2012年，乌拉特前旗图书馆业务员先后参加了山东、阿拉善盟图书馆、巴彦淖尔市图书馆、巴彦淖尔市各旗县图书馆举办的业务知识培训班，通过培训和与各图书馆的业务知识交流，提高了馆内业务员的业务知识技能。

管理工作

2009年，乌拉特前旗图书馆完成了第二次全员岗位聘任，本次聘任共设4类岗位，有24人上岗，每月工作及时汇总向上级主管部门汇报，每半年和全年进行总体工作考核。2009年–2012年，共抽查文献排架8次，书目数据4次，撰写专项调研报告3篇。编写工作简报63篇。

表彰、奖励情况

2009年–2012年乌拉特前旗图书馆共获得各种表彰、奖励11次。其中，自治区表彰、奖励2次，市级表彰、奖励9次。

馆领导介绍

张跃泉，男，汉族，1971年9月生，大专学历，中共党员，馆长。1991年9月参加工作，历任文化馆业务副馆长、文化市场稽查队队长、乌拉特前旗文化市场综合执法大队，任队长助理等职。2013年11月调入图书馆工作，任图书馆馆长。2009年，被评为全市文化系统先进个人，同年被乌前旗人民政府评为“落实消防工作责任状”先进个人。2010年，被自治区文化厅评为全区文化市场行政执法先进个人，同年被乌前旗人民政府评为“消防工作”先进个人。2011年，被自治区文化厅评为全区文化市场行政执法先进个人。

宝玉，男，蒙古族。1964年10月生，大专学历，中共党员，党支部书记，1981年2月参加工作，历任文化馆副馆长、支部书记等职。

刘彩霞，女，汉族，1964年10月生，高中学历，中共党员，副馆长。1981年4月到图书馆参加工作，1994年任图书馆副馆长，分馆全馆业务工作。

刘杰，男，汉族，1965年10月生，大专学历，中共党员，1982年10月参加工作，先后在乌拉特前旗文体局体育股、文化股任股长。2009年到图书馆工作，任图书馆副馆长。

未来展望

公共图书馆作为人类文明传播的圣地，负担着为科学研究服务和大众服务的双重任务，在这里不仅积淀一个名族和国家的成果，而且蕴含着国家乃至名族的走向未来的可持续发展的文化基因，多年来，图书馆始终以“读者至上，服务第一”为宗旨，以“文明服务，科学创新”为办馆方针，2013年–2014年我馆分别在瑞泰社区、东风一社区、旗政府、旗医院设立了标准图书室，这是图书馆为扩大服务范围，提高公共资源利用率，全面落实公共图书馆免费开放的有益尝试。2015年，新馆将在乌拉特前旗乌拉山镇新区动工，新馆建筑面积约3000平方米，阅览坐席300个，可容纳纸质文献20万册，年服务人次可达6万人次以上。今后有望在数字资源方面具有存储能力。主要指标将达到旗县级公共图书馆一级馆的标准。

联系方式

地　址：乌拉特前旗东风大街
邮　编：014400
联系人：樊新丽

图书首发仪式

公共电子阅览室管理系统业务培训

送书下乡

乌拉特中旗图书馆

概述

乌拉特中旗图书馆始建于1978年，馆址几经变迁，2011年搬迁到市民中心大楼，位于海流图镇鸿雁大街北。新馆建成后全部免费开放。新馆建筑面积2000平方米，设计藏书容量10万册，可容纳读者座位200个。2013年参加全国第五次公共图书馆评估，首次获得二级图书馆。乌拉特中旗图书馆有阅览坐席120个，计算机53台，宽带接入100Mbps，选用蒙科立图书馆自动化管理系统。

业务建设

截止2014年，乌拉特中旗图书馆总藏量48458册（件），其中蒙文图书6048册，地方文献200多种412册。电子文献和视听文献暂无。

2012年，新增图书3400种5429册（其中蒙文图书1533册），期刊、报纸110种4920册。2013年新增图书3000册，图书数据已做。

2007年争取到自治区文化厅价值5万元卫星地面接收设备一套，2009年争取到自治区文化厅68万元文化信息资源共享工程设备，2011年10月正式投入使用。

图书馆的工作人员工资全部实行财政全额拨款，2013年免费开放补助资金18万元，共享工程运转经费5万元，专项购书经费3万元，期刊报纸费1万元。

截止2013年底，乌拉特中旗苏木镇文化信息资源共享工程服务点34个，基层电子阅览室5个，草原（农家）书屋91个，数字书屋8个，中小学图书室8个，职工书屋10个，共有藏书20多万册，馆舍总面积达到4080平方米。“草原（农家）书屋”达到了全旗全覆盖。

2014年，图书馆启用了蒙科立自动化图书管理系统，以适应乌拉特中旗公共图书馆服务的自动化需要。同时增加了微信公共平台服务，读者通过网络平台，能更快、更准确的了解图书馆的动态。

读者服务工作

从2011年起，乌拉特中旗图书馆全部对外免费开放，每周开放56小时。2011–2014年，书刊总流通2万人次，书刊外借6万册次。2011–2014年，乌拉特中旗图书馆共举办讲座、展览、培训、阅读推广等读者活动120场次，参与人数4000人次。

管理工作

乌拉特中旗图书馆现有职工9名，全员实行岗位聘任，其中馆员5名，助理馆员4名，大专以上学历的9人。图书馆现有干部基本实现了年轻化。

表彰、奖励情况

2011–2014年，乌拉特中旗图书馆共获得各种表彰、奖励2次，获得文体局先进集体奖。

馆领导介绍

莫日更，男，1978年9月生，本科学历，中共党员，中级馆员，馆长。1999年12月参加工作，先后在阅览室、图书借阅室、采编室、文化共享工程等部门工作，先后任副馆长等职。

杨琼，女，1962年2月生，专科学历，中共党员，中级馆员。1980年3月参加工作，先后在阅览室、馆长办公室工作。先后任馆长等职。

段慧，女，1987年10月生，本科学历，助理馆员。2011年5月参加工作，先后在阅览室、图书借阅室、采编室、电子阅览室等部门工作，现任图书馆办公室主任。

未来展望

乌拉特中旗图书馆遵循“读者第一、服务至上”的服务宗旨，创建乌拉特中旗公共图书馆服务联盟，带动乌拉特中旗公共图书馆事业的整体发展。成为具有支撑保障乌拉特中旗公共图书馆服务体系良好运行的文献与技术能力，同时不断强化自身综合实力，完善单体服务功能，扩大服务辐射区域，与旗内各学校、社区图书室、草原（农家）书屋、数字书屋、职工书屋实现资源共享互补的大型图书馆，更好地发挥图书馆在公共文化服务体系建设中的作用，带动地区文化事业发展。

联系方式

地　址：乌拉特中旗海流图镇鸿雁大街市民中心一楼
邮　编：015300
联系人：莫日更

内蒙古自治区图书馆

概述

内蒙古自治区图书馆有着悠久的历史，其前身可上溯到清光绪三十四年（1908年）十月创办的归化城图书馆。1925年，改名为绥远省立图书馆，建国后，人民政府在原绥远省立归绥图书馆的基础上成立了绥远省人民图书馆。1954年正式更名为内蒙古自治区图书馆，是我国较早成立的省级公共图书馆之一。1997年5月，位于呼和浩特市乌兰察布西街34号，占地2.8万平方米，总建筑面积2万平方米，设计藏书容量300万册，主楼四层，书库九层的内蒙古自治区图书馆新馆正式竣工。后经过改扩建后的内蒙古自治区图书馆，现新馆建筑面积28000平方米，设计藏书容量达300万册，可容纳读者座位近2000个。2012年，内蒙古图书馆有阅览坐席1593个，计算机453台，信息节点1100个，宽带接入100Mbps，免费WIFI覆盖全馆，选用ILAS图书馆自动化系统。

业务建设

截止2012年底，内蒙古自治区图书馆总藏量231.8662万册（件），其中，纸质文献163.8010余万册（件）、电子文献50余万册（件）。

2009、2010年，内蒙古自治区图书馆新增藏量购置费为120万元，2011年起增至800万元。2009–2012年，共入藏中文图书136009种，408238册，中文报刊1786种。截止2012年底，内蒙古自治区图书馆数字资源总量为59TB，其中，自建数字资源总量1TB。2009–2012年，完成《内蒙古草原风情旅游资源库》、《内蒙古农牧业实用技术资源库》、《蒙古族文化艺术资源库》、《蒙医药资源库》等七个多媒体资源库的建设工作并通过国家发展中心验收。在建多媒体资源有《内蒙古三少民族多媒体资源库（鄂温克族子库）》、《内蒙古历史文化多媒体资源库（历史文化名城子库）》、《历史文化名城系列文化专题片》等六个资源建设项目。

读者服务工作

从2011年4月1日起，内蒙古自治区图书馆全年对外免费开放，每天开放时间13.5小时，每周开馆81小时。2009–2012年，书刊总流通150.476万人次，书刊外借265.737万册次。在现有条件下，积极开设馆外流通点，2009–2012年，共建立8个馆外流通点，馆外书刊流动总人次61930人次，书刊外借123656册次。

2009–2012年，内蒙古自治区图书馆网站访问量368.9573万次。可提供读者服务、资源检索等服务。截止2012年底，内蒙古自治区图书馆发布使用的数字资源总量为43种，58TB，均可通过内蒙古自治区图书馆网站进行检索、浏览及下载。

2009–2012年，内蒙古自治区图书馆共举办讲座、展览、培训等读者活动103场次，参与人次60000人次。

业务研究、辅导、协作协调

2009–2012年，内蒙古自治区图书馆职工共发表论文75篇，出版专著2部及丛书20种，获准立项的国家级课题3项，省级课题1项。

管理工作

2010年，内蒙古自治区图书馆完成全员岗位聘任，本次聘任共设3类岗位，有168人重新上岗，每年进行总体工作考核。

表彰、奖励情况

2009–2012年，内蒙古自治区图书馆共获得各种表彰、奖励13次，其中，文化部表彰、奖励2次，省委、省政府表彰、奖励3次，自治区文化厅表彰、奖励5次，其他奖励3次。

馆领导介绍

李晓秋，男，1964年8月出生，研究生学历，中共党员，馆长。1981年8月参加工作，历任内蒙古赤峰市图书馆馆长、内蒙古群艺馆馆长，2004年9月任内蒙古自治区图书馆馆长。兼任内蒙古自治区图书馆学会第六届理事会副理事长、文化信息共享工程内蒙古分中心主任、内蒙古古籍保护中心主任等职。2009年获文化部“全国文化系统先进工作者”光荣称号。

王晓明，男，1955年9月出生，本科学历，中共党员，党总支书记。1975年5月参加工作，历任内蒙古文化厅机关事务中心主任，2004年9月任内蒙古自治区图书馆党总支书记。

银志刚，男，1954年10月出生，专科学历，中共党员，副研究馆员，副馆长。1971年3月参加工作，历任内蒙古呼和浩特市图书馆副馆长、馆长等职。1993年任内蒙古自治区图书馆副馆长（副处级），先后分管内蒙古自治区图书馆新馆（现馆）建设、后勤、安全保卫等工作。

贾凡，男，1965年10月出生，本科学历，中共党员，副研究

图书馆领奖现场

图书馆活动

春雨工程阿拉善行

数字文化走进蒙古包

马背数字图书馆辅导现场

文化共享工程走进蒙古族幼儿园

元宵节猜灯谜活动

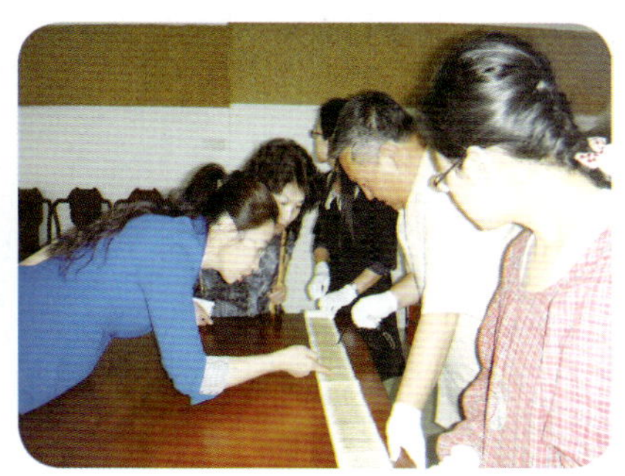

专家在古籍库展示珍贵文献

馆员，副馆长。1982年7月参加工作，先后在采编部、业务办公室等部门工作，任副主任、主任等职。1996年4月被内蒙古文化厅任命为内蒙古自治区图书馆副馆长（副处级），分管全馆业务工作。

未来展望

内蒙古自治区图书馆在“转变观念、自主创新、增强活力、改善服务”总体发展原则指导下，根据自身馆的实际情况，在服务环境改造、自动化发展、文献挖掘、服务领域拓展等方面都进行了大胆尝试，取得了一定的成绩。2009年–2012年，内蒙古自治区图书馆在改扩建基础工程基本完成的同时，逐步完善图书馆服务功能，提升服务水平。结合共享工程国家中心实施“边疆万里数字文化长廊”工程，启动实施了“数字文化走进蒙古包”工程，打通了公共文化服务的“最后一公里距离”让优秀的文化数字资源走进草原蒙古包、农区老百姓家，成为一项深得民心的文化惠民工程。

在自治区政府、发改委、财政厅的大力支持下，内蒙古图书馆目前积极开展实施“内蒙古自治区图书馆馆外服务设施建设”、“内蒙古自治区图书馆古籍库改建工程”、“内蒙古自治区图书馆信息网络建设工程（数字图书馆建设工程）”、“内蒙古自治区图书馆文献保障工程建设项目”和“内蒙古自治区图书馆少年儿童图书馆馆改造工程”，通过这“五大工程”的实施，来进一步提高图书馆自动化服务程度，完善图书馆服务设施设备，加快数字图书馆建设步伐，丰富公共文化服务资源。同时，积极开展图书馆自动化管理系统升级、使用RFAD射频控制技术实现自助借还等工作，努力打造世界级蒙古文文献收藏研究中心和地区一流的现代化公共图书馆。

联系方式

地　址：呼和浩特市乌兰察布西街34号
邮　编：010020
联系人：张志军

通辽市图书馆

概述

通辽市图书馆（原名哲里木盟图书馆）始建于1984年，座落在通辽市霍林河大街中段路北，建筑面积4000平方米。1989年8月正式对外开放，2013年参加第五次全国公共图书馆评估，获地市级三级馆。

通辽市图书馆现有职工53人，具有高级职称6人、中级职称24人，具有大专以上学历的人数占到职工总数的67%。馆内设有10个读者服务窗口，建有馆外流动图书馆（室）20多个。

业务建设

年购书经费20万元，2009年起推出“你点书，我买单”业务。现有馆藏文献30余万册(件)，其中包括：蒙文文献9815册；报刊18728册；古籍及古籍线装影印本1000函，10067册；电子出版物667件；地方文献7462册。1999年以来，陆续建立了中文普通图书、中文期刊、地方文献和线装古籍等4个书目数据库。拥有自主的图书馆网站、独立的微机工作站和局域网络。

建有中国盲文图书馆—内蒙古通辽市支馆，设有歌德电子点读机一台，读者使用手机扫描二维码，即可免费下载图书进行离线阅读。

数字图书馆建设处于起步阶段，与国家数字图书馆和内蒙古自治区图书馆相链接。

读者服务工作

年均接待读者12万人次，文献流通17.6万册次，实行全年无假日开馆，2008年率先在内蒙古地区实行全方位的免费开放服务。是通辽市团委青少年新世纪读书活动中心、通辽市青少年教育基地、通辽市妇联家庭教育活动基地。

从2000年至今，通辽市图书馆每年组织全市性的大型读书活动不少于30次，连续15年推出“元宵节灯谜有奖竞猜”活动。2012年在全市范围内倡导并启动“科尔沁读书计划”，陆续举办了一系列丰富多彩的活动，召开读者座谈会及优秀读者表彰大会。

2013年12月，引进科尔沁部落文学沙龙；2014年引进通辽市女干部读书沙龙，开办大型文化公益性系列讲座，邀请通辽地区知名的专家、学者分专题讲述科尔沁历史与文化。

业务研究、辅导、协作协调

2009–2013年，共发表图书馆专业论文54篇，出版图书馆学专著2部，完成省级课题1项。选择最新、最权威的行业培训教材，对全市图书馆系列馆员进行系统培训；以旗县为单位对基层草原书屋管理员进行集中培训和指导。

管理工作

从1997年开始在全馆推行岗位目标化管理，将全年的工作量化、细化、具体化，按照分工分解到各个部室，确定各部室具体的工作目标，再将各项工作落实给每一位职工。

表彰、奖励情况

2000年，图书馆馆长张文琴同志出席全国文化先进县、先进集体、先进工作者表彰大会；同年获全区庆祝建国50周年、迎接澳门回归“爱我中华”读书活动先进集体称号；在文化部主办的“全国读者喜爱的图书馆”评选活动中被评为“读者喜爱的图书馆”；在文化部、全国妇联开展的全国读书家庭活动中，推荐的家庭被评为“全国优秀读书家庭”；1995–2013年，主要服务窗口连续获得通辽市“巾帼文明示范岗”称号；2014年获得“通辽市文明单位”称号。

馆领导简介

书记：高丽萍，女，1966年生，内蒙古通辽市人，副研究馆员。

馆长：王蒙，男，1963年生，内蒙古通辽市人，副研究馆员。

副馆长：包巴特尔，男，1966年生，内蒙古通辽市人，副研究馆员。

副馆长：梁大光，男，1966年生，内蒙古通辽市人，馆员。

未来展望

十二·五至十三·五期间，我馆以新馆建设为起点，将市图书馆打造成零门槛的文化信息服务中心；以公共图书馆总分馆制为主体，建立全市公共图书馆联动服务体系；创建统一的采编中心，实现全市图书馆资源共建共享；加强图书馆现代化建设，实现图书馆自动化集成管理系统的全面升级换代；增加购书费，增加馆藏文献；建立采编协调中心，对全市公共图书馆的文献购置进行统一协调；建立民族地方文献馆中馆；争取实现我馆文献资源共享工程现有设备的全面更新；创建通辽市全民阅读服务中心。

联系方式

地　址：内蒙古自治区通辽市霍林河大街西352号
邮　编：028000
联系人：王彩凤，彭 佳

知青文件展

通辽市女干部读书座会

科尔沁读书计划先进集体、先进个人颁奖

呼和浩特市图书馆

概述

呼和浩特图书馆是呼市政府设置的，隶属市文广局领导的市属最大的综合性中型公共图书馆。呼和浩特图书馆不仅是本地区搜集、整理、保管、传播利用图书信息资料的科学文化教育机构，还是全市藏书目录、馆际互借、图书馆学研究和业务辅导的中心。

业务建设

设施与设备：

①建筑条件：馆舍建筑面积0.8万平方米；阅览坐席550个；少儿阅览室坐席100个。

②现代化技术条件：计算机数量100台；提供读者使用的计算机数量60台；读者服务区无线网（WIFI）覆盖全馆；宽带接入100Mbps；存储容量10TB。

经费与人员：

①经费：年购书经费20万元。

②人员：本科以上学历人数比例26%；大专以上学历人数比例81%；高级职称人数比例24%；中级职称人数比例52%。

文献资源：

①总藏量40万册。

②图书年入藏数量943种，2867册；期刊年入藏数量367种；报纸年入藏数量101种（数据为年平均值）。

服务工作

①免费开放：根据呼市文化局(原)、财政局《关于印发〈呼和浩特市公共图书馆、文化馆（群艺馆）、民族美术馆、文化站免费开放实施方案〉的通知》要求，呼市图书馆于2011年年底对读者实行免费开放。第一，免费开放包括如下几部分：少儿部、期刊部、阅览部、自学阅览室、流通部等公共空间设施场地免费开放；文献资源借阅、检索与咨询、公益性讲座和展览、基层辅导、流动服务等基本文化服务项目健全并免费提供；取消办证费（只收取借书证押金）、验证费。第二，降低非基本服务收费。图书馆深度参考咨询服务（为读者收集专题信息，编写参考资料，或者进行代查、代译、复印书刊资料等服务）、赔偿性收费等，收取合理费用，按照略高于成本价格为群众提供服务。②普通服务：每周开馆时间70小时；新书、少儿图书、报刊实行开架借阅；书刊文献年外借册次36186；年接待读者人次92270。（数据为2012年度统计值）③馆外流动服务点：截至2012年年底，呼和浩特图书馆共建立相对固定的对外图书流动服务网点9个，包括学校（回民区实验小学、新城区胜利街小学）、社区（新城区迎新路办事处人和社区委员会、新城东街办事处党委社区、新城东街办事处老缸房社区、玉泉区石羊桥东路办事处苁蓉社区委员会、哲里木路办事处）、内蒙古未成年人犯管教所和军营（北京军区给水团），年平均流通图书近万册次。④讲座、培训、展览：2012年度，呼市图书馆组织各类讲座53场，开展培训3场，展览15次。

重点文化工程

①文化共享工程：新建了面积为250平米的多媒体功能厅，配备了相关的数字设备；定期举办共享工程专题活动，如共享工程优秀影片放映、专家讲座、理论学习等。②数字图书馆推广工程：建立了呼和浩特市图书馆官方网站（http://www.hslib.org），提供相关在线服务；引进了图书馆自动化系统（图创），并于2012年12月起开始数据库创建工作。③公共电子阅览室建设：2012年专门设立了电子阅览室，购置和安装了50台电脑，配备了其它相关的硬件设施，如服务器、空调、电脑桌椅、耳机等。④试听阅览室建设：2013年，我馆新建了视听阅览室，引入一批高质量的试听文献和设施设备，有CD播放机、蓝光播放器等。

存在问题

1、呼市图书馆购书和建设经费严重短缺，直接制约着馆藏和现代化建设。

2、现有馆藏数量少、质量差，相关设备陈旧老化，这些都影响了文献的流通率和读者的借阅与利用。

3、图书馆数字化建设落后，与先进图书馆相比还有相当大的差距；数字文献资源严重短缺。

4、在职馆员在年龄结构、性别比例、专业素养、业务能力和服务意识等诸多方面都有待进一步改善和提高。

未来发展

1、通过改进自身服务质量和馆内建设，积极向上级部门和地方财政争取更多建设和购书经费，进一步整改馆舍环境，更新硬件设施，购置更多更优质的书刊文献以及电子资源。

2、加大书刊宣传力度，开展多种多样的书刊展览、图书征文、故事会等形式的活动和服务，让更多读者了解和走进呼市图书馆，更多、更高效地利用馆藏资源，使馆藏流通率逐渐提高。

3、通过与专业机构合作以及招标等形式引进更多数字文献及软件系统，建立数字图书、期刊数据库，再通过电子阅览室和官方网站加大宣传力度，让更多读者能够利用馆藏数字资源。

4、通过人事招聘、志愿者服务、外聘等形式引更多年轻的、具有相关专业背景的人才；举办和参与各种图书编目、计算机编目、图书馆管理等培训班，加强现有在职职工的专业素养；以业务大比拼、业绩与绩效工资挂钩等形式在馆内形成业务竞争，进而不断增强在职职工的业务能力和服务意识。

联系方式

地　址：呼和浩特市回民区公园东路14号
邮　编：010020
联系人：王　宇

敖汉旗图书馆

概述

敖汉旗图书馆始建于1979年，办公地址在旗文化馆内办公，1987年10月10日图书馆迁入新址，建筑面积1480平方米，馆藏图书42665册，1988年1月8日图书馆外借处和阅览室开始接待续者，图书流通3.4万册，购书经费1.5万元，1993年旗图书馆被评为“国家三级图书馆”1999年旗图书馆被文化部评为“二级图书馆”，2002年4月旗政府在惠文广场建宣传文化综合楼，原图书馆大楼卖给了旗网通公司，旗图书馆休馆2年，2004年6月11日旗图书馆搬入新址，即敖汉旗宣传文化活动中心综合楼，图书馆占用面积1000平方米，增添了设备和图书资料。几经变迁，2014年8月，新馆迁入新址，建筑面积2400平方米，目前正在改建中，未正式开馆。

业务建设

截止2014年，有工作人员14人，内设财会室、借阅室、综合阅览室、少儿阅览室、报刊资料室、电子阅览室、盲文图书室、地方资料室、采编辅导室、自学室、摄影展室等。1983年，馆内藏书3万册，1987年馆内藏书42665册，2006年馆内藏书6万册，2014年增至8万册图书。

1988年，敖汉旗图书馆新增藏量购书经费1.5万元，购书经费3万元，2008年馆内购书费由3万元增加到6万元。

2009年，国家公共图书馆免费开放的需求，配套给旗图书馆，电脑25台，电脑打印机一台，卫生接收系统一套，PC服务器1台，NP405C投影机1台，100英寸幕布1块，摄像机1台，照像机1台等物器，旗图书馆又自筹资金购买了10台电脑，建成电子阅览室。

读者服务工作

从1988年，敖汉旗图书馆外借处和阅览室开始接待读者4万人次，2009年，电子阅览室建成后，读者不断增加，截止2014年8月，累计接待读者14万人次。为读者设立自学室及书画展室，让读者有自己的展示、活动、创作的空间。

每年开展文化下乡活动，共送科技图书2000余册，深受广大农牧民的欢迎。还派出技术人员对各个草原书屋进行技术指导和分编工作。

管理工作

2014年，现有职工14人，中级职称7人，初级7人。每年对全馆馆员进行全面考核，每半年进行进度考核。我馆各部室明确落实安全责任，根据“谁主管、谁负责”的原则，层层签订责任书，全馆动员把安全责任落实到位，形成全馆自上而下“人人有责、处处保安全”的人防体系。

表彰、奖励情况

1995年敖汉旗图书馆获得内蒙古自治区文化厅颁发的“农村牧区文化工作先进集体”，2000年获得内蒙古自治区文化厅“全区创优活动优秀单位”，2001年获得赤峰市文化局表彰的“文明公共图书馆”等各表彰、奖励数次。

馆领导介绍

靖国光，男，1966年2月8日生，本科学历，中共党员，馆员，馆长。1983年7月参加工作，1988年1月到图书馆工作，先后担任少儿阅览室、综合阅览室、资料室工作。2010年3月，任图书馆支部副书记，2011年11月主持图书馆工作，2012年3月任图书馆馆长。

张明东，女，1969年11月18日生，大专学历，中共党员，馆员，副馆长。1987年3月参加工作，先后在外借处、财务室工作。2009年3月任图书馆副馆长。

洪建欣，女，1969年11月30日生，本科学历，馆员，副馆长。先后在外借处、阅览室、财务室工作。2014年11月任图书馆副馆长。

未来展望

随着图书馆服务的扩展和读者对图书馆服务需求的加大，将来的图书馆应该聚合相当规模的读者队伍。这些读者长年来到图书馆里汲取知识、交流思想、更新头脑、图书馆变成了读者群体思想与文化的融合的中心。希望经常看到来自身边的公众的学习、研究成果的反应。迎合人们文化素质提高后的这种普遍需求，图书馆有望成为大量各种形态的精神产品的交汇地。

今后，我馆的品牌建设还需努力，水平亟待进一步提高，增加专业人员等，在上级部门的领导下我们不满足于现有取得的成绩，不断探索发展之路，为文化大发展、大繁荣努力发挥图书馆文化窗口引领、示范作用。

联系方式

地　址：敖汉旗新惠镇河东新区
邮　编：024300
联系人：靖国光

赤峰市元宝山区图书馆

概述

元宝山区是赤峰市三区之一，位于赤峰市东南部，距市中心城区45公里；地处东北与华北经济区结合部和蒙、冀、辽三省区交汇处，地理位置优越。元宝山区始建于1983年，总面积952.14平方公里，辖5个镇、6个街道办事处，66个村民委员会，42个社区居委会，总人口32.52万人，其中非农业人口17.82万人，有汉、蒙古、回等16个民族组成，以汉族为主体。全区累计探明煤炭储量21亿吨，其中可采储量17亿吨，是全国重点产煤县和国家重要的能源基地，被誉为“煤电名城”。元宝山区图书馆在区文体广电局领导下，重视读者服务工作，注重电视传播优秀资源，大力繁荣农村基层文化，开展丰富多彩的活动，在传播民族优秀文化资源发挥了积极作用。

基本情况

元宝山区图书馆筹建于1984年，1989年1月正式开馆，现总面积为880㎡，其中外借书库380㎡，阅览室258㎡，资料室146㎡，办公室96㎡。从2009年政府每年拨购报刊经费款2万元。

内设阅览室、外借处、采编室、辅导组。定编9人，现有职工6人，其中具有大中专学历6人，中级职称3人，初级职称3人。

现馆藏书、资料50000册（件），配置计算机、照相机、打卡机等设备，开展了外借、阅览、咨询，辅导等项工作。同时开设了校园图书室、流动网点和乡镇图书室流通网点。接待读者54250余人次，图书流通52340册次，印发各种信息2000余份。2008年11月25日，县级文化共享设备在我区完成安装，同年文化共享工程普及各村。2014年底各镇文化站均完成共享工程基层服务站建设。在不断接收资源的基础上，我们结合实际，以利用广播电视“村村通”工程为主开展了系列文化信息资源共享工程服务。

管理和队伍建设

元宝山区图书馆把“共享先进科技，助力文化民生”作为工作理念，制定区、镇、村三级制度，层层管理，把图书馆工作职责、机房管理制度、节目收看利用制度、中心管理制度、基层服务点工作职责制度上墙公开。图书馆以工作实例为示范，培训出一支业务熟练，创新求实的骨干队伍。镇级服务点管理者均为大专文凭，村级管理员由村委员负责。

2014年末，我区完成六个镇级共享工程基层服务站，使元宝山区文化信息资源共享工程形成一个县级图书馆，六个镇级基层服务站，66个草原书屋有机系统，上下协同，各有特色，有力加强基层文化共享工程工作。

培训工作

元宝山图书馆认真按自治区分中心工作要求工作，积极参加内蒙古自治区文化厅举办的培训，使图书馆技术人员业务过关。认真组织学习国家中心举办的各类网络培训，并通过实地培训的方法培训各级管理员达300人次，熟练图书服务操作。

资源建设

只要有重要文化活动，我们就主动去录制，收藏，制作整理完成后上传到局域网网站，现在保存了20多个本地特色节目。

为了方便向基层发放国家中心光盘，我们购入一次能复制十张的光盘拷贝机、光盘封面打印机。几年来，图书馆为50多个村农家书屋赠送容纳1000册书刊的DVD光盘，使有电脑的村民能看到国家图书馆的多种书刊。截止到现在，我们共向农业企业和广大种养殖户、农村文化活动中心发放光盘1000多张。

合作共建

图书馆与我区党员远程教育办公室合作，接手元宝山区远程在线节目整个频道节目制作任务，及时播出有益的优秀节目。根据节日、季节、主旋律的不同，相应编排了不同内容：春节期间播放历届春节联欢晚会节目、节庆餐饮制作；春耕时节播放养殖种植节目；还有即时接收的农民工技能与文化培训；同时陆续播放国家中心按时发送的各类光盘内容，例如《中国传世国宝》、《中华民族》、《中国古代名人圣贤》、《永远的丰碑》、《文化共享心向党》、《纪念辛亥革命100周年》、《和我学音乐》等等。这些节目富有文化底蕴，激发爱国热情，受到广大群众的喜爱。

利民惠众、惠农服务

图书馆除免费开放外，不定时的用移动硬盘播放机到广场、社区活动中心、村委会开展活动。对于各类传统美德教育、艺术教育、健康教育、科学种植、养殖等科学致富节目不间断播出。

宣传推广

为宣传国家中心网站，我们和文化管理部门联合举办“开辟绿色上网通道，请登录文化共享网”活动，印制彩色宣传画，张贴在每个网吧显要位置，延伸电子阅览室作用，扩大共享工程影响。2011年，成功举办“颂歌献给党——全国文化信息资源共享工程迎接建党90周年群众歌咏活动”，录制38首主旋律歌曲在电视台播放，深受群众喜爱。一分耕耘一分收获，元宝山区图书馆工作不仅得到了本地领导群众的好评，2011年，在内蒙古自治区文化信息资源共享工程示范县级图书馆评选表彰活动中，元宝山图书馆被评为三等奖。2013年2月，在由文化部全国公共文化发展中心（原文化部全国文化信息资源建设管理中心）组织的“关于开展文化共享工程惠民服务案例有奖征集”活动中，宋文凯撰写的《电波传百里共享到万家》一文编入《文化共享十年路：共创共建共享——优秀服务案例选编》中。在中国文化馆协会举办的“2014年中国文化馆年会征文活动”中，论文《打造广场文化品牌·推进公共文化惠民》荣获优秀奖。2014年，由“中国图书馆学会”主办的“全国少年儿童中华经典读物诵读视频大赛”，历时两个月的评比，元宝区图书馆荣获“全国少年儿童中华经典读物诵读视频大赛”优秀组织奖，参赛作品《我有祖国，我有母语》荣获银奖证书；《英雄碑颂》和《少年中国说》两个作品分获优秀奖证书。

总体来看，我区的图书馆工作，以文化信息资源共享工程为重点，有收获，也有不足。今后，我们将不遗余力，与时俱进，总结经验，不断提高活动水平。在中共十八大精神指引下，发挥公共文化更大的作用。

未来展望

计划在新城区建设8000平方米的新馆，不久的将来，元宝山图书馆将以更新的面貌服务全区人民。

联系方式

地　址：内蒙古赤峰市元宝山区图书馆
邮　编：024076

（撰稿人：孙立群，宋文凯）

阿鲁科尔沁旗图书馆

概述

阿鲁科尔沁旗图书馆建馆于1987年7月1日，是以蒙汉文献为主的较早成立的民族地区旗县图书馆之一。馆址几经变迁，2006年搬迁至天山镇新城区文化局三楼，新馆面积1000平方米，设计藏书量4万册，可容纳读者座位80个。在2005年和2013年全国图书馆评估定级工作中，成绩优秀均获得国家三级图书馆称号；2006年我馆组织专业人员到全旗20多个单位进行专访，搜集到了《阿鲁科尔沁旗民间文学集》、《阿鲁科尔沁旗文史》、《阿鲁科尔沁旗诺颜苏木》等具有历史传承意义的地方文献；2007年开始正式对外免费开放；2008年开始建立了嘎查村“草原书屋”工程，截止2013年底全旗245个嘎查村全覆盖；2009年12月建立全国“文化信息共享工程”旗之中心，可同时为30名读者提供文化资源共享平台；2013年7月赤峰市图书馆分管阿鲁科尔沁旗蒙文图书馆正式成立，阿鲁科尔沁旗图书馆未来5年将走特色办馆的快车道。

业务建设

截止2012年年底，阿旗图书馆藏书总量4万册，其中：蒙文藏书达到1万册，蒙文订阅报刊种类达到38种；书库内新购置书架24架、移动密集书架14架，可容纳藏书从以前的2万册增加至5万册；2009年“草原书屋”建设工作，投入了大量人力、财力，其中，每个书屋图书投入资金4万元，共配图书室近40万册，音像制品、电子出版物近3万种（张）；截止2012年底，我馆馆藏地方文献10大类，共400多册。

读者服务工作

2007年年初开始阿旗图书馆全年365天每天对外免费开放，周开放56小时；2009年—2012年，书刊总流通量2万人次；2009年“草原书屋”开始建设以来，阿旗图书馆向全旗245个嘎查村图书管理员进行业务培训累计1000余次，下乡到嘎查村与牧民零距离开展新书推介会议100余场，参加人次10000多人；借助“4·23”世界图书日向人员密集地段发放宣传新书宣传单40000多张，为近5万名读者提供了有效的阅读图书知识宣传，同时向社区、学校、监狱所等单位选送图书3500余册。

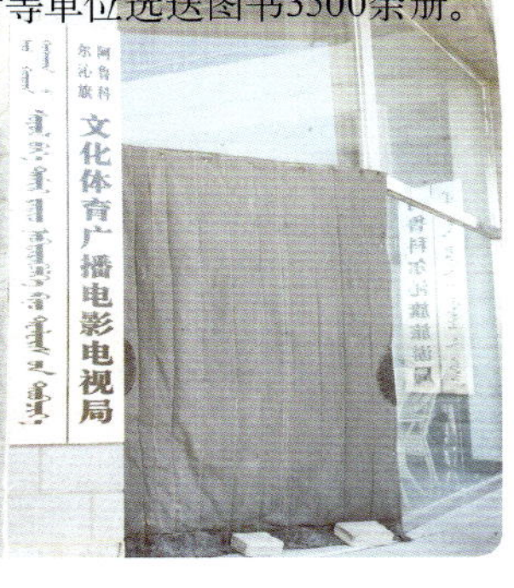

业务辅导、协作协调

“草原书屋”工程建设以来，阿旗馆业务骨干向基层一线管理人员提供了有效的业务培训500余次，辅导了近500名业务管理人员走上了工作岗位；协调上级图书馆向“草原书屋”发放图书40万册及影像资料3万册；配合上级部门落实了”文化资源共享工程“6个乡镇的设备的配套及业务辅导工作。

管理工作

业务骨干通过参加业务培训的方式，取得了良好的专业技能，现有12名专业技术人员，均受到过大专以上专业化培训，具有严格的量化考核体系，每月都要报本人业务工作总结，以完成工作量进行绩效考核分数评比，最终实现业绩与工资挂钩的管理目标。

表彰、奖励情况

2009—2012年，被赤峰市图书馆授予“全市首届公共图书馆业务竞赛优秀风采奖”、被阿鲁科尔沁旗妇女联合会授予“三八红旗手集体“。

馆领导介绍

1987年7月1日阿旗图书馆成立，乌云格日乐同志为第一任副馆长；1989年苏亚拉同志为馆长；乌云格日勒同志为副馆长、书记；1991年：乌云格日勒同志为馆长，冯国安和海香同志为副馆长；1995年：冯国安同志主持工作，海香同志负责专业工作；1996年：冯国安同志为馆长，海香同志为副馆长；1998年：海香同志为馆长；2003年6月满花同志为馆长，乌云格日勒、白双琴同志为副馆长；现任图书馆馆长白双琴，副馆长乌云格日勒。

未来展望

阿旗图书馆遵循“特色、科学、创新、发展“办馆的指导方针，重点抓蒙文特色馆的建设，力争未来5至10年间蒙文特色馆办成全区乃至全国特色图书馆的先例和典范。

2013年7月1日正式建立了赤峰市图书馆分馆——阿鲁科尔沁旗蒙文图书馆。阿旗图书馆在以兴办特色图书馆为契机，力争在下一回合评估定级工作中进入国家二级图书馆行列或更进一步能够进入国家一级馆行列，为此阿旗图书馆全体职工已做好了奋斗的准备。

联系方式

地　址：内蒙古赤峰市阿鲁科尔沁旗天山镇文体局图书馆
联系人：白双琴

林西县图书馆

概述

林西县图书馆始建于1956年，当时称为“民众教育馆”后并入文化馆，1985年独立建馆，当时馆舍面积1270平米。2009年新建馆投入使用，现馆舍面积2700平米，馆内设办公室、采编室、辅导部、咨询部、特藏研究室等业务机构，设电子阅览室、书库、图书外借处，综合阅览室、少儿阅览室等服务窗口及服务阵地，是本县文献信息中心。

业务建设

到2014年本馆藏书50000余册，书库面积：280平米，阅览室坐席总数240个，其中少儿阅览室60个、综合阅览室118个、电子阅览室62个，本馆拥有计算机45台、办公自动化采用“蒙科立图书管理软件系统”目前正在对该系统进行尝试性使用。

读者服务工作

自2009年至今全年免费开放，除地方文献、工具书及349册古籍按相关规定查阅外，全部藏书开架借阅。开架文献量保持在45000册左右，文献开架率达80%以上，书刊、文献年外借册次为41000册左右，馆藏文献流通率70%以上。

2014年度，外借读者人次为27000人次，综合阅览室到馆人次为34000人次、少儿阅览室小读者为20000人次，书库、信息咨询1500人次，本馆正式读者为23000人次，本年度读者到馆总人次为82000人次。我馆自1996年“少儿活动中心”正式建立到2014年，举办“读书演讲”、“知识竞赛”、“音像艺术观摩视频”、文艺演出等活动计200多场，参加活动儿童51.700多人次。

2010年文化信息资源共享工程投入使用以来，为少年儿童举办观摩讲座40场，为中老年举办健康知识讲座20场，为协作单位部队官兵举办“文艺、美术、书法”辅导观摩讲座20场，为城镇、社区、农村养殖户举办“各类科技文化知识“专题讲座观摩60场，累计140场，参加活动读者58000人。利用资源共享工程设备制作《工农业科技知识光盘》300多套，印制《农业科技知识报纸》30期60000多张，开展送光盘、送报刊、送科技图书下乡活动遍布12个乡镇，近百个自然村和城镇社区。

业务研究辅导协作协调

2012年石广琳（书记）所撰论文《文化多样性与民族旗县图书馆特色建设》收入第十二次全国图书馆学术研究讨论会文集《民族图书馆学研究（六）》。他撰写的《林西县图书馆网点建设与业务辅导考察报告》是林西县图书馆网点建设与辅导工作的第一手资料。自2009年至2014年配合：”草原书屋”工程，我馆工作人员对9个乡镇文化站，50余个自然村“草原书屋”给予辅导，并培训管理人员。2010年至2014年，文化信息资源共享工程投入使用后，随着乡镇站点的安装，我馆对9个乡镇基层站点每年定期走访2次，进行实地操作、技术辅导工作。为协作单位县武警中队建图书室1个，文艺、艺术、书法、读书小组4个，辅导官兵近百人。协助城镇社区建图书室4处，辅导培训管理人员8名，为中小学校建立健全图书室8个。

管理工作

林西县图书馆工作人员13人，在改革和发展的过程中，各项制度不断完善，全员定岗定责，建立了工作量化考核指标体系、按季度考核和年终总评，对全员在岗工作人员实行绩效考评、业务考评、读者满意打分，进行严格量化管理。

表彰、奖励情况

2013年全国图书馆评估中我馆被评为旗县级三级图书馆，多年来受市级表彰6次，自治区表彰2次、国家级表彰一次。

领导班子

馆长一名、行政副馆长一名、业务副馆长一名、部门主任六名。

未来展望

林西县图书馆是一个民族地区旗县级图书馆。在发展的过程中，需要探索的路还很长，在国家逐步的对边远地区图书馆加大投入的同时，我馆也在积极进取，我们将配合文化信息资源共享工程再建一处140平方米的多功能厅，扩大活动空间，提高文化效率。

我县是一个移民县，移民文化贯穿着整个县域历史发展，对于移民文化的挖掘和研究，以及历史文化的发展和文献的整理研究，是我馆建设特色图书馆的一项重要课题，利用文化信息资源共享工程这一现代科技手段将我县“移民文化这一蕴含丰富的的历史文化现象通过科技媒介加以传播是我们发展的途径。

克什克腾旗图书馆

概述

克什克腾图书馆始建于1985年。馆址几经变迁，1997年迁入新馆。总面积600平方米，可容纳读者座位60个，电子阅览室座位20个。计算机30台。2009年、2013年参加公共图书馆评估，获得三级图书馆称号。现有编制8人，在编职工6人，设馆长1人、副馆长1人、支部书记1人，大专以上学历4人、副高1人、中级2人、初级1人、工勤2人。知识结构较为合理。馆内设采编部、外借部、阅览部，每周开馆时间56小时以上。平均年接待读者8000人次，借阅图书5000册次。图书利用率60%，期刊利用率在95%以上。

业务建设

截止2013年底，馆藏图书3.6万余册，其中图书文献3万余册，期刊6000册，每年订阅期刊、杂志60余种。

自2011年以来，开始全面实行免费开放。近几年我馆坚持图书馆的公益性，努力提高服务能力。主要是增加馆藏资源、改善借阅环境、开展图书宣传与推介、为全旗各阶层读者提供了外借、阅览、咨询、讲座、送书下乡等活动。基本实现了免费开放，为广大读者免费提供公共文化服务。

利用全国文化信息资源共享工程项目，开展信息服务，建立了电子阅览室。用下发的资源开展了信息查阅、讲座、培训、送科技信息下乡等服务，初步建立了文献数据库，为图书馆数字化建设打下了良好的基础。

读者服务工作

1、资源服务：开展了外借、阅览、咨询等服务活动。近些年除开展正常的外借、阅览以外，特别是针对高考、大学生就业与公务员、事业编考试开展了专门服务，为他们提供上网、资料查询等服务，受到大学生们的好评，使更多的人了解、利用图书馆。年平均接待读者8000人次，图书文献利用率在80%以上。

2、送书下乡：为了促进新农村的建设，满足广大农牧民的需求，积极开展送书下乡活动。近几年年。先后为旗巴彦查干苏木、同兴镇、新庙乡、红山子乡大浩来图村、福盛号村、经棚镇联丰村等图书室送各种图书5000余册，DVD光盘（养殖技术、讲座）300余张。

3、有奖猜谜：我馆连续6年元旦春节期间，利用6天时间开展了有奖猜谜活动。每年推出谜语600余条，年平均读者达3000余人，活跃了春节期间广大群众的业余文化生活。

4、2010—2013年，克旗图书馆共举办讲座、展览、培训、阅读推广等读者活动26场次，参与人数2.3万人次。

5、业务辅导：对我旗12个苏木、乡镇文化站和共享工程基层服务点进行业务辅导、培训工作。

获奖情况

2010—2013年，克旗图书馆共获得各种表彰、奖励8次，其中，旗级表彰、奖励3次，市里2次，其他奖励3次。连续3年被评为旗级精神文明先进单位。

馆领导介绍

王维，男，生于1965年7月，大专学历，中共党员，副研究馆员，馆长，1983年11月参加工作，历任克旗图书馆副馆长、热水镇镇长助理，2002年任克旗图书馆馆长。

敖特根，男，生于1964年8月，大专学历，中共党员，副馆长，1984年7月参加工作，1998年任克旗乌兰牧骑副队长，2001年1月任克旗图书馆副馆长。

娜日苏，女，生于1984年10月，本科学历，中共党员，党支部书记，2010年5月参加工作，2012年10月任克旗图书馆党支部书记。

未来展望

作为一个的综合性公共图书馆，应该大力发展现代化、自动化、网络化建设，以全新的面貌、现代化的设施和高科技的手段，更好地为广大读者服务。

2015年克旗图书馆新馆建成后，将实现业务数据自动化的升级换代，实现馆藏资料数字化和行政管理现代化。以已有的数字化资源为依托，利用本地区、本馆的特色资源，溶入全国数字化图书馆建设的大环境中，既能通过本馆网络平台分享数字化图书馆的成果，又能实现自主的信息采集、加工、整理、发布，从而实现馆际互借，资源共享。努力把克旗书馆建成为一座真正意义上的现代化、多功能的开放式、综合性的公共图书馆。

联系方式

地　址：内蒙古赤峰市克什克腾旗
邮　编：025350
联系人：王 维

鄂托克前旗图书馆

概述

鄂托克前旗图书馆初创于1984年6月，正式落成于1989年，馆址位于内蒙古鄂尔多斯市鄂托克前旗敖勒召其镇涛龙宫西侧巷内。图书馆占地660平方米，书库占地面积106平方米，藏书容量35000册。2005、2013年参加全国公共图书馆评估定级活动，获得国家三级图书馆荣誉。2008年，建成全国文化信息资源共享工程鄂托克前旗支中心，电子阅览室共有终端机30台。鄂托克前旗图书馆新馆，已建设完成，预计于今年投入使用。

业务建设

截止2014年底，鄂托克前旗图书馆总藏量35000册，其中，蒙文图书有2800多册，百科类、文学类、经济类、医学类、农业技术等五大类图书1万余册。

读者服务工作

自2011年1月起，鄂托克前旗图书馆全年365天，天天对外免费开放，周开放56小时。2011-2014年，书刊总流通15263人次，书刊外借20110册次。有一辆公共服务图书车为读者服务。

业务研究、辅导、协作协调

自2009年起，鄂托克前旗图书馆以文化信息资源共享工程为依托，一是加大文化共享工程建设力度，通过上级补贴、旗镇自筹资金等多种方式投入资金，建成全国文化信息资源共享工程旗级支中心1个，建成文化共享工程苏木乡镇基层服务点4个，建成社区服务点15个，建成嘎查村服务点86个。二是注重学习应用，实现文化共享工程学用广泛化、实效化。组织开展了文化共享工程送文化、送政策、送技术、送信息“四送”活动。结合当地实际，通过流动播放，把科学养殖、农机具修理维护等内容的教学光盘和资料送到广大党员和群众手中，鼓励农牧民群众开展各类健康向上的文体活动。到目前，开展学习、培训、播放等服务活动56次，参与人数达27660人次。

自2008年以来，协调各有关部门分阶段建成文化站图书室4个，嘎查村、社区“草原书屋”86个；图书馆统一设计图书架、刊物柜等共发放600件。为旗图书馆、文化馆、各镇文化站、社区文化室配备电脑380台，并根据上级要求统一安装宽带、无线网或局域网，统一定制配备了电脑桌、鼠标垫、公牛插座，所有电脑重新安装系统软件和远程监控管理软件，开通运行；累计为各镇文化站捐赠图书14620册、为社区文化室捐赠图书23415册、为草原书屋捐赠图书134246册。为小学生捐赠新华字典等学习图书740册，约17020元。

馆领导介绍

莫日根毕利格，男，1967年10月生，大专学历，中共党员，副研究馆员，馆长。1986年12月参加工作，1990年4月被任命为鄂托克前旗图书馆副馆长，1993年2月任馆长，2003年任副科级馆长。1991年和1992年都被旗人民政府评为先进图书工作者，2013年论文《浅析公共图书馆的发展方向的研究》一文，发表在国家级中文核心期刊《现代教育实践与研究》2013年第九期上，并荣获中国教育学术委员会和《现代教育实践与研究》杂志编辑委员会联合颁发的“国家级一等奖”的荣誉证书。

高耀花，女，1972年7月生，本科学历，图书馆员，副馆长。1993年12月参加工作，2006年12月到鄂托克前旗图书馆工作，2013年5月担任鄂托克前旗图书馆副馆长。2011年荣获“全国文化信息资源共享工程知识竞赛”鄂尔多斯分赛区选拔赛个人优秀奖。2013年论文《图书馆文化服务体系建设》经中国教育学术委员会和《现代教育实践与研究》杂志编辑委员会共同评审，发表在《现代教育实践与研究》杂志2013年第四期上，并被评为国家级“一等奖”。

未来展望

鄂托克前旗图书馆遵循“建设书香鄂前旗、倡导全民阅读”的办馆方针，践行“鄂图发展三步走”战略，即加大“图书下基层”的力度、通过文化共享工程，开展公益讲座、免费培训活动、利用流动图书车开展举办公益展览。2014年，鄂托克前旗图书馆新馆建设工程正式启动，在未来的几年里，鄂托克前旗图书馆将在现有馆舍的基础上，在鄂托克前旗文化产业园另建一座建筑面积2500平方米的新馆舍。在新馆投入使用后，鄂托克前旗图书馆，将由涛龙宫西侧旧馆、文化产业园新馆两部分组成，总建筑面积3100平方米，阅览座位400个，可容纳纸质文献20万册，年服务人次可达10万人次以上。

联系方式

地　址：内蒙古鄂尔多斯市鄂托克前旗敖勒召其镇涛龙宫西侧巷内
邮　编：016200
联系人：莫日根毕利格

数字书屋资源发放仪式

送书下乡

4.23世界读书日活动

鄂伦春自治旗图书馆

概述

鄂伦春自治旗图书馆始建于1975年，是全旗唯一一所公共图书馆，1998年在全国第二次图书馆评估定级工作中被评为国家三级图书馆。现今馆址位于旗行政审批中心二楼，馆舍面积800平方米，藏书容量60000册，可容纳读者座位120个。目前，电子、成人、儿童三个阅览室共有阅览座席108个。有计算机25台，投影机1台，激光打印机1台，宽带接入100Mbps；存储容量6TB。选用Interlib图书馆集群管理系统。

业务建设

截止2013年底，鄂伦春自治旗图书馆藏书总量61200册（件），其中，纸质文献41566册（件），电子图书19634册。2011–2013年，鄂伦春自治旗图书馆新增藏量购置费4万元，2013年起增至12万元。2011–2013年，共入藏图书110种，10800册，报刊130种，2013年，地方文献入藏完整率为85%，数字资源总量为3TB。2013年11月选用Interlib图书馆集群管理系统进行回溯建库工作，目前馆藏图书回溯建库工作已完成90%。

读者服务工作

自2012年4月起，鄂伦春自治旗图书馆实行对外免费开放，周开放56小时，2011–2013年，书刊总流通7万人次，书刊外借8.5万册次。共建成4个馆外流通点，馆外书刊流通总人次2.2万人次，书刊外借1.8万册次。2011–2013年，鄂伦春自治旗图书馆共举办讲座、展览、培训、阅读推广等读者活动70场次，参与人数8万人次。

业务研究、辅导、协作协调

2011–2013年鄂伦春自治旗图书馆职工共发表论文10篇，其中获奖论文两篇。自2010年起，鄂伦春自治旗图书馆以文化信息资源共享工程为依托，在全旗范围内多次开展阅读推广、讲座、展览等活动。积极参与上级图书馆组织的协作协调工作，并于2012年11月与呼伦贝尔市图书馆签订了总分馆服务协议书。同时负责对全旗各乡镇图书室及馆外流通点工作人员的业务培训工作。

管理工作

2013年，鄂伦春自治旗图书馆完成了三年一次的岗位聘任工作，同时，细化了岗位责任制，建立了各项量化考核标准，各项工作专人负责，每季度进行工作汇报，每半年和全年进行总体工作考核。

表彰、奖励情况

2000年以来鄂伦春自治旗图书馆共获得各种表彰、奖励15次，其中，内蒙古自治区表彰、奖励2次，呼伦贝尔市表彰、奖励4次，鄂伦春自治旗表彰、奖励6次，其他表彰、奖励3次。

馆领导介绍

何晓红，女，1972年7月生，大专学历，中共党员，馆长，党支部书记。1990年11月参加工作，2006年担任鄂伦春自治旗文化局文化艺术股股长，2010年11月至今任鄂伦春自治旗图书馆馆长。1992年9月在四川成都举办的第二届中国民族文化博览会"民族之花"大选赛中荣获鄂伦春族金花奖；2000年7月在云南昆明参加少数民族服装服饰展演，荣获最佳表演奖；2003年9月在宁夏银川参加第七届全国少数民族运动会，当选为首届"中国民族体育之花"；2003年参加全国总工会第十四次代表大会等。

臧建民，男，1965年11月生，汉族，大专学历，中共党员，副馆长。1987年11月参加工作，在旗政府办公室从事通讯员、出纳员工作，2000年12月任鄂伦春自治旗图书馆副馆长。

未来展望

鄂伦春自治旗图书馆始终秉承着"读者第一，服务至上"的办馆理念，坚持一切从满足读者需要，一切从提升服务质量和水平出发的指导方针和原则开展各项工作，但随着社会经济的不断发展，人们已不再满足于传统的借阅模式，对新形势下的图书馆提出了更高、更新的要求。鄂伦春自治旗图书馆馆舍面积不足，限制了图书馆各项功能的发挥，新馆舍的筹建是我们首要目标。其次鄂伦春自治旗图书馆将继续加快文献信息资源建设，积极推进信息资源共建、共享，提高信息资源的利用率；进一步加强队伍建设，鼓励馆员参加各种培训学习，聘用具有计算机、图书馆信息管理方面的专业人才；完善各种考核指标体系，使考核具有客观性、科学性、公正性；力争使鄂伦春自治旗图书馆早日实现集藏、借、阅与休闲一体化的服务模式，充份体现以人为本、服务至上的服务理念。

联系方式

地　址：鄂伦春自治旗图书馆
邮　编：165450
联系人：刘晓明

与旗消防中队共建流动图书室

在旗武警中队播放影片

鄂伦春自治旗图书馆职工学习

达拉特旗图书馆

概述

达拉特旗图书馆1979年11月从达拉特旗文化馆分离出来，正式挂牌成立，目前是我旗唯一的一所公共图书馆。馆址几经变迁，2003年10月，迁入树林召镇广场东路的文化科技大楼内（综合办公楼）。馆舍面积1200平方米，内设报刊阅览室、少儿图书借阅室、电子阅览室、报刊资料室、采编室、成人图书外借等对外服务窗口。2005年第三次全国公共图书馆评估，首次被国家文化部命名为"三级图书馆"以后，2010年，2013年参加第四次、第五次全国公共图书馆评估定级，均被确定为"三级图书馆"，2007年被确定为"全国文化信息资源共享工程县级支中心"有阅览座席250个，计算机45台，存储容量6TB，宽带接入10Mbps。

业务建设

图书馆现有职工15人，都是大专以上学历，其中副高职称4人，中级职称3人，初级职称6人。现馆藏图书218511册，其中纸质图书155000册，电子图书5200种，63511册，期刊200种，视听文献3707件。2007年以后旗财政每年核拨新增藏量购置费5万元，通过购买、接受捐赠等方式从2007年–2014年12月，共入藏中文图书14万余册，视听文献3707件。在全市公共文化服务体系建设工作的有力推动下，我馆已全部利用蒙科立图书自动化管理软件进行回溯建库工作，2014年全面完成了馆藏书目、过刊书目、地方文献、古籍等数据库建设工作，基本实现了馆藏文献资源计算机管理，并逐步走上科学化、规范化的道路。

读者服务工作

达拉特旗图书馆实行免费对外开放，开馆时间每周56小时，图书馆年接待读者110000人次，图书、报刊流通130440万余册次。馆外图书流动服务点，服务人群28500人。

业务研究、辅导、协作协调

2007年–2014年，图书馆职工在省级刊物发表论文17篇，其中3篇受到较高级别的奖励。图书馆业务辅导人员对全旗8个乡镇图书室、130个"农家书屋"、10个图书流动点、5个"万村书库"及镇内所有社区图书室进行业务辅导。

管理工作

达拉特旗图书馆完成全员岗位聘任，11人重新上岗，同时，建立了工作量化考核指标体系，年底进行总体工作考核。

馆领导介绍

张永平，男，1973年9月生，大专学历，中共党员，副高职称。1990年参加工作，2014年调入达拉特旗图书馆任馆长。

杜高娃，女，1964年生，大专学历，中共党员，副研究馆员，自1981年参加工作起即在达拉特旗图书馆工作，1997年任副馆长。

刘翠香，女，1972年生，大专学历，中共党员，馆员，1991年参加工作，1998年调入达拉特旗图书馆工作，2012年5月任副馆长。

未来展望

达拉特旗图书馆遵循"科学、创新、发展"的办馆方针，在不断强化自身综合实力的同时，带动乡镇及社区图书服务事业的整体发展。新馆将于2015年投入使用，馆舍面积10000余平方米，可容纳纸质文献72万册，阅览座位750个，年服务人次可达30万人次以上，数字资源设计存储能力达20TB，能够提供全覆盖、不间断、无时空限制的数字文献远程和移动服务，同时，还具有支撑和保障全旗公共图书馆（室）服务体系良好运行的文献与技术能力，成为全旗中、小学生、广大市民阅读学习的主阵地，主要指标将达到县级一级馆的标准。

联系方式

地　址：内蒙古达拉特旗树林召镇
联系人：张永平

达拉特旗图书馆新馆效果图

成人借阅部

汽车流动图书馆

知识竞赛

翁牛特旗图书馆

概述

翁牛特旗图书馆始建于1984年8月，是从原翁牛特旗文化馆剥离出来的一个股级公益性文化事业单位。翁牛特旗图书馆成立以来，经历了从无到有、从弱到强、逐渐发展壮大的过程。经过几代图书馆人的艰苦创业和发奋图强，形成了今天不断繁荣的可喜局面。翁牛特旗图书馆馆址历经几次搬迁，现在位于乌丹镇清泉路南段文博大厦6楼，使用面积达到1200平方米。馆内现有在编职工12人，其中馆长1人，党支部书记1人，副馆长2人，图书阅览室3人，报刊阅览室3人，电子阅览室3人。这些人除了日常图书报刊阅览服务外，还兼做采编、下乡、培训、辅导、事务、后勤等相关工作。在全体员工中，现有副高级职称4人，占总人数的33%；具有中级职称的8人，占总人数的67%。具有本科学历的1人，占总人数的8.3%；具有大专学历11人，占总人数的91.7%；平均年龄46岁。

业务建设

馆内设有图书阅览室、报刊资料阅览室（兼做少儿阅览室）、电子阅览室、文献古籍阅览室、多功能活动大厅、档案资料室、自自学自修室、培训讲座室、读报栏、办公室、书库等。其中多功能活动大厅面积400平方米，报刊资料阅览室座位20个，电子阅览室座位70个。馆内现有藏书6万册，期刊、报纸100种。电子阅览室现有电脑25台，空调、打印扫描传真设备、桌椅等固定资产达到23万元。

翁牛特旗图书馆自成立以来，经历了几次搬迁。现在位于乌丹镇清泉路南段文博大厦6楼，面积达到1200平方米，基础设施条件有了很大改善。从2004年至2008年，连续五年接受国家文化部、财政部“送书下乡工程”赠书共计13200余册（其中图书馆受赠图书6000册，苏木乡镇文化站图书室受赠图书7200册）。自2009年以来，通过旗文化体育广播电影电视局的积极争取，旗财政投入购书经费20万元，为图书馆购进新书1.5万册，每年新增藏量5000册；新增报刊杂志20种.现在，我馆图书藏量已经达到6万册，报刊杂志藏量100种9万册，地方文献20种500册。2011年，我馆新增读者读报栏1处。

2008年，我旗图书馆被自治区列为全区54个建立文化信息资源共享工程的旗县之一，对相关业务人员进行了业务培训。2010年，总价值达68万余元的配套设施全部到位，其中配备高端电脑22台，专用桌椅60多套，打印、扫描、传真设备1套，中央空调2台。同时，配备电脑硬盘600T7G。现在，用于装备基层文化站的电脑设备等已经陆续发往我馆。这些设备经过专业技术人员的安装、连接和调试，已于2010年年初开始运行，为广大读者服务。这些现代化设备的装备和运行，开启了我旗图书馆事业向高科技迈进的新篇章，标志着我旗的图书事业从此步入信息高速公路的快车道。

2011年7月，内蒙古自治区文化厅、财政厅转发了国家文化部、财政部关于推进全国美术馆、公共图书馆、文化馆（站）免费开放的意见，我旗图书馆正式对群众免费开放。免费开放的实施，为图书馆的发展带来了前所未有的生机与活力，也使图书馆的建设进入了最好的机遇期，我馆用于基础设施建设、开展业务活动的经费不断增加。2010年，我馆各项经费为5万元，2011年达到20万元，增加了400%；2012年，各项经费累计达到40万元，递增了100%。自从实施免费开放以来，旗财政按照要求配套的经费按时、全额到位。

读者服务工作

图书馆作为公益性文化单位，窗口服务部门，服务工作是全部工作的重中之重，也是图书馆职责之所在。在实行免费开放之前，我馆就已经坚持多年节假日开馆制度，并通过开展创先争优、打造优质服务窗口单位等活动，进一步提高了馆员为读者服务的质量和水平，使图书馆的公共职能得到了极大发挥。

保证了服务项目和服务时间。为了更好地为读者提供服务，合理利用人力资源，最大限度地发挥每名工作人员的潜能和优势，激发出她们工作的积极性和主动性，从2010年开始，我们根据职责要求和工作需要，设置了服务项目，主要分为借阅、展览、资料查询、讲座、自学自修等。其中公共空间设施场地项目有电子阅览室、培训讲座室、自学自修室、报刊阅览室、图书阅览室、资料文献室、读报栏等；基本公共文化服务项目有普及性的文化讲座、公益性群众文化活动、公益性展览展示、培训基层图书管理骨干、指导群众文艺作品创作等；辅助性服务项目有办证、存包等。在人员的使用上，由于最近几年老馆员退休的较多，充实的新人较多，采取由图书专业的馆员牵头，带动新馆员边工作边熟悉本职业务的办法，促使全体馆员尽快胜任本职工作，并能在本职岗位上建功立业。在服务时间上，进一步明确了开馆制度，除保证正常上班时间外，节假日采取轮休制度，保证全年365天天天开馆。同时对外公布重点岗位联系方式，在资料查询、图书情报等方面提供及时周到的服务。

为了充分拓展图书服务社会的功能，让图书的利用率达到最大化，我馆于2011年在新华社区居委会、河南社区居委会建立了分馆，并在紫城街道办事处、全宁街道办事处的6个社区

报纸、期刊阅览室

图书资料室

少年儿童阅览室

建立了流动图书室，形成了一年四季图书流动制度。同时，在乌丹镇内各中小学校图书室、各苏木乡镇图书室形成了图书资料共享机制，使有限的图书资源得到了无限的利用。

管理工作

管理是图书馆实现科学化、正规化的重要手段，也是提高工作效率和水平、更好地服务群众的基础性工作。三年来，我们从打造现代化的、一流的图书馆入手，针对全馆人员的业务素质、工作能力和综合条件，合理设置了工作岗位，并制定了责、权、利相统一的岗位责任制。根据旗人事部门改革的要求，把工作人员的工资待遇与职称、岗位相挂钩，实行目标化管理，健全了职工的考核、分配激励机制，保证了责任到人、各司其职，各负其责。加强了单位的财务管理，把有限的资金全部用于事业建设和开展活动上，把每一分钱都用在了刀刃上。近几年，随着国家对文化事业投入的加大，上级扶助图书事业的设备不断增加。为了充分发挥这些设施设备的作用，我们利用各种方式和手段加强了人员的培训，使她们在最短的时间内熟练掌握这些现代化设备的使用方法。同时，加强了对设施设备的管理和维护，对所有设备登记造册，确定了管理责任人，保证了国有资产的安全和健全。

馆领导简介

馆长：包永泉，男，1978年3月出生，大专学历，中共党员，国家二级演员。1995年考入翁牛特旗乌兰牧骑，2012年11月调入翁牛特旗文物局工作，2013年11月担任翁牛特旗体育活动中心党支部书记，2014年7月担任翁牛特旗图书馆馆长。赤峰市舞蹈家协会会员，翁牛特旗文联会员，翁牛特旗射箭协会秘书长，翁牛特旗摔跤协会副秘书长。2007年获内蒙古自治区乌兰牧骑艺术节演唱二等奖，2009年获赤峰市艺术节二等奖。论文《鉴舞蹈文化·谈舞蹈审美》发表于2012年《学人文苑》论文作品集上，并获一等奖。

党支部书记：李保风，男，汉族，中共党员，1968年8月出生，副研究馆员，曾任翁牛特旗文化馆副馆长，2011年调入翁牛特旗图书馆任馆长兼党支部书记，2014年7月任翁牛特旗图书馆党支部书记。李保风同志是内蒙古美术家协会会员，北京画院南海岩工作室画家。曾就读于赤峰师范，北京画院研修班；师承南海岩，王明明，史国良，袁武等画家。1988年作品《新娘》参加内蒙古东四盟市美术作品展获三等奖；1998年作品《春风将至》参加文化部举办的全国第八届群星奖评比，并在内蒙古自治区遴选作品展中获奖；1999年作品《跨越》参加内蒙古自治区美术作品展获展出奖；1999年作品《牧马人》参加华北五省市区美术书法作品联展获二等奖，并被内蒙古自治区政协办公厅发证收藏；2002年作品《巴特兄弟》参加全区社会书画学会第二届书画展中获三等奖；2007年作品《额吉》参加内蒙古自治区群文展演中获金奖；2010年作品《祈福》参加北京画院研修班作品展览获一等奖。2006年在赤峰博物馆举办了个人画展。

副馆长：王国安，男，汉族，1959年10月出生，大专学历，国家三级演员，现任翁牛特旗图书馆副馆长。曾先后任翁牛特旗文化队队长、文化馆副馆长、代理馆长。其作曲的小评戏《闹市街头》获文化部创作丰收奖；作曲的幻灯片《渠水欢畅》获内蒙古自治区计划生育题材创作二等奖；作曲的禁毒题材的戏剧《滴血的罂粟花》和《亲人的呼喊》获自治区创作演出二等奖；编曲的拉场戏《堵口子》获赤峰市编曲奖。曾组织举办了“翁牛特旗第二届书画作品展览”。

副馆长：哈斯陶娅，女，蒙古族，1964年出生，中共党员，国家二级演员。曾在翁牛特旗乌兰牧骑工作30年，期间任舞蹈演员、舞蹈编导、副队长，现任翁牛特旗图书馆副馆长。中国舞蹈家协会会员，内蒙古自治区舞蹈家协会会员、赤峰市舞蹈家协会会员。哈斯陶娅参演的舞蹈近百个，编创的舞蹈节目40多个，获得一致好评和多项奖励。其中参演的舞蹈《天使情》获全国演出铜奖，舞蹈《快乐的织毯女工》获赤峰市表演一等奖，舞蹈《母亲的好日麦》获赤峰市演出金奖。编创的舞蹈中，《绿野情思》在赤峰市第四届“五个一工程”评选中获优秀作品奖，《凤舞龙吟》获赤峰市编创和表演银奖，《胡笳恋曲》获内蒙古自治区创作三等奖，《劝乳歌》获赤峰市编创一等奖。

未来展望

翁牛特旗图书馆多年来本着“服务至上，加快发展”的理念，大力加强基础设施建设，不断引入现代化的服务设施和手段，千方百计为广大读者服务，从管理、设施、服务、制度等方面都走在同行业的前列。2013年，翁牛特旗图书馆在基础设施建设上产生了新的飞跃，旗政府投资371万元在图书馆新馆安装了智能化管理系统，并在旗政府所在地新建了3个“24小时街区自助图书馆”，在旗图书馆的基础上新建了3个分馆。这些新设施的使用，极大地提升了图书馆的现代化水平。今后，翁牛特旗图书馆将进一步巩固发展成果，创新经验和手段，充分发挥现代化图书设施的优势，不断拓展图书服务社会的功能，逐步完善旗乡图书网络，构建全旗以城镇图书馆为中心、以农村牧区图书室为重点，以草原书屋为补充的图书发展体系，让广大农牧民充分享受到改革开放的成果和党的文化惠民政策，用图书的独特作用，传播正能量，凝聚爱国心，为实现中国梦做出应有的贡献。

联系方式

地　址：翁牛特旗图书馆

联系人：包永泉，李保风

辅导培训室

电子阅览室

图书借阅室

杭锦旗图书馆

概述

杭锦旗图书馆初建于1980年9月，并正式对外开放。馆址几经变迁，2004年3月，迁入杭锦旗锡尼广场南文化综合办公大楼内办公。占地总面积1500多平方米，馆内设有综合阅览室、少儿阅览室、资料室、外借部（书库）、采编室、地方文献室、全国文化信息资源共享工程电子阅览室及机房等部门，分门别类可同时容纳230人就座阅览，电子阅览室配有读者使用计算机30台。现有工作人员5名，副高职称1人，中级职称3人，本科学历3人，其余都是专科学历。2004年，参加第三次全国公共图书馆评估，首次获得三级图书馆。2006年，全国文化信息资源共享工程杭锦旗支中心挂牌成立。

业务建设

目前，馆藏总量达到17.4万余册（件），其中纸质蒙文文献6000余册，纸质珍贵地方文献1200余册，纸质汉文文献9.9万册，电子图书6.8万余册，每年订购报刊185种以上，共享工程杭锦旗支中心数字资源总量为3.2TB。2010年，全面使用蒙科立图书自动化管理系统，将原来的10Mbps带宽改为100Mbps光纤，给读者的借阅及管理带来了极大的方便。

读者服务工作

做到以人为本，坚持“读者至上，服务第一”的宗旨，为读者提供图书外借、报刊阅读、资料查询、信息导航、资源送上门等全方位的优质服务。图书馆所有对外部室全年免费开放，每周开放56小时，年接待读者达1.8万余人次，书刊外借7.6万册次。2010—2013年间，为了方便机关干部读者，创新服务模式，提高读者借阅率，实现文献资源共享这一目标，在旗直部门建成了11个图书流动服务点。2012年投入使用了图书流动车一辆。

每年要举行三次以上大规模的宣传性活动。一是，每年元宵节为全旗各界人士准备有奖大型猜谜语活动，使每届参加活动的人数大幅度增加，2010年近万人踊跃参加，同时活动期间举办了象棋、乒乓球等多种娱乐比赛；二是，为丰富中小学学生课余文化生活，提高母语表达能力，让学生养成在课外多读书，读好书的习惯。从2008年开始至今每年举办一届全旗范围内的中小学生诗歌朗诵、民间故事演讲等比赛，参赛的人数一年比一年多，舞台上丰富多彩的内容展示着孩子们的风采；三是，每年一次的图书馆服务宣传周活动备受人们关注，宣传周活动的主要项目有新图书展览、进校园知识讲座、读者座谈会及免费办理借阅证等，在活动期间，通过电视、报纸、网站等传播媒介及时进行宣传报道，不断扩大图书馆的社会影响。

此外，共享工程杭锦旗支中心每年在全旗范围内开展送电影、送科技、送讲座等活动30场以上，同时也为急需科技知识的农牧民送去刻录好的光盘资源及纸质科技材料，解决农牧民种养殖技术方面的科技知识短缺问题。

业务研究、辅导、协作协调

2009—2012年，杭锦旗图书馆职工发表论文8篇。从2011年创建国家公共文化服务体系示范区开始，在全旗7个苏木、镇、管委会文化站间建立主分馆关系。每年组织培训各文化站工作人员4次以上，从而实现了统一系统平台的文献借阅服务。

管理工作

2012年底，为加强我馆内部管理，提高工作效率和服务质量，充分体现多劳多得，优绩优酬，调动全馆干部的工作积极性和主动性，构建合理、公平、公正、具有激励机制的单位内部工资分配制度，结合本馆实际，完成全员岗位聘任，本次聘任共设5个岗位。

表彰、奖励情况

2011年度被评为鄂尔多斯市图书馆学会优秀会员单位。

2011年荣获“全国文化信息资源共享工程知识与技能竞赛”鄂尔多斯分赛区选拔赛团体三等奖。

2011年荣获全区文化信息资源共享工程示范县级支中心称号。

馆领导介绍

宝音达来，男，蒙古族，1971年11月生，本科学历，高级技师，馆长。1986年12月参加工作。

未来展望

随着电子信息时代的到来，图书馆步入了快速发展的轨道，在未来几年，杭锦旗图书馆将建设成为一个现代化、多功能、开放式的服务于社会的文献信息中心，实现图书采访、编目、流通、检索、典藏等工作的自动化管理；依托文化共享工程县级支中心及基层服务点，推进信息资源共享，实现信息资源保存、利用、转化及服务的规范化。

联系方式

地　址：鄂尔多斯市杭锦旗锡尼镇阿斯尔大街广场南
邮　编：017400
联系人：宝音达来

机关单位流动服务点阅览室

开展送图书下乡活动

图书馆正门

伊金霍洛旗图书馆

概述

伊金霍洛旗图书馆于1981年由旗人民政府批准组建成立。事业单位，股级建制，隶属于文化广播电影电视局。馆址位于伊金霍洛旗阿镇文明路西阿吉奈社区一楼，面积2000平米，馆藏图书35000余册。内设办公室、期刊阅览室、中文外借室、采编室、少儿阅览室、咨询室、地方文献室、过刊过报室、工具书查询室、电子阅览室、全国文化信息资源共享工程伊旗支中心等。全馆工作人员14名，其中大专以上13名，高级职称3名，中级职称4名，初级职称2名。1998年首次被文化部命名为国家县级三级图书馆。

业务建设

2012年11月份，通过公开招标采购图书馆专用设备和自动化借阅系统，利用RFID图书管理系统和技术可实现图书的自助借还、读者信息检索查询、图书快速灵活的查找、读者证的自助办理、电子文献自助检索、电子资源自助浏览、快速馆藏资料清点、图书自动排架、顺架、馆际互借、通借通还等功能。

读者服务工作

伊金霍洛旗图书馆实行对外免费开放，每周开放不少于56小时，年接待读者20000多人次。结合“全民阅读月”、“世界读书日”、“全国公共图书馆图书宣传周”等开展公益性宣传活动。同时开展送图书下乡活动，为全旗115个部门、嘎查村、社区、配送了图书，利用“流动书箱”，使偏远地区农牧民不出家门就能阅读到自己喜爱的图书，受到上级领导的赞许。此外，利用流动汽车图书馆的灵活机动性，将图书、电影、文化共享信息资源等农牧民实用种养殖技术送到了田间地头，丰富基层群众的精神文化生活。

业务研究、辅导、协作协调

中级以上人员每年撰写学术论文两篇，业务人员定期对全旗乡镇文化站工作人员、基层文化管理员进行业务培训，逐步提高了基层业务人员的管理水平。

管理工作

建立了工作量化考核指标体系，每月进行工作进度通报，每半年和全年进行总体工作考核。

表彰、奖励情况

2009－2013年，图书馆多次受到文化部、自治区文化厅、鄂尔多斯市文化局，旗人民政府，文化局各种表彰和奖励。

馆领导介绍

屈亚萍，女，1977年10月生，大学本科学历，中共党员，副研究馆员，馆长。1998年7月参加工作，先后在采编部、阅览部、图书借阅部等部门工作。2013年年底任图书馆馆长。

未来展望

图书馆依据《内蒙古自治区图书馆管理条例》，以《图书馆服务宣言》为准则，秉承“读者第一，真诚服务”的服务理念，以收集、整理、保存、传播文献资料为图书馆人的使命，向社会提供文献信息服务，满足读者多层次、全方位、多样化信息需求，使图书馆成为科学文化、教育和科研机构。

联系方式

地　址：鄂尔多斯市伊金霍洛旗阿镇阿吉奈社区一楼
联系人：屈亚萍

图书馆外景

工作人员加工图书

宣传周活动

服务台及自助设备

4·23读书日活动

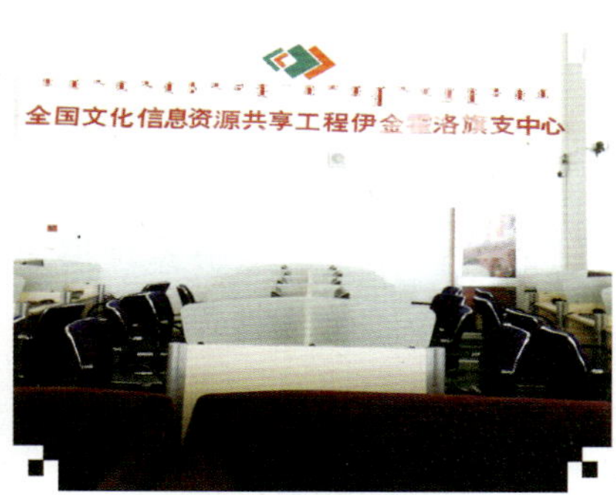

共享工程区

额尔古纳市图书馆

概述

额尔古纳市图书馆创于1986年，馆址几经变迁，2014年3月1日，位于哈萨尔路以南的四馆建成开放。新馆占地2000平方米，设计藏书容量10万册，可容纳读者座位300个。2006年，参加第三次全国公共图书馆评估，首次获得三级图书馆。2014年3月，一楼少儿图书馆对外开放，建筑面积1000平方米。2014年，额尔古纳市图书馆有阅览坐席300个，计算机40台，宽带接入10兆光纤，选用Interlber图书馆自动化管理系统。

业务建设

截止2012年底，额尔古纳市图书馆总藏量4万册（件），其中，纸质文献3.5万册（件），电子图书4000册，电子期刊1000种/册。

2014年，将自动化管理系统升级改造为Interlber联合馆系统，以适应呼伦贝尔公共图书馆服务联盟建设的需要，同时，增加了RFID智能加倍导航和智能借还功能。2014年初，实现馆内无线网络覆盖。

读者服务工作

从2012年8月起，额尔古纳市图书馆全年365天天天对外免费开放，周开放56小时，同年，引进RFID技术，实现了馆藏文献的自助借还。2009–2012年，书刊总流通10万人次，书刊外借3万册次。2009–2012年，额尔古纳市图书馆共举办讲座、展览、培训、阅读推广等读者活动50场次，参与人数1万人次。以陕西公共图书馆服务联盟为平台，由省馆创意若干个阅读推广主题活动，在所有联盟成员馆中同时进行，年底进行单项奖评选，是额尔古纳市图书馆阅读推广工作的特色。

业务研究、辅导、协作协调

2009–2012年，额尔古纳市图书馆职工发表论文12篇，从2010年起，额尔古纳市图书馆以文化信息资源共享工程VPN专网为依托，在全市范围内发起组建公共图书馆服务联盟，并在馆内设立联盟工作委员会，下设联合编目、流通服务、地方文献联合征集、阅读推广与讲座展览资源服务、业务培训与技术支持等工作组。

2009–2011年，继中国图书馆学会志愿者行动之后，额尔古纳市图书馆学会连续三年在省内开展基层图书馆业务骨干志愿者行动。2010年起，开展高校图书馆与基层公共图书馆结对帮扶活动。

管理工作

2010年，额尔古纳市图书馆完成第三次全员岗位聘任，本次聘任共设8类岗位，有14上岗，同时，建立了工作量化考核指标体系，每月进行工作进度通报，每半年和全年进行总体工作考核。2009–2012年，共抽查文献排架4次，书目数据4次，撰写专项调研、分析报告和工作提案26篇，编写各部门工作进度通报23篇。

馆领导介绍

马玉桦，女，1962年7月出生，大学专科学历，馆长。1981年到额尔古纳市图书馆参加工作先后在采编部、阅览部、图书借阅部等部门工作，主任、副馆长等职。

崔宏，女，1964年3月出生，大学专科学历，副馆长。1986年到额尔古纳市图书馆参加工作先后在采编部、阅览部、图书借阅部等部门工作，主任、副主任等职。

杨军，男，1972年11出生，大学专科学历，副馆长。1991年到额尔古纳市图书馆参加工作先后在采编部、阅览部、图书借阅部等部门工作，主任、副主任等职。

刘守喜，女，1974年出生，大学专科学历，副馆长。1996年到额尔古纳市图书馆参加工作先后在采编部、阅览部、图书借阅部等部门工作。

未来展望

额尔古纳市图书馆遵循“科学、效率、创新、发展”的办馆方针，践行“发展三步走”战略，即完善单体服务功能，扩大服务辐射区域，带动地区事业发展。2009–2012年，在不断强化自身综合实力的同时，通过创建额尔古纳市公共图书馆服务联盟，带动了全市公共图书馆事业的整体发展。为提高服务水平，学术研究水平亟待进一步提高。我们会认真看待取得的成绩和将来发展道路，与时俱进，为额尔古纳市的文明建设作出应有的贡献。

庆祝建党90周年数字资源下基层

世界读书日宣传周活动

慰问森警部队并赠送2000余元的图书

新巴尔虎左旗图书馆

概述

新左旗图书馆的前身是1957年成立为新巴尔虎左旗文化馆图书室。初建时只有40㎡的图书室和1名图书管理人员，担任提供读者阅览、外借、流通等服务工作。在“文化大革命”动乱中图书馆组织受到破坏，房屋、财产全部遭到损失而停止关闭。1975年，文化馆得到恢复，图书室也正常开馆接待读者，当时仍然1名管理人员担任图书室的全部业务工作，馆藏图书200多册。1980年，新建263.2平方米的文化馆馆舍，分给图书室15平方米的办公环境。1983年，新建1200平方米的图书馆、文化馆、总工会的综合楼，各分为400平方米的馆舍，就此文化馆和图书馆彻底分属办公，当年藏书达到6380册。

1984年6月13日，新巴尔虎左旗图书馆正式命名为旗县级公共图书馆，是为社会公众服务的公益性文化事业机构，隶属于新巴尔虎左旗文化体育局。馆址几经变迁2009年8月21日，搬迁到新馆舍，新馆位于阿木古郎镇巴尔虎路文体中心综合楼，面积为1289平方米，总投资422万，土建390万，设备32万，设计藏书容量10万册。载止2012年底可容纳读者230个。1991年5月，图书馆设立少儿阅览室，真正为儿童读者服务。我馆阅览坐席230个，计算机45台，基层文化站、嘎查草原书屋服务点51个，宽带接入6兆，选用蒙科力windows图书馆自动化管理系统，是一个县级小型图书馆。

业务建设

载止2012年底，新巴尔虎左旗图书馆总藏量30235万册（件），其中纸质文献29,936万册。（这里蒙文图书7154册，中文6852册、视听文献84件、期刊合订本13326册、报纸合订本1821册）电子图书从未购置，民族地方文献998册，入库完整率为70%。2009年、2010年新左旗图书馆投资5万元，共入藏蒙汉文图书2237（6712册）。2009—2012年报刊经费共投入12万，平均每年征订报刊240种（其中报纸23种左右）。2010年8月，安装全国文化信息资源共享工程设备成为县级支中心。新巴尔虎左旗图书馆数字文献总量为4TB，为全旗读者提供电子数字资源的阅读、查找平台。

我旗电子阅览室现有服务模式：接收全国各地图书馆各种载体数字资源和传送，输出当地地方特色娱乐文献等内容，自建数字资源尚未开始。

读者服务工作

从2009年8月21日起，新巴尔虎左旗图书馆全年对外免费开放，周开放56小时。同年全国文化信息资源共享工程项目批准，实现了现代服务的开始，2011年初正式向社会读者提供服务。2009—2012年，书刊总流通2万人次，书刊外借1.8万册次。2009—2011年，在这三年期间大力配合国家文化部、财政部、新闻出版署的项目，在全旗苏木镇文化站、嘎查（村）建立了51个“草原书屋”，为边远地区广大农牧民便利于读书求知的条件。2009年8月21日，举办全旗第二届民族地方文献展，共展出392种类蒙汉文图书。2009年12月29日，图书馆与基层服务点联合举办题目为“乌仁部特勒之金库”（文献精品）的诗歌朗诵比赛。2010年9月，为全呼伦贝尔市“两个文明”建设现场会议提供服务。2011年6月以“庆祝中共党建成90周年”“全面推进公共图书馆免费开放”为主题开展宣传周，播放“红色宣传”月活动。为了积极发挥基层服务点的社会功能2012年4—9月与嘎查草原书屋联合举办不同形式的阅读活动，送书下乡提供弱势群体的服务等各种读者服务工作。馆外书刊流通总人次0.6万人次。

2009—2012年，新巴尔虎左旗图书馆供举办展览、培训、阅读推广等读者活动30余场，参与人数0.8万人次。

业务研究、辅导、协作协调

因为新巴尔虎左旗图书馆属于旗县级小型公共图书馆，所在地人口稀少，单位职工才6名，对业务研究、课题一这科工作作得不是很理想。2009—2012年新巴尔虎左旗图书馆职工发表论文2篇，刊登在省级以上刊物。

辅导工作：新巴尔虎左旗图书馆为旗所在地5所中小学图书室、全旗7个社区图书室、全旗51个草原书屋进行业务辅导工作共102次，整理、排架84017册图书。

协作协调：2012年底成立呼伦贝尔市图书馆新巴尔虎左旗分馆，成立联合编目、数据中心。2010年8月成为全国文化信息资源共享工程内蒙古图书馆省中心县级支中心，开始了网络化服务模式。

管理工作

新巴尔虎左旗图书馆有6名职工，1名馆长，共设11个岗位，分别是书库、蒙汉外借室、过刊库、民地文献室、综合阅览室、自学室、儿童阅览室、电子阅览室、采编室、辅导咨询室、工具书室等。单位建立了各项岗位制度，按照文体广电局工作部署的要求，完成各种行政业务工作。

表彰、奖励情况

2009—2012年，新巴尔虎左旗图书馆共获得各种表彰奖励3次。2009年以来是呼伦贝尔市级“文明单位”，获得自治区新闻出版局个人奖1次，旗级个人奖1次。

馆领导介绍

娜仁其其格，女，1969年12月28日生，大专学历，中共党员，馆员，馆长。1990年10月，被分配到旗图书馆，从事图书情报专业工作。曾在综合阅览室、儿童阅览室、外借室、采编室等部门工作。2002年任副馆长职务，具体抓业务工作，协助馆长操办各种任务。2007年12月开始任馆长职务，全面负责馆内外行政业务工作兼收集、整理、管理民族地方文献工作。是呼伦贝尔市图书馆学会会员，新巴尔虎左旗各苏木镇、嘎查级“草原书屋”工作管理人员。2007年获呼伦贝尔市文化局先进工作者。2011年获内蒙古自治区新闻出版局“草原书屋优秀工作者”称号。

未来展望

新左旗图书馆是一个偏远边境地区小型公共图书馆，近几年来在各方面都实现了跨越式的发展，在这些实际工作的基础上对未来工作进行规划。一、基础设施建设更加强化；二、人才队伍日益壮大；三、读者工作更加强化建设：①在现有的基础上增设各特色阅览室。②努力建设以地方特色为主的特殊藏书展厅。③加强采购图书力度，增加馆藏量。④抓好自动化、网络化建设。⑤实现偏远边境地区“数字文化走进蒙古包”工程。

联系方式

地　址：呼伦贝尔市新巴尔虎左旗图书馆
联系人：娜仁其其格

鄂温克旗图书馆

概述

鄂温克旗图书馆座落于巴彦托海镇伊敏河畔，新馆落成于2007年10月，面积为1700平方米，是鄂温克旗的标志性建筑之一，鄂温克旗图书馆拥有一支精干高效的馆员队伍。目前本馆共有职工18名，其中图书馆专业本科毕业生2人，正是这样较完备的学科层次人员配备，为本馆的服务工作和管理水平的提高奠定了坚实的基础。鄂温克旗图书馆总藏量62342册，地方文献515册，古籍善本279册，电子文献500余张，年订购期刊192种，订购报纸25种，盲文图书500余册。有阅览座位60套，内设的部门有：借阅部，下设综合阅览室、儿童阅览室、过刊室；参考咨询辅导部，采编部，文化资源信息技术部，办公室等五个部门。

图书馆秉承“读者第一、服务至上”的原则，不断提高读者服务质量和服务水平。图书馆为读者提供蒙文、汉文的全开架借阅服务，全年365天无假日免费开放。图书馆不仅重视自身发展，还努力发挥资源优势，向社会读者开放，为本地经济、文化、教育事业服务。近年来，图书馆获得了很多荣誉，2001年9月获得了呼伦贝尔市政府授予的“彩虹文化计划”创优评比先进集体奖。2003年3月旗妇联授予巾帼建功示范岗。2004年被档案局评定为“内蒙古自治区档案管二级单位”。2011年7月，荣获了鄂温克旗文体广电局系统“体彩杯职工乒乓球赛体育道德风尚奖”。2013年3月，呼伦贝尔市第五次公共图书馆评估定级被定级为“旗县级三类馆”，2013年4月图书馆获得“呼伦贝尔市精神文明单位市级标兵”荣誉称号。

鄂温克旗图书馆位于巴彦托海镇，始建于1978年7月，是我旗境内唯一的一家公共图书馆，2013年2月，根据上级主管部门的文件精神，决定参加第五次评估定级工作，旗政府及文体广电局的领导非常重视此项工作，专门成立了以文胜局长为组长的“鄂温克旗图书馆第五次评估定级工作领导小组”，明确了工作的方向，制定了评估定级目标，组织了自评自查工作，主管局长亲自深入参评单位，进行了实地巡查督导，提出整改意见，责令参评单位对不足之处限期整改，并提供了强有力的后勤保障等方面的支持，图书馆的自评自查工作莱得以顺利进行，为了深入贯彻党的十八大精神，用科学发展观指导图书馆事业发展，提高图书馆的服务能力和管理水平，更好的发挥图书馆在公共文化服务体系建设中的作用，积极领会文化部（关于开展县以上公共图书馆第五次评估定级工作的通知）精神，图书馆形成了人人参与评估，人人为评估做贡献的良好氛围。为了贯彻“以评促建、以评促改、以评促管、评建结合、重在建设”的原则，图书馆采取多种形式，让全馆职工认识到参与评估工作的重要性。

业务建设

新馆落成于2007年10月，面积为1700平方米，是鄂温克旗的标志性建筑之一，内设：综合阅览室，科技阅览室，过刊阅览室，儿童阅览室，外借书库，蒙文书库，电子阅览室，馆长室，财会室，档案室，参考咨询室，采编室等12个部门。

本馆共有职工18名，大专以上学历18人，高级职称3人，中级职称9人，初级职称6人。其中图书馆专业本科毕业生2人，我馆近三年财政拨款总额都达到了了200万元以上，新增藏量购置费是4万元，免费开放本地经费全部到位，领导班子成员结构合理，主管业务馆长为图书馆情报专业毕业生，受过系统的图书馆学培训，能够专业的辅导本馆各项业务的正常开展。全体职工均接受了继续再教育，业务研究方面有论文发表于各类专业报刊杂志，受到了业界的一致赞扬。

文献资源

截止2012年12月，我馆纸质的文献总藏量为4.38万册，可供读者使用计算机20台，7.6TB的视听文献文献资源供读者浏览使用，文献年入藏量2500册，报刊年入藏量240种，视听文献年入藏量20件，地方文献年入藏量在500册左右，文献编目依据国家行业标准进行编目著录，文献到馆一个月内完成编目工作，上架与读者见面。并实行全部开架借阅。

服务工作

鄂温克旗图书馆试行365天无假日免费对外开放，每周开馆60小时以上，公共空间设施场地免费对外开放，有六个服务

民族图书馆吴桂飙来我馆调研

鄂温克族自治旗图书馆与消防大队共建活动

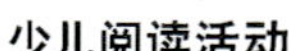

少儿阅读活动

为鄂温克旗第一小学图书室图书分类排架

送书下乡

窗口基本服务健全并免费开放，极大地方便了读者阅读。馆藏利用利用率呈现了逐年递增的良好态势，2012年的外借人次达到了7000人次，借阅册次达到了2万人次，在读者活动方面积极参与各项政府活动，每年的讲座培训，阅读推广计划，少儿读者活动，都吸引了大量的读者来馆参与，发挥了图书馆的知识阵地的作用。

协作协调

鄂温克旗是个少数民族聚集的地方，在基层文化站设立了12个图书室，图书馆的流动图书下乡是本馆的特色服务，秉承了多年的图书下乡工作，为牧区牧民读者带去了知识，带去了文化，也带去了温暖。

管理与表彰

鄂温克旗图书馆始终坚持以人为本，不断加强制度建设，已形成涉及每个部门的管理制度，以标准的制度带动图书馆管理工作，制度化，规范化，标准化，法制化。图书馆不仅重视自身发展，还努力发挥资源优势，向社会读者开放，为本地经济、文化、教育事业服务。近年来，图书馆获得了很多荣誉，2001年9月获得了呼伦贝尔市政府授予的“彩虹文化计划”创优评比先进集体奖。2003年3月旗妇联授予巾帼建功示范岗。2004年被档案局评定为“内蒙古自治区档案管二级单位”。2011年7月，荣获了鄂温克旗文体广电局系统“体彩杯职工乒乓球赛体育道德风尚奖”。

重点文化工程

鄂温克旗的文化信息资源共享工程建设，在各级领导的高度重视和社会各界的共同关心下，工作进展顺利，取得了一定的成绩，实现了“建成资源丰富、技术先进、覆盖城乡、服务便捷的数字文化服务体系”的工作目标。但也存在一定的不足。如收集整理的地方文化信息资源还不够丰富，全旗共享工程工作人员素质还有待进一步提高，共享工程的服务形式和手段还需要不断创新和丰富等。重点抓好资源建设、规范管理和服务开展工作，同时根据上级要求，力争让文化信息资源共享工程这一深受党中央高度重视的民心工程，在鄂温克旗发挥出最大的作用，为丰富基层群众文化生活，为适应信息社会发展的需要，充分发挥现代图书馆的服务功能，向读者提供方便快捷的服务，我们工作的重点应该是数据库的建设，利用文化信息资源共享工程这个平台，借助信息化，网络化的服务，进一步提高自身素质，更好的为全旗跟民族读者服务。

读者满意率

每年的三月份，鄂温克图书馆在读者中开展读者满意率调查活动，分别从服务环境、文献资料建设、服务内容、服务质量、工作人员的专业水平及服务态度等方面征询读者意见和建议，特别对阅览环境、图书文献建设、开放时间、文献借阅、读者活动、图书馆宣传等环节了解读者的满意度。调查结果将成为该馆优化馆藏体系、完善服务内容、提高文献资源利用率、提升文献资源建设的质量和水平的重要依据，通过调查切实提高服务质量和服务水平。

在图书馆评估定级自评的过程中，我们图书馆全体职工付出了辛勤的汗水，也取得了一定的成效，在以后的工作中，我们将以优秀的图书馆为榜样，振奋精神，锐意进取，为图书馆事业做出应有的贡献。

（撰稿人：涂春英，包海荣）

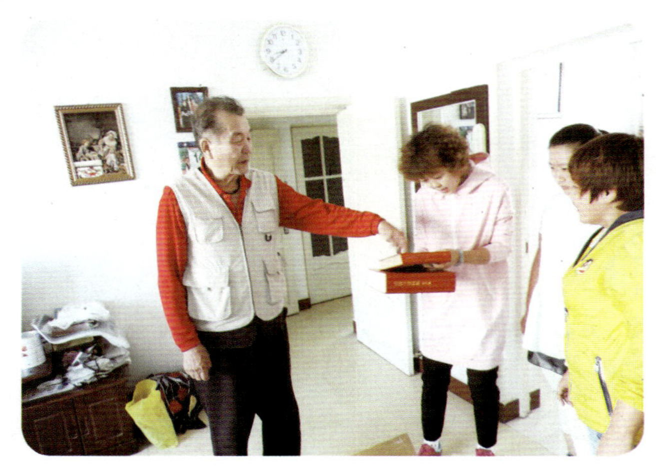

读者捐赠图书

为辉河中心校送书

新巴尔虎右旗图书馆

概述

新巴尔虎右旗位于呼伦贝尔市的西南部。地理坐标为东经115° 31′ 至117° 43′，北纬47° 36′ 至49° 50′。东以乌尔逊河界，东北与口岸城市满洲里比邻。其中468.4公里为中蒙边界，47公里为中俄边界。享有“一眼望三国”，“一地靠三边”的美称。全旗辖三个镇，四个苏木，一个牧场，总人口38700人。1983年根据自治区文化厅要求县县建立图书馆的实施精神。于1983年3月建立了新巴尔虎右旗图书馆。1993年应时代改革潮流的需要，图书馆与文化馆、文物所、文化市场合并为一个机构即文化服务中心。2008年年末也应形式所迫文化服务中心解体。2010年3月新建的金马鞍图书档案楼正式启用。新建的图书馆1780平方米。有阅览坐席100个，计算机24台，宽带接入10Mbps。内设汉文书库、蒙文书库、少儿阅览室、期刊阅览室、电子阅览室、地方文献库、少儿加附属资料库等几个服务窗口。并累计设有7个图书流动服务点。2013年，参加第五次全国公共图书馆评估，首次获得三级图书馆。

业务建设

截止2012年底，新右旗图书馆总藏量3.2万册（件）。

截止2012年底，新右旗图书馆数字资源总量为5.0TB。暂无自建数字资源。

2009年至2012年，共入藏图书4563册，1702种，其中地方文献780册，390种。

读者服务工作

从2010年3月，新右旗图书馆实行全年免费开放，周开放49小时。2010年–2012年到馆阅览人次8691人，书刊外借册次1156册。2010年–2012年图书馆共有1个分馆，9个流动服务点，馆外书刊流通总册数为4439册。

2012年新右旗文化共享工程累积开展10场次流动服务工作，直接参与受益人达420人。

业务研究、辅导、协作协调

2009年–2012年，参加各类图书馆业务培训8次，参加培训人员21人次。

管理工作

现有职工10人，其中大学学历百分之百，中级职称3个，初级职称4个，撰写调研报告2篇。

表彰、奖励情况

2009–2012年新右旗图书馆未获得表彰、奖励。

馆领导介绍

边淑华，女，1962年11月生，大专学历，副研究馆员，馆长。1982年在文化馆参加工作，1985年到图书馆工作，1999年任新巴尔虎右旗馆长至今。

哈申塔娜，女，1966年2月生，大专学历，中级职称，副馆长。1984年参加工作，2001年到图书馆工作，2010年任新右旗图书馆副馆长至今。

东山，男，1974年4月生，大专学历，中共党员，中级职称，副馆长。1995年参加工作，2007年到图书馆工作，2010年任新右旗图书馆副馆长至今。

未来展望

新右旗图书馆本着求真务实的态度，积极进取的决心，在以后的工作中寻找差距，弥补不足，努力工作。充分发挥图书馆的社会教育功能，建立健全资源共建共享文化服务体系。以标准为准绳，使图书馆的工作健康有序的发展。

联系方式

地　址：新巴尔虎右旗图书馆
邮　编：021300
联系人：边淑华

扎兰屯市图书馆

概述

扎兰屯市图书馆始建于1975年，新维修扩建的馆舍于2004年投入使用，位于中央北路6号，总建筑面积1368平方米。现有干部职工16人，其中副研究馆员2人，馆员7人，助理馆员6人，工勤人员1人，现已达标并被国家文化部评为三级图书馆，馆内机构设置有采编室、研究辅导室、外借室、电子阅览室、综合阅览室、儿童阅览室、参考咨询室、自学室等。2004年，参加第三次全国公共图书馆评估，获得三级图书馆。建筑面积1368平方米，截止2012年底共有阅览坐席220个，计算机36台，宽带接入20兆，视听文献年入藏量70件，选用Interlib图书馆自动化管理系统。

业务建设

截止2012年底扎兰屯市图书馆馆藏书为5万册（件），2012年采集新书5800余册，草原书屋赠送3000册，2013年采集新书5700册，目前这两批书都已投入使用，上架进流通借阅，初步满足读者需求。2012年订阅报纸24种，期刊186种，儿童阅览期刊32种，图书馆专业性期刊12种。利用文化共享资源支中心，加入局域网的建设，读者即可足不出户查到扎兰屯市图书馆的信息并解答读者咨询、活动通知等服务工作。增加了图书馆的服务项目扩大了影响力。建立具有民族地方特色的地方文献专藏柜，有专人负责收集地方文献工作。

读者服务工作

读者服务工作不断深化。2009年以来，我们把读者服务、读者活动（图书馆利用读书日、服务宣传周、六一儿童节发放宣传单、免费播放影片、露天免费阅读等活动、为社区、部队、学校、幼儿园送图书、送期刊、送信息等活动）、对外宣传（新书通报、举办图片等）、业务研究（撰写专业论文）和对基层的辅导作为重中之重，狠抓了落实工作，取得了较好成绩。

充分发挥图书馆社会教育职能，深入乡镇村社举办各类知识讲座。同时我们下基层开展共享工程基层网点技术培训工作，下基层文化站指导培训，协助指导基层站点分类、编目图书，举办农家书屋管理培训。

调研工作扎实认真。2009年以来，图书馆班子成员结合新形势下图书馆的发展和对基层工作的辅导等方面进行了广泛调研，撰写对基层图书工作有指导意义的调研文章1篇。

突出载体，实现文化信息资源共享。2009我们争取到内蒙古自治区文化厅的设备，建起了卫星地面接收设备；市政府配套5万元，建办起了40个席位的电子阅览室。在运行过程中，我们力求做到了规范管理，免费为读者提供服务。我们利用节假日为老年人、孩子举办有奖活动、免费播放映片、举办讲座等活动，社会反响很好。

业务研究、辅导、协作协调

2009—2012年图书馆职工共发表论文8篇。从2009年起为打造城乡一体化文化服务体系，市图书馆积极规划2009—2012年图书服务网络建设工作规划。以市图书馆为龙头，以乡镇文化站图书室为纽带，依托草原书屋、文化共享工程及农户家庭、农家文化大院，规划建立遍布城乡的乡、村、居三级图书服务网络。我们这种县、乡、村三级图书馆服务网络模式，城乡共享文化信息速度同步、公平、见效快，非常适合扎兰屯当地人民群众科学技术、文化的需求。

2009—2012年以来，市图书馆共帮助乡镇、社区组建图书室16个。与市委党校、当地森警大队等32个部门签订总分馆协议32份，成立图书馆分管11个。

2009—2012年以来，坚持为鄂伦春南木民族乡、高台子镇办事处、兴华办事处轻松社区、中和镇、大河湾镇、成吉思汗镇、卧牛河镇、蘑菇气镇、关门山乡、好绕山乡、柴河镇、哈多河镇、正阳办事处、兴华办事处、铁东办事处、繁荣办事处、向阳办事处、河西办事处进行业务辅导。

管理工作

2010年完成第二次全员岗位聘任，聘任共设14个岗位，有16人重新上岗，同时，建立了工作量化考核指标体系，每月进行工作进度通报，每半年和全年进行总体工作考核。4年间共抽查文献排架7次，数目数据2次。结合抽查实际情况享受馆内规定的岗位津贴。

馆领导介绍

于春梅，女，1976年12月出生，大学学历，中共党员，副研究馆员，馆长。1996年参加工作，2012年任馆长。

迟玉芝，女，1963年1月出生，大专学历，中共党员，副研究馆员，副馆长。1981年参加工作，1999年任副馆长。

许威，男，1981年出生，大专学历，中共党员，助理馆员，副馆长。1995年参加工作，2012年任副馆长。

未来展望

加大图书藏量，增加报刊年入藏量，加强电子文献和视听文献年入藏量。完成中文图书书目数字化工作，启动图书馆自动化管理工作，健全图书馆局域网站，加强地区联网服务，联合借阅工作。

市委书记任宇江陪同自治区领导到图书馆调研

4.23世界读书日启动仪式

职工政治学习

巴彦淖尔市临河区图书馆

概述

临河区图书馆创建于1978年3月，是临河区文体局的二级单位，也是全区唯一一家公益性图书馆。1999年和2009年两次被文化部评定为县级“国家三级图书馆”；2006年新建了图书馆大楼，配备了新的书架、书桌，购置了一批新书，办馆条件的改善为图书馆的服务工作提供了更坚实的基础。

设施与设备

临河区图书馆从建馆初期，通过几届领导和工作人员的努力，得到了地方党委政府的高度重视，实现了由小到大逐步发展的历史机遇。目前，馆舍总面积1000多平方米，包括办公室、阅览室、书库、电子阅览室、文献采编室和文化共享工程主机房等。现有阅览座位100席，其中设有少儿阅览座位20席。

2008年，我们通过争取国家资源共享工程的支持，得到了68万元的电脑和相关设备的投资，配备电脑25台，并利用专线接入了互联网和国家文化资源共享资源网，实现了资源共享。2011年，全区7个新建乡镇文化站也分别建起了文化资源共享工程，配套了电脑、打字机和卫星接收器等设备。

业务建设业务研究和业务辅导

临河区图书馆现有馆藏文献5万册（件），其中纸质图书4.8万册，电子图书100册；另有各类光盘（磁带）200片（盘），中外文期刊、报纸合订本1700余种。本馆图书全部严格按照《中图法》（第四版）的分类标引进行操作；同时，遵照《普通图书著录规则》进行著录；使用《中国分类主题词表》进行主题标引。有闭架图书排架10架，开架和半开架排架图书13架。

古籍保护工作中针对古籍古籍保护管理的特点，安排了一名业务副馆长负责此项工作，从古籍收集、管理、整合和上专门报均达到了专业的管理和保护。

几年来，我区图书馆工作人员在《内蒙古图书馆工作》杂志上共发表论文5篇，撰写社会调研报告1篇。

多年来，我们开展了流动图书室等延伸服务工作中，为各镇、办事处文化站及各个流动图书室进行了分类指导，培训了基层业务人员，为基层提供各类图书，派出业务骨干亲临各个图书室开展现场业务指导和培训。几年来，我们分别帮助武警支队。通过几年来努力，临河区各街道办事处的图书室覆盖率达到60%，“草原书屋”建起156个，实现了行政村全覆盖。2010年底，我们为7个乡镇文化站建起了高标准的图书室和阅览室。

读者服务工作

临河区图书馆按照上级有关精神，全面实行了免费开放。包括公共空间设施场地全面免费开放、基本服务项目实行免费开放，并制定了免费开放实施方案，向社会公布了图书馆免费开放的服务项目，实现了图书馆“零门槛、零收费”。

临河区图书馆向社会做出“十项承诺”服务，每周保证开馆56小时，常年节假日不休息，每年外借书籍数量达10万册次。通过各种活动的组织和开展，本馆年流通总人数达6万人以上。目前，本馆有开架和半开架书刊总册书达26000多册，占总藏书量的57.8%。为了实现资源共享，我们在全区共设立了10个流动服务点，并开展了为敬老院、军营、农民工工地和个别学校提供送书、送资源的上门服务。

在图书服务宣传工作方面，我们主要是利用各种节假日、大型文体活动和平时的新业务推行期间开展，推进全民阅读。

在2009到2011年期间，临河图书馆的网站进行了试运行。当时在网站上，我们主要设置了简介、文化动态、新书推荐、本馆藏书介绍、电子书籍等内容，可供广大读者上。下一步，我们要在条件允许的情况下，争取进一步启动网站服务，聘用相关技术人员对网站进行及时的更新和维护，保证网上服务项目推陈出新。

管理与表彰工作

按照图书馆的岗位设置性质，我们根据按需设岗、按岗聘用、竞争上岗、择优录用和考核等程序实行了聘用制。目前已全部与工作人员签订，馆内的各项制度健全，各项工作运行正常。

表彰奖励方面，临河区图书馆在2000年5月获得全盟首届公共图书馆业务竞赛团体第一名（分类第一名，编目第一名），2010年获得全市文化工作先进集体。

馆领导介绍

馆长：周禹波，女，1961年9月生，大专学历，中级馆员，1981年9月参加工作，负责图书馆全面工作。

副馆长：黄金莲，女，1962年9月生，中专学历，1984年参加工作，负责图书管日常事务。

副馆长：庞红霞，女，1962年2月生，大专学历，1981年9月参加工作，负责图书馆业务工作。

未来展望

通过这次评估定级，能极大地调动图书馆工作人员的积极性，促进图书馆的建设和科学管理，提高图书馆的服务水平。我们要立足实际，对评估定级工作中查处的问题进行及时纠正，对工作中发现的不足之处和薄弱环节要继续加大整改力度。在此基础上，我们要加大对工作人员的业务培训学习和岗位培训工作，努力打造一支过硬的图书馆管理人员队伍，提高图书馆人员的整体素质，加强基础业务建设，提升读者服务水平，充分发挥图书馆的作用。

检查指导基层图书室建设

开展图书宣传进校园活动

电子阅览室

根河市图书馆

概述

根河市图书馆建于1978年8月，前身额尔古纳左旗根河镇文化馆图书室。藏书六千余册，在文革中所有图书全部被毁。额尔古纳左旗图书馆成立于19878年8月。截止2013年12月，在编人员16人，馆址几经变迁，2004年12月迁入根河市世纪广场体育馆北侧，根河市图书馆有阅览室座位100个，计算机27台，接入20兆带宽，选用Interlib图书馆自动化管理系统。

业务建设

截止2012年底，纸质文献7万册（件），电子图书12.6228万册（件）。

截止2012年底，数字资源总量为20.00GB。

2012年，将自动化管理系统升级改造为Interlib管理系统，达到全呼伦贝尔市公共图书馆服务联盟建设的需求。

读者服务工作

从2009年8月起，根河市图书馆全年365天天天对外免费开放，周开放56小时，同年，2009–2012年，书刊总流通77.48万人次，书刊外借232.44万册次。设立2个分馆，有16个流动服务点。

2009–2012年，根河市图书馆共举办讲座、展览、培训、阅读推广等读者活动262场次，参与人数约3.28万人次。

业务研究、辅导、协作协调

2002–2012年，《内蒙古图书馆工作》上发表论文21篇。

从2010年起，在本地区对学校、工会、以及各单位图书管理人员举办业务培训12期班，336人次。

管理工作

2010年，根河市图书馆建立了考核及分配激励制度根据图书馆人事制度文件精神，贯彻党员干部队伍四化和德才兼备的用人标准，引入公平、平等、竞争、择优的激励机制，鼓励竞争，提高素质，增强事业单位自我发展能力。考核内容分三部分：

第一部分是一般任务考核，其中包括：学习、工作、纪律、环境卫生、文明服务、团结互助、集体劳动。总分为50分。

第二部分是业务工作考核，总分50分。

具体评比办法是：由馆长，副馆长和工会主席、办公室主任组成评比小组，每月的最后一个周五早会，按照考核标准，给每人一个月的工作表现评分，满分100分，70分为及格，低于70分扣除全部活工资（第十三月奖励工资），80分–70分扣活工资部分的50%，90分以上，活工资全部发放。

第三部分是出勤考核，依据职工出勤考核表，每日划考勤，月末总结。

表彰、奖励情况

2009年以来被评为标兵文明单位；2009年获呼伦贝尔市政府、呼伦贝尔军分区授予双拥模范单位称号。

馆领导介绍

崔永凡，女，1960年7月25日出生，大学专科学历，中共党员，副研究馆员。1978年7月参加工作，1980年12月到图书馆工作，1988年担任图书馆副馆长，2006年3月至今担任图书馆馆长，2007年11月22日被呼伦贝尔市文化局评为先进工作者，2008年8月晋级为图书馆副研究馆员，2011年8月1日被授予自治区“战士喜爱的兵妈妈”荣誉称号。2011年12月被内蒙古自治区图书馆学会评为优秀馆长。

刘伟界，男，1967年6月生，大专学历，中共党员，馆员，副馆长。1988年2月参加工作，1995年调入图书馆任副馆长。

孟祥瑞，女，1966年8月生，1984年8月参加工作，大专学历，中共党员，副研究馆员，副馆长。

张吉，男，1979年5月生，大学专科学历，助理馆员，副馆长。2009年7月调入图书馆。

未来展望

根河市遵循“科学、创新、发展”的办馆方针，在不断强化自身综合实力的同时，通过各方面的努力争取建一座现代的图书馆。占地面积达3000平方米，阅览座位600个，可容纳纸质文献60万册，年服务人次可达18万人次以上，数字资源设计存储能力60TB。同时，还具有支撑保障全市图书馆服务体系良好运行的技术能力，达到国家二级图书馆的基本标准。

联系方式

地　址：根河市中央街24号
邮　编：022350
联系人：崔永凡

庆祝建党90周年数字资源下基层

世界读书日宣传周活动

慰问森警部队并赠送2000余元的图书

磴口县图书馆

概述

内蒙古巴彦淖尔市磴口县图书馆始建于1976年，现有工作人员7名（局里借调2名）馆长一名，副馆长一名，管理岗位1名，中级专业技术4名，初级专业技术2名。大专以上学历5名，中专2名。2001年在原址新建标准化大楼，使用面积1000平方米，内设，流通部、阅览室、电子阅览室、儿童阅览室、采编部、多媒体综合阅览室，共有阅览座席140个，期刊架20节，标准书架24节，现有电脑45台，2014年选用蒙特利图书自动化管理系统。

业务建设

截止2013年底，磴口县图书馆藏书总量6万余册（件），纸质文献5万余册，电子文献1千余册，视听文献2千余册种。

2009、2010磴口县图书馆藏书购置费2万余元，2011年起增至3万元，2009–2013新增图书8千余册，杂志80种–150种，报纸20种–35种。2005、2013年被国际文化部评为“三级图书馆”，2008年争取到文化部价值68万元的“文化信息资源共享工程”配套设施，这些为图书馆的事业走向数字化和自动化奠定了基础。

读者服务工作

从2010年10月起磴口县图书馆全年365天对外免费开放，每周开放56小时，2010年–2013流通人数4万人次，书刊外借2.5万册此，年办理借书证500余各，每年利用“春节”、“4.23世界读书日”、“六一”、“图书馆服务宣传周”、“十一”等节假日，都要组织举办大型图书宣传活动。几年来，图书馆共举办讲座、展览、培训、阅读推广等读者活动60场次，参与人数1.5万人次。

2009–2013年，图书馆为全县60家社区、苏木、镇图书室和草原书屋点进行了业务辅导和培训工作。几年来，下基层图书室、草原书屋读书点辅导60余次，共整理各类图书20余万册。

业务研究、辅导、协作协调

2009–2013年，全馆职工共发表、交流论文6篇，其中正式期刊上发表4篇。2009年，在全市图书馆学会第二届学术研讨会论文比赛中，个人获二等奖1名，三等奖2名。

2009年以来，共组织业务人员外出学习9次，自发组织赴友邻旗县参观学习4次。同时，每年组织职工参加区、市图书馆学会和市文化局组织的图书管理人员继续教育、图书业务知识培训、技能比武等活动。

管理工作

2010年，图书馆完成第一次全员岗位聘任，本次聘任共设3种岗位，有8人竞聘上岗，同时，建立了工作量化考核指标体系，每月进行工作进度通报，每半年和全年进行总体工作考核。

表彰、奖励情况

2009–2013年，图书馆共获得各种表彰、奖励5次，其中，文化部、文化厅、表彰、奖励2次，其他表彰、奖励3次。

馆领导介绍

任玉明，男，1974年11月出生，大专学历，中共党员，馆长。1999年1月参加工作，2006年3月任图书馆副馆长，2013年9月任磴口县图书馆馆长。

徐惠琴，女，1976年3月出生，大专学历，副馆长。1998年1月参加工作，2013年3月任副馆长。

未来展望

磴口县图书馆，以创建“文化大县”为目标，牢固树立“读者第一、服务至上”的办馆方针，努力为广大读者营造良好的学习氛围。随着城市的不断扩大，人民群众日益增长的文化生活需求与现有文化活动阵地建设滞后的矛盾日益突出，尤其是图书馆在规模、功能等各方面不能适应公众的要求。在未来的几年里，磴口县图书馆在现有馆舍的基础上，拟计划新建一座建筑面积为5000平米的新馆舍。新馆的建成，必将成为我县人民生活中的一件大事、幸事，大大推进动全县和谐文化建设。

联系方式

地　址：磴口县巴彦高勒镇富源广场西侧
邮　编：015200
联系人：任玉明

乌拉特后旗图书馆

概述

内蒙古乌拉特后旗图书馆始建于1979年10月，是全国三级图书馆，位于乌拉特后旗文化大楼，面积约700平方米，四楼设有文化信息资源共享工程电子阅览室，五楼设有成人阅览室和儿童阅览室，内设座席200个，现有各类书籍5万多册，有各种儿童书籍、期刊报纸和电脑，供读者阅览。图书馆内设成人阅览室、儿童阅览室、电子阅览室、借阅室、采编书库和办公室等6个机构，共有阅览座席200个，期刊阅览架44节，报刊架7节，标准书架30节，密集柜一套8节，电子阅览室电脑40台。

馆藏情况

截止2012年12月，乌拉特后旗图书馆总藏书量为5万多册，其中：蒙文图书2千多册，地方文献500多册，中文期刊50种300多册合订本，报纸20种30多册合订本，电子图书2千多册。

2009–2012年，乌拉特后旗图书馆新增各类报纸期刊90多种，视听文献200多种。

读者服务工作

从2012年1月开始，图书馆实行全部免费开放，每周开放56小时；为了方便广大读者的需求，图书馆采取轮班制度，坚持节假日和周六、周日照常开馆，每年外借图书12000余册，接待读者约7500人次。

为充分发挥图书馆职能作用，每年利用"4.23世界读书日"、"图书馆服务宣传周"等节假日，都要组织举办大型图书宣传活动。几年来，图书馆共举办讲座、培训、阅读推广等读者活动65场次，参与人数约5000人次。

2009–2012年，图书馆为全旗86家社区、乡镇图书室和农家书屋点进行了业务辅导和培训工作。几年来，下基层图书室、农家书屋读书点辅导30余次，共整理各类图书68000于册。

业务培训及表彰、奖励情况

2009年以来，共组织业务人员外出学习6次，自发组织赴友邻旗县参观学习6次。同时，每年组织职工参加区、市图书馆学会和市文化局组织的图书管理人员继续教育、图书业务知识培训、业务竞赛等活动。

2009–2012年，图书馆共获得表彰、奖励1次，全国文化信息资源共享工程表彰、奖励1次。

联系方式

地　址：乌拉特后旗文化大楼

邮　编：015543

联系人：沁 布

杭锦后旗图书馆

概述

杭锦后旗图书馆始建于1952年，属全国三级图书馆，该馆座落于杭锦后旗文化科技会展中心，面积820平方米。图书馆内设机构有综合阅览室、电子阅览室、藏书室、采编室、科技咨询室和办公室，有阅览座席180个，期刊架20节，标准书架54节，密集柜一套10节，电脑110台，歌德电子书借阅机1台。

业务建设

截止2012年12月，杭锦后旗图书馆总藏书量为7.52万册，其中：纸质文献7.3万册，电子图书0.22万册。

2009—2012年，杭锦后旗图书馆新增藏书购置费90多万元，共入藏各类图书3.8万册，报纸期刊160多种，视听文献450多种，扩建电子阅览室120平方米，新增电脑85台。

读者服务工作

按照上级要求，杭锦后旗图书馆从2012年1月开始，全部免费对外开放。为满足广大读者需求，图书馆采取轮班制度，坚持节假日和周六、周日照常开馆，每年外借图书2.8万余册，接待读者3.2万余人，每周开放不少于56小时。

为充分发挥图书馆职能作用，在每年的“春节”、“4.23世界读书日”、“六一”、“图书馆服务宣传周”、“十一”等节假日期间，都要组织举办大型图书宣传活动。几年来，图书馆共举办讲座、展览、培训、阅读等活动88场次，参与人数9.8万人次。

2009—2012年，图书馆对全旗122家社区、乡镇图书室和农家书屋管理员进行了业务辅导和培训工作。几年来，下基层图书室、农家书屋读书点辅导120余次，共整理各类图书20余万册。

业务研究、辅导、协作协调

2009—2012年，全馆职工共发表、交流论文8篇，其中正式期刊上发表6篇。2009年，在全市图书馆学会第二届学术研讨会论文比赛中，获二等奖2名、三等奖1名、优秀论文奖4名。2011年，有一篇论文参加内蒙古图书馆学会举办的首届旗县公共图书馆馆长论坛活动，并进行了经验交流。

2009年以来，共组织业务人员外出学习8次，赴友邻旗县参观学习6次。同时，每年组织职工参加区、市图书馆学会和市文化局组织的图书管理人员继续教育、图书业务知识培训、技能比武等活动。

管理工作

2009年，图书馆实行第一次全员岗位聘任，聘任共设4种岗位，有13人竞聘上岗。同时，建立了工作量化考核指标体系，每月进行工作进度通报，每半年和全年进行总体工作考核。

表彰、奖励情况

2009—2012年，图书馆共获得各种表彰奖励4次，其中文化部表彰奖励1次，其他表彰奖励3次。

馆领导介绍

马海泉，男，1976年6月出生，本科学历，中共党员，馆长。1993年7月参加工作，历任杭锦后旗文体局办公室副主任，2008年9月任杭锦后旗图书馆馆长。2008年被旗委、政府评为全旗综治工作先进个人；2010年被市人事局、文体局评为全市文化系统先进个人；2011年被内蒙古图书馆评为全区优秀图书馆馆长。

赵盛玲，女，1961年4月出生，大专学历，中共党员，党支部书记。1979年1月参加工作，历任杭锦后旗图书馆副馆长，2008年9月任杭锦后旗图书馆党支部书记。2009—2011年，先后被评为全旗优秀共产党员和三八红旗手光荣称号。

未来展望

杭锦后旗图书馆，以创建“文化大旗”为目标，牢固树立“读者第一、服务至上”的办馆方针，努力为广大读者营造良好的学习氛围。随着城市的不断扩大，人民群众日益增长的文化生活需求与现有文化活动阵地建设滞后的矛盾日益突出，尤其是图书馆在规模、功能等各方面不能适应公众的要求。在未来的几年里，杭锦后旗图书馆在现有馆舍的基础上，拟计划新建一座建筑面积为4000平米的新馆舍。新馆的建成，必将成为我旗人民生活中的一件大事、幸事，大大推进动全旗和谐文化建设。

联系方式

地　址：杭锦后旗陕坝镇将军路文化科技会展中心
邮　编：015400
联系人：马海泉

凉城县图书馆

概述

凉城县图书馆初创于民国23年（1934），因时局动荡，一直未陈列开放。1949年凉城县成立文化馆，由新堂总馆、田家镇分馆和天成阅览室组成，新堂文化馆内设图书室，文化大革命中关闭，1978年在原新堂文化馆图书室的基础上建立了图书馆，1988年馆址迁往文化楼，2006年迁址于凉城县农艺路文化图书大厦，新馆总建筑面积3024平方米，拥有一个对外借阅的服务窗口，三个不同类型的阅览室。凉城县图书馆现有藏书5万册，阅览坐席136个，计算机36台，宽带接入20Mbps，2011年引用蒙科立多文种图书管理系统。2013年，参加第5次全国公共图书馆评估，被评为国家三级图书馆。

业务建设

截止到2013年年底，凉城县图书馆有纸质书刊文献5万册。2009–2012年，年入藏图书1000种，3000册；年入藏报刊45种，120册；年入藏视听电子文献100件。

2011年凉城县图书馆引进蒙科立多文种图书管理系统，2012年利用该系统完成馆内藏书编目工作，告别传统手动编目时代，实现了图书馆管理自动化。同年实现图书馆内无线网络全覆盖。

读者服务工作

从2009年2月开始，凉城县图书馆全年对外免费开放，周开放70小时。2009–2012年书刊总流通119835万册次。2012年利用蒙科立多文种图书管理系统完成了在库图书编目工作，在此基础上为读者提供了公共检索服务。

2012年凉城县图书馆组织了若干个阅读推广主题活动，4月开展以“播撒阅读种子，构建公共文化”为主题的全民阅读活动，6月开展了“享受阅读”读书推广活动，10月举办“服务宣传周”活动。2013年实行错时开放制度，将上班时间提早，下班时间推迟，以便于在读学生上学前和放学后借阅。

管理工作

2009–2013年凉城县图书馆逐步制定出台各项管理制度和相关规定：《凉城县图书馆人事管理制度》《凉城县图书馆绩效工资评定和发放方案》《凉城县图书馆财务管理制度》《凉城县设备物资管理条》《凉城县图书馆志愿者管理条例》《凉城县图书馆档案管理办法》《凉城县图书馆图书借阅制度》《凉城县图书馆工作人员管理制度》《图书馆安全保卫制度》等，完善了人才聘用、绩效考核及日常工作各项管理制度。

表彰、奖励情况

2009–2013年凉城县图书馆获得表彰、奖励三次：2009年度全市文化信息资源共享工程建设先进单位、2010年度安全生产工作实绩突出单位，2013年度公共文化服务体系建设先进集体。其中市文化局表彰、奖励2次，县人民政府表彰、奖励1次。

业务研究、辅导、协作协调

2009–2012年，凉城县图书馆组织进行6次基层工作人员业务培训，开展了13次馆内工作人员业务培训，并对培训效果满意度进行了问卷调查。

2007年启动凉城县图书馆服务网建设项目，截止到2013已建成草原书屋128家，已实现全县8个乡镇社区全覆盖的建设目标。共投放图书217600册。建立起以县图书馆为中心，乡镇、村图书馆为服务点的公共图书馆三级服务网，县图书馆作为中心馆，承担全县图书馆技术支持和业务协调的责任。

馆领导介绍

王琇玲，女，1964年3月生，本科学历，中共党员，中级职称，馆长。1981年7月参加工作，在凉城县第一幼儿园工作，1983年到凉城县图书馆工作，到2013年在这一岗位工作30年，先后在采编部、阅览部、图书借阅部等部门工作，曾经数次被评为优秀员工和先进工作者，2013年任凉城县图书馆馆长。

未来展望

凉城县图书馆坚持科学建馆，资源共享的发展思路，在不断提高自身基础业务与服务水平，尤其是业务研究能力等综合实力的同时，坚持两个发展方向：一、建立与上级及同级图书馆的服务联盟；二、加强与下级公共图书馆服务联盟，建立以县图书馆为中心，乡镇、村图书馆为服务点的公共图书馆三级服务网络，承担对全县图书馆业务的规划、技术指导、馆际协调工作，建立统一的技术平台、检索平台和服务标准，带动全县图书馆事业的整体发展。

联系方式

地　址：乌兰察布市凉城县农艺路文化图书大厦
邮　编：013750
联系人：王晓玲

化德县图书馆

概述

化德县图书馆初创于1980年，正式建立于1981年，同年正式对外开放，是我县成立的县级公共图书馆。馆址几经变迁，2008年8月份位于长春大街南侧，邮电路西侧，文化广播电视大楼内一楼。占地面积872平方米，建筑面积4000平方米，设计图书容量8万册，可容纳读者座位200个，在2013年的第五次全国公共图书馆评估中，被评为三级图书馆。计算机25台，宽带接入10M，免费发放阅览证1600余张。

业务建设

截止2013年底，化德图书馆总藏量4万（册）件。

2010年、2011年，化德图书馆新增总量购置费2万元。2012、2013年新增量4万元。2010–2013年，共入图书、杂志1万余册。

读者服务工作

从2010年8月起，化德县图书馆全年365天对外免费开放。周开放56小时，书刊总流通4920人次。书刊外借1750册次。2010–2013年有8个流动服务点。书刊流通总人次4170人次。书刊外借1300余册。2010年–2013年，化德图书馆举办全县中小学生有奖征文、演讲比赛、知识竞赛、讲座、展览、培训、阅读推广等读者活动50余场次。参与人数1万人次。

业务培训、辅导

从2010年起，化德县图书馆每年举办业务培训、辅导俩次，平均每年培训、辅导30余人次。

管理工作

2012年完成全员岗位聘任，同时推广考核制度，年底进行总体工作考核。

历任领导介绍

石利民，男，1951年，高中学历，中共党员，馆长，1971年参加工作，1983年任图书馆馆长。

李秀梅，女，1955年出生。高中学历，中共党员，1970年参加工作，1990年任图书馆馆长，1996年任文化局副局长兼图书馆馆长。

赵怀德，男，1938年出生，1960年参加工作，1990–1992年任图书馆副馆长。

李玉琴，女，1967年出生，大专学历，中共党员，中级职称，1992年任图书馆副馆长，2002年任图书馆馆长。

未来展望

在未来几年里，化德县图书馆工作依然遵循“服务第一、读者至上”的工作方针。在不断深化自身结合实力同时，要带动乡、镇、社区、学校等图书馆事业的整体发展。为推进我县思想道德素质的整体提升，以“文化兴县”为目标，使图书馆这个社会的文明窗口发挥更好的作用。

商都县图书馆

概述

商都县图书馆初创于民国15年（1926），由讲演所改为民众教育馆，并附设图书馆。1950年5月1日建立的商都县人民文化宫图书室。1978年10月单独建制具有完全独立的事业法人资格，1992年4月机构改革中将其撤销，并与同时撤销的县文物管理所合并，称文物所图书站，2003年1月后恢复建制，馆址几经变迁。2004年10月位于府左路水漩公园内，图书馆占用面积800平方米，设计藏书8万册，可容纳读者300人。2013年参加第五次全国公共图书馆评估，首次获得三级图书馆称号。本馆拥有阅览坐席150个，计算机25台，宽带接入20兆，选用蒙科立图书馆自动化管理系统。

业务建设

截止2013年底，商都县图书馆总藏量7万册，其中纸质文献6.3万册，电子图书49册，电子期刊34册。

读者服务工作

从2010年起，商都县图书馆全年365天，天天对外免费开放，每周开放56小时，书刊总流通7000人次，书刊外借3万册次，电子阅览室查阅资料5000人次，为基层文化站（室）提供检索、浏览和下载服务。举办社区、乡镇、文化站（室）培训、讲座及阅读推广等活动10次。

业务研究、辅导、协作、协调

2009–2014年，商都县图书馆职工发表论文10篇，自2012年以来，以文化信息资源共享为依托，在全县乡镇、社区、学校开展读书活动。深入基层进行调研辅导，接受培训3000多人次。

管理工作

根据上级精神，结合本地区图书馆具体情况，本馆设置了一人多岗位工作制，同时，建立了工作人员软硬指标考核制度。

表彰、奖励情况

2010年–2014年，商都县图书馆获得各种表彰奖励5次，其中自治区级1次，市级2次，县级2次。

图书馆领导介绍

馆长：张建平，男，1957年8月生，大学学历，中共党员，副研究馆员，支部副书记。1974年12月参加工作，历任文物图书工作站副站长、副馆长、馆长；共享工程中心主任。

未来展望

商都县图书馆遵循科学、服务、创新、发展的办馆方针，践行内蒙古8337战略思想，开展以县为中心，扩大服务区域，带动地区经济发展，在未来几年内建设一个高标准的县级图书馆，着力成为当地文化建设的主力军，创造西部地区一流的县级图书馆。

联系方式

地　址：商都县府左路水漩公园图书馆
邮　编：013450
联系人：史文尧

察右中旗图书馆

概述

察右中旗是一个以农业为主的半农半牧旗，全旗22.3万人口，所辖11个苏木乡镇和1个园区管委会。图书馆设在科布尔镇镶蓝街文化中心大楼内，占地面积1500平方米，藏书2.6万册，馆内设有成人、蒙文图书阅览室、少儿图书室，电子阅览室等六个活动室。另外还设有采编室、财务后勤室、馆长办公室、资料室等。有8名干部职工由蒙、汉、满三个民族组成，其中男3人、女5人；高中2人、大学1人、大专5人；中共党员3名；中级职称5人；初级职称3人，馆长：崔晨耀；副馆长：蒋秀兰、高春玲；财物后勤主管：王素荣。

业务建设

该馆为了适应经济建设紧跟时代步伐，与时俱进，加强业务建设，为此，他们坚持两腿走路，一是出去学，二是组织自学，以能者为师，互帮互学，在每周的二、五开展业务学习，相互交流，共同探讨，在实践中边学边做。现在全馆8名工作人员，有馆员5人，助理馆员3人，馆内目录全部以《中图法》分类，并已统一编成标准化著录。

读者服务工作

该馆在开展日常图书资料借阅工作当中，他们针对读者的要求，对全馆的所有藏书，全部实行了"全开架式借阅"，既方便了读者，又提高了图书的流通率和利用率，使每位读者高兴而来满意而去。他们在做好正常借阅工作的同时，图书馆还把开展各种读书活动作为工作的重中之重，坚持不懈，如：每年春节期间，都要搞一次"春节读书、读报猜谜"及"少儿迎春灯谜"这两项活动，每年都要举办活动一次，如"百科知识智力竞赛"、"读书读报有奖问答"等，通过丰富多彩的读书活动，不断提高读者的阅读兴趣。到馆借图书刊资料的读者大大增加了。每年还配合旗委、政府组办的"三下乡"活动。赠送科普读物、脱贫致富读物1200多册，同时他们还结合实际开展了"预约借书""送书上门"无偿服务等工作。在情报信息开发上做了开拓性的工作，变被动为主动，充分利用现有资料，亲自动手编印《科技之窗》、《农牧业专辑》等手册全部发放到农村牧区，深受农牧民的好评。由于工作性质的不同，他们还承担着全旗各行各业的资料查询工作。事实证明，凡来该馆查阅资料的，95%的读者是高兴而来满意而归。据统计，从开馆到现在到馆查阅资料的人数近三千人次。

业务研究、辅导、协作协调

从建馆起，他们一直就承担着全旗各苏木、乡镇内机关厂矿文化室的图书业务辅导等工作，他们先后为镇内四所小学，蒙古族中学、一中、二中、进修学校、工商局、银行、技工学校，档案馆及13个乡文化站进行业务辅导培训，辅导培训30多人。并帮助他们建立健全图书室各项规章制度。经常深入到这些图书室查看，发现问题及时解决，与旗武警中队结成警民共建单位，为武警中队组建图书流动箱，多年来，共为武警官兵送去流动图书近万册。重视发展蒙文图书，发展蒙古族语言文字。自分馆后，内蒙古图书馆赠给该馆800册蒙文图书，专门配置了蒙汉语兼通的管理员，经常深入到牧区，蒙古族小学为他们上门送书300多册，组建图书流动箱1个，在平时举办活动中，还配备专门的蒙文翻译，融会贯通，既充实了工作内容，又服务于少数民族。

管理工作

建立健全各种规章制度，加强管理工作。图书馆规章制度对读者和工作人员均有约束力，是图书馆科学管理的准则和依据。因此该馆建立以下管理制度《图书管理人员岗位职责》、《图书馆机关制度》、《图书馆藏书管理制度》、《图书、书刊（资料）借阅管理制度》、《电子阅览室使用管理规章制度》、《书刊遗失损坏赔偿制度》、《图书馆文明服务公约》、《读者入馆须知》、《图书馆防火安全守则》等。

表彰、奖励情况

多年来，在各级领导的关怀指导下，全馆同志共同努力，深化图书馆改革，检查"两为"服务方向，积极树立"读者至上，服务第一"的思想，想读者所想，办读者所需。做了不懈的努力。1979年全国文化现场会在中旗举行，时任文化部长黄镇亲临大会，并做了报告。1982年我馆被评为自治区文化厅"少儿先进单位"，同年十月份出席了全国少儿先代会，文化部，团中央为他们颁发了奖状，1983年自治区命名为"全区少儿工作先进集体"。1985年被评为全旗"精神文明单位"又出席了全区民族团结表彰大会，年底又被文化处评为全盟"先进图书馆"，1986年出席了全盟先进集体工作会议，同年四月份出席了自治区先代会。进入九十年代，他们的工作逐步完善。多次被旗委、政府以及盟文化处评为先进单位，并在全区文化先代会上捧回"金牛奖"。《乌蒙日报》、《内蒙古日报》、《光明报》以及《中期报》分别以"校外学校，课外老师"、"重视推广使用蒙语言文字"、"察右中旗形成少儿图书网"等先后作了报道。《民族画报》以大图片将中旗图书馆活动展示在全国读者面前。1994年在全国图书馆首次评估中，中旗图书馆被文化部评为"三级图书馆"。

馆领导介绍

馆长：崔晨耀，男，汉族，1964年7月出生，中共党员，大学毕业，1982年参加工作，馆员（中级职称）。

副馆长：蒋秀兰，女，汉族，1960年7月出生，中共党员，大专毕业，1981年参加工作，馆员（中级职称）。

副馆长：高春玲，女 满族，1962年3月出生，中共党员，大专毕业，1979年参加工作，馆员（中级职称）。

未来展望

21世纪图书馆要及时调整服务方式，开拓服务意识，全部实行开架借阅，才能把图书馆事业推上新的台阶。更新观念，增强服务意识，加强理论业务学习，提高馆员综合素质。增加高职称的专业人员，把图书馆办成多功能一体的公共图书馆，扩大图书馆舍，增加新的先进的图书设备设施，加大图书馆各项工作建设的投资。不断购进更新书刊资料信息资源。更加重视图书馆事业的研究与发展。

联系方式

联系人：崔晨耀

扎赉特旗图书馆

概述

扎赉特旗图书馆成立于1978年，馆址几经变迁，现位于扎赉特旗音德尔镇神山街北侧音德尔路东、文化中心一楼，建筑面积500平方米，2012年，参加第四次全国公共图书馆评估，评为三级图书馆。截止2013年，图书馆有阅览座席100个，计算机25台。

业务建设

截止2013年底，图书馆总藏量5万册（件），其中，纸质文献4万册（件），电子图书9册，电子期刊1种/册。

读者服务工作

从2009年8月起，扎赉特旗图书馆全年实行对外免费开放，每周开放52小时，2009–2013年，书刊总流通5万人次，书刊外借6万册次。2013年4月，馆外书刊流通总人次0.5万人次，书刊外借2万册。

业务研究、辅导、协作协调

2009–2013年，图书馆开展了图书阅览、科技咨询、读书演讲等多方面的业务活动，图书馆和校外活动中心长年开展业余文化活动和课外辅导活动，人员达到1000余人，使图书馆的文化服务职能和窗口阵地作用得到了有效的发挥。在内部结构设计上，设立了儿童阅览室，民族阅览室，成人阅览室，借书室，电子阅览室，办公室等总面积500㎡。建立图书流动网点，为广大群众提供方便条件。为了充分满足广大群众的读书需求，旗图书馆在全旗范围内建立了流动网点，即基层图书室共33个，其中，苏木乡镇场文化站图书室20个，学校图书室10个，驻军警部队图书室3个，196个村级文化室也设立了标准的图书室即草原书屋，基本上形成了旗乡村三级图书馆（室）网络。图书馆长年开展图书下基层活动，定期巡回送书，实行流动阅览并建立流动阅览档案，扩大了图书馆服务范围，提高了服务效率。开展图书馆宣传月暨读书作文书画演讲比赛，注重读书形式的创新。为了鼓励广大青少年读书热情，图书馆协调校外活动中心在旗直中小学轮流举办一年一届的青少年读书作文书画演讲活动，参加活动的师生达700余人。将读书活动与作文写作和演讲比赛相结合，做到活动有组织，读书有收获，演讲有成绩。提高了读书效果，增强了读书情趣，营造了青少年读书氛围。

管理工作

近几年来，扎赉特旗图书馆坚持为人民服务，为社会主义服务的方向，树立"读者第一、服务至上"的思想，进一步加强了图书馆队伍建设、思想建设和阵地建设，加强了内部运作机制的管理和创新，整体面貌焕然一新，实现了办馆质量和社会效益的提高。

一、坚持高标准，不断加强图书馆基础建设。旗委政府高度重视图书馆建设，将此项目纳入全旗城镇建设总体规划当中，将图书馆建设项目同宣传文化工程建设项目相对接，实现了资源整合。多渠道筹措资金20万元，先后购置办公桌椅18套，阅览桌椅80套，书架55个，档案资料柜30个，电脑8套，会议桌椅20套。先后购置新图书9000余册。加之自治区送书下乡的9000余册图书，现有藏书量已达到5万册，订阅报刊150种。阅览环境和服务水平都有了新的改善，成为了我旗精神文明建设的重要窗口。

二、为培养和发展青少年兴趣爱好，增加文化底蕴，丰富课外文化生活创造了平台。使图书馆成为了广大青少年锻炼培养的新阵地、挑战自我的竞技场，检阅综合素质的场所，展示风采的大舞台。三、加强了图书及馆藏资料的管理和使用。为了有效利用图书资料为经济社会服务，图书馆加大了图书资料的保护和管理，按照图书管理标准，对图书馆的采光、通风、湿度都进行了严格细致的要求，制定了严格的规章制度，责任到人，目标明确。为了确保图书不流失、不损毁，图书馆在借阅图书程序上实行借书凭证制度，办理一份借书证收取抵押金每人50元，凭证借书，如有丢失或损毁，必须按价赔偿，这样已经形成提醒读者，树立爱护图书思想。图书馆挖掘整理图书资料的知识资源，开设了过期报刊查阅和信息资料采编业务，涉及科技、法律、政治理论、政策咨询等内容，积极协调配合农牧业，法律、计生、科技、教育、卫生等部门开展科技咨询、法律咨询、政策咨询、资料查询等服务义务，为农牧区的生产生活和广大干部群众提供方便。每年借阅图书1万余人次，接待读者阅览咨询0.1万余例。广大农牧民倍受科技图书资料的有益之处，近几年来，利用科技资料指导进行科学种田，科学养殖获经济效益的农牧民明显增多，广大农牧民尝到了甜头。结合农村商贸集日，年轻人都要到文化站的图书室坐一坐，看看书，查阅资料，即丰富了农牧民的精神文化生活，又能得到一定的经济效益。例如，好力保乡的生猪大户已发展到50余户，小城子乡的蓝狐、獭兔养殖项目。还有我旗食用葫芦、甜菜、中草药、白瓜籽、大尾羊等，都与图书馆资料的指导和市场信息息息相关。

四、加强业务理论学习，提高工作人员的业务水平。为了提高工作人员的图书管理水平和业务能力，图书馆有计划地组织业务人员分期分批派往外地系统地学习图书馆业务，还积极参加上级主办的图书管理业务培训班，使图书馆工作人员的业务素质有了一定的提高。图书馆整体管理水平也有了新的改善。目前，图书馆大专以上学历的有5人，初级职称的有4人。扎赉特旗图书馆以良好的形象，服务广大读者，不断改进工作方式，扩大服务项目，进一步完善管理机制，实行了窗口单位服务承诺制，周六周日不闭馆，全天开放。得到了旗委政府的好评和广大读者的欢迎。

表彰、奖励情况

2013年图书馆共获得各种表彰、奖励1次。副馆长张金莲同志1990年被兴安盟文体局评为图书分类专业先进个人。图书馆1996年被评为全旗民族团结先进集体。1997年斯茹娜同志被评为全旗文化工作先进个人。图书馆2005年被盟文体广电局评为文化工作先进集体。

馆领导介绍

黄少布，男，1962年10月生，大专学历，中共党员，馆长。1979年12月参加工作，历任扎赉特旗音德尔镇第二小学教师、旗人事局秘书、图书馆馆长职务。

未来展望

扎赉特旗图书馆遵循"科学、效率、创新、发展"的办馆方针，践行党的群众路线教育实践活动，努力改善环境和条件，实现电子化索引，发挥文化信息资源共享工程作用，在全旗各苏木乡镇图书室和城镇社区图书室普及电子阅览室，为广大读者提供学习平台，尽力满足城乡群众的科技文化需求。

联系方式

地　址：扎赉特旗音德尔镇音德尔镇路东
邮　编：137600
联系人：黄少布

科尔沁右翼前旗图书馆

概述

科右前旗图书馆自1982年成立以来，一直没有自己的固定馆舍，现在在文体综合楼办公，人员11人，二级演员1人，中级2人，助理馆员3人，本科学历3人，大专毕业7人，内设机构：档案室，财会室，阅览室2个，电子阅览室1个，办公室1个，馆长1人，副馆长1人，图书4万多册，电子图书4万册，现在免费对外开放。

读者服务工作

图书馆一直实行免费对外开放。开馆时间56个小时，书刊外借达到1万人次。

业务研究、业务辅导、协作协调

图书馆职工在省级刊物发表论文6篇。

2013年对科右前旗229家草原书屋管理员进行手把手培训图书管理业务辅导。

2014年世界读书日旗图书馆在科尔沁报上发表倡议书。

科右前旗图书馆为了庆祝4月23日“世界读书日”开展“享受阅读，升华人生，建设文化前旗暨关心下一代”图书宣传周活动，充分调动科右前旗“三中”的学生的阅读兴趣和阅读自主性，倡导多读书读好书的文明风尚，提高学生的阅读水平和文化素质，营造积极向上的校园文化氛围，推动全民阅读活动深入开展，为学生捐书1000多册，通过阅读，提高阅读能力，让每个学生养成读书的良好习惯，促进了前旗的大发展和大繁荣。

表彰与奖励情况

2011年2月获得了自治区授予的“草原书屋”“先进集体”荣誉称号。

2013年3月经文化部在全国开展的第五次县级以上公共图书馆评估定级工作的审查和公示，旗图书馆荣获“国家三级图书馆”称号。

229个“草原书屋”，11个乡镇“文化信息资源共享工程”基层服务站，形成了比较系统的公共文化服务体系，设施建设和设备配置任务的完成。

未来展望

科右前旗图书馆在2015年以新馆建设为起点，本着以人性化、和谐的理念，首先对文化信息共享工程的资源共享，加强图书馆的现代化建设，把图书自动化管理系统落实到位，建立采编协调组，建立专门的地方文献和政府公开信息，残疾人阅读中心。增加书籍馆藏从读者服务的环境，人员的配备，管理都与时俱进。让图书馆成为全旗中小学生，广大群众的主要阅读场所，让其各项指标达到县级一级馆标准。

联系方式

地　址：兴安盟科尔沁右翼前旗文体局办公楼
邮　编：137400
联系人：薛丽燕

乌兰浩特市图书馆

概述

馆舍建筑面积1800平方米。其中：书库435平方米，电子阅览室102平方米，综合阅览室79平方米，少儿阅览室61平方米，办公室总面积138平方米（含馆长、副馆长、财会室），多功能厅220平方米（会议室、培训中心），公共面积765平方米（含临时展厅500平方米），停车场800平方米。

业务建设

阅览座席80个，少儿阅览座席24以上，计算机35台，可提供读者使用的计算机有25台，摄像机、照相机、投影仪各一台（件），接入光纤100兆即12.5MB/s，专用设备存储容量有5TB，有业务管理系统。馆内现有各类图书架32组，密封书柜20组，资料柜3组，报刊收藏架5组，各类阅览架11组，报架6个。

文献资源

图书馆总藏书量41515册，其中：图书36024册，期刊：358册，报纸合订本1400册，光盘：1033个。

图书年入藏量：1500种，约3000册；报刊年入藏量140种，其中：成人刊物70、报纸30，少儿刊物30、报纸10。

图书馆人员情况

图书馆现有编制17人，在职14人，大专以上学历13人，其中副高级职称1人，中级职称9人，初级2人。

管理工作

1、图书馆全年免费向读者开放，365天无闭馆日。现有外借读者1062多人，今年新办理借阅证近300多个，接待借阅读者2万多人次，外借图书流通册数达3万册以上。

2、为提高农民科学文化素质，丰富农村精神文化生活，元旦春节期间，我们组织开展了送书下乡活动，图书内容涉及政治、历史、法律、文学、农业、科技、养生保健等方面，基本满足了广大农民群众的读书需要。

3、为共建和谐社会，进一步激发全民读书的热情，4月23日“世界读书日”这天，我们组织了以“书香红城”为主题的系列活动。我们在街道、学校附近摆放各科各类图书，进行新书推荐，活动现场免费办理借阅证，热情解答群众的问题，并发放宣传单宣传图书馆免费开放以及读者服务的具体内容。使广大群众更好地了解图书馆，利用业余时间走进图书馆，激发大家的读书热情。此活动在4月26日兴安电视台民生百分百栏目播出。

4、5月24日，我们组织承办了“全盟图书馆服务宣传周活动”。邀请了盟文体广电局、市文体局领导以及全盟各旗县馆长馆长参加这次活动。我们以“阅读铸就中国梦”为主题活动向读者、向同行、向上级领导展示我们的工作热情和精神风貌，得到了大家的肯定和支持。此活动在兴安日报6月5日文体版报道，并在兴安电视台播出。

5、6月2日，我们协助市团委、绿叶化妆品开展了第三届“绿叶杯”六一少儿绘画大赛，赛场设在乌市图书馆一楼大厅，有近500名学生和家长参加此次活动。

6、今年我们购进各科各类书籍近5千册，其中少儿图书比重较大，我们已将新书分类、上架，已经开始外借流通。

7、为迎接八一建军节，发挥公共图书馆的知识传播职能，营造书香军营，增强广大职工的拥军意识，我们开展“迎八一，送书进军营”文化活动。我们针对部队官兵们的阅读特点和需求，精心选购3000余元的图书，分别前往65172部队和兴安盟消防支队进行慰问，将图书赠送给他们，又对部队流动书箱的书籍进行更换。此活动在8月5日兴安电视台民生百分百栏目播出。

8、抓好对外辅导工作，规范农村、社区、学校图书室。7月中旬，由文体局分管领导带队对的全市各街道办事的文化工作进行了调研，我馆工作人员在此基础上对各办事处所辖社区图书室进行了普查，普查中发现多数图书室环境整洁，布局合理，图书分类科学规范，摆放整齐，座椅齐全，图书流通频繁，受到居民的欢迎。但也存在一些问题，就是个别社区的图书室与社区办公室在一起，没有阅览桌椅，图书只是摆放在简易的书架上，没有正确分类等。针对业务方面存在的问题，我们对图书管理员进行了培训辅导。我们完成了“草原书屋”业务辅导工作，充分利用现有图书资源，在我市农村文化站图书室设立流动图书箱。

9、加强与读者的沟通，认真做好读者服务工作。我们召开读者座谈会，发放读者问卷调查表100份，与读者就图书馆建设、工作人员服务态度、新书推荐、阅览环境等方面进行了探讨，得到了许多宝贵意见和建议，掌握读者的需求情况。

10、开展以“祖国在我心中”为主题的读书演讲会活动，邀请文体局领导、教育局领导和学校师生参加活动，评出一、二、三等奖和优秀奖，为获奖选手颁发证书、奖品和纪念品，又邀请电视台和报社记者参加活动并在电视报纸进行报道，加大了图书馆宣传力度。

少儿绘画大赛

送书进军营

“世界读书日”宣传活动

阿巴嘎旗图书馆

概述

阿巴嘎旗图书馆始建于1978年。当时是阿巴嘎旗文化、图书合并建制。1985年5月根据有关文件规定分设为文化馆、图书馆两个股级单位。馆址几经变迁，2011年9月搬入新文体活动中心，馆舍总面积为1600㎡，其中：书库及借书室为160㎡，机房及电子阅览室为100㎡。有30台电脑。一套文化信息资源共享工程设备，其中包括全国文化信息资源“共享工程”服务器一台、卫星接收服务器、一套“数字文化走进蒙古包”设备、电脑30台、空调3台、打印机1部、扫描仪1部、笔记本电脑1台、摄像机1部、数码照相机1台、投影仪2个、52英寸电视机2台、移动硬盘4个、移动存储播放器4个。成人阅览室80㎡，40个座席，内有92余种刊物及7种报纸供读者阅览。少儿阅览室120㎡，60个座席，有40余种少儿刊物及部分少儿图书供小读者阅览。多功能厅100㎡，内安装投影机、幕布，有50人使用座席。办公桌椅各5个，借阅室书架10个，期刊书架4个，儿童阅览室书架6个，密集柜1套（8个）。

业务建设

截止2013年底，阿巴嘎旗图书馆总藏量有藏书23475余册，其中蒙文图书有13582余册，有300多种类1000多余光盘，300余册地方文献图书，有500多册过期期刊及部分装订成册报纸。

2011年，阿巴嘎旗图书馆搬入新馆设备更新上投入30多万元；文化信息资源共享工程投入68万元。

2012年，阿巴嘎旗图书馆借“全盟蒙文图书节”之际，购置了20万元以地方文献为主的蒙文图书。

2013年申报三级图书馆，多方联系成功筹集图书1720册。对2000–2012年过期刊进行全面的整理，装订了500余册期刊成合订刊。3月1日，启动自动化管理系统，专门从呼和浩特聘请了1名老师，对图书馆工作人员进行了蒙科立多文种图书管理系统培训，图书馆将采用电脑管理、采访、编目、流通、报刊管理、馆藏文献检索等工作实行计算机业务管理。目前，地方文献全部电子录入完成，阿旗地方文献共有39种图书、137册。图书馆已完成了7000余册图书（其中蒙文图书4350册）的电子著录工作。

2013年在“边疆万里数字文化长廊”建设工作试点。

读者服务工作

2010–2013年，书刊总流通6000人次，书刊外借7500册次。

结合“三下乡活动”，图书馆每年至苏木镇、嘎查社区下乡3–5次，捐赠图书（每次捐赠各类图书100）。同时，也对基层的站(室)、“草原书屋”给予业务上的指导。保障全旗6个苏木、镇和社区的“全国文化信息资源共享工程”8台服务器的正常运转和28台电脑正常使用。

结合有关的节日，阿巴嘎旗图书馆还举办图书宣传活动。结合“世界读书日”，开展向广大读者推荐馆藏新书和新期刊活动，共发放新书刊宣传单300余份。邀请旗直中小学学生走进图书馆，开展以“我读书，我快乐”为主题的课外读好书活动，有150多中小学生参加。结合世界诗歌日活动与“老哈河”民族工艺品店联合举办诗歌日活动。与旗伊和高勒苏木阿拉腾嘎达苏嘎查举行了一场“五四青年节”读书日活动。

管理工作

2010–2013年，阿巴嘎旗图书馆实行全员岗位聘任，同时建立了工作量化考核指标，每年进行总体工作考核。

表彰、奖励情况

2010–2013年，阿巴嘎旗图书馆在全盟图书馆年度工作评比中连续三年获得“盟级优秀图书馆荣誉”，有3名个人分别获得“全盟图书馆优秀馆员”荣誉。

馆领导介绍

包力德，男，1959年12月02日出生，本科学历，中共党员，副研究馆员，馆长。1976年11月22日参加工作。

宝力道，男，1972年01月生，大专学历，中共党员，国家二级演员。1986年09月参加工作。2012年1月任图书馆馆长。

哈斯格日勒，女，1978年03月18日出生，大专学历，中共党员，馆员（中级），副馆长。1997年01月22日参加工作。

未来展望

阿巴嘎旗图书馆遵循“科学、效率、创新、发展”的办馆方针，践行“守土有责、守土负责、守土尽责”职责，即完善单体服务功能。

阿巴嘎旗图书馆将走上了“五化”发展轨道。一是正规化。即读者第一，服务至上；着装统一，挂牌上岗；文明接待、有问必答；标示规范、借阅迅速；设施完好、环境整洁。并公开向社会承诺，广泛接受读者和社会监督。二是标准化。既开、闭馆准时、敞开办证、语言文明、开架借阅、微机管理、活动丰富、开拓创新。三是自动化。即采用微机管理、采访、编目、流通、报刊管理、馆藏文献检索等工作实行计算机业务管理。读者到馆进行计算机单项题录检索保证30分钟内完成。四是网络化。计算机组成局域网络，读者及本馆工作人员实现各阅览室职能内部联网。安装图书管理系统，馆内工作人员通过电脑操作，即可查知图书借阅情况及相关的信息汇总。读者在终端即可查找所需要的图书。五是数字化。(1) 计算机网络连接。(2) 实现与兄弟单位及上级单位读取信息。(3) 读者上网查阅资料、阅读新闻、网上读书。

锡林浩特市图书馆

概述

锡林浩特市图书馆于2011年12月组建并开馆。馆占地面积3000平方米，使用面积2600平方米，是一座开放型的现代化多功能图书馆，馆内设置有先进的管理系统，为实现图书馆设施现代化、服务网络化、管理智能化奠定了基础。总藏量共68148册，电子图360008册，有阅览坐席242个。实行全开放管理，借阅合一。现已配备文献检索计算机65台（其中电子阅览室37台、办公区4台、全国文化信息资源共享工程阅览室24台），一至二层无线网络覆盖，集聚文化、教育、科研、休闲等功能，成为我市最大的信息平台和资源总库。

业务建设

锡林浩特自2011年开馆以来，全部实行免费开放，每周免费开放时间达58小时，共办理借书证3207张，年读者活动达2万人次，具体活动如下：一是积极开展“4·23世界读书日”活动，自开馆以来，有针对性的开展图书日活动共28次，共有2万人参加了活动；二是走出去，建立流动图书库。连续四年在锡市宝力根街道办事处的四个社区开展了流动图书库建立试点工作，每个流动书库点上共存放图书800册，同时还在三个社区辅导了业务工作，2014年又在66358部队的70、71、72分队建立了同样的流动图书室。按季度开始互相流动。如果此项工作经过读者调研，得到认可，便在全市各个社区全面铺开。三是承办各类书展活动，2012年承办了全区首届蒙古文图书展，共有25个单位，2.2万册图书参展，为4万人提供了服务。四是有针对性的对特殊人群开展服务。

读者服务

始终以“读者第一、服务至上”的宗旨，最大限度的满足读者，图书馆不断的创新服务机制，改进服务方式、提高服务质量，完善服务承诺制建立健全各项工作制度，激发全体员工争先创优的工作积极性。为了方便读者实行全年免费开架借阅（双休日照常接待读者）每周开馆时间58小时。我馆馆藏合计68148册（汉文图书60108册，工具书671册，期刊1664册，蒙文图书2274册，新书2182册，地方文献60册，报刊722册，音像467册）流动图书室全年借阅人次在6036册，流动人次10650人。年借阅次数11064册，流动人次48900人次。总合计年借阅次数17100册，流动人次59550人。

业务研究、辅导、协作协调

2011年9月，参加内蒙古自治区共享工程县级中心暨“数字图书馆推广计划”技术培训；2012年9月，参加内蒙古东部地区图书馆《中图法》第五版培训班；2013年4月参加“图书馆服务与评估研讨班”的学习。2013年3月由我馆馆员娜仁格日勒撰写的论文“浅谈如何创新公共图书馆的管理模式”在《世界华商经济》举办的“城乡建设与发展战略研讨活动”中，荣获一等奖。

馆员介绍

包金花，女，1976年10月生，大学本科学历，馆长。1993年参加工作，2011年任锡林浩特市图书馆馆长。

娜仁格日勒，女，1987年5月生，大学专科，馆员。2010年参加工作。

张静，女，1987年12月生，大学专科，馆员。2011年3月参加工作。

斯琴其木格，女，1988年1月生，大学专科，馆员。2008年参加工作。

付宏雪，男，1989年12月生，大学专科，馆员。2012年参加工作。

未来展望

在今年的全国第五届图书馆评估定级小组提出图书目录系统需要改进，在区领导的讲话中提出了很多需要改进的地方：

1、图书系统要用蒙科立图书管理系统。

2、地方文献、古籍、相对缺少，没有单独的阅览室。

3、电子阅览室缺少查看图书的应用电脑。

4、缺少少儿阅览室。

5、缺少我馆推向社会做宣传活动的设备。

6、每年增加藏书量。

我馆按照区、盟领导的指示做好图书馆今后的发展中，加强文献资源建设，将继续扩大文献资源的采购范围及数量，购买数据库资料，加工整理现有资源，全体提高馆员的专业素养和敬业精神，工作积极认真，服务热情周到，不断开拓新的服务手段和内容，使图书馆真正成为新林浩特市的文献信息中和知识中心。

联系方式

地　址：内蒙古锡林浩特市青少年活动中心
邮　编：026000
联系人：包金花

太仆寺旗图书馆

概述

太仆寺旗图书馆始建于1956年，原名察哈尔盟图书馆。“文革”期间隶属文化馆，1979年又重新分设，定名为“太仆寺旗图书馆”。馆址几经变迁，2012年7月，位于文化大厦三楼的新馆建成开放，建筑面积1520平方米。内设机构为一室七组，即办公室、采编辅导组、文献典藏组、图书阅览组、儿童阅览组、地方文献特藏组、多媒体活动组、电子阅览组。2012年底，太仆寺旗图书馆有阅览座席90个，计算机40台。太仆寺旗图书馆参加全国公共图书馆评估，获得“国家三级图书馆”。

业务建设

截止2012年底，太仆寺旗图书馆总藏量45260册。其中，原察哈尔盟图书馆藏书2488册；历年存档报纸333份，人民报内蒙古报纸从1990年至今；共有中外电子图书3000册。

2009年至2010年，太仆寺旗图书馆新增藏量购置费2万元，2011年至2012年每年增至4万元。2009—2012年，共入藏中外文图书3040种，9120册。

2012年10月，开始构建自助图书馆系统，对图书馆进行RFID技术改造，增加相关设备，并对原有图书馆自动化集成管理系统进行升级改造。建设的规模项目包括：图书馆网页的建立。RFID技术改造。包括图书贴RFID标签，书架贴RFID架标；读者办理RFID借书证等。系统建构。包括中心端软硬件服务平台及监控管理系统建设、服务端自助借还机及服务环境建设。

读者服务工作

太仆寺旗图书馆全年365天，天天对外免费开放，周开放不少于58小时，流动图书6281册。引进RFID技术，实现了馆藏文献的自助借还。2009年书刊总流通4867人次，书刊外借5417册次。2010年至2011年图书馆新建馆址，所以读者较少，两年书刊总流通7961人次，书刊外借9209册次。2012年书刊总流通13560人次，书刊外借13240册次。

2009—2012年，太仆寺旗图书馆共举办竞赛、演讲、有奖竞猜、读者座谈会、讲座、展览、培训、阅读推广亲子读书等读者活动39场次，参与人数117000人次。太仆寺旗图书馆举办了若干个以阅读推广为主题的活动，此类活动受到了读者们的好评，这些活动的成功举办是太仆寺旗图书馆阅读推广工作的亮点。

工作开展、辅导、交流

2012年底，太仆寺旗图书馆共设有12个流动图书馆，为部队流动图书200册，为监狱赠送图书845册、为幸福乡赠送图书385册，为社区流动图书520册、全年接待读者15630人次，流动图书13310册。

2009年起，太仆寺旗图书馆每年都举办有奖竞猜、演讲大赛、知识竞赛、阅读之星读者活动等丰富多彩的主题活动。并举办苏木乡镇草原书屋管理培训班，来自苏木乡镇主管镇长、文化站管理人员、草原书屋管理人员、图书馆部分人员参加了培训。

2012年至2013年，太仆寺旗图书馆又增加了在暑假期间举办图书馆小志愿者活动，让更多的读者走进图书馆、了解图书馆、热爱图书馆，更好地发挥图书馆的文化传播与社会教育职能。

管理工作

太仆寺旗图书馆制定了一系列的工作制度和管理方案，严格按照上级要求做到“五防”工作。每月进行工作总结与计划，每半年和全年进行总体工作总结。2009—2012年，共抽查文献排架52次，书目数据19次，编写《工作信息》51篇，撰写工作方案39篇。

表彰、奖励情况

2010年以来太仆寺旗图书馆先后被评为“读者喜爱的图书馆”、“精神文明先进单位”。2011年、2012年太仆寺旗图书馆被锡林郭勒盟图书学会、锡林郭勒盟图书馆评为“优秀单位”。

馆领导介绍

聂林，男，1959年9月生，大学学历，馆员，馆长。1978年7月参加工作，1981年退伍分配到图书馆。历任太仆寺旗图书馆副馆长、文物所所长、文化市场办公室主任，现任太仆寺旗图书馆馆长。

李萍，女，1962年5月生，大专学历，中级职称，副馆长。1982年参加工作，1985年分配到图书馆，2004年任太仆寺旗图书馆副馆长。

未来展望

太仆寺旗图书馆是我旗文献信息、目录、馆际互借、自动化建设、图书馆学研究和业务辅导的中心，担负着保存人类文化遗产、开展社会教育、传递科学信息、开发智力资源的社会职能。在促进国家经济、科学、文化、社会教育事业的发展，提高全民族科学文化水平方面起着重要的作用。在未来的几年里，随着信息产业的发展，数字化文献产品日渐丰富，网络信息资源迅速增长。我馆将打造一个纸质文献和数字化资源并存的图书馆形态。

联系方式

地　址：锡盟太仆寺旗宝昌镇文化大厦三楼
邮　编：027000
联系人：聂 林

西乌珠穆沁旗图书馆

概述

西乌旗图书馆建馆于1982年，是西乌珠穆沁旗唯一一所向社会免费开放的公共场所，国家三级馆。位于西乌珠穆沁旗巴拉嘎尔高勒镇文体大厦4层5层；总面积：2514.74平方米，是全国文化信息资源共享工程西乌旗支中心，馆内设有成人阅览室、少儿阅览室、电子阅览室、借阅室、文献资料室、自学室等服务窗口，现有工作人员12名，（其中初级职称1人，中级职称7人，副高级职称2人，大专学历4人，本科学历7人，研究生1人，工作人员平均年龄：36岁）。馆内蒙汉文藏书5万册，各类期刊报纸230余中。

业务建设

成人阅览室面积：115.2平方米，可容纳100名读者，并可通过多媒体观看影片及各种讲座。

少儿阅览室面积：115.2平方米，可容纳100名读者，为小读者提供各类期刊杂志105种，各类图书12000册。

电子阅览室面积：126.27平方米，有20台计算机供读者使用，读者可上网查阅资料，也可利用文化信息共享工程观看影片，讲座，掌握生产生活技术等。

借阅室面积166.32平方米，蒙汉藏书量4万册。

地方文献室面积：71.28平方米，藏有220余中地方文献资料

自学室面积：66.12平方米，是专为自学人员提供的学习场所。

读者服务工作

在旗委政府的关心关怀下，在上级业务主管部门的支持帮助下，西乌旗图书馆紧紧围绕服务宣传，开展读书活动，业务交流和岗位培训等重点业务工作，积极探索图书馆事业发展的新模式，新路子，始终坚持“服务第一，读者至上”为宗旨，把提供文献信息，方便读者，提高藏书利用率，满足社会需求作为图书馆工作的中心和重心，每年走出馆舍开展各类图书活动10次以上，应对西乌旗地广人稀的特点在牧民闲暇季节开展送图书下乡活动，丰富活跃广大牧民的文化生活，受到基层牧民的好评，建馆30多年来此项工作从没有间断过，图书馆实行向社会免费开放，并做到节假日照常开馆，每年平均来馆读书的读者累计12000人次，外借图书2万册，我馆还利用多媒体为全系统乃至全旗的干部职工提供便利条件，很多学习，会议，讲座等都在我馆完成，提高了多媒体技术的利用率，图书馆为地方文化领域建设与发展发挥着它不可替代的作用。

未来展望

今后西乌旗图书馆加强对业务人员的培训，取长补短，为全面建成数字化管理图书馆而努力，更好地服务读者，探索利用文化信息共享工程服务的新路子，发挥文化信息共享工程和中心的作用，让共享工程成为惠民工程，民心工程。

馆领导介绍

馆长：孟根其其格，蒙古族，1973年7月11日出生，国家二级演员，本科学历，自2014年10月28日起任西乌珠穆沁旗图书馆馆长职务。

副馆长：萨仁其木格，蒙古族，1985年4月15日出生，本科学历，自2014年10月28日起任西乌珠穆沁旗图书馆副馆长职务。

借阅室

少儿阅览室

电子阅览室

苏尼特左旗图书馆

概述

苏尼特左旗位于内蒙古锡林郭勒盟西北部，地处蒙古高原中北部，属中温带半干旱大陆性气候。北部与蒙古国接壤，国境线长达316公里，西部与苏尼特右旗相连，东部与阿巴嘎旗毗邻。南部与正镶白旗、正兰旗交界，全旗南北长335公里，东西宽160公里，总面积为34251.7平方公里，总人口3.2万人，旗所在地满都拉图镇是全旗政治经济、文化中心，镇里居住着全旗1/3的人口。苏尼特左旗是一个以蒙古族为主，汉族和其它少数民族共居的边境旗。

苏尼特左旗图书馆始建于1972年10月，是全旗唯一的公共图书馆。现有职工6人，5名女职工。于2010年6月5日搬迁至新的图书馆，新馆舍建筑面积：1800平方米。

业务建设

截止2013年底，苏尼特左旗图书馆总藏书量为：25691册，其中库存杂志2251套，入藏图书22408册（汉16363册、蒙6045册），搜藏电子文献1032盘。

2013年苏尼特左旗图书馆总流通人数是4870人次，书刊文献外借册数是1780册次。（其中报刊借阅175人次；借阅报刊1045册次；阅览流通1680人次。图书借阅386人次；借阅图书735册次；阅览流通1750人次）。电子阅览室阅览流通740人次；文化信息资源共享工程接收上级中心资源的视频607个；播放讲座7场，服务人次700多人。

图书馆借阅服务坚持全年无假日对外开放，每周开馆56小时。小说借阅室、杂志借阅室、报刊综合阅览室、电子阅览室、藏书库、民族地方文献室、青少年阅览室、文化信息资源共享工程县级支中心等八个业务服务窗口全部免费为读者服务。

苏尼特左旗图书馆夯实业务基础，注重图书藏量的增加，在财政非常困难的情况下，每年都安排一定的资金购置报刊和图书。2011年新增图书1000余册，2012年在“锡林郭勒盟首届蒙古文图书节”上购置了图书5000余册，其中蒙文图书3500余册，这将弘扬民族优秀文化，增加馆藏资源起到积极的促进作用。

2008年，苏尼特左旗图书馆被确定为全区文化信息资源共享工程县级支中心。2010年安装设备并运行。2011年和2012年五个苏木镇的文化信息资源共享工程基层站设备全部发放到位。2013年将嘎查村的24台一体机发放到相关嘎查。

2013年8月底开始在我旗启动“数字文化走进蒙古包”工程试点建设，经选定在我馆设立“一级数字加油站”，在满都拉图镇巴彦淖尔嘎查牧民乌力吉巴雅尔的旅游点建立“二级数字加油站”，试点站周边的牧民群众来到数字加油站附近就能获取所需的电子图书和视频资源。利用全国文化信息资源共享工程丰富的数字文化资源，为无网络覆盖的广大基层农牧民群众提供24小时不间断的数字文化服务，现可提供1500余小时的精选视频资源、5万余册电子图书、3000余部有声电子资源，其中包括蒙文视频600小时，蒙文电子图书百余部。农牧民群众通过移动智能终端尤其是智能手机进行在线阅读、在线观看和离线下载学习观看，不断满足基层广大农牧民文化需求。

读者服务工作

近几年，我们把读者服务、读者活动作为重中之重，狠抓了落实工作，取得了较好成绩。首先是开展全民读书月、图书馆服务宣传周、世界读书日等活动，2013年共举办各类读者活动5次，开展专题读者活动3次。其次利用广播电视、网络等媒体进行了广泛宣传，4月23日世界读书日期间，我旗启动了全民读书月活动，在旗电视台、内蒙古广播网等媒体进行了广泛宣传。

业务研究、辅导、协作协调

苏尼特左旗图书馆发挥图书馆社会教育职能，深入旗直部门、乡镇村社举办各类知识讲座5场次，听众达1100多名。同时我们下基层开展共享工程基层网点技术培训工作3次，培训基层网点信息员30人次，下基层文化站指导培训3次，协助指导基层站点分类、编目、上架图书3000多册，举办农家书屋管理培训2次，参训30人次，指导并实施农家书屋图书分类、编目、上架图书7400多册。调研工作扎实认真。去年以来，图书馆班子成员结合新形势下图书馆的发展和对基层工作的辅导等方面进行了广泛调研，撰写对基层图书工作有指导意义的调研文章2篇。在调研中，培训了乡村图书馆（室）业务骨干，建起了基层图书馆（室）名录。

管理工作

苏尼特左旗图书馆在管理上求规范，气氛上求和谐，作风上求垂范，服务上求实效。一是在人事管理上制定了图书馆管理聘用工作实施方案，和每个职工签订了聘用协议，实行岗位绩效责酬挂钩，极大的调动了全体职工工作的积极性。二是建立健全了学习制度、工作制度、考勤制度、服务准则和绩效考核制度。

表彰、奖励情况

2004年至2012年我馆连续九年获得全盟业务目标考核先进单位。

2007年我馆被旗妇联授予全旗巾帼先进示范岗。

我馆从1995年取得旗级文明单位称号。

2010年馆长李淑芳获得全盟基层文化工作先进工作者称号。

2010年至2012年馆长李淑芳连续三年被锡林郭勒盟图书馆学会评为锡林郭勒盟公共图书馆系统优秀图书馆馆长。

馆领导介绍

李淑芳，女，1969年8月生，本科学历，副研究馆员，馆长。1987年9月参加工作，2004年至今一直担任旗图书馆馆长，从事图书管理工作。在此期间，旗图书馆连续九年被评为全盟公共图书馆业务考核先进单位；从2010年至2012年李淑芳又被连续三年评为全盟优秀图书馆长，2010年被评为全盟基层文化工作先进工作者。

未来展望

今后，旗图书馆全体职工将加强业务学习、严格内部管理、强化队伍建设、规范和完善服务功能，改善阅读环境，积极争取社会各界的广泛支持，力争使旗图书馆在业务建设、读者服务、文化共享工程建设等方面不断取得新的进展。

联系方式

地　址：苏尼特左旗满都拉图镇达日罕街
邮　编：011300
联系人：包苏鹏

正镶白旗图书馆

概述

正镶白旗图书馆初创于1985年，1986年元旦正式对外开放，是我旗成立的第一个公共图书馆。馆址几经变迁，2012年5月，位于明安图科技文化中心的新馆建成开放。新馆建筑面积1000平方米，设计藏书容量10万册，可容纳读者座位200个。2012年，参加第五次全国公共图书馆评估，首次获得三级图书馆，正镶白旗图书馆有阅览坐席200个，计算机40台。

组织馆内人员及苏木镇、社区服务点工作人员积极开展“树文化新形象，创文化新业绩”活动，以科学发展观为统领，强化职业道德教育，不断提高广大在职职工的综合素质。积极参加上级业务部门的各类培训，提高工作人员的业务素质和业务技能。并不断增强服务理念，创新服务手段，提高服务水平，积极构建公共图书馆服务体系，满足广大读者日益增大的图书报刊阅读需求，使图书馆真正成为人们学习的最佳场所。

业务建设

截止2012年底，正镶白旗图书馆总藏量31000册（件），征订报刊、杂志200种，其中报纸25种，杂志175种，藏量购置费共计38万元。

读者服务工作

从2010年8月起，正镶白旗图书馆全年对外免费开放，周开放56小时。2009–2012年，书刊总流通18000人次，书刊外借15000册次。2009–2012年，苏木乡镇、街道共设20个服务点，书刊流通总人次20000人次，书刊外借30000册。

管理工作

2012年，正镶白旗图书馆建立了工作量化考核指标体系，每月进行工作进度通报，每半年和全年进行总体工作考核。2009–2012年，编写《工作信息》48期。

表彰、奖励情况

2010–2011年，正镶白旗图书馆连续两年获得“锡林郭勒盟公共图书馆年终业务目标考核优秀单位”。

馆领导介绍

乌云高娃，女，1964年12月生，大专学历，中共党员，副研究馆员，馆长。1985年8月参加工作，1992年开始担任图书馆馆长一职。2004年–2007年被选为正镶白旗第十二届人民代表大会代表。

照日格图，男，1965年9月生，大专学历，副馆长，1985年9月参加工作。

未来展望

正镶白旗图书馆遵循“科学、效率、创新、发展”的办馆方针，在不断强化自身综合实力的同时，通过创建正镶白旗公共图书馆服务体系，带动了全旗公共图书馆事业的整体发展。今后，还将推出特色讲座活动，进行乡土教育、爱国主义教育，以此弘扬优秀传统文化，满足广大读者的文化需求。

联系方式

地　址：正镶白旗图书馆
邮　编：013800
联系人：乌云高娃

察右后旗图书馆

概述

察右后旗图书馆成立于1984年，2013年3月迁入文化会展中心。现有工作人员10名，大专学历6名，中专学历4名，中级职称6，初级职称4名。图书馆占地面积1000平米，藏书36000册。馆内设有五个阅览室，分别 综合阅览室、少儿阅览室、电子阅览室、蒙文阅览室、报刊阅览室。

读者服务工作

察右后旗图书馆始终以科学发展观为指导，以加强行风建设为核心，以公正评议。促进有效整改为手段，大力推进公共图书馆服务管理体系建设。从2011年起，图书馆全年对外免费开放，平时努力抓好图书借阅管理的同时，每逢“世界读书日”来临之际，都要联合全旗各所中小学校外活动举办“读者服务周”活动，并召开“读者座谈会”。“读者服务周”活动开始之前，图书馆在察哈尔广场举行启动仪式并向群众散发宣传单，每次散发宣传单达2000余张，积极引领广大群众，社会团体广泛参与活动场所。图书馆先后印制了3000张免费图书借阅卡，向全旗各中小学校和辖区群众发放，这此工作起到了一定社会效应。

2011年文化共享工程设备安装于6个综合文化站，（四个待安装）每年举办一次分管领导和站长培训，平时馆里技术人员下各站指导及维护和维修。2012年度贲红镇综合文化站被文化部授予“全国文化信息资源共享工程电子阅览室示范点”的荣誉称号。每年举办一次各综合文化站长“自由式座谈会”，然后现场培训。

馆领导介绍

敖玲玲，女，达斡尔族，1962年8月生，大专学历，中级职称，馆长，1980年3月参加工作。

王录，男，1961年3月生，大专学历，中共党员，中级职称。1980年12月参加工作。

未来展望

察右后旗图书馆被遵循“科学、效率、创新、发展”的办馆方针，借着自治区“8337”发展思路的东风，即完善单位服务功能，扩大服务辐射区，带动地区文化发展。从传播先进文化，提高全民科学文化素质的高度出发，树立“读者至上、服务第一”的宗旨和意识，提供更好、更优、更高、更强的公共文化服务。

多伦县图书馆

概述

多伦县图书馆始建于1979年10月，位于多伦县诺尔镇新城区文化中心楼，馆舍使用面积800平方米，2007年动工兴建，2008年3月迁入文化中心二楼，4月正式开馆服务。

多伦县图书馆的定位是以电子图书馆为基础，体现知识交互理念、融合传统图书馆功能的现代城市中心图书馆。采用开放灵活的藏、借、阅、查、为一体的新型服务模式，除了特定或特殊的文献资料外，所有藏书全部对读者开放。

截止2014年7月，在编人员8人，其中馆长1人，副馆长1人，具有本科学历的4人，大专学历的3人，大专以上学历者占职工总人数的70%，副高级职称1人，中级职称5人，初级职称2人。

多伦县图书馆有阅览座位100个，设有文化信息资源共享工程多伦县支中心电子阅览室、成人阅览室、少儿阅览室、参考咨询室、采编室、借书处、书库等服务窗口7个。

馆藏资源

截止2014年7月，馆藏图书3万余册，图书馆服务的宗旨是以人为本，坚持“读者至上、服务第一”的宗旨，为广大读者提供图书借阅、报刊订阅、资料咨询、信息导航等全方位的优质服务。

读者服务工作

读书活动：每年都举办中小学生读书读报活动，还举办了文学、历史、科学、艺术等知识讲座。每年都要举办“4.20世界读书日”读书读报、征文活动，鼓励中、小学生踊跃投稿，提高文学修养和写作水平。不定期举办各类学科的知识竞赛，形成读者和图书馆的互动，充分展示了图书馆魅力。同时利用《文化资源共享工程夏日电影展播》“共享书香、快乐阅读”光盘资源开展进校园活动。

送书下乡、进校园、进社区：为促进社会主义新农村建设，满足基层、学校、社区广大读者的读书欲望，每年都要开展送书下乡、进校园、进社区活动。组织近千册图书到乡镇文化站图书室、草原书屋，供基层读者借阅，让基层读者每年都能品味到丰富的文化大餐。

学术、科研成果及获奖情况

2004年以来图书馆在系统责任状考核中，连续获得优秀单位称号。

2005年–2013年在全盟公共图书馆业务目标考核中获得优秀单位奖。

2009年度信息资源共享工程项目建设突出贡献奖。

2010年在第4次全国公共图书馆评估定级工作中被评为三级图书馆。

2013年在第5次全国公共图书馆评估定级工作中被评为三级图书馆。

未来展望

进入21世纪以来，我县的图书馆事业面对全县信息产业和文化产业多元化迅猛发展的形势，迎来了新的发展机遇和挑战。我馆工作人员从上世纪末即开始对我县图书馆事业的未来描绘出各种美好的蓝图，期望为她的进一步成长与繁荣寻求方向。我县未来图书馆事业将按以下几个方向发展：

1、要让图书馆具有休闲功能、生产功能、展示功能。

2、图书馆文献趋于数字化。

3、图书馆服务趋于自助化。

4、图书馆管理趋于科学化。

馆领导简介

馆长：马力遥，女，1964年12月，锡林郭勒盟多伦县人，副研究馆员。

联系方式

地　址：内蒙古自治区锡林郭勒盟多伦县文化中心综合楼
邮　编：027300
馆　长：马力遥

利用信息资源共享工程，弘扬雷锋精神宣传月活动

全县小学生读书读报活动

“书香草原，阅读城镇”读书活动

送书下乡

阿拉善右旗图书馆

概述

阿拉善右旗位于内蒙古自治区西部，阿拉善盟中部，总面积7.3万平方公里，其中巴丹吉林沙漠面积4.7万平方公里，人口2.6万，是一个以蒙古族为主体，汉族占多数的少数民族边境旗县，旗政府所在地为巴丹吉林镇。阿拉善右旗图书馆隶属于阿拉善右旗文化旅游局，为准科级公益性事业单位，位于巴丹吉林镇曼德拉路，馆舍建筑面积1070平方米，包括书库、报刊资料库、办公室、机房、综合阅览室、电子阅览室等。全馆核定编制11个，现共有干部职工11人。

业务建设

图书馆现有藏书3.14万册，其中蒙文图书3千册以上，地方出版图书44册，馆内自建数字资源4TB，数字图书200册。2014年购置蒙汉图书2400多册，订阅蒙汉报刊杂志67种。2012年投资12.5万元，采购图书专用书架、书柜和阅览桌等设备，完成了书库、资料库设备更新和综合阅览室改造。文化信息资源共享工程旗支中心于2010年建成，2011年投入使用，同年开始进行图书回溯建库工作。2012年向旗内巴丹吉林镇、雅布赖镇、阿拉腾敖包镇、阿拉腾朝克苏木和曼德拉苏木5个苏木镇发放5套文化信息资源共享工程设备，设备于2012年安装调试完成。2013年向7个苏木镇的25个嘎查发放联想启天A7100一体机，初步完成4级文化信息资源共享网络建设。

读者服务工作

阿拉善右旗图书馆全年免费开放时间为52周，每周服务时间不少于56小时。2011年图书馆实现免费开放，服务项目包括免费办理借书证、免费业务咨询、免费报刊查询、书库和阅览室全面实现开架服务、免费开放电子阅览室、综合阅览室等10余个服务项目。在旗直单位、驻旗部队、企业、社区、学校和苏木镇建成图书流动室8个，每年流动图书3000册以上。每年不定期向社区、文化中心户、学校和嘎查等基层购买赠送图书500册。2012年完成社区书屋图书采购任务，给全旗9个社区（巴丹吉林镇阳光、常山、泰隆、团结和满达5个社区、雅布赖镇金凤、兴雅和巴音诺日3个社区、阿拉腾敖包镇曙光1个社区）每个社区购置5万元图书及设备，还对社区图书管理人员进行为期一周的业务培训，内容包括图书登记、分类、编目及电脑录入等，并赠送了图书登记簿。每年以“4.23”世界读书日和“书香阿拉善”读书月为契机，组织全馆职工上街宣传，在全旗中小学开展读书征文活动。

业务研究、辅导、协调协作

阿拉善右旗图书馆每年不定期选派工作人员深入全旗各学校、社区、苏木镇文化站和嘎查文化室进行“社区书屋”和“草原书屋”图书分类、编目等图书业务辅导。全年在馆内举办图书培训班4次，200多人接受培训。每年选派馆内图书业务骨干到盟区参加培训。多次组织馆内职工参加阿拉善盟图书馆学会论文评比等活动，分别获得二等奖和优秀奖等好名次。有1篇论文在自治区图书馆学会论文评比中获奖。

管理工作

阿拉善右旗图书馆全部人员实行岗位聘任制，建立健全了各项规章制度和考勤制度，实行职工工资绩效考核办法，重大事项由馆委会集体研究决定。

表彰、奖励情况

2011年阿拉善右旗图书馆被内蒙古自治区图书馆学会评为先进图书馆，富丰国被评为优秀馆长。截至2013年还获得盟级表彰1次，旗级先进集体表彰2次，其它表彰3次。

馆领导介绍

富丰国，男，汉族，1965年9月出生，大学本科学历，群文馆员，阿拉善右旗图书馆馆长，阿拉善盟图书馆学会副理事长，阿拉善右旗书法协会主席，阿拉善右旗民歌协会副主席。

未来展望

加强数字和网络等核心技术的应用，推进阿拉善右旗文化信息资源的数字化建设，加快以数字图书馆为龙头的大容量数字化文化资源库建设，实现“数字文化走进蒙古包”工程落地，建成覆盖全旗的优秀文化数字资源共享无线网络，完成盟、自治区公共图书馆联网，实现资源共享。

联系方式

地　址：内蒙古自治区阿拉善右旗图书馆
邮　编：737300
联系人：富丰国

图书馆培训全旗教育系统图书管理员

“军民共建”与驻旗部队战士一起上街进行图书宣传

旗支中心培训苏木镇和社区文化站“文化共享”管理员

阿拉善左旗图书馆

概述

阿拉善左旗图书馆是一所综合性旗县级公共图书馆，于1979年10月正式成立。馆址几经变迁，现馆址位于阿左旗巴彦浩特体育场。2000年馆址在原旗体育场东侧，馆内设汉文图书室、蒙文图书室、综合阅览室、少儿借阅室、资料室、工具书查询室、采编组、业务辅导组等八个组室。藏书4.9万册，阅览座位60个，正式职工24人。2007年4月文化系统机构改革，内设机构精简为采编资料室、图书管理室、流通辅导室3个业务组室。藏书5.3万册。核定编制15人，实有工作人员19人。2012年8月因文化信息资源共享工程的实施，职能职责增加，内设机构调整为综合办公室、读者服务部、信息技术部3个部室。同时增加人员编制1人。实有工作人员17人。1990年被自治区文化厅授予全区首届群众文化工作“金牛奖”。1994年、1998年两次在全国公共图书馆评估定级工作中，被国家文化部评定为“三级图书馆”。2000年12月被自治区文化厅评为全区“1136”创优活动优秀单位。

业务建设

截止2012年底，阿左旗图书馆总藏量60212册。数字资源总量4TB，其中已建地方文献数据库66.25GB。2009年至2012年，图书年均入藏量为1712种，报刊年均入藏量为237种。所有图书参照《中国图书馆分类法<第五版>》分类标引，依据《中国文献编目规则<第二版>》规范著录，期刊依据《中图法期刊分类表》分类标引，依据《连续出版物著录规则》著录。制定有图书加工整理的具体操作规范，书标、登录号、馆藏章等都按照规范的要求做到统一、整齐、美观。文献保护方面制定有全面规范的文献保护规章制度，防水、防盗、防虫、防尘等措施齐全。有阅览坐席120个，其中少儿阅览室坐席20个。拥有计算机数量32台，其中可供读者使用的计算机数量25台。宽带接入10Mbps。2008年5月引进安装蒙科立多文种图书馆自动化管理系统，并对库存文献进行了回溯建库，是内蒙古自治区较早引进使用蒙科立蒙汉双语图书管理系统的图书馆之一。

读者服务工作

阿左旗图书馆2010年起即实现了公共图书馆的免费开放。坚持周六、周日照常上班，节假日不休息，最大限度地为广大读者提供服务，每周开馆时间达56小时。以2012年统计数据为依据，馆藏书刊文献年外借率达到121.5%，书刊文献年外借册次7.32万册次。为方便基层群众读书需求，每年都选送一些优秀图书及过刊向各苏木镇和旗政府所在地各街道社区流通，开展送书下乡、图书进社区活动。2010年至2012年共为基层流通图书1.8万册次。对每一位进馆的读者，只要有需求，都热情接待，尽可能的满足他们信息参考、业务咨询的需要。为扩大图书馆宣传推广力度，更好地为读者提供信息查询服务，2011年请专业技术人员制作了阿左旗图书馆网站。2009–2012年，共举办讲座、展览、培训、阅读推广等读者活动36场次，参与人数2.1万人次。

业务研究、辅导、协作协调

每年都组织工作人员参加自治区、盟图书馆学会组织的图书管理人员继续教育、图书业务知识培训等活动。与阿盟图书馆建立联合编目、馆际互借协议，并积极开展图书宣传、借阅流通等各类业务合作活动。先后组织人员赴宁夏图书馆、昆明图书馆等实地参观考察，学习先进图书馆办管理念。还先后派人参加了中国图书馆学会年会（2011年）、国家文化部县级馆长学习班、国家古籍普查沈阳培训班等较高层次的学习培训。通过外出培训、集中学习，使工作人员的专业技能有了较大提高，服务水平也明显提升。2010–2012年，阿左旗图书馆职工共发表学术论文11篇，撰写调查研究报告4篇。

与各苏木镇、街道社区图书室建立业务联系，对其工作人员进行图书编目、上架等业务辅导。每年都会针对基层文化站举办图书业务和文化共享工程知识培训，就图书分类、编目以及文化共享工程等知识进行系统的讲解。加强图书文化的共建共享工作，2012年4月与阿左旗纪委联合开设“廉政书架”，搭建廉政教育新平台，6月与阿左旗两新党工委联合开展了以“企业文化建设—读书励志人生”为主题的名家谈读书讲座暨为企业赠书活动。

阿拉善左旗图书馆馆貌

下乡检查指导草原书屋工作情况

元宵节有奖猜谜活动

开展读者自主选书赠阅活动

开展图书业务宣传

数字油画培训

健康花园社区送书上门服务

小学生课外阅读活动

表彰、奖励情况

2010年王雪莲同志被评为全盟图书馆工作先进个人。2011年王立芳同志被内蒙古自治区图书馆学会授予全区"优秀馆长"荣誉称号。2012年因在"党员窗口服务"创建示范项目方面成绩突出被阿左旗旗委确定为基层党组织建设示范点。图书馆领导班子被评为2012年度实绩突出领导班子。

馆领导介绍

王立芳，女，1972年8月生，本科学历，中共党员，中级职称，馆长。1990年7月参加工作，2011年4月到阿左旗图书馆工作。

田永国，男，1971年6月生，本科学历，中共党员，图书馆员，副馆长。1991年8月参加工作，2007年4月到阿左旗图书馆工作。

未来展望

阿左旗图书馆始终遵循"读者第一、服务至上、敬业奉献、协作创新"的办馆理念，以推动建设学习型社会为己任，不断解放思想、开拓创新、立足本职、创先争优，在图书业务工作开展、文化信息共享工程运行、对外流通、特色服务等方面取得了较好的成绩。今后将继续努力，把各项工作做的更实、更好，争取为建设文明、和谐阿拉善做出新的更大的贡献。

联系方式

地　址：内蒙古阿拉善左旗巴彦浩特体育场西北角
邮　编：750306
联系人：田永国

进社区宣传服务

图书流动到基层

二连浩特市图书馆

概述

二连浩特市图书馆成立于1989年，1997年在五定方案中核定为科级建制，事业单位，编制3人。现总藏书量为3.2万册。二连浩特市图书馆是全市唯一的公共图书馆，也是全市重要的思想文化阵地。2007年10月26日宣传文化中心大楼竣工剪彩并投入使用。市图书馆也搬迁至宣传文化中心大楼一楼，于10月26日同时对外开馆。图书馆的使用面积为1080平方米，分阅览室、书库、自习室、资源共享等，书架单层总长度达到620米，阅览座位60位。随着社会的发展，人口的增多，走进图书馆、利用图书馆的人越来越多。为满足读者需要，市图书馆在免费开放的基础上，坚持实行节假日开馆制度。此项措施得到了广大读者的好评，特别是为中小学生提供了节假日、寒暑假课外学习文化休闲的服务场所得到学生及家长的好评。二连浩特图书馆平均年借阅图书量为20000余册，总流通人次15000余人次。二连浩特市图书馆，本着一切为读者服务的宗旨，紧紧围绕图书馆免费开放的有关精神，按照“读者至上，服务第一”的服务准则，强化服务意识、拓展社会教育功能，为社会的发展进步作出应有的贡献。

全国文化信息资源共享工程县级支中心于2008年12月，在二连浩特市图书馆正式落成，该中心，拥有4个服务器、终端机40台、投影机及相关设备。为维护好共享工程，图书馆实行专人维护管理，并派参加往年文化厅举办的各类培训班进行了培训。为了阻止下载游戏之类的软件和浏览不健康的网站等内容，我们采取了将网页下载功能和一些网站进行了屏蔽，又通过软件将盘符隐藏等管理措施。共享工程中心对社会开放以来，以先进的设施设备、丰富的文化信息资源，为广大市民提供集中收视、上机个性化浏览、信息查询等内容的服务，展示优秀文化信息资源的魅力，努力满足广大人民群众的文化需求，进一步丰富了人民群众的精神文化生活。

开展业务

1、图书馆宣传

对广大市民读者进行阅读调查，了解读者阅读需求，定期向读者推荐新书和优秀图书。使广大读者踊跃地到图书馆来阅览，形成了良好的读书氛围。这不仅广大读者亲近了图书馆，更主要的是读者可以更广泛的了解到知识，激发了读者读书兴趣，同时也开阔了知识面，提高了全面素质。

2、开展利用图书馆教育

利用现有的图书资料，对全市广大读者及中小学生进行入馆宣传教育，并组织一些学生开展图书情报知识、怎样利用图书馆资源及读者借阅制度等知识的讲解。参与广大干部职工图书资源利用调查研究课题研究等。通过一系列宣传教育，吸引了更多市民走进图书馆、利用图书馆。

3、特色服务

根据图书行业的要求，结合二连浩特市图书馆的实际情况和现有条件，充分发挥文化信息资源共享工程的作用，在电子阅览室推介优秀栏目，有名家讲座、生活常识、电影及优秀地方剧目等内容。社区居民对现代科技信息和文化的需要迅速增加。结合这一现状，我馆深入调查，向上级部门汇报情况，文化厅根据情况，邮寄来了家禽饲养、苗木花卉栽培等相关资料。我馆根据实际情况有选择性的提供科学技术知识，让广大农民不断感受到先进科技带来的实惠。

图书管理

1、完善排架，更新导引标识。二连浩特图书馆一直采用《中图法》分类、排架。新书编目后及时上架，并经常整理排架，保证书架整齐。为了使各项服务工作更加贴近读者，我馆遵循图书分类排架规则，对书库内的图书进行全面整理，实现规范排架。为了让读者利用图书资源更加得心应手，我馆还对全馆书架进行了重新标识，使图书标引更加规范。

2、遵循规章制度，明确工作目标。我馆从建馆初期就极为重视规章制度建设，并在实行期间不断修订完善。到目前为止，已经建立了一套完整的规章制度体系和岗位考核制度体系，涵盖图书馆工作的方方面面。这样，就使得各项工作都有制度可依，各项奖惩措施均有章可查，减少了人为因素造成的管理上的随意性和盲目性，从而保障了各项工作的顺利开展。

未来展望

回顾二连浩特图书馆的工作，在取得成绩的同时，我们也找到了工作中存在的不足和问题，在今后的工作中，抓住机遇，锐意进取，大胆创新，发扬优势、弥补差距，进一步明确定位，扎扎实实地改进提高，努力把二连浩特市图书馆的各项功能更进一步，为二连浩特市的精神文明建设和经济建设作出更大的贡献。

呼和浩特市新城区图书馆

概述

新城区图书馆始建于1980年，当时仅22㎡的一间平房，集办公、财会、采编、借阅、书库为一体，十几年间，经过不断改善办馆条件，基础设施日趋完善，在1998年参加了全国第二次公共图书馆评估，首次被文化部评定为三级图书馆。2004年迁入新城区社区中心大楼至今，现有馆舍面积800㎡，阅览坐席200个（其中少儿阅览坐席120个）；由电子阅览室、社会科学图书外借室、自然科学图书外借室、少儿图书借阅室、学龄前儿童阅览室、报刊阅览室、工具书查阅室、地方文献查阅室、过期报刊查阅室、培训辅导室、自习室、多功能活动室、会议室等多个服务窗口组成；并成立了全国文化信息资源共享工程新城区支中心。全馆有计算机31台，供读者使用和查询的计算机24台；具有100Mbps的局域网带宽和30Mbps的互联网出口带宽，选用"蒙科立多文种图书管理系统"和"联创公共电子阅览室管理系统"。

业务建设

截止2012年底，我馆共入藏图书文献48715册、视听文献760种、电子文献10000种；2012年新增藏量购置费8万元，新增图书1133册、视听文献231种、报刊6种。

建立新城区图书馆网站，开展网络信息服务，截止2012年底，数字资源总量为4TB。

读者服务工作

自2011年9月起我馆实行免费开放，每周开放60小时以上，节假日不休息。利用每年的"图书服务宣传周"、"全民读书节"、和"文化信息简讯"、"文化三下乡"、"科技下乡"等方式向读者宣传优秀图书；从2010年开始，将充实"农村、社区图书室"作为为群众办实事项目之一，投入了大量人力物力，使延伸服务得到了较好发展。在原有3个馆外流动服务点（新城区医院分馆、新营小学少儿流动图书站、丁香路小学少儿流动图书站）的基础上增设了滨水新村图书室、塔利村图书室、星火巷社区图书室等3个流动服务点，共计送去图书5000余册。

业务研究、辅导、协作协调

发挥图书馆社会教育职能，深入各乡镇、街道、社区、农村、小学举办知识性强、寓教于乐的培训和讲座，2012年共为各界群众免费放映培训、讲座61场；举办"加强民族团结，振奋民族精神"少数民族图片巡回展2次，参加人数约2万人次。同时我们多次对基层图书室进行集中业务培训和个别业务辅导，指导社区、农村图书室对图书进行分类、编目、管理。先后举办过"新城区基层图书室管理员业务培训班"、"新城区文化共享工程基层服务站业务培训班"、"新城区农家书屋管理员业务培训班"，培训人员约200人次。

积极参加自治区图书馆学会组织的各类学术研讨会。馆内业务研究气氛浓厚，2010年召开图书馆第一届论文研讨会，全体职工努力提高自身业务水平和综合素质，积极撰写论文并展开讨论。有3名职工先后在省级刊物发表论文。通过开展业务研究，不断更新观念，适应形势。

管理工作

实行岗位和工作目标管理责任制，制定各部室工作细则、岗位职责，按需设岗、按岗聘用。具体工作实行细化、量化，如图书录入册数、读者借阅册次、读者活动次数、信息数量等，全部年初定量、年终核实。考核制度经常化，所有职工每年按照德、能、勤、绩进行全面考核。

档案健全，按规定设立人事档案、业务档案、工程项目档案等。立卷准确、目录完整。设备、物资都有财产明细登记。制定保管制度，责任到人，每年清查，做到账物相符。各类统计齐全，分别建档，有藏书统计、读者统计、参考咨询统计等。馆内环境整洁，设备设施维护良好。严格按消防要求购置了消防设备，每年进行消防培训、制定突发事件应急预案和安全保卫制度。

表彰、奖励情况

2009—2012年，新城区图书馆被文化部授予"公共电子阅览室示范点"称号，被内蒙古自治区文化厅评为"全区文化信息资源共享工程示范县级支中心一等奖"、"2011-2012年度自治区十佳图书馆"，被呼和浩特市文化局评为"基层文化工作先进单位"，被呼和浩特市图书馆评为"呼市小学生故事会组织奖"、"呼市小学生诗歌朗诵比赛优秀奖"。

馆领导介绍

崔筱意，女，1975年4月生，本科学历，中共党员，中级职称，馆长兼党支部书记。1992年分配至新城区图书馆参加工作，先后在宣传部、辅导部、采编部、少儿借阅部等部门工作，1999年任副馆长，2002年任馆长，2013年兼任党支部书记。

未来展望

在未来的几年里，新城区图书馆将迁至建筑面积4000㎡以上的新馆舍。健全基础设施，建立移动图书馆、少儿数字图书馆、电子书借阅机、视障阅览室等服务平台；使用通借通还、自助还书等服务方式；并逐步完善馆藏数据库和地方特色文献数据库、古籍数据库，充分利用各类信息技术和网络环境开展创新服务。在阵地服务和延伸服务的基础上开展形式多样的公益性惠民服务，最大限度地发挥社会效益，坚持公益性、基本型、均等性、便利性的读者服务方式，努力构建独具特色的数字化图书馆。

联系方式

地　址：呼和浩特市新城区艺术厅北街星火巷20号
邮　编：010010
联系人：徐向春

包头市白云鄂博矿区图书馆

概述

白云鄂博矿区草原英雄小姐妹事迹展览馆旧址建于2007年。2010年新址建成，位于白云矿区文化艺术中心楼内，使用面积500平方米，投资规模250万元，年均接待参观者万余人次。

展馆展出珍贵图片240张、实物85件，并结合声光电等现代科级手段，展现了"草原英雄小姐妹"当年的英雄事迹。展馆陈列布展共分5个部分，分别为：序厅、草原赞歌、闪光年华、英华长虹、眷眷情怀。

奇石馆说明

2000年，区政协举办了首届奇石展，带动了更多爱好者参与到赏石活动中。随着奇石爱好者的增多，2005年8月，我区建立包头市第一家奇石展览馆，专门用于展示我区石友收藏的各类奇石精品。开馆以来，前来慕名参观的奇石爱好者络绎不绝，原全国人大副委员长王光英、自治区党委副书记杨利民先后参观奇石馆并题词留念。为了让更好展现白云矿区的奇石文化，为白云石友搭建一个对外交流的平台，2010年，在区委、区政府的大力支持下，在新建的文化艺术中心内重新装修此馆，此馆面为770平方米，馆内展出的奇石除了产自本地的葡萄玛瑙、肉石、风砺石、木化石、白云玉等，还展出了来自阿拉善、巴盟、新疆、云南、浙江、广西等地的沙漠漆、水晶、钟乳石、彩陶石等。

稀土馆说明

白云矿区地质馆于2010年8月建成，馆内浓缩着白云鄂博的发展建设历史，展示了自发现白云鄂博以来的，每个历史时期的发展轨迹、珍贵资料和发展历程，馆内还陈列着170多种矿石标本，客观生动地反映了白云鄂博矿区丰富的矿产资源和白云鄂博的发现史、建设史和发展史。

图书馆说明

白云图书馆位于白云文化大楼的三楼，有多功能室，电子阅览室，图书室。多功能室已经配备了屏幕、音响、视频会议用摄像头、采集卡及会议用麦克风，电子阅览室已经有25台文化共享用终端计算机。

按照要求需要设置8个无线AP，可以覆盖整个三楼；需设置32路业务摄像头，主要分布于走廊，电子阅览室，图书室等，需重新按照防火标准装修机房。

目前在图书馆业务设备方面没有配置，需购买图创系统，与市图书馆进行统一，方便数据的对接。还需采购图创与图书馆服务系统的相关硬件及接口，其中包括：自助借还机、馆员工作站、智能安全监测系统等设备。

白云区图书馆共有阅览坐席80个，分别在：阅览室、资料室、电子阅览室。

白云区图书馆共有少儿阅览坐席35个，分别在：阅览室、资料室、电子阅览室。白云区图书馆共有计算机50台，存放在电子阅览室。提供读者使用的有25台，存放在电子阅览室。接入4M宽带2套，所有计算机都能上网。读者服务区全部覆盖，覆盖率100%。有4块1TB3.5寸移动硬盘。

文献入藏：2010年入藏文献图书100种。有专架，有专门目录，并有专人管理。

电子阅览室说明：系统研究：组织编写汇文系统研究资料之流通借还子系统、阅览子系统、流通业务子系统等研究资料，撰写汇文系统所有八个子系统的用户操作手册。软件开发：为了业务和管理的需要，组织相关技术人员编写软件七个。如外出采访选书查询软件、按年批次进行典藏去向种册金额统计、查询机定时关机程序（实现无人管理）、收费管理系统升级版等。这些软件的使用，极大地提高了管理水平和业务水平。电子文献服务（1）加强电子文献资源的揭示，电子文献服务部在逸夫馆培训室对一些专题进行滚动播放，如WTO与中国政府职能讲座、李阳疯狂英语学习、公务员考试讲座，提高电子资源的利用率，满足了部分读者的需求。（2）加强在岗人员的培训，每年年初都要求电子文献服务部制定培训计划，就计算机基础知识、网页制作、介绍各种工具软件的使用方法、系统维护、故障的排除等进行培训，以提高在岗人员的岗位技能。

人员情况

白云区图书馆共有职工6人(主任1人)。其中：4人为正式职工，2人为财政供养无编人员。6人均为大专学历，占职工总数的100%。中级职称1人，占职工总数的16.7%。初级职称1人，占职工总数的16.7%。

领导班子人员

张克清，男，51岁，汉族，大专，主任。1981年参加工作。2001年调入白云矿区文化体育广播电视局工作。现任白云矿区文化馆、图书馆馆长。

本人自2005年开始赏玩观赏石。2006年首次组织了白云鄂博矿区第一届观赏石展销会，获得了成功。我积极寻求白云区委、区政府的支持，并得到了肯定，连续举办了八届观赏石展销会。并且成功举办了2012年中国·白云鄂博国际奇石文化节和2013年中国·白云鄂博国际奇石文化节，产生了巨大的社会影响，活动的成功举办促使白云区委、区政府自2012年起，将每年一届的消夏文化节更名为中国·白云鄂博国际奇石文化节，并且决定将这一项活动常态化，坚持每年举办。

本人多次外出参加各地举办的观赏石展览，并担任包头市观赏石宝玉石协会副会长、白云鄂博矿区观赏石协会秘书长。还被聘为《宝藏》杂志包头市白云鄂博矿区联通站站长。

突泉县图书馆

概述

突泉县图书馆始建于1978年，是一所国家三级综合型公共图书馆。馆址几经变迁，2011年1月1日，位于突泉县文体综合活动大楼四楼的新馆建成开放。馆舍建筑面积约为2000平方米，设计藏书容量40万册，可容纳读者座位1000个。1994年，参加首届全国公共图书馆评估，首次获得三级图书馆。2011年，图书馆有阅览坐席500余个，网络节点100个，计算机30余台，宽带接入15Mbps，选用蒙科立图书馆自动化管理系统。

业务建设

截止2012年底，突泉县图书馆总藏量约10万册（件），其中，纸质文献6余万册（件），电子图书及电子期刊近册4余万册（件）。

2011年起每年新增藏量购置费不低于10万元。2009-2012年，共入藏中文图书3000种，1万余册（件），中外文报刊约1000种，1万余册（件），地方文献入藏完整率为97%。

截止2012年底，突泉县图书馆数字资源总量为30TB。

2010年，引进蒙科立多文种图书管理系统，以适应地方公共图书馆服务办公自动化建设的需要，同时，完成馆局域网建设，接入电信15Mbps宽带。

读者服务工作

自2011年元月起，突泉县图书馆全年365天对外免费开放，周开放56小时。2009-2012年，书刊总流通近24万人次，书刊外借约48万册次。

2010年筹资68万元的突泉县文化共享工程县级支中心在突泉县图书馆建成。2011年元月，突泉县文化信息共享工程县级支中心正式面向广大读者免费开放，县服务支中心免费提供信息检索、浏览和下载服务。

2009-2012年，突泉县图书馆共举办讲座、展览、培训、阅读推广等读者活动12场次，参与人数近2万人次。每年举办“红领巾读书、读报集锦展览”，开展“4.23世界读书日”、“图书馆服务宣传周活动”、“全民读书月活动”，充分宣传图书馆资源，发挥图书馆社会教育职能。为民主社区、养老院等6个图书期刊流动站定期送刊上门、轮换书刊、并进行业务辅导、组织座谈会、互相交流、促进工作。

业务研究、辅导、协作协调

2009-2012年，突泉县图书馆职工发表论文10余篇。图书馆对县内乡、村及中小学图书室进行业务辅导。馆内业务人员深入各图书室开展业务辅导、培训图书管理人员达144人次。

2010年，加入了由兴安盟图书馆成立的兴安盟公共图书馆地方联合编目中心，参与兴安盟地区地方文献联合编目工作。

管理工作

突泉县图书馆对馆内各项规章制度及岗位责任制进行了充实和完善，并严格了考核制度和奖惩制度，建立、健全了设备、物资管理工作制度，并建立了职工考核档案、参考咨询档案、课题服务档案、业务辅导档案，均有专人负责保管。

表彰、奖励情况

2009-2012年，突泉县图书馆共获得各种表彰、奖励3次。

馆领导介绍

景继祥，男，1957年10月生，大专学历，中共党员，馆员，馆长。1975年7月参加工作，曾先后在辅导部等部门工作，自1998年任突泉县图书馆馆长。2011年12月，景继祥同志被内蒙古自治区图书馆学会评为优秀馆长。

王大力，男，1962年10月生，大学专科学历，中共党员，助理馆员，党支部书记。1980年4月参加工作，曾先后在辅导部、文化稽查所等部门工作，自2005年8月任突泉县图书馆党支部书记。

弓弼强，男，1963年10月生，大学专科学历，中共党员，助理馆员，副馆长。1981年8月参加工作，曾先后在辅导部等部门工作，自1998年任突泉县图书馆副馆长。

马学海，男，1964年4月生，大学专科学历，助理馆员，副馆长。1985年12月参加工作，曾先后在辅导部等部门工作，自2009年任突泉县图书馆副馆长。

未来展望

始终坚持以人为本，“读者至上，服务第一”的服务宗旨，秉承“文化惠民”的理念，完善单体服务功能，扩大服务辐射区域，带动地区事业发展。努力将图书馆办成具有优良完善设备设施、丰富文献信息资源、传统与现代化服务手段协调统一、高度文明、开放的现代化综合型图书馆。

联系方式

地　址：突泉县文体活动中心四楼
邮　编：137500
联系人：景继祥

沈阳市图书馆

概述

沈阳市图书馆始建于清光绪三十二年（1906年），正式落成于光绪三十四年（1908年）五月初，同年农历七月十三日（公元1908年8月9日）正式对外开放，始称奉天省城图书馆，是我国近代史上最早的公共图书馆之一。几经迁移、更名，1953年定名为沈阳市图书馆。2005年6月1日，位于沈阳市青年大街205号的沈阳市图书馆新馆建成开放。新馆坐落于风景秀丽的科普公园之中，毗邻繁华的青年大街，交通十分便利。新馆为造型独特的生态建筑，占地1.3万平方米，建筑面积为3.9629万平方米。1998年以来，沈阳市图书馆在历次的文化部评估中均被定级为一级馆。2012年，沈阳市图书馆有阅览坐席1633个，计算机524台，信息节点1378个，选用ILASⅡ图书馆自动化集成系统。

业务建设

截止到2012年末，沈阳市图书馆总藏量为350.9730万册/件，其中，纸质文献269.1792万册（件），视听文献、缩微制品15.1730万册（件），电子图书18.3761万册（件），电子期刊、CD-ROM等48.2447万册（件）。

2013年，沈阳市图书馆全年财政拨款3961.4246万元，新增藏量购置费800万元。2009-2012年，共入藏中外文图书140693种，379556册，中外文报刊9209种，视听文献6773种，42195件。2012年，地方文献入藏完整率为98.66%。

截止到2012年末，沈阳市图书馆的数字资源总量为30.889T。其中，自建数字资源总量为1.153T。已建成东北现代文学、沈阳人物、沈阳图典、沈阳地方法规、辽海讲坛、东北老报纸、沈阳地方文献书目总览等数据库。在建的数据库有“沈阳文化人物资料”、“沈阳文化名人口述历史”、“沈阳地铁记忆”等。

目前，数字图书馆建设和数字图书馆推广工程正在快速推进，数字图书馆工程建设后，网络带宽达到1000M。实现无线网络全覆盖，存储容量达到200TB。

读者服务工作

2011年12月1日起，沈阳市图书馆全部实现免费开放，周开放72.5小时。2012年，书刊总流通149.8966万人次，书刊外借81.1912万册次。沈阳市图书馆组织协调了18个高等院校图书馆、科研院所图书馆开展馆际互借工作。2009-2012年，沈阳市图书馆建立了83个图书分馆、流动站，馆外书刊总流通13.9627万人次，书刊外借29.2701万册次。2009年起，沈阳市图书馆为沈阳市五大领导班子的决策提供全方位的信息服务，探索出一条图书馆为领导决策提供信息服务的新模式。编辑了《决策参考》、《文化信息参考》、《城市环境建设》、《经济发展》等60多个专题。2008年8月，沈阳市图书馆成立了“沈阳市人民政府政府信息查阅中心”。2009-2012年，征集到沈阳市政府各委办局的文件信息13000余件，内容达16G，共编制政务公开文件目录20余本。2012年，查询中心接待读者80人次。

2009-2012年，沈阳市图书馆网站访问量为2822万次，截止到2012年末，沈阳市图书馆发布使用的网上数据库为16个，可远程访问的数据库为7个，数字资源总量为30.889TB。沈阳市图书馆主要通过网站向公众提供数字资源服务，在网站的主页面上及时发布关于最新文化活动的图书馆服务信息。

2009-2012年，沈阳市图书馆举办讲座、展览、培训、阅读推广等读者活动619场次，参与人数26.7076万人次。“《辽海讲坛》·沈图讲座”是沈阳市图书馆与辽宁省社会科学界联合会联合举办的面向社会大众的公益文化系列讲座，现已形成具有较强社会影响力的服务品牌。

业务研究、辅导、协作、协调

2009-2012年，沈阳市图书馆职工在省级以上刊物或国际会议上发表专业论文66篇，出版专著5部，获准立项的课题1项，获得5项科研成果奖。

沈阳市图书馆对基层辅导工作配有专门的人员与专项经费，并在沈阳市图书馆学会会刊中开辟了“县区馆动态”栏目，及时准确地报道各区县图书馆的工作动态信息。2010年，沈阳市图书馆与国家图书馆联合举办了“文献标引与主题分类”业务培训班。2012年，沈阳市图书馆与辽宁师范大学联合举办图书馆专业课程培训班。2009-2012年，沈阳市图书馆共举办图书馆专业业务培训班共20期。

沈阳市图书馆学会成立于1986年，现有中国图书馆学会会员93人、辽宁省图书馆学会会员283人、沈阳市图书馆学会会员283人。2012年，沈阳市图书馆学会荣获辽宁省图书馆学会颁发的“先进学会”称号。2012年，沈阳市图书馆学会获全国大中城市社科联授予的“标兵学会”称号。

2004年，沈阳市图书馆先后与全国图书馆联合编目中心、上海市文献联合编目中心、深圳地方版文献联合采编协作网签署协议，开始联机编目。2009年至2012年，沈阳市图书馆联机编目工作获得全国图书馆联合编目中心、上海市文献联合编目中心颁发的书目数据质量奖、质量监控奖等7个奖项，并在沈阳地区建立了联合编目网，实现了书目数据共建共享。结合编目工作实际，沈阳市图书馆编写并出版了《中文普通图书CNMARC格式实用图例》一书，此书受到业界的广泛关注与好评。

沈阳市政府领导视察图书馆

市人大主任赵长义率人大代表到馆调研

等待开馆的读者队伍

2012年，沈阳市图书馆吸纳志愿服务1000人次，制订了志愿者活动计划和管理办法，对志愿者进行科学管理。

沈阳地区图书馆中心馆、分馆和流动站体系建设已初具规模，采用“中心馆、分馆和流动站”模式建立并良性运行的83个图书分馆和流动站，广泛分布在街道、社区、乡村、部队、医院、劳教所等处。另外，沈阳市图书馆与18个高等院校图书馆、科研院所图书馆等开展了馆际互借，与14个图书馆建立了藏书贮存体系，形成了以沈阳市中心图书馆(沈阳市图书馆)为枢纽，以市内各高等院校、科研院所图书馆为依托，跨系统的协作协调服务体系。

管理工作

2011年，沈阳市图书馆完成第八次全员岗位聘任，本次聘任共设61类岗位，有147人受聘上岗。同时，完善岗位责任制，实行严格的工作量化考核制度，每月进行工作进度通报，每半年和全年按岗位工作目标及任务进行岗位考核。2009-2012年，编写“馆藏动态月统计表”、“入库文献月报表”96期。2011年，制订了《沈阳市图书馆业务工作标准》，依据标准对全馆业务工作进行检查，并撰写了业务检查工作报告。

表彰、奖励情况

2009-2012年，沈阳市图书馆共获得各种表彰、奖励26次。其中，获得部级、省级党委、政府表彰、奖励20次，省级业务主管部门表彰、奖励6次。

馆领导介绍

海镇淮，男，1957年12月生，回族，大专学历，中共党员，正高级职称。馆长兼党委副书记。1972年4月参加工作，历任沈阳市剧目创作室副主任、沈阳京剧院副院长、沈阳市剧目创作室主任，2012年10月任沈阳市图书馆馆长兼党委副书记。

陈晶，男，1963年生。大专学历，中共党员，国家一级舞美设计师（正高职称），党委书记、副馆长。1979年参加工作，1987年毕业于辽宁大学。历任沈阳评剧院演出团副团长、常务副团长、副院长，沈阳京剧院党委书记、副院长，2008年3月任沈阳市图书馆党总支书记、副馆长。

程笑君，男，1955年10月生，回族，研究生学历，中共党员，国家一级演员（正高职称），副馆长。1963年参加工作，历任沈阳杂技团演员队、学员队队长，党支部书记，沈阳市艺术学校副校长，沈阳演艺剧院院长兼演艺剧院杂技团团长。2008年任沈阳市图书馆副馆长。

周佳兵，男，1968年10月生，大学本科学历，中共党员，研究馆员，副馆长。1992年8月到沈阳市图书馆参加工作，先后在外借部、采编部、报刊部、业务办公室、综合办公室等部门工作，任副主任、主任、馆长助理等职。2008年任沈阳市图书馆副馆长（副处级），分管业务工作。

赵萍萍，女，1963年生，大学本科学历，中共党员，研究馆员，副馆长，分管业务工作。1986年7月到沈阳市图书馆参加工作，先后在外借部、采编部工作，任副主任、主任、馆长助理等职务。

沈阳市图书馆外景

未来展望

2009-2012年，沈阳市图书馆取得了长足进步。

2013年，沈阳市图书馆不断更新办馆理念，在打造第三文化空间方面做了一些有益的尝试。对图书馆内部布局进行了调整，使服务区域更趋合理化；增设了公益讲座、公益培训报告厅，定期举办“文学作品赏析”和“文学作品赏析读者论坛”等公益性讲座和培训；对原有设施进行了更新，改造了多功能厅，使其适合各种小型文艺演出，初具影响的沈阳市图书馆星期六剧场，就是在这里诞生并开始走进读者和观众中的；在馆内添加了一些休闲座椅，为读者提供了方便、舒适的阅读环境。

2013年，沈阳市图书馆数字图书馆工程及其推广工程成功上马，沈阳市财政拨款998万元，作为数字图书馆建设和数字图书馆推广工程的一期投入。数字图书馆工程建设后，网络带宽达到1000M。实现无线网络全覆盖，存储容量达到200TB，各种新媒体服务也将同时上马。同时，沈阳市财政拨款1306万元用于沈阳市图书馆馆舍改造工程，这将大大改善沈阳市图书馆的阅读环境，为读者提供更舒适的阅览空间，进一步提升沈阳市图书馆的服务水平。

联系方式

地　址：沈阳市沈河区青年大街205号
邮　编：110015
联系人：赵萍萍

阅览室

星期六剧场

图书室

大连图书馆

概述

大连图书馆始建于1907年，历史已逾百年，其前身为日本殖民统治时期的“南满洲铁道株式会社大连图书馆”，是一座集文献收藏、信息咨询、社会教育、学术研究于一体的大型现代化图书馆。在文化部组织的公共图书馆评估中，连续5次荣获国家“一级图书馆”称号。

大连图书馆馆舍由白云山主馆、鲁迅路分馆、普湾新馆三部分组成。主馆坐落在白云山风景区南麓，1990年建设，1999年改扩建，建筑面积3.3万余平方米；鲁迅路外文分馆系“满铁图书馆”旧址，建筑面积2300余平方米，是大连首批重点保护建筑之一；普湾新馆位于金普新区，依山傍水，设计新颖，建筑面积4万平方米，预计2015年投入使用。大连图书馆现有阅览座席1603个，计算机350余台，刻录机、缩微阅读扩大器、各种型号扫描仪、打印机、复印机等设备多台。计算机信息节点950余个，存储容量210T，宽带接入300M，读者服务区全部实现无线网络覆盖，目前使用美国Sirsi–Dynix公司的Symphony3.3.1系统，业务管理，采访、编目、流通、读者检索等全部实现了自动化。大连图书馆网站经过多次改版，主题、色彩鲜明，页面理性、美观。CNKI全文库、方正阿帕比电子书、库克音乐图书馆、外文期刊、博看杂志、阅读大连等70个自建、外购数据库内容丰富，可远程访问的数据资源占数据资源发布总量的69%。实现了读者书目查询、图书预约、续借、在线咨询。“大连图书馆手机图书馆”拥有近百万册电子图书、千余万篇全文报纸、近万种有声读物，可提供还书短信提示、通知通告、全市公共图书馆馆藏信息查询、个人借阅信息查询、图书预约、续期等服务。“大连图书馆有线电视图书馆”为全市4万多个家庭提供阅读新途径，进一步丰富了市民的阅读内容，成为市民阅读新宠。

业务建设

截止2012年，大连图书馆拥有馆藏文献461万册，其中，古旧籍55万册，由29种文字组成。馆藏文献实行藏、借、阅一体。古旧籍文献特色鲜明，稀珍版本多，蜚声海内外，尤其是“满铁”文献，存藏量约占世界“满铁”文献80%，为世人瞩目。大连图书馆是“全国古籍保护重点单位”，馆藏古籍入选《国家珍贵古籍名录》多达128部，入选《辽宁省珍贵古籍名录》758部，馆藏《皇明典礼》入选二期中华善本再造工程；馆藏清雍正内府抄本《谕行旗务奏议》入选文化部“国家珍贵古籍特展”。经过努力，《中国馆藏满铁资料联合目录》、《图录——大连图书馆藏清代图录》、《档案——大连图书馆藏清代内府档案》、《文献——大连图书馆藏珍稀本整理》等40余个研究成果结集出版。“大连市古籍保护中心”在组织、协调大连地区古籍保护工作、普及古籍保护知识、培养古籍保护人才方面发挥了重要作用。多年来，“中心”除完成本馆古籍普查任务外，还帮助大连医科大学、大连大学、大连工业大学、大连金州新区图书馆等古籍收藏单位完成了3000余册古籍普查任务。2009年、2010年、2012年“中心”分别与“国家古籍保护中心”联合举办了“第五期全国古籍编目培训班”、“第六期全国古籍鉴定与保护高级研修班”、“第四期全国碑帖整理与鉴定培训班”，培养古籍保护人才289人次。“中心”建有《馆藏满铁资料数据库》（5000册，179万拍）、《馆藏清代内务府档案数据库》、《馆藏西文书目数据库》、《馆藏古旧籍书目数据库》等数据库12个。

2013年，大连图书馆藏书购置费达到1300万元。2009–2012年，年均入藏图书3.8万种、报刊5011种、视听文献1908种。地方文献收藏率为98%。截止2012年底，大连图书馆拥有数字资源42.5T，自建《馆藏清内务府档案》、《馆藏清史图录》、《馆藏小方壶斋舆地丛钞三补编》等数据库51个，30.5T。为了加强文献保护，配置有西科姆防盗系统、火灾报警、灭火系统、除湿机、防虫剂等。

大连图书馆所藏的普通图书、古籍、报刊、视听文献，分别依据《中图法（五版）》、《中国古籍善本分类法》、《汉文古籍分类表》分类标引，使用《中国文献编目规则（第二版）》、《新版机读目录格式使用手册》、《汉文古籍著录规则》等进行编目。为了保证数据的规范，先后制定了《大连地区联合编目中心章程》、《大连地区联合编目中文图书著录细则》、《中文图书编目细则》、《中文报刊编目细则》、《外文图书编目规则》、《连续出版物编目规则》、《视听文献编目规则》、《中文图书主题标引规则》、《外文图书主题标引规则》、《古籍分编细则》等规章制度，并予以贯彻落实，保证了文献编目的规范与标准。

读者服务工作

作为“读者最喜爱的图书馆”，大连图书馆始终把“读者至上，服务第一”、以人为本、公益、普遍开放、平等服务放在首位，通过开展“五心服务”——“热心、细心、耐心、诚心、恒心”，满足读者需求。

大连图书馆读者服务注重便捷化、网络化、个性化。普通文献外借采用RFID技术，实行开架自助借阅。馆内配有残疾人通道、轮椅、座席、童车、盲人听读一体机、阅读放大器、花镜、放大镜等设备，提供特殊群体电话预约和上门服务。“24小时图书馆”有效保障了全天候服务。为让更多读者走进图书馆，大连图书馆积极推行总分馆制，在全市机关、企事业单位、监狱、敬老院、驻连部队、街道、商业中心等建设专业分馆、流通站（点）54个，其中汽车流动服务点9个，送书上门。2012年，完成了市政府文化惠民重点项目（十五件实事之一）——与11个区（市）县图书馆“一卡通”，受益读者40余万，进一步推动了全市公共文化服务体系建设，保障了地区图书馆服务的“普遍性、均等性、公益性、便利性”，加快了城乡一体化步伐，引领了地区图书馆从传统迈向现代化。在做好读者借阅服务基础上，图书馆还通过开展定题、信息咨询、科技查新、政务公开查询、文献提供、编制二三次文献、代查、代译、代检索等服务，满足全社会个性化服务需求。

作为国家图书馆古籍保护中心“中国优秀传统文化实践基地试点单位”，多年来，大连图书馆不断拓展服务功能，开展社会教育，努力打造“白云系列”“传统节庆系列”“读书系列”三大品牌，建设教育高地，并获得文化部第十六届“群星奖”项目类奖。白云书院传统文化系列讲座先后邀请了李学勤、钱逊、吴格、周笃文、李零、陈来、詹福瑞、唐浩明、王充闾、李季、彭林等中外学者350余人来馆讲学，并出版了《白云论坛》6卷，成为“大连市最有影响十大活动之一”；“国学义塾”免费招收3–15岁儿童，学习“三百千”“四书五经”等传统文化经典，受益儿童4000余名；白云美术馆从开办之初到现在，已成功举办了“建党九十一周年大连书画名家邀请展”、“当代中国画十名家山水画展”、“纪念罗继祖先生诞辰百年暨捐献图书展”、“中日书法联展”等展览200余场；白云吟唱团团员全部由馆员组成，采用辽南吟咏风格吟咏古诗词，利用业余时间进行排练，深入学校、

部队、机关、社区演出，弘扬传统文化，迄今已演出100余场，并出访过日本，参加过国家图书馆艺术节、辽宁省群众歌咏比赛。《礼记》、《论语》、《孝经》部分篇章吟咏还在中央电视台1、10频道播出；在春节、元宵节、清明、端午节、中秋节等传统节日，图书馆还通过讲座、灯谜、书“春”大赛等形式，引导市民认同、回归传统文化。“大连市书‘春’大赛”是“传统节庆系列”的重头戏，迄今已举办了十届，来自俄罗斯、日本、韩国等3000余名青少年选手参加了比赛，深受社会欢迎；大连图书馆还通过“大连读书月”、“世界读书日”、“图书馆服务宣传周”等载体，开展内容丰富的阅读推广活动，很受读者欢迎，先后多次荣获大连市精神文明建设指导委员会、建设学习型城市领导小组“全民阅读示范点”、“大连市读书月活动组织奖”等褒奖。

业务研究、辅导、协作协调

2009–2013年，大连图书馆职工发表论文142篇，出版专著18种；有6项课题通过国家、省、市立项，其中国家级两项、省级两项、市级两项；14项科研成果分获国家、省奖励，其中国家级两项、省级12项，举办“美国图书馆掠影”讲座、“大连地区图书馆馆长论坛”等学术活动9次，征集论文162篇，其中获奖28篇。编辑出版了《大连地区图书馆学学术论文集》，收录地区图书馆工作者学术论文58篇，推动了地区学术研究发展。

为了提高地区图书馆管理和服务水平，推动地区图书馆事业发展，大连图书馆积极通过“全国联合编目”、“全国公共图书馆讲座联盟”、“上海图书馆讲座联盟”、“大学数字图书馆国际合作计划（CADAL）”等，开展面向全国和本区域的协调协作和服务，共享协调协作成果。作为“全国联合编目中心”成员馆，2012年，从“全国联合编目中心”下载数据78091条次，居全国第六，质量监控审校位列第九，获得“全国联合编目中心”通报表扬；完成CADAL项目“满铁”文献5000余册、170万页的数字化工作。通过“大连地区公共图书馆联合编目”（成员馆11家）、“大连地区图书馆讲座联盟”（成员馆37家）、“大连地区图书馆资源共享联盟”（成员馆37家）等，推动本地区图书馆事业的发展。为了加强地区联合编目工作，成立了“大连地区联合编目中心”，保证了联合编目工作顺利开展，地区联编覆盖率达到100%，进一步提高了地区编目质量的提高。2012年，大连地区11个成员馆从大连图书馆下载数据7万余条。

管理工作

多年来，大连图书馆始终把科学管理作为事业可持续发展的前提，使事业一步一个脚印地向前发展。为了提高科学管理水平，2011年，大连图书馆把全年定为“管理年”，以制度建设为龙头，通过建立健全各种规章制度，淡化“人治”，强化“法”制，按章办事，把事业装进制度里，以“法”治馆，使各项工作有“法”可依，有“章”可循，提高人员、财务、资产、档案、安保、志愿者、环境、物业等方面的管理水平。其间，全面修订了《大连图书馆规章制度》，汰除不合理规定6项，合并交叉内容15项，新增规定26项，审定过往规定183项，化解了工作矛盾，有效提高了工作效率。为了深化人事制度改革，建立健全岗位设置管理制度，实现人事管理的科学化、规范化和制度化，2011年，对116位50岁以下的馆员进行文化素养和业务知识方面的测试，全面了解馆员的思想动态、知识高度和业务水平，为优化人力资源奠定了基础；经过资格审查、岗位专业考试、竞聘演讲、答辩、民主测评等程序，对全馆16个部门、28个正、副职岗位，进行了新一轮聘任；结合全市文化事业单位改革，2012年，对专业技术岗位人员进行考核，成立了“大连图书馆岗位人员聘用工作领导小组”，结合实际制定了《2012年度大连图书馆专业技术岗位设置和人员聘用实施方案》，依据岗位任职要求，公布《大连图书馆专业技术岗位设置和人员聘用实施方案》、《2012年大连图书馆专业技术岗位聘用条件》，以业务、工作表现、职称资格为考核要素，对157个岗位进行定岗、定级。符合岗位聘用条件，进入相应等级岗位，实现了人事管理由身份管理向岗位管理的转变。人才选拔、使用、晋升全过程坚持公开、公平、公正原则，营造风清气正的用人环境，优者用、能者上，使中层干部、普通馆员都感受到竞争压力，由此产生学习动力，进而提升能力，形成由压力到动力再到能力的良性循环，充分调动了馆员的积极性、创造性，增强了事业发展活力。

表彰、奖励情况

多年来，大连图书馆的工作得到了各级领导机关的充分肯定，受到社会各界广泛赞誉。2009年迄今，全国各家媒体对大连图书馆工作累计报道537次，其中，国家级媒体11次，省级媒体10次，市级媒体516次；大连图书馆先后获得国务院业务主管部门及省级党委、政府表奖4次，省级业务主管部门表奖5次，市级表彰21次。

馆领导情况

辛欣，女，汉族，1965年9月出生，研究生学历，中共党员，研究馆员，馆长兼党总支书记。1993年到大连图书馆工作。2010年7月任馆长。兼任大连市图书馆学会理事长、辽宁省图书馆学会副理事长、全国信息与文献标准委员会委员、中国满铁研究学会副会长、辽宁省职称评定委员会专家委员、辽宁省第十一次党代会党代表、大连市政府首批领军人才。

王连君，男，1961年8月生，大学本科学历，中共党员，副研究馆员，副馆长。1984年7月到大连图书馆工作，先后在采编部、社科参考部、办公室、社科部、报刊部、白云书院、业务办、业务辅导培训部等部门工作，历任副主任、主任、馆长助理等职。2011年1月任现职。

李珠，女，汉族，1967年3月出生，大学本科学历，中共党员，副研究馆员，副馆长。2010年8月到大连图书馆工作，任馆长助理。2011年1月任现职。

未来展望

科学规划是事业可持续发展的前提。在未来事业发展中，大连图书馆将紧紧围绕城市发展、文化发展主题，以《大连图书馆十二五发展规划》为抓手，以普湾新馆、高标准古籍书库建设为契机，努力建设地区“信息服务高地、社会教育高地、业务学术高地、人才培养高地”，至十二五末，一个南北呼应、设施先进、功能齐全、馆藏丰富、服务一流的大连图书馆将矗立在世人面前。

联系方式

地　址：大连市西岗区长白街7号
邮　编：116012
联系人：张　宏

大连市少年儿童图书馆

概述

大连市少年儿童图书馆，是大连地区最早成立的唯一一所面向城乡少年儿童（学龄前儿童、中小学生）、教育教学工作者及家长提供文献阅读和知识咨询服务的社会文化教育机构。1992年，晋级为处级单位。现馆址位于大连市西岗区纪念街1-1号，建筑面积6480平方米，于1997年12月27日正式开馆。内部设有505个阅览座席，12个服务窗口，总服务台、办证处、低幼借阅室、悦读宝贝亲子体验中心、小学借阅室、中学借阅室、综合阅览室、学习体验区、视听资料借阅室、科普活动室、明德英文图书馆、有声书屋。相继获得"辽宁省文明单位"（省委、省政府）、"全国红领巾读书读报奖章活动先进集体"（团中央）、"全国文化工作先进集体"（文化部）、"读者喜爱的图书馆"（文化部）和"辽宁省家庭教育工作先进集体"（省妇联、省文明办、省教育厅）等多项荣誉称号。

现有馆藏图书123.3万册，视听文献3万册，数字资源总容量16TB，拥有持证读者约11.9万人。其中，2009-2014年，新增藏量购置费累计1882.1万元，共入藏中外文图书159714种，965191册，视听文献19637种，23707册；新增读者95282人，接待读者571.2万人次，文献借还618.2万册次；馆外建有108个分馆（含馆藏地）、60个流通站，配备了1辆流通服务车。在以往文化部的四次公共图书馆评估定级中，大连市少年儿童图书馆均被评为国家一级馆。

一、提高创新服务能力，促进队伍整体素质的提升

大连市少年儿童图书馆共有事业编制员工43人，其中本科以上学历36人，占83.7%，其中硕士学历5人；31名专业技术人员中，具有中级以上职称13人，其中正高职2人，副高职6人；45岁以下馆员16名，占37.2%。基本上形成了文化素养高、年龄结构合理的馆员队伍。

2008年，大连市少年儿童图书馆对馆内机构进行了调整，重新设置了6个部门，34个岗位。每年会根据员工的变化情况和工作需要，制定适时的培训计划，每周四（寒暑假除外）上午9点10分，定为职工教育与岗位培训时间，每次培训2课时。馆员每年人均学时可达87课时，切实取得了显著成效。

二、深化总分馆服务模式，推动整体服务水平的提升

多年来，该馆始终坚持"读者参与、读者受益、读者满意"的服务理念，坚持公益性、均衡性原则，以少儿图书资源全域共享为契机，以总分馆建设为核心，带动整体服务水平的提升，更加方便快捷的为读者提供更好的服务。

三、建设总分馆服务模式，实现少儿图书资源全域共享

2008年大连市少年儿童图书馆以"构建具有大连特色的少儿图书资源全域共享服务体系"为目标，确定了构建"总馆—分馆—流通站—流动车"总分馆服务体系的发展思路。即规划利用五年的时间，依托计算机技术、网络技术、通信技术等高新技术的结合，在全市城乡建立以总分馆制为主体（市少儿图书馆为总馆、城乡中小学校为分馆）、图书流通站及流动车为辅助的、资源覆盖侧重涉农、边远地区的少儿图书资源服务的网络体系。这个创新举措，不仅突破传统图书馆建设模式，有效地节约建设投入和管理成本，提高图书资源的使用效率，最重要的是将全市少儿文献资源放在统一服务平台上进行流通，将服务的触角延伸到全市城乡各中小学校，实现少儿文献资源利用的最大化和最优化。经过几年的努力，大连市少年儿童图书馆的总分馆集群化服务体系得到了进一步完善，实现了"一馆办证，多馆借书；一馆借书，多馆还书"的服务模式。2011年分馆建设工作被列入"大连市政府为民办15件实事之一"。

截止到2014年底，该馆共在大连地区建立108个分馆（馆藏地），偏远涉农地区达85所，占总量的79%。分馆总馆藏达80.71万册，配送图书138万册次；设立智能书屋（自助借还机）8个；分馆、图书流通车、智能书屋持证读者已达到4.98万人，借还图书141万册次，偏远涉农地区有近10万未成年人受益。已建图书流通站60个，5年间为图书流通站送书780余次共计24万册，借阅图书36万册次。载有2500余册的图书流动车定时定点巡回服务，自2010年10月投入使用以来，已开通服务点5个，出车服务306次，借还图书3.72万册次。

在馆内阵地服务上，以免费开放为基本点，实行分层次服务

大连市少年儿童图书馆以免费开放服务为基本点，推出多项便利读者的服务措施。2009年，根据本馆文献情况及借阅情况，对读者证押金先后进行2次调整，调整后的读者证可分为100元、200元两种，100元读者证可借图书3册、期刊3册、光盘4张；200元可借图书8册、期刊3册、光盘4张。调整后，年图书借阅量增加近47%。

2012年，继一次性取消办证工本费、自习费、存包费和玩具活动费后，大连市少年儿童图书馆又取消了各种兴趣班培训费用，这些培训班包括围棋、科普、小主持人、少儿美术培训，标志着该馆真正走上了完全无障碍和零门槛的图书馆免费开放之路。2014年，开设了6种兴趣班共计552个班次，7416名读者受益。

大连市少年儿童图书馆外观

借阅室

读者服务中心阵地活动读者参与踊跃

建立特色数字资源，实现信息资源无障碍共享

2008年，大连市少年儿童图书馆实现了以Interlib图书馆集群管理系统为基础的图书馆数字化和资源共享。2009年，依靠市财政投入的一、二期资金搭建起了数字化技术平台，并创新数字资源建设，策划、组织了"乐儿科普动漫"等电子书项目，尤其是馆藏期刊数字化建设更是创全国少儿图书馆之先河。数字资源总量已达12.2万种，22.7万册（集），总容量为16TB，包括自建的互动电子书、馆藏期刊数字化建设、有声读物和外购的中小学阅览室、中少快乐阅读平台、博看期刊平台、外研社外语平台等，形成了以目录管理为核心、以互联网为运行环境的图书馆资源体系。2009—2014年，网站访问量达120万次。

三、丰富读书活动内涵，促进读者图书馆意识的提升

（一）强化大型读书活动的引导作用

为了突出大型读书活动的示范作用，积极营造多读书、读好书、爱读书的书香社会氛围，大连市少年儿童图书馆连续多年开展地区性大型读书活动，以"共创明天"为主题的读书系列活动始于1995年，迄今为止已经连续举办了十届。2009—2014年少儿馆连续五年以"与书为伴·共创明天"为主题，开展系列读书活动，该活动已走上品牌化发展的道路。2009—2014年，共有37万人参与了活动，活动做到了大连地区全覆盖。

（二）强化馆内阵地活动的参与性

大连市少年儿童图书馆积极开展各类阅读推广活动，形成了六大系列读书活动：阅读欣赏系列活动、阅读指导系列活动、阅读辅导系列活动、培训系列活动、展览系列活动、悦读宝贝亲子系列活动。活动包括儿童电影展播、"教子有方"家长沙龙、数字资源推广有奖问答活动、科普知识知多少、家庭教育系列讲座、少儿朗诵艺术沙龙、小读者采购团活动、义务小馆员实践活动、英语沙龙、计算机网页制作培训、义务小馆员培训、"学礼仪·秀英语"英语培训、"英语跟我学"培训、"绘本故事大家讲"和"宝贝秀手工"活动等。仅2014年，该馆就举办阅读活动和各种课外兴趣班1328次，参与活动读者近5.1万人次。

大连市少年儿童图书馆将继续秉承"开放、共享、平等、公益"为宗旨，以读者满意率为衡量工作的重要标准，以总分馆服务体系为平台，大力推进大连地区少儿图书资源全域共享工程，开拓创新、锐意进取，为打造文化强市，建设更有质量、文化更具品味的大连，做出更大的贡献！

表彰奖励情况

2010年4月，获得中图学会颁发的"全国少年儿童阅读年"最佳表演呈现奖。

2010年11月，获得大连市精神文明办、大连市建设学习型城市领导小组办公室联合颁发的"大连市全民阅读示范点"称号。

2011年1月，荣获"2009—2010年度全市群众文化"双百"活动先进单位"。

2011年8月，获得由中图学会和中图学会阅读推广委员会青少年阅读推广委员会联合颁发的"中山杯"全国青少年故事大赛优秀组织奖。

2013年，荣获全国图书馆联合编目中心2012—2013年度"数据质量优秀奖"；荣获中国图书馆学会颁发的"全国家庭亲子阅读推广月活动"优秀案例征集评选活动二等奖；荣获中国图书馆学会"未成年人服务论坛"案例征集活动优秀奖；荣获"汇聚百姓梦，共圆中国梦"大型公益活动"大连十大助梦爱心企业"称号。

2014年，荣获全国图书馆联合编目中心2013—2014年度"数据质量优秀奖"、"数据质量监督奖"。

馆领导介绍

曲岩红，女，1960年7月生，本科学历，中共党员，馆长。1982年9月参加工作，历任大连市文化局文化处处长、大连市广播电视局科技处处长。荣获2011年度全国未成年人思想道德建设工作先进工作者，荣获2012年度大连市精神文明建设先进工作者，荣获2013年度大连市五一巾帼标兵称号，荣获2012—2013年度大连市劳动模范称号。

袁继毅，男，1955年9月生，本科学历，中共党员，党支部书记。1974年参加工作，历任大连市广播电视局计财处处长、科技处处长、大连市文化局文化处处长、大连市新华书店总经理、党委书记。获2006—2007年度大连市劳动模范称号。

邓少滨，男，1965年4月生，本科学历，研究馆员，副馆长。历任大连市文广局党委宣传部干事、团委书记，市文物管理办公室副主任等职。1997年3月调入大连市少年儿童图书馆。主管业务辅导和阅读活动推广、读者培训。先后发表论文10余篇，曾获"蒲公英论文奖"。策划组织的"与书为伴·共创明天"大型读书活动多次获省公共图书馆服务成果奖。

林红宣，女，1969年4月出生，研究生学历，副研究馆员，中共党员，副馆长。1987年7月在大连市图书馆参加工作，2010年10月调入大连市少年儿童图书馆，先后在大连市图书馆业务辅导培训部、读者服务中心、采编中心、鲁迅路分馆工作，历任主任、馆长、大连市图书馆学会秘书长等职务。获2014年度大连市未成年人思想道德建设先进工作者称号。

联系方式

地　址：大连市西岗区纪念街1—1号

邮　编：116021

联系人：宋　薇

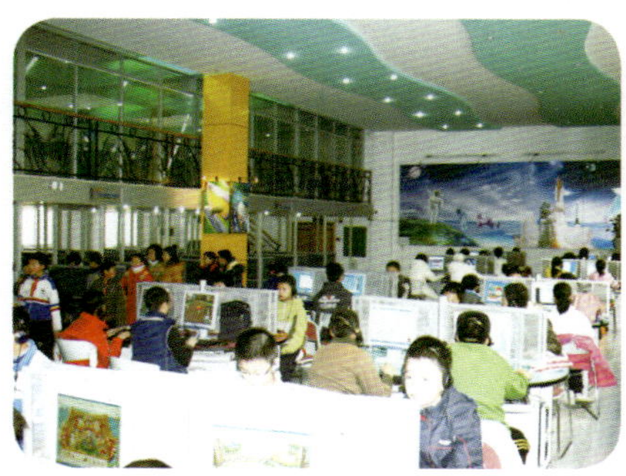

电子阅览室

大型读书活动表彰会

小读者采购团在新华书店采购图书

鞍山市图书馆

概述

鞍山市图书馆前身是满铁鞍山图书馆，始建于1919年。1937年改称鞍山市立图书馆。1948年5月5日，鞍山市图书馆正式成立。1989年迁入现馆舍，总建筑面积12960平方米。经历近一个世纪的积累和沉淀，现有馆藏文献150余万册，文献学科门类齐全，形成比较完善的特色馆藏体系。

作为鞍山地区中心馆，鞍山市图书馆始终秉承"读者至上 服务第一"的宗旨，充分利用丰富的馆藏资源，为广大读者提供优质的服务。开展鞍山文化大讲堂、为弱势群体服务、为领导决策服务、各种展览与讲座等特色读者服务活动。2005年启动数字图书馆建设，拥有大型数据库、地方文献专题数据库、电子图书等数据资源33TB。2008年，鞍山市图书馆在建立总分馆制基础上，率先建设了地区图书馆统一技术平台和总数据库，实现了市、县区、街道、社区图书馆地域联合借阅"一卡通"四级联网，实现了鞍山地区资源共建、馆藏共享。鞍山市图书馆成为国家数字图书馆建设推广工程试点单位、公共电子阅览室工程试点单位。文化共享工程工作被评为全省先进单位。

几年来，鞍山市图书馆在各级政府及领导的高度重视和支持下，各项工作取得了显著的成绩，获得较高的社会效益，树立良好的社会形象，荣获全国全民阅读活动示范基地，全省读者满意图书馆，辽宁省首批社会科学普及示范基地，省文化工作先进单位，省服务基层群众先进单位，省文明服务示范窗口，省、市文明单位称号。

业务建设

截止到2012年年末，我馆馆藏文献资源总量达1545639册（件），可供读者阅览的报刊112467件、其他视听文献（含数据库资料）77129件（套）、电子图书106177册（件）。馆藏文献书目数字化达：98.46%。2012年，市馆图书年入藏数量为25644种，93254册，报刊年入藏数量为1833种，视听文献年入藏量为654件。

2012年度财政对我馆全口径拨款1400多万元，与上年同期相比增长率20.36%。财政拨款年增长率与鞍山地区财政收入增长率的比率154.24%。本级财政免费开放补助经费拨付到位，图书文献采购费稳定在年200万元，其中电子资源购置费用安排呈上升趋势，2012年占采购经费总额的50%，达到100万元。

目前该馆数字资源已达33TB。同时加大对自建资源和地方文献数据的建设，制定了《鞍山市图书馆地方文献数据库建设规划》。自建数据库建设已颇具规模，共拥有23个大类，159个专题库可供读者检索利用。特色数据库收集了近28700余条文本、音频及图片信息，总容量29.85G。2012年新增事实型数据4224条。2013年5月实现无线网络覆盖。

读者服务工作

1、免费开放、免费服务。2008年起，全馆15个服务窗口、公共空间设施场地全部免费开放，服务项目全部免费。全年365天无闭馆，周开馆时间为70小时。普通图书、报刊全开架借阅。书刊文献年外借册次为808691册次，其中馆内文献外借300891册次、一卡通及分馆文献外借507800册次。馆藏书刊文献年外借率（%）≈66.10%。报纸阅览室全年接待读者阅览54143人次、期刊阅览室全年接待读者阅览48008人次，全年举行书刊宣传活动共计30期842种，新书通报22批次、25644种图书。一卡通馆际图书流动互借329370册。网站开展各种服务活动，全年访客数为10571人次、网页浏览量达21878次、电子阅览室接待读者5037人次。年人均到馆30次。

2、推广阅读活动形成品牌。2008年起，该馆将全民阅读活动贯穿在全年工作之中。2012年，设立社会服务工作部，筹划和领导本馆和本地区的阅读推广。每年世界读书日召开全地区全民阅读活动工作总结表彰和工作部署会议。在阅读推广活动中，形成了开办5年，以国学系列、心理学系列、摄影系列、诗词写作系列等专题讲座为主的鞍山文化大讲堂品牌活动；开办10年的迎春征联品牌活动；开办8年的读书征文品牌活动；开办10年的知识竞赛品牌活动；2012年，与市文广局联合举办了鞍山读书节，在全市产生了轰动。

3、为特殊群体提供信息服务。

每年制定工作计划，并落实到工作任务书中。设置盲文阅览室、未成年人电子阅览室、未成年人阅览室、设置残疾人、老年人阅览座席等。通过世界读书日、全民读书节、图书馆宣传周、文化三下乡、建设分馆等渠道，开展为进城务工人员免费办证，为残疾人送书上门，接待中小学生到馆参观学习，到社区为老年人播放视频影片等。

4、开展社会教育活动

2012年共举办社会教育活动115次，参与读者达104576人次。举办各类读者培训活动19次，681人次读者受到教育；举办展览活动16次，96280人次读者到馆参观；举办猜谜、征文、知识竞答等阅读推广活动23次，5000余人次读者参与了活动。每万人年均参与活动次数为297.43次。

"一卡通"建设：社区图书馆

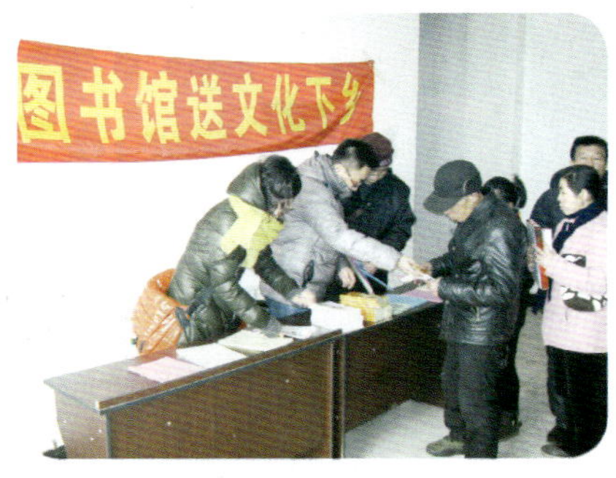

"送文化下乡"活动

图书馆服务宣传周

业务研究、辅导、协作协调

1、一卡通建设。2009年评估结束后，该馆提出在鞍山地区建设"大图书馆"的概念。经与地区图书馆沟通，建立以市馆为中心馆、基层馆为分馆的总分馆制，成立联合编目中心，制定统一了地区业务标准，完成了地区各馆所有书目数据的联合编目和地区联网。利用鞍山市创建文明城市的机会，统一了鞍山地区图书馆自动化管理系统。在此基础上，提出了建设一卡通系统。经过努力，到2011年，各县区馆都已经并入"一卡通"联合借阅系统管理。共享文献资源超过200万册。参与服务网络建设的县级以上公共图书馆占全市县级以上公共图书馆（含县级）总数的100%。按照联合借阅"一卡通"建设规划，2012年，建设46个街道社区图书馆，完成44家农家书屋图书数字化工作，并使它们进入"一卡通"系统，具有通借通还功能。在大图书馆的概念下，地区的业务辅导与业务培训工作已经纳入市馆各部门日常工作体系。

2、特色图书馆群建设。在大图书馆概念下，2008年起，该馆尝试进行地区文献的协作协调和特色图书馆群建设。2009年，开始为七个县区图书馆订阅期刊和报纸，实行资源的协调配送。几年来，初步形成了铁东馆以商贸经济为主、铁西馆以法律、法规为主、立山馆以中小企业发展为主、千山馆以农业和旅游为主、海城馆以农村经济和地域经济为主、台安馆以种植和养殖为主，岫岩馆以岫玉和历史等为主的地区特色图书馆群布局。

3、参与省内的联合编目工作。该馆积极参与省馆联合编目工作，2011年至2012年，累计上传省馆数据108807条。地区性联合编目平台上，各县区馆累计上传、下载数据共14194条。

4、学术研究硕果累累。2009–2012年，出版专著4部，调查研究报告5篇，人均发表论文0.05篇，市级科研立项4项，其中重点课题立项两项，一般课题立项两项。一卡通被评为市级优秀服务成果。

管理工作

1、人事管理突出抓好全员聘用制。2009年作为市里岗位定级试点单位，该馆进行了第三次全员聘用制工作和专业技术人员分级管理"。全馆人员流动率80%以上。每半年对工作任务书进行一次工作检查，检查结果作为年终绩效考核依据，纳入到部门或个人绩效评定档案。

2、志愿者队伍建设突出抓好志愿服务活动。2012年9月，鞍山市图书馆志愿者队伍正式挂牌成立，组成单位和人员有市读者协会、晨读协会、老年剪报小组、义务讲座的专家学者、社区图书馆管理员、农家书屋图书管理员等近百人，志愿者工作取得了一定的成效。2012年，累计组织志愿服务100余人次，共开展活动21次。

表彰、奖励情况

自2009年评估以来，该馆共获市以上各级各类表彰64项。其中国家级表彰7项、省级表彰11项、地市级表彰46项。

馆领导介绍

马骅，男，1960年7月生，本科学历，中共党员，研究馆员，馆长。1974年8月参加工作，历任中共鞍山市委宣传部新闻处副处长、中共鞍山市委宣传部网络宣传管理处处长，2005年1月任鞍山市图书馆馆长。兼任辽宁省图书馆学会常务理事、鞍山市图书馆学会理事长等职。研究方向为数字图书馆建设和地区联合借阅体系建设，曾发表专业论文十余篇，著作三部，其中《地区图书馆群建设举要》荣获辽宁省文化厅应用成果一等奖，《鞍山市图书馆全员聘用制工作》荣获辽宁省文化厅应用成果二等奖，论文《论心理契约在建设和谐图书馆中的作用》获鞍山市社会科学研究首届政府奖二等奖。

李林，男，1977年1月生，工程硕士，中共党员，党总支书记。1999年7月参加工作，历任鞍山市计生委计划生育综合治理办公室主任、中共鞍山市委宣传部办公室副主任、鞍山市博物馆党支部书记，2012年3月任鞍山市图书馆党总支书记。分管党的工作、精神文明建设等。

未来展望

鞍山市图书馆遵循"读者至上，服务第一"的服务宗旨，不断完善服务功能，扩大服务辐射区域，带动地区图书馆事业发展。

1、继续建设一卡通。社区图书馆、农家书屋将以服务和管理为重点。开辟新领域，在地区城乡布局建点，争取实现各行业、各系统资源共享，完成一卡通体系搭建。

2、加强特色图书馆群的建设和管理。建设馆藏特点各异的公共图书馆群，并采取有效措施加强管理。

3、全面深入开展全民阅读活动。逐步形成社会层面、社区层面、学校层面等全方位的全民阅读活动格局。

4、重新整合基础业务。形成地区统一的基础业务建设管理格局。

5、进一步推进数字图书馆建设。在完成公共图书馆数字化建设的基础上，启动学校、社区等基层图书馆数字资源共享建设。

6、逐步实行免除借阅押金的图书流通服务。实现完全免除一切费用的图书借阅服务。

联系方式

地　址：辽宁省鞍山市铁东区胜利南路45号
邮　编：114003

期刊阅览室

自助图书馆

鞍山市图书馆大楼

营口市图书馆

概述

营口市图书馆创建于1956年10月21日，1992年被确定为副县级单位，2009年被文化部评为“国家一级图书馆”，从而获得了建馆53年来的最高殊荣。2013年在文化部第五次公共图书馆评估定级工作中再次被评为“国家一级图书馆”。2007年，营口市图书馆迁入新馆。新馆位于营口市站前区公园路十号，新馆建筑面积12000平方米，馆内有外借、阅览、信息服务、未成年人益智阅览、盲人及盲文有声读物阅览、电子文献阅览、经典文献阅览、地方文献阅览、教育培训、休闲交流等现代化服务功能，共有阅览座席976个，计算机180台，信息节点403个，宽带接入10M光纤，选用Interlib图书馆集群管理系统。

业务建设

截止2012年底，营口市图书馆总藏量610453册（件），其中，纸质文献482054册（件），电子图书110523册，电子期刊6000种/册，电子报纸20种。

2009–2012年，营口市图书馆共入藏中文图书32473种，40189册，中文报刊820种，视听文献3594件。2012年，地方文献入藏完整率为94%。

读者服务工作

从2008年1月起，营口市图书馆实行全年365天对外免费开放，每周开放76小时。自2008年5月起，营口市图书馆充分发挥龙头馆及中心馆的作用，在全地区打造“图书馆联盟”建设，形成了营口地区公共图书馆的总分馆制管理模式。经过几年的努力，如今在营口地区8个公共图书馆之间已经实现五馆“一证通”服务，并通过网站、手机等方式向读者提供图书查询、预约、续借、超期催还等服务。2009–2012年，读者流通总人次为157.5万人次，书刊外借116.4万册次。与地区内的10个公共图书馆及高校图书馆签订了馆际互借协议书并开展馆际互借服务，现已建成5个分馆，102个馆外图书流通站遍布城乡各个角落。

2008年，营口市图书馆网站（www.yklib.cn）建成，访问量已达到210.1万次。开通了营图微博，开发了馆藏光盘资源视频点播系统和共享工程视频资源点播系统。2012年4月，营口移动图书馆正式开通，并在全市开展了“营口移动图书馆推广使用培训”活动，截止2013年底，点击量达到30万人次。如今，营口移动图书馆成为阅读推广活动的重要手段，吸引大批中、青年读者使用。截止2012年底，营口市图书馆拥有各类型数据库资源近40个，包含了电子图书、报纸、期刊、论文、全文信息及音频、视频等多种形式，其中电子图书53万种、电子期刊12000种、期刊报纸全文信息2亿篇、学术视频资源10万集、音频资源7万集以及馆藏视频资源3740部。数据资源的本地存储量超过10TB。

近年来，营口市图书馆实行“零门槛”免费服务，吸引市民走进图书馆。除此之外，营口市图书馆立足不同类型读者的文化、知识与信息需求，实施“市民课堂”、“学海轻舟”、“盲人引航”、“益智启蒙”四大服务品牌战略，全面引导读者阅读。并以这四大品牌为载体，开展先进文化走基层活动，在社区、学校、部队、农村、企事业单位开展讲座、展览、送书等活动，成为营口市民学习的主阵地。

业务研究、辅导、协作协调

2009–2012年，营口市图书馆职工在省级以上专业刊物发表论文17篇，在省级以上专业会议上获奖论文32篇。4人次获营口市优秀思想政治工作研究成果奖；7人次获辽宁省公共图书馆服务成果奖。

营口市图书馆是营口地区联合编目中心，利用Interlib图书馆集群管理系统将各分馆、社区图书室、企业职工书屋、农家书屋联合到一起，与各相关单位签订了协调采购协议书、联合编目协议书及资源共建共享协议书。2012年7月与华能营口电厂完成了书目数据的整合工作，开展了跨系统的协作协调工作。与此同时与辽宁省图书馆签订了《辽宁地区文献联合编目中心二级中心协议书》，严格履行省中心的章程内容。2009年起，省图书馆与我馆签署协议，在我馆建立了分馆。2012年与国家图书馆签订了《国家图书馆免费开放书目数据服务协议书》，通过Z39.50协议下载数据。

由大连、鞍山、营口、辽阳图书馆共同组织的辽南四市图

营口市委书记魏小鹏及其他市级主要领导视察营口市图书馆

馆长李亚军在营口移动图书馆启动仪式上讲话

充满生机与活力的益智馆

本馆馆员为学生读者讲解

青少年读者活动丰富多彩

书馆学学术研讨活动已经持续了二十多年。2009年11月营口市图书馆承办了“辽南四市第十二次图书馆学学术研讨会”，2011年协助辽宁省图书馆在营口市成功举办了“东北三省第十三次图书馆学科学讨论会”。

管理工作

近年来，营口市图书馆领导班子调整工作思路，把“共享强馆、科技立馆、品牌亮馆、活动促馆、文明塑馆”作为办馆理念，不断探索为读者服务的新模式。建立了工作量化考核指标体系，每月对全馆工作进行量化考核，每年对总体工作进行全面考核。在职工队伍建设工作中，实行周周有培训，月月有考核，年年有竞赛的业务技能考核体系，全面推动图书馆各项工作的有序开展。

表彰、奖励情况

2009−2012年，营口市图书馆共获得各种表彰、奖励49次，其中，国家级表彰、奖励2次，国务院业务主管部门及省级党委、政府表彰、奖励8次，省级业务主管部门、地级党委、政府表彰、奖励29次，地市级业务主管部门表彰、奖励7次，其他表彰、奖励3次。

馆领导介绍

李亚军，女，1965年3月生，本科学历，中共党员，研究馆员，馆长、党支部书记。1984年10月参加工作，历任营口市图书馆主任、馆长助理、副馆长、党支部书记。2008年5月任营口市图书馆馆长。兼任辽宁省图书馆学会理事，营口市图书馆学会理事长。2011年荣获辽宁省五一巾帼先进个人、2013年荣获市“五一劳动奖章”、2012年荣获中共营口市委授予的“优秀党务工作者”、2010年荣获营口市优秀中青年专业技术人才、2009年荣获营口市三八红旗手等荣誉称号。

张维毅，男，1967年11月20日，大学学历，中共党员，副研究馆员。1995年5月至2006年6月，任营口市少儿图书馆副馆长。2006年7月，任营口市图书馆副馆长，兼任营口市图书馆学会副理事长。

刘晓云，女，1970年6月生，本科学历，中共党员，副研究馆员，副馆长。1987年11月参加工作，历任营口市图书馆团总支书记、部主任、馆长助理、工会主席，2008年1月任营口市图书馆副馆长，兼任营口市图书馆学会常务副理事长，秘书长。

刘楚翘，男，1964年9月生，本科学历，中共党员，副研究馆员，工会主席。1984年10月参加工作，历任营口市图书馆主任、馆长助理，2008年1月任工会主席。

未来展望

营口市图书馆将继续秉承办馆理念，不断完善服务功能，扩大服务触角，探索为读者服务的新模式，带动营口地区图书馆事业的不断发展。如今，营口市图书馆新馆的选址和设计工作已基本完成，预计在不久的将来，一座20000余平方米的营口市图书馆新馆将展示在市人面前，新馆的建成将会为营口市民注入新的文化生机与活力。

联系方式

地　址：营口市站前区公园路十号
邮　编：115000
联系人：刘晓云

市领导视察盲人及盲文有声读物阅览室

营口市图书馆外景

沈阳市和平区图书馆

概述

沈阳市和平区图书馆成立于1959年，是服务于成人和少儿读者为一体的开放式公共图书馆。馆址几经变迁，2008年12月16日，位于和平区八经街46号的新馆正式对外开放。新馆占地一千平方米，建筑面积4437平方米，馆藏图书27万余册，年订报刊500余种，可容纳读者坐席484个，持证读者近万人。是目前我市规模最大、功能齐全、设施完备的（县）区级公共图书馆。1998年在国家文化部第二次评估定级检查中，以951分的优异成绩在省内同级馆中排名第一，荣获一级馆称号，并保持该荣誉至今。我馆现有工作人员18名，全部本科，其中高级职称3人，中级职称11人，工勤三人，行政一人，另有10名区劳务派遣人员。

业务建设

截止2012年底，和平区图书馆总藏量281077册，其中，纸质文献276220册，盲文图书145册，视听文献4712册。

2009年将自动化管理系统升级为Interlib图书集成管理系统，以适应和平区公共图书馆服务联盟建设的需要，同时，增加了读者续借语音应答系统及覆盖全区的24小时自助图书借还系统。

读者服务工作

2008年辽宁省首家——和平区自助图书馆正式对外开放，实现24小时为读者服务。该自助图书馆面积100余平方米，配备各类新书万余册，由图书管理员、自动化设备维护和保养、安保人员等构筑的24小时对外开放自助服务新天地。读者可在自助借还机上自行借书、续借和还书，老人与儿童也均可灵活操作，简单、方便、快捷。它打破了传统的借还书时限与模式，不仅实现了24小时服务，更实现了时间、资源、网络的延伸服务，真正体现了人性化的服务理念，最大限度地保障了民众的公共文化权益，其全新的服务方式还引起了社会的广泛关注和图书馆界同行的赞许。这不仅是公共图书馆服务理念、服务模式、服务手段的重大创新，更以其特殊的新鲜感和服务的方便性，打造了公共图书馆服务品牌。开馆至今，自助图书馆共接待读者50745人次，借还图书506306册次，深受读者欢迎。

为满足社区居民足不出户就能看到图书的愿望，2011年区政府投资60余万元建立了五家数字化社区图书分馆，现已正式挂牌开馆接待读者。各分馆统一使用“和平区图书馆XX数字化社区分馆”名称，馆内设施设备、各项标识系统及规章制度规范统一，每个分馆配置馆藏图书2000余册，实现文献资源统一采购和配置。总馆和分馆形成统一整体，搭载数字和平信息网络高速公路，连接数字和平局域网络，构成区图书馆服务网络，其业务管理集中于总馆，以保证工作流程的统一和顺畅，保证服务的水平和质量。为加强总、分馆特色资源建设，优化和平区文献资源布局，以区图书馆为总馆，建立了联合编目中心，实现文献编目工作标准化和规范化，避免机构的重复设置和人员的重复劳动，提高工作效益。各分馆实行书刊借阅“一证通”，在全区范围内实现分馆、总馆通借通还，打破“各自为阵”的服务模式，提高图书馆配套服务效能和服务覆盖率，实现全区公共图书馆的无层级、无差别、无障碍的统一服务，为市民提供了更加便利的阅读空间。

和平区图书馆借鉴深圳图书馆成功运作城市街区24小时自助图书馆的先进经验，经过多次实地调研、充分论证，我们从宣传力度、安全角度、居民密集度、辐射分布度、建设方便度等多方面考虑，在区内著名商业街区、大型广场、街道社区、驻区单位等地设立10台城市街区24小时自助图书馆。自助图书馆占地仅有10平方米左右，却可展示容纳400本图书，还可以储存700多本读者还书，读者只要用居民二代身份证在服务机上办理一张借书证，就可以实现办理读者卡、自助借还书、续借等服务，深受广大读者欢迎。它不仅是一道靓丽的城市文化景观，更将图书借还服务延伸至区内的每个角落，让和平区变成了一个没有边界的永远开放的大图书馆。和平区城市街区24小时自助图书馆从2012年2月14日启动运行至今，共接待读者22998人次，借还图书78996册次，为读者提供了便民、便利、便捷的图书馆服务，不仅节省了读者往返图书馆的时间和费用，减少读者购书开支，节省读者阅读成本；更缓解了政府对公共资源建设投入的滞后与保障市民文化权益和全民阅读之间的矛盾。它像文化播种机一样，播撒着知识、传递着文明，在潜移默化中改变着市民的生活方式，为提高城市文化品位，塑造城市人文精神，提高城市文明指数增添亮色。

在馆外亮点频现的同时，馆内的基础服务常抓常新：1、设立残障、老年读者阅览室，更好地为弱势群体服务：和平区图书馆在省内同级馆中率先设立残障读者阅览室，为残障读者采购

和平区图书馆外观

和平区自助图书馆

24小时自助机

阅览室

少儿阅览室

盲文图书237册、引进4台触摸电脑，设立残障读者专用通道、电梯、卫生间等；为老年读者选一处阳光充足、宽敞明亮的阅读室，并为其征订《老同志之友》、《生活与健康》等近百种老年人喜爱的报刊，配备了沙发、靠椅等设备，使老年读者犹如在自己家一样的舒适。2、多功能小影院：按照国家电影院建设标准装修装饰，小影院面积60平方米，沙发软椅坐席35个，配置LAX音箱、美国ROSE12路调音台、奥图玛投影仪、奥爱斯100寸投影幕、先锋DVD等先进设备。每周五、周六定期为读者免费放映电影。3、特色精品数据库：我馆有一批连环画，非常珍贵，拟将其扫描后制作成精品特色数据库，供广大读者免费观看。

业务研究、辅导、协作协调

2009–2012年，和平区图书馆职工发表论文25篇，出版专著2部。

为促进我区各类型图书馆之间的紧密联系，丰富我区读者的业余文化生活，提高读者的文化修养，我馆以推进本地区文化资源共享、实现联合服务为主要目的，2009年与沈阳市文化宫图书馆联合举办公益大讲堂，讲座内容丰富多彩，涉及生活、历史、人文等。至今共举办《提升职业素养、凝聚工作智慧》、《减轻压力、快乐生活》、《来自于平凡中的伟大——谈新时代弘扬雷锋精神》等公益讲座200余场次，近3万名读者参加。每一场讲座都力求达到形式新颖、内容精彩、效果显著。我馆与市文化宫图书馆联办的这种小型的、深入群众的讲座形式，不仅得到读者的一致好评，同时讲座老师都纷纷表示这种讲座形式能够近距离、快速的接收听众的反馈，希望大家可以互相学习、相互共勉。

管理工作

我馆实行选聘结合制度，馆长聘任部主任，聘期一年，根据部主任表现，可以续聘、不聘或中途解聘，部主任也可选择拒聘或中途解聘；馆长授权部主任聘用本部门工作人员。每年底对各部门进行工作量化考核。每周三召开部主任会议，汇报本周各部门工作要点及下周安排；隔周三下午组织全馆职工进行政治、业务学习，坚持党的建设不放松，加强班子建设，加强馆员思想政治建设，不断体改馆员业务素质，加强基层党组织建设，提高干部队伍的凝聚力、战斗力，为图书馆发展提供坚强有力保障。

表彰、奖励情况

2009–2012年，和平区图书馆共获得各种表彰、奖励28次。其中，中共中央宣传部、文化部、国家广电总局、新闻出版总署表彰、奖励2次，省级表彰、奖励3次，其他24次。

未来展望

创新文化发展模式，提升发展软实力。今后我馆将继续坚持文化惠民、文化为民、文化利民、文化强民，大力加强文化基础设施建设，以丰富人民群众精神文化生活为已任，通过广泛开展讲座、展览、培训、阅读推广等丰富多彩的文化生活，大力开展数字图书馆服务，利用新媒体技术手段，真正使图书馆服务走进千家万户，走到普通老百姓身边。

馆领导介绍

徐秋，女，1963年8月生，本科学历，中共党员，研究馆员，馆长，党支部书记。1984年7月参加工作，2001年1月任辽宁省沈阳市和平区图书馆馆长。兼任沈阳市图书馆学会理事。

张晓琳，女，1970年6月生，本科学历，中共党员，中级职称，副馆长。1996年1月到和平区图书馆工作，先后在少儿阅览室、图书借阅部、阅览室、行政办公室等部门工作，任主任等职。2006年5月被和平区文体广电新闻出版局任命为和平区图书馆副馆长，分管全馆业务工作。2009年荣获和平区劳动模范荣誉称号。

段秀红，女，1971年10月生，本科学历，中共党员，副研究馆员，馆长助理。1994年6月到和平区图书馆参加工作，先后在外借部、阅览部、计算机室、参考咨询部、辅导部等部门工作，任辅导部主任等职。

联系方式

地　址：沈阳市和平区八经街46号
邮　编：110002
联系人：张晓琳

公益讲座

图书馆办证处

文化快车活动

沈阳市大东区图书馆

概述

大东区图书馆现址为奉系军阀张作霖的幕僚——奉海铁路公司总办王明宇公馆。建于1925年，与沈阳东站为同期建筑，建筑风格独特。2004年被列为市不可移动优秀建筑，2005年区政府决定对公馆进行修缮，改作图书馆，加以利用。2007年4月29日大东区图书馆新馆竣工，投入使用。新馆占地5200平方米，建筑面积4000平方米，馆藏20万册。

业务建设

截止到2014年，该馆有馆藏20万册，年流通达到20万人次，年文献外借册次达14万册。年购书经费30万元。馆藏书刊文献年外借率、持证读者年人均外借册次及人均年到馆次数等都达到甚至超过评估最高分值。在文献资源建设方面，我馆注重文献采选的重点性、连续性以及用户需求的针对性，不断提高藏书质量。对所藏文献按照《普通图书著录规则》和CNMARK格式进行著录，并编撰了本馆的采购编目细则，确保文献加工数据规范一致。

读者服务工作

图书馆全年365天天天对外免费开放，周开放56小时。为方便读者，馆藏文献实现开架借阅，借阅藏合一，采访、流通、编目等主要业务工作，实行计算机管理。馆内设办证处、图书借阅处、视听资料外借处、过刊外借处、资料存查处、阅览厅、多功能报告厅、展览厅、多媒体阅览室、文献信息检索室、教室、自习室等十余个部门，为读者提供书报刊等文献资料的借阅、查询、网上信息检索、专题报告、培训、自习等服务，开展讲座、展览、演讲、征文、知识竞赛、影视播放、社区流动借书等活动，吸引读者充分利用图书馆。

读书活动：

“书香大东”系列读书活动，已经成为我馆的品牌。每年定期举办文化讲座、文化沙龙、技能培训班、电影展播周、演讲比赛、征文大赛、知识竞赛以及展览活动。大东区图书馆年举办讲座、展览、培训、阅读推广、影视播放等读者活动70场次，参与人数1万人次。

宣传周、读书月活动：

每年举办图书馆宣传周活动和全民读书月活动。现场开展办证、咨询、书刊借阅、文艺演出、展示宣传板、发放宣传单、猜谜和知识问答等丰富多彩的读书活动，提升市民思想境界、践行人生追求，与好书为伴，品书香盛宴，携手共建美好大东。

服务弱势群体：

图书馆常年为残疾人士免费办理图书借阅证，组织“盲人‘看’电影”、开展猜谜、知识问答等“喜迎盲人节”活动。坚持为老年读者举办“电脑培训班”，免费培训计算机基本知识。坚持为福利院老人送书籍、报刊，传递党和政府的关怀。

服务基层：

以大东区图书馆为中心，在街道、社区建基层图书流动点，完善基层图书馆服务网络，在社区开设“便民直通车”，方便市民就近办理图书证和借还图书，让越来越多的市民享受阅读的快乐，分享公共文化建设的成果。免费开办社区图书室管理员业务培训，提高服务水平。积极开展调研活动，更好地为社区读者服务。与村屯结对，每年开展送书下乡活动。截至目前我馆已建流动点累计达105个，年均流动图书5000册。大东区图书馆的基层服务网络已初步建成。

业务研究、辅导、协作协调

组织会员积极参加中图学会、省市学会学术研讨，积极撰写论文，及时总结工作经验，把握本领域先进理念。开展基层图书馆业务培训，提高基层图书馆管理人员业务和服务水平。组织几次图书馆开展便民服务活动和读书活动。全馆共完成服务立项70项，提供对口、及时、有价值的书刊资料近万册，科研人员研制成果，申请专利创造经济效益上亿元。

表彰、奖励情况

2009年到2012年图书馆承办和举办“图书馆服务宣传周”、“优秀楹联诗词书画作品评展”、“全民读书月征文评选”等读书活动获市文广局授予的特殊贡献奖、优秀组织奖等市级奖励10项。获得大东区政府授予的“先进集体”、“政风行风建设先进基层单位”、“三八先进集体”、“工会先进集体”等多项荣誉。大东区图书馆在每年举办的沈阳全民读书月和宣传周活动中获优秀组织奖；职工个人获国家级奖励4项，省

级11项，市级18项，区级13项。4人在中国图书馆学会组织的学术研讨活动中，获一、二等奖励，6人在辽宁省公共图书馆服务成果评选中获辽宁省文化厅授予的一、二、三等奖，多人在辽宁省图书馆学会组织的学术研讨活动中获一、二、三等奖。多人多次在市级读书活动中获得优秀组织奖。“书香大东”系列读书活动历次获辽宁省服务成果评比一等奖。大东区图书馆在历次全国公共图书馆评估定级工作中被评为国家一级图书馆。

馆领导介绍

王文风，女，1967年，中共党员，研究馆员。

刘凤云，女，1962年，中共党员，馆员。

谭　舒，女，1971年，中共党员，副研究馆员。

未来展望

在迎接政治、经济和社会变化之时，大东区图书馆意识到无人能比我们更适宜做终身教育的机构。我们必须加快步伐，让自己成为信息社会的领头羊。为了做到这一点，我们必须调整工作内容，把以前的内容导向转移到客户导向。而且在重视有形馆藏的同时注重与数字馆藏的完美结合，我们不仅要提高知识的积累，而且要培养新技能，创建合作伙伴关系，来扩大辐射面和影响力，从而在社会焦点问题上起到主导作用。未来的大东区图书馆将不只是满足人们的阅读需求，还应满足人们的情报需求、教育需求和娱乐需求，图书馆将成为文献存储和传播知识的中心，成为终身教育和文化娱乐的中心，大东区图书馆会在促进社会经济发展、提升公民素质、维持民主与知识自由等方面充分发挥作用，为本地区的文化和经济发展做出更大的贡献。

联系方式

地　址：辽宁省沈阳市大东区如意五路14号
邮　编：110042
联系人：王文风

沈阳市浑南区图书馆

概述

沈阳市浑南区图书馆始建于1978年12月，是在原东陵区"文化馆图书组"的基础上组建成立的，1993年12月，迁入位于沈阳市原东陵区文富北路36号，馆舍面积1500平方米，设计藏书容量20万册，可容纳读者座位300个。

2010年2月28日，根据《市委、市政府关于我市行政区划局部调整的决定》，于2011年8月由原址迁入浑南区银卡东路2号，主体建筑四层，馆舍面积4000平方米，2012年7月20日正式对外免费开放。是一所资源丰富、设施齐全、功能完备、环境优雅，公益性的现代化区级公共图书馆。馆内设有阅览坐席400个，计算机106台，信息节点106个，宽带接入100Mbps，选用ILASII图书馆自动化集成管理系统。

2013年4月参加第五次全国公共图书馆评估定级，同年11月8日被国家文化部正式命名为"一级图书馆"。

2014年8月1日正式更名为浑南区图书馆。

业务建设

截止2013年底，沈阳市浑南区图书馆总藏量252097册（件），其中，纸质文献12万册（件），电子图书128597万册，电子期刊3500种/册。

2004年，将自动化管理系统升级为ILASII自动化集成管理系统。2012年年初，实现馆内（WIFI）802.11N无线网络全覆盖，2012年成功运行浑南区图书馆（www.hnxqlib.com）官方网站。

读者服务工作

从2004年8月起，图书馆全年实行365天天天对外免费开放，周开放56小时。2012年4月，开通与社区图书室及农家书屋的馆际互借服务。截止2013年底，建成有35个馆外流动服务服务点，馆外书刊流通总人次3.5万人次，书刊外借10.53万册次。2008年起定期为区委、区政府领导提供《领导决策信息参考》开展为领导决策的信息服务工作。截止2013年底，沈阳市浑南区图书馆网站访问量10.95万次。

2011–2014年上半年，沈阳市浑南区图书馆共举办讲座、展览、培训、阅读推广等读者活动795场次，参与人数10.42万人次。其中辽海·沈阳讲坛·浑南大讲堂是本馆的品牌服务。

业务研究、辅导、协作协调

2004年，浑南区图书馆成立全国公共图书馆联合编目浑南支中心，实行书目数据的上传和下载工作。

从2010年起，每年举办农家书屋、社区书屋管理员培训班8期，16课时，500余人次接受业务培训。区图书馆业务辅导工作人员经常深入到社区书屋、农家书屋开展业务辅导及业务指导工作，2011年–2013年共计下基层业务辅导和业务工作指导510天。

管理工作

2011年，沈阳市浑南区图书馆完成第三次全员岗位聘任，本次聘任共设12类岗位，有9人重新上岗，同时，建立了工作量化绩效考核指标体系（KPI指标），每季度进行工作进度通报及绩效考评，每半年和全年进行总体工作绩效考核。

表彰、奖励情况

2011–2013年，沈阳市浑南区图书馆共获得各种表彰、奖励10次，其中，文化部表彰、奖励1次，其他表彰、奖励9次。

馆领导介绍

于磊，男，1981年8月生，大学学历，中共党员，馆长。

未来展望

浑南区图书馆遵循"改革创新、求真务实、勤劳奉献、效率担当"的浑南精神及"读者之上、服务第一"的办馆方针，积极完善自身服务功能，扩大服务辐射区域，带动本地区图书馆事业大发展、大繁荣。2013年起，在不断强化自身综合服务实力的同时，通过与沈阳市图书馆及县区公共图书馆创建服务联盟，带动了全市公共图书馆事业的整体发展，逐步实现资源共享及通借通还。

公益讲座现场

送书进工地

报刊阅览室

多媒体电子文献阅览室

少儿图书阅览室一角

送书进军营

图书外借服务大厅

联系方式

地　址：辽宁省沈阳市浑南区银卡东路2号（浑南区文化活动中心）

邮　编：110168

联系人：赵作勇，齐晓帆

沈阳市沈北新区图书馆

概述

沈北新区图书馆（原新城子区图书馆）成立于1979年，1986年迁至原新城子区银河街34号的新建馆舍，建筑面积1543平方米。2006年沈北新区成立后，兴建图书馆、文化馆、少年宫于一体的文化艺术中心，其中区图书馆单体建筑面积4296平方米，2009年5月区图书馆新馆正式启用。

区图书馆为国家一级图书馆，馆藏图书达22万册，全馆分为四个服务区和一个报告厅。一楼图书借阅服务区：有13万余册的各类图书供成年读者借阅；二楼报刊服务区：共有报刊及资料700多种；三楼少儿服务区：有少儿图书3万余册、报刊150余种，并设电脑10台，在满足少年儿童借阅、阅览需要的同时，为少儿提供健康绿色的网络服务；四楼多媒体服务区：设有电脑50台、光盘200余种；资源共享报告厅：设有读者座席80位，通过聘请知名专家或网上下载等形式定期为广大读者举办各类讲座。

业务建设

我馆现有馆藏文献22万册（件）。其中，少儿文献3万册（件）；地方文献846册（件）；数字资源达4.3TB，包含地方文献《锡伯族史料》和《沈北媒体关注》数据库以及电子图书，电子期刊，视频资料库等。

读者服务工作

本着“全方位开放、全公益服务、全社会共享”服务的宗旨，我馆365天开馆。所有设施、设备全开放，所有服务项目全部免费。

一是基础服务工作。我馆2014年度，总流通人次达到17.4万，书刊文献外借册次达14万册，收集整理政府信息公开文件439件，接待查阅人次51人，专题跟踪服务20项，接待咨询人次338人，举办读书活动37次，参加人数达3.4万人。参加市级活动7次，分获奖项12次。

二是基层服务工作。我区现有街道11个，社区187个，现有基层图书馆（室）达176家。基层馆（室）服务人口多，辐射面广，所以辅导基层馆（室）提高服务效能是我馆的一项重要任务。2014年，我馆集中举办了四次基层图书馆（室）管理员的培训，下基层辅导70天，共辅导基层图书馆（室）149家，受益人次达到463人次，在一定程度上提升了基层图书馆（室）管理员的业务素质。2014年，黄家街道安家社区图书室被评为辽宁省示范农家书屋，财落街道大辛二社区图书室被评为沈阳市示范农家书屋。

业务研究、辅导、协作协调

2009—2012年，沈北新区图书馆职工发表论文7篇。

特殊群体是需要全社会关注、关爱的群体，所以我馆将对特殊群体的服务作为重中之重。首先，我们在馆内成立了盲人文献借阅区、老年人阅读区、少儿多功能借阅室。同时，又针对特殊群体的需求，开展了一系列的送书、讲座、培训、专题跟踪、上门服务等活动。德康盲人按摩社的林国平、卢丹夫妇就是我馆的重点服务的残疾人对象之一。在上门送书、有声读物的同时，为其免费安装读屏软件，并辅导他们利用软件对其店里顾客进行计算机管理。其次，我馆还组织开展了一系列专门针对特殊群体的活动。如：“情系农民工，关爱在身边”图书捐赠活动，为“盛京国际演艺中心工程”的农民工送去图书500册，期刊300册；为农民工举办了“高血压病的预防与治疗”健康知识的免费公益讲座；与沈北新区第一小学签订德育培训基地协议，并定期举办各种阅读活动，使我馆成为少年儿童的第二课堂；此外，还在敬老院、消防队建立了图书流动站，定期为其更换图书，并为其开展读书活动。

管理工作

我馆实行选聘结合制度，馆长聘任部主任，聘期三年，根据部主任表现，可以续聘、不聘或中途解聘，部主任也可选择拒聘或中途解聘；馆长授权部主任聘用本部门工作人员。每年底对各部门进行工作量化考核。

表彰、奖励情况

2009—2012年，沈北新区图书馆共获得各种表彰、奖励24次。其中，省级表彰、奖励2次，其他22次。

“情系农民工，关爱在身边”图书捐赠活动

“闹元宵、猜灯谜”暨“沈城新韵”春联、书法大赛颁奖活动

沈北新区图书馆收藏的锡伯族地方文献

沈北新区图书馆报刊阅览室

未来展望

今后我馆将顺应时代发展趋势，与时俱进、开拓创新，在整合信息资源和弘扬地方文化及提供生活休闲等方面发挥公共图书馆的作用，更好的为沈北新区的政治、经济建设和科学研究服务，为提高广大市民素质服务，努力建设成为市民不可或缺的心灵家园、自由舒适的阅读天堂。

馆领导介绍

吕文杰，女，1970年1月生，本科学历，中共党员，馆长，党支部书记。1990年8月参加工作，2005年7月任辽宁省沈阳市沈北新区图书馆馆长。

李曦，女，1979年7月生，本科学历，中共党员，中级职称，副馆长。1999年11月到沈北新区图书馆工作，先后在少儿阅览室、辅导部、采编部等部门任主任。2013年11月任命为沈北新区图书馆副馆长，分管全馆业务工作。

联系方式

地　址：沈阳市沈北新区常州路30号

邮　编：110121

联系人：李　曦

沈阳市于洪区图书馆

概述

于洪区图书馆始建于1964年，它是在文化馆图书组的基础上发展起来的。1964年建区不久，文化馆便设图书组。同年9月，成立于洪区图书馆，馆址在中朝友谊人民公社大青大队。藏书27.500册，工作人员5名，1969年迁至于洪乡北李官堡。1983年迁至于洪区黄海路22号，建筑面积750㎡，藏书60000册，工作人员19名。1988年扩建至1100㎡，1996年又增建馆舍面积400㎡，馆舍面积达到1500㎡。2008年7月在于洪区黄海路71号新馆落成并投入使用，新馆使用面积3500㎡，是旧馆的2倍，设计藏书容量达30万册，阅览座席500个，日接待读者量可达600人次以上。2010年获得一级图书馆。

业务建设

截止2012年12月，馆藏图书达223861册（件），电子、视听文献1871、2165件，报纸、期刊600余种。

2009年，结合本馆馆藏资源特色，整合于洪全域文化内容，利用文化资源数字化在互联网的高传播率，建起了具有于洪区域文化特色的地方文献全文数据库。既方便读者远程查阅，又提升了文献的利用率和价值。

截止2012年12月，自建的文物古迹、作家、非遗、民间手工等专题数据库，图像、影像数据总量近10GB，文字总量200万字。将成为沈阳县区图书馆第一家具有地方特色的馆藏地方资源数据库。提高于洪特色文化建设在全国的知名度和影响力，保持于洪区文化发展的独特性，弘扬于洪区特色的文化魅力。

目前着手开发于洪名人等传统文化和非文化资源数字化建设工作。

读者服务工作

2008年7月1日新馆开馆，本馆提出“开放、平等、免费”服务理念，全年365天天天对外免费开放，周开放63小时，设施利用率明显提高，使免费服务成为政府的重要民生项目和公共文化服务品牌。2009-2012年，书刊总流通483563人次，书刊外借1031593册次。

在阵地服务中，除了做好为普通读者服务外，着重开展重点读者服务工作，建立重点读者档案，为他们开办了网上查询、个人购书（读后到馆报销，我们再作馆藏）、馆际互借、跟踪服务等工作。

于洪区图书馆开展“图书大篷车”活动始于2006年，这一工作，不但是于洪区图书馆的服务特色，也是于洪区文化工作的一大特色。区文体局坚持把文艺演出、图书借阅、电影放映送到基层，还制定了“百千万”工程，即每年下基层文艺演出150场、电影放映1000场、图书借阅50000册。图书馆送书多次与送戏、送电影一起下基层，不断扩大图书馆的服务领域，创新服务模式，同时为广大群众送去了丰富多彩的文化食粮。

“图书大篷车”启动至今，我们的服务已遍布全区12个街道，100个村屯。在“图书大篷车”服务过程中，服务经常延伸到田间地头，将单一的书刊服务，拓展为多元的系列服务，即组织科技讲座、播放vcd科技资料片、发放科技专题资料、举办小型科普图片展等。将服务的触角延伸到社会最需要的地方，以服务树立形象，受益群众达千万人次，累计流动图书25万册。

于洪区图书馆“图书大篷车”在下乡服务的同时，还在区残联建立了图书流动站。2009年为残疾人办理50个借书证（无押金），使那些残疾人享受到了与正常人一样的文化生活。在沈新劳教所建立图书流动站，送图书5000余册，并在劳教所开展普法讲座，聘请心理咨询老师为劳人员做心理咨询，深受他们的欢迎。

于洪区图书馆建立“农家书屋”84个，并建立了一支称职的管理员队伍，有效地解决了农民看书难的问题。2009年7月2日，省委宣传部、省新闻出版局、省财政厅、团省委等部门一同到于洪区对“农家书屋”工作，进行了检查验收，于洪区排在沈阳地区第一名。

《于洪文化讲坛》围绕“打造书香于洪，建设文化名区”的主题，讲坛的定位是，提高于洪百姓的人文素质，打造具有较高学术水平和深远社会影响的地方特色文化品牌。截止2012年12月，举办讲座42场，受益听众达60000余人，2009年获得沈阳市第三届“市民最喜爱的百项社会文化活动”单项

于洪区图书馆外景

《于洪文化讲坛》在和谐广场举办健康专题讲座

报刊阅览室

电子阅览室

成人外借处

奖，2010年沈阳市文化广电新闻出版系统优秀成果奖，2011年沈阳市“十佳社区群众文化活动品牌”。省文化厅、市委宣传部领导充分肯定了《于洪文化讲坛》的工作。

为了让更多听众享受到《于洪文化讲坛》成果，《于洪文化讲坛》进行了大胆的尝试，服务模式进一步拓展，将讲座办到广场，让百姓休闲纳凉的同时享受文化盛宴。据悉，在沈阳市乃至辽宁省我们是第一个将讲座办到广场的，效果非常好。《沈阳日报》2010年6月26日给予专题报道。

2009–2012年，于洪区图书馆共举办讲座、展览、培训、阅读推广等读者活动119场次，参与人数157685人次。

业务研究、辅导、协作协调

于洪区图书馆常年坚持专业理论研究，2009–2012年，职工撰写论文50余篇，在省市获奖21篇，在刊物上公开发表5篇。理论与实际相结合，深入基层进行调研、采访和实地察看，2009–2012年撰写调研报告6篇。

于洪区图书馆基层业务辅导活动坚持常抓常新，辅导工作做到有计划、有总结，2009–2012年开展辅导活动21次，举办基层培训25次，参加人数524人次。业务培训采取集中培训和个别辅导相结合的方式，对基层图书管理员进行业务培训，2010年开展了基层图书管理员业务知识竞赛活动。对本地区基层图书室通过相关数据的采集，进行业务统计分析3次。

于洪区图书馆与下属基层图书馆（室）建立了于洪地区资源共建共享网，成员馆本着文献资源共建共享、优势互补、互助互利、平等自愿的原则，明确了各成员馆的责任、权利与义务，覆盖率100%。与铁西图书馆、和平图书馆开展了馆际互借活动，实现区级图书馆的横向协作网络；与省馆开展“读者活动基层分中心”共建活动；《于洪文化讲坛》活动的成功开展，得到辽宁省图书馆的大力支持。

管理工作

充分发挥岗位聘任制的激励作用，提升了图书馆公共文化服务能力。2010年，实施“双向选择，竞聘上岗”，同时，建立了工作量化考核指标体系，实践证明：只要实行了真正意义上的公平、公正、公开的岗位聘任，形成人尽其才，和谐高效的工作运行机制，在促进图书馆事业发展中起到强有力的推动作用。

表彰、奖励情况

2009–2012年，于洪区图书馆共获得各种表彰、奖励47次，其中，省、市级业务主管部门表彰、奖励27次。

馆领导介绍

赵日，男，1963年8月生，本科学历，中共党员，副研究馆员，馆长。1980年9月参加工作，自1986年3月从事图书馆工作。2000年1月任于洪区图书馆馆长。兼任沈阳市图书馆学会理事。2011年获沈阳市文广系统优秀工作者，于洪区2010–2012年度精神文明建设先进工作者。

周也玲，女，1962年11月生，本科学历，中共党员，副研究馆员，党支书记。1981年10月参加工作，2002年5月任于洪区图书馆副馆长。

未来展望

于洪区图书馆在今后的工作中不断探索新的服务方式和领域，积极进取，务实创新，建设一支新时期高水平的图书馆人才队伍；注重数字资源的特色化建设，通过服务读者的实践，不断地改进、完善、有效提升图书馆特点，逐步形成自己独特风格，打造出几个最亮的服务品牌。向集成化、网络化、共享化发展。

联系方式

地　址：沈阳市于洪区黄海路71号
邮　编：110141
联系人：周也玲

第八期讲坛

图书大篷车下乡送书活动

元宵节猜谜活动

大连开发区图书馆

概述

大连开发区图书馆是大连开发区标志性文化建筑之一，总建筑面积2.8万平方米，2007年7月26日正式开馆。现有阅览座席1289个，计算机183台，宽带接入50M，采用Interlib图书馆集群管理系统。2009年，首次参加全国公共图书馆评估，获得国家一级图书馆，2013年再次获评国家一级图书馆。

业务建设

截至2013年底，大连开发区图书馆总藏量81万册，其中纸质图书61万册，电子图书12万册/件，中外文报刊2000余种，每年新增藏书8万册。

2009—2013年，新增藏量购置费300万元。截至2013年底，入藏中外文图书419350种，813425册，中外文报刊2930种，视听文献4766种。

截至2013年底，数字资源总量为9.8T，包括电子图书9万余种、电子期刊8000余种、音频资源5万余种、视频资源近3万部、图片资源1万余件，形成庞大的数字资源库群。内容涵盖自然科学、社会科学在内的几十种学科资源，包括哲学、法律、经济、教育、医学、工业技术、艺术、体育、文学、历史等等，几乎囊括了现有的所有学科门类。

2011年5月，引入RFID自助借还系统及设备，实现图书自助借还。2012年，实现馆内无线网络全覆盖。2014年，将自动化管理系统由IlasII系统升级为Interlib图书馆集群管理系统，以适应大连开发区公共图书馆服务和发展的需要。

读者服务工作

2007年7月开馆之初，即推行“免证阅览，免费办证”的双免举措，平均每周开放61.5小时。2009年—2013年，年均读者流通量为约147万人次，年均书刊外借量为72万册次。2013年，开通与大连市图书馆的馆际互借服务。建有社区、学校、企业、机关、部队、幼儿园等图书馆分馆39个。

大连开发区图书馆年均网站访问量为21万次，提供网上资源浏览、论文检索、视频观看、考试模拟等多种服务，满足各个层次人群的学习需求。

2009—2013年，大连开发区图书馆常年举办丰富多彩的读者活动，年均举办讲座、展览、培训、阅读推广等读者活动150余场，年均参与人数6万余人次。其中市民文化大讲堂、春节名家现场送春联、元宵节灯谜有奖竞猜、重阳书寿敬老书法大赛、《三字经》深读精讲、千人读书分享等品牌活动吸引了大量市民参与，深受群众欢迎。

业务研究、辅导、协作协调

2009—2013年，大连开发区图书馆职工发表论文33篇，其中获奖论文23篇。

管理工作

大连开发区图书馆细分岗位责任，明确落实到个人，成立绩效考核工作领导小组，每周检查各部门、各岗位目标责任制落实情况。在采编部实行每日定额工作量，确保新书尽快与读者见面；在阅览区实行“专人专架”负责制，确保书架及时整理。为提高职工的业务素质和水平，图书馆充分利用各种机会，派职工参加图书分类、编目、业务系统等专业培训。

表彰、奖励情况

2009—2013年，大连开发区图书馆图书馆共获得各种表彰、奖励28次，其中，文化部表彰、奖励两次，省级部门表彰、奖励3次，其他表彰、奖励23次。

馆领导介绍

乔海滨，男，1965年3月生，研究生学历，中共党员，副研究馆员，馆长。1987年8月参加工作，历任大连少年儿童图书馆副馆长，大连图书馆副馆长，2009年2月任大连开发区图书馆馆长（副处级）。

吴林，男，1981年12月生，本科学历，馆员，副馆长。2006年4月到大连开发区图书馆参加工作，任信息网络部主任。2013年，任大连开发区图书馆副馆长。

未来展望

面向未来，大连开发区图书馆将以“内涵发展和质量提升”为目标，加强馆藏资源建设，建设新区文化信息中心和市民休闲娱乐中心，为政府机关、企事业单位和广大市民提供信

重阳书寿敬老少儿书法大赛比赛现场

形象设计与气质提升讲座

北京师范大学教授、博士生导师张涛讲座《建筑环境的易学研究》

图书馆侧面

图书借阅区

报刊阅览区

元宵节猜灯谜活动

息服务和智力支持。积极拓宽图书馆服务范围，到2017年，建成覆盖城乡、资源共享的公共图书馆网络，通过先进的服务手段、现代化的技术，把图书馆的资源与服务延伸至基层。举办各类品牌文化活动，引导社会形成良好的读书风尚，提升市民的文化素质。加强国际交流与合作，在与美国、韩国图书馆建立友好合作关系的基础上，进一步与国际知名图书馆建立友好往来，在服务和管理上与国外图书馆实现接轨，打造国内一流、国际先进的图书馆。

联系方式

地　址：大连开发区金马路235号
邮　编：116600
联系人：乔海滨

大连市西岗区图书馆

概述

大连市西岗区图书馆初创于1960年，当时为西岗文化馆图书室，于1978年正式成立西岗区图书馆。馆址几经变迁，2009年4月23日，位于大连市西岗区南石道街东麓巷11号的新馆建成开放。新馆建筑面积为5100平方米，主体结构为三层：一层为综合服务区和读者阅览区；二层为综合图书借阅区；三层为参考咨询和自学区。拥有8个服务窗口，设计藏书容量40万册，可容纳读者座位500个，计算机110台，宽带接入10Mbps，采用Interlib和Sirsi两套图书馆自动化管理系统。新图书馆功能实现了服务设施标准化、图书借阅服务信息化、服务功能现代化、服务方式人文化，是传统和现代高度融合的城区中心图书馆。连续五届参加全国公共图书馆评估保持国家一级图书馆称号。

业务建设

截止2012年底，西岗区图书馆总藏量280385册（件），其中纸质文献276986册（件），电子图书878册。

2012年图书馆购书专款85万元。2009–2012年，共入藏图书28945种，100710册，期刊2518种，视听文献429种，地方文献55种。

截止2012年底，西岗区图书馆数字资源总量为4TB，种类包含电子图书、音乐图书馆等数字资源。

2005年，采用Interlib管理系统，2010年与大连市图书馆联网使用Sirsi系统，以适应大连市公共图书馆四级联网建设的需要。

读者服务工作

从2008年8月起，西岗区图书馆馆藏纸质图书和数字资源全部实行免费开放、开架借阅。周开放60小时，双休日、节假日不闭馆。2009–2012年，书刊总流通585787册次，接待读者516916人次。2010年9月西岗区图书馆与大连市图书馆、大连市少儿图书馆连接实现四级联网“一卡通用”，并建立了7个分馆，12个流动服务点，配备图书馆流动车1台，馆外借阅图书6.699万册次，物流配送图书近3万册次。

2009–2012年，西岗区图书馆网站访问量11.7582万次。开通图书馆微博，及微信公众平台。

2009–2012年，西岗区图书馆共举办讲座、展览、培训、阅读推广等读者活动121场，参加活动3.7765万人。每年举办一次的“书香满西岗”市民读书节通过开展各类阅读活动已成为西岗区图书馆阅读推广的特色。

业务研究、辅导、协作协调

2009年–2012年，西岗图书馆职工发表论文4篇，获得辽宁省优秀服务成果二等奖1项，市级文艺活动推进奖1项，大连市民学习品牌1项。

2005年在全市率先实现了区、街、社区三级联网，形成了“通借通还”一卡通用的管理体系，制定了《基层数字图书室暂行管理办法》和《街道、社区图书室百分考核细则》，每年进行评比，推进基层图书室建设。常年开展阅读推广、讲座、展览等资源服务，2010年与大连市图书馆、大连市少儿图书馆联网，实现了市、区、街、社区四级联网，2011年西岗区委区政府又投资300元余万元，建立了39个社区电子阅览室，全面推广数字阅读工程，2009年至2012年，举办街道社区图书管理员培训班6次，312人次接受培训。

2009–2012年，辅导人员下基层图书馆（室）辅导、调研，共228天，437人次基层图书管理员受益，对基层图书馆（室）管理工作进行指导，协助基层组织开展各类读书活动，在全区开展阅读推广活动，连续4年在全区开展“书香家庭”评选活动和百部图书漂流活动，开展“专属定制”讲座进社区活动。

管理工作

2010年，西岗区图书馆完成第二次岗位竞聘，本次竞聘设7个岗位，17人重新竞聘上岗，建立了工作量化指标体系，每月进行进度通报，全年进行总体考核。建立健全服务准则、工作制度、考勤制度和绩效考核制度。每月进行业务岗位考核。规范工作行为。2009–2012年，抽查文献排架48次，书目数据8次。

表彰、奖励

2009年至2012年，西岗图书馆共获得奖励7项，其中国家级奖项两个，市级奖项5个。

馆领导介绍

齐秀兰，女，1962年6月生，在职研究生学历，中共党员，副研究员，馆长。1983年11月到大连市西岗区图书馆工作，

.国家市区领导检查指导我馆举办残疾人活动

残疾人图书馆体验日活动

新馆开馆仪式暨首届读书节开幕式

第五届读书节开幕式

电子阅览室

图书室

老年常青树读书乐园的书画班活动

2004年通过公开竞聘成为图书馆馆长。在其领导下，西岗区图书馆连续五届评估保持国家一级图书馆称号，获得国家、省、市多项公共图书馆服务荣誉，连续多年获得大连市公共图书馆建设先进个人。

刘吉洋，女1966年8月生，大学本科学历，中共党员，馆员，副馆长。1989年7月参加工作，历任少儿部主任、馆长助理兼少儿部主任职务。2004年通过竞聘开始担任图书馆副馆长，连续多年被评为大连市公共图书馆建设优秀工作者。

未来展望

2014年，倡导全民阅读首次被写入政府工作报告。围绕全民阅读，西岗区图书馆将采取创新的服务方式与手段，整合公共数字文化资源，推广阅读，激发市民参与阅读活动的积极性。同时，西岗区图书馆将完善图书馆数字资源建设，给广大市民提供全新的阅读方式及海量的数字资源。逐步实现数字阅读覆盖全民、数字图书免费共享和文化资源开放体验，进一步提升文化惠民的能力与水平。

联系方式

地　址：大连市西岗区南石道街东麓巷11号
邮　编：116011
联系人：齐秀兰

西岗区图书馆大厅

西岗区图书馆外貌

大连市沙河口区图书馆

概述

沙河口区图书馆始建于1949年4月，当时是沙河口区文化馆图书阅览室。1960年4月沙河口区图书馆正式建立，迁入沙河口区中山路351号。图书馆几经搬迁，2002年8月迁入沙河口区西南路726号，2002年12月新馆正式接待读者。新馆占地面积4200平方米，建筑面积6324平方米，主体结构四层，一层前台、盲文及盲人有声读物阅览室、成人报刊工具书、地方文献阅览室和自习区，二层为少儿文献借阅处，三层为成人文献借阅室、电子阅览室，四层为书库。设计藏书容量60万册，可容纳读者座位400个，计算机84台，宽带接入10Mbps，存储容量7TB，采用IlasII和Sirsi两套图书馆自动化管理系统。自1994年连续五次参加全国公共图书馆评估，均获得国家一级图书馆称号。

业务建设

截止2012年底，沙河口区图书馆总藏量43.0116万册（件），其中，纸质文献37.9862万册（件），电子图书4万册，电子期刊3千种/册。

2009—2012年沙河口区图书馆累计新增藏量购置费462万元，2009—2012年，共入藏中外文图书34109种，126808册，中外文报刊12311种，超星电子图书4万册，视听文献1714种，收藏地方文献77种。

截止2012年底，沙河口区图书馆数字资源总量为7TB，其中，自建数字资源总量1TB。自建沙河口区地方文献数据库，主要由沙河口名人、沙河口大事记、图片沙河口、视频沙河口、网络沙河口组成。外购博看电子期刊数据库，爱迪科森视频数据库、少儿多媒体数据库和培训就业数据库。

2002年，采用IlasⅡ图书馆自动化管理系统，2010年与大连市图书馆联网使用Sirsi系统，以适应大连市公共图书馆四级联网建设的需要。

读者服务工作

从2008年8月起，沙河口区图书馆馆藏纸质图书和数字资源全部实行免费开放、开架借阅。周开放72小时，双休日、节假日不闭馆。2009—2012年，书刊总流通1364874册次，接待读者1311394人次。2010年9月沙河口区图书馆与大连市图书馆连接实现四级联网“一卡通”，并建立了14个分馆，89个社区图书室，5个流通站，馆外借阅图书54.04万册次。

2009—2012年，沙河口区图书馆网站访问量8.6825万次。随着图书馆事业的发展，图书馆网站几经改版，内容简洁精练，设有本馆新闻、社区分馆、新书推荐、电子图书馆等栏目，读者可以随时通过网站了解本馆最新动态，在线浏览电子资源、观看视频等。开通沙河口区图书馆微博、QQ群和微信公众帐号，为读者提供在线续借、咨询等服务。2009—2012年，沙河口区图书馆共举办讲座、展览、培训、阅读推广等读者活动324场次，参与人数12.9251万人次。从2002年连续举办“快乐读书·健康成长”系列读书活动，让更多的少年儿童在图书馆里享受读书的快乐，体验读书的趣味，领略读书的奥秘，使广大少年儿童在快乐的读书中健康成长。

业务研究、辅导、协作协调

2009—2012年，沙河口区图书馆职工发表论文9篇，获奖论文5篇，获得辽宁省优秀服务成果一等奖1项，二等奖1项，三等奖两项。

2004年在全省率先开创了以区图书馆为总馆，街道建分馆，社区建图书室的公共图书馆三级服务网络的总馆分馆制的基层图书馆事业建设先进模式。全区9个街道建立了图书馆分馆，每年为每个分馆购置新书2000册，订阅报刊60种，在全区89个社区建立了社区图书室，为每个社区图书室订阅报刊30种，分馆图书定期向社区图书室流通。同时，还在政府机关、武警大连支队、老年中心、区医院、测绘大队等建立了分馆，全部实行免费服务。现9个街道分馆各有藏书1万册以上，报刊60种。目前，全区图书馆服务网点分别以分馆、社区图书室等形式覆盖全区各个角落，覆盖率达100%。图书馆创新的办馆新思路得到了区领导的高度重视，连续3年将此纳入到沙河口区民生工程。

2009—2012年，举办街道社区图书管理员培训班13次，接受培训人次500余人。

2009—2012年，辅导人员下基层图书馆（室）辅导、调研，共822天，900人次基层图书管理员受益。

积极开展阅读推广活动，连续7年在全区开展“佳书感悟”读书征文活动，参与者数千人。

政协委员来我馆视察指导工作

佳书感悟颁奖

服装色彩搭配讲座

外来务工者美文诵读

阅览室

管理工作

2010年12月，沙河口区图书馆完成岗位设置，设置有管理岗、专业技术岗和工勤岗三类岗共21个岗位，设立5个部门，按岗聘人，部主任竞聘上岗，实行聘任制，21人全部重新竞聘上岗，建立健全服务准则、工作制度、考勤制度和绩效考核制度。建立了工作量化指标体系，每月进行业务岗位考核，进行进度通报，全年进行总体考核。规范工作行为，优化工作环境。安全保护工作措施到位，责任到人，2009–2012年，抽查文献排架48次，书目数据16次。2009–2012年撰写专项调研、分析报告20篇。

表彰、奖励情况

2009.6：辽宁省文明优质服务竞赛参赛单位。

2006–2009：年度十佳基层党组织。

2009.12：优秀组织奖。

2010.1：一级图书馆。

在2009–2010年大连市“分享阅读，共创明天”读书活动中，荣获集体组织奖。

2010.11：大连市全民阅读示范点。

2009–2010年度大连市群众文化“双百”评选活动先进单位。

2011–2012年大连市“与书为伴，共创明天”读书系列活动最佳集体组织奖。

2012.6：在第三届“大连读书月”活动中，被评为组织工作先进单位。

2012.7：爱国拥军模范单位。

2010–2012年创先争优实践创新奖。

2012.11：沙河口区软环境建设年活动示范窗口。

馆领导介绍

高月起，男，1956年3月生，本科学历，中共党员，研究馆员，馆长。1978年至1999年先后在大连市图书馆担任典藏部、阅览部、辅导部、办公室主任，2000年担任大连市少年儿童图书馆辅导部主任，2001年至今担任大连市沙河口区图书馆馆长。曾任大连市图书馆学会秘书长，大连市图书馆学会副理事长，辽宁省图书馆学会理事。中共大连市第十次党代会代表。

钱德婧，女，1974年7月生，本科学历，中共党员，副研究馆员，副馆长。2000年11月参加工作，先后在图书馆成人外借部、少儿外借部工作、2005年1月任采编部主任，2011年3月至今任沙河口区图书馆副馆长。

未来展望

沙河口区图书馆已在全区建成了图书馆总分馆制的服务模式，实现了区、街道、社区三级的服务网络，有效构建了覆盖全区的公共图书馆服务体系。未来沙河口区图书馆将开拓多元化的服务渠道，发展信息共享空间，整合数字资源，搭建数字化平台、创新服务模式和服务手段，完善数字化服务体系，与国家、省、市图书馆实现数字资源共建共享，通过网络为广大读者营造一个不受时空限制、无处不在的数字图书馆环境。

联系方式

地　址：大连市沙河口区西南路726号

邮　编：116021

联系人：高月起

盲文阅览室

图书馆外貌

大连市甘井子区图书馆

概述

大连市甘井子区图书馆始建于1981年6月，1988年10月迁入甘井子区华东路79号，馆舍面积3222平方米，2010年6月，搬迁至甘井子区虹韵路129号，2010年12月9日新馆对读者开放。新馆占地面积2.7万平方米，建筑面积1.6万平方米。1994年，参加全国公共图书馆评估，首次获得一级图书馆，2009年，第四次被评为国家一级图书馆。2012年，甘井子区图书馆有阅览座席1040个，计算机120台，存储容量7.5TB，信息节点800个，宽带接入30Mbps，选用Sirsi Dynix图书馆自动化管理系统。

业务建设

截止2012年底，甘井子区图书馆总藏量53.6790万册（件），其中，纸质文献46.8936万册（件），电子图书6.7854万册。

2010年，甘井子区图书馆新馆落成，新增藏量购置费300万元，2011、2012年新增藏量购置费160万元。2009–2012年，共入藏中外文图书23.5296万册。截止2012年，共收藏地方文献552种，808册，视听文献3082种。2012年订阅中外文报刊1421种。

截止2012年底，甘井子区图书馆数字资源总量为5TB，其中自建数字资源总量1TB。自建甘井子地方文献数据库有五部分组成：甘井子名人、甘井子大事记、网络甘井子、图片甘井子、视频甘井子。外购中国美术馆、书法馆图片4万张，数字报纸40种，CNKI中国期刊全文数据库4474种，网上报告厅数据总量1.5TB。2010年5月实现馆内无线网络覆盖。

读者服务工作

从2010年6月起，甘井子区图书馆实行全面免费开放，周开放60小时。2009–2012年总流通152.0706万人次，书刊外借84.0719万册次。积极开展馆际互借服务，2012年馆际互借总册次4313册次。2011年5月，该馆加入大连市数字图书馆“一卡通”工程，实现通借通还，资源共享，极大地方便读者，最大限度提高了文献的利用率。截止2012年，在全区建立分馆26个、流动站73个，2012年馆外流动图书23134册次。开展多种服务方式，编辑二次文献，设立热线电话，吸引更多读者走进图书馆。发挥图书馆优势，做好政府信息材料的收集工作，为读者提供更加快捷的政府信息查询服务。拓展服务空间，深化服务内容，开展为党政领导机关提供决策、为科研与经济建设提供信息服务、为社会大众提供信息服务等，完成课题服务22项。

2012年，甘井子区图书馆网站访问量7.0235万次。随之图书馆事业发展的需要，该馆网站多次改版，网页设计简洁美观，栏目设置清晰合理，内容更新及时丰富。读者通过网站可随时了解该馆的最新服务动态，在线浏览电子图书、电子期刊、中国艺术图片库、网上报告厅、地方文献数据库、文化信息共享工程等数字资源，同时，开通图书馆网上服务，为读者提供书刊检索、续借图书等服务，极大地方便了读者。

2009–2012年，甘井子区图书馆举办讲座、展览、培训、阅读推广等读者活动239场次，参加活动人数达15.7671万人次。打造甘井子区图书馆特色文化品牌，彰显图书馆的社会职能，为读者提供固定的文化交流平台。每周日下午举办“甘井子区图书馆文化大讲堂”公益讲座，以直接、灵活、深入浅出的特色赢得了越来越多的读者喜爱；每周六上午举办甘井子区“市民外语广场”，邀请外教亲自参与，为外语爱好者提供学习和展示的舞台；每周六上午举办“让好书苏醒　让知识对流”图书置换活动，为市民互换图书、共享知识，建立一个长久有效的平台；每年一届的“甘井子区家庭读书朗读比赛”的举办，积极倡导家庭阅读，让广大市民多读书、读好书，分享家庭阅读的乐趣。

业务研究、辅导、协助协调

2012年，甘井子区图书馆职工发表论文1篇，获奖论文17篇。申报的《市民外语广场活动》《开展公益讲座》分别获辽宁省公共图书馆服务成果二三等奖。撰写调研报告、统计分析9篇。

该馆加入大连市数字图书馆“一卡通”工程，参与联合编目，参加国家、省、市图书馆学会组织的各科学术研讨会、培训、讲座，参与各种公益活动，促进地区图书馆协作协调，实现联合服务。

2009–2011年，甘井子区图书馆连续3年举办甘井子区基层管理员培训班，24课时，363人次接受培训。2012年，在全区

甘井子区图书馆正面

图书馆大厅

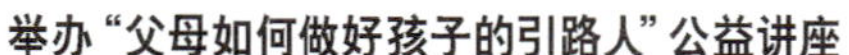

举办“父母如何做好孩子的引路人”公益讲座

市民外语广场

图书置换大集

14个街道进行巡回业务培训，56课时，121人次接受培训。

2009–2012年，辅导人员下基层图书馆（室）辅导、调研，共248天，484人次基层图书管理员受益，对基层图书馆（室）管理工作进行指导，组织活动成效显著，在全区开展阅读推广活动，连续4年在全区开展“书香家庭”评选活动，共评选出52个“书香家庭”。开展公益讲座进社区服务惠民活动。

该馆制定了志愿者服务条例和管理制度，既有职工志愿者服务队伍，又有读者志愿者服务队伍，为志愿者提供多种实践岗位，组织他们参加讲座、环境保护等公益活动。

管理工作

2012年，甘井子区图书馆完成岗位聘任，按需设岗，设立了7个部门，按岗聘任，部主任竞聘上岗，实行聘任制。建立健全服务准则、工作制度、考勤制度和绩效考核制度。每月进行业务岗位考核。规范工作行为，优化工作环境。安全保护工作措施到位，责任到人，专业物业公司进行设施维护，加强安全管理。2009–2012年，抽查文献排架48次，书目数据10次。自办《甘图之窗》，展现本馆和基层图书馆的工作风貌，及时反映馆员和广大读者心声，已然成为推动甘井子区图书馆事业发展的舆论阵地，共编辑《甘图之窗》44期。

表彰、奖励情况

2011年，该馆被大连市委、市政府授予大连市“文明单位”；2011年被大连市精神文明办授予大连市“全民阅读示范点”；2011年被大连市精神文明指导小组授予“未成年人思想道德建设工作示范点”；2011年被大连市委宣传部、市科技局授予“大连市科普基地”；2012年被辽宁省社科联授予“辽宁省社会科学普及基地”；2012年被大连市总工会授予“先进女职工组织”；2012年被大连市委宣传部、市精神文明办、市文广局等授予“第三届大连读书月组织工作先进单位”；2012年被大连市社科联授予“社科普及基地”。

馆领导介绍

何清，女，1966年7月出生，大学学历，中共党员，馆员，馆长。1987年10月参加工作，先后在辅导部、采编部、流通部工作。

刘玮，女，1966年8月出生，本科学历，中共党员，副研究馆员，副馆长。1988年7月参加工作，在大连钢厂技工学校任教，1996年11月调入甘井子区图书馆，先后在流通部、采编部、少儿部工作。

刘丽英，女，1965年8月出生，本科学历，中共党员，馆员，副馆长。1986年12月参加工作，先后在流通部、采编部、少儿部工作。

未来展望

“十二五”时期，国家文化部重点实施文化共享工程、数字图书馆、公共电子阅览室建设等三大重点文化惠民工程。甘井子区图书馆将统筹规划，整合公共数字文化资源，创新服务方式与手段、提升实施数字资源提供能力和远程服务能力，逐步形成完善的公共数字文化服务体系。

联系方式

地　址：大连市甘井子区虹韵路129号
邮　编：116039
联系人：刘　玮

图书馆大堂举办“书香春节”读书活动

在一楼大堂举办百福临门笔会活动

大连市旅顺口区图书馆

概述

旅顺口区图书馆前身是1898年沙俄侵占旅顺后建立的“旅顺普希金图书馆”。1918年11月日本关东厅博物馆设立了图书阅览所。1927年，图书阅览所改为关东厅博物馆属图书馆，1929年3月从关东厅博物馆分出独立。1935年12月，改名为旅顺图书馆。主要收藏满族与蒙古族关系、甲午战争、日俄战争的有关资料。1936年，图书馆已有藏书33657册，其中西文书籍5059册，中、日语书籍28598册。到1945年，藏书约5万余册。日本投降后，图书馆由旅顺口区人民政府接管。

旅顺口区图书馆目前的馆舍于2000年11月17日始建，2002年1月17日竣工，2月正式对外开放。旅顺图书馆新馆位于大连市旅顺口区长春街3号，建筑面积为4485平方米，是旅顺口区人民政府投资兴建的一座综合性公共图书馆。旅顺图书馆共分为三层：第一、二层为读者服务区，其中第一层设有少儿书刊阅览室、报刊阅览室、电子阅览室、报告厅，第二层设有借书室、工具书参考咨询室、小型会议室；第三层属于办公区。旅顺图书馆是收集、整理各类图书文献并向社会公众免费提供文献服务的公益性文化机构。

旅顺图书馆以最大限度满足读者需求为服务宗旨，实行“藏、借、阅”一体化服务模式，建立多功能服务体系，设置图书外借室、报刊阅览室、少儿书刊借阅室、共享工程电子阅览室、旅顺近代史文献资料室、视障阅览室、多功能报告厅等11个服务窗口，年征订各类报刊600余种，同时拥有数字报纸资源50种，电子期刊资源100余种，拥有纸质图书、电子图书等各类型馆藏文献30余万册（件），年外借各类图书15万余册次，年接待社会公众18万余人次，是一个集借阅、视听、检索、培训、网络、展览等各种服务为一体的现代化公共图书馆，全面实现了图书馆工作的自动化管理。旅顺图书馆曾连续3次被国家文化部命名为“国家一级图书馆”，先后荣获辽宁省文明单位、辽宁省社会科学普及基地、大连市先进图书馆等多项荣誉。

业务建设

截止2012年底，旅顺口区图书馆图书总藏量255982册（件），其中汉文普通图书219262册、地方文献909册、报纸合订本2337册、期刊合订本2706册、电子视听文献1292件。

2012年图书馆购书专款40万元。2009–2012年，共入藏图书17765种，62178册，期刊1776种，视听文献573种，地方文献812种。

截止2012年底，旅顺口区图书馆数字资源总量为4TB，种类包含电子图书、音乐图书馆等数字资源。

2010年，采用了美国Sirsi公司生产的Unicorn管理系统，集藏、借、阅、管为一体。2011年7月加入大连市图书馆“一卡通”工程并顺利完成核心管理系统SymphonyDynix3.3.1的升级转换工作。

依据国家文化资源共享工程的相关要求和标准，旅顺图书馆设立专门机构和人员，担负起旅顺口区共享工程的建设和推广任务，结合实际，先后对旅顺口区11各街道共享工程基层点开展了支中心的技术培训，指导基层建设，积极开展协作协调工作，先后6次开展共享工程业务培训，受训人次208人，有效地推进了本地区文献资源共建共享的建设步伐。

读者服务工作

从2010年7月起，旅顺口区图书馆馆藏纸质图书和数字资源全部实行免费开放、开架借阅。累计周开馆时间60小时，双休日、节假日不闭馆。2009–2012年，书刊总流通760818册次，接待读者661076人次；图书馆网站访问量达52428万次。

2011年7月，旅顺口区图书馆与大连市图书馆实现四级联网“一卡通”。2009–2012年，先后建立4个分馆，15个流动服务点，配备图书馆流动送书车1台，馆外借阅图书25200册次。

在旅顺口区绿色经济区建设新的跨越中，旅顺图书馆继续坚持“以人为本”的服务理念，积极开展各种社会教育与文化传播活动，先后创办了旅顺“军港潮声”公益文化讲坛，旅顺“读友会”，旅顺“书来书往”图书漂流站，“读书之星”评选活动以及“旅顺人写旅顺”“卷卷方志写春秋”“一个旅顺口·半部近代史”等特色展柜，创新服务特色，打造文化

人大视察视障阅览室

旅顺图书馆表彰会

图书馆大厅

阅览室

书库

品牌，提供更优质的服务，努力满足读者日益增长的文化需求。

2009–2012年，旅顺口区图书馆先后举办共举办各种讲座、展览、培训、阅读推广等读者活动102场，参加活动31652人。每年举办一次市民“读书月”活动，通过开展各类阅读活动已成为旅顺口区图书馆阅读推广的特色。“军港潮声”公益文化讲坛已是旅顺图书馆对外文化宣传的一个重要文化品牌。

业务研究、辅导、协作协调

2009–2012年，旅顺口区图书馆馆员在省级图书馆期刊发表论文3篇，参加省市级各种论文研讨会交流获奖论文9篇。

2009–2012年，以提高全区图书馆（室）管理水平和现代化水平为宗旨，加强各街道、社区、村基层图书馆(室)业务建设，积极推动城乡一体化服务网络建设。近年来，辅导部组织实施的基层业务辅导专题达十余项。2012年组织全区基层图书馆（室）业务集中学习两次，远程自主学习30课时，受训人员80多人次，合计500多学时；通过电话回访和解答咨询的形式，增进与基层图书馆（室）的沟通，及时解答工作中的疑问；建立旅顺口区图书馆基层辅导QQ群，不断探索新的工作模式。

管理工作

在业务和人员管理方面，旅顺图书馆根据年初制定的业务工作指标责任书的要求，明确各部室的工作职责和主要任务，制定了考核的量化指标，作为部门年度工作考核的依据；按照业务分工，定期或不定期在馆务会上汇报沟通；全馆统一实行指纹签到考勤，严格执行馆内规章制度，严肃劳动纪律。旅顺图书馆为了明确工作职责，进一步规范服务和管理行为，近年来，逐步修订和健全了《旅顺图书馆规章制度》，以制度规范服务行为，做到人人有责，事事有程序，不断减少工作盲点，从而把图书馆的服务和管理逐步纳入科学和规范的轨道。做到业务、人事、财务、档案、统计、消防、保卫各方面工作都有章可循，不断促进图书馆工作健康有序发展。

表彰、奖励

2009–2012年，旅顺口区图书馆共获得奖励16项，其中国家级奖项1个，市级奖项5个，区级奖项10个。

馆领导介绍

丛丽红，女，1970年出生，本科学历，副研究馆员。2010年2月担任大连市旅顺口区图书馆馆长至今。全面负责图书馆工作。

程飞，女，1978年10月出生，本科学历，馆员。现任图书馆党支部书记。

林治德，男，1969年10月出生，本科学历，副研究馆员。2013年12月任旅顺图书馆副馆长，全面负责图书馆业务工作。

未来展望

面向未来，旅顺口区图书馆将不断采取创新的服务方式与手段，整合公共数字文化资源，推广阅读，激发市民参与阅读活动的积极性。同时，旅顺口区图书馆将不断完善图书馆数字资源建设，努力给广大市民提供全新的阅读方式及海量的数字资源，逐步实现数字阅读覆盖全民，公共文化资源免费共享。进一步提升旅顺口区图书馆文化惠民的服务能力与水平。

联系方式

地　址：大连市旅顺口区长春街3号
邮　编：116041
联系人：林治德

驻军分馆启动仪式

读书月暨军港潮声文化讲坛

少儿寒假读书活动

大连金州图书馆

概述

金州图书馆始建于1916年，由曹德鳞、王永江、曹世科等人创办的"金州简易图书馆"，1932年迁入刘心田纪念馆内，同时易名"金州南金书院图书馆"。1949年11月，藏书全部移交旅大图书馆。1956年6月30日，正式成立"金县图书馆"，为全国首批县级图书馆。"文化大革命"期间停馆。1981年复馆。1987年撤县改区，称为"金州区图书馆"。2010年4月，两区合并（金州区和开发区），更名为"大连金州图书馆"。

2007年迁建于金州新区永安大街888号，2008年9月1日投入使用，新馆现有建筑面积为8313.60平方米，设计藏书能力为50–100万册，可容纳读者座位500个，年借阅可达30余万人/册次，阅览座席520个，计算机126台，宽带接入6Mbps，选用SLRSDYNLX图书馆自动化管理系统。

业务建设

截止2013年底，金州图书馆总藏量250203册（件），其中，纸质图书164610册、电子图书85593册、纸质报刊6440册、数据库3个。2011年底实现了借阅、阅览、咨询等一系列业务管理的计算机自动化，满足了公共图书馆的功能需要。

2010年起新增馆藏购置费100万元。2010–2013年，共入藏中外文图书4414种，10253册，中外文报刊420种，视听文献799种。地方文献入藏完整率为89%。截止2012年底，金州图书馆数字资源总量为50TB。

2012年，将自动化管理系统升级改造为Symohony3.3.1联合馆系统，2012年开通了局域网无线网络，实现了读者在图书馆内的无线上网。建有的数字资源库有《少儿多媒体》《中国书法馆》《中国民间美术馆》，在建的数据库有《古籍数据库》。两区合并后，金州图书馆网站重新设立，域名www.jztsg.com。

古籍管理一直是金州图书馆业务建设的重点内容。从1916年至今，通过民间搜集、捐赠等形式积存了一批古籍。现存古籍（包括民国时期的）大约6000余册。2012年设立了"金州图书馆古籍特藏室"，并按着国家文化部发布的《图书馆古籍特藏书库基本要求WH/T24–2006》建立了新的古籍特藏书库，购进了防虫防蛀的樟木书柜、监控设备、非接触式扫描仪、照相机等。并制定了《金州图书馆古籍保护方案》《金州图书馆古籍保护计划》《金州图书馆古籍保护制度》等，2012年3月开始，组织工作人员对全部馆藏的古籍进行整理，至2013年，已经全部完成古籍整理编目并登记造册2920册，现已完成地方文献王永江著《易原窥馀》的数字化，全部做了函套。

数据录入从国家古籍保护中心下载的电子表格。其间派古籍工作人员多次参加全国古籍培训班，同时，到大连市图书馆古籍部门培训和学习。为了让更多的人知道古籍、了解古籍进而保护古籍，金州图书馆通过发放传单、报纸宣传、网络普及等多种方式让古籍文化深入人心，也确保了古籍普查和保护工作的顺利进行。

读者服务工作

从2008年9月起，金州图书馆周二至周日免费对外开放。每周开放60小时。2010–2013年，书刊总流通44.528万人次，书刊外借20.2万册次。与毗邻的金州博物馆、青少年宫形成了良好的资源共享环境，极大地扩展了服务领域。截止2013年底该馆与金州消防支队、武警支队、592部队（仓库）以及街道、社区等建立了图书流通站10家，并与金州沈联干休所建立了馆外服务点，多次为老首长送去书刊，累计流通册次6000余册；与社团组织、学校建立志愿者服务队建立长期合作关系，如大连市一〇八中学义工社团，已开展多项活动，受到了师生和读者的一致好评。2012年建立图书馆网站，发布使用的数字资源总量为3种，共3TB，2008–2013年，金州图书馆举办讲座、展览培训、阅读推广等读者活动平均每年71场次，年读者活动20302人次。

业务研究、辅导、协作协调

2008年加入一卡通（借助网络和计算机技术实现资源共享的图书馆联合体）工程服务网络，参与联合统一编目，实现馆际通借通还，对本地区图书馆服务网络实施规划并参与管理，取得成效。本地区内，参与图书馆服务网络建设的街道、乡镇、社区及村级图书馆占全区图书馆的89%，有计划、总结、业务统计分析、对基层馆自动化管理进行指导取得了良好的效果，并加强"农家书屋"建设，2012年先后对84家"农家书屋"进行了全面系统的实地检查与指导，并对各村"农家书屋"的管理员进行了专门的培训与辅导，合格率达到了100%。

管理工作

2011年，金州图书馆完成第3次全员岗位聘任，共有23人重新上岗，同时，在服务窗口每年设立文明服务奖，强化馆员为读者服务意识。抓好财务管理，严格遵守财务规定。合理安排和使用资金，保证购书经费专款专用，图书采购保质保量。每月进行工作进度通报，每半年和全年进行总体工作考核。2010–2013年，共抽查文献排架30次，书目数据12次。撰写专项调研、分析报告和工作提案20篇，编写各部门工作进度通报15篇。

表彰、奖励情况

2009年，在全国公共图书馆第四次评估中被评为一级馆；2012年，被辽宁省社科联合大连市朗诵学会授予活动基地；2013年，被大连市社会科学界联合会授予社科普及基地；2013年，在全国公共图书馆第五次评估中被评为一级馆。

馆领导介绍

王必强，男，1970年6月生，本科学历，中共党员，馆长。1987年参加工作，先后在大连市一一七中学、金州博物馆、金州新区教育文化体育局、金州图书馆工作，2011年被任命为金州图书馆馆长。

赵文鉴，男，1955年11月生，大专学历，中共党员，高级职称，书记。1974年7月参加工作。先后在大连市一〇三中学、金州区体育学校、金州区文化市场执法大队、金州图书馆工作，2011年被任命为金州图书馆书记。

何明，男，1982年8月生，本科学历，中共党员，副馆长，2005年7月参加工作，先后在大连市一〇八中学、金州新区教育文化体育局、金州图书馆工作，2014年被任命为金州图书馆副馆长。

未来展望

金州图书馆成立至今将近百年，从人工操作到电脑管理，从纸质文献到数字资源，一直跟随着时代步伐在努力。今后将加大对网络与计算机方面的建设与投入，开通金州图书馆微博，更快更好地为读者服务。继续完善金州图书馆网站管理，及时更新，贴近读者。依托网站，设立“特色馆藏”板块，宣传古籍文化，实现网上续借。建设使用大连金州图书馆–网上报告厅、电子数字资源平台、数字图书等数字资源。在原有读报器的基础上，引进以正版数字资源为核心的方正阿帕比触摸屏综合展示平台，读者不仅能阅读电子报纸、翻阅图书、浏览图片，还可以通过二维码扫描的方式轻松下载图书，实现“移动式图书馆”。

真正建成四级图书馆服务网络，将图书馆服务的触角延伸到基层，加强与各界的联系，扩大服务辐射区域，努力建成以人为本、读者至上的新时期高标准的现代化图书馆。

联系方式

地　址：金州新区永安大街888号
邮　编：116100
联系人：邢 政

瓦房店市图书馆

概述

瓦房店市图书馆成立于1978年6月，从原复县文化馆分离出来的。馆址几经变迁，1993年4月位于瓦房店市北共济街3段25号新馆大楼正式对外开放。新馆大楼建筑面积3700㎡，四层仿古建筑，拥有360个阅览座席，计算机72台，光纤接入10MB，选用Unicorn图书馆自动化管理系统。瓦房店市图书馆先后参加第一次、第二次、第三次全国公共图书馆评估，连续3次获得“一级图书馆”称号。

业务建设

截止2012年底，瓦房店市图书馆总藏量111768种，316467册（件），其中，纸质文献286231册（件），电子文献29965种，视听文献234件。

2012年，瓦房店市图书馆图书专项经费增加到80万元（2010年、2011年购书经费为30万元）。2009—2012年，共新增入藏纸制图书13883种，158136册，电子文献29965种，视听文献234件。收集大量地方文献，包含“瓦房店市名人文库”、“辽南皮影戏影人、剧本”、“家谱”。

2012年，瓦房店市图书馆数字资源总量为7TB，其中，自建数字资源总量4TB。且制定《2013—2016年瓦房店市图书馆数据库建设规划纲要》。目前，共有62233条机读目录，占馆藏中文图书书目数字化89%。

2011年，完成ILSA系统与Unicorn图书馆自动化管理系统的转换工作，加入大连市数字图书馆“一卡通”工程，实现与大连图书馆二级联网。同时，实现馆内WiFi全覆盖。

2012年，瓦房店市图书馆对电子阅览室和中控机房进行整体装修，更换电脑56台（云终端配置），配备3台服务器（应用、管理、传输），安装3套软件系统（信息浏览软件软件、资源应用管理系统、设备远程管理软件）。实现与“共享工程”网站和其他网站下载视频和电子文献，供读者查阅。

读者服务工作

从2010年起，瓦房店市图书馆全面对外免费开放，周开放时间60小时。2009年—2012年，书刊总流通897152人次，书刊外借616791人次。2012年7月，实现与大连地区公共图书馆通借通还服务。2009—2012年，巩固和建立30个图书流通站，馆外书刊流通总人次14295人次，书刊外借14295册次。2012年创刊《决策参考》剪报，季刊，这一做法得到了各级领导的赞赏和好评。2009—2012年，完成大小课题服务71项，解答一般性咨询达3032条次。

2009—2012年，瓦房店市图书馆共举办讲座、展览等各种读书活动106次，参与读者47247人次。瓦房店市图书馆立足自身社会教育职能，拓展服务领域为本地区读者提供更良好的读书环境和读书氛围，从而打造出瓦房店市图书馆读者活动自身特色。

2012年，瓦房店市图书馆承办了“2012年瓦房店市市民传统文化讲堂”活动，每月一期。邀请了以著名学者、大连市书法家协会主席，享受国务院特殊津贴张本义先生为首大连市学者、教授担任讲师。

2012年1月5日，瓦房店市图书馆走进驻瓦红军团，拉开“国学进军营”系列的序幕。系列活动共有6个讲座，分别是“心灵之道”、“学习之道”、“处世之道”、“工作之道”、“交友之道”、“孝亲之道”。

2012年1月21日，瓦房店市图书馆“兵妈妈报告团”走进驻军红军团举行“兵妈妈报告会”，帮助新兵顺利度过服役期间的思想波动，以利能全身心地投入军事训练。“兵妈妈报告团”成立已8年之久，先后报告35场次。

2012年底，建立起瓦房店市图书馆网站，网址为http://www.lib.dlwfd.gov.cn.。搭建起图书馆与读者交流的新平台。

业务研究、辅导、协作协调

2009—2012年，瓦房店市图书馆职工发表论文10篇，其中，4篇论文获国家级、省级论文一等奖。

2009—2012年，瓦房店市图书馆承担起全市的乡镇文化共享工程和农家书屋建设的业务指导和培训工作。截止2012年底，在25个乡镇建立起文化共享工程站点和247个农家之屋，做到了全覆盖。

2012年，瓦房店市图书馆建立“流动图书书库”，以满足

鉴宝活动

为驻军书写春联

传统文化讲堂

兵妈妈报告团

电子阅览室

二、三级图书馆（室）图书更的的需求，促进了瓦房店地区图书馆服务网络建设健康、快速的发展。

2009–2012年，瓦房店市图书馆对基层图书馆的业务辅导，累计86天，213人次。如，对土城乡综合文化站、第一初级中学、轴承小学、进步小学、驻军部队等各基层图书管理员进行系统的业务技能和自动化辅导。每年都写出具有指导性的辅导工作报告。

管理工作

截止2012年底，瓦房店市图书馆已建立起完善的规章制度82条，包括财务管理、人事管理、志愿者管理、设备和物资管理、档案管理、统计工作、环境与安全管理。同时，建立了工作量化考核指标体系，每半年和年终进行总体考核。

表彰、奖励情况

2009–2012年，瓦房店市图书馆共获得各种表彰、奖励11次。如，瓦房店市文明单位、瓦房店市先进单位、大连市群众文化“双百”活动先进单位，大连市“与书为伴，共创明天”读书系列活动集体组织奖等。

馆领导介绍

刘绍庆，男，1956年11月生，本科学历，中共党员，工艺美术师，馆长。1975年7月参加工作，历任评剧团舞美设计、新兴商场总经理、联营公司总经理、体育场场长。兼任全民健身中心主任、非物质文化保护遗产中心主任。

王晓琳，女，1971年3月生，本科学历，中共党员，馆员，党支部书记兼副馆长。1989月12月参加工作，先后在资料室、阅览室、采编部等部门工作，任职员、主任等职。

王莉莉，女，1972年5月，本科学历，中共党员，馆员，副馆长兼工会主席。1990年11月，先后在工具书内阅室、办公室等部门工作，任职员、主任等职。

未来展望

瓦房店市图书馆一直遵循“读者第一，服务至上”、“以人为本”的办馆理念，为本地区广大读者提供良好的读书环境、方便快捷的阅读途径和营造出浓郁的读书氛围为终极目标。在未来几年里，瓦房店市图书馆在馆舍面积方面，将积极争取政府的支持增加读者用房面积，首先急需解决书库的建设；在数字图书馆方面，将尽快完善设备设施，保障数字图书馆正常运行；在文献资源购置方面，将加大力度购进电子文献，充实电子文献的数量；在读者服务方面，继续拓展服务领域，形成特色服务；在古籍和地方文献方面，将加大地方文献和古籍收集的工作力度，成立古籍整理部门，及时掌握本地区古籍收藏情况和收藏质量，形成具有本地特色的古籍馆藏。同时，瓦房店市图书馆还将加强与公共图书馆、基层图书馆服务网络体系建设，实现资源共享互补，快速资源流动的理念。瓦房店市图书馆本着稳步、快速发展的步伐，将继续为瓦房店市市民提供更优良服务质量、更良好的读书环境、更浓郁的读书氛围和更快捷的阅读途径，为打造“文化瓦房店”做出突出的贡献。

联系方式

地　址：辽宁省瓦房店市图书馆
邮　编：116300
联系人：王永革

阅读积聚正能量

图书馆外景

普兰店市图书馆

概述

普兰店市图书馆原名新金县图书馆，1956年6月建于新金县貔子窝镇中心街，1963年随县政府迁往普兰店镇商业大街，1991年撤县建市更名为普兰店市图书馆。现馆舍1996年建于丰荣街道孛兰路北段32号，建筑面积3600平方米，可容纳读者座位500个，计算机55台，10Mbps宽带接入，与大连市图书馆实现"一卡通"联网。馆内设置8个业务部：报刊部、外借部、少儿服务部、特殊群体服务部、采编部、业务辅导部、科技咨询部、计算机管理部；10个服务窗口：视障人借阅室、残障人及外来务工人员阅览室、报刊阅览室、电子阅览室、综合外借室、科技咨询室、明德堂活动室、少儿阅览室、影视厅、少儿外借室。图书馆还被命名为"大连市科普基地""大连市全民阅读示范点""大连市未成年人思想道德建设工作示范点""普兰店市关工委青少年培训基地"。2004年，参加第三次全国公共图书馆评估，首次获得一级图书馆。

业务建设

截止2012年底，普兰店市图书馆总藏量26.3万册（件），10万种，其中，电子图书2.3万册，盲文书籍400册，地方文献871册。2009–2012年间，普兰店市图书馆累计增加购书经费169万元，增加藏量12853种，50749册。是2009年以前10年的总和。2009年，普兰店市图书馆第一个加入大连市图书馆"一卡通"工程成员馆，接通业务光缆专线，实现了资源共享。2012年普兰店市图书馆接入10兆光纤，专供文化资源共享工程电子阅览室使用，满足人民群众新型阅读介质的需求。

读者服务工作

从2010年1月起，普兰店市图书馆实现对外免费开放，每周开放60小时。2012年，书刊总流通55.6万人次，其中少儿读者流通28万人次；书刊外借58万册次，其中少儿图书外借31.6万册次。自2002年11月起，在农村小学建立13个图书流通服务点，累计出车1300次，行程5万公里，2009–2012年馆外书刊流通总人次4万人次，书刊外借8万册。

2009–2012年，普兰店市图书馆开展代检索课题服务112项，解答咨询4800条，编辑3种二次文献76期，印发3万余份。

2009–2012年，普兰店市图书馆网站发布信息140条，访问量5.6万次。

2009–2012年，普兰店市图书馆共举办讲座、报告会、展览、培训、阅读推广和诵读、演讲、书画、讲故事、征文、科普、棋类等比赛活动150场次，参与人数20万人次。

为提升公共文化服务水准，努力打造特色文化服务品牌：1、创建"爱心育苗"工程，开展青少年读书教育活动。2、发挥"科普基地"作用，普及科技，服务三农。3、开展"公益讲座"，建成百姓方便、快捷、高效知识大课堂。4、开展弱势群体、特殊人群爱心服务活动。

业务研究、辅导、协作协调

2009–2012年，普兰店市图书馆职工发表论文6篇，完成调研报告6篇，利用周三上午对全体职工进行业务培训，年人均达到98课时。该馆业务辅导部年均下基层开展调研、辅导、培训、服务活动60次，每年举办两期基层图书管理员培训班，累计培训480人次。2009年，普兰店市图书馆与大连市图书馆实现联合编目，信息共享。2009–2012年，与大连市图书馆、大连市少年儿童图书馆开展馆际互借业务，累计互借文献2万册次。

管理工作

全馆职工编制17名，现有在编职工9名，其中大专以上学历为9人，占职工总数的100%，中级以上职称人数占职工总数的60%。多年来，该馆建立了一整套管理制度，并逐渐完善了工作目标考核、服务规范等制度，

表彰、奖励情况

2009年被中共大连市委、大连市人民政府评为"文明单位"荣誉称号。2009年被中共普兰店市市委、普兰店市人民政府评为"普兰店市慈善事业优秀义工团队"荣誉称号。2011年被大连市文化广播影视局评为"2009–2010年度大连市群众文化双百评选活动先进单位"。2011年被中共大连市委宣传部、大连市文明委、市建设学习型城市领导小组评为"第二届大连读书月活动组织工作优秀单位"；被中共普兰店市委、中共大连普湾新区工委评为"学习型党组织建设先进单位"；被

图书馆馆貌

建立农村小学分馆

书架

电子阅览室

报告厅

中共普兰店市委、中共大连普湾新区工委评为“先进基层党组织”；被中共大连市委、大连市人民政府评为“文明单位”荣誉称号。2012年被中共大连普湾新区工委、中共普兰店市委评为“创先争优先进基层党组织”。

馆领导介绍

林百胜，男，1964年11月生，本科学历，中共党员，普兰店市政协委员，高级政工师，馆长。1983年10月参加工作，历任普兰店市新华书店办公室主任、团支部书记，普兰店市文化局团总支副书记，1995年10月任普兰店市图书馆副馆长，2013年3月任普兰店市图书馆馆长。

于晶，女，1965年4月生，本科学历，中共党员，副研究馆员。1984年11月参加图书馆工作，历任普兰店市图书馆团支部书记、普兰店市文化局团总支组织委员、普兰店市图书馆采编部主任，2010年任普兰店市图书馆副馆长。

未来展望

普兰店市图书馆遵循“文化为民、文化惠民”的服务宗旨，积极推进图书馆事业深化改革，2009–2012年，地方财政和上级财政投入力度不断加大，馆内服务环境得到了大幅度改善，设施设备得到了更新，推动了图书馆事业的持续发展。2012年普兰店市图书馆已将馆舍装修改造项目进行了申报，工程包括新建多功能报告厅、弱势群体阅览室、视障人借阅室、青少年科普活动室、自修室，扩建电子阅览室、综合借书室、少儿借书室、科技咨询室，少儿影视厅等服务窗口。届时普兰店市图书馆服务功能将得到进一步提高，服务人群不断扩大。普兰店市图书馆将从2013年开始分批建立农村小学分馆，扩大服务触角，丰富农村少年儿童文化生活，均衡文化享有权。普兰店市图书馆还将积极推进县、乡、村三级图书馆（室）“一卡通”工程建设，有效整合地区公共图书馆（室）图书资源，实现资源共享，有力推动全民读书活动的蓬勃开展和普湾（普兰店市）经济建设。

联系方式

地　址：普兰店市孛兰路北段32号
邮　编：116200
联系人：姜　娥

开展世界读书日广场宣传活动

举办少儿中国象棋比赛

举办元宵灯谜竞猜活动

庄河市图书馆

概述

庄河市图书馆位于庄河市新城区南端，交通便利，环境优美，现馆舍于2000年经庄河市委、市政府同意，采取以旧馆舍换建方式开始筹建，2003年12月正式投入使用，建筑面积5065平方米，实际用于读者使用面积近4000平方米。庄河市图书馆参加1994、1998年和2009年三次评估，被确评定为国家一级馆。现有在职职工23人，其中大专以上学历16人，占职工总数的69%，副高级职称5人，占职工总数的21%，中级职称人数为11人，占职工总数的48%。馆内设采编部、业务辅导部、成人外借部、成人阅览部、少儿工作部、计算机信息服务部、办公室7个工作部室，有成人外借处（全开架借阅），成人综合阅览室、少儿外借处（全开架借阅）、少儿阅览室、工具书及报刊资料查阅室、成人自学室、少儿自学室、电子阅览室、多媒体服务室、培训教室等10个服务窗口，共有阅览座席459个，其中少儿阅览座席196个。馆藏各类图书文献15.7万册（件）、年均订购报刊400种以上。

业务建设

截止2012年底，庄河图书馆总藏量15.7万册（件），电子图书及光盘1.2万种（件）。

近年来，本级财政对图书馆事业经费投入逐年递增。2012年财政拨款总额244.5万元，2008年起，每年购书费和免费开放经费两级（大连和庄河本级）共计40万元。

2003–2004年用于更新添置书架、阅览桌椅和业务自动化管理软硬件设备40万元，完成了图书馆业务管理自动化（ILASII）应用管理系统配置，于2005年5月图书采访、编目、流通等基础业务工作全部实现了计算机管理。目前，该馆共有计算机48台，其中电子阅览室35台，业务办公使用11台。光纤接入20兆。

另外，庄河市图书馆藏书总量少，图书陈旧，新书递增更新较慢，一直是制约图书馆读者服务工作主要瓶颈。几年来，该馆主动争取，不等不靠，得到大连市图书馆、大连市少年儿童图书馆支持，为该馆建立分馆、流通站，补充馆藏，满足读者阅读需求。同时，邀请人大、政协委员来馆调研，出点子，想办法，帮助呼吁。图书馆专项图书购置费财政预算5年内翻了3番，2003年前5万元/年，至2006年增加到10万元/年，到2008年达到15万元/年。近3年新增馆藏达到22300册（件）。至此，图书馆服务功能、办馆条件上得到明显改善。

读者服务工作

1、多年来，该馆坚持双休日不闭馆，周开馆时间60小时，年均接待各类读者在15万人次以上，外借流通书刊达17万册次以上。2004年搬入新馆后，外借流通图书实行开架借阅，开架率达80%。同时，还开展了预约借书、代借代还、送书送资料上门、免费代查等方便读者的服务；敞开办理借书证，免收工本费、验证费；阅览室、自学室免证开放。

2、注重少年儿童读者服务工作，认真贯彻落实《中共中央国务院，有关加强和改进未成年人思想道德教育的若干规定》，积极开展丰富多彩的少儿读书活动，让小读者了解图书馆、利用图书馆，用于少儿读者服务活动阵地面积达1000余平方米。几年来，举办各类读者活动百余场（次）。在读书育人、弘扬主旋律上功夫，举办报告会、讲座、专题展览、书画比赛等，提高和培养小读者对图书作品鉴赏能力以及参与图书馆活动意识，充分发挥图书馆“第二课堂”作用。

每年该馆都利用寒暑假期间和节假日，开展主题性少儿系列活动，如庄河市“体验成长，共创明天”“喜迎十八大，与书香同行”等少儿读书系列活动。各小学以各种不同形式参与了此次活动。向阳小学上交了“我心中的图书馆”征文20篇，演讲光碟1张；第二实验小学搞了“腹有诗书气自华”“点亮阅读心灯”“书中自有黄金屋”“读安徒生童话”等读书交流会和“神奇的动物世界”“品读《弟子规》，做个守信的人”“品读《弟子规》，做个孝顺的孩子”等读书汇报会以及“爱的教育——感恩父母”等读书会活动。同时举办“小公民道德建设”专题讲座，聘请相关专家教授做现场主讲，受到小读者和家长及学校的欢迎和好评。

利用网络及“共享工程”资源，不定期组织课外阅读系列讲座活动。如于丹《论语心得》，易中天《解读三国》，余秋雨谈读书，谭细龙《怎样培养孩子阅读方法》等。

3、在乡镇、村屯、产业基地、社区、学校、部队等基层单位建立馆外服务点、图书流通站，坚持常年为其流通图书，针对农村产业基地、种植业、养殖业专业户、示范户建立“科技图书流动站（点）”，通过调研，结合产业发展及农民需求，及时将相关图书流通到基层站（点），这样不仅为个别农民家庭解决看书难问题，还带动了其他农民学习科学技术的热潮。

另外，坚持为庄河驻军、武警部队送书上门，开展共建活动。先后在庄河监狱武警中队、驻庄河海防团81551部队、沈阳

图书馆外景

低幼活动区

农民工讲座

军区第三通信站驻庄河四营、石城岛、王家岛海防团等建立图书流通站，帮助建立图书室，并在节日期间为部队官兵赠送图书、举办集体阅读和联欢活动。受到驻军指战员的欢迎和好评，多次获得庄河市“双拥模范单位”称号。

4、发扬我馆特色服务优势，坚持开展“科技支农”系列服务活动。结合“图书馆服务宣传周”“科技活动周”与科协、科技局联合，在广场开展宣传活动，展阅图书、科技报刊、发放科普资料、图书馆服务宣传单，营造看书学习的社会氛围。利用“科技支农服务流动车”，装备宣传板、投影机、VCD等音响设备、载有科技图书、科技光盘、馆编科技资料深入到农村乡镇、村屯、产业基地、专业户、农贸集市开展系列服务活动。主要内容有：(1) 选择重点产业基地，重点科技示范户，放映VCD科技专题片，(2) 上门为农民建立“科技图书流通站（点）”，投放科技图书流动箱，(3) 利用农贸集市向农民发放馆编科技资料，深入产业基地收集服务课题。截止目前，已累计建立图书流通站、“科技图书流通点”51个，年均流通图书达万余册次。近4年累计为基层流通、赠送图书报刊达4万余册次。发放馆编科技资料《科技信息荟萃》《信息快报》《决策参考》及其他宣传材料近两万余份，收集服务课题100余项，解答咨询1500余人次，受益农民达10万余人次。

业务研究、辅导、协作协调

2012年，该馆共撰写各类论文7篇，其中获奖论文两篇，（赵元华同志的《对新时期发展独立建制少年儿童图书馆的探讨》获“十三届三北少儿图书馆学术及工作研讨会”征文二等奖、李骞同志的《县区图书馆如何做好网络信息化服务》获大连市自然科学优秀论文一等奖），其他交流论文5篇。

对基层图书馆自动化管理采取集中授课，现场指导的方式，截止目前，各乡镇街道和少儿分馆的业务人员均能独立完成自动化办公、共享工程和电子阅览室设备的维护和使用。

针对基层图书馆(室)业务建设，业务能力进行辅导、培训和指导，经过努力，各基层馆自动化管理、基本的图书分类、排架等业务工作均能独立完成。

庄河图书馆还参加了大连“一卡通”联合编目，组织参与大连市少年儿童图书馆分馆工建设作，并协助少儿分馆进项图书流通和馆际互借。目前，庄河地区已建立大连市少年儿童图书馆分馆11家。

现庄河市乡镇、街道已建图书馆25个，覆盖率达100%，村、社区已建图书馆（室）226个，覆盖率达94.5%。

每年度召开文化站长、图书管理员工作例会一次，业务培训班两次，接受培训52人次。

积极开展地区图书馆之间的馆际互借活动和文献数据共享，已成为大连市联合编目中心的用户。

管理工作

严格管理、工作规范化、制度化是做好一切工作的关键。建立健全各项管理制度，不断完善《图书馆读者服务制度》《职工考核制度》《岗位工作目标管理制度》等，严格按章办事，一丝不苟。连续多年获得大连市“青年文明号”、市工会“会员竭诚之家服务窗口单位”称号。

同时，全员实行聘用制，对中层干部实行聘任制，全馆实行岗位管理和工作目标管理责任制，做到“择优竞争，任人唯贤”；各部门职责分明、目标明确、奖惩分明，做到年初有计划，年终有总结。

表彰奖励情况

2009—2012年，庄河市图书馆共获得各种表彰奖励8次，其中大连市政府1次，大连市总工会、文明办各1次，大连市文广局、教育局、青教办、文明办联合奖励两次，庄河市委市政府各1次，庄河市文广局1次。

领导介绍

张德军，男，1964年出生，大专学历，中共党员，公务员编制，馆长。1983年10月参加工作，曾在庄河市丝绸厂、庄河市港务处工作多年，1992年考入庄河市文化体育局，历任科员、科长。2013年9月任现职。

李骞，女，1965年出生，大专学历，中共党员，副研究馆员，党支部书记。1985年参加工作，2010年开始任副馆长，2013年任现职。

赵元华，男，1959年生人，大专学历，中共党员，副研究馆员，副馆长。1978年参加工作，1990年任现职。

韩辉圣，男，1961年生人，大专学历，中共党员，副馆长。1979年参军，历任战士、排长、连长、参谋。1996年转业到庄河市图书馆工作，2011年任现职。

未来展望

庄河市图书馆将根据庄河市未来经济社会的整体规划来完成各项建设任务。首先，要充分利用现有的基础设施，完善服务体系，使之更加人性化和规范化。近期要进一步完善低幼服务区建设和推进图书漂流工作，把“市民文化大讲堂”办成知名品牌，把大连少儿图书分馆真正办成全市少年儿童学习、励志、成长的铺路石、助推器。

联系方式

地　址：辽宁省大连市庄河市新华路南段7号

邮　编：116400

联系人：韩辉圣

电子阅览室

电子阅览室

市民文化大讲堂

鞍山市铁东区图书馆

概述

鞍山市铁东区图书馆作为铁东区中心图书馆，占地面积2774平方米，是具有完备的现代化技术装备，各种服务设施齐全的综合性图书馆，是鞍山市区级图书馆中唯一一家国家一级图书馆。铁东区图书馆设有阅览室、外借处、少儿阅览室、电子阅览室、自修室、采编室、微机室、办公室、鞍山作家书库、过刊室等等，其中"鞍山作家书库"为鞍山地方文献专题数据库，共收藏了260多位鞍山籍作家的各类文学作品3872部。图书馆工作人员13人，党员8人，大专以上学历人员占职工总人数的100%。铁东区图书馆藏书总量为20余万册，设有阅览座席430个，计算机50台，10Mpbs宽带接入，选用Interlib图书馆自动化管理系统，同时铁东区图书馆还负责15个街道办事处，90个社区书屋、9个行政村农家书屋的辅导咨询工作。

业务建设

截止2012年底，铁东区图书馆藏书总量为20万册（件），其中，纸质文献19.91万册，视听文献900余件。

2012年铁东区图书馆财政拨款总额130万元。财政拨款年增长率与当地财政收入增长率的比率为261%。新增藏量购置费为16万元。2012年铁东区政府为图书馆免费开放配套资金10万元。2012年市文广新局为铁东区图书馆拨入免费开放专项资金11万元。

2012年购入图书2500种，报刊年入藏量242种，视听文献300件。

2012征集地方文献6种12册，目前为止，该馆共有地方文献3872册，是鞍山地区独具特色的地方文献数据库。

铁东区图书馆业务工作管理采用的是Interlib图书馆自动化管理系统，系统运行情况良好，业务自动化程度达到了图书馆业务管理先进水平。图书馆各项业务工作全部实施自动化管理。

读者服务工作

从2009年起，铁东区图书馆全年无闭馆日，每周开馆60小时。同时为17个高标准社区图书室，6个农家书屋开展文献借阅服务，书刊借阅达两万多册，书刊借阅平均每年达5千册次。2012年，铁东区图书馆流通总人次为50300人，持证读者2012人，全年人均到馆次数为25次/人。为了提高图书馆馆藏资源利用率，铁东区图书馆加大宣传力度，采取新报刊通报推荐和专题期刊展板宣传以及利用图书馆网站3种方式宣传报刊502种，为读者起到了信息导航的作用。

铁东区图书馆网站始建于2007年，是铁东区文化服务的重要窗口，在开展政府公开信息服务工作中，采取图书馆网站实现"鞍山市政务公开网"的链接，设置了"政府信息公开"栏目，在电子阅览室设为桌面，为读者提供政府公开信息等多种无偿服务，使铁东区图书馆成为政府信息发布的重要渠道之一。同时广大读者还可以通过网站进行检索、服务指南、网上信息导航等等。

2009到2012年铁东区图书馆开展了72次有针对性的内容丰富的讲座与培训活动，有1600余人接受了培训。组织开展了24次计2500人参与的阅读推广活动，其中在参加全省图书馆百题知识问答活动中，铁东区有两人获得了奖励。同时在图书馆服务宣传周、全民阅读月、世界读书日期间，以各种形式扩大图书馆服务宣传，在图书馆网站开设服务宣传栏目。

业务研究、辅导、协作协调

2009—2012年，铁东区图书馆不断加强图书馆学理论研究，《政府采购背景下的公共图书馆采购自主权研究》等6篇学术论文分别发表在《图书馆学研究》等刊物上，科研项目研究工作取得了良好的效益。结合工作的实际情况撰写的《铁东区图书馆2012年读者利用报刊情况调查分析》等两篇调查报告，对铁东区图书馆工作有实际指导和借鉴意义。

2009—2012年，铁东区图书馆全面推动全区图书馆资源的共建共享，建设以铁东区图书馆为主体，各街道、社区图书室加盟，覆盖全区、服务全民的文献信息资源共享网络。目前铁东区所辖的15个街道办事处，15家高标准图书室、6家农家书屋全部参与铁东区服务网络建设工作，实现了"一卡通"联

为小学生建图书流动站

建农民工子弟学校

电子阅览室

期刊阅览室

农民工讲座

网，可实现馆际互借、资源共享，铁东区街道、乡镇、社区、村图书室参与服务网络建设的比例达100%，分馆书刊文献借阅达5000余册。

2009–2012年，铁东区图书馆为提高基层图书室管理人员的业务技能和管理水平，根据社区图书室和农家书屋的实际情况，以提高基层图书室工作人员业务技能为目的开展了一系列辅导、培训工作。4年来，共组织了56次图书馆业务骨干下基层对400多人次管理人员进行网上借还书、网上查阅资料等图书馆自动化操作的培训，共计2300学时、400人次的业务培训。

管理工作

2009–2012年，铁东区图书馆不断加强图书馆基础业务、馆藏资源、数字化、自动化、网络化建设工作，注重科学规范管理，建立健全业务工作的管理制度，并严格按照国家文化部公共系统图书馆评估标准要求规范图书馆的各项业务工作。随着图书馆事业的不断发展，图书馆实现了办公自动化、馆藏数字化、阅读电子化和传递网络化。不断完善内部管理制度，强化各项工作的管理职能，在图书馆财务管理、人事管理、设备物质管理、档案管理、环境与安全管理等方面，围绕着图书馆的服务与管理工作制定了一系列业务规范、措施及管理制度，保证了图书馆各项工作规范有序，确保了铁东区图书馆各项服务工作走在了行业的前列。

表彰、奖励情况

2009–2012年，铁东区图书馆各项工作取得了可喜的成绩，2009年在“全民阅读活动”讲座进社区活动中，被评为优秀组织奖；2010年获得全民阅读活动“优秀组织奖”，“健康讲座”品牌活动奖；2011年荣获“全民阅读活动”优秀组织奖，优秀品牌活动奖；2012年被鞍山市图书馆评为鞍山市“读书节”优秀组织奖，被文化部确定为全国文化信息资源共享工程·公共电子阅览室示范点。

馆领导介绍

赵颖，女，馆长，本科，中共党员。1967年1月出生，毕业于辽宁师范大学，教育管理专业。1989–2011年，从事教育工作，2011–2013年工作于铁东区政法委社会管理中心副主任，2013年至今任铁东区图书馆馆长。

未来展望

作为国家一级图书馆，铁东区图书馆的服务宗旨是“面向大众，服务基层”。多年来，在不断强化自身综合实力的同时，通过社会各界大力支持和帮助，为鞍山市公共图书馆事业的发展起到了积极的作用。未来，铁东区图书馆将进一步丰富馆藏资源、拓宽服务领域、提高服务水平，支撑鞍山市公共图书馆服务体系的良好运行，努力成为与鞍山市各个图书馆实现资源共享互补的公共图书馆，为读者营造一个更加舒适、优美并富有现代气息的环境氛围。

联系方式

地　址：鞍山市铁东区光荣街6号
邮　编：114001
联系人：韩　秋

鞍山作家作品展

为农民工送书

海城市图书馆

概述

海城市图书馆始建于1960年8月，是海城市唯一一所公共图书馆。1994年经国家文化部组织第一次业务评估，定为国家三级图书馆，1998年在全国第二次图书馆评估中，定级为国家二级图书馆。2004年、2009年第三次、第四次图书馆评估，升级为国家一级图书馆。2013年按照新的评估标准，通过国家文化部全国第五次公共图书馆评估，该馆再次荣膺国家一级图书馆。

海城市图书馆几经搬迁，2010年11月迁至市政府综合办公楼，现总面积约3400平方米，是集成人和少儿读者服务于一体的开放式公共图书馆。目前海城市图书馆已经成为海城市的文献信息中心、科普教育基地，在全市的文化、教育和科研中发挥着重要的作用。全馆设有外借室、报刊阅览室、工具书阅览室、少儿阅览室、采编室、电子阅览室，分别承担书刊流通、阅览、采访、编目、典藏、信息服务及现代技术服务等工作。2009年开始使用图创INTERLIB图书馆管理系统，2013年实现了鞍山市地区馆之间的联合借阅“一卡通”服务功能。

业务建设

海城市图书馆截止2012年12月统计，总藏量为106831种207132册，其中电子文献藏量36549种，36655件。2012年图书年入藏量4125种8250册，报刊2012年订阅及捐赠363种，视听文献年入藏量60件，数字资源总量约4.07TB。

2012年新增藏量购置费42万元，其中图书、报刊购置费32万元，电子资源购置费10万元。

该馆于2004年构建了完整的百兆以太局域网络和独享10M光纤宽带接入Internet。完善了数据库及数字资源检索系统，现有存储容量约18TB。建网后使用ILAS图书馆自动化集成管理软件进行业务工作及读者服务管理，2009年10月升级图书馆集成管理软件停止ILAS的使用，并开通了Interlib图书馆集群管理系统进行业务工作及读者服务管理，并实现了馆内各系统的连接，实现了由传统图书馆向现代化图书馆的转变。

读者服务工作

海城市图书馆坚持“读者至上，服务第一”的服务宗旨，提出了基础服务要坚持“巩固、提高、创新”的方针，不断深化、创新，为读者提供优质、满意服务。报刊阅览室、少儿阅览室实行“无证阅览”读者无需办理任何证件，可免费阅览图书馆成人、少儿的报刊资料。

该馆从2007年开始免收借书卡工本费，实现了“国家一级图书馆”借阅“零门槛”。读者到图书馆，外借处只需要缴纳100元押金，便可免费借阅馆藏图书两本，少儿馆只需交纳50元，便可借阅少儿书籍一本。读者退卡返还全额押金。

图书馆作为一座城市的重要文化标志，在传播普及科技文化知识发挥着重要作用，实行免费开放不仅提高了读者的借阅率，推进全民阅读，而且还切实减轻读者的经济负担，真正实现公益性文化资源的全民共享，书刊文献的开架比列达100%，馆藏文献的年外借率达72.4%，书刊文献外借册次达149965万册，流通总人次为155216人。书刊宣传3次，累计宣传书刊册次404种，提供政府参考咨询信息10期，为科研、企事业单位提供课题服务20项，受到了社会各界一致好评。

该馆每年都会以图书馆服务宣传周、全民阅读活动为契机，开展形式多样、内容丰富多彩的读者活动。2012年开展讲座、培训18次，举办各类展览6次，阅读推广活动6次，累计21000人参加了活动，平均每万人参与活动162次，各类活动的举办得到了当地媒体的关注，也获得了读者的一致认可。在宣传周期间、读者活动期间共发放读者调查问卷230份，收回215份，读者满意率达100%。

通过广泛宣传，让更多的人能通过图书馆服务宣传，进一步了解图书馆、走进图书馆、利用图书馆，使读者在领略书海文化熏陶的过程中，潜移默化地陶冶了文化情操，丰富了文化内涵，从而提升综合素质，促进身心全面发展。使广大读者充分了解馆藏状况和基本功能，并掌握文献信息资源的检索利用方法。

业务研究、辅导、协作协调

海城市图书馆积极组织员工参加国家、省、市图书馆学会开展的论文研讨写作活动，2009–2012年共有12篇论文在省市

电子阅览室

外借书库

学会等相关部门获奖，其中4篇论文在刊物发表。馆员针对海城市图书馆工作实际，充分开展调研活动，2012年撰写调研报告4篇。

在业务辅导上，海城市图书馆充分发挥中心馆的协调作用，对基层工作给予指导，积极帮助党政机关、乡镇、村组建图书室。目前海城市369个村都有独立的图书室；村图书室覆盖率达100%。

针对基层图书室工作人员，2012年该馆开展图书馆业务培训8次，基层图书室的工作人员能够熟练掌握图书的分编、排架、上架等工作，促进图书事业的进一步发展。

管理工作

海城市图书馆人事、财务、档案、消防等工作均有专人管理，并制订了适合本馆发展的规章制度。在日常工作中严格按照规章执行，各项工作的开展都取得了良好的效果。人员安排上按需设岗、按岗聘用，制订了《海城市图书馆人员聘用制实施方案》。财务、设备、物资管理上建立健全了适合海城市图书馆事业发展的规章制度，并有严格的监督机制。

表彰、奖励情况

该馆井井有条的规范管理，得到了上级部门的认可，在各项工作和活动中表现突出，多次荣获海城市文明单位、海城市先进单位、先进党支部、先进党小组、先进团支部等荣誉称号。连年在鞍山地区的全民阅读活动中荣获先进组织单位及优秀品牌活动等奖项。

馆领导介绍

董晓鹏，1971年12月生，在职研究生，中共党员，书记、馆长。1990年参加工作，2012年8月调入图书馆工作，担任书记、馆长。

任海涛，1963年9月生，1981年毕业于辽宁广播电视大学图书馆学专业，馆员，中共党员，副馆长。

穆扬，1972年1月生，本科学历，中共党员，副馆长，馆员，主管图书外借、采编等业务工作。

开展少儿暑期读书快乐营系列活动

张博，1983年7月生，本科学历，中共党员，副馆长。馆员，主管报刊阅览、电子阅览等业务工作。

未来展望

回首过去，展望未来，海城市图书馆工作还存在着有待继续完善的地方。脚踏实地，立足于高标准、高要求、高效益，继续完善馆舍建设和配套设施建设，在管理上进一步提高服务质量，不断完善管理制度，海城市图书馆各项工作必将再上新台阶。

联系方式

地　址：辽宁省海城市东柳村71号海城市图书馆
邮　编：114200
联系人：马　江

营口市鲅鱼圈区图书馆

概述

营口市鲅鱼圈图书馆始建于1985年，历经三易其址，三次扩充。新馆于2012年4月29日落成，正式向市民开放。馆址位于文化广场，新馆面积11000平方米，4层结构，藏书能力50万册，分为八大功能服务区。2013年，参加第五次全国公共图书馆评估，首次获得一级图书馆。2014年，鲅鱼圈区图书馆有阅览座席700个，计算机101台，宽带接入50Mbps，选用Interlib图书馆自动化管理系统。

业务建设

截至目前，鲅鱼圈区图书馆总藏量276383册（件），其中，纸质文献203383册（件），电子图书7万册，电子期刊3000种/册。

文献资源分为纸媒和数字化文献两大类，数字资源有电子阅览、电子报刊、电子图书、声像资料。馆内设读者座席700个，平均日接待读者2000余人次、图书流通480册次。现代化数字资源包括非接触式自动识别技术（RFID−3M技术），Interlib图书馆自动化管理系统，OPAC图书电子检索查询系统，智能打印系统等，使图书馆的读者自助服务得到了进一步延伸。

读者服务工作

从2012年试开馆起，鲅鱼圈区图书馆全年除周一闭馆外天天全面对读者免费开放，周开放时间不少于56小时。新馆引进RFID技术，实现了馆藏文献的自助借还。2012−2014年，书刊总流通62603人次，书刊外借311623册次。与农家书屋、社区图书室联合开设流动服务点，与边防派出所、边检大队开展定期的图书流通活动，实现图书资源的合理利用。与省馆合作成立辽宁省图书馆图书流通站。

建成图书馆网站、开通图书馆官方微博，与读者在线互动，答疑解问。成立全国信息文化资源共享工程辽宁省鲅鱼圈支中心。

2012−2014年，鲅鱼圈区图书馆共举办讲座、展览、培训、阅读推广等读者活动138场次，参与人数48000人次。以鲅鱼圈区公共图书馆服务联盟为平台，由该馆创意若干个阅读推广主题活动，做出有特色的阅读推广工作。

业务研究、辅导、协作协调

对区内48家农家书屋、28家社区图书室进行帮扶、指导，每年分批次走访基层图书室，记录档案，现场指导图书分类、上架、借阅管理等相关工作，每年定期在图书馆报告厅举办基层图书室图书管理员培训，从理论知识讲解到实际工作操作，致力于提升区内基层图书室的专业性、应用性。有多家农家书屋和社区图书室在省市级主管部门回访、复查时被评选为优秀、示范书屋等荣誉称号。

管理工作

2011年11月，鲅鱼圈区图书馆新馆面向全国招聘20名本科及以上学历工作人员。最后成功录取19人，新老馆员共26人组成新的图书馆队伍。同时，建立了工作量化考核指标体系，每月进行工作进度通报，每半年和全年进行总体工作考核。将考核情况记录档案并与年底评优挂钩。

表彰、奖励情况

开馆至今，获得市级表彰8次；获得区级表彰、奖励6次。

馆领导介绍

张一凡，馆长，2013年11月调入文广新局，兼任文广新局副局长和图书馆馆长。

韩兆宏，副馆长，1999年1月4日任鲅鱼圈区图书馆馆长，2012年新馆成立领导班子重组后任副馆长至今。

未来展望

鲅鱼圈区图书馆遵循“读者第一，服务至上”的办馆理念，想读者之所想、急读者之所急，将基础服务做到最优，打造“鲅图”活动品牌，完善单体服务功能，扩大服务辐射区域，带动地区事业发展，在各个层级上坐实国家一级图书馆的标准，让全区百姓享受到“文化惠民”的优秀成果，全面普及科学文化知识，提升本地区广大群众的文化素养。

联系方式

地　址：辽宁省营口市鲅鱼圈区平安大街与日月大道交汇处
邮　编：115000
联系人：李　松

省委书记王珉来我馆调研

文广新局曲秀芳副局长、北京鲁迅博物馆何洪馆长、陈淑渝老师、文广新局赵瑛局长共同揭幕（从左至右）鲁迅的读书生活大型图片展及讲座

国内著名国学专家王树森教授讲授《国学的现代意义》图为王树森教授正在授课

讲解自助借书机使用

讲解馆内藏书信息

国际报告厅

农家书屋服务

建平县图书馆

概述

建平县图书馆始建于1979年，馆址位于建平县叶柏寿街道万寿路64号文体大厦，馆舍建筑面积2170平方米。馆内设置图书外借室、期报刊阅览室、少儿阅览室、电子阅览室、多功能培训厅、多媒体教室、自学室等服务窗口，可容纳读者座位500个。经过近几年的发展，已具备图书借阅、信息搜集储藏开发、教育培训和学习等多功能的公益性活动场所。2011年实现全部免费开放，公共空间设施无障碍、零门槛准入。2013年参加全国第五次公共图书馆评估，首次被文化部评为“一级图书馆”。是朝阳市图书馆学会先进会员单位。

业务建设

截止2013年底，建平县图书馆总藏量10.2万册（件），年订阅期刊100种，报纸40种。其中少儿图书室藏书6000种1万册；地方文献1000种2000册。年接待读者1万余人次，借阅图书3万余册次。电子阅览室配备计算机28台和相关设备，基础建设已经完成，目前等待上级数字化接入和开放。

读者服务工作

从2011年5月起，建平县图书馆实现免费开放借阅，每周开放56小时。在《建平县报》上开办“图书荐读专栏”，每月2期，全年24期，逐期刊出馆藏精品书目，供全县市民参考借阅。2012年启用“图书流动宣传车”，走进基层和社区开展延伸服务工作，截止2013年底已建立图书流动站12个，送图书及科普资料1万余册。馆内设立“农民工读书角”，提供图书5000余册，供给农民朋友查看借阅；2012年举办首批农民工普法维权培训班。

建平县图书馆多功能厅拥有座席120位，配备电脑操控台、音响设备、幻灯片设备等配套设施。县图书馆和社会各界积极利用多功能厅开展多样社会教育活动和“红山讲堂”系列讲座活动，已开讲10期，如家庭教育讲座、公务员礼仪知识讲座、保险知识讲座、公务员培训讲座等。

建平县图书馆每年举办各种公益文化活动十余次，活动方式有有奖猜谜、征文比赛、演讲活动、图片展览、知识讲座、有奖答卷、优秀读者及读书家庭评选、捐书赠书等，加强读者与图书馆的互动交流。尤其在“全民读书月”与“服务宣传周”活动期间，根据主题要求举办各种形式的宣传服务活动，并且积极与新闻媒体单位合作，不断扩大图书馆的社会影响力。

科技服务工作

建平县图书馆多年坚持参考咨询服务工作，采取办科技小报、赶科普大集、召开信息发布会、定题跟踪服务、同电视台联办专题栏目等方式，开展送科技资料下乡服务。2011–2013年送科技资料下乡15次，发送养种栽资料20种1.5万余份，节能环保小常识1500余份，期刊2000份，解答参考咨询600多条。

业务研究、辅导、协作协调

2011–2013年建平县图书馆职工撰写文章6篇，获得东北三省和辽西五市学术论文研讨会优秀奖3篇和朝阳市图书馆学会论文研讨会一等奖1篇。邓首波创作的组诗《秦始皇·兵马俑》《白洋淀印象》《神话》在《建平县报》刊发。

建平县图书馆协调服务于本地区的图书馆网络建设。在农家书屋工程建设中，建平县图书馆编辑完成《农家书屋管理指南》培训教材，发放给本县区域内使用，举办三期农家书屋管理员培训班，授课培训管理员300余人。业务人员检查指导农家书屋工作50多次，指导规范基层图书室20余次。建立图书流动站12家，流动图书1万余册。

管理工作

建平县图书馆自2005年开始实行岗位人员聘用制度，以填报竞岗申请表、专业知识考试、竞岗演讲、领导考核为主要形式推行竞岗上岗工作，建立聘任合同制度。2013年完成第三次全员岗位聘任，现有职工11人，大专以上学历10人，占职工总数的90%，中级专业技术职称6人，副高级职称1人。业务人员全部参加岗位培训和继续教育，每半年和全年进行总体工作考核。

表彰、奖励情况

建平县图书馆2006–2013年连续获得朝阳市图书馆学会优秀会员单位称号，2011年在朝阳地区公共图书馆业务知识竞赛中荣获二等奖和优秀组织奖。2012年被辽宁省社会科学界联合会评定为“辽宁省社会科学普及基地”。2012年获得县文

文体广电大厦

馆内标识牌

离退休老干部参观图书馆

举办农家书屋管理员培训班

图书流动宣传车送书进校园

举办校园读书节活动

免费开放后的阅览室

举办有奖猜谜活动

体局党委岗位责任制考核目标二等奖。在创先争优活动中，图书馆党支部荣获文体系统“优秀党支部”称号，两人荣获“优秀共产党员”称号。

馆领导介绍

邓首波，男，1970年1月生，建平县人，本科学历，中共党员，馆员，馆长、党支部书记。1990年参加工作。历任建平县钢管总厂秘书、政工科长、团委书记，1997年任县文化局业务股副股长，2005年任县图书馆馆长，2012年兼任党支部书记，兼任朝阳市图书馆学会副理事长，多次被县文体系统评为先进工作者。

唐雨琦，女，1972年1月生，建平县人，本科学历，中共党员，馆员，副馆长、工会主席。1995年参加工作，在阅览部、借阅部、采编部等部门工作，2000年任副馆长，分管业务工作。2011年当选为中共建平县第十四届党代会代表和朝阳市第九届党代会代表。

未来展望

建平县图书馆以其丰富的文献资源，满足不同读者的需要；以其独特的文化氛围，吸引广大读者与书交友；成为市民学习、休闲的高雅文化场所。进一步扩大服务辐射区域，倡导居民“终身阅读”理念，树立好读书的文明风尚。实现数字图书馆建设，完成网络、贮存、计算机硬件平台搭建工作，实现与市馆、省馆信息资源共享。

联系方式

地　址：辽宁省建平县叶柏寿街道万寿路64号
邮　编：122400
联系人：邓首波

送科技资料下乡

公务员礼仪知识讲座

北票市图书馆

概述

北票县图书馆初建于1956年，其后与文化馆几经分合。1979年3月北票县图书馆正式成立。1985年北票县改市后更名为北票市图书馆。新馆舍于2005年建成并投入使用，位于北票最繁华的南山大街，地址优越、布局合理，与北票人民会堂遥相呼应。总面积2580平方米，北票市图书馆于2013年由二级馆晋升为一级馆。现全馆共有阅览座席246个，其中少儿阅览座席60个；计算机43台，使用宽带ADSL专线联网，选用易通图书馆管理系统。内设包括青少年阅览室在内的综合报刊阅览室；电子阅览室；图书借阅室；资料查询室；玛拉沁夫书室；辽宁省图书馆书刊流通站和农家书屋图书流通站合二为一的图书流通站；科技信息服务中心等对外服务窗口，另有3个社区分馆和两个企业分馆。现已实行全方位免费开放，每周开馆62小时。

业务建设

截止2012年末，全馆共有藏书22大类103984册（件），其中纸质文献103343册（件），电子文献641册（件）。在全部馆藏中有少儿读物6千余册；地方文献1300余册；报刊合订本1800余册。年购书经费5万元，2014年增至10万元。除部分工具书和文献资料外全部实行开架借阅，

值得一提的是1995年建立的玛拉沁夫书室，其全部图书都是由北票籍全国著名作家玛拉沁夫捐赠的。在玛拉沁夫书室收藏的5000余册藏书中，有包括茅盾、老舍、丁玲等全国著名作家签字的1214册极为珍贵的特藏书籍和玛老本人的部分手稿影印件。另外，2008年玛老还赠与北票市图书馆两个刻有全国六千余名作家签名的精美瓷器作为北票市图书馆镇馆之宝。

读者服务工作

从2009年起，北票市图书馆周开放达到62小时。2009－2012年，包括分馆在内总流通335997人次，总书刊外借347795册次，13个重点图书流通点总外借34380册次。

多年来，北票市图书馆坚持面向社会、开门办馆，不断探索新的服务途径。在全省首创了农村家庭科技咨询站这一为农民脱贫致富服务的新模式；建立了辽西首家科技信息资料服务中心致力于为地方经济服务。自科技信息资料服务中心建立以来，共编印农业科技信息资料20余万份。年均举办大型科技资料发布会8次，每年为农民群众发放科技信息资料上万份。现全市有藏书千册以上市级标准村级图书室和农家书屋261个；乡级图书馆（室）17个；农村各类型家庭科技咨询站380个；城镇图书网点24个；企业分馆2个；社区分馆3个；社区图书流通站6个。现各级图书网点和城乡流通站中共有北票市馆流通的图书总计已达13614册。自农家书屋建立以来，北票市图书馆充分发挥其图书网点服务前沿阵地的作用，推出了农家书屋试点村这一工作模式，以点带面。通过青少年校外活动基地建设；读书用书模范评选等各类农家书屋读书活动的开展等措施使北票市图书馆图书网点延伸服务取得了较好的成效。2009至2012年全市乡镇农家书屋共开展读书活动2860余次，参加活动的农民群众达146000余人次。

丰富多彩的读者活动是图书馆开展服务工作提高社会知名度的有效途径。2009至2012年，北票市图书馆共举办大型科技信息发布会28次；大型少儿活动6次；大型社会读者活动7次；讲座、座谈会36次；各类型培训班23次；书画、小制作等展览7次。另外，在每年的图书馆服务宣传周、世界读书日等期间，北票市图书馆都要举办声势浩大的各类读书活动。例如新书展览、送科技下乡、送文化下社区、活动一条街、现场答题、知识竞赛、谜语竞猜等丰富多彩的活动。

业务研究、辅导、协作协调

北票市图书馆注重业务理论研究和对外宣传工作，为了提高全馆同志的业务素质和理论水平，每年都将撰写论文和通讯报道纳入全年的岗位目标责任制之中。2009至2012年全馆同志共撰写论文、调研报告42篇。其中，在刊物上发表11篇；获奖7篇。在各级新闻媒体发表宣传图书馆的新闻报道112篇。

此外，北票市图书馆每年都在馆内举办岗位练兵活动。包括对馆藏图书进行教学排架；对图书加工、整理、分类、编目等项目进行重点学习和岗位练兵竞赛。既提高了全馆同志的业务水平，也为开展优质服务打下了坚实的基础。

在协作协调工作方面，北票市图书馆与沈阳市图书馆、丹

朝阳北票两馆联合发布会现场

组织文化志愿者科技讲座

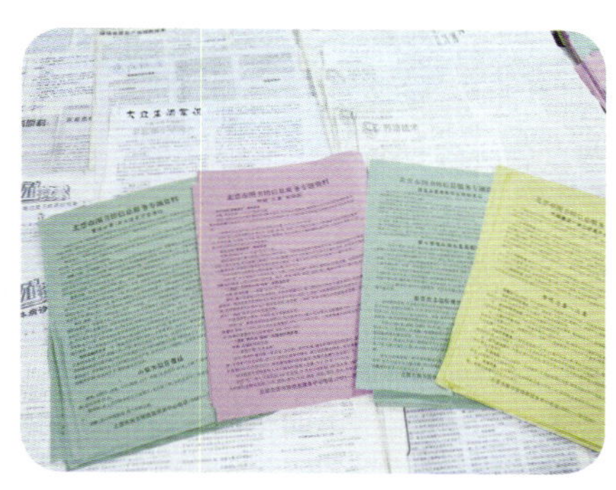
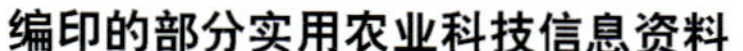
编印的部分实用农业科技信息资料

北票图书馆玛拉沁夫书室

北票城乡中小学图书管理员培训班

东市图书馆建立了手拉手图书馆和协作图书馆，自2000年起建起了辽宁省图书馆书刊流通站，每年省馆都给我们提供大量最新图书。此外，北票市图书馆还与朝阳各县区馆开展馆际互借、地方文献资源共享等工作，2009至2012年馆际互借图书达8420余册次。

管理工作

北票市图书馆共有干部职工11人，有6个对外服务窗口，3个职能部门。包括班子成员在内每人都身兼两职以上。2006年起按市委、市政府要求进行了全馆聘任制改革，实行了岗位设置管理，建立分配激励制度，2013年初再次续签。同时北票市图书馆长期以来都实行岗位目标百分制管理和考核，将每一项工作目标都具体化、数字化。年末按考核得分进行全年奖金分配和作为全馆评先选优的重要依据。此外，在财务、设备物资、档案、文化志愿者管理方面都达到了有关标准。

表彰、奖励情况

北票市图书馆三次荣获朝阳市级公共图书馆业务竞赛团体总分第一名。两次获辽宁省公共图书馆服务成果集体一等奖。1991年被评为朝阳市辅导工作先进单位和创建高标准乡镇图书馆先进单位。1992年，被省文化厅评为规范服务优胜单位，2004年被辽宁省文化厅评为科技服务优胜单位。2002年至今在辽宁省公共图书馆服务成果评选中，共有50项重点服务成果、122项一般服务成果获奖。同时，获个人一等奖5次，二等奖6次，三等奖8次。2006年至2012年连续7年被授予北票市文化系统先进单位、朝阳市图书馆学会工作先进单位等荣誉称号。

馆领导介绍

任宏彬，男，1969年10月生，本科学历，中共党员，馆员，馆长兼北票市图书馆和北票演艺电影中心联合党支部书记。1986至1990年在吉林武警总队服役，1990年8月正式参加工作。历任北票市图书馆图书管理员、辅导员、北票市文物管理所党支部书记、北票市图书馆党支部书记兼副馆长、北票市图书馆馆长兼北票市图书馆与北票市演艺电影中心联合党支部书记。2012年被北票市委命名为优秀党务工作者。

姚起华，男，1956年3月生，本科学历，政协北票市第四、五、六、七届常委，九三学社社员，副研究馆员，副馆长。1972年4月参加工作。1983年5月到北票市图书馆工作，先后历任北票市图书馆辅导部主任、采编部主任、副馆长职务。曾蝉联三届朝阳市公共图书馆业务竞赛个人总分第一名；三次获得辽宁省文化厅科技服务成果个人一等奖。

胡波，女，1978年10月生，本科学历，中共党员，馆员，副馆长。2005年参加工作，先后在外借室、综合报刊阅览室工作。2012年被任命为北票市图书馆副馆长。

未来展望

迁入新馆舍的北票市图书馆已经站在了北票图书馆历史上一个新的高度。北票市是一个县级农业市，为三农服务也将是北票市图书馆服务工作的一个重中之重。未来的北票市图书馆将继续探索新的服务途径，大力发展各类型图书服务网点，全力为农村经济发展服务。同时，争取藏书达到20万册，全面实现图书馆现代化管理。力争将北票市图书馆建成为北票人民心仪的读书学习场所，知识信息的集散地，促进北票地方经济发展的生力军，进而成为北票文化的一张精美名片。前进中的北票市图书馆在各级领导的关怀下，在各位同仁关注下，正在向更高的目标迈进！

联系方式

地　址：辽宁省北票市南山街
邮　编：122100
联系人：姚起华

小学生百科知识竞赛现场

图书馆外借室

模范表彰大会暨农村图书管理员培训班

凌源市图书馆

概述

凌源市图书馆始建于1978年10月，馆址几经变迁，2011年10月，凌源市图书馆迁入凌源市文化大厦西侧1–3楼，新馆舍面积4000平方米，设计藏书容量25万册，可容纳读者座席450个。2012年，凌源市图书馆有阅览座席242个，计算机45台。2012年凌源市图书馆网站建成，宽带接入10兆光纤。

业务建设

截止2012年，凌源市图书馆总藏量8.2万册（件），其中，纸质文献7万册（件），电子图书1.2万册。

2009–2012年，凌源市图书馆新增藏量购置费60万元，共入藏中外文图书16414册，中文报刊771种，视听文献680种。2012年，地方文献入藏完整率为91%。

读者服务工作

从2012年10月起，凌源市图书馆实行全年365天对外免费开放，周开放56小时。截止到2012年末，年平均读者外借册次统计为13.1万册次，读者流通人次为7.2万人次，解答咨询1464人次，资料代查294人次。2009–2012年共建立10个流动图书借阅点，年平均送流动借阅图书3000余册，读者外借册次统计为3.1万册次，读者流通人次为1.2万人次。2009–2012年末，凌源市图书馆免费发放各类图书、报刊、信息资料8.2万余份，编印《科普月报》共48期计24000份。

截止2012年，凌源市图书馆网站访问量2.1万次。凌源市图书馆网站可以向读者提供辽宁省图书馆、共享工程基层服务中心检索、浏览和下载服务。

2009–2012年，凌源市图书馆共举办讲座、展览、培训、阅读推广等读者活动年平均40余场次，每万人年平均参与活动1641.7次。

业务研究、辅导、协作协调

2009–2012年，凌源市图书馆先后有10余名职工荣获辽宁省文化厅颁发的“优秀服务成果奖”，十几篇学术论文发表在国内刊物或专著上，20多篇学术论文在辽宁省、辽西五市图书馆学会学术研讨会中获奖。2011年11月，凌源市图书馆在朝阳市图书馆学会举办的业务竞赛中取得团体第一名。

2012年–2013年，凌源市图书馆分别去铁岭市图书馆、铁岭市少儿图书馆、沈阳市图书馆、沈阳市少儿图书馆、喀左县图书馆、北票市图书馆、朝阳市图书馆参观学习，通过学习学到了兄弟馆的好经验、好理念，为凌源市图书馆2013年评估工作打下了基础。同时还进行了地方文献交换，互通有无，加强了馆际之间的协作协调。2013年6月1日，凌源市图书馆与凌源钢铁公司工会图书馆签订了馆际互借协议书，凌源市图书馆挑选了各类图书140册与凌源钢铁公司工会图书馆带来的120册图书进行互借，两馆建立了馆际互借关系。

2009–2012年，凌源市图书馆对凌源市各乡镇、街道242个农家书屋管理员进行了业务培训、讲授指导并实施农家书屋图书分类、登记、排架，对每个农家书屋一一建立了档案，使图书管理规范化，共举办培训班16期，64课时，275人次接受培训。

2009–2012年，凌源市图书馆多次举办对本地区学校图书馆、乡镇文化站图书馆、社区图书室、部队图书室的图书管理员开展《图书分类》《图书排架》《图书登记》等业务培训。

管理工作

凌源市图书馆在管理工作中：一是在人事管理上，通过职能调查摸底，强化技能培训、考试上岗，实行岗位绩效挂钩，极大的调动了全体职工积极性，二是健全学习制度、工作制度、考勤制度、安全制度等。三是购置了安防设施，加强了安全管理。四是规范工作行为，优化工作环境，在馆内大力提倡十点工作法，进一步强化了服务意识。五是档案管理规范化，各项统计工作及时准确。

表彰、奖励情况

2009–2012年，凌源市图书馆共获得各种表彰、奖励20次，其中，省级业务主管部门表彰7项、市级业务主管部门表彰9项、县级党委、政府表彰4项。

馆领导介绍

司青兰，女，1964年1月生，大专学历，中共党员，馆员，馆长。1983年9月参加工作，历任凌源市文化局财务科长，凌源市文化广播电视体育局办公室主任，2013年2月任凌源市

凌源市图书馆外貌

全民阅读进社区

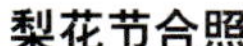
梨花节合照

阅览室

图书馆馆长，兼任辽宁省朝阳市图书馆学会理事。2011年荣获中共凌源市委宣传部颁发的文化先进工作者，2011年荣获中共凌源市委会2009–2011年度优秀共产党员，2012年年获中共凌源市直机关工作委员会颁发的创先争优优秀共产党员，2013年获朝阳市“巾帼建功”标兵和朝阳市“三八”红旗手。

李晓丽，女，1965年8月生，大专学历，中共党员，馆员，副馆长。1986年7月参加工作，1990年调入凌源市图书馆，先后在阅览部、外借部任主任职务，2011年任凌源市图书馆副馆长，分管图书外借工作。1994年获辽宁省公共图书馆业务竞赛优胜奖，1994年获朝阳市四系统“文献知识”竞赛一等奖，2007年获朝阳市业务知识竞赛三等奖，2011年在朝阳市公共图书馆业务知识竞赛活动中获优秀组织奖。

孙志伟，男，1960年1月生，大专学历，中共党员，馆员，副馆长。1978年参加工作，任凌源市图书馆辅导部主任，1996年任采编部主任，2013年1月任副馆长，分管党务工作、工会工作、组织工作、辅导、采编工作等。2013年荣获朝阳市图书馆学会优秀会员，2013年荣获朝阳市社会和科学界联合会优秀会员，2013年荣获朝阳市图书馆学会第三届学术研讨会优秀论文二等奖。

于燕，女，1979年2月生，大专学历，馆员，副馆长，2001年5月调入凌源市图书馆工作，先后在阅览室、少儿阅览室任副主任、主任，2013年1月任凌源市图书馆副馆长，分管阅览部工作。2012年荣获朝阳市图书馆学会第二届学术研讨会优秀论文二等奖，2013年荣获朝阳市图书馆学会第三届学术研讨会优秀论文二等奖。

未来展望

凌源市图书馆在今后的工作中，将逐渐加强文献资源建设，扩大文献资源采购领域，建立健全文献资源数据库，藏书总量将达25万册。加强完善图书馆网站建设、信息建设工作，信息发布及时，进一步方便读者访问、浏览。建立图书馆信息资源交流平台，实现馆际互借，资源共建、共享。组织本地区开展学术研究和交流活动。全面提升馆员的专业素养和爱岗敬业精神，提高图书馆现代化管理水平，建立健全管理体制和组织机构，明确各机构相应职责，积极采用现代化技术手段，调整作业流程，跟踪图书馆的发展前沿，及时更新，使图书馆管理更加标准化、规范化，使凌源市图书馆真正成为广大市民文献信息中心和知识圣殿，充分发挥图书馆的社会职能。

联系方式

地　址：凌源市文化大厦
邮　编：122500
联系人：李文彬

到前进部队开展全民阅览推广活动

宣传周

丹东市图书馆

概述

丹东市图书馆始建于1908年，其前身为安东县立图书馆，距今已有百年历史，是我国建立较早的地市级公共图书馆之一。现馆舍位于丹东市振兴区春三路29-1号，建成于1982年，建筑面积3826平方米，阅览坐席414个，计算机104台，宽带接入24Mbps，采用Interlib集群管理系统。"十二五"期间，市委、市政府将打造"书香城市、文化丹东"作为城市文化工作重点，2009年10月在新城区正式开工建设新馆。项目总投资1亿元，占地面积2.5公顷，建筑面积20625平方米，设计阅览座坐数为1000个，可藏书150万册。

业务建设

截至2012年底馆藏总量795351册（件）。其中，古籍31613册，善本1117册，已有17种古籍入选辽宁省《珍贵古籍保护名录》，电子文献66913件。

2009-2012年，丹东市图书馆年新增藏量购置费为30万元，共入藏中文图书22378种，视听文献565件，年均入藏报刊800种。

2008年，丹东市图书馆启动全地区公共图书馆集群管理项目。到2012年，完成市、县（市）区公共图书馆总分馆系统建设任务，实现区域内公共图书馆文献联机编目及通借通还。

截至2012年底，丹东市图书馆数字资源总量9.1TB，其中，自建资源4.1TB,包括地方文献、满学文献、古籍全文数据2.3TB；网站发布专题数据库及多媒体资源1.8TB。

丹东市图书馆先后参与了文化部组织实施的"文化信息资源共享工程"、"公共电子阅览室建设计划"、"中华古籍保护计划"、"数字图书馆推广工程"、"农家书屋工程"，完成共享工程基层中心的建设、公共电子阅览室建设以及馆藏古籍普查录入任务，2012年被确立为数字图书馆推广工程试点馆。

读者服务

2008年起，丹东市图书馆即开展基本项目免费服务，周开放70小时，法定假日不休息，每月第一个周一闭馆进行设备维护。借阅证在馆内一证通用，读者持证可在所有服务窗口享有借阅服务，同时采取送书上门、预约借书、电话续借、网上续借等一系列方便读者的服务措施。2012年，书刊总流通146132人次，163011册次。建有15个图书流动站，年均流动图书39736册次。与市政府合办的刊物《他山之石》，针对领导决策重点热点难点问题撰写综述，2009-2012年，共刊载专题综述100余篇，近百万字，市主要领导批示的有11篇。

2009-2012年，丹东市图书馆与市关工委等部门合作，每年举办一次全市中小学生读书征文、知识竞赛等活动，吸引了近20万中小学生参加。每年利用假期在馆内开展各种未成年人读书活动20余项。同时，组织开展了形式多样的读者活动。如：社会治安综合治理有奖知识竞赛、"辽海·鸭绿江"讲坛系列讲座活动、"品读丹东"本土名家名作朗诵会、作家李燕子《咆哮的鸭绿江》赏析会、"十大青年藏书家"、"十大女姓藏书家"评选活动、"感受新变化、喜迎十八大"主题征文活动等。

2012年，完成自建专题数据库整合及统一检索平台搭建；2013年初，与辽宁省图书馆连通VPN虚拟网，可检索使用省图书馆大部分数字资源。

业务研究、辅导、协作协调

2009-2012年，丹东市图书馆职工发表论文14篇，省以上学术研讨会获奖论文21篇。

丹东市图书馆学会与沈阳、抚顺、本溪、铁岭五市图书馆学会共同组织召开辽东北五市图书馆工作研讨会，至2013年共召开二十届研讨会；一年四次组织召开市、县、区馆长例会暨学会理事会。

参与省、国家联合编目，规范编目工作。2012年10月，与全国图书馆联合编目中心联网，实现国图书目数据的实时查询下载。加强与省图书馆联合，2010年11月，成立辽宁省图书馆丹东地区文献服务中心。以该中心为依托，2012年建立了8家图书交流站，将服务的触角延伸到社区、军营、机关、企事业单位，并在2012年底在同兴镇成立了丹东市第一个社区分馆。成为省图书馆与县图书馆的桥梁，2012年6月、10月两次开展省、市、县联合送信息下乡活动。

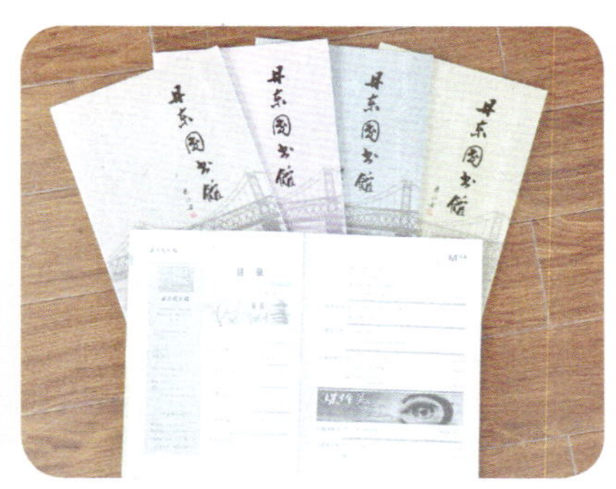

2012年撰写调研报告两篇：《丹东市乡镇文化工作调研报告》、《丹东市农家书屋调研报告》。面向基层，组织业务培训两次：Interlib系统培训班、丹东地区乡镇（街道）文化站长培训班。

2012年创办学会刊物《丹东图书馆》，全年共出版四期，作为学术研究和图书馆工作交流的平台，秉承"理论与实践结合，提高与普及并举"的宗旨，为同行和读者奉献精品佳作。

管理工作

丹东市图书馆坚持闭馆日学习制度，对职工开展专业知识、岗位技能以及职业道德培训，并将学习与考试情况纳入部门评比和个人考核。

2009年，丹东市图书馆开始实行岗位聘任制，2012年初，完成第二轮全员岗位聘任。2012年末，实施了岗位设置管理工作，出台了《丹东市图书馆岗位设置实施方案》，专业技术人员采取民主推荐量化赋分、资历业绩评价赋分和岗位设置管理工作领导小组赋分相结合的办法进行岗位聘任。

表彰、奖励情况

2009—2012年，丹东市图书馆获得省级业务主管部门、地级党委、政府表彰奖励共计9次；地市级业务主管部门表彰、奖励共计22次。

馆领导介绍

于忠，男，1958年2月生，本科学历，中共党员，研究馆员，馆长。1975年参加工作，1980年从事图书馆工作，先后担任科技部、采编部、辅导部、业务办副主任、主任、馆长助理、副馆长、馆长、学会秘书长等职务；先后担任省公共图书馆自动化建设指导委员会委员、办公室副主任、省学会副理事长；被省文化厅聘为辽宁省公共图书馆评估组成员；中国图书馆学会阅读推广委员会委员。

邵宏杰，女，1971年11月生，毕业于辽宁师范大学图书情报系图书管理专业，本科学历，中共党员，副研究馆员，副馆长。1993年从事图书馆工作，先后在丹东市图书馆、丹东市少年儿童图书馆任职。被辽宁省文化厅授予"辽宁省社会文化优秀人才"称号，并被聘为第三次公共图书馆评估辽宁省评估组成员。

杨佳鹏，男，1971年2月生，在职研究生学历，中共党员，副馆长。1993年参加工作，1996年10月从事图书馆工作，先后在科技部、信息开发部、业务辅导部等部门工作，担任副主任、学会秘书长、馆长助理等职。

未来展望

丹东市图书馆不断强化服务功能的同时，充分发挥中心馆职能，通过市、县、区馆长例会、图书馆集群管理等方式，密切联系地区公共图书馆，带动了丹东地区图书馆事业的整体发展。未来，将以国家数字图书馆试点馆为契机，加速数字图书馆建设进程，为读者提供更加便捷的知识服务。同时，以提升地区图书馆公共文化服务能力为目标，进一步延伸服务触角，完善服务功能，加强分馆建设，加大社区书屋、农家书屋辅导力度，建成以丹东市图书馆为核心的，覆盖全地区的图书馆服务网络。

联系方式

地　址：丹东市振兴区春三路29-1号
邮　编：118002
联系人：时　新

盘锦市图书馆

概述

盘锦市图书馆坐落于兴隆台区市府大街19号，是市属综合性公共图书馆。2009年被国家文化部评为市地级国家二级图书馆，是盘锦地区文献的收集、整理，知识信息传播和利用中心。盘锦市图书馆成立于1985年。馆舍1993年1月建成并正式对读者开放，馆舍面积6050.88平方米，读者使用面积5450.88平方米。馆内编制52人，在岗52人。其中高级职称10人、中级职称30人，初级职称5人，行政编制4人，工勤人员3人。盘锦市图书馆领导班子成员3人。邱茂炜同志任馆长兼党支部书记；戎慧康、白芳同志任副馆长。馆内有党员18人。

业务建设

截至2013年底，馆内总藏书量为69724种、240052册。其中纸质图书62478种、166939册，期刊915种、49500册，报纸168种、17490册，电子图书6098张、6138种，多媒体光盘25种；平均每年新增图书4400余种、8900余册；年订期刊380余种，报纸110余种。现有持证读者5920人，年均接待读者14万人次、流通图书18万册次。其中电子阅览室和自习展览区域每天读者流量均达200人次。

《图书馆理论与实践论坛》系列讲座

2012年10月17日，盘锦市图书馆2012年度《图书馆理论与实践论坛》系列讲座开讲。《图书馆理论与实践论坛》是盘锦市图书馆为加强图书馆业务建设、提高图书馆员理论水平和实践能力而开设的理论学习空间，要求馆内中层干部和具备副高级以上专业技术职务人员每年选一个课题，做一场讲座。每年《论坛》讲座均在15场左右。2014年，为强化干部职工的教育培训和业务学习，市图书馆根据全市图书馆事业发展的现状特别制定了“图书馆与文化发展”的《论坛》主题，要求主讲人围绕图书馆在文化发展中如何发挥自身作用来选题。截止到11月上旬，《论坛》已举办业务讲座6场，提高了馆员们的专业理论水平，也带动了馆员们研究图书馆业务的积极性。2014年，市图书馆有6人次在省级以上图书馆专业期刊发表论文或在国家、省级图书馆专题学术研讨会上获奖，标志着图书馆在业务理论研究方面取得可喜成绩。

读者服务

盘锦市图书馆每周7天工作制，全年开馆。馆内设3个基础业务部门，4个读者服务部门和1个综合部门。基础业务部门包括：图书采访部、信息咨询与社会服务部、网络技术部；读者服务部门包括：图书外借部、报刊阅览部、公共电子阅览室、视听阅览室；综合服务部门：办公室。盘锦市图书馆多年来坚持加强职工队伍建设，做好常规服务，通过优化办馆环境，创新服务手段，打造自身文化服务品牌，积极寻求图书馆服务新模式、新手段、新方法，树立图书馆良好的整体形象和社会影响，取得良好的社会效益。

创新服务方式：“点菜式”服务受到市民赞誉

2012年3月，盘锦市图书馆积极主动地探索服务社会、服务大众的新途径、新方法，推出“点菜式”服务。在图书馆，一旦读者在借书过程中无法找到自己喜爱的书籍，便可进行“点菜式”服务——将书名填写到“读者文献需求登记表”中，还可以利用电子邮件、电子公告板、QQ在线、电话访问等多种渠道反映图书需求信息。工作人员根据读者的需求，利用图书馆购书渠道广的优势，尽可能为读者找到此书，满足读者的特定需求并将以最快的速度购进，让读者能在第一时间看到所喜爱的图书。“点菜式”服务使得图书馆在选择和购买书籍时更为全面、合理，最大限度满足不同层次读者的需求，提升了图书馆的藏书品位，同时也使购书经费得到更合理地运用。自2009年“点菜式”服务在盘锦市图书馆运行以来，已有962位读者在登记处留下所需的书籍名称及联系方式，读者都“品尝”到了自己喜爱的书籍。

文化品牌服务

2012年9月12日，盘锦市图书馆在原有公益讲座《鹤乡讲坛》的基础上，又推出了《鹤乡讲坛·盘图视频讲座》。《鹤乡讲坛·盘图视频讲座》是利用市图书馆馆藏的2000部多媒体视听资料，通过多媒体视听阅览室定期播放视频讲座的服务。市图书馆根据读者和广大市民的需求，精心挑选播放内容，科学制定合理的播放时间，通过馆内通告、图书馆网站等向公众进行讲座预告。9月12日首场讲座：金元浦主讲《重建文化中国的国际形象》就吸引了许多读者前来观看。在开办过程

读者座谈会

读书进社区读者座谈（紫园社区）

写生群展览

苇艺展览

阅览室

中，市民可以根据需求点播自己喜爱的文学讲座或经典老电影等，工作人员会根据市民的需求调整视频节目的播放。像在2012年底，党十八大召开期间，盘锦市图书馆就应市民要求播放了刘梦溪主讲的《国学与传统文化》、徐善衍主讲的《文化发展与科技创新》、郎正主讲《东北文化与东北振兴》等精彩讲座和《地雷战》、《地道战》等经典老电影，受到广大市民的热烈欢迎。

表彰、奖励情况

先后被授予“辽宁省2012年度文明示范窗口”；被中共盘锦市委创先争优工作领导小组评为“学郭明义先进集体”；被中共盘锦市委授予“盘锦市创先争优先进基层党组织”称号；被市总工会授予“盘锦市教科文卫系统职业道德建设先进单位”；被市总工会授予“职工职业道德建设先进单位”；被中共盘锦市委授予“盘锦市创先争优先进基层党组织”；2012年被省科技厅、省科协命名为“辽宁省第七批科学技术普及基地”；被辽宁省委宣传部、辽宁省社科联授予首批辽宁省社会科学普及示范基地等荣誉称号。

馆领导介绍

邱茂炜，男，1963年4月生，大学学历，中共党员，研究馆员，馆长。

白芳，女，1972年生，大学学历，中共党员，副研究馆员，副馆长。

未来展望

盘锦市图书馆以维护每一位公民获取文献信息的平等权利为天职，以“大开放、大服务、数字化”的全新理念向社会提供全面、优质、便捷的服务；以数字化图书馆服务为发展重点，坚持“以人为本”的理念，打造一个全新的具有滨海新盘锦特色的现代化图书馆。

图书馆外貌

联系方式

地　址：盘锦市兴隆台区市府大街19号
邮　编：124010
联系人：刘 莉

讲坛启动

在大洼县西安农场开展读书宣传

盘锦市少年儿童图书馆

概述

盘锦市少年儿童图书馆位于交通便利的兴隆台区市府大街17号，于1998年6月30日建成，免费向全市少年儿童读者开放。馆舍面积2600平方米，其中读者使用面积1600平方米。馆内设有图书外借处、中小学生阅览室、低幼阅览室、多媒体阅览室和多功能活动厅5个读者服务窗口。馆内现有计算机54台，其中读者用机25台。2004年在参加全国第三次公共图书馆评估中，被评定为“二级公共图书馆”。

业务建设

近年来，盘锦市少年儿童图书馆积极争取购书经费增加馆藏，满足少年儿童日益增长的阅读需求。每年购书经费20万元，年均接待读者12万余人次，流通图书18万册次。截止2014年底，盘锦市少年儿童图书馆总藏量26.42万册（件），其中，纸质文献11万册（件），电子图书15.2万册，视听文献2200册。外购数字资源1.6T，并自建《印象盘锦》地方特色数据库。

2014年底，将自动化管理系统更换为“Interlib图书馆集群自动化管理系统”，以适应盘锦地区公共图书馆总分馆建设的需要。2014年初，宽带接入20MB，同时馆内开通无线网络覆盖。

读者服务工作

盘锦市少年儿童图书馆遵循“读者至上，服务第一”的服务宗旨，不断探索少儿图书馆服务工作的新内容、新手段和新方法，实现少儿服务工作的多元化发展目标，为全市广大少年儿童提供优质的公益性社会文化服务。图书外借实现开架借阅；各服务窗口全部免费向读者开放。2004年起图书馆服务全部实行自动化管理，2012–2014年，加入国家图书馆联合编目中心和辽宁省图书馆联合编目中心，成为其成员馆。

2012年，建立盘锦市少年儿童图书馆网站，2014年，建立移动图书馆和微信公众平台，建立OPAC读者公共查询系统，在馆内一楼大厅设置歌德数字借阅机和读报机移动客户终端2台。

自建馆以来，在市区及农村学校、幼儿园、城乡社区、军营等地建立图书流通站和爱心书屋40多所，定期免费送书上门，义务辅导。

建馆以来，该馆不断创新载体、强化服务。在开展优质信息服务的同时，以“两月一周加一日”（寒、暑假读书文化活动月和“六一”少儿文化活动周、各传统节日和纪念日）读书系列活动为契机，开展丰富多彩的读书活动。年均举办各种活动40.75场次，读者参加活动年均5000人次，2009–2014年组织开展全市性大型活动12场。如：2009–2014年共开展公益讲座62场，到场读者近7000人。在原有演讲比赛、绘画、征文比赛的基础上，积极开展大手笔、大收效的读书活动，如：2011年5月，邀请《西游记》中孙悟空的扮演者六小龄童老师走进盘锦市少儿图书馆及市内两所学校开展讲座活动；邀请亚洲儿童文学学会副会长赵郁秀老师、青少年教育专家王楠老师、辽宁省文联副主席洪兆惠等走进少儿图书馆开展讲座活动，得到广大读者和家长的一致好评。我们还邀请辽宁省科技馆、沈阳市少年儿童图书馆少儿科普大篷车来到盘锦，将大篷车相关科普图片和实物进行现场展示，吸引万余名家长和孩子们驻足。邀请我市非物质文化遗产传承人刘坤老师开设剪纸讲座；邀请省级优秀教师刘素英开设“‘学会感恩’从学习《弟子规》开始”国学讲座等活动。在“世界读书日”、“六一”儿童节还开展其它形式的读者活动70次，如：在“世界读书日”里，走进幼儿园、邀请名家进行阅读讲座，与孩子共同分享阅读的快乐；“六一”开展了大型文化展演、亲子游戏等活动。暑假经常开展趣味猜谜、书法比赛、电脑技能比赛、小小图书管理员等活动。我馆还与盘锦市教委、妇联、团市委、盘锦市小记者协会等部门共同开展“经典阅读”、主题征文、“书海寻宝”等活动。另外，在2009年“享受阅读　感悟人生”全国少年儿童校园剧大赛中，我馆推荐选送的校园剧《狼和小羊》在参赛的96部优秀校园剧作品中获金奖；2011年由天津市少年儿童图书馆主办、全国少年儿童图书馆协办的“大田杯”百万中小学生“好书伴我成长”读书系列活动中，我馆选送的征文作品获得2个一等奖，2个二等奖和6个三等奖；绘画作品获得1个一等奖，1个二等奖和3个三等奖；同年，在“闻一多杯”第二届全国少年儿童书法、绘画作品征集赛中，2人获得书法二等奖、2人获得书法三等奖、2人获得书画优秀奖，我馆被授予“优秀组织奖”荣誉称号。

自2013年起，盘锦市少儿图书馆大力推广绘本阅读，积极参加全国阅读年举办的各项读书活动，取得了很好的成绩，如“亲子阅读·爱的体验”暨盘锦市少儿图书馆亲子绘本故事表演活动、“看绘本图书·画童年梦想”——争做环保好少年活动等等受到了全市少年儿童和家长的一致好评！

孤残儿童走进少儿图书馆

世界家庭日亲子活动

为农村小学送书

业务研究、辅导、协作协调

2009–2013年，全馆人员在省级以上刊物发表论文17篇，年平均4篇。从2012年以来对已建成的30所流通站和11所爱心书屋进行业务辅导和培训。

2009–2012年，我们共开展业务辅导、业务培训5次，受益学校26所，学生17000多人。这项工作我们有专人负责。

从2009–2012年，我馆先后与盘锦市第二小学、第三小学、辽河油田第一小学、第五小学、新世纪幼儿园、立新幼儿园等少儿教育机构开展协作协调工作，举办"亲子阅读"、"小图书管理员"、"家长开放日"等活动，并对他们的图书阅读和管理方面给予指导。

为了提高馆内的整体业务水平，经常与省内其他少儿馆沟通联系，2009–2012年以来，多次赴沈阳少儿图书馆、大连少儿图书馆参观，并有针对性地学习业务。继去年承接下"三北"地区少儿图书馆工作研讨会后，与辽宁省图书馆、天津市少儿图书馆、延吉少儿图书馆多方学习考察、协调协作，圆满完成"三北"会议的召开。

管理工作

2010年，少儿图书馆完成第三次全员岗位聘任，每次聘任共设9类岗位，有30人重新上岗，同时，全年进行总体工作考核。全馆设有馆藏、办证情况、借阅动态、设备动态等统计报告，由各部门根据有关依据和台帐进行统计，每月5日前上报业务副馆长，然后由统计人员汇总，交馆长审阅后存档，原始依据由各部门保存。人事管理统计、财务统计都有相应的软件，由各部门自行统计。

表彰、奖励情况

2004年被文化部评定为"国家二级图书馆"，2005年6月被文化部指定为"中国少年儿童研究会小作家（辽宁盘锦）培训基地"。2005年–2009年连续被市总工会评为"厂务公开先进单位"和"民主管理标兵单位"；2008年被辽宁省总工会评为"辽宁省教科文卫系统民主管理工作先进单位"；同年，外借部被辽宁省总工会授予"工人先锋号"荣誉称号。2009年，在"享受阅读，感悟人生"全国少年儿童校园剧表演大赛中，我馆编排选送的《狼和小羊》荣获全国金奖，被中国图书馆学会评为"先进单位"；在2007–2009年度辽宁省公共图书馆优秀服务成果评选中，姜洁、吴静安、陈艳冬《"两月一周加一日"读书系列活动》服务课题荣获辽宁省公共图书馆优秀服务成果一等奖；孙威、刘铁英、彭士艳《多媒体阅览室读者活动及服务的开展与延伸》服务课题荣获辽宁省公共图书馆优秀服务成果三等奖；2010年在"闻一多杯第二届全国少年儿童书法、绘画作品征集赛"活动中，六幅作品获二、三等奖，我馆荣获"全国优秀组织奖"；2011年，被辽宁省文化厅命名为"文明服务示范窗口"；同年，阅览部被辽宁省总工会授予"和谐小家"荣誉称号。2008年、2011年分别被盘锦市总工会授予"五一奖状"。2006–2011年连续五年被市总工会评为"厂务公开先进单位"和"民主管理标兵单位"；2010年，我馆被共青团盘锦市委授予"青年文明号"荣誉称号。2011年，承办第三届"中国青少年语言风采大赛"盘锦赛区分赛，评选出十名优秀小选手进入全国总决赛；在"大田杯"百万中小学生"好书伴我成长"读书系列活动中，我馆选送的绘画作品十人分别获一、二、三等奖，征文作品两人分别获一、二等奖，我馆荣获"组织奖"。在2010–2012年度辽宁省公共图书馆优秀服务成果评选中，陈艳冬、张际、王祎《建立读书活动体系、传递文献信息服务》服务课题获得三等奖；在2010–2012年度辽宁省公共图书馆优秀服务成果评选中，孙威、孙丽、李研文《图书馆特色读者服务活动》服务课题获得三等奖；2012年，被盘锦市总工会评为"基层规范化建设"先进单位；2013年，荣获"盘锦市三八红旗集体"荣誉称号。同年，被盘锦市总工会授予"创建学习型组织·争做知识型职工活动"先进单位。

馆领导介绍

姜洁，女，1964年生，本科学历。现工作在盘锦市少年儿童图书馆，馆长，2012年晋升为研究馆员。1982年参加工作至今，在图书馆战线工作三十余年。曾任大洼县图书馆副馆长、盘锦市少年儿童图书馆副馆长，2008年3月担任盘锦市少年儿童图书馆馆长。曾荣获"辽宁五一奖章"、"盘锦五一奖章"、"盘锦市劳动模范"等奖项，2011年当选为市第六次党代会党代表。

丰刚成，男，1972年生，本科学历。现工作在盘锦市少年儿童图书馆，副馆长。1990年参加工作，1995年–2012年在盘锦市文化广电局任办公室副主任，2012年1月担任盘锦市少年儿童图书馆副馆长。

未来展望

前路漫漫，任重道远。为少年儿童服务是少图工作者们长期而艰巨的任务，在数字化不断发展的今天，盘锦市少年儿童图书馆将绽放独有的馨香，发挥自身优势，加强网络环境和数字资源建设，在倡导传统阅读的同时，积极引导数字阅读，使图书馆资源更好地为少年儿童读者利用，推进我国向智慧图书馆更快更好地发展。

联系方式

地　址：盘锦市市府大街17号盘锦市少年儿童图书馆
邮　编：124010
联系人：王　祎

外借部

中小阅览室

低幼阅览室

铁岭市少年儿童图书馆

概述

铁岭市少年儿童图书馆是铁岭地区唯一一家公共少儿图书馆，始建于1985年。成立以来，铁岭少图经历了有馆无址、旧房改造开馆、闭馆、临时租房开馆、再闭馆的动荡历程，直至2011年9月29日新馆开放。新馆开馆后，铁岭少图以新环境、新馆舍、新设备为基础，适应为少年儿童提供高质量免费服务的新形势、新任务，不断加强科学管理，深化、延伸、推新服务内容和方式，开拓创新，走出了一条具有自身特色的科学发展道路。目前新馆舍建筑面积3258平方米，低幼儿童玩具室面积371.7平方米，馆藏图书9万册，年入藏新书4650种，年外借书刊12万册次，2012年财政拨款总额140万元，基本文化服务项目全部实施免费，读者满意率百分之百。2013年被命名为市级文明单位、省级巾帼文明岗，在公共图书馆第五次评估定级中，被文化部授予国家“二级图书馆”称号。

业务建设

新馆址位于铁岭市区中心地段，是铁岭城区地标性建筑。馆内设有图书借阅室、报刊阅览室、电子阅览室、亲子活动室等15个部室；拥有阅览坐席305个；新馆于2011年建立广域网，共有计算机45台，宽带接入100兆；投入20余万元建设无线网络和存储空间，实现读者服务区无线网络全覆盖，存储容量10TB；新馆采用图书馆集群管理系统Interlib，实现了采访、编目、流通、办公业务的完全自动化以及信息存储、研发、服务业务的数字化，且建立了安全的局域网系统和独具特色的图书馆网站。在文献资源建设上，铁岭少图立足于本地区少年儿童文化、教育、科技发展需求，坚持以综合为主，兼顾特色。至2012年止，中文图书总藏量为9万册，电子图书2.1万册，视听文献352件，占《全国少年儿童图书馆（室）基本藏书目录》的47.44%，2013年订阅主流儿童报刊近500种，形成了比较系统、完整的科学藏书体系。与此同时，精心打造家教图书和连环画以及铁岭儿童文学作品几大特色馆藏。如今的少儿图书馆已经成为一座集图书借阅、信息咨询、展览讲座、少儿娱乐等综合文化教育功能与网络数字化服务为一体的现代公共图书馆。

读者服务工作

铁岭少图坚持“走向社会，主动服务，把图书馆办到少年儿童中去”的办馆思想，努力打造公共服务品牌。年均接待读者12万人次，流通文献12万册次，同时大力开展图书流动站的建设工作，截止2012年底，先后在市及各县（市）区学校、街道、社区、幼儿园以及妇联组织等建立了18个图书流通站和两个阅读基地，总计流通图书13900册，借阅图书26482人次，流通图书使用率高达416.1%。

2012年开始，面向低幼儿童开放亲子阅览室，开设故事会、手工、涂鸦、国学、泥塑、扎染等特色公益课程，采用亲子共读、共享方式授课，配合视频播放，变单一的图书阅读为趣味性学习，全年参学学员500人。

为培养小读者的图书馆意识，常年设立“一日小馆员”“最快归架员”岗位，截止2013年上半年，参与活动小读者3000人次。

新馆开放后，依托馆藏资源和网络资源，面向教育工作者、儿童文学作者及中小学生开展各类专题、定题参考咨询服务，共完成代检代查60项，课题检索10项，定题跟踪服务5项，重要服务成果9项。

2012年开展馆内读者活动96场次，参与读者2万人次；大型活动10余次，参与活动读者6万人次。尤其是2012年和2013年六一前夕，组织策划的两届“中国移动杯”少年儿童读书节活动影响空前，活动历时四个月，四大板块、近20项活动内容，辐射全市中小学校，参与读者5万人次，收到良好的社会效益。

业务研究、辅导、协作协调

2009至2012年，全馆撰写论文100余篇，其中26篇在省级以上专业刊物发表或在学会上获奖，平均每年获奖论文6篇。

2012年组织业务辅导18次，参加360人次，自动化管理指导8次，送书112次、25000册；结合基层少儿图书馆（室）实际情况，对中小学校、社区、幼儿园等图书管理员进行了4期8次图书管理知识和技能培训，受训人员204人次；同时对各县（市）区图书馆员进行了4期8次业务培训，受训人员112人次，全年累计业务培训16次，受训人员316人次。

读书节启动仪式

“元宵绘灯笼”手工活动

报刊阅览室

图书借阅室

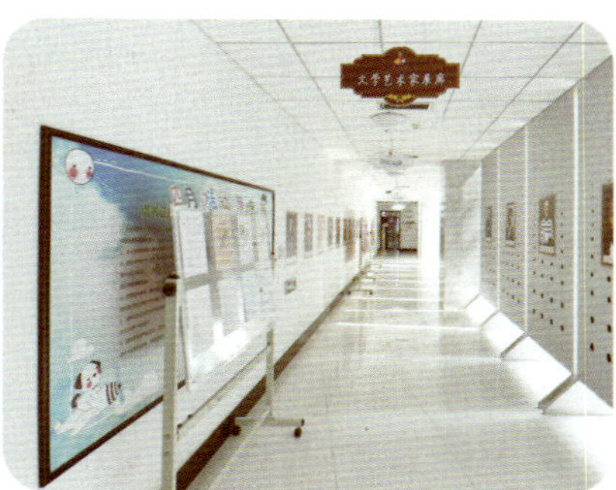
文学艺术家展廊

新馆开馆后，铁岭少图积极开展全市少儿馆（室）调研工作，完成了铁岭地区少儿读者问卷调查和铁岭市少儿图书馆（室）建设存在的问题及对策调研报告；与各县（市）区和学校、社区图书馆（室）协商制定铁岭地区少年儿童图书馆（室）协作工作协议，2012年组织铁岭地区少儿图书馆（室）开展学术研讨2次，制定了《铁岭地区少儿图书馆（室）互借公约》；同时联合市教育局、市妇女儿童活动中心、市青少年宫以及中小学校等少儿教育机构开展大型读书活动4次，参加沈阳经济区八城市少年儿童读书系列活动和辽宁省读书月系列活动，获奖选手百余人。

管理工作

铁岭少图建立了工作量化考核指标体系，每月进行工作进度通报，每半年和全年进行总体工作考核。2012年，抽查文献排架20次，书目数据5次，编写《铁岭少图工作简报》20期，撰写读者活动方案、总结报告百余篇。

表彰、奖励情况

自2009年以来，受省级业务主管部门奖励8次，受地市级党委、政府、业务主管部门表彰、奖励11次。

馆领导介绍

刘晓玲，女，1965年生，本科学历，副研究馆员，馆长。1987年7月大学毕业后从事20余年新闻工作，2009年10月调任少年儿童图书馆馆长。2005年被评为辽宁省优秀新闻工作者，2008年被评为铁岭市优秀社会科学工作者，2012年被铁岭市政府授予“实施妇女儿童发展规划先进个人”荣誉称号。

张柏华，女，1968年生，本科学历，中共党员，馆员，党支书记，连年被评为优秀共产党员。

未来展望

铁岭少图将始终坚持“走向社会，主动服务，把图书馆办到少年儿童中去”的办馆思想，以创新服务理念、丰富服务手段、拓展服务领域为基本思路，以打造公共服务品牌、特色资源品牌、读者活动品牌为核心内容，积极构建服务网络，全面提升服务品质，以人性化为特色，以数字化为方向，以标准化为目标，努力把少儿馆建设成为具有铁岭特色的高水平高质量的图书馆，真正成为青少年获取知识的乐园，素质教育的基地，社会精神文明建设的窗口。

天井大厅

联系方式

地　址：铁岭市银州区驻跸园北
邮　编：112000
联系人：刘晓玲

“书香润泽，梦想起航”万名小读者签名活动

师生共读雷锋书籍

“快乐寒假”在少图活动

朝阳市图书馆

概述

朝阳市图书馆始建于1959年10月，2010年6月迁入现在馆舍。馆舍面积8000平方米，共计5层。2012年8月1日正式对社会开放。目前，在燕都新城正在建设燕都新城图书馆（隶属于朝阳市图书馆），馆舍建筑面积13600多平方米，目前主体已基本完工。

朝阳市图书馆设有17个服务窗口，有读者阅览座席452个，计算机151台，无线网覆盖范围达到80%以上，数据存储容量为2TB。2009年购入了广州图创计算机软件图书馆集群管理系统，目前采访、编目、流通等均已实现了自动化。

业务建设

截止2012年末朝阳市图书馆馆藏文献173334种，405924万册（件），其中中文普通图书363449册，期刊和报纸合订本26488册，地方文献5094册，电子文献5607册，视听文献5286件。

2009—2012年图书文献入藏总量为22018种，其中2009年新增加文献2908种，2010年新增文献11379种，2011年新增文献2792种，2012年新增文献5105种，年均增加5546种。2009至2012年均报刊订购入藏量为502种。

2012年朝阳市政府财政对市图书馆拨款为4537256.40元，财政拨款年增长率为43.2%。2012年时任市长王明玉视察图书馆，从市长基金中拨付图书馆100万设备购置费，将原18.5万的图书购置费增加为50万元。

读者服务工作

朝阳市图书馆2012年8月1日开馆，周开馆时间为64小时，现有馆外图书流通网点29个，分馆1个，书刊年外借册次为155662（含馆内、分馆、流通网点），年外借率为38.3%。年流通总人次为173333人次。与省图书馆、朝阳师范高等专科学校图书馆等单位建立了馆际互借业务。2007年起开展领导决策信息服务、农业科技信息服务，市委宣传部为此把市图书馆列为全市两个舆情点之一。

为残疾人、未成年人、老年人服务成为我们的服务亮点。图书馆设有无障碍阅览室，为聋哑读者安装了读屏软件，并多次与市残联联合开展针对残疾人的各种活动。针对未成年人先后开展了校外课堂、校外阅读、讲座以及建立留守儿童学校图书流通点等。针对老年读者，建立了老年读书之友会，以此为平台，开展老年读书沙龙、老年读书文化论坛、老年阅报栏及举办"关爱老人健康知识系列讲座""老年书画精品展""老年书画培训班"等活动。

朝阳市图书馆网站建立于2007年，网站设有专门人员管理，结构与栏目设置合理，图文并茂、美观大方，运行良好。2012年开通了新浪官方微博，通过微博积极与网民近距离交流沟通，及时迅速地对读者提出的问题进行解答，同时，开设"好书推荐"专栏，以图文并茂的方式在微博上向读者推荐各类优秀图书。

2010—2012年共举办各种讲座、展览、培训、阅读推广、知识答题、影片展映、老年文化论坛等活动74场次，参与人数达到3万多人次。2012年5月朝阳市图书馆参与全市的首届群众文化节活动，其中"书声朗朗全民读书月活动"成为文化节活动的重要组成部分。"百佳读书人""百佳书香家庭"评选活动成为文化节图书馆系列活动中影响大、范围广的活动之一。

业务研究、辅导、协作协调

2009年—2012年朝阳市图书馆在职职工发表和获奖论文83篇，出版专著1部。

该馆设有专门的基层辅导人员，年初有计划，年终有总结，经费有保障，2012年开展业务辅导活动6次。2012年11月8日，市图书馆与龙城区图书馆联合举办了乡镇文化站图书馆业务知识培训班，41人接受培训。

每年定期组织召开公共图书馆馆长及学会理事会，为地区各系统图书馆之间的交流与协作提供了平台。

建立"一点三线的服务网"，实现资源共建共享。一个点是朝阳市图书馆，三条线：第一是以各县区公共图书馆和各系统图书馆为节点的服务网，第二是以29个图书流通站和一个分馆为节点的服务网络，第三是以双塔区和龙城区图书馆为中间节点，以两区的乡镇文化站和农家书屋为节点的服务网络。

管理工作

朝阳市图书馆在编人员43人，2010年实行部主任竞聘上岗，职工双向选择制度。2012年按照市政府要求根据图书馆的实际情况完成了岗位设置工作，建立完善了岗位责任制。多年来，该馆一直实行目标管理和百分考评制度，年终根据考评结果进行奖惩。朝阳市图书馆各种档案健全，2009—2012年共计撰写统计分析报告、业务调研报告28篇。

2012年为筹备8月1日开馆，招募青年志愿者17人，有部分志愿者已成为该馆的长期志愿者，建立了志愿者档案，并对其进行科学管理。

表彰与奖励

自2009年以来，该馆获得了国家文化部的“文化系统先进集体”、辽宁省“文明示范窗口”、“辽宁省优秀学会”、朝阳市“文明服务示范窗口”、“辽宁省公共图书馆业务竞赛二等奖”、“朝阳市五一奖状”等荣誉和奖励15次。

馆领导介绍

林向东，女，1958年8月生，本科学历，中共党员，研究馆员，馆长，1975年参加工作，2005年担任朝阳市图书馆馆长，中国图书馆学会会员，辽宁省图书馆学会理事，朝阳市图书馆学会理事长，2009年获辽宁省优秀共产党员称号。

段兴龙，男，1957年9月生，中共党员，大专学历，1977年参加工作，曾在朝阳市京剧团、戏剧辅导中心、市文化局等单位工作，担任文化科科长、稽查大队队长、演出公司经理、市艺术馆书记等职务，2005年调入朝阳市图书馆任书记。

刘颖，女，1958年生，本科学历，中共党员，副研究馆员，副馆长。1979到朝阳市图书馆工作，先后在参考咨询部、辅导部、采编部等部门工作，1998年任副馆长。

孙育新，女，1959年生，本科学历，中共党员，副研究馆员，副馆长，1979年参加工作，1982年调入北票市图书馆，1985年调入朝阳市图书馆，先后在外借、阅览、采编等部门工作，曾任主任、馆长助理，2005年任副馆长。

未来展望

朝阳市图书馆在未来的发展中，将不断完善其服务体系和服务功能，进一步打造服务品牌，拓展服务范围。正在建设的燕都新城图书馆，13000多平方米的馆舍将极大的补充现有馆舍功能的不足，500平方米的多功能报告厅，能容纳200多听众，阅览座席将达到800个，新城图书馆将侧重数字化建设，它的建成将推动朝阳市图书馆事业迈上一个新台阶。

锦州市少儿图书馆

概述

锦州市少儿图书馆于2005年12月批复成立，2006年5月正式对外开放。新馆座落在高新区市府路63号，与市图书馆一起作为锦州市的标志性文化建筑矗立在市府广场西侧，建筑总面积2972.1平方米，整个馆舍恢宏大方，通体透明，是少年儿童读书学习的理想处所。馆内有阅览坐席320个，计算机42台，网通10兆光纤接入，选用Inetrlib图书馆自动化管理系统。2013年，参加第五次全国公共图书馆评估，获得二级图书馆。

业务建设

截止2012年底，锦州市少儿图书馆总藏量61964册，其中电子图书2500种，光盘1265张。

2009锦州市少儿图书馆新增藏量购置费5.4万元，2010年起增至8.1万元。2009–2012年，共入藏图书5486种，59464册，报刊737种，视听文献3705种。

截止2012年底，锦州市少儿图书馆与国图、省图完成链接，资源共享，设置了网络学习平台、儿童阅读、视频资源等。

读者服务工作

从2008月起，锦州市少儿图书馆对外免费开放，每周开放46.2小时。2009–2012年，书刊总流通515540人次，书刊外借409629册次。2009–2012年，共建立16个馆外图书室，流通总人次30043人次，书刊外借87818册。2009–2012年，锦州市少儿图书馆网站访问量10万次。

2009–2012年，锦州市少儿图书馆共举办讲座、展览、培训、阅读推广等读者活动148场次，参与人数5万人次。利用寒暑假、“世界读书日”、“六一”儿童节开展丰富多彩的活动，让全市50万少年儿童受益其中。小图书管理员义工服务、儿童电影展映等经典活动孩子们踊跃参加，十分火爆。自创品牌“金色童年系列讲座”已举办67场，聘请辽西地区知名人士义务讲课，内容涉及家庭教育、心理健康、传统文化、手工制作等多个方面，更是受到了广大读者的一致好评，特别是我馆的青少年心理健康指导中心的工作更具特色，受到省委宣传部、省文明办的高度赞扬。

业务研究、辅导、协作协调

2009–2012年，锦州市少儿图书馆职工发表论文7篇，出版专著1部，提供课题服务14项。对我市的中小学图书室建设给予业务指导和培训，共开展业务辅导、培训9次，受益学校16个，同时配合省内其他少儿馆开展科普大篷车、“三北”地区图书馆学术会议等，与少儿教育机构开展如何做好“家长开放日”、“亲子阅读”等协作协调工作。广泛开展读者教育，以培训、体验的形式，让近万名小读者和家长受益。

管理工作

2011年，锦州市少儿图书馆制定了既适应市场经济体制需求，又符合自身发展规律，具有现代图书馆管理体制的《锦州市少儿图书馆体制改革及机构设置实施方案》通过实行全员聘任制，人员定岗定编等措施，深化了内部机制改革，增强了竞争活力，使我馆在管理上步入科学化轨道。

表彰、奖励情况

2009–2012年，锦州市图书馆共获得各种表彰、奖励15次，其中，中央文明委表彰、奖励1次，中图学会表彰、奖励1次，省文明办等表彰、奖励3次，市委、市政府表彰、奖励2次，其他表彰、奖励8次。

馆领导介绍

王锦，女，1967年2月生，本科学历，中共党员，副高级政工师，馆长。1989年7月参加工作，历任锦州市电影公司副经理、借调市委宣传部宣传处、文艺处、锦州市京剧团书记、2006年任少儿图书馆书记、2012年任馆长、兼任锦州市图书馆协会副理事长。曾荣获锦州市3·8红旗手，锦州市精神文明建设先进个人等荣誉。

姜宏，男，1963年3月生，本科学历，中共党员，中级职称，党总支书记。1983年7月参加工作，在市图书馆，2005年12月任少儿馆副馆长，2012年任书记。

温颖，女，1977年6月生，本科学历，中共党员，初级职称，副馆长。2005年到锦州市少儿图书馆参加工作，先后在读者部、办公室工作。

未来展望

锦州市少儿图书馆遵循“读书育人，服务社会”的办馆方针，努力把少儿馆建成全市50万少年儿童的课外学习活动基地。不断扩大少儿服务的范围，增设馆外送书点，建设以少儿馆为中心，社区、学校为基点的少儿阅读联盟。不断增加馆藏，尽快达到纸质图书10万册，不断增加数字资源，多方联络为读者提供全覆盖、不间断、无时空限制的数字文献远程和移动服务。积极争取少儿馆的扩建增编工作，以满足不断增长的读者需求。

联系方式

地　址：锦州市高新区市府路63号
邮　编：121013
联系人：温　颖

东方之星参观

城南旧事赏析会

学生参观少儿馆

鞍山市铁西区图书馆

概述

鞍山市铁西区图书馆初创于1953年，由鞍山市铁西区文化馆的图书室，到1988年正式独立为鞍山市铁西区图书馆。1998年被文化部授予三级图书馆称号。2005年鞍山市铁西区图书馆晋升为正科级单位。同年喜迁新址，现馆舍面积1500平方米。2010年，获得国家二级图书馆称号。

业务建设

截止2012年底，鞍山市铁西区图书馆图书藏量5万余册（件）。2012年该馆文献入藏书量为1380种；2012年预订报刊177种。新购电子文献5万种，视听文献32种。在藏书质量方面，根据图书馆采选的实际情况，制定采选方针，采用网上与实地采选相结合的办法，做到查重、查漏、查缺。保证文献采购的连续性、完整性、工作程序较为规范。

读者服务工作

铁西区图书馆从2009年4月起已停止收取外借图书办证工本费，全免费向读者开放。2012年该馆发放《读者满意率调查表》200份，收回200份，回收率100%。经统计读者满意率为96.1%。图书馆年流通总人次约4万人次。图书馆普通图书实行部分开架借阅。并积极利用宣传展板、网站、书展等形式开展书刊宣传活动，在阅览室设立政府公开信息专架和农民工专架。图书馆每周开馆时间达56小时。

读者活动方面，图书馆围绕大讲堂开展讲座、报告会等系列活动，以“鞍图讲堂社区行”“中华礼仪行”“健康大讲堂”为主题开展各类公益知识讲堂，为开创文明城又成立志愿者服务队，举办的系列健康知识讲座22次，参加人数约为3000人次；针对读者、社区百姓、学校学生举办的有关文明礼仪11次，参加人数约为2000人次；共享展播厅举办“党史知识讲堂”10次，科普知识讲座及国学知识、优秀影视展播18次，总共参加人数约为3000人次；围绕“温暖爱心工程”活动主题，图书馆连续3年本着为社会弱势群体送关爱的思想。从2010年至今，在铁西区的弱势群体中展开活动，为铁西区启智学校的智障患儿学生们开展爱心活动，为铁西区的高占屯小学贫困学生、农民工朋友及子女开展捐助爱心活动；为铁西区小天鹅幼儿园可爱的小朋友们中开展5次爱心送温暖活动。2012年图书馆扩大服务范围，增设志愿者活动：为永乐社区卫生院成立报刊角，每天专人负责，为馨园社区的残疾小朋友们开展爱心捐赠活动。“温暖爱心工程”是铁西区图书馆为社会弱势群体打造的连续性公益品牌活动，目的是为了让他们感受社会对他们的关爱温暖。希望通过这项活动尽图书馆所能，关心爱护帮助社会弱势群体。

业务研究、辅导、协作协调

图书馆学会作为图书馆工作的一部份，积极开展学术活动。图书馆职工谭艳红、李晓行、董晓慧、刘朕、金研等先后在省级刊物和省市级学会上发表论文，并获得优秀论文奖。3年来，铁西区图书馆结合事业的现状和发展问题形成了多篇调研报告，有一定的参考价值。为推动整个地区各类型图书室的协调发展，加强对社区图书馆、农家书屋的业务辅导，每年对农家书屋和社区书屋的图书管理员不少于10次业务培训，大大提高了他们的专业技术水平。

管理工作

在人事管理方面，按省市政府、人事部门的文件要求，实行岗位设置管理。建立财务管理制度，严格财务管理，坚持原则，有监督机制，无违规情况发生。设备、物资管理制度健全，并按国资局国有资产管理的规定办理。档案管理、统计工作、环境管理、消防、保卫等工作规范。

表彰、奖励情况

连续三年被评为市“全民阅读活动优秀组织奖”“全民阅读活动优秀品牌奖”，2010年被授予市“关爱农民工”品牌奖，2012年荣获市图书馆、鞍山市文化广电新闻出版局授予鞍山市读书节活动中优秀单位。

馆领导介绍

谭艳红，1967年生，本科学历，中共党员，馆长。

张潇鹤，1980年生，本科学历，副馆长。2012年6月到铁西区图书馆工作。

杨光，1969年生，大专学历，中共党员，副馆长。2013年1月到铁西区图书馆参加工作。

未来展望

鞍山市铁西区图书馆将继续遵循“服务、创新、发展”的办馆方针，完善单体服务功能，扩大服务辐射区域，带动地区事业发展。同时，铁西区图书馆将与区内学校、社区书屋和农家书屋实现资源共享互补，在本地区公共文化服务体系建设中发挥支撑和保障作用。

联系方式

地　址：鞍山市铁西区交通路99号
邮　编：114012
联系人：谭艳红

爱心活动

图书馆成为弱势群体精神家园

驻军联欢

大连市中山区图书馆

概述

大连市中山区图书馆是一所综合性区级公共图书馆，始建于1960年4月，是大连较早的区级公共图书馆。2001年由桃源街迁入新址，现地址在中山区中南路185号，馆舍建筑总面积为5770.93平方米。

中山区图书馆由3个馆组成，分别是中南路馆、二七分馆和桃源分馆，馆内设有综合阅览室、低幼阅览室、图书外借室、自习室、电子阅览室、参考咨询室、多功能活动室等多个服务窗口。

阅览室有读者座席500余个，其中少儿阅览座席170余个。馆内电子阅览室拥有计算机89台，宽带接入10Mbps，存储容量10TB，采用Sirsi系统进行图书馆自动化管理，馆内实现全无线覆盖并建有PC版网站和移动版网站，目前已开通移动阅读服务。2009年1月，图书馆实现免费开放；2011年4月，中山区图书馆正式实施数字图书馆“一卡通”建设工程并运行，实现了图书的通借通还。自1994年连续4次参加全国公共图书馆评估，均获得国家二级图书馆称号。

业务建设

截止2012年底，中山区图书馆总藏量258095万册（件），其中纸质文献233802万册（件），电子文献24293册。

2009–2012年，中山区图书馆累计新增藏量购置费160万元，2009–2012年，共入藏图书31052种，87819册，报刊2848种，电子图书24293册，视听文献713册，收藏地方文献487册。

截止2012年底，中山区图书馆数字资源总量为4TB，其中，自建数字资源总量1TB。自建中山区地方文献数据库，主要由中山区名人、中山区大事记、图片中山组成。

1997年，采用Ilas5.0图书馆自动化管理系统，2010年与大连市图书馆联网使用Sirsi系统，以适应大连市公共图书馆四级联网建设的需要。

读者服务工作

从2008年8月起，中山区图书馆馆藏纸质图书和数字资源全部实行免费开放、开架借阅。周开放60小时，双休日、节假日不闭馆。2009–2012年，书刊总流通48288册次，接待读者464448人次。2011年4月中山区图书馆与大连市图书馆连接实现四级联网“一卡通”，并建立了8个分馆，35个社区图书室，13个流通站，配备图书馆服务流动车1台，馆外借阅图书179844册次。

2009–2012年，中山区图书馆网站访问量6.8万次。随着图书馆事业的发展，图书馆网站几经改版，内容简洁精练，设有信息公告、本馆动态、文献检索、新书推荐、特色资源、数字图书馆等栏目，读者通过网站可以随时了解本馆最新动态，并在线浏览电子资源、观看视频等。4年来，中山区图书馆共举办讲座、展览、培训、阅读推广等读者活动165场次，参与人数17345万人次。每年举办的“家长学校系列讲座”已成为中山区图书馆读者活动的特色。

业务研究、辅导、协作协调

2009年–2012年，中山区图书馆职工发表论文5篇，获奖论文13篇，获得辽宁省优秀服务成果二等奖1项。

该馆采取走出去的办法，到街道、社区、机关办分馆、图书流动站，通过馆外服务解决阵地服务不足。在全区建立分馆8个，流动站13个，其中与地铁工地共建“农民工图书”流动站3个，与部队共建流动站5个，为分馆累计送书3万余册。该馆还为有阅读需求的视障读者开展定期送书上门活动，为弱势群体提供服务。积极协调完成文化信息共享工程服务，定期开展图书管理员培训及开展各种讲座读书活动。2009–2012年，举办街道社区图书管理员培训班9次，460余人次接受培训。

2009–2012年，辅导人员下基层图书馆（室）辅导、调研，共242天，489人次基层图书管理员受益，对基层图书馆（室）管理工作进行指导，协助基层组织开展各类读书活动，在全区开展阅读推广活动，连续4年在全区开展“书香家庭”评选活动和图书置换活动。

管理工作

2012年3月，中山区图书馆完成岗位设置，设有管理岗、专业技术岗和工勤岗三类，共24个岗位；设立5个部门，按岗聘人，部主任竞聘上岗，实行聘任制，21人全部重新竞聘上岗，建立健全服务准则、工作制度、考勤制度和绩效考核制度。建立了工作量化指标体系，每月进行业务岗位考核，进行进度通

图书馆外貌

图书馆大厅

阅览室

电子阅览室

农民工子弟社会实践活动基地启动仪式

报，全年进行总体考核。规范工作行为，优化工作环境。安全保护工作措施到位，责任到人，2009年–2012年，抽查文献排架42次，书目数据12次。2009–2012年撰写专项调研、分析报告两篇。

表彰、奖励情况

2009–2012年，中山区图书馆共获得奖项10项。2009年，获得大连市中山区关心下一代工作先进集体荣誉称号；2010年，荣获大连市“分享阅读、共创明天”读书系列活动集体组织奖；2010年，在中山区2009年度部门决算及2010年度会计报表编报评比中，荣获二等奖；2011年被评为中山区2009–2010年度学雷锋活动先进集体；2011年被评为中山区文体局2009–2011年度先进党支部；2011年–2012年获得大连市“与书为伴共创明天”读书系列活动最佳集体组织奖；2012年被评为软环境建设示范窗口；2012年荣获中山区文体局职工电子政务竞赛活动优秀组织奖；2012年荣获中山区文体局职工电子政务竞赛活动团体二等奖；2012年在中山区2012年度会计报表及2011年度部门决算评比中荣获二等奖。

“书香中山飘万家，幸福家园靠大家”图书置换活动

馆领导介绍

韩向泷，男，1965年3月生，本科学历，中共党员，馆员，馆长。1987年至1992年在大连市图书馆业务辅导部，1992年调入大连市中山区图书馆，先后担任业务辅导部主任、馆长助理，2001年担任大连市中山区图书馆副馆长，2010年至今担任大连市中山区图书馆馆长、党支部书记。2011年任大连市图书馆学会第八届理事会理事。

许真，女，1971年3月，本科学历，中共党员，中级职称，副馆长。1994年到中山区图书馆参加工作，先后在采编部、阅览部、财务部工作。2001年担任大连市中山区图书馆副馆长。

未来展望

积极努力争取政府对图书馆投入力度，加速推进中山区图书馆新馆建设，最大程度上改善图书馆办馆条件，使广大市民得到更多实惠，积极争取获得国家一级图书馆称号。全力打造数字图书馆网络服务平台，在区内建设图书馆总分馆制的服务模式，实现区、街道、社区三级服务网络，构建覆盖全区的公共图书馆一体化的网络服务体系，整合公共数字文化资源。大力发展移动图书馆、手机阅读等数字图书馆项目，提升数字资源提供能力和远程服务能力，逐步形成完善的公共数字图书馆服务体系等便捷的文化服务。

联系方式

地　址：中山区勤俭街23号
邮　编：116000
联系人：许　真

“书香与梦想齐飞，阅读伴我成长辅导”讲座

文化进社区，知识大讲堂活动

“我和老外手拉手，图书馆里过六一”

长海县图书馆

概述

长海县位于地处黄海北部，由岛屿组成，陆域面积119.24平方公里，海域面积7720平方公里，县辖5个乡镇，有人口72800余人。县图书馆位于县城所在地大长山岛镇，有人口两万余人。

长海县图书馆馆舍建于1999年，馆舍面积2565平方米。多年来，长海县委、县政府十分重视图书馆事业的发展，加大投入力度，2012年财政补助经费为171.5万元，其中购书专项经费，合计16万元（含3万元报刊费），新增馆藏购置费也是16万元。截止2012年底我馆藏书总数是9万余册。本馆现有阅览座席192个，其中成人阅览座席是68个，电子阅览室为20个，少儿阅览座席是104个；拥有计算机36台，其中提供给读者使用的是20台。现有职工8人，大专以上学历是8人。该馆先后于2004年和2009两次参加全国公共图书馆评估定级工作，并获得国家二级图书馆。

业务建设

2012年，新入藏图书3276种，6767册，其中电子文献2378种，视听文献27种；新订报刊283，其中成人报刊194种，逐步形成实用性强、特色明显、结构合理、动态开放的知识和信息资源体系。在工作中注重地方文献的收藏，做到“专门经费、专柜管理、专人负责、专门目录”的“四专”；已收集地方文献373种，724册；加大数字化建设力度，加入大连市数字图书馆“一卡通”工程，实现通借通还，资源共享。馆内业务工作采访、编目、流通、检索全部实现自动化。馆藏中文文献书目全部数字化。外购数字资源，主要有电子图书等，数字资源总量达4.2TB，满足广大读者需求的多元化。完善网站建设，为读者提供丰富的信息资源。2012年上半年，该馆已成功通过中国互联网信息中心域名注册，建立自己的网站。内容更新及时丰富。读者通过网站可随时了解图书馆的最新服务动态，在线浏览电子图书、文化信息共享工程等数字资源，为特殊群体开展服务，极大地方便了读者。

读者服务工作

多年来，该馆始终坚持“读者第一，服务至上”的服务宗旨，秉持“开拓创新、真情服务”的办馆理念，狠抓读者服务工作，取得了显著成效，受到了读者的赞扬。设有服务窗口5个，开展送书上门、阅读指导等多种服务方式。2012年外借图书15.4万册次，接待读者15.6人次。全馆藏书开架总数占总藏量的100%。通过宣传板、书展、电子屏幕、网站等形式宣传图书467种。

（一）推行图书馆免费开放，真正惠及百姓

2010年，该馆实行全部免费开放。免费开放作为重要文化民生项目，得到了上级政府部门的大力支持，每年拨专款用于免费开放，确保各项服务工作落实到位。公共空间设施场地全部免费开放，主要有：图书借阅区、报刊阅览区、电子阅览室、报告厅；所提供的服务项目全部免费，主要有：文献资源借阅、检索与咨询、办证、验证、存包、公益性讲座和展览、基层辅导、流动服务等。实行免费开放，不仅方便了读者，提高了读者的到馆率，更重要是图书馆公益性回归、实现公益性文化资源全民共享、发展和保障人民群众文化权益的具体实践。

（二）突出人性关怀，为特殊群体服务

关注特殊群体及弱势群体，为他们提供知识帮助，是我馆读者服务工作的重点，已经成为该馆的特色服务。

1、为行动不便的残疾人送书上门。该馆成人流通部门的工作人员平均每个月为行动不便的残疾人陈欣、王新明两人送书上门一次，为他们提供方便。

2、为老年读者提供方便周到的服务，增订老年人喜爱阅读的报刊品种，使老年读者倍感温馨，深受老年读者的好评。

3、少儿部的同志利用图书馆“未成年人思想道德教育基地”的有利条件，选择性地在青少年中开展有利于他们成长的各种活动，陶冶情操。我们的这些举措，受到了读者们的广泛好评。

（三）开展全民阅读活动，培养阅读兴趣

为了不断提高公共图书馆服务质量和社会影响力，充分发挥图书馆在公共文化服务体系中的积极作用，在开展全民阅读活动月、图书馆服务宣传周活动期间，利用“4.23”世界读书日和“5.4”青年节等开展多种形式的阅读活动，利用学生寒暑假组织开展各种形式的读者活动，如：少儿绘画比赛、智力拼图、猜谜语、小图书管理员培训等，受到广大读者的好评。2012年该馆共举办各类读者活动22次，参加活动人数达10519人次。

（四）发挥图书馆社会教育功能，切实抓好用户教育和培训。为了更好地发挥图书馆的社会教育职能作用，坚持以优良的设备，良好的环境，实现图书馆社会教育与服务职能，将传统教育向现代化教育转变，实现图书馆再教育。积极协调完成文化信息共享工程服务。定期对农家书屋图书管理员进行培训，2014年举办了5次用户培训工作，共有26人参加，经过系统培训，使管理人员初步掌握了图书分类、登记、借阅等流通环节。

业务研究、辅导、协作协调

协作协调是促进地区图书馆事业发展的有力支撑。几年来，在市文广局的领导下，在市图书馆、市少儿馆的指导和帮助下，该馆的各项工作取得了一定的成绩。加强馆际协作，资源

共享。加入大连市数字图书馆“一卡通”工程，完成以市图书馆为总馆，以县级图书馆为分馆的市县二级公共图书馆服务网络；2012年6月，该馆又加入大连市少年儿童图书馆分馆体系建设，“长海县青少年之家分馆”在我馆成立，使该馆图书资源与市少儿馆共享，图书通借通还，方便读者，提高图书资源的利用率。参与联合编目，开展馆际互借。

长海县现有5个乡镇，乡镇下辖23个村、7个社区，其中乡镇级已全部建立了图书馆（室），覆盖率为100%；有18个社区（村）建有图书室，覆盖率为62%。县图书馆辅导部坚持对全县基层图书馆（室）以及农家书屋进行业务辅导，使基层办馆水平有了明显的提高。

1、发展图书馆流通站。辅导人员深入到基层图书室指导工作，帮助组建图书室，扶持建立基层社区图书室。截止2012年，该馆建有图书流通站、服务点15个，借阅图书1856册次。

2、业务辅导科学、规范。每年，辅导人员对基层图书室在基础业务建设、培训业务干部等方面进行辅导和帮助。

在实践工作中，结合各自的岗位基础业务，该馆职工先后撰写了对工作有指导意义、理论联系实际的论文4篇，调研报告2篇。

管理工作

多年来，该馆坚持以科学管理带队伍、科学管理求发展，取得了较好的效果。

2004年，长海县率先在省内实行了事业单位体制改革，县人事部门给该馆核定编制为8人，按需设岗。在全文体系统内实行全员岗位竞争，择优上岗，优胜劣汰。根据人事部门的要求，该馆采取按编聘用、按需设岗的原则，遵循公开、平等、择优的原则，建立以聘用制为核心的岗位管理制度，实行“全员岗位聘用”。部主任竞聘上岗，实行聘任制。制定年度业务工作管理目标和考核考勤制度，按照馆员在履行职责中的德、能、勤、绩进行全面考核，对职工每月进行考核。增强了职工的工作责任感，促进了图书馆业务水平的提高，使图书馆的服务管理工作跃上了新台阶。

在环境管理等方面，实行各部门划定责任分担区，落实到个人，使各楼层在工作环境、读者借阅环境、卫生环境等方面整洁、美观、安静、优雅，同时要求工作人员服装整洁，挂牌上岗，文明规范；经常对办公设备保养维护，确保设备完整干净。

在消防、保卫方面，成立以馆长为组长，各部室主任为组员的安全消防工作小组，设兼职安全、消防人员各一名，定期进行安全、消防检查，发现问题及时整顿解决。几年来未发生任何安全、消防事故。

表彰、奖励情况

几年来，长海县图书馆在县委、县政府的重视下，在县文体广电局的领导下，在上级业务部门的指导下，取得了一些成绩：2004–2013年，在连续三次全国公共图书馆评估定级

工作中被评为二级图书馆；2010年获得县妇联授予“巾帼文明示范岗”荣誉称号；2009–2010年度被评为大连市群众文化“双百”评选活动先进单位；2011年12月被长海县总工会授予“工人先锋号”光荣称号；2011–2012年度被中共长海县委、长海县人民政府评为“县文明单位”荣誉称号；2012年7月，获得长海县文化体育广播影视局“先进集体党组织”光荣称号。

馆领导介绍

李春霖，男，1968年3月出生，1986年11月参加工作，大学本科学历，中共党员，曾在市图书馆受过系统的图书馆学培训；现担任馆长职务，负责全面工作。

李美清，女，1965年11月出生，1985年4月参加工作，大学专科学历，中共党员，馆员，担任党支部书记职务，担任副馆长职务，负责采编等业务工作。

未来展望

未来几年，长海县图书馆将本着“读者至上，服务第一”的原则，转变观念，坚持创新、与时俱进、凝聚团队力量，发挥图书馆的潜能，健全管理制度，发扬改革创新、求真务实精神，始终坚持图书馆正确的发展方向，不断拓展服务功能，提高馆员的综合能力，开展创新服务，探索服务工作新途径。到2020年该馆藏书将达到20万册，年接待读者15万人次，年借阅册次达20万册。在现代化的条件下，建立完善的地方文献保障体系，通过计算机应用、文献的数字化以及远程通讯技术实现地方文献数据库资源共享。

联系方式

地　址：辽宁省大连市长海县大长山岛镇塔山D园3号
邮　编：116500
联系人：李春霖

凌海市图书馆

概述

凌海市图书馆始建于1978年7月，馆楼建于1985年，馆舍面积为1766平方米，迄今藏书已达10万多册，读者达万余人。1994年国家文化部对全国公共图书馆首次进行评估定级，本馆被定为国家三级图书馆；1998年文化部又一次对公共图书馆进行评估定级，本馆被命名为国家二级图书馆；在以后两次评估定级中继续保持二级馆的荣誉，2013年参加第五次全国公共图书馆评估，又一次评为国家二级图书馆。有阅览坐席350个，计算机54台，宽带接入10Mbps，选用Interlib图书馆自动化管理系统。

业务建设

截止2012年底凌海市图书馆总藏量为103879册，其中中文图书84522册，报刊合订本18379册，视听文献978册。2009、2010年，图书馆新增藏量购置费6万元，图书年入藏量（种）至上次评估以来的四年平均值为2078种。报刊年入藏量（种）：至上次评估以来的四年平均值为126种。视听文献年入藏量（件）：2012接受捐赠160件，四年平均值为40件。地方文献入藏完整率为90%。

截止2012年底，凌海市数字资源总量为4TB，目前自动化管理系统升级为Interlib区域图书馆集群自动化管理系统V2.O，以适应公共图书馆联盟建设需要。增加了OPAC查询机，2013年馆内网络实现10兆光纤覆盖。

读者服务工作

图书馆坚持“读者至上、服务第一”的服务宗旨，免费开放以来我们始终坚持公共、免费、无障碍的服务的原则，凡持有效证件的读者均可入馆阅览、我馆外借处、青少年阅览部、综合阅览部、参考咨询部、电子阅览室、辅导部、多功能厅全部免费开放。每周开馆60小时。书刊文献100%开架。书刊文献年外借为10.8万册次（馆内、馆外），我馆在2009–2012年建立10个服务网点，至上次评估以来书刊借阅的平均值为5.73千册次。

2009–2012年凌海市图书馆共举办讲座、展览、培训、惠民书展、阅读推广等读者活动66次，每年寒假、暑假为学生开展第二课堂阅读推广活动，成为凌海市图书馆品牌文化受到家长及学生的欢迎。为机关、企事业及社会公众提供信息服务，解答咨询812条，定题跟踪8项，向养殖、种植户发放12期信息资料共计15000份。

2009–2012年参与图书馆组织的各项活动的人数达85775人次。

2012年凌海市图书馆开通网站，成为与读者交流的主要场所，图书馆在网上发布使用数字资源为3TB。凌海市图书馆为读者提供的咨询、检索、阅览等网上服务。

业务研究、辅导、协助协调

凌海市图书馆是国家和辽宁省联合编目中心成员馆之一，实现联合编目资源共享，我馆与锦州市图书馆开展馆际互借。有8名工作人员被省图书馆学会吸收为会员，3名同志的专业论文获得省图书馆年会学术论文三等奖。

我市总共有28个乡镇，14个社区，355个农家书屋。我馆参与服务网络建设的乡镇21个，社区8个，村图书室158个，占全县公共图书馆总数的47%。长年坚持下基层进行业务辅导，去年我们下到基层网点开展辅导活动89次，对158个农家书屋、5个学校、8个社区、21乡镇文化站、8611、8614部队开展业务辅导工作。

管理工作

实行岗位设置管理，建立分配的激励制度，与各部主任签定业务工作责任状，每半年和全年进行总体工作考核。采编部，辅导部业务工作人员分别撰写了对《凌海市各单位、学校、社区图书馆基本情况的调研报告》，《凌海市居民读书现状与公共图书馆服务的调查报告》。

上级表彰

2012年辽宁省授予我馆为“社会科学普及基地”，被凌海市委评为“先进党支部”，文化旅游局多次授予我馆“先进单位”“先进党支部”称号。我馆2012年参加我市宣传部组织的“喜迎十八大，永远跟党走”知识竞赛中获得二等奖。

馆领导介绍

王众红，女，1965年11出生，本科学历，中共党员，中级馆员，馆长。1984年参加工作，历任萧军纪念馆副馆长，2010年3月任凌海市图书馆馆长。

李月杰，女，1968年出生，本科学历，中共党员，中级馆员 党支部书记。1985年参加工作，历任图书馆副馆长。

未来展望

凌海市图书馆坚持以人为本，树立全面、协调、可持续的发展观，促进经济社会和人的全面发展。将科学地建立一个适合整体需要的文献信息保障体系，制定文献信息资源建设的中、长期计划，致力于行业的文献信息资源建设的优化配置，建立数字图书馆，为读者提供快速高质量服务，突出“服务农村、服务基层”的方针。

联系方式

地　址：凌海市锦凌大街66号
邮　编：121200
联系人：孙盘良

义县图书馆

概述

义县图书馆始建于1979年，并于2010年11月迁至义县高中新址，2011年1月1日正式对外开放。现有藏书近100213册，报刊资料300余种，电子文献，视听资料500余册，有电子计算机50台，馆内阅览座席300个。建筑面积2000平方米，年经费：90万，馆员：19人，持证读者3125人。年外借图书10万册次以上。下设采编部、辅导部、外借部、综合阅览部、少儿借阅部、电子阅览室、多功能厅等7个部门，全部免费开展对外服务。我们始终坚持"读者至上、服务第一"的服务宗旨，实行每周7天开馆制，每周平均开馆时间达63小时；实行大范围开架制，文献开架量占馆藏总量的90%以上，以方便读者的借阅。

业务建设

截止2012年底，义县图书馆总藏量100213册（件），其中，纸质文献99693册（件），电子文献520册。2012年，义县图书馆新增总藏量购置费18万，共入藏图书2500种，11660册。地方文献271种，543册，地方文献入藏率为90%。2012年，政府和自筹资金90余万元，建成300平方米多功能服务厅一个，可以容纳160人，可以放映电影、举办文艺演出、会展、开展座谈、报告会等活动。

读者服务工作

从2011年1月1日起，义县图书馆全年365天对外免费开放，周开馆63小时，2012年，读者到馆11.6万人次，书刊文献外借册次12万。建分馆3个，有18个流动服务点。开展政务公开信息服务，对全县18个乡镇提供信息共享工程服务。

2009–2012年，义县图书馆共举办讲座、展览、培训、阅读推广等读者活动105次，参与人数9.8万余人。我馆举办的各项活动多次在国家、省、市媒体上刊登。

业务研究、辅导、协作协调

2009–2012年，义县图书馆职工，撰写论文30余篇，其中有5篇论文被中国图书馆协会分别评为2等奖和3等奖。

从2011年开始，义县图书馆与义县电视台联合开展文化信息资源共享工程服务，开展阅读推广与讲座展览资源服务、共同开展农业养殖种植技术培训班50期，培训人数5千余人。

管理工作

从2011年1月开始，义县图书馆引入竞争激励机制，实行竞聘上岗。共设11个岗位，有19人竞聘上岗，同时建立工作量化考核指标体系，每季度进行工作进度通报，全年进行总体工作考核。2009年–2012年共撰写调研报告，统计分析和工作提案30篇。

表彰、奖励情况

2009年–2012年，义县图书馆连续四年被锦州市政府评为"科普之冬"先进单位，多次被县委、县政府评为先进单位。

馆领导简介

靳噻，男，1964年12月生，大学学历，中共党员、馆员、馆长，主持全面工作。

石力生，男，1964年11月生，大学学历，中共党员、馆员、党支部书记，主持党务工作。

赵广元，男，1966年5月生，大学学历，中共党员、馆员、副馆长、负责业务工作。

王艳秋，女，1965年7月生，大专学历，馆员、副馆长、负责行政后勤保障工作。

未来展望

义县图书馆本着"科学、高效、创新"的办馆方针，逐渐完善服务功能，扩大服务辐射区域，促进本地区图书馆事业发展，在不久的将来提高数字资源设计储存能力，争取能够提供全覆盖、不间断地数字文献远程和移动服务，早日跨入国家一级图书馆的行列。

联系方式

邮　编：121100
联系人：靳 噻

义县图书馆全景

县机关工委在图书"六进"活动中，到县地税局送书

书法家给农民写春联送书

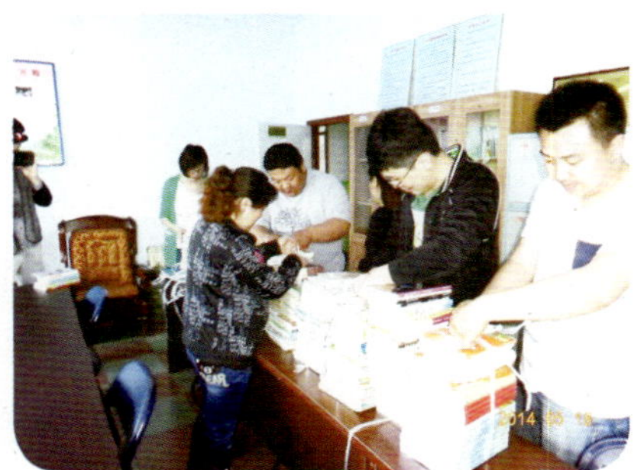

"六进"活动中，到站前街社区送书

鞍山市立山区图书馆

概述

立山区图书馆现为国家二级图书馆。馆藏量达到了5.5601万册。其中：图书50180册、报刊年入藏量为104种、电子文献年入藏量为5059种、视听文献入藏量为122件。立山区图书馆共有员工8人，大专以上学历的人员为8人，全馆中级以上职称的人员为6人。立山区图书馆始终坚持“读者至上，服务第一”的宗旨，不断拓展服务空间，丰富服务内容，改善服务设施，提高服务质量。2012年实现了365天无闭馆日，每周服务60小时。年接待读者9217人次，流通文献103019册次。

近年来，立山区政府落实中央文化信息资源共享工程，改扩建新馆舍，面积达2000平方米。新增卫星接收设备，新配图书管理系统，新建广域网、局域网，新进微机、服务器，增设电子阅览室、报告厅，形成了以功能区、业务区、办公区为主体的，结构完备、功能齐全、设备先进的新型城区图书馆。按照文化部、财政部《关于推进全国美术馆、公共图书馆、文化馆免费开放工作的意见》及财政部《关于加强美术馆、公共图书馆、文化馆免费开放经费保障工作的通知》等精神，馆内所有公共设施、场地全部免费开放，基本服务健全并全部免费。

业务建设

立山区图书馆藏书结构以“藏用结合、以用为主”，本着以实用性为原则，主要从文学方面、医疗卫生、历史地理等方面采选图书,并依据鞍山市统一的相关编目规则和《机读目录格式的使用规则》编目。

在藏书组织管理方面严格按照《鞍山地区集群自动化管理工作标准》中的“图书加工整理标准”进行。立山区图书馆的馆藏文献全部实行开架借阅。馆内藏书组织管理严格按照省文化厅以及《鞍山市图书馆藏书组织与管理制度》各项标准执行。外借部所藏图书全部遵照《中国图书分类法》进行分类排架。

立山区图书馆数字资源已达到1TB。并采用图创系统按CNMARC格式对馆藏中文普通图书进行编目。馆藏书目数字化率为100%，并且对馆藏地方文献进行书目数据库建设。

读者服务工作

立山区图书馆在读者服务工作中，期刊、报纸、电子图书、外借馆藏文献、视听文献、地方文献全部免费开放。2013年，立山区图书馆利用展板宣传和新书推介架进行书刊宣传537种，总计达60小时；建立了10个基层图书站，全年送图书5100余册；其中到立山区育智学校送书5次，500册，到立山区老干局送书3次，600册，给农民工送书500册。

立山区图书馆每年举办各类读者活动30次左右。通过聘请知名学者作主题讲座、发挥“全国文化信息资源共享工程”和本馆电子文献资源作用等两种形式，共举办了20次讲座、培训；全年举办了各种图片展览6次。参加讲座、培训和图片展览的人次达2.13万。

业务研究、辅导、协作协调

2012年立山区图书馆与辽宁省图书馆签署了《辽宁地区图书馆联合编目协作网书目数据共享协议》，当年上传或下载省馆数据8873条。同年立山区图书馆又与辽宁省图书馆办理了馆际互借证，实现区域性“一卡通”工程，实现通借通还、馆际互借、资源共享，并与鞍山地区的公共图书馆、高校图书馆、少儿图书馆等单位联合签署了《鞍山地区各系统图书馆馆际互借协议书》、《鞍山地区图书馆文献资源采购协调协议》、《鞍山地区图书馆资源共建共享协作协议》，成为了鞍山地区联合编目成员。

管理工作

立山区图书馆是全额拨款事业单位，财务管理由区财政局代管，所发生的所有财务收支业务，均由立山区财政局集中统一管理；2012年进行了第三次全员聘用，真正做到了按需设岗，按岗聘用，竞聘上岗。并坚持抓日常管理，规范服务，明确作息时间，严肃劳动纪律，强化工作作风；立山区图书馆志愿者服务队累计服务50余人次，目前登记志愿者共20名，共开展主题活动10次；2012年立山区图书馆在设备、物资管理原有制度基础上，进一步完善管理制度，定期清查盘点，帐物达到一致；根据国家档案局《归档文件整理规则》的规定，严格遵循《中华人民共和国档案法》和省、市《机关档案室工作等级具体考核标准》，对我馆档案进行了以“件”为单位的整理，并购买了档案的微机录入软件，把档案分为业务档案及人事档案两类，统一纳入微机管理；立山区图书馆统一环境与安全管理制度，明确责任，对阅读学习环境及网络信息安全管理强化要求，切实抓好预防消防安全各项措施的落实。统一标牌，美化环境，使馆内环境变得整洁、美观、安静。

表彰、奖励情况

立山区图书馆在2009–2012年期间，获得地市级表彰“全民阅读活动”优秀组织奖等13项，区级表彰“视频展播活动”优秀品牌活动等12项，共计25项。

领导介绍

馆长：赵传涛，50岁，大学本科学历，1984年参加工作，2000年任馆长至今，高级职称，负责馆内所有工作。

副馆长：张秀波，50岁，大学专科学历，1980年参加工作，2011年任副馆长至今，中级职称，负责馆内业务工作。

副馆长：卜晓析，30岁，大学本科学历，2008年参加工作，2013年任副馆长至今，负责馆内行政工作。

未来展望

未来的立山区图书馆，将继续以“开放办馆，热情服务”为宗旨，以“急民所需，为民服务”为原则，一是大力丰富现有馆藏，在种类、藏量上实现新突破，特别是在电子图书、特种图书上，要取得耳目一新的效果，努力满足日益增多的广大读者的精神需求；二是在协作协调上，要进一步加强与市馆、县区馆的紧密合作，加强联合编目和数据共享，深化馆际互借和资源文献的协调采入，特别是在馆藏上争取实现具有地区特色；三是在基层图书站建设上，要继续坚持并发展“一街一品”，不断强化业务指导，推动全民阅读，塑造既符合本街特色又满足群众需求的读书活动；四是在管理上，要严格落实政策法规，在计划、财务、人事、设备、档案等方面强化措施，责任到人，以实际需求为导向，争取把立山图书馆建设成立山地区标准的全民阅读中心、资料中心、文化资源服务中心。

联系方式

地　址：鞍山市立山区水源街阀门小区1甲–8号
邮　编：114031
联系人：卜晓析

阜新蒙古族自治县图书馆

概述

阜新蒙古族自治县图书馆初创于新中国成立后，设立在民众教育馆（后改为文化馆）内，馆内设有儿童阅览室、报刊阅览室，常年对外开放。1979年从文化馆分出单设。1987年新建1200平方米四层办公大楼，图书馆服务能力得到进一步增强。2006年迁入文化中心三楼，馆舍面积2000平方米，为读者提供了更加舒适便捷的阅读环境。

图书馆现有在职职工18人，大专以上学历100%，其中，本科生4人，副研究馆员2人。馆内设有采编部、社会辅导部、信息咨询部、图书外借室、少儿阅览室、报刊阅览室、地方文献蒙文图书阅览室、自习室等，2009年和2013年，参加全国公共图书馆第四次、第五次评估定级，被文化部评定为二级图书馆。

业务建设

截止2012年底，馆藏图书61746册，电子图书100多册（件），报纸期刊100多种，阅览座席288个，计算机44台，2003年设立蒙文图书地方文献库，形成本馆特色馆藏。

光纤宽带接入10兆，2006年起采用了ILAS(S)图书管理系统，实现了采编、流通、书目检索等电子化自动化管理。

为适应辽宁公共图书馆服务联盟建设的需要，不断增强无线网络覆盖能力，准备增加自助借还功能。

读者服务工作

从2006年起，阜蒙县图书馆坚持365天免费向公众开放，每周开馆59小时。2012年，外借图书总册次为76722册，流通总人次为61343人次。在乡镇村屯、街道社区、机关、学校、部队、厂矿、敬老院等建有26个图书流动站，不定期流动图书。同时，常年免费为残疾读者提供送书送报服务。2009年起，主动尝试为"两会"提供图书服务。

2009－2012年，建有图书馆网站，有效利用博客、微博、短信、QQ等平台，为读者服务。

2009－2012年，阜蒙县图书馆共举办讲座、展览、培训、阅读推广等读者活动80场次，参与人数16000人次。

业务研究、辅导、协作协调

2009－2012年 阜蒙县图书馆职工发表论文8篇。

采取请进来和走出去的方式，面对面举办培训班，对县域内的35个乡镇、8个社区图书室，382个行政村的农家书屋进行有效的业务指导；利用世界读书日和图书馆服务宣传周等，积极开展经典诵读、知识竞赛、讲座、演讲、征文、座谈等多种形式的读书宣传和读书交流活动。积极参加省市图书馆举办的各类赛事活动，同时，积极选派人员参加全国、省、市图书馆学会和图书馆举办的培训学习，开阔视野，增长技能，提高服务能力。

管理工作

人事行政管理：阜蒙县图书馆实行全员岗位聘任，注重发挥馆员特长，调动馆员工作积极性和主动性。建立了《岗位分配制度及考核实施办法》《考勤制度》《消防安全保卫制度》《物资管理制度》《财务管理制度》《档案管理制度》《环境卫生管理制度》等。

业务管理制度：制定了《读者须知》《工作人员守则》《服务公约》。

表彰、奖励情况

2009－2012年，阜蒙县图书馆共获得各种表彰、奖励8次，其中，省文化厅表彰、奖励2次，其他奖励6次。

馆领导介绍

窦春妍，女，1963年生，大学本科学历，中共党员，副研究馆员，馆长。

由桂云，女，1964年生，大专学历，中共党员，副科级，党支部书记。

张翠霞，女，1968年生，大学本科学历，中共党员，副研究馆员，副馆长。

张久梅，女，1964年生，大专学历，中共党员，助理馆员，工会主席。

张宝林，男，1963年生，大专学历，中共党员，助理馆员，后勤副馆长。

未来展望

阜蒙县图书馆遵循"传承文明，服务社会"的办馆宗旨，不断完善服务功能，拓宽服务渠道，创新服务方式，2009－2012年，在不断强化自身综合实力的同时，积极指导乡镇图书室、农家书屋建设和社区书屋建设，带动了全县公共图书馆事业的整体发展。2013年，公共电子阅览室数字图书馆工程正在建设之中。在未来的几年里，阜蒙县图书馆将与时俱进，公共电子阅览室和数字图书馆将为公众提供数字文献和移动服务。

联系方式

地　址：阜蒙县南环西引路61号
邮　编：123100
联系人：窦春妍

黑山县图书馆

概述

黑山县图书馆位于辽宁省锦州市黑山县黑山镇中大中路49号，是我县唯一一家免费对外开放公共图书馆，承担着我县公共文化服务职能。

黑山县图书馆始建于清宣统三年（1911年），时间不长停办，详情无考。1930年6月，黑山县成立公办图书馆。中华人民共和国成立后，先是在县文化馆内设图书室。1977年10月，由文化馆分出单独建馆，称“黑山县图书馆”至今。1998年11月新馆建成，其建筑面积1595.25平方米。馆内设有外借部、综合阅览部、电子阅览室、少儿借阅室、参考咨询部、辅导部等服务部门。现馆内藏书8.7万册，阅览坐席134个，计算机41台，宽带接入10M光纤，选用中讯ART-Library图书馆自动化管理系统。实行全年365天开放（双休日、节假日照常开放），开展免费外借、阅览、咨询、检索、培训、讲座、多媒体播放等服务活动。

多年来，黑山县图书馆以“奉献求知者、服务读书人”的精神，在工作上内强管理、外树形象，并注重人员素质的优化、阅读环境的改善、基础工作的抓实、读者服务的规范、设施设备的现代化等，取得了明显的成效。在1991年全省文化系统窗口行业规范化服务竞赛中，省文化厅授予黑山县图书馆为优胜单位；1994年全国公共图书馆首次评估定级工作中，被中华人民共和国文化部评为“三级图书馆”；2005年被中华人民共和国文化部评为国家“二级图书馆”；同年被黑山县人民政府评为“文明服务先进窗口单位”；2008年度工作中被黑山县文化局评为农村科技服务奖、流动图书奖；2012年被辽宁省文化厅公布为“辽宁省科普教育基地”；2013年在全国第五次公共图书馆“国家二级馆评估定级中”，又名列其一。

业务建设

截止2012年底，黑山县图书馆总藏量为27402种，83048册。含普通图书、电子文献、视听文献、报刊合订本等。

截止2012年黑山县图书馆全部馆藏建立了机读目录，自建数字资源总量为1TB。建立了地方文献书目数据库，地方文献入藏完整率为95%。

2012年黑山县图书馆实现了馆内无线网络覆盖。

读者服务工作

黑山县图书馆为读者提供书籍外借、报刊阅览、检索咨询等服务，不定期为社区、学校等群体开展送书上门服务，不断拓展服务范围，深化服务效果，为创建学习型社会做出应有的贡献。

黑山县图书馆对外免费开放，周开馆时间56小时。2009-2012年总流通人次达40余万人次，书刊文献外借总册次达40余万册次。2009-2012年在全县社区及乡镇设立15个馆外流通站，馆外书刊流通近6万册次。

2009-2012年黑山县图书馆根据各节假日特点，有针对性的举办讲座、展览、培训、阅读推广等读者活动近百次，参加人数近6万人次。

宣传活动

黑山县图书馆始终坚持“读者第一，服务至上”的服务原则，不定期开展宣传活动和系列读书活动及系列文化服务活动。坚持举办4.23世界读书日、图书馆服务宣传周、全民读书月等常规宣传活动。适时举办科技下乡赶大集，不定期举办新书展示、捐赠图书等文化服务活动，吸引了更多的读者走进图书馆，利用图书馆，宣传图书馆，取得了较好的社会效益和文化效应。截止目前，黑山县图书馆已成为黑山人民文化生活中不可缺少的场所，在全县经济建设中发挥着重要作用。

2009-2012年黑山县图书馆每年利用宣传周、科技大集等活动形式为广大农民送去科技资料和40余种2万余份；编制文摘式二次文献——《信息参考》四期，定期邮发给各级领导机关、乡镇文化站和全县三个重点的科技服务基地和160个科技示范户，年累计发放800份。

业务研究、辅导、协作协调

2012年黑山县图书馆职工撰写论文12篇，调研报告5篇，人均业务学习和政治学习96课时。

2009-2012年黑山县图书馆辅导部始终坚持对黑山县各校园图书馆及图书室、段家乡中心村、蛇山子村、太和乡兰泥村等农家书屋进行业务辅导，指导各图书室的管理员对图书进行分类、排架。

送科技下乡发放科技及生活小常识资料

送图书进社区

庆“六一”猜谜活动

辅导老师正在给家长进行教育讲座

管理工作

黑山县图书馆实行全员聘任制，按需设岗，按岗聘用，制定了整体目标管理责任制和部门目标管理责任制，结合考核标准每半年和全年进行工作考核，考核结果计入职工考核档案。

表彰、奖励情况

2009—2012年，黑山县图书馆共获得各种表彰、奖励5次。省文化厅表彰、奖励1次，其他4次。

馆领导介绍

郝梅，女，1972年11月出生，大专学历，中共党员，馆员，党支部书记、馆长。1991年9月参加工作，历任黑山县文物保护管理所副所长，2012年10月任黑山县图书馆馆长、党支部书记。

王晶，女，1975年3月出生，本科学历，中共党员，馆员，副馆长。1996年参加工作，分管采编部、少儿部、参考咨询部、电子阅览室的业务工作。

崔莉莉，女，1977年12月出生，本科学历，中共党员，馆员，副馆长。2000年8月参加工作，分管：辅导部、外借部、阅览室的业务工作。

未来展望

在信息社会的今天，为适应社会主义市场经济和知识经济时代的需要，对县级图书馆的建设提出挑战，也为县级图书馆提供了发展的机会。黑山县图书馆始终坚持“读者第一，服务至上”的服务原则，将以馆藏文献为依托，以自动化服务为手段，以满足读者需求为出发点，以开展服务活动为重点，以传播知识和传递信息为职能，努力实现全方位开放式读者服务工作，使图书馆成为文化、科技、传播、社会教育、信息交流的中心。

充分发挥图书馆社会教育职能，为建设社会主义新农村服务，是时代赋予图书馆的重要使命，也是图书馆生存和发展的需要，同时也是一个全新的系统工程，不可能一蹴而就。在今后工作中，黑山县图书馆将会不断的探索与研究，使图书馆的社会教育职能得到最大限度的发挥，使我们的服务达到最优化，并始终如一的把我们的理念付诸实施，社会主义新农村的建设、丰富群众文化生活、提高全民文化素质的目标就一定早日实现。

联系方式

地　址：黑山县黑山镇中大中路49号
邮　编：121400
联系人：郝 梅

馆员工作中

为贫困留守儿童送爱心，发放学习用具

辽阳市宏伟区图书馆

概述

宏伟区图书馆始建于1982年，2007年搬迁位于宏伟区光华街道荣华街98号的新馆。新馆建筑面积2077.68平方米，设计藏书容量10万册，可容纳读者座位168个。2009年，参加第四次全国公共图书馆评估，首次获得二级图书馆称号。2009年7月，电子阅览室对外开放，室内面积70平方米，电子图书24万余册，音像制品2000余件，供读者使用的计算机20台。

业务建设

截至2012年底，宏伟区图书馆总藏量26.96万册（件）。纸质图书采用藏、借、阅一体化开架式服务方式。2009年完成区级共享工程工作，2012年，区财政投入123万元用于图书馆建设。

读者服务工作

从2007年10月起，宏伟区图书馆实行对外免费开放，每周平均开放时间为56小时，2009–2012年书刊总流通4万人次，书刊外借8万册次。2009–2012年图书馆分别在城区各社区、村、学校、部队和机关建立了18个流动图书站，参与服务网络建设的比例达到54%，为了更好地发挥馆藏作用，图书馆根据各流动图书站的不同特点，有针对性地选择图书进行流通，现每年流动图书上万册次。

图书馆始终把开展文明优质服务，树立图书馆的形象作为对外服务工作的重点，牢固树立以人为本的理念，自觉践行“读者第一，服务至上”的宗旨。宏伟区图书馆十分重视政府公开信息的服务，积极面向各单位征集公开信息，在馆内设立了专架，方便读者查阅，加强群众和政府间的沟通，进一步提高部门工作透明度。此外，图书馆坚持立足宏伟区，突出地方特点，有针对性地向政府机关、科研与经济社会大众等提供信息服务，以此扩展了图书馆的功能，延伸了服务领域。图书馆积极探索工作方法、创新工作思路，近年来广泛开展了讲座培训58场，各类展览16次，阅读推广活动25次。

2009年–2012年，开展了丰富多彩的活动。例如：开展了“让爱走进每个老龄读者家庭”“文化助残”“送书到基层七进活动”“我爱我书”百姓阅读表情摄影作品展，组织开展“我心中的图书馆”读者有奖征文，受到社会的一致好评。辽宁日报、辽阳日报、宏伟报、辽化电视台、辽宁新闻网、辽阳新闻网等多家媒体都给予了报道，取得了良好的社会效益。

2009年9月，该馆于凤艳、郑妍与辽阳市图书馆朱楠联合组队参加辽宁省文化共享工程知识与技能竞赛，在比赛中辽阳市图书馆荣获组织奖。2012年3月，该馆与辽阳市图书馆联合开展《雷锋生平事迹图片巡展》活动，引起社会各界的高度关注。

业务研究、辅导、协作协调

2009年–2012年，宏伟区图书馆工作人员撰写论文6篇获奖。其中，王宝芝撰写的《公共图书馆为老年读者服务的新举措》《公共图书馆助推农家书屋建设探微》《全民阅读意识培养与学习型社会建设》分别在《图书馆学刊》和《河南图书馆学刊》上发表。撰写的《城区图书馆建设与管理初探》一文，被评为辽南四市第十三届图书馆学术优秀论文一等奖。

2010年6月王宝芝、于凤艳在2007–2009年度辽宁省公共图书馆服务成果评选中，《健康知识讲座》获服务成果二等奖。在2010–2012年度辽宁省公共图书馆服务成果评选中，《延伸服务领域，开展重点服务》被评为服务成果三等奖。宏伟区图书馆2008年在辽阳市图书馆举办的“奥运知识竞赛”中获优秀组织奖。2009年在辽阳市图书馆举办的“我和我的祖国”朗诵会中获优秀组织奖。2011年在辽阳市图书馆举办的“读书知识竞赛”中获优秀组织奖。

2009–2012年，宏伟区图书馆深入基层街镇、乡、村（屯）图书阅览室开展辅导工作，加强基层图书阅览室建设。工作人员48次到基层走访、调研，帮助基层图书阅览室进行图书分类和制定各项阅览室规章制度。工作人员撰写调研报告12篇。

2010年5月、9月，该馆分别举办了《图书分类》《怎样做一名优秀馆员》培训班，来自本区街、镇、社区各阅览室的工作人员80人参加了培训。2012年3月，为进一步规范宏伟区社区书屋建设，邀请辽阳市图书馆副馆长张晓丽授课，对社区文化专干、社区书屋管理员近40人进行了培训。

管理工作

2010年，宏伟区图书馆完成第三次全员岗位聘任，本次聘任共设两类岗位，有12人重新上岗。同时，建立了工作量化考核指标体系和图书馆考核考勤管理办法。严格进行相应检查、考核和评价，使业务工作有章可循，有据可查。现在图书馆基本达到了人事管理科学化、业务管理制度化、系统管理标准化、档案管理规范化、环境管理温馨化、安全管理经常化。

表彰、奖励情况

2009年3月23日，宏伟区图书馆被推荐为辽宁省文明优质服务参赛单位。2010年1月，被评为国家二级图书馆。2011年10月被辽阳市图书馆评为“读者服务工作”先进单位。2012年3月，图书馆被中共宏伟区委、宏伟区人民政府评为“2006–2010年全区法制宣传教育先进单位”。

馆领导介绍

馆长：王宝芝，女，1969年4月出生，大学学历，中共党员。1989年参加工作，2007年3月任辽阳市宏伟区图书馆馆长，现兼任辽阳市图书馆学会副理事长。

未来展望

宏伟区图书馆将继续坚持“读者第一、服务至上”的宗旨，以读者为中心，以现代技术和科学管理为手段，积极全面加强图书馆自动化、网络化、数字化建设，努力向管理科学化、业务标准化、服务规范化推进，尽快形成具有宏伟区特色的文献信息资源馆藏服务体系，充分发挥人民终身学校的服务功能，将图书馆建成融服务性、教育性为一体，具有现代化网络教育服务能力的县区级一流公共图书馆，最大限度地满足全区人民的文化教育需求。

联系方式

地　址：辽宁省辽阳市宏伟区光华街道荣华街98号
邮　编：111003
联系人：王宝芝

辽阳市弓长岭区图书馆

概述

弓长岭区图书馆建于1984年，2009年弓长岭区新建文化中心（14400平方米），图书馆搬迁到文化中心，并进行了装修，现已成为集办公、培训、阅读、活动于一体的社会文化教育机构。弓长岭区图书馆总面积1821平方米，其中成人阅览室324m^2、书库176m^2、少儿阅览室193m^2、藏书库16m^2、采编室16m^2、电子阅览室341m^2、图书馆办公室32m^2、公摊面积723m^2。多功能演艺厅700m^2（共享资源）。成人阅览室座席88个，少儿阅览室座席66个。宽带接入100Mbps，实现图书馆自动化管理。

业务建设

截止2012年底，弓长岭区图书馆总藏量100445册，其中电子图书1250种，电子期刊116件。

截止2012年底，弓长岭区图书馆数字资源总量为2TB。馆藏中文文献书目数字化达到80.34%。

2009年建馆之初财政拨款总额达96万余元，其中图书57万余元、设备25万余元、报刊7万余元。

自2009年以来，图书年入藏数量2600种。

读者服务工作

弓长岭区图书馆建馆以来即实行免费开放，每周开馆时间达到60小时，并设有免费服务项目，如：培训、讲座、阅览、借阅。该馆书刊文献总量为100445册，开架比例为100%，馆藏书刊文献年外借率为70%，书刊文献年外借8万册次。人均年到馆24.813次。

文化共享工程设有专门机构，制度建设健全，在区、乡、镇、街、社区有流动图书站30多个；每3个月更换一次流动图书。馆外流动服务点书刊借阅册次2000次/年。

通过发放读者满意率调查表，读者对图书馆的设施设备、馆藏资源、服务内容、服务质量等方面的满意率达到99%。

弓长岭区图书馆电子阅览室配有电脑28台，并配有投影仪、数字电视、打印机等先进的电子设备。实现与市图书馆资源共享。在全区范围内实行“图书借阅一卡通”，实现通借通是目前文献资源共享的重要内容。乡镇图书室依托“文化资源共享工程”大都采用ADSL上网。

弓长岭区图书馆2012年举办讲座、培训共20次，举办展览3次，举办阅读推广活动6次。每万人年平均参与活动次数3.0次。

业务研究、辅导、协作协调

2009–2012年，弓长岭区图书馆职工发表论文3篇，获得省科技奖1项。

从2010年起，弓长岭区图书馆在全区范围内着手组建公共图书馆服务联盟，开展讲座展览服务、业务培训及技术支持等工作。其中基层业务辅导5次，开展“送文化下乡”活动3次。

管理工作

2009年弓长岭区图书馆完成全员岗位聘任，本次聘任共设两类岗位，有8人重新上岗，同时，建立了工作量化考核指标体系，每月进行工作进度通报。每半年和全年进行总体工作考核。

表彰、奖励情况

2009–2012年，弓长岭区图书馆共获得各种表彰、奖励两次。

馆领导介绍

张宏，女，1975年12月生，本科学历，中共党员、馆员、馆长。1997年参加工作，1997–2006年在图书馆工作，2007年–2009年在文化体育局工作，2009年至今任图书馆馆长。曾被评为辽阳市农家书屋工程建设先进个人，弓长岭区“民心网”信息工作先进个人，获得省文化厅系统优秀服务成果奖一项。

未来展望

弓长岭图书馆将遵循“诚信、创新、发展”的办馆方针，不断完善本单位服务功能，向乡、镇、社区和村延伸服务触角，带动地区公共图书馆事业的整体发展。2012年，弓长岭区图书馆扩建社区书屋工程正式启动。在未来的几年里，将实现全区10个社区书屋全覆盖，基本实现农家书屋、社区书屋服务到每个人。区图书馆将实现与农家书屋、社区书屋的资源共享。

联系方式

地　址：辽阳市弓长岭区雷锋街

邮　编：111008

遼寧·弓長嶺·風光

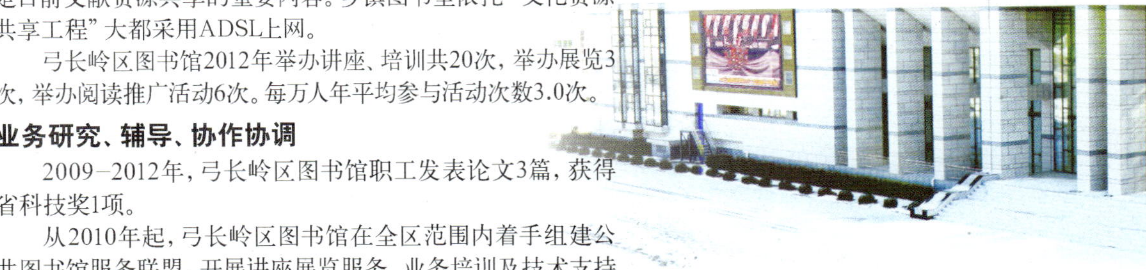

彰武县图书馆

概述

彰武县图书馆创建于1980年12月，位于中华路文化大厦，面积2013平方米，现有藏书8万余册，下设信息辅导部、外借部、阅览室、采编部、工具书阅览室、地方文献阅览室、过刊阅览室、电子阅览室及办公室等。2009年参加第四次全国公共图书馆评估，首次获得二级图书馆称号。2013年参加第五次全国公共图书馆评估，再次被评为二级图书馆。到2012年底，阅览座席120个，少儿阅览座席24个，综合阅览大厅100个，现有计算机31台。提供读者使用的计算机29台，10MB光纤接入，选用Interlib图书馆自动化管理系统。

业务建设

图书馆工作涉及面广，业务量大。为了满足不同层次读者的精神文化需求，该馆把搜集整理、收藏和流通图书资料放在首位，贯穿于工作之中。

注重了图书馆图书藏量的增加。2008年前该馆馆藏图书仅40000余册，报刊30余种。新馆落成后，县财政在非常困难的情况下，每年都安排一定的资金购置书刊和图书。特别是2010年，新增图书18000余册。书刊全部按照《中图法》第四版进行分类标引，使用《普通图书著录规则》进行著录、登记、建账建卡；对过期的图书、报刊及时清理并建账、建卡、入库收藏。经自查，馆内图书标引误差率、图书著录误差率分别控制在了4%以内，目录组织误差率、闭架图书排架误差率、开架图书排架误差率分别控制在了5%、2%和5%以内。

注重了地方文献收藏、保护和上架借阅。近年来，该馆先后收集地方文献及彰武地域作者出版图书22种50余册。对于收藏的资料，均按要求进行标引、著录、登记、建账建卡、上架排列，按要求开放借阅，对读者及时提供查目辅导。建立了文献保护规章制度并严格按照规章制度执行。

读者服务工作

2012年以来，该馆把读者服务、读者活动、对外宣传、业务研究和对基层的辅导作为重中之重，狠抓了落实工作，取得了较好成绩。

利用广播、报刊、网站、图书馆学会杂志等媒体进行了广泛宣传图书馆工作，推介图书馆。2013年年内共撰写各类新闻稿件32篇，被刊载和播出12篇。

图书外借和流动图书达到6.7万册，年流通总人次达8万人次以上，开架书刊占总藏量的100%，书刊宣传70种以上，每周开馆时间63小时，全部实行免费开放。在农村和城内建立流动图书点12个，对残疾人和老年人采取特殊借阅政策，采取超额借阅、送书上门等方式服务于残疾人和老年人，尤其对亲自到图书馆借阅的残疾人，图书馆工作人员每次都将他们搀扶到楼下，对进城务工人员和未成年人也都有特殊服务和专题服务。

在信息服务方面，该馆为社会事业发展、科研与经济建设和社会大众提供信息500余条，举办读者活动20余次。科普之冬和科普之春活动接待农民咨询300余人次，发放传单500份；在服务宣传周、全民读书月、世界读书日等活动中接待读者4000余人次。在业务指导培训工作中我们对社区、彰武县建立的农家书屋进行了上门讲课的方式，培训取得了较好的效果，现在街道、社区、乡镇图书馆覆盖率达到百分之百，村图书室覆盖率达到35%。

业务研究、辅导、协作协调

调研工作扎实认真。去年以来，图书馆班子成员结合新形势下图书馆的发展和对基层工作的辅导等方面进行了广泛调研，撰写对基层图书工作有指导意义的调研文章5篇。在调研中，培训了乡村图书馆（室）业务骨干，建立了基层图书馆(室)名录，摸清了基层馆室的底子。到目前为止，全县乡镇图书室达到24个，农家书屋184个，城区内街道、社区图书室16，个体书屋21个，全县中小学图书室30个，共有藏书45万册，馆舍面积达到3857平方米。

发挥图书馆社会教育职能。依托图书馆主阵地，深入乡镇村屯、社区举办各类知识讲座、培训14场次，听众达800多人。同时深入基层开展共享工程基层网点技术培训工作两次，培训基层网点信息员32人次，下基层文化站指导6次，协助指导基层站点分类、编目、上架图书3000多册，举办农家书屋管理培训两次，参训人员达118人次，指导并实施农家书屋图书分类、编目、上架图书73400多册。

管理工作

在管理工作中，该馆以事业单位改革为依托，对职工进行按需设岗，按岗聘用，竞争上岗，择优聘用的激励机制，充分调动了职工的工作积极性，设备、物资、财物管理都建立了工作制度，档案管理工作统一规范，统计报表齐全，统计分析为了解图书馆的动态发展和领导决策提供了依据，消防、保卫工作得到了公安、消防部门和文新局的充分肯定，文化大厦安装了监控设备。每天有行政人员值宿，节假日加强了值班、值宿工作。现在图书馆环境美好、整洁、设施良好，为读者提供了舒适的阅读环境。

表彰、奖励情况

2009年—2012年彰武县图书馆共获得各种奖励4次，其中文化部表彰、奖励两次，省文化厅表彰、奖励1次、县政府表彰1次。

馆领导介绍

张春宇，男，1968年1月生，本科学历，中共党员，文新局副局长、馆长。1991年8月参加工作，历任文物管理所副所长、所长等职，2004年12月任图书馆馆长，2012年12月任文新局副局长、馆长。负责图书馆全面工作。

姚淑艳，女，1973年2月生，本科学历，中共党员，党支部书记，1994年7月参加工作，历任文新局文化股股长等职，2014年1月任图书馆党支部书记。

董慧茹，女，1966年6月生，大专学历，中共党员，副馆长。1985年9月参加工作，历任办公室主任、馆长助理等职，2014年1月任图书馆副馆长。

张淑芳，女，1963年7月生，大专学历，工会主席。1980年7月参加工作，历任辅导部主任等职，2007年10月任图书馆工会主席。

未来展望

彰武县图书馆将一直延续“读者至上，服务第一”的工作目标，坚持办馆方向，深化内部改革，实行科学管理，利用丰富馆藏，通过阅览、外借、解答咨询、定题服务、送书上门、举办展览、专题讲座等多种形式为读者服务，充分发挥图书馆的社会服务功能和社会教育职能。

辽阳县图书馆

概述

辽阳县图书馆始建于1982年，馆址坐落于首山镇文化路，占地面积2000平方米，建筑面积600平方米，同年正式对外开放。2007年3月位于首山镇前进街的新馆建成并对外开放，新馆占地面积7000平方米，建筑面积2000平方米，设计藏书容量20万册，可容纳读者座位350个。2009年，参加第四次全国公共图书馆评估，首次获得二级图书馆称号。2012年，辽阳县图书馆有阅览座席328个，计算机60台，宽带接入10兆。

业务建设

截止2012年底，辽阳县图书馆总藏量10万余册。2009至2012年，辽阳县图书馆年入藏图书2000余种，5000册以上；报刊年入藏量240种以上，视听文献年入藏100余种，地方文献入藏完整率为95%以上。

2012年辽阳县图书馆继续推进文化信息资源共享工程建设，重点推出三种特色资源：非物质文化遗产——鼓乐；辽阳县地方戏曲资源；辽阳县文化旅游风光资源。现已建成乡镇、村级基层服务点214个。为基层服务点举办各种技术专题讲座、优秀影视节目播放、共享工程资源进校园活动，并组织开展15个乡镇、村级基层网点管理员的培训工作，2012年利用各种文化信息资源对基层培训学员达1130人。

读者服务工作

从2011年1月起，辽阳县图书馆全年对外免费开放，周开放60小时。2009至2012年，书刊总流通量15万人次，年外借量30万册次以上。2009至2012年共组织大规模的送科技下乡活动20余次，大型的农村信息发布会10余次，举办食用菌栽培技术讲座、南果梨栽培技术讲座、药材栽培技术讲座及黄牛养殖技术培训等30余次。

辽阳县图书馆还一直定期编印《农村实用技术荟萃简报》及各种养殖、种植等专题技术资料，内容来源于各大农业科技网及各种农科报刊资料，信息快捷实用、形式新颖多样，无偿送给各服务基地、农村图书流动站和跟踪服务户，深受农民群众的欢迎。此外，每3个月对农村图书流动站的图书、杂志进行更新，每次流通书刊都不少于300册。

2012年辽阳县图书馆设立了残疾人阅览专柜和阅览区域，为残疾读者送书36次，代借代还书刊236册；在阅览室设农民工借阅专柜，为农民工订阅报刊20份，提供相关的信息1000余条，服务农民工520人次；为未成年人提供书刊借阅服务，并举办各类讲座等活动5次，参加人数9000余人次；为老年人订阅的报刊种数为46种，并为其提供各类诗词研讨、红学、健康等讲座8次，服务老年读者达15000余人次。

业务研究、辅助、协作协调

辽阳县图书馆2009年至2012年撰写论文10余篇，其中4篇发表于省级以上专业期刊。

4年来，辽阳县图书馆下乡、进村、入户，服务足迹遍布全县各个乡镇。现已建立起县、乡、村、农户四级科技服务网络，已确立了42家村级服务基地，40家农村图书流动站。目前，对农村的服务已形成了网络，达到了规模，取得了一定成效。4年来累计发放的科技资料约有50多种50万余份，流通的各类书刊3万余册，培训农民达万人次。

2012年5月23日辽阳县图书馆举办了“农家书屋图书管理员培训班”，来自全县各乡镇的图书馆、农家书屋的图书管理员百余人参加了培训。

管理工作

2011年12月辽阳县图书馆工作人员实行聘用制管理，制定了《图书馆人员聘用制实施办法》，明确各岗位的职责及工作要求，按需设岗，按岗聘用，竞争择优上岗。

表彰、奖励情况

2009年至2012年，辽阳县图书馆共获得辽阳县人民政府表彰、奖励16次。

馆领导介绍

秦孝娥，女，1958年2月出生，1976年7月参加工作，大学学历，中共党员，副研究馆员，馆长。

郑辉，女，1974年10出生，1996年11月参加工作，大学学历，中共党员，副研究馆员，党支部书记、副馆长。

未来展望

在未来的几年里，辽阳县图书馆将在现有馆舍条件的基础上，努力扩大服务辐射区域，积极推动全县公共图书馆事业的整体发展，阅览座位增加到500个，图书总藏量达15万册，年服务人次达到30万人次以上，主要指标位居全省县级公共图书馆前列，达到国际一级图书馆的基本标准。

联系方式

地　址：辽阳县首山镇前进街
邮　编：1112000
联系人：徐晓峰

“世界读书日”在馆前举行签名赠书活动

在社区举办雷锋图片巡回展

与武警官兵共度节日

灯塔市图书馆

概述

灯塔市图书馆始建于1981年，同年12月16日正式开放，原仅有面积140平方米。馆址几经变迁，2006年8月，搬迁至灯塔市中兴路450号新址，紧邻灯塔市市政府，现馆舍建筑面积1531平方米，设计藏书容量15万册，可容纳读者座位300个。2009年参加第四次全国公共图书馆评估，首次获得三级图书馆称号，2013年参加第五次全国公共图书馆评估，被评为二级图书馆。2013年灯塔市图书馆有阅览座席170个，计算机16台，宽带接入4Mbps，选用慧尔科技图书馆自动化管理系统。

业务建设

截止2013年底，灯塔市图书馆总藏量50365册（件），其中，纸质文献49837册（件），电子图书528册。

2009、2010年灯塔市图书馆新增藏量购置费5万元，2011年起增至10万元。2009年–2013年，共入藏图书13279种，39837册，报刊310种。2013年，地方文献入藏完整率为95%。

截止2013年底，灯塔市图书馆数字资源总量为4TB。

2008年，灯塔市图书馆使用慧尔科技图书馆自动化管理系统，实现图书馆自动化管理。

读者服务工作

从2009年起，灯塔市图书馆各对外服务窗口实行每周7天全天开放，每周开放58小时。2009–2013年，书刊总流通4万册次，书刊外借31556人次。2013年4月，开通与优秀农家书屋之间的馆际互借，建成26个图书馆分馆。

2009–2013年，灯塔市图书馆共举办讲座、展览、培训、阅读推广等读者活动62场，参与人数12.8万人次。重视为领导机关决策与社会事业发展以及科研与经济、社会大众提供信息服务工作。突出地方特点，有针对性对灯塔佟二堡镇经济特区的养殖户提供信息服务，促进经济发展。重视服务老年人、残疾人、农民工、留守儿童、下岗职工等弱势群体服务，专门成立了农民工图书专柜、留守儿童阅览室，定期举办有针对性活动，提供长期定点服务。

业务研究、辅导、协作协调

从2011年起，灯塔市图书馆以文化信息资源共享工程为依托，在全市范围内建立公共图书馆服务联合会，组织开展学术研究和地方文献征集、阅读推广与讲座展览服务工作。大力开展基层图书馆员业务培训工作。2010年起，灯塔市图书馆每年举办《基层图书馆馆长培训班》《农家书屋管理员培训班》等培训班，其间共举办业务培训班12期，144课时，108人次接受培训。

管理工作

2012年，灯塔市图书馆完成第二次全员岗位聘任，本次聘任共设专业技术岗位4个，管理岗位两个，同时建立了工作量化考核指标体系，每季度进行工作进度检查，全年进行总体工作考核测评。统计管理标准化，制定了《图书馆统计工作实施细则》，2009–2013年，共抽查文献排架20次，书目数据5次，撰写调研、分析报告10篇。

表彰、奖励情况

2009–2013年，灯塔市图书馆共获得各种表彰、奖励15次，省文化厅表彰、奖励两次，省市图书馆学会表彰、奖励3次，其他表彰、奖励10次。

馆领导介绍

恒英杰，男，1959年2月生，大专学历，中共党员，馆员，馆长、党支部书记。1977年参加工作，历任灯塔市图书馆副馆长、灯塔市文物管理所所长，兼任辽阳市图书馆学会理事。

全杰，女，1977年5月生，本科学历，中共党员，馆员，副馆长。1999年8月参加工作。

未来展望

建筑面积10000平米的新馆建设正在规划运筹过程中，届时，新馆舍将拥有阅览座位1500个，可容纳纸质文献30万册，年服务人次可达20万次以上，数字资源设计存储能力30TB，建设有本馆特色的数据库，开发有特色的数字化信息资源。实现办公自动化管理，建立本馆自己的网站，发布信息，提供读者访问、浏览。建立数字化图书馆，扩展为读者服务的内容和手段，以本馆为中心，建立灯塔地区图书馆信息资源交流平台，实现馆际互借，资源共建共享。

联系方式

地　址：灯塔市中兴路450号
邮　编：111300
联系人：全　杰

送书下乡活动

少儿口才表演大赛获奖选手合影

"八一建军节"到灯塔市铧子武警中队送书

朝阳市双塔区儿童图书馆

概述

朝阳市双塔区儿童图书馆于1996年正式建馆，是目前朝阳市唯一一所面向广大少年儿童服务的公共图书馆。位于朝阳市双塔区商业路13号，地处朝阳市中心，馆舍总面积1263.43平方米，其中主馆面积823.43平方米，分馆面积440平方米，馆内现有藏书3万余册，阅览座席128个、计算机33台、宽带接入4MBPS。

业务建设

截止2012年底，双塔区儿童图书馆总藏量3.02万册（件）。其中纸质文献2.8919万册（件），电子文献1281册。

2009—2012年，双塔区儿童图书馆，新增藏量购置费8万元，共入藏中外图书2652种，5965册，报刊212种，视听文献492种，全国少年儿童图书馆（室）基本藏书目录入藏率为37%，当年新入藏图书编目率为97%。

读者服务工作

从2011年8月起，双塔区儿童图书馆实行全年365天对外免费开放，周开放63小时，2009—2012年，书刊总流通8.4325万人次，书刊外借，12.8231万册次。2012年3月，开通包括朝阳市图书馆在内的6家县区公共图书馆的馆际互借服务。自2007年起连续被朝阳市图书馆学会评为先进会员单位。

多年以来，我们把读者服务、读者活动、对外宣传、业务研究和对基层的辅导工作作为重中之重，狠抓落实，取得了一定的成绩。2009—2012年，双塔区儿童图书馆共举办讲座、展览、培训、阅读推广等读者活动44次，参与人数3328人次。

业务研究、辅导、协作协调

2009—2012年，双塔区儿童图书馆职工发表论文16篇，其中省级以上刊物4篇、市级以上刊物12篇。

从2009年起，双塔区儿童图书馆以文化信息资源工程为依托，在全区范围内发起组建公共图书馆（室）服务联盟，并在馆内设立专项工作小组，开展业务培训、阅读推扩、知识讲座、技术支持等项目，截止2012年底共发展成员单位62家，其中社区图书室12家，农家书屋50家，其间，举办培训班4期，126课时，215人接受培训。

管理工作

截止2012年底，双塔区儿童图书馆现有在编人员6人，编外聘用人员1人，临时雇佣人员1人，馆内共设置外借室、自习室、阅览室、连环画收藏室、电子阅览室、儿童阅览室6个对外服务窗口，设有办公室、采编部、辅导部3个部室，建立了工作量化指标体系，每月进行工作进度通报，每季度和全年进行总体工作考核。2009—2012年，共抽查排架23次，书目数据4次，撰写专项调研、分析报告、工作提案24篇，各部门工作通报32篇。

表彰、奖励情况

2009—2012年，双塔区儿童图书馆共获得各种表彰、奖励17次，其中省文化厅表彰、奖励1次，市文化局表彰奖励3次，区文化局表彰奖励5次，其他表彰奖励8次。

馆领导介绍

张红宇，女，1973年2月生，本科学历，中共党员，朝阳市第九次党代会代表，馆员，馆长。1992年到朝阳市双塔区儿童图书馆工作至今。历任双塔区儿童图书馆辅导部主任、副馆长。2012年6月被双塔区文体局任命为双塔区儿童图书馆馆长，先后有多篇论文在国家、省市发表，2011年11月获得朝阳市图书馆、市图书馆学会颁发的优秀组织奖，连续多年被评为市级优秀会员。

于万鹏，男，1978年10月生，本科学历，学士学位，馆员，副馆长，2001年10月到双塔区儿童图书馆工作至今，先后在阅览部、图书借阅部、业务办公室等部门工作，任副主任、主任等职，2013年2月被朝阳市双塔区文体局任命为双塔区儿童图书馆副馆长，分管全馆业务工作。

未来展望

在未来的几年里，双塔区儿童图书馆将在现有馆藏资源的基础上，不断丰富馆藏文献资源的藏量和类型，开展馆藏图书书目数字化工作，启动图书馆自动化管理系统、建设馆内区城网、参加地区联网服务等几方面的工作，争取主要指标位居全国县、区级少年儿童图书馆前列，达到全国一流县区级少年儿童图书馆的基本标准。

联系方式

地　址：辽宁省朝阳市双塔区商业路13号
邮　编：122000
联系人：于万鹏

送科技下乡活动

举办亲子互动

电子阅览室

朝阳县图书馆

概述

朝阳县图书馆始建于1959年，馆舍面积1550平方米（包括分馆）。到2012年末，馆藏总数为91434册。现有阅览座席180个，馆内92个，分馆88个。有外借部、阅览部、参考咨询部、地方文献和特藏部、自学室5个服务窗口。

1994年，在第一次全国县级以上公共图书馆评估定级中，被文化部命名为"国家二级图书馆"，同时被文化部授予"全国文明图书馆"称号，1995年被中共辽宁省委、省政府授予"省级文明单位"。1998年在第二次全国县以上公共图书馆评估定级中，继续保持国家二级图书馆称号。2013年在第五次评估定级中被评为国家二级图书馆。

业务建设

年购书费8万元，其中财政预算购书费6万，免费开放补助经费2万元。收藏以普通图书为主，还有一部分大部头的工具书，部分明清时期线装古籍，民国时期出版物及地方文献专藏。到2012年末，馆藏总数为91434册。其中电子文献400种1083件，均为光盘资料，国家资源共享工程赠送光盘580件。地方文献累计1243种，2520册。从2009年到2012年4年间，累计新增藏书5611册。备有《县级图书馆基本藏书目录》，1994年以后入藏新书均建立机读目录。业务部门使用CSLN（中国专业图书馆网）业务管理系统，业务管理过程基本实现自动化。

读者服务工作

2011年底，馆内所有公共空间均实现对外免费开放。每周开馆56小时，除周三闭馆，馆内业务学习外，其余时间均开馆。

从2009年到2012年四年间，共流通书刊85097次，接待读者99938人次。

2009至2011年，先后在农村4所小学建立综合阅览室，在11所较小的学校设立图书流通站，定期流通图书，目前为这些学校流通图书期刊计3000多册。到2012年，共在农村小学，驻军部队和武警部队建立馆外流通站19个，平均年流通图书5000册左右。

2009年组织了"手牵手——农村青少年阅读活动""在科学海洋里畅游——青少年科普阅读活动"等活动。"手牵手——农村青少年阅读活动"，获得2011至2012年度辽宁省公共图书馆服务成果三等奖，"在科学海洋里畅游——农村青少年科普阅读活动"被中国图书馆学会授予"最佳组织奖"。

2009年到2012年间举办公益讲座30多场。内容涉及传统节日文化、文学创作、辽西历史、科普知识、美术欣赏、摄影艺术、心理健康等各个方面，受众人数达1万多人，2012年，在报纸、网络等媒体上被报道25次。

业务研究、辅导、协作协调

从1993年开始坚持每年举办一次县级图书馆学理论研讨活动，至2012年已举办18次，从2009年到2012年累计向上级推荐优秀论文9篇。其中4篇获中国图书馆学会奖励，3篇获辽宁省图书馆学会奖励，两篇获市级奖励。

编印《信息参考》《实用技术文摘》小报，为政府决策和农民致富提供信息服务。从2009年到2012年共编印《信息参考》48期、816份，《实用技术文摘》96期、1200份。

管理工作

每年有年度工作计划，有月进度工作总结，有年度工作汇报，有全年工作总结，年终有管理目标考核，实行较为严格的岗位管理，实行岗位责任，岗位年终考评，实行一定的奖励、激励制度，职工考核结果公布，接受职工监督。每月集中安排一次职工业务学习、文化学习、普法学习和文体娱乐活动。每月编辑《图书馆工作》月报，向职工和上级主管和业务部门通报本月主要工作。

表彰、奖励情况

2012年"在科学海洋里畅游——农村青少年科普阅读活动"，被中国图书馆学会授予"最佳组织奖"。2009至2012年四次被评为市级文明单位，2012年获"青年文明号"称号，党支部被县委评为"优秀基层支部"。

馆内设立农民工专用书架

在部队举办心理讲座

外借部

阅览室

馆领导介绍

葛刚，男，1958年10月生，本科学历，朝阳县政协委员，副研究馆员，馆长。1979参加图书馆工作，先后任朝阳县图书馆副馆长和馆长职务。兼任朝阳市图书馆学会常务理事、辽宁省图书馆学会理事。多次获得辽宁省文化厅颁发的公共图书馆服务成果奖，获得“朝阳市人民政府颁发的‘科技之冬’先进个人”等称号。

徐辉，女，1968年12月生，本科学历，中共党员，副研究馆员，支部书记兼副馆长。1989年8月分配到朝阳县图书馆工作，先后在辅导部、外借部、采编部工作，2005年5月任副馆长，2010年任支部书记兼副馆长。曾获辽宁省公共图书馆业务竞赛一等奖和计算机应用知识竞赛二等奖、省级服务成果奖；2012年被评为朝阳县“三八”红旗手。

王桂艳，女，1973年7月出生，本科学历。中共党员，馆员，支部副书记兼副馆长。1989年参加工作，1993年3月调入图书馆，先后在辅导部、办公室工作，任图书馆团支部书记，办公室主任。曾获省服务成果奖和市级业务知识竞赛二等奖。

乔广芬，女，1971年11月生，本科学历，中共党员，馆员，副馆长。1993年参加图书馆工作。先后在业务辅导、阅览部工作，任阅览部副主任、主任，辅导部主任。主管阅读推广、业务培训、学会工作等。曾获省级业务竞赛一等奖，多次获省级服务成果奖。

未来展望

朝阳县图书馆多年来一直秉承“读者第一，服务至上”的服务宗旨，坚持图书馆公益性、基本性、便利性、均等性的服务理念，在农村未成年阅读推广服务、文化讲座服务方面努力打造自己的服务品牌，为地方社会和经济发展服务，得到广大读者和社会的广泛认同，促进了当地图书馆事业的发展。2013年随着县城搬迁，朝阳县图书馆也即将在新县城建设新馆，未来朝阳县图书馆将打造一个既具有现代化气息又不失传统韵味的新馆，在功能和设施上更能方便读者利用，争取“建一流馆舍，创一流服务，塑一流队伍”，建设本地区最美图书馆。

联系方式

地　址：辽宁省朝阳市双塔区竹林路三段三号
邮　编：122000
联系人：乔广芬

举办科普征文、参观科技馆活动

举办知识竞赛

喀左县图书馆

概述

喀左县图书馆建立于1978年11月，是喀左蒙古族自治县唯一公益性公共图书馆。1983年辽宁省人民政府拨付资金，在青年大街天成观南侧建立了图书馆楼，面积2000平方米，1998年和2010年两次参加全国图书馆评估，评定为三级图书馆。2004年省政府为了支持少数民族地区文化事业的发展，以图书馆为主体，建立了文化大厦，2007年5月图书馆迁入文化大厦，面积2000平方米，2013年参加全国公共图书馆评估，获得二级图书馆。有阅览座席150个，计算机56台，实行免费开放。

业务建设

截止2013年底，喀左县图书馆藏书7.5万册（件），其中纸质文献7.36万册，电子读物1400余件。在纸质文献中蒙古语文图书5000册，盲文图书400册。从2014年开始每年蒙古语文购书经费2万元，报刊费3万元。图书馆对外服务窗口建有电子阅览室、盲文图书室、综合阅览室、蒙古语文图书室、图书外借处、文献资料室。2008年在蒙古族自治县成立50周年之际，喀左县图书馆在县委、县政府的大力支持下，建立了具有地方民族特色的蒙古语文图书阅览室，面积100平方米，阅览座席24位，藏书5600余册（件），现已成为蒙古族读者查阅蒙古专业图书，学习民族文化艺术必去之处，在全国蒙古族自治县中具有一定影响。2011年为配合自治县创建全国文明县城，喀左县图书馆建立了盲文图书室，有藏书和有声读物1200余册（件），盲人专用电脑4台，为全县盲文学习文化、掌握技能提供了平台。

读者服务工作

从2011年开始喀左县图书馆实行免费开放，周开放56小时，年接待和服务读者4.2万人次。从2012年开始，图书馆同消防队、社区、学校、机关等单位建立了图书流通站20个，年图书流通1万余册次，间接服务读者两万余人次。从2011年开始，连续三年举办民族团结进步有奖征文活动，共征蒙汉文稿件214篇；每年举办中国助残日活动，组织县域内残疾人开展活动；举办参加“科技之冬”活动，赶科普大集，向群众发放实用信息、小报和实用图书；连续三年举办“国学”《三字经》《千字文》等讲座；夏季为农民工、社区居民送防暑知识传单，冬季送常见疾病预防知识图册；开展“农家书屋”图书管理员培训；“全国科普日”宣传活动等等，年活动20场次以上。

业务研究、辅导、协作协调

多年来，喀左县图书馆重视业务研究工作，组织专业人员积极投稿撰写业务研究论文，参加上级部门征文活动，获省农村服务二等次1次，三等奖3次。

从建馆开始，喀左县图书馆重视辅导工作，结合本县以农业为主的特点，积极开展为农村、农民服务工作，自编《农村科技》小报，目前已到370期，发行总量超过15万份，图书馆建立农民联系户300户，不定期入户指导，发送实用信息材料。喀左县图书馆编发的《农村科技》小报近几年发行量在8000份以上，并实现了凌源、北票、建平、朝阳县、朝阳市图书馆之间的交流。

管理工作

从2006年开始，实行岗位职责用，每年工作人员鉴聘任合同，馆内实行岗位责任制，年终进行年度考核。

表彰、奖励情况

2000年获朝阳市人民政府“全市民族团结进步集体”；2011年朝阳市全民科学素质工作“先进集体”；2012年喀左县委创选争优先进党支部；2014年喀左县委、县政府科普工作先进集体等。2010–2013年个人获市以上征文奖16篇。

馆领导介绍

柴贵民，男，1965年11月生，大学学历，中共党员，副研究馆员，馆长。1989年参加工作，历任博物馆馆员、文化局党办副主任，2003年任喀左县图书馆馆长，兼任朝阳市图书馆学理事长，2005、2012年二次获喀左县委、县政府优秀科技工作者称号，2013年获朝阳市社科联先进个人。

乌红，女，1965年8月出生，大专学历，中共党员，馆员，支部书记，1983年工作，历任图书馆导师部主任，副馆长，2006年任支部书记，2009年获喀左县委优秀共产党员称号。

未来展望

喀左县图书馆本着务实创新发展的办馆方针，紧跟图书馆发展的步伐，逐渐完善服务功能，建立健全服务体系，通过辽宁省图书馆服务联盟，促进全面发展。在未来几年里，图书馆面积增至3000平方米，增加多功能报告厅、青少年阅读中心等设施，实现县域内机关、学校、企业图书馆和农村“农学书屋”的相互协作，图书相互流通，资源共享，继续加强蒙古语文图书室建设工作，蒙古语文图书达到两万册以上，成为地域性蒙古语文文献收藏中心，建成具有地方民族特色的图书馆。

联系方式

地　址：辽宁省喀左县大城子镇
邮　编：122300
联系人：柴贵民

蒙文阅览室

图书馆阅览室

文化下乡活动

葫芦岛市连山区图书馆

概述

葫芦岛市连山区图书馆成立于1978年，是搜集、整理、保存、开发和提供文献信息的公益性文化服务机构。是葫芦岛市藏书量最多、基础最雄厚、历史最悠久的公共图书馆。连山区图书馆新馆于2010年12月1日正式向广大市民免费开放。新馆位于连山区新大陆广场连山文化中心三层、四层。面积1700多平方米，馆舍典雅，宽敞整洁，环境优美。图书馆有阅览座席共计254个，其中有少儿阅览座席60个。现有藏书143521册，每年财政预算内拨付购书经费单列10万元，年购新书3000种以上，年新进报刊260多种。

区图书馆在2002年起采用深圳图书馆的图书自动化集成系统ILAS小型版，建立了采访、编目、流通、公共查询等子系统，4用户，并已形成网络服务系统，实行全方位、全开架免费开放服务模式。每周七天，天天开馆。图书馆现有在职职工16人，大专以上人员为15人，中级职称7人，初级职称12人。领导班子有馆长、副馆长各1人。学历分别为大本、大专，全部是馆员职称。

业务建设

图书馆下设外借部、阅览部、少儿阅览部、参考咨询部、地方文献和工具书室、学习室、电子阅览室、多功能厅等多个服务窗口。常年来，始终坚持以精神文明建设为主线，本着“读者至上，服务第一”、“全心全意为人民服务”的宗旨，以社会需求为导向，主动服务于社会，服务于读者。

面对新世纪带来的机遇和挑战，区图书馆大兴学习之风，树立终身学习的观念，常年坚持对职工进行政治、业务学习和培训，采取馆内集中学习和部室分散学习、自学等学习方式相结合，全馆上下形成了老带新、内行带外行，有经验的带没有经验的比学赶帮超的良好学习氛围。提高了工作人员的整体素质，使其成为一专多能的复合型人才。在提高本馆工作人员自身素质的同时，为了加大对基层图书馆（室）的辅导力度，针对各乡镇、街道、社区图书文化事业发展不平衡、人员素质不均，变动大等问题，定期或不定期举办各乡镇、街道、社区图书管理员参加的农家书屋、社区书屋图书业务培训班，并到基层进行现场指导，对提高基层业务人员的管理水平和业务素质及基层文化事业的发展起到了很大的推动作用。

读者服务工作

区图书馆多年来，把送书到基层，到最需要的地方去，在乡镇、街道、社区、学校、部队、商场、敬老院、农民工聚集地区建立了48个图书流动站，共流动图书5万多册，使图书馆的“死”书变“活”了。方便了老年人、未成年人和进城务工人员等特殊群体的需求，使图书馆的资源得到最大限度的发挥。为了扩大图书馆的社会影响力和知名度，平时注重对图书馆的宣传力度，围绕省市区局中心工作和社会热点，利用读书节、图书宣传周、市区文化广场活动之机，开展多种多样的读书宣传推广活动，采取板报、专栏、通报、海报、喷绘展板等方式定期或不定期地及时向读者宣传、推荐书刊目录，举办图片展、优惠书展、读书报告会、公益讲座、征文比赛、书画笔会、读者有奖猜谜等活动，倡导人们养成爱读书，读好书的良好生活方式，营造“全民学习，时时学习，处处学习，终身学习”的学习氛围，更大地发挥图书馆的社会作用，传播科学文化知识，推动社会文明的进步。吸引广大市民走进图书馆，利用图书馆。每年读者到馆达15万多人次，年图书流通17万多册次。图书馆在人事管理上，实行竞聘上岗、按需设岗、按岗聘用、竞争上岗等制度，能上能下，一人多能。制定各项岗位责任制，对职工有明确的激励措施，责任到岗、到人，奖罚分明，充分调动了工作人员的积极性和责任感。图书馆是国家文化资源重地，是重点防火部门，区图书馆常年把防火、防盗等工作列入议事日程，建立健全各项防火责任制以及书库管理制度。平时注重对单位进行消防检查和对职工进行防火意识教育，定期进行消防知识培训和现场演练，建立消防档案，及时发现问题进行及时处理，保证图书馆财产的安全。

表彰、奖励情况

经过多年的努力工作，连山区图书馆多次受到上级部门的奖励。2009年被区委、区政府评为“关心下一代工作先进关协”；2012年4月，被市政府评为“全市文化工作先进集体”，馆长吴冰也被市政府评为“2008–2012年度全市文化工作先进个人”。

未来展望

在建设有中国特色的社会主义文化事业中，图书馆肩负着社会枢纽、公民的终身学校以及科教兴国和精神文明建设的重托，连山区图书馆将不断更新服务观念，增强服务意识，提高服务水平和质量，面向社会，通过宣传，号召更多的人成为图书馆的忠实读者，引导他们在书的海洋中遨游，使图书馆成为知识的“源泉”、“枢纽”和“桥梁”。为建设繁荣、富庶、文明、美丽的海滨城市，为繁荣连山区的文化事业做出应有的贡献。

领导班子简介

馆长：吴冰，女，1966.11.7，汉族，1989年辽宁大学历史系学士学位毕业，大本学制四年1994年晋级馆员。

副馆长：张亚芝，女，1963.2.9，汉族，1995年辽宁省委党校函授，大专，学制三年，2005年晋级馆员。

联系方式

地　址：连山区图书馆

联系人：吴 冰

建昌县图书馆

概述

建昌县图书馆于2007年年底竣工，位于建绥路一段，建筑面积2400平方米。该馆现有职工13人，男2人，女11人，其中具有大专学历的11人，占职工总数的85%；中专、高中以上2人，占职工总数的15%，领导班子由2人组成，其中馆长一名，兼支部书记，中级职称，副馆长一名，都具有大专以上学历，班子成员接受过系统的图书馆学培训及继续教育。下设馆长室、采编室、资料室、成人外借室、成人阅览室、少儿外借室、电子阅览室，多功能室等8个部门。图书馆现有馆藏文献200384册（包括期刊、电子图书）。汉文普通馆藏文献70384册，电子期刊13万册。

业务建设

1、文献入藏情况：2013年我馆共订阅报纸：73种，79份，期刊164种，180份。总入藏量为237种，259份，2788册次。对外开放图书：30006种，59893册；电子文献入藏量：电子图书13万册，视听文献258种；地方文献94种，341册，有专室、专柜、专职人员，专门目录。

2、文献编目：该馆依据《中图法》第五版标引类分图书，著录标准依据《普通图书著录规则》，采用基本级次进行著录，期刊编目根据本馆相关编目细则进行编目；书刊、报纸文献做到到馆当日完成登记和读者见面；视听文献根据行业标准进行编目，本馆有相关的编目细则，到馆一月内完成编目。

3、藏书组织管理：本馆的每册图书在编目的过程中，都在书脊底部3公分处贴书标，在版权页中部加盖馆藏章、下部填写分类号和登录号，设立机读目录，由各室工作人员负责管理，定期检查，及时维护。

4、文献保护：该馆制定了文献保护规章制度，书库中配备灭火器，安装电子监控系统和防盗门，对于在流通过程中破损的图书，工作人员及时修补，以确保图书的正常借阅。

5、数字化建设：该馆对新购置的图书编目和借阅工作全部实行自动化管理，做到微机编目、微机借阅、微机检索；并建立了本馆的局域网。

6、该馆现有馆藏图书数字化率达到80%，同时建有地方文献专题数据库，并已投入使用。

读者服务工作

1、免费开放：保证公共空间设施场地及基本服务项目全部实施免费开放，免费为读者办证，免费借阅图书，免费使用自习室，为中老年读者准备老花镜，常年为读者提供开水。每周开馆56小时，除开展免费借阅、免费办证、预约借书、上门服务、集体借阅等多种服务方式外，将成人外借室和少儿外借室的图书全部实行开架借阅，书刊文献开架比例达到了总藏量的80以上，馆藏书刊文献年外借率达到70%以上，年到馆读者87689人次，书刊年外借量为80405册次。

在借阅过程中，坚持每天向成人和少儿介绍一本新书，还经常开展预约借书、送书上门、QQ群服务等活动，更好地方便读者，服务读者。该馆在城镇及乡村建立了10个流动图书站，开展送书进课堂、进社区、进敬老院等活动，安排有序，有登记、有照片、有总结。同时及时收集各站的反馈信息。一年来共送书120人次，6000册次。人均年到馆次数为29次。利用宣传板报、新书介绍、发放图书目录等多种方式，开展书刊宣传。2013年，共宣传新书507种，507册次。对于政府公开信息服务，由专人负责，采取电话、QQ群、面对面解答咨询的形式，热情接待每一位前来咨询的读者。

2、参考咨询服务：图书馆各部门利用馆藏文献解答读者咨询，并且进行规范化的登记，对一些用户提出的主要检索课题重点跟踪服务，及时收集反馈信息。一年来，共代检索课题服务达247项。

3、为特殊群体服务：采取设立无障碍通道，零服务费、送书进课堂等方式积极开展对老年人、残疾人及未成年人特别是农村留守儿童的服务，真正做到年初有计划，年间有实施，年终有总结，把此项服务落到实处。

4、社会教育活动：每年都开展一系列读者活动，每次活动都有计划有准备地进行，并总结经验，促进工作。如："送科技下乡""少儿故事大讲赛""少儿朗读比赛""少儿书香杯古诗词朗读比赛""我心中的图书馆"有奖征文，"送书进课堂"等等。为提高基层农村书屋管理人员的业

建昌县图书馆全貌

征文表奖暨读者座谈会

务水平，该馆组织了两期业务培训；为增加老年人的自我保护知识，聘请老退休医生举办一次《中老年健康知识讲座》；为县民政局敬老院的老人进行预防老年病的义务辅导。一年来共组织读者活动12次，参与读者达到46000多人次。该馆还积极开展“迎新春书画展”“倡导低碳生活图片展”“反腐倡廉书画展”等五次大型展览活动。同时以“图书活动月”“图书馆宣传周”为契机，开展一系列丰富多彩的阅读推广活动。一年来，每万人平均参与活动次数为3次。

业务研究、辅导、协作协调

1、积极参加省、市馆组织的业务研讨会：从2009–2012年，该馆职工积极参加上级馆组织的学术研讨会，同时与连山区图书馆、龙岗区图书馆、绥中县图书馆签订协议，建立长期的馆际互借、联合编目等业务合作。

2、业务辅导：根据年初计划组织了两期农家书屋管理员培训班，力争让每一位管理员都得到系统的培训，同时还组成业务辅导组亲赴各乡镇，各书屋，带着自己编印的业务资料，手把手进行业务指导。一年来共下乡20次，对50多个书屋进行辅导。现在全县28个乡镇的276个农家书屋已全部投入使用，农家书屋覆盖率达到100%。

管理工作

1、人事管理：该馆实行岗位责任制管理，本着按需设岗的原则，把工作能力强的业务骨干充实到各部门担当负责人，充分发挥带头兵的作用。不断完善本馆的各项规章制度，制定出适合本馆的规章制度形成文字的26项，上墙的16项。

2、财务管理：该馆的财务一直由县财政局统一管理，图书馆设报账员一名，并制定了财务管理制度，领导严格保管，每年物品登记一次，保证物品不丢失，损坏的要及时进行维修。

3、设备物资管理：每年年初都对各部门的财产进行登记，由各室的工作人员当场核实并签字，年终进行检查。对于每年购买的固定资产都积极上报财政局，建立登记账目。

4、档案管理：根据省文化厅下发的《公共图书馆档案管理办法》的有关规定，该馆的业务档案共设立6大类：(1)上级机关文件材料卷；(2) 基础业务工作卷；(3) 读者服务工作卷；(4) 研究辅导与协作协调卷；(5) 管理工作卷；(6) 综合卷。

5、统计工作：该馆的统计工作包括综合性统计和单项统计两部分，综合性统计由副馆长负责，单项统计由相应部门的负责人填写。有人员情况统计；经费设施情况统计；发放借证统计；借阅书刊人次册次统计；馆藏动态（季）统计汇总；馆藏动态（季）统计；报刊统计；本年订阅报、刊目录统计；外借图书流通统计；借阅人次册次统计。统计完成后由馆长审阅，避免数出无凭，确保统计资料的完整性、可靠性、真实性和准确性。

6、环境管理：该馆安排专职人员做好大楼外广场及楼内走廊、卫生间、门窗及楼梯的日常保洁工作，室内环境由工作人员负责，对所属物品进行合理布局，各种书刊设备摆放井然有序，设施维护良好，干净卫生，为读者创造了一个清新优雅的阅读、学习环境。

7、消防、保卫工作：安排两位专职人员做保安，24小时值班；并制定了消防、保卫安全措施，成立专门的消防安全领导小组，每一个职工都是消防安全员，同时组织职工学习消防知识，增强消防意识。目前为止，没发生过任何消防安全事故。

表彰、奖励情况

从2009年到2012年，该馆历年被县委授予“文明单位”称号，在2009和2012年被授予市级“先进集体”的光荣称号。

馆领导介绍

刘福霞，女，48周岁，中共党员，毕业于渤海大学汉语言文学专业，现任图书馆馆长兼支部书记，馆员。

刘淑艳，女，39周岁，预备党员，毕业于内蒙古丰州联合大学中山学院，现任图书馆副馆长。

未来展望

图书馆作为全县唯一的公共服务文化窗口单位，承载着丰富群众文化生活，提高全县人民文化素质的重任，在今后的工作中，图书馆全体职工将继续秉承“读者第一、服务之上”的理念，全心全意为广大读者提供优质、热情的服务，同时还要不断探索新的服务领域，拓宽服务渠道，既要“请进来”，又要“走出去”，争取让图书馆的有限资源发挥无限的作用，为全县人民科技致富提供更大的智力支持！

联系方式

地　址：辽宁省葫芦岛市建昌县图书馆建绥路55号
邮　编：125300

“送科技下乡”活动

“送书进课堂”活动

丹东市少年儿童图书馆

概述

始建于1991年的丹东市少年儿童图书馆是丹东地区唯一一所为未成年人服务的公共图书馆，是少年儿童文献收集、存储、流通、检索及信息咨询服务中心，亦是对基层少儿图书馆（室）进行业务辅导、开展多元导读活动的指导中心。丹东市少年儿童图书馆于2003年扩建，馆址位于振兴区六纬路32-5号，建筑面积1220.07平方米。下设小学生借书室、中学生借书室、亲子阅读室、书刊阅览室、电子阅览室、过刊借阅室等服务窗口。截至2012年，丹东市少年儿童图书馆有计算机63台，宽带接入10Mbps，选用Interlib图书馆集群管理系统。

业务建设

截至2012年末，丹东市少年儿童图书馆总藏量27.42万册（件），其中，纸质文献14.37万册（件）、电子图书、期刊13.05万册。2009年至2012年新增藏量27144种，45271册。

读者服务工作

截至2012年末，丹东市少年儿童图书馆拥有持证读者9687名，2009年至2012年共接待读者467475人次，流通书刊774030册次。丹东市少年儿童图书馆以阵地活动和馆藏文献服务为立足点，2009年至2012年共开展了大中小型读者活动415场次，参与读者54519人次。每两年一届的全地区少儿故事大赛吸引了市、县（市）、区万余人参与，并已成为地区性文化活动品牌；每周六开展的“悦读书苑——快乐学国学”少儿读书活动，通过国学经典赏析、国学吟诵、国学表演等，弘扬国学经典文化，传承中华民族美德，提高少年儿童的文化修养和人格品质；每周日的“亲子手工课堂”幼儿读者活动，通过折纸、布贴画、简笔画、剪纸等引导孩子的动手、动脑能力，使每个孩子在享受自己独创的作品同时，也给童年生活带来了一抹亮色；《小蘑菇》报是丹东市少年儿童图书馆创办的品牌刊物，是丹东市最早为少年儿童编印的少儿读物。自1992年创刊至2012年，共发行138期，124万份。1994年，被辽宁省文化厅评为公共图书馆信息报（刊）展评二等奖。

丹东市少年儿童图书馆网站于2009年6月1日与广大读者见面，内容包括本馆介绍、读者活动、馆藏书籍、读者天地、益智乐园、少图论坛6个板块，并建立了“中文在线阅读馆”和“点点书库动漫馆”，开辟了丹东市少儿图书馆网络在线阅读服务模式，填补了馆藏数字资源的空白，延伸了服务窗口。

为了实现馆藏资源共享，延伸少年儿童服务的内容，丹东市少年儿童图书馆馆先后在所辖东港市、凤城市、宽甸县、市内社区等建立了45个书刊流动站，年均送书6000余册。

业务研究、辅导、协作协调

2009年至2012年，丹东市少年儿童图书馆职工发表论文22篇，有1人成为《中国图书馆分类法（未成年人图书馆版）》编辑委员会委员；2012年，为确立丹东市少儿图书馆在全市少儿图书馆事业发展建设的中心馆地位，成立了丹东市中小学图书馆（室）建设协调指导委员会；进一步整合资源，将偏远地区建立的少儿流动站的借阅管理工作统一在市少儿图书馆图书借阅管理系统中运行，使全校师生足不出校就能查询、借阅市少儿图书馆的全部文献资源；2011年，丹东市少年儿童图书馆成为天津市少儿图书馆分馆，拥有图书10189册。分馆的建立极大地丰富和充实了丹东地区少儿文献资源，为扩大分馆文献资源辐射面，借助该馆少儿分馆的二级网络平台，在农村小学建立了图书流动点，借以延伸和拓展天津少儿图书馆丹东分馆读者服务，解决了地处偏远的农村孩子看书难的问题。

管理工作

2012年，丹东市少儿馆进行了新一轮的人事制度改革。实行全员聘用制、岗位责任制，建立分配激励机制，打破了平均主义分配制度，建立了完善的重实绩、重贡献、向重点岗位倾斜的分配激励机制。

表彰、奖励情况

2009年至2012年共获得集体表彰奖励22次，其中：2009年被中共丹东市委、丹东市政府授予2007–2008年度文明单位标兵；2009年被中共丹东市委、丹东市政府授予2007–2008年度丹东市公众科学奖先进集体；2011年被中共丹东市委、丹东市政府授予2007–2008年度丹东市公众科学奖先进集体。

馆领导介绍

李新娥，女，1965年4月生，本科学历，中共党员，副研究馆员，馆长、党支部书记。1992年从事图书馆工作，先后担任丹东市少儿图书馆副馆长、丹东市图书馆副馆长等职务。被聘为丹东市未成年人思想道德教育学会常务理事，辽宁省图书馆学会第七届理事、少儿系统分委员会委员。

李凤平，男，1978年8月生，本科学历，中共党员，副馆长。2002年到丹东市少年儿童图书馆参加工作，先后在采编部、外借部、信息技术部、辅导办公室等部门工作、任主任等职务。被聘为丹东市未成年人思想道德教育学会理事。

宋力，女，1974年1月生，本科学历，中共党员，馆员，副馆长。1993年从事图书馆工作，先后担任丹东市图书馆学生工作部副主任、主任职务。被聘为丹东市未成年人思想道德教育学会理事。

未来展望

未来的丹东市少儿图书馆事业建设应与本地区国民经济和社会发展目标相适应，实现多功能、多载体、网络化、智能化。更加突出城市中心少儿馆核心地位，建成我市少年儿童文献资源中心、少儿信息服务中心、少儿教育中心、精神文明活动中心，让少儿图书馆成为孩子生活、娱乐、学习的乐园。

联系方式

地　址：辽宁省丹东市振兴区六纬路32-5号
邮　编：118000
联系人：李凤平

辽阳市少年儿童图书馆

概述

辽阳市少年儿童图书馆创建于1997年12月。现馆址位于辽阳市中华大街92-3号，建筑面积1312平方米，绿化面积300平方米。现有馆藏文献8万余册，保存有我国早期的少儿连环画1.2万册，是辽阳地区少儿图书资源的中心。主要服务对象为3-18岁的少年儿童、中小学教师、家长及教育工作者。馆内设有综合外借部和阅览室、多媒体阅览室、多功能教室4个对外服务窗口，采取开架式借阅。全年开馆，无节假日休息。年接待读者近8万人次，流通图书近12万册次。

业务建设

辽阳市少年儿童图书馆一直将保障未成年人文化权益，满足城乡未成年人文化需求作为工作目标。通过提升设备完善自动化服务，推出一项项便民措施（延长借阅周期、取消滞纳金、调整开馆时间、加快新书上架速度）来降低门槛。通过上门送书、预约借书、电话续借以及开辟馆外20余个图书流通站等方式，为读者提供多方位的服务，吸引未成年人利用公共文化资源。强化基础服务的同时，根据青少年不同特点开展活动，坚持“服务活动化、活动常态化”，多次组织开展有益于少年儿童身心健康的大型读者活动，包括革命传统教育图片展、智力竞赛、书画大赛、征文、演讲以及发展特长的阅读兴趣活动等，开展未成年人公益文化建设，并采用专业、灵活的管理模式，提高辽阳市未成年人公共文化资源的效能。

读者服务工作

根据少儿读者不同需求，发挥市一级图书馆的引领作用，创建品牌服务，于2012年5月正式启动“公益课堂”，组织、招募市级各种科目优秀教师，先后开设了少儿国学经典、外教口语、硬笔书法、手工制作、艺术剪纸、口才表演、早教启蒙英语、奥数、思维绘画等多种培训课程。不仅在馆内，而且深入到学校、乡村的图书流动站为师生们长期无偿授课，受到广大师生的好评。自“公益课堂”开课以来，现有公益教师10人，共计开课200余课时，听课者达8000余人次。

管理工作

辽阳市少年儿童图书馆坚持开拓创新，以丰富多彩的读书活动为载体，努力打造服务品牌、突出工作特色，充分发挥少儿馆的社会文化教育职能，取得了广泛的社会影响与显著的办馆效益。

表彰、奖励情况

多次受到国家、省、市有关部门的嘉奖。1998年、2005年两次被文化部评定为三级图书馆。2009年获得辽宁省首届青少年社会教育银杏奖先进集体。2008年获得辽阳市预防青少年违法犯罪工作先进集体。曾获得辽阳市青年文明号和辽宁省公共图书馆优秀文化服务成果2等奖的荣誉。

馆领导介绍

徐晓晨，女，1980年出生，现任馆长，中共党员，研究生在读，副研究馆员，多次被授予省、市级多项嘉奖。

未来展望

辽阳市少年儿童图书馆在徐晓晨馆长的带领下，本着为全市少年儿童开展科学服务、特色服务的宗旨，将加大投入力度，增加社区图书馆和农村流动图书站的数量，推广面向儿童的图书分级制，为不同青少年提供适合其年龄特点的服务，实现各项服务内容的良性跨越发展，不断提高队伍的专业化水平，要把辽阳市少年儿童图书馆打造成为全市少年儿童的信息枢纽和多功能服务中心。

联系方式

地　址：辽阳市中华大街93-2号
邮　编：111000
微信公众平台：辽阳市少年儿童图书馆

铁岭市图书馆

概述

铁岭市图书馆始建于1979年10月，1980年1月开馆。1984年10月独立建馆，馆舍面积2140平方米。2004年4月27日市政府决定改建新馆。新馆占地面积9367平方米，工程建筑面积15768平方米，设计藏书容量100万册，读者座位580个，2010年竣工交付使用。2012年，铁岭市图书馆有阅览坐席580个，计算机88台，宽带接入100Mbps，选用Interlib业务服务操作系统。

业务建设

截止2012年底，铁岭市图书馆总藏量25万册（件），其中，图书234545册；报刊合订本10054册；视听文献756件；电子图书1000册。2009－2012年，铁岭市图书馆新增藏量购置费30万元，共入藏各类文献11423种。其中：普通图书8883种、电子文献100种、报纸674种、期刊1766种、视听文献186种。另外，2012年接收捐赠图书716种。

截止2012年底，铁岭市图书馆数字资源总量为10TB。100Mbps光纤宽带接入，实现了读者服务区无线网络的全覆盖。业务服务系统自动化软件也已于新馆开馆初期由ILASII操作系统全面升级到Interlib操作系统。

读者服务工作

2009－2012年，每周接待读者达60小时，全年读者流通总人次为299521人次，持证读者总数为5049个，人均年到馆次数为59次/人。图书外借83853万册次。2012年，我馆通过“书目推荐”、“新书借阅排行榜”、“馆藏精品图书推荐”、“期刊导读”等方式向读者宣传推荐书刊文献24期。全年共举办各类活动61次，接待读者59501人次，其中：举办各类讲座、培训30次，举办各类型图片展12次，举办新型电子资源培训3期，还利用图书馆服务宣传周、“4·23”世界读书日等重大活动，开展阅读宣传推广活动。2012年我馆先后与65146部队、富强社区、铁岭市公共行政服务中心、腰堡文化站等25家单位和部门建立了图书流动站。馆内设立了“政务公开专柜”。2012年编制《参阅资讯》12期，每月1期。参与省级课题《辽宁文化产业发展与城市竞争力提升》研究成果1项。

业务研究、辅导、协作协调

2009－2012年，铁岭市图书馆职工发表论文52篇。铁岭市图书馆为促进本馆文献资源的有效利用，对本地区公共图书馆资源进行整合，不断构建和完善全市公共文化服务体系建设，在全市范围内构建了图书馆协作协调机制，全市13个街道、89个乡镇、163个社区、972个村中绝大部分都建有图书室。2012年度，我馆全年阵地解答各基层馆咨询65次，开展辅导活动13次，重点针对各县馆的自动化建设做了专业指导。参加了辽宁地区文献联合编目工作，推动了我市图书馆联合编目事业的开展。

铁岭市图书馆学会成立于1986年，现已发展会员馆12个、省级会员100多名。

管理工作

2011年1月，铁岭市图书馆组建新领导班子，完成全员岗位聘任，本次聘任共设31类岗位，有52人重新竞聘上岗全年进行总体工作考核。2012年以来我馆重新修订各项制度80余条。

表彰、奖励情况

2009年－2012年度连续四年铁岭市图书馆学会荣获先进学会。

2011年图书馆被市文广新局授予先进集体。

2011年铁岭图书馆荣获省图书馆举办的《知辽宁爱家乡读书知识竞赛》二等奖。

2012年铁岭图书馆荣获省图书馆举办的《辽宁省公共图书馆业务竞赛》三等奖。

2012年获辽宁省优秀服务成果三等奖两项。

馆领导介绍

刘喜国，男，1959年12月生，专科学历，中共党员，馆长。1976年参军，历任连指导员。1988年转业到铁岭市广播电视局工作，先后任局政治处副主任、主任、副调研员等职。2010到铁岭市图书馆工作。

路芳，女，1963年4月生，本科学历，中共党员，副研究馆员，副馆长。1985年到铁岭市图书馆参加工作，曾在采编部工作。

张辉，男，1967年3月生，本科学历，中共党员，副研究馆员，副馆长。1988年到铁岭市图书馆参加工作，先后在科技部、办公室工作。

张亮，女，1979年4月生，本科学历，中共党员，中级职称，副馆长。2000年到铁岭市图书馆参加工作，先后在外借部、采编部、读者工作部、办公室工作。

未来展望

铁岭市图书馆始终坚持“为人民服务、为社会主义服务”的办馆方向，以“务实办馆、勤俭办馆、科学办馆”为办馆方针，以“品牌立馆、科技兴馆、人才强馆”为发展战略，以“市民的大书房、城市的大教室、文明的大窗口”为服务特色，努力实现文献载体多元化、业务工作规范化、工作手段自动化、从业人员专业化、业务骨干学者化、管理工作科学化的现代图书馆发展目标。

鞍山市千山区图书馆

概述

千山区图书馆成立于1978年，馆舍建筑面积800平方米，阅览座席154个，馆内藏书15.2万册。计算机30台。宽带接入300Mbps，选用Interlib图书馆集群管理系统。1999年被评为国家三级图书馆。馆内设施先进，功能齐全，全面实行计算机管理，已初具现代化图书馆的规模。内设书库、电子阅览室、采编室和综合阅览室、外借室等部门，免费为各类型读者提供多种服务。

业务建设

千山区图书馆总藏量151660册，其中馆藏34000册，农家书屋藏书10万册，市馆流动6000册，社会捐赠10800册，报刊合订500册，电子文献藏量360种。

读者服务工作

在读者服务方面，千山馆作为本市"一卡通"成员馆之一，对外开展图书通借通还服务，并提供网上续借、检索及查询等服务。千山馆借助现代化服务手段，向读者提供免费网上阅览和培训服务，充分实现了数字资源的共建共享。作为千山区的中心图书馆，积极开展镇、村、社区、村级图书流动站的建设与指导。2010先后在全区建立了62个图书流动站，让政府的关怀直接深入到群众中去，让最需要文化的地方享受到图书馆的服务。除此之外，千山区图书馆还担负着为本地区党政机关提供文献资料信息服务，为驻地区机关学校、企事业单位、部队提供文献资料信息服务，为本地区的社会公民提供图书文献等资料的借阅服务工作。

多年来，千山区图书馆坚持以读者为中心的服务理念，并将其落实于吸引读者、方便读者，满足读者的具体行动之中。以实际工作赢得了2012"送书进军营"全民阅读品牌奖、2011年度全民阅读活动优秀奖等一系列荣誉。

该馆通过采购和复制等方式补充馆藏，注重多载体形式资料的收集，除图书、期刊、报纸等传统印刷型资料外，电子出版物、网络信息等现代载体形式的资料也尽可能收集齐全；通过多种途径有效揭示馆藏，以便于读者依据文献特征获得所需要的线索。经过多年的积淀，农业科技及旅游文献的品种和数量在全市公共图书馆中名列前茅。

业务研究、辅导、协作协调

千山区图书馆通过举办文化站长及图书管理员培训班，为基层图书室培训业务骨干，使他们能够掌握图书管理的基础知识，胜任乡镇图书室的工作。

近年来，该馆面向36家乡、镇村图书室开展业务指导工作，针对存在的各种问题进行有针对性的业务辅导。重点辅导唐家房镇的3个农家书屋和两个社区一卡通试点单位，使他们能够达到上级业务部门的管理标准，确保了一卡通工作的顺利实施。

为确保千山区各类型图书协作工作的开展，实现文献资源共建共享，该馆与鞍山市图书馆合作建立分馆，积极参与鞍山地区各系统图书馆馆际互借，在镇、街建立自愿共建共享基层服务点，与师范学院合作建立专业实习基地。

管理工作

为了做好馆内管理工作，该馆采取按需设岗、按岗聘用、竞争上岗等方式，制定了岗位责任制，以及考核、分配激励制度。每年对岗位设置、目标管理、职工进行相应的考核。同时，为了做好服务工作，坚持以"一切为读者服务"为宗旨，把"读者至上、服务第一"的理念贯穿到各项工作之中。做好问卷调查，满足读者需求。优化环境，规范服务，馆内各项工作井然有序。

表彰、奖励情况

2013年获全民阅读"优秀组织单位"、"文化拥军"被评为2013年全民阅读品牌活动奖。2012年，"送书进军营"被评为2011年度全民阅读品牌活动奖；获2011年度全民阅读活动"优秀组织奖"；获2012年鞍山市读书节"优秀组织单位"。2011年获全民阅读活动"优秀组织奖"；全民阅读活动"优秀品牌奖"。2010年获全民阅读活动"优秀组织奖"；全民阅读活动"图企携手品牌奖"；2009年获全民阅读活动"优秀组织奖"；全民阅读活动"专题展览活动"。

馆领导介绍

杨晓薇，女，1963年出生，中共党员，馆长。

未来展望

在未来几年里，该馆将创新理念，改进图书馆的服务方式、服务质量，继续完善各项制度，建立一套系统和完善的现代化图书管理制度和管理办法。不断提高人员素质水平，重视现有人员业务素质的提高。做好全区社区书屋、农家书屋的管理、指导工作。加大图书馆的宣传力度，开展丰富多彩的读者活动，使更多的人民群众走进图书馆，利用图书馆，激发读者的阅读兴趣。

联系方式

地　址：鞍山市千山区旧堡路49号

营口市西市区图书馆

概述

辽宁省营口市西市区图书馆是一所综合性的国家三级公共图书馆，成立于1980年，同年正式对外开放。近年来，西市区区委、区政府尤其关注图书馆事业的发展，为图书馆改造建设投入大量资金，全面改善居民阅览、借阅的读书环境，2008年从原来低矮潮湿的老馆迁至宽敞明亮的新馆，深受广大读者的赞誉。西市区图书馆现馆址位于平安路南25-甲15，馆舍面积1000平方米，设有图书阅览室、图书借阅室、电子阅览室、盲人阅览室、少儿阅览室五个对外服务窗口。设有阅览席位136个，建有20台微机的电子阅览系统，并已加入本地区文化资源共享网络，实现了区域间的资源共享，具有现代化服务功能。

业务建设

西市区图书馆现有藏书4万余册，其中，视听文献121盘，电子文献1500种，收集地方文献125册。完善了本地书目库的建设，为本地区集成数字系统提供了更多的数据。

2009年西市区图书馆图书购置费为7100元，2010年起增至叁万余元。截止2012年，购书经费已增至伍万元。2009-2012年总购置图书6959册，种类达6523类。2012年报刊经费叁万元，订报55种，订刊100种。2012年西市区图书馆数字资源总量达到4TB。西市区图书馆从2005年开始，结合市、区"文化四进社区"活动，在全区首开先河，创建了以中心馆为龙头，在全区办事处、社区建立了图书流通站，其中："刘平爱心阅览室、爱心书屋"图书流通站深受广大群众的欢迎和喜爱。2008年加入了Interlib图书馆集群化管理，实现了区域间的资源共享，具有现代化服务功能。2013年年初，实现了馆内无线网络覆盖。

业务研究、辅导、协作协调

2009-2012年，西市区图书馆职工发表论文4篇，从2005年起，西市区图书馆加入营口地区图书馆集群管理系统，开始了统一系统平台的文献借阅服务。同时也开办了基层图书管理员业务培训班，对辖区内社区和学校的图书管理员进行系统的业务培训。截止2012年底，在辖区内9个社区、办事处、机关工委建立了图书流通站，覆盖率达到32%。2012年5月营口市图书馆在西市区图书馆举办《营口移动图书馆》使用培训讲座，我馆工作人员及组织群众85人接受了业务培训。

读者服务工作

西市区图书馆是全区最大的免费公共服务空间，对一切社会成员开放，所有的馆藏资源实行免证阅览、免费借阅、绝对保障公众享有图书馆文化信息服务的权利，让读者真切地感到西市区图书馆是公众自己的书房。从2007年起，为了更好地为读者服务，西市区图书馆在人员缺少的情况下实行周单休，节假日照常开放，周开馆时间累计60小时，全年共接待读者76067人次，书刊外借94700册次，为盲人送书上门4次，24册。年新增读者证近500个。修补破损图书540册。

西市区图书馆始终坚持"读者第一，服务至上"的服务原则，不定期开展宣传活动和系列读书活动及系列文化服务活动。图书馆服务宣传周、全民读书月等常规宣传活动。适时举办图书进校园、文化共享长征行、纪念改革开发三十周年图片展、迎新春书画展等主题宣传活动。不定期举办新书展示、廉政图书进机关、捐赠图书等文化服务活动，吸引了更多的读者走进图书馆，利用图书馆，宣传图书馆，取得了较好的社会效益和文化效应。截止目前，西市区图书馆共举办讲座、展览、培训、阅读推广等读者活动176场次，参与人数21740人次。

管理工作

西市区图书馆2012年完成全员岗位聘任，签订聘任合同，确立各岗位职责，同时，建立了工作量化考核指标体系，每年进行总体工作考核。2009-2012年，共抽查文献排架48次，编写《信息汇编》48期。

表彰、奖励情况

2009年，在西市教文体系统宣传工作中因表现突出被评为三等奖；在营口地区第二届"《辽河》杂志杯"快乐阅读征文比赛荣获优秀组织奖；2010年荣获"营口晚报杯"营口地区第六届少儿书画大赛优秀组织奖；2011年在"万基安杯"营口地区第七届少儿书法大赛中荣奖优秀组织奖；201年在"万基安杯"营口地区第八届少儿书法大赛中荣奖优秀组织奖；2013年西市区图书馆在《美丽卧龙湾》书法、摄影原创作品展中获优秀奖。

馆领导介绍

刘波，女，1968年10月21日，本科学历，中共党员，馆长，1984年参加工作，2001年担任西市区图书馆副馆长，2008年至今担任西市区图书馆馆长。

张雅卓，女，1976月1日生，本科学历，中共党员，西市区图书馆党支部书记。1996年8月参加工作，先后在西市区英华小学、西市区档案局、西市区河北街道党工委宣传委员工作。

程惠红，女，1975年6月生，本科学历，中共党员，西市区图书馆工会主席。1994年参加工作，先后在西市区纪委，红十字会工作。

未来展望

在信息社会的今天，西市区图书馆将依托文化共享工程，以数字图书馆建设为目标，以自动化服务为手段，以满足读者需求为出发点，以开展服务活动为重点，以传播知识和传递信息为职能，以馆藏文献为依托，努力实现全方位开放式读者服务工作，使图书馆成为文化、科技、传播、社会教育、信息交流的中心。为丰富群众文化生活，提高全民文化素质，构建城市文化建设，做出新的、更大的贡献。

联系方式

地　址：营口市西市区平安路南25-甲15
邮　编：115000
联系人：刘 波

营口市老边区图书馆

概述

营口市老边区图书馆筹建于1981年，正式落成于1982年，同年十月正式对外开放。馆址几经变迁，2005年7月，位于营口市老边区龙山大街的新馆建成开放。新馆坐落在少年宫一楼，建筑面积1200平方米，设计藏书容量8万册，可容纳读者座位180个。2013年，参加第五次全国公共图书馆评估，获国家三级图书馆。现在，老边区图书馆有阅览坐席130个，计算机35台，宽带接入10兆，应用Interlib集群管理系统。

业务建设

截止2013年底，老边区图书馆总藏量3.3万册（件），全部为纸质文献。公共电子阅览室数字资源正在建设中。2012年以前，老边区图书馆图书购置费3万元，2013年起增至13万元。2012—2013年，共入藏图书1323种，4023册，报刊221种。2012年10月份加入营口地区Interlib集群管理系统，实现营口地区公共图书馆所有文献资源通借通还。

读者服务工作

2005年7月起，老边区图书馆除国家法定假日外，全年对外免费开放。2013年，书刊总流通2.3万人次，书刊外借1.1万册次。2009—2012年，共建设6个分馆，馆外书刊流通总人次6000余人次，书刊外借3500余册。

2013年，老边区图书馆共举办讲座、展览、培训、阅读推广等读者活动13场次，参与人数8078人次。其中种植和养殖业科技讲座、下乡送书送信息、广场阅读推广活动是老边区图书馆特色服务的亮点。

业务研究、辅导、协作协调

2009—2012年，老边区图书馆馆员发表论文14篇。省级8篇，其中，专业期刊4篇；市级6篇。农家书屋辅导工作坚持多年，从各村的馆舍、布局、规章制度、图书分类、排架以及管理人员业务培训等业务全部由我馆专业馆员进行手把手的辅导，为我区农家书屋的可持续发展奠定了坚实的基础。

管理工作

2013年，老边区图书馆完成全员岗位聘任，本次聘任共设12个岗位，有11人重新上岗，同时，建立了工作量化考核指标体系，每年进行总体工作考核。2009年，清点馆藏1次，抽查文献排架1次，2012年，编写《老边区图书馆规章制度》试行稿，起草《农家书屋管理制度》共8章。

表彰、奖励情况

2009—2012年，图书馆共获得老边区政府和教育文化体育局各种表彰、奖励4次。

馆领导介绍

董恩娜，女，1972年10月生，本科学历，中共党员，馆员，馆长。1992年9月参加工作，2005年任老边区图书馆副馆长，2012年7月任老边区图书馆馆长。2012年获老边区“优秀共产党员”称号。

魏宇，女，1972年10月生，本科学历，中共党员，助理馆员，副馆长。1991年10月参加工作，2013年10月任图书馆副馆长。

未来展望

老边区图书馆遵循“和谐、创新、发展”的办馆方针，确立“以人为本，服务至上”的管理理念，完善本馆服务功能，扩大服务辐射区域，带动周边乡镇图书馆的发展。2011年，老边区图书馆扩建工程正式启动，在未来的几年里，老边区图书馆将在现有馆舍的基础上，在老边区新城区营东新城另建一座建筑面积1万平方米的新馆舍。全面建成后的老边区图书馆，将由现在的老馆和营东新城的新馆舍两部分组成，总建筑面积1.12万平方米，阅览座位1000个，可容纳纸质文献30万册，年服务人次可达7万人次以上，数字资源设计存储能力100TB，能够提供全覆盖、不间断、无时空限制的数字文献远程和移动服务，设计标准达到国家一级图书馆的基本要求。

联系方式

地　址：老边区少年宫一楼
邮　编：115005
联系人：董恩娜

深入各村为农家书屋管理员进行培训

广场阅读推广活动

举办“科普讲座”

调兵山市图书馆

概述

调兵山市图书馆始建于1988年，初无独立馆舍，与文化馆合属办公，新馆于2005年9月建成并投入使用。新馆位于调兵山市古城街12号，建筑面积为2000平方米，设计藏书容量10万册，可容纳读者座位200个。2008年，参加第四次全国公共图书馆评估，首次获得三级图书馆。2013年末，调兵山市图书馆有阅览坐席200个，计算机35台。

业务建设

截止2012年底，调兵山市图书馆总藏量60.449万册（件）。2009年，2010调兵山市图书馆新增藏量购置费10万元，2011年起减至5万元。2009–2012年，共入藏图书6742种，6960册，报刊472种。2011年，地方文献入藏完整率为90%。

读者服务工作

从2008年12月起，调兵山市图书馆对外免费开放，周开放56小时。2009–2012年，书刊总流通40.941万人次，书刊外借163.764册次。调兵山市图书馆2012年共有图书流通网点11个、开展送书活动11次、读者活动8次。调兵山市图书馆设有盲文图书专柜和专门的盲人阅览室；调兵山市图书馆2012年开展科技跟踪课题服务9项；2012年举办各类讲座和小读者读书汇报会20次，2012年参加读书活动的人次达到2万次以上；2004年以来，调兵山市图书馆每年都开展图书馆服务宣传周活动。

业务研究、辅导、协作协调

调兵山市图书馆馆员2012年在省级图书馆专业刊物上发表论文1篇、非专业刊物发表专业学术论文2篇；全体馆员撰写调研报告17篇，调研报告主题明确，有事实、有数据、有分析、有建议；调兵山市图书馆开展的辅导工作均有计划、有总结，有调兵山市乡镇图书馆的业务统计分析，2012年开展业务辅导活动10次；调兵山市社区图书室、村农家书屋覆盖率达到100%，调兵山市图书馆掌握各社区图书室、村农家书屋的基本情况；2012年，调兵山市图书馆开办两次基层业务培训班，共培训图书馆管理员79人。

管理工作

调兵山市图书馆在人事管理上采取按需设岗、按岗聘用、竞争上岗的办法，设立了各个岗位的责任制度，并建立了相应的激励制度，效果非常显著；在财务管理上，财会人员坚持执行财会管理制度，能为领导做好参谋；办公室人员能坚持执行设备、物资管理制度，能保管好库存用品，采用谁领取物资谁签字的管理办法，国有固定资产层层落实管理责任，均有专人管理；调兵山市图书馆职工考核档案、参考咨询档案、课题服务档案、业务辅导档案均能够做到立卷准确、装订整齐，每卷都有卷内目录；调兵山市图书馆统计工作也开展顺利，统计报表齐全，并且有分析报告。

表彰、奖励情况

调兵山市图书馆2008、2010、2012年被调兵山市政府授予文化工作先进单位光荣称号。

馆领导介绍

暴巍，女，1970年8月生，本科学历，中共党员，副研究馆员，馆长，1994年4月参加工作，历任著录员、分类员、副馆长等职务，2003年7月任调兵山市图书馆馆长，2006年兼任调兵山市图书馆党支部书记。2007年、2010年获调兵山市文化工作先进个人荣誉。

吴立群，女，1971年3月生，本科学历，中级职称，副馆长，1994年1月参加工作，先后在采编部和辅导部工作。

未来展望

调兵山市图书馆遵循“务实、创新、和谐、发展”的办馆方针，争取在未来5年里实现自动化建设，筹建多功能报告厅、电子阅览室等对外服务部门，为广大市民及读者提供更多更好的服务。

联系方式

地　址：调兵山市古城街12号
邮　编：112700
联系人：暴 巍

元宵节灯谜会活动现场

送书及科技讲座进农村服务现场

“共享蓝天，关爱农村留守儿童”活动现场

绥中县图书馆

概述

绥中县图书馆成立于1956年3月，1984年5月迁入新楼，建筑面积1500平方米，截至2012年馆内共有藏书181233册，下设馆长室、副馆长室、办公室、采编室、资料室、微机室、电子阅览室、少儿借阅室、成人外借室、综合阅览室、农村辅导室等部门。全馆共有阅览坐席165个，其中少儿阅览室35个，成人阅览室130个。

业务建设

2012年该馆增设了电子阅览室，共有电脑35台，收录电子图书13万册。全馆实现了自动化管理，包括借书、还书一整套程序、图书书刊实现电子录入。2012年共订阅报纸35份，期刊45种，总入藏量为80种，合计10148.48元；增订图书3004册，合计90117.80元；收集地方文献30种，42册，有专室、专柜、专职人员和专门目录。全馆图书全部依照《中图法》第四版标准类分图书，归类正确，位置固定，前后一致，将图书类分到反映本书最大用途的类别：著录标准严格执行《文献著录总则》有关条例，做到规范、统一、整齐、美观，严格执行文献保护制度，书库中配备灭火器，对于流通中破损图书工作人员及时修补，确保图书正常流通。

读者服务工作

在读者服务工作中，该馆始终坚持“读者第一，服务至上”的宗旨，主动热情地为读考服务，并且不断听取读者意见，改善读者阅读环境，提高服务质量，增强服务效果，免费为读者办理借阅卡，为读者查找资料，为中老年读者准备老花镜，常年为读者提供开水，还经常开展预约借书、送书上门等活动。对新购进的图书进行加工整理，做到随时加工，随时上架，随时借阅。图书实行开架借阅，开架书刊达到了总藏书量的100%。

全馆每周开馆时间为56个小时，节假日不休，方便读者借阅，全馆年流通图书105105人次，外借图书81409册次，在搞好馆内借阅的同时，我们在乡镇及乡村建立了3个流动的图书站，开展送书进课堂、进社区、进部队活动，由外借室两名工作人员具体负责，采取定期不定期方式免费义务送书，并且资料详细有登记、有照片、有总结，一年来共送书42人次，1219册次。

积极做好读者活动，包括4.23世界图书日宣传活动、5月份图书宣传周活动，12月份图书室宣传月活动。一年来共组织读者活动7次，参与人数达到50000人次，流通图书72041册。

业务研究、辅导、协作协调

业务辅导与协作协调方面主要是对全县的196个“农家书屋”进行了详尽细致的图书整理和业务辅导工作，累计整理图书289500册，为全县24个乡镇培训“农家书屋”图书管理员280名。

该馆实行岗位责任制管理，按需设岗，制订严格的规章制度17项，上墙18项。财务由县财政局统一管理，设报帐员一名，档案共设六大类，严格执行《公共图书馆档案管理办法》统计工作包括综合性统计和单项统计两部分，综合性统计由馆长负责，单项统计由相应部门和负责人填写，做好环境管理、消防保卫工作。

在全体员工的共同努力下，本馆被评为县级文明单位，在省文化厅举办的公共图书馆业务竞赛中，本馆馆员柏竹获得一等奖，馆长刘杰被中共绥中县委评为优秀共产党员，王宝镇平房村农家书屋被新闻出版总署评为2012年全国示范农家书屋。

该馆共有馆长一名，另设二名副馆长，负责业务、后勤等工作。

该馆在馆领导班子的带领下，在全体员工的共同努力下，将继续抓好业务管理工作，完善服务设施，改进工作方法，共同创造图书馆的美好未来。

联系方式

地　址：辽宁葫芦岛市绥中县图书馆
邮　编：125200
联系人：刘 杰

长春市少年儿童图书馆

概述

长春市少年儿童图书馆始建于1982年，由著名作家公木先生题写馆名，是全市少年儿童书刊、资料的馆藏信息交流中心。主要服务于全市学龄前儿童、中小学生、学生家长及其他儿童教育工作者。

长春市少年儿童图书馆位于南关区东三马路703号，馆舍面积4336平方米，现有藏书777633册，读者阅览坐席526个。365天开馆，目前全部实行免费开放。在文化部第四次、第五次评估定级中连续两次被评为一级图书馆。

多年来，在各级领导的关怀指导下，长春市少年儿童图书馆以"读者至上，服务第一"为宗旨，遵循"服务环境人性化、资源建设标准化、业务流程规范化、读者活动品牌化、管理制度精细化"的办馆思路，开拓创新，不断探索管理模式，打造服务品牌，提升公共文化服务效能，满足少年儿童多元化阅读需求，在推动未成年人思想道德教育工作中发挥了重要示范作用。

业务建设

截止2012年底，长春市少年儿童图书馆现有藏书777633册，其中纸质图书513713册，电子图书245313册（件）、光盘18607件。

目前，长春市少年儿童图书馆互联网接口100兆，计算机73台、服务器5台，并实现了馆内802.11N无线网络覆盖。

使用Interlib图书馆自动化集成管理软件进行业务工作及读者服务管理。购买了超星阅读平台、中国少年儿童新闻出版总社推出的中少快乐阅读平台、E-LIBRARY电子图书平台、点点书库、乐儿数字资源平台等13TB的电子资源供小读者学习使用。

长春市少年儿童图书馆藏书特点以少儿连环画、中外文学名著、科普读物、教育辅导类为主。其中，科普读物占20%，少儿连环画、中外文学名著占35%，教育辅导类占25%。《全国少年儿童图书馆基本藏书目录》入藏率60%。以童话图书为馆藏特色，收录了46个国家的童话图书9454种33650册。开设亲子阅览室，定期举办亲子阅读沙龙和故事会活动。

读者服务工作

2012年底改造后的长春市少年儿童图书馆面貌焕然一新，处处体现了"人性、公益、开放、便捷"的理念。馆内设有开放式阅览大厅、参考咨询室、康复阅览室、亲子阅览室、小小电影院、多媒体电子阅览室、多功能报告厅，另外我们还在服务区设立了自动还书箱、拾物招领箱、爱心雨伞和卫生箱等，为少年儿童读书学习提供了良好的环境。

从2011年起，长春市少年儿童图书馆开始实行免费开放，年平均图书流通45万册次，接待到馆读者26万人次，每周平均开馆时间累计52小时。

在一楼阅览区和二楼多媒体服务区共增添了14台超星PAD及1台超星触摸一体机，集点读、视频、声效于一体，供读者使用，并建立了儿童影片放映专区。建立长春市少年儿童信息港（http://www.cccis.com.cn），为读者提供书目查询、新书推荐、欢乐空间、学习园地、网上导航等服务，成为家长放心、孩子们喜爱的"绿色网站"。

2009-2012年，为分馆配送图书30次，总计62700册。分馆图书流通115万册次，接待读者124万人次。现有图书分馆67家，初步形成了以长春市少年儿童图书馆为中心，区、县（市）图书馆，街道社区和（乡镇）中心校图书室，小学（村级小学）图书室为辐射面的四级图书馆网络格局。

2009年-2012年长春市少年儿童图书馆开展各类读者活动530多次，参与人数13万余人次。开展"少年阅读大讲堂"等品牌系列讲座活动和"世界读书日"等节假日主题系列活动，联合各界开展有规模、有影响的"全国少年儿童阅读年"、"未成年人读书节"等大型读书活动，搭建了少儿阅读阵地实践平台，吸引了广大少年儿童和家长的热情参与。针对青少年的需求开展了书法、摄影、绘画、演讲班。2009-2012年共举办70期，培训570人次。

长春市少年儿童图书馆利用馆藏资源开发了《教育摘编》、《未成年人教育》、《伴我成长》和《少图信息》四个刊物，两个月一期，至今已创编21期，为市委、市政府教育工作决策、长春市100所中小学校长提供信息服务。

业务研究、辅导、协作协调

2009-2012年，长春市少年儿童图书馆职工共撰写高水平的期刊、会议论文52篇，参与了《吉林省社会科学发展状况综合报告》、《数字图书馆安全保障体系研究》、《吉林省扩大消

"少年阅读"大讲堂校园行系列讲座

"快乐成长、爱心飞翔"文化广场系列活动

报刊阅读区

多媒体电子阅览室

外借读者大厅

费需求的政策体系研究》、《提高吉林省生态文化旅游竞争力的最佳方法——价值工程》共4项科研研究。

2012年度，共举办岗位培训、继续教育培训27次，参与培训729人次，累计2430学时，每人年均90学时。

长春市少年儿童图书馆还组织专业技术人员立足本职岗位，结合工作实际，开展课题研究，评选优秀科研成果，并组织单位内部学术论文研讨会，至2012年底已举办了十届馆内学术研讨会。长春市少年儿童图书馆还积极组织馆员参加国际图联大会、中国图书馆学会年会、省图学会年会等学术会议。

2012年9月，由长春市少年儿童图书馆承办的全国少儿阅读峰会在长春召开，国内少儿阅读的知名专家、图书馆代表、出版社代表、教育界代表150人参加了此次大会。会议就"加强馆社合作、推动少儿阅读"这一主题进行深入交流，会上长春市少年儿童图书馆做的《长春市少年儿童图书馆推动少儿阅读服务的实践》赢得了与会代表的高度评价。

管理工作

2012年长春市少年儿童图书馆制定了《长春市少年儿童图书馆2012年岗位分级及竞争上岗实施方案》、《长春市少年儿童图书馆岗位管理实施细则》，开展了全馆岗位设置及中层干部聘任工作，馆内33名工作人员参加了此次人事竞聘工作，其中有6名中层干部竞聘到5个部门任职，26名专业技术人员参加了岗位分级工作。

长春市少年儿童图书馆还建立健全各项规章制度，如《长春市少儿馆财务管理制度》、《长春市少年儿童图书馆固定资产管理暂行办法》、《长春市少年儿童图书馆物品资产管理规定》、《长春市少年儿童图书馆业务档案管理办法》、《长春市少年儿童图书馆突发事件（事故）应急预案》、《长春市少年儿童图书馆四防安全管理制度》等，制定了各项业务统计报表，如《外借部业务统计月报表》、《采编部业务统计月报表》、《业务研究辅导部业务统计月报表》、《信息网络部业务统计月报表》、《读者活动统计年报表》、《参考咨询服务统计表》、《分馆业务工作情况季报表》等，规范和指导各项行政管理工作。

表彰、奖励情况

2009—2012年，长春市少年儿童图书馆共获得各种表彰、奖励16次，其中省部级表彰5次，其他表彰、奖励11次。

馆领导介绍

尹振安，男，1958年5月生，大学本科学历，中共党员，研究馆员，馆长。1977年8月参加工作。曾任长春市文化局办公室副主任，2003年6月任长春市少年儿童图书馆馆长。现兼任中国图书馆学会未成年人图书馆服务委员会委员，吉林省图书馆学会副秘书长。2011年被长春市人民政府授予文教系统先进个人称号。

姚淑慧，女，1965年7月生，研究生学历，中共党员，研究馆员，党支部副书记兼副馆长。1987年7月参加工作。曾任长春图书馆副馆长，2010年10月任长春市少年儿童图书馆党支部副书记兼副馆长。曾荣获全国图书馆未成年人服务提升计划三等奖、全国优秀社会科学普及工作者、长春市宣传思想文化工作创新奖、第五届长春市优秀"青少年维权卫士"等荣誉。

未来展望

长春市少年儿童图书馆坚持以邓小平理论、"三个代表"重要思想、科学发展观为指导，继续秉承"读者至上，服务第一"的办馆理念，坚持以人为本，坚持公益性、基本性、均等性、便利性的原则，夯实基础业务、提升馆员素质、创新服务模式、提高管理水平、增强服务效能，为少年儿童提供全方位、多层次、高质量、高效率的多元化文献信息服务，不断满足他们日益增长的文化需求，为建设繁荣长春、和谐长春、开放长春、美丽长春、幸福长春做出应有的贡献。

联系方式

地　址：长春市南关区东三马路703号
邮　编：130042
联系人：韩景源

图书漂流活动

台湾著名儿童作家—方素珍老师来长讲座

"同仁眼科杯"征文、绘画、歌咏大赛颁奖典礼

延边朝鲜族自治州图书馆

概述

延边朝鲜族自治州图书馆始建于1948年4月，几经更名，于1955年1月6日被吉林省人民政府正式命名为延边朝鲜族自治州图书馆，是延边州第一所综合性公共图书馆，也是在中国少数民族地区中建立较早的地区级图书馆之一。1998年、2004年、2013年先后三次被评为国家一级图书馆。

新馆于2012年9月2日，作为延边朝鲜族自治州成立六十周年献礼工程正式投入使用。总面积为12930平方米，藏书设计容量150万册。拥有9个阅览室、3个技能培训室和一个报告厅，1000多个座位，238台计算机，其中可供读者使用的计算机为112台。还拥有OPAC检索机16台，SRP多媒体自助阅报系统2台，自助还书系统4台，自动办证机1台，3D导航仪1台。使用Interlib图书馆集群自动化管理系统。

业务建设

截止2012年底，延边图书馆总藏量54182种652786万册（件），其中纸质文献资料379670万册（件），电子图书33万册，电子期刊9324种。

2011年财政拨款703万元，2012年财政拨款877万元，增拨图书馆设备和文献采购经费1500万元。新增藏量购置费340万元，其中电子资源购置费45万元。2009–2012年，地方文献图书入藏总量21930册，期刊合订本2490册，报纸合订本1938册，地方志1631册，视听文献1459种。多卷书、连续出版物入藏完整率达到98%。

截止2012年底，延边图书馆数据资源共计容量9.83TB，数字文献存储已达到28.3TB，馆藏中文文献书目数字化率100%。建立中文和朝鲜文2个地方文献数据库，中文数据库书目数据1147条，馆藏数据2193条，朝鲜文地方文献数据库书目数据7660条，馆藏数据20761条，这些文献形成延边馆的馆藏特色。

2012年，延边图书馆成功转换原使用ILAS系统的40万册图书数据。建立延边图书馆局域网和无线虚拟网，可实现馆内500多个终端同时上网阅览，机房存储空间达到78TB，实现数字资源全部免费开放。读者服务区无线网覆盖100%。

读者服务工作

2012年9月起，延边图书馆实行全年天天对外免费开放，每周开放91小时。2009年至2012年，馆藏书刊文献年外借率62.5%，书刊文献年外借27万册次。与中央民族大学图书馆、延边大学图书馆、延吉市少儿图书馆以及全省大部分高校、公共图书馆联盟馆建立馆际互借关系。在全州机关、社区、部队、学校、林业等部门建立24个图书流通站点，馆外流通图书年均17026册次。为电视剧《长白山下我的家》编剧、《朱德海传》的作者，中国朝鲜族迁移历史研究等项目提供信息及文献计4822条（册）次。2012年起为领导机关制定决策提供信息服务，每月编发两期《参考信息》。

2011年11月与吉林新闻网（朝鲜文版）《百科栏目》联合开设《全国文化信息资源共享工程专栏》，给广大朝鲜族网民提供译制朝鲜文信息资源，截止2012年底已上传各类文献3000多条。自开设以来访问数量不断攀升，已突破IP30万，各种信息点击率已超百万人次。

2012年延边图书馆收藏CNKI中国知网数据库，全库9000多种期刊，500多种报纸，6000多种工具书，100多万篇博士、硕士论文；收藏超星电子图书数据库3万多册；引进智博起点就业能力拓展数据库、易趣漫画数据库等。

2009年至2012年，延边图书馆共举办讲座、展览、培训、阅读推广等读者活动72场次，参与人数8万多人次。

业务研究、辅导、协作协调

2009年至2012年，延边图书馆职工发表论文83篇，其中国家级论文20篇，省级论文63篇。省级课题3项结项。

延边图书馆坚持每周一上午业务学习制度，聘请馆内外专家学者对职工进行业务培训，组织职工参加继续教育培训，人均年学时60小时以上。每年，延边图书馆都以继续教育培训班的形式，对基层图书馆（室）的100多名业务人员进行业务培训。

2008年末，延边图书馆与延边大学图书馆等全省29个联盟成员馆的书目数据库链接，实现虚拟资源的一站式检索。2009年2月，设计制作“吉林省图书馆联盟（延边）通阅卡”1000张，读者手持一卡即可在全省联盟图书馆成员馆阅览。

2010年延边图书馆与中央民族图书馆、东北三省朝鲜文杂志社之间进行业务交流，为建立《中国朝鲜文书刊数据库》发往中央民族图书馆等相关部门电子函件26条，收集相关信息26条，为中央民族大学“211”工程三期建设项目《中国朝鲜学–韩国学工具书指南》提供文献信息192条。

多年来，延边图书馆学会每两年突出一个主题组织会员

馆长金勇进、朝鲜出版物交流协会局长吴炳海签订“友好图书馆”协议书

延边地区各县市图书馆馆长例会

青少年活动基地揭牌仪式

中文图书借阅室

电子阅览室

图书馆一楼大厅

进行深入的研讨。2010年和2012年组织召开省、州学术研讨会，共收到论文127篇。

管理工作

2010年，延边图书馆完成第六次全员岗位聘任，中层干部竞争上岗10人，职工择优录用59人。实行目标管理责任制，把年度目标分解到各部室，落实到每个人。2012年重新修改汇编《延边图书馆科学管理规章制度》。2009年至2012年，撰写专项调研、分析报告和工作提案10篇。

表彰、奖励情况

2009年至2012年，延边图书馆共获得各种表彰14次，其中，国家业务主管部门表彰2次，省级业务主管部门表彰5次，州级业务主管部门表彰7次。

馆领导介绍

金勇进，男，朝鲜族，1962年5月生，研究生学历，中共党员，副研究馆员，党总支书记、馆长。1985年7月参加工作，历任延边农学院副处长兼团委书记、中共延边州委宣传部处长、延边人民出版社党委副书记，2010年5月任延边图书馆馆长（副县级）。兼任延边图书馆学会理事长、吉林省图书馆学会常务理事，中国图书馆学会少数民族专业委员会委员。

安美兰，女，朝鲜族，1959年10月生，本科学历，中共党员，研究馆员，副馆长。1977年7月参加工作，先后在延边图书馆、延边州文化局工作。2002年5月调任延边图书馆副馆长。分管全馆业务工作，兼任延边图书馆学会秘书长，吉林省图书馆学会副秘书长，吉林省图书系列高级评审委员会委员。

金智力，男，汉族，1960年生，大专学历，中共党员，副研究馆员，党总支专职副书记。1977年7月参加工作，先后在延吉市委、州委宣传部工作。2005年10月调任延边图书馆党总支专职副书记，分管党务及群团工作。

崔哲，男，朝鲜族，1971年2月生，研究生学历，中共党员，副馆长。1993年7月参加工作，历任延边州人事局副主任、延边州文化局处长。2010年2月调任延边图书馆副馆长，兼任延边图书馆学会副秘书长。

未来展望

加快实现以下几个方面的转化：

1、馆藏载体多元化：文献资料的收集、储存、传递向光盘、电子书目和全文数据库等信息的传输转化。

2、信息资源网络化：加快信息资源网络平台建设，真正达到资源共享。

3、业务管理自动化：基本业务全部向现代科学技术管理转化，服务方式逐步走向自动化、网络化、数字化。

4、服务模式开放化：主动融入社会，在信息采集、加工、组织、服务方面，以新的方式组织、控制、选择、传播信息，建立辐射性开放服务系统，把主要目标和工作中心转移到满足读者的信息要求上。

5、服务内容多样化：随着数字资源的不断增多和电子网络化的层出不穷，引申出服务对象多样化，服务内容千变万化，这将极大的丰富图书馆的服务内容。

6、新型功能扩展化：促进多媒体服务功能、文献信息化功能、数据库网络服务功能、文化展示功能、文化交流功能、文化研究功能以及文化服务功能、文化娱乐功能等全面发展。

7、地方资源特色化：作为民族地区图书馆，做好传承、挖掘、收藏、整理、保存民族文献工作并按照现代使用功能要求，强化数字化转换及民族文献阅读平台建设，同时做好收集、保存地方文献工作，打造一个具有民族特色和地方特色的图书馆。

联系方式

地　址：吉林省延吉市文化东路399号
邮　编：133002
联系人：金仙花

十八大图片展

2012省州学术年会

延边图书馆学会第七届三次常务理事会

吉林市图书馆

概述

吉林市图书馆1909年经清帝御批创建，是全国最早成立的市级公共图书馆之一。经过一百多年尤其是改革开放以来的建设，建立了门类较为齐全的馆藏体系，拥有藏书150余万册，其中，12万册古籍线装图书和达到研究级的东北历史文献，是较为珍贵的馆特藏特色文献。

吉林市图书馆新馆于2003年建成正式对外开放，新馆坐落在繁华的市区中心解放东路63号，功能齐全，布局合理，占地1.5公顷，馆舍总面积1.54万平方米，设有近20个大小阅览室，阅览坐席1164个，计算机230余台，信息节点100余个，宽带接入联通、电信各50M带宽，较好地满足读者阅读需求。2013年依据第五次公共图书馆评估标准和定级必备条件，经国家文化部审查确定为国家"一级图书馆"。

业务建设

截止2012年底，吉林市图书馆总藏量为：纸质文献1490862册（件），电子图书50,800册。2013年，吉林市图书馆新增藏量购置费144.2万元，新增电子购书费5.8万元，增购藏量32618册（件）。截止2013年底，吉林市图书馆数字资源总量为12.03TB，其中，自建数字资源总量1.93TB。完成2005年至2010年共7年的《江城日报》题录数据库的标题录入工作；收集了近3年全国省级以上重要平面媒体和网络媒体（主要是门户网站）有关吉林市的信息报道1800余条，开始了《媒体江城》信息汇编的数字化处理和建库工作；完成了2013年《江城日报》原貌电子版数据的采集任务。此外，还向《吉林市通讯》提供参考信息800条；完成了《全国古籍普查平台》吉林市图书馆古籍数据录入简化条目录入工作，共录入文献书目数据4300余条。完成了全馆的无线网络服务系统建设工作，实现了馆内wifi全覆盖。读者可以在馆内的任何地方使用无线终端设备，自行获取馆里提供的数字化信息资源和服务。2013年，继续做好自动化管理系统改造工程。完成了自动化管理系统普通图书管理模块主体部分的改造、调试任务；完成了自动化管理系统报刊管理模块和整个自动化管理设备的研发工作，部分程序已经投入使用，为下一步的全面改造升级奠定了基础。

读者服务工作

从2012年5月9日开始，吉林市市图书馆免费开放。2010-2013年，书刊总流通1158060人次，书刊外借875256册次。

2010-2013年，吉林市图书馆网站访问量203700页（人次）。开发了本馆数字文献平台，并在公网上开始公测；开通"松花江文化讲坛"微信公众平台；购买中国知网学术期刊（人文部分），并在馆内提供了免费阅览。已建的数字图书馆硬件平台已部分投入使用。读者通过这个平台检索、阅览中国知网学术期刊、万方数据库、超星电子图书、读秀、新东方外语教学资源库等20余种大型数据库的电子文献。此外，还积极利用"吉林市图书馆参考咨询平台"开展咨询服务，平均每年为读者传递文献5000篇以上，解答咨询各类课题200余个。

到2013年，吉林市图书馆共举办讲座、展览、培训、阅读推广等读者活动440多项（次），参与人数486260人（次）。通过文化活动，向读者宣传图书馆，帮助读者利用图书馆，较好地发挥了图书馆宣传阵地作用和社会教育功能。

创建视障阅览室。吉林市图书馆与市残联合作，成功地创建了吉林市市第一个公共的视障阅览室，完善了图书馆的服务功能，填补了吉林市没有视障图书阅览智能系统的空白。

业务研究、辅导、协作协调

2010-2013年，吉林市图书馆职工发表论文50余篇，省委级课题10项，其他课题2项。

文化共享工程由国家支持的文化知识技术普及的社会网络工程。吉林市图书馆作为全国文化共享工程的地区级支中心承担着我市文化共享工程建设任务。三年来，吉林市支中心以数字资源建设为核心，以基层服务网点建设为重点，以多种传播方式为手段，以共建共享为基本途径，全力打造吉林地区文化信息资源的共享平台。到2013年底，共建乡镇基层服务点67个，村基层服务点549个。其中与农村党员远程教育共建站点485个，与农村中小学远程教育共建站点256个；自建站点212个；街道基层服务点20个；社区基层服务点52个；学校基层服务点242个；其它站点5个。目前，在吉林市城乡，已经形成了以市支中心为中心，以县（市）、区支中心为纽带，以县镇、街道、社区、村屯为基层服务站点的文化共享网络化布局。

目前，吉林市支中心拥有共享数字资源总量已经达到30TB，其中视频11000余个，音频40000余个，专题资源库7个，电子图书50万册，电子报刊4000余种。同时，我们还加工制作了"松花江文化讲坛"文献视频800小时时长。这些资源通过共享工程网络进行传播，使各基层服务站点便利、快捷的获得了所需知识信息，同时丰富了城乡居民的文化生活。

2010年-2013年，市支中心按计划先后组织了"吉林市文化共享工程网络知识培训班"、"网站建设培训班"、"视频编辑制作培训班"、"文化共享工程知识与技能竞赛"等集中培训10次，组织现场培训、网络远程培训65次。在文化部组织的"第一届文化共享杯—全国文化信息资源共享工程知识与技能竞赛"中，以吉林市支中心为主组成的代表队获得团体第三名的好成绩。

管理工作

三年来，重新制定和完善岗位制度、业务规范、劳动纪律

翰墨飘香迎新春送春联活动

少儿书画比赛

松花江文化讲坛——郭海燕

读者自修室

少儿阅览室

视障阅览室

等各类制度50余项。制定了《吉林市图书馆文明服务规范》，对市图书馆员工的职业道德，图书馆环境、员工的仪表、行为、语言都做出了明确的规定。设立读者投诉信箱和读者意见反馈栏，建立了信件处理和投诉受理制度，指定专人答复读者提出的意见和建议，坚决处理读者投诉事件。三年来，共收到读者提出的意见、建议和投诉30余件，我们对每个意见、建议和投诉都进行了及时、认真、严肃的处理。通过抓制度，建规范，初步形成了"用制度管人，按规则办事"管理机制。

每年吉林市图书馆通过走出去学，请进来学，集中考试，岗位练兵等多种形式，积极开展业务学习和岗位训练。为了督促学习巩固效果，组织全馆职工进行两次集中考试，并在全馆组织开展了岗位练兵活动和"三亮三比"（亮身份、亮职务、亮承诺；比作风、比技能、比业绩）活动。抓培训，提素质工作，开阔了职工视野，更新了知识结构，增强了学习紧迫感，提高了业务技能，为能更好地为读者服务奠定了基础。

表彰、奖励情况

2009–2012吉林市图书馆共获得各种表彰、奖励15项，其中，省级业务主管部门2项；地级13项。

馆领导介绍

石继禹，男，1963年11月生，大学本科学历，中共党员，现任吉林市图书馆党总支书记、馆长。2005年2月，被中共吉林市直属机关工委评为2004年度优秀共产党员；2005至2007年度，连续三年被吉林市人民政府评为优秀公务员，记三等功一次。

赵明，女，1964年12月生，大学专科学历，中共党员，副研究馆员，现任吉林市图书馆党总支副书记、副馆长。2008年被市人民政府评为安全生产先进个人；2011年被市关心下一代委员会评为"吉林市关心下一代工作先进工作者"。

付晓东，男，1963年4月生，大学本科学历，中共党员，副研究馆员，现任吉林市图书馆副馆长。2011年，被中国图书馆学会评为2009–2011年度优秀会员，被吉林市人民政府评为2010年消防工作先进个人。

温泉，男，1970年3月生，大学专科学历，中共党员，馆员职称，现任吉林市图书馆副馆长。1992年到吉林市图书馆工作，先后在报刊部、行政科、馆长办公室等部门工作，任副主任、主任等职。

未来展望

吉林市图书馆未来总体工作思路是以建设理性、开放、法治、现代图书馆为理念，以提升图书馆的服务效能为重点，以构建公共图书馆服务体系、推进数字图书馆建设、大力开展读者活动、加强业务管理为主要举措，继续推动市图书馆向现代化图书馆的升级转型。

2014年，先以市图书馆为中心馆，选择一个条件较好城区图书馆为分馆进行建设试点，开展文献统一管理、物流调整配书、"一卡通"读者服务、总分馆间通借通还、网上预约借书等业务。2015年，在总结试点经验的基础上，启动并完成另外三个城区图书馆的分馆建设工作。2016年，按照市图书馆与四个城区图书馆的总分馆模式，分别在四个城区各选一个街道图书室作为基层分馆，年内完成建设任务。到2017年，在全市初步建成以9个图书馆构成的公共图书馆服务网络，形成我市三级图书馆总分馆制的基础框架布局。之后，根据条件，逐步增建新的基层分馆。

一方面，要巩固好、坚持好、发展好"松花江文化讲坛"。在形式上，要在坚持举办固定讲座、流动讲座的基础上，尝试开展视频讲座，降低讲座成本，注重讲座效果；在内容上要选择更加"贴近生活、贴近实际、贴近群众"的好题材，来满足群众的需求，提升传播先进文化的效果，吸引更多的人走进图书馆，利用图书馆。通过形式和内容的创新，进一步提升讲坛的品位，扩大讲坛的影响。

另一方面，要在培树新的活动品牌上下功夫。继续开展江城读书月、少儿书画比赛、好书推荐等公益活动，注意总结经验，规范模式和策划宣传，经过几年的不懈努力，再打造新的文化活动品牌。

联系方式

地　址：吉林市解放东路63号
邮　编：132000
联系人：张明宇

闹元宵猜灯谜

少年儿童走进图书馆

松花江文化讲坛——阎崇年

松原市图书馆

概述

松原市图书馆始建于1978年，其前身是“扶余县图书馆”，1996年正式更名为松原市图书馆。原馆址位于宁江区长宁南街23号，面积2002平方米（四层楼）。2001年6月，由于市区扩路拆迁，搬至宁江区商贸小区租房开馆。2011年12月搬迁至现址（宁江区沿江东路1419号）并对外开放。建筑面积8010平方米，其外型是巨大的圆形框架，主体建筑风格鲜明独特，功能合理科学，是松原市标志性文化建筑之一。藏书容量100万册。2013年，首次参加第五次全国公共图书馆评估，获得一级图书馆。松原市图书馆有阅览坐席1000个，计算机101台，宽带接入10兆光纤，选用妙思文献信息服务管理系统。

业务建设

截止2012年底，松原市图书馆总藏量20.0533万册，其中，纸质文献187.300万册，电子文献11.799万册，地方文献入藏3.140册。2012年读者服务区无线网覆盖范围达到80%。

截止2012年底，松原市图书馆数字资源总量为15TB，其中，百森创业教育资源库10TB，博看电子期报刊2TB，超星汇雅电子图书数据库3TB，地方文献数据库正在建设中。

业务研究与读者服务工作

从2011年元月起，松原市图书馆全年365天对外免费开放，周开放60小时，2011–2012年，松原市图书馆建立了20个基层图书流通网点，图书总流通112.495万人次，书刊外借21.6万册次。图书馆网站设立了松原市政府公开信息窗口，两年时间，网站访问量达34.769万次。同时编辑《信息与参考》为领导机关决策提供信息服务，2012年图书馆共举办讲座、展览、培训、阅读推广等读者活动20场次，参与人数18.900万人次。

2009–2012年，松原市图书馆职工发表论文25篇，其中：国家级期刊发表10篇、省级期刊发表论文12篇。

管理工作

2012年，松原市图书馆完成第2次全员岗位聘任，本次聘任共设20类岗位，有20人聘任上岗，同时，建立了工作量化考核指标，每季度对工作进行考核，并将考核结果进行全馆通报。

表彰、奖励情况

2009–2012年，松原市图书馆共获得各种表彰、奖励11次，其中：省文化厅表彰、奖励3次，市政府表彰、奖励8次。

馆领导介绍

钱和平，男，1961年9月出生，本科学历，中共党员，1979年1月参加工作，1993年12月任松原市文化市场稽查支队任副支队长、支队长职务，2014年11月被任命为松原市图书馆馆长，党支部书记，负责图书馆全面工作。

边丽梅，女，1963年10月生，本科学历，中共党员，副研究馆员，副馆长，1977年12月参加工作，1989年到图书馆工作，1995年任扶余市图书馆专职副书记，兼任松原市图书馆学会副秘书长，2012年12月任命松原市图书馆副馆长，分管全馆业务工作。

未来展望

松原市图书馆坚持“读者第一，服务至上”的办馆宗旨，始终以“传承文明、传播文化、启迪民智、服务社会”为己任，不断深化服务层次、拓宽服务领域、创新服务项目。

在加快数字图书馆建设中。将自建数据库和购置数据资源以及共享工程和数字图书馆提供的数字资源加以整合，以松原特色文化及馆藏特色资源为重点，加大资金投入，充实和完善电子图书资源，加快地方文献数据库建设工作，即《满族艺术地方戏曲特色数据库》、《地方文学全文数据库》建设。形成松原市图书馆特有的数字资源数据库。

建立图书馆总分馆制，全力建造与松原城市发展相适应、相配套的现代图书馆服务体系，使基层服务点的信息来源更广泛，服务手段更全面，满足广大群众的基本文化需求，增加书、报、刊的种类和数量，5年内馆藏图书达到30万册，满足广大读者的借阅需求，实现文化资源的社会共享。

松原市图书馆以现代技术和科学管理为手段，加快传统图书馆向现代化图书馆的转变步伐，体现出图书馆作为文献信息中心的服务功能。逐步实现图书馆事业的全面协调与可持续发展。

联系方式

地　址：松原市宁江区沿江东路1419号
邮　编：138000
联系人：边丽梅

送书进军营

新馆正厅

广场活动

长春市宽城区图书馆

概述

宽城区图书馆成立于1933年，位于长春市宽城区东一条街649号，图书馆历经1988、2010年两次馆舍建设，现在已经发展成为一所面向全社会开放的综合性图书馆。1994年，宽城区图书馆参加全国首次图书馆评估定级被评定为县（区）级二级图书馆，1998年、2004年和2013年多次被国家评为县区级一级图书馆。2011年底新馆翻建工程落成，扩建后的馆舍面积为2111㎡，全面实行办公自动化管理，实行全年免费开放，并提供24小时网上服务。下设三部一室，即采编辅导部、网络信息部、流通部和馆务办公室。

宽城区图书馆现有工作人员15人，藏书14.5万册，阅览坐席240个，计算机52台，宽带接入10Mbps，选用Interlib图书馆集群管理系统。

业务建设

截止2012年底，宽城区图书馆总藏量14.5万册（件），含古籍图书870册，报刊200种，电子图书10507册。宽城区图书馆年购书经费20万元（2012年）。宽城区图书馆数字资源总量为2T。其中完成自建资源《宽城史话》0.5G，镜像国家中心资源1.99T。2009年升级Interlib图书馆集群管理系统，以适应长春市公共图书馆服务联盟建设的需要。2011年初实现馆内10Mbps光纤接入。

读者服务工作

从2011年11月起，宽城区图书馆全年365天免费对外开放，周开放56小时，积极加入长春市图书馆协作馆网，实现馆藏文献的通借通还。2009–2012年，接待读者203016人次，书刊总流通量98612册次，书刊外借213361册次。截至2012年底，宽城区图书馆共建立分馆及流通站36个，遍及部队、学校、街道、乡村及企事业单位，累计为各分馆配备图书57781册，馆外书刊流通总人次52516人次，书刊外借93918册次。

2009–2012年，宽城区图书馆网站访问量44760次。开通宽图读者服务QQ群。2009–2012年，宽城区图书馆共举办讲座、展览、培训、阅读推广等读者活动45场次，参与人数1.8万人次。宽城区图书馆在2010年底成立了“宽城区图书馆志愿服务小组”，服务小组由馆内中青年业务骨干组成。志愿者服务以集中服务活动方式和分散服务活动方式相结合，累计开展服务45次。

业务研究、辅导、协作协调

2009–2012年，宽城区图书馆职工发表论文9篇。

宽城区图书馆积极开展基层图书馆业务骨干培训10期，共享工程业务骨干培训4期。

管理工作

2010年，宽城区图书馆完成全员岗位聘任，本次聘任共设5类岗位，共14人重新上岗。2011年，《岗位目标管理规范条例汇编》第二版开始实施，建立了工作量化考核指标体系，每月进行工作进度通报，每半年和全年进行总体工作考核。2009–2012年，共抽查文献排架15次，书目数据8次，编写《工作简报》32期。

表彰、奖励情况

2009–2012年，宽城区图书馆共获得各种表彰、奖励16次。其中荣获“未成年人思想道德建设工作先进单位”4次，“宽城区文体系统优秀组织奖”4次，“宽城区文体系统财务工作先进单位”4次，“精神文明建设工作先进单位”4次。

馆领导介绍

李嘉英，1966年3月生，大学本科学历，九三学社社员，副研究馆员，馆长，吉林省图书馆学会理事。1989年7月参加工作，从事图书馆工作26年。2013年代理图书馆馆长主持工作，2014年6月正式认命为图书馆馆长（副处级）。多年来从事基层图书馆工作，多次参加长春地区业务竞赛，主持本馆加入长春协作图书馆工作以及与其它图书馆的协调协作，主持2013年评估等重大工作。

杨晓军，1967年4月生，大学本科学历，中共党员，副研究馆员，副馆长。1989年7月参加工作，从事图书馆工作26年。2004年认命为副馆长。多年来从事基层图书馆辅导工作，主持本馆参加公共文化示范区建设等重大工作。

未来展望

宽城区图书馆遵循“读者第一，服务至上”的办馆理念，积极完善单体服务功能，扩大服务辐射区域，带动全区公共图书馆事业的发展。在不断强化自身综合实力的同时，积极参与国家图书馆数字图书馆联盟建设，利用宽城区图书馆网站、读者服务QQ群、共享工程VPN专网发布信息，资源，提供全覆盖、不间断、无时空限制的数字文献远程和移动服务。基本建成资源丰富、技术先进、服务便捷、覆盖城乡的数字文化服务体系，积极推动文化惠民工程的有力实施。

联系方式

地　址：长春市宽城区东一条649号
邮　编：130051
联系人　史秀珍

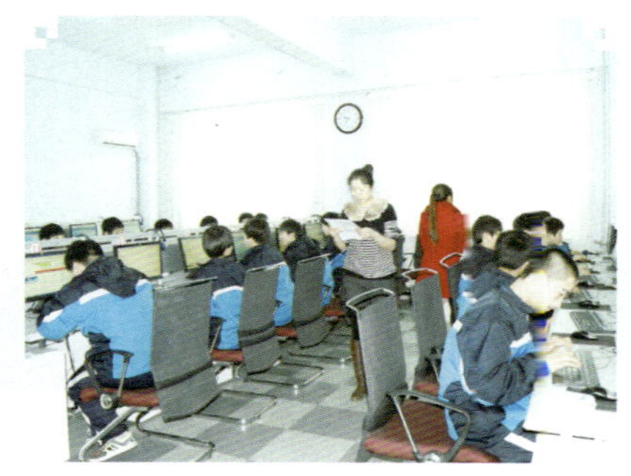

延吉市少年儿童图书馆

概述

延吉市少年儿童图书馆成立于1982年9月17日，1983年5月25日正式对外开放，是吉林省较早成立的少年儿童图书馆之一。经过1988年异地再建，2001年原地扩建，馆舍面积由600平方米增加到2118平方米，2012年底在编职工30人，有中文图书借阅室、朝文图书借阅室、报刊借阅室、公共电子阅览室等6个借阅服务窗口，4个读者自习区以及素质教育培训室、多功能活动厅等读者服务场所，阅览座位288个。收藏各类文献资料32万册/件，计算机68台，宽带接入10Mbps，选用ILASII（国际版）图书馆自动化集成系统。1996年在文化部公共图书馆第一次评估定级工作中被评为国家一级图书馆，此后连续保持国家一级图书馆称号。1998–2012年连续15年被评为吉林省精神文明建设工作先进单位。

业务建设

2012年底，延吉市少年儿童图书馆文献总藏量32万册（件），其中，纸质文献148850册，电子图书155032种，期刊报纸合订本14998册。2010–2012年平均年购书经费35万元，共入藏图书9529种，25257册，年均订阅报刊351种。制定了详细的图书采选规则、各类文献著录细则和文献典藏保护制度，当年新入藏文献编目加工入库率为100%。《全国少年儿童图书馆（室）基本藏书目录》收录图书收藏率在40%以上。读者使用多功能触摸导读系统设备及OPAC进行书目检索。

读者服务工作

延吉市少年儿童图书馆从2005年起全部实行免费服务，全年365天开馆，每周开馆时间61.25小时。2010–2012年平均年接待读者11.2万人次，外借文献12.3万册次，开架书刊册数占总藏量的80%以上。在全市建立30个分馆，年接待读者11500人次，流通书刊30726册次。设有残疾人专用通道、专用座席，收藏盲文图书，开展了“关爱留守儿童、空巢老人”等针对特殊读者的阅读活动。建有延吉市少年儿童图书馆门户网站（http://www.yjseg.cn）和精神文明网站（http://wmwyjs0054.ybyulong.com/），访问量逐年提升。

2010–2012年以全民阅读活动、全国少年儿童阅读年、延边读书节等活动为契机，围绕庆祝建党九十周年、中国梦等主题，以知识竞赛、文艺汇演、社会调查、图片展览、讲座、培训、书评、征文等形式开展了各类读者活动133次，参加活动总人次达到10.5万人。通过编制新书通报、设立新书专区、宣传专栏等进行书刊宣传12次，宣传资源数量3000余种。举办英语、钢琴、作文（朝鲜语）、朝鲜族民俗手工制作、电脑知识培训等课外兴趣辅导班69个班次，培训学员1150余人次。开展文献检索咨询服务150余次。建立重点读者档案，开展读者教育与用户培训7次。

积极参与“公共电子阅览室计划”活动，更新了电子借阅室终端31台，增设多功能一体机1台。指导读者有效利用馆内数据库资源和网上资源，积极参与全国“公共电子阅览室建设计划”百题知识竞赛等读者教育及读书活动。

《中国文化报》、《中华人民共和国图书馆博物馆群艺馆文化馆大典》、《吉林日报》、《延边日报》、《延边晨报》、《书香延边》、《延吉年鉴》、《延吉市统计年鉴》等宣传媒体和出版物分别对延吉市少年儿童图书馆进行了宣传报道。

业务研究、辅导、协作协调

2010–2012年，延吉市少年儿童图书馆职工人均继续教育110.4学时。在各级图书馆学术研讨会及公开出版物发表论文47篇。编辑出版作文培训班学员作品集2部。通过编印《少儿图书馆工作交流》与各地区少儿图书馆进行业务交流。

2010–2012年，延吉市少年儿童图书馆与延吉市关心下一代工作委员会联合开展全市各街道青少年大型读书活动6次，与延吉市妇女联合会合作，设立青少年活动中心，经延吉市依法治市领导小组命名，成为首批延吉市法治文化教育基地，成为延吉市青少年文化、教育、学习、娱乐中心。

2012年底全国文化信息资源共享工程延吉市支中心（延吉市少年儿童图书馆）在全市建有96个文化共享工程基层服务点，已形成辐射乡镇、街道、村和部分社区、学校、部队的共享工程网络，随时进行业务指导，培训服务点管理人员，在服务点分别开展了2012话龙年、延边老人喜阅会等读者活动23次，受益群众3万多人。

延吉市少年儿童图书馆积极组织、协调农家书屋工程建

农家书屋演讲活动

基层图书管理员培训

图书馆正门

连环画借阅室

中文图书借阅室

设，2010年为止，在延吉市所有行政村（54个）建立了农家书屋，村级覆盖率达100%。经常举办农家书屋图书管理员培训班，深入农家书屋进行业务指导，及时为农家书屋配送图书和视频资料。开展了农民蔬菜种植技术知识竞赛、农业科技知识讲座等活动。

2010—2012年，分别组织职工到韩国首尔市立少儿图书馆、芦原少儿图书馆参观学习并建立姊妹馆关系，经常获赠朝鲜文少儿读物；利用各种机会到国家图书馆少儿图书馆、天津少儿图书馆等参观学习，增进交流，学习先进经验。

管理工作

2010年—2012年实行全员岗位设置管理，按需设岗、按岗聘用。每年签订岗位目标管理责任书，实行年终考核和月绩效考核。不断完善财务制度并严格执行，确保财务工作无差错。认真执行设备、物资管理制度，定期清查固定资产，建有省级标准档案室，文书档案、图书馆业务档案、设备档案、财务档案、职工档案等按期规范化整理入档，布设馆内监控和防盗设备，确保读者及馆内财物的安全。

表彰、奖励情况

2010—2012年共获得县级以上表彰奖励19项，其中：国家级6项：国家一级图书馆、全国读书活动优秀组织奖等。省级9项：吉林省2010—2012年度精神文明建设工作先进单位等。县级4项：延吉市三八红旗集体等。

馆领导介绍

金冬梅，女，1970年1月生，本科学历，中共党员，副研究馆员，馆长。1990年7月参加工作，历任延吉市少年儿童图书馆主任、副馆长、延吉市文化新闻出版和体育局党办副主任，2012年4月任延吉市少年儿童图书馆馆长。兼任吉林省图书馆学会理事、延边州图书馆学会常务理事、文化信息资源共享工程延吉市支中心主任等职。

金文玉，女，1967年6月生，本科学历，中共党员，研究馆员，党支部书记、副馆长。1987年7月参加工作，先后在采编部、阅览部、教学参考咨询部、外借部等部门工作，历任主任、党支部副书记、副馆长，2007年2月任延吉市少年儿童图书馆党支部书记、副馆长，分管党务工作、精神文明建设、信息咨询网络部、社会教育部工作。

王立平，女，1972年5月生，本科学历，中共党员，中级职称，副馆长。1993年8月参加工作，历任延吉市文化馆主任、延吉市文化新闻出版和体育局党办副主任，2010年1月任延吉市少年儿童图书馆副馆长，分管文献资源建设部、读者服务部工作。

未来展望

延吉市是中国朝鲜民族聚居地，是延边朝鲜族自治州的首府。延吉市少年儿童图书馆要依托地域和民族优势，创新管理、服务理念，以“用户为中心”，应用现代技术装备，完善功能，扩大服务领域，建立共享服务网络，将图书馆建成全国朝鲜族少儿文献信息的收藏检索中心，朝鲜族少儿读者和家长的读书活动中心，朝鲜族中小学校教育教学资料收藏研究中心，精神文明建设的传播中心，并逐步与世界一流少年儿童图书馆接轨。

联系方式

地　址：延吉市局子街丰收胡同58号
邮　编：133000
联系人：金文玉

曙光杯争做“四好少年”主题活动

全民阅读比赛

长春市绿园区图书馆

概述

吉林省长春市绿园区图书馆成立于1990年，2011年经重新改造装修，由原来300㎡扩建至2500㎡。2013年初，位于长春市皓月大路1170号的新馆全面免费开放，邮码130062，电话（0431）81178779。工作人员19人，均为大专以上学历。设计藏书容量20万册，可容纳读者座位240个，计算机55台，宽带接入60Mbps。2013年6月末，参加第五次全国公共图书馆评估，被评为一级图书馆。2014年，引进RFID图书馆智能管理系统，开启吉林省首家24小时自助图书馆。

业务建设

截止2014年8月，绿园区图书馆总藏量20万册（件），其中，纸质文献10万册（件），电子图书10万余册，视听文献2000种，纸质报刊300种，电子报刊200种。地方文献入藏完整率为96%。

2013年，开通绿园区图书馆网站，数字图书馆、移动图书馆全面开通，无障碍WIFI覆盖全馆，数字资源总量12TB，全天候、全空间供读者免费使用。

2014年，引进RFID图书馆智能管理系统，实现全馆自动化管理，增设两处24小时自助图书馆，将图书馆服务延伸到读者身边。

2011年，绿园区图书馆藏量购置费10万元，2012年藏量购置费5万元，2013、2014年增至56.1万元。

读者服务工作

从2013年1月起，绿园区图书馆全年365天全天候对外免费开放，周开放60小时，2014年，引进RFID技术，开通24小时服务，实现了馆藏文献的自助借还，极大的方便了读者。上半年总入馆5万人次，书刊外借2.1万册次。常年举办讲座、展览、培训、阅读推广主题活动，是绿园区图书馆阅读推广工作的特色。我馆坚持组织“图书馆专题讲座”、“图书馆服务宣传周”、“数字资源播放”以及播放露天电影等信息资源的系列活动，被新闻媒介中多次报道，使广大读者充分了解馆藏状况和基本功能，并掌握文献信息资源的检索利用。年接待读者8万次，解答读者咨询500条以上，少儿读者活动16次以上。并倡导和鼓励读者多读书，利用公共查询系统、本馆主页、读报机等及时更新图书馆资源信息，积极地引导读者利用图书馆资源。

业务研究、辅导、协作协调

业务研究保持经常化。馆内定期举办论文研讨会，业务培训和基层图书管理员培训。2011-2012年，绿园区图书馆职工发表论文4篇。多次参加图书馆学会组织的论文比赛，其中有两人获得二等奖。绿园区图书馆图书外借室、电子阅览室、青少部与长春市及宽城区图书馆联网，实现了通借通还，一证通用。与市少儿图书馆协作，建立少儿分馆。与省科协合作，设立青少年科技馆，增加科普读物、增设科教器材，定期开展科普活动，为青少年营造学科学、爱科学、多读书、读好书、积极向上的良好氛围。

定期下乡指导农家书屋、365百姓书房的建立和巩固以及向其配送图书，对农家书屋、365百姓书房图书类型需求的进行调查，根据需求统一配送图书，提高藏书量，完善设施设备，为各农家书屋、百姓书房进行了充实与更新，开展图书流通工作，这是绿园图书馆加强农家书屋、365百姓书房建设的重要举措。

绿园区图书馆在吉林省率先建成了两个24小时自助图书馆，分别容纳1000本和3000本书籍，一个设在区政府大厅，实行办证、借阅、续借、查询的一体服务，另一个建在馆门前广场，读者刷卡进入，自助借书，24小时“不打烊”，这是绿园区图书馆的又一特色亮点工作。

管理工作

2010年，绿园区图书馆建立了工作量化考核指标体系，每月进行工作进度通报，每半年和全年进行总体工作考核。

2009-2012年，共抽查文献排架68次，书目数据28次，撰写专项调研、分析报告和工作提案25篇，编写各部门工作进度通报28篇。

表彰、奖励情况

2009-2013年，绿园区图书馆共获得各种表彰、奖励20余次，其中，国家新闻出版总署表彰、奖励3次，省级表彰、奖励3次，市级表彰、奖励10次。

第一期读者论坛会

为基层配送图书

赛车比赛

益智积木比赛

图书置换

电子阅览

自助馆

青少馆

馆领导介绍

馆长：王炳文，男，1959年9月生，本科学历。1980年7月参加工作，曾任长春市绿园区文化市场综合执法大队队长。连续多年被评为优秀工作者荣誉称号。

副馆长：熊英，女，1958年2月生，中专学历。1980年7月参加工作，1993年1月到绿园区图书馆工作，先后在指导部工作，任副主任、主任等职。2003年8月任副馆长，分管全馆业务、精神文明建设等。

未来展望

绿园区图书馆遵循"博学、慎思、谨言、笃行"的办馆理念，践行"全心全意为读者服务"的思想，在馆藏图书数量、质量、服务内容等软件方面进一步下功夫，努力提高服务水平，使图书馆的作用和服务功能得到最大发挥，大力带动地区事业发展。2009-2012年，绿园区图书馆在不断强化自身综合实力的同时，在全省率先建立24小时自助图书馆，将服务时间最大化；开放24小时自修室，为挑灯夜读者点赞；实施"365书香工程"，将服务触角延伸到百姓家。在未来的一两年里，将逐步扩大馆藏，纸质文献入藏20万册，增设自助图书馆，更大限度为读者服务，使服务半径最大化。

联系方式

地　址：长春市绿园区皓月大路1170号
邮　编：130062
联系人：王炳文

24小时自助图书馆

图书馆外貌

蛟河市图书馆

概述

蛟河市图书馆创建于1954年，1978年独立建馆，同年正式对外开放，是吉林省较早成立的县级图书馆之一。馆址于2008年变迁，2008年底，位于蛟河市深圳街北京路188号的新馆正式重新对外开放。新馆占地5000平方米，建筑面积2580平方米。图书馆主楼四层，参差有序，秀丽挺拔，具有先进的消防、监控、供电保障系统，门禁与图书检测系统。实行全开放全开架借阅和计算机管理，设有报告厅、会议室、密集书库和3个藏阅一体化的专业阅览室，有普通阅览座位290余席，多功能电子阅览室有电子阅览席位66个。宽带接入光纤10兆，存储容量5TB。选用CSLN.net图书馆自动化管理系统。2013年，参加第五次全国公共图书馆评估，首次获得一级图书馆。

业务建设

蛟河市图书馆藏书资源丰富。截止2013年底，蛟河市图书馆入藏各种纸质文献11.8万册（件），其中，图书馆入藏中文图书11余万册、朝鲜语等外文图书0.8万册、线装书300册、电子文献7395种，2012年图书馆入藏新书2762种，15000余册，报刊年入藏量270种，视听文献35件。还收藏有《四库全书》、《四库全书续编》等大型古籍丛书、类书。

2010年底，蛟河市图书馆讲自动化管理系统升级改造为CSLN.net联合馆系统，实行联网联合编目，以适应蛟河市公共图书馆服务联盟建设的需要，同时，图书馆网站增加了智能导航和自助续借功能。2014年将实现馆内20兆无线网络的全覆盖，免费为读者开放。

读者服务工作

图书馆拥有多种现代化服务手段，提供外借、阅览、参考咨询、文献检索、读者教育、馆际互借、文献复制等各种服务，能够进行科技查新。图书馆采取多种形式开展信息素质教育，并为有关政府部门及企业团体提供实习场所。

根据文化部、财政《关于推进全国美术馆、公共图书馆、文化馆（站）免费开放工作的意见》及财政部《关于加强美术馆、公共图书馆、文化馆（站）免费开放经费保障工作的通知》等，我馆将对书库、普通文献阅览室、少儿阅览室及电子阅览室等实行全面免费开放。

蛟河市图书馆自1996年起至今始终坚持全年向社会开放，具体开馆时间：夏季：周一至周日：8：30时-5：00时；冬季：周一至周日：8：30时-4：30时；法定节假日：9：00时-15：00时；实现平均周服务时长64小时。

在书刊借阅中，采取多样化的服务方式，2012年预约借书、送书上门、资料代查，以及其他等形式，各有30余次。馆内设有外借处、普通文献阅览室、儿童阅览室、电子阅览室、资料咨询室和和报刊库等，对基层服务点定期送书上门，集中辅导和临时辅导相结合。2012年外借册次82410册，馆内阅人次13753人，每季度出一期图书宣传栏，全年共计4期。馆外图书服务流动点借阅册次54570册。

在图书宣传活动周中，我们做到了有计划、有声势、有行动，主动配合教育、计生、科技局等部门和单位走上街头，打造声势和舆论，大力宣传图书馆，收到良好的社会效益。配合活动周，我们开展了读者的读书活动，为全市各个层次的读者提供所需资料，借以宣传图书馆在社会上的地位与作用，提高了图书馆在社会上的知名度。

在组织活动中，2012年组织了读者活动12次，内容包含座谈会和农家书屋读书演讲会等。

在解答咨询中，各组分工明确，密切配合，按计划共计完成585余条，为蛟河市委、蛟河市人民政府、蛟河市人大、蛟河市政协提供季度简报，为政府机关决策出谋划策。跟踪服务畜牧业养殖户、食用菌种植户和果树专业户，为他们提供了大量农业科学技术支持，获得了较好的经济和社会效益。

实施"资源共享工程"建设以来，图书馆加快了自动化、数字化、网络化进程。集书刊采编、图书借还、文献检索等业务为一体图书馆自动化集成服务软件已在流通、采访、编目、报刊等部门全面使用。

业务研究、辅导、协作协调

蛟河市图书馆开馆以来，图书馆馆内职工发表论文26篇，出版专著3部，其他课题2项。

在协作协调工作中，我馆积极参加上级图书馆组织的协作协调工作。在基层图室辅导工作中，定期派专人对其进行业务辅导，并设有20个固定图书服务点进行定点服务，2012年在基层业务辅导工作中，与蛟河市委组织部积极取得联系，举办了一期全市"基层图书管理员培训班"，300人参加。重点讲图书的分类、编目、著录管理，经过历时三天的学习，使到会的

管理员基本了解了图书分类、编目、著录，并能进行简单操作。与市委组织部电教室建立大量的服务联系，与各图书室形成联络网，达到资源共享。

管理工作

2013年，蛟河市图书馆共设置10类岗位，馆内职工14人上岗。馆内采取工作量化考核指标体系，每月进行进度总结汇总，每年进行总体工作考核。年均抽查文献排架21次，年均抽查书目数据10次，年均编写工作提案、会议总结、分析报告23篇。

在规章制度建设方面，我馆本着在实践中不断建立，不断完善的原则，到2012年末为止，共建立了以岗位责任制为中心的，诸如：书刊采购、期刊管理工作细则、文献标引著录细则、财务管理、档案管理、固定资产管理、安全防火、以及职工考核等20余项规章制度。在此基础上实行了以人定岗、以岗定责。量化指标分解到人头的办法，做到奖勤罚懒，奖优罚劣。在实践过程中逐步建立了与之相适应的约束激励机制，为部门工作，为创先争优奠定了好的基础。

表彰、奖励情况

档案管理中设有专人，按规定标准进行科学化管理。各种统计报表和分析报告均能够及时上报进行归档。在环境管理中，保持了图书馆环境的美观、整洁，并有指示标牌和宣传标语牌。多年来，我馆曾先后在业务上被省文化厅、吉林市表彰为先进单位，同时被吉林市文化局评为系统先进单位，被蛟河市委、市政府和文化局评为先进单位等多项荣誉。2013年，被吉林省人民政府评为吉林省“服务农民、服务基层”文化建设先进集体。

馆领导介绍

齐润范，男，汉族，出生于1960年9月26日，大学专科学历，现担任蛟河市图书馆馆长，副研究馆员，吉林省图书馆学会理事。2009–2013年，被吉林省文化厅授予“优秀馆长”称号；在文化共享奥运行活动中，被全国文化信息资源共享工程吉林省中心评为“十佳工作者”；2008年被蛟河市文广新局评为优秀领导干部；2010年被蛟河市文广新局评为先进工作者；2011年被蛟河市文广新局评为系统先进个人；2011年被蛟河市文广新局评为招商引资先进个人，2014年被评为吉林省志愿者协会优秀志愿者。

于秋云，女，出生于1961年10月，专科学历，现担任蛟河市图书馆副馆长，馆员，1979年参加工作，1986年到图书馆工作，先后在少儿阅览室、期刊外借部等部门工作，现任蛟河市第十七届人大代表。

张晓峰，男，汉族，1966年8月出生，大学专科学历，现任图书馆辅导部主任，馆员，2012年被评为吉林省图书馆学会先进个人，2006–2012年，被蛟河市文广新局评为先进工作者，1983年到图书馆工作，曾先后在阅览室、外借部、采编部、共享工程等部门工作。

未来展望

蛟河市图书馆是一所功能齐全、专业人员结构合理、服务设施和手段较为先进的公共图书馆。为响应党中央“群众路线”方针，蛟河市图书馆将继续完善服务功能，扩大服务辐射区域，带动地区文化事业发展。2010年，蛟河市图书馆文化资源共享工程正式启动，在未来的几年里，蛟河市图书馆将陆续开放少儿图书馆，盲人图书馆等特色图书馆，逐年增加馆藏文献数量，扩大阅览室面积，并引进特色数据库、数字图书馆等数字资源，全面提高年服务人次和数字资源的利用率，提供全覆盖、不间断、无时空限制的数字文献远程和移动良好运行的文献与技术能力，做到主要指标位居全国公共图书馆前列，达到国际一流图书馆的基本标准。

联系方式

地　址：蛟河市北京路深圳街188号
邮　编：132500
联系人：齐润范

（撰稿人：张晓峰）

桦甸市图书馆

概述

桦甸市图书馆1958年建馆，经过历史延革，几易馆舍，1987年，独立新馆在位于人民路中段落成，面积1060平方米，是我市唯一一家公益性图书馆。2003年，参加第三次全国公共图书馆评估，首次获得一级图书馆。2009年11月，位于渤海大街新建设文体中心大楼落成，标志着图书馆新馆正式投入使用，面向社会大众全面开放。新馆面积3461平方米，内设采编部、借阅部、网络部、综合办公室等4个业务行政部门。有报刊阅览室、少儿阅览室、电子文献阅览室3个对外服务窗口，基本藏书库、普通图书库，实行典藏合一全架式开放，阅览座席480个。计算机54台，宽带接入10Mbps。

业务建设

截止2012年底，桦甸市图书馆总藏量40.3万册，其中纸质文献13.5万册，电子图书26万册，视听文献6377张，报刊2884件。

2012年桦甸市图书馆新赠馆藏购置费21.2万元，2009–2012年，共入藏图书1.57万种，3.97万册，中文报刊962种，视听文献625种。

截止2012年底，桦甸市图书馆数字资源总量为6.5TB，其中整合桦甸历史文物、人文题材、旅游风光、非物质文化遗产等方面资源，建立地方特色资源数据库。

2011年以来，信息化建设水平大幅提升，自动化管理系统升级为汇文LibsysBS图书馆集群管理系统，增加图书防盗系统功能，图书自助借还系统得到有效应用，实现馆内无线网络覆盖。随着硬件设施的完备和加强，促进了县域内联盟工作的均衡发展，有力地推动了县、乡、村级总分馆制图书网络全覆盖的进程。

读者服务工作

桦甸市图书馆实行全年无假日对外开放，2011年5月，在公共服务空间和服务项目上实现“无障碍，零门槛”免费开放。开通报刊阅览室、少儿阅览室、电子文献阅览室等对外服务窗口，基本藏书库、普通图书库，实行典藏合一全架式开放，为读者免费提供文献资源借阅、检索咨询、辅导培训、流动服务等基本文化服务项目，同时对办证、验证的辅助性服务实行全免。每周开馆63小时，书刊文献开架率达到99.97%。2009–2012年，书刊总流通人次为86.36万人次，书刊外借40.55万册次。馆外书刊流通总人次38.65万人次，流通书刊36.81万册。

2011年，建立桦甸市图书馆网站，实现与国家、省、市业务部门、政府信息部门，中小学生自主学习教学辅导课件以及知识视界科普视频库等网站的有效链接。

2009–2012年，桦甸市图书馆共举办讲座、展览、培训、阅读推广等读者活动146场次，参与人数15.29万人次。

业务研究、辅导、协作协调

2009–2012年，桦甸市图书馆职工发表论文5篇，4篇论文在省际交流会上获奖，16篇经验文章在国家、省、市研讨会上或报刊上交流、发表。

构架具有本地特色的服务网络体系：横向上，借助地区联盟这一平台，实现与吉林北华大学图书馆、东北电力大学图书馆的联盟共建，在业务管理、技术服务、人才培训和资源建设等方面进行合作。纵向上，操作流程主要体现在：市委重视，政府主导，部门参与，整合资源，三级联动（市图书馆为总馆，乡镇文化站为分馆，村级农家书屋为服务点）的总分馆制模式。截止2012年末，已建成各类图书分馆29个，农家书屋177个，自然屯图书流通点210个，文化大院20个，期间，不定期深入基层进行针对性业务辅导146次，举办业务培训班43期。

管理工作

2010年，桦甸市图书馆完成第二次全员岗位聘任，本次聘任共设16类岗位，有16人重新上岗，同时，建立了工作量化考核指标体系，每季度进行工作进度通报，年末进行总体工作考核。

表彰、奖励情况

2009年–2012年，桦甸市图书馆荣获各种表彰、奖励16次。其中，荣获文化部表彰、奖励1次，荣获省业务部门表彰、奖励1次，荣获吉林地区业务部门表彰、奖励4次，其他类别表彰、奖励10次。

馆领导介绍

黄强，男，1968年5月生，本科学历，中共党员，中级职称，馆长兼党支部书记。1986年11月参军，1990年3月退伍到桦甸

纪念中国共党建党90周年主题活动

桦甸市分馆启动仪式

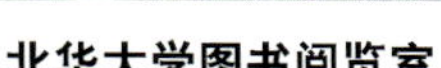
北华大学图书阅览室

电子文献阅览室

普通图书库

市文化馆工作，历任桦甸市文化馆党支部副书记、桦甸市文化市场管理所副所长、桦甸市青少年业余体校校长兼党支部书记，2009年1月任桦甸市图书馆馆长兼党支部书记。兼任吉林省图书馆学会理事、吉林市图书馆学会、吉林市图书馆联盟常务理事。

毛淑杰，女，1964年5月生，本科学历，中共党员，副研究馆员，副馆长。1984年7月参加工作，2001年11月到桦甸市图书馆工作，任党支部副书记，2008年3月任桦甸市图书馆副馆长。分管信息网络、文化信息资源共享工程等工作。

国博鸣，女，1974年9月生，本科学历，中共党员，副研究馆员，副馆长。1992年7月到桦甸市图书馆参加工作，先后在少儿部、阅览部、借阅部、采编部工作，任主任等职，2008年3月任桦甸市图书馆副馆长，分管全馆业务、农家书屋工程、总分馆制农村图书流通、对外宣传等工作。2009年荣获吉林省“文化共享工程十佳工作者”称号，2012年被中共吉林市委、市政府评为“德艺双馨”人物。

郭艳玲，女，1973年3月生，本科学历，中共党员，中级职称，党支部副书记。1992年7月到桦甸市图书馆参加工作，先后在采编部、外借部、电子文献阅览室工作，任主任等职。2011年5月任桦甸市图书馆党支部副书记，分管文献采访，党的工作、精神文明建设等工作。

未来展望

把握“转变发展观念，创新发展模式，提高发展质量”总基调，坚持“以人为本，服务第一”宗旨，以事业发展为主题，以改革创新为动力，以读者服务工作为中心，以满足人民群众日益增长的阅读需求为出发点，有效提升办馆综合实力。加强自动化、信息化、网络化建设，推进数字化图书馆进程。努力开发文献信息资源服务，加大地方特色资源、数字资源的建设；拓展网络宣传推介、为现代远程教育提供网上资源和教学支助服务等各类信息服务，加强数字读者用户的发展；逐步实现农村基层分馆图书管理自动化，实现文献信息资源网上的通借通还。实施专业技术骨干人才培养战略，坚持走出去、请进来，加强专业技术人才特别是自动化管理、技术开发、系统维护和数据库建设人才的培养和引进。

图书馆服务宣传周

联系方式

地　址：吉林省桦甸市渤海大街一中西侧
邮　编：132400
联系人：黄 强

农村图书管理员培训班

“文化夜市”活动

通化县图书馆

概述

通化县图书馆的前身成立于1910年（清宣统二年），设在通化县公署院内的通俗图书馆。1949年10月在通化县文化馆内设图书组，后设图书阅览室和书库。1978年7月22日，图书室从文化馆分离出来，正式成立了通化县图书馆。馆址几经变迁，2008年新馆落成，位于通化县快大茂镇同德路1588号，建筑面积2500平方米，供读者使用的阅览座席300个。连续4次为全国公共图书馆评估“二级图书馆”。截止2012年，建立了通化县图书馆门户网站，以及地方文献数据库、视听文献数据库、电子图书数据库。计算机增至45台，信息节点68个，10M光纤专线介入，专用存储设备容量10TB。选用CSLN“网图”图书馆自动化管理系统。

业务建设

截止2012年底，通化县图书馆馆藏纸质文献总量8万册（件），电子文献藏量10308种。图书年入藏数量达2042种；报刊年入藏量273种；视听文献年均入藏量300集以上。建立馆藏中文图书、报刊文献机读书目数字化达90%；对收集的以本地区为主线的1045种地方文献资料，进行了科学、规范的“地方文献数据库”建设。2012年投入资金10万余元，购置了复印机、彩色激光打印机、传真机、触摸查询一体机、高配置摄像机、照相机、主机服务器专用750G、12块存储硬盘等。

2006年建立县级支中心以来，通过深入挖掘整合地方文献资源、共享工程网络资源及图书文献资源等信息资源，自建了题为《远离车祸》、《人参之路》、《通化县满族手撕纸》、《资源共享·惠及百姓》等高标准、高质量的数字资源5308种，使图书馆数字资源总量达4.2TB以上。每年对全县158个基层服务点的管理员进行相关知识与技能培训，覆盖率为100%。公共电子阅览室实行免费上网、分区管理，年平均开放时间为12小时。2012年，完成了本县摄影师苏友贵先生毕生作品的搜集、整理的数据库建设共5011种7150张。

读者服务工作

通化县图书馆历年执行365天开放制，平均每周开放60小时，节假日不休息。自2008年7月起施行对外免费开放服务。2012年，实现书刊文献年外借82034册次；其中，馆外流动服务点（含图书流动车）年书刊借阅5369册次。年度总流通155572人次，持证读者5762人次，人均年到馆27次，使馆藏文献利用率达100%。书刊文献开架比例为100%。开通与县域3所学校图书馆的馆际互借服务。2009–2012年，为政府机关、企事业单位、社区及乡村提供参考咨询服务。

2012年，通化县图书馆共举办讲座、报告会、演讲会、培训等全民社会教育读者活动30场次，直接参与人数3.1万人次。举办各类展览、阅读推广等读者活动11次，参与人数24546人次。图片展现已成为本馆服务宣传的主打名片。

加大书刊宣传力度。2012年，利用县电视台以专题新闻、消息、飞播滚动字幕等形式宣传报道6次、县政府网站9次；通化日报报道3次；省共享工程简报报道1次、省共享工程网站发布1次；国家文化信息管理中心2012年第5期《工作简报》报道1次。本馆制作的《数字文化惠城乡》专题片被推荐到国家参评。

通化县图书馆门户网站开设政务信息服务专栏，将各级政府时事要闻等信息向社会广大民众及时发布。

业务研究、辅导、协作协调

2009–2012年，通化县图书馆员工发表专业论文11篇，参与获准立项的省级课题1项、未结项的重点课题1项。

2012年，通化县图书馆对镇区3所中小学进行了自动化业务辅导，年累计各项业务辅导32次。2009–2010年，全县160个行政村的农家书屋，每村拥有农家书屋图书1500多种、光盘360多张。县图书馆对全县15个乡镇综合文化站的公共电子阅览室开通网络访问权限，建立了本地区图书馆服务网络，实现了图书馆网络通阅，异地阅读，资源共享，使分馆书刊文献借阅达6.7万册次。

通化县图书馆积极参加地区馆组织的世界读书日、图书馆服务宣传周、联合图片展、知识竞赛等活动。加入省、市图书馆联盟工作和以地区馆为总馆的总分馆体系建设。实现联盟馆间文献资源共享和传递工作。建立了以通化县图书馆为总馆，以基层图书分馆（室）为分馆的总分馆体系，现有基层图书分馆26个，有部分建立了图书馆联合目录，并以馆际互借的形式为读者提供阅读服务。

县委领导视察

共享工程设备发放仪式

电子阅览室

雷锋精神进校园图片展

为残疾人送温暖

管理工作

通化县图书馆人员编制14人，从业人员16人。其中：管理岗位3人，技术岗位11人，借出2人。实行岗位管理和工作目标管理责任制，馆长聘部主任（一年一聘用、下发聘书）部主任聘员工，层层聘用，执行绩效考核制和激励机制制度。

2012年图书馆在主机室、电子阅览室、书库等重要岗位及馆内外出入口处安装了闭路摄像头，加强了安全防范力度。建立数据及网络安全管理制度，数据做到有硬备份和在线备份。网络使用UPS电源，断电后电池亦可维持1小时以上；配有专用防火墙、网络杀毒软件等。做到24小时专人值班、值宿。图书馆的消防、保卫工作通过了当地公安、消防部门的年检。

表彰、奖励情况

2009－2012年，通化县图书馆共获得各级各种表彰、奖励12次，其中，县级表彰、奖励5次，市级表彰、奖励5次，省级表彰、奖励2次。2013年，吉林省人民政府授予服务农民、服务基层文化建设“先进集体”荣誉称号。第五次全国公共图书馆评估，荣晋“国家一级图书馆”。

馆领导介绍

张月华，女，1960年8月生，大专学历，中共党员，副研究馆员，馆长、党支部书记。1977年7月参加工作。1988年12月到通化县图书馆工作，1998年4月任通化县图书馆党支部副书记（主持工作）兼借阅部主任，2002年3月任吉林省通化县图书馆馆长、党支部书记。中国图书馆学会会员、吉林省图书馆学会理事、通化地区图书馆学会副理事长。2013年吉林省文化厅、省图书馆学会授予2009年至2012年优秀馆长。

刘忠彦，女，1962年8月，大专学历，中共党员，副研究馆员，副馆长。1979年参加工作，1986年8月到通化县图书馆工作，先后在图书借阅部、采编部工作，任部主任。1998年4月任吉林省通化县图书馆副馆长。2013年吉林省图书馆学会授予2009年至2012年优秀会员。

董会，女，1969年3月，本科学历，中共党员，副研究馆员，副馆长。1991年8月参加工作，先后任采编部、文化信息资源共享工程支中心主任。2011年3月任吉林省通化县图书馆副馆长。2013年吉林省图书馆学会授予2009年至2012年优秀会员。

未来展望

21世纪是信息和网络飞速发展的时代。当前我国图书馆事业正处在传统图书馆向数字图书馆过渡时期，面对这样的新形势，通化县图书馆在今后的建设和发展过程中，要在完善传统图书馆建设的同时，努力做好数字图书馆的建设。

一方面，要积极筹措经费加强馆舍建设，为读者提供一个宽敞明亮、安静整洁、文化气息浓厚的学习场所。并根据时代发展要求和读者需求不断的购进内容新颖、总类齐全、涵盖面广泛的图书，在增加馆藏的同时为读者提供更广泛的阅读空间。

另一方面，加大硬件的投入力度，购买更新的电子资源、网络资源及其使用权，加强数字资源的建设，提高数字资源的存储能力，尽早的实现数字文献远程和移动服务，为读者提供更宽领域的光盘数据库检索、馆藏书目信息查询和网上信息浏览，通过网络向馆内外读者提供信息服务。争取在最短时间内把通化县图书馆建设成为馆舍设备配套、管理机构完善、管理制度健全、管理人员素质较高、藏书种类丰富的适应时代发展的新型图书馆。

联系方式

地　址：吉林省通化县同德路1588号（体育馆东侧）
邮　编：134100
联系人：高玉芝

图书馆服务宣传周

为部队送书籍和光盘

抚松县图书馆

概述

吉林省抚松县图书馆建立于1978年，是抚松地域唯一的公共图书馆。现馆址是1987年正式投入使用，位于抚松县抚松镇小南街35号，2009年馆舍进行改扩建，现占地面积为600平方米。馆舍建筑面积2010平方米。总藏书量包括为：140000册纸质图书，212600册电子图书，6000件视听文献，共计总藏书：358600册（件）。可容纳读者阅览座席290个。2013年，参加全国第五次公共图书馆评估定级，首次获得一级图书馆。计算机65台，OPAC触摸检索一体机三部，歌德电子借阅机三台，电子阅报机三台，宽带接入10MBPS。2008年，正式应用中国专业图书馆网（CSLN）"网图"自动化图书馆管理系统。

图书馆业务建设

2009年至2013年新增馆藏购置费从16万元增至30万元。

截止2012年12月止，抚松县图书馆总藏书量包括为：140000册纸质图书，212600册电子图书，6000件视听文献，共计总藏书：358600册（件）。馆藏现有电子文献总藏量212600册件，5000种以上。目前馆藏中文文献书目数据251020条。占总藏书量的70%。

2009年–2012年，平均图书年入藏量全部超过3500种。2009年–2012年，报刊年入藏量近349种。2009年–2012年，视听文献年入藏量均达到146件以上。

依据地域政治、经济、文化发展需要，馆藏采购收集文献以通俗性、普及性类图书占40%，科学普及类图书占30%，其他占30%标准进行。截止到2013年底，馆藏数字资源存储容量达到8TB。2010年–2011年，与长春中医药大学图书馆开始联合组织"长白山人参资料"数据库建设工作。

2012年，为适应数字化图书馆发展和图书馆际服务联盟建设需要，增设了三部OPAC触摸检索一体机三部，歌德电子借阅机一台。2014年底，实现图书馆无线网络覆盖。

2003年12月，抚松县图书馆与吉林省图书馆签定了文化信息资源共享工程工作协议，正式成立了全国文化信息资源共享工程抚松县支中心及专门机构。2006年7月被文化部确定为"全国文化信息资源共享工程试点县"，2007年11月被吉林省文化厅评为"全省文化信息资源共享工程工作先进单位"，2008年5月被文化部授予"全国文化信息资源共享工程示范县"荣誉称号。2012年12月抚松支中心中心街村基层服务点被文化部授予"全国文化信息资源共享工程·公共电子阅览室示范点"。国家、省、县三级政府先后投入价值91.2万元的现代化设备，现支中心年运行经费10万元、乡镇服务点年运行经费1万元、村屯基层站点年运行经费1千元。

读者服务工作

从2009年开始，抚松县图书馆全年开馆363天，每天开馆9小时，电子阅览室达到12小时，全年累计开馆4356小时。馆内借阅服务实现一卡通制。2009–2012年，馆藏书刊文献年均外借率达到70%，书刊文献年均外借册次达到150000册次。

2009–2012年，在全县乡镇建设13个图书分馆，127个村屯图书室，年均流通图书超过10000册。持证读者人均年到馆次数超过25次。2009年4月21日，图书馆做为政府公开信息整合服务窗口平台上线服务，充分发挥了公共图书馆信息服务机构的优势，为大力提高政府工作的透明度，促进社会和谐发挥着积极作用。常年编辑《抚松科技信息》、《科技信息政策法规动态版》，以最新、最快、信息量大成为抚松各个科研单位及领导的助手，并且获得了县委、县政府领导赞誉和大力支持。连续多年被中共白山市政府、中共抚松县政府评为先进单位、文明单位。

2009–2013年，抚松图书馆面向社会开展的各种讲座、各类培训活动年均超过18次。各类型展览年均达到5次。2009年–2012年阅读推广活动开展有序，年均为读者推荐图书，举办读书月、读书活动周等工作6次以上。

2009–2013年，图书馆坚持大力开展与社会各界相结合，共同建设和谐社会主义文化，打造出具有地方特色的元宵佳节"灯谜晚会"文化品牌，每届参加人数均超过15000人次。年度举办与联合承办各大型活动不12次以上，参与人次达20000人次。以县图书馆为服务平台，拓展阅读推广主题活动，利用寒、暑假期，带领各分馆积极开展"绿色网络家园"活动，走进敬老院开展"关爱孤寡老人送温暖"活动，与看守所联合开展以"传播先进文化，启迪重新做人"为主题的服务活动等，是抚松县图书馆阅读推广活动的主要特色。

业务研究、辅导、协作协调

2009年–2012年，图书馆职工相继在《图书馆学研究》《现代交际》《长春金融高等专科学校学报》《商品与质量》《现代期刊信息检索》等刊物上发表专业学术论文12篇，多名同志在《吉林省图书馆学会》、《辽宁省图书馆学会》等杂志上发表多篇学术论文。

遵照国家公共图书馆行业建设标准，采用《中图法》第四版进行类分图书与标引。使用《普通图书著录规则》对馆藏图书进行著录，根据地方、地域特色要求，制定本级图书馆《藏书采分编规则》，保证所有文献到馆一个月内完成图书编目、入藏、服务等工作。规范《期刊文献编目细则》，确保期刊各项数据规范、准确，保证所有期刊到馆2日内完成记到等各项工作。

2009–2012年，在省级图书馆总馆分馆制建设指导下，抚

科普三下乡走进松江河镇

承办大型灯展

承办正月十五灯谜晚会

少儿阅览室

阅览室

抚松镇科普大集

松图书馆积极落实分馆建设，并以县级馆为主要服务平台。期间，举办全县范围的大型图书管理员培训班3期，小型培训班10期以上，400人次接受培训。在地区联合编目工作上应用中国专业图书馆网（CSLN），区域内各县级馆之间实行联网合作。在馆际互借，馆际服务工作、总分馆建设工作上持续开展，成效显著。县域内乡、镇分馆建设率达到90%以上。

2014年，抚松县图书馆正式加入吉林省数字阅读联盟。

工作管理

抚松县图书馆现有在职人员17人，具有大专以上学历14人。中级以上职称8人，初级以上职称人数15人。实行岗位责任聘任制度。按需设岗，竞争上岗，按岗聘用，年终实行绩效考核制度。每半年进行一次总体工作考核及总结。2009年-2013年，人事管理统计、财务统计等工作上报详实、完整。编辑《科技信息报》（政策法规动态版）48期。撰写各类统计分析8篇，各部门工作进度报告8篇和国家、省、市级通讯15篇。

表彰、奖励

2009–2012年间抚松县图书馆在各项活动工作中，连续17次被县委、县政府评为先进单位。2009年4月20日在共享工程吉林省分中心主办的“文化共享奥运行”大型文化共享工程服务活动中获得一等奖。2009年7月被省文化厅列为总分馆制建设六个试点县之一。2010年被评为白山市农家书屋阅读讲演活动优秀组织奖。2010年12月获白山市委、市政府颁发的“全市精神文明建设工作先进单位”，2012年12月抚松支中心中心街村基层服务点被文化部授予“全国文化信息资源共享工程·公共电子阅览室示范点”李炳艳在2013年5月，被省文化厅、吉林省图书馆学会授予“2009–2012年度全省优秀馆长”称号。同时，图书馆被省文化厅厅授予“2009–2012年度吉林省优秀图书馆”荣誉称号，吉林省图书馆学会“2009–2012年度全省 先进单位”。2013年9月被吉林省政府评为“服务农民 服务基层”文化建设先进集体。2013年10月，首次获得“一级图书馆”。

领导班子介绍

李炳艳，女，1977年出生，中共党员，大学本科学历，副研究馆员，馆长。2013年5月，被省文化厅、吉林省图书馆学会授予“2009–2012年度全省优秀馆长”。2012年获得全县“优秀共产党”员称号。2013年获得全市思想工作先进个人。

孟令冬，1964年10月生，1982年参加工作，大专学历，中共党员，中级馆员，副馆长。1988年到图书馆工作，历任参考咨询、辅导部、采编部主任，分管全馆业务工作。

未来展望

抚松县图书馆坚持面向社会公众实行免费开放服务，秉承“读者至上、服务第一”的办馆方针，践行“立体发展、服务基层”模式，即完善本级服务功能，扩大基层服务辐射面，支持本地区事业发展。2009–2012年，在不断强化自身综合服务能力的同时，通过建立基层图书分馆服务辐射面，带动了全县图书馆事业的整体发展。在未来的几年里，我们针对地域长白山文化特色，充分发挥队伍潜在能力，坚持强化队伍素质建设，大力发挥区域内公共图书馆的优势，整合分馆资源，逐步达到区域内资源共享。同时，在专业研究上保障县域内图书馆（室）服务体系中文献与技术支撑的能力。依托丰富的特色馆藏资源和现代化的服务设施，融合传统服务与现代化服务并进，准确、全面、快速的为全社会提供丰富的文献信息和文化娱乐服务。努力做好一级图书馆服务工作标准，达到长白山地域内文献及信息资源服务中心枢纽作用。

联系方式

地　址：吉林省白山市抚松县抚松镇小南街35号
邮　编：134500
联系人：孟令冬

举办灯谜晚会

图书阅览室

前郭尔罗斯蒙古族自治县图书馆

概述

前郭尔罗斯蒙古族自治县（简称前郭县）图书馆始建于1956年，是吉林省唯一具有蒙古族特色的图书馆。馆址几经变迁，2003年3月，位于前郭县乌兰大街民族体育场西侧的图书馆综合办公楼建成开放、使用，建筑面积6917平方米，图书馆使用面积3000平方米。前郭县图书馆现有职工48人。年接待读者25万人次，流通图书10万册次，开展各类读者活动29项，参加活动人次达3万人。馆内设6个部12个对外服务窗口，可提供读者阅览座席444个，有电子计算机69台，宽带接入10兆光纤。2009年以来，共投入81万元购置了共享工程大型服务器、地方文献数据库服务器、妙思、汇文系统服务器、图书扫描仪、监测仪、摄像机、数码照相机、投影仪、刻录机、复印机等现代化办公设备。2011年11月，实行免费开放。多年来，前郭县图书馆始终坚持"以人为本，服务第一"的服务宗旨，曾被国家文化部评为"国家县级一级图书馆"、"文明图书馆"、"全国文化信息资源共享工程模范县"、"全国文化信息资源共享工程·公共电子阅览室示范点"；被中共中央宣传部、文化部、国家新闻出版广电总局评为"第五届全国服务农民、服务基层文化建设先进集体"；被吉林省人民政府授予"吉林省服务农民服务基层文化建设先进集体"；连续多年被吉林省精神文明建设指导委员评为全省"精神文明建设工作先进单位"等荣誉。

业务建设

截止2012年，前郭县图书馆总藏量285839册，其中，纸质文献248972，电子图书35000册，视听文献1867册。馆藏图书以满足广大读者阅读需求，服务大众为主，注重民族图书和地方文献、手稿、书画作品等地方特色收藏。2009–2012年，共搜集、整理、制作地方文献1108册，收藏我县著名作家原始手稿10份，签订版权协议86份，有关"查干湖冬捕"习俗地方文献和视听文献共197份、200余张照片和1TB视听资料。

2009–2012年，前郭县图书馆新增藏量购置费81万元，共入藏图书49112册、报刊5034册、视听文献661件、电子文献35000册。图书文献、期报刊文献、视听文献，编目数据制作准确，加工整理规范、统一。图书排架正确率达96%以上。设有地方文献专柜，有专人进行收集和管理。对全县私人古籍图书进行了普查，建立了古籍档案。

截止2012年，前郭县图书馆数字资源总量为16TB。2009年，建设了前郭县图书馆网站，可连接国家数字资源800G。每年网站访问量达1万次。2010年，开始民族文献数据库建设。数据库现设有查干湖文献数据库、地方文学数据库等专题全文数据库，并辅有音频库、视频库。截止2012年，民族数据库共扫描图书550种，上传450种，加工整理视频262个，89.4G；查干湖冬捕数据1410个，22.8G；音频62个，323M。

2009–2012年，前郭县图书馆采用汇文文献信息服务管理系统、妙思文献信息服务管理系统和清华同方数字加工整理数据库软件三大自动化管理系统。

读者服务工作

从2011年11月起，前郭县图书馆全年363天（每年春节初一、初二闭馆），中午、节假日不休息，实行免费开放服务，每周开放60小时。2009–2012年，共接待读者766596人次，流通图书472022册，解答读者咨询3257条，举办讲座、展览、阅读推广等读者活动209项，参加活动读者91760人次。每年图书馆服务宣传周前郭县图书馆认真围绕主题，开展一系列丰富多彩的宣传周活动。悬挂宣传标语，走进广场举办书展、放映共享资源片，吸引更多读者走进图书馆、利用图书馆。

关爱弱势群体，保障弱势群体获得图书馆服务的权利。前郭县图书馆每年坚持开展"送温暖、献爱心"活动。走进福海老年公寓为老人们送去内容丰富的图书和期刊；走进松原市残障儿童康复中心，为正在那里接受康复训练的儿童送去精美图书、蛋糕和生活用品；走进松原市劳动教养所，为劳教人员送去适合他们的图书。

前郭县文化信息资源共享工程已全部建设完成，实现了22个乡镇233个行政村全覆盖。前郭县图书馆共享工程支中心常年坚持开展"五走进"活动。2009–2012年支中心共开展活动2247场次，观众达126794人次。为基层服务点拷贝资源7275.8GB，发放光盘34295盘。基层服务点利用共享设备因时制宜开展服务。2009–2012年共放映1969场次，观众达57011人次。2008年前郭县被国家文化部评为全国文化信息资源共享工程示范县；2009年前郭县图书馆共享工程支中心被全国文化信息资源共享工程吉林省级支中心评为"优秀县级支中心"；2012年前郭县图书馆被国家文化部评为"全国文化信息资源共享工程·公共电子阅览室示范点"。

前郭县农家书屋已全部建设完成，实现了233个行政村全覆盖。2009–2012年，为农家书屋配发由吉林省新闻出版局下发的图书318453册，光盘66876张。在农家书屋建设基础上，实行总分馆制。实现"五个统一"，即：统一拨款，统一采购，统一编目，统一配置，统一管理。实行"一卡通"借阅，建立了农家书屋总分馆书库，藏书63158册，2009–2012年，总分馆书库流通图书71877册次。现已建立分馆43个，实行免费开放服务。2009–2012年，分馆接待读者88940人次，流通图书38015册次。

将农家书屋和共享工程基层服务点进行资源整合，实现"三点合一"，达到资源共建共享。2009–2012年，前郭县图书

举办首届书画捐赠活动

农民文化活动月为种养殖大户送书

图书馆分馆揭牌仪式

电子阅览室

读者自修区

资源共享放映室

馆为基层服务点配发电脑162台、机顶盒65个、DVD12个、电话传真机46台，为文化站配备数码相机22台。为农家书屋及总分馆配发书柜78个、桌子44张、椅子135把。

业务研究、辅导、协作协调

2009—2012年，前郭县图书馆组织干部职工撰写专业学术论文18篇，其中4篇论文获奖，3篇作品在省级书刊上发表。

2009—2012年，前郭县图书馆组织干部职工参加上级业务培训18次，开展以《计算机知识、使用与服务》、《农家书屋图书分类与管理》等为内容的基层业务培训9次，培训人数632人次，开展基层业务辅导171次。

管理工作

前郭县图书馆现有职工48人。设有6个部12个对外服务窗口。馆内各类规章制度健全，防范措施到位。每月各部室对流通图书、流通人次进行汇总统计并上报馆内办公室。每年年初制订工作计划，年中和年末对全馆工作进行总结。年末对全馆干部职工进行总体工作考核。每半年对馆内图书、期刊、报纸和地方文献进行清点整理。每年编辑新书目录、期刊目录24期，前郭县图书馆简介4期。图书馆管理人员每天对室内及分担区进行卫生清理工作，定期对图书进行排架、整理，做到图书按类排列整齐、排序无误。2009—2012年，共撰写业务调研报告18篇。2012年，前郭县图书馆不断加强文化志愿者服务队伍建设，围绕馆内业务工作，组织志愿者参与讲座、培训、读书征文、读者咨询等服务工作。

表彰、奖励情况

2009—2012年，前郭县图书馆共获得各种表彰、奖励10次，其中，文化部表彰、奖励2次，省级表彰、奖励3次，其他表彰、奖励5次。

馆领导介绍

宋明玉，女，1966年4月生，本科学历，中共党员，副研究馆员，馆长兼党支部书记。1982年6月参加图书馆工作，1994年调到前郭县文化新闻出版和体育局任文化市场稽查大队副大队长。2000年5月任前郭县图书馆馆长。多年来，共撰写学术论文和调查报告20余篇，其中2篇论文在省以上学术杂志上刊登，1篇获全国理论创新优秀学术成果二等奖，4篇论文在省学术论文研讨会上获一、二等奖和优秀奖。曾被吉林省评为优秀馆长、先进工作者；被松原市评为“巾帼建功”标兵、文明市民；被前郭县评为先进工作者、优秀共产党员、“巾帼建功”女能手、优秀妇女干部、“三·八”红旗手等荣誉称号。

杨志强，男，1962年2月生，大专学历，中级职称，副馆长。1980年12月参加工作，历任前郭县体校办公室主任，2003年1月任前郭县图书馆副馆长。分管全馆消防安全和业务工作。

张松涛，男，1978年3月生，大专学历，中级职称，副馆长。1997年8月参加工作，先后在采编部、阅览部、信息网络辅导部等部门工作，任信息网络辅导部主任，2012年9月任前郭县图书馆副馆长。分管全馆网络安全和业务工作。

高文波，女，1975年2月生，中专学历，副高级职称（国家二级演员），党支部副书记。1995年9月参加工作，2009年任前郭县图书馆工会主席，2012年8月任前郭县图书馆党支部副书记。分管党建工作、精神文明建设等工作。

杨威，女，1978年7月生，本科学历，中级职称，工会主席。1998年8月参加工作，先后在阅览部、学会等部门工作，2012年8月任前郭县图书馆工会主席。

未来展望

前郭县图书馆在今后的工作中将不断加强数字化、现代化建设和管理，继续探索科学先进的管理模式，以满足人民精神文化需求为出发点和落脚点，充分发挥图书馆的社会作用，让更多的人走进图书馆，利用图书馆，促进图书馆事业的繁荣和发展。

联系方式

地　址：吉林省前郭县民族体育场西侧前郭县图书馆综合楼
邮　编：138000
联系人：杨　威

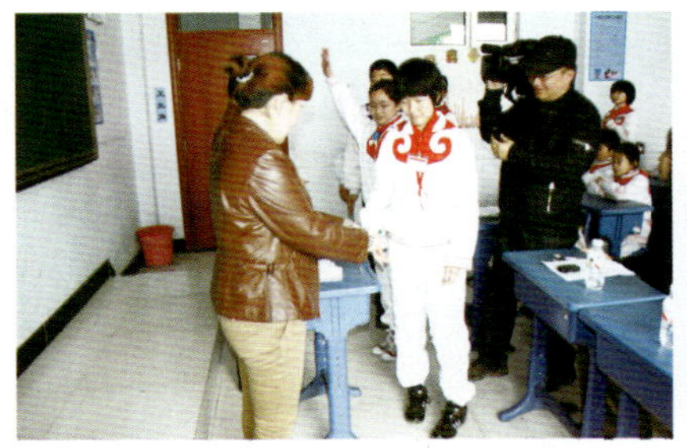
馆长向蒙小学生赠送阅览卡

“正月十五猜谜会”活动现场

图书馆服务宣传周走进松原市聋儿康复中心送书和学习用品

敦化市图书馆

概述

敦化市图书馆1979年正式建馆，30多年间四易馆舍，2002年迁入新馆，馆舍位于丹江街江滨小区，占地面积20000平方米，建筑面积4286平方米，馆舍四面绿树环抱，是一座“林中图书馆”。连续3次参加全国公共图书馆评估，并评为一级图书馆。敦化市图书馆现有馆藏总量30万册（件），阅览坐席388个，少儿阅览坐席85个，计算机98台，宽带接入10M光纤，选用Interlib图书馆集群管理系统。年均接待读者25.67万人次，文献借阅26.1万册次，发展固定读者1万多人。常年举办讲座、报告、展览、演讲，“读书节”、“服务宣传周”等活动．现已成为全市“中小学生课外教育基地”、“学习型机关干部学习基地”、“再就业培训基地”、“吉林省图书馆联盟”成员馆。目前已建立流动图书分馆25个、农家书屋311个，最大限度提升了馆藏文献利用率。

敦化市图书馆多次被市委、市政府评为市文明单位、先进单位，被省文化厅评为“省级先进图书馆”，被中宣部评为“全国服务农民、服务基层文化建设先进集体”，是“全国文化共享工程示范县”、“公共文化设施管理先进单位”。

截止2011年底，在编人员31人，大专以上学历31人，副高职称4人、中级职称20人、初级职称7人。

业务建设

截止2012年底，敦化市图书馆总藏量289319册（件），其中，纸质文献262571册（件），电子图书12200册，视听文献14548件/套。注重标引准确，著录规范。在文献标引与著录工作中，采用《中图法》（第五版）分类；图书著录依据《普通图书著录规则》著录，机读目录采用标准Marc格式，敦化图书馆加入了中国图书数据中心，从网上下载数据，完全采用国图图书标引与著录数据，书标，条码，馆藏章规范统一；目录设置主要采用机读目录方式，设置opac电子检索器供读者检索。

截止2012年底，敦化市图书馆数字资源总量为8.9TB。开展各类数据库建设，目前完成敦化旅游资源数据库、敦化文物信息数据库、敦化历史人文数据库、敦化抗联史、陈翰章专题数据库、非物质文化遗产数据库、地方文献提要数据库的文字工作并上传网页。

2001年，引进深圳朗图有限公司开发的ILASⅡ2.0版图书馆自动化管理系统，实现了图书馆业务管理自动化和办公自动化。2003年，实现“一卡通”磁卡借阅服务，同年接入10M光纤为读者提供网络服务。2005年，建立敦化市图书馆网站。2010年又引进了Interlib图书馆集群管理系统，图书馆现代化服务管理更进一步。

读者服务工作

敦化图书馆于2011年11月1日正式向社会免费开放，基本服务项目健全并全部免费，每周开馆时间平均达到61小时。图书馆不断深化服务内容，对内强化读者服务工作，馆藏书刊文献年外借率为92.63%，馆外流动服务点书刊借阅册次为36.9千册次，人均年到馆次数为25.67人次；对外依托农家书屋工程完善村级图书分馆建设，截止目前在全市建立了271个村级图书分馆。在服务网络建设中街道分馆参与率为100%，乡镇分馆参与率为100%，社区分馆参与率为90%，行政村分馆参与率为88%。在读者服务、读者活动、对外宣传、业务研究和对基层的辅导上狠抓落实工作，取得了较好成绩。

业务研究、辅导、协作协调

2009-2012年，敦化市图书馆职工发表论文56篇，年均16篇，荣获国家、省、州级论文一、二、三等奖多篇。

敦化市图书馆做好服务网络建设有序开展，在图书馆网络建设工作开展过程中，做到有规划、有调查、有培训，对基层业务辅导有计划、有总结、有辅导纪录，有基层图书馆（室）业务统计分析；对敦化地区“农家书屋”·村图书馆（室）读者服务、场所、设施设备等情况深入调研，并撰写了调研报告；举办全市“农家书屋”村图书馆（室）管理员培训班、全市中小学校图书(馆)室管理员培训班，加强基层业务培训。

协作协调工作扎实认真，敦化市图书馆是吉林省图书馆联盟成员馆，对省图书馆组织的各项工作积极配合，多次参与吉林省图书馆组织的“青青草”杯系列比赛，并获得优秀组织奖；多次组织职工参与省图书馆学会组织的各级论文研讨会，作为全省试点开展总分馆建设工作并取得良好效果。

管理工作

敦化市图书馆在人事管理上实行岗位竟聘制，制定了岗位设置条件、各部门工作目标责任制，明确各部门的岗位职责，亮化员工工作标准，馆员找准自己的位置对号入座，起到了人尽其才的作用，同时实行岗位绩效责酬挂钩，极大的调动了全体职工工作的积极性。建立健全了学习制度、工作制度、考勤制度和绩效考核制度，让员工有责可依，制定敦化图书馆服务准则，在馆内提倡微笑、婉转、和气、高质、高效，进一步强化了服务意识。严格各项管理制度，加强对设备、物资管理，成立管理领导小组，制定管理制度，定期对固定资产进行盘查并记录在案。图书馆人事、财务、业务档案管理规范，各项统计齐全规范。

表彰、奖励情况

2009–2012年，敦化市图书馆共获得各种表彰、奖励15次，其中，文化部、中宣部表彰、奖励3次，中国图书馆学会表彰、奖励2次，省文化厅表彰、奖励2次，州委、州政府表彰、奖励4次，市委、市政府表彰、奖励4次。

馆领导介绍

洪炜，女，1971年10月生，本科学历，中共党员，副研究馆员，馆长，党支部书记。1993年7月参加工作，2000年8月任敦化市图书馆副馆长，2001年任敦化市图书馆馆长。2007年，获吉林省文化共享工程先进工作者称号。2009年，被评为全国文化系统先进个人。2009年被评为延边州劳动模范。

赵宝财，男，1960年4月生，中专学历，中共党员，馆员职称，党支部副书记。1979年参加工作，2004年任敦化市图书馆党支部副书记，分管党群工作、行政、精神文明建设等。

赵璐，女，1973年11月生，大专学历，馆员，副馆长。1997年1月参加工作，到敦化市图书馆工作，2006年任敦化市图书馆副馆长，分管馆内业务工作。

未来展望

敦化市图书馆始终坚持"读者至上，服务第一"的宗旨，遵循"服务赢得读者，创新成就发展"的办馆理念，实行365天开馆，"零门槛"免费服务。在未来的几年里，敦化市图书馆将紧跟时代发展的步伐，不断强化自身综合实力，将读者需求作为发展动力。增加图书馆建设面积和藏书量，能够接待更多读者。引进专业人才，科学管理，提高读者服务水平和能力。增加自动化设备，引进24小时自助借还书设备，实现24小时读者自助借还书。加强总分馆和汽车流通站建设，不断扩大图书馆服务范围，实行总分馆联合借阅。引进汽车流动图书馆设备，使图书馆服务遍及乡镇村屯及全市大街小巷各个角落。开设盲文阅读专区，引进读屏软件等辅助阅读设备，为视障读者提供阅读的平台，实现资源平等化。

联系方式

地　址：吉林省敦化市丹江街江滨小区
邮　编：133700
联系人：洪 炜

龙井市图书馆

概述

龙井市图书馆的前身是1948年7月建立的龙井人民图书馆，1949年5月改为延吉县人民文化馆，内设图书室。1978年10月14日，从延吉县文化馆剥离出来，正式成立延吉县图书馆，编制5人，馆舍80平方米，设有书库和阅览室。1980年下半年，因馆舍陈旧有倒塌危险，被迫闭馆中断阵地服务工作，采取馆外图书流通站的方式为读者服务。1983年3月24日，因延吉县改称龙井县，延吉县图书馆改称龙井县图书馆。1984年8月21日，新馆舍破土动工。1988年6月14日，因撤县设市，龙井县图书馆改称龙井市图书馆。1988年8月31日，新馆舍落成，面积为1.058平方米。1991年3月15日，举行开馆典礼，新馆舍正式对外开放使用，内设成人阅览室、儿童阅览室、图书外借室。1992年8月19日，韩国寅杓财团投资在馆内设立的“龙井寅杓儿童图书室”对外开放。2005年建立全国文化信息资源共享工程龙井支中心。2009年，参加第四次全国公共图书馆评估定级中被评为国家三级图书馆。2012年11月，建筑面积为3100平方米的新馆见成并实施免费开放。2013年，参加第五次全国公共图书馆评估定级中被评为国家一级图书馆。龙井市图书馆有阅览坐席466个，计算机68台，宽带接入10Mbps，选用Interlib图书馆集群管理系统。

业务建设

截止2013年底，龙井市图书馆总藏量91040册，电子文献藏量为6983种。

2012年购置书报刊经费为18.06万元。2012年，共入藏中外文图书4672种9702册，中外文报刊247种，视听文献83件。2013年购书经费为8.3万元。共入藏中外文图书2045册，中外文报刊283种，视听文献145件。2013年，地方文献入藏完整率为30%。

截止2013年底，龙井市图书馆数字资源总量为4.55TB，其中，自建数字资源总量0.26TB。

2014年2月，将自动化管理系统改造为Interlib图书馆集群管理系统。

读者服务工作

从2012年11月起，龙井市图书馆周六、周日、国家法定节假调休日全部实施对外免费开放，周开放时间平均为58.5小时。2013年，共接待读者48746人次，流通文献为94080册次。

2013年6月，建立了龙井市图书馆门户网站，一年来，网站访问量为12004人次。自新馆开馆以来，龙井市图书馆共举办讲座、展览、培训、阅读推广、图书馆服务宣传等读者活动186场次，参与人数28401人次。

业务研究、辅导、协作协调

2009年—2013年，龙井市图书馆职工发表论文25篇，其中出版专著3篇和获奖论文8篇。

2013年，参加国家图书馆图书编目与管理培训班、中国图书馆五版分类法标引规则应用技能培训班、吉林省文化共享工程技术骨干培训班、吉林省图书馆推广工程技术骨干培训班、吉林省古籍暨民国文献保护培训班、东北地区第十四次图书馆学科学讨论会、建筑物消防员职业技能鉴定培训班等7次馆外参与培训，大大提高全馆职工的综合业务技能水平。

龙井市图书馆已加入全国图书馆联合编目中心，与延边图书馆、市区各学校图书馆开通了馆际互借网络。2010年9月，龙井市图书馆结合图书馆分馆、图书流通站、农家书屋、文化信息资源共享工程、公共电子阅览室建设，全市80所公共图书馆（3个图书馆分馆、5个图书流通站、65个农家书屋、3个公共电子阅览室、4个学校图书馆）。主要采取统一组织调换、补充图书、配备共享设备、配送数字资源等方式实现资源利用和资源共享。

龙井市图书馆定期组织开展全市基层图书室管理员业务培训。每年现场业务辅导28次，集中培训2次，现场面对面培训20次。

管理工作

2012年9月至2013年3月，根据龙井市图书馆新馆设置的各服务窗口及业务科室的功能需求，特向市委、市政府提出申请，从我市其他事业单位中抽调10名事业编制人员和6名编外管理人员，充实了龙井市图书馆技术人才和管理人员队伍建设。2013年10月，制定《龙井市图书馆中层干部竞争上岗实施方案》，并经过竞争上岗程序的全额推荐、岗位自荐、资格审核、民主推荐和民主评议，重新进行人员安排。现龙井市图书馆在岗人员为26人。

中层干部竞职演讲

建立图书流通站

少儿阅览室

图书馆展厅

情暖六一、关爱留守儿童

表彰、奖励情况

2009—2013年，龙井市图书馆共获得各种表彰、奖励11次，其中，文化部表彰、奖励1次，省委、省政府表彰、奖励1次，省文化厅表彰、奖励1次，其他表彰、奖励8次。

馆领导介绍

元正日，男，1975年12月生，本科学历，中共党员，馆长。1996年8月参加工作，历任龙井市文化新闻出版和体育局科长、办公室主任，2012年9月任龙井市图书馆馆长（副科级）。2011年和2012年连续获得全州文化工作“先进个人”。

池珉洙，男，1969年5月生，大专学历，中共党员，党支部书记。1990年3月参加工作，历任龙井市图书馆副馆长，2013年2月任龙井市图书馆党支部书记，兼任全国文化信息资源共享工程龙井支中心主任。

未来展望

龙井市图书馆以“免费开放、资源共享、图书惠民”为服务主题，以“发展小读者、吸引老读者、培养高端读者”为兴馆战略，加快推进自动化、数字化、现代化图书馆建设，基本形成功能完善、资源共享、服务灵活的公共文化服务网络，充分发挥公共图书馆在文化建设服务中的公益职能，走一条以现代化和高起点的服务手段创造社会效益和经济效益的发展之路。自新馆开馆以来，在不断强化自身综合实力的同时，通过创新的读者服务理念，带动了我市公共图书馆事业的整体发展。

联系方式

地　址：龙井市临江路478号

邮　编：133400

龙井市图书馆

长春市朝阳区图书馆

概述

长春市朝阳区图书馆于1949年11月在原长春市民众教育馆中华区阅览室基础上建立。期间一直与朝阳区文化馆合署办公。2012年，在长春市公共文化体系示范区创建工作的东风下，长春市朝阳区委、区政府决定选新址单独建馆。新馆位于长春市朝阳经济开发区育民路1699号朝阳区委党校原址。2013年7月4日图书馆盛装启幕，正式开馆迎接广大读者。新馆占地3公顷，建筑面积3000平方米，设计藏书容量15万册，可容纳读者座位300个。计算机40台，宽带接入100Mbps，选用Interlib图书馆集群管理系统。

业务建设

截止2012年底，朝阳区图书馆总藏量10.2516万册（件），其中，纸质文献6.1028万册（件），电子图书4.1488万册。

2011年，朝阳区图书馆新增藏量购置费58万元，2012年起增至178万元。2010–2012年，共入藏中外文图书27668种，35998册，中外文报刊296种，视听文献2045种。

截止2012年底，朝阳区图书馆数字资源总量为4.85TB。2012年，完成数据库建设并通过国家发展中心验收。

2010年，采用吉林省长春市图书馆的Interlib图书馆集群管理系统，以适应长春地区公共图书馆服务联盟建设的需要。2012年年初，实现馆内无线网络全覆盖。

读者服务工作

从2010年8月起，长春市朝阳区图书馆全年365天天天对外免费开放，周开放63小时。2010–2012年，书刊总流通4.328万人次，书刊外借11.2718万册次。2012年11月，开通与全区53社区图书馆的馆际互借服务。2009–2012年，建成53个分馆，有12个流动服务车服务点。2012年10月，开通了长春市朝阳区图书馆网站，引入手机图书馆。截止2012年，朝阳区图书馆发布使用的数字资源总量为46种，4.85TB，均可通过长春市朝阳区图书馆网站、陕西公共图书馆服务联盟网站、长春市朝阳区共享工程VPN专网向全省公共图书馆、共享工程基层服务中心提供检索、浏览和下载服务。2010–2012年，长春市朝阳区图书馆共举办讲座、展览、培训、阅读推广等读者活动58场次，参与人数1.2152万人次。

管理工作

2010年，长春市朝阳区图书馆完成全员岗位聘任，按需设岗，全部工作人员重新上岗，建立了工作量化考核指标体系，目标责任制到人，每季度进行工作进度通报，每半年和全年进行总体工作考核。2010–2012年，共抽查文献排架31次，书目数据17次。

表彰、奖励情况

2010–2012年，长春市朝阳区图书馆共获得各种表彰、奖励6次，其中，长春市表彰、奖励1次，区委、区政府表彰、奖励1次，其他表彰、奖励4次。

馆领导介绍

魏嵬，女，1976年7月出生，大学本科学历，中共党员，馆长。1999年12月参加工作，2002年12月任朝阳区文化馆业务副馆长，2012年10月任朝阳区图书馆馆长。

未来展望

朝阳区图书馆环境清幽，设备完善，以服务广大读者为宗旨，馆内设置了针对不同阅读群体的阅览室：视障阅览室、少儿阅览室、多功能阅览室、文化信息共享工程电子阅览室。同时，为了向读者提供查询、借阅、培训等“一站式”服务，还设置了工具书检索室、书画室、教育培训中心等。馆内专为视力障碍读者设置了“视障图书室”，由朝阳区残联出资，与图书馆共同建设，是目前省内第一家区县级视障图书室。为残疾人铺装了残障设备、购置了相关的盲图设备和盲文书籍。并且专门请来盲文老师对视障读者提供辅导。用人性化的服务为视障读者送去知识的光明。

朝阳区图书馆不仅承担着提供便捷阅读资源的责任，更是丰富群众文化生活的重要基地。利用现有资源开展群众文化活动，将这里打造成朝阳区未成年人阅读基地、农民（农民工）文化活动中心、企业文化活动中心、残疾人文化活动中心和群众文化活动中心。借助文化大发展的契机，为市民带来轻松愉悦的文化生活。

朝阳区图书馆与读者一同成长，寄求知之心于千里学海，骋鸿鹄之志共万仞书山。

联系方式

地　址：朝阳区育民路1699号
邮　编：130103
联系人：魏　嵬

长春市二道区图书馆

概述

长春市二道区图书馆始建于1989年，1998年旧馆舍拆迁，2004年8月新馆正式启用。新馆地址位于吉盛小区3–19栋（岭东路与东盛大街交汇处）。馆舍建筑面积508平方米，现有各类藏书（含电子文献）近15万册，80%为新书和热门书，每年订购杂志240种，报纸80份。部门设置，下设外借、阅览、采编、辅导等部门。目前有在编人员6人，其中，大学本科1人，大专一人；副研究馆员1人，馆员3人。2013年6月聘请了三名图书专业管理人员，2013年8政府派遣10位军嫂到图书馆工作。二道区图书馆从成立至今，一直得到区财政的大力支持，每年各项费用均能及时到位，且逐年有所增加，2012年财政拨款达65万元。免费开放后，每年下拨的中央财政及地方配套经费20万元也已全部到位，年新增藏量购置费10万元。2013年，在公共文化服务体系示范区建设的推动下，在区委区政府的支持下，二道区图书馆取得了跨越式的发展。在“东北亚艺术中心”（乐群北街与东新路交汇处）建立了二道区图书馆分馆。

业务建设

图书馆财政拨款总额年65万元；2013年拨款200余万元，总计300余万元。本馆已入藏的古籍、图书、期刊和报纸合订本、小册子、手稿，以及缩微制品、录像带、录音带、光盘等视听文献资料的数量为15万册（含电子文献藏量5万种）。本馆可供读者利用的电子文献数量现共有5万种。查重后的数量为5万种。本馆年图书入藏数量为25000种。均为自采的中文图书。报刊年入藏量为240多种。均为中文报纸和期刊，全部由邮局订购。本馆视听文献年入藏量为30件。均为采购，主要为DVD/CD视听文献。本馆设有地方文献专柜，并有专人进行管理。本馆目前尚未入藏地方文献。今年将针对本区特点开展征集工作，如设立专题网站、地方文献收藏等。根据我馆的读者文化程度和需求，我馆采选的文献侧重于社科类，主要以文学、历史地理、政治、军事等文献为主。本馆现根据国图标准进行编目著录。本馆已加入了市图书馆网络体系，编目细则与市图一致。本馆图书文献到馆一个月内完成编目。本馆有相关编目细则，编目数据规范一致。按编目细则规定，本馆图书文献到馆一个月内完成编目。

二道区图书馆分馆位于二道区北部，周边群众文化设施欠缺，而且人员多而杂。针对这一特点，我馆从建馆之日起，便对社区情况进行了多次调研，并在各社区建立了多个图书分馆或图书室。据此，我馆对所订阅的报刊未有进行过编目著录，按制度每季度将过刊和下架图书充实到各社区馆、室，充实其馆藏，充分发挥我馆馆藏的作用，极大丰富了住区居民的文化业余生活。

按我馆收发制度要求，期刊报纸文献到馆当时必须完成记到工作，让读者能及时看到当日期刊。本馆对所采购的视听文献，均按照国家或行业标准进行编目。本馆所有的视听文献，编目均由供应商提供，有相关编目细则。视听文献在到馆一个月内完成编目。本馆对馆藏图书按国图标准进行编目，书标、登录号、馆藏章等也按其标准进行加工整理，要求其规范、统一、整齐、美观。本馆现实行办公自动化管理，对馆藏目录设立机读目录一种。对机读目录设有专人管理，以维护目录的安全使用。对读者提供查询目录的指导。

本馆对开架图书的排架正确率不低于96%；对开架图书设有专人管理与维护。制定有文献保护规章制度；书库防火、防盗、防虫、防潮、防尘等措施、设备健全，效果良好；破损图书能及时修补或剔除。本馆与长春图书馆实现资源共享，同时接收全国文化信息资源共享工程资源4TB。

截止2013年底，二道区图书馆总藏量10万种，80%为新书和热门书，每年订购杂志240种，报纸80份。书刊外借近1万册次。公共空间设施场地免费开放；基本服务项目健全并免费开放，增设儿童阅览室，和电子阅览室，可共享网络电脑30台。2013年实行“一卡通”借阅制度，可与市图书馆、各县区图书馆、社区图书室实行“通借通还”。

读者服务工作

二道区图书馆下设有外借处、成人阅览区、公共电子阅览区、少儿文献阅览室、视障阅览室、多媒体工作室、自修区、休闲区等。外借处：新购藏书4万册。成人阅览室：订阅期刊120种，报纸40种。公共电子阅览室：新购电子文献5万种。少儿文献阅览室：新购藏书1万册，视听文献30种。视障阅览室：配备三台视障阅读设备及相应盲文书籍。多媒体工作室：提供设备空间，为读者提供相应服务。自修区：设坐席40个，免费为自修者提供服务。休闲区：为读者提供安静舒适的阅读环境。上述服务项目，全部实现免费开放，开放时间为9:00至17:00（周六周日不休息）。

业务研究、辅导、协作协调

每周都有固定学习日，系统学习“群众路线”理论和有关图书管理方面的知识，不断提高自身业务技能。定期聘请社会各层次读者予以监督。

管理工作

2013年，二道区图书馆建立了工作量化考核指标体系，每月进行工作进度通报，每半年和全年进行总体工作考核。

表彰、奖励情况

2009年，在国家公共图书馆评估定级工作中，被文化部定级为“三级图书馆”，2011年，被市文明办授予精神文明先进单位。2013年10月，被文化部命名为“国家二级图书馆”。

馆领导介绍

何莉，女，1973年1月，本科学历，中国共产党党员，现任长春市二道区图书馆馆长。1991年参加工作，先后担任文化馆财务工作，2013年任二道区图书馆馆长，主抓图书馆全面的工作。曾连续三年被评为二道区文化事业先进工作者。

杨林，男，1960年生。1983年四平师范学院（现吉林师范大学）历史系（本科）毕业。先后在长春市二道区文化馆、图书馆工作。2004年任副馆长至今。2001年被评为副研究馆员。

未来展望

二道区图书馆遵循“科学、效率、创新、发展”的办馆方针，战略，即完善单体服务功能，扩大服务辐射区域。不断强化自身综合实力的新世纪对图书馆。二道区图书馆人力资源管理的现状，从树立图书馆人力资源管理新理念、实行目标管理、引进竞争机制、创建激励机制及重视人力资本投入等几个方面，创建图书事业新局面，为文化事业的发展做出新的贡献。

联系方式

地　址：长春市吉盛小区2–19栋
邮　编：130031
联系人：何　莉

白山市图书馆

概述

白山市图书馆是白山市（区）内最早成立的一家公共图书馆。成立于1978年，1999年异地建新馆，位于白山市浑江大街39-6。新馆馆舍面积6658平方米，藏书多20多万册，馆内共有阅览座席508个，其中少儿阅览座席120个。计算机数量为70台，用于业务办公15台用于读者借阅5台，提供读者服务50台（电子阅览室）。读者服务区无线上网覆盖范围达到80%以上，网络对外接口10兆级。

业务建设

截止到2012年底，图书馆总藏量是20.0722万册（件），电子文献6000种。2012年白山市图书馆新增藏量购置费为15万元，图书入藏量为2974种，报刊年入藏量为780种，电子图书入藏量6000种，视听文献年入藏量841种，地方文献入藏量完整率为97%。

白山市图书馆数字资源总量7.9TB，数据库建设稳步发展，馆藏书目已达到了80%以上。选用ILAS图书馆自动化管理系统，采访工作、编目工作、流通工作、书目检索工作全部实行了计算机管理，办公室实行了自动化，馆内已形成了局域网。

读者服务工作

2011年12月，白山市图书馆全年365天对外免费开放，周开放70小时，2012年书刊外借册次为25.8607，馆藏书刊外借率达到了73%。2009年起白山市图书馆与吉林省图书馆、长春市图书馆、白山党校、长白山职业技术学院、长白山管委会、通化地区图书馆联盟开展了馆际互借，提升了图书馆的服务能力。

2012年白山市图书馆建立38个图书流通点，流通图书59千册次/年，平均年流通15册次/年，人均年到馆次数为24次/人。

2011年起开始为白山两会服务。2012年5月专门在二楼阅览室开设了政府信息公开公众查阅专架，由专人负责管理，保证广大市民读者能够及时、便捷、有效地获取政府最新信息。

长年为农村党员干部及农民编写了《乡村致富信息参考》、《科技资料摘选》，并开展了定题服务、跟踪服务。

关心弱势群体，为老年人、残疾人提供“一站式”服务。在我市逸夫学校（聋哑学校）、儿童福利院建立图书流通站；利用共享工程设备深入到社会福利院、儿童福利院、社区敬老院、建筑工地播放电影、健康讲座60场；在市农民工子女较多的城南小学、城北小学建立了图书流通站，2012年流通图书2000多册。

2009-2012年间白山市图书馆成立了爱国主义教育基地、吉林省社科联科普基地、白山市青少年读书俱乐部、职业技术学院读书活动基地、残疾人读者之家，定期举办不同类型的读者活动。

2012年举办了书法、摄影、剪纸等讲座118场，举办白山奇石展、“秋、庆国新春剪纸”展12次，开展阅读推广活动13次。

业务研究、辅导、协作协调

2009-2012年，白山市图书馆职工发表论文32篇。有两篇论文获市科研论文一、二等奖。

2003起年白山市图书馆加入了吉林省统采统编中心。

2009-2012年与市委组织部远程教育科的合作，组织区县图书馆向市组织部农村党员远程教育网“共享工程”专栏，提供丰富的信息内容，扩大了文化共享工程信息资源受众率的覆盖面。

2012年图书馆辅导部工作人员深入基层开展业务辅导78天，根据业务动态信息及其资料的收集与整理，撰写分析报告、图书馆事业性建设的综合报告4篇，提供给领导决策参考。

白山市图书馆采取自办、联办等形式的举办共享工程技术人员技术培训班6期，组织基层馆人员参加国家中心网络技术培训13期。

管理工作

白山市图书馆建立健全32项规章制度。人事管理上按需设岗、按岗聘用、竞争上岗，建立岗位责任制，年终考核。财务管理、设备与物资管理上有明确的制度并建立相关的监督机制；吸纳志愿者与图书馆管理，建立志愿者档案并对其进行定期培训。2009-2012年共抽查文献排架20次，书目数据6次，人事档案、业务档案齐全，装订整齐，卷卷有目录。

白山市图书馆内观

白山市图书馆书法绘画摄影展

白山市图书馆少儿阅览室

白山市图书馆外借部

白山市图书馆少儿亲子阅读活动

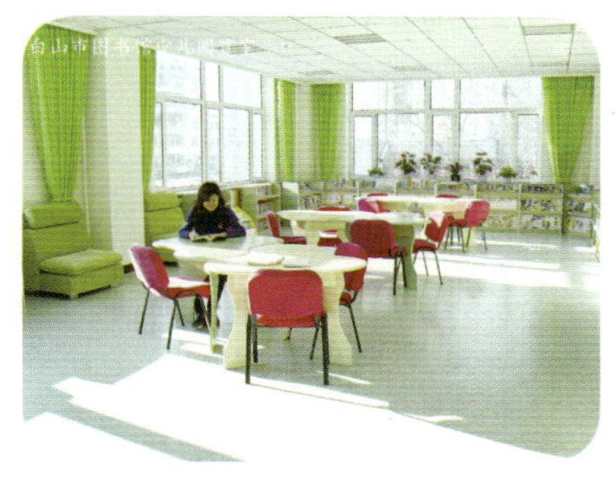

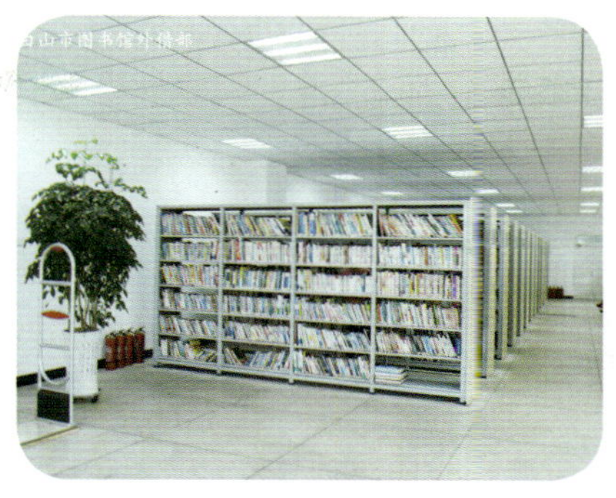

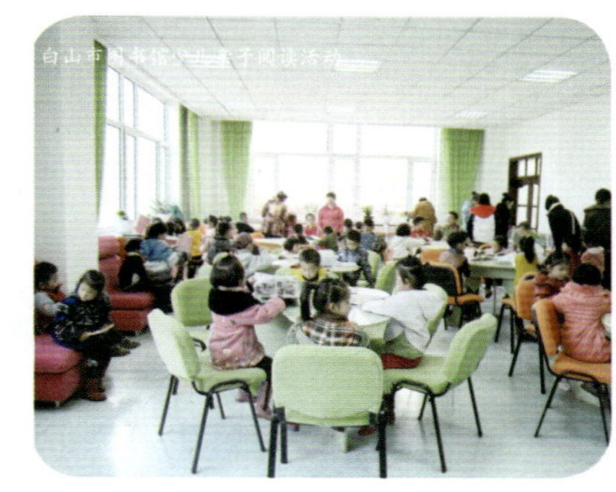

表彰、奖励情况

2009—2012年白山市图书馆荣获省、市级表彰15次：其中被吉林省文化厅、精神文明办、关工委、教育厅表彰5次；被市委、市政府表彰4次，其它表彰6次。

馆领导介绍

王爱文，男，1963年10月27日生，本科学历，中共党员，副研究馆员，1983年参加工作，历任白山市图书馆副馆长、馆长、书记兼馆长。任白山市图书馆学会会长，吉林省图书馆学会理事。

李彤，女，1968年7月26日生，本科学历，中共党员，研究馆员，副馆长。1990年参加工作，1991年到白山市图书馆工作，先后在采编部、辅导部工作，任白山市图书馆学会副会长。

未来展望

白山市图书馆遵循“科学发展，服务创新”的办馆方针，坚持“以人为本”服务理念，立足现实展望未来，未来几年白山市图书馆发展方向，将有效地管理成为最佳实践的倡导者，创建更加舒适、优越的阅读环境，让不同年龄、背景的人对图书馆有宾至如归之感，与其他地方服务相结合，并与广泛的文化资源相结合，为所有人提供方便快捷的信息服务，使图书馆成为每个访问者愉快的场所。

联系方式

地　址：浑江大街39－6
邮　编：134300
联系人：孟家如

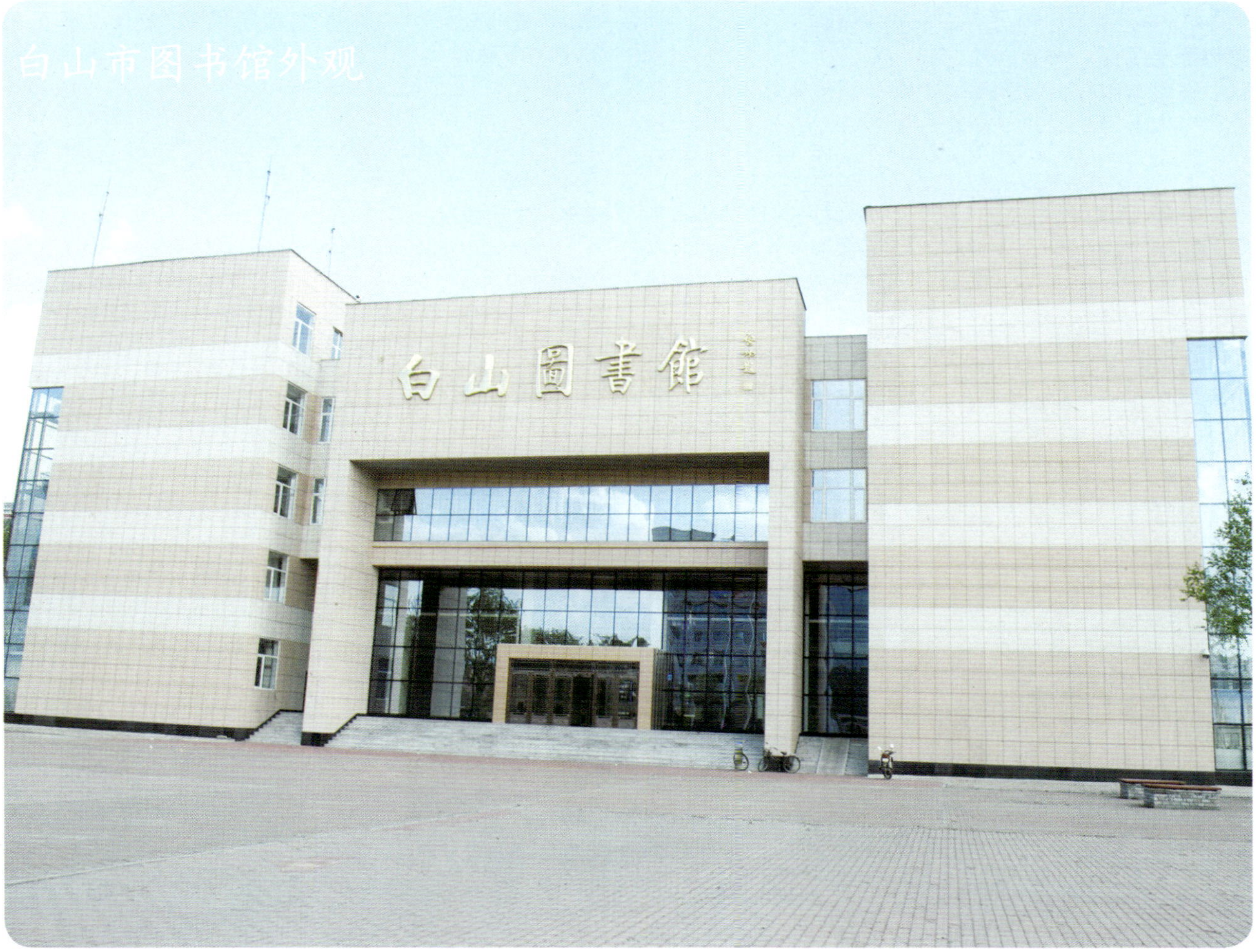

白山市图书馆外观

九台市图书馆

概述

九台市图书馆始建于1978年7月，2003年10月新馆建成，位于九台市新华大街20号，馆舍面积为1643平方米，现有馆藏101846册，阅览坐席256个，计算机50台，以2（Mbps）宽带专线接入，存储量之和能够达到6(TB)，拥有自己的图书馆网站，与吉林省图书馆协作，建立了全国文化信息资源共享工程九台支中心；与长春市图书馆协作成为第一批分馆成员，建立了长春图书馆九台分馆；与长春市少年儿童图书馆协作建立了长春市少年儿童图书馆九台分馆。在自动化、网络化建设方面采用与长春市图书馆保持一致的图书馆集群管理系统，实现了全馆业务管理自动化和办公自动化。目前，利用与长春市图书馆保持一致的“图书馆集群管理系统”作为业务管理系统。定期或不定期举办各种读书征文、读书报告会、专题讲座、展览等多种形式的读者活动。年均接待读者十万余人次。在2009年全国图书馆评估中被评为二级馆。

业务建设

截止2012年底，图书馆总藏量101846册，其中，图书69724册、合订期刊和报纸21122册、视听文献11000件。2012年入藏图书2719种5741册、报刊252种、视听文献10900件。地方文献入藏完整率为90%以上。2009年，与长春市图书馆保持一致的“图书馆集群管理系统”作为业务管理系统，以适应吉林省图书馆服务联盟建设需要，实现图书馆网络覆盖。

读者服务工作

从2012年1月1日起所有公共空间设施场地全部面向社会免费开放，每周开馆60小时，全年365天全开馆，没有节假日和双休日。书刊全开架或半开架。馆藏书刊文献外借率为113%，书刊年外借117323册次，馆外服务点年流通图书35105册次，通过橱窗、画板、展览等方式宣传图书468种、有33699人次参观。通过九台政府网站、图书馆网站、信息摘编等方式进行政府公开信息服务。利用信息摘编、跟踪服务等服务方式为本地政府机关、以及社会公众提供专题服务。

建立了视障服务区，购置了盲文书、手语书，还请来聋哑学校的老师，解读工作人员与聋哑人之间语言沟通的障碍。每周五，利用共享工程资源为老年人播放健康知识讲座，为少儿播放电影和动画片儿童片。

利用共享工程设备，为基层图书室、共享工程服务点等社会各界有需求的人员做了5次讲座、7次培训。还与科技局联合举办了地震科普知识图片展。在阅读推广活动中，开展了送书上门、读者座谈会、读书征文等活动。

2012年图书馆开展了各项活动12次，参加人数达2.68万人次。

业务研究、辅导、协作协调

2009–2012年，九台市图书馆职工发表论文15篇。

到2012年底与吉林省图书馆签订协议建立了全国文化信息资源共享工程吉林省九台市支中心；与长春市少年儿童图书馆签订协议，成立了长春少年儿童图书馆九台市图书分馆；与长春市图书馆签订协议，成立了长春图书馆九台分馆；与长春师范学院建立协作关系。

以九台市图书馆为总馆在乡镇、街道、社区建立了17个分馆，签订了总分馆协议，制定了总分馆通借通还制度。

2009–2012年，对基层图书室业务辅导120次，业务培训30次。

管理工作

图书馆每年根据上级部署、本局安排和本馆实际工作做到年初有计划，年终有总结；建立健全了财务制度和会计制度，严格各项财务开支，使有限的资金发挥最大的效益；建立职工考核档案、参考咨询档案、课题服务档案、业务辅导档案，档案资料齐全，装订整齐，每卷有目录，方便查阅；制订完善了固定资产管理制度，设施设备做到了专人负责，确保财产安全完好；在统计工作上，做到有专人负责财务统计、业务统计和统计报告，并保存完整归档；制订了综合治理管理制度和消防管理制度，实行馆长负责的责任制。

表彰、奖励情况

2009–2012年，九台市图书馆共获得各种表彰12次，其中，中国图书馆学会表彰1次，省精神文明建设指导委员会、省文化厅、教育厅、省关心下一代工程委员会委表彰2次，省图学会表彰2次，长春市级表彰3次，其他表彰4次。

未来展望

九台市图书馆以“文明服务、读者第一”为办馆宗旨，建设

现代化、数字化图书馆为发展目标，利用先进的计算机技术和数字信息系统，开展各种图书服务活动，提高广大人民的整体素质。同时，增建图书室，提高我市图书的覆盖率，方便居民读书实现资源共享。为推动九台经济快速发展提供智力支持，实现科技和文化的完美结合努力把图书馆办成我市知识信息中心，文化教育中心，成为社会教育和文化休闲的重要场所。

馆领导介绍

郭秋，女，1963年11月生，大专学历，中共党员，副究馆员，馆长。1984年7月参加工作，兼任省图书馆学会理事。2009–2012年被省图书馆学会评为优秀馆长。

梁明，男，1965年10月生，本科学历，中共党员，副研究馆员，副馆长。1986年12月参加工作，先后在辅导部、少儿部等部门工作。分管少儿部、文化共享、图书馆活动。2009–2012年被评为省图书馆学会优秀会员、优秀通讯员。

张彦，男，1967年7月生，大专学历，中共党员，馆员，副馆长。1984年12月参加工作，分管办公室、综合阅览室、电子阅览室。

杨丛，女，1971年6月生，本科学历，中共党员，副研究馆员，副馆长。1992年12月参加工作，先后在采编部、财会室等部门工作。分管检索室、采编部、外借部。

联系方式

地　址：九台市新华大街20号
邮　编：130500
联系人：郭 秋

榆树市图书馆

概述

榆树市图书馆始建于1919年，至今已有90多年的历史。在近一个世纪的风雨历程中，图书馆几经开停并分，历经几代图书馆人的坚守，于2009年被文化部评为国家二级馆。馆舍占地面积1120平方米，建筑面积2513平方米，位于榆树市向阳路301号，是榆树市市内中心地段，现在有藏书5万册，成为收藏图书文献资料，开展读者工作，提供课题服务于一身的公共图书馆。进入二十一世纪后，图书馆进入发展的快车道，随着文化共享工程的实施，榆树市图书馆公共文化体系建设更加完善，带动了全市公共文化事业发展。

业务建设

榆树市图书馆现馆舍面积2513平方米。截止2012年底，藏书总量5万册件（含0.5万电子文献），工作人员29人，大专以上占55%。榆树市图书馆曾参加2009年评估，被评为“二级图书馆”。榆树市图书馆2012年财政拨款129.1万元，但购书经费仅为1.8万元。中文图书几为赠书，无新书入藏，只采购了报刊120种。全馆共配备了35台电脑，存储容量6TB，采用10M宽带接入互联网，建立了公共电子阅览室；设立了读者自修、图书借阅、报刊阅览、视障服务、地方文献专柜等功能区域，采用Interlib图书馆集群化管理系统，与长春地区图书馆实现了通借通还。

读者服务工作

榆树市图书馆虽然购书经费有限，但坚持常规性期刊、报纸阅览服务。但由于人员素质相对偏弱，期刊、报纸还没有实现编目数字化，图书编目与市馆、市少儿馆合作，50%书目数字化。2012年，年书刊外借7800册次，与基层流动点、乡文化站外借图书3.3万册次。参与共享工程建设、公共电子阅览室等工程建设，设备达标，提供常规性服务。

业务研究、辅导、协作协调

2009–2012年，榆树市图书馆职工在《图书馆学研究》发表论文2篇，省论文研讨会获奖论文一等奖一篇，二等奖2篇。业务调查研究报告一份。

2000.5–2012.9图书馆工作人员只有9人，2012.9月起工作人员由原来9人，增到29人，为了迅速提高工作人员业务水平举办三期学习班。

1.2012.9全市文广系统一年度继续教育培训，40学时、105人参加。

2.2012.10图书馆业务培训，40学时105人参加。

3.2012.10全市文广系统培训班24学时、105人参加。

管理工作

从加强完善组织人员体制入手，建立完整有效地管理体系。2012年10月，榆树市图书馆完成第二次全员岗位聘任，由原有9人，有20人重新上岗，建立完善考核制度。

表彰、奖励情况

榆树市图书馆2009–2012吉林省图书馆学会表彰的先进单位。

馆领导介绍

刘文广，男，1968年8月生，本科学历，中共党员，馆长，1988年参加工作，榆树市红星乡中小学，红星乡政府。

未来展望

榆树市图书馆的宗旨是，“以服务抢占读者市场，以图书净化读者灵魂，以知识引导读者致富”。内设阅览部、外借部、电子阅览室、视障服务室、多媒体室、中控室、少儿馆和一个行政办公室，在保存图书资料同时，为读者提供免费信息咨询；免费借阅，预约借书、代借代还；免费期刊报纸阅览；免费网上阅览及网上查询等公共群众文化服务项目等，同时为全市各个企事业单位，私营企业单位提供课题跟踪服务，并负责农家书屋的业务辅导和全市共享工程建设工作。

榆树市图书馆努力进取，为进一步推进图书馆免费开放工作，推进公益性文化事业单位改革，促进基本公共文化服务均等化发展，向社会公众提供最佳服务，创造一个良好的学习环境，真正把图书馆建成一座没有围城的大学，打造成为市民生活第三空间，为地方经济建设作出应有的贡献。

联系方式

地　址：吉林省榆树市向阳路301号榆树市图书馆
邮　编：130400
联系人：李彦春

先进单位

资源播放

猜灯谜

刘文广馆长接受记者采访

市民读书节“我爱读书”系列活动

工作人员组织系统计算机培训

职工参加体育活动

为学校图书馆辅导

德惠市图书馆

概述

德惠市最早的图书馆依附于德惠县民众教育馆，1923年（民国十二年），始创于大房身；1936年（伪满康德三年）民众教育馆随县城迁往德惠，当年正式成立德惠县图书馆（馆址在六道街（现市幼儿园附近）；1946年改称德惠县文化馆图书室（馆址在中央街和头到街交汇处的小白楼）。解放后1948年重建民众教育馆图书室，次年改称德惠县文化馆图书室。1956年3月，吉林省首批建立的8个县级图书馆德惠是其中之一，住址在中央街（现二商店处），藏书9000余册，开设综合、少儿两个阅览室。文革前后与文化馆分分合合，馆址几经变迁。1987年开始独立建立图书馆中央街，1989年建成开放，现德惠市德惠路1085号，建筑面积800余平方米，1986年将四楼劳动局、建设银行买下，面积增至1200平方米，藏书12万册，读者座席100个。在全国首次公共图书馆县（市）级评估定级中获三级图书馆，2004年，参加第三次全国公共图书馆评估，首次获得县（市）级二级图书馆，后参加各次全国公共图书馆评估定级均为二级公共图书馆。2013年，德惠市图书馆有阅览坐席230个，计算机52台，信息节点80个，宽带接入10Mbps，统一使用长春市图书馆提供的Interlib图书馆自动化管理系统。

业务建设

截止2013年底，德惠市图书馆总藏量20万册（件），其中，纸质文献17万余册（件），电子图书3万册。

2011年以前，德惠市图书馆藏量购置费5万元，2013年起增至20万元，总藏量13.1000册，共入藏中文图书5000种，4000余册，中文报刊390余种，视听文献1万余种。2013年，地方文献入藏完整率为96%。

读者服务工作

从2011年8月起，德惠市图书馆实行对外免费开放，周开放56小时。2013年，总流通11.3000万人次，书刊外借11.4000万册次。2005年与长春市是图书馆建立协作关系，2008年加入吉林省图书馆联盟与省市共享相关资源。现有8个分馆，308个农家书屋，308个共享工程基层点，通过图书服务车，开展基层图书室送书下乡活动，馆外书刊流通总人次达15万人次。2013年7月，建立德惠市图书馆网站。

2013年，德惠市图书馆共举办讲座、展览、培训、阅读推广等读者活动15场次，参与人数1.2000万人次。

业务研究、辅导、协作协调

2009–2013年，德惠市图书馆职工发表论文14篇，获省以上一等奖2篇、二等奖5篇，三等奖以下9篇。

从2005年起，德惠市图书馆加入长春市协作图书馆，2008年加入吉林省图书馆联盟，以文化信息资源共享工程为依托，在全市开展阅读推广、流通服务、地方文献联合征集、阅读推广与讲座展览资源服务、业务培训与技术支持等活动。2013年，各分馆、文化站、农家书屋和共享工程基层点管理人员参加培训达百分之八十以上，举办培训班3期，19课时，210人次接受培训。

管理工作

2013年，德惠市图书馆职工42人，副高职称三人，中级职称12人，建立完善了工作量化考核指标，月进行工作进度通报，半年开展工作总结，全年进行总体工作考核。年抽查文献排架2次，书目数据2次。

表彰、奖励情况

2007年11月获吉林省文化厅“全国文化信息资源共享工程工作先进集体、2008年获国家九部委举办的”全国农民读书征文活动组织奖；2008–2013年，德惠市图书馆连续被中共长春市委、长春市政府评为精神文明先进集体。

馆领导介绍

佟阿伟，男，1958年5月生，大专学历，中共党员，副研究馆员，馆长、党支部书记。1976年3月参加工作，历任文化局科员、文物管理所所长、电影公司经理等，2007年6月任德惠市图书馆馆长。

佟喜令，男，1957年3月出生，1978年参加工作，中共党员，本科学历，馆员，副馆长。

比艳秋，女，1969年5月出生，1986年3月参加工作，中共党员，本科学历，馆员，中国人民政治协商会议委员，副馆长。

大讲堂

文艺演出

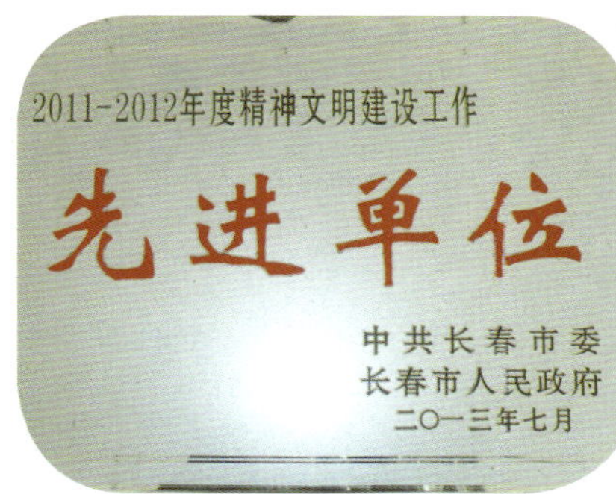

先进单位

资源播放

猜灯谜

下乡灯谜

文化下乡

林密，男，1959年9月生，1978年2月参加工作，大专学历，中共党员，馆员。曾任文化局文化科科员，党支部副书记。

未来展望

德惠市委、市政府重视公共文化服务体系建设，2014年把图书馆新馆建设纳入“十件民生建设大事”之一。新馆建筑面积4500平方米，位于德惠市政府北侧，现图书馆已完成设计主体设计，正在紧锣密鼓的运作之中，预计2015年建成开放。新馆建成后阅览座位400个，可容纳纸质文献50万册，年服务人次可达100万人次以上，数字资源设计存储能力200TB，能够提供全覆盖、不间断、无时空限制的数字文献远程和移动服务，数字资源年利用率100万件/次以上。同时，还具有支撑保障全市公共图书馆服务体系良好运行的文献与技术能力，成为大型县级图书馆，主要指标位居公共图书馆前列，达到县级图书馆的基本标准。

联系方式

地　址：德惠市德惠路路1085号
邮　编：130300
联系人：佟阿伟

全民阅读

乡村灯谜

永吉县图书馆

概述

吉林省永吉县图书馆的前身是永吉县文化馆的图书组，于1979年7月正式独立，落户于口前镇，位于永吉大街1297号。馆舍建筑面积为2002平方米。2000年参加全国公共图书馆评估，获得二级馆。图书馆共有阅览座席284个，计算机50台，因特网接口为10兆光纤，信息节点185个。拥有业务服务器1台、备用服务器1台、应用服务器2台、卫星接收服务器1台、存储磁盘阵列1套、硬体防火墙1台、网络核心交换机1台、UPS电源设备1套、投影设备1套、业务终端计算机10台以及打印机、投影机、扫描仪等多台外接设备。支中心的共享工程阅览室已于2008年对读者免费开放。

业务建设

截止2012年底，永吉县图书馆总藏书量59422册（件），其中，纸质文献53717册（件），电子图书86717册，电子期刊4953种。

截止2012年底，永吉县图书馆数字资源总量为4.28TB,其中自建数字资源总量1.09TB。现已建成数据库4个，包括《永图农技》、《北大湖旅游资源简介》、《民间故事》、《神偶》，还有在建的《永吉文化名人》等。

2009年，永吉县图书馆与北华大学图书馆结成图书馆服务联盟对子，同时也是北华大学在永吉县的分馆。

从2008年起，永吉县图书馆陆续在各乡镇建立了8个分馆，统一配送资源，分别管理。

读者服务工作

从2010年起，永吉县图书馆全年都免费对外开放，周开放56小时。2009–2012年，书刊总流通281184人次，书刊外借547963册次。

2010年永吉县图书馆网站开通，向共享工程基层站点提供检索、浏览、下载等服务，发布信息资源的总量为12.3TB。

2012年为残联提供刻录光盘《有声数字图书馆》1000盘；为农家大院提供提供农技光盘440盘和文艺类光盘630盘。

2009–2012年，永吉县图书馆共举办讲座、展览、培训、阅读推广等读者活动165场次，参与人数4万余人次。

业务研究、辅导、协作协调

2009–2012年，永吉县图书馆职工发表论文16篇，同时，还有3篇论文在学术研讨会上获一、二等奖。

2009–2012年，永吉县图书馆共举办农家书屋管理员、共享工程站点工作人员培训班8次，共有1107人参加。业务骨干经常下乡进行实地业务辅导，使基层的工作也逐步规范化。

管理工作

2010年，永吉县图书馆实行了全员岗位聘任，本次聘任共设7类岗位，有8人上岗。

表彰、奖励情况

2009–2012年永吉县图书馆共获得各种表彰6次。

馆领导介绍

周尔达，男，1957年9月生，大学学历，中共党员，馆员，馆长。1981年7月师范毕业后先后在永吉一中，永吉三十一中任教，1991年11月调到永吉县文化市场管理办公室工作，任办公室主任，2005年5月调任到永吉县图书馆工作，任党支部书记兼馆长。其中于1985年7月至88年7月在吉林省广播电视大学函授汉语言文学专业毕业。1994年7月至1997年2月在吉林省委党校函授经济管理专业毕业。多年来，他无论在教学岗位，文化市场管理岗位还是在图书馆等岗位都能刻苦钻研业务，撰写论文10余篇，公开发表5篇，对各项工作都起到了一定积极作用。

苗键，女，1974年3月生，大专学历，中共党员，助理馆员，副馆长。2006年6月到永吉县图书馆工作，先后在少儿部、业务辅导部、阅览部等部门任部主任等职。

未来展望

在未来的几年里，永吉县图书馆依然遵循着读者第一，服务至上的原则，不断的解放思想，以进取之心服务大众，不断的开拓新领域，推出服务新模式，不断的拓展流动服务，上门服务的空间，创造性的满足用户潜在的信息需求，把握服务的特点规律，提升服务的质量水平，真正实现人本服务的最大化。几年之后有一个全新的独立的馆舍，馆舍建筑面积达到

分馆建设

农家书屋资源

猜谜活动

农家书屋建设

图书馆一撇

阅览室

5000平方米，新馆全面实行全开架、网络化管理，功能越来越多样化。电子阅览部和数字图书馆的推出，使图书馆的职能不再局限于基本的借还工作。指导读者检索，引导读者养成利用图书馆的观念，成为图书馆新的职能所在；新馆还将为读者提供视听服务，使读者利用图书馆资源的方式更加快捷方便。新馆将开展各种读者活动，讲座，培训，吸引更多的读者，达到全国一流的县级图书馆水平。

联系方式

地　址：吉林省永吉县图书馆
邮　编：132200
联系人：肖永红

荣誉证书

张悦　同学

你的作品《保护野生动物》在二零一二年“魅力江城杯”少儿绘画书法大赛中荣获B组一等奖。

特发此状，以资鼓励

“魅力江城杯”少儿绘画书法大赛永吉赛区组委会

二〇一二年五月四日

魅力江城杯

读者在电子阅览室上网

磐石市图书馆

概述

磐石市图书馆成立于1959年，现馆舍座落在磐石市创业街1588号，馆舍面积2500㎡。在编人员15人，其中本科学历3人，大专3人，中专9人。副研究馆员1人，馆员4人，助理馆员10人。设有外借部、阅览室、少儿阅览室、采编部、科技部、辅导部、电子阅览室。总藏书量15万，年入藏图书2500种以上，报刊240余种，阅览室坐席130个，少儿阅览室50个坐席，电脑54台，包含笔记本电脑2台，可供读者使用的电脑30台，其余为办公使用。

业务建设

公共文化服务：业务窗口综合阅览室、少儿阅览室、电子阅览室、外借部、自修室、过刊报纸库、期刊库全部免费向广大市民开放。接待读者82000万人次，图书流通72000册。订阅报刊300余种，新增阅览桌椅24套。

基础业务工作：争取资金10万元。采编人员对新购入的图书进行了分类、加工，整理。采编、外借工作人员分别对公务目录、读者目录进行了组织。

业务辅导：全年对农家书屋、社区图书室、学校图书室、共享工程服务点业务辅导21次，参与辅导人员52人次。集中业务培训1次，参加培训人员200人次。

馆内业务培训：在开展正常业务工作的同时，馆内集中培训2次，通过自学和集中培训，干部职工的业务素质有明显的提高。

在图书馆硬环境建设取得了极大改观的基础上，我馆及时调整建设思路，把工作重点从硬环境建设转移到软环境建设，明确发展目标，健全各项制度，优化管理软环境。

充分借助多媒体阅览室服务器和图书馆管理软件来提升图书馆各项业务工作管理。为实现图书采编、流通、检索自动化管理工作全面努力，图书馆的各项工作基本实现电脑操作、有序化管理。除此之外，我馆利用完备的现代化设施和信息技术手段，正在筹建规划图书馆网站，建立信息服务平台，实现资料服务及信息发布的网络化。

读者服务工作

为特殊群体服务：(1)、图书馆设有盲人阅览室，配备录音机、电视机为盲人服务；(2)、图书馆深入特教学校为特教学校的孩子提供服务，为他们举办雷锋事迹图片展览，使孩子们了解雷锋，争做雷锋式好少年；(3)、图书馆联合社区走进小红帽幼儿园，举办“防止手足口病”健康讲座；(4)、图书馆走进夕阳红托老所，建立第一家老年图书流通站，丰富了老人的精神文化生活。

利用图书馆资源走进学校、社区、军营。建立第一小学、职教中心分馆，使从未踏足图书馆的孩子们认识了解图书馆的职能。并通过读书开展活动，捕捉契机，培养能力。

展丰富多彩的读书活动。猜谜、征文比赛、军民联欢会、社区健康讲座、消防讲座、等系列延伸活动19次；举办各种展览如：六一儿童画展、摄影展、征文展等6次。

展读书宣传，阅读推广活动，利用世界读书日开展读书宣传活动。举办阅读演讲比赛；为党员提供优秀阅读书目；新书宣传等等。年参加活动人次达2万人次。

展图书情报宣传服务，结合社区举办宣传活动，坚持每年编制科技小报，刻录光碟，为农民提供科技信息，送书下乡，送科技下乡。

协作协调

1、开展馆际交流、实现文献互补

由吉林市图书馆倡议并牵线，磐石图书馆与吉林化工学院建立图书馆联盟，实现馆际互借。把大量文献资料和科技信息释放出来，满足广大读者的需求。成立北华大学磐石分馆，利用、流通更多的资源服务读者、服务基层。

2、筹建分馆

磐石图书馆利用协作协调、馆际互借的平台，抓住有利的契机建立3个图书分馆（一小分馆、职教中心分馆、站前社区分馆）；做到资源共享，定期流通。

管理工作

2010年，磐石市图书馆完成第二次全员岗位聘任，本次聘任15人全部上岗，同时，建立了工作量化考核指标体系，每月进行工作进度通报，每半年和全年进行总体工作考核。

表彰、奖励情况

2009—2012年，磐石市图书馆共获得各种表彰、奖励9次，

其中，省委、省政府表彰、奖励3次，省文化厅表彰、奖励2次，其他奖励、奖励4次。

馆领导介绍

程新伟，男，1961年4月生，中共党员，副研究馆员、馆长。1979年参加工作，1984年到图书馆工作，历任外借部主任、辅导部主任，1992年任馆长助理，1994年任副书记1999年4月任馆长至今。

王晓静，女，出生于1965年11月28日，中共党员，馆员，副书记。1984年6月参加工作至今一直在图书馆，曾任采编部主任，2007年担任图书馆副书记。

未来展望

加强自动化 信息化建设，实现文献的采集、加工、存储、检索、传输和利用方面自动化。

数据库建设和信息开放相对滞后，信息服务能力有待提高。

强信息化人才队伍建设培养和组织一支适应现代图书馆工作需要的专业队伍是图书馆信息化建设迫切需要解决的问题。进一步加强了图书馆自身宣传，强化了图书馆标准化、规范化建设，图书馆的发展方向发生了很大的变化，图书馆人克服种种困难，不坐、等、看，而是积极主动送书下乡，服务上门，延伸服务渗透到社会各个角落，图书馆工作将出现许多新的亮点。

联系方式

地　址：吉林省磐石市图书馆创业大街1588号
邮　编：132300
联系人：程新伟

（撰稿人：吉林省磐石市图书馆薛立葵）

伊通满族自治县图书馆

概述

伊通满族自治县图书馆始建于1978年。在县委、县政府的正确领导下，在上级业务部门的关爱、帮助和支持下，我县图书馆有了长足发展，已经成为先进水平的现代化图书馆。

伊通满族自治县图书馆，从建馆到现在，经历了30多年的风雨历程，记录了图书馆人的执着与追求，也留下了图书馆由小到大，由传统到现代的变化轨迹。几代图书馆人的艰苦奋斗，辛勤耕耘，默默奉献，用心血和汗水熔融到伊通灿烂的文化历史长河之中。

通过调整，扩大了馆舍面积，增加了现代化办公设备。馆舍面积达到了1600㎡，电脑35台；经费投入大幅提高。随着县域经济的快速发展，县财政对图书馆事业建设的投入也在不断增加。现有成人阅览座席40个，儿童阅览席24个，电子阅览室30个，多媒体试听室20个，毛泽东书斋30个。用于服务读者的电脑30台，办公电脑5台，摄像机、照相机、电视机、投影仪各一台（件），宽带网络全部接通。宽带接入10兆光纤，存储容量5TB，馆内现有各类图书架12个，报刊收藏架5组，报架5个，图书总藏量达到6.2万册。图书馆现有职工19名，其中管理人员1名，专业技术人员17人，中级工1名.在图书馆职工中，大专以上学历的16人，中专学历的2人，高中1人。图书馆实行财政全额拨款，11年县级财政拨付87.7万元，12年预算拨款126.2万元。

业务建设

图书馆工作涉及面广，业务量大。为了满足不同层次读者的精神文化需求，我们把搜集整理、收藏和流通图书资料放在首位，贯穿于工作之中。一是注重了图书馆图书藏量的增加，09年前我县图书馆馆藏图书仅40000余册，报刊85余种，试听文献24件。数字化图书馆落成后，县财政在非常困难的情况下，每年都安排一定的资金购置书刊和图书。特别是2011年，新增图书1000种，报刊130种，试听文献178件，12年新增图书1600种，报刊150种，试听文献149件，平均每年11.25件。13年文献藏量达到6万册以上，书刊进馆后，我们都按照《中图法》有关章节的内容进行分类标引，使用《普通图书著录规则》进行著录、登记、建账建卡；对过期的图书、报刊及时清理，并建账、建卡、入库收藏。

读者服务工作

强化服务，读者工作不断深化。2009－12年以来，我们把读者服务、读者活动、对外宣传、业务研究和对基层的辅导作为重中之重，狠抓了落实工作，取得了较好成绩。一是全民读书日、图书月活动，共举办各类读者活动20次，开展专题读者活动3次。二是利用广播、报刊、等媒体进行了广泛宣传，去年年内共撰写各类稿件20余篇，被刊载和播出10篇。三是发挥图书馆社会教育职能，深入县直部门、乡镇村社举办各类知识讲座8场次，听众达1000多名。同时我们下基层开展共享工程基层网点技术培训工作5次，培训基层网点信息员32人次，下基层文化站指导培训3次，协助指导基层站点分类、编目、上架图书3000多册，举办基层服务点管理培训10次，参训118人次，指导并实施基层服务点图书分类、编目、上架图书10000多册。四是调研工作扎实认真。去年以来，图书馆班子成员结合新形势下图书馆的发展和对基层工作的辅导等方面进行了广泛调研，撰写对基层图书工作有指导意义的调研文章5篇。在调研中，培训了乡村图书馆（室）业务骨干，建起了基层图书馆(室)名录，摸清了基层馆室的底子。到目前，全县乡镇图书室达到188个，村、社区、农家书屋188个，城区乡镇街道个体书屋21个，全县中小学图书室22个，共有藏书2万册，馆舍面积达到857平方米，县馆12年流通图书41859册(次)，借阅10000人（次）。五、突出载体，实现文化信息资源共享。

业务研究、辅导、协作协调

对基层图书室做好业务辅导，培训，调研是我们全年的一项重点工作。为使各基层图书室建设达到规范化工作人员能够很快学会并胜任图书管理工作。

在业务辅导工作中图书馆业务人员从图书分类，书标粘贴，图书登记，借还管理及图书室书架的制作尺寸和摆放等一一进行了详细讲解和示范着重讲解了图书的分类和基本实际工作中的应用，并要求书屋管理人员加强读者服务工作树立“为农民读者找书、为书找读者”的意识。

协作协调工作是图书馆的一项重要的工作图书馆之间的协作协调是个多层次的运行机制为把此项工作搞好，我们在2009—2012年，做到了以下几点：

1、应明确图书馆协作协调的宗旨。

2、建立协作协调组织。

3、开展“联合编目”工作。

4、合作开展社会文化活动。

我们还定期前往基层服务点进行业务学习和交流经验，加强我馆与基层馆之间的协作协调要开创图书馆工作新局面必须抓好服务。

焦点访谈

美国图书馆采访毛泽东书斋

读者服务工作

做好“联合编目”“馆际互借”工作为基础图书馆提供帮助。

通过无线上网技术与基础图书馆各流通点之间实现了通借通还业务，方便了读者利用图书馆的资源和服务。

上级单位的支持下我们把基础服务点的文献资源进行联合编目使图书馆编目资源进行联合编目图书馆资源的共建共享提高了各基础馆的编目工作效率。

还改进文献资料的业务管理方法和服务手段体现平等互利互惠原则的共同要求等使各基层服务点能完成工作任务又保证了图书馆服务网络的联系和协作。

管理工作

2009年度，我馆坚持以执行预算为中心，以节约费用为重点，抓好单位财务管理工作，在局里和本馆领导的正确领导下，依靠全体财务人员共同努力，以求真务实的工作作风，严格遵守《行政事业单位会计制度》，为局管理和发展提供了优质的服务，较好地完成了各项工作任务，在平凡的工作中取得了一定的成绩。

为加强读者和图书馆之间的沟通，宣传科学利用图书馆知识，构建和谐图书馆环境，更好地为读者提供服务，图书馆面向全社会招募志愿者；为有序开展志愿者工作，提高工作效率，使志愿者的管理更加规范化，特制定本管理条例；图书馆志愿者在馆长指导下开展工作，具体管理由读者协会全面负责。

为了加强科学化、规范化管理，提高图书馆工作效率和服务质量，更好地为教学和科研服务，全面、准确地评价我馆工作人员的德才表现和工作业绩，正确实施奖惩，建立有效的激励制度，调动全馆人员的积极性和创造性，鼓励和督促本馆人员不断提高自身政治思想和业务素质，认真履行职责，并为其晋升、聘任、奖励、培训以及调整工资待遇提供依据，我馆根据实际情况，制定图书馆员工考核制度。

一、考核的原则和范围

⑴在考核工作中，要坚决贯彻坚持标准、保证质量、公开监督、平等竞争、全面考核、注重业绩的原则。要增加考核工作的透明度。

(2)考核范围包括全馆在编的专业技术人员、行政管理人员和工勤人员。

二、考核的内容和标准

⑴考核的内容包括德、能、勤、绩四个方面，重点考核工作业绩。

德：主要考核政治、思想表现和职业道德表现。

能：主要考核专业学识、业务技术水平、科研成果、管理能力的运用发挥，业务技术提高、知识更新等情况。

勤：主要考核工作态度、工作作风、勤奋敬业精神和遵守劳动纪律情况。

绩：主要考核履行职责情况、完成工作任务的数量、质量、效率，工作中的个人作用，取得成果的水平以及社会效益和经济效益情况。

⑵考核标准应以个人岗位职责及年度工作任务为基本依据。不同专业和不同职务、不同技术层次的工作人员在业务水平和工作业绩方面应有不同的要求。

(3)考核结果分为优秀、合格、基本合格、不合格4个等次。

表彰、奖励情况

2009—2012年，伊通县图书馆共获得表彰、奖励证书十几次。

馆领导介绍

张健，女，副研究馆员，大本学历，图书馆学专业；1964年7月生，1986年7月参加工作；1986年7月至1995年9月在伊通文化局任文秘工作；1995年9月至现在，在伊通图书馆，任支部书记兼馆长职务，负责编目、分类工作。

周淑云，女，1961年6月生，支部副书记，馆员，大本学历，经济管理专业，中共党员。1983年参加工作，负责编目、分类工作。

张博，男，1987年2月生，助理管员，大本学历，行政管理专业，中共党员。2008年参加工作，2011任副馆长后负责编目、分类工作。

未来展望

开展评估定级工作是对公共图书馆事业发展的一次全面检阅，评估不仅让我们看到图书馆事业发展的美好远景，也使我们从中看到了我县公共图书馆各个方面的差距和不足。通过评估，我们要把评估标准始终作为日常工作规范和努力方向，创新服务方式，提高服务效率，开展丰富多彩的文化活动，扩大公共图书馆影响力、凝聚力，争取各级党委、政府以及社会各界关注和支持。

随着时代的发展和社会的不断进步，我们相信，伊通满族自治县图书馆的明天一定会更加美好！

联系方式

地　址：原县运动场综合办公楼图书馆
邮　编：130700
联系人：李天舒

揭牌仪式

业务研究、辅导

儿童阅览室

白城市少年儿童图书馆

概述

白城市少年儿童图书馆位于白城市文化广场东侧，隶属于白城市洮北区文体局。1987年建馆开放，馆舍面积1026平方米，图书馆现有人员12人，具有大学学历6人，大专学历5人，中专1人。正高级1人，副高级5人，中级4人，助理级2人。是白城市唯一一家中小学生专业图书馆，至今该馆已发展为全市少年儿童特色的藏书体系，其藏书内容，集思想性、知识性、教育性、实用性、趣味性于一体。

2003年，参加第三次全国公共图书馆评估，首次获得三级图书馆称号。2013年获得二级图书馆称号。图书馆现有电脑30台，投影仪、摄像机、照相机、图书检测仪、多角监控等高新设备亦应俱全，保证了图书馆免费开放服务工作有序进行。现拥有阅览坐席140个（报告厅80个、多媒体放映室和电子阅览室30个、阅览室30个），报告厅100平米。现代化技术设备方面，供读者使用的计算机30台，供工作人员办公用的电脑4台，宽带接入4MB以上，存储容量在4TB以上；总藏量12万余册，图书年入藏数量在1000种以上，文献标引及著录、目录、设备、组织、管理都达上限标准；藏书组织管理比较完善；自动化、网络化建设初步建成。

为了嘉惠读者，启智学童，本图书馆依据不同年龄、不同心里特点，分别设立外借处，综合阅览室，文化资源共享活动室，电子阅览室，低幼玩具室，采编部和活动部等6个对外服务窗口，还建立了4个分馆。有洮北区德育教育基地分馆、青山小学分馆、平台中小学分馆、铁岭中心校分馆(乡镇学校）。

该馆秉承读者至上，服务第一的宗旨，积极实行开放服务和星级优质服务，承诺365天天天开馆，努力把少年儿童图书馆办成全市少年儿童文献信息中心，少年儿童阅读指导中心，少年儿童素质教育中心，少年儿童业务辅导中心。定期举办新书展阅览，读者座谈会，知识竞赛，讲演赛，故事会等读书活动。为白城市未成年人服务和延伸图书馆品牌服务不断探索前行。

业务建设

截止2013年底，白城市少年儿童图书馆总藏量12万册（件），其中，纸质文献12万册（件），期刊2千种/册。2009、2010年，白城市少年儿童图书馆新增藏量购置费30万元，2011年新增藏量购置费15万元。2009–2012年，共入藏中外文图书2000种，8000册。2011年，自动化管理系统建成，实行电脑借阅和网上预约和续借服务。2011年年初，实现馆内无线网络覆盖。

读者服务工作

加大宣传力度、拓展图书馆服务功能。从传统的借还服务到信息导航的功能转化，是对图书馆工作的全面要求，努力探索工作新路子，拓展图书馆完善各项服务功能。从2009年5月起，实行免费开放制度，2009–2012年，书刊总流通24万人次，书刊外借12万册次。2009–2012年，建成1社区分馆，4个乡镇农村小学分馆，馆外书刊流通总人次1万人次，书刊外借3万册。读者满意率达到100%，每周开馆时间为47.5小时；读者服务方面还有待于继续完善；为广大未成年人读者及家长、公众提供信息服务；为残疾人、进城务工人员子女、及老年人提供专题服务；开展做好白城市洮北区12个乡镇的基层网点和农家书屋的管理和业务培训工作，完成相应的社会的社会教育与用户培训。对小读者进行入馆教育；组织全体馆员开展图书情报知识和怎样利用图书馆资源及读者借阅制度等培训；吸引更多的家长和小读者走进图书馆、利用图书馆。图书馆紧紧围绕“五个中心”建设，积极开展形式多样、富于创造性、寓教于乐的读书活动，将丰富的知识和信息传递给读者，使少年儿童从中扩大视野、增长知识、启迪心智、提高能力，使图书馆成为现代开放式教育的重要课堂。2009–2012年，共举办讲座、展览、培训、阅读推广等读者活动50场次，参与人数3万人次。以白城市少年儿童图书馆服务联盟为平台，开展各种有特色的多读书读好书主题活动。

业务研究、辅导、协作协调

2009–2012年，白城市少年儿童图书馆职工发表论文15篇

为青山小学分馆送书

共享工程支中心家长座谈会

图书室

图书阅览室

外借处

业务研究成果。资源共建共享工作稳步开展。文化共享工程县级支中心建设已完善，加快开展文化资源共享工程支中心的各项工作，丰富少儿馆的工作新内容，指导基层点建设效果明显。公共电子阅览室设施达标，提供免费上网、光盘刻录、资源下载等服务。加强两室服务范围和对象的建设和完善，把增强活力，提高服务能力作为重点。利用互联网、共享工程、讲座等多种方式，创新服务方式，积极主动开展服务，实现从"小文化"向社会教育的转型。创新服务形式，积极倡导延伸服务，积极推广"一证通"等服务形式。周六周日上午10点到12点，在多媒体放映室利用投影仪播放名家讲座及影视剧，常年坚持。针对未成年人播放百部爱国主义教育影片，科普类等影片，举办思想道德建设方面的讲座、名著赏析等，引导未成年人多读书，对少年儿童的教育形成了科学化、立体化和多元化。努力的探索利用共享工程服务的新路子，更好地发挥共享工程的作用，为把共享工程办成惠民工程、民心工程而不懈努力。

管理工作

2010年，白城市少年儿童图书馆建立岗位管理制度和人员聘用制度，创新管理体制，转换用人机制，整合人才资源，凝聚优秀人才，实现由身份管理向岗位管理的转变，由固定用人向合同用人转变，调动单位各类人员的积极性和创造性，促进白城市少年儿童图书馆事业的发展。单位设置岗位总量12个，其中：专业技术岗位12个，主体岗位是图书资料岗位，占岗位总量的100%。建立了工作量化考核指标体系，每月进行工作进度通报，每半年和全年进行总体工作考核。

表彰、奖励情况

2009–2012年，该馆曾荣获国家文化部、国家教委、新闻出版署、团中央"红领巾多读书读好书"先进集体；"吉林省爱国主义教育多读书读好书先进单位"；被白城市委、市政府、区委评为"精神文明建设先进单位"；"先进基层党组织"及"白城市未成年人读书教育基地和教育示范基地"等荣誉称号。

馆领导介绍

杨永生，男，1957年2月生，大专学历，中共党员，副研究馆员，馆长。1979年6月参加工作，历任吉林省白城市评剧团副团长、团长，2007年8月任白城市少年儿童图书馆馆长。兼任吉林省舞台美术学会理事、吉林省演出协会理事，现任吉林省图书馆学会理事。

曹春红，女，1969年9月生，大专学历，中共党员，副研究馆员，党总支书记。1988年7月参加工作，历任少儿图书馆副馆长、党支部书记等职。分管党的工作、精神文明建设、人事、办公室等工作。

吴洋，女，1978年6月生，本科学历，中共党员，副研究馆员，副馆长。1995年11月参加工作，2004年6月任命为少儿图书馆副馆长，分管全馆业务工作。

未来展望

白城市少年儿童图书馆遵循"科学、效率、创新、发展"的办馆方针，践行发展完善单体服务功能，扩大服务辐射区域，带动本地区乡镇学校图书馆事业发展。2009–2012年，在不断强化自身综合实力的同时，通过创建乡镇学校分馆服务联盟，实现图书借阅、流通、管理微机化，实现资源共享主馆、分馆"一卡通式"服务，并力争实现主馆、分馆通借通还，更好的为少年儿童读者服务。

联系方式

地　址：白城市中兴东大路49–1号
邮　编：137000
联系人：曹春红

"老少乐"才艺展示活动

成立洮北区中小学德育教育基地分馆

图书馆外貌

图们市图书馆

概述

吉林省图们市图书馆的前身是《图们市大众图书馆》。《图们市大众图书馆》建于1948年7月，馆舍面积为40平方米，地址是友谊街和新华路交叉处西北侧，馆内设有报刊图书阅览室。1949年5月，建立了《图们市人民文化馆》，馆舍面积为50平方米，地址是友谊街和新华路交叉西北侧路边，图书馆成为文化馆的一个部门，职员有3人。1965年5月《图们市人民文化馆》改名为《图们市文化馆》。1975年5月拆迁到新建的馆舍，地址是向上街友谊路57号。1976年6月1日图书室从文化馆分出，独立建立了《图们市图书馆》，借住文化馆2楼，馆舍面积为200平方米，馆内设有综合阅览室、借书处、书库。1984年11月搬迁到新建的五层楼独立馆舍，面积为964.6平方米，地址是图们市向上街明星路3号，东北解放纪念塔东北侧30米处。1986年，馆内设有借书处、阅览室、朝文阅览室、辅导组、少儿组、采编部、后勤组，有职工16人。1990年，图书馆在职人员增加至21人。1994年，市图书馆被文化部评为《国家二级图书馆》。2000–2001年，拆迁馆舍。2001年入住新建的综合楼馆舍，图书馆面积为1600平方米，地址是友谊街872号。从2002年起，积极购置电子设备，先后配备25台电脑，建立了电子阅览室，进而成立了全国文化信息资源共享工程图们支中心，2007年，被确定为全国文化信息资源共享工程建设第二批县级试点。2012年，图们市图书馆有304个阅览坐席，56台计算机，接入10兆网络专线，选用北京华夏网信科技有限公司研发的“网图”图书馆管理系统实施自动化管理。

业务建设

1976年建馆初期，图书馆藏书量为21000册，报纸40种，期刊135种；至1986年藏书增加到116236册，其中汉文社会科学类图书69896册，汉文自然科学类图书22353册，少儿图书4991册，朝文图书6330册，刊物507种，报纸80种。1993年，从韩国引进少儿图书6000册，到2012年，馆内总藏量为30多万册（件），其中，普通图书11万册，电子图书170000册，地方文献100余册，朝文图书1.1万册，少儿图书15000册，韩国图书1.07万册。

2009年，利用文化信息资源共享工程配套设备和北京华夏网信科技有限公司研发的“网图”图书馆管理系统开始建立书目数据库，开放图书馆馆藏资源，实施图书编目、典藏、流通控制、期刊管理、报表统计、馆藏查询等图书馆业务的全方位自动化管理。

截止2012年底，图们市图书馆建立并加工数字资源总量为13TB。

读者服务工作

从2008年起，图们市图书馆施行免费开放，周开放56小时。2009年，阅览人数27007人次，流通图书25886册次；2010年，阅览人数52497人次，流通图书44699册次；2011年，阅览人数49360人次，流通图书15560册次。2012年书刊文献年外借册次为4.7万册次。

1987年，图们市图书馆建有30个图书流通站，主要采取送流动书箱或集体来馆借书的方式，提供服务，一般以20天–30天为周期。2007年被确定为文化信息资源共享工程县级试点，2008年配置全套设备，并顺利通过国家管理中心验收。2012年，建有93个基层服务点，形成市（县）、乡镇（街道）、村（社区）三级服务网络。图们图书馆，充分利用文化共享工程这一载体，深入农村、社区开展宣传服务活动，积极开拓服务领域，使文化共享工程成为促进本地区公共文化事业发展的有效途径。2012年，为社区、农村、学校组织各种讲座16次，各种活动32次。

2011年，图们市图书馆协助市残联在图书馆电子阅览室安装20套语音读屏软件，并配备多种有声语音光盘，为残疾人读者创造了必要的阅读环境。

图们市图书馆目前实行365天全年开馆，并定期举办读书演讲会、报告会、读书知识竞赛、科普讲座等活动，免费为社区、学校、军营、农村提供各种文献资源和活动场所。

2013年建立开通了图书馆网站，网址：http://www.tmstsg.com/。图们市图书馆网站共设有本馆概况、读者指南、资源检索、工作动态、文明创建、服务网络6个大栏目，全面介绍图书馆的资源和服务，突出了图书馆功能。

业务研究、辅导、协作协调

鼓励专业技术人员积极撰写论文，以推动和促进理论上的探讨和实践上的提高。2009–2012年，图们市图书馆职工发表论文15篇。

分馆挂牌仪式

服务宣传周系列活动

爱好书爱家乡书画活动

少儿阅览室

学雷锋征文活动颁奖仪式

多媒体活动室

7.18中学生思维游戏活动

寒假少儿智力活动

90年代以来，图们市图书馆在机关、学校、企事业等单位建立40个基层图书室并提供了规范化的业务指导和培训。2009年–2012年对基层图书室进行全方位摸底调查，重新建立了基层图书室档案。

为了更好地促进公共图书馆与高校图书馆间的交流与合作，2009年，图们市图书馆与延边大学图书馆建立了图书馆联盟。双方围绕馆藏资源利用，人才培训，设备资助等方面的内容达成了合作共建协议。

图们市图书馆长期为城乡基层服务点提供业务辅导和培训，包括乡镇服务点4个，农村服务点50个，街道服务点3个，部队服务点2个，社区服务点18个，学校服务点16个。

馆领导介绍

沈莲花，女，1961年生，大学本科学历，中共党员，研究馆员，馆长兼党支部书记、局党委委员，吉林省图书馆学会理事。1979年7月参加工作，1980年至1984年就读于延边大学汉语专业，毕业后，先后在图们市技工学校、图们市第一高级中学任教，1990年8月到图们市图书馆，任采编部主任、副馆长、馆长等职务，获得延边朝鲜族自治州劳动模范、全州文化工作先进个人、市三八红旗手、学习型干部等荣誉称号。

联系方式

地　址：吉林省图们市友谊街872号
邮　编：133100
联系人：沈莲花

图书馆书库

4.23读书宣传活动

汪清县图书馆

概述

汪清县图书馆的前身为县文化馆的图书室，成立于1979年，2007年搬入目前的新馆舍。是汪清县唯一的公共图书馆，也是汪清辖区内成立最早的公共图书馆。作为汪清县政府主办的公益性文化事业单位，汪清县图书馆是面向社会公众提供文献借阅、信息咨询与学习交流的社会公益性服务机构和学术性研究机构，是全县精神文明建设的重要服务窗口，也是汪清地方文献收藏中心、是全县基层图书馆（室）业务辅导中心、是全国文化信息资源共享工程汪清县支中心。

馆舍建筑、馆藏资源

汪清县图书馆新馆位于汪清县文化中心楼内，汪清县图书馆总面积1600平方米，阅览座位260个。近年来，随着国家和省、州政府对发展公共文化事业的关注和支持不断加大，汪清县图书馆始终以满足读者需求为出发点和落脚点，在提升文献保障水平，增强服务能力、拓展服务范围、创新服务手段、提升服务层次、带动我县公共图书馆事业发展等方面取得了一定成绩。2013年图书馆根据自身的工作发展需要，从新更新配置了先进的图创Interlib图书馆业务管理系统，更新后的管理系统可与国家图书馆书目图书数据库联网，并能更好地提高本馆图书采集、编目、流通等业务自动化技术进行业务管理与服务。同时，取消了所有公益性服务收费，实行免费办证、免证阅览，读者接待量、文献借阅量均大幅增长。目前，汪清县图书馆已形成以文献借阅服务、数字资源服务、参考咨询服务、延伸服务、特殊人群服务、文献开发、讲座展览、教育培训、文化信息资源共享工程等较为完善的服务体系。

其中用于汪清图书馆直接服务读者的面积在800平方米以上，是全县最大的免费公共服务空间，对一切社会成员开放，所有的馆藏资源实行免费阅览、免费借阅。绝对保障公众享有图书馆文化服务的权利，让读者真切地感到汪清图书馆是公众自己的书房。新馆开放以来，年接待到馆读者量达到6万人次以上，文献借阅达到9万册次。

汪清图书馆立足本地区经济和社会发展，构筑有鲜明特色的藏书结构。已形成以养殖业、种植业、朝文图书为重点的藏书体系。年报刊入藏量203种，视听文献年平均入藏量290种。汪清图书馆馆藏丰富，门类齐全，截止2013年底，累计馆藏总量27万余册（件），其中纸制图书8万余册，电子文献19万（件），达到了4TB的存贮量。

机构设置

汪清馆内设有外借（书库）服务中心、综合借阅服务中心、文化共享服务中心、少儿服务中心等4个业务部门。节假日不休，每周开馆时间为61小时。

汪清图书馆具有保存文化遗产、传递科学情报、开发文献资源、开展社会教育和提供文化娱乐等五大功能，并设有电子阅览室（盲人阅览室）、多媒体放映厅（讲堂、培训）等服务区块。

汪清图书馆牢固树立“读者第一、服务至上”的工作理念，坚持以“请进来，走出去”的服务方式，开展多种形式的读者活动。如：开展“五进”活动：进社区、进企业、进军营、进学校、进村屯等服务活动，向公众传播社会主义先进文化，年均开展各种活动达60余场次以上，丰富多彩的活动吸引着全县的少儿童及广大读者来到图书馆接受文化熏陶。

汪清馆加强对辖区内学校、社区和“农家书屋”图书理员开展经常性的业务辅导与培训工作，并建立完了善的相关制度和业务档案工作。

2014年全馆实现了一卡通读者借阅功能和读者网上查寻业务。汪清图书馆以创新藏书建设思维，树立了“购以为用”的服务理念，推出了读者“点菜式”服务项目，读者需求成了图书馆采购程序的起点。力求在第一时间采购最近新书，基本实现新书在图书馆上架和新华书店上架同步，有时甚至更快一些。

汪清馆还建立了自己的图书馆网站（http://www.wqxtsg.com），为全面推行文化资讯服务和文献信息服务提供优良的网络平台。电子阅览室，通过先进的终端设备，配置全国文化信息资源共享工程、初步创造了一个资源丰富、网络畅通、安全便捷的电子信息资源服务平台。

农家书屋调研

送图书进军营

多媒体放映室

综合阅览室

送影视进军营

爱心图书流通站启动仪式

建党90周年图片展

文化共享进企业

汪清图书馆于2010年至2012年先后获得：省业务主管部门表彰二次，市县级表彰七次，主管局表彰二次。2013年又被评定为国家二级图书馆。

馆领导介绍

王敏，汪清县图书馆馆长，女，中共党员，大专学历，图书馆馆员。

杨国荣，汪清县图书馆党支部书记，女，中共党员，大专学历，三级演员。

栾立先，汪清县图书馆副馆长，男，中共党员，大专学历，图书馆馆员。

未来展望

汪清图书馆正以"低门槛、高质量的服务"和"低姿态、高效能的运作"，努力打造成设施先进、服务优质、公众满意的"市民大书房"，成为让外界了解汪清的一个重要窗口。

联系方式

地　址：汪清县汪清镇大川街东967号
邮　编：133200

集安市图书馆

概述

集安市图书馆创馆于1978年3月，是我市的公共图书馆。馆址几经变迁，2010年1月，位于集安市云水路的新馆建成开放。新馆建筑面积3000平方米，设计藏书容量50万册，可容纳读者座位300个。2013年，参加第五次全国公共图图书馆评估。2013年集安市图书馆有阅览坐席240个，计算机30台，宽带接入20Mbps，选用文津图书馆自动化管理系统。

业务建设

截止2012年底，集安市图书馆总藏量53396册（件），其中，电子图书8000册。

2011、2012年，集安市图书馆新增藏量购置费4万元，2012年，地方文献入藏完整率为90%。

截止2012年底，集安市图书馆数字资源总量为8TB。

2012年，将自动化管理系统升级改造为CALIS联合馆系统，并实现馆内无线网络覆盖。

读者服务工作

从2010年起，集安市图书馆对外免费开放，每周开放63小时。2012年，建成10个分馆，有8个流动服务点，馆外书刊流通总人次1万人次，书刊外借2万册次。

2012年，集安市图书馆网站访问量1000次。截止2012年，集安市图书馆使用的数字资源为8TB，均可通过集安市图书馆网站、吉林公共图书馆服务联盟网站、吉林省共享工程VPN专网向全省公共图书馆、共享工程基层服务中心提供检索、浏览和下载服务。

2012年，集安市图书馆共举办讲座、展览、培训、阅读推广等读者活动18场次，参与人数1万人次。

业务研究、辅导、协作协调

2009–2012年，集安市图书馆职工发表论文6篇。

从2010年起，集安市图书馆以文化信息资源共享工程VPN专网为依托，在全市范围内发起组建公共图书馆服务联盟，并在馆内设立联盟工作委员会，下设联合编目、流通服务、地方文献联合征集、阅读推广与讲座展览资源服务、业务培训与技术支持等工作组。截止2012年底，成员馆发展到10家。期间，举办联合编目等联盟培训班2期，4课时，46人次接受培训。

管理工作

2012年，集安市图书馆完成第一次全员岗位聘任，本次聘任共设12个岗位，同时，建立了工作量化考核指标体系，每月进行工作进度通报，每半年和全年进行总体工作考核。共抽查文献排架次3次，书目数据5次。

表彰、奖励情况

至2012年，集安市图书馆共获得各种表彰、奖励8次，其中，省图工委委表彰1次、通化市表彰2次，集安市表彰5次。

馆领导介绍

付强，男，1976年生，大专学历，中共党员，馆长。

刘晓坤，女，1969年生，大专学历，馆员，副馆长。

卢秉哲，女，1978年生，大学学历，中共党员，副馆长。

未来展望

集安市图书馆遵循“科学、效率、创新、发展”的办馆方针。2010–2012年，在不断强化自身综合实力的同时，通过吉林公共图书馆服务联盟，带动了全市公共图书馆事业的整体发展。今后，将继续努力，创建更加美好的图书馆。

联系方式

地　址：集安市云水路
邮　编：134200
联系人：付 强

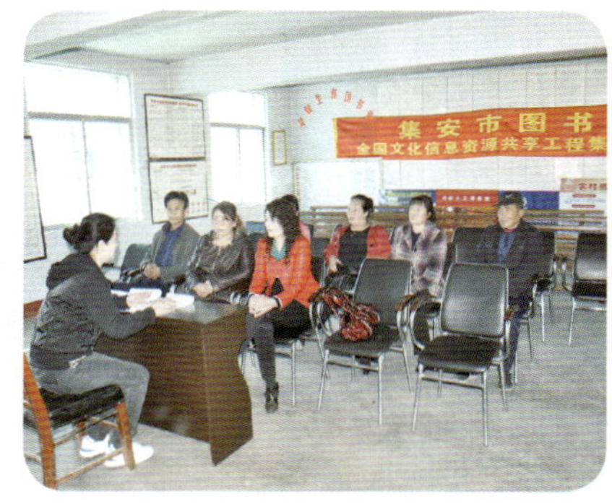

梨树县图书馆

概述

梨树县图书馆始建于1979年7月1日，其前身是设立于1913年（民国二年）的县立图书馆、通俗图书馆和1951年的梨树县文化馆图书室，它是我国较早成立的县级公共图书馆之一。1979年7月1日经梨树县人民政府批准命名为梨树县图书馆。馆址几经变迁，2004年8月新馆建成开放，位于梨树县梨树镇南大路，新馆建筑面积1500平方米，设计藏书容量80万册，可容纳读者座位500个。自1992年至2012年历次参加全国公共图书馆评估，一直被评为国家三级公共图书馆。2011年，梨树县图书馆借助文化共享工程设施建设成立电子阅览室，计算机45台，信息节点380个，宽带接入5Mbps，选用Interlib图书馆自动化管理系统。

业务建设

截止2012年底，梨树县图书馆总藏量10.6万册（件），其中，纸质文献8.2万册（件）、电子图书0.8万册、电子期刊0.6万种/册。2009、2010年，梨树县图书馆新增藏量购置费4万元，2011年起增至6万元。2009—2012年共入藏中外文图书76种，13240册，中外文报刊32种，视听文献26种，地方文献入藏完整率95%。截止到2012年底，梨树县图书馆数字资源总量为5TB，其中自建数字资源总量2TB，目前梨树二人转曲目数字资源库正在建设工作中。

读者服务工作

从2009年8月起，梨树县图书馆全年365天，天天对外免费开放，2011年5月实现图书馆自动化管理。2009—2012年，书刊总流通8万人次，书刊外借6万册次，2009年4月开通与县内9所学校、15个企事业单位图书馆（室）建立馆际互借服务。同年建立20个乡镇文化中心图书室，334个村级农家书屋，馆外书刊流通总人次5万人次，书刊外借8万册次。2011年3月，图书馆建成独立网站，为梨树县人民政府提供政务信息300条，并为“两会”提供服务。

2011—2012年，梨树县图书馆网站访问量1.2356万次，开通梨树县图书馆微博，截止2012年梨树县图书馆发布使用数字资源总量为5种、2TB。

2009—2012年，梨树县图书馆共举办讲座、展览、培训、阅读推广等读者活动120场次，参加人数10.8万人次。

业务研究、辅导、协作、协调

2009—2012年，梨树县图书馆职工发表论文16篇，其中获奖论文12篇。2010年梨树县图书馆以文化共享工程为依托，在全县范围内建立起180个基层服务站（点），开展合作共建、资源共享、图书流通服务。2012年梨树县图书馆被评为吉林省服务农民、服务农村先进集体。

管理工作

2010年，梨树县图书馆推行岗位职任制度，全员竞聘上岗，本次聘任共设12类岗、有24人重新上岗，同时建立了工作量化考核指标体系，每月进行工作进度通报，每半年进行工作总结，全年进行总体工作考核。2009—2012年共抽检文献排架8次，书目数据5次。

表彰奖励情况

2009—2012年梨树县图书馆共获得各种表彰、奖励8次，其中省委、省政府表彰、奖励1次，省文化厅表彰、奖励1次，省图书馆学会表彰、奖励1次，其他奖励5次。

馆领导介绍

张岩，女，1965年3月生，大专学历，馆员，馆长。1983年7月参加工作，2009年9月任梨树县图书馆馆长，吉林省图书馆学会理事，2012年获吉林省图书馆学会先进工作者。

李继坤，男，1965年8月生，大专学历，中共党员，副馆长。1983年7月参加工作，1995年12月任梨树县田径运动学校副校长，2010年4月任梨树县图书馆副馆长，文化信息资源共享工程梨树县支中心主任，2012年获吉林省图书馆学会优秀通讯员。

沈红玲，女，1973年7月生，大专学历，中共党员，馆员，副馆长。1991年8月参加工作，先后在采编室，阅览室，图书借阅室等部门工作，2009年2月任梨树县图书馆副馆长。

未来展望

梨树县图书馆坚持“读者至上，服务第一”的原则，践行科学发展观，扩大免费开放服务范围，不断完善服务功能，以县公共图书馆为中心馆辐射全县区域，以此带动全县图书馆事业整体发展，将基层图书室、农家书屋建成县公共图书馆的分馆，逐步实现总分馆的管理，真正实现县区域内“一卡通”，不断完善数字化管理，增加服务功能，建立移动图书馆，实现本区域内资源共享互补。

联系方式

地　址：吉林省梨树县梨树镇南大路
邮　编：136500
联系人：李继坤

通化市图书馆

概述

早在1910年，通化就建有通俗图书馆。新中国成立后，文化事业受到政府高度重视，1956年通化市文化馆的图书室分离出来，正式成立通化市图书馆。1973年在民主路76号新建图书馆馆舍。1998年搬迁到新华大街620号，馆舍面积由1094平方米增加到3056平方米，阅览坐席216个，设外借部、成人阅览部、网络部、少儿部、采编部、科技部、辅导部、办公室等八个部室。

业务建设

2012年图书馆财政拨款总额为432万元，图书总藏量34.3万册，其中中文图书20万册，古籍1.2万册，中文电子图书13.1万种，电子期刊900种，数字资源总量达到10TB。2012年入藏图书7000册，5100种。报刊入藏量年均316种，视听文献年入藏量247种。2000年起采分编等业务逐步实现了微机化管理，现在使用的是深圳科图的ILASII（大型版）图书管理软件。

2012年接受金乃祥、通化市“转转会”捐赠地方文献9000余册，并面向社会提出了向图书馆捐赠图书的倡议书，开辟了多种形式捐赠途径。

与多家单位联合建设长白山观赏植物数据库、长白山药用植物数据库和长白山蝶类数据库、通化城市记忆数据库，建立通化市图书馆地方数字文献库，资源总量达到50GB。

读者服务工作

2011年7月1日起面向读者免费开放。现有计算机62台，供读者使用的计算机数量达到43台。馆内使用双网模式，一条联通20M光纤专线，一条电信12M光纤同时接入互联网。2011年底实施了国家数字图书馆工程，新购进高性能服务器三台，VPN、高性能核心交换机等设备，存储容量达到30TB。

我们面向各类读者开展主题讲座、实用技术讲座和播放电影等活动。从2009年起，先后举办了“通化市纪念改革开放30周年图片展”等13个大型图片展，合计展出84次。所举办的图片展也多次在通化市委全委会上展出，通化市五大班子领导亲临图片展，并对于图片展给予很高的评价。

2012年我们举办了通化市首届“海恩达”杯楹联大赛，大赛共收到作品3518幅，参赛作者863人，分布全国21个省市自治区。

业务研究、辅导、协作协调

通过请进来、走出去等形式相结合，加大对员工业务素质的培训力度。职工在省级以上刊物上发表论文16篇，结合工作实际撰写调查研究报告13篇。2011年完成吉林省文化厅组织图书馆学、情报与文献学课题一项。2012年12月论文《通化地区图书馆联盟建设回顾与展望》获得吉林省社会科学界联合会第四次社会科学优秀成果奖。

从2009年4月起，我馆启动了通化地区图书馆联盟建设，19个县区公共图书馆和企业图书馆、教育系统图书馆共同签署了联盟协议。我们帮助通化市委党校等5家图书馆提高了自动化管理水平，市委党校图书馆和市体校图书馆利用我馆的客户端实现了微机化管理，并且实现了馆间书目共享、通借通还。

管理工作

根据上级指示精神和本馆实际出发，每年制定本年度工作计划，逐级层层落实工作指标，分解到每个人头。严格执行上级机关财务工作条例。在人员编制减少的情况，通过科学配置，建立合理使用人才的机制，发挥了人才的积极性、创造性和主观能动性。

表彰、奖励情况

从2009年起，受上级机关表彰13次，其中省级表彰8次，市级表彰5次。

馆领导介绍

高锦荣，女，汉族，1972年出生，中共党员，研究馆员，馆长。毕业于东北师范大学历史系，1992年参加工作，1998年入党。通化市图书馆学会理事长，分管采编部、办公室，负责图书馆全面工作。

张志光，男，汉族，1969年出生，中共党员，本科学历，副馆长。2005年至今在通化市图书馆工作，分管少儿部、成人阅览室、科技部。

第八届市民图书节上开展

数据库联网启动仪式

反邪教警示教育宣传活动

在环通乡明兴村建立图书馆图书流通站

方成罡，男，朝鲜族，1971年出生，中共党员，本科学历，副馆长。毕业于吉林大学应用化学专业，1994年参加工作。分管辅导部、外借部、电子阅览室。

殷昌洪，男，汉族，1965年出生，中共党员，本科学历，高级会计师，副馆长。毕业于东北财经大学，分管财会、人事、劳资。

未来展望

通化市图书馆秉承“一切为了读者，为了读者一切”的理念，持续推进全国文化信息资源共享工程、国家数字图书馆推广工程建设，加快国家数字图书馆分馆的宣传和推广工作。保障公民文化权益，依托图书馆联盟建设、基层服务点建设，构建覆盖城乡公共文化服务体系，为广大读者提供高效、便捷、均等、惠民的公共文化服务。进一步推进通化市地方数字文献库和通化市特色数据库建设，将图书馆建设成为通化市的文献信息服务中心、区域图书网络中心、大众教育活动中心和专题文献研究中心。积极推动图书馆新馆建设，争取早日实现布局合理、功能完备、理念先进、服务一流的办馆条件。以此提升通化城市文化品位，树立城市形象，增强城市的吸引力和综合竞争力，为通化市经济、文化等各项事业发展，为通化“文化强市”建设目标贡献力量！

联系方式

地 址：通化市新华大街620号
邮 编：134001
联系人：高锦荣

深入柳河驼腰岭科技下乡

在明兴村举办颂歌献给党活动

白城市图书馆

概述

白城市图书馆初创于1958年，新馆位于白城市文化东路12号于2002年建成并投入使用。新馆建筑面积4200平方米，藏书容量25万册，阅览坐席800个，计算机100台，信息节点334个，宽带接入10Mbps，选用ILAS图书馆自动化管理系统。投入100余万元，对馆内布局重新装修，建立园林式电子阅览室、一体化多功能报告厅、敞开式文献借阅区、休闲式读者自习区、典雅式报刊阅览区等。

业务建设

截止2013年底，白城市图书馆总藏量25万册（件），其中，纸质文献20万册（件），电子图书5万册。2010年，白城市图书馆解决了多年无专项购书经费的问题，每年10万元专项购书经费，每年有后续递增。地方文献入藏完整率为90%。

截止2013年底，白城市图书馆数字资源总量为1TB，其中，自建数字资源总量500GB。2012年，完成吉林省文化厅科技成果立项项目《瀚海文化艺术研究资源库》建设工作。

按照《免费开放硬件设备购置标准》要求，增设两台服务器、50余台电脑终端、机柜、24节点监控器、门禁系统、自动存包柜、公共查询目录等。并在馆内设立4个无线接入点，同时满足500个并发用户上网需要。

读者服务工作

做为白城市属大型图书馆，白图承载并发挥着七大职能作用：白城公共图书馆事业发展中心、文献保存中心、公共信息导航中心、文化信息传播中心、社会阅读推广中心、信息生产与增值中心以及社会文化教育中心。发展读者志愿者队伍2000余人，参与图书借阅、外延服务宣传工作；增加公益性岗位16名，缓解免费开放工作人员紧缺问题；实行员工统一着装，推行“优质服务、微笑服务”；实施免费开放走进基层“一站式”办证服务，深入十个社区进行现场办理阅览证；创办“鹤乡大讲堂”服务品牌，年均开办讲座50余场次，接待观众达10000余人次；建立白城市图书馆网站，购买超星数字图书馆电子文献五万余册，推出音频图书馆、名人名家展览馆等自建数字资源，共享吉林省图书馆数字阅读联盟服务平台，为读者提供免费文献浏览服务；建成白城市首家“盲人阅览室”，在原有传统服务基础上，增加参考咨询、讲座、培训、展览、数字资源服务等业务，充分保障免费开放后读者阅读权利及阅览环境。编辑《信息集萃》，每年四期，拓展外延服务领域。举办农家书屋图书馆管理员培训班、图书馆联盟业务骨干培训班、农民工技能培训等，培训人次达10万余人次。

业务研究、辅导、协作协调

2009-2013年，白城市图书馆职工发表论文132篇，出版专著2部，获准立项的省级课题1项，其他课题2项。

2005年，成立共享工程白城市支中心，建立25家基层服务点，辐射范围达到所辖的五个县市区，受众人员达20万余人次。

2010年建立白城市图书馆学会，2011年建立白城市图书馆联盟，截止到2013年底，成员馆发展到16家，在各联盟馆之间实现了“通借通还”服务。期间，举办图书馆联盟业务骨干培训6期，20课时，232人次接受培训。

2012年，成为吉林省数字图书馆推广工程试点市，建立白城市瀚海文化艺术研究资源库，搭建白城市地方文献特色数据库、白城市特产数据库、白城市非物质文化遗产数据库、白城市名人名家资源库等。

管理工作

白城市图书馆完成第二次全员岗位聘任，本次聘任共设20类岗位，有29人重新上岗。建立《白城市图书馆编目规范》、《白城市图书馆职工考核细则》每年严格按照规范进行管理。

表彰、奖励情况

奖牌书写着成绩，多年来，白城市图书馆共获得国家、吉林省等不同级别的奖励20多项，2011年获文化部“全民阅读先进单位”称号；2012年，获吉林省文化厅“共享工程先进集体”称号；2011年获白城市委“精神文明先进单位”称号；2012年获白城市政府“双拥共建先进单位”称号；2011年被白城市社科联确定为“白城市青少年科技教育基地”。

4.23图书馆联盟诗歌朗诵会

白城市图书馆联盟活动

环境典型的阅览区

宽敞明亮的报告厅

温馨舒适的自学区

馆领导介绍

张志坚，男，1960年出生，大学学历，中共党员，研究馆员，馆长。1977年参加工作，历任白城市群众艺术馆副馆长，白城市吉剧团团长，2009年2月任白城市图书馆馆长（正科级）。兼任吉林省图书馆学会常务理事、中国音乐家协会会员，白城市音乐家协会主席，白城市图书馆学会理事长，白城市图书馆联盟理事长。荣获文化部音乐创作银奖，2011年荣获白城市政府“五一劳动奖章”。

宋永爱，女，1965年出生，大学学历，中共党员，研究馆员，副馆长。1982年参加工作，历任白城市图书馆采编部主任，外借部主任，1995年任白城市图书馆副馆长（副科级）。兼任中国图书馆学会会员、吉林省图书馆学会会员、白城市图书馆学会理事、白城市图书馆联盟理事。2007年荣获吉林省共享工程“先进个人”、吉林省图书馆学会“先进个人”称号。

关军，男，1963年出生，大专学历，中共党员，馆员，副馆长。1982年参加工作，历任办公室主任，2005年任白城市图书馆副馆长（副科级）。兼任吉林省图书馆学会会员、白城市图书馆学会理事、白城市图书馆联盟理事。2008年荣获白城市政府“先进个人”称号。

张莹，女，1977年出生，大学学历，中共党员，副研究馆员，副馆长。1997年参加工作，历任白城市图书馆网络部主任，共享工程白城市支中心主任，2012年7月任白城市图书馆副馆长（副科级）。兼任中国图书馆学会会员、吉林省图书馆学会会员、白城市图书馆学会理事，白城市图书馆联盟秘书长。2008年，荣获文化部摄影创作二等奖，2009年获吉林省文化共享工程先进个人，2010年吉林省共享工程“优秀通讯员”、2012年获白城市妇联“三八红旗手”称号。

孙宇，男，1968年出生，大专学历，中共党员，馆员，馆长助理。1985年参加工作，历任办公室主任、工会主席，2012年任白城市图书馆馆长助理。兼任吉林省图书馆学会会员、白城市图书馆学会理事、白城市图书馆联盟理事长。2012年荣获白城市总工会“先进工作者”称号。

未来展望

白城市图书馆一直坚守的办馆理念：以人为本，科学管理、优质服务、信息共享，在未来的发展模式中，白城市图书馆将启动一体化数字信息服务平台，在全市五个县市区，以公共图书馆为主平台，社区、学校、军营等基层站点为终端，打造市、县、乡三位一体服务网络。建立白城市图书馆少年儿童交流中心，以学习、交流、培训、体验做为图书馆未成年人服务的立足点。启动白城市社区流动站推广工程，建立10–20家社区图书流动站，年服务人群预计达到20万人次。馆藏资源预计存储能力10TB，力争达到吉林省图书馆综合指标排名前列。

联系方式

地　址：白城市文化中心D座白城市图书馆
邮　编：137000
联系人：张 莹

（撰稿人：张莹）

元宵节灯谜有奖竞猜活动

生态风格的电子图书馆

四平市图书馆

概述

四平市图书馆始建于1958年，现馆舍于1988年10月落成并投入使用。馆舍面积3138㎡。2012年，四平市图书馆有阅览座席334个，其中少儿阅览室座席60个，盲人阅览室50个，计算机32台。

业务建设

截止2012年底，四平市图书馆馆藏文献47.3271万册（件），其中，纸质文献37.9028万册（件），电子图书、视听文献等9万种/册。

读者服务工作

2011年，四平市图书馆实现了全年无闭馆日的免费开放，周开放64小时。

2012年，全馆总流通12.053万人次，书刊总流通6.1325万人次、书刊外借12.762万册次。

截止到2012年，四平市图书馆共设立5个分馆，14个流通站。

2012年，四平市政府在四平市图书馆成立了政府信息查阅室，为读者提供政府信息查询。2011年，四平市图书馆与四平市地方志编纂委员会合作建立了四平市地方志资料馆，为政府机关和市民提供服务。

2012年，四平市发生了严重的粘虫灾害，四平市图书馆编写了详细介绍粘虫防治知识的《玉米粘虫防治手册》向村民免费发放指导灭虫。

2012年，四平市图书馆联合四平市残联建立四平市首个盲人图书阅览室。

2012年，四平市图书馆共举办各类讲座155次，参加读者7.344万人次，举办展览10次，参观读者0.57万人次。

2012年四平市图书馆开展了万卷图书进军营活动，为当地驻军服务，受到当地驻军干部战士的欢迎。

业务研究、辅导、协作协调

2009—2012年，四平市图书馆职工共有60余篇学术论文公开发表。出版专著2部。

2012年四平市图书馆共举办了两期基层图书馆（室）管理员培训班，来自基层图书馆的40余名学员参加了培训。深入基层图书馆开展调查研究和业务辅导工作36次。

2011年12月四平市图书馆与全国图书馆联合编目中心签订协议书，正式成为全国图书馆联合编目中心(OLCC)的成员馆。

2008年在吉林省图书馆联盟的推动下，四平市图书馆与吉林师范大学图书馆结成了共建单位，签订了共建协议书，进行了广泛深入的协作。

2012年吉林省图书馆在四平市图书馆设立四平百姓书房，投入新书，专架陈列，既拓展了吉林省图书馆的服务范围，又丰富了四平市图书馆的文献资源。

管理工作

四平市图书馆每年馆有馆计划，部门有部门计划，同时签订工作目标责任书，对每一项具体工作制定了明确的工作内容，质量规范，人员水平和工作定额，做到了职责明确并有工作数量和质量的具体要求。

四平市图书馆共设12个部室，分别是采编部2人、地方文献1人、外借室4人、辅导部（学会）1人、报纸阅览室2人、期刊阅览室2人、少儿阅览室2人、文化共享工程部2人、办公室2人、财会室2人、党办2人、复印室1人。

四平市图书馆全方位的实施：按需设岗、按岗聘用、竞争上岗、择优聘用、严格考核。制订了周密的实施方案，整个过程体现公平、公正、公开的原则。

表彰、奖励情况

2009—2012年，四平市图书馆共获得各种表彰、奖励11次，其中国家级表彰奖励1次，省级业务主管部门表彰、奖励3次，地级党委政府表彰、奖励3次，地市级业务主管部门表彰、奖励4次。

馆领导介绍

李宏伟，男，1964年2月生，本科学历，中共党员，研究馆员，馆长。1983年参加工作，历任四平市图书馆副馆长、馆长兼任吉林省图书馆学会常务理事。

文化广播新闻出版局同四平市图书馆共同开展的万卷图书进军营活动

母育，女，1973年1月生，本科学历，中共党员，研究馆员，党支部书记，副馆长。1991年9月参加工作。

马丹阳，男，1969年11月生，本科学历，中共党员，副研究馆员，副馆长。1990年12月参加工作，历任四平市图书馆少儿部主任、副馆长。

未来展望

随着社会的进步，四平市图书馆馆舍建筑已不能满足城市发展和图书馆事业发展的需要，四平市委市政府结合全市文化事业发展的总体情况，规划在东部新城建设包括图书馆在内的文化中心，具体工作正在实施阶段。

因历史原因，四平市图书馆管理尚处于手工管理阶段，2013年开始，将采用Initerlib图书馆自动化管理系统，并建立电子阅览室，业务建设全面升级。

经过努力，四平市图书馆的购书经费已经列入四平市政府的财政计划，今后将彻底改善文献资源建设的状况。

与政府沟通，争取政府对图书馆事业进一步的支持，促成四平市图书馆万米新馆的建成，并配套自动化、网络化、数字化的服务设施，对照评估定级标准，全面提升各项业务工作水平，争取在下一次的公共图书馆评估定级中再上等级。

联系方式

地　址：吉林省四平市铁西区南新华大街619号
邮　编：136000
联系人：李宏伟

在市第九中学开展的中国梦主题读书活动

图书馆外观

吉林市船营区图书馆

概述

船营区图书馆初创于1984年7月，馆址几经变迁，2012年4月23日，位于松江西路7号新馆建成开放。新馆建筑面积560平方米，设计藏书容量5万册，可容纳读者座位200个。计算机30台，宽带接入10Mbps。2013年，参加第五次全国公共图书馆评估，首次获得三级图书馆。

业务建设

截止2012年底，吉林市船营区图书馆总藏量3万册。中文报刊150种，开设了盲文图书专柜、视听文献专架、地方文献专柜，建有报刊阅览室、少儿阅览室、多媒体阅览室、普通图书阅览室，可以为残疾人、老人、进城务工人员、未成年人等不同人群开展服务。2011—2012年，船营区图书馆每年新增购置费15万元，数字资源总量为1TB。

自2012年起船营区图书馆实现全年对外免费开放，每周开馆时间56小时。

读者服务工作

2009—2012年，吉林市船营区图书馆为大力推进文化惠民工程，共装备59个行政村的农家书屋，实现了全区农家书屋工程的全覆盖。2011—2012年为进一步加强书屋标准化建设，有效提高书屋规范化管理水平，连续两年举办了"船营区农家书屋管理员培训班"，主要讲授农家书屋管理员职责和图书管理的相关资料，运用投影进行图文并茂的授课，收效甚好。

2009—2012年，书刊总流通8万人次，吉林市船营区图书馆共举办讲座、展览、培训、阅读推广等读者活动72场次，参与人数1万人次。2009—2012年，吉林市船营区图书馆建成4个分馆，有4个流动服务站点。为实现图书进校园，船营区图书馆建立多个少儿图书漂流站，此项活动受到广大读者的好评。

业务研究、辅导、协作协调

2009—2012年，船营区图书馆职工发表论文8篇，每年参加岗位培训、继续教育时间每人都在72学时以上。2011年建设文化信息资源共享工程船营区支中心，建立了11个基层服务站点，并为基层服务点各配送了电脑一台，配送数字资源1TB。从而在农民与文化信息资源之间架起了一座沟通的桥梁，提高了广大农民群众阅读文化生活质量，以达到"和谐温馨，共建家园"的理想目标。

2009—2011年，船营区图书馆连续二次参加"吉林市文化信息资源共享工程知识与技能竞赛"，二人次获二等奖。

管理工作

2010年，吉林市船营区图书馆完成第二次全员岗位聘任，本次聘任共8人重新上岗，同时，建立了工作量化考核指标体系，实行岗位设置管理，建立分配激励制度；健全财务管理规章制度；建立各类应急预案；设备、物资、统计、档案等管理工作都分别建立制度，规范管理。

表彰、奖励情况

2011—2012年，船营区图书馆共获得市级表彰、奖励1次，新闻媒体报道4次。

馆领导介绍

浦津媛，女，1965年3月生，大专学历，中共党员，副研究馆员，馆长。1988年11月参加工作，历任吉林市船营区图书馆副馆长、吉林市船营区图书馆馆长。兼任吉林市图书馆学会理事。被吉林省文化厅评为全省公共图书馆先进工作者、被船营区评为"船营区先进工作者"。

未来展望

吉林市船营区图书馆遵循"规范化、科学化、现代化建设"的办馆方针，以船营区图书馆长期发展规划为统领，继续加强专业人才队伍、文献信息资源的建设，加强图书馆数字化建设，实现更广阔的资源共享，完善服务功能，使图书馆服务向纵深方向发展。锐意进取，开拓创新，努力为读者营造良好的阅读环境。把船营区图书馆建设成为学习型、服务型、创新型的现代化图书馆。

联系方式

地　址：吉林市船营区松江西路7号

邮　编：132011

联系人：浦津媛

东辽县图书馆

概述

东辽县图书馆创建于1979年7月，几经与辽源市的分分合合，到如今已有35年的历史，起初，由于条件所限，一直没有独立的馆舍，1992年才有了自己的活动空间，2006年迁于东辽县文化综合楼内，位于东辽大街最东侧，建筑面积1500平方米，藏书3万册。图书馆是县财政全额拨款的公益性文化事业单位，事业编制9人，设有馆长、副馆长、支部书记各一个职位，内设电子阅览室、多媒体室、科技信息辅导部、图书阅览室，办公室、采编部和外借部7个科室，2013年参加吉林省公共图书馆第五次评估定级，首次获得三级图书馆。2008年新增了电子阅览室和多媒体室，现有坐席30个，电脑30台，宽带接入10M，选用ILAS图书自动化管理系统。

业务建设

截止2013年底，东辽县图书馆总藏量为5.5万册（件），其中纸质文献5.4万册（件），电子图书600种，电子期刊400种（册）。2012、2013年，东辽县图书馆新增藏量购置2万元，2014年起增至5万元。2012–2013年，共入藏图书1000件（册），报刊50种，视听文献300件。目前正着手建立图书信息数据库和特色文化产业数据库。

读者服务

从2013年8月起，东辽县图书馆全年310天对外免费开放，周开放60小时，目前使用ILAS图书自动化管理系统，实现了馆藏文献自助借还。2012年–2013年，年书刊总流通10000万人次，书刊外借4.500册次。2013年建成13个图书分馆，有4个流动服务点，馆外书刊流通总人次2万人次，书刊外借2.6万册。在做好日常工作的同时定期做好市场调研和召开读者座谈会，随时掌握图书市场和读者动态。2012年，东辽县图书馆共举办讲座、培训、读书演讲、阅读比赛等读者活动18场次，展览、阅读推广等11次，年参与活动1万多人次。

业务研究、辅导、协作协调

2009–2013年，东辽县图书馆职工发表论文8篇，出版专著1部，从2013年起建立了13个图书分馆，4个图书流动点，同时举办业务培训50期，共70课时，有400余人参加培训。

2009–2011年，继中国图书馆学会志愿者行动之后，东辽县图书馆发起了自愿者召集活动，现已有志愿者60余人，建立了一支乐于奉献的自愿者队伍。如今已开展了基层图书馆业务骨干志愿者行动，对基层图书馆的工作起到了积极推动的作用。

管理工作

东辽县图书馆在管理方面一贯严格执行各项规章制度，对职工的考勤和病事假有明确的规定和考核办法，节假日值班值宿都有统一安排，各部门有各部门的管理办法和制度，考评小组每半年对全馆业务人员进行一次考核，对馆内工作人员的业绩能客观公正地做出科学合理的评价，协调统一，统筹全局。在人员使用方面按照每个的能力和特长，各尽功用，安排合理。

表彰奖励情况

2010年–2013年东辽县图书馆共获各种奖励、表彰5次其中省委、省政府1次；文化厅表彰、奖励4次。

馆领导简介

馆长：赵锡玲，女，1963年10月生人，本科学历，中共党员，1980年参加工作，曾任东辽县文化局财务科科长、东辽县电影公司经理兼支部书记，2006年任东辽县图书馆馆长，副高级专业职称。

副馆长：于少华，女，1964年11月生人，大专学历。1985年工作，1991年从事图书工作，曾任东辽县图书馆外借部主任，2012年任东辽县图书馆副馆长，中级专业职称。

党支部书记：尹立杰，女，1967年生人，本科学历，中共党员，1988年参加工作，曾任东辽县图书馆阅览部主任、副馆长、图书馆党支部书记，中级职称。

未来展望

东辽县图书馆在基础薄弱、环境较差的条件下，遵循“科学务实、创新发展”的办馆方针，逐步完善单体服务功能，扩大服务领域和范围，带动基层图书事业的发展。在不断强化自身综合实力的同时，通过扶持和创建图书分馆和农家书屋，带动全县公共图书馆事业的整体发展。在未来的几年里，东辽县图书馆将在现有馆舍的基础上另扩建一座建筑面积充足的新馆舍。大大增加阅览座位，并扩大纸质文献藏书量，增加数字资源存储能力，同时，还要支持和带动全县公共图书馆服务体系的良好运行和业务能力的提升，使我馆成为全县实现资源共享的领头单位。

吉林市丰满区图书馆

概述

吉林市丰满区图书馆初创于1987年，坐落于船营区珲春街吉太胡同43号院内，面积不足200平米。20年间馆址几经变迁，人员频繁变动，期间一度闭馆。2010年8月图书馆恢复重建，位于吉林大街世纪广场园林综合楼四楼的新馆建成。新馆建筑面积418万平方米，设计藏书容量3万册，可容纳读者座位64个，计算机33台，宽带接入4Mbps，存储容量4TB，选用文津图书馆自动化管理系统。

业务建设

截止2012年底，两年间丰满区图书馆从零起步，共入藏中文图书6951种，8900余册，中文报刊137种，视听文献789种，开设了盲文图书专柜、视听文献专架、地方文献专柜，建有期刊阅览室、少儿阅览室、多媒体阅览室、普通图书阅览室、自修室，可以为残疾人、老人、进城务工人员、未成年人等不同人群开展服务。

2011–2012年，丰满区图书馆新增藏量购置费15万元，数字资源总量为1TB。

自2012年起丰满区图书馆实现全年对外免费开放，每周开馆时间56小时。

读者服务工作

大力推进文化惠民工程。从2008年–2010年，协调了价值120万元的图书77516册、光碟19520盘，装备了全区49个行政村的农家书屋，为区财政节省支出60余万元，率先在吉林地区实现了农家书屋工程全覆盖。

为展示农家书屋的建设成果，推动全民阅读，2010年4月举办《丰满区“我的书屋，我的家”农家书屋阅读演讲比赛》，评出了最佳读书奖、风采奖、励志奖、口才奖、创意奖各1名以及优秀表演奖8个，读书用书的概念深入人心，5月10日《吉林日报》予以报道；9月参加《吉林市“我的书屋，我的家”阅读演讲大赛》，我区选派的三名选手一人获一等奖，二人获二等奖，我馆获优秀组织奖，10月1日的《江城日报》、10月4日吉林市电视台的《江城新闻》节目给予报道。

2011年–2012年为进一步加强书屋标准化建设，有效提高书屋规范化管理水平，连续两年举办了“丰满区农家书屋管理员培训班”，主要讲授农家书屋管理员职责和图书管理的相关资料，运用投影进行图文并茂的授课，收效甚好，《吉林日报》给予了报道。

为避免“重建设轻管理”的现象，促进农家书屋的有序发展，切实发挥农家书屋的作用，保障广大农民群众的基本文化权益，2012年我们对全区49个行政村的农家书屋进行了一次大巡查，并与各村委会签订了《丰满区农家书屋管理责任状》。如今，江南乡建华村的农家书屋已成为全国农家书屋示范村。

业务研究、辅导、协作协调

2010–2012年丰满区图书馆职工发表专业论文4篇，每年参加岗位培训、继续教育时间每人都在53学时以上。

2009年参加吉林市图书馆联盟，作为联盟馆的成员，丰满区图书馆和北华大学师范分院图书馆结成了帮扶对子，从而依托高校图书馆丰富的资源和先进的技术开展深层次的服务。

2011年建设文化信息资源共享工程丰满区支中心，建立了7个基层服务站点，并为基层服务点各配送了联想电脑一台，配送数字资源1TB，从而在农民与文化信息资源之间架起了一座沟通的桥梁，成为我们“送文化下乡”的一道风景。

2009–2011年，丰满区图书馆连续二次参加“吉林市文化信息资源共享工程知识与技能竞赛”，单位均获优秀奖，二人次获二等奖。

管理工作

2010年底，丰满区图书馆完成第二次全员岗位聘任，本次聘任有5人重新上岗，同时，建立了工作量化考核指标体系，实行岗位设置管理，建立分配激励制度；健全财务管理规章制度；建立各类应急预案；设备、物资、统计、档案等管理工作都分别建立制度，规范管理。

2011年市新闻出版局苑大光局长陪同省新闻出版署领导视察我区江南乡建华村农家书屋

市馆领导在给学员授课

丰满区图书馆馆舍

期刊阅览室

书库

送书进社区1

书屋演讲大赛会场

送书进社区2

表彰、奖励情况

2011—2012年，丰满区图书馆共获得市级表彰、奖励3次，新闻媒体报道5次。

馆领导介绍

迟松波，女，1969年1月生，大学学历，中共党员，副研究馆员，馆长。1990年7月参加工作，历任丰满区图书馆副馆长、丰满区文化馆专职书记等职。被吉林省文化厅评为“优秀馆长”、全省公共图书馆先进工作者、2012年获“丰满区先进工作者”、“丰满好人”等荣誉称号。

未来展望

丰满区图书馆遵循“和谐、奉献、高效、创新”的办馆方针，努力践行“建设商旅宜居新丰满”战略，尽快完善服务功能，扩大服务的广度、深度，带动地区文化事业发展。在不断强化自身综合实力的同时，一切从公众的文化需求出发，打破传统图书馆的服务观念，打造真正意义上的人民大众的精神家园，让人们在这里体验学习与信息获取，娱乐与社会交流的完美境界，最大限度地体现“平等、自由、多元”的价值理念，为大众展现一个全新的图书馆空间概念。

联系方式

地　址：吉林市吉林大街世纪广场园林综合楼四楼
邮　编：132013
联系人：迟松波

送书进社区

举办农家书屋管理员培训班

舒兰市图书馆

概述

舒兰市图书馆始建于1979年7月1日。建馆前公共图书馆事业由县文化馆下设的图书室承担。1979年初，根据文化事业发展的要求，图书馆从文化馆中分出，成立独立单位。工作人员由原来的3人增加到7人。1984年由省文化厅及县财政分别投资，在原舒兰中心广场建4层图书馆办公楼，总面积804平方米，有书库、目录室、三个阅览室、会议室和8个办公室，书架总长度为740延长米。

1979–2003年馆内分采编组、借阅组、科技辅导组和后勤组。2000年前编制达15人。2000年后现有编制11人，在岗人员10人。

2003–2008年由于当地政府的需要，图书馆需要搬迁改建新馆。2008年10月图书馆搬入新建办公楼，办公楼总面积1321平方米，坐落在舒兰大街4617号。分采编组、借阅组、网络信息技术服务组、科技辅导组和后勤组。现总藏书4万余册（包括未整编的新书9265册），再加上农家书屋流通的图书，共计5万余册图书。书架总长度818延长米。

业务建设

舒兰市图书馆总藏书量39381册，2012年入藏新书1500余种，5000余册，报刊年入藏量242种，视听文献400件，2012年购进图书6939册，报刊264余种，地方文献100种，210册，并设有专架管理，有专门的目录，专人管理；常用工具书600余种，1000余册。2008年建立了电子阅览室，内设电脑25台，坐席25人；电教室设有大屏幕投影仪1套，液晶电视1台，电脑、多媒体1套，坐席40人。采编室、著录编目室；书库、目录室，社科阅览室，少儿阅览室、少儿书库，资料检索库(过期报刊)、地方文献库，工具书库；微机室，电子阅览室，电教室；科技辅导室、咨询解答室、文化信息资源共享工程室；档案室，门卫收发室。

读者服务工作

舒兰市图书馆在开放开馆中，开馆时间57小时。周一到周五开馆时间：上午8:00时–下午17:00时，周六、周日开馆时间：上午9:00时–下午15:00时。实行全开架借阅。

舒兰市图书馆在书刊借阅中，采取多样化的服务方式，2012年预约借书、送书上门、资料代查，以及其他等形式，各有30余次。馆内设有外借处、社科阅览室、儿童阅览室、电子阅览室、资料咨询室和和报刊库等，对基层服务点定期送书上门，集中辅导和临时辅导相结合。2012年外借册次62642册，内阅人次93098人，每月出一期图书宣传栏，一黑板形式，全年共计12期。馆外图书服务流动点借阅册次2614册。

舒兰市图书馆在图书宣传活动周中，做到了有计划、有声势、有行动，走上街头，打造声势和舆论，大力宣传图书馆，收到良好的社会效益。配合活动周，舒兰市图书馆开展了读者的读书活动，为全市各个层次的读者提供所需资料，借以宣传图书馆在社会上的地位与作用，提高了图书馆在社会上的知名度。

舒兰市图书馆在组织读者活动中，每年组织了读者活动有《中华民族传统美德的核心——爱国主义教育》报告会、《国旗国歌我爱你》演讲会、《利用图书馆增长才干》读者座谈会和《订阅报刊征求读者意见》座谈会和《农家书屋读书》演讲会等形式。

业务研究、辅导、协作协调

舒兰市图书馆在业务研究、辅导、协作协调工作中，积极参加上级图书馆组织的协作协调工作。舒兰市图书馆在基层图室辅导工作中，定期派专人对其进行业务辅导，并设有20个固定图书服务点进行定点服务，2012年舒兰市图书馆在基层业务辅导工作中，与舒兰市教委积极取得联系，举办了一期全市“中、小学图书管理员培训班”，59人参加。重点讲图书的分类、著录管理，经过历时三天的学习，使到会的管理员基本了解了图书分类、著录，并能进行简单操作。与科技局建立服务联系，与各图书室形成联络网，达到资源共享。

舒兰市图书馆在跟项跟踪服务每年20余项。如养羊、养猪、养鹅、养鱼、七彩山鸡人工饲养和月见草人工栽培、仿古金属编制等，获得了较好的经济效益和社会效益。

舒兰市图书馆在专业服务中，结合发展农村商品经济和星火计划服务为重点。举办了金丝瓜、人参、葡萄、黑豆果、山

管理员培训考试

基层图书管理员培训讲座

少儿阅览室

电子阅览室

社科阅览室

楂等栽培技术培训班。印刷出版了《鹌鹑饲养》、《金丝瓜栽培》、《山楂栽培》、《黑豆果栽培》等10多种小册子和小报，另外每年还单独编写印发了《致富信息》小报12期。

管理工作

舒兰市图书馆人员编制11人，大专以上学历11人，中级以上职称7人，初级4人。图书馆领导班子由馆长、副馆长和副书记共计3人组成，结构非常合理，80%受过系统的图书馆学业务培训，另外还有一个是图书馆情报学毕业的大学生。图书馆都接受过继续教育。

舒兰市图书馆在规章制度建设方面，本着在实践中不断建立，不断完善的原则，到2012年末为止，共建立了以岗位责任制为中心的，诸如：书刊采购、期刊管理工作细则、文献标引著录细则、财务管理、档案管理、固定资产管理、安全防火、以及职工考核等50余项规章制度。在此基础上实行了一人定岗、以岗定责。量化指标分解到人头的办法，做到奖勤罚懒，奖优罚劣。实现了改革以及建立了与之相适应的约束激励机制，为部门工作，创先争优奠定了好的基础。

舒兰市图书馆在档案管理中，有专人管理，按规定的标准进行科学化管理。各种统计报表和分析报告各组都能够及时上报进行归档。在环境管理中，保持了图书馆的环境的美观、整洁，并有指示标牌和宣传标语牌。

表彰、奖励情况

2009—2012年，舒兰市图书馆先后在业务上被省文化厅、财政厅表彰为先进单位，同时被吉林市文化局评委系统先进单位，被舒兰市委、市政府和文化局评委先进党支部和先进单位。

馆领导介绍

马万山，男，1961年2月出生，大专学历，中共党员，馆员，馆长。1985年12月到图书馆参加工作。1988年任图书馆采编组组长，1994年任图书馆副馆长，2008年任图书馆馆长。

吴震，男，1975年1月出生，大专学历，政协委员，助理馆员，副馆长。1991年参加工作，1995年1月到图书馆工作。2008年任图书馆副馆长。

徐小丽，女，1970年6月出生，本科学历，中共党员，馆员，副书记。1993年10月到图书馆参加工作。2012年任图书馆副书记。

未来展望

舒兰市图书馆遵循“科学、效率、创新、发展”的办馆方针，2009—2012年，舒兰市图书馆在不断强化自身综合实力的同时，积极搞好图书馆联盟，积极促进图书馆事业的整体发展。舒兰市图书馆为了更好地为读者服务，加快实现数字图书馆建设，即将添设CNKI触摸屏数字图书馆、歌德电子书借阅机各两套，方便读者自助查阅报刊，借阅图书，为数字图书馆建设奠定基础。

联系方式

地　址：舒兰大街4617号
邮　编：132600
联系人：马万山

农家书屋读书演讲

舒兰市图书馆

双辽市图书馆

概述

双辽市图书馆前身为双辽县文化馆图书组，1979年1月正式建立，1996年更名为双辽市图书馆，2004年新馆建成，建筑面积1500平方米，设外借室、成人阅览室、儿童阅览室、电子阅览室、采编辅导室、共享工程办公室、典藏室、多功能报告厅，现有阅览座200个。计算机45台，开通10M互联网和卫星接收系统。农家书屋服务点202个，2013年参加第五次全国公共图书馆评估，获三级图书馆。

业务建设

截止2012年底，图书总藏量3万余册。购书经费逐年增加，由原来的5000元增至2012年的2.8万元。文献年入藏量从1410种增加到4250种，报刊83种，地方文献85种460余册。注重文献入藏，以"最大限度满足读者需求为前提，以基本藏书、热门藏书，地方文献补充馆藏"为指导思想，以精挑细选为采购基本原则，合理使用购书经费。按照《中图法》和"文津自动化管理系统"，结合本馆藏书特点和工作实际，研究制定了《双辽图书馆中文图书著录细则》和《图书加工规范》，并完成全部藏书的回溯工作。

2007年8月加入全国文化信息资源共享工程，正式建成双辽市共享工程县级支中心，实现了文化信息资源的共建共享。

读者服务工作

2010年7月7日，双辽市图书馆免费向公众开放，是吉林省首家"零门槛"图书馆，周开放60小时，节假日不闭馆，书刊文献为全开架借阅。2009–2012年，书刊总流通63193万人次，书刊外借69924万册次。

服务窗口由少变多，建成2个图书馆分馆，固定图书流动点5个。图书馆在向读者提供基本的借阅服务外，还根据读者信息要求开展了参考咨询服务，为社会公众和企事业单位提供各种信息资源，查找文献数据，如为《张惠民抒情诗选》、《双辽文库》、《辽河歌谣》、《平仄人生》等著者提供大量重要文献数据资料。

在书刊宣传上主要利用文体局网站、广播电台、电视台、报社等多家媒体宣传报道，还用条幅及板报等形式定期或不定期推介新书。举办各类读书报告会

2009年，双辽市图书馆推出《双辽文化讲堂》公益讲座，聘请双辽知名人士主讲，内容涵盖了双辽地方史、地域文化以及国学等方面内容，截止2013年已成功举办20期，听众近5000人次。讲座丰盈了双辽人文化生活，提升了城市品位，打造双辽文化品牌。

业务研究、辅导、协调协作

2009–2012年，双辽图书馆职工发表论文10篇，出版专著2部，并在馆内开展中级以上职称馆员轮值讲课。

2009年吉林省图书馆在本馆建立分馆，同时在双辽市红旗街义顺村建立分馆，成为省图的分馆，积极参加联合编目数据库建设，文献传递等资源共知共建工作。

开展基层业务辅导，深入镇乡村图书室现场辅导培训，300余人次参加培训，年下基层开展辅导培训均在60天以上；开展了文化共享资源工程乡镇级村级服务点管理人员辅导培训，业务人员下基层辅导培训3次，年均在30天以上。

馆领导介绍

李岩，女，1963年11生，本科学历，中共党员，副研究馆员，馆长。1982年10月到图书馆参加工作，1996年12月任双辽市文化馆副书记、副馆长，2007年1月任双辽市图书馆馆长。

史有发，男，1963年1月生，大专学历，中共党员，副研究馆员，副馆长。1980年到图书馆参加工作，先后在采编部，阅览部、外借部工作。

董婉彤，女，1968年5月生，本科学历，中共党员，副研究馆员，副书记，1990年1月到图书馆参加工作，先后在外借部，阅览部、采编部工作，任部门主任等职。

管理工作

双辽市图书馆隶属市文化广电新闻出版局，2007年完成全员岗位聘任，共有职工21人，核定事业编制12人，实施岗位绩效、年末绩效考核制度。

未来展望

双辽市图书馆始终把"读者第一，服务至上"的服务宗旨贯穿到各项服务当中，不断完善检索系统，加强参考咨询服务，整合特色资源，拓展服务领域，最大限度地发掘和利用文献资源，逐步实现具有地方特色的服务模式和服务品牌。更要加大电子资源投入，逐步向数字化图书馆迈进。

联系方式

地　址：吉林省双辽市郑园街180号
邮　编：136400
联系人：董婉彤

白山市江源区图书馆

概述

白山市江源区图书馆正式落成于2006年，经过5年的筹建于2010年7月23日正式对外开放，是江源地域唯一公共图书馆。江源区图书馆建筑面积900平方米，馆内共有坐席139个，其中阅览坐席80个、少儿阅览室坐席60个、电子阅览室坐席25个，馆内计算机37台，光纤接入，存储容量达到5TB，选用金蝶图书馆自动化管理系统，图书入藏全部采用自动化管理。

业务建设

截止2012年底，江源区图书馆总藏量32600万册。2009-2012年，共入藏中外文图书649种，5000册，中文报刊300种，视听文献150种。

读者服务工作

从2012年1月起，江源区图书馆全年361天对外免费开放，周开放时间63小时全年累计开放3249小时。2012年，书刊总流通4万人次，书刊外借5500册次。

2010-2013年，江源区图书馆共举办讲座、展览、培训、阅读推广等读者活动4场次，参与人数1000人次。

业务研究、辅导、协作协调

2011-2013年，江源区图书馆职工发表论文20篇。

每年对农家书屋管理员培训1次。每年参加省文化厅举办的培训4人次。

管理工作

2011年，江源区图书馆完成全员岗位聘任，本次聘任共设11个岗位，有11人重新上岗，同时，建立了工作量化考核指标体系，每月进行工作进度通报，每半年和全年进行总体工作考核。2012-2013年，共抽查文献排架5次，书目数据2次，撰写专项调研、分析报告和工作提案5篇，编写各部门工作进度通报2篇。

表彰、奖励情况

2011-2013年，江源区图书馆共获得各种表彰、奖励8次，其中，白山市文化局表彰、奖励3次，江源区文化局表彰、奖励5次。2013年江源区图书馆晋升为国家三级馆。

馆领导介绍

刘钢，男，1973年3月生，大专学历，中共党员，馆长。1993年7月参加工作，历任江源区文化综合执法大队副队长，江源区文化广电新闻出版局办公室负责人，2013年12月任江源区图书馆馆长。

薛欣，女，1963年10月生，本科学历，中共党员，馆员，副馆长。1989年12月参加工作，历任三岔子林业局工会图书馆馆长，江源区图书馆副馆长。

迟冠男，女，1982年5月生，专科学历，馆员，副馆长。2004年7月参加工作，2007年7月至今在江源区图书馆参加工作，2014年任江源区图书馆副馆长。

未来展望

江源区图书馆遵循“科学、效率、创新、发展”的办馆方针，年服务人次可达10万人次以上，数字资源设计存储能力5TB，能够提供全覆盖、不间断、无时空限制的数字文献远程和移动服务，数字资源年利用率5万件/次以上。

联系方式

地　址：白山市江源区江源大街32号

邮　编：134700

联系人：刘　钢

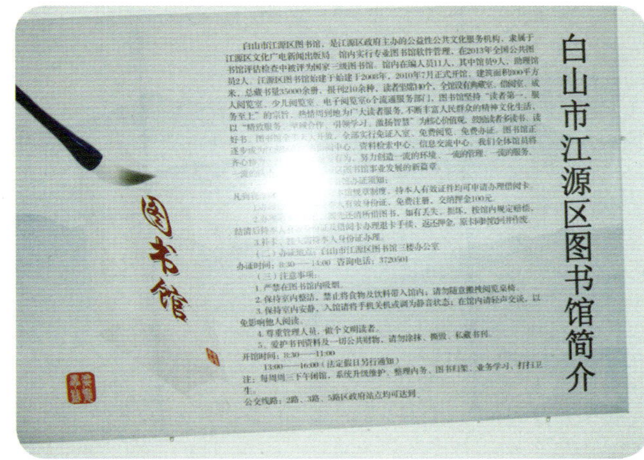

通化市二道江区图书馆

概述

二道江区图书馆成立于1986年，当时馆舍面积为400平米，同年6月正式对外开放，近年来，区委、区政府高度重视图书馆事业，把图书馆建设作为区域文化事业发展的重要内容，纳入全区社会经济发展总体规划，使图书馆工作有了长足发展，特别是2012年，区政府常务会专题研究了图书馆建设情况，解决了图书馆馆舍狭小及办公条件差等问题，2012年10月份入住新馆舍。新馆建筑面积800平方米。

业务建设

截止2012年底，二道江区图书馆增加了电子阅览室、培训教室、主控机房、采编室、多功能活动室、少儿阅览室等。现有成人阅览室坐席120个，儿童阅览室坐席34个，培训坐席30个，用于读者使用的计算机25台，照相机、电视机、音响投影仪各一台（件），宽带网络全部接通。馆内现有各类图书架16组，资料柜6个，报刊收藏阅览架6组，图书总藏量达2万余册，电子图书5000册，光盘等视听文献数量10件，电子文献藏量300种，图书年入藏数量500种，报刊年入藏量80种，视听文献年入藏量20种，建立了二道江区数字化图书馆，数字资源总量2TB（自建），共全区机关干部共享。2012年，财政拨款30万元投入图书馆事业，新增藏量购置费12万元，免费开放经费全部到位。

读者服务工作

从20011年9月25日起，二道江图书馆全年365天天天对外免费开放，周开放58小时，同年，引进图书馆现代化管理系统技术，实现了馆藏文献的自助借还。馆藏文献利用率达50%。书刊文献年外借2万册次；年度总流通1600人次，持证读者800人次。馆外流动服务点（含图书流动车）年书刊借阅1000册次。馆内设新书专架；读者园地专栏设最新图书推荐目录；利用世界读书日、全民读书月、图书宣传周、科技下乡等节日活动契机，在社区、农村集市、图片展活动现场等人员集聚地举办各类图书、期刊展；发放图书推荐目录、电子图书、电子期刊，视听文献推荐目录及新书通报等，对入藏书刊及数字文献进行了广泛宣传。在图书馆门户网站上开设政务信息服务专栏，为政府时事要闻等信息向社会广大民众及时发布。为广大普通读者提供了又一个了解政务信息的平台。同时将各级利用下基层辅导、图书流动服务、集体借书等服务机会和采取热线电话沟通、代借代还等方式进行特殊服务。2012年以来，把读者服务、读者活动、对外宣传、业务研究和对基层的辅导作为重中之重，狠抓落实工作，取得了较好成绩。发挥图书馆社会教育职能，深入区直部门、乡镇街举办各类活动12次：

1、到乡镇、社区业务辅导4次
2、农家书屋管理员培训2次
3、基层业务工作培训
4、图书室管理员业务培训
5、志愿者参观学习
6、人文专题讲座
7、科技专题讲座
8、服务宣传周
9、世界读书日宣传
10、小学生阅读活动
11、科技下乡
12、阅读推广活动

被辅导人次达100多人，被培训人次达200多人。各项活动参加人次达1800多人。同时，我馆结合新形势下图书馆的发展和对基层工作的辅导等方面进行了广泛调研，在调研中，摸清了基层图书馆的基本情况，培训图书业务骨干，协调乡镇，建起了基层图书室4个，农家书屋22个，社区书屋6个，统一制定规章制度，统一制作各类牌匾。馆际互借6次1000余册。2012年流通书刊2000余册，书刊文献年外借2万册，馆外流动服务点5个，人均年到馆10次，持证读者80余人，为特殊群体服务2次（老年人、未成年人）。

业务研究、辅导、协作协调

2010—2012年，全馆人员在国家级和省级刊物上共发表作品8篇，参加“吉林省数字图书馆推广工程馆长培训班”及“吉林省文化共享工程技术骨干培训班”等学习班共计6次，2名馆员授省级表彰奖励。4名官员授区级以上表彰奖励。

从2010年起，以区图书馆网站为核心，以乡镇4个文化站

服务网站建设为重点，遍及、乡、村三级服务网络。使全区4个乡镇文化站建立了公共电子阅览室，22个行政村、14个社区图书分馆（室）参与了服务网络建设。通过互联网、移动存储、光盘复制等多种形式为群众提供服务。建立了本地区图书馆服务网络，实现了图书馆网络通阅，异地阅读，资源共享。

管理工作

2010年二道江区图书馆完成全员岗位聘任，图书馆人员编制9人，从业人员9人。其中：管理岗位2人，技术岗位7人.制定财务人员管理制度，建立财务监督机制。实行专人管理，经费专款专用，做到收支有请示、有汇报，公开透明，监督机制落实到位。每年有财政预算计划，财务预算执行情况的总结分析报告。严格执行记账方法，做到账目整齐、清晰、一事一单、日清月结，对每年度的工作情况、工作指标有比较、有参考，进行分析研究，从中找出差距，总结经验，改进工作。图书馆各类统计齐全，并撰写了统计分析报告。建立了工作量化考核指标体系，每月进行工作进度通报，每半年和全年进行总体工作考核。

表彰、奖励情况

2008年至2012年先后4次被二道江区委授予“先进单位”称号；2次被区妇联授予“三八红旗集体”；两次被区科协授予“科普工作先进单位”；市级2次：1、被市图书馆学会评为学会工作“先进集体”；2、在通化地区“文化共享杯—文化信息资源共享工程知识与技能竞赛”中，被市文广新局评为“先进单位”。

馆领导介绍

李丽，女，1965年3月生，大专学历，中共党员，副研究馆员，馆长。1983年6月参加工作，1997年10月任图书馆馆长。2001年2月–2007年10月任图书馆及文化馆两个馆馆长，兼任吉林省图书馆学会理事，任职期间，组织多场大型文艺汇演，并获奖，多次被省图书馆授予优秀会员，被市级、区级授予先进个人。

未来展望

二道江区图书馆本着一切为读者的宗旨，围绕优化服务。拓展图书馆信息功能，业务管理，读书活动，提高人员素质入手，贯穿到各项基础服务工作之中。扩大服务辐射区域，带动地区文化事业发展。不断强化自身综合实力，在未来的几年里，二道江区图书馆争取在馆舍面积、服务设施等方面做大做强，力争于地区图书馆联盟，实现文化资源共享，为我区文化事业服好务。

联系方式

地　址：吉林省通化市二道江区新华大街
邮　编：134003
联系人：李　丽

柳河县图书馆

概述

斗转星移，世事沧桑，柳河县图书馆几经变故：民国4年（1915年），在柳河镇设一图书馆。民国8年（1919年），奉令停办。民国14年（1925年），恢复图书馆。民国20年（1931年）"九·一八"事变后，又停办。1973年初，筹备开设县图书馆。柳河县图书馆现坐落在振兴大街130号，馆舍面积1100平方米。馆藏文献近17万余册。现有阅览室座席150个，计算机32台，宽带接入10M，实现了全馆业务管理自动化，实行三百六十五天开馆制。

业务建设

截止2012年底，柳河县图书馆藏书总量179526册。其中电子文献503种(1961册)。征集各种地方文献115种、268册。柳河县图书馆数字资源总量达到3TB。

读者服务工作

柳河县图书馆于2011年10月15日正式向社会免费开放。周开馆时间平均60小时以上。馆藏书刊文献年外借近6万册，年流通率为31%。近年来，我们一改往日被动服务为主动服务，深入到各个图书流通站点，开展送书活动，年流动图书平均5000册以上。2012年我馆流通总人次22116人次，持证读者数为2232个，人均到馆次数为10次。全年举办各种书刊宣传活动14次，参加人数10000人次以上，媒体报道五次，受到各届的好评。

柳河县图书馆自2008年实现图书馆自动化，所使用的软件系统是北京华夏网信科技有限公司CSLN"网图"图书馆管理系统，以下简称"网图"系统。我馆在"网图"系统下建立了自己的网站，操作简单方便，大大降低投入成本。

2009–2012年，柳河县图书馆利用各种资源举办培训、展览、阅读推广等活动158次，参与人次达到10万多人。即实现了图书馆的社会教育职能，也扩大了图书馆的影响力。

业务研究、辅导、协作协调

2009–2012年，柳河县图书馆职工发表论文24篇。

柳河县图书馆的协作协调工作取得了很大的成绩，尤其是在对基层馆的理论指导、业务培训方面，做了很多积极的探索，取得了显著的工作成果。

2009–2012年，举办"农家书屋"管理员培训班4期，85课时，共有295人参加了培训。目前，我县已建成农家书屋219个，社区基层图书室7个。已实现乡镇、村、社区100%全覆盖。

从2005年起，柳河县图书馆以文化信息资源共享工程为依托，在全县范围开展"五走进"活动，活动举办近百次。目前，我县已建成文化信息资源共享工程支中心一个，与组织部党员远程教育合作，现已在15个乡镇均建立了基层中心，219个行政村完成了信息接收场所建设，并发挥了良好作用。现已达到基层服务点全县100%覆盖，真正实现文化共享工程"乡乡有，村村通，人人享"。

管理与表彰

按照省市事业单位改革的有关规定，结合我馆工作实际，2006年我馆实行岗位聘用制，重新定岗定员、竞争上岗、层层竞聘的方式，确定了全馆15个人员岗位职责。同年建立内部收入分配激励机制，对有突出贡献的发放奖金给予鼓励。

近几年，我馆先后被省、市业务主管部门、局党委表彰7次。

馆领导介绍

韩艳玲，女，1976年11月出生，大专学历，中共党员，馆员，党支部书记、馆长。1996年参加工作。

孙凤，女，1968年9月出生，本科学历，中共党员，副研究馆员，副馆长。1985年参加工作。

许由，女，1970年6月出生，大专学历，中共党员，馆员，党支部副书记。1988年参加工作。

未来展望

柳河县图书馆本着"以人为本"的服务理念，不断拓宽服务领域。在未来的几年里，柳河县图书馆将在现有馆舍的基础上，进一步加强图书馆文化氛围建设，做好环境布置，书画装饰，营造图书馆浓厚的文化气息，使图书馆真正成为读者身边的文化园地。积极购进读者急需的纸质图书，充实和完善电子资源，宣传图书馆"文化大讲堂"的品牌栏目，做好服务创新。进一步在全县形成"多读书、读好书"的良好氛围和文明风尚，更好地发挥图书馆的作用。

联系方式

地　址：吉林省柳河县柳河镇振兴大街130号
邮　编：135300
联系人：韩艳玲

大安市图书馆

概述

大安市图书馆初创于1916年，1986年新馆舍落成并交付使用，馆舍面积1052平方米，内设书库、外借室、少儿阅览室、报刊阅览室、电子阅览室。1999年在全国公共图书馆评估定级中评为三级公共图书馆之后，根据现状优化重组，内设采编部、辅导部、阅览部、共享工程部和办公室。现有馆藏48317册以上，职工15人，副研究馆员2人，中级职称8人，初级职称5人，大学学历7人，大专学历5人，中专学历3人。

业务建设

馆舍面积1052平方米，报刊阅览座席32个，电子阅览室30个席位；供读者使用的计算机30台，供工作人员办公用的电脑4台，宽带接入2MB以上，存储容量在4TB以上；电子文献410种，图书年入藏数量在2500种以上，报刊年入藏数量在80种。

读者服务工作方面

实行免费开放制度，读者满意率达到95%以上，每周开馆时间为56小时；读者服务方面还有待于继续完善；为政府机关及社会公众提供信息服务；为残疾人、进城务工人员、为未成年人及老年人提供专题服务；读者活动开展广泛，社会教育与用户培训举办也很及时。

业务研究、辅导、协作协调方面

业务研究成果1篇；业务辅导成绩显著，开展协作协调、资源共建共享工作稳步开展。

文化共享工程建设方面

县级支中心建设已完善，技术培训一直紧跟省里步伐，指导基层点建设效果明显，面向社会服务活动需进一步加强。公共电子阅览室设施达标，提供免费上网、光盘刻录、资源下载等服务。

经费与人员方面

2012年全年财政拨款为109万元，其中免费开放专项资金15万元，设备购置专项资金10万元，共享工程专项资金1.7万元，财政拨款年增长率与当地财政收入增长率的比率为70%；领导班子结构合理，均具有大专以上学历，受过图书馆学专业培训。

管理方面

人事管理、财务管理、设备物资管理、档案管理、统计工作、环境管理、消防保卫各方面制度化、系统化比较完善。

馆领导介绍

王海涛，男，1963年1月生，中专学历，中共党员，馆员，馆长，1979年参加工作，2003年担任馆长职务。

郭敬暄，女，1966年4月生，本科学历，中共党员，副研究馆员，支部书记兼副馆长，1983年参加工作，2003年担任副馆长，2010年担任支部书记兼副馆长。

王宇晶，女，1981年10月出生，本科学历，中共党员，馆员，副馆长，1999年参加工作，2007年担任副馆长职务。

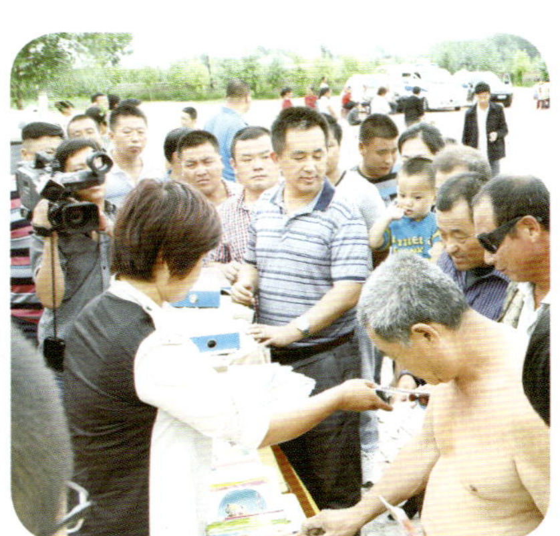

镇赉县图书馆

概述

镇赉县图书馆始建于1979年，原为文化馆的图书辅导组，从县文化馆分出后成立了镇赉县图书馆。1986年搬迁至团结西路，馆藏图书20768册。2000年搬迁至庆余南街，面积600多平方米，馆藏图书增至30786册。2010年1月，搬迁至团结东路，新馆建筑面积2580平方米，馆藏图书达到5万余册。可容纳读者座位275个。计算机42台，宽带接入10Mbps，选用妙思文献图书馆自动化管理系统。

业务建设

截止2013年底，镇赉县图书馆总藏量6万余册。中文普通图书标引与著录均使用《中国法》（第四版）进行分类标引。图书加工整理统一规范，整齐美观。目录设置齐全，面向广大读者提供检索服务。图书全部开架借阅并实行自动化管理，馆内局域网已开通，已建有图书馆网站。馆藏中文图书书目数字化50%以上，并建有地方文献专题数据库。

读者服务工作

镇赉县图书馆按照上级的要求，实行了全面的免费开放，免费开放的场有成人阅览室、少儿阅览室、期刊室、电子阅览室、自修室、多媒体报告厅等场所。开馆时间为早8:00—晚17:00，周六周日不休，中午不休，书刊文献开架比例为100%，馆藏书刊文献外借率为20%、书刊外借册次2万余册。人均到馆次数25次以上。在书刊宣传方面，镇赉县图书馆通过图书宣传周、新书展、新闻媒体、图书馆网站等多种方式进行宣传，同时为县内教育、科研、企事业单位以及农民提供了多次专题咨询服务，取得了良好的效果。镇赉县图书馆的网站建设结构合理、内容丰富、网页美观，更新及时，极大地方便了读者获取图书馆信息。镇赉县图书馆2012年共开展讲座、培训9次、展览5次、阅读推广活动4次，参与活动的有2000多人次。在服务宣传方面，组织开展了图书宣传周、全民读书月、世界读书日、媒体宣传等活动。读者满意率在98%以上，受到了社会各界的好评。

业务研究、辅导、协作协调

2009—2012年，镇赉县图书馆职工发表论文12篇，课题5项。年举办技术培训2次，年总人次60人次。年下基层5次，对基层网点进行专门技术指导，配送共享工程科技资料，取得显著效果。全年面向社会举办活动12次。

管理工作

自上次评估以来，镇赉县图书馆每年都制定详细的年度计划，财务制度健全，严格按照财务管理制度进行财务管理。实行岗位设置管理，按需设岗，按岗聘用、竞争上岗，岗位责任制，考核、分配激励制度。同时加强对志愿者进行科学管理。建立职工考核档案、参考咨询档案、课题服务档案、业务辅导档案。统计齐全。办公环境和阅读学习设施整洁、美观、安静，标牌规范、标准，设施维护良好。消防保卫工作到位。

表彰、奖励情况

镇赉县图书馆自2009年以来，获得县级表彰2次，业务主管部门表彰4次。

馆领导介绍

赵海波，男，1964年1月生，本科学历，中共党员，馆员，馆长。1981年10月参加工作，2005年5月任馆长。

桑金艳，女，1974年10月生，本科学历，中共党员，馆员，党支部副书记。1996年8月参加工作。2010年任党支部副书记。分管党务工作、精神文明建设。

单连富，男，1976年11月生，大专学历，中共党员，馆员，副馆长。1999年8月参加工作，2009年任副馆长，分管农家书屋、文化资源共享工作。

冯娟，女，1979年6月生，本科学历，中共党员，馆员，副馆长。1999年8月参加工作，2010年任副馆长，分管其他业务工作。

未来展望

在未来的几年里，镇赉县图书馆将积极通过政府或有关部门组织、动员社会各方面力量向图书馆投资，增添馆藏和必要的设备。同时扩大外延，联合办馆。争取在下次评估中晋级国家二级图书馆。镇赉县图书馆要以“低门槛、高质量的服务”和“低姿态、高效能的运作”，努力打造成设施先进、服务优质、公众满意的“市民大书房”，成为让群众了解镇赉的一个窗口。

联系方式

地　址：镇赉县图书馆　　　　联系人：桑金艳

邮　编：137300

通榆县图书馆

概述

通榆县图书馆创建于1928年（民国17年）9月，有土平西厢房四间。1932年图书馆迁至县公署院内，借用砖平房两间作图书室。1936年开通县成立，图书馆房舍七间。

解放后，开通、瞻榆两县分别于1948年–1949年。设民众教育馆，备有一些图书共读者借阅。1960年成立通榆县图书馆。1962年4月县图书馆撤销，其业务工作纳入县文化馆图书组。1979年2月图书组从文化馆分出，恢复通榆县图书馆建制。1985年县图书馆占地面积1352平方米，其中书库45平方米，阅览室62、6平方米，座位50个。

1998年新馆舍建成后总占地面积953平方米，其中书库200平方米，阅览室418平方米，书刊阅览室165平方米，电子阅览室253平方米。阅览室座席50个。2006年国家开始对图书馆进行政策倾斜，国家共享工程支分中心赠送我馆共享工程设备一套（卫星遥感接收器、服务器、显示器、投影仪等），从此我馆改变了没有电脑的历史（2009年10月1日前后共享工程县支分中心电子阅览室成立将安装电脑30台）。目前我馆网络对外接口使用的是ADSL，当电子阅览室成立后网络对外接口将改变为专线接入。

业务建设

1936年藏书1300种，4238册；还有月报、杂志10余种。1965年藏书一万三千册，1979–1985年藏书2200册，2013年藏书32803册。2003年文化部财政部实施送书下乡工程后我县在各乡镇社区成立了农村书屋，截止2013年我馆在县内建立了图书流动站。

2009年，国家赠送68万元（其中通榆县财政配备17万元）的电子阅览室设备于2011年10月10日向社会免费开放，2011–2013年送科技下乡32个村屯。

读者服务工作

1999年至今图书馆年外借总册次为1万余册，年流通总人次3万余人次，操作过程均为手工操作。我馆在开放期间每周开馆时间均为48小时以上，流动图书室每周开放时间多达60小时以上。对残疾人、弱势群体我们采取了送书上门的服务方式。年初我们向少数读者发放《图书馆读者调查表》满意率在80%以上。信息服务方面，由于我馆经常开展送书下乡、共享工程送科技下乡等活动，所以我们经常向县委县政府提供各种活动信息，并且通过电视媒体向社会宣传文化信息资源共享工程，让广大民众了解国家对文化事业的惠民政策。读者活动方面，从1999年至今我馆共举办大型读者活动两次，参加活动近两千人次；服务宣传周一次；共享工程活动与读者活动情况在电视台报道多次，共享工程活动情况和流动图书室情况在《吉林日报》、《白城日报》、通榆《鹤乡报》上分别进行了报道。

业务研究、辅导、协调工作

我馆在学术上取得了良好的成绩，在省级以上刊物上发表获奖的论文和在学术讨论会上获奖的论文共6篇，在标有ISSN号和ISBN号的连续出版物上发表的与图书馆学、情报学、文献学及与图书馆工作相关的论文共25篇，关于我馆自然状况和发展的调查研究报告1篇。

在业务辅导工作上，我馆每年开展近两个月20学时的职工业务辅导工作。2009–2013年每年1–2次到乡镇图书室和农家书屋辅导。2011–2013年我馆对乡镇图书室和农家书屋采用了网络业务辅导。在协作协调方面，我馆一直实行地区内馆际互借，达到文献信息资源在地区内的共建共享。

管理工作

1979年至今我馆从未发生过火灾失窃等重大责任事故。

人事制度管理方面，2007年10月我馆实行了岗位聘任制，遵循按需设岗、按岗聘用，依据年终考评结果实行岗位聘任制，建立了分配激励制度，竞争上岗，择优聘用，并与单位签订了岗位目标责任合同书。

表彰、奖励情况

2004年以来我馆及全体职工未受到中央省市级的表彰，但在业务主管部门内我馆和职工在各个方面曾多次受过嘉奖。

馆领导介绍

雷宇，男1972年2月生，本科学历，中共党员，馆员，馆长。1991年参加工作，2012年6月任通榆县图书馆馆长。

赵光世，男1955年6月生，本科学历，中共党员，副研究馆员，支部书记，1974年参加工作，2001任通榆县图书馆支部书记。

安丽敏，女1970年生，本科学历，中共党员，馆员，副馆长，1987年参加工作，2007年任通榆县图书馆副馆长。

薛力杰，男1964年2月生，大专学历，助理会计师，副馆长，1981年10月参加工作，2007年任通榆县图书馆副馆长。

未来展望

我馆馆员在以后的工作中将继续加强业务学习，提高队伍素质，不断完善管理制度，切实做实做好图书馆自身的重点及日常工作，推进图书馆现代化建设，为全社会科研提供及时、有效的信息服务。

图书馆是社会进步和居民文化信息需求的产物，特别是知识经济的时代，社会和广大居民日益增长的知识文化信息需求将推动图书馆的建设，以满足社会和人民文化教育需求，因此建立新型的符合国家二级馆标准的县级图书馆是必要而可行的，我县的新馆舍正在筹建之中。图书馆作为中国特色的社会主义文化的组成部分，肩负着促进经济持续发展和社会全面进步，满足人民群众日益增长的精神文化的需求，提高全民族素质，增强综合国力的历史使命。因此，我们县级图书馆更要充分发挥自己的优势为创建和谐社会有所作为。

联系方式

地　址：通榆县开通镇开通大路
邮　编：137200
联系人：薛力杰

黑龙江省图书馆

黑龙江省图书馆始终坚持践行科学发展观，在欠发达地区的有限条件下，大力弘扬图书馆的公益性与人文性，不断强化图书馆的科技性与先进性，积极推进“普遍均等、惠及全民”的延伸公益服务，充分发挥全省行业“中心馆”的龙头作用，不断以自身发展的成果优势带动全省基层图书馆协调发展、可持续发展，推动全省图书馆事业取得了长足的发展和进步。

概述

追溯省图书馆的发展沿革，还要回到1906年（清光绪三十二年），黑龙江将军程德全倡导创办了图书馆。作为省级公共图书馆，它的创建年代之早，仅次于浙江、湖南、湖北，名列全国第四。1954年原黑龙江省与原松江省合并为新的黑龙江省，省会由原来的齐齐哈尔市改设在哈尔滨市。于是，原黑龙江省图书馆便更名为齐齐哈尔市图书馆。1957年，省委省政府决定在哈尔滨市筹重建新的黑龙江省图书馆。1958年6月工程破土动工。1962年5月，正式对外开放，接待读者。当时的建筑面积为8600多平方米。

黑龙江省图书馆现馆舍于1998年立项建设，2003年10月建成，总建筑面积3.047万平方米，现有阅览室18个，阅览面积8982平方米，阅览坐席1674个。设计接待能力日均3000人次，互联网访问量日均4万人次；在全国省级图书馆中比较落后。现有人员编制212人。

业务建设

截至2012年12月，我馆总藏量3994026册（件）。2008年12月，我馆与黑龙江省新闻出版局签约建立了“黑龙江省版本图书馆”，将本省的13家图书出版机构和294种期刊、87种报纸、4家音像出版单位出版的图书、报刊、音像制品收藏整序，开放阅览。截至2012年底，完整入藏地方出版图书29585种，期刊294种，报纸87种，创造了省级图书馆地方出版物完整、系统性入藏的的新模式。

建立俄罗斯文献信息中心，自建了12万种俄罗斯文献书目数据库。对远东地区的地方文献、人物传记、社会科学类俄文文献重点采购，2012年采购俄文图书232种，外文文献入藏共计325种。受经费制约，我馆外文文献资源建设还比较落后。

2007年至今，每年签约购买可供全省县区图书馆免费共享的大量数字文献资源，共57个数据库，镜像总量69.2TB；自主创建完成了23个地方特色数据库，自建数字资源总量达32.3TB，馆藏数字资源总量达120.5TB。

2012年成立数字资源建设部，开始自主创建大型专题数据库《黑龙江流域的自然与文明》，这是我省地方特色文献资源建设史上前所未有的鸿篇巨制。

读者服务

2012年，周均开馆73.5小时，年累计接待社会各界读者2856034人次；书刊文献总外借1602690册次；全年新办理读者证78128个，累计有效借书证171708个；书刊展览43次6012种；组织各类读者活动667次，参与读者239329人次。

1、精心打造“龙江讲坛”文化品牌

龙江讲坛2006年1月启动，秉承“传播科学文化、弘扬龙江精神”的宗旨，坚持精益求精的方针，经过七年的精心打造，已成为省内外知名的文化品牌，举办各类公益讲座300多期，听众共计10多万人次。2012年举办讲座50期，直接听众17030人次；举办英语沙龙43次，俄语沙龙24次，全年共进行讲座、培训117次，听众18728人次。

2、打造“绿荫”少儿服务品牌，强化弱势群体服务

2009年，全面改版自主创建的“绿荫”青少年网站，精心搭建青少年、家长、老师和社会各界共同参与的绿色网络家园。建设开放了全省首个亲子共读阅览室。2012年开展各类少儿活动76次，连续三年为贫困山区儿童开展“春风行动——捐一本书、圆山区孩子一个梦”爱心捐书活动，受援助儿童107人，公益捐书2765册。

3、为政府决策服务，为人民公开政府信息

2007年，我馆自主研发了数字资源整合发布软件，陆续为党政机关安装“数字图书馆共享平台”，让领导可以随时调用省图书馆购买和自建的数字文献资源。

自2008年起，我馆进驻省人大、省政协两会，为与会代表提供政策信息检索、咨询、课题跟踪服务。2012年为省委、省政府等机关编制二次文献《新书推介》28期、《新浪微博文摘》218期、《舆情网络信息》35期，得到领导部门的广泛好评。

2008年国务院《政府信息公开条例》颁布前，我馆就率先开放了“政府信息公开查阅室”，实行政府公报赠送、政府信息检索查询、法律书刊阅览、法律法规全文数据库检索、打印等一站式便捷服务。2010年6月，我馆联合东北网《百姓论坛》栏目和律师事务所，在政府信息公开查阅室推出了“公益法律咨询”系列活动。每周六邀请律师针对公众进行免费咨询、现场答疑，指导市民进行合理的法律维权，仅2012年就举办公益法律咨询活动40期，接待咨询348人次。

4、创新全媒体数字资源服务模式

2009年–2013年，门户网站年均访问量为778.63万人次；门户网站、黑龙江文化信息网、绿荫青少年网三个网站年均访问量1430.49万人次。

探索与创新新媒体服务。2011年5月，建设开通黑龙江省移动图书馆，推出“超pad”平板学习本阅览；创建开通“龙江学习中心”服务平台；引进“触摸屏”阅读服务；利用IPTV技术搭建“文化共享工程黑龙江网络台”等新媒体服务平台。2011年起开辟了腾讯网、新浪网官方微博，随时播报馆内活动

信息和业界动态，实现“零距离”接触读者、与公众实时交流互动。

目前，黑龙江省图书馆购买、自建和共享使用的数据库共57个，其中可远程访问的数据库35个，占资源总比例达61.4%，通过黑龙江省数字资源共享系统、龙江学习中心、黑龙江省移动图书馆等平台为全省读者提供服务。全省地市、县区基层图书馆可通过省馆建设的VPN专网，实现对省馆数字资源100%的访问。2012年，我馆数据库总访问量达194万次，总检索量295万次，总下载量22.5万次，公共数字文化全媒体服务模式基本建立，数字资源服务惠及全省公众。

业务研究、辅导、协作协调

1、建设全省流动图书馆服务体系

针对全省基层图书馆严重落后的现实，2007年起，省图书馆陆续在全省边境县、贫困县图书馆和重点旅游景区、边防部队、农垦分局签约建设流动分馆。截至2012年11月，共建立了57个流动分馆、16个流动站。省图书馆共向流动分馆配送新书281273册；全省流动分馆共流通图书565874册次；免费共享数字资源总量达120.5TB；累计接待社会各界读者412850人次。

1、推进全省图书馆协作协调

2010年12月，我馆加入全国公共图书馆讲座联盟，与国内近60家图书馆共建共享讲座资源。与13个地市图书馆签订了《黑龙江省政府信息公开服务联盟协议书》，整合全省政府公开信息资源；构建全省远程监控技术管理系统，通过远程视频会议系统组织全省专业技术培训。2012年对市县区图书馆业务辅导活动31次，促进了基层图书馆业务标准化、人员专业化、服务现代化建设。

2007年9月，全国图书馆联合编目中心黑龙江省分中心在我馆挂牌成立。省分中心在全省各地区和各行业系统建立编目数据共享平台，将国图数据传给地市县分馆共享，使地市、县区馆的编目质量和水平大大提高。目前省内成员馆已发展到67家，占本地区图书馆总量的88%。

2、创建全省边防驻军“边疆万里数字文化长廊”

2008年以来，省图书馆陆续在驻守漫长边境线上的12个团（队）建设了共享工程服务点、流动图书馆分馆、数字图书馆分馆，每年为每个边防团配送3000册新书、10万种电子书、1万多部优秀电影、电视剧、舞台剧和讲座视频，累计投入达300万元。基本构建了黑龙江省六千里边疆数字文化长廊，极大地改善了边防部队文化资源匮乏、信息相对闭塞的局面，受到文化部、全国公共文化发展中心的高度重视。在2012年中国图书馆年会上，作为全国重点专业化服务品牌进行了推介。

管理工作

黑龙江省图书馆作为文化体制改革和事业单位改革双试点单位，改革用人机制，选贤任能，着力建设德才兼备的中层干部队伍。科学设置机构、细化岗位职责。结合我馆实际，科学制定了《黑龙江省图书馆内设机构改革方案》，改革后的内设机构为18个，管理部门5个，业务部门13个，部门分工更为科学合理，岗位职责细化的更加明确。

建立改革的民主评议、监督机制，在全体职工中选举产生了由业务专家、职工代表、党员干部、共青团代表15人组成的改革民主评议委员会，对改革方案的制定、中层干部竞聘上岗及职工全员竞聘工作进行全程评议和监督，创造了公开、公正、和谐、稳定的改革环境。

中层干部重新竞聘上岗。坚持任人唯贤、德才兼备、群众公认、注重实绩的原则，经过自愿报名、竞聘演讲、民主测评、全馆职工差额投票，竞聘产生了省图书馆新任中层干部32人。其中35岁以下的年轻干部占到30%的比例，在公平竞争的环境中实现人尽其才，才尽其用。

全体馆员双向选择、竞聘上岗。制定《黑龙江省图书馆员工聘任制实施方案》，科学定岗、定编、定职责、定聘任条件。通过双向选择、民主评聘、联席复议、公示结果等公开透明的民主程序，顺利完成了全馆163个岗位的聘任工作，实现了人才的合理流动，也创造了和谐稳定的良好局面。

改革分配制度，健全激励机制。运用部分创收资金，向工作时间长、劳动强度大的一线服务岗位倾斜补贴。打破了平均主义“大锅饭”，打破了干部与工人界线，多劳多得、不劳不得，有力调动了全体员工的奉献热情和积极性。

以人为本的改革创新，培养造就了一大批勤奋敬业和勇于创新的优秀干部与精英人才，为省图书馆事业的全面协调可持续发展奠定了坚实基础。

表彰、奖励情况

创新的理念、扎实的工作，使我馆2009年被人力资源和社会保障部、文化部授予“全国文化系统先进集体”称号；被文化部授予“一级图书馆”；2010年被中国图书馆学会授予“全民阅读示范基地”；2011年被省委省政府表彰为“省级文明单位标兵”；2012年被中央精神文明建设指导委员会授予“全国未成年人思想道德建设工作先进单位”；中国科学技术协会授予“全国科普教育基地”；省委宣传部授予“全省文化体制改革工作先进单位”。

馆领导简介

高文华，男，1961年12月生，本科学历，中共党员，研究馆员，馆长。1984年9月参加工作，历任《文化导报》编辑部主任、黑龙江省文化厅社会文化处副处长、黑龙江省文化艺术电影干部学校校长、黑龙江省艺术职业学院副院长，2006年12月任黑龙江省图书馆馆长。兼任中国图书馆学会常务理事、中国图书馆学会法律委员会副主任、黑龙江省图书馆学会理事长、文化信息资源共享工程黑龙江省分中心主任、黑龙江省古籍保护中心主任等职。1987年荣获全国电视剧创作“飞天奖”；2001年获全国第十一届“群星奖”银奖，黑龙江省第八届“群星奖”金奖；2010年荣获全国维护妇女儿童权益先进个人；2012年享受国务院特殊津贴专家。

未来展望

馆舍面积与服务空间狭小，服务设施与设备超负荷运行，也是制约我馆公益服务事业发展的又一个主要瓶颈。我馆向省文化厅、省委省政府呈报了建设黑龙江省图书馆二期工程——黑龙江省数字图书馆的请示，省委省政府也将建设“省数字图书馆”列入了“十二五规划”及文化发展纲要中。

牡丹江市图书馆

概述

牡丹江市图书馆成立于1953年7月。2005年12月31日，位于牡丹江市太平路338号，总建筑面积12064.5平方米的新馆舍正式向社会开放。馆内设有"小雪花悦读体验大世界"（小雪花借阅中心、小雪花阅读大舞台、小雪花亲子阅读乐园）、牡丹江籍艺术家精品坊、外借书库、工具书库、报刊阅览室、电子阅览室、自修室、专题研究室及咨询服务台和多功能报告厅等16个对外服务窗口。2012年，全馆共有阅览坐席549个，计算机176台，新采购的磁盘阵列容量达60TB，网络带宽为100M，读者服务区无线网络覆盖范围达100%。

业务建设

截止2012年底，牡丹江市图书馆总藏量63.6万册，其中，纸质文献50万册，电子图书13.6万册。

2012年，财政拨款为677.1万元，2013年，为884.2万元，财政拨款年增长率与当地财政收入增长率的比率为102.75%，达到市级公共图书馆的最高评估标准。

2012年，新增藏书148666种，206014册（件）；2009–2012年，平均入藏量为4111种，20958册。2012年，报刊入藏701种；2009–2012年，平均入藏621种。2012年，入藏视听文献601件；2009–2012年，平均入藏624件。多卷书、连续出版物入藏完整率达96%。

截止到2012年底，牡丹江市图书馆共有数字资源15.2TB。其中，自建数字资源3.2TB，馆藏中文文献书目数字化达到100%。制定了《牡丹江市图书馆数字资源建设和服务方案》，共建设以满族文化为主的地方文献数字资源254GB，并在牡丹江市图书馆网站设置专栏，方便读者查询利用。

读者服务工作

2011年10月1日起，牡丹江市图书馆全年免费开放，周开放61小时。2012年，开始实行总分馆制，把5个县级公共图书馆、4个城区分馆和15个图书流动站纳入总分馆制体系当中。截止2012年底，书刊文献年外借422509册次，年外借率达88%；接待读者274041人次，人均到馆次数为22.35次。自2009–2012年，15个图书流动站年平均借阅书刊26773册次。

以"倡导阅读风尚，构建人文家园"为主题的全民阅读活动、以"与阅读同行，伴书香成长"为主题的少儿阅读大礼包国学经典阅读活动、以"传播先进文化，彰显文化引领"为宗旨的牡丹江文化大讲堂、以"延伸服务手臂，提升服务价值"为目的的总分馆制和图书流动站等品牌服务免费向公众开放。2009–2012年，牡丹江市图书馆共举办讲座、展览、培训、阅读推广等活动161次，参与人数8万人次。2010–2011年，连续两次被中国图书馆学会授予2009年度和2010年度"全民阅读先进单位"；2012年，被中国图书馆学会授予"全民阅读示范基地"；"牡丹江人文公益大讲堂"被黑龙江省全民阅读活动领导小组授予"2011年度全省全民阅读活动优秀项目"；"少儿国学经典阅读大礼包"活动在2011年中德儿童阅读交流活动中，受到德国专家的高度评价，并作为全国8个优秀阅读活动案例之一在2012中国图书馆年会的"全国图书馆未成年人服务展示区"进行了展示。

2009–2012年，牡丹江市图书馆网站访问量27万次，与黑龙江省图书馆及牡丹江市各级公共图书馆建立了VPN网络，实现了资源共享。

业务研究、辅导、协作协调

2009–2012年，牡丹江市图书馆职工在省级刊物或学术会议上发表论文35篇，撰写调查报告4篇，申请省级科研项目3项，市级科研项目2项。

2012年，在黑龙江省图书馆的支持下，牡丹江市图书馆成立了牡丹江地区公共图书馆联合编目中心，配备专业人员，通过INTERLIB图书馆集群管理系统，为牡丹江四城区分馆提供联合编目。期间，对基层图书馆进行业务辅导42次。

2012年，牡丹江市图书馆联合牡丹江地区公共图书馆、高校图书馆开展了馆际互借服务，读者可在宁安、海林、牡丹江师范学院、牡丹江大学等公共图书馆和高校图书馆借还图书。

创办了二次文献《参考信息》，通过人文专刊、新农村专刊、共享工程专刊、东村专刊等，为上级领导机关和农村提供信息服务。创办了牡丹江市图书馆《工作通讯》和《工作简报》，与国内、省内各级图书馆进行业务交流。

2009年，牡丹江市图书馆学会召开换届大会，选举产生了第六届理事会，并开展了"图书馆：人文精神·科学发展"为主题的论文研讨；2010年，召开了"全民阅读"活动研讨会暨馆长工作会；2011年，承办了中德儿童阅读活动——"儿童阅读在德国"报告会；2012年，研讨和交流了农村少儿阅读的现状

牡丹江市图书馆领导

蒋伟馆长在全国学术研讨会上做主题发言

总分馆开馆仪式

为读者办理借书证

与对策、公共图书馆如何做好免费开放工作以及提高图书馆服务能力和水平，推进国家级公共文化服务体系示范区建设等方面的问题。

管理工作

牡丹江市图书馆有正式编制60人，在编职工56人。2009年，牡丹江市图书馆完成中层干部聘任，并制定了《目标管理考核方案》、《牡丹江市图书馆职称聘任及兑现实施办法》等制度，以部门为单位，进行目标管理考核，实行竞争上岗。完善党建工作、组织人事、科学决策、工作纪律、业务工作、读者工作、财务工作和安全卫生等77项制度，并装订成册。

表彰、奖励情况

2009–2012年，牡丹江市图书馆共获得各种表彰、奖励24次。其中，文化部表彰、奖励2次，中国图书馆学会表彰、奖励3次，省级表彰、奖励9次，其他表彰、奖励10次。

馆领导介绍

蒋伟，男，1966年4月生，本科学历，中共党员，高级政工师，馆长、党支部书记。

黎富贵，男，1967年11月生，本科学历，中共党员，副研究馆员，副馆长。

关松涛，男，1969年3月生，本科学历，中共党员，助理工程师，副馆长、党支部副书记。

朱玉宝，男，1962年4月生，专科学历，中共党员，副研究馆员，工会主席。

展望未来

牡丹江市图书馆坚持“公益、均等、文明、进步”的办馆宗旨，以文化引领为己任，以党的十八大精神和《公共图书馆建设标准》为指导，以国家一级图书馆和公共文化服务体系示范区建设标准为依据，以《牡丹江市图书馆五年发展规划》为基础，深入贯彻落实科学发展观，围绕牡丹江市委、市政府的中心工作，充分发挥文化引领风尚、教育人民、服务社会、推动发展的作用，不断推进图书馆文献资源、服务项目、环境设施和人才队伍建设，不断提升服务能力和水平，努力构建资源优化、服务优质、设施完善、管理规范的现代化公共图书馆，为牡丹江经济社会追赶型跨越式发展战略目标的实现和牡丹江文化大发展大繁荣做出新的更大的贡献。

联系方式

地　址：牡丹江市太平路338号
邮　编：157003
联系人：黎富贵

图书馆大楼

牡丹江籍艺术家精品坊

小雪花故事会

牡丹江文化大讲堂

大庆市图书馆

概述

大庆市图书馆始建于1972年，馆址几经变迁，逐渐发展壮大。1998年被文化部评为国家二级图书馆。2006年与东北石油大学图书馆联合共建，行使着公共图书馆和高校图书馆的双重服务职能。2009年，大庆市图书馆被评为国家一级馆。

2013年底，大庆市图书馆新馆建设完成。2014年4月23日，位于大庆市高新区博学大街19号的新馆面向市民开放。新馆占地面积45600平方米，建筑面积35000平方米，设计藏书容量200万册，可容纳3000名读者同时阅读，是黑龙江省建筑面积最大的地市级公共图书馆。

大庆市图书馆设有十大阅览空间，包括中文图书借阅室、报刊阅览室、少儿图书馆、古籍阅览室、视障阅览室、地方文献馆、电子阅览区、24小时自助图书馆等，可最大限度地方便读者、服务社会。其中，24小时图书馆面积约500平方米，藏书近50000册，是目前国内最大的24小时图书馆。少儿图书馆面积1500平方米，藏书40000余册，是黑龙江省内最大的少儿图书馆。

业务建设

大庆市图书馆引进Interlib图书馆集群管理系统以及RFID无限射频技术，实现了从图书采访、编目、典藏到查询、借阅的全部自动化管理，读者可以查询到每本书的具体架位，进行网上预约和续借。

大庆市图书馆现有纸本藏书约百万册，期刊年入藏千余种，报纸上百种，分布于十大阅览空间内。现有联网计算机300余台，存储容量200TB，读者服务区无线网络实现全覆盖，实现万兆核心，千兆到桌面。图书馆引进了30多种数据库资源和上万册电子图书，可为读者提供方便快捷的数字文献信息服务。

大庆市图书馆设有电子阅览室、多媒体视听室、音乐欣赏室和培训、展览空间，面向大众开展互联网信息查询、电子文献阅读、多媒体资料浏览、音像资料欣赏、数据库检索等服务。常年举办形式多样的讲座、培训、展览、学术交流等阅读推广活动，已经成为大庆市民公共文化集散地和城市文化名片。

读者服务工作

大庆市图书馆采用“藏、借、阅一体化”的服务模式，读者可以凭身份证免费借阅书籍，查询馆藏资源、浏览电子资源、参加讲座培训等。新馆实现了24小时开馆，全年无休。

2012年，读者到馆量为443860人次，人均到馆20次；图书年借阅量为274459册次，馆藏书刊文献年外借率为15%。图书馆各类电子文献资源使用方便，检索效率高，通过图书馆主页访问电子资源的人数超过500万人次。

2008–2012年，大庆市图书馆累计举办公益性系列讲座报告200余场，组织开展了各种书画展览、科技成果展、建筑设计展、图书馆服务宣传周和“书香大庆”全民读书月、图书捐赠、图书漂流等系列活动50余次，充分发挥了图书馆在文化建设和文化传播中的作用。

截止到2012年底，大庆市图书馆已发展社区分馆16个，建立图书流动点15个，图书漂流点10个，平均年流动图书10万余册次，设立了流动图书车停靠服务点10个。为特殊群体和弱势人群开展送书上门服务，并在馆内开设了残疾人专用通道，设立视障阅览室，购置了盲文文献、盲文有声读物和盲文点显器等设备。

信息服务方面，我馆除了开展咨询解答、代检代查、数据库检索、多媒体阅览、网上预约、网上续借等服务以外，还开展了科技查新、文献传递、定题服务、情报调研、网上荐购图书、读者培训等深层次的信息服务。

2014年，大庆市图书馆网站更新换代，将馆藏资源及购买的电子资源进行统一的整合检索，提高了检索效率，更加方便读者使用。同时，我们顺应时代潮流，积极开发微信、微博、博客以及QQ群等平台，第一时间发布信息，实现了与读者的即时互动交流。

业务研究、辅导、协作协调

2009–2012年间，我馆馆员共有58篇论文在省级以上刊物上公开发表，科研课题立项6项，完成4项。同时，组织广大会员参加省图书馆学会、省、市社科联以及省高校图书馆工作委员会组织的各种科研成果评奖活动，共上报科研成果32项，获得各种奖项24项，并有5篇调研报告，对促进大庆地区图书馆事业的发展提出具有参考和实际指导意义的建议。

2008–2012年间，大庆市图书馆学会举办学术研讨会四次，积极组织会员和图书馆工作者参加中国图书馆学会年会、黑龙江省图书馆学会年会及各级各类学术交流会议，同时参加国家、省、市各级图书馆举办的业务辅导与培训，不断提高馆员素质。

从上世纪90年代初开始，大庆市图书馆与哈尔滨市图书馆、佳木斯市图书馆签订了友好图书馆协议，三馆定期开展跨地区的学术研讨和学术交流，一直延续至今。近年来，我馆积极发展同齐齐哈尔、伊春等图书馆的友好往来与交流，取长补短，互通有无。

2012年，大庆市图书馆参与开展了“中国高等教育文献保

少儿图书馆

借阅室

大庆市图书馆开馆

讲座

报告厅讲座

志愿者活动

障系统”(CALIS)三期子项目:“馆际互借示范馆”项目的申报,参加省中心组织的系统培训和虚拟操作、统一认证数据导入,开展注册读者信息、读者培训、传递文献,完成项目验收相关工作,并通过中国高等教育文献保障中心的验收,获得了“示范馆”称号。

在大庆地区的图书馆建设中,我馆还十分注重与高校、科研、企业、教育等其它系统图书馆的协作,通过学会开展交流与合作,签订了大庆地区图书馆资源共建共享合作协议,已初步确立了共建共享的合作框架。2012年,先后深入基层图书馆进行业务辅导8馆次,并为林甸、肇源等农家书屋的管理员进行了业务培训。

管理工作

目前,大庆市图书馆设采编部、流通部、阅览部、少儿部、辅导部、信息服务部、技术部、读者服务部、地方文献部、数字资源部、后勤服务部和办公室12个部室,现有工作人员93人。领导班子共4人,全部具有本科以上学历和副高级以上专业技术职称,主管业务的副馆长均受过系统的图书馆学专业培训,班子其他成员也多次参加过各级各类的专业培训和学习考察,具有较高的业务素养。有中、高级职称的馆员27人,占业务人员总数的50%,研究生6人,大学本科以上47人,占职工总数的58%。我馆制定了详细的培训计划,常年组织业务人员参加岗位培训,同时选送部分优秀的年轻馆员参加各种继续教育和学习培训,全年人均培训达到60学时以上。

表彰、奖励情况

2009–2012年间,我馆共获得各种奖励和荣誉14项。其中国家级奖项2项,省级奖项5项,市级奖项7项。大庆市图书馆学会连续多年被评为市社科联标兵学会和省学会先进学会,并荣获全国大中城市社科联标兵学会荣誉称号。

馆领导介绍

施连德,男,1966年6月出生,中共党员,大学学历,计算机专业,副研究馆员。1989年7月毕业到大庆市图书馆工作,主要从事图书馆计算机管理、信息服务、图书馆业务管理和图书馆管理工作。2002年任大庆市图书馆副馆长、2008年任大庆市图书馆馆长兼任黑龙江省图书馆学会常务理事、大庆市图书馆学会副理事长、理事长。

刘丽颖,女,1969年6月出生,研究生学历,中共党员,研究馆员,党支部书记。1991年7月参加工作,历任图书馆馆长助理、业务副馆长,大庆市图书馆学会副理事长、秘书长,黑龙江省图书馆学会学术委员,大庆市社会科学联合会学科带头人。分管图书馆党务、工会,大庆市图书馆学会、辅导部和信息部等相关工作。

宋淑红,女,1975年11月出生,本科学历,中共党员,副研究馆员,副馆长。1997年到图书馆参加工作至今,2012年7月被任命为大庆市图书馆副馆长,分管馆内业务工作。1998年至2013年,连续多年被评为先进工作者,青年突击手,图书馆学会优秀会员,在省级以上刊物发表论文10余篇,获省图书馆学会、省高校图工委优秀科研成果5项,课题立项2项。

吕艳丽,女,1969年7月出生,研究馆员,副馆长。1991年计算机专业本科毕业分到大庆市图书馆,2001年获图书馆学硕士学位。2012年10月被任命为大庆市图书馆副馆长,图书馆学会学术工作委员会及资源建设与共享工作委员会委员,分管采编部、技术部、阅览部和地方文献馆,曾获得市文化工作先进个人,市图书馆学会优秀会员等荣誉称号。

未来展望

伴随着大庆市图书馆新馆的落成开馆,图书馆无论在馆藏资源建设、现代化服务设施、还是在内部功能布局、馆员服务质量等各个方面都有大幅度的提升。未来的几年里,大庆市图书馆将秉承“平等服务、开放共享”的方针,为广大市民提供更加方便、快捷的服务,将大庆市图书馆打造成大庆地区文化学习、文化交流、文化展示和文化休闲的多功能公共文化服务综合体。

联系方式

地　址:大庆市高新区博学大街19号
邮　编:163318
联系人:王冰冰

阳光大厅

真人图书馆

图书馆外观

哈尔滨市南岗区图书馆

概述

南岗区图书馆成立于1958年，经过几十年的发展，馆址几经变迁。现馆址位于南岗区中山路205号——南岗文化中心。2004年9月区政府对中山路205号原有建筑进行了改造和装修，建成南岗文化中心，总建筑面积6000平方米，内设图书馆和文化馆。图书馆设在三至五层，于2004年11月迁入，2005年3月正式开馆对外开放。2013年7月图书馆重新进行改扩建，面积增至一至五层，建筑面积4000平方米。南岗区图书馆参加2013年第五次全国公共图书馆评估，获得一级图书馆。2012年，拥有阅览坐席240个，计算机49台，宽带接入10Mbps，选用Interlib图书馆自动化管理系统。

业务建设

截止2012年底，南岗区图书馆总藏量11.8万册（件），其中，纸质文献77734册（件），电子图书35117种。

南岗区图书馆新增藏量购置费10万元/年，2009－2012年，共入藏图书8000余种，报刊340种/年。

2009年，将自动化管理系统升级为Interlib图书馆自动化管理系统，实现了与省、市图书馆的统一服务平台，联合编目，共建共享。

读者服务工作

从2009年5月起，南岗区图书馆全年365天，天天开馆，设有图书外借部、报刊阅览室、少儿阅览室、电子阅览室、读者自修室、工具书阅览室、地方文献阅览室等11个对外服务窗口。每周开放56小时，面向大众开展外借、阅览等公益性服务。外借图书、报刊阅览、电子阅览等基础性服务一律实行无距离、零门槛免费开放。基本服务项目健全，公共空间设施场地也全部免费对外开放。2012年，总流通30280人次，外借书刊60164册次。

在开展阵地服务的基础上，南岗区图书馆每年举办讲座、展览、培训、阅读推广等读者活动40余场次。每年都组织开展读书征文系列活动、“4.23世界读书日”系列活动、“我们的节日”诗歌、经典诵读大赛系列活动、举办展览、知识讲座、图书馆服务宣传周等、开展“南岗百姓讲堂”公益讲座活动及益于孩子身心健康的少儿活动等等。参与人数3万人次。吸引更多的人走进图书馆，扩大南岗馆的影响和知名度，实现图书馆倡导阅读传播知识的社会功能。

业务研究、辅导、协作协调

2009－2012年，共有5人在省级以上学术期刊、专业期刊上发表论文10篇。在图书馆专业研讨会上获奖论文3篇。围绕本馆业务工作撰写的调查研究报告3篇。获得图书馆学会优秀论文一等奖1篇，二等奖2篇，三等奖2篇。

管理工作

南岗区图书馆管理工作向着科学化、规范化、制度化迈进，实行按需设岗，按岗聘用，竞争上岗，建立了完善的岗位责任制及奖惩制度。财务管理、人事管理、设备管理、档案管理、环境安全管理等规章制度健全，考核明确。

表彰、奖励情况

2009－2012年，南岗区图书馆共获得各种表彰、奖励15次，其中，文化部表彰、奖励1次，市委、市政府表彰、奖励1次，市文化局表彰、奖励5次，其他表彰、奖励8次。南岗区图书馆被评为2009年度哈尔滨地区区县公共图书馆先进基层图书馆，2011年获得市级文明单位，获得中国图书馆学会颁发的2012年度全民阅读先进集体奖。

馆领导介绍

徐丽，女，1960年10月生，大学学历，中共党员，研究馆员，馆长。黑龙江省图书馆学会理事。1984年7月毕业于东北林业大学机械系，工学学士学位。2004年获黑龙江大学情报学硕士学位。1984年7月参加工作，1997年9月到南岗区图书馆工作，2000年任馆长。

未来展望

南岗区图书馆始终遵循“读者第一，服务至上”的宗旨，坚持服务大众，服务基层。2013年南岗区进入第二批创建国家文化服务体系示范区行列，未来两年中，南岗区图书馆将把示范区创建作为图书馆工作的重点，并以此为契机，开展区级总分馆图书馆服务体系建设，数字图书馆建设等，探索适合区域发展的图书馆服务体系建设新模式。2013年南岗区图书馆进行全面改扩建，改建后面积扩大1500平方米，将建成分区明确、布局合理、功能完善的标准化、规范化和现代化的区级公

共图书馆。设有“六大功能区”。新增设开放式大厅、多功能展区、休闲阅览区、24小时自助图书馆和24小时自助电子阅览室、残疾人阅览室；少儿阅览区的亲子阅览区、手工活动坊、电子互动体验区、宝宝课堂等亮点。将极大改善阅读空间环境，实现借阅一体化，阅览座席增至380个，全馆实现无线网络全覆盖，满足不同读者借、阅、学、玩等需求。未来的南岗区图书馆将成为中心城区一道亮丽名片，吸引更多的人们走进图书馆。

联系方式

地　址：哈尔滨市南岗区中山路205号
邮　编：150001
联系人：徐　丽

哈尔滨市香坊区图书馆

概述

香坊区图书馆于2005年经行政区划调整，将原动力区图书馆与香坊区图书馆合并为现香坊区图书馆，同年将合并后新馆搬迁至香坊区珠江路副3号，馆舍建筑面积目前馆舍建筑面积3255平方米，阅览座位442个，其中少儿阅览座位84个。2010年首次被文化部授予二级图书馆。多年来，香坊区图书馆加强"总分馆制"延伸服务，香坊区馆已在驻区的20个街道办事处、3镇1乡建立了社区分馆15家；社区图书馆3家；图书流动站26家；农家书屋39家，馆域服务功能已得到充分发挥，馆藏利用率及读者服务等各项业务也创造了建馆以来的最好记录。

业务建设

截止到2012年底，香坊区图书馆馆藏图书总量12.49万册（件）电子文献702种。2012新增藏量19496种，报刊280种。视听文献108件。

香坊区图书馆的经费投入上保持了逐年增长的势头，2009年补助经费65.14万元、2010年补助经费63.95万元、2011年补助经费83.43万元、2012年补助经费91.81万元。2012年新增购置藏量19496册，购置费42.63万元。

馆内现有PC机50台，用于读者使用38台；10兆宽带介入；存储主要源于黑龙江省图书馆存储容量和文化共享工程国家中心下发的各类型电子资源。现有数字资源6TB以上。

业务管理一直采用Interlib图书馆自动化系统包括采访、编目、期刊管理、检索查询和流通管理、电话服务以及特色功能等子系统。

读者服务

香坊区坚持强化服务意识，从服务的时间、空间、资源、设备、对象、态度上采取了一系列措施，保障读者获取信息的权利，树立图书馆良好的形象，深入细致地开展每个环节的服务，使广大读者实实在在的感受到图书馆存在的必要性，广泛认可图书馆的公益性服务。如：实行365天无假日开馆，每周开馆时间平均达到60小时；办证免收工本费办证；馆内各窗口均为免证阅览，无偿借阅；开辟预约借书、续借、馆际互借和文献需求委托服务；为老年读者和残疾读者免费送书上门；开辟新书推荐专栏；读者猜猜看专栏；志愿者服务台；抓住世界读书日、科技活动周、服务宣传周等契机适时开展图书宣传、少儿比赛、读书征文等丰富多彩的活动；多渠道、多形式的进行读者培训讲座、读书活动；召开读者座谈会，进行读者问卷调查，倾听读者对图书馆的意见和建议，查找工作中的不足和问题，真正地践行"普遍均等、惠及全民"的公益文化服务理念；改进服务态度，规范行业行为，开展文明服务和优质服务，让读者感受到公益性服务的便利和公平，最大限度地吸引读者利用图书馆。

香坊馆是哈尔滨市总分馆制建设三级服务体系中的第一家中心分馆，随着中心分馆的资源整合，资源整合后的三级网络建设，逐步呈现优势，分馆数量占全市的30%，分布辖区的12街道乡镇。到2012年末，社区图书馆分馆、站、室已达到43家，实现了全区街道、乡镇全覆盖。2012年文献外借量为75，238册；有效读者5955人；文献流通总人数是：39029；报刊流通人数是97573；人均到馆量为25次。

为宣传图书馆，吸引读者充分利用图书馆，引导读者多读书、读好书的效果，2012年累计全年开展活动138次，参与活动27639人。每万人平均参加活动次数349.86次/万人。

校园活动：与香坊区教育签定书香进校园活动。在驻区的3所中小学建立了校园分馆，12所中小学校建立了校园图书流动站。定期为他们送去图书同时开展校园读书活动。

为特殊人群服务活动：与香坊区残联建立了我区的第一个残疾人图书流动站；与驻区的农民工小学校，建立了"书香校园"千日读书活动；为70岁以上的老人及残疾人送书上门，送书上门24次。

阅读推广活动：可分为二部分，一部分为由香坊馆组织开展的阅读推广活动共7次，参与人数达近13000人。另一部分为基层各分馆、站、室以及农家书屋，开展的各类型读书活动共31次。全年共计开展阅读活动38次，参与人数达16000余人。

业务研究、辅导、协作协调

近年来，香坊区图书馆工作人员共发表论文20篇，省级课题立项1项，改革方案2篇，调研报告2份。

香坊区图书馆为了加强基层分馆的建设工作，专门制定了《香坊区区属图书馆、站、室、农家书屋检查评分细则（试行）》文件，强化社区分馆、站、室、屋的文献管理工作。2012

对基层工作人员进行辅导

开展送书进校园

电子阅览室

阅览室

年，组织基层分馆、站、室集中业务培训11次，深入15个社区分馆、26家图书流动站以及39处农家书屋上门业务辅导51次，电话辅导156次，解决问题372件。

2012年开展大型机关讲座1次。社区各类型知识讲座11次，参与人数2439。接受读者参考咨询30余次，电话咨询456条，解答读者问题1184条。

2012年初，香坊区图书馆开展吸纳志愿者参与图书馆工作，目前在册志愿者12人。

管理工作

香坊区图书馆从提高管理质量入手，对各方面工作进行了系统化、规范化管理，使管理工作步入良性发展的轨道。首先注重人的管理，实行目标管理，签定责任状，到建立考绩考核制度，进行规范化检查管理，社区分馆远程监控等技术手段管理，增强了职工的自律与他律意识，有效地调动了职工的积极性，真正使职工的自身价值得到了实现，增强了职工的主人翁责任感。

香坊区图书馆档案管理工作，做到了注意收集、内容完整、规范、立卷准确、装订整齐。同时各项统计分析，准确齐全。特别是业务统计分析做到了及时、准确，通过详实的数据，反映出工作的成绩和存在的问题，为领导决策提供了依据。

表彰、奖励情况

2009年度哈尔滨市地区县（市）公共图书馆先进基层图书馆；2010年、2011年、2012年被评为基层模范先进单位；2010年、2011、2012被评为文化系统先进单位；2009年、2010年、2011年、2012年被香坊区文体局评为遵纪守法先进单位；2010年、2011年、2012年被香坊区纪检委、文体局评为文化系统纪检示范单位；2013年哈尔滨市文化和新闻出版局评为2009–2012年度哈尔滨市文化和新闻出版局系统组织的哈尔滨地区公共图书馆年终工作评比中，被评为先进图书馆；2013年哈尔滨市文化和新闻出版局荣获2009–2012年度哈尔滨地区公共图书馆阅读与推广优秀组织奖；2013年哈尔滨市文化和新闻出版局评为2009–2012四届哈尔滨地区公共图书馆服务宣传周中，成绩显著，获得优秀组织奖。

馆领导介绍

李丽娜，女，1979年8月生，本科学历，中共党员，副研究馆员，馆长。1995年参加工作，2003年动力区图书馆负责人，2005年香坊区图书馆副馆长、馆长。

王菲，女，1961年4月，本科学历，中共党员，副研究馆员，副馆长。1983年参加工作，2001年香坊区图书馆负责人，2005年香坊区图书馆副馆长。

未来展望

“读者至上，服务第一”最大限度地满足读者需求，是香坊馆的立足点和出发点，积极更新服务理念，探索公益性服务新举措。2014年香坊区图书馆在迁至新馆，改善读者阅读环境，做好传统文献外借、阅览、咨询等阵地服务基础上，利用馆藏文献和信息网络技术等条件，积极拓展图书馆公益服务功能，增强服务辐射能力，扩大服务覆盖面，丰富服务内容和方式，为社会公众提供开放式、多样化、个性化服务，使图书馆服务广度和深度都得到延伸，服务效果显著。

联系方式

地　址：哈尔滨市香坊区联草街9号
邮　编：150040
联系人：李丽娜

开展书画爱好者活动

开展读书活动

正月十五猜灯谜

哈尔滨市阿城区图书馆

概述

哈尔滨市阿城区图书馆始建于中华民国六年（1917年）由解放初期的民众教育观逐步演变而来的。1973年经上级主管部门批准正式成立阿城县图书馆。1987年2月撤县建市后改为阿城市图书馆。2006年8月经国务院批准撤市设区改为哈尔滨市阿城区图书馆。

1981年，阿城县图书馆位于解放大街，为五间旧瓦房，面积为125平方米，书库78平方米，阅览室32平方米。1983年借用文化馆馆舍建立儿童阅览室。1984年经政府、县计委批准原地翻建馆舍。1986年新馆建成。1999年按照城市规划要求图书馆异地选址重建馆舍。馆址几经变迁，2012年6月15日位于解放大街甲32号的新馆建成开放投入使用。新馆建筑面积2440平方米，独体、欧式风格，地上五层、地下一层，拥有阅览坐席273个，计算机45台，宽带接入10兆，使用图书馆自动化管理系统。

业务建设

哈尔滨市阿城区图书馆2011年财政拨款116万元，2012年财政拨款164万元。2012年购置各类文献经费总额43万元。

截止2012年底，哈尔滨市阿城区图书馆总藏量127627册。其中，纸质文献127171册，电子文献1000种，视听文献、光盘456种。2012年，阿城区图书馆新增藏书购置费43万。入藏图书11008种，22016册，报刊183种，视听文献1456种，地方文献202种。到馆图书、期刊依据国家编目标准进行编目，加工整理质量做到规范统一、整齐、美观。设有机读目录、卡片目录，有专门维护人员管理制度。

2012年底，阿城区图书馆数字资源总量5TB，其中，自建数字资源总量1TB，数字文化工程资源量4TB。在建数据库有阿城版画数据库、地方文献书目数据库、图片数据库等特色数据库。

2007年，自动化管理系统已用于阿城区社区分馆的服务需要，同时，开通了通借通还业务功能。

读者服务工作

自2012年6月开馆对外免费开放，周开馆63小时，全馆实现开架借阅。书刊总流通42634人次，书刊外借85000册。2012年6月开通与哈尔滨市49个社区分馆馆际互借服务。2012年购置图书目录查询机2台，建成8个社区分馆，2个流动站，8个农家书屋。馆外书刊流通总人次17000人，书刊外借57000册。2012年政府公开信息服务平台上线服务，设立专门书架提供政府信息。2012年阿城区图书馆网站访问量2680人次。来馆读者可以WiFi无线上网，阿城区图书馆数字资源总量5TB，均可通过阿城区图书馆网站向全区读者提供检索、浏览和下载服务。2012年阿城区图书馆共举办讲座、展览、培训、阅读推广等读者活动27场次，参与人数35000人次。2012年为特殊群体服务成绩显著。①在阅览室建立了视障读者有声阅览角，设有3个阅览坐席，同时配备了电脑、盲人阅读软件、盲人点显器和视屏放大器，购买了盲文图书70种。②为老年读者订阅期刊报纸，提供老化镜、笔纸和饮用水。③为少年儿童做好第二课堂读书指导工作。④为农民工开通网上预购返乡票业务。2012年以图书馆服务为平台，由我馆创意的若干个主题活动，在全区各分馆、学校中进行阅读推广特色工作，并进行单项评选，评选出优秀组织奖项。

业务研究、辅导、协作协调

2009年—2012年，哈尔滨市阿城区图书馆发表论文20篇，获省级科研成果4篇。馆员岗位培训、继续教育年人均216学时。

2010年哈尔滨市阿城区图书馆把共享工程支中心工作放在首位，依托黑龙江省图书馆、哈尔滨市图书馆的技术支撑，搭建共享技术平台，建成108个行政村服务网点，覆盖率达到100%。2012年底，文化共享工程培训12期，118课时，培训人员200人次。

2012年，哈尔滨市阿城区图书馆以国家图书馆联合编目中心黑龙江分中心为依托，成为省图书馆的成员馆，数字方式通过Z39.50协议上的编目数字共享平台下载完成，最大程度地实现资源共享。与哈尔滨市图书馆签订了资源共享，馆际互借协议，为我馆提供Interlib集群管理系统软件平台，免费使用，统一平台，同借同还，服务互动，实现了业务上的一体化管理。除了构建公共图书馆服务网络体系，我馆还与部队、监狱、残联等特殊群体的相关单位和组织协作协调，建立服务网点，形成特殊群体的服务体系。如：阿城区看守所、区残联、亚沟部

队3个特殊地域群体。2012年哈尔滨市阿城区图书馆构建全区纵横交错的协作协调、资源共享、联合服务的服务网络，全方位的为不同层次读者服务。

管理工作

哈尔滨市阿城区图书馆能够认真履行职责，全馆有12名馆员，中级职称6人，高级职称6人。全部上岗，全馆人员100%通过年度个人专业工作考核。自2007年–2012年获得哈尔滨市图书馆奖励3次、哈尔滨市阿城区政府奖励1次、哈尔滨市阿城区文体局奖励5次。

馆领导介绍

王秀琴，女，1954年9月生，在职研究生学历，中共党员，高级政工师，支部书记。1970年参加工作，先后在阿城县无线电厂、阿城区新华书店工作，担任副经理职务。2010年评为哈尔滨市阿城区第一届劳动模范。

张玉阁，男，1973年7月生，本科学历，中共党员，馆员，馆长。1996年7月参加工作，曾在阿城区业余体校担任副校长职务。

满虹，女，1963年3月生，本科学历，中共党员，副研究馆员，副馆长。1982年12月参加工作，先后在采编室、图书外借处、阅览室、参考资料室等部门任职工作。1993年荣获哈尔滨地区"公共图书馆专业技能考核"三等奖。

未来展望

哈尔滨市阿城区图书馆本着"全心全意为读者服务"的宗旨，充分发挥图书馆的职能作用，完善服务功能，扩大服务区域，强化自身实力，促进事业发展。在未来的几年里，哈尔滨市阿城区图书馆在做好传统阵地服务的同时，充分利用我馆丰富的信息资源，开展多方位、多层次的服务形式，把服务触角延伸至更为广阔的服务领域。着重图书馆数字化方面的建设，如地方文献书目数据库、阿城版画特色数据库、光盘数据库等数据库的建设，计划数据库的容量达到6–10TB。

联系方式

地　址：黑龙江省哈尔滨市阿城区解放大街甲32号
邮　编：150300
联系人：张玉阁

双城市图书馆

概述

双城市图书馆始终坚持以邓小平理论、“三个代表”重要思想和科学发展观为指导，坚持“读者至上，服务第一”的宗旨，坚持“公益、免费、平等、包容”的服务理念，在图书馆基础设施、业务建设、服务水平、辅导研究等各方面工作都取得了长足的发展和进步。目前，我馆的服务功能已得到充分发挥，得到了各级领导的充分肯定和社会各界的广泛好评。

我馆于1956年10月1日成立。自成立以来，市委、市政府非常重视图书馆建设，1997年12月搬迁到现馆舍，馆舍面积2250平方米，管内设有服务窗口五个。即哈尔滨市图书馆双城中心分馆、电子阅览室、少儿和成人综合阅览室、自助图书馆、多媒体功能厅。馆内供读者使用的阅览座席共246个，其中期刊阅览室座席140个（含可供少儿读者使用阅览坐席26个），电子阅览室座席30个，多媒体功能厅座席76个。计算机总数量为45台。其中安放在电子阅览室内供读者免费正常使用的计算机为30台，安放在各部门供本馆内工作人员正常使用的计算机为15台。2008年与中国网通（集团）有限公司双城市分公司签订协议书，连接网络光纤，目前为20兆。专用存储设备容量6TB以上。2008年我馆大力推进联合编目工作，本着统一标准、统一建设、统一管理的原则，现馆内自动化管理系统运行正常，业务系统化程度达到标准水平。

2013年市财政加大对图书馆事业投入力度，财政拨款总金额为95万元。其中包括由中央财政下拨免费开放保障经费10万元和地方匹配资金10万元，购书费6万，其余资金为馆内人员工资、社保费、医保费、人员经费、业务经费等共计69万元。财政拨款年增长率与当地财政收入增长率的比率达到100%以上。

现有在职人员13人。本科学历4人，大专学历8人。大专以上学历占职工人员总数的92%。中专、高中以上人数占职工人员总数的100%。其中中级以上职称人数10人，初级职称1人。中级以上职称人数占职工人员总数的76%，初级以上职称人数占职工人员总数的77%。领导班子成员3人，馆长1名，副馆长2名，都具有大专以上学历和中级以上职称。在业务研究中成绩显著。2013年在省级和国家级刊物共发表论文5篇，荣获省级科技成果二等奖一篇，参与省级科研课题项目为1项，撰写调研报告2篇。

截止2013年底，我馆纸质文献总藏量89759册（件）。其中图书：86376册、古籍：1774册、报刊：1925册、电子文献：430种（件），其他文献：964册。数字资源总量达到5TB。

我馆一直重视地方文献收集和整理工作，制定地方文献征集方案，并通过双城市图书馆网站进行征集公告，还经常开展地方文献征集活动。对馆内收集的地方文献设有专柜和专架，并设有专门目录卡片和专人管理。

我馆在藏书质量上，为确保文献资源的可持续发展，本着“藏为所用”的原则，制定了《双城市图书馆文献采选条例》，该条例对各类文献的采集依据和工作要求进行了明确的规定，并结合本省文献资源共建共享合理布局的要求，明确本馆的采选重点，突出了本馆文献资源的特点。

文献编目工作依据有关国家标准或行业标准进行编目。使用《中国文献编目规则》、《新版中国机读目录格式使用手册》进行著录和编目数据，使用《中图法》和《中国分类主题词表》进行分类标引和主题标引。并制定本馆相关的编目细则，保证编目数据规范一致。并将到馆的图书文献、报刊文献、视听文献及时完成编目和记到工作。

在藏书组织管理工作中，加工整理做到规范统一。书标、登录号、馆藏章等整齐、美观。馆藏文献设有卡片目录，设有专人管理、维护，并对每位进馆读者提供查询目录辅导。馆内图书实行全部开架借阅，开架图书排架正确率100%。我馆制定图书排架细则来对架位进行维护，并设有专人进行架位管理。

服务工作

根据文化部、财政部《关于推进全国美术馆、公共图书馆、文化馆（站）免费开放工作意见》及《关于加强美术馆、公共图书馆、文化馆（站）免费开放经费保障工作的通知》，我馆于2011年10月1日开始对读者实行全部免费开放。免费开放窗口有：哈尔滨市图书馆双城中心分馆、综合期刊阅览室、自助图书馆、电子阅览室、多媒体功能厅。我馆始终坚持“公益、免费、平等、包容”的服务理念。坚持全年开馆，每天开馆84小时，周六、星期日不休息，馆内所有的文献资源实现开架借阅，书刊开架率达到100%。2013年年外借册次为63478册，馆藏书刊文献年外借率达70%以上；馆外建立流动服务点9个，年借阅人次5671人，年借阅册次为13412册；累计办理借书证3672个，年流通总人次为56723人。利用各种形式在馆内外开展图书宣传活动，共计宣传图书1500余册。在双城市图书馆网站上公布政府信息20余条。充分发挥了图书馆的作用。

为领导机关定期制定决策参考剪报资料4期，收入信息数量4600条，为农村科技兴农剪报资料4期，收入信息数量5000条，跟题专题服务取得成效1项，解答读者咨询5000条，定期编发二、三次文献，为社会大众普及科学知识，掌握新技术、新方法起到了指导和推动作用。

在读者服务中，我馆重视为特殊群体的服务，为残疾人、进城务工人员、未成年人、老年人服务。我们本着提供平等的服务的原则，全年为特殊群体服务共57人次，上门送书700余册，向社会弱势群体倾注人文关怀。

2013年我馆利用“世界读书日、图书馆宣传周”等重要节日开展了各种形式社会教育活动，举办各类讲座、培训、展览等活动为13次，全年参加活动的人数达17569人，活动在我市电视台和黑龙江省文化信息网栏目中给予宣传报道，极大地提高了广大公众对图书馆的认知、认同度，吸引了更多的市民走进图书馆、利用图书馆，享受公共文化服务，促进了和谐社会建设。

重点文化工程

自2007年以来，我市共享工程得到了国家、省市业务部门和我市市委、市政府的大力支持。2008年上半年设备已经下拨到位，并安装使用。下半年通过省文化厅和国家文化部验收，我市共享工程支中心正式建立。制定了《双城市文化信息资源共享工程实施方案》，成立专门领导小组，建立健全各项规章制度。向政府争取文化共享工程运行费2万元并纳财政预算，保证共享工程顺利实施。一是文化共享工程支中心建设中设有专职人员进行管理，并对基层专职人员进行文化共享工程知识培训。2013年，全年为基层共享工程人员培训总人次达26人，覆盖率达100%，并取得显著效果。同时，我馆还为进城务工人员免费培训电脑知识；二是致力于建立健全文化共享工程制

度建设和管理。竭力提高图书馆整体工作进展。2013年制定了文化共享工程年度计划，并进行了总结。制定了文化共享工程设备管理制度，整理了全年文化共享工程工作的服务档案。并按照上级要求及时报送统计信息；三是文化共享工程信息资源更好地服务于社会，我馆将文化共享工程信息资源送进军营、进学校、进社区等系列活动。同时在多媒体功能厅为退休老人播放名家讲座，在电子阅览室举办进城务工人员电脑知识培训班等活动。曾多次活动在我市电视台和黑龙江省文化信息网栏目中给予报道；四是基层共建共享基层网点20个，并先后派馆内专业人员对基层网点场地、设备、人员、管理进行检查，提出整改建议。全年我馆下基层网点进行指导培训20次，培训人次达51人。加大了共享工程基层服务点建设的指导力度，起到了明显成效；五是按照《"公共电子阅览室建设计划"实施方案》我馆制定了公共电子阅览室建设计划。在设施建设上，软硬件达到标准要求，光纤20兆接入，服务环境安全整洁，实行了全天免费上网，为读者提供快捷的信息服务，满足了读者对文化信息的需求；六是数字资源建设总量达4TB。其中包括自建馆藏中文书目数据库、期刊书目数据库资源和电子文献资源。

我馆现有线装古籍本1774册，设有专人管理，建立健全古籍保护制度，设有古籍保护室，室内设有密封古籍专柜，并保持古籍室的通风、保温、保湿。对虫蛀、霉变较严重的书籍进行了及时的保护修复，存放书柜中，防止再次破损。同时室内设有消防安全、防盗设备。为确保古籍保护工作顺利展开，每年古籍保护经费2万元已纳入财政预算，来确保古籍保护工作。一是加强古籍保护宣传，传承古籍文化发展，举办了双城堡老照片展览，并通过阵地利用LED屏宣传古籍保护知识、利用图书宣传周发放传单和通过媒体（电视台）对古籍保护进行宣传；二是自行组织了本馆古籍保护人员，通过自学的形式对古籍保护知识进行系统培训，了解了从甲骨文、青铜文、石刻文到纸质书籍出现的历史轨迹，了解了我国古籍文献的界定鉴别到严格规范的制作流程，并从专业的角度和专家的解读中领略了中国古籍文献发展的壮丽场景，从而更好地了解中华民族的历史和悠久文化遗产。为我馆古籍保护工作提供了有利的保障。

加快数字图书馆建设。一是我馆现已开通新型电子书借阅机服务。在二楼门厅设置的电子书借阅机内装2000本独家授权电子图书，并定期更新。该机通过多点触控进行操作。支持滑动、拖动等手势。读者只要用手指轻轻地碰机显示屏上的图片就能实现对主机操作。读者扫描下载安装客户端后，直接扫描借阅机上图书封面上的二维码即可下载图书到手机阅读，方便快捷；二是为了进一步营造"书香双城"氛围，提升区域发展软实力，为百姓提供自助、便捷的公共文化服务。2014年建立全省区县级首家24小时自助图书馆，自助图书馆配置了自助办证机和自助借还机，运用了RFID智能图书管理系统，对藏书资源、管理模式进行优化与整合，实现图书管理的自动化，为读者提供全天办证与借阅服务。同时，通过视频监控系统、门禁联动与报警系统，保证自助图书馆的安全；三是开通双城市图书馆网站（www.scstsg.com）。网站设有读者指南、书目服务、数字资源、本馆动态等栏目。读者可以通过网站，浏览到数字资源和本馆动态，以及本馆的基本情况。

协作协调

我馆积极参与上级、本地区图书馆组织的协作协调工作，在各类业务合作活动中成绩显著。2008年我馆与哈尔滨市图书馆签订馆际互借协议，进行通借通还。2010年哈尔滨市图书馆整合双城市图书馆，并建设哈尔滨市图书馆双城中心分馆。在2013年新建图书馆流动站1个，2013年各基层流通点文献借阅册次累计为13412册，人次为5671人。取得较好的社会效益。我馆在做好本馆业务工作的同时，针对基层工作中存在的问题，我馆有计划、有步骤开展基层业务辅导和培训工作。2013年全年下基层辅导12次，辅导人次36人，开展基层业务培训1次，参加培训人数共计26人，并且对基层业务进行了统计分析，对基层图书室自动化管理进行指导，取得显著成效。

管理与表彰

我馆管理是以人为本、以读者为中心，完善馆务会议、政治学习、考勤考绩、奖罚制度，实现馆长负责制，领导干部实现聘任制，馆员定岗定员，实现考绩考核。制定里图书馆工作细则、图书采购补充条例、分编工作细则、书刊借阅管理制度、设备和物资管理制度、安全保卫制度。各项制度的建立，保障了各项工作的顺利开展，确保无安全事故发生。

随着公共文化体系结构的不断发展和完善，图书馆面临着人力资源的短缺，吸纳志愿者参与图书馆工作成为社会文化事业发展的关键。目前我馆共吸纳5名志愿者，参与本馆的外借和阅览工作。

2013年共获国家、省、市、县以上的表彰、奖励共计7项。其中荣获国家一级图书馆1项，省级业务主管部门2项，市级业务主管部门1项，县级党委、政府3项。表彰和奖励既是对已往工作的肯定，也是对我们今后工作的激励。

未来展望

随着科学技术的发展，我市图书馆正向资源数字化、管理的智能化方向发展，进一步完善24小时自助图书馆、数字图书馆建设。我馆要在未来工作中，抢抓机遇，勇于探索，创新发展，再创我市图书馆事业新的辉煌。

联系方式

地　址：哈尔滨地区双城市团结大街承恩楼346号
邮　编：150100
联系人：胡忠富

开展红色电影进军营活动

送书下乡活动

图书馆宣传周活动

拜泉县图书馆

概述

拜泉县图书馆初创于1917年8月，是由劝学所所长姜景奇组建，隶属于劝学所（教育局前身。馆址在拜泉县城北二道街东三道街。几经变迁，2011年11月14日，位于拜泉县拜泉镇朝阳街198号的新馆建成开放。新馆建筑面积3000平方米，设计藏书容量20万册，可容纳读者座位240个。2013年5月，参加第三次全国公共图书馆评估，首次获得国家一级图书馆称号。拜泉县图书馆有阅览坐席200多个，计算机42台。办公全部自动化。拜泉图书馆是齐齐哈尔地区县级唯一一家国家一级馆。拜泉县图书馆在文化部2013年5月份组织开展的全国第五馆次县级以上公共图书馆评估定级工作中晋升为国家一级馆。这是齐齐哈尔市县级图书馆首次获此殊荣。

拜泉县图书馆始建于1917年，共有藏书13万册。其中社会科学图书6万余册，自然科学图书4万余册，综合性图书3万册左右。馆内设自然科学外借室、社会科学外借室、少年儿童借阅室、电子阅览室、综合阅览室、采编部、辅导部、多功能厅、报告厅9个科室。年开馆300天，年接待读者35000多人次，年借阅册次为72056册次。

拜泉县图书馆在馆外建立图书流动站10个，每年共投放图书2300余册。2011年拜泉县图书馆新馆投入使用，馆舍设施和现代化办公设备全省县级图书馆中属一流。为全县广大读者提供了有利的借阅环境。黑龙江省图书馆拜泉分馆也随之成立。免费开放服务实施以来，为读者免费办理借阅卡430多个。

拜泉县图书馆每年要举办集思想性、趣味性于一体的多层次读者活动。每年读者活动不低于10次，讲座不低于5次，图书展览不低于6次。不但在重大节日和图书馆宣传周通过悬挂标语、出板报、媒体报道等形式积极宣传，还针对学生举办专题讲座、报告会、征文比赛、演讲比赛等。

拜泉图书馆还改变“坐馆”接待读者的形式，根据不同读者阅读需求，定期为幼儿园、托老所、武警中队、中小学校等单位送去喜闻乐见的图书受到读者的欢迎。

拜泉县图书馆还负责对186个农家书屋和文化信息资源共享工程的全面管理工作。使广大农民足不出户就能看到自己所需要的种植、养殖、医疗保健等方面的信息。深受农民的喜爱和欢迎。

1995年以来，拜泉县图书馆连续10多年被省、市、县文化主管部门评为先进单位、工作指标达标单位。1999年文化部评为二级馆，今年顺利晋升为国家一级馆。

业务建设

截止2013年底，拜泉县图书馆总藏量13万册（件），其中，纸质文献12.8946万册（件），电子图书576册，电子期刊478种/册。2012、2013年，拜泉县图书馆新增藏量购置费90万元，2013年，地方文献入藏完整率为96%。

读者服务工作

从2011年11月起，拜泉县图书馆300天对外免费开放，周开放54小时，2010–2013年，书刊总流通11.4086人次34.9258册次。2010–2013年，建成乡镇4个分馆，城内1个流动服务车和10个图书流动站。书刊流通总人次2.8754人次，书刊外借8.0512册次。

2010–2013年，拜泉县图书馆共举办讲座、展览、培训、阅读推广等读者活动156场次，参与人数2.6432人次。这些活动深受大家喜欢，参与人数较多。

业务研究、辅导、协作协调

2010–2013年，拜泉县图书馆职工发表论文36篇，其中获准立项的国家级课题1项，省级课题3项。作为中心馆，拜泉图书馆每年定期举办乡镇图书室管理员培训班，不定期派工作人员到基层服务点开展基础培训和业务指导，每年至少2–3次。积极和黑龙江省图书馆总中心配合。实现文化资源共享。

管理工作

2011年，图书馆完成第二次全员岗位聘任，本次聘任有14人重新上岗，同时，建立了工作量化考核指标体系，每月进行

馆长李树民和辅导部人员到基层图书室辅导

黑龙江图书馆副馆长毕红秋老师到馆指导检查工作

少年儿童书展

学生们参观爱国图片展

少年儿童阅览室举办亲子活动

工作进度通报，每半年和全年进行总体工作考核。2010−2013年，共抽查文献排架14次，书目数据2次，各部门工作人员撰写专业论文26篇。

表彰、奖励情况

2010−2013年，拜泉县图书馆共获得各种表彰、奖励13次，其中，省文化厅表彰、奖励1次，市委、市政府表彰、奖励4次，拜泉县委、县政府表彰奖励8次。

馆领导介绍

李树民，男，1959年4月生，大学本科学历，中共党员，研究馆员，馆长。1976年12月参加工作，历任沈阳军区通讯员，拜泉县图书馆管理员，1997年9月任拜泉县图书馆馆长。兼任黑龙江省图书馆学会常务理事、文化信息资源共享工程拜泉分中心主任、拜泉县文物管理所所长。连续多年受省文化厅和市文化体育局嘉奖。

高凤，女，1972年12月出生，本科学历，中共党员，副研究馆员，副馆长。1993年8月月参加工作，历任拜泉县图书馆管理员、拜泉县图书馆副馆长。分管党的工作、精神文明建设、兼黑龙江省图书馆学会会员。

王艳伟，男，1971年10月生，本科学历，中共党员，副研究馆员，党支部委员。1988年6月参加工作，先后在综合阅览室，电子阅览室工作。兼黑龙江省图书馆学会会员。

未来展望

拜泉县图书馆遵循“科学、效率、创新、发展”的办馆方针，即完善单体服务功能，扩大服务辐射区域，带动地区事业发展。2010−2013年，在不断强化自身综合实力的同时，通过创建拜泉公共图书馆服务联盟，带动了我县公共图书馆事业的整体发展。

拜泉图书馆要抓住机遇，乘势而上，要明晰思路和发展途径。搞好馆员队伍建设，把现代图书馆的新理念投入到工作中去，在信息飞速发展党的时代，图书馆员要具备图书馆学的基本知识，加强现代信息技术的培训，创新服务方式，扩大服务范围，争取在五年内实现全县范围内的图书馆资源共享。努力构建内容安全、服务规范、环境良好、覆盖广泛的公益性互联网服务体系。

拜泉县图书馆新馆开馆仪式

联系方式

地　址：拜泉县拜泉镇朝阳街198号

邮　编：164700

联系人：高　凤

与学校领导参加讲座

辅导部同志为小学生讲座

新馆开馆仪式

伊春市金山屯区图书馆

概述

金山屯区图书馆是金山屯区政府对原文化馆全面改造扩建而成的，于2010年3月1日正式对外开放。占地面积约2600平方米，建筑面积1700平方米，为上下两层楼房结构。设有外借部、报刊阅览室、少儿阅览室、电子阅览室、专题阅览室、多功能厅、读者自修室。藏书5万余册，期刊230种，报纸46种，阅览座椅270个，电脑45台，宽带接入10Mbps，采用Interlib自动化系统管理。2013年参加第五次全国公共图书馆评估，获得一级图书馆。

业务建设

截止2013年底，金山屯区图书馆总藏量51600册（件），其中，纸质文献50925册（件），视听文献（光盘）675件。2010年至2014年图书馆新增藏量购置费30万元。截止2013年底，地方文献入藏36种，147册（件）。数字资源总量为4TB，均为国家文化共享工程提供。2013年在金山屯区人民政府网站设立了“图书馆在线”专栏，可以为读者提供网上查询、续借等业务。

读者服务工作

金山屯区图书馆每周开馆六天，周开放56小时，2011年3月1日根据国家文化部、财政部《关于推进全国美术馆、公共图书馆、文化馆（站）免费开放工作的意见》的要求，向社会全部免费开放。2010年至2013年底共接待读者14.3万人次，外借图书9.94万册。2010年至2013年在全区林场所、社区、机关、学校设立11个流动图书站，馆外书刊流通总人次19.8万人次，书刊外借13.2万册。2010年至2013年，金山屯区图书馆共举办讲座、展览、培训、阅读推广等读者活动166场次，参与人数2.12万人次。

业务研究、辅导、协作协调

截止2013年，金山屯区图书馆共下设11个流动图书站，举办业务辅导42次，146人次。图书馆工作人员外出学习11次，22人次接受培训。2010年12月份，开展文献（纸质）馆际互借、网上联合参考咨询、网上联合编目等工作。

管理工作

金山屯区图书馆设有6类岗位，工作人员9人，平均年龄35岁，其中大专以上学历8人，中级以上职称4人，是一支年富力强、充满朝气、有专业知识和技能的图书管理队伍。

表彰、奖励情况

2010年至2013年，金山屯区图书馆共获得各种表彰、奖励8次，其中，市级表彰奖励5次，区级表彰奖励3次。

馆领导介绍

郭艳霞，女，1962年6月出生，大学本科学历，中共党员，中教一级，馆长。1981年8月参加工作，历任金山屯区第一中学教师，1997年8月任金山屯区委党校教师，2010年3月任金山屯区图书馆馆长（副科级）。

未来展望

金山屯区图书馆将继续坚持“读者至上、服务第一”的服务宗旨和“以人为本”的办馆理念，在未来的几年里，重点加强图书馆阵地服务，推广流动服务、自助借还服务，向基层、社区延伸图书馆服务触角，不断完善公共图书馆服务网络和功能。在现有11个流动图书站的基础上，利用3年时间再发展10个图书流动站，形成以区图书馆为核心、以馆外流动站为网点，覆盖全区的公共图书馆服务网络，努力实现全方位开放式读者服务工作，使图书馆成为文化、科技、传播、社会教育、信息交流的中心，成为知识信息的集散地，市民终身教育的学校，在图书馆与读者之间架设一座心灵的桥梁，构建一个交流的平台。“读者如鱼，书如水，图书馆则如海”，为丰富群众文化生活，提高全民文化素质，构建城市文化建设，做出新的、更大的贡献。

联系方式

地　址：黑龙江省伊春市金山屯区
邮　编：153026
联系人：郭艳霞

知识讲座

森警官兵阅读

阅览室

多功能厅

外借部

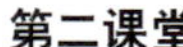
第二课堂

科技展览

伊春市西林区图书馆

概述

西林图书馆位于依山傍水的兴安小镇西林区的中心，交通便利，环境幽雅，是全区唯一一所综合图书馆，建筑面积2045平方米，现有藏书6万余册，2006年8月24日新馆落成开放，2007年被评为国家公共图书馆，2008年被伊春市委宣传部，市文化局评为优秀图书馆，2010年，被文化部评定为国家三级图书馆。2013年，被文化部评定为国家一级图书馆。

图书馆设有外借部、期刊阅览室、电子阅览室、多媒体报告厅、采编办证处、馆长室、档案室。

外借部：是图书馆的主体工作室，占地面积900平方米。藏书容量6万余册。

期刊阅览室：占地面积65平方米。订阅杂志和报纸200余种，电子阅览室：占地面积120平方米。设有席位60个，电脑62台。信息节点113个，宽带接入300Mbps，选用图书馆自动化管理系统。

采编办证处：占地面积80平方米。主要负责为读者办证、解答疑惑、与读者沟通、书刊采购加工、对外联络与沟通、并及时对图书馆的意见进行反馈等工作。

多媒体报告厅：占地面积200平方米。可举办各类比赛、学术报告会等。

馆长室：占地面积17.8平方米。负责全局。

档案室：占地面积17.8平方米。档案的管理等工作。

业务建设

截止2013年底，西林图书馆总藏量6万余册（件），西林区图书馆由2006年的建馆后每周休一天发展成全天开馆，官员串休。充分满足读者的需求，延长开放时间。随着我区经济的发展，外来居住人口的增多，平均日接待量达到165人。全年接待读者6万余人。全年借阅图书量为43724册。为了满足读者的需求，2013年从哈尔滨，北京等地购进书籍3910册、期刊杂志130种，报纸11种，试听文献入藏120件，现在馆内共有图书6万余册。实现了每天8小时开放制度。2009–2013年，共入藏中外文图书44749种，60000册，中外文报刊1961种，视听文献145种。

1、优化管理软环境，遵循馆章制度，明确工作目标。我馆人员认真遵循《图书馆岗位职责和业务工作细则》、《图书馆2013年工作计划》等一系列制度计划，并以此来规范服务行为，减少工作盲点，做到“人人有责任，事事有程序，科学化、现代化管理”的工作标准。

2、方便图书管理，今年组织馆员开展馆藏数据递增1万册加工工作，目前，图书馆数据库现有书籍条目58877条，有图书62907册。在此基础上，我们为广大读者实现利用身份证免费借阅。

3、完善电脑管理，为了确保数据库数据安全与规范，我馆经常组织专业人员对数据库进行经常性的、制度性的维护，同时做好了3台服务器、9台工作机、52台电脑的维护保养工作。目前，我馆已全面实现图书采编、流通、检索自动化管理，图书馆的各项内务统计都已实现电脑操作，有序化管理。

读者服务工作

1、从2013年8月起，西林区图书馆全年365天天天对外免费开放，在没有双休日的同时，实现每天8小时开放制度。满足读者需求，延长开放时间。随着我区经济的快速发展，外来居住人口增多，平均日接待量达到165人。全年接待读者6万余人，全年借阅图书量为43724册，流通总人次58703人次。为满足读者需要，今年国家韬奋基金会捐赠图书6075册，又从哈尔滨，北京等地购进书籍3910册、期刊杂志130种、报纸11种、视听文献120件，现馆内共有图书6万余册，满足读者需求，延长开放时间。

2、完善排架，更新导引标识。为了使各项服务工作更加贴近读者，我馆遵循图书分类排架规则，对借阅室6万余册图书进行全面倒架、整架，对书架进行了重新标识，使图书标引更加规范，方便了读者借阅。

3、结合实际强服务，我们积极对上争取，在区委区政府的帮助下，把资金用在刀刃上，加大馆域建设力度，为使更多的读者享受到电子阅读的乐趣，电子阅览室对外免费开放。对上争取10万元资金，政府大大增加购书经费，进一步拓宽了文化服务功能。利用争取到省文化厅配送的文化流动服务车，积极开展送书下乡活动，深入到学校，社区、村屯、林场所、部队等各个单位，为其赠送图书、期刊等书籍3000余册，组织讲座3次，受益群众达6千余人。为推进青少年多读书、读好书、丰富学生课余生活，图书馆结合寒暑假期，开展了系列读书活动，图书馆与交警队联合向小学生普及“交通知识”、迎第十八个世界读书日举办“道路交通知识竞答活动。其中收获最大的就是在第五次全国公共图书馆定级评估中，我馆晋升为国家一级公共图书馆。参加伊春市第三届“林都情韵”少儿诗文朗诵比赛活动中荣获全市18个地县区局第一名，获奖者是钢城小学的王一卒同学，我馆获全市图书馆学会组织工作先进单位奖，极大地提高了学生的阅读热情；积极开展电影放映周活动，组织退休老干部、老党员，观看爱国主义教育影片；为社区群众举办育儿知识讲座、种植养殖培训活动、“春防我行动”知识讲座等活动，全年开展各类培训活动4次，参加人数1200余人，两次到残疾人王玉杰家中慰问走访并送去各类书籍和慰问金，“迎新春送图书警民大联欢”活动；全年共举办

活动12次，总参加人数7000余人，深受群众好评。

4、为西林区政府提供学习的平台，为党的群众路线活动提供学习的场所，查找党的群众路线学习活动的有关资料、影像。利用多媒体报告厅学习党的群众路线有关内容、播放电影《焦裕禄》、《牛玉儒》等学习的影像。以上活动得到伊春报和媒体的报道。西林图书馆始终坚持履行向广大群众作出的"读者至上，服务第一"的承诺，最大限度地满足各类读者的需求。

业务研究、辅导、协作协调

全体馆员坚持把学习放在首位，利用业余时间，积极进行计算机应用知识、图书馆自动化管理系统应用的学习，在人员紧缺的同时区委区政府为图书馆新增馆员5名。今年又组织4名馆员深入到省图书馆举办的《中国图书法》第五版使用手册及简本培训、文化部举办第五次公共图书馆评估定级培训工作，东北地区第十四次图书馆学科学讨论会，同时对《数字图书馆资源》的推广等多项知识培训学习，进一步增长了经验，全馆工作人员文化素质高，工作干劲足，深受广大读者的好评。西林区图书馆于2008年被伊春市委宣传部、市文化局评为"全市优秀图书馆"。2010年在第四次全国公共图书馆评估定级工作中被评为三级图书馆。2012年被西林区委宣传部列为"全省文明单位"图书漂流示范点。2012年6月被伊春市图书馆学会、伊春市图书馆评为第二届"林都情韵"少儿诗文朗诵比赛组织工作先进单位，个人获得本次比赛二等奖。2013年，参加伊春市第三届"林都情韵"少儿诗文朗诵比赛活动中荣获全市18个地县区局第一名，我馆获全市图书馆学会组织工作先进单位奖。

管理工作

随着我区经济的快速发展，外来居住人口增多。在西林区政府的大力支持下，增加了购书经费，进一步拓宽了文化服务功能。西林图书馆的藏书量达到了60000余册。2006年8月，建馆初期，有7人。2013年8月，有16人。至2014年6月有21人。实现了全天开馆，没有休息日。馆员串休。大大的满足读者的需求。建立了工作量化考核指标体系，每月进行工作进度通报，每半年和全年进行总体工作考核。

馆领导介绍

金伟，女，1968年4月出生，满族，辽宁省义县人，1992年6月参加工作，大专文化，现任西林区图书馆馆长，负责图书馆全面工作。2011年被评为西林区人大代表，2013年获得西林区十佳优秀公仆。在《黑龙江史志》，2012年9月刊，发表论文《浅谈图书管理员必须具备的责任心》。

李成龙，男，1982年12月出生，汉族，吉林德惠县人，2006年8月参加工作，先后在采编部、阅览部、图书借阅部等部门工作，现任西林区图书馆副馆长，负责图书馆图书管理、电脑技术等工作。2013年荣获西林区劳动竞赛标兵光荣称号。

未来展望

西林区图书馆遵循"科学、效率、创新、发展"的办馆方针，完善单体服务功能，扩大服务辐射区域，带动地区事业发展。

一、积极开展"文化共享工程"的建设工作，对数字图书馆的推广做好宣传和利用，积极争取专项资金，增加购书经费，扩大馆藏数量，继续将"文化共享工程"和数字化图书馆的建设向机关、学校、企事业单位、部队、社区等延伸，努力扩大"文化共享工程"服务的覆盖面。强化自身综合实力。

二、积极参加省、市举办的各类培训学习工作会议，全面提高图书馆业务人员的专业素质，提升图书馆的服务水平。

三、积极开展好少儿图书活动，利用好少儿阅览室。

四、做好各届"林都情韵"少儿诗文朗诵的准备工作。

五、建造室外活动场所，开展一些大型活动。

六、保持并发扬下去2013年争取的国家一级图书馆的荣誉。

联系方式

地　址：伊春市西林区西林街
邮　编：153025
联系人：金 伟

嘉荫县图书馆

概述

嘉荫县图书馆始建于1956年，发端于县文化馆图书室。1980年5月，图书室从文化馆分出，成立嘉荫县图书馆，内置少儿借阅室、外借部、报刊借阅室、科技咨询室等基础服务部门。由于馆舍陈旧，2009年县委、县政府投资新建了一座标准的现代化办公大楼——图博馆。嘉荫县图书馆位于图博馆二楼，2010年3月末建成并投入使用，新馆新增置了文化共享电子阅览室、读者自修室、多功能厅等多个对外服务部门。

图书馆1956年有工作人员1人。1980年图书馆编制5人，1981年增加1名工人，到1987年编制12人，截止到2012年，人员编制14人。其中大专以上学历12人。

业务建设

建馆后藏书每年以3000册的数量递增。每年清点剔除一部分图书，截止2012年底藏书64,174册（件）。其中图书：58365册，已全部编目加工完毕。报刊合订本：4369册；视听文献：208件；电子图书：1300种。

2009年嘉荫图书馆使用黑龙江省数字文化共享工程资源，总量达3.2TB。其中包括电子期刊资源、电子图书资源、学位/会议论文资源、年鉴/工具/报纸资源、综合数据库资源、专题数据库资源、音视频数据库资源、外文数据库资源八个类别。馆内已经全部实现了无限网络覆盖。

读者服务工作

1、基本服务情况

嘉荫图书馆已从2011年1月1日起逐步推行免费开放，年底前实现无障碍、零门槛进入，除所有阅览室面向读者免费开放以外，多功能厅等公共空间设施场地举办的公益性讲座、展览等文化活动均向读者免费开放；文献借阅、一般性检索与咨询、基层辅导、流动服务等基本服务免费向读者提供；办证、验证、存包等辅导服务也全部免费。2012年图书馆全年文献外借册次共计40910册次。馆内流通总人次为45000人次。2009至2012年共成立70个图书流动点。

数据显示，2006年初至2010年底，我馆有持证读者500余人，自2011年1月1日免费开放后，办证读者便开始陡然翻番。统计显示，截止到2012年，我馆新办理的图书借阅卡达3200张，读者队伍逐年壮大，年均订购报纸杂志合计157种，总藏书量已达到64174册，极大地满足了读者的借阅需求。2012年解答读者咨询220条，文献年外借量40340册次。图书馆自2010年1月搬入新办公大楼以来，在原有服务的基础上，延长了开馆时间，全年365天对外开放，阅览室除了为读者免费提供当月的现刊、报纸供读者阅览以外还为前来咨询的读者查找资料，答疑解惑提供服务。进一步拓宽服务领域。

2、为特殊群体服务

图书馆在做好阵地服务工作的同时还十分关注残疾人、留守儿童、孤寡老人的文化生活。

(1) 为残疾人服务情况：首先开设一条残疾人特殊通道，残疾人优先。经常组织丰富多彩的活动为残疾人服务。图书馆工作人员走进盲人读者的家中，送去其预约的图书。此外，工作人员还来到社区残疾人图书流动站，为残疾人读者更换了电影、音乐等几十种视听障碍专用光盘。

(2) 为进城务工人员服务情况：为进城务工人员免费办理借书卡，利用图书馆，加强自身的文化素养和专业技能。馆领导亲自到进城务工人员临时住所送书送卡，邀请20多名进城务工人员代表到我馆参观，并在电子阅览室免费上网，让他们在忙碌的工作中体验了看书、上网的乐趣，享受了图书馆的公益服务。

(3) 为未成年人服务情况：定期开展讲座、播放爱国影片，开放电子阅览室，并组织图书馆工作人员学习全国图书馆未成年人服务提升计划，学习未成年人的发展趋势，阅读服务的形式与组织，服务理论与实践问题讨论。向未成人讲解和示范图书馆的作用。

(4) 为老年人服务情况：现在老年人文化的需求越来越高，根据不同读者的需求，有针对性地开展服务，通过我们的服务让老年人感受到社会主义大家庭的温暖，这是我们图书馆人义不容辞的责任。

3、开展活动讲座

嘉荫图书馆常年举办讲座、培训、展览等各种类型的活动，用来宣传图书馆，进行阅读推广。截止2012年12月31日，2009—2012年共举办讲座、展览、培训、阅读推广共138场次，参与活动总人次为89035人次。

业务研究辅导协作协调

2009—2012年，嘉荫县图书馆职工先后3人就本馆的业务

参加省馆举办的业务培训

图书馆的全体工作人员

第四届诗文朗诵比赛

工作人员上架新购图书

4.23世界读书日系列活动

工作在专业期刊上发表论文4篇，其中1人荣获2009–2010年度图书馆学优秀科研成果二等奖。图书馆辅导部定期对基层图书室管理员进行业务辅导培训。

管理工作

嘉荫图书馆是嘉荫县公益性的事业单位，是财政全额拨款单位。岗位工作人员由县人力社会资源保障局统一进行全县招聘、管理，并在每年年底撰写调研、分析报告和计划总结进行上报。

表彰奖励情况

在过去的4年里，图书馆在文广体局的正确领导下，在全体职工的共同努力下，各项工作均取得了较为显著的绩。累计获得省级主管部门表彰六次，市级主管部门表彰一次，县级表彰一次。在第五次全国公共图书馆评估定级工作中由于业绩突出由原来国家三级馆荣升为国家一级馆。

馆领导介绍

嘉荫县图书馆设馆长1人，副馆长1人，均具有大专以上学历。副馆长为业务馆长，具有副高级职称。接受过系统的图书馆情报学培训。并接受全省年度继续教育知识更新培训。并多次参加省图、市图举办的业务培训，现已具有副研究馆员职称。

朱永红，女，1968年9月生，大专学历，馆长，1988年12月参加工作，历任嘉荫县文物所所长，2011年任嘉荫县图书馆馆长。兼任黑龙江省图书馆学会理事。

韩玮，女，1966年3月生。大专学历，副研究馆员，副馆长，1985年4月参加工作，2011年任嘉荫县图书馆副长。

未来展望

嘉荫县图书馆在今后的工作中将继续贯彻“读者至上”的服务方针。在完善自身服务功能的同时，努力扩大服务辐射区域，带动地区事业发展，为嘉荫县的经济文化建设做出自己的贡献。

联系方式

地　址：嘉荫县图书馆
邮　编：153200
联系人：韩 玮

绥芬河市图书馆

概述

绥芬河市图书馆初创于1959年，其前身是设立在文化馆的图书室。1975年末，绥芬河市成立。1977年1月1日成立绥芬河市图书馆。1980–1998年，曾3次新建馆舍，2002年7月，位于青云路243号，面积1729平方米的新馆开放。2009年，参加第四次全国公共图书馆评估，定级为县级三级馆。2013年，参加第五次全国公共图书馆评估定级，晋级为县级一级馆。2012年底，绥芬河市图书馆有阅览座席286个，计算机65台，百兆光纤接入，采用INTLIB图书馆集群管理系统。

业务建设

截止到2012底，绥芬河市图书馆总藏量为80556册（件），其中，纸质文献78733册（件），视听文献1823件。

2010年–2012年，每年新增藏量购置费分别为16万元、27万元、22万元。2009年–2012年，共入藏图书28357册。

2002年，绥芬河市图书馆启用金鹤图书管理软件，实现计算机管理借阅服务；2006年，成为黑龙江省INTLIB图书集群系统县级馆的第一个终端用户；2008年成为全国图书馆联合编目中心黑龙江省分中心的成员馆。

2008年，绥芬河市图书馆开通黑龙江省图书馆数字资源检索功能，馆内读者利用VPN通道，可以检索、下载黑龙江省图书馆的数字资源。2012年，开通“龙江学习中心”和“移动图书馆”服务平台，绥芬河市的广大读者在家中可以免费利用电子书、期刊、视频讲座、精品课程等资源进行学习。

读者服务工作

2010年1月1日，绥芬河市图书馆实行每周7天免费开放。2010–2013年，连续4年年接待到馆读者8.5万人次以上。

绥芬河市图书馆每年与社会各界联合开展讲座、展览、培训、阅读推广等读者活动30余次，并通过各类六进活动将图书馆的服务延伸到绥芬河市的各个角落。绥芬河的常住人口是10万人，每年参与活动的市民则达到2万余人。绥芬河市图书馆还积极关注弱势群体，针对残疾人、进城务工人员、老年人、未成年人开展各类活动及技能培训。

“好妈妈俱乐部”是绥芬河市图书馆2009年开始策划的特色品牌活动，在引领妈妈们养育孩子的同时完善自己，做到家庭、职场双赢。利用馆藏资源和设备，俱乐部不定期举办音乐演奏欣赏会、专业化妆和个人形象课程、好妈妈快乐厨艺、家庭沙龙等活动。俱乐部还吸引来了俄罗斯的妈妈，成为联结中俄友谊、宣传优秀传统文化的平台。“好妈妈俱乐部”活动多次受到各级媒体的采访、关注。2012年，“好妈妈俱乐部”入选文化部全国文化信息共享工程10周年庆典现场播放的服务案例，中央4套摄制组专程到绥芬河拍摄“好妈妈俱乐部”亲子教育活动。2011年，“书香山城”系列活动获黑龙江省全民阅读活动优秀项目；在“颂歌献给党”活动中获黑龙江省最佳组织奖；2012年，在“像雷锋那样…”电脑小报设计比赛活动中获黑龙江省最佳组织奖；“阅读，让绥芬河更美丽”系列活动获黑龙江省全民阅读活动优秀项目；在“文化剪影，幸福共享”第一届群众摄影艺术作品征集大赛中荣获黑龙江省优秀组织奖。

绥芬河市图书馆依托公共电子阅览室，向社会各界提供有针对性的数字资源服务，为高端用户建立网上机构、个人馆，根据其查询资料的历史和侧重点，整合、推介不同的数据库资源，帮助其解决科研项目难题。2010年以来为数十名硕士研究生提供参考资料的查询、下载服务；为绥芬河人大财经办等单位提供对俄贸易发展研究的各类数据资料。为市民进行龙江学习中心、数字图书馆使用的培训，7个月培训人次达1700余人。

业务研究、辅导、协作协调

2009–2012年，绥芬河市图书馆职工发表论文36篇，获准立项的省级课题3项。绥芬河市图书馆以社区、村、机关企事业单位、部队、学校等为基本单位，通过合作建设的模式，在绥芬河共建立分馆或图书室38家。使绥芬河基本实现覆盖全市的城乡一体、功能完善的图书馆服务网络。各分馆及图书室除日常接待读者，还开展了电影展映、知识讲座等多项读者活动。绥芬河市图书馆充分发挥中心馆的职能，为各分馆及图书室通过电话、网上咨询、面授、实地辅导等方式开展业务指导工作，全面提升各分馆的服务能力。

绥芬河市图书馆利用黑龙江省图书馆的“云平台专网共享技术”，通过SSLVPN单点认证软件实现了省图书馆公共数字文化服务在绥芬河市城乡的全覆盖。并通过绥芬河政务城域网，为59家机关事业单位开通公共数字文化服务，建立黑龙江省图书馆绥芬河市高级中学分馆，扩大数字服务的领域。

全国文化志愿者边疆行黑龙江启动仪式

文广新体局闫春光局长与市图书馆孙伟卢馆长向乌苏里斯克图书馆赠书

网上祭先烈活动

亲子活动

馆内大厅

2012年8月，绥芬河市图书馆承办全国“春雨工程”——文化共享志愿者边疆行活动、黑龙江省地市极馆长工作会议及数字资源推广工程工作会议；2013年，承办东三省第十四届图书馆学科学讨论会。

2004年，绥芬河市图书馆成立了地方特色馆藏库——俄文阅览室。2005年，俄罗斯文化代表团赠送绥芬河市图书馆260册俄文原版图书。至今，绥芬河市图书馆与俄罗斯多家图书馆进行了多次互访与互赠图书。

管理工作

绥芬河市图书馆于2002年开始实行评聘分开，每5年进行一次评聘。全馆实行严格的德、能、勤、绩考核制度，细化岗位责任分工，有专人负责，定期检查，并把考核结果纳入科室和个人的工作档案，作为评先树优、职称评聘、绩效奖惩的重要依据，使管理工作趋于科学化、标准化和规范化。

表彰、奖励情况

2009–2013年，绥芬河市图书馆共获得上级表彰16项。包括获得全国县级一级馆、全国巾帼文明岗、全国全民阅读先进单位和全国文化信息共享工程·公共电子阅览室示范点等4项国家级荣誉；黑龙江省文化共享工程宣传工作优质服务奖、黑龙江省第三届职工“读书学习节”优秀单位等省级奖励10项，健康生活示范基地等市级奖励2项。

馆领导介绍

孙伟卢，女，1972年1月生，硕士研究生学历，中共党员，研究馆员，馆长。1995年7月参加工作，在图书馆工作19年，曾在采编部工作，1999年10月被任命为绥芬河市图书馆副馆长，2009年3月，被任命为绥芬河市图书馆馆长。现兼任黑龙江省图书馆学会理事。2011–2013年，连续3年获黑龙江省全民阅读活动组织工作先进个人。2013年，荣获绥芬河市十佳公仆称号。

王敏，女，1973年10月生，大学学历，中共党员，副研究馆员，副馆长。1994年参加工作，1997年1月调入绥芬河市图书馆，从事采编、辅导、办公室、资源共享等工作，2008年12月被任命为绥芬河市图书馆副馆长，分管全馆业务工作。2012年获黑龙江省农家书屋工程建设先进个人，2013年获黑龙江图书馆学会优秀会员。

郝世英，女，1971年1月生，大学学历，副研究馆员，副馆长。1997年在图书馆参加工作，先后在外借室、采编室、辅导部等部门工作并任主任职务，2011年6月被任命为绥芬河市图书馆副馆长。曾先后被市政府记功，授予市级文化工作先进个人等荣誉。

未来展望

绥芬河市图书馆向社会各界提供优质、高效、专业的服务，通过不断完善服务功能、拓宽服务领域，加大服务力度，吸引更多的人走进图书馆，为绥芬河的再发展提供文化保障和智力支持。在未来的几年里，绥芬河市图书馆将在火车新站广场附近建设8000平方米的新馆舍，扩大图书馆的服务阵地。依托现有的图书馆服务网络，实现总分馆体制。创新服务内容和方式，强化品牌活动的影响力及辐射力，大力推进数字服务、延伸服务、创新服务和品牌服务，从而不断发挥绥芬河市图书馆在城市发展进程中不可替代的作用！

联系方式

地　址：黑龙江省绥芬河市青云路243号
邮　编：157399
联系人：王　敏

纪念口岸开通110周年书法展

图书馆馆貌

东宁县图书馆

概述

东宁县图书馆前身为县文化馆图书室，1975年3月正式成立东宁县图书馆，并对外开放。1998年由省、县两方投资3383272元在东宁县中华路5号新建2,438平方米图书馆楼。是全国文化信息资源共享工程县级支中心和黑龙江省图书馆流动分馆之一，下设采编部、辅导部、信息咨询部、社会科学外借部、自然科学外借部、综合阅览室（多功能报告厅）、少年儿童阅览室、电子阅览室等8个业务机构。可容纳读者座位222个，计算机45台，宽带接入100Mbps，选用“Interlib图书馆集群管理系统”。2004年，参加第三次全国公共图书馆评估，获得三级图书馆，2013年，参加第五次全国公共图书馆评估，获得一级图书馆。

业务建设

截止2013年底，东宁县图书馆经过多年的收藏和积累，总藏量70473册，其中，纸质文献70129册，中文期刊、报纸合订本7895册。还拥有省图书馆流动图书3000册，共享中文数据库7个，包括电子图书1800033种，电子期刊15975种；馆内另有电子图书33种，94张，视听文献516种，1327张。

截止到2013年底，东宁县图书馆数字资源总量为63TB，其中包含国家图书馆为各县级图书馆配送的总量达1TB（1024GB）的数字资源。内容涵盖国家图书馆组织的《百年守望》、《馆藏故事》、《文明与创造》等3个视频资源，《前尘旧影》、《年画撷英》等2个图片资源，2007年以来出版的5000种“电子图书”，2009年出版的2000种人文社科类“电子期刊”等书刊资源，国家图书馆“政府公开信息整合”项目的部分成果“政府信息”、国家图书馆“网络信息采集与保存”项目的部分成果“中国事典”等2个网络资源；包含黑龙江省图书馆为我们签约付费的黑龙江数字文化网“共享工程基层服务数字资源检索平台”以及黑龙江省图书馆“龙江学习中心平台”里的所有数字资源；包含征集到县内本系统内文艺团体或各文化艺术爱好者的综艺晚会9台、数据量7.23G，演出活动照片1.35G，电视剧4集11.8G。为积极推动全省范围内联合编目工作的开展，实现图书馆之间书目数据资源共享，壮大联合编目中心成员馆队伍，东宁县图书馆与省馆签署联合编目协议，共享Interlib图书馆集群管理系统数据平台，以适应黑龙江省公共图书馆服务联盟建设的需要。

读者服务工作

从2011年10月起，东宁县图书馆全年365天对外免费开放，周开放56小时。2013年书刊总流通27165人次，书刊外借55479册次。2008–2013年，为充分发挥县图书馆文献信息中心的辐射作用，带动全县各图书室协调发展，逐步实现东宁县及全省图书馆公共文化服务普遍均等、惠及全民，东宁县图书馆在县内建成11个流动分站，并相继开展馆际互借服务。2013年，馆外书刊流通人次7530人次，9936册次。2008年起，利用馆内共享工程数据库中的文献信息资源，为政府机关编印专题剪报——《决策参考》，提供给县委、县政府主要领导，推动本地经济建设和各项社会事业的全面发展，也为图书馆树立了良好的信息品牌。

为使广大基层群众可以通过数字文化服务网络享受数字图书馆资源服务，东宁县图书馆网站已于2012年12月建成并试运行。

截止到2013年底，东宁县图书馆发布使用的数字资源总量为96种，63TB，均可通过东宁县图书馆网站、东宁县图书馆共享工程VPN专网向读者提供检索、浏览和下载服务。

截止2013年底，东宁县图书馆共举办讲座、展览、培训、阅读推广等读者活动26次，受益群众达12763人。

业务研究、辅导、协作协调

2012–2013年，东宁县图书馆职工发表论文8篇，荣获2011–2012年黑龙江省图书馆学会优秀科研成果贰等奖2项。

2012年5月，应牡丹江市图书馆的委托，东宁县图书馆与牡丹江市图书馆共同开展了农村儿童课外阅读情况调查及乡镇村屯少儿阅读情况调查活动，共向东宁县八所农村小学五、六年级的同学发放403份调查问卷，了解农村儿童课外阅读情况，为那里儿童健康成长提供智力支持。

2012年8月21日–23日，东宁县图书馆与来自文化部共享工程国家管理中心、黑龙江省分中心——2012黑龙江“春雨工程”的文化志愿者一起在东宁县图书馆及2所村级基层服务点开展现场培训、设备维护、数字资源发送、广场电影展放等一系列志愿服务。

2012年，组建东宁县内三级图书馆服务网络，组织试行馆际互借工作，并与各成员单位签订《东宁县图书馆馆际互借协议书》。

管理工作

2010年，东宁县图书馆完成全员岗位聘任，本次聘任共设

少儿阅览室

社会科学外借室

综合阅览室（多功能报告厅）

首届师生硬笔书法大赛获奖作品展

阳光工程农产品贮藏加工培训

网络书香过寒假

8类岗位，同时，建立了工作量化考核指标体系，每半年和全年进行总体工作考核。2013年，共抽查文献排架6次，书目数据6次，撰写调查研究报告2篇。

表彰奖励情况

2012—2013年，东宁县图书馆共获得各种表彰、奖励11次，其中，文化部表彰、奖励3次，省级分中心表彰、奖励4次，黑龙江省全民阅读活动领导小组表彰、奖励1次，市文广新局表彰奖励2次。其它表彰、奖励1次。

馆领导介绍

于诺，女，1968年11月生，本科学历，中共党员，副研究馆员，馆长。1986年12月参加工作，历任东宁县图书馆采编部主任、副馆长，2009年任东宁县图书馆馆长，兼任牡丹江市图书馆学会常务理事、文化信息资源共享工程东宁县支中心主任等职。曾先后荣获“牡丹江市技术业务能手”、“2007—2008年度全国文化信息资源共享工程县级支中心建设先进个人”、“牡丹江市文化工作先进个人”称号。

王强，男，1976年出生，专科学历，中共党员，馆员，副馆长。1995年1月参加工作，历任东宁县图书馆业务辅导部主任、会计、副馆长等职。分管共享工程、业务辅导、财务等，兼任文广新局文化事业科科长。

黄永林，男，1966年出生，本科学历，中共党员，副馆长。1983年10月参加工作，历任东宁县电视台记者、县政府网站站长、文化稽查大队副大队长等职。分管党群、安全、参考咨询等。

未来展望

东宁县图书馆在未来的发展建设中，将充分发挥县域经济信息枢纽和精神文明建设基地的重要作用，将成为东宁县集文化、科技、信息传播、保存文化遗产、开展社会主义教育、展示改革开放成就为一体的综合性公共图书馆，将成为我县群众读书学习的文化、科技、教育、信息、服务和交流中心，我们一定会以“低门槛、高质量的服务”和“低姿态、高效能的运作”，努力打造成设施先进、服务优质、公众满意的“市民大书房”，为我县经济建设和社会发展发挥十分重要的作用。

联系方式

地　址：黑龙江省东宁县中华路5号
邮　编：157299
联系人：于　诺

传承中华经典，欢庆中秋佳节

共享文化，放飞梦想助残日活动

三楼休闲区

海林市图书馆

概述

海林市图书馆创建于1974年，由文化馆的图书室发展起来的。40年来，几易馆舍，2002年10月1日，位于海林市城区林海路22号的新馆建成开放。新馆占地800平方米，建筑面积2800平方米，设计藏书容量6万余册，可容纳读者座位338个。2010年为二级图书馆，2013年10月晋升为一级图书馆。计算机42台，宽带接入100M，选用Interlib图书馆自动化管理系统。

业务建设

截止2012年底，海林市图书馆总藏量6.5万册(件)，其中，纸质文献6万册(件)，电子图书2万册，电子期刊100种。

2004年，海林市将图书馆的年购书经费由2.5万元提高至10万元，加快了新旧图书更新速度，年增加新图书达2500余册，订阅报纸40余种，期刊210余种，架上新旧书比为1:3。

2005年，投入资金20余万元，高起点、标准地建立了装机30台计算机，服务器、卫星接收、投影设备齐全的电子阅览室；并成立全国文化信息资源共享工程县级分中心。

2006年，从省文化厅争取图书5000册，送书下乡5000册。全国文化信息资源共享工程建设成为全国示点市。

2007年，采取国家、省、市、乡镇、村五级联动的方式，投入资金95万元在基层建立了12个村级示点基层服务点，建立起海林市资源共享工程三级服务网络骨架。

2008年，通过积极争取省投文化信息资源共享工程设备112套，农村基层服务点覆盖面达100%。

2009年，从省图书馆争取到了价值187万元的信息资源使用权，在全市设立20个服务点；从省图书馆争取了3000册图书建立了省图书馆的流动图书站，并得到了1500册图书捐助，改善了海林市图书馆藏量不足的问题。在全国文化信息资源共享工程省分中心的帮助下，投入价值67万元的设备对我市县级分中心进行了服务功能的改善，并在市有线电视台争取一个专用频道，通过国家文化信息资源共享工程中心的卫星频道，对我市有线电视用户进行文化信息服务。

2010年以来，海林市把图书馆评估达标工作与公共文化服务体系工作有机结合，全面展开免费开放服务，图书馆现有藏书已达6.5万册。综合阅览室上架期刊有120种，报纸50种，购书2700册。

2012年投入资金20万元，购置书架104组，更新了电子阅览室电脑30台。

目前，海林市图书馆内部设置齐全，服务功能完备。综合阅览室、综合外借部、青少年借阅部、参考咨询部、电子阅览室、自习室、多媒体报告、信息开发部等对外服务窗口，均免费开放，摄像机、照相机、电视机、投影仪等服务设备俱全，宽带网络全部接通。

读者服务工作

自2002年10月起，海林市图书馆本着“读者至上，服务第一”的准则，全年天天免费对外开放。在服务中坚持“双不”方针，即百问不烦，百查不厌。实施“五心”服务，即热心服务，耐心服务，精心服务，细心服务，专心服务。实现五个“体现”，即服务态度体现一个“热”字，服务过程体现一个“快”字，服务形式体现一个“便”字，服务环境体现一个“雅”字，内部管理体现一个“严”字。图书馆开展便民服务：代借代还，预约借书，馆际互借，送书上门，设立流动点，代托儿童学习，电话预约、延期、咨询等服务，千方百计方便读者。

2005年，共接待读者79000人次以上，日均到馆读者已达216人。

2006年2010年，年接待读者均在80000以上，年读者活动实现每月一次部室活动，每季一次综合活动。每周为中小学生放映爱国、科教、故事片2次。

2011年–2012年，海林市图书馆作为牡丹江市创建全国公共文化服务体系示范区县级图书馆重点创建单位，进一步提升服务质量，拓展服务领域。充分利用节假日开展读者报告会、学习经验交流会、才艺表演、知识竞赛等，活跃读书氛围。开展的以传统道德教育为主的“人文大讲堂”，不但吸引了老少读者，而且也吸引了众多中青年读者踊跃参加，达到了老年人重温，少年人学习，中青年补课的目的。免费为读者发放传统道德书籍和光盘15000余(盘)册，收到了良好的社会教育效果。两年共接待到馆借阅和参与活动的读者达到147655人数，借阅册次达9万余册。

业务研究、辅导、协作协调

2008年以来，积极推进农家书屋建设和文化信息资源共享工程建设，对上级配发的农家书屋的图书，进行统一分编，解决农家书屋图书分编难、管理难的问题，减少了到村里分编而产生的费用近3万元。下基层开展共享工程基层网点技术培

少儿阅览室一角

图书阅览室

综合阅览室

4.23读书日活动

“为我喝彩”读者活动

送书下乡活动

训工作5次，培训基层网点信息员112人次，下基层文化站指导培训3次，协助指导基层站点分类、编目、上架图书6000多册，举办农家书屋管理培训2次，参训112人次，指导并实施农家书屋图书分类、编目、上架图书105000多册。

加强基层图书馆(室)的业务指导，建立了海林市报恩寺图书分馆、特殊学校图书分馆、消防大队流动分馆、朝阳社区流动分馆、林苑社区流动分馆，提高图书管理、流通能力，推进资源共享服务进程。三是发挥图书馆社会教育职能，深入市直部门、各镇举办各类知识讲座22场次，听众达1100多名。

几年来，积极与省文化部门沟通，争取设备文化信息资源共享工程设备113台(部)(其中计算机98台，服务器13部)，各镇(街道)、村(社区)，均建起了电子阅览室，全市文化信息资源共享工程网络覆盖面达100%。

2009年-2012年，海林市图书馆职工发表论文12篇。

管理工作

我馆设服务窗口4个，综合外借部，综合阅览部，少儿外借阅览部，电子阅览室。建立了工作量化考核指标体系，每季度进行工作进度通报，全年进行总体工作考核。

表彰、奖励情况

2010年海林市图书馆获得由中共中央宣传部、文化部、国家广电总局、新闻出版总署共同颁发的《全国“服务农民、服务基层”文化建设》先进集体荣誉称号。受到省市区奖励共计12次。

馆领导介绍

李集，男，1963年6月生，大专，中共党员，馆长。1983年3月参加工作，历任采编部主任，2009年10月任海林市图书馆馆长。

展望未来

海林市图书馆尊循“高效为民服务”的办馆方针，大力实施“完善阵地、扩展服务、助推全市图书信息事业发展”工程，提高全市图书服务信息质量，达到惠民利民之目的。海林市图书馆继1999年被评为二级图书馆后，不断提升服务质量，2005的步入一级馆行列。在全市社会宣传品单位优质服务竞赛活动中连续8年获得“最佳”和“优胜”称号。实践表明，海林市图书馆发挥出了精神文明建设基地和社会文化教育基地的作用，对社会全面发展提供精神、智力支持的独特作用是无可替代。在未来几年里，海林市图书馆以现代化数字化建设为建设目标，以“全国文化信息资源共享工程”建设和数字图书馆建设为创新目标，构建全覆盖、不间断、无时空限制的数字文献远程和移动服务，大力拓展服务领域和提升服务水平，支持和保障海林市公共图书馆服务体系良好运行，为广大市民提供良好的图书信息服务，提升海林市公共文化服务体系建设水平，达到公共文化服务的“标准化、均等化”的标准。同时，加强地方文献的收集、整理和数字化转换，建立起特色的地域文化数字化图书馆，逐步形成具有地方特色的服务模式和服务品牌。

联系方式

地　址：黑龙江省海林市图书馆
邮　编：157100
联系人：李一卿

读者活动

图书馆门厅

望奎县图书馆

概述

望奎县图书馆始建于1958年。1984年建造的图书馆旧馆舍为500平方米的二层楼房。2000年投资300万元建设的新望奎县图书馆，占地面积12000平方米，建筑面积2500平方米，三层砖混结构楼房。室外东侧有体育器械和文化墙，西侧是诗词碑廊，庭院种植了草坪、鲜花、松树，是一个大型文化广场。新建馆舍2003年10月投入使用。内设9个组室：采编、外借、少儿（多媒体报告厅）、阅览、参考咨询、城乡辅导、电子阅览室、展览厅、解说组。开展外借、阅览、参考咨询、专题、网络信息、视听等服务，举办少儿、讲座、培训、展览、学术交流等活动。2008年被黑龙江省图书馆命名为黑龙江省图书馆望奎分馆，2013年晋升为国家一级图书馆，并被黑龙江省图书馆学会评为省学会优秀团体，被省科协定为省科普教育基地。

在2012年以前，购书费只有5万元，2012年的财政预算和专项购书费都有了大幅增长，财政预算为120万元，达到县级公共图书馆的评估标准，新增藏量购置费达9万元，与之前购置费相比增长了69%，大大缓解了馆藏文献信息资源不足的压力。

截止2012年底，全馆在编人员22人，领导班子6人；全员有本科学历8人，大专学历13人，大专以上学历占职工总人数的95%；高级职称2人，中级职称11人，中级以上职称占职工总人数的69%，初级职称3人。

业务建设

截止2012年底，图书馆藏书12万多册，其中线装图书3258册，期刊640种15801册，报纸80种5000多册，电子文献780种，年购书2000多册，读者借阅6万余册次。特别是2003年以来，购置了书架、报刊架、档案柜、计算机自动监测系统等现代化管理设备，实现了办公自动化（采访、编目、流通、书目检索）。已建成局域网并开展各项工作，同时建有自己的网站，实现书目数字化达80%以上，开架借阅书刊达70%。实行免费开放，每周开馆59.5小时，建立10个社区服务点、流动站15个，分馆1个。多媒体放映厅126平方米，坐席70套，电子阅览室126平方米，电脑设备40台套，这两个现代化场所全天开放，为全县广大读者和中小学生提供知识、文化的广阔天地。

读者服务工作

多年来采取了一系列的服务举措：⑴设置“馆长信箱”，提请广大读者对馆里的各项服务工作提出批评投诉和建议意见，由馆长亲自落实和督办。⑵实行夏、冬令两种开放时间，延长开放时间，中午串休不闭馆。⑶为提高文献的利用率，新增期刊外借功能、增加书刊外借册数。⑷从2010年10月1日起，历史性地实现了向社会免费办证，无偿借阅。⑸阅览室工作人员每天循架，最大限度的降低开架书刊排架误差率。⑹召开读者座谈会，进行读者问卷调查，倾听读者对图书馆的意见和建议。

及时为党政机关领导决策提供服务；连续多年为两会服务；为社会事业发展、科研与经济建设提供参考咨询；为经济发展和科学研究提供文献支持；定期为社会大众普及科学知识，掌握新技术、新方法。

开展了丰富多彩、形式多样的读者活动，如“读者座谈会”、“读书报告会”、“我最喜爱的一本书”征文等活动，利用服务阵地举办“传承文明、播种美德、文明礼仪”讲座、“好书共享”等各种书报刊专题展、公益电影展播等活动。

针对未成年人，举办了“暑期少儿书法绘画展”、“我给宝宝讲故事”亲子阅读、“元宵节猜谜会”、“读名著、讲故事”等活动。

为视障读者利用图书馆提供全方位服务。同时，为进城务工人员赠书、为农民工子女、残疾人、老年人免费办证等活动。

多媒体视听室和电子阅览室年接待读者28000多人次；共举办读者座谈会、读书报告会、读书演讲等活动36次，参与人数达15000人；送书、科技下乡18次、举办科技讲座3次，受教育面13000余人次；播放爱国主义影片40多场，观众达60000多人次。

业务研究、辅导、协作协调

全馆积极参加各种学术活动，增进图书馆同行的了解和交流，撰写学术论文185篇。获准立项的省级课题3项。近几年建立完善了县、乡、村三级图书网络，实现了乡有图书馆、村有图书室、辟建村屯农家书屋109个，极大地丰富了农民的文化生活。各基层服务点都充分利用共享工程网络开展了丰富多彩的活动。仅2009年全县共享工程就开展活动48期次，其中县级支中心开展送共享工程资源活动17次，并在卫星镇召开现场会，给109个村配备了投影仪。还多次利用投影设备为敬老院放映电影、送文化下乡到革命老区——海丰镇恭头二村，林

领导班子合影

全体员工合影

枫同志的家乡，送图书1000余册，放映林枫同志生平事迹专题片和《上甘岭》等电影，进行爱国主义和革命传统教育，此项活动受教育面达1000多人，得到老区群众的热烈欢迎。

以2012年"世界读书日"为契机，发起了由县委宣传部、县文化局等部门牵头的"提高全民素质、建设和谐望奎"的全民读书月活动，培养广大群众良好的阅读习惯，激发了民众的阅读热情，在全县掀起了全民阅读热潮。

派专业人员到基层图书网点进行辅导，帮助他们分类、排架、加工图书，还对管理人员采取多种方式培训，如举办讲座、重点辅导、巡回辅导等。

管理工作

按照上级要求，结合自身实际，制定出台了《望奎县图书馆内设机构及岗位设置实施方案》、《图书馆员工聘用制实施方案》、《图书馆分配制度改革实施方案》等改革配套方案。现有17名职工经过考试、考核，有14人竞聘上岗，对上岗人员也引入了竞争机制，奖勤罚懒。自实行改革以来，有9人获得优先职称评定，有1人提级，1人得到提拔。

举办全员参加的各类讲座培训，组织以组室为单位的业务知识竞赛，同时在自动化办公系统平台上开设学习园地，参加了黑龙江大学继续再教育培训，鼓励具有大专以上学历的专业技术人员继续深造，为图书馆事业的可持续发展储备了人才资源。

多年来在档案建设和管理工作中做到了注意收集、内容齐全、严格要求、立卷准确、装订整齐。做到了详实、及时，对业务工作发展变化做出准确分析，反映工作成绩和存在的问题，为业务决策的制定提供依据。

2010年，重新修订出版了《望奎县图书馆规章制度汇编》，全面落实了安全、卫生、防火责任制，做到了有章可循，责任到人，有效地克服了工作中的盲目性和随意性。

表彰奖励

自2008年连续多年被上级部门授予"巾帼文明示范岗"光荣称号。被中共绥化市委组织部授予"二星党支部"称号；有多名同志受到县委县政府的表彰奖励；方立波同志被评为省图书馆学会优秀会员。

馆领导介绍

李静波，男，1963年出生，本科学历，中共党员，正科级，历任县统计局秘书，人事局副局长，林枫故居纪念馆馆长，现任图书馆党支部书记、馆长，负责全面工作。

图书馆人员加工图书

方杰，女，1959年生，大专学历，中共党员，副研究馆员，1976年参加工作，党支部副书记，负责党务工作。

方立波，女，1970年6月生，本科学历，中共党员，副研究馆员，1989年参加工作，副馆长兼采编部负责人，负责业务工作。

吴卓，女，1971年生，本科学历，中共党员，副研究馆员，1988年参加工作，副馆长兼综合阅览部负责人，负责常务工作。

邢颖，女，1963年出生，中共党员，馆员，1986年参加工作，副馆长，负责业务指导工作。

李小梅，女，1975年出生，中共党员，馆员，1995年参加工作，工会主席，负责工会和解说组工作。

未来展望

在现如今信息飞快发展的时代，图书馆必须建立和完善自动化网络系统，实现联机采访、联机编目和联机检索。同时更要积极引进和培养计算机网络方面的人才，对本馆的工作人员进行知识的更新和充电以及相关培训，使图书馆的工作人员成为能够驾驭计算机及网络技术等先进信息加工处理技术，对信息能够进行加工、开发、维护的复合型人才。

联系方式

地　址：望奎县西大直街哈慈路北
邮　编：152100
联系人：方立波

为革命老区海丰镇恭头二村送农业科技图书

图书馆办公大楼

庆安县图书馆

概述

庆安县图书馆1949年为庆安县文化馆的一个组，设立图书室仅一名工作人员。1966年文化大革命开始，图书封存，图书阅览工作停止。1973年初重新开馆。1974年筹建图书馆，由县文化馆和书店调出5人，正式成立庆安县图书馆，位于现庆安县商业街中部，面积仅有140平方米。1977年筹建新图书馆，位于现庆安中央大街中部，1980年投入使用，面积300平方米。2000年在原址翻建，面积330平方米。

2008年，庆安县投资3400万元建设庆安文化艺术中心，图书馆为其中一项重要建设内容，2009年8月县图书馆正式建成投入使用，面积4400平方米，设有少儿阅览室、少儿外借书库、综合阅览室、综合外借书库、电子阅览室、展厅、报告厅和两个基藏书库。设立少儿阅览部、综合阅览部、电子阅览部、基藏采编部四个工作部。2013年，庆安县图书馆共有阅览坐席429个，电脑77台，宽带接入100Mbps，使用Interlib图书馆自动化管理系统。

业务建设

庆安县图书馆截止2012年底，书刊总藏量为100091册。其中，图书总藏量为95165册；期刊合订本为3124册；报纸合订本1247册；光盘555件。每年订阅报纸78种，期刊240种左右。2012年，财政拨款124.23万元，其中，新增藏量购置费为34.2万元。

截止2012年底，庆安县图书馆由共享工程上级部门发放、赠送给资源总量达4TB。

庆安县图书馆于2009年开始使用省图书馆提供全省统一的Interlib图书馆集群管理系统，现已实现图书、报刊的采访、编目、流通等业务工作全部自动化。

读者服务工作

自2009年起，庆安县图书馆全年对外开放，周开放60小时。根据文化部、财政部《关于推进全国美术馆、公共图书馆、文化馆（站）免费开放工作的意见》及财政部《关于加强美术馆、公共图书馆、文化馆（站）免费开放经费保障工作的通知》等文件要求，庆安县图书馆自2011年4月23日对所有服务项目实行了免费开放。

利用上级赠送的政府公告、到当地政府机关收集政府公开信息，在政府政务信息公开网站下载信息等方式收集政府公开信息，并设立政务信息公开专架，免费让读者使用。电子阅览室免费公开查阅政府信息，向社会各界提供政府信息网上查询和相关法律法规文本查阅，使社会各阶层人民群众都能真正实现无障碍检索和获取政府信息，保障广大人民群众的知情权和基本民主权益。

2012年，庆安县图书馆流通总人次75500人。书刊文献年外借册次62050册，馆藏文献年外借率62%。2010年–2012年，馆外流动服务点书刊外借册次年平均值52583册次。

庆安县图书馆非常重视书刊宣传工作。通过举办书展、书目推荐等方式向读者宣传推荐书刊，指导读者阅读行为，每年还利用举办全县城镇“读书月”和农民“读书月”等活动开展各种书刊宣传工作。在开展“读书月”活动的同时，庆安县图书馆还开展了为残疾人、老人送书上门服务，专题电影放映、读书用书讲座、各种展览、为企业提供咨询服务，基层图书管理员培训、你选图书我买单、送书进工地等活动10多次。2012年，庆安县图书馆为读者播放讲座共10场，举办展览5次，举办阅读推广活动7次，参加读者活动总人数达32000人次。

业务研究、辅导、协作协调

2009–2012年，庆安县图书馆职工发表论文两篇，撰写调查研究报告两篇。

庆安县图书馆采用集中培训的方法，每年4月份对县农家书屋管理员、共享工程服务点负责人以及12个社区图书室管理员进行技术培训，还到各基层点上门指导，解决基层点业务和技术问题。2012年，举开办的培训8次，参加培训人员共计799人。

庆安县辖14个乡镇、93个村以及12个城镇社区，共计119个图书室，图书馆选择建设基础较好的60个村图书室和6个城镇社区图书室为县图书馆分馆，图书室参与服务网络建设比例为55%。

管理工作

2009年，制定了图书馆各项规章制度，使图书馆实现科学化、制度化、规范化管理。2012年初又制定了《庆安县图书馆优秀员工评比办法》和《庆安县图书馆优秀部评比办法》两个评比办法。进一步增强了全馆职工工作热情，形成赶、帮、超的良好工作局面。

重视文献保护工作，制定了相关文献保护规章制度，书库

为图书馆社区分馆颁发标牌

城镇读书月活动启动仪式

文化艺术中心报告厅

图书馆综和阅览室

防火、防盗、防虫、防潮、防尘都有相应的防护措施和设备；破损图书做到及时修补。

表彰、奖励情况

扎实的工作、出色的业绩，使我庆安县图书馆获得多项殊荣。2009年，代表黑龙江省接受国家农家书屋工程建设检查验收，并代表黑龙江省在全国农家书屋工程建设经验交流会上介绍经验；2010年，在全省农家书屋工程建设工作评比奖励活动中，新胜乡新清社区农家书屋被评为全省优秀农家书屋，并在全省农家书屋工程建设工作经验交流会上介绍了经验，2010年12月，欢胜乡永升社区农家书屋被评为全国服务基层、服务农民先进单位；2012年，致富乡兴隆社区农家书屋被评为"全省优秀农家书屋"，在全省文化体制改革表彰奖励会上，致富乡兴隆社区农家书屋被评为全省文化体制改革和发展工作先进单位；同乐乡同发村农家书屋管理员王凤林被评为全国优秀农家书屋管理员。庆安县图书馆连续三年被主管局评为"标兵单位"、"先进党支部"和"先进工会"。

馆领导介绍

钟嘉巍，男，1977年5月出生，大专学历，中共党员，馆员，党支部书记、馆长。1995年参加工作，2008年任庆安县图书馆党支部书记、馆长。

任春梅，女，1964年3月出生，大专学历，中共党员，政工师，党支部副书记、副馆长。1985年参加工作，2013年任庆安县图书馆党支部党支部副书记、副馆长。

崔威，男，1972年7月出生，大专学历，中共党员，助理馆员，副馆长。1995年参加工作，2013年任庆安县图书馆副馆长。

王晓峰，男，1969年4月出生，大专学历，馆员，工会主席。1986年参加工作，2004年任庆安县图书馆工会主席。

未来展望

未来几年，庆安县将继续大力加强馆藏资源建设，力争使图书文献馆藏超过20万册。进一步优化馆藏结构，形成内容丰富、结构合理，门类齐全的图书档案一体化的馆藏资源体系。

发展传统图书馆资源的同时，将加大对数字图书的投入力度，发展数字文化服务。充分发挥文化信息资源共享工程支中心的优势，延伸服务范围、拓展服务功能。利用先进的计算机技术和数字信息系统，开展各种图书服务活动，提高广大人民群众整体素质，继续创新并完善电子文件的接收和管理，加强数字图书馆建设。

积极完善核心价值体系建设，建立健全科学的激励机制和系统的组织规范，强调知识管理，提倡人本服务。根据发展的需要，及时调整岗位设置和组织结构，完善培训机制，加强学术研究，努力提高团队的积极性和创造性，建立高品质的文化队伍，成为庆安县人民最满意的公共文化服务单位。

联系方式

地　址：庆安文化艺术中心
邮　编：152400
联系人：钟嘉巍

农民读书月活动启动

文化艺术中心外景

绥棱县图书馆

概述

绥棱县图书馆前身1954年设在县文化馆内图书室，藏书2万册，设有专人管理。1954年县文化馆发生火灾图书被焚。1962年在县文化馆内重新建图书室，到1965年图书室藏书1.5五册。在“文革”期间，有些图书被当做废品卖给废品收购部。1979年初正式筹建绥棱县图书馆，与文化馆同址办公，有100余平方米馆舍，受县文化科领导，年末正式对外开放。1981年省文物管理委员会拨专项资金5万元，县政府匹配2万元，建成350平方米二层砖木结构的图书馆办公楼，馆藏图书达2万册，年接待读者4万多人次，图书、报刊年借阅8万多册次。2004年县政府为扩大馆舍在原址翻建，建筑面积为868.29平方米，馆藏图书达5万册，年接待读者6万多人次。图书、报刊年借阅11万册次。2004年参加全国第三次图书馆评估定级中，被评为国家三级图书馆。2010年县政府在县城中心地带投资8000多万元，总占地面积16000平方米，建筑面积18702平方米，落地面积7000平方米，绿化面积9000米的绥棱文化艺术中心。其中县图书馆面积为3000平方米，于2012年12月竣工交付使用。2013年底馆藏图书达到20万册，年接待读者15万人。现有读者网上阅读电脑30台，选用省共享工程中心自动化管理系统。新馆的建成为绥棱县广大读者提供了舒适整洁、宽敞温馨的学习环境，绥棱县图书馆在省内县级图书馆中处于先进行列。

业务建设

截止2013年末，绥棱县图书馆总藏书量为20万册。其中图书15万册，期刊29000册，报纸2万册，少儿读物1万册，地方文献1000册。新馆建成后县政府投资30万元购进了设备设施，改善了借阅环境实现了图书馆业务工作现代化。为倡导学习型社会，引导全民读书深入开展，我馆自2004年施行免费对外开放以来，到馆读者剧增，得到了社会的好评。文献编目工作，我馆依据《中国法》（第五版）标引著录，书刊加工整理都有严格的标准。图书文献一个月内完成，期刊报纸一个工作日完成。藏书管理工作，加强藏书保护是图书馆工作人员的义务，我们始终讲藏书工作放在首位制定了藏书保护制度，要求规范书标，登录号，馆藏章都达到统一整齐、美观，并在各部门配备了灭火器材、窗帘等保护措施，对破损书刊及时修补，延长了书刊的使用寿命。

读者服务工作

从2011年起，绥棱县图书馆365天对外施行免费开放，周开馆56个小时。2011年至2013年借阅人次（年）达到7万人次，借阅总册数为（年）14万册次，为11个乡镇社区73个农家书屋网点开展流动服务。经常利用流动服务车为这些网点送书刊服务。2009年至2013年绥棱县图书馆共举办各种讲座、展览、培训、阅读推广等读者活动40多场次，参与读者人数达20万人次。

业务研究、辅导、协作协调

2009年至2013年绥棱县图书馆干部职工在报纸、刊物、机关会议发表论文、调查报告、体会文章等22篇，其中省级5篇，市级9篇，县级8篇。

从2012年起绥棱县图书馆以省图书馆文化信息共享工程VPN专网为依托，与省图书馆连网，为做好此项工作对上设联合目录，流通服务，地方文献征集，阅读推广与讲座展览资源服务，业务培训与技术指导等工作，组织对本县基层乡镇文化站、社区、农家书屋精心指导与服务并与邻县的海伦馆、庆安馆开展馆际互借资源交流等活动。2011年起在全县范围内开展图书业务骨干志愿者服务行动，到2013年底全县共用志愿者41人，志愿者经常活跃在乡镇文化站图书室，农家书屋、社区、中小学校等开展活动，在为其提供图书借阅服务的同时开展义务培训28次。

管理工作

2011年以来绥棱县图书馆采取有效措施，切实加强管理工作，从新调整、充实、完善各项规章制度，先后制定了对人事管理、财务管理、档案管理、环境管理、消防安全管理、图书借阅管理、志愿者服务管理等各项制度。在此基础上，落实分工负责制，按岗位、职务、职称确定工作岗位及责任，建立建全工作目标量化考核，每月进行进度通报，每年底进行总体工作考核，考核结果与个人工资、奖、惩和评选先优模挂钩，对职工达不到质效的不能发13个月奖励工资，3年来共有3名职工因没有完成本职工作少发奖金30%，取消评选先进资格，有3人普为部组负责人，有1人提拔为副馆长。

报刊阅览室

电子阅览室

东南社区电子阅览室

为幼儿园送书活动现场

表彰、奖励情况

2009年至2013年绥棱县图书馆由于工作业绩突出，多次受到上级表彰奖励。连续4年被绥棱县文广新局评为先进单位和先进党支部，2013年被绥棱县妇联评为“三八红旗”集体，被绥化市委市政府命名为市级文明单位，绥棱县被省文化厅评为全省文化先进县，图书馆由三级馆又被评为国家一级图书馆。

馆领导介绍

赵志学，男，1955年9月生，中专学历，中共党员，馆员，书记、馆长。1970年12月在县五七干校（下乡）参加工作，1985年5月任县图书馆副馆长，1989年2月调入县文化局任纪检委员，1991年4月任图书馆书记、馆长。中国图书馆学会会员。

丁英敏，女，1965年12月生，中共党员，馆员。1996年10月任图书馆党支部副书记兼任工会工作。黑龙江省图书馆学会会员。

高淑坤，女，1966年11月生，中共党员，高级技师，2014年2月任图书馆副馆长，分管业务工作并兼任采编部主任，1990年1月在绥棱县纺纱厂参加工作，1993年调入图书馆，黑龙江省图书馆学会会员。

未来展望

在“十三五”时间，绥棱县图书馆要努力成为绥棱县域文化资源中心、市民终身教育的学校，绥棱地方文献的宝库，当地图书馆的中枢，高雅的文化休闲场所，成为县内集文化、科学、信息传递，文化遗产保护、改革开放、经济社会发展成就为一体的综合性公共图书馆，为绥棱经济发展和社会进步发挥职能作用。“十三五”时期，在做好常规性业务工作的基础上，重点加强一下三个方面：一是加强绥棱乡镇社区图书室建设。由县政府投资建设，计划2017年前，扩大绥棱镇西南、立新二个社区图书室建设面积，由目前的图书室200平方米，扩大到400平方米以上，计划藏书量达到5万册，可接待读者4万人，并与县共享之中心连网实现资源共享，达到省级社区图书室的标准。同时增加农村乡镇图书室和农家书屋的藏书量，达到省级标准。二是进一步扩大县图书馆藏书量，逐渐提高县图书馆的藏书数量和质量，年购书费达到6万元以上，并保持与国民经济增长幅度同步，每年确保增加图书1万册，期刊300种，报纸100种以上，力争到2020年使县图书馆藏书量达到30万册，全县人均藏书1册以上。三是进一步加强信息资源共享工程设备设施。预计到2020年县图书馆用于电子阅览电脑达到80台，每个乡镇和社区达到10台，每个行政村至少5台，计划投资50万元。

联系方式

地　址：黑龙江省绥棱县兴旺街18号
邮　编：152200
联系人：赵志学

少年儿童阅览部及数字图书馆

图书馆综合楼

伊春市图书馆

概述

伊春市图书馆成立于1963年；1986年12月新馆舍建成并投入使用，建筑面积4031平方米，位于伊春市伊春区新兴西路前卫街5号，自1994年全国公共图书馆评估定级以来，伊春市图书馆已连续四次被评为国家二级图书馆。伊春市图书馆现有阅览座席415个，计算机106台，宽带接入100兆光纤，无线网络读者服务区覆盖面达100%，存储容量45.2TB，1998年实现了业务工作自动化；2008年统一了业务系统平台——Interlib图书馆管理系统。

业务建设

截止2012年12月，伊春市图书馆总藏量36万册（件），采购电子文献6259种，普通图书和报刊使用《中国文献编目规则》、《新版机读目录格式使用手册》、《中图法》第五版等进行规范著录，分类和主题标引，并制定本馆编目细则，保证编目数据规范一致，通过新书加工和回溯建库，编目数字化已达到80%，期刊编目数字化达100%。

伊春市图书馆在省图书馆的大力支持下，通过VPN数字平台在馆内直接访问国家图书馆，省图书馆数字资源有“万方数据知识服务平台，中国期刊全文数据库中国年鉴网络出版总库，中国优秀硕士学位论文数据库等23个数据库。

利用文化信息资源共享工程资源，通过互联网，卫星网，广播电视网等新型传播载体，实现中华优秀文化资源的共建共享，资源建设已达105.28TB，同时通过省图书馆数字资源平台访问“龙江学习中心”内容涵盖：图书，期刊，视频课程，考试等。

2011年图书馆购买了CNKI特色数字图书馆中的“精品文化，精品文艺，精品科普，党建期刊，经济信息”五个专题资源，通过市图书馆网站，让数字资源免费进入全市各级机关企事业单位，部队，学校，社区和家庭。馆内购置“电子触摸屏读报系统”和“歌德电子书借阅机”，使广大读者当天即可阅读《人民日报》、《新华当日电讯》、《文汇报》、《大公报》等国内150余种主流报纸的最新时政新闻，读者可随时通过手机下载“文学名著，少儿教育，健良生活，社会法律，科学技术等十一大类三千余册独家授权的电子图书；不但为读者提供全新的视觉享受同时也极大地方便了广大读者。

读者服务工作

为进一步提高读者服务工作，按照国家要求，2011年9月伊春市图书馆对外免费开放；2009年–2012年共接待读者911271人次，其中阅览：619383人次，外借291889人次，外借图书700372册次；编辑《信息参考》47期，跟题服务立项49项，提供资料499篇，解答读者咨询54500人次。

2012年底在全市社区，军营，敬老院等建立图书馆流动站22个，投放图书16万余册，与市内最大院校“黑龙江大学伊春分校“图书馆开通馆际互借服务。

2010年全市19个县（市）区（局）公共图书馆被批准为“文化共享工程“区级支中心，并与市图书馆实现互联，开展了网上参考咨询，网上联机检索，文献联合编目，数字化资源共享，使全市公共图书馆服务体系建设取得了实体性进展。

2009年–2012年，伊春市图书馆共举办讲座，展览，培训，林都周末讲堂，阅读推广等读者活动384场次，参与人数114432人次。

业务研究、辅导、协作协调

2009–2012年伊春市图书馆职工在省级以上刊物发表论文31篇，一项课题通过图书馆学科科研课题立项，8篇论文获省图书馆学会科研成果二等奖。

2009–2010年派出40余人次分别参了由国家古籍保护中心举办的“古籍整理培训班”，“中美图书馆员专业交流研讨班”，‘中图法’第五版培训班，“视障者教育服务培训班”，“全省专业技术人员知识更新培训”；配合共享工程省级支中心在本市举办全市县（区）级共享工程技术人员培训班；举办全市图书馆系统“基层图书馆员业务培训班；全市图书馆采编人员培训班。

2012年承办全省地市级图书馆馆长工作会议，针对全市公共图书馆服务体系建设召开首届全市县（市）区（局）图书馆馆长工作会议，讨论通过了《关于深化全市公共图书馆服务体系建设》的建议。

2009–2012年深入县市区局图书馆50余次，培训辅导基层图书馆业务人员160余人次，使基层图书馆工作得到进一步规范。

天和杯全国牡丹摄影艺术节

林都情韵

阅览部

少儿分馆

读者自修室

管理工作

伊春市图书馆多年来坚持"以人为本"从保证服务质量入手，实行系统化，规范化管理，人员实行按需设岗，按岗聘用，择优聘用的原则，充分利用科技手段坚持严格的考勤制度和随时抽查制度，建立了工作量化考核制度，每季度通报一次，对服务部门文献排架，书目数据，工作完成情况进行不定期抽查。

表彰、奖励情况

2009–2012年，伊春市图书馆先后被黑龙江省文化厅，省新闻出版局，等上级部门授予"全省共享工程宣传先进单位，全省文化系统创先争优先进基层党组织，全省全民阅读活动组织工作先进单位，优秀项目奖，青年文明号，全省古籍保护先进单位，读书学习优秀单位等荣誉称号。

馆领导介绍

王学文，男，1965年2月生，大专学历，中共党员，高级政工师，馆员，1983年10月参加工作，现任伊春市图书馆馆长（正科级）兼任黑龙江省图书馆学会常务理事。伊春市图书馆学会理事长。

张毅，男，1964年6月生，本科学历，中共党员，高级政工师，馆员，1984年9月参加工作，现任伊春市图书馆党支部书记（正科级）。

唐红军，男，1971年3月生，本科学历，中共党员，馆员，1986年参加工作，现任伊春市图书馆副馆长（正科级），兼伊春市图书馆学会副理事长，

于翀，男，1978年9月出生，本科学历，中共党员，馆员，2001年8月参加工作，现任伊春市图书馆党支部副书记（副科级）。

王若宏，男，1964年7月出生，本科学历，副研究馆员，1986年12月参加工作，现任伊春市图书馆副馆长（副科级），兼伊春市图书馆学会副理事长。

未来展望

伊春市图书馆将坚持"读者至上，服务第一"的服务宗旨和"以人为本"的办馆理念，进一步强化文明服务，不断完善服务设施，拓展服务功能，扩大服务范围，努力实现全市图书馆通借通还，达到资源共享，带动全市图书馆事业的整体发展，进一步推动我市全民阅读活动的开展。

图书馆馆貌

电子阅览室

盲人阅览室

哈尔滨市呼兰区图书馆

概述

呼兰县图书馆始建于1959年，1961年县委又决定，将文化馆、博物馆，图书馆和并为一个单位——呼兰县文化馆，1975年10月省文管会批准正式成立呼兰县图书馆，经费独立核算，全额拨款事业单位。1975年图书馆刚成立时馆舍面积只有150平米，1979年1985年两次新建、扩建馆舍总建筑面积1065平方米。区委、区政府高度重视文化事业发展筹建新馆。新馆舍于2010年底建成，建筑面积为2045平方米。建筑结构地上二层、地下一层，地上一层设有综合阅览室、少儿阅览室、综合外借书库和特藏室。二层为办公室、分编室、网络技术部。地下室设有电子阅览室、自然科学书库、社会科学书库、鲍恩荣藏书库和一个可容纳120人的多媒体报告厅。

图书馆共有藏书22大类12万多册。其中有5万多册是近期采购的新书，综合阅览室有各种期刊200多种、报纸30多种。少儿阅览室有各种少儿读物200多种。为读者提供全开架借阅。电子阅览室有30多台电脑可为读者提供便利、快捷的网上服务，馆内共有阅览座位260个。

2004年5月撤县建区改为哈尔滨市呼兰区图书馆。1994、1998、2009年被文化部评为国家三级图书馆，2013年第五次全国公共图书馆评估中被文化部评为国家二级图书馆。

业务建设

截止2012年底呼兰区图书馆总藏量80177册(件)、其中图书：79827册，报刊：298种、视听文献、52件；2009年10采用INTERLIBT图书馆集成系统。馆内建成局域网并能正常开展工作，共享工程呼兰支中心是2009年9月建立，全区共有乡镇基层服务点168个，通过卫星设备直接接受国家中心下发的各类资源和信息。以呼兰图书馆为平台，由网络技术部具体负责。主要保障区支中心共享工程设备的正常运行，协调镇村级共享工程的维修，指导镇村级共享工程活动开展以及负责全区共享工程管理人员的业务培训和指导。每年对辖区的共享工程管理人员进行业务培训，截止2012年底举办各类培训班6期，参加培训人数达300人次。

在“十二五”期间，提升、完善设施条件，增加投入力度。保证公共电子阅览室硬件达标，30台以上终端计算机，互联网出口宽带10M，数字资源总量6TB。自建有关种农村植业、养殖业方面知识制成VCD光盘50件，全部实行免费上网。

读者服务工作

从2011年起呼兰区图书馆全年开馆350天、每天8小时、每周56小时。周六、周日不休息。2009−2012年书刊总流通194050册次，总流通75300人次。其中外借18011人次，49422册次。

2012年3月开通呼兰区图书馆网站。网站内容：由8个部分组成即：图书馆简介、楼层结构图、组织部门、同行业网站、图书查询、阅览须知、电子资源、共享工程等内容。读者可利用网站了解到图书馆各种信息情况。

2009−2012年呼兰区图书馆共举办讲座、展览、培训、阅读推广等读者活动60场次。参加人数33060万人次。

业务研究、辅导、协作协调

2009−2012年呼兰区图书馆职工在省、市级刊物上发表论文13篇、获黑龙江省图书馆学会优秀科研成果奖3项。

参与黑龙江省图书馆联合编目，与哈尔市图书馆签订馆际互借协议，市图汽车图书馆共建图书流动站签订协议，参加上级图书馆和学会组织的各项业务学习和活动。截止2009−2012年全区共有街道、乡镇、社区、村图书（室）17个，参与服务网络建设的街道、乡镇、社区、村图书馆（室）7个，占全区图书馆（室）的41%。

管理工作

2010年呼兰区图书馆完成第二次全员聘任，本次聘任共设18类岗位，有15人重新上岗，同时，进一步完善考核指标体系，每月进行工作通报，半年和全年进行总体工作考核。

表彰、奖励情况

2009−2012年呼兰区图书馆共获各种表彰、奖励17个，其中获市级业务主管部门表彰、奖励4次。县级业务主管部门表彰、奖励13个。

馆领导简介

于志学，男，1964年11月生，大专学历，中共党员，中级职称，馆长。黑龙江省图书馆学会会员。1981年8月参加工作，历任呼兰县人民艺术剧院院长，文化市场稽查大队副队长等职，2007年7月调任呼兰区图书馆任副馆长，2011年4月任图书馆馆长。

张航，女，1962年10月生，大专学历，中共党员，助级职称，党支部书记。1981年1月参加工作，担任外借出纳员，阅览部管理员，辅导部主任等职，2000年12月任图书馆党支部书记。

李伟，男，1957年1月生，大专学历，中共党员，中级职称，副馆长，1975年7月参加工作，担任过阅览部管理员，外借部出纳员，辅导部主任等职，1993年3月任图书馆副馆长。

未来展望

呼兰区图书馆遵循“科学、快捷、创新、发展“的办馆方针，进一步完善服务功能，扩大服务区域，在“十二五”期间，提升、完善设施条件，增加投入力度。保证公共电子阅览室硬件达标，30台以上终端计算机，互联网出口宽带10M，数字资源总量3TB。全部实行免费上网。建立一个残疾人阅览室和过刊阅览室。把图书馆办成集文化、科技、信息传播、保护文化遗产、开展社会教育为一体的综合性公共图书馆。成为全区民众阅读学习、信息服务交流中心，进一步加强和完善网站建设，增加对图书馆宣传的一个渠道，让更多的人了解呼兰区图书馆、走进呼兰区图书馆，使图书馆成人广大人民群众丰富业余文化生活的一个精神家园。

联系方式

地　址：呼兰区南二道街3号
邮　编：150500
联系人：李　伟

尚志市图书馆

概述

尚志市图书馆1958年建馆，几经搬迁，于1989年搬到现在尚志镇新闻街96号文化综合楼内，馆舍面积1580平方米，藏书总量9万余册，1997年，首次参加图书馆评估，获得三级图书馆，2013年，参加第五次全国公共图书馆评估，获得二级图书馆。设有综合阅览室、少儿阅览室、电子阅览室、外借处、自修室五个服务部门。阅览座位145个，于2011年10月实行免费开放。计算机30台，于2012年接入10兆宽带网络接口。选用Interlib图书馆集群管理系统。

业务建设

尚志市图书馆是公共图书馆，藏书以普及型的大众读物为主体。馆藏文献具有综合性、普及性、实用性和地方性的特点，编制了适合本馆的《采购细则》，依据细则补充藏书。保证了藏书质量，其中图书入藏为：

2009年入藏483种，1932册；2010年入藏842种，2684册；2011年入藏895种，2685册；2012年入藏5268种，8215册。报刊入藏为2009年85种；2010年87种；2011年81种；2012年120种。

尚志市图书馆在2011年6月前，使用《中国图书馆分类法》（简本）进行类分图书，依据《中国文献编目规则》著录。为了科学规范的开展工作，分别编制了本馆的《分类细则》和《著录细则》。馆内共编制三套目录：公务题名目录、公务分类目录、读者分类目录。

2011年6月，尚志市图书馆开始使用计算机编目，取代了传统的卡片式目录，采用《中国机读目录格式》进行著录，依据《新版中国机读目录格式》使用手册，制定了本馆的《著录规则》。

读者服务工作

从2011年10月起，尚志市图书馆实行免费开放。实行全年开馆，节假日不休息，夏季每周开馆63小时，冬季每周开馆60小时。

尚志市图书馆现有文献总量90120册，开架文献11020册，其比例为12.23%，年外借册次61200册次，馆藏书刊外借率67.91%，2012年全年接待读者28748人次，2012年馆外流动点书刊借阅册次达5000册。

尚志市图书馆现有持证读者3500人，2012年接待流通读者28748人次，人均到馆次数为8.21次/人，2012年尚志市图书馆解答咨询150余条，为科研部门和经济部门提供科研信息50条，为领导部门提供50多条决策信息，还为农村种植户、养殖户编制了8期《信息小报》每期100份，分发给农民。

2012年尚志市图书馆共举办19次讲座，6次展览，7次阅读推广，参加人次有4000人。

为了进一步了解读者对图书馆的需求，扩大图书馆与读者交流，2013年3月尚志市图书馆开展了读者满意率调查，发放调查问卷200份，回收192份，回收率96%，满意率100%。

协作协调、业务辅导、业务研究

2010年尚志市图书馆与国家图书馆联合编目中心黑龙江分中心签订了联合编目协议。并根据协议，尚志市图书馆成为国家联合编目中心黑龙江分中心的成员馆。

为了实现资源共享，尚志市图书馆分别与黑龙江省图书馆、哈尔滨市图书馆和哈市8区9县（市）图书馆签订了馆际互借协议，充分发挥了图书馆资源优势，做到了各图书馆资源共享。

尚志市图书馆为了延伸和扩大图书馆借阅工作，积极在本地区开展图书馆网络建设，与本市17个乡镇162个村中的65家农家书屋建立联系，尚志市图书馆选出实用文献资料开展巡回借阅。2012年7月15日至22日、12月17日至24日，尚志市图书馆对17个乡镇文化中心，65个农家书屋管理员进行了巡回辅导。

2012年尚志市图书馆工作人员发表论文两篇。分别在《华章》、《科技信息》杂志上发表了论文《文化信息与图书馆的关系》和《图书馆核心价值理论研究》。

管理工作

尚志市图书馆编制数8人，现有职工人数7人，中级以上职称人数6人，占职工人员总数85%。实行全员岗位聘任，每三年聘任一次，每年进行工作考核。

馆领导介绍

王兆清，男，1954年3月生，中专学历，中共党员，职称馆员，职务馆长。

吴秀红，女，1972年11月生，本科学历，中共党员，职称研究馆员，职务副馆长。

未来展望

尚志市图书馆遵循“读者第一、服务至上”的服务理念，在发展传统图书馆的同时，加大对数字图书馆的投入，增加购书经费和图书藏量，增加人员编制，吸收图书馆专业人才，未来图书馆将进一步扩大服务功能，延伸服务区域，扩大服务人群。

联系方式

地　址：尚志市新闻街96号
邮　编：150600
联系人：吴秀红

依安县图书馆

概述

依安县图书馆成立于1956年，最初为依安县文化馆图书室，于1976年独立为依安县公共图书馆，2000年搬迁到依安县怡心园依安镇综合楼，由于馆舍设计不合理，于2010年迁入依安县文化体育活动中心北侧。新馆舍面积1500平方米，设有图书外借处、期刊阅览室、信息服务室（采编室）、电子阅览室（含音像制品外借处）、共享中心等服务项目。设计藏书15万册，阅览坐席80个，计算机35台，宽带接入10M，资源存储5TB。2013年参加第五次全国公共图书馆评估，定级为国家二级图书馆。

业务建设

截止2014年6月，我馆藏书总量现已达到110000万册，22大类，八万种。其中，纸质文献108500册，电子图书1500册。地方文献入藏完整率55%。年图书购置费7万元，年读者总人次14620人次，年图书流通总册次46800册，办公环境、办公设施方面也得到了极大的改善。2010年前，依安县图书馆只有10台计算机，全部用于电子阅览室，所用办公桌椅均为十几年前老旧不堪的“老古董”。至2014年，全馆计算机台数达到35台，其中办公用计算机5台，服务用计算机30台，复印打印一体机一台，彩色打印机一台，图书流动服务车一台，办公桌椅等设备全部更新，共享工程也于2011年12月30日开通，目前，已建成依安县图书馆数字资源库。

读者服务工作

目前依安县图书馆开展的服务项目主要有：(1) 向全县城乡广大人民群众提供借阅、查询图书文献资料。(2) 对全县基层图书室提供辅导咨询服务，促进新农村文化建设。(3) 文化资源共享工程依安县支中心担负文化资源的传递工作。(4) 采取多种形式宣传图书馆服务内容，开展读者活动，培养广大人民群众的阅读习惯。自2011年10月1日我馆开始对外免费开放，周开放56小时，年开馆天数365天，真正实现无假日服务。已建图书流动服务站2个，自2010年以来共举办讲座、培训、读者调查等读者活动15场次。建立依安县图书馆信息交流群一个。另外，我们还开展人性化服务，在大厅专门摆放了供读者和游人临时休息阅读的桌椅和报刊，并布置了绿色植物以美化环境，营造了浓厚的读书活动氛围，目前，依安县图书馆的服务范围实现了我县15个乡镇148个行政村的全覆盖。

业务研究、辅导、协作协调

2010—2014年6月，依安县图书馆职工共发表论文25篇，辅导建设农家书屋148个，举办培训6次，座谈会5次，读者问卷调查3次，下乡走访活动每年30次，举办演讲1次。组织业务考核3次。

管理工作

制定了依安县图书馆工作目标管理一览表，实行工作项目负责制、岗位责任制，建立健全了《文献保护规章制度》《遗损书籍处理办法》等管理制度。目前有工作人员13名，均为大专以上学历。其中有3人为高级职称副研究馆员，3人为中级职称馆员，2人为初级职称馆员，其余为公益岗位。全馆共设7类岗位，实行全员岗位聘任，于每年底进行总体工作考核。

表彰、奖励情况

2010—2014年6月，依安县图书馆共获得表彰、奖励7次，其中，省文化厅表彰1次，齐齐哈尔文化局表彰2次，其它表彰、奖励4次。

馆领导介绍

丁尚友，男，1956年11月25生，大专学历，中共党员，副研究馆员，馆长，中国图书馆学会会员。1974年参加工作，1980年5月调入依安县图书馆，1994年任依安县图书馆副馆长，2003年经民主选举任依安县图书馆馆长，2009年被评为黑龙江省省级劳动模范，2011、2012连续两年被评为依安县文化系统先进个人。

未来展望

近年来，随着县域经济的不断发展，依安县图书馆的建设也发生了翻天地覆的变化，在依安县委、县政府和上级主管部门的大力支持下，各项工作得到了稳步发展。

在未来几年，依安县图书馆将努力发展成为我县文化信息服务的中坚力量，在业务建设上积极努力，不断加大本地科技、文化信息资源整合力度，提高电子网络在农村的覆盖面，真正为新农村建设提供优质的文化信息服务。同时要加强宣传，开展各种形式的读者活动，增进群众对图书馆职能的认识。针对当前网络文化时代的特点，更多地了解当前大众的需求倾向，以便更好地为县域经济文化建设服务。

联系方式

地　址：依安县文化体育活动中心
邮　编：161500
联系人：丁尚友

富裕县图书馆

概述

黑龙江省富裕县图书馆成立于1975年，当时与县文化馆合属办公，当时馆内只有一个综合阅览室和一个外借室，工作人员5人，藏书为5000余册，每年订阅期刊不足100种。

1987年，富裕县图书馆新建馆舍1000平方米，更新了图书专用设备。补充了近5000册新书。此时，藏书达到了3万册。尔后，每年都购置一定数量的新书，报刊每年订阅为100多种。

1997年，在全国公共图书馆等级评估中，富裕县图书馆被评定为国家三级图书馆。2005年，图书馆通过置换，新建馆舍楼3000平方米，地址在县城南新区，位于县党政办公中心南邻。图书馆新馆舍在2007年投入使用，所有办公设施全部更新。馆内设置部门分别为外借部、采编部、参考咨询部、信息和业务辅导部、期刊部、地方文献室、新增了电子阅览室。馆藏图书总数为8万余册。期刊近300余种，工作人员10人。

图书馆从2010年起实行免费开放服务。当年富裕县图书馆由国家三级馆晋级到国家二级图书馆。现在的富裕图书馆也是黑龙江省图书馆的流动分馆。

业务建设

富裕县图书馆截止2013年底，图书总藏量为9万余册，报刊订阅300余种，工具书2000余册，地方文献1500余册，电子阅览室的电脑30余台，视听资料1000余件，办公设施基本现代化。图书馆从2010年起利用购书专项资金每年购置新书不少于3000册，图书加工整理采用图书馆自动化集成管理系统进行图书编目、分类、查询、登记等自动化管理。

图书馆所有流通部门及服务窗口，管理规范；环境优雅；精良的业务素质；优质的服务态度；被称之读者之家。2012年图书馆建立了互联网站，网址是：WWW.fyxtsg.cn。

读者服务工作

图书馆在2010年起，实行免费开放服务。图书馆始终坚持全年开馆358天，周开馆56小时，外借部门坚持开展为残疾人送书上门服务，开展预约借书，少儿部每年利用小学生寒暑假期间组织开展学生智力竞赛、征文比赛、读书座谈会、诗歌朗诵比赛、演讲比赛等丰富多彩的系列活动。深受学生家长们的热烈欢迎。在每年的元宵节时都举办一次大型的有奖猜谜活动，丰富新春佳节的文化生活和增添节日的喜庆气氛。

图书馆为了适应网络时代的需求，在2007年成立了电子阅览室，安装电脑30台，光纤联网，为网络读者提供现代科技服务。为了拓宽服务领域，图书馆目前已在社区、机关、学校、企业、驻富部队、敬老院、农村等地建立图书流动站40余处，图书流动量为20000余册次，使馆藏图书充分发挥其作用。

每年开展文化下乡活动，为农村免费提供农业科普技术资料，播放科技录像片，在农家书屋建设管理工作中，图书馆业务辅导部门针对10个乡镇90个行政村的农家书屋，有计划的进行业务指导，对新任书屋的管理员每年办1–2次的业务培训班，使他们胜任其书屋的管理工作。

富裕县图书馆自1987年至今一直坚持编印《富裕科技信息报》和《参考信息报》免费为农村提供科技致富信息，为党政机关领导提供决策参考信息，《富裕科技信息报》的编辑，曾荣获黑龙江省文化厅颁发的文献开发成果三等奖。2014年6月，文化部配送我馆一台图书流动车，车内载有电脑、音响、投影仪、卫星接收电视、书架、期刊架等设施。我馆充分利用车载资源，开展流动车服务工作。多次到社区、乡镇、村屯、部队、敬老院进行送书、播放科普片、革命传统教育片、进行新书展等服务，每到一处，都受到当地的群众热烈欢迎。我们的图书流动车被广大读者誉为多功能的流动图书馆。因此，开展好流动车服务工作，是我馆今后的一项长期性工作任务。

业务研究、辅导、协作协调

组织协调有关单位开展图书主题宣传月活动，在社区、机关、学校、企业园区中开展读书活动，品味书香富裕。在农家书屋建设中，协调当地主管部门解决书屋建设中的一些实际问题。在2008年至2011年，全县90个行政村全部建成了农家书屋，形成了一个完整的县、乡、村三级图书馆网体系。图书馆自2009至2013年，在省级以上刊物上发表专业论文10余篇，获省部级的科研成果4项。为基层图书馆（室）的农家书屋管理人员进行业务培训。

管理工作

2003年富裕县事业单位作为齐齐哈尔地区的改革试点，推行工作人员岗位聘任制，定岗定编，图书馆所有工作人员通过竞聘落实岗位，获聘者签订聘任合同，对每个岗位实行目标

化管理，岗位工作实行月记实，年终考评、考核。考核结果由县人事部门登记备案。

表彰、奖励情况

2009年至2013年，图书馆分别被齐齐哈尔市总工会、县委、县政府、县总工会、县妇联分别授予五一劳动奖状、先进集体、劳动模范、三八红旗集体等荣誉称号，总计10余次。

在农家书屋管理建设工作中，我县二道湾镇的林业村、和龙生村的农家书屋在县图书馆的业务指导帮助下，分别荣获全国先进示范农家书屋和黑龙江省先进农家书屋的荣誉称号。

馆领导介绍

尤维玲，女，1962年生，本科学历，中共党员，副高职称，馆长。1983年参加工作，曾任粮食局、文体局会计，政工，图书馆采编员，工作期间，曾多次荣获市、县有关部门授予的先进个人、三八红旗手标兵等荣誉称号。

未来展望

富裕县图书馆近年来，无论馆舍建设、工作环境、藏书结构、业务管理、设备设施、队伍建设、都有很大的改进，目前是国家二级图书馆，省图流动分馆。如今，国家对文化事业的发展和投入力度不断加强，所有的行政村都建立了农家书屋，特别是国家对县级馆免费服务资金的落实，给县级图书馆的发展增添了生机和活力。为此，我馆力争早日实现电子、数字化图书馆的建设工作，努力向国家一级图书馆的目标迈进。同时，还要加强具有地方特色的精品图书、地方文献的收藏工作。我们坚信，全馆职工在馆长的带领下，团结一心、开拓进取、敬业爱岗、图书馆的明天一定会星光灿烂。

联系方式

地　址：黑龙江省富裕县城南新区文体综合楼
邮　编：161200
联系人：尤维玲
撰　稿：张荣华
摄　影：张荣华

泰来县图书馆

概述

泰来县图书馆始建于1975年，1976年正式对外开放，馆舍几经变迁，2011年5月1日，位于泰来县湖滨路的新馆建成开放。新馆建筑面积2000平方米，设计藏书容量50万册，可容纳读者坐位500个，1999、2004年参加全国公共图书馆评估，获得三级图书馆；2013年参加第五次全国公共图书馆评估，获得二级图书馆。

业务建设

截止2013年底，泰来县图书馆总藏量15万册，其中，纸质文献14万册，电子图书1万册；2012、2013年新增藏量购置费5万元，共入藏纸质文献2万余册；购置电脑10台。

2009年设立全国文化信息资源共享工程支中心；2011年，设立全国文化信息共享工程基层服务点83家；2013年1月实现馆内无线网络服务。

读者服务工作

泰来县图书馆面对社会充分发挥图书阵地服务作用，积极营造读书氛围，不断扩展图书馆的服务领域，提升图书馆的服务功能，发挥图书馆的社会职能作用。坚持全年开馆，每年都开展丰富多彩、有声有色的读者活动。如：举办读书演讲比赛、进行爱国主义教育图片展览、组织读者座谈会、知识讲座、建立图书流动点和农家书屋、并且围绕新农村建设开展送书下乡活动等，坚持常年为老年公寓特殊群体送书上门服务，让老人感受社会的温暖，使他们老有所乐，老有所学。科普之冬活动及警馆、校馆共建活动也开展的有声有色。通过服务领域的不断扩展，发挥了图书馆文献信息资源中心的重要作用，为图书馆建设和打造和谐泰来做出了应有贡献。

泰来县图书馆全年开馆320天，2009—2012年书刊总流通75000人次，书刊外借20万册次；开通了馆际互借服务，截止2012年底，建立图书流动点35家；2009—2012年，馆外书刊流动总人次50000人次，书刊外借8万册次。2009—2012年，举办讲座、展览、培训、阅读推广等活动20场次，参与人次，4万余人次。

业务研究、辅导、协作协调

2009—2012年泰来县图书馆职工发表论文25篇，获得省级科研成果奖6篇。

2009—2012年共举办农家书屋管理员等培训6次，300余人次接受培训，深入共享工程基层服务点及图书流动点辅导85次。

管理工作

2012年6月，泰来县图书馆实行第四次全员岗位聘任，本次聘任共设7个岗位，有7人重新上岗，各部门制订了完善的管理制度，每月进行工作进度月报，年底进行总体工作考核。2009—2012年，共抽查文献排架48次，撰写专项调研2篇。

表彰、奖励情况

2009—2012年，泰来县图书馆共获得市宣传部、文化广电新闻出版局、县机关工委、县妇联等部门表彰奖励15次。

馆领导介绍

李晓达，女，1969年出生，本科学历，中共党员，副研究馆员，馆长。1987年9月参加工作，2005年1月任泰来县图书馆馆长。2010年3月，荣获全市优秀基层宣传文化干部；2012年7月，被泰来县人力资源和社会保障局授予嘉奖奖励。

未来展望

泰来县图书馆遵循“科学、效率、创新、发展”的办馆方针，不断完善服务体系。2009—2012年在不断强化自身建设的同时，不断扩大服务辐射区域，在全县乡镇、社区、机关、企事业等都建立服务网点，充分发挥了图书馆职能作用。在未来几年里，泰来县图书馆将不断建设和完善数字化图书馆，充分发挥图书馆在新时代的作用。

联系方式

地　址：泰来县湖滨路
邮　编：162400
联系人：李晓达

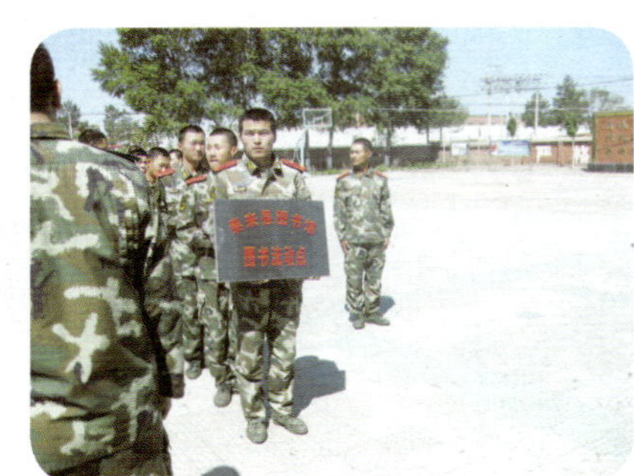

讷河市图书馆

概述

讷河市位于嫩江东岸，讷莫尔河流域，总面积六千六百七十四平方公里，人口八十万。讷河市旧名布特哈，1931年（民国二年）改称讷河县。讷河市于1929年10月1日县署教育局在县城新市街路西设立通俗教育社，设有阅览室，室内备有各种报纸任由民众互相阅览，1956年6月经省批准于县城东大街路北在文化馆图书室的基础上建立讷河县图书馆，是黑龙江省解放后首批建立的县图书馆之一。建馆初期编制四人，藏书三千余册。1976年原馆舍旧楼因年久失修已无法使用，经省批准，原地翻建。图书馆、文化馆在北二道街原址拐角处翻建一体楼。图书馆在正街一侧，面积900平米三层楼房，馆舍于1982年竣工，8月7日对外开放。2008年原馆舍被动迁，2011年11月搬至新馆舍博物馆原址——讷河市文体中心，图书馆位于三楼，馆舍面积1500平方米。

到2003年总编制为17人，8月因机构改革分到文化馆、文化市场管理所等单位7人，截止到2011年现编制10人。馆长一名，副馆长一名。讷河市图书馆现设有报刊阅览室、参考咨询室、图书借阅室、采编室、电子阅览室、少儿借阅室。报刊阅览室800平米，阅览坐席150个。一个多媒体电子阅览室150平米，现有电脑30台，为读者提供各种完善的馆藏文献资源的借阅、检索与咨询，公益性讲座和展览、基层辅导培训、图书流动服务等基本服务项目。

业务建设

截止2012年年底，讷河市图书馆总藏量8万余册，其中古籍230册，电子文献242，报刊8424册，供读者使用的计算机30台，电子文献200多种。讷河市图书馆现有专业技术人员10人，学历结构为大学本科5个，大专5个。职称结构副高级职称8个，中级职称2个。

读者服务工作

2009–2012年，讷河图书馆共举办讲座、展览、培训、阅读推广等读者活动10场次，参与人数800多人次。以讷河公共图书馆服务联盟为平台，由省馆创意若干个阅读推广图书主题活动。

业务研究、辅导、协作协调

2009–2012年，讷河图书馆职工发表论文12篇，省级课题4项。从2010年起，讷河市图书馆以文化信息资源共享工程VPN专网为依托，在全市范围内发起组建公共图书馆服务联盟，期间，举办联合编目等培训班6期，86课时，180人次接受培训。

管理工作

2012年讷河市图书馆完成第三次全员岗位聘任，本次聘任共设8类岗位，有10人上岗，每月进行工作进度通报，每半年和全年进行总体工作考核。2009–2012年，共抽查文献排架10次，书目数据20次，撰写专项调研4篇。

为了扩大服务领域，我们利用图书馆信息资源丰富这一优势，继续编发创办十余年的《科技信息报》和《决策参考》，全年编印4000份，发放到各级领导和农户手中，得到广泛的好评。

表彰、奖励情况

2009–2012年，讷河市图书馆共获得各种表彰、奖励3次，其中市政府表彰、奖励9次。

联系方式

地　址：讷河市中心大街483号
邮　编：161300
联系人：韩凤娟

讷河市图书馆外貌

报刊阅览室

少儿借阅室

图书馆大厅

肇州县图书馆

概述

肇州县图书馆位于县油田北路（十字街北路东），1976年11月，在县文化馆图书室的基础上，成立了肇州县图书馆，1991年经省里与县里的共同努力，投资84万元，在原址翻建三层楼的图书馆馆舍，1992年正式投入使用。2005年，在全县总体规划中，再次翻建了新馆舍，总面积为1257.76平方米，2009年9月青少年活动中心的少儿分馆开业，面积为897.33平方米。现肇州县图书馆的总面积为2155.09平方米。藏书量80787册，阅览坐席243个，计算机35台，信息节点25个，宽带接入10兆，使用Interlib图书馆自动化管理系统。设有外借部、综合阅览部、少儿阅览部、流动部、咨询部、电子阅览部、多媒体、少儿分馆等对外服务窗口。每周开放56小时，开展外借、阅览、参考咨询、信息、视听等服务。1999年，在全国公共图书馆第二次评估定级工作中，被评定为三级图书馆。2010年1月，在第四次全国公共图书馆评估定级工作中被评为三级图书馆。

业务建设

截止2012年底，我馆藏书80787册。其中中文图书61404册，报刊7890册，电子文献500种，其他文献，10993册（件），其中包含视听文献和地方文献，全部为读者开放。

肇州县图书馆2012年新增藏量购置费报刊订购费为40000.00元，我馆图书入藏量，6053种。视听文献总入藏量共计572件。报刊入藏量265种。

截止2012年底，我馆数字资源总量包括文化共享工程资源量和自建数据库，共3TB。自建数据库主要包括书目数据库，所有自建数据库以图书管理集成系统Interlib。

读者服务工作

肇州县图书馆实行免费开放服务，周开放56小时，2009-2012年图书总流通365830人次，2009年9月青少年活动中心的少儿分馆开业，各乡镇建有12个乡镇图书馆，设有图书流动车一台，馆外图书总流动15049册次，15049人次。我馆自办刊物，一年12期，以农业技术、农作物新品种、致富信息为主要内容，专人管理，按时发行，受到农民欢迎。“科技速报”曾获全省文献开发三等奖。

读者活动：2012年举办约30次，包括书法比赛，报告会、诗朗诵、读书月、图书展览等活动，参加约15000人次，引导青少年走进图书馆，参与图书馆活动，实现图书馆与读者的互动，来扩大图书馆的服务范围，增强服务效益。

宣传周活动：宣传周作为图书馆的重要活动形式，我馆举办的形式有书展、送书上门等，方便了读者，扩大了图书馆的社会影响。

参考咨询：专门为读者查找信息、材料、答疑，年接待读者200多人次，解答咨询200条。

业务研究、辅导、协作协调

2009-2012年肇州县图书馆职工发表论文12篇，2012年我馆对基层图书馆辅导共6次，分别是双发乡、二井镇、丰乐镇等，帮助乡镇图书馆分类，著录，排架，加快工作进度，方便读者借阅，促进图书流通，为农村经济发展做出自己的贡献。

2009年7月8日，在我县举行省分馆挂牌仪式，省市图书馆领导参加，黑龙江省图书馆肇州县分馆开业，签订了合作协议。四年来省馆书刊在我县流通情况良好，我馆按时向省馆提送业务报表，完成各项工作任务。

2012年我馆与肇源图书馆开展了馆际互借工作，共3次，3册次。

我馆现建有流动站12个，各流动站藏书约2500册，藏书截止2012年底，在全县建立网点104个，配置投影仪、电脑设备。先后共有104个行政村建成了农家书屋，农家书屋覆盖率达到100%。解决了农民买书难、看书难问题，基本上形成了覆盖盖全县农村文化信息资源共享工程服务网。

我馆定期对个流动站更换图书，业务人员深入流动点、农家书屋进行业务指导图书分类、编目、排架等业务。每年举

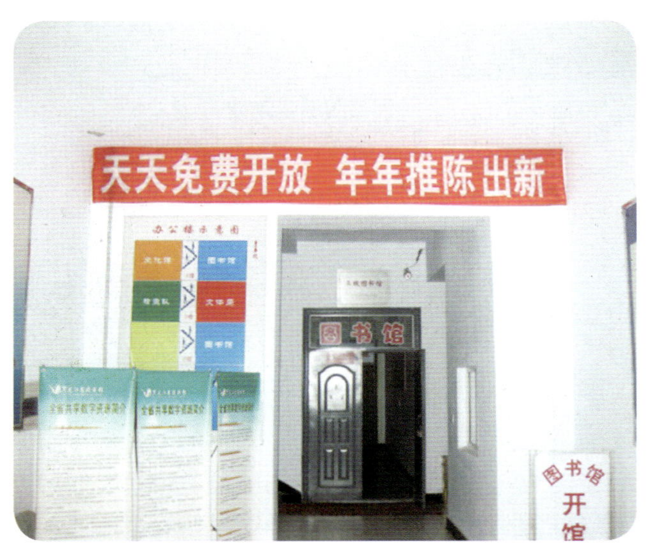

办业务培训班2次，学习自动化管理、图书数字化等。

管理工作

每年对职工进行考核，建立奖惩激励制度，卫生与环境管理制度、馆财务管理制度、国有资产管理制度、设备物资管理规定。我馆领导班子高度重视安全保卫工作，设有安全工作领导小组，馆长（法人）为组长，负责安全工作的副馆长为副组长，各部门主任为成员。肇州县图书馆自建馆以来，各项业务档案健全，设有档案专柜，专人管理，资料详实，装订整齐，内容齐全，每卷有目录，设有总目录，连续每年不间断。

表彰奖励情况

肇州县图书馆在2009－2012年期间多次荣获大庆市文化广电新闻出版局、大庆市图书馆学会、肇州县文化广电体局育表彰、奖励，具体情况如下：大庆市文化广电新闻出版局、大庆市图书馆学会表彰、奖励3次。中共肇州县教育委员会表彰、奖励1次。肇州县文化广电体局2次。

馆领导介绍

杨春满，男，1965年生，黑龙江省大庆市肇州县人，中共党员，馆员，馆长。

邢晓娟，女，黑龙江省大庆市肇州县人，1965年生，中共党员，馆员，副馆长。

未来展望

图书馆作为县里文献信息中心，群众文化交流中心，对县里经济发展、文化、信息、教育、等各方面发挥着重要作用。图书馆要加大新书入藏量，来满足读者日益增长的精神文化需求。扩大读者活动范围，使更多的读者了解图书馆，利用图书馆，更好的发挥图书馆职能。肇州县图书馆将以崭新的姿态迎接新的挑战。在今后的工作中，将与时俱进，不断完善检索系统，加强参考咨询服务，整合特色资源，拓展服务领域，最大限度地发掘和利用特藏文献资源，逐步形成具有地方特色的服务模式和服务品牌。

联系方式

地　址：肇州县油田北路
邮　编：166400
联系人：杨春满（馆长）

肇源县图书馆

概述

肇源县图书馆位于肇源县肇源镇中央大街，县工会路北，占地面积550平方米，建筑面积1100平方米，建筑总投资52.8万元。1992年4月28日正式动工兴建，1994年6月1日开馆服务。2013年参加第五次全国公共图书馆评估，首次获得二级图书馆。肇源县图书馆的定位是以数字图书馆为基础，体现知识交互理念、融合传统图书馆功能的现代图书馆。采用开放灵活的藏、借、阅、查、展一体的新型服务模式，除了特定或特殊的文献外，藏书全部对读者开放，开架借阅。

现有阅览座位110个，网络节点40个，选用Interlib图书馆自动化管理系统，设有文化信息资源共享工程肇源县支中心、省馆流动图书馆、文史资料室、综合资料室、少儿资料室、期刊资料室、电子阅览室、多媒体活动室等服务窗口近10个，每周开放60小时，开展外借、阅览、参考咨询、专题、电子信息、视听等服务，举办讲座、培训、展览、学术交流、读者沙龙等活动。

业务建设

截止2014年7月，共有馆藏图书近八万册。其中中文新旧图书七万多册，中文期刊三十种，一千多册(合订本)，中文报纸十二种，五百多册(合订本)。视听资料（vcd、dvd）一千余件。肇源县图书馆以人为本，为读者提供图书外借、报刊阅览、资料咨询、电子文献信息等全方位的优质服务。现有数据资源3TB，和省图书馆及其他图书馆实现了数据资源的共建共享。

读者服务工作

读书活动：每年都举办文学、历史、科学、艺术等知识讲座，邀请知名学者或专家任主讲嘉宾。每年都举办“4·23世界读书日”、寒暑假的征文活动，鼓励中、小学生踊跃投稿，提高文学修养和写作水平。不定期举办读书演讲比赛，引导读者多读书、读好书，提高演讲水平。不定期举办评选优秀读者活动，让读者自己投票，选出好学上进的读者。对积极参加各项读书活动的优秀读者给予发放证书和纪念品的奖励。还经常举办图片展览、新书预告、读者喜爱的图书调查等活动，实现图书馆与读者的互动，充分展示了图书馆的魅力。

文化资源共享工作：自2008年共享支中心成立以来，经常举办免费播放爱国主义教育影片、农业生产技术片等活动，使众多的中小学生和农民朋友受益。经常举办培训班和社会服务活动，增强共享工程的影响。经常下乡指导乡镇和村级基层点的共享服务工作，扩大共享服务的覆盖范围。电子阅览室和多媒体活动室一直坚持免费向读者提供计算机信息资源服务、视听资料播放和卫星转播节目。每年编制文化资源共享资料摘编6期，免费发放给广大读者。

宣传周活动：每年都举办图书馆服务宣传周活动，主要项目有图片展览、知识讲座、谜语竞猜、读者座谈会、送书到基层单位和乡镇村屯等活动，扩大了图书馆的社会影响。

送书下乡：为促进社会主义新农村建设，满足基层人民群众的求知欲，每年都开展送书下乡活动，组织近千册图书送到农村基层图书室，供基层人民群众借阅，让基层读者也能品尝到丰富的文化大餐。

管理工作、业务研究、科研成果及获奖情况

2014年，肇源县图书馆已经完成了三次全员岗位聘任，所有岗位实行了竞争上岗，同时建立了工作量化考核指标体系，定期进行总体工作考核。自2000年以来，肇源县图书馆在省级以上刊物上发表论文31篇，省级获奖8篇，市级获奖42篇，获得省级科研成果二等奖五篇。2002年，肇源县图书馆被大庆市文化局评为先进图书馆；2005年，肇源县图书馆被评为县级先进基层组织；2007年，肇源县图书馆被大庆市文化局评为先进图书馆。2010年，肇源县图书馆被文化部再次评定为国家三级图书馆。2013年，肇源县图书馆参加第五次全国公共图书馆评估，首次获得二级图书馆。

馆领导介绍

包宏伟，男，大学本科学历，中共党员，馆员，馆长。

未来展望

在当今信息社会的条件下，肇源县图书馆一定会发挥好县

域信息枢纽和县域精神文明建设基地的重要作用，成为知识信息的集散地，市民终身教育的学校，肇源地方文献的宝库，高雅的文化休闲场所。将是肇源县集文化、科技、信息传播、保存文化遗产、开展社会主义教育、展示改革开放成就为一体的综合性公共图书馆。成为群众读书学习的文化、科技、教育、信息、服务和交流中心，为县域经济建设和社会发展发挥重要的作用。

联系方式

地　址：黑龙江省肇源县图书馆
邮　编：166500
联系人：于亚军

伊春市南岔区图书馆

概述

1952–1968年，南岔区的图书业务隶属于区文化馆，为图书组。1974年文化馆图书组对外称馆。定员3人，至1982年年订报刊百余种，藏书2万余册。

1984年4月，图书组独立，改称图书馆（股级单位），隶属文化体育科。1982–1985年，由于没有经费，藏书数量没有增加。又因3次动迁书库和馆舍屋顶漏雨及暖气冻裂出水，致使整包的图书严重的损失。经挑选。仅余8000册。

1984年末1985年春，在浩良河木材加工厂、松青经营所、南岔储木场、晨明储木场、胶合板厂、太平经营所、南岔经营所、大磊林场等单位的捐助下，图书馆备齐了书架、阅览桌、写字台、档案柜、卷柜、期刊陈列架等。但由于馆舍漏雨、潮湿和冬季取暖不能保障，及缺少图书馆业务技术人员致使图书馆至使未能开展活动。

1989年10月区图书馆搬进新楼，馆舍面积600平方米，同年10月开馆，藏书11000册，工作人员9人。

2004年图书馆又搬迁到区中心交通便利的新馆，面积600平方米，每天接待读者300人次左右。馆内设有办证处、外借处、阅览室。工作人员5人，藏书13000册。由于馆舍面积小，区政府加大了投资力度，于2006年9月又喜迁新馆。2007年1月23日从新开馆。现馆舍面积1500平方米，馆内设有外借处、阅览室、资料室、电子阅览室、办证处、采编室、文化信息共享南岔之中心、数字加工室、多功能报告厅等。

南岔区图书馆馆坚持以“评处建，评建结合，重在建设的原则”，以提高图书馆服务质量和办馆水平为目标，进一步完善建设内容、功能布局和设备配置，加强馆内图书资料的收集整理，规范管理制度，提高服务质量和管理水平。

领导重视

区委区政府特别重视图书馆事业的发展。对图书馆大力支持，无论是在馆舍面积还是在经费困难问题上，都有明确的规划和落实，同时把各乡镇农村书屋建设摆上了重要的议事日程，主管区长亲自抓，保证了区图书馆和乡镇农村书屋的正常运行和业务工作的正常开展。

随着我区经济的快速发展和国家对图书馆事业建设的投入，区财政对图书馆的投资也在不断增加，今年又增加了10台电脑，2个投影仪，2台电视机，2台打印机，又安装了一台防盗仪和监控设备，年初增加新书3000余册。现图书馆共有馆舍面积1500平方米，其中外借处、阅览室、电子阅览室和多功能报告厅面积分别为217.43平方米，采编室（办证处）机房、办公室分别为38.36平方米。办公用电脑10台，读者用50台，录像机、照相机1台，打印机4台，传真机1台，复印件1台，阅览座席230个，期刊架18个，图书架68个。图书馆现有职工13人，有本科学历4人，大专学历9人。大专以上学历占全职工92%，具有副高职称1人，中级职称5人，助级职称6人。图书馆实行财政全额拨款。

文献资源建设

2012年我馆按照社会发展的需要及广大读者的需求，积极同区委、区政府、区宣传部协调沟通争取图书3960册、光盘3000张共计12万余元，同时购买新书2265册。自动化、现代化建设再上新台阶。截止今年我馆各室全部无偿使用省图书馆“Interlib图书馆自动化集成系统”软件，全馆自动化水平有了新的提高。为使广大市民了解图书馆、利用图书馆，扩大图书馆的影响力，拓宽图书馆服务范围，使图书馆更好的为市民服务，我馆积极宣传网络图书馆，并拟建“南岔图书馆网站”，网络设立了，本馆指南、服务指南、馆藏资源、读者园地、新书推荐等栏目，我们相信该网站的建立，为市民利用图书馆提供了更多的便利。

读者服务工作

通过学习“公共图书馆服务规范”，我馆文明服务意识得到了进一步增强，文明用语的使用更加普及，“以人为本”的服务理念更加细致，读者满意度明显提高，2013年全年接待读者6万余人次，办理借书证470个，现图书馆持有效借书证的读者2334个。为使图书馆各项工作更加贴近读者，我馆遵循图书分类排架规则，对我馆图书全部从新建数据库，并从新倒架、整架，为了让读者利用图书资源更加得心应手，还对全馆书架进行了从新标识。图书馆的基础服务还包括期刊订购、书刊加工等诸多工作，全馆人员都在各自的岗位上，以高涨的热情和吃苦耐劳的精神做好读者服务工作。

业务管理

1、在图书馆硬环境建设取得极大改观的基础上，我馆

及时调整建设思路，把工作重点从硬环境转移到软环境上来，健全各项制度，明确工作目标，做到"人人有责，事事有程序、科学化、现代化管理"的工作目标。

2、充分借助计算机技术和图书馆管理软件来提升图书馆各项业务工作管理，目前我馆已全面实现图书采编、流通、检索自动化管理，并以成功的对接使用黑龙江省图书馆软件即在我馆省图书馆的图书和我馆的图书可以同时借阅。

3、2012年，我馆从新建立了各项规章制度，全面落实了安全、卫生、防火责任制，做到了有章可循，责任到人，有效地克服了工作中的盲目性和随意性。各项规章制度的制定与执行，为我馆全面提升各项业务工作和服务水平提供了有效保证。

4、2013分别举办了2次培训班，分别在图书分类、编目、整理上架，借还登记手续，读者服务，图书的日常管理、共享工程网络的安装与使用等几个方面进行了培训，通过培训使管理员了解和掌握了图书馆的基础知识。同时围绕乡镇图书（馆、室）和农家书屋的概念、特点、地位及作用和办馆条件、管理、运行上进行交流，使每个图书(馆、室)和农家书屋都能看到自己与其它馆的差距，非常有助于图书馆事业的发展。

读者活动

为了激发少年儿童读书热情，我馆开展了"读书伴我快乐成长"少儿征文活动，在30篇作品中评出一等奖3名，二等奖6名，优秀奖21名。我馆还利用"4.23世界读书日"，大力宣传、倡导全民阅读，并从此免征为读者开放阅览室，极大地方便了读者阅读，提高了图书、期刊利用率。

为了充分发挥图书馆在我区经济发展和市民素质 等各方面的积极作用，我馆还在区武装部建立图书流动站，借助市文化局农村书屋建设积极提供技术支持。

为迎接建国64周年喜迎十八大我馆举"书法绘画展"，共展出作品180副，参加人数近3000人。

为了提高少年儿童综合素质，增强少年儿童的文明意识，结合伊春市图书馆第三届"林都情韵"的精神，我馆积极组织初赛。

为了更好的适应图书馆现代化管理的岗位职责要求，我馆鼓励馆员利用业余时间加强业务学习，内容主要有参考咨询、跟题服务、信息检索与利用、业务辅导、档案管理、报表统计、图书分类、计算机标引、信息技术工作、自动化软件应用，并参加省市举办的各类培训，全馆参加培训人次7人，累计培训时数达250学时。

馆领导介绍

管华，女，生于1966年10月29日，1984年3月参加工作，本科学历，2011年6月毕业于绥化学院汉语言文学专业，职称为副研究馆员。

获得的表彰奖励

积极的工作让我馆取得了一些成绩，2008年4月被伊春市政府评为"文化工作先进集体"，2008年12月被伊春市委宣传部和伊春市文化局授予"全市优秀图书馆"，2010年文化部评为三级图书馆,2013年评为二级图书馆。

表彰和奖励，既是对已往工作的肯定，也是对我们今后工作的激励。我们要珍惜取得的成果，抓住机遇，加快发展，再创图书馆事业新的辉煌。

未来展望

在区委区政府和主管领导的重视下，在省、市图书馆的大力支持下，通过全体职工的共同努力，图书馆得到了发展。对照县区级图书馆的评估标准，我馆还有一定的差距和不足。1、图书的藏量还很低。2、报刊的订阅量还很少。3、图书馆的网站还在拟建中。

伊春市友好区图书馆

概述

友好区图书馆于2007年11月成立，2009年在全国第四次公共图书馆评估考核中，被国家文化部评为三级图书馆，2010年被命名为黑龙江省图书馆流动分馆。2012年，我们建设了友好区图书馆新馆，并于11月正式开馆使用。新馆位于区青少年宫四至五楼，建筑面积1500余平方米，阅览室座位190余个，藏书5.2万册，馆员9人。为加大图书馆免费开放力度，满足广大读者文化需求，将文化惠民工作落到实处，区政府加大投资力度，对馆藏图书、办公设置、阅读环境投入近百万元进行完善，新开辟了少儿阅读专区，丰富了公共图书馆内容，满足了读者的多样化需求。同时，全区还有8个社区分馆，16个农家、林场所书屋，5个图书流动站，其中先锋社区图书室是省级示范性书屋。

图书馆免费开放情况

一是发挥公共图书馆保障公民基本文化权益的阵地作用，实行免费开放。根据《文化部、财政部下发的关于推进全国美术馆公共图书馆文化馆（站）免费开放工作的意见》，结合省、市要求，友好区公共图书馆于2011年9月27日实行全部免费开放，并享受上级部门补贴，保障了文化共享工程基层服务正常运行，发挥了公共图书馆保障公民基本文化权益的阵地作用，使广大公众能够充分利用公共图书馆的各种信息资源。

友好区图书馆坚持“以人为本，读者至上”的服务理念，为了满足广大中小学生的读书欲望和对知识的渴求，根据学生的作息时间，将图书馆免费开放时间作以调整，加大免费开放和延伸服务力度，每天开馆时间从8：00–17：00，免费开放9个小时，周五下午不闭馆，节假日不休，周开放时间达58个小时。

二是深入基层，逐步展开读者教育。图书馆一个重要职能就是开展读者教育工作。近年来，我们坚持对新生和新员工进行入馆教育，介绍图书馆对推动地区教学、科研的重要作用，介绍图书馆概况，介绍流通、阅览和技术服务的内容和有关规定，激励学生和员工多读书、会读书、读好书，人人成功成才。图书馆应学校约请，多次举行“与在校学生谈读书”讲座，谈为什么读书，读书与成人、成功、成才的关系；谈读什么书，端正学生的读书倾向；谈怎样读书，介绍一些行之有效的读书方法。利用宣传橱窗、宣传板、印刷品等多种形式向读者公示和宣传图书馆的规章制度，以期共同维护图书馆的管理和工作秩序，建设文明和谐图书馆。在走廊和书库、阅览室内张贴了中外名人读书、求知、成功的名言，以激励读者的学习热情。

业务培训情况

友好区图书馆现有人员9名，其中：大专以上学历的人数7人；中专、高中学历2人；中级职称1人；领导班子中具有大专学历或中级以上职称人员不低于总人数的1/2，并且主管业务的馆领导均接受过系统的图书馆学习培训和员工岗位培训。2007年8月图书馆派2人参加了省图书馆举办的《中文图书机读目录格式》培训班。2009年7月派2人参加了黑龙江省共享工程县区级支中心技术骨干培训班。2009年10月派4人参加了伊春市举办的《基层图书馆员培训班》。2011年11月派2人参加了伊春市公共图书馆“Interlib系统管理人员”培训班。2010年–2013年参加了市图书馆学会举办的县区级图书馆馆长会议培训班。2012年5月参加了省图书馆学会举办的各县市、区级图书馆馆长培训班。2013年1月参加了省图书馆学会举办的第五次评估考核培训班。

通过不断的学习和培训，丰富了工作人员的业务知识，提升了业务素质，提高了服务水平，为我区图书馆事业的发展，起到了积极的指导和推进作用。

读者服务情况

友好区图书馆坚持将“为读者服务”作为做好各项工作的出发点和落脚点，贯穿于图书馆建设和工作的全过程。不断增强服务意识，保证服务质量，提升服务层次已成为图书馆全体员工共同的奋斗目标。

一是从书、刊采购环节上做好服务。书、刊采购的最终目的是根据本地区不同读者群体的需要，建设合理的馆藏结构体系，最大限度地满足本地教学、科研和广大读者的阅读需求。为此，图书馆采购书刊，在注重馆藏数量的同时，更加注重图书品种和质量，适当加大重点专业、特色专业、新上专业、实习实训以及缺口较大书刊的比重，也适当考虑虽非专业、但大家喜欢的书刊。选书过程中，严格执行“查全”、“查新”、限制复本制度，既保证买到适用的新书，又避免重复购买，以免造成资金浪费。

二是书、刊加工与摆放程序方便读者查询。对进馆新书进行标准化的摆放，一方面是采购工作的必要程序，另一方面是为方便读者查询。按《中国图书馆分类法》进行准确分类和编制种次号贴于规定位置，是为了有序排架，让读者从数以千万计的图书中较快地找到所需图书。编制书本目录和机读目录，是为了便于统计、管理和查检馆藏图书。粘贴磁条、加盖藏书章，是为了便于识别和保存馆藏图书，避免丢失和混淆。书刊的细致加工为读者利用提供了方便。

三是从流通、阅览环节看服务质量。书、刊经过加工之后就进入了流通环节，直接面向读者，服务于读者。流通阅览状况如何，反映出馆藏能否满足读者需要，服务条件、服务方式、服务态度、服务效果能否达到读者较高的满意度，能否体现较高的办馆效益和办馆水平。所以图书馆更加注重流通、阅览的一线服务。

先看硬件服务。几年来，办馆规模越来越大，办馆条件逐年改善。藏书从原来的5.2万册增至现在的8万余册，从原来的手工借还发展到检索机查询和电脑借还，只需几秒钟就可以办完一个借还手续。阅览室从原来的一个发展到三个，陈列期刊400种，阅览座位增加到192座，电脑管理方便阅览和阅览量统计。宽大敞亮的房间、标准的阅览桌椅、明亮的灯光、清洁的环境、良好的秩序为读者创造了优良的学习条件。电子阅览室使人耳目一新。标准的墙面设计、二十余台高质量电脑，让学生置身于一个现代化、信息化、网络化的世界。再看软件服务。软件服务是硬件服务的补充和完善，是实施读者服务的具体体现。一看规章制度为读者而订。例：随着图书数量的增多，增加可借阅册数，图书管理员从4名增至7名，保证了免费开放时间，阅览室每周开放7天，每天开放9小时。如遇有特殊情况暂不开放，必须通知读者，说明原因。要求按规定时间还书或续借，是为了让图书正常地流通，提高周转率。对丢失、损毁、偷窃图书的行为进行批评教育乃至经济赔偿，是为了培养读者的爱书习惯，妥善保存好图书，保证读者利用。规定不得在室内喧哗、接打电话、吸烟、扔垃圾，是为了保持清洁、安静、安全的环境。电子阅览室制定各项上机规则，是为了保证系统正常运行，读者能正常阅读，电子文献有效利用。二看服务措施为读者而设。在书库、期刊阅览室书刊架上标明架号和分类号，架上书刊严格按分类有序排列，是为了让读者选书方便。各书库、阅览室门口贴挂醒目的室名字样，楼门内外张挂图书馆简介和楼层分布图，各室门口张挂“须知”、“规则”宣传牌，是为了让读者了解馆藏分布和使用注意事项，便于直达其所。各书库、阅览室规定一定的入出程序，自觉排队，是为了维持良好的服务秩序，培养读者遵守公共秩序的文明习惯。图书馆走廊和库室内张贴名人名言，是为了优化学习环境，激励读者发愤读书，立志成功成才。三看服务态度为读者而立。图书馆制定了工作人员职业道德、行为规范，采取多种形式对员工加强“爱馆、爱书、爱读者”、“读者第一、真诚服务”的教育，人人树立“服务态度是标准、读者满意度为目标”的服务意识。在服务过程中做到：守时守信，坚守岗位；操作细致，不出差错；衣着端庄，注意形象；读者要求，尽力解决；批评建议，虚心接受；读者有错，说服解释；微笑服务，语言文明；礼貌待人，尊重他人；发生纠纷，杜绝争吵；知荣明耻，气氛和谐。良好的服务态度赢得了广大读者的欢迎。

四是搞好基层服务，积极开展全民阅读活动。友好区图书馆始终将开展全民阅读活动，倡导“全民读书”作为图书馆工作服务宗旨，为学习型党组织、学习型机关、学习型政府、学习型家庭奠定了良好的基础，为友好区居民思想道德素质的提高和文明程度的提高创造良好的环境。每年紧紧围绕“世界读书日”活动的主题，积极开展全民阅读活动。开展了新书推荐活动、读书演讲比赛、为贫困儿童免费发放图书证、在八个社区成立社区分馆、启动“少年儿童阅读年活动”，在读书活动月中联合各小学校组织各班级同学周一至周五下午到图书馆阅读图书。举办庆祝建党九十周年红色经典歌曲演唱会，并取得了良好的效果。利用共享工程下发的专题资源，周六、周日，寒暑假在多媒体室为小朋友们播放电影和讲座。下基层到社区、村屯播放电影，下发科普知识图书和光盘。在“4.23读书活动日”中，向读者进行宣传图书馆免费开放真正意义。同时并在图书馆门前播放专题讲座，关于推进公共图书馆免费开放，充分发挥公共图书馆保障公民基本文化权益的阵地作用，使广大公众特别是青少年进一步了解公共图书馆免费开放的内容，充分利用了公共图书馆的资源。

这些丰富多彩的活动通过标语、电视媒体宣传等方式吸引更多读者参与，不但提高图书馆的社会效益，还丰富了读者“爱家乡、爱社会、爱祖国”的内涵。

未来展望

一是搞好新馆的各项工作，做到完善后的新图书馆系统化、数字化、人性化。新馆建成后，馆藏资源不足尤为突出，2013年争取购书经费，购置一批新书弥补馆藏量不足。同时做好书籍修补与整理工作，对新增的图书及时进行分类编目和管理。

二是增加图书流动站，提高馆藏书刊的利用率，积极协助并配合农家书屋工作。主动与有关部门联系加强地方文献的收集工作。

三是筹建数字图书馆，着力开展文化信息资源共享工程放映和下基层服务活动，努力提升基层服务点的设备设施服务水平，更好的为广大读者服务。

四是继续加强学习，提高馆员素质，积极参加上级主管部门的各项培训活动，学习有关图书管理方面的知识，并在工作中不断总结经验，切实提高自身素质。不断改进图书馆的服务方式，服务质量，加强与读者信息沟通与反馈，积极主动学习先进图书馆的工作经验，取长补短，提高服务水平。

五是建立友好区图书馆网站，设置首页、图书馆概况、规章制度、文献查询、电子资源、读者服务、资源下载、馆长信箱8个栏目。区图书馆网站的建成，将成为友好区各界人士了解图书馆的窗口，同时也是宣传友好区图书馆与省市图书馆内外沟通的重要媒体，为广大读者更好地利用图书馆开辟了一条畅通的途径。

经过5年创业、奋斗、开拓历程，区图书馆已经成为了一个规模较大、文献资源比较丰富、管理手段较为先进、管理制度完善、能较好满足读者需要的公共图书馆，即将迈入国家二级图书馆行列。到2015年，图书馆使用总面积将达到2000多平方米，馆藏图书将达到8万册，阅览座位达到300座，学习环境将更加优美，管理将更加规范化、人性化。自动化设施将更加完善、安全，图书馆网站不断扩展延伸，网络服务内容陆续增加，读者查询各种信息不受时间、空间限制，将更加方便快捷。同时，我们也将与省市图书馆保持更加密切的联系，共享网络资源。总目标是，与时俱增，开拓创新，不懈奋进，紧跟图书馆事业发展总趋势，把友好区图书馆建成国家一流的先进图书馆。

联系方式

地　址：伊春市友好区青少年活动中心
邮　编：153031
联系人：侯秀莲

伊春市新青区图书馆

概述

新青区图书馆是在2012年6月建成并投入使用的，位于新青区光明大街1号青少年活动中心大楼。新青图书馆建筑面积1518平方米，分为成人借阅室、少儿阅览室、期刊阅览室、电子阅览室和多功能大厅及其它附属功能区。可容纳读者座位274个，计算机47台，宽带接入50Mbps，电子阅览室电脑全部上网并与专业图书网实现现了联网，储存设备总量达到4TB。2013年国家文化部审查评估，新青区图书馆被评为国家二级图书馆。

业务建设

截止2013年底，新青区图书馆总藏书量9889种20000余册（件），其中图书17000册，期刊报纸52种300件，光盘1051件，地方文献6种17册，储存设备中的电子文献、电子期刊达2000种。

读者服务工作

从2012年6月起，新青区图书馆全年365天，天天对外免费开放，周开放56小时以上。同年，新青区图书馆引进新设备，实现一卡通系统，一卡在手不仅可以在图书馆借阅书刊，还可以使用百兆光纤与国际互联网连接的电子阅览。2012年–2013年底，借阅量9000人次，书刊文献外借达3500册次。接受管内管外服务达11000人次。2012年11月，开通与红星区图书馆汤旺河图书馆的馆际互借服务。2012年6月年图书馆开展特殊群体服务活动，为残疾人增设特殊座椅，还主动为残疾人推荐一些开阔视野、陶冶情操、有益身心健康的励志书籍和家电修理、书法、绘画、电脑操作等技术方面的使用书籍。让残疾人在读书过程中燃烧对生活的热情，找到人生的目标。

2012年7月，新青区图书馆帮助14个林场所建立农家书屋，帮助2个社区和3所中小学建立了图书室。这些基层单位图书室共藏书15万册，图书室总面积达到3000平方米。2012年8月成功举办了“鹤舞仙境”生态风光摄影展，共征集摄影作品170幅，展出144幅，共接待参观人数5000余人次。制作印发了《鹤舞仙境新青风光摄影集》，放置图书馆供读者观看欣赏。2012年9月–2013年12月新青区图书馆共举办讲座、培训、阅读推广等读者活动。在此基础上，不断拓宽服务渠道，努力提高图书馆的服务功能。

业务研究、辅导、协作协调

2012年7月，新青区图书馆组织基层图书馆开展业务培训辅导工作。并对基层业务人员进行培训后测试。通过培训使基层图书馆业务人员提高职业素养，了解数据库及图书馆规章制度。

2012年–2013年，新青区图书馆组织并开展业务骨干志愿者活动。并为每一位志愿者确立档案，方便开展图书活动。

管理工作

2012年，图书馆开馆之初，区政府专门从学校转岗教师中选配了5名素质好、业务强、大专以上学历的人员充实到图书馆做专职图书管理员，加上原有文化馆员工，现图书馆共配备了8名工作人员，并在其中选择一名政治素质好、责任心强的人员担任专职图书馆馆长。

新青图书馆多次到其他区局图书馆学习调研，开阔了视野，增长了见识，并先后完善了图书馆对外服务业务规范、岗位责任制度、目标管理制度、考核制度等一系列管理制度。通过努力，目前新青图书馆已基本走上了“五化”发展轨道。一是正规化，即读者第一，服务至上；着装统一，挂牌上岗；文明接待，有问必答；标示规范，借阅迅速；设施完好，环境整洁。并公开向社会承诺，广泛接受读者和社会监督。二是标准化，即开馆闭馆准时、敞开办证、语言文明、开架借阅、微机管理、活动丰富、开拓创新。三是自动化，即采用微机管理，采访、编目、流通、报刊管理、馆藏文献检索等工作实行计算机业务管理。四是网络化，局域网（图书馆内部）由计算机组成局域网络，读者及本馆工作人员实现各阅览室职能内部联网。安装图书管理系统，馆内工作人员通过电脑操作，即可查知图书借阅情况及相关的信息总汇。五是数字化，一是实现计算机网络连接。二是实现与兄弟单位及上级单位读取信息。三是读者上网查阅资料、阅读新闻、网上读书。

表彰、奖励情况

2012年获得新青区“巾帼文明岗”称号。2013年获得伊春市第四届“林都情韵”诗文朗诵比赛活动组织奖。

馆领导介绍

张丽，女，1972年11月生，大专学历，中共党员，中级职称，馆长。1994年7月参加工作，先后在新青发电厂、新青热力公司、热电公司、物业公司工作，2014年12月到新青文化广电体育局图书馆任馆长。

杨菁汇，男，1977年5月出生，本科学历，中级职称，副馆长。1999年5月参加工作，先后在中学，小学工作，2013年9月任图书馆副馆长。

张浩，女，1983年1月出生，本科学历，初级职称，副馆长。2002年7月参加工作，2013年9月任图书馆副馆长。

未来展望

新青区图书馆遵循“科学、效率、创新、发展”的办馆方针，践行“五化”发展轨道，将继续努力做好服务工作，做到“热心、细心、耐心、虚心”梳理窗口服务意识，真正贯彻“读者第一、服务至上”的服务新理念。做好地方文献征集工作，把新青历史与现实资料总汇，收集、整理、利用起来，对地方政治、经济、文化的发展起到积极的推动作用。加大文化信息资源共享工程服务力度，全面贯彻中共中央办公厅关于《加强文化服务体系建设的若干意见》精神，进一部加强基层文化建设，不断满足广大群众多方面文化需求。

联系方式

地　址：新青区光明大街1号
邮　编：153036
联系人：张　丽

海伦市图书馆

概述

海伦市图书馆成立于1976年，现有工作人员21人，其中具有高级职称1人，中级职称11人，初级职称3人，大专学历以上占职工总数的75%，高中以上学历占职工总数的100%。现馆舍面积3085平方米，馆内总藏书122765册。馆内设有采编部、报刊阅览部、社科借阅部、自科少儿借阅部、电子阅览室、参考咨询部、多功能厅、地方文献等12个部室。

业务建设

截止2013年底，海伦市图书馆总藏量12.765万册（件），其中，纸质文献12.215万册（件），电子图书0.55万册。

2012、2013年，海伦市图书馆新增藏量购置费15万元，共入藏中文图书1500种，8000册，中文报刊200种，视听文献30种。2013年，地方文献入藏完整率为90%。

截止2013年底，海伦市图书馆数字资源总量为4.20TB，其中，电子文献资源为1.0TB，和省图共享数字资源为3.20TB自建数字资源正在筹建当中。

读者服务工作

从2011年起，海伦市图书馆全年365天天天对外免费开放，周开放56小时，平均每年书刊文献年外借册次5.6万册，对外流动图书2000册次/年。自2011年起对所有服务项目实行了免费开放，包括办证免收工本费、电子阅览室免收上网费、免费使用多功能厅进行再教育学习等。海伦市图书馆利用上级赠送的政府公告、到当地政府机关收集政府公开信息，在政府政务信息公开网站下载信息等方式收集政府公开信息，并设立政务信息公开专架，免费让读者使用。受到广大读者的普遍欢迎。

2012—2013年为了更好地搞好农村文化信息资源共享工程的建设。海伦市图书馆建立和完善了市、乡、村三级图书馆网络。实现了市有图书馆，乡有图书室，村屯有图书屋的图书阅览体系。共在乡村建设成立了图书室、屋246个。乡村图书的拥有量多达70000余册。极大地丰富了群众的文化生活，同时也促进了农民生产增收。并提高了民众的法律意识。

2011年3月，海伦市图书馆开始使用Interlib图书馆集群管理系统采访、编目功能进行书目回溯建库；2012年10月起，使用Interlib进行流通和阅览管理；使用Web OPAC功能为读者提供书目查询。至今，海伦市图书馆从采访、编目、典藏、流通、查询等各环节均实现自动化管理。

业务研究、辅导、协作协调

海伦市图书馆员工在省级以上刊物发表学术论文7篇，围绕本馆业务工作撰写调查研究报告1篇。

2012年，海伦市图书馆把业务研究工作列为重点之一。召开了数次班子会议，强调了业务研究的重要性，选举了业务骨干，以不同形式，对图书馆员工进行传、帮、带的教育工作，成立了业务研究领导小组，积极开展了业务研究工作。通过不断深入地研究和讨论，极大地提高了全馆职工的业务能力和水准，更好地为群众提供服务。在农村文化信息资源共享工程的建设中，海伦市图书馆不但创建了农家书屋，并对其实行了定期和不定期的监管和辅导。定期和不定期地派专人对农家书屋进行检查，发现问题及时指导和整改，对开办农村书屋的人员进行了文化和管理上的辅导培训，使农家书屋充分发挥文化信息聚集地和传播源的作用。

管理工作

海伦市图书馆创建了一系列的工作制度，制度是工作的条件和保障。创建了上下班作息制度，工作期间行为制度，学习传、帮、带制度，工作奖惩制度等等。一系列制度的出台，有效地规范了全馆员工的岗位行为，铸造了图书馆全新的形象，鼓励和调动了员工的工作积极性。明确了服务群众，一切工作以服务民众为本的方针和宗旨。大大地增强了团队的凝聚力，提高了全馆员工的整体工作水准和能力。

表彰、奖励情况

2010年—2012年海伦市图书馆受市级党委、政府表彰、奖励2次，局级表彰奖励3次。2013年8月30日，荣获黑龙江省图书馆海伦市分馆。2013年10月被国家文化部命名为国家二级图书馆。

馆领导介绍

范文明，男，1958年6月生，大学学历，中共党员，馆长，1975年7月参加工作，历任海伦市文化党委宣传委员，海伦市文体局财务股股长，文体局办公室主任，2012年4月任伦市图书馆馆长，国家图书馆学会会员。2000—2011年连续被海伦市委评为“模范嘉奖”称号，2005年7月被海伦市组织部评为“全市优秀党员”称号。

张丽华，女，1962年11月生，大学学历，中共党员，副馆长。1981年5月参加工作，历任海伦市图书馆机藏书库管理员，采编员，馆长助理，1995年6月任海伦市图书馆副馆长，2005年5月任省图书馆学会会员，2006年9月任海伦市图书馆副研究馆员，2012年6月任国家图书馆学会会员。2012、2013年被海伦市委评为“模范嘉奖”称号。

赵淑云，女，1965年1月生，大学学历，中共党员，政工师，副书记。1982年8月参加工作，历任图书馆财务股长、副馆长，2014年任图书馆副书记。2003年、2006年被海伦市妇联授予“三八红旗手”称号，2007年被海伦市总工会授予“工会积极分子称号”。

周娜，女，1977年10月生，大学学历，中共党员，馆员，工会主席。1996年5月参加工作，先后在海伦市图书馆采编部、社科借阅部、报刊阅览部工作，2010年12月任海伦市图书馆工会主席。2005年5月任黑龙江省图书馆学会会员。

张志超，男，1982年5月生，大专学历，中共党员，副馆长。1999年参加工作，先后在图书馆报刊阅览部、财务室工作，2014年任图书馆副馆长。2005年被海伦市团委授予全市“百名模范团员”称号，2012年被海伦市委授予“模范嘉奖”称号。

未来展望

海伦市图书馆始终遵循“立足馆业、着眼发展”的办馆方针，在以后的工作中，应继续加强队伍管理和建设，转变观念，牢固树立科学发展理念，从图书馆传统服务角色转变到现代服务角色，在新时期公共图书馆中应当肩负着更多责任，如：成为电子政府服务提供者；危机及灾难事件的信息提供者；信息技术及信息服务使用的辅助者；全市社会教育、教学基地等。在以后的工作中应将不断创新，不断探索，向更高的目标迈进。

联系方式

地　址：黑龙江省海伦市光华路体育广场东侧
邮　编：152300
联系人：范文明

铁力市图书馆

概述

铁力市图书馆始建于1978年正式对外开放，是我省较早成立的县级公共图书馆之一。馆址经过两次变迁，2011年3月30日，位于铁力市建设大街106号的新馆建成，11月1日全面实施免费开放。新馆建筑面积2400平方米，可容纳读者座位256个。2013年，参加第五次全国公共图书馆评估，首次获得二级图书馆。2012年，铁力市图书馆有计算机59台，光纤接入100Mbps，存储容量5TB，使用INTERLIB图书馆自动化管理系统。

业务建设

截止2012年底，铁力市图书馆总藏量5.4万册（件）。2009—2012年，铁力市图书馆新增藏量购置费共计38万元，共入藏中外文图书10152种，12517册，中外文报刊1564种，视听文献148种。2012年，地方文献入藏完整率为100%。截止2012年底，铁力市图书馆数字资源总量为5TB，2011年迁入新馆后市财政拨付50万元专项资金，专项用于新馆设备更新，重新购置期刊架、书架、阅览桌椅。计算机59台，直接提供给读者使用的计算机45台，设光缆专线接入，为电子阅览奠定了坚实基础。同年10月启用自动化业务管理系统办公，更方便快捷地为读者提供服务。2012年建立了铁力市图书馆门户网站。

读者服务工作

从2011年3月起，铁力市图书馆全年355天天天对外免费开放，周开放56小时，同年，引进INTERLIB技术，实现了馆藏文献的计算机自动化借还。2009—2012年，书刊总流通165927人次，书刊外借110877册次。2012年4月，开通与铁力市中小学校图书馆的馆校互借服务，为中小学生办理校园读书卡。2009—2012年，建成4个流动站，有7个流动服务车服务点，馆外书刊流通总人次8215人次，书刊外借20112册。2012年7月，铁力市政府公开信息整合服务在铁力市图书馆电子阅览室设立。截止2012年，铁力市图书馆共享工程支中心均通过黑龙江省图书馆网站、黑龙江省公共图书馆服务联盟网站、黑龙江省省共享工程VPN专网检索、浏览和下载服务。

2009—2012年，铁力市图书馆以读者需求为导向，有针对性的举办讲座、展览、培训、阅读推广等读者活动72场次，参与人数14256人次。

业务研究、辅导、协作协调

2009—2012年，铁力市图书馆职工发表专业论文16篇。从2010年起，铁力市图书馆以文化信息资源共享工程VPN专网为依托，以基层图书室为服务单位，进行业务辅导年均两次以上，即对全市三乡四镇，76个行政村，4个林场所，2个社区，八所中小学校，2个驻军单位进行图书管理和文化信息资源共享工程服务网络交流软件使用及操作辅导，以利于各基层服务单位在日常管理及图书“漂流”过程中的各项工作，形成图书交流信息资源共享的局面。真正发挥实际功用，服务于群众的生活学习和工作。

顺利完成了资源整合利用和基层服务点的建设，制定的建设标准高效率、高质量地推进文化信息共享工程建设，实现了文化信息共享工程城乡覆盖率为100%。截止目前，铁力市已建成市支中心1个，7个乡镇基层服务点的，76个村基层服务点，实现了村村通。目前，文化信息共享工程已成为农民学政策、学文化、学法律、学科技的“大课堂”。

管理工作

2012年，铁力市图书馆建立了工作量化考核指标体系，年初各部门制定全年工作计划，针对各部门工作计划个人制定工作计划，并且每季度进行工作进度通报，每半年和全年进行总体工作考核。2009—2012年共抽查文献排架7次，书目数据10次，并编写各部门工作进度通报。

表彰、奖励情况

2009年获伊春市人民政府“文化工作先进集体”奖励；2011年荣获铁力市机关工委“工作先进集体”奖励；2012年荣获伊春市第二届少年儿童诗文朗诵比赛组织工作先进奖、铁力市文广体局“文化工作先进集体”。

馆领导介绍

吕薇，女，1975年6月生，大学学历，中共党员，副研究馆员，馆长。1993年7月参加工作，历任黑龙江省铁力市房产管理中心工会主席、副书记、副主任，2012年9月任黑龙江省铁力市图书馆馆长。中共铁力市第十一次党代表。2009、2011年获铁力市“优秀共产党员”。

图书进军营

林都情韵比赛

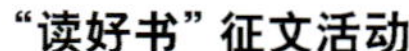

"读好书"征文活动

安全知识讲座

老年优秀读者评选

电子阅览室

外借阅览室

综合阅览室

满文彬，男，1976年10月生，本科学历，中共党员，馆员，副馆长。1998年9月到铁力市图书馆参加工作，先后在报刊阅览室、业务办公室工作，2009年11月任副馆长，2005年获铁力市机关工委"优秀共产党员"。

未来展望

铁力市图书馆遵循"读者至上，服务第一"的办馆方针，践行"铁力市文化大县"战略，秉承"浸润文化甘露，崔生素质琼花"的宗旨，带动铁力市文化事业大繁荣，大发展。2009–2012年，在不断强化自身综合实力的同时，通过创建铁力市图书流动站、图书飘流点，带动了铁力市图书馆事业的整体发展。在未来的几年里，铁力市图书馆将利用黑龙江省数字图书馆数字资源更好地服务于读者，社会的进步必然带来劳动生产力的提高，人们由此获得了越来越多的赋闲时间。图书馆因环境优雅静谧，人文气息浓厚，成为人们工作之余缓解精神紧张，调节身心健康的重点选择场所。

联系方式

地　址：黑龙江省铁力市建设大街106号
邮　编：152500
联系人：范秀红

黑河市爱辉区图书馆

概述

黑龙江黑河市爱辉区图书馆始建于1956年，原名瑷珲县图书馆，属于县区级图书馆，是黑河市区内唯一的一所公共图书馆。馆址几经变迁，2005年，位于黑龙江省黑河市王肃街7号的馆舍正式向读者开放。现馆舍建筑面积4000平方米。2008年，参加第四次全国公共图书馆评估，获得三级图书馆。2012年，参加第五次全国公共图书馆评估，获得二级图书馆。黑龙江黑河市爱辉区图书馆共有阅览坐席200个，计算机65台，宽带接入10Mbps，选用Interlib第三代图书馆自动化管理系统。

业务建设

截止2012年底，黑龙江黑河市爱辉区图书馆总藏量109581册（件），其中，纸质文献97426册（件），期刊12155册。

2009—2012年，共入藏中外文图书13825册，中外文报刊563种，2012年，地方文献入藏完整率为90%。

2012年，黑龙江黑河市爱辉区图书馆新增藏量购置费3万元。

2009年，黑龙江黑河市爱辉区图书馆选用Interlib第三代自动化管理系统，以适应县区公共图书馆服务建设的需要。

读者服务工作

从2009年8月起，黑龙江黑河市爱辉区图书馆实行无假日开馆，周开放49小时。2009—2012年，书刊总流通177350人次，书刊外借161561册次。2010年3月，与黑河学院图书馆开通馆际资源共享服务。

2009—2012年，黑龙江黑河市爱辉区图书馆共设立19个流动图书馆（站），其中1个流动分馆，18个流动服务站。服务范围延伸至社区、学校、看守所、部队等多个领域。馆外书刊流通总人次28000人次，书刊外借18000万册。

2009—2012年，黑龙江黑河市爱辉区图书馆共举办讲座、展览、培训、阅读推广等读者活动32场次，参与人数10600人次。

业务研究、辅导、协作协调

2009—2012年，黑龙江省黑河市爱辉区图书馆职工发表论文12篇，3项课题研究，共计15篇（项）。其中有1篇论文荣获黑龙江省图书馆学会优秀成果2等奖，1项课题是省教学学会重点课题，1项课题是黑龙江省教育厅“十一五”规划课题。

从2010年起，黑龙江省黑河市爱辉区图书馆以文化信息资源共享工程VPN专网为依托，共享工程深入基层，多次走进社区、乡镇、学校，提供农业机械技术资料等科普类光盘。图书馆文化信息资源共享工程举办知识培训班，播放光盘和聘请老师讲解，为学员们提供农业机械的维修、保养等知识。

黑河市与俄罗斯阿穆尔洲首府布拉戈维申斯克市为友好城市，黑河市爱辉区图书馆与俄罗斯阿穆尔洲际图书馆互访协作，共同为两国文化交流服务。2009—2012年黑河市爱辉区图书馆与俄罗斯阿穆尔洲际图书馆双方互赠图书200余册，举办中俄图书经验交流会1次，举办俄罗斯战争图片展1次、举办俄罗斯书画展2次。

管理工作

2012年，黑龙江省黑河市爱辉区图书馆共有职工26人。内设采编部、辅导部、跟题服务部、参考咨询部、地方文献、成人阅览、儿童阅览、电子阅览室等多个服务窗口。全馆实行全员聘任上岗，职称评聘分开。按照岗位职责规定的质量规范要求检查所完成的工作定额及下达的工作任务，每季度根据统计表检查、复核，年终汇报总审；按照岗位职责规定的质量规范要求，每半年公布相应职称人员在聘任期内履行职责的业务能力考核情况；每年进行一次专业知识水平的考核，检查在岗人员专业知识和本岗位工作技能的掌握情况。

表彰、奖励情况

2009—2012年，黑龙江省黑河市爱辉区图书馆共获得各种表彰、奖励5次，其中，文化部表彰、奖励1次，省级业务主管部门表彰、奖励3次，区级表彰奖励1次。

馆领导介绍

郭振玲，女，1967年1月生，专科学历，中共党员，中级职称，馆长，1986年参加工作，1996年调入图书馆工作。历任副馆长、书记等职。2010年任黑龙江省黑河市图书馆馆长，兼任

中国俄罗斯文化交流活动

举办庆祝建国六十周年书画作品展

俄罗斯留学生学习

共享工程走进社区

开展全民读书月活动

黑龙江省黑河市图书馆学会理事。2013年荣获黑龙江省图书馆学会优秀工作者。

王锐，女，1972年4月生，本科学历，中共党员，副研究馆员，副馆长。1987年参加工作，1995年调入黑龙江省黑河市爱辉区图书馆工作，先后在儿童外借室和成人外借室工作，任主任职。2012年任黑河市爱辉区图书馆副馆长，分管全馆业务工作。2009年、2013年连续2次获得黑龙江省图书馆学会优秀会员。

房奇明，男，1965年6月生，大专学历，馆员，副馆长。1985年6月到黑龙江省黑河市爱辉区图书馆工作，先后在少儿阅览室、成人阅览室工作，任副主任、主任等职。2012年任黑河市爱辉区图书馆副馆长。

未来展望

黑龙江省黑河市爱辉区图书馆遵循“科学发展、存真求实”的办馆方针，2009–2012年，在不断强化自身综合实力的同时，以搜集地方文献资料为主，满足群众精神文化需求为目的，传播知识文化、立足于群众，服务于群众，充分发挥县区级图书馆的馆藏资源，最大限度的满足读者的需求。在未来的几年里，黑龙江省黑河市爱辉区图书馆将争取资金，将现有馆舍维修改造，使馆内建筑布局合理化，解决文献资料更新慢的问题。加强地方文献的征集工作，建立和完善地方文献资源保障体系。加强对农家书屋管理员的业务指导和培训工作。利用数字资源，共享工程服务范围向城乡扩大延伸。利用地域优势，和俄罗斯阿穆尔洲际图书馆加强合作，继续承办中俄书画、经验交流会等多种形式的活动，为中俄两国文化交流做贡献。

联系方式

地　址：黑龙江省黑河市王肃街7号
邮　编：164300
联系人：王　锐

图书馆全貌

嫩江县图书馆

概述

嫩江县图书馆历史悠久，其发展可上溯至清宣统三年。1911年嫩江府始设图书馆至民国5年（1916年）停办，共藏图书500余册，报刊18种悉归教育部门，此后35年无官方藏书机构。1951至1975年在县文化馆内设图书室，1978年嫩江县图书馆正式组建，具有独立法人资格，定编3人。1980年1月，嫩江县图书馆得到黑龙江省文物管理委员会正式承认，定编6人，馆舍面积120平方米，藏书6486册，报刊达130种。1983–1987年，因馆舍已成危房被迫闭馆，但还坚持开展送书下乡、跟踪服务、辅导乡镇文化站图书管理和为“星火计划”服务等项工作。1988年四月图书馆又迁至原电影管理站办公，直至1998年图书馆建设新馆舍，图书几经搬迁，馆藏大量流失。新馆舍于1998年12月8日正式竣工并投入使用，建筑面积1700平方米，实用面积1430平方米，1999年2月8日正式开馆服务，馆藏图书全部开架对读者开放。

截止2012年12月末，嫩江县图书馆共有职工19人，其中：男职工4人，女职工15人；有阅览座位260个，计算机34台，网络节点50个，10兆光纤，选用Interlib图书馆自动化管理系统。

业务建设

截止2012年底，嫩江县图书馆馆藏图书40224册，其中图书36302册，期刊1656册，少儿读物1297册，视听文献632种，报纸84种，主要以农业和文学类藏书较多。图书馆收藏了几名本县作者和曾经在本县工作过的作者撰写并出版的部分文学作品。有原黑龙江省文化厅常务副厅长，黑龙江省文联副主席刘邦厚撰写的《人生彼岸》、《百年风流》；原黑龙江省作家协会会员，中国报纸副刊研究会理事，黑河市作家协会副主席何村撰写的《火山雨》、《黑土地的脊梁》；原嫩江县公安局工会主任朱维坚撰写的长篇小说《江湖行》、《你死我活》、《生死存亡》、《使命》、《渗透》、《沉默》、《终极罪恶》；原嫩江县政协主席王国华撰写的《情满天下》、《情融岁月》、《柞叶情》、《萍踪展影》等。

2009至2012年，嫩江县图书馆新增藏量4704种，9568册；省图书馆奖励图书3265种，4006册。

读者服务工作

从2010年1月1日起，嫩江县图书馆全年365天，天天对外免费开放，周开馆49小时。2009–2012年，共接待读者35208人次，流通图书70416册次，解答咨询3007人次。

嫩江县图书馆定于每年的6月1日至7日为图书宣传周，通过发传单、出板报和口头等形式向读者介绍馆藏图书以及向读者征求意见。

2009年2月7日，在图书馆多功能厅举行了全县农家书屋工作会议和管理员培训班。7月24日，黑龙江省图书馆嫩江流动分馆正式挂牌。8月27日，黑河市文管会对我馆评估定级工作进行验收。9月18日至20日，为庆祝中华人民共和国建国六十周年，举办了大型的图片展览活动。

2010年4月23日，我县作者王国华同志为图书馆捐献了自己出版发行的《火山药泉情》、《柞叶情》、《萍踪展影》三部作品共30册。同时还与县第四小学联合举办了小学生读书活动。5月26日，举办了第二期农家书屋管理员培训班及农家书屋图书和设备发放工作。6月23日至25日，利用在江畔广场举行“嫩江之夏”音乐会之际，到现场进行了图书宣传活动。

2011年4月15日，利用本县临江乡“大集”的有利契机，参加了由文广局等9个相关单位联合开展了“文化医疗和科技三下乡”活动。6月28日，举办全县第三期农家书屋管理员培训班。7月1日，为了庆祝中国共产党建党90周年，嫩江县支中心响应国家中心和省分中心的号召，开展红色历史文化数字资源进校园服务活动。11月4日，与第二小学共建流动图书馆启动仪式在第二小学举行。

2012年3月28日，开展“文化共享助春耕”活动。4月23日，举办“世界读书日”活动。28日，下乡指导农家书屋流通运行情况。7–8月，为农家书屋发放设备。9月19日，举行农家书屋管理员第五期培训班暨表彰优秀管理员大会。10月3日，为老年朋友免费培训计算机基础知识。

每年还坚持下乡送书和辅导乡镇文化站及农家书屋工作。

业务研究、辅导、协作协调

2009–2012年，嫩江县图书馆职工在省级以上刊物发表论文14篇，获省级科研成果二等奖2人次。参加省市举办的各类培训班6次，参加学习人员达11人次。

截止2012年末，嫩江县图书馆共建成嫩江森林警察大

队、嫩江公安局看守所、第二小学校、东风社区等分馆和流动图书点12个。开展讲座、培训、展览、阅读推广等27次，参与达31000人次。

管理工作

嫩江县图书馆设馆长1人、党支部书记1人、副馆长3人、工会主席1人。设采编部、辅导部、信息服务部、外借处、阅览室、老干部阅览室、少儿阅览室、电子阅览室、自习室等部门，各部门都有严格的规章制度，确保图书馆工作正常有序开展。

表彰、奖励情况

2011年，图书馆党支部被中共嫩江县委授予"先进基层党组织"光荣称号，2012年被县委授予"创业、创新、创优"活动先进党支部光荣称号、县妇联评为"三八红旗集体"光荣称号。

馆领导简介

王丽艳，女，1962年11月生，本科学历，中共党员，副研究馆员，馆长。2000年5月任图书馆和文物管理所联合党支部书记，2003年12月任图书馆馆长兼党支部副书记至今。

伊精君，女，1962年5月生，本科学历，中共党员，副研究馆员，党支部书记。1998年任图书馆副馆长，2003年12月任图书馆党支部书记兼副馆长至今。

未来展望

嫩江县图书馆遵循"以人为本"的服务理念，它体现了对人的友善、尊重，从内心深处为读者着想，急读者所急，运用各种手段，满足读者的需求；根据人的思想、心理、行为规律，使满足率达到最高。广大用读者的需要是图书馆产生与发展的原动力，没有读者，图书馆就失去了存在的意义，图书馆必须恪守"以人为本"这一法宝。

未来几年，嫩江县政府有意向新建文化艺术活动中心，其中包括图书馆，规划图书馆面积为4000平方米，设阅览座位1000个，可容纳纸制文献80万册，年服务人次可达9万人次以上。

联系方式

地　址：嫩江县墨尔根大街67号213室
邮　编：161499
联系人：朱祎民

孙吴县图书馆

概述

1978年10月，经黑龙江省文管会批准成立孙吴县图书馆。2011年7月图书馆新馆舍竣工。新馆共分三层，总面积2100平方米，阅览室1500平方米，书库600平方米，内设电子阅览室、少儿阅览室、外借室、多媒体室。设有阅览座椅240个。

针对不同人群的读书需求，新馆在装修风格上突出了人性化，现代化、科学化的理念。少儿室针对儿童心理特点，采用鲜艳明快的色彩为孩子们提供了一个童话王国般的阅读空间；外借室空间设计错落有致、变化丰富、简约大气、充分体现"书围着人转"的服务理念；电子阅览室充分利用文化共享工程，利用计算机技术、网络通信技术，为读者提供馆藏书目查询、个人借阅查询、新书通报、参考咨询等各项服务，使信息资源得到有效共享；多媒体报告厅集"视频、语音、文字、图像、数据"多种表现模式于一体，具有较强的实时互动性，可举办读书报告会、演讲比赛等一些读者活动，让读书活动更具生动性、趣味性。

截至目前，图书馆总藏量共计41601万余册（件）。其中图书：40899册；视听文献、缩微制品：702件；地方文献：83册。2013年图书馆经国家文化部评估为国家二级馆。

读者服务工作

孙吴县图书馆实行全周开放，节假日无休。公共空间设施场地全部免费开放，图书借阅室、少年儿童阅览室、多媒体阅览室（电子阅览室）、文献资源借阅、检索与咨询、基层辅导、流动服务等基本文化服务项目健全并免费提供；为保障基本职能实现的一些辅助性服务如办证、验证等全部免费。

县级馆面向基层群众，针对此特点，孙吴县图书馆针对未成年人、残疾人、老年人、驻边官兵、农民及进城务工人员开展一系列的读书活动及文化服务。其中每年寒暑假期间开展两次针对青少年的系列读书活动，内容包括征文、演讲、书画竞赛、棋类竞赛，电影放映，爱国主义讲堂等。活动在社会引起广泛影响，深受广大青少年及家长的好评。针对农村基层群众，开展送书下乡、科普之冬、建立图书流动站、农家书屋业务辅导等基层服务，并积极为农民提供种养殖技术资料，解决农民看书难问题。

表彰、奖励情况

2013年被评为省图书馆学会优秀团体会员单位。

馆领导介绍

汪洪杰，女，1968年9月生，大学学历，中共党员，副研究馆员，馆长。1985年7月参加工作，先后在图书馆的外借、阅览、业务辅导等部门工作，2007年12月任图书馆馆长。2007、2008连续两年被评为黑河市图书管理先进工作者，同时多次受到县政府、县委宣传部等部门的奖励。

王颖，女，1970年9月生，大专学历，副研究馆员，孙吴县图书馆副馆长，1991年7月参加工作，2010年12月副馆长。

读者活动日小读者合影

"勿忘国耻振兴中华"讲座

1988年建成并投入使用的图书馆外貌

成人阅览室

期刊电子阅览室

电子阅览室

未来展望

孙吴县图书馆将遵循“倡导全民阅读，共建书香孙吴”的方针，逐步完善网络服务功能，扩大服务辐射区域。

2013—2017年，在不断扩大馆藏图书容量的同时，建立图书馆自有网站，让图书资源能够与更多基层站点共享，读者通过互联网能够在自己家中获得图书馆的最新活动信息。

联系方式

地　址：黑龙江省孙吴县中央街312号文化中心
邮　编：164299
联系人：汪洪杰

读者活动日

读书日

绥化市北林区图书馆

概述

北林区图书馆始建于1953年，时称绥化县图书馆；1982年绥化县改为绥化市，绥化县图书馆更名为绥化市图书馆；2000年绥化市（县级）改为北林区，绥化市图书馆也随之更名为北林区图书馆。馆址几经变迁，1994年1月，位于绥化市中直路南132号的现馆舍建成并向社会开放。馆舍使用面积1008平方米，实际拥有产权面积708平方米。1998年，参加第二次全国公共图书馆评估，首次获得二级图书馆。2012年，北林区图书馆有阅览座席240个，计算机53台，宽带接入100Mbps，选用Interlib图书馆集群管理系统。

业务建设

截止2012年底，北林区图书馆总藏量116831册（件），其中图书90514册，报刊21861册，视听文献147件，电子图书600种，地方文献3709册。

2009年北林区图书馆新增藏量购置费4.5万元，2010年增加到8万元。2009—2012年，年均入藏量图书1658种，报刊242种，视听文献30件。重视地方文献收集工作，设专架，有专门目录，专人管理。

2012年底，北林区图书馆中文图书共计41186种，其中按CNMARC建成标准书目有38235条，馆藏中文图书书目数字化为93%。

2008年起，北林区图书馆各部门普遍应用Interlib图书馆集群管理系统进行业务管理，从采访、编目、典藏、流通、检索等各环节均实现计算机管理。

读者服务工作

多年来，北林区图书馆采取多种形式征求读者意见，强化服务意识，规范服务行为，以促进读者服务工作。2012年，北林区图书馆总流通人次为28177人，其中，外借人次19518人、41479册次。自2011年4月起，基本服务项目实现全免费开放。普通图书及报刊全部实行开架借阅。增设政务信息公开专架，提供跟题服务、参考咨询、送书上门、送书下乡等服务。全年无公休日，实行休人不休馆，周开馆时间达到56小时。2008年成为黑龙江省图书馆分馆，与省馆共享海量数字资源，为读者提供检索、浏览和下载服务。2010年开通新浪博客。

近几年来，北林区图书馆每年都利用“4·23世界读书日”、“图书馆服务宣传周”、“全民读书月”之机，开展了丰富多彩、形式多样的读者活动，其中上街宣传、新书展览、视频讲座等活动已经成为该馆常规性活动。2012年北林区图书馆先后举办36次形式多样、内容丰富的读者活动，共有14190人参与。

业务研究、辅导、协作协调

2009—2012年，北林区图书馆共有9人在省级以上刊物发表本专业学术论文32篇，7篇论文获得黑龙江省图书馆学会科研成果奖。

长期以来，北林区图书馆服务网络一直以北林区图书馆为中心馆，以部分村（社区）图书室为服务点，由北林区图书馆直接向服务点提供流动书刊的模式开展工作，基层图书室很少购买书刊。2009年—2012年，北林区图书馆向基层流动点提供流动书刊12000余册，流动点借阅册次达到25000左右。同时，还举办业务培训班，向基层图书室管理员传授较系统的图书馆基础理论。多年来，北林区图书馆先后与部队、机关、社区联合共建图书馆（室），如通信营、区政协、财溢小区等，摸索出了一些经验。2010年4月共享工程北林区支中心开始试运行并对读者开放，现建有电子阅览室、多功能厅和中心机房。共享工程北林区基层服务点，已建成乡级服务点19个，村级服务点139个。

北林区图书馆积极参与上级图书馆组织的协作协调工作。2008年7月起，使用Interlib图书馆集群管理系统与全省多家图书馆实现联合编目，与全市兄弟馆开展馆际互借，并经常参与省馆举办的各类业务培训班。

管理工作

2007年起，北林区图书馆陆续进行了大部分中层干部的轮岗和部分员工的岗位交流，并按照以才取人、人尽其才的原则，通过公开选拔和考核机制，吸纳年轻业务骨干进入中层干部队伍。制定了较为完善地管理制度，严格财务、设备、物

民国文献展

创建图书室

图书馆外借部

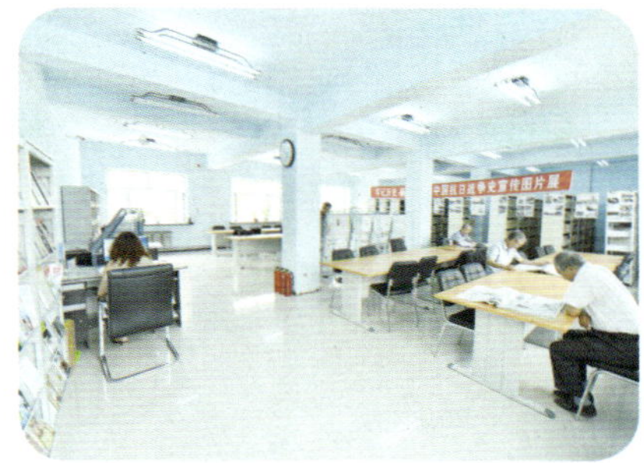
图书馆阅览部

图书馆服务宣传周

资、档案、统计、环境管理，全面落实了安全、卫生、防火责任制，做到了有章可循，责任到人，有效地克服了工作中的盲目性和随意性。各项规章制度的制定与执行，为北林区图书馆全面提升各项业务工作和服务水平提供了有效保证。

表彰、奖励情况

2009–2012年，北林区图书馆共获得各种表彰、奖励5次，其中市委、市政府表彰、奖励1次，市级业务主管部门及县级党委、政府表彰、奖励4次。

馆领导介绍

韩金梅，女，1962年9月生，大专学历，中共党员，副研究馆员，书记、馆长。1981年12月参加工作，1983年11月到北林区图书馆工作。先后在阅览部、外借部、采编部工作，历任工会主席、副馆长。2002年10月任书记兼副馆长，主持工作。2004年任书记、馆长，负责全馆工作。兼任黑龙江省图书馆学会理事。

关苹，女，1964年1月生，大专学历，中共党员，馆员，副书记。1984年1月参加工作，1995年1月到北林区图书馆工作。2002年10月任工会主席，2008年10月任党支部副书记，分管党建、财务、人事工作。

包义波，男，1971年8月生，本科学历，中共党员，馆员，副馆长。1995年8月到北林区图书馆参加工作，先后在北林区图书馆读者自助部、业务辅导部任部主任职务。2002年任北林区图书馆副馆长，分管全馆业务工作。

未来展望

北林区图书馆秉承“读者至上、服务第一”的服务宗旨，遵循科学、效率、创新、发展的办馆理念，进一步完善服务功能，提升服务技能，增加馆藏资源，扩大服务领域，丰富服务内容，加大数字资源的利用和推广，促进本地区图书馆事业的发展。

在不断强化自身综合实力的同时，为解决读者日常增长的阅读需求与现有办馆规模的矛盾，北林区图书馆将积极争取财政投入，通过扩建馆舍，加强内部管理，增购自动化设备，美化内部环境等途径，争取创建国家一级馆，为北林区政治、经济、文化发展提供切实有效的文献信息资源保障。

联系方式

地　址：绥化市中直路南132号
邮　编：152000
联系人：包义波

鸡西市图书馆

概述

鸡西市图书馆始建于1962年，1963年6月正式开馆接待读者。1988年9月10日位于鸡西市红旗路43号新馆建成开放，馆舍面积4000平方米，年购书经费25万元，年接待读者12万人次、15万册次，年办证近3000个。设有采编部、特藏部、少儿部、地方文献部、网络技术部、综合办公室、行政办公室、地方文献阅览室、经济法规室、古籍文献室、电子阅览室、多功能报告厅、自学阅览室、报刊阅览室；人员编制41人，其中高级职称8人，中级职称17人，大专以上学历的33人。宽带接入10兆，选用Interlib图书馆自动化管理系统。

业务建设

截止2012年底，鸡西市图书馆部藏量134751万册，购书经费25万元，地方文献入藏完整率为80%。2013年实行馆内无线网络覆盖。

读者服务

鸡西市图书馆是一所由政府完全投入的综合性公共图书馆，担负着为我市近200万人口及社会单位组织提供知识信息服务的任务，全年实行无公休日对外免费开放，周开放65小时。

强化服务意识，拓展开放服务空间，多年来，我馆坚持强化服务意识，实行全员考勤制度，实行“首问负责制”，推行挂牌服务、文明岗位服务，规范服务行为。利用黑龙江省共享工程VPN专网向读者提供检索、浏览和下载服务。

业务研究、辅导、协作协调

鸡西图书馆学会认真组织鸡西地区图书馆工作者，积极参加中图学会、省厅、省图书馆学会、省社联、省科协、市社联、市科协及其它学会举办的课题、图书馆优秀科研成果的评定工作。并取得良好的效果，2009–2012年，鸡西市图书馆职工发表论文48篇，获省级课题3项，省级优秀课研成果15项。

加强本市图书馆专业队伍建设，培训市内及农家书屋图书馆的业务人员，举办业务岗位培训班，培训内容以《中国文献编目规则》、《办公自动化》为主，促进图书馆工作者的知识更新，以适应图书馆工作的新变化、新需要。

管理工作

鸡西市图书馆实行全员岗位聘任，同时，建立并完善各项规章制度，每半年和全年进行总体工作考核。撰写专项调研、分析报告和工作提案3篇，编写单位工作进度通报24篇。

在建设和发展先进文化、普及提高全市人民科学文化水平中发挥了重要作用，受到市委、市政府的多次表彰。

馆领导介绍

扈佳侠，女，1971年1生，本科学历，中共党员，1990年7月参加工作，2012年7月至今鸡西市图书馆馆长。

韩克勤，男，1960年1月出生，专科学历，中共党员，副研究馆员。1976年参加工作，1999年11月任图书馆副馆长（业务）。

联系方式

地　址：黑龙江省鸡西市鸡冠区红旗路43号
邮　编：158100
联系人：沙泓薇

七台河市图书馆

概述

七台河市图书馆始建于1974，原址在茄子河区北山，面积不足600平方米，1980年随市政府搬迁到桃山区新区与老干部局、科委和用一个楼，面积500多平方米。现在使用的馆舍是1997年建的，面积2000平方米。核定在编人员7人，长期聘用编外人员7人。图书馆设有10个部室：采编部、辅导部、古籍部、工会、文学部、少儿部、综合部、图书学会、共享工程部和地方文献报刊部。阅览室共有152个标准书架、52个标准报刊架、24个阅览桌、130个阅览座椅。设有3个纸质阅览室、一个自修室、一个电子阅览室。总藏书量15万7千多册。其中上架图书64628册，入库图书10万册。月接待读者近2000人次左右。周开馆达60小时。

业务建设

一是社会活动；为了扩展业务更好地服务读者，图书馆利用多种形式开展社会宣传活动。如：在2011年4·23世界读书日和5·25图书馆宣传服务周期间我们开展了以“共享资源、阅读经典、成就人生”为主题的宣传活动。以“庆祝建国六十周年”为主题，主办了图片展和书画。活动，共展出图片80幅，书画150幅等。

二是自修室建立；2013年图书馆成立了“自修室”，“自修室”的成立给那些准备考公务员、考研究生、再择业就业和那些在岗青年自学提供一个良好的学习环境。

三是搞好图书辅导工作，建立图书志愿者队伍；2009年–2010年图书馆为了配合“全市农家书屋”标准化建设，抽出业务骨干对全市148家“农家书屋”进行标准化辅导，两年共下乡26次，规范了全市“农家书屋”的基础建设。

四是加强共享工程建设；2013年我馆在国家、省、市先后投入的163万的资金支持下，建成了标准化电子阅览室，可同时接待40名读者，还建有可容纳60人的多功能报告厅。2013年6月电子阅览室正式对读者服务。

读者服务工作

在对读者服务工作上目前我们除了有三个纸质阅览室以外，还有一个电子阅览室，一个自修室。自2010年起我馆就实行了对读者全面免费服务。

业务研究、辅导、协作协调

我馆每周一是业务学习日。每年都进行业务考核，并积极参与省图书馆学会开展的论文征集活动。

2009年–2011年我们每年都要对全市148家“农家书屋”进行辅导。

管理工作

我馆主管部门是文广新局，干部职工都隶属文广新局管理。我馆是二级拨款单位，不设专门的财务人员只设一个报账员。对区县包括“农家书屋”有指导、辅导的任务。

表彰、奖励情况

2009年省图书馆学会举办的“我与图书馆”读书征文活动中，我馆选送的十篇征文均获得了一、二、三等奖及优秀作品奖。2010年获黑龙江省文化厅举办的“代表先进文化前进方向的中国共产党”读书征文活动——组织奖。

2011年全市行业“争先创优”活动中，市图书馆评为行业“争先创优先进单位”。

2011年10月在省共享工程分中心组织的“共享工程杯”知识竞赛中，七台河代表队在十三个地市参赛队中，获得第4名。

馆领导介绍

从1974年建馆到2014年，图书馆共历任7位馆长姜淑华馆长98年–2007年，石涛馆长2009年到现在。

未来展望

2014年国家、省、市发改委都将新建七台河市图书馆纳入开发项目。2014年8月市政府将正式破土开工建设。图书馆建设面积7500平方米。未来七台河市图书馆将在新馆的基础上，各项工作都将有个新的开端。未来我们图书馆将在三极馆的基础上，向着地市二极馆的目标迈进。

联系方式

地　址：七台河市图书馆桃山区山湖路24号
邮　编：154600
联系人：杨淑芝

牡丹江市朝鲜族图书馆

概述

牡丹江市朝鲜族图书馆隶属于牡丹江市文化广电新闻出版局，始建于1980年，是目前黑龙江省唯一一所以收藏朝鲜民族文献为主的公共图书馆，也是我国众多的朝鲜族散居地中唯一的一所朝鲜民族图书馆。建馆三十多年来，一直坚持以普通文献资源建设和朝鲜民族文献资源建设相结合，不仅为牡丹江市4个城区的3万朝鲜族及周边6个市（县）的10余万朝鲜族服务，也为牡市众多的汉语读者提供良好的借阅服务，是牡丹江市朝鲜族人文资源的一个重要窗口。

牡丹江市朝鲜族图书馆位于牡丹江市朝鲜族群众较集中居住的西安区西五条，主体楼6层，建筑面积2000平方米，1-3层所有权属朝鲜族图书馆。现设有五个服务窗口：汉文外借室、朝文外借室、综合阅览室、电子阅览室及亲子阅读室。1994年，在第一次全国公共图书馆评估中，被文化部评定为"三级图书馆"，并在1999年、2003年、2009年顺利通过国家"三级图书馆"的复查评估。现有阅览坐席120个，计算机15台，宽带光纤接入，实现读者服务区无线网络全覆盖，2013年4月正式开通了自己的网站。

业务建设

2009年至今年购书经费7万元（包括报纸及期刊），2013年获得国家投入75万元，完成了数字图书馆的初期建设工作。2012、2013每年获得国家公共文化保障资金25万元。

截止2012年底，朝鲜族图书馆总藏量为60338册（件），其中纸质文献51925册（中文及朝文文献接近1：1的比例），视听文献413件，电子文献8000册。2013年11月加入省图书馆集群管理系统。

在牡市西安区海南乡拉古村设立流动图书站

读者服务工作

从2011年5月1日起，牡丹江市朝鲜族图书馆对读者实行全面免费开放政策，周开放60.5小时，书刊文献开放比例100%。2010-2013年，年平均接待读者55459人次，书刊外借58700册次。设立馆外流动图书站10个，有学校、军营、社区和朝鲜族村屯，坚持开展送书上门服务，四年来为各流动图书站送书34次，16956册。

2010-2013年，共举办讲座、展览、培训、阅读推广等读者活动55场次，参与人数16762人次。

业务研究、辅导、协作协调

2010年至2012年度，职工发表论文2篇，学会研讨会发表1篇。加强对共建单位图书馆（室）的业务辅导工作，举办各种辅导培训6期，50余人次接受培训。

管理工作

建立、健全各项规章制度，提高管理水平。坚持合理设置工作岗位，实行按需设岗、按岗聘用、目标管理、年度考核的管理制度，调动职工积极性。

表彰、奖励情况

2010-2013年，牡丹江市朝鲜族图书馆共获得各种表彰6次，其中获得省级奖项1次，市级5次。

馆领导介绍

权广平，女，1966年生，大专学历，中共党员，馆长兼书记，馆员，1990年参加工作。

沈红玉，女，1969年生，本科学历，中共党员，副馆长，副研究馆员，1991年参加工作。

未来展望

作为黑龙江省唯一一家朝鲜族图书馆，我馆将不断加强自身的软硬件建设，丰富优化馆藏文献资源，并发挥朝鲜族图书馆的民族优势，做好朝鲜族文献的挖掘、整理工作，建立起具有自己特色的数据库，为更好地保护、传承朝鲜族民族文化做出贡献。

联系方式

地　址：牡丹江市平安街西五条路88号
邮　编：157000
联系人：权广平

世界读书日

大学生志愿者与小读者进行阅读交流

赢得了众多的荣誉

大兴安岭地区图书馆

概述

大兴安岭地区图书馆（以下简称地区图书馆）是大兴安岭地区惟一的一所综合性的地级公共图书馆，所辖三县、三区，隶属于大兴安岭地区行署文体广电新闻出版局(原地区行署文化体育局)，是全地区的中心图书馆，肩负着对所辖县、区图书馆的业务指导、辅导、协调工作，履行文献搜集、加工、存贮开发、交流和传播知识信息的职能，同时面向全区广大人民群众，为广大读者提供一定范围的借阅服务，始终坚持为地方经济建设发展服务。

业务建设

截止2013年12月，地区图书馆馆藏书19万多册。其中图书17.8万册，古籍5557册，报刊1万余册。2009年，地区图书馆使用LZJ图书馆管理系统，以适应我馆服务需求，图书管理、读者服务进入自动化管理起步阶段。2013年，为适应公共图书馆管理需求并能够共享黑龙江省图书馆文献资源，地区图书馆购买了图书馆集群管理系统(Interlib)，并邀请黑龙江省图书馆技术部老师来我馆进行图书馆集群管理系统(Interlib)培训。目前，地区图书馆书目数据库正在建设中。

读者服务工作

读者服务工作分为图书借阅、报刊阅览、地方文献借阅、网络资源共享四大部分，实行开架阅览，全年开馆。读者群体主要以本地区的学生、军人和地直机关、企事业单位职工为主。服务方向不断由传统被动型向现代主动型发展，广泛开展送书下乡、送书到边远的山村、学校、送书到军营等上门服务。(1) 普通服务：由外借部、少儿部、阅览室三个部门完成外借书刊业务，同时阅览室面向我区读者完成阅览工作。借书分为个人借书、集体借书、邮寄借书及馆际借书，敞开办理图书借阅证，凭图书馆借阅证可以在外借部、阅览室借阅书刊。(2) 指导阅读：采用“新书介绍”、“宣传栏”、“最近新书”、“款目揭示板”、“新书展览”等形式宣传新书。(3) 参考咨询：对读者的参考咨询一般在外借部和阅览室完成，平均每年解答参考咨询230件，解答数量180件。(4) 特殊服务：对科技人员和搞专题研究的读者，执有效证件并在工作人员的引导下，进入基藏书库直接索取图书，一次可借10册，允许多次借阅。(5) 读者活动：读者活动我们以重点读者为主要目标主要采取开读者座会，心得会的方式展开，不定期举办读者报告会、演讲会、故事会、诗歌朗诵会等活动。(6) 图书馆服务宣传周及世界读书日活动：我区的图书馆“服务宣传周”活动，自1989年至2013年每年举办一届，每届“宣传周”活动内容丰富，形式活泼多样，既体现出鲜明的主题，又富有时代感，取得了良好社会效益，已经成为我区公共图书馆在社会上颇有影响的活动项目之一。(7)资源共享服务：依托文化信息资源共享工程传播平台，加大电子阅览室的宣传、服务力度。

据不完全统计，地区图书馆年均举办各种读者活动50余次，有近万人参加；年均流通6.1万人次，借阅书刊5.4万册次；截止到2013年地区图书馆累计建立图书流动站12个，图书馆流动站年均流通3800人次，借阅书刊8200册次。

业务研究、辅导、协作协调

作为中心馆我们每年都要对各县、区公共图书馆业务进行研究工作，每年我们完成2篇对全区各级公共图书馆的业务调研报告。对县、区公共图书馆的业务统计工作以及工作人员晋升职称，参加图书馆专业继续教育等事宜都给予了大力支持与帮助。

2009—2013年，地区图书馆职工发表论文18篇。

管理工作

大兴安岭地区图书馆每年都有完整的年度工作计划及总结，财务管理建设健全。按需设岗，按岗聘用，竞争上岗。吸纳志愿者参与图书馆工作。

表彰、奖励情况

2009—2013年，地区图书馆共获得各种表彰、奖励24次。

馆领导介绍

张静，女，1969年2月出生，汉族，中共党员，大学学历，1987年9月参加工作，现任地区图书馆馆长，副研究馆员。在担任馆长期间，实施有效的管理，尽其所能地发挥图书馆的工作职能，从而使图书馆最大限度地发挥其在社会主义建设事业中的职能作用。

车丽霞，女，1973年4月出生，汉族，大学学历，1997年7月参加工作，现任地区图书馆副馆长，副研究馆员。曾从事教育工作，担任过职业高中专业班任，教研组长，教育教研室主任，教育科副科长；2006年10月调入大兴安岭地区图书馆任副馆长，分管全馆业务工作。

未来展望

首先，加强文献资源建设。二是改进服务方式，最大限度地扩大书刊开架范围，营造让读者感到舒适的服务环境；三是树立以需求驱动图书馆服务的观点，真正做到让读者满意。作为全区的中心馆，我们要从实际出发，做好统筹规划，不论科学和计算机技术如何发展，网络结构怎样复杂，知识和信息载体形式如何变化，图书馆存贮、传播、提供、利用知识与信息这一功能是不会改变的，为广大读者服务永远是我们公共图书馆的天职。

联系方式

地　址：加格达奇区人民路28号
邮　编：165000
联系人：陈丽萍

与边防支队建立图书流动站签约仪式

到漠河县图书馆时行评估检查工作

图书管理员进行业务培训

哈尔滨市道外区图书馆

概述

道外区图书馆建于1958年，是我市较早的区（县）级图书馆之一。馆址在靖宇街301号（现为靖宇街265号）。2004年道外区图书馆与太平区图书馆合并，馆址在南直路526号，馆舍面积达到2100平方米，图书总量达到了125000册。图书馆内设有成人书库、少儿书库、成人阅览室、少儿阅览室，电子阅览室，资料查阅室，年平均接待读者2万余人次。图书馆现有馆长1人，馆员8人。

业务建设

在上级部门的高度重视与帮助下，道外区图书馆年入藏量达到2000册以上，报刊年入藏量达350册。为做好书刊管理工作，图书馆从实际出发，本着科学、实用、简便、规范的原则，严格按《中图法》对每本书和期刊进行科学分类标引，做到归类正确，反映充分，前后一致，编目严格按《图书著录条例》进行著录，使用《中国分类主题词表》进行主题标引。图书馆自动化采访、编目、流通、书目检索等工作开展较好，已建局域网并开展了各项工作，其中馆藏中文图书书目数字化达50%以上，地方文献保护较好，能够提供使用，建设规划合理，具有可操作性。

读者服务工作

多年来，道外区图书馆以“读者第一，服务至上”为服务宗旨，积极为广大读者提供优质服务。切实保证各室的开放时间，全天候免费为读者开放，年外借图书逐年增加，开架书刊册数占藏书量的50%以上，积极开展馆内外宣传活动，全区设立服务点、流通站点10个，为残疾人、青少年、老年等提供优质服务，得到读者的一致好评，读者满意率100%。

业务研究、辅导、协作协调

图书馆十分重视开展讲座、报告会活动，年均开展各类活动达20余次。同时，图书馆积极开展服务宣传周和全民读书月等宣传活动，广泛征集读者意见与建议，举办各种社会教育培训班，积极参加省、市图书馆组织的各种培训活动，并结合本馆特点进行改进。基层辅导工作效果十分显著，图书馆由馆长负责深入基层为社区图书室工作人员进行辅导全区共建立18个街道（社区）镇（村）图书室，以区馆为中心，幅射全区各个角落。

管理工作

良好的管理是保证道外区图书馆各项工作有条不紊开展的基础。馆内人员认真遵循《图书馆岗位职责和业务工作细则》、《图书馆年度工作计划》等一系列制度计划，并以此来规范服务行为，减少工作盲点，做到“人人有责任，事事有程序”的工作标准。在人事管理中，道外区图书馆实施按需设岗、按岗聘用、竞争上岗、择优聘用、考核的制度，工作人员必须按照规章制度办事。建立职工考核档案、参考咨询档案、课题服务档案和业务辅导档案，能够做到立卷准确，装订整齐，内容齐全。同时，财务管理严格，设备、物资管理合理有序，统计分析齐全，消防保卫工作合格。为了给读者创造良好的阅读条件，图书馆工作人员每天早来晚走，认真工作，阅读学习设施一应齐全，标牌规范、标准，设施维护良好，努力为广大读者提供整洁、美观、安静的读书环境。

表彰、奖励情况

在一年一次图书宣传周活动中，道外区图书馆多次荣获“哈尔滨市图书宣传周”活动优秀组织奖。

未来展望

1、在信息化建设方面争取创新、创优。加快文化信息资源共享工程基层点的建设工作，对已建设的文化信息资源共享工程基层点做好技术指导和设备维护工作。

2、不断强化阵地建设。进一步夯实基础工作，把“读者至上，服务第一”这一宗旨落实到工作的每一个环节。扩大读者群，做好未成年人思想道德建设工作。结合世界读书日、图书馆服务宣传周、六一和全民读书月等节日，举办适合少年儿童的优秀影片欣赏、丰富多彩的读书活动等。

联系方式

地　址：道外区图书馆

哈尔滨市平房区图书馆

概述

平房区图书馆始建于1983年并正式对外开放，是我省较早成立的区（县）级公共图书馆之一。坐落于平房区友协大街96-1号，2013年1月1日起全面实施免费开放。平房区图书馆建筑面积600平方米，主体为砖混结构建筑。馆舍共三层，一层为阅览室（少儿阅览室）、二层为电子阅览室（文化共享工程管理办公室）、三层为外借室及办公室。平房区图书馆馆内供读者使用的阅览坐席共75个，其中期刊阅览坐席18个（可供少儿读者使用），电子阅览室坐席25个，多媒体功能厅坐席32个。使用Interlib图书馆自动化管理系统，存储容量4TB。平房区图书馆下设8个社区分馆。

业务建设

截止2012年底，平房区图书馆总藏量4.7万册（件），其中视听文献30种，电子期刊1000种。2012年，平房区图书馆新增藏量购置费5万元；2012年平房区财政局向平房区图书馆拨款总额为59万元。平房区图书馆一直致力于地方文献收集和整理工作，对馆内收集的地方文献设有专柜和专架，并设有专门目录卡片和专人管理。

读者服务工作

从2011年1月1日起，平房区图书馆全面对外免费开放，周开放56小时，引进Interlib技术，实现馆藏文献的计算机自动化借还。2012年平房区图书馆书刊外借12063册次。2012年馆外建流动服务点13个，图书年借阅26413人次，年借阅书刊79375册次。2012年，平房区图书馆为平房区政府做了大量信息服务工作，网络工作人员亲自上门服务，利用图书馆数字资源，为平房区委宣传部链接17台电脑，便于政府机关工作人员与图书馆资源共享；与此同时，答复了政协委员李庆雷提出的"关于大力发展社区图书馆，健全公共文化体系的建设"的提案。平房区图书馆在读者服务中致力于特殊群体的服务，其中包括为残疾人、进城务工人员、未成年人、老年人服务。2012年平房区图书馆进行了各种形式社会教育活动，举办各类讲座、培训活动9次，展览1次，阅读推广活动4次，全年参加活动的人数达20078人，年平均参加活动次数达1万人次。

业务研究、辅导、协作协调

平房区图书馆在做好本馆业务工作的同时，积极组织开展基层业务辅导工作。制定基层辅导计划、对辅导工作进行总结，对基层业务进行统计分析，对基层图书馆自动化管理进行指导，并取得显著成效。全年培训2次，培训人数达55人，有效地推进了基层业务工作管理自动化、标准化、规范化。

管理工作

平房区图书馆为充分调动职工的工作积极性，在人事管理制度上按需设岗，实行岗位目标责任制，进行年终考核。同时，高度重视财务管理工作，制定各项财务制度，有馆长直接领导、分管财务负责人具体实施的管理体制。我馆建立了各项设备、物资管理制度，并严格按其执行、监督，有效地管理和用好固定资产。

表彰、奖励情况

平房区图书馆共获省、市级以上表彰、奖励共7项。其中在2009-2012年度哈尔滨市文化和新闻出版局系统组织的哈尔滨地区公共图书馆年终工作评比中，被评为先进图书馆。荣获了2009-2012年度哈尔滨地区公共图书馆阅读与推广优秀组织奖。2009-2012四届哈尔滨地区公共图书馆服务宣传周中，成绩显著，获得优秀组织奖等。

馆领导介绍

刘弘宇，男，1956年7月生，大学学历，中共党员，馆长。1977年6月参加工作，2002年9月任黑龙江省哈尔滨市平房区图书馆馆长。

未来展望

平房区图书馆遵循"读者至上，服务第一"的办馆方针，为将哈南地区打造成为文化名城而不懈努力，为带动哈南工业新城文化大繁荣、大发展而开拓进取。今后，平房区图书馆将不断强化自身综合实力，利用黑龙江省数字图书馆数字资源更好地服务于读者。将文化惠民工程做的更大、做的更强、做的更好。

联系方式

地　址：黑龙江省哈尔滨市平房区友协大街96-1号
邮　编：150060
联系人：刘弘宇

宾县图书馆

概述

宾县图书馆自建馆到现在已有二十多年，当时馆舍面积只有600多平方米，2008年重新翻盖了新的馆舍，新增馆舍面积到1058平方米，同时，我馆还新购置了书刊架8个和办公设施，更新了阅览桌椅增加了阅览坐席。

近年来，县政府在县财政经济状况十分困难的条件下，给予我馆经费上的充分保证，2012向我馆投入的经费达69.9万元，其中购置费10.5万元，购书经费增长了70%，截止2012年末，我馆的总藏量为51802册。

业务建设

1、以提高藏书质量为出发点，适时摆正了图书馆与读者的关系，在保持图书馆入藏300种/年的基础上，且增加了架位空间，新书快速而直接地面对读者，增加了藏书的活力。

2、多年来我馆一直重视标引著录工作，一直遵循国家统一的著录法，实现自动化著录。

3、充分利用网上资源为我县广大农村读者及时提供新的科技信息，2012年我馆向乡镇的图书网点提供科技信息260多条。为我县农业经济的发展提供了智力支持，取得了一定的成绩。

4、全面加强图书馆的自动化建设。截止2012年，图书馆现有35台计算机、打印机、扫描仪等高科技设备，充分利用网上资源为读者服务。

读者服务工作

1、强化馆员的服务意识，针对我馆的实际情况，采取了一系列服务措施。(1) 延长开馆时间，实行360天，天天面对读者开放，每周开馆时间不少于56小时的承诺，深受读者欢迎，2012年读者到馆率比前两年提高了34%，年接待读者4.5600万人次，图书流通册2.2550万次。(2) 完善服务措施，增加了开架阅览的空间和容量，加强了对农业科技信息服务的力度，年向乡镇发送科技信息250余条。为我县农业经济的发展提供了智力支持。

2、我馆为积极拓宽服务领域深化读者服务，在2012年开展了互联网信息查询服务，2012年通过网络信息服务解答读者咨询1000多条，提供有价值的可行性信息资料400余条，在此基础上我们与县武警中队、一小学、中心派出所等单位，建立了集体借阅协议，以方便特殊读者的需求，2012年集体借阅册次达1万多册。

3、加大对图书馆事业的宣传力度，增加全社会利用的图书馆意识。在加强自身宣传工作方面我馆充分利用图书宣传周、读者座谈会、参加社会活动等方式来进行自我宣传，自2010年以来我馆组织了宣传活动30次，参加人数累计3万人。为此促进了我馆新读者队伍的发展。

业务研究、辅导及协作协调正常开展

1、我馆面对农村图书馆发展的新局面，进行了调研和辅导工作，以办辅导班和去人辅导的形式分别对基层进行技术、职能培训，在不同程度上提高了基层馆管理人员的业务水平。在县内各基层馆中开展了协作和协调、资源共享工作，并与市图书馆建立了馆际互借。充分的利用了我县的图书资源，使各基层馆的特有文献得以充分利用，以达到资源共享的目的。

2、加强对馆员的培训工作，针对馆员业务基础薄弱，人员素质较低的情况下，通过“走下去和请进来”的办法，举行业务知识培训班，使馆员的工作步入规范化，我馆现在岗5人，具有本科学历1人，大专学历的4人，具有高级职称2人，中级职称3人。

2012年共建立图书室40多个，并在各级领导部门的支持下在经建乡建立第一个乡镇图书馆，在我馆的辅导和经建馆的共同努力下，经建图书馆被评为省级标准化乡镇图书馆，并且先后分别在宾西镇、鸟河乡建立了图书馆，到目前为止我县已有重点图书网点20多个，乡镇图书馆3个，形成了我馆新的读者服务网。

管理工作

管理工作规范化

1、加强和完善了管理工作和统计分析工作。

2、建立和完善了各项规章制度。

3、完善了岗位责任制。

馆领导介绍

祖国强，男，1963年7月生，本科学历，中共党员，副研究馆员，馆长。1982年参加图书馆工作，1996年任图书馆馆长。

未来展望

我馆要在行政部门、业务部门指导下，以评估为契机，发挥优势、克服不足，以二流的条件，创一流的管理，以良好的社会形象，在经济建设中发挥更大的作用，更多地唤起社会认识、重视、扶持图书馆，将这项公益性事业办好。

联系方式

邮　编：150400

地　址：宾县西大街4号

联系人：王春雷

通河县图书馆

概述

通河县图书馆位于通河镇沿江路，占地1750平方米，建筑面积2100平方米。2013年被国家文化部评估定级为国家三级图书馆。

业务建设

本馆贯彻“以人为本”办馆方针，提供全方位的优质服务。坚持“读者至上，服务第一”的宗旨，为读者提供图书外借、报刊阅览、资料咨询、信息导航等全方位的优质服务。现有馆藏图书4.2万多册。中文期刊130余种，期刊合订本900余册，中文报纸十几种，报纸合订本300多册。本馆常年开馆，藏书全部对读者开放。有阅览座位140个，网络节点60个，是文化信息资源共享工程县级支中心。每年定期举办科技讲座、各类补习培训、开展少儿书画展览等读者活动。

读者服务工作

为促进社会和谐和社会经济发展，满足人民群众的读书求知欲望，开展送书下乡到基层等活动，给乡镇村屯送图书千余册。给老年大学送书刊800多册，给朝鲜族学校800余册，编印信息小报4期。

4月结合世界图书日开展了“创建文明城市，争做学习型家庭”活动，到广场进行宣传“世界读书日”号召公民踊跃参与读书活动，并为现场的公众发放了书刊，鼓励大家读好书创和谐社会。5月组织工作人员在门前进行图书馆服务宣传周宣传活动。宣传图书馆免费开放、免费办证。开展新书展阅，满足广大市民的阅读需求。鼓励广大读者多读书、读好书。利用文化信息资源共享工程设备到老年活动中心为老年读者播放健康知识讲座和优秀影视戏剧作品；6月1日举办未成年人保护知识和儿童身心健康培养的讲座和播放优秀影片。

业务研究、辅导、协作协调

在省级以上刊物上发表学术论文3篇，两名馆员参加黑龙江省共享工程与公共数字文化资源服务推广培训班，1名馆员参加了公共图书馆第五次评估定级工作暨《公共图书馆服务规范》培训班和5版分类法简本使用业务培训，全体馆员参加专业技术人员知识更新继续教育培训学习。

管理工作

图书馆人员编制8个，在岗人员6人，本科学历1人，大专学历5人，中共党员5人，副高职称3人，中级职称2人，初级职称1人。馆员实行聘任上岗，年终考核，内设外借部、综合阅览室、少儿阅览室、电子阅览室、业务辅导部。

表彰奖励情况

通河县图书馆被黑龙江省图书馆学会授予2009–2013年度优秀团体会员单位。馆长李长义被黑龙江省图书馆学会授予2009–2013年度优秀会员。馆长参加参加黑龙江省图书馆学会换届选举并再次当选学会理事。

馆领导简介

馆长：李长义，男，1962年出生，大专学历，中共党员，副研究馆员，黑龙江省图书馆学会理事。

副馆长：赵宏伟，女，1967年出生，大专学历，中共党员，副研究馆员。

综合业务股股长：朱云凌，女，1972年出生，大专学历，中共党员，馆员。

工会主席：刘秀丽，女，1964年出生，大专学历，中共党员，副研究馆员。

未来展望

通河县图书馆在党中央十八大精神指引下，按照县委县政府文体局的具体工作要求，充分发挥图书馆的社会功能，使图书馆事业不断地健康发展，提高服务质量和业务水平，把图书馆事业向前推进一步。

联系方式

地　址：黑龙江省通河县沿江路
邮　编：150900
联系人：李长义

省、市、县领导视察指导通河县图书馆工作

举办少儿演讲比赛

开展全民读书宣传活动

为学生播放影片

延寿县图书馆

概述

延寿县图书馆建于1975年，2012年在县里的支持下图书馆进行了扩建维修工程。由原来的500多平方拓展为1769平方米，设有图书外借部，综合阅览室，少儿阅览室，电子阅览室，多媒体室、馆藏室等对外服务窗口。2013年底，馆内电子计算机46台，提供读者使用36台，宽带光纤接入。

业务建设

到2013年底财政拨付经费7万元，免费开放补助资金10万元。

截止2013年底，延寿县图书馆总藏量是86000万余册，其中纸质文献85600余册，其他文献400册。

读者服务工作

从2012年至今，延寿县图书馆全年365天对外免费开馆，周开馆56小时，2013年书刊总流通4687人次，书刊外借12824册。

2013年，延寿县图书馆共举办讲座，展览，培训，阅读推广等读者活动17场次，参加人数共计9千余人次。

业务研究、辅导、协作协调

2013年，延寿县图书馆参与举办各种辅导培训班3期，69人接受培训。全馆2个中级，1个初级职称。

管理工作

实行全员岗位聘用制，建立岗位设置目标及工作量化考核体系，每年进行总结工作考核。

表彰奖励情况

2013年延寿县图书馆获得县级表彰1次。

馆领导介绍

于伟，男，1966年生，专科学历，中共党员，馆员，图书馆馆长，1983.7参加工作。

未来展望

延寿县图书馆树立全新的服务意识，更新理念，不断拓宽服务领域，在不断强化科学管理，提高素质，优化馆藏资源，提高自身综合实力的同时，逐步采取措施丰富服务内容，来实现图书馆的数字化和网络化，实现文献信息资源共建共享。

联系方式

地　址：延寿县北天顺街
邮　编：150700
联系人：于　伟

五常市图书馆

概述

五常市图书馆始建于七十年代初期，馆址几经变迁，2009年搬至五常市亚臣路44号，市老年活动中心一楼，面积七百余平方米。图书馆藏书49804册22大类，可容纳读者座位80个，计算机33台，图书馆是财政拨款事业单位，主要工作内容是搜集整理图书文献、传播信息和科技文化知识，为广大群众服务。参加第五次全国公共图书馆评估，获得国家三级图书馆称号。

业务建设

截止2012年底，五常市图书馆总藏量49804册（件），其中，纸质文献43804册（件），其他文献600余册（件）2011、2012年，五常市图书馆新增藏量购置费5万元，2009–2012年，共入藏图书2万余册。截止2012年底，五常市图书馆数字资源总量为3.6TB。

读者服务工作

从2009年5月起，五常市图书馆全年365天天天对外免费开放，周开放56小时，2012年，书刊总流通15975人次，书刊外借10163册次。

2009–2012年，五常市图书馆共举办、展览、阅读推广等读者活动20场次，参与人数5万人次。以五常市图书馆平台，若干个阅读群体举办各种主题活动，馆内馆外举办了《喜迎十八大图片展》《祖国改革开放成果展》庆十一等宣传展览活动、每年4·23在金山广场举办系列宣传活动、采用了图片展、语音宣讲、传单发放、现场办证、节目演出等形式，取得良好的效果。

业务研究、辅导、协作协调

2009–2012年，五常市图书馆职工发表论文42篇，响应省范围内发起组建公共图书馆服务联盟，并在馆内设立联盟工作委员会，下设联合编目、流通服务、地方文献联合征集、阅读推广与讲座展览资源服务、业务培训与技术支持等工作组。馆员联合培训和建立联合参考咨询平台等达成广泛共识。每年馆员参加培训20多人次，2009–2011年，继中国图书馆学会志愿者行动，2010年起，开展学校图书室与图书馆结对帮扶活动。

管理工作

2010年，五常市图书馆完成全员岗位聘任，本次聘任共设12类岗位，有2人重新上岗，同时，建立了工作量化考核指标体系，每月进行工作进度通报，每半年和全年进行总体工作考核。2009–2012年，共抽查文献排架15次，书目数据7次。

表彰、奖励情况

2009–2012年，五常市图书馆共获得各种表彰、奖励12次，其中，市级表彰、奖励8次，系统表彰奖励4次。

馆领导介绍

石岩，女，1968年5月生，大专学历，中共党员，副研究馆员，党支部书记，馆长。1991年1月参加工作。

姜安平，男，1964年12月生，本科学历，中共党员，副研究馆员。1982年12月参加工作。

展望未来

五常市图书馆在做好平凡工作表现业绩，做好创新工作突出成绩的中心思想指导下，立足本职工作，力求创新，打造亮点。遵循“科学、效率、创新、发展”的方针，在不断强化自身综合实力的同时，通过省馆市馆帮助指导下，多向兄弟馆学习，不断强化我馆人员业务能力，改进馆内设施，争取资金不断丰富馆藏，利用最短时间向国家二级馆冲刺。

联系方式

地　址：五常市亚臣路44号

邮　编：150200

联系人：石 岩

读书进校园活动

读书日活动

甘南县图书馆

概述

甘南县图书馆现为国家三级图书馆，始建于1958年7月1日，是黑龙江省建立较早的县级图书馆之一。“文革”期间图书馆与文化馆、剧团合并，1977年分离单设。2005年10月1日搬入现址甘南县青少年活动中心北侧三楼，馆舍面积1200平方米。

图书馆内设馆长室、采编室、辅导室、参考室、信息室、综合阅览室、电子阅览室、少儿阅览室、外借室、多功能厅、书库各一个。编制11人，实有11人，其中职称高级2人、中级7人、初级2人；学历大学6人、大专5人。馆藏图书10万册、件，年订阅期刊200种，电脑35台，10兆光纤接入。全县建立农家书屋95个，文化信息共享工程基层服务网点105个，实现了全覆盖。

业务建设

截止2013年底，甘南县图书馆总藏量10.2525万册（件），其中，纸质文献7.3万册（件），古籍50册，报刊2.865万册，视听文献300件，电子文献300件。

2013年，甘南县图书馆新增藏量2500余种，报刊年入藏量200余种，试听文献入藏量30余件，2013年地方文献入藏完整率为100%。截止2013年底，甘南县图书馆数字资源总量为4TB。2014年初，图书馆将陈旧书架更换为藏书量大、便于管理的的密集书架，书库可藏书量由原4万册增加到15万册。

读者服务工作

打造读者之家。2013年甘南县“为民工程”实施以来，图书馆集中精力打造“读者之家”，购书前征求读者意见，公示工作流程，增设绿色植物，设置便民纸笔，更换报刊架及服务吧台等，读者量稳步攀升。目前该馆每周开馆不少于50小时，书刊文献开架率100%，馆藏书刊文献外借率30%，年均读者4万人次。

创新读者活动。2013年举办了“书香社区”读者知识竞赛，各社区232名群众参加。同年7月开设室外板报《图书馆信息报》，并定期设置旨在宣传推广图书馆的室外流动阅书棚。2014年开展“四季音河”之春季读书活动，在读书进乡村环节，因国家与省资源库均无相关资料，自制了旱田改水田宣传片共享资源光碟，为全县95个行政村免费播放，受到农民的欢迎；在读书进社区环节，新开通社区图书室2处，社区居民读书知识问答受到群众热烈欢迎；小学生诵读比赛和机关诵读比赛等活动均引起社会关注，选派了获奖选手参加省“阅读助力人生”诵读演讲比赛，获三等奖。

拓展服务渠道。2013年底成立了“共产党员服务队”，对老年、残疾人士等特殊读者群体义务送书上门，至目前已为54人次送书120册次。并为特困读者累计捐赠款物千余元。

业务研究、辅导、协作协调

2009–2014年，甘南县图书馆职工发表论文10篇。

馆长李丹，在《黑龙江史志》上发表了论文《对搞好县镇图书馆建设和发展的分析》。

馆员王竟然，在《经济技术协作信息》等刊物发表《信息时代现代化图书馆的变革》等论文4篇。论文《信息时代现代化图书馆的变革》荣获黑龙江省图书馆学优秀科研成果二等奖。

馆员郭林，在《新晨报·教科研导刊》等刊物上发表《浅谈公共图书馆在构建和谐社会中的作用》等论文5篇。论文《县级图书馆应为培养中小学生人文精神服务》在全国学术水平评审中荣获一等奖。

2013–2014年图书馆参加、开展业务知识学习55次、4950课时。举办培训班2次，培训200余人次。对社区进行业务辅导8次，深入乡镇文化站及村农家书屋指导检查20余次。

管理工作

细化内部管理。2012年起图书馆实行工作周报制和月总结制，制定了各部门工作制度和岗位责任制，向社会公示了工作流程，全力加强服务核心、骨干力量、综合阵地、服务载体、服务制度、服务业绩“六有建设”。

强化辐射带动。2013年末制定了农家书屋“定级管理”细则，2014年初实施，有效带动了农家书屋业务开展。

表彰、奖励情况

2010年–2014年被县文广局评为先进党支部，2012年被县委评为“创业、创新、创优”先进基层党组织，2013年被县妇联评为三八红旗集体。

馆领导介绍

李丹，女1980年10月生，大学学历，中共党员，馆长。2006年4月参加工作，在文化广电体育旅游局从事会计、统计、人事工作，2012年任图书馆副馆长，2013年11月任图书馆馆长。

未来展望

打造一流服务队伍，提升窗口服务水平；稳步扩大藏书量至20万册；打造以“音河之春”读书活动为统领的品牌读者活动；全面提档升级，建设国家二级馆。

联系方式

地　址：甘南县青少年活动中心三楼
邮　编：162100
联系人：李　丹

鸡东县图书馆

概述

鸡东县图书馆是政府兴办的公共图书馆，于1975年成立，她经历了一个从无到有、从小到大的发展过程。经过几代图书馆人的努力，如今服务方模式有了较大变革，由传统封闭型服务转变于现代开放型服务，特别是计算机在借阅工作中的应用，极大的方便了读者，提高了图书馆的社会效益。鸡东县图书馆馆舍面积900平方米，现有职工12人，年入藏新书2000余种，订购期刊、报纸200余种，持证读者近300人，年接待读者20000多人次，年流通图书册次44000册次，馆内设有阅览室、外借室、咨询室、自修室、电子阅览室、多媒体大厅等六个对外服务部门，开展馆内报刊阅读、图书外借、少儿图书阅览、图书流动、咨询解答、基层业务辅导、网络阅读，提供科技资料、信息交流、报告会等多项服务，2009年8月成为黑龙江省分馆，2009年建立共享工程县级支中心，为读者提供现代化、网络化信息服务，实现了管理与服务的网络化，2013年完成图书数据录入、自动化借阅服务，现有阅览座椅120个，工作用电脑13台，读者用电脑25台，光纤10兆接入，存储功能1TB。

业务建设

1、总藏量：15011种，54395册，536770.90元；其中：报纸6种，567册；合订期刊，1363种，11811册；地方文献：156种，587册。

2、基层辅导工作：馆里定期组织基层乡镇文化站长的专业培训，每年都深入基层进行共享工程设备、图书馆、室检查与调研，发现问题及时解决，并精良技术人员深入乡镇进行自动化辅导，指导、配备通借通还电子卡，为进一步铺开全县范围的一卡通数字工作奠定基层、积累经验。

读者服务工作

鸡东县图书馆周开馆56小时，2012年5月始，实行免费开放服务，做到“零距离、无障碍”接待读者。不定期举办各种类型读者活动，如：中小学生演讲比赛、读者座谈会、摄影大赛以及幼儿剪纸简笔画比赛等，2009年至今参加人次约10000人，取得了良好的社会效益。

管理工作

我馆按照上级主管部门的要求，结合本馆的实际情况，严肃工作作风，严格工作流程，加大在职继续教育的力度，加强自身的业务素质和文化修养，提高网络信息化服务的技能和程度，实行“工作指标百分制”，量化工作任务，责任分解到人，力求创造更好的工作环境、更好的工作质量，为全县市民提供优良完善的服务。

馆领导简介

赵　勇，男，党员，1972年10月生，大学学历，中级职称。2013任鸡东县图书馆馆长。

张卫芳，女，党员，1968年5月生，大专学历，图书馆学专业，馆员。2003年任业务副馆长至今。

林继红，女，党员，1963年11月生，大专学历，图书馆学专业，副高职称。2003年任副馆长。

张世红，女，1969年6月生，大专学历，馆员。2011年任副馆长。

未来展望

鸡东县图书馆本着“读者第一，服务至上”服务宗旨与“为人找书，为书找人”的服务理念，全年开馆，全部书刊实行开架借阅。在多年服务历程中，不断拓展服务范围，丰富服务内容，创新服务手段，把公益性服务延伸到驻鸡部队、社区、乡镇、村屯、学校、敬老院等普通群众的身边，我们将坚守平等、开放、公益的原则，将热情主动服务作为图书馆的自觉行为，走出馆门、走向社会，通过设点服务、流动服务、跟踪服务等方式让尽可能多的读者就近、免费、便捷、无障碍的获取知识。充分发挥图书馆传承文明和传播知识信息的优势，为公共文化服务体系建设做出更大贡献。

联系方式

地　址：鸡东县城建路74号
邮　编：158200
联系人：张卫芳

乡镇文化站长培训班

幼儿剪纸简笔画比赛

虎林市图书馆

概述

虎林市图书馆自2013年定级以来，一直按照图书馆的标准办馆。在上级主管部门的监督指导下，克服了种种困难为读者改善读书环境。现有馆舍面积1000平方米，阅览座席120个，其中儿童座席50个。计算机40台，2003年全年补助经费25.6万元，其中财政补助24.7万元，收入0.9万元，购书经费2万元单列。年购书达2.2万元。

人员编制。编制指数12人，在岗11人，女职工9人，男职工2人。离退休人员4人，大专以上学历11人，占总数的100%。中级以上职称8人，占职工总数80%，初级以上职称2人，占职工总数20%。

截止2013年年底本馆藏书累计51434册。

基础业务建设

年入藏图书达1000余册，其中图书800多册，期刊200多册，报刊300种。地方文献设有专架，专门目录，由各书库管理员兼管。馆内留有一部分资金保证地方文献收集工作。

办公自动化已经初具规模，馆内已建局域网络，设立了采访编目工作系统、书目检索系统、财务统计系统、信息资源共享系统，而且已接宽带网。

读书服务工作

本馆读者服务工作，始终坚持“以人为本”的服务理念，把一切为了读书，满足读者的一切合理需求作为图书馆服务工作的出发点和归宿。内阅实行免证、免费服务，儿童借阅室、外借处，凭证开架外借，离休干部、特困职工凭证明免收押金办理借书证，特殊读书群体馆外设流通服务点，上门送书。

为提高服务质量，馆内设服务监督台，监督电话，图书馆员挂牌上岗便于读者监督图书馆员的服务行为，保证优质服务，创最佳服务窗口。

区分服务是读者服务组织和服务方式的多样性。根据本馆读者的阅读需求和馆藏文献的用途，共分设5个服务窗口：二楼设3个服务窗口。三楼设有2个服务窗口开架借阅服务，极大的方便了读者阅读，提高读者到馆率，年外借书刊达3.1万人次，流通总人数达9万人次，开架书刊达100%。为特殊读者群（离馆较远、行动不便的）设立流动点6个，定期、不定期轮换送书或来馆借书。年送书达5000余册。

图书馆参考咨询工作是图书馆读者服务工作的一个重要组成部分，本馆全年代检索课题10项，解答咨询800余条，有成果5项。并实行定期回访，跟踪服务。

每年举行读者活动12次，组织读者进行问卷调查，共发放80余份，收回60余份。利用农闲时会同科委、农委进行科技下乡、送书不乡，组织科技讲座8场次，培训1000余人。

业务研究、辅导、协作、协调

业务研究与辅导工作，在图书馆工作和图书馆事业发展中占有重要地位。因此，我馆较重视这项工作，积极鼓励全体馆员参与学术研究，自1998年以来，共发表论文10余篇。调查报告1篇。

为搞好乡镇图书室的业务基础建设，自2012年以来，先后对城镇各学校、乡镇、村屯图书室进行了图书分类、编目等业务指导，举办了业务培训班，培训业务人员30人次。组建图书室8个，对当地精神文明建设起着积极推动作用。

开展馆际互借，补充本馆资源不足，弥补他馆缺欠。共进行14次互借活动，借书350册。

管理工作

图书馆管理主要是坚持以为人本的基本管理理念，实行岗位管理和目标管理相结合，按岗设人，进行年终考核，优胜劣汰，考核进入人事档案。

财务管理，严格执行新会计法，认真履行核算中心报帐手续。馆内设备物资建立帐页，每年上报国资局注册。认真履行核销手续。

档案管理工作，建立了职工考核档案；参考咨询、跟踪服务档案；读者活动、业务辅导档案；安全、卫生综合档案。

表彰、奖励

自2010年以来本馆连续多年被评为先进集体。2010年被市委、市政府评为“文教卫生战线先进集体”。2010年度、2011年度被鸡西市文化局评为“先进集体”。2011年－2013年度连续三年被市文化局评为“全市文化工作先进集体”。

密山市图书馆

概述

密山县立民众教育馆，设立于民国十二年（1923）三月。设有阅报室一间（系旧草房），占地面积28“方丈”。购日报4种，每日阅报者约50人。教育馆1931年因“九.一八”事变关闭。1933年恢复开馆直至1945年8月。

1948年夏，密山县重新办起民众教育馆。馆址在县城东安大街道北。馆长金耐耕。主要开展图书借阅活动，有几百册图书和《东北画报》、《东北民生》、《东北日报》。

1951年教育馆改称文化馆。馆长杜墨林。设图书部，藏书有1000余册，开展阵地活动的同时，还为农民夜校和职工夜校学生开展流动借阅。

1966年，“文化大革命”开始，停止图书借阅。1968年末，文化馆和县剧团合并成“毛泽东思想宣传站”。藏书搬入密山剧院前厅，没人管理，损失很大。1970年剩下的10000册藏书，全部送县采购站化为纸浆。

1972年文化馆搬入新馆舍，重新恢复图书组工作。

1975年5月10日，县政府批准，在原文化馆的基础上成立图书馆。

2006年，位于和平路50号的新馆建成开放，新馆面积1209平方米。2013年参加第三次全国公共图书馆评估，获得三级公共图书馆。

业务建设

截止2013年底，密山市图书馆总藏量110235册（件），其中：纸质文献109435册（件）；电子文献800件。有阅览坐席180个，计算机32台，光纤接入10兆。选用Ingterliy图书馆自动化管理系统。

读者服务工作

从2011年起，图书馆全面对外免费开放，周开放56小时，2010–2013年，书刊总流通203412人次，书刊外借137094册次。

2010–2013年，密山市图书馆共举办讲座、展览、培训、阅读推广等读者活动48场次，参与人次2880人次。

2008成为全国文化信息共享工程密山支中心。

业务研究、辅导、协作协调

2010–2013年，密山市图书馆职工发表论文18篇。

截止2013年底，密山市16个乡镇都建有图书室，154个行政村都建有农家书屋。建立其它图书流动点23个。

管理工作

2013年，图书馆建立健全了各项规章制度，建立工作量化考核指标，每月进行工作进度通报，每半年和全年进行总体工作考核，并填写考核表存档。

表彰、奖励情况

2010–2013年，密山市图书馆共获得各种奖励5次。

馆领导介绍

丛蕾，女，1973年4月出生，本科学历，中共党员，副研究员，馆长，1988年参加工作在图书馆至今，2008年8月任密山市图书馆馆长。

庞悦秀，女，1965年12月出生，大专学历，中共党员，馆员，党支部副书记，1981年参加工作，2001年人图书馆党支部副书记。

朱长宏，男，1965年10月出生，大专学历，中共党员，馆员，副馆长，1983年8月年参加工作，2004年任图书馆副馆长。

李云红，女，1969年8月出生，本科学历，中共党员，馆员，副馆长，1984年10月参加工作，2000年3月任图书馆副馆长。

联系方式

地　址：密山市和平路50号
邮　编：158300
联系人：丛 蕾

龙江县图书馆

概述

龙江县图书馆1977年建馆，位于龙江县龙江镇正阳路87号，建筑面积1577平方米，藏书五万余册，有阅览座位120个，计算机37台，提供读者使用25台，局域网10兆宽带以光纤方式接入，存贮容量5TB，图书的分编采用自动化管理系统。

业务建设

截止2012年底，龙江县图书馆总藏量5.1400万册（件），图书年入藏量为500种，报刊年入藏量为150种，视听文献入藏量20余种（多为共享工程调拨）。

2012年财政拨款总额为87.4158万元，新增藏量购置费5万元，免费开放本地经费匹配到位。

2008年底建立电子阅览室，设25台电脑，局域网10兆宽带以光纤方式接入，存贮容量5TB。

年初制订年度工作计划、目标、年末有工作总结。财务管理、人事管理制度齐全、落实到位。设备、资产、档案专人管理，及时建档，分门别类、装订整齐，设有卷内目录。各类统计齐全。

读者服务工作

各服务窗口全面免费开放，周开馆60小时，节假日不休息，文献开架比例100%，馆藏文献年外借率为45.33%，书刊文献年外借册次为10588万册。馆外流动服务点书刊借阅册次为2500册次/年，人均到馆次数0.57次，新书到馆后，进行新书推荐、宣传，有馆内宣传和到社区宣传等。为单位和个人提供参考咨询服务，特别是为残疾人和老年人开展送书上门，开辟活动场地等特殊服务，为乡镇种植户、养殖户等提供信息咨询，复印所需资料等。开展未成年系列竞赛活动，年开展讲座、培训活动10余次，馆内外展览活动4次，阅读推广活动4次。在世界读书日、服务宣传周、全民读书月，大力开展图书馆服务宣传。积极参加省市馆组织的各项读书竞赛活动，建立图书馆流动站十余个，流动图书7千多册。

业务研究、辅导、协作协调

经常进行馆际间的业务咨询，通过电话或（网）群里，得到省、市馆的业务指导，有关图书分类标引的、有关电子阅览室资料的下载存储等。本地区图书馆服务网络建设初步形成。基层图书室进行不定期的业务辅导，使其业务工作逐步规范化，定期开展基层业务培训，提高管理人员的专业素质和管理水平。

管理工作

截止2012年底，现有馆员七人，大专以上学历100%，中级以上职称100%，馆长为本科学历，高级职称，受过系统的图书馆学培训，全员参加继续教育的学习和考试，人均学时年达50小时，每年在省级以上刊物发表论文若干篇。实行岗位目标制，每半年和全年进行总体工作考核。

表彰奖励

2011年获省文化厅奖励一次，即“颂歌献给党——全国文化信息资源共享工程迎接建党90周年群众歌咏活动”二等奖。

未来展望

在当今信息社会的条件下，龙江县图书馆一定会在知识经济时代发挥重要的地区信息枢纽和龙江县精神文明建设基地的重要作用，成为知识信息的集散地，人民群众终身教育的学校，龙江县地方文献的宝库，高雅的文化休闲场所。龙江县图书馆为该县经济建设和社会发展发挥着十分重要的作用。

馆领导介绍

曲丽敏，女，1963年出生，黑龙江省龙江县人，中共党员，研究馆员。

联系方式

地　址：黑龙江省龙江县龙江镇
邮　编：161100
馆　长：曲丽敏
书　记：曲丽敏

萝北县图书馆

概述

萝北县图书馆始建于1979年，自开馆以来经历了由小到大，从传统到现代，从封闭式服务到开放式服务的发展历程。2006年搬迁至中俄文化交流中心，建筑面积1100平方米，2007年完成了整体搬迁、文献典藏和业务整序工作，2008年面向社会免费开放。2012年，萝北县图书馆有阅览坐席173个，少儿阅览室座席25个，用于服务读者的电脑20台，办公电脑17台，宽带网络全部接通。

业务建设

截止2012年底，萝北县图书馆总藏量55692册，每年征订报刊近200种，还收藏有《萝北六大历史文化丛书》等地方文献资料。2008年，萝北县图书馆新增藏量购置费3万元，2012年起增至16.5万元，再到2013年预算的18.5万元。2008年，萝北县图书馆在全省县级馆中率先实现了自动化管理，在文献采访、编目、流通、检索等主要业务工作以及办公方面都采用了计算机管理。2013年年初，实现馆内无线网络覆盖。

读者服务工作

萝北县图书馆始终坚持“读者至上，服务第一”的宗旨，全年365天开放，是黑龙江省县级图书馆中首个实行全免费阅读的图书馆。2012年总流通读者达43715人次，书刊外借册次达44127册次。2009–2012年，建有8个流动图书室，基层服务网点遍及全县8个乡镇63个村屯，已经实现“共享工程”村级服务点的全覆盖。

2009–2012年，萝北县图书馆在做好传统读者服务工作的同时，积极更新服务观念与理念，开展形式多样的读者服务活动，加强对老人儿童、残障人士、农民工等弱势群体的服务，成立了志愿者服务组织。其中：阅读推广16次、展览9次、其他活动45次，参与人数9万人次。

业务研究、辅导、协作协调

2009–2012年，萝北县图书馆职工在省以上刊物发表论文5篇，获准立项的省级成果1项。

为使流动图书室更好的发挥作用，萝北县图书馆工作人员下基层详细讲解图书馆基础业务技能、图书借阅常识，及时解决实际工作中遇到的问题。

2008年，全国文化信息资源共享工程萝北县支中心设在萝北县图书馆内，萝北县图书馆采用集中培训、座谈会、互联网、光盘、移动播放等多种手段进行培训。其中“萝北县文化共享工程基层服务点座谈会暨业务培训”、“文化共享工程基层设备使用方法培训”取得明显成效。

管理工作

萝北县图书馆为实现人事管理的科学化、规范化、制度化，结合实际，编制岗位设置实施方案和岗位说明书，同时，为了减少工作盲点，做到“人人有责任，事事有程序，科学化、现代化管理”的工作标准，责任到人，佩戴工作胸牌，公开明确地指明个人工作职责。

表彰、奖励情况

2009–2012年，萝北县图书馆共获得各种表彰、奖励10次，其中，文化部表彰、奖励1次，省文化厅表彰、奖励8次，其他奖励1次。

馆领导介绍

张莉，女，1965年8月生，大学本科学历，中共党员，副研究馆员，馆长。1989年到萝北图书馆参加工作。

孙丽娜，女，1982年12月生，大学本科学历，中共党员，馆员，副馆长。2002年到萝北县图书馆参加工作。

沙玉香，女，1972年11月生，大学本科学历，馆员，副馆长。1994年参加工作，2012年到萝北县图书馆工作。

未来展望

萝北县图书馆将坚持稳中求进的工作总基调，不断丰富馆藏文献资源，加快数字图书馆推广实施，建成覆盖全县的公共图书馆服务体系，拓展萝北县图书馆社会教育职能，完善功能，调整格局，提升品位，为事业发展创造良好环境，为加快推进公共文化服务体系建设发挥更大作用。

联系方式

地　址：萝北县凤翔镇迎宾街15号

邮　编：154200

联系人：王周昕

王周昕参加全国文化共享知识竞赛

荣获省第二届共享知识竞赛团体第一名

建党90周年歌咏活动

文化助残，共享阳光

绥滨县图书馆

概述

绥滨县图书馆创立于1979年，此前属县文化馆内设机构。馆址几经变迁，2007年11月8日位于绥滨县振兴大街中段的新馆建成开馆。新馆建筑面积1500平方米，设计藏书容量20万册。可容纳座席240个。2013年参加第三次全国公共图书馆评估，获得三级图书馆。

业务建设

截止2013年底，绥滨县图书馆总藏量6万余册，电子文献藏量300种。

2012年县财政拨出购书订报款等70万元，2012年新增藏书量购置费5万元。

截止2013年底，中文图书书目数字化已达80%，地方文献有专题数据库，并能正常使用，将原有旧版本图书进行编目并实现流通，实现图书馆全部自动化流通。2008年，省图书馆流动分馆入驻绥滨县图书馆。2008年文化信息资源共享工程实现9个乡镇109个行政村全覆盖。

读者服务

2011年10月根据文化部，财政部，《关于推进全国美术馆、公共图书馆、文化馆（站）免费开放工作意见》的指示精神，从10月1日起，图书馆实施对读者免费开放。免费服务范围：综合阅览室，少儿阅览室，外借室，多媒体室，电子阅览室等，开展文献借阅，检索与咨询，公益讲座和展览，基层服务，流动服务，基本公共文化服务项目和一些辅助性服务。

为方便读者，除部分工具书，全部开架流通免费借阅占总量80%，省流动分馆借阅，率达100%同时提供免费预约借书，送书上门等特殊服务，每周开馆不少于58小时。双休，节假日照常开馆。定期举办书展，图书宣传周，世界读书日每年展出图书1110于册，其中少儿类展出图书470于种，综合类图书637种。为基层服务点109个农家书屋，县内6个图书流动分馆，定期送书，同时做好业务辅导工作。充分利用现有文献资源开展读者活动，读者满意率达95%。

业务研究、辅导、协作协调

至2012年在省级以上刊物发表论文12篇，2012年馆长田波完成调研报告一篇《浅谈公共图书馆电子阅览室的建设发展》。

加强对基层业务辅导工作，定期或不定期对城镇社区，乡镇，企事业，109个行政村的图书室的管理员进行培训，有培训工作报告，计划，记录等。

参与上级图书馆组织的协作协调工作。

管理工作

2010年，绥滨县图书馆完成全员岗位聘任，有9名职工竞聘馆内10个岗位。同时建立了工作量化和考核指标体系。加强财务管理，制度管理，人事管理，档案管理，设备设施管理，环境管理，安全管理，志愿者管理等工作。

表彰奖励情况

截止2013年底，全馆职工70%被鹤岗图书馆学会授予年度优秀会员，每年都受到县政府的记功等奖励。

馆领导介绍

绥滨县图书馆领导班子现有2人。

馆长田波、副馆长张强，都具有大专学历，中级以上职称，主管业务副馆受到系统的图书馆培训，近几年领导班子都参加了黑龙江省人力资源和社会保障厅举办的专业技术人员继续教育知识更新培训。

未来展望

绥滨县图书馆遵循“科学，效率，创新，发展”的办馆方针，完善得体服务功能，扩大服务辐射区域，带动全县图书馆事业发展，借助全国公共图书馆评估的良好契机，找准工作中存在的问题，努力改进，完善，使服务工作越来越好，更好地为读者服务。充分发挥自身优势，勇于探索，不断创新，一步一个新台阶，使图书馆这块文化阵地永远成为人们的精神食粮供应站，精神动力的加油站，努力提高人们的思想道德和科学文化素质，为早日建成小康社会，实现“中国梦”的宏伟目标做出贡献。

联系方式

地　址：绥滨县振兴大街中段
邮　编：156200
联系人：田 波

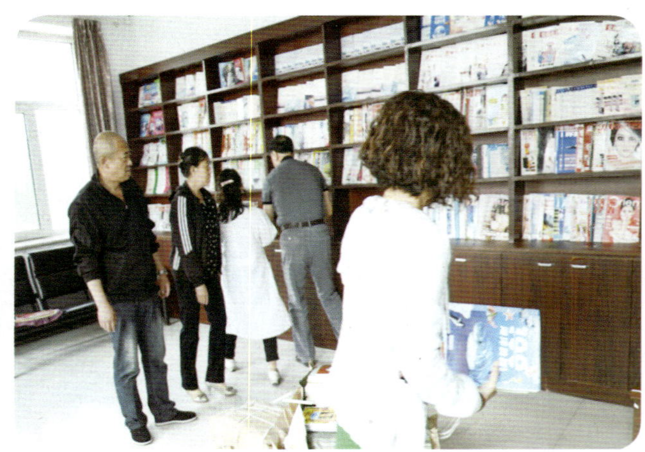

饶河县图书馆

概述

饶河县图书馆是一所边境县公共图书馆，始建于1977年，馆舍面积800余平方米，居县城东南隅，东临乌苏里江，南倚小南山，与俄罗斯临江相望。早在1999年饶河县图书馆即在全国第二次公共图书馆评估定级中被评为国家三级公共图书馆。

2000年饶河县图书馆馆舍与县石油公司五层办公楼置换，现址位于通江路四号，建筑面积1050平方米。截止2012年底，饶河县图书馆有阅览坐席170个，计算机35台，宽带接入100Mbps，选用Interlib图书馆自动化管理系统。

业务建设

截止2012年底，饶河县图书馆总藏量68553册（件），其中，图书49963册，期刊15590册，其它载体文献3000件。2011年饶河县图书馆财政拨款总额45.89万元，2012年，财政拨款55.32万元，年增长率20.5%。

2012年，共入藏中文图书2531种，2531册，中文报刊142种，视听文献260种，地方文献入藏完整率为85.2%。

2011年，饶河县图书馆文献回溯工作有序进行，正式启用Interlib图书馆自动化管理系统，实现馆内各项业务自动化办公，电子阅览室也正式面向读者免费开放。

读者服务工作

自2011年，饶河县图书馆正式对外免费开放以来，实行周开放56小时，2012年外借人次7488人次，书刊外借17976册次。2011–2012年，相续在县域内建立7个图书流动点，馆外流通4108人次，书刊外借6146册。

2012年饶河县图书馆网站正式成立，面向读者提供文献检索、文化信息资讯浏览等各项服务，截止2012年底网站访问量0.58万次。

2012年间，饶河县图书馆共举办讲座、展览、培训、阅读推广等读者活动13场次，参与人数7580人次，跟题服务9项，提供信息142条。

业务研究、辅导、协作协调

2009–2012年，饶河县图书馆职工发表论文34篇，获准立项的省级课题3项，省级科研成果二等奖8项，东三省图书馆学会一等奖论文2篇。

2009年以来，馆内业务骨干，先后参加省馆业务培训216课时，馆员参加馆内组织业务学习累计71次。

管理工作

2012年，饶河县图书馆在岗职工9人，馆领导以科学的方式，建立各项管理规章制度与业务工作量化指标体系，明确任务、责任人与职责，对图书馆的管理与业务进行引导和约束，确保工作的有效开展。全馆定期召开专题会议，制定阶段活动计划，夯实活动基础。每季度抽查文献排架与图书编目数据，编写阶段《图书馆业务情况综述》对业务工作及时总结，指导下一步工作顺利开展。

表彰、奖励情况

2011年，饶河县图书馆被县政府授予“文明示范窗口单位”光荣称号。

馆领导介绍

柴清华，女，1961年11月生，大专学历，中共党员，副研究馆员，1978年10月参加工作，历任饶河县图书馆采编、副馆长，现任饶河县图书馆馆长，兼任黑龙江省图书馆学会理事一职。

未来展望

未来的几年中，饶河县图书馆仍将秉承“求真、务实”的服务理念，充分发挥图书馆文化传播职能，提高县域居民道德、文化素质，营造全民阅读的良好文化氛围。饶河县图书馆的工作重点将以全民阅读推广、地方文献采集与馆内数字化建设为主，无论是回归传统，还是推崇数字技术，阅读载体虽不同，但殊途同归，其最终目的是切实有效开展阅读推广，饶河县是一座有着肃慎文明的小城，充盈着浓厚的历史人文气息，2012年县博物馆、县非物质文化遗产办公室与图书馆合盖三馆合一馆舍被文广新局提上议程，相信几年后，承载着饶河人的殷殷希望，新馆舍将建成于这片黑土之上，传承着文明、传播着智慧，成为祖国边陲一颗璀璨的文化之珠。

联系方式

地　址：双鸭山市饶河县通江路4号
邮　编：155700
联系人：柴清华

林甸县图书馆

概述

林甸县图书馆始建于1976年正式对外开放，是我省较早成立的县级公共图书馆之一。林甸县图书馆2013年10月搬迁至林甸一中校园区，同县第一中学合署办公，建筑面积1600平方米，公共图书馆使用面积500平方米。林甸县图书馆有阅览座椅150个，网络节点40个，设有文化信息共享工程林甸县支中心、黑龙江省图书馆林甸县分馆、外借部、社科少儿阅览部、信息辅导部、电子阅览室、多媒体功能厅等服务窗口。目前，共有藏书96000册，中文期刊120多种，中文报纸36种，数字化光盘文献620种。

业务建设

在做好阵地服务的同时，我们把服务空间拓展到基层图书室，在我县83个行政村和五个农林牧渔场建立了农家书屋，并结合共享工程工作中出现的问题难点，对共享工程基层服务点和各个农家书屋定期进行业务辅导，定期举办农家书屋管理员业务培训班。经过我们多方努力，使我馆的服务工作和共享工程以及农家书屋工作有声有色的开展起来。

读者服务工作

我馆每周向全县广大读者免费开放56小时，为其提供图书外借、报刊阅览、信息咨询、信息导航等全方位的优质服务，并定期举办讲座、培训、展览、学术交流等活动。为全体读者服务，只要有宽带接入的电脑，就能为他们建立自己的电子图书馆。目前，已建立学校服务终端3个。同时依托多媒体功能厅定期免费播放如《百家讲坛》、中外优秀影片、各类知识讲座等，电子阅览室为广大读者提供丰富多彩的电子图书、期刊、报纸、音像资料、网上服务等，年接待读者3000余人次，阅览电子文献2万余条。今年，我们购置了伞棚6个，并配备了桌椅，在我馆门前建起了“图书大排挡”，将部分新书和期刊杂志放到大排挡里，提供给学生和前来学校的家长，方便了读者阅读，也提高了图书馆的知名度，发挥了图书馆的服务作用。目前，国家文化部财政部配送的图书流动服务车又落户我馆，我们计划把流动服务车配备图书、光盘等视听资料带到乡镇及其行政村，为广大村民传递致富信息和实用技术，将国家的惠民政策传递到千家万户。

开展讲座活动

业务研究、辅导、协作协调

目前图书馆有20名馆员为省图书馆学会会员，20名馆员为市图书馆学会会员，馆长胡宝忠为大庆市图书馆学会常务理事、副馆长康立为大庆市图书馆学会学术委员会委员。几年来有47篇学术论文在省级论文研讨会和刊物上发表，有69篇学术论文在市级论文研讨会上荣获一、二、三等奖。积极协调，多方争取，全力以赴抓好我县文化信息资源共享工程建设工作。目前文化共享工程建设的资源总量已达90TB（1TB数据量约等于25万册电子图书或1兆码率音像流的926个小时音像节目）内容涵盖了300多万册电子图书，2万多部（集）音乐节目，4000余种电子期刊报纸，60多个多媒体资源库，文化信息共享工程建设的模式是：国家中心—省级分中心—县级支中心—乡（镇）服务点—村级基层服务点。

管理工作

2000年，林甸县图书馆建立了工作量化考核指标体系，年初各部门制定全年工作计划，针对各部门工作计划个人制定工作计划，并且每年图书馆自己都要举办图书馆业务培训3次以上，开展业务考核2次以上，每半年和全年进行总体工作考核。2000—2013年共抽查文献排架10次，书目数据15次，并编写各部门工作进度通报。

表彰、奖励情况

林甸县图书馆被国家文化部连续两届评为“国家三级图书馆”，被中华全国总工会评为“全国工会优秀职工书屋”，连续多年被省市图书馆学会评为先进单位，三合乡胜利村、四合乡福发村被评为“全省优秀农家书屋”，三合乡五星村被评为“全国优秀农家书屋”，县图书馆被评为“全省农家书屋先进集体”荣誉称号。

馆领导介绍

胡宝忠，男，1969年1月出生，大专学历，中共党员，副研究馆员，馆长。1987年11月参加工作，1998年12月任林甸县图书馆联合党支部书记、馆长。林甸县十佳青年”、“好儿女金榜奖”、“党风廉政先进个人”、“优秀共产党员”、“模范党务工作者”、“先进工作者”大庆市学习型党员标兵、“全省农家书屋工程建设先进个人”、“林甸县十佳公仆”等荣誉称号。

康丽，女，1963年10月生，本科学历，中共党员，副研究馆员，副馆长。1984年到林甸县图书馆参加工作。

未来展望

林甸县图书馆遵循“读者至上，服务第一”的办馆方针，坚持“全心全意为人民服务”的宗旨打破传统服务理念，开展创新服务，延伸服务模式，把图书馆办到老百姓的家门口，建设图书馆城乡一体化，消除图书馆服务的城乡差别，实现图书馆服务“普通均等，惠及全民”目标。

联系方式

地　址：黑龙江省大庆市林甸县学府街
邮　编：166300
联系人：胡宝忠

杜尔伯特蒙古族自治县图书馆

概述

杜尔伯特蒙古族自治县图书馆位于县草原娱乐城，1978年8月，在县文化馆图书室的基础上，成立了杜蒙县图书馆，1984年6月，由省、县投资建成一座面积为1360平方米的四层楼房，地址在府前路北。图书馆占用面积为849平方米。馆内设藏书库、图书外借处、阅览室、民族阅览室、采编室、总务室等业务机构。现杜尔伯特蒙古族自治县图书馆的总面积为500平方米。藏书量61000册，阅览坐席50个，计算机40台，信息节点25个，每周开放56小时，开展外借、阅览、参考咨询、信息、视听等服务。

业务建设

截止2012年底，我馆藏书61000册。其中中文图书52680册，电子文献630种，其他文献，8320册（件），其中包含视听文献和地方文献，全部为读者开放。

杜尔伯特蒙古族自治县图书馆2012年新增藏量购置费报刊订购费为40000.00元，我馆图书入藏量，5180种。视听文献总入藏量共计852件。报刊入藏量213种。

截止2012年底，我馆数字资源总量包括文化共享工程资源量和自建数据库，共3TB。自建数据库主要包括书目数据库，所有自建数据库以图书管理集成系统Interlib。

读者服务工作

杜尔伯特蒙古族自治县图书馆实行免费开放服务，周开放56小时，2009—2012年图书总流通235648人次，各乡镇建有10个乡镇图书室，1个乡镇级图书馆，设有图书流动车一台，馆外图书总流动16452册次，16452人次。我馆自办刊物“科技信息”，一年12期，以农业技术、农作物新品种、致富信息为主要内容，专人管理，按时发行，受到农民欢迎。读者活动：2012年举办约15次，包括书法比赛，报告会、诗朗诵、读书月、图书展览等活动，参加约8323人次，引导青少年走进图书馆，参与图书馆活动，实现图书馆与读者的互动，来扩大图书馆的服务范围，增强服务效益。宣传周活动：宣传周作为图书馆的重要活动形式，我馆举办的形式有书展、送书上门等，方便了读者，扩大了图书馆的社会影响。参考咨询：专门为读者查找信息、材料、答疑，年接待读者215多人次，解答咨询215条。

业务研究、辅导、协作协调

2012年我馆对基层图书室（农家书屋）辅导共82次，分别是11个乡镇，79个行政村，帮助乡镇图书室（农家书屋）分类，著录，排架，加快工作进度，方便读者借阅，促进图书流通，为农村经济发展做出积极的贡献。

我馆现建有流动站15个，截止2012年底各流动站藏书约1600册，在全县建立网点79个，配置投影仪、电脑设备。先后共有79个行政村建成了农家书屋，农家书屋覆盖率达到100%。

定期对个流动站更换图书，业务人员深入流动点、农家书屋进行业务指导图书分类、编目、排架等业务。每年举办业务培训班2次，学习自动化管理、图书数字化等。

管理工作

每年对职工进行考核，建立奖惩激励制度，卫生与环境管理制度、馆财务管理制度、国有资产管理制度、设备物资管理规定。我馆领导班子高度重视安全保卫工作，设有安全工作领导小组，馆长（法人）为组长，负责安全工作的副馆长为副组长，各部门主任为成员。杜尔伯特蒙古族自治县图书馆自建馆以来，各项业务档案健全，设有档案专柜，专人管理，资料详实，装订整齐，内容齐全，每卷有目录，设有总目录，连续每年不间断。

表彰奖励情况

杜尔伯特蒙古族自治县图书馆在2009—2012年期间多次荣获大庆市文化广电新闻出版局、大庆市图书馆学会、杜尔伯特蒙古族自治县文化广电体局育表彰、奖励，具体情况如下：大庆市文化广电新闻出版局、大庆市图书馆学会表彰、奖励3次。

馆领导介绍

孙剑波，男，汉族，1967年，黑龙江省杜尔伯特蒙古族自治县人，中共党员，馆长。

南崧，男，朝鲜族，1980年，黑龙江省杜尔伯特蒙古族自治县人，中共党员，副馆长。

未来展望

图书馆作为县里文献信息中心，群众文化交流中心，对我县“牧业强县”、“旅游大县”、“生态名县”等各方面发挥着重要作用。同时我们体会到“以人为本”就是以读者为中心，一切从读者的需求出发，我们要努力营造出一个安静、整洁、舒适、优美的读书环境，图书馆的外观要大方，能够给读者以美的享受，其内部更要体现出人性化的特征，要处处给读者以方便、舒适的感觉，从“以书为本”向“以人为本”转移，在不断健全知识信息服务功能的基础上，最大限度地满足读者的一切合理需要。

联系方式

地　址：杜尔伯特蒙古族自治县草原娱乐城
邮　编：166200
联系人：南　崧

建党90周年活动

农家书屋管理员培训

邀请离休老干部讲党史活动

伊春市美溪区图书馆

概述

美溪区图书馆建于2009年，是设施较完善、功能较齐全的国家三级图书馆。多年来，区委、区政府十分重视图书馆的发展，把图书馆建设纳入“文化建区、企业兴区”的重要内容，以服务读者、服务百姓为中心，狠抓资源建设，积极开展多层次、多形式的服务工作，努力使图书馆成为资源建设富有特色、服务高效优质的现代化图书馆，成为面向社会服务的重要的文化场所。

目前，美溪区图书馆馆舍面积2000平方米。设有：(1) 成人阅览室：面积340平方米，阅览桌20张，读者坐席40个，藏书1万3千余册。(2) 少儿阅览室：面积386平方米，阅览桌4张，读者坐席20个，拥有各类少儿图书五千余册。(3) 期刊室：180平方米，现有期刊34种、636册。(4) 电子阅览室：面积100平方米，设有阅览席位32个，电脑32台，选用图书馆自动化管理系统，信息节点100个，宽带接入10Mbps。(5) 多媒体报告厅面积：750平方米，设有培训席位120个，会议桌40张。(6) 采编办证处：面积64平方米。(7) 盲人阅览室：80平方米，安有电脑、盲文点显器、盲用读书机。(8) 机房：100平方米。图书馆选配了8名政治素质好、文化水平高、懂业务的年轻工作人员担任专职图书借阅员和电子阅览室管理员，保证了图书馆各项工作的有序开展。

业务建设

美溪区图书馆坚持以人为本的管理理念，造就了一支高水平高素质的员工队伍，使图书馆真正成为集收藏、整理、保存、流通各类文献信息资源，传播先进文化，承担社会教育职能的主要阵地。截止2013年年底，图书馆总藏书量20041册，其中图书19405册、期刊636册；视听文献藏量30件（全部为接受捐赠）。在社区和学校设图书流动服务亭5个。读书活动已延伸到社区、学校、工厂、林场（所）、村屯、军队等。

读者服务工作

为了使图书馆各项服务工作更加方便读者、吸引读者、贴近读者，图书馆遵循图书分类排架规则，对借阅室2万余册图书进行全面倒架、整架，对书架进行了重新标识，使图书标引更加规范，方便了读者借阅。区政府大幅度增加了购书经费，进一步拓宽了文化服务功能。电子阅览室对外免费开放，使更多的读者享受到电子阅读的乐趣。

图书馆本着服务社会的宗旨，充分发挥图书馆功能，多措并举，做好读物推荐，组织读书交流，开展全民阅读活动。还组织开展了“观看红色电影，发扬光荣传统”红色电影周活动、“林都情韵”读书演讲比赛、知识讲座等形式多样的读书活动，吸引更多读者走进图书馆。

业务研究、辅导、协作协调

图书馆工作人员坚持把学习放在首位，利用业余时间，积极进行计算机应用知识、图书馆自动化管理系统应用知识的学习，组织馆员积极参加省图书馆举办的《中国图书法》第五版使用手册及简本培训、文化部举办的第五次公共图书馆评估定级培训、《数字图书馆资源》的推广等多项培训学习，进一步增长了图书业务知识水平和经验，全体工作人员综合素质高，工作干劲足，深受广大读者的好评。

管理工作

美溪区图书馆始终坚持“读者至上，服务第一”原则和“科学、效率、创新、发展”方针，最大限度地满足各类读者的需求。图书馆实行每天8小时、节假日不休息开放制度，读者可凭身份证免费借阅图书。

图书采编、流通、检索、各项内务统计都已实现电脑操作，有序自动化管理。实现了wifi无线网络全覆盖，方便了读者上网需求。

还制订了“人人有责任，事事有程序，科学现代化管理”的工作标准，实行了指纹机考勤制度，要求所有工作人员必须认真遵循《图书馆岗位职责和业务工作细则》，规范服务行为，减少工作盲点，完善单体服务功能，扩大服务辐射区域，带动地区文化事业的发展。

发展成果、表彰、奖励

图书馆工作蒸蒸日上，蓬勃发展，取得了较好成绩。2014年，被文化部评定为国家三级图书馆；在伊春市第四届“林都情韵”少儿诗文朗诵比赛中获得优秀奖。

馆领导简介

馆长：司洪斌，男，1975年7月出生，汉族，辽宁省喀左县，1994年8月参加工作，大学本科文化，中共党员，负责图书馆全面工作。司洪斌参加工作既在区新华书店工作，有丰富的图书管理经验，近年多次参加国家和省市业务培训，并先后多次到先进兄弟单位学习，办馆理念和图书管理水平不断提高，工作扎实，作风朴实，爱岗敬来，用诚心爱心为读者提供提供最优质的服务。

未来展望

积极组织人员参加省、市举办的各类培训学习，全面提高图书馆业务人员的专业素质，经常开展学习活动，规范职业道德，提高自身修养，立足实际，开拓创新，提高为读者服务的质量和水平，切实把图书馆办成读者喜爱的文化中心，传播精神文明的窗口，为建设美丽美溪做出应有的贡献。2015年争取达到国家二级图书馆建设标准和服务功能。

伊春市五营区图书馆

概述

伊春市五营区是远近闻名的红松小镇，以风景优美；环境优雅；被誉为“绿色仙境”而著称。

五营区图书馆位于汤旺河畔青少年活动中心三楼，总面积370平方米，其中设有图书阅览室、图书馆藏区、电子阅览室、多媒体教室；馆内布局设有阅览座位48席，电子阅览室座位25席，多媒体教室座位40席，现有影像设施电视一台；VCD一台；电脑28台；投影屏幕1个；藏书总量22150余册，工作人员3人，年阅览人数5000人次。

业务建设

五营区图书馆是一所综合性图书馆，自2009年1月正式运营以来，图书有13400册，到2013年底，图书馆数据库累计现有书籍种类1350类，科普、天文地理、法律法规公共书籍达21000余册，2013年国家韬奋基金会捐赠图书3105余册，报刊10种，期刊杂志30余种。

读者服务工作

1、争取投入资金加大馆域建设，2013年9月区政府投资购进少儿书架，对借阅室的图书进行倒架、整架重新分类，方便读者借阅。

2、积极开展送书下乡活动，深入到学校、社区、林场所等单位，为其赠送图书、期刊等书籍。

3、为推进青少年多读书、读好书，丰富学生课余生活，图书馆结合寒暑假，开展系列读书活动，在每年的“世界读书日”活动中，评出“优秀小读者”各20名，得到上级部门及家长的好评，同时也鼓舞了小读者的读书热情。

业务研究、辅导、协作协调

馆员坚持把学习放在首位，利用业余时间，积极进行计算机应用及图书自动化系统应用学习，多次组织馆员深入到省市图书馆举办的《中国图书法》第五版使用手册及简本培训，文化部举办的第五次公共图书馆评估定级培训，东北地区第十四次图书馆学科讨论会，对《数字图书馆资源》的推广等多项知识培训学习，进一步增长了经验，深受读者好评。

管理工作

五营区图书馆自开馆以来，始终坚持面向学校、面向广大青少年、面向广大读者的开放原则，坚持“顾客至上，服务第一”的开放宗旨，通过阅览、咨询、宣传等多种方式，为读者提供了便捷、高效优质的服务理念，遵循“科学、效率、创新、发展”的办馆方针，制定了“人人有责任、事事有程序、科学现代管理”的工作标准，认真遵循《图书馆岗位职责》来规范服务行为，扩大服务辐射区域。

发展成果、表彰、奖励

在区文广体育局的正确领导下，在全体馆员共同努力下，图书馆工作取得一些成绩，在2012年区委区政府提倡一日捐活动及读书日活动中，得到一致好评，2010年被文化部评为国家级图书馆，2012年6月一名选手在伊春市第二届“林都清韵”少儿诗歌朗诵比赛中获得三等奖，五营图书馆被评为组织工作先进单位，2013–2014年连续二年在本次活动中均被评为组织先进单位，在今年的“世界读书日”活动中，以“地球与我”为主题，举办了有奖征文和优秀小读者活动，对评出的小读者进行表彰奖励，极大地提高了学生的阅读热情。

馆领导简介

馆长：郭洁，女1969年5月出生，汉族，山东省平阴人，1989年7月参加工作，大专文化，现任五营图书馆馆长，负责图书馆全面工作。2012年被评为政协委员，同年被市委宣传部举办的“十佳群众文化热心人”提名奖，她于2012年3月兼管图书馆一切工作，多次参加省市培训，向好的图书馆学习，吸取好的经验做法，用诚心爱心构筑起良好服务平台。

未来展望

和同仁相比，我们还有很大的差距，在今后的工作中，还需全面提高图书馆业务人员的专业素质，提升图书馆的服务水平，积极参加省、市举办的各类培训学习，学习职业道德规范，提高为读者服务态度。加大读书文化的宣传力度，促进读书活动健康发展，利用多媒体报告厅为政府提供学习平台，积极组织青少年儿童开展丰富多彩的读书活动，做好各届“林都情韵”少儿诗歌朗诵的选拔推荐工作，积极开展“文化共享工程”的建设工作，对数字图书馆的推广做好宣传和利用，积极争取专项资金，增加购书经费，扩大馆藏数量，继续将“文化共享工程”和数字化图书馆的建设向机关、学校、企业事业单位、社区延伸。

联系方式

地　址：伊春市五营区图书馆

读书日赠书

领导参加儿童画展

送书社区

伊春市红星区图书馆

概述

红星区图书馆成立于2009年，馆舍为临街四层建筑，位于红星区红旗河大街与通河路交叉口处，与红星中学毗邻，地理位置极其优越。全面实施免费开放。新馆建筑面积1500平方米，可容纳读者座位150个。2013年，参加第五次全国公共图书馆评估，首次获得三级公共图书馆。截止到2012年红星区图书馆有计算机35台，光纤接入10Mbps，存储容量4TB，使用INTERLIB图书馆自动化管理系统。目前，我馆的服务功能已得到充分发挥，馆舍设施及馆藏利用率较过去有明显提升，各项业务数据也创造了开馆以来的最好记录，展示着现代化新馆的崭新公益形象，得到了各级领导的充分肯定和社会各界的广泛好评。

业务建设

截止2012年底，红星区图书馆总藏量2.4万册（件）。2009–2012年，红星区图书馆新增藏量购置费共计36万元，共入藏中外文图书9460种，9818册，中外文报刊320种，视听文献298种。2012年，地方文献入藏完整率为80%。截止2012年底，红星区图书馆数字资源总量为4TB，2009年建馆后区财政拨付70万元专项资金，专项用于馆内设备更新，新购置期刊架、书架、阅览桌椅。计算机35台，直接提供给读者使用的计算机30台，设光缆专线接入，为电子阅览奠定了坚实基础。2010年1月启用自动化业务管理系统办公，更方便快捷地为读者提供服务。

读者服务工作

从2010年1月起，红星区图书馆全年355天对外免费开放，周开放56小时，同年，引进INTERLIB技术，实现了馆藏文献的计算机自动化借还。2009–2012年，书刊总流通82636人次，书刊外借4690册次。多年来，我馆坚持强化服务意识，实行全员考勤制度，要求全体员工挂牌上岗，实行“首问负责制”，推行微笑服务、交友式服务，规范服务行为。为彰显“公益性”，吸引更多的读者利用图书馆，我馆采取了一系列的服务举措近几年来，我馆开展了丰富多彩、形式多样的读者活动，如“林都情韵诗文朗诵比赛”、“迎国庆爱国少年读书比赛”、“携手残疾人走进图书馆”、“好书助推巾帼建功”和图书漂流等活动，社会反响强烈，参加人员踊跃。极大地提高了广大公众对图书馆的认知、认同度，吸引了更多的市民走进图书馆、利用图书馆享受公共文化服务，促进了和谐社会建设。

业务研究、辅导、协作协调

我馆现有工作人员7名，其中大专3名，中专4名，都是非图书馆学专业毕业。面对专业知识匮乏和业务能力不强的问题。我们以提升员工整体素质为目的，重点加强了人才队伍建设。区领导对图书馆业务培训非常重视，要求图书管理员自身要加强工作责任心．爱岗敬业、甘为人梯，平时要学习新知识，树立新观念，要有紧迫感和竞争意识。支持我们积极参加省、市馆与学会举办的各类学习培训，如编目培训、服务规范、共享工程培训、馆长培训等学习。在外出学习人员回来以后，我们组织大家共同学习业务、提高素养、普及知识的积极性。

管理工作

多年来，我馆坚持人性化管理，从保证质量入手，对各方面工作进行了系统化、规范化管理，使之步入良性发展轨道。以人为本，营造和谐向上的集体精神风貌加强档案管理和统计工作，夯实业务工作基础。

表彰、奖励情况

2010年获红星区“工作先进单位”奖励；2011年荣获红星区“文化工作先进单位”奖励；2012年荣获红星区文广体局“文化工作先进集体”。

馆领导介绍

郭祥钰，男，1979年9月出生，专科学历，中共党员，馆长。1999年参加工作，2010年3月到红星区图书馆工作。

未来展望

红星区图书馆将进一步完善公共文化服务设施，激发全民读书热情，全面提高全民的科学文化素质。以其丰富的馆藏文献资源，现代化的管理手段，便捷优质的服务方式，为广大读者服好务。让图书馆在公共文化服务体系中做出更大贡献！

联系方式

地　址：伊春市红星区图书馆
邮　编：153035
联系人：郭祥钰

伊春市汤旺河区图书馆

概述

汤旺河区图书馆位于伊春市汤旺河区中心，占地面积4200平方米，建筑面积1020平方米，建筑总投资430万元，2005年12月开馆服务。

业务建设

汤旺河图书馆的定位是以数字图书馆为基础，体现知识交互理念，融合传统图书馆功能的信息资料服务中心，采用开放灵活的藏、借、阅、查、展为一体的新型服务模式，除了特定或特殊的文献，藏书全部对读者开放。

读者服务工作

汤旺河图书馆有阅览座位200位，网络节点30个，设有文化信息资源共享工程汤旺河支中心、流动图书馆、外借室、少儿室、资料室等服务窗口5个。每周开放时间56小时，开展外借、阅览、参考咨询、电子信息、视听等服务。举办讲座、培训、展览等活动。

截止2012年12月份，该馆藏书3.1万册，其中中文平装新旧图书30647册，电子文献223件，中文报纸130种。以人为本，提供全方位的优质服务。图书馆做到以人为本，我们坚持“读者至上，服务第一”的宗旨，为读者提供图书外借、报刊阅览、资料咨询、信息导航等全方位的优质服务。

每年都举办“4·23世界读书日”征文活动，每年5月25日—5月31日举办图书馆服务宣传周，活动规范操作，有计划、有行动、有宣传、有效果。

业务研究、辅导、协作协调

为促进社会主义新林区建设，满足林场所职工群众的求知欲，我们每年都开展送书下林场活动，组织近1000册图书送到林场所基层图书馆，供职工群众借阅，让基层读者也能品尝到丰富的文化大餐。

表彰、奖励情况

2009年汤旺河图书馆被伊春市委宣传部、市文化局评为先进图书馆，2010年汤旺河图书馆被文化部评定为国家三级图书馆。

馆领导介绍

馆长：王庆英，女，1967年9月生，伊春市汤旺河区人，馆员。

未来展望

在信息社会的条件下，汤旺河图书馆是中国首个黑龙江汤旺河国家公园图书馆，一定会在知识经济时代发挥着重要的地区信息枢纽和汤旺河国家公园精神文明建设基地的重要作用，成为知识信息集散地，人民群众终身教育的学校，汤旺河地方文献的宝库，地区图书馆的中枢，高雅的文化休闲场所，汤旺河图书馆开馆并投入使用后将是该区集文化、科技、信息传播、保存文化遗产、开展社会主义教育、展示改革开放成就为一体的综合性公共图书馆，成为我区广大群众读书、学习的文化科技教育信息服务和交流中心，为汤旺河国家公园和省旅游名镇建设发挥十分重要的作用。

联系方式

地　址：黑龙江省伊春市汤旺河区东风大街104号
邮　编：153037
联系人：王庆英（汤旺河区图书馆馆长）

宁安市图书馆

概述

宁安市图书馆座落于风景秀丽的江边公园北侧，是一座综合性公共图书馆。图书馆建筑面积2494平方米，环境优雅，书香飘逸，集信息化、网络化、智能化、现代化为一体，成为宁安市重要的知识信息枢纽和精神文明建设基地。自1975年独立建馆以来，历经半个世纪的风雨，积淀了丰厚的文化资源，为宁安市的发展做出了积极的贡献。2010年初次评定为国家三级图书馆，2013年10月再次评定为国家三级图书馆。

业务建设

宁安市图书馆2013年馆藏文献74115册。其中，中文图书7万册，中文期刊0.3万余册(合订本)，中文报纸0.1万余册(合订本)。服务设施齐全，设有综合阅览室、资料室、少儿借阅室、外借室、电子阅览室、特殊群体借阅室等对外服务窗口，阅览座席达170个。馆内采用先进的计算机管理系统，实现管理全面自动化，局域网连结馆内各个信息点，能通过互联网访问国内外主要信息站点，馆外设有图书流动点，以实现知识传播、信息传递、文化展示、休闲娱乐、教育培训等功能。

读者服务工作

从2011年10月起对外免费开放，周开放63小时，宁安图书馆年均接待读者6万人次、文献流通7万册次，设置了无障碍残障人专用通道；特殊人群借阅室并设立了进城务工人员借阅专架；电子阅览室重点为老年人、少年儿童、农民工服务；专设了少儿借阅部，年开展4次少儿读者活动。

发挥中心馆作用，搞好业务辅导工作。近年来，农村文化建设，在国家高度重视下得以迅猛发展，我市农家书屋已发展到240家，实现全覆盖。规范管理，科学利用是中心馆的职责所在，我们举办了“农家书屋”管理人员培训班；另外，采取以辅导带培训的方式，深入到宁安、三灵、江南、镜泊等乡镇的村屯进行现场辅导，使书屋管理员在实践中掌握了规范化管理技能；并创立了四、三、二、一管理模式：四制（图书管理制度、借阅制度、岗位职责、读者须知）、三帐（图书登记帐、分类账、借阅登记帐）、二统一（藏书章、制式书标）、一证（借书证）书屋管理规程，受到省考核验收组的好评。

建立图书流动站搞好延伸服务，年建立三个流动站（宁安四中、宁安市拘留所、海浪镇）投放图书5700册。

建设覆盖城乡的数字文化服务体系。文化信息资源共享工程，是利用现代技术提供服务的工程。我们在工作中与主管局共同积极争取，建成了宁安市文化信息资源共享工程支中心，240个行政村全部建成基层服务站。在实施过程中利用党建网进行资源整合，把配置的投影设备与该网连接，实现资源共享。为使设备有效利用，支中心对240个基层站的管理人员进行业务培训，自制课件，详细讲解“投影仪的安装与使用”；并深入基层站巡回指导50余次。为真正使文化信息资源共享工程资源得以充分利用，支中心建立了“宁安市图书馆网站”。

业务研究

2011年，由吴连成主持的课题《构建图书馆连锁服务模式，服务新农村建设》被定为省级重点项目。

2011年，赵龙“图书馆立法势在必行”一文发表于《世纪桥》2011第二期。

馆领导介绍

吴连成，男，1959年10月生，大专学历，中共党员，副研究馆员，馆长。1977年7月参加工作。负责全面管理。

郝维军，男，1969年4月生，大学学历，中共党员，副研究馆员，副馆长。负责业务管理工作。

未来展望

宁安市图书馆正以“低门槛、高质量的服务”和“低姿态、高效能的运作”，努力打造成设施先进、服务优质、公众满意的“市民大书房”，成为让世界了解宁安的一个窗口。

联系方式

地　址：宁安市宁安镇马骏街江边公园北侧
邮　编：157400
联系人：吴连成

汤原县图书馆

概述

汤原县早期图书馆为民国19年（1930）设于县城正街西段路南的公共图书馆，1976年11月本县开始筹建汤原县图书馆，1978年1月，黑龙江省文物管理委员会正式批准成立汤原县图书馆，并对外开放，1994年12月首次评为国家三级图书馆，馆址几经变迁，于2004年搬迁到哈肇路云阶街，馆舍面积1504平方，设有图书外借部，综合阅览室，少儿阅览室，电子阅览室，辅导部等5个对外服务窗口。2013年底，现有电子计算机30台，宽带光纤接入。

业务建设

2013年底购书经费增加到5万元，免费开放补助资金10万元。截止2013年底，汤原县图书馆总藏量是78675册，其中纸质文献78355册，其他文献320册。

读者服务工作

从2011年初至今，汤原县图书馆全年365天对外免费开馆，周开馆48小时，2010–2013年书刊总流通123475人次，书刊外借98561册，馆外流动服务点6个，农家书屋137个。

2010–2013年，汤原县图书馆共举办讲座，展览，培训，阅读推广等读者活动54场次，参加人数89435人次。

业务研究、辅导、协作协调

2010–2013年，汤原县图书馆馆员发表论文6篇，举办各种辅导培训班6期，182人接受培训。全馆1个副高职称，5个中级，1个初级职称。

管理工作

实行全员岗位聘用制，建立岗位设置目标及工作量化考核体系，每年进行总结工作考核。

表彰奖励情况

2013年汤原县图书馆获得县级表彰1次。

馆领导介绍

王秋霞，女，1960年生，专科学历，中共党员，副研究员图书馆馆长，1977年9月参加工作。

惠玲，女，1962年生，专科学历，中共党员，馆员，图书馆副馆长兼党支部书记，1981年参加工作。

张晓风，男，1972年生，本科学历，中共党员，馆员，图书馆副馆长，1992年10月参加工作。

未来展望

汤原县图书馆树立全新的服务意识，更新理念，不断拓宽服务领域，在不断强化科学管理，提高素质，优化馆藏资源，提高自身综合实力的同时，逐步采取措施丰富服务内容，来实现图书馆的数字化和网络化，实现文献信息资源共建共享。

联系方式

地　址：汤原县哈肇路云阶街
邮　编：154700
联系人：王秋霞

馆内学习

图书馆全景图

读者座谈会

儿童读书活动

送书下乡

穆棱市图书馆

概述

穆棱市图书馆始建于1974年2月5日，1984年建设新馆舍，位于长征路中段，建筑面积647平方米。1996年进行了馆舍扩建，总面积达到1147平方米，主体楼4层。服务窗口有资源共享工程电子阅览室、综合阅览室、社会科学外借部、自然科学外借部、盲人阅览室、地方文献室、自学室。是全国文化信息资源共享工程支中心，下设文化信息资源共享工程乡镇基层服务点8个，村级基层服务点127个。1999年被文化部命名为国家三级图书馆。现有阅览坐席120个，计算机30台，宽带光纤接入，使用Interlib图书馆集群管理系统。

业务建设

财政单列购书经费，公共文化保障资金10万元，2012年追加专项购书经费20万元。截止2013年底，穆棱市图书馆总藏量56600册，其中纸质文献56160册，视听文献500件。数字资源总量为4TB，共享工程经费年投入37600元。

2012年10月加入黑龙江省图书馆集群管理系统。

读者服务工作

图书馆每年都举办各类丰富多彩的读者活动，如：元宵节灯谜游艺会、“4.23”世界读书日宣传活动、演讲比赛、征文比赛、读者座谈会、全民阅读等；图书馆还利用馆藏优势，为老年人放映“共享工程”影视片、为农民编制科技致富信息、开展送书下乡活动。从2011年10月1日起，穆棱图书馆施行免费开放，周开放56小时，书刊文献开放比例95%。2011–2013书刊总流通25170人次，书刊外借70672册次，馆外流动服务点10个。

2011–2013年，穆棱图书馆共举办图书宣传、培训、阅读推广及各类读者活动33次，参与人数45617人次。

业务研究、辅导、协作协调

2011–2013年，穆棱图书馆馆员发表论文18篇，获省图书馆学会科技论文二等奖3篇，三等奖2篇。省级科研项目1项。举办各种辅导培训班7期，197人次接受培训。穆棱图书馆经常组织业务骨干深入学校、机关、企事业单位、社区、乡镇村屯开展共享工程、农家书屋业务培训和辅导。

管理工作

穆棱市图书馆是副科级单位，在编人员12人，大专以上学历12人，其中副研究馆员6人，馆员4人，助理馆员2人。实行全员岗位聘任制，建立了岗位设置目标及工作量化考核体系，每年进行总体工作考核。

表彰、奖励情况

图书馆先后被评为：国家三级图书馆，科技事业单位档案管理省级单位，牡丹江市级文明单位，穆棱市级优秀党组织、文化工作先进单位等。2011–2013年，穆棱市图书馆获得各种表彰3次。

馆领导介绍

高景军，男，1968年出生，本科学历，中共党员，馆员，图书馆馆长，1986年参加工作。

曲红焰，女，1961年出生，大专学历，中共党员，副研究馆员，党支部书记，1983年参加工作。

李彤艳，女，1969年出生，大专学历，中共党员，副研究馆员，副馆长，1986年参加工作。

未来展望

穆棱市图书馆以不断优化馆藏资源，提高自身综合实力，提升专业队伍素质，强化科学管理，牢固树立全心全意为读者服务意识为出发点，逐步采取措施丰富服务内容，创新服务手段，不断延伸和拓展图书馆公益性服务，力争早日实现区域文化信息资源共享。将在新馆舍建成后逐渐达到国家二级馆评估定级标准。秉承“读者第一，服务至上”的宗旨，以传播中华文化为己任，为读者免费提供图书外借、报刊阅览、解答咨询、网上信息导航等全方位的优质服务。让图书馆真正成为丰富穆棱人民文化生活的精神家园，成为推动穆棱文化科技进步的智力源泉，为建设文化穆棱、幸福穆棱做出更大的贡献。

联系方式

地　址：穆棱市长征路126号
邮　编：157599
联系人：高景军

共享工程知识培训

电子阅览室

儿童快乐阅读

林口县图书馆

概述

林口县图书馆坐落于林口镇中心地带，交通便利，是政府兴办的综合性公共图书馆。图书馆于1975年成立，她经历了一个从无到有、从小到大的发展过程。现馆舍于1987年10月动工翻建，1990年底竣工，使图书馆的馆舍总面积由原来的600m²增加到1800m²，从根本上改善了林口馆的服务环境。现馆于1991年6月30日落成开放，在服务方式上来了一个大的变革，由传统封闭型服务转变于现代开放型服务，从而极大地方便了读者，提高了图书馆的社会效益。

业务建设

林口县图书馆现有职工9人，总藏书70000余册，期刊、报纸合订本10000余册，地方文献300余册，年入藏新书2500种，订购期刊、报纸200余种，持证读者2300人，年接待读者11万人次，年流通图书册次16万册次，馆内设有阅览室、外借室、少儿室、咨询室、电子阅览室、多媒体活动室等六个对外服务部门，开展馆内报刊阅读、图书外借、少儿图书借阅、图书流动、咨询解答、基层业务辅导、网络阅读、提供科技资料、信息交流、读书会、报告会、教学班、业务辅导班等多项服务，2008年建立共享工程县级支中心，为读者提供现代化、网络化信息服务，承担全县为科研，为领导机关提供信息服务，及全县基层图书馆（室）的业务辅导工作，实现了管理与服务的网络化。

读者服务工作

林口县图书馆始终坚持“读者第一，服务至上”服务宗旨与“为人找书，为书找人”的服务理念，全年开馆，全部书刊实行开架借阅。在多年服务历程中，不断拓展服务范围，丰富服务内容，创新服务手段，把公益性服务延伸到基层社区、乡镇、农村、学校、幼儿园。敬老院等普通群众的身边，建立“快乐阅读行”图书漂流活动和书画特藏阅览室特色品牌服务，建立图书流动站及服务点21个，推进图书馆延伸服务向更广、更深的领域发展。继续坚守平等、开放、公益的服务，将主动服务、上门服务作为图书馆的自觉行为，走出馆门、走向社会，通过设点服务、流动服务、上门服务、跟踪服务等方式让尽可能多的读者就近、免费、便捷、无障碍地获取知识，享受服务。充分发挥图书馆传承文明和传播知识信息的优势，为公共文化服务体系建设做出更大贡献。

业务研究、辅导、协作协调

2009–2012年，林口县图书馆馆员发表论文11篇，参加省级课题3项，举办乡镇文化站长和农家书屋管理员培训班4次，每年下层次业务辅导50余次，帮助基层图书馆（室）开展阅读指导工作，多次参加省图、市馆组织业务培训班，提高馆员业务水平。

管理工作

图书馆实行岗位聘任制，设立6个部室，年初下达工作任务，每季进行工作进度查评，全年工作总体考核。每季部室撰写工作分析报告、读者需求调查，每年一次读者报刊阅读分析，了解读者阅读倾向，调整报刊订购计划。

馆领导介绍

张玲，女，1964年11月生，本科学历，中共党员，研究馆员，馆长兼书记。1983年4月参加工作，在图书馆工作28年。2009年4月任林口县图书馆馆长。

吴静，女，1972年9月生，本科学历，中共党员，馆员，业务馆长，1992年参加工作，在图书馆工作22年，2011年9月任图书馆副馆长。

付丽丽，女，1975年2月生，本科学历，中共党员，副研究馆员，业务馆长，1991年12月参加工作，在图书馆工作23年，2011年9月任图书馆副馆长。

未来展望

林口县图书馆继续坚持“读者第一，服务至上”服务宗旨与“为人找书，为书找人”的服务理念，以共享工程县级支中心为核心，服务基层，服务社会，利用我们图书馆网站宣传介绍林口，用两年时间完成林口县图书馆图书数据库设，充分利用图书馆的纸本资源和网络资源，最大限度的满足读者需求。

联系方式

地　址：林口县邮电路中段图书馆
邮　编：157699
联系人：吴　静

辅导大百顺村农家书屋

电子阅览室

三道明德小学流动站

小主持人联欢活动

安达市图书馆

概述

安达市图书馆建于1960年，现位于安达市牛街107号。建筑面积1500平方米。2008年10月，共享工程安达之中心成立，光纤电路接入，选用Interlib图书馆自动化管理系统。截止2012年底，安达市图书馆总藏量168191册（件），视听文献678件。2013年参加全国公共图书馆评估，获得三级图书馆。

读者服务工作

自2011年6月起，安达市图书馆对外免费开放，周开放56小时，年书刊总流通3800人次，书刊外借21600册次。2009－2012年，安达市图书馆共举办讲座、展览、培训、阅读推广等读者活动30场次，参与人数5000人次。

业务研究、辅导、协作协调

2009－2012年，安达市图书馆职工发表论文36篇。从2009年起，安达市图书馆积极开展业务培训与技术支持等工作组。截止2012年对社区、乡镇举办业务培训班5期20余人次接受培训。

表彰、奖励情况

2009－2012年，安达市图书馆共获得各种表彰、奖励10余次，其中，省文化厅表彰奖励1次，绥化市级表彰奖励3次，其他表彰奖励9次。

馆领导介绍

刘冬梅，女，1968年11月生，本科学历，中共党员，研究馆员，党支部书记兼馆长。

蒋艳霞，女，1971年11月生，本科学历，中共党员，副研究馆员，党支部副书记，1988年4月参加工作。

张国友，男，1962年12月生，大专学历，中共党员，副研究馆员，副馆长。

王建伟，男，1970年6月生，大学专科学历，中共党员，副研究馆员，副馆长。

未来展望

安达市图书馆遵循“以人为本，公益优先”的管理服务理念，切实保障公民对图书馆的基本文化权益。现代信息服务环境下的图书馆员将以更加忠诚的敬业精神和热情周到的服务创造良好读书环境，与广大读者共享快乐的阅读时光。

联系方式

地　址：安达市牛街107号
邮　编：151400
联系人：蒋艳霞

北安市图书馆

概述

北安市图书馆建于1959年，是黑龙江省建馆较早的县级公共图书馆之一。馆址几经变迁，现馆址位于北安市乌裕尔大街210好文化中心。图书馆建筑面积1600平方米，设计藏书容量25万册，可容纳读者座位600个。2013年，参加第五次全国公共图书馆评估，上等级为三级图书馆。

业务建设

截止2012年底，北安市图书馆总藏量19.8万册（件），其中，纸质文献16.2万册（件），电子图书1.7万册，电子期刊1.9万种/册。30台计算机供读者查阅《全国文化信息资源共享工程》资料，共享黑龙江省图书馆数字资源。

读者服务工作

从2009年起，北安市图书馆全年对外免费开放，周开放56小时。2009–2012年，书刊总流通12万人次，书刊外借7万册次。2009–2012年，随着北安市文化事业的扎实开展，逐步建立了北安市图书馆文化活动服务体系，我们把图书馆的建设与“农家书屋工程”、“文化信息资源共享平台”的建设紧密结合，不断完善了图书馆内部管理机制，加大免费开发力度，取得了显著成效。我们相续开展了“北安风采”大型图片展，定期组织开展图书馆服务宣传，引导广大群众走进图书馆进行“手联手、心贴心”的服务，让人民群众了解图书馆，使用图书馆，自“文化信息资源共享平台”建立以来，每年定期组办主题演讲，读者交流文化，辅导乡镇农家书屋管理员，为丰富服务不同读书群体的需求，重点开展了“让文化资源伴您成长”；“让文化资源伴您成功”；“市民文化大学堂”；“图书免费服务零距离”“同心共建，书香北安”；“中国梦想，书香传承”等一系列的惠民图书活动。共举办讲座、展览、培训、阅读推广等读者活动320场次，参与人数18.6万人次。

业务研究、辅导、协作协调

2009–2012年，定期开展图书管理员培训共举办16期，128课时，268人次接受培训。

2009–2012年，为了更好的普及和覆盖公共图书馆的服务，丰富市民的精神文化生活，共享北安市图书馆图书资源，北安市图书馆在各乡镇、社区、企事业单位、学校分别建立了25个北安市图书馆流动图书站。

管理工作

北安市图书馆内设采编室、电子阅览室、外借室、资料室、儿童阅览室、辅导部等服务窗口。馆内现有职工11人，具有副高职称2人，中级职称5人，具有大专以上学历7人。馆内职工分工明确、各司其职，并且业务能力较强，先后接受了专业图书管理培训。

表彰、奖励情况

2009–2012年，陕西省图书馆共获得各种表彰、奖励6次，其中先进党支部2次，文明单位3次，文明优质服务1次。

馆领导介绍

徐明扬，男，1979年12月生，大专学历，中共党员，中级，馆长。

唐微微，女，1963年9月生，本科学历，中共党员，副研究馆员，副馆长。

苏雅騫，女，1974年9月生，大专学历，中共党员，馆员，采编。

未来展望

近年来，北安市始终以建设区域性文化中心城市为目标，大力推进文化兴市战略，努力建设具有较强文化影响力、文化核心竞争力、文化创新发展力的现代化新兴城市。先后荣获全国示范性农家书屋先进集体、全省文化工作先进县、全省群众文化活动组织工作奖和群众文化活动创新服务奖等20余项省级以上荣誉。2013年，黑河市北安红色文化系列活动被列入国家级公共文化服务体系示范项目。我们要充分利用有利契机，加快图书馆建设、发展步伐。针对图书馆馆舍面积不足的情况，北安市结合建设现代化新兴城市和争创全国文化先进县目标，建设文化综合体增加馆舍面积。

联系方式

地　址：北安市乌裕尔大街210号
邮　编：164000
联系人：徐明扬

青冈县图书馆

概述

青冈县图书馆是我县唯一一所公用图书馆，成立于1976年5月，1978年省文管会定编5人，至1986年编制增加到11人，现有在岗职工16人。馆舍位于县城西哈黑路东，是2002年用原商服地段一、二楼面积900平方米，置换现在较为繁华地段的三四楼，面积1090平方米。馆藏图书58672册，馆内设基本书库、综合外借处、自助外借处，综合阅览室、少儿阅览室、咨询课题辅导组、采编组和新增的电子阅览室、多媒体室共9个业务部门。综合阅览室有座位134个、阅览架60个，少儿阅览室有座位48个、阅览架8个，电子阅览室有电脑37台。1994年起，连续5次被定为国家三级图书馆。截止目前，藏书6.5万册，图书流通总人次为2.4万人次，外借总册为3.4万册次，每人每次最多只能借2本。2013年通过了全国三级馆的评定。

业务建设

截止2013年末，青冈县图书馆藏书总量为70831册。

图书馆每年专项购书经费5万元，电子阅览室运行经费5万元。每年收藏地方文献100种。

读者服务工作

从2012年起，青冈县图书馆藏取消了公休日，达到全年开馆350天以上，周开馆56小时，保证读者晨休息日能来馆借阅。我馆年接待读者61686人次。2012年12月我馆印发了《图书馆读者调查表》200份，经统计读者满意率为98%。经常开展送书上门、送书下乡、送书进校园、进社区、进军营活动。2012年我馆先后馆举办15次形式福利院、社区开展赠送图书，举办电影资源展播等活动。2012年我馆先后举办15次形式各样、内容丰富的读者活动，充分发挥了图书馆社会教育职能。

业务研究、辅导、协作协调

截止到2009-2012年青冈县图书馆职工共发表论文14篇，获准立项课题5项。与全市兄弟馆开展馆际互借，并经常、积极主动参与省馆举办的各类业务培训班18次，有成效。基层业务培训3次。

管理与表彰

在人事管理方面，我馆从2004年就按省市政府、人事部门的文件要求，实行岗位设置管理。建立财务管理制度，严格财务管理，坚持原则，有监督机制，无违规情况发生。设备、物资管理制定有制度，并按国资局国有资产管理的规定办理。档案管理统计工作、环境管理、消防、保卫等工作规范。

青冈县图书馆在2007-2012年期间多次荣获绥化市、县政府的表彰、奖励：绥化市表彰奖励2次。县政府表彰奖励8次。

馆领导介绍

赵晓华，女，1995年8月24日生，中专学历，中共党员，青冈县图书馆党支部书记兼馆长。

刘立刚，男，1957年4月10日生，中专学历，中共党员，青冈县图书馆副馆长。

尚凤仙，女，1975年2月11日生，大专学历，中共党员，青冈县图书馆副馆长。

薛丽娜，女，1979.4.20日生，大专学历，中共党员，青冈县图书馆工会主席。

未来展望

青冈县图书馆遵循“读者至上，服务第一”的办馆宗旨，完善信息共享工程，扩大服务辐射面，带动全县事业发展。2014年，将在全县15年乡镇、152个行政村完善共享工程基层服务网点的建设。

联系方式

地　址：青冈县哈黑路老客运站对过
邮　编：151600
联系人：赵晓华

多媒体室

电子阅览室

综合阅览室

兰西县图书馆

概述

黑龙江省兰西县图书馆始建于1978年7月，原馆址分别坐落在府前路东和十字街东黄金地段，2010年10月图书馆搬迁到正阳大街南文化体育活动中心广场内，现馆舍建筑面积1500平方米，兰西县图书馆是文化信息资源共享工程支中心，设立服务器5台，网络节点50个，全县15个乡镇，105个行政村全部建立了共享工程服务网点，2013年在文化部组织的第五次图书馆评估定级工作中，被评为国家三级图书馆。

管理工作

馆内设有综合阅览处、社会科学外借处、自然科学外借处、少年儿童借阅处、信息咨询处、业务辅导处等对外窗口.截止2013年10月，在编人员19人，其中设馆长1人，副馆长2人；有本科学历7人，大专学历2人，具有副高职称1人，中级职称10人初级职称9人，全员实行岗位聘任制和工作量化管理。

馆藏特色

截止2013年10月，该馆藏书7.8万多册。兰西县图书馆依据本区域发展特点，注重入藏书刊的综合性、实用性、知识性、地方性、科学性的中初级读物，确保藏书比例的合理分配，建立以农村种植、养殖业书刊和地方文献为主的特色馆藏，建立亚麻编纺、畜牧业、旅游开发、农副产品加工、医药卫生及文学艺术为重点的藏书体系。

读者服务工作

兰西县图书馆读者工作的定位是“以人为本，一切工作都围绕着读者转，为读者提供广、快、精、准、活的服务空间。

每年在保障到馆读者借阅的基础上，按照读者需求，举办各类知识讲座、每月播放3场以上的爱国主义影片展演；坚持开展中小学生寒暑期读书借阅系列活动；坚持举办爱祖国爱家乡有奖读书征文活动；利用重大节日举办报告会、故事会、演讲会等丰富多采的阅读活动；坚持围绕县委、县政府中心工作，搜集、挖掘馆藏信息资源，整理成册，主动为领导决策提供信息服务；坚持开展科技信息下乡活动，利用流动服务车为农村种植、养殖户发放季节性信息资料，免费赠送书刊、播放农业知识专题片；坚持开展送书进机关、送书进企业、送书进社区、送书进乡村、送书进校园、送书进军营活动。使图书馆信息服务工作向基层延伸。

学术研究及获奖情况

截止2013年12月，兰西县图书馆学术研究论文有20篇在国家级刊物发表，30余篇论文分别在国家、省、市学术研讨会上获奖。图书馆工作多次被县政府评为先进单位、被县委评为先进党支部；绥化市委组织部授予图书馆三星党支部；2009年以来图书馆工作连续被文广新局评为先进单位；2013年，兰西县图书馆被文化部评为国家三级图书馆。

馆领导及部门负责人简介

馆长、书记：肖玉成，男，1962年生，黑龙江省兰西县人，中共党员，馆员，高级政工师。

副馆长：管秀文，女，1963年生，黑龙江省兰西县人，馆员。

副馆长：王玉国，男，1969年生，黑龙江省兰西县人，馆员。

未来展望

完善硬件基础设施建设。把图书馆办成一个集寓教于乐、文明高雅、文化休闲与一体的综合性公共图书馆，成为广大人民群众读书学习的文化、科技、教育、信息、服务和休闲的交流中心。建立以县图书馆为中心的，联动15个乡镇文化站、10个镇内社区综合文化活动室、105个村级书屋，积极开展广大群众喜闻乐见的读书系列活动。形成以图书馆送书进机关、进企业、进乡村、进校园、进社区等为内容的全民阅读活动。加强队伍建设。按照图书馆应具有的知识门类，配备相应的专业知识人才，使队伍专业化、知识化、年轻化。

联系方式

地　址：黑龙江省兰西县文化体育活动广场
邮　编：151500
联系人：肖玉成

文化部公共文化司副司长周广莲一行检查图书馆工作

馆内书刊借阅

肇东市图书馆

概述

肇东市图书馆位于正阳南五道街路西，成立于公元一九七四年，隶属于市文化局。1974年，在图书室基础上正式成立肇东县图书馆，面积约300平方米。1987年肇东县改为县级市，图书馆改为肇东市图书馆。1994年6月，馆舍改造，面积达到了1070㎡，达到了国家规定三级馆标准。2001年8月，由文化局牵头，对图书馆开发改造，新建馆舍面积1787平方米。2013年参加全省公共图书馆第五次评估，获得国家三级图书馆。2013年，肇东市图书馆有阅览坐席310个，共有服务器3台，终端计算机80台，选用图书馆自动化管理系统。

业务建设

至2013年末，肇东市图书馆藏书总量为101652册，图书馆每年专项购书费3.6万元，每年征订各种报刊200种，收藏地方文献200种，2013年，地方文献入藏完整率为93。截止2011年肇东市图书馆在全市22个乡镇，186个行政村全部建成了共享工程服务网点。

读者服务工作

从1996年起，肇东市图书馆取消了公休日，达到全年开馆350天以上，周开馆达56小时，这样延长了开馆时间，保证了读者在休息日都能来馆充分借阅。年接待读者高达32400余人次，拥有1200多名读者队伍，共有50个基层图书馆（室）分布有全市各乡镇。2009－2012年，书刊总流通501267人次，书刊外借753154册次。

肇东市图书馆

从1998年起，肇东市图书馆编印的《信息传递简报》，定期发送到农村种植业、养殖业手中，引导农民学科学用科学。1999年开始，又编印了《决策与参考》，为领导决策，提供了重要依据。

肇东市图书馆还定期开展文化下乡、科技下乡活动，将科技书刊送到广大农民手中，提高了广大农民科学文化素质，同时，还定期深入各乡镇敬老院将下架的“老年报”“健康天地”“华夏长寿”等期刊送到孤寡老人手中，至2000年末，共送书520种1730册，对繁荣和丰富农村文化生活全面提高农民的科学文化素质做出了杰出的贡献。

业务研究、辅导、协作协调

2009－2012年，肇东市图书馆职工发表论文18篇，获准立项的课题6项。

2009－2011年，肇东市图书馆连续开展市馆与基层馆（室）结对帮扶活动，2011年，举办《中图法》五版在各校、各乡镇图书馆（室）巡回培训。

管理工作

2010年，肇东市图书馆完成全员岗位聘任，共设7个服务部门，29人上岗，同时，建立了工作量化考核指标体系，每月进行工作进度通报，每半年和全年进行总体工作考核。

馆领导介绍

牛剑滨，男，1971年3月9日生，大学学历，中共党员，肇东市文化广电新闻出版局副局长兼图书馆馆长。

胡瑞娜，女，1976年10月24日生，本科学历，中共党员，副馆长，副书记。1992年10月参加工作，先后在综阅部、科技参考部工作。2013年任副书记、副馆长。

肖波，男，1964年2月出生，大学学历，中共党员，业务副馆长。1987年7月参加工作，先后在综阅部、科技参考部担主任职务，2003年3月被市文化局任命为肇东市图书馆副馆长。

姜淑华，女，1962年12月7日生，大专学历，副馆长。1979年3月参加工作，先后在综阅部、自助外借部担主任职务。1996年3月被市文化局任命为肇东市图书馆副馆长。

未来展望

肇东市图书馆遵循“读者至上，服务第一”的办馆宗旨，完善信息共享工程，扩大服务辐射面，带动全市事业发展。2014年，将在全市26个乡镇、186个行政村完善共享工程基层服务网点的建设。

肇东市图书馆阅览室

举办农业科技知识讲座

共享工程进军营

漠河县图书馆

概述

漠河县图书馆落成于1986年12月，馆址位于西林吉镇中华路12号。建筑面积800平方米，系砖瓦结构的二层独立楼。建筑经费来源于黑龙江省文物管理委员会拨款9万元，县里自筹资金22万元。2004年6月，县政府又投入37.90万元对馆舍进行了全面的维修改造，改建后的馆舍带有边陲特有的欧式风格，面貌与最初相比有很大改观。

馆内设有5个服务窗口，分别为：综合阅览室、图书借阅室、地方文献资料室、电子阅览室和多媒体活动室。有可供读者阅览的座席170个，其中少儿阅览座席与成年人分设。

图书馆共有计算机43台，6M带宽接入。与黑龙江省图书馆统一使用Interlib自动化管理系统，目前正处于图书录入阶段。

漠河县图书馆共三次参加公共图书馆评估，1998年首次被定为国家县（区）级三级图书馆。2004年因馆舍大修未参加。2009年、2013年均保持三级馆荣誉。

业务建设

截止2012年底，图书馆共有藏书62819册，其中图书55506册，报刊6951册，光盘362件。馆内藏有本省地方文献资料557种，791册。如：《黑龙江省情》、《清代黑龙江孤本方志四种》、《大兴安岭植物志》等，尤其收藏了包括《漠河县志》、《北部边疆漫游记》、《漠河民间文学集成》和漠河县外宣系列丛书《走近漠河》、《感受漠河》等多种难得的当地文献资料。

多年来，为支持基层图书室建设，县馆也先后向乡镇、社区、学校、部队等捐出图书8000余册。

读者服务工作

漠河县图书馆的全部藏书都对读者实行开架借阅。为满足读者需求，阅览室内的当年报刊参与外借流通。全年开馆350多天，周开馆60小时。2009年初，共享工程支中心也向读者免费开放。并多次以“网上书刊免费阅读”、“知识讲座”、“电影展播”、“图片展览”等形式开展读者活动。此外，图书馆还有针对性地为青少年和老年人群体订购报刊，并提供盲文阅读。

2009–2012年期间，馆外流动点共投入图书2606册，年平均投入图书652册。

在为社会大众提供信息服务的基础上，图书馆还经常为党政机关（如宣传部、县志办、文化广电体育局等单位）提供所需资料。多年来，既为县志办写志提供了大量详实的参考材料，又为个人研究和种植户下载、发放了很多论文及实用技术资料。

业务研究、辅导、协作协调

仅2011和2012两年，图书馆5名馆员共发表专业论文6篇；几乎每年都到基层图书室和农家书屋进行业务辅导。2009年，还专门对各乡镇、社区图书室进行了调查，并写出《漠河县乡镇图书室名录》；支中心建立后，通过黑龙江省图书馆网络培训渠道组织了共享工程基层站点参与学习。也实现了与省图书馆相当一部分信息资源的共享。

管理工作

图书馆的工作人员实行岗位管理，按照岗位设定工作目标和工作范围，并制定有《图书馆工作人员岗位职责》。设备、物资有专门的管理制度。业务档案装订齐全。

表彰、奖励情况

2009年，漠河县图书馆获得县级表彰1次，2010年获文化部表彰1次。先后获得地级表彰4次。

馆领导介绍

刘雅丽，女，1963年12月生，中专学历，馆员，图书馆馆长兼采编。1982年7月参加工作，1987年1月调入图书馆，曾在典藏部工作。

胥秀荣，女，1968年10月生，中专学历，馆员，图书馆副馆长兼电子阅览室管理员。1988年参加工作，2001年调入图书馆。曾在阅览部工作。

未来展望

面对图书馆事业的飞速发展，漠河县图书馆将用全新的服务理念、服务意识树立北极形象，打造北极标准，强化队伍建设，逐步培养一些综合实力强、业务过硬的高素质馆员参与管理，参与未来全县、乃至全省的图书馆服务网络联合建设。实现大范围的共建共享，通过全覆盖的图书馆数字化和网络化来缩短读者与图书馆间的距离，让全民阅读不再遥远！

联系方式

地　址：黑龙江省漠河县中华路12号
邮　编：165399
联系人：刘雅丽

富锦市图书馆

概述

富锦市图书馆始建于1956年，是黑龙江省首批建立的七个县级图书馆之一。1983年省图书馆立项建设新馆，建筑面积1011平方米。2001年进行了翻建，总面积为1711平方米，位于中央大街中段，主体楼6层，3-6层所有权属图书馆。服务窗口有资源共享阅览室、少儿借阅部、综合阅览室、综合外借部、地方文献室。1999年被文化部命名为国家三级图书馆至今。现有阅览坐席120个，计算机30台，宽带光纤接入，使用第三代图书馆自动化管理系统。

业务建设

2009年至今年购书经费不低于5万元，2011公共文化保障资金10万元。

截止2013年底，富锦市图书馆总藏量71095册，其中纸质文献70787册，视听文献308件。

数字资源总量为15TB，共享工程经费年投入14000元。

2013年4月加入省图书馆集群管理系统。

读者服务工作

从2011年2月起，富锦图书馆全年365天对外免费开放，周开放56小时，书刊文献开放比例100%，2013年实现了馆藏文献的自助借还。2010-2013书刊总流通52852人次，书刊外借42354册次.馆外流动服务点6个。从2009年1月开始在全市10个镇，1个社区，266个行政村建立远程网络服务点112个。2013年图书馆网站年访问量15724次，数字资源总量3TB。

2010-2013年，富锦图书馆共举办讲座、展览、培训、阅读推广等读者活动52场次，参与人数84576人次。

业务研究、辅导、协作协调

2010-2013年，富锦图书馆馆员发表论文16篇，省级科研项目2项。举办各种辅导培训班5期，158人次接受培训。2个副高级职称，7个中级职称，1个助级，1个馆员。

管理工作

实行全员岗位聘任制，建立了岗位设置目标及工作量化考核体系，每年进行总体工作考核。

表彰、奖励情况

2010-2013年，富锦图书馆共获得各种表彰7次。省级2次。市级5次。

馆领导介绍

李程，男，1973年生，本科学历，中共党员，文化广播电视新闻出版局副局长兼任图书馆馆长，1991年参加工作。

崔铁军，女，1968年生，本科学历，中共党员，副研究馆员，党总总书记，1983年参加工作。

崔丕艳，女，1963年生，专科学历，中共党员，馆员，副馆长，1982年12月参加工作。

杨茗淇，女，1982年生，本科学历，馆员，副馆长，2001年参加工作。

未来展望

树立全新的服务意识，更新观念，在不断强化科学管理，提高素质优化馆藏资源提高自身综合实力的同时，逐步采取措施丰富服务内容，创新服务手段确保硬件以及软件条件在3年时间内全面达到国家二级馆评估定级标准。

联系方式

地　址：富锦市中央大街
邮　编：156100
联系人：李　程

明水县图书馆

概述

明水县图书馆是由明水县编制委员会批准，于1976年2月成立。建产初与文化馆合属办公，隶属文化科。明水图书馆毗邻明水一中、明水一小非常便利的交通条件和优美的阅读环境，吸引了大批工人、农民，特别是中、小学生读者，图书馆迎来了繁荣民展时期。

业务建设

明水图书馆现在职工8人，男职工2人，女职工6人，大专以上学历8人，高级职称2人中级职称2人，初级职称4人。业务部门有采编辅导部、参考咨询部、综合阅览部、少儿阅览部、外借部、自助外借部、财会室、办公室、电子阅览室、多功能报告厅。现有图书76420册，工具书、线装书占有一定比例，藏书力求均衡发展。借阅目录准确、借阅设施齐全，能够顺利的开展业务工作。

读者业务工作

明水图书馆多年来业务工作一直保持在较好的发展水平，举办了多次有影响的大型业务活动，连续多年在两会期间图书馆都在会场外举办新书展览，除此之外阵地活动也开展的有声有色，例如“读一本有益的图书”中小学生演讲比赛等多种形式的读者活动，已经成为图书馆的常规业务工作。这些业务工作的开展，促进了图书事业的向前发展，为社会、全县人民的文化生活做出了应有的贡献。

业务研究

共享工程是充分利用现代高新技术手段，将中华民族几千年来积淀的各种类型的文化信息、资源精华以及贴近大众生活的现代化社会文化信息资源进行数字加工、处理与整合，实现文化信息在全国范围的共享。明水县图书馆是明水县共享工程支中心，主要负责明水县信息资源及县级支中心的监督与服务。

管理和队伍建设

明水信息共享支中心，为了更好的开展工作，成立了专门机构，并有专人负责，信息共享部成立以来，工作做到年初有计划，季度有总结，活动有记录，工作内容主要有阵地服务和馆外服务两大部分阵地服务主要是利用电子阅览室，多功能报告厅。馆外服务就是走出去，和文体局、学校、社区等相关单位联合开展活动。

馆领导介绍

徐文刚，男，1967年出生，中共党员，汉族，大专，经济管理，高级职称，明水县图书馆馆长。

未来展望

来来图书馆的发展、图书馆人充满信心，相信在新一届的明水县政府和主管局领导的正确领导下，一定能够全面发展，把明水县图书馆建设成为一所新型的，现代化的图书馆。

图书馆制定了新的工作目标

第一、购置新的图书设备，创造最优美的阅览环境。

第二、购置新书，调整藏书结构，使藏书在品种和数量上合理化。

第三、全开架的阅览方式，吸引更多的读者，让图书和图书馆的作用发挥的更大。

第四、随着信息技术和网络的发展，图书馆更要建成一个数字化的现代信息传输机构，以传统的图书馆为基础，来拓展自己的业务空间，吸引更多的读者。我们的奋斗目标是建立一高质量的知识网络中心，服务全县人民。

联系方式

地　址：黑龙江省绥化市明水县图书馆
邮　编：151700
联系人：徐文刚

全国公共图书馆评估

上等级图书馆全集(第五次)

第二卷

上海 江苏 浙江 安徽 福建

中国图书馆学会 编

中国文史出版社

图书在版编目（CIP）数据

全国公共图书馆评估上等级图书馆全集（第五次）：全5册 / 中国图书馆学会编. —— 北京：中国文史出版社，2016.1

ISBN 978-7-5034-7473-6

Ⅰ. ①全… Ⅱ. ①中… Ⅲ. ①公共图书馆-图书馆评估-中国 Ⅳ. ①G259.252

中国版本图书馆 CIP 数据核字(2016)第 024761 号

责任编辑：詹红旗　梁　洁

装帧设计：童　昊　李玉琴

出版发行：中国文史出版社

网　　址：www.wenshipress.com

社　　址：北京市西城区太平桥大街 23 号　邮编：100811

电　　话：010-66173572　66168268　66192736（发行部）

传　　真：010-66192703

印　　装：廊坊市汇兴印刷有限公司

经　　销：全国新华书店

开　　本：16

印　　张：210

印　　数：1-2600

版　　次：2016 年 1 月 北京第 1 版

印　　次：2016 年 1 月 第 1 次印刷

定　　价：1980. 00 元(全五册)

《全国公共图书馆评估上等级图书馆全集（第五次）》
编委会

组稿负责人（按姓氏笔画排列）

马慧艳	乌兰格日勒	王祝康
石焕发	旦增卓玛	严　真
李　茁	李盛福	陈卫东
杨岭雪	杨洪江	吴　荇
张　蕊	陆丽娜	尚　庄
金晓英	金晓明	金美丽
武巍泓	钟海珍	贺定安
段蓓虹	闻德锋	高　莹
贾　莹	徐力文	徐向东
陶嘉今	黄　俊	董　隽
雷兰芳	熊　文	

前　言

2013年，文化部在全国开展了第五次公共图书馆评估定级工作，上等级图书馆共2230个。为做好本次评估工作的经验总结、成果交流和资料留存等工作，展示上等级图书馆风采，充分发挥公共图书馆在我国公共文化服务体系建设中的重要作用，中国图书馆学会编辑、出版了《全国公共图书馆评估上等级图书馆全集（第五次）》（以下简称《全集》）一书。

《全集》共设9个基本栏目：概述，业务建设，读者服务工作，业务研究、辅导、协作协调，管理工作，表彰、奖励情况，馆领导介绍，未来展望，联系方式。内容全面介绍了上等级图书馆的发展状况及取得的成绩。本书是近年来全国上等级图书馆发展的最新成果集萃和最高水平展示，凝聚着全国图书馆工作者的心血和汗水。

《全集》由中国图书馆学会副理事长、国家图书馆常务副馆长陈力和中国图书馆学会副理事长、文化部公共文化司原巡视员刘小琴共同担任主编，邀请中国图书馆学会、国家图书馆以及各省级图书馆学（协）会领导和相关专家共同组成编委会。《全集》编辑过程中，中国图书馆学会、各省级图书馆学（协）会和全国上等级图书馆相关人员积极配合，搜集、整理了诸多第一手素材和资料。《全集》编撰涉及面广，内容介绍详细，参考价值大，互动性佳，系统性强，这得益于上述各方的大力支持和倾力合作，才确保了本书的品质和质量。借此出版之际，也向大家表示最诚挚的感谢。

《全集》具有权威性、全面性、系统性、工具性等特点，集中收录第五次评估上等级图书馆的有关资料、照片等内容，真实、准确地记述上等级图书馆相关方面的史实，全面、客观地反映上等级图书馆的建设成就，对社会各界了解和研究上等级图书馆具有重要的参考作用。

《全集》编辑过程中，为统一版式，对部分入编单位的版面进行了调整。由于时间和水平的原因，恐有疏漏之处，诚望谅解！

《全集》编委会

LIBRARY:

the power of social progress!

目录

上海市

江苏省

浙江省

安徽省

福建省

上海图书馆

概述

上海图书馆成立于1952年，上海科学技术情报研究所成立于1958年。1995年10月，上海图书馆与上海科学技术情报研究所合并，成为综合性研究型公共图书馆和行业情报中心，同时也是全国文化信息资源共享工程上海市分中心、上海市中心图书馆总馆、上海市古籍保护中心和上海市软科学研究基地"前沿技术发展研究中心"上海文化创意产业信息中心。目前上海图书馆(上海科学技术情报研究所)建筑面积12.68万平方米，阅览室面积1.268万平方米，拥有阅览坐席1943个，提供读者使用的计算机961台，信息节点3165个，宽带接入210Mbps，采用Horizon图书馆集成管理系统。

业务建设

截止2012年底，上海图书馆总藏量5353.7637万册（件），可供读者使用的电子图书111.7968万种，电子期刊4.7138万种。

2012年用于购置各类型文献的经费总额为13000.35万元。2009–2012年，年均入藏印刷版中外文图书121154种（共计484609种），年均入藏中外文报刊17703种，年均入藏视听文献2075件（共计8302件）。2012年地方文献入藏完整率为95.7%。截止2012年底，上海图书馆数字资源总量为287.861TB，其中，自建数字资源总量223.28TB，文化共享工程数字资源12.92TB。

上海图书馆采用Horizon图书馆集成管理系统。该系统由采访、编目、连续出版物管理、流通和公共查询五大模块组成，并应用于书刊采访、编目、流通以及连续出版物管理等各项业务工作中。自1996年12月20日开馆使用以来，该系统保持了连续十六年365天正常运行的记录。目前该系统的使用范围还扩大到上海市中心图书馆"一卡通"系统。此外，上海图书馆还自建了由公文流转、办公事务、辅助决策三个子系统构成的办公自动化系统。目前上海图书馆读者服务区无限网覆盖范围达100%。

读者服务工作

自2011年6月1日起，随着各类功能读者证办证、验证收费的全部取消，上海图书馆公共空间设施场地实现全部免费开放。此外，还对网络学习室、新技术体验中心、中国文化名人手稿馆、联合国资料托存区等部分阅览室实行了免证开放。每周开馆时间为84小时。2012年上海图书馆书刊文献外借册次为253.2911万册次。截止2012年底，上海地区馆际互借成员馆83家，2009–2012年，馆际互借借出量1365次，8202册；境内馆际互借合作单位125家，2009–2012年，借出请求30945件，满足27051件，借入请求3991件，满足3827件；境外馆际互借合作单位23家，2009–2012年，借出请求3627件，满足3499件，借入请求1658件，满足1442件。上海图书馆于1999年开展汽车图书馆延伸服务，截止2012年共有服务点47家，2009–2012年送书服务256次，累计书刊流通290250册；"24小时自助借还亭"服务开始于2010年4月世博会期间，截止于2012年年底，累计借书8934册，还书40134册。

上海图书馆根据《中华人民共和国政府信息公开条例》和《上海市政府信息公开规定》的要求，开设了政府公开信息阅览点，并编制了专题网页，2009–2012年，馆所共接收20多个委办局缴送的各类政府公开信息文件近10925件，为读者提供查询服务178人次。2009–2012年期间，为领导机关提供决策咨询服务的内参产品8种，累计出刊2330期。人大现场服务4次，政协现场服务3次，同时还提供内参、剪报、荐书、送书服务。2009–2012年期间，上海图书馆网站访问量历年平均值为4620.5709万次；并于2009年正式推出手机图书馆，截止于2012年年底累计访问量277511次；于2010年7月推出手机客户端应用服务，截止于2012年年底累计使用量53608次，各功能总计使用375635次；截止于2012年年底，共开通11个专业微博；截止于2012年年底，提供读者使用的各类数据库为157个，其中可提供远程访问服务的为66个。

业务研究、辅导、协作协调

2009–2012年，上海图书馆员工在省级以上刊物或国际会议上发表论文238篇；员工以个人或集体名义参与撰写或主编的专著66种；获准立项的国家级科研项目2个，省部级科研项目4个，厅局级科研项目21个。

上海市文献资源共建共享协作网，成立于1994年，截止于2012年年底，协作网有成员馆80家，涵盖了上海市主要的高等院校、科研机构和图书情报单位；上海行业情报发展联盟，成立于2010年9月，截止于2012年年底，会员单位涉及到不同系统的34个行业，初步形成了"一年两周"的科技情报科普宣传工作机制和活动载体，组织开展提高情报工作能力的专题培训；上海市中心图书馆，自2000年年底开始筹划，2010年年底实现全市212家街道（乡镇）图书馆的全覆盖，形成三级服务网络，参与服务网络的基层图书馆的比例为100%；网上联合知识导航站，创建于2001年5月，截止于2012年年底，提供服务的专家共有177位，其中境外专家8人，上海图书馆参考咨询人员66人，合作馆44家，其中境外图书馆5家；全国公共图书馆讲座资源共建共享网络，起步于2004年6月，截止于2012年年底，已有全国30个省、直辖市（除西藏自治区、台湾省外）170家公共图书馆，共同参与；"上图展览"资源共建共享网络，起步于2006年10月，截止于2012年年底，共有60余家图书馆参与，共有21个展览项目进行巡展。

上海图书馆于2000年参加全国图书馆联合编目中心，于2013年1月成为全国图书馆联合编目中心上海分中心；于2001

上海开埠170周年历程展

文化部副部长杨志今、国家图书馆馆长周和平参观主题展览

《中国祠堂通论》出版

林世荣版画作品展

竞争情报论坛

朱践耳音乐手稿入藏上海图书馆

年1月成立上海市文献联合编目中心，其书目数据服务于上海市中心图书馆254家成员馆，上海地区25家区县级图书馆全部参加上海市文献联合编目中心，覆盖率达100%，截止于2012年年底，联合编目中心成员馆共有335家。

管理工作

上海图书馆分别于2009年、2012年完成全员聘用工作，2011年完成事业单位岗位设置工作，每年年底开展年度考核，并评选年度先进工作者和单项标兵。按照"分级实施、动态管理、强化调控"的原则实施收入分配，并不断完善以"2151"人力资源能力建设工程为代表的人才培养激励制度。

表彰、奖励情况

2009–2012年，上海图书馆共获得各类表彰141项，其中国家级表彰10项，国务院业务主管部门及省级党委、政府表彰12项，省级业务主管部门表彰62项，其他表彰57项。

馆领导介绍

穆端正，男，1952年2月生，大专学历，中共党员，高级编辑，党委书记。1969年2月参加工作，历任上海东方电视台台长、上海广播电影电视局副局长、上海市文化广播影视管理局副局长、上海市文化广播影视管理局局长，2008年2月任上海图书馆党委书记。兼任上海市文学艺术界联合会副主席、上海电视艺术家协会主席、上海市政协教科文卫委员会副主任等职。

吴建中，男，1956年5月生，研究生学历，中共党员，研究馆员，馆长，国务院特殊津贴专家。1973年10月参加工作，1985年起任上海图书馆副馆长，2002年1月任上海图书馆馆长。兼任中国图书馆学会副理事长、上海市图书馆行业协会会长、上海市政协常委等职，曾任国际图联管理委员会两届委员。2006年获上海市领军人才称号，2010年获上海世博会先进个人称号。

何毅，男，1962年3月生，本科学历，中共党员，记者，副馆长。1984年7月参加工作，历任上海市委宣传部办公室副主任、上海文汇新民联合报业集团办公室主任、上海市闸北区委常委、宣传部部长，2006年5月任上海图书馆副馆长。兼任中国索引学会副理事长。

周德明，男，1960年9月生，研究生学历，中共党员，研究馆员，副馆长。1983年7月参加工作，历任华东师范大学图情系副主任、上海图书馆业务处副处长、处长、读者服务中心主任、馆长助理，2006年5月任上海图书馆副馆长。兼任上海市图书馆学会理事长、上海市地方史志学会副会长。

陈超，男，1970年6月生，研究生学历，中共党员，研究员，副馆长。1992年7月参加工作，历任上海图书馆信息咨询与研究中心副主任、战略信息中心主任、信息咨询与研究中心主任、馆长助理，2008年2月任上海图书馆副馆长。兼任中国科学技术情报学会副理事长、上海市科学技术情报学会理事长、上海市咨询业行业协会副会长。

刘炜，男，1966年6月生，研究生学历，中共党员，研究员，副馆长。1990年4月参加工作，历任上海图书馆信息处理中心副主任、系统网络中心副主任、主任、数字图书馆研究所所长、研究室（图书馆学情报学研究所）主任（所长），2011年1月任上海图书馆副馆长。兼任上海市图书馆学会秘书长、上海市科学技术情报学会副理事长。2008年获上海市领军人才称号，2009年获国家"四个一批"专家称号。

秦昕强，男，1965年5月生，研究生学历，中共党员，经济师，纪委书记。1985年8月参加工作，历任上海市机构编制委员会办公室综合处（监督检查处）处长等职，2012年7月任上海图书馆纪委书记。兼任上海市行政管理学会副秘书长。

未来展望

上海图书馆（上海科学技术情报研究所）秉承"精致服务、至诚合作、引领学习、激扬智慧"的核心价值观，以"积淀文化，致力于卓越的知识服务"为使命，努力建设世界级城市图书馆。2009–2012年，上图情报所遵照"十二五"发展规划，以世界级城市图书馆为奋斗指向，逐步从纸质文献为主的传统图书馆模式向纸质文献与数字资源并重的复合型图书馆模式稳妥转型，形成基本适应上海"四个中心"建设的特色资源体系、体现大型综合性公共图情联合体综合实力的卓越服务体系、具有一流图书馆水平的高效的科学管理体系，人才、技术、机制并重的多元保障体系，为国际化大都市发展和全体市民的精神文化生活提供无时不在、无所不在、可信赖的图情服务。

上海市文史研究馆建馆六十周年美术展

"上图讲座"35周年庆典

《五缘文化与现代文明》系列丛书出版发行会

上海少年儿童图书馆

概述

上海少年儿童图书馆是上海市文化广播影视管理局的直属单位，馆舍面积4245平方米，是全国历史最悠久的省级少年儿童图书馆之一。上海少儿图书馆秉承“一切为了孩子，为了一切孩子”的服务理念，以现代科技为支撑，不断拓宽服务领域，提升服务内涵，以丰富多样的活动吸引更多小读者走进图书馆，在全市少年儿童图书馆服务体系中发挥示范引领作用。

业务建设及读者服务工作

一是构建“少儿一卡通”三级网络。2011年，在市文广影视局的统一部署下，上海少年儿童图书馆与上海图书馆合作，推出了全市少儿“一卡通”。同时组织“阳光校园行动”、“图书馆体验日”活动，引导更多的学生了解图书馆、走进图书馆、使用图书馆。截止2012年12月，少儿馆已在全市11个区28所学校、幼儿园办理了数千张张借阅卡。

二是“馆外服务点”关注特殊少儿读者。截止2012年12月，上海少年儿童图书馆先后建立了51个馆外服务站，累计有15万册图书在外流通。2009–2012年平均年馆外服务点流通近八万人次，十余万册次。少儿馆邀请农民工子女来馆参观并参与活动，为农民工子弟学生开设“夏季，让我们连树成荫”系列讲座。少儿馆关注残障儿童的阅读需求，开展了蒲公英公益课堂。2012年起，少儿馆走进青聪泉智能训练中心开展一系列活动帮助自闭症儿童，并开设视障儿童阅览室。少儿馆关注贫困地区少年儿童的阅读需求。2009–2012年，先后为新疆喀什地区、辽宁葫芦岛市图书馆等6所希望小学及安徽太湖图书馆等缺书源地区的少年儿童捐赠图书近十三万册次。

三是“原版图书借阅”关注中外少儿需求。自2008年起，少儿馆在流通服务窗口增设原版外文图书专架，并持续更新原版外文图书。截止2012年12月，少儿馆已累计采集上架11410册原版书籍，借阅的小读者有美洲、欧洲、亚洲等国家地区。

四是“新生儿阅读邀请”关注少儿早期阅读。首创“宝宝，我们想牵起你的手”阅读邀请卡活动。自2011年世界读书日起，凡在上海市级妇婴保健院出生的宝宝都能获得由少儿馆发出的“阅读邀请卡”。截止2012年12月，少儿馆已累计发放60000张。

业务研究、辅导、协作协调

一是举办“童话节”，多视角宣传推广。少儿馆以“梦幻的童话，五彩的遐想”为主线，推出上海童话节系列活动。活动整合多方资源。少儿馆联手28家区县（少儿）图书馆（室）、教育系统的1200余所学校共同推出200余场特色活动。精心编制的《童话节活动地图》、《百本童话推荐书目》，为少儿推荐优秀童话及介绍各项活动。

二是辐射全市，暑期读书月系列活动。依托全市少儿馆协作网络系统，联手全市区县、街道图书馆和学校图书馆，推出暑期读书月系列活动。先后举办了“迎世博颂祖国，做合格小公民”、“精彩世博，快乐阅读”、“九十年的红色记忆谱写新世纪的赞歌”、“快乐阅读，点亮心光”主题活动，累计600余项。暑期读书月系列活动参与人次120余万，区县少儿馆（室）四年平均参与率达98.7%。

三是资源整合，创新服务内容方式。少儿馆引入少儿出版资源，推出“娃娃欢乐时光”，为学龄前儿童开展阅读活动；少儿馆引入少儿数字资源，开展“在线阅读创作比赛”，采用纸质阅读与数字阅读结合的方式，让儿童张开想象的翅膀，尽情创作；少儿馆引入世界五百强企业人才资源，开展“头脑风暴系列课程”培养创造力与想象力；少儿馆引入“名人志愿者”资源，推出“全市故事大接力”。

四是举办各类学术活动。承办全国少儿馆青年馆员论坛，为全国少年儿童图书馆的馆员特别是青年馆员搭建了一个业务探讨与互相交流的平台，共同研讨新时期少儿图书馆的事业发展与青年馆员担负的未来责任。全国19个省市地区、230名作者参加了论文征集，97篇论文获奖，并出版了《分享成果共筑未来》论文集。2011年还联办了“华东地区少年儿童图书馆工作协作委员会年会”，总结交流华东地区各级少儿

上海少年儿童图书馆馆舍外观

全国少年儿童图书馆青年馆员论坛

全市少儿"一卡通"借阅场景

娃娃欢乐时光

图书馆的工作经验，探索华东地区少儿图书馆发展的战略目标。

管理工作

截止2012年底，馆在职人员34人，大学本科以上学历占41.2%，高级职称占14.7%，中级职称占全体人员近40%，职工年培训97.25小时。

2009–2012年，馆内职工积极撰写各类学术论文25篇，分获全国奖项或在行业刊物发表，有5名馆员在全国各类专业理论研讨会上作专题发言。少儿馆组织撰写了调研报告《上海市、区县、街道少年儿童图书馆的特色服务》、《农民工子弟学校图书馆建设及延伸服务模式》、《香港及新加坡公共图书馆实证研究》，为相关部门提供决策参考。

表彰、奖励情况

1995年以来，少儿馆连续四届被文化部评委全国一级图书馆，连续八届被评为上海市文明单位。

上海少儿馆四年来的发展引起了社会的广泛关注，也吸引了媒体的目光。新华社、《中国文化报》、上海电视台、《解放日报》、《文汇报》、上海电台、《新民晚报》、《图书馆报》等主流媒体均有过多次报道。

馆领导介绍

韩筱芳，女，1956年9月生，大学学历，中共党员，研究馆员，馆长、副书记。

陈梁，男，1958年7月生，大专学历，中共党员，书记、副馆长。

俞华，女1973年6月生，大学学历，中共党员，副馆长。

未来展望

少儿馆将以社会主义核心价值观为统领，坚持"以人为本"服务少年儿童的宗旨，把考评标准作为以后工作的努力方向，继续加强上海少儿公共图书馆服务网络体系建设，以知识服务为核心，以信息技术为支撑，以创新为动力，努力为全市少年儿童提供一流的知识学习、文化活动、互动交流、自我发展的公共服务平台，突显少儿图书馆在引领少儿文化教育中的独特价值，使少儿图书馆真正成为帮助少年儿童实现梦想的精神家园。

联系方式

地　址：上海市南京西路962号

邮　编：200041

联系人：吴　昱

"快乐阅读，点亮心光"暑期读书月系列活动

原版图书借阅

上海市黄浦区图书馆

概述

上海市黄浦区图书馆坐落在上海中心城区具有浓郁文化气息的福州路上，建筑面积13000余平方米，是国家一级图书馆、全国文化先进单位、上海市文明单位。全年向公众开放，周开放时间71.5小时。目前，上海市黄浦区图书馆拥有藏书百万余册，阅览坐席687个，计算机111台，读者服务区域无线网络覆盖100%，宽带接入20Mbps，年均接待读者近百万。

业务建设

截止2012年底，上海市黄浦区图书馆总藏量82.84万册（件），其中，电子文献2.32万种。图书年入藏数量1.32万，报刊年入藏量9百多种，视听文献年入藏量7百多种。

2009年人均购书经费3.20元，2012年增加至4.00元。区财政每年投入14万元，用于更新馆内电脑。

上海市黄浦区图书馆网站自1997年建站以来，数据量达到15GB。2012年底，为使读者得到更稳定、更迅捷的网络服务，将网络线路逐步升级为中国电信20兆光纤接入，调整网站首页，保证了读者及时、方便、快捷地利用图书馆各类数字资源。为加强数字资源建设和网站建设，以适应读者新的需求，完成"影视文化视频库"、"新东方多媒体英语学习库"、"龙源电子期刊"、"百科视频"、"库克音乐"等近20个数据库的采购或数据更新。实施了少儿馆、特色文献阅览室、图书借阅室、特藏报刊室等读者服务区域的无线局域网覆盖工作，并配合文广局及电信部门完成了由1楼至11楼图书馆区域内的Ishang无线局域网覆盖工程。

2004年上海市黄浦区图书馆完成"全国文化信息共享工程"支中心的建设工作，至2013年又完成了五个街道基层点的信息共享工程建设。黄浦区图书馆利用馆内共享工程下发光盘资源和视频数字资源及政务网传输优势，将馆内专题信息、电子图书、音像制品、大型数据库及图书馆常规业务拓展等利用光纤接入政务外网，以实现区域内各政务机关、街道和居委会均能浏览共享工程信息。

读者服务工作

黄浦区图书馆始终秉持"以人为本，读者第一"的原则，全年365天，天天向公众开放，实行全开架的文献借阅，每周开放时间71.5小时。书刊总流通889.692万人次，人均年到馆次数75.55次/人。

黄浦区图书馆自1987年在客轮公司的"长山轮"上创建了第一个"海上图书馆"以来，一直不断开拓馆外服务点，至2013年，分别在上海提蓝桥监狱、上海市宝山监狱、上海市女子监狱、上海市第三劳教所、上海市第四劳教所、上海市收容所等处建立了多个黄浦区图书馆监区分馆，在监区开展各种讲座，举办书法、绘画、黑板报等培训，监区总藏书量已达到5万多册，年均借阅人次1.7万。在上海提篮桥监狱设立"虚拟点书箱"，由服刑人员点书，图书馆负责送书上门。期间又为军营建设图书馆，开拓为人民子弟兵服务的新项目。每年的八·一建军节和老兵退伍日，黄浦区图书馆前往上海武警总队一支队十中队与"霓虹灯下哨兵"的部队官兵开展座谈，赠送图书。另外黄浦区图书馆与上海国际会议中心等沪上知名企业建立共建单位，为企业提供文化服务。为丰富社区居民的文化生活，黄浦区图书馆在多个社区街道建立主题期刊阅览室，有科普生活主题期刊室、通俗文学主题期刊室和健康保健主题期刊室。还参与革命老区江西遂川县图书馆建设，赠书12937册，并为老区图书馆开展业务指导、计算机应用培训。

截止到2013年，上海市黄浦区图书馆的馆外服务点达到49个，年均送书刊、杂志1.3万余册，开展各种形式的服务和活动百余次，千余位读者参加。

2006年上海市黄浦区图书馆创办的"名家谈上海"文化服务品牌，之后又推出了"名家谈曲艺"、"名家谈名人"系列讲座，延续至今。为了满足黄浦区老年读者的阅读需求，开展时势、健康、科普等讲座；组织旅游沙龙、摄影沙龙、文学沙龙、古典音乐沙龙、剪纸沙龙等读者开展主题讲座或交流会。2012年讲座、培训80余次、展览10余次，读者推广活动10余次。

业务研究、辅导、协作调研

2007年建立了图书馆学理论学习研究小组，培养了一支由副研究馆员领衔，25名馆员组成的熟业务，懂技术的骨干队伍。多次在省级图书馆期刊发表论文，如"图书分类检索服务"、"图书馆服务拓展"等方面的文章。同时成立了以分管领导为主，网络技术部等技术人员及社区辅导部工作人员为辅

黄浦区图书馆外景

支教

少儿图书馆

特色文献部阅览大厅

行知书屋

的共享工程黄浦支中心项目小组，承担街道馆共享工程的技术指导、业务培训和相关服务协调工作。社区辅导部协同采编部、网络部对街道图书馆进行业务辅导，每年为各街道图书馆组织业务培训、参观学习。

2012年上海市黄浦区图书馆与上海市文庙管理处签订合作协议，共同建设开发“上海市黄浦区图书馆古籍资料管理平台”，数字化处理古籍228种，计15大类，5700册。

管理工作

自2004年起实行了全员合同聘用制，建立了内部收入分配激励机制，审议通过了《黄浦区图书馆岗位设置及任职条件方案》等7个配套方案，明确各岗位的职责和要求。2008年与各部门签订了《黄浦区图书馆优化服务承诺书》。每年对图书馆员工进行工作考核。2010年实施了《上海市黄浦区图书馆岗位设置实施方案》；2011年，完善实施党务公开工作，建立《黄浦区图书馆党务公开实施办法》、《黄浦区图书馆党务公开目录》。2012年成立政风行风工作领导小组，成立成立政风行风建设监督员队伍，使得图书馆服务信誉制和公示制进一步建立。

表彰、奖励情况

1991年上海市黄浦区图书馆被国家人事部、文化部授予“全国文化工作先进集体”荣誉称号。2011年被上海市文化广播影视局、上海市文物局授予“上海市文化文物广播影视行业世博会工作先进集体”；2012年被上海市群众文化奖励基金理事会授予了“上海市群众文化工作先进集体”。截止2013年底已连续四届被评为“上海市文明单位”，连续三年被评为“上海市中心图书馆工作先进集体”。

馆领导介绍

邱松康，男，1957年11月生，大专学历，中共党员，馆长。

潘敏，女，1963年4月生，大专学历，中共党员，馆员，副馆长。

李晓，男，1968年1月生，大学本科学历，中共党员，馆员，馆长助理。

叶伟，男，1967年3月生，大学本科学历，中共党员，副研究馆员，馆长助理。

未来展望

上海市黄浦区图书馆秉承“读者第一，服务至上”的办馆宗旨，把科学发展的理念贯穿于图书馆事业的建设中，推进图书馆工作的稳步发展。未来几年，黄浦区图书馆将做深“品牌”讲座，同时利用《东方讲坛》资源，吸引社会读者。发挥少儿馆丰富的声像资源优势，开展多方位的少儿教育培训。大力发展网络信息服务，加强数据库建设。根据读者实际需求和反响，更好地采购受广大读者欢迎的优良数字资源；做好数字资源使用的对外宣传工作，以进一步提高数字资源的利用率。利用现代化技术开展“移动阅读”，实现图书馆与读者的互动。开辟图书馆延伸服务的新领域，扎实推进图书馆免费开放工作，真正体现出图书馆的公益性，提高社会影响力和辐射力。

联系方式

地　址：上海市黄浦区福州路655号
邮　编：200001
联系人：潘 敏

职工悦读沙龙

文学沙龙

上海市黄浦区明复图书馆

概述

黄浦区明复图书馆，1929年建造，开馆于1931年，原名中国科学社明复图书馆，1956年由中国科学社将图书馆捐赠给上海市文化局，改组为上海科学技术图书馆，1958年并入上海人民图书馆，1959年改为卢湾区图书馆，2012年因卢湾黄浦两区撤二建一，更名为黄浦区明复图书馆。本馆由明复楼、会心楼、乐乐楼三栋建筑构成，建筑面积4227㎡，读者席位522个，总计算机台102台，其中读者用计算机55台，自建数据库3个，实现无线网络全覆盖，采用上海图书馆Horizon系统与自建ILAS系统管理。2010年前连续四次荣获国家一级图书馆。

业务建设

截止2012年底，黄浦区明复图书馆总藏量506766册（件），其中图书藏量437221册（件），视听文献63739件（含电子文献60840件），期刊5806册。数字资源总量为15.14TB。2011年完成明复图书馆连环画库、书画资料库建设，总量31G。

2011–2012年，黄浦区明复图书馆图书购置费年均增长率为164%，年平均入藏图书9139种，中外文报刊561种，视听文献605种。地方文献入藏总量1230册，多卷书完整率达到100%。

2010年，完成内部工作系统及网站改造，开发黄浦区明复图书馆办公平台管理系统（OA系统），为电子化办公奠定基础。2010年年中，开通专用30M网络，2012年年末实现馆内无线网络全覆盖。

读者服务工作

2009–2012年中，黄浦区明复图书馆周开放时间78小时，实行24小时还书制度。2012图书流通总量340814人次，书刊外借211018册次，年人均到馆次数约131.7人/次，共建有馆外服务点20个。

四年中，我馆将区域内各机关部门主动及依申请公开信息陈列电子阅览室共读者免费查询使用，其中2012年公开数量约452件。

考评期内，我馆为区域内各委办局提供参考咨询服务，定期刊印《文化传真》等二次文献，为各机关提供参考。此外我馆利用会心楼民进成立地的特点，为民进上海市委提供会史资料收集汇编服务，同时提供会史参观和宣讲服务。

2010年我馆对官方网站进行了升级更新，升级后网站年访问量约50万人次，可使用数字资源总量15.14T，共14个数据库，提供各类检索、浏览服务，并引入手机期刊图书馆。

2012年，我馆共开展讲座、展览、培训、阅读推广等各类读者活动242场次，总活动人数11733人次，每万人年均参加活动次数约471.623次/万人。通过阅读节、“悦读悦生活”等系列阅读推广活动的开展，深入街道图书馆和社区，以“一报”《读书乐之友》、“一刊”《新世纪国学沙龙》、“一网”《明复图书馆数字资源网》、“一堂”《明复学堂》为抓手，结合具有地区特色的石库门主题及本馆人文底蕴特色，开展各项富有特色的，面向社区、学校、白领的阅读推广活动，取得良好社会成效。

业务研究、辅导、协作协调

2009–2012年，黄浦区明复图书馆职工共发表论文5篇，区级及以下科研立项4项。

四年中，我馆与市内各区县中心图书馆签订地区公共图书馆馆际合作协议，开展馆际间的文献外借服务、文献信息服务和其他相关服务。我馆采选图书进入上海图书馆“一卡通”系统，实现图书馆编目资源共建共享，达到馆际通借通还，方便读者随时借阅图书。与徐汇图书馆开展业务交流研究，就主题图书馆建设开展专题调研，并开展员工交流培训。

此外黄浦区明复图书馆大力开展服务网络建设，基层图书馆服务网络街道覆盖率达到100%，率先实现基层服务点全覆盖。定期对辖区四个街道图书馆开展业务培训与业务指导，为各街道图书馆的特色定位、自动化管理及发展方向提供思路。

考评年度中，我馆参加上海图书馆国际论坛、上海地区公共图书馆读者服务研讨活动征文、上海图书馆学会年会、《上海百家社区图书馆风采录》征稿、上海图书馆行业协会会员大会等相关专业论坛、培训年会等活动，及时了解最近图书馆行业动态，吸取实践经验，研讨发展趋势。

明复楼正面的三层结构

会心楼及胡明复塑像

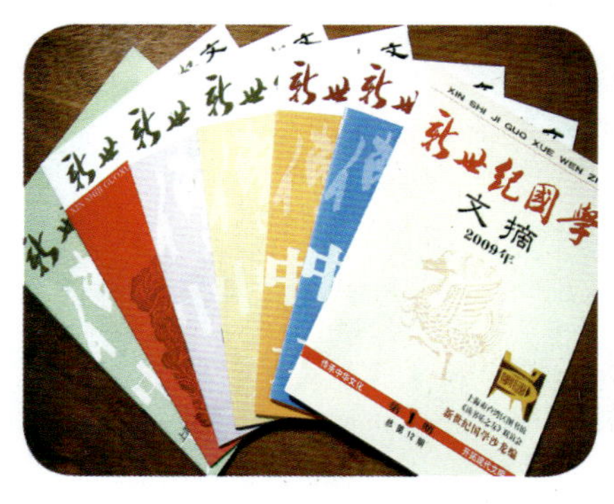

新世纪国学文摘

《读书乐之友》报

书库内景

管理工作

2011年起，黄浦区明复图书馆在全馆范围内开展岗位竞聘，首次推出竞聘岗位2个，采用岗位竞聘的方式调动职工工作热情，为青年职工培养搭建平台，阶梯式建设干部队伍。此外我馆对全馆岗位重新定编定岗，采用岗位责任制明确各部门及个人工作职责范畴，定期开展工作考核。

按照我馆书库管理制度要求和馆藏实际情况，我馆每年由采编和图书借阅部工作人员对图书排架情况进行抽查，抽查误差率基本保证低于0.03%。对文献保护、古籍保护、资产使用等制定相关措施，实现资产保护及使用制度化管理。

在志愿者管理方面，我馆系统规划志愿者队伍建设方案，以弘扬“奉献、友爱、互助、进步”的志愿者精神，促进公共图书馆事业的发展，引导社会各界对公益事业的更多关心和支持，常年服务志愿人员约47人，并不定期开展临时志愿服务。我馆志愿者取得2012年上海图书馆优秀志愿者称号。

表彰、奖励情况

2009–2012年，黄浦区明复图书馆共获得各种表彰、奖励18次，其中，文化部表彰、奖励1次，市委市政府表彰1次，市文广局及其他相关部门表彰9次，区相关部门表彰7次。

馆领导介绍

仓荣卿，男，1955年2月生，高中学历，中共党员，副研究馆员，馆长。1973年11月参加工作。先后于流通部、采编部工作，任主任等职务，荣获“卢湾世博工作优秀个人”等称号。

孔晓敏，女，1969年7月生，大专学历，中共党员，馆员，常务副馆长。1988年7月参加工作。先后于流通部、信息部工作，任主任等职务，荣获“‘服务世博、奉献世博’立功竞赛嘉奖”等称号。

罗瑞芳，女，1964年3月生，大专学历，中共党员，馆员，副馆长。1982年10月参加工作，先后于少儿馆、信息辅导部、馆长室工作，任分馆馆长、主任、馆长助理等职务，荣获“‘十一五’期间上海市家庭文明建设先进行业工作者”、“卢湾区世博先锋优秀党员”等称号。

未来展望

2009年到2012年，对于我馆而言是不平凡的四年。在市区两级文化部门和领导的支持下，在我馆全体职工的团结协作和共同努力下，我馆在各方面的工作中都取得了一定的成效，也探索出了一条适应自身实际的发展道路。然而不可否认的是，受馆舍面积的限制，我馆在办馆条件与读者多类型活动开展方面依旧存在一定的欠缺，职工队伍建设跟不上图书馆业务发展需求，公共服务的创新建设还在起步阶段等现状都是我馆前进途中必须面对的问题。

在今后的发展道路中，如何打造适应时代需求的休闲型图书馆，丰富读者活动形式，深化读者活动内涵；怎样通过加强数字化建设，完善自建数据库的功能来提升我馆的综合服务能力；以何种方法充分发掘、发挥读者的资源体系，让读者主动参与到图书馆的公共文化服务中来，都将是我馆在未来发展道路上需要思考和努力的，我馆将坚持以提供优质的公共文化服务为目标，以创新读者服务形式为手段，坚持读者参与，坚持读者监督，坚持走顺应时代发展的创新之路。在城市发展的进程中，消失的是卢湾区图书馆，重现的是明复图书馆，不变的是我们为读者提供顺应时代的高品质服务环境，高水准读者活动，高效率咨询服务的承诺。

联系方式

地　址：上海市黄浦区陕西南路235号
邮　编：200020
联系人：高　晟

作家作品研讨会

征文颁奖

殷健灵为获奖学生赠书

上海市徐汇区图书馆

概述

上海市徐汇区图书馆建于1957年，前身是“上海市人民图书馆徐汇区阅览室”，1990年迁至现址（南丹东路80号），系国家一级图书馆、上海市文明单位、上海市群众文化先进集体。馆内设有图书外借部、报刊阅览部、特藏部、西文部、徐汇历史风貌主题馆、老年阅览室、少儿实验图书馆、盲人阅览室、政府信息公开查阅、全国文化信息资源共享工程等对外服务窗口，艺术展览、文化讲座、教育培训等公益文化服务项目，设有展厅、自修教室和学术报告厅，年服务市民近90万人次。

业务建设

图书馆采取全开放、全免费、全天候的“借、阅、藏一体化”服务方式，全年365天开放，每周开放73小时，阅览坐席790个。馆藏以人文学科为主，兼收艺术类图书与地方文献，形成特色。截止2012年底，徐汇区图书馆总藏量74万册（件），视听文献7031件，订阅中外报刊818种。图书馆实行“周周有新书”的新书均衡入库制度，设立新书专架，每周800至1000册新书上架；2012年又新辟“每月新书”和“主题书推荐”专架，方便读者借阅，深受读者喜爱。馆藏书刊文献年流通量近90万册次，人均年到馆次数为24.41次。

随着政府对公共文化建设的重视，目前我区人均购书费3元。图书馆有计划地合理使用购书经费，不断调整馆藏比例，在保证读者基本阅读需求的同时，提高地方文献和历史文献的入藏比例，加大对电子文献和数据库的购置力度，形成不同载体信息资源有机结合的馆藏体系。目前，馆内电子文献藏量51327种，数据库27种，数字资源总量为21.3TB。多卷书、连续出版物入藏完整率为100%，馆藏中文文献书目数字化达100%。

读者服务工作

做好基础业务工作，是提高服务水平的必要前提。2011年，徐汇区图书馆新增服务窗口——徐汇历史风貌主题馆和西文部。徐汇历史风貌主题馆立足于徐汇区域内优秀历史文化积淀，以历史人文、优秀建筑、名人故居风貌文献资源为馆藏主体，展现徐汇区深厚的历史文化底蕴及其传承。主题馆通过文献资料收集、二次文献摘编、主题数据库建设、微博宣传推广、专题视频资源播放等多种形式开展服务。西文部旨在为广大读者提供并营造良好的英文阅读氛围，使读者欣赏西方文化艺术的同时提升人文素养。至2012年底有藏书4263册，馆藏以文史经典和艺术类图书为特色。

坚持“在条件许可的前提下，公共图书馆应当积极开展不拘任何形式的有益的文化活动”的理念，积极策划，精心组织，逐项落实，“相约徐图·与文化相遇”、“相约徐图·与健康相伴”、“相约徐图·与知识相随”系列活动组合，形成了鲜明的办馆特色。公益文化讲座以短小精悍、信息密集、知识丰富、生动形象等特点，成为公众接受信息、学习知识的最佳选择。举办包括历史风貌、工艺美术、民间收藏、非遗展示、家庭档案等不同主题和风格的展览，丰富居民文化生活。积极发挥社会教育职能，因地制宜坚持举办公益性辅导班、小馆员培训班等。举办“文明观世博”、“城市文化足迹巡访”、“图书馆之旅”等主题的未成年人系列活动。2009-2012年期间，共举办各类活动496场，参与人数达35万人次。

2009年，以视障读者为主要服务对象、以“推动文化建设、共享文化成果”为宗旨的“星光书社读书会”，在保持原有活动框架前提下，新增了经典影片无障碍电影专场播放活动、影视文化专题讲座、主题朗诵比赛等活动，吸引了会员踊跃参加，受到一致好评。为进一步满足视障读者对文献阅读多样化的要求，探索盲人图书馆工作新思路，徐汇区图书馆专门举行盲人图书馆服务工作专题座谈会，倾听视障读者对我馆盲人馆深化服务工作（尤其是如何提供多媒体载体服务）的建议。2012年，新增馆藏电子文献盲文版目录，方便盲人读者利用电子文献；与区残联共同启动“徐汇区公共图书馆‘手牵手’残疾读者文献借阅服务”，将送书上门服务的对象扩大到确有困难的残疾读者；专门购置了可供视障读者使用的有声数字图书馆数据库，专供视障读者使用的电子阅读器，以进一步满足读者的需求，为其精神生活文化需求搭建良好的平台。

业务研究、辅导、协作协调

徐汇区图书馆注重对街道图书馆的业务辅导工作，坚持例会制度和业务巡访制度。每年召开街道馆例会6次、组织业务培训3次、业务巡访38次，并于每年年底组织年度业务考查和“藏书建设”、“读者服务”、“业务管理”单项业务评比工作。经过共同努力，各街道馆整体服务效益呈上升态势，13个街道图书馆中有6家被评定为特级馆（漕河泾、龙华、徐家汇、田林、长桥、华泾），7家被评定为一级馆。徐汇区图书馆经过调研还专门撰写了《2010-2012年度街道图书

对话未来互动论坛

小馆员夏令营

敦煌艺术藏品展（专家解读）

主题馆

满庭芳展厅

电子创作室

馆绩效评估报告》，为今后基层辅导工作的开展做好阶段性总结。

充分发挥共享知识、传播知识的社会职能，徐汇区图书馆与驻区部队、监所、敬老院等15家单位开展精神文明共建，为其建立流动图书馆，提供定期更换和上门服务，根据各共建单位主题教育活动需要适时配送专题书籍和视频文献，开设专题辅导报告或主题讲座，就精神文明建设开展针对性活动并适时联合开展主题教育及读书辅导活动。2009–2012年，徐汇区图书馆为流动图书馆送书上门共计48653册。

管理工作

图书馆内部机构设置包括流通部、采编部、特色服务部、宣传辅导部、办公室、行政部。至2012年底，在编工作人员47名，平均年龄44.67岁，大专及以上学历35人，占职工总数74.47%，本科及以上学历19人，占职工总数40.43%。高级职称2人，中级职称17人。同时，建立了绩效考评制度，每月进行工作进度通报，每半年和全年进行工作考核。2009–2012年，员工岗位培训、继续教育人均学时106小时/年，撰写专著、调查研究报告6篇。

表彰、奖励情况

2009–2012年，徐汇区图书馆共获得各类表彰、奖励54次。其中，文化部表彰、奖励1次，市委、市政府表彰、奖励15次，其他表彰、奖励38次。

馆领导介绍

馆长、书记：房芸芳，女，中共党员，硕士研究生，副高职称。

副馆长、副书记：郭锦萍，女，中共党员，大专，中级职称。

副馆长：顾似权，男，中共党员，研究生，中级职称。

副馆长：寿颖之，女，中共党员，硕士，中级职称。

未来展望

徐汇区图书馆将本着“读者第一、服务至上”的宗旨，以读者利用图书馆的便捷性为第一要务，打破物理空间的束缚，进一步提高服务方式和服务水平，尝试探索打造中心城区精品公共图书馆的模式，致力于成为集文化导航、先进科技、信息传播交流、优秀文化遗产传承、社会教育活动于一体的公共图书馆，为市民读者精神文化需求搭建一个丰富多彩的平台，推动区域文化事业的蓬勃发展。

在未来，徐汇区图书馆将继续拓展公共图书馆的服务功能，保持特色服务项目，形成品牌效应，同时完成重点工作，打造创新项目。做好公益讲座、展览、培训等品牌服务工作；加强流动图书馆日常管理工作；以数字化服务为重点发展方向，加强网络基础设施建设、手机移动平台建设，进一步丰富数字资源，拟到“十二五”末，数字图书馆建设达成以下目标：馆藏数字资源大幅提升；服务空间全面拓展，继续向商务区、社区、家庭、学校等延伸和覆盖；依托自助借还、网络服务等手段，实现全天候文化服务；服务渠道丰富便捷，在场馆（点）服务的基础上，向手机、电子阅读器等多种服务渠道拓展，为读者提供全方位服务。

随着各项设备设施的不断完善，徐汇区图书馆将以崭新的姿态迎接新的挑战。在今后的工作中，与时俱进，不断完善检索系统，加强参考咨询服务，整合特色资源，拓展服务领域，逐步形成具有地方特色的服务模式和服务品牌。

联系方式

地　址：上海市徐汇区南丹东路80号
邮　编：200030
联系人：寿颖之

拥军慰问

送春联活动

周六公益文化讲座

上海市长宁区图书馆

概述

上海长宁区图书馆前身是上海市人民图书馆静安区第二阅览室，建立于1951年10月，馆址在江苏路367号，1955年改称长宁区阅览室。1956年7月正式成立长宁区图书馆。1958年2月迁至江苏路367号。1982年1月，在娄山关路755号兴建新馆舍，1983年6月竣工，同年10月正式开放。新址馆舍建筑面积2083平方米，1985年，又建一幢副楼1777平方米。至此，馆舍由主楼、副楼两部分组成。1994年开始，长宁区图书馆以全开架借阅方式为读者服务，实行计算机自动化管理。2004年6月起，正式成为上海市中心图书馆的成员之一。同年11月6日，在天山路356号开工建设长宁区图书馆新馆。新馆项目占地面积约3000平方米，工程总投资约6000万元。2008年4月，新馆试运行。新馆建筑面积1.6万平方米，引进全套无线射频标识系统(RFID)，集图书自助借还、图书自动分拣、自动整序排架、自助清点馆藏、智能书车和射频防盗报警等一系列高科技管理功能于一体。开辟国际交流访问中心、读者休闲区、中外文报刊阅览区、展览展示区、社会科学图书借阅区、青少年图书阅览区、参考资料阅览区、自然科学图书借阅区、文学图书借阅区、特色馆藏阅览区、书画图书阅览区、教育培训中心、多功能报告厅等十五个功能区。2008年，长宁区图书馆租用中国电信专网，接入带宽为12M，数据专线类型为光纤，为读者提供上网服务。在文化部第五轮全国地（市）级公共图书馆评估定级工作中，长宁区图书馆再次获得一级图书馆。

业务建设

1992年，馆藏有中文图书61万余册。外文图书3万余册，中文期刊700余种，全国各地报纸近200种。发放读者借书证1.4万张。至2009年，馆藏有数字动漫书，电子图书，环球英语多媒体资源库、音乐数字图书馆等各类数据库和视频资源库。2008-2012年，读者流通总人次及图书实际外借册次逐年递增，屡创历年新高。2012年，年接待读者达到250余万人次，图书实际外借册次达到92余万册次。

2011年，长宁区图书馆与上海阿法迪公司再次合作，研发“RFID智能书架系统”项目。通过智能图书定位管理系统实现书架分层标签扫描，实现馆藏图书清点、错架统计等多类功能。这一应用模式，给读者与管理带来了便利。

读者服务工作

1986年3月20日，长宁区图书馆创办《长宁文摘》，汇编报刊上的有关长宁区的各种新闻报道，为政府提供舆情信息。2004年1月，《长宁文摘》改版为《媒体视野中的长宁》，印刷出版。

自2004年起，长宁区图书馆请来上海音乐学院石林教授，国家一级作曲家、指挥家屠巴海，书画家黄阿忠，复旦大学图书馆馆长葛剑雄，上海市世博会执委会副主任周汉民，前国务院新闻办主任赵启正，北京奥运开幕式服装总设计师徐家华，二胡演奏家马晓晖，作家秦文君、程乃珊，全国劳模、五一奖章获得者吴尔愉，为全区不同层次的读者群体提供知识讲座。

在2008长宁区第七届社区读书节开幕式上，作家王小鹰向区图书馆赠送自己创作的《可怜无数山》散文集手稿。2009年，“海上女作家研究室”联谊会在长宁区图书馆成立，征集到女作家的签名作品90册，女作家的心语与贺词14篇。

2013年，举办长宁区第二届读书节。长宁区图书馆携手长宁区文联、上海翻译家协会、上海海派文学研究会、海上女作家联谊会、东方广播电台107.2故事频道等文化机构以及上海各家出版社，合力为文学爱好者送上文化大餐；与普陀区图书馆跨区域合作开展上海本土作家与女性作家的作品研讨、新作朗读会；与稻草人公益旅行合作，结合著名设计师邬达克诞辰120周年，开展探寻上海“邬式”海派建筑文化漫游活动；借助网络媒体、豆瓣、微博、微信等网络资讯平台等宣传读书节内容；表彰一批书香家庭、读书达人、优秀读书组织等，通过视频、演讲、经典诵读等形式展演，营造“全民学习、终身学习”的氛围。越来越多的“文学青年”、“文艺青年”走进图书馆，20–44岁青年已超90%。

2007年，长宁区图书馆与有关单位合作承办“上海苏俄造型艺术展”、俄罗斯当代著名艺术家尤·戈留塔个人画展等，开展国际文化交流。2008年12月6日，在国务院新闻办、上海市新闻办、长宁区委宣传部的指导下，“中国之窗上海阅览中心·上海虹桥国际图书馆”在长宁区图书馆开馆，拥有中央和地方的外宣图书4000余册，还有自购及捐赠的英文、日文、韩文等14种语种综合类图书3000余册。从2010年3月起，长宁区图书馆以上海虹桥国际图书馆为平台，开展“世界眼”涉外文化交流活动，邀请来自海外的畅销书作家，著名文学社团成员、文化问题研究专家与沪上中外文学爱好者互

“阅读共同体的未来”论坛活动

“中国之窗.上海阅览中心”读书会活动

讲座

读者参与“遇见张爱玲·微旅行活动”

读者在展厅

阅览室

动交流。长宁区图书馆和上海图书馆联合承办2010“相聚上海”大型读书征文活动，来自14个国家和地区的参赛读者用不同的语言和文字，以不同的文化、视角撰写征文。同年，馆长汤肖锋应邀赴俄罗斯与俄罗斯国家图书馆签订文化合作交流协议。

业务研究、辅导、协作协调

2008年3月19日，长宁区图书馆举行“长宁·俄罗斯图书馆专题国际研讨会”，来自俄罗斯联邦图书馆代表团的25位馆长、专家和上海的同行共同探讨图书馆管理领域中的新技术发展趋势和应用要求。2009年，全国第四届图书馆青年论坛在长宁区图书馆举办，来自全国各省、自治区、直辖市的80余位青年代表、16位专家学者和60余位观摩代表出席了会议。2009–2013年，长宁区图书馆职工发表论文2篇。2013年11月，有两位馆员在全国图书馆年会分会场进行演讲。

管理工作

长宁图书馆制定并完善一系列规章制度，不断规范业务流程，全馆从文献采编基础业务、技术支持维护，提供读者服务到行政后勤管理等各个工作环节都实行规范化管理，不断提升管理效益和水平，保证了各项工作的有序和高效。同时，每年对职工进行年度工作考核。

表彰、奖励情况

2000年，经文化部社会文化图书馆司、全国“知识工程”领导小组审定，长宁区图书馆被评选为“读者喜爱的图书馆”。获得2007–2008年度上海市文明单位以及上海市平安单位称号。2009–2013年，先后荣获上海世博工作优秀集体、上海市巾帼文明岗（长宁图书馆中外文报刊阅览）、上海涉外书刊推介金奖、上海市中心图书馆工作先进集体、连续三年获得上海市中心图书馆”网上委托借书”服务量第一名、上海市文明单位等40多项荣誉和奖项。

馆领导介绍

汤肖锋，男，1962年12月生，大专学历，无党派人士，1980年12月参加工作，2006年12月8日任长宁区图书馆馆长。2011年9月获上海市文化文物广播影视行业世博工作优秀个人称号。

杨芳，女，1971年3月生，大学学历，中共党员，馆员，1990年7月参加工作，2002年7月25日任长宁区图书馆副馆长。2011年9月获上海市文化文物广播影视行业世博工作优秀个人称号。

郭敏芬，1970年7月出生，大学学历，中共党员，馆员，1989年8月参加工作，2012年12月任长宁区图书馆副馆长。2013年11月，代表长宁区图书馆在“全国图书馆年会”的“图书馆多元文化服务国际研讨会暨第九届中日图书馆学国际研讨会”上进行“区域性公共图书馆多元文化服务的实践与探索”主旨演讲；2014年7月，代表长宁区图书馆在第七届上海图书馆国际论坛“图书馆多元化服务与核心竞争力”专题交流会上进行演讲。

未来展望

长宁区图书馆坚持走管理创新之路，自觉、主动地践行公共图书馆在公共文化服务体系建设中公益性社会职能。进一步推动服务创新，提高服务专业化水平，积极探索形式多样、内容广泛的服务模式，开展多种形式的延伸服务，全面提升图书馆服务能力，进一步提高公众对图书馆服务的满意率。充分利用先进的技术手段、一流的设施设备，最大限度地满足人民群众日益增长的精神文化需求，最大限度地保证区域内的所有居民能公平地享受到图书馆的信息服务。通过合理规划馆藏体系，不断提高图书馆的藏书水平。推进读书活动持久深入的开展，强化图书馆的社会教育职能。加强先进适用技术的应用，形成以技术强化业务，以技术创新服务，以技术提升管理，以技术促进发展的良性发展机制。

国际图书馆阅览室

长宁区图书馆

长宁区图书馆外貌

上海市长宁区少年儿童图书馆

概述

上海市长宁区少年儿童图书馆于1982年5月挂牌，原是长宁区图书馆的一个少儿阅览室，1988年9月5日正式独立建制。原址是长宁区江苏路367号，1994年因长宁区江苏路拓宽动迁临时移至万航渡路1424弄23号过渡，1995年迁址长宁区仙霞路700弄41号，1996年正式对外开放。长宁区少年儿童图书馆现址建筑面积1500平方米，阅览坐席389个，计算机83台，宽带接入20兆，2014年加入上海市中心图书馆，使用上海市中心图书馆Horizon系统。1999年，首次获得全国一级图书馆称号。

业务建设

截止2012年底，长宁区少年儿童图书馆总藏量35.58万册（件），其中纸质文献27.21万册（件），视听文献8.4万册（件）。

2009—2012年，长宁区少年儿童图书馆年新增藏量购置费为50万元。共新增馆藏纸质图书24778种，其中连环画、低幼读物15452种；视听文献13278种；报刊1525种。《全国少年儿童图书馆（室）基本藏书目录》入藏率达到40%。

读者服务工作

长宁区少年儿童图书馆全年365天天天对外开放，实行书刊全开架借阅服务，周开放56小时。2012年，书刊总流通37.75万人次，外借69.07万册次。至2012年底，设立馆外服务点38个，送书服务83692册。

截止到2013年4月，长宁区少年儿童图书馆网站累计访问量61.91万次，2012年访问量13.09万次，设有Apabi数字图书馆、冰果小学英语、航宇科普、五代作家数据库，开通了少儿文明微博。建立了全国文化信息资源共享工程长宁区支中心基层服务点。

2009—2012年，长宁区少年儿童图书馆共举办培训、展览、讲座、阅读推广、社会实践、少儿影院等读者活动530场次，36125人次。

2009—2012年，长宁区少年儿童图书馆开展全区性大型读者活动，长宁区10个街（镇）图书馆、54所学校参与率达100%。长宁区少年儿童图书馆以弘扬经典文化、丰富青少年儿童文化生活为目的，每年围绕各时期不同主题，组织开展长宁区未成年人经典诵读活动和长宁区少儿暑期读书月活动。2010年始创的上海少儿生肖绘画展活动，每年新春在少年儿童中以生肖文化推动中华民俗文化持续发展。通过多年的坚持和发展，逐步形成长宁的少儿阅读特色活动。

业务研究、辅导、协作协调

加强与长宁区街镇少儿图书馆、长宁区中小学图书馆的工作交流和业务指导，联合举办业务教育培训工作，发表论文7篇、调研报告2篇。

2009—2012年，与本地区少儿图书馆开展活动3次，12807人次；与本地区少儿教育机构虹桥当代艺术馆、长宁区教育局、宋庆龄陵园、各中小学校开展活动12次，6317人次；与其他地区少儿图书馆、少儿教育机构开展活动2次，2366人次。

管理工作

2011年，长宁区少年儿童图书馆完成全员岗位聘任，本次聘任共设置岗位18个，16人竞聘上岗，签订个人岗位聘用合同及部门岗位工作目标责任书，每半年和全年进行工作考核。

表彰、奖励情况

2009—2012年，长宁区少年儿童图书馆共获各种表彰、奖励23次，其中国家级2次，市级15次，区级6次。

馆领导介绍

张激，女，1970年出生，中共党员，大学本科学历，馆员职称，2012年任馆长。

潘奕华，女，1982年出生，中共党员，大学本科学历，馆员职称，2012年任副馆长。

金娟，女，1979年出生，中共党员，大学本科学历，馆员职称，2014年任副馆长。

长宁区少年儿童图书馆花园

二楼平台

生肖绘画活动

图书馆服务宣传周活动

图书馆诵读活动

多媒体阅览室

低幼阅览室

玩具阅览室

未来展望

上海市长宁区少年儿童图书馆坚持"一切为了孩子，为了孩子的一切"服务宗旨，坚持宣传弘扬先进文化，充分发挥少儿图书馆社会教育职能，以保障小读者获取知识、信息，促进健康成长为目的，为小读者提供全方位、多元化服务，满足小读者的精神文化需求。长宁区少年儿童图书馆新馆建设已纳入长宁区文化发展"十二五"规划，在原有基础上，扩大馆舍面积，拓展服务功能，精心打造二个基地建设，即：少年儿童课外阅读辅导基地，少年儿童寓教于乐休闲活动基地，提升图书馆发展内涵，努力将新馆建成上海一流、长三角知名，少年儿童求知、求趣、求乐的少儿图书馆。

联系方式

地　址：上海市长宁区仙霞路700弄41号
邮　编：200336

上海市静安区图书馆

概述

静安区图书馆的前身为江宁区图书馆，1958年正式对外开放，1959年原新成区与江宁区合并建立静安区，1960年原两区图书馆合并为静安区图书馆。馆舍几经改扩建，2010年馆舍建筑面积5255平方米。馆址为新闸路1702—1708号，由综合楼与海关楼组成，位于1708号的海关楼原为建于1931年的中华民国海关图书馆。综合楼内设中文书刊外借室、报刊阅览室、老年阅览室、参考阅览室、中文文献第一阅览室、中文文献第二阅览室、报告厅、多媒体阅览室、视听放映室、读者自修室。海关楼内设文化展示中心、外文图书期刊主题室、人文艺术典藏阅览室、视听赏析室。静安区图书馆有阅览坐席646个，计算机115台，宽带接入60Mbps，存储容量30TB，选用Interlib和Horizon两套图书馆自动化管理系统。1989年被文化部评定为国家一级图书馆，2001年加盟上海市中心图书馆成为首批中心图书馆分馆之一。该馆负责全区文化读书活动及5个街道图书馆的业务指导工作。

静安区少年儿童图书馆馆址几经变迁，新馆馆址为康定东路28号，主体建筑为安妮女王复兴风格，总建筑面积1025平方米，阅览坐席146个。

业务建设

截止2012年底，静安区图书馆（包括少儿馆）总藏量625327册/件，其中纸质文献500927册/件，电子文献124400种。2009—2012年，共入藏文献61950册，其中报刊3655种，视听文献7948件，地方文献2493种。

加快数字图书馆建设步伐，2010年1月新版静安区图书馆网站上线，2012年4月开通"掌上静图——手机图书馆"，延伸了服务时空。截止2012年底，静安区图书馆数字资源总量为18TB，其中自建数字资源容量5TB。建有地方文献数据库7个，容量0.7TB，地方文献目录数据库收录目录1832条，自建"静安名人"、"商业商务"、"社区工作"、"海关图书馆"、"静安动态"、"作家作品"数据库。

读者服务工作

静安区图书馆实行全年365天天天对外免费开放，每周开放时间81.5小时。

2010—2012年，文献总流通1628758人次，文献外借1236716册次。2010年10月"读者1号"图书车正式启用，是上海市乃至华东地区第一个拥有完备车载借还系统的"移动图书馆"。该车装载图书千余册，配备车载借还系统，接驳上海图书馆专用数据网络，提供办证、续证、图书借还等服务，在静安寺广场、吴江路休闲街、悦达889广场等公共场所定时定点为读者提供服务。截止2012年底，图书车书刊借阅22693册次。

静安区图书馆与区域内商务楼宇共建馆外服务点——"都市书坊"，将图书馆服务延伸到商务楼宇，结合楼宇企业及白领特点，为"都市书坊"配备多种类、高品质的图书杂志，根据每家不同需要提供图书更新、新书预约、图书代购、图书管理指导等个性化服务。"都市书坊"经变动更新，截止2012年底，数量达20个，2010—2012年，书刊借阅108445册次。

2009—2012年，静安区图书馆针对文化经济时事热点，推出各类专题资料汇编。同时为区委宣传部提供舆情服务，每月提供剪报资料汇编《静安动态》；向区委区政府各部门提供《全国文明城区测评工作审核材料》、《媒体话静安援助都江堰》、《媒体话静安社会管理》、《媒体话静安雷允上中医馆》等资料汇编。

针对静安区商业商务繁荣、年轻白领众多、老龄化程度高以及市属文化机构、院校集中等特点，静安区图书馆每年策划开展各类大型主题读书活动、文化交流活动、系列名家讲座等，探索整合文化资源途径，打造了"悦读静安"文化讲坛、静安读书周等品牌读书活动，逐渐构建起一个集服务性、资源性、工具性、知识性、文娱性于一体的分享和交流的"第三空间"。2010年—2012年，共举办讲座、培训、展览、征文等读书活动721场次，68314人次；2011年举办"我的东方红"主题征文活动收到来自全国各省市读者来稿，由一项区域性活动提升为全市规模、影响全国的大型征文活动；2012年推出集文化交流、即兴演绎、趣味游戏为一体，并邀请青年作家加盟的读书活动——"白领闪聚"，吸引更多年轻白领走进图书馆。

业务研究、辅导、协作协调

2009—2012年，静安区图书馆职工发表论文19篇，撰写调查报告8篇。2012年7月启动"创新·服务·发展"青年论坛活动，为该馆青年职工提供交流与提升的平台，45岁以下青年职工共提交论文、调研25篇。

静安区图书馆对区内5个街道图书馆进行业务辅导，举办街道图书馆业务培训，每月下基层图书馆进行业务检查并登记辅导记录，双月召开街道图书馆馆长例会，每年年底进行街道图书馆年度考核，2009—2012年，共下基层辅导373次。

2010年，静安区图书馆举办"城市的未来与公共图书馆"

静安区图书馆海关楼

馆舍综合楼

少儿馆外观效果图

“都市书坊”800秀

“我的东方红”主题征文活动

流动图书车

专题论坛，邀请葛剑雄、吴建中和赵丽宏三位专家学者作专题演讲，就公共图书馆作为市民阅读和交流的“第三空间”，如何更好地为读者开展延伸服务、提升服务能级、和发挥智力引擎作用作了精彩阐述。2012年世界读日，举办“E时代阅读论坛”，范并思、周德明、今波等专家学者论述了E时代公共图书馆在数字阅读这一创新服务上的实践与思考。

管理工作

截止2012年底，静安区图书馆在编39人，其中高级职称2人，中级职称14人。制定职工绩效工资考核办法，每月对职工进行考核，每年度进行总体工作考核。2009年-2012年，每月开展全馆业务检查，抽查文献排架、各部门业务工作、消防安全工作等，编发《静图通讯》18期。

在志愿者管理上，继续发挥图书馆科普志愿者队伍、摄影志愿者团队作用，每月举办科普保健系列讲座、“光影之约”摄影讲座、医疗咨询服务，开展“科普下社区”活动；2012年引入学有专长的志愿者人才，举办“静安历史文化系列故事”、“中国海关通史”等专题讲座；2012年开展白领志愿者参与组织的读书活动“午后阳光读书会”周末沙龙。

表彰、奖励情况

2009年-2012年，静安区图书馆共获得各种表彰奖励124次，其中文化部表彰奖励1次，市级表彰奖励55次，区级表彰奖励64次，其他表彰奖励4次。2012年，静安区图书馆在由上海市文明办组织的上海市民巡访团暗访测评中荣获图书馆类冠军。

领导介绍

濮麟红，女，1979年7月，本科学历，中共党员，馆员，静安区图书馆党支部书记。2002年参加工作，曾任静安区文化馆办公室副主任，2009年8月到静安区图书馆工作，历任馆长助理、支部副书记、支部书记等职。

贾浩，男，1964年11月生，本科学历，中共党员，副研究馆员，副馆长。1987年7月到静安区图书馆参加工作，先后在采编部、宣传辅导部、参考阅览部等部门工作。

未来展望

2009年静安区图书馆改扩建工程被列入区府实事之一，2010年1月竣工并重新向社会开放。改扩建后的图书馆面积成倍增加，环境优雅，藏书结构持续优化，坚持“以人为本”服务宗旨，注重实效，为广大读者提供周到、细致、温馨的服务。“阅读之乐、乐在静图”，静安区图书馆将继续探索创新，组织开展各类特色读书活动，满足不同读者群的文化需要，倡导“悦读”风尚，营造社区书香和谐氛围。该馆未来将开展“静安区数字图书馆”项目，从“空间、时间、渠道”三方面实现图书馆公共文化服务的全面拓展，以“数字化、网络化、智能化”为主线，以数字图书服务为重点，通过建立统一数字化服务平台，进一步丰富图书馆数字资源，为市民提供公共的普遍化的数字图书服务，提升图书馆承载能力与服务水平。在建的静安区少年儿童图书馆内部将实行借阅一体开架服务，引进IPAD互动多媒体系统和RFID自助借还系统，将传统服务模式与现代创新理念相结合，开展多元的少儿活动，着力打造一方“悦读”天地，让广大少年儿童在这里增智益趣。

联系方式

地　址：静安区图书馆新闸路1702-1708号
邮　编：200040
地　址：静安区少年儿童图书馆康定东路28号
邮　编：200041
联系人：朱　润

“白领闪聚”破冰环节自我介绍

“城市的未来与公共图书馆”论坛

“悦读静安”文化讲坛

上海市普陀区图书馆

概述

上海市普陀区图书馆创建于1957年。2010年，坐落于铜川路1278号的新馆正式对外开放，总建筑面积34462平方米。新馆设计藏书量80余万册，是集文献借阅，信息咨询、培训教育、文化休闲于一体的综合性现代化图书馆，其外观犹如大小数册并行而立的书籍，集中体现图书馆是人类知识宝库的整体特征。拥有阅览坐席1382个，计算机217台，宽带接入20M。

业务建设

截止2012年底，上海市普陀区图书馆总藏量675864万册（件）。2009–2012年，平均年入藏图书22795.75种，报刊年入藏量1114种，视听文献年入藏量1200种。2012年，上海市普陀区图书馆新增藏量购置费214万元。拥有数字资源总量为46.67TB。

作为上海市中心图书馆普陀分馆，普陀区图书馆图书采编、加工统一纳入上海中心图书馆“一卡通”系统。馆藏中文文献书目数字化达100%。

读者服务工作

上海市普陀区图书馆全年365天天天对外开放，每周开放时间79.5小时。图书借阅、报刊阅读、名家讲座、专题展览等所有活动市民都可以免费参与。2012年，实现总流通量1317300人次，图书借还1506295册次。

普陀区图书馆平均每年承办各类重大会议、论坛、展览、讲座、演出400余场。曾成功举办“上海之春”群文新人新作汇演、大世界基尼斯全国颁奖晚会、上海市慈善音乐会、新闻坊“十周年”纪念活动、中韩建交20周年交流演出等大型活动。

推出的每月文化惠民工程“三个一”公益活动，包括每月举办一场讲座、上演一台演出和放映一场电影。讲座专场邀请过顾骏、葛剑雄、林华、叶辛、骆新、赵丽宏等知名学者、专家，围绕读者关心的社会热点话题、文学阅读推广等，与读者相互交流。演出专场邀请过上海音乐学院、上海戏剧学院、上海大剧院艺术团、上海沪剧院、上海木偶剧团作精彩演出。

上海市普陀区图书馆与上海市作家协会合作，建设了“上海当代作家作品手稿收藏展示馆”，旨在挖掘、研究、传播当代海派文化，开展了名家手稿、著作征集工作。截止2012年底，共收集到313位作家手稿365份，签名本1487本。同时，启动了“百位作家影像录”拍摄工作，已完成徐开磊、徐中玉、赵丽宏、任大星、白桦等七位名家的影像录拍摄，为后人留下宝贵的史料。举办过“巴金著作手稿、版本、书名篆刻联展”、“20世纪中国文学大师风采展”、“全国文学博物馆馆藏精品联展”、“世纪诺贝尔——获奖者题词、签名书、签名照片和邮品系列珍藏展”等精品展览。

馆内建成的玩具图书馆由多媒体互动区、幼儿玩具区、蒙特梭利教室、少儿阅览区、五彩梦剧场等六个区域组成。举办的“宝宝都来赛”、“亲子故事屋”、“动漫影院”等活动深受小读者欢迎。并与华师大学前教育研究生院联合推出“蒙特梭利培训”。寒暑假期间需采取发放预约券来缓解人流。

上海市普陀区图书馆每年汇集全年媒体对普陀区的相关报道，编辑印刷《媒体话普陀》一书。围绕全区中心工作和热点问题，编辑《新思考》专刊，为领导机关提供参考咨询。每周编辑《新闻汇集》，涵盖各类舆情分析，发放给普陀区四套班子主要领导。

2012年，上海市普陀区图书馆实现了VPN数字资源推送项目。馆外读者在家中或在馆外服务点也能远程使用馆内购置的各类数字资源。

业务研究、辅导、协作协调

上海市普陀区图书馆2005年首推了“图书漂流”活动。2007年进行商标注册，2010年6月获得由国家工商总局颁发的全国第一个公共图书馆公益性商标。2005–2012年在全市建立70多个图书漂流点，20家蒲公英图书漂流屋，实现了全区九个街道、镇图书漂流点全覆盖。漂流点遍布军营、学校、医院、港口、建筑工地、特奥运动场馆等。2009年，上海市普陀区图书馆与上海出入境检验检疫局共同在上海出入境五大口岸上海浦江出入境检验检疫局国客中心、沪港列车、浦东出入境检验检疫局参展者服务大厅、上海国际出入境检验检疫局、上海国际旅行卫生保健中心、中日国际轮渡有限公司“新鉴真”轮六个点设立图书漂流架，该活动荣获了上海市迎世博特色项目奖。2010年，图书漂流进驻世博园区，在世博园区新闻中心和世博村设立了三处图书漂流自助亭。通过图书漂流的形式把介绍世博、介绍中国、介绍上海的图书“漂”往参加上海世博会的多个国家和国际组织。

普陀区图书馆外景

图书馆报告厅

上海当代作家作品手稿收藏展示馆

2011年，图书漂流推出服务外来务工人员系列活动，在外来人员集中的公兴物流搬场公司、曹杨工业园区、金鼎学校分别设立了图书漂流点，让外来人员拥有平等的阅读权利。建立了第一家“北石路幼儿园漂流点”，将知识分享的美德在小朋友中间相互传递。2012年，图书漂流走进社区，在图书资源较薄弱的19家居委会和1家工业园区设立“蒲公英”图书漂流屋。采用柔性化管理模式，将原有的图书漂流点的文化效应由点扩大到面，有效实现图书资源共享的文化理念，让更多的基层市民在家门口就能享受到文化惠民的成果。

2011年，上海市普陀区图书馆推出了全国第一家青少年智能图书馆。通过馆员与有关单位共同完成智能书架、自助借还项目的研发，率先实现青少年借阅区智能书架整体动态导航、精确定位、自助借还、自助办证。该项目获得了普陀区科技创新奖。该馆接待了来自美国、澳大利亚、新西兰、韩国等国内外同行参观访问。

2009年承办了“中国图书馆（苏州河）服务案例分析研讨会暨中国图书馆学会第八届学术研究委员会成立大会”。国家图书馆及各省市图书馆的专家学者250余人参加。该论坛系全国首次举办的较大规模的服务案例论坛。论坛运用案例的演绎、分析、综合等方法，对图书馆实践活动进行研究和探讨，并出版了全国首部《图书馆服务案例》一书。

2010年与上海市新闻出版局合作，举办“阅读城市，城市阅读——新媒体冲击下的读者阅读”论坛。邀请了著名专家学者，与读者进行交流，从不同角度探讨新媒体崛起对阅读产生的冲击与对策。活动吸引了来自机关、学校、企事业单位千余名观众。开放式的互动论坛营造了全民阅读的良好氛围。

2010年与上海图书馆学会合作，协办了“图书馆前沿技术论坛：关联数据与书目数据的未来”。邀请了上海图书馆、上海各大高校、科研院所图书馆的资深图书馆专家，美国图书馆专家通过远程视频参与论坛，论坛对图书馆业务作了前瞻性研讨。

2010年与巴金研究会合作，邀请日、韩等多位国外专家与国内巴金研究专家，以“纪念巴金：重新点燃文学理想”为主题，展开了富有成效的研讨，并编辑出版了《巴金研究论文集》。

2010年与社科院文学研究所共同举办“图书馆与城市诗人”文学圆桌活动。邀请了著名文学理论家、诗人及《中文自修》、《天天新报》等媒体的资深编辑参与论坛。

2011年与上海市作协创联室合作，邀请《收获》、《申江服务导报》、《IT时代报》、《读品》等媒体的编辑及记者，共同探讨新媒体冲击下的书评与阅读。

2012年，在上海书展举办期间举办2012书香上海之夏·今日批评家研讨会。邀请中国现代文学馆首批客座研究员与青年小说家代表共同对话。

上海市普陀区图书馆成立馆业务课题组，推行“项目化带人”的人才培养模式。已完成公益讲座策划、数字资源建设、RFID青少年智能图书馆建设、VPN数字资源推送等多项课题。编辑了《走近上海》（获得了第十一届“银鸽奖”优秀项目类三等奖）、《图书馆服务案例》（由上海社会科学院出版社出版）、《2010巴金论坛论文集》、《相约文学博物馆》、《世纪诺贝尔——获奖者题词、签名书、签名照片和邮品系列珍藏展纪念册》等。此外，还举办了首届图书馆青年论坛。

管理工作

2010年，上海市普陀区图书馆完成了事业单位岗位设置，共设置岗位138个，完成岗位聘任76人。每半年和全年进行部门工作总结和年度考核。

表彰、奖励情况

2009–2012年，上海市普陀区图书馆共获得各种表彰、奖励57次。其中，市级表彰、奖励28次，区级表彰、奖励20次。

馆领导介绍

司颖，研究馆员，馆长。1982年4月到普陀区图书馆工作。现还担任图书馆用户与信息服务委员会主任、中国图书馆学会学术委员会委员、《图书馆杂志》编委、图书馆职称考评组专家。主编了国内首部《图书馆服务案例研究》学术专著，发表论文20余篇。

张谦，馆员，副馆长。1992年7月到普陀区图书馆参加工作，先后在流通部、计算机部等部门工作。

袁俭，副馆长。2008年7月到普陀区图书馆参加工作，先后在流通部、专题阅览室等部门工作。

未来展望

上海市普陀区图书馆坚持“公益性、大众化、无门槛、高品质”的发展方向，坚持“平台战略、整合思维、融合发展”的工作策略，致力于成为区域性的文献信息服务中心、社会文化教育中心、公共图书馆服务协调中心和市民文化休闲活动中心。

联系方式

地　址：上海市普陀区铜川路1278号
邮　编：200333
联系人：陆瑞珏

20世纪中国文学大师展

亲子故事屋

中国梦·科学梦·青春梦——中国两院院士报告会

上海市闸北区图书馆

概述

闸北区图书馆总馆创建于1956年，馆址几经变迁，1982年10月1日，新馆在天目中路2号落成，建筑面积3266m²，藏书量49万余册。2012年11月20日，位于闻喜路800号的闸北区图书馆分馆落成开放。分馆是在原彭浦文化馆旧址上新建的，馆舍建筑总面积为4800m²。截止至2012年底，闸北区图书馆有阅览坐席1031个，计算机178台，宽带接入44Mbps，选用Horizon系统和RFID智能馆藏管理系统进行图书馆业务的自动化管理。1993年闸北区图书馆参加首次全国公共图书馆评估，被评定为国家一级图书馆。并连续七届被评为上海市文明单位。

业务建设

截止至2012年底，闸北区图书馆总藏量133.15万册（件），其中电子文献藏量83万种。

2009–2012年，闸北区图书馆平均每年新增藏量购置费229.27万元，图书年入藏数量平均值12630种，报刊年入藏数量平均值813种，视听文献年入藏数量平均值609种，地方文献入藏总量176册（件），多卷书、连续出版物入藏完整率100%。

截止至2012年底，闸北区图书馆数字资源总量为21.1TB，其中，自建数字资源总量0.09TB。2009–2012年，完成苏河湾专题图片数据库、闸北区非物质文化遗产数据库、茶文化专题数据库、商务印书馆版本主题馆书目数据库建设。

2012年，闸北区图书馆采购了RFID智能馆藏管理系统，实现RFID技术和图书管理方法的有机结合，开通了自助办证、自助借还书、自助查询等新兴服务功能。2012年，实现馆内ishanghai和自建无线网络覆盖。

读者服务工作

闸北区图书馆全年365天对外免费开放，每周开放时间71小时。2012年，读者流通537890人次，书刊外借478632册次。2012年，图书馆分馆建立了24小时自助图书馆。2009–2012年，馆外流动服务点共计22个，书刊外借92千册次。2010年，闸北区图书馆官方网站与“政府信息公开查询”等政府部门做了相关链接，并在馆内提供纸质查阅和电子查阅两种服务方式进行政府信息公开查询。

闸北区图书馆参考咨询服务工作主要包括编制二次文献、定题服务、文献提供和信息咨询服务。2012年正式推出领导内参《闸图专递》，为区政府及相关部门领导提供关于智慧城市、社会管理、体育场馆建设、苏河湾两岸协调发展、左岸文化、区域文化建设等信息咨询服务，多次获区领导批示。2012年为区领导提供点书服务51次，共配送新书345册。参考咨询服务的形式从传统的现场咨询、电话咨询、网站留言板咨询拓展到了网站TQ实时咨询及微博咨询服务。

闸北区图书馆为老年、残障、学习型家庭等读者提供送书上门服务；与上海市老科学技术工作者协会合作举办讲座、展览，开展读书会活动；为共建单位、外来务工人员及其子女定期送书。在分馆开设视障阅览室，配备电子助视器，智能阅读器，视障专用电脑等设备，即将为视障读者提供电脑办公，网上冲浪等新兴服务。

2012年11月1日–2013年3月31日，闸北区图书馆官网浏览量（PV）为61271，访客数（UV）为42630。截止2013年4月1日，网站注册用户数524人，其中开通VPN远程访问数字资源的用户159人。2012年6月2日闸北区图书馆官方微博上线，截止至2013年4月1日，共发布微博482条，吸引粉丝1484人。

2009–2012年，闸北区图书馆共举办讲座、展览、培训、阅读推广等读者活动96场次，参与人数62407人次。

业务研究、辅导、协调工作

2010–2012年，闸北区图书馆职工发表各类学术论文共计10篇。

截止至2012年，闸北区图书馆有街镇图书馆专职辅导人员2名，负责全区八街一镇图书馆的业务指导工作。2012年辅导人员共下基层开展辅导工作102次。

闸北区图书馆每季度召开街道（镇）图书馆馆长工作例会和经验交流会，传递图书馆近期的工作要求和任务，并对街道（镇）图书馆的未来发展与大家共商交流。每年组织街道（镇）图书馆管理人员和本馆职工进行业务培训，年终进行业务竞赛，提高服务水平。

2009–2012年，在上海图书馆的指导下，闸北区图书馆先后与五个街道（镇）图书馆实现数字资源的共建共享，指导街道（镇）图书馆加入了《上海地区公共图书馆馆际合作服务平台》文献服务网。

2009–2012年，为加强区域之间的协作协调，闸北区图

闸北区图书馆分馆开馆典礼

分馆一楼成人借阅区

分馆一楼大厅

书馆经常与上海图书馆和各街道（镇）图书馆进行业务研究和交流。邀请上海图书馆的图情专家深入到闸北区指导业务工作，开展专题调研；闸北区图书馆组织单位的年轻业务人员和街（镇）图书馆馆长到上海图书馆学习取经，拓展数字化信息服务的新思路。2012年，面对新馆即将建成开放，闸北区图书馆领导班子成员相继到上海图书馆新技术体验中心，虹口区图书馆新馆等地参观学习，就新馆业务工作拓展、服务功能定位、数字技术的运用进行广泛的交流。

管理工作

2012年闸北区图书馆在编人数为64人，实际在岗人数为58人。2012年，闸北区图书馆实行全员岗位竞聘，并于年内完成了聘用合同的签约工作，为实行单位自主用工奠定了基础。根据《2012年文化系统单位专业技术职务聘任有关事项的通知》的有关要求，按照《闸北区图书馆专业技术职务聘任管理办法（试行）》，闸北区图书馆完成了专业技术职务聘任的相关工作，共有19人被聘任为专业技术人员，其中首聘7人、晋升12人。同时，闸北区图书馆建立了工作考核指标体系，每月进行工作进度通报，每半年和全年进行总体工作考核。

表彰、奖励情况

2009–2012年，闸北区图书馆共获得各种表彰、奖励34次，其中，国家级1次，长三角地区1次，市委市政府10次，市文广局5次，市级图书馆3次，区委党政府14次。

馆领导介绍

彭建成，男，1955年8月生，大学学历，中共党员，党支部书记。1972年12月参加工作，历任沪北电影院经理助理、星火电影院副经理、彭浦文化馆党支部书记兼副馆长、闸北革命史料陈列馆馆长、闸北区图书馆副馆长兼闸北革命史料陈列馆馆长、闸北区图书馆馆长。曾荣获2005年度闸北区重点工程实事立功竞赛成绩突出个人记功奖，2012年度被评为闸北区重大工程立功竞赛建设功臣。

丰华英，女，1963年10月生，大学学历，中共党员，副研究馆员，馆长。1982年加入闸北区图书馆工作，历任闸北区图书馆办公室主任、副馆长，闸北革命史料陈列馆副馆长、馆长。2003–2006年荣获闸北区统一战线（工作）先进个人，2010年荣获“创先争优，世博先锋行动”“五带头”共产党员先进个人，2010年荣获上海文化文物广播影视行业世博会工作先进个人，2011年荣获闸北区优秀共产党员称号，2011年荣获闸北区文化系统优秀党员称号。

叶睿颖，女，1974年8月出生，本科学历，中共党员，馆员，

闸北区图书馆总馆外景

副馆长。1993年7月参加工作，先后在闸北区临汾社区文化活动中心、沪北电影院挂职锻炼。2008–2009连续两年荣获闸北区文化系统先进个人。

张兴华，男，1959年1月生，大专学历，中共党员，副馆长。1977年10月参加工作。2010年被评为上海市爱国卫生世博运行保障志愿者先进个人，并荣获2010年度上海市中心图书馆志愿者活动优秀组织者荣誉称号。

张洁，女，1978年1月生，硕士学历，中共党员，馆员，副馆长。1999年7月参加工作，历任上海久隆企业管理咨询有限公司信息部经理、情报中心主任等职。2012年荣获“长三角地区优秀科技情报工作者”荣誉称号。

未来展望

闸北区图书馆坚持“以人为本，读者至上”的服务宗旨和“一视同仁、耐心细致、及时快捷、想方设法”十六字服务承诺。以饱满的工作热情、积极的工作姿态创建优质的岗位服务；以良好的职业道德和健康、积极、向上的精神风貌树立行业新风。致力于打造集学习阅读、信息交流、文化休闲于一体的多功能图书馆；努力营造“人在书中”、“书在人旁”的温馨氛围。在工作中与时俱进，开拓创新，为图书馆取得新突破、新成绩而努力。

联系方式

地　址：上海市闸北区天目中路2号
邮　编：200071
联系人：朱 莹

涵芬讲堂

少儿阅读推广活动

第四届上海（国际）青少年汉子艺术交流展

上海市闸北区少年儿童图书馆

概述

闸北少儿图书馆座落在彭浦地区全国示范小区内，1996年8月在区政府、教育局、文化局的关怀下在原托儿所基础上投资200万元改建的，1996年9月7日，原国务委员陈至立、原市人大常委会主任龚学平亲自为少儿馆揭幕。

少儿馆总面积3196.4平方米，现有藏书10万余册。馆内实行全开架借阅，阅览座位520席，每周开放62小时。儿童知识乐园，它是幼儿园小朋友的一块绿土，活泼温馨的中小学生阅览室是丰富同学们知识的大课堂；书迷沙龙是孩子们的读书、交流的俱乐部；电子阅览室为读者提供信息浏览的大千世界。阅读电子文献的好地方；"亲青服务站"是为成长中的少男少女排忧解难的咨询站；报刊阅览室是社区居民和老干部读书会成员们喜爱的场所；良好的读书求知环境，吸引了广大少年儿童。现在平均年流量达到110504人次。图书馆立足为广大少年儿童服务、为社区居民服务、为学校素质教育服务的做法受到了中央、各省市领导和国内外专家同行的好评。2010年6月1日在市区领导的支持下，我馆成为了上海少年儿童图书馆闸北分馆，分馆的成立保障了我馆少儿图书资源的不断更新。去年年初，图书馆加入上海市公共图书馆通借通还系统，成为上海图书馆一卡通闸北少儿分馆，即我馆与上海市、各区县及街道乡镇近300家公共图书馆联网，让广大读者提供更便捷的服务。图书馆已连续四次被文化部评为"一级图书馆"。少儿图书馆本着"一切为读者，读者第一"的人性化服务要求，不断提高自身素养，做到"各尽其能、以人为本、诚心服务"。

业务建设

截止至2012年年底我馆文献总藏量为121964册(件)，其中入藏电子文献、视听文献为6867件。

截止至2012年年底，我馆报刊共计305钟，其中上架报纸72种，杂志106种，青少年活动中心教师用于教育教学管理报纸18种，杂志109种。

2007年1月，闸北少儿图书馆与上海点击书实业有限公司签订协议，购买了1套上海点击书实业有限公司自主研发的具备完全只是产权的图书馆电子阅览系统及建立在本平台上的数字动漫书籍内容组合而成。其中包含全部平台的1520本数字动漫书籍。上海点击书实业有限公司在闸北少儿图书馆内安装《点点书库》产品的阅读终端，为图书馆读者提供阅读服务。

读者服务工作

为了使图书馆资源得到充分利用，使更多的读者利用图书馆，为此，根据我馆所在地区的特点，更好地为社区广大少年儿童及老年人服务，实行全天候开放。每周开放时间共计62小时。

阅览室：周一至周日9:00–17:00

周五至周六延长至晚上20:00

外借室：周二至周五12:00–17:00

周六至周日9:00–7:00

寒暑假周二至周日9:00–17:00

我馆严格根据《文化部办公厅关于转发〈国家图书馆关于加强和改进公益性服务的实施方案〉的通知》（文明电{2008}4号）的精神，执行情况如下：

1、阅览室全年免费向读者开放，无休息日。

2、为了更好的为广大读者服务，满足读者阅读需求，报刊杂志阅览室周五和周六的阅览时间延长至晚上八点。

3、成人和少儿外借室周二至周五下午开放，周六、周日全天开放，外借室均为免费为读者办证借阅。

4、寒暑假以及节假日，外借室全天向读者免费开放。

5、周二至周五上午向周边幼儿园开放，下午中小学校集体来馆开展阅读活动。

6、本馆现为上海市中心图书馆分馆，借书证均免收工本费。

我馆每周均为满负荷工作，每周开放时间共计62小时。

2009–2012年，上海市闸北区少儿图书馆共举办讲座、展览、培训、阅读推广等读者活动3856场次，55420人次。其中，"五彩读书月"、"居民网上学习圈"、"向日葵老少博客秀"、"青春期心理健康教育"等读者活动是我馆的特色项目。

中央领导人视察工作

图书馆外观图

世博志愿者活动

“蓝色舰艇，我的梦”军营一日营活动

业务研究、辅导、协作协调

2009–2012年，闸北少儿图书馆职工发表论文18篇，获准立项的市级课题2项，其中一项为上海市教育科学研究项目，另一项为社区教育实验项目。

2012年我馆根据文化部、市文广局“关于开展2012年县以上公共图书馆评估定级工作的通知”精神，以“评”促“建”，进一步推动我区少儿图书馆精神文明创建工作，不断提升服务能力和水平。组织我区各中小学图书馆馆长开展业务培训活动。帮助各校规范图书馆工作，开设网站建设、读者工作、接待礼仪、评估标准等内容的培训课，系统地让中小学校图书馆学习业务知识。共计23课时，365人次。

2011年，我馆为进一步加强馆际合作，实现资源共享，经上海地区十六家公共图书馆友好协商，在保障各馆相关权益的基础上，共同签订馆际合作协议书。为读者提供馆际间文献外界服务、文献信息服务及各类读书活动。

管理工作

闸北区少儿图书馆是上海市唯一的一所文教合一的图书馆，行政隶属于教育局，业务由区文化局指导，馆员全部是教师编制。共有在职职工10人。高级职称2人；中级职称2人；初级职称6人。中馆长1名，专职红读辅导教师1名，各类读书辅导教师1名，网络管理人员1名，采编人员2名，流通外借人员4名。建立规范的工作考核体系，每周召开工作总结布置会议，每年参加上海市事业单位工作人员年终考核，做到每学年有计划有总结。

表彰、奖励情况

2009–2012年，闸北少儿图书馆获得市级奖项共15次。其中，连续四年获得“上海市少年儿童暑期读书月优秀组织奖”。

未来展望

2013年，闸北少儿图书馆经过整体大修工作后，焕然一新。馆内增设了“电子工坊”、“电子阅读室”、“心理咨询室”、“书迷沙龙”、“多功能培训室”以及“幼儿知识乐园”。在原基础上增加了阅览、借阅的席位，便民服务一应俱全，无线网络“I-shanghai”馆舍全覆盖，大大改善了阅读环境。过去虽小有成绩，但是与建成一所现代化的少儿图书馆，满足青少年日益增长的阅读需求比起来仍需不断完善。在以后的办馆过程中我们将进一步运用现代理念管理好少儿图书馆，不断调整内部结构，工作重点进一步向服务方面转移。按照“一切为读者，读者第一”的人性化服务要求，我们不断提高自身素养，做到各尽其能，最大限度地发挥每个人的主观能动性，不断加快少儿图书馆现代化技术装备与运用能力，做到“以人为本，诚心服务”。

我们全馆人员将以更饱满的工作热情投入窗口行业活动，为树立公共图书馆良好形象做出新的贡献。

联系方式

地　址：上海市闸北区汾西路261弄24号
邮　编：200435
联系人：吴敏珍

居民网上学习圈冲浪活动

个人藏书交流活动

老少同乐系列活动

上海市虹口区图书馆

概述

虹口区图书馆是由总馆、乍浦分馆、曲阳分馆组成。

虹口区图书馆成立于1957年，1998年2月与虹口区曲阳图书馆合并，实行党、政一套班子，两个建制。2010年虹口区图书馆水电路新馆建成，同年6月虹口区机构编制委员会撤销了虹口区曲阳图书馆建制，保留了虹口区图书馆建制。把新建的水电路图书馆作为总馆，原虹口区图书馆作为乍浦分馆，原虹口区曲阳图书馆作为曲阳分馆，三馆合一，形成一总馆二分馆的管理体制。

虹口图书馆总馆于2010年12月28日建成对外开放。建筑面积6784平方米，设计总藏书量为30余万册，现藏书为25万册。阅览座位700多席，网络信息接收点512个，无线网络覆盖阅览区域，是一座集借、阅、藏、查、观、听为一体的开放型阅读休闲场所。馆内设有报刊阅览室、书刊借阅室、电子阅览室、少儿书刊借阅室、音乐图书室、参考阅览室、读者自修室、视障阅览室等八个对外服务部门。

虹口图书馆乍浦分馆成立于1957年，1998年、2012年分别进行了改扩建，建筑面积3131平方米，阅览座位550个，藏书30万册，无线网络遍布各阅览室。现代文化名人作品专题资料室是乍浦分馆的一个特色文献室，它收藏了鲁迅、瞿秋白、郭沫若、茅盾、叶圣陶、夏衍、冯雪峰、丁玲、沈尹默、内山完造等一批文化名人的生平介绍、论著及相关文献，为文化工作者、研究型学者提供专题参考资料。

虹口图书馆曲阳分馆建于1987年10月，2007年改扩建后的建筑面积为2520平方米，藏书总量近25万册。报刊650多种，阅览席位394个，阅览区域设有无线网络信号。1993年被市文化局命名为“上海影视文献图书馆”，迄今已收集影视类书刊1万余册，VCD、DVD等音像制品1万余件；并藏有珍贵剧本、剧照、海报、影视连环画、内部发行影视资料等。

2002年7月，虹口区图书馆加入上海市中心图书馆，书目检索采用中心图书馆IPAC查询系统，图书借还采用中心图书馆Horizon自动化管理系统。

业务建设

截止2012年底，虹口区图书馆总藏量87.1915万册（件），其中，纸质文献79.8758万册（件），电子文献4.2176万册，视听资料2.0145万种/册。

2009年之前，虹口区图书馆年购书经费160万，2011年增加至190万，2012年增加至237万，2013年又增加到255万，达到全区人均3元的标准。2009年至2012年，新增图书藏量35.3338万册，新增读者证29859张。

虹口区图书馆建有“绿土地”网站和“虹口图书馆”网站，“绿土地”网站中有自行研制开发的“影视篇名数据库”，有各类影视数据近13万条。实行了远程与近程相结合的服务方式，为广大读者提供优质的检索、咨询、代检索课题等服务项目。

读者服务工作

从1996年10月起，虹口区图书馆全年无休日天天对外免费开放，每周开放80小时。2002年7月，虹口图书馆加入上海市中心图书馆，应用Horizon自动化管理系统实现了“一卡通”图书借阅，“一网通”书刊查询，读者凭一张借书证可到全市任何一家图书馆借还图书，极大地方便了读者利用图书馆资源。2009年至2012年，虹口区图书馆书刊流通588.3520万册次，书刊借还187.4156万人次。

1996年5月，由虹口区图书馆率先发起的“虹口文化菜篮子工程”正式启动，时任中宣部副部长艾青春在仪式上为虹口区图书馆两辆“文化快餐车”启动剪彩。十八年来，虹口区图书馆的“文化快餐车”马不停蹄地行驶在虹口区23.4平方公里的土地上，下街道、去学校、赴军营、进大墙，为读者送去了丰富的精神食粮。2009年，“文化快餐车”更名为“文化快车”。近四年来，“文化快车”出车578次；行车8340余公里；举办讲座107次；服务读者6.9万多人次。

虹口区图书馆编辑出版的《绿土》报是研究现代文化名人学术成就的报纸，至今已出版了175期；并汇总报上的重点文章出版了《海上文苑散记》、《海上文坛掠影》、《海上艺文散记》三本书籍。2010年起，每隔两个月编辑一期《公共图书馆行情综述》，为图书馆工作者提供最新的图情动态。2011年起，每月为机关干部提供“中心组学习参考书目”。

2011年2月，虹口区图书馆和区委宣传部、区科协联合创办了“虹口科普大讲坛”，内容包括健康医药、摄影艺术、科学饮食、环境资源、读书教育、公共安全、国防教育、自然科学、科技前沿等多个方面。2012年，“虹口科普大讲坛”举办了75场，参与人次达9718人，平均入场率达75.4%。

2012年，虹口区图书馆曲阳分馆完成了电影博物馆的课题任务，先后编撰人物资料204个、编撰影片资料41部、提供文字资料24万多字。同年还举办了“上海大学影视学院学生作

虹口区图书馆总馆

乍浦分馆

曲阳分馆

品展映”、“红色电影系列”等主题活动。组织“解读奥斯卡”、“艺术资本主义”等影视系列专家讲座13次。

2009年9月，虹口区图书馆、江湾街道图书馆在本区福赐菜场开出了第一家“菜场书屋”，社会各界反响热烈。截止2012年11月，已在全区二十六个标准化菜场设立了“菜场书屋”。菜场书屋开放一年半以来，服务人次已达9439人次，书刊流通二万余册。菜场书屋的推广工作已成为虹口区加强公共文化服务体系建设，创建学习型社区建设的重要举措。

业务研究、辅导、协作协调

2009–2012年，虹口区图书馆中级职称以上职工每年撰写论文一篇，参加全国、上海市公共图书馆专题征文活动获奖论文18篇，出版现代文化名人研究著作三部，获上海市图书馆学会审定课题7项。

2010年，虹口区图书馆根据区文化局的工作要求，对虹口区图书馆三馆合一的管理运行机制进行了分阶段的调研，对三馆合一的“总分馆业务运行效益”、“总分馆藏结构的规划”、“三馆读者服务中心的统一运行模式”、“总分馆体制下的网络系统模式”、“总分馆制的CI设计”、“总分馆体制下的业务辅导工作”六个专题进行了深入探讨和大胆的实践，为虹口区图书馆三馆合一后管理机制的创新、运行模式的转变、业务发展的前景打下了良好的基础。

虹口区图书馆承担着全区八家街道图书馆的业务指导、专业培训、督促检查等工作。2011年，为迎接上海市街道图书馆等级评估，区馆宣传辅导部人员经常下基层进行业务检查和指导，和街道馆工作人员一起认真做好业务档案，受到市考评专家组的好评。

管理工作

虹口区图书馆实行的是总分馆制的运行机制和工作模式。根据“统一采编、统一平台、统一服务、统一管理”的要求，基本形成三馆统一的业务规章、业务流程、业务表单和业务操作规范和文献资源集中采编、统一调配和管理的机制。总馆负责三馆的图书采购和编目、网络系统建设、计划总结、工作协调、业务统计、数据上传、员工培训、基层辅导、资产管理、对外联络、文件收发等事宜。

三馆工作人员总数为135，其中：事业编制90个，劳务派遣用工45个。现有事业编制员工80人，劳务派遣制员工45人。

表彰、奖励情况

2009–2012年，虹口区图书馆共获得各种表彰、奖励41次，其中，文化部表彰1次，市级政府表彰、奖励6次，市级图书馆行业表彰、奖励27次，区级表彰、奖励7次。

馆领导介绍

洪以生，男，1957年7月生，本科学历，中共党员，中级职称，馆长。1975年3月参加工作，2004年1月到虹口区图书馆工作，历任党支部副书记、书记，2011年任党总支书记、常务副馆长等。虹口区政协委员，虹口区文联影评分会主任。

王海兵，男，1960年10月生，本科学历，中共党员，党总支书记。1981年参加工作，2004年3月到虹口区图书馆工作。兼任上海电影评论学会会员，上海影视文献图书馆馆长，虹口区文联电影评论分会秘书长。

张雄，男，1958年9月生，大专学历，民建党员，副研究馆员，副馆长。1977年10月进入虹口区图书馆工作，先后在图书借阅部、宣传辅导部、影视文献部、音像资料部、采编部、馆长办公室工作。中国图书馆学会会员、全国中小型公共图书馆联合会常务理事、上海图书馆学会阅读推广委员会委员。

何聪郎，女，1961年1月生，本科学历，中共党员，馆员，副馆长。199年到图书馆工作，先后在图书外借部、采编部、辅导部、影视文献部、馆长办公室工作。

翁凌红，女，1973年5月生，科技情报专业本科学历，民革党员，馆员，副馆长。1995年到图书馆工作，先后在图书外借部、采编部、参考咨询部、系统网络部、馆长办公室工作。

江磊，男，1971年1月生，大学本科学历，中共党员，副馆长。1991年7月到图书馆工作，先后在采编，报刊，外借，阅览，影视等部门工作，2005年任虹口区图书馆系统网络部主任，2007年任虹口区图书馆副馆长。

韩曜，女，1985年9月生，本科学历，中共党员，馆员，副馆长。2007年到图书馆工作，先后从事流通、参考咨询等工作，任副主任、主任、馆长助理等职。

未来展望

虹口区图书馆遵从“立足服务，竭诚奉献”的指导思想，根据“大力发展新媒体技术，积极推进公共图书馆服务创新”这一目标，在今后的服务工作中，进一步提高图书馆智能化、自动化管理水平，在实现RFID（电子标签）技术、图书自助借还系统及城市街区24小时自助图书馆系统应用的基础上，努力开发微服务、移动服务、视听媒体服务，提高办馆效益和工作效率，为读者提供更为便捷的服务。加强街道图书馆和居委会图书阅览室建设，促进区馆电子资源在全区各类图书馆间的共建共享工作。积极做好读者服务工作，加强特色资源建设，办好图书馆门户网站。加强与企业、学校、机关、部队等的合作，继续做好馆外延伸服务工作。

联系方式

地　址：上海市虹口区水电路1412号
邮　编：200434
联系人：张　雄

戎凯丰老师主讲“专题摄影及其创作表现”

曲阳分馆长年坚持开展少儿活动

“常青树”老年读书小组表演大合唱《夕阳红》

上海市杨浦区图书馆

概述

上海市杨浦区图书馆始建于1952年，2002年2月加盟上海市中心图书馆。2011年2月，上海市杨浦区机构编制委员会发文将杨浦区延吉图书馆、杨浦区少年儿童图书馆的职责划入上海市杨浦区图书馆，行政级别调整为相当于副处级。上海市杨浦区图书馆总馆面积5585平方米，设有电子阅览室、少儿借阅处、成人外借处、报刊阅览室、综合阅览室、参考咨询室、上海近代文献馆·杨浦馆等七个服务窗口。少儿分馆面积1461平方米，设有电子阅览室、教师家长阅览室、教师家长外借室、中学生借阅室、小学生借阅室等五个服务窗口。延吉分馆面积560平方米，设有综合流通部、电子阅览室和母子书苑三个服务窗口。

业务建设

截止2012年底，上海市杨浦区图书馆总藏量97万册(件)，其中，纸质文献88万册(件)，电子图书、视听文献9万册(件)。数字资源总量为19TB。年新增藏量购置费263万元。

2009－2012年，与上海图书馆共建的“上海近代文献馆·杨浦馆”厚积薄发，在空间、资源、网络、人员等方面和上海音像资料馆、上海中医药大学、区档案馆等单位建立文献共建共享网络，广泛开展合作，全面收集、挖掘、整合近代文献资源；采集各类特色文献3169种，10803册；自主建立了以上海近代工业、近代市政、老上海风土人情、民俗文化等资源为主的特色文献、近代文献特色数据库，总量达14740条；建立了研学型专业人才和申报开发志愿者两支队伍，以专业引领用户培训和资源建设，通过“看、听、查、阅、展”五为一体的立体化服务方式，为读者提供知识学习、文化体验、信息共享等服务，积极拓展公共文化服务的广度和深度。

读者服务工作

上海市杨浦区图书馆全年365天天天对外免费开放，周开放80.5小时。年接待读者约80万人次，外借图书约87万册。

2011年，上海市杨浦区图书馆进一步做强志愿者服务工作，整合、优化了涵盖阅读推广、心理导航、科普教育等8个专业领域品牌服务项目，吸引了学科专家、白领、作家、外籍人士等743人的广泛参与。“公益小书房”项目与专业机构合作的阅读分级指导课题调研被列入2011年度教育部重点课题研究项目。2012年，成功创建上海市志愿者服务基地，并获得了上海市创新性志愿服务项目。

2012年，上海市杨浦区图书馆充分发挥共享工程杨浦支中心资源共享、服务传递的职能，积极尝试利用3G移动通信技术实现资源个性化传输和访问，开发建立移动通信免费网络，实现读者无线wifi服务。构建图书馆公共无线网络，开通移动终端“中国讲座网”数据库访问。截止2012年，网站访问量达14万次。

2009－2012年，上海市杨浦区图书馆年均举办讲座、展览、培训、阅读推广等读者活动600场次，参与人数10万人次。精心打造了杨浦区公共图书馆读书月，充分集结全区公共图书馆的资源与力量，以区馆为中心点，3个分馆为平台，同时向11个街镇图书馆、83个共建服务点辐射，编织了一张层层联动的大型读书网，开展了5大版块10余项活动，并充分利用微博等新媒体拓展文化传播功能，以体现公共图书馆特有的文化创造力和感染力。

业务研究、辅导、协作协调

2011年，在上海市杨浦区图书馆改革重组发展的调研工作中，由中层管理人员与业务骨干牵头完成团队专题调研报告6篇，个人调研报告16篇，对图书馆的科学发展进行了有益的探索，确保了三馆资源整合过程中各项业务的有效对接与拓展，实现了“1+1+1>3”的发展成效。2012年，开展课题带教，由4位副研究馆员考量岗位和专业特长等要素，分组带教，申报了《图书馆空间再造与服务转型研究》、《儿童阅读推广的方法及案例研究》等4个上海市图书馆学会科研课题和2个市文广局、区委宣传部课题。课题组撰写的《创新志愿者工作方式·推动图书馆多元文化服务》一文被收录于全国自然科学博物馆志愿文化发展论坛组委会编制的《科学传播与志愿文化发展文集》。

2009－2012年，上海市杨浦区图书馆以加强基础培训与开展个性化指导为双效抓手，在探索与实践中，努力开拓创新街道图书馆业务交流指导模式。针对硬件基础差的现状，以扬长避短为原则，制定《提升街镇图书馆软件服务能力辅导计划》：通过每月的“四个一”工作（每月一次业务数据排名、每两月一次业务工作培训、每季度一期工作简讯、每半年一次工作总结交流）开展日常的管理；制定“三步走”的新馆建设辅导方案；推进区街联动共同开展读书活动；引入“主题”例会模式，有效提升街镇馆服务水平。2012年，杨浦区共有6家街镇图书馆荣获上海市中心图书馆先进集体，在流通、办证续证、新闻发布等各方面均获得了单项奖。

2012年，上海市杨浦区图书馆确立“突破·深化·创新”的延

新馆效果图

杨浦文化名人讲堂活动

“五月书市”活动

伸服务工作目标，着力打造营区、监区、社区、校区、厂区、警区、山区“七区”联动的服务模式，拓展馆外服务点至83家。同时，创新共建机制管理模式，在上海市监狱管理局、区公安分局进行试点，通过设置总分服务点的模式，将各类资源辐射到其直属管理的下一级所属单位，逐步形成一张覆盖面广、梯度管理的高效服务网络。充分关注弱势群体文化诉求，将名家讲座资源引入监狱等单位；通过沪上著名的慈善品牌“东广爱基金”平台援建希望小学图书馆；与东海救助局结对共建，将图书、视听文献等丰富资源输送到18条船支，填补了海上文化服务的空白。

2012年，上海市杨浦区图书馆围绕构建“1+12+X”的公共图书馆服务体系愿景目标，成立了馆校合作课题小组，调研撰写了《杨浦区图书馆与区域高校的合作模式探讨》，探索并试点事业单位法人治理结构，成立了上海市杨浦区图书馆第一届理事会，吸纳南京政治学院上海校区、社区文化中心等具有代表性的社会人士、专业人士、基层群众参与管理，进一步创新图书馆管理模式，推动图书馆的长足发展。联合杨浦区公共图书馆与区域内高校、企事业等各类型公益文化服务单位，成立杨浦区图书馆公益文化服务联盟，并加入杨浦学习型社会建设项目“学习共同体”，尝试开展服务项目共建、巡展、馆际文献互借、课题研究、人才培训等跨界合作，为深化学习型城区建设提供思路与理论基础，营造各方合力推进全民终身学习的良好氛围。

管理工作

2012年，上海市杨浦区图书馆创新管理机制，签订了《杨浦区图书馆人才培育结对拜师协议》，开展岗位带教，加快后备干部、青年优秀人才和新进职工的成长；积极探索适合青年馆员成长的特色培育模式，开展项目带教，由青年馆员根据专业特长进行特色项目的认领，进行一对一项目化管理，设立项目基金，从制度上、经费上、时间上给予支持和保障。通过八个特色项目带教，充分发挥青年馆员计算机、化学、外语、心理咨询的学科优势和创新思维。支持培养青年馆员获得国家二级心理咨询师专业资质；荣获上海市中心图书馆优秀志愿者组织者、区优秀志愿者、少年儿童暑期读书月活动优秀指导奖，杨浦区青年岗位能手暨新长征突击手等称号；引导项目负责人开展课题调研，撰写专业论文，将调研成果用于实践，促进项目良性发展。2009–2012年，10名青年取得图书资料中级职称，7人获图书馆专业机构主办的论文等第奖。

表彰、奖励情况

2011年，整合后的上海市杨浦区图书馆从服务大局、服务社会、服务公众出发，获得了社会的广泛认可，共获得市级以上表彰、奖励14次。

馆领导介绍

潘立敏，女，1962年11月生，本科学历，中共党员，副研究馆员，馆长、党支部书记。

新馆俯瞰图

李平，男，1958年12月生，大专学历，中共党员，副馆长。

唐效勇，男，1975年5月生，本科学历，中共党员，副馆长。

孙喆，女，1975年2月生，本科学历，中共党员，党支部副书记。

未来展望

随着社会的飞速发展，上海市杨浦区图书馆现有馆舍体量已不能充分满足市民日益增长的文化需求。上海市杨浦区图书馆以创新发展思路、提高服务质量为宗旨，积极赢得区政府对公共文化服务体系的财政投入，努力将杨浦区图书馆新馆建设项目打造成区委区府文化惠民的形象工程。在专家论证基础上，结合图书馆事业的发展趋势，对《杨浦区图书馆新馆建设方案》进行不断的调整和优化。采用信息共享空间组织模式，提供阅读、信息共享、特色主题文献服务、展览、科普社教、无障碍服务等功能，实现藏、借、阅、咨询、数字服务、活动、管理一体化运作。秉承公益均等的理念，以杨浦“三个百年”为主题特色，围绕“杨浦国家创新型试点城区”的建设，多区融合，联动发展，建设集文化、艺术与旅游为一体的多元文化体验的综合性公共图书馆，以弘扬杨浦的先进文化，创建示范杨浦品质生活的公共文化服务品牌，打造“知识杨浦”的文化新地标。

联系方式

地　址：上海市杨浦区平凉路1490弄1号
邮　编：200090
联系人：汤 莹

新书专架

区图书馆展览

近代文献主题馆

上海市闵行区图书馆

概述

闵行区图书馆前身是上海县图书馆。始建于1958年，由西郊区图书馆和正在闵行镇筹建的上海县图书馆合并而成。1992年，上海县图书馆因上海县与闵行区合并改名为上海市闵行区第一图书馆。1999年11月30日，上海市闵行区第一图书馆与上海市闵行区第二图书馆合并改名为上海市闵行区图书馆，原区第一图书馆改名为闵行区图书馆，原区第二图书馆更名为闵行区图书馆兰坪分馆。2000年1月1日起，因兴建新馆二次搬迁临时馆址。2003年3月27日闵行区图书馆兰坪分馆属地化管理。2003年5月闵行区图书馆加盟上海市中心图书馆，与上海图书馆联网实现"一卡通"图书通借通还。2010年1月，位于闵行区名都路85号的新馆舍建成投入使用。至此，闵行区图书馆占地面积2695平方米，建筑面积达到15518平方米，计设藏书容量70万册，可容纳读者座位1000个。1996年起，参加第一次全国公共图书馆评估，首次获得一级图书馆。2012年，闵行区图书馆有阅览座席1033个，计算机391台，信息节点1000个，宽带接入115Mbps。同时，闵行区图书馆增设了2台24小时自助图书馆，实现图书馆365天、24小时全天对外开放。

业务建设

截止2012年底，闵行区图书馆总藏量90.5532万册（件），其中，纸质文献85.6147万册，视听文献0.4878万件。

2010年、2011、2012年闵行区图书馆新增藏量购置费391.928万元、346.099万元、336万元。2010–2012年，共入藏中外文图书154937种，308455册；视听文献783种，783件；订阅中外文报纸831种、期刊3894种。不断优化馆藏结构，在加强基础馆藏建设的同时，开展上海地方文献、古籍、非物质文化遗产、英日韩原版书等四大特色主题建设。截至2012年12月底，闵行区图书馆地方文献6646册；古籍图书9975册；英日韩原版图书15014册；拥有本地电子文献4.4507万余种（其中包括文渊阁四库全书等专业数据库），并能为读者提供读秀、万方、知网、维普等数据库260万种电子图书。实现电子图书、期刊、论文的统一检索，全文阅读与文献传递，为读者定制了"数字资源统一搜索框"和"闵图数字资源导航页"，读者通过导航页可以直观地了解本馆数字资源馆藏情况，有针对性地选择其中的部分资源分别访问，也可以通过统一搜索框一个检索入口实现本馆所有数字资源的一次检索，数据库访问总量达1898156次/年。截止2012年底，闵行区图书馆数字资源总量为161.85TB，其中，自建数字资源总量0.83TB。2010年年初，实现馆内802.11N无线网络全覆盖。

读者服务工作

闵行区图书馆全年365天对免费开放，周开放71小时。2010–2012年，书刊总流通185.6064万人次，书刊外借315.1806万册次。2010年引进街区自助图书馆2台，为读者提供提供全年无休24小时自助借书、还书、续借、自助办证、续证服务等。闵行区图书馆下设13个镇（街道、工业区）图书馆分馆，七个服务点，并与区双拥办合作，为22个驻闵行部队送书。2010年，闵行区13个镇（街道，莘庄工业区）全部加入上海市中心图书馆，实现市、区、镇（街道、莘庄工业区）图书馆通借通还"一卡通"。至此，闵行区图书馆与上海图书馆及闵行区镇、街道图书馆之间实行总分馆制全面建成。2010–2012年馆外书刊流通总人次112.0702万人次，书刊外借198.1114万册。2006年起，每周为区政府公办室提供《区情资料》，每月二次为区委宣传部提供《媒体看闵行》。

2009–2012年闵行区图书馆网站访问量673.6150万次。2008年10月开通闵图书芯博客，秉持图书馆2.0理念开拓的新型网络服务阵地与互动沟通平台，截至2012年底闵图书芯拥有原创博文近3500条，优选博文结集成《闵图书芯》两本。2010年3月成立闵图微博，为读者提供在线咨询、读者互动等即时网络服务，发布微博近3200条，拥有粉丝6000余名。截止2012年，闵行区图书馆发布使用的数字资源总量为8343种，0.83TB，均可通过闵行区图书馆网站检索、浏览和下载服务。

闵行区图书馆秉承将公益活动进行到底的原则，以促进人的全面发展为战略，不仅所有活动均免费，还针对不同读者人群开展丰富多彩、形式多样的读者活动。建有市民学堂，常年开展培训、讲座；引导深阅读，开展阅读达人比赛，成立"敏读会"；培育数字读者，开展共享工程视频播放；重视青少年阅读，开设国学讲座，开展年俗文化活动；提供志愿者服务平台，开展绿叶助学活动。2010–2012年，闵行区图书馆共举办讲座、展览、培训、阅读推广等读者活动797场次，参与人数3.1596万人次。

业务研究、辅导、协作协调

2009–2012年，闵行区图书馆职工发表论文18篇，获准立项的国家级课题1项，区级课题3项。长期以来，闵行区图书馆非常重视与上海图书馆以及图书馆行业协会之间的密切联系，2010年，继上海中心图书馆夏季图书馆馆长例会在本馆召开后，11月份，代表上海图书馆学界最大盛会的上海市图书馆学会年会在闵行区图书馆隆重召开。2011年8月份，闵行区图书馆还与上海图书馆协调辅导处结成"巾帼文明岗"结对共建姐妹花，签署协议，开展文明创建、业务交流、同创共建活动。为实现"一城、一网、一卡"的愿景，闵行区图书馆积极协调一卡通在闵行地区的推进

闵行区图书馆全景

图书馆夜景

图书馆服务大厅

工作。从2008年起，闵行区图书馆与街镇图书馆协商协调，着手进行一卡通街镇服务点建设工作。2009年得到区财政经费支持，统一为各街镇图书馆配置3台电脑、1台打印机，并铺设光纤开通VPN专线网络，接入上图Horizon系统。年底全区13家街镇馆与上图签约并顺利完成数据对接，一卡通在全区实现全覆盖。

目前闵行地区的街镇图书馆发展均衡，特级馆从2家增为4家，其余也均被评为一级图书馆。加强闵行公共图书馆服务人员的队伍建设，积极协助本区各街镇图书馆组织开展各项业务活动、读书活动，并在每季度的街镇图书馆馆长例会时，举办相应的"文化服务人员业务培训"，组织街镇图书馆工作人员参加本馆员工的。

管理工作

闵行区图书馆这几年通过开展形式多样的团队活动，培育一支有高素质的员工队伍，打造闵图核心竞争力。开展工作交流，塑造闵图团队精神。2012年举办"头脑风暴"活动。馆员分别围绕特定的话题展开讨论，不设拦阻和批评，达到互相启发互相激励的目的。2012年，还举办"激扬智慧，传播正能量"——读者服务工作交流会。举办员工培训，提升闵图服务能级。开展以"提高馆员信息化能力"为主线的岗位技能培训、岗位交流、知识竞赛系列活动，全馆员工100%参与，很大程度上提高了专业技能，提升了闵图团队的专业服务水平。开展主题教育，增强读者服务成效。"文明服务、满意读者"主题教育实践活动，以外借部、阅览部、信息部的窗口服务人员为参与主体，并在全馆范围内开展活动，活动贯穿全年。

表彰、奖励情况

2010-2012年连续三年荣获上海市中心图书馆工作先进集体、上海市中心图书馆"一卡通"分馆图书流通量第一、办证量第一，连续两年获得"一卡通"分馆读者流通量第一；2011年"借阅接待岗"获全国"巾帼文明岗"；2012年上海市"创先争优先进基层党组织"等多项殊荣。

馆领导介绍

顾华芳，女，1972年7月生，本科学历，中共党员，副研究馆员，馆长。1990年7月参加工作，历任闵行区图书馆流通部、辅导部、办公室主任，2006年10月任副馆长、工会主席，2008年1月任常务副图书馆馆长，2010年7月起任闵行区图书馆馆长。兼任上海图书馆学会常务理事、中国图书馆学会中小图书馆专业委员会副主任等职。2001年获闵行区"新长征突击手"。

胡莹，女，1962年11月生，本科学历，中共党员，副研究馆员，党支部书记，副馆长。1982年10月参加工作，历任上海石油化工股份有限公司涤纶部图书馆馆长、金山区图书馆馆长、支部副书记等职。2004年11月起任闵行区图书馆副馆长，2006年5月起任副书记、副馆长，2008年1月任支部书记、副馆长。2003年获上海市振兴中华读书活动"读书育人奖"，2007年闵行区精神文明建设优秀组织者，2011年12月当选为闵行区第五次党代会代表。

张劲芳，女，1968年8月生，本科学历，中共党员，副研究馆员，副馆长。1991年3月参加工作，历任参考咨询部主任，馆长助理等职，2006年10月任副馆长。2002年闵行区十佳"三学状元"，2003年闵行区"新长征突击手"，2012年列入上海领军人才"后备队"（闵行领军人才）培养计划。

闵腾超，男，1974年11月生，本科学历，中共党员，馆员，副馆长。1995年7月参加工作，任浦江二中教师，2004年6月到闵行区图书馆工作，2005年任信息部主任，2011年起任副馆长。2002年获闵行区记大功奖励，2005、2006年获闵行区记功奖励。

王雯琦，男，1975年8月生，本科学历，中共党员，副研究馆员，馆长助理。1996年7月参加工作，2002年7月到闵行区图书馆参加工作，2011年，任信息部主任，2012年7月起任馆长助理。2011年获闵行区记功奖励。

未来展望

近几年，闵行区图书馆事业发展取得了一定成绩，连续多年在闵行区文广系统业绩考评为先进。自2010年新馆建成开放以来，闵行区图书馆针对本区是人口导入区，常住人口增长快，读者需求比较复杂，而新馆的馆舍面积有限，合理、科学地发展新馆馆藏。一方面要积极争取财政对文化投入的支持，加大对文献资源的采购力度；另一方面，我们要积极探索数字资源发展以及数字资源服务的新模式、新方法，努力满足数字时代读者需求。

对于读者活动的组织开展，对图书馆原"市民学堂"的经典活动进行整合，制订了《闵行区图书馆市民阅读素养培育计划》，充分发挥公共图书馆社会教育职能，致力于市民文化素养的提高，推动全民阅读、实现文化惠民。计划包含三个方面：一是"少年人走进乐园"：开展阅读指导培训、民俗文化、诚信借阅、图书馆体验等活动，希望通过这些活动，能够让青少年读者走进图书馆，在图书馆中收获知识，得到快乐，健康成长。二是"青年人回归校园"：以开展信息素养培训、英语角、沪语班等活动，帮助青年人不断提高自身素质与技能，以更好的融入社会生活。三是"老年人享受晚年"：针对老年人群体开设老年人喜爱的交流活动，让老年人走出孤独，参加户外爱好活动，如本馆举办的数码沙龙活动、摄影技艺交流活动。其他方面，为特殊人群开展服务，如针对残疾人、部队及外来人口开展相应的知识帮扶，体现图书馆人文关怀。同时计划在读者活动中，引入博客及微博等现代互动信息平台，打造具有开放性、包容性的全方位图书馆文化交流互动平台，引入线上、线下互动机制，放大读者活动文化效应。

联系方式

地　址：上海市闵行区名都路85号
邮　编：201199
联系人：张劲芳

秦文君读者见面会

闵图之图书馆里找年味活动

图书馆借阅室

上海市宝山区图书馆

概述

2009年第四次全国公共图书馆评估定级之后，根据专家评估组指出的薄弱环节，宝山区图书馆对照标准，认真审视，着力改进。在2009年–2012年的四年里，我们遵循“关注读者·用心服务”的宗旨，敢于直面困难，敢于突破瓶颈，敢于实现超越，圆满完成了新馆建设开放任务，同时，图书馆的各项工作也取得了长足的进步。

宝山区图书馆新馆总建筑面积1.1万平方米，拥有报刊阅览区、电子阅览室、社会科学文献阅览区、自然科学文献阅览区、少儿文献阅览区、地方文献阅览室、古籍阅览室、陈伯吹纪念馆、“九知堂”研修室、展厅、多功能厅、报告厅等10多个读者活动区域，拥有阅览座席1134个，其中，少儿阅览座席211个。宝山区图书馆使用Interlib系统和Horizon系统，254兆Internet接入，万兆核心、千兆到桌面，馆内无线网络全覆盖，拥有计算机365台，其中可供读者使用的联网计算机270台，分设于各楼层的阅览区域；数字资源存储容量约为100TB。馆内全面使用云计算平台、RFID技术、桌面虚拟化技术、SSL VPN技术，自助办证、自助借还、自助复印打印扫描等技术普遍应用。

业务建设

宝山区图书馆现有馆藏文献70.8万册，另有电子图书和电子报刊约16万册。每年订购图书近9万册，报刊2千余种（含外文报刊60种），视听文献900余件。

为更好地收藏利用地方文献资源，我馆专设了地方文献阅览室，专人管理；购买“万方数据：新方志”约18万条数据；自建“宝山地方文献数据库”，将馆藏地方文献以“扫描识别，逐字校对”的方式，实现了全文数字化和全文检索。

为满足不同读者需求，提高读者的阅读层次，根据宝山区的实际情况，我馆文献采选坚持“中文求全、外文求精；国内求全、国外求精；电子文献求用、特种文献连续、网络文献整合；多品种、少复本”的总原则，并逐年调整馆藏结构，采购的图书坚持以“种”取胜，从而使馆藏资源更加丰富。为规范宝山区图书馆的采编工作，我馆采编部在不断总结实际工作经验的基础上，整理编制了各项工作规范和著录细则，针对实际工作中遇到的各类问题，又整理编制了《宝山区图书馆著录实例》，为采编工作的规范化积累了大量实战经验。

宝山区图书馆对藏书的组织管理要求严格：文献的加工过程有详尽的规范，新书的典藏移交有严格的手续，开架图书的排架错架率更与职工的绩效工资紧密挂钩。我馆努力创造文献保护条件，无论是纸质文献还是电子文献，均制定了相关保护制度并严格执行。

经过十年建设，宝山区图书馆的数字资源总量已达100TB，包括电子期刊33729种，电子图书12万多册，学术论文8408多万篇，会议论文近155万篇，视听资料近14.85万部。目前除拥有全国文化信息资源共享工程八大类共计300G内容外，还有学术研究类、考试类、软件类、音乐类、视频类、漫画类等各类数据库54个（包括自主开发的地区特色专题数据库6个）。其中，镜像数据库共有43个，采购数据库的总费用为543.9万元。

此外，我馆还充分利用网上的免费资源，优化整合，从而丰富数字资源总量，充实服务内容，增强服务能力。

读者服务工作

多年来，宝山区图书馆始终将公益性免费服务放在首位，不断推出服务新举措，在上海公共图书馆中率先做到“无障碍办证·无门槛阅读”，向全社会敞开了大门，使全民共享图书馆服务成为现实。

宝山区图书馆全年365天开馆，每周开馆73小时，24小时自助图书馆真正实现了全年无休。新馆开放后，读者只需凭二代身份证即可免费自助申领无押金读者证，目前可一次性借阅25册文献资料，享受最长90天的借期。2013年1月单月外借册次达94306册，日均外借册次超过3000册，均创下近十年来的新高，公益性得到了充分体现。

宝山区图书馆充分利用丰富的馆藏资源，积极开展各类信息服务，在宝山区形成了良好的服务氛围。在这四年里，我馆除了继续加大丰富馆藏资源外，还坚持并不断完善基于VPN技术的直接推送方式，通过云计算平台的建设、存储容量的扩容、宽带的提速，使读者免费获取各类数字化资源更加迅速而稳定。

新馆开放后，我们不定期地为老年人举办电脑基础、摄影等专题培训班，丰富老年人退休生活。我们还与区智障人士“阳光之家”指导中心签订了长期合作协议，定期免费为智障人士赠送适合他们阅读的图书并合作开展读书活动。同时，为了更好的加强未成年人道德建设工作，我们在每年寒暑假和节假日期间，因地制宜、想方设法地为孩子们举办丰富多彩的活动，四年里，我馆组织的各类少儿活动六次荣获市级奖励，

宝山区图书馆外景

读书月阅读推广座谈会

梁祝专题讲座

高朋满座场景

宝山区图书馆内景

老年电脑培训班

少儿阅览室的工作人员也被评为“上海市未成年人思想道德建设先进工作者”。

同时，我们继续着力在宝山·嘉定读书月、宝山市民讲座、陈伯吹纪念馆等方面积极探索，勇于担当，探索图书馆服务实践的新模式、新方法。

业务研究、辅导、协作协调

宝山区图书馆十分注重职工整体素质的培养和提高，积极创造条件鼓励职工通过进修等方式提高学历和职称。2012年职工岗位培训和继续教育人均69学时。2009年–2012年共发表文章21篇，平均年发表文章数5.25篇，历年平均职工人数66人，职工人均发表论文数0.08篇。

为进一步加强馆际合作，实现资源共享，普惠广大读者，本着平等自愿、诚信互利的原则，2011年，我馆与浦东新区、长宁区、虹口区、黄浦区、嘉定区等17家公共图书馆经友好协商，在保障各成员馆相关利益的前提下，又一次联合签订了《馆际合作协议书》，充分利用“上海地区公共图书馆馆际合作服务平台”，开展特色馆藏文献外借服务，相互免费开放馆藏数字化资源并提供课题服务，合作开展馆员互派及各种读书活动等。

同时宝山区图书馆通过参与学会工作，积极发展会员，促进我馆职工整体素质的提高，2012年我馆职工共参加学会举办的各类讲座、报告会6场；鼓励职工积极撰写学术论文，对优秀论文给予一定的奖励。

管理工作

2012年上半年，宝山区图书馆完成了全员岗位竞聘工作，本次岗位竞聘共设岗位20种57个岗位，均为新馆特设岗位，岗位职能经过重新调整更新，符合新馆运作要求。此外，为努力培养复合型人才，自2009年7月起，我馆开始实施馆内岗位人员的“轮岗交流”。部室主任之间、各部门之间、同一部门各岗位之间均有职工参加。迄今为止，包括部门主任在内的19名职工参与了轮岗。

表彰、奖励情况

2009–2012年，宝山区图书馆共获得各类表彰、奖励35次，其中国家级2项，市级20项，区级13项。

馆领导介绍

唐铭杰，男，1968年1月出生，大学本科学历，中共党员，副研究馆员，馆长。2003年10月到上海市宝山区图书馆参加工作，担任馆长、支部书记等职。

江晔，女，1981年7月出生，大学本科学历，公共管理学硕士学位，中共党员，馆员，支部书记。2003年11月到上海市宝山区图书馆参加工作，先后在流通部、办公室等部门工作，担任主任职务。

孙迎春，男，1962年1月生，大学专科学历，中共党员，助理馆员、副馆长。1981年11月到上海市宝山区图书馆参加工作，先后在流通部、信息部等部门工作，担任主任职务。

张大鹏，男，1974年8月生，大学本科学历，中共党员，馆员，副馆长。2007年7月到上海市宝山区图书馆参加工作，担任副馆长职务。

未来展望

宝山区图书馆将努力成为宝山市民终生学习的知识殿堂、信息共享的中心枢纽、社区生活的技术港湾、文化休闲的经典雅座、社会文明的示范窗口；努力成为以物联网（RFID）、云计算平台（云图书馆）、个性化服务为发展方向，全面体现高效、适用、安全、舒适的基本原则的综合性、多功能、多载体、智能化的城市公共图书馆，成为一个学习的图书馆、休闲的图书馆、好玩的图书馆。

联系方式

地　址：上海市海江路600号
邮　编：200940
联系人：朱 虹

小小图书管理员活动

志愿者工作场景

少儿童话诵读会活动

上海市嘉定区图书馆

概述

嘉定区图书馆现实行"一区两馆"的服务模式。新馆于2013年6月正式对外开放，坐落于裕民南路1288号，毗邻新城水景远香湖，是一座具有江南院式风格的建筑，体现了"古朴风韵与现代气质相融合"的城市特点，读者可以在一边品味书香一边欣赏新城美景。嘉定区图书馆新馆占地3.71万平方米，建筑面积1.8万平方米，设计藏书60万册，集文献借阅、电子阅读、个人视听、学术研究、展览参观、培训学习等功能于一身。分馆始建于1980年，1981年落成开馆，坐落于上海市嘉定区清河路34弄40号，总建筑面积4186平方米。

嘉定区图书馆设有普通文献阅览区、普通文献借阅区、电子阅览室、特藏文献阅览室、少儿馆等服务区域，每周开放80.5小时；两馆共有计算机98台，阅览坐席1111个，其中少儿馆阅览坐席218个，并实现全馆开放区域无线网络全覆盖。两馆采用目前最为便捷的自助办证设备以及RFID（无线射频识别技术）借阅设备，为读者提供自助办证、自助借还服务。藏量达3万册的24小时自助图书馆，满足闭馆后的读者借阅需求，真正实现全天候无障碍式自助借还。

业务建设

嘉定区图书馆为读者提供"一卡通"借阅、视听欣赏、书刊阅览、网上资源、二次文献编辑、专题信息简报、读书活动、读者培训等一站式服务。截止2013年11月，嘉定区图书馆拥有馆藏文献93.8万册，报刊杂志5.8万多册，视听文献11.3万余件，其中电子文献10.2万册，并提供中国知网、万方数据、维普资源、龙源期刊、新华e店等数据库资源超66万兆。

读者服务工作

嘉定区图书馆始终坚持"读者第一，服务至上"的服务理念，全年无休地为读者提供免费借阅服务，日均接待到馆读者约3600人次。读者可凭借读者证，享受普通文献外借、视听文献外借、电子书外借、电子阅览、远程数据库资源阅览下载等多种服务，并可在上海市各大中心图书馆进行异馆图书借还，在家进行网上图书续借，实现读者证服务上、地域上的"一卡通"。在不断优化上海市"一卡通"借阅工作的同时，结合读者阅读需求、社会热点、重要节日等，开设"阅览主题专架"，以定期更换专架主题，主题图书结合导读图片展的方式，集中展出一部分广受追捧的主题图书，在方便读者查找、阅读同类书籍的同时，引导读者有效阅读。此外，不断提升专业能力，提供优质的信息服务，组织编发《嘉定人和事》、《决策参考》、《嘉定组织工作宣传报道录》等二次文献，及时为各级领导、科研单位和社会大众检索各类参考资料。

在不断完善阅读体验的同时，打造特色鲜明的服务项目让市民感受到"全民阅读"独特魅力。品牌活动"嘉图讲座"开设人文、普法、摄影、教育系列，并将讲座送进村居委、军营、学校，为市民与专家学者搭建面对面的交流平台，成为市民"身边课堂"。连续6年举办的读书月活动，以及寒暑假青少年系列活动、"周末故事会"亲子阅读活动、"助残直通车"等服务项目，惠及群体不仅包括中老年人、青少年等，还包括残疾人、外来务工人员、部队官兵等，让更多市民享受到了公共图书馆提供的免费、均等、优质的服务。

在完善免费开放的同时，嘉定区图书馆不断完善机制，推动公共图书馆服务向基层延伸。现在，嘉定区内共有12个街镇图书馆，3台24小时街区智慧图书馆，107个实际存在的行政村图书室，116个农家书屋，以及嘉定区图书馆立足郊区实际创设的遍布在农村民志愿者家庭、军营等基层地区的100个微型图书馆——"百姓书社"，为百姓免费快捷地享受图书馆服务夯实了设施基础，实现了公共图书馆阵地服务"点"的突破。

业务研究、辅导、协作协调

嘉定区图书馆有效发挥区级图书馆"承上启下"的桥梁作用，向全区12个街镇图书馆提供业务指导及技术支持，输送上海图书馆资源，将街镇图书馆的疑难杂症及时向上反馈。不断推进"直管模式"的铺点建设工作，按计划吸纳街镇馆为直管分馆，为已吸纳的街镇馆配送图书，安装自助借还设备，提高服务效率；为分馆设计并配备统一的标识系统，打造嘉定区公共图书馆整体服务形象；进一步规范街镇服务工作，提升区域整体服务水平。

鼓励馆员参与学术研讨，选送职工参加各类研讨会、征文比赛，积极申报各年度文广调研课题；馆员论文屡获中国图书馆学会年、市级奖项，相关论文收录于论文集内。

嘉图已成为市民学习消暑的好去处

普通文献借阅区

举办各类展览吸引读者驻足

品牌项目“嘉图讲座”受到市民热捧

开展“品乐下午茶”活动颇受读者欢迎

管理工作

在做好服务工作的同时，嘉定区图书馆在队伍建设中探索出了“学习促发展”的长效机制，营造了“共学、共议、共进”的良好氛围。实行全员普及培训、新进职工培训、岗位分类培训、学历职称培训、轮岗互学制度等多层次培训方法，指导职工自觉将个人发展与文化事业发展相结合，开创了队伍好、管理严、服务优的良好发展态势，服务队伍彰显出勃勃生机。截止2013年11月，嘉定区图书馆拥有在编人员47人，其中设馆长1人，书记1人，副馆长2人；有大专及以上学历39人，占职工人数87.9%；具有副高职称0人，中级职称14人，初级职称31人。

表彰、奖励情况

2011–2013年，嘉定区图书馆共获得各种表彰、奖励36次，其中，受宣传部、文化部、国家新闻出版广电总局表彰、奖励2次，上海市总工会、上海市政府表彰、奖励3次，上海市文广局表彰、奖励8次。其中，2013年，嘉定区图书馆被中共中央宣传部、文化部、国家新闻出版广电总局授予全国服务农民、服务基层文化建设先进集体称号。

馆领导介绍

金燕，女，1974年6月生，大学本科学历，中共党员，（职称）馆员，馆长。1991年12月参加工作，历任嘉定区图书馆副馆长等职，2006年1月任嘉定区图书馆馆长（正科级）。2013年获全国文化“三下乡”先进个人称号。

顾永兵，男，1969年11月生，大学本科学历，中共党员，（职称）馆员，党支部书记兼副馆长。1989年8月参加工作，分管党建、图书借阅、地方文献与信息服务等工作。

高红梅，女，1973年10月生，大学本科学历，中共党员，（职称）馆员，副馆长。1994年12月参加工作，分管清河路分馆业务工作。

黄莺，女，1981年11月生，硕士学历，中共党员，（职称）馆员，副馆长。2005年9月参加工作，分管读书活动、街镇馆辅导、延伸点服务项目、网络建设等工作。

未来展望

嘉定区图书馆经过近30年的发展，在服务理念、服务模式等方面有了长足的发展，尤其是“一区两馆”的服务模式形成后，到馆读者数量、文献借阅量较以往翻了一番。嘉定区图书馆将继续践行“读者第一，服务至上”的理念，抓好阵地服务，优化品牌活动，打造特色服务，全面营造“全民阅读”的文化氛围。继续完善延伸点服务项目，做好百姓书社、农家书屋、外来务工人员电子阅览室等百姓项目，将服务触角伸向基层，进驻广大的居民区、乡镇、农村，成为百姓身边的公共文化服务点。

联系方式

地　址：上海市嘉定区裕民南路1288号
邮　编：201821
联系人：郁献忠

图书馆俯瞰图

上海浦东图书馆

概述

浦东图书馆前身为浦东新区图书馆，始建于2001年4月，位于浦东新区迎春路324号，建筑面积9700平方米。2010年，浦东新区图书馆和南汇区图书馆合并成上海浦东图书馆，由迎春路324号迁至前程路88号的新馆，10月22日正式开馆。新馆毗邻中国浦东干部学院，地处以花木行政文化公园为中心形成的上海新文化圈内，用地面积约3公顷，总建筑面积67013平方米，阅览座位3315个，有设施齐全的报告厅及展厅可举办各种公益性的文化活动。全年365天开放，每天开放时间为11小时，自修区每天开放时间为13小时。

至2012年，累计文献总藏量达2888994册，其中电子图书473700种，电子期刊28950册。馆内实现藏（馆藏）、阅（阅览）、借（外借）、参（参考咨询）四合一的“一站式”服务。馆内网络千兆主干、百兆到桌面，全馆配备各类计算机586台，其中330台可供读者上网查询馆内外数据文献。

业务建设

新馆开馆以来，秉持“以人为本，文化立馆，把浦东图书馆办成读者和馆员的精神家园”的办馆理念，坚持走“内涵发展”之路，努力营造崇文尚哲、价值引领之学术风气，大力倡导社会主流价值观。从理念、制度、功能、队伍、文化五个方面构建浦东图书馆内涵发展的理论和实践体系。在制度上，思考“现代图书馆制度”建设问题，探索图书馆法人治理结构的建立，注重图书馆服务人性化，资源活性化，活动课程化的制度设计；在服务功能的拓展上，注重以品为本，高嫁接，横联谊，低辐射，创新公共图书馆服务方式；在学术上，注重以专为本，营造崇文尚哲、价值引领之学术研究风气，引导干部馆员在思考和研究的状态中工作；在用人上，注重以德为本，做人第一，强调品格比才华更重要；在内部管理上，注重以心为本，建立制度+人文的管理方式，关注改变人心比制度更重要；在公共关系上，注重以谦为本，谦恭好客，广交朋友，创读者满意、业界认同、社会好评、政府放心的公共图书馆。

读者服务工作

浦东图书馆无障碍、零门槛进入，基本服务全部免费，包括免费为读者提供无线网络、访问数字资源以及开展各类学习研究，远程高端读者可以通过VPN方式，访问图书馆的各类数字资源。新馆开馆以来，借阅流通量基本保持两位数增长。仅新馆总馆2012年就接待读者2739936人次，外借图书2518492册。

在基本图书借阅服务之外，注重图书馆功能的拓展，经过几年的发展，“浦东文化讲坛”、“人文艺术展览”、“盲人视障服务”、“信息咨询”、“少儿活动”等已逐渐成为百姓关注的品牌。仅2012年，浦东图书馆共举办讲座111场，参与人数24755人；人文艺术展57场，参观人数251530人；少儿读书活动参与人数达2万多人次；浦东图书馆“残疾人博客”击率已达10万多人次，盲人电脑班给很多视障者带来了生活信心。2010年10月新馆诞生后，2011至2012已连续举办了两届浦东图书馆读书节，并成为我馆开展阅读推广的常规活动。

业务研究、辅导、协作协调

2012年6月，我馆牵头成立了浦东新区图书馆学会。截止2012年底，学会已有个人会员319人和集体会员65家。以此推动浦东区内图书馆整体成长。馆内每年举办一届“浦东图书馆学术论坛”，每月一期“浦东图书馆学术沙龙”，相继创办了《图情快报》、《图书馆发展研究》等一系列专刊，成立了浦东图书馆学术委员会，开展业务学习和研究。仅2011、2012两年，我馆就申请了上海市图书馆学会11项课题，其中重点课题两项。2009至2012年，我馆有17篇学术论文获中国图书馆学会年会论文评选一等奖和其他等第奖。

我馆多年来致力于区域公共文化服务体系的构建。到2012年12月，我馆共建有186个延伸服务点，分布在居民小区和乡间农村以及机关、企业、学校、军营、工地、监狱等处；为外来务工人员、民工子弟小学等弱势群体建立了54个实事工程图书室（其中民办民工子弟小学图书室46所，完成全覆盖）；在本区26个镇的325个行政村建立了农家书屋。2012年先后在潍坊、陆家嘴区域内的时代金融中心、世界广场等5家楼宇建立“阳光阅读吧”。同时积极协调和辅导街镇图书馆业务工作。

浦东图书馆以“高嫁接，横联谊，低辐射”为原则，加强

浦东图书馆外景

著名文化学者余秋雨先生“秋雨学院”在浦东图书馆揭牌

与中国浦东干部学院签约共建

与美国迪士尼公司合作举办“迪士尼亲子故事会”

普通文献借阅区

与中国浦东干部学院、上海电视台、新华传媒、上海市作家协会、上海美协等社会机构的合作。同时努力以国际化视野拓展新空间，近年来先后与韩国仁川图书馆、美国堪萨斯城图书馆缔结“兄弟图书馆”友好关系，瑞士驻上海总领事馆副总领事、芬兰库奥皮奥市市长等国际友人也先后来访，进一步扩大了本馆的国际交流和对外影响力。

管理工作

在内部管理上，注重以心为本，建立制度+人文的管理方式，关注改变人心比制度更重要。建立了健全的领导决策系统，制定并严格执行规章制度，实行目标管理、馆务公开。在用人上，注重以德为本，并本着“公开、公平、双向、择优”的原则，竞聘岗位，激励职工不断提高自身素质，逐渐组成了一支思想素质好、专业能力强、人员结构合理的队伍。至2012年，共有馆员148人，其中党员76人，研究生学历32人，本科学历86人，图情专业馆员16人，高级职称9人，中级职称57人。

表彰、奖励情况

2009年至2012年，共获得国际、国家、市级、区级等层面的126项集体和个人荣誉。其中2010年，浦东图书馆视障服务获得了国际图联UIVERSCROFT基金会颁发的最佳实践奖，这是年度唯一的团体奖，也是中国图书馆首次获此殊荣；2010、2011年连续两年荣获中国图书馆学会颁发的“全民阅读”先进单位；2011年获得由《出版人杂志》、《新浪微博》、《新浪读书》等评选的“2011年度图书馆”称号。

馆领导介绍

张伟，男，1963年12月生，博士学历，中共党员，浦东图书馆馆长、党总支书记。1978年参加工作，历任上海市进才中学党总支副书记、副校长，浦东新区教育学院党委副书记，上海市香山中学校长、党支部书记，上海市三林中学校长、党总支书记。2010年5月任浦东图书馆馆长、党总支书记。2013年11月被评选为文化部“2013中国图书馆榜样人物”。2014年，个人专著《图书馆与社会教育》入选《中国当代图书馆馆长文库》丛书，上海科学技术文献出版社出版。

郭慧，女，1963年9月生，硕士学历，中共党员，浦东图书馆副馆长、党总支副书记。1983年参加工作，历任浦东新区工人文化宫主任、书记，浦东新区川沙新镇文广党委书记兼川沙文化馆馆长，浦东新区文化艺术指导中心副主任。2012年12月任浦东图书馆副馆长、副书记。

陈克杰，男，1957年7月生，硕士研究生，中共党员，浦东图书馆副馆长。1974年参加工作，历任上海浦东游泳馆馆长，浦东新区图书馆副馆长、党支部书记，浦东新区文物保护管理署署长兼联合支部副书记，浦东新区图书馆馆长、党支部书记。2010年9月任浦东图书馆副馆长。

苏卫红，女，1973年11月生，大学学历，中共党员，浦东图书馆副馆长。1992年参加工作，历任南汇区图书馆党支部副书记，南汇区文化馆党支部书记、副馆长，浦东新区文化艺术指导中心党总支副书记。2012年12月任浦东图书馆副馆长。

王韧，男，1973年10月生，博士学历，中共党员，浦东图书馆副馆长。1995年参加工作，历任金山区人民政府办公室综合处副主任科员，浦东新区区委宣传部（文广局）办公室、新闻处主任科员。2012年12月任浦东图书馆副馆长。

未来展望

展望未来，我们深感责任与使命之重大。我们将以内涵发展为主线，以提高读者服务品质为抓手，以浦东新区创建全国公共文化服务体系示范区、浦东新区事业单位法人治理结构试点为契机，加强内部管理，注重功能拓展，打造专业团队。继续思考基于读者、为了读者、在读者中、让读者充分参与的图书馆服务范式的创新。创读者满意、业界认同、社会好评、政府放心的公共图书馆，为浦东新区乃至上海市文化事业的大发展大繁荣做出积极的贡献。

芬兰代表团参观浦东图书馆

著名文化学者鲍鹏山教授国学系列讲座

少儿国学“浦江学堂”克图班结业

上海市浦东新区陆家嘴图书馆

概述

上海市浦东新区陆家嘴图书馆地处陆家嘴金融城，是以金融文化服务和智能化手段为特色的公益性公共图书馆，国家一级图书馆，由原浦东第一图书馆和浦东第二图书馆于2006年12月28日合并建立而成。原浦东第一图书馆由香港陈占美有限公司董事长陈占美先生捐资建造，于1986年10月16日正式对外开放；原浦东第二图书馆由陈占美先生的夫人李云华女士捐赠，于1989年2月7日正式对外开放。合并之后，原浦东第一和第二图书馆分别成为浦东新区陆家嘴图书馆的第一分部和第二分部。

陆家嘴图书馆建筑面积3577.12平方米，阅览座位338个，其中，少儿阅览座位60个，电子阅览座位44个。馆内采用先进的智能管理系统，实行库、阅合一的平面开间布局，提供藏、查、借、阅一体化的开架服务，设有咨询处、成人外借室、成人阅览室、电子阅览室、少儿室、金融图书馆、展厅、自修室、培训室、综合活动室、共享工程影视播放厅、陆家嘴人才金港分馆、流动图书车和24小时自助图书馆14个对外服务窗口，并设有中国极地研究中心、“雪龙号”极地考察船、上海新收犯监狱、上海实验中学东校等12个馆外延伸服务点。

截至2012年底，陆家嘴图书馆有职工14人，大专以上学历占业务人员总数的92.86%，其中硕士研究生及以上学历者1人、大学本科学历者10人、大学专科学历者2人；中级以上职称人数占业务人员总数的46.15%，初级以上职称人数占业务人员总数的84.62%，其中，高级职称者1人、中级职称者5人、初级职称者5人。

业务建设

截至2012年底，陆家嘴图书馆藏书36.2420万册（件），其中，纸质文献31.9206万册（件），电子图书3.8359万册，音像资料0.4855万件。

2012年财政拨款购书经费130万元。2009—2012年，共入藏中外文图书7.2476万种12.2128万册，中外文报刊4627种4674份，视听文献4329件。

陆家嘴金融图书馆是陆家嘴图书馆的金融特色主题馆，位于一分部的三楼，于2007年10月1日正式对外开放。馆内有银行、保险、基金、期货、证券等方面的报纸、期刊200多种，经济金融类书籍近2万册，旨在为普通读者做好金融知识普及和金融信息服务工作；为专业人员提供专业文献资料和研究场所；为政府机关和领导决策提供信息参考，并为政府与专业机构、专家搭建交流平台。2006年初和2007年底，陆家嘴图书馆为浦东新区陆家嘴管理委员会制作出版了二次文献《陆家嘴资讯》月刊和《金融中心建设纵览》双月刊。

截至2012年底，陆家嘴图书馆数字资源总量为12.67T，有同方知网（金融特色数据库）、国研网数据库、万方数据库、方正阿帕比电子图书、点点书库(动漫电子图书)、百科视频、中国经济信息网、环球英语、起点考试系统9个购买数据库和共享工程资源库以及陆家嘴地方文献、金融中心建设纵览两个自建数据库，其中，自建数字资源总量为36.7G。

读者服务工作

陆家嘴图书馆全年365天对外开放，每周开放77小时。2012年，全年实现流通人次37.2326万、外借册次23.0019万，有效持证数1.2923万张。2009年底，陆家嘴图书馆开始全面实施RFID项目，推出自助式服务，先后推出了馆外24小时自助还书设备、馆内自助借还书设备、OPAC三维智能导航系统和24小时自助图书馆。24小时自助图书馆集办证、查询、预约、借书、还书、续借、缴纳逾期费功能为一体，几乎涵盖了实体图书馆的所有功能，截至2012年，陆家嘴图书馆在陆家嘴金融城共投放5台24小时自助图书馆，主要位于金融楼宇和街区。2012年，读者使用自助设备实现图书外借159148册次，占馆内外借总量的84.45%。2009—2012年，陆家嘴图书馆12个馆外延伸服务点总的借阅量为10.52万册次。

陆家嘴图书馆的官方网站于2007年9月注册，10—12月试运营，11月在百度上做了推广，12月27日正式统计访问量。截至2012年，网站浏览总量为126.93万次。2008年，陆家嘴图书馆整合Interlib图书管理系统和图书馆网站，把网上办卡、续借、预约、预借等自助功能嵌入到图书馆首页。2009年，陆家嘴图书馆开通VPN远程登录服务，只要申请帐号，读者随时随地可以下载使用陆家嘴图书馆丰富的数字资源。2011年，陆家嘴图书馆开通官方微博，为读者提供微服务，截至2012年底，微博粉丝数1376个。2012年，为读者推出无线网络服务，并完成电子阅览室的安全统一认证。

2012年，陆家嘴图书馆共举办公益讲座、读者培训、展览、阅读活动等读者活动48次，6026人次参加。其中，“金融理财下社区”讲座是陆家嘴图书馆的品牌与特色，每季度4场左右，全年共15—18场次，为社区居民讲授金融与理财知识。

业务研究、辅导、协作协调

2009—2012年，陆家嘴图书馆职工发表论文3篇，完成调查研究报告5篇。馆内每季度对图书馆员进行一次业务技能和

分部馆舍外景

陆家嘴金融主题馆

电子阅览室

DIY手工活动

馆外24小时自助还书机

馆内自助借还书机

技巧的培训，提高对读者的服务水平。

2008年，陆家嘴图书馆完成了共享工程以及上海图书馆和区级图书馆的一卡通联网工作，实现资源协作共享，并利用本馆Interlib图书管理系统完成了陆家嘴功能区域内社区图书馆的联机书目检索、数据共享的图书馆集群管理系统，实现区域文献数字资源共享。2009年2月，陆家嘴金融图书馆作为上海市已建成的7家主题馆之一，与上海中心图书馆签署了主题馆共建共享协议，成为上海市中心图书馆主题馆系统的重要一环，金融专题文献全部录入上海中心图书馆目录库，陆家嘴图书馆也获得了上海市中心图书馆联合编目中心上传资格。2009年，陆家嘴图书馆成为上海市中心图书馆网上委托借书指定服务点，读者可以就近获取上海图书馆的图书。

管理工作

2009年，陆家嘴图书馆修改了《聘用合同制文件》、《岗位说明书》等文件，为竞争上岗工作的顺利开展奠定了基础。2011年，重新进行了馆内岗位设置管理，16个专技岗位顺利完成竞聘工作。陆家嘴图书馆每季度进行一次业务检查工作，发现问题及时处理和改进，对于表现比较好的岗位及工作人员，进行表扬和奖励，并在年终评选文明岗位和文明职工，以此提升工作人员的工作水平和服务热情。

表彰、奖励情况

2009年，陆家嘴图书馆被国家文化部授予了一级图书馆荣誉称号。2009–2012年，陆家嘴图书馆共获得的各项荣誉和表彰有中国图书馆学会颁发的“全民阅读先进单位”和“首届少儿快乐阅读大赛优秀组织奖”，还连续两年获得上海市文化广播影视管理局颁发的“上海市少年儿童暑期读书月最佳活动奖”；连续三年被上海市文献资源共建共享协作网指导委员会评为“上海市中心图书馆‘网上委托借书’服务量第二名”；连续两年被浦东新区宣传部（文广局）评为“浦东新区宣传文化工作十大优秀项目”奖以及“2011年‘书香中国’上海周系列活动——藏书票之图书故事家庭赛优秀组织奖”。

馆领导介绍

凌志荣，男，1970年生，中共党员，馆员，支部书记兼副馆长。

许群毅，男，1967年生，中共党员，馆员，支部副书记兼馆长助理。

未来展望

陆家嘴图书馆将继续重点发展金融主题服务，把金融服务这一亮点做大做强，建设金融体验角，不仅为普通读者提供了更好的普及金融知识和金融信息服务平台，同时为专业人员提供专业前沿的研究工具，使金融信息服务在整个图书馆文献服务格局中，突显优势，形成特色。同时，将一如既往地为陆家嘴金融城做好文化配套服务，完善陆家嘴区域的24小时自助图书馆项目和服务，让图书馆的公益文化服务惠及更多的人。陆家嘴图书馆还将推出手机数字图书馆项目，满足读者对图书馆信息服务时效性的需求，为读者提供多途径的个性化服务，增加读者与图书馆之间信息交互的途径，方便读者利用手机查询并使用图书馆的各类馆藏与信息资源。

联系方式

地　址：上海市东方路38号（第一分部）
　　　　上海市浦城路150号（第二分部）
邮　编：200120
联系人：殷　琪

（撰稿人：唐　倩）

上海野生昆虫馆一日游

24小时自助图书馆

金融理财讲座下社区

上海市浦东新区新川沙图书馆

概述

新川沙图书馆于2006年7月由原浦东新区图书馆川沙分馆和川沙少儿分馆合并组建而成，隶属原川沙功能区域。新川沙图书馆前身是川沙县图书馆，始建于1959年5月，1982年6月1日在川黄路57号建立新馆并正式开放，同时将少儿服务功能在东城壕路50号独立建制，成立川沙县少年儿童图书馆（后于1990年9月在新川路555号建立新馆）。2004年7月川沙县图书馆与川沙县少年儿童图书馆合并于浦东新区图书馆，分别成为浦东新区图书馆川沙分馆、浦东新区图书馆川沙少儿分馆。2006年7月，浦东新区图书馆川沙分馆、川沙少儿分馆合并组成新川沙图书馆。新川沙图书馆现有馆舍面积4315.87平方米。工作人员43人，其中：正式在编24人，编外15人，在编人员中大专以上学历21人，占80.77%，具有中级以上职称12人，占46.15%。拥有各类藏书37万册，阅览座位400余席。计算机101台，宽带接入70Mbps。馆内设：成人流通部、少儿流通部、业务部、信息部、采编部、办公室（行政后勤）六个部门。每周开放时间77小时。对外服务窗口有：成人外借、报刊阅览室、专题阅览室、百川文苑、文化共享工程阅览室、多功能报告厅、自修室、少儿外借、中小学阅览室、低幼阅览、新川沙图书馆官方网、凌空信息网12个。

业务建设

截止2012年底，新川沙图书馆总藏量40.5万册（件），其中，纸质文献37.74万册（件），电子图书2.76万册，电子期刊1千种/册。年均新增藏量购置费70万元，年均入藏中外文图书一万多种，报刊700多种；

新川沙图书馆建有“新川沙图书馆官网”（http://www.xcslib.com/）和“凌空网”（http://www.lingkong.com/）两个独立网站，官网主要提供图书馆服务指南、活动信息展示和数字资源的远程访问服务，凌空网主要提供医药保健、生活资讯信息服务。截止2012年底，网站出口带宽20MB，存储空间12TB，已有资源数量6TB。2012年，实现馆内无线网络覆盖。

读者服务工作

新川沙图书馆在川黄路157号馆舍设有成人图书外借室、在新川路555号馆舍设有少儿图书外借室。图书馆全年365天对外免费开放，周开放77小时。2012年引入RFID技术，安装了4台读者自助借还机和2台24小时自助还书机，所有外借图书加贴电子标签，实现了读者自助借还图书。2009至2012年累计文献流通总人次1192021人，其中外借人次753227人，外借册次1470628册。

2009至2012年累计更新网站信息28421条，累计点击量近五十万人次；编辑《信息汇编》47期，印发2370册；编辑《每周摘要》163期，印发11410份；编印各类宣传小册子50余种，共计发放3850余份；阅读推广活动累计开展173次，参与人次达74600多人，主要形式有：推广馆内数字资源、推荐阅读文献、赠送相关书籍、举办科幻画、征文、演讲、简报、读书感言、经典诵读、网上和网下知识竞赛和幼儿读书活动等。其中“亲亲好妈妈”幼儿读书系列活动已连续开展十六届，成为了浦东儿童六一前夕的活动盛事。

业务研究、辅导、协作协调

2008年参与“上海市中心图书馆”建设，与上海市中心图书馆建立一卡通“通借通还”网络，建立上海市中心图书馆川沙分馆。2012年少儿外借业务也纳入上海市中心图书馆一卡通系统。

截至2012年底，本地区三级图书馆网络服务体系初步建成，社区图书馆“采、分、编、流”等基本业务全部纳入新川沙图书馆“图创”系统，实现统一采购，统一编目，统一规范，统一管理。同时以点带面，在七灶村、界龙村等部分农家书屋尝试以分馆形式进行规划，采用联网借阅模式，实现通借通还，做到资源共享。期间举办两期基层图书馆管理员业务培训班，120人次接受培训。

2012年成立地方文献资料研究室，与上海市通志馆、新区地方志办公室等有关单位签订共建协议，建立合作关系，以保证资料的正确性和权威性。又与上海图书馆合作，由上海图书馆文献中心提供馆藏与“川沙”相关的近代文献的检索和复制服务。

2011年为配合川沙新镇全国文化历史名镇的创建，由本馆编写出版《川沙图书馆发展史》，2012年又对原川沙图书馆离休干部王新章留下的二十多万字手稿，编辑整理出版了《峥嵘岁月》。

管理工作

2010年，新川沙图书馆完成全员岗位聘任，同时，以创建文明行业为抓手，推出"优质文明班组"、"岗位服务明星"评选、邀请礼仪老师讲座、坚持开展图书馆用户培训、加强志愿者队伍建设等活动，树立了良好的社会形象，2009年新川沙图书馆荣获上海市群众文化工作先进集体，2010年荣获上海市文化文物广播影视行业世博会工作先进集体，2011年成人外借窗口荣获上海市巾帼文明示范岗。

表彰、奖励情况

2009年–2012年新川沙图书馆共获得集体奖项23个，其中全国级奖项3项，上海市级奖项16个，浦东新区级奖项4个。

馆领导介绍

施济屏，女，1956年12月生，本科学历，中共党员，副研究馆员，馆长。1981年10月参加图书馆工作，曾任川沙县图书馆副馆长、馆长、川沙县少年儿童图书馆馆长、浦东新区图书馆副馆长。

石立，男，1968年11月出生，大专学历，中级职称，支部书记，副馆长。1989年2月参加图书馆工作，曾任川沙县少年儿童图书馆副馆长、浦东新区图书馆少儿分馆主任。

龚建平，男，1959年9月出生，大专学历，中级职称，中共党员，副馆长。1991年8月参加图书馆工作，曾任川沙县图书馆副馆长、浦东新区图书馆川沙分馆主任。

未来展望

新川沙图书馆始终以"读者第一、服务至上"为宗旨，坚持"小而精、特而新"的办馆理念，以提供优质服务为核心，以文献资源建设与信息化建设为着力点，积极倡导文明服务，提升服务水平，营造文明阅读氛围，创建特色服务项目，努力使新川沙图书馆成为贴近社区、贴近居民的知识乐园。

联系方式

地　址：上海市浦东新区新川路555号
邮　编：201299
联系人：石　立

上海市松江区图书馆

概述

松江县图书馆建于1956年8月1日（当时属江苏省，1958年划归上海市），是我国较早成立的县级公共图书馆之一。馆址几经变迁，2001年9月30日，位于松江区人民北路1626号的新馆建成开放。新馆占地19.5亩，建筑面积6411平方米，阅览座席508个。1993年、1998年、2005年、2010年被国家文化部评为全国地市一级图书馆。

业务建设

截止2012年底，松江区图书馆总藏量68.09万册（件），2012年财政拨款1207.9万元，购书专项经费316万元，购新书100449册，报刊入藏1518种。

读者服务工作

从1998年起，松江区图书馆全年365天对外免费开放，现周开放80.5小时。2012年，新增藏量100449册，流通量1197273册，办证18507张。2012年，在年办证量、年流通量、年新增藏量等13项业务指标综合考评中，为上海市中心图书馆20个区县馆第二名。

2006年起，开展万部图书进军营、下农村、进社区、到工地（农民工集中居住区）活动以来，已建军营服务点24个，基本覆盖驻松部队，送书120000万册；建农村服务点134个（现46个转社区服务点），实现松江区行政村农家书屋全覆盖，配送图书268000册，每年为每个村服务点配送报刊16种；建社区图书室30个，配送图书30000册；建弱势群体服务点22个，为新桥等外来务工集中居务区、善荣等农民工子弟学校、区残疾人服务指导中心、区帮教驿站、区癌症协会、新浜等10个街镇残疾人读书会建立图书室，年送书15000册。

主动为残疾人服务。建盲人阅览室：购置盲人读物400册，盲人计算机应用软件2套，考虑到盲人定期去区残疾人服务中心参加活动，200部盲人读物送至服务中心，提高盲文利用率。联办"阳光大讲堂"：2012年起，与区残联联合举办残疾人感兴趣的"文化松江"等主题讲座，每月一讲，让残疾人走出家门享受到公共图书馆服务。开展免费送书上门服务：2012年起，为中山、方松、岳阳街道顾贞燕等15位肢残读者办理一卡通借阅证，半月送书一次，年调换图书1440册，让肢残读者在家享受到图书馆关爱。向区残疾人服务中心提供VPN连接，让残疾人免费使用15个数据库资源。

未成年人导读活动丰富精彩。年举办双休日讲座69场，内容有诗词赏析、经典诵读、声律启蒙等；举办暑期未成年人读书系列活动，内容有剪纸培训、电影展映、绘本故事等；开展故事妈妈进校园活动，组建团队，为岳阳小学、第二实验小学等学校的22个班级开展170场讲座；举办"元宵节"、"劳动节"、"建党节"、"建军节"、"国庆节"等节庆少儿才艺展演。

业务研究、辅导、协作协调

2009–2012年员工在省级以上刊物和专业会议上发表论文20篇，2009、2011年区馆与上海图书馆学会联合举办松江区域图书馆业务论文竞赛，陈春云等44篇论文获奖。街镇和村居图书馆辅导覆盖率100%。2005年起，建立与松江大学城8所图书馆协作协调机制，半年一次馆长例会，轮流主持；2009年签订松江区域图书馆资源共享协作书，明确成员馆权利和义务。2010年区馆为上海工程技术大学图书馆调拨松江年鉴30册，为师生研究松江社会和旅游发展课题提供文献保障。2011年，纪念松江建县1260周年，举办现代松江人著作展，通过大学城图书馆馆长联系，征集到7所大学63位老师撰写的著作，专柜陈列展示。

管理工作

2010年，松江区图书馆完成事业单位岗位设置和聘任，本次聘任共设40个岗位，35人上岗。同时，建立了工作量化考核指标体系，每月举行主任工作例会制度，进行业务工作进度通报，全年进行年终考核。

表彰、奖励情况

2010年度获国家地市一级馆。

2009–2010、2011–2012年度获上海市文明单位。

2007–2009年度少儿部获上海市劳动模范单位。

2010、2011、2012年度连续获上海市中心馆工作先进集体。

松江人著作展

少儿活动

2012年度松江区"万、千、百"活动获市文广局上海市公共文化服务体系示范项目。

2010年度获上海市文广局世博工作先进单位。

2012年度获松江区拥军优属模范单位。

2012年度获区委宣传部未成年人导读活动示范项目。

2011–2012年度获市新闻出版局农家书屋工作先进单位。

2011年度获上海市图书馆学会优秀学术活动组织奖。

2009–2012年获市少儿暑期读书月活动优秀组织奖、最佳活动奖4次。

馆领导介绍

张群，男，1955年12月生，大学学历，中共党员，研究馆员，馆长。1970年5月参加工作，1979年12月到松江县图书馆工作，1987年9月任副馆长，2005年8月任馆长。

陈春云，男，1974年2月生，大学学历，中共党员，副研究馆员，副书记、副馆长。1995年7月参加工作，1995年7月到松江县图书馆工作，2005年8月任副馆长，2012年11月任副书记、副馆长。

陈诚，男，1983年8月生，大学学历，副馆长。2005年9月参加工作，2007年到松江区图书馆工作，2013年8月任副馆长。

祝平，男，1957年9月生，大学学历，中共党员，馆员，支部委员。1974年5月参加工作，1995年4月到松江县图书馆工作，2005年任办公室主任。

未来展望

根据松江区文化事业中长期发展规划，结合文化部图书馆建设的要求，在现有馆舍基础上，建松江老城区图书馆分馆、松江地方文献主题馆、松江南部新城图书馆分馆，实现"1+3"中心馆分馆模式。全面建成后的松江区图书馆，将由区图书馆、老城区图书馆分馆、松江地方文献主题馆、南部新城图书馆分馆四部分组成，总建筑面积2万平方米，阅览座位1500个，可容纳纸质文献150万册，年服务人次可达180万。

少儿室

联系方式

地　址：上海市松江区人民北路1626号

邮　编：201620

联系人：陈春云

松江区图书馆

上海市青浦区图书馆

概述

上海市青浦区图书馆始建于1959年12月，历经2次搬迁，2007年7月迁入夏阳湖上的浦阳阁，8月28日上海市青浦区青杏科技图书馆归并搬迁入馆。浦阳阁由著名设计师马清运设计，造型仿佛两条波浪由湖岸伸向湖心，开放式的楼顶花园与夏阳湖水景、环湖园林交相映衬，给读者提供了优雅的阅读环境。青浦区图书馆作为一座现代化区级公共图书馆，是青浦区重要的文化标志之一。区馆于2003年10月成为上海市中心图书馆分馆，与上海图书馆及各区（县）、街镇图书馆实现"一卡通"互联互通，通借通还。

2012年4月，我馆改扩建工程正式启动，财政拨款2000万，自筹资金300万。8月进入施工阶段，至2013年4月改扩建区域正式投入使用，新增面积3000多平方米，加上原有馆舍8000平方米，全馆总建筑面积达11000平方米。全馆计算机数量为154台，其中提供读者使用的计算机数量为79台，办公计算机75台。馆内全部业务系统采用自动化管理，全面加入上海市中心图书馆业务系统。宽带接入采用双链路负载均衡，总带宽为72M。存储设备共有2台，储存容量为38.25T。全馆共有16个自设无线热点以及iShanghai、电信、移动等公共无线热点，遍及所有读者服务区，读者服务区无线网覆盖率为100%。

业务建设

截止2012年底，全馆总藏量为628828册（件）。其中图书和期刊藏量438758册（件），电子图书和期刊190070种。图书年入藏数量平均值为28025.25种，报刊年入藏量平均值为1550种，视听文献年入藏量3664件。另外，本馆在参考阅览室设有吴越文献、青浦地方文献专架、青浦人著作文献库。

2012年财政拨款1537.85万元，财政拨款年增长比率105%，财政拨入购书经费220万元。截止2012年底，数字资源总量为66.62TB，自建数字资源总量为3.6TB。2012年完成了青浦历史名人古籍和青浦人著作及地方文献的数字化。

读者服务工作

2009年我馆全面实现了办证免费、服务免费、活动免费等便民措施。改扩建后，更是进一步完善了"一卡通"、"自助借还书"、"多媒体导航"等免费服务功能，继续开展"青溪讲坛"公益讲座、"清阅朴读"阅读推广、亲子沙龙、"青溪学苑"电影播放等多元文化活动外，集中提高新书上架数量和质量，改善借阅环境，致力于打造人性化的服务模式。

成人借阅室每周开放77小时，少儿借阅室每周开放59小时，双休日、节假日正常开放。在确保365天全面开馆的同时，常规服务常抓不懈，真正做到从服务中体现人文关怀。2012年到馆总人次为76万，有效读者证17262张，人均年到馆次数44次/人。

2012年总书刊外借册次：373401册，其中馆内361235册，社区还书箱便民还书34612册。至2012年总藏量为438758册，年外借率85%。在书刊宣传上，2012年我馆通过官方新浪微博"清阅朴读"、官方读书论坛、《清阅朴读》阅读推广杂志、青浦文化服务网（馆外）及"诗人沈瘦东展"展示推广线装古旧书等活动，全年推荐图书不少于1050种。其中《清阅朴读》阅读推广杂志更被青浦公交公司放置在公交线路上提供乘客阅读。

为了使各项服务工作更加贴近读者，我馆遵循图书分类排架规则的同时，2012年对阅览室图书进行全面整架，实现严密规范排架。流通部门分别对应国图文津奖、茅盾奖、诺贝尔文学奖、反腐倡廉、中华书局出版物，推出图书推荐专架，并充分发挥部门人员的特长，制作宣传海报、三折页，获得了广大读者的欢迎。2009年4月图书馆对网站进行了以读者服务和数字资源为中心的升级，并推出"我的数字图书馆"，这一平台实现了数字资源的远程访问，同时建立"清阅朴读"论坛，搭建起读者与读者、馆员与读者间的沟通的桥梁。2011年6月起"清阅朴读"官方微博建立。2012年开始网站的再次进行升级，此次升级围绕阅读推广工作展开并整合了微博资源，加入了地方文献特色平台、办公自动化系统、手机客户端等。

2010年，图书馆为区政府信息公开服务示范点。在参考阅览室设置了查询点，每天8小时为公众提供政府信息查阅服务。信息点提供《上海市青浦区人民政府公报》、《中华人民共和国国务院公报》的查阅，并有4台电脑专供访问政府信息公开网站。

我馆经过近年来不断地打造，品牌读书活动逐步形成。2012年共举办各类读者活动204场，参与人数93258人次，每万人年均参与活动次数为862.96次。2009年，图书馆推出了"清阅朴读"阅读推广项目，项目包括读书沙龙、读书小组、读书刊物、读书论坛、读书微博等多种阅读形式，旨在通过政府主导，以不断完善的公共文化设施服务体系，在整个社会构建一种重视阅读的价值理念，让全社会参与，打造全区"悦"读新风尚。"清阅朴读"先后走进巴士公交、学校、家庭、企业、社区、监狱等，受到了社会各界的关注与好评。项目中的"家庭图书馆"种子计划、新浪读书微博、数字阅读推广等项目先后得到《解放日报》、《新闻晨报》、《青年报》、《劳动报》、《图

图书馆外景一

图书馆外景二

图书馆门厅

书馆报》等媒体报道。其中由全体青年馆员参与的“家庭图书馆”种子计划，更是首推“馆员外借”进驻家庭服务，在全国公共图书馆尚属首例，得到市民和行业好评。

业务研究、辅导、协作协调

2012年在国家图书馆学会阅读推广委员会与《图书馆报》联合举办的“2012全国图书馆媒体与阅读年会”征文活动中，我馆选送的16篇论文喜获佳绩，这些论文都是馆员结合自身业务工作和项目研究所得出的实践经验和理论成果。

区馆于2003年10月成为上海市中心图书馆分馆，与上海图书馆及各区（县）、街镇图书馆实现“一卡通”互联互通，通借通还。

2006年起本馆依托情报学分析方法，采用统计分析和计算机数据挖掘技术，对约600份国内外报纸每天进行监测，制作涉及青浦形象的《青浦“媒体测评”》月刊，为区政府领导决策提供依据；完成信息上报工作的同时，做好全国各地媒体有关本馆的信息搜集整理工作，每季度汇编成《青图——媒体信息搜集》，供馆、局领导参阅；在原有《青图之窗》的基础上，推出以阅读推广为主的《清阅朴读》季刊印发给读者，深受读者欢迎。

近年来，本馆充分发挥主体优势，联合社会各界力量，全力打造阅读推广品牌项目，深入开展“全民阅读”推广工作。经过近年的探索和实践，以“清阅朴读”为品牌的“全民阅读”阅读推广项目已累积形成了多层次、多角度、多形式的阅读推广。2012年“清阅朴读”阅读推广项目获得区五一文化奖，上海市第八届全民终身学习活动周最佳创新奖；项目还在2012年中国图书馆学会年会、上海图书馆学会年会上作汇报交流，并承担年会相关分会场活动；2012年我馆被指定为上海市图书馆学会阅读推广委员会公共图书馆委员会主挂单位，《清阅朴读》季刊被指定为会刊。

另外，《青浦明清文人著作薄录》的研究与出版作为2012–2013年的重点工作，以地方古籍为基础，联合青浦区档案馆、博物馆共同开展地方文献项目研究，旨在揭示地方文脉的主线。

管理工作

2012年，青浦区图书馆完成了“上海市事业单位首次岗位设置聘用”工作，本次共聘任领导管理七级2个，领导管理八级3个，普通管理九级1个，专技八级6个，专技十级1个，专技十一级16个，专技十二级21个，共有60人重新上岗。另外，针对青年馆员制定了“青年人才成长计划”，并结合图书馆“清阅朴读”阅读推广项目来开展，培养青年馆员业务创新、团队合作、服务水平等综合素质。

表彰、奖励情况

2009–2012年间共获得市级、区级集体表彰及奖励25项，个人获得各级政府颁发的奖项16项。2010年6月在迎世博600天行动中，荣获“迎世博贡献奖——宣传教育贡献奖”；11月被评为“青浦区世博工作先进集体”；12月，被评为“青浦区建设健康城区2010年度健康单位先进”；2011年1月，“新闻舆情收集”获“2010年度青浦区宣传思想工作‘实践与创新，与情信息收集与报送’优秀项目奖”；3月，被评为“2009–2010年度上海市文明单位”；7月，被评为“2011–2012爱国卫生合格单位”；2012年1月，荣获2011年度上海市中心图书馆分馆新闻报道采用量第三名；同月，在2011年度青浦区文广影视工作中，获“读者服务满意奖”；2011年、2012年连续两年光荣评为“上海市2011年度优胜报刊发行站”；2010年和2012年被评为“上海市中心图书馆工作先进集体”。2011年青浦图书馆列上海市民巡访团测评公共图书馆测评榜首，2012年获第三名，并先后得到《解放日报》《文汇报》报道。

馆领导介绍

顾文方，男，1957年1月生，本科学历，中共党员，馆长。1977年11月参加工作。

戴靖，男，1964年1月生，大专学历，中共党员，党支部书记。1983年10月参加工作。

张毅红，女，1977年2月生，本科学历，中共党员，副馆长。1995年9月参加工作。2012年任上海市图书馆学会公共图书馆阅读推广委员会主任。

杜春明，男，1968年12月生，大专学历，政协委员，副馆长。1989年7月参加工作。

祝兴明，男，1966年10月生，本科学历，中共党员，党支部副书记。1987年9月参加工作。

李惠青，男，1979年12月生，本科学历，中共党员，党支部委员。1998年12月参加工作。

未来展望

青浦区图书馆良好的软硬件设施、丰富的信息资源、优雅的阅读环境以及为读者提供的优质服务，已经在我区文化建设和发展中发挥了重要作用，促进了全区人文教育的深入开展，为文广事业发展做出了自己应有的贡献。图书馆卓有成效的工作成绩，受到了广大市民的好评和各级领导的肯定。在今后的工作中，我们将继续以适应新形势、新环境、新要求为目标，以“服务建馆，项目立馆”为办馆宗旨，紧紧围绕优化服务能级、拓展服务领域、提升信息化建设等为着力点，以读者服务、特色服务、业务管理、提高馆员素质为抓手，继续努力奋进，力争各项工作再上一个台阶。

联系方式

地　址：上海市青浦区青龙路60号
邮　编：201700

读书沙龙活动

家庭图书馆之微讲座

家庭图书馆活动之点亮星星的孩子

上海市奉贤区图书馆

概述

上海市奉贤区图书馆1958年8月建馆，1959年元旦开馆，时馆舍面积200平方米，藏书2000册，工作人员2名。1976年4月独立建制。1982年8月，1218平方米的新馆在南桥镇解放路落成开放。1993年1月，新建400平方米的少年儿童图书馆投入使用。1997年2月，实现计算机管理，1997年12月起，实行天天对外开放制度，1998年被文化部评为国家一级图书馆。

奉贤区图书馆新馆是奉贤区迄今为止投资最大的文化项目，也是奉贤区精神文明建设的标志性工程，于2008年6月正式对外。新馆馆址位于电信大楼东侧地块，占地14000多平方米，建筑面积近17000平方米。新馆由国内著名建筑设计大师邢同和设计，是一座集市民素质教育、文献资料查询、社会信息咨询服务、地方文献收集推广、各类文化读书活动展示推介、各类文化学术讲座主办及文化艺术展览等服务功能要素的现代化区级公共图书馆。建筑造型独特，设施先进，环境优雅，极富现代感，是奉贤重要的文化坐标。2009年，奉贤区图书馆参加第四次全国公共图书馆，获得一级图书馆。截止2012年底，有阅览坐席578个，包括沙发164个及座椅414个，少儿馆有阅览坐席110个，计算机166台，其中供读者查询资料有69台，供办公使用有97台，配有一台无线控制器DCWS-6028（神州数码），由它控制10台无线信号发射器DCWL-7942AP（神州数码），实现全馆无线覆盖。宽带接入100M，选用上海图书馆负责管理的Horizon系统和我馆采购的Interlib系统。

业务建设

截止2012年底，奉贤区图书馆总藏量688561册（件），其中，图书651518册，报刊880件，视听文献7182件（套），电子图书28981种。

奉贤区图书馆购书经费从09年的150万到12年的215万，保持递增态势；年藏书量、订阅期刊总量虽有小幅波动，但总体均有较大程度的增加。09年新购藏量41940册，10年64353册，11年47244册，12年60868册；"一卡通"图书流通量、办证数均创佳绩：2009年"一卡通"图书流通量2171717人、办证数13540张，在全市23家中心图书馆中名列第一。2010年，"一卡通"图书流通量1085432人、办证数19645张；2011年，"一卡通"图书流通量1164310人、办证数20664张；2012年，"一卡通"图书流通量1298749人、办证数14559张；图书流通量从10年的2723030万到12年突破3035978万。在基础工作扎实推进的同时，也收获了一些荣誉，曾先后获得"我与世博同行"上海市青少年主题读书活动优秀组织奖，率先实现上海市中心图书馆街道（乡镇）基层服务点在本区的全覆盖，成绩显著；荣获上海市中心图书馆工作先进集体；荣获2010年度上海市中心图书馆"一卡通"分馆读者流通量第二名、办证量第二名、图书流通量第二名；荣获2011年度上海市中心图书馆"一卡通"分馆文献入藏量第三名；获2010–2011年度上海市农家书屋工程工作先进单位；荣获2012年度上海市中心图书馆工作先进集体；荣获2012年度上海市中心图书馆"一卡通"分馆文献入藏量第二名等成绩。

奉贤区图书馆数字资源包括文化共享工程资源量、方正阿帕比电子数据库（自建地方数据库）、外购数据库存储量，总计约33T。在电子数据库方面，包括万方数据库，维普知识资源系统、读秀知识库、冰果英语小中学版数据库、龙源电子期刊阅览室、百科视频数据库、库克数字音乐图书馆等。在书目数字化方面，奉贤区图书馆将1949年以来入藏的所有中文普通图书进行了书目数字化处理，100%图书进入Horizon系统予以流通借阅。

读者服务工作

从2008年6月起，奉贤区图书馆全年365天免费对外开放，每周开放时间不少于70小时。书刊文献年外借册次653414册，馆藏书刊文献年外借率94.89%。基层图书流通服务点30余个，截止2012年底，区馆有效读者证为26622张，基层服务点有效读者证354张。2012年奉贤区图书馆总流通人数1544138人，活动参与人数42815人，人均年到馆次数58.8次/人，年外借总人次851125人，人均年到馆次数37.79次/人。

随着社会对信息需求的日益增加，信息服务模式也发生了较大的变化，奉贤区图书馆的信息服务分为一般性咨询性服务、参考性咨询服务、信息跟踪服务、课题信息服务等四个层次。2012年，为领导机关决策提供信息服务2项，参考咨询服务中定题服务4项、二三次文献23期。

奉贤区图书馆网站www.fxlib.cn（IP地址：222.72.135.177）于2010年11月正式建立，老网站同时运行，并于2011年正式下线。网站整体用asp.net+SQLserver架构，采用动态管理模式。网站发布使用的数字资源链接了许多共享数据库，包括：重庆维普中文科技期刊数据库、龙源电子期刊、万方数据资源系统、Apabi数字图书资源库、冰果英语、点点通漫画书库、就业培训数据库、文化共享资源库、VOD视频点播库、读秀中文搜索、爱迪克森环球英语多媒体数据库、起点考试书库、软件通等等二十项适合各年龄层次读者的庞大而又系统的数字资源库。

2009–2012年，奉贤区图书馆共举办讲座、展览、培训、阅读推广等读者活动606场次，214079人次。每万人年均参与活动

次数394次/万人/年。"言子讲坛"作为区内重要文化品牌项目，在塑造奉贤城市文化性格的过程中进行着积极而有效的探索与实践。至今已有多名国内文化名人受邀做客言子讲坛。吴建中、邢同和、闵惠芬、梁波罗、过传中、今波、陆澄、赵静、陈少泽等学者专家带来的讲座，都使人们近悦远来。余秋雨大师《文化意义的追寻与思考》、易中天教授的《儒墨道法的救世之策》、王蒙先生的《老庄的治国理政思想》、姜昆老师的《姜昆贤城漫谈艺缘心得》、周国平作家的《幸福的哲学》。更是受到奉贤市民的欢迎，在区域内树立了以"贤文化"为主旨的文化品牌。

截止到2012年底，奉贤区图书馆已成功举办两届阅读节。2012年4月"同享书香·共建贤成"奉贤区第一届阅读节，被上海市振兴中华读书指导委员会、市总工会、市文明办评为上海市振兴中华读书活动30周年"十佳读书活动项目题名奖"。"享受阅读，感受生活"奉贤区第二届阅读节读书活动项目获2012年度上海市振兴中华读书活动优秀项目奖。

业务研究、辅导、协作协调

2009–2012年，奉贤区图书馆职工在省级以上刊物或专业会议上发表论文9篇，员工人均在省级以上刊物或专业会议上发表论文率0.05。其中徐之敬的《提高文化自觉，推动公共图书馆的可持续发展》获中国图书馆学会二等奖，谢燕的《基于服务创新的少儿图书馆志愿者管理——以奉贤区图书馆为例》获中国图书馆协会一等奖，方海燕的《提倡早期阅读理念，推进少儿图书馆服务深度》获中国图书馆协会三等奖。

2009–2012年，奉贤区参与一卡通的街镇馆占全部图书馆总数的100%，达到一卡通全覆盖。实现农家书屋走入每个行政村后，奉贤区现有正常开放的农家书屋147家。基本提供独立区域，保证有1500册以上图书，有专人或兼职图书管理员。2012年奉贤区图书馆组织全区农家书屋管理员进入每个乡镇进行理论和实践的培训，使之走上了正常轨道。

管理工作

2012年起，奉贤区图书馆根据《上海市事业单位工作人员考核试行意见》文件精神，制定了《奉贤区图书馆工作人员绩效考核办法（试行）》、《奉贤区图书馆绩效奖励分配实施办法》、《奉贤区图书馆岗位设置管理实施办法（试行）》，并完成了49名员工的岗位聘任，其中管理岗位25名，专业技术岗位22名，工勤技能岗位4名，有2人担任"双肩挑"。奉贤区图书馆志愿者是以服务奉贤图书馆日常工作为主的义工组织，是市民自愿参与、自己管理的无偿服务组织。奉贤区图书馆明确志愿者服务章程及制度，在服务质量及出席情况建立了量化考核指标体系及奖惩制度。奉贤区图书馆在日常工作、办公用品、固定资产、设备运行、环境与安全、档案管理、业务统计等方面都有严格的规则制度并照章执行。

表彰、奖励情况

2009–2012年，奉贤区图书馆共获得各种表彰、奖励70项，其中国家级奖励3项，市级奖励41项，区级奖励26项。

馆领导介绍

李春红，女，1973年3月生，本科学历，中共党员，区政协委员，中级职称，馆长。2012年调图书馆任副馆长，从事新闻媒体工作20多年，先后在广播电视台、区委宣传部新闻办工作。

未来展望

奉贤区图书馆作为奉贤区标志性文化基础设施，自2008年6月新馆开馆以来始终立足公共文化阵地，努力营造全民阅读氛围，以提升全民文化素质为己任力求以一流的设施、优质的服务，高质量地向社会展示图书馆健全的功能要素。在未来的几年里，奉贤区图书馆将对照评估标准，在服务内涵、信息咨询、梯队建设、新媒体推介等方面扎实推进，重点打造品牌项目，做精品、树品牌，以全国文明城区创建及文明单位创建为契机，继续以高昂的热情和事业心，务实踏实的工作作风，开拓创新，达到一级图书馆的标准。

联系方式

地　址：上海市奉贤区南桥镇解放东路889号奉贤区图书馆
邮　编：201499
联系人：浦 飒，汪 璟

崇明县图书馆

概述

崇明县图书馆前身是崇明私立第一图书馆，由祝佐平先生创建于1918年，馆址设于城内北街。几经历史变迁，2012年12月28日，位于崇明大道7897号新馆建成开放。新馆占地面积1.6万平方米，建筑面积1.1万平方米，设地下一层，地上三层，总四层，设计藏书量60万册，报刊1200种，阅览座位1200个，日均接待读者能力1000人次，读者用电脑200台，馆内无线网络全覆盖，采用HORIZON系统和RFID技术，进行图书自动化管理。

业务建设

截至2012年底，崇明县图书馆藏书总量51.7319万册，其中古籍3.2661万册。报纸145份，期刊1518份。包括各类县志、乡志、镇志、各类统计年鉴等具有鲜明地方特色的各类文献，已征集到的各地县市志近500多册，对我县的开发建设起到了积极的作用。

2012年度我馆图书采购经费为110万元，占全年文献购置费得80%，全年采购图书22916种，30557册，截止2011年底有效读者证5992张，而仅2013年1月-3月共新办证1526张，读者数的增加得益于我馆馆藏总量不断增加、书籍的种类丰富、服务的不断创新。

截至2012年底，我馆先后购置了人大复印报刊资料全文数据库、环球英语多媒体学习库、龙源电子期刊、点点漫画书库等12种文献数据库，还对读者免费办理电子阅读卡，馆内100兆无线网络全覆盖，引进自助借还系统，采用HORIZON系统和RFID技术，读者可以在馆内自助办证、查询、借书、还书、续借，也可在全市各公共图书馆内通借通还，馆内外两个24小时自助图书馆的设立，更让读者借书自如，阅读自由。

读者服务工作

2009—2012年，年平均流通图书近120万册次。2012年接待读者近25万人次，年举办公益讲座、展览、读书征文等各类读者活动39次，1.6087万人参加，建立流动图书服务点30个，书刊借阅册次2.687万册，为构建和谐崇明、建设美好家园做出了贡献，2009年获得了全国少年儿童快乐阅读大赛优秀组织奖、2010年获得上海市"五一巾帼示范岗"、2011年被全国"妇联"授予"巾帼文明岗"、2011年被上海市文化广播管理局、上海市文物局评为"上海市文化文物广播影视行业世博工作先进单位"、2012年荣获了上海"平安单位"称号，自1987年以来我馆连续13届被命名为上海市文明单位。

业务研究、辅导、协作协调

2009—2012年，崇明县图书馆职工发表论文、调研报告16篇，入论文集3篇。

2001年与上海市中心图书馆建立一卡通"通借通还"网络，建立上海市中心图书馆崇明分馆，2011年少儿借阅纳入了上海市中心图书馆一卡通系统。2012年成为上海市中心图书馆电子资源联合采购小组成员。

2009—2012年，每年下基层培训辅导近50人次。2012年，我馆邀请了上图多位专家来馆举办业务知识培训。为乡镇配送图书、期刊1万多册。此外还积极落实农家书屋建设的长效管理，开展调研，了解书屋开放情况，在全县范围内开展评选"优秀农家书屋"、"优秀农家书屋管理员"活动，在此基础上评选出"市优秀农家书屋"、"市优秀农家书屋管理员"。为书屋配送图书近3万册，配送光盘等电子读物26900盘，进一步丰富了农家书屋图书资源。

2009—2012年，利用《全国文化信息资源共享工程》的视听资源，开展了"文化共享工程夏日电影展播"、"建党91周年专题节目"等视频播放服务；组织基层开展了"第二届文化共享杯"——全国文化信息资源共享工程网上知识竞赛，并取得了较好的成绩。2012年，我馆还通过县广播电视台，播放"农村百事通"、"文化共享助春耕"等节目，将农业知识送到农民身边，为我县农业科技推广普及起到了很好地宣传作用；为农业的丰收起到了推波助澜的作用。2012年为加强管理，组织乡镇、村有关人员进行管理员培训，累计培训人员200人次。

管理工作

2010年，崇明县图书馆完成岗位聘任，共设37个岗位，其中专技岗位29个，高级职称2个，中级职称12个，建立了工作量

《赵丽宏文学作品》发布会

首届上海市民文化节

少儿借阅室

市民阅读大赛

中华经典诵读

化考核指标体系，每月进行工作进度通报，全年进行总体工作考核。

表彰、奖励情况

2009-2012年，崇明县图书馆共获得各种表彰、奖励44次，其中全国类获得3次表彰、奖励，市级表彰、奖励21次，其他表彰、奖励20次。

馆领导介绍

王超，男，1966年10月生，在职大学学历，中共党员，馆员，馆长。1986年7月参加工作，从事教育工作11年，1997年调入文化馆工作，2008年任文化馆馆长，2013年12月年调入图书馆，任馆长。

袁杰，男，1962年6月生，本科学历，中共党员，图书资料中级职称，党支部书记，1990年10月到图书馆工作，担任过堡镇分馆馆长。

施颖华，女，1971年8月生，大专学历，中共党员，图书资料中级职称，副馆长。1990年7月参加工作，1999年调到崇明县图书馆工作，先后在报刊阅览室、电子技术部、宣传辅导部等部门工作，任主任等职。2010年获上海市未成年人保护工作先进个人。

张华，男，1977年3月生，在职大学学历，中共党员，图书资料中级职称，副馆长。1999年12月参加工作，先后在报刊阅览室、图书外借、电子技术部、宣传辅导部工作。

未来展望

公共图书馆作为一个地区现代文明程度的重要标志，是精神文明建设的载体，起着信息传递、知识导航的作用，是提升市民素质，提高地区文化品位的重要文化场所。因此，我馆建设将集中体现开放性、多功能性、人文性等原则，努力成为本地区的五大中心。

1、图书文献收藏中心。是各种图书资料、科技信息、地方文献史料以及读物的综合性资料收藏中心。

2、信息服务中心。具有先进的计算机管理系统，各主要业务环节进行自动化管理，并能与国内外图书馆界的主要信息网络实现联网，并为崇明经济发展、企业产品开发提供有效的科技信息。

3、学术文化交流活动中心。组织专家讲座、综合素质教育、开展各类学术研讨。

4、社会教育培训中心。是全体市民终身教育、继续教育和各种技能培训中心，成为市民的第二课堂。

5、文化休闲活动中心。是市民在学习中休闲，在休闲中学习，进行人际交流的活动中心。

联系方式

地　址：崇明县崇明大道7897号
邮　编：202155
联系人：张 华

崇明县图书馆新馆全景

上海市金山区图书馆

概述

金山区图书馆是1997年金山撤县建区时，由原金山县图书馆（位于朱泾镇）和上海石化实业公司文体中心图书馆（位于石化地区）合并而成。

金山区图书馆新馆在建，位于石化蒙山北路280号。

金山区图书馆旧馆建筑面积3451平方米，阅览座为420个，计算机80台，宽带接入6M，存储容量11TB。2012年始该馆无线网络覆盖率达到100%，办公室使用"金山区协同办公系统网"，石化馆业务上同时使用上海中心图书馆知识管理与服务系统。

1994年12月，经国家文化部审定，金山县图书馆为国家二级图书馆。1999年，经上海市文化局考核，金山区图书馆为区县级二级馆。2010年1月，金山区图书馆在第四次全国公共图书馆评估定级中，评定为二级图书馆。

业务建设

2009年至2012年购书经费从108万元增加到147万元。

截止2012年底，藏书量37.3127（万册、件），其中电子图书2万种，古籍8097册。

报刊年入藏量713种。2006起逐步添置数字资源文汇报、新民晚报图文光盘、网上报告厅、环球英语、冰果英语、少儿多媒体图书馆等。

特色馆藏：金山农民画画册和研究资料；南社文献；古籍。

读者服务工作

全年免费对外开放，至2012年，周开放时间64小时；书刊文献年外借15万册次；在居委会、区政府机关活动室、部队设馆外图书服务点，并参与全区124家农家书屋的建设、管理、辅导。

2009年迎世博起，设立读者点书台，为读者提供个性化服务。

编印二次文献《报刊资料摘编》。

参与金山区文化节、读书节、上海书展等活动，并借此推广阅读，每年举办全区范围的成人和少儿征文竞赛，以及上海新闻出版局主办的农家书香征文竞赛，2009年至2012年在各项推广阅读活动中，有两千多人次参加。

开展以读者为主的书友读书交流活动，并配合读书节、市民文化节、上海书展举办专题讨论会；编印《书友》读书交流季刊，2012年6月，编印《〈书友〉十年文萃》，随后举办"书友会成立暨《书友》创办十周年座谈会"。

2008–2011年，该馆对馆藏古籍资料进行全面系统地清理、普查、归类，共计整理出古籍8097册，39365卷；其中：线装7926册；铅印：69册；手抄稿：97册；绘画：5幅；书法：41幅；考卷：60份。之后，聘请专业人士进行考证，列出馆藏年代最早的古籍、最重要和最珍贵的古籍。

鼓励书友研究馆藏地方文献，2009年11月，编印《书友·南社百年纪念特刊》；2012年出版了《高燮诗词选注》一书，作为金山区图书馆南社研究系列之一。

业务研究、辅导、协作协调

业务研究：2009–2012年，金山区图书馆职工发表论文5篇，其中1篇在《图书馆杂志》上发表。撰写调查报告3篇。

街镇辅导、农家书屋辅导：2009年至2010年，完成3个街、镇图书馆一卡通开通的协调工作，至此，全区11个街、镇、工业区图书馆全部进入上图一卡通系统（HORIZON系统）。同时承担了街镇图书馆一卡通网络维护指导、排除故障等工作；在做好日常街镇图书馆辅导工作的基础上，参与并指导街镇图书馆评估考级工作。以10个镇、工业区图书馆为支点，参与并指导全区124家农家书屋的建设、业务培训、业务管理等，每年向124家书屋配送新书以及文化部信息共享工程下达的光盘。

参加市文广局、上海图书馆行业协会、上海图书馆学会等上级机构要求的各类统计、材料、问卷式调研，以及其主办的各类业务培训和读书征文活动。

管理工作

2010年底，完成了金山区图书馆岗位设置，对该馆当时33位职工的岗位按照专技等级重新设置；2011年，制定了相应的岗位责任书和岗位职责，并以此进行年度考核。

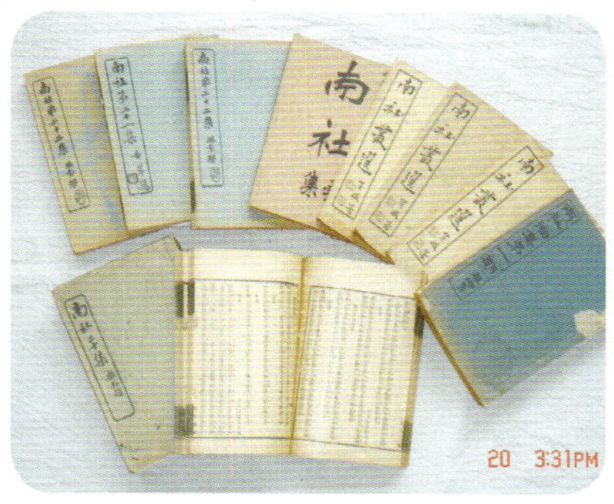

完善各项财务制度，并严格执行，同时做好每年的年度决算分析报告。近年来，金山区图书馆连续被评为上海市A类财务会计信用单位。

表彰、奖励情况

2009–2012年，金山区图书馆共获各种表彰、奖励28项（集体23项，个人5项），其中，国家级的1项，市级15项，区级12项。

馆领导介绍

孔祥武，男，1968年12月生，本科学历，中共党员，馆长兼党支部书记。1991年参加工作，历任金山区滨海影剧院经理、金山电影管理站副站长、金山文化资源配送管理中心书记、副主任；2013年8月任金山区图书馆馆长（正科级）。2009年9月，获金山区"迎世博环境整治贡献奖"先进个人；2010年11月，荣获上海世博会窗口服务先进个人称号；2011年1月，荣获上海文化文物广播影视行业世博会工作先进个人称号。

陆彪，男，1961年9月生，本科学历，中国致公党员，电子工程工程师。1982年8月参加工作，历任上海远洋运输公司远洋船舶三副、二副；上海市金山区广电局技术部副主任、主任；上海市金山区文化市场执法大队主任科员；上海市金山区文广局文管所副所长；2014年8月任金山区图书馆副馆长。

王春强，男，1980年6月生，本科学历，管理学学士，中共党员。2003到金山区图书馆工作。2014年10月任金山区图书馆副馆长。

未来展望

金山大道西北，蒙山北路，金山区行政办公建筑群落中，

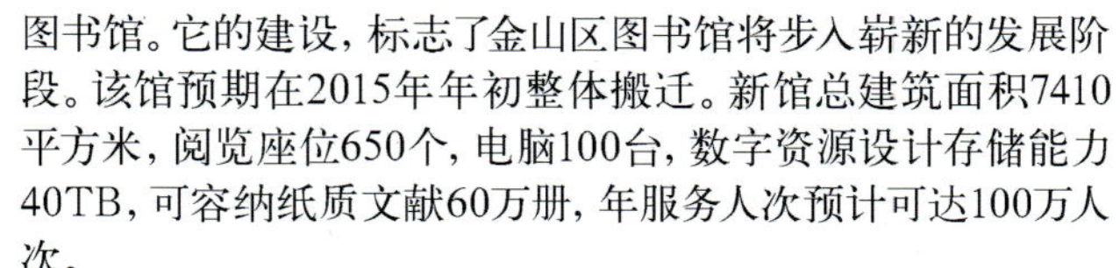

有一撞在建的L型建筑，其中一至三层，就是未来的金山区图书馆。它的建设，标志了金山区图书馆将步入崭新的发展阶段。该馆预期在2015年年初整体搬迁。新馆总建筑面积7410平方米，阅览座位650个，电脑100台，数字资源设计存储能力40TB，可容纳纸质文献60万册，年服务人次预计可达100万人次。

联系方式

地　址：上海市金山区石化蒙山北路280号
邮　编：200540
联系人：王春强

南京图书馆

概述

南京图书馆的前身为清末两江总督端方于1907年创办的江南图书馆，以及1933年建立的民国时期国立中央图书馆。1954年正式定名为南京图书馆。原有成贤街老馆建筑面积1.80927万平方米。南京图书馆新馆2007年12月全面开放，占地面积2.52万平方米，建筑面积7.87万平方米，内设读者座席2352个（少儿阅览座席206个），计算机设备882台，分别接入1000Mbps的电信宽带、300Mbps的联通宽带，选用Aleph图书馆自动化管理系统。馆内已经实现无线网络全部覆盖。

业务建设

截至2012年底，南京图书馆馆藏文献总量达到1092.3195万册——图书697.2591万册（盲文图书0.22万册）、古籍160万册（善本14万册）、电子图书122.1727万种、报刊75万件、视听文献27.1494万件、缩微制品4.2049万件、其他6.5144万册。

2012年，南京图书馆用于购置各类文献（含电子资源）的经费总额为4500万元。其中，电子资源购置经费为1222.09万元。同年，共收到免费开放省级以上财政补助资金900万元。

2009年–2012年，年均入藏图书6.6999万种、视听文献1564种。截至2012年底，累计入藏中文电子图书129.7908万种，累计入藏中外文电子期刊4.1239万种。2012年，地方文献入藏完整率96.0%。

截至2013年5月，南京图书馆各类数字资源总量已达117.1TB。其中，已建成“江苏文化大型全文数据库”、“南京图书馆馆藏民国地方文献全文数据库”、“江苏地区报纸全文数据库”、“江苏特色视频资源数据库”、“地方网络资源数据库”、“中国政府公开信息江苏服务平台数据库”、“多媒体资源库（省五星工程、省地方文献视频）”等7个大型地方文献数据库，资源总量17.7TB。

读者服务工作

2007年以来，南京图书馆实行免费开放。馆内免费开放区域面积达31596平方米，占全馆建筑总面积的40%；坚持“全年365天、天天开放”的服务方针，每周平均开放时间累计77小时。2011年，引进RFID技术，开通馆藏文献自助借还服务。

截至2012年底，南京图书馆全年书刊文献年外借超过174万册次，流通人次约1026万次。截至2013年5月，在全省建成44个标准化、规范化、现代化的流通服务点，累计提供上架流通图书近10万册次，年累计借阅图书20.8387万册次。

2012年，网站全年访问量达942.3万次，近三年网站访问量的年平均值达到876.095万次。其中，在线发布外购中外文数据库59个、自建数字资源数据库15个，实现23个外购数字资源数据库实现远程访问。截至2012年底，网站发布的各类数据库年访问量达到4295645次、检索量达2018099次、下载量达1155521次。

2009年至2012年，南京图书馆共邀请国内知名专家学者399人次，先后开讲“南图讲座”425场，累计到场听众17.2万人次。2012年，南京图书馆共主办、承办、自办（含巡展）会展84场次，参观展览人数达487140人次。

业务研究、辅导、协作协调

2012年，南京图书馆共有96人次发表论文277篇；共参与撰写或主编的专著总数为20种；共参加或主持的科研项目为23项——国家级6项；先后荣获54项科研成果奖。

截至2013年上半年，南京图书馆初步完成“江苏公共图书馆服务网络一揽子建设计划”——涵盖省、市、县（区、市）各级公共图书馆的联合参考咨询、馆际互借及文献传递、联合编目、流通点服务、巡展巡讲等业务范畴。目前，全省共申请入网的成员馆100个。

至2012年底，全省109家公共图书馆中已有99家加入省联编系统，比例达90.8%。

2009年至2012年，江苏省图书馆学会共组织4次全国性、2次跨地区、7次全省性的学术活动，参与全国和跨地区学术活动14次；多次获得中国图书馆学会年会征文活动组织奖。2012年，主持召开第十三届川、吉、冀、桂、苏五省（区）图书馆学会学术研讨会。

南京图书馆注重发挥文化志愿者队伍的作用。2012年5月，制定出台《南京图书馆文化志愿者服务章程》，进一步规范了志愿者招募、注册、培训等各项内容。

管理工作

《南京图书馆事业发展“十一五”规划》、《南京图书馆事业发展“十二五”规划》，在网站主页“发展规划”栏目中予以公布。2009年至2012年，将相关工作规划落实，细化为年度工作重点与任务分解表，以此指导促进年度各项工作开展。

南京图书馆推进岗位聘用管理制度，实现按需设岗、竞争上岗、按岗聘用、合同管理。中层干部严格按照“公开报名、资格审查、述职演讲、笔试考查、民主测评、组织考察、任前公

国家图书馆、台湾汉学研究中心及南京图书馆共同主办的《海峡两岸玄览堂珍籍合璧展》在南图举行

著名军事专家徐光裕将军作客南图讲座

南京图书馆自修室

示、正式聘任”的程序竞聘上岗；完善职工考核制度，坚持平时考核与年度考核相结合，以平时工作表现为主，全面考核职工德、能、勤、绩、廉等五个方面。

表彰、奖励情况

2009年以来，南京图书馆在文明创建、党团建设、工会组织、科学管理等多个方面先后荣获国务院及其部委、省委省政府、上级文化主管部门等各种表彰奖励共47项（不含个人奖项）。其中，国家级表彰奖励3项，国务院业务主管部门及省级党委、政府表彰奖励32项，省级业务主管部门表彰奖励12项；历年表彰奖励情况：2009年各级表彰奖励15项，2010年各级表彰奖励8项，2011年各级表彰奖励11项，2012年各级表彰奖励13项。

馆领导介绍

方标军，男，1960年6月，省委党校研究生学历，研究馆员，党委书记。1981年7月参加工作，历任省文化厅办公室副主任、省戏剧学校党委书记、校长，2005年12月任省文化厅社文处（非遗处）处长。2008年11月起任南京图书馆党委副书记、副馆长，省文化厅党组成员、南京图书馆党委书记，主持南京图书馆全面工作，分管人事组织部。兼任江苏省图书馆学会理事长、江苏省图书情报协调委员会主任委员。

徐小跃，男，1958年6月，历史学博士，中国哲学、宗教学教授、博士生导师，馆长。1979年7月参加工作，历任南京大学哲学系副主任、系主任。2010年7月任南京图书馆馆长。中央“马克思主义理论研究和建设工程”（宗教学）首席专家，全国宣传文化系统“四个一批”人才（理论界），国家社会科学基金学科评审组专家（哲学）。享受国务院政府特殊津贴，美国哈佛大学高级访问学者。

许建业，男，1964年9月生，研究生学历，硕士，研究馆员，副馆长。1989年8月参加工作，历任办公室副主任、馆长助理，2003年12月任南京图书馆副馆长、党委委员，分管共享工程省分中心、业务管理部、采编部。兼任共享工程省分中心主任。

钱明，男，1955年3月生，大专学历，二级艺术监督，副馆长。1970年11月参加工作，历任江苏有线电视台总编室主任，江苏广播电视总台（集团）总编室副主任，南京电影制片厂厂长，省文化厅艺术中心主任，2007年2月任南京图书馆副馆长、党委委员，分管信息资源开发部、社会工作部。

赵厚洪，男，1955年8月生，中央党校本科学历，研究馆员，党委副书记。曾任中国人民解放军第十三分部军械处副处长、处长职务，1998年至南京图书馆工作，任保卫部主任、人事部主任，2007年2月任南京图书馆党委副书记，分管党委办公室、工会、团委、后勤保障部、物业管理部。

全勤，女，1963年8月生，大学学历，文学学士学位，研究馆员，副馆长。1984年7月参加工作，曾在采编部、辅导部、研究室、新馆基建办、办公室工作，2008年6月任南京图书馆副馆长、党委委员，分管省古籍保护中心、历史文献部、学报编辑部、省图书馆学会秘书处。兼任省古籍保护中心主任。

南京图书馆外貌

姚俊元，男，1965年3月生，研究生学历，副研究馆员，馆长助理。曾任南京图书馆团总支书记、团委书记，南京图书馆技术部副主任、主任，宿迁市文化局副局长（挂职），南京图书馆党委办公室主任，2008年8月任南京图书馆馆长助理，2011年4月任馆党委委员，分管信息技术应用部。

王兵，男，1958年6月生，硕士，研究馆员，馆长助理。1976年11月参加工作，曾在南京图书馆参考阅览部、阅览部、办公室、采编部、读者服务部工作。2003年9月，任江苏省戏剧学校副校长、校党委委员。2010年12月任南京图书馆馆长助理，2011年4月任馆党委委员，分管读者服务部。

未来展望

围绕文化强省建设的战略构想，准确把握图书馆事业发展的新特点、新趋势，全面提高学术水平、服务水平、管理水平和综合水平，努力构建与全国第三大馆荣誉和地位相匹配的、代表江苏图书馆事业发展方向和发展水平的省级公共图书馆，真正成为全省馆藏资源最多、学术研究最强、行业影响最大、服务品质最佳、社会效益最好的图书馆，对全国图书馆事业起到助推和示范作用，实现向“国际先进、国内一流”的综合性、研究型、现代化图书馆的迈进。

联系方式

地　址：南京市玄武区中山东路189号
邮　编：210018
联系人：杨岭雪

南京图书馆东大门

图书馆一层大厅

图书馆阅览室

金陵图书馆

概述

金陵图书馆是南京市立图书馆，创立于1927年（民国十六年）6月9日，南京特别市创办市立（第一）通俗图书馆，借原平江府布道所为馆址。1928年7月改称为南京市立第一图书馆。1930年4月易名为南京特别市立民众图书馆，馆址迁入泮宫。1932年6月，与民众科学馆合并。1933年9月，改称南京市立图书馆。1952年南京市从中央特别市降为江苏省省会，1958年南京市政府决定筹建新的市图书馆，虽中经困难时期和文革干扰，仍坚持在过渡馆舍阵地开展服务，长年送书到基层、到乡下、到田头，1980年10月，位于长江路262号的馆舍建成开放，馆舍面积7300平方米。位于建邺区乐山路158号的新馆2005年开工建设，2009年交付使用，2010年10月18日举行开放仪式，馆址占地面积38641平方米，总建筑面积25125平方米，内设阅览座位1400个，并有报告厅、多功能厅、展览厅、视听室、培训、餐厅、茶室、停车场等配套服务设施。初名南京市人民图书馆，1984年10月改为现名。2009年，作为副省级城市图书馆，被国家文化部授予一级图书馆称号。"金图讲坛"数十年来孜孜以求的面向市民大众开展公益性知识讲座，拓展了图书馆延伸服务的领域，2010年荣获国家文化部颁发的"群星奖"这一文化服务领域政府最高奖。2010年6月，被国务院授予第三批"全国古籍重点保护单位"。计算机351台，读者服务区无线网覆盖范围100%，计算机信息节点1436个，宽带接入200Mbps，选用图书馆自动化管理系统是汇文文献信息服务子系统及其馆际互借子系统、RFID自助借还子系统。

业务建设

截止2012年底，金陵图书馆总藏量252.8787万册（件），其中电子图书藏量62.5万种，电子期刊藏量1.52万种。

2012年新增藏量购置费450万元，电子资源购置费占资源购置费的比例20.44%。图书年入藏数量3.726万种，报刊年入藏数量3092种，视听文献年入藏数量1842种，地方文献入藏完整率97%，四年外文文献共增加1935种。

截止2012年底，金陵图书馆数字资源总量30TB，包括馆藏书目数据库13种，摘要型数据库6种，专题全文数据库26种，多媒体数字资源库10种。其中自建数字资源总量：5.1TB，包括馆藏书目数据库12种，摘要型数据库6种，专题全文数据库7种，多媒体数字资源库4种。馆藏中文文献书目数字化100%。地方文献数据库建设有10个选题，28万条数据，容量12G。地方文献数据库有"南京明城墙"、"郑和研究专题"、"南京地方法律法规数据库"等10个选题，并通过网络为读者提供服务。

2011年，我馆引进汇文区域通借通还服务系统，与各区馆联网开展读者互认、通借通还服务，并开通了区域联合馆藏书目检索系统。

读者服务工作

其实，早在2009年新馆建成开放时，金陵图书馆就已实现免费开放。周开放时间72小时，2012年，我馆正式启用RFID自助借还服务。

金陵图书馆目前有效借书证数为185692个，2012年新增馆藏123284册，接待读者2253748人次，书刊文献外借1171808册次，从2006年创建第一家分馆，至2012年年底已建立起37个分馆，现有6个汽车流动服务点，2台24小时自助图书馆。馆外流通借阅2012年达181630册次。

金陵图书馆自2008年1月加入上海图书馆知识导航站。同年10月，加入"江苏省联合参考咨询网"提供远程参考咨询服务。金陵图书馆连续获得2009年度、2010年度"江苏省公共图书馆联合参考咨询网"先进单位称号。2012年7月喜获"全国联合参考咨询先进单位"称号。

本馆长年编写《信息摘编》内刊寄发给有关市政府机关、人大政协等相关机构；2009年前就为两会提供服务，同期建立一个南京立法决策信息服务平台。本馆设有政府信息公开查阅专区。该区设有218个阅览座席，免费向读者提供政务信息查阅和解答读者咨询政务方面的问题。

本馆为满足特殊群体、弱势人群的需求，采取了一系列措施，根据弱势人群要求提供代查书目、优先预借、代借代还、送书上门服务。

金陵图书馆网站于2013年正式改版，网站编辑、发布、管理平台采用TRS WCM系统。2012年网站访问量950万次。开通金图微博，引入手机图书馆、电话语音自助、数字电视服务、手机视讯业务等。截止2012年，金陵图书馆发布使用的数字资源数据库55个（不含试用资源），其中，自建资源数据库30个，外购商品资源数据库20个，共享工程下发资源数据库及数字图书馆推广工程共享资源数据库5个。总容量超过93TB，其中存储在本地的资源总量超过29TB，包库资源总量约为62TB。可以互联网访问的数字资源为25个，馆内访问的数字资源库为29个，其中可以通过远程访问平台对注册读者开放的数字资源库为7个。可远程访问的数字资源为32个，占数字资源发布总量的58.2%。

2009－2012年，金陵图书馆讲座、培训等活动：166次/年；展览：26次/年；阅读推广活动：13次/年；每万人年均参与活动次数：81次/万人。我馆每年举办各类社会活动150余次，参加人次达10余万，在各级媒体年均亮相120余次，社会

中国国民党连战荣誉主席携夫人参观林智信先生个人作品展

一卡通开通仪式现场

朗读者活动总结表彰暨作品赠送仪式

金图讲坛孟宪实讲座

金陵图书馆大厅内景

金陵图书馆外观

影响力和美誉度逐年提升，办馆效益得到极大提高。2010年"金图讲坛"获得文化部群星奖，2012年获得省人社厅和文化厅表彰的全省文化工作先进集体称号。特色服务项目还有经典诵读公益推广和18法律咨询广场。

业务研究、辅导、协作协调

2009–2012年，金陵图书馆职工发表在省级以上刊物或国际会议论文58篇，出版专著7部，获准立项的省部级科研项目2项，科研成果获奖省部级1个，厅局级3个。

参与全国联编中心和上海文献联合编目中心上传与下载、参与编制江苏地区联合目录、CASHL文献传递服务协议、与广东省立中山图书馆签订文献传递服务协议、与马鞍山市图书馆签订都市圈一体化服务合作协议、与淮安、镇江市图书馆签订了资源共享合作平台的协议。上传数据质量过硬2012年获全国联编中心表彰。已建成南京市二层四级公共图书馆通借通还一卡通服务系统建设方案。参与服务网络的基层图书馆的比例占全市14家区县图书馆的57%。常年举办区县图书馆馆长培训班、汇文系统业务培训班和共享工程基层管理人员及技能竞赛。

南京图书馆学会在增强学会学术权威性、推动学术研究与交流等方面取得了一定进展。2012年317名会员中，中国图书馆学会会员共有46名，江苏省图书馆学会会员58名。

管理工作

制订有金陵图书馆十二五事业发展规划以及涉及财务、人事、设备、档案、统计、环境与安全管理等各项管理制度与考核制度。在人事制度改革上采取了"用人制度改革"这一方式，中层干部实行竞聘上岗，全体员工实行双向选择聘用上岗。2012年完成两级聘用，有111人上岗。每月有部门工作计划报备和馆级季度与年度考核，此外，还有规范服务专项检查与图书排架专项检查及情况通报。

上级表彰

本馆2009至2012年共获得省、市级以上的表彰、奖励75项，其中国务院主管部门5项，省级业务主管部门、省级党委、政府奖17项，其它奖项为53项。

馆领导介绍

严峰，男，1955年7月生，大学学历，研究馆员，馆长。1970年10月参加工作，历任金陵图书馆辅导部主任，副馆长，2010年任金陵图书馆馆长。兼任中国图书馆学会理事，江苏省图书馆学会副理事长和南京图书馆学会常务副理事长，中国图书馆学会阅读推广委员会图书评论专委会主任。2010年获文化部"群星奖"（第一完成人）。

曹亚卿，女，1954年11月生，大专学历，副研究馆员，总支书记兼副馆长。1970年12月参加工作，历任馆办主任，副馆长，支部副书记，2007年8月任总支书记。

郭培忠，男，1963年2月生，大专学历，副研究馆员，副馆长。1982年7月参加工作，历任金陵图书馆读者服务部主任，2006年8月任金陵图书馆副馆长。

尹士亮，男，1976年9月生，大学学历，副研究馆员，副馆长，1999年8月参加工作，历任金陵图书馆办公室秘书，主任，2010年8月任金陵图书馆副馆长。

未来展望

金陵图书馆遵循"读者为本，服务至上"的办馆方针，加强馆藏文献资源尤其特色数据库资源的规划与建设，建设与在宁高校、科研系统图书馆资源共享、优势互补的大型副省级图书馆；加强南京公共文化服务体系建设，扩大服务辐射区域，引领地区图书馆事业的整体发展；进一步加强与全市公共图书馆服务体系良好运行相匹配的人才队伍建设，积极探求大数据、云计算、新媒体在图书馆的运用，全面提升开展图书馆读者活动和宣传工作的水平，力争主要指标位居全国公共图书馆前列。

联系方式

地　址：南京市乐山路158号
邮　编：210019
联系人：秦广宏

法律咨询广场律师与市民面对面交流

与尼日利亚国家图书馆签署备忘录

金陵图书馆贴心服务两会

无锡市图书馆

概述

无锡市图书馆前身为无锡县立图书馆，始建于1912年，1915年元旦正式开放，为国内最早的县立公共图书馆之一。2000年10月，坐落在太湖广场的新馆建成开放。新馆占地近1.4万平方米，建筑面积2.8万余平方米。1994年，参加第一次全国公共图书馆评估，获得一级图书馆称号，并保持至今。截至2012年底，无锡市图书馆有阅览座位1819个，计算机156台，信息节点700余个，宽带接入100Mbps，读者服务区无线网络全覆盖。

业务建设

截止2012年底，无锡市图书馆馆藏总量为188.3万册，其中纸质文献170.73万册，电子图书17.57万册。数字资源总量为30种、27.5TB，其中自建数字资源总量为8种、1.74TB。馆藏线装古籍40万册，其中善本21630册。

2012年，无锡市图书馆新增藏量购置费345.6万元。2009–2012年，共入藏中外文图书9.847万种、26.2825万册，报刊3781种，视听文献2425件。

无锡市图书馆采用汇文文献信息服务系统。2011年底，系统升级为libsys4.0版本，数据完整、功能丰富、运行稳定，使用情况良好。

无锡市图书馆积极开展国家级、省级珍贵古籍名录申报和古籍普查，共有103部古籍入选国家珍贵名录、195部古籍入选江苏省珍贵名录，先后获评全国古籍重点保护单位和江苏省古籍重点保护单位。

读者服务工作

无锡市图书馆自2000年10月以来实行全天候开放，每天开放12小时，每周84小时。2008年10月起实行免证阅览、免费办证，2011年2月实现电子阅览免费。2012年接待读者176.2万人次，人均年到馆64.5次；流通图书108.95万册次，年外借率为64.43%。截止2012年底，发展分馆4个，图书流动站24个，少儿流动图书馆流动服务点30个。参与江苏省、全国图书馆参考咨询联盟平台和上海图书馆网上联合知识导航，为读者提供远程信息服务。深入市“两会”驻地，为人大代表和政协委员提供信息咨询和检索等服务。

2012年，无锡市图书馆在少儿图书借阅室全面实现RFID自助借还服务。开通无锡市数字图书馆，为市民提供便捷的数字信息服务，同时还开通移动图书馆，提供短信自助、移动借阅、移动阅读等服务，实现移动模式下的图书查询、续借、活动信息发布、电子书刊阅览等功能。

无锡市图书馆不断丰富服务内容与方式。2012年举办讲座、培训、展览、阅读推广等活动136次，受众达122万人次，每万人年均参与活动2344.3次。

无锡市图书馆注重培育自有活动品牌。“太湖读书月”倡导全民阅读风尚，推出“十大书香家庭”评选、读书征文比赛、经典诗文朗诵会等多项活动，2012年被评为第十届江苏省“五星工程奖”（服务项目奖）。“无锡文化讲坛”定期举办讲座，受到市民热情响应，成为无锡市一道靓丽的文化风景线。一年一度的“红领巾读书读报奖章”活动、图书馆服务宣传周、科普宣传周等特色活动合力营造终身学习、乐学分享的城市人文氛围。

无锡市图书馆始终关注特殊群体的文化需求。关爱青少年的心理健康，以网络和热线咨询、团体辅导、讲座、沙龙等形式开展的“太阳花开”未成年人心理健康系列活动，2010年被评为第九届江苏省“五星工程奖”（服务项目奖）。关心新市民子女的素质提升，“知识大篷车”少儿流动图书馆开进更多的学校和社区，服务网络基本覆盖全市各个区域。关怀视障读者的精神生活，举办“耳边的世界”、“阅读与欣赏”等系列活动，让视障读者感受阅读所带来的温暖。

业务研究、辅导、协作协调

2009–2012年，无锡市图书馆员工在省级以上专业刊物发表论文共48篇，其中省级以上核心期刊发表7篇。2010年，无锡市图书馆结集出版《久闻书香自芬芳：无锡市图书馆学会同仁文集》。2009–2012年，无锡市图书馆围绕本地区公共图书馆事业建设和发展，撰写本地区和本馆业务调研报告共33篇，其中，本馆调研报告30篇，本地区调研报告3篇。

2010年，由无锡市图书馆牵头成立无锡市文献资源协作委员会，建立了以无锡市图书馆为中心馆、各区县级图书馆为成员馆的无锡地区文献资源保障体系。与宜兴图书馆等七家区（县）馆签订了“文献资源共享协作协议书”、“文献联合编目协议书”，参与服务网络基层图书馆的比例达到77.78%。

无锡市图书馆先后加入了全国图书馆联合编目中心和上海市文献联合编目中心，与国家图书馆、上海图书馆开展联合编目，通过Z39.50下载编目数据，每年平均20000余条。

无锡市图书馆作为文化共享工程无锡市级支中心，建有数据中心及共享工程专属电子阅览区，全年免费对读者开放，确保优秀文化信息资源全民共享。截止2012年底，无锡市级支中心协助各级文化馆（站）及各区、镇（街道）、村（社区）图书馆，先后建成了无锡地区“文化共享工程”市（县）、区级支中心8

盲人趣味运动会

吴文化专题讲座

“两会”信息服务

少儿活动室

社会科学图书借阅室

参编大型地方文献集成《无锡文库》

个，基层服务点784个，基本实现无锡城乡全覆盖的建设目标。

管理工作

无锡市图书馆不断深化人事、收入分配制度改革，实行管理岗位、专技岗位、工勤岗位分类管理，内设部门职能明确，岗位职责清晰。每三年开展一轮全员聘用（任）、中层干部竞争上岗，2010年，无锡市图书馆完成第五轮全员聘用（任）、中层干部竞争上岗。建立健全人事、业务、工程项目档案，资料详实、分类科学、归档及时。重视统计和分析，文献入藏、读者服务等月度统计和年度统计齐全，并形成专题统计分析报告，为提升服务质量提供依据。

表彰、奖励情况

2009–2012年，无锡市图书馆获得“第三批全国文明单位”、“第四届全国精神文明建设工作先进单位”、“2006–2009年度江苏省文明图书馆”、“江苏省五一劳动奖状单位”等荣誉。其中，获国务院业务主管部门表彰、奖励2项；省级业务主管部门、地级党委、政府表彰、奖励24项；地市级业务主管部门表彰、奖励18项。

馆领导介绍

钱菲菲，女，1965年12月生，本科学历，中共党员，副研究馆员，党支部书记、馆长。1988年8月参加工作，历任无锡市歌舞团副团长，无锡市图书馆副馆长、党支部副书记，无锡博物馆党支部书记，无锡博物院副院长，无锡市文化艺术学校党支部书记、副校长，无锡市歌舞剧院党总支副书记、副院长等职。2012年获“无锡市2009–2011年度优秀党务工作者称号”。

殷洪，女，1966年1月生，本科学历，中国民主促进会会员，研究馆员，副馆长。1986年8月参加工作，历任无锡市图书馆古籍部、布馆部副主任、主任，馆长助理等职。2010年获无锡市“全市未成年人思想道德建设工作先进个人”，2011被评为“中国图书馆学会2009–2011年度优秀会员”。

许铭瑜，女，1980年1月生，本科学历，中共党员，馆员，副馆长。2002年8月参加工作，历任无锡市图书馆社会教育中心副主任，社会工作中心、党政办公室主任等职。

陶青，男，1967年10月生，本科学历，中共党员，副研究馆员，副馆长。1984年12月参加工作，历任无锡市图书馆采编部、信息技术部副主任，资源管理中心主任等职。

未来展望

无锡市图书馆秉承“以人为本，服务社会”的办馆理念，努力探索图书馆事业可持续发展的新路径，推进公共文化服务体系建设，为提升城市文化软实力发挥积极作用。未来，无锡市图书馆将不断加强资源建设，优化馆藏结构，完善特色数据库，促进实体馆藏与虚拟馆藏协调发展；大力推广数字资源，让数字图书馆服务惠及更多读者；强化信息推送、定向咨询、文献传递服务，深化信息服务内涵；拓展服务功能，依托讲座、展览、沙龙等多种活动载体，打造市民第二课堂，凸显图书馆社会教育功能；延伸服务触角，进一步拓展少儿流动图书馆、盲人图书馆、未成年人成长指导中心的功能，深耕特殊群体服务；加大古籍保护、开发力度，通过影印出版、数据库建设等方式实现藏用并举，保护珍贵古籍，传承文明薪火。

联系方式

地　址：江苏省无锡市南长区钟书路1号（太湖广场南）

邮　编：214021

联系人：朱可铮

图书馆服务宣传周

无锡市数字图书馆开通仪式

常州图书馆

概述

常州图书馆创建于1904年，是有确切史料依据的我国最早的地市级公共图书馆之一。2010年12月1日，常州图书馆新馆改造升级后正式落成开放。馆址位于常州市和平北路35号，馆舍面积1.1万平方米，藏书总量139万册(其中古籍8.2万册)，阅览坐席564个，计算机143台，宽带接入100Mbps，选用力博图书馆自动化管理系统。目前，常州市图书馆已经拥有在编职工81人，社会化用工9人。在编人员中，大专以上学历70人，其中高级职称12人，中级职称41人。

业务建设

截止2012年底，常州图书馆总藏量182.9万册（件），其中电子文献藏量达350000种。

2009、2010年，常州图书馆新增藏量购置费185万元，2011年增至253.2万元。2012年为391.8万元。

2009–2012年，共入藏中外文图书115054种，中外文报刊4345种，视听文献11284件。多卷书、连续出版物入藏完整率为90%。

截止2012年底，常州图书馆数字资源总量为16.1TB，其中，自建数字资源总量2TB。2011–2012年间，完成《青果巷名人传》中《盛宣怀传》、《刘国钧传》、《史良传》、《赵元任传》、《周有光传》五部历史人物传记专题片的摄制。《唐荆川传》等另外五部正在建设中。此外，期间还摄制完成《茗香茶韵——知茶·鉴茶·品茶》等讲座片25部、《会学习的孩子更轻松》等公开课6部、《公民道德与和谐社会》等社会道德讲座4部。

2008年，引入wifi无线上网系统，实现馆内无线网络的全覆盖。

读者服务工作

继2008年4月常州图书馆在全省率先免费开放后，2011年5月，公共电子阅览室开始免费，至此做到了基本服务彻底全部免费。年均完成面向机关、企事业单位及个人的参考咨询900多项，建立了6个分馆，2009年9月26日，“常州图书馆流动服务车”正式启动，实现对市民免费开放，为本地区的公共图书馆服务网络建设做出了积极努力。常州图书馆年均接待读者140多万人次，年外借84万册次。

2009–2012年，常州图书馆网站访问量40万次。2011年，引入短信服务平台，开通常州电视图书馆。2012年，正式建成常州数字图书馆，实现用户统一认证和一站式检索。同年，开始部署移动图书馆。

2009–2012年，常州图书馆共举办讲座、展览、培训、阅读推广等读者活动254场次，参与人数117967人次。

业务研究、辅导、协作协调

2009–2012年，常州图书馆职工在省级以上刊物发表论文35篇。常州图书馆的《常州名人碑传集》与《藏书家考》于2009年被列入省文化艺术研究课题项目，另外，古籍研究人员将《永乐大典》中的19卷清人抄本按《永乐大典》的格式复原，然后对其进行点校整理，编定详细的目录和引书、人名两个索引。

常州图书馆通过与南京图书馆、常州大学、福建省标准信息服务中心、常州天合光能有限公司、常州市心理卫生协会等机构合作，开展各类业务活动。

根据《常州市城区公共图书馆服务网络构建规划》，常州图书馆设立了上书房等6家分馆、永宁路社区等34家服务点、流动服务车常林股份有限公司等10个停靠点，常年为广大市民提供公共图书馆服务。在常州市区内应有武进、金坛等7家县级以上公共图书馆，现参与服务网络建设的有武进、金坛、溧阳、戚区、钟楼5家县级以上公共图书馆，比例为71.4%。参与“一卡通”服务的图书馆有上书房分馆、天合分馆、戚区分馆和流动服务车。

2009年5月，常州图书馆引进了上海图书馆网上联合知识导航站这一新的服务平台，扩大了为读者进行咨询服务的渠道。2010年，和常州市科技信息中心达成服务资源共享的协议，成功引进了“APABI电子图书”、“数字化年鉴库”、“国务院研究发展中心网”三个数据库。2011年，与常州大学、科技信息中心合作，建立了常州市科技企业电子文献馆际互借机制，共享常州大学的外文数据库。2012年，又成为全国图书馆参考咨询联盟成员。

讲座

老年人电脑培训

社科外借室外

现刊阅览室

展厅

管理工作

一是选拔优秀管理人才，充实新血液。2010年3月，常州图书馆按照乐于奉献、自主进取、注重实绩、群众满意、素养全面的原则选拔出馆领导副职后备干部3人，馆内中层后备干部6人。同时，建立了工作量化上报考核制度。每月进行工作进度、量化上报汇总，每半年和全年进行总体工作考核。2009–2012年，共抽查文献排架16次，书目数据48次，撰写专项调研、分析报告和工作提案12篇，编写各部门工作进度通报48篇。

二是落实绩效考核机制，增添新动力。2012年6月份，常州图书馆以推行绩效考核机制为契机，有力将学术研究、创先争优、团队合作和服务成果等项目有机结合，从奖励性绩效工资中划出专项资金用于奖励增业绩、出成果、有贡献的职工和团队，从而达到多劳多得，优劳优酬，奖罚分明的管理激励举措。

表彰、奖励情况

2009–2012年，常州图书馆共获得各种表彰、奖励21次，其中，文化部表彰、奖励3次，省文化厅表彰、奖励10次，其他表彰、奖励8次。

馆领导介绍

侯涤，女，1963年9月生，大学本科学历，中共党员，副研究馆员，馆长。1983年参加工作，历任常州市瞿秋白纪念馆书记、馆长。2013年2月任常州图书馆馆长。兼任常州市图书馆学会理事长。

陈萍，女，1964年10月生，大学本科学历，中共党员，研究馆员，副馆长。1987年7月到常州市图书馆参加工作，先后在信息部、期刊部工作，曾任主任职务。2003年任常州图书馆副馆长。

赵德文，男，1972年3月生，本科学历，中共党员，政工师，副书记。1990年参加工作，历任常州市歌舞团团长助理、副团长、常州艺术高等职业学校党政办副主任、主任，2010年任常州图书馆副书记。

梅耀国，男，1965年4月生，大学本科学历，中共党员，副研究馆员，副馆长。1988年7月参加工作，先后在辅导部、古籍部、技术部工作，任副主任、主任、馆长助理等职。

未来展望

常州图书馆遵循“以服务立馆，以人才兴馆，以科技强馆”的办馆宗旨。2009–2012年，在不断加强内涵建设，外树形象；内强管理，提升服务水平的同时，不断探索服务新模式，扩大公共图书馆服务覆盖面。同时，常州市图书馆紧紧抓住全市创建国家公共文化示范区、示范项目建设之契机，积极谋划图书馆事业大飞跃、大繁荣。第一，争取江苏省首家电视图书馆列入国家公共文化示范项目。第二，规划新馆筹建，并为新馆功能布局作准备。第三，建设总分馆服务体系，以及进一步做好各辖区新馆建设的功能、业务的指导辅导工作。常州市图书馆人正以全新的姿态朝着服务理念更新、服务水平更高、服务团队更强的目标迈进，为进一步提升常州人文、科技素质提供强有力的文献信息支撑。

联系方式

地　址：常州市和平北路35号
邮　编：213003
联系人：石一梅

CHERRY老师讲故事

点心DIY活动

苏州图书馆

概述

苏州图书馆始建于1914年，前身是清末正谊书院学古堂，曾为“江苏省立第二图书馆”，是我国创办较早的公共图书馆之一。馆址几经变迁，2001年6月18日，位于人民路858号的新馆落成开放，占地16000平方米，建筑面积24480.98平方米，是一座园林化的现代图书馆。馆内配设阅览座位1200余座，计算机344台，接入电信、广播电视二条网络，带宽各100兆。采用Interlib图书馆集群管理系统，开发运行了“掌上苏图”系统。在全国公共图书馆历次评估定级中均被评定为“一级图书馆”。

业务建设

2012年底，苏州图书馆总藏量374.77万册、件，电子文献46.05万种，存储在本馆的数字资源总量45.227TB。Interlib系统中有图书285万册的书目记录，图书书目数字化率达到100%；苏州图书馆网站www.szlib.com始建于1997年，网站结构合理、内容丰富。自建数据库包括苏州名人库、古城风貌、吴文化研究、民间文化、中国昆曲、苏州评弹、文博天地、吴门艺术、吴门医派、姑苏旅游、古籍善本、民间文艺、地方文献剪报、苏州地方文献联合目录、古籍善本书目、苏州大讲坛、信息导航、馆藏年鉴、古籍缩微胶卷库、中文信息共享平台（文化苏州）、苏州方志、民国报纸等地方文献数据库。

苏州图书馆古籍藏量丰富，为国内著名的古籍收藏单位之一，是首批“全国古籍重点保护单位”。根据国务院中华古籍保护计划，制定了《苏州图书馆古籍保护工作方案》、《苏州图书馆线装书书库保管条例》等文献保护规章制度。根据市政府办公室“苏州市加强古籍保护工作的通知”，经市编办批准苏州图书馆同时挂“苏州市古籍保护中心”牌子，并增加编制5名，成为全国公共图书馆唯一有编制的市级古籍保护中心。建有专门的古籍楼，2012年3月全面完成了库房标准化改造。

完成《中华古籍总目·江苏卷》中馆藏明及明以前子部的书目数据216条的提交工作。编纂出版《苏州市国家珍贵古籍名录图录》，继续编辑出版《苏州图书馆藏古籍善本提要》（子部）、（集部）。现有87种古籍入选《国家珍贵古籍名录》，195部列入《江苏省珍贵古籍名录》。

读者服务工作

2005年4月23日苏州图书馆对少儿读者证实行免费办理；2007年9月28日实行免证阅览；2008年9月1日起，根据江苏省物价局、财政局联合文件的精神，开始免费办证，对读者服务的设施场地及各项基本服务实行全部免费提供。全年开放时间为每天9:00–21:00，每周开放84小时。普通图书、报刊、音像资料均实行开架阅览和外借。2012年全馆借出书刊文献337.21万册次，馆藏书刊文献年外借率达到118.30%。四年来，流动服务年均外借110.293千册次。全馆接待读者人均年到馆次数达到24.03次。

编制《信息导航》为各界服务，参与江苏省图书馆联合参考咨询、上海图书馆联合知识导航平台咨询。2011年7月20日政府信息公开查询室对外开放。组织盲人读者参观空军部队，亲身感受军营生活；参观红色旅游圣地沙家浜，到苏州市公安局收容教育所开展帮教活动；参观博物馆，为盲人讲解“英国制造”主题展览；开展国际盲人节主题活动——“健残共话幸福生活”，为盲文读者提供带有存储卡的播放器；举办“让我的声音陪伴你II”爱心MP3捐赠活动；举办盲人爱心电影播放活动；为盲聋哑学校提供推荐书目单，为残疾读者送书寄书上门。

举办《苏州籍两院院士风采展》以及书法、摄影、集邮、现代艺术、机器人竞赛等一系列展览117场，年均达到29.25场，参观人次达到69959人次。

业务研究、辅导、协作协调

邱冠华馆长参加中图学会志愿者行动，为海南、福建、辽宁、黑龙江省的同行讲授《馆长实务》；许晓霞副馆长在台湾高雄图书馆作了《苏州图书馆的视障读者服务》报告，汪建满副馆长在2011中国图书馆年会暨中国图书馆学会年会上作了《融合多元文化，实践合作共赢》报告。

全馆发表论文117篇，其中发表在省级以上刊物的51篇。编辑出版了《苏州当代艺文志》、《中国家谱总目》、《苏州大讲坛集粹（一）》、《亲子阅读》、《苏州桃花坞诗咏》、《善本提要（子部）》、《中国基层图书馆基本藏书推荐书目》、《全民阅读推广手册》、《牧斋初学集诗注汇校》、《开放、合作、共享、服务——联合参考咨询的实践探索与社会反馈》等多部著作。编印了《苏图通讯》、《苏州大讲坛》、《今日阅读》等刊物。参加了文化部全国公共文化服务从业人员培训教材《公共图书馆基本原理》、《公共图书馆管理实务》的编写工作。承担并实施“中美合作中文信息平台”，与南开大学合作《公共图书馆法》立法支撑研究第四专题的研究报告。参加了文化部《公共图书馆“十二五”发展规划》的起草和定稿；完成了市社科联项目《苏州城乡一体化进程中农村公共文化信息服务保障研究》。

苏州图书馆是中国图书馆学会阅读推广委员会副主任单位，推荐书目委员会主任单位。四年间，与中国图书馆学会科普与阅读指导委员会、上海市图书馆学会等联合主办了“首届沪苏图书馆2.0研讨会”；成功承办了“中图学会第三届全民阅读论坛”、中国图书馆学会阅读推广委员会的成立大会、阅读推广委员会推荐书目委员会第一次工作会议；配合做好中国图书

天香读书会

盲人读者活动

“世界读书日”10周年“经典美文朗读活动”

馆学会阅读推广委员会2012年工作会议暨第六届全民阅读论坛（太仓）和中图学会阅读推广委员会推荐书目委员会、图书评论委员会工作会议（吴江）、2012年首场“华夏阅读论坛”——“全民阅读与书香城市建设暨江苏全民阅读推广工作研讨会”（张家港）的相关工作；共同主办了2012中国图书馆年会分会场。承办了中德合作《少儿阅读在德国》的培训班；参加了“中美图书馆员专业交流项目·中文信息共享平台试点子项目”。参与了文化部委托中图学会的《公共图书馆法》立法支撑研究，与南开大学合作承担了第四专题，并完成研究，递交了报告。编辑出版了《中国基层图书馆基本藏书推荐书目》。

完成了两期全市图书馆员职称培训班。2011年、2012年开展“苏州市公共图书馆从业人员职业资格认证培训”，1361人次参加培训，1238人次参加考试。

苏州图书馆是国家图书馆联合编目中心、地方版文献联合采编协作网深圳网络中心、上海市文献联合编目中心的成员馆。签署了《江苏省公共图书馆数字信息资源共建共享及江苏省公共图书馆联合参考咨询网协议》。

管理工作

自2005年实行内部机制改革以来，按照《苏州图书馆改革方案》，执行并完善了《苏州图书馆部门职责及岗位说明书》、《苏州图书馆竞争上岗办法》、《苏州图书馆目标管理责任书》等有关制度。执行《苏州图书馆档案管理制度》，2009年通过了苏州市档案局的检查。

苏州市开展创建全国公共文化服务体系示范区工作，公共图书馆是其中重要的组成部分。苏州图书馆增强对公共图书馆事业的统筹意识，组织编辑《苏州市城区公共图书馆服务指南》、《苏州图书馆总分馆服务手册》。对全市公共图书馆服务网络建设进行规划并不断完善。

表彰、奖励情况

2009至2012年，苏州图书馆受到上级表彰95次，其中省以上奖励14次。这些荣誉包括“江苏省文明图书馆”、江苏省“五星工程奖”、“江苏省社会科学普及示范基地”、中国图书馆学会授予的“全民阅读基地”等光荣称号。苏州图书馆志愿者协会被苏州市精神文明建设指导委员会授予苏州市首届“志愿之星”十佳团队提名奖，被苏州市文明办授予“同享文化，共筑家园”文化志愿服务基地。

馆领导介绍

金德政，男，1968年9月生，本科学历，中共党员，馆员，副馆长（主持工作）。1986年11月参加工作，2011年1月调任苏州市文化研究中心副主任，2011年11月任苏州图书馆副馆长（主持工作）。兼任苏州市图书馆学会理事长、苏州市古籍保护中心主任、苏州市全民阅读促进会会长等职。2009年，参与“苏州图书馆总分馆建设”项目荣获江苏省第四届公共图书馆优秀服务成果特等奖。2013年，主持“掌上苏图——手机图书馆服务系统”荣获第十六届“群星奖”项目奖，获得全国社会科学普及工作经验交流会组委会授予全国人文社会科学普及基地称号。

许晓霞，女，1964年5月生，本科学历，中共党员，研究馆员，副馆长。1984年7月参加工作，历任苏州图书馆馆长助理、苏州文化局团委副书记、人事处副处长，2000年3月任苏州图书馆副馆长。兼任江苏省图书馆学会学术会委会委员、苏州市图书馆学会副理事长、苏州市古籍保护中心副主任等职。2002年获苏州市新世纪高级青年专业技术人才，2003年获苏州市基层文化先进工作者，2006年获苏州市未成年人思想道德建设工作先进个人，2013年获苏州市创建国家公共文化服务体系示范区先进个人荣誉称号。2007年、2013年两次获文化部“全国群星服务奖”。

汪建满，男，1964年生，本科学历，文学学士，副研究馆员，副馆长。1982年参加工作，历任部门副主任、主任、馆长助理、副馆长。工作和研究方向图书馆自动化建设。先后参与了苏州图书馆相王弄古籍馆和饮马桥新馆的建设，承担了苏州图书馆新馆全部弱电项目的用户需求设计，并全程参与了新馆项目建设。主持“掌上苏图”项目获得文化部群星奖和江苏省“五星工程”奖；主持开发了中美两国的文化合作项目——“中文信息资源共享平台”；主持开发了《古籍数据库加工系统》软件等。

宋萌，女，1972年1月生，双本科，中共党员，副研究馆员，副馆长。1997年8月参加工作，历任苏州图书馆办公室副主任、会展培训部主任，2012年11月，任苏州图书馆副馆长、苏州市古籍保护中心副主任。兼任中国图书馆学会阅读推广委员会推荐书目委员会委员。获2013年苏州市五一劳动奖章、苏州市国家公共文化服务体系示范区创建工作先进个人、2011–2013年中国图书馆学会优秀会员。

未来展望

苏州图书馆以"平等、免费、专业、礼貌、高效"为办馆宗旨，近年来致力于构建覆盖全市的总分馆体系，目前拥有1个总馆、46个分馆、2辆流动图书车，总分馆体系内部实行统一资源建设、统一服务标准、统一开展读者活动。

规划建设苏州图书馆文献资源存储集散中心，设计总建筑面积42000㎡，其中主要包括公共图书馆服务功能及大型智能化书库面积15800㎡、多厅数字影院5000㎡、音乐图书馆1000㎡、特色博物馆6000㎡、文化广场2000㎡、配套服务设施2200㎡，地下车库6000㎡、地下设备设施2000㎡。将其建成为一个集文献存储中心、文献采编中心、文献调配中心、技术支撑中心、文献借阅中心为一体的苏州全市公共图书馆中心馆。

联系方式

地　址：苏州市人民路858号
邮　编：215002
联系人：杜晓忠

馆内文物保护建筑——天香小筑

苏州图书馆南广场

苏州图书馆主楼主楼

南通市图书馆

概述

南通市图书馆前身是近代著名实业家、教育家张謇先生1912年创办的“南通图书馆”，迄今已逾百年，是中国早期公共图书馆之一。解放以后，南通市政府重建了南通市图书馆。1979年新建了综合藏书、阅览楼，1983年，市委市政府拔专款建成了新中国公共图书馆系统第一座专用古籍藏书楼——静海楼。2009年被定为全国古籍重点保护单位，先后被评为江苏省社科普及示范基地、全国社科普及示范基地。在第五次公共图书馆评估定级中被评为国家一级馆。

南通市图书馆新馆工程于2010年1月18日奠基，2012年8月主体封顶，2015年6月开馆。新馆建筑面积2.8万㎡，设计文献藏量200万册，阅览座席1680个，日接待读者3000人次。新馆建成后，馆内计算机总台数是180台，其中提供给读者使用的计算机数量是120台，全馆接入网络是三家运营商三根光纤共计600兆，无线网络全覆盖。馆存储容量是160TB。

业务建设

南通市图书馆在册文献藏量100万册，其中：普通图书84万册，古籍书16万册。

电子文献：11年采购了超星电子图书，12年采购了方正电子图书、博看期刊数据库。视听文献2013年采购600件以上，2014年已建数据库达20个，南通市数字图书馆已建成。

购书经费2009年95万元，2010年105万元，2011年110万元，2012年120万元（另增200万元新馆新书购置经费），2013年132万元（另增200万元新馆新书购置经费）。电子资源经费投入：2011年投入9万；2012年投入20万；2013年投入80万。

免费服务经费2011年40万元，2012年70万元。

南通市图书馆数字资源总量已有69TB，其中数字文化工程资源量4TB（文化共享工程）；自建数字资源：25TB；外购数字资源：40TB。

南通市图书馆藏中文图书目录数字化所占百分比为71%。

地方文献数据库建设：“通海新报”、“通通日报”报纸数字化，2.657万页A2大小的报纸，南通市图书馆投入经费40万元，于2013年2月招标成功，由北京方正阿帕比技术有限公司制作。

采用“力博”图书管理系统，图书采访、编目、流通、书目检索、期刊管理及办公基本实现自动化，已建馆内局域网。电子阅览室使用的是美萍网吧管理系统。

读者服务工作

2008年5月实行免费办证，2010年5月实行免收图书过期费。

南通市图书馆每周开放时间达66小时，坚持做到长年不闭馆，近三年的图书、期刊全部实行开架借阅。

馆际互借：根据南京图书馆《关于加强江苏省公共图书馆服务网络体系建设的通知》的条件要求，南通市图书馆申请加入了江苏省联合参考咨询网和馆际互借系统。今年，由南通市图书馆牵头，就南通市区域图书馆合作达成协议，目前，南通市图书馆与通州区图书馆、南通市广播电视大学图书馆开展了图书通借通还工作。南通市图书馆持证读者数21000，2012年接待读者30万多，人均年到馆15次（如含电话咨询、电子图书、期刊阅读和网站访问人均年到馆21.9次）。

南通市图书馆于2008年建立政府公开信息查阅点，2009年建立政府公开信息查阅中心。目前已有70余家的公开文件上架陈列，所有公开信息在阅览室向读者开架自由阅览；设立辅助书架，以便永久保存；举办“南通市政府公开信息工作解读”培训班，同时图书馆网站设立了政府信息公开专栏，与国务院网站、江苏省人民政府网站、南通市人民政府网站实行链接。

南通市图书馆利用丰富的馆藏文献资源，为领导机关决策与社会事业发展提供信息服务，为广大读者提供信息咨询服务。每年编制二次文献（《南通信息摘编》）4期，按时定期分发上级各部门领导机构。

重视开展为特殊群体和弱势人群服务工作。每年团支部都要送书到市福利院，为盲人送书上门并办证；送电影到聋哑学校，“无障碍”影片使孩子们体验特殊“阅读”。

全市“农家书屋”管理员培训

鲍鹏山登上“静海讲坛”谈“《水浒》人物的阅读与欣赏”

2014年，南通市图书馆获全国盲人阅读推广先进单位。静海讲坛多次走进学校和社区；图书流动点向边远地区倾斜。

2013年南通市图书馆网站重新规划，网站后台可以做到模块化管理，新增常见问题汇总以及图书馆读者RSS订阅功能，随时随地的向读者推送图书馆的最新信息。

南通市图书馆2009–2012年组织各种讲座、培训329场次，平均年举办82场次。2009–2012年组织各种展览49场次，平均年举办12场。年均170320人次。

汽车图书馆2012年12月开始运行。截止2014年底已经有流动点25个。每年出车百余次，办理图书证上千张，借书万余册。

业务研究、辅导、协作协调

在跨地区、跨系统协作协调方面：南通市图书馆和南京图书馆、上海图书馆保持良好的关系，如讲座、展览等；苏中地区图书馆发展战略研讨会已经召开6届、2013年3月，在南通市图书馆学会常务理事扩大会议上，就南通区域图书馆共建共享达成共识，4月签订南通市公共、高校图书馆区域合作协议书。

参与服务网络的基层图书馆的比例

南通市现有县级以上公共图书馆8家，参与服务网络的基层图书馆的比例为100%。南通市图书馆牵头每年召开四次南通市公共图书馆馆长例会，交流各馆特色工作，布置全市性工作，通报各馆新馆和拟建新馆情况。目前，南通市图书馆与通州区图书馆、南通市广播电视大学图书馆开展了图书通借通还工作，同时，建立基层图书流动点，方便不同地区读者就近借阅书刊。数据库利用一直延伸到乡镇。

基层辅导

在基层辅导方面，做好对县（市）馆和其他基层馆的辅导工作：每年组织召开市公共图书馆馆长例会，举办了多期业务培训班，如新馆员培训班、摄影技术与艺术实用基础培训班、乡镇文化站长培训班、“农家书屋”管理员培训班等，共培训图书馆工作者400多名；年平均下基层辅导70多人次。

南通市图书馆学会积极开展工作，举办业务培训班和技能竞赛、举办讲座和学术报告会、组织各类读书活动、组织学术研究活动、定期编印学会刊物《文献与信息》。近几年南通市图书馆学会获得全国先进学会、省先进学会、市先进学会，是南通市民政局首批四A级学会。

参加地区性/全国性联合编目工作。南通市图书馆和北京图书馆签订了联合编目协议，根据南京图书馆《关于加强江苏省公共图书馆服务网络体系建设的通知》的条件要求，申请加入了江苏省联合编目系统。多年来一直参加利用上海图书馆的编目会议和编目数据。

管理工作

财务管理

南通市图书馆自2002年以来，实行会计代理制度，南通市图书馆根据自己的实际情况建立了《南通市图书馆财务物资管理制度》、《南通市图书馆固定资产管理办法》、《南通市图书馆物资（品）出门证管理制度》等，并加以实施。

实行岗位设置管理，建立分配激励制度。2011年，事业单位改革实施岗位管理制度，经市编办核准市图书馆编制数为60。2012年9月，实施完成竞聘上岗，工作人员均竞聘到相应的工作岗位。

安排专人负责档案管理，使档案管理工作逐步走上正规化。

绿化管理方面，专门请了专业工程公司常年跟踪维护，卫生方面，实行阵地卫生包干制度，做到周有检查月有评比。在外墙和需登高操作的部位，请专业保洁公司维护。

重视消防、保卫工作，做到无事故。在综合治理安全方面确保“三防”措施经费投入到位，2012年经费投入近10万元。新馆增加174万元经费用于全面监控工作。

表彰、奖励情况

4年来共获得31次表彰，其中全国4个，省级9个，市级18个。

馆领导介绍

施冲华，男，1961年7月生，本科学历，副研究馆员，南通市图书馆馆长。1979年12月至今南通市图书馆工作。2013年度获南通市文广新局先进个人，2013年度南通市全民阅读先进个人，中国图书馆学会2011–2013年度优秀会员，2014年4月被授予“南通市先进工作者”荣誉称号，2012年被中共南通市委宣传部、南通市人力资源和社会保障局、南通市哲学社会科学界联合会表彰为南通市第二届“十佳社科之友”。

朱志强，男，1966年5月生，本科学历，中共党员，副研究馆员，毕业于中国人民大学哲学系。南通市图书馆南通市少年儿童图书馆联合支部书记。1997年12月参加工作，历任江苏省水利物资总站扬州站站长兼书记、南通市文化馆副馆长、南通市非物质文化遗产保护中心副主任兼秘书长，南通市图书馆副馆长、南通市图书馆南通市少年儿童图书馆联合支部书记。先后被南通市文广新局表彰为局系统优秀共产党员，南通市社科优秀志愿者，被南通市委、市政府表彰为先进个人，被中国图书馆学会表彰为先进个人。

未来展望

南通市图书馆新馆建设的目标和功能：“省内一流、国内先进，承担作为地区中心图书馆的辐射职能，高起点的推进数字化和网络化建设，把新馆打造成南通市民的大书房”。

联系方式

地　址：南通市启秀路3号
邮　编：226001
联系人：荣　嘉

2012年南通市图书馆喜迎百年馆庆

南通市少年儿童图书馆

概述

南通市少年儿童图书馆成立于1993年12月，是江苏省第一家独立建制的地级市公共图书馆，馆名由著名的剧作家曹禺先生题写。馆舍面积达3000平方米，其中启秀路3号303平方米、新普大厦647.35平方米、新馆2050平方米。阅览座席480个。内设馆长室、办公室、社会活动部、采编部、少儿借阅部、低幼借阅部、连环画和外文特色阅览部、电子阅览部、儿童玩具部、多功能报告厅等10大部门。拥有1家分馆、17个图书流动点。2002年建立了网站，2012年参加第五次全国公共图书馆评估，首次获得一级图书馆。

业务建设

截止2012年底，南通市少年儿童图书馆总藏量15.6万册，其中，纸质文献13.6万册（件），电子图书2万册。

2012年，南通市少年儿童图书馆新增藏量购置费40万元。2009–2012年，入藏中外文图书2.7万种，5.5万册，中文报刊1196种，1442份，视听文献2940件。

1999年，南通市少年儿童图书馆已经进行借阅服务自动化管理。2003年将自动化管理系统更换为力博管理系统。

读者服务工作

从2011年起，南通市少年儿童图书馆在免费开放的基础上，提升服务品质，向全市儿童实行办证不收押金，外借图书不收过期费，借阅期限由1个月延长至2个月，凡过期者停借一周，外借图书由2册改为5册，所有读者活动均免费举办，实行公共文化服务全免费。每周开馆时间60小时。年流通总人次达30万以上，年外借册次达18.8万。南通市少年儿童图书馆网站在2008年重新更改，结构上突出读者服务，设计风格适合儿童特点，有漫步少图、读者指南、活动信息、少儿讲坛、好书推荐、网上续借、有声读物等栏目。网站年均访问量达20万人次以上。

2009–2012年，南通市少年儿童图书馆举办各种讲座、展览、培训、阅读推广等读者活动达156场次，参与人数达6万人次。每年开展的全市大型读书品牌活动达7次以上，如：“快乐闹元宵青少年兴趣剪纸”活动，2011年获中国图书馆学会颁发的“全国青少年阅读活动案例征集暨阅读推广点子大赛”优秀阅读案例奖。“中小学生电脑小报设计比赛”活动，在2011年和2012年连续两年获文化部全国文化信息资源建设管理中心颁发的优秀组织奖。“亲子共读，精彩展示”活动，2011年获江苏省委宣传部颁发的第六届江苏读书节优秀活动项目奖，2013年又获江苏省文化厅颁发的“江苏省文化志愿服务优秀服务项目”。“赠书育人真情帮教——为特殊群体免费服务”项目，获江苏省文化厅颁发的全省第五届公共图书馆优秀服务成果二等奖；“易书交友·分享阅读”活动，获江苏省文化厅颁发的第六届江苏省公共图书馆优秀服务成果二等奖；“绘本阅读·播撒阅读种子”活动，获江苏省文化厅颁发的第六届江苏省公共图书馆优秀服务成果三等奖；“红领巾读书征文比赛活动”连续十年被江苏省文化厅授予优秀组织奖。南通市少年儿童图书馆在注重开展阅读推广活动的同时还加大对图书宣传和阅读兴趣辅导的力度，通过图书展示、好书推荐、杨红樱儿童文学作品展、网站新书介绍、设立新书专架、开展书评、举办故事会、开展朗诵兴趣辅导班、举办“读好书、做有道德的人”、“新春小读者联谊会暨‘读者之星’颁奖活动”、“南通市春节家庭读书乐联谊会”、“让宝贝爱上阅读”等多种活动来宣传图书，辅导阅读，广泛宣传少儿图书馆的服务功能，举办各种阅读兴趣辅导班年均30次。

业务研究、辅导、协作协调

2009–2012年，南通市少年儿童图书馆职工在省级以上刊物发表论文及获奖论文30篇，撰写本地区少儿图书馆事业建设综合性调查研究报告4篇。全年下基层业务辅导年均达16次。每年为全市农家书屋管理员培训达2次以上。为了充分发挥少儿图书馆的整体优势和使用效益，实现资源共建共享，2010年，南通市少年儿童图书馆与天津市少年儿童图书馆、上海图书馆签订了免费使用联合编目的协议书；注重分馆及流动点的建设，已逐步形成以总馆为龙头、分馆为辅助、各图书流动点为基础，覆盖全市的“十分钟”服务圈。

新馆低幼借阅部

新馆互动阅读区

馆长给外来务工人员子女就读学校捐赠图书

低幼部读者借阅一景

"易书交友阅读"主题活动

管理工作

南通市少年儿童图书馆设置岗位总量11个，其中：管理岗位3个，专业技术岗位8个。全面实行岗位设置管理，建立分配激励制度，进行按需设岗、按岗聘用、竞争上岗，制订部门目标岗位责任制。出台并执行奖励性绩效工资分配方案。各部门每月有工作计划和总结，馆长室每月对各部门进行月考核，并按月发放月考核奖，年终对职工进行工作考核，根据考核成绩发放年终奖金。每年对固定资产进行清查、核实，规范资产增加、使用、处置手续。专门设置了档案室，有职工档案、参考咨询档案、有读者活动档案、有业务辅导档案。人事管理、财务、业务工作等统计数据齐全，对统计数据有分析研究。

表彰、奖励情况

2009–2012年，南通市少年儿童图书馆共获得各种表彰、奖励14次。其中，获得中央、部级表彰奖励3次，获省级表彰奖励7次，获地市级表彰奖励4次。

馆领导介绍

顾惠冬，女，1962年9月生，本科学历，民主党派人士，研究馆员，馆长。1980年4月参加工作，1990年4月调入南通市图书馆工作，先后在外借部、技术开发部、古籍部、业务辅导研究部工作。2008年4月被南通市文化局任命为南通市少年儿童图书馆副馆长，分管全馆业务工作。2011年1月全面主持南通市少年儿童图书馆工作，2012年3月被南通市文化广电新闻出版局任命为南通市少年儿童图书馆馆长。2007年获中共南通市委、南通市人民政府颁发的"先进个人"称号；2012年获中共南通市委、南通市人民政府颁发的"南通市全国文明城市建设工作先进个人"；2013年获南通市总工会颁发的"南通市五一巾帼标兵"；2011年撰写的论文获江苏省文化厅颁发的"全省第三届图书馆学情报学学术成果二等奖"。

未来展望

2013年南通市少年儿童图书馆新馆扩建工程已开始实施，新馆扩建使用面积2050平方米，由8大功能区域组成：包括少儿借阅部、低幼借阅部、儿童玩具部、多媒体互动区、读者阅读推广活动区、学生自习区、家长休息区、书包寄存区等。

新馆设计围绕儿童的人体工程以及儿童的心理特征，全方位地打造了儿童安全、快乐、舒适的阅读环境，馆内增加了与时代同步的现代化设施、设备，运用体验性以及互动性的高科技手段，多角度提升图书可看性、可读性和可听性，极大地增强了儿童的阅读兴趣。新馆的现代化设计方案与国际接轨，堪称国内一流。

未来的少儿图书馆新馆，通过智能化、科技化、个性化、人性化等多种高科技手段，提供多种服务功能，让小读者在阅读中得到快乐，在快乐中获取知识，在听、说、写、做等方面得到锻炼与发展。

联系方式

地　址：江苏省南通市启秀路3号
邮　编：226001
联系人：王美琴

新馆大厅

新馆少儿借阅部

连云港市图书馆

概述

连云港市图书馆的前身为1959年成立的新海连市图书馆。现馆址位于海州区苍梧路56号，于2003年12月正式对读者开放。建筑面积约16000平方米，拥有读者阅览坐位800余个，计算机120台，采用力博图书馆自动化管理系统。连云港市图书馆多次被评为连云港市文明单位、连云港市未成年人思想道德建设工作先进集体，先后被国家文化部授予"全国文化工作先进集体"称号，被省文化厅评为"江苏省文明图书馆"，2013年再次被国家文化部评为一级图书馆。

业务建设

截止2012年底，连云港市图书馆总藏量99.4万册（件），其中，纸质图书49.78万册，报刊6.8万册，视听文献0.32万件，电子42.50万种。2012年，连云港市图书馆新增藏量购置费为120万元，共入藏中文图书26800册，订阅报刊960种。2009年以来，共收集地方文献763种1187册，成果明显。将《西游记》文献资料作为地方文献建设重点，建立《西游记》文献信息中心，已拥有各种版本《西游记》及其研究资料374种572册。

截止2012年底，连云港市图书馆数字资源总量为19.7TB，拥有《中国学术期刊网络出版总库》、《中国大百科全书全文数据库》、《典藏古籍数据库》等数字资源。自建数据库有：地方文献书目数据库、《西游记》文库，并与市艺术研究所合作建设海州五大宫调资源库及淮海戏视频资料库。规划建设的地方文献数据库包括：①地方文献的数字化产品；②与地方文化、历史、人物、风物等相关的由文字、图片、流媒体等组成的地方特色多媒体资源库；③与地方文化、历史、人物、风物等相关的流媒体专题片、资料片；④与地方文化、历史、人物、风物等相关的网络资源收集形成的数据库。

读者服务工作

连云港市图书馆全年365天对外开放，周开放68个小时，展厅、报告厅、读者自修场所均向读者免费。从2009年底开始，即实行基本服务全免费（包括办证、外借、阅览、咨询、上网、听讲座、看展览等）。近三年的图书实行全开架借阅，当月报纸、当年期刊全开架借阅。2009–2012年，年均书刊外33.65万册次。在社区、学校、部队建设馆外服务点近40家，书刊借阅册次为74.8千册次/年。连云港市图书馆与南京图书馆、连云港市职业技术学院图书馆、东海县图书馆等图书馆签订互借协议，并开展工作。

在参考咨询方面，根据社会关注热点，定期编印专题信息刊物《信息快览》，分送市政府及相关部门、科室。参加江苏省公共图书馆联合参考咨询网和上海图书馆网上联合知识导航站开展网上文献传递服务。为科研单位及个人提供课题服务及信息资料查询服务，每年都在60件以上，为普通读者提供日常咨询在4000条以上。与市委组织部知识分子工作办公室联合，为全市高层次人才免费办理图书借阅证，提供专门服务。设立政府信息查询中心，提供查询服务。

针对青少年读者、老年读者和农民工读者的特点，开展有针对性的服务，如老年读者上网技能培训、青少年NIT培训、农民工视频播放、网上订票服务等等。配合学校"书香校园"活动在班级设立图书角，儿童借阅室成为学校阅读课基地，每周都有学校组织学生来馆上阅读课。

2009–2012年，连云港市图书馆年均举办讲座、培训76场，展览15次，阅读推广活动18次，每年参加活动达3万人次。"苍梧讲坛"被江苏省委宣传部评为"优秀讲坛"，"'我读书我选择'读者荐书活动"入选连云港市十大公益文化服务品牌。

业务研究、辅导、协作协调

2009–2012年，连云港市图书馆约有60篇论文在省级以上刊物或专业会议上发表论文，出版专著1部，撰写调查研究报告5篇。通过举办农家书屋管理员培训班、图书馆员继续教育培训、数字资源使用方法培训、组织赴外地参观学习等形式，每年均有100以上人次参加。

参与的馆际协作协调活动有：①成为省馆的流通服务点；②参加国家图书馆联合编目中心、上海市文献联合编目中心、南京图书馆联合编目；③与淮海工学院等本地高校开展文献采购合作；④与省馆及本地高校及县区馆开展馆际互借；⑤与县区馆开展"一证通"合作；⑥参加江苏省公共图书馆联合参考咨询网及上海图书馆网上联合知识导航站；⑦参与国家图书馆、省图书馆、上海图书馆的讲座、展览共享系统。

建立馆外服务点

西部畅想曲——山西篇摄影展

《苍梧讲坛》"从好读书到会读书"现场讲座

连云港市图书馆服务宣传周

管理工作

按照"实行评聘分开"、"按需设岗聘任"的要求，制定结构比例、使用计划和竞聘上岗方案，明确岗位工作职责，提出任职条件，实现全馆职工专业技术职务的竞聘。

按工作需要设立部门和岗位职数，对本馆中层干部职位实行竞聘上岗，普通职工双向选择、竞争上岗工作。实行岗位责任制，馆部每年与各部门签订目标责任书，对职工有明确的岗位职责要求。

制定《工作人员日常考核制度》、《部门工作年度考核方法》等考核办法，并成立考核监控小组，严格考核。

制定《连云港市图书馆统计工作制度》，人事管理统计、财务统计采用上级部门配发的专用软件进行统计，业务工作统计利用LIB系统中的数据对办证、藏书、采编等情况进行统计分析。

表彰、奖励情况

2009–2012年，连云港市图书馆共获得各种表彰、奖励21次，其中，文化部1次，江苏省委宣传部1次，江苏省文化厅5次，南京图书馆3次，市主管局11次。

馆领导介绍

黄跃进，男，1958年5月生，江苏省委党校研究生学历，中共党员，副研究馆员，馆长，支部书记。1976年12月参加工作，历任连云港中医药高职校团委书记、学生科长、副校长、党委副书记，连云港广播电视大学党委副书记、副校长，2010年9月任连云港图书馆馆长（副处级）。兼任江苏省图书馆学会常务理事、连云港市图书馆学会理事长等职。

王志军，男，1968年9月生，本科学历，中共党员，研究馆员，副馆长。1990年8月参加工作，先后在连云港市图书馆采编部、外借部工作。兼任连云港市图书馆学会副理事长。

周红，女，1967年10月生，本科学历，中共党员，副研究馆员，副馆长。1989年7月到连云港市图书馆工作，先后在采编部、参考咨询部、图书借阅部工作，任副主任、主任等职。

未来展望

2013年，连云港市图书馆新馆建设已被列入政府十大民生工程，正在加快推进中。新馆所在的连云港市新海新区，将建设成为城市行政商务中心区、城区公共服务集中区、科教文化旅游产业集中区、城市新型居住区。连云港市图书馆新馆是连云港市文化综合体——新世界文化城的一部分，图书馆地上建筑面积共约为23700平方米，另在地下一层有一个1800平方米的密集架书库。设计阅览座位2200个，可容纳纸质藏书120万册，实现无线网的全覆盖。

连云港市图书馆将聚花果山孙大圣之猴气坚韧不拔，纳黄海逐浪峰高之波涛自强不息，以积淀文化、致力于卓越的知识服务为理念，以精致服务、引领学习、激扬智慧为核心价值观，将成为亚欧大陆桥东桥头堡的文献资料中心、数字信息中心、社会教育中心和文化休闲中心，为培养优秀人才、提高市民素质、提升城市品位、促进港城新腾飞发挥重要作用。

联系方式

地　址：连云港市海州区苍梧路56号
邮　编：222006
联系人：沈爱文

连云港市少儿图书馆

概述

连云港市少儿图书馆2003年6月建馆，在基础非常薄弱，经费较为紧张的情况下，艰苦创业，次年即通过了国家文化部组织的第三次国家一级馆评估验收，随后，又通过了第四次、第五次国家一级馆评估验收。馆舍建筑面积3400平方米，读者用房面积2900平方米，低幼儿玩具室面积180平方米；阅览坐席总数为313个，计算机总台数224台，互联网接口20兆；基本完成了图书馆自动化建设，在采访、编目、流通、书目检索等方面都采用了自动化管理，也基本实现办公自动化和集成化管理。

业务建设

截止2012年底，连云港市少儿图书馆总藏量29万册（件）。总经费从2009年的260.6万增加到2012年的346.2万，2009–2012年，图书新增藏量年平均值7271种，报刊订数年平均值为369种，连环画、低幼儿读物新增藏量年平均值为4356册，电子、视听文献新增藏量年平均值为1027件。

在文献采选与编目方面，连云港市少儿图书馆科学管理藏书，有规范的"采选政策"文本，文本中有对各类文献的采集依据和工作要求的规定，对文献有否缺藏、工作程序的规范严格按照采选政策执行。采用《中图法》标引藏书，使用文献著录国家标准进行著录，当年新入藏图书编目率100%，图书加工规范、统一、整齐、美观，设立供读者使用的机读目录数量占馆藏普通图书、报刊总量的90%以上。本馆藏书全部采用计算机图书馆软件系统管理，并建有本馆网站，本馆藏书可通过OPAC机和本馆网站进行查询，还与社区分馆通过VPN局域网实现联网，可通借通还。在藏书管理与保护方面，连云港市少儿图书馆制定了分编细则、加工标准及文献出入库、文献保护等规章制度，并认真执行这些管理制度，配备了防火、防盗、防虫、防尘、防潮等措施和设备，效果良好。保持书库卫生、对破损图书及时修复。

读者服务工作

连云港市少儿图书馆于2010年首先对阅览室和外借室实行免费开放，2011年，对电子阅览室也实行了免费开放，同时还免费开展讲座和读者服务活动等，从而实现了全面对外免费开放，并坚持365天天天对外开放，每周开放时间达54小时。2012年，流通总人次436232万人次，年外借册次是338352万册次，所藏各种文献采用全开架方式对读者开放，方便了读者借阅。在阅览室还设立了特殊读者专座，在电子阅览室设有盲人专用计算机。对特殊少儿读者，如：务工子女，智障儿童等，多采用上门服务，经常送书和开展一些服务活动。

连云港市少儿图书馆拥有一个设计美观、结构合理、操作便捷、适合少儿特点的网站，并且有专人管理，及时进行更新与改进。在本馆网站上，引进了"少儿多媒体图书馆"、动漫平台书库——"点点书库"等软件；还专门购置了少儿DIY软件，小读者可以自己动手制作电子图书。通过不同主题，组织了各类电子图书制作比赛，并可以将自己制作的图书上传至本馆的网站，供别人传阅。还利用网站向小读者推荐20个少儿优秀网站以及一些优秀电子读物；同时，还利用网络和电子阅览室开展了一些特色活动。如《网上游世博》《电子图书制作大赛》《电脑绘画》《网页制作比赛》《网上征文及有奖问答》《网上红色之旅》《织微博·览群书》等活动。

2009至2012年举办各类读者服务活动300次，读者参加总数为968430人次；共举办大型活动21次，如：每年的江苏省"红读"征文比赛、2010年举办的"石曼卿读书节"、2011举办的"我自护，我成长"知识问答竞赛、2012年举办的全市《弟子规》书法比赛等，这些活动全市的参与率100%，活动从策划、宣传、组织、总结各个环节都安排的有条有序，在全市都有较大的影响；还积极开展阅读指导与推广工作，利用报纸、电子屏、网站、宣传栏等进行新书推介，还多次到学校开展书展和新书推介活动，2012年宣传次数28次，宣传的资源数量近2万册；2009至2012年共举办课外阅读兴趣辅导活动107次。

业务研究、辅导、协作协调

2009–2012年，连云港市少儿图书馆职工在省级以上刊物发表论文17篇，继续教育年人均90学时。

连云港市少儿图书馆是文化信息资源共享工程基层服务点，近年来，积极争取经费，不断增加、完善软硬件数字资源和设备，并有专人负责。目前，配有服务器4台、VPN防火墙网关1个，以及投影仪2台、数码相机、录像机、扫描仪、移动播放器、供读者使用的167台电脑等设备，在社区分馆统一安装力博图书馆管理系统和文化资源共享工程点播软件，实现资源共享。还配备了点点书库、少儿多媒体图书馆、乐儿科普动漫电

连云港市少儿图书馆

全市中小学《弟子规》诵读与表演比赛

爱读书的孩子们

春节猜谜活动

阅览室

子书、连环画资料库、报纸数据库等数字资源。在日常工作中，我馆坚持每天对外开放，并利用共享工程设备和现有的数字资源，开展了一系列的服务活动。2012年举办视屏播放活动101次，举办了《如何利用共享工程》《照片处理》《如何利用互联网》等讲座7次，还利用这些资源开展了“快乐学习亲子互动”、“电子图书制作”、“电脑绘画比赛”“网上祭英烈”等活动。

连云港市少儿图书馆流动送书服务，切实解决了基层、农村、及留守儿童看书难等问题。在偏远的农村和学校建立了19个流动书库，在社区建立了4个分馆，共计23个流动网点，2009–2012年年平均书刊借阅人次是125880人次，书刊借阅册次是180371册次；同时从财力、物力、人力上支持这些偏远地区、贫困地区开展读书活动，在业务上给予指导与协调，拓宽了服务领域。在2011年建党九十周年知识竞赛活动中，有19支来自个流动书库和分馆的代表队参加了比赛，增强了各流动点和分馆的联系与沟通。

管理工作

连云港市少儿图书馆一直实行全员聘用制，按需设岗、按岗聘用，中层干部、专业技术人员全部竞争上岗，并建立分配激励机制及考核制度，年终考核奖励。2012年再次进行了专业技术人员竞争上岗。同时，建立了工作量化考核指标体系，每月进行工作进度通报，每半年和全年进行总体工作考核。

连云港市少儿图书馆现有在职人员17人，大专以上学历占职工总数的91%；高级职称5人，中级职称5人中级以上职称10人，中高级职称人数占职工人员总数58.8%；3名馆领导班子成员中，本科2名，大专1名，主要领导为图书馆学专业毕业。

表彰、奖励情况

2009–2012年连续四年被市文化局评为先进集体；2009–2012年在全省红领巾读书征文评奖活动中连年被省文化厅授予优秀组织奖、组织奖；2010年被江苏省版权局授予江苏省青少年版权教育先进单位；2010年《少儿流动书库工程》荣获第九届江苏省“五星工程奖”；2012年荣获第二届江苏省未成年人思想道德建设工作先进集体；被国家文化部授予国家一级图书馆；在全省五届公共图书馆优秀服务成果评奖活动中，“义务小馆员”和“读书走天下”两个项目均获得优秀服务成果三等奖。2010年，在中图学会组织的“全国少年儿童阅读年”活动中获得阅读奖和阅读推广奖；2011年，在中图学会组织的“青少年阅读活动案例暨阅读推广点子大赛”中报送的“小小图书采购员”获优秀阅读案例奖；2012年，在中图学会举办的“在科学的世界里畅游”青少年科普阅读系列活动和“绘出心中童谣”全国少年儿童童谣绘画创作征集大赛活动中均获得积极组织奖；2009–2011被市委、市政府授予连云港市文明单位和连云港市文化建设优秀品牌（2010）；2009年被市总工会授予“五一巾帼标兵岗”；2011年被市综合办、团市委、未保办、预防办授予连云港市第二届“十佳青少年维权岗”；2012年被市妇联授予连云港市“三八”红旗集体；多次被文广新局评为宣传报道先进集体、先进党支部、群众满意窗口以及创新创优项目一二三等奖等。

馆领导介绍

朱里萍，女，1963年8月生，大专学历，中共党员，副研究馆员，党支部书记、馆长。1980年12月参加工作，1982年4月至2003年6月，在连云港市图书馆工作，2003年6月起，在连云港市少儿图书馆工作，历任馆长助理、副书记、副馆长（主持工作）、书记、馆长。

张冬青，女，1968年4月生，本科学历，民革委员，副研究馆员，副馆长。1987年6月参加工作，2007年8月调入连云港市少儿图书馆，历任馆长助理、副馆长。

崔建，男，1981年7月生，本科学历，中共党员，三级编剧，党支部副书记。2002年4月参加工作，2008年5月起，任连云港市艺术研究所所长助理。2010年11月调入连云港市少儿图书馆，任党支部副书记。

未来展望

连云港市少儿图书馆始终遵循“一切为了孩子，为了一切孩子，为了孩子的一切”的办馆宗旨，将逐步完善服务功能，扩大服务辐射区域，不断提高业务工作水平。

举办双胞胎才艺展示活动

开垦小读者林

义务小馆员培训

淮安市图书馆

概述

淮安市图书馆始建于1958年10月（时为地辖市）。1959年5月1日正式对外开放。1964年11月更名为“清江市图书馆”。1983年3月体制改革，市馆上升为“淮阴市图书馆（省辖市）。1992年11月，旅台淮安籍同胞李崇年先生遗孀葛宗蕙女士秉承李先生遗愿，捐赠25万美元兴建“李崇年图书馆”，于1993年10建成开放。2001年2月，行政区划再次调整，淮阴市更名为淮安市，原淮阴市图书馆遂更名为“淮安市图书馆”至今。

2011年，淮安市政府投资兴建特大型、地标性重点文化设施“新四馆（图书馆、文化馆、美术馆、城市规划展示馆）”，其建筑以“运河之舟”造型彰显淮安运河之都人文特色。其中图书馆项目建筑总面积3万平方米、阅览座席2546个、少儿阅览座席260个、计算机总量424台、可供读者使用的计算机368台、宽带接入100Mbps、读者服务区无线网实现100%全覆盖，新馆将于2014年全面建成开放。

2009－2012年，建成4个分馆，近20个流动服务车服务点。

业务建设

截止2012年底，淮安市图书馆总藏量62.25万册（件），其中，纸质文献56.25万册（件），电子图书6万册。

2011年淮安市图书馆文献购置费110万元、2012年200万元，新增藏量购置费90万元。2009－2012年，共入藏中文图书76810种，214213册，中文报刊869种，视听文献1100种。

截止2012年底，淮安市图书馆数字资源总量为17TB。其中，自建数字资源总量2TB，主要包括：周恩来文献专题、谢冰岩专题、淮扬美食专题、淮安历史名人专题、地方文献书目等，正在建的讲座资源数据库已累积资源1TB。

读者服务工作

淮安市图书馆全年365天天天对外开放，并从2008年10月起实行全免费服务，周开放68小时。2012年，书刊总流通39.62万人次。

2009－2012年，淮安市图书馆网站访问量近120万次，开通了淮图微博，截止2012年，淮安市图书馆发布使用的数字资源总量为近20TB，均可通过淮安市图书馆网站、共享工程专网向全市公共图书馆、共享工程基层服务中心提供检索、浏览和下载服务。

以文化惠民为己任，扎实推进全民阅读。按照贴近生活、贴近实际、贴近群众的要求，培育具有区域特色、文化特色的公共服务平台，着力提升图书馆免费开放的实践水平。以多视角的群众阅读活动、多层次专家讲座和视频讲座、多样化数字网络服务引领读者走进图书馆、利用图书馆。2009－2012年，淮安市图书馆共举办讲座、展览、培训、阅读推广等读者活动三百多场次，参与人数10多万人次。“周恩来读书节”、“图书馆服务宣传周”、“世界读书日”、“淮安市图书馆科普学校”、“淮安文化讲坛”、“知心姐姐讲坛”等已成为本馆读者服务和阅读推广的品牌活动。通过创新阅读内涵、深化阅读形式，巩固“馆内阵地读、基层送书读、读书节现场读、在线数字共享读、专家辅导读、讨论交流读、课题研究读”等多种形式的群众性读书活动，深化“书香机关、书香社区、书香农村、书香校园、书香军营”创建活动，引领全民读书，形成崇学风尚，以阅读主题与阅读载体的双创新，推进图书馆服务的大拓展、大延伸。

共享工程淮安市图书馆支中心完成了市、县、乡三级设施网络架构，基本实现接收、加工、发布视频资源和文献资源功能，并连续开展培训与技能竞赛活动，利用省分中心下发资源，开展社会服务活动，内容涵盖周恩来特色专题宣传片、淮安历史文化片、国内外优秀影片、党员远程教育片，重点将“淮安文化讲坛”办成全市共享工程建设中一个拿得出、叫得响的文化品牌。

业务研究、辅导、协作协调

2009－2012年，淮安市图书馆职工发表论文70多篇，其中在省级以上刊物发表25篇，在省级以上专业会议获奖44篇。淮安市图书馆学会举办了二届学术年会，参与了一次淮安市科协优秀学术论文评选。

从2011年起，淮安市图书馆以本馆数字资源为基础，以文化信息资源共享工程为依托，在全市范围内发起组建公共图书馆数字资源服务联盟，并在全市各县区公共图书馆建立数字分馆，截止2012年底，成员馆发展到10家。期间，举办各种培训班10多期。

淮安市图书馆

新馆效果图

大学生演讲比赛

航模知识讲座

少儿故事会

2012年本馆与南京图书馆签订协议，正式成为江苏参考咨询网、馆际互借系统、联合编目系统成员馆；同年，与金陵图书馆签订“南京都市圈”共建共享一体化协议；加盟国家图书馆联合编目中心成员馆；与本市各公共、高校、医院图书馆签订馆际互借协议，建立横向联络机制，落实《淮安地区图书馆服务联合体构建策略研究》建设方案，谋划区域图书馆联合发展。

加强基层辅导，实行辅导内容、时间、地点、主讲人“四固定”，业务培训活动提高了基层图书馆（室）从业人员的业务技能与管理水平，促进了基层图书馆的发展。

管理工作

2009—2012年，对本馆人事管理改革方案、竞争上岗和双向选择实施办法、全员聘用合同制实施细则，岗位设置方案、绩效考核实施办法等进行了重新修订，并完成了第二次全员岗位聘任。同时，建立了工作量化考核指标体系，明确各部门年度工作目标，每半年进行业务工作检查，全年进行业务工作目标考核。

表彰、奖励情况

2009—2012年，淮安市图书馆共获得各种表彰、奖励13次。其中，省文化厅表彰8次，南京图书馆、文化共享工程江苏省分中心表彰3次，省图书馆学会表彰1次，市委市政府表彰1次。

馆领导介绍

吴珩，男，1967年1月生，1989年参加工作，大学学历，中共党员，副研究馆员，党支部副书记（主持工作）。

周建淮，男，1960年7月生，1977年参加工作，大专学历，中共党员，副研究馆员，副馆长。

朱晓丽，女，1970年2月生，1994年8月参加工作，本科学历，中共党员，中级职称，副馆长。

张曙，男，1959年9月生，1978年参加工作，大专学历，中共党员，副研究馆员，馆工会主席。

谭进，男，1978年2月生，2000年参加工作，本科学历，中共党员，图书馆员，馆长助理。

未来展望

2009—2012年，淮安市图书馆遵循“夯实基础，科学发展”的办馆方针，秉承惠民为民的服务理念，不断完善服务功能，扩大服务范围，强化自身综合实力推动了事业发展，在第五次全国公共图书馆评估定级中，首次被评为一级馆。

2014年，位于淮安生态商务新城的市图书馆新馆将正式启用，其总体功能定位为区域性“文献收藏中心、文化展示中心、信息传播中心、学术研究中心”。新馆将全面升级图书馆原有软硬件系统，提升和拓展原有服务的方式和渠道，在保持阵地服务的基础上，引进优秀数字资源数据库，开通手机、PAD端服务，引进自助借还服务体系，开通24小时社区自助借还服务点。

全面建成开放后的淮安市图书馆，将由新城馆区、北京北路馆区和人民南路馆区三部分组成，总建筑面积3.40万平方米，阅览座位2700个，可容纳纸质文献300万册。

联系方式

地　址：江苏省淮安市北京北路91号
邮　编：223001
联系人：周建淮

送书进军营

新馆俯瞰图

淮安市少儿图书馆

概述

淮安市少儿图书馆是由淮安市关工委和清河区政府共同创办的公益性事业单位。图书馆筹建于2008年下半年，当年11月开馆运行。图书馆占地5000平方米，建筑面积3000平方米。读者用房面积1621平方米。图书馆有阅览座席322个，有220座席的多功能厅1个，计算机65台，信息节点150个，10兆互联网接口，使用力博图书馆自动化管理系统。

业务建设

截止2013年初，淮安市少儿图书馆总藏量12.1655万册（件），其中，纸质文献10.9233万册，光盘1279张，期刊合订本787册，报纸合订本356册，电子图书10000册。2009–2013年初，新增图书31083种，年新增图书7700多种（其中连环画、低幼读物新增4465种，9331册，年新增2333册），报刊200种，光盘110种。图书馆业务工作，从文献的采访、编目、流通、书目检索等实现自动化、集成化管理。

读者服务工作

从开馆第一天起，淮安市少儿图书馆对读者就全面实行免费开放，每周开馆46小时。已设立青少图书室、综合图书室、低幼图书室、报刊阅览室、低幼玩具室、电子阅览室等服务窗口，图书实行全开架管理。2009–2012年，图书总流通49.38万人次，图书外借59.38万册次。开馆运行后第四年的2012年，有效借书证7893张，图书总流通达到14.0815万人次，图书外借达到18.0880万册次。2013年4月，在社区设立15个图书借阅服务点。

2009年建立了淮安市少儿图书馆网站，网站年点击数12.86万。2013年初，淮安市少儿图书馆设立全国文化共享工程支中心，并参与服务和活动。淮安市少儿图书馆共享淮安市图书馆数字资源服务平台，向读者开通读秀学术搜索系统、超星电子书数据库。

2009–2012年，淮安市少儿图书馆共举办讲座、展览、培训、阅读推广等读者活动104场次，参与人数1.7万人次。

业务研究、辅导、协作协调

2009–2012年，淮安市少儿图书馆派出20余人次参加各级各类学习班、培训班、研讨会10余次。组织职工学习图书馆业务知识，全体员工每年参加业务培训学习的时间达40课时。

2009–2012年，淮安市少儿图书馆职工发表论文2篇。《特色鲜明的淮安市少儿图书馆》论文，在参加“2011年江苏省图书馆学会少儿图书馆建设理论研讨会”征文活动中，被评为1等奖。

2012年6月，淮安市少儿图书馆承办了江苏省图书馆学会少儿图书馆专业委员会六届二次会议，与兄弟馆交流、探讨儿童图书馆办馆经验。

管理工作

淮安市少儿图书馆在管理机制上，实行理事会、监事会管理制度。在用工模式上，采用义工制和聘用下岗职工，低成本高效率办馆。在服务模式上，拓宽了少儿图书馆的服务人群，兼顾为老年朋友服务。

制定了各项规章制度，包括职工行为规范、业务工作规范、岗位工作职责、考核办法等管理制度。实行岗位聘任制，设立工作量化考核指标，进行月和年度考核。图书整架实行分工责任制，每月抽查1次，抽查结果与月绩效工资挂钩，保证了图书排列有序。

表彰、奖励情况

2011年10月11日，淮安市少儿图书馆被江苏省关工委授予“全省关心下一代工作先进集体”荣誉称号。2011年2月，被淮安市精神文明办授予“关心教育未成年人工作成绩显著单位”荣誉称号。

馆领导介绍

吴秉霞，女，1949年10月生，大学学历，中共党员，高级工程师、高级经济师，馆长。曾任清江电机厂厂长、淮安市轻工业局局长、淮安市妇联主席。

乐梅，女，1969年1月生，本科学历，中共党员，淮安市老少活动中心党组书记，副馆长。2010年被区委区政府表彰为巾帼建功先进个人。

施振宏，男，1947年7月生，大学学历，中共党员，副研究馆员，副馆长。曾任淮阴师范学院图书馆办公室主任，西校区图

书馆馆长。在图书情报学研究领域发表学术论文80余篇。

未来展望

在未来的几年里，突出做好以下工作：（一）增加读者用房面积，本着因陋就简，因地制宜，方便管理，改造不便利用的空间，使读者用房面积达到2000平方米以上；（二）增设读者服务窗口，合理进行藏书布局，提供更多藏、借、阅一体化服务空间。（三）加大图书采购力度，使总藏量达到20万册以上，《全国少年儿童图书馆基本藏书目录》中的图书采集量要达到50%以上，年报刊订数要达到200种以上。（四）做好读者服务工作，有效借书证要达到1.5万张，年图书流通总人次达到19万人次，年图书外借达到25万册次。加强读者阅读辅导、阅读推广工作，组织形式多样的读者活动，年举办读者活动40次以上，年举办各种阅读兴趣辅导班活动25次以上。（五）招聘本科及图书情报专业的大学生，逐步改善职工队伍学历层次低、专业技术人员缺乏的状况。（六）争取免费开放专项经费到位，包括中央财政补助经费全额到位，地方配套补助经费全额到位。在未来的几年里，淮安市少儿童图书馆争取有一个较大的发展。

联系方式

地　址：江苏省淮安市北京北路132号
邮　编：223001
联系人：施振宏

盐城市图书馆

概述

盐城市图书馆其前身可追溯到民国十七年（公元1928年）的“盐城县立硕陶图书馆”。1983年因撤县建市升级为盐城市图书馆。1987年在毓龙东路26号兴建一期工程，1989年建成开放；2002年在原地扩建二期工程，2006年整体装潢改造后对外开放。2011年在市行政中心西侧府西路6号新建城南图书馆，2012年11月落成使用。原毓龙东路图书馆保留3000平方米馆舍，成立盐城市少儿图书馆，两馆实行通借通还。新馆占地面积27亩，建筑面积3万平方米，建筑投资2.5亿元。设计馆藏为200万册，南北馆合计面积33021.69平方米。在五次全国公共图书馆评估中均被评为一级图书馆，2009年被国家人保部和文化部联合表彰为“全国文化系统先进单位”。2012年，盐城市图书馆有阅览坐席884个，少儿阅览坐席212个，计算机173台，宽带接入100Mbps，存储容量30T。

业务建设

截止2012年底，盐城市图书馆总藏量89.1880万册（件），电子文献藏量19500种。2012年，盐城市图书馆财政拨款总额2342.9万元，新增藏量购置费109.8万元，入藏图书8766种，报刊966种，视听文献897件。截止2012年底，盐城市图书馆数字资源总量为16.94TB，馆藏中文文献书目数字化为96%。2011年，开始进行盐城市图书馆地方志数据库开发建设，完成数据量300GB，容量为3TB。2012年新馆开放，除了传统的文献采编与储藏、书刊外借阅览、网络资料查阅、讲座展览、知识培训与社会教育外，增加了文献数字化处理、音视频制作、亲子阅览、视障阅览、自助借还、手机图书馆等功能。

结合新馆开放，将自动化管理系统升级改造为汇文系统，以适应图书馆服务联盟建设的需要，同时，引进RFID技术，实现了馆藏文献的自助借还，新增24小时自助还书，实现了读者服务区全无线网覆盖。

读者服务工作

盐城市图书馆全年365天天天对外免费开放，周开放94.5小时。2012年在新馆搬迁闭馆三个多月的情况下累计接待读者676745人次、借阅书刊824828册次，2011年累计接待读者913022人次，借阅书刊1195543册次，馆藏书刊文献年外借率92.48%，人均年到馆22.61次/人。

盐城市图书馆有15个流动服务车服务点，2012年建成通借通还的分馆3家。采取各种人性化措施为未成年人、老年读者、进城务工的读者及有残疾的读者提供优先、优质、免费服务。借助自身所拥有的丰富的信息资源，出版《决策参考》内刊，每月两期，为市领导提供专题信息服务。

通过盐城市图书馆网站读者可以在网上查阅所有馆藏书目和期刊书目，在网上预约和续借图书，通过江苏省公共图书馆联合参考咨询网平台向该馆馆员进行咨询，同时可以通过该馆的数字资源入口，访问使用盐城地方文献、中国知网、万方数据、龙源期刊、超星镜像资源等。

为了充分发挥图书馆传播科学文化知识和社会教育的功能，丰富广大市民的精神文化生活，盐城市图书馆在促进全民阅读方面进行了诸多的努力和积极的探索，举办讲座、展览、培训、阅读推广等读者活动139场次/年，参与人数25.70万人次，并被中国图书馆学会表彰为“全民阅读先进单位”，现已成为全民阅读基地。其主办的“黄海讲坛”被江苏省委宣传部表彰为江苏优秀讲坛。

业务研究、辅导、协作协调

2009–2012年，盐城市图书馆在省级以上刊物或专业会议上发表论文22篇，出版专著2部，调查报告66篇。盐城地方志数据库项目获得2011年盐城市社科应用研究优秀结项课题特等奖，《普及社会科学知识，创新公共文化服务》获得江苏省第五届公共图书馆优秀服务成果一等奖。

加强对本地区各类型的中小型图书馆在贯彻方针任务、改进业务技术方法、培训专业干部等方面的辅导和帮助，通过讲座、培训和研讨等各种方式组织各馆相互学习，交流经验，开展业务研究等。2009–2012年在全市范围内举办了文化共享工程基层服务点管理人员培训班、共享工程知识与技能竞赛、现代图书馆知识培训等。

建立了盐城地区服务网络规划，正在起步实施，参与服务网络的县级图书馆比例达到100%。市图书馆加入江苏省联合参考咨询网，实现资源共享开展咨询服务，被评为“2009年江苏省联合参考咨询网”先进单位。

组织本地区的图书馆参加全国全省性各种学术交流活动，每年举办一次市图书馆学会科学讨论会和年会，2012年组织召开了盐城市图书馆学会第七次会员代表大会。每年编印《盐城图书馆通讯》4期，2012年进行了改版扩版，以内刊形式发行。市图书馆学会被评为江苏省图书馆学会2003–2009年度先进学会，被市民政局表彰为盐城市先进民间组织，连续四年被市委宣传部和市社科联联合表彰为先进学会。

胡乔木藏书纪念室

黄海讲坛讲座

经典诵读比赛

办证大厅

多功能厅

古籍室

管理工作

是江苏省文化体制改革试点单位，也是盐城市事业单位岗位设置管理试点单位，积极推进人事改革，激活用人机制，优化人才结构，按需设岗，公开招聘，竞聘上岗。建立责任目标考核机制，加强人事、财务管理，制定实行绩效工资管理方案。建立工作量化考核指标体系，加大了考核力度，定时检查各岗位工作质量和完成情况，每月召开中层干部工作例会，进行工作进度通报，坚持做到馆内各项工作年初有计划，每月有检查，每季度有考核。加强物业管理和资产管理，抓好环境保洁、园林绿化和消防安全工作，做好老馆资产的核查核对、核消交接，制订固定资产及低值易耗品管理制度，对新馆资产、设备的登记管理，完善低质易耗品的采购、领用和报废手续，建立完备的台账资料。

盐城市图书馆城南新馆外景

表彰、奖励情况

2009-2012年，盐城市图书馆共获得各种表彰、奖励46次，其中，国家人保部和文化部表彰奖励2次，省文化厅表彰、奖励6次，其他省级以上奖励10次，市政府表彰1次，其他各类表彰奖励27次。

馆领导介绍

刘进，男，1957年9月出生，馆长、书记，本科毕业，中共党员，研究馆员。兼任盐城市图书馆学会理事长。

黄兴港，男，1964年8月出生，副馆长，本科毕业，中共党员，研究馆员。兼任盐城市图书馆学会副理事长。

戈建虎，男，1974年7月出生，副馆长，硕士研究生毕业，中共党员，副研究馆员。

徐宏成，男，1966年9月出生，副馆长，本科毕业，中共党员，副研究馆员。

掌惠，女，1970年1月出生，副馆长，本科毕业，中共党员，副研究馆员。

张安红，男，1971年1月出生，馆长助理，本科毕业，中共党员，副研究馆员。

未来展望

盐城市图书馆将遵循“创新务实、优质高效”的办馆方针，完善单体服务功能，扩大服务辐射区域，带动地区事业发展。在未来的几年里，盐城市图书馆将在现有条件基础上，争取各主要指标位居全国地市级公共图书馆前列，达到“国内先进、省内一流”的基本标准。将进一步创新办馆理念，拓宽办馆思路，提高人员素质、优化人员结构，促进事业发展。以“读者为本，服务至上”为宗旨，继续实行全免费开放，强化阵地服务，采取人性化服务方式，不断提高服务质量和水平。同时积极开展全民阅读推广活动，发挥好图书馆公共文化服务阵地作用，成为引领全民阅读的最佳媒介。

联系方式

地　址：盐城市府西路6号
邮　编：224005
联系人：李　霞

读书征文演讲比赛

少儿活动室

盐城市少儿图书馆外景

扬州市图书馆

概述

扬州市图书馆创建于1950年3月，早期馆名为苏北图书馆，馆址设永胜街40号。馆址几经变迁，2010年10月28日，位于扬州市文昌西路466号的新馆建成开放。新馆建筑面积21718.98平方米，设计藏书容量150万册，设有纸质文献、电子文献借阅大厅以及报告厅、展览厅、高清多媒体视听室、停车场等配套服务设施。2004年，参加第三次全国公共图书馆评估，获得一级图书馆，并保持至今。2012年，扬州市图书馆有阅览座席893个，计算机153台，信息节点1200多个，宽带接入100Mbps，使用汇文文献信息管理系统。

业务建设

截止2012年底，扬州市图书馆总藏量99万册（件），其中电子图书12万册，古籍13.2万册，列入"全国善本书目"的有250部5531册，入选《国家珍贵古籍名录》和《江苏省珍贵古籍名录》的分别为75部和196部，以较为丰富的文史资料和地方文献藏书为特色，还藏有《四库全书》、《毛泽东评点二十四史》等大型文献资料。

2009年、2010年，扬州市图书馆新增藏量购置费共172万元，2011年、2012年共315万元。2009–2012年，中文图书年均入藏量12492.5种，报刊年均入藏量854种，视听文献年均入藏量653件。地方文献征集工作卓有成效，2009–2012年共入藏1010种1379册。

截止2012年底，扬州市图书馆数字资源总量为15.3TB，其中，自建数字资源总量6TB。2009–2012年，建成"扬州市图书馆地方文献全文特色库"，该数据库设有人文历史、诗词歌赋、地方文化、扬州史志、地方美食等专题栏目；建成的"扬州非物质文化遗产资料库"，将申报国家和省级非物质文化遗产项目100余项资料进行全文数字化，创新非物质文化遗产抢救保护、传承弘扬、开发利用新思路；续建了"地方文献书目数据库"、"扬州名人"、"扬州剪报"、"扬州地方法规条例"专题资源数据库。

市图书馆的建设融合了计算机技术、数字网络通讯、无线覆盖、多媒体展示等高科技手段，拥有包括电子图书、期刊、动漫、学术论文数据库、随书光盘在内的多种数字化信息资源，并可通过触摸屏查阅国内发行的电子报刊。实现RFID（无线射频识别）系统的应用，通过自助借还设备为用户提供快捷、方便的借阅服务。同时，Vod影视点播、大屏显示系统现场直播和互联网直播等多种手段全方位为用户提供多媒体信息资源，体现了科技建馆的建设初衷；"流动图书馆服务大巴"是延伸服务、社区服务的主要举措；一卡"通借通还"分馆，不打烊的24小时自助图书馆，体现了城市公共图书馆先进的服务理念。

读者服务工作

自2008年12月起，扬州市图书馆实行全免费开放，新馆开馆时间为上午9点至下午5点（周一闭馆），直属分馆（维扬路349号）开馆时间为上午8点至晚上8点（周一闭馆），每周开馆时间达72小时。2012年持证读者4.85万，为免费开放初期的2.8倍。2009–2012年，读者总流通人次300余万，书刊外借245.6万册次。继2008年，开通与扬州各县（市、区）图书馆的馆际互借服务以来，2012年4月，又开通与扬州高校图书馆的馆际互借服务。2012年，建成2个通借通还分馆，新增5个流动图书馆服务点。2012年底，在网站建立了中国扬州政府公开信息链接，读者在馆内可以利用计算机查询；在报刊阅览室专架陈列政府34个部门公开信息，共163册相关文献供读者查阅。2010年起，市图书馆为市"两会"提供信息服务。

2009–2012年，扬州市图书馆网站访问量达36万次。截止2012年，扬州市图书馆发布使用的数字资源总量为9种，15.3TB，可通过馆内及馆外使用数字资源卡登录扬州市图书馆网站，实现检索、浏览和下载服务。

2009–2012年，扬州市图书馆共举办讲座、展览、培训、阅读推广等读者活动300余场，参与人数20余万人次。《扬图讲堂》"周周听"、影视沙龙"周周看"、扬图展厅"月月新"、"你选书·我买单"、红领巾读书征文、图书馆志愿服务和"七彩夏日"青少年暑期系列活动等，吸引读者认识图书馆，走进图书馆，利用图书馆，助力"书香扬州"建设，发挥了主阵地作用。

业务研究、辅导、协作协调

2009–2012年，扬州市图书馆职工发表论文24篇，出版专著1部，参与课题研究2项。

2009–2012年，扬州市图书馆与国家图书馆签订了联合编目协议；与上海图书馆续签了讲座资源、展览资源共建共享协议；与南京图书馆签订了联合参考咨询协议，续签了联合编目协议，成为江苏省联合参考咨询网成员馆和江苏省联合编目系统成员馆；与九江市图书馆签署了有关阅读推广、展览、讲座资源合作协议。几年来，合作开展讲座8场，举办展览21场。

2012年，扬州市图书馆发起组织扬州地区公共图书馆共同签署了数字资源、展览、讲座资源共建共享协议，通过VPN

罗援讲座

流动车

24小时自助图书馆

少儿外借区

图书部一角

扬州市图书馆

专网向全市公共图书馆免费提供数字资源的检索、浏览和下载服务。2012年，扬州市图书馆与县（市、区）图书馆合作开展了讲座3场，举办展览7个。

几年来，扬州市图书馆采取上门辅导、电话辅导、网络视频、业务培训等多种形式，常年开展业务辅导工作。2012年，扬州市图书馆举办论文写作、图书分类、“通借通还”等业务培训4次，近200人次参加培训。

2009－2012年，扬州市图书馆学会每年组织召开学术年会，参会人数260多人。2010年7月，组织召开了“第五届苏中地区图书馆发展战略研讨会”，参会人数90多人。市学会现有团体会员14家，中图学会个人会员25名、省图学会个人会员88名，市图学会个人会员205名。4年来，市图书馆学会连续被评为市社科联先进学会，2010年受到省学会表彰。

管理工作

扬州市图书馆在用人机制、分配机制和运行机制上，逐步建立起了一整套制度。实行了岗位设置管理和全员聘用制，中层干部竞聘上岗，全体员工双向选择，明确岗位职责，严格岗位考核和奖惩制度。2012年，制定了《扬州市图书馆人员岗位设置》和《扬州市图书馆绩效工资分配方案》，完善了《设备、物资管理制度》、《扬州市图书馆固定资产管理办法》和各项安全制度及应急预案，突出制度管理，严格按章办事，规范行政管理。

表彰、奖励情况

2009－2012年，扬州市图书馆共获得各种表彰、奖励14次，其中，荣获部级奖励1次，省文化厅表彰、奖励9次，地级表彰、奖励4次。

馆领导介绍

朱军，男，1967年1月生，本科学历，中共党员，研究馆员，馆长、党支部书记。1989年12月参加工作，历任扬州市图书馆馆长助理、工会主席、副馆长、馆长、党支部书记。兼任扬州市图书馆学会常务副理事长。

聂晶，女，1968年12月生，本科学历，中共党员，副研究馆员，副馆长。1986年12月参加工作，先后在采编部、古籍部、辅导部工作，任副主任、主任等职。兼任扬州市图书馆学会常务理事、继续教育委员会主任。

臧波，男，1975年6月生，本科学历，中共党员，馆员，副馆长。1998年3月参加工作，先后在图书部、技术部工作。兼任扬州市图书馆学会理事。

赵仁杰，男，1959年8月生，大专学历，中共党员，馆员，工会主席、副协理员。1979年7月参加工作，先后在辅导部、办公室工作，任副主任、主任等职。

袁晖，男，1968年10月生，本科学历，副研究馆员，馆长助理、辅导部主任。1986年12月参加工作，先后在采编部、社科借阅部、辅导部、技术部工作，任副主任、主任等职。兼任扬州市图书馆学会秘书长。

未来展望

展望未来，扬图人正努力以饱满的热情，高度的责任感，坚定的事业心，积极的进取精神，以“打造文化扬州、建设文化大市”的方针为指导，紧紧围绕把公共图书馆建成城市教室，市民书房，无处不在的图书馆，就在你身边的图书馆，百姓的图书馆，智慧的图书馆的目标，以改革创新为动力，以“一切为读者，为一切读者”为宗旨，以提高读者满意度为方向，以图书馆自动化、网络化、数字化建设为龙头，狠抓图书馆的资源建设、队伍建设和读者服务工作，加快传统图书馆向现代化图书馆的转型步伐，构建以市图书馆为中心（总馆）的总分馆体系、流动图书馆、24小时自助图书馆、掌上图书馆四位一体的公共图书馆服务体系，为有效满足人民群众阅读需求，切实保障人民群众的基本文化权益，为扬州经济社会发展提供文化保障和智力支持，力争达到国内一流图书馆的基本标准。

联系方式

地　址：扬州市文昌西路466号
邮　编：225125
联系人：赵仁杰

大学生村官阅读活动

讲座

你选书我买单

扬州市少儿图书馆

概述

扬州市少儿图书馆在扬州市委、市政府的关心下，由扬州市关心下一代工作委员会通过多方筹资，聚沙成塔兴建而成，1996年破土动工，1997年12月竣工，建筑面积为2200平方米，馆址位于扬州市维扬路351号。1997年11月8日原军委领导张爱萍将军题写了馆名，1998年6月1日正式对外开放，成为扬州文化史上第一所独立建制的公益性少儿图书馆。2003年在一期工程的基础上实施二期工程4200平方米建设；三期扩建工程7092平方米，于2012年5月由扬州市政府批准立项，2014年6月12日正式开工，扩建之后图书馆总面积将达13492平方米，全馆占地0.83公顷。设计藏书容量100万册，可容纳读者座位2000个，每天可接待读者5000多人次，可同时举办多场大型少儿读书报告会、讲座等。将成为扬州市最大的少儿文献资源收藏、整理、开发利用中心。新楼与老楼建筑风格融为一体，造型新颖、独特，色彩活泼明快，布局科学合理，已成为扬州市一道亮丽风景线。2004年，参加第三次全国公共图书馆评估定级，首次获得国家一级图书馆。2012年，扬州市少儿图书馆有计算机71台，信息节点308个，宽带接入100Mbps，选用力博图书馆自动化管理系统。

业务建设

截止2012年底，扬州市少儿图书馆总藏量34.7923万册（件），其中，纸质文献31.684万册（件），电子图书3.1083万册，年订购少儿及成人期刊515种，各种报纸134种，内容涉及二十多个学科领域，文献载体形式多元化，建立了科学合理藏书体系。

2009扬州市少儿图书馆年文献购置费为30万元，2010-2012年每年为40万元，年房屋、设备维修维护费为25万元。2009-2012年，共入藏中外文图书23994种，97704册，中外文报刊9737册，视听文献1209种(6590片)。

扬州市少儿图书馆已全面实现了计算机系统现代化管理，建立了网站和现代化的多功能厅、报告厅等先进设施，方便、快捷、高效满足全市少儿对馆藏文献资源、网络资源有效利用，为少儿营造了舒适、温馨的学习和求知活动环境。

读者服务工作

根据文化部、财政部精神，扬州市少儿图书馆于2009年全部实行了免费服务，为方便孩子们课外学习，实行每周工作六天，双休日、节假日以及春节都正常开放；周开放48小时。2009-2012年，书刊总流通100.8581万人次，书刊外借194.759万册次。为了加强图书馆的延伸服务，扬州市少儿图书馆在市区范围内建立了12个分馆，6个服务点，分布于社区、乡村、学校、救助站等各个有需求的场所，2009-2012年为馆外服务网点提供图书28000册次。

2009-2012年，扬州市少儿图书馆网站访问量86万次。网站开设了“走进少儿馆”、“最新动态”、“新书推荐”、“图书查询”、“活动信息”、“文明博客”、“读者留言”等栏目，为少年儿童读者提供了全方位的服务。“新书推荐”栏目每期推出8种优秀少儿图书，为小读者阅读提供了指导；运用防火墙和专业软件，通过监控、过滤、屏蔽等措施，对带有反动、色情、封建迷信等不适合未成年人的信息内容进行拦截，为少年儿童营造一个安全的网上阅读环境。此外，扬州市少儿图书馆还加强了网络信息的导航服务，在图书馆网站中链接了许多健康文明的优秀网站，为少年儿童网络阅读起到导航服务作用。

扬州市少儿图书馆设有15个对外服务窗口，从年龄段划分，设有为低幼儿童服务的绘本阅读、玩具活动；为中小学生提供服务的图书、电子图书借阅、网上活动、科普活动等；为家长提供文化休闲的图书、期刊阅览等。从服务内容形式上划分，有图书外借、期刊阅览、文献信息咨询、盲文阅读、动脑动手、心理咨询、艺术团活动、精品图书查阅等。

2009-2012年，扬州市少儿图书馆共举办讲座、展览、培训、阅读推广等读者活动265场次，参与人数11.2万人次。“缤纷冬日，快乐寒假”读书文化节、“爱我家乡，欢乐暑假”少儿科技文化节、少儿图书交换节等已经连续举办十多年，这些品牌活动涵盖内容多，包括图书展览、讲座、艺术表演、科技、文化娱乐等，丰富孩子课外文化生活，让他们更加感受到生活的美好，憧憬未来，陶冶性情，增强艺术修养，精神世界更加丰富。2009-2012年，扬州市少儿图书馆先后邀请晓玲叮当、薛涛、曹文轩、秦文君、卢勤等一批知名作家，来少儿馆和扬州小读者见面，举办专题讲座，畅谈阅读、写作和人生。

儿童文学作家讲座

植树节活动

享工程、红读活动、总分馆建设、专业知识等，精心策划，认真组织，开展了形式多样的业务培训活动36次，培训人次达706人次，覆盖率达96%。

管理工作

2012年镇江市图书馆实行了事业单位绩效工资改革，制定《镇江市图书馆奖励性绩效工资分配办法》；人事上实行中层干部竞争上岗和工作人员双向选岗制度；建立健全学习制度、办公制度、财务制度、固定资产管理制度和绩效考核制度。同时，建立了工作量化考核指标体系，每月进行工作进度通报，每半年和全年进行总体工作考核。

表彰、奖励情况

2009年被国务院评为“全国古籍重点保护单位”，被镇江市委、市政府评为“镇江市创建文明城市示范单位”；2010年被江苏省委、省政府授予“江苏省文明单位标兵”称号，被省文化厅授予“文明图书馆”称号；2011年，被评为江苏省未成年人阳光网络实践基地，“文心讲堂”被授予“江苏省优质服务品牌”；2012年被评为江苏省社会科学普及示范基地，“镇江市文明单位”，镇江市“双拥六创三等功单位”等。

馆领导介绍

任罡，男，汉族，1971年10月出生，中共党员，本科学历，研究馆员，镇江市图书馆馆长兼书记，镇江市图书馆学会理事长，镇江市科技骨干。主持馆务工作，分管人事、财务和文献开发部工作。

王鸿，男，汉族，中共党员，出生于1964年8月，本科学历，副科职，正科待遇。分管借阅部、精神文明创建相关工作。

孔彦，女，汉族，1970年1月出生，中共党员，本科学历，副研究馆员，副馆长。分管办公室、采编部、报刊部工作，负责图书馆业务和安全相关工作。

谈沁焱，女，回族，1972年7月出生，中共党员，本科学历，副研究馆员，副馆长，镇江市图书馆学会秘书长。分管社会工作部、信息技术部工作，负责图书馆读者活动相关工作。

褚正东，男，汉族，1974年11月出生，中共党员，本科学历，图书馆馆长兼党支部书记，分管行政、党建、人事、财务及文献开发部工作。

未来展望

镇江市图书馆自全国第一次评估定级以来，就一直保持国家一级馆荣誉。能够完善单体服务功能，扩大服务辐射区域，带动地区事业发展。2009–2012年，在不断强化自身综合实力的同时，通过沟通协作，带动了全市公共图书馆事业的整体发展。在未来的几年里，镇江市图书馆将在现有馆舍的基础上，另建一座新馆舍。同时，我们还将瞄准全国一流图书馆为目标，抓住机遇、奋力前行，为全省公共图书馆事业的繁荣发展做出我们应有的贡献。

联系方式

地　址：镇江市解放路17号
邮　编：212001
联系人：吕　超

泰州市图书馆

概述

泰州市图书馆始建于1922年，迄今已有九十年历史，是江苏省建馆较早的公共图书馆之一。馆址几经变迁，2012年4月，泰州市图书馆迁址于泰州市文化中心。新馆建筑面积1.5万平方米，设计藏书量100万册，阅览座位近1000个，覆盖网络节点500多个。目前馆内拥有各类文献60多万册（件），其中古籍5万余册，善本3000多册；新版地方文献约2500册。现有持证读者4万人。

馆内采用RFID（无线射频识别）技术，通过先进的读者自助借还系统实现快捷的借阅服务。此外还有设施齐全的音像厅和报告厅，将常年举办各种公益展览、文化讲座和视听欣赏等活动。2013年参加第五次全国公共图书馆评估，获得一级图书馆。

业务建设

截止2012年底，泰州市图书馆文献总藏量61.1万册（件），其中，纸质文献54.2万册（件），电子图书、期刊6.78万册（种）。

2012年，泰州市图书馆新增藏量购置费130万元。2009-2012年，共入藏图书40700种，109268册，报刊年均1168种，视听文献2880种。

截止2012年底，泰州市图书馆数字资源总量为16.3TB。

2012年，泰州市图书馆增加了RFID智能借还功能。并接入50兆宽带专线，实现了馆内无线网络覆盖。

读者服务工作

从2008年11月起，泰州市图书馆全年365天天天对外免费开放，周开放66小时，2012年，引进RFID技术，实现了馆藏文献的自助借还。2012年，书刊总流通54.53万人次，书刊外借99万册次。至2012年底，共建成18个分馆，有10个流动服务车服务点。2012年，在馆内开设政府公开信息文献及电子查阅区。

2009-2012年，泰州市图书馆网站访问量每年约4万次。2012年，泰州市图书馆发布使用的数字资源为8种，均可通过泰州市图书馆网站向图书馆读者提供检索、浏览和下载服务。

2012年，泰州市图书馆共举办讲座、展览、培训、阅读推广等读者活动63场次，参与人数近万人次。凤城讲坛、老年人免费电脑培训、小太阳送书等活动，是泰州市图书馆读者活动的特色。

业务研究、辅导、协作协调

2009-2012年，泰州市图书馆职工在省级以上发表论文7篇，出版专著1部。

多年来，泰州市图书馆以图书馆学会为纽带，注重馆际间的团结与协作，通过组织学习、举办业务活动、开展学术研究、组织外出考察等方式，互通有无，取长补短，互相支持。利用学会刊物《泰图动态》、《泰图论坛》这些宣传、发布平台，在全市图书馆工作者中大力推广学习经验，加强与各类图书馆间的联系，扩大影响，放大办馆效应。

2012年9月，泰州市图书馆学会组织举办第六届苏中地区图书馆发展战略研讨会，与南通、扬州地区联合开展学术交流活动。

管理工作

2012年，泰州市图书馆完成全员岗位聘任，实行岗位和绩效管理，设30个岗位，招收了一批勤工助学大学生，协助开展图书的上架、整理和秩序维护工作。同时，建立了部门例会制度，每月进行各部门工作进度通报和全馆业务工作计划，全年进行总体工作考核。撰写专项调研、分析报告5篇。

表彰、奖励情况

2009-2012年，泰州市图书馆共获得各种表彰、奖励16次，其中，省文化厅表彰、奖励5次，其他表彰、奖励11次。

馆领导介绍

沈俊，男，1967年11月生，本科学历，中国党员，馆员，党支部书记。1986年10月参加工作，历任泰州市图书馆办公室主任、副馆长、馆长等职。负责全面工作，主管人事、财务工作等，兼任泰州市图书馆学会理事长。

叶劲松，男，1970年5月生，本科学历，中国党员，馆员，副馆长。1994年1月参加工作，先后在泰州市锋陵公司、泰州市影

讲座活动

作家签名赠书活动

借阅大厅

展览厅

剧公司、中国人民解放军海军诞生地纪念馆、泰州市博物馆工作，任办公室主任、馆长助理、副馆长等职，2011年4月到泰州市图书馆，任副馆长，分管社会工作部、特藏部、少儿部、妇女工作部、工会、学会工作。

乔立兵，男，1974年5月生，本科学历，中国党员，馆员，副馆长。1995年8月到泰州市图书馆参加工作，先后在文化市场稽查大队、泰州图书馆办公室，任办公室主任，2013年5月被泰州市文广新局认命为泰州市图书馆副馆长，协助支部书记负责党建工作，分管流通部、网络技术部、采编部，协管办公室。

未来展望

泰州市图书馆近年来，在不断强化自身综合实力的同时，带动了全市公共图书馆事业的整体发展，泰州市各公共图书馆均被评为了一级图书馆。2012年，泰州市图书馆新馆建成并对外开放，在未来的几年里，泰州市图书馆将通过完善图书馆的各项功能，来满足读者的阅读需求；通过读书活动的创新来推动泰州市全民阅读工作的逐步提高；通过加强图书馆总分馆的建设来方便市民就近阅读，更好地服务文化民生。希望通过数年的努力，让泰州市图书馆达到一流图书馆的基本标准，为泰州市全面建成科学合理的公共文化服务体系作贡献。

联系方式

地　址：泰州市鼓楼南路295号

邮　编：225300

联系人：沈　嵘

图书馆外景

南京市玄武区少年儿童图书馆

概述

南京市玄武区少年儿童图书馆（以下简称我馆）始建于1958年，隶属于南京市玄武区文化局，原馆址在碑亭巷42号。1986年6月1日，搬迁入南京市太平北路120-2号，馆舍面积1200平方米。

我馆馆藏总量17万册，拥有读者2万余人。藏书结构以少儿读物为主，有低幼拼音读物、精装绘本、儿童文学、历史地理、少儿科普等内容。对外服务窗口有：图书外借室、期刊阅览室、英文童书阅读室、电子阅览室、低幼亲子阅览室、少儿活动室等。

我馆不仅是各类少儿文献资源的借阅服务中心，也是开展少儿读书活动的场所。常年举办少儿讲座、征文、公益性阅读实践系列活动，为少年儿童提供展示的平台，促进少年儿童的阅读兴趣和能力。

我馆目前是南京市区唯一公共少年儿童图书馆，连续四次被中央文化部评为"国家一级少儿图书馆"，连续五次被江苏省评为"江苏省文明图书馆"，2010年被中共南京市委、南京市人民政府命名为"南京市爱国主义教育基地"，江苏省文化科研课题实践基地。

截止2012年底，我馆在编人员8人，学历均为本科以上。其中：研究馆员1人、副研究馆员1人，馆员2人，助理馆员4人。

业务建设

截止2012年底，我馆总藏量为17万余册，其中纸质文献16万余册，视听文献5000册，其他资源880册。每年新增图书不少于6000册，3000种，新增报刊不少于160种。

截止2012年底，我馆计算机数量为44台，供读者使用终端数为33台。图书馆使用的自动化系统为力博图书馆管理系统，实现了图书馆自动化建设全覆盖。

读者服务工作

我馆建馆以来图书馆资源全部免费为全市少年儿童服务，全年365天开放，每周开放时间56小时。年流通总次达10万人次，年流通册次达12万册次。开架书刊占总藏书数量的80%。

服务：我馆各服务窗口常年有序的开展图书检索查询工作、书目推荐、辅导服务、内部管理等工作。近几年全市各个小学都推荐大量图书要求孩子阅读，查询数量已经上升到年的5000次以上。我馆将图书、电子读物、新到期刊等资源，按照上架时间、热门需求、阅读需求及时公布在信息栏内，每年不少于20期。由于孩子们存在不同的个体差异，我馆的对外服务窗口的工作人员对到图书馆的孩子们进行有针对性的辅导，力求让孩子们了解图书馆，养成终生学习的好习惯，使之终生受益。我馆也着力打造与小读者和家长之间建立的是一种和谐的沟通平台。对于对外服务窗口我馆的工作人员实施动态管理，及时对书库的藏书、期刊进行整架、倒架、上架、下架和修补，对电子读物进行及时增补和检查。为了让小读者一起参与互动，我馆还组织开展"我是小馆员"活动、少先队小队图书之旅活动、英文童书阅读知识交流活动、志愿者图书馆实践活动，让孩子们参与到图书馆的服务工作来，潜移默化地使得孩子们更加深入了解图书馆，学会更好的利用馆藏资源。与此同时，我馆每年还接待大量如幼儿园、小学、街道等的集体借阅，以优质的服务赢得了幼儿园小朋友以及家长的高度评价和赞誉。

活动：我馆为更好地服务于少年儿童，常年开展形式多样、内容新颖的读书活动：除在本馆开展的读书和实践活动外，还在创新上下功夫，走进学校，走进社区，开展丰富多彩的活动。组织寒暑期快乐冬令营、夏令营活动，让孩子们在这里既可以学到文化知识，又可以在美术、音乐、舞蹈、手工、书法、电脑等方面得到老师的指导。组织开展以增强少儿法制观念为目的的"少年模拟小法庭"系列活动。参加"读好书·促和谐"全国农民读书征文系列活动以及"走进世博、走向世界"、"听党话、跟党走"、"弘扬雷锋精神·建设心灵家园"江苏省"红领巾"读书征文系列活动。我馆为从小培养孩子们关爱弱势群体的爱心，组织开展"爱读书、爱南京、爱社会、爱亲人——把关爱带回家"活动、"我爱南京明城墙"宣讲活动、开展《怎么写好读书笔记》、《怎样看图写文》、《怎样自办小报》、《怎样阅读课外读物》、《怎样写好人物外貌》、《怎样写好自荐信》、《怎样写好新闻报道》、《怎样赏析诗歌》系列公益讲座。除此之外，我们还与沧波门、红山外来务工子弟小学联合举办了"爱读书、爱南京、促和谐——关爱文化遗产"夏令营、开展迎

"青奥"系列活动、"亲子阅读，一种美丽的学习方式"的大型讲座、"名师课堂进家庭"、"圣诞狂欢夜"等大型游艺活动、与南京电视台联办的"亚洲少儿才艺选拔赛"、趣味英语、"我与作家写故事"、自办小报、少儿书画、少儿摄影等活动。

业务研究、辅导、协作协调

2009-2012年，我馆职工发表论文4篇。积极参加图书馆协会开展的业务交流和培训活动。

我馆与教育部门协作，联合开展各类读书活动，每年平均四期。

我馆与玄武区各街道联合开展形式多样读书活动，有序开展街道、社区图书室的业务指导和培训工作。

管理工作

2012年，我馆完成全员岗位聘任，明确岗位责任，建立了分配激励制度，工作量化，每月考核，半年和全年进行总体工作考核。

表彰、奖励情况

2009-2012年，我馆共获得各种表彰、奖励14次，其中，文化部表彰、奖励2次，省文化厅表彰、奖励1次，市文广新局表彰、奖励6次，其他表彰、奖励5次。

馆领导介绍

徐洁，女，1966年10月生，大学本科，中共党员，副研究馆员，副馆长（主持工作）。

焦莉，女，1978年12月生，大学本科，中共党员，馆员，副馆长。

未来展望

回顾过去的四年，我馆在玄武区区委、区政府的领导、玄武区文化局领导的大力支持和指导下，在省、市图书馆业务方面的指导下，我们的工作有了长足的进步，但我们并不满足于现状，因为我们深刻明白荣誉只代表过去，现在我们所处的信息时代的脚步正大阔步的向前迈进，沉醉于已获得的荣誉，固守着原有的思维模式已远远不能适应时代发展的需要，下一步，我们继续集思广益，群策群力，将更加扎实地将为少儿服务，扩大服务群体的受众面，深化服务群体的满意度，时刻保持着我们的办馆特色和办馆优势，做好少儿图书馆的各项服务工作。

联系方式

地　址：南京市太平北路120-2号
邮　编：210018
联系人：冯　艳

南京市秦淮区图书馆

概述

秦淮区图书馆初创于1961年10月在南京新姚家巷22号原民国南京大戏院遗址建成开放。1987年8月，进行原址翻建后的新馆大楼于新姚家巷24号落成，开放成为具有规模的区级图书馆。2013年10月，伴随区划调整，原秦淮区图书馆和原白下区图书馆合并组建成新秦淮区图书馆，两馆建筑面积3620平方米。截止2012年底，馆藏纸质文献达44万册，中外文报刊600余种，阅览室坐席数680个，计算机84台，宽带接入12Mbps，接待读者时间为每周7天达63小时。2012年，更换图书馆系统为汇文信息管理系统。

业务建设

2009–2012年，秦淮区图书馆加强基础设施建设，共投入40余万元对场馆进行改造，更换防火墙2台，更新服务器6台，电脑20台，逐步优化馆舍资源。

截止2012年底，秦淮区图书馆总藏量44.36万册（件），其中，纸质文献39.97万册（件），电子图书1.76万册，电子期刊1238种/册，其他视听文献2.51万种。

2009–2012年，秦淮区图书馆新增藏量购置费平均每年45万元，4年内共入藏中外文图书42387种，70713册，中外文报刊2748种，视听文献1834种。截止2012年底，秦淮区图书馆数字资源总量为9.5TB。2012年，图书馆将自动化管理系统升级改造为汇文信息管理系统，以适应南京公共图书馆通借通还一卡通建设工作的需要。

读者服务工作

秦淮区图书馆坚持优质服务。对所有读者实行免费开放，一年365天，节假日从不间断，每周开馆时间达63小时。2009年，图书馆增设了旅游书刊借阅室，着重加强旅游文献和地方文献的利用率，提供每月50余种旅游类期刊阅览，为每年5万人次的读者服务，4年来利用馆藏资源编辑《旅游信息与文化动态》8期，为区政府文化旅游工作的科学决策提供参考。2012年，增设了南京地方文献史料室，开放初期就收集了反映南京历史、人文地理、名人等相关书籍4000余册。而后又陆续增设了过期报刊查询室、盲人阅览室。

2009–2012年，秦淮区图书馆总流通达131.63万人次，书刊文献外借达111.59万册次；平均每年新书介绍12期，向全区中小学生发放《中小学阅读推荐书目》。平均每年在馆内举办专题书展、图片展6次；2010年，在图书馆内设置了政务查询处和政府信息资料专架。

2009–2012年，秦淮区图书馆建成6个分馆，58个图书流通服务点。馆外流通总人次16.37万人次，书刊外借12.14万册。

2009–2012年，秦淮区图书馆共举办讲座、展览、培训、阅读推广、征文演讲等读者活动332场次，参与人数15.51万人次。其中，2011年图书馆在全国范围内举办的“我心目中的秦淮灯会”征文竞赛活动得到广泛关注。2012年，在馆内建立的“惠民小剧场”，深受百姓欢迎，是秦淮区图书馆加强延伸服务、提高服务质量的具体体现。

2009–2012年，秦淮区图书馆为各类读者提供了40余项专题跟踪服务，更与人文秦淮学会签订了长期跟踪服务协议，图书馆负责提供相关文献信息资料，在学会研究、探讨、挖掘秦淮历史，为秦淮区旅游经济建设与发展以及领导决策提供历史依据及相关帮助。

业务研究、辅导、协作协调

2009–2012年，秦淮区图书馆职工发表论文6；调研文章1篇获得全省图书馆理论研讨会征文三等奖；2011年，报送的2项图书馆服务成果在全省第五届公共图书馆优秀服务成果评选中荣获三等奖。

截止2013年底，秦淮区图书馆作为文化信息共享工程区级支中心，在全区范围内，建立共享工程基层服务点116个，共享工程专项经费投入47.84万元。组织基层服务点集中播放共享工程资源8000余场次，年接待上网人群2万余人次。图书馆每月安排工作人员到基层点做定期辅导，每年组织6次以上的集中培训。在基层服务点，共享工程文化惠民效应正逐步放大。

2009年，秦淮区图书馆成为南京图书馆图书流通服务点。2012年，图书馆加入到南京市、区、街道、社区图书馆“通

图书馆服务宣传周

送书到部队

旅游阅览室

古籍室

电子阅览室

借通还”一卡通系统建设工作中，实现了分馆与本馆、本馆与市馆的资源共享和业务协作。2013年，图书馆加入到江苏省联合参考咨询网和馆际互借系统和联合编目系统中，成为其成员馆。

管理工作

2009年，秦淮区图书馆实行双向选择聘用制和过错责任追究制，按照按需设岗、个人申请、按岗聘用、竞争上岗、严格考核的原则，图书馆与职工签订了聘用合同书，确立了个人岗位管理制和工作目标责任制。

2010年，按照《事业单位岗位设置管理试行办法》（国人部发〔2006〕70号）、《江苏省事业单位岗位设置管理实施意见》（苏办发〔2008〕23号）精神，秦淮区图书馆结合单位实际，制订出切实可行的岗位设置实施方案和岗位说明书并依此实施。

2012年，秦淮区图书馆制订出《图书馆奖励性绩效工资实施办法》，进一步深化单位人事制度改革，实现单位管理科学化、规范化、制度化。充分调动职工的积极性、能动性、创造性，推动图书馆各项工作积极有序地运转。

表彰、奖励情况

2010年，秦淮区图书馆获得“省文明图书馆”荣誉称号；2009–2012年，获得省优秀服务成果三等奖2个；获得南京市系列读书活动优秀组织奖3次；荣获2012年网络建设南京市先进单位；荣获2009–2011年秦淮区先进单位；2009–2012年期间组织辅导选手参加全国、省市各类征文演讲比赛获得奖项24次等。

馆领导介绍

张永胜，男，1957年6月生，大专学历，中共党员，副研究馆员，馆长。1976年3月参加工作，2010年11月任秦淮区图书馆馆长。

金斌，男，1966年2月生，大专学历，中共党员，馆员。1981年12月参加工作，2008年6月任秦淮区图书馆副馆长。

笪青，女，1979年9月生，研究生学历，中共党员，馆员，副馆长。2002年8月参加工作，2012年6月任秦淮区图书馆副馆长。

未来展望

2011年，秦淮区图书馆新馆建设工程正式启动，新馆选址于南京钞库街以南，长乐路以北，建筑面积近4000平方米，设计藏书量约80万册，阅览坐席800个，预计2015年7月底完成建筑外立面。新建成的秦淮区图书馆将成为丰富市民精神文化生活的重要场所。在未来的几年里，秦淮区图书馆将大力加强图书馆现代化、数字化、网络化建设，加快实现市、区级和街道社区图书馆的互联互通，资源共享，在管理和服务上提档升级，努力为全区国民经济和社会事业的发展提供更优质的服务，不断满足人民群众日益增长的文化需求。

联系方式

地　址：南京市长白街221号
邮　编：210002
联系人：张彩霞

新馆效果图

图书馆外貌

南京市建邺区图书馆

概述

建邺区图书馆位于石鼓路149号，其前身是1950年8月区文化馆内的图书阅览室和藏书室。其中，阅览室面积60平方米，藏书室面积40平方米，藏书约2万册。1980年10月，区图书馆成立，全民事业编制5人。但办公及开展业务工作，仍使用区文化馆大楼底层，面积300平方米。1983年，区政府投资13万元在文化馆院内的空地上新建776平方米图书馆，年底落成对外开放。同年，区图书馆与区属9所中学建立图书网络，旨在互通有无，交流业务，促进发展。1987年，区读者协会成立，有会员30多人。每季度活动一次，交流读书体会。1989年3月，获“江苏省文明图书馆”称号。90年代，围绕创建二级图书馆，区图书馆重视硬件建设，不断更新设备，改善办公条件。1996年10月，区政府将原文化馆大楼三、四层和小剧场划给区图书馆。2001年12月又将一、二层划给区图书馆并经出新改造，使其馆舍面积增至3050平方米，达国家一级图书馆标准。2003年后，连续三次被省文化厅授予江苏省文明图书馆称号，被南京市政府授予南京市文明单位称号。

2004年7月，因城市建设需要，区图书馆拆迁、闭馆，于同年11月过渡在湖西街3号，建筑面积2621平方米，仍保持国家一级图书馆规模。

2005年，区图书馆为了更好地为广大读者服务，彰显公共图书馆的社会效益，推出“阳光计划”，为企事业、机关等单位开设图书流动服务点，并根据借阅单位的需要提供各类图书，定期调换，送书上门；电子阅览室内设15台电脑，共有1700多张电子光盘，各类学术期刊、电子图书、视听资料、电子软件等数十万种；百兆宽带，供读者上网查询资料，检索信息，阅读各种文化信息，享受“共享工程”；进入“中国学术期刊镜像站”，检索数万种学术期刊；还为专家、教授和有突出贡献的科技人员及从事理论研究的专业人才提供跟踪服务。

2012年，区图书馆内设办公室、辅导室、采编室、宣传室等部门，有工作人员9人，藏书20万册，办证读者5300人，有外借处、阅览室、文化信息资源共享工程阅览室、少儿阅览室、萧平书画陈列室等。

业务建设

建邺区图书馆拆迁过渡期间仍保持国家一级图书馆规模，2004年重新开放后积极宣传打造“免费图书超市”。为此，《南京日报》、《南京晨报》、《江苏商报》、《江南时报》、《金陵晚报》均予以报道。截止2012年底，图书馆总藏量为200487册（件），其中纸质文献127636册，电子图书72035册。

2009年，创建国家一级馆，增拨购书经费至27万元，2010年至2012年，新增藏量购置费为10万元，采购内容包括图书、视听文献、光盘、报纸、期刊以及其它电子文献。2009–2012年，共入藏图书19222种，报刊1016种，视听文献330种。

截止2012年底，建邺区图书馆数字资源总量为6TB，以VPN方式可浏览全国报刊索引、人民日报全文数据库、北大法宝法律数据库、南京地方志全文数据库、南京年鉴全文数据库、北大方正电子书、超星电子书、中国期刊数据库、硕博学位论文数据库等。并自建特色数据库“建邺地方文献数据库”，主要内容包括建邺区风物选粹、建邺区诗词录、建邺区历史传说、建邺区文物保护单位、建邺区非物质文化遗产、建邺名人、建邺区书画艺术、建邺区相声艺术等。此外，自行采购龙源期刊数据库、点点动漫数据库、万余册宇航电子图书等。

读者服务工作

建邺区图书馆全年365天天天开放，周开放63小时。2009–2012年，书刊总流24.16万人次，书刊外借50.88万册次。2011年5月，新办理借书证除押金外不再收取任何费用，全面实现办证免费。截止2012年底，共有28个馆外流动服务点，2012年馆外书刊流通总人次22129人次，书刊外借77452册。

2009–2012年，建邺区图书馆举办各类活动共计172次，参与人次为60180人。2012年建邺区图书馆共举办展览10次，共计10600人参观；共举办讲座24次，共有1590人参加。

2012年，实现街道、社区文化共享工程基层点100%覆盖，所有基层点均配备5台以上计算机，向全社会免费开放，可通过VPN专网访问南京文化网、共享工程，提供检索、浏览和下载服务。

业务研究、辅导、协作协调

2012年组织参加《图书馆的整合创新与信息服务》、《学习型馆员培养与阅读推广新思路》等业务学习12场。累计公开发表业务论文20余篇，其中《公共图书馆服务弱势群体立法研究》、《公共图书馆服务研究》等5篇论文在市级以上各类论文评比中获奖。通过业务学习，人员素质不断提高，大专以上学历人数占职工人员总数88%，中级及以上职称占职工人员总数51%，其中副高职称2人，中级职称2人，领导班子成员2名，学历均为本科。

管理工作

在建立健全馆内各项规章制度的同时，促进规范化管理，完善内部运行机制，合理设置部门；推出《规章制度手册》，全馆职工人手一册；制定并逐年完善《图书馆设备设施管理

办法》、《图书馆消防安全管理规定》等；制定目标责任制和图书馆主要工作分解图表，各项工作落实到人和责任到人，提出直接责任人等管理新模式，调动了大家的积极性。特别是2012年初建邺区文化局制定了《图书馆考核奖惩办法》，使全馆的各项工作不断迈向新的台阶。

表彰、奖励情况

连续四次被评为江苏省文明图书馆，连续两年被评为市、区文明单位；2008年建成无障碍通道及视障人士阅览室；2012年底实现社区共享工程100%全覆盖，档案工作实现科学化、标准化管理，被授予江苏省二星级档案室。

馆领导介绍

赵永利，男，1959年6月出生，南京市建邺区图书馆馆长，江苏省徐悲鸿研究会理事，江苏省美术家协会会员，副研究馆员。

于大威，男，1970年6月出生，南京市建邺区图书馆副馆长，馆员，中国阅读推广委员会图书馆与科学普及阅读推广委员会委员。

未来展望

建邺区新图书馆即将建成，预计2015年5月正式对外开放，新馆坐落在南京河西建邺新城商务区南部双和综合办公区内，是未来新城国际商务区核心板块的重要组成要素，更是未来建邺新城走向国际化、现代化、人文新城的重要文化节点。

新图书馆将成为一座立足河西，辐射全市，沟通省内外，并通过亚青会、青奥会契机，交流全世界的文化空间。

新图书馆毗邻区域，呈现出商务化、高品质、政府机关多的特征。新图书馆区域的可辐射半径内，未来商务办公人群将成为一个重要服务对象，让商务办公人员从新图书馆中获取知识、文化、艺术涵养，将是一个非常重要的功能。因此，新图书馆如开发得好，将可以有重点地辐射商务办公人口，同时聚焦居住区域内的市民以及政府机关人员。新图书馆的定位策略是：

1、文化定位

南京建邺新城公共文化中心；

南京建邺新城知识共享中心。

2、功能定位

市民学习空间——图书、杂志、报刊、电子文献等；

文化交流空间——沙龙、讲坛、报告、读书会等；

创意休闲空间——博物馆、艺术工作室、美术长廊、咖啡厅等；

展览展示空间——主题展、文献展、邀请展等。

联系方式

地　址：南京湖西街3号建邺区图书馆

邮　编：210017

联系人：于 萍

南京市鼓楼区图书馆

概述

南京市鼓楼区图书馆成立于1960年春，是全省较早的区级馆之一。2001年迁入鼓楼区文化艺术中心，总面积约2820平方米。设有外借流通部、期刊阅览部、电子阅览部、视障人阅览部、城市书房、流动图书车等6个部门对外开放，下设7个街道分馆、3个特色社区分馆。2005年、2009年在全国公共图书馆评估中都获得国家一级馆。

区图书馆现有藏书21.6万册（其中电子图书3.3万册），每年征订报刊400余种，新增馆藏近万册，年接待读者13万人次。每天开放时间9:00–17:30，全年无休，馆内所有服务项目均免费开放。各馆室内布局合理，环境优雅，配有足够的书架、报架、刊架，饮水机、装订机、无障碍设施等各项配套设施齐全，随时为读者服务。馆内防火、防潮、防尘、防盗和灭火设施齐全，采光照明好，努力营造浓厚的读书文化氛围。

业务建设

截止2012年底，南京市鼓楼区图书馆总藏量21.5万册（件），其中电子图书3.3万册。

2009–2012年，南京市鼓楼区图书馆的新增藏量购置费年均15万元，共入藏图书47088册，年均征订报刊500种。

读者服务工作

南京市鼓楼区图书馆每天开放时间9:00–17:30，全年无休，馆内所有服务项目均免费开放。下设7个街道分馆、3个特色社区分馆，通借通还。

在全市率先启动了流动图书车，34个固定服务站以两周为一服务周期，日程表在区图书馆网站即时更新，方便读者查询。

2009年邀请“中国最美书店——先锋书店”设计师共同打造由地下人防工程改造的特色阅览室——“城市书房”，旨在创造一种“在休闲中阅读、在阅读中休闲”的生活方式，自开放以来，舒适的环境，高档的服务，全新的书籍，不定期举办的精彩读书活动，都让区内读者耳目一新。

2009年精心打造了“书香鼓楼”全民阅读节，每年一届，至今已经成功举办了四届，每届历时6个月，举办三十余场读书活动。“关爱弱势群体、促进文化交流、分享文化成果”的永恒主题，更是贯穿历届阅读节的活动之中。

2011年，南京市鼓楼区图书馆和“城市书房”阅览室同时开通了新浪微博。图书馆的新书介绍，活动预告，馆内动态，都可以通过微博实时发布，以便让读者及时地了解最新信息。

管理工作

在图书馆管理工作中，将规范化管理当作头等大事来抓，图书馆年初有计划，年终有总结，各类业务档案存放有序，保管良好。建立和健全各种规章制度，制定了《图书馆员工管理制度》、《图书馆安全管理制度》、《业务工作监督考核办法》等制度，做到有章可循，有法可依。

定期组织人员参加省、市图书馆的专业培训，开展继续教育、学术研究等活动，努力提高馆员们的政治素质和业务素质。目前，馆内现有编制人员10名，全部具有大专以上学历，中、高级专业技术人员占70%。

在业务工作中，根据全馆职工不同工作岗位、任务特点和要求，坚持“按劳分配、效率优先、注重实效、兼顾公平”的原则，按工作责任轻重、工作量大小和岗位目标任务完成情况，合理分配奖励性绩效工资档次，逐步形成内部激励和约束机制，发挥奖励性绩效工资的激励导向作用。

表彰、奖励情况

2009–2012年，南京市鼓楼区图书馆共获得各种表彰、奖励11次，其中，省文化厅表彰、奖励2次，其他奖励9次。

在第五届江苏省公共图书馆优秀服务成果评比中，南京市鼓楼区图书馆的“流动图书车”荣获二等奖，“视障人阅览室”荣获三等奖。

馆领导介绍

刘绯，女，1968年1月生，大学学历，副研究馆员，1988年10月参加工作。副馆长，主持工作（截止2013年12月）。

高俊，男，1968年5月生，大学学历，中级职称，1991年8月

视障人阅览室

流动图书车

城市书房

亲子阅读

"书香鼓楼"阅读节

参加工作。原南京市下关区图书馆馆长，2014年1月起任南京市鼓楼区图书馆馆长。

未来展望

在未来的几年里，南京市鼓楼区图书馆将搬入区委、区政府重点打造的白云亭艺术中心，新馆舍建筑面积约6000平方米。全面建成后的南京市鼓楼区图书馆，将以国际一流图书馆为基本标准，完善馆内设施，优化管理过程，始终保持与时俱进的精神风貌，让图书馆最大化地发挥出资源优势，提高服务水平和服务效果，向更高的目标努力。

联系方式

地　址：南京市中山北路99号
邮　编：210009
联系人：高 俊

南京市浦口区图书馆

概述

江苏省南京市浦口区图书馆2003年4月由原江苏省南京市江浦县图书馆和原江苏省南京市浦口区图书馆合并而成。馆舍建筑面积近4000平方米。馆址分为三处：主馆座落于江苏省南京市江浦街道凤凰大街3号；一分馆座落于江苏省南京市浦口区浦口新马路3号；二分馆德明图书馆（少儿图书馆）座落于南京市浦口区江浦街道一条巷。区图书馆目前藏书量已达20万余册，可容纳读者座位800个。选用汇文系统于2012年实现了“一卡通”服务功能。2004年参加第三次全国公共图书馆评估，首次被评为一级图书馆。

业务建设

截止2013年底，浦口区图书馆总藏书量22.5万册（件），其中纸质文献22.2万册（件），电子图书3000册。刊物2435种，视听文献122种，2012年地方文献入藏完整率为92%。

截止2013年底，浦口区图书馆数字资源总量5.2TB，其中，自建数字资源量800GB。

2013年底全区9个街道、116个社区实现全国文化信息资源共享工程（以下简称“文化共享工程”）全覆盖，同时完成了市、区、街道、社区（村）“一卡通”连接。

截止2012年底，全区54家农家书屋全部建成，现有五星级农家书屋2个，四星级农家书屋2个，三星级农家书屋6个，计划三年内全面完成农家书屋的星级建设。

读者服务工作

从2010年元月起，浦口区图书馆全年365天对外免费开放，每周开放时间63小时。2009年–2012年，书刊总流量近100万人次，书刊外借80.2万人次。2012年底开通与全区9个街道、20个社区（村）图书室的“一卡通”互借互还服务。2009年–2012年建成9个分馆，新增8个流动服务点。

截止2013年浦口区图书馆发布使用的数字资源总量为5.2TB。均可通过浦口区图书馆网站、文化共享工程VPN专网向全区公共图书室共享工程基层点提供检索浏览和下载服务。

2009年–2012年浦口区图书馆共举办讲座、展览、培训、阅读、推广等读者活动628场次，参与人数16.3万人次，由金陵图书馆和浦口区文广局创意若干个阅读推广主题活动，在全区所有文化站（室）中同时进行，年底进行单项奖评选。

业务研究、辅导、协作协调

浦口区图书馆在规范化管理的同时，始终把提高服务效能和提高社会效益为目标，鼓励工作人员改进创新服务方式，认真钻研业务，积极撰写业务论文，2009–2012年馆内职工撰写论文86篇，发表8篇，出版汇编征文专著一部。

2009年起，浦口区图书馆在全区范围内开展文化共享工程基层点建设。2011年，在全面完成街道文化共享工程基层点建设的基础上，为加快社区(村)文化共享工程基层点建设，浦口区图书馆与区组织部协作，以社区（村）“党员远程教育网”为依托，加速推进社区（村）文化共享工程基层点建设。于2013年底实现了全区街道、社区（村）文化共享工程基层点全覆盖。

2012年，浦口区图书馆引进“汇文图书自动化管理系统”，在全区开展市、区、街道、社区（村）通借通还“一卡通”服务建设。截止2013年，不仅实现了与金陵图书馆的通借通还“一卡通”服务，还为全区9个街道图书室和44个社区图书室安装了“汇文流通管理系统”，通过VPN实现了基层图书室与浦口区图书馆的书目数据连接。同时，还为参加“一卡通”服务建设的街道、社区图书室加工、配送了图书2.6万册。为保障全区“一卡通”建设工作的顺利完成，浦口区图书馆成立了业务培训与技术支持工作小组，专门为参加创建的基层图书室提供业务与技术指导。创建期间，浦口区图书馆共安排人员赴基层图书室现场辅导60余次，并举办业务培训26期，业务竞赛4期，每年接收培训人次近万人。

2009年–2012年，浦口区图书馆不断加大对“农家书屋”扶持力度。截止2012年底，共计为“农家书屋”配送图书3.26万册、书架320节，帮助12个书屋成功创建“星级农家书屋”。

管理工作

浦口区图书馆的内部管理是规范严格的，馆内服务人员一直实行聘任制，服务人员遵守规章，各尽其责。

每年各部门都要签定目标责任状，建立了量化考核指标体系，每月都有新书推荐和工作进度通报，还做到及时总结，保证图书馆工作正常有效的进行。

图书馆外貌

少儿图书馆培训中心

服务大众

幼儿园送书

阅览室

表彰奖励情况

2009—2012年江苏省南京市浦口区图书馆共获表彰奖励47次。其中组织活动获省级表彰奖励3次，征文获省级表彰奖励8次，组织活动获市级表彰奖励18次，论文获市级表彰奖励6次，其他奖励12次。

馆领导介绍

李焕章，男，1966年生，本科学历，中共党员，馆长。1979年9月参加工作历任浦口区文化馆馆长，支部书记。求雨山名人馆支部书记，2008年4月任浦口区图书馆馆长，兼任南京市图书馆学会常务理事。2002年获“浦口区优秀党务工作者”称号，2009年获创建全国文明城市“先进个人”，2012年获“建设高新浦口”先进个人称号。

毛开颜，女，1974年12月生，本科学历，中共党员，中级职称，党支部书记。1992年到江浦县图书馆参加工作，先后在采编室、少儿室、外借处工作。

杨晓燕，女，1970年11月生，本科学历，中共党员，中级职称，副馆长，1995年调入江浦县图书馆工作，先后在阅览室、外借处、会计室工作。

潘娜，女，1979年3月生，本科学历，中共党员，初级职称，馆长助理。1998年到浦口区图书馆参加工作，先后在采编室、共享工程支中心工作。

未来展望

江苏省南京市浦口区图书馆遵循“科学、效率、创新、发展”的办馆方针，践行“浦图发展”的战略，完善单体服务功能、扩大服务辐射区域，带动地区事业发展。在不断提高综合实力的同时，通过学习、不断提高服务水平，增强知名度。

养老院慈善助老活动

2011年浦口区图书馆新馆建设工程正式启动，计划在2015年底建成并使用，新馆位于象山路市民活动中心内，建筑面积5300平方米，规划藏书量达50万册，可容纳读者1800坐席。数字资源设计存储能力100TB，能够提供覆盖、不间断、无时空限制的数字文献远程和移动服务。同时，浦口区图书馆桥北艺术中心分馆项目也于2011年正式启动，桥北艺术中心分馆建筑面积约1000平方米。规划建立“电子阅览室”，配置100台计算机终端。设有可容纳300读者座席的视听功能室。届时，此分馆将被打造为以数字化、休闲服务为主的浦口区图书馆“数字化服务名片”。未来几年内，浦口区图书馆还将在全区或全市范围内发起组建公共图书馆服务联盟，联合高校资源，完善地方文献联合征集和地方资源库建设，更好更有效的为读者服务。

共享工程业务辅导培训

宣传周活动

南京市栖霞区图书馆

概述

栖霞区图书馆是国立区县级综合公共图书馆，成立于1983年，1986年建成开放。时建地址为栖霞区燕子矶新燕街65-1号。2003年因和燕路道路拓宽工程，图书馆部分办公楼被拆迁，因此影响了图书馆功能室的开放以及读者服务工作的开展。2012年栖霞区政府为大力发展全区文化事业，在尧化门尧佳路成立了栖霞区文体中心，栖霞区图书馆新馆在此开建。新馆面积6400平方米，建筑结构为五层，主要功能分为图书借阅区、期刊阅览区、儿童借阅活动区、图书储存区、咨询服务区、公共及辅助区、技术区、图书加工区、行政办公区、后勤部门等多个区域，新馆将按照国家一级图书馆标准设成人阅览座位240个，儿童阅览座位50个，培训席位300多个。新馆图书借阅区域六百多平方米。

业务建设

截止2012年底，栖霞区图书馆总藏量为10万册。2009年新增图书6179种，2010年4395种，2011年4330种，2012年9550种，报刊年入藏量2009年至2012年平均124种，视听文献年入藏量基本保证在30种以上，2013年初，栖霞区图书馆顺利完成了本馆的"通借通还"一卡通建设任务，同时完成栖霞区机关图书分馆、祥和雅苑社区分馆的系统建设。2012年栖霞区图书馆建成了"栖霞区图书馆网站"，网站按公共图书馆网站建设定位，在设计上分为馆藏书目OPAC实时查询、网络参考咨询、数字资源、读者指南、动态资讯、相关链连等版块。网站在全市区县图书馆网站设计大赛中获得三等奖。

读者服务工作

从2009年8月起，栖霞区图书馆全年365天天天对外免费开放，周开放60个小时。2009-2012年，书刊总流通232343人次，书刊外借212795册次。2009年-2012年开展的主要活动有："祖国在我心中"、"走进世博、走向世界"、"弘扬雷锋精神，建设心灵家园"红领巾读书征文活动；"金陵颂"少儿经典诵读表演竞赛；"中国共产党与民族复兴"纪念建党90周年书评、"感悟一百年"纪念辛亥革命一百年书评活动；庆祝中华人民共和国成立60周年图片展等。举办讲座有："广电讲坛"、"群文讲坛"：健康讲座"、"消防安全知识讲座"等。

栖霞区图书馆坚持为特殊群体服务，2009年儿童节，为尧化流动人口子弟小学的孩子们送去图书和学习文具，并开展了演讲诵读活动；2012年图书馆服务宣传周期间，在明光金都民工子弟学校建立了"爱心阳光书屋"。

业务辅导、协作协调

2009-2012年，栖霞区图书馆累计送书下乡16000册，总资金达40万元。在送书的同时，栖霞区图书馆积极做好服务工作，安排专人对基层图书室管理人员进行了专门辅导培训，成功创建了示范文化活动室和星级农家书屋。

为推进全区文化信息资源共享建设，到2012年底，栖霞区图书馆共辅导协助99个社区建成了社区基层点，覆盖率达100%。

管理工作

大力开展文明创建活动，推行文明规范的服务标准，树立良好的行业形象。在馆内全面动员、发动，要求推行礼貌用语，做到接待读者文明礼貌；鼓励全馆职工刻苦钻研业务，不断提高业务技能和服务水平。2009-2012年全馆职工共撰写论文24篇，发表论文10篇。

表彰、奖励情况

2009-2012年，栖霞区图书馆共获得各种表彰、奖励14次，其中江苏省文化厅表彰、奖励11次，南京市文化广播电视局表彰、奖励3次。

馆领导介绍

任宇恬，女，1972年8月生，本科学历，中共党员。1972年12月参加工作。2006年担任图书馆馆长。

未来展望

栖霞区图书馆一直遵循"科学、效率、创新、发展"的办馆方针，2014年，栖霞区图书馆新馆将全面对外开放。新馆的建设目标不仅要建造一个环境舒适、服务功能齐全的现代化图书馆，而且要建立一个数字信息化图书馆系统，新馆将推进重点文化工程建设，参照国家中心下发的《共享工程设备配置标准》和我省下发的《江苏省公共数字文化系统建设标准》建成文化信息资源共享工程支中心和电子阅览室。建成后的支中心将加强数字资源建设，首先将馆藏文献书目数字化达100%，其次将购买和自建数字资源，目前已与博看、方正阿帕比、大众图创达成协议，新馆建成后购买数据库。新馆开馆后，我馆还将推进通借通还"一卡通"服务系统建设，完成区图书馆与全区9个街道、106个社区（村）图书室VPN连接和通借通还，全面实现市、区县、街镇、村社区四级图书馆（室）的联网，通借通还。

联系方式

地　址：南京市栖霞区燕子矶新燕街65-1号
邮　编：210038
联系人：朱爱玲

送图书到军营

全民阅读日

服务宣传周活动

徐州市图书馆

概述

徐州市图书馆始建于1930年，曾为“江苏省立徐州图书馆”。馆址几经变更，新馆于2003年10月落成开放，坐落于徐州市南郊风景秀丽的云龙山麓。为主体三层，局部四层的仿汉代建筑，体现了徐州地方文化特征。总占地面积2.67万平方米，建筑面积2.15万平方米，设计容量160万件，可摆放阅览座位1000余个，预装信息节点700多个，设计日均接待读者2000人次，年外借文献100余万册次。2004年，参加第三次全国公共图书馆评估，获得国家一级图书馆。

业务建设

截止2012年底，我馆资源总量81.8万件，其中古籍93785件。是文化部颁布的全国重点古籍保护单位。

2009—2010年，新增藏量购置费45万元；2011年为50万元；2012年为70万元；2013年为120万元。

2009—2012年，新购置电子图书25000种，电子期刊400种。阅报机2台，读书机1台，以及无障碍电影光碟等。自建数据库三个，投入使用的二个：徐州新方志数据库、徐州地方文化资源数据库。在建数据库一个：徐州地方戏曲数据库。资源总量达20TB。25种馆藏古籍入选《国家珍贵古籍图录》，155种馆藏古籍入选《江苏省珍贵古籍图录》。

读者服务工作

徐州市图书馆365天全年无休，并实行全面免费服务。目前持证读者55061人，达到市区总人数的3.7%以上，外借40余万册/年。馆藏中文文献书目数字化达到100%。现有古籍书目数据已全部录入全国古籍普查数据平台。建有27个分馆及流动服务点，并与部分分馆及流动站点实现了通借通还。

2009—2012年，徐州市馆共举办讲座、展览、培训600余场次，有些活动持续数年，已成为我市文化品牌。

2009—2012年，新建徐州记忆特藏室、徐州作家图书馆。

业务研究、辅导、协作协调

2009—2012年，职工出版专著2部，发表论文80篇，获准立项的市级课题1项——《徐州市公共数字图书馆市级中心建设》。

江苏省第四届公共图书馆优秀服务成果评比中，我馆《“大墙深处读书热，翰墨眼里满眼春——徐州市图书馆徐监图书流动点首届服刑人员读书节活动”》获二等奖，《“我的书架我做主”读者自主选书活动》获得三等奖。2篇论文分获第三届“图书馆学情报学学术成果”二、三等奖。

管理工作

加强组织制度建设，推动图书馆内部机制改革，完善管理制度、业务规范、行为准则、岗位责任、绩效考核等工作细则，进行优化组合。在编56人，均实行全员岗位聘任，设11部室：综合外借部、期刊阅览室、历史文献部、采编部、技术部、少年儿童图书馆、参考咨询室、社会工作部、后勤保障部、财务室和办公室。各部门各司其职，同时建立了工作量化考核指标体系。每星期三召开部门主任会议，进行工作进度通报，全年进行总体工作考核。

表彰奖励情况

2009—2012年，徐州市图书馆共获得各种表彰、奖励20次，其中国家级表彰3次，省级表彰10次，市级表彰7次。

馆领导介绍

赵萍，男，汉族，1960年4月生，山东滨州人。1978年4月参加工作，1981年3月加入中国共产党，本科学历，馆员。

林文忠，男，汉族，1969年1月生，河北泊头人。1986年7月参加工作，1998年8月加入中国共产党，本科学历，馆员。

刘巍，女，汉族，1966年4月生，黑龙江省哈尔滨市人，1983年9月参加工作，大专学历，馆员。

未来展望

徐州市图书馆努力推进徐州地区公共图书馆事业可持续健康、稳步发展，以创建江苏省公共文化服务体系示范区为抓手，根据徐州市公共图书馆事业的发展实际，制定了徐州地区公共图书馆“十二五”发展纲要，其中一些主要任务纳入了徐州市政府社会和文化事业发展规划。“徐州市公共数字图书馆市级中心建设”项目已立项。2015年底全市市区、街道、社区公共图书馆实行总分馆制。逐步实现全市公共图书馆，书目联合检索、文献集中编目、一卡通用、技术平台共享、文献通借通还、物流统一配送、数字资源共建共享、读者活动互联互动的总分馆制。

联系方式

地　址：徐州市泰山路
邮　编：221009
联系人：刘 巍

南京市雨花台区图书馆

概述

（一）历史沿革：雨花台区图书馆发端于1972年，当时位于雨花东路2号，属区文化馆内的一间图书室，面积10平方米，藏书四千余册、报刊十几种。1976年面积增加到130平方米，开始对外办理借书证。1984年5月雨花台区图书馆正式成立，地址仍在雨花东路2号。1986年，因雨花东路拓宽，馆舍被拆，区图书馆搬到共青团路区文化馆新楼内。1988年3月雨花台区成人教育中心大楼建成，大楼一楼的东半部分做为雨花台区图书馆馆舍，面积500平方米。1992年，新建了雨花台区少儿图书馆，占地520平方米、建筑面积1000平方米，于1993年“六·一”儿童节前夕正式开馆。

（二）现状：我馆现有馆舍建筑面积1500平方米，馆内设报刊阅览室、成人外借处、电子阅览室（包括文化信息资源共享工程区级支中心）、参考资料及地方文献特藏库、少儿外借处、少儿阅览室（培德读书室）、共享工程多媒体视听室、书库等。全馆共有成人阅览座席246个、少儿阅览座席50个；全馆现有计算机终端45台，其中供读者使用的计算机33台；有一条独享12M互联网电信宽带接入，配备一套存储阵列设备，磁盘容量为8TB；目前我馆图书管理自动化采用汇文文献信息服务系统软件（V2.0版）。

业务建设

2012年我馆收到财政拨款总额为199.41万元，相较2011年度，财政拨款年增长率与全区当年财政收入增长率的比率为135.16%。新增藏量购置费2012年为36.3万元。2012年度免费开放经费到位16万元。

截止2012年底，全馆在职人员7人，其中本科学历3人、大专学历3人、高中学历1人，大专以上学历者占在职员工人数的85.7%，全馆在职员工100%均为中专、高中以上学历者；全馆在职人员7人，其中中级职称3人，初级职称3人，中级以上职称占全馆在职人员总数42.9%，初级以上职称占全馆在职人员总数85.7%。2007年通过竞聘，三位馆长竞聘上岗，馆长王恒强，副馆长张庆文、钱桦，1男2女，三位馆长本科学历1人、大专学历2人，馆员2人、助理馆员1人。1人汉语言文学（文秘）专业毕业，1人政治学与行政学（图书馆方向）专业毕业，1人计算机信息管理专业毕业。我馆一直注重对馆内员工进行岗位培训及继续教育学习，将参加各项学习纳入年终考核，坚持每周的政治和业务学习，积极组织参加省市图书馆举办的各种业务学习及区文化局举办的文化大讲堂等学习。年总学时达到350学时，年人均岗位、继续教育培训达到50学时。

在业务研究方面，2012年本馆有4篇论文在专著及杂志发表。

文献资源

2009至2012年，我馆各类文献入藏量每年均有增长，其中图书入藏2009年达3833种、2010年3918种、2011年3732种、2012年4307种。至2012年底，全馆图书总藏量已达200325册，电子文献中电子图书2012年入藏126件达上万种。2012年订阅报刊杂志320种，试听文献2012年入藏388件。

地方文献在我馆馆藏中一直居于重要的位置，我馆重点收藏了有关雨花台区文史方面的文献，包括本地区知名人士有关文史类的著述，无论是否正式出版都力求收齐，设立了地方文献藏书专架和阅览室，完善相关目录及征集情况说明材料，由专人管理。同时，我们还十分重视其整理和利用，对所藏雨花台区文史方面的纸质文献进行了数字化加工，建立了雨花文史地方文献全文检索数据库，放在我馆网站上供读者在线浏览及免费使用。

我馆目前使用汇文系统对中文图书、期刊进行计算机编目，按系统规定的CNMARC标准格式著录。在中文图书、期刊分编过程中，使用《中图法（第五版）》进行分类、标引，使用《中国文献编目规则（第二版）》进行规范著录，依据《新版机读目录格式使用手册》编制规范数据。采用《中国分类主题词表（第二版）》对中文图书实行主题标引。我馆还制定了《中文图书分类规则》、《普通图书著录规则》、《采编人员岗位职责》、《期刊分类编目工作规则》、《视听资料分编规则》等一系列分类、标引、编目的相应细则，保证中文普通图书、中文期刊及视听资料编目数据的规范一致。

在藏书组织管理方面，为确保图书加工质量，我馆制订了相关加工流程及规则，同时在外借处设立专用电脑供读者进行馆藏目录的自助查询，并制订了书目查询指南。由于我馆对中文图书及过期期刊合订本均采用开架借阅方式，流通量较大，为此我们制订了《书库管理员岗位职责》、《书库管理制度》、《文献保护制度》等，对所有开架藏书实行分区、分片、分架管理，包干到人，要求责任人随时纠正错架、乱架现象，定期或不定期接受检查，以此保证开架图书排架误差率达到低于1%的优秀等级，对破损图书及时进行修补并做好记录。

在数字化建设方面，我馆现有数字资源主要包括：馆藏地方文献数据库（1.2GB）、本区群文演出视频（81GB）、本区电视台制作的专题片（34GB）、共享工程上级中心下发的数字资源（1349G）及整合网络资源（2698G）等，共计约4.16TB；我馆现有馆藏中文图书机读目录数为195246册，期刊合订本机读目录5079册，共计200325册，另有报纸合订本14202册未建立机读目录，中文普通图书、期刊文献资料按CNMARC格式建立机读目录的比例为93.4%。同时，在地方文献数据库建设方面，我们依据馆藏雨花文史类纸质文献制作的雨花文史地方文献全文检索数据库已放在我馆网站上供读者在线浏览及免费使用。

服务工作

我馆成人及少儿报刊阅览室自1993年起一直实行免费开放，2012年11月28日我馆图书管理系统由“ILASII”转换为“汇文”系统后，对到馆读者全面实行免费服务，包括对原有持证读者免费更换新借书证、办证除收取押金以外不收其余任何费用、讲座免费、展览免费、馆藏视听资料播放免费、各类读者活动免费等。

我馆始终坚持“读者第一，服务至上”的办馆宗旨，于2000年起在全市各级公共图书馆中率先实行全年365天开放，中午不休息、晚间开放至18时、每周开放66.5小时，一直坚持至今。所有馆藏中文图书（除几十种地方文献纸质图书由于稀缺性为半开架）、期刊合订本及我馆配送至基层图书室的图书均为开架借阅，开架率达100%。2012年度我馆书刊年外借册次达到188384册次，年馆藏书刊文献年外借率达到94.04%，馆外流动服务点包括机关大楼读者借阅及基层52个社区图书室读者借阅总量在5000册次以上。我馆2012年到馆总人次为152675人次（包括借阅人次为141291，参加各类讲座展览等各项读者服务活动的人次为11384），持证读者数为4300，人均到馆次数为35.5次。

在书刊宣传方面，我馆常年坚持每月制作一期到馆新书介绍，并结合节庆、节气、重大活动及“4·23世界读书日”、“图书馆服务宣传周”等活动进行书刊宣传。同时，根据区政府的要求，我馆与区档案馆共同作为政府公开信息服务公示窗口，馆内阅览室设有市、区政府文件公示专架并设有架位标示，定期更新、公示南京市政府公告及雨花台区政府相关文件（复印件）。在参考咨询服务方面，我馆外借服务窗口常年为读者提供参考咨询服务并做好相关记录；2011年区政府筹划对花神庙地区进行开发，我馆向区建设、旅游部门提供了馆藏文献《雨花台区文物志》、《南郊风景名胜》、《雨花文史》多期等文史类馆藏文献供该项目参考，得到该项目筹备单位的好评。

在上级主管部门的大力支持下，我馆经过前期论证、申请电信固定IP地址、申请域名等准备工作，于2012年10月建成了雨花台区图书馆网站，网址为www.yuhualib.cn，提供数字资源服务、全区文化动态及服务信息发布、联机书目检索、网上预约续借、虚拟参考咨询、雨花文史地方文献全文检索数据库在线浏览及免费使用等，有网站内容管理系统，及时进行内容更新并能够及时进行网站访问情况统计。

2012年，我馆以“提升服务能力，阅读充实人生”为主题开展系列读书活动，先后举办宣传雨花人文历史的讲座2场、以古典音乐的入门和鉴赏为内容提升社区居民的文化素养的讲座1场，受到广大社区居民的欢迎，同时深入基层，有针对性地进行共享工程、汇文系统使用等业务培训15场。全年共举办展览5场，如在4·23世界读书日期间对本馆读者征集“我的雨花·我的家”书画、摄影作品并选出优秀作品在馆内展出等。全年共开展送知识竞答送春联、“年的味道”征文、“红读”征文等阅读推广活动7个方面内容、18场活动，受众达17950人次。

协作协调

我馆于2012年11月完成图书管理软件更换、硬件安装调试到位、固定IP地址申请等前期准备，全面完成加入全市“一卡通”工程的各项工作，目前软硬件系统运作良好。

自2004年起，为贯彻落实区委、区政府为民办实事的指示精神，我馆在全市率先开展为基层图书室采购、加工、配送图书，将区财政专项拨付的每年15万元的专款用于为全区各社区图书室配书，至2012年共配送了9年，总计配送图书101894册（价值人民币185万余元），2013年的该项工作已启动。现在我区所有52个社区图书室的藏书均达到1200册以上（春江、景明等大社区藏书达3000册以上），而且所有图书均与我馆藏书加工流程相同，书目数据放于我馆馆藏书目数据当中，便于全区图书馆、室通借通还。目前全区有28个社区图书室安装了汇文软件客户端，与我馆实现了通借通还，我们将于2013年底达到通借通还全覆盖。在对基层的业务辅导及业务培训方面，我们针对共享工程基层点及基层图书室服务工作，做到年初有计划、辅导培训有记录、年底有分析、有总结。

管理与表彰

自2009年以来，我馆先后获得首届全国少年儿童快乐阅读大赛优秀组织奖、全省第五届公共图书馆优秀服务成果三等奖等国家、省、市级表彰达10项。

七共享工程及公共电子阅览室建设

我馆文化共享工程支中心（原为基层点）建于2004年，2008年及2012年先后两次进行设备升级，目前按照《2010年度共享工程设备配置标准》进行设备配置，2012年度购置磁盘整列一套和共享工程专用服务器一台以及防火墙一台，总计15.5万元。设有有专职管理人员，按照上级要求及时报送统计报表，健全完善整体建设规划、年度计划总结以及人员及设备管理制度。目前我馆支中心数字资源包括自建数字资源115GB、共享工程国家中心下发的数字资源1349GB两个部分，总量为1464GB。目前全区52个社区共建有共享工程基层点43个（2013年实现全覆盖），2012年共组织开展培训48场，参加培训的各级管理员达104人次。

我馆公共电子阅览室每周免费开放时间达66.5小时，硬件设施达标、规章制度健全、导航页面能够对馆藏数字资源进行有效揭示、每周进行资源更新（与区电台结对共享视频资源），读者可通过VPN方式连接基层公共电子阅览室访问我馆资源，目前数字资源总量已达4.16TB。我馆还充分利用公共电子阅览室及多媒体视听室等阵地，重点面向老年、少儿读者及进城务工人员免费播放数字资源，包括爱国主义电影、健体养生、百家讲坛等视频。

馆领导介绍

王恒强，男，1968年12月生，大专学历，中共党员，馆长，1988年12月参加工作。

张庆文，女，1968年9月生，本科学历，中共党员，馆员，副馆长，1989年6月参加工作。

钱桦，女，1973年2月生，大专学历，中共党员，馆员，副馆长，1993年9月参加工作。

未来展望

2014年年底，雨花文化大厦建设工程将正式启动，我馆的新馆也位于其中。全面建成后的雨花台区图书馆新馆总建筑面积约6000平方米，主要指标将位居全市区县公共图书馆前列。

联系方式

地　址：南京市雨花台区共青团路40号
邮　编：210012
联系人：王恒强

群文大讲堂

阅览室

知识竞答

南京市江宁区图书馆

概述

江宁区图书馆初创于1953年5月1日，馆名为江苏省江宁图书馆；1957年更名为江宁县图书馆；2001年，江宁县撤县建设，更名为江宁区图书馆。馆址几经变迁，1986年5月1日，位于江宁区土山路46号的图书馆大楼建成开放并延用至今。图书馆占地约为6亩，面积为3390平方米。2004年，参加第三次全国公共图书馆评估，首次获得县级一级图书馆。拥有阅览坐席420个，计算机44台，信息节点60个，宽带接入100Mbps，1998启用ILAS图书馆自动化管理系统，2012年改用汇文图书馆自动化管理系统。

业务建设

截止2012年底，江宁区图书馆总藏量375981册（件），其中包含善本《王荆文公诗》50卷、完整的《四库全书》、《永乐大典》中的1000多卷及清同治的《上江两县志》等各类古籍。馆藏报刊600种，合订本15306份（包括建国以来较完整的《新华日报》、《人民日报》合订本）。

2009–2012年，江宁区图书馆新增藏量购置费共108万元；共入藏各类图书29202册，报刊1316种，视听文献192种。

截止2012年底，江宁区图书馆数字资源总量为6TB。2011年–2012年，对江宁区地方文献开展了收集、整理、筛选、扫描等工作，最终建成全文数据库。

2011年，江宁区图书馆将自动化管理系统升级改造为汇文系统，率先加入南京市市区—县—街镇—村社区图书馆通借通还“一卡通”服务系统。同年底，率先完成全区200个社区共享工程基层服务点·电子阅览室全覆盖工程。

读者服务工作

从2009年起，江宁区图书馆全年365天全天对外免费开放，周开放时间62小时。2009–2012年，书刊总流通611525人次，书刊外借710808册次。2012年起，江宁区图书馆开始积极探索与驻区高校建立资源共享联合借阅体系建设。经过双方共同努力，实现了数字资源与纸质资源的资源共享。2009–2012年，在4家驻区部队建立图书流通服务点，定期更换图书达12800册次，并为全区10家街道图书馆和200个村社区图书馆提供图书服务。

2012年，江宁区图书馆成功开通“江宁区图书馆网站”、“江宁区移动图书馆”，免费对读者开放9个数据库，约6TB的数字资源，均可通过江宁区图书馆网站向南京图书馆、金陵图书馆及14所驻区高校图书馆、共享工程基层服务中心提供检索、浏览和下载服务。自建了独有的《江宁区地方文献》全文数据库。

2009–2012年，江宁区图书馆共举办讲座、展览、培训、阅读推广等读者活1082场次，参与人数119534人次。

业务研究、辅导、协作协调

2009–2012年，江宁区图书馆职工发表论文34篇；在各项征文比赛中，有1篇荣获国家一等奖，1篇荣获省级二等奖，3篇荣获省级三等奖。

从2011年起，江宁区图书馆全力构建公共图书馆服务体系，一是借助新的汇文管理系统和网络在全区范围内开展市、区、街道、社区四级联网“一卡通”工程、与14所驻区高校建立资源共享联合服务体；二是以文化信息资源共享工程VPN专网为依托，开展共享工程基层服务点全覆盖工程，搭建了一个较为合理便利的公共图书馆服务体系；三是开创性的将农家书屋工作纳入公共图书馆业务体系，顺利实现了“一卡通”及服务水平的提档升级。

2009–2012年，江宁区图书馆紧紧围绕“一卡通”建设、农家书屋建设、共享工程基层服务点建设、图书管理等重点工作深入全区十家街道文体服务中心、200家社区图书文化活动室开展各类辅导278次。

管理工作

截止2012年底，江宁区图书馆有在编人员16人，其中副高职称2人，中级职称8人，中共党员10人。2009年起重新设置了岗位，按人事部门要求开展了人事改造并建立了工作量化考核指标体系，每月工作有计划、有小结，每年进行总体工作考核。2009–2012年，共抽查文献排架48次，书目数据4次，安全自查48次。

4.23系列活动之走进军营

与驻区高校开通资源共享仪式

亲子活动室

工作人员讲解如何自助办理借阅证

图书馆大厅

表彰、奖励情况

2009–2012年，江宁区图书馆共获得各种表彰、奖励14次，其中，文化部表彰1次，省文化厅表彰2次、市文广新局表彰10次，区级表彰1次。

馆领导介绍

陈英，女，1972年3月生，本科学历，中共党员，馆长兼书记。2011年前在江宁区社会文化管理委员会办公室任副主任，2011年1月调任江宁区图书馆任馆长。中国图书馆学会阅读推广委员会图书评论委员会委员、江苏省图书馆学会理事，江宁区巾帼标兵。

曹明芳，女，1968年5月生，大学专科学历，中共党员，馆员，副馆长。1982年10月到江宁区图书馆参加工作，先后在图书借阅部、少儿借阅室等部门工作。

未来展望

江宁区图书馆始终遵循“用户第一，服务至上”的服务宗旨，坚持以人为本的服务理念，积极探索区域联盟服务机制，在完善自身服务功能的同时，不断扩大服务辐射范围。2012年底，江宁区图书馆内外环境改造工程正式启动，改造后的江宁区图书馆布局更合理、环境更优美、设备更齐全、资源更丰富、服务更完善、活动更丰富，新增的24小时自助图书馆等一批数字设备更是让这历史悠久的图书馆重焕青春。江宁区图书馆正朝着建设“与江宁区经济地位相适应的富集人文，促进学习的公共图书馆，成为全社会的文献信息中心、知识共享中心和全民阅读活动中心”的目标不断开拓，努力向前！

联系方式

地　址：南京市江宁区东山镇土山路46号
邮　编：211100
联系人：陈 英

南京市六合区第一图书馆

概述

南京市六合区第一图书馆，前身南京市六合县图书馆。正式建制于1958年12月，是江苏省首批设立的县级公共图书馆之一。自2008年来该馆一直实行全免费开放服务。2013年3月，全国文化信息资源共享工程六合区第一图书馆支中心正式建立并向读者开放。现馆舍总建筑面积达3044㎡。至2013年底，馆藏文献18.55余册，其中古籍6900册，每年订阅报刊300余种，目前持证读者6000余人，日均接待读者300多人次，现在每周开放时间达到56小时以上（中午不休息），且全年无休，2005年、2009年，被文化部评定为国家二级图书馆，2014年，第五次全国公共图书馆评估定级结果已经公布，首次荣获"国家一级图书馆"称号。2013年，南京市六合区第一图书馆有阅览坐席260个，计算机37台，信息节点51个，宽带接入12Mbps，选用南图力搏图书馆自动化管理系统。

业务建设

截止2013年底，南京市六合区第一图书馆总藏量18.86万册（件），其中，纸质文献14.58万册（件），电子图书310册，视听文献资料200件，电子图书6000种。

读者服务工作

南京市六合区第一图书馆自开馆以来，克服财政困难，始终将社会效益放在第一位，实行全方位对外免费开放。近年来，随着区财政免费开放专项资金的投入和大力支持下，南京市六合区第一图书馆更是加大了免费开放的力度，目前免费开放主要包括：外借室、报刊阅览室、少儿借阅室、电子阅览（文化共享工程六合支中心）、政府信息公开查询、自修室等公共空间设施场地免费开放；文献资源借阅、地方文献、古籍阅览以及基层辅导、流动服务、讲座、培训等基本文化服务项目全部免费提供；为保障基本职能实现，一些辅助性服务如办证、验证、复印、存包等项目均免费。

开展进机关、进企业、进学校、进社区等各类活动，送卡上门，近年来办证人数不断增加，累计持证读者数为6000余人，人均年到馆43次。科学调动人员积极性，在原有人员的基础上，对原来的工作时间进行调整，每周的免费开放时间达到60小时（全年无休）。更加方便了上班族读者的借阅，得到了广大读者的普遍肯定。2012年书刊文献外借17.72万册次，馆藏书刊文献年外借率为96%，年流通人次为18万人次。积极做好新书推介工作，利用新书架、读者园地、流动点及社区板报等手段进行新书介绍，收到良好的效果，馆外流动服务点书刊借阅11500册次。年宣传推介新书达500余种。

业务研究、辅导、协作协调

2009—2012年，南京市六合区第一图书馆职工发表、获奖论文12篇。

为建立健全全区公共图书馆服务体系、文化共享工程服务体系，南京市六合区第一图书馆积极参与市级图书馆组织的协调协作工作。六合地区9个街镇全部建有图书馆，街镇图书馆覆盖率达100%。全区社区、村已全部建成图书馆（室），社区图书室覆盖率达100%。为加强六合区基础公共文化设施建设，为人民群众提供普遍均等的公共文化服务，六合区第一图书馆与雄州街道图书馆建立合作双赢模式，2011年，在雄州建立分馆。2013年全面和余下街镇图书馆签订协议，由六合区第一图书馆委派专业的管理人员进行管理，向所有普通群众提供平等、免费、礼貌、高效、专业的服务，实行通借通还、资源共享。2013年，六合区第一图书馆对下属9个街道、120个社区图书馆（室）制定全年基层业务辅导工作计划，开展业务辅导工作。每月下基层辅导，进行业务辅导、自动化管理辅导，大大提高了街道、社区图书馆（室）工作效率和服务水平。此外，六合区第一图书馆每年举办图书管理员集中培训班，系统学习图书馆工作概论、图书分类法、文献编目、报刊管理等图书馆基础业务知识，提高基层管理工作水平和效率，取得了较好的效果，提高了基层人员工作管理水平和效率。基层业务培训64人次/年，覆盖率100%。

管理工作

2011年，六合区第一图书馆完成了事业单位岗位设置，建立了工作量化考核指标体系，实行统一管理模式，每年均制定年度计划，具有完善的财务制度、分配制度、设备及物资管理制度、考评制度以及监督管理制度。目标管理明确、岗位管理健全，包括按需设岗、竞争上岗以及考核、分配激励制度，达

我馆李玲同志（右一）在参加2013年中图学会举办的"馆员书评与全民阅读推广"征文中获一等奖

我馆到区特殊学校开展情系残童，奉献爱心活动

少儿借阅室

小小图书管理员社会实践活动

举办百姓科学知识图片进社区活动

到干部能上能下、员工能进能出、收入能高能低，激发干部职工工作的热情和活力，职工考核材料健全。坚持政务公开，依法治馆，完善培养人才机制，鼓励和强化馆内业务培训，使我馆业务骨干逐步增多，拔尖人才脱颖而出。志愿者是公共图书馆可利用的重要资源与宝贵财富，具有无可替代的积极作用。2012年，六合区第一图书馆成立志愿服务队，吸纳近20名优秀读者参加，并对其进行有效组织、管理和充分激励，服务效果良好。这样既缓解我馆人力资源的不足，又搭建了我馆与读者的双向沟通的桥梁，提升了服务质量，还提高了公共图书馆的社会认知度。

档案齐全，设施美观。本馆四项档案齐全、资料详实、内容全面并设有目录，包括：人事管理统计，财务管理统计，业务工作统计。根据对统计数据的分析研究，形成指导和改进工作的分析报告。我馆阅读学习环境整洁美观，各种标识规范、标准，设施维护良好。消防合格、设施齐全、具有完善的安全保卫管理制度和应急预案，馆内装有监控及紫外线探头全部与110联网。

表彰、奖励情况

2009–2012年，六合区第一图书馆获市级奖励3次，组织各类读者活动获得奖励33次，其中，获国家级奖励12次，省级奖励13次，市级奖励5次。

馆领导介绍

李瑾，女，1962年8月生，大专学历，中共党员，副研究馆员，馆长。1979年12月参加工作，历任六合县图书馆馆长助理、副馆长、六合区第一图书馆馆长，兼任南京图书馆学会常务理事，文化信息资源共享六合区第一图书馆支中心主任。

潘志强，男，1969年10月生，本科学历，中共党员，副研究馆员，书记、副馆长。1989年1月参加工作。

未来展望

党的十七届六中全会精神提出了“文化强国”，为六合区文化事业提供了强大的动力。2012年，在六合区委、区政府的高度重视和关心下，六合区的图书馆事业如沐春风，以《公共图书馆建设标准》规划建设的区第一图书馆新馆正在南门新城如火如荼建设之中。新馆位于六合区雄州主城桥西新城内，西临江北大道、东临金穗大道、北临桥穗路、南临龙池路。面积8760平方米，2014年底将投入使用。新馆内设有采编室、电子阅览室、少儿阅览室、中文普通图书阅览室、报纸期刊阅览室、工具书阅览室、古籍文献阅览室、视障阅览室、多媒体视听室、展览室、接待室、会议室、报告厅、数字加工室、中控机房、办公室等功能区，是集成人与少儿为一体的智能化管理的综合性图书馆。新馆将秉承现有办馆传统、开拓创新，在功能上更加突显图书馆在社会教育、保存文化遗产、科技示范、网络服务及文化休闲等方面所起的作用，全面体现其信息化、网络化、智能化、安全环保的特点，并充分展示六合的人文精神和鲜明的时代风格。届时新馆将成为集图书情报、信息存储、地方文献、读者利用为一体的文化休闲中心。

联系方式

地　址：南京市六合区延安路59号
邮　编：211500
联系人：潘志强

到雄州街道凤凰社区开展爱心助读活动

开展“名人讲座基层行”活动

南京市六合区第二图书馆

概述

南京市六合区第二图书馆系国家一级图书馆，江苏省文明单位、南京市文明单位、六合区文明单位，江苏省文明图书馆。始建于1984年，前身为南京市大厂区图书馆，坐落于南京化学工业园区主干道新华路上，交通便利，环境优雅。富有现代气息的庭院式主建筑与辅楼综合培训中心、少儿活动中心交相呼应。图书馆占地5329.4平方米，建筑面积约4300平方米，其中书库面积约272平方米。2005年，参加第三次全国公共图书馆评估，首次获得一级图书馆。2006年，建成面积829.56平方米的综合培训楼；2012年，新建的面积达1600平方米的少儿活动中心楼投入使用。至2012年，六合区第二图书馆设有阅览坐席286个，计算机53台，宽带接入30Mbps，选用汇文文献信息服务系统。

业务建设

截止2012年底，六合区第二图书馆总藏量200092册（件），其中，纸质文献160544册，自购电子图书6000册，电子期刊30种。

2012年，图书馆新增藏量购置费56.3万元，免费开放经费34万元。2009—2012年，共入藏中外文图书20805种，中外文报刊2049种，视听文献548件。建有地方文献室，有专门经费，专职人员负责。在机读目录中，对地方文献的书目记录设置了地理名称主题检索点（607字段），征集工作开展良好。

截止2012年底，图书馆数字资源总量为4.9TB，自建《吟赏六合——诗文集》、《冻笔画家齐愔作品集》和反映大厂地区民风民俗、民间传说与民间歌谣的《大厂非遗》等3个地方文献数据库。

2011年10月，将自动化管理系统升级改造为汇文文献信息服务系统Libsys4.5，以适应南京公共图书馆通借通还一卡通服务建设的需要。2014年，实现馆内无线网络全覆盖。

读者服务工作

从2009年8月起，六合区第二图书馆全面实现免费开放，周开放63小时。书刊文献开架比例达86%，馆藏书刊文献年外借率85%，人均年到馆次数26.61次。2012年，书刊总流通230277人次，书刊外借170156册次。2009—2012年，建成15个分馆和馆外流通点，馆外书刊流通共88746册次。

2009—2012年，六合区第二图书馆每月以展版的形式出一期“新书推荐”；暑假、寒假向中小学生开展阅读书目推荐，2012年起举办“悦读快车道”少儿新书推荐；利用节日、纪念日开展书目推介、图书专架、专栏推荐，如4·23世界读书日推荐经典名著、党史廉政专题图书推荐、纪念辛亥革命100周年书目推荐、三八妇女节推荐女性专题图书、建党九十周年专题书架、廉政文化图书专架、反腐倡廉图书推荐、喜迎十八大图书专架等等。

采取多种方式，开展参考咨询服务：一是提供代检索课题服务，2012年代检索各类课题30项，其中为单位服务17项，为个人服务13项，专利全文代检索5项；二是为区人大代表、政协委员参政议政撰写议案、提案、社情民意信息提供代查代检服务，2012年为两会代表委员提供了8次服务；三是开设政府信息资料专架，为机关领导决策提供参考；四是在电子阅览室配备一台政府公开信息查询专用工作站；五是在图书馆网站添加政府网站及相关链接。

2012年，六合区第二图书馆网站访问量12万人次。网站融合图书馆简介、读者指南、数字资源服务、书目检索、网上续借、参考咨询等众多版块，及时发布馆内活动预告和活动展示。

2009—2012年，六合区第二图书馆共举办讲座、展览、培训、阅读推广等读者活动620场次，参与人数183650人次。在服务过程中，图书馆坚持以人为本的理念，关爱残障人士，关注特殊群体。通过完善服务设施、改进服务形式、丰富服务内容，开展爱心阅读、分龄分众阅读推广活动。特别是以少儿活动中心为平台，创办的全省首家少儿真人图书馆，凭借全新的阅读形式获得社会广泛关注，多家媒体和图书馆网站对六合区第二图书馆的“少儿真人图书馆”项目进行深入报道，2014年2月还获得了南京市文明委评比的南京市群众性精神文明创建工作十大创新案例奖。

业务研究、辅导、协作协调

2009—2012年，六合区第二图书馆职工在省级以上刊物上发表论文9篇，有2篇在中国图书馆学会及江苏省图书馆学会研讨会上获奖。

在协作协调中，六合区第二图书馆积极构建区域公共图书馆服务网络，建设总分馆体系，开展联合编目、馆际互借。2010年，成为南京图书馆流通服务点；2011年底，成立金陵图书馆沿江工业开发区分馆；2012年元月18日，率先开通南京市市、县（区）、街镇、社区图书馆通借通还一卡通服务系统；2013年加入江苏省馆际互借系统、江苏省联合编目系统、江苏省联合参考咨询系统，选派2位参考咨询员加入省际网络咨询服务；加入江苏省、南京市公共图书馆讲座、展览共享系统，并积极开展公益讲座巡讲活动。搭建地区图书馆服务网络体系，区域街道、

每年大年初二举办“玫瑰书香送祝福”活动

举办公益讲座《阅读提升品格》

举办“且听风吟”王俊书画精品展暨座谈会

社科图书借阅室

真人图书现场献艺

少儿借阅室

社区全部建有图书馆室，街镇图书馆（室）覆盖率达100%。发展了山潘街道、新华七村社区、行政执法大队等6家分馆和9家流通服务点，形成有效的图书馆服务网络体系，持“一卡通”，实现区域内通借通还。目前各分馆及馆外流通服务点均运行良好，正常开展借阅活动，自己组织或参与开展各类读书征文、经典诵读、讲座、培训、展览等读书活动。辖区街道、乡镇、社区、村图书馆（室）参与通借通还服务网络建设的比例达46%。

六合区第二图书馆常年坚持开展基层业务辅导、培训工作，对共享工程基层点进行辅导维护。2012年举办了共享工程基层点服务人员培训、公共电子阅览室计划百题竞赛培训2次、图书馆文明礼仪服务培训、万方数据平台解析培训及共享工程网络视频培训等多项基层业务培训活动，基层馆室参学率达到100%。

管理工作

六合区第二图书馆建立健全各项管理制度，实行规范统一的管理模式。年初制定年度工作计划，订立完善的财务管理制度、设备及物资管理制度、收入分配制度及人事管理制度。目标管理明确、岗位管理健全。实施岗位设置方案，按需设岗，年终考核，建立分配激励机制，激发员工的工作热情。坚持政务公开，依法治馆，完善人才培养机制，鼓励和强化业务干部培训，人人争当骨干，个个独当一面。

积极吸纳志愿者参与图书馆工作，制定志愿者管理办法，对志愿者们进行科学管理。经过几次招募，迎来了南京化工职业技术学院的大学生们集体报名，假期小读者们踊跃报名，以及社会上其他热心人士的热烈响应。他们在图书馆各借阅室协助借阅管理、秩序维护，工作认真主动，树立了强烈的责任感和主人意识。

表彰、奖励情况

2009—2012年，六合区第二图书馆共获得各种表彰、奖励16次，其中文化部表彰、奖励1次，省文化厅表彰、奖励2次，市委、市政府表彰、奖励1次，市文广新局表彰、奖励8次，市其他部门表彰、奖励1次，区委、区政府表彰、奖励3次。

2013年，先后被六合区委、区政府，南京市委、市政府，江苏省文明委表彰为“文明单位”。

馆领导介绍

郭峰，女，1967年2月生，本科学历，中共党员，副研究馆员，馆长。1989年6月参加工作，历任六合区第二图书馆副馆长，党支部书记，馆长。先后从事图书采编、业务管理、党建工作，目前主要分管人事、财务等工作。

严宝民，男，1978年9月生，本科学历，中共党员，党总支书记。1998年12月参加工作，历任六合区大厂文化市场管理办公室副主任，六合区大厂文化市场管理办公室党支部书记，六合区第二图书馆党支部书记。主要分管图书馆党建工作。

陈欣，女，1972年7月生，本科学历，民盟盟员，副研究馆员，副馆长。1991年1月参加工作，1999年到六合区第二图书馆工作，先后从事采编、办公室等工作。

未来展望

在未来几年里，六合区第二图书馆将以国家一级馆评估为契机，以传统的文献服务为基础，以现代信息服务为主导，以文化教育服务为新的增长点，坚持“文化为魂”的发展方针和“文化惠民”的文化建设思路，以评估促发展，以评估促服务，进一步加强数字图书馆建设，加强馆舍建设、分馆建设，努力构造完善的知识型服务体系。树品牌，创特色，不断拓展服务范围，深入开展阅读推广，使六合区第二图书馆成为深受市民信赖的社会主义文化服务大窗口。

联系方式

地　址：南京化学工业园区新华路178号
邮　编：210044
联系人：郭 峰

荣膺2010—2012年度江苏省文明单位称号

千题有奖知识竞答及图书馆十周年成果展览活动

图书馆主借阅楼

南京市溧水区图书馆

概述

溧水区图书馆于1957年建馆，1997年易地建新馆。新馆位于县城中山西路14号，一次规划，三期建设。一期于1997年12月竣工，二期于2004年5月竣工，三期于06年2月竣工。总建筑面积为3533平方米，为庭院式建筑结构。2004年，参加第三次全国公共图书馆评估，首次获得一级图书馆。2012年，溧水区图书馆有阅览坐席180个，计算机45台，宽带接入10Mbps，选用汇文图书馆自动化管理系统。

业务建设

截止2012年底，溧水区图书馆总藏量20.09万册（件），其中，纸质文献18.2万册（件），电子图书0.2万册，电子期刊0.1万册。

2009–2011年，溧水区图书馆新增藏量购置费10万元，2012年起增至25万元。2009–2012年，共入藏中文图书12934种，25869册，中文报刊1306种，视听文献1406册。

截止2012年底，溧水区图书馆数字资源总量为5.1TB，其中，地方文献数字资源库建设的内容和规模都达到国家一级馆的要求。此外，还引进"清华同方数据库"，"龙源期刊"等，为读者提供服务，每年为读者提供近百篇参考文献。

2012年6月，将ILASI2.0系统更换为汇文系统，建立南京市图书馆通借通还一卡通服务系统，以适应南京地区公共图书馆服务联盟建设的需要，进行资源共享和业务协作，提升图书馆服务能力和服务质量，为市民提供功能完善、方便快捷的图书馆服务。

读者服务工作

2011年10月起，溧水区图书馆全年365天天天对外免费开放，周开放64小时。2012年，总流通人次为17.8万人次，书刊文献开架比例为85%，馆藏书刊文献年外借率为75%，书刊文献年外借册次为14万册次，人均年到馆次数27.85次/人；馆外流动服务点15个，书刊借阅册次为28千册/年。为读者和用户提供信息咨询、文献检索、定题跟踪服务等深层次的文献信息服务。截止2012年底，我馆编辑的《农村科技》已出刊204期，编辑的《论点论谈摘编》也已出刊66期。2009–2012年，共提供信息咨询服务3280条，代检索课题97项。

2009–2012年，溧水区图书馆网站访问量4.2万次。溧水区图书馆通过网站、共享工程基层服务中心为读者和用户提供检索、浏览和下载服务。

2009–2012年，溧水区图书馆共举办讲座、展览、培训、阅读推广等读者活动102次，参与人数8.1万人次。

业务研究、辅导、协作协调

2009–2012年，溧水区图书馆职工共撰写论文22篇，发表论文16篇，获奖论文6篇。

2009–2012年，积极参与上级图书馆组织的协作协调工作，加入到南京地区"一卡通"服务系统，是江苏省联合参考咨询网和馆际互借系统以及江苏省联合编目系统的成员馆。

加强以溧水区图书馆为总馆，乡镇、社区图书馆为分馆，行政村、街道图书室为基层网点的总—分馆建设，和分馆之间有"一卡通"服务，有VPN通道专用局域网。还负责对分馆进行业务指导，定期为分馆流通图书、期刊。到2012年共建分馆15家，年均提供流动图书14000余册，期刊1000余种，并对相关人员进行了业务培训。培训采取到馆培训与深入分馆相结合的方式，结合分馆的建设进行培训，每年至少举办2期。

管理工作

2010年，溧水区图书馆完成第三次全员岗位聘任，同时，结合局工作目标考核，制订了图书馆工作人员考核细则，建立读者监督制度，让读者参与到图书馆工作人员的考评，对馆员全面考察，公开评价。每月进行工作进度通报，每半年和全年进行总体工作考核。

2009–2012年，共抽查文献排架48次，书目数据16次。

表彰、奖励情况

2009–2012年，溧水区图书馆共获得省市级以上各级部门表彰、奖励13次。

馆领导介绍

唐永生，男，1962年4月生，大专学历，中共党员，副研究馆员，馆长。1979年11月参加工作，历任溧水区图书馆馆长、溧水区儿童图书馆馆长、溧水区博物馆馆长等职，兼任江苏省图书馆学会第5届、第6届理事，江苏省图书馆学会第五届少儿图

书馆专业委员会委员。曾荣获“江苏省文化先进工作者”光荣称号。

陈颖，女，1968年10月生，本科学历，中共党员，副研究馆员，副馆长。1987年7月参加工作，2000年始担任副馆长，分管全馆业务工作。多次被评为区文化先进工作者。

未来展望

以新馆建设、整合资源、培养队伍、健全管理、文明服务为重点，把溧水区图书馆建设成为地方综合性文献收藏中心、信息服务中心、书目数据中心、检索咨询中心、教育培训中心，为溧水区经济发展和社会进步，为构建和谐溧水，提供全方位、多层次、高质量、高效率的文献信息服务。

1、全面启动图书馆新馆建设工程。力争新馆落成开放，使之成为溧水的标志性建筑和重要文化景观。同时，通过深化改革，不断总结经验，为新馆的开馆做好思想上、组织上、人员上、管理上等各方面的必要准备。

2、强化文献资源建设。实现年馆藏文献资源的稳步递增，加强图书馆文献资源数字化建设，形成具有一定规模的特色数据库。

3、继续抓好基础业务建设。结合时代特点的要求，实现文献资源集中采编与标准化加工，保证资源的合理有效的配置，加强业务分析的针对性和及时性，实现图书馆业务各环节的全面自动化升级与管理。

4、加快图书馆三级网络服务体系的建设。尽快形成全区区、镇、村三级服务体系联网。以通借通还一卡通服务系统为平台，实现三级服务体系的通借通还。

5、加强人才队伍建设。在全面提高馆员素质、优化队伍结构基础上，重点加强对高级人才和复合型人才的培养和适度引进，完善岗位培训制度，突出继续教育的长期性、针对性。

6、建立科学的管理体制与工作机制。根据网络环境下现代图书馆的定位与布局特点，按照事业单位改革的总体要求，全面推动业务重组、分配制度改革、人事制度改革，形成符合区级图书馆馆情的具有特色的科学管理体制与工作机制。

联系方式

地　址：南京市溧水区永阳镇中山西路14号
邮　编：211200
联系人：唐永生

高淳圖書館

南京市高淳区图书馆

概述

高淳区图书馆初创于1931年，1974年经江苏省文化厅批准正式成立高淳县图书馆。馆址几经变迁，2012年11月28日座落于高淳区淳溪镇石臼湖南路七号宝塔文化公园内的高淳图书馆新馆建成开放，新馆面积5350平方米，内设：少儿阅览室、成人阅览室、视障阅览室、电子阅览室、自修室、共享工程播放厅、老人阅览室、地方文献阅览室等多个功能室全部对外免费开放。高淳县图书馆现有阅览座位462个，计算机55台，宽带接入20Mbps，选用汇文4.5自动化图书管理系统。2004年参加第三次全国公共图书馆评估，首次获得一级图书馆。2012年底高淳县撤县改区后，高淳县图书馆更名为高淳区图书馆。

业务建设

截止2012年底，高淳区图书馆总藏量21.23万册，其中纸质文献20.3万册，古籍2000册、地方文献1000多册、电子图书300册、电子期刊6000种。

2009—2011年高淳图书馆新增藏量购置费15万元，2012年起增至50万元，2012年因为新馆搬迁，购置费达到75万元。2009—2012年，共入藏中文图书63000多册，中文报刊1880多种，地方文献800多册，视听文献1200种。截止2012年底，高淳图书馆数字资源总量为3TB。为满足读者数字阅读的需求，2013年初，我馆购买博看期刊数据库，3000多种期刊供读者手机阅读。

2012年，高淳图书馆将自动化管理系统更改为汇文4.5系统，以适应南京市区通借通还一卡通建设的需要。2012年10月份高淳图书馆购买博看期刊触摸屏，方便读者阅读，2013年9月份，实现馆内无线网络全覆盖。

读者服务工作

从1974年正式建馆以来，高淳图书馆就365天全年对外开放，2009—2012年来高淳图书馆各服务窗口全部免费开放电子阅览室每天开放12小时，2012年底新馆各服务窗口都延长了服务时间，周开放时间达72小时。2009年以来，高淳图书馆年平均流通总人次近26万，书刊文献外借册次为15.2万册次。高淳图书馆设有图书馆流动箱，分别送书到学校、乡镇（街道）、村（社区）图书室，2009年以来书刊年平均流通1.3万册次。

2009—2012年，高淳图书馆大力加强书刊宣传工作，在馆内分馆设立新书专架、致富专架、政府公开信息查询专架等专题书架。每年高淳图书馆编印《报刊摘编》赠送给社会各阶层，为广大读者提供信息服务，高淳图书馆前后为读者提供各种信息咨询3300余条，提供专题检索40多个，丰富了高淳图书馆的服务手段，提升了服务能力。

为特殊群体服务，是高淳图书馆为读者服务的又一重要方面。高淳图书馆设有老年阅览室、视障阅读室，馆内设有残疾人通道，在春节期间高淳图书馆电子阅览室还专门开辟农民工绿色通道，专人负责为农民工购买车票，同时高淳图书馆还通过电话借书，对行动不便或年岁较大的老人实行送书上门服务。2009年—2012年，高淳图书馆前后为他们送书50多次。

2012年底，高淳图书馆网站正式建成使用，官方微博也正式开通。

2009—2012年，高淳图书馆共开办各类读者活动73次，参与总人次3.3万人次。其中："新春少儿有奖谜会"和"文化高淳"系列讲座是高淳图书馆的经典活动项目。

业务研究、辅导、协作协调

2009—2012年，高淳图书馆职工共发表论文17篇，每年年终各室篡写的统计分析报告是图书馆制订下年度工作计划的重要依据。

长期以来，高淳图书馆充分发挥县级公共图书馆的龙头作用，为村、镇（街道）、学校、医院图书馆提供多方面的帮助和辅导，高淳图书馆分别与7家镇图书馆和部分村图书室、学校图书室签订了协作协议书，帮助他们建设高淳图书馆分馆，截止2013年底我们分别建成了7家镇级图书馆分馆、8家村级图书馆分馆和1家学校图书馆分馆，初步实现了区范围内图书的通借通还，极大的方便了读者的借阅，高淳图书馆每月拿出部分图书进行图书流转。截止2012年底，高淳图书馆帮助134个行政村建立了"农家书屋"，并进行定期辅导和走访。

共享工程播放厅播放电影

新春少儿有奖谜会

成人阅览室

电子阅览室和共享工程支中心

少儿阅览室

管理工作

高淳图书馆制订了一系列规章制度，如《高淳图书馆考核制度》、《职工守则》、《服务公约》等。积极鼓励职工参加各种业务学习和培训，凡组织开展各种活动或提出合理化建议、开创性想法的均给予奖励。岗位采用竞争上岗方式，绩效考核分配重实绩、重人才，档案每年一建，分《馆务档案》和《业务档案》，归类科学、内容完整。各部门都有严格的考核细则，每周一小考，每月一大考，年度总考核，对发现的问题和好的做法在每周例会上进行点评，奖优罚劣。

表彰、奖励情况

历年来，高淳图书馆均为选进单位，“安全、卫生”合格单位，并分别于1992年、1999年、2006年、2009年四次获“江苏省文明图书馆称号。2004年、2009年2次被评为国家一级图书馆。2009–2012年，高淳图书馆受省表彰2次，市文广局表彰5次，县表彰2次。

馆领导介绍

王锡林，男，1960年7月生，本科学历，中共党员，副研究员。1980年7月参加工作，1996年10月任高淳图书馆馆长，2006年3月兼任高淳文保所所长。

陈后德，男，1968年10生，大学学历，副研究馆员，副馆长。1987至1991年就读于福建师范大学历史系图书情报专业。1991年参加工作，2003年1月任高淳县图书馆副馆长。

未来展望

高淳图书馆将本着“开门办馆”的办馆理念，遵循“公益性、便捷性、均等性、基本性”原则，充分发挥新场馆优势，加快高淳图书馆数字化建设，在购买数字资源的同时，大力推进自建数字资源，特别是地方文献数据库的建设。配合高淳区“五型”城市建设，推进全民阅读，继续开展“书香高淳”建设，在首届高淳全民阅读节的基础上，扎实开展各项读书活动，“为读者找好书，为好书找读者”。整合地区资源，实现资源共享。截止2013年底，高淳区分馆已经初具规模，覆盖乡镇（街道）、村（社区）、学校，以高淳图书馆为龙头的图书资源共享联盟框架已基本形成，今后将继续推进图书馆分馆的建设。

联系方式

地　址：南京市高淳区石臼湖南路七号
邮　编：211300
联系人：陈后德

无锡市锡山区图书馆

概述

锡山区图书馆建立于2001年，馆址几经变迁，于2013年9月搬迁至迎宾北路6号，馆舍面积4545平方米，设有综合借阅室、综合阅览室、少儿借阅室、盲人阅览室、电子阅览室、地方文献室、报告厅等多个服务窗口，共有阅览坐席301个，计算机54台，宽带接入100Mbps，采用力博图书馆自动化管理系统。

业务建设

截止2013年5月，我馆拥有总藏量38.566万册，其中纸质文献10.2359万册，电子文献28.3301万册（件），2009–2012年年均纸质图书新增入藏量2708种，报刊入藏量406种、视听文献入藏量123种。

2013年财政拨款总额728万元，630万元用于新馆改造，2013年新增购置馆藏费35万元。数字资源总量3.3TB，包括《锡山年鉴》、《阅读锡山》、《革命遗址普查》、《高歌奋进——锡山区建区十周年成就图片展》等专题信息资源，供读者检索和使用。

读者服务工作

区图书馆自2009年以来，实行全年无休免费开放制度，每周开放63小时。全年接待读者10.9341万人次，人均到馆27.9次，图书外借册次8.0565万册，图书外借率达到78.7%。有8个流通服务点，馆外流通服务点书刊外借册次6125册次/年，馆内设立新书介绍专栏和读者园地，向读者提供政府公开信息、业务咨询、电话续借、预约借书、网站服务等内容。

2009–2012年共举办46次阅读推广读书活动，年参与读者3.0158万人次。着力推出锡山人著作展和打造锡山少年儿童读书征文、演讲平台。

业务研究、辅导、协作协调

2009–2012年，职工撰写论文5篇。

2009–2013年期间，加入省联合参考咨询网和馆际互借系统、参与省公共图书馆联合编目、无锡地区公共图书馆文献联合编目。

截止2012年底，在全区共建立了136个用户名和馆藏地点，9个镇（街道）图书馆、70家农家书屋已经采用电子化管理，实现与区馆之间以及各馆（书屋）之间的通网络和通借通还。镇（街道）、村（社区）共享工程基层服务点在2012年底实现全覆盖。

从2007年开始，举办了6期全区基层管理员技能培训班，培训学员750多人次。

管理工作

截止2012年底，馆内工作人员7名，拥有大专以上占总人数的71.4%，中级以上职称占28.5%。馆内设立《考勤制度》、《学习工作例会制度》、《清洁卫生制度》、《安全保卫制度》、《设备、物资管理制度》、《岗位职责》、《财务制度说明》等各项管理规章制度，并每年度按“德、能、勤、绩”考核员工。

表彰、奖励情况

锡山区图书馆先后被授予无锡市爱国主义教育基地、无锡市社区青少年绿色上网中心、锡山区文体系统先进集体、2009–2010年度锡山区文明单位，并被省教育厅、省文化厅授予1次组织奖，被市主管部门授予8次优秀组织奖，4次组织奖。

馆领导介绍

李文红，女，1967年10月生，本科学历，中共党员，馆员，馆长。1988年参加工作，先后在洪泽县档案馆、锡山市体委、锡山文化市场工作，2008年1月任锡山区图书馆馆长。

朱军，女，1967年2月生，中专学历，助理馆员，副馆长。1988年参加工作，先后在无锡县洛社镇文化站、无锡县新城家用电器厂、无锡县图书馆、锡山市图书馆、锡山区图书馆工作，2008年5月任锡山区图书馆副馆长。

未来展望

在未来的几年里，锡山区图书馆馆内纸质文献将努力达到20万册，年均到馆人次达到0.6人次，建成全新的门户网站管理平台、公共数字文化综合服务平台、流媒体管理及服务平台，数字资源达到10TB以上，并在全区建成总分馆制，使得区、镇（街道）、村（社区）图书文化服务全覆盖。

联系方式

地　址：无锡市锡山区迎宾北路6号
邮　编：214101
联系人：钱 华

演讲比赛

迎六一锡山区少年儿童美术作品展

综合借阅室

南京市溧水区儿童图书馆

概述

南京市溧水区儿童图书馆，创建于1981年6月，前身南京市溧水县儿童图书馆，是江苏省首家独立建制的县级少儿图书馆。现有馆舍总建筑面积1770㎡，至2013年底，馆藏文献15.7余万册，每年订阅报刊300余种，目前持证读者6500余人，日均接待读者300多人次，现在每周开放时间达到56小时以上（中午不休息），全年无休，溧水区儿童图书馆连续四次被文化部命名“国家一级图书馆”，先后获得“全国红领巾读书读报奖章活动先进集体”（团中央）“全国儿童图书馆先进集体“（文化部）、“社会主义精神文明建设服务先进集体”（文化部）和“江苏省文明图书馆”、“全民阅读先进单位”（中国图书馆学会）等多项荣誉称号，南京市溧水区儿童图书馆有阅览坐席250个，计算机35台。2000年，南京市首批全国文化信息资源共享工程溧水区儿童图书馆站点向读者开放。

业务建设

截止2013年底，南京市溧水区儿童图书馆总藏量15.7万册，视听文献资料500件。

读者服务工作

南京市溧水区儿童图书馆自建馆以来，始终将社会效益放在第一位，自2009年来该馆一直实行全免费开放服务。近年来，随着区财政免费开放专项资金的投入和大力支持下，南京市溧水区儿童图书馆加大了免费开放的力度，目前免费开放主要包括：外借处、期刊阅览室、参考借阅室、电子阅览室（文化共享工程溧水儿童图书馆站点）、自修室等公共空间设施免费开放；文献资源借阅以及基层辅导、流动服务、讲座、培训等基本文化服务项目全部免费提供。

常年面向城区及农村学校开展读书征文、演讲、益智、阅读推广、培训等活动，送书进学校、进社区，得到了广大读者及家长的欢迎。2013年书刊文献外借15万册次，馆藏书刊文献年外借率为95%，年流通人次为16万人次。做好新书推介工作，利用新书专架、读者园地、流动点及橱窗板报等手段进行新书介绍，收到良好的效果，馆外流动服务点书刊年借阅21000册次。年宣传推介新书达600余种。

业务研究、辅导、协作协调

2009–2012年，南京市溧水区儿童图书馆职工发表、获奖论文16篇。

自1986年建立农村图书馆流通点，为基层开展送书下乡以来，溧水区儿童图书馆已在全区建立了以少儿图书馆为中心，以社区及偏远学校的分馆、流通点为载体，以集体外借用户为成员和基层点的服务网络，初步建成全区公共图书馆服务体系、文化共享工程服务体系，并积极参与市级图书馆组织的协调协作工作。已在全区建立了8个图书分馆，12个图书流通点，26个集体外借用户，拓宽了服务渠道，扩大了服务覆盖面，方便了读者就近借阅，为广大小读者提供普遍均等的公共文化服务，溧水区儿童图书馆对全区中小学校图书馆（室）、社区图书馆（室）制定全年基层业务辅导工作计划，开展业务辅导工作。提高了街道、社区图书馆（室）工作效率和服务水平。此外，溧水区儿童图书馆每年为基层图书馆（室）举办图书管理员业务培训，学习图书馆工作概论、图书分类法、文献编目、报刊管理等图书馆基础业务知识，提高了基层管理工作水平和效率，取得了较好的效果。

管理工作

2010年溧水区儿童图书馆完成了事业单位岗位设置，建立了工作量化考核指标体系，实行统一管理模式，每年制定年度计划，具有完善的财务制度、分配制度、设备及物资管理制度、考评制度以及监督管理制度。目标管理明确、岗位管理健全，包括按需设岗、竞争上岗以及考核、分配激励制度，做到干部能上能下、员工能进能出、收入能高能低，激发干部职工工作的热情和活力，职工考核材料健全。实行政务公开，依法治馆，完善培养人才机制，鼓励和强化馆内业务培训。档案资料齐全、内容详实、全面。包括：人事管理统计，财务管理统计，业务工作统计。馆内阅读学习环境整洁美观，各种标识规范、标准，设施维护良好。消防设施齐全、具有完善的安全保卫管理制度和应急预案。

表彰、奖励情况

2009–2012年，溧水区儿童图书馆获市级奖励6次，组织各类读者活动获得奖励36次，其中，获国家级奖励15次，省级奖励26次，市级奖励12次。

馆领导介绍

汤宇红，女，1966年8月生，本科学历，中共党员，副研究馆员，馆长。1984年9月参加工作，历任溧水县图书馆馆长、溧水区儿童图书馆馆长，兼任南京图书馆学会理事。

杨中华，男，1964年12月生，本科学历，中共党员，副研究馆员，副馆长。1987年7月参加工作。

未来展望

中共十七届六中全会提出建设社会主义文化强国的目标，为溧水区文化事业繁荣和发展带了新的机遇。在溧水区委、政府的高度重视和关心下，溧水区儿童图书馆将易地新建。规划中的溧水区儿童图书馆位于溧水城南核心区，东临246省道、南临无想寺森林公园，北临区行政新区，面积5000平方米，读者置身图书馆，看青山环抱碧水，清流激湍隐约于山谷之间，悠悠钟声、袅袅炊烟，仿佛来到了无思无想的桃源。新馆将设有采编室、电子阅览室、少儿阅览室、中文普通图书阅览室、报纸期刊阅览室、玩具室、亲子阅览室、视障阅览室、多媒体视听室、展览室、会议室、报告厅、办公室等功能区，溧水区儿童图书馆继续坚持主动服务、走向社会、依托现代科技为读者提供全覆盖、全方位、多层次的立体化公益性服务，把图书馆办成青少年获取知识的乐园、素质教育的基地。

联系方式

地　址：南京市溧水区永阳镇大东门街81号
邮　编：211200
联系人：杨中华

无锡市崇安区图书馆

概述

无锡市崇安区图书馆初创于1999年，老馆位于德兴巷32号（陈氏旧宅），原为区教育局所属的幼儿园。当时的区图书馆面积仅为1050平方米，2003年“陈氏旧宅”由无锡市人民政府公布为无锡市文物保护单位。老馆历经十年风雨，2010年6月1日，位于无锡市崇安区人民路延伸段328号的新馆落成竣工。新馆建筑面积达到6230平方米，可容纳读者座位481个，现有读者用计算机50台，工作人员办公及图书管理用计算机19台。专业存储容量达到7TB，宽带接入100Mbps，选用汇文图书管理系统。2013年，参加第五次全国公共图书馆评估，首次获得一级图书馆。

业务建设

截止2013年底，崇安区图书馆拥有馆藏图书294576册。其中图书85163册，期刊和报纸3336件，视听文献177件，电子图书205900种。

崇安区图书馆目前电子文献藏量205900种，其中2013年投入29000元采购的图畅数字图书馆有电子图书204365种，分馆文献馆有电子书籍1535种。

崇安区图书馆每年都有购书计划，并且接受来自社会各界的各种形式的捐书。2010年图书入藏量为15135种，2011年入藏量为1776种，2012年图书入藏量为1794种。2010年至2012年崇安区图书馆图书入藏总量为18705种。2011年至2012年报刊入藏总量为555种，视听文献2009年至2012年总入藏量共177件。

崇安区图书馆现有宽带100M，机房配备专用存储设备容量达到7TB。读者只要通过IPAD、笔记本电脑和智能手机等终端连“WIRELESSWUXI”，按提示输入手机号码获取上网账号与密码后就可享受免费无线上网服务。目前使用的是汇文图书管理系统，主要有读者管理、采编、流通、检索、统计等功能。崇安区图书馆还创新引进省内第一台“24小时城市街区自助图书机”，该机集办证、借书、还书、查询等功能为一体，突破了图书馆馆舍建筑的功能局限，不用迁就图书馆的开闭馆时间，拓展了图书馆的服务外延，被市民称为“永不关闭的图书馆”。自助图书馆的建成启用，标志着崇安区基层公共文化服务又上了一个台阶。

进入21世纪后，数字图书馆已成为评价一个国家信息基础设施水平的重要标志，也成为当今世界各国高科技竞争的焦点之一。自新馆开馆以来，崇安区图书馆致力于数字化图书馆的建设，现拥有南京图书馆基层版、县级数字图书馆、“1+1”数字资源配送平台、图畅数字图书馆平台、国学类电子书、纪录片、教程视频资源等数字资源，数字资源总量已达到4.1TB。书目数字化程度达到80.56%。崇安区图书馆将区地方文献素材数字化，并整合到数字图书馆的地方文献栏目中。现已有《崇安名校》《崇安区非物质文化遗产汇编》《广益史话》《崇安文化艺术节》等数字资源近100GB，进一步满足社会各界和基层群众对崇安的文化信息需求。

读者服务工作

从2009—2012年，崇安区图书馆全年365天天天对外免费开放，每周开放63小时。实现了图书借还的全天候服务，并提供办证、外借、阅览、一般咨询、上网、讲座、展览等项目的免费服务。特别是“自助图书机”提供24小时服务。自助图书馆自2011年4月23日开通以来至2012年底，共计借阅册次13745，平均6.872千册次/年。

2011年崇安区图书馆正式创建了崇安区图书馆网站和“读者QQ群”，2012年开通了官方微博。网站自2011年正式开通至今，访问量达86432人次。网站内容主要有图书馆简介、政务公开、馆藏书目下载、健康生活、国学知识、文化共享工程等栏目。网站、微博和读者QQ群担负着发布图书馆活动消息和新书简讯等即时信息，成为了读者与图书馆之间有效沟通的桥梁。到目前为止已有600多名读者加入读者QQ群，解答各类咨询10000多条。这些贴心的举措不仅大大提高了工作效率和工作质量，也使更多的市民知道图书馆，了解图书馆，走进图书馆。

2010—2012年，崇安区图书馆始终把创新活动的形式、丰富活动的内容作为重要的任务来抓，围绕“主题鲜明、形式新颖、宣传有力”三个方面做文章。到目前为止，崇安区图书馆共举办各类公益讲座、培训、展览等活动38次，累计约有36200多名读者参与其中，扩大了图书馆良好的社会影响力。

业务研究、辅导、协作协调

2012年，16名馆员参加继续再教育总计826学时，人均51.625学时/年。2012年度，我馆16位人员共撰写调研报告、论文10篇。其中2篇文章在《今日崇安》发表，5篇文章在百度文库等媒体发表。

崇安区图书馆现有数字资源4.1TB，所有的数字资源都整合在电子阅览室一站式导航内，并由图畅数字图书馆对我

邓建栋二胡讲座

名家讲座

自助图书馆揭幕

经典诵读活动

亲子阅读会

多功能厅

馆的数字资源进行及时更新。崇安区图书馆与市图书馆、其它区馆、街道文化站签订《资源共建共享协议书》，进一步提高了资源利用效率。在信息安全管理平台方面，崇安区图书馆目前使用"绿坝——花季护航"软件。该软件是为净化网络环境，避免青少年受互联网不良信息的影响和毒害上网管理软件。除此之外，崇安区图书馆还通过H3CNS-SecPatch F100防火墙对上网行为进行管理。在资源传输调配体系方面，目前崇安区6个街道文化站及35个社区服务点均可通过VPN远程观看崇安区图书馆共享资源。在资源导航与信息采集方面，崇安区图书馆采用的是全维智码信息技术（北京）有限公司开发的"文化共享工程全国公共电子阅览室导航"，并由图畅数字图书馆对读者阅读过的数字资源进行信息采集。

从2012年起崇安区图书馆陆续为崇安区6个街道、35个社区提供技术服务，通过VPN连到图书馆文化信息资源共享工程资源点，并安装了公共电子阅览室一站式导航。为基层提供文化信息共享资源、技术服务，共达53次，安装电脑113台，培训社区图书管理人员40人次。目前这6个街道、35个社区都可观看我馆共享资源，成果非常喜人。

管理工作

崇安区图书馆以制度规范，管理严格的现代化一流图书馆为目标，在学习市图书馆等先进图书馆的基础上，根据实际情况，划分了6个部门。自2011年1月新馆开馆至今，先后制订和完善了《崇安区图书馆岗位工作考核实施办法》、《崇安区图书馆考勤管理办法》、《崇安区图书馆岗位量化考核标准》、《崇安区图书馆会计人员岗位责任制》、《崇安区图书馆财务管理制度》、《崇安区图书馆财务监督制度》、《无锡市崇安区图书馆物资管理制度》等规章制度。明确和细化了各部门的具体职责，事事按程序，人人有责任。每年还根据自身实际情况，制定了详细的计划，并将计划付诸于行动。年底根据各科室的情况汇总，将一年工作写成总结，取长补短，以方便来年更好地投入新的工作。

表彰、奖励情况

2009-2012年，崇安区图书馆共获得市级各类奖励5次，区级各类奖励15次。其中包括：各类征文优秀组织奖、考核优秀单位、"全年无休"优秀单位、艺术节优秀组织奖等。

馆领导介绍

秦保刚，男，1960年1月生，本科学历，中共党员，馆长。1977年4月参加工作，2006年5月起担任图书馆领导工作。他撰写的《浅述会展活动是图书馆发挥社会职能的重要形式》（发表在《管理学家》杂志2013年11月期刊上，并获得2013年无锡市图书馆优秀论文三等奖）。

丁年，男，1982年1月生，大学本科学历，中共党员，2010年7月到崇安区图书馆工作，曾在技术部任副主任、主任等职，2014年5月担任馆长助理。

未来展望

今后，崇安区图书馆以无锡创建公共文化服务示范区工作为新的起点，紧紧抓住"发展、创新、服务"这条工作主线，继续强化科学发展的理念，保持良好的精神状态，正视问题，迎难而上，发扬拼搏奋斗的精神，以饱满的工作热情，为全面推进图书馆事业又好又快地发展、为创建文明城市作出更大的贡献。

联系方式

地　址：无锡市人民路延伸段328号
邮　编：214000
联系人：许 阳

图书馆书吧

成人借阅室

电子阅览室

无锡市北塘区图书馆

概述

北塘区图书馆位于北塘区民丰路200号，与区行政中心、凤翔实验学校毗邻，为国家一级馆，是一座多功能、高智能、现代化的新型公共图书馆，面积3200平方米，现有藏书15万册，各类期刊300余种，报纸60余种。馆内设有综合图书室、少儿图书室、报刊阅览室、电子视听室、北塘文献室、读书自习室以及大、小型读者活动室等，共计阅读座位500个。宽带接入20Mbps，选用汇文图书馆自动化管理系统。馆内环境雅静、设施一流、文气浓郁、适合阅读。北塘区图书馆坚持“一切为读者的满意，一切为资源的普惠，一切为文明的传承”的办馆理念，全馆上下齐心协力，加倍努力，不断提升办馆水平。秉承“热情至善、服务至上”的理念，实行“免费开放、全年无休”对外服务。让读者尽享优质的借阅服务、自由的阅读乐趣和别样的阅读体验，努力成为读者遨游书海、静思遐想、以书会友、品味生活的又一新场所。

业务建设

截止2013年底，北塘区图书馆总藏量15万册（件）。

2011年和2012年，北塘区图书馆馆内财政拨款分别为82.76万元、100.83万元，2013年128.62万元。

截止2013年底，北塘区图书馆数字资源总量为4TB，其中，自建数字资源总量0.05TB。2011—2013年，完成了北塘文献资源的收集整理工作，目前馆藏北塘文献共计500余种，1300余件。北塘区图书馆于2011年8月份正式引进文化共享工程这一资源，在工作人员的不懈努力下，现在图书馆的每一台电脑上都有这一链接，读者可随时点击进入，有农业专题、动漫、文化专题、文化共享、电影、电视剧等等，丰富的内容、多元化的方式，成为了最受读者欢迎的有声读物。图书馆按照“资源共享、优势互补、互利互惠”的原则开展了整合资源、共建共享的活动，帮助街道文化站建立文化共享工程社区站。让社区居民在自己街道内就能浏览共享工程网站，进行学习和研究。利用最广大农村的基层文化室、或文化站为纽带，把大量的储备网络资源，传递给农民、农业、农村。

读者服务工作

北塘区图书馆馆取消公共图书馆办证费、验证费、电子阅览室上网费，取消公共图书馆存包费，群众文化艺术辅导和培训费、业余文艺骨干培训费、公益性讲座展览收费。从2011年7月新馆开馆起，北塘区图书馆全年365天对外免费开放，周开放60小时以上。图书、电子阅览、艺术普及讲座及学术报告实行免费开放。综合图书借阅室、少儿图书借阅室、电子阅览室、阅读活动室、自修室等公共空间设施场地免费开放。文献资源借阅、检索与咨询、公益性讲座和展览、基层辅导、流动服务等基本文化服务项目健全并免费提供。为保障基本职能实现的一些辅助性服务，如办证、验证及存包等全部免费。公共空间设施场地全部实行免费开放，普及性的文化艺术辅导培训、时政法制科普教育、公益性群众文化活动、公益性展览展示、培训基层队伍和业余文艺骨干、指导群众文艺作品创作等基本文化服务项目健全并免费提供。

北塘区图书馆成为公众查询政府信息的服务机构，如何更好地承担起政府信息公开的职责，更充分地发挥公共图书馆在信息查询方面的优势；如何充分发挥北塘区图书馆在政府信息公开中的作用，协调好图书馆与政府间的关系，为公众提供更好的政府信息查询服务，是本馆一直都在思考的课题，公共图书馆在推进政府信息公开工作中具有重要意义。1、有利于群众和政府间的沟通。政府信息是一种特殊类型的文献信息，政府信息公开是打造服务型政府的重要方式，属于公共行政行为。图书馆在政府信息传递和利用方面的优势突出，群众可以快捷、无偿、平等地通过图书馆查询政府信息。在大力推进政府信息公开工作的背景下，群众对政府信息的需求日益增加，政务信息随其公开程度的扩大而被更频繁地使用。相应的，群众对图书馆的依赖也会日趋强烈。2、有利于及时满足广大群众的信息需求。公共图书馆肩负着科技信息传播、人类文化遗产保存、社会教育开展等重要使命，及时满足广大群众对文献信息的需求是公共图书馆不变的主题。信息时代，政府信息服务在图书馆服务中的比重不断增加，并成为了一项重要内容。公共图书馆在为群众提供最及时、最完整、最全面的政府信息服务的过程中体现了公民对政府信息自由获取的权利。3、有利于宣传政府工作，打造服务型政府。政府信息公开不但包括政府办事程序的公开，还包括政府及所属部门在履行职责过程中使用、出现、获得和负责审批处置的涉及文化、经济、科教及社会生活各个方面信息的公开。各级政府通过公共图书馆这个中转站把政府公开的信息传送给民众，这既可以达到便民、利民的目的，也可以增加群众对政府、政务的了解，有利于政府工作的宣传，符合打造服务型政府的主旨。

满足弱势群体读者需求是时代赋予图书馆的新职责。平等服务理念就是一切为了读者、为了一切读者。图书馆有条件

元宵节读书会

阅读童年收获梦想

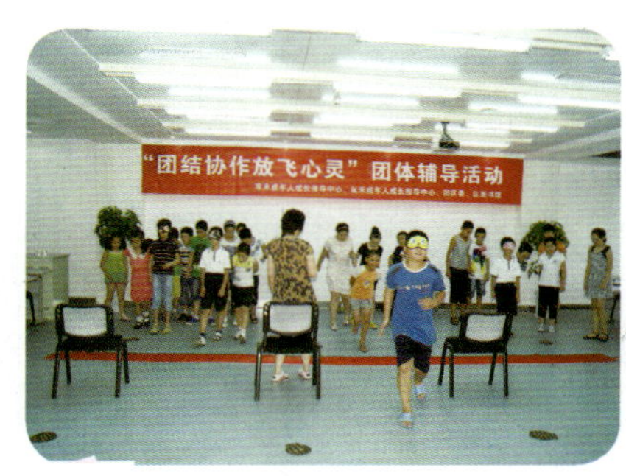

团结协作放飞心灵团体辅导

少儿图书借阅室

阅读活动室

助学金发放仪式

为各类读者开展服务。为残疾服务情况。馆内现有盲文图书96册，设有无障碍通道，并专门在两台电脑上安装读屏软件为他们提供方便快捷、细心周到的服务。平时制定工作计划，与街道残疾人康复中心联合开展为残疾人送书活动，并邀请盲人朋友走进图书馆感受盲文有声读物软件带来的读书乐趣，消除了残疾人利用文化资源的障碍，努力使更多的残疾人群体享有阅读乐趣，保障他们能够均等地享受公共文化服务。为进城务工人员服务情况。首先在思想意识上做到不排斥农民工读者，作为新时代的公共图书馆，我们应当一视同仁，凡来馆的农民工读者都为他们提供学习的条件，为不同年龄层次的务工人员提供各类服务，包括：岗前培训、心理辅导、网络购票等。

业务研究、辅导、协作协调

2019–2012年，北塘区图书馆职工发表论文7篇。2009年，北塘区图书馆馆员崔萍发表了一篇题为《图书馆阅读课开展过程中的困惑与思考》的论文，并获得二等奖。2009–2012年期间，馆员围绕本馆业务工作撰写了6篇调研报告，分别为《学前儿童阅读状况调研报告》、《网络时代下的图书馆》、《北塘区图书馆读者构成及阅读目的分析》、《北塘区文化共享工程服务调查研究》、《青少年阅读调研报告》和《北塘区图书馆图书资源利用情况和读者满意度的调查报告》。

管理工作

北塘区图书馆新馆成立之后，结合工作实际，制订《北塘区图书馆管理员工作准则》、《北塘区图书馆管理员考核指标及评分标准》，明确职业道德要求与考核标准，制度约束与人性管理相结合。

建立财务管理、人事管理、志愿者管理、设备物资管理、档案管理、统计工作、环境管理等一系列规章制度。

表彰、奖励情况

2011–2013年，北塘区图书馆共获得各种表彰、奖励18次，其中，市级表彰5次，区级表彰13次。

馆领导介绍

李琳，女，1981年11月生，大学本科学历，中共预备党员，助理工程师，副馆长。2005年7月参加工作，参加工作经历北塘区北大街街道、北塘区委宣传部、北塘区图书馆。

未来展望

今后，本馆将进一步丰富纸质图书和电子图书资源，争取早日实现与市图书馆馆际间的通借通还服务；更将以丰富的活动、完善的管理、贴心的服务充分发挥图书馆的有利资源，努力提高公共文化产品的供给能力和水平，奉献于北塘人民，奉献于社会文明。

北塘区图书馆将在今后做到“三个进一步”，即进一步扩大我馆的社会影响力，为北塘区文化事业发展和精神文明建设发挥更大作用；进一步发展图书馆的读者数量，吸引更多人走进图书馆，体验不一样的读书感受，培养阅读兴趣，继而让读书成为生活的一种习惯方式；进一步提升图书馆阅读服务水平，满足广大读者需求，赢得更广泛更高要求上的满意度。

北塘区图书馆还会在今后的工作中抓紧“三个加强”，即加强文献信息资源公共服务平台建设，积极为区域经济、社会发展服务，切实提高为政府机关决策、为本区重点课题研究、为社会公众个性提供专题服务的能力；加强与上级、同级图书馆以及本区基层图书室之间协作协调工作，丰富文献资源，更好地满足不同层次读者需求；加强地方文献数据库建设，让北塘地方文献得以更广泛、更快捷的传播，促进北塘文化更加丰富，促进北塘精神进一步弘扬。

联系方式

地　址：北塘区民丰路200号
邮　编：214000
联系人：李 琳

北塘文献室

电子阅览视听室

读书沙龙室

无锡市惠山区图书馆

概述

无锡市惠山区图书馆地处惠山新城政和大道187号，2001年由撤锡山市建惠山区而设立，2005年9月正式对外开放，建筑面积3355平方米，开放的厅室有：展览室、综合借阅室、少儿借阅室、期刊借阅室、青少年绿色上网中心、视障人士阅览室、自习室、文献收藏室、舞蹈房、多功能室等活动场所。2008年，参加第四次全国公共图书馆等级馆评估，首次被评为国家一级图书馆。2012年，无锡市惠山区图书馆有阅览座席308个，计算机45台（其中供读者使用的计算机30台），宽带接入20M，存储容量为8TB。选用南京图书馆的Library图书馆自动化管理软件，包括采编中心、读者服务中心、连续出版物管理系统、阅览管理系统，正常使用，运行稳定。

业务建设

截止2012年底，惠山区图书馆总藏量29.8269万册（件），其中纸质文献9.5621万册（件），电子图书20.1578万册，视听文献0.1070万册。大专以上学历占71%；中专、高中以上学历达到100%。中级以上职称占42%；初级以上职称人数占总数的100%。

2011年、2012年，惠山区图书馆财政拨款总额分别为122.6万元、147.5万元，2009—2012年每年新增藏量购置费为25万元，2012年图书购置费为18.7万元，2009—2012年，共入藏中文图书1.4952万种，2.0085万册。截止2012年底，惠山区图书馆数字资源总量为4.96TB，其中，自建数字资源总量0.5TB。2013年8月，实现馆内802.11N无线网络覆盖。

读者服务工作

从2009年2月起，惠山区图书馆实行文献借阅全免费；公共空间设施场地免费开放；基本服务项目健全并免费提供。周开放56小时。2012年，书刊外借13.1126万册次，有11个服务点与流通站，馆外书刊流通2.03万册。

2009年惠山区图书馆提出建"四通"农家书屋，即通网、通借还、通影视、通购，10月份承接了全国东部地区农家书屋建设现场推进会的三个现场点及总结会，2011年实现了四通书屋的全覆盖，统一配发一卡通借阅卡，在全区范围内实行区、镇（街道）、村（社区）图书的通借通还。

2009—2012年惠山区图书馆编撰《健康剪报》16期、《科技信息汇编》16期。

惠山区图书馆网站内容及时更新、维护，网上开展了续借等多项服务项目，2009—2012年，网站访问量5万次。截止2012年，惠山区图书馆发布使用的数字资源总量4.96TB，均可通过惠山区图书馆网站、惠山区图书馆支中心共享工程VPN专网向全区公共图书馆、共享工程基层服务点提供检索、浏览和下载服务。

2009—2012年，惠山区图书馆共举办讲座、展览、培训、阅读推广等读者活动33场次/年，年参与活动总人次3.53万人次。惠山区图书馆每年举办新市民学生夏令营活动，该活动已成为重要的馆办品牌特色活动。

业务研究、辅导、协作协调

2009—2012年，惠山区图书馆职工发表论文1篇。全国性的图书馆学术研讨会获二等奖论文1篇。

2010年3月，惠山区图书馆成为无锡市图书馆文献联合编目的成员馆。2012年1月，成为国家图书馆全国图书馆联合编目中心的成员馆。2013年4月成为南京图书馆的江苏省联合编目系统的成员馆。

2009年起，依托"四通"书屋建设，惠山区完成乡镇(街道)、村(社区)图书馆网络服务全覆盖，在全区范围内实行通借通还，实现了本地区图书馆网络内的资源共享。

2010年惠山区图书馆共享工程支心通过省级验收，有专职人员3名，2012年投入经费7万元，对共享工程基层点指导15次。

2009—2012年，惠山区图书馆共下基层辅导120次，为乡镇（街道）图书馆、农家书屋举办培训班6期，面授200多人次。

管理工作

2012年，惠山区图书馆完成岗位设置工作，实行全员岗位

农家书屋风采巡展

阅读指导讲座

暑期志愿者实践

电子阅览室

少儿阅览室

聘任，绩效考核。财务账目清楚，严格执行财务制度；设备、物资造册登记、专人维护；档案齐全、资料翔实；统计精确；环境优化；消防、保卫制度健全、措施到位。

暑期志愿者参与到图书馆的管理工作中，并纳入工作考核当中，该活动已成为惠山区图书馆的常态工作。

表彰、奖励情况

2009—2012年，惠山区图书馆共获得各种表彰、奖励18次，其中，省级表彰、奖励3次，市级表彰、奖励10次，县（区）级表彰、奖励5次。

馆领导介绍

虞钢，男，1972年1月生，大学本科学历，中共党员，经济师。1992年8月参加工作，历任无锡市锡惠影剧公司副经理、惠山区文体局文体市场管理办公室副主任、稽查大队副大队长、惠山区图书馆馆长、惠山区文体局副局长兼惠山区图书馆馆长（2005年5月至2010年9月任惠山区图书馆馆长）。惠山区第二届十大优秀青年，江苏省“扫黄打非”先进个人。

钱伟，男，1961年11月生，高中学历，民进会员，二级演员。1978年8月参加工作，历任无锡县（锡山市）锡剧团团长、惠山区文化馆馆长、惠山区图书馆馆长（2010年9月至2013年5月任惠山区图书馆馆长）。1998年获无锡市“突出贡献中青年专家”、江苏省“跨世纪人才工程艺术类专业人才”。1999年获无锡市“1996—1997年度优秀科技工作者”，2010年获江苏省第九届“五星工程奖”表演金奖。

徐敏亚，女，1966年9月生，大学本科学历，馆员，副馆长。1988年8月参加工作，先后在无锡县、锡山市、惠山区图书馆工作，2001年3月起任无锡市惠山区图书馆副馆长。

未来展望

惠山区图书馆本着“传承文明，弘扬先进文化；引领学习，建设终身学校”的办馆理念，以营建“文献信息中心、文化休闲中心、社会教育中心”为工作目标，积极发挥公共服务职能。2009—2012年，在不断强化阵地建设的同时，通过“四通”与“五有”农家书屋创建活动，带动了全区公共图书馆事业的整体发展。

在未来的几年里，惠山区图书馆将加大数字图书馆建设力度，开通读者QQ群、惠山区图书馆微博与微信公共服务平台，引入手机图书馆，并在现有馆舍的基础上，引入图书馆自助借还系统，与现有的图书馆管理软件实现无缝链接，为读者提供借书、还书、查询、续借等自助服务。同时，将对少儿室加以改造，增加电子书工坊的功能，为区、镇（街道）、“五有特色”村（社区）农家书屋免费开通、使用，为读者网上阅读、设计、活动开展提供丰富多彩的网上数据资源，为进一步完善服务手段提供有效保障。此外，将进一步推进《惠山文库》、《惠山人物》数据库的续建工作，把数字资源设计存储能力提高到10TB，提升用以保障全区公共图书馆服务体系良好运行的文献与技术能力，实现全覆盖、不间断、无时空限制的数字文献远程和移动服务。

惠山区图书馆将全面推进“书香惠山·全民阅读”工程，大力推动阅读惠民送温暖、阅读推广示范引领、阅读服务结对共建的深入开展，将暑期新市民夏令营、向农家书屋赠书、设立志愿服务点、惠山籍作家进社区、惠山人著作征集、古籍普查等活动系列化，把每项活动都延伸到村、社区，营造惠山区浓厚的书香氛围。

“山不辞土，故能成其高；海不辞水，故能成其深”，惠山区图书馆将继续秉承办馆宗旨，积极探索，认真总结，把惠山区图书馆真正建成惠山居民的“精神家园”。

联系方式

地　址：无锡市惠山新城政和大道187号
邮　编：214174
联系人：徐敏亚

课本剧表演

“四通书屋”指导员培训

科学幻想画现场制作比赛

无锡市滨湖区图书馆

概述

滨湖区图书馆的前身是无锡市郊区图书馆和马山区图书馆。2001年区划调整后，原郊区图书馆更名为滨湖区图书馆，原马山区图书馆作为滨湖区图书馆分馆。新图书馆总面积7500平方米，于2009年10月28日建成开放。图书总藏量28.75万册，其中纸质图书8.4万册，电子文献20万册，电子期刊1500种，音像制品315种，报刊251种。2012年参加第五次全国公共图书馆评估，获得一级图书馆。2012年，滨湖区图书馆有阅览坐席347个，计算机105台，光纤宽带接入为100兆，机房配备专用存储8TB，采用图书馆自动化汇文管理系统。

业务建设

截止2012年底，区图书馆（含马山分馆）图书总藏量28.75万册，其中纸质图书8.4万册，电子文献20万册，电子期刊1500种，音像制品315种，报刊251种，140种地方文献书籍，目前收集整理了滨湖籍作者书籍47种。拥有数字资源总量4.2TB，24小时为读者提供免费服务。馆藏中文文献书目数字化率99.6%。自建馆以来，区财政在经费投入上给予了全力保障。2011年、2012年的财政投入经费分别为120万元、129万元。

读者服务工作

区图书馆切实执行公共图书馆免费开放政策，全馆坚持全年无休、免费开放，每周开馆63小时。通过主题书架、新书推荐、热门图书推荐、读者问卷调查、读书征文等形式对馆藏书刊进行宣传推荐。

区图书馆目前书刊文献开架比例82.5%，2012年馆藏书刊文献外借率84.5%，2012年书刊文献年外借6.04万册次，2009–2012年馆外流动服务点（含流动图书车）书刊借阅8400册次/年，2012年人均年到馆次数25.8次/人。

区图书馆专门设有盲人阅览室，铺设了盲道，配备了专用电脑4台，购置安装了读屏器，积极为残疾人读者服务。

为更好地发挥文化共享工程的作用，区图书馆积极完善共享工程网络建设，目前全区各街道（镇）和社区基本完成了共享工程建设。公共电子阅览室每周开放时间累计达到63小时。区图书馆已逐步为社区共享工程点安装连接设备，提供技术支持，并要求基层点按照规定正常开放，为青少年、老年人、新市民提供服务，实现了全区文化信息资源网络的全覆盖。

业务研究、辅导、协作协调

2012年，发表图书馆专业文章2篇，参与有关科研项目1个，起草、撰写业务调研报告1篇。同时，积极与崇安区、惠山区、新区开展馆际交流活动。建馆以来，多次派员工参加省、市图书馆的各项业务培训，人均培训54.7学时。

在全区建设了23个社区、企业市民书屋，采用网络化管理、图书资源共享、图书采购配送、流动服务筹措等形式，形成了图书资源共享、图书通借通还的"流动"图书馆总、分馆的模式。目前，区图书馆市民书屋已覆盖了全区所有街道（镇）和部分企业。

积极参与市图书馆组织的协作协调工作，认真接受业务指导。市图书馆在区馆开设了图书专架，区图书馆共享了市馆的丰富馆藏资源、文化讲坛资源，既是本辖区的公共图书馆，也是市馆的分馆，两馆借书证通用，图书可通借通还。区图书馆每年为各街道（镇）、社区（村）等基层图书室举办全区基层图书管理员培训班，有100多位社区（村）和农家书屋的图书管理员参加了培训。2012年，组织各街道（镇）、社区基层图书管理员到江阴市图书馆、惠山区图书馆等国家一级馆进行实地参观学习。

管理工作

滨湖区图书馆坚持以人为本的管理理念，注重过程管理和绩效管理，在日常业务工作中注重加强内部管理，强化管理人员的服务意识、责任意识和奉献意识，实现图书馆管理标准化、制度化。建馆以来，每年均制定了工作计划，细化了各部门人员目标管理责任体系，严格执行设备、物资和档案管理制度。对工作人员加强服务意识教育，展示巾帼示范岗作用，确保全年无休免费开放工作顺利进行。

老年书画活动

少儿读书赠书活动

图书馆阅览室

图书馆外借室

图书馆内景

表彰、奖励情况

自建馆以来，区图书馆得到了社会各界的广泛关注，多次获得上级业务主管部门表彰。截止2012年底，共获得省级奖励1次，市级奖励9次，区级业务主管部门奖励2次。2009–2012年分别获得江苏省和无锡市红领巾读书读报奖章征文活动组织奖，2012年被评为无锡市巾帼示范岗、无锡市城镇妇女“巾帼建功”活动先进集体。

馆领导介绍

孙力民，男，1963年2月生，研究生学历，中共党员，区文体局长兼任区图书馆馆长。

严缨，女，1967年2月生，大学本科学历，政工师，区图书馆副馆长。

徐国荣，男，1967年12月生，大学本科学历，中学高级教师，区图书馆副馆长。

李红卫，女，1966年　月生，大学本科学历，馆员，区图书馆副馆长。

未来展望

滨湖区图书馆坚持“以人为本、读者至上”的服务宗旨，全面完善区级公共图书馆建设，把重点工作投入到提高服务水平及文献资源建设、读者活动组织、读书氛围营造、基层辅导培训、内部管理等方面，实现全区、社区、农家及职工书屋并网，不断增加电子刊物种类，不断加强队伍建设，努力培养年轻专业人才，努力实现藏书布局合理化，管理人员专业化，管理手段现代化，业务管理规范化，服务工作细致化，将区图书馆打造成为倡导全民阅读、展示滨湖文化形象、丰富群众文化生活的重要阵地。

联系方式

地　址：无锡市金城西路500号

邮　编：214071

联系人：严　缨

无锡新区图书馆

概述

无锡新区图书馆2010年由无锡新区管委会投建，位于无锡市锡士路民生大厦5层。全馆总面积达2500平方米，2011年4月试运营，2011年8月30日正式开馆。无锡新区图书馆各功能区域共设座席累计679余张，包括传统图书区自习桌椅，报告厅，英语角沙龙、软件园分馆等，计算机92台，宽带接入100Mbps，选用Interread图书馆自动化管理系统。2012年，参加全国公共图书馆评估，荣获"一级图书馆"称号；无锡新区图书馆申报的《公共图书馆数字化建设与创新管理》获得第四届文化部创新奖。2013年1月，新区图书馆"总馆加联盟馆"模式正式运行，下属六街道及两园区分馆正式对外开放。

业务建设

2011年，无锡新区图书馆建馆之初图书藏量为2.881万册。之后无锡新区图书馆建立无锡新区图书馆联盟(一总馆、两分馆、六街道馆)联盟图书馆，实现了全联盟内图书的通借通还，纸质文献总藏量大大提高。无锡新区图书馆，2012年新采购图书4150册，2013年新采购图书3313册，保证了新书购买的连续性。截止2013年底，新区图书馆联盟的纸质文献总量已达到10.8555万册。

2011年8月，无锡新区图书馆正式开馆之际即融入了RFID技术，实现了图书的自助借还，并且建立了单独的数据库，打造了一个24小时永不关闭的数字图书馆。与此同时，实现了全图书馆范围内的无线网络覆盖。并且拥有唯一域名www.wxxqlib.com的无锡新区图书馆网站，2013年无锡新区图书馆主页进行了全新的改版，更加体现读者浏览的便捷性，互动性。图书馆网站布局合理，按照各部分功能的不同划分为不同的区域，便于区分。网站上每一个板块都有对应的后台维护模块，便于及时发布馆内信息告知读者。

无锡新区图书馆遵循读者需求和实际使用量，不断调整、扩充数字资源内容，截止2013年底，无锡新区图书馆拥有492万册电子图书，11万本电子期刊，540种实时电子报，16100部长达60万分钟的视频资料、超过50万首歌曲，3000多种外文图书，45门课程，20多万张高清图片，4万套题库，5000多万篇可提供下载的学术论文期刊的数字资源，该部分内容含盖本地服务器藏量和云端数字化资源，其中本地数字资源总量为6.24TB。

2013年1月，无锡新区图书馆与无锡市残联共建无锡市残疾人数字图书馆，图书馆的数据库资源得到了有效利用，残疾人数字图书馆的建成使得新区图书馆的服务广度和深度都得到了进一步的提升。

读者服务工作

服务推广"走出去、引进来"。一是通过提供图书馆技术服务、共建文献服务、电子书上门服务等形式将过去限制在馆舍内的文化服务走出去、走进千家万户。二是通过举办丰富多彩的读者活动，打造温馨舒适的阅读环境，提供周到细致的服务内容，来吸引读者上门阅读，图书馆不仅仅是一个学习的场所，更成为了一个文化交流的平台。

传统服务与数字化服务相结合。无锡新区图书馆不仅提供纸质馆藏的阅读，同时与企业和园区合作建设分馆，依托网络技术建立虚拟专网将专业学术情报服务、商业经济数据服务、职业教育服务等针对企业和员工的服务送上门，努力为打造新区数字园区和增强新区软环境、软实力出一份力。

打造图书馆读者专属品牌活动。无锡新区图书馆依照读者年龄进行分类，针对不同年龄段的读者进行问卷调查，设计专属活动。成人活动："遇见——真人图书馆"、生活体验馆、英语角；少儿活动："惠阅读"绘本阅读、葵花乐园；老年活动：好诗我来颂、好歌我来唱。各类自有品牌，在巩固读者群体，扩大图书馆影响力上起到了非常重要的作用。2013年"惠阅读"项目更是得到了无锡市政府的认可，获得了无锡市引导文化消费专项资金。

一切为了读者。"自由阅读，梦想启航"是无锡新区图书馆的阅读理念，你荐书我买书、图书轮转调拨、数字资源购买的需求调查和使用量评定、读者活动效果反馈、满意度测评等等，人性化、互动化的氛围时时萦绕在图书馆开展的各项工作当中。

从2011年8月无锡市新区图书馆开馆之日起，全馆就实现了全年365天无休对外免费开放，周开放时长66小时。同年，引进RFID技术，实现了馆藏文献的自助借还。2011—2013年，书刊总流通11.1356万人次，书刊外借24.0053万册次。2012—2013年，无锡新区图书馆建成2个园区分馆，6个街道联盟馆，有88个馆外流动服务点，广泛分布于机关、园区、学校及街道。

2011—2013年，无锡新区图书馆网站访问量864396万次。并开通新图微博，加入微信推广。截至2013年底，无锡新区图书馆共举办讲座、展览、培训、阅读推广等读者活动362场次，参与人数10.57万人次。以无锡新区图书馆服务联盟为平台，相关阅读推广主题系列活动均深入到了园区分馆及街道联盟馆，使阅读深入基层的理念得到了积极的推广。

业务研究、辅导、协作协调

2011年1月，无锡新区图书馆协同新区内六街道图书馆共同加入全国联合编目中心，成为联编中心成员馆。2013年，无锡新区图书馆加入江苏省联合参考咨询网、馆际互借系统，和联合编目系统，成为其中成员。

2013年，建成了无锡新区图书馆联盟，两园区分馆，六街道联盟馆的加入，实现了新区范围内书籍的通借通还。无锡新区图书馆联盟以"馆藏虚实结合"为原则，采用"1+8"的服务模式，加入图书馆公共服务网络建设的街道和社区共计52个。结合海量数字资源，依托互联网，将丰富的数字资源推送至各个居民身边。截至2013年，无锡新区图书馆数字资源在新区范围内，被参与服务网络建设的街道、社区图书馆所广泛利用，所利用资源占到了新区图书馆全部资源的的78.8%。

2012年7月9日，无锡地区公共图书馆馆长联席会议在新区图书馆召开。来自无锡地区公共图书馆的各位馆长交流了2012年上半年工作和下半年工作思路，各馆还着重介绍了暑期及下半年将开展的重点活动。

2012年，无锡新区图书馆对各基层图书馆进行辅导工作共计28次，其中业务辅导12次，自动化管理辅导16次。

2013年度，无锡新区图书馆为各街道联盟馆提供业务基础培训25人次、业务强化培训12人次、专业技能和数字资源培训58人次，总计共举办各类培训、辅导20次，共95人次参加。

2012年，无锡新区图书馆杨东、李洁、戈靖在《新时期新理念·新课题——十二五期间中小型公共图书馆建设与发展》上发表论文《浅谈图书馆的读者服务工作》。川、吉、冀、桂、苏五省区图书馆学会第十三届学术研讨会征文（江苏地区）评比中，周吉如《现代公共图书馆的人性化服务理念的运用》获得了二等奖的好成绩。2013年12月，戈靖、李洁分别在《锡图学刊》上发表论文《试论图书馆在提升公民信息素养中的责任》和《公共图书馆建设的新尝试——无锡新区"公共图书馆数字化建设与创新管理项目"案例报告》。

2013年度无锡新区图书馆至各街道馆巡馆次数达235次、维护次数达59次。在街道基层服务点业务强化培训专业技能和数字资源培训共计20次。

2013年，新区图书馆开展大型送书下基层活动，影响深广的有新安街道"心和"读书节活动和"献出您的爱心，为孩子开启理想之门"——新区图书馆牵手尼吉康电子爱心献给硕望桥农民工子弟学校大型募捐活动。

管理工作

无锡新区图书馆在管理体制创新上做了巨大的努力，2011年由新区管委会将图书馆的业务运行服务以服务外包的形式发包给图书馆界的专业公司——艾迪讯电子科技（无锡）有限公司，除新区管委会委派馆长之外，其他图书馆工作人员乃至物业、保洁等各项工作亦都使用服务外包形式管理。这是国内首次公共图书馆全部业务进行服务外包。政府通过与企业签订服务外包合约，明确和量化各项服务指标，并依照年度考核的方式，对图书馆工作进行评定。政府从传统的执行者变为监督者，既大大节约了政府的人力支出，又解决了公共图书馆长期发展的问题，"小政府、大服务"的效益得到了充分的体现。

2013年，无锡新区图书馆引入绩效考核制度，通过每季度对馆员个人能力、技能考核、培训考试等项目内容的评定。给与排名前三位的馆员绩效工资的奖励，来激发员工的工作积极性；同时，也对排名靠后的馆员予以及时的强化培训或岗位调整。

2013年4月，无锡新区图书馆通过ISO9000服务质量体系认证，图书馆全体同仁自查自纠，将图书馆服务内容进行分类整理，通过制定标准化的服务规范，不断完善现有规章制度，来提高对读者服务的品质。2013年随着新区两园区分馆及六街道联盟馆的建成，图书馆ISO9000服务标准也沿用至各馆，真正做到新区区域范围内服务标准的统一化。

馆内实行读者满意度测评。无锡新区图书馆每年都对读者进行问卷调查，调查内容包括服务满意度、活动开展情况、读者留言反馈等等，通过对读者心声的了解，不断调整馆内服务方式，改善活动形式2013年，新区图书馆读者服务满意度达到94%。

表彰奖励情况

2011—2013年，无锡新区图书馆共获得各种表彰、奖励9次。分别为：中国文化部颁发的第四届"创新奖"；无锡市文广新局颁发的2011年度、2012年度、2013年度考核优秀单位；无锡市2012年度残疾人工作创新奖和特色工作奖；青少年法制书屋被无锡市法制办评为无锡市法制宣传示范点；以及各类活动组织奖3次。

馆领导介绍

孙军，男，1967年12月生，本科学历，中共党员。1983年10月参加工作，无锡新区社会事业局文体科科长、新区图书馆馆长、新区文化体育协会秘书长。2012年主持《公共图书馆数字化建设与创新管理》项目，获得第四届文化部创新奖。

未来展望

无锡新区图书馆经过几年发展，获得了良好的社会效益和影响。积极依托大数据管理平台，不但建成了全国第一家开发区、地县区级数字图书馆，而且在此基础上，又积极推开了在无锡新区所属6个街道和2个园区开展的"1+8图书馆服务联盟化"项目，成为了推进无锡公共文化服务项目的改革创新一个先进典型。

新区图书馆经历了高成长后，现在面临着突破"天花板"的难题。今后要实现新区文化新坐标，同时使之兼有无锡新区社会公共事业的重要组成部分、精神文明建设的标志性窗口和中国开发区公共图书馆的代表作等三大靓丽身份的目标还需做很大的努力。无锡新区图书馆决心根据发展实际和发展规律，把握机遇，抢占先机，积极提高全体员工的思路理念和精神状态，团队的整体素质和综合竞争力，以牢牢确立新区图书馆在全国数字图书馆开拓创新中的第一方阵地位，永做文化事业繁荣发展的排头兵。

联系方式

地　址：无锡市新区行创四路111号民生大厦5楼
邮　编：214000
联系人：戈 靖

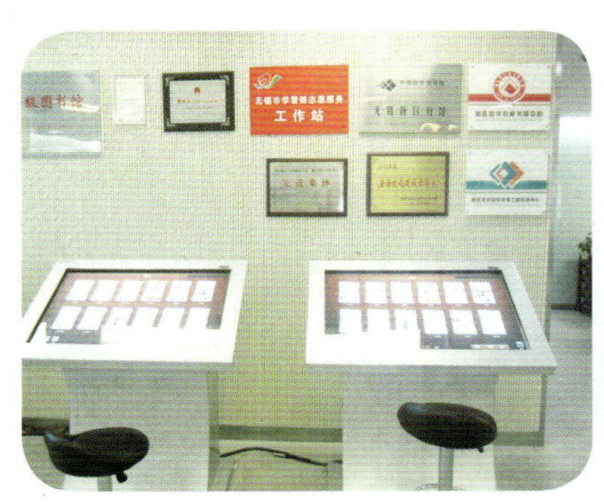

新图荣誉墙

阅览室

真人图书馆

江阴市图书馆

概述

江阴市图书馆创建于1936年，1987年独立建馆。馆址几经变迁，新馆于2005年10月在江阴市澄江中路128号（天华文化中心内）落成开放。新馆占地约5100平方米，建筑面积达14300平方米，可藏书100万册，设读者阅览座位1200余个，日均接待读者4000余人次。1994年参加第一次全国公共图书馆评估，首次获得"国家一级图书馆"称号，1994年至2012年，已连续五次荣获"国家一级馆"称号。多次被评为全国文明图书馆，并荣获全国"读者喜爱的图书馆"称号，被命名为全民阅读示范基地。江阴市图书馆在全省率先建成文化信息资源共享工程支中心，江图数字图书馆建设在全国县级图书馆中处于领先地位。

业务建设

截止2012年底，江阴市图书馆总藏量134.3023万册（件），其中，纸质文献70.2978万册（件），电子图书52万册。

2009–2012年，江阴市图书馆新增藏量购置费逐年增加，2009年购置费130万元，2010年购置费163万元，2011年起增至181万元。2009–2012年，共入藏纸质图书7.1124万种，19.9689万册，报刊1194种，视听文献3250种。

截止2012年底，江阴市图书馆数字资源总量为13.23TB，其中，自建数字资源总量1TB。2009年，江阴市图书馆开始地方文献数据库建设工作，至2012年已建有江阴地方文献、典藏家谱目录、江阴县志（光绪）、忆江南—江阴非物质文化遗产等10个地方文献数据库。

2010年，江阴市图书馆实现了馆内无线网络全覆盖。为进一步完善总分馆建设，提升分馆总体业务处理能力，江阴市图书馆于2011年11月底启动了图书馆自动化管理系统升级改造工作，将原"力博图书馆自动化管理系统"更换为"Interlib图书馆集群自动化管理系统"。

读者服务工作

江阴市图书馆于2009年5月起延长服务时间，实行早9点到晚9点"365天开放"，全年无休，每周开放时间达84小时，2009年12月，全面实现免费借阅。2009–2012年，书刊总流通394.2198万人次，书刊外借181.0519万册次。

2007年起，与澄江街道共同承办的2辆流动图书车定时定点在全市42个社区开展借阅服务。2009–2012年，先后建有新华社区、远望五号、边检站、黄山炮团等10家流通服务点，馆外书刊流通总人次50万人次，书刊外借14.2114万册次。

2002年起，江阴市图书馆编印《信息专递》为政府机关提供决策服务。2009–2012年，增加了电话咨询、QQ咨询、微博咨询服务；2012年，开创了"书香江阴"新浪微博、"种子城堡"江阴市未成年人阅读网、"江阴市民网上学习中心"三种网络创新服务新模式。

2009–2012年，江阴市图书馆网站以方便快捷的网络数字化服务，充分满足了读者多方面的信息需求，成为24小时服务读者的网上图书馆，网站访问量292.3318万次。

2009–2012年，江阴市图书馆致力于开展各项阅读研究，常年推出各类公益性文化活动、阅读活动年均达250场，形成近二十余个阅读品牌活动，如承办"书香江阴"读书节、"暨阳大讲坛"讲座活动、"江图之窗"展览活动、成人、少儿读书专柜，新书推荐，推出读者借阅排行榜、图书借阅排行榜等；在未成年人阅读推广方面，以少儿借阅室、儿童绘本馆为阵地，全年开展"幸福的种子"儿童阅读推广行动，常年性开展"名师面对面阅读沙龙"，"书海拾贝"百科知识问答，"阅读顾问老师信箱"等活动，四年来，共举办讲座、展览、培训、阅读推广等读者活动1000场次，参与人数64.7万人次。

业务研究、辅导、协作协调

2009–2012年，江阴市图书馆职工共30篇论文获全国、省、市论文评比一、二、三等奖，刊物发表论文7篇，出版专著2部。

从2008年起，江阴市图书馆与南京、无锡市图书馆实行文献联合编目，2011年，参与上海图书馆"网上联合知识导航站"，整合图书馆的各项咨询服务，成立了知识在线导航站。

2009年，江阴市政府正式确立和启动了总分馆建设工作，至2011年12月底，17个乡镇（街道）分馆全部建成，实现了总分馆"一卡通"建设的市镇全覆盖，市图书馆丰富的数字资源在

第三届百县馆长论坛

青年阅读沙龙讨论会

江阴人著作展展厅

图书馆中厅

综合借阅室

分馆实现了共享，读者活动实现了城乡联动，读者在乡镇分馆即可享受到与总馆等同的服务。截止2012年底，乡镇分馆共办理图书借阅证1.0214万张，接待读者达65万人次，图书流通量达19.7万册次，举办各类阅读活动达350多场次。

2007年，江阴市启动了农家书屋工程建设，至2009年，实现了全市社区、村农家书屋全覆盖，全市社区、村共享工程全覆盖。2009–2012年，江阴市图书馆下基层辅导400多次，举办乡镇分馆管理员培训班4期，农家书屋管理员培训班4期，共享工程管理员培训班4期，共培训基层管理员2500多人次，组织馆内业务知识学习400多课时，通过外请教授讲课、馆内培训、职工自学、技能竞赛等多种形式加强内部员工的业务培训。

2010年，江阴市图书馆成功举办中国图书馆学会“第三届百县馆长论坛”、2010中国华夏阅读论坛、“2011年长三角地区网上联合知识导航站年会”等大型学术性会议。

管理工作

2008年，江阴市图书馆完成全员岗位聘任，聘任共设3类岗位共20个岗位，制订《江阴市图书馆员工工作手册》，明确各部门工作职责及规章制度，加大百分考评力度，实施考勤制度，进一步强化员工管理。开展“争创文明服务示范岗、争当文明服务明星”的活动，每月评出“文明服务明星”2名，每年评出“文明服务示范岗”1个，给予表彰奖励。

表彰、奖励情况

2009–2012年，江阴市图书馆共获得上级各种表彰、奖励15次，其中国家级荣誉8项，省级荣誉4项，市级荣誉3项。

馆领导介绍

宫昌俊，男，1977年9月生，本科学历，馆员，馆长。1998年8月参加工作，2006年12月加入中国共产党，2007年7月任江阴市文化馆副馆长，2009年2月任江阴市图书馆副馆长，2013年4月任江阴市图书馆馆长、党支部书记，中国图书馆学会第八届阅读推广委员会青少年阅读推广委员会委员、江苏省图书馆学会第六届数字图书馆专业委员会委员。

胡光，男，1977年12月出生，本科学历，馆员，副馆长。2000年到江阴市图书馆工作，2012年7月加入中国共产党，先后在参考咨询部、辅导部、辅导采编部等部门工作，任副主任、主任等职，2011年7月任江阴市图书馆副馆长。

周天，男，1975年10月出生，本科学历，副馆长。1993年12月参加工作，1996年7月加入中国共产党，2011年8月任江阴市文广新局文艺科副科长，2013年5月任江阴市图书馆副馆长，分管参考咨询、社会工作、业务辅导和信息技术工作。

未来展望

下一步，江阴市图书馆将以“书香江苏”建设、无锡创建第二批国家公共文化服务体系示范区为契机，以大力提高城乡居民综合阅读率为目标，以全面提升广大市民读者阅读体验为抓手，秉承“以人为本，读者至上”的服务宗旨，坚持365天服务不缺席，积极打造文化服务品牌，大力推进公益化、免费型、零门槛式服务，着力构建“免费借阅、一卡通行、资源共享、通借通还”的城乡一体化公共图书馆服务体系，继续加大总分馆建设力度，在镇、社区、企业、学校等单位或城区拓展图书馆服务网点，实现城市图书馆联盟。全新打造江阴图书馆数字化远程阅读空间，将所有数字资源纳入有序的空间，将图书馆的数字阅读、知识导航、数据检索、咨询服务和科研服务都得到比较方便和快捷的实现，以提升图书馆的文化科技创新能力，实现图书馆资源的利用最大化，更好地服务广大市民读者。

联系方式

地　址：江阴市澄江中路128号（天华文化中心内）
邮　编：214431
联系人：谢　旗

2012首届游园会

江阴市首届诗歌朗诵比赛

名师面对面

宜兴市图书馆

概述

1925年，宜兴图书馆开始筹建。1926年8月15日，建成开馆。1946年，宜兴图书馆开始恢复建制。1956年8月1日，宜兴县图书馆正式建馆，是江苏省在解放后第一批成立的十个县图书馆之一。1975年，宜兴图书馆扩建到380平方米。1984年，宜兴图书馆扩建到1500平方米。1993年4月，宜兴开始建造新图书馆，建筑面积4500平方米，绿化停车场地面积1400平方米。1995年8月，新馆落成开放，位于宜城街道东山西路55号。2002年2月，400平方米的城中分馆建成开放。现设外借室、少儿室、期刊室、参考阅览室、采编室、地方文献室、古籍室、电子阅览室、资源播放室、自习室、办公室、财务室、城中分馆等13个部门。共设有读者阅览座席288个，电脑总58台，宽带接入10M光纤，配备有48口二层交换机，选用汇文文献信息服务系统。

业务建设

截止2012年底，宜兴市图书馆共有藏书455381册，期刊462种468份，报纸60种75份，可供读者利用的电子文献数量达到564种。

2009、2010年，宜兴市图书馆新增藏量购置费100万元，2011年增至150万。2009年–2012年，图书年入藏数量年平均值达27560册，9528种；报刊年入藏数量年平均值达348种；视听文献历年平均值为106件。

宜兴市图书馆数字资源总量有4.69TB。馆藏中文普通图书、报刊等文献书按CNMARC格式建立机读目录，目录数字化率达到95%。地方文献数据库建设中可用数据库容量为29GB，建有包含非物质文化遗产、美术、陶瓷类方面的本地数据资源。

目前宜兴市图书馆自动化管理系统版本为汇文系统Libsys4.0，并实现馆内无线网络覆盖。

读者服务工作

宜兴市图书馆全年365天天天对外免费开放，开馆时间为上午8：30–下午5：00，中午不休，共计60小时。2009–2012年，书刊总流通113.132万人次，书刊外借90.6788万册次：其中2012年书刊文献年外借册次33.9238万册，年流通总人次为256313，外借率达到74.5%，人均年到馆次数为26次。

2009–2012年，宜兴市图书馆网站访问量3.018万次。开通了宜图微博和微信服务平台，广大读者可利用官方网站、微博和微信与工作人员进行沟通联系。

2009–2012年，公共空间设施场地和基本服务项目免费开放，共举办讲座、展览、培训、阅读推广等读者活动137场次，参与人数34.65万人次。“书香伴成长”假期活动、“书香宜兴”读书节系列活动、“书香三昧·阅读”好书推广是宜兴市图书馆的特色活动。

业务研究、辅导、协作协调

2009–2012年，宜兴市图书馆职工发表论文多篇，并在相关研讨会上获奖，其中王俭《县级图书馆拓展成长空间的探索与实践》获中国图书馆学会二等奖。

宜兴市图书馆与无锡市图书馆开展《文献资源建设协作协调方案》，与无锡市劳教所、无锡市工艺职业技术学院开展馆际互借，并将上级的有关讲座与展览送进各镇（园、街道）、村（社区）、学校等单位。

2010年5月文化信息共享工程宜兴支中心以及其余所有的基层服务点均通过省厅的验收，实现了市、镇（园、街道）两级100%全覆盖；2012年，宜兴市217个行政村的文化信息共享工程基层服务点也实现了100%全覆盖。芳桥镇成为全省首批升级达标的文化信息共享工程基层服务点之一。

2012年底，我市共有村级农家书屋253家；万石镇、丁蜀镇等4个农家书屋评为“省百佳农家书屋”；已经基本形成了市、镇（园、街道）、村（社区）三级全覆盖的图书馆网络系统，能够为全市的读者提供便利的服务。

与城中分馆、官林镇官林村等实现通借通还，其中城中分馆的年书刊借阅量为8500册。建设流通服务点15个。其中无锡市劳教所流动图书库的图书达1500册，年借阅量1500人次。

对基层18个镇（园、街道）图书室及村（社区）农家书屋等进行业务检查和辅导，为基层分编图书20000余册。

民俗风情讲座

圣诞节联谊活动

绘本馆

少儿室

外借室

2012年度举办文化站长、基层图书管理员、农家书屋管理员培训班3次，平均每次授课20学时，有200多人参加培训。

管理工作

2010年，制定《宜兴市图书馆部门权力风险防控模式》，对每个部门的岗位职责、考核标准都做了规定，同时，实行中层干部岗位聘任。本次聘任共设外借室、采编室、少儿室等9个部门，有5名青年馆员脱颖而出，担任部门负责人。宜兴市图书馆制定了《奖励性绩效工资考核办法》，每月对员工的工作态度、工作实绩、卫生与安全等三个大类进行抽查或检查，每半年进行通报，年终总体考核。

表彰、奖励情况

2009年–2012年，宜兴市图书馆共获各种表彰、奖励7次，其中文化厅表彰、奖励1次，无锡市级奖励3次，其他奖励3次。

馆领导介绍

史胜辉，男，1974年8月生。1991年12月入伍，2011年12月转业至宜兴市文化广电新闻出版局，2012年12月起任宜兴市陶瓷博物馆副馆长、宜兴市图书馆馆长，主持全馆工作。

顾国良，男，1968年3月生。1994年11月起任宜丰乡文化站长、宜兴市文化馆书记兼馆长、宜兴市图书馆书记，分管图书馆支部工作。

王俭，女，1965年1月生。1985年3月到宜兴市图书馆工作，历任馆长助理、副馆长，分管业务工作。

万媚锋，女，1977年12月生。1995年9月到宜兴市图书馆工作，历任馆长助理、副馆长，分管图书馆新馆建设。

未来展望

宜兴市图书馆始终坚持“以人为本，读者第一”的工作理念，服务于百万宜兴市民，2015年初文化中心新图书馆即将建成使用。新图书馆位于东氿新城启动区核心位置，东濒东氿，南至解放东路，西临东氿大道，北连创意产业中心，建筑总高度24米，连地下一层共5层，总建筑面积2.68万平方米，其中地上1.92万平方米，地下0.76万平方米，可容纳纸质文献100多万册，数字资源设计存储能力100TB，能够提供全覆盖、不间断、无时空限制的数字文献远程和移动服务。

宜兴市图书馆新馆是宜兴市政府兴办的公共图书馆。它是面向社会公众开放的、公益性的文化与社会教育设施，是一座综合性的公共图书馆。图书馆为宜兴的普通市民、企事业单位、党政机关和其他社会团体提供公益性的文献借阅、信息提供与信息咨询服务，并兼有其他文化娱乐功能，新馆以国际图书馆界先进的管理与服务理念为指导，具有公益性、多元化、高效率运作的公共信息空间，延伸到本地区各行业、社区和农村，向全社会辐射的公共图书馆服务体系中心与枢纽，是宜兴社会、科技、经济类公共信息中心和信息研究中心、市民精神家园和美好城市生活的一部分。

联系方式

地　址：宜兴市新城街道东山西路55号
邮　编：214206
联系人：周 洁

小读者书签制作活动

公益书法讲座

徐州市铜山区图书馆

概述

民国19年（1930年）1月铜山县图书馆建于徐州市快哉亭公园内，馆内有碑廊、花坛、观荷台、鹳鸟栏，布置清雅，环境优美，时有馆员6人，分总务、指导、编管、推广4股。内设普通、特别、报志、儿童4个阅览室和1个藏书室、1个古物陈列室、阅览室备有图书报纸，可随时借阅。每日到馆借阅者约300人。同时馆里特备流动书车1辆，负责送图书于各学校、私塾、民众集合场所及商店，以便借阅。徐州沦陷后，图书馆一度关闭，该馆工作人员将一些贵重文献埋入地下，因时间太久，而受潮全损。民国35年4月重新开放，每月平均阅览人数4785人次，次年被国民党宪兵队占驻，馆务基本停止。1954年在郑集新建铜山县文化馆，图书馆设在文化馆内。1962年图书馆搬至徐州市奎山铜山县委大院北大门内左侧大榆树下。1978年根据上级的要求，县政府研究决定正式成立铜山县图书馆，编制为15人，李崇礼任副馆长。1980年省政府拨款筹建铜山县图书馆楼，馆址设在铜山县老大院北门外路西，和县梆子剧团，教育局、教育局教研室一起通称文化楼。1981年图书馆搬入新楼，馆舍面积1177平方米。1998年图书馆由奎山搬迁铜山新区同昌街。奎山老馆留有8间房屋，作为图书馆分馆，主要服务于老区的群众，机关老干部。2004年图书馆再次搬迁至现在的馆址。图书馆新老馆舍总面积3500平方米。图书馆现编制15人，在职工作人员14人，高级职称1人，中级职称4人。图书馆设有辅导部、咨询部、采编部、文学图书外借部、综合图书外借部、成人阅览室、儿童借阅室、电子阅览室，盲人阅览室，多媒体活动室、读者自修室、读者活动室、成果展览室、地方文献室、文献资料阅览室等10多个部门。铜山县图书馆94年以来，2次被评为国家二级图书馆，4次被命名为江苏省文明图书馆，县委、县政府宣传思想工作先进单位，06年以来一直是国家一级图书馆，省文明图书馆。

业务建设

年购新书4000余册，年征订报刊杂志400多种。全年候对外开放，馆藏各种文献20万册，年借阅量16万人次。2001年建成了电子阅览室，2009年对电子阅览室进行了升级改造，计算机也由原来的30台升级到50台。常年开展各种读书活动12次。除红领巾征文、图书宣传周、读书月活动外，经常开展送科普信息实用技术下乡活动、图书知识宣传文艺演出活动、读者读书竞赛、演讲、各种座谈会，讲座、培训班等活动。各乡镇都有种植、养殖专业户联系点。每个镇都设有县馆的图书流动点。近年来每年送图书下乡达2万余册。

随着计算机技术的不断发展，信息技术的不断普及，为使图书馆顺应社会的发展，不断提高科技管理水平，县图书馆在2001年实现了图书馆由传统的借阅方式向计算机管理的转变，彻底的改变了传统手工借阅的模式，实现了图书馆采、编、流、藏等所有业务的信息化管理，使图书馆的借阅条件进一步改善，工作效率明显提高。09年又进行了设备系统的全面升级，将原来纵横3000系统更换为全省统一的力博图书信息管理系统，使图书馆借阅工作又上了一个台阶。

全国文化信息资源共享工程是图书馆评估定级的必备条件，2002年铜山县图书馆是江苏省第一批全国共享工程建设的试点单位，当年我们采购了10台计算机，1台服务器建立了全国文化资源共享工程铜山县基层点，并开通了铜山县图书馆网站，同时对外开放。09年是全国县级图书馆文化资源共享工程支中心建设全面达标的一年，图书馆先期投入10万元对机房又进行了改造，新购置了机柜、UPS电源，后又在省厅的帮助下投资了近40万元，升级了服务器、扩大了硬盘的存储容量、新添了网络设备，增加了电子资源数据内容、完善机房各种制度。整个文化资源共享工程铜山县支中心建设共投入经费50万元，圆满的完成了全国文化资源共享工程铜山县支中心建设，通过了省文化厅的验收。

在做好铜山县支中心建设的同时，注意加强全国文化共享工程基层点的建设。2005年政府投资125.6万元，在全县314个行政村建立了党员远程教育点，2009年政府又投入经费46万元，按照江苏省全国文化共享工程的标准，统一采购了设备，配发到21个文体站，2012年又投资了130万元完成了全区25个街道办事处、社区居委会的基层点建设，同时对原来21个乡

工作人员在为农家书屋整理图书

共享工程业务人员培训班

镇文体站基层点进行了升级，实现了全区基层点的全覆盖。网络专线也升级到100M，乡镇、街道也升级到10M，全部是光纤入户，专线独享。

读者服务工作

读者第一，服务至上，一直是图书馆服务于读者的宗旨。树立读者第一的理念，开展优质服务，制定了文明公约，接待读者用语。工作中要端正态度，改善作风，处处为读者着想，接待读者要热情周到，文明借阅。为了使读者满意，广泛地争取读者的意见，吸纳读者参加图书馆内部有关活动。对部分读者急需的书采取优先采购的方式，并多次邀请有代表性的读者和我们一起采购新书，拉近了工作人员和读者的距离，增加了相互之间的友谊。在做好传统借阅的同时利用计算机网络，拓宽读者服务途径，依托图书馆网站，积极开展网上读者服务，坚持网上资源全天24小时开放，开展网上书刊荐购、书目检索、网上读者借阅信息查询。开展灵活多样的送图书资料、实用技术下乡活动，近年以来为新区附近的养殖户送图书资料500多份，组织了20多种科技杂志、近万册科技图书到村庄、地头进行开展借阅服务活动。为了让农民更直观的学习各种种植、养殖技术，购买近100种有关的科技资料片，利用农闲为农民放映，受到村领导和群众的好评。2012年和徐州市图书馆开通了馆际互借服务，全区21个文体站建立了图书流动点。电子阅览室还是铜山县科普信息中心、铜山县政府政务信息查阅点、徐州市高等师范学校学生实习基地。

业务辅导

县区级图书馆的业务辅导工作，主要是负责本地区基层图书馆、室业务指导，落实上级工作任务，提高工作人员业务技能，培训专业人员，帮助基层图书馆室开展好图书文献资料的借阅活动。尤其是目前数字图书馆的建设，对基层工作人员的网络技能的培训更显得尤为重要。近3年来举办了2期图书管理员培训班，1期农家书屋人员培训班，2期文化资源共享工程技术人员培训班，培训人员近200人次。每年下基层辅导工作都在150人次以上，帮助基层文体站图书室、农家书屋整理排架图书都在4万册以上。除了做好基层辅导工作以外，注意加强本馆人员的业务培训，5次派工作人员到省图书馆参加培训，2次组织本馆人员到市馆，兄弟馆参观学习，2次请移动公司技术人员来馆进行网络的技术讲座。图书馆人员撰写论文4篇，发表2篇。

管理工作

图书馆按照政府的要求进行了全员聘任制改革，全馆14名工作人员，全部实行了工作的聘任制，落实了绩效工资制度。完善了图书馆各项规章制度，人员考核制度，月月有检查，季度有评比，年底有考核。

表彰、奖励情况

2006年至今一直是国家一级图书馆，省文明图书馆，区政府宣传思想工作先进单位，获得各种表彰9次，省级1次。

馆领导介绍

龚永坤，男1956年11月生，大专学历，中共党员，中级职称，馆长，支部书记，1975年参加工作，担任过教师，部队放映员，电影组长，区摄影家协会秘书长。部队立三等功1次，省表彰1次。部队和区政府嘉奖多次。

张梅，女1961年12月生，中专学历，中共党员，馆员，副馆长，1981年7月参加工作，担任了10年英语教师，1990年10月调入图书馆工作，先后负责外借处、采编部等工作，1992年获全县先进工作者称号，多次受到局先进工作者奖励。

孙雪婷，女，1969年10生，大专学历，中共党员，副馆长，助理馆员，1990年参加工作，曾担任过会计，2007年调入铜山区图书馆工作，先后在外借部，少儿部负责工作，1次区政府表彰，多次文化系统系统先进个人。

未来展望

铜山区图书馆将在区委区政府的领导下，坚持为政府服务，社会服务的方向，充分发挥图书馆的职能，更好的为广大读者服务。一是要加强文献资源的借阅建设，丰富馆藏内容，其中数字资源建设到年底要达到10个TB，二是对现有的设备进行提升改造，进一步推进图书馆自动化向数字化的转变，做好和省馆云服务平台的对接，三是要建立一个以区图书馆为中心的数字资源网络系统，使区21个乡镇场文体中心，25个街道和办事处的基层点，314个村级党员远程教育点，都能及时的享受到区中心馆的数字资源。数字图书馆建设现已被徐州市政府列为2014年为民办实事的工程之一，到那时铜山区图书馆将为全区人民提供一个快捷，方便的文献资源服务。

联系方式

地　址：江苏省徐州市铜山区图书馆
邮　编：221116
联系人：张　梅

送科普知识实用技术下乡活动

2013迎春猜谜活动

沛县图书馆

概述

民国8年（1919），沛县设立民众图书馆；民国35年重建为沛县县立图书馆。1956年10月，建立江苏省徐州市图书馆沛县分馆；1957年更名为沛县图书馆，馆址在今汉城路沛公电影院处。后几易馆址，1981年迁至东风中路路北今馆址，占地面积约3120平方米，建筑面积1340平方米。2000年，在原址上扩大建筑面积，建成约4000平方米的新图书馆大楼。1989年3月，沛县图书馆被江苏省文化厅授予文明图书馆称号；1994年参加全国县级公共图书馆评估定级，获得二级馆称号；2005年5月晋级为一级馆。先后被评为徐州市文明单位、县青年文明号、巾帼文明示范岗、书画创作展示中心、青少年素质教育德育基地、启明星义工服务教育基地等。2007年7月，程大利捐赠图书馆对外开放。2012年，沛县图书馆开设服务窗口12处，有阅览座位280个，计算机45台，选用力博图书馆自动化管理系统，实现了馆内无线网络全覆盖。

业务建设

截止2012年底，沛县图书馆年图书入藏量5000册，报刊杂志300种，总藏书量29万册（件），电子图书300册。重点馆藏有《四库全书》一套，1949年至今《文汇报》一套，地方文献3000册（件）。

至1999年，接受著名书法家、理论家冯亦吾捐赠图书字画1500册（件），至2012年，接受著名国画家、出版家程大利捐赠图书字画3000余册（件），编辑整理二次文献《汉家文风——沛县地方文献资料目录汇编》一书，该书介绍民国以来地方文献成果3000余册，介绍现代沛籍专家学者200余人。

作为基层图书馆，沛县馆的收藏理念是“拓宽收藏内容，形成自己的馆藏特色”。2008年沛县成立了文学创作团，2009年中国作家协会在沛县设立创作基地，沛县馆抓住这有利时机，开辟了“文学创作展览室”，以此为平台，形成了沛县文学作品收藏中心；以冯亦吾书艺馆为载体，形成了沛县书画作品收藏中心；以“赵传龙工作室”为依托，形成了沛县老照片收藏中心；以程大利捐赠馆为龙头，形成了沛县名人作品展示中心；以地方文献室为支点，形成了沛县社会科学、自然科学成果收藏中心。以上几个中心的建立，使图书馆逐步成为沛县地方文献的收藏服务窗口。

2009年以来，沛县图书馆坚持收集整理文献数据，为建设数字图书馆做好一系列工作，专人每周对互联网上的程大利的有关新闻和理论画展之类的信息，进行下载整理，到目前为止，已积累程大利的各种各类资料数据2万余条。他们把退休的老摄影家赵传龙引进图书馆，进行功在当代，利在千秋的老照片的整理归档，以此丰富图书馆的图片资源。在现代信息化管理上，把具有影响力的沛县便民网引进图书馆，打造网络信息资源的展示新平台。吸引一批大学生，利用图书馆阵地，创办了《沛县导航——与沛县一起成长》为主题的文化专刊，充分展示沛县地域文化资源和发展潜力。

读者服务工作

从2009年元月起，沛县图书馆全面实行免费对外开放，每周开放时间56小时。至2009年，书刊总流通量12万人次，书刊外借14万册次。与全县15个镇文体站图书室建立业务对接，通过镇文体站协助全县300个行政村建立图书阅览室，占全县324行政村的90%，初步形成了县、镇、村（居委会）三级图书网络。

自“红领巾读书征文活动”开展以来，沛县图书馆年年参加，从没有间断过。2009年至2012年，沛县小读者获奖计30人次，沛县图书馆荣获省文化厅优秀组织奖2次。通过“红读”的开展，沛县图书馆与县实验小学、歌风小学、曙光小学及15个乡镇中心小学建立了长期少儿读书辅导基地，巩固了图书馆少儿借阅部的基础工作。

沛县图书馆充分利用区位优势和天井展厅的条件，2009年至2012年共举办讲座、展览、培训等读者活动80场次，参与人数18万人次。

业务研究、辅导、协作协调

沛县是汉文化的发祥地之一，收集汉文化资料一直是该馆的馆藏重点，并充分利用现有馆藏汉文化资料，走出图书馆，为社会作服务。2009年，沛县开辟汉之源景区暨世界刘氏总会会馆，沛县图书馆四位同志在馆长的带领下，携带着馆藏汉文化资料，直接参与会馆的布展工作。在此基础上，沛县图书馆整理汇编成册《汉之源》一书，成为沛县对外交流的文化

民间藏品交流会

中国书画名家走进沛县采风展

宣传读物；2012年，沛县准备在县文化中心建设“汉字广场”，沛县图书馆利用馆藏汉文化资料，协助地方文史专家，撰写出第一手方案，得到地方领导和雕塑设计专家的认可。

在服务社会上，近年来我们多次为沛县重点中学建立馆际校园图书业务辅导，先后为沛县歌风中学、沛县新华中学、沛县二中、沛县湖西中学等学校创建达标进行图书业务辅导，使其顺利通过验收。我们还和沛县人民医院、消防大队、老年大学、青岛啤酒集团沛县公司等建立了业务辅导及集体借阅，更大地发挥了图书馆的服务职能和文献资源的充分利用。

创新发展的时代，作为社会公益事业单位，只要主业不丢，只要是群众欢迎的社会公益文化活动，沛县图书馆尽量举办。如与沛县百姓网联合举办壹基金公益影像展示活动，邀请消防教官举办公共文化场所消防安全讲座，接待金马传媒公司《百味人生》剧组来馆体验生活等。

表彰、奖励情况

2010年获“国家一级馆”、“2006-2009年度江苏省文明图书馆”，2011、2012年度全省红读征文组织奖，2009年获县创建文明示范窗口标兵单位、年度宣传文化工作先进集体。

馆领导介绍

马培银，男，1963年出生，江苏沛县人，中共党员，大专文化，中级职称，现为中国图书馆学会会员、江苏省图书馆学会会员。1985年毕业于江苏宜兴陶瓷学校（今无锡技术职业学院）先后从事广告设计、舞台美术和文化产业工作。2001年3月调沛县图书馆任馆长。到任后，强化阵地服务和社会影响力的提升，增加图书馆管理服务的科技含量，率先转变传统借阅为全面计算机管理。在办馆特色方面，抓好地方文献的开发和利用，论文《地方文献收集与利用》参加省图书馆长理论研讨会，又开辟了“冯亦吾书艺馆”、“程大利捐赠图书馆”、“沛县名人捐赠室”，并使沛县图书馆从二级馆晋升为国家一级馆。

李冬梅，女，1962年生，中共党员，大专文化，馆员职称，党支部书记。1979年参加工作，从事图书馆工作至今。1982年以来，先后加入国家、省、市图书馆学会，会员。研讨会论文多次获得省二、三等奖，并被收入《21世纪中国图书馆建设与发展》、《中国图书馆发展概论》等论文集。多次参加省、市“图书馆干部管理员培训班”、“图书馆业务培训班”、“中国机读目录（CN—MARC）分类编目培训班等，均取得合格证书。1993年考取了东南大学合办的《图书情报》专业班，并以优异成绩毕业。1998年任业务副馆长，负责业务期间，沛县图书馆连续多届评为国家二级馆，2004年12月至今又连续三届被评为国家一级馆、省文明图书馆。2011年任党支部书记。

海洋科普展

李进英，女，1969年出生，江苏沛县人，中共党员，中级职称，副馆长。1991年6月毕业于徐州师范学院，同年8月参加工作，一直从事图书馆工作至今，多次参加由省文化厅及省市图书馆举办的业务技术培训班，2002年荣获“江苏省县（市）、区公共图书馆计算机知识、技能竞赛”个人三等奖；2007年在全省文化共享工程实用技术操作技能竞赛活动中荣获个人三等奖；2009年在江苏省文化信息资源共享工程知识与技能选拔赛复赛中荣获个人二等奖。

未来展望

在沛县新城区的规划建设中，1万平方米的图书馆大楼主体建筑已经完成，内部装修正在紧锣密鼓地进行。随着新馆址的搬迁，沛县图书馆方向明确，准备工作踏踏实实，那就是在馆藏设施、科技含量、内部管理、阵地服务、办馆特色等各方面将有全方位提升。目前沛县图书馆正在努力提高全馆职工的思想业务素质，积极引进人才，与时俱进地做好服务工作，以新馆舍、新标准、新气象的姿态，走向新的里程碑。

联系方式

地　址：江苏省沛县东风中路48号
邮　编：221600
联系人：马培银

程大利捐赠图书馆

地方文献室

南通市通州区图书馆

概述

通州区图书馆位于南通市通州区金沙镇大庆路34号，1987年动工，1990年开放启用至今，总投资176万元，占地面积4702.5平方米。主楼高4层，建筑面积3295平方米。下设成人外借室、报刊阅览室、少儿借阅室、电子阅览室、采编室、文化信息资源共享工程通州支中心六个部门。2004年，参加第三次全国公共图书馆评估，首次获评一级图书馆。目前图书馆新馆已经建成，建筑面积8812平方米，设计藏书容量60万册，可容纳读者座位500个，预计2014年下半年可搬至新馆。

业务建设

截止2012年底，通州区图书馆总藏量32.86万册/件，其中，纸质文献32.38万册/件，视听及电子文献0.48万册/件。

2009、2010年，通州区图书馆新增藏量购置费18万元，2011年起增至30万元。2012年图书年入藏量为8000多种，报刊入藏量为600种，电子文献有110件，视听文献有4000多件。

截止2012年底，通州区图书馆数字资源总量为8.5TB。包括《CNKI硕士论文库》、《CNKI博士论文库》、《时夕乐考网》以及自建数字资源。自建的通州地方特色的数字资源有《影像通州·童子戏》、《西亭脆饼传统制作技艺》、《南通号子》等。

读者服务工作

从2008年10月起，通州区图书馆全年365天天天对外免费开放，周开放60小时。2009–2012年，书刊总流通211.48万人次，书刊外借227.75万册次。2008年起，先后与老干部局、江海电容器厂、金郊初中、金北中学、育才中学开通馆际互借服务。2009–2012年，建成23个分馆，有2个流动服务车服务点，馆外书刊流通总人次14.86万人次，书刊外借15.24万册。

截止2012年，通州区图书馆发布使用的数字资源总量为3种，共8.5TB，均可通过通州区图书馆网站提供检索、浏览和下载服务。

2009–2012年，通州区图书馆共举办讲座、展览、培训、阅读推广等读者活动53场次，参与人数9.36万人次。2012年开始举办通州区"古沙读书节"系列活动，成为通州区图书馆阅读推广工作的特色。

业务研究、辅导、协作协调

通州区图书馆积极参与历年召开的南通市公共图书馆馆长会议。2012年第四次馆长会议在我区亚细亚酒店召开，会议上各馆交流工作心得，总结了工作中的不足，吸取了其他馆的优秀经验，有利于更好地开展今后的工作。

通州区图书馆通过力博系统实现了与省内其他馆的联合编目，同时与南通市图书馆实现了通借通还，与我区镇级图书馆、乡（社区）图书室也实现了通借通还。

2010年通州区图书馆投入1.5万元参与南通全市数据资源共建共享建设，实现了数据资源共建共享，更加方便、高效地为读者提供信息服务。2012年又投入15万元参与南通地区公共图书馆数字化资源建设，目前已实现了南通六县市区数字资源的共建共享。

管理工作

2009年，制订了《内部改革方案》，根据图书馆工作的需要设置了工作岗位，本次聘任共设15个工作岗位，同时，建立了工作量化考核指标体系，对各岗位实行目标管理，每月进行工作进度通报，每半年和全年进行总体工作考核。2009–2012年，共抽查文献排架48次，书目数据24次。

表彰、奖励情况

2009–2012年，通州区图书馆共获得各种表彰、奖励15次，其中，省文化厅表彰、奖励2次，市级表彰、奖励8次，区级表彰、奖励5次。

馆领导介绍

王彦芳，女，1973年11月生，本科学历，中共党员，馆员，馆长。1996年7月参加工作。先后在成人外借室、采编室、馆长室等部门工作，任副主任、主任、馆长助理、馆长等职。

于天惠，女，1962年11月生，本科学历，中共党员，研究馆员，副馆长。1982年8月参加工作。分管馆内业务工作。

华振明，男，1962年11月生，本科学历，中共党员，研究馆员，副馆长。1979年7月参加工作，2011年1月到通州区图书馆工作，分管后勤工作。

未来展望

通州区图书馆新馆位于区行政中心东侧，南接朝霞路，北至碧华路。建筑物五层全框架结构，总建筑面积约为8812平方米，新馆以"用"为主，以读者为中心，建成国家一流现代化图书馆，打造苏中、苏北第一图书馆，进入江南第一方阵，以满足国家一级图书馆条件为标杆要求。新馆的功能布局设计科学合理，贯彻低碳经济的理念，做到节能环保，各主要功能区既保持相对的独立，又有紧密的联系。新馆以开架为主要服务方式，实现藏、借、阅、咨询、管理一体化。以现代图书馆的自动化、网络化和数字化为发展方向，适应未来社会发展的需求，满足图书馆可持续发展的需要。新馆建成后将为全市市民提供一流的图书服务，以丰富多彩的读书活动，实现公共文化服务社会效益的最大化，使全市人民充分享受改革开放和经济腾飞所带来的实惠。

联系方式

地　址：南通市通州区金沙镇大庆路34号
邮　编：226300
联系人：朱　墨

南通市通州区图书馆新馆外貌

新沂市图书馆

概述

新沂市图书馆始建于1954年，前身是1950年成立的民众教育馆（临沭路97号）。1964年在新建路42号新建，占地440平方米，建有12间瓦房，藏书4万余册。1989年建设新馆，地址市府路32号。1990年新沂撤县建市，顺更名为新沂市图书馆。2003年图书馆实现自动化管理，建成全国文化信息资源共享工程"江苏文化网点"。现有藏书12.4万册，年接待读者达11.9万人次。图书馆曾荣获江苏省农村文化艺术工作先进单位，先后四次荣获"江苏省文明图书馆"和"国家二级图书馆"称号。2013年第五次全国图书馆评估定级被评为"国家一级图书馆"。

业务建设

截止2012年底，新沂市图书馆总藏量12.6万册（件），2012年，新沂市图书馆藏量购置费12万元。

读者服务工作

全年365天为读者开放服务，每周开放时间60小时。

根据文化部、财政部《关于推进全国美术馆、公共图书馆、文化馆(站)免费开放工作的意见》，我馆已于2008年7月起，全面实行免费开放，借书证办理只收取押金，阅览室凭身份证等有效证件和借书证免费阅览。馆内工作人员全部挂牌上岗，实行首问负责制和承诺服务，同时设立意见箱、意见簿接受读者监督，提供免费茶水等，极大地方便了读者。外借、阅览全部实行开架借阅，书刊文献开架比例达到馆藏的80%以上，图书馆现有持证读者4530人，年书刊文献外借册次11.5万册，人均到馆次数25.4次/人。2009–2012年，新沂市图书馆共举办讲座、展览、培训、阅读推广等读者活动29场次，参与人数3.2万人次。

我馆在乡镇社区分别建成图书流通点26个，其中全市16个乡镇都有图书流通点，建成社区流通点10个，图书馆定期上门更换图书，并根据流通点读者的建议好需求，我馆及时购买相关书籍，满足流通点需要。此外，我馆不断拓展服务空间，积极开展为弱势群体的服务活动，在阅览室为老年读者提供老年专座，配备老花镜，多次为市老干部活动中心开展送书上门活动；为少年儿童读者开设专门的借阅室；2009年10月购置盲文图书200余册，为残疾人读者提供专门的服务，多次为市特教中心学生开展送书、送温暖活动，为他们提供精神食粮，受到了他们的热烈欢迎和一致好评。

业务研究、辅导、协作协调

新沂市历来重视学术研究和调研工作，积极组织职工参加各类业务培训班和学术论文研讨活动。2009–2012年，新沂市图书馆职工共发表论文6篇。

新沂市图书馆十分重视基层业务辅导培训工作，多次深入社区、乡镇图书馆做好图书馆业务辅导工作，及时培训社区、乡镇的图书管理员，使其熟练掌握图书分类及外借管理工作。

管理工作

2010年，新沂市图书馆完成第三次全员岗位聘任，本次聘任共设14个岗位，同时，建立健全各项制度和岗位责任制，完善绩效工资考核办法，激发职工的工作热情。

表彰、奖励情况

2009–2012年度，图书馆荣获2006–2009年度省级文明馆称号，先后2次获得"先进党组织"称号，多次获江苏省、徐州市"红读"征文活动组织奖，新沂市"先进单位"，新沂市"未成年人思想道德建设工作先进集体"荣誉称号。

馆领导介绍

晁勇，男，1969年12月生，大学文化，中级职称，1991年8月参加工作，2013年7月任图书馆馆长。

王要文，女，1968年3月生，大专文化，馆员。1985年7月参加工作，1990年2月到图书馆采编部工作，2006年2月任副馆长。

未来展望

2013年底，新馆已开工建设，项目占地面积约20亩，地下一层，地上四层，建筑面积14350平方米，其中地上建筑面积10570平方米，地下3780平方米。馆前文化广场占地约10亩。工程预计投资4000万元（含内外装潢），自动化借阅系统及设备预计投资500万元，纸质图书及数据库图书购置约300万元，其中纸质图书约30万册，工程资金由市财政投入。工程预计2014年底竣工并投入使用。

新馆开馆使用后，将采用自动化管理系统，建设数字化图书馆，将在全市社区、乡镇实行"一卡通"的通借通还系统，以更好的服务于全市广大读者。

联系方式

地　址：新沂市市府路32号
邮　编：221400
联系人：王要文

首届图书跳蚤市场暨爱心助学活动现场

图书馆报刊阅览室一角

服务宣传周活动现场

邳州市图书馆

概述

邳州市图书馆始创于民国二十一年（1932年），原名邳县图书馆，是徐州地区较早成立的县级公共图书馆。馆址几经变迁，2011年11月，位于邳州市恒山南路1号的新馆建成开放。新馆占地10685平方米，建筑面积10068平方米，设计藏书容量60万册，可容纳读者座位400个。2013年11月，参加第五次全国公共图书馆评估，首次获得一级图书馆。

业务建设

截止2012年底，邳州市图书馆总藏量32.5万册（件），其中，纸质文献22.5万册（件），电子图书10万册，电子期刊、报纸各200种。

2011年，邳州市图书馆新馆年度图书购置费100万元，2012–2013年图书专项购置费分别为50万元和60万元。2009–2012年，共入藏中外文图书3100种，100200册，报刊500种，视听文献500种。2011年，地方文献入藏完整率为95%。

截止2012年底，邳州市图书馆数字资源总量为10TB，筹建的数据库有《邳州非物质文化遗产集成》等。

2011年11月，加入国家图书馆“全国联合编目中心”。2013年，加入江苏省公共图书馆“联合参考咨询网”。同时，强化了本馆RFID智能系统的管理服务功能。

读者服务工作

从2011年11月新馆开放伊始，邳州市图书馆保持全年365天免费对外开放，周开放60小时以上，引进RFID射频技术，实现了馆藏文献的自助借还。书刊年总流通20.2万人次，书刊外借15.5万册次。2013年4月，开通与邳州3所中高职院校图书馆的馆际互借服务。共建成24个分馆，有5个流动服务点，馆外书刊流通总人次14.86万人次，书刊外借10.62万册。

邳州市图书馆网站年访问量33万次。开通邳图微博，引入手机图书馆，开发移动微信平台，实现APP网上阅读。读者可通过邳州市图书馆网站、共享工程邳州支中心提供检索、浏览和下载服务。

邳州市图书馆在服务活动过程中，不断开拓新型服务模式，创新服务宣传途径，通过政府和民间网站、QQ群、微博、街头电子屏等多种渠道进行信息发布，全方位扩大图书馆服务的社会影响。2011年以来，共举办讲座、展览、培训、阅读推广等读者活动50余场次，参与人数4.5万人次以上。其中以《百姓大讲堂》为代表的公益性讲座，是邳州市民文化休闲的重要选择。

业务研究、辅导、协作协调

2009–2012年，邳州市图书馆管理员发表专业论文21篇，其他作品专集2部。

邳州市图书馆以文化信息资源共享工程为依托，对镇级（社区）基层服务网点及文化站图书室开通资源服务共享。2013年4月，对24个分馆推行联合编目、流通服务、地方文献征集、阅读推广与讲座展览、业务培训与技术支持等服务，初步实现了基于统一系统平台的文献借阅服务。期间，举办培训班4期，46课时，127人次接受培训。

2013年10月，邳州市图书馆承办了江苏省县（市）、区公共图书馆馆长理论研讨会，就公共图书馆的建设与发展、文化信息资源的共建共享、建立联合参考咨询平台等达成广泛共识。

管理工作

2011年11月，邳州市图书馆实行全员岗位聘任制，建立了工作量化考核指标体系，每月进行一次工作进度通报，每年和全年进行总体工作目标考核。目前，邳州市图书馆“工作量化考核”模式被邳州市文广新体局在全系统加以推广。

表彰、奖励情况

2011年以来，邳州市图书馆共获得各种表彰、奖励10次，其中，省级表彰4次，市、县级表彰3次，其他奖励3次。

馆领导介绍

钟伟，男，1974年8月生，大专学历，中共党员，群文馆员，馆长。

杨太平，男，1965年11月生，大专学历，中共党员，图书馆员，副馆长。

张海玲，女，19689年9月生，大专学历，中共党员，图书馆员，工会主席。

张林薇，女，1974年3月生，大专学历，图书馆员，副馆长。

李琪，男，1975年3月生，大专学历，中共党员，副馆长。

未来展望

邳州市图书馆继续秉承“读者第一、服务至上”的办馆理念，遵循“创新、发展、公益、共享”的指导方针，形成以休闲、展示为目标的数字化、自助化、现代化新型图书馆。逐步完善单体服务功能，扩大服务辐射区域，带动本地区公共图书馆事业的发展。在未来的几年里，将增加阅览座位300个，增添纸质文献、电子文献20万册，年服务人次达30万人次以上，提供全覆盖、不间断、无时空限制的数字文献远程和移动服务。同时，加强与市内高校、科研单位图书馆的资源共享互补，使之达到国内一流县级公共图书馆的水平。

联系方式

地　址：邳州市恒山南路1号
邮　编：221300
联系人：杨太平

常州市武进区图书馆

概述

清光绪三十年（1904年）武进商会租赁县城常州铁市巷岳宅创设“阅书讲报社”，此为武进创设图书馆之始。清宣统元年（1909年）建成商会图书馆，民国21年（1932）1月，商会图书馆改为县立图书馆。民国22年（1933）12月，正式把上年建立的县立图书馆定名为“武进县立图书馆”。1937年，抗战爆发，常州沦陷，图书馆关闭，之后几经风雨，1958年8月，在奔牛镇人民公园内建立武进县图书馆。之后馆址又几经变迁，2007年12月，武进区图书馆迁入新建武进文化艺术中心。馆舍建筑面积4200余平方米，设有电子阅览室、期刊阅览室、盲人阅览室、四库全书阅览室、古籍家谱阅览室、地方文献展览馆、成人借阅室、少儿借阅室，共有阅览座位260个。馆内共有计算机68台，其中供读者使用计算机45台，2012年更新30台I5高性能计算机，电信10M宽带光纤接入。武进区图书馆自2007年起使用力博图书馆自动化管理软件，各功能模块熟练使用，高质量完成各项业务工作。

业务建设

截止2013年底，武进区图书馆总藏量652027册（件），其中，纸质文献38万余册（件），电子文献12万册。在数字资源方面，依托常州市图书馆，联合购买了龙源期刊、中国知网CNKI、万方学位论文、读秀知识检索、超星数字图书、书生之家数字图书、尔雅百科视频、上业科技视频、软件通视频、新东方英语学习视频等资源，对区馆持证读者免费开放。

2012年财政拨款比2011年增长41.1%，购书专项经费从2011年起增加至40万元，区财政拨款20万免费开放经费，很好的满足了区图书馆免费开放后各项活动的正常开展。到目前为止，武进图书馆已收藏新修家谱近400部。2010年9月23–26日“全国图书馆系统地方文献（培训、研讨）会议”由国家图书馆主办，武进图书馆承办，据召开期间的初步统计，武进图书馆入藏新谱量居全国县级馆的首位。

武进区图书馆馆积极建设武进地方文献数据库，内容为：历史沿革、延陵季子、武进名人、武进风情、特色文化、淹城旅游、地方文献展览馆、武进文史研究、齐梁文化、常州学派、阳湖文派、常州词派、毗陵画派、孟河医派、武进历代著述目录。联合馆办地方文献研究会一起建设了延陵季子网站及数据库，内容包括：文库——季子赞文、季札史料、历代评价、诗词歌赋、当代论文；季子图库——季子造像、季子遗物、季子文物、活动照片；季子专著电子书、论文电子书、影音资料等，内容丰富，研究价值高。

读者服务工作

武进区图书馆秉承“以读者为中心，一切为了读者”的开放理念，形成了“五全”服务模式。即所有服务全免费、场馆开放全年化、读者活动全公益、服务体系全覆盖、数字资源全共享等服务。2009–2013年，书刊总流通70多万人次，书刊外借60余万册次。2012年实行总分馆制，建成16个分馆，有17个流动服务车服务点。

所有服务全免费：武进区图书馆严格按照免费开放文件要求实行免费开放服务。馆内期刊阅览室、成人外借室、少儿阅览室、电子阅览室、古籍四库全书阅览室、武进地方文献展览馆、报告厅、自习室等公共空间免费开放；阳湖大讲堂公益讲座、展览、流动图书车、文献资源借阅、检索与咨询等文化服务项目免费提供；办证、验证、存包、复印、开水供应等服务全部免费。

场馆开放全年化：全年天天开放，节假日不休息。开放时间8:30–17:00，8:30–17:30（5月至9月）。自习室及四台目录检索和数字资源电脑全天开放。每周开馆时间达60小时。

读者活动全公益：在图书馆举行的所有读者活动都是公益的，如阳湖大讲堂、展览、少儿美术教育培训、红领巾读书征文活动、中小学生图书馆日活动、暑期文化共享工程专场电影、优秀读者表彰、缤纷冬日快乐寒假活动等。每年举办阅读推广活动20多大项，300余次活动。

服务体系全覆盖：武进区已建立了覆盖全区的总分馆制，在全区16个乡镇街道建立了分馆，利用“一卡通”技术实现通借通还。

数字资源全共享：依托常州图书馆联合购买了丰富的

武进文化艺术中心

活动图片

数字资源，面向读者免费在线浏览或下载。自2011年开通了网站，2012年8月进行改版，累计已有120万点击量。区馆还建立了读者交流QQ群，目前已有500多位读者加入，区馆每天安排馆员解答读者疑问，为读者提供了一个实时交流的平台。

区馆非常重视为特殊人群的服务工作，设有残疾人绿色通道、盲人专用电脑和阅读文献、流动图书车深入企业为进城务工人员服务、为进城务工人员、老年人开设电脑使用普及培训班等。

参考咨询服务历来是武进区图书馆的特色项目，2012年我馆完成的参考咨询课题有：法治文化建设课题、湖塘镇志艺文篇、武进东林志士研究、宋代名医邹浩研究、宝林文化研究、南田文化园设计方案评审、武进历史名人咏花卉、武进人民法院文化建设课题。

业务研究、辅导、协作协调

2012-2013年，武进区图书馆职工发表论文20余篇，市级课题3项。2013年新增共建分馆（锦绣小学分馆）一个。实行统一运作模式，统一形象标识，统一服务标准，并协助做好采购指导和编目加工，免费为全校师生办理了借书证。2012-2013年先后到横山桥，横林，西湖街道，嘉泽，遥观等图书分馆共30余次进行业务指导，并向嘉泽花木图书分馆赠送图书600册。同时，组织嘉泽分馆管理员"一对一"培训4期，西湖街道图书管理员培训2期。

表彰、奖励情况

2009-2013年，武进区图书馆共获得各种表彰、奖励19次，其中，文化部表彰、奖励2次，省文化厅表彰、奖励3次，其他表彰、奖励14次。

馆领导介绍

王晓刚，男，1977年出生，武进人。2000年毕业于扬州大学师范学院计算机科学教育系，2010年12月获教育管理硕士学位。在武进教育系统工作12年，有丰富的教育管理经验。2012年调入武进图书馆工作，2012年任武进图书馆党支部书记、副馆长，2013年任武进图书馆党支部书记、馆长。

未来展望

一、全力推进图书馆改造，打造升级版武进图书馆

按照目前图书馆的人流情况，一楼期刊室和电子阅览室利用率低，二楼少儿阅览室、成人阅览室人满为患。改造现有图书馆开放格局，树立大空间、大流通、动静分离的理念，藏借阅查一体化设计，扩大读者活动空间和休闲空间，提高图书馆接待能力，提升图书馆整体环境氛围，打造升级版武进图书馆。

阅览室

二、围绕书香家园.悦读乐园，全面开展服务品牌建设

区馆服务品牌建设的口号是"书香家园·悦读乐园"；理念是贴心服务，共建家园，为读者提供生活上、资源上、业务上的贴心服务，邀请读者参与图书馆的建设，让读者感受到家的温暖和自由；途径是针对不同年龄阶段、不同层次的读者开展系列主题阅读沙龙活动，立足培养少儿的阅读兴趣，养成阅读习惯，提升成人的阅读品位。

三、点面结合，推动乡镇分馆建设

乡镇分馆是图书馆网络体系建设中重要的一环，武进区图书馆将立足乡镇分馆实际，广泛征求意见，尽快起草乡镇分馆建设、考核标准，提交局审核。重点建设1至2个分馆，按照区馆近年来成功经验，指导分馆图书资源建设、宣传推广活动、读者阅读推广活动等业务，探索经验，努力做出成功样板，从而推动其它分馆的建设。

联系方式

地　址：常州市武进区延政中大道65号（武进文化艺术中心内）
邮　编：213159
联系人：邵文英

外借室

少儿室

溧阳市图书馆

概述

溧阳市图书馆始建于民国15年（1926年），馆址在城隍庙，一年后并入位于宝塔湾关帝庙的民众教育馆书报阅览室，后移至文庙。图书馆历经抗日战争、国内战争、文革等波折，时开时闭，于1981年恢复独立建置。1989年建成镇前街8号新馆，2000年被评为国家二级图书馆。2008年9月，位于育才路55号市文化艺术中心内的新馆建成开放。新馆采用南京图书馆开发的力博图书馆管理系统，建筑面积5100平方米，读者座位384个，设有成人阅览、外借、少儿借阅、地方文献、采编、电子阅览等业务部门。2009年第四次全国公共图书馆等级评估被评为国家一级图书馆。2012年底，溧阳市图书馆纸质藏书近30万册，拥有各型计算机56台，100Mbps光纤接入，数字资源除了本地的5TB以外，还可通过常州数字图书馆这一平台，共享丰富的资源。

业务建设

2009年到2012年，溧阳市图书馆资源购置费从20万元/年增加到50万元/年，共入藏中外文图书48285种149053册，订购杂志739种、报纸129份，通过网购、接受捐赠、复制、交换等不同方式，搜集地方文献385种、810册。截止2012年底，馆藏纸质图书29.7326万册，另有包括电子书、数字期刊、视频、数字图片等在内的各类数字资源5TB。

读者服务工作

从搬入新馆起，溧阳市图书馆实行全免费开放，周开放66小时。同年，接受企业家张强生捐赠的5台盲人电脑和一批盲文书，建立起了盲人阅览室。几年来，溧阳市图书馆致力于服务设施、环境的完善和服务质量、能力的提升，未成年人服务多次受到市文明委表彰，并被市老龄委评为溧阳市敬老文明号。2009–2012年，各项基础业务数据持续增长，接待读者70余万人次，书刊外借53.364万册次，有效持证读者总数达1.2万余人。

2009年，文化信息资源共享工程溧阳市支中心建成并通过省文化厅的验收，自此，溧阳市图书馆除了可以通过网站提供书目查询、续借、预约以及相关服务信息的发布外，还可以提供视频点播、电子书阅读、数字资源全文下载等服务。

2010年，获得市科技局项目资金10万元，重点采购五大支柱产业相关科技文献，并对藏书格局作了调整，设立专门的科技借阅室，加强科技服务能力。同年，数字资源服务被市委组织部列为科技人才引进优惠服务项目。

2012年对门户网站进行了改版，美化了页面，提高了安全性，改善了读者的体验。

2009–2012年，溧阳市图书馆共举办讲座、展览、培训、征文、灯谜竞猜及其它阅读推广等活动200多场次，参与人次近20万，溧阳电视台、常州日报、溧阳时报、中国溧阳网、溧阳论坛等多家媒体做了报道。

业务研究、辅导、协作协调

2009–2012年，溧阳市图书馆职工发表论文9篇。

2009年，溧阳市图书馆参与了本市农家书屋全覆盖建设，全市175个行政村全部建成符合省标的农家书屋。同期大力开展馆外服务点图书流动服务，农村、学校、企事业单位、部队、监狱等各种类型的馆外图书服务点发展到120个，除了每年更新、交换图书3万余册次以外，还不定期对这些图书室进行规范化管理和服务的辅导、培训，保证能正常开放和服务。2011年，“流动图书服务”项目获江苏省公共图书馆优秀服务成果一等奖。

2011–2012年间，溧阳市图书馆在竹箦镇、戴埠镇文体站分别建成了可以与本馆通借通还的分馆，改善了两站图书馆服务环境和服务能力。

管理工作

2009年，溧阳市图书馆开始探索岗位设置改革，2012年初步完成，实施了绩效工资制，根据不同工作岗位、工作量、工作绩效制定分配方案并加以实施。同年，顺应公共图书馆事业发展趋势和实际工作需要，清理、完善各项规章制度，并编制《溧阳市图书馆馆员工作手册》，分职业理念.道德操守篇、内部管理篇和读者服务篇三个部分，将图书馆业界的重要纲领性文件、本馆内部管理制度和读者服务的有关规章制度集于一册，以期提高管理效率和服务水平。

表彰、奖励情况

2009—2012年，溧阳市图书馆共获得各种表彰、奖励14次，其中，江苏省文化厅表彰、奖励3次，常州市文广新局表彰奖励5次，其他表彰、奖励6次。

馆领导介绍

宋国忠，男，1972年11月生，大学学历，文学士，中共党员，馆员，馆长。1992年8月参加工作。曾在资料信息室、采编室、辅导室、电子阅览室等多个部门任职，2006年7月任副馆长，2010年1月任馆长。江苏省和常州市图书馆学会理事，中国图书馆学会优秀会员。

陈正荣，男，1954年3月生，大专学历，中共党员，副研究馆员，党支部书记。1974年12月参军，1988年转业，1992年1月年任溧阳市图书馆副馆长、1995年任馆长，2010年1月任党支部书记。

沈军花，女，1977年生，大学学历，中共党员，馆员，副馆长。1997年参加工作，2010年1月任溧阳市图书馆副馆长。

未来展望

溧阳市图书馆秉承“传递知识，传承文明”的服务宗旨，通过不断提升服务环境，完善服务功能，努力打造“城市的客厅，市民的书房”，并通过建立和完善馆外服务网络，让图书馆服务更贴近百姓生活。未来，一方面要继续充分利用现有服务空间、提升服务品质、完善馆外服务网络；另一方面要努力应用新技术，促进图书馆顺应时代发展，朝着移动、无边界、人性化、个性化方向发展。

联系方式

地　址：江苏省溧阳市溧城镇育才路55号
邮　编：213300
联系人：宋国忠

金坛市图书馆

概述

金坛图书馆成立于1974年，当时隶属于文化馆，1984年单列，1989年1月25日独立馆舍建成，同年12月对外开放，馆舍建筑面积1450平方米；2003年初，图书馆成人部迁至现在的文化大厦四、五楼，新增建筑面积2000多平方米，原馆舍作为少儿图书馆，共计建筑面积达3500平方米，下设少儿外借室、少儿阅览室、成人外借室、成人阅览室2个、电子阅览室、多媒体视听室、展厅、资料室、自修室等10个对外服务窗口和采编室、技术中心2个业务部门；现有在编人员12人，临时用工5人，在编人员学历全部大专以上，其中高级职称2人、中级职称6人、初级职称4人；多年坚持、每年一届的金坛市“红读”征文、金坛市“六一杯”少儿书画赛和迎新春少儿智力大冲浪已成为本馆的三大品牌活动，在全市已形成较大的影响。2005年7月被评为国家一级图书馆、2006年10月被评为江苏省文明图书馆和2008年被评为常州市文明单位以来，至今一直保持此殊荣，少儿图书馆被评为常州市巾帼文明示范岗、未成年人教育先进集体以及全国科普宣传先进集体称号。

业务建设

截止2012年底，金坛市图书馆总藏量23.1万册，其中，纸质22.88万册，电子文献1206种，数字资源总量为3TB。

2012年，金坛市图书馆藏量购置费34.4万元，入藏图书2717种11451册、视听文献389种，征订报刊501种。

读者服务工作

从2008年9月起，金坛市图书馆实行365天对外免费开放，周开放时间达63小时，建有13个馆外图书流动服务点，年书刊借阅5000册次，2012年馆藏文献外借率达54%，书刊总流通12.6万人次，人均年到馆次数27次。

2012年，金坛市图书馆共举办讲座、展览、培训、阅读推广等读者活动55场次，参与人数达5万人次。

业务研究、辅导、协作协调

2009–2012年，选派了16名工作人员156人次分别参加了共享工程培训、力博管理系统培训、计算机基础知识培训、中国文献编目规则和机读目录培训以及《中图法》、《中分表》新版等图书馆专业知识培训，2010年引进1名图书情报学专业硕士研究生，另有1名职工参加了南京大学数字图书馆研究方向研究生班学习，组织参加了“第二届文化共享杯——全国文化信息资源共享工程知识与技能竞赛”活动，获常州赛区第一名和江苏省赛区第三名，并有1名职工代表江苏省参加了全国竞赛；课题《社会力量参与常州图书馆事业研究》入选常州市第八届社会科学研究课题，有10篇论文在省级以上专业期刊上发表和学术研讨会上获奖。

积极参与江苏省公共图书馆联合参考咨询、全省公共图书馆联合编目、全省公共图书馆馆际互借三大公共图书馆服务网络体系建设，以及与全省公共图书馆讲座、展览等协作协调，并于2012年获得全国图书馆联合编目中心上传资格；参与常州地区数字资源共建共享，通过常州图书馆统一认证平台，利用常州馆全资采购CNKI学术期刊全文数据库、万方学位会议论文全文数据库、读秀电子图书搜索全文阅读平台、书生读吧电子图书全文检索阅读平台、书生电子图书、超星电子图书、上业科技视频、尔雅学术视频、软件通学习系统和新东方外语学习库等共享资源；同时加强本地区市、镇、村三级图书馆（室）网络建设，形成了1个市馆、8个镇馆和157个行政村的全覆盖，并及时做好基层图书馆（室）的业务辅导工作，保障了本地区图书馆服务网络内资源共享，年均书刊借阅达12.5万册次。

管理工作

2012年，金坛市图书馆完善了《图书馆考核细则》，出台了《岗位设置方案说明》、《奖励性绩效工资分配实施办法》，完成了全员岗位聘任，每半年或全年进行总体工作考核。做到管理制度健全，年度工作有计划，财务制度执行、监督有力，人员岗位设置、目标管理、职工考核齐全，人员安全、消防安全、信息安全相关制度执行有力。

表彰和奖励

2009–2012年，金坛市图书馆共获得各种表彰、奖励13次，其中，文化部表彰1次，省级表彰、奖励2次，地市级表彰、奖励10次。

馆领导介绍

陈文华，男，1957年12月出生，大专学历，中共党员，副研究馆员，馆长、支部书记。1982年5月参加工作，历任金坛市金沙影剧院副经理，1999年3月任金坛市图书馆馆长。

符骏，男，1966年9月出生，本科学历，中共党员，副研究馆员，副馆长、支部副书记。1987年8月参加工作，1995年3月任金坛市图书馆馆长助理，1996年4月任副馆长，2012年3月任支部副书记。1997年12月被江苏省文化厅授予江苏省公共图书馆先进工作者。

未来展望

未来几年里，一是加快金坛市图书馆新馆建设步伐，新馆建设已列入市政府八大工程之一，将在现有馆舍保留一层面积的基础上，在金坛市滨湖新城新建一座建筑面积12000平方米的新馆舍，藏书容量60万册（件），读者座位1000个，年接待读者可达60万人次以上，数字资源设计存储能力20TB，主要指标位居全省公共图书馆前列，达到国内一流图书馆的基本标准；二是城乡一体公共图书馆服务体系建设，我们将打破图书馆的“篱笆墙”，整合全市文献资源，侧重于农村公共图书馆服务体系建设，把图书分馆建在乡镇、学校和农家书屋，在实现乡镇、村（社区）图书馆（室）全覆盖的同时，实现文献资源的统一采购、统一编目、统一配送，实现书刊借阅“一卡通”，把图书馆总分馆体系内的所有图书馆（室）实现“五免费”，即免费办证、免费借阅、免费查询、免费上网和免费参加活动，实现文献资源的共建共享，切实解决城乡居民借书难、看书难问题，努力实现和保障城乡居民平等获取知识和信息的权益。

联系方式

地　址：江苏省金坛市金东街1号

邮　编：213200

联系人：潘颖茹

苏州市姑苏区图书馆

概述

2012年，因苏州市部分行政区划调整，撤销苏州市沧浪区、平江区、金阊区，设立苏州市姑苏区，苏州市原平江区图书馆、原沧浪区图书馆、原金阊区图书馆三馆撤销，设立苏州市姑苏区图书馆。

姑苏区平江图书馆（原平江区图书馆）成立于1996年（前身是平江区文化馆图书室），馆址位于苏州市临顿路大儒巷7号，馆舍面积3600平方米，阅览座位260个，计算机数量50台，网络对外接口100兆，图书资料藏量近6.7万册（件）。

姑苏区沧浪图书馆（原沧浪区图书馆）原址位于西美巷的况公祠，新馆于2010年9月28日开馆，馆址位于宝带西路四季晶华"邻里情"社区生活馆，馆舍面积3023平方米，阅览座席278个，计算机112台，接入电信宽带10Mbps，图书资料藏量6.5万余册（件）。

姑苏区金阊图书馆（原金阊区图书馆）的建馆历史可追溯至1946年中共地下党领导的文心图书馆的分部"大地"图书馆，几经周折变迁，于2007年11月迁往位于西环路2115号原金阊区市民活动中心六楼，馆舍面积3020平方米，阅览坐席241个，计算机数量92台，使用光纤+LAN专线接入110M宽带，图书资料藏量2.9万余册（件）。

三馆业务管理系统均采用Interlib图书馆集群管理系统，且业务系统自动化程度100%。2009年，原平江区图书馆、原金阊区图书馆、原沧浪区图书馆参加第四次全国公共图书馆评估，首次获得一级图书馆。2013年，姑苏区图书馆组织三馆参加第五次全国公共图书馆评估，均获得一级图书馆。

业务建设

截至2012年底，平江图书馆总藏量656978册（件），其中，纸质文献63005册，视听文献资料3973件；沧浪图书馆总藏量654416册（件），其中，纸质文献60132册，试听文献资料4284件；金阊图书馆总藏量619348册（件），其中，纸质文献25734册，试听文献资料3614件；作为苏州图书馆的分馆，均共享苏州图书馆的电子文献，读者可利用局域网方便快捷地查询到苏州图书馆馆藏丰富的电子图书和"全国信息文化共享工程"的数据，2012年度电子图书共有59万册。

2012年，平江图书馆财政拨款为158.7万元，与2011年60.92万元相比，财政拨款增长率为161%，年新增馆藏购置费为51.9万元；姑苏区沧浪图书馆财政拨款为150万元，和2011年130万元相比，增长率为15.3%；金阊图书馆财政拨款为148.68万元，与2011年18.4万元相比，财政拨款年增长率为708.04%，年新增馆藏购置费为21.4万元。三馆公共空间设施场地及基本服务项目全部实行免费开放。

三馆与苏州市图书馆共享地方文献资源，根据2010修订版《苏州图书馆馆藏发展政策》，地方文献设有专架并有专职工作人员、机读目录设置地理名称主题检索点（607字段），区馆内也均设有地方文献专架。

三馆全部实行自动化与网络化的管理与应用，采用Interlib图书馆集群管理系统进行图书的采访、编目、流通以及书目检索工作，并全部纳入苏州图书馆的局域网内统一使用。对图书文献全部实行按CNMARC格式注录，馆藏中文图书书目数字化达100%以上。区馆与总馆以及各分馆之间实行通借通还，方便读者就近满足阅读需求。地方文献数据库建设由苏州图书馆统一完成，作为苏州图书馆分馆，共享苏州图书馆数字资源（超过30T），有"苏州名人"、"苏州戏曲"、"地方音乐"等5种全文检索数据库；"民间文艺"、"老照片"、"苏苑六纪"等6种多媒体资料库。

读者服务工作

姑苏区图书馆为读者提供一年365日全年免费开放服务，每周开放时间60小时以上。2012年，平江图书馆年流通人次为320519人次，书刊文献外借145246册次；沧浪图书馆年流通人次为204207人次，书刊文献外借册次156052册；金阊图书馆年流通人次为235890人次；书刊文献外借册次为88649册。三馆根据自身条件，因地制宜，开展图书馆宣传和信息推送服务。

平江图书馆开展进机关、进企业、进学校、进社区等各类活动，利用视频、新书架、读者园地、流动点及社区板报等方式进行新书介绍，馆外流动服务点书刊借阅6845册次，年新书和宣传推介达500余种。定期编辑《平图剪报》资料为社会大众提供信息服务，开展"文化年货带回家"系列服务农民工活动、扶老上网培电脑培训、"书香送安康"敬老和助残活动、帮助民工子弟学校建立起阳光书屋、雏鹰管理员活动、幼儿折纸、优秀动画片系列回顾展等等。2012年开展各类讲座、培训18次，举办展览12次。在每年全区的读书月（阅读节）活动中，利用图书馆场所及馆藏资源，举办图书馆服务宣传周活动，共开展阅读推广活动9次。

沧浪图书馆每年开展形式多样的读书活动，尤其重视特殊群体的活动，如安装盲人无障碍上网软件，让盲人读者方便上网；为进城务工人员开展免费上网培训，提高他们的计算机技能；为老年人免费开展扶老上网电脑培训，丰富老年人业余生活；创立"泡泡园"少儿系列品牌活动，定期为未成年人开展读书活动。2012年沧浪图书馆邀请专家教授开展各类讲座、

姑苏区沧浪图书馆

姑苏区平江图书馆

姑苏区金阊图书馆

培训30次，举办展览7次。开展多项服务宣传活动，如到学校举行E卡通宣传活动、在世界读书日期间开展家庭晒书会等，2012年共开展阅读推广活动29次，服务宣传活动6次，年参与活动总人次达3.16万人次。

金阊图书馆为读者提供免费新书推荐活动，并自2009年1月起免费向读者印发新书推荐读物《喜阅》，并结合各类纪念日设立图书专架，利用展板向读者推荐世博、地铁等读物六百余种。2012年开展的各类活动多达23场次；举办各种主题的讲座、展览10余次，参与读者近万人。开展各类主题活动，如制作"走近图书馆、利用图书馆"为主题的展板赴社区进行宣传，帮助广大市民充分利用图书馆资源；2010年结合世博主题的展板进行社区宣传；组织读者参加各类公益性美术、摄影展共计20次。在2012年新春伊始，举办各类读者联谊活动："千条灯谜闹元宵"，开展"图书馆知识问答竞赛"、"书香祝安康"系列活动等。

业务研究、辅导、协作协调

姑苏区图书馆职工积极进行相关的专业技术研究工作，撰写图书馆双月分析报告、图书馆运行情况分析报告等，2009－2012年共发表专业论文12篇，参与专著《亲子阅读》出版。

我馆重视馆员队伍建设和馆员综合素质的提高，把馆员岗位培训、继续教育放在重要位置。主要体现在：(1) 完善馆员入职培训方案，让新进员工能熟练掌握业务技能。(2) 持续开展创建学习型单位活动，完善馆员学分制，组织馆员自助培训，使学习成为馆员的自觉行为。(3) 组织全馆员工开展共享工程网络培训，提升业务技能。(4) 通过举办服务标兵评选、羽毛球比赛等活动丰富馆员生活，营造团结向上的氛围，提高馆员的综合素质。作为苏州图书馆的分馆，我馆馆员每周到苏州图书馆参加3小时的技能培训，此外还参加各类在职学习、技能培训，以及苏州图书馆组织的各类学术活动和专题讲座，馆员人均学时在128学时/年以上。

为创建国家公共文化服务体系示范区，建立健全苏州市公共图书馆总分馆服务体系，姑苏区图书馆积极参与上级图书馆组织的协调协作工作，如积极参与本地区图书馆联合编目、馆际互借、总分馆体系建设等活动。全区各街道建有图书馆分馆，街道、社区建有图书室，覆盖率均为100%。

管理工作

姑苏区图书馆实行统一管理模式，每年均制定年度计划，具有完善的财务制度、设备及物资管理制度、考评制度以及监督管理制度。目标管理明确、岗位管理健全，包括按需设岗、竞争上岗以及考核、分配激励制度，达到干部能上能下、员工能进能出、收入能高能低，激发干部职工工作的热情和活力，职工考核材料健全。每月撰写工作月报表，通报考勤情况；馆内管理层职工每月下基层巡视各个社区分馆运行情况，并定期召开片区工作例会，及时沟通、解决问题；每半年和全年进行全区图书工作总结座谈会，年终进行全体职工考核。

首届"书香姑苏"阅读节开幕式

表彰、奖励情况

2009－2012年，姑苏区图书馆共获得各项表彰、奖励18次，其中省级表彰、奖励2次，市级表彰、奖励15次，区级表彰、奖励1次。

馆领导介绍

沈文虹，女，1980年8月生，本科学历，中共党员，馆员，馆长。2000年8月参加工作，2008年7月起历任平江区文化馆（图书馆）馆长助理、副馆长，2013年5月任姑苏区图书馆馆长。

查光华，男，1954年10月生，大专学历，群众，馆员，副馆长。1970年10月参加工作，1981年起任沧浪区文化馆副馆长，2013年5月任姑苏区图书馆副馆长。

未来展望

在姑苏区委区政府的高度重视下，姑苏区市民文化活动中心建设项目（建筑面积约1.3万平方米）正在积极筹建中，目前已列入姑苏区2014年实事工程。该中心位于西环路2115号（现姑苏区市民活动中心），其中一楼、二楼为姑苏区图书馆，建筑面积约5000平方米。姑苏区图书馆藏书量将达近10万册，阅览席位350个，并打造"少儿绘本馆"、"姑苏出发——驴友主题阅读馆"、"书香姑苏斋"、"百姓书房"等特色场馆，新馆将填补0－3岁幼儿阅读空白，成为文旅融合的展示窗口，为市民提供更加多样化、个性化的服务。

联系方式

地　址：苏州市西环路2115号姑苏区市民文化活动中心内
邮　编：215008
联系人：王黎艳

"科学扬帆 乐园起航"之科普活动

暑期"周末影院"

"泡泡故事园"活动

苏州市吴中区图书馆

概述

苏州市吴中区（原吴县）图书馆始建于1925年，抗战时期毁于战火，1959年重建于木渎，1994年5月搬迁至吴中区城区宝带东路350号，2012年7月迁至文曲路303号。自1998年以来多次被授予市"文明单位"、省"文明图书馆"、国家"二级图书馆"和"一级图书馆"等荣誉称号。馆内下设外借、阅览、少儿借阅、古籍查询、参考咨询和电子阅览室等服务窗口，业务部门设办公室、财会室、采编室和辅导室等。1998年7月起在流通、采编等部门实行自动化管理。年购新书40000余册，订阅报刊500余种，收藏地方文献4000余册，古籍9419册，2008年3月起全馆实行免费开放。近年来，已逐步形成了区、乡镇（街道）、村（社区）三级图书馆网络，为广大市民提供了良好的学习条件和环境。随着吴中区图书馆事业的发展，位于吴中区市民文化广场的图书馆新馆已破土动工。新馆建筑面积达14000平方米，西邻区档案馆，南临规划展示馆，地下两层，地上五层，功能齐全，将于两年后竣工投入使用，最大程度满足全区读者的借阅需求。

业务建设

截止2012年底，苏州市吴中区图书馆总藏量26.1964万册（件），其中，图书22.3095万册，古籍9419册（含善本721册），报刊2.8950万件，视听文献500件（套）。2012年年新增文献藏量10640种、39278册，年订报刊500种。年新增文献藏量购置经费由2009年的40万元增长到2012年的70万元。为了加强古籍保护，区财政每年拨款10万元，作为古籍保护专项经费。至目前为止，共有9部古籍先后入选文化部颁布的《国家珍贵古籍名录》中，15部入选《江苏省珍贵古籍名录》，33部入选《中国善本书总目》。

截止2012年底，苏州市吴中区图书馆数字资源总量为4.27TB，数字化的文献书目22.9446万册，占总数的87%。推进古籍数字化工作，完成《吴郡珍籍一》的出版制作，《吴郡珍籍二》正在制作中。自建吴中文化主题数据库，如茶文化旅游节开幕式、《吴郡珍籍》、《吴宫遗恨》等，筹建太湖主题数据库工作。2013年，实现馆内无线网络覆盖，加入全国图书馆联合编目中心。

读者服务工作

从2008年3月起，苏州市吴中区图书馆全年365天天天对外免费开放，周开放63小时，除古籍外，全部向读者开架。馆藏书刊文献年外借率为50%，书刊文献年外借册次10.4106万册。有各类馆外流动服务点29个，书刊借阅8900册次。人均年到馆次数6.4次/人。自2009年2月10起，在区委区政府收发室设立了政府公开信息专用信箱，收集各部、委、办、局的有关文件汇编、动态、简报，并在馆内经过分类加工后，由专人负责、开辟专架提供读者，同时，在图书馆网站上开辟专栏，供读者网上查阅吴中区政府公开信息。2009年起，编印《图书馆工作简报》和《放眼看太湖》两份刊物，推介新到图书，增加馆际沟通，为相关部门提供及时、准确、周到的信息服务。

针对弱势群体、特殊群体，积极开展延伸服务。2009年5月，在盲人集中的地方——盲人诊所开设盲人阅览室；向宝南友好学校赠送图书，把书籍送到民工子弟手里；赴西山劳教所参加法律援助活动并交换图书，关注特殊群体。2011年3月起，在7家大型企业设立图书流通点。2012年7月，在浦庄雷达站，与区科协、区经信局、越溪街道、临湖镇共建全区乃至全市首家军营图书流动站。

2009年4月，吴中区图书馆网站正式开通。2009年8月，区财政拨出专项经费，全面完成吴中区共享工程支中心的建设，并通过了江苏省文化厅的检查验收。公共电子阅览室全天开放、提供免费上网。支中心积极开发资源，发挥共享工程服务功能，利用共享工程的投影设备对全区村级基层服务点管理员进行培训，组织少儿读者在电子阅览室进行绿网冲浪，开展网上查阅"世博会"相关知识竞赛，组织"扶老助老上网"培训，开展"文化共享快乐行"，播放吴中区评弹团原创中篇弹词《吴宫遗恨》及多部优秀影片，社会效益显著。认真贯彻执行苏州市文广局关于开展"四位一体"试点工作的通知，将党员远程教育点和基层服务点结合起来，实现全区全覆盖。

2009–2012年，苏州市吴中区图书馆每年举办讲座、培训20次，展览每年5–6次，阅读推广活动12次以上，其中重大主

新馆外貌

党史知识竞赛

老报纸展

盲人阅览室

乾生元征文赛

题活动2次，如《共和国的脚印——建国60周年老报纸展览》、"党在我心中"党史知识竞赛均受到全区好评。年参与活动3.2万人次，全面提升区域公共文明程度和群众文化素养，使"全民阅读活动"成为实现群众文化权利的有效载体和有效途径。

业务研究、辅导、协作协调

苏州市吴中区图书馆积极参加、承办苏州图书馆相关会议，实现数据库资源的馆际共享。制定《吴中区总分馆实施细则》，建立7个联网分馆，实现通借通还、数据库资源共享。本地区街道、乡镇、社区、村165个，参与服务网络建设的达到118个，占64.8%。对于基层业务辅导工作做到年初有计划、年底有总结、月月有统计、月月有分析。每年至少开展2次全区范围内的基层图书管理员培训，每年下基层90天，指导规范服务。

积极组织开展志愿服务，向社会公开招收义工，作为图书馆管理志愿者；培养雏鹰管理员，在少儿室提供志愿服务，由少儿管理少儿。

管理工作

苏州市吴中区图书馆实行全员岗位聘任，截止2012年年底，全馆在岗12人。制定岗位目标责任制，建立工作量化考核指标体系，严格考勤纪律。

表彰、奖励情况

2009—2012年，苏州市吴中区图书馆共获得各种表彰、奖励9次，其中，文化部表彰、奖励1次，省文化厅表彰、奖励1次，市级表彰、奖励5次，其他表彰、奖励2次。

馆领导介绍

马菊芬，1969年11月生。本科学历，北京大学信息管理系研修班结业，中共党员，副研究馆员，馆长。1989年8月参加工作，先后在苏州市吴中区图书馆古籍阅览室、采编部、参考咨询部工作，任副主任、主任、副馆长等职，2009年3月起担任苏州市吴中区图书馆支部书记。2013年3月任苏州市吴中区图书馆馆长。目前兼任江苏省政府采购评审专家、苏州市古籍保护专家委员会委员、吴中区人民法院陪审员等社会职务。

应曾喜，男，1958年7月生，大专学历，中共党员，副研究馆员，副馆长。1976年8月参加工作，历任苏州市吴中区图书馆流通部主任、综合部主任等职。2000年11月15日任苏州市吴中区图书馆副馆长。

陈筱琳，女，1977年6月出生，本科学历，南京师范大学新闻与传播学院新闻学专业研修班结业，中共党员，馆员，副馆长。1999年8月参加工作，历任南通有线电视台、南通电视台记者、责任编辑等职。2010年4月到苏州市吴中区图书馆工作，2012年12月任苏州市吴中区图书馆副馆长。

未来展望

2009—2012年，苏州市吴中区图书馆坚持"以人为本，服务至上"的办馆理念，坚持优质服务、便民服务、惠民服务。目前，被列入2012年苏州市吴中区十大政府社会事业建设项目的东吴文化中心已动工开建，作为该项目的重要组成部分，苏州市吴中区图书馆新馆面积将达到14083平方米，建成后，新馆规模与服务能力将远超现馆。苏州市吴中区图书馆将抓住这一机遇，着力将其打造成吴中百姓喜爱的大书房，推动图书馆事业持续、稳定、健康发展。

联系方式

地　址：苏州市文曲路303号
邮　编：215128
联系人：马菊芬

少儿讲座

少儿活动

老馆外貌

苏州市相城区图书馆

概述

苏州市相城区图书馆（苏州图书馆相城分馆）2009年5月1日正式对外开放，位于相城区采莲路相城区市民活动中心二楼。馆舍面积达3100平方米，设有成人借阅室、少儿借阅室、电子阅览室、藏书书库、展览厅、多功能厅、书香影院、大会堂、书画室。馆藏图书103892册，音像资料4300种，报刊300种。馆内设有读者阅览席位425个，其中少儿阅览座席80席，计算机数量46台，供读者使用电脑35台。2009年，参加第四次全国公共图书馆评估，首次获得一级图书馆。2013年初，参加第五次全国公共图书馆评估，再次获得一级图书馆。苏州市相城区图书馆网络对外接口100兆，管理系统均采用Interlib图书馆集群管理业务系统。

业务建设

截止2012年底，相城区图书馆总藏量103892册，其中报刊入藏数量300种，音像资料入藏数量4475种，并与苏州图书馆共享59万册电子图书。相城区图书馆2009年5月开馆，新书入藏情况2010年11272册，2011年为6764册，2012年入藏量7357册。报刊入藏情况每年300种。视听文献入藏2010年573件，2011年104件，2012年220件。

相城区图书馆（苏州图书馆相城分馆）作为苏州图书馆的区级分馆，共享苏州图书馆的业务系统和电子文献、地方文献、全国信息共享工程等数字资源。相城区图书馆的业务系统为INTERLIB，实现了采、编、流自动化，以及联机网上书目检索，对所有图书实行CNMARC格式著录，书目数字化率100%。苏州图书馆购买了万方、维普等中文数据库，并且自建了全文数据库，如文化苏州网站上的地方多媒体数据，苏州图书馆网站上的地方文献数据库以及苏州方志库。相城区图书馆可共享以上资源，读者可通过相城区图书馆界面进入，轻松点击局域网链接上述数据资源进行免费浏览。

读者服务工作

相城区图书馆根据文化部、财政部《关于推进全国美术馆、公共图书馆、文化馆（站）免费开放工作的意见》，所有服务项目均免费开放，开放时间为9点–18点，全年无休。2012年相城区图书馆文献外借113390册，馆外服务点93家，累计文献外借511939册，人均到馆32.4次/人。

相城区图书馆常年开辟图书专架、编制《读者园地》推荐图书，并为政府和企业单位提供各类信息参考。2012年度，相城区图书馆通过《读者园地》、专题专架、科普书目推荐、书香影院、相城区图书馆微博等形式向读者提供：专架4个，科普书目推荐20种，书香影院推荐书目60种，微博图书推荐60种，累计书刊宣传540种。2012年度，相城区图书馆为政府和企业单位提供《政府信息参考》4期，《经济信息参考》4期。

2012年相城区图书馆开展各类读书活动57场，书香影院播放101部影片，举办讲座3场、培训15场，并针对弱势群体开展了爱心送书活动，丰富的活动内容深受广大读者的喜爱。相城区图书馆时刻更新网站信息，方便读者和同仁及时了解图书馆的各项活动。

业务研究、辅导、协作协调

2009年–2012年，相城区图书馆职工撰写发表论文11篇，其中刊登在省级出版物的论文1篇、省级获奖论文4篇、市级获奖论文3篇。2012年度相城区图书馆提交双月分析报告6篇。

相城区委、区政府高度重视公共图书馆建设工作，将其作为推进农村公共文化建设的重要内容。截止2012年底，相城区建成开放包括相城区图书馆（苏州图书馆相城分馆）在内的4家图书馆服务网络，并与苏州图书馆联网，实行馆际互借，通借通还。“十二五”期间，全区将建成19家分馆，整个服务体系推广至全区各乡镇街道。

相城区图书馆作为业务辅导部门，定期开展业务辅导与培训，内容丰富，成效显著。由于相城区图书馆是苏州图书馆的分馆，其采编工作由苏州图书馆采编部统一完成，和多个公共图书馆进行联合编目，资源共享。各分馆之间实行通借通还和图书调配工作，这些都为读者的就近阅读带来便利。相城区图书馆是相城区文化信息工程支中心，定期对区支中心领导和业务骨干以及基层服务点人员开展文化共享工程业务技能培训。相城区图书馆每年开展基层业务培训36场，其中全年共享工程网络学习12次，基层点季度培训12次，图书馆业务培训12次，内容丰富，效果显著。

管理工作

相城区图书馆实行聘用制，竞争择优上岗，并明确各岗位的岗位职责，每年和上级主管部门签订目标管理责任制，作为年终考核和评选先进的依据。严格执行相城区图书馆的各项管理规定，做到奖惩分明，为全面提高服务质量提供制度保证。每月进行工作进度通报，对各社区分馆进行月度巡检，进行双月和半年业务分析，同时撰写业务分析报告，每半年和全年进行总体工作考核。

先锋讲坛进社区

猜谜活动

国学教育系列活动

开心果活动

相城成人服务台

表彰、奖励情况

2009年—2012年，相城区图书馆共获得各种表彰、奖励14次，其中，国家级表彰、奖励8次，省级表彰、奖励3次，市级表彰、奖励2次，其他表彰、奖励1次。

馆领导介绍

徐军，男，1977年8月生，本科学历，馆员，相城区图书馆馆长。1996年7月参加工作，2009年任相城区图书馆馆长。

刘鑫，女，1982年3月生，硕士研究生学历，馆员，相城区图书馆馆长。2007年7月参加工作，2008年担任借阅部副主任，2009年任相城区图书馆馆长。

许苑，女，1978年9月生，本科学历，馆员，相城区图书馆馆长。1999年参加工作，2008年年任胥中分馆馆长，2011年任苏州图书馆借阅部副主任，2012年任相城区图书馆馆长。

未来展望

相城区图书馆未来五年发展的总体目标是：

1、努力提高服务质量，巩固普及服务工作

公共图书馆面对的是多层次的读者，做好传统的普及服务、保持旺盛的读者人气，是图书馆的主要工作之一。因此，要把提高服务质量、做好读者服务工作作为图书馆工作的中心内容，摆在首要位置。本着“以人为本、读者至上”的服务宗旨，全面推进图书馆的各项工作，不断提高读者满意率，创新求变，稳中求进，多做实事，多做好事。

为了深入推进读者服务工作，并且配合国家示范区建设工作，相城区图书馆将合理调度各部门的工作人员，依托“知识工程”领导小组这一载体，充分发挥图书馆作为人民终身学校的作用，建立良好的社会公益形象。今后，将积极开展内容丰富、具有一定规模和影响的群众性读书活动。

(1) 围绕每年的读书节，精心组织形式多样的读书活动，吸引读者参加。

(2) 定期开展主题阅读活动，营造书香校园、书香相城。

(3) 精心做好公益讲座，将“苏州大讲坛”引入相城区各公共图书馆。

(4) 继续为特殊人群（弱势群体）提供特殊服务。不仅仅是提供送书上门服务，计划今后还将开展如推拿，计算机扫盲，苏州地方话等培训以及与文化馆合作，举办多场不同主题的文艺演出等。

2、拓展外延，延伸触角，开展延伸和增值服务

在传统借阅服务的基础上，借助现代化设备，开发图书资源优势，开展延伸服务。目前我馆开通了预约借书、异地借还、续借图书、图书调配等服务项目，服务模式呈多样化发展。今后我馆将要深入社区与乡镇文化站，不仅要在2015年底建成全区19家公共图书馆，还要将图书馆服务由馆内延伸到馆外，拓展公共图书馆的服务功能。

3、积极开展数字化建设工作

依托先进的网络信息技术和丰富的馆藏资源，把网络信息服务建设有机地纳入到现有的图书馆服务中去，加快图书馆数字化建设的步伐，进一步拓展现代化信息服务项目，全方位、高效率地为读者提供服务，吸引更多的读者走进和利用图书馆。

联系方式

地　址：苏州市相城区采莲路市民活动中心二楼
邮　编：215131
联系人：孔玲燕

成人阅览室

少儿阅览室

雏鹰管理员合影

苏州市高新区图书馆

概述

苏州高新区图书馆（苏州图书馆玉山文化活动中心分馆）建馆以来，坚持以服务为向导，以开拓求发展，为广大辖区居民提供一个阅读、学习的良好场所。2013年适逢高新区玉山文化活动中心新建落成，高新区图书馆喜迁新址（苏州市玉山路162号高新区玉山文化活动中心二楼）。图书馆馆舍总建筑面积为3200平方米，其中位于中心二楼的阅览区建筑面积为1000平方米，图书馆学术报告厅、培训室500平方米，位于中心三楼的高新区图书馆展厅、培训室1700平方米；阅览坐席253个，其中少儿阅览坐席共计66个；计算机47台，下辖各社区图书馆电脑143台；提供读者使用的计算机40台，下辖各社区图书馆提供读者使用的计算机160台。宽带接入统一使用江苏有线10兆光纤专线，配置6个1TB存储容量硬盘。管理系统均采用Interlib图书馆集群管理业务系统。

业务建设

截止2012年底，高新区图书馆及其下辖各社区分馆馆藏图书共计213143册，音像资料23459件，报刊共计1288种。高新区图书馆共计馆藏总量为237890册、件。作为苏州图书馆的区级分馆，高新区图书馆共享苏州图书馆的电子文献，读者可利用局域网方便快捷地查询到苏州图书馆馆藏丰富的电子图书和“全国信息文化共享工程”的数据。2012年度统计共有电子图书371045件。

2012年度高新区图书馆新增馆藏购置费共计108.01万元，其中新增成人图书23681种，86.58万元，新增少儿图书8514种，17.84万元；音像资料1248种，3.59万元。

高新区图书馆（苏州图书馆玉山文化活动中心分馆）作为苏州图书馆的区级分馆，共享苏州图书馆地方文献网络资源。苏州图书馆自建了全文数据库，如文化苏州网站上的地方多媒体数据，苏州图书馆网站上的地方文献数据库以及苏州方志库。高新区图书馆（苏州图书馆玉山文化活动中心分馆）可共享此类资源，读者可通过高新区图书馆（苏州图书馆玉山文化活动中心分馆）界面进入，轻松点击局域网链接上述数据资源进行免费浏览。

读者服务工作

高新区图书馆（苏州图书馆玉山文化活动中心分馆）为读者提供一年365日全年免费开放服务，周开放时间60小时。2012年全年累计接待读者98.966万人次，累计外借总册次32.1369册次。高新区图书馆积极与苏州图书馆流动大篷车联系，在辖区内的4个街道3个镇（狮山街道、枫桥街道、横塘街道、镇湖街道、通安镇、东渚镇、浒关镇）为没有设立图书馆分馆的社区提供大篷车进社区服务。

高新区图书馆（苏州图书馆玉山文化活动中心分馆）自开馆以来坚持为读者提供新书推荐服务，结合各类纪念日设立图书专架；编辑《高新信息服务》；对辖区的小学校、幼儿园开展“书香进校园”主题活动、为残疾人提供专用通道以及视障专用阅览区、对务工人员开展职业、法律培训、为青少年提供图书馆基础知识培训服务、为老年人举办各类免费培训。

2012年，高新区图书馆下辖各社区分馆共举办各类讲座14场，免费培训18次，举办各类展览11场。2012年全区共计开展秋类阅读推广活动99次，参加活动的读者总人数超过3万人次。

业务研究、辅导、协作协调

2009–2012年，高新区图书馆职工撰写发表论文多篇，其中刊登在核心期刊出版物上的文章1篇、省级获奖论文2篇、2012年度高新区图书馆下辖各社区分馆双月分析报告84篇。

高新区图书馆（苏州图书馆玉山文化活动中心分馆）作为苏州图书馆的区级分馆，在构建苏州市公共图书馆服务网络的过程中，积极参与上级图书馆组织的协作协调工作，同时积极推进覆盖高新区的公共图书馆服务体系的构建，截止2012年底，苏州高新区建成开放包括高新区图书馆（苏州图书馆玉山文化活动中心分馆）在内的15家图书馆服务网络，并与苏州图书馆联网，实行馆际互借，通借通还。

高新区图书馆通过发放统计作专题调研，及时准确掌握各社区图书馆业务统计数据；并对各社区分馆工作人员进行业

开心果活动

相城成人服务台

表彰、奖励情况

2009年–2012年，相城区图书馆共获得各种表彰、奖励14次，其中，国家级表彰、奖励8次，省级表彰、奖励3次，市级表彰、奖励2次，其他表彰、奖励1次。

馆领导介绍

徐军，男，1977年8月生，本科学历，馆员，相城区图书馆馆长。1996年7月参加工作，2009年任相城区图书馆馆长。

刘鑫，女，1982年3月生，硕士研究生学历，馆员，相城区图书馆馆长。2007年7月参加工作，2008年担任借阅部副主任，2009年任相城区图书馆馆长。

许苑，女，1978年9月生，本科学历，馆员，相城区图书馆馆长。1999年参加工作，2008年年任胥中分馆馆长，2011年任苏州图书馆借阅部副主任，2012年任相城区图书馆馆长。

未来展望

相城区图书馆未来五年发展的总体目标是：

1、努力提高服务质量，巩固普及服务工作

公共图书馆面对的是多层次的读者，做好传统的普及服务、保持旺盛的读者人气，是图书馆的主要工作之一。因此，要把提高服务质量、做好读者服务工作作为图书馆工作的中心内容，摆在首要位置。本着"以人为本、读者至上"的服务宗旨，全面推进图书馆的各项工作，不断提高读者满意率，创新求变，稳中求进，多做实事，多做好事。

为了深入推进读者服务工作，并且配合国家示范区建设工作，相城区图书馆将合理调度各部门的工作人员，依托"知识工程"领导小组这一载体，充分发挥图书馆作为人民终身学校的作用，建立良好的社会公益形象。今后，将积极开展内容丰富、具有一定规模和影响的群众性读书活动。

(1) 围绕每年的读书节，精心组织形式多样的读书活动，吸引读者参加。

(2) 定期开展主题阅读活动，营造书香校园、书香相城。

(3) 精心做好公益讲座，将"苏州大讲坛"引入相城区各公共图书馆。

(4) 继续为特殊人群（弱势群体）提供特殊服务。不仅仅是提供送书上门服务，计划今后还将开展如推拿，计算机扫盲，苏州地方话等培训以及与文化馆合作，举办多场不同主题的文艺演出等。

2、拓展外延，延伸触角，开展延伸和增值服务

在传统借阅服务的基础上，借助现代化设备，开发图书资源优势，开展延伸服务。目前我馆开通了预约借书、异地借还、续借图书、图书调配等服务项目，服务模式呈多样化发展。今后我馆将要深入社区与乡镇文化站，不仅要在2015年底建成全区19家公共图书馆，还要将图书馆服务由馆内延伸到馆外，拓展公共图书馆的服务功能。

3、积极开展数字化建设工作

依托先进的网络信息技术和丰富的馆藏资源，把网络信息服务建设有机地纳入到现有的图书馆服务中去，加快图书馆数字化建设的步伐，进一步拓展现代化信息服务项目，全方位、高效率地为读者提供服务，吸引更多的读者走进和利用图书馆。

联系方式

地　址：苏州市相城区采莲路市民活动中心二楼
邮　编：215131
联系人：孔玲燕

成人阅览室

少儿阅览室

雏鹰管理员合影

苏州市高新区图书馆

概述

苏州高新区图书馆（苏州图书馆玉山文化活动中心分馆）建馆以来，坚持以服务为向导，以开拓求发展，为广大辖区居民提供一个阅读、学习的良好场所。2013年适逢高新区玉山文化活动中心新建落成，高新区图书馆喜迁新址（苏州市玉山路162号高新区玉山文化活动中心二楼）。图书馆馆舍总建筑面积为3200平方米，其中位于中心二楼的阅览区建筑面积为1000平方米，图书馆学术报告厅、培训室500平方米，位于中心三楼的高新区图书馆展厅、培训室1700平方米；阅览坐席253个，其中少儿阅览坐席共计66个；计算机47台，下辖各社区图书馆电脑143台；提供读者使用的计算机40台，下辖各社区图书馆提供读者使用的计算机160台。宽带接入统一使用江苏有线10兆光纤专线，配置6个1TB存储容量硬盘。管理系统均采用Interlib图书馆集群管理业务系统。

业务建设

截止2012年底，高新区图书馆及其下辖各社区分馆馆藏图书共计213143册，音像资料23459件，报刊共计1288种。高新区图书馆共计馆藏总量为237890册、件。作为苏州图书馆的区级分馆，高新区图书馆共享苏州图书馆的电子文献，读者可利用局域网方便快捷地查询到苏州图书馆馆藏丰富的电子图书和“全国信息文化共享工程”的数据。2012年度统计共有电子图书371045件。

2012年度高新区图书馆新增馆藏购置费共计108.01万元，其中新增成人图书23681种，86.58万元，新增少儿图书8514种，17.84万元；音像资料1248种，3.59万元。

高新区图书馆（苏州图书馆玉山文化活动中心分馆）作为苏州图书馆的区级分馆，共享苏州图书馆地方文献网络资源。苏州图书馆自建了全文数据库，如文化苏州网站上的地方多媒体数据，苏州图书馆网站上的地方文献数据库以及苏州方志库。高新区图书馆（苏州图书馆玉山文化活动中心分馆）可共享此类资源，读者可通过高新区图书馆（苏州图书馆玉山文化活动中心分馆）界面进入，轻松点击局域网链接上述数据资源进行免费浏览。

读者服务工作

高新区图书馆（苏州图书馆玉山文化活动中心分馆）为读者提供一年365日全年免费开放服务，周开放时间60小时。2012年全年累计接待读者98.966万人次，累计外借总册次32.1369册次。高新区图书馆积极与苏州图书馆流动大篷车联系，在辖区内的4个街道3个镇（狮山街道、枫桥街道、横塘街道、镇湖街道、通安镇、东渚镇、浒关镇）为没有设立图书馆分馆的社区提供大篷车进社区服务。

高新区图书馆（苏州图书馆玉山文化活动中心分馆）自开馆以来坚持为读者提供新书推荐服务，结合各类纪念日设立图书专架；编辑《高新信息服务》；对辖区的小学校、幼儿园开展“书香进校园”主题活动、为残疾人提供专用通道以及视障专用阅览区、对务工人员开展职业、法律培训、为青少年提供图书馆基础知识培训服务、为老年人举办各类免费培训。

2012年，高新区图书馆下辖各社区分馆共举办各类讲座14场，免费培训18次，举办各类展览11场。2012年全区共计开展秋类阅读推广活动99次，参加活动的读者总人数超过3万人次。

业务研究、辅导、协作协调

2009-2012年，高新区图书馆职工撰写发表论文多篇，其中刊登在核心期刊出版物上的文章1篇、省级获奖论文2篇、2012年度高新区图书馆下辖各社区分馆双月分析报告84篇。

高新区图书馆（苏州图书馆玉山文化活动中心分馆）作为苏州图书馆的区级分馆，在构建苏州市公共图书馆服务网络的过程中，积极参与上级图书馆组织的协作协调工作，同时积极推进覆盖高新区的公共图书馆服务体系的构建，截止2012年底，苏州高新区建成开放包括高新区图书馆（苏州图书馆玉山文化活动中心分馆）在内的15家图书馆服务网络，并与苏州图书馆联网，实行馆际互借，通借通还。

高新区图书馆通过发放统计作专题调研，及时准确掌握各社区图书馆业务统计数据；并对各社区分馆工作人员进行业

务技能培训。高新区图书馆共享苏州图书馆丰富的馆藏资源，并已同苏州图书馆总分馆制下的其他49个分馆建立馆际互借，互还功能，图书预约，通借通还等协作协调工作，各类联网服务也已正常开展。高新区图书馆先后帮助狮山、枫桥、横塘、通安、浒墅关、东渚等街道乡镇，指导建设图书馆14个。社区图书馆覆盖率达32.56%。

2012年度，高新区图书馆对下辖14家图书馆分馆的共享工程基层服务点工作人员进行各类业务辅导、培训227次，在电子图书、网络电子软件操作、数据库使用等对基层图书分馆的工作人员进行业务培训辅导及演示。

管理工作

高新区图书馆实行全员竞争上岗，2012年完成馆长、副馆长的竞聘；在服务窗口开展"服务之星"活动，由读者根据工作人员的服务态度和服务质量，在投票推选"图书馆服务之星"，作为年终考核和评选先进的依据；每月进行工作进度通报，对各社区分馆进行月度巡检，双月和半年进行业务分析，同时撰写业务分析报告，每半年和全年进行总体工作考核。2012年高新区图书馆及其下辖各社区分馆共进行月度巡检168次，撰写各类分析报告86篇，编写部门工作进度通报12篇。

表彰、奖励情况

2009–2012年，高新区图书馆共获得各种表彰、奖励9次。

馆领导介绍

郑弘，女，1975年7月生，本科学历，助理馆员，高新区图书馆馆长。1994年8月参加工作，2009年任苏州金阊区图书馆馆长，2012年任高新区图书馆馆长。

周佳，女，1985年8月生，本科学历，副馆长。2009年8月参加工作，任高新区副馆长。

未来展望

高新区图书馆未来五年发展的总体目标是：以申评区一级图书馆为抓手，以街道社区图书馆建设为突破口，以改革创新为动力，全面提升图书馆的管理水平和服务质量，加快图书馆自动化、网络化、信息化、数字化建设步伐，努力把本馆建设成环境优美舒适、管理手段先进、具有鲜明办馆特色、能最大限度满足读者需要、在全省同类的区级图书馆中名列前茅的现代化图书馆。文献资源建设方面，在现在馆藏纸本文献资料的基础上，以每年约1万册的增长速度发展，争取到2017年使全区馆藏纸本文献总量达50万册，订购中文现刊达500种，馆藏网络电子中文图书达到5万种；在信息网络建设方面，要加快网络化建设步伐，采用路由交换设备，通过局域网专线光纤实现市馆区馆互通，方便读者利用"一卡通"入馆阅览和借还图书，增强系统的网上实时查询功能；在馆员建设方面，提高馆员的学历层次，多途径引进人才，适当补充外语、计算机及其他相关学科专业人员，鼓励和支持员工参加各种形式的学历教育，创造良好的人才竞争环境，促成条件优异的专业人员晋升职称；在服务水平方面，坚持"读者第一，服务育人"的办馆宗旨，千方百计拓展图书馆服务项目，不断提高服务质量，延长开放时间，力争书库、阅览室等服务场所节假日和寒暑假保证一定的开放时间，网上信息资源做到24小时全天候提供服务，改变服务方式，提高服务层次，积极开展信息咨询、定题检索、课题查新和专题跟踪服务等较高层次的服务项目。

联系方式

地　址：苏州市玉山路162号高新区玉山文化活动中心二楼
邮　编：215011
联系人：马海霞

苏州市吴江区图书馆

概述

地处江南水乡、人文荟萃之地的吴江图书馆，始建于1917年。时代变迁，图书馆三迁馆址，逐渐壮大。2006年新馆落成开放，面积达16000平方米，设施、现代化设备等一应俱全。吴江图书馆布局合理，环境舒适，主要活动阵地有：少儿借阅厅、期刊阅览室、图书借阅大厅、电子阅览室、文献检索室、古籍阅览室、盲文阅览室、报告厅、展览厅及培训室等。截至2012年，建成图书分馆29个，“四位一体”村中心284个，图书流动车2辆。2005年，在全国公共图书馆第三次评估定级中首次被评为“一级图书馆”，2012年，满分通过第五次全国公共图书馆评估定级，再次荣获国家一级馆称号。吴江图书馆本着公平、公益的图书馆精神，多年来积极拓宽服务范围，不断提高服务质量，将社会效益放在首位，努力让更多的公众回归阅读。

业务建设

截至2012年底，吴江区图书馆馆藏总量143.87万册，其中纸质文献129.94万册，电子文献5万册，视听文献1.65万件，古籍7.28万册，报刊1010种，累计存储总量23TB，自建5个数据库，共建共享11个电子数据库。吴江图书馆本馆计算机局域网通过中国电信100MB光纤连接接入Internet，下属各乡镇分馆、社区分馆与农家书屋通过VPN专线及党政网专线接入本馆业务系统，全部联网，在全区范围内实现图书通借通还“一卡通”。

2010年，吴江充分利用农家书屋、乡村图书室、党员现代远程教育中心、全国文化信息资源共享工程网络的阵地优势，启动“四位一体”农村公共信息服务中心建设，配备图书流动车，为乡村提供定点和流动服务。吴江图书馆的区、镇、村三级服务网络建设也卓有成效，29个分馆相继建成，同时全国文化信息资源共享工程支中心和各基层服务点也全面建设完成并升级达标，实现了镇、村文化共享工程基层服务点的全覆盖。

读者服务工作

吴江图书馆坚持全年免费对外开放，每周开放时间不少于80小时。自2006年新馆开馆以来率先实行了免费借阅制度，2009年又推出了少儿全免费（零押金）办证服务，2011年4月起，电子阅览室实行免费上网。面对不同的读者群，吴江图书馆开展了多元化的读书活动：先后开辟了“盲人阅览室”，成立了“盲人读者俱乐部”并定期开展活动，这一举措在当时的苏州市县级图书馆也是走在前列的；开办了吴江市民的“百家讲坛”——“垂虹讲坛”，在实践中慢慢摸索，总结经验，形成了相对固定、又独具特色的栏目风格，并于2009年创建成为首批“吴江市优秀服务品牌”，2009—2012年吴江图书馆共计举办讲座411场；每年定期开展“4·23世界读书日”“市民读书节”和“图书馆服务宣传周”等重大市民读书活动，成立了起明书友会并编撰好每两月一期的《起明书友》；成立吴江法律服务便民咨询站，至今每月坚持开展便民法律咨询服务；打造科普教育基地，积极打造未成年人“优质文化超市”，助推未成年人健康成长，2012年被评为“吴江市第二批优秀服务品牌”。吴江图书馆利用两辆图书流动车，每月定期开进农村社区、中小学、企业单位进行图书流转与配送，为广大读者带去丰富的阅读资源。

业务研究、辅导、协作协调

2009—2012年，吴江图书馆职工发表论文30篇，其中中国图书馆学会年会、全国图书馆文献资源建设研讨会等获奖征文17篇。出版《吴江艺文志》专著1部。

吴江图书馆自2002年开始探索总分馆体系，经过这些年的发展和完善，至2012年，已建成29个图书分馆，遍布全区乡镇、社区、企事业单位。随着“四位一体”农村综合信息服务中心的初步建成，将服务触角深入到最基层，图书馆服务范围得到进一步的拓宽和延伸。针对分馆管理员素质参差不齐，变动更替频繁的现象，在人员管理上，吴江图书馆实行统一的服务标准、评估标准，形成“总馆指导培训、镇招聘、村用人”的区、镇、村三级人才管理模式。每年都会有计划的举办培训课程，有在总馆集中培训，也有在各分馆举办的农家书屋管理员培训。2009年吴江图书馆对分馆培训8次。2010年对分馆培训13次，包括6次图书馆专业知识培训，6次文化共享工程知识培训，11月举办管理员业务技能竞赛。2011年，对分馆培训15次，包括6次图书馆专业知识培训，6次文化共享工程知识培训，2次回溯建库培训，10月份举办从业人员持证上岗培训。2012年图书馆对分馆培训23次。深入和专业的培训，使分馆的管理员们能充分掌握图书馆的专业知识，熟练操作图书馆的管理系统，保证日常工作的正常开展。

吴江图书馆积极参与上级图书馆组织的协调工作，例如

吴江“四位一体”
农村公共信息服务中心
The Rural Public Information Service Center

吴江区图书馆“四位一体”挂牌

电视图书馆

古籍阅览室

参与国图联编中心，与上级图书馆共享展览、讲座资源，数字资源共建共享，开展业务合作、举办大型业务会议，以及积极响应苏州市总分馆体系建设，建成吴江“四位一体”农村综合信息服务中心。2010年，吴江图书馆承办了2010年全国图书馆文献资源建设研讨会，来自全国各地的近一百位代表齐聚美丽江城参加本次盛会。2012年，中国图书馆学会阅读推广委员会推荐书目委员会、图书评论委员会2012年工作会议在吴江图书馆举行。这些承办的大型会议不仅加深了图书馆之间的联系，促进了图书馆之间的友谊，更成功地向全国图书馆界宣传、展示了吴图风采，为我馆向更高层次迈进创造了良好的发展契机。

管理工作

为进一步深化事业单位改革，合理配置人力资源，优化内部机制，从2006年新馆建成开始，吴江图书馆实行两年一次竞聘上岗、双向选择的人事管理制度。2011年12月吴江图书馆开展了新一轮的岗位竞聘。严格对照《吴江图书馆竞争上岗办法》，结合实际情况，通过资格审查、演讲、答辩、领导测评及结果公示等一系列竞聘程序，最终产生了中层干部14人，部门业务主管11人。

吴江图书馆严格管控馆内财务、设备物资、人事、档案、环境安全、志愿者工作，制定一系列规章制度，实行制度化管理。在日常管理方面，吴江图书馆建立《季度考核制度》《每日岗位巡查制度》，建立了工作量化考核指标体系，每季度进行工作进度通报，每半年和全年进行总体工作考核。

表彰、奖励情况

经过多年努力，吴江图书馆先后两次荣获全国文明图书馆、五次省文明图书馆、六次省文明单位、全国巾帼文明岗，全国古籍重点保护单位、江苏省“十一五”古籍保护工作先进单位等荣誉，并分别在第三、四、五次全国公共图书馆评估定级中被评为国家一级图书馆。2009年、2010年两次荣膺“全民阅读先进单位”荣誉称号，2012年被中国图书馆学会授予“全民阅读示范基地”称号。

馆领导介绍

杨阳，女，1979年2月生，研究生学历，中共党员，吴江图书馆馆长，党支部书记。1998年参加工作，2012年7月至2013年9月任吴江图书馆副馆长，主持工作，2013年9月至今担任吴江图书馆馆长，党支部书记。

沈继英，女，1970年11月生，本科学历，中共党员，副研究馆员，吴江区图书馆副馆长。1989年参加工作，2010、2013年两次获得政府奖励“三等功”。

赵雨萍，女，1977年7月生，研究生学历，中共党员，吴江图书馆副馆长。1997年参加工作。曾任吴江市文化局办公室科员；吴江市文广局文化科科员；吴江市文化馆副馆长、支部书记。

沈健，男，1976年11月生，大专学历，吴江图书馆副馆长兼技术部主任。2000年参加工作。

未来展望

创新城乡公共文化服务新模式。从进一步构建、完善现代化的公共文化服务体系，不断满足人民群众日益增长的精神文化需求出发，在所有的行政村设立“农村公共信息服务中心”，全面建成“四位一体”农村综合信息服务体系，统筹建设农村公共文化服务平台，探索出一条资源共建共享、服务普遍均等的农村公共文化服务体系可持续发展之路。并在此基础上实现提升，以集成流动文化服务为切入点，全力打造全媒体数字图书馆，在区域设施资源总量不变情况下，通过数字文化资源盘活流动，配置数字多终端服务设备，有效增加服务网点资源总量和供给渠道，实现流动文化服务从有限时空向无限时空的大跨越。从最初的图书资源的配送，逐步发展到展览资源、讲座资源、数字资源、活动资源、移动数字资源的综合配送、综合服务，推进吴江城乡联动的全民阅读活动蓬勃开展，提升吴江现代公共阅读服务体系建设水平。

紧抓文化志愿者服务工作。解决基层百姓看书难，弥补数字信息服务在农村存在的短板，秉承“奉献、友爱、互助、进步”的志愿服务精神，充分调动包括吴江图书馆馆员、数字技术专业人员、各镇文化站和行政村大学生村官，以及阅读推广方面的专业文化工作者等多方积极力量，凝聚成多支结构合理的志愿者服务队伍，由吴江图书馆统一协调，纵到底、横到边、全覆盖，形成区、镇、村三级志愿者服务组织和网格化志愿服务形式。面向基层、面向农村，以文化志愿者为骨干力量，借助“四位一体”农村综合信息服务体系的软硬件资源，为村民提供图书借阅、报刊阅览、上网辅导、数字信息资源应用、新技术应用指导等服务，在思路上创新，在实践上求实，在质量上求真，以文化的名义让爱心深入农村、深入群众、深入生活。

在推动图书馆各项工作进程中，吴江图书馆始终以“文献流传，后生之责，维桑与梓”为自勉，把图书馆打造成知识的天堂、信息的中心、没有围墙的大学，努力为吴江市民构建平等、自由、快乐、幸福的精神文化家园。

联系方式

地　址：苏州市吴江区松陵镇中山南路1979号
邮　编：215200
联系人：顾　芸

垂虹讲坛活动

流动书香到农家

愉悦读书·书香满溢

苏州工业园区独墅湖图书馆

概述

苏州工业园区独墅湖图书馆于2005年6月正式开馆，馆址位于苏州工业园区转型发展的核心项目、集教育、科研、新兴产业为一体的独墅湖科教创新区内，是一座集成传统文献资源和现代数字资源，兼具公共图书馆开放服务功能和高校图书馆专业特色的现代城市图书馆。全馆建筑面积2.4万平方米，设计藏书容量60万册，可容纳读者座位889个，计算机148台，使用Interlib图书馆集群管理系统。2009年首次参加第四次全国公共图书馆评估，获得一级图书馆称号。

业务建设

截止2012年底，苏州工业园区独墅湖图书馆纸质文献总馆藏为69.68万册（含总馆及各分馆），其中总馆印本类开架书刊约23.92万册，闭架书刊4.5万册，流通车图书0.2236万册，总馆电子资源为100.8万件，年新增纸质图书13048种42880册，报刊年入藏558种，视听文献入藏约2.22万件。在地方文献建设方面，我馆2012年重点建设新加坡之窗专题文献中心。2012年来自苏州工业园区财政拨款500万元以上，新增馆藏购置费为173万元。

读者服务工作

苏州工业园区独墅湖图书馆坚持每周七天全天候开放面向公众服务，每周开放时间74小时，用餐时间不闭馆，节假日不休息，数字图书馆服务保证读者24小时远程使用；2009–2012年，书刊外借115万册次，接待读者375.57万人次。至2012年底，在苏州工业园区范围内已建成15家分馆，73家基层社区阅览室，拥有流动服务车一台，企业、学校、社区等服务点26个。

2009–2012年，独墅湖图书馆门户网站访问量274.38万次。引入手机WAP图书馆、短信图书馆、手机电子书等服务。更换基于总分馆服务模式的图书馆自动化管理系统。截止2012年，苏州工业园区独墅湖图书馆发布使用数字资源总量10种，10.5TB；其中有8.64TB各类数字资源可通过独墅湖图书馆门户网站、共享工程基层服务点等进行浏览、检索、下载及文献传递。

独墅湖图书馆基本形成了面向开发区企业的信息服务体系，即以各种专业培训/论坛（如知识产权系列培训、研发管理沙龙等）为交流平台、以文献及基础信息咨询服务（如原文传递、信息汇编、科技查新、查收查引、剪报服务等）为基础，以深度咨询信息服务（如专利咨询服务、创新创业项目评审等）为重点的信息服务体，2009–2012年共完成专题咨询约1500宗，其中科技查新约780宗，查收查引约430宗。

2009–2012年，独墅湖图书馆共举办讲座、展览、培训、阅读推广等读者活动662场次，参与人数15.2万人次，2008年起推出的独墅湖晒书会及2011年起推出的苏州工业园区全民阅读季活动独具特色，晒书会为公众打造晒书交友，阅读交流的平台，连续五年荣获苏州市阅读节优秀活动奖，2010年11月，CCTV–10《子午书简》栏目，以“书香城市”“苏州人别开生面的晒书会”为题，专题播出独墅湖图书馆晒书会场面；全民阅读季活动被列为苏州工业园区十大文化品牌活动。

业务研究、辅导、协作协调

深化与国内外知名图情及服务机构合作，与国家科技图书文献中心（NSTL）等国家级情报单位建立良好的合作关系，依托NSTL丰富的数据信息资源，积极推进国家文献资源在地方的科技文献共建共享工作，为苏州工业园区的各类用户提供个性化服务，并获得“NSTL服务贡献奖”；不断加强与国家图书馆的合作关系，成功承办全国文献影像技术标准化技术委员会第五届换届会议暨中国文献影像技术协会2010年年会，共同举办“科技信息服务如何助力企业研发”讲座，共同调研完成国家图书馆馆级课题——“面向经济开发区的图书馆企业信息服务模式研究”，并积极进行其他专项信息合作；探索国际合作发展，提高情报服务国际视野，成功与国际图书馆典范——新加坡国家图书馆建立联系，丰富沟通渠道，并在2011年赴新加坡，就推动网上联合专家咨询（NOS）等合作项目积极展开细节探讨；推进与冷泉港实验室图书馆合作，聘请冷泉港实验室名誉主席、“DNA之父”、诺贝尔奖获得者沃森教授为图书馆名誉馆长，在生命科学领域期刊捐赠、生命科学主题展览引进等方面达成初步合作意向。

苏州工业园区独墅湖图书馆积极参与上级图书馆组织的协作协调工作。2006年成为国家图书馆数字实验馆，并与国家图书馆建立参考咨询项目的合作。2011年参加江苏省图书馆学会的全省馆情调研，积极配合相关工作。与苏图学会建立良好的合作关系，截至目前我馆共有24名苏图学会会员，其中2名为苏图学会理事，1名为苏图学会学术委员会副主任。2012年建立园区公共图书馆总分馆体系，目前已形成1家总馆，15家分馆的完整服务体系，2012年共举办基层业务培训6次。

苏州工业园区首届全民阅读季开幕式

DNA之父、诺贝尔奖得主詹姆斯沃森做客湖畔论坛

2012年独墅湖晒书会现场

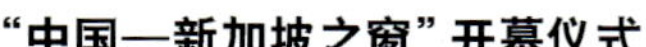
“中国—新加坡之窗”开幕仪式

2010.6.8图书馆5周年馆庆日合影

小学生参观图书馆

管理工作

2011–2012年，苏州工业园区独墅湖图书馆设立与国际接轨的研究中心运行管理和研究员聘用及服务机制，设立研究员系列专业人才岗位，聘任3名专业研究馆员。积极探索人才管理创新，面向社会公开招聘，实行竞争上岗。根据业务规划及馆员能力特点，针对性地开展在职训练与团队活动，同时建立完善的目标计划及评估管理体系，每月度进行工作进度通报，每半年度和年度进行总体工作考核，定期编写各部门工作进度通报约百余篇。重视馆员激励策略，2009年起每两年举办图书馆专项奖评选，设置最具职业素养、最具专业影响力、最佳服务组织奖、最佳服务策划奖、最佳基础服务奖等奖项。为馆员提供多样化的职业发展机会，鼓励馆员参加在职学历教育和MBA教育，致力于打造一支与国际接轨的图书馆专业化人才队伍。

表彰、奖励情况

2009–2012年，独墅湖图书馆共获得各种表彰、奖励25次，其中国家级10次，省级5次，市、区级10次。

馆领导介绍

李春梅，女，1976年2月生，硕士研究生学历，中共党员，中级馆员，常务副馆长（主持工作）。2006年11月至今，历任苏州工业园区独墅湖图书馆事业拓展部主任、馆长助理、副馆长、常务副馆长（主持工作）等职。期间，致力于建设融公共馆、高校馆、情报所于一体的服务型、管理型、研究型图书馆。积极发挥图书馆在园区全民阅读推广工作中的主导地位，先后指导推出了园区全民阅读季、独墅湖晒书会、时尚课堂、思客读书会、知识产权系列培训、信息化讲座等品牌化阅读推广活动，并辅导支持园区多家民间阅读组织的组建和发展；创新图书馆服务理念，全方位整合图书馆服务资源，构建图书馆营销新模式；理论结合实际开展图情专业研究工作，先后在国家、省市级专业刊物发表学术论文7篇。

未来展望

苏州工业园区独墅湖图书馆将坚持“智慧分享，价值创造”的办馆理念，立足苏州工业园区，建立集公共馆、高校馆、情报所于一体的新型图书馆。在未来几年，我们将以服务型、管理型、研究型图书馆为发展导向开展工作，一是建立及输出图书馆服务管理标准体系，并打造高质量、低风险、高效率的服务保障体系，提升人力资源管理及团队文化建设水平，促进馆员职业素养进步及组织文化认同，打造专业、稳定的工作队伍；启动机构知识库建设，促进管理经验及工作智慧价值再创造，搭建清晰知识管理平台，建成易理解、高利用率的知识地图体系；二是完善数字图书馆建设，加强数字化阅读推广，结合苏州工业园区智慧城市及其它信息化项目，推进文化共享工程；面向园区各类用户强化科技情报信息服务；三是为提升独墅湖图书馆综合研究实力，使我馆科研项目的管理更加科学化、规范化，促进我馆科学研究多出成果，多出人才。我馆将在未来建设一支与国际一流图书馆接轨的研发团队、研究方法以及建设一套学科化服务体系，以达到国际一流图书馆的标准。

联系方式

地　址：苏州工业园区仁爱路258号
邮　编：215123
联系人：查一辛

独墅湖图书馆内景

独墅湖图书馆外景

常熟市图书馆

概述

常熟市图书馆建于1915年，是全国公共图书馆中建馆较早的图书馆之一。2004年，常熟市图书馆新馆开馆，座落在风景秀丽的虞山脚下，与民国时期的老图书馆相衔接，达到传统文化与现代文化的完美结合，是我国首创的休闲型图书馆，被评为WA中国建筑优胜奖、教育部建筑设计一等奖，成为常熟十大建设新景观。目前，馆舍总面积为20500.07平方米，其中，图书馆本部面积为11000平方米，江南文化展示馆1275.2平方米，文昌阁345平方米，东南分馆（"三中心"：常熟科技文献信息查询中心、常熟地方文献阅览研究中心、常熟农村公共图书流转中服务中心）7879.87平方米。阅览座席602个，其中少儿阅览座席200个。拥有计算机151台、卫星接收器1台、短信发送猫1台、光纤收发机1台。选用力博图书馆自动化管理系统。

业务建设

截止2012年底，常熟图书馆总藏量达到166.9401万册（件），其中图书138.6904万册（古籍藏书为20.5万册），报刊7.0798万册，视听文献5534种，电子图书6500种。

2009–2011年，图书馆新增藏量购置费110万元，2012年起增至160万元（单列）；财政补助收入由2009年的748万元增至2012年的1347.5万元。

截止2012年底，常熟图书馆数字资源总量达到12TB，自建常熟非物质文化遗产数据库、古籍地方志数据库、《徐兆玮日记》全文数据库、常熟老照片数据库等10个数据库，购买点点书库、起点自主考试学习系统数据库2个，共享苏州五县市图书馆数据库，共享南京图书馆数字资源，可查阅数据库达40余个，馆藏中文文献书目数字化达94.7%。2010–2012年，将本馆的30多种特色古籍数字化，并有9种古籍全文录入。

读者服务工作

从2009年1月起，常熟图书馆实施免费对外开放，周开放时间为80.5小时，实行365天开放。2012年，外借图书册次174.422万册，馆外流通点年借阅册次1.39405万册，年到馆人次104.7177万人次，人均年到馆次数53.7次/人，书刊文献年外借率104.48%。借阅证累计达到14.0984万张。2012年编印《信息专递》改版为月刊，为市领导、党政机关、企事业单位提供信息参考服务。

2012年改版图书馆网站，到年底累计访问量达到276.9074万人次。与南京图书馆实现资源共享，建立远程访问系统，提供各类数据库检索。参考咨询年均开展定题服务20项以上、代检索课题20项以上，2009年常熟图书馆成为江苏省AAA（最高级）级信誉咨询机构，并有江苏省注册咨询专家一名。

2009–2012年，常熟图书馆共举办"市民课堂"公益讲座、公益展览、培训、阅读活动650场次，参与人数达50.5万人次。每年一届的阅读节已正式成为常熟的文化品牌，受到社会各界的广泛关注，形成城乡联动，吸引市民群众和青少年的广泛参与。

2009年以来，开设文昌阁常熟地方文献资料馆和江南文化展示馆两大特色场馆，四年来接待读者32542人次，成为事业发展的亮点。

业务研究、辅导、协作协调

2009–2012年，常熟图书馆职工发表论文65篇，获国家级奖励和刊物上发表的有25篇，获省级奖励和刊物上发表的有7篇，苏州市级奖励和刊物上发表的有33篇。

馆藏古籍的整理、研究和开发利用工作。2009–2012年共完成馆藏16703部132738册古籍的编目工作和大型国家清史工程《徐兆玮日记》整理、校对工作，馆藏《汲古阁集》被国家图书馆出版社选入《国家第二批再造善本工程》，黄人的稿本、抄本《观濠居士遗著》等5种被上海古籍出版社选入《清人别集丛刊》。2012年，累计入选《国家珍贵古籍名录》的馆藏古籍有53部，入选《江苏省珍贵古籍名录》的馆藏古籍有78部，为全国同类城市之最。编辑出版《常熟图书馆藏书印鉴录》、《常熟图书馆善本图录》、《徐兆玮日记》。

2009–2012年，组织举办基层图书管理员业务培训15期，参与人数2170人次，年均下基层60次，编印《常熟市基层图书馆业务工作手册》，提升基层管理员业务水平和服务效能。

2011年开展"四位一体"（村级图书室、共享工程基层服务点、党员远程教育中心、农家书屋）农村综合信息服务体系建设工程，全市217个行政村、87个社区安装VPN网络设备，与常熟图书馆联网，实现全市图书通借通还。到2012年底，建立乡镇分馆、企业分馆、学校分馆等20个，建立了特殊学校、儿童福利院、外来民工子弟学校、看守所等流通服务点33个。2012年，我馆在全省率先与高校图书馆开展校地合作，与常熟理工学院东南校区建立了三大中心，即：常熟市科技文献信息查询中心、常熟地方文献阅览研究中心、常熟公共图书流转服务中心。采用"双系统并存"、"双证并用"运作模式，为市民群众、在校师生提供免费服务。

福利院儿童图书馆一日生活

少儿活动

福利院活动

流动车进校园

业务管理培训

阅读节

管理工作

常熟图书馆目前设置岗位13个和常熟古籍保护中心1个，在编职工45人，实施全员合同管理。从2006年开始，组织开展每3年一次的中层干部竞聘上岗，制订岗位职责，实施“双百”考核，即综合管理百分考核和部门工作目标百分考核。每年撰写统计分析和财务分析报告。2012年编印《馆员工作手册》，涉及党建工作、馆务管理、读者服务三个部分，共78项制度。2009年成立常熟市图书馆志愿者分会，培育和打造文化志愿服务品牌。

表彰、奖励情况

2009—2012年，常熟图书馆共获得各种表彰、奖励61 次，其中，文化部、中图学会表彰、奖励5次，省级表彰9次，省文化厅表彰、奖励5次，苏州市级表彰、奖励10次，其他表彰、奖励32次。

馆领导介绍

李向东，男，1970年3月生，本科学历，中共党员，市文广新局党委委员兼图书馆馆长、党支部书记，主持图书馆党政全面工作。

卢诚，男，1968年11月生，大专学历，中共党员，馆员，副馆长。分管共享工程支中心、技术部、计算机网络维护工作。

苏醒，男1972年3月生，本科学历，馆员，副馆长。古籍保护中心主任，分管历史文献部、地方文献资料馆及综合治理工作。

王敏亚，女，1966年12月生，本科学历，中共党员，馆员，副馆长。先后在办公室、采编部门工作，担任主任。分管采编辅导部、借阅部、少儿部及图书馆分馆、基层图书馆（室）业务建设及职工继续教育、职称工作。主抓书醃城市建设、全民阅读及体系效能建设。

周冬英，女，1981年1月生，本科学历，文学硕士，中共党员，副馆长。分管党务、党风廉政建设、人事、信息咨询部、办公室及群团条线工作。负责图书馆重大活动、对外宣、政风行风督查等工作。

徐博，男，1980年6生，本科学历，中共党员，馆员，副馆长。先后在技术部、采编部、讲座会展部工作，担任主任。分管讲座会展部、江南文化展示馆、文化共享工程基层辅导及本馆形象策划。

叶黎侬，男，1962年4月生，本科学历，馆员，古籍保护中心副主任。

包岐峰，男，1956年11月生，中专学历，副研究馆员，图书馆业务总监，苏图学会理事。

未来展望

常熟图书馆牢固确立“以人为本”、“读者至上”的服务理念，坚持面向社会，开门办馆，不断完善公共文化服务体系。2012年，围绕全国公共文化服务示范区创建，以其独特的文化功能，在文化惠民、提升公民文化素养等方面发挥了积极作用。在未来的事业发展中，常熟图书馆将审时度势，找准定位，有所作为，创新发展，跨越发展。改变原有图书馆的模样，努力建成“四大中心”：信息集散中心、阅读推广中心、文化体验中心、业务指导中心，在数字图书馆建设、信息咨询服务、馆藏特色资源开发利用等方面加以创新和重点突破，通过业务活动延伸，去影响和引领农村、基层图书馆事业的发展。

联系方式

地　址：常熟市书院街27号
邮　编：215500
联系人：王敏亚

水庭院树院中廊

东南立面夜景

图书馆正门

张家港市图书馆

概述

张家港市图书馆前身为沙洲县文化馆图书室。1976年2月沙洲县图书馆成立，与县文化馆实行两块牌子、一套班子。1984年11月7日，沙洲县图书馆大楼落成，与沙洲县文化馆分开单立。1986年，沙洲县撤县建市，沙洲县图书馆更名为张家港市图书馆。2001年9月28日张家港市图书馆搬迁至长安中路54号，2009年9月26日位于市文化中心的张家港市图书馆新馆正式对外开放。新馆建筑面积1.5万平方米，设计藏书量80万册，可容纳读者座位1158个，计算机132台，其中读者用80台，信息节点350个，馆内局域网通过主干1000兆以太网与因特网连接；目前集成管理采用国内较先进的Interlib系统。

业务建设

截止2012年底，张家港市图书馆总藏量141.1665万册（件），其中，纸质文献133.9396万册（件），电子图书6166种，有视听文献27772件。2009年建新馆新增购置费532.2万，2010-2011年均200万，2012年创建全国公共文化服务体系示范市新增购置费725万元，2009-2012年平均订购中外文报、刊2210种，年收集地方文献180多种以上。目前，馆磁盘阵列实际容量106TB。截止2012年底，张家港市图书馆数字资源总量为4.5TB，自建有张家港地方古籍数据库、长江戏曲网数据库、河阳山歌、张家港非物质文化遗产等8个特色数据库。

早在2002年，张家港市图书馆就被列为全国文化共享工程江苏省首批示范点，2006年又被列为全国文化共享工程首批示范市（县），探索了文化共享工程与市图书馆镇级分馆、村（社区）文化服务站、党员干部远程教育“三个结合”，以及文化共享工程服务点、农家书屋、村图书室、党员远程教育接收点“四位一体”的张家港模式，率先实现市、镇、村文化共享工程全覆盖，被省文化厅在全省推广。2008年5月首批被文化部命名为“全国文化共享工程示范市”。2009年在我市召开“全省文化信息资源共享工程建设现场会”，自编的《全国文化信息资源共享工程基层点操作员简明读本》成为全省第一本面向基层的培训教材。

积极推进数字图书馆建设，2012年经努力将“张家港市数字图书馆建设”列为下一年的市政府实事工程，张家港市财政拟投入470万元。该项目的完成将进一步提高张家港市公共图书馆服务体系建设水平。

2004年张家港市图书馆在全省率先探索并推动总分馆建设，建立了一卡通用、通借通还的总分馆模式；2006年又将总分馆建设向村（社区）延伸，2011年在全省率先建立了图书流转中心，对全市公共图书馆藏书进行统一采购、统一调配、统一流转，并对基层镇、村图书馆的藏书进行回溯建库，2012年在全国率先全面实现市、镇、村三级公共图书馆文献资源的大流转、大共享和人均藏书1.5册。2011年9月24日，中央电视台新闻频道对此进行了专题报道。

积极参与创建省、国家公共文化服务体系示范区项目建设，2011年出台了《关于印发张家港市关于进一步完善公共图书馆服务体系的实施意见的通知》等一系列文件，如期完成省、国家公共文化服务体系示范区创建工作。

读者服务工作

张家港市图书馆全年天天对外开放，周开放时间84小时。从2007年开始，我馆积极开展“零门槛”免费阅览服务；2008年，我馆又推出免注册费服务，2012年初推出“市民卡”开通借阅功能读者无需交纳押金就可到馆借阅服务，2012年总流通172.38万人次，书刊外借158.5万册次。2010年在全国率先创建了“科技工作者之家”，为全市企业提供文献传递、行业讲座、科技查新、网上平台等信息服务。两年来面向全市106家企业4万多科技人员，完成科技查新193例。同时面向政府、企事业单位领导，年编辑出刊《决策参考》24期。

读者活动丰富多彩。张家港市图书馆每年举办读书活动400多次，年参加活动的读者超过18多万人次并以此为基础，在全国率先建立阅读指导中心，动员全社会力量推动全民阅读。2012年，创设了全国首个重在建设、覆盖城乡的《“书香城市”建设指标体系》，形成了党政主导、指专家指导、部门联动、社会参与的全民阅读崭新局面。全市围绕“全民阅读，让张家港更文明”主题开展的读书活动蔚然成风，市镇两级均有读书节，民间阅读组织如雨后春笋。《“书香城市”建设指标体系》被省委宣传部授予“全省宣传文化工作创新奖”。同年，组织开展张家港市全民阅读状况调查，出台《张家港市全民阅读状况调查研究报告》、承办2012年首场“华夏阅读论坛”——“全民阅读与书香城市建设暨江苏全民阅读推广工作研讨会”。

2002年，张家港市图书馆在全省首家创办了“沧江市民大讲堂”，到2012年底该讲堂累计免费举办讲座300多期，接待听众8万多人次，余秋雨、阎崇年、郦波等一大批国内著名专家、学者前来讲课，2012年举办各类讲座、报告会50余次；年举办各类展览31次；举办各类培训班362期，培训人次1.2万余人次。出刊《港城读书报》等年宣传书刊5000余种。

业务研究、辅导、协作协调

张家港市图书馆每年定期组织员工开展岗位大练兵、业务理论研讨等活动，2009–2012年，员工在苏州市级以上刊物发表、获奖的论文55篇，多名员工在中国图书馆学会、省级图书馆协会征文中获得表彰。组织业务骨干积极深入基层一线开展调查研究工作，每年举办全市公共图书馆系统管理员业务理论研讨会一次。

业务辅导工作成效显著。2012年下乡辅导就达到了120余天310余人次。除常规业务培训外，每年聘请苏州地区图书馆专家讲师团为我市管理员组织一期5–7天的专业知识集中培训，2011–2012年年培训学员566名，实行统一持证上岗。2012年组织文化共享工程网络培训1373次27559人次。2010年南丰镇永联村获得全国服务农民服务基层文化建设先进集体，2012年再获全国先进农村综合信息服务站、金港镇的吴虹同志作为江苏地区唯一代表被文化部评为“文化共享之星”、南湖苑赵晓江获得全国优秀信息员称号。

积极开展协作协调和文献资源共建共享。以省馆为后盾，建立了科技信息服务网络；以上海馆为龙头，建立上海图书馆上海科技情报所张家港服务点；以苏州馆为支撑，实现苏州地区各馆数据资源共建共享；2007年起与苏州图书馆签订了馆际互借服务协议书；2010年起与苏州独墅湖图书馆建立稳定的信息合作关系，为我市企业提供文献信息服务、定制培训服务、信息咨询服务、集团培训活动等情报服务；与苏州大学图书馆信息部建立了稳定的科技查新合作渠道，2011–2012年间面向我市企事业单位完成科技查新193例。

管理工作

全馆实行了全员聘用制、中层干部竞争上岗制、职工双向选择制等，建立健全了条线目标管理责任制，完善了奖惩机制等一系列管理制度，实行百分考核，使全馆各项工作做到有章可循，按章办事；同时全面实施ISO9000认证体系并每年通过一次验证。强化档案管理，市图书馆档案管理获得了省三级档案室称号。

表彰、奖励情况

2009–2012年，我馆集体获得全国一级图书馆、全国服务农民服务基层文化建设先进单位、全民阅读推广先进单位等国家级荣誉5项；获得江苏省文明图书馆、江苏省“红读”征文先进集体组织奖、江苏省“青年文明号”集体、江苏省“巾帼文明岗”、江苏省优秀服务成果集体一等奖等省级荣誉3项；获得苏州市文明标兵单位、苏州市第七届苏州阅读节优秀活动奖等苏州市级荣誉10项；获得张家港市级荣誉32项；获得张家港文广新局局级荣誉10项。

馆领导介绍

馆长：缪建新，男，1962年7月出生，中共党员，本科学历，研究馆员，1981年1月参加工作，1985年8月调入市图书馆工作至今，先后任市图书馆辅导干部、组长、馆长助理、副馆长。现

任张家港市图书馆党支部书记、馆长，兼市少年儿童图书馆馆长。同时，兼任中国图书馆学会阅读推广委员、社区与乡村阅读委员会委员、江苏省图书馆学会理事会理事、苏州市全民阅读促进会副会长、苏州市图书馆学会常务理事。多次荣获省级、苏州市级先进个人。

李建华，男，1966年3月生，本科学历，中共党员，副研究馆员，副馆长。1984年进入张家港市图书馆工作，先后在读者流通部、咨询辅导部、采编部等部门工作，任副主任、主任、馆长助理等职务。现分管全馆业务工作，兼任江苏省图书馆学会数字资源建设委员会委员、苏州图书馆学会理事。曾经获得江苏省用户满意服务明星(个人) 荣誉称号。

未来展望

张家港市图书馆将紧紧围绕“抓亮点、树品牌、扩影响、出成果”的思路，继续打造“百姓书房、智慧家园”、全民阅读、沧江市民大讲堂等品牌文化活动，推进我市“书香城市”建设；扎实推进张家港数字图书馆建设、逐步实现能够提供全覆盖、不间断、无时空限制的数字远程服务；2013年起启动24小时自助图书馆建设，到2015年逐步实现镇、办事处全覆盖，确保市民文化信息阅读自助化。瞄准全国“一流馆”目标，用对图书馆事业负责、为读者负责的强烈的工作责任心和高度的历史使命感，积极采取一流的服务手段，着力营造一流的阅读环境，精心打造一流的文明窗口，把基础做厚、服务做优、队伍做强、事业做大，争取各项工作再创新辉煌，为全市人民提供平等、专业的服务。

联系方式

地　址：张家港市人民东路5–2号
邮　编：215600
联系人：李建华

张家港市少年儿童图书馆

概述

张家港市少年儿童图书馆位于市中心长安中路54号，紧邻步行街。前身为张家港市图书馆少儿室，2009年9月市图书馆迁移新址，原馆舍改建为市少儿图书馆，2010年2月4日调整到位并对外开放。2011年12月31日市编委批复成立“张家港市少年儿童图书馆”。目前，建筑面积1.25万平方米，其中读者用房面积为10120平方米，低幼儿童玩具室面积达到了56.5平方米。目前全馆拥有阅读座席1255个，其中，少儿阅读座席有1147个，占91.4%。设文献流通部、数字体验部、业务辅导部、社会工作部等4个部门，有亲子阅览室、小学生借阅室、中学生借阅室、文学借阅室、老年阅览室、电子阅览室等12个服务窗口。2013年，参加第五次全国公共图书馆评估，获得“一级图书馆”称号。

业务建设

截止2012年底，藏书总量达302914册。2012年，市财政拨款323.2万元用于少年儿童图书馆的各项支出，其中，免费开放专项经费20万元，新增藏量购置费80万元。2012年，新增图书19134册，其中：低幼读物2146册，采购电子和视听文献577种，1846册（件），订阅报刊760种。

目前，馆内拥有计算机93台；建立了一套健全的图书馆信息自动化管理系统，业务管理已全部实行电脑化，采访、编目、流通查询、书目检索等采用国内较先进的Interlib图书馆集群管理系统。

读者服务工作

全馆全年365天天天对外免费开放，每周开放63小时，并推出了“零门槛”免费办证、免证阅览、公益培训、基层辅导等12项免费措施，仅2012年，全馆共接待读者75.56万人次，年外借图书31.21万册次。馆内还设有残疾人通道和设施，开辟了盲文、老年、少儿和低幼儿阅览室等多个面向弱势群体的服务窗口。推出了市民卡图书借阅工程，读者无须押金就可直接开通图书借阅功能，深受读者欢迎和好评，读者满意率达到98%以上。

专门建立了张家港市少年儿童图书馆网站，设立读者指南、阅读天地等8个栏目，网站年访问量达22.6万人次。2010—2012年，设立图书专柜12个，推荐图书124次，13069种；年解答咨询1312条，年收集服务成果11例；年开展读者教育与用户培训活动67次、747人次；设有15个流动服务点，年借阅书刊4.7万人次、11.2万册次。年举办各类读者活动257次，参与人数达53.9万人次。以“活跃假期文化生活、提供学习实践平台、营造文明阅读氛围”为目标，招募“文化小义工”100多名，开展图书管理、文明引导等活动。国家文化部、中国文化报、江苏省委宣传部内刊还专门对此了相关报道。

业务研究、辅导、协作协调

现有员工26人，其中具有大专以上学历的21人，中级职称2人，高级职称3人。积极开展岗位培训，年继续教育人均达179课时。

2009年以来，在省级以上刊物或会议发表和获奖论文12篇，撰写调查报告5篇，有2篇论文分获2012年度江苏省少儿图书馆建设理论研讨会一等奖和三等奖。

2010年2月，建立了文化共享工程张家港市少年儿童图书馆基层服务点，引进“点点动漫”、数字科技馆等数据库，建设电子阅览室和电子大世界等服务窗口，2010年以来，开展与本地区图书馆的合作，组织员工与市图书馆开展岗位互换实践活动，与分馆开展业务交流、未成年人阅读活动等。开展与本地区教育机构的合作，举办青少年读书节、红读征文、故事比赛等。开展与其他地区的少儿图书馆的合作，组织员工到其他少儿馆如上海少年儿童图书馆、上海长宁区少年儿童图书馆、深圳少年儿童图书馆等单位学习、取经。开展结对共建活动，聘请8名馆外辅导员，举办“青少年阅读夏（冬）令营活动”。

管理工作

2010年以来，实行全员聘用制、中层干部竞争上岗制、职工双向选择制、末位待岗制，完善用人机制。同时，实行百分考核制，签订目标责任书；实行流动红旗竞赛，以窗口为单位开展优质服务竞赛活动。

表彰奖励

先后荣获“中山杯”全国青少年故事大赛优秀组织奖、“辛亥革命——百年纪念”征文积极组织奖、“绘出心中的童谣——全国少年儿童童谣绘画创作征集大赛”优秀组织奖、

全国少年儿童经典读物情景剧大赛优秀组织奖、江苏省“红领巾读书征文比赛”组织奖、苏州市十佳巾帼志愿者团队、苏州市未成年人思想道德建设工作创新案例二等奖、苏州市公共图书馆员工技能竞赛活动优秀奖等。

馆领导介绍

馆长：缪建新，男，1962年7月出生，中共党员，本科学历，研究馆员。1981年1月参加工作，1985年8月调入市图书馆工作至今，先后任市图书馆辅导干部、组长、馆长助理、副馆长，现任张家港市图书馆党支部书记、馆长，兼市少年儿童图书馆馆长。同时，兼任中国图书馆学会阅读推广委员、社区与乡村阅读委员会委员、江苏省图书馆学会理事会理事、苏州市全民阅读促进会副会长、苏州市图书馆学会常务理事。多次荣获省级、苏州市级先进个人。

副馆长：陈云华，男，1963年3月生，大专学历，中共党员，馆员。1982年进入张家港市图书馆工作，先后在流通部、采编部等部门工作，任主任等职务。

未来展望

张家港市少年儿童图书馆遵循“阅读点亮童年、书香伴随人生”的办馆理念，以引导、培养小读者良好的阅读习惯为目标，开展阅读起跑线计划，为0－6个月婴儿免费发放阅读大礼包。针对少儿读者心智发展特点，开展0－3岁宝贝启蒙行动、3－6岁“幼儿启智”行动、中小学生“红领巾读书”等分级阅读活动；以馆舍改造为契机，增添国学馆、绘本馆、梦想舞台等服务阵地。改造后的张家港市少年儿童图书馆将成为全市少年儿童阅读示范基地、未成年人思想道德建设示范基地、中小学生素质拓展示范基地。

联系方式

地　址：张家港市长安中路54号
邮　编：215600
联系人：徐梦华

昆山市图书馆

概述

昆山市图书馆初创于民国七年（1918年），是我国较早成立的县级公共图书馆之一。抗日战争期间，经民间人士努力，本县先贤顾炎武著作等珍贵文献得以保存。建国后，设立图书馆，隶属于文化馆。1989年昆山撤县建市，改昆山县馆为昆山市图书馆。馆址几经变迁，2005年1月8日，位于昆山市前进中路353号的新馆建成开放。新馆占地面积12000平方米，建筑面积18600平方米，总投资人民币1.14亿元。有齐全的空调、消防、强弱电、电梯等系统，配套的卫生、残障设施、共享空间等。阅览座位722个，主要分布于报刊阅览室、电子阅览室、自修室、参考阅览室、四库馆、地方文献室、少儿室等。其中少儿阅览室拥有114个座位。拥有可使用的电脑数为163台。大部份直接用于读者服务，其中电子阅览室52台、盲人阅览区5台、书目检索8台、少儿电子阅览室8台。所有电脑均为液晶显示器高配置，读者利用率较高。全馆电脑连接100M光纤+全速ADSL备份接入，馆内实现无线上网。专用存储设备容量达31TB，馆内选用自动化业务管理系统Interlib。

业务建设

截止2012年底，昆山市图书馆总藏量175.6430万册（件）。其中视听文献17000件，期刊10933件，电子图书44500种。人均占有图书量1.06册。2009至2012年，昆山市图书馆新增藏量购置费共计523.1万，四年共计入藏图书114.5万余册。

昆山市图书馆辟专室，陈列各类地方文献，对读者全面开放。截止2012年底，共征集地方文献4733册，其中地方古籍411册，地方刊物17大类共2513册。

截止2012年底，昆山市图书馆各类数字资源总量已达12T。馆藏中文文献书目除个别古籍外均已实现数字化。昆山地方志已全部实现数字化。昆山图书馆于09年初启动昆山数据库建设项目，开发《昆曲网》、《昆石网》、《昆山大百科》等数据库和网站。

读者服务工作

昆山市图书馆从2009年起实行全部免费开放，每周开放时间80.5小时。图书实行全开架。昆山市图书馆2012年书刊文献外借人次173.2万人次，书刊外借册次182.6万。馆藏年流通率为103.98%。人均年到馆次数57次。图书流动车于2012年10月18日启动。

编印信息服务专题刊物《信息前沿》与《网络特供》。2009—2012年共编集《信息前沿》68期，《网络特供》105期。为民营企业提供科技情报服务。与湖南省情报信息服务中心开展合作，设立情报服务站，建立竞争情报服务平台。2012年我馆首次开展“两会”专题服务。为代表委员提供现场咨询服务。

开放盲人阅览室，2009—2012年新增盲文图书170册，有声读物百余种，开辟为盲人读者送书上门，现场诵读等服务。为社会福利院、聋哑学校、幼儿院等开展送书上门，捐款捐物等活动。

2009—2012年，共举办“市民大讲坛”讲座235场，著名文化学者、社会知名人士钱文忠、纪连海、金正昆、鲍鹏山、王立群、六小龄童、吕远等先后参加此活动。举办展览85场，百科知识竞答48场。

业务研究、辅导、协作协调

昆山市图书馆与上海市文献联合编目中心签订协议，加强文献交流。2012年年底加入全国图书馆参考咨询联盟，为读者提供实时咨询。

截止2012年，昆山市图书馆共设立分馆24家，图书流通点119家，174家农家书屋。总馆对各基层图书点进行辅导和培训工作。对优秀分馆管理员进行表彰。召开总分馆联席会议。定期对基层图书管理员进行业务辅导与培训工作。

管理工作

为提高工作效率，加强目标管理，馆与各部门签订目标责任书。现已形成惯例。根据主管局的安排，昆山市图书馆4年来已完成二轮的中层以上干部的竞聘上岗工作，馆中层例会坚持民主集中制，坚持理论业务学习与议事论事相结合。四年来，大批年青干部脱颖而出，现中层干部，青年员工占了大部分，在注重人性化管理的同时，不放松制度建设和规范管理，修

订、出台了涉及读者管理、行政管理、业务管理三大方面的各项制度50余项，着重抓好《规范服务百分考核》，每月一考，考核严格，奖惩分明。

表彰、奖励情况

2012年获全国文化共享工程公共电子阅览室示范点。2007至2009年度获江苏省文明单位。2011年《昆山竞争情报服务》项目获江苏省第五届公共图书馆优秀服务成果二等奖。2012年获江苏省全民阅读单位。获2012年度江苏省红领巾读书征文评奖活动优秀组织奖。四年来获苏州市级奖项9项。获昆山级各类奖项38项。

馆领导介绍

薛菊芳，女，1969年10月生，本科学历，中共党员，昆山市文化广电新闻出版局副局长兼任昆山市图书馆馆长。1990年8月参加工作。历任昆山市广播电视中心新闻部副主任，周庄镇镇长助理、党委宣传委员，昆山市新闻出版局副局长。2010年8月由昆山市人民政府任命为馆长。主抓全馆工作。

孟玲，女，1963年6月生，本科学历，中共党员，副馆长。1980年11月参加工作，历任昆山市委、市政府投拆中心办公室主任、昆山市委接待处副主任、2006年8月被中共昆山市委组织部任命为昆山市图书馆副馆长（副局级），分管办公室、综管部、辅导部工作。

黄荣才，男，1963年3月生，专科学历，中共党员，馆员，党总支书记、副馆长。1979年3月参加工作，1988年5月到昆山市图书馆工作，先后任办公室主任、馆长助理等职，2005年1月被昆山市文化广播电视管理局任命为昆山市图书馆副馆长，分管采编、技术、流通部业务工作。

未来展望

昆山市图书馆遵循“读者至上，服务第一”的办馆理念，以人性化的服务理念，人文化的服务环境，个性化的服务内容，为读者打造一个内涵丰富的知识殿堂。2009-2012年，在不断强化自身综合实力的同时，通过参加全国信息参考咨询联盟，扩展信息情报服务的范围。在此基础上，将参加江苏省参考信息联盟，继续深入为读者服务。进一步完成国家公共文化服务示范区创建指标。争取全年办证量达到22000张，图书借阅达到170万册次，到馆人次达100万。创新图书借阅形式。未来几年，昆山市图书馆首先在少儿室首先开展RFID改造，逐步实现图书的查询、借书、还书的三大功能自助化。图书馆可以实现真正意义上的24小时全开放。这不仅顺应了时代发展要求，也满足了读者的需要，真正实现了时代所赋予的图书馆的新职能。体现了科学技术与图书馆相结合的运行新模式。展现昆山本地文化特色，丰富市民业余生活，提升群众文化素养，全面开展“书香昆山”的建设工作。图书馆将采取多种形式，为市民提供多种文化活动，提高百姓的参与度，达到人人想读书，人人爱读书的目的，真正把昆山文化，昆山精神发扬起来，展示出来，传播开来。

联系方式

地　址：昆山市前进中路353号
邮　编：215300
联系人：冀家乐

太仓市图书馆

概述

太仓市图书馆创建于1976年11月27日，是国家一级图书馆，是太仓市精神文明建设的重要窗口。太仓市图书新馆坐落于太仓市上海东路100号，于2010年12月1日落成开放，服务于太仓近百万市民。图书馆建筑面积达19000余平方米，设阅览席位700余个。2005年全国公共图书馆评估定级工作中，首次评定为“一级图书馆”。2004年11月9日，太仓市首届市民阅读节开幕暨少儿图书馆揭牌，太仓市少儿图书馆正式挂牌成立。馆内拥有计算机163台，宽带接入100Mbps。图书馆配有各类先进的软硬件设施，楼宇自动化控制系统和图书馆业务管理自动化集成系统的建设均达到国内一流标准。

业务建设

2012年底，太仓市图书馆总藏量80.6611万册（件），其中纸质图书69.3012万册（件），电子图书6.5818万种。

2010年太仓市图书馆新馆落成，新增馆藏购置费80余万元。截至2012年，共入藏图书35万余册，报刊、杂志年入藏量增至2173种，视听文献2.0993万件。

太仓市图书馆拥有数字资源总量7T，其中购买的数据库数字资源总量为6T，自建4个地方文献数据库，总容量达1T。并与苏州地区公共馆共建共享清华同方期刊全文、万方、维普、龙源等10多个数据库。

为了适应现代图书馆的发展要求，太仓图书馆于2009年将原有图书借还系统换成“Interlib图书馆集群管理系统”。增置两套深信服SSL VPN设备，一套负责分馆链接Interlib图书管理系统的数据库，用于开展日常业务，可实现全市所有分馆资源通接通还。另一套负责各个数据库的访问。

读者服务工作

太仓市图书馆全年313天对外免费开放，每周开放69小时。2009—2012年，总流通198.2473万人次，书刊外借140.3075万册次。2011年引进一辆流动图书车，定期为15个流动服务点提供服务，总出车数580次，图书外借13512册，流通人次达10979人。分馆建设是2010年政府实事工程之一，相继建立及完善7个乡镇分馆，四年间共建成分馆及图书服务点14个，各馆硬件设施齐全，功能完善。总馆与分馆之间通过网络连接实现文献资源通借通还，数字资源共享。全市各分馆流通总人次103988人次，书刊外借130018册。2012年起，太仓市图书馆开始为太仓市委研究室编辑的《决策参考》提供资料，针对热点时事，推送最新政策动向，全年共提供209篇，被市委主要领导录用5篇，得到批示2篇。

太仓市图书馆官方网站于2011年全新改版，截止2012年底，改版后的网站访问量85.7063万次。2011年太图官方微博、掌上图书馆相继开设，截止2012年底，太图官方微博粉丝数5969名。

2009—2012年，太仓市图书馆共举办讲座、展览、培训、阅读推广等读者活动335场次，参与人数14.9万人次。其中“牵手父母共‘悦读’——小小故事会”、娄东大讲堂、馆刊《尔雅》是太图的三大服务品牌：“牵手父母共‘悦读’——小小故事会”始于2011年4月，是一项亲子阅读推广活动，截止2012年底，共举办34期，参与的小读者及家长达2733人；娄东大讲堂开办于2006年，2009—2012年共举办55场各类讲座，直接参与人数12944人；馆刊《尔雅》始创于2008年，2012年底已编辑出版30期，赠阅及寄送9520册。

业务研究、辅导、协作协调

2009—2012年，太仓市图书馆职工发表论文52篇，出版专著2部。2012年，太仓市图书馆举办中国图书馆学会阅读推广委员会2012年工作会议暨第六届“全民阅读论坛”。以“珍护地方文献，弘扬乡土文化”为主题展开讨论，要将地方文化与阅读推广做得更好。

太仓市图书馆参与上级图书馆组织的馆际互借、总分馆体系建设以及其他协作协调工作。全市总分馆体系实行统一管理、规范服务、资源共享、通借通还。2011年参加苏州市图书馆举办的乡镇图书馆、农家书屋管理员上岗培训，考核并颁发上岗证。太仓市图书馆定期对各乡镇分馆进行辅导工作，

太仓市图书馆外观

办证处

成人借阅室

读者阅览室

小小故事会

统计分析业务数据，指导自动化管理工作，并接受反馈信息。2008年，太仓市图书馆成为全省首批省级达标的文化共享工程市、县支中心。

管理工作

2010年，太仓市图书馆新馆落成，共设10类岗位，有65人入职上岗。同时，建立了工作量化考核指标体系，每月进行工作进度通报，每半年和全年进行总体工作考核。2009-2012年，共抽查文献排架24次。定期开展工作汇报、总结共48篇，每年撰写半年度、年度总结。

表彰、奖励情况

2009-2012年，太仓市图书馆共获得各级表彰、奖励21次。其中，省文化厅表彰、奖励1次，地市级及县市级表彰、奖励共17次，中图学会奖励、表彰3次。

馆领导介绍

王雪春，女，1972年2月出生，本科学历，馆员，馆长。1998年10月起，在太仓市图书馆流通部工作。2006年3月，任图书馆副馆长。2007年3月至今，担任太仓市图书馆馆长，兼任中国图书馆学会阅读推广委员会图书馆与科学普及阅读委员会主任。

周卫彬，男，1969年4月出生，本科学历，中共党员，馆员，副馆长，党支部书记。1987年9月到图书馆工作，先后在流通部、采编部等部门任部门主任之职。2004年至今，担任太仓市图书馆副馆长。2010年，被聘为中国图书馆学会第八届阅读推广委员会图书评论委员会委员。

黄雪峰，男，1978年1月出生，本科学历，中共党员，助理馆员，副馆长。1999年8月参加工作，先后在流通部、技术部等部门任部门主任之职。2011年2月至今，任太仓市图书馆副馆长。

未来展望

太仓市图书馆秉承以读者为本的服务宗旨，围绕“服务、创新、合作、交流”四条主线，不断拓展图书馆服务功能，满足广大群众日益增长的精神文化需求，发挥图书馆城市文化空间作用。太仓市图书馆实行全年免费开放，在未来的几年里，将继续不断丰富馆藏资源，一开展基本阅读项目：借阅服务、参考咨询、数据库检索、总分馆互通；二创新阅读活动：讲座、展览、培训及各类读者阅读活动，突出全民阅读推广工作，发挥基层图书馆阅读文化推广职责；三建立和完善数字资源建设，完成郑和数据库等地方自建数据库建设；四建立完成市区范围内的街区图书馆自助借还机。太仓市图书馆努力体现“精致、和谐、务实、创新”的太仓城市精神，践行基本公共文化服务，为学习型社会建设积极提供智力支撑。

联系方式

地　址：太仓市上海东路100号
邮　编：215400
联系人：祝静怡

元宵读者猜灯谜活动

娄东大讲堂

灌云县图书馆

概述

灌云县图书馆成立于1972年，属公益性文化事业单位。馆址几经变迁，2008年筹建新馆，新馆位于新城区建设中路6号，建筑面积3000平方米，总投资2000万元，2011年元旦对外开放，2013年被文化部评为全国公共图书馆“一级馆”。灌云县图书馆现有阅览坐席340个，全馆有计算机45台，提供读者使用的计算机30台，10兆光纤专线接入，专用储存容量达8TB，选用力博图书馆自动化管理系统。

业务建设

截止2012年底，灌云县图书馆文献总藏量为23万余册。2012年征订报刊250种，入藏图书5009册，2847种，其中入藏电子文献687种，视听文献120件，地方文献80册。

我馆于2010年购置了力博图书馆管理系统，采访、编目、流通工作、书目检索等全部实行了自动化处理。已建馆内局域网并开展各项工作，已建灌云县图书馆网站对外服务。2011年申请了单独的网站域名，整合文化共享工程资源，制定了数据库建设规划，规划合理，具有较强的可操作性，我馆从2011年进行馆藏图书数字化工作，现已经完成灌云地方文献扫描、录入80余册。2012年正在积极建设灌云地方文献数据库，数据库内容将包含灌云的自然资源、政治沿革、社会结构、文化风俗、地理、历史、人口、国民经济等各个方面。

读者服务工作

从2011年1月起，灌云县图书馆全年365天对外免费开放，每周开放时间为60.5小时。建立馆外服务点、流通站27个，积极延伸图书馆的服务领域。建立盲人阅览室、设立了残疾人专用通道，为弱势群体服务。2009-2012年，书刊总流通62.83万人次，书刊外借43.56万册次。我馆还开展“4.23世界读书日”活动，免费为老年读者办证、为盲人读者送书上门等活动。为县有关部门提供信息服务，开展农技讲座、发放科技兴农资料，参加“三下乡”活动，“科技活动周”等活动，免费开展共享工程文化科技展播活动。积极开展各类读者活动：2012年在灌云县中小学中组织开展“弘扬雷锋精神建设心灵家园”为主题的红领巾读书征文活动；2012年也是灌云县建县100周年，灌云县图书馆联合连云港日报社灌云记者站、灌云凤凰书城举办“小桔灯”杯“百年灌云、爱我家乡”苍梧晚报小记者征文竞赛活动；灌云县图书馆在服务宣传周期间还举办了“文化强国——图书馆的责任与使命”主题宣传活动，群众参与面广，意义重大，受到社会各界的一致好评。

2009-2012年，灌云县图书馆网站访问量12.62万次。利用图书馆的网站、新书通报、新书介绍栏等形式向读者推荐新书4162种。除了利用共享工程这一平台和资源进行到馆的数字资源服务外，还利用国家数字图书馆推广工程下发资源、通过分享南京图书馆所购买的数字资源以及自建网站开展到馆和远程的数字资源服务，极大地方便了读者。

2009-2012年，灌云县图书馆共举办讲座、展览、培训、阅读推广等读者活动68场次，参与人数16.53万人次。

业务研究、辅导、协作协调

积极参加市图书馆学会组织的年会活动，每年完成学术论文4篇，经常对基层服务点进行巡回辅导工作。灌云县共有302家“农家书屋”，定期开展业务指导、信息服务。多次开展文化站长、书屋管理员培训，2009-2012年共培训560余人次。注重对外宣传工作，2009-2012年县图书馆在连云港文化网共投稿120余篇，不断提升我县图书馆影响力。

灌云县图书馆每年5月份开办了文化共享工程基层服务点管理员培训班，内容包括共享工程建设工作概况、电脑及共享工程网络基础知识和应用，并同时进行上机实践操作训练，确保参加培训的学员都能掌握所学知识和技能。同时，灌云县图书馆也会派专业人员到基层服务点进行业务指导，及时解决他们工作中的难题。

管理工作

灌云县图书馆把干好本职工作、促进事业发展、服务社会大众作为重要任务，在管理上求规范，气氛上求和谐，服务上求实效，全馆上下团结拼搏，自我加压，开拓创新，出现了干实事、求实效的工作局面。实行岗位管理和工作目标管理责任制，按需设岗，按岗聘用。每个部门和个人年初签订工作目标、年终有总结，并根据目标完成情况发放津贴和奖金。制定了《财务管理制度》，并严格执行；制定了《灌云县图书馆设备物资管理制度》，各负其责。档案健全，各类资料分别建档，资料收集整理规范。各类统计齐全，有统计分析。环境整洁；标牌统一、规范；设备设施维护良好。按消防要求购置了消防设备，每年进行消防培训、制定了安全保卫制度。2009-2012年，共抽查文献排架16次，书目数据12次，撰写专项调研、分析报告和工作提案23篇，编写各部门工作进度通报26篇。

表彰、奖励情况

2009-2012年，灌云县图书馆共获得各种表彰、奖励26次，其中，文化部表彰、奖励1次，省文化厅表彰、奖励2次，其他表彰、奖励23次。

馆领导介绍

李志刚，男，1970年10月生，大学学历，中共党员，副研究馆员，馆长。1992年到灌云县图书馆参加工作，先后在阅览室、借阅室、办公室等部门工作。

未来展望

灌云县图书馆将坚持“读者至上，服务第一”的服务宗旨，为读者提供图书外借、报刊阅览、资料咨询、信息导航等优质服务，不断发挥地区信息枢纽和精神文明建设的重要作用，继续推进图书馆网络化、数字化建设，使其真正成为广大群众信息沟通的窗口，终身学习的摇篮，为促进本地经济建设和社会发展发挥重要作用。

联系方式

地　址：灌云县建设中路6号
邮　编：222200
联系人：宋跃中

启东市图书馆

概述

启东市图书馆1956年3月由省文化局批准成立。几十年来，多次与其他机构合并、独立，馆址、机构设置多变。1979年6月，由中共启东县委宣传部宣布独立，即正式建制。

2013年1月8日，位于启东市民乐中路512号的新馆建成开放。新馆占地面积3973平方米，建筑面积8275.88平方米，设计藏书容量50万册，可容纳读者座位800个，有可共读者使用的计算机105台，1999年，启东市图书馆参加第三次全国公共图书馆评估定级，首次获得一级图书馆。

业务建设

截止2012底，启东市图书馆的总藏量为30.4万册，电子文献1809件，2009–2012年，我馆新书购置费为250万元，年平均入藏图书9363种，报刊年入藏量316种。截止2012年底，启东市图书馆数字资源总量为4TB，并建设有启东地方人著作数据库。1998年，我馆全面实行自动化管理，采用深圳图书馆开发的ILAS系统，2003年系统升级，改用由南京图书馆开发研究的力博图书馆管理系统，有流通、编目、阅览、连续出版社管理等子系统。

读者服务工作

从1998年起，启东市图书馆就实行全年365天对外开放，周开放时间超过56小时，2008年9月起，我馆实行全免费开放。2009–2012年，接待外借读者25.2899万人次，内阅读者8.36万人次，书刊外借81.9454万册。2012年底，我馆引进了RFID技术，实现了馆藏文献的自助借还，建有吕四边防派出所、双仙村、驻启雷达部队、明珠新村等8外馆外流动服务点，2009–2012年，馆外服务点年均书刊借阅册次为11430册。做好参考咨询工作，坚持每年编辑《信息窗》4期和《科技信息》12期，发送到市委和政府有关部门及重点读者，为领导机关决策、为科研与经济建设提供信息服务。关注特殊群体，坚持让所有人的人都享受到阅读的权利。2009年就开辟了盲文阅览室，并到启东市特殊教育学校为聋哑学生放映并赠送无障碍光盘，为残疾读者送书上门；认真开展未成年人导读工作，并组织各类少儿活动增加未成年人阅读的兴趣；组织外借室工作人员把图书箱送到工人建筑工作，为进城务工人员开办的盲人按摩服务部提供课题跟踪服务；坚持为老年读者送书上门，为老年公寓的老人发放馆工作人员编撰的养生保健知识小册子。并设立便民服务，提供放大镜等供老年朋友使用。

2009–2012年，我馆委托南通市图书馆建设网站，并共享数字资源。我馆持证读者可在网上免费阅览南通六县一市共享的数字资源。2009–2012年，我馆年均组织各类讲座15次，培训活动12个，结合社会中心活动举办各类展览16次。积极开展阅读推广活动：如新书介绍，主题少儿阅读征文活动、“亲子共读、精彩展示”、电脑小报设计比赛等，策划好4.23世界读书日、图书馆服务宣传周系列活动，年均达20经次以上，每万人年平均参与活动548次/万人。

业务研究、辅导、协作协调

2009–2012年，我馆职称为助馆及以上工作人员年撰写论文一篇，共计有20篇论文在全国或省市各级交流中分获一、二、三等奖。十分注重以上下级的协作与协调，参与国家图书馆联编中心、南京图书馆、南通市图书馆与学会组织的联合编目、馆际互借和信息共享等协作协调工作，并签订了协议。在本地区有服务网络建设规划，与各乡镇和社区建立服务网络关系，定期为他们提供业务指导，各乡镇图书室藏书达5000册以上，多的达1万册以上，社区图书达1000册，有专人负责，定期开放。服务网络向村一级扩散，我市共有行政村256个，农家书屋覆盖率达100%。每村“农家书屋”藏书在1500册以上，多的达2500册，我馆定期对基层图书馆和村级“农家书屋”管理员进行业务辅导，并适时下乡指导工作，使其书屋管理标准化、规范化。

从2010年起，我馆设立文化信息资源共享工程支中心，利用远古视频播放系统点播资源，在做好支中心建设的同时，抓好基层点建设，在各乡镇和街道设立基层点，共享我馆资源，并由我馆对其进行业务指导，我市乡镇、街道基层点共有14个，覆盖率达100%。

管理工作

启东市图书馆实行竞争上岗制度，有岗位设置方案，竞争上岗材料、同时制订有工作常量考核百分细则及分配激励制度。

表彰、奖励情况

2009–2012年，启东市图书馆共获得省级业务主管部门及市级党委、政府表彰、奖励4次，市级业务主管部门及县级党委、政府表彰、奖励11次。

馆领导介绍

黄振飞，男，1954年10月生，大专学历，中共党员，副研究馆员职称，馆长、党支部书记。1974年12月参加工作，历任海军航空兵39795部队21分队电台台长，启东市电影管站办事员，启东市图书馆副馆长，馆长、党支部书记，兼南通市图书馆学会常务理事等职。

彭忠忠，男，1972年2月生，本科学历，中共党员，中级职称，副馆长，1989年9月参加工作，历任文化馆副馆长等职。

顾蕾，女，1979年4月生，本科学历，中共党员，馆员职称，副馆长，1999年5月到馆参加工作，先后在外借、报刊、少儿等部门工作。

未来展望

启东市图书馆本着“读者第一，服务至上”的服务宗旨，认真做好读者服务工作。2009–2012年在全馆党员干部职工的共同努力下，在攻坚克难和紧张有序的环境中渡过的。很好地完成了各项工作目标计划与任务，取得了较为显著和满意的成绩，尤其是2012年，完成新馆建设工程与搬迁工作。接下来，我们全馆上下决心以十八大精神和科学发展观为指导，充分利用新馆先进的设施设备及场地，同时顺应阅读潮流，引进更多的数字资源，以更饱满的精神状态和百倍的工作干劲投身到图书馆的各项工作中去，一切以读者为中心，以《公共图书馆服务标准》为标杆，充分发挥新馆的功能作用，进一步提升全馆工作人员的服务水平和服务质量，让我们的读者服务工作跃上一个崭新的台阶，共同创造更加辉煌的工作业绩。

海安县图书馆

概述

海安县图书馆始办于1958年，历史久远，文化底蕴深厚，1997年迁入建筑面积4080平方米的新馆。随着当下文化大发展大繁荣的脚步，近两年县委、县政府高度重视图书馆事业发展，把图书馆新馆建设纳入"十二五"文化事业发展重要项目，相信近几年内，一座万余平米的现代化图书馆大楼将会让新老读者宾至如归，享受到更便捷更优质的文化资源。虽身居斗室，但我馆阅览室、外借室、电子阅览室、盲人阅览室等对外服务窗口阅览座席达336个。少儿图书馆独立建制，2007年正式对外开放，面积3760平方米，参照《公共图书馆建设标准》规定，按照1.8–2.3平米每座，折算阅览座席1500多个。

在现代化技术方面，我馆现拥有服务器4台，UPS 1台，三层交换机1台，网络防火墙1台，上网行为管理器（网络哨兵），华为存储，交换机若干，扫描仪1台，DVD刻录机1台，硬盘播放器1台，为满足图书馆事业发展和读者的需要，先后购进计算机50余台。2002年为全面实现我馆自动化建设，与广电签订10M光纤接入合同；2011年度又增加电信光纤接入，带宽达20M。我馆存储容量达6T，移动存储达5T。我馆自动化管理系统采用南图开发的力博管理系统，在图书采编管理、读者管理、流通管理、连续出版物管理方面均实现了自动化。

业务建设

截止2012年我馆文献总藏量约39万册，其中电子文献520种。

年度拨款总额由2010年94万元增至2013年的144万元，其中2012年度海安县图书馆财政拨款138万元，其中27万元为购书专用经费，2009–2012图书年平均入藏量3000种，报刊年入藏量325种，视听文献年入藏量达30余种。地方文献入藏完整率为95%。

我馆自2011年参与购置市馆组织的超星数字资源购买活动，2012年又与南通市馆共享阿帕比电子图书数据库和博看期刊网数据库，数字文化信息资源量达到4T。

读者服务工作

海安县图书馆2009年10月实行免费开放，包括公共空间设施场地免费开放，外借室、阅览室、电子阅览室、盲人阅览室全部实行免费开放。实行全天候为读者服务，每周开放时间60小时以上。2009–2012年，书刊文献外借册次约95万册，并常年为武警中队、消防中队、明道小学等馆外流通服务点提供书刊借阅服务，年书刊借阅册次达每年5000册以上；2009–2012年我馆共接待读者约80万人次，人均年到馆次数达28次。

积极利用宣传橱窗、网站、书展、新书宣传等形式向读者宣传各类书刊，受到读者的关注和好评。在信息服务方面，我馆自2009年起利用网站、阅览室为政府提供信息服务，加工整理二次文献《政府公开信息》16期供读者及社会各界人士参阅。

在参考咨询服务方面，我馆常年提供报刊查阅、专业书籍借阅、网上服务、电话咨询等服务，每年定期编发《工作动态》4期，为领导机关决策与社会事业发展提供信息服务。

海安图书馆网站（www.haxtsg.com）于2009年开通，它是海安图书馆对外服务的一种新的方式和手段。海安图书网站坚持以服务为主的理念，长期给读者提供最及时的信息，最快捷的服务。网站极大的延伸了传统图书馆的服务方式和空间，网站经过多次改版，功能强大，整合了共享工程和电子资源，能实现网上查询，续借，挂失等一站式服务，主页更加突出对读者的服务功能，点击率高，受到读者一致好评。

2009–2012年四年中海安县图书馆共举办讲座、培训72场次，展览20次，阅读推广活动24次。一年一度的图书馆服务宣传周、全民读书节、未成年人读书节等活动在我馆精心的组织与策划下，在全馆人员的共同努力下，开展得有声有色，从而引领更多的人走进图书馆、利用图书馆，以阅读丰富人生，用知识武装自己。

业务研究、辅导、协作协调

2009–2012年，海安县图书馆职工撰写论文15篇文章在省市各类研讨会上获奖或发表，其中我馆顾建华同志撰写《基层图书馆理论与实践》一书，结合自己的工作实践和多年反思，为基层图书馆的发展提供了诸多颇有针对性的规划和建议，对当前形势下县级图书馆如何发展很有借鉴意义，受到业内一致好评。

当前我馆服务网络建设规划健全，海安县街道、乡镇、社区、村图书室参与服务网络建设的比例远高于一级馆提出的超过40%的标准。目前我县已建成包括海安镇分馆、大公镇分馆、曲塘镇分馆、城东镇分馆、海安县看守所、鹏飞集团分馆等在内的11个分馆，配合文广新局社文科建成了212个

海安县看守所分馆授牌仪式

图书馆主题宣传活动

《如何打造高效能父母》讲座

农家书屋和12个农民家庭文化示范户图书室。2013又建成南莫、墩头和雅周三个分馆，所有乡镇的分馆建设任务圆满完成。

一卡通服务已经覆盖到各镇，各分馆目前均已实现通借通还，2012年度分馆书刊文献借阅册次4万5千多册。

为推动我县图书馆事业的发展，加快各分馆以及农家书屋的自动化管理步伐，2012年度我馆共计下基层辅导19次，为其安装力博软件系统，指导图书采编流程。我馆注重乡镇分馆、农家书屋和共享工程的业务培训活动，四年共承办并参与四次大型基层业务培训活动，为乡镇图书馆和农家书屋的发展提供了参考依据。

管理工作

我馆拥有一系列严格的管理制度，每年年初制定年度工作计划，年终对全年工作进行系统总结，各项工作有计划有总结，有条不紊。财务管理制度严格，执行情况良好；人事管理方面，按需设岗，目标管理，组织全体职工签订岗位责任书，实行目标考核制，全面提高职工工作的热情。积极吸纳志愿者参与爱心助盲活动，专设义工联合会办公室方便其日常办公与开展活动。设备、物资管理制度齐全，保证国有资产不流失。为使档案管理有章可循，特制定图书馆档案管理制度，安排专人管理我馆档案资料，各项档案资料详实、立卷准确、装订整齐、内容齐全、目录清晰、归档及时。人事管理统计、财务统计、业务统计资料详实，分析合理。馆内环境整洁、美观，各室标牌规范，学习设施配置齐全。安全保卫工作到位，对职工个人安全、读者安全、馆内数据和网络安全设有应急预案。

表彰、奖励情况

2009–2012年海安县图书馆14次获得省、市、县各类表彰，其中文化部表彰1次，省文化厅表彰2次，市文广新局表彰4次，其他县级表彰7次。

馆领导介绍

丁兆梅，女，1976年3月出生，本科学历，硕士学位，中共党员，副研究员，馆长。1994年6月参加工作，2012年7月获得中学高级教师（副高）职称，2012年11月份从海安县教育局调动至海安县图书馆任馆长。国家二级心理咨询师，江苏省作家协会会员。以应用心理和阅读治疗为研究方向，在《女子世界》《中国教师》等杂志发表各类文章四十多篇，被聘为《女子世界》专栏作者。2011年出版25万字的婚姻心理咨询手记《拿什么拯救我们褪色的婚姻》，获得2013年南通市政府文学艺术创作三等奖。2013年出版35万字的职业心理科普书《50个热门职业360°全解读》，获得2014年县社科成果优秀奖。两书均为畅销书，市场销售火爆，网友反响热烈。

海安县图书馆全景

王亦翔，男，1972年2月出生，本科学历，中共党员，中级职称（副研待聘中），党支部书记、副馆长。1990年12月参加工作，先后在外借部、阅览部、办公室等部门工作。现主管党务工作、思想政治工作。

李刚，男，1981年12月生，本科学历，助理馆员，副馆长。2004年11月参加工作，先后在外借部、阅览部等部门工作。分管业务管理，协助分馆建设，财务结报。

未来展望

把海安馆建成拥有先进的管理体制，现代的服务观念，创新的服务内容，馆藏比例逐年增加的文献资源，高度自动化的业务管理系统，快速稳定安全的网络环境，初具规模的数字化建设，结构合理、素质较高的专业队伍，切实提升图书馆的综合实力；形成具有优良齐全的设施、丰富的文献信息资源、传统与现代化服务手段协调统一、高度公共性开放性的人民终身学习阵地；形成能为全县知识创新、科技创新、社会进步和个人发展，提供强有力文献信息服务的重要的文献资源保障与利用中心，建立起覆盖全县的、完善的公共图书馆服务体系。

联系方式

地　址：海安县中坝南路17号
邮　编：226600
联系人：丁兆梅

《毛泽东诗词书画展》现场

图书馆阅览部

图书馆外借室

如东县图书馆

概述

如东县图书馆创建于1959年1月，馆址历经变迁，于2004年月12月由县老城区迁建至掘港镇解放路县文化中心内，现建筑面积4000平方米。在编人员11人，劳务派遣人员8人。设有综合外借室、报刊阅览室、少儿借阅室、参考咨询室、文化共享工程电子阅览室、汤氏金石纪念馆、地方文献展览室、视听室（报告厅）等对外服务窗口。选用力搏自动化管理系统，集采访、编目、流通、检索为一体，全面实现图书馆业务管理的自动化和办公网络化。2009年，参加第四次全国公共图书馆评估，获得一级图书馆。

至2012年底，有书架460张，报架78张，阅览座席380个，少儿阅览座席80个。电脑48台，提供给读者使用的计算机35台。电信宽带10M光纤接入，服务器存储设备容量为8个TB。

业务建设

截止2012年底，如东图书馆总藏量24.68万册（件），其中纸质图书21.02万册。藏有古籍1130册、《四库全书》影印本1500册、《续修四库全书》1800册。电子图书150万册。数字资源总藏量3.5TB，自建地方视频资源7120M，视频总时长233分钟。

2009年5月，建立如东县图书馆网站，读者通过互联网登录网站进行检索、阅读、续借等业务活动，查询图书馆举办的各类读书活动信息等。

2009年7月，完成了全国文化信息共享工程县级支中心建设，支中心设备配置符合标准要求，并制订严格管理规章制度，配备专职管理人员，保障“共享工程”系统全年不间断提供优质服务。

2012年6月，在图书馆二楼开辟80平方米的展览馆，展出如东县旅美金石学家汤成沅先生近百枚印章和书画作品，展示其在金石学研究和篆刻艺术上取得的成就。汤氏金石纪念馆的开放，成为如东县传承传统文化的重要阵地和加强对外文化交流的重要窗口。

如东县图书馆历来重视地方文献的收集、整理、研究和开发利用工作，继2007年5月《刘宝泰函稿》出版之后，2011年1月，又编辑出版《如东民间文化丛书》（一套七卷9册240万字），由上海古籍出版社出版发行。这套书全面、系统地再现了如东民间文化遗存，防止了珍贵文化资料的散失，展示了如东历史文化的深厚底蕴，是我县地方文献的一大亮点，具有宝贵的详实史料价值和珍贵的收藏价值。

读者服务工作

遵循“读者至上、服务第一”工作宗旨，最大限度满足读者需求，2009年5月，推行365日无馆休日服务。2009–2012年，书刊总流通人次86.7675万人次，书刊外借65.2715万册次。

面向社会，面向群众，举办形式多样、丰富多彩、寓教于乐的读者读书活动，倡导全民多读书、读好书。利用传统节日、纪念日、“图书馆服务宣传周”等契机组织送书下乡、送书进军营。常年举办有奖灯谜竞猜、读者座谈会、专题讲座、征文比赛、图片展览等活动。2012年举办讲座、报告会20次，展览5次，组织各类读者活动16次，参与人次达5.2万。

业务研究、辅导、协作协调

2009–2012年，如东图书馆职工撰写论文16篇。

如东图书馆坚持文化惠民，至2012年底，建成镇级分馆6家、14个基层流动图书服务点，定期向基层馆输送图书，定期轮换，形成县、镇、村三级图书流通网络。

重视基层图书馆（室）业务建设，2009–2012年，举办基层业务培训班48期，培训1500多人。

推进基层网络建设，投入人力、物力，深入全县14个镇，在各镇做好VPN网络互联和平台建设工作。分馆的读者只需正确登录虚拟网络便可访问县图书馆所有数字资源，实行了图书馆资源共享的最优化。至2011年底，实现全县14个镇、3个街道基层服务网点设备安装到位，网络互连畅通，实现全面覆盖。

注重图书馆深层次服务，与市、县、区图书馆之间的开展协作协调。2011年与南通市区县（市）公共图书馆，签订图书流

工人文化宫分馆开馆

2012年6月9日汤氏金石纪念馆开馆

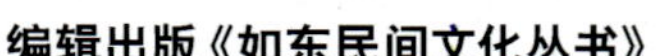
编辑出版《如东民间文化丛书》

图书流动服务点

少儿读书推荐活动

通协议，开展馆际互借，实现文献互补，提高双方办馆的效益，实现了“双赢”。2011年8月，与南通市馆及地区县（市）馆联合购买了130万册的超星电子图书。2012年6月，共同安装龙源、博看电子期刊数据库。新增电子期刊共有3500种，现总数达到12万册，实现南通市、县范围内读者轻松畅读百万册电子图书目标。

管理工作

2012年，如东县图书馆完成全员岗位聘任，本次聘任共设9类岗位，同时，建立了工作量化考核指标，每半年和全年进行总体工作考核。

表彰、奖励情况

2009—2012年，如东县图书馆共获得各种表彰、奖励19次，其中，文化部表彰1次，省文化厅表彰、奖励3次，其他表彰、奖励15次。

馆领导介绍

孙俐玲，女，1966年4月生，大学专科学历，中共党员，馆员，馆长。1984年10月参加工作，先后在在图书借阅部、财务室等部门工作。

曹华，男，1958年3月生，高中学历，中共党员，助理馆员，党支部书记。1980年6月参加工作，历任丰利镇文化站站长、如东县影剧公司经理。1999年12月任如东县图书馆支部书记、馆长。2007年5月主编地方文献《刘宝泰函稿》出版，2011年1月主编《如东民间文化丛书》出版。

徐凡清，女，1970年3月生，大学专科学历，中共党员，馆员，副馆长。1992年1月参加工作，先后在先后在采编部、阅览部、图书借阅部等部门工作。

虞倜，男，1984年1月生，本科学历，中共党员，馆长助理。

如东图书馆大楼

2006年6月参加工作，先后在共享工程电子阅览室、办公室工作。

未来展望

如东图书馆遵循“免费、高效、优质”的办馆方针，2009—2012年，在不断强化自身发展的同时，通过创建公共图书馆分馆服务建设，带动了全县公共图书馆事业的整体发展。2014年，如东图书馆新馆建设正式启动，将在新区另建一座建筑面积2.8万平方米的新馆舍，预计2017年建成。建成后的如东图书馆，将和如东县文化馆、博物馆、大剧院组成如东县文化中心。

辅导消防中队图书室

报刊阅览室

文艺精品颁奖晚会暨《如东县是间文化丛书》首发式

如皋市图书馆

概述

如皋市图书馆位于市行政中心西侧，东起府西路，西至宣化南路，南起惠政路，北至解放路。建筑物三层全框架结构，总建筑面积约为10153平方米，总藏书量达36.3万册。成人读者座位440个、少儿读者座位220个。持证读者一万五千多人，年接待读者34.159万人次。市图书馆以"用"为主，以读者为中心，以开架为主要服务方式，设备先进，功能齐全，实现藏、借、阅、咨询、管理一体化。1998年、2004年、2009年、2013年已四次被国家文化部评为一级馆。近年来，一直荣获省"文明图书馆"、南通市共享工程先进集体、如皋市"文明单位"、如皋市科普教育示范基地、如皋市家庭教育先进集体、文化系统"先进集体"、"先进党支部"等荣誉称号。市图书馆努力为全市市民提供一流的图书服务，以丰富多彩的读书活动，实现公共文化服务社会效益的最大化。

业务建设

多年来，我们努力把好图书、有声读物采购的质量关。对于新购图书，我们依据《中图法》五版标引、《普通图书著录规则》著录，误差率均控制在2%以下，现有目录4套，管理规范，并设有机读目录。

为适应新形势的需求，我馆紧跟时代的发展，着力建设"数字化图书馆"。邀请省图书馆专家反复规划设计方案，并多次进行论证、完善。目前数字图书馆已初步建成。①自助借还系统全面启动，为读者提供了更完善、更便捷的服务。②24小时借书机的全面启动，共有600册图书供读者选择，机器投入使用以来已办理新证近300份。③加强数字资源建设。我馆在传统纸质文献服务的同时，加大了数字资源服务的力度。2012年增加了"点点书库"、点点博创、点点秀、数字科普馆等少儿数据资源和博看电子期刊4000种、书生电子图书20225册、万方视频300G等成人电子数据资源，开发了手机平台，向广大读者及时发布图书馆活动信息，为读者提供了更方便快捷高效的服务。

同时进一步加强古籍保护和地方文献的征集工作。目前我馆馆藏古籍30706册，其中《汉书一百卷》、《淮海易谈四卷》等15部成功申报省珍贵古籍名录，6部成功申报国家珍贵古籍名录，并获得国家古籍保护专项经费，《元史地名考》还参加了国家珍贵古籍特展。2011年我馆被评为江苏省"十一五"古籍保护先进单位。在地方文献的征集方面，共收集地方文献八百多册，并寄发征集函五百多份。已有八十多人捐赠了文献资料，又征集到地方文献五百多册（件）。

读者服务工作

为读者服务是图书馆的核心工作，我们始终坚持立足本职，强化阵地服务，使得服务质量不断提高。2008年5月底实行全免费服务，每周开馆时间63小时。全年财政拨款371万，购书经费单列，年新增藏量购置经费达100万元。年购书6万多册；报纸年入藏量150种、期刊年入藏量三百多种、电子文献年入藏数量500种、视听文献年入藏量168件，每年编印《信息摘编》12期；办读者园地18期；报刊导读365期；编印《书香信息》12期；举办各种活动达35余次。

读书活动的开展是本馆工作中的重头戏，我们每年开展大小活动均在三十次以上，既有传统的，也有创新的；既有单项的，也有系列的。包括：一、开展讲座、培训活动。近年来，我们为各个年龄层次的读者分别开设了各种主题的讲座、培训，如为中小学生读者开设的以《孩子心灵成长的十大需求》、《如何帮助孩子学习》等为主要内容的"家庭教育"专题讲座；为老年读者开设"老年保健知识"专题视频讲座，以及邀请市中医院沈安明院长来我馆开展关于心脑血管的知识讲座；为农民读者开设"绿色产品的种植与销售"等。二、举办专题展览。四年来我们年均举办专题展览8次，每次展览前来参观者都超过千人次。三、开展丰富多彩的阅读推广活动。我馆利用节假日、寒暑假开展了"新春乐"猜谜、小小图书管理员体验活动、"夕阳红"老年人电脑培训班等各类活动。通过这些活动的开展吸引了广大市民走进图书馆，进一步提升了图书馆的美誉度、知名度。

同时我馆还努力拓宽服务范围，建设文化服务新空间。一、开展"图书服务零距离"活动。我们在保持消防大队、武

"沐浴书香"关爱贫困儿童活动

二十多家媒体聚焦"图书漂流进校园"活动

盲文点读让世界不再黑暗

生动活泼的科普培训

自助图书馆24小时满足读者需求

警中队、老人院等25个馆外流通服务借阅点的正常活动的同时，又在市公安局、双钱轮胎、荣威公司等建立了8个分馆，真正把图书馆办到市民身边。我馆还加大送书下乡的力度，年均送书都在2万册以上。二、加强文化信息资源共享基层服务点建设。早在2009年文化信息资源共享工程如皋支中心建设以及我市20个乡镇的基层服务点建设已全面完成，工程覆盖率100%，高标准通过了省文化厅的检查、验收。2012年我馆又为我市4个主功能区和16个镇文化共享工程基层服务点各赠送符合国家配置要求的10台电脑，让广大农民在家门口就能享受到公共文化服务的果实。

业务研究、辅导、协作协调

目前，本馆有高级职称1人、中级职称6人、初级职称以上职称的人数占总人数的70%。我馆工作人员积极思考图书馆现代化管理建设，针对如何开展图书馆服务等方面开展业务工作研究。四年共撰写业务论文105篇；其中获国家级一等奖1篇，二等奖4篇，三等奖3篇；获省一等奖1篇，二等奖8篇，三等奖7篇。

对基层馆的业务辅导也是我馆的重点工作，近年来，为配合我市“农家书屋”的全面建设，我馆重点加强了对“农家书屋”管理人员的业务辅导。四年下基层辅导达32次，先后对全市332个村“农家书屋”管理人员进行业务辅导。在对基层馆（室）的业务辅导中，做到有求必应、随叫随到。大大提高了基层馆（室）的业务质量。

同时，近年来与邻近馆开展了馆际互借，提高馆藏图书的利用率。2012年，我馆成功举办了江苏省少儿图书馆建设理论研讨会。我馆在此次研讨会中获组织奖，并有6篇论文分别获二、三等奖。

管理工作

目前，我馆共有工作人员41名，建立了工作量化考核指标体系，每月进行工作进度通报，每半年和全年进行总体工作考核，不定期抽查文献排架工作。

表彰、奖励情况

2009年–2013年已连续四次被国家文化部评为一级馆。近年来，一直荣获省“文明图书馆”、南通市共享工程先进集体、如皋市“文明单位”、如皋市科普教育示范基地、如皋市家庭教育先进集体、文化系统“先进集体”、“先进党支部”等荣誉称号。

未来展望

如皋市图书馆将严格按照国家一级馆的标准，以图书馆事业发展为主题、以读者服务工作为中心，以改革创新为动力，以满足人民群众日益增长的阅读需求为出发点，坚持“读者至上，服务第一”的宗旨，转变发展观念、创新发展模式、努力贯彻“腾江越海，登高致远”的战略思路，满足如皋市民日益提高的精神文化发展的需求，使我馆在引领市民思想、提高市民素质方面作出应有的贡献。

联系方式

地　址：如皋市府西路文化广场图书馆
邮　编：226500
联系人：冒　娟

海门市图书馆

概述

海门图书馆始建于1958年，因时代变迁，几经沧桑，屡有兴废，直至1987年单独建制。1991年图书馆新馆建成开放，位于海门镇解放中路，面积3020平方米。分设馆长室、办公室、采编室、成人外借室、报刊室、网络管理中心、少儿室、科技阅览室等部门，工作人员17名，其中副高职称3人，中级职称10人。迄今，馆内共有阅览座席300个，电子计算机58台，网络带宽20M，选用力博图书馆自动化管理系统。建馆五十多年来，海门图书馆始终秉承“读者第一，服务至上”的办馆宗旨，倡导全民阅读、平等共享，促进社会文明与进步。在机构的职能变化和体制改革上不断地向着馆藏建设现代化、服务质量优质化方向转变，承担起图书情报搜集、处理、传递、调研、咨询等职能，目前已初步实现读者查询、借阅、管理自动化，成为集文化、教育于一体的综合性公共图书馆。

业务建设

自2009年至2013年，海门图书馆购书经费逐年增加，图书年入藏量成梯级稳步递增，文献类型也日趋多元化。截止2013年底，海门图书馆总藏量48.9万册（件），其中，纸质文献40万册（件），电子图书8.3万种/册，电子期刊0.6万种/册。海门图书馆高度重视地方文献的收藏工作，经过五十多年的收集，目前馆藏地方文献已达4650册。

海门图书馆于1997年开始使用图书馆自动化ILAS集成系统，将入藏的中文图书全部按CNMARC格式建立数据库，实行计算机管理。2003年起，使用南京图书馆开发的中文图书力博软件系统，以适应江苏省公共图书馆服务联盟建设的需要，同时，增加了RFID智能借还功能。截止2013年底，海门图书馆数字资源总量为4.676TB，并实现馆内无线网络全覆盖。

读者服务工作

从2009年4月20日起，海门图书馆对全社会实行免费开放，周开放60小时，全年无休。2011年，引进RFID技术，设24小时科技图书自助借还系统辅助借阅。2012年，海门图书馆书刊文献年外借册次达144458万册，馆藏书刊文献年外借率90.79%，全年到馆192000人次。截止2013年底，共办理借阅证7500张，人均年到馆25.6人次。此外，设立馆外流动服务点十多个，每年书刊借阅册次都达5000册以上。

海门图书馆高度重视特殊群体的读者服务工作，不定期为未成年人举办心理健康专题讲座、开展现场咨询活动、组织寒暑假系列活动；为老年人完善借阅环境，联合老年大学办展览，连续六年免费开展中老年电脑培训班；连续两年“传、帮、带”新疆来馆挂职大学生；为残疾人、盲人及其他边缘人群提供贴心关怀，使他们通过阅读，提高思想认识和文化素养。

依托丰富的文化资源，图书馆每年开展“红领巾读书征文”、“亲子读书会”、“图书馆宣传周”等读书活动，举办公益讲座、展览，同时广泛开展延伸服务、流动服务，增强辐射能力，丰富服务内容，创新服务方式，充分发挥图书馆“服务大众、传播文明”的职能。主楼大厅每年举办各类展览十几场次，展览内容立足海门特色，配合重大形势热点，先后举办过馆藏文献、摄影、书画、收藏品等特色展览。同时精心组织、开展一年一度的全民读书月、快乐阅读大赛、图书馆服务宣传周、“红领巾”读书征文和“亲子经典诵读”等大型读书活动，吸引大批读者进入图书馆、利用图书馆，丰富多彩的读者活动贯穿全年，受到广大读者的欢迎。

业务研究、辅导、协作协调

海门图书馆全馆工作人员每年数次参加全国、省、市、县组织的相关岗位各类业务培训和继续教育，工作人员积极撰写各种论文、调查研究报告，参与《海门市文化大观》的编著，2009-2012年间共撰写各级论文、报告14篇。共有12名馆员加入了南通市图书馆学会，积极参加学会每年组织的年会、学术研讨会、讲座，班子成员2009、2010和2011年参加了全国图书馆学会的年会。

为了充分发挥图书馆的整体优势和使用效益，实现资源共建共享，2010年起，图书馆与本市海门镇沙东村、悦来镇凤阳村、四甲镇合兴村签订协议，实行了馆际互借，资源共享。在街道、乡镇、社区及村一级设立共享工程基层服务点，所有共享工程基层服务点全部统一挂牌，乡镇基层服务点落实建设和运行经费，明确管理人员、播放场地、开放时间，保证设施建设的标准化和管理、运行、服务的规范化。同时，为提高基层服务水平，对所有基层服务点管理人员进行了业务培训。对他们遇到的具体问题，进行现场业务辅导。积极参与各乡镇农家书屋的建设，指导各乡镇建立农家书屋，帮助他们采编图书，将全市239个农家书屋的所有图书通过图书馆自动化管理系统进行编目，把农家书屋作为图书馆分馆来建设，与农家书屋通过网络实现通借通还。

作为海门市的中心图书馆，海门图书馆一直肩负着对学校、机关、企业和社区等基层图书馆（室）进行辅导、培训的责任，解答他们关于图书分类、编目及管理方面的咨询，由采购、加工、分编到管理，提供全程指导和帮助。

管理工作

海门图书馆每年都制订认真严密的年度工作计划和总结；财务管理井井有条，财务审批制度严格细致；干部职工实行岗位责任制，从政治思想、业务工作、奉献大小等诸方面分别进行季度和年度考核，考勤与奖金挂钩。

在设备、物资管理和统计工作方面，图书馆严格遵守国有资产的管理规定，接受财务部门的有关指导，健全财产验收登记制度，对存放和使用的各类物资设备有详尽的清单目录，对电脑服务器等信息设备按照专门的管理规定实行特殊维护，使各类物资处于完好状态。对人事管理统计、财务统计、业务工作统计、设备物资管理统计工作进行数字跟踪，统计分析，把分析结果及时反馈，改进工作。配备兼职档案人员，建立了职工考核档案、读者服务档案、参考咨询档案、课题服务档案、业务辅导档案和本馆获奖情况档案，做到立卷准确、内容齐全。

为了给广大读者提供一个优美、整洁的学习环境，图书馆全体干部职工不懈追求，在环境布置上，尽可能达到赏心悦目。各窗口所用标牌制作，做到规范、标准、醒目，每周大扫除一次，保证环境整洁和各种设施功能的正常发挥。

图书馆坚决贯彻落实消防安全责任制，做到机构建全，人员到位，经费到位。完善各种消防安全制度，开展防火检查，及时消除火灾隐患，开展消防安全教育培训，普及消防安全知识。对消防重点部位做到定点、定人、定措施，对消防安全工作定期评比，奖惩严明。

表彰、奖励情况

在推进社会主义精神文明建设的进程中，作为地区重要的信息中心和精神文明建设基地，海门图书馆长期发挥着切实有效的作用，为全市经济建设和科教文化事业的发展作出了积极贡献，树立了良好的社会形象，得到了各界人士的广泛好评，连年被授予“海门市文明单位”和“海门市双拥工作先进单位”荣誉称号，曾先后三次获得“江苏省文明图书馆”称号，并在2009年全国公共图书馆第四次评估定级中蝉联一级图书馆。

馆领导介绍

王皆欣，男，1963年生于江苏海门。1983年毕业于苏州工艺美术学校，1986年赴江苏省国画院进修。现为江苏省美术家协会会员，南通市美术家协会理事，海门市美协理事长，海门市图书馆馆长，副研究馆员。

黄建华，男，1960年7月生，1980年10月参加工作。大专学历，副馆长。

沈晓虹，女，1962年11月生，1980年8月参加工作。大专学历，副馆长。

张怡璟，女，1969年12月生，1990年8月参加工作。本科学历，中共党员，副馆长。

张锦松，男，1976年11月生，1998年9月参加工作。大专学历，中共党员，副馆长。

未来展望

2012年，海门图书馆新馆建设提上日程，被列为未来五年内海门市重点建设的公共文化设施项目。目前新馆的建设规划已在紧锣密鼓地进行中，相信不久的将来，一个崭新的文化地标即将呈现，文化的春风必将惠及每一位市民。

回首过去，豪情满怀；展望未来，信心百倍。走在这个希望的春天里，沐浴着十八大“文化强国”的春风，海门图书馆承载着新的使命，孕育着新的希望，期待着新的辉煌。海门图书馆人也将勇敢地面对机遇与挑战，在知识经济的新时代，顺应潮流，迎势而上，以饱满的热情，昂扬的斗志，向着“延伸服务、构建体系、创新发展”的目标阔步前进，以传统文献服务为基础，以现代信息服务为主导，以文化教育服务为新的增长点，构建新时期公共文化服务体系，为建设文化海门不懈努力。

联系方式

地　址：海门市解放中路668号
邮　编：226100
联系人：王皆欣

赣榆县图书馆

概述

民国18—22年（1929—1933），赣榆县农民教育馆和青口民众教育馆，都设有图书室和阅览室，各有藏书2000余册、报刊10余种。民国30年，赣榆县民众教育馆，设立图书室，并指导各区、村办俱乐部图书室、读报组等。1951年11月，县文化馆设图书室，开展群众阅览和借阅活动。1958年图书室从县文化馆分出，成立赣榆县图书馆，藏书40000余册，工作人员2人。1966—1976年"文化大革命"期间并入文化馆。1976年从文化馆分离重新成立赣榆县图书馆。建筑面积为780平方米，1990年扩建后达到1800平方米，成立了儿童借阅室，成人外借室为苏北第一家社会科学类图书开架借阅室，1999年在全市率先实现图书借阅计算机管理。1994年被文化部定为首届国家二级图书馆，1999年再次评为国家二级图书馆，2009年第三次被评为国家二级图书馆。2011年4月图书馆新馆启用，建筑面积6000平方米。2012年，赣榆县图书馆阅览座席274个，少儿阅览座席50个。计算机51台，供读者使用33台，宽带接入10Mbps，选用南京图书馆研发的力博图书馆管理系统。

业务建设

截止2012年底，赣榆县图书馆总藏书量22.2350万册，其中，纸质文献21.7145万册，电子图书6105种。

2009—2012年，赣榆县图书馆新增藏量购置费19万元，2009—2012年，共入藏中外文图书10593种，中外文报刊243种，视听文献268件。2012年，地方文献征集到286件。

截止2012年底，赣榆县图书馆数字资源总量为3.5TB，其中赣榆地方文献数据库共有资源约590GB，主要有赣榆旅游景点、赣榆地方特产、赣榆名人、赣榆写真、地方文献室资料库和赣榆地方视频库6个部分。

读者服务工作

一直以来，赣榆县图书馆全年365天天天对外免费开放，周开放63小时。2009—2012年，书刊总流通48.1008万人次，书刊外借36.1212万册次。2012年，开通与连云港市图书馆的馆际互借服务。建成18个分馆，有33个流动服务点，馆外书刊流通总人次3.1245万人次，书刊外借6.9427万册。

2012年，赣榆县图书馆建立了自己的网站，网站访问量5400次。截止2012年，赣榆县图书馆发布使用的数字资源总量为6105种，3.5TB，均可通过赣榆县图书馆网站提供检索、浏览和下载服务。

2009—2012年，赣榆县图书馆共举办讲座、展览、培训、阅读推广等读者活动196场次，参与人数23.3680万人次。

业务研究、辅导、协作协调

2009—2012年，赣榆县图书馆职工发表和获奖论文42篇，其中国家级8篇，省级2篇，市级32篇。

从2009年起，赣榆县图书馆以文化信息资源共享工程VPN专网为依托，成为国家图书馆和南京图书馆联合编目成员馆、江苏省参考咨询与馆际互借成员馆、南京图书馆服务点、市少儿图书馆分馆。合作使我们每年新增图书4000余册，各项服务工作上了一个台阶，提高了工作效率，拓展了服务平台，增加了图书馆藏，进一步满足了读者需求。

建成总分馆服务体系，全县18个分馆实现一卡通服务，完成共享工程镇基层服务点的全覆盖，支中心近2TB数字资源实现共享。2009年—2012年，全县421个行政村图书室建设实现全覆盖，共计发放图书110万册、光盘近2万册盘。进行基层业务辅导47次，培训28次，725人次接受培训和辅导。

管理工作

2012年，赣榆县图书馆完成全员岗位聘任，本次聘任共设3类岗位，有14人重新上岗，同时，建立了工作量化考核指标体系，每月进行工作进度通报，每半年和全年进行总体工作考核。2009—2012年，共抽查文献排架16次，撰写专项调研、分析报告和工作提案2篇，编写各部门工作进度通报20篇。

表彰、奖励情况

2009—2012年，赣榆县图书馆共获得各种表彰、奖励17次，其中，文化部表彰、奖励1次，省文化厅表彰、奖励2次，其他表彰、奖励14次。

馆领导介绍

钱强，男，1971年1月生，大学本科学历，中共党员，馆员，馆长。1995年9月参加工作，历任赣榆县图书馆办公室文书、副馆长，2012年3月任赣榆县图书馆馆长。2008年获得连云港市图书管理先进个人，赣榆县"优秀党员"称号，2011年县委县政府"宣传文化先进工作者"；2012年度江苏省全民阅读先进个人；2013年获全市优秀宣传思想工作者。

张霞，女，1965年11月生，大学本科学历，中共党员，副研究

馆员，党支部书记。1987年8月参加工作，历任赣榆县图书馆办公室文书、副馆长，兼任赣榆县文化广电体育局党总支组织委员、赣榆县文化广电体育局监察室主任、赣榆县文化广电体育局工会劳动保护监督委员会主任，2008年9月任图书馆博物馆联合党支部书记。1998年江苏省公共图书馆先进工作者（省文化厅），1998年赣榆县文化系统“十佳专业技术标兵”，1999年赣榆县县优秀科技工作者，2000年赣榆县县优秀共产党员，2001年赣榆县县双拥先进个人，2004年赣榆县创建平安赣榆先进个人，2006年度赣榆县县优秀科技人才，2008年赣榆县计生先进个人，2009年赣榆县优秀共产党员，2010年赣榆县“十佳党务工作者”。

王建明，男，1973年1月生，大学本科学历，中共党员，馆员，副馆长。1992年6月参加工作，2003年9月任命为赣榆县图书馆副馆长。

周娜，女，1976年9月生，大学本科学历，中共党员，馆员，副馆长。连云港市第十一、十二届政协委员。1997年12月参加工作，历任赣榆县图书馆办公室文书，2011年任命为赣榆县图书馆副馆长。2008年赣榆县文体工作创作先进个人，2009年赣榆县“文明职工”，2010年连云港市市图书馆学会“优秀通讯员”，2012年赣榆县文化广电体育局“三八”红旗手，赣榆县文化广电体育工作“先进工作者”。

王怀琦，男，1976年1月生，大专学历，中共党员，馆员，副馆长。1997年12月参加工作，历任赣榆县图书馆办公室文书、会计，2013年2月任命为赣榆县图书馆副馆长。2011年度赣榆县文化广电体育工作“先进工作者”。

未来展望

逐步建立覆盖城乡、结构合理、方便快捷、惠及全民的服务网络，进一步增强活力，提高效能，服务能力、服务水平与服务效益明显提升。加强图书馆与乡镇、学校图书馆共建共享，带动全县图书馆事业发展，从而使图书馆在公共文化服务体系和数字文化建设中发挥主体作用，使图书馆成为满足人民群众基本文化需求的重要阵地，为提高全民族素质，全面建设小康社会做出应有的贡献。

1、完善覆盖城乡的设施网络。加强乡镇、社区图书馆（室）及村农家书屋建设，完成总分馆体系建设，形成覆盖城乡、比较完备的图书馆设施网络建设。

2、加快建设惠及全民的服务网络。全面实施图书馆免费开放。在建立建全设施网络的基础上，进一步通过多种形式延伸图书馆服务，提高图书馆服务获取的便捷性。积极拓展图书馆的社会教育职能，在实现均等普惠的公共服务基础上，加强对特定地域、特殊群体的服务，形成结构合理、功能健全、便捷高效、惠及全民的图书馆服务网络。

3、加快推进数字化建设。以文化共享工程、数字图书馆推广工程、公共电子阅览室建设计划等重大项目为抓手，在全县形成一个资源丰富、服务快捷、技术先进、稳定可靠的分布式数字图书馆服务网络，催生网络环境下新的文化服务业态。

4、进一步提高文献资源保障能力。建立涵盖纸本文献、缩微文献、数字资源等各种资源类型的信息资源保障体系，重点开展地方特色资源建设，实现对地域性文化资源的传承与利用。

5、进一步加强人才队伍建设。重点提高图书馆骨干的业务素质，加大对优秀中青年人才队伍的培养，特别是围绕未成年人服务、信息资源建设、数字图书馆建设等事业发展领域培养一批领军人物，造就一支数量合理、结构优化、素质优良、有良好职业道德与服务能力的人才队伍。

6、进一步创新体制机制。推进和深化图书馆管理体制和运行机制改革，探索和建立与公共文化服务体系相适应的管理体制，建立充满生机与活力的图书馆体制机制。

联系方式

地　址：江苏省连云港市赣榆县青口镇黄海东路0404号
邮　编：222100
联系人：李婷婷

东海县图书馆

概述

东海县图书馆始建于1959年1月，1975年1月单独建制。2003年3月建成并正式对外开放的拥有现代化设施的综合楼，图书馆馆舍面积达四千多平方米。2005年、2010年连续两次被国家文化部命名为“国家一级图书馆”，2013年东海县图书馆再次被国家文化部授予“国家一级图书馆”称号。馆内设有社会科学、自然科学、小说、少儿借阅、期刊、报纸、盲人阅览、电子阅览、报告厅等九个服务窗口，阅览座席320个，其中少儿图书馆面积达200多平米，阅览坐席达160个。东海县图书馆本部现有计算机80台，供读者使用的有40台，主要分布在电子阅览室、少儿借阅室及读者检索。

业务建设

截至2012年底，东海县图书馆现有文献总藏量达到71万册（件），电子文献58290种。图书年入藏量超过3000种，报刊年入藏量300余种，视听文献年入藏量超过50件。

县财拨经费由2008年的近50万增加到2012年的119.4万元，新增藏量购置费75.7万元，中央财政及免费开放经费已到位。

东海县图书馆把文献信息服务的需求与本馆特色馆藏文献资源有机地结合起来，开发建设具有馆藏特色的基层流动图书数据库、法律文献数据库、三农知识讲座数据库等专题数据库，以突出特色服务。

2004年起全馆使用力博图书馆管理系统，进行图书馆采编、借阅、期刊阅览等自动化操作。

读者服务工作

东海县图书馆自2010年4月开始实行全免费的方式对外开放。图书馆所有科室及场所包括综合阅览室、报刊查阅室、电子阅览室、地方文献查阅室、少儿借阅室、小说借阅室、社会科学图书借阅室、自然科学图书借阅室及报告厅等全部免费向读者开放；所有服务项目包括文献资源借阅、检索与咨询、公益性讲座和展览、基层辅导、流动服务以及办证、验证等全部免费向读者提供。同时通过开展形式多样的宣传活动，扩大免费开放的公众知晓率，吸引广大群众走进图书馆，最大限度地发挥公共图书馆功能作用。

东海县图书馆各服务窗口实行全周开放制度，周六、周日和节假日全部向读者开放，开放时间为8:30—17:30，每周开馆时间达63小时。所有图书全部实行开架借阅，开架比例为100%。

东海县图书馆根据读者的文化水平、年龄特征等进行图书宣传，采取宣传橱窗、导读书目、推荐书目、新书展览、读者座谈会等形式进行宣传。同时，每年出12期“馆藏书刊”宣传品，散发到机关、乡镇，年推荐图书、期刊1000余种。

据调查统计2012年度县图书馆书刊文献外借1048000册次，馆藏书刊文献年外借率达到147%，每个馆外流动服务点书刊借阅册次达5000册次每年，图书馆接待读者总数达1052000人次，人均到馆次数达到35次每人。每年解答咨询数量近1000条，还针对性地向读者提供各种文献资料，帮助读者解决学习、工作及生产科研中的各种疑难问题。

针对特殊群体，开展专门服务，包括开设盲人阅览室；开展外出务工人员法律技术讲座，并赠送实用技术资料，解答群众咨询，解决实际问题；举办少儿读书活动，关爱农村留守儿童，组织少儿图书进学校。此外，县支中心还利用县图书馆多媒体室播放文化信息资源共享工程传送的科技、文化、卫生、少儿科普等方面的视频资料，深受读者欢迎。

东海县图书馆2010年建成网站，2012年在原有基础上进行改版，改版后的网站增添了图书查询，图书续借等自助服务功能，将共享工程数字资源及购买的数字资源无偿提供给读者阅读。

2011年开播文化讲坛栏目，通过视频讲座的方式向读者展播文化知识讲座，每周六定期开讲，开展讲座次数达到每年50次以上。每两个月会以展览的形式向读者推介新书，年展览

讲座

少儿室

次数达6次。每年开展“红领巾”读书活动，农民读书节，“优秀小读者”等活动，每年举办的阅读活动达6次。经统计，每年各类活动参与人次超过3万人次。

充分利用“图书馆服务宣传周”、“全民读书日”开展图书馆宣传活动，如举办地方文献展，服务成果展览，编印宣传材料，开展咨询、举办讲座等，吸引了大量的读者。同时对有成就的专家也借此机会再征集作品，进一步丰富地方文献馆藏，达到良性循环。

业务研究、辅导、协作协调

职工参加省市组织的各类继续教育达人均81.8学时，编写出版了《基层图书管理员读本》。东海县图书馆拥有11位职工，其中大学本科以上学历9人，大专以上学历2人，所有职工学历均为大专以上，本科学历者超过80%。高级职称2人，中级职称3人，初级职称6人，所有职工均为初级以上，中级以上职称者占45%。

东海县图书馆根据实际情况，先后与21个乡镇文化中心图书馆和346个农家书屋成立了业务指导小组，以我馆为中心制定业务辅导工作计划，协调馆际关系，开展培训工作。根据我馆编写出版的《基层图书管理员读本》培训教材对全县中小学校图书馆、农家书屋管理员进行了培训，每年举办管理员培训班4期，接受培训人员达240人次，举办农技、文学、诗词等培训6次，培训人次达360人次。

管理工作

按需设岗，实行人员聘用制，在人事制度管理中引入竞争机制，择优聘用，优化组合，调动人的积极性，提高图书馆管理和工作效率。增强馆内职工的竞争意识，促进图书馆内部人事改革，我馆采取分级聘任，全员聘用，双向选择的措施，实行以能力为前提，以业绩为取向的竞争上岗聘用合同签约制度。既建立了严格的规章制度，对职工定岗、定时、奖惩分明，又注意满足职工的合理要求，如业务培训、职称评聘和待遇等。在馆内设立不同级别的岗位津贴，注意馆员的实绩、贡献、收入分配向优秀人才和关键岗位倾斜。把考核成绩与评优、晋级、奖金等挂钩。

表彰、奖励情况

东海县图书馆连续四年获得是图书馆学会优秀组织奖，连续四年荣获连云港市红读活动组织奖，有三项读书活动荣获省市创新奖等表彰。

馆领导介绍

朱川连，男，1962年5月出生，本科学历，副研究馆员，现任东海县图书馆馆长、文化局副科级干部。中国图书馆学会会员，江苏省博物馆学会理事，连云港市图书馆学会常务理事兼社区工作文员会主任，连云港市收藏家协会理事。二十多年来潜心研究实践基层图书馆的建设与发展，公开发表图书馆学论文四十余篇，著有《基层图书馆建设启示录》、《古钱币史话》和《基层图书管理员读本》等著作，参与国家社科基金项目一项，获县政府嘉奖一次，被中国图书馆学会评为“优秀会员”。

张愫云，女，1962年9月生，1979年高中毕业，1980年12月在图书馆工作，1980年12—2003年5月先后在图书馆阅览室从事资料查询工作；在图书馆业务研究辅导部从事业务研究辅导工作。2002年10月至今，当选为政协东海县第7、8、9届政协委员，多次被评为优秀政协委员。2004年5月出席连云港市第十二次妇代会。工作期间参加东南大学举办的图书馆情报专业学习，学制三年。2003年6月至今担任图书馆副馆长，从事图书馆的业务工作。同时被聘为馆员，2005年至今共有7篇文章在期刊杂志上发表。有十余篇文章在省市图书馆学理论研讨会上获奖。

章卫东，毕业于江苏省委党校经济管理系。1989年于图书馆参加工作，1992年担任会计工作，2001年借调文化局工作，2002年调入文化馆任馆长助理2003年任文化馆副馆长，2008年任文化馆党支部书记，2012年调任图书馆党支部书记。《东海县非物质文化遗产汇编》担任主编。

许炜，1992年参加工作2006年担任会计，2009年任图书馆馆长助理，2010年任副馆长。

郑莹，女，1984年5月出生。2002年9月至2006年7月在四川大学图书馆学专业学习，本科学历，获管理学学士学位。2006年7月参加工作。现任东海县图书馆副馆长，馆员。任现职以来，在基层图书馆管理和工作实践中总结撰写经验交流论文和发表专业论文数篇，出版合著著作一种。现为中国图书馆学会会员，江苏省图书馆学会会员，连云港市图书馆学会会员。

未来展望

近年来东海县图书馆经全馆同志的共同努力，不论图书馆的基础设施、业务建设还是读者工作、业务辅导及综合管理、学术研究等方面都取得了可喜成绩。图书馆各项管理工作能够做到计划周密、奖惩得当，为振兴东海县经济，丰富人民的文化生活作出了贡献。

联系方式

地　址：东海县利民东路12号
邮　编：222300
联系人：霍正雷

读者检索设备

综合阅览室

红领巾读书活动

灌南县图书馆

概述

灌南县图书馆初创于1958年10月，馆址几经变迁，2008年10月18日，位于灌南县新安镇人民西路1号的新馆建成开放。新馆占地4000平方米，建筑面积3500平方米，设计藏书容量40万册，可容纳读者座位350个。2004年参加第三次全国公共图书馆评估，首次获得三级图书馆。2009年、2013年，两次被评为国家一级图书馆。灌南县图书馆现有借阅、阅览、电子阅览等服务窗口14个，阅览坐席240个，计算机42台，信息节点56个，宽带接入100Mbps，选用南京图书馆力博图书馆自动化管理系统。

业务建设

截止2013年底，灌南县图书馆总藏量17.87万册（件），其中，纸质文献4.69万册（件），电子图书2.62万册，电子期刊0.56万种、册。

2009、2010年，灌南县图书馆新增藏量购置费22万元，2011年起增至28万元。2009–2013年，共入藏图书0.75万种，4.62万册，报刊210种，视听文献645种，数字资源总量为3.05TB。

2006年，为适应图书馆读者服务日益发展的形势需要，灌南县图书馆在南京图书馆的帮助下，启用力博图书馆自动化管理系统，实现图书馆业务管理及办公自动化，提高了图书馆读者服务水平。2013年8月，实现馆内802.11N无线网络全覆盖。

读者服务工作

从2006年8月起，灌南县图书馆全年365天天天对外免费开放，周开放68小时。2009–2013年，总流通17.69万人次，书刊外借14.38万册次。2012年4月，利用电信VPN虚拟网，实现与乡镇图书馆的馆际互借服务。2012年，建成1个城区分馆，14个乡镇分馆，4个学校分馆，241个村、社区流通服务点，1个军营流通点，馆外书刊流通总人次34.12万人次，书刊外借38.24万册。

几年来，灌南县图书馆网站根据服务需要，开通馆内业务咨询、辅导讲座、网站导航、数字资源索引，发布使用的数字资源总量为18种，8.43TB，可通过图书馆网站灌南县共享工程VPN专网向全县公共图书馆、共享工程基层服务点提供检索、浏览和下载服务。

2009–2013年，灌南县图书馆共举办讲座、展览、培训、阅读推广等读者活动27场次，参与人数15.49万人次。

业务研究、辅导、协作协调

2009–2013年，灌南县图书馆职工发表和在国家、省图书馆学会获奖论文52篇。《健全“四级网络”、构建公共图书馆服务体系》项目服务成果由省新闻出版局向全省同类区域图书馆推广，并在中国图书馆学会神木年会服务成果征集评比中获奖。

从2010年起，灌南县图书馆以文化信息资源共享工程VPN专网为依托，在全县范围内组建公共图书馆服务网，县图书馆负责分馆管理员的指导培训、采编计划、设备维护、建设规划，共享工程数字资源的组织、推广；各分馆共享县馆图书、信息、数字资源，实行共建共享，通借通还；各分馆负责村组流通服务点的编目、流通服务、阅读推广与讲座展览资源服务、业务培训与技术支持等工作。

总分馆及流通服务点工作人员克服硬件简陋，资金投入少的困难，积极开展读者服务活动，每年都举办读书节、读书征文演讲、读书沙龙、科技咨询、数字资源播放、各种展览培训、留守儿童学习辅导、节假日娱乐等活动，进行图书不定期流转，以软件上的积极工作，弥补硬件上的不足，取得了良好的社会效益。

管理工作

2011年，灌南县图书馆完成全员岗位聘任，本次聘任共设7类岗位，有13人择优上岗，同时，建立了工作量化考核指标体系，每月进行工作进度通报，每半年和全年进行总体工作考核，年底与绩效考核挂钩。几年来，每年撰写专项调研、分析报告和工作总结10余篇。

表彰、奖励情况

2009–2013年，灌南县图书馆共获得各种表彰、奖励15次，其中，文化部表彰、奖励2次，省文化厅表彰、奖励2次，其他表彰、奖励11次。

馆领导介绍

刘丽娟，女，1973年10月生，本科学历，中共党员，馆员职称，馆长、书记。1993年7月参加工作，2007年5月任灌南县图书馆馆长。兼任连云港市图书馆学会常务理事，文化信息资源共享工程灌南县支中心主任。

韩榕，女，1982年12月生，本科学历，中共党员，馆员职称，副馆长1999年月参加工作，2010年10月任灌南县图书馆副馆长。

未来展望

几年来，灌南县各级图书馆、流通服务点积极开展各种形式的读者活动，流通服务工作呈现出了勃勃生机。全县共开展全民读书节4次，中小学读书节23次，红领巾读书征文、演讲活动118次，参与人达17万人次，举办中小学生书画展2次，参观6万人次；举办读书、卫生、农业科技讲座和放映活动410多场次，发放各种资料15万份，受益群众超过20万人次。我县读者借阅流通量也由原来的2.3万增加到2013年的66万人次，借阅书刊109万册次，解答读者咨询14万多条，达到了历史的新高。

在中国图书馆学会第十届中国社区乡镇图书馆发展战略研讨会上，灌南县图书馆提交的论文“四级流通网点建设与读者服务的可持续性”在大会上作主题发言，受到与会者的高度评价。“灌南县的经验为此课题作了很好的探索，起到了引领作用”，中国图书馆学会社区乡镇图书馆专业委员会万群华主任在总结讲话中对我县的做法给予了充分肯定，这是对灌南县四级流通网点建设工作的鼓励和鞭策。来我县检查的省新闻出版局、省委宣传部领导也对我县的建设成果高度赞赏，表示要向全省类似地区推广。

我们相信，通过图书工作者的辛勤劳动，我们的工作一定会在经济腾飞服务的进程中发挥出越来越大的作用，成为“三个文明”建设不可或缺的重要纽带。

联系方式

地　址：江苏省灌南县人民西路1号
邮　编：222500
联系人：武 竞

淮安市淮安区图书馆

概述

淮安市淮安区图书馆单独建制从1978年12月起算，馆址开始在文化馆内。1984年元旦搬迁至淮城镇局巷1号，占地1900平方米，馆舍650平方米。1988年2月，随着撤县建市，淮安县图书馆更名为淮安市图书馆。1993年6月，"宋庆龄基金会和联合国儿童基金会与淮安市图书馆合作项目——淮安市儿童流动图书馆"于1994年6月正式开馆，与淮安市图书馆合署办公，并在乡镇设立了18个流动点。现坐落于月湖之畔的新馆于1991年4月25日奠基，1995年10月竣工，1996年8月开放，建筑面积1750平方米，占地面积2.76亩。计设有成人外借室、少儿外借室、报刊阅览室、古籍室、资料室、采编室、全国文化资源共享工程支中心播放厅、电子阅览室、数字图书馆等9个对外窗口和平台，馆内藏书总量累计约24万册。现有职工16人，大专以上学历占职工总数的百分之百，中级和中级以上职称达15人，占职工总数94%。1988年至今一直是市级文明单位，1998年至2004年连续多年被评为省文明图书馆。1994年，通过国家文化部图书馆等级馆评估验收，成为全国首批二级图书馆。1999年、2004年、2009年又连续三次通过验收，2013年升格为国家一级馆。

业务建设

积极争取政府的重视和支持，购书经费和购书量不断提高。新增图书2009年2395种，2010年2812种，2011年2097种，2012年2814种，2013年3476种，2014年3748种，年均订购报纸、杂志约270种，馆内藏书总量约24万册。2009年下半年启动全国文化资源共享工程淮安区支中心建设，2010年5月20日省文化厅下发《关于公布新近建成的文化共享工程支中心、基层服务点名单的通知》，标志着支中心正式建成。2011年利用中央专项补助经费，基本解决设备更新、添置等硬件上的遗留问题。成人外借室添置一批书架，解决了图书增加、书架不足的问题；少儿外借室原来的木质书架全部更换为钢质书架，木质书架成为历史；阅览室添置一批报架。2012年，对馆貌环境进行了美化出新；在市图书馆的帮助、带动下，数字图书馆建成、开放。2013，电子阅览室建成开放。2007年开展古籍普查与申报工作，古籍先后分两批申报《江苏省珍贵古籍名录》，第一批入选8部66册644卷，第二批入选13部350册1505卷，共有21部古籍入选江苏省珍贵古籍名录。2014年被省古籍保护中心评定为江苏省古籍收藏单位。

读者服务工作

多年来始终坚持公益性、免费开放和常年全天候服务，一年365天只有每周五下午因集体学习闭馆。读者服务整体工作扎实推进，力度有增无减。同时，重视读者阅读需求的调研，努力调优图书结构。寒暑假之前，考虑少儿读者量的加大，专门采购一批少儿读物。年均接待读者约14万人次，流通图书约15万册次。顺应时代发展，新增全国文化资源共享工程支中心播放厅、电子阅览室、数字图书馆，图书馆功能得到扩大，服务窗口由传统的成人外借室、少儿外借室、报刊阅览室、古籍室、资料室、采编室6个增加到9个。从2011开始，全国文化资源共享工程支中心播放厅播放时间增加到每周两次，为了增加影响，这一年上半年每个月在区报公布一次节目预告。

业务研究、辅导、协作协调

坚持周五下午集中学习制度，不断提升职工的思想素质和业务素质，全年集中学习约40次。鼓励职工进修和学习业务，从根本上改变了学历层次偏低和中级职称断层的局面。鼓励职工钻研业务、撰写论文，发表论文、征文获奖给予一定经济奖励，每年都有数篇论文在省级刊物发表和在征文中获奖。关心和重视职工的培养和选拔工作，积极主动推选业务骨干进入领导岗位。同时，每年开展10次以上的社会宣传和读者活动，社会影响和知名度不断扩大。从2001年到2012年连续11年的每年正月初三贺新春有奖猜谜活动受到猜谜爱好者的热烈欢迎；纪念建国60周年、建党90周年、辛亥革命100周年知识竞赛产生较大反响；2010年制作的电视宣传资料片在区电视台连续播放近2个月时间，

流动图书进社区启动仪式

图书馆服务宣传周活动

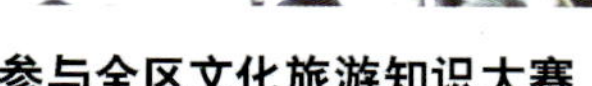
参与全区文化旅游知识大赛

对乡镇文广站图书室管理员进行分片培训

每年一度的贺新春有奖猜谜活动

取得了空前的宣传效果；连续五年与区法院等单位合办“与法同行”中学生法律知识竞赛活动。2009年至2013年，在市红领巾读书演讲比赛中连续五次领先，喜获“五连冠”。另外，克服人手紧等困难，年均赴乡镇约20次，在农村文广站图书室和农家书屋的服务、指导和检查上做了大量工作，为文广站图书室和农家书屋的规范化做了较大贡献。2009年11月下旬到12月上旬，我们把握时代发展的脉搏，分渠北、渠南、运西三个片对乡镇文广站图书室管理员进行了集中培训。2011年对全国文化资源共享工程基层服务点工作人员进行了一次集中培训。在绝大多数乡镇文广站图书室均设立了流动服务点并签订了合作协议，机关、企事业和小区流动服务点也不断增加，服务网络不断扩大。重视讲座、培训活动，年均约18次。

管理工作。

按照事业单位改革的精神，不断加大内部管理力度。2009年制订实行《区图书馆管理考核方案》，管理考核内容分“学习政治理论和业务知识”、“遵纪守法”、“敬岗爱岗、优质服务”和“关心集体”4个部分，按照积分形式，分别占20分、30分、30分和20分。考评办法主要是行政管理与民主管理相结合，每季度进行一次民主测评，管理考核领导小组根据民主测评和平时掌握情况对职工进行一次综合评估，年底结合季度考评结果，对职工进行全年综合评估。为体现以人为本、民主管理的思想，《区图书馆管理考核方案》在全体职工会议上进行了讨论和通过，使之成为全体职工必须执行的“法规”。以后每年对管理考核办法进行修订，力度越来越大。为了适应事业单位实行绩效工资这一新的形势，及时研究制订了《淮安市淮安区图书馆管理考核、兑现绩效工资的暂行规定》，开始从2012年1月1日起执行，管理和奖惩力度进一步加大。为了将管理考核落到实处、有案可稽，上下班实行签名制度和行政轮值制度，每周一名行政值班负责，一把手为总值班。

表彰、奖励情况

2009—2014年，该馆共获得各种表彰、奖励96次，其中，文化部表彰、奖励5次，省文化厅表彰、奖励4次，市委、市政府表彰、奖励22次，其他奖励65次。

馆领导介绍

朱秦岭，男，1967年5月生，大专学历，中共党员，馆员，副馆长（主持工作）。1986年区棉纺织厂职工，1994年调入区图书馆，1999年8月毕业于淮安市委党校大专班，2003年借用区文化局，2005年1月任区图书馆工会主席，2011年8月任区图书馆副馆长。

王涛，女，1969年7月生，大专学历，中共党员，馆员，工会主席。1985年宿迁市马陵中学高中毕业，1988年12月至1994年8月在宿迁中医院财务科工作，1994年9月在区图书馆采编部任图书管理员，2001年任采编室主任，2011年8月任区图书馆工会主席。

未来展望

与时俱进，任重道远。该馆将创造条件，在建成新馆、总分馆建设、数字化等方面作出努力。

联系方式

地　址：江苏省淮安市淮安区西长街31号
邮　编：223200
联系人：吴春明

淮安周恩来读书节开幕式在我区举行

红领巾读书征文演讲比赛中再获佳绩

举办第五届与法同行法律知识竞赛活动

淮安市清河区图书馆

概述

清河图书馆暨淮安市国际摄影图书馆坐落于宁连路畔的清河新区古淮河文化广场，毗邻长荣大剧院、西游记博览馆、清河文化馆、淮扬菜美食博物馆、古淮河公园等特色文化建筑。新馆于2010年8月破土动工，2012年6月落成并对外开放。建筑面积8500平方米，设计藏书容量30万册，可容纳读者座位600余个。2013年，参加第五次全国公共图书馆评估，首次获得一级图书馆。目前清河图书馆有阅览坐席437个，计算机97台，信息节点128个，宽带接入100Mbps，选用力博图书馆自动化管理系统。

业务建设

截止2013年底，清河图书馆总藏量192944册（件），其中，纸质文献163247册（件），电子图书3600种。

2013年，清河图书馆图书购置费为35万元，共入藏中外文图书9527册，中外文报刊254种，视听文献140种。地方文献入藏完整率为95%。

截止2013年底，清河图书馆数字资源总量为7TB，其中，自建数字资源总量1.05TB。2013年，启动《清河区非物质文化遗产》数据库建设工作。

2012年，图书馆升级了力博图书借阅系统，并配备了RFID图书馆自助办证与借还书系统，初步实现了无人化管理和自主化借阅，同时实现馆内无线网络全覆盖。

读者服务工作

从2012年6月起，清河图书馆全年365天天天对外免费开放，周开放63小时，同年，引进RFID技术，实现了馆藏文献的自助借还。2013年，书刊总流通106007人次，书刊外借156963册次。2013年3月，开通与南京图书馆的馆际互借服务。2013年4月，在区内7个街道13个社区及4处军营，建成17个分馆，有6个流动服务车服务点，馆外书刊流通总人次7521人次，书刊外借5182册。

2013年，清河图书馆网站访问量5382人次。加入市图书馆数字图书馆平台，自有及共享可供读者使用的数字资源总量为14种，12.6TB，均可通过清河图书馆网站、淮安市图书馆数字图书馆网站向读者及社区分馆提供检索、浏览和下载服务。

2013年，清河图书馆共举办讲座、展览、培训、阅读推广等读者活动16场次，参与人数1万人次。以每年周恩来读书节为平台，在馆内外开展各种有创意的阅读推广主题活动，是清河图书馆阅读推广工作的特色。

业务研究、辅导、协作协调

从2012年起，清河图书馆加入淮安数字图书馆联盟，成为市图书馆数字分馆之一，2013年加入国家图书馆联合编目中心；加入省联合参考咨询平台；与中国盲文图书馆、南京图书馆、淮安市图书馆、少儿图书馆签订馆际互借协议。

2013年，结合总分馆体系社区图书流转工作的开展，下基层指导街道（社区）图书分馆业务管理工作，完成并帮助组建16个图书分馆或流通点，指导图书流转业务的开展，对流通点进行业务辅导，采用集中培训和单独指导相结合，全年共计轮训284人次。2013年9月，在市文广新局的组织下，清河图书馆举办淮安市农家书屋管理员培训班，3天共计培训4百余人。

2013年图书馆职工参与国家、省、市图书馆及学会组织的各类学习培训8人次以上，职工发表论文4篇。

管理工作

2013年，清河图书馆完成全员岗位聘任，建立了工作量化绩效考核指标体系，按月进行考核通报，每半年和全年进行总体工作考核。2013年，按季度对馆内文献排架、书目数据进行抽查，并编写《工作季报》，针对图书馆发展及社区图书馆运行撰写专项调研、分析报告和工作提案3篇。

表彰、奖励情况

2013年，清河区图书馆共获得各种表彰、奖励6次，其中，市文化局表彰1次，区委、区政府表彰、奖励1次，区文广新局表彰、奖励2次，其他奖励2次。

馆领导介绍

李成连，男，1983年1月生，本科学历，中共党员，清河区文广新局副局长兼清河图书馆馆长。

高飚，男，1982年8月生，本科学历，中共党员，中级职称，副馆长，2000年8月参加工作，历任馆办主任，馆长助理。

蔡辛，女，1981年10月生，本科学历，副馆长，2006年3月参加工作，先后在采编部，办公室工作。

成人阅览室

图书馆大厅

流动服务

军营流通点启动与志愿者上岗宣誓活动

送书活动

未来展望

清河图书馆遵循“低门槛、高服务”的办馆方针，认真贯彻党的“十八”大会议精神，切实抓好图书馆的“建、配、管、用”的工作，加强图书馆的管理和建设，发挥图书馆在社会中的特殊功效，规范管理制度，强化窗口行业作风建设，巩固和发展国家一级图书馆的建设。

未来将进一步打造总分馆体系，发挥分馆的服务功能，由请进来向走出去转变。2013年，在不断强化自身综合实力的同时，通过设立社区分馆和流通点，使馆藏资源得到充分利用，扩大了读者知晓率，将图书馆建到了百姓的家门口。2014年，清河图书馆将在原有基础上继续增加分馆和流通点的数量，实现区内全覆盖。同时在重点街区和人口密集场所布设24小时无人值守街区图书馆，不间断的提供图书借还服务。以摄影为主题，打造特色图书馆。在文献收藏上侧重摄影类资源，设立摄影工作室，举办摄影培训班，定期组织摄影沙龙、讲座、展览等，与省市摄协共享资源，成为摄影爱好者的培训基地和制作场所，同时主要指标位居全国县区公共图书馆前列，达到国内一流图书馆的基本标准。

联系方式

地　址：淮安市大同路88号
邮　编：223001
联系人：高 飏

洪泽县图书馆

概述

洪泽县图书馆始建于1976年，是由政府兴办的综合性公共图书馆。先后经历三次改扩建。2006年迁入新馆。新馆位于县文化中心三楼，面积3220㎡。2009年，参加第四次全国公共图书馆评估，首次获得“国家一级图书馆”称号。截止2012年底，洪泽县图书馆年订购报刊505种，持证读者7510人，有阅览坐席340个，计算机87台，宽带接入10Mbps，选用图书馆自动化管理系统。

业务建设

截止2012年底，洪泽县图书馆总藏量20.37万册（件），其中，纸质文献20.16万册（件），电子图书2150册。

2011、2012年，洪泽县图书馆新增藏量购置费20万元。2009—2012年，共入藏中外文图书46521种，57478册，报刊年入藏平均值为445种，视听文献1632种。

截止2012年底，洪泽县图书馆数字资源总量为4TB，其中，自建数字资源总量0.5TB。

洪泽县图书馆采用力博图书管理系统。该系统实现了图书采编、流通、连续出版物、信息咨询等业务工作的自动化管理。

读者服务工作

洪泽县图书馆在2009年实行大部分免费开放的基础上，从2011年1月1日起全面实行免费开放服务。除免除服务费、工本费、上网费等服务费用外，还举办讲座、培训、展览、读者活动等免费活动，周开放84小时。2009—2012年，书刊文献年外借17.31万册次，全县年人均到馆26.04次。自2010年设立了夕阳红大院分馆后，洪泽县图书馆逐步在各个乡镇分别设立了分馆。目前洪泽县图书馆共有分馆13个。各个分馆统一制定图书管理制度，统一分编图书。此外，洪泽县图书馆还联合洪泽湖影视城设立了一个报刊阅览点。

2009年9月，洪泽县图书馆网站正式建成。自网站建成至2012年底，共发布新闻51篇，更新信息101篇。2012年，洪泽县图书馆开通了淮安市数字图书馆洪泽县分馆，可为群众提供215万种中文图书，9亿页全文资料。

2009—2012年，洪泽县图书馆面向不同群体读者共举办各类活动134次，其中讲座82次。参加活动的读者数在5万人以上。

业务研究、辅导、协作协调

2009—2012年，洪泽县图书馆职工共完成论文26篇，其中13篇论文在国家、省、市举办的学术研讨会中获奖。每年选派职工参加省、市图书馆组织的专业知识培训，县人事局组织的专业人员继续教育培训及考试，赴友邻馆进行业务学习交流，参加省、市学会组织的学术研讨活动及学会讲座等。

在省文化厅、省财政厅的扶持下，建成文化信息资源共享工程县级支中心。全县11个基层服务点设备已于2010年全部安装到位，其中增强型2家，基本型9家。并严格按照省里要求采用VPN技术与支中心建成虚拟网连接。洪泽县图书馆还利用文化信息共享工程资源播放室，每周面向群众免费播放电影、讲座、动画片等。文化信息共享工程资源播放室自2010年5月开播以来至2012年底，共免费播放资源245场。

2011年，电子阅览室在调整后重新正式对外免费开放。电子阅览室提供70台计算机供读者免费上网。自2011年免费开放以来至2012年底，共接待读者48313人。

2009年—2012年，洪泽县图书馆共分编“三送工程”图书36695册，并统一发送到各镇图书室。洪泽县图书馆每年还定期举办乡镇图书管理员业务培训班。规范乡镇图书馆图书整理上架、借还登记手续以及日常图书的维护等工作，提高乡镇图书管理员业务素质。

管理工作

2011年，洪泽县图书馆完成全员岗位设置。根据编制部门

图书馆服务宣传周

2012年度周恩来读书节暨第三届洪泽湖农渔民读书节开幕式

报刊借阅室

少儿借阅室

图书借阅室

核定，共设岗位8个，以专业技术岗位为主体岗位。同时，建立了岗位责任目标责任制考核办法、考勤实施办法、惩防体制建设制度等量化考核指标体系。

表彰、奖励情况

2009年–2012年，洪泽县图书馆选派的多名选手多次在省、市举办的“红领巾读书征文、演讲比赛”活动中获奖。其中2010年，洪泽县图书馆荣获江苏省文化厅颁发的“优秀组织奖”，2011年、2012年，洪泽县图书馆荣获淮安市市文广新局、市教育局颁发的“优秀组织奖”。2009年，洪泽县图书馆组织选手参加了淮安市农民读书演讲比赛活动，选派的2名参赛选手分别获得了一、三等奖。2010年，洪泽县图书馆被淮安市图书馆学会表彰为“学术年会组织奖”；洪泽县图书馆选派的农民演讲选手参加江苏省新闻出版局举办的“我的书屋、我的家”演讲比赛，获二等奖。2011年，洪泽县图书馆2人荣获“全县文化广电新闻出版局综合工作先进工作者”称号。1人获“2011年度淮安市周恩来读书节先进个人”称号。1人代表淮安市参加江苏省组织的“全国第二届文化共享工程知识竞赛”，获团体三等奖。2010–2012年，洪泽县图书馆1人3次荣获洪泽县委、县政府授予的“社会事业工作先进个人”称号。

馆领导介绍

赵永祥，男，1962年10月生，本科学历，中共党员，副研究馆员，支部书记、副馆长。1979年11月入伍服役；1983年12月就职于洪泽县图书馆，历任馆长助理、副馆长、馆长、书记等职。2010–2012年度，连续三年被洪泽县委县政府授予“社会事业先进个人”称号。

冯景，男，1957年7月生，大专学历，中共党员，馆员，党支部副书记。1975年7月知青插队；1978年3月就职于淮阴市汽车运输公司；1980年4月就职于洪泽县文化馆；1999年8月就职于洪泽县图书馆。2007年3月担任洪泽县图书馆党支部副书记一职。

张将，男，1964年12月生，本科学历，馆员，副馆长。1984年7月就职于洪泽县中学；1989年10月就职于洪泽县图书馆。2006年4月担任洪泽县图书馆副馆长一职。

未来展望

洪泽县图书馆坚持“读者第一、服务至上”的宗旨，开拓创新、与时俱进。在努力服务大众的同时，也对构建我县公共文化服务体系，促进社会和谐，做出了不懈的努力。在未来的几年里，洪泽县图书馆将把工作重心放在馆藏数字资源建设和对数字资源内容的管理能力的培养上。

联系方式

地　址：洪泽县文化中心三楼
邮　编：223100
联系人：何娇娇

金湖县图书馆

概述

金湖县于1959年建县，位于江苏省中部，是淮安市下辖县，地处淮安、扬州、安徽滁州两省三市交界处。2012年常住人口33万人。虽然人口较少、建县较晚，县委、县政府一贯高度重视公共文化服务事业，不断加强公共文化阵地建设，使金湖县图书馆充分发挥了公共图书馆的职能。

金湖县图书馆独立建制于1976年，是江苏省较早一批从文化馆析出的县级公共图书馆之一。金湖县图书馆新馆于2006年正式对外开放，总面积4145平方米，设计藏书容量40万册，采用力博图书馆管理系统。2009年金湖县图书馆顺利通过第四次全国公共图书馆评估定级，为苏北地区较早获得一级图书馆称号的县级公共图书馆。2012年，金湖县图书馆共有阅览坐席369个、计算机65台，接入带宽10Mbps。

业务建设

截至2012年底，金湖县图书馆文献资源总藏量16.8万册（件），电子文献1146种，数字资源总量6TB。2009至2012年，新增藏量购置费17万元/年，图书年入藏量6896种/年，报刊年入藏量326种/年，视听文献年入藏量286件/年。建有完整的地方文献收藏体系，地方文献征集工作一直纳入岗位目标考核，截至2012年共征集各类地方文献551种，此外每年收集整理“写金湖，赞金湖”作品1000多条并装订成册。

读者服务工作

金湖县图书馆全年365天对外免费开放，节假日不休。2009至2012年，书刊文献开架比例与馆藏文献年外借率均达100%，书刊文献年外借量17万册/年，馆外流动服务点书刊借阅2.5千册次/年，人均年到馆25次/人，读者利用总人次数达25.7万人次。

同时每年坚持开展图书馆服务宣传周、红领巾读书征文、科普宣传周等主题活动。2009至2012年组织与举办讲座培训19次/年、展览7次/年、阅读推广活动6次/年，宣传推荐书刊超过1000种/年，网站浏览点击数年均6000次。

2010年，金湖县图书馆完成全县11个乡镇的文化共享工程基层服务点建设。2012年，金湖县图书馆开通数字图书馆服务平台，以适应图书馆现代化服务需要。

业务研究、辅导、协作协调

金湖县图书馆定期举办业务知识与操作技能等岗位培训，组织员工参加继续教育培训，保证岗位培训与继续教育人均56学时/年。同时鼓励员工参加学术征文交流活动，2009至2012年共有近40余篇论文在国家、省、市专业研讨会或学术杂志中获奖与发表。2011年金湖县图书馆承办江苏省第十三届县（市）区图书馆馆长理论研讨会，就会议主题“基层公共图书馆与公共文化服务体系构建”与兄弟馆进行交流与探讨。

管理工作

金湖县图书馆建有完备的财务、人事、档案等各项管理制度，做到有章可循、按章办事。金湖县图书馆实行岗位设置管理，每年与下属部门、员工个人签订岗位目标责任书，有明确的工作量化考核指标体系，每半年和全年进行总体工作考核。

表彰、获奖情况

2009至2012年，金湖县图书馆共获得各类表彰、奖项72次，其中，国家级表彰、获奖3次，国务院业务主管部门、省级党委、政府级表彰、获奖2次，省级业务主管部门及市级党委、政府级表彰、获奖4次，市级业务主管部门及县级党委、政府级表彰、获奖14次。

馆领导介绍

王国瑞，男，1959年生，大专学历，政工师，馆长，1979年参加工作，1984年从事文化馆工作，1990年从事电视台工作，2004年底从事文化市场管理和执法工作，2012年7月从事图书馆工作。在从事文化、电视工作期间，是市摄影家协会理事，市电视艺术家协会理事。多次被省、市、县表彰，期间被淮安市评为“十佳新闻工作者”，被市委、市政府表彰为先进个人。

殷舜娟，女，1956年生，本科学历，中共党员，研究馆员，党支部书记。1985年从事图书馆工作，淮安市图书馆学会理事，江苏省图书馆学会会员，中国图书馆学会会员，市劳动模范，多次被省、市、县评为先进个人。

未来展望

金湖县图书馆将继续坚持“读者第一，服务至上”的原则，建立以读者需求为导向的服务机制，围绕读者需要提供服务，根据读者反馈改进服务，多提供读者乐于使用的资源，多开展读者便于参加的活动。通过夯实基础服务，引进新型服务资源，参与地区服务网建设，加强可移动服务能力等多种举措，深化服务内涵，提升服务品质，创新服务模式，切实为公众构建全方位、多层面的现代化图书馆服务平台，不断推进图书馆事业向前发展。

联系方式

地　址：金湖县健康西路3号
邮　编：211600
联系人：王国瑞

滨海县图书馆

概述

滨海县图书馆始建于1959年，位于老城区银行巷，馆舍面积200平方米。1966年“文化大革命”期间，图书馆并入文化馆，成为文化馆图书室。1975年于阜东中路132号新建馆舍。1998年重新投资680万元在原址翻建了一幢六层图书馆大楼，2000年新馆落成，正式对外开放。新馆建筑面积5033平方米，馆舍面积3000平方米，馆内设有图书外借室、报刊阅览室、少儿阅览室、电子阅览室、采编室、读者服务部、书库、文化共享工程滨海县支中心等，配有阅览坐席288个，计算机45台，宽带接入10Mbps。在2013年全国第五次公共图书馆评估定级中，被文化部评定为“一级图书馆”。

业务建设

至2012年底，滨海县图书馆总藏量20.52万册（件），其中，纸质文献16.2万册（件），电子文献藏量达8900种。

2009–2012年，滨海县图书馆年均新增藏量购置费16万元，采购图书约2500种，5000册。至2012年底，滨海县图书馆数字资源总量达3.94TB，其中自购资源1TB。

读者服务工作

从2011年3月起，滨海县图书馆办证、外借、阅览、咨询、上网、讲座、展览等各个服务项目全年365天对外免费开放，每周开放66.5小时。2009–2012年，年人均到馆次数约为25.9次/人，年书刊文献外借达104280册次。全县设8个乡镇图书流通服务点、分馆17家，2009–2012年滨海县图书馆馆外流动服务点年借阅册次约5013册次。

滨海县图书馆网站于2010年建成，为读者提供馆内图书信息查询，近期活动介绍及数字资源服务。自开通以来，网站每天24小时运行，读者总计访问量为20821人次。通过咨询电话和E-mail等方式，接受并解答读者咨询2023人次。2009–2012年，滨海县图书馆开展讲座、展览、培训、阅读推广等读者活动39次，参与人数约6万人次。

业务研究、辅导、协作协调

2009–2012年，滨海县图书馆职工积极参与省市业务学习，发表论文共计23篇。

2009–2012年，滨海县图书馆针对基层先后26次通过开办业务培训、实地帮助编目上架等形式对基层图书室进行业务辅导。同时积极开展送书下乡活动，赠送给各街道、乡镇图书馆图书9739册，期刊9100册。

自2012年，滨海县图书馆开始向社会公开招聘志愿者参与图书的整理、上架、归位及好书推荐等活动。先后共招聘志愿者40余名，服务累计达2000小时。

管理工作

滨海县图书馆自2012年开始实行定岗定编、按岗聘用、竞争上岗。2012年设岗位总量11个，其中：管理岗位3个，专业技术岗位7个，工勤技能岗位1个。同时，建立了工作量化考核指标体系，每月进行工作进度通报，每半年和全年进行总体工作考核。2009–2012年，共抽查文献排架71次，书目数据27次。

表彰、奖励情况

滨海县图书馆于2009年被县文广局表彰为先进集体，2010年被县文广局表彰为招商引资工作先进集体，2011年滨海县图书馆被县文广局表彰为先进集体、财务工作先进集体，2012年被县文广局表彰为文化工作先进集体。

馆领导介绍

孟昭学，男，1962年9月生，1988年7月毕业于南京广播电视大学图书馆专业，大专学历，中共党员，馆员，馆长，党支部书记。负责图书馆全面工作。

姜玲，女，1964年6月生，大专文化，中共党员，副研究馆员，副馆长，党支部副支部书记，1981年10月分配至图书馆工作，分管图书馆业务工作。

于江泳，男，1967年5月生，大专学历，中共党员，副馆长。1987年12月参加工作，1999年10月调至图书馆。现分管图书馆办公室、安全工作。

未来展望

滨海县图书馆遵循“读者第一，服务至上”的原则，以“创新服务”为办馆方针，继续完善图书馆阵地服务功能，扩大服务辐射区域，带动地区文化事业的事业发展。

联系方式

地　址：滨海县阜东中路187号
邮　编：224500
联系人：孟昭学

滨海县图书馆

未成年人电子阅览室

电子阅览室

镇江市润州区图书馆

概述

润州区图书馆创建于2008年10月，建筑总面积2500平方米，系综合性公共图书馆，有独立的少儿部，2013年10月通过文化部“县（市）级图书馆一级馆”的评估。馆内设“阳光娃”道德童谣体验馆、图书借阅室、报刊阅览室、少儿借阅室、电子阅览室和盲人阅览室等。目前藏书13万多册，电子图书5万多册，常年订阅报刊杂志260多种。润州区图书馆坚持文化惠民，本着“服务读者，回馈社会”的宗旨，免费借阅，免费办证，依托“阳光娃”道德童谣体验馆特色教育阵地，“润心讲堂”和“流动书屋”两大品牌活动，定期举办经济、文化、健康和科普类的公益讲座，让广大市民、未成年人和新市民子女充分享受公共文化福利，同时积极开展社区读者活动、师生读者活动、亲子读书活动和农民读书演讲等活动，《中国教育报》、《中国新闻出版报》、《中国劳动保障报》、《江苏教育报》、《镇江日报》、《京江晚报》、镇江电视台、省新闻出版署和省教育装备中心网站均做过专题报道。

业务建设

截止2012年底，我馆藏书100684册（件），数字图书53642册，视听文献4071种。每年订报刊260余种供读者借阅。地方文献作为区域性特色资源，我馆拨出专门经费采购，同时配之社会征集、接受捐赠等方式，2012年获取150种，专架排放，专人管理。书目加工科学规范。

读者服务工作

阵地服务是图书馆工作的原始出发点。我馆工作人员积极为读者营造优雅的借阅环境，以真诚的态度接待读者，在阅览室放置了饮水机，免费借用老花镜等，并提倡“亲情服务五个一”，即：一张笑脸，一句问候，一杯热茶，向读者推荐一本好书，请读者留下一条意见。为满足不同层次读者的需求，实行错时开放制度，平均每天开放9.5个小时以上，每周开放达61个小时。借阅室、阅览室的书刊均开架，推出学生优惠证、单位集体证等多种办证形式，方便读者。2012年，我馆共接待各类读者3万多人，图书流通89050册次，办理借阅证1954个，读者满意率较高。我馆将服务领域向街道、社区和学校延伸，先后在4所学校、7个街道文体中心设立馆外图书流通点，定期交换图书。2012年，交换书刊近2万册次。

“阳光娃”道德童谣体验馆是我市未成年人思想道德教育的重要阵地。她从丰富未成年人思想道德教育的形式与活动出发，从未成年人的年龄特点、心智水平出发，充分挖掘了道德童谣蕴含的教育功能，创设轻松愉悦的体验环境，选择多样的游戏形式，让未成年人在潜移默化中得到思想道德的引领，有效地改善了全市未成年人思想道德教育的环境。该体验馆设“探秘馆”、“说唱馆”、“跳棋馆”、“拼图馆”、“闯关馆”、“小达人馆”、“阳光娃之家”和“阳光娃工作室”等，将中华伦理发展的最核心因素——“仁义礼智信”作为本馆道德引领的主线，贯穿于各体验活动中。体验馆设置了未成年人喜欢的拼图、跳棋、KTV表演、网上创作、网上智力闯关等多彩的游戏情境，用童谣诠释“守则、诚信、礼仪、勤俭”等道德教育内涵，让未成年人在开放的场景下依据自己的喜好选择活动形式，通过自己的探究，自主建构与习得，接受道德童谣的熏陶。自2011年4月开馆以来，共接待来自全国各地参观者近4000人次，有良好的社会效应。

流动书箱2012年5月28日正式启动，由我馆联合江苏科技大学计算机学院团委共同捐出图书，带着流动书箱，利用业余时间，走进辖区内“外来娃”比较集中的街道、村、社区和学校，作为送给外来娃的“六一”爱心礼和假期“关心礼”在为孩子们送去精神食粮的同时，指导孩子们如何选择图书、如何阅读、如何撰写读后感等，丰富外来娃的业余生活，提高阅读水平。同时将“流动书箱”在各个社区间流动，让这些孩子在寒暑假和双休日同样可以享受到读书的乐趣。相关活动在《中国劳动保障报》、《江苏教育报》头版、《教师报》和《自学考试报》均作了报道。

面向基层，精心指导。我馆在人员紧张的情况下，坚持每年编辑的8–10期《润图资讯信息》，摘录主流媒体主要信息，及时宣传报道图书馆界的动态信息，为政府机关、本地区重点教育科研和企事业单位服务，为社会公众提供专题服务。因基层各类图书馆（室）发展水平不均衡，我们在辅导工作中突出“明确重点，有的放矢”的原则，每年坚持为基层图书馆（室）辅导，人均45天。我馆先后协助村、社区和学校组建基层图书室多个，如万科社区、镇江实验学校图书室等，定期开展业务辅导，从图书的分类、排架到流通的各个环节、业务台帐的整理，都给予精心的指导。为提高各类图书馆工作人员的理论水平，我馆开办了两期图书馆专业知识培训班，全区60多名馆员参培。我馆还安排了村、社区图书室管理员在我馆业务部门随岗学习、培训。

管理工作

2013年，图书馆将业务、安全等各方面的工作，实行目标管理，明确岗位职责，与馆员签订责任状，工作目标和任务得到量化，考核标准得到明确。每到年末，馆长室负责对各部门考核，形成了人人有目标、有责任、有危机的工作状态，每月进行工作进度通报，每半年和全年进行总体工作考核。撰写专项调研、分析报告和工作提案14篇，编写各部门工作进度通报和活动通讯报道22篇。

表彰、奖励情况

2009–2013年，图书馆先后获得全国未成年人思想道德建设工作创新奖、省文明办表彰的第二届江苏省未成年人思想道德建设工作“十大品牌”荣誉称号，镇江市“红领巾”读书征文组织奖、润州区优秀图书馆、润州区通讯信息先进集体等殊荣。

馆领导介绍

陈洁，女，1975年9月生，本科学历，中共党员，中学高级教师，馆长。1996年参加工作，2011年10月任润州区图书馆馆长。

宦方霞，女，1972年4月生，本科学历，中共党员，中学高级教师，副馆长。1991年参加工作，2009年9月任润州区图书馆副馆长。

未来展望

润州区图书馆遵循“服务读者，回馈社会”的办馆宗旨，坚持文化惠民，扩大服务辐射区域，建好“润州区15分钟公共图书馆服务圈”，带动地区文化事业发展。

联系方式

地　址：江苏省镇江市润州区三茅宫三区8号
邮　编：212004
联系人：陈 洁

盱眙县图书馆

概述

1950年盱眙创办文化馆，内设图书室，内藏图书约3000余册。1966年至1976年，文革期间十年内乱，图书流失十分严重，图书馆工作陷于关停状态。1976年，图书馆工作得到领导重视，情况有了根本转变，经县、省文化部门批准成立盱眙县图书馆，位于老北头老文化馆内面积约为50平方米。经县委、县政府关心，盱眙县新馆于1990年正式对外开放，地址位于盱眙县斩龙涧内，面积956平方米。2006年随着三馆一中心建成，盱眙县图书馆随之迁入，面积2600平方米。2013年，盱眙县图书馆有阅览坐席130个，计算机50台，宽带接入100Mbps，选用力博图书馆自动化管理系统。

盱眙县图书馆1999年和2010年被文化部评为“国家三级图书馆”，2013年被文化部评为“国家一级图书馆”。2010年建成全国文化共享工程盱眙支中心。

业务建设

截止2012年底，盱眙县图书馆总藏量259.1万册（件），其中，纸质文献9.1万册（件），电子图书250万册。

2009、2010年，盱眙县图书馆新增藏量购置费8万元，2011年起增至10万元。2009–2012年，共入藏图书25种，1万册，中文报刊150种，视听文献200种。2011年，地方文献入藏完整率为90%。

截止2012年底，盱眙县图书馆数字资源总量为8TB，其中，自建数字资源总量2TB。2009–2012年，完成《中国国际龙虾节“登高望远”演出》专题建设。在建的专题建设有《盱眙景点》和《精彩盱眙》。

读者服务工作

从2010年1月起，盱眙县图书馆全年365天天天对外免费开放，周开放56小时，同年，引进RFID技术，实现了馆藏文献的自助借还。2009–2012年，书刊总流通2万人次，书刊外借5万册次。2006起，随着省委宣传部“三送”工程和农家书屋的建设，我县共完成19个乡镇文广站图书室的建设和260个农家书屋的建设，更好的延伸我县图书馆服务。

2010–2012年，盱眙县图书馆网站访问量约3万次。截止2012年，盱眙县图书馆发布使用的数字资源总量为4种，2TB，可通过盱眙县图书馆网站向全县公共图书室、共享工程基层服务中心提供检索、浏览和下载服务。

2009–2012年，盱眙县图书馆共举办讲座、展览、培训、阅读推广等读者活动20场次，参与人数4000人次。

业务研究、辅导、协作协调

2009–2012年，盱眙县图书馆职工发表论文12篇，从2010年起，盱眙县图书馆以文化信息资源共享工程为依托，在全县范围内组织开展培训工作。截止2012年底，共有公共图书室19家，农家书屋260家的管理员参加了培训，培训课目有：图书排架、图书管理、数字资源制作等。

管理工作

2010年，盱眙县图书馆现有工作人员8人，实行全免费开放，开架借阅服务无节假日。内设部门有报刊借阅室、采编室、资料室、特藏室、电子阅览室、外借处、文化共享工程资源播放室。全新的书架、桌椅、空调等基础设施，为读者营造出了安静、雅致、整洁的读书环境。为方便工作和活动的开展，1999年起逐年购进声像器材、打印、复印设备和计算机管理设备等。同时我馆还采用现代管理手段，全面快捷的满足了广大读者的读书需求。

表彰、奖励情况

2009–2012年，盱眙县图书馆共获得各种表彰、奖励6次，其中，省文化厅表彰、奖励1次，其他表彰、奖励5次。

馆领导介绍

宋勇，男，1958年9月生，大专学历，中共党员，经济师，馆长。1976年12月参加工作，历任盱眙县新华书店经理，1996年7月任盱眙县图书馆馆长。兼任淮安市图书馆学会常务理事、文化信息资源共享工程盱眙支中心主任。

邵昕旻，男，1982年9月生，本科学历，中共党员，助理馆员，副馆长。2000年10月参加工作，分管农家书屋建设、平安创建、环境卫生、文化共享工程等工作，淮安市图书馆学会会员。

鲁夕元，男，1964年10月生，高中学历，管理员，副馆长。1982年10月参加工作，分管全馆业务工作。淮安市图书馆学会会员。

未来展望

盱眙县图书馆遵循“科学、效率、创新、发展”的办馆方针，即完善单体服务功能，扩大服务辐射区域，带动地区事业发展。2006–2012年，在不断强化自身综合实力的同时，通过农家书屋建设和乡镇文广站建设，带动了全县公共图书室事业的整体发展。2014年，盱眙县图书馆一楼大厅改造工程正式启动，在未来的几年里，新的借大厅开放后，阅览座位300个，可容纳纸质文献30万册，年服务人次可达2万人次以上，数字资源设计存储能力10TB，能够提供全覆盖、不间断、无时空限制的数字文献远程和移动服务。同时，还具有支撑保障全县公共图书室服务体系良好运行的文献与技术能力。

联系方式

地　址：盱眙县东方大道1号
邮　编：211700
联系人：宋 勇

盐城市盐都区图书馆

概述

1901年，盐城县始设“读友用书社”，1928年建立硕陶图书馆，后演变为盐城县图书馆，距今已有百年历史。1983年市管县体改，盐城县图书馆划归市有。1996年恢复区图书馆建制，1998年在盐都世纪公园东侧建设4708平方米的图书馆大楼。2004年盐都区图书馆被评为国家三级图书馆，2009年被评为国家二级图书馆。2012年盐都区财政投入6000多万元，在盐城市主城区盐渎明城西门，新建6000平方米的新馆，已搬迁正常运转。新馆内图书22万多册，报刊600多种，电子书8万册。阅览座席为350个，提供少儿读者阅览室座席为56个，亲子阅览室座席36个。计算机数量为57台，工作用机12台，读者用机45台。2014年，盐都区图书馆参加公共图书馆评估，获得国家一级图书馆称号。

业务建设

多年来，盐都区图书馆十分重视图书的更新、添置工作，截止2012年底，盐都区图书总藏量为76.5627万册，其中盐都区图书馆藏书为22.1万册（书刊14.1万册，电子文献8万册）开架图书12.69万册，开架数达总藏量的90%。镇（街道）文化站藏书为28.7919万册。村农家书屋藏书为21.3560万册，文化中心藏书为4.2万册，已达到人均占有藏书1册以上。

盐都区图书馆2009年–2012年图书入藏量为35780册，计12670种，四年平均值为8945册，计3168种。

盐都区图书馆电子阅览室于2009年面向社会开放，2010年建立共享工程支中心，搬迁到新馆后，电子阅览室增加了新的设备，更换新电脑30台，加装了100M宽带接入。安装了任子行系统管理软件，并安装了VPN防火墙对网站进行甄别。以H3CUTM200防火墙为技术依托，建立了完善的信息管理平台，目前盐都区图书馆的数字资源存储总量为5.5TB。

读者服务工作

为了方便广大读者读书、看报，盐都图书馆实行全年365天开放。每周开放总时间为92小时。引进RFID技术，实现了馆藏文献的自助借还。青少年阅览室可外借各类少儿图书与少儿刊物，残障人阅览室则可借阅盲文图书。盐都区图书馆建有专门网站，及时发布活动信息，开通网上预约借书，为广大读者提供数字化服务。

盐都区图书馆在发挥阵地功能的同时，主动延伸服务触角，在基层（学校、部队等）设立13个图书借阅点。2012年，盐都区图书馆全年外借图书80000册（包括在本地区设立图书外借点），年外借率为56%。至2012年底，举办公益性讲座、展览27次，接待读者20多万人次。

盐都区图书馆每年都开展形式多样的服务宣传活动，一方面，举办服务宣传周、全民读书月和专题知识讲座、农民读书知识竞赛、读书报告会等一系列丰富多彩的读者活动，另一方面走出馆门，开展送书，送民间藏品进农村展览，送科技信息进社区、进乡村等特色活动。以读者活动为载体，不断创新服务理念，增加服务内容，最大限度满足不同层次读者的阅读需求。开展了“为特殊群体上门服务”系列活动。对老弱病残等特殊群体实行上门服务，通过上门免费办理借书证、上门送书、上门咨询等，让特殊群体享受到阅读的快乐。每年举行读者满意率调查，对图书馆设施设备、馆藏资源、服务内容、服务质量、员工素质等情况进行评估。

2012年盐都区图书馆开展各类活动30多场次，其中：展览活动9次，举办“文化遗产保护知识”、“道德讲堂”、“解读三国”等讲座18场次；开展读书征文等阅读推广活动8次，活动总人数达5万多人次。

业务研究、辅导、协作协调

2009年–2012年盐都区图书馆主持或承担的省市级课题7项，2011年主持的两项市级课题获二、三等奖。2012年主持的一项省社科联课题结项，证书号（2013WC018），承担的一项省文化厅课题结项，编号（12YB03），主持的一项课题获市社科联一等奖。2013年主持的一项省、一项市社科联课题立项，编号（13SQC–174、2013YCSKT091）。40多篇论文在国家、省、市级学术期刊（会议）发表（获奖）。

盐都区图书馆常年参加国家、省、市组织的“农读”、“红读”等活动，积极参加市图书馆及市图书馆学会的讲座、培训、展览等活动。从2009年4月起，配备了“流动服务车”，送图书或调换图书到基层服务点，做到各服务点每年2次。

自2008年以来，全区19个镇（街道、社区）和全区250个村（居）的公共图书馆室都参与了服务网络图书服务。乡镇（街道）建立电子阅览室，村建有共享工程服务点，普遍都有3–4台电脑，形成全区一体化图书服务网络，实现了本区全覆盖。

盐都图书馆与各乡镇（街道、社区）、村图书馆（室）在完善图书服务网络的同时，面向农村服务基层，构建立体化服务体系，做到区镇馆月月有活动，各村每季有活动，全年各项活

盐都区图书馆外貌

少儿图书馆

开放式的图书外借部

民间藏品展

"书香盐都"农民读书知识竞赛

盐都区图书馆举办和悦读书会

动在200次以上。对全区各乡镇（街道）、社区、图书流动服务点的业务辅导工作，做到每季一次，全年的业务辅导达到80次以上。根据基层实际情况，有选择地确定培训内容。每年举办各类针对性的培训达15次，年受训人数达400多人次。

管理工作

盐都图书馆2012年在编人员8人，社会化用工16人，大专以上学历人数占职工总人数的87.5%，中级以上职称人数占职工人员总人数的50%，初级以上职称人数占职工人员总数的62.5%。盐都区图书馆根据事业单位人事管理相关要求，结合了图书馆实际，制定了《岗位设置方案》、《岗位职责》、《评优评先考核细则》、《绩效考核办法》、《工作学习激励办法》等一系列管理规章制度。对参与志愿者工作的志愿者进行有效的科学管理，制定了《志愿者管理制度》，在安全工作方面制定了《消防安全管理制度》、《安全保卫管理制度》等。

表彰、奖励情况

盐都区图书馆连续五届荣获中宣部、文化部等8部委举办的全国农民读书征文组织奖；2009年荣获江苏省第三届中小学生艺术展演暨第五届少儿艺术节"红读征文比赛"组织奖；2011年，董加耕事迹等系列展览荣获省文化厅主办的江苏省第五届公共图书馆优秀服务成果二等奖。

盐都区图书馆近年来多次受到业务主管部门及省市政府的表彰和奖励。其中集体奖：国家级3个，省级3个，市级5个；个人奖：国家级12个，省级32个，市级15个。

馆领导介绍

王登佐，男，1971年6月生，本科学历，中共党员，馆员，书记（主持工作）。中国图书馆学会会员、盐城市图书馆学会理事、盐都区民协副主席、区十三次党代会代表。2011年主持的两项市级课题获二、三等奖。2012年主持的一项省社科联课题结项，证书号（2013WC018），承担的一项省文化厅课题结项，编号（12YB03），主持的一项课题获市社科联一等奖。2013年主持的一项省、一项市社科联课题立项，编号（13SQC-174、2013YCSKT091）。四十多篇论文在国家、省、市级媒体发表、交流或获奖。

蒋英姿，女，1966年12月生，本科学历，中共党员，馆员，副馆长。分管全馆的业务工作。盐城市图书馆学会会员、盐城市图书馆学会理事。2001年省文化厅表彰全省公共图书馆"党员优质服务标兵"，论文在国家、省、市级媒体发表、交流或获奖。

未来展望

盐都区图书馆遵循"科学、效率、创新、发展"的办馆方针，扎实做好基础业务建设，努力提高管理水平，积极开展内容丰富、形式多样的读者活动，扩大服务辐射区域，带动本地区事业发展。一是抓住机遇，统筹推进，构建区镇村三级图书馆服务网络，实现全区公共图书馆事业快速、均衡发展。二是完善经费保障机制。根据实际情况，合理增加盐都区图书馆的免费开放经费和购书经费，加大重点文化工程的专项经费投入，建立常态化公共图书馆经费保障机制，建立经费投入的评价机制和监督机制。三是提升服务效能。常年征集地方文献，加大阅读推广、学术研究、参考咨询等力度。加快传统业务与数字图书馆业务的融合发展；深入分析各类型读者的信息需求，积极开展深层次、个性化信息与知识服务；充分利用现代信息技术加强新媒体服务，培育新型图书馆服务业态。

联系方式

地　址：盐城市盐都区盐城路盐渎明城西门
邮　编：224005
联系人：任玲玲

红色专题讲座

盐都区图书馆惠民服务

"中国梦·盐都情"讲故事比赛

阜宁县图书馆

概述

阜宁县图书馆建于50年代初，隶属于阜宁县文教局，1964年迁到阜城镇新盛街64号，1979年在原馆址上新建了960平方米的局部三层两栋新馆，独立建制。1984年5月体制改革，文教局分为教育局和文化局，阜宁县图书馆隶属于文化局。2009年迁到徐州路279号3520平方米新馆，2010年4月体制改革，文化局（新闻出版局）和广播电视局合并，成立文化广电新闻出版局，现阜宁县图书馆隶属于阜宁县文化广电新闻出版局。

该馆在正常传统服务基础上，1999年起逐步完善信息网络的建设，2002年起实行全员竞聘上岗。近60年来为该县地方经济发展和丰富广大人民群众文化生活作出了一定的贡献。现有馆舍建筑面积3520平方米，馆藏文献20多万册（盘），阅览座席300多个。目前在编10人，其中副高职称1人，中级职称2人，助理级职称7人，本科学历6人，大专学历4人。多年以来，该馆面向社会、优化服务。先后荣获“江苏省文化厅先进集体”、“江苏省文化厅红领巾读书征文评奖活动组织奖”、“华东地区少年儿童图书馆工作协作委员会征文活动组织奖”、“江苏省图书馆学会征文活动组织奖”等荣誉，多次受到上级政府部门表彰。

业务建设

目前，该馆藏中文图书、报刊目录记录数为6.12万种，馆藏中文图书、报刊种数为8.08万种，馆藏中文文献书目数字化比例达75%，除了部分下架书库室的书、期刊没有入库以外，其他均已通过力博图书馆业务系统按照采编规则采编进库。

目前，该馆数字资源总量达4.04TB，其中，自购资源有：有声·移动数字图书馆0.1TB、书生之家数字图书馆0.8TB、上业乐考网考试题库及百科视频资源0.1TB、大众图创数字连环画数字资源0.1T、无忧读报系统电子期刊0.1T；赠送的资源有：省文化共享工程阜宁县支中心网站资源0.5TB、1+1数字图书馆资源0.34TB、国家支中心下发的资源1TB以及县级数字图书馆推广计划资源1TB。

该馆着力于古籍保护工作和地方文献建设。对该县古籍进行了全面摸底，并对古籍进行保护和数据录入工作，同时，在网站上宣传古籍保护知识和举办展览、讲座，收到了良好的社会效果。该还馆利用自身资源建设优势，大力开展地方文献收集、整理和保护工作，共征集地方文献1000多种，并以此为基础建立了阜宁地方文献专柜和地方文献数据库。

读者服务工作

该馆狠抓活动和业务建设，围绕时事热点、世界读书日、服务宣传周、“红读”等主题开展了形式多样、内容丰富多彩的宣教活动，使广大读者得到了良好的教育。

1、围绕节日举办系列活动。该馆每年春节的百科知识有奖竞猜活动已成为该馆的品牌活动，也成为一些读者期待的节目之一。其内容着重于宣传中国传统节日文化，涉及政治、经济、文化、科技等多个门类。这类节日活动，有助于读者开阔视野、陶冶情操、启迪智慧、增长知识，同时让节日的图书馆处处充满融融春意。

2、举办大型古诗词诵读比赛。为继承和弘扬中国传统文化，培养未成年人文学素养，提高少年儿童欣赏古典诗词的审美能力。多年来，由该县县委宣传部、县教育局、县文广新局等联合主办，该馆具体承办的古诗词诵读比赛得到了广大读者的响应，每年都有近千名同学和成人读者表演精心准备的节目，共同诵读流传百世的中华古代文化经典篇章，用古韵、用新声弘扬中华民族传统文化精髓。

3、开展图书馆服务宣传周活动。服务宣传周活动注重提高公共图书馆服务质量和社会影响力，充分了发挥图书馆在公共文化服务体系中的积极作用。主要活动有：该馆资源播放室和乡村放映共享工程电影和优秀视频讲座；不定期向广大农民免费发放农业科技资料；举办绿色上网辅导课，由专业人员对前来公共电子阅览室的读者进行网络工具使用方面的指导、普及绿色上网工程。

4、举办“世界读书日”宣传活动。该馆围绕“我阅读、我快乐”等主题举办活动，举办了广场图片展览并进行现场办理借书证、咨询等服务；每年“世界读书日”读书征文活动，每年都由该馆具体承办，得到了广大中小学学生的的踊跃参与。

5、强化图书馆的社会教育职能，定期邀请一些专家名家开展学术讲座和社会热点讲座。

6、每年开展的“红领巾”读书活动是该馆的读书品牌活动，每年年初就把该活动列为全年活动重点。在全县各中小学中广泛深入地开展了此项活动，参与人数众多、涉及面广。

业务研究、辅导、协作协调

该馆坚持“读者至上，服务第一”的方针，为读者按时开放，及时分编新书。加强业务辅导工作。深入实地，对基层图

服务宣传周

古籍宣传

演讲比赛

书馆（室）进行调研、指导，基层业务辅导工作人员采取深入基层、组织研讨、开展培训等多种形式，每年开展基层的业务辅导多次，帮助基层图书馆（室）解决在业务工作中存在的普遍问题，很好地完成了对基层单位业务辅导工作。加强了图书馆网站建设，及时发布工作信息，指导基层图书馆（室）的工作方向，为基层图书馆（室）工作者的交流提供了更方便的渠道、更广阔的空间。为了加强该馆专业队伍建设，提高员工专业素养，鼓励职工多做研究，多出成果，本着以奖为主以罚为辅的原则，修订图书馆学术成果和服务成果奖惩办法，新的办法奖励幅度增大，条款更细致，更为科学合理，更大地调动了本馆业务人员学习研究的热情，学术研究也是硕果累累。举办了全国文化信息资源共享基层服务点技术人员培训班收得了良好的效果。全馆人员都用普通话进行工作，更好地展示公共服务窗口工作人员的文明素质和精神风貌，有利于塑造图书馆良好的服务形象。抓好了人才队伍的培训工作，方法和先进的管理经验，对于该县图书馆的进一步发展、缩小差距、更上一层台阶具有重要指导作用。在省文明馆评比工作中，信息技术部被评为省文明馆先进集体，在全省红领巾读书征文活动中，多次被省厅表彰为组织奖、被市局表彰为优秀组织奖。

强化信息服务工作。一是重视本馆管理系统的升级和日常维护工作，做到故障随时出现随时处理。二是抓好公共电子阅览室和政府信息公开查阅的工作，对小读者上网认真监督指导，努力把该馆的公共电子阅览室真正建成家长放心的“绿色网吧”；政府信息做到及时接收、登记、分类、归档，为对读者快速查找信息提供帮助。三是认真维护图书馆网站，信息做到及时更新，部分页面也进行了调整和完善。四是配合局抓好全县文化共享工程基层服务点业务指导、督促检查以及培训辅导等工作。及时接收文化共享工程各类数据；抓好文化共享工程基层服务点省配套设备的管理，确保省文化厅所属的固定资产不损失；在发挥支中心的作用的前提下，做好农村基层服务点的辐射工作，按照1个公共电子阅览室、1个资源播放室和接上虚拟网的要求，认真做好乡镇基层服务点的布点工作。五是与北京书生电子技术有限公司合作，完成了本馆数字资源建设的相关工作，建立了《电子图书库》、《考试资源库》等，该馆的持证读者通过上网就可以利用服务平台进行访问、阅览、检索数字图书馆的数字化电子图书和期刊；加快馆藏文献数字化建设，初步建成《阜宁地方文献数据库》。六是利用全国文化信息资源共享的视频资源，每逢节假日和每周日都利用资源播放室免费播放电影。

表彰、奖励情况

2009–2012年，阜宁县图书馆共获得各种表彰、奖励12次，其中，省文化厅表彰、奖励2次，市文广新局表彰、奖励4次，其他表彰、奖励6次。

展览

馆领导介绍

孙军，男，1970年5月生，本科学历，中共党员，副高职称，馆长。1989年3月参加工作，历任江苏省阜宁县图书馆办公室主任、副馆长、党支部书记，2008年1月任江苏省阜宁县图书馆馆长。兼任盐城市图书馆学会理事、文化信息资源共享工程阜宁支中心主任等职。2011年获盐城市优秀基层政工干部，2013年获盐城市人民政府“全市文化盐城建设先进个人”。

张渝年，男，1981年11月生，本科学历，中共党员，助理职称，副馆长。2006年到江苏省阜宁县图书馆参加工作，先后在读者服务部、信息技术部工作。

未来展望

在未来的几年里，阜宁县图书馆将在城南新区新建一座建筑面积1万平方米的新馆舍。全面建成后的阜宁县图书馆，阅览座位1500个，可容纳纸质文献50万册，年服务人次可达30万人次以上，达到一流图书馆的基本标准。

联系方式

地　址：江苏省阜宁县阜城徐州路279号
邮　编：224400
联系人：张渝年

知识竞猜

电子书借阅

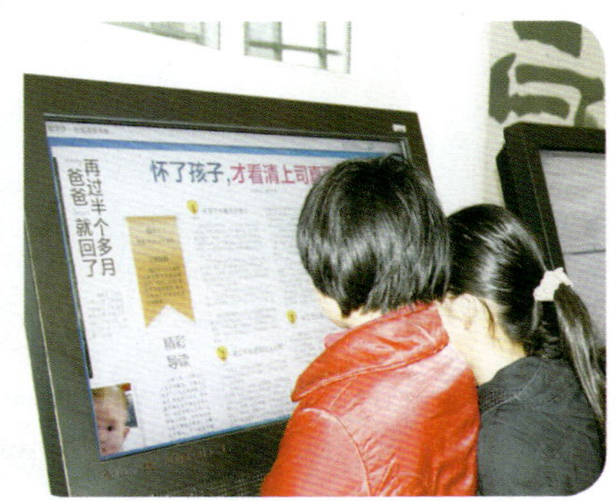

数字阅读

射阳县图书馆

概述

射阳县图书馆，始建于1956年5月，馆址在合德兴北街，1959年冬并入文化馆，迁到今址。1980年12月，新建起570平方米的图书楼。1982年12月图书馆、文化馆分开，图书馆重新单独建制。1990年10月又在原馆西侧建了934平方米的三层图书楼竣工开放。2005年在东二楼上加建一层。至2005年，图书馆建筑面积2010平方米。新建成人图书馆和少儿图书馆已列入政府规划之中。

业务建设

截止2012年底，射阳县图书馆总藏量21.5万册，其中，纸质文献19.3万册，数字资源量为4TB，即：视听文献508种，国家图书馆下发的县级数字图书馆电子图书500种，2000种人文社科类电子期刊，外购数字资源近2TB，政府信息公开和互联网平台等资源。2012年总计拨款经费总额为127.55万元，2012年新增藏量购置费10万元。2011和2012年的免费开放专项经费全部到位。

2009—2012年，图书、报刊年平均入藏量分别为2519、264种；2012年新征集地方文献123种144册，地方文献设立专架，有专人管理。

我馆自动化启动时间不算早，2002年购买的北京丹诚软件有限责任公司推出的“DataTrans—1000图书馆集成管理系统”。2013年更换为省图开发的力博管理系统。实行图书计算机编目和流通，系统正常使用，运行稳定。

2012年，射阳县图书馆有阅览座席165个，计算机45台，宽带接入10Mbps，其中对外提供读者服务的35台：电子阅览室25台（其中盲人阅览3台），资料阅览室8台，借读者检索2台；用于办公及业务管理等10台。

读者服务工作

从2008年12月起，射阳县图书馆实行全免费开放，周开放60小时。2009—2012年，书刊总流通52.6万人次。书刊外借44.8万册次；建立5个分馆，有8个馆外流动服务点定期进行送书上门服务，馆外书刊总流通8.1万人次，书刊外借7.4万册次。

射阳县图书馆积极探索总分馆制，2010年11月海通镇分馆是射阳县图书馆在全县15个镇区中第一个通过“合作共建”方式建立的分馆。2012年1月，又建成了特庸镇分馆。2011年10月9日，省委副书记、省长李学勇来我县考察调研文化工作时视察了海通镇分馆，他对镇、馆联办图书馆分馆模式十分满意，并希望县委、县政府进一步完善基层公共文化服务体系建设，让人民群众更好、更多地享受公共文化服务的新成果。我馆《探索公共文化服务的新思路——总分馆制》服务项目，获全省第五届公共图书馆优秀服务成果二等奖。

2009年在省文化厅和县财政大力的支持下，投入资金，建立了文化共享工程射阳县支中心和电子阅览室，开通了政府公众信息网和互联网平台，为读者免费提供各类信息服务。2012年，文化共享工程射阳县支中心选送的《农民致富的金钥匙》服务案例，在文化部全国公共文化发展中心组织的“关于开展文化共享工程惠民服务案例有奖征集”活动中，获优秀奖。

截止2012年底，射阳县图书馆在各镇（区）陆续建成共享工程基层服务点54个、基层图书馆（室）和农家书屋241个，均正常对外开放。

2011年，建立射阳县图书馆网站，年访问量为2万多人次。2012年，射阳县图书馆在现代化的条件下，基于计算机应用、文献的数字化以及远程通讯技术基础上，在馆网站上建立了《射阳县非物质文化遗产名录》版块。这个数据库由各部门共建，在网络化的大平台上实现全社会共享。

2009—2012年，射阳县图书馆共举办讲座、展览、培训、阅读推广等读者活动56场次，参与人数4.5万人次。

业务研究、辅导、协作协调

2009—2012年，射阳县图书馆职工发表论文11篇，在国家（3篇）、省（2篇）、市（22篇）学术研讨会上获奖的有27篇。

射阳县图书馆加大对基层图书馆（室）业务建设的支持力度，正常组织基层图书馆结合自身实际开展特色服务，对各镇图书馆（室）进行现场指导，对村农家书屋我们做到边发展

江苏省委副书记、省长李学勇来我县考察调研

“小小图书管理员”体验活动

"寒假少儿绿色上网"暨"数字资源开发周"活动

"红色经典映鹤乡"电影展播月走进军营活动

"网络书香过大年"在部队进行图片展览活动

边指导，2012年底，全县233个村级农家书屋均达标，部分村达到星级农家书屋。此外，对县河海公司"职工书屋"、同心社区图书室、双龙新村图书室及学校图书馆进行上门业务指导。

2009–2012年，举办"农家书屋"管理员培训班、全县中小学校图书馆管理员培训班、基层图书馆（室）管理员培训班、全县文化共享工程基层服务点技术人员培训班12期，近400人次接收培训。

县支中心管理员的培养实现制度化和常态化。根据实际工作需要，先后派技术人员去省、市中心参加培训28人次。2009年至2012年县支中心一共举办全县基层点技术人员集中业务培训班4期，组织收看国家中心网络培训48期，参加培训的各级基层点主任、管理员累计达1000余人次。通过这些培训不断提升了他们的业务水平和实际能力，为全县文化共享工程事业发展打下了坚实的基础。

2012年底，射阳县图书馆成为南京图书馆的流通服务点、加入到省、市两级馆联合编目系统，加入到省联合参考咨询网和馆际互借系统。

管理工作

射阳县图书馆将规范化管理当作头等大事来抓，做到年初有计划，年终有总结，各类业务档案存放有序，保管良好。对管理人员实行定岗定人定职责，建立了工作岗位职责和相关工作制度，健全和完善《读者借阅制度》、《读者阅览室阅览规则》、《卫生与环境管理制度》、《职工考勤考核制度》、《财务管理制度》等制度。分工协作，在考勤考核方面，采取集中考勤并设有考勤记录本，每月进行统计并公布，年终进行总体工作考核评比。由于做到了思想政治工作到位，管理到位，责任到位，奖惩措施到位，全馆同志克服各种困难，以饱满的热情开展读者服务工作。

表彰、奖励情况

2009–2012年，射阳县图书馆共获得各种表彰、奖励17次，其中，文化部表彰、奖励1次，省文化厅表彰、奖励3次，市级表彰、奖励7次，其他表彰、奖励6次。

馆领导介绍

徐哨峰，男，1964年11月生，本科学历，中共党员，副研究馆员，馆长。1987年5月参加工作（进射阳县图书馆），1998年2月任射阳县图书馆副馆长，2003年3月任馆长。兼任盐城市图书馆学会常务理事。个人多次被评为文化先进工作者和优秀共产党员。

朱海滨，女，1963年9月生，大专学历，中共党员，馆员，副馆长、副书记。1982年6月参加工作（进射阳县图书馆），1998年2月任馆长助理，1999年3月任副馆长。

戴玭，女，1969年1月生，大专学历，中共党员，馆员，副馆长。1987年5月参加工作（进射阳县图书馆），2010年11月任副馆长。个人多次被评为文化先进工作者和优秀共产党员。

未来展望

新建图书馆已列入政府规划中。对全县各类型图书馆的资金来源、分配与利用、人员的组成结构、文献资源建设、馆舍建设、设备等情况进行调查摸底，寻找区域协作、协调藏书建设与服务方式的可能性，探索实现区域合作和统筹规划的服务网络模式。推行县、镇（区）图书馆（室）通借通还"一卡通"服务模式。

联系方式

地　址：射阳县合德镇沿河路64–2号
邮　编：224300
联系人：朱海滨

春节灯谜竞猜活动

到洋马镇送科技下乡活动

"金话筒"杯"经典诵读"大赛活动

建湖县图书馆

概述

建湖县图书馆位于建湖县城湖中南路文化艺术中心B区。建筑面积4200平方米，阅览座席300多个，在第五次全国公共图书馆评估定级中，被评为国家一级图书馆。图书馆一楼设有少儿图书馆（少儿阅览室、少儿电子阅览室、少儿外借室）、盲人阅览室。二、三楼设有报刊阅览室、综合外借室、成人电子阅览室、地方文献阅览室、工具书阅览室和多功能厅等。图书馆采用RFID自助借还系统，读者通过办理一卡通，自主进行借书还书；并且图书馆还免费向读者提供数字图书馆，移动图书馆、读者公众微信服务平台等多元化的信息服务。

业务建设

截止2012年底，建湖县图书馆总藏量28万册（件），其中，纸质文献17万册（件），电子图书11万册，电子期刊7000种(册)。

目前，该馆数字资源总量达10TB，全部为自购资源。

该馆着力于地方文献数据库建设。大力开展地方文献收集、整理和保护工作，共征集地方文献1500多种，并以此为基础建立了建湖地方文献专柜和地方文献数据库。

读者服务

为了让更多的人走进图书馆，利用图书馆，该馆坚持“读者至上，服务第一”的方针，全年365天天天对外免费开放，周开放56小时。

1、为领导决策服务

发挥图书馆信息资源丰富的优势，紧密结合县委县政府的中心工作，定期编印《决策参考》，为领导决策提供信息参考和决策依据。累计共编印《决策参考》8期计1600份，涉及政经方略、企业科技、农民致富、地方文化、生活百科等多种领域，深受好评。

2、为农民致富服务

深入开展送科技下乡活动，把送科技下乡和送书下乡结合起来。根据农时特点和群众需求，适时编印《信息辑录》，分发到群众手中。经常性组织各类科技人才和农民进行面对面的交流，提高农民的致富本领。特别是在中秋、春节传统节日期间，大量外出民工回家探亲之际，我们利用乡镇图书分馆、各村图书室、农家书屋等阵地，通过宣传发动，把他们组织起来，向他们传授劳动保护的基本常识，讲解如何运用《劳动法》，在外出务工期间，维护自己的合法权益，四年共开展送科技下乡活动8次，编印《信息辑录》8期，散发致富手册8000余本。

3、为读者进馆服务

该馆每年春节举办迎新春有奖灯谜猜射活动，开展图书馆服务宣传周活动，举办“世界读书日”宣传活动，每年举办主题报告会不少于2次，每年举办“红读”征文和“读一本好书、写一篇好文章、讲一个好故事”三个一系列读书征文、演讲比赛活动；每年举办各类讲座2次、各类大型展览不少于2次。不断巩固和扩大读者群。四年累计新增图书50000多册，发放借书证3800多份。

4、为特殊群体服务

该馆定期送书到军营、送书到敬老院，让特殊读者享受公共图书馆的服务。每逢八一建军节、中秋节，分别到武警中队、老年公寓，在带去书籍，带去知识的同时，也带去一份温暖，一份爱心。

业务研究、辅导、协作协调

加强业务辅导工作。实行总分馆制，经常性对12个分馆进行业务指导，组织研讨、举办业务培训班，帮助基层图书馆（流通点）解决在业务工作中存在的问题，图书馆服务网络初步建成。该馆注重队伍建设，为了提高员工专业素养，鼓励职工多做研究，多出成果，专门制订了图书馆学术成果和服务成果奖惩办法。极大地调动了本馆业务人员学习研究的热情，学术研究也是硕果累累。该馆加入上一级共建共享、联合参考咨询、联合编目等组织，达到资源共享，互通有无，提高工作效率，满足读者需求。2012年完成了本馆数字图书馆一期工程建设，开通了建湖县数字图书馆和建湖县移动图书馆，该馆的持

二楼综合借书处

少儿报刊阅览室

成人电子阅览室

二楼报刊阅览室

证读者通过手机、手持阅读器可以利用数字图书馆的数字资源。

表彰、奖励情况

2009–2012年，建湖县图书馆共获得各种表彰、奖励10次，其中，省文化厅表彰、奖励2次，市、县表彰、奖励4次，其他奖励4次。

馆领导介绍

陈建中，男，1963年5月生，本科学历，中共党员，馆员职称，2002年任江苏省建湖县图书馆馆长、书记。

高亚菊，女，1961年12月生，本科学历，中共党员，副高职称，2002年任江苏省建湖县图书馆副馆长。

未来展望

在未来的几年里，建湖县图书馆将全面实现自动化、科学化，达到一流图书馆的基本标准，一流图书馆的优质服务。

联系方式

地　址：江苏省建湖县湖中南路文化艺术中心B区
邮　编：224700
联系人：陈建中

东台市图书馆

概述

东台市图书馆新大楼1995年12月29日落成开馆，位于江苏省东台市金海中路41号，占地面积16.46亩，主楼4498平方米，藏书26万多册，开架书刊占90%，置读者座席400多个，阅览座席350个，少儿阅览座席150个，标准钢质书架4580平方米，电脑51台，业务服务器5台，开设服务窗口9个，有可容纳200多人的影视报告厅。持证读者1.88万人，年接待读者25万人次。96年实现采编借阅自动化办公，现采用力博图书管理系统，拥有完整的图书防盗报警系统等现代化设施。1995年起连续被文化部授予“国家一级图书馆”的称号。

业务建设

截止2013年底，东台市图书馆总藏书量260996册，其中古籍538部，5736册。2009年以来，我市在地方财政困难的情况下，重点对公共图书馆投入，年度下达文化预算经费时，都将图书馆购书经费单列，2010年购书经费15万元，2011年购书经费25万元，2012年购书经费35万元。我馆重视文献入藏，2009年图书馆入藏量6005册，报刊600种，2010图书入藏量6000册，订报刊602种，2011年图书入藏量7000册，订报刊602种，2012年图书入藏量7000册，订报刊603种，2013年图书入藏量7000册，订报刊605种。除了购进文献资源外，东台市图书馆还向社会各界征集到图书1万册，并专门为东台名人著作藏书开设了地方文献专架、专柜。2013年，我市14个乡镇的分馆建设已基本完成，实现了全市范围内的通借通还。东台市图书馆根据《中图法》、《普通图书著录规则》的要求，结合图书入藏的总体规划，制定了《图书分类细则》、《图书著录细则》，标引和著录质量差错率责任为2%，图书入藏加工整理统一、规范、整齐、美观，排架整架及时避错纠误。目录体系分为卡片机读和目录设置两种，分公务目录和读者目录，设分类目录和题名目录、期刊刊名目录、报名目录，方便读者根据具体需求进行科学检索。

读者服务工作

东台市图书馆设有9个馆内服务窗口：综合外借厅、报刊阅览厅、少儿外借厅、少儿阅览厅、参考咨询厅、古籍阅览室、地方名人陈列室、江苏省文化共享工程支中心、电子阅览室。武警中队、消防中队、老干局、人民医院、附小、二附小、金墩社区、启平街道办事处、政府办、鼓楼街道办事处10个服务点，14个乡镇分馆以及文化馆分馆、望海社区分馆。年外借图书报刊161448册，全年流通人次达183560人/次。每周开放56小时，双休日、节假日正常开放，配合中心宣传，流动送书服务不受休息时间限制，统一组织，服从活动安排。我馆在公共电子阅览室专设了东台政府网、东台效能网等服务平台，及时更新信息，创新服务方式，拓展服务空间。为方便读者，增设了盲人走道，专设了视障人阅览室、活动室、少儿阅览室，对聋哑、残疾人员和外来务工人员、少儿免证阅览，对供销人员和经常外出的读者可以代借代还，同时开展预约借书，对离休、退休老干部、科技人员等特殊读者进行送书上门。积极开展多种形式的读书活动，年举办展览6次以上，年举办周末讲座18次以上，年组织高质量读书宣传活动10以上。“新春灯谜猜赛”、“中华经典诵读”等已经形成全市文化特色品牌活动。

业务研究与辅导

东台市图书馆建立了县（市）、（镇）村三级图书业务服务网络，对街道、社区、各镇图书馆（室）进行业务辅导的固定联系点有38个，分馆16个，基层辅导点20余个。每年组织基层图书馆（室）的管理人员定期或不定期集中业务培训。专业理论、技术的学习研究气氛浓郁，文化站、学校图书馆等基层辅导单位年年都有专业论文获奖发表。

管理工作

东台市图书馆工作人员编制为20人，实有人数20人，业务干部人员20人，占全馆人数的100%。其中学习图书馆专业的7人，中文1人，外语人才1人，其他文科9人，理科2人。副研究馆员4人，馆员10人，助馆6人，中级以上职称11人，占业务干部总数75%。领导班子4人具有大专以上学历和中级以上职称，馆长、副馆长均受到图书馆专业培训和公共图书馆馆长上岗培训班。重视职工培训，年人均60个学时以上，业务技术竞赛常态化，让职工在学中干，干中学。为充实业务骨干，多次组织人员参加南京图书馆、盐城图书馆的业务理论技术培训班。我馆

东台市图书馆

一楼大厅

电子阅览室

少儿室

少儿阅览室

已有10名人员参加了图书情报专业学习。

表彰、奖励情况

东台市图书馆多年来多次荣获“东台市文明单位”、“星级文明窗口”、“先进单位”、“江苏省文明图书馆”、“‘三八’红旗集体”、“工人先锋号”等称号、奖励。鼓励广大职工在工作过程中积累经验，撰写论文。每年都有文章在国家、省、市学会举办的科学研讨会上获奖，部分优秀论文被《新世纪图书馆》、《图书馆学刊》等专业期刊选登。

馆领导介绍

张承凯，男，1965年11月生，大学学历，中共党员，副研究馆员，馆长。1985年12月参加工作。中国图书馆学会会员，江苏图书馆学会会员，盐城市图书馆学会常务理事。

姚敏，女，1967年7月生，大学学历，馆员，副馆长。1988年10月参加工作。江苏图书馆学会会员。

孙台生，男，1957年5月生，大学学历，副研究馆员，馆长助理。1975年7月参加工作。江苏图书馆学会成员、盐城市图书馆学会理事。

未来展望

东台市图书馆将继续争取政府投入，加大对现有馆舍的改造，更新馆内的老旧设施，为读者提供更为舒适的阅读环境。优化文献资源配置，重点加强图书馆网络平台以及数字资源建设，力争自主建设地方特色馆藏数据资源库，积极主动为政府部门、科研单位、中小学校、广大市民读者提供针对性、实用性的文献情报服务，提高馆藏数字资源的使用率，充分发挥新时期公共图书馆在优秀文化传播及地方文化传承方面的重要作用。

综合外借室

联系方式

地　址：江苏省东台市金海中路41号
邮　编：224200
联系人：许德琴

读书征文活动

宣传周活动

大丰市图书馆

概述

1956年，经省文化局批准，成立了大丰县图书馆，是盐城地区三馆之一，为大丰市图书馆的前身，馆舍为解放前资本家的旧房。目前，馆舍面积7800㎡（含少儿馆2800㎡），馆藏各类文献37万册。全馆工作人员27人，其中正高级职称1人、副高职称3人、中级职称8人。图书馆实行365日全天候免费开放，拥有成人、少儿持证读者3万余人（其中少儿读者近1.5万人），年接待读者约55万人次。2004年在苏北率先探索公共图书馆总分馆建设，构建起市级图书馆—乡镇文化站—村（社区）三级网总分馆体系，截止2014年共有55个分馆。2005年，我市被国家文化部和人事部联合表彰为“全国文化工作先进集体”；图书馆连续多年被省文化厅表彰为“江苏省文明图书馆”，被盐城市文明委评为“盐城市文明单位”，被盐城市总工会评为“巾帼标兵岗”；2008年5月，我市被文化部命名为“全国文化信息共享工程示范市”；2008年，图书馆被省文明委评为江苏省“七彩夏日”优秀活动场馆；“构建公共服务平台延伸社会服务功能”的服务项目在全省公共图书馆优秀服务成果评奖活动中荣获一等奖；2013年在四年一次的国家一级馆评比中，图书馆连续第三次被评定为“一级图书馆”。大丰市图书馆作为文化共享工程的支中心，建立了市图书馆、乡镇文化站、村（社区）三级网络。2013年成立了数字图书馆，内容包含电子图书、电子杂志、数字报纸等镜像资料6万册，远程近400万册的电子资源。近年来大丰市图书馆以构建公共文化服务体系为抓手，以实现公平正义、普遍均等服务为核心，以提高服务效能为重点，以提升公民文化素养为目标，全面推进公共图书馆事业建设，取得了显著成效，实现了“三覆盖”、“三提升”，成为了广大市民不可缺少的“第二起居室”和“大书房”。

业务建设

截止2014年底，大丰市图书馆总藏量37万册，电子图书6万册。

2010年，大丰市图书馆新增藏量购置费256998.75元。

2011年，大丰市图书馆新增藏量购置费185351.67元。

2012年，大丰市图书馆新增藏量购置费283298.65元。

2013年，大丰市图书馆新增藏量购置费408586.22元。

2014年，大丰市图书馆新增藏量购置费496978.7元。

2011年–2014年成人书目入藏分类15048种，44287册。

2011年–2014年少儿书目入藏分类10584种，38805册。

截止2014年底，大丰市图书馆数字资源总量为5TB。我馆使用的图书馆自动化管理系统是力博图书馆管理系统，运行情况稳定。访问大丰市图书馆网站www.dflib.org.cn，可随时了解我馆最新的服务动态。2014年引入阿帕比移动借阅系统。

读者服务工作

自2009年开始，大丰市图书馆实施全年365天全方位免费开放服务，免费开放经费全部到位，周开放62.5小时。

2011–2014年，总书刊外借230万人册次（含分馆）。截止2014年，建成55个分馆。

2011–2014年，大丰市图书馆网站访问量28398次。2011–2014年，大丰市图书馆共举办讲座、展览、培训、阅读推广等读者活动158场次，参与人数16.76万人次。

2011–2014年，技术部围绕开发和报道文献资源、为读者提供信息服务、充分利用智力资源、宣传和扩大图书馆的影响等方面，积极解答读者参考咨询。在做好江苏省联合参考咨询网解答工作的同时，共接待读者参考咨询4928例。

业务研究、辅导、协作协调

2011–2014年度，大丰市图书馆职工27名，多年来，大家积极撰写论文，发表和参与各类征文比赛的文章共125篇，其中在各类专业期刊上发表的论文有15篇，获得各类奖项的有52篇。2014年度，大丰市图书馆财政拨款总额为358.17万元。协作协调方面：1、加入到南京图书馆流通服务点。2、参与国家图书馆全国图书馆联合编目系统。3、加入到江苏省联合参考咨询系统。4、2007年，大丰市图书馆即成为苏北及苏中地区首家被文化部命名的“全国文化信息共享工程县级支中心”；2008年5月，大丰市成为“全国文化信息共享工程示范县（市）”；利用全国文化资源共享工程平台，实现讲座、展览共享系统。

大丰市图书馆（成人馆）外景

大丰市少儿馆外景

大丰市图书馆书库

阅览室

电子阅览室

管理工作

2008年推出《大丰市图书馆深化改革总体方案》。对现有机构重新调整和理顺，对业务流程进行重组，对现有岗位设置和岗位级别重新核定，对专业技术人员重新优化组合。为保证改革的顺利实施，根据“效率优先，兼顾公平”的原则，采取多种分配模式。逐步过渡并形成重实绩、重贡献，向优秀人才和关键岗位倾斜的分配激励机制。

根据现代图书馆的服务功能和业务流程，全馆应设置岗位27个，其中专业技术岗位20个，岗位级别设置：副高岗2个、中级岗7个、初级岗11个。根据大丰市图书馆岗位的要求，专业技术岗位证书分为普通业务岗上岗证和特殊业务岗位上岗证两大类，每类各设高、中、初三个级别。根据图书馆业务发展的需要，每年都要对全馆专业人员进行业务培训并组织相应的理论考试和技能考核，同时在上岗证上予以记载：馆考核领导小组每年组织一次对专业技术岗位人员的综合考核工作，考核内容包括“德”、“能”、“勤”、“绩”四个方面；建立专业技术人员考试和考核档案。

表彰、奖励情况

2011–2014年，大丰市图书馆共获得各种表彰、奖励33次，其中，文化部表彰1次，中国图书馆学会表彰1次，省文化厅表彰、奖励6次，其他奖励25次。

馆领导介绍

沙广萍，女，1966年12月生，本科学历，中共党员，研究馆员，馆长。1987年07月参加工作，1990年9月到大丰市图书馆工作，历任业务副馆长、工会主席，现任大丰市文化广电新闻出版局副主任科员、大丰市图书馆馆长、支部书记。2009年度“优秀党务工作者”。2001–2004年度中国图书馆学会优秀会员；2003–2009年度江苏省图书馆学会优秀会员；2014年作为江苏省唯一的代表入围“2014中国图书馆榜样人物”评选前15名。

陈乐美，男，1969年5月生，大专学历，中共党员，副研究馆员，副馆长。1990年7月参加工作，历任大丰市白驹文化站站长、少儿图书馆副馆长、锡剧团团长。

袁宏，女，1962年12月生，大专学历，中共党员，馆员，副书记。1979年9月参加工作， 分管党的工作、精神文明建设等。

王俊，男，1972年2月生，大专学历，中共党员，馆员，副馆长。1992年8月参加工作，主要负责少儿馆工作。

杨洁澎，男，1981年8月生，本科学历，中共党员，助理馆员，副馆长。2005年3月参加工作，先后在采编部、阅览部、少儿馆、办公室等部门工作，任主任、副馆长等职。

梁素生，女，1960年3月生，大专学历。中共党员，工会主席。1979年9月参加工作，图书馆总账会计，负责工会、妇女工作等。

未来展望

我馆坚持“服务第一，读者至上”的办馆宗旨，努力实施“知识工程”提出的“倡导全民读书，建设书香城市”的建设目标，主动与社会各方面配合，开展丰富多彩的读书活动。在做好读者服务的同时，以文化共享工程为抓手，加快推进公共图书馆服务体系建设，形成了文化共享工程与公共图书馆自动化、网络化、信息化建设相结合、与镇村图书馆（室）建设相结合、与党员干部现代远程教育相结合的“三个结合”。2014年大丰市图书馆新馆工程已正式启动，政府计划投资约2.2亿在2015年底建成一座1.7万平方米的现代化新馆。大丰市图书馆将不断完善软硬件基础之上为全市人民提供提供优质、就近、便捷、无差别和均等化的公共图书馆服务。

联系方式

地　址：大丰市黄海西路2号
邮　编：224100
联系人：杨洁澎

多功能报告厅举办朗诵比赛

举办新春书法家免费写春联给读者

少儿馆内景

扬州市江都区图书馆

概述

江都区图书馆多次蝉联国家一级图书馆，是全国人文社会科学普及基地、江苏省文明图书馆、江苏省社科普及示范基地、扬州市首批马克思主义大众化学习实践基地。

江都区图书馆始建于1958年，其时为江都县图书馆。1979年11月，迁址市区工农路并启用新图书馆大楼，1994年又扩建一座综合性大楼，并随江都撤县建市改为江都市图书馆。2006年在各级领导和社会各界人士的重视和关心下，再次进行改扩建工程，目前图书馆建筑面积6000平方米。2012年撤市设区改为扬州市江都区图书馆。内部机构设置为：办公室、财会室、采编辅导部、技术部、流通部、少儿部、古籍部、后勤部等部门，对外服务窗口有：外借室、期刊室、少儿室、电子阅览室、资料室、古籍室、方志馆、书缘书场等。2012年，江都区图书馆拥有阅览坐席306个，其中期刊室96个，电子阅览室30个，少儿阅览室50个，多媒体视听室130个，基本能够满足我区读者阅读需求。办公使用计算机22台，提供读者使用33台，计算机总计55台。信息节点60个，宽带接入20Mbps。2005年采用力博图书管理系统，2009年，实现馆内无线网络覆盖。

业务建设

2009–2012年，江都区图书馆共入藏图书12495种，28454册，其中地方文献688种1815册。征订报刊2499种，入藏1120种。2012年，图书馆年购书经费为30万元，馆藏总量达30.5万册，当年购置图书4062种，7260册，征订报刊680种，购买视听文献46件，电子文献2000册。

1997年，建成馆内业务局域网络，引进专业图书集成管理软件，实现办公与业务工作自动化，内建自有书目数据库，初步实现了书目检索自动化。2000年以后，又陆续添置一批新电脑与打印、复印、扫描设备，用于办公、电脑培训与学习。2002年与省馆签订协议，成为全省首批共享工程基层试点单位。2003年投资近60万元，配置100台联想计算机，1台联想万全服务器，建成网络功能完善的电子阅览室并对外开放，重点提供文化网信息浏览查询、电子阅览服务。2009年建成县级支中心并通过省文化厅验收。2010年在全区范围内全面建成以支中心为中心的城乡互联的基层服务点13家，各基层网点通过VPN网络通道与支中心连接，快捷安全地分享文化信息资源。经过一段时间的反复测试，以图书馆支中心为辐射点，以各镇服务点为端点的共享工程服务网络已稳定运行并提供服务。

2010年4月江都区图书馆成立江都在线网站，进一步拓展图书馆社会服务功能。网站依托全国文化信息资源共享工程作为技术支撑，是共享工程的又一服务形式，采用目前最先进的网络管理软件架构，配备了专业的技术队伍，实施精细化与个性化运作管理。目前江都在线网站开设有“社会科学”、“交警在线”、“扬剧在线”、“摄影俱乐部”、“演艺风采”、“芦柴花文学”等官方宣传版块，自建“人物访谈”、“小小江都”等特色版块。经过三年的发展，网络平台注册会员达1.5万个，数据量140万条，已成为江都综合指标最强的信息发布、互动平台。

截止2012年底，江都区图书馆数字资源总量为4.4TB，其中，自建数字资源总量2.2TB。在建的数据库有江都古籍数据库和江都人物访谈数据库。

读者服务工作

1998年起江都区图书馆率先在江苏省县级公共馆实行365天无闭馆日工作制，每周开放时间达63小时。2012年起所有对外服务窗口全部正式实行免费开放，每周开放时间为66小时。2012年全年接待读者19.2万人次，外借图书10.1万册次。2009–2012年，江都区图书馆有18个流动服务点，服务点书刊外借19万册次。2009–2012年，江都区图书馆网站访问量800万次。

江都区图书馆利用现有丰富馆藏信息资源，长期为区委宣传部与区电视台联合举办的农民电视课堂“八面来风”栏目提供信息；从1999年起每年为广大市民编印《信息汇编》6期，提供政策参考、家庭理财、文化教育、医疗保健等方面的知识；2009年起每年为《江都广播电视》报提供栏目资料54期。

2009–2012年，江都区图书馆共举办各类讲座、展览、培训、阅读推广等读者活动800多场次，参与人数5万多人次。

业务研究、辅导、协作协调

为加强基础业务建设，培养现代化知识人才，江都区图书

江都图书馆大楼全景

公共图书馆评估定级省市专家组在江都馆检查验收

江都馆少儿部

江都馆外借室

江都馆阅览室

馆经常性采取派业务骨干进行专业培训和全馆职工集中学习的办法，不定期对工作人员进行图书业务知识和计算机知识培训，同时鼓励职工在职提高学历教育，提高专业技术职务职称等，建设一支高素质的图书情报队伍。2012年区图书馆两人通过中级职称评审，三人通过助级职称评审。2009-2012年，江都区图书馆报送的专业学术论文有13篇在省级以上刊物上发表，3篇在全国学术会议上分获二等奖和优秀奖，4篇在省级学术会议上获三等奖，19篇在市级学术年会上分获一、二、三等奖。

各基层图书馆（室）和农家书屋是图书馆公共服务的前沿阵地。近年来，江都区图书馆分别对200多家基层图书馆（室）和农家书屋进行了业务辅导，帮助组建了200多家基层图书馆（室）和农家书屋。为加强全区基层图书馆（室）和农家书屋的业务建设，我馆有组织、有计划地举办了多期业务培训班。2012年区图书馆举办了第四期农家书屋管理员培训班，36名农家书屋图书管理员经过我馆专业知识培训，取得了良好的成绩。

管理工作

2012年，江都区图书馆全面实行岗位聘用制和工作目标管理制，与各部门签订目标管理责任书，每年进行总体工作考核。不断健全单位内部财务管理规章制度，完善岗位工作职责。搜集、整理好职工考核档案、课题服务档案、参考咨询档案等，并使各类文书档案的编制管理规范化，同时，确保消防工作严谨靠实，安全大事常抓不懈。

表彰、奖励情况

2009-2012年，江都区图书馆先后被评为国家一级图书馆、全国人文社会科学普及基地、江苏省文明图书馆、江苏省社科普及示范基地、扬州市文明单位、扬州市社科普及基地、扬州市马克思主义大众化基地、江都区双拥模范城先进单位、江都区社会治安综合治理暨平安建设工作先进单位，荣获江苏省图书馆学会苏中地区战略研讨会优秀组织奖、省红读活动组织奖、扬州市优秀组织奖、红读活动扬州市组织奖。2011年馆长倪健个人获评第七届江苏读书节先进个人，副馆长孙万刚连续多次在红读征文活动中获优秀辅导员荣誉。

馆领导介绍

倪健，男，1969年11月生，本科学历，中共党员，馆员，馆长，党支部书记。1990年8月参加工作，先后任采编辅导部主任、副馆长、馆长、支部书记，从2007年开始至今全面主持江都图书馆工作。2008年被增选为江苏省图书馆学会理事，2011年被选为扬州市图书馆学会常务理事。多次获江都区宣传思想工作先进个人、区文广新系统工作先进个人，2010年获“2008-2009年度扬州市文化工作”先进个人，2011年被江都人民政府授予“劳动模范”荣誉称号，2012年被江苏省全民阅读领导小组评为“第七届江苏读书节全民阅读先进个人”。

吴世定，男，1956年10月生，高中学历，中共党员，党支副书记。1974年12月参加工作，1999年10月任江都区图书馆党支部副书记。

吉玲，女，1964年5月生，大专学历，副馆长。1985年5月参加工作，2005年2月任江都区图书馆副馆长。

孙万刚，男，1963年12月生，本科学历，中共党员，副馆长。1980年12月参加工作，2007年5月任江都区图书馆副馆长。

汤群，男，1972年9月生，本科学历，中共党员，副馆长。1990年12月参加工作，2008年12月任江都区图书馆副馆长。

联系方式

地　址：扬州市江都区工农路37号
邮　编：225200
联系人：张 婕

江都馆书缘书场演出

江都馆送书到军营

江都馆元宵灯谜会

扬州市邗江区图书馆

概述

邗江区图书馆始建于1976年，馆址几经变迁，2004年迁至扬州市邗江中路553号，与区文化馆合署办公，统称为“邗江文化中心”，建筑面积7500平方米，其中图书馆办公与服务场地近2500平方米，设有采编辅导部、借阅部二大职能部门，开放了外借处、报刊阅览室、少儿外借室与阅览室、参考阅览室、电子阅览室等服务窗口。2009年、2013年参加全国公共图书馆第四次与第五次评估，均被评定为国家一级图书馆。2012年有阅览坐席250个，计算机47台，100Mbps宽带接入，使用力博图书馆自动化管理系统。

业务建设

截止到2012年底，邗江区图书馆总藏量43万余册（件），其中纸质文献11万册（件），电子图书32万册，视听文献0.1821万册（件）。

专项购书经费逐年稳步增长，2009年为15万元，2012年达到25万元，与四年前相比增幅达到了66.7%。每年新增图书在9000册左右，常年报刊征订达400多种，视听文献年入藏量都在百种以上，09年还入藏电子图书32万多种。

自08年下半年起邗江区图书馆开始使用力博图书管理系统，建成了馆内局域网。2008年，在扬州市率先建成全国文化信息资源共享工程区级支中心，与全区各镇（街道）及社区基层服务点实现VPN专网连接服务。

2009年起区图书馆专线接入百兆光纤宽带，打造了数字化的服务平台——“邗江文化中心网”和“区文化信息资源共享工程网”。先后建成了邗江区地方文献数据库、非物质文化遗产数据库和地方文化艺术数据库。2012年底加入了扬州地区公共图书馆数字资源共建共享服务体系，与其他兄弟馆共享11个大型数据库。

读者服务工作

从2007年7月起，邗江区图书馆实施全免费服务，全年365天每日都按时开馆，每周开放时间达60小时。2012年图书外借量达10万册以上，流通量达12万多人次。

截止到2012年底在机关、街道、学校、武警部队等单位已经建成了十二个分馆，并将邗上、汊河、蒋王、双桥四个街道25个村（社区）农家书屋发展成了图书流通点。区图书馆与城区2个分馆进行了联网服务，实现了通借通还，2012年各分馆和流通点共外借图书近6万册，流通人次达23000余人。

2009–2012年编制了《新书快递》、《新书导读》、《邗城书友》等宣传材料，开展宣传上百场。主动开展上门免费办证服务，将数十个政府机关单位、部门和企事业的工作人员吸纳为图书馆的注册读者。截止到2012年底固定读者6000多人，比四年前翻了一番。

2009–2012年，开展“每周e课”计算机公益性培训，每年培训60多场，四年共培训4500多人次。举办各类讲座、展览、阅读推广活动200多场，参与人数近5万人次。

2012年起重点开展“书香醉邗城”阅读推广活动，在全区深入开展了“万名读者发展”、“千篇读书心得评比”、“百个书香家庭评比”和“十佳书香村（居）评比”的系列活动。

业务研究、辅导、协作协调

2009–2012年，邗江区图书馆职工发表论文及在国家、省、市获奖的共计28篇（次）。

自2009年起与全区各镇（街道）文体中心签订了《邗江区公共图书馆（室）服务网络合作协议》，以区图书馆为中心，将各镇（街道）图书室和各村（社区）农家书屋纳入服务网络中，实现了区内全覆盖。

2010年深入全区所有镇（街道），举行了15场“农家书屋和文化共享工程基层点管理员培训班”，共培训200多人次，覆盖了全区所有基层图书管理员。

管理工作

2009–2012年邗江区图书馆建立健全了馆员下基层业务辅导分工制度，修订了十多项职工考核等管理制度。每年初都与全体职工签订目标责任书，量化每个人的工作指标。在服务窗口积极开展规范化和标准化服务，公示服务指南，严格履行承诺，全年365天每日都按时开馆，每周开放时间达60小时以上。

邗江区农家书屋管理员培训班

邗江图书馆讲座活动

邗江图书馆分馆成立仪式

邗江图书馆故事老师伴我读活动

表彰、奖励情况

2009–2012，邗江区图书馆有6人分别被区政府和区文体新局授予邗江区级机关“十佳服务标兵”、优秀党员等荣誉称号。党支部连续四年被区文体新局表彰为优秀党支部，2011年被区级机关工委表彰为“五带头”先进党支部，连续四年被区文体新局表彰为“年度目标考核先进集体”，2010年被授予省“文明图书馆”。

邗江文化中心大楼

馆领导介绍

高荣，男，1970年10月生，本科学历，馆员，馆长。1990年8月参加工作，历任邗江区图书馆副馆长、区文体新局文化科长等职。2009年8月任邗江区文化馆、图书馆馆长，兼任扬州市图书馆学会常务理事。

李万春，男，1972年10月生，本科学历，副研究馆员，副馆长。1991年8月参加工作，2008年8月到邗江区图书馆工作，历任区文化馆、图书馆馆长助理、副馆长、常务副馆长，分馆全馆业务工作，兼任扬州市图书馆学会理事。

联系方式

地　址：扬州市邗江中路553号
邮　编：225009
联系人：李万春

邗江区支中心揭牌仪式

世界读书日启动仪式

仪征市图书馆

概述

仪征市图书馆始建于1958年，后因机构调整并入文化馆，1974年恢复独立建制。1985年国庆路馆舍落成，成为当时县级城市中服务功能较全的图书馆之一。1998年迁至大庆路原广播电视大学旧址。随着文化建设事业的发展和社会文化需求的日益增长，2002年市委、市政府批准兴建仪征市图书馆。2005年4月，位于仪征市解放西路205号的新馆落成开放，仪征籍著名经济学家厉以宁教授题写馆名。新馆座落于城市中心的镜湖畔、扬子公园旁，为主体三层、局部四层的庭院式结构，占地3.6公顷，建筑面积0.53万平方米，设计藏书30万册，阅览座席500个，恬静雅致的内环境和景观自然的外环境交相辉映，演绎着“净湖碧波印书楼”的意境，是文化与时代气息交织的标志性建筑。2005年至今，连续三次被评为一级图书馆。

业务建设

仪征市图书馆新馆建成后，全面完成馆内局域网的建设，独立接入10Mbps光纤宽带，使用力博图书馆管理系统，实现馆内办公与业务工作全面自动化、系统化。

截止2012年底，仪征市图书馆总藏量31.28万册（件），电子视听文献2450件，数字资源总量5TB，和扬州图书馆实现共建共享数据库9个。

2012年，仪征市图书馆书刊购置专项经费47万元，新增藏量1.31万册，征订报刊635种，开架图书排架正确率98%，读者满意度为99.5%。

2011–2012年，仪征市图书馆征集到地方文献1199册，其中包含古籍259册、个人530册、单位410册，建成地方文献陈列室和研究室，实行免费开放。

2009–2012年，梳理保存古籍3642册，其中善本124册，登入《全国古籍普查平台》，馆内珍藏的清明时期古籍《重修仪征县志》和《天经》（阿拉伯文）入选第一批《江苏省珍贵古籍名录》。

读者服务工作

仪征市图书馆自1997年3月起坚持全年365天无闭馆开放制，2009年元月起实施全免费开放，日常开放时间为9:00至18:00，夏令（6月至8月）开放时间延迟到20:00，属扬州地区开放时间最长的公共图书馆。2009–2012年，持证读者数由8873人次增长为14842人次，总流通人次127.04万人次，书刊文献总流通47.75万人次，书刊文献外借84.74万册次。截至2012年底，在乡镇、社区、学校、军营、机关、企业等建立图书流动借阅点或分馆19家，总分馆实现通借通还“一卡通”管理模式，馆外书刊借阅7.084万册次。连续两年荣获“机关作风建设示范科室“称号。

2009–2012年，编制《科技与信息》16期，为科研及经济建设提供信息服务。2012年起，设置政府信息公开专架，为“两会”提供服务。

2009年成立共享工程仪征支中心，实现与省文化信息资源共享工程分中心的联网，建成支中心网站，对馆内电子阅览室进行改造升级、免费开放，节假日精选共享工程优秀影视资源播放。

2009–2012年，仪征市图书馆共举办讲座、展览、培训、阅读推广等读者活动97场次，参与人数11.21万人次。以每年图书馆服务宣传周为契机，通过图书荐读、评选优秀读者、读书征文等系列活动在全市范围内推动全民阅读。2012年，成立“乐仪书友会”，开辟独立空间，打造书友诗友画友畅聊天地。

业务研究、辅导、协作协调

2009–2012年，仪征市图书馆职工围绕图书馆业务工作所撰论文分别有27篇获得国家级、省级、市级等奖项，公开发表论文5篇，其中2篇为结合馆内实际情况的调研报告。

截至2012年底，仪征市图书馆建立乡镇图书室9个、村级图书室98个、社区图书室16个，参与服务网络建设比率约为94%，基本实现乡镇、村、社区的全覆盖。组织辅导队伍，对各图书室管理人员进行集中培训和上门辅导。

2010–2012年，按照省里制定的共享工程虚拟专用网（VPN通道）传输模式和设备配置标准，对全市9个乡镇、16个社区、33个行政村基层服务点进行统筹建设。

广场宣传新书推介

流动服务点建设–部队

讲座

老年人电脑培训

义务管理员

2010年，仪征市图书馆成为江苏省首批开通"联合参考咨询网"六个县级公共图书馆之一。2011–2012年，参与公共图书馆间的联合编目、馆际互借、资源共建共享等合作，成为南京图书馆在扬设立的首批流通服务点，并加入扬州地区公共图书馆合作联盟。

管理工作

仪征市图书馆不断建立完善科学的管理制度和运行机制，制订了《仪征市图书馆各项管理制度及岗位职责汇编》，制度建设以全面性、科学性、实用性为标准。同时，加强对执行情况的检查，每半年和全年进行总体工作考核，力求各项工作有执行标准，有检查对照，有奖惩措施。

表彰、奖励情况

2009–2012年，仪征市图书馆共获得各种表彰、奖励21次，其中文化部表彰、奖励1次，省文化厅表彰、奖励4次，其他表彰、奖励16次。

馆领导介绍

周明艳，女，1969年4月生，本科学历，中共党员，副研究馆员，馆长、党支部书记。1987年8月在仪征市图书馆参加工作，先后任读者工作部副主任、办公室主任、馆长助理、副馆长等职务。2011年1月任仪征市图书馆馆长馆长，兼任党支部书记，负责图书馆全面工作。2011年4月被增选为扬州市图书馆学会常务理事。

吴强，男，1965年2月生，本科学历，馆员，副馆长。1981年8月在仪征市图书馆参加工作，先后在读者工作部、辅导部、会展培训部工作。

张慎，女，1966年3月生，大专学历，中共党员，馆员，副馆长。1983年8月参加工作，1988年12月到仪征市图书馆工作，先后在读者工作部、采编部、研究辅导部等工作。

未来展望

仪征市图书馆坚持以邓小平理论、"三个代表"重要思想和科学发展观为指导，遵循"读者第一、读者至上"宗旨，从读者服务、业务管理、活动创新、提升素质多方面入手，着力构建公益文化服务平台，打造社会满意的图书馆，让书香飘满仪征。2009–2012年，仪征市图书馆抢抓发展机遇，加强软硬件建设，通过优化服务质量、拓展服务领域、扩大服务内涵，发挥图书馆在城市经济建设、文化建设、社会建设等各个领域的引领作用。未来几年，仪征市图书馆将紧紧跟随社会主义先进文化前进方向，以增强文化惠民能力为抓手，着力打造以现代信息技术为支撑的数字图书馆，全面整合各种优秀文化数字资源，运用新媒体优势，打破地域与时间限制，通过多个平台向社会大众提供丰富多彩的数字文化服务，满足广大市民读者日益增长的精神文化需求，努力为构建现代公共文化服务体系做出积极贡献。

联系方式

地　址：江苏省仪征市解放西路205号
邮　编：211400
联系人：王翠莲

读者欣赏摄影展作品

"你选书、我买单"活动

高邮市图书馆

概述

高邮市图书馆始建于1921年5月(民国十年5月)，重建于1958年10月。1962年图书馆并入文化馆。1984年县图书馆恢复单设。馆址几经变迁，2007年10月迁至海潮东路100号（邮都文化广场内），新馆建筑面积3800平方米，上下共四层，设有采编室、外借室、少儿室、阅览室、技术部、古籍部、地方文献室、资料室、电子阅览室、多功能会议室、培训辅导部、办公室等部室。2009年，参加第四次全国公共图书馆评估，首次被评为国家一级图书馆。2012年，高邮市图书馆有阅览坐席420个，计算机50台，宽带接入10Mbps，选用力博图书馆自动化管理系统。

业务建设

截止2012年底，高邮市图书馆总藏量20.1245万册（件），其中，纸质文献18.6245万册（件），电子图书1.5万册，电子期刊1000种。

2009—2011年，高邮市图书馆新增藏量购置费20万元，2012年起增至27万元。2012年，共入藏中外文图书3877种，6144册，中外文报刊248种，视听文献30种。截止2012年底，高邮市图书馆数字资源总量为4.5TB，其中，自建数字资源总量0.5TB。

2008年，将自动化管理系统升级改造为力博图书馆自动化管理系统，同时，设立了馆藏书刊信息查询系统。2009年建成全国文化信息资源共享工程高邮市支中心，完成支中心机房、电子阅览室、多媒体播放室的标准化建设。2010年，完成多功能报告厅和标准化培训室建设，完成全国文化信息资源共享工程高邮20个乡镇基层服务点的全覆盖。2012年，实现馆内无线网络覆盖，设立地方文献展柜和专架，将地方名人的著述和作品和涉及我市的人文、地理、历史、经济、政治等内容的著述和作品集中展示。

开展古籍保护工作，制订《古籍部书库及库区安全管理办法》、《高邮市图书馆古籍保护制度》、《高邮市图书馆古籍读者借阅制度》和古籍普查工作方案，完成2千余册古籍文献的普查登记工作。申报珍贵古籍名录，两部古籍入选江苏省珍贵古籍名录。2012年，积极争取省图支持，争取到一批樟木书橱，将古籍迁入更为宽敞的书库和专业古籍书架内，并购置空调、抽湿机等设备。

读者服务工作

从2011年元月起，高邮市图书馆全年对外免费开放，平均每周的开馆时间为64小时。2009—2012年，书刊总流通59.836万人次，书刊外借42.7810万册次。2012年，加入江苏省及扬州地区图书馆的馆际互借服务。2009—2012年，建成3个分馆，有10个图书流动站，馆外书刊外借4.1205万册。

截止2012年，高邮市图书馆发布使用的数字资源总量为4.5TB，整合了文化共享工程、图书馆网站和网络数据库相关资源，建立信息安全管理平台和资源传输调配体系，将本馆数字资源服务于公共电子阅览室，通过馆内电子阅览室资源导航向读者提供数字资源服务。可通过高邮市图书馆网站、高邮市共享工程VPN专网向分馆、共享工程基层服务点提供检索、浏览和下载服务。

2009—2012年，高邮市图书馆共举办讲座、展览、培训、阅读推广等读者活动216场次，参与人数16.77万人次。每年开展高邮市读书节、图书馆服务宣传周、红领巾读书征文演讲活动、读者“悦读沙龙”、读者座谈会、优秀读者评选、上门为机关干部办证等常规活动，开展“秦邮文化讲坛”、“共享工程优秀影视展”、“你选书、我买单”等一系列品牌活动，开展“便民服务站”、“有声读物”、老年人计算机培训、“荷花塘特殊教育学校”服务专场等特殊群体服务。2009—2012年我馆连续四年在红领巾读书活动中获“扬州市红领巾读书征文组织奖”，2次获得“江苏省红领巾读书征文组织奖”，近100人次获省、市级奖项。

业务研究、辅导、协作协调

2009—2012年，高邮市图书馆职工发表论文22篇。

2009—2012年，高邮市图书馆举办基层图书管理员业务培训班，共培训业务骨干150多名，上门辅导乡镇图书室、“农家书屋”100多家，和全市多家乡镇图书馆实行了协作协调、图书资源共享。此外，高邮市图书馆将四批6万余册图书送入全

高邮市图书馆

基层辅导培训

秦邮文化讲坛

少儿电脑培训

文化共享工程高邮市支中心

市各乡镇图书室，并对三送工程的图书实行统一登记、集中分类，做到标准、规范。

至2012年，高邮市图书馆先后加入了扬州地区、江苏省和全国图书馆“联合参考咨询”、“馆际互借”、“联合编目”三大业务服务系统。2012年，签署了《扬州地区公共图书馆数字资源共建共享》《扬州地区公共图书馆馆际互借》、《扬州地区公共图书馆讲座、展览资源共建共享》协议书，建立了以扬州市图书馆为中心馆，各县、市、区馆为协议馆的总分馆体系，同时实现了扬州地区10余个数字文献数据库的共建共享。参加南京图书馆“南图讲座”基层行活动，签署扬州地区公共图书馆讲座、展览资源共建共享合作协议。

至2012年，高邮市市区东部有市图书馆，西、北、南部分别建成水部楼、高沙园、康华社区三个市图书馆分借点，服务覆盖全市区范围；20个乡镇文化站建成有图书室和文化共享工程基层服务点；全市行政村完成村村建有“农家书屋”的全覆盖建设；此外，在消防大队、武警中队、自来水厂、琵琶社区等10家设有图书流动站。

管理工作

高邮市图书馆规范窗口服务，推行挂牌上岗，设立读者意见箱，接受读者监督评议，开设读者公共电脑查询系统，接受读者电话续借和咨询。2012年，高邮市图书馆制定完善《图书馆目标管理制度》、《图书馆工作考核细则》，完成《高邮市图书馆岗位设置方案》和《高邮市图书馆岗位设置实施方案》，每半年和全年对员工进行民主评议和量化考核。2009−2012年，共抽查文献排架8次，书目数据4次，撰写专项调研、分析报告和工作提案24篇。

表彰、奖励情况

2009−2012年，高邮市图书馆共获得各种表彰、奖励9次，其中，文化部表彰、奖励1次，江苏省级表彰、奖励4次，扬州市级表彰、奖励4次。

馆领导介绍

袁正兰，女，1967年7月生，本科学历，馆长，高邮市人大代表。1987年7月参加工作，历任高邮市博物馆副馆长，高邮市图书馆馆长，兼任扬州市图书馆学会常务理事等职。主持图书馆全面工作。

李文明，男，1963年3月生，本科学历，中共党员，党支部书记。1981年7月参加工作，2007年3月到高邮市图书馆工作，负责图书馆党建和其它工作。

俞立明，男，1963年1月生，大专学历，中共党员，副馆长。1982年10月参加工作，1986年到高邮市图书馆工作，分管图书馆业务工作。

李建业，男，1981年10月生，本科学历，中共党员，副馆长。2003年2月到高邮市图书馆参加工作，先后任采编部主任，副馆长，分管图书馆自动化工作。

未来展望

高邮市图书馆本着一切为读者服务的宗旨，紧跟时代步伐，构建更为完善的图书馆公共服务体系。在做好基础业务建设的同时，继续做好以高邮市图书馆为中心馆、乡镇（社区）图书馆为分馆、村图书室（农家书屋）为基层分馆的公共图书馆三级服务网络建设。加强馆际合作，实现资源共建共享。加快推进数字图书馆、移动图书馆建设。

联系方式

地　址：江苏省高邮市海潮东路100号
邮　编：225600
联系人：沈　路

“你选书、我买单”

服务宣传周

志愿者加工图书

镇江市京口区图书馆

概述

京口区图书馆（老馆）位于东吴路302号，馆舍建筑面积1740平方米，现有各类藏书11万余册，阅览座席305个，少儿阅览座席90个。区图书馆一楼主要为图书借阅室和参考阅览室，二楼主要为报刊阅览室和电子阅览室，拥有共享工程支中心等现代化图书馆的基本设施和装备，有300多种报纸、杂志供读者阅读，馆内供读者和工作人员使用的计算机为45台，其中供读者使用的计算机为37台，向读者提供方便的网上阅读和浏览。图书馆全年365天全开架借阅各类书籍，节假日不休息，每周向社会免费开放63小时以上。目前的区图书馆已经成为市民汲取知识、获取信息、陶冶情操、修养身心的一个文化阵地。

业务建设

中文图书借阅服务区室藏41043册，年限为2000–2012；外文图书借阅服务区室藏16730册，年限为1995–2013；少儿书刊借阅服务区室藏26439册，年限为2006–2013年；中文期刊借阅服务区室藏15000册，年限为2006–2013年；外文期刊阅览服务区室藏9192册，年限为2006–2013年；艺术图像资料服务区室藏9583册，年限为2001–2013年。

为更好地服务读者，实现图书馆全面自动化管理的目标，京口区馆采用了汇文Libsys4.5管理系统，使管理更为系统和规范。可远程查询本馆中外文图书、少儿图书、外文期刊等文献的书目及馆藏信息。网上预约、续借：读者可远程登录图书馆网站办理图书续借、预约业务。免费开通了数字资源远程访问服务，读者可凭读者证免费申领网上读书卡，通过网上读书卡的账号、密码，可在馆外利用互联网访问图书馆馆数字资源。

读者服务工作

图书馆全年365天全开架借阅各类书籍，节假日不休息，每周向社会免费开放63小时以上。

开架书刊数为95893册，书刊文献总量为117987册，书刊文献开架比例为81%。书刊总流通人次为215348人，有效借书证为9342个。传统文献外借册次为76892册，电子文献外界册次为24941册。总计101833册。

截止2013年底，京口区图书馆共举办各类讲座、展览、培训、阅读推广活动等读者活动164场，参与人数5627人。

业务研究、辅导、协作协调

按照“图书分馆与农家书屋同建”、“送书与读书引领同抓”、“图书配置与图书流转同行”的工作思路，区馆加大对基层图书室业务辅导培训和支持力度，2012年共举办图书管理员培训辅导活动4次，内容涉及图书馆工作概论、业务流程等基础知识和如何办好基层图书馆、自动化与网络化等专题。去年11月，专门抽出一周时间，深入各街道图书馆，逐家进行点对点的有针对性的指导，帮助解决技术、管理等方面的问题，受到基层单位的欢迎和好评。深入开展协作协调、馆际互借活动，充分利用我馆图书、工具书、地方文献等馆藏资源开展咨询服务、查询文献服务，并与镇江市图书馆联合开展文献传递业务，全年为普通读者、科研、政府等各界人士进行代检索课题服务共计20余项。

信息服务注重实效。2012年，区图书馆为社会各界提供20余项信息服务，他们对图书馆工作人员提供准确的资料给予高度评价。如区商务局领导因撰写论文需要港澳台税制研究、港澳台经济比较、港澳台和东南亚华人对粤投资等方面的资料，图书馆工作人员为其热情服务，提供了大量相关文献。

读者活动丰富多彩。为充分发挥图书馆文化传播与社会教育职能，提升图书馆的服务水平和公共文化资源传播力度，在全区倡导“多读书、读好书”的文明风尚，积极开展讲座、报告会活动，先后聘请了20名社会知名人士、专家学者来京口图书馆举办讲座20场。如：3月份邀请镇江市市委党校教授作《学习型组织——社区、家庭和谐之根》讲座；5月份根据老百姓关注的热点，邀请京口区法院法官作《学习身边的法律——物权法》报告；9月份邀请江苏科技大学哲学系教授作《在阅读中思考，在思考中快乐》讲座等。读书、讲座活动的开展，将区图书馆优秀文化资源与学校、社区的文化场地有效结合，达到了资源共享，优势互补的目的。

精心组织策划“红读活动”。根据省文化厅开展的红领巾读书征文活动的要求，区图书馆每年都主动和区教育局联系，除了做好宣传发动工作外，还有计划地组织辖区范围内的中小学生积极参与。

精心组织服务宣传活动。根据《省文化厅关于组织开展2012年度图书馆服务宣传周活动的通知》精神，去年区图书馆

积极举办服务宣传活动。活动期间，深入学校、社区、企事业单位，向广大读者推荐好书、新书，加强与读者的互动。同时，面向视听需求读者，免费开放电子阅览室，提供电影、展览、讲座等丰富的“服务大餐”；结合“六一儿童节”活动，面向青少年读者推荐了一批适合他们阅读的图书、期刊和光盘，受到广大少年儿童及家长们的好评。围绕“服务宣传周”的主题，全馆人员对工作进行了深层次思考，认识到今后要更加注重工作的创新，进一步延伸服务范围、深化服务内容，使广大市民能够更好地了解图书馆、关心和支持图书馆事业，以促进京口区图书馆事业更快、更好地发展。

管理工作

经费保障和高素质的管理人员是实现图书馆可持续发展的重要基础。在加强经费与人员保障上，2012年区政府财政拨款120万元，其中17.8万元用于购置图书、20万元用于免费开放以及设备的添置等，核拨了6名全额拨款事业编制，并从文化、教育等部门抽调了部分素质好、能力强的业务骨干充实到图书馆工作。现全馆共有工作人员8名，其中正式人员6名，临时人员2名。8名工作人员中大专以上文化水平的6名，占总数75%，5人具有中级以上职称，占职工总数的62.5%。在图书馆管理人员的素质建设上，一方面，按照“政治强、业务精、纪律严、作风正”的总体要求，不断加强业务理论学习，根据周一读者少这一实际情况，规定每周一为固定学习日，系统学习政治理论和有关图书管理方面的知识，不断提高自身业务技能。另一方面，按照《公民道德规范》的总体要求，每年9月份定为“文明服务月”，向社会做出承诺，聘请社会各层次读者予以监督，促进全馆干部职工端正服务态度，增强服务意识，提升工作效能。目前，全馆职工热情高、干劲足，虽然工作辛苦劳累，但没有任何怨言，爱岗敬业，形成了人人比干劲、个个比奉献的良好工作作风，得到了社会各界的认可。

近年来，区图书馆着力理顺管理体制，完善各项规章制度。如：图书借还制度、遗失赔偿制度、阅览制度、管理人员岗位职责制度、财务管理制度、档案和物资管理制度等，规范做好统计工作并妥善整理和保存好各类文件档案，完善的规章制度使工作人员职责明确，有章可循，在团结协作中，顺利完成各项任务。目前，图书馆已基本走上了“三化”发展轨道。一是正规化。即：读者第一，服务至上；标示规范、借阅迅速；设施完好、环境整洁，并公开向社会承诺，广泛接受读者和社会监督。二是标准化。即：开、闭馆准时、敞开办证、语言文明、开架借阅。三是自动化。即：采用微机管理、采访、编目、流通、报刊管理、馆藏文献检索等工作实行计算机业务管理，读者到馆进行计算机单项题录检索能够较快完成。

未来展望

多年来，京口区图书馆（老馆）在不断强化自身综合实力的同时，通过创建图书馆分馆、读书漂流角、社区图书室、数字图书馆等发挥了公共文化服务的主体作用。2013年5月份京口区图书馆新馆建设工程正式启动，在老馆正常使用的情况下，2014年10月份新馆将正式投入运营使用。区图书馆新馆位于汝山路与焦顶山路交界处，建筑共3层，总面积5014平方米，共有阅览坐席550个，其中儿童阅览坐席100个，计算机台数80台，新增图书15万册，年服务人次可达50万人次以上。

党的十八届三中全会提出“建立健全现代公共文化服务体系”的要求，为提升新馆服务水平创造了前所未有的良好环境和全新的目标任务。我们将通过基础立馆、品牌立馆、人才立馆、创新立馆“五个立馆”的实践和探索，建立新馆自我建设和发展的科学机制，使之成为镇江市区东部新的文化地标。

镇江市丹徒区图书馆

概述

丹徒区图书馆始建于1957年3月，原址在丹徒县谏壁镇中街，行政隶属县文化馆，1980年5月两馆分开，县图书馆独立建制。1986年12月，县图书馆迁至长岗新馆办公，建筑面积近788.23㎡，从此结束了县图书馆多年来有馆无舍的历史。2002年，丹徒县撤县建区，丹徒县图书馆更名为丹徒区图书馆。2004年10月，区图书馆临时迁入丹徒新城区政府大楼一楼对外服务，2006年12月，位于丹徒新城长山路281号的新馆建成开放。新馆现有面积1541.8平方米，设有计算机主机房、电子阅览室、辅导培训室（视频放映室）、参考咨询室，少儿阅览室、盲人阅览室、国学·道德讲堂、展览室、自修室等部室。2009年，参加第四次全国公共图书馆评估，评为"国家二级图书馆"。2012年，丹徒区图书馆有阅览座席248个（其中用于少儿阅览的座席73个），计算机46台，接入电信10M光纤，选用力博图书馆管理系统。

业务建设

截止2012年底，镇江市丹徒区图书馆总藏量14.3万册（件），其中纸质文献7.5899万册，电子文献6.7218万册（件），古籍585册。

2013年，图书购置费增至22万元，2009—2012年，图书购置费增加了3.7倍，共用于购书经费51万元，共入藏新书12043种，17299册，订购报纸期刊730种，视听文献120件。

截止2012年底，丹徒区图书馆数字资源总量为4.86TB。自建图书馆网站介绍图书馆概况、借阅须知、书目查询等。馆藏中文献书目数字化达90%。

馆藏580余册古籍设专柜存放、专人负责保管，做到遮光、防潮、防尘、防蛀。有专项经费用于古籍保护。古籍征集、保护、查检等制度健全。馆藏古籍数字化工作正在开展。自国家实施古籍保护计划以来，丹徒区图书馆利用广播、电视、图片等形式开展古籍普查宣传。《五子近思录》入选《江苏省珍贵古籍名录》。

读者服务工作

2009年起，丹徒区图书馆实行对外免费开放服务。图书借阅、电子阅览室全年开放，每周开放时间不少于60个小时。书刊文献借阅书刊开架比例达80%以上。馆藏书刊年外借率达70%以上，书刊文献年外借达10.11万册次。馆外图书流通点11个，年借阅书刊5万册次以上，持证读者年到馆次数达27次/人以上。通过新书介绍、图片展览、电视宣传、负责制宣传手册等方式开展书刊宣传。2009年起开展为领导机构决策与社会事业发展提供信息服务，为科研和经济建设提供信息服务，为社会大众提供信息服务。每年摘编《信息》4期分发政府部门、相关单位和重点读者。开展了电话预约借书，代购、代查图书资料；为老年人和残疾人设立阅览专座，老年人、残疾人和军烈属到馆借书优先办理并开展送书上门服务，同时还为老年读者开办电脑培训班；建有盲人阅览室和少儿阅览室；每年向进城务工人员赠送借阅证。

2009—2012年，丹徒区图书馆每年讲座、培训等活动不少于30次；每年开展各类展览不少于12次；通过"农民读书演讲比赛"、"职工读书节"、"红领巾读书征文活动"、新书推荐、优秀少儿世界文学名著插图展，以及送文化下乡等，积极开展阅读推广活动，年参与各项活动达3.9万人次。

2007年建成电子阅览室，拥有计算机30台，严格按照《公共电子阅览室建设计划实施方案》的要求，安装美萍管理系统，对公众提供服务，每周开放60小时以上。对青少年上网主要检查是否文明上网和超时上网，对待老年人和农民工上网，重点辅导计算机使用和上网技能，针对性地开展服务。

业务研究、辅导、协作协调

2009—2012年，丹徒区图书馆每年都有通讯报导或专业论文在市、区刊物上发表，4年间，共有6篇论文在省级以上刊物发表。多篇论文在省、市级图书馆业务研讨会中获奖。

2009—2012年，对乡镇基层图书室、共享工程基层点进行业务辅导96次，举办农家书屋管理员培训班2期。

2007年，丹徒区图书馆与镇江市图书馆签订"图书联采联编协议"，开展了图书联采协作。2010年，在镇江市馆的组织协调下，参与了镇江市公共图书馆及驻镇高校图书馆"文献资源共享联合体"，实现了图书通借通还和网上预约的借书服务。2012年，加入江苏省公共图书馆联合参考咨询网和馆际互借系统以及联合编目系统成员馆，现已是南京图书馆的流通点和镇江市图书馆分馆。

2009年起，丹徒区图书馆先后与全区各镇（园区）图书室

签订了图书流通协作协议。在区实验学校、区青少年业余体校及武警驻谷阳消防中队建立了图书流通点。每年流通到各站点的图书不少于500册。

管理工作

引入竞争机制，推行人事聘用制，实行岗位设置管理，做到竞争上岗，按岗聘用。明确岗位责任制，建立分配激励机制，定期进行考核，实行目标管理。建有各项规章制度：工作人员行为规范、工作考勤制度、借阅制度、文献保护规则、馆长、副馆长岗位责任制、财会岗位职责、设备、物资管理办法、消防保卫细则、环境营造和管理实施意见、内部分配暂行办法以及各岗位说明书等。

表彰、奖励情况

2009–2012年，丹徒区图书馆多次获得各种表彰、奖励。先后获得“江苏省文明图书馆”、“镇江市文明单位”称号，多次获得“丹徒区文明单位”称号，荣获江苏省、镇江市红领巾读书征文活动组织奖、优秀组织奖，镇江市图书馆学会先进单位，镇江市丹徒区基层文化工作先进单位、丹徒区文广体局先进集体、丹徒区财政局部门决算工作鼓励奖。

馆领导介绍

笪凤微，女，1973年6月生，本科学历，馆员，馆长。1995年8月参加工作，历任新四军四县抗敌总会纪念馆副馆长、丹徒区图书馆副馆长，2013年2月任丹徒区图书馆馆长。

姚兰，女，1978年8月生，本科学历，中共党员，馆员，副馆长。1999年9月参加工作。

刘学庆，男，1976年3月生，大专学历，中共党员，科员，党支部副书记。1997年8月参加工作。

未来展望

镇江市丹徒区图书馆遵循“以规范业务建设为基础，以

提升办馆条件为手段，以优质服务为核心，以服务创新为突破”的办馆理念，积极开创服务工作新局面。根据打造苏南文化示范区要求，实现全区15分钟图书借阅圈，丹徒区图书馆在2012年底制定了实施计划，在未来的几年里，在全区所有乡镇（园区）建立分馆，逐步实现丹徒区图书馆与各分馆、各农家书屋的通编、通借、通还。实现全区图书馆资源共享及15分钟图书借阅圈。发挥中心馆作用，建立、开发特色馆藏资源，让更多的读者、用户使用，逐步突出资源共享充分、管理标准规范、服务深入细致、读者日趋旺盛、效能显著提升的特点。

联系方式

地　址：江苏省镇江市丹徒新城长山路281号
邮　编：212028
联系人：姚 兰

丹阳市图书馆

概述

丹阳市图书馆是县级市公共图书馆，创建于1957年。随着社会的进步发展，尤其是经过改革开放，图书馆几经改造扩建，移址搬迁，一座规模较大、馆藏丰富、设施齐全的现代化图书馆已经建成。新馆座落在风景秀丽的香草河畔，与丹阳的万善公园相毗邻。馆建筑面积3616平方米，它外观古朴、秀丽雄伟，内部环境宽敞幽雅，是一座集数字化、网络信息化于一体的新型图书馆，是全市文献收藏、信息服务、社会教育活动的中心，更是我市精神文明的重要窗口，被文化部定为一级馆。

业务建设

馆舍建筑面积3616平方米，阅览坐席302个，少儿阅览坐席100个，计算机数量51台，提供读者使用的计算机数量30台。宽带接入为电信光纤10M接入，存储容量为磁盘阵列6TB，图书馆自动化管理系统为南京图书馆研发的力博图书馆管理软件，全馆实现自动化办公服务。共享工程服务网点17个，流通服务点19个。

丹阳市图书馆2013年总藏量为480730册，电子文献藏量为1552种，新增图书16518册，报纸100种，报刊年入藏量545种，试听文献年入藏量每年均超过30件，丹阳籍名人著作985册，地方文献693册，古籍1975册。丹阳市图书馆设立地方文献展览大厅，有专人专柜陈列，附有专门目录。数字资源总量达6TB。新增图书均设立机读目录，中文文献书目数字化80%以上，自建数据库1个。

馆藏图书严格按照中图分类法编目著录，规范一致，新书到馆1月内完成编目并上架。馆藏图书规范、统一，书标、登录号、馆藏章等面面俱到。外借部门的开架图书每日整理，确保排架准确率误差率在2‰以下。图书馆文献保护规章制度健全，书库防火、防盗、防虫、防潮、防尘等措施到位，破损图书由相关部门工作人员自行修补后重新上架。

读者服务工作

自07年以来，丹阳市图书馆实行免费开放，坚持周六、周日不闭馆，节假日照常开放，全年365天不闭馆。电子阅览室更是从上午8点连续开放到晚上8点，工作人员轮换调班。周开放时间为84小时。

丹阳市图书馆场地、设施全部免费开放，外借室和阅览室提供免费办证、借阅、存包和饮用水服务，并常年提供纸巾和打气筒。多功能放映厅免费播放各类主题影片，资料室免费查找资料和复印，电子阅览室免费提供各类数字资源检索。

图书馆借书证发放16407份，有效借书证约为15000份。2013年，我馆提供解答咨询400余条、各类讲座培训18次、举办展览5次、书刊文献外借214867册，占总藏量的71%。来馆人次11万余人。图书馆馆内流通总人次为127954次，电话咨询2000余条，其他参考咨询服务、代借代还800余人次，到馆接受各类服务包括讲座、展览、培训5462人次，来馆观看免费影片约2000人次，参加图书馆组织的各类读书活动，包括图书馆服务宣传周活动约70000余人，网站浏览、检索人次200000人次，总计408216人次。

丹阳市图书馆现有的对外开放窗口全部实行全开架，可使读者直接接触文献，广泛阅读，自由挑选；书库包括地方文献库实行半开架，方便读者查询、复印相关的资料文献。我馆馆藏文献总量为480730册，其中开架书刊文献数量有109000册，半开架书刊文献数量有143000册。我馆设立的流通服务点已达19个。

协作协调

丹阳市图书馆大力发展馆际互借、总分馆体系建设，2013年成为江苏省联合参考资讯网和馆际互借系统成员馆，2012年与镇江市图书馆开展馆际文献互借业务，建立资源共享合作平台，成为镇江地区首个实现总分馆通借通还的县级图书馆。2011年在全市成立首个图书馆分馆——凤美社区分馆。2012年，在全市乡镇成功设立了14个图书馆分馆，并为全市所有中小学图书馆提供馆际互借服务，每年不定期举办丹阳市中小学图书馆和农家书屋业务培训。并于同年参加江苏省少儿图书馆建设理论研讨会，讨论少儿图书馆事业建设与发展。并派出业务骨干参加2012年度文化部县级图书馆业务骨干培训班。

全市的14个乡镇成立了图书分馆，并与总馆实行了总分馆制，通借通还成为现实。2012年，全市分馆统一购置了南京图书馆研制的力博图书馆管理软件终端，保证了与总馆的统一，全市图书馆实现服务自动化。

2006-2008年度
镇江市文明单位
中共镇江市委
镇江市人民政府

一级图书馆
中华人民共和国文化部颁
二〇一〇年一月

2006-2009
江苏省文明图书馆
江苏省文化厅

管理工作

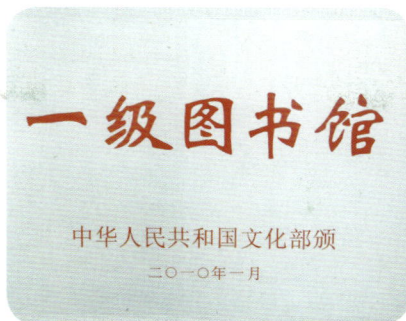

2012年，丹阳市图书馆进行了岗位聘用工作，有22人在职，其中图书馆在职员工均为大专及以上学历。中专、高中以上人数站职工总数的100%，中级以上职称人数占职工总数的75%，初级以上职称人数占职工总数的100%。同时，建立了工作量化考核指标体系，每月进行工作进度通报，每半年和全年进行总体工作考核。

图书馆职工不断提升自我素养，积极撰写专业论文，在图书馆学术期刊发表8篇学术论文。每年均有业务研究论文在各学术权威期刊和各图书馆论坛发表。

表彰、奖励情况

2009–2013年，丹阳市图书馆共获得各种表彰、奖励17次，其中，省级表彰、奖励3次，市级表彰、奖励5次，其他表彰、奖励9次。

馆领导介绍

陈锦荣，男，49岁，中共党员，98年毕业于中共省委党校经济管理系，大专，82年参加工作，2002年取得馆员职务，2012年取得高级职称，现任图书馆馆长。

戴耘，男，51岁，99年毕业于省委党校经济管理系，大专，79年参加工作，现任图书馆副馆长，2000年取得馆员职务，负责馆内阵地部门工作。

周宇清，女，43岁，民盟人士，丹阳市政协委员，2000年毕业于中央党校经济管理系，本科，88年参加工作，现任图书馆副馆长，主管社会活动部的工作开展。

未来展望

丹阳市图书馆围绕创建“江苏省公共文化服务体系示范区”这个重点，依靠解放思想、立足本职、创新思路、服务基层、服务读者为目标，提升服务水平，提高社会影响力，为本地区文化事业贡献力量。

在国家一级图书馆标准的基础上，积极增加购书藏量，保证全市公共图书人均占有藏书1册以上，平均每册藏书年流通率为1次以上，人均年增藏书0.04册次，人均到馆次数0.5次以上。根据社区条件，力争增设3家分馆。继续提高图书馆知名度，开展读书活动；做好图书馆服务环境的提升；提高馆员素质。

丹阳市图书馆以建设现代化、数字化图书馆为发展目标，利用先进的计算机技术和数字信息系统，开展各种图书服务活动，提高广大人民群众整体素质，为推动丹阳市经济发展提供智力支持，实现科技和文化的完美结合，努力把图书馆办成知识信息中心、文化教育中心，成为重要的知识信息枢纽和文明建设的重要窗口。

联系方式

地　址：丹阳市西环路21号
邮　编：212300
联系人：陈锦荣

扬中市图书馆

概述

扬中市图书馆为县级图书馆，始建于1955年，与扬中市文化馆共用一座办公大楼。1977年，图书馆正式独立建馆，建成新馆位于扬中市文化北路46号，其时占地面积只有200余平方，1996年在原有大楼基础上翻建，现有馆舍面积2200平方米，设计藏书容量30万册，可容纳读者座位300个。2001年，参加第二次全国公共图书馆评估，首次获得一级图书馆荣誉称号。2012年，扬中市图书馆内设成人外借室、综合阅览室、电子阅览室、少儿外借室、少儿阅览视听室、多功能播放厅、地方文献室、残障人阅览室等对外开放阵地，创建文化信息资源共享工程支中心，设有文物办公室，馆内共有阅览座席318个，计算机55台，信息节点256个，宽带接入10Mbps，选用由南京图书馆开发的力博图书馆自动化管理系统。

业务建设

截止2012年底，扬中市图书馆总藏量28.1205万册（件），其中纸质文献27.6万册（件），电子图书5005册，电子期刊200种（册）。

扬中市图书馆年财政拨款总额284.91万元/年，2012年起新增藏量购置费20万元/年。2009–2012年，年平均新增图书3500种，征订报刊杂志600余种，视听文献30件。

截止2012年底，扬中市图书馆数字资源总量为4TB，其中自建资源1TB，主要包括方志数据库及地方特色资源数据库，地方文献数字化建设正在进行之中。2013年新增数字资源6TB，电子图书10.5万册（种）。

2012年，将图书馆自动化系统升级为由南京图书馆开发的力博图书馆自动化管理系统，以适应江苏省公共图书馆服务网络体系建设的需要。目前，馆内无线网络全覆盖正在进行中。

读者服务工作

从2009年起，扬中市图书馆全面实行免费开放，周开放66.5小时。2009–2012年书刊文献外借册次年平均20.9万册，年平均流通人次为8.9万人次，年新增读者500余人。2012年底，加入CALIS江苏省馆际互借云服务平台，开通与南京图书馆及江苏省内的市县公共图书馆文献检索和馆际互借服务。截止2012年底，建成2个镇级图书分馆，扬中市四镇一区一街道全部建成图书馆、室，图书馆覆盖率达100%，扬中市58个行政村均建起农家书屋达80余家，馆外书刊年流通人次5.6万人次，年流通册次14.39万册。

2012年，为扬中市委市镇府贯彻落实十八大提出的《中共中央关于加强和改进新形势下党的建设若干重大问题的决定》，提供“人才强市”专题服务。2009–2012年间，多次为本地企业江苏天源华威、江苏三星化工提供技术革新改造和管理信息服务，为本市种植、养殖专业户提供生产、经营方面的信息服务。

2009年，文化信息资源共享工程扬中支中心在扬中市图书馆成立，2009–2012年，在全市范围内建成共享工程基层服务点6家，通过共享工程VPN专网实现文化信息资源共建共享。2013年初，扬中市图书馆门户网站正式改版对外开通，访问量19326次。2013年6月，依托远古专业服务器架设的扬中市图书馆流媒体平台开通，实现视频资源在外网的共建共享。2013年9月，开通扬中市数字图书馆，上传电子图书10.5万种（册）。目前，对外发布使用的数字资源总量8TB，均可通过扬中市图书馆网站、共享工程VPN专网、扬中市图书馆流媒体平台、扬中市数字图书馆供用户检索、浏览及下载使用。

2009–2012年，扬中市图书馆共举办讲座、展览、培训、阅读推广等读者活动160余场次，参与人数13.2万人次。

业务研究、辅导、协作协调

截止2012年底，扬中市图书馆共有在编在岗人员15人，全部大专以上学历，高、中级技术职称11人，占总人数的71.4%。2009–2012年，扬中市图书馆职工继续教育人年均学时达到82.9学时，共有论文14篇发表、获奖或参加学术研讨会交流。

2012年底，加入江苏省公共图书馆联合参考咨询网，与全省范围内各市、县公共图书馆一起，共同为用户提供免费的网上参考咨询和文献远程传递服务。2013年，成为南京图书馆流通服务点。

图书馆外貌

图书馆正门

6.1你阅我赠

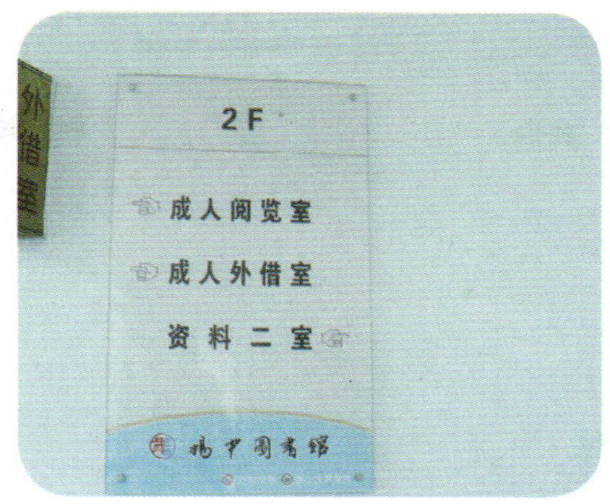

馆内指示设施

书库

2009－2012年，扬中市图书馆举办基层图书管理员培训8期，对镇区图书馆（室）、中小学图书馆（室）、农家书屋、共享工程基层服务点等单位进行上门业务辅导97次，电话辅导22次，远程协助29次，接受辅导千余人次。

2010年，扬中市图书馆成立志愿服务队，吸纳扬中的大中学生加入志愿者服务队。

2011－2012年，扬中市图书馆完成岗位设置和聘用工作，本次聘任共设岗位16个，所有在编工作人员定岗定责，建立量化考核指标体系，完善年终考核制度。2009－2012年，每周检查文献排架情况至少1次，排架正确率达98%。

表彰、奖励情况

2009年－2011年，扬中市图书馆连续三年荣获镇江市、江苏省红领巾读书征文比赛优秀组织奖，2009年荣获扬中市民生工作先进集体，2010年荣获“江苏省文明图书馆”称号。扬中市图书馆多次被评为“扬中市文明单位”、“扬中市十佳文明服务窗口单位”、“镇江市文明单位”，被命名为“青少年爱国主义教育基地”，2001－2005年、2005－2009年、2009－2012年3次被评估定级为“国家一级图书馆”。

馆领导介绍

郭玉华，男，1975年11月生，大学本科学历，中共党员，馆长，党支部书记。1996年参加工作，就职于扬中市文化广电体育局，2013年3月任扬中市图书馆馆长、党支部书记，兼任文化信息资源共享工程扬中市支中心主任。多次被评为文广体系统先进工作者。

严红霞，女，1960年5月生，大学专科学历，中共党员，馆员，副馆长。1982年参加工作，2007年任扬中市图书馆工会主席，2010年担任扬中市图书馆副馆长。1994－1999年两次获得江苏省公共图书馆先进工作者称号，1999年获镇江市文化系统先进工作者，2011－2012年被评为扬中市先进女职工工作者，多次被评为文广体系统先进个人。

曹远康，男，1970年6月出生，大学本科学历，中共党员，馆员，副馆长。1996年到扬中市图书馆参加工作，2011年被任命为扬中市图书馆馆长助理，2012年担任图书馆副馆长。曾多次获得市及直属主管部门的嘉奖。

未来展望

扬中市图书馆以邓小平理论、三个代表重要思想、科学发展观为指导，以服务公众、传递文明为办馆宗旨，强化内部管理，加强内涵建设，构建区域公共图书馆服务网络体系，推动本地区文化事业发展。目前，扬中市政府将与图书馆大楼比邻的文广体局办公大楼将合并给图书馆使用的规划正在进行之中，届时图书馆的馆舍面积将达到3500平方米左右，可容纳藏书量、阅览坐席数量、开放阵地面积都将进一步增加。同时，对少儿外借、阅览功能区结构将进行重新规划和调整，以适应越来越多的少儿读者借阅需要。目前，扬中市图书馆数字资源存储能力扩展到300TB，馆内无线网络全覆盖正在建设中，数字图书馆建设稳步推进。

放眼未来，扬中市图书馆将加大建设力度，持续构建精管型、学习型、创新型、和谐型现代图书馆，着力打造图书馆文化第三空间，让广大市民充分享受到高质量文化服务。

读者座谈

4.23全民阅读

句容市图书馆

概述

句容市图书馆创建于1959年。当时与文化馆合署办公，文革期间被撤。1978年恢复图书馆建制。1980年政府新建近1000平方米图书馆楼一幢，主楼四层，局部三层。1994年初次等级馆评定中，被评为国家三级图书馆。1998年被评为国家二级馆。2012年市委市政府决定建设文化大市，在市中心建设一座多功能的市文化艺术中心，占地90余亩，中心一面环水，紧邻崇明公园，环境优美。其中近9000平方米的新图书馆于2014年5月投入使用。图书馆现有职工32人，其中在编在岗14人，社会化用工18人。在职大专学历27人，本科4人，研究生1人。初级职称11人，中级职称3人。句容市图书馆阅览桌椅772个，计算机70台。存储容量32TB，业务管理采用江苏省图书馆开发的“力博”管理系统。2014年被评为“国家一级图书馆”。

业务建设

截止2013年，句容市图书馆藏书总量为20.2万册。其中，纸质文献12.7万册（件），电子图书7.5万册。

2013年，句容市图书馆财政拨款201万元。其中：其中购书经费从去年的30万元增至今年的33万元，免费开放经费从去年的20万元增至今年的30万元，社会教育方面经费为14.6万元；文化信息资源共享工程专项经费为8万元。

截止2013年底，句容市图书馆数字资源总量为6TB。图书编目、借阅实行管理系统自动化服务。市图书馆与分馆之间实现通借通还、资源共享、馆藏中文文献书目数字化达到75%以上。全市9个乡镇3个管委会全部建有图书室和电子阅览室。此外，我市153个行政村均建起农家书屋。图书馆覆盖率达到100%。

读者服务

从2009年8月起，句容市图书馆全年365天对外免费开放。每周开放时间达到66.5小时。2013年底，引进RFID技术，实现藏馆文献的自助借还。2012年–2013年，书刊总流通13816人次，书刊借阅21156册次。免费为盲人提供借阅服务，积极为弱势群体读者提供上门服务。每年举办两期老年电脑培训班，受到老人们的一致称赞。节假日、寒暑假在少儿视听室播放优秀儿童影片和动画片，吸引了广大小学生前来观看。关注外来务工人员的阅读需求，尽力满足他们的精神需求。

截止2013年，利用本馆多媒体报告厅、电子阅览室等阵地开展公益讲座12次，技能培训8次，在馆内举办各种展览6次，面向广大中小学生和市民读者开展的各种阅读活动8次。

业务研究、辅导、协作协调

2012年–2013年，全馆职工每周利用半天时间开展政治和业务知识方面的学习，这两年选派优秀馆员参加省、市各级各类业务培训，鼓励馆员进行业务研究。发表论文4篇，其中有一篇在省获三等奖。

2013年，加强对基层图书管理员的业务培训。每年举办学校图书管理员集中培训班、乡镇文化站及农家书屋管理员业务培训班等。系统地学习图书馆工作概论、图书分类法、文献编目、期刊、报纸管理等图书馆方面的业务知识，提高基层人员的管理工作水平和业务技能。

表彰、奖励情况

2011年–2013年，句容市图书馆共获得各种表彰、奖励5次。其中获得镇江市文广新局表彰、奖励2次，获得句容市政府、句容市文化广电体育局表彰、奖励3次。

馆领导介绍

王海明，男，1970年4月出生，大专学历，中共党员。现任句容市文化广电体育局副局长兼图书馆馆长。1990年7月参加工作，历任市文化广电体育局稽查队队长，局办公室主任。2012年6月任句容市图书馆馆长，2013年7月任句容市文化广电体育局副局长。

杨惠，女，1962年7月出生，大专学历，中共党员，图书馆党支部书记。1980年1月到图书馆工作，历任图书馆出纳会计，副馆长，党支部书记。分管党内的各项工作和精神文明建设。

严白凤，女，1965年4月出生，大专学历，副馆长。1985年5月到图书馆工作，先后在成人书库、少儿综合外借、采编部等部门工作。现分管所有对外窗口的借阅等业务工作。

华丽，女，1977年7月出生，大专学历，副馆长。1997年1月到图书馆工作，在少儿综合外借部、会计室等部门工作，现分管馆内的安全生产工作。

殷素红，女，1982年5月出生，本科学历，中共党员，副馆长。2000年12月到图书馆参加工作，先后在少儿综合外借部、采编部、办公室等部门工作。现分管馆内各项业务知识培训等工作。

未来展望

句容市图书馆遵循“读者第一”的服务宗旨，在未来的几年里，争取与镇江市及周边各个公共图书馆建立资源共享，馆际互借。同时加强人才队伍的建设，扩大馆藏资源，加大力度推进文化惠民工程，拓宽服务领域，提升服务水平，打造服务品牌，使公共图书馆的职能得到更充分有效的发挥！

沭阳县图书馆

概述

沭阳县图书馆成立于1958年，馆址几经变迁，2013年6月1日，位于沭阳县学院中路的新馆建成开放。总建筑面积约3500平方米，设计馆藏图书30万册，可容纳读者座位600个。2013年，参加第五次全国公共图书馆评估获得一级图书馆。

沭阳县图书馆开放的功能室有综合外借室、报刊阅览室、电子阅览室、视障阅览室、过刊外借室，地方文献室，古籍室等。有阅览坐席480个，计算机66台，宽带接入100Mbps，运用力博图书馆自动化管理系统。

经费与人员

2009–2012年，沭阳县图书馆经费年递增10%，2012年财政拨款130万元，其中专项经费40万元；图书馆有正式职工10人，其中本科以上学历8人，中级职称3人，助理职称6人。

业务建设

截止2012年底，沭阳县图书馆总藏量25万册（件），其中，纸质文献21万册（件），电子图书4万册，电子期刊5000种/册，古籍970册。2009、2010年，沭阳县图书馆新增藏量购置费每年11万元，2011年起增至15万元。2009–2012年，共入藏图书4000种，12000册，报刊620种，视听文献200种。2011年，地方文献入藏完整率为90%。

截止2012年底，沭阳县图书馆数字资源总量为7TB，其中，自建数字资源总量1TB。2009–2012年，完成《沭阳县地方文献资料库》数据库建设并申请国家发展中心验收。2009年，引进南京图书馆力博图书馆自动化管理系统，2013年底阅览大厅购置电子读报机，2013年，实现馆内无线网络覆盖。

读者服务工作

从2010年1月起，沭阳县图书馆全年365天全天对外免费开放，周开放56小时，所有图书实现开架借阅，流通图书占总藏量60%，2009–2012年，书刊年总流通20万人次，年书刊外借12.2万册次。至2012年12月，建成4个分馆，有15个图书流动服务点，发放有效借书证5800余张，阅览桌230张，馆外书刊流通总人次10万人次，书刊外借4万册。2009–2012年，沭阳县图书馆共举办讲座、展览、培训、阅读推广等读者活动42场次，参与人数5万人次。开展红领巾读书征文、农民读书节、世界读书日、七彩夏日、图书馆服务宣传周、全民阅读等主题活动。红领巾读书征文化演讲活动，2次获省组织奖。

沭阳县图书馆承担沭阳县农家书屋建设工程工作，2009–2012年，全县建成农家书屋474个，行政村居实现全覆盖，初步建成县乡村三级图书服务网络。

业务研究、辅导、协作协调

2009–2012年，沭阳县图书馆员工在省市各类刊物上发表论文12篇，获准立项的省级课题1项，中国图书馆学会获奖论文2篇。积极参加中国图书馆学会、省图书馆学会和市图书馆学会组织业务学习、业务交流和业务培训活动，积极撰写研讨文章在图书馆学会上交流。

从2010年起，沭阳县图书馆以文化信息资源共享工程VPN专网为依托，加入南图联合编目、和阅读推广与讲座展览资源服务等。截止2012年底，乡镇文化共享工程基层点建成34个，各乡镇图书馆为开展统一系统平台的文献借阅服务打下良好基础。期间，举办共享工程业务培训班6期，78人次接受培训。

管理工作

沭阳县图书馆建立了工作量化考核指标体系，每月进行工作进度通报，每季度进行工作小结，每半年和全年进行总体工作考核。2009–2012年，共抽查文献排架6次，书目数据12次，编写《工作简报》15期，撰写专项调研、分析报告和工作提案9篇。

表彰、奖励情况

2009–2012年，沭阳县图书馆共获得各种表彰、奖励14次，其中，省级2次，市县级8次。

馆领导介绍

谢南洋，男，1960年12月生，大专学历，中共党员，馆员，书记。1977年7月参加工作，历任沭阳县文化馆副馆长、副书记，2010年10月任沭阳县图书馆书记。省图书馆学会会员，宿迁市图书馆学会常务理事。2009年到2012年连续分别获县委宣传部和县局农家书屋建设先进个人，2011年获县委优秀党务工作者和优秀党员；2011–2013年度考核为优秀。负责图书馆全面工作。

孙延武，男，1971年11月生，本科学历，中共党员，中级，副馆长、副书记。1991年6月参加工作，历任办公室、外借室主任、江苏省文化信息资源共享工程沭阳县支中心主任、沭阳县古籍保护中心主任。分管图书馆业务工作。2009年到2012年，多次被评为局先进个人和优秀党员，2011年和2012年度考核均为优秀。

蔡社煌，女，1971年10月生，本科学历，中共党员，中级，副馆长。1991年工作，先后在阅览室、外借室、文献部任职。2009年到2010年分别被县委宣传部和局评为农家书屋建设先进个人和先进工作者。2010年5月到乡镇挂职锻炼。

未来展望

沭阳县图书馆遵循“全心全意为读者服务”的办馆方针，完善服务功能，扩大服务区域，带动地区事业发展。在未来的几年里，沭阳县图书馆将在现有馆舍的基础上，积极总结总分馆制建设经验和流通服务点服务方式，深入开展延伸服务，转变传统服务方式，更新服务观念，不断的扩大公共图书馆的影响力，与全县40个乡镇级图书室、474个农家书屋实行资源共享，开展通借通还业务。使文化惠民政策落实到千家万户。

联系方式

地　址：沭阳县学院中路图书馆大楼
邮　编：223600
联系人：孙延武

泰州市高港区图书馆

概述

高港区图书馆建于2007年，现有馆舍总面积2051.2平方米，计算机45台，读者阅览座位240个。现有编制12人，设馆长办公室、采编部、外借部、阅览室、少儿阅览室、电子阅览室、文化共享工程支中心等7个部门。

业务建设

截止2012年年底，高港区图书馆总藏书6.8895万册，持证读者4100人，每年图书新增购置费15万元。

读者服务工作

2010年起，全面实行免费开放，每周开放时间不低于56小时。利用网络开展图书推介和宣传，定期推荐优秀专题书目，创新图书馆导读和服务的方式。电子阅览室全年全天候免费向读者开放，方便读者阅读电子图书和查阅资料。定期开展各类内容丰富、形式多样的读书活动，四年来共举办各类讲座30次，各类培训9次，展览16次，阅读推广活动15次，极大程度的满足了广大读者精神文化生活的需求，全面发挥了我馆社会教育和文化展示功能。

业务研究、辅导、协作协调

高港区图书馆于2009年建成全国文化信息资源共享工程高港支中心，2011年建立了高港图书馆网站并正常更新，为初步建立“总分馆通借通还”服务模式，乡镇基层点实现共享，构建高港城乡文化信息资源共享工程网络奠定了基础。努力完善公共文化服务体系，利用自身文化资源的优势，积极投身全国文化信息资源共享工程的建设工作，以“资源共享、协调发展”为目标，建立起统一的服务网络。积极开展网上参考咨询服务，充分利用网络资源，为读者免费查找所需文章、各类杂志、报纸内容。加强辅导，做好“农家书屋”建设和管理员的培训工作；加大文化信息资源共享工程的宣传力度，对各乡镇文化共享工程基层服务点的工作人员进行业务培训和考核。

读书报告会

管理工作

高港区图书馆始终把思想业务工作作为主要工作来抓。一直以来，注重全馆人员政治理论和业务知识的学习，制定了《工作人员学习制度》，通过学习不断提高自身的理论知识水平。每年组织相关工作人员外出学习、培训，及时了解图书馆发展的新动态，把握图书馆发展的新趋势。

表彰、奖励情况

2009年—2012年，高港区图书馆先后被高港区委宣传部授予“宣传思想文化先进单位”、“创建文明城市先进单位”称号，被高港区文体旅游局授予“三下乡工作先进集体”、“群众文化工作先进集体”称号，被高港区社科联命名为“社科普及示范基地”。

馆领导介绍

陈进东，男，1961年10月生，大学专科学历，中共党员，1981年参加工作，历任泰兴市文化馆文艺股股长、高港区文教局文艺科科长，现任高港区文体旅游局副局长兼图书馆馆长。

姚家艳，女，1978年10月生，大学本科学历，副馆长。

未来展望

在未来的几年里，高港区图书馆打算在全区范围内实施图书馆总分馆制、农家书屋“通借通还”一卡通服务，拟采取通过以点盖面，即由典型带动、逐步实现全面覆盖的方法，实施区、乡镇、村三级图书馆自动化、数字化建设。加快建设数字化图书馆。

阅览室

外借部

展览活动

泗阳县图书馆

概述

泗阳图书馆建于1956年，是我省最早建立的13个公共图书馆之一。2008年5月位于众兴镇市民东路36号的新馆建成开放，2011年，县委、县政府投资1300余万元，实施泗阳县图书馆外部改造和内部功能提升工程，增设了中央空调、消防、综合弱电、安防监控、公共广播等系统。现在，泗阳县图书馆设综合外借室、少儿书刊借阅室、报刊阅览室、视障人借阅室、电子阅览室、地方资料陈列室、读者自修室、学术报告厅、展览厅、文献采编室、共享工程支中心、社会工作部等12个部室。拥有读者阅览座位342个，电子阅览座位62个，计算机100台，其中供读者用计算机69台。

2009年参加第四次全国公共图书馆评估定级，获得国家一级图书馆。图书管理实现自动化管理，采用南京图书馆开发的——力博图书管理系统。

业务建设

截止2012年底，泗阳县图书馆纸质文献24万册，电子文献藏量52787种。2012年起泗阳县图书馆新增藏量购置费为50万元，2009–2012年共入藏中外文图书60250种，80369册，报刊1880种，视听文献740种，电子文献数量52787种。截止2012年底，泗阳县图书馆数字资源总量为5TB。

读者服务工作

从2008年起，泗阳县图书馆全年365天对外免费开放，周开放66小时，2009年–2012年，书刊总流通量653805人次，书刊外借752800册次。2011年建成16个乡镇分馆，11个馆外流动服务点，书刊流通总人次为95820人次，书刊外借册次为140000册次。

2009年建成共享工程泗阳县支中心，2010年建成16家乡镇基层点，实现乡镇基层点全覆盖。

2009–2012年共举办讲座、展览、培训、阅读推广等读者活动144场次，参与人数228000人次。

2012年1月，泗阳县图书馆率先建成宿迁市第一家视障人借阅室。

业务研究、辅导、协作协调

2009–2012年，泗阳县图书馆职工发表论文10篇。

2011年加入国家联合编目中心。

2012年成为南京图书馆流动服务点及加入全省联合参考咨询系统。

2011年以来，泗阳县图书馆与全县16个乡镇图书室先后建立了总分馆的服务模式，实现了通借通还。总分馆采用统一的图书管理系统——力博图书馆管理系统，泗阳县图书馆对乡镇分馆的图书进行统一编目，通过流动服务车每季度向分馆提供图书1000册，并定期进行更换流转。每年对分馆工作人员定期集中举办2期业务培训、同时不定期地上门进行业务指导。

管理工作

2012年泗阳县图书馆进行全员岗位聘任，本次聘任共设12个岗位，同时建立了目标考核体系，将工作目标进行量化、每月进行工作进度通报，每半年和全年进行总体工作考核。

表彰、奖励情况

2009–2012年，泗阳县图书馆共获得表彰13次，其中省文化厅表彰、奖励3次，其它表彰10次。

馆领导介绍

田强，男，1972年10月生，大专学历，中共党员，馆长、书记。1989年10月工作，2012年7月任现职。

陈贻，女，1964年2月生，本科学历，中共党员，馆员，副馆长。1989年1月到图书馆工作，先后在报刊部、图书借阅部、少儿借阅部等部门工作。

唐晓玲，女，1969年2月生，大专学历，中共党员、馆员、副馆长。1988年12月到图书馆工作，先后在借阅部、少儿部、采编部等部门工作。

未来展望

泗阳县图书馆，遵循“共享、开放、服务”的原则，致力于全县的知识普及、全民阅读和全民素质提升工程，2009–2012年，泗阳县图书馆在不断强化自身综合实力的同时，通过建立馆外流动服务点、总分馆的服务模式，带动了全县公共图书馆事业的发展，在未来的几年里，还要以农家书屋、乡镇综合文化站为依托，带动社区书屋、学校书屋、企业书屋的共同发展，并在城区建立多个24小时自助图书馆，构建公共文化服务体系，倾力打造十分钟读书圈。

联系方式

地　址：江苏省泗阳县众兴镇市民东路36号
邮　编：223700
联系人：田 强

“泗水讲坛”进社区

送书进校园

少儿才艺展示

泰州市姜堰区图书馆

概述

姜堰区图书馆成立于1974年，编制14名，现有在职职工14名，其中大专以上学历9人，占职工总人数64%；高中、中专5人，占职工总人数35%；高级专业技术职称1人，中级职称6人，初级职称7人，初级以上职称人数占职工总人数100%。2009年至2012年财政拨入经费总额291.84万元，年平均72.96万元。馆舍面积3937平方米，馆藏书刊近30万册，年均订报刊500余种，年均购新书5000余种。全馆辟有综合外借部、报刊阅览部、少儿借阅部、电子阅览室、翁筱禹文史艺术图书纪念阅览室、多功能报告厅、科教文体培训中心等部门，年均接待读者27万人次。姜堰图书馆在第四次全国公共图书馆评估定级中再次荣获了国家一级馆称号。

业务建设

在全馆开展业务学习，强化内功，端正服务态度，加强队伍建设的同时，积极落实首问责任制、限时办结制、责任追究制，让每一个职工明确了工作责任，使图书馆的各项业务工作得以圆满完成。截止2012年底，姜堰区图书馆总藏量34.8万册（件），其中，纸质文献32.8万册（件），电子图书0.2万册。

2009、2010年，泰州市姜堰区图书馆新增藏量购置费10万元，2011年起增至20万元。2009-2012年，共入藏中文图书20000种，中文报刊2100种，视听文献120种，建有独立的地方文献室，并逐步将馆藏地方文献资源数字化。

对已建的馆外流通服务点开展流通服务，定期更换新书，适时进行业务辅导，2012年更是在全区范围内启动了通借通还“一卡通”工程，让市民尽享公共文化服务的便利，打造十五分钟便民文化圈。

读者服务工作

从2008年起我馆实行免费借阅、免费办理借阅证，积极开展图书馆书、刊宣传工作，充分利用我馆图书资源开展咨询服务。姜堰区图书馆全年365天天天对外免费开放，周开放56小时，2009-2012年，书刊总流通102万人次，书刊外借98万册次。

我馆利用暑期，开展百种优秀青少年读物推荐及阅读指导、青少年“快乐阅读”、少儿优秀图书推荐、科普教育影片放映、小小图书管理员暑期体验、励志夏令营、红领巾读书征文等活动，极大地丰富了中、小学生暑期生活。特别是在2012年更是成为了姜堰市实验小学的课外活动基地，更激励我们在未成年人教育的道路上进行更多有益的探索和创新。

努力推进公益讲座进社区，打造“三水讲坛”特色品牌，为市民提高素质，增长知识，创建和谐社会献上一份文化大餐。“三水讲坛”涉及内容广泛，它包括传统文学、艺术欣赏、地方史志、健康保健等诸多方面。以“行走的课堂——三水讲坛进社区”亮相群众文化艺术节，让普通民众也能享受饕餮盛宴。正因如此，我馆“三水讲坛”系列讲座活动项目获得了省五星工程奖项目类奖项。

业务研究、辅导、协作协调

为了拓宽图书馆工作的发展思路，我们积极组织全馆人员参加省、市学会的活动。每人每年撰写理论文章，将工作中碰到的问题、总结出来的经验通过图书馆学会及时交流。大家都能结合自己的工作实际，虚心学习人家的经验，努力抓落实，奋力创出自己的特色。为此，我馆出台鼓励政策，对新经验、新亮点、新特色，予以重奖。我馆每年在省、市学会获奖、发表的论文人均两篇以上。仅2009年至2012年这四年中，全馆同志在省级以上报刊发表、研讨会入选的论文24篇，其中获奖10篇。

为服务社会主义新农村建设，努力营造书香社会氛围，我馆积极响应上级号召，开展“农家书屋”建设活动。2009-2012年累计举办十期乡镇图书管理员培训班，及时向他们传授新的知识，实现了农家书屋管理员的全员培训。同时，经常深入基层辅导，将省、市级信息作传达，并掌握农家书屋发展动态，帮助谋划发展思路和方向。目前我区“农家书屋”建设覆盖率已达100%，每年定期新增书籍，让农家书屋永葆生机，为社会主义新农村建设添砖加瓦。2014年力争实现“农家书屋”图书通借通还“一卡通”全面覆盖。

三水讲坛座谈会

图书馆宣传周

报刊部

农家书屋——欢天喜地迎新书

图书馆服务宣传周

管理工作

2012年实现了全员聘任制，坚持科学设岗、宏观调控的原则；坚持优化结构、精干高效的原则；坚持按岗聘用、合同管理的原则；坚持平稳实施、稳步推进的原则，建立了科学合理的岗位聘任制，同时，建立了工作量化考核指标体系，每月进行工作进度通报，每半年和全年进行总体工作考核。

表彰、奖励情况

2009–2012年，姜堰区图书馆共获得各种表彰、奖励15次，其中，文化部表彰、奖励1次，省委、省政府表彰、奖励1次，省文化厅表彰、奖励1次，其他表彰、奖励12次。

馆领导介绍

胡惊奇，男，1958年4月生，本科学历，中共党员，1997年调至姜堰市图书馆任副馆长，2004年主持姜堰市图书馆全面工作，任馆长、党支部书记。2006年被省图书专业高级资格评审委员会评审为副研究馆员。现为中国图书馆学会会员；中国管理科学研究院学术委员会特约研究员；泰州市图书馆学会副理事长。

赵芒芒，女，1960年10月生，中专学历，中级职称，中共党员。1979年10月参加工作，先后在采编、财务、少儿借阅等部门工作，2005年任姜堰市图书馆副馆长。

谷兴，男，1979年9月生，本科学历，中共党员，工程师，副馆长。1997年9月参加工作，2003年1月通过公开招考到姜堰区图书馆工作，一直从事图书馆自动化系统的维护、更新工作，历任办公室主任、馆长助理、副馆长等职。

未来展望

泰州市姜堰区图书馆遵循“科学、效率、创新、发展”的办馆方针，努力推进文化发展。未来姜堰区图书馆全体成员将在局领导的高度重视和统一指导下，进一步健全工作制度，提高服务质量，扩大服务范围，突出重点，扎实工作，注入新观念、推广新技术，引领图书馆各项工作迈向信息化时代，使图书馆的各项工作继续向前迈进。

联系方式

地　址：泰州市姜堰区南大街246号
邮　编：225500
联系人：胡惊奇

兴化市图书馆

概述

兴化市图书馆建于1958年，2010年被国家文化部授予“一级图书馆”。2008年，图书馆又有了新家。新馆坐落在长安中路280号，占地面积6554.8㎡，建筑面积5576.2㎡。新馆区按功能划分为成人服务区、少儿服务区、行政区和培训中心。

长期以来，市图书馆坚持“读者第一、服务至上”的理念，发挥“终身学校”的作用。一是开发地方文献资源。我馆专辟有地方文献特藏室，收藏地籍作者及与本地相关的文献资料和作品；我馆收藏的地方文献，为地方经济、文史研究提供服务，曾获得省级服务成果三等奖；我馆申报的“施耐庵与《水浒》的传说”已成功列入省级非物质文化遗产名录；开办“兴图讲坛”，为社区、乡村、学校、军营提供特色服务。二是做好古籍保护利用。将古籍部安排在最佳位置，采用套间结构，并新添置了专用密集架，改善古籍的保护环境；三是举办特色公益活动。春节期间的少儿象棋大赛，已连续举办17届；开展“图书馆服务宣传周”活动，让更多的市民了解图书馆，走进图书馆；每年举办“4·23”世界读书日活动，影响更多的人加入读书的行列，体验读书的快乐。四是开展丰富多彩的少儿读书活动。2009年，在“全国快乐阅读大赛”征文大赛中，我馆选送的作品荣获一等奖；每年的“红领巾读书征文”活动，我市的参赛选手屡获省、泰州市大奖；少儿读书俱乐部活动，为青少年提供课外活动阵地。

2010年，在第四次全国公共图书馆评估定级中被国家文化部授予“一级图书馆”。

2010年，被江苏省政府命名为“（2006–2009）文明图书馆”；全国文化信息资源共享工程兴化市支中心成立。

2011年，被省古籍保护中心表彰为“‘十一五’古籍保护先进单位”。目前，我馆有2部古籍入选国家珍贵古籍名录，7部古籍入选省珍贵古籍名录，11部古籍入选国家善本书目。

2012年，建成数字图书馆（为苏中、苏北地区第一家）。解决了图书馆资源严重匮乏的问题，也给广大市民阅读提供了新的平台。

2013年在第五次全国公共图书馆评估定级中被国家文化部授予“一级图书馆”。

业务建设

截止2013年底，市图书馆馆藏文献近23万册，其中：线装古籍20267册。每年新增图书3000种、5000册以上，报刊200余种。市图书馆设有成人图书外借、少儿图书外借、报刊阅览、地方文献、视障人阅览、古籍、电子阅览等服务窗口，节假日全天开放，实现全开架服务。数字图书馆目前拥有中文图书240万种、书目330万种、中文期刊5200万篇、中文报纸4500万篇等。目前注册用户约2.7万人。建有全国文化共享工程支中心。

读者服务工作

兴化市图书馆从2011年3月起，实行全年365天天天对外免费开放，窗口部门在做好基础服务的同时，加强了图书、期刊的导读工作，解答读者的业务咨询，每月出版一期版报，介绍热点期刊、推荐新书书目。书刊年外借人次234305、书刊年外借册次218669。

2010–2013年，兴化市图书馆共举办讲座、展览、培训、阅读推广等读者活动近百场次，参与人数20000人次。

业务研究、辅导、协作协调

兴化市图书馆积极参加国家、省、市组织的图书馆学会活动，2009–2013年，全体会员共发表、获奖、刊登论文计100多篇。每年举办基层图书管理员业务培训班4次，下基层业务辅导20多人次，帮助分编各类图书20000万册。

管理工作

我馆坚持以制度管人，以制度管事。领导班子实行议事制度，重大问题由领导班子集体讨论决定。工作实行目标责任制，年初按照工作计划，分解工作目标，制定工作职责。全馆实行考勤考绩制，根据我馆的实际制定了考勤考绩奖惩规定，对照规定，实行奖勤罚懒。我们还实行每月部主任工作交流制度，月度工作安排制度，保证工作有条不紊地开

书香病房启动仪式（中医院）

读书俱乐部成立

健康讲座

书香家庭知识竞赛

外借室

展。在实际工作中，我们还注意刚性管理与柔性调节相结合，即用严格的规章制度约束每个人的言行，同时又注重开展有益的活动，做到工作生活双轮驱动，增强团队的凝聚力。

安全生产是第一要素，公共图书馆的消防安全更是工作的重中之重。我们把安全工作纳入单位领导工作的议事日程，做到层层有人抓，处处有人管。邀请省安居防火教育培训中心的教员来馆对全体馆员进行培训和教育，利用幻灯图片演示，宣传消防安全的重要性，介绍面对特发火灾的应变措施，以提高读者及自身的防范意识和防范能力。每逢节假日，我们都在全馆范围内开展安全大检查，馆领导带头做好双休日及节假日期间安全值班，坚决消除一切事故苗头，全年无责任事故发生。

表彰、奖励情况

2010年被国家文化部授予“一级图书馆”。

2010年，“2006－2009”江苏省文明图书馆。

2011年，江苏省“十一五”古籍保护工作先进单位。

2012年，兴化市委“创先争优”先进党支部（党总支）。

馆领导介绍

张锦荣，男，1962年2月生，大学专科学历，中共党员，副研究员，馆长、书记。1979年11月参加工作，历任兴化市图书馆辅导部主任、采编部主任、技术部主任、办公室主任、副馆长、主持全面工作、馆长、书记。

何晓冬，男，1971年11月生，大学专科学历，中共党员，副研究馆员，副馆长。1991年8参加工作，历任兴化市图书馆技术部主任、文化广电新闻出版局产业办公室副主任、文化市场管理科副科长、艺术科副科长、副馆长。

未来展望

兴化市图书馆将以科学发展观、党的十八届三中全会、党的群众路线教育实践活动为指导，创新工作机制，优化服务方式，本着干实事，求发展，促文明的理念，打造服务品牌，彰显服务特色，加强自身建设，延伸服务领域，提供优质服务，丰富广大市民的精神文化生活，在建设文化兴化、和谐兴化中发挥更大的作用。

联系方式

地　址：兴化市长安中路280号

邮　编：225700

联系人：张锦荣

靖江市图书馆

概述

靖江市图书馆建于民国23年（1934年），始称“显华楼”，因靖江旅沪巨商陈显华捐资建造而得名。经过八十年的风雨历练，靖江市图书馆已发展成为一座集文化、教育、科技、休闲为一体的多功能、现代化的新型县级公共图书馆。现有馆舍面积6033平方米，设有社会培训部、地方文献部、文献采编部、成人借阅部、少儿借阅部、电子阅览部、盲文资料室、文化信息资源共享工程支中心等8个部门，13个公共服务窗口平台，工作人员24人，连续两届被评定为“国家一级图书馆”，连续六年被评定为“江苏省文明图书馆”。

业务建设

截止2012年底，靖江市图书馆藏书42.3万余册，年订购各类报刊杂志400余种，电子图书、期刊3000余种。数字资源总量为5TB。

现有持证读者32640个，2012年共计接待读者62万人次，借阅册次达52.4万册次，期刊利用率96%以上。4年来，采编新书146939册，2012年12月底累计共接受各种赠书38202册，共享图书95949册，征集地方文献239件。

读者服务工作

在全省率先推进“图书馆总分馆制”，实行“统一采购、统一采编、统一配送和通借通还”的图书服务机制。有效突破了体制束缚与行业壁垒，整合盘活了全市图书资源，把图书馆建到了读者的家门口。自2009年以来，靖江市图书馆先后在靖江市人武部、消防大队、公安局、水警大队、九五基地、靖江市人民法院、检察院、公安局、行政服务中心、国税局、地税局、人民医院、新世纪船厂等48家军营或机关企事业单位建立了图书馆分馆，采编新书146939多册，投入人力280人次。积极占领学校主阵地，在城区省靖中、实验学校、外国语学校、城东、城西、城南、城北小学等11所学校均建立了图书馆分馆，现有中学生读者19768人，教师1137人，在所办学校分馆的学生办证率达92%以上。人均持证读者的发展速度在苏中、苏北同行中名列前茅，得到了省文化厅、中国图书馆学会、省图书馆学会、泰州文广新局、泰州图书馆学会领导、专家、同行们的一致好评。

业务研究、辅导、协作协调

靖江市图书馆把业务研究、辅导，作为图书馆品牌的一个重要方面，制订学习和培训计划，要求45岁以下馆员必须达到大专水平。每周四下午是图书馆学习日，从未间断过，通过学习大大地提高了馆员的业务水平。组织馆员参加省文化厅举行的业务知识考试。全馆馆员积极响应倡导，每人每年读完8本书籍，写心得2篇。同时结合实际，认真撰写论文，参加国家图书馆学会、省图书馆学会、泰州图书馆学会征文活动，四年来全馆职工撰写论文76篇，其中荣获国家级获奖的有13篇，省级获奖的有8篇。

靖江市图书馆建立了科技读者档案，积极发展各类科技读者。为特定的人送特定的书。本着服务于社会、经济、农业等重大科研项目，为科技读者订书、送书，满足他们的要求。收集读书成果参加省文化厅、科技厅举办的“科技读书成果”评奖活动，图书馆选送的11项读书成果分别荣获一、二、三等奖。其中天伦公司杨伟军的《短纤维与出口市场》、农委夏农的《长江河虾与鱼套养殖》项目荣获一等奖，图书馆的《加强分馆建设延伸优秀服务》项目在全省第四届公共图书馆优秀服务成果评奖中荣获二等奖。

靖江市图书馆热心为老年读者服务，举办泰州市四市两区老干部书画作品展，在老干部局成立了老干部阅览室。与市老年协会、邮政局联合举办“庆祝新中国和人民政协成立60周年《岁月如歌》”展览。为方便盲人读书，还投入资金购置盲文书籍，建立盲人阅览室。到新世纪造船开展“文化年货带回家”文化共享服务农民工活动等等。

经常召开各类读者座谈会，其中召开了以“征求意见，促进发展”为主题的读者座谈会；召开了以“少儿图书馆与素质教育”为主题的学校校长座谈会；以“爱读书、读好书”为主题学生报告会，对学生课外阅读的心理、兴趣、目的和要求进行

24小时自助借还机

电子阅览室

调查和分析，对探索学生阅读，指导课外阅读打下了良好的基础。为激发和鼓励学生多读书、读好书、用好书，开展评选“读书标兵、文明小读者、优秀辅导老师”等活动，四年来共评出读书标兵486名，文明小读者924名，优秀辅导老师95名。请著名作家毕飞宇、戴珩、范锡林、庞余亮、卢勤等来靖演讲，谈阅读与创作，与读者及学生家长互动交流，小朋友潜移默化地得到了心灵的启迪。做好一年一度的全国图书馆服务宣传周和4月23日世界读书日系列读书活动，营造阅读的社会氛围。积极组织“红领巾读书活动”，四年来共收到8423篇稿件，荣获省一等奖12篇，二等奖14篇，3次被泰州市文广新局评为“红读”征文组织奖。

管理工作

靖江市图书馆制定了“读者的需求是我们服务的职责，读者的满意是我们服务的标准”的岗位目标，并详细制定了一系列岗位措施和周密的岗位计划，提出了“读者第一，服务至上”的岗位口号，并以“六心（热心、诚心、细心、耐心、专心、爱心）；五勤（手勤、眼勤、嘴勤、耳勤、脑勤）；四美（语言美、行为美、形象美、心灵美）；三不怕（不怕困难、不怕麻烦、不怕委屈）”作为活动宗旨。基本上建立了活动有计划、过程有检查、结果有总结的良性运行机制，在组织机构和规章制度上保证了各项工作的顺利进行。与此同时为进一步加强内部管理，推动各项工作健康发展，靖江市图书馆建立健全岗位责任制度和出勤考核制度，修订了安全保卫工作制度，加强馆内各项安全管理制度，使“安全责任重于泰山”的观念深入每位职工心里，明确了各部室工作责任。

表彰、奖励情况

2009—2012年，靖江市图书馆先后被江苏省总工会授予“五一巾帼标兵岗”荣誉称号，被省妇联授予“巾帼文明岗”称号，被泰州市总工会表彰为“学习型组织示范单位”，被泰州市委、市政府、军分区授予“双拥模范单位”、“科技拥军先进集体”称号，泰州市科委授予我馆“泰州市科普教育基地”。被市政府命名为“未成年人思想道德教育基地”，被评为靖江市妇女儿童工作先进集体。在实施“十一五”妇女儿童发展规划中，成绩显著，被靖江市政府表彰评为先进集体。被江苏省图书馆学会评为2012年江苏省少儿图书馆建设理论研讨会、第六届苏中地区图书馆发展战略研讨会征文评奖活动优秀组织奖。

馆领导介绍

李筱纲，男，1969年10月生，本科学历，中共党员，1988年8月参加工作，现任靖江市图书馆馆长。

魏倩，女，1963年4月生，本科学历，中共党员，副研究馆员，1980年1月参加工作，现任靖江市图书馆党总支书记，副馆长。

褚晓诗，男，1966年4月生，大专学历，中共党员，1987年12月参加工作，现任靖江市图书馆副馆长、工会主席。

李丹，男，1980年9月生，本科学历，中共党员，1998年8月参加工作，现任靖江市图书馆副馆长。

未来展望

2016年，坐落于靖江市文化中心的靖江市图书馆新馆将竣工交付。新馆总面积1.5万平米，是一座设施先进、功能齐全的，人文科技型的现代图书馆。硬件设施现代化，软件服务上等级。我们将以总分馆建设的转型升级为契机，扎实提高图书服务的水平。靖江市图书馆还继续争取政府的支持，加大投入，鼓励引导各镇、社区（村）、机关、军营、企事业单位，共同出资兴建覆盖城乡的图书馆服务网络，并利用现代先进的网络、信息、多媒体、数字文化等高新技术，促使图书服务手段从“传统型”向“数字型”“科技型”转变；服务方式从传统式的“单向输送”服务向实行“双向互动、供需对接”的服务方式转变；服务的模式由被动型、单调型、低质型向以数字化、智能化、人性化为特点的现代图书服务方式转变，全面提高图书馆的服务水平。实现由“书本位”向“人本位”的跨越，提高图书为民服务的效能，积极地为读者营造想读书、方便读书、多读书、读好书的良好氛围。

在今后的工作中，靖江市图书馆将与时俱进，不断完善加强读者服务，整合特色资源，拓展服务领域，最大限度地发掘和利用文献资源，逐步形成具有地方特色的服务模式和服务品牌。

联系方式

地　址：江苏省泰州市靖江市图书馆
邮　编：214500
联系人：李　丹

读书活动

红领巾征文活动

泰兴市图书馆

概述

泰兴市图书馆成立于1956年，馆址设在鼓楼东街46号，房屋13间，藏书3.1万册。1958年迁至鼓楼东街24号，时有图书流动箱20多只，持证读者近千人。1962年贯彻调整方针，图书馆被撤销，藏书并入县文化馆。1978年恢复泰兴图书馆，与县文化馆合署办公。1982年复旦大学中文系主任朱东润教授以私宅24间和4000多册藏书赠献家乡政府倡办图书馆（2005年征地扩建），扬州市第一家县级少儿阅览室在此诞生，少儿工作受到团中央等九部委联合表彰。1987年迁回鼓楼东路24号，时有工作人员11人，藏书9.5万册，持证读者2620人。1991年泰兴县博物馆成立，与泰兴图书馆合署办公，两块牌子，一套班子。1997年迁址鼓楼南路四牌楼泰兴阁，编制15人。2002年增挂泰兴市少年儿童图书馆牌子。2011年原泰兴人民大会堂拆除，新建泰兴市图书馆，现一馆三址，占地2.5公顷，总建筑面积9542平方米，读者阅览座席313个，计算机45台。泰兴市图书馆现有研究馆员职称2人，副研究馆员职称2人，馆员职称4人。1997年第二次全国公共图书馆评估定级以来，泰兴市图书馆连续四次被评定为一级图书馆。

业务建设

截止2012年底，泰兴市图书馆总藏量29.545万册（件），其中，纸质文献24.704万册（件），电子图书104万册，电子期刊0.03万种/册。

2009年以来，泰兴市图书馆每年20万元购书费、10万元共享工程运转费、5万元未成年人教育专项经费等均列入正常财政预算，四年净增藏书4万多册，年均征订报刊500种以上，发展持证读者1.34万人，占本地区人口总数的4%以上。

2009年，争取政府资金70余万元，建成共享工程泰兴市支中心，建立泰兴图书馆网站并正常更新，更换了力博自动化管理系统，初步建立起“总分馆通借通还”服务模式，50个基层点全部联通共享，播放公益性资源，提供网上信息参考查询服务，为构建泰兴城乡文化信息资源共享工程网络奠定了基础。

2010年，以创建省文明城市为契机，泰兴市图书馆自筹资金5万元，购买盲人网上阅读设备，新增盲文书籍近千册，建成盲人阅览室。

趁第五次评估定级契机，争取资金50万元，建成泰兴市数字图书馆，租、购数字资源，自建地方文献数据库，网上阅读服务功能进一步增强。

读者服务工作

泰兴市图书馆2008年部分免费开放，2010年全面免费开放，周开放60小时，2009—2012年，书刊总流通60.9万人次，书刊外借135.5万册次；馆外书刊流通总人次19万人次，书刊外借24.1万册。送书下乡10万册。

泰兴市图书馆经过几年的努力，逐渐形成4大基本固定展览：朱东润先生生平事迹展览，馆藏古字画以及文物展览，泰兴地方文化和名人展览，泰兴经济和社会发展成果展览。2009—2012年年均举办展览6次以上，年均接待参观8万人次以上。

2009—2012年每年清明节期间，泰兴市图书馆组织全市中小学生参观所属朱东润故居，举办东润杯“读书·做人”征文活动，年均接待参观师生及各界人士达6万人次以上，发放《朱东润先生生平事迹》资料2000多份，收到征文600篇左右。泰兴市实验初中在朱东润故居举行挂牌仪式，建立德育实践基地。

2009—2012年泰兴市图书馆每年都在全市开展红领巾读书征文活动，年均收到征文1000篇以上，连续获江苏省红读征文活动组织奖和泰州市优秀组织奖。

业务研究、辅导、协作协调

2009—2012年，泰兴市图书馆职工发表论文51篇。党组织书记、副馆长周晓季出版《中国农家书屋建设、管理与利用实务》专著1部，获江苏省图书馆学情报学学术成果奖2项，专著入选《江苏省农家书屋重点出版物推荐目录》。

2009—2012年，泰兴市图书馆牵头成立泰兴市历史文化研究会，图书馆馆长兼任秘书长，集聚30多位“老泰兴”、“老文化”及热衷历史文化研究人士，系统发掘研究泰兴历史文化，出会刊《泰兴历史文化》8期，两获江苏省公共图书馆优秀服务成果奖。

泰兴市图书馆外景

泰兴市图书馆外景

2009年，泰兴市图书馆馆长赵固平受托为中共泰兴市第十一届委员会第十一次全体会议起草了《关于加快推进文化泰兴建设的意见》、《2009–2011年文化泰兴建设实施计划》。

2009–2012年，泰兴市图书馆指导泰兴市299个行政村实现农家书屋全覆盖，深入各乡镇巡回培训、受邀帮助泰州市培训农家书屋管理员等38期近3000人次，实现全市农家书屋分类标准、分类章印泥、索书号构成、书标架标颜色尺寸、排架顺序、借阅与读者需求登记簿册等"业务模式全统一"，创建三星级农家书屋42家、五星级农家书屋1家，试点建设农家书店6家、数字农家书屋30家。与农家书屋等结对共建，培养推广读书用书典型，联办留守儿童夏令营、关爱农民工子女志愿服务、书香泰兴全民阅读等系列活动。

管理工作

泰兴市图书馆设置采编辅导部、咨询服务部、古籍部、期刊借阅部、综合图书借阅部、少儿图书借阅部、电子阅览室等部门岗位，2009–2012年，每年都制订施行《竞聘上岗、工作制度施行方案》，2010年起，实施奖励性绩效工资。辟有创先争优党员园地，开展巾帼示范岗、流动红旗评选活动。制订了《泰兴市图书馆消防安全应急预案》，请安保专家举办安全知识讲座。档案管理获泰州市档案文化精品评审二等奖。

表彰、奖励情况

2009–2012年，泰兴市图书馆共获得各种表彰、奖励37次，其中，文化部表彰、奖励1次，省文化厅表彰、奖励5次，其他表彰、奖励31次。

馆领导介绍

赵固平，男，1957年10月生，本科学历，中共党员，研究馆员，馆长。1977年7月参加工作，历任教师、新四军黄桥战役纪念馆副馆长、泰兴市文化局文博科科长，2003年10月任泰兴市图书馆馆长。2009年11月获授全国文化系统先进工作者荣誉称号。2010年9月获评"泰兴十大好人"称号。

周晓季，男，1962年12月生，本科学历，中共党员，研究馆员，党支书记、副馆长。1981年10月参加工作，历任海军舟山基地司令部通信连战士、文书，1985年12月退伍分配至泰兴市图书馆，先后在采编部、辅导部等部门工作，任主任、团支部书记、工会主席、副馆长等职。获评为2010年度泰兴市有突出贡献的中青年科技工作者。

未来展望

泰兴市图书馆秉持"科学、求实、创新、发展"的办馆方针，践行"泰图发展两步走"战略，即拓展新馆服务功能，实现"总分馆制"网络"一卡通"，推动全市图书馆事业整体发展。

图书馆与泰兴市残联联办的盲人阅览室揭牌

2011年动工兴建的泰兴市图书馆新馆，乃四百年前泰兴学宫所在地，建筑面积近7000平方米，主体工程已经完工。新馆的建成投入使用，服务的智能化、现代化水平的提升，活动场地设施的增加，泰兴市图书馆有条件、有能力实现24小时开放，展览、讲座、培训等各项活动步入正常化轨道。积极争取经费，不断增加纸质、数字资源。启动实施泰兴市图书馆、乡镇图书馆、村农家书屋三级"总分馆一卡通"自动化、数字化建设，以市图书馆为总馆，以16家乡镇图书馆、355家行政村（社区居委会）农家书屋为分馆，依托互联网环境，链接市图书馆力博自动化图书管理系统，对网络内藏书进行微机书目数字化录入，一卡通办证，图书通借通还；市图书馆集中购置数字化资源，全市读者共享。提高文化资源共享工程的服务水平，实现共享工程播放点村级全覆盖，使丰富的文化信息资源走进学校、走进广场、走进机关、走进社区、走进乡村，提高农村信息化水平，丰富广大人民群众的精神文化生活，满足不同层次的文化需求。探索将网络内总分馆打造成"记忆图书馆"，图书馆（农家书屋）长期保存读者在书屋读书、活动的资料，以供读者乃至后人查阅；图书馆（农家书屋）精心策划一个个美妙的读书活动，其经典的瞬间能够长存读者记忆中，使读者一旦成为图书馆（农家书屋）的读者，将终身与图书馆（农家书屋）相伴，图书馆（农家书屋）永远在读者心中有一席之地。

联系方式

地　址：泰兴市鼓楼南路四牌楼
邮　编：225400
联系人：周晓季

举办留守儿童夏令营

少儿活动

送书下乡

宿迁市宿城区图书馆

概述

宿迁市宿城区图书馆始建于1928年，馆址在赞化宫，原称宿迁民众教育馆。1952年人民教育馆更名为宿迁县文化馆，图书馆并入县文化馆。1978年恢复图书馆，1987年，宿迁撤县建市（县级），改为宿迁市图书馆。1996年，国务院批准设立地级宿迁市，图书馆划归宿城区，遂改为宿城区图书馆，馆舍面积2767平方米，现有藏书二十二大类计12万册，年入藏图书数量1600种，财政拨款122万元。2002年4月，实行体制改革，图书馆定编8人。原有职工进行竞争应聘上岗，2007年8月，馆长陆启辉调出，夏娇丽任副馆长主持工作，2011年夏娇丽转任馆长至2013年底夏娇丽调出，陈巍任图书馆馆长。改制后的图书馆内部设置有图书流通部、文化资源共享部、期刊借阅部、资料室、辅导部、采编部及办公室。图书馆积极探索外延服务，在乡镇、社区、学校设立分馆4家，流动送书点14个。区图书馆始终坚持全年无闭馆日，并免费对外开放。

2013年宿城区图书馆被国家文化部确立为国家一级图书馆。

业务建设

截止2012年底，宿迁市宿城区图书馆总藏书量为12万册。区图书馆数字资源总量达3TB，内容涵盖有6000部讲座视频、1万种电子图书、800种电子期刊等。其中，自建的“苏北大鼓”、“柳琴戏”等宿迁地方戏曲数字资源是区图书馆的特色数字资源。2013年实现无线网络全覆盖。

读者服务工作

开展免费服务。坚持全年对外开放，实行了免费办证、免费开放电子阅览室等长效服务机制，充分体现了公益性服务机构的作用，有效扩大了服务人群，提升了服务质量，取得了较好的社会反响。同时，面向全区干群免费集中办证。开辟未成年人阅览室。为保障未成年人汲取到优秀、健康的文化资源，区图书馆设立了少儿图书专柜、未成年人电子阅览室。通过互联网控制软件，未成年人电子阅览室屏蔽了不适宜未成年人使用的游戏和聊天软件等，使其成为资料丰富、内容健康、家长放心、社会满意的“绿色电子信息中心”。保证读者需求。深入开展“我为读者找好书”活动，区图书馆多次召开读者座谈会、发放读者调查问卷，建立“读者家园”，深入了解读者需求，进一步增进了图书馆与读者之间的沟通。近年来，组织发放《读者意见征求表》万余份，广泛征求读者意见。根据读者需求，每年采集近万册书籍供读者借阅。开展赠送图书活动。每年“六一”儿童节，区图书馆都会开展送图书到幼儿园、牵手宿迁市儿童福利院等活动；每年重阳节，开展“关爱老人、欢度重阳”主题送图书活动，赢得社会各界的广泛赞誉。近几年，区图书馆也特别关注农村的文化生活，利用馆藏资源，开展“送书下乡”活动，每年为各乡镇图书室及农家书屋送书达2万余册，以及书架、自刻的名家讲座光盘等。2009年，图书馆还捐赠了一批旧报刊、阅览桌椅架给获得“2008年全省农民读书明星”双庄镇农民季绪华。

业务研究、辅导、协作协调

2009–2012年宿城区图书馆干部职工发表专业学术论文8篇，获得省级三等奖以上论文5篇。从2011年起，宿城区图书馆以互联网为依托，多次开展以“绿色上网，健康成长”为主题的系列活动。“共享工程”多媒体播放室每周末定期播放名家讲座、优秀戏曲、电影等健康、喜闻乐见的文化资源，定期免费播放优秀电影、科技资料片等。在寒暑假或节假日，电子阅览室举办电脑基础知识培训班、少儿网页设计培训、photoshop图像处理基础应用培训等公益性辅导教学活动。建党六十周年之际，“共享工程”宿城支中心举办了“颂歌献给党”全区农民歌咏比赛活动，市、区宣传部门及电视台都做了相关报道，取得了热烈的社会反响。

管理工作

加强制度建设。区图书馆先后制订了《目标岗位责任制度》、《奖惩制度》、《财会制度》、《首问负责制度》等各项规章制度，工作有章可循，管理科学规范。实行挂牌服务、周计划、月总结、季度考核、奖罚兑现，调动了工作人员积极性。

表彰奖励情况

2006–2009年度被江苏省文化厅评为“江苏省文明图书馆”。

2009年度被宿迁市文广新局评为“农家书屋建设工作一等奖”。

送书到部队

科普宣传周活动

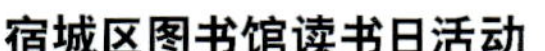
宿城区图书馆读书日活动

服务宣传周走上街头开展宣传活动

宿城区图书馆外借部

2010年被宿城区委、区政府评为“法治建设先进单位”。

2011年被宿城区委评为“全区关心下一代工作先进集体”。

2011年被区委、区政府评为“双拥工作先进单位”。

2006-2010被宿城区人民政府评为“全区法制宣传教育进行单位”。

2012年被宿迁市文广新局评为在“全市红领巾读书征文活动中优秀组织奖”。

2012年被宿城区文广新局评为“年度精神文明建设先进单位”。

宿城区图书馆外观图

馆领导介绍

陈巍，男，1966年9月生，大专文化，中共党员，副研究馆员，馆长。1983年10月参加工作，1990年在宿迁市新华书店工作，1992年在宿迁市（县级）图书馆工作，1995年任副馆长，2002年改制后任宿迁市宿城区文化馆副馆长，馆长，江苏省群文学会会员。2013年底任宿迁市宿城区图书馆馆长。

王春红，女，1963年1月生，1981参加工作，大专学历，中共党员，中级职称。宿迁市宿城区图书馆党支部书记、副馆长。先后在原宿迁市工艺美术厂、宿迁市文化市场管理办公室、宿城区文化馆工作，2011年调入宿城区图书馆。

未来展望

宿迁市宿城区图书馆本着“创新、发展”的服务理念，完善单体服务功能，扩大服务辐射区域，带动地区事业发展。2009-2012年，在不断强化自身综合实力的同时，通过创建乡镇社区联动，开设公共图书馆社区分馆形式，带动了全区公共图书馆事业的整体发展，为书香宿城建设探索一条可行的路径。新区新的文化艺术中心已经上马开工建设，一万五千平米新的图书馆大楼正在平地拔起，新馆将拥有阅览座位1300个，多功能厅、展览展示厅、纸质文献库可容纳520万册图书，年服务人次可达50万人次以上，数字资源设计存储能力100TB，能够提供全覆盖、不间断、无时空限制的数字文献远程和移动服务，数字资源年利用率100万件/次以上。同时，还具有支撑保障全区公共图书馆服务体系良好运行的文献与技术能力，成为与市内高校、科研系统图书馆实现资源共享互补的大型县级图书馆，主要指标位居全国公共图书馆前列，达到全国一流图书馆的基本标准。

联系方式

地　址：江苏省宿迁市宿城区洪泽湖路1号
联系人：芮　娟
邮　编：223800

“缤纷冬日”自由购书活动

“六一儿童节”前夕到时宿城儿童福利院慰问

电子阅览室

宿迁市图书馆

概述

宿迁市图书馆成立于2006年12月，目前馆舍位于宿迁市世纪大道88号，市文化艺术中心二楼，使用面积2000平方米。馆藏各类图书25万册（含电子文献），报刊800多种，共有计算机100台（其中供读者使用计算机65台），阅览座位500个（含分馆），少儿座位120个（含分馆），30兆宽带接入，存储容量20TB，实现无线网络覆盖，采用力博图书自动化管理系统开展管理和服务。

在建的新馆和宿迁市档案馆合建，使用面积7000平方米，地下一层面积3600平方米由市图书馆和档案馆共用，2013年底已竣工，计划2014年10月投入使用。已建成苏州宿迁工业园区分馆、洋河新区分馆和湖滨新区分馆等5家分馆，分馆与市图书馆实行“一卡通”借阅服务，建筑面积合计2000多平方米，藏书总量近10万册；建成武警部队流动图书室、骆马湖水上流动图书室和4家企业职工书屋（流通服务点），计6个流动图书室（流通服务点）。目前已经形成覆盖市区的总—分馆服务体系。

业务建设

目前馆藏各类图书25万册，电子文献6000种。2012年图书入藏数量为15000种，报刊1200种，视听文献600件，多卷书、连续出版物入藏完整率达92%以上。

2012年始，市政府高度重视图书馆建设工作，除了开工建设新馆外，还增加财政拨款488万元，其中每年用于新增藏书购置费200万元，省财政免费开放经费配套资金50万元。2009–2013年，共入藏中外文图书48000种、13.6万册，中外文报刊1500种，视听文献600种。

截止2013年底，宿迁市图书馆数字资源总量为8TB，其中《英雄项羽》、《生肖文化》、《炮兵元帅朱瑞》等3个地方特色数据库正在建设当中。

在江苏省文化厅和宿迁市政府的大力支持下，宿迁市图书馆于2009年底启动文化共享工程宿迁支中心建设，2010年5月如期建成并通过省、市检查验收。宿迁市支中心使用面积120平方米，主体分为机房和电子阅览室两大部分，主要承担全局网络管理和连接省分中心和县区支中心网络信息资源传输任务。支中心拥有各类服务器5套，电脑60台，有专职人员进行规范化管理。针对不同服务对象，支中心开展了“宿迁晚报小记者体验共享工程”、“宿迁老年大学共享工程上网行动”、“民进宿迁老会员体验共享工程”等活动。此外，宿迁市图书馆积极开展古籍普查和保护工作。2010年，开展宿迁市首届十大藏书家和“书香家庭”评选活动，对本地藏书家和民间收藏的古籍进行登记造册。

读者服务工作

宿迁市图书馆自开馆以来，始终坚持免费对外开放，图书外借、报刊阅览、电子阅览等基本服务项目健全，每周开放时间68小时，年图书外借达16万册次以上（含分馆），与各分馆和县区馆之间开展馆际互借，实施一卡通服务。2012年，我们新购一辆流动图书车，对外开展图书流动服务，年图书流通1万余册。此外，还利用世界读书日、图书馆服务宣传周、社科宣传周积极向市民开展新书推荐、公益展览、讲座宣传等，群众满意率达99%以上。2012年，举办宿迁市第二届读书节为契机，以全民阅读“五进”活动为抓手，积极开展全民阅读推广活动，举办各类文化展览12次，讲座培训15次。

业务研究、辅导、协作协调

宿迁市图书馆积极开展学术研究，馆长马志春出版专著5部，先后荣获江苏省人民政府颁发的江苏省第十二届哲学社会科学优秀成果三等奖，江苏省第三届图书馆学情报学优秀成果二等奖和宿迁市哲学社会科学优秀成果一等奖，并荣立三等功一次。副馆长张竞元在省以上期刊发表论文10多篇，先后被省委宣传部、省文明办、省新闻出版局评为“全民阅读先进个人”。市图书馆积极参与南京图书馆和省图书馆学会组织的各类业务培训。2011年，马志春、张竞元等人牵头成立宿迁市图书馆学会，进一步加强与宿迁市区域内各级各类图书馆（室）的交流。宿迁市图书馆积极开展对分馆、县区图书馆、农家书屋、社区图书室的业务辅导工作。馆长马志春多次应邀到省内外有关单位做古籍报刊鉴定和讲座。

开展广场宣传活动

送图书下乡

共享工程电子阅览室

馆藏室

期刊阅览室

管理工作

宿迁市图书馆坚持每年制定年度工作计划，明确工作重点，根据序时进度进行考核。此外，常年招募志愿者，定期开展志愿者服务工作，鼓励志愿者积极参与图书管理与读者服务工作。安排专人负责设备和档案管理，每周进行卫生检查，保证馆舍环境整洁、美观；定期进行消防演练，保障读者安全。

表彰、奖励情况

宿迁市图书馆多次获得江苏省文化厅颁发的“红领巾读书征文优秀组织奖”，被省委宣传部、省文明办、省文化厅、省新闻出版局评为2012年度全民阅读先进单位，被市委、市政府授予2012年度“群众满意服务窗口”，“宿迁文化讲坛”获江苏省公共图书馆“优秀服务成果”二等奖。

馆领导介绍

马志春，男，1974年1月生，江苏涟水人，大学文化，中文专业，研究员职称。曾任沭阳报社副总编辑、宿迁晚报副总编辑、党支部书记、宿迁市委外宣办负责人、宿迁市文化艺术中心副主任。对书报刊文化和收藏文化有一定研究，在业内有一定影响，2007年8月被中国报业协会授予中国首批“集报家”称号，2013年7月被评为全国优秀社科普及专家，2013年底被评为江苏省333工程培养对象。系中国报协集报分会常务理事、研评部副主任、江苏省书报刊收藏委员会副主任、江苏省图书馆学会常务理事、阅读与用户委员会副主任、南京大学校友总会理事，宿迁市图书馆学会理事长、市新闻传播学学科带头人。先后在《人民日报》《经济日报》《光明日报》等媒体发表作品1200多篇、200多万字，出版《读报学》《大众传媒消费学》《收藏传播学》《中国集报学概论》《邮说党报》专著五部，获得多项省、市哲学社会科学优秀成果奖（政府奖）。

张竞元，女，1970年2月生，江苏宿迁人，大专文化，图书馆学专业，馆员职称，宿迁市图书馆学会秘书长，在省以上期刊发表论文10多篇，先后被省委宣传部、省文明办、省新闻出版局评为“全民阅读先进个人”。

未来展望

宿迁市图书馆以评估定级工作为契机，积极争取市委、市政府以及社会各界的关注和支持，强力推进新馆建设，加大分馆建设力度，加快构筑覆盖城乡的公共图书馆服务体系。进一步巩固文化共享工程的建设成果，建成宿迁市数字图书馆，进一步提高服务功能，扩大辐射面和影响力。同时，进一步加强人员培训、文献资源采集和读者服务工作力度，创新服务方式，提高服务效率，开展丰富多彩的文化活动，扩大公共图书馆影响力、凝聚力，提高读者满意度。宿迁市图书馆将不断加强自身建设，进一步改进服务，争取在下一次评估定级中成为国家一级图书馆。

联系方式

地　址：宿迁市文化艺术中心（世纪大道88号）
邮　编：223800
联系人：张竞元

举办红色文献收藏展

开展宿迁水文化专题讲座

无锡市南长区图书馆

概述

无锡市南长区图书馆始创于1989年4月，1990年5月正式开馆运行，当时建筑面积为1000平方米，设外借室、少儿阅览室、综合阅览室、采编室等。馆内藏书总计约万册，同时图书馆还利用原有场地开辟了录像放映室、中老年活动室、印刷厂、台球室、电子游戏室等各类文化阵地，丰富群众业余文化生活。到1997年底，馆内藏书达到4万册，给广大读者提供了丰富的精神食粮。从1997年起，南长区图书馆由于城市建设几经变迁，但服务群众的宗旨和理念始终未改变，即使在简陋的条件下还是积极开展各种读书征文活动和街道、社区图书室的创建、辅导、培训等工作，收到了良好的社会效益，对巩固阵地，扩大影响，建设队伍起到了很好的作用。2011年6月，南长区图书馆终于搬入新址（通扬南路280号），馆内面积1000平方米。南长区图书馆于1994年参加全国公共图书馆首次评估定级被评为国家三级图书馆，2013年晋升为国家二级图书馆。

业务建设

截至2012年底图书总藏量（包括电子图书）达到25.01万册。还单独设立了医学专柜（医药健康阅览室）和南长区籍作者著作专栏（阅览室）等。

读者服务工作

从2011年起根据上级要求，南长区图书馆秉承“热情至善、服务至上”的理念，免费开放公共空间设施，免费进行讲座、培训、展览等公益性的服务项目。为了最大限度地利用文献资源，方便读者，拓展服务领域，2010年开始，我们与清名桥街道塘泾桥社居委建立了图书活动服务点，提供了图书3000册，同时做到每月更换图书200册，取得了良好的社会效益，社区每天的借阅量达到近50人次。由于馆藏书籍有很大隐蔽性，有很多读者并不知道也不了解，很难进入读者阅览范围，不能发挥其应有的作用，图书馆经常开展一系列书刊宣传活动，在新书介绍展板栏中也及时公开宣传。

为特殊群体、弱势群体服务是图书馆服务的重要组成部分。南长区图书馆在三楼设立了盲人阅览室，对外开放后，又根据盲人和残疾人读者的特殊要求，设立了盲道，并提供免费饮水服务。同时，在八楼阅览室对老年读者还免费提供老花眼镜。

南长区图书馆依靠区民政局、区残联等弱势群体的管理部门走访贫困家庭，看望贫困学生，为他们提供免费办证并送上慰问金等。走进敬老院，为老人开展健康知识讲座，举办“青春汇演夕阳红，幸福重阳情满园”活动，让敬老院的老人在欣赏节目的同时也感受到全社会对老人的关怀。

举办了“基层图书业务管理员”、“安全法制教育课”培训班，多期“迎世博环保讲座、传统文化宣讲、健康知识讲座”，总计达27场次，还有各种书画、木雕、手工作品展，内容深受广大群众和小朋友的喜爱。

管理与表彰工作

为深化事业单位人事制度改革，建立健全事业单位岗位设置管理制度，实现事业单位人事管理的科学化、规范化、制度化，图书馆制定了岗位设置方案，绩效分配方案，职工与单位签订了事业单位聘用合同。为更好地开展工作，加强内部管理，完善制定了《日常工作与管理制度》。制定了《图书馆物资采购制度》、《图书馆资产管理办法》等。附《固定资产台账》。人事档案、业务档案等资料健全，内容详实，归档及时。

2009—2012年，图书馆共获得各种表彰、奖励11次，其中，获市表彰3次，区表彰8次。

馆领导介绍

杜清，女，1965年11月生，大专学历。中共党员，助理经济师，助理会计师，馆长。1984年11月参加工作，1989年6月到图书馆工作任会计，2009年负责图书馆工作，2011年任馆长。

赵庆，男，1964年4月生，大专学历。中共党员，副馆长。1981年参加工作，历任区街道党办副主任、南长区文化馆副馆长，2010年9月任图书馆副馆长。

未来展望

南长图书馆将秉承“以人为本，读者第一”的服务宗旨，

基层图书管理员培训

健康知识讲座

盲人阅览室

图书馆一角

在信息产业和文化产业迅猛发展的今天，积极抓住新机遇，迎接新挑战，在进一步发挥好图书馆的基本职能的基础上，不断研究，采用新技术、新手段，以更高的标准来强化这些职能，并随着社会文明的发展进一步拓展它的"休闲、生产、展示"功能，朝着数字图书馆和图书馆服务自助化的方向不断努力，争取早日升格为国家一级图书馆。

联系方式

地　址：无锡市南长区通扬南路280号801
邮　编：214000
联系人：杜　清

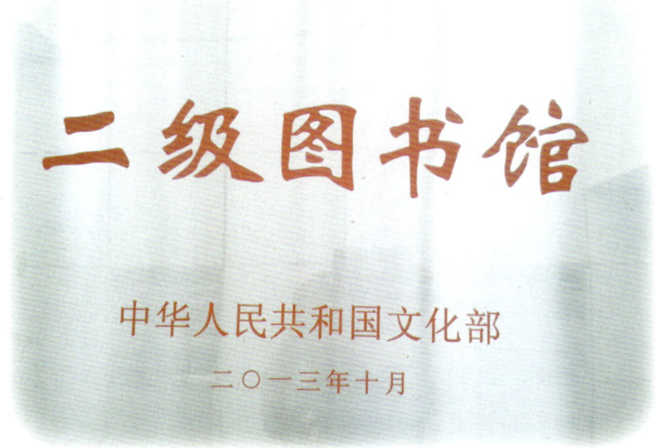

二级图书馆
中华人民共和国文化部
二〇一三年十月

获得二级图书馆

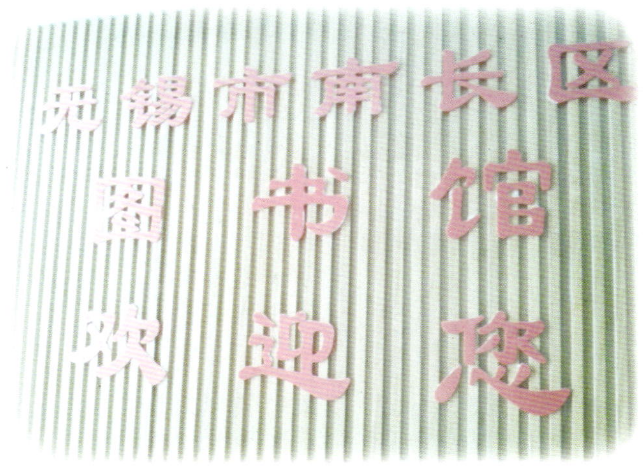

图书馆大厅

书画展览

暑期少儿书画培训班

涟水县图书馆

概述

涟水县图书馆，于1978年成立，事业股级单位。涟水县图书馆馆舍几经变迁，先后在五岛公园、城东建有馆舍900平方米，2003年搬至涟州路新建馆舍4078平方米。馆内设外借室，阅览室、资料室、少儿室、李连庆图书室、特藏室、采编室、地方文献室等服务窗口，馆内共有阅览座位120个，少儿阅览座席48个；有计算机16台，宽带接入10M，5个IP地址，业务管理及服务实现自动化。分别于2004年、2008年、2013年度被评为国家三级馆和二级馆。

业务建设

截至2012年底，馆藏图书10万册，视听文献（电子图书、期刊等）5000余册本。图书年入藏量3000册，报刊年入藏量120种，视听文献年入藏量300种，地方文献藏量100种，普通文献全部编目并输入计算机管理。年财政拨付经费约165万元，其中：购书经费6万元、报刊经费1万元、网络维护费2万元、年办公经费6.8万元。全国文化信息资源共享工程涟水支中心，于2010年8月正式建成并投入使用，专职人员3名。中心面积80平方米，设有电子文献阅览室、中心控制机房、办公室。电子文献阅览室，共有终端共20台，面积120平方米；中心控制机房设备有服务器等设备。

读者服务工作

实行全年免费开放，每周开放时间为56小时，节假日正常开放；书刊外借册次2万册次/年以上；到馆人次外设车站分馆、消防队流动图书柜，年外借1万册次以上。坚持为特殊群体服务，如，残疾人、农民工、未成年人、老年人、劳教服刑人员服务；健全图书馆服务网络，并实现全县、乡、村（社区）三级全覆盖：全县有县图书馆1个，乡镇文化站图书室19个，村农家书屋376个及社区、学校图书馆（室）60个，平均每年举办讲座培训等活动6-8次，受训人员300人次；举办各类读书活动10多次，如农家书屋业务辅导、送书到部队、乡村、社区活动“图书馆宣传周”和红领巾读书征文、演讲比赛活动；组织公益性讲座和周恩来读书节等各种读书培训活动，以上的这些活动组织开展，累计有10万人次参与。2012年建立淮安市数字图书馆涟水分馆。共计发放5000余张阅读卡。为广大读者提供更为便捷的服务。

业务研究、辅导、协作协调

2009-2012年，我馆职工发表论文20篇，其中3篇获得省级三等奖称号，10篇获得市级奖项，年年荣获市图书馆学会年度学术论文研讨会组织奖。在此期间，我馆积极做好为基层网点服务工作，分别对19个乡镇文化站图书室和部分农家书屋图书管理员进行辅导，并组织专人到乡镇进行现场分编辅导。同时做好星级农家书屋管理工作。

管理工作

在管理上，年度有计划，年终有总结，特别是财务管理，年有预算，月有计划，专款专用。重大项目实行招投标；国有资产每年均进行清查2次，实行账、物分别管理。档案齐全，装订规范，归档及时，每年三月底完成上年度资料立卷。环境整洁卫生、舒适。做好岗位设置工作和制定《图书馆绩效考核办法》。绩效考核办法采用百分考核制，对全年各项任务进行分值量化，年终评分，以分值高低评选优秀。做到奖勤罚懒，充分调动职工的工作积极性。

表彰、奖励情况

在表彰上，我馆每年在“红读活动”中有多篇征文获得省厅征文奖及市馆组织的演讲比赛组织奖和个人二、三等奖，2011年在“第二届文化共享杯——全国文化信息资源共享工程知识与技能竞赛中”荣获组织奖，2011年荣获县创先争优先进单位、先进党支部称号。

馆领导介绍

严安荣，男，1960年10月出生，本科学历，毕业于扬州大学，中共党员，副研究馆员，馆长。1978年5月参加工作，2001年调至图书馆。

李艳平，女，1963年7月出生，大专学历，毕业于南京农业大学，中共党员，馆员，书记，1980年4月参加工作且一直在图书馆工作。

数字图书馆揭牌仪式

举行送书到消防大队活动

获奖同学在乡镇文艺晚会上演讲

图书馆职工在双河村农家书屋进行业务辅导

周建国，男，1972年出生，本科学历，毕业于中央党校，中共党员，副书记，副馆长，1990年参加工作，2009年调至图书馆。

吴迎春，女，1971年2月出生，大专学历，毕业于南京农业大学，中共党员，馆员，副馆长，1989年10月参加工作，1993年3月调至图书馆。

张海成，女，1973年11月出生，大专学历，毕业于南京农业大学，中共党员，馆员，副馆长，1988年12月参加工作，1992年10月调至图书馆。

徐艳丽，女，1978年1月出生，本科学历，毕业于东南大学，中共党员，馆员，副馆长，1997年1月参加工作一直在图书馆工作。

未来展望

今后我馆将在提升服务能力上下功夫，三年内发展有效读者10000个；坚持开展多种形式的服务活动，让图书走进千家万户，藏书量逐年增加，达到人均藏书量0.15册，即总藏量达15万册。发展数字图书馆，建立覆盖全县的图书分馆，坚持送书到基层活动，年送书到基层达20000册，加强对乡镇文化站图书室、农家书屋管理员的业务辅导与培训工作，每年举办培训3-5次，培训人员达200人次；为全县更高层次的小康建设提供文化、精神、科技支持，力争在下一次评估中获得一级馆称号。

图书馆新大楼外貌

联系方式

地　址：涟水县双语学校院内
邮　编：223400
联系人：吴迎春

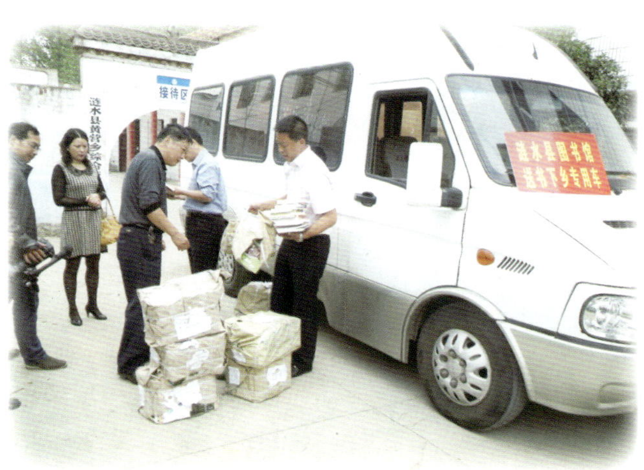

“三送工程”—送书到黄营乡文化站

“三送工程”—送书到石湖镇文化站

响水县图书馆

概述

响水县图书馆始建于1978年，馆址在县城双园路，馆舍建筑面积为840平方米。1997年，拆除老馆并在原址上建新图书馆大楼，批准用地面积为300平方米，由县财政拨款和常熟市捐资共同建成，于2000年正式对外开放，大楼主体五层，局部六层，面积为2351平方米。

业务建设

截止2012年底，响水县图书馆总藏量8.9万册，其中，纸质文献8.5万册，视听文献0.15万册，报纸0.25万册，国家图书馆下发的县级数字图书馆电子图书500种，有自己的网站，并建有政府信息公开和互联网平台等资源。2012年总计拨款经费总额为90万元。

2009—2012年，图书、报刊年平均入藏量分别为2116、243种；2012年新征集地方文献32种78册，地方文献设立专架，有专人管理。

响水县图书馆自动化启动时间不算早，2009年张家港会议后，按照会议精神，积极向县政府申请16万元经费用于创建县支中心，对馆内的3间房屋重新装修，电器线路重新分布，安装服务器3台，1台投影和多台电脑，电子阅览室添置了桌椅，机房设备经过省工程领导小组验收于2010年2月正式对外服务，2011年底又完成了全县12个乡镇共享工程支中心的建设。2012年馆内先后对三楼服务大厅进行了改造，打破多年来传统的手写服务方法，将所有的图书杂志通过电脑重新编目上架，外借室、期刊室各上1台电脑，全面实现了电子化。

2012年，响水县图书馆有阅览座席160个，计算机35台，宽带接入10Mbps，其中对外提供读者服务的30台：电子阅览室30台（其中盲人阅览1台），资料阅览室3台；用于办公及业务管理等4台。

读者服务工作

从2010年6月起，响水县图书馆实行全免费开放，周开放60小时。2009—2012年，书刊总流通20万人次。书刊外借32.4万册次；建立4个分馆，分馆书刊总流通1.1万人次。

响水县图书馆积极探索总分馆制，2006年8月在武警中队建成盐城首家军营图书馆。

2009年建立了文化共享工程响水县支中心和电子阅览室，建成了自己的网站，开通了政府公众信息网和互联网平台，为读者免费提供各类信息服务。

截止2012年底，响水县图书馆在各镇（区）陆续建成共享工程基层服务点12个、基层图书馆（室）和农家书屋151个，均正常对外开放。还被省市文化主管部门评委创建农家书屋先进集体。

2012年，建立响水县图书馆网站，年访问量近2万人次。读者服务网络建立并健全，除去基本功能还设有数目检索、类名检索、读者信息、当前借阅、借阅历史、图书续借、网上荐书等，用于发布服务信息，联机书目检索，能够在第一时间更快更好地 服务读者。

2009—2012年，响水县图书馆共举办讲座、展览、培训、阅读推广等读者活动48场次，参与人数近4万人次。

业务研究、辅导、协作协调

响水县图书馆加大对基层图书馆（室）业务建设的支持力度，正常组织基层图书馆结合自身实际开展特色服务，对各镇图书馆（室）进行现场指导，对村农家书屋我们做到边发展边指导，2012年底，全县151个村级农家书屋均达标。

2009—2012年，举办"农家书屋"管理员培训班、全县中小学校图书馆管理员培训班、基层图书馆（室）管理员培训班、全县文化共享工程基层服务点技术人员培训班10期，近300人次接收培训。

县支中心管理员的培养实现制度化和常态化。根据实际工作需要，先后派技术人员去省、市中心参加培训18人次。2009年至2012年县支中心一共举办全县基层点技术人员集中业务培训班3期，组织收看国家中心网络培训48期，参加培训的各级基层点主任、管理员累计达500余人次。通过这些培训不断提升了他们的业务水平和实际能力，为全县文化共享工程事业发展打下了坚实的基础。

管理工作

响水县图书馆将规范化管理当作头等大事来抓，做到年

初有计划，年终有总结，各类业务档案存放有序，保管良好。对管理人员实行定岗定人定职责，建立了工作岗位职责和相关工作制度，健全和完善《读者借阅制度》、《读者阅览室阅览规则》、《卫生与环境管理制度》、《职工考勤考核制度》、《财务管理制度》等制度。由于思想政治工作到位，管理到位，责任到位，奖惩措施到位，全馆同志克服各种困难，以饱满的热情开展读者服务工作。

表彰、奖励情况

2009–2012年，响水县图书馆共获得各种表彰、奖励6次，省文化厅表彰、奖励2次，市级表彰、奖励3次，其他表彰奖励1次。

馆领导介绍

程怀忠，男，1961年5月生，本科学历，馆长。1998年6月进响水县图书馆工作，2002年8月任响水县图书馆馆长。

郭慧，女，1983年3月生，本科学历，中共党员，副馆长、书记。2009年12进响水县图书馆，副任馆长，2010年9月任书记。

罗凌，女，1969年9月生，本科学历，中共党员，副馆长。1993年5月进响水县图书馆工作，2005年9月任副馆长。

未来展望

对全县各类型图书馆的资金来源、分配与利用、人员的组成结构、文献资源建设、馆舍建设、设备等情况进行调查摸底，寻找区域协作、协调藏书建设与服务方式的可能性，探索实现区域合作和统筹规划的服务网络模式。

推行县、镇（区）图书馆（室）通借通还"一卡通"服务模式。

联系方式

地　址：响水县双园路419号
邮　编：224600
联系人：郭 慧

宿迁市宿豫区图书馆

概述

宿豫区的前身是县级宿迁市。1996年国务院批准设立地级宿迁市，原县级宿迁市一分为二，分别设立宿城区和宿豫县，2004年3月宿豫又撤县设区。1996年区划调整时，宿豫从老城区整体搬迁到京杭运河东岸，在一片农田上白手起家建设新城，当时的宿豫图书馆事业由于区划调整而一夜归零——形成了无馆舍、无图书、无人员的“三无”局面。

2004年，宿豫图书馆事业从零起点上艰难起步，区政府把顺河镇政府的办公楼改造成宿豫区图书馆并于2005年1月对外开放。2006年电子阅览室建成对外开放。2009年宿豫区图书馆搬迁至学海路过渡用房并同时启动规划选址建设宿豫图书馆新馆工作。搬入过渡用房后，宿豫区图书馆不等待、不懈怠，逐渐完善功能用房，添置设施设备，积极开展报刊阅览、综合图书借阅、电子文献阅览、地方文献查询等对外免费服务，2010年被文化部认定为国家三级馆。

业务建设

2009年区图书馆搬迁至学海路，区政府先后投入300万元进行图书馆外部改造和内部功能提升，增设了空调、消防、综合弱电、防盗等系统，设立了综合借阅室、综合阅览室、共享支中心、少儿阅览室等功能室，设置阅览席120个（含少儿），馆藏图书10万册，供读者使用计算机25台。

为了不断拓宽图书馆服务资源，2009年，我区在省图大力扶持下，先后投资58万元建成文化共享工程宿豫支中心，配备规范的投影仪、投影幕、音箱、杀毒软件及办公软件。2010年，被省文化厅认定为达标支中心。为了进一步延伸文化信息资源服务功能，2010年，我区积极拓宽文化共享工程服务功能，区、乡镇财政共投入90.5万元，启动乡镇共享基层服务点全覆盖建设工程，并于当年年底全面建成，推进了农村文化资源信息化、数字化和网络化的进程，据初步统计，截至目前，受益达10余万人次。

读者服务工作

2009年以来，宿豫区图书馆认真贯彻省政府“文化民生”理念，把免费开放、读者服务、咨询查阅、培训引导、业务研究作为图书馆落实文化民生的重要抓手，积极服务地方群众。从2009年起，图书馆全年365天天天对外免费开放，周开放56小时，书刊文献年外借册次5万册，馆藏书刊文献年外借率达50%，人均年到馆次数10次/人。每年区图书馆都开展“世界读书日”系列主题宣传活动，并从2013年起启动宿豫全民读书节活动，活动期间向全区群众发出阅读倡议书，邀请专家举办阅读辅导讲座，通过多种媒介方式进行“全民阅读”主题宣传，为机关干部、中小学生、市民等群体分别推荐阅读书目，联合区委宣传部、区教育局、区团委等部门开展主题征文、演讲等活动，参与者达到了5万人次，起到良好的推动阅读的作用。

2012年以来开办“文化大讲堂”公益性讲座十余场，定期邀请市内外专家进行文化知识授课，包括阅读、摄影、绘画、礼仪、书法、音乐鉴赏、养生等知识，受到广泛好评。区图书馆成立了文化志愿者团队，定期深入村居社区图书室、网吧、市民广场、企业书屋等场所开展志愿者服务。在爱心企业广博集团的大力赞助下，区图书馆联合区团委共同创建了“广博·希望来吧”，积极协调每周六、周日由宿迁学院学生志愿者进行义务辅导，建立儿童之家，营造欢乐、友爱、和谐的成长氛围，有效缓解留守儿童的孤独心理。

业务研究、辅导、协作协调

针对宿豫新城人口相对分散的特点，为了方便社区居民就近阅读，2012年，我区把图书馆分馆建设列上重点工作计划，支持顺河雨露社区、陆河社区建设图书馆分馆，并赠送价值11.5万元的图书5200册，目前2家分馆都能正常对外开放，总建筑面积400多平方米，馆藏图书3万多册，电脑25台。为进一步完善城市社区文化设备配置，宿豫区图书馆积极指导顺河镇开展文化共享工程社区服务点建设，目前城市社区全都建成了合格的基层服务点，其中雨露社区服务点被表彰为全国示范点。

管理工作

制定各阅览室守则和工作人员岗位职责，日常管理严格按照规章制度进行。每年年底制定下一年度工作计划，确保工作严格按照计划逐步有序推进。同时，建立了工作任务分解到人、量化考核体系，每月进行一次工作进度通报，每半年和全年进行总体工作完成考核。

馆领导介绍

丁玲，女，1980年1月出生，江苏宿豫人，新闻本科，宿迁市宿豫区图书馆馆长。

未来展望

2008年，为了彻底改变全区文化设施短缺、文化事业落后的被动局面，宿豫区制定了文化强区战略，一改过往“应付达标验收、投入小打小闹、建设零打碎敲”的做法，决定通过高定位谋划、高财政投入、高标准建设来推动宿豫文化事业跨越发展。2009年启动规划选址建设宿豫文化公园。该项目占地294亩，建筑面积13.2万平方米，计划总投资8亿元。文化公园以“山”、“水”、“园”为构思理念，馆舍包括图书馆、博物馆、文化馆、美术馆（非遗展示馆）、方志馆、档案馆、城市展览馆、科技馆、大剧院、影院城、会展中心等公共文化设施。其中图书馆按国家一级馆设计，地上5018平方米，地下3881平方米，整个工程预计2015年6月建成，届时，宿豫区图书馆事业也必将登上一个新台阶。

联系方式

地　址：宿迁市宿豫区学海路文昌广场
邮　编：223800
联系人：徐 新

泗洪县图书馆

概述

泗洪县图书馆的前身为泗洪县文化馆图书室，1976年8月，经江苏省文化局批准，建立泗洪县图书馆。2011年初实行免费全年对外开放。

1994年5月，泗洪县图书馆开始申报国家三级图书馆的工作，1995年月4月，泗洪县图书馆在全国首批上等级图书馆评估定级中被评为三级图书馆。2013年，在第五次全国图书馆评估定级中泗洪县图书馆被国家文化部批准为二级图书馆。

2002年8月，由于泗洪县图书馆原馆址被县政府重新规划使用，泗洪县图书馆搬迁至县文化艺术中心办公。2004年9月，泗洪县图书馆从县文化艺术中心搬迁至博物馆大楼办公合署办公，使用面积2000平方米。

2012年，共计设有阅览座席80个，计算机35台，供读者使用的计算机30台，宽带接入10兆，数字资源总量有6T，图书馆采用了力博自动化管理系统开展管理和服务。

业务建设

泗洪县图书馆到2013年度，馆藏各类文献共计近10万册，开展图书外借、报刊阅览、电子阅览、文献检索、资料查询等读者服务工作。馆藏文献购置费由2009年、2010年的5万元、2011年的15万元增加到2012年的30万元，2009到2012年文献入藏量总计为2.3万册，图书采编、借阅、检索已经采用力博图书自动化管理系统。2009年11月，泗洪县图书馆按国家文化信息资源共享工程县级支中心的配置标准，建成了泗洪县共享工程县支中心。

读者服务工作

泗洪县图书馆自2011年按上级要求实行了免费开放，所有服务项目全部免费开放。每周开馆时间56小时，年到馆读者数约4.2万人次以上，年外借册次2.2万册次以上，利用板报举办新书介绍，推荐目录宣传推荐新书400册以上，开展了政府信息公开服务。泗洪县图书馆还开展形式多样的读者活动，世界读书日、图书宣传周等活动期间，做到有计划、有行动的开展宣传活动和阅读推广活动，参与人数在5000人次以上，读者满意率95%以上，活动多次被电视、报刊宣传报道。

业务研究、辅导、协作协调

泗洪县图书馆2009到2012年共发表论文和理论调研文章6篇。泗洪县图书馆是南京图书馆流通服务点，加入了北京图书馆和南京图书馆的联合编目系统，加入到本地区讲座展览共享系统。重视对乡镇和企业事业单位基层图书室的业务辅导工作，全县所有乡镇文化站均有图书室，2012年底40%以上的村、社区有图书室，建设在乡镇分馆6个，全年定期和不定期的向乡镇赠送图书。

管理工作

管理工作中泗洪县图书馆实行完善的目标管理责任制，工作做到年初有计划，有底有总结，按需设岗，严格管理，完善各项规章制度，建立健全各项管理措施。年初与全体职工签订工作目标责任状，年终考核从严入手。泗洪县图书馆实行政务、财务公开制度，设备物资管理到位，帐簿齐全。各类统计工作统计齐全，数字准确，环境整洁美观，努力为读者营造良好的读书环境，工作人员挂牌上岗，服务规范。

表彰、奖励情况

2009到2012年间，泗洪县图书馆上级有关部门表彰共计十次以上。

馆领导介绍

徐阳，男，1969年1月生，中共党员，大专学历，馆员，馆长。1986年参加工作，先后任泗洪县图书馆主任、馆长助理、副馆长、馆长。

未来展望

未来几年，泗洪县图书馆将大力加强数字化建设，增强数字资源服务，努力实现县域内的通借通还。将以泗洪县图书馆为龙头，以乡镇文化站图书室为纽带，依托村农家书屋以及农户家庭、农家文化大院，建立遍布城乡的县、乡、村、居四级图书服务网络，建立县有图书馆、乡有文化站图书室（县图书馆乡镇分馆）、村有农家书屋（图书馆流通服务点）和农家农民读书点的四级图书服务网络。

今后，泗洪县图书馆要充分发挥公共图书馆保障公民基本文化权益的主战场、主阵地、主力军作用，切实提高泗洪县图书馆公共文化服务窗口的服务水平；体现文化惠民让更多读者感受到的阅读快乐，充分利用公共图书馆的公共资源，吸引更多的读者走进图书馆，爱上图书馆，形成读好书，读书好，好读书的良好氛围。

联系方式

地　址：江苏省泗洪县山河路67号
邮　编：223900
联系人：范军宁

在府前广场开展庆祝世界读书日活动

绿色上网健康行活动启动仪式

举行红领巾读书征文活动

宝应县图书馆

概述

宝应县图书馆初创于1924年（民国十三年），由当时劝学所（后改为教育局）于县城北门外创办的“平民教育馆”改名为“通俗教育馆”，设阅报、图书两室。几经变换，直至1956年正式命名为“宝应县图书馆”。1985年元旦，位于叶挺路127号的新馆正式对外开放。新馆建筑面积900平方米，现有藏书近十万册，其中古籍18000册（列入国家善本书目总目的善本书30种，293册），可容纳读者座位60个。2004年参加第三次公共图书馆评估，首次获得三级图书馆。2012年，图书馆有阅览坐席60个，计算机35台，宽带接入8Mbps，选用力博图书馆自动化管理系统。

业务建设

截止2012年底，宝应县图书馆总藏量10万册，纸质文献93901册。

2010、2011年，宝应县图书馆藏书购置费15万元，2012年起增至20万元，2009－2012年，共入藏中外文图书44567种，2012年，地方文献入藏完整率为80%。

读者服务工作

从2009年8月起，宝应县图书馆开始实行全年365天对外免费开放，周开放56小时。2009年起，年新购图书近五千册，征订报刊近三百种，并逐步添置了部分电子文献。馆内设立了行政业务管理的馆长室、财会室、采编室、辅导部等和对外服务的外借处、成人综合阅览室、少儿借阅室、电子阅览室、古籍资料查阅室等8个部门，年接待读者七万多人次，年书刊流通达十六万册次，一定程度上满足了社会各界各类型读者对图书馆的需求。全馆除正常开展书报刊借阅、资料查阅、基层图书馆室业务辅导等阵地常规服务工作外，还积极开展公益性社会活动，每年举办各类展览、读书征文、演讲、报告会、春节灯谜晚会等活动，参与活动者达万人以上。同时积极为驻地部队、敬老院以及残疾人等特殊群体读者开展免费借阅服务，送书上门，设立馆外流动服务点、共建基层图书阅览室。积极配合主管局抽调业务骨干抓创建群文先进乡镇和乡镇万册馆工作，并配合教育局抓好全县中、小学校省级验收达标工作。

业务研究、辅导、协作协调

每年编印《科技与信息》四期，寄发到厂矿企业、乡镇文化站及各类经营专业户以及邻近县市图书馆进行交流，利用率达80%。

2009－2012年，宝应县图书馆职工发表论文15篇。

管理工作

截止2012年，馆内现有在编人员9名，大专文化程度人员占70%，中级职称人员占80%。同时，建立了工作量化考核指标体系，每周三上午进行业务学习，每半年和全年进行总体工作考核。

表彰、奖励情况

1991年被省文化厅表彰为“文明图书馆”，1997－1999年外借处被省文化厅表彰为先进集体，1999年被国家文化部评定为“三级图书馆”，1995年、1998年、2004－2005年被扬州市文化局表彰为“先进集体”、2011年被县委、县政府表彰为“文明单位”，2012年被县文化体育广电新闻出版局表彰为“先进单位”，2006－2012年多次在扬州市读书征文评奖活动中荣获“优秀组织奖”，多数同志分别受到省、市、县主管部门的表彰。

馆领导介绍

崔建华，男，1959年9月生，大专学历，中共党员，副研究馆员，支部书记，馆长。1977年10月参加工作。1981年12月到宝应县图书馆工作，先后在外借处、阅览室、辅导部工作，1991年4月任宝应县图书馆副馆长，1997年8月任宝应县图书馆馆长，主持全面工作，2005年2月任宝应县文化中心支部书记。

成远，女，1964年生，大专学历，中共党员，馆员，副馆长。1980年8月参加工作。1987年2月到宝应县图书馆工作，先后在外借处、采编室、辅导部工作，1997年4月任宝应县图书馆副馆长，分管全馆业务工作。

宋志耘，女，1965年10月生，中共党员，馆员，副馆长，1983年6月参加工作。先后在外借处、阅览室、会计室工作，2012年3月任宝应县图书馆副馆长，分管财务。

未来展望

宝应县图书馆自2011年实现全部免费开放，为践行城市

核心价值观的形成提供了有利条件，在灵活的学习时间和场所中，读者可以根据自己需要，确定学习目标，制定学习方案，安排学习进程，充分利用图书挂所拥有的文献资源，从而调动起学习积极性，促进城市核心价值观的全面、和谐发展。引进全新的自动化管理系统更好的推进了图书馆各项工作的开展，不仅大大提高了管理员的工作效率以更好的服务群众，而且更加精确的管理模式把错误率降到了最低。2013年宝应县图书馆新馆奠基开工，面积将达到3000平方米，预计2014年10月正式对外开放。未来，宝应县图书馆将开设图书馆分馆，自助图书馆、流动图书馆等，加大与其他各县市图书馆之间的交流，向着更好的方向不断发展。

联系方式

地　址：江苏省宝应县叶挺路127号
邮　编：225800
联系人：成 远

淮安市淮阴区图书馆

概述

淮安市淮阴区图书馆原名淮阴市淮阴县图书馆，淮阴县图书馆创建于1976年7月，1980年迁至淮阴县王营镇新街3号（原17号）现址。2001年3月，淮阴市更名为淮安市，淮阴县撤县建区，淮阴市淮阴县图书馆更名为淮安市淮阴区图书馆。现有馆舍面积1863平方米。2004年，参加第三次全国公共图书馆评估，获得“三级图书馆”称号。2012年，淮阴区图书馆有阅览坐席100个，计算机12台，选用南京图书馆立博管理系统。

业务建设

截止2012年底，淮阴区图书馆总藏量12万册（件），其中，含省文化厅近年来配送给我区乡镇文化站的图书近7.8万册，其产权属于区图书馆），实际藏书4.2万册。

截止2012年底，淮阴区图书馆新增藏量购置费4万元，2009–2012年，共入藏中文图书3000种，6000册，中文报刊800种，视听文献400种。

2013年年初，淮阴区图书馆借书处实现藏书自动化管理。

读者服务工作

从2010年10月起，淮阴区图书馆全年365天天天对外免费开放，周开放56小时。2009–2012年，书刊总流通17.6万人次，书刊外借29.8万册次。

2009–2012年，淮阴区图书馆共举办讲座、展览、培训、阅读推广等读者活动50场次，参与人数2.3万人次。

业务研究、辅导、协作协调

2009–2012年，淮阴区图书馆职工发表论文5篇。

从2009年起，淮阴区图书馆面向全区21个乡镇文广站图书室、251个村农家书屋，举办图书馆（室）培训班8期，400余人次接受培训。2009–2012年，淮阴区图书馆深入基层图书馆（室）辅导600多次。

管理工作

2012年，淮阴区图书馆完成全员岗位聘任，同时，建立了工作量化考核指标体系，每月进行工作进度通报，每半年和全年进行总体工作考核。

表彰、奖励情况

2009–2012年，淮阴区图书馆共获得各种表彰、奖励15次。

馆领导介绍

蒋海军，男，1968年10月生，本科学历，中共党员，副研究馆员职称，馆长。中国图书馆学会会员。1988年8月参加工作，1989年8月调淮阴县图书馆工作至今，先后在外借、基层辅导、信息服务、采编、办公室等部门工作，历任工作人员、部门负责人、副馆长等职。2004年11月，被淮安市人事局公布为2004年度市“十百千”人才培养对象；2004年11月、2009年11月两次被评为“淮阴区第三、四批科学技术带头人”；2013年1月，被淮安市人才工作领导小组办公室批准为淮安市“533英才工程”学术技术骨干人才培养对象。2006年11月，被淮安市委、市政府表彰为“全市文化工作先进个人”。

王开明，男，1958年3月生，大专学历，中共党员，党支部书记。1975年参加工作，1990年1月调淮阴县图书馆工作至今，先后在外借、基层辅导、文博等部门工作，历任工作人员、部门负责人、副馆长等职。

许景阳，男，1958年10月生，大专学历，中共党员，馆员职称，副馆长。江苏文物古建筑保护学会会员。1976年12月参加工作，1989年8月调入淮阴县图书馆工作至今，先后在信息服务、阅览室、文博室等部门工作，历任工作人员、支部书记、副馆长等职。1988年因民间文学三套集成普查工作成绩显著，受到江苏省艺术学科规划领导小组表彰；1993、1998–2001，五次被淮阴区（县）政府嘉奖和评为先进个人；2008年、2012年被淮安市文化广电新闻出版局评为先进个人；2011、2012年被省、市文物局评为文物普查先进个人。

未来展望

根据规划，淮阴区图书馆即将启动新馆建设，预计建成后的新馆建筑面积将达5000平方米左右。新馆建成后，我们将积极以“一级图书馆”的标准来开展、推动图书馆的各项工作，争取早日创建成功“一级图书馆”。

开展服务宣传周活动

组织农家书屋惠农讲座

深入学校开展全民阅读活动

送书下乡

图书馆馆貌

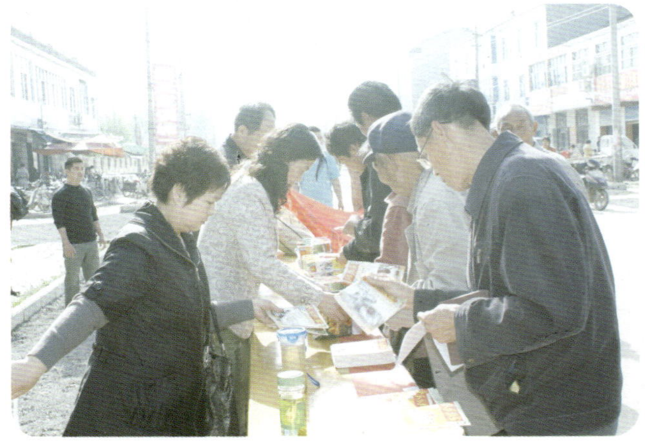

送书到乡镇

走上街头开展活动

联系方式

地　址：江苏省淮安市淮阴区王营镇新街3号
邮　编：223300
联系人：蒋海军

浙江图书馆

概述

浙江图书馆创建于1900年，是国内创办最早的省级公共图书馆之一、全国古籍重点保护单位，省级"一级图书馆"。现有馆舍四处，以曙光路馆为总馆，另有湖州嘉业藏书楼、孤山路古籍部和大学路馆舍，馆舍总建筑面积4.9万平方米。2008年，经省机构编制委员会批准，浙江图书馆增挂"浙江省古籍保护中心"牌子。2012年，浙江图书馆阅览坐席1529个，计算机514台，信息节点619个，宽带接入300Mbps，选用版本为Interlib2.0的图创系统。

业务建设

截至2012年底，浙江图书馆总藏量为702.7万册(件)，其中图书412.2万册，古籍83.8万册(件)，报刊合订本80.9万册，视听文献12.3万件，电子图书113.2万种。

2009、2010年，浙江图书馆文献购置费1800万元，2011年起增至2300万元。2009—2012年，共入藏文献134.5万册次，新购、续购数据库156个。2011年，地方文献入藏完整率为95.6%。

截至2012年底，浙江图书馆数字资源总量71.2TB，其中，自建数字资源总量19.5TB。自建数据库26个，在建数据库5个，续建2个。

自1998年起引进INNOPAC系统，实现图书馆业务的全面自动化管理，并开通网站和OPAC系统，实现了互联网上的服务。2012年9月开始使用图创系统，版本为Interlib2.0。古籍文献管理使用DT—2000系统。

2010年开通RFID系统，采用符合ISO18000—6C标准的无源标签，提供读者自助借还、24小时自助还书、图书智能定位、盘点服务。同年，开通读者无线上网免费服务。2012年3月，实现读者服务区域无线网全覆盖，持证读者可通过实名认证使用本馆各类资源及访问互联网。

读者服务工作

1998年曙光路总馆建成开放后，浙江图书馆实行全年365天天天对外免费开放，周开放84小时。2010年实现馆藏文献的自助借还。2009—2012年，书刊文献外借554.5万册次。在省内，与80家图书馆开展馆际通阅互借，并开通浙江网络图书馆馆际互借业务。在全国范围内，与国家图书馆、上海图书馆和南京图书馆开展馆际互借业务。在全省建立10个分馆、33个流通站、25个汽车图书馆服务点，提供文献借阅、讲座、展览等服务，年均外借58万册次。2004年起，为省委省政府提供《领导决策参考》《参阅精选》等专题信息。2008年起，为省"两会"提供服务，2012年为省党代会提供信息服务。2010年起分别为省委、省政府、省人大开通了信息服务平台。2011年，中国政府公开信息整合服务平台浙江分站上线服务。

2009—2012年，浙江图书馆网站年访问量1110.75万次/年。开通浙图微博，基本建成以资源和服务内容为基础，以手机、手持阅读器、平板电脑、移动终端为媒介，以WAP网站、手机客户端、应用程序商店、个性化图书资源、二维码应用为服务形式的服务体系。2009年，开通浙江网络图书馆，建立统一的资源服务平台。

2009—2012年，举办讲座、展览、培训、阅读推广等读者活动650场次，参与人次25.1万人次。

业务研究、辅导、协作协调

2009—2012年，浙江图书馆员工在省级以上刊物或国际会议上发表论文232篇，参与撰写或主编专著15种。主持或参与厅局级及以上课题18项，其中《UHF RFID图书馆应用模式研究》为文化部科技创新项目。

浙江图书馆先后组建讲座、展览、信息、网络技术、视障服务等五大联盟。2009—2012年，组织巡讲106场次、巡展203场次，参与374万人次。在联盟的带动下，近年来全省公共图书馆年均举办讲座、展览1000场次以上。信息联盟成员馆在省"两会"期间，联合编辑专题信息。网络技术联盟建成全省公共图书馆统一用户认证平台、资源门户和业务系统。全省视障服务联盟管理平台投入建设，首批成员馆41家单位。浙江省图书馆学会联合省内图书馆系统举办学术活动61次，参与5128人次。

浙江省图书馆文献采编中心是全省公共图书馆书目数据的主要来源，业务水平保持全国领先，先后荣获全国图书馆联合编目中心2009—2011三个年度的数据质量优秀奖等多项荣誉。

2010年，浙江图书馆召开全省地方文献工作研讨会，修订《浙江省公共图书馆地方文献资源建设实施办法》及《考核细则》。2012年，开全国公共图书馆之先河，开展了全省公共图书馆地方文献工作首次考评，加强各级公共图书馆地方文献工作的规范化、制度化建设，推进全省地方文献事业全面、均衡发展。

浙江图书馆在各项重点文化工程的实施过程中，注重自身建设，积极立足全省，建立健全规章制度，加强规范化标准化管理，发挥好示范引导作用，使各项重点文化工程建设有序推进，成效显著。

浙江图书馆大学路馆舍

曙光路馆舍大厅

修复中心全景

管理工作

浙江图书馆重视事业发展规划和年度规划编制工作。2009–2012年期间，实施《浙江图书馆"十一五"发展规划》，制定了《浙江图书馆"十二五"规划》及《浙江图书馆馆藏发展政策》《浙江图书馆特色馆藏资源数字化建设（2013–2015）计划》等主要业务发展规划和《浙江省文化信息资源工程2009–2012年地方特色资源建设规划》《浙江省视障信息无障碍服务联盟规划方案》等重点文化工程全省性的方案和规划。

内部管理规范有序。制定、修订了一批行政、业务、综合性规范制度。财务、人事、设备物资、档案、统计、志愿者、安全保卫、馆舍环境等均实行规范化管理。2012年开始实行事业单位新绩效分配制度。注重检查与考核，每月开展专项检查，每年对各部门年度目标管理任务完成情况进行考核检查。每月编制统计报告、读者意见月报。每年各业务部门针对业务、管理等多方面作相应的统计分析，2009–2012年，共计形成各类统计分析报告49篇。

表彰、奖励情况

2009–2012年，浙江图书馆共获得各类表彰85次，其中获省级党委表彰、奖励7次，省级业务主管部门表彰、奖励28次，其余50次。

馆领导介绍

应长兴，男，1953年8月生，专科学历，研究馆员，馆长兼党委书记、浙江省古籍保护中心主任。1996年9月到浙江图书馆工作，任副馆长，2000年任党总支书记兼副馆长。曾担任《浙江家谱总目提要》《家谱与中国文化》和《嘉业藏书楼》编委，《图书馆研究与工作》主编，浙江省图书馆学会副理事长。在中国图书馆学报等刊物上发表学术论文近30篇，出版专著2部。

刘晓清，男，1963年5月生，本科学历，研究馆员，副馆长。2000年7月到浙江图书馆工作，任副馆长至今。兼任中国图书馆学会数字图书馆专业委员会委员，浙江省图书馆学会副理事长，浙江省科技情报学会常务理事，浙江大学信息管理研究所兼职研究员，《浙江高校图书情报工作》杂志副主编，《图书馆研究与工作》副主编。发表论文30多篇，出版专著3部，主持和参与课题10项。

贾晓东，男，1961年7月生，本科学历，研究馆员，副馆长。1984年8月到浙江图书馆工作。中国社会科学情报学会常务理事、中国图书馆学会社区乡镇委员会副主任、浙江省图书馆学会常务理事、学术委员会文化传播与推广分委会主任、浙江省社会科学信息学会副理事长、学术委员主任。发表学术论文66篇，出版编著22种。主持和参与国家级、省级科研项目6项，其中《浙江家谱总目提要》获浙江省哲学社会科学优秀成果奖基础理论研究类一等奖。

徐洁，女，1963年12月生，本科学历，研究馆员，党委副书记，浙江省第十一届政协委员。1985年1月到浙江图书馆工作。2004年任副馆长，2009年至今任党委副书记。兼任中图学会阅读推广委员会阅读文化研究委员会副主任，《图书馆研究与工作》副主编。主持、参与省级课题多项，发表论文近30篇，主编论文集3部，合著著作1部。

徐晓军，男，1960年4月生，本科学历，副研究馆员，副馆长兼古籍部主任、浙江省古籍保护中心副主任。1987年4月到浙江图书馆工作，先后在报刊文献服务部、采编部、信息开发中心、业务办公室、办公室、古籍部等部门工作，任副主任、主任等职。2009年12月任浙江图书馆副馆长。

李俭英，女，1965年6月生，本科学历，中共党员，副研究馆员，副馆长、工会主席兼人事管理部主任。1995年11月到浙江图书馆工作，先后任办公室副主任、人事管理部主任等职。2007年6月任浙江图书馆工会主席，2012年4月任浙江图书馆副馆长。

未来展望

指导思想：坚持以邓小平理论和"三个代表"重要思想为指导，深入贯彻落实科学发展观，围绕推动我省文化建设与经济建设、政治建设、社会建设、生态建设协调发展总战略，适应我省公共文化服务体系建设新要求，不断完善服务设施，丰富服务内容，提升服务能力，满足社会需求，推动覆盖广泛、服务优质、运行高效、人民满意的公共图书馆服务网络建设。

总体目标：把浙江图书馆建设成为与我省文化大省相适应的，理念先进、设施完备、服务优质、管理高效、队伍精良、特色鲜明，在业界具有影响力和竞争力的现代化图书馆。

具体目标：提升馆藏质量和深度，提高文献保障能力；提高文献揭示和资源整合能力，让读者更快捷高效地找到所需信息和知识；满足多层次需求，提供更加富有针对性的、个性化的服务；深化浙江网络图书馆建设，进一步提高技术、资源与服务能力，服务于全民阅读；全面实施重大工程和项目，推动古籍保护、共享工程和数字图书馆建设取得新进展；拓展社会教育职能，推进终身学习；构建社会文化空间，创造更多的读者互动平台；进一步强化地区中心馆职能，促进全省公共图书馆事业持续、均衡发展。

联系方式

地　址：杭州市曙光路73号
邮　编：310007
联系人：吴琼俐

两会服务现场

志愿服务站启动仪式

浙江图书馆代表团赴日本静冈县考察访问

杭州图书馆

概述

杭州图书馆成立于1958年。早期馆舍坐落于青年路见仁里6号，80年代中期迁址浣纱路254号，2008年9月钱江新城新馆（中心馆）落成。

2009年，参加第四次全国公共图书馆评估，获评一级图书馆。杭州图书馆中心馆总建筑面积43860平方米，对外开放面积37281平方米，设计藏书容量200万册，阅览座位2200余个，计算机415台，信息节点（含有线无线）3000余个，宽带接入500Mbps。中心馆设计中引入“以人为本”和绿色管理理念，通过大开间、软分隔、三重灯光等别具一格的空间设计，营造出独树一帜的家居式阅览环境，被誉为国内公共图书馆新馆建设的样板和典范。馆内拥有设施完善的阅览室、交流区、音乐欣赏室、展览厅、多功能厅。先进的非接触式自动识别RFID技术，为读者提供文献自助借还服务。无线网络覆盖全馆，助推读者阅读。

业务建设

截止2012年底，杭州图书馆总藏量从2008年的231.40万册增长至438.10万册。馆藏古籍、民国图书达4万余册（包括古籍善本634种5058册，碑刻拓片1400余种，其中400余种善本古籍入选《中国古籍善本书目》），2010年被国务院确定为第二批“全国古籍重点保护单位”。

2009–2012年，杭州图书馆年预算经费分别为5058.70万元、5493.00万元、6181.09万元、7042.02万元；四年购书经费均为1700.00万元。

2009–2012年，共入藏中外文图书530384种1673557册，中外文报刊4510种，视听文献30791种。

截止2012年底，杭州图书馆数字资源总量为76.01TB，其中自建数字资源总量5.58TB。同时，逐步建立起富有杭州特色的“杭州图书馆多媒体文献库”，目前已推出“杭州的故事”“口述历史”“水墨杭州”“民间记忆”等多部人文纪录片，其中《杭州的故事》荣获中央电视台2009年度纪录片评比铜奖。

读者服务工作

全年365天对外开放，每周二至周日9:00–21:00（儿童借阅区与专题文献中心的开放时间略有差异），周开放84小时。2009–2012年，到馆量1349.30万人次，书刊外借236.88万人次，书刊文献外借1194.02万册次。2009年在总结“图书信息服务一证通工程”成功经验基础上，逐步构建起“中心馆—总分馆制”模式，目前已建立区、县（市）图书馆总馆11家，少儿、音乐、佛学、生活主题、印学、棋院、盲文主题（专业）分馆7家；乡镇（街道）图书馆174所，村（社区）级图书室2000多所。服务体系年外借人次、外借册次分别从2008年的117.70万人次和256万册次增长至2012年204.81万人次和811.12万册次。

2009–2012年，杭州图书馆网站访问量349.67万次，并分别开通新浪和腾讯官方微博，粉丝数一直保持每月3–4%的增长率，目前粉丝数近1.76万人，在国内公共图书馆微博影响力中位列三甲。创新推出的“多终端全方位数字服务平台——文澜在线”数字图书馆项目于2012年荣获文化部第四届创新奖。

截止2012年，杭州图书馆拥有CNKI中国知网全文数据库、超星电子图书、库克（kuke）音乐图书馆、中华数字连环画、新东方多媒体学习库、瀚堂典藏等27个包含多种类型的数据库资源。杭州地区的读者可不受时间、空间限制享受数字资源的无限制免费浏览、下载服务。

杭州图书馆打造了“文澜大讲堂”、“清风讲坛”、“总有一种声音打动你”等活动品牌；组建了“市民合唱团”、“咏秋社”、“收藏之家”、“书画之家”、“文澜沙龙”等读者自主活动社团。以“读者演给读者看”、“读者讲给读者听”、“读者写给读者看”的方式，创设自由开放的文化参与、体验空间；2012年成为杭州市首批残疾人无障碍视听体验基地；通过“映像西湖”项目，分别在莫斯科涅克拉索夫图书馆、美国印第安纳波利斯市立图书馆、瑞典斯德哥尔摩图书馆设立了文献典藏专区，促进多元文化的融合。四年来，组织的读者活动总计达3500余场，总参加人次达198万。

杭州图书馆为市委市政府及各部委编辑出版的信息刊物有《文澜信息》、《媒体舆情》、《领导专递》、《焦点信息》，并每天为杭州市委办公厅报送最新参政信息。2011年、2012年连续两次为两会提供信息服务，并被评为全省公共图书馆开展“两会”信息服务工作优秀服务奖。

业务研究、辅导、协作协调

2009–2012年，杭州图书馆职工发表论文101篇，出版专著7部，获准立项的省级课题11项，其他课题13项。

“中心馆—总分馆制”四级服务网络体系中，杭州图书馆作为全市公共图书馆服务体系的中心馆，主要承担对区、县（市）公共图书馆业务的规划、指导、协调、评估工作，是全市公共图书馆服务网络的业务指导中心、文献保障中心、技术支持中心、专业培训中心和信息服务中心。区县（市）图书馆作为当地公共图书馆服务网络的业务总馆，承担本辖区乡镇（街道）分馆的业务规划、指导、管理、监督和评估等职能。

2011年，市委、市政府颁发《关于进一步加强杭州市公共图书

杭州图书馆生活主题分馆

杭州图书馆佛学分馆

一级图书馆

馆服务体系建设的实施意见》，并于2012年成立了“杭州市公共图书馆发展委员会”，揭开了全市公共图书馆建设和发展的新篇章。

管理工作

自2009年以来，杭州图书馆有计划引进人才、组织多样培训、促进馆际交流、加强学术激励等，充实人才队伍、完善人才结构，提升专业水平和个人素养；在编职工从2008年的119人增至164人，其中本科及以上学历者占总人数比从2008年的59.70%上升至79.90%；中级职称及以上总人数比例从55.50%上升至60.40%；积极鼓励职工参加各种岗位专业技能培训、继续教育、学历教育等。近年来，积极开拓国际交流新渠道，多次组织馆员赴美国、丹麦、英国、瑞典、俄罗斯、爱尔兰等国参加国际图联会议、参观当地图书馆、与国外图书馆进行馆员交换，并为来自瑞典、爱尔兰、美国、俄罗斯的9名图书馆工作人员提供一个月左右的浸泡式学习交流活动，打造一支具有先进思想、开拓意识和创新能力的专业队伍。

杭州图书馆借鉴产业管理经验，探索图书馆管理新路，将“绩效”概念引入服务工作，以“投入—产出”为核心，全面推进内部管理科学化、规范化和民主化，同时开展外部社会评价；成立制度建设小组，全面进行管理体制和分配体制的改革，逐步形成了两级分配管理体系和以绩效为依据的考核体系，制度建设顺利通过ISO9000质量管理体系认证。

表彰、奖项情况

2009年以来，杭州图书馆先后获得部级奖项5个、省级奖项14个、市级奖项11个。

馆领导介绍

褚树青，男，1963年1月生，本科学历，中共党员，研究馆员，馆长。兼任国家公共文化服务体系建设委员会委员，国际图联手稿和珍善本委员会常委，中国图书馆学会学术研究委员会委员、图书馆统计与评价专业委员会主任。先后荣获全国文化系统先进工作者、2012首届中国图书馆榜样人物、首届杭州文化人物、第四届责任中国2013公益人物奖、第十届中国艺术节“群星奖”之“群文之星”等荣誉称号。

汤汉贤，男，1954年12月13日生，大专学历，中共党员，党总支书记。1988年1月从部队转业到杭州图书馆工作，1989年10月被杭州市文化局任命为杭州图书馆党支部副书记，2007年8月至2013年5月任馆党总支书记，分管党建、人事、安保等工作。

刘冬，男，1972年11月生，本科学历，中共党员，党总支副书记。1990年7月参加工作，2012年11月从部队转业到杭州图书馆工作，任党总支副书记，分管党建、人事、宣传工作。

粟慧，女，本科学历，中共党员，研究馆员，副馆长。1984年7月参加工作，1984年至2006年期间在浙江大学公共管理学院信息资源管理系任教，2006年调任杭州图书馆副馆长，分管全馆科研、对外交流、协会等工作。兼任杭州市图书馆协会秘书长、浙江省图书馆学会分委会副主任等职。

杭州图书馆外貌

梁亮，女，1963年11月生，本科学历，中共党员，副研究馆员，副馆长。1981年12月参加工作，1986年5月到杭州图书馆工作，先后在文献采编、业务辅导等部门任职，2007年9月提任杭州图书馆副馆长，分管图书馆业务工作。

龚娅君，女，1971年6月生，本科学历，学士学位，副研究馆员，副馆长。1991年10月参加工作，2011年6月由浙江中医药大学图书馆调入杭州图书馆工作，2013年7月提任杭州图书馆副馆长，分管信息传播、文献出版、图书编目等业务工作。

未来展望

杭州图书馆以打造新业态、建设新网络、实现新拓展、推行新管理为手段，扎实推进基础服务，积极开展文化信息共享工程和公共电子阅览室建设工作，为区县（市）支中心建设提供技术支持；积极参加国家数字图书馆推广工程相关活动，做好杭州图书馆数字图书馆推广工程；着力加强古籍保护和利用工作等，做好重点工程建设工作。

同时，创新开拓服务新领域、新方法，不仅要将图书馆打造成一个具有丰富内涵的第三文化空间，更要拓展其作为一所“开放的大学”，一个社会教育的公益平台和政府决策智囊团的作用。

作为杭州这座历史名城的重要文化空间，杭州图书馆正朝着城市教室和市民终身教育中心、城市历史记忆中心、市民文化休闲中心、公共信息服务中心的目标迈进。

联系方式

地　址：杭州市解放东路58号市民中心J楼
邮　编：310016
联系人：冯继强

文澜沙龙

英语互动

杭图出版物

杭州少年儿童图书馆

概述

杭州少年儿童图书馆其前身是民国17年（1928年）由浙江图书馆创办的新民路分馆儿童阅览室，1954年改称为浙江图书馆儿童阅览室，1963年下放至杭州市并改名为杭州图书馆儿童分馆。1982年1月16日独立建制，改为现名，隶属于杭州市文化局（现杭州市文化广电新闻出版局）。其馆舍旧址位于杭州市解放路85号，1999年6月1日迁新址至杭州市曙光75号，与西湖风景名胜“黄龙吐翠”毗邻，是一座花园式图书馆。2004年，参加第三次全国公共图书馆评估，首次获得一级图书馆。2010年5月起闭馆改建，至2012年6月1日重新对外试开放，同年12月12日正式开放。改建后，馆舍建筑面积从原来的5695平方米增加至6003平方米，并建有一个1300多平方米的小公园。全馆开放面积5450平方米，开放率近90%，阅读座位895个，计算机88台。馆内宽带接入200Mbps，无线网络全馆覆盖，采用图创图书馆自动化管理系统，同时还采用了先进的非接触式自动识别技术（RFID），为读者提供文献自助借还服务，并充分应用于文献借阅服务中。

业务建设

截止2012年底，杭州少年儿童图书馆总藏量952322册（件），其中，纸质文献820784册（件），视听文献108188册，报刊12085种/册，电子图书11265种。

2009年、2010年，杭州少年儿童图书馆新增藏量购置费110万元/年，2011年起增至120万元/年。2009–2012年，共入藏中外文图书108418种，407309册，中外文报刊3116种，连环画38196册，低幼读物34034册，视听文献38547件。

杭州少年儿童图书馆与杭州图书馆实现数字资源共建共享，截止2012年底，数字资源总量为74.51TB，其中，自建数字资源总量5.5TB。

2007年底，为配合杭州地区公共图书馆“一证通”工程建设，杭州少年儿童图书馆启用图创图书馆管理系统，2008年起采用了先进的非接触式自动识别技术（RFID），增设自助借还机，方便读者自行借阅图书。2012年重新开放后，实现馆内无线网络全覆盖。

读者服务工作

杭州少年儿童图书馆自2006年按《杭州地区图书馆服务公约》要求实行免费服务，2008年起取消了办证押金，暨凭借第二代身份证、杭州市民卡，即时开通免费服务，每周开放时间为66小时。2009–2012年在馆内外借书刊平均46.3835万人次/年、72.2万册/年，到馆图书五个工作日内完成加工上架服务。作为杭州市公共图书馆服务体系“中心馆—总分馆”建设的重要成员馆之一，杭州少年儿童图书馆积极发挥少儿主题分馆作用，与全市各区县（市）图书馆、市教育局、各城区学校图书馆（室）签署阅读服务网点共建的合作协议，通过分级管理，共同推进杭州市少年儿童阅读工作。至2012年底，共建有流动网点（含分馆）21个，其中在本市各县（市、区）公共图书馆设立分馆11家，跨系统在学校、幼儿园建立学校阅读服务点9家，为流浪者儿设立图书流动点1家，共借阅书刊46.0368万人次，137.6634万册次。

杭州少年儿童图书馆网站于2012年12月正式运行，2012年12月至2013年5月网站点击量为21万次，预估全年访问量为42万次。在网站上发布的数字资源均可提供在线使用和下载服务。

2009年至2012年期间，杭州少年儿童图书馆结合闭馆装修的实际情况，采取在馆外建立少儿馆图书临时借阅服务点和走出去开展活动等多种方式开展读者服务，共举办讲座、展览、培训、阅读推广等读者活动585场次，平均146场/年，参与人数5.095万人次。

业务研究、辅导、协作协调

2009–2012年，杭州少年儿童图书馆职工发表论文11篇，获准立项的省级课题2项。

2009至2012年共开展各类业务辅导15次。与市教育局携手，实现跨系统合作，在各区8所中小学建立少儿馆阅读服务网点，同时，与本地各县（区）、市图书馆重新签订了分馆合作协议，由分馆对所属地的学校阅读服务网点进行分级指导与管理，使业务辅导工作的开展更加便利。

杭州少儿馆外貌

开馆前工作人员突击上书

玩具天地

阅览区

“赏秋话月饼”系列之月饼DIY活动

2009至2012年与本地区图书馆开展各类协作协调12次，其中专业理论与实践技能辅导9次，馆员交流辅导2次，内容涵盖杭州地区公共图书馆“一证通”服务基础理论与操作、图书馆的多元文化服务、基层自动化系统管理及操作、图书馆服务岗位实践等，通过辅导，使基层服务工作人员进一步提升了专业理论水平和服务技能同时提高了对服务岗位的认识，深入了解了服务岗位的相关规范，为提高自身的工作效率提供了有力支持。

杭州少年儿童图书馆作为浙江省图书馆学会少儿与中小学图书馆分委会挂靠单位，承担地区少儿图书馆协作协调工作，2009至2012年共开展各类型协作协调58次，在2009年举办的浙江省图书馆学会少图分委会阅读观摩研讨会活动上获得浙江省图书馆学会颁发的2009年学术活动优秀奖。

管理工作

杭州少年儿童图书馆于2011年完成了单位岗位设置工作，2012年1月起实施绩效工资，建立了三级管理、两级分配的管理体系和以绩效为依据的考核体系。

2011年，杭州少年儿童图书馆与杭州图书馆共同委托有资质的公司对制度建设进行ISO9001质量管理体系认证，并于2012年底顺利通过，为实现科学化、标准化、规范化管理夯实了基础。

表彰、奖励情况

2009—2012年，杭州少年儿童图书馆共获得各种表彰、奖励7次，其中，国家级荣誉2项，省级荣誉5项。

馆领导介绍

褚树青，1963年1月生，中共党员，研究馆员，杭州图书馆馆长兼任杭州少年儿童图书馆馆长。任国家公共文化服务体系建设委员会委员，国际图联手稿和珍善本委员会常委，中国图书馆学会学术研究委员会委员、图书馆统计与评价专业委员会主任。先后荣获全国文化系统先进工作者、2012中国图书馆榜样人物、首届杭州文化人物、第四届责任中国2013公益人物奖、第十届中国艺术节“群星奖”之“群文之星”等荣誉称号。

丁晓芳，女，1973年11月生，本科学历，中共党员，馆员，党支部副书记，浙江省图书馆学会少儿与中小学图书馆分委会主任。1996年4月参加工作后，一直在杭州图书馆计算机部工作，1999年至2004年担任杭州图书馆计算机部主任，2004年至2007年任杭州图书馆副馆长，2007年至杭州少年儿童图书馆任党支部副书记，分管党支部工作及全馆业务工作。

未来展望

杭州少年儿童图书馆秉承“普遍、均等、公益”这一公共图书馆精神，以陶行知先生提出的“生活即教育”理念为依据积极探索服务转型。重新开放的杭州少年儿童图书馆除了关注各个年龄段少儿的阅读，培养其良好阅读习惯外，还致力于实现服务的三大转型，即从单一的书本阅读服务转变为书本阅读与体验性阅读相结合的服务；从为儿童提供教育支持转变为向少年儿童及其家长、教育工作者提供教育支持；从被动支持学历教育转变为主动培养少年儿童自学能力，力争形成新的服务特点，努力把杭州少年儿童图书馆打造成杭州市少年儿童的第二课堂和未成年人思想道德建设的重要基地、家长获取教育信息的咨询机构和教育工作者提升业务素养的学习中心，进一步提升全地区公共图书馆的未成年人服务水平。

联系方式

地　址：杭州市曙光路75号
邮　编：310007
联系人：丁晓芳

“不一样的卡梅拉”的画者见面会

网点学校授牌

名家经典名师讲坛之跟随名师脚步游学名家故里

温州市图书馆

概述

温州市图书馆始建于1919年，为国家地市一级图书馆。历经五次变迁，现馆舍面积达3.57万平方米，包括市府路馆舍3.2万平方米，县前分馆馆舍0.19万平方米，黎明分馆馆舍0.18万平方米。市府路馆舍地处世纪广场西侧，藏书设计规模300万册，阅览座位2000余个（其中少儿座位576个），网络信息点2000个，分社科文献借阅、科技多媒体借阅、参考咨询、报刊阅览区、电子阅览区、特色馆区、亲子借阅、自习区等10余个服务区，同时配置多媒体报告厅、展厅、休闲吧、开水房等。1998年，参加首次全国公共图书馆评估，获得一级图书馆。日均接待读者5000余人次，是一个集文化、教育、科研、休闲等功能于一体的大型现代化公共图书馆。

业务建设

2009到2012年，全馆总藏量从120万册增加到228万多万册（其中纸质馆藏近150万册，电子图书电子期刊75万余册），图书、报刊、电子和视听文献等各类载体文献每年以11%的速度逐步增长。

2009到2012年，温州市图书馆财政拨款经费总额从1500万增加至2900万余元，文献采购经费也从375万增长至475万，2013年开始增加至900万。2009–2012年，年中外文图书年平均入藏数量为49940种，中外文报纸和期刊年平均入藏数量为1689种2851册，视听文献年平均入藏数量为20366件。地方文献数字化和数据库开发等方面也多有成果，相继完成了“温州历史名人数据库”“馆藏古籍地方文献”“民国期刊”“馆藏连环画”等数据库的平台搭建工作。在2012年全省首次地方文献考评工作中，被评为地方文献工作示范馆。

温州市图书馆早在2009年前就全部实现了馆藏图书、报刊、地方文献书目数字化，2010年开始业务管理系统业务系统从ILAS2.0升级到INTERLIB业务管理系统，2011年实现RFID图书自助借阅系统，并实现了读者服务区无线网络全覆盖。数字资源服务平台实现了统一认证访问，总量达21.31TB，其中外购数字资源总量16.81TB，自建数字资源总量4.5TB，自建数据库有温州人著作数据库、温州地方文献全文数据库、温州话资源库、温州历史名人数据库、温州南戏数据库、温州鼓词、温州民国期刊全文数据库、温州民间文献数据库等16个。

读者服务工作

温州市图书馆坚持每天8：30–20：20开放（除周五内部学习和内务整理闭馆），每周开馆时间达79小时，同时在图书馆一楼配置24小时自助借阅室，为读者提供24小时不间断服务。2009–2012年间，共接待读者人次6883233人，图书流通册次6852731册，举办讲座、展览等各类读书活动1000余场。尤其是2010年以来，温州市图书馆推出免刷卡、免寄存包、提高借阅册次、开通自助借还机还书功能、24小时自助还书系统等人性化服务举措后，社会效果非常显著，接待人次和册次每年保持大幅度增长，2009年接待读者人次和外借册次135万余，2012年接待人次突破210万余，外借文献达235万余册；另有馆外流动服务点（包括流动图书车、自助图书馆等）书刊借阅册次年平均值为19.6千册次。2009–2012年，温州市图书馆网站访问量13657543万次，并开通温图微博、手机微信，开发手机图书馆移动阅读平台。

温州市图书馆坚持免费为社会大众提升各类信息专题服务、虚拟参考服务，并加入全国图书馆参考咨询联盟，设立“中国科学院上海科技查新咨询温州分中心”“温州市政府信息查询点”，与温州市决策咨询委员会“民间智库”合作举办民智微讲坛、与市府政策研究室合作开发数字政研平台，每年编印《新参考》12期，被政府录用信息专题在全市居前。

2010年成立全国首个老年主题分馆，开展图书借阅服务，举办“温州话读报”、“籀园老年讲座”、“温州鼓词”等老年文化活动，为中老年朋友开设声乐、电脑、摄影、书法等公益培训课程，还成立了“寸草寸心”志愿者服务队，为老年朋友提供了奉献爱心、发挥余热的平台。2011年，温州市图书馆面向未成年群体引进银行管理机制，推出“儿童知识银行”阅读引导模式，获得了浙江省文化厅“浙江省基层公共文化服务创新奖”一等奖；此外，长期坚持对残疾人群开展送书上门服务。

2009–2012年间，温州市图书馆每年举办讲座、展览、主题活动200余场，并形成籀园讲坛、大榕树市民学堂、英语之星大奖赛、新温州人演讲赛等活动品牌。2010年我馆开展规模空前的温州首届读书节，在历时两个月的读书节期间，开展了大小共计180余场全民读书活动，在温州掀起了市民阅读和学习的新高潮，吸引了百余个单位，约计20余万人的直接参与，创造了温州历史上全民阅读参与人数最多、活动次数最多、覆盖范围最广的记录。

业务研究、辅导、协作协调

2009–2012年职工发表论文70篇，完成业务调研报告4篇，出版《温州历史文献集刊》等专著12部，获准立项的市级以上课题计18项。

温州市图书馆牵头实现温州地区公共图书馆图书通借

市府路温州市图书馆

图书馆外部一楼

空间大厅

亲子阅览室

书库

职工趣味运动会

通还、资源共建共享，一卡通服务。截止2012年底，温州地区11个县市区图书馆全部纳入Interlib集群管理系统，成为温州市图书馆一级分馆，参与服务网络的基层图书馆的比例为92.31%。积极协助文广新局建成22个中心镇图书馆，200个农村基层点图书室建设，开始筹备汽车流动图书馆和24小时街区微型图书馆前期铺点工作，共建有一级分馆11个，二级分馆22个，图书流通站41个。牵头组织举办各类业务培训班15期，486课时，827人次接受培训。

协助中图学会和省图学会举办全国中小型图书馆联合会2012年会、浙江省图书馆馆长培训班，组织本地区开展全市公共图书馆馆长会议、业务协调会、各类专题研讨会等。

管理工作

2010年开始，温州市图书馆加强了集中统一、办事高效、运转协调的管理体制，实施按需设岗，择优聘用，评聘分离，根据“效率优先，兼顾公平”的原则，将管理、技术、责任等纳入分配要素，强化分配的绩效考核机制。在全馆各部门、个人之间开展每月、年度考核、优胜岗评比、业务技能知识竞赛，极大地提高了职工工作积极性和工作效率。加强志愿者管理，大量引入社会文化志愿者参与图书馆工作，节省图书馆劳力成本。在设备物资管理、档案管理、环境管理和安保等各方面管理规范、执行得力。

表彰、奖励情况

2009—2012年温州市图书馆获得省级文明单位、浙江省社科普及工作先进集体、文化建设先进集体、两会信息优秀服务奖等各级各类表彰共计48项。其中，文化部表彰、奖励1次，省委、省政府表彰、奖励1次，省文化厅表彰、奖励15次，其他表彰、奖励31次。

馆领导介绍

胡海荣，男，1975年12月生，本科学历，中共党员，副研究馆员，馆长，1999年7月毕业于中国医科大学信息管理系，同年10月参加工作，先后任温州市图书馆副馆长、温州市少年儿童图书馆馆长，温州市图书馆馆长，任中国图书馆学会阅读推广委员会藏书文化研究会副主任、浙江省图书馆学会副理事长、温州市图书馆学会常务副理事长。2001年荣获浙江省公共图书馆计算机技术竞赛一等奖，全国图书馆计算机技术竞赛团体一等奖；先后被评为“第二届温州市十大优秀青年岗位能手”“第一届中国图书馆学会青年人才奖”，市宣传系统“四个一批”人才。

仇杨坪，女，1964年7月生，本科学历，中共党员，研究馆员，副馆长。1982年2月参加工作。分管业务建设、读者服务工作、文献采编、古籍和地方文献管理等。

吴谷，女，1968年11生，本科学历，中共党员，研究馆员，副馆长。1990年12月参加工作，2010年10月从温州市少年儿童图书馆办公室主任调任温州市图书馆副馆长，分管社会活动、社会教育、鞋服特色服务、老年分馆和汽车图书馆。

吴蛟鹏，男，1978年3月生，大学本科学历，中共党员，副研究馆员，副馆长。2000年8月到温州市图书馆参加工作，先后任电子阅览部、技术部主任等职，分管数字资源建设、图书馆自动化、办公室工作等。

未来展望

2009—2012年，是温州市图书馆事业不断壮大并且带动温州地区公共图书馆事业共同进步的的四年，接下来，温州市图书馆将遵循“公平、公正、高效、便捷”的服务理念，持续优化阵地服务，不断推进汽车流动图书馆、24小时自助图书馆、24小时自助借阅机的建设，不断构建和完善温州公共图书馆三位一体化服务网络，提升市民的人文素养，助力温州文化大市的创建。

联系方式

地　址：温州市市府路1号温州市图书馆
邮　编：325000
联系人：曹雪梅

演讲大赛

“世界读书日”系列活动

温州鼓词现场

温州市少年儿童图书馆

概述

温州市少年儿童图书馆始建于1986年，是浙江省第二家独立建制的少年儿童图书馆，是国家地市级一级少年儿童图书馆，曾荣获全国、省、市文明图书馆称号，自建馆始连续被评为温州市文明单位。2006年10月搬迁至温州市园西巷2号，拥有馆舍面积9416平方米，2012年10月，启动馆舍装修工程，以读者年龄段为依据，划分出4个阅览空间，实现大开间布局，借阅一体化，并依托丰富的馆藏，面向0-18岁的少年儿童以及家长、教育工作者、儿童工作者等，开展丰富多彩的未成年人阅读推广活动，深入研究少儿阅读，成为我市未成年人校外学习教育中心。

2014年，温州市少年儿童图书馆有阅览坐席876个，计算机130台，100兆光纤对外互联网接口，使用Interlib图书馆集群管理系统，并于2010年引入RFID技术，实现了馆藏文献的自助借还。

业务建设

截止2014年底，温州市少年儿童图书馆总藏量100.04万册（件），其中，纸质文献98.84万（件），视听文献1.2万册。

2014年，温州市少年儿童图书馆共投入图书购置费200万元，入藏中外文图书1.46万种，视听文献4006种，中外文报刊杂志771种。

截止2014年，温州市少年儿童图书馆数字资源库在陆续购入万方中小学生图书馆、超星歌德图书馆、领航低幼数字资源、新东方多纳英语资源、维普基础教育平台等数字资源的同时，持续更新和完善《新雨讲坛》、《从前有座山》、《童音谷》、《多彩世界》等自建资源库，并完成温州童谣相关资料的收集和温州童谣数据库的建立，并向浙江省文化厅申报建设特色数据库。

2014年4月，温州市少年儿童图书馆推出“读者成长计划”，开始运行“读者成长积分系统”，在全省率先实现了积分制管理。“读者成长计划”以读者借阅文献及参加阅读活动获得“成长点”的方式，进一步激励读者的爱书、读书热，促进图书馆文献资源利用率的提高，培养少年儿童养成良好的阅读习惯和信用，扩大阅读影响力，更好地发挥了图书馆的公共文化服务职能。“读者成长计划”阅读信用机制项目还获得了2014年温州市公共文化服务创新奖。

现今，温州市少年儿童图书馆使用的是Interlib图书馆集群管理系统，实现了采访工作、编目工作、流通工作、书目检索的集成化管理；并引入基于RFID无线射频技术的自助借还软件和自助机，实现读者自助借还图书，提高借还效率。同时自主开发员工外出登记系统，搭建OA办公系统，实现馆内通知、人事档案等高度集成化管理。

读者服务工作

温州市少年儿童图书馆全年开放，节假日不休，每周开放时间57.5小时，实行无证阅览，免费借阅。2014年，共接待读者96.74万人次，外借文献109.39万册（件），网站访问量达45.24万次，开通少图微信公众平台，加强与读者间的沟通互动；通过专题书展、好书推荐、新书推荐等形式进行书刊宣传9次，宣传资源5500余册，网站推荐新书1270种。

为促进农村基层文化建设，温州市少年儿童图书馆积极开展送书下乡活动，致力于“爱心书屋”建设，服务边远贫困地区。为延伸阅读服务，温州市少年儿童图书馆一方面积极推行总分馆建设，在全市各幼儿园、中小学设立学校图书分馆，另一方面，于2013年9月推出流动汽车图书馆，投入2辆图书小巴开展流通服务。截止2014年，温州市少年儿童图书馆共建立“爱心书屋”4个，学校分馆30所，汽车图书馆流通点31个。2014年全年出车403趟，馆外书刊流通总人次32.09万人次，书刊外借14.86万册（件）。

自建馆以来，温州市少年儿童图书馆充分利用元宵节、世界读书日、图书馆服务宣传周、未成年人读书节、儿童节、国庆节、寒暑假等节假日，结合少年儿童各阶段的心理特点及阅读取向，以馆藏资源为依托，创新阅读活动形式，打出了少年儿童阅读推广的“组合拳”，极大程度满足读者的精神文化需求。2014年，温州市少年儿童图书馆共举办讲座、展览、培训、阅读推广等读者活动697场次，参与人数达9.86万人次。其中，大型读书活动有：元宵创意游园闯关、温州市“我爱我家”读书知识竞赛、六一少图阅读嘉年华、十一动漫阅读嘉年华等；特色品牌活动有：新雨讲坛、阅读宣讲团等；小型常规读书活动有小小管理员、书海扬帆读书有奖问答、好书互换、花婆婆来信啦等；阅读指导活动有“毛毛虫上书房”公益阅读系列活动、FM949空中阅读沙龙、蝴蝶爸妈公益阅读推广人培训、零岁阅读计划等等。2014年温州市上少年儿童图书馆创新服务模式，开拓九色鹿少儿演播室及“七色花”表演剧社两大特色活动项目，基本上形成了每周有常规活动，每月有精品活动的阅读活动格局。

2014年，为响应文化部关于公共图书馆免费开放的号召，温州市少年儿童图书馆推出阳光公益培训活动，以新温州人、残疾人、低保户子女为主要招生对象，暑假及秋季班两期共开设班级135个，招收学生3422人次。

业务研究、辅导、协作协调

自2011年，温州市少年儿童图书馆正式开展“总分馆”项

”零岁阅读“计划在瓯海塘下幼儿园启动

公益阅读推广人培训授课

馆员业务技能大比拼

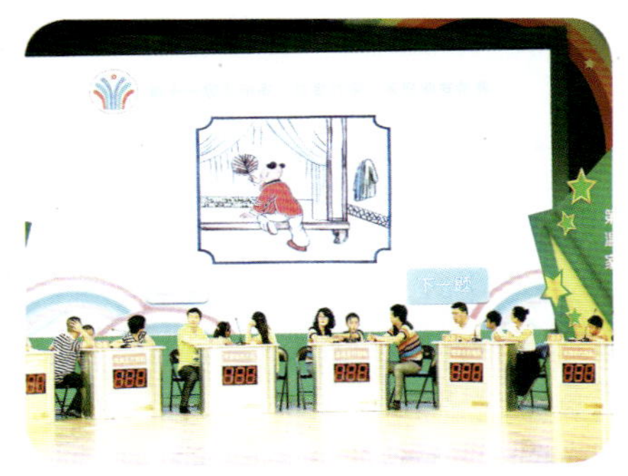

第十一届“我爱我家”家庭读书竞赛活动现场

市少儿图书馆对外开放

开展“瓯越寻迹”系列活动

目建设，对学校图书馆进行图书馆分馆建设，截止2014年，已建成温州市少儿图书馆学校（幼儿园）分馆30所。期间，对各个分馆负责人及管理员进行辅导培训25次，184人次参加培训，成效显著。2011年，温州市少年儿童图书馆开展“省公共图书馆未成年人服务培训”，87名来自浙江省各大公共图书馆及中小学图书馆界的代表和儿童文学专家共同探讨如何通过阅读来加强未成年人服务。

自2004年起，温州市少年儿童图书馆每年在各县图书馆开展我爱我家读书知识竞赛活动。2011年，整合儿童文学专家教授、各校名师、优秀家长、志愿者等各界资源，组建公益阅读宣讲团，宣传阅读理念，分享阅读。2012年，与温州市教育局合作，开设“新雨讲坛”，通过邀请温州本地教育名师、文学泰斗、教授等专家学者，向全市未成年人及家长传播最新教育理念、最优教学方法。同年，与94.9温州之声共同打造“949喜阅沙龙”节目，分享阅读经验，探讨亲子教育。

2011年，与“亲近母语”阅读推广组织合作开展“亲近母语”读写大赛，共2736位在校生参与比赛，156人获奖。2012年组织18位蝴蝶爸妈志愿者参加亲近母语亲子论坛；同年，配合浙江儿童阅读推广研究中心组织“全国第九届班级读书会暨海峡两岸儿童阅读体验式论坛”。

管理工作

2014年，温州市少年儿童图书馆完成第二次全员岗位聘任，本次聘任共设10类岗位，有32人竞聘上岗，同时，建立分配激励机制，明确岗位职责，年终实行内设部室和职工全员考核。每月抽查文献排架，定期组织开展员工图书馆技能大比拼。

表彰、奖励情况

2014年，温州市少年儿童图书馆共获各种表彰、奖励5次，其中，省级以上获“全民阅读”优秀组织奖等4次表彰、奖励，其他表彰、奖励1次。馆员获各种表彰、奖励12次，其中省级以上表彰、奖励6次，其他表彰、奖励6次。

馆领导介绍

王亦武，男，1974年10月生，本科学历，中共党员，馆长。1996年8月参加工作，历任乐清市广播电视局副局长、乐清市南塘镇党委副书记、镇长、乐清市城东街道人大工委主任等职，主管全馆工作。

赵丽萍，女，1963年4月生，本科学历，民盟，研究馆员，副馆长。1984年8月参加工作，历任温州市图书馆副馆长、温州市少年儿童图书馆副馆长等职。分管流通部、采编部、阅读推广部等工作，兼任温州市政协委员、民盟温州市委会常委、民盟温州文化总支主委。

王伟敏，男，1969年1月生，本科学历，中共党员，馆员，副馆长。1986年4月参加工作，历任泰顺县图书馆馆长，温州市少年儿童图书馆综合部主任。分管综合部、培训部、财务工作。

未来展望

温州市少年儿童图书馆历来坚持全心全意为读者服务的宗旨，本着“新少图，馨环境，心服务，欣阅读”的服务理念，致力于未成年人阅读推广，各类阅读推广活动的开展，使我馆的社会效益日渐增强。2013年，温州市少年儿童图书馆完成装修工程，今后，将以新馆依托，进一步完善RFID项目，加强数字资源建设，积极打造少儿数字化图书馆，引进新阅读；加快社区与学校分馆建设，促进学校分馆、社区和少儿图书馆的联动合作，逐步实现市区学校的图书通借通还，建设书香校园，打造书香社区；壮大毛毛虫上书房公益儿童阅读推广队伍、拓宽阅读宣讲团和新雨讲坛辐射范围，让更多的孩子得到阅读的滋润，让阅读走进孩子的平常生活，使温州市少年儿童图书馆成为为广大少年儿童、家长服务的复合型图书馆。

联系方式

地　址：温州市园西巷2号
邮　编：325000
联系人：蔡晓丹

流动汽车图书馆正式启动

外文阅览室

阅读宣讲团走进瑞安市陶山镇第二小学

嘉兴市图书馆

概述

嘉兴市图书馆前身是始建于1904年的“嘉郡图书馆”，是我国最早的公共图书馆之一。2003年建成位于南湖之滨的海盐塘路新馆，建筑面积1.5万多平方米；少年路旧馆改为嘉兴市少年儿童图书馆和南湖区分馆，建筑面积0.6万平方米；新馆二期工程古籍善本楼即将动工，面积约7000平方米。嘉兴市图书馆有阅览座位1240个，拥有读者用计算机153台，宽带接入1000M，读者服务区无线网全覆盖。2005年，被评为全国文化工作先进集体；2009年，首次被评为一级图书馆。

业务建设

截止2012年底，文献总藏量219.3万册，其中普通图书152.7万册，古籍10.6万册，报刊合订本7.5万件，视听文献8.5万件（套），电子图书40万种。

2012年嘉兴市图书馆新增藏量购置费534.5万元。2009–2012年，嘉兴市图书馆年均入藏量为171828册，3万多种；报纸年均入藏数量为695份，约160种，期刊年均入藏量3272份，约1200种；VCD等视听文献年均入藏量为8187片。2012年，嘉兴市本级10个乡镇分馆共新增藏书104495册，新增VCD光碟2608片。2012年共收集到地方文献507种1074册，得到赠书215种360册。

2010年底，嘉兴市图书馆与嘉兴地区公共图书馆系统、中小学教育系统、科技系统等合作共建的“嘉兴数字图书馆”开通，全市居民可24小时免费浏览、下载各种数字资源。截至2012年底，数字资源镜像36.548TB，包库30多TB，外购数据库32个，自建数据库资源量0.08TB。先后建设嘉兴历代藏书、名人故居、嘉兴老照片、嘉兴古代名人、南湖文献等25个地方文献数据库，目前已有自建数据库资源量共计82G。

嘉兴市图书馆业务系统采用了南京图书馆开发的力博图书馆管理系统。建设有RFID图书自助借还系统，总馆设有24小时自助图书馆。

读者服务工作

嘉兴市图书馆全年无休，每周开放时间超过84小时；建设24小时自助图书馆，可提供全天不间断自主借阅服务。全面实现免费开放。2011年，借助嘉兴市“文化有约”平台，进一步实现公共场所免费开放以及基本服务项目免费提供，免费为市民提供各类信息文化服务。

嘉兴市图书馆总分馆体系及与全市各县市图书馆服务体系实现一卡通行、通借通还、资源共享。与浙江图书馆、上海图书馆、杭州图书馆等图书馆建立馆际互借关系。2012年，嘉兴市图书馆到馆总人次达到254.6万人次；全年办理新借书证20398张，持证读者数为9.9074万张；总外借册次为139.2万册次；2012年，通过馆际互借系统，共借书5665册次。

嘉兴市图书馆参考阅览室、古籍与地方文献部接受读者定题参考咨询，加入长三角联合知识导航站等平台，为嘉兴乃至全国各地用户提供网上参考咨询服务。定期编制《政策法规浏览》、各种《专题目录》等二、三次文献。多年来积极参与“两会”服务。2012年浙江省“两会”期间时，编制发放了《文化产业发展》专题信息。2012年嘉兴市“两会”召开期间，现场为代表和委员们提供咨询服务和赠送专题信息资料。

2012年，嘉兴数字图书馆读者访问人次57.3万，数据库访问次数584万，全文检索121.3万次，文献传递15.3万次。嘉兴数字图书馆手机版开通。

2011年以来，嘉兴市图书馆以“文化有约”为核心，开展报告、展览、培训、阅读推广等各种形式的读者活动。打造了“帮兄弟回家”、“夕阳红e族”老年电脑培训班等品牌项目。2012年度，嘉兴市图书馆全年组织各类讲座68次，举办展览38次，合计106场。阅读推广活动76次，参加人数近4.6万人次。随着城乡一体化公共图书馆服务体系的不断完善，总分馆联动的讲座、报告、培训、阅读推广活动成为读者到馆的重要吸引力之一。服务的活动化、常态化、品牌化成为嘉兴市图书馆特色服务的重要特征。

业务研究、辅导、协作协调

2009–2012年员工共发表论文38篇，年均9.5篇。2009年，嘉兴市图书馆团队被浙江省委宣传部评为“浙江省重点创新团队”。同时，不断总结嘉兴市城乡一体化公共图书馆服务体系建设经验，为《浙江蓝皮书2009》、《中国文化公共服务发展报告2012》等撰写了嘉兴地区公共图书馆事业建设的综合

刘云山一行来馆视察

省重点创新课题“嘉兴城乡一体化图书馆服务体系建设”推进研讨会

沪浙赣三地图书馆红色阅读活动开幕式

全国农村图书馆服务网络建设工作经验交流会在嘉兴召开

数字图书馆培训进校园、进企业

性和专题性报告，承接“国家公共文化服务体系制度设计研究综合性课题”、“浙江省重点创新团队”等课题。

2011年嘉兴市图书馆顺利完成公共电子阅览室建设试点，建设有技术先进、设施齐全、管理规范的电子阅览室体系。总馆电子阅览室拥有电脑120台，宽带接入1000M；开放时间达84小时以上，设有专门的共享工程播放室；覆盖全市10个乡镇分馆，均设有电子阅览区，配备12台以上电脑，10M以上宽带接入；各村（社区）分馆同样设有公共电子阅览室，5台以上电脑，2M宽带接入。基层公共电子阅览室均可享受到与嘉兴市图书馆总馆同样的数字资源，实现数字资源城乡均等服务，充分满足全市各类人群的阅读需求，“零门槛、全免费、全开放”服务落实到位。

2007年以来，嘉兴市图书馆以乡镇分馆建设为突破口，积极推进城乡一体化公共图书馆服务体系建设，截止2012年底已建成包括一个总馆、两个区分馆、十个乡镇分馆、二十五个村（社区）分馆及数十个流通站的城乡一体化公共图书馆服务体系总分馆体系。并对全市各县（市）公共图书馆总分馆建设进行指导，全市总共建成54个乡镇（街道）分馆。2010年，嘉兴数字图书馆顺利开通，标志着嘉兴地区综合性的、跨系统的区域性数字资源信息平台建立，也标志着嘉兴市图书馆联盟建设的启动。2009年6月，中共中央政治局常委李长春同志莅临指导，充分肯定嘉兴的总分馆建设模式“值得在全国推广”。2011年6月，原中共中央政治局委员刘云山同志在乡镇分馆调研时做出高度评价：“你们为全国创造了一种新模式，为全国做了贡献，嘉兴的文化建设走在全国的前列。”2011年，“嘉兴市城乡一体化公共图书馆服务体系”入选首批创建国家公共文化服务体系示范项目。

表彰、奖励情况

2009–2012年，先后获得国家级荣誉4项，省级荣誉13项，获得市级荣誉7项。

馆领导介绍

章明丽，女，1962年出生，研究馆员，浙江湖州人，中共党员，物理学本科、图书馆学研究生结业，馆长，书记。1981年参加工作，1989年调入嘉兴市图书馆，1995年始历任副书记、副馆长、书记、馆长。曾获全国文化系统先进工作者，第三批、第四批嘉兴市新世纪专业技术带头人等荣誉称号。

沈红梅，女，1966年出生，研究馆员，浙江桐乡人，中共党员，硕士研究生毕业，副馆长。2000年4月起任嘉兴市图书馆副馆长。曾获“嘉兴市宣传文化系统‘四个一批人才’”、第五批、第六批嘉兴市新世纪专业技术带头人等荣誉称号。协助馆长分管信息中心（采编部、信息服务部、信息技术部、古籍与地方文献部）。

许大文，男，1976年11月出生，中共党员，大学本科学历，副馆长。2012年底调入嘉兴市图书馆任副馆长，协助馆长分管公共文化服务中心（文献流通部、社会活动部和乡镇分馆等）。

未来展望

面临信息飞速发展的当今社会，嘉兴市图书馆紧抓信息服务建设，不断完善嘉兴数字图书馆，满足全市读者“足不出户”获取文献信息资源、免费获得网上信息服务的文化需求；嘉兴市图书馆将继续探索和完善嘉兴城乡一体化图书馆服务体系，以图书馆服务体系作为我市公共文化服务体系建设的突破口和先行地，真正实现公共文化服务的“普遍、均等”。嘉兴市图书馆已逐步成为全市的图书信息传播中心和市（镇）文化活动中心，并将不断优化服务网络，努力为全市城乡居民提供优质、免费、全覆盖的公共图书馆服务，为嘉兴的文化事业做出应有的贡献！

中国浦东干部管理学院一行来馆参观

嘉兴市图书馆外景

嘉兴市图书馆夜景

湖州市图书馆

概述

湖州市图书馆始创于1956年。1983年，在原吴兴县图书馆基础上升格为省辖市级图书馆。馆舍几经变迁，新馆坐落于湖州市龙王山路728号，2006年正式对外开放。新馆占地40亩，建筑面积16000平方米，拥有100万册（件）的馆藏设计，可容纳读者座位1200个。2012年，湖州市图书馆拥有阅览坐席676个，计算机152台，因特网宽带接入100Mbps，选用力博图书馆自动化管理系统。

业务建设

截止2012年底，湖州市图书馆总藏量为79.4568万册（件），其中纸质文献62.1502万册，电子图书8.2156万册，视听文献2.8513万件。

2009、2010年，湖州市图书馆新增藏量购置费每年140万元，2011、2012年每年为150万元。2009–2012年，共入藏图书7.6904万种，报刊3900种，视听文献10428种、25498册。地方文献征集工作有专人、专案、专目、专柜。开架图书排架正确率不低于96%。

截止2012年底，湖州市图书馆数字资源总量为15.2TB。其中，自建数据库总量0.5TB，包括《湖笔文化》、《湖州家谱提要》、《湖州名人馆》、《苕霅流长——湖州市非物质文化遗产展示》、《湖州方志》等特色数据库6个。2012年，实现馆藏中文文献全部按照CNMARC格式编制机读目录。

2010年，完成图书馆业务管理集成系统的转换升级，将ILASⅡ系统升级为力博系统，并不断完善力博系统的网上续借、预约等便民业务。2012年，实现读者服务区无线网80%以上的覆盖。

读者服务工作

2009–2012年，湖州市图书馆逐步实现公共空间设施场地免费开放、基本公共文化服务项目健全并免费提供，每周服务69小时，周六、周日、节假日照常开放。

2012年，书刊总流通1395318人次，书刊文献外借88.5958万册次，馆藏书刊文献外借率为111%。截止2012年底，在湖州市中心城区所属社区、乡镇、企业及部队等建成图书分馆10个、图书流通点24个。2009–2012年，馆外流通56.1976万册次。各部门通过“新书推荐”、“专题书展”、“专题书目”、“书评”等形式进行馆内外书刊宣传。设政府公开信息服务查阅点，馆内设有《浙江省人民政府公报》公共赠阅点两处。出刊《韵海信息》，包括出刊两会信息服务专刊，为市委、市政府决策提供依据。

2009–2012年，湖州市图书馆网站访问量182.6608万次。开通“湖州手机图书馆”，拥有图书到期通知、续借、预约、查询等功能。截止2012年，湖州市图书馆发布的数字资源总量33种，均可通过湖州市图书馆网站进行检索、浏览、下载。

2009–2012年，湖州市图书馆共举办讲座、展览、培训、阅读推广等读者活动507场次，参与人数22.7916万人次。依托“农民工文化之家”、“阳光阅读”、“韵海系列”等自创品牌面向外来务工人员、少年儿童等各类人群开展阅读推广服务。

业务研究、辅导、协作协调

2009–2012年，湖州市图书馆职工发表论文61篇，论文多次在中国图书馆学会征文和省级竞赛中获奖。

截止到2012年底，湖州地区5家县级（含）以上图书馆均已开通VPN，实现资源共享，参与服务网络建设比率达100%。湖州市图书馆服务网络内的10家分馆有6家实现通借通还，覆盖率为60%。

2009–2012年，湖州市图书馆每年下基层活动数量不少于6次。及时了解分布基层馆动态，对所掌握数据进行分析，形成报告，注重指导各基层公共图书馆（室）的自动化建设。

湖州市图书馆主持湖州市图书馆学会日常工作，各类学术活动开展正常有序，编辑出刊学会刊物《湖州图苑》共28期和年会交流论文集。

参加浙江省公共图书馆信息服务联盟、浙江省公共图书馆网络技术联盟。参加中文图书联合馆藏目录数据库建设、地方版文献联合采编，参加浙江省图书馆文献采编中心、深圳网络中心地方版文献联合参编编目，负责建立湖州市市区联采统编工作。

湖州市图书馆全景

图书馆进社区服务

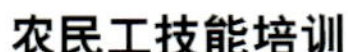
农民工技能培训

少儿书签制作活动

未成年人读书节

管理工作

截止2012年底，湖州市图书馆有在编员工41人，其中本科32人，占职工总人数的78%。专业技术总人数39人，中高级职称人数占专业技术人员总数的87.2%。按需设置管理及专业技术岗位，实行职工岗位双向选择和聘任办法。

完善制度建设，制定工作人员奖惩、继续教育规定、专业论文发表或获奖奖励等多项激励制度。出台《湖州市图书馆文化志愿者管理办法》，从招募、注册、培训、管理、激励来进行文化志愿者的管理。

加强国有资产管理，成立国有资产处置管理工作领导小组，工作分工明确，国有资产台账齐全。

有综合档案室，专职人员负责档案管理工作，各类文件、会议记录、规章制度、员工考核等档案立卷准确，内容齐全。

表彰、奖励情况

2009-2012年，获“国家一级图书馆”、“中国图书馆学会年会征文活动组织奖”、“2010年浙江省全民阅读活动先进单位和优秀项目”、“第五届浙江省未成年人读书节组织奖”、浙江省社科普及工作先进单位”、“省级文明单位”等市级以上荣誉30项。

馆领导介绍

胡荻，女，馆长，副研究馆员，主持全面工作，主管干部人事、计划财务、对外宣传，联系办公室。

高庆华，男，党支部书记，副研究馆员，主管党务，负责群团、老干部工作。

钱志远，男，副馆长，研究馆员，协助馆长分管古籍和地方文献的征集、开发、利用和研究，联系古籍地方文献部（民国文化研究中心）。

陈敏，女，副馆长，副研究馆员，协助馆长分管数字资源服务和学会工作，联系数字资源部和共享工程湖州支中心。

潘锦亚，女，副馆长，馆员，协助馆长分管行政和拓展业务，联系办公室和服务拓展部。

曹小芳，女，馆长助理，馆员，协助馆长分管基础业务和专业技术职称工作，联系借阅部、少儿部、报刊部、采编部。

未来展望

作为现代化综合性公共图书馆，2009-2012年，湖州市图书馆秉承“读者第一，服务至上”的办馆宗旨，发挥地区图书馆核心作用，切实履行文献信息资源收集、整理、存储、传播、研究和服务等职能，致力于成为湖城的“市民学堂”、“文化客厅”。图书馆事业是一项民生事业，推动事业的发展需要举全民之力，更需要集业界和相关行业人士的集体智慧。在文化强市的大环境下，湖州市图书馆将以高度的责任感、强烈的忧患意识和敏锐的大文化视角，进一步强化乘势而上的机遇意识、开拓进取的改革意识、敢为天下先的创新意识，充分利用战略机遇期，准确把握发展的阶段性特征，着力解决存在的问题，全面推进图书馆事业发展。

联系方式

地　址：湖州市仁皇山新区龙王山路728号
邮　编：313000
联系人：陈　敏

读者活动：好书齐分享，读者换书平台

农民工文化之家

绍兴图书馆

概述

绍兴图书馆（绍兴鲁迅图书馆）前身为创建于1902年的古越藏书楼，迄今已有110余年历史。古越藏书楼是国内外图书馆界公认的中国第一座具有公共图书馆意义的私家藏书楼，开创了公共图书馆的先河。2000年，延安路馆舍建成开放，馆舍面积16845.32平方米，设置阅览坐席902个，计算机数量162台，宽带接入400兆，采用力博系统（联邦版）。2003年，首次参加第三次全国公共图书馆评估，获得一级图书馆称号，在2009年和2013年的评估中继续保持一级图书馆称号。绍兴图书馆现有职工95名，设办公室、后勤保障部、读者活动部、采编部、历史文献部、外借部、报刊部、少儿部、信息技术部等9个部门。

业务建设

截止2012年底，绍兴图书馆文献总藏量为1300318万册（件），其中纸质文献1103198万册（件），电子图书197120万册（件）。其中，2012年新增藏量购置费377.7万元。2009–2012年，入藏中文图书147039种，398043册，期刊3892种，报纸488种。

截止2012年底，绍兴图书馆数字资源总量为34.54TB，其中自建地方文献数据库25个，现有容量60G。内容主要包括两方面：一是珍贵的既有纸质馆藏的数字化；二是绍兴地方文献或特色资源的数字化。“绍剧”、“祭禹”已分别于2010年、2011年建成并通过省共享工程中心评审。浙江数字人文地图的“方志”、“名人”二个数据库正在建设中。

2012年10月，与中广有线绍兴分公司合作共建的“绍兴电视图书馆”正式开通，分图文版与互动版两种版式，绍兴市20多万有线电视用户可在家里享受到图书馆的服务。

读者服务工作

2008年6月起，绍兴图书馆实施全面免费开放，免费开放面积14300.94㎡，约占图书馆总建筑面积的90%，免费项目13个。形成了以馆内服务为基础，以分馆和图书流通站为节点，以汽车图书馆为补充的全方位图书馆服务网络。2012年初，开通实施绍兴各县市公共图书馆读者服务“一卡通”工程，实现了绍兴地区六家公共图书馆文献资源的通借通还和数字资源共享；同年设置自助借还机，读者实现自助借还；同时设置自助还书机，实现24小时自助还书。2012年，书刊文献外借1091745册次，流通总人次为1518000人。截止2012年，绍兴图书馆建有一个古越藏书楼分馆，69个馆外流通站，12个汽车图书馆服务点，另相继建成了绍兴地方文献馆、绍兴书法文献馆、绍兴家谱馆、绍兴佛学分馆等四个专题馆。

2012年，绍兴图书馆网站访问量18.9万次，开通绍图微博、微信，建成“绍兴电视图书馆”，完成“国家数字图书馆绍兴分馆”技术建设工作，数据库访问量135.8万次。2001年起，编辑半月刊《信息与参考》，主动为政府决策提供信息服务；2002年起，为“两会”代表、委员提供专题信息服务，同时建立“绍兴市外媒体报道绍兴新闻集成平台”以供领导进行舆情监测。

绍兴图书馆的讲座品牌“越州讲坛”已成为绍兴市开展公共文化服务的重要文化品牌。2012年，共举办现场讲座73场，展览13场次，通过好书推荐、入馆常识培训、读书演讲比赛、故事会国学讲堂、诗读绍兴等各种形式的阅读推广活动共计46次，参与读者42773人次。

业务研究、辅导、协调工作

2009–2012年，绍兴图书馆员工在省级以上刊物或专业会议上发表论文169篇，出版专著6部，撰写调查研究报告18篇，共有15项科研项目立项，各级获奖项目16项。

2012年对基层馆进行业务辅导7次，除邀请国内图书馆界知名专家前来作报告外，还专门对全市的地方文献工作、一卡通等业务技能进行集中培训，同时组织员工外出培训，向国内知名公共图书馆取经和见习；对各县市图书馆的一卡通建设提供技术支持和辅导，安装调试设备，培训工作人员；对本地区公共图书馆的分馆建设情况进行业务调查和统计分析，并对本地区图书馆事业建设有综合性报告。

2012年，与绍兴中广有线合作建设绍兴电视图书馆并开通，分互动版、图文版两种版式，内容丰富多彩。绍兴市30多万有线电视用户均可通过机顶盒点击、收看适合自己的节目，成为绍兴市民学习、娱乐的新平台、新载体。目前，我国开通电视图书馆的城市还较少。“绍兴电视图书馆”受到各级媒体及全国同行的广泛关注，人民日报海外版、中国文化报、人民网、新华网、新浪网、凤凰网、浙江电视台等60多家媒体、网站予以报道。2013年8月，“绍兴电视图书馆”因具有创新性、导向性、带动性、科学性，示范性成功入选第二批国家公共文化服务体系示范项目。

2001年，参加全国联合编目中心、省文献采编中心和上海市文献联合编目中心的联合编目工作。2008年，加入浙江省和长三角地区公共图书馆讲座展览联盟，实现优质讲座展览资源的共建共享。

管理工作

自2000年开始，绍兴图书馆就按照省、市有关深化文化体制改革精神，在市文广系统内部率先进行人事、收入分配制度改革试点。此后每两年开展一次，按需设岗，明确岗位职责，

绍兴图书馆馆庆110周年

绍兴数字图书馆开通

暑假绍兴图书馆自修室排队场景

全员竞聘上岗，双向选择。最近一次内部机制改革在2012年3月实施。每年进行部室及个人年度考核，2012年起实行奖励性绩效工资分配方案。

积极吸纳志愿者参与业务工作，并出台相应的志愿者管理办法。2009年托普职业技术学院在我馆设立志愿服务基地，2011年绍兴文理学院元培学院在我馆设立实习基地，2013年浙江省农商院在少儿馆设立志愿者服务基地；浙江越秀外国语学院英语学院在我馆设立“校外义工基地”。

表彰、奖励情况

2009年以来，获国家级、部级表彰2次，省级表彰13次，市级表彰16次。其中，2009年被国务院授予“第二批全国古籍重点保护单位”荣誉称号；2010年被文化部授予“国家一级图书馆”荣誉称号；1992年以来一直保持“省级文明单位”荣誉。

馆领导介绍

赵任飞，女，1963年12月生，大学学历，中共党员，研究馆员，馆长。1985年8月参加工作，曾在绍兴市中专工作，2007年12月，调入绍兴图书馆。先后担任学校副校长、党委书记、图书馆馆长。多次评为绍兴市教育局、文广局先进工作者、优秀党员，绍兴市优秀共产党员，绍兴市巾帼标兵，浙江省优秀教师，中图学会优秀会员。

王以俭，男，1966年1月生，研究生学历，中共党员，副研究馆员，副馆长。1986年7月参加工作，先后在中共绍兴市委宣传部、绍兴有线广播电视台、绍兴电视台、绍兴广电总台、中广有线绍兴分公司、绍兴市文广局等单位工作。2006年9月，调入绍兴图书馆任副馆长，先后分管古籍、地方文献、信息化、读者活动、讲座展览等工作，曾被评为绍兴市文广局先进工作者、优秀党员；浙江省文化厅地文文献先进工作者；中图学会优秀会员。所主持的“绍兴电视图书馆”项目，走在全国同行的前列，曾获绍兴市宣传文化工作创新奖等荣誉，并列为创建第二批国家公共文化服务体系示范项目。

廖晓飞，男，1976年2月生，大学学历，民建会员，高级工程师，副馆长。1997年参加工作，2000年进入绍兴图书馆，历经技术骨干、技术部主任，2010年担任副馆长，主要负责图书馆的数字化建设。2001年浙江省公共图书馆计算机技术竞赛二等奖获得者，全国图书馆计算机技术竞赛团体一等奖参与者；绍兴市文广系统专业拔尖人才；连续多年被评为市文化系统先进工作者。

那艳，女，1977年3月生，大学学历，中共党员，副研究馆员，副馆长。1998年参加工作，2005年进入绍兴图书馆，历任馆长助理、教育培训部副主任、少儿部主任等职务，2013年担任副馆长。曾获绍兴市直文广系统先进工作者，绍兴市首届“社科新人”，在少儿部工作期间，所带部门获浙江省“巾帼文明岗”。

龚杏娟，女，1963年6月生，大学学历，民进会员，市政协委员，研究馆员，协理员。1980年进入绍兴图书馆工作。历任图书馆报刊部、古籍部、少儿馆主任，图书馆馆长助理，副馆长，协理员等职。先后被评为中国图书馆学会优秀会员，绍兴市“事业家庭兼顾型”先进个人，市直文广系统先进工作者等。

绍兴图书馆文化中心新馆舍俯瞰图

未来展望

绍兴图书馆将始终秉承“存古开新、平等共享”的办馆宗旨，努力探索便民惠民的公共文化服务体系。2012年，绍兴图书馆文化中心新馆建设项目开始启动，并将于2014年底向市民全面开放。新馆设计采用藏阅一体的方式，满足未来灵活使用的需要，建筑面积2.5万平方米，预计藏书110万册，阅览座位1000余个，功能设计上注重舒适环境与知识氛围的营造，致力于为绍兴市民打造一个现代化的求知、交流、休闲中心。新馆将主打数字化阅读新体验，推出以计算机、数字电视、手机、平板电脑等为终端的新媒体服务，覆盖互联网、移动通信网、广播电视网等多种载体，为政府决策、教育科研、市民学习等提供多层次、多样化、专业化、个性化的数字图书信息服务；设立新技术体验区、多媒体视听服务区、音乐DIY制作等数字体验交流区域，为读者提供现代化、数字化、个性化的服务。

全面建成后的绍兴图书馆，将由文化中心新馆、延安路古籍地方文献馆和古越藏书楼遗存三部分组成，总面积三万九千平方米，三个场馆之间将实行服务联动，更好地为广大市民服务。

联系方式

地　址：绍兴市越城区延安路565号
邮　编：312000
联系人：陈　琦

绍兴书法文献馆

古越藏书楼

绍兴图书馆延安路馆舍

金华市图书馆

概述

金华市图书馆创建于1956年，1997年与金华职业技术学院合建更名为严济慈图书馆。严济慈图书馆馆舍建筑面积12000平方米，是“高校馆、科技馆、公共馆”三馆合一的图书馆。截止2009年12月，严济慈图书馆纸质馆藏总量达70余万册（件）。2009年全国公共图书馆第四次评估定级为地市一级图书馆。2010年元月，严济慈图书馆与金华市职业技术学院分离，同时恢复金华市图书馆（严济慈图书馆）建制，重新确立为地市级公共图书馆。金华市图书馆从“零”起步，至2012年共有阅览座席401个、计算机104台、宽带接入100M，选用力博图书自动化管理系统。

业务建设

2010年起，图书分别收藏于外借书库、少儿书库、参考工具书库。普通图书实行开架借阅，过刊装订后实行开架借阅。其中，外借书库、少儿书库实行全开架，资料书库、地方文献书库、基藏书库向读者半开架开放。

截至2012年12月30日，中文图书机读目录95776条，中文报刊机读目录728条，馆藏中文文献书目数字化达80%以上。自购存储有本地数据库资源、自建数据库资源及共享工程视频资源，共计16.3T。2012年在建数据库有金华名人数据库、婺剧名家名段数据库及金华地方志数据库。金华名人数据库共计425个名人，图片文字资源达数万条。婺剧名家名段收录了27个一级演员，超过500G的视频资料。

建立图书馆网站，采用Microsoft Office Access结构模式，前台采用ASP技术和客户端程序。提供读者自助服务，开通了读者网上预约、续借、图书查询服务；完善读者咨询服务，在网上解答读者问题；优化数字资源，开放我馆的数据库资源，免费为持证读者提供数据库资源服务。

读者服务工作

每周开馆时间66个小时，文献资源借阅、检索与咨询、公益性讲座和展览、基层辅导、流动服务等全部免费向公众开放。

2012年我馆文献总藏量195328册，其中电子文献9806种。2010至2012年，平均图书年入藏量14404种，平均报刊年入藏量607种。2012年读者证20765个，流通册次250129册，流通人次共201936人次。

2012年开展讲座、培训16场，展览13次，阅读推广活动20次，参加活动的读者总人次24565人次。如农民工素质知识讲座、现代图书馆、小邹鲁大讲堂、现代图书馆服务理念等讲座10场；以送文化下乡、送文化进企业、送展板进校园、送书进军营、少儿书法比赛以及丰富多彩的未成年读书节活动等形式来开展阅读推广活动。

自2010年起，在三楼阅览部现刊阅览室内设置政府信息公开查阅点，同时设立《浙江政报》、《中华人民共和国国务院公报》专架，读者可自由取阅。2011年起为两会提供信息咨询服务，编制《金华市“两会”特刊2011》、《聚焦2012·金华两会》。编制二、三次文献，《决策参考——产业监测》（2011.8）、《决策参考——外界看金华》（2011.8）。

业务研究、辅导、协作协调

2010年在省级以上刊物发表图书馆专业论文3篇，2011年25篇，2012年23篇；2012年各业务部门提交调查研究报告5篇，主题明确，有事实，有数据，有分析，有建议，理论与实际相结合；2010年至2012年，各级课题立项、结题11个，其中市级课题10个，省级1个。

有计划、有针对性地派业务辅导工作人员全年深入基层图书馆，开展业务辅导、培训工作。2011年开展各种业务培训14次，2012年开展各种业务培训12次；全市每季度召开一次馆长例会。

自2011年升级到力博图书馆自动化系统以来，利用力博系统的Z39.50功能，已经实现了与浙江省图书馆、北京国家图书馆的联合编目；加入浙江省公共图书馆的四大服务联盟。与浙江万里学院图书馆签订了馆际互借与文献传递服务协议，组织开展了金华地区公共图书馆数据库联合采购，制作展板到各县（市）馆展览。

管理工作

按需设岗，2011–2012年根据省、市有关文件精神，制定了

金华市图书馆外景照

严济慈纪念馆展厅

送书下乡

外借部

阅览室

《金华市图书馆岗位设置实施方案》，根据岗位设置实施方案。按岗聘用，确定《事业单位首次设岗可聘用岗位数量表》、《金华市图书馆事业单位岗位设置核准表》，职工个人签订承诺书；根据岗位设置，制定各岗位职责；制定《金华市图书馆目标责任考核与奖罚方法》、实施年度奖励性绩效工资完成年度职工考核。

《固定财产（资产）管理制度》、《用车管理制度》、《印章管理制度》、《志愿者管理制度》等制度规定完备到位；阅读学习设施维护良好，做到无缺损、美观；2010—2012年先后对大楼外立面进行了改造，内部洗手间、墙面、大厅等进行了装修。整个环境呈欧洲古典主义风格，内设两个屋顶花园，环境美观、舒适、安静，是市民的学习中心、休闲中心、信息咨询中心。

表彰、奖励情况

分别获得省级文明单位、省级巾帼文明示范岗、省级爱国主义教育基地、市级科普教育基地、市级青少年爱国主义教育基地、市级青年文明号、市级巾帼文明示范岗。2010年至2012年被评为市青少年阅读基地、社会科学普及周活动先进单位、浙江省图书馆学会图书馆文化思辩会组织奖、市级文明单位等省文化厅、市政府11项奖励和荣誉称号。

馆领导介绍

周国良，男，1963年4月出生，馆长，研究馆员，本科，中共党员。1980年12月参加工作，兼艾青纪念馆、金华市少儿图书馆馆长。金华市婺文化研究会副会长兼秘书长、中华明昭文化研究院副院长、金华市青年书法家协会副主席、艾青研究会副秘书长、浙江省图书馆学会少儿委副主任、浙江省图书馆学会理事、浙江省社会科学学会理事。中共金华市第六次党代会代表、金华市第五届、第六届政协委员、文史委员。

孙旭霞，女，1961年12月出生，副馆长，副研究馆员，专科，中共党员。1979年10月参加工作，历任金华市演出公司经理、金华剧院经理、兼金华青少年影剧院经理，金华市演出家协会秘书长、中国演出家协会会员、浙江省演出家协会理事。

胡金杭，男，1964年9月生，副馆长，副研究馆员，本科，中共党员。1986年7月参加工作，历任艾青纪念馆副馆长，2010年任金华市图书馆副馆长。兼任金华市图书馆学会秘书长。

未来展望

金华市图书馆自重新恢复成立以来，依托现有的文献资源，始终坚持"通过改善办馆条件及提高图书馆服务能力和水平，来丰富市民文化生活"这一目标和宗旨。主抓阵地服务，不断拓展服务项目和内容，同时走出馆门，在乡镇、学校、民营企业和军营建立了多个图书流通站，开展送展览、讲座等服务活动。未来展望：一是积极开展形式多样的读者服务活动。用读者文化公益活动打开图书馆事业的新空间，丰富图书馆服务内容，扩大服务范围，提高图书馆知名度。二是办好图书馆网站。拓展网上服务能力，加强图书馆数字化建设。三是面向基层、服务群众开展馆外延伸服务。四是切实履行地市级图书馆职能、开展全市公共图书馆的业务交流工作。充分发挥地市级公共图书馆桥梁纽带作用，建立服务网络；组织开展共建共享工作，通过优势互补进行展览、地方文献、数据库建设等工作；每季召开围绕全市图书馆重点工作的馆长工作会议；依靠和利用学会、社科联、文化共享工程支中心积极开展课题申报和宣传活动。

联系方式

地　址：浙江省金华市永康街288号
邮　编：321017
联系人：傅建军

金华市未成年人书法比赛

流通站挂牌

展览活动

舟山市图书馆

概述

舟山市图书馆建馆历史可以追溯到成立于1937年10月的"定海小小图书馆"，当时由定海进步青年陈维周、陈维诚、胡时杰、李隆华、许定茂等建立。1938年10月，郭沫若从武汉特赠"定海小小图书馆成立一周年"条幅纪念。1956年6月，从原定海县文化馆分离出来，成立了"定海县图书馆"。1988年8月，舟山撤地建市后，升格为"舟山市图书馆"。2012年12月，位于舟山海洋文化艺术中心的舟山市图书馆新馆建成开放，馆舍总面积1.236万平方米，内设办公室、采编部、借阅部、综合阅览部、少儿借阅部、海图工作部（信息技术部）、读者活动部、流通辅导部、地方文献与古籍研究部等九个部室，为读者提供书刊借阅、电子阅览、参考咨询、讲座培训、视障文献借阅、高保真视听、24小时自助借还书等20多项服务。新馆共设阅览座席672个、读者计算机114台，实现了宽带千兆接入和无线网络信号全覆盖。新馆的功能布局体现了智能化管理、开架式呈现、公益性服务的现代图书馆多元化的服务理念，已经成为浙江省舟山群岛新区一个新的文化地标。

业务建设

截止2012年，舟山市图书馆藏总量74.3399万册，其中纸质图书54.536万册、电子文献18.7万册、视听文献9449片、报刊1800余种。2011至2012年，舟山市图书馆采购图书约14.3万余种、28.3万余册，新增了佛教和海洋文化类特藏图书近千种，电子音像4748件。自2009年开始，市图书馆每年购置图书、报刊杂志、文献、电子资源等经费达到150万元以上。

舟山市图书馆数据资源总量共23TB，其中电子阅览室数字资源总量17.3TB，已于2009年3月实现了全面免费开放。2009年以来，舟山市图书馆把文化共享工程作为信息化建设的重点，配置标准网络设施设备，建立统一访问平台。目前，文化共享工程共有专职人员7名，每年专项经费近70万元。2012年投入经费50万元，服务器增至15台，存储容量达到95T，设有300多座集中展播厅。

舟山市图书馆建有"舟山非物质文化数据库"、"舟山大路连岛工程数据库"、"舟山市地方志库"、"舟山市名人库"四个数据库。其中地方志数据库包括了方志和专业志共161册；名人库收录238位舟山名人；舟山非物质文化数据容量34.4G，内容包括民间文学、美术、工艺等信息；舟山大陆连岛工程数据库收录1993年以来发表在全国各大报刊以及港台报刊上有关连岛工程建设的新闻报道近500件。

读者服务工作

舟山市图书馆实行每周六天、每天9:00—20:30不间断开放，提供自助借还书和网上查询、续借等24小时自助服务。截止2012年底，舟山市图书馆共有持证读者31667人，年接待读者444965人次，外借图书超过480258册次（其中成人外借372460册次，少儿外借107798册次）。

舟山市图书馆2009年3月推出了"零费用，无障碍"免费借阅服务，全面取消图书押金和逾期费。2010年又推出星级读者畅读服务，建立了"同城一体·城乡共享"的服务体系，持证读者能在本岛公共图书馆及分馆实行一卡通借还。2012年图书馆开通了借书证、市民卡、身份证三卡通用功能，方便读者使用。

2012年舟山市图书馆开展阅读推广活动20余次；主题展览5场，累计展出时间160天；讲座、培训45场，参与活动总人次达18447人。舟山市总人口100万，每万人年均参与活动184次。其中"海山听涛"市民大讲堂邀请到百家讲坛名师纪连海、商传、王树增、蒙曼、上海"老娘舅"柏万青、上海滑稽名星王汝刚、知深媒体人万峰、当代著名作家艾伟等各领域的专家学者，同时邀请天文学专家何香涛教授走进南海实验学校、千荷学校开展科普讲座。

2012年舟山市图书馆新建馆外图书流通站10家，现有1家分馆，44家流通站。2009年至2012年馆外流通站平均每年流通图书1.64万册次。分馆2009年至2012年平均每年借书4.546万册次。

舟山市图书馆积极做好信息服务工作，为市民读者提供网上信息服务和纸质文献服务。每月编印《舟山信息摘报》、《科普信息简报》等刊物免费读者发放，并在舟山市"两会"期间编辑《浙江经济发展专辑》，为省市"两会"代表与委员服务。另外，还定期印制《舟图导读》等各类宣传册，介绍推荐各开放区域最新上架的书刊资源，同时利用图书馆网站平台进行信息推送。

业务研究、辅导、协作协调

2011年，舟山市图书馆联合浙江海洋学院图书馆、市委

新馆开馆

临城分馆开馆仪式

庆“八一”文化进军营

绘画比赛

小鱼儿故事会

党校图书馆、市档案馆和四县区图书馆等8家图书馆，共同成立“舟山地方文献联合书目提要”课题，该课题被省社科联立为年度重点课题，并于2012年编撰成书，由浙江人民出版社出版。2011年，舟山市图书馆还编撰《联通海陆·跨越梦想》一书内部出版，该书全面地反应了舟山跨海大桥工程的建设过程。

2010至2012年，舟山市图书馆举办全市县区共享工程网络管理人员培训和党员远程教育基层点工作人员各类培训13期，受培训管理工作人员达300余人次。同时长期与教育研究会、妇联、党员远教等系统进行协作，并积极参与长三角地区图书馆讲座联盟和省图书馆讲座、展览联盟，向省内图书馆推荐优秀的本地讲座资源。

舟山市图书馆学会现有理事44人，会员151人。每年编印《图书馆工作》，刊登来自全市图书馆工作者的研究论文、调查报告等，还定期邀请专家学者进行专题报告，论文交流会。2009年2012年期间，学会多次派会员赴杭州、绍兴等地学习，组织会员参与文化下乡、科普宣传周、图书馆服务宣传周、文化共享工程推广等系列活动。

管理工作

舟山市图书馆现有职工68人，其中在编38人，在编人员大学本科以上30人，占在编人员总数的78.9%。其中副高职称3人，占业务人员总数8%；中级职称19人，占业务人员总数50%。

舟山市图书馆持续推进馆员素质提升工程，采取“走出去”和“请进来”的方式，组织开展各项业务知识培训工作。2012年共接受省、市、本馆业务培训达2403学时，人均年学时达到63.2学时。

表彰、奖励情况

舟山市图书馆坚持以读者为先的服务理念和开拓进取的精神，不断推动图书馆事业的持续进步，取得了不少成绩。2010年至2012年舟山市图书馆先后获得浙江省文化共享工程先进集体、浙江省社科普及工作先进单位、浙江省级优秀社科普及示范基地、第二届舟山市文化奖集体奖、舟山市本级文化工作先进集体、全市文化系统先进集体、舟山市创建“群众满意基层站所（服务窗口）”先进单位等荣誉，以及省市级各类组织奖、优秀奖等20余次。

馆领导介绍

孙国茂，男，1966年3月生，1985年8月参加工作，本科学历，中共党员，舟山市图书馆馆长，宣传委员。

郭闻钧，男，1967年7月生，1986年11月参加工作，本科学历，中共党员，舟山市图书馆副馆长，党支部书记。

鲁凯，男，1973年12月生，1992年12月参加工作，硕士研究生学历，中共党员，舟山市图书馆副馆长（正科），组织委员。

许魁义，男，1971年5月生，1989年3月参加工作，本科学历，中共党员，舟山市图书馆副馆长，工会主席。

未来展望

现代公共图书馆不仅是衡量一个城市或地区文明程度的标志，更是关系到广大人民群众切身利益的公共文化福利设施。舟山市图书馆将以新馆建设为契机，以服务海洋经济和人民群众为根本，以构建“百姓身边的图书馆”为抓手，紧紧围绕社会主义核心价值观，重点突出海洋类文献资源的收藏利用，不断深化自由开放、均等服务的公益理念，把市图书馆建成一座环境舒适幽雅、馆藏文献丰富、海洋特色明显、设备设施先进、管理规范科学、服务范围广泛，具有业务多元化、服务便捷化、队伍专业化、技术现代化、管理智能化的国家一级图书馆，逐步成为全市人民的知识信息交流中心、文化娱乐休闲中心、终身教育服务中心、地方文献研究中心。

联系方式

地　址：舟山市新城海天大道610号
邮　编：310621
联系人：岑 映

全民阅读启动仪式现场

舟山市图书馆正面

舟山海洋文化艺术中心全景

台州市图书馆

概述

2010年12月27日，台州市图书馆对外开放。它坐落于台州市政府大楼西侧，市民广场东侧，占地20亩，总建筑面积2.1万平方米。地处城市中心，环境优美，2012年，设有阅览坐席797个，计算机129台，宽带接入100Mbps，并实现无线网的全面覆盖，选用南京力博图书管理自动化系统和宁波远望谷RFID系统。

市馆自开馆以来就提出"无差别地对全体市民开放"的服务宗旨，坚持365天全年无休的服务承诺，以目标工作为中心，稳步推进各项业务，有效提升文化服务水平，努力打造台州市民的第二起居室。

业务建设

截止2013年5月底，台州市图书馆总藏量138552种，403829册（件），电子文献藏量15493种。

2011、2012年，台州市图书馆分别新增藏量购置费298.91万元、397.39万元，2010－2012年，共入藏图书110952种，312455册，视听文献1642种。馆藏中文文献书目数字化率为98%，多卷书、连续出版物入藏完整率为90.56%。

台州市图书馆数字资源总量为21TB，其中，自建数字资源：叶文玲文学馆、台州地方名人库、地方志数据库均已立项，并进入建设工作，目前总量166GB。

多项业务规范逐步制定推行。《台州市图书馆中文图书分类细则》、《台州市图书馆索书号取号规则》、《藏书章形制及使用规范》等制度陆续推出，保障了业务工作开展的规范化，有助于工作一贯性、连续性。

读者服务工作

自开馆以来，台州市图书馆实行365天全年无休，春、秋、冬季，每天开馆时间为12个小时，即每周84小时；夏季，每天开馆时间为12.5小时，即每周87.5小时；另自助图书馆、市民书房24小时全部开放。2011、2012年书刊外借166.3729万册次，流通人次191.3819万。台州市图书馆加入浙江省馆际互借联盟，并与市各公共馆签订了馆际互借协议。

台州市图书馆分别于2010年1月创刊《看台州》（月刊），2012年1月创刊《代表委员履职参考》（半月刊），2013年3月创刊《台州文化报道》（月刊）。同时积极为两会代表和委员服务，联合发布《关于为人大代表、政协委员提供信息咨询服务的通知》文件，2009年以来为代表委员代查资料，受到代表委员一致的好评。2011、2012年台州市图书馆荣获全省公共图书馆开展"两会"信息服务工作"优秀服务奖"。2012年在地方产业图书馆设立了科技人员活动中心，提供信息咨询、资料检索、交流培训等系列服务。

目前，台州市图书馆建有网站3个：台州市图书馆网站（主网站）、叶文玲文学馆网站、数字图书馆网站。而主网站的结构、功能正在逐调整与完善，不久新的主网站就将与读者见面。

2011－2012年，台州市图书馆共举办讲座、展览、培训、阅读推广等读者活动304场，参与人数34.8万人次。

业务研究、辅导、协作协调

作为一个新馆，更多的员工是新入职场的大学生，从业经验缺乏，但也努力实践，不断学习，2010－2013年期间，台州市图书馆职工共发表论文7篇，省级结题课题1个，馆级申报课题10个，调研报告12篇，共享工程立项数据库3个。

2010年以来，台州市图书馆参加了浙江省公共图书馆讲座联盟、浙江省公共图书馆展览联盟、浙江省公共图书馆信息服务联盟、浙江省公共图书馆网络技术联盟、中国图书馆学会阅读推广委员会推荐书目专业委员会、台州市图书馆学会、《台州文献丛书》编纂委员会等合作，积极推进图书馆事业的发展。

为有效规划全市范围内的图书馆服务网络，台州市图书馆针对相关业务的开展情况，制定了系列的业务规范，并分发至在全市各公共图书馆，逐步有效推进业务工作的统一化管理；以图书馆网站为平台整合各类数字资源，包括网上查询续借、资源共享共建；发展馆际合作，推进通借通还；强化人员队伍建设；成立台州市图书馆开发区消防队分馆、台州市图书馆戒毒所分馆、各县市区基层图书流通点。

2013年4月召开浙江省公共图书馆远望谷用户会议，会议同时邀请远望谷公司参加。会议对远望谷的技术和服务情况，存在的问题及相关需求反馈进行讨论，会后及时反馈结果。

台州市图书馆全景

市民书友会

亲子共读绘本

漏夜苦读

书法与阅读

管理工作

2011年9月台州市图书馆实行了轮岗机制，实施竞聘上岗制度，

于2011年11月确定了各部门的工作人员。2012年由于人员的变动及工作需要，市馆对部分岗位的人员进行了调整。开展年终考核工作，推行绩效工资，做到实事求是，表扬先进，形成良好的工作学习氛围。建立志愿者管理制度，做好日常管理与奖励工作。其中的小小义务管理员更是成为了创新型案例，获得肯定。

表彰、奖励情况

2010–2012年，台州市图书馆共荣获各种表彰16次，其中省级表彰13次，市级3次。

馆领导介绍

毛旭，男，1968年4月出生，大学，研究馆员，台州市图书馆馆长。从事图书馆工作20余年，极具业务管理创新能力，全面布局了台州市图书馆的业务部门，其中无障碍图书馆、24小时自助图书馆、市民书房等部门，颇具特色；专业研究方向为公共图书馆管理和图书馆的著作权问题。多次参与全省性图书馆业务规划；多篇文章被人民大学复印报刊资料全文转载，或收录在CSSCI（中文社会科学引言索引）中；曾获温岭市劳动模范，全市（台州）宣传思想文化工作先进个人，浙江省图书馆工作先进个人，中国图书馆学会优秀会员等荣誉。

张锦辉，男，1969年10月出生，本科，台州市图书馆副馆长。历任台州市人民影剧院副经理、台州市群众艺术馆副馆长等职。

未来展望

台州市图书馆将着眼全局，进一步完善功能布局，多角度新思路开展读者活动，多层面立体化实现优质服务，为读者奉上一场更为精彩的文化盛宴。不断完善业务布局，逐步推进工具书阅览室、报刊阅览室、乡贤图书馆的开放工作；不断创新读者活动，创办亲子俱乐部——“童萌汇”、走读台州、真人图书馆、电影沙龙等多样化活动；不断协调业务发展，加强地区间的业务合作，促进区域图书馆事业的稳步发展，力求将台州市图书馆打造成市民的第二起居室。

讲座现场

联系方式

地　址：浙江省台州市和谐路168号
邮　编：318000
联系人：张艳婷

志愿者现场助教

小小义务管理员培训现场

童年不同故事会

杭州市下城区图书馆

概述

杭州市下城区图书馆是于2010年1月建成对外开放的，是一所现代化、全免费、开放式、综合性公共图书馆，位于浙江省杭州市潮王路8-1号。馆舍面积4500平方米，一楼设有文献借阅中心、小说长廊、“服饰艺术”特藏室；二楼设有全国首创G3阅览室、电子阅览室（区文化信息资源共享工程支中心）、光盘外借室、报刊阅览室、自修室、学术报告厅、休闲阅览区及基层辅导室等，阅览座席641个，计算机49台，宽带接入100Mbps。

业务建设

下城区图书馆注重业务绩效，始终把“读者满意”作为服务工作的重要标尺，各项业务量快速增长，截止2013年4月，馆内藏书23余万册，文献借还242余万册次，流通人数达380余万人次，其中，2012年借还量达850867册次，流通人次110万人次，日最高借还量达到4500余册。服务新举措有：1、改进新书采购方法。有限的经费用到读者需求的刀刃上，根据新书畅销排行榜、读者借阅热点和读者新书推荐榜，由专人负责确定新书采购清单，对供书商提供的书目清单进行一一筛选，改变过去“供书即采”的作法，杜绝了库存书、删减了平庸书，使新书好书第一时间与读者见面，2012年新增馆藏52543册。2、推出主题图书专架。2012年先后推出了春节风俗主题专架、“五一”劳动节之歌主题专架、“六一”欢乐主题专架和喜迎十八大主题专架等。3、加强“服饰艺术”特藏室建设。收录了日韩服饰类期刊近20种；国外最新服饰类书籍500余种，为全区文化创意产业发展提供智力支撑，下城区知名女装品牌“纳纹女装”已成为本馆的VIP服务单位，受到了读者的热烈欢迎。

读者服务工作

下城区图书馆组织开办了“文明大讲堂”，2012年先后邀请各领域专家学者来馆开设讲座35场、举办各类培训12场。著名教育学家朱棣云“孩子一生的可持续发展”教育专题讲座；“美丽女人——女职工素质工程流动课堂”、“快乐工作与情绪压力应对”以及“CRT教练锻造营”；浙二医院临床营养科张片红主任讲授养生保健，给市民提供了一个丰富文化生活的大平台，深受读者的欢迎。同时，与市文化创意产业办公室联合举办了“创意力量团队跨界学习和专业交流活动”，特邀吴柏林副教授论道体验经济，展示了苹果、007等经典案例，揭开了体验营销的密码。

下城区图书馆从开馆伊始，就积极探索“大阅读”服务载体，开创“影聚星期六·免费看大片”服务新模式。利用学术报告厅多功能，免费为读者放映最新、最优质的影片。2012年还围绕“喜迎党的十八大”、“香港回归祖国十五周年”等专题，开设“红色电影专场”，结合青少年暑期活动开设“暑期少儿动漫专场”，截止2012年，共放映电影303场，观看达29500余人，深受读者好评。为让热爱手工艺的读者能学习到中国古老的手工艺术，区图书馆打造“大阅读”另一服务载体“快乐手工·无限创意”，2012年已成功举办4期活动。活动特邀来自美国的手工艺术家兰亭老师现场向学员传授中国结、立体纸浮雕等手工技艺。尤其是暑期开办青少年手工艺专场，不仅丰富了学生的课外生活，培养了学生的动手能力、制作能力、创新能力，更是受到了家长、学生的一致好评。

业务研究、辅导、协作协调

为了进一步实现图书资源的充分共享，提高图书资源的利用率，下城图书馆通过建立“系列图书流通点”延伸馆外服务，已在社区、企业、商场、学校、医院、军营等地建立了68个系列流通点，配置藏书93275册，成为读者身边的图书馆，2012年9月25日，《杭州日报》头版刊登“公共图书馆开进医院，下城区着力建设身边的的图书馆”一文，予以充分肯定。从2010年开始，为解决社区图书阅览室图书资金缺、藏书量少的问题，区图书馆在全区先后建立了36个“街道社区图书流通点”。2011年区图书馆把图书流通服务进一步延伸到企业、学校、楼宇、军营。在杭州风帆中学、杭州明珠教育集团设立了“校园图书流通点”；在武警杭州支队、下城区武警中队设立了“警营图书流通点”；在浙江中智经济技术有限公司、杭州万华控股集团有限公司、浙江佳境规划建筑设计研究院有限公司等设立了“企业图书流通点”；浙江省人民医院开设了“医院图书流通点”；武林楼宇设立了“楼宇经济图书流通点”；与杭州大厦洽谈，建立了“商场期刊流通点”，开创了公共图书

“千人同悦读”广场巨幅书香大拼图活动

浙江省人民医院图书流通点

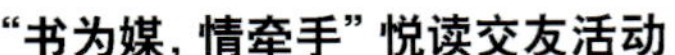

“书为媒，情牵手”悦读交友活动

“推新书，荐好书”悦读专架

全国首创G3阅览室

馆走进大型商场之先河。2012年，区图书馆按照杭州市“一证通”建设要求，对全区基层8个街道72个社区图书阅览室15余万册藏书，统一投入16余万元，进行统一分类编目加工，真正纳入全市“一证通”公共图书服务网络，实现就近通借通还，在全市基层公共图书藏书体系建设上率先迈出实质性一步。与时同时，积极开展各类读书活动300余场、举办展览5场，连续三年成功举办了“下城区中小学生读书节”，特别是在2012在成功举办了历时两个月的“社区悦读、图书飘流”全民读书活动，通过“社区捐助、现场读书、读者评书”活动，深入全区8个街道72个社区，开展读书活动百余场，数万名社区群众参与了读书活动，举办单位星燎原文化发展有限公司，向社区捐赠图书20000余册，总价值达25万余元，省、市新闻媒体对本次活动高度关注，由于积极报道，产生了极大的社区影响。

管理工作

为加强图书馆内部管理，完善竞聘考核机制，提高工作绩效，自2012年起实行竞争上岗，岗位聘任制，同时，每周进行工作情况汇报，每半年和全年进行工作考核。

表彰、奖励情况

“书为媒·情牵手”5·11大型悦读交友活动荣获第七届西湖读书节优秀项目；下城区图书馆在“第八届浙江省未成年人读书节”主题活动“悦读之星书法大赛”中，荣获优秀组织奖；在杭州“运河之美”民间手工工艺大赛，区图书馆获优秀组织奖；在“全国少年儿童童谣绘画创作征集大赛”中，分获一等奖、三等奖及“优秀指导老师”奖。

馆领导介绍

李发明，男，1954年8月出生，大专学历，中共党员，研究馆员，馆长。

未来展望

下城区图书馆自2010年建立以来，不断拓展阅读载体，丰富了市民的精神生活。今后下城区图书馆将对图书馆进行扩建，满足更大群体的悦读需求。并带动街道、社区图书室的发展。

联系方式

地　址：浙江省杭州市潮王路8—1号
邮　编：310014
联系人：王光媛

杭州市江干区图书馆

概述

杭州市江干区图书馆位于杭州市庆春广场江干区文化中心六楼（太平门直街458号），占地面积4500平方米，建筑面积3500平方米，建筑总投资2000多万元。2009年2月6日正式开馆。

按照“发展为上、创新为先、服务为本、安全为重”的办馆理念，坚持“打基础、求突破”的发展思路，本着“普遍均等、惠及全民”的原则，江干区图书馆向各类人群提供“平等、免费、无障碍”的图书服务。目前，江干区图书馆已经完成了文化信息资源共享工程及“一证通”工程的全覆盖工作，同时也是省内第一家使用RFID图书自助借还机的区级图书馆。

截止2012年底，馆在编人员10人，其中设副馆长2人；有研究生学历1人，本科学历10人，大专以上学历者占职工人数100%。

江干区图书馆有阅览座位720个，设有文化信息资源共享工程江干区支中心、综合活动区、图书音像制品综合外借区、少儿阅览外借区、报刊杂志阅览区、新品推荐区、地方文献盲文阅览区、读者俱乐部、多功能的电子阅览区以及位于七楼的多功能报告厅，每周开放72小时，开展外借、阅览、电子信息、视听等服务，举办讲座、培训、展览、学术交流、读者沙龙等活动。

业务建设

截止2012年底，江干区图书馆馆藏图书43.6万册，涵盖了22大类图书、音像制品10万余种。其中2012年入藏图书14072种41643册，音像制品5714件，征订报刊725种，征集地方文献278种680册。图书馆时刻坚持“以人为本，读者至上，服务第一”的宗旨，为读者提供图书外借、报刊阅览、资料咨询、信息导航等全方位的优质服务。

读者服务工作

图书馆开馆以来就实行全场馆全服务项目的免费开放利用，馆藏外借开架率98%以上，每天开放时间从9点至21点，每周开放时间为72小时。2012年借阅图书52.9万册次，流通人次140.7万人次，其中分馆及基层服务点借阅图书27.4万册，为分馆和基层服务点配送图书达4万多册，回收近2万册。

江干区图书馆以“钱塘悦读”江干区读书节为品牌总架构，在这一总品牌下根据不同读者人群建立“钱塘文荟”、“钱塘小伢儿”“周末钱堂”三大品牌。“钱塘文荟”文化论坛以紧扣社会热点、关注文化走势、引导大众阅读为宗旨；“钱塘小伢儿”少儿活动以举办各类少儿阅读和实践体验活动为特色；“周末钱堂”文化沙龙以小型多样的活动满足不同读者的文化需求，从而提升图书馆对读者的向心力和吸引力。近年来“钱塘文荟”已邀请纪连海、袁腾飞、黄亚洲、沈石溪、舒中胜等名家做客开讲。“钱塘小伢儿”暑期小馆员体验活动已成为全区热门活动，目前“钱塘小伢儿读书聚乐部”已有固定小会员200余人。“周末钱堂”读者沙龙通过插花、摄影、品书等活动为读者提供交流平台，感受品质生活。2009–2012年以“钱塘悦读”江干区读书节为载体，举办各类讲座、培训140场次，展览40场次，其他阅读推广和主题活动80余场次，共开展近300场次活动，参与读者达10万余人。

业务研究、辅导、协作协调

江干区图书馆利用自身得天独厚的地理位置主动对接杭州图书馆，做到日常工作及时联系充分沟通，各项活动积极参与大力配合，在杭州图书馆的指导下，图书馆各项业务工作得到长足发展。图书馆不断加强区域内总分馆建设，在杭州地区率先招聘8名分馆管理员管理辖区街道（镇）分馆建设，全区已形成以区图书馆为总馆、8个街道（镇）图书馆为分馆、140多个社区（村）图书室为基层服务点的三级图书服务网络，服务体系不断完善，全区参与图书服务的基层服务点达100%，实现了图书“一证通”服务全覆盖。

管理工作

2012年，江干区图书馆完成了全员岗位聘任，共设26个岗位，26人正式上岗，同时，建立了工作量化考核指标体系，每月进行工作进度通报，每半年和全年进行总体工作考核。2009–2012年，共抽查文献排架20次，书目数据20次，编写《江干图书信息》40期，撰写专项调研、分析报告和工作提案10篇，编写各部门工作进度通报40篇。

表彰、奖励情况获奖情况

2009年开馆以来先后荣获了文化部“国家一级图书馆”、“杭州市共享工程组织奖”、“杭州市社科普及示范基地”、“杭州市中学生社会实践基地”、“江干区青年文明号”、“江干区巾帼文明岗”、“江干区志愿者服务基地”等10余项荣誉。

馆领导介绍

盛国萍，女，1976年生，助理馆员，副馆长。

李仲泽，男，1973年生，助理馆员，副馆长。

未来展望

依托江干区经济蓬勃发展的势头，抓住文化与经济科技相结合可形成无限创意的特点，江干区图书馆丰富的馆藏和先进的理念将为区域文化发展提供重要孵化条件。区图书馆将在着力普及知识的同时，着力打造创意文化的馆藏和应用。馆内提供的各种形式的资源与服务可满足个人和团体在终身教育、自主决策、文化发展、休闲娱乐等方面的需要。未来的江干区图书馆，将是该市集文化、科技、信息传播、保存文化遗产、开展社会主义教育、展示改革开放成就为一体的综合性公共图书馆，将成为群众读书学习的文化、科技、教育、信息、服务和交流中心，将对杭州经济建设和社会发展发挥十分重要的作用。

联系方式

地　址：浙江省杭州市太平门直街458号江干区文化中心六楼
邮　编：310016
联系人：盛国萍

杭州市拱墅区图书馆

概述

杭州市拱墅区图书馆于2007年9月28日对外开放，为杭州市主城区首家区级图书馆。建筑面积3000平方米，设计藏书容量20万册。2009年参加第四次全国公共图书馆评估，首次获得一级图书馆。2012年，杭州市拱墅区图书馆可容纳读者座位600余个，其中读者阅览席位300座，包括60席少儿阅览座位。计算机74台，其中供读者使用53台，馆内接入三条专线，分别是中国电信100M光纤，中国网通10MVPN专线，同时在馆内覆盖无线网络，供读者免费上网。馆内专用存储设备9TB，共享杭州市图书馆的图书自动化管理系统。

业务建设

截止2012年底，拱墅区图书馆总藏量21.1万册（件），其中，纸质文献19.84万册（件），报刊600余种，视听文献1.1万册，盲文图书1100册，电子图书1.0775万种。图书经费每年递增，2013年购书经费达到95万元，平均每年新增图书6948种。

拱墅区图书馆为杭州图书馆运河分馆，为其文化共享工程支中心，秉承数字资源平等免费、共建共享的原则，拱墅区图书馆享有相同的数字资源，共有51.8TB，电子文献超百万种。

目前拱墅区所有街道、社区的图书室全部加入区图书馆服务体系，10个街道，62家社区加入了杭州市"一证通"工程服务系统。另外，还有学校、企业、工地、看守所、交警大队等20余家企业单位与区图书馆建立共建点，全区形成了一个覆盖率较高的公共图书服务网络。

作为杭州图书馆运河文献分馆，在该图书馆二层东侧，辟有收藏世界各地特别是中国大运河的有关运河书籍、报刊资料的运河专题典藏室，和开展信息交流、动态研究及各类资料挖掘、整理、研究工作的运河文献资料研究室。目前已经收藏了2000余册相关文献，并建立了专门的特色馆藏数据库。运河典藏室一边完善古老而珍贵的文献收集，一边传播运河的人土风情文化。借助得天独厚的运河资源，图书馆还举办了运河文化特色活动。如"运河大讲堂"、"乡土课堂"、运河文献展览等，由运河民俗画家吴理人任"乡土课堂"讲师。

读者服务工作

从2007年9月起，拱墅区图书馆所有公共空间设施场地全部免费对外开放。馆内文献资源借阅、检索与咨询、公益性讲座和展览、未成年人活动、基层辅导、流动服务等基本服务项目健全并免费开放。每周开放72小时。2012年，开架图书18.47万册，书刊文献总量21.1万册。书刊文献年外借册次为56.7141万册次，人均到馆流通总人次43.3148万人次。馆外流通服务点2010至2012年基层服务点书刊文献年外借册次为30.9855万，平均每年文献借还册次为10.3285万。馆内设有政府公开信息服务点，有一名工作人员专职提供政府信息查询。2011年起，为"两会"提供服务。

2010年建立图书馆网站，以发布读者信息与数字资源为主，开通拱图微博，开展读者互动。同时链接全国信息资源共享工程。登陆网站可享用浙江省图书馆，杭州市图书馆数字资源。

在保证基础服务的同时，拱墅区图书馆常年开展公益免费的读者活动。通过几年的积累，现逐步形成了具有自身特色的五大系列活动："爱在图书馆"、"新阅读基地"、运河大讲堂、"工地图书馆"、"运河少儿影评院"。2012年，共举办讲座、培训、展览、阅读推广活动59场，参与人数4万余人次。其中"运河大讲堂"围绕中医养生、国学修身、摄影人生、家庭教育等内容，邀请了拥有丰厚学识的讲师，吸引了上万名市民前来学习。活动也被评为杭州市城区精神文明建设项目。未成年人阅读活动历年也被浙江省文化厅评为优秀组织奖或优秀案例奖。

业务研究、辅导、协作协调

目前拱墅区馆17名员工中，有8人在参加学历考试，8人取得初、中、副高级专业技术职称。近两年里，图书馆员工先后有6人撰写了专业论文、调研报告共13篇，目前已发表

杭州市拱墅区图书馆

运河大讲堂

工地图书馆

未成年人活动1

未成年人活动2

于图书馆核心期刊的论文有3篇，省级期刊上的论文3篇，浙江省学会刊物上的有2篇，另外参与编著地方图书1本，申请浙江省学会课题2项，获中图学会年会征文二等奖1篇。

该馆作为杭州图书馆运河分馆，实行杭州市一证通工程，通借通还，馆际互借，并与杭州图书馆合作开展各类活动。辖区内10个街道，62个社区建成“一证通”基层服务点。服务网络内的资源共享覆盖率达到100%，2012年书刊文献总借还册次为13.5633万册次。基层业务辅导工作常态化，2012年举办基层培训30余次，大型培训1次，参与人员361人次。

管理工作

馆内按需设岗，开展中层干部竞聘上岗，设立岗位考核制度，将职责落实到个人。设有季度考核及年终考核制度，并与奖励经费挂钩。制定财务、设备管理、员工考核、档案管理等各项规章制度，规范员工行为，严把财务报销关，做好后勤保障，为读者创造良好的阅读环境与提供良好的读者服务。

表彰、奖励情况

2011–2012年，拱墅区图书馆共获得各种表彰、奖励21个。其中省级业务主管部门及市级党委、政府表彰、奖励6个；市级业务主管部门及县级党委、政府表彰奖励13个；县级业务主管部门表彰奖励2个。

馆领导介绍

陈展，男，1967年10月生，大学本科，中共党员，2011年12月至拱墅区文广新局担任局党委委员，副局长。2012年8月分管文化，兼任拱墅区图书馆馆长。

叶艳萍，女，1978年4月生，大学本科学历，中共党员，副研究馆员，副馆长。2007年8月来杭州市拱墅区图书馆工作，任业务部主任，2012年担任拱墅区图书馆副馆长。兼任杭州市图书馆协会理事。2008–2010年历年被评为年度先进个人。2011年被评为拱墅区及杭州市优秀党员。

沈丽红，女，1974年10月生，大学本科学历，馆员，办公室主任。2007年7月来拱墅区图书馆工作，担任办公室主任。2011年被评为杭州图书馆先进个人。

未来展望

拱墅区图书馆的未来定位是：业务规范、服务友善、有特色、有品牌、有位置。即对读者服务热情、专业、规范；员工队伍积极上进、团结友爱、创意十足；特色馆藏的历史积淀深厚，逐步成为全国性、乃至世界性的运河文献收藏中心；读者活动做到创新与可持续性结合，并逐步形成自己长期的、独一无二的品牌。最终能在图书馆界、能在老百姓心中、能在社会各阶层占据一个独特的位置。

联系方式

地　址：杭州市拱墅区运河文化广场1号
邮　编：310015
联系人：沈丽红

运河大讲堂2

运河少儿影评院活动现场

杭州市西湖区图书馆

概述

杭州市西湖区图书馆前身为杭州市西湖区文化馆图书室，2005年3月单独建制，成立杭州市西湖区图书馆。新馆馆舍在西湖区古墩路413-1号，于2010年1月28日建成并投入使用，总面积3000平方米，其中图书外借阅览室1200平方米、少儿活动休闲阅览室300平方米、专题地方文献陈列室200平方米、多功能培训室300平方米、培训教室100平方米、采编室80平方米、读者休闲区500平方米、读者自修区100平方米、电子阅览服务区200平方米等。开展图书借阅服务馆舍共三层，共设有364个读者阅读席位（其中少儿阅读席位100个，用于工作计算机达19台，提供读者使用计算机30台。我馆非常注重为特殊群体、弱势人群服务，建设时充分考虑残疾人士的需要，按要求设立残疾人专用通道、专门阅览座席及残疾人专用卫生间。另提供轮椅，盲人听书设备，同时在三楼开设盲人专用阅读区。

业务建设

西湖区图书馆为差额拨款的公益性事业单位，但全部项目免费对外开放，经费全部来源于财政拨款，2010年财政拨款总额为230万元，其中专项业务经费占财政拨款总额的73%，仅购书费一项就达164万元。2011年财政补助图书馆专项经费203万，人员经费121万，2012年财政补助图书馆专项经费394万，人员经费184万。我馆文献入藏量逐步丰富，2011年图书入藏10061种，25182册；2012年图书入藏44329种，148438册，2012年总藏量达到275276册。

另外，西湖区馆特别重视地方文献，在馆内开设特色馆藏陈列区设有专架，开拓多种渠道收集，利用新媒体展示，制作专门目录，有专人负责管理。特别是为之江新城、“西溪谷”等西湖区重点工程项目提供详实的地方文献资料。自建龙舟数据库获得浙江省共享工程立项，数据库已经建立完成，为今后西湖区各类数据制作有了很好范本。数字资源和杭州图书馆联网，实现资源共享。

读者服务工作

从2010年1月起，为充分体现图书馆的公益性质，西湖区图书馆严格施行《杭州地区公共图书馆服务公约》，全面免费开放，读者可免费获得文献借阅、计算机检索、数据库使用、知识导航、参考咨询、各类培训展览及人文讲座等服务。在全面免费开放的前提下，西湖区馆注重员工服务意识的培养和业务行为的规范，注重提高服务水平和质量，通过平时的读者调查积累，预计读者满意率达95%以上。

西湖区图书馆开放时间为9:00—20:30，周一闭馆。2010年全馆借还文献近44万，2011年75万，2012年103万册次，2012到馆人次近70万，所有文献实行全开架。

西湖区图书馆采取好书推荐（宣传栏）、新书推荐（网站）、专题图书推荐（展台）、未成年人图书推荐（向学校、社区提供书目，在少儿借阅区设立专架）、地方文献展示和图书漂流等诸多方式进行书刊宣传。

该馆注重为特殊群体、弱势人群服务。在新馆建设时充分考虑残疾人士的需要，按要求设立残疾人专用通道、专门阅览座席及残疾人专用卫生间。另提供轮椅，盲人听书设备，同时在三楼开设盲人专用阅读区。还设立专门的儿童借阅区，向小朋友及他们的家长提供服务。根据不同年龄段孩子的特点推出系列活动，寓教于乐，向老年人提供特色服务，并与社区共建共享。

西湖区图书馆利用各类资源，开展丰富多彩的主题活动，形成自有品牌，以活动促人气，以人气促阅读，推进学习型城区的建设。依托“西湖人文大讲堂”、“国学经典读书会”“创意悦读手作坊”“DIY美劳系列亲子活动、“儿童情商智乐园”系列公益情商活动、以游戏作为互动交流的“外教走进西图和你亲密接触”课堂、培养社会服务意识和团结协助能力的“小小图书管理员”体验以及“节假日免费电影放映”等品牌活动，让喜爱阅读的广大市民聚在一起，享受阅读，品味好书。同时区图书馆通过进村社、学校、机关、企业、景区、楼宇、警队、军营、残联、两会“十进”服务组织了大量“送讲座”、“送活动”、“送电影”等公益活动，还推出开辟读者阅读的新空间“你点单，我购书”的贴心服务。2010年—2012年开展读者活动每年都达150次以上，每年读者活动参与人次达10万人以上。多年来，西湖区馆坚持到人大政协两会上为代表委员服务，同时采用进机关方式为全区各部委局办提供文献信息服务。该馆作为全市首先在企业开设基层服务点的区级图书馆，在写字楼楼宇开设基层服务点，为科研和经济建设服务提供

杭州市西湖区图书馆全景

图书馆进两会

读者观看影片

图书馆服务进学校

西湖人文大讲堂

了新范本。西湖区馆利用资源、人员优势，较好的发挥自身的信息服务的职能。通过电话咨询、到馆咨询等形式，向社会大众提供信息服务。该馆还不断创新宣传形式，根据不同受众群体有针对性地开展图书馆宣传周活动，同时加大媒体宣传力度，拓宽宣传途径，不断扩大图书馆的知名度和社会影响力。

基层辅导、协作协调

2010年4月16日，西湖区图书馆从杭州图书馆接受了“一证通”工程西湖区所辖基层点的服务工作。截至到2013年建立镇街村社、企业等各类基层服务网点201个，通过自身的努力和上级部门的大力支持，特别是市图书馆的密切配合，使这项工作基本走上了正轨。2011年–2012年为全区基层服务点配送文献数量达到了33万册，做到每周有书回杭图，每周有书送基层。

西湖区馆采用岗位培训、集中培训，定期操作实务轮训等诸多方式，请上来，走下去。2010年4月以来，以馆长带头下基层指导，平均每人每年在50次以上。通过对各基层服务网点的网络建设、业务自动化系统设置、电脑使用、规章制度、图创系统的使用、读者OPAC查询、工作进展等进行全方位的指导和探讨，为各基层服务点的建设和发展提供有力支持。

管理工作

于2010年1月28日，西湖区图书馆正式开馆以来，全馆工作实行按需设岗，按岗聘用，年终考核，建立内部收入分配激励机制。西湖区图书馆财务管理严格，操作流程规范，账目清楚无差错。做到年初有计划，年终有总结，进行总体工作考核。

表彰、奖励情况

2011年3月，西湖区馆荣获西湖区第二届最美丽窗口单位；2011年5月荣获浙江省文化信息共享工程网站建设“最佳设计奖”；2012年8月“国学宝贝”赛诗会活动获得第八届浙江省未成年人读书节优秀活动案例；2013年4月荣获西湖区人民满意基层站所(服务窗口)单位。

馆领导介绍

边国尧，男，1971年12月生，本科学历，图书情报专业毕业，中共党员，馆长。1990年8月从事图书馆服务工作，图书系列副高职称，2010年荣获浙江省文化信息资源共享工程先进工作者。

李伟苏，女，1965年8月生，本科学历，副研究馆员，副馆长。受过系统的图书馆学专业培训，2010年在省文明办组织的“传播绿色文明 倡导低碳生活”主题征文活动中荣获优秀指导奖、西湖区党外知识分子联谊会优秀会员、区文广新局“信息工作”先进个人。

未来展望

西湖区图书馆作为政府文化惠民的最重要窗口，本着“平等、免费、全民共享”的业务实践和丰富多彩的公益活动、公益服务方向努力。今后区图书馆继续以第五次评估定级工作为契机，争取各级政府的重视和有关部门的支持，用科学发展观努力完善办馆条件，改进图书馆各项业务工作与管理工作，提高在新时期的服务水平，更好发挥图书馆在公共文化服务体系建设中的作用，成为市民认可的第二起居室。

联系方式

地　址：杭州市西湖区古墩路413–1号
邮　编：310012
联系人：边国尧

国学迎新会

西湖人文大讲堂进村社

杭州市萧山图书馆

概述

萧山图书馆的前身为县立通俗图书馆，成立于民国10年（1921），1956年经浙江省委文教委员会批准成为全省首批县级公共图书馆之一。1981年单独建制。1986年5月从千年古刹祇园寺搬入文化路馆舍开放服务，2007年2月1日萧山图书馆新馆正式对外开放。文化路83号老馆和市心中路958号新馆分别在新老城区同时向市民提供公共文化服务。2008年7月，根据区委宣传部《萧山区公共图书共享连锁体系“4341”工程建设实施方案》文件精神，萧山图书馆全力打造萧山区公共图书馆服务连锁体系，截止2012年底，在全区范围内已建成563家图书分馆，真正做到了“一证在手，借遍萧山”，实现了公共文化服务的城乡一体化。

业务建设

截止2012年底，杭州市萧山图书馆总藏量252.8971万册（件），其中，纸质文献241.0056万册（件），电子图书11.8915万种。

2009年-2012年，萧山图书馆图书（中文）入藏量分别是41483种，23552种，50396种，87386种，4年图书入藏平均值为50704种。制定有专门的地方文献征集工作方案，2012年累计征集地方文献245种292册，电子文献3种3册，新收家谱5种84种。

截止2012年底，萧山图书馆拥有数字资源总量约38T，其中中国知网（CNKI）约占20T，龙源期刊约占7T，万方数据约占4T，其余各资源总共约占7T。

读者服务工作

全馆设文献服务中心、网络服务中心、地方文献中心和学会服务中心共4个业务部门。目前，市心中路958号的新馆和文化路83号的老馆两个馆舍以每天12小时不间断对外开放服务，另有分布全区已建成运行的563家支、分馆以每个馆每周不少于30小时对外开放服务。

萧山图书馆具有保存文化遗产、传递科学情报、开发文献资源、开展社会教育和提供文化娱乐等五大功能，并内设来新夏著述专藏馆、湘湖讲堂、科技工作者俱乐部、政府公开信息查询点等个性化服务区块。2009-2012年，总流通人次为1455.6537万人次（其中到馆服务为948.9329万人次，电话或网络咨询服务为506.7208万人次），书刊外借488.7033万册次。

萧山图书馆网站已建立并对外服务，网址为：www.xslib.com.cn,同时，萧山图书馆还承担了萧山文化网的建设和更新工作，网址为：www.xswh.gov.cn，两个网站24小时开放，为公众提供文化信息服务。图书馆网站2012年全年点击量136130次。文化网网站2012年全年点击量次114600次。数字图书馆不受时空限制，凭借书卡登录，便可享受便捷的数字资源服务。

萧山图书馆牢固树立“读者第一、服务至上”的工作理念，坚持以“小手拉大手，走进图书馆”的服务方式，开展读者活动，特别是各种生动活泼的少儿活动和具有浓厚地方特色的“湘湖讲堂”已成为图书馆的品牌，向公众传播社会主义先进文化。2009-2012年，萧山图书馆举办讲座、展览、培训、阅读推广等读者活动514场，参与人数13.8565万人次。

业务研究、辅导、协作协调

2009-2012年，萧山图书馆职工在省级以上刊物或专业会议上发表论文共计8篇，参与各类科研课题获得立项有5项。

萧山图书馆自2004年10月进入杭州地区公共图书馆通借互阅工程（即九馆一证通工程），目前可以同杭州地区多家图书馆实现通借通还、联合编目。2007年，加入浙江省联合知识导航网，目前已回答各类参考咨询近百条。2009年加入浙江网络图书馆，实现全省范围内的图书互借。

萧山图书馆采用Z39.50标准实现了从浙江图书馆、上海图书馆、浙江文献采编中心、全国联合编目中心下载书目数据，并将本馆编写的书目数据上传到服务器上。2012年，萧山图书馆共下载书目数据13243条，新编书目数据10008条。

2008年以来，萧山图书馆以提高图书利用率为目标，以方便群众为原则，结合各镇村实际，按照统一标识、统一平台、统一资源、分级管理、分散服务的模式，开展了建设工作。截止2012年底，共建成镇级支馆29个，村级分馆534个（农家书屋481个），图书分馆已遍及全区各个角落，形成了一定的品牌效应和辐射效应，社会反响热烈。萧山图书馆及时了解基层各级各类图书馆的发展情况，在基本业务建设、人员培训和自动化建设方面成效显著。2012年共举办基层业务培训16次，下基层进行业务辅导76次，为基层图书馆解决了很多实际问题。

2012年，为认真贯彻首届“山海合作”馆长论坛精神，充

六一暑期书友会

为部队流通点送书

DIY活动

图书馆里乐陶陶

亲子共读

分发挥公共图书馆在社会文化服务建设中的作用，杭州市萧山图书馆提供十万册图书与金华市图书馆资源共享。

管理工作

萧山图书馆根据馆内工作的实际情况，目前共设5大中心，即文献服务中心、网络服务中心、学会服务中心、地方文献中心和办公室，下设18个部门，并根据工作大方向，对部门设置进行及时调整。每个部门按照忙闲情况确定岗位人数、工作人员的聘用按岗位进行。中心主任、部主任采用竞争上岗的制度，择优聘用。

萧山图书馆有严格的财务管理制度、和完善的财务监督机制，多年来管理科学、有序；严格按照设备、物资、国有资产管理制度定期对设备、物资进行清查，确保科学管理；严格遵照《萧山图书馆消防安全管理制度》、《萧山图书馆突发事件应急预案》，每月定期开展消防安全检查；业务、人事管理、财务统计齐全，统计分析齐全、到位，并以此指导和改进工作。

表彰、奖励情况

2009-2012年，萧山图书馆共获得区级以上奖励29次，其中部级表彰、奖励7次，省级业务主管部门表彰、奖励4次，地级业务主管部门表彰、奖励8次，区级奖励10次。

馆领导介绍

孙勤，女，1967年7月生，本科学历，中共党员，民进会员，副研究馆员，馆长。1990年8月到杭州市萧山图书馆参加工作。

朱军华，女，1974年10月生，本科学历，中共党员，中级职称，党支部书记、副馆长。1993年8月到杭州市萧山图书馆参加工作。先后被评为2009年杭州市公共图书馆事业优秀工作者、2009年度区科协系统先进个人、2010年度萧山区劳动模范、2011年度萧山区优秀宣传思想工作者。

庞晓敏，女，1971年12月生，本科学历，中共党员，中级职称，副馆长。1992年8月到杭州市萧山图书馆参加工作，2007任副馆长。先后被评为2009年度浙江省讲座工作先进个人，2009年度区科协系统先进个人。

未来展望

萧山图书馆正以“低门槛、高质量的服务”和“低姿态、高效能的运作”，努力打造成设施先进、服务优质、公众满意的“市民大书房”，成为让世界了解萧山的一个窗口。

联系方式

地　址：市心路新馆：杭州市萧山区市心中路958号
邮　编：311202
地　址：文化路旧馆：杭州市萧山区文化路83号
邮　编：311201
联系人：陈　纾

杭州市余杭区图书馆

概述

余杭公共藏书始于民国10年（1921年），为杭县通俗图书馆，历经多次撤销重建后，余杭县图书馆于1987年独立建制，在临平新建街（今邱山大街）建成馆舍。2005年11月9日，位于南苑街道世纪大道49号的新馆舍建成开放，占地面积8233平方米，建筑面积10931平方米，总投入近4000万元，是一个集信息化、智能化、数字化于一体的现代图书馆。新馆舍主楼5层、裙楼3层，包括第一、二外借室、报纸期刊阅览区、少儿室、古籍室（地方文献阅览）、参考文献阅览室、电子阅览室（音像制品外借）、自修室、报告厅、展厅等，90%以上的区域面向读者开放。2012年，全馆共有计算机101台，宽带接入100Mbps，可容纳读者座位872个，选用Interlib图书馆群集管理系统。1994年、1998年、2003年、2009年和2013年，余杭区图书馆连续5次获得“全国一级公共图书馆”称号。

业务建设

截止2012年底，余杭区图书馆总计馆藏58.12万册（件），其中，纸质文献53.86万册（件），电子文献42623种。

自2005年以来，余杭区图书馆购书经费拨款基数每年增加10%，2012年购书经费达157万元。2009–2012年，共入藏中外文图书100031种，182966册，中外文报刊4494种，视听文献47037种。地方文献专人专架管理，门类齐全、载体多样、资料丰富、专题资料特色明显。建有章太炎文化、径山禅茶文化、余杭作家作品等9个特色文化专题陈列架。

截止2012年底，余杭区图书馆数字资源总量为5TB，其中，自建数字资源总量4.25TB。2009–2012年，根据余杭区特色建设的良渚文化数据库通过验收，上缴全国文化信息资源共享工程浙江分中心。章太炎文化数据库获省文化厅立项，基本完成建设。此外，古籍普查项目已申报浙江省古籍保护项目，并全面开展普查。

自2011年7月1日起，开通市民卡、身份证的借阅功能，市民借阅更加便捷。2012年，余杭区图书馆作为杭州市免费公众WIFI“i–hangzhou”的覆盖区域，实现无线网络覆盖，让更多读者享受免费WIFI的便利。

读者服务工作

余杭区图书馆每周开放72小时，实现办证、借阅、咨询、社会文化活动等基本服务项目免费，面向残障人士、中老年人等特殊群体提供特色服务。2009年–2012年，书刊总流通506万人次，书刊外借249万册次。余杭区图书馆自2006年启动城乡一体化图书服务网络体系建设，不断创新服务，强化指导，截至2012年底，建立“一证通”基层服务点31个，19个镇（街道）图书分馆覆盖率达到100%，集体流通点个数达到42个，形成了一张覆盖面较广、辐射力较强的延伸服务网络，产生了良好的社会效益。定期向区委、区政府等政府主要部门推送图书馆《信息参考》，2009–2012年，结合热点焦点问题，编发《信息参考》48期。2012、2013年，积极参与“两会”信息服务，受到省文化厅表彰，被评为省公共图书馆“两会”信息服务优秀奖。

2009–2012年，余杭区图书馆网站访问量10.3万次。2011年初，开通新浪微博，2012年完成网站改版升级，2013年开通手机图书馆。截止2012年，余杭区图书馆发布及共享的数字资源总量为60余种，5TB，均可实现馆内馆外互通式访问。

2009–2012年，余杭区图书馆共举办讲座、展览、培训、阅读推广等读者活动300场次，辐射总人数达到20万人。结合世界读书日、服务宣传周、未成年人读书节、太炎读书月等活动主题，抓住重点、精心策划、全面协作、重心下移，大力塑造阅读活动品牌——市民素质大讲堂、太炎讲堂、“一叶舟”图书漂流、向日葵绘本阅读故事会、“美丽洲”故事会、未成年人读书节、主题读者沙龙等，有效丰富了市民群众的文化生活。

业务研究、辅导、协作协调

余杭区图书馆设文献服务部、读者活动部、网络数字资源部、专题咨询部、办公室（后勤）等5个部门，现有从业人员47人，其中正式职工23人，2人具有高级职称(副研究馆员)，初级以上专业技术职称占69.5%。2009–2012年，全馆职工发表论文20余篇，其中在区级以上刊物或专业会议上发表论文8篇，获省文化厅立项项目3个。

2010年起，制定了《余杭区公共图书馆镇、街道图书分馆考核实施细则》、《余杭区公共图书资源共享服务网络考核办法》、《余杭区共图书馆文献流转管理办法》、《余杭区镇（街道）分馆管理员培训办法》等相关制度，切实规范管理。为实现文献资源利用最大化，通过物流车每季度开展对分馆500册的图书流转，且每年开展万册图书下乡工作，2009–2012年，总计扶持图书4万余册。

余杭区图书志愿者具有良好的基础。仁和街道庞汝勋老人从2001年7月创办了云会村西南山少儿图书室是余杭区惟一一家免费供少年儿童借阅的图书室，整整影响了云会村一代人。余杭区太炎中学退休教师孙石林个人出资办起来的图书室，存有4000多册图书，对外免费开放。为更好地满足基层群众的文化需求，实现农家书屋的有效管理，余杭区图书馆从2012年开始，积极探索农家书屋志愿者管理体系，2013年制定《余杭区农家书屋志愿者队伍管理办法（试行）》，并着手对15个农家书屋进行志愿者管理试点。

2009–2012年，余杭区图书馆每年派业务骨干下基层辅导100余次，定期组织各级图书管理员进行专题培训，为镇（街道）图书分馆、村（社区）图书室和农家书屋的管理员提供挂职轮岗机会，理论学习和实践操作两手抓，不断提升人才队伍素质和服务水平。

管理工作

2011年上半年，开展中层干部竞争上岗和一般工作人员双向选择工作，对部门进行重新调整优化，采用岗位目标责任，重新修订考核细则，层层分解工作目标，层层进行考核，形成一级考核一级的机制。2013年完成馆领导班子、党支部、工会换届选举。2009–2012年，定期进行文献排架和书目数据抽查，编写馆刊《书韵》8期、《缤纷悦读季·快乐读书人》6期，馆属各部门每月上报工作月报，每季度撰写季度分析报告，年终上报调研报告。

表彰、奖励情况

2009–2012年，余杭区图书馆共获得各类表彰、奖励26次，其中，省委、省政府表彰、奖励1次，省文化厅表彰、奖励9次，市委、市政府表彰、奖励6次，区委、区政府表彰、奖励10次。

馆领导介绍

李育刚，男，1973年5月生，大学本科学历，中共党员，中级职称，馆长。1992年参加工作，历任余杭广播电视台播音员（主持人），2005年至2010年任余杭文化广电新闻出版局组织人事科副科长、科长，局纪委委员、监察室主任，兼任杭州市图书馆基金会常务理事，余杭区宣传系统党风廉政建设和效能建设监督员等职。2011年荣获杭州市公共图书馆事业优秀工作者，2012年荣获杭州市农家书屋建设先进个人，2012年荣获余杭区信访工作先进个人和年度优秀挂职干部。

任晴，女，1965年9月生，本科学历，中共党员，副研究馆员，副馆长。1984年2月参加工作，先后在采编部、阅览部、参考咨询部等部门工作。

徐松娟，女，1962年10月生，大专学历，中共党员，副研究馆员。1980年6月进馆工作，先后在采编、参考阅览、外借少儿等部门工作，任副主任，主任等职。2000年8月至2013年月11月先后担任图书馆馆长助理、党支部副书记、副馆长。

罗素洁，女，1983年11月生，中共党员，2005年毕业于浙江万里学院文化与传播学院新闻学专业。2005年9月入馆，先后担任办公室副主任、主任、馆长助理、副馆长等职务。

未来展望

余杭区图书馆本着一切为读者服务的宗旨，以争创"知识交流中心、读者精神家园、多元文化窗口、海量信息空间"为目标，在2009–2012年间，不断增强服务意识，提高管理水平，扎实稳妥地推进各项工作。2013年，余杭区图书馆馆舍布局调整，开辟新阅览区域，增设阅览坐席，丰富馆藏，并对原有展厅进行升级改造，以更好地满足布展需求。在总分馆建设上，推动镇（街道）图书分馆创建特色馆藏资源，根据人口密度及分布科学规划分馆选址，合理配置馆藏册次，扎实提升服务水平。在业务辅导、技能培训等方面不断向村（社区）图书室（农家书屋）倾斜，充分发挥基层图书室作用，稳步推进15分钟阅读圈的建设。在数字图书馆建设上，余杭区图书馆力争打造功能完备、服务便利的数字化服务网络，建立起图书馆与读者之间的B2B模式，为读者提供更好的服务，从而促进图书馆事业的更好发展。

联系方式

地　址：杭州市余杭区临平南苑街道世纪大道49号
邮　编：311100
联系人：曹佳音

桐庐县图书馆

概述

桐庐县图书馆坐落在桐庐县城南街道白云源路608号，周围环境优美，交通便捷。馆舍面积6200平方米，建筑风格为中西合璧、美观大方，是县文化事业的标志性建筑之一。在老城区迎宾路还设有城北图书分馆，分馆建筑面积1562平方米。目前，两馆应市民的要求，同时对外开放，极大地方便了县城广大读者的阅读需求。目前桐庐县图书馆藏书总量达到436571册，报纸期刊36706件，古籍2647册，连环画2754册，各种家谱、赠书等地方文献1200册，馆内设有综合活动部、文献借阅部、技术服务部、城北图书分馆四大工作部门，还设有多功能报告厅、中心小花园、走廊茶吧等多个读者休闲服务区，体现了桐庐县图书馆“多功能、开放式、休闲化”的特点。

业务建设

桐庐县图书馆从1994年以来，曾三次评为“国家二级图书馆”，2005年7月首次被评为“国家一级图书馆”。近年来，多次通过“国家一级图书馆”的复评。桐庐县图书馆通过一系列服务创新举措，成功地将“创新服务”转化为群众的“文化福利”，为全县群众打造了一个“文化粮仓”。

总分馆制工作有特色。2009年开始，桐庐县图书馆在杭州地区率先推行了“图书馆总分馆制”建设，至2011年全县各乡镇（街道）已建成并投入使用的图书分馆达到12个，实现了图书馆乡镇分馆全覆盖目标。公共电子阅览室建设成示范。按照从“实际出发，因地制宜”的建设原则，到2011年底，全县所有乡镇（街道）完成公共电子阅览室建设，逐步实现县、乡镇、中心村“城乡一体化”公共电子阅览室三级服务网络。桐江人文讲堂品牌化。2007年桐庐县图书馆开办了“桐江人文讲堂”，以学术性为核心，兼顾科普人文。“桐江人文讲堂”被县宣传部评为县思想教育“创新奖”提名项目。截止到2014年12月，共举办“桐江人文讲堂”讲座80期，受益群众数达2万余人次。

读者服务工作

桐庐县图书馆采用了365天开放模式，且每周开放75个小时以上，双休日和法定节假日也不例外，所有窗口部门一律准时对外开放。截止2014年底，桐庐县图书馆共接待读者1377645人次，书、刊、碟流通3207916册次。几年来，桐庐县图书馆本着“引领阅读，服务读者”的理念，积极开展了“元宵灯谜”“4.23世界阅读日”“桐庐百姓日”“书香人家、书迷”评比以及展览等各类活动，并力争每项活动年年都有所创新，以增强活动的吸引力和影响力。

元宵灯谜年年办，年年创新各不同。2011年的灯谜活动中增添了“潇洒桐庐知多少”知识竞答，并配以《桐庐今朝更潇洒》大型图片展；2012年的元宵灯谜活动增加了“总分馆联动闹元宵”；2013年的元宵节增加了桐庐首届“中国画城·潇洒桐庐”元宵灯谜创编大赛；2014年元宵猜灯谜活动分设了两个场地进行。每年元宵灯谜活动都得到了当地老百姓的积极参与和一致好评。“4.23世界阅读日”活动亮点纷呈。在阅读日这一天，都要举办一系列活动，如活动期间免收逾期费，因不慎遗失的图书在读书日办理赔偿，按书的原价赔偿，读者在读书日当天办理借阅证赠送精美图书一册。主题展览丰富多彩。几年来，已举办了《桐庐今朝更潇洒》大型图片展、《传承雷锋精神·提升道德品质》主题展览、《品味书香·文化桐庐》特藏文献珍品等大型展览，截止2014年底，共举办展览102期，观展读者累计达到70万余万人次。

截止2014年底，桐庐县图书馆网站访问量约705864万次，开通了图书馆微博，馆内WIFI全覆盖，增设“触摸屏报刊阅读机”“电子书借阅机”“自助借还系统”；2014年桐庐县首个“24小时微型图书馆”在中心广场对广大市民开放。设备的提升，服务的创新，让读者享受到更便捷、更人性化的图书借阅服务。

业务研究、辅导、协作协调

2009年—2014年，桐庐县图书馆获得国家级立项课题1个，省级课题2个，其他课题4个，馆职工发表论文70余篇。

2011年6月8日至9日，桐庐县图书馆协助浙江省文化厅主办、桐庐县人民政府承办了“浙江省县图书馆乡镇分馆建设现场会”，来自13个地级市及80多个县的分管局长、图书馆馆长等150多位代表参加会议，共同探讨了总分馆制建设工作。目前，全县14个乡镇（街道）除了县城的两个街道以外，其他12个乡镇（街道）都建成了图书馆分馆，并在每个乡镇分馆建立免费开放的公共电子阅览室，实现了全县乡镇分馆及电子阅览室的全覆盖。

在实践的基础上，桐庐县图书馆与杭州图书馆承担的文化部课题“国家公共文化服务体系制度设计研究综合性课题（东部）”的子课题——《县图书馆乡镇分馆建设研究》，和浙江省公共文化服务体系示范项目——《城乡一体化公共电

党支部路线教育活动

“十大书迷”颁奖典礼

城北分馆

图书馆外借室

服务农民、服务基层先进集体

子阅览室建设研究》于2013年顺利结题；2013年申报的《桐庐民间剪纸》数据库建设通过省文化厅的验收；2014年申报《桐庐越剧》数据库建设和县级社区示范课题《桐庐县阅读体验馆的建设与运行》正在紧锣密鼓地进行着。

管理工作

桐庐县图书馆现有职工36人，正式在编职工15人，其大学本科以上学历22人，副研究馆员6人，馆员6人，助理馆员5人。桐庐县图书馆继续推行两年一次中层竞聘上岗和职工双向选择的工作举措，“竞聘上岗，双向选择”，激发全体馆员的工作责任心与积极性。此外，全馆还执行一年一次目标责任考核制，实行奖勤罚懒、奖优罚劣，使各项工作落到实处。

表彰、奖励情况

2009年–2014年桐庐县图书馆共获得各种表彰、奖励45次，其中文化部表彰1次，省文化厅6次，省市图书馆、文化信息资源共享工程等奖励、表彰8次，其他奖励表彰30次。

近几年，经过全体图书馆员共同努力，励精图治，开拓创新，平凡的工作做出了不凡的业绩，赢得了社会的一致好评。2011年桐庐县图书馆网站被浙江省文化厅评为浙江省文化共享工程十佳网站；2012年荣获全国文化信息资源共享工程·公共电子阅览室示范点和文化共享之星；2013年被中共中央宣传部、文化部、国家新闻出版广电总局三家单位授予“第五届全国服务农民、服务基层文化建设先进集体”；2014年荣获“浙江省社会科学普及示范基地”“浙江省农家书屋工程建设先进单位”“浙江省‘敬老文明号’称号”“县级‘工人先锋号’称号”“‘三八’红旗集体”等诸多荣誉称号。

馆领导介绍

叶爱芳，女，1967年10月生，本科学历，副研究馆员，馆长。1989年8月参加工作，2004年9月调入桐庐县图书馆工作，先后担任社会活动部、采编部主任，2010年10月任桐庐县图书馆馆长助理，2012年10月任副馆长，2013年7月担任桐庐县图书馆馆长。

程建宇，男，1961年7月生，本科学历，中共党员，副研究馆员，党支部书记。1981年参加工作，2007年8月调入桐庐县图书馆工作，任馆长至2012年9月，2012年10月任桐庐县图书馆党支部书记。

郑景，男，1978年4月生，本科学历，中共党员，馆员，副馆长。2001年到桐庐县图书馆参加工作，先后任技术服务部、采编部、电子阅览室主任，2010年5月借调到桐庐县文广新局人事科工作，2012年10月任桐庐县图书馆副馆长。

朱建云，女，1973年9月生，本科学历，中共党员，副研究馆员，副馆长。1997年8月参加工作，2011年8月调入桐庐县图书馆工作，曾担任文献借阅部主任，2013年7月任桐庐县图书馆馆长助理，2014年10月任桐庐县图书馆副馆长。

未来展望

桐庐县图书馆以加快建设基层图书馆服务网络，提高自身服务能力，完善农村图书馆建设和农家书屋工作，满足人民群众的阅读需求为己任；坚持“以人为本，强化管理，优化服务，推陈出新”的服务理念；加强文化设施建设，提高文献资源利用率，不断满足人民群众的阅读需求；以服务工作为中心，开拓创新；以提高馆员素质为根本，强化教育；在基础设施、文献资源、人员队伍建设及科学管理、读者服务等方面不断完善和提高。

联系方式

地　址：桐庐县城南街道白云源路608号
邮　编：311500
联系人：覃起琼（撰稿）

未成年人读书节启动仪式

元宵灯谜活动现场

建德市图书馆

概述

建德市图书馆前身为建德县图书馆，成立于1956年，馆址设于梅城镇，行政上由县文化馆兼管。1960年12月，新安江水电站落成，县图书馆随县人民政府由梅城镇迁到白沙镇。馆址几经变迁，2008年1月新馆开馆，新馆位于新安江广场广兴路与国信路交汇口，总建筑面积达4295平方米，阅览座位三百余座，设有报刊阅览室、参考阅览室、外借室、电子读物室、古籍与地方文献室、少儿阅览室、电子阅览室、服务总台、自修室及学术报告厅等多个服务窗口。2009年，参加第四次全国公共图书馆评估，首次获得一级图书馆。2012年，建德市图书馆有阅览坐席333个，计算机89台，信息节点250个，宽带接入100Mbps，采用杭州地区一证通Interlib图书馆集群管理系统。

业务建设

截止2012年底，建德市图书馆总藏量46.912万册（件），其中，纸质文献44.89万册（件），电子图书2万册，电子期刊0.022万种/册。

2010、2011年，建德市图书馆新增藏量购置费52万元，2012年新增藏量购置费为：310.2万元。2009—2012年，共入藏中外文图书3.1658种，29.2414册，视听文献2312种。2012年，地方文献入藏完整率为96%。

截止2012年底，建德市图书馆数字资源总量为55.05TB，其中，自建数字资源总量3.25TB。2009—2012年，完成《新叶古村乡土建筑与民俗文化》数据库建设并通过浙江省文化共享资源建设项目验收。在建的数据库有《建德市图书馆地方文献数据库》。

读者服务工作

从2008年1月起，建德市图书馆以杭州地区一证通Interlib图书馆集群管理系统为平台，采用馆藏文献全开架、免费、服务总台统一借阅的服务方式，实行“全年全天候开放”制，每周开放时间达84小时。2009—2012年，书刊总流通86.8万人次，书刊外借106.3万册次。2012年5月，在全市范围内开通市民卡书刊免费借阅功能。2009—2012年，建成馆外流动服务点16家，书刊外借4.89万册。2010年10月，开设政府公开信息服务项目，向读者免费赠阅《杭州市人民政府公报》、《建德市人民政府公报》。2009—2012年，为市政府四套班子赠阅自编剪报《决策参考》96期，192份。

2010年3月开通建德市图书馆网站。2010—2012年，网站访问量10.8056万次。2009年开通《建德文化信息资源共享网》，开辟文化动态、本地新闻、在线电影、在线音乐等20余个文化信息相关栏目，资源可存储量达4TB。

2009—2012年，建德市图书馆共举办讲座、展览、培训、阅读推广等读者活动161场次，参与人数4.8万人次。2008年，开创“建交流平台、激智慧火花、传人文精神、扬建德文化”为宗旨的“新安讲坛”，2008—2012年，总计举办32场。2009年，推出以“文化惠民，共享生活”为旨的免费放电影活动，2009—2012年共放映108场，送电影下乡96场。

业务研究、辅导、协作协调

2009—2012年，建德市图书馆职工发表论文6篇，省级课题1项。

2011年起，建德市分别出台了《关于建德市构建城乡一体化公共图书馆服务体系的实施意见》与《建德市关于加快推进农家书屋建设的实施意见》文件，建设起城乡一体化公共图书馆服务体系。2012年5月，全市农家书屋实现全覆盖，村级图书室建成，实现了村村有图书室的建设目标。市财政共投入图书购置费218万元，共购置图书193000册，音像光盘2万册。为全市235个行政村（社区）共配送农家书屋图书30余万册，音像2万余册。截止2012年底，全市建成图书馆乡镇分馆12家，每个分馆分别配有图书管理志愿者一名，实现总馆与分馆之间的通借通还。2012年乡镇分馆、村图书馆（室）图书借阅量为65000册，借阅人次为35000人次。同时将基层图书馆（室）的培训工作纳入年度计划之中，2012年举办分馆管理员、村文化员业务培训班2次，采用一对一的业务培训8场，下乡辅导30余次。并且开展廉政文化进农村活动，为本地区12家乡镇（街道）、30家中心村采购配置四千余册廉政图书，在农家书屋内增设廉政图书专架，建立起“市、乡镇（街道）、行政村”三级廉政文化阵地。

农家书屋授牌

为驻地部队服务

举办乡镇、村文化员培训班

开展亲子阅读活动

《新安讲坛》走进农村

管理工作

2011年，建德市图书馆完成事业单位岗位设置及聘任工作，同时，建立了工作量化考核指标体系，每月进行工作进度通报，每季度考核一次，每半年和全年进行总体工作考核。2009–2012年，共抽查文献排架48次，书目数据8次，编写《建德市图书馆通讯》16期，撰写专项调研、分析报告3篇。

表彰、奖励情况

2009–2012年，建德市图书馆共获得各种表彰、奖励11次，其中，省文化厅表彰、奖励2次，其他表彰、奖励9次。

馆领导介绍

王强，女，1962年3月生，大专学历，中共党员，副研究馆员，馆长兼书记。1979年12月参加工作，1994年1月到建德市图书馆工作，2000年9月任建德市图书馆馆长。

蒋越，男，1964年8月生，本科学历，副研究馆员，副馆长。1987年7月参加工作，1996年12月任建德市图书馆副馆长，分管全馆业务工作。

李迎春，女，1969年2月生，本科学历，中共党员，副研究馆员，副馆长。1987年12月参加工作，2011年5月任建德市图书馆副馆长，分管办公室、网络技术部工作。

未来展望

建德市图书馆坚持以营造“免费、自由、无障碍”的阅读氛围为己任，秉持“读者满意是我们的追求”的服务理念，竭诚为本地区政治、经济、文化事业的发展而服务。2009–2012年，在不断强化自身综合实力的同时，通过城乡一体化公共图书馆服务体系建设，带动了全市公共图书馆事业的整体发展。在未来的几年里，建德市图书馆将在现有馆舍的基础上，从多方面着手，竭力改善读者阅读环境，为读者打造一个优美、舒适的阅读氛围，吸引读者坐下来阅读。同时，依靠先进的信息技术和丰富的信息源，发挥自身优势，提升社会服务职能，支撑保障乡镇分馆、村（社区）亚分馆服务体系良好运行，带动本地区公共图书馆持续发展。

联系方式

地　址：浙江省建德市新安江街道广兴路10号
邮　编：311600
联系人：郑皓天

富阳市图书馆

概述

富阳市图书馆成立于1978年，现有建筑面积3600平方米，藏书约35万册，是一个集文化、教育、科研、休闲等功能为一体的综合性的公共图书馆。全馆现有职工23人，下设办公室、流通部、文献借阅中心、阅览与信息中心等部门；开设纸质文献、电子读物外借、报刊、电子、少儿阅览，参考咨询，图书流通等服务；开通浙江网络图书馆、杭州图书馆文澜在线、杭州数字图书馆、手机图书馆等网络阅读。建立了郁达夫研究资料库、三国东吴文化研究资料库、富春书屋等特色馆藏。全年365天开放，每周开放时间62小时以上，年接待读者30万人次以上。作为传播科学知识和弘扬先进文化的重要阵地和窗口，富阳市图书馆始终坚持“读者第一、服务至上”的宗旨，以良好的形象、规范的管理、优质的服务获得社会各界的好评。先后被评为富阳市级示范性文明单位、富阳市级巾帼文明岗、富阳市语言文字先进单位、富阳市先进基层党组织，还被列为富阳市文艺家创作基地、富阳市禁毒宣传预防教育基地、浙江省、杭州市科普示范基地。2005年、2009年两次被文化部评估定级为国家一级馆。2012年，富阳市图书馆有阅览坐席362个，计算机66台，信息节点324个，宽带接入100Mbps，选用Interlib图书馆自动化管理系统。

业务建设

截止2012年底，富阳市图书馆总藏量30.4万册（件），其中，纸质文献23万册（件），古籍2583册，期刊合订本56571册，其他视听文献10136册。

年购书经费从2008年的60万元增加到2012年的80万元。新书年入藏量从2008年13768种、18889册增加到2012年20297种、31918册，报刊征订从2008年621种增加到2012年的774种。

截止2012年底，富阳市图书馆数字资源总量为51.8TB，其中，自建数字资源总量1.2TB。2009—2012年，完成“三国东吴研究资料库”；整合书库资源，进一步完善郁达夫资料库的建设。此外，该馆十分重视对反映富阳历史、地理、人文和风俗等各类地方文献的征集，每年追加经费投入，并使地方文献总支出达到年度总经费的5%以上。地方文献征集整理工作责任到人，设有专室专柜，独立文献保藏与借阅场所400平方米。到2012年底本馆地方文献共计2104种5000余册，特色文献534种。并以较好的成绩通过省、市文化部门的考评。

2009年8月，争取财政资金68万元，开展支中心建设，9月，顺利通过富阳市政府信息中心验收。2010年七月，顺利通过浙江省文化共享工程县级支中心规范化建设督导。支中心建成以来，依托农村党员干部远程教育，与市委组织部开展合作共建，在全市构建了文化共享工程县级支中心、乡镇（街道）基层服务点、村（社区）基层点的三级服务体系。同时，完成全市25个乡镇街道、276个行政村、23个社区基层服务点账号、密码的设置及试链接，使之打开网址或采用账号登录方式均可进入集电影欣赏、名家讲坛、农业技术和地方特色资源于一体的文化共享工程富阳市支中心平台。该项目同时建有美萍VOD点播系统，面向馆内读者提供电影、电视剧等视频服务，数据量1.2T。支中心建成以来常年组织开展基层点管理员业务培训班及实地业务辅导250余次、受众820余人，为管理员提供了相互交流、学习的平台，也对提高管理员队伍整体素质起到了极大的推动作用。

读者服务工作

富阳市图书馆全年365天天天对外免费开放，周开放62小时。2009—2012年，书刊外借总流通人次74.0712万，书刊外借册次105.3510万册次。有针对性地开展政府公开信息及参考咨询服务。结合公众关注的热点问题，富阳馆适时推出城市建设、民生保障、医疗保健等为政府机关决策服务的参考咨询简报；为富阳的重点教育编辑的《教育改革和发展》专题信息；为科研单位编制的《科普信息》简报；为企业编制的《关注小微企业“过冬”》、《企业经济结构优化》等；为事业单位及社区、村编印《社区卫生》等专题信息简报，深受各方好评。

2012年4月23日，开通富阳市图书馆网站，构建了社会公众与图书馆的互动平台。截止2012年，富阳市图书馆发布使用的

富阳市图书馆馆貌

富阳市图书馆大厅

数字资源总量为51.8TB，均可通过富阳市图书馆网站、VPN专网想富阳市图书馆、共享工程基础服务中心提供检索、浏览和下载服务。

2009–2012年，富阳市图书馆创新载体，组织开展富具特色的读者活动。一是继续开设“乡土讲堂”栏目，举办了“我爱阅读，我爱写作”及“国遗项目——富阳竹纸制作技艺介绍”等讲座，二是组织实施了富阳市首届“书斋文化”主题活动。内容有“珍藏图书交流”、“我与书斋”征文、“书法题写斋名和励志名言”、“书斋文化图版制作展览”、“书斋文化讲座”等系列读者活动，三是开富阳史上先河，从2011年开始连续两年推出富阳市首届、第二届富春江“读书节”，内容涵盖启动仪式、“我爱读书”演讲比赛、“读好书、聊经典”活动、读书感言征文大赛、名家讲座、网络文章接龙邀请赛、全市“魅力书香”摄影大赛、全市易书会暨全民捐书活动、“富阳人读富阳”荐书阅读活动、“送图书、献爱心”、好书和重点期刊推介等系列活动。读书节活动贯穿全年，在社会上引起了强烈反响，有效拓宽了读者层面，营造了“崇尚知识、全民阅读”的良好氛围，取得了良好的社会效益。截止2012年底，富阳市图书馆共举办讲座、展览、培训、阅读推广等读者活动100场次，参与人数11.2614万人次。

业务研究、辅导、协作协调

2009–2012年，馆员工先后在国家一级核心期刊、省级专业刊物发表专业论文23篇，完成浙江省图书馆学会《郁达夫的读书藏书与用书》课题一项，出版《富春风》专著一本，馆员队伍综合素质不断提高。

2009年以来，富阳馆积极推进全市公共图书馆服务体系建设，现已建立7个乡镇（街道）图书分馆，63个基层图书流通点，276个行政村农家书屋建设实现全覆盖，初步构建了以富阳图书馆为总馆，街道、乡镇图书馆为分馆，社区、村图书室为亚分馆的三级图书馆服务体系，实现了各级图书馆的资源共享和服务互动互联，为市民群众提供了便捷的公共图书馆服务。同时，该馆作为全市公共图书馆服务网络的业务总馆，承担对分馆和亚分馆业务的规划、指导、管理、监督和评估等工作。每年都举办基层图书管理员业务培训班和实地业务辅导，截止2012年底共组织举办基层点管理员业务培和业务辅导24次，受众1000余人。

此外，富阳馆多年来积极参加省馆、杭州市组织举办的浙江省未成年人读书节、西湖读书节等活动，参与杭州“运河之美“民间手工艺大赛、巡展等馆际协作、协调工作并屡获佳绩。

管理工作

2011年，富阳市图书馆完成第二次全员岗位设置和聘任，本次聘任共设20个岗位，有20人重新上岗，同时，建立了工作量化考核指标体系，每月进行工作进度通报，每半年和全年进行总体工作考核。推出学术管理研究激励制度，营造学术管理氛围，采取请进来走出去的方法，邀请省图书馆专家来馆授课，分批组织馆员赴杭州图书馆现场培训，提高馆员的实际工作能力。鼓励馆员参加后学历教育，组织馆员参加各类岗位业务培训和继续教育，2012年人均学时达到107.2学时。

表彰、奖励情况

2009–2012年，富阳市图书馆共获得各种表彰、奖励15次，其中，文化部表彰、奖励1次，省文化厅表彰、奖励3次，市委、市政府表彰、奖励4次，其他表彰、奖励7次。

馆领导介绍

王强，男，1970年9月生，本科学历，中共党员，中级职称，书记、馆长。1990年12月参加工作，历任富阳市新登镇文化站站长。主持全馆全面工作。

吕会儿，女，1975年10月生，本科学历，中共党员，副研究馆员，副馆长。1996年9月参加工作，分管全馆业务工作。

彭丰，男，1968年11月生，大专学历，中共党员，初级职称，支部委员。1999年1月参加工作，先后在阅览部、办公室工作，任办公室主任。分管党建工作。

未来展望

今后，为了能为读者提供更高质量的服务，富阳图书馆将在以下方面做出更多努力：一是积极争取领导重视，加大经费投入。一方面，改造目前现有馆舍设施，提高利用空间，改善借阅环境。另一方面，根据市政府有关文化设施建设规划，通过多方努力，争取早日动工建造新馆。二是着力推进全市公共图书馆服务体系建设，以总分馆制的运营模式，实现三级图书馆的资源共享和服务互动互联，为市民群众提供更便捷的图书馆服务。三是充分发挥共享工程县级支中心的作用，为读者提供更快更多更好的文化服务。加强馆藏资源建设，提高图书馆纸质资源和数字资源的服务能力。四是采取多种形式，加强队伍建设，切实提高馆员整体素质，提升服务水平和服务能力。五是转变服务理念，拓展服务内容，完善服务项目，依托现代信息技术，实现服务手段多样化，将图书馆打造成为市民集信息获取、知识学习、思想交流、文化活动、社交休闲、学术研讨等为一体的重要活动空间。

联系方式

地　址：浙江省富阳市富春街道富春路3号
邮　编：311400
联系人：彭 丰

图书阅览室

首届富春江读书节启动仪式

墨迎新春送春联活动

临安市图书馆

概述

临安市图书馆于1984年7月独立建制。馆址几经变迁，现馆址位于临安市城区中心区域衣锦街321号，馆舍建筑面积8051平方米，其中地上面积6051平方米，地下面积2000平方米，于2012年12月28日竣工投入使用。

临安市图书馆以传统的阵地服务为基础，结合形式各异的衍生服务，集现代图书馆和传统图书馆的服务功能于一体，采用开放灵活的藏书、自助借阅、查询、展览、讲座、培训一体化的新型服务模式，除了专题文献和地方特色文献外，藏书实行全开架，向读者免费开放。

截至2012年12月，在编人员18人，临时人员18人，其中设馆长1人，书记1人，副馆长1人；本科及以上学历12人，大专学历18人；具有副高职称1人，中级职称10人，初级职称7人。

临安市图书馆设有儿童借阅室、低幼活动室、外借室、报刊参考阅览室、电子阅览室、总服务台、专题文献部、盲文文献阅览室、网络技术部、报告厅、展览厅、培训室、综合办、接待室及地下书库。开展外借、阅览、参考咨询、专题跟踪、电子视听等服务，举办讲座、培训、展览、学术交流等活动。有阅览坐席596个，每周开放72小时，宽带接入100M，无线网络全覆盖，选用阿法迪图书自助借还系统，设有微型图书馆一家。

业务建设

临安市图书馆现有藏书48.96万册，古籍3510册，报刊装订本36414册，视听文献1670件，年征订报刊894种。社会科学类文献是馆藏文献的重点。特藏以文史资料为主，地方文献有（清）嘉庆三年修的县志及新修县志、山志、石志及《钱氏家谱》等族谱、宗谱。2013年申报古籍普查项目，筹集资金配备古籍普查专用工具一套，预计于2015年10月份完成全馆的古籍普查工作。图书馆利用丰富的馆藏资源为读者提供外借、阅览、咨询、跟踪服务、阅读导航等一系列全方位的服务。

2012年底，新馆竣工开馆后，2013年购书经费增至90万元，年入藏图书4万余册。2014年，购书经费又增至110万元。

在新馆开馆之际，临安馆引进阿法迪自助借还系统与定位系统、开设一家微型图书馆，信息化、自动化建设逐步完善。2014年4月临安市图书馆开通了微信公共平台服务，通过微信，加强与读者间的联系，开辟新的网上宣传服务窗口。2014年6月与超星公司合作，推出了“临安移动图书馆”服务项目，移动终端百万册海量电子书免费下载，数字资源得以实现随时随地浏览。

读者服务工作

自从新馆投入运营后，临安市图书馆每周开放时间从原来的61小时增加至72小时。2009年—2012年，书刊总流通54.73万人次，书刊外借144.19万册次，网站访问量达89421人次。

2009年至2012年，临安市图书馆实现了298个行政村农家书屋全覆盖工程，每个农家书屋可借阅图书种类不少于1200种、数量不少于1500册，报刊种类不少于30种，电子音像制品数量不少于100种（张）。与此同时，总分馆建设也齐头并进，到2012年年底，建成15家镇街道分馆，每个分馆拥有面积200余平米，藏书15000册，具备图书外借、报刊阅览、电子阅览、共享工程服务等配套功能，实行书刊借阅“一证通”服务。

读者活动是图书馆衍生服务中的一项重要工作内容，临安市图书馆在坚持做好传统服务、增加业务量的同时，也不断探索创新，开展各类读者活动活跃气氛、扩大影响。1、借势、借力，精心组织策划大型系列活动。我馆老馆因受场地条件的限制，很多大型活动与讲座都是借力来完成的。每年世界读书日系列活动、未成年人读书节系列活动、科普宣传周系列活动，每个系列活动均设有各类形式的活动项目近10个。每年的元宵灯谜竞猜活动为市民营造热闹的节日气氛，每年举办天目大讲坛、各种展览、读者培训达19场次。2、创新形式，举办丰富多彩的少儿趣味活动。平均每年开展各类少儿活动30余场次，主要注重培养少年儿童的动手能力和创造能力，展示他们的特长、培养他们的公德心、发挥他们的表现力。较有影响力的活动有“爱护图书，从我做起”倡议活动、庆“六一”系列活动、“承袭传统民俗、剪出多彩童话”剪纸活动、“聆听革命故事、传承革命精神”故事会、“走进图书馆、对话少儿室”小记者采访活动、“关爱久久、微笑久久”重阳节活动、“圣诞节”狂欢活动等一些列集趣味性、教育性于一体的活动，深受家长和小朋友的喜爱。

业务研究、辅导、协作协调

临安市图书馆作为杭州地区“一证通”服务体系中的服务网点之一，参与杭州地区图书馆联合编目工作，参与杭州地区馆际互借工作。

临安市图书馆外貌

“诗香满园、书画同行”活动

参考阅览部

专题文献部

外借部

参与杭州地区总分馆体系建设，临安馆作为县级中心馆，负责本地区镇、街分馆与农家书屋的建设工作。

2009年至2012年，临安馆基层业务培训有计划、有总结，共组织业务培训15场次；基层业务辅导有专人负责，下乡辅导活动达50余次。

管理工作

临安市图书馆为了分部门量化考核工作，一直以来实行《岗位目标责任制》，每半年和一年进行总体工作考核。2011年，该馆按照事业单位岗位设置的要求，完成了专业技术岗位人员聘用工作。每年进行不定期文献排架抽查，撰写业务分析报告和统计报告，每年进行读者满意率调查。

表彰、奖励情况

2009年至2012年，临安市图书馆共获得各种表彰、奖励13次，其中，浙江省级表彰3次，杭州市级表彰8次，临安市级表彰2次。

馆领导介绍

钱新峰，男，1972年出生，中共党员，中级职称，馆长。

倪庆云，女，1959年出生，中共党员，副研究馆员，支部书记。

钟飞亚，女，1983年出生，中共党员，副馆长。

未来展望

新馆的落成解决了办馆条件不足的问题，但是社会、读者对图书馆的要求在不断提高、关注度也不断提升，图书馆的工作也是任重道远。硬件条件好了，图书馆的软实力必须跟上，文献资源建设、数字化信息化建设、读者活动品牌化建设、工作队伍专业化建设等等，都是面临且必须抓好的工作。只有这些工作都做好了，新馆才具备图书馆该有的文化蕴涵，成为临安市集文化、科技、保存文化遗产、传播信息、开展社会教育、展示文化成就的综合性现代化公共图书馆，成为市民群众学习、休闲、获取信息、文化交流、娱乐休闲中心，为临安市的经济建设和社会文化发展发挥重要的作用。

儿童借阅室

联系方式

地　址：浙江省临安市锦城街道衣锦街321号

邮　编：311300

联系人：钟飞亚

送电脑下乡

农家书屋管理员培训

宁波市江东区图书馆

概述

江东区图书馆创建于2005年5月，原址宁波江东铸坊街68号，系江东中山东路小学内部分校舍改建，面积1500平方米，当年达到了全国三级图书馆标准。2013年，参加第五次全国公共图书馆评估，获得一级图书馆。2010年，因轻轨工程建设，搬迁至宁波市体育中心（富邦体育场9号看台一楼），并于3月21日对外开放。2012年，馆舍面积2047平方米，馆内设立外借阅览室、少儿室、盲人阅览区、报刊阅览室、电子阅览室、自修室、地方文献查阅室等服务窗口，拥有坐席550个，电子阅览室计算机55台，宽带接入60MB，选用图书馆集群管理系统和FRID自动化图书管理系统，安装上网行为管理软件。365天天天对外开放。

业务建设

截止2012年底，江东区拥有藏书181480册，地方文献3804册。

2009年–2011年，江东区图书馆年均购书经费46.23万元，2012年起增至96万元，其中包括一体化分馆的专项购书经费。2012年，共入藏图书9455种，36878册，收集地方文献1051种，1475册。

2012年9月1日至9月30日期间进行闭馆装修，10月1日起江东区图书馆外借阅览室、少儿借阅室、电子阅览室、盲人阅览区、综合拓展服务部等11个服务窗口全面对外开放。

2008年，将ILAS图书管理系统升级改造为INTERLIB图书馆集群管理系统，以适应宁波公共图书馆服务联盟建设需要，共享全大市文献资源。2010年，实现馆内WIFI无线网络全覆盖。2012年又增加了RFID智能化管理系统。

读者服务工作

从2005年建馆起，江东区图书馆实行全年365天天天对外免费开放。2006年江东区图书馆创建江东区文化信息资源共享工程支中心，8月成立文化信息共享工程宣传队。2007年1月首创全大市期刊外借服务创新项目。2010年起周开放时间60.5小时，在暑期周开放时间延长至66.5小时。2011年，提出构建以区公共图书馆为总馆，以街道社区公共图书馆为分馆，以24小时自助图书馆为延伸，以企业、机关等“一卡通”服务联盟馆和图书流动站为补充，全区一体、功能完善、管理规范的公共图书馆服务体系建设。一体化公共图书馆服务体系建设。2012年纳入江东区政府十大实事工程之一，同年引进RFID技术，实现馆藏文献自助借还。至2012年底，全区创建街道社区分馆43家，“一卡通”联盟馆34家，图书流动站48家，实现文化信息基层服务点街道社区全覆盖。2012年起，为“两会”提供服务。

2009年–2012年，江东区图书馆书刊总流通634481人次，书刊外借940691册次，馆外书刊流通总人次75475人次，书刊外借97754册次。

截止2012年，江东区图书馆拥有志愿者300余人，组建“读书与论谈”班、“英语沙龙”、“摄影沙龙”、“读报社”、“金笔文学社团”、“小小图书管理员”、“红领巾小义工”、“文化信息资源共享工程服务宣传队”等读书团队。创建“书香江东”读书节、未成年人读书节、图书馆服务宣传周等阅读推广品牌。推出“你点书·我买单”等特色惠民、便民服务。2009年–2012年，江东区图书馆共举办讲座、展览、培训、阅读推广等读者活动343场次，参与人数11万余人次。

业务研究、辅导、协作协调

2009年–2012年，江东区图书馆职工发表论文5篇。

2008年1月，区图书馆与全大市公共图书馆联网，实行“一卡通”服务。同年8月首创全大市社区图书室联网“一卡通”服务创新项目。并于划船社区开通全市首家社区联网图书馆，在基层设立“一卡通”分馆。截止2012年，江东联盟馆达到77家，共享全大市600万文献资源，并为街道社区分馆、“一卡通”联盟馆管理员组织开展培训19期，接受培训2040人次。

管理工作

自建馆以来，江东区图书馆建立和完善《图书馆工作人员职业规范》、书库、采编室、阅览室、电子阅览室等管理制度、《图书馆工作职责》以及《图书馆工作人员岗位职责》。2012年制定《江东区图书馆街道社区分馆管理暂行办法》和《江东区图书馆街道社区分馆考核细则(试行)》，对一体化公共图书馆各分馆统一配送报刊架、扫描枪、电脑等设备，统一订购报刊配送，统一分馆标识、标牌、借阅规则，实现“一卡通”网络服务系统全覆盖，规范街道社区分馆建设。

表彰、奖励情况

2009年–2012年，江东区图书馆共获得各种表彰、奖励35次，其中文化部表彰、奖励2次，省文化厅表彰、奖励9次，市级表彰、奖励9次，其他表彰、奖励15次。

馆领导介绍

鲍未萍，女，1962年4月生，大学本科，副研究馆员，馆长。1979年10月参加工作，2005年到江东区主持区图书馆的创建工作，历任江东区图书馆负责人、副馆长、馆长。2010年，中国图书馆学会社区与乡村阅读推广委员会委员。2011年被评为中国图书馆学会2009–2011年度“优秀会员”。

徐瑜，女，1983年10月生，大学本科学历，中级职称，馆长助理。2006年3月到江东区图书馆参加工作，先后在外借室、采编室、馆长办公室工作。

未来展望

江东区图书馆切实贯彻“以人为本”的服务理念，以“政府主导、财政投入、统筹规划、统一管理，资源共享、服务创新”的服务模式，推动公共图书馆建设与街道社区互通、资源共享，实现图书馆资源的最大效能。2012年，江东区一体化公共图书馆服务体系建设全面启动，构建以区公共图书馆为总馆，以街道社区公共图书馆为分馆，以24小时街区自助图书馆为延伸，以企业、机关等“一卡通”服务联盟馆和图书流动站为补充，全区一体、功能完善、管理规范的公共图书馆服务体系建设。在今后的工作中，江东区图书馆以江东区一体化公共图书馆服务体系为基础，积极推进图书馆管理系统的升级，加快数字图书馆建设，最大限度地发掘和利用辖区资源推进特色数据库建设，拓展服务领域，逐步形成具有地方特色的服务模式和服务品牌，打造江东“十分钟阅读圈”，形成基层公共图书馆发展“江东模式”并加以推广。

联系方式

地　址：宁波市江东区中兴路360号（宁波市体育馆富邦体育场8号看台一楼）
邮　编：315040
联系人：徐　瑜

宁波市鄞州区图书馆

概述

1989年3月，经鄞县人民政府批准，图书馆单独建制，在宁波市甬港北路原县物资局大楼正式建馆。2002年4月，鄞县改为鄞州区，图书馆随之更名为鄞州区图书馆。2004年6月，鄞州区区委书记办公会议决定，鄞州区图书馆与宁波大学园区图书馆合并，实行"两块牌子、一套班子、统一管理"，馆址位于宁波市鄞州中心区钱湖南路928号。新馆产权属于宁波大学园区图书馆所有，占地面积为5.8万平方米，总建筑面积2.8万平方米。2012年，鄞州区（宁波大学园区）图书馆共计有阅览座席1725个，计算机220台，1200个网络信息接点，宽带接入200Mbps，选用南京汇文图书馆管理系统。

业务建设

在图书文献总藏量上，截止2012年底，鄞州区（宁波大学园区）图书馆总藏量714984种，1035868册。其中纸质图书702773种，983952册；视听文献9638种，25211件；过刊2573种，26705册。其中，2009年–2012年，共入藏纸质图书401507种，615196册；报刊8754种；过刊1486种，9238册；视听文献9638种，25211件。

在数字资源建设方面，截止2012年底，鄞州区（宁波大学园区）图书馆数字资源总量为128TB。其中电子图书128万，期刊总数30236种，会议论文136606篇，学位论文19266篇，工具书4000余部，年鉴2520种，2012年新增视频2500集。本馆按CNMARC格式将所有馆藏中文普通图书都做成了机读目录，数字化程度达到了100%。

在地方文献收藏与利用上，截止2012年底，鄞州区图书馆共入藏地方文献13151册，家谱54种，史、志160种以及本市30所学校2006–2013年的校庆资料。为保护《光绪鄞县志》《民国鄞县通志》，已制作完成《民国鄞县通志》电子版并上传到馆网站，供读者查阅。

读者服务工作

鄞州区（宁波大学园区）图书馆自开馆以来，全年365天对外免费开放，周开放87.5小时。2009年–2012年，总计接待到馆读者581.13万人次，书刊外借355.44万册次。至2012年底，持证读者达到20.7万人次。

2010年，鄞州区（宁波大学园区）图书馆开通手机短信免费提醒"图书到期"服务。2011年，推出基本卡服务，读者办理该种借书证免除押金。2012年，作为宁波市数字图书馆的手机版，宁波市手机图书馆开通，其海量的信息资源为广大读者带来全新的手机阅读新体验。

同时，2008年10月、2011年11月，鄞州区政府拨款分别购置了两辆汽车图书馆，支持鄞州区图书馆汽车图书馆的设施建设。2009年–2012年，鄞州区图书馆新建立分馆101家，汽车图书馆服务点32家。到2012年底，汽车图书馆上门服务达1685次，接待读者8.71万人次，借还书刊11.13万册次。

并且，鄞州区（宁波大学园区）图书馆在2009年–2012年中，共计举办讲座、展览、培训、阅读推广等读者活动428场次，参与人数达20余万人次。其中，"明州大讲堂"、"明州展廊"已成为我馆公共文化服务的特色品牌服务；明州阅读沙龙，未成年人读书节系列活动，漂流书库等活动获得了读者的欢迎。

业务研究、辅导、协作协调

2008年，鄞州区政府提出全区图书馆城乡服务一体化，大力推进以鄞州区图书馆为总馆，全区各乡镇（街道）图书馆为分馆的总分馆制。鄞州区图书馆制定了一系列工作制度、服务规范、合作协议等，使整个服务工作有了统一的标准，促进了基层图书馆建设快速、稳步、协调发展。到2012年底，我区24个乡镇（街道）图书馆馆舍面积总计达到3500平方米，总藏书量为41.76万册次，其中藏书万册以上的有15个。并且，该24个乡镇（街道）分馆都已设立文化信息共享工程基层服务点。

2011年起，在实行全区图书馆城乡服务一体化的基础上，开展"天天读"图书共享工程，村（社区）级图书分馆（农家书屋）的图书、刊物由鄞州区图书馆统一采购、统一编目、统一配送，每个分馆至少拥有1500册图书，并一季度更换一次，征订报纸10种、刊物20–30种。

此外，2009年–2012年，鄞州区图书馆员工发表论文36篇，出版《明州大讲堂》1册，积极进行业务研究和文化推广工作，编印每年4期的《鄞图通迅》，开展业内交流，共计16期。并且，鄞州区图书馆带头组织乡镇（街道）图书分馆及农家书屋图书管理员业务知识培训14次，参加培训人数为929人次。

宁波市鄞州区图书馆外貌

"骏马绘新春·墨香惠读者"写春联送祝福

幼儿部

爱心义卖献环卫工人

张柯《我市首辆汽车图书馆开通》

管理工作

2010年，鄞州区启动事业单位人事制度改革。2011年，经过鄞州区图书馆岗位设置工作小组的调研分析，全体员工一致通过了岗位设置方案。岗位设置方案经区人事部门获批后已经实施并聘用到岗。2012年起，建立了工作量化考核指标体系，按部门制订每位员工岗位说明书，工作分析表及考核指标表，对各部门和每位员工进行年度考核并公布结果。

表彰、奖励情况

2009年–2012年，鄞州区图书馆共获得各种表彰、奖励12次，其中，文化部表彰、奖励2次，省文化厅表彰、奖励5次，市级表彰、奖励4次，区级表彰、奖励1次。

馆领导介绍

胡春波，女，1969年3月生，大专学历，中共党员，馆员，馆长。1990年8月分配到图书馆工作，经历了从流通部、采编部、技术部、地方文献部、推广部、学校部、活动部、城乡服务部等多个部门的历练，从部主任、馆长助理、副馆长到2009年8月任命为鄞州区图书馆馆长兼大学园区图书馆副馆长。2012年，被省文化厅评为“地方文献工作先进个人”，2013年，被省新闻出版局评为“农家书屋工程建设先进个人”。

马一萍，女，1962年5月生，大学专科学历，馆员，副馆长。1981年参加工作，1989年11月调到宁波市鄞州区图书馆，先后在少儿部、阅览部、借阅部、公共部等部门工作，于2009年担任图书馆副馆长职务，分管公共部、地方文献部。

未来展望

在过去的多年发展中，鄞州区图书馆经历了从闭架借阅到大通间全开架借阅的形式转变，从卡片目录到机读目录格式的技术革新，从单一的书刊借阅向多元化借阅的服务扩充，从城市社区到乡镇村落的服务延伸，从单一的图书馆服务向图书馆联盟的资源共享，从单一的借阅服务格局向自动化、信息化、网络化的时代过渡，从管理型图书馆向服务型图书馆的特征转变。

从这些不断的摸索和探寻之中，我馆理清了图书馆发展的几个阶段及其规律，即图书馆从藏书楼到阅读中心、知识公园、学习中心的功能性扩充，发展到信息交流中心，最后成为人类理性的精神家园的内涵深化。目前，我馆现阶段正经历着处于学习中心向信息交流中心的积极转变。在借阅服务上，图书馆的所有图书（除古籍和地方文献供查阅外）都向全体读者免费开放，供读者借阅，大统间全框架，借、阅、参、上网一体化服务，最大限度地满足读者的借阅需求。并且，我馆不断推出、深化文化品牌服务项目：明州大讲堂、明州展廊、明州阅读沙龙、爱心漂流书库、王应麟读书节、公益少儿培训、你点书我买单等，并引进了红牡丹国际交流社，向国际友人免费传播中国文化；阿尔法国际教育培训机构，开展公益的外教英语培训。这些文化服务项目的不断推出，为读者提供了更多的选择机会和交流平台，吸引各个层次的读者来图书馆学习和交流。在服务手段上，随着技术的不断进步，继续采用“物理馆藏+虚拟馆藏”相结合的方式，推广使用国家、省、市数字图书馆，并更换本馆的图书馆管理系统进入全大市的“一卡通”通借通还行列，实行RFID（无线射频识别技术）技术。此外，我馆始终坚持“走出图书馆、办图书馆”的理念，在已建立的670多家图书分馆，65家汽车图书馆服务点的基础上，增加数量，提高质量，从单一图书馆服务向图书馆联盟转变。在缓解馆舍紧张问题的同时，使图书馆以为城市居民服务为主向乡镇村落居民服务延伸，为此需加强镇乡（街道）、村落（社区）图书馆的建设和管理，提升人气，从而真正使图书馆成为老百姓身边的图书馆。

联系方式

地　址：宁波市鄞州中心区钱湖南路928号
邮　编：315100
联系人：陈 静

公共电子阅览室

明州大讲堂

中华文化经典朗诵、吟唱比赛

宁波市镇海区图书馆

概述

镇海区图书馆前身为镇海县文化馆图书阅览室，1979年批建镇海县图书馆，1985年10月改称镇海区图书馆，1996年建新馆迁址现招宝山街道人民路58号。馆舍面积2066平方米，可容纳读者座位220个，电子阅览电脑50台，宽带接入10兆，采用Interlib自动管理系统，加入全大市公共图书馆“一卡通”，2009年文化部第五次评估定级为国家一级馆。镇海区图书馆现有编制职工8人，编外10人，大专以上10人，中级职称4人，设馆长室、采编室、办公室，以及外借室、科技阅览室、报刊阅览室（内设盲文室）、少儿阅览室、电子阅览室等服务窗口，每周开放56.5小时，为读者提供书刊借阅、阅读推广、信息参考、社会教育、文化共享等服务。

2015年4月10日，镇海培菊图书馆开馆。新馆位于新城行政中心，毗邻市民广场，浙江省爱乡楷模包素菊、张培明夫妇助捐1000万港币。新馆总面积近7000平方米，藏书36万册，设少儿、文献流通、报刊、参考、地方文献等阅览区，报告厅、读者服务中心、多媒体中心、自助借还等功能齐全，还特别打造生活主题馆、逸轩书画角等创意区，全力构建现代新型图书馆，打造文化新地标。

业务建设

2009年始，致力公共图书馆总分馆建设，实现镇街分馆100%覆盖，村、社区分馆65家完成80%，另开通企业图书分馆6家，实行总分馆服务模式。2012年收集地方文献图书1529种，报刊70种，其中年鉴80种、方志223种，地情概况59种、文史资料59种，乡镇文献48种，通过全省地方文献工作评估。启动24小时自助图书馆服务，计划在各镇（街道）投放10台。据2013年报统计，总馆藏书28.9万册，其中图书26.1万册，杂志453种，报纸158种，视听文献1.7万册，人均购书经费2.53元，人均藏书0.95册。分馆藏书16.5万册，年新增2万册。

读者服务工作

自2011年实现“零门槛”全免费开放，年总馆流通35.5人次，年图书外借21万册次；年分馆图书外借6.2万册次，读者流通18.9万人次。编辑《人文镇海》、《看镇海》信息参考服务，2012年两会信息服务获省两会信息服务先进表彰。2010年开通图书馆网站，年点击1万余人次，在全省文化共享工程十佳公共图书馆网站评比获“最佳内容”奖。专设“盲文阅览室”，开辟无障碍服务通道。专设政府信息公开查询机，提供便民服务。

每年定期举办文化过大年、元宵读书节、新春赠书谢读者、世界读书日、服务宣传周、社科普及月、全省未成年人读书节、暑期读书日、全民读书节等主题活动30多场，各分馆每年不少于4次，推动全民阅读，构建书香镇海。连续五年参与“书知天下镇海人”为贵州普安县中小学捐赠图书活动。加入全省公共图书馆展览、讲座联盟，每年举办名家讲座、精品展览5–8场次。利用省市网络图书馆和省文化共享工程资源，发挥电子阅览室平台作用，开展网上学习、电脑培训及视频资源播放服务。2012年参与“社区阅读圈计划”和科普实践基地活动，获评十佳社区教育基地单位、优秀科普基地单位。

业务研究、辅导、协作协调

2009–2012年，职工发表论文2篇，参加省市重要业务培训班10多次。从2010年起，参加省市公共图书馆讲座联盟、展览联盟，建立全区公共图书馆总分馆服务体系，每年参加省市乡镇图书分馆管理员培训辅导，每年本馆举办全区图书管理员培训一次，全年面授辅导培训十多次，建立文献资源共建共享服务、业务运作协作常态化机制。积极参加省市公共图书馆联合编目、文化共享工程资源共享和讲座展览、地方文献、古籍普查等联合协作。

管理工作

2012年，按照全区部署实施事业单位绩效管理，实行岗位分类定级，按任职条件进行岗位聘任，同时建立工作量化考核体系和年度考核制度。在评估定级复评工作中，对全部文献排架、书目数据进行整理，还积极开展文明服务月等效能提升活动。此外，按照总分馆服务体系建设要求，从2010年每年承担对分馆的年度考核工作。

表彰、奖励情况

2009年–2013年，获文化部国家一级馆的初评和复评，获国家级表彰1次，获省文化厅表彰2次，获省图书馆、学会表彰4次，获市文广新局表彰2次。

2015年4月10日，开馆当天领导嘉宾合影

社区分馆建设启动仪式

中官路社区分馆实地考核

全区公共图书馆管理员培训班

镇海区图书馆广场活动

图书馆参考阅览室

2013年投放首台24小时自助图书馆

镇海区图书馆旧馆

馆领导介绍

钱俊，女，1967年9月生，大学学历，中共党员，馆员，馆长。1999年调入镇海区图书馆任副馆长，主持全面工作。2005年6月任馆长。宁波市图书馆学会理事，获2012年第八届浙江省未成年人读书节先进个人。

虞红俊，男，1966年8月生，大专学历，无党派人士，馆员，副馆长。1988年到镇海区图书馆工作，2012年任副馆长，负责图书采编等。获2011年浙江省文化共享工程先进个人。

未来展望

镇海区图书馆遵循"平等开放、特色服务、智慧多元"等发展理念，按照"均等化、标准化、信息化"的发展路径，完善总馆单体服务功能，推动总分馆服务模式持续运行，形成全域化辐射格局。当前，我馆积极投入全省公共文化服务示范区创建，加紧编制2015—2020年五年发展规划，位于镇海新城箭港湖畔面积达7000平方米的新馆计划2015年4月搬迁，宁波帮爱国爱乡华侨包素菊、张培明夫妇慷慨助捐1000万港币，未来新馆将以全新形象和更高品味服务全区，以"现代化、信息化、多元化、智慧化"全新战略引领全区，走在全省同类公共图书馆服务前列，进一步与我市"书藏古今、港通天下"的城市格局相匹配，与我区"人文镇海、现代新城"的城市品味相适应。

联系方式

地　址：宁波市镇海区骆驼街道民和路802号
邮　编：315200
联系人：吴永忠

新馆大厅内景

新馆主入口外景

宁波市北仑区图书馆

概述

北仑区图书馆于1985年10月由镇海县撤县设镇海、北仑两个区时成立，1986年8月1日正式开放。北仑区图书馆落成于1988年11月7日，由英籍华人、已故顾宗瑞先生（香港泰昌祥集团创始人）爱子顾国华、顾国和兄弟捐资兴建，馆舍位于北仑城区星中路4号，命名为"北仑区宗瑞图书馆"，占地面积2250平方米，建筑面积2050平方米，阅览座席251个，其中少儿阅览56个，电子阅览33个，报刊阅览100个，参考阅览54个，盲文阅览8个。2009年被国家文化部授以"一级馆"。

北仑图书馆新馆项目位于中河南路288号，2010年12月30日奠基，2011年1月11日正式开工建设，2014年2月28日对外开放。新馆总用地面积44亩，总建筑面积37830.26平方米，总投资2.6亿，主要建筑项目包括北仑区图书馆、宁职院图书馆，内设5部1室，包括：办公室、社会活动部、读者服务部、信息咨询部、信息技术部、资源建设部。开放科室有大厅总服务台、少儿借阅室、借阅室、视障阅览室、电子阅览室、报刊阅览室、参考阅览室、地方文献室、音像视听室等。服务内容包括：办证、图书借阅、报刊阅览、电子阅览、无线上网、公益讲座、展览、读书活动等。

业务建设

截止2012年底，北仑区图书馆总藏量43.2409万册（件），其中，纸质文献42.6488万册（件），电子文献藏量5921种。

2012年，新增藏量购置费115万元，入藏图书28222种，报刊690种，视听文献40件，地方文献430册。

2008年，北仑区图书馆启用新的Interlib图书馆自动化管理系统，正式纳入全大市的"一卡通"通借通还借阅系统。2009年，全区9个街道乡镇图书馆"一卡通"工程启动，实现全大市范围（鄞州区除外）的图书通借通还和海量数字资源免费共享。

2011年开通馆内无线网络。截止2012年底，馆内计算机69台，宽带接入10Mbps，存储容量6TB，免费共享宁波网络数字图书馆和浙江网络数字图书馆所有的数字资源。

读者服务工作

北仑区图书馆常年向全体市民免费开放，周开放67.5小时。2012年馆藏书刊文献年外借率80.7%，外借册次34.9万册，接待各类读者22.1万人次，新增图书借阅卡4229只，网络借阅卡42只；2013年引进RFID技术，实现了馆藏文献的自助借还。

2012年，北仑区图书馆共举办讲座、展览、培训、阅读推广等读书活动30多次，如春节期间文化三下乡、4·23世界读书日图书交换、5月未成年人读书节系列活动、7–8月暑期借阅排行榜活动、9–10月建党91周年图片展和"书林捭阖"新书推荐、12月小小故事王比赛以及"九峰讲坛"公益讲座等，参与人数3万人次以上。读者满意率达97%。

业务研究、辅导、协作协调

2012年图书流通站建设稳步发展，新建图书流通站4家，调换图书12组，全区共建立图书流通站57家。2012年各分馆和图书流通站接待读者21.4万余人次，借还文献20.9万余册次。各街道、乡镇全国文化信息资源共享工程基层服务点接受区图书馆共享工程支中心的统一指导，各项服务工作开展良好。农家书屋建设覆盖率达到100%。对基层图书管理员集中培训3次，下农村、企业、社区业务辅导21次。

管理工作

2012年末，北仑区图书馆在岗人数38名。因新馆事业发展需要，新录用人员采取公开招聘的方式。同时，扎实开展业务培训，提升图书馆服务水平。每年年终进行职工年度工作考核，不定期举办集参与性、知识性、技能性为一体的职工业务技能比赛。

表彰、奖励情况

2009–2012年，北仑区图书馆多次获得各种表彰、奖励。其中：1995年被国家文化部授以"三级图书馆"；2005年被国家文化部授以"二级馆"；2009年被国家文化部授以"一级馆"；2010年，获"第六届浙江省未成年人读书节组织奖"、获"北仑区2008–2009年度未成年人思想道德建设工作先进集体"荣誉称号、在"浙江省文化共享工程十佳网站"评选活动

未成年人阅读基地授牌–赠书500册

送书进军营

未成年人读书节

建党91周年图片展

连环画展

中获“最佳设计奖”；2011年，获“汉王杯”宁波市未成年人经典诵读大赛组织奖；柴桥街道图书馆获宁波市公共图书馆“一卡通”服务推广工作先进集体称号；2012年，获“宁波市公共图书馆总分馆建设工作先进单位”称号、获“第八届浙江省未成年人读书节优秀活动案例”荣誉、柴桥街道基层服务点获“浙江省文化信息资源共享工程基层示范点”称号、白峰镇双岙村农家书屋荣获“全国示范农家书屋”称号。连续多年保持区级文明单位荣誉。

馆领导介绍

颜雷震，男，1962年8月出生，本科学历，中共党员，副研究馆员，馆长。1985年9月参加工作，2003年3月任宁波市北仑区图书馆馆长（正科级）。兼任北仑区图书馆学会理事长。

邬莹莹，女，1977年12月出生，本科学历，中共党员，馆员，副馆长。1998年8月参加工作，2009年3月任宁波市北仑区图书馆副馆长（副科级）。兼任北仑区图书馆学会副理事长。

展望未来

北仑图书馆新馆总建筑面积37830.26平方米，其中地上建筑面积32000多平方米，集借、阅、藏于一体，规划藏书200万册，现有藏书总计130余万册（北仑图书馆公共馆内共有藏书60余万册；学院馆藏书70余万册），设置阅览座席3000席；设地下停车场、室外广场、扶桥等配套设施。自2014年2月28日开放以来，吸引了大量市民读者，走进新图书馆，感受现代化图书馆的魅力，享受阅读的快乐。新馆采用RFID智能化管理系统，实现馆藏图书自助借还，同时在北仑主要城区投放街区24小时自助图书馆，方便市民读者借还图书。

我馆将继续以“国家一级图书馆”的工作要求为目标，以高昂的热情、务实的作风，把握机遇、开拓创新，为建设学习型社会做出应有的贡献。

联系方式

地　址：宁波市北仑区中河南路288号
邮　编：315800
联系人：何颂英

宁波市海曙区图书馆

概述

宁波市海曙区图书馆2005年创建，位于宁波市环城西路南段32号，交通便利、环境优美。

海曙区图书馆现有馆舍面积2000多平方米，功能齐全，设有外借室、阅览室、少儿阅览室、电子阅览室及休闲书吧等，可提供176个阅览座位。2013年，参加第五次全国公共图书馆评估，获得县级一级图书馆称号。

2012年，海曙区图书馆新馆建设开工。新馆建筑面积约5000平方米，设计藏书容量30万册，读者阅览座席400个，将于2014年底交付使用。

业务建设

海曙区图书馆现有馆藏图书13万余册，地方文献3千余册，各类报刊350余种。自2010年起，海曙区图书馆每年新增藏量购置费30万元，文献采购实行政府招投标，每年新增图书15000余册。海曙区图书馆全面实现计算机管理，中文图书依据《中国图书馆分类法》（第六版）分类标引，按照《普通图书著录规则》著录。2005年至2007年采用图书馆自动化集成系统ILASⅡ。2008年，海曙区图书馆对原有的自动化集成系统软件进行升级，并对原有的终端进行更换，改造局域网，与宁波市十一家公共图书馆联网，采用Interlib系统，图书资源实现通借通还。

数字资源建设方面，海曙区图书馆与浙江省图书馆、宁波市图书馆实现全面联网，资源共享，凡图书馆的持证读者，均可登陆图书馆网站进行图书查询、预约、续借等，还可以访问免费的数据库资源。

读者服务工作

海曙区图书馆设图书外借室、报刊阅览室、少儿阅览室、电子阅览室、休闲书吧等服务窗口，全年365日天天开放，为读者提供图书外借、报刊阅览、读者咨询、资源检索等全方位的优质服务。针对社区里的残疾人和孤寡老人，还特别推出上门借还书等服务；为了方便读者，还推出“自助还书箱”，让还书不再受时间限制，并在街头设置两个24小时自助图书馆，让居民借还图书更加便利。

2007年起，海曙区图书馆开始与社区合作，建设第一批流动图书站，到2009年7月，建成8个街道图书馆分馆、68个社区流动图书站，在全区8个街道实现流动图书站全覆盖。同时，图书馆的服务也从单一的街道、社区服务发展到现在的“五进入”，即流动图书馆进社区、进学校、进机关、进企业、进楼宇。截止2013年底，海曙区图书馆已建成流动图书站123个。

2008年，海曙区图书馆开通图书馆网站，2012年开通微博，扩大图书馆的活动宣传力度，方便与读者沟通交流。2012年底，海曙区图书馆引入共享工程VPN专网，读者可直接访问全国文化信息资源共享工程以及国家、省、市图书馆的数字资源，为读者提供免费检索、浏览和下载服务。

经过几年的实践探索，海曙区图书馆已逐步形成自己的特色品牌活动，如一年一届的未成年人读书节活动、全民读书月活动、青少年暑期活动等。海曙区图书馆不断创新，2012年，创办“阅读大使”工程，开设“海曙讲堂”，2013年建立“真人”图书馆。2011—2013年，海曙区图书馆共举办各类讲座、展览、培训、阅读推广等读者活动160多场次，参与人数12800余人次。同时，自开馆以来，每年“六一”儿童节前夕，海曙区图书馆都会到奉化向阳希望小学，给孩子们送去图书、书包、篮球等文体用品。

管理工作

海曙区图书馆有正式在编人员4人，编制外用工6人。其中本科以上学历5人，专科5人，副高职称1人，中级职称2人。海曙区图书馆对员工实行考核机制，从德、能、勤、绩四方面着手，月度考核与年度考核相结合，做到实事求是、客观公正、注重实绩、奖惩结合，考核与年底奖金挂钩，该激励体制的建立很好地促进了员工的积极性，为更好地开展工作打下坚实的基础。

表彰、奖励情况

2008年，海曙区图书馆被宁波市委市政府授予“首批市级文明窗口”称号；2010年，获浙江省第六届未成年人读书节组织奖和优秀案例奖；2012、2013连续两年被浙江省文化厅授予全省公共图书馆开展“两会”信息服务工作优秀服务奖；2012年被评为海曙区文明单位。

24小时自助图书馆

海曙讲堂

流动图书车1

流动图书车2

馆领导介绍

陈俭，女，1965年1月生，大学本科学历，九三学社社员，副研究馆员，馆长。1987年8月毕业分配到浙江广播电视大学萧山分校任教，1990年12月调到宁波市图书馆工作，任阅览部主任。2007年4月到宁波市海曙区图书馆工作，任常务副馆长、馆长。

未来展望

海曙区图书馆将牢牢树立"以读者为中心"的宗旨，不断完善读者服务机制，努力提高读者服务质量和效率，扩大图书馆的文化传播效应。2015年，海曙区图书馆即将进入新的发展阶段，届时面积5000平方米、拥有400个阅览座位、设计藏量30万册的新馆即将向读者开放。预计新馆年接待读者可达50万人次，同时，图书馆将组织更多的读者活动，并为读者提供参考咨询、资源检索等服务。海曙区图书馆将全面提高服务水平，以新馆搬迁为契机，开启海曙区图书馆全新篇章。

联系方式

地　址：宁波市环城西路南段32号（海曙区社区学院内）
邮　编：315012

读者服务区

图书馆外借室

电子阅览室

图书展

未成年人读书节活动

宁波市江北区图书馆

概述

宁波市江北区图书馆建馆时间为2005年，原先一直处于江北区政府大院内，2012下半年搬迁至位于江北区文化中心，设有成人借阅室、电子阅览室、盲文阅览室、少儿借阅室、地方文献室、专题文献室和办公区域。总体布局合理，功能齐全。江北区图书馆现拥有藏书总量达10万余册，报刊杂志近300种。8个街道级分馆、50个社区图书室、农家书屋84家。借书卡全大市公共图书馆实现通借通还。馆内经常举办各种讲座、展览及阅读扩展活动，受到了当地读者的欢迎和好评。在2013年文化部评估定级中被评为一级图书馆。

业务建设

截止2013年底，江北区图书馆总藏量40万册（件），每年，江北区图书馆新增藏量购置费30万元，到2013年底8个街道级分馆总藏书9万余册，50个社区图书室总藏书8万余册。农家书屋84家，总藏书12万余册。2012年完成《京剧大师周信芳》、《江北区书法绘画家罗一钦》数据库建设。江北区图书馆借还系统实现与全大市通借通还。2013年底完成RFID自助借还系统。全馆内覆盖10M无线网络信号。

读者服务工作

从2012年底开始，江北区图书馆全年365天天天对外免费开放，周开放56小时。2010年至2013年年，读者总流通77万人次，书刊外借154万册次。2013年新增一台自助借还机，2014年开通微信平台发布活动预告等信息。2014年新增两家流动站，分别是富邦苏户酒店和江北区铁路建设办公室。挑选了200册图书，今后我馆负责对他们图书的更新，另外还对宁波嘉隆工业有限公司流动站进行了授牌仪式。江北区图书馆官方网站累计访问量已达到500822次。共享工程建设方面，我们馆共有共享工程电脑35台，在平时的计算机硬件、网络设备及软件建设中都兼顾了共享工程的需要。在硬件资源方面我们拥有光纤为主的高速网络，功能强大的服务器以及海量存储容量，构成了我馆高效的硬件资源系统，为共享工程的实施提供了较大的发展空间和硬件支持。而在软件资源方面，我们主要链接浙江省和宁波市的共享工程网站包括影视文化、戏曲天地、古代诗词、科普知识以及名家讲坛等栏目，在每台电脑上都能做到桌面显示。2012年至今，江北区图书馆每月至少举办一次活动，2013年开创北岸讲学堂系列活动，提供针对青少年的课后再教育平台。

图书馆外景

辅导、协作协调

从2010年起，江北区图书馆以Interlib系统网为依托，与全市公共图书馆以及街道分馆实行服务联盟，并在馆内设立采编部，下设联合编目、流通服务、地方文献联合征集，图书馆网站上刊登阅读推广与讲座展览资源服务。截止2012年底，已有8家乡镇分馆、50家社区图书室、84家农家书屋。江北区范围内图书馆覆盖率100%，共享工程覆盖率100%。期间，举办分馆管理员业务培训5次，总培训人员达到700人次左右。2013年起，成立青少年志愿者服务基地，与宁波大学、宁波技师学院、宁波外国语学校等多家教育机构开展志愿者服务图书馆活动。

管理工作

为使江北区图书馆真正为宁波市民所用，江北区图书馆将日常免费开放工作纳入制度化管理。详细制定了各个阅览室的服务制度和读者借阅制度。并且每年有年度工作计划，月度有工作要点，季度有工作督导，年末有工作总结考核，并推行管理员工作日志管理，收集整理读者提出的建议，探索图书馆管理和服务新模式。

馆领导介绍

沈华，女，1967年10月出生，本科学历，中共党员，副馆长，图书馆员中级职称。1990年7月参加工作，2007年进入江北区图书馆从事财务工作，2012年7月担任图书馆副馆长一职全面主持工作，同时任文化中心党支部组织委员。

联系方式

地　址：宁波市江北区丽江西路77号
邮　编：305020
联系人：陈陆艳

图书馆庭院

电子阅览室

少儿借阅室

平阳县图书馆

概述

平阳县图书馆建于1956年6月（前身是1928年创立的平阳县立中山图书馆），系浙江省最早设立16个县级公共图书馆之一。建馆后，隶属县文化馆，配负责人1名。1985年9月实行单独建制，改由县文化局领导，配副馆长1名和11名工作人员，此后相继建立党、团和工会等组织。98年经编制委员会同意，编制增加到18名；2009年由原址昆阳镇西城下搬到现地址昆阳镇天来巷8号文化中心，馆舍面积3200㎡，并通过第四次评估定级被评为三级图书馆。2012年因工作需要增加临时用工人员4名；该馆现有阅览座席300个，计算机55台，宽带接入20M，并开通无线上网。平阳图书馆自2005年加入Interlib系统，一直与温州其他县市馆保持通借通还，编目数据实现共享。

业务建设

截止2012年底，平阳图书馆总藏量达50多万件，其中纸质藏书20多万册，电子文献藏量30万件。

2011年之前平阳图书馆专项购书经费只有11万，2011年专项购书经费增加到60万。2009—2012年平均每年入藏图书6779种，入藏报刊达到368种，视听文献平均每年入藏39种。

2012年，平阳图书馆古籍地方文献部采购古籍保护设备完善古籍保护环境；地方文献实现编目入库，2012年编目地方文献2805册；《平阳地方文献丛书》第二辑共5本80万字，今年已完成2本计30万字并交出版社发行，另外有2本已完成初稿。

读者服务工作

2012年，全县新增读者1800余人，文献借还达到83001册次，读者借还人次达到82776人。是年，平阳图书馆实行新的开放时间，从原先的每周53个小时增加到现在的每周开放时间61个小时，开放时间大大增加，方便了读者借阅，提高了我馆的借阅册数和到馆人数；2012年我馆借阅册次达到了83001册，到馆人数达到了年均55人次。积极探索服务阵地免费开放，办证免收工本费；电子阅览室免费开放；读者活动中心免费开放。2012年，平阳县图书馆建成4个分馆，目前四个分馆各自拥有藏书一万多册，配有专职图书管理员，并实现图书通借通还。是年，县图书馆送书20000余册，利用自身资源优势在昆阳、万全、鳌江、水头等乡镇分别建立了流通点，建立基层图书室251个。2012年我馆共举办了讲座、培训类活动18场，参与人次达到一万多人；举办展览6场、阅读推广活动8场。

业务研究、辅导、协作协调

平阳县图书馆职工在2011年—2012年间共发表论文10篇，出版专著2种。参与温州市图书馆联合编目，与其他各县市图书馆保持数据共享。组织全体馆员参加温州市图书馆学会，参加学会组织的活动。县图书馆2012年先后多次组织技术人员对我馆的流通点管理员进行业务指导，在图书分类、上架、编目等专业领域分别进行一对一指导，使其掌握相关业务操作。重视农村图书事业发展，为农家书屋管理员做了两期专业的培训，参与人数达到200多人；加强与其他系统的合作联系，2012年为教育系统图书管理员举办一期业务培训班，就相关图书著录规则、《中图法》分类及相关图书专业知识进行培训。截止2012年12月，我县共建有文化信息共享工程基层示范点30个，其中乡、镇级基层示范点10个，村、社区基层示范点20个。

管理工作

2012年平阳图书馆实行一般干部双向选择岗位办法，重设县图书馆科室、岗位工作职责，全体员工双向选择后聘任上岗。同时，制定馆内员工考勤制度，每月进行考勤统计，并予以公示。

表彰、奖励情况

2010—2012年，平阳图书馆共获得表彰、奖励13次，其中获省级表彰、奖励3次，市级表彰、奖励2次，县级表彰、奖励8次。

馆领导介绍

林天利，男，1976年9月生，本科学历，中共党员，中级会计师，公务员，馆长、党支部书记。曾任平阳县文化广电新闻出版局办公室主任，2012年5月任平阳县图书馆馆长。

白洪海，男，1966年9月生，大专学历，中共党员，馆员，副馆长。1985年参加工作，2000年任平阳县图书馆副馆长，先后在图书馆多个部门工作。

周国东，男，1977年7月生，本科学历，中共党员，馆员，副书记、副馆长。2000年12月参加工作，2004年聘任平阳县图书馆副馆长，先后在图书馆多个部门工作。

未来展望

平阳县图书馆坚持公益、公平、发展的服务原则，为广大读者提供高效、优质的文化服务。2013年，平阳县图书馆新馆工程正式启动，在未来的几年里，平阳县图书馆将在现有馆舍的基础上，在昆阳镇城东发展新区另建一座建筑面积一万多平方米的新馆舍。未来，新的平阳图书馆将有更舒适的服务环境，更为丰富的馆藏资源，更加自动化的服务，满足更多读者的文化诉求。

联系方式

地　址：平阳县昆阳镇天来巷8号
邮　编：325401
联系人：毛小敏

文化系统党的十八大知识竞赛

送书下乡

会文讲坛—杨雨讲座

象山县图书馆

概述

象山县图书馆始建于1976年，新落成的馆舍位于象山县教育园区内，2003年9月正式开馆，同时还保留了位于广场路的老图书馆，实行新老两馆同时开放，现有馆舍面积6880平方米。2012年，象山县图书馆有阅览座位350个，计算机67台，网络节点82个。

自2008年-2012年的五年时间共荣获省市县各级各类荣誉20多项，其中创办"塔山讲堂"、成立全国首家县级阅读学会——象山县阅读学会和连续四年被省文化厅授予"浙江省未成年人读书节"优秀组织奖、创新奖和优秀活动案例等已成为我馆三大文化品牌。与此同时，我馆还积极推进"新馆迁建工程"、"文化共享工程"、"农家书屋全覆盖工程"、"图书馆总分馆建设工程"和"公共电子阅览室创建工程"等五大工程建设，并已取得阶段性成果。此外，古籍保护、地方文献数字化和送书工程等各项工作也正按部就班地有序推进。

业务建设

截止2012年底，象山县图书馆共有藏书33.8万册，其中中文图书30.3万册，外文图书450册，古籍1000册，报刊485种。另外，还拥有中文期刊345种31000册（合订本），中文报纸54种2000册（合订本），形成了象山区域特色、渔文化特色为主的藏书体系。

读者服务工作

象山县图书馆基本服务项目全年365天对公众开放，周开放时间达80.5小时。馆藏图书实行全开架管理，2012年本馆书刊文献外借106620册次，馆藏书刊文献年外借率31.6%。馆外流动服务点138处，年借阅册次171389。2012年年借阅流通总人次128017，有效读者数21463，人均年到馆次数为5.96次。

截止2012年底，我馆共开展讲座和培训等活动120余次，展览20余次，举办阅读推广活动27次，惠及各界群众27万多人次。其中尤以每年一期（届）的广场元宵灯谜、世界读书日、图书馆宣传服务周和未成年人读书节影响最为宽广。

业务研究、辅导、协作协调

2009-2012年，象山县图书馆撰写发表业务专业论文40余篇，其中正式刊物发表12篇。

县级公共图书馆充分依靠省市图书馆资源优势，包括馆藏图书优势、信息优势、技术优势等，面向广阔农村开展服务，因此不断加强与省市及基层图书馆的协作协调意义重大。近几年来，我们一方面增进了与省图书馆读者活动部的联系，从该部引进到了许多讲座讲师和展板，同时在市图书馆的统一指导帮助下，我们积极开展全大市图书馆联合编目、一卡通馆际互借、总分馆和农家书屋建设等系列活动，并取得了显著成效。此外，县、乡镇（街道）、村（企事业单位图书流动站）三级象山县图书馆服务网络基本形成，网络成员大约有近650家（该些都是登记在册的，不包括学校图书馆、室），平时，我们加强对全部网络成员单位的支持指导，包括开展基层图书馆业务辅导、镇乡（街道）分馆规范化和公共电子阅览室标准化建设、共享工程和一卡通图书馆际互借互还、农家书屋管理员培训、图书流动、送书服务和读书活动等。

管理工作

2012年，象山县图书馆完成竞聘上岗，班子一正两副，建立了工作量化考核指标体系，每月有工作计划和工作落实情况通报，全年进行总体工作量化目标考核。象山县图书馆全体职工努力工作，奋发进取，各项事业蒸蒸日上。

表彰、奖励情况

1989年荣获省文明图书馆称号；1997年荣获省图书馆先进集体称号；1998年荣获县文化工作先进集体称号；2001年以来还多次荣获县级文明单位、市县双拥工作先进单位；2008年荣获省第四届未成年人读书节组织奖称号、宁波市巾帼文明示范岗称号；2009、2010年分获省第五、第六届未成年人读书节创新奖和组织奖称号。2013年荣获"公共图书馆微博宣传日"优秀单位组织奖；第九届未成年人读书节创新奖；塔山讲堂被评为宁波市社科讲坛优秀授课点等等。

馆领导介绍

王雨芬，女，1968年2月生，大学学历，民主同盟，副研究馆员，馆长。1989年9月参加工作，历任采编部主任、副馆长，主持全馆工作。

东谷湖读书沙龙

专题讲座

成人阅览室

少儿阅览室

未成年人读书节

姚军，女，1969年5月生，大学学历，中共党员，馆员，副馆长。1989年8月参加工作，先后在采编部、外借部、阅览部、办公室等部门任主任等职，曾获中共宁波市委、市政府颁发的第三届宁波市未成年人思想道德建设先进个人等多项荣誉称号。

林丹红，女，1972年1月生，大学学历，中共党员，馆员，副馆长。1989年11月参加工作，曾在象山县委办公室秘书科工作，1994年调入象山县图书馆，历任阅览部主任、外借部主任等职。

未来展望

展望未来，象山县图书馆将进一步坚持"服务第一，读者至上"和"外树形象，内强素质"的办馆理念，争取到"十二五"末，总流通借阅量、外借量分别达到或超过20万人次和15万册次。目前，象山县图书馆正在积极实施新馆迁建计划，行将迁建的县图书馆新馆位于县人民广场东南方向，计划总投资5000万元，占地20余亩，总建筑面积达8000平方米，计划于2018年竣工。到时，一座集阅览、休闲等于一体的崭新的地标性建筑——象山县图书馆新馆将拔地而起，长久地矗立在广大读者的心中。

城区服务部外观

联系方式

地　址：浙江省象山县教育园区

邮　编：315700

联系人：应赛琴（象山县图书馆办公室主任）

宁海县图书馆

概述

宁海县图书馆正式建制于1978年4月，其前身先后是宁海县通俗图书馆、宁海县民众教育馆民众图书室、宁海县文化馆图书室。

图书馆大楼于1985年8月筹建，占地面积4.68亩，1987年12月26日新馆开放。建筑面积2315平方米。著名书法家赵朴初先生题写馆名。整个建筑造型独特，被选入《全国图书馆建筑集锦》一书。1999年，被文化部授予国家一级图书馆。

新图书馆大楼位于柔石公园内，占地8360平方米，建筑面积3798平方米，总投资1320万元。2008年6月9日奠基，2010年4月28日开馆服务，2010年5月28日正式开馆，全面对外开放。

图书馆现有阅览座位370余个，设有全国文化信息资源共享工程宁海县级支中心、外借室、报刊阅览室、参考咨询室、采编室、宣传辅导室、少儿借阅室、电子阅览室、地方文献室、名人藏书阁、自修室、报告厅等十余个服务窗口、业务部门。拟设立盲人阅览室、廉政阅览室等新兴服务窗口。配备读者用电脑67台，业务用电脑19台，服务器4台。

业务建设

到2013年底止，共有纸质藏书346074册，报刊合订本38146本，外文图书491册，地方文献4631册。特藏当代著名书画家作品200余幅。

抓好藏书建设，让读者参与藏书建设，形成了以社会科学为主，以自然科学为辅的藏书体系。重视地方文献的搜集，地方志收藏比较齐全，除县志外，有各乡（镇）志、村志、专业志、部门志，还藏有宁海县各单位、系统当代出版的各种公开和内部发行的报纸、杂志等。宁海名人舒岳祥、胡三省、方孝孺、潘天寿、柔石等研究的相关文献资料比较丰富。并设立“名人藏书阁”，收集有已故宁海籍全国政协常委张明养先生藏书1500册，及宁海籍台胞、著名画家吴继纲先生所赠精品书刊500册。

2007年，实行图书管理业务自动化，并通过Interlib图书馆集群管理系统与宁波大市公共图书馆组建联盟。扩大服务范围，为读者提供预约借书、资料代查、送书上门、电话续借等服务。2013年年底，实现馆内无线网络覆盖。

读者服务工作

本着“读者第一，服务至上”的原则，除了“365日，天天开放”的常规性服务外，还开展了集体外借、送书上门、定点借阅、信息服务、预约借书、免证阅览、专题服务、电话续借等服务。现有馆内服务窗口8个，馆外服务点98个，持证读者将近1.7万人左右。2013年，全年接待读者将近16.5万人次、流通书籍60.8万余册次。为了扩大服务阵地，增设读者快借部，满足广大读者阅读文艺书籍的需求。在全县各厂部、部队、学校建立起图书流通站98个，乡镇图书分馆18家，农家书屋363个全县覆盖。为70岁以上老年读者及残疾人办理免证阅览。每年坚持送书到老干部局、敬老院、看守所。充分利用图书馆的有限空间，设置宣传橱窗、板报栏，推出新书介绍和书目推荐。坚持读书——评书——服务——成果一条龙渠道，收集书评、读书心得、读者评价以做读者服务和馆藏建设的参考。坚持为小读者提供优质服务，积极开展浙江省未成年人读书节系列活动，推广阅读。举办传统春节读书系列活动，增添年的氛围，吸引读者积极参与，让图书馆真正发挥阅读媒介的作用。

自新馆开放以来，宁海县图书馆讲座、展览、培训、阅读推广等读者活动155场次，参与人数约6.5万人次，其中正学讲堂55讲，受益听众约2.5万人次，邀请省、部级专家学者约三十讲，县级基层讲座约二十多讲。

通过本馆网站、《宁海图书通讯》宣传、推广图书馆的动态。编纂每年6期的《看宁海》，集宁海信息、看宁海热点、品宁海特色，深受大家喜爱。

图书馆积极建立农村图书网，通过业务辅导和宣传推广，组织开展全县读书读报活动。协助革命老区创办图书室。为了配合我县基层图书馆(室)的图书管理规范化建设，多次举办基层图书馆管理员业务培训，加强基层图书管理队伍的建设。

业务研究、辅导、协作协调

自2010年始，宁海县图书馆职工发表论文10篇，出版专著1部，获准立项的市级课题1项，县级专项课题1项。

参与宁波地区图书馆联合编目、馆际互借和一卡通、总分馆建设。18家分馆、364家社区、村级图书室网络全覆盖，有专人管理，深受读者的欢迎。多次派骨干参加联合编目等联盟培训。由骨干、专家负责培训乡镇分馆、农家书屋图书管理员，每年二次。

管理工作

健全的岗位聘用制度，考核和分配激励制度，工作人员管理制度。公开招聘自愿者、培训自愿者、提供高中生暑期社会实践岗位。各项工作有章可循、有据可依，执行情况良好。档案健全，资料详实，归档及时，立卷准确，装订整齐，内容齐全，每卷有目录。统计资料齐全，并有各类统计分析为各项业务工作的开展提供改进和指导。设施齐全、阅读环境整洁幽静，标牌规范、标准，设施维护良好。

表彰、奖励情况

自2010年始，宁海县图书馆共获得各种表彰、奖励10次，其中，文化部表彰1次，省文化厅表彰、奖励2次，其他表彰、奖励7次。

馆领导介绍

馆长：葛尹霞，女，1963年生，浙江宁海人，中共党员，图书馆馆员。

副馆长：杨飞云，女，1969年生，浙江宁海人，图书馆馆员。

副馆长：柳波霞，女，1970年生，浙江宁海人，中共党员，图书馆馆员。

未来展望

于此科技迅猛发展，尤其是电子产品的大规模应用之际，人与信息资源之间的距离越来越近，人们利用信息资源的方式越来越多。宁海县图书馆不单要发挥地区中心图书馆的作用，联结辖属各镇乡、街道图书馆，甚至各村落、社区图书室。更要充分发挥文献信息资源利用网络收集、整理、传播的作用，契合新形势下社会公众对信息资源的利用，避免传统形式的图书馆在技术高速发展的冲击下，丧失其应有的社会地位和社会作用。在传统服务的基础上积极发展数字图书馆，相互结合，相互依辅，以更好地为社会公众提供其所需的服务。同时为地区经济建设、科学研究和社会发展做出必要贡献。

联系方式

地　址：浙江省宁海县桃源北路9号
邮　编：315600
馆　长：葛尹霞
联系人：王其宏（宁海县图书馆办公室主任）

慈溪市图书馆

概述

慈溪图书馆最早可追溯到1911年在原慈溪县孝中镇（今宁波慈城镇）设立的慈溪县通俗图书馆。1954年10月，随着县治变迁，迁至浒山镇北门街。1956年6月1日，慈溪县图书馆成立，工作人员2名，藏书8452册，建筑面积75平方米。1965年在浒山南门大街建造馆舍430平方米。1983年12月在上房路31号兴建馆舍1380平方米，1985年竣工。1988年慈溪县撤县设市，慈溪县图书馆更名为慈溪市图书馆。

2002年，经市委市政府研究，决定易地兴建慈溪图书馆新馆。2005年9月28日建成开馆，总投资7118万，占地面积17.3亩，建筑总面积20370平方米（含地下车库），设计藏书容量100万册，读者座位1000多个。新馆主体为5层全框架结构，为青砖建筑，朴实庄重，与对面的人民公园互相呼应，成为城市的一道优美的文化风景线。

新馆作为一座集文化、教育、科技、休闲于一体的多功能、智能化、现代化的新型公共图书馆，设有10多个功能不同的阅览室，为广大读者提供借阅服务。另有264座位的报告厅和500平方米的展览厅，可举办专题报告会和科普展览。馆内系统入藏了《四库全书》、《续修四库全书》、《古今图书集成》、《故宫珍本丛刊》等古籍。

业务建设

至2012年底，慈溪市图书馆总藏书量582709册，电子文献藏量9325件。2012年起，慈溪市图书馆购书经费新增至120万元。2009–2012年，入藏图书33193种、报刊6881种、视听文献802件，共收藏地方文献8497册次。

读者服务工作

慈溪市图书馆自2005年新馆开馆起始就实行365天天天对外免费开放，每周开放时间长达77.5小时，大大超出《浙江省公共图书馆管理办法》中县级图书馆开放时间要求。2008年起实行宁波大市“一卡通”系统，全宁波大市11家公共图书馆实现“通借通还”。拥有宁波市网络图书馆各类数字资源约50T，内容包含龙源电子期刊、万方数据、中国知识资源总库等10几种数字资源，读者可通过互联网远程享受免费的数字资源检索。2010年引进RFID技术，实现了馆藏文献的自助借还。2009–2012年共接待到馆读者2609248人次，外借图书1625461册次。2009–2012年共举办讲座、展览、培阅读推广等读者活动209场次，参与人数71703人次。2009–2012年，新增馆外图书流通点、流动图书馆服务点12家，馆外书刊流通261846人次，449391册次。

业务研究、辅导、协作协调

2009–2012年，慈溪市图书馆职工发表论文9篇，出版专著1部。

承办“浙江省公共图书馆信息工作研讨会”、“中国图书馆学会志愿者行动2010年浙江省公共图书馆馆长培训班”。2010年建立总分馆总馆服务平台，形成了统一的市图书馆为总馆、各乡镇（街道）图书馆为分馆的服务体系。流动图书馆服务点建设也日益完善。本地区服务网络建设有规划，效能高。本市19各乡镇（街道）图书馆、297个村（社区）图书馆中，其中19家乡镇图书馆、296家村（社区）图书馆已正常开放，15家镇级图书馆、15家社区图书馆开通“一卡通”，本地区图书馆服务网络内的资源实现共享。2012年，19家乡镇分馆共接待借阅读者60577人次，借阅图书154313册次。基层业务辅导频繁积极。坚持送书下乡，举办全市基层管理员业务培训4次，每年为19个乡镇（街道）图书馆（分馆）各订阅报纸5种、期刊15种。2012年辅导基层图书馆共80批次133人次。

管理工作

2011年，慈溪市图书馆完成第四次内部运行机制，本次聘任共设56个岗位，每月进行工作进度通报，每半年和全年进行总体工作考核。制定《关于计划外用工获取图书资料专业技术职称职务任职资格的奖励办法》，以激励临聘人员学习业务知识提高服务水平。

表彰、奖励情况

2009–2012年，慈溪市图书馆共获得各种表彰、奖励5次，例如在2010年浙江省文化共享工程十佳网站评选中获得“最具特色奖”；2012年获浙江省第八届未成年人读书节创新奖等。

馆领导介绍

余巨平，男，1965年03月生，本科学历，中共党员，研究馆员，馆长。1987年08月参加工作。兼任宁波市图书馆学会理事会理事。2010年获得浙江省讲座工作先进个人，2012年获得浙

江省地方文献工作先进个人，2011年被评为慈溪市优秀党员。

余世忠，男，1970年12月生，本科学历，中共党员，助理馆员，副馆长。1989年03月参加工作，分管行政、后勤、基建、物业工作。

李霞霞，女，1979年10月生，本科学历，中共党员，助理馆员，副馆长兼办公室主任。2004年08月参加工作，分管全馆业务工作，兼任慈溪市图书馆学会秘书长。2010年在慈溪市文体系统微型党课授课比赛中荣获一等奖。

未来展望

慈溪市图书馆遵循“读者至上，服务第一”的办馆方针，完善各项服务功能，扩大服务辐射区域，带动地区事业发展。在未来的几年里，慈溪市图书馆将在现有馆舍的基础上，改造附属空置房屋2000余平方米为少年儿童阅览室，以缓解图书馆书库紧张的现状，也能为全市广大少年儿童提供宽敞的借阅场所。同时，还将加强古籍收集及地方文献数字化工作，增强具有支撑保障全市公共图书馆服务体系良好运行的文献与技术能力。

联系方式

地　址：慈溪市浒山街道新城大道北路55号
邮　编：315300
联系人：李霞霞

奉化市图书馆

概述

奉化市图书馆建国前为奉化县立图书馆，后为中正图书馆，成立于1928年。1949年7月奉化县军管会接管中正图书馆，并于9月成立奉化县人民图书馆。1988年12月，奉化撤县设市，馆名随之改为奉化市图书馆。

2004年1月位于奉化市中山东路16号（岳林文化广场内）总建筑面积4996平方米的奉化市叶傅图书馆新馆舍落成使用。现总藏书量20万册，提供讲座、阅览座位423个，是由侨胞叶泰海先生捐资300余万人民币及政府配套经费举建而成。市图书馆现下设有采编室、外借室、报刊阅览室、少儿阅览室、资料室、地方文献室、档案室。

1966年，在全国开展的第二次县以上公共图书馆评估中，奉化市图书馆被定三级馆，2004年首次被评估为全国一级图书馆。

业务建设

截至2012年底，我馆拥有馆藏文献20.2万册（件），其中中文图书18万册。2012年，我馆共采购图书6803册，其中电子文献1000册；征订杂志348种、报纸72种。

2000年开始，我馆中文图书依据《中国图书馆分类法》（第五版）分类标引，按照《普通图书著录规则》著录。为保证业务工作的规范统一，相继完善了《奉化市图书馆分编工作细则》、《中文图书编目加工流程》、《中文图书排架规则》等业务规则，并严格照章办事，同时做到书标、条码、馆藏章等规范、统一、整齐、美观。几年来，坚持每月一次的业务检查，促进了业务管理的规范化。新馆建成后，馆内开通了局域网，10M光缆接入，连通各业务部门。选用Interlib图书管理系统。2008年，加入宁波大市图书馆“一卡通”工程，宁波大市各图书馆实现通借通还，联合采编，彻底打破了地区局限，而且馆藏中文图书书目数字化100%。

读者服务工作

本着“服务第一、读者至上”的原则，近年来，我馆读者工作有了新的突破，一是做好常规性服务外，而且还在奉化市新华书店门市部设立了读者点书台，让读者参与到图书采购中来，真正做到“为书找人，为人找书”。读者在新华书店选中自己喜爱的书籍后，可到收银台进行联网查询，如果此书图书馆里没有收藏，读者就可以在点书台现场办理外借手续，直接借回家阅读。此外，读者也可以在新华书店网上书城点书，只要将网上所选书籍的书名和书号通过邮件告知图书馆，图书馆将会尽快予以确认购买，之后通知读者前去借阅。读者点书台工作在全省图书馆工作会议上得到推广。2013年初，又在三味书店开设了点书台，为读者提供了更多的选择。此外，自2008年4月起实现全免费开放，设立读者意见箱，接受并及时处理读者意见和建议。在网站上开辟馆长信箱；充分利用大屏幕电视机新书推荐。并延长开馆时间、实行免费借阅及扩大借阅范围等措施，使读者利用图书馆的人次、册次等指标均有大幅上升。2012年，读者到馆148083人次；借阅301214次。

配备残疾人无障碍设施，在阅览室内设立盲人阅览区，添置盲文书籍835册，并在报告厅播放盲人电影服务残疾人群体。除了满足城区读者学习、消遣、休闲等各种需求外，我馆延伸服务范围，深入基层，充分发挥流动图书馆作用，在农村、社区、企事业单位建立图书流通站，现已建立了136个，到中小学及幼儿园新建春芽书社，进一步拓展了图书馆的服务功能，壮大了读者队伍。

在做好读者工作的同时，我们还注重开展形式多样的读者活动：一是组织开展读者读书活动，重点是围绕十佳藏书家庭评选，农民读书节活动的开展，大兴全民读书之风，树立全民全新学习理念，二是积极搞好图书馆服务周活动，围绕宣传主题，主要举办了送书下乡。三是继续做好“凤麓讲堂”——名人名家公益讲座；四是积极举办亲子阅读活动，每个周末邀请优秀的幼儿园教师到图书馆免费给小朋友们分享一本绘本小故事。

业务研究、辅导、协作协调

积极参与资源共享，实施“一卡通”工程实现宁波大市资源共享；努力促进资源共建，推动公共文献资源共享。

加强对基层单位的指导，发挥中心馆的作用。根据市文化主管部门的各项工作要求，及时指导本地区各基层图书馆（室）开展业务工作。一是搞好调查研究，掌握实情，有计划有目的地开展各项业务辅导活动。二是开展实地辅导、加强培

训，以图书分编指导、制订各项规章制度、人员培训为工作重点，帮助组建村落图书室。三是进一步做好读者宣传辅导工作。

管理工作

制定和实行《奉化市图书馆职工岗位考核实施办法》，按需设岗、竞争上岗，订立岗位责任制，设立岗位系数，对职工进行工作业绩考核，收入分配拉开档次，逐步修订和完善学习、考勤、卫生、管理等各项规章制度，加强群众监督，增进工作的针对性。完善监督保障措施，设立读者意见箱，政务事务党务公开栏和馆长联系信箱、工作人员亮相台，把图书馆的工作宗旨、奋斗目标、员工职业道德准则公布于众、明确分工与责任。自觉接受读者监督，向社会公布监督电话，推出规范达标和承诺服务，提升图书馆的服务质量。同时做好设备、物资、档案、统计、环境、消防、保卫等管理工作。

表彰、奖励情况

近年来，奉化市图书馆先后获得浙江省和宁波市社科示范基地、宁波市级“巾帼文明岗”、奉化市级“卫生先进单位”、“华侨捐赠项目受理工作先进单位”、“青年文明号”等荣誉称号。

馆领导介绍

陈英军，男，1962年11月出生，大专学历，中共党员，奉化市图书馆馆长。1978年参加工作，2006年1月任奉化市文化馆副馆长，2007年8月任奉化市文化馆馆长，2011年9月调入奉化市文物保护管理所任党支部书记，2014年7月调入奉化市图书馆任馆长一职。曾获得奉化市优秀共产党员称号。

林肖锦，女，1982年5月生，大学学历，中共党员，图书馆副馆长。2004年9月参加工作。2006年2月到奉化市图书馆工作，先后在采编部、办公室、地方文献部工作，任主任、馆长助理等职，2013年4月任图书馆副馆长。2009年获宁波市公共图书馆“一卡通”服务推广工作先进个人，2013年获浙江省农家书屋工程建设先进个人。

未来展望

图书馆的发展依赖于社会的大环境，而社会环境常常又将图书馆推到风口浪尖。读者人数的不断上升，对图书馆而言既是机遇，也是挑战。随着社会经济的发展，人们更需要文化支撑，图书馆以弘扬先进文化，传播科学精神，提升知识素养为宗旨，将成为一座没有围墙的大学。相信政府的投入是图书馆事业发展的有力保障。

未来的图书馆建筑将越来越豪华、高雅，文献信息资源将不断充实，良好的环境，必定会给人们带来良好的心境，使图书馆更加接近多数人心目中的天堂，成为市民的第二起居室。

联系方式

地　址：浙江省奉化市中山东路16号
邮　编：315500
联系人：丁艳虹

温州市瓯海区图书馆

概述

温州市瓯海区图书馆原名“瓯海县图书馆”，成立于1986年。1992年，瓯海撤县建区，图书馆更名为“温州市瓯海区图书馆”，馆址位于温州市振瓯路31号，是瓯海区委、区政府兴办的综合性公共图书馆，是国家一级公共图书馆。

2014年7月，瓯海区图书馆搬迁至瓯海区行政中心3号楼。新馆总建筑面积8900m²，于2014年7月1日正式开馆，现有在岗职工25名，馆藏文献27万册，阅览坐席680个。音乐图书馆、经典品读区、3D放映厅、瓯海区民间历史文献资源库是我馆四大特色馆，馆内还设有综合借阅区、少儿借阅区、绘本馆、报刊阅览室、电子阅览室、视障阅览室、自习室、多功能报告厅、休闲书吧等。电子阅览室配备了58台电脑，是全国文化信息资源共享工程瓯海区支中心。馆内设置了检索机、读报机、自助办证机、自助借还书机、24小时自助还书机等现代化、人性化服务设备。瓯海区图书馆是市民学习、娱乐、休闲的重要文化场所，是温州西部的文化新地标。

业务建设

截止到2014年底，瓯海区图书馆总藏量27万册（件），其中，纸质文献26.5万册（件），视听文献4903件。2014年，瓯海区图书馆藏量购置费200万元，年新购置图书6.7万册，报刊705种。已建成四级数字资源网络服务平台，瓯海区图书馆移动图书馆APP及微信公众号服务平台，镜像存储10T 3D影视资源，触摸屏报刊阅读机可获取2T在线报纸期刊资源。自建数据库《泽雅古法造纸数据库》，现在建数据库《温瑞塘河文化数据库》、《瓯海区民间历史文献资源库》。

读者服务工作

瓯海区图书馆全年365天免费开放，每周开放63小时，为市民提供文献借阅、信息查询、文化展览、报告讲座、公益培训、文化休闲等文化服务。

2014年7月1日新馆正式开馆服务到12月底，共接待读者34.4万人次，借还图书24余万册次，办理读者证1.2万余个。2014年举办了“闹元宵、猜灯谜”、“未成年人读书节”、“七彩夏日”暑期阅读活动、经典“品·读·演”、“瓯越讲坛”、3D电影播放、文化展览等各类活动和公益培训共242场，参与人数53万余人次，其中“书香少年”评比参与网络投票464936人次。

瓯海区图书馆以“资源共享、协调发展”为目标，建立图书馆总分馆制，完善公共图书馆服务网络体系，已建成图书馆分馆6个。24小时市民大书房——景山分馆是24小时无人值守免费开放的社区分馆，整体呈现欧式风格，内部装饰典雅、温馨、大方，环境优美整洁，馆内藏书11000册，分成人区和少儿区。馆内配备自助办证机和自助借还机，实行24小时刷卡进门，自助借、还书的自助借阅服务，开馆1个月，自助办证191个，借还图书5113册次，阅览人数达到6000余人次。

业务研究、辅导、协作协调

“让阅读充满爱——侨乡留守儿童阅读服务”活动案例参加2012年中图学会（东莞）年会交流；2014年完成研究课题《构建瓯海“大书屋”——农家书屋作用发挥的思考》；2014年，“经典三维立体读书法”获得2014年温州市公共文化服务创意鼓励奖。

2002年启动“图书流动工程”，经过13年建设运行，构建和完善了“末位淘汰”的基层图书流通点年度工作考核机制，现有基层图书流通点39个，连续开展送书下乡13年，累计送书下乡达45万册次。2003年率先在温州市启动文化资源共享工程，截止到目前已建成文化资源共享工程瓯海区支中心、基层服务点33个、与党员远程教育中心共建服务点200个。瓯海区图书馆以繁荣基层文化为己任，通过建立总分馆制，积极维护分馆、基层流通点和共享工程的正常开放服务，为基层图书馆（室、服务点）提供业务指导和人员培训，为城乡居民提供优质的文献信息和文化休闲服务。

管理工作

瓯海区图书馆倡导恪尽职守、扎实工作的爱岗敬业精神，

关爱残障儿童阅读服务

书香少年评选活动颁奖

美化生化DIY之花艺体验

少儿借阅区

音乐图书馆

坚守上下齐心、群策群力的团队意识，坚持优质、便民、惠民的服务理念，从内部管理入手，全面提升服务工作质量。强化职工学习培训、考勤考核、信息报送、定期读者满意度调查、全面质量检查，制定并实施各项工作长效机制，做好基础服务工作。推出自助服务模式，设立自助读报机、开通自助办证、自助借还、24小时自助借阅、移动图书馆、微信服务等，有效推动惠民、便民服务。

表彰、奖励情况

多年来，瓯海区图书馆致力于推动全民阅读，不断创新工作思路和服务理念，全面提升基础服务质量，打造图书馆公益活动品牌，有效推动图书馆事业的改革和深化，各项工作蒸蒸日上。近年来获得主要集体荣誉：

2010年，温州市“三八红旗集体”。

2010年，“我爱我家”家庭读书竞赛获浙江省一等奖，温州市一等奖、组织奖。

2011年，第七届浙江省未成年人读书节组织奖、优秀案例奖。

2012年，温州市“我爱我家”读书竞赛一等奖、优秀组织奖。

2012年，浙江省未成年人读书节优秀组织奖。

2013年，一级图书馆。

2014年，浙江省“文明单位”。

2014年，瓯海区委授予图书馆集体“党内二级嘉奖”。

2014年，温州市文化系统先进集体。

馆领导介绍

陈小平，女，1965年9月生，台籍，本科学历，中共党员，副研究馆员，馆长。中国图书馆学会会员，浙江省图书馆学会会员，温州市图书馆学会理事，2011年－2013年工作考核优秀。近年来获得瓯海区精神文明建设先进个人；瓯海区宣传思想工作先进个人；温州市未成年人思想道德建设先进个人；温州市文化广电新闻出版系统先进工作者；浙江省文化厅未成年人读书节先进个人。公开发表论文数篇。

钱文哲，女，1967年11月生，本科学历，中共党员，馆员，副馆长。

陈成义，男，1982年12月生，本科学历，馆员，副馆长。

未来展望

瓯海区图书馆新馆的全面开放，标志着瓯海区图书馆事业发展进入崭新的阶段。图书馆将以全新的面貌和优质的服务展现在读者面前，继续秉承“读者第一，服务至上”的服务宗旨，践行公共文化服务“公益性、均等性、基本型、便利性”的基本原则，实行免费开放服务，做好文化惠民、文化乐民、文化亲民，为人民群众提供优质高效、普遍均等的文化服务，推动瓯海文化强区跨越发展。

联系方式

地　址：温州市瓯海区娄桥街道瓯海区行政管理中心3号楼
邮　编：325005
联系人：陈园园

图书借阅区

图书馆外貌

温州市龙湾区图书馆

概述

龙湾区图书馆成立于1998年12月，建馆之初馆舍面积仅300平方米，藏书仅6240册。2009年2月，在龙湾区委、区政府的关心支持下，我馆搬迁至龙湾区城市中心区的龙湾文化中心内，馆舍面积扩大至2500平方米，馆内设有图书借阅区、报刊借阅区、电子多媒体阅览区等综合性服务区。2013年我馆参加文化部全国第五次县以上公共图书馆的评估定级，荣获“一级图书馆”称号。同时，龙湾区图书馆新馆工程于2009年经发改委立项，将于2014年底交付使用。新馆位于龙湾行政中心区核心景观中轴线尾端，建筑面积12145平方米，设计藏书容量50万册，阅览座位1300个，网络节点500个，开设少儿阅览室、24小时图书室、图书借阅区、报刊阅览区、电子阅览室等区域，是一座集藏书、阅览、多媒体等功能于一体的公共文化服务设施。

业务建设

随着近年来上级各有关部门对文化事业的日趋重视，财政给予我馆的拨款连年追加，由2009年的91.3万元增加至2012年的262.5万元，增长率187%，新增藏量购置费170万元；另外，下发“两馆一站”免费开放经费1万元，为我馆的公共服务提供了坚实的资金保障。

截止2012年底，我馆拥有馆藏图书243051册，包括报刊248种，电子文献藏量20万种。其中2012年新增图书年入藏数12241种，为2009年以来我馆年入藏最高值，2009至2012年四年间，我馆图书平均年入藏数达到3771.75册。报刊年入藏数由2009年的153种增至2012年的248种，平均年入藏数196.5册。视听文献年平均入藏量为84.5件。同时我馆设有阅览座位242个，其中少儿阅览座席56个，另设盲文视听座席。

目前，我馆已实现现代化技术全装备，拥有计算机45台，其中可供读者使用的计算机有32台；实现光纤接入，专用存储设备容量增至7TB。自动化工作进一步加强，在借阅、查询、采编工作中全面实行计算机管理，系统运行正常。

读者服务工作

多年来，我馆始终坚持“读者第一，服务至上”的原则，实行敞开办证，全开架借阅，在采编、查询、流通工作中全面实行自动化管理，创建并开通了龙湾区图书馆网站，为读者提供数字资源浏览、网上读书、读者咨询等服务。作为温州市图书馆分馆，与市图书馆及各区县图书馆实行通借通还的“一卡通”业务，实现了文献资源共建共享，最大限度方便了广大读者。保证每周开馆60小时的同时，将图书馆的服务延伸，先后开展图书馆服务进乡镇、进街区活动，今年，24小时微型图书馆也陆续开通，更好地满足了市民对精神文化生活的需求。同时，我馆第一时间将服务活动、信息等通过海报、网站、短信等方式推送给有需要的读者。

2012年度，我馆年外借书刊75352册次，馆藏书刊文献年外借率为31%。2009–2012年间，我馆通过送书下乡、馆外流通点等方式，共外借书刊34330册次，四年平均值8582.5册，约8千册次。年接待读者3.8万人次，人均年到馆次数27次。

我们深知以上数据的增长速度和经济的快速发展是不同步的，因此近年来我们通过活动促宣传、促推广，旨在通过各种形式的宣传，把龙湾图书馆展现在读者眼前，吸引更多读者到馆阅读，从而达到全民阅读的目的。目前，我馆通过开展读者荐购、书目推荐、书香家庭评选、网上新书快递等栏目，与读者牵线搭桥，以线上栏目为辅、线下活动为主的推广方式，不断探索创新公共服务的方式，不断延伸服务对象的外围，每年不定期为残疾人、进城务工人员、未成年人、老年人等特殊群体开展服务活动。重点打造面向青少年等学生群体的社会教育活动，一月一次的讲座、培训活动，一季度一次的展览活动和阅读推广活动。特别注重结合每年的世界阅读日和图书馆服务月的契机，打造龙湾图书馆的特色品牌。我馆主推的“罗峰大讲坛”、经典诵读、阅读推广等活动深受读者好评。尤其是经典诵读，作为我们龙湾区图书馆的一个品牌项目，目前此项活动已经举办了四届，每年都吸引了全区中小学生的积极参与，并涌现了一批优秀的孩子。

2012年，我馆共开展各类讲座、培训、展览、阅读推广活动等共计70余次，吸引了70余万读者参与。其中，开展讲座12次、培训6次、展览30场、阅读推广活动9次，为我区广大读者送上了文化饕餮大餐。作为社会重要的公共服务部门，我馆开设政府公共信息查询点，同时也为政府机关决策服务、为本地区重点教育、科研和企事业单位、为社会公众提供专题的咨询服务等。2012年读者满意率达到95%以上。

业务研究、辅导、协作协调

我馆积极参与上级图书馆组织的协作协调工作，与温州市图书馆在业务上互相学习、互相交流的同时，也提升了本馆工作人员相关的业务素质。我馆参与了温州市城乡一体化公共图书馆服务体系建设，实现了全市馆际互借、联合编目等工作的协作。

我馆积极开展本地区图书馆服务网络的建设工作，现已初步形成以区图书馆为中心馆，以灵昆、沙城、吉夫、龙湾中学4个分馆、各流通站、农家书屋为服务点的公共图书馆三级服务网络。其中，区图书馆作为全区公共图书馆是服务网络的中心馆，承担对全区公共图书馆业务的规划、指导、协调和评估等工作，建立统一的技术平台、检索平台和服务标准，加强与学校图书馆和专业性图书馆共建共享的服务网络建设。截止2012年底，行政区划内10个街道均建有图书馆，其中永兴吉夫图书馆、沙城图书馆、灵昆图书馆、龙湾中学图书馆已纳入Interlib集群管理系统，参与服务网络建设，本地区街道、社区、村图书馆参与服务网络建设的比例为40%。

我馆注重对基层站点的业务辅导和培训工作，做到有计划、重反馈、勤总结。目前，我馆在龙湾区设有15个流通站、43个社区图书室及59家农家书屋。2012年度，我馆全年共累计进行基层业务辅导20余次，由专人负责对各基层进行共享数字资源使用指导、图书馆编目管理指导及建立图书馆各项规章制度等业务辅导工作，积极做好“送书下乡”工作，这些辅导活动不仅提高了基层图书室的图书管理人员的业务技能和管理水平，也进一步促进了基层图书室的业务发展。“授人以鱼，不如授人以渔”，在对基层进行业务辅导的同时，我们也开展了针对基层站点工作人员的专项培训活动，内容涉及自动化管理、共享工程应用等，提升了相关人员的专业素质，促进了图书馆事业的整体发展。

管理工作

有序的后勤管理保障是图书馆各项业务开展的有力支持，我们注重统筹兼顾，力求年前计划、年终总结，发现不足、及时改正，管理工作水平逐年提高。财务管理上，我馆不断细化相关规章制度，用制度管事，先后出台完善财务管理制度、图书馆固定资产采购制度等，明确财务岗位职责，确保岗位职责落实到位。人才就是战斗力，我们充分考虑到图书馆工作的特殊性、服务性，按需设岗，按岗聘用，科学合理分配人员，并用制度管人，设有各岗位责任制度，年底重考核、考绩，以合理的分配激励制度激发我馆员工的工作积极性。注重对上一年度各类工作，如人事管理、财务管理、业务工作的统计，从数据找答案、促改进，了然于心。

在固定资产管理、环境消安等方面，我们除了制定相应的规章制度，还根据突发事件的等级制定了相应的应急预案，做到预警在前、以防万一。积极吸纳社会志愿者、高校大学生等参与图书馆工作，对其进行科学管理。设立专门档案室，力求人事档案、业务档案等卷宗健全、资料详实、内容齐全。

表彰、奖励情况

上级的表彰不仅是对我们工作的认可，也鼓舞我们更好地创新管理方式，推进工作的开展。2009年至2012年间，我馆共获得各级政府及业务主管部门的表彰15次，其中我馆获国务院业务主管部门表彰1次、省级业务主管部门表彰1次、市级业务主管部门表彰12次，获县级业务主管部门表彰1次。

馆领导介绍

陈嘉河，女，1974年9月生，本科学历，馆长。1997年5月参加工作，历任龙湾区图书馆副馆长，馆长。

林培，女，1979年8月生，本科学历，副馆长。1997年8月参加工作，2009年6月任龙湾区图书馆副馆长。

未来展望

龙湾区图书馆将继续坚持“读者第一，服务至上”的原则，努力为读者提供“阅读零门槛”贴心服务，在今后的工作中，龙湾区图书馆要以崭新的姿态迎接新的挑战，与时俱进，不断提升公共文化产品的内涵以及供给能力，加强参考咨询服务，整合特色资源，拓展服务领域，最大限度地发掘和利用特藏文献资源，逐步形成具有地方特色的服务模式，打造出属于龙湾的公共文化服务品牌。

联系方式

地　址：温州市龙湾区永中街道龙湾文化中心
邮　编：325011
联系人：李新博

洞头县图书馆

概述

洞头县图书馆前身为洞头县文化馆的报刊部，1988年11月独立建制并正式对外开放。馆址几经变迁，2012年3月18日新馆建成并对外试开放。新馆位于洞头县北岙街道新城区二期，新馆建筑面积4000平方米。馆内实行全开架、智能化、网络化管理，具备自动化公共图书馆的基本功能和特点。2013年5月参加第五次全国公共图书馆评估定级，获得一级图书馆称号。

业务建设

截止2013年底，洞头县图书馆总藏量34.1551万册（件），其中，纸质文献14.1301万册（件），电子图书20.025万册。2006年与温州市图书馆实现联网共享，实现采编、流通、办公自动化管理系统与一卡通借阅服务。2012年起采用RFID智能借还功能。2013年起，实现馆内无线网络全覆盖。

读者服务工作

从2012年10月16日起，洞头县图书馆实行“早八点晚八点”服务新举措，每周开放60个小时，对外免费开放。并设置了24小时自助还书机、自助读报机等。2012年3月引进RFID技术，实现了馆藏文献的自助借还，并实现与温州地区的通借通还服务。新馆自2012年开放以来至2013年，书刊总流通75238人次，书刊外借34.4082万册次。2013年，洞头县图书馆共举办讲座、展览、培训、阅读推广等读者活动111场次，参与人数10000多人次。创立服务品牌“小虾米游子书海”、“亲子乐读”、“绘本讲堂”等，建立儿童志愿者服务团队–小海豚及成人志愿者服务团队——海豚爸妈。

业务研究、辅导、协作协调

2011–2013年，洞头县图书馆职工发表论文8篇。

2005年洞头县图书馆开通了以温州市图书馆为中心的联合编目，使我馆成为这个联合编目的五馆合一的最早成员馆之一。并成为温州地区馆际互借成员馆之一。

管理工作

2012年，洞头县图书馆完成岗位设置工作并实行岗位聘用制度。同时，建立了工作量化考核指标体系，制定了职工目标考核细则，每月根据考核细则进行通报，全年进行总体工作考核。每周三次进行文献排架抽查，全年共检查145次。各部门负责人每月进行月绩汇报，在职工内部进行馆员散讲、馆员荐书等活动，以提高职工的整体素质，提升服务质量。

表彰、奖励情况

2009–2013年，洞头县图书馆共获得各种表彰、奖励21次，其中，省文化厅表彰、奖励3次。洞头县图书馆是省级巾帼文明示范岗、市级文明单位、市级未成年人思想道德建设优秀阵地、全市文体系统先进集体，并被县委县政府命名为爱国主义教育基地。

馆领导介绍

杨学平，男，1969年12月生，本科学历，中共党员，副研究馆员，馆长、支部书记。温州市图书馆学会理事。1993年9月进入洞头县图书馆工作，历任洞头县图书馆副馆长、馆长。

张秋影，女，1968年8月生，专科学历，中共党员，馆员，副馆长，支部委员。1989年2月进入图书馆工作至今。

汪海虹，女，1972年5月生，本科学历，中共党员，馆员，副馆长兼办公室主任，支部委员。1995年8月进入图书馆至今。

未来展望

洞头县图书馆坚持“读者第一、服务至上”的宗旨，开拓创新、与时俱进，提出“一个亮点、两个兼顾、三大抓手”全新的服务理念，读者服务队伍朝着专业化、职业化方向发展。

联系方式

地　址：洞头县北岙街道新城区二期
邮　编：325700
联系人：汪海虹

新馆挂牌

诗歌朗诵比赛

演讲比赛现场

元宵猜灯谜活动

经典阅读--国学公益课堂

成人借阅室

未成年人借阅室

小海豚志愿者

永嘉县图书馆

概述

永嘉县图书馆建于1950年，之后几经更名变迁。现馆舍分别建于1993年和2000年，馆舍总建筑面积3157平方米。基本组成由县图书馆、少儿图书馆、流动图书馆、双塔分馆及10个镇分馆等，设有图书外借室、报刊阅览室、视听资料室、参考咨询室、古籍地方文献室、公共电子阅览室、社会培训活动室、盲文图书室、少儿图书外借室，少儿报刊阅览室、少儿益智游乐室、球类运动室、展览讲座厅、文化共享工程中心、总分馆业务室等部门。加入温州市公共图书馆一体化系统，实现全县一卡通借通还服务；在职人员32人，大专以上学历91%，初级以上职称93%。总藏书量22万余册，年接待读者26万余人次。

业务建设

2013年馆总藏书量255092册，入库编目（购置图书）23686册，新增入藏图书23686册，订阅报刊656种，接受社会各界捐赠藏书1237册次；采购基本图书、报刊、视听资料，地方文献、数字资源等文献资料，设有古籍地方文献专柜专架，专门目录，专人管理人员；对重点报纸，期刊，年鉴，地方文献资料等保持连续采集，定期与定期组织读者咨询会，设立藏书建设委员会，根据本地读者需求组织采购书刊；按照国家标准《中图法》和《著录规则》等行业标准编目，文献加工统一书标、登录号、馆藏章；设立机读目录查询电脑供查询，所馆藏图书采用开架借阅，有文献保护规章制度，书库配有灭火器，定期做图书除尘清理、书库卫生消毒、防湿通风等工做；及时修复破损图书，认真做好防火、防盗、防虫、防潮、防尘等措施；积极参与浙江省图书馆和温州市公共图书馆联合编目、馆际互借、总分馆体系建设，读者活动以及其他各类业务合作活动；制定永嘉县图书馆总分馆建设实施方案，建成镇分馆10个，建成企业分馆3个，学校分馆6个，社区（村）、企业、学校图书室160个；与温州市图书馆签订数字资源共享协议；馆藏中文文献书目数字化96%；对地方文献工作按要求制定计划，建成了浙江省文化共享工程特色资源课题《山水永嘉资源数据库》，《永嘉乱弹资源数据库》，正在建设《永嘉名人数据库》，《永嘉楠溪江古村落资源库》，很好开展了有地方特色文献数据库建设工作。

读者服务工作

永嘉县图书馆根据公共文化免费开放服务要求，所有服务实行全免费开放服务，所有公共空间设施场地全免费开放；馆内所设图书外借室，报刊阅览室，少儿图书外借室，少儿书刊阅览室等免费服务每周开放63小时，公共电子阅览室每周开放时间84小时，所有图书报刊文献96%全开架借阅（仅古籍地方文献与工具书为半开架），馆藏书刊文献年外借率为49.3%，持证读者年到馆人均次数26次。设有政府公开信息服务查询电脑，对接政府公开信息服务接口，供人们免费查询利用；开展为政府机关决策服务、为永嘉重点教育、科研和企事业单位服务，以及为社会公众提供专题服务等；设立盲文图书室为残疾人开展专题服务活动，送书上门服务等，为进城务工人员开展送共享工程进企业与送图书进企业服务，组织新永嘉人演讲大赛等，10年来连续开展开展永嘉县未成年人读书节活动等；为老年人服务设立老年人专座，购置老年人专题书刊，组织老年人开展读书，讲座活动；按文化惠民服务规划布局结构、内容，定期开展各类服务活动等；2013年举办讲座、培训等活动为25次，举办展览为7次，开展图书阅读推广活动6次以上，参加活动人次5万以上，同时组织开展图书馆服务宣传周、世界图书与版权日等工作；读者满意率96%。

业务研究、辅导、协作协调

近三年来，基于当前时代特征开展业务调研工作，开展山水永嘉资源数据库，永嘉乱弹资源数据库，永嘉名人数据库，永嘉楠溪江古村落资源库建设工作，本地区街道、镇、社区、村图书馆参与服务网络建设的比例为40%；制定全县总分馆与基层图书室业务培训指导计划，进行基层业务培训工作，及时做好新管理员培训学习管理，评估培训效果及反馈，加入到浙江图书馆讲座联盟与文献编目等服务体系、加

省市县领导共谋永嘉县公共图书馆建设

送书下乡服务帮助农村建设图书室

反四风图片展览

文化共享工程进行企业服务

元宵节灯谜活动

入温州市公共图书馆总分馆体系，与温州市公共图书馆、全市10县（市）各公共图书馆，县内10个镇分馆实现文献通借通还。

管理工作

制定年度工作目标计划，在财务管理上，严格执行财务制度与财务管理，接受上级每半年度的财务检查监督；按岗位需要设编制人员27个，编外人员5个，落实岗位责任制，按岗定责、定人，实行目标管理，对职工按要求进行考核；积极吸纳志愿者参与图书馆服务工作，志愿者有图书管理员，藏书建设委员，好书推荐人员，读者活动志愿者等，并对其进行科学有序管理；所有设备物资按政府采购制度进行采购，做好财产登记管理，实行专人专管；人事档案存放在局档案室、对财务管理，文明单位，读者服务，读者活动，共享工程等业务活动档案档案等进行归类管理；档案健全，资料详实，归档及时，立卷准确，装订整齐，内容齐全，每卷有目录；按要求做好人事管理统计、财务统计、业务工作统计等工作，特别是对藏书建设，读者服务统计进行分析研究，在采购图书时，积极做到满足读者需求；对学习设施配备及时维护，保持环境整洁、美观、安静，馆内标牌规范；按要求做好节能减排措施等方面工作；制定了工作人员与读者的安全、数据及网络安全、有应急预案等，列为永嘉消防部门重点单位；无发生任何责任事故，无发生造成较大损失、无发生受到上级通报批评，无发生损害图书馆声誉等事件。

表彰、奖励情况

2009−2012年，永嘉县图书馆共获得上级各种表彰与奖励15次，其中省级2项，市级13项。

馆领导介绍

刘有满，男，1967年8月生，本科学历，中共学员，副研究馆员，馆长兼书记。1986年参加工作，先后在永嘉县图书馆外借室、阅览室、辅导室、少儿室、参考咨询室（古籍地方文献室）、采编室、计算机网络室、办公室等部门岗位，历任办公室主任、副馆长、党支部书记、馆长。当一名图书馆人，是一生职业的选择，梦想让人人都有喜爱的书看，建花园式图书馆，建全国图书馆阅读平台。

李芬，女，1968年7月生，本科学历，副研究馆员，副馆长。1985年12月到永嘉县图书馆参加工作，先后在阅览室、外借室，读者活动部，采编部等部门工作。

金可益，男，1965年1月生，本科学历，中级馆员，副馆长。1998年到永嘉县图书馆工作，先后担任馆办公室主任、馆长助理、副馆长。

未来展望

十二五期间，永嘉图书馆将建新二期工程16800平方米，不断深化体制改革，建章立制，合理建馆，不断加强人才引进机制，逐渐改善永嘉县图书馆办馆条件，加快网络化、数字化图书馆建设与推广应用，向上连接国家馆、浙江馆、温州市馆等馆文献资源，对内连接全县各镇分馆、社区（村）图书室、学校、企业及部门图书馆室文献资源共建共享，深入挖掘地方文献资源，丰富特色馆藏文献内容，重点规范构成以县图书馆与少儿馆为主阵地的中心服务体系，形成有镇分馆、社区（村）图书室、学校、企业及部门图书馆室及文化共享工程网点等服务阵地节点体系；有流动汽车图书馆直设固定服务点与流通服务点为辐射阵地的流动服务体系；有全县基层图书馆（室）藏书交流服务中心组织业务辅导与藏书交流为业务基地的事业建设服务体系；以文化共享阅览平台与山水永嘉特色资源平台等网络服务体系；努力做好“读者满意”、“馆员满意”、“政府满意”三满意为导向多元化服务，满足公众精神文化需求，发挥公共图书馆职能作用。

联系方式

地　址：温州市永嘉县上塘广场路61号

邮　编：325100

联系人：刘有满

图书馆志愿者在培训

苍南县图书馆

概述

苍南图书馆于1981年原平阳县析为平阳、苍南两个县时建立，1983年初移至苍南县城灵溪，租用民房。1989年8月底迁入玉苍路独立馆舍。2000年4月因主楼危房而半闭馆，开设小窗口服务。

苍南图书馆新馆于2011年9月建成开放，为标志性文化建筑，位于县城新区湖滨路，总占地面积10.2亩，建筑面积8185㎡（含半地下室），设图书借阅、信息查询、地方文献、学术报告、少儿文化、读书活动、农村图书配送、文化共享工程等20多项服务功能。

业务建设

馆藏图书达20余万册，图书入藏数量平均每年度为20695种，包含古籍、期刊和报纸合订本、小册子、手稿、视听文献资料等。新馆开馆后，每年购书经费100万元，并合理分配采购比例：中外文图书65万元、期刊报纸25万元、其他10万元。

收集2000多种地方文献书籍（含谱牒），利用电子化、网络化手段将其建成地方文献书目数据库，同时自建“苍南人文”、“看苍南”地方文化信息数据库，包括历史人文、文物古迹等特色专题。

期刊、报纸文献、视听文献，根据国家及行业标准和《中国图书馆分类法（第五版）》《中国分类主题词表》《中国文献编目规则（第二版）》《中文连续出版物机读目录录著细则》，进行编目，参与省、市联合馆藏编目，进行图书的分类与主题标引。开架书刊按照CNMARC格式建立机读目录。馆藏中文文献书目数字化率为90.5%。

读者座席分别有：图书借阅室136座、报刊阅览室32座、少儿文化室及少儿分馆92座、古籍与地方文献部（参考咨询室）40座、电子阅览室36座、多媒体视听室24座、培训室60座、自修室144座、报告厅128座、共享工程播放点30座、休闲阅览大厅等100座，共计822座。计算机分别有：电子阅览室36台、图书检索机6台、办公使用44台，共计86台。

宽带接入为电信100TB光纤，存储系统为16TB光纤存储系统，做过RAID后余12TB；网站数字资源总量超3TB，视频资源2TB，并实现与省、市数字图书馆单点接入，与市图签有共享工程资源与设备合作协议，合作共享电子图书量30万册，存储容量5TB。

财政拨款年增长率，与当地财政收入增长率的比率为21.69%。2012年，新增藏量购置费同比2011年增长16.2万元。县财政按免费开放的有关政策给予经费补助。

读者服务工作

实行免费开放服务，各部门每周开放时间达60小时以上；文献开架达80%以上；馆藏利用充分，书刊文献外借率、外借册次、馆外流动服务点借阅册次、人均到馆次数、书刊宣传、政府公开信息等方面，均到达了最好的指标。

为苍南县“两会”、政府机关和区域重点教育、科研企事业单位及残疾人、进城务工人员、未成年人、老年人等提供参考咨询服务。2009年至2012年，馆外图书流动服务点书刊借阅册次平均值5579册。

坚持送文化活动到农村、学校、军营，连续举办苍南县读书节，活动有：文学讲座、谜语竞猜、诗歌创作朗诵、未成年人征文、故事大王和文化童星评选、“读好书唱好歌”、图书漂流等；举办“玉苍讲坛”、“红杜鹃学堂”专题报告会和美术、书法、摄影及科普图片展览；开办“经典诵读”培训班等。许多活动，积极向乡镇图书分馆及跨区域在边邻县革命老区拓展。

业务研究、辅导、协作协调

出版《书途探知——苍南图书馆人文研究论文选编》，职工在国家学术、中文核心期刊发表专业论文7篇，在全国各级期刊发表40多篇，获准立项省课题1项，其他课题6项，并按时结题。承办《苍南历史文化》学术刊物，参与编辑出版《苍南百家姓》1至10卷及《苍南人物》资料。收藏古籍144册，已完成普查录入并结题，有兼职古籍修复人员1名，为文化学术研究提供文献的查询、复制服务。

按市专业人员继继教育考核实施细则，制定了在职人员继续教育方案，并在馆内开展“结对帮扶”活动。2012年通过派员至省市图书馆培训、继续教育等手段，共完成岗位培训、继续教育总学时1921学时，人均每年达47学时。

2012年，举办4期图书馆员基础业务知识培训，全县管理员共180多人次参加了培训。

苍南县图书馆

历史文化研究座谈会

送书下乡

古籍与地方文献部

少儿文化室

积极参与本地区图书馆联合编目、馆际互借、总分馆体系建设以及其他业务协作。已建有镇级图书分馆10个、农村图书流通网点126个、农家书屋333个、共享工程基层示范点40个，与各图书分馆间通借通还率达100%；2012年各分馆文献借阅册数为20716册。自动化管理系统及宽带接入为INTERLIB系统，实现与全市范围公共图书馆通借通还；使用RFID系统，实现图书自助借还。

管理工作

每年度制定计划文本，完善财物制度，并公开上报；实行职务聘任和奖励性绩效工资分配；科学设置岗位，明确职责，做好工作人员年度考核评价；重视吸纳志愿者参与图书馆工作；制定资产管理制度，并常态检查、盘点；人事业务和工程项目等档案，管理制度健全，资料详实、归档及时、立卷准确、装订整齐；馆内标牌规范、清晰；数据及网络安全、节能减排措施有力；由政府采购物业服务外包，保安、保洁全方位管理，并制定消防安保制度和突发事件应急预案。

表彰、奖励情况

多次获浙江省未成年人读书节组织奖和福建省“亲亲红领巾”文化活动浙江赛区选手金奖、单位组织奖，地方文献工作获省先进个人、单位优秀组织奖；编辑《苍南历史文化》刊物获省公共图书馆信息产品创作大赛优秀奖；温州市文化广电新闻出版局系统先进集体及“我爱我家”读书竞赛、“刘伯温传说”讲故事电视大赛、第七届“英语之星”电视大奖赛等选手一等奖、单位组织奖。保持省文化厅授予的“文明图书馆”称号；在第五次全国公共图书馆评估定级中，获得“一级图书馆”称号。

馆领导介绍

周景义，男，1956年10月生，大学学历，中共党员，县学科带头人，研究馆员，作曲家，馆长，党支部书记。中国音乐家协会会员，中国社会音乐研究会常务理事，苍南县政协委员、文史委员，兼任县文联副主席、县音协主席。专业论文被评为文化部“群星奖”、中国图书馆学会一等奖，发表于《中国文化报》《兰台世界》等。

王晓峰，女，1972年1月生，大学学历，中共党员，馆员、副馆长。因工作调动，任职至2011年9月。

胡晓旭，女，1968年8月生，大学学历，中共党员，副研究馆员、副馆长。专业论文发表于《兰台世界》等。

王成槃，男，1967年3月生，大学学历，中国民主促进会会员，温州市“四个一批”人才，县学科专业骨干，副研究馆员，作家，副馆长。中国音乐家协会会员，中国音乐文学学会会员，浙江省作家协会会员，苍南县政协委员、文史委员、人大科教文卫工委委员。出版专著5部，作品获共青团中央“五个一工程”奖，专业论文发表于《兰台世界》《浙江档案》等。

赵伟，男，1980年5月生，大学学历，中共党员。2013年1月调入，任馆长助理，2014年7月任副馆长。

展望未来

苍南图书馆以“东进崛起、人文发展”为发展目标，以“读者第一、服务为本”为服务理念，大力推进城乡一体化公共文化服务体系建设，积极融入“海西文化”，不断强化自身现代化水平，加快提升服务质量，促进社会主义先进文化向大众的全面传播。

联系方式

地　址：浙江省苍南县县城新区湖滨路
邮　编：325800
联系人：王成槃

古籍与地方文献书籍

读者签名

谜语竞猜

泰顺县图书馆

概述

泰顺县图书馆位于泰顺县罗阳镇南大街书山弄5-8号，占地面积700平方米，建筑面积800平方米。泰顺县图书馆于1990年迁入现址并开馆服务。泰顺县图书馆的新馆区将会位于泰顺中心城区，计划2015年底建成，届时新馆区的建筑面积将达6500平方米，总用地面积为8234.36平方米。2009年10月，温州市少年儿童图书馆首个分馆在泰顺图书馆内落成，面积190平方米，藏书1万多册，总投资40余万元，由温州市民盟文化二支部、温州市少年儿童图书馆、温州氡泉文化发展有限公司共同创办。在2013年的第五次全国公共图书馆评估中，泰顺县图书馆获得了“一级图书馆”称号。

业务建设

我馆总藏量为26.8万册，其中电子文献藏量为20万册。2009-2013年期间，我馆平均年图书入藏8156种，报刊入藏246种，视听文献入藏量42件。泰顺县图书馆的文献编目是以《中国图书馆分类法》（第五版）作为中文图书分类标准和依据，并且制定了编目细则，要求编目数据规范一致。我们对图书的有严格的管理制度，要求图书的加工整理规范、统一、整齐和美观。此外，还设立了机读目录，有专人管理、维护目录，提供查目辅导。对于所有的馆藏中文文献书目，我们已经做到了100%数字化。在2006年，泰顺县图书馆与温州市图书馆成功联网，实现了“一卡通”服务，采用开放灵活的藏、借、阅、查等新型服务模式，除了特定或特殊的文献外，藏书全面对读者开放。

对于地方文献管理，我们有专柜和专门目录去收藏，有专人去管理，同时辅以有计划，有任务的征集工作。在地方文献数据库建设方面，我们选择了学术价值、史料价值、使用价值高的，内容丰富、富有代表性的，具有地方特色的地方文献。例如泰顺廊桥网、泰顺提线木偶戏等。

读者服务工作

我馆的公共空间设施场地全部免费开放，每周开放60小时，双休日和节假日照常开放。上架的书刊文献比例为92.75%。馆藏书刊文献年外借率为89.96%，人均年到馆次数为71.4次。我们积极利用多种方式在馆内、馆外开展书刊宣传，广泛开展参考咨询服务，为政府机关决策服务，为本地区重点教育、科研和企事业单位服务，以及为社会公众提供专题服务等。除了积极开展形式多样、内容丰富的社会教育活动外，我们每年还会进行大约20次讲座、培训等活动，5次展览活动以及7次阅读推广活动。

业务研究、辅导、协作协调

我馆积极参与上级图书馆组织和兄弟馆的馆际互借、总分馆体系建设，积极开展图书馆服务网络建设。目前我县参与服务网络建设比例为40%。我们馆内工作人员还会经常到分馆、图书馆流通点、农家书屋、共享工程基层点进行业务指导，并加强管理员业务培训和辅导。在业务指导的过程中，我馆工作人员会结合我县实际，从图书室的要求、管理方法、出版物常识等方面出发，就如何做好农家书屋管理员，图书、报刊、音像制品的分类、排架，借阅管理、图书室的延伸服务等进行了详细讲解，并对农家书屋管理员在工作中遇到的问题进行解答。除此之外，为了促进社会主义新农村建设，满足人民群众的文化需求，我们每年都开展送书下乡活动，送书10000多册，每年建立图书流通点10个，为农民送去精神食粮。

管理工作

管理有序，每年都制定工作计划，财务制度健全，监督到位。岗位管理按需设岗、按岗聘用，竞争上岗，岗位责任制、考核、分配激励制度健全。人事、业务、工程项目档案健全，资料详实，归档及时，立卷准确、装订整齐，内容齐全，每卷有目录。人事管理、财务、业务统计齐全，分析到位。馆内环境整洁、美观、安静。标牌规范，节能减排措施到位。

获奖情况

2009年至2013年间，泰顺县图书馆共获得各种表彰14次，其中文化厅表彰3次，市文化广电新闻出版局和市图书馆表彰11次。

重点文化工程

泰顺县图书馆在文化共享工程上建立了专门的领导小

电子阅览室

少儿阅览室

组，制度健全，设备达标，经费投入逐年增加。在过去的几年中，我们已完成了泰顺廊桥数据库和泰顺提线木偶数据库的建设。

泰顺县图书馆的公共电子阅览室采用了浙江省公共电子阅览室管理系统，拥有免费的上网服务，但严格规定未成年人每天上网不超过2小时。

在加强古籍保护方面，县财政每年为我馆拨款专项经费10万元，此外我馆还不断加强人才培养，多次派人到省、市学习培训。目前，我馆已完成古籍普查2011本，完成率85%。我们还不遗余力地开展古籍宣传，例如举办培训班，开展古籍知识有奖竞答等活动。

一楼外借室

馆领导介绍

馆长：龚士玲，女，1966年生，本科学历，浙江省泰顺县人，副研究馆员。

少儿馆馆长：周海颖，女，1979年生，浙江省泰顺县人，馆员。

支部书记、副馆长：陈玲，女，1967年生，浙江省泰顺县人，馆员。

副馆长：林安准，男，1975年生，浙江省泰顺县人。

展望未来

泰顺县图书馆要逐步建立覆盖城乡、结构合理、功能健全、实用高效的服务网络，进一步增强活力，提高效能，提升服务能力、服务水平与服务效益，使我馆在公共文化服务体系和公共数字文化建设中发挥主体作用，成为满足人民群众基本文化需求的重要阵地，为提高全民族素质，全面建成小康社会做出应有的贡献。

联系方式

地　址：浙江省泰顺县南大街5—8号
邮　编：325500
联系人：龚士玲

（撰稿人：龚士玲）

瑞安市图书馆

概述

瑞安市图书馆创建于1956年，始于心兰书社，是全国最早的图书馆（雏形）之一。馆址几经变迁，2010年12月30日，位于瑞安广场东首文化艺术中心南端的新馆建成开放。新馆建筑面积10657平方米，设计藏书容量50万册，阅览座位1000个，网络节点500个。采取大开间设计，功能布局合理，读者服务分布于四个楼层。一层为多功能报告厅、展览厅、儿童阅览室、亲子阅览室、盲文阅览室等；二层为图书借阅室、休闲阅览室、报刊阅览室、读者服务总台等；三层为图书借阅室、多媒体阅览室等；四层为图书馆办公区、网络中心、电子阅览室、自学阅览室、音像资料外借室、地方文献室等，集图书资料、科技信息、网媒阅览、参观会展于一体。

瑞安市图书馆在第五次全国公共图书馆评估中，晋升为一级馆。2012年，瑞安市图书馆设有阅览坐席394个，少儿阅览坐席142个，计算机164台，采用RFID技术智能标签系统与Interlib图书馆集群管理系统，全面实现图书馆管理、流通的自动化和馆内光纤局域网、无线局域网的全覆盖，同时实现了与温州地区各县（市、区）公共图书馆的联网和资源共享，通借通还。

业务建设

截止2012年底，瑞安市图书馆总藏量43.1814万册（件），其中，纸质文献40.0778万册（件），视听文献3.1036万套（件），收集地方文献有1986种3501册。

2012年，瑞安市图书馆新增藏量购置费216万元，采访入藏图书32758种51267册，视听文献1572种16316盘，订阅期刊1164种1506份，报纸323份。2009–2012年，平均年入藏图书19454种，报刊1048种，视听文献1455种。

截止2012年底，瑞安市图书馆数字资源总量为10TB，其中，自建数字资源总量2.5TB。2009–2012年，完成《藤牌舞》、《乡贤著述》数据库建设，在建的数据库有《瑞安老照片》数据库。

读者服务工作

瑞安市图书馆秉承最大限度满足读者需求的公益服务宗旨，全年365天开放，并实行免费服务，每周开放78小时。新馆自2010年12月开放以来，日均接待读者3000多人次，日均外借书刊4000多册次，2012年接待读者110万人次，流通155万册（盘）次，各项业务指标居温州地区公共图书馆前列，其中图书借阅数量仅次于温州图书馆，在县级馆中排行首位。

2009–2012年，瑞安市图书馆广泛开展延伸服务、流动服务，在全市陆续创建了2个镇街图书分馆，258个农村、社区图书室（农家书屋）和47个图书流通站，逐步建立起以市图书馆为中心，各镇街图书分馆为主干，社区图书室、农家书屋为基础，各学校、社区、部队、企业图书流通站为补充的新型公共图书馆服务体系。

2009–2012年，瑞安市图书馆共举办讲座、展览、培训、阅读推广等读者活动500多场次，受益人数达15万人次。针对未成年人、老年人实行特色服务，推出了玉海讲坛、“春泥计划”暑期快乐营、“最美夕阳红”等系列活动，并充分借助“中国儿童阅读日”、“世界读书日”、“未成年人读书节”、“图书馆服务宣传周”等有利时机，精心筹划、组织开展了一系列丰富多彩的读者服务活动。

业务研究、辅导、协作协调

2009–2012年，瑞安市图书馆职工在省级、国家级杂志上公开发表论文、调查研究报告19篇，联合编撰专著《瑞安百家姓》，主持并参与“藤牌舞”、“瑞安老照片”等科研项目的建设。

2009–2012年，瑞安市图书馆加强基层业务辅导，举办了多期基层图书馆（室）管理员业务培训班、农家书屋管理员培训班，并采用实地辅导与电话辅导相结合方式，先后下乡辅导300多次。四年共发展流通站24个，使图书流通站从2009年的23个，增加到2012年的47个，共送书下乡47748册，并帮助塘下和马屿分馆分编上架图书2万多册，同时确保每年每个分馆年增藏量不少于3000种。

2009–2012年，瑞安市图书馆与温州市图书馆及各有关单位联合编纂了《温州地方文献联合目录》；与浙江省图书馆

瑞安市图书馆正面照

瑞安市图书馆新馆

二楼大厅

图书借阅室

展览厅

文献采编中心合作建设中文图书联合馆藏目录数据库。同时，瑞安市图书馆认真参与温州市公共图书馆馆长联席会活动，积极参加温州市馆开展的各类业务指导，做好研究探讨，认真组织参加温州市“我爱我家”活动，密切了各馆联系和业务交流。

管理工作

截止到2012年底，瑞安市图书馆正式在编职工36名，其中管理人员7名，专业技术29名。本科学历22人，大专学历10人，大专以上学历占职工人员总数的89%。

2009—2012年，瑞安市图书馆纳入市政府财政统筹管理，健全完善各项规章管理制度，建立了工作量化考核指标体系，每月进行工作进度通报，每半年和全年进行总体工作考核。

表彰、奖励情况

2009—2012年，瑞安市图书馆共获得各种表彰、奖励32次，其中，省级以上表彰、奖励3次，市级表彰、奖励29次，被命名为温州市社会科学普及示范基地、瑞安市“春泥计划”实践基地、瑞安市志愿服务基地、瑞安市大中学生社会实践基地、共享蓝天俱乐部等。

馆领导介绍

王晓东，男，1973年11月生，浙江省瑞安市人，本科学历，中共党员，副研究馆员，馆长兼党支部书记。1992年参加瑞安市图书馆工作，撰写专业论文10多篇，其中4篇发表于北大核心期刊，被评为温州市学习型党员标兵、瑞安市委优秀宣传工作者。

蔡小华，女，1975年6月生，浙江省瑞安市人，本科学历，中共党员，馆员，馆长助理。1996年到瑞安市图书馆参加工作，先后在儿童阅览室、阅览室、图书外借室、视听外借室、采编室、财务室等科室工作。

王丹妮，女，1975年4月生，浙江省瑞安市人，本科学历，中共党员，馆员，馆长助理。1991年3月参加工作，2011年1月到瑞安市图书馆工作，先后在图书外借室、视听外借室、采编室等科室工作，现分管馆内业务工作。

赵尔特，男，1981年8月生，浙江省瑞安市人，本科学历，馆员，馆长助理。2002年3月到瑞安市图书馆参加工作，先后在采编部、阅览部、儿童部、外借部等部室工作。

未来展望

瑞安市图书馆遵循“读者第一，服务至上”的办馆理念，以倡导全民阅读，构建学习型社会为己任，充分依托图书馆的文化、信息等优势资源，积极履行公共图书馆的社会教育职能，致力于打造现代化、标志性的公共图书馆。瑞安市图书馆在未来的发展建设中，将充分发挥地区经济信息枢纽和精神文明建设基地的重要作用，不断完善阵地服务功能，并利用自身优势，丰富服务举措，坚持举办讲座、展览、阅读推广等各类读者服务活动，开拓图书馆的文化休闲功能，成为融入社会、贴近民众的市民终身教育的知识殿堂，为瑞安市经济建设和社会发展发挥重要的作用。

联系方式

地　址：浙江省瑞安市罗阳大道瑞安广场东首
邮　编：325200
联系人：谢作力

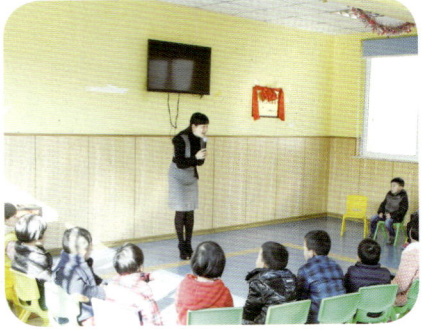

绘本故事走进儿童福利院

世界儿童读书日知识竞答

玉海讲坛公益讲座

乐清市图书馆

概述

乐清市图书馆位于乐清市乐成镇南大街109号。现馆于1987年建成开放，建筑面积2100平方米，是乐清市的图书借阅、信息服务和资源共享中心。2013年，参加第五次全国公共图书馆评估，首次获得一级图书馆。乐清市图书馆有阅览座位300个，计算机51台，网络节点43个，宽带接入100Mbps，选用Interlib图书馆集群管理系统，设有电子阅览室、期刊阅览室、少儿借阅室、视听读物外借室、图书外借室、地方文献室、采编室、办公室、残疾人多功能阅览室、法律文献中心、流动图书馆、虹桥分馆及文化信息资源共享工程乐清市支中心等13个科室，每周开放56小时，开展借阅、咨询、专题、电子信息、视听等服务，举办讲座、培训、展览、征文等活动。

业务建设

截止2012年底，乐清市图书馆总藏量75.5699万册（件），其中，纸质文献28.3376万册（件），视听文献7.2323万件，电子图书40万册。

2010、2011年，乐清市图书馆新增藏量购置费80万元，2012年增至99.7万元。2009—2012年，共入藏图书50731种76989册，报刊1240种，视听文献2003种。藏有广义地方文献3733种、狭义地方文献2718种，其中普通图书1871种、家谱161种、老照片（电子版）2318张及摩崖石刻（电子版）440幅。

截止2012年底，乐清市图书馆数字资源总量为7TB，其中，自建数字资源总量2TB。2009—2012年，完成了《"乐清记忆"老照片资源库》和《雁荡山摩崖石刻资源库》数据库建设及《对鸟》、《乐清民间艺术家》和《黄杨木雕和细纹刻纸》三个课件的开放，并通过国家发展中心验收。在建的数据库有《南宋名臣"王十朋"资源库》。

2010年，将自动化管理系统升级改造Interlib图书馆集群管理系统，以适应温州地区公共图书馆服务联盟建设的需要。2012年，实现馆内无线网络覆盖。

读者服务工作

从2008年开始，乐清市图书馆逐步取消了读者证年度服务费和工本费。2010年后，电子阅览室实行全免费开放。同时，乐清市图书馆免费为读者提供各种数字资源和全国文化信息资源共享服务及各类讲座等延伸服务。乐清市图书馆实行全周开放，每周开馆时间为63个小时。

2012年乐清市图书馆书刊文献年外借册次达21.3624万册，年外借率为60.05%；年流通总人次为236620人次，人均年到馆次数约为15次。截至2012年底，乐清市图书馆共建有42个流通点和5个分馆。从2009年至2012年，流动图书点和分馆书刊年均借阅册次约为5万册次。

从2011年开始，乐清市图书馆推出为"两会"代表提供文献信息服务和数字资源现场办证服务，获得2011年全省公共图书馆"两会"信息服务工作优秀服务奖；设立政府公开信息查阅点、成立乐清市法律文献中心，为社会大众提供专题服务。

乐清市图书馆每年都举办形式多样的读者活动，如读书讲座、家庭读书竞赛、图片巡回展、征文比赛、谜语竞猜、"4·23世界读书日"、服务宣传周、"暑期少儿读书月"等，实现图书馆与读者的互动，吸引更多的读者走进图书馆。2012年，共举办讲座、培训18次，展览12场次，阅读推广活动为7次，参加活动人次达26416人。

乐清市图书馆历来重视为特殊群体服务，开展多种形式的活动，将读书活动与弱势群体、未成年人思想道德建设紧密结合起来，充分体现了图书馆的独特功能。如开展聋哑人手语知识培训、"共拥蓝天"送温暖活动等；举办"我爱新家园"新乐清人演讲大赛、阳光夏令营等活动；蛋糕DIY亲子活动、"乐清民间故事"故事员大赛、全国青少年书法大赛等未成人读者活动40余场次；在乐清市老年协会、下北阁村等7个老年活动中心设立流动图书点，并定期更换鼓词、越剧等光盘；有针对性地为老年群体开设讲座等。

业务研究、辅导、协作协调

2009—2012年，乐清市图书馆职工发表论文12篇，出版专著1部，获准立项并验收通过的省级课题2项、课件3个。

乐清市图书馆参与国家图书馆、浙江省图书馆和温州市图书馆的联合编目工作，并与其签订协议；参与温州地区馆际

"共拥蓝天"送温暖活动

梅溪讲堂第一讲现场

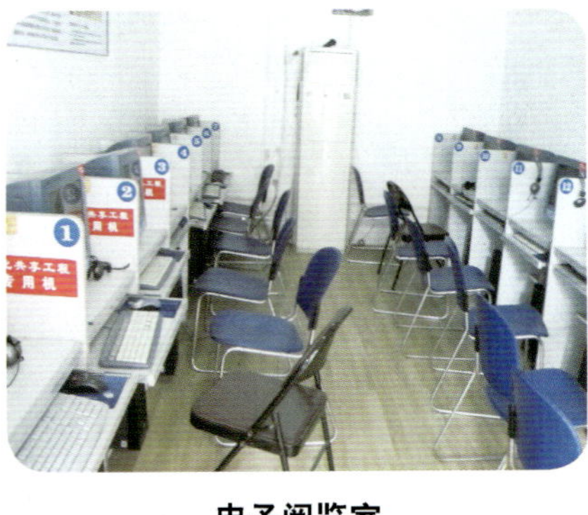

电子阅览室

视听读物借阅室

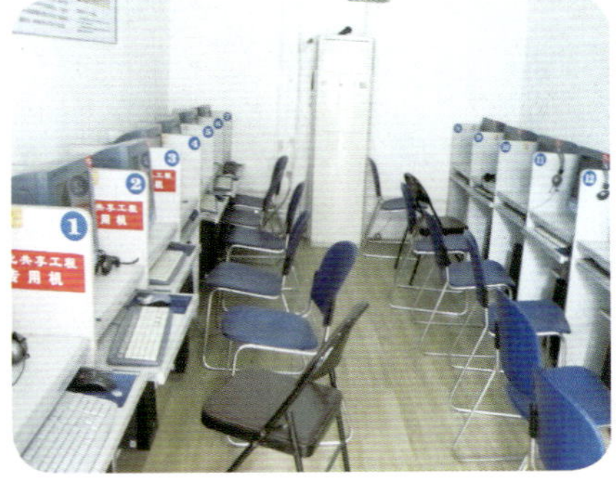

阅览室

互借、总分馆网络规划体系；与各分馆之间通借通还，并指导其业务开展。

乐清市图书馆以图书馆流通点和分馆建设为依托，每年至少组织培训1次，下基层辅导5次。2012年，参加培训和辅导的人次共达到102人次。

管理工作

乐清市图书馆实行按需设岗，按岗聘用，并实行竞争上岗，有严格的目标管理考核制度。根据市文广局目标管理责任书的要求，结合实际，制定和完善新一年的工作目标和任务，使各部门、科室做到有的放矢地开展各项工作，确保全年目标任务的按时完成。同时，加强财务、人事、设备物资、档案、安保工作等各项规章制度的制定和完善工作，从根本上保证各项工作能够按计划健康有序地向前发展。

表彰、奖励情况

2009—2012年，我馆获省级业务主管部门表彰5次，市级业务主管部门及县级党委、政府表彰28次，县级业务主管部门表彰4次。

馆领导介绍

王晓明，男，1964年9月生，大学本科学历，中共党员，副研究馆员，馆长。

汤剑，男，1978年10月生，大学本科学历，中共党员，管理九级，党支部书记兼基建办主任。

林回清，女，1970年10月，大学本科学历，中共党员，副研究馆员，副馆长。

苏维锋，男，1977年6月，大学本科学历，馆员，副馆长。

未来展望

乐清市图书馆新馆大楼建设现已进入装修阶段，建筑面积为26278平方米。新馆将秉承传统、开拓创新，在功能上更加突显图书馆在社会教育、保存文化遗产、科技示范、网络服务及文化休闲等方面所起的作用，全面体现其信息化、网络化、智能化、安全环保的特点，并充分展示乐清的人文精神和鲜明的时代风格。

联系方式

地　址：浙江省乐清市乐成镇南大街109号
邮　编：325600

乐清市图书馆外景图

新乐清人演讲大赛获奖者集体照

中小学生“乐清民间故事”故事大赛

“我爱我家”读书竞赛现场

嘉善县图书馆

概述

嘉善县图书馆初创于1928年4月，馆址设在城隍庙内，工作人员2名。1931年改为县立图书馆，1934年春，西塘镇成立私立同化图书馆，1956年，嘉善县图书馆正式成立。馆址几经变迁，1996年，谈公北路57号新馆建成并投入使用，馆舍面积3700平方米。设有图书外借部、报刊阅览部、采编技术部、电子阅览室、少儿图书室和古籍（地方文献）阅览室等业务部门。1956年，县图书馆成立时有藏书11000册，以后藏书逐年增加，至2013年底，馆藏总数为60.29万册，其中古籍2.1万册。1998年，嘉善县图书馆被评定为国家二级图书馆，2004年，被评定为国家一级图书馆。2005年，采用力博图书馆管理系统初步实现了采、编、流的自动化管理。2002年，图书馆建立电子阅览室，为读者提供信息检索、网上信息查询等服务。2008年7月，设立嘉善县政府信息公开服务点，提供政府信息的咨询、查询等服务。

业务建设

截止2013年底，嘉善县图书馆总藏量60.29万册（件），其中，古籍2.1万册。2010–2013年，共入藏中外文图书34万多册。2009年，建立地方文献专题阅览室。截止2013年底，图书馆数字资源总量为20TB。嘉善县图书馆大力发展基础设施，努力打造县镇村三级服务体系，2008年起开始乡镇图书分馆和农家书屋建设，增加图书馆的辐射范围，于2013年，实现乡镇村全覆盖及通借通还。至2013年12月，全县各级图书馆全年共接待读者近90万人次，已逐步成为县城广大群众精神食粮的主阵地。

读者服务工作

从1998年起，嘉善县图书馆全年365天对外免费开放，周开放80小时以上。2010–2013年，书刊总流通313.08万人次，书刊外借71.7183万册次。2008–2013年，建成9个分馆，118个农家书屋。自2012年8月起，分馆保证每月新书上架200册以上。2008年7月，中国政府公开信息整合服务平台嘉善分站上线服务。2009年6月，嘉善县图书馆网站开通运行。至2014年7月，图书馆网站访问量42.9万次。2010–2013年，嘉善县图书馆共举办讲座、展览、培训、阅读推广等读者活动134场次，参与人数6.6359万人次。

业务研究、辅导、协作协调

嘉善县图书馆在编人员17个，其中高级职称1个，中级职称8个。2010–2013年，嘉善县图书馆职工发表论文23篇，全体职工论文集一本，形成浓厚的学术研究氛围。2008年，开始建立分馆、农家书屋以及企业和学校等多处流通服务点，并在为各点提供书籍以外，提供强有力的业务支持。定期派本馆专业人员去各点进行业务巡讲、阅读推广、辅导文献排架等，同时负责协调各分馆的馆际图书流通。自2008年起，以各分馆各学校为依托，努力扩大图书馆的辐射面，在保证定期定量送书上新的情况下，定期、多次的为各分馆各学校送讲座、送展览、送活动，实现了讲座、展览和活动的县馆分馆及学校的巡回开展及合理资源利用。从2007年起，借书证全部更新换代，实现嘉兴市五县两区的通借通还，并以此为基础自行创新，于2013年率先实现县内县镇村三级的通借通还。2008年，完成全国信息资源共享平台的搭建，设立嘉善县政府信息公开服务点，提供政府信息的咨询、查询等服务。2013年，实现网站的书籍自助预约及续借，2014年，实现网站的网络荐书服务。

管理工作

嘉善县图书馆全体工作人员实行岗位聘任制，每次聘期三年，每年年终进行个人的全年总体工作考核，并建立了工作量化考核指标体系。自2008年分馆建立后，设立分馆年度考核，按各类目每年对各分馆进行业绩考核，并多次下乡镇抽查开放情况及文献排架。

表彰、奖励情况

2004年获国家一级馆称号。

2010年浙江省文化共享工程十佳网站评比活动优秀奖。

2013年获首届信息服务产品创作大赛鼓励奖。

2014年浙江省两会信息服务优胜奖。

2014年浙江省古籍保护重点单位。

馆领导介绍

鲁祎，男，1981年生，本科学历，中共党员，馆长。2003年8月参加工作，先后在嘉善县中等专业学校、嘉善县文化局工

读书节

少儿故事会

地方文献室

古籍室

外借部

作，曾任嘉善县中等专业学校团委书记，县文化局办公室副主任，2013年9月起任嘉善图书馆馆长。

姚春兴，1968年3月生，本科学历，中共党员，副研究馆员，党支部书记。1988年8月参加工作，一直从事图书馆工作，历任嘉善县图书馆副馆长、馆长、党支部书记等职。

黄旭东，男，1964年9月生，本科学历，中共党员，图书资料馆员，副馆长。1988年7月参加县教育局的工作，1989年2月调到嘉善县图书馆的工作，先后在报刊阅览室、图书外借室、图书采编部、馆办公室工作，任主任、助理馆长等职，2009年起任嘉善县图书馆副馆长，分管图书总分馆、图书采编、流通部等业务工作。2013年10月被浙江省嘉善县文化广电新闻出版局借调到文艺科工作。2013年12月荣获第一批国家公共文化服务体系示范项目创建工作先进个人称号。

金佳萍，女，1978年9月生，本科学历，助理馆员，副馆长。1999年8月参加工作，2008年12月到嘉善县图书馆工作。先后在信息技术部、古籍地方文献部工作，2010年任古籍地方文献部副主任，2013年10月被任命为嘉善县图书馆副馆长，分管信息技术部、电子阅览室，协助负责图书分馆、信息宣传、共享工程、电子阅览等工作。

未来展望

嘉善县图书馆以开门办馆为宗旨，科技强馆为手段，以优质服务为基础，方便群众为目的，以保持国家一级馆为契机，站在新的历史起点上，为构建社会主义和谐社会，为嘉善县域科学发展示范点建设发挥重要的作用。努力发挥图书馆的休闲功能、生产功能、展示功能。2008年以来嘉善县图书馆在不断强化总馆实力和完善总馆服务的同时，通过各级各类的分馆和流通点的建设，带动了全县公共图书馆事业的整体发展。2017年左右，嘉善县图书馆将搬迁至新馆，新馆建筑面积18000平方米。阅览座位500个，年服务人次可达200万人次以上，数字资源设计存储能力30TB。在保证正常运作和正常服务的前提下，扮演好特定的社会角色和服务角色，满足社会公众特定的信息需求和文化需求。

联系方式

地　址：浙江省嘉兴市嘉善县谈公北路5号
邮　编：314100
联系人：鲁　祎

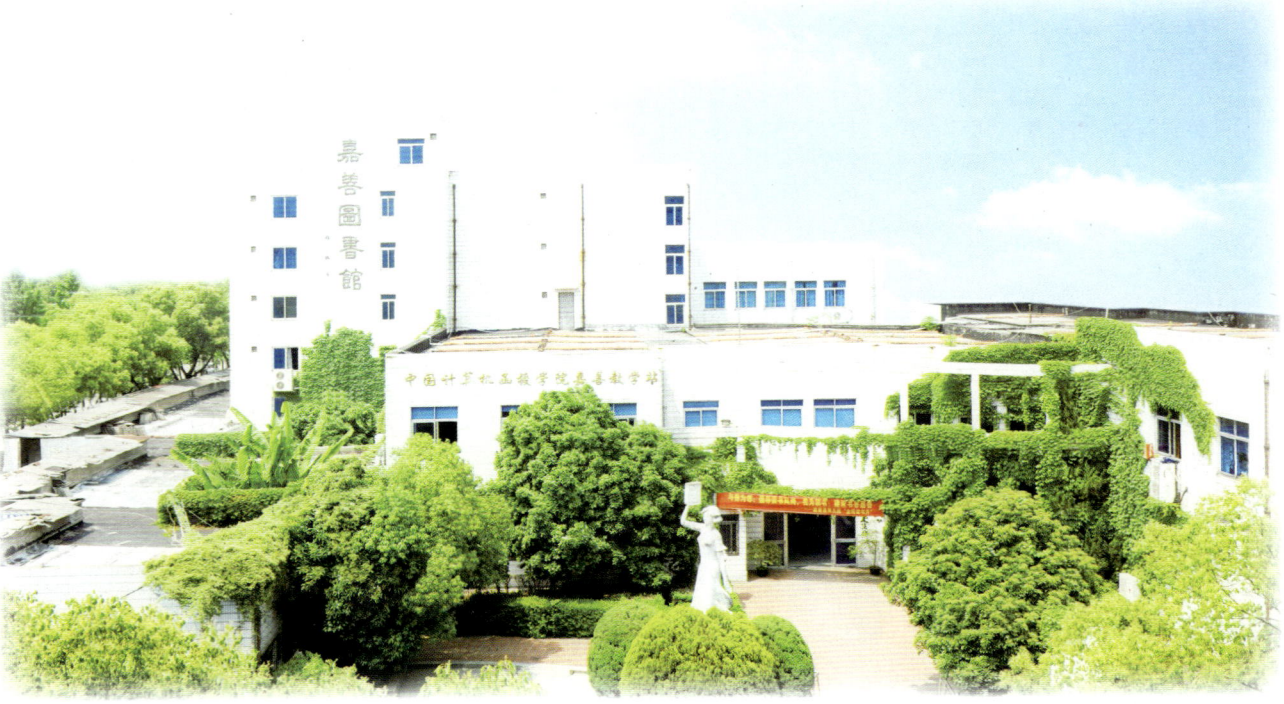

海盐张元济图书馆

概述

张元济图书馆是海盐县县级公共图书馆，前身为海盐县图书馆，1984年7月海盐县图书馆单独建制。1984年8月4日，海盐县筹建图书馆新馆，新馆以张元济命名，以纪念海盐籍文化名人——我国近现代著名出版家和版本目录学家、商务印书馆创业元老、爱国老人张元济先生。张元济图书馆馆名由已故中共中央政治局常委陈云题写，已故全国人大常委会副委员长胡愈之为奠基石题字。1985年5月8日举行奠基仪式，1987年5月8日举行开馆典礼。张元济图书馆扩建工程2010年6月1日举行开工庆典，2011年12月31日举行新馆开馆庆典。张元济图书馆现占地面积1.5万平方米，建筑面积1.1万平方米，设有文献流通部、阅览部、采编部、特藏部、宣传推广部以及信息技术部。2012年，拥有阅览座位790个，计算机138台，宽带接入100Mbps，采用力博图书管理系统，并采用RFID图书智能管理系统。除常规职能外，张元济图书馆还有张元济纪念馆和商务版本阅览室两大特色，搜集、整理、保存、陈列了张元济先生著作、手稿和生平事迹资料以及商务印书馆近百年来的部分出版物和近年来的所有出版物。

业务建设

截止2012年底，张元济图书馆总藏量61.9万册（件），其中，纸质文献41.9万册（件），电子图书期刊20万种/册。张元济图书馆年均购书经费150万，年均入藏图书20125种，49955册，报刊646种，视听文献124种。年征集地方文献300余种，2000余册。

截止2012年底，张元济图书馆数字资源总量8TB，其中，自建数字资源一是古籍和商务旧版本数字图书约200册，二是讲坛、活动视频，三是张元济数据库。2009年以来，我馆馆藏图书年均增长率46.6%，接待读者年均增长率为60%，外借图书年均增长率65.5%。

读者服务工作

2011年起，张元济图书馆所有基本设施及服务项目均全年对外免费开放，周开放时间81.5小时。2012年馆藏总量为41.9万册（件），年外借53.1万册次，因此馆藏书刊文献年外借率为108%。2012年流通总人次为75万。除张元济图书馆总馆外，还设有7个镇（街道）分馆，7个村（社区）分馆，总分馆通借通还，初步建立起城乡一体化公共图书馆服务体系。34个图书流通服务点，年均送书2.5万册次。积极利用微博、微信、网站、媒体等平台进行新书、好书推荐。

积极主动为有关单位、个人提供参考咨询服务。同多次为县政府机关工作人员查找专题文献，提供参考论文300余篇。为《海盐文化丛书》提供材料。从馆藏《中国历史地图集》中提供秦代海盐县区位图给《潮起海盐——海盐乡土历史文化读本》。参加每年的服务“两会”专题信息服务。

积极主动为特色人群服务，包括为视障人群送书上门、新居民子女专题服务、举办老年人公益性培训、讲座等。张元济图书馆网站2001年建立，由馆内技术人员自行设计开发，每两年改版一次，年访问量在40万人次。网站结构合理，内容丰富，日常维护、更新、管理规范，具有众多的网上服务项目。2010年获得由浙江省文化厅主办的“浙江省文化共享工程十佳网站评选最佳内容奖”。

2009年—2012年，张元济图书馆借助春节、世界读书日、国际妇女节、儿童节、重阳节、国庆以及图书馆服务宣传周和浙江省未成年人读者节等开展各类活动，共举办讲座、沙龙、展览等读者活动500余次，参与活动达60余万人次。每期活动从策划、预告、组织协调到媒体报道及读者反馈做到档案齐全。

业务研究、辅导、协作协调

2012年7月，浙江省图书馆学会课题《张元济的古籍整理成就及其成因研究》结题。2009年至2012年，张元济图书馆共发表论文35篇，并出版《张元济研究论文集》。

规范开展基层业务辅导工作，年初有计划，年底有总结，有辅导工作记录。镇（街道）分馆年底有业务数据统计分析。开展对基层图书馆自动化管理的指导，如开展力博系统、电子阅览室管理、共享工程等操作的指导培训等。2012年开展基层业务辅导共计48次，出动专业技术人员100余人次，取得了明显的成效。

省讲座展览启动仪式

新馆落成开馆庆典

第四届张元济学术思想研讨会

走进文化名人参观征文

张元济纪念馆

海盐县人民政府下发了“海盐县深化城乡一体化公共图书馆服务体系建设实施意见的通知”。根据指示精神，2009年以来，海盐县先后建立了7个镇（街道）图书分馆，7个村（社区）图书分馆，并规范管理，有效运行。镇（街道）分馆2012年接待读者23.6万人次（总分馆共75万余人次）。同时，服务网络延伸至企业、警营等单位，核电二三公司方家山项目部图书分馆和总馆业务系统联网；另外，发展馆外流通服务点34个。

积极参与浙江省及长三角图书馆联合编目。参与浙江省图书馆馆信息服务联盟和上海市图书馆馆际互借。参与浙江省和上海市图书馆讲座展览联盟。参与长三角参考资源联盟。参与嘉兴市城乡一体化公共图书馆服务体系建设。

管理工作

2009年初实施第三轮全员聘用制，变身份管理为岗位管理，部主任竞争上岗，管理人员实行双向选择，择优录用。部门工作实施目标管理，年终进行考核。出台《张元济图书馆岗位设置实施方案》。出台《张元济图书馆奖励性绩效考核实施方案》，实施绩效工资。人事管理统计、财务统计各类报表、业务工作报表齐全。并及时进行分析，包括《新馆开馆情况分析》；《2012年张元济图书馆业务工务统计分析报告》，各业务部室月工作情况统计分析等。

表彰、奖励情况

2009–2012年，张元济图书馆累计获得表彰、奖励19次，其中省级表彰、奖励5次，市级表彰、奖励7次、县级表彰、奖励7次。

馆领导介绍

班子成员由杨姜英、宋兵、詹志浩三人组成，年龄分别为50、45、28岁，一女两男组成，结构合理。3人学历都为本科，杨姜英为副高职称，宋兵馆员职称、詹志浩助馆职称。分管业务工作的馆长助理詹志浩为本科学历，2012年9月参加省图书馆举办的全省数字资源建设研讨班。领导班子成员接受继续教育情况：2012年馆长参加省文化厅馆长培训班学习，班子成员均参加由人事局组织的《心理健康与心理调适》培训考核，参加文化局组织的“三力”培训。

未来展望

四年来，我馆在硬件建设、内部管理、创新服务、队伍建设及重点文化工程等方面取得了长足进步，为构建和谐海盐、人文海盐发挥了积极的作用，得到了群众的广泛认可。“雄关漫道真如铁，而今迈步从头越”，我们将以人为本、脚踏实地，坚持高标准严要求，进一步提高服务管理水平，进一步推动城乡一体化公共图书馆服务体系建设，积极建设商务印书馆商务版本图书馆，发挥张元济纪念馆宣传教育功能，推动我县图书馆事业持续健康发展。

联系方式

地　址：浙江省海盐县武原街道文昌东路6号
邮　编：314300
联系人：杨姜英

张元济图书馆全景

张元济图书馆新馆大厅

海宁市图书馆

概述

海宁图书馆诞生于清代光绪三十年（1904）旧历四月，是我国最早以“图书馆”命名的县市级公共图书馆。现用馆舍1988年落成，面积3229平方米，阅览席位268座，馆藏90余万册次。1998年实现自动化管理系统，共有计算机77台，宽带接入100Mbps，2005年更换力博图书馆自动化管理系统。目前新馆正在建设中，2014年投入使用，藏书容量100万册，阅览座席1000余个。1994年被文化部授予第一批县市级《全国一级图书馆》称号，历次复评继续保持称号。

业务建设

截止2012年底，海宁市图书馆总藏量88.7万册（件），其中纸质文献88万册（件）。2009—2012年，海宁市图书馆新增藏量购置费共计940万元，入藏中外文图书10.4万种，42.5万册，视听文献1.8万件。

截止2012年底，海宁市图书馆数字资源总量为51.2254TB，其中，自建数字资源总量10.2254TB。馆藏中文图书、报纸期刊除古籍之外，均录入力博业务系统，形成机读目录，馆藏中文文献书目数字化达到96.7%。我馆相继建立了“海宁名人资料库”、“地方著作目录数据库”等地方文献数据库，分别录入数据条目14615和3397条。“海宁名人资料库”2010年在海宁市科协立项，并顺利结题。

读者服务工作

海宁市图书馆全年365天天天对外免费开放，周开放87小时。2009—2012年，借阅人次350万，借阅册次594万。2008年启动总分馆建设以来，稳步推进总分馆体系建设，2010年实现乡镇分馆全覆盖，至2012年海宁市已有1个总馆、11个乡镇分馆、5个村级分馆、1个专题馆，69个图书流通点。乡镇（街道）参与服务网络建设比例达到100%。2010年起，为“两会”提供服务，2011年、2012年，连续被浙江省文化厅授予“全省公共图书馆‘两会’信息服务工作优秀服务奖”。

2009—2012年，海宁市图书馆网站访问量134.1万次。海宁市图书馆信息主站（www.hnlib.com）于2005年1月上线，读者网络服务中心（reader.hnlib.com）于2011年12月上线，并在2012年4月发布了读者网络服务中心手机版（m.hnlib.com），以上网站都使用统一后台进行管理。网页美化、维护、更新、管理均配备专人负责，网站设计应用实现了“一站式”服务平台、“立体式”信息平台、“自助式”馆读互动平台、“综合式”资源平台4大平台的整合，实现多元化的网络服务项目。海宁市图书馆可通过海宁市图书馆网站、嘉兴数字图书馆网站网站、浙江省共享工程VPN专网向全省公共图书馆、共享工程基层服务中心提供检索、浏览和下载服务。

2009—2012年，海宁市图书馆共举办讲座、展览、培训、阅读推广等读者活动254项，参与人数10万余人次。依托城乡一体化公共图书馆服务体系开展阅读活动，凸显市、镇、村三级联动特色，充分重视阅读服务中“品牌效应”，阅读推广实现“一个主题”、“两大品牌”、“三级联动”的特色。

每年制定“一个阅读推广主题”。将城乡活动统一到“主轴”中来，实现城乡读书活动资源无缝对接。

主打推出“潮阅读”和“星阅读”两大活动品牌。“潮阅读”面向成年读者倡导“时尚”阅读方式，相继推出“紫微讲坛”、“海图百科窗”、“计算机”阶梯式培训、“晒书会”、“读书吧”沙龙等服务项目。“星阅读”面向未成年读者倡导“立体”阅读方式，通过“海星巧手坊”、“海贝创E谷”、“童心故事会”、“小读者俱乐部”、“阅读实践夏令营”等服务项目，引导未成年人在动手实践、交流采风、才艺展示的过程中体验阅读乐趣，养成良好的阅读习惯。

打造“三级联动”读书城市。依托城乡一体化公共图书馆服务体系，将总馆、乡镇分馆、分级分馆和流通点纳入活动体系，着力围绕海宁文化特色开展读书活动，唤起全市读者共同的文化记忆，相继开展了“灯谜会”、“阅读皮影”、“老底子灯谜”征集展示等活动。

业务研究、辅导、协作协调

2009—2012年间，海宁市图书馆相继完成了海宁市科协、嘉兴市社科联、浙江省图书馆学会的7个重点课题；开展“金桥工程”3项，其中2项获得海宁市“三等奖”；开展“厂会协作”3项，其中2项获得年度优秀；为图书馆事业科学可持续发展提

“读书吧”沙龙

紫微讲坛

供持久动力。2009—2012年职工发表论文14篇。在组织职工论文海宁市第十二次自然科学优秀论文评选中，1篇获得二等奖，3篇获得三等奖。

2009—2012年间开展基层业务培训130余次，直接培训人员近3500人次。以“菜单式”选学培训方式，凸显抓职工培训、抓新进人员培训、抓村级基层点管理员培训、抓读者培训和抓志愿者培训“五个抓手”，坚持把课堂培训与现场示范结合起来，传统教学手段与互动式教学、案例式教学结合起来。

海宁图书馆将乡镇文献收集整理成为“特色产品”，以馆藏为中心梳理和整理地方资料，2012年由西泠印社公开出版《馆藏金石碑拓》。编印内刊《水仙阁》、《网络文摘》、《水仙阁资讯》；2009—2012年相继举办了“《海宁馆藏金石拓本》座谈会”、“2011华夏阅读论坛”之五——“地方文献建设与乡土文化阅读”研讨会等研讨活动，2012年承办了嘉兴市五县两区数字图书馆手机版启动仪式。

积极参与上级图书馆组织的各项协作协调工作。相继加入了浙江省信息联盟、浙江省图书馆讲座联盟和展览联盟，上海图书馆开展签约合作服务，参与上级联合目录编制，相继编制了《嘉兴市五县两区方志目录》、《嘉兴市公共图书馆地方文献联合目录》。参加嘉兴市图书馆浙江省创新课题研究。

管理工作

2012年进行了新一轮中层干部竞聘上岗和职工双向选择工作。对照图书馆事业发展形势和单位发展趋势，调整了单位部门设置，新增了社会活动部；进一步优化人员配置，细化人员学历、职称要求。人员在年龄、学科等各方面呈梯队化分布，人力资源配置更趋科学化、合理化。2011年顺利完成了岗位设置工作，配合落实绩效管理工作，全面完成绩效工资工作。

表彰、奖励情况

2009—2012年，海宁市图书馆共获得各种表彰、奖励51次，其中，文化部表彰、奖励1次，省级业务主管部门及市级党委、政府表彰、奖励12次，市级业务主管部门及县级党委、政府表彰、奖励8次，县级业务主管部门表彰、奖励8次，其他表彰、奖励22次。

馆领导介绍

王丽霞，女，1965年8月生，本科学历，中共党员，研究馆员，党支部书记、馆长。1988年从事图书馆工作，2004年10月任海宁市图书馆馆长。兼任浙江省图书馆学会理事员、嘉兴图书馆学会理事、海宁图书馆协会理事长、海宁史志学会理事。2010年荣获嘉兴市第四批新世纪专业技术带头人；海宁市十

现用馆舍馆貌

佳优秀科（室）长；海宁市优秀共产党员；2009至2010年度荣获海宁市十佳巾帼建功标兵”；2009至2011年度中国图书馆学会优秀会员；2012年荣获浙江省地方文献先进个人；嘉兴市“十佳先进文化工作者”；2008至2012年度荣获海宁市“劳动模范”。

汪莉薇，女，1972年1月生，本科学历，中共党员，中级职称，副书记、副馆长。2006年从事海宁市图书馆工作，先后分管外借部、阅览部。兼任海宁市图书馆协会秘书长。

沈兰，女，1978年10月生，本科学历，中共党员，馆员，副馆长。2000年8月参加工作，2009年3月任海宁市图书馆副馆长。分管信息技术部、农村指导部、办公室等。

未来展望

在当今信息社会条件下，海宁市图书馆一定会在知识经济时代发挥重要的地区信息枢纽和海宁市精神文明建设基地的重要作用，成为知识信息的集散地、市民终生教育的学校、海宁地方文化的窗口、地区图书馆的中枢、文化休闲的场所。海宁市图书馆新馆预计2014年开馆，新馆建成并投入使用以后，将是该市集文化、科技、信息传播、保存文化遗产、开展爱国主义教育、展示改革开放成就为一体的综合性公共图书馆。

联系方式

地　址：海宁市海马路34号
邮　编：314400
联系人：吕佳兰

电子阅览室

粉塑传习班

阅览室

平湖市图书馆

概述

平湖市图书馆的前身为县立通俗图书馆，成立于民国6年（1917年），1956年经浙江省委文教委员会批准成为全省首批县级公共图书馆之一。自建馆以来，历经时代变迁，岁月沧桑。目前新馆，座落于风景秀丽的东湖景区畔，2003年9月动工，2006年7月正式对外开放。占地20亩，建筑面积7780平方米，总投资4000万元，在浙江省县一级公共图书馆中达到了领先水平。2009年、2013年二次被评为文化部一级图书馆。

馆内现拥有计算机180台，其中读者用机119台。馆内全部电脑已构架局域网或者接入Internet，由电信公司提供FTTB专线一条，上网速率100Mbps。图书馆目前采用DELL EMC X300光纤存储，可用总量达到6TB。

至2012年，平湖市图书馆在全市建有8个镇（街道）分馆，各馆馆舍面积均在500平方米以上，藏书30000多册，阅览座位50多个至200余个，电脑15台。

图书馆采用了力博图书馆管理系统，在全嘉兴范围内实现市、县、镇（街道）、村级分馆通借通还。

业务建设

截至2012年，平湖市图书馆入藏的图书、期刊和报纸合订本古籍等总藏量为569762册、件，其中中文图书书目数字化率超过70%。馆内电子文献藏量为110多万种。2009年至2012年，馆内图书年均入藏量为12714种，报刊年均入藏量为800种。视听文献年均入藏量为200件。2012年，图书馆财政拨款总额为621.7万元。全馆新增馆藏购置费为109万元。2012年，共收集到各类地方文献524种，918册。

平湖市图书馆十分重视地方文化信息资源数字化建设工作，设计制作了“浙江平湖数字文化网”，集中了数字图书、全文期刊、网上报告厅、市民讲坛、VOD点播、本土特色文化等，总量达到200G。

读者服务工作

平湖市图书馆已实现全年365天开放，每天开放时间达到11.5小时（每周五上午闭馆修整），每周开放时间长达78小时。馆内所有公共区域都面向全体市民免费开放，书刊借阅、上网浏览、视频播放、文献查询、观赏展览、听取讲座、参加培训等活动，均免费服务。

至2012年，馆内开架书刊为447186册，占全馆书刊总藏量的78.4%。2012年，我馆有效持证读者数量为42068人，流通总人数达到892408人次，其中书刊文献外借人次为498080人次。全年书刊文献外借册数为656761册次。馆藏书刊文献年外借率达到115%。

至2012年，平湖市图书馆在全市范围内建有馆外服务点49个，全年共为各服务点送书113次，计18537册次。2009年至2010年平均每年为各服务点送书93次，计15578册次。

图书馆在一楼大厅设有政务信息公开查询处，设置了两台电脑提供市民免费查询。我馆网站上也设有政务信息公开查询网站链接，方便市民登录查询。

平湖市图书馆网站自建立以来，几经改版，目前页面美观、内容丰富、更新及时、功能齐全。2009年至2012年，年均访问量超过60万次。2010年，在由省文化厅主办的“浙江省文化共享工程十佳网站”评选活动中，平湖市图书馆网站获最具特色奖。

平湖市图书馆的读者活动开展的有声有色，形式新颖，形成了多个有影响力的品牌活动。“市民讲坛”每月举行1–2期，2009年至2012年，共举办各类讲座83期。每年5–6月间举行的“全民读书月”（未成年人读书节）期间，开展讲座、展览、各类竞赛、亲子活动、读者体验等项目。此外，元旦、春节、国际妇女节、国庆节等节假日，世界读书日、低碳日等纪念日，以及发生热门文化事件时，图书馆都会组织举办相应活动。据统计，2009年–2012年，图书馆举办的读者活动近200项，参与人次超过100000人次。图书馆“老年图书会”已坚持活动20多年，目前每周日举行一次，定期出版会刊《晚晴》。

平湖市图书馆也注重分门别类，为不同读者人群提供针对性服务。图书馆帮助企业建立图书室、培训数字图书馆使用方法；为农村特色种植、养殖户送去专业书籍，在村小建立馆外服务点；在馆内设立视障人士阅览室，提供专有设备；为新居民及其子女送去讲座，邀请他们免费观影，在其群体间普及劳动保障、法律知识等。

业务研究、辅导、协作协调

2009至2012年，平湖市图书馆职工共有11篇论文在浙江、上海、吉林的图书馆业务期刊上发表。1人参与了市文广新局《城乡群众基本文化权益内容及量化指标研究》的课题研究。

平湖市图书馆参与浙江图书馆、上海图书馆、嘉兴图书馆的业务协作与协调工作。加盟浙江图书馆讲座、展览联盟、浙江图书馆中文联合馆藏目录数据库建设，浙江图书馆古籍家谱联合目录、嘉兴图书馆古籍家谱联合目录，上海图书馆讲座联盟等组织。

全民读书月启动仪式

市民讲坛徐雁讲座

为馆外服务点送去新书

报刊阅览&自修室

少儿阅览室

中老年人电脑培训班

平湖市图书馆对各级分馆的诸项业务、分馆管理员进行指导、培训。

管理工作

截至2012年，平湖市图书馆职工人员总数为25人，其中大专以上学历24人，占总职工人数的96%；副高职称1人，中级职称9人，初级职称15人。

2012年，该馆先后有13人次参加了省内外的业务培训和学习，内容有关共享工程、论文写作、图书馆管理、古籍保护等。2012年，全馆职工人均参与岗位培训、继续教育时间为55小时。

自2008年起开始建设的镇（街道）图书分馆“总分馆”体系，至2012年，已有8家镇（街道）分馆，5家村级分馆开放。镇（街道）分馆各配有专职管理人员3名，分馆馆长由总馆下派。分馆图书由市馆统一采购、编目和配送，实现“一卡通”服务，图书在全市范围内通借通还。

表彰、奖励情况

2009年至2012年，平湖市图书馆获浙江省“群众满意基层站所（办事窗口）创建工作先进、嘉兴市创先争优先进基层党组织、嘉兴市文化工作先进集体等省级、嘉兴市级、平湖市级以及图书馆业内奖励、表彰共48项。

馆领导介绍

马慧，女，1963年9月生，平湖市人，1980年8月参加工作，大专学历，中共党员，副研究馆员，馆长、党支部书记。嘉兴市党代表；嘉兴市“三八红旗手”、“巾帼标兵”、第一批国家公共文化服务体系示范项目创建工作先进个人；平湖市党代表；平湖市人大代表。

杨贤林，男，1973年12月生，1990年12月参加工作，大专学历，中共党员，助理馆员，副馆长。

刘引珠，女，1967年4月生，1987年8月参加工作，大专学历，中共党员，馆员，副馆长。

刘乔，女，1983年1月生，2005年7月参加工作，本科学历，中共党员，助理馆员，党支部副书记。

周勤华，男，1955年7月生，1970年8月参加工作，大专学历，中共党员，政工师，协理员。

未来展望

平湖市图书馆秉持“读者第一，服务至上”的办馆宗旨，努力为全市市民提供免费、均等、共享、便捷、优质的公共文化服务。未来几年，图书馆的工作重点是参与到嘉兴市创建国家公共文化服务体系示范区中，在现有服务基础上，不断完善全市公共图书馆服务体系，让“总—分—馆”体系发挥出最大效率。全馆的藏书量、读者到馆人数、书刊借阅量、读者活动质量等数据都能做到稳中有升，让图书馆在本地文化生活中发挥更重要的作用。

联系方式

地　址：浙江省平湖市当湖街道三港路2号
邮　编：314200

桐乡市图书馆

概述

桐乡图书馆前身为县文化馆图书室。1976年8月，县委宣传部批准建立县图书馆，设于文化馆内。1984年8月由县人民政府批拨专款建造了桐乡县图书馆，自此，图书馆始有独立馆舍。1993年桐乡撤县设市，更名为桐乡市图书馆。

2000年10月13日，经桐乡市人民政府批准，陆费逵图书馆在本馆挂牌成立。（陆费逵：桐乡人，著名爱国教育家，出版界的先驱，中华书局创始人）此后，桐乡市图书馆，陆费逵图书馆两名并用。2001年8月由桐乡市人民政府投入2100万元，异地重建新馆，新馆位于桐乡市行政大楼西侧，占地5640平方米，建筑面积7200平方米，2002年12月底竣工，2003年3月3日新馆正式开馆。

业务建设

截止目前，在编人员25人，其中设馆长1人，书记1民人，副馆长2人；有本科学历20人，大专学历4人，大专以上学历者占职工人数96%；具有中级职称14人，初级职称10人。馆现拥有阅览座位400个，其中，报刊阅览座席174个，参考阅览座席20个，成人图书阅览座席30个，古籍阅览座席6个，中华版本图书阅览座席6个，电子阅览座席30个；少儿阅览座席144个。全面采用计算机自动化管理，共有计算机65台，其中，提供给读者使用31台，服务器7台，业务及办公用27台。全面实行免费开放，2008年起办理各类图书借阅证免工本费和服务费。结合文化共享工程及嘉兴数字图书馆建设存储容量达到7.2T。电信100M宽带接入，选用南京力博图书馆自动化管理系统。

读者服务工作

从2011年3月起、我馆电子阅览室实行免费开放，全面实现了向社会公众的免费开放，真正实现了无阻碍、零门槛的服务举措。本馆现有持证有效读者54000人，年接待读者达130万余人次，年流通图书近150万余册。设有：文化信息资源共享工程桐乡市（县级）支中心、外借部、采编部、地方文献参考部、阅览室、电子阅览室、基层辅导部、办公室、馆长室等部门，全年实行365天天天开放，每周开放79小时。2012年5月安装全省公共电子阅览室统一管理平台，全面实行凭身份证登记上网，未成年人必须经家长同意方可上网，每人每天上网不超过2小时。积极参与各类资源建设，每年投入10万元由嘉兴图书馆统一购买数字资源共建嘉兴数字图书馆，并利用文化资源共享工程平台、嘉兴数字图书馆资源在学校、社区、乡镇开展各类培训开展推广数字资源的利用工作。

扎实推进镇（街道）图书分馆建设，到2011年十二个乡镇全部建立图书馆分馆，真正达到了全覆盖，全面实行通借通还。2008年3月起，根据《桐乡市构建城乡一体化公共图书馆服务体系的实施意见》，我馆已在崇福、洲泉、濮院、龙翔、凤鸣、石门建立了镇（街道）分馆，2009年在乌镇、河山、大麻、屠甸、高桥建立分馆，目前已实现全覆盖，每个乡镇分馆有藏书30000册左右，每周开放不少于48小时，并在嘉兴地区公共图书馆通借通还，2009－2012年分馆共接待读者270余万人次。同时合理配足、配好书刊，每年开展业务培训2次。利用资源优势，扩展服务空间，新建村级图书流通点19个，馆外图书流通点2个，累计已建流通点39个流通图书25865册；图书小分队每年参与文化下乡活动共35场次，做好农家书屋建设的协助工作，开展延伸服务。

馆藏资源

2012年全年财政拨款总额为623万元，其中购书经费为220万元，人员经费为329万元。2012年新增馆藏图书为62563册，目前藏书总量已达到85.55万册，其中电子文献3034多种，3100余册。其中方志、年鉴、家谱、地方性史料、乡贤著述等地方文献约7200册（件），《四库全书》、《四库全书存目丛书》、《民国丛书》等大型新版古籍丛书3200余册，《古今图书集成》、《四部备要》、《光绪朝硃批奏折》等中华书局版本图书10000余册，年订报刊700多种。各类图书严格按照中图法第四版及本馆制定的编目细则进行编目，著人、登记和加工。采编部合理安排图书采购计划，每月向外借部及各乡镇分馆提供新书2次。开放部门及时将新书上架，图书排架正确率达到96%以上。做好现有数据库管理工作，采购优秀数字资源，收集和挖掘当地优秀的、有代表

桐乡市图书馆全景

电子阅览室

外借室

中华版珍藏室

贝贝手工坊

性的文化信息资源，开展网络图书馆使用推广活动，完善业务系统功能软件的使用，提高工作的自动化信息水平，延伸服务平台。2011年投入6万元开发了地方文献数字化加工平台，对我馆征集地方文献进行数字化扫描，已完成《茅盾全集》、《桐乡年鉴》等150多册，并进行数字化处理供读者查阅。

业务研究、辅导、协作协调

积极参与本地区的图书馆联合编目，认真推进本地区的馆际互借工作，实行全市范围的图书通借通还。定期举办讲座、培训、展览、读者座谈会等活动（2010–2012年举办讲座66场、其中文化大讲堂33场、展览20次、共享工程、基层点等网络培训10次）。2009年以来，我馆员工在各类杂志公开发表学术论文20余篇。

管理工作

始终把干好本职工作、促进事业发展、服务社会大众作为重要任务，在管理上求规范，气氛上求和谐，作风上求垂范，服务上求实效，全馆上下团结拼搏，自我加压，开拓创新，出现了干实事、求实效的工作局面。一是通过职能调查摸底，制定了图书馆管理聘用工作实施方案，根据单位内部工作岗位需求，签订了岗位责任书，明确了各岗位的工作职责并与个人年度考核挂钩。二是建立健全了学习制度、工作制度、考勤制度、服务准则等制度。三是聘用了保安人员，购置了安防设施，加强了安全管理。四是规范工作行为，优化工作环境，强化服务意识。

表彰、奖励情况

2009年嘉兴市青少年法制教育示范基地；嘉兴市10、11、12年连续三年服务民生满意站所、桐乡市巾帼文明示范岗（借阅部）2012年全省公共图书馆地方文献工作考评评为示范馆，2012年5月浙江省“青少年法制教育基地”2012年9月嘉兴市文化工作先进集体。

馆领导简介

唐容，男，1972年生，本科学历，中共党员，馆长，1992年9月参加工作，历任桐乡市文化市场执法大队大队长、桐乡市文化广电新闻出版局办公室主任，2014年1月任桐乡市图书馆馆长。

杨浙兵，男，1972年生，本科学历，中共党员，中级职称，支部书记，1988年9月参加工作，先后在少儿、外借、电子阅览室等部门工作，任主任、副馆长等职。

沈炜，女，1971年生，本科学历，中共党员，中级职称，副馆长，1989年10月参加工作，先后在少儿、外借等部门工作，任主任、馆长助馆等职。

魏衍方，男，1986年10月生，本科学历，中共预备党员，初级职称，副馆长，2009年8月参加工作，先后在采编、外借等部门工作，任副主任、主任等职。

未来展望

桐乡市图书馆是集文化、科技、信息传播、保存文化遗产、开展社会主义教育、展示社会发展成果为一体的文化服务和交流中心。树立全新的人才观，要以市场和效益为前提，对人才的知识结构进行重新确定，建立起一支具有复合型知识结构的专业队伍，并稳定专业队伍，提高整体功能，做到人尽其才，各得其所。努力将图书馆建设成为市民终身教育的学校，地方文献的宝库，知识信息的集散地，高雅的文化休闲场所。

联系方式

地　址：浙江省桐乡市振兴东路市行政中心西楼
邮　编：314500
联系人：杨浙兵

（撰稿人：杨浙兵）

文化下乡

国学讲座

知识竞赛

湖州市南浔区图书馆

概述

南浔区图书馆2011年4月23日正式开馆，建筑面积4600平方米。全馆现设办公室和7个服务窗口（包括：总服务台、少儿借阅室、期刊阅览室、自然科学借阅室、社会科学借阅室、古籍地方文献室、多媒体电子阅览室）6个职能部门（办公室、采编部、流通部、服务拓展部、古籍地方文献部、馆外流通部），实行借阅一体式服务模式。现有在编职工9人，其中本科8人，占在编制职工总数的88.8%；大专以上9人，占在编制职工总数100%；中级以上职称4名，占馆员总数44.4%。2012财政拨款235万元，其中新增藏量（图书、期刊、电子文献、）购置费150.00万元。2013年财政拨款462.69万元。

图书馆现有各类馆藏文献20余万册（件），数据库资源4TB。我们以“一卡通”的服务方式、“总分馆制”的服务模式，通过图书借阅、参考咨询、定题服务、文献检索、馆际互借、网上浏览、讲座展览、教育培训、免费电影等服务手段常年为社会提供多方面、多样化、多层次的文化服务。

业务建设

南浔区图书馆的文献资源建设坚持为本地区政治、经济建设，科学研究及大众性科学文化知识普及服务的方针，已形成具有不同学科、不同层次、不同载体类型的各种文献资源综合体系，确立了以机电、电机制造、木地板、特色纺织等南浔区域特色文献资源体系，以适应和满足不同用户的需求。截止到2013年底，区图书馆共新购图书209699册，中文报刊入藏306种/17930册，视听文献2000件，电子文献10000册，拥有少儿多媒体数据库、全球产品样本数据库等数据库5个，建立地方文献专藏书库，征集地方文献390种、1291册，还有南浔名人数据库等特色数据库正在建设之中。

近几年来，区委、区政府对文化事业重视程度达到前所未有的高度，对图书馆事业的投入也相当重视。2011年至今，每年新增藏量购置费（图书、期刊、电子文献）均超过150万元，2013年更达到了276万元。充分体现了区委、区政府对图书馆事业的关心和支持，有力地保障了图书馆的文献资源建设。

读者服务工作

从2011年4月起，南浔区图书馆每周开放68小时，周六、周日、节假日照常开放。通过图书借阅、读者点书、参考咨询、定题服务、文献检索、馆际互借、网上浏览、讲座展览、免费电影等服务手段，吸引不同阶层读者。2011–2013年共接待读者312500人次、文献利用309306册次。

2011–2013年，南浔区图书馆网站访问量50000人次。开通南浔区图书馆微博，截止到2013年，南浔区图书馆数据资源已有4TB，读者均可通过南浔区图书馆网站检索资料、浏览和下载。建设“文化信息资源共享工程”南浔支中心，推广VPN技术的应用，结合图书馆分馆和农家书屋建设，依靠市馆技术指导与支持，实现数字资源“五进”，即：进农村、进社区、进学校、进企业、进机关，逐步探索从“让市民走进图书馆”向“把图书馆办在市民身边”的转变。利用VPN技术，区图书馆与市图书馆自行购买的数字资源也已实现共建共享。

2011–2013年，南浔区图书馆共举办讲座、展览、培训、阅读推广等读者活动133场次，参与人数40143人次。以南浔区图书馆承办第九届浙江省未成年人读书节暨南浔区“书香南浔，智慧人生”读书系列活动启动仪式为例，其新颖的文艺演出，巧妙的构思创意，特别是图书馆员的本色出演，得到了省内图书馆界诸多专家学者的肯定，在社会上造成广泛影响。

为了发挥南浔区图书馆辐射优势，推进文化设施共享。基本形成了“区—镇”的总分馆模式，坚持“同规同矩、通借通还、等权等义、统购统筹、共建共享”原则，一个以区图书馆为龙头，乡镇分馆为基础，社区、村、企业、学校流通点为补充的覆盖城乡的公共图书馆服务网络体系已初步建立。截止到2013年，已建成4个分馆，各分馆馆藏文献都达到1万册；建有44个馆外图书流通点，馆外文献流通总人次40703人次，文献外借19525册次。

弱势群体是我们在构建和谐社会中必须关注的重大问题，区图书馆有责任对他们倾注关怀，全方位提供免费服务。区图书馆开展的“结对助残”送书活动主要是为残疾读者免费办卡；实行“点餐式”服务，为有需要的残疾读者送书上门；对盲人等特殊读者群体本馆还专门购置盲文读物800余册，开辟盲人阅读专区、专座，邀请新居民子女走进图书馆参观阅读。

业务研究、辅导、协作协调

2011—2013年，南浔区图书馆职工共发表论文7篇。2012年，南浔区图书馆对基层点服务队伍进行了重点培养，以提高业务骨干的服务技能、推广文化共享工程为目的，对乡镇业务骨干开展培训，培训参与达230人次，其中，乡镇中心50人次，基层服务点180人次。

从2012年起，南浔区图书馆在善琏镇建立首个乡镇分馆以来，已在其余乡镇和企业累计建立4个分馆，分馆规模藏书都达万余册，极大地方便和丰富了地方老百姓和企业员工的业余文化生活，与此同时南浔区图书馆与乡镇分馆实行通借通还制，在业务上对其进行指导和技术支持。

2013年5月，南浔区图书馆承办了第九届浙江省未成年人读书节暨南浔区“书香南浔，智慧人生”读书系列活动开幕式，通过开展各种读书活动，吸引广大市民积极参与，取得了良好的社会效应。

2011年，南浔区图书馆先后与湖州文献联合编目中心、浙江省图书馆文献采编中心签订合作协议书，在图书编目等方面达成资源共享。为了提高读者服务能力，拓宽服务模式和渠道，南浔区图书馆与上海图书馆读者服务中心签订了共建协议，通过加强双方的交流与合作，促进共同成长和进步。

管理工作

2012年，南浔区图书馆进行一次图书馆中层干部竞聘，本次竞聘共设9个岗位，最后根据综合成绩有9位同志竞聘上岗，同时，区图书馆还建立了年度考核评分细则，按照岗位设置对每位员工的工作进行量化考核。

2012年3月，南浔区图书馆学雷锋志愿服务基地建立，为了做好服务工作，维护志愿者正当权益，规范服务的权利和义务，制定了志愿者服务基地管理细则，并从图书馆队伍中选出3为优秀工作人员作为负责人，将志愿服务顺利推行下去。

表彰、奖励情况

在区委、区政府的关怀和大力支持下，在区文体局领导的重视下，通过全馆干部职工的共同努力，仅仅3年时间内，南浔区图书馆共获得各种表彰、奖励18次，先后荣获了“浙江省农家书屋建设工程先进集体”、“南浔区文明单位”，“南浔区农家书屋建设工程先进单位”、“南浔区全民阅读示范基地”、“南浔区巾帼文明岗”、“南浔区青年文明号”等称号。

馆领导介绍

李晓峰，男，1979年2月生，大学学历，中共党员，南浔区文体局副局长兼南浔区图书馆馆长。

沈建新，男，1980年1月生，大学学历，中级职称，南浔区图书馆副馆长。

未来展望

南浔区图书馆始终坚持以“情系嘉业书缘，诚建百姓书房”办馆理念，把建设成为一个弘扬社会主义核心价值体系主阵地的红色图书馆；为广大读者尤其是未成年人提供健康向上文化产品的绿色图书馆；挖掘南浔悠久文化底蕴，收藏地方古籍、文献的古色图书馆；满足不同社会群体的文化诉求体现文化海纳百川包容性的彩色图书馆作为图书馆的目标，不断完善服务功能，扩大服务受益面，为南浔区地方经济、文化发展提供文化参考和智力支持。在未来几年，南浔区图书馆将充分挖掘和整合南浔地方深厚的文化资源完善古籍地方文献室，将其做成独具自身品牌的地方文化库；在每个乡镇建立具有一定规模的分馆，将文化福利惠及每一位老百姓。馆藏文献方面，除了继续采购纸质文献外，加大数字文献资源的采购力度，能够提供全覆盖、不间断、无时空限制的数字文献远程和移动服务。同时，南浔区图书馆将继续与地区各公共图书馆开展合作和交流，不断提升建馆水平。

联系方式

地　址：湖州市南浔镇向阳路601号
邮　编：313009
联系人：沈建新

德清县图书馆

概述

德清县隶属湖州市，面积936平方公里，德清县图书馆始建于1978年底，1998年搬迁至武康现馆，馆舍面积3437平方米。可容纳读者座位310个，计算机50台，宽带接入10Mbps，选用图创图书馆自动化管理系统。馆内现有员工22人，其中有中级职称7人、初级职称2人。2004年，参加第三次全国公共图书馆评估，首次获得一级图书馆。

德清县图书馆是湖州市文明单位，湖州市爱国主义教育基地，在2009年的评估定级中，被评为国家一级图书馆。长期以来，在主管局的领导下、县财政的支持下，以及上级业务部门的指导下，立足窗口服务，积极对外开拓，努力创新，正在为德清县公共文化建设发挥出越来越大的作用。

业务建设

截止2012年底，德清县图书馆的总藏量293674册，比上一年增加19%。2009、2010年购书专项经费44万元，2011年60万元，2012年增至74万元，2009－2012年，图书年入藏数量6357种，报刊年入藏量309.5种，视听文献年入藏量1784种。截止2012年底，已购数字资源总量为4.8TB。

从2010年起，馆内开通局域网，提升德清图书馆的网页，使得图书馆的服务从现场、电话延伸到网络。现代化技术装备得到了进一步提升建立，2011年起，德清县图书馆引进技术人才，建立计算机管理INTLIBER系统，使用该系统开展采访、编目和借还流通以及书目检索，与分馆联网。2012年在大厅推出触屏读报机，购置23840册方正阿帕比电子图书，增添多媒体读报系统，购买四种电子报纸，供读者体验全新的数字阅读，开通了中国知网、重庆维普、起点考试、库客音乐、艾迪科森等各种数据库资源的使用。提供智能化、个性化的OPAC（联机数目查询系统）服务。

读者服务工作

德清县图书馆自2010年开始全部实行免费开放，每周开放时间61小时，2009－2012年，书刊总流通55.3757万人次，书刊外借74.4061万册次。2009年以来，积极拓展图书馆业务，建立了3个分馆和39个图书流通点，扩大了服务范围，提升了服务能力。馆外书刊流通总人次1.7530万人次，书刊外借3.0351万册。

设立统一办证窗口，简化办证手续，还专门为读者设立检索电脑；开设了电话续借、网上续借、短信续借业务，在态度上，熟练服务、规范服务、微笑服务；2012年，开设"蒲公英"图书漂流，方便读者，体现诚信。

利用馆藏资源直接服务读者，积极利用数据库，为企业的投资可行性论证提供资料服务，从辅导读者查阅利用数据库，到为企业某一个项目提供全套的信息资源服务。为创作研究者提供资源服务，2011年开始，每年两会期间为两会代表提供参考咨询服务工作。加强德清县图书馆网络平台建设，充实网络资源，设置了共享工程专栏，上传了《德清县非物质文化遗产目录》、《德清县土地志》、《德清县水利志》等地方志和乡镇志，建立《防风文化专题数据库》，地方文献工作已成为德清县图书馆一项特色工作。

开展丰富多彩的活动服务读者，2009－2012年，德清县图书馆共举办讲座、展览、培训、阅读推广等读者活动144场次，参与人数12万多人次，并形成了"未成年人读书节"、"全民读书月"、"少儿活动周"等有影响的阅读活动品牌。2012年又推出了立体阅读活动"走读德清"，将读书和阅人观景相结合，受到了读者的欢迎和宣传部、主管局的重视。图书馆的活动，也引起县内外媒体的关注，仅2012年上半年，有10篇宣传报道见于本地的媒体和湖州的大众媒体上，还有2篇刊发于省市业务刊物上。

业务研究、辅导、协作协调

2009－2012年，德清县图书馆职工发表论文5篇，出版专著1部。加强业务辅导，实现城乡图书服务一体化，对全县12个乡镇级151个行政村图书管理员及时开展业务培训，从图书编目到出借管理，从开展服务到报表的报送，积极推广宣传共享工程资源，有针对性的开展对基层服务点的辅导和培训。举办了共享工程基层点管理员的培训，并计划用三年时间对村级服务点的管理员轮训一遍。组织力量，将《四库全书》的德清人著作点校注释，编撰出版《<四库>德清文丛》，共十辑，第一、二辑将于2013年出版。

德清县图书馆全景

傅云龙纪念馆前合影

少儿室

阅览室

节歌表演

2012年，与杭图试实行通借通还，与国家图书馆、上海图书馆开展联合编目，积极参与上级业务部门开展各项活动。

管理工作

自2008年以来，德清县图书馆实行中层竞聘上岗制度，为规范员工上下班制度、提高工作效能，实行了全员定岗责任制、月度考核制，对职工日常工作奖惩分明，有效调动职工积极性，利用每周三的业务学习会议，抓思想建设，抓业务培训。

表彰、奖励情况

2009—2012年，德清县图书馆获得省级及以上各种表彰、奖励5次。

馆领导介绍

慎志浩，男，1962年11月生，本科学历，馆长。1983年8月参加工作，2008年8月任德清县图书馆馆长。

李伟胜，男，1969年5月生，1987年参加工作，大学专科学历，中共党员，馆员，党总支书记，先后在外借室、采编部等部门工作，任主任、副馆长等职。

杨敏红，女，1973年8月生，1993年11月参加工作，本科学历，副馆长，中共党员，助理馆员，分管业务工作，先后在外借室、少儿室、办公室等部门工作。

雷华刚，男，1974年4月生，2003年11月进入图书馆工作，本科学历，副馆长，中共党员，馆员，先后在采编部、计算机部工作。

未来展望

德清县图书馆秉“免费、平等、全民共享”的开馆理念，2009—2012年，立足窗口服务，不断优化服务质量，读者活动有声有色，拓展图书馆服务新空间。德清数字资源建设进一步推进，开设图书流通点，加快分馆建设，加强地方文献工作。为进一步加强公共图书馆服务体系建设、建立覆盖全社会的公共文化服务体系做出应有贡献。2014年1月18日，德清县图书馆已搬迁至新馆，新馆地上三层，建筑面积10243平方米，地下3800平方米，全馆设计藏书60万册，数字资源总储存56TB，窗口座位700只，总投资约1.5亿元。新馆在业务上将承担书报刊借阅；数字资源及文化信息资源共享；读者文化活动和少儿阅读推广活动；地方文献征集保存研究、乡村图书服务一体化业务辅导和参考咨询六大功能。为保证图书馆实现上述功能，图书馆配置六大技术装备：应用RFID射频技术，将每本图书射频定位，实现读者自助借还、图书自动排架；建设无人值守街区图书馆和二十四小时自助图书机。应用自主办证机、电子图书自助借阅机各两台、多媒体读报机4台，数字之窗（含移动）16台；建立德清数字图书馆和移动图书馆，新增中国知网、维普期刊、超星、APBI电子图书、库客音乐、龙源电子期刊；引用图创业务管理软件，建设全县乡村一体化图书服务全流通枢纽，统筹协调乡村、街道、学校和部分企业的图书馆资源，达到异地借还、资源共享的目的。

246座报告厅，自办或承接各类高档次的报告讲座；高档展厅，自办或承接各类高档次的展览活动；建设特色咖吧、视听区和读者沙龙区，给读者舒适的文化休闲享受。

德清县图书馆将以设施智能化、服务人性化和内容多样化的服务手段，尽力把图书馆打造成为德清市民宁静的课外学习场所、舒适的文化休闲场所、开放的社会参与场所，力争成为国内先进、省内一流的县级公共图书馆。

联系方式

地　址：湖州市德清县武康镇千秋东街2号

邮　编：313200

联系人：杨敏红

广场图书馆

启动仪式

书画展览

长兴县图书馆

概述

长兴图书馆始建于1920年，经过近百年的变迁和发展，历经四次辗转搬迁，新图书馆于2005年落成。新馆位于龙山新区行政文化中心、市民休闲广场西侧，总占地面积70亩，建筑面积近11000平方米。它西靠龙山植物园，北临齐山，环境优美宜人。馆体内部划分为两大服务区域：主楼，共有四层。依次为：网络服务区、图书服务区、特色馆藏区、行政办公区；少儿楼，共有三层。依次为：数字阅览区、特色活动室、外借及培训区。在内部设计上以“方便读者、服务读者”为宗旨，根据不同的服务方式及不同的服务对象，统筹规划、合理布局。在总体设计上充分强调城市景观和建筑景观概念，形成从建筑中看城市，风景如画；从城市中看建筑，建筑入画的景象。长兴县图书馆运用独特的文化语言，讲述出空间的宁静与典雅，是一座全开放、现代化、多功能、花园式的图书馆。国际著名社会活动家陈香梅女士担任了图书馆名誉馆长。

新馆设施设备技术先进、功能齐全，800个阅览座位，1000多个网络节点，日均5000人次的接待能力，确保了主体业务的运转；120座位报告厅、300个培训席位等现代配套设施，能基本保证公共图书馆延伸服务功能的开展；250台电脑联网，130座位的电子和多媒体阅览室、3000多千平方米的少儿图书馆，浙江作家书库、陈朝文献中心、陈香梅文献资料馆、茶文化图书馆等特色馆藏，同时能满足不同层次读者的需求。

业务建设

截止2012年底，长兴县图书馆文献总藏量共477228册，包括已入藏的古籍、图书、期刊、手稿，以及音像资料和电子图书等，本馆以新版图书、新版古籍和地方文献为重点，同时建立了各种特色数据库，藏书体系科学完整。其中：电子文献44470册、音像资料39453片、期刊10886册以及少儿、成人图书382419册。

读者服务工作

我馆于2006年起施行全免费开放服务，我馆现设有24处公共服务空间，全部实行免费开放，5项基本公共服务项目免费为读者提供，为保障基本职能实现的一些辅助性服务共3项已全部免费。

长兴图书馆实行365天全年候开馆，每天的开馆时间为早上9点到晚上9点，每周开放时间84小时；我馆书刊文献总量为47.7万册，开架及半开架书刊文献数量为40万册，书刊文献开架比率为92.6%；年书刊文献外借册次为105万册，馆藏书刊文献年外借率为220%；馆外流通服务点书刊借阅册次为19314册/年；年流通总人次119.7万人，持证读者数为3.8万张，人均年到馆次数为31次/人。

2012年，长兴图书馆工举办讲座、展览、培训、阅读推广等读者活动314场次，共计宣传报道40次，其中纸张报道24次，电视报道16次，被省级新闻媒体报道2次。

业务研究、辅导、协作协调

2011年至2012年，共有5位员工的7篇论文获奖或刊发。申报了浙江省文化共享工程地方特色资源建设项目和基层公共文化培训工作机制两项研究课题，我馆李玉富出版了专著历史章回小说《陈朝演义》。

2011年，与浙江图书馆签订联合馆藏目录数据库建设合作协议书，并与湖州市图书馆签订数字资源共享协议，开始了文献资源的共建共享；我馆还与浙江图书馆签订了馆际互借协议，方便了两地借阅，实现了文献资料的就近传递。在其他各类业务合作方面，我馆与上级图书馆合作也非常频繁，在第八届浙江省未成年人读书节活动期间，选派了四名选手参加湖州图书馆组织的书法大赛湖州地区的预赛，并参加了湖州地区未成年人读书节启动仪式。2012年10月，我馆还参加了市文广新局主办，湖州市图书馆承办的“二十佳农村藏书之家”的评选活动。我馆推荐的史金娣、唐小英、徐爱宝、范得泉等5人入选。

我馆自2010年以来在企业、学校、军队建立了10个分馆。为加快分馆建设，培养能独立开展工作的分馆工作人员，2012年来，对全县5个社区分馆、10个学校、企业分馆及220个行政村农家书屋进行了深入调研，了解各个分馆的基本概况，并加以业务辅导、培训，加强文献需流动服务，全年送书下乡2万册次以上。

长兴县图书馆馆貌

长兴县图书馆少儿馆

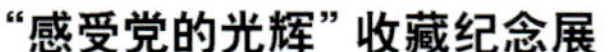

“感受党的光辉”收藏纪念展

新市民天天影院

巧手课堂——纸莲花

管理工作

长兴图书馆现有在编人员21人，编外职工30人，领导班子成员4人，占职工人员总数的8%，结构合理，班子成员全部具有本科以上学历，取得中级以上职称的占班子成员总数的57%。2012年全体职工及班子成员继续教育学时达到人均60学时/年。长兴图书馆以建设一流公共图书馆为目标，以“五全服务”为抓手，积极打造长兴市民的大书房。

表彰、奖励情况

2010以来，我馆受到了各级部门的表彰。2010年我馆被评为市级卫生先进单位。2011年我馆被评为长兴县未成年人思想道德工作先进集体、长兴县创建全国科普示范县先进集体，获得“第七届浙江省未成年人读书节”组织奖、优秀案例奖，“读者活动策划方案”优秀奖、浙江省图书馆文献采编中心年度数据下载奖，2012年获得“第八届浙江省未成年人读书节”组织奖、优秀案例奖、全省农家书屋工程建设先进单位、湖州市社会科学普及示范基地。

馆领导介绍

朱煜峰，男，1969年7月生，本科学历，中共党员，副研究馆员，馆长兼党支部书记。1989年7月到长兴县图书馆工作，2001年1月任长兴文体局办公室副主任，2004年11月任长兴县图书馆馆长，2009年任县文广新局党委委员，2014年兼任图书馆支部书记。

杨敏，女，1974年4月生，本科学历，中共党员，馆员，副馆长兼党支副书记。1991年12月参加工作，先后在图书馆采编部、阅览室、少儿部等业务部门工作。2005年任采编部主任，2009年3月任长兴县图书馆副馆长，兼任图书馆支部副书记。

程慧，女，1978年4月生，本科学历，中共党员，馆员，副馆长兼少儿部主任。2000年8月参加工作，2006年8月到长兴县图书馆工作，先后在办公室、少儿部工作，任主任一职，2009年3月任长兴县图书馆副馆长。

夏世美，女，1982年3月生，大学本科学历，中共党员，馆员，副馆长兼流通部主任。2006年8月到长兴县图书馆参加工作，先后在少儿部、流通部工作，任主任一职。2012年7月任长兴县图书馆副馆长。

未来展望

长兴县图书馆建设坚持“全心全意为读者”的服务宗旨，以文献资源建设为重点，积极开展网络咨询、文献信息定题、最新文献报导等信息服务工作；以网络化、数字化为发展方向，提升图书馆自动化程度，通过图书馆网站、移动阅读平台向读者推荐优秀图书、电子出版物、做好网上信息资源导航服务。以拓展活动为抓手，拓宽服务渠道，提升服务水平，开展多种层次、多种方式的读者服务工作，提高文献的利用率，把图书馆科学化、标准化、规范化的管理推上新台阶。

联系方式

地　址：浙江省湖州市长兴县龙山新区植物园路2号
邮　编：313100
联系人：顾　蓉

安吉县图书馆

概述

安吉县图书馆的前身可追溯到1931年6月孝丰县政府；1976年正式成立安吉县图书馆(当时文化，图书，博级三馆合一)，1997年图书馆综合楼正式投入使用，并实行计算机自动化管理，总建筑面积3600余平方米，2001年增设电子阅览室，2003年开通了文化信息资源共享工程，2005年被文化部命名为公共图书馆一级馆，2010年又被文化部命名为公共图书馆一级馆。截止2013年底有藏书27万余册（含电子图书）。根据县情，重点收藏具有地方特色的竹文化，茶文化等资料。

业务建设

安吉县图书馆实行365天全天开馆，每周开放66.5小时，截止2013年底馆内藏书总量为270000万册，开架及半开架书刊文献数量为250000册，书刊文献开架比率为94.3%。年流通人次为230000万人次，其中书刊文献外借人次为112860人次，书刊文献外借册次为158400册/年，持证读者数量为10000余人，年人均到馆次数为23次/人。

2011年，安吉县在乡村建了两座标准化的图书馆分馆。2011年底，高禹图书分馆正式成立，此后又连续建立了地铺银湾、梅溪、孝丰等图书分馆，开启了安吉县图书馆的通借通还和资源共享业务。

2012年4月，安吉农家书屋建设工程获全省先进，上墅乡上墅村农家书屋成为全国示范点，被国家新闻出版总署评为“2012年全国示范农家书屋”。

2014年，安吉县建立了第一家无人值守操作的现代化图书分馆。

读者服务工作

窗口服务：我馆实行全年免费开放服务，图书馆通过改建和环境治理，阅读环境进一步优化，读者满意率达到95%以上。

读书活动：在每年的“4.23世界读书日”期间举办各类全民读书活动，吸引更多的人群加入读书的队伍，每年不定时举办各类学术讲座，丰富读者的业余生活。

宣传活动：每年都举办图书馆服务宣传活动，主要项目有书籍展览、知识讲座、送书到基层等，扩大了图书馆的社会影响力。

送书下乡：为了配合农家书屋建设，满足基层人民群众对于知识的渴求，每年都开展送书下乡活动，如“百花争妍、百村缤纷、百工振兴”文化活动，组织人员将图书送到农村基层图书室或四个图书分馆，供基层人民群众借阅，提升基层读者阅读能力，增强基层读者文化水平的提高。

业务研究、辅导、协助协调

2010年以来，我馆先后被评为“省巾帼文明示范岗”、“市青少年维权岗”、“安吉县工人先锋号”、“农家书屋省先进单位”等。

2010年至2012年，安吉县图书馆员工先后有8篇论文分别在“图书馆论坛”、“北方文学”、“图书馆工作与研究”等刊物中刊发。

2011年，高禹分馆的建立，开启了安吉县图书馆的通借通还和资源共享业务，此后又连续建立了地铺银湾、梅溪、孝丰等图书分馆。

到2012年底，县图书馆在全县范围内建立32个流动点计187个农家书屋，置换图书20余万册次。

安吉县上墅村的农家书屋被国家新闻出版总署评为2012年全国示范农家书屋，永裕竹叶和美能电气职工书屋被做为县级企业职工书屋示范点。

近年来，县图书馆共投入百万元经费用于共享工程设备、设施及信息设施及信息网络的改造，依托远程教育，完成网络建设，目前，三级网络健全，基层服务点达到全覆盖，发挥了共享工程的作用。

表彰、奖励情况

通过全体干部职工的努力，近几年连续被评为县级文明单位；县、市、省级巾帼文明岗；安吉县创建群众满意站所（办事窗口）先进单位；湖州市青少年维权岗先进单位；湖州市“援建军营图书室，共建学习型军营”系列活动先进单位；国家一级图书馆；农家书屋省先进单位等。

馆领导介绍

馆长、书记：应飞华，男，安吉县递铺镇人，中共党员。

副馆长、副书记：袁秀华，安吉县递铺镇人，中共党员。

副馆长：计惠娣，德清县人，中共党员。

未来展望

安吉是中国竹乡之一。又是全国第一个生态县，有着美好的自然生态资源，安吉县图书馆将充分利用安吉丰富的人文资源，积极寻求科学精神和人文精神的和谐之路。图书馆作为社会只能的一部分，有着其深远的意义和责任，如何提升自我，适应甚至引领社会发展，安吉县图书馆任重道远。同时，为了使读者有更广阔的阅读天地，8000多平方米的新馆目前已在规划筹建中，新馆将秉承传统、开拓创新，建立健全图书馆服务网络，努力使其功能多元化，并充分展现安吉的人文精神和鲜明的时代风格。

联系方式

地　址：浙江省安吉县递铺镇天目中路635号
邮　编：313300

绍兴市柯桥区图书馆

概述

2001年3月23日，绍兴县人民政府迁址柯桥。2003年1月18日，绍兴县图书馆动工兴建，2005年9月28日落成开放。2005年12月1日，绍兴县图书馆与绍兴县文化馆、绍兴县文物保护管理所、越国文化博物馆合并组建成为绍兴县文化发展中心。2013年底，撤县设区，绍兴县图书馆更名为绍兴市柯桥区图书馆。

绍兴市柯桥区图书馆位于柯桥明珠文化广场南侧，占地20余亩，建筑面积10000多平方米。馆舍建筑主体为三层全框架结构，外观造型独特，形似三部横置的书本，又像三条从不同方向拢岸的“乌篷船”，蕴涵着江南古城绍兴的水乡文化特色。柯桥区图书馆设计藏书量为50万册，可供读者阅览座席907个，拥有300座报告厅和100座视听室各一个，大型流动图书巴士一辆以及400平方米的文化展厅。社科借阅室、自然借阅室、蓝天少儿借阅室、综合阅览室、地方文献室、公共电子阅览室、自修室、明珠公益讲坛、展览厅等均实行免费开放。建有高标准省级中心镇图书分馆5个和行业分馆3个，实现通借通还。2014年5月起，实现全年夜开放和公共免费WIFI服务。

业务建设

截止2012年底，绍兴县图书馆总藏量283519册（件），其中包括《四库全书》和《续修四库全书》、外文期刊172种、中文期刊800种、中文报纸250种、光盘音像资源近6000张。

本级财政对图书馆事业投入每年均保持较高增幅，保证了图书馆事业健康、快速发展。2003年至2008年，图书经费年均30%速度递增，2012年，财政拨款总额738万元，财政拨款增长率为15.2%，新增藏量购置费84.4万元。2009年至2012年，图书入藏量平均值8513种，报刊入藏量平均值1350种。

截止2012年底，电子文献藏量7000余种，数字资源总量达到5.5T，外购《中宏决策》、《博看期刊》、《慧科新闻》等商业数据库，自建《越地遗珍》、《越地联匾》、《绍兴摩崖碑版》、《戏曲音像》等特色数据库资源。

2010年1月，以服务地域纺织经济为宗旨，成立纺织信息中心，馆藏纺织服装类文献万余册，每年订阅百余种国内外专业报刊，创刊《纺织信息导刊》，并开通纺织信息网站。2009年4月12日，成立地方文献专题馆，分越地文献、四库全书、地方志书、参考文献四个主题格局，现收藏各类文献近5000册（件），其中收藏文渊阁《四库全书》和《续修四库全书》各一套，越地文献藏量2133种，中国经济百强县志入藏60%，前30强的县志已全部入藏。

读者服务

柯桥区图书馆开设地方文献专题馆、纺织文献专题馆、社科借阅室、自然借阅室、蓝天少儿阅览室、公共电子阅览室、明珠公益讲坛、明珠文化展廊、总服务台、休闲书吧等功能区，大型流动图书车每年基层服务达184车次。公共空间设施场地全部免费开放，基本服务项目健全并免费开放，每周开馆时间为72小时。总分馆实现资源共享，通借通还覆盖率为100%。现代公共图书服务体系已基本形成。

书刊文献开架比例达到96.57%，2013年持证读者5.5928万，流通总人数为97.03万，图书外借36.1718万册次，馆藏年外借率达到127.58%。

2013年，柯桥区图书馆实现第三次网站改版，并开通柯桥区图书馆微博，全面提升现代网络服务，年访问量29万次。每年投入10万元，合作共建绍兴市统一的数字资源平台，为读者提供14个数据库的免费检索、浏览和下载服务。

2009–2012年，柯桥区图书馆共举办讲座、展览、培训、阅读推广等读者活动382场次，参与人数20万人次。“明珠讲坛”和“明珠展廊”突出社会需求、宣传热点和地域文化，充分利用社会资源和行业联盟资源，做强做大公益讲座和展览品牌。广泛开展丰富多彩的阅读推广活动，营造城区良好的全民阅读氛围，全力打造“书香柯桥”。全年利用读书节、图书馆宣传服务周、传统节日开展读者活动20场以上，并有针对性地开展弱势群体服务。

业务研究、辅导、协作协调

2009–2012年，柯桥区图书馆馆员发表论文28篇、参编专著4部，参加中图学会及其所属专业委员会组织评比获奖论文5篇，馆员主持参与课题项目7项，其中省级课题3项、其他课题4项。

柯桥区图书馆通过中广有线光缆网络构建绍兴县文化共

绍兴县图书馆外景

《四库全书》

休闲区

报刊阅览室

蓝天少儿借阅室

享工程专用网，完成全县19个镇（街）和402个村（社区）文化信息共享工程网络100%覆盖，为每个村配备文化共享工程专用电脑3台，建设基层服务点共计421个，实现文化信息共享工程村村通。杨汛桥、兰亭、钱清先后被评为浙江省文化信息共享工程基层示范点，其中杨汛桥基层服务点还被评为全国文化共享工程（公共电子阅览室）基层示范点。

2011年，参与绍兴图书馆牵头实施的“一卡通”服务网络建设，实现成员馆以及乡镇分馆异地办卡、通借通还等服务。2009年起，发挥县馆业务技术优势，经常性下基层业务辅导，促进基层图书馆分馆的业务建设。2009年至2012年，技术业务人员下基层52次，基层分馆开展共享工程培训以及各类业务培训26次，累计服务达8000人次。

2013年7月11日，绍兴县图书馆承办中图学会阅读推广委员会“首届全国阅读推广高峰论坛”，来自全国各地的100余位专家及学者与会，论坛取得圆满成功。

管理工作

绍兴市柯桥区是全国规模最大的纺织品集散中心，也是亚洲最大的轻纺专业市场，柯桥区图书馆秉持“特色立馆”理念，服务地域特色经济。全馆设立读者服务部、文献采编部、地方文献部、社会活动部、信息技术部等业务部门，编内全同制职工21人，其中高级职称4人，中级职称9人。编外全同制职工15人。经常性招募社会义工参与图书馆日常管理，努力实现公共文化服务的公益性、便利性、均等性和普惠性。

表彰奖励

2009年–2013年，柯桥区图书馆获得各种表彰奖励13次，其中，文化部表彰奖励1次、中图学会及省厅级表彰奖励8次、县处级表彰奖励4次。先后荣获“全国文化信息共享工程示范县”、中图学会“全民阅读先进单位”、中图学会“全民阅读示范基地”等荣誉。

馆领导介绍

陈关根，馆长。男，1974年出生，大学本科，中共党员，馆员。1998年参加工作，先后任绍兴县文物保护管理所考古部主任、绍兴县文化发展中心文物考古处副处长、中心副主任、图书馆馆长。

余其斌，社会教育处处长，分管培训、讲座、展览和社会活动工作。男，1977年出生，大学本科，中共党员，馆员。2000年参加工作，先后任绍兴县文化发展中心社会教育处副处长、处长。

洪水平，公共图书处处长，分管行政、读者管理工作。男，1966年出生，本科学历，中共党员，副研究馆员。1986年参加工作，先后任常山县图书馆馆长、文化馆书记、文广新局出版科科长、绍兴县文化发展中心公共图书处处长。

吴庆珍，公共图书处副处长，分管采编、信息技术、地方文献工作。男，1967年出生，研究生学历，中共党员，研究馆员。1985年参加工作，先后任庆元县文化馆副馆长、图书馆馆长、庆元香菇博物馆馆长、庆元文体局党工委委员、杭州图书馆专题文献部主任、绍兴县文化发展中心公共图书处副处长。

未来展望

柯桥区图书馆在传统公共图书服务的基础上，与时俱进，大胆创新。一是服务地方经济，打造特色馆藏，开辟“纺织信息中心”和“地方文献专题馆”两大特色馆。二是不断延伸服务范围，通过扎实推进镇街分馆体系体制建设、探索民营图书馆发展之路、图书流动车“进乡镇、进企业、进校园、进社区”，在新时期、新条件下将“服务”的触须向广度和深度发展。三是推进数字化管理水平，通过加大技术设备和技术人才的双向投入、构建丰富多彩的网络平台和数据；四是扩大服务外延和内涵，由“阵地型”服务模式向“辐射型”服务模式转变，努力构建城乡一体的新型公共图书服务体系。

报告厅

社科外借室

流动图书车

诸暨市图书馆

概述

诸暨图书馆是政府举办的市级公共图书馆，是提供文献信息资源服务的社会公益性科学文化教育机构。

诸暨图书馆最早始建于1916年，现有馆舍于1995年建成开放，位于诸暨市区东一路29号，占地面积5476平方米，总建筑面积4523平方米，可容纳藏书35万册，现有古籍1.7万余册，地方文献3000余种，阅览座位近200个，每年订阅报刊数百种，1999—2013年多次被评为全国县以上公共图书馆一级馆。

2009年开始实行免费借阅开放，主要服务职能包括：图书借阅、报刊阅览、网络服务、古籍保护、地方文献收藏、文化展览、知识讲座、社会教育等。诸暨图书馆将立足服务全市经济社会发展，以优质服务打造市民的终身学校。

业务建设

目前，我馆文献资源总藏量为25.6861万册（件），其中古籍1.7195万册、电子文献藏量3000种、地方文献藏量3000多种。年入藏图书3216种（6378册）、报刊和视听文献量分别为366种和96种，数字资源总量达到4T，外购网上报告厅数据库，自建诸暨市民间手工技艺、诸暨市宗谱等地方特色数据库2个，建设地方特色非遗视频和文化艺术表演视频数据库；较第四次评估前有所增长，特别是数字资源建设量大幅提升。

读者服务工作

共享工程实现村村通，共建设基层服务点468个。我馆还积极建设城乡一体的公共图书服务体系，推进浙江省公共文化服务示范区建设，两年内高标准完成市五个中心镇的图书分馆建设并开放，同时积极探索馆际协作，打破现有公共图书馆、学校图书馆资源分割的局面，实现资源共享，2012年建立了阮市中心学校图书分馆，为基层服务工作又增添新的亮点。

我馆年均外借图书22.29万册（次），接待读者27.33余万人次。所有空间和服务项目全部实行免费开放，内容包括自修、图书借阅、电子阅览、公益讲座、公益展览、网络数据共享、参考咨询等。数字图书馆建设积极推进，网络服务能力大大增强，点击率明显提升。公益现场讲座每年超过28场，各类培训每年举办16次以上，公益展览每年举办9场以上。弱势群体服务能力有了大幅提升，新建视障阅览室，积极开展送书进农民工子弟学校、诸暨市看守所，为中老年人赠送书刊、社会福利院赠送书刊、食品等活动。每年组织开展“世界读书日”、“图书馆服务宣传周”、“未成年人读书节”等系列活动，营造全社会良好的全民阅读氛围，全力打造“我们的文化”品牌。

业务研究、辅导、协作协调

馆内正式职工大专以上学历占57.9%，中级职称占比达到78.9%，其中高级职称1名。本馆员工发表论文10篇，出专著一本，获省三等奖以上论文4篇。

管理工作

为促进单位内部管理机制创新，我馆在本单位内部开展实施两年一次的部室岗位双向聘任，共设7大类岗位，在岗人数共23人，同时建立了工作量化考核指标体系，全年进行总体工作考核。

2012年成功举办了“诸暨市首届谱牒文化展”，会刊《诸暨谱牒文化》、《越读》成功创办，《诸暨市宗谱目录》已完成前期编著工作即将正式出版。

表彰、奖励情况

获得第四届浙江省未成年人读书节组织奖；2011年全省文化信息共享工程先进集体，诸暨市安华镇宣何村被省文化信息资源共享工程领导小组评为基层示范点，诸暨市大唐镇黎民村、店口斗门村被省新闻出版局评为农家书屋示范点；2012年获得浙江省地方文献优秀组织奖、立项为首批浙江省古籍普查项目单位；连续获得市文化成果奖；一人获得省级业务系统先进个人等。

馆领导介绍

郑永，男，1975年11月生，大学本科学历，中共党员，文博馆员，省图书馆学会理事。现任诸暨市图书馆馆长、书记。1997年8月参加工作，曾历任诸暨市博物馆任陈列部副主任、营销部主任，2002年5月，任诸暨市博物馆副馆长，2005年6月，下派东白湖镇驻村指导，2010年1月，任诸暨市电影发行放映公司经理、书记，2012年4月，任诸暨市文广局文化遗产科科长兼诸

未成年人读书节启动仪式

小小图书采购员活动

十佳优秀少儿读者座谈会

校阅览室

暨市博物馆馆长，2013年12月，任诸暨市图书馆馆长、书记。2012年4月被评为浙江省第三次文物普查先进个人。

王萍霞，女，汉族，1969年10月生，大学本科学历，中共党员，副研究馆员，省图书馆学会理事。1992年8月分配到诸暨市图书馆工作至今。2004年年5月任诸暨市图书馆副馆长，分管全馆业务工作；2012年曾兼任书记；目前主要负责分管采编部、阅览部、各外借书库、基层服务部工作。

葛燕君，女，1974年4月生，大学本科学历，中共党员，馆员，中图、省图书馆学会会员，2000年到诸暨市图书馆工作至今，先后曾在读者服务部、外借书库、办公室工作，2012年3月任诸暨市图书馆副馆长，分管办公室、古籍、地方文献部。

未来展望

诸暨市图书馆在政府和主管局重视和支持下，努力提升公共图书服务的能力和水平，充分发挥公益特性，努力打造信息传播、知识导航的作用，实现文化惠民的最终目的。在今后的工作中积极改进，我馆将努力奋进，加大工作步伐，更好地发挥图书馆的社会服务功能和教化功能，读者满意是我们工作最终的目标。诸暨市图书馆将以新馆搬迁为契机，遵循开放、方便、效率、创新的原则，努力实现公共文化服务的公益性、便利性、均等性和普惠性，构建覆盖全市、城乡一体的新型公共图书服务模式。

联系方式

地　址：浙江省诸暨市暨阳街道东一路29号
邮　编：311800
联系人：楼彼英

未成年人读书节

未成年人参观图书馆

新昌县图书馆

概述

新昌县图书馆的前身，为明代始创于城关东街的“明伦堂”藏书楼。民国时期更名“改进图书馆”，1949年新中国成立迁址西街城隍庙，设新昌县文化馆图书室。上世纪80年代初，县图书馆单独建制，1982年，建设项目立项，1987年，馆舍建成向社会开放。2010年7月始建新馆，2013年上半年，新馆投入试运行，同年，在全国第四次公共图书馆评估定级中，新昌县图书馆晋升国家一级馆。

现新馆工作人员总42人，建筑面积7229㎡（其中包括展厅、报告厅面积约3000余平方）。可容纳读者座位400个，计算机70台，数字化阅报机和数字图书借阅机各1台，信息结点180个，宽带接入40Mbps。内设服务部门和工作机构为办公室、采编部、文献资料部、少儿服务部、图书服务部、期刊服务部、社教工作部、信息技术部，读者自修区、文化沙龙、特藏书库和农村书库等。

业务建设

截止2013年底，新昌图书馆藏书总量为20万册（件），年征订期刊为1100余种，电子文献藏量2659种。数字资源总量达到4T，与市图书馆联合采购《中国知识资源总库》《博看期刊数据库》《中宏网数据库》《新东方少儿英语》等数据库资源。2012–2013年，前后建成《新昌调腔》《唐诗之路·新昌篇》等2个地方特色数据库。

上世纪末至本世纪初，县财政下达专项购书经费长期维持在年20–30万元。2012年，为提升新馆服务，专项购书经费大幅度增加到年200万元，图书入藏量较快增至为15818种（县财政计划预算2013年及以后购书经费继续维持在年100万元）。

读者服务工作

近四年来，新昌图书馆年均外借图书14.4万册次，读者服务平均约15万人次。每年组织崇文学堂“科技套餐进校园”“送书下乡”等活动达20批次以上。馆内馆外举办多种形式的读书展览30余次，读书讲座和读书报告会26次。积极做好特殊群体服务和送书进工地、送书进敬老院、送书进农村校园服务。牵头抓好“世界读书日”“图书馆服务宣传周”“未成年人读书节”“安全知识坐上公交车”等系列活动和“你挑书，我买单”等社会读书专题活动。帮扶新建育蕾小学心灵读书角、阳光福利院读书室、浙江制药总厂职工读书室、县消防大队军旅读书室、丰瓦村少儿读书室等10余处馆外读书服务阵地建设。配套扶持七星街道、沙溪镇等两个乡镇文化中心读书室建设，帮扶支持415个村的农家书屋建设和25家农家书屋“示范点”建设。

业务研究、辅导、协作协调

2012–2013年，获准立项的省级课题二项，主抓地方文献研究、姓氏文化研究二项，认真抓好县域范围内公藏及民间各地古籍普查。配合绍兴市馆开展地方文献联合编目，加强地方文献征集交流合作，不断提升对地方文献和古籍资源的内外协作，联动开发，一体保护。

不断推进共享工程联网建设到乡镇街道，纵向延伸到社区、农村。结合农村文化礼堂和农村读书室建设，加快农村上网读书服务。积极参与绍兴市图书馆牵头实施的“一卡通”工程，实现区域性图书的通借通还和数字资源的共建共享。

馆内重点抓好浙江大学人文学院传统文化知识新昌县巡讲联建基地建设，绍兴市社科普及基地建设。馆内馆外积极抓好基层服务辅导、培训。持之以恒实施“星期三下乡”，流动图书车“进乡镇、进农村、进社区、进企业”，每年下基层服务达到120余批次，图书流动服务每年3万册以上。

管理工作

强化制度建设，提升管理资质，抓好安全生产，优化读书环境，健全服务规范，优化读者服务，精心打造公共图书馆服务窗口良好的社会形象。

表彰、奖励情况

2009年以来，新昌县图书馆获得县级以上多项荣誉：2009年荣获省第五届未成年人读书节优秀活动案例，2012年荣获省第八届未成年人读书节优秀活动案例，2012年荣获省农家书屋工程建设先进单位，2012年荣获省“两会”信息服务优秀奖。2013年《新昌县图书馆新馆服务100问》宣传手册编辑获省文化厅列项表彰。并连续几年获得县文化下乡先进单位、县关心下一代先进集体、县宣传文化先进单位等。

馆领导介绍

赵楷，男，1957年8月生，大专学历，馆长、书记。1975年参加工作，早年从事企业设计、管理，80年代调入县级机关，先后在县人事局、计生委、司法局任文职，90年调县委宣传部任宣传科副科长，县新闻中心副主任，兼任绍兴日报新昌记者发行站站长。1997年任新昌调腔剧团团长、书记，1999年调任新昌县图书馆馆长、书记。先后多次在浙江文化月刊，新昌报等报刊杂志发表倡导全民读书文章。先后四次获省级表彰奖励，多次获县级以上表彰奖励。兼任社会职务为新昌姓氏文化

研究会会长，结合地方文献研究保存协调开展大量工作。

徐志宏，男，1962年3月出生，本科学历，副馆长。1978年10月参加工作，1986年任新昌县新华书店副经理，1995年12月调任新昌县图书馆副馆长。中国人民政治协商会议新昌县第六届、第七届、第八届、第九届政协委员、常委，中国民主建国会新昌县基层委员会一支部主任，其他社会兼职为中国根艺美术学会会员，浙江省根艺美术学会副秘书长。

潘晶，女，1982年出生，中共党员，本科学历，副馆长。2001年参加工作，先后在新昌县电视台从事新闻采编、广告专题等工作，2006年调新昌县商务局，任外资科科长，2014年调入新昌县图书馆，任副馆长。

王炎南，男，1961年11月生，中共党员，中专学历，馆长助理。1980年6月参加工作。1980年6月起，任新昌县儒岙区文化站站长，1992年8月调新昌县图书馆工作，2004年任新昌县图书馆馆长助理。兼任社会职务为新昌县姓氏文化研究会副会长、秘书长。

诞辰115周年图片展览——纪念梁柏台烈士

未来展望

进一步深化“以人为本、读者至上”的服务理念，进一步强化管理创新，服务创新，员工积极向上的从业精神。提升公众服务力、行业影响力，扩大图书馆事业的社会认知度。不断争取财政加大支持，升级数字化图书馆建设内外联网硬件配套。普及讲座、展览，发展志愿服务，深化农村支持，扩大馆内馆外服务和基层读书服务。分步抓好并努力实施新昌县图书馆家谱收藏、市县志收藏、“地方‘非遗’项目集锦”数据库系列等个性特色品牌建设。精心打造并着力推动县图书馆书籍收藏中心，读书服务中心，社教普及中心，图书馆服务协作指导中心等全县“枢纽”地位的建设。寻求多种形式的合作支持，更好营造新昌市民的“精神家园”，以人为本、就近、便利、可选择、温馨的服务保障公民普遍、均等的文化权益。

Good night

“两美新昌”文化艺术精品展

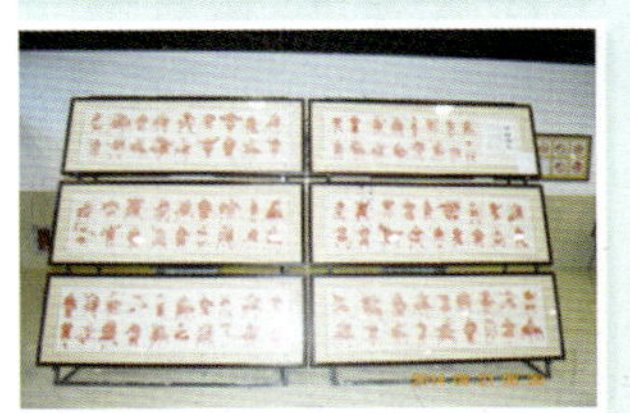

联系方式

地　址：浙江省绍兴市新昌县鼓山西路128号
邮　编：312500
联系人：徐　鑫

嵊州市图书馆

概述

嵊州市图书馆创建于民国26年（1917年），1956年建立嵊县图书馆，馆址几经变迁，1992年在嵊州市区龙会中路26号，新建嵊州市图书馆，占地面积3682平方米，总建筑面积为3160平方米，可藏书30万册。2000年全馆藏书及文献的采访、采编、流通、信息咨询、检索等主要业务工作全部实现计算机管理。2005年管理软件采用力博自动化管理系统。2006年启动全国文化信息资源共享工程县级支中心建设，目前接入光缆10M和网通50M，专用存储设备容量10TB。2007年图书馆网站（http//www.zjszlib.com）开通并对外服务。2011年，嵊州市图书馆与绍兴地区各公共图书馆开展"一卡通"馆际互借。2011底免费向全市读者开放。

2009年获浙江省第五届未成年人读书节组织奖，2009年获嵊州市第四届未成年人思想道德建设先进集体，2010年获嵊州市直机关"五好"党组织，2012年获嵊州市级"五好"党组织，2012年–2013年获嵊州市文广新局先进集体，2005年、2010年、2013年三次获全国县（市）级公共公图书馆"一级图书馆"称号。

业务建设

截止2013年底，嵊州市图书馆总藏量26.1万册，其中古籍37427册，家谱113册，521种，地方文献藏量1631种，电子文献藏量1642种。2009年至2012年平均报刊年入藏量259种、视听文献年入藏量平均56种。

2009年购书经费为20万元，2011年起增至30万。2010年送书下乡省拨经费6万元，2013年增至7万元。由于购书经费的逐年增多，文献藏量也逐年增加，2009年采购新书为3710种，至2012年采购新书有10588种。

2013年共有计算机63台，其中供读者使用计算机36台，在多媒体演讲厅增加了投影设备和音响设备，增加2台复印机，EPSO描仪等，在视障阅览室增加了一套专供视障读者使用的阅读软件。

截止2013年底，建成计算机中心机房，共享工程支中心的设备、设施按照系统配置的68万无标准，配置了共享工程专用服务器、力博系统服务器、备份服务器、WEB服务器、VPN设备、防火墙等、并采用了先进的数字化管理系统，以及数字加工软件，保证了网络系统在高流量下的高速运行。

读者服务工作

嵊州市图书馆全年365天对外开放，2011年底起馆内所有公共空间设施场地向全体市民免费开放，每周开放时间63小时，书刊文献开架比例为90.9%，馆藏书刊文献年外借率70.4%。2012年书刊文献外借15.46万册次，书刊总流通13.1万人次。2012年底，文化共享本地资源总量4.4667T,均可通过共享工程基层点和嵊州市党员干部远和程教育网向全市广大群众提供检索、查阅、浏览和下载等服务。建成共享工程及党员干部远程基层服务点463个，覆盖率达100%，培训共享工程基层点管理人员16230人次。

2009年10月，举办以"净化社会文化环境，保障未成年人健康成长"、"读好书、干好事、做好人"为主题的第五届未成年人读书节活动，至2012年已举办过第六届、第七届、第八届、第九届未成年人读书节活动。在读书节期间，该馆开展了多种形式的读书活动，一是建国60周年期间，利用宣传栏、黑板报向读者宣扬爱国主义热情；利用共享工程开展"迎国庆六十华诞"展板宣传活动；组织城南小学学生举行"祖国万岁"诗歌朗诵大赛等。二是在多媒体演示厅开展爱国主义教育影片活动。三是组织全市中小学生，开展"祖国在我心中"、"听孝敬故事，写感想体会"、"影响我心智成长的一本书"等征文比赛；举办未成年人国学经典诵读大赛；举办"悦读之星"书法比赛；举办"阳光下的书芽儿"——未成年人阅读姿态摄影大赛图片展、"低碳生活，从身边做起"图片展等，在电子阅览室开展未成年人网上读书活动。

在世界读书日和图书馆服务宣传周期间，在嵊州文化广场现场给读者办证、发放宣传资料，现场为读者解答咨询，推荐文化共享工程优秀信息资源的查阅、利用以及介绍浙江网络图书馆的相关内容及利用。举办过"走向阅读社会，共享阅读快乐"为主题的世界读书日活动，开展送书进军营活动，将图书送往市武警消防大队、看守所和驻嵊73861部队，在消防大队、看守所和73861部队设立了图书流通站，每季度交换一次，每次流通200册。

业务研究、辅导、协作协调

2012年–2013年，嵊州市图书馆职工撰写业务调研报告5篇，发表论文3篇，出版《剡溪蕴秀异——嵊籍人士著作展集萃》和《木本水源》专著2部，2011年向浙江省古籍保护中心申报古籍普查研究项目，2013年已成为首批省级古籍重点保护单位。

2009年–2012年共建成农村图书流通站45个，对45个图书流通站每季度每次送书下乡200册，对图书流通站的图书管理员分批进行图书借阅、图书分类、加工、业务管理等方面的培训，同是边送书边调查边辅导。2011年底，全市463个行政村

的农家书屋已全覆盖，先后举办过二期全市农村图书管理员的业务培训。

近年来，嵊州市图书馆与国家图书馆、上海图书馆、浙江图书馆和绍兴地区各公共图书馆开展了网上联机编目，馆内普通图书文献、期刊、报纸、视听文献编目等在网上下载编目数据。

嵊州市图书馆还与绍兴地区各公共图书馆开展了馆际互借。以绍兴市馆为中心，联合绍兴县、诸暨、上虞、新昌图书馆，在公共检索、馆际互借、协调采购、电子信息资源建设等方面实现联合建设和服务，读者已可用"一卡通"借阅证，享受所有成员馆的服务。在电子阅览室，嵊州市图书馆与浙江网络图书馆开通"一站式"资源和服务平台，为全省公共图书馆读者和文化共享工程基层服务点用户提供了公益性的数字资源服务。

2012年嵊州市图书馆为构建公共图书馆城乡一体化服务体系，在黄泽镇、甘霖镇、长乐镇建成三个图书分馆，分馆采用总馆的同一业务管理系统（力博管理系统）开展工作，总馆经常派员指导三个分馆工作，对分馆的业务管理、图书分类、编目、书目数据下载进行面对面的业务辅导。

管理工作

嵊州市图书馆设有财务管理制度、档案管理制度、固定资产管理制度、消防安全制度等各种管理制度23种。

2010年始，馆内实行例会制，每月召开一次中层领导干部会议。全馆发展规划、年度计划、年度总结，重要改革措施，重要规章制度，藏书建设、管理队伍建设、部门的设置调整、人事调配、专业技术职务评聘、奖惩、年度经费预算、资金使用、收入分配等由馆委会集体讨论决定。

每年对考核方案、奖惩制度、加班及休假制度以及馆内的其他制度进行修订和完善。使图书馆各项工作的管理步入科学化、规范化和制度化。

表彰、奖励情况

2009年，嵊州市图书馆获浙江省第五届未成年人读书节组织奖、获嵊州市第四届未成年人思想道德建设先进集体。2010年获嵊州市直机关"五好"党组织。2005年、2010年、2013年获文化部颁发的县（市）级公共图书馆一级馆。2012年获嵊州市级"五好"基层党组织。2012年、2013年获嵊州市文广新局先进集体。

馆领导介绍

高月英，女，1966年1月生，大学学历，中共党员，副研究馆员，馆长、书记。1984年-1988年就读于杭大中文系语言文学专业，1988年8月大学毕业分配到嵊州市越剧博物馆，从事讲解员、史料员等工作，1994年1月，任越剧博物馆副馆长，2002年7月，调到嵊州市图书馆任馆长，2004年兼任嵊州市图书馆书记。历年当选为嵊州市第十届、十一届、十二届、十三届政协委员，嵊州市第十三次党代会代表。

裘友人，男，1957年2月生，大专学历，中共党员，副研究馆员，副书记。1975年参加工作，1980年进入嵊州市图书馆工作，1982年8月，评为浙江省图书馆先进个人，历任图书馆采编部主任，嵊州市图书馆学会会员小组组长，2008年1月，任嵊州市图书馆副书记，兼任浙江省图书馆学会理事、绍兴市图书馆学会理事。

费松庆，男，1963年11月生，大学学历，中共党员，副馆长。1983年毕业于浙江化工学院，1983年8月，分配到嵊县塑料厂工作，任技术员。1986年6月，调到崇仁镇区公所，任副区长。1989年6月，调到嵊县乡镇企业局，1992年7月，调入嵊州市图书馆工作，2011年11月，任嵊州市图书馆副馆长。

未来展望

信息时代的到来，人们的阅读习惯将会发生重大的改变，目前读者可通过无线方式随时、随地、随设备与互联网相连接，以很小的代价来获取迅速而有价值的信息资源，因此，未来数字图书馆将会逐步取代传统的纸质图书馆。嵊州市图书馆于1992年建成，建筑面积小，设施老化，靠超负荷运行已很不适应嵊州城市发展的形势，在未来的几年里，新的嵊州市图书馆将在市区另建一座建筑面积10000平方米、地面为4层，地下1.5层，阅览座位1000个，可容纳纸质图书100万册的开放型、综合性、多功能，并逐步由传统图书馆转变为数字图书馆的现代化图书馆。同时，还具有支撑保障全市公共图书馆服务体系良好运行的文献与技能，成为与绍兴地区各公共图书馆实现资源共享互补的市级图书馆。

联系方式

地　址：嵊州市龙会中路26号
邮　编：312400
联系人：裘友人

武义县图书馆

概述

武义县图书馆创办于1950年8月，1985年3月单独建制。1998年11月开始动工迁建武义县图书馆新大楼，并于2003年12月16日正式对外开放。新大楼坐落于县城武川中路18号，占地面积4900平方米，建筑面积6090平方米，总投资924万余元。馆内设立图书借阅室、电子阅览室、报刊阅览室、地方文献室、少儿阅读乐园、多功能报告厅、休闲阅览室、叶一苇艺术馆、吴远谋绘画陈列馆、吴有发绘画陈展馆等，是集公共图书馆、名人艺术馆为一体的综合性、多功能、现代化的图书馆，目前实现了业务管理自动化、网络化，并逐步向数字化迈进。2005年首次被文化部命名为一级图书馆。

业务建设

截止2012年，武义县图书馆已入藏的纸质文献和电子文献总量为23.4万册，其中，纸质文献206323册，视听文献23832套，电子图书3963种。

2012年武义县图书馆新增藏书量购置费49万元。

2009－2012年，武义县图书馆4年平均图书入藏数量4999.5种，平均年报刊入藏量为463种，平均视听文献年入藏量211种。截止2012年，地方文献入藏平均征集数达到210种，290册以上。

截止2012年底，武义县图书馆数字资源总量达4.3T。

2012年，武义县图书馆将原有的ILASII2.0系统升级到力博图书馆自动化系统，目前已经正常运行的模块包括采访模块、编目模块、流通和读者服务管理模块、OPAC模块、连续出版物管理模块。

读者服务工作

武义县图书馆于2012年1月1日起全面实行免费开放，2012年7月份开始实行晚上开放。2012年全年共接待读者261957人次，书刊文献年外借册次176869册。

截止至2012年底，武义图书馆共建农村图书流通站47个，为本县农村、学校、军营等流通站提供书刊资源，年流通图书42200册。农家书屋工程覆盖了全县所有行政村，共544个。图书馆是武义县政务公开成员单位，在一楼电子阅览室设有政务公开查询机，为广大市民提供免费查询服务。

武义县图书馆网站于2005年月10月正式向社会开放。网站设有走进武图、服务指南、读者园地、动态信息、最近新书等九个模块，提供社会公众检索和咨询等相关服务。2010年获浙江省文化共享工程网站评选活动“最具特色奖”。

2012年，武义县图书馆举办会议、培训、学术报告、科技讲座、免费公益讲座等210余场，参加人数8万余人次。在馆内举办“悦园”诗会、乐器考级、棋艺比赛活动及主题活动展、书法展、画展、科普展、摄影展、兵器图片展等，参加人数38万余人次。同时武义县图书馆还将公益讲座、公益展览送进学校、社区，受到了社会的广泛好评。

近年来，武义县图书馆结合武义县实际，把公益服务的触角进一步延伸到社区、军营、机关和农村学校，现已建立农村学校图书流通站5个，机关图书流通站2个，军营图书流通站3个。2012年全年送书达36批次7200册次。还为老年读者和残疾的读者开展送书上门，电话预约、续借等服务。在报刊阅览室新增盲人阅览区，为视障读者提供盲文图书借阅服务。到福利院、养老院为老年朋友播放电影、养生讲座视频。在电子阅览室为进城务工人员提供免费上网指导和服务，春节期间为外来务工人员免费提供订购车票等。

业务研究、辅导、协作协调

2012年，武义县图书馆将原来系统升级为力博图书馆自动化系统，实现了金华地区通借通还。已参加浙江网络图书馆平台，为全省各地区读者提供馆际互借、检索、咨询等服务。并签订了服务联盟，完成上级图书馆安排的各项随机任务。所有中文图书编目数据都上传至省馆；协助省、市图书馆收集地方文献。

武义县图书馆启动图书馆分镇、分馆建设，届时实现县内通借通还；参加全省通借通还服务联盟，为本县市民指导并提供外县资源的借阅服务，同时为非本县读者提供文献资源，检索咨询等服务。

2012年，武义县图书馆开展图书业务基层辅导22次，受辅导1148人次。组织人员对18个乡镇街道544个村庄的文化建

设现状进行了调研，形成了一套《基本情况调查表》。协助一批村庄申报文化示范村，并申报成功。开展基层业务培训14次1116人次。

管理工作

武义县图书馆实行岗位管理和工作目标管理责任制，按岗聘用，竞争上岗，择优聘用，严格考核，建立分配奖励制度。每月进行工作进度通报，年终对照岗位工作目标责任制进行考核。

表彰、奖励情况

2009–2012年，武义县图书馆获省文化厅表彰7次；获市文化广电新闻出息局表彰1次；获县级业务主管部门表彰5次。

馆领导介绍

潘菊妃，女，1971年12月出生，本科学历，中共党员，副研究馆员，馆长。1992年大学毕业被分配到武义县图书馆工作，先后担任部门主任、工会主席、副馆长职务。

薛啸海，男，1957年1月出生，高中，中共党员，党支部书记。1973年7月参加工作，历任武义县婺剧团党支部书记、武义县文化市场管理办公室主任，2004年5月至今任武义县图书馆党支部书记。

张虹晖，女，1968年9月出生，大学专科学历，中共党员，中级职称，副馆长。1988年4月参加工作，2012年2月调入县图书馆工作，任副馆长、工会主席、县文化广电新闻出版局工委委员兼女工委主任。

张明建，男，1981年12月生，本科学历，中共党员，中级职称，副馆长。2005年到武义县图书馆参加工作，先后在数字资源部、参考阅览室等部门工作。

未来展望

武义县图书馆以求真务实、开拓创新的精神，认真而执著地实践着“平等、免费”的核心服务理念，让每个人都有平等享受公共图书馆服务的权利，真正成为老百姓自己的“书房”。

我们将不断努力，深化服务，开拓进取，保障公民基本文化权利，向着市民终身教育中心、公共信息服务中心、历史记忆中心、文化艺术交流中心和的目标迈进，在构建城乡一体化公共图书馆服务体系中发挥应有的作用。

联系方式

地　址：浙江省武义县武川中路18号
邮　编：321200

浦江县图书馆

概述

浦江县图书馆于1978年由县文化馆图书室改建而来，1983年独立建制，1994年迁入书画街62号的现馆，面积2500平方米。1994年参加第一次全国公共图书馆评估，即获得国家二级馆，在1999年第二次评估中获得国家一级馆并持续保持至今。

2012年底，浦江县图书馆有阅览座席245个，计算机45台，通过100M光纤专线接入互联网。馆内构筑有办公、图书借阅自动化管理两个局域网，自动化管理选用了力博管理系统，多年来运行稳定。

业务建设

截止2012年底，浦江县图书馆藏书20.79万册，其中中文平装图书15万余册，电子图书1.1万余种，民国图书、古籍等特藏图书9000余册。2012年，浦江县图书馆新增藏量购置费15万余元，共入藏中外文图书5282种9594册，报刊334种，视听文献100余种。2012年，地方文献入藏180余种。

截止2012年底，浦江县图书馆数字资源总量达到9.44TB，其中自建数据4.74TB。具有浦江特色的多媒体课件《浦江板凳龙》、《浦江迎会》通过了文化共享工程浙江省分中心的验收，并上挂浙江省分中心网站供各地下载共享。

读者服务工作

从2008年起，浦江县图书馆全年365天天天对外开放，每周开放56小时。年外借图书册次和年流通人次逐年增加，2009–2012年外借图书达45.406万册次，流通总人次30.2万余人次。馆外建有14个流动服务车服务点，2012年外借册次2.1万余册次。2010年起，为县"两会"提供信息服务，免费办理借书卡，并提供政务、经济、政策、法律等各方面信息。2008年，浦江县图书馆腾迅QQ咨询平台开通，每天在线为市民实时解答各类信息咨询，并免费提供文献的全文传送服务，当年为市民传送文献800余篇次。

浦江县图书馆坚守公益性质，自2000年来，不断拓展无偿服务范围，陆续推出了参考资料查询免费服务，现刊阅览室免费开放，少儿借阅室免费阅览等一系列的无偿服务。2012年1月1日起实行全免费开放，并通过当地互联网媒体、报纸、农民信箱平台、张贴海报、悬挂横幅等多种方式进行了广泛宣传。

浦江县图书馆积极开展形式各异的读书活动，年均20次以上。浦江县图书馆主要依托春节文化活动、"世界读书日"、"图书馆服务宣传周"、全民读书月、未成年人读书节、读者权益日等节假日开展系列活动，并积极通过平面媒体、电视、广播、手机平台等渠道进行宣传，取得了较好的社会效果。浦江县图书馆2009至2011年连续3年获得了省文化厅评选的读者活动创新奖或组织奖的荣誉。2012年，浦江县图书馆全年共组织开展各类读书活动23次，其中大型图片展览等6次，阅读推广活动6次，合计有2.94万读者参加活动。

浦江县图书馆除做好馆内服务外，还积极在馆外举办社会文化活动。2009年至2012年，每年春节期间，浦江县图书馆均举办有奖猜谜活动，每年吸引数千名市民参与；2009年到2012年，浦江县图书馆利用文化共享工程县级支中心的播放设备赴县五保供养中心、县看守所、黄宅镇梅石坞村等地，为老年人、武警官兵、未成年人等各界群众播放科技视频、保健讲座、影视等40余场次。

业务研究、辅导、协作协调

2009年至2012年，浦江县图书馆职工发表论文20余篇，完成省级课题2个。参与本省组织的家谱普查、地方志征集等活动，多次获得省主管机关的表彰奖励。

浦江县图书馆积极参与图书馆界的协作协调工作。实现了与国家图书馆、上海图书馆、浙江省图书馆之间的编目数据共建共享；在省内，本馆为浙江省、金华市馆际通阅互借签约单位，浙江省信息服务联盟成员单位。在金华地区，浦江县图书馆积极参与协作和协调，定期与兄弟馆交流工作动态，与市图书馆协作，共建金华名人数据库，共同开展展览讲座活动，协作开展地方文献征集、文化共享工程建设、地方志联合目录的编制、专业数据库资源的团购、未成年人读书节等活动，取得了良好的成效。

图书馆外貌

送书下乡

低幼儿童亲子阅览室

儿童讲故事比赛

暑期下乡为未成年人播放影视

在本县，浦江县图书馆制定了详细的图书馆服务网络建设规划，积极构建农村图书馆服务网络，目前已建成中心镇图书馆1个，街道、乡镇图书馆11个，覆盖率为73.3%；农家书屋409个，实现行政村全覆盖；积极开展农村、基层图书馆室的业务指导、人员培训、业绩考核、经费协调等工作，成绩显著。

管理工作

浦江县图书馆共有制度40余种，业务、财务、行政等各类制度健全，馆务、财务、岗位管理、分配激励机制、档案管理等均得到落实。

2012年，浦江县图书馆完成了岗位编制改革，全馆工作人员按三类岗位重新进行了聘任。同时，根据工作考核制度，各科室按时上报月报表、年报表，年度计划、总结，业务分析报告，各类业务数据完备；馆内开展的各类读书活动，均有计划、预算、总结等材料存档。

表彰、奖励情况

2009–2012年，浦江县图书馆共获得各种表彰、奖励15次，其中文化部表彰1次，省文化厅等表彰6次。

馆领导介绍

黄群莲，女，1971年3月生，大学学历，中共党员，副研究馆员，馆长。1992年8月参加浦江县图书馆工作至今。先后在流通部、采编部等部门工作，2003年2月任浦江县图书馆副馆长，分管全馆业务工作，2004年3月任馆长，主持全面工作。

柳方青，男，1963年生，浙江省浦江县浦阳镇人，中共党员，政工师，党支部书记。1983年参加工作，曾在浦江县郑宅镇政府、中共浦江县委宣传部工作，1997年参加浦江县图书馆工作。

项红阳，男，1973年生，浙江省浦江县人，中级职称，副馆长，党支部委员。1995年到浦江县图书馆工作，曾在外借室、阅览室、少儿室、参考资料室、采编室、电子阅览室、地方文献室、古籍书库等部门工作，任业务部主任等职。

未来展望

浦江县图书馆将继续努力，完成中心镇图书馆分馆建设，完善县、乡、村三级图书服务网络，积极应用技术进步，拓展互联网、手机等服务新领域，推广大型数据库等专业服务，增强手机、ipad等移动设备贴心服务，竭力构建能为各个年龄段市民提供丰富服务的现代化图书馆，成为浦江县集文化、科技、信息传播、文化遗产保存、社会主义教育、改革开放成就展示为一体的综合性公共图书馆，为当地经济建设和社会发展发挥重要作用。

联系方式

地　址：浙江省浦江县书画街62号
邮　编：322200
联系人：项红阳

举办春节有奖猜谜活动

举办图片展览

磐安县图书馆

概述

磐安县图书馆建于1998年，位于县城海螺街43号，坐落在风景秀丽的来龙山森林公园，环境优雅，在2013年全国第五次公共图书馆评估定级中被确定为国家一级馆。近年来，该县高度重视图书馆事业，把图书馆建设作为县域文化事业发展的重要内容，加大了对图书馆的资金投入，增添了设施设备，完善了内容功能，提升了服务质量。该馆现有图书外借部、报刊阅览室、少儿阅览室、电子阅览室、资料室、地方文献室、四库全书陈列室、古籍保护中心、农村图书配送中心、文化信息共享工程支中心、基藏书库、过报刊室等服务窗口12个。馆藏图书总量15万册，年订报刊200种。工作人员12人，正式在编人员中大专以上学历100%、中级职称率达71%、高级职称率29%，图书馆专业学会中国家级会员1名，省级3名，市级4名。2012年以来，全馆人员中发表专业论文33篇，其中全国中文核心期刊上发表9篇，图书馆专业核心期刊上发表3篇，出版专著3部，完成省、市、县三级专业研究课题4个。

业务建设

磐安县图书馆现主要的业务内容为，图书采编、外借、报刊阅览、电子文献阅览、地方文献与资料查询、农村图书配送与辅导、培训讲座展览、文化信息展播等。县财政每年保证图书馆事业费与免费开放经费，文献购置费25万元/年以上，年均图书入藏10000种以上，现有电子文献500多种，报刊年均入藏量为187种，电子阅览室计算机30台，图书操作与管理实行自动化管理系统，为读者上网与图书查询提供便捷服务。2012年新建地方文献室，购置了30多个崭新的富有特色地方文献书架，入藏文献773种1414册。第四次评估定级以来，本馆对所有服务窗口逐步实行了免费开放，该馆报刊阅览室、少儿阅览室一年365天天天对外开放，电子阅览室、自修室、讲座培训室、展览厅以及文化信息资源共享工程支中心，免费向读者与社会各界提供电子文献阅读、知识讲座培训、展览、文化信息与优秀视频影片展播等服务。

阅读活动

一、开展全民读书活动。该馆立足未成年人思想道德建设，从2004年开始至今已举办十届未成年人读书节，读书节活动内容丰富、形式多样，社会效益明显。近二届的读书节内容有：经典诗词朗诵会、读书文艺晚会、演讲比赛、阅读征文比赛、优秀小读者评选、少年儿童教育片展播、“悦读之星”书画大赛、科普知识展览、送少儿书报下乡、“小作家”阅读体验等；该馆重视老年读者服务工作，建立敬老院图书角，为其征订报刊、送图书和书架上门，面向退休与居民老人开展了健康知识讲座、电脑上机技术培训等工作，为老年读者提供了创新服务；该馆面向企业职工读者，建立了企业图书室、工会图书室6个，开展了工人、农民工阅读活动；该馆积极为残疾人读者做好优质服务，馆内建立残疾人专道、盲人通道，购置盲人读物、有声阅读器，设立残疾人专座，每年为残疾人读者开展送图书、送技术资料上门等服务活动。

二、开展图书馆服务宣传周活动。该馆积极利用每年的图书馆服务宣传周，期间开展了“读者座谈会”、“优秀读者评选”、“向少年儿童赠送借阅卡”、“六一”期间向青少年开展“读书奖书”、“我最喜欢的一本书荐读”、“阅读推广”、“亲子阅读”等活动，较好的宣传了图书馆在推进全民阅读、开展社会教育、传播先进文化、保障公民基本文化权益中的重要作用。

三、做好窗口阅读推广。该馆在大门口设立读者阅读推广宣传栏，不断更新阅读推广宣传窗内容，及时做好新书目录推荐。并积极利用节日，设计主题开展社区、企业、学校等阅读推广活动，在全城营造浓郁的读书氛围，让广大读者体会读书的乐趣，认识阅读的力量。

业务辅导、协作协调

一、做好送图书、培训、展览“三下乡”活动。送图书、送培训、送展览“三下乡”活动，始终是该馆服务农村的一项惠民工程。馆内建立全县农村图书配送中心，乡镇建立分中心7个，农村建立图书流通站51个，社区、军营、警营建立图书流通站、图书室10个。每年采编农村图书15000多册，年均送书12000册以上。该馆选取农村阅读与科普主题制作展板，2012年，送展览下乡8次，参观者10000多人次，开展农家书屋、图书辐射点管理员培训3期，受训120人次。该馆积极组织人员、深

地方文献展

讲座

图书馆阅览室

未成年人读书节开幕式现场

四库全书陈列室

入基层，帮助农村建设农家书屋，做好图书采编、分类、上架，制订借阅制度、制订管理制度等业务工作，2013年，全馆人员下基层图书业务辅导人均30多次，协助分类图书5万多册，送书15018册，蹲点开展图书管理员业务辅导12次，现场解决或通过电话解决实际问题和困难50余项。

二、积极参与图书馆界的协作协调工作。该馆先后成为浙江省、金华市馆际通阅互借签约单位，参与省、市范围内资源共享，并与省图书馆采编中心合作，实现了采编数据的共建共享；积极加入到浙江公共图书馆服务群体，参加联合编目，上传下载数据，共建、共享编目数据；参与浙江省信息服务联盟，为全省市民提供在线信息咨询服务。该馆积极参与本地区图书馆间活动，积极完成上级图书馆组织的协作和协调工作，与市图书馆协作共建金华名人数据库，共同开展各种内容展览活动，协作开展地方文献征集，协作开展文化共享工程建设，协作开展地方志联合目录的编制，协作开展专业数据库资源的团购，协作开展未成年人读书节等读者活动。

管理工作

该馆实行任期目标与年度岗位职责考核责任制度，建立与健全岗位职责、部门职责、读者服务、图书采购与财产管理等制度20多个。职责明确、严格管理、有条不紊。该馆始终坚持读者第一、服务第一的原则，发挥馆藏资源，给读者以最快捷最方便最优质的服务。晋升一级馆后，该馆增加了服务窗口、添置了设备设施、拓宽了服务内容，改善了阅览室、自修室、地方文献室等窗口服务环境，馆舍面貌焕然一新。

磐安县图书馆现为金华市、磐安县二级文明单位、综合治理先进单位。2013年度主管局在对下属单位年度工作考核评比中，该单位获得第一名。

馆领导介绍

馆长、支部书记：周加仁，男，1962年9月生，本科学历，中共党员，研究馆员职称，系中国图书馆学会会员。

副馆长、支部委员：王朝生，男，1968年10月生，中共党员，本科学历，馆员职称，系浙江省图书馆学会会员。

支部委员、办公室主任：沈慧珍，女，1964年11月生，中共党员，本科学历，馆员职称，系浙江省图书馆学会会员。

联系方式

地　址：浙江省磐安县海螺街43号
邮　编：322300
联系人：沈慧珍

兰溪市图书馆

概述

兰溪市图书馆创始于民国十九年（1930年）八月，时称通俗图书馆。1956年8月正式成立兰溪县图书馆，是浙江省最早的27家县级图书馆之一。新馆于2001年10月建成并正式对外开放，位于溪西新区李渔路180号。总投资898万元，建筑占地面积2809平方米，建筑总面积为5553平方米。绿化、广场等配套占地4018平方米。

现有编制数20人。实有工作人员25人，其中正式在编人员19人，编外人员6人。在编职工学历分布：本科8人，大专8人，中专2人，高中1人，大专以上学历占84%。职称分布：研究馆员1人，副研究馆员1人，馆员8人，助理馆员9人，中级职称以上占53%。全馆设信息节点140个，50Mbps电信光纤接入，网络架构采用先进的VMware vSphere Client虚拟服务器模式管理运行。选用力博图书自动化管理系统运行管理。

我馆先后被金华市、兰溪市评为“文明单位”“卫生先进单位”巾帼文明示范岗先进单位”“科普教育基地”等荣誉称号，2004年第三次全国公共图书馆评估中首次被国家文化部命名为“一级图书馆”荣誉称号。

业务建设

2009年至2014年期间，市财政不断增加图书馆经费的投入，2014年财政下拨经费354.25万元，与上一年同比增加71.94%。购书总经费由2009年20万元增至54万元，同比增涨37%。

截止2014年底，馆藏文献总量为22.65万册（件）。纸质文献20.3782万册（件），电子期刊、电子文献8910种/册，视听视频文献14157种/件。

截止2014年底，数字资源总量为6.5TB（不含VCD\DVD光盘电子文献资源），其中文化共享工程国家中心和省中心下载资源2.1TB；自行采购数字资源2.7TB；自建数据库资源1.7TB。

读者服务工作

我馆遵循“读者第一、服务至上”的理念，坚持以公益性、基本性、均等性和便利性为原则，实行免费开放，周开放56小时以上。馆内服务，采取了多元化服务模式，充分利用乡镇分馆、基层流通点、图书流通车、图书漂流、未成年人读书节平台、文化共享工程平台等服务模式为读者提供全方位服务。

1、2012年为消除弱势人群服务盲点，专门设立了盲人阅览室，并建立了首个浙江省视障信息无障碍服务中心兰溪分中心，为弱势群体提供服务。

2、2014年为提升图书馆档次，提高服务能力、服务水平和服务质量，与浙江图书馆结对子，成为浙江图书馆县分馆成员，并正式挂牌浙江图书馆兰溪分馆，与省馆数据共享、资源共享，读者借阅实现“一卡通”。

3、2014年7月正式开通金华地区“一卡通”借阅服务，实现金华地区十家公共图书馆数据资源互联、互通、互借、互还目标。为读者提供了更加便利的借阅服务。

4、2013年8月，正式开通了“兰江大讲堂”讲座服务平台，为市民传播了精典人文历史、科技技术、社会时事热点等正能量知识讲座，丰富了当地市民的精神文化生活。

5、2009年至2014年底，文献借阅总服务119.1506万人/次，书刊文献借阅流通82.6753万册/次。举办各种会议培训、讲座和展览154场次，提供服务28.5862万人/次。

6、建立总分馆制，做强做大“文化为民、文化惠民”服务。2009年以来，依托送书下乡工程和文化共享工程平台，积极开展全市乡镇、街道、社区和村三级网络服务建设，彻底解决了老百姓借书难、看书难的问题，丰富了农村文化生活。截止2014年底，已建图书馆分馆2个，基层图书流通点121个，配送图书59353册。2009年至2014年期间基层点图书流通点书刊流通借阅量93367册次，为农村读者服务101.7280万人/次。

7、不断加大文化共享工程建设力度，特别是加强对基层点建设和服务。2012年投入60万元对文化共享工程兰溪支中心设备升级，配置了4台高端四核服务器，20TB的存储，整个网络架构采用了先进的VMware vSphere Client虚拟服务平台技术管理，使其运行速度更快、稳定性更好、安全性更强、管理更便捷的支中心，为我馆数字图书馆建设和文化共享工程建设打下了坚实的基础。目前，已为全市16个乡（镇）、街道建立了基层点，实现乡镇全覆盖。2012年3月建成了公共电子阅览室建设，并统一安装了全省公共电子阅览室管理平台，实行免费开放。截止2014年底共接待各类读者94300余人次。

业务研究、辅导、协作协调

2009年至2014年，全馆职工发表各级刊物论文16篇，发表研究报告1篇，出版专著3部，省社科联课题2项，省文化共享工程数据库课题2项。

2009年至2014年，兰溪市图书馆业务辅导组、共享工程技术组、讲座展览组分批到个各基层点辅导、宣讲和业务培训91场次，为1037人次进行了业务知识辅导和培训。

2010年，与浙江图书馆签署了“公共图书馆讲座、展览联盟协议”。

2012年，与萧山区图书馆建立“文化走亲”馆际互动交流

兰溪市委书记吴国成、市委常委副市长陈艳等领导调研图书馆

省馆徐晓军与兰溪市委常委宣传部长范卫东共同为分馆揭牌

金华文化局专家小组对我馆第五次全国公共图书馆进行考评

少儿阅览室

综合阅览室

兰溪分馆

活动，并签署了“山海协作”资源共享协议。2012年萧山区图书馆向我馆配送了6万图书资源进行共享。

2012年，与金华市图书馆签署了“金华市公共图书馆展览联盟协议”、“金华市名人数据库合作建设联盟协议”、“金华市公共图书馆地方文献共建共享合作协议”。

管理工作

2011年，兰溪市图书馆完成了《事业单位岗位设置管理》工作，合理的设置了图书馆工作岗位，并重新对全馆工作人员进行了聘任上岗。实行了规范的绩效考核制度和绩效工资管理制度。单位对安全保卫工作、业务管理工作、窗口服务工作、网络技术工作、送书下乡工作等实行月月有检查通报，季季有考核讲评，半年有小结分析，年终有总结汇报的规范化管理制度。

表彰、奖励情况

2009年被浙江省文化厅评为第四届未成年人读书节“创新奖”荣誉称号。2012年被浙江省文化厅评为公共图书馆地方文献“特色资源奖”荣誉称号，本馆职工郑建明被浙江省文化厅评为公共图书馆地方文献工作先进个人。2012年通过金华市“文明单位”的复评荣誉。2012年被兰溪市妇联评为“巾帼文明示范岗”先进单位。2012年度被兰溪市文化广电新闻出版局评为“先进单位”。

馆领导介绍

邵锡梅，馆长，男，1965年12月生，本科学历，中共党员，中级职称。1988年8月浙江大学毕业分配到兰溪市图书馆工作。2006年6月任图书馆副馆长，2013年9月任图书馆馆长。

章振民，书记，男，1959年8月生，大专学历，中共党员，中级职称。1970年4月参加工作，2006年6月调入兰溪市图书馆工作，任图书馆党支部书记。

郑建明，副馆长，男，1973年7月生，本科学历，中共党员，中级职称。1992年12月参加工作，2005年8月部队转业到兰溪市图书馆工作，2013年9月任图书馆副馆长，兼任文化共享工程兰溪支中心主任。

胡美良，副馆长，男1970年1月生，本科学历，中共党员，中级职称。1990年3月参加工作，2000年8月部队转业到兰溪市图书馆工作，2013年9月任图书馆副馆长，兼办公室主任。

诸葛建新，男，1957年1月生，大专学历，中共党员，副研究馆员。1971年9月参加工作，1985年1月调入市图书馆工作，2006年5月至2013年8月任图书馆馆长，2013年9月任协理员。

方俊华，男，1957年8月生，中专学历，中共党员，中级职称。1980年1月参加工作，1991年9月调入图书馆工作，1993年7月至2013年8月任图书馆副馆长。2013年9月任协理员。

未来展望

兰溪市图书馆将坚持以丰富人民精神文化生活，满足人民群众基本文化需求为出发点和落脚点，按照“公益性、基本性、均等性和便捷性的原则，以“夯实基础，强化服务，创新发展，追赶跨越”的发展思路，推进图书馆公共文化服务软件实力建设，不断改善文化民生，充分发挥公共图书馆职能，实现“文化为民、文化惠民”目标，不断满足人民群众的精神文化需求。

重点加强数字图书馆和文化共享工程建设，突出公共数字文化服务能力建设，加大数字资源采购、地方特色数据库建设与加工和资源的下载，力争到下届评估数字资源总量翻一翻，达到10TB的存储量。力争30%的乡镇、街道建有图书馆分馆和公共电子阅览室，80%的村建有图书基层流通点并正常对外开放。继续加强馆际交流与合作，实现资源互补和共享目标，形成常态化交流、合作和共同服务机制。强化馆员队伍建设，全面提升馆员综合素质，切实为政府、机关、企事业单位和读者提供优质的服务，真正发挥好公共图书馆的职能。

联系方式

地　址：兰溪市李渔路180号
邮　编：321100
联系人：郑建明

兰溪市第九届未成年人读书节开幕式

盲人阅览室

兰溪市图书馆大楼

义乌市图书馆

概述

义乌最早的公共图书馆是劝学所内设立的通俗图书馆，创办于民国初年，1927并入县民众教育馆图书部。1941年4月，建立县立图书馆，接收民教馆图书部，馆舍设中山纪念厅内（湖心桥6号）。解放后，图书部分设在文化馆内，1950年7月，县文化馆接收民众教育馆藏书6000余册，并在馆内设图书和阅览室，开展外借和内阅工作。1984年图书馆独立建制。1992年5月，义乌市图书馆南门街302号馆舍建成并开馆，建筑面积1600平方米。2006年，座落于梅湖会展中心附近，宗泽东路35号的图书馆新馆破土动工，是"义乌国际文化中心"首项大型文化基础设施，建筑面积2.1万平方米，设计藏书100万册。2007年11月20日，新馆主体结顶；2011年4月21日，义乌市图书馆新馆举行了简朴而隆重的新馆启用仪式；2011年6月1日正式向读者开放。

业务建设

截止2012年底，总藏量61万余册，其中，纸质文献56万余册，电子图书5万册，报刊阅览室订阅了869种1114份杂志，301种412份报纸。

馆藏古籍近5万册，其中善本2300余册，馆藏数量在省内县（市）级名列前茅。列入国家珍贵古籍名录共计4部：两汉纪六十卷，宋王铚辑，明嘉靖二十七年（1548）黄姬水刻本；东坡先生和陶渊明诗四卷，（宋）苏轼撰，明末毛氏汲古阁影宋抄本；初学记三十卷，明嘉靖十三年（1534）晋府虚益堂刻本；河东先生集四十五卷，外集二卷，龙城录二卷，附录二卷，传一卷，明郭云鹏济美堂刻本。其中《东坡先生和陶渊明诗四卷》曾于2009年应邀参加在北京举行的"国家珍贵古籍特展"。2012年通过首批"浙江省古籍重点保护单位"。

已将部分具有较高欣赏、研究价值和较强地方特色的古籍进行数字化并建立了数据库。既方便工作人员更好地管理馆藏古籍，又能更好地为广大古籍查阅者提供便捷和有效的服务。

馆藏古籍建有两个数据库：地方文献类古籍数据库和善本类古籍数据库。

义乌籍人士著作陈列馆自1986年开始采集，已收藏有438位义乌籍人士著作2510种3695册（件），是浙江最具特色的地方文献宝库之一。

2012年，新增藏量购置费为125万元。数字资源总量4.5T，其中共享工程资源1.5T；实现馆藏中文文献书目数字化：90.95%；完成地方文献类古籍的数字化加工，已完成地方文献类古籍书目数据库建设，629余册书目入库。

读者服务工作

1950年代，义乌农村图书工作以发展流通站为主。北京图书馆出版的《图书馆工作》载文介绍了义乌整顿农村图书流通站的经验。全馆工作人员被评为"浙江省1956年度先进工作者"，受到省人民委员会的嘉奖。1958年7月27日《文汇报》刊登了《我们是怎样开展农村图书流通工作的》，系统介绍了义乌县建立农村图书流通站的经过，向全国推广经验。12月1日，省《文化报》又以《图书流通工作上的一面红旗》为题，报道义乌图书馆服务生产一线的事迹。图书馆还编写了《怎样开办农村图书室》一书，由浙江人民出版社出版，发行全国；《文汇报》以《图书流通工作上的一面红旗》为题，报道义乌县图书馆的事迹，并在全国农村群众文化艺术工作会议上介绍经验。1959年，图书馆代表出席全国文教战线群英大会。1960年，义乌图书馆在全县建立阅览室122个，组织报告会81次。此后6年中，县馆一手抓流通站的巩固与发展，一手抓图书的管理与宣传。1963年省第六次文化行政工作会议介绍和推广了义乌图书馆流通工作经验。至1965年，全县有农村图书流通站409个，有2.4万个农民基本读者。1964-1965年间，借出图书97万册次。1965年9月27日，《解放日报》以大版面载文并发表评论员文章，报道了县图书馆的工作经验和工作成果，赞扬义乌县图书馆热情为农民服务，对义乌馆工作又作了一次全国性的推广。

义乌市图书馆现有一个总馆、两个分馆以及7个流通站，在39个社区和714个行政村都建立了图书室，基本覆盖了全市。达到了全市街道、乡镇、社区、村图书室参与服务网络建设的全覆盖。

总馆和两个分馆之间实现了通借通还，2012年度，南门街分馆借书42929册，换书30890册，91934部队分馆借书5012册，换书4916册。

新馆开放以来，不断开拓创新，使图书馆成为公共藏书中心、文化休闲中心、社会服务中心，为政府决策、经济发展、

科技创新、学术研究等提供知识支持和信息服务。全年365天，天天开放，每天开放时间为上午8：30到下午17：00，每周开放时间达59.5小时；根据文化部、财政部《关于推进全国美术馆、公共图书馆、文化馆（站）免费开放工作的意见》等文件的要求，各窗口服务全部实现了免费开放：读者可以免费办证，免费借阅，免费上网，免费查阅相关古籍和地方文献，2012年义乌市图书馆全年完成窗口接待读者215180人次，出借图书总量234227册，流通总人次31.5万，持证读者数为17692；2012年义乌市图书馆7个流通站，合计借阅19334人次，30742册次。

建立了局域网和网站，网址：www.yiwulib.cn，网站设有图书馆宣传、公告、新书推荐、阅读排行榜等栏目，开通了馆长信箱，读者可在网上直接提建议和意见，有专人负责维护，不定期进行内容更新。

2012年共举办讲座20场次，展览12场次，阅读推广活动8场，年参与活动2.5万余人次。每一场讲座展览和重大活动，都会通过图书馆网站进行宣传，讲座信息还会提前在《义乌商报》上发布；每年的全民读书月、世界图书日与版权日、未成年人读书节，图书馆都会举办丰富多彩的活动，为读者服务。

业务研究、辅导、协作协调

制定了以下相关编目细则：《义乌市图书编目工作细则》，《期刊采访工作细则》。《视听文献编目著录细则》，《义乌市图书馆文献采访条例》，《义乌市图书馆图书采选方针》，保证编目数据规范一致，普通图书文献、视听文献做到到馆一个月内完成编目，期刊、报纸文献到馆2个工作日内完成记到。

1982年，报刊也编目上架。古书楼按经、史、子集、丛书、地方文献和善本书6大部分组织藏书，建立目录。1985年，图书按《普通图书著录规则》进行著录，编目工作走上标准化。1999年开始采用《中图法》（第四版）进行分类标引，使用《普通图书著录规则》著录。采用三段式书标，大类、小类、种次号（著者的四角号码）各占一行。对书标、馆藏章、条码在书籍中的位置做了严格的规定，并对书标、条码外再贴上覆膜、已防止久后脱落。2005年，更换ILAs系统为力博系统，同时，对报刊阅览部门也实行自动化管理，2012年，完成了古籍、地方文献和资料图书的书目建立，至此，图书馆的全部藏书都有了书目，都可在计算机上直接检索。

基层图书馆（室）建设

义乌市图书馆一直重视基层图书馆的建设，工作人员经常下乡调查和辅导。2012年共有7个流通点，2011年在苏溪镇藤香园、图书馆报告厅等地举办了4场基层图书室管理培训班，不仅增长了管理员的专业知识，也增进了各图书室之间的联系。2012年12月底止，全市13个镇、街道都建有图书馆，覆盖率100%，32个社区、714个村实现了图书室全覆盖。

积极参与上级图书馆组织的协作协调工作，与上级馆签订了普通文献馆际互借协议；金华地区公共馆的报刊目录联合共享协议；利用共享工程的平台共享了省图书馆的数据库资源，2011年义乌市图书馆与浙江省图书馆文献采编中心签订了《中文图书联合馆藏目录数据库建设合作协议书》。

近年来，义乌市图书馆关于业务学习和研究的气氛比较浓厚，每年有5篇以上论文在省级刊物正式发表；撰写了多篇调查研究报告。

管理工作

全馆35人，设置为8个部门，完成了岗位聘任，同时，建立了工作量化考核指标体系，每月上报月度工作完成情况和下月工作计划，每半年和全年进行总体工作考核。

表彰、奖励情况

2009–2012年，义乌市图书馆共获得6项荣誉称号，其中省级荣誉一项，义乌市图书馆“义乌市民间民俗传统文化艺术展”获首届浙江省公共图书馆展览创意设计作品奖；市级荣誉5项。

馆领导介绍

馆长：王瑞亮，副研究馆员，毕业于杭州大学图书馆专业。图书馆领导班子由3人组成，馆长一名，副馆长两名，全部拥有大专以上文凭，副高1人，中级2人。

联系方式

地　址：义乌市宗泽东路35号
邮　编：322000
联系人：王瑞亮

东阳市图书馆

概述

东阳市图书馆地处东阳市黉门广场南侧，由台胞王惕吾先生捐资800万元人民币兴建，占地面积2070平方米，建筑面积5156平方米，1995年初动工，同年底竣工，1996年12月13日正式对读者开放。共有阅览座位248余。东阳市图书馆目前拥有各类计算机73余台（不含服务器）。目前宽带接入为电信光纤100M，东阳市图书馆网址http://www.dy-lib.com/，数据库专业硬盘存储容量为6T。图书馆业务管理系统采用B/S模式100用户的清大新洋通用图书馆集成系统，检索、流通、著录、编目等业务流程全部实现自动化管理。

业务建设

截至2012年12月底，东阳市图书馆的总藏量299919余册次，其中图书203863余册，古籍17000册（暂存博物馆），报刊64458件，试听文献875件、套，电子图书473种，其他13310余册。目前东阳市图书馆拥有电子图书473种，读者可到电子阅览室登陆浙江省网络图书馆查询、查阅电子图书和电子刊物。

东阳市图书馆对地方文献的收集整理工作起步较早，自1996年新馆建成之时，就专门开辟了地方文献室，有专门目录，专人分管。2007年起，对全市家谱进行数字化采集，完成当时能够借到的约300种，4000多册家谱的数字化。浙江省文化资源共享工程正式对东阳市图书馆《东阳市家谱数据库》项目立项，并已经完成1000多种11000余册家谱的数字化处理。

目前东阳市图书馆拥有存储在本地的数字资源量为：自建数字资源：470G，外购并存储在本地的数字资源：1700G。东阳市图书馆馆藏中文普通、报刊等文献资料都按CNMARC格式建立机读目录，比例为100%。

读者服务工作

东阳市图书馆根据文化部、财政部《关于推进全国美术馆、公共图书馆、文化馆（站）免费开放工作的意见》及财政部《关于加强美术馆、公共图书馆、文化馆（站）免费开放经费保障工作的通知》的文件精神，制定了《东阳市图书馆免费开放实施方案》，按要求达到了公共空间设施场地免费开放，基本服务项目健全并免费开放。

东阳市图书馆开架及半开架书刊文献数量为189423册、件，书刊文献总量为268321册、件，书刊文献开架比例为70.60%。东阳市图书馆2012年书刊外借册次为220275册，馆藏总量299919册、件，馆藏书刊文献年外借率为73.44%。

东阳市图书馆在外借室设立新书专柜，普法专柜，“十八大”专柜等，同时在东阳市图书馆网站上开设新书推荐专栏。在东阳市行政服务中心设立机关图书室，方便机关干部借阅图书。同时，不定期的在市区广场和乡镇开展借书证免费办理、图书宣传等活动。一楼大厅设有政府公开信息服务查询机。

地方文献室与东阳市政协文史委开展长期的合作，从以资料查询提供便利到提供专题资料，再到参与编辑。东阳市图书馆还为王潭王氏、莪溪朱氏、象岗吕氏等家族与浙江省图书馆、上海图书馆、宁波天一阁等馆联系，帮助起查找家谱资料。东阳谱牒文化研究会吕氏分会出资12000多元，采用数字化的方式复制了3部家谱，并把相关资料转送给东阳市图书馆。

东阳市图书馆一直以来注重对特殊群体的服务工作，长期与市残联、民工子弟学校、市老年活动中心等合作，开展各项活动。东阳市图书馆在全市10个农民工文化活动中心设立图书流通点，从一定程度上保障农民工的基本文化权益。在为未成年人服务上，东阳市图书馆除了积极做好省文化厅未成年人读书节活动外，还进行未成年人阅读调查活动，进一步了解了少年儿童的阅读习惯和类型，举办“未成年人阅读、教育”系列讲座活动。在为老年人服务上，东阳市图书馆报纸阅览室每天有许多老年读者阅读报纸期刊，为方便老年读者阅读，特准备了老花眼镜，同时更换瓦数更高的节能灯。

业务研究、辅导、协作协调

2009—2012年东阳市图书馆职工发表论文104篇，每年职工参加省市组织的各项技能教育培训。

东阳市图书馆与浙江省图书馆签订编目数据共享协议，向

省、市图书馆赠送地方文献，参加浙江省网络图书馆平台，为全省各地区读者提供馆际互借、检索、咨询等服务，并及时完成上级图书馆安排的各项任务。

东阳市图书馆已完成全市389个行政村的农家书屋工程建设，在东阳市19个乡镇（街道）文化站均设立了图书流通点，共建立图书流通点93个，定期开展送书下乡活动，为村民开展公共文化服务，参与比例为100%。

目前湖溪镇文化站和96626部队图书分馆已经正式开放，为三个中心建设图书分馆工作积累经验。东阳市图书馆为各流通点共送书100000册次。在全市19个乡镇（街道）389个行政村通过东阳市党员远程教育网络，都可与文化共享工程东阳支中心实行资源共享。

2011年至2012年开展图书业务基层辅导13次，1500多人次。组织农村图书指导员对19个乡镇（街道）389个行政村的图书室建设现状进行了调研，形成了《东阳市各行政村图书室情况调查表》。

管理工作

2011年，根据东阳市事业单位岗位设置实施方案的要求，东阳市图书馆制定了东阳市图书馆岗位设置方案，根据东阳市图书馆实际情况，对各部门岗位进行定岗定员，建立严格的考核制度和分配激励制度。

东阳市图书馆的档案管理工作由办公室兼职，基本上每年参加东阳市档案馆的档案业务培训，在档案管理上一直严格按照档案管理相关要求做到档案健全、资料详实，归档及时，立卷准确、装订整齐、内容齐全，每卷有目录。

表彰奖励情况

2011年，东阳市图书馆获得金华市“十一五”公共图书馆信息资源共享工程优秀单位。

2012年，东阳市图书馆获得浙文社〔2012〕76号文件《浙江省文化厅关于全省公共图书馆地方文献工作考评情况的通报》中的“优秀组织奖”。

2013年，获得浙江省新闻出版局《关于表彰全省农家书屋工程建设先进单位和先进个人的通知》中的“全省农家书屋工程建设先进单位”。

馆领导介绍

叶明亮，男，1975年9月出生，本科学历，副研究馆员，馆长。1996年8月到东阳市图书馆参加工作，先后在流通部、办公室工作任副主任，主任等职务。

李敏，女，1971年1月出生，本科学历，副研究馆员，副馆长。1996年8月到东阳市图书馆参加工作，先后在采编、阅览部工作任副主任，主任等职务。

傅燕芳，女，1975年9月出生，本科学历，中级职称，馆长助理，1997年10月到东阳市图书馆工作，先后在外借，采编，流通部工作，任副主任，主任等职。

未来展望

东阳市图书馆的每个职员秉承公共图书馆的宣言公平公正地为每位读者服务，紧跟祖国文化发展，为全民的文化素质提升做努力。为便于广大市民就近阅读，东阳市图书馆对东阳市三个中心镇图书分馆将加强建设，在原有的基础上，增加其藏书量和阅览座位，增加业务辅导培训，开通借阅一卡通、数字化远程服务。丰富展览和讲座培训的内容，让广大市民得到更多的文化熏陶和素质提升。在新时代背景下，未来数字图书馆的发展方向之一，将本馆的珍藏(包括善本、古籍和珍藏)或特种馆藏(包括图片、声音、音乐、影视等各种载体)的资料进行数字化，提供网上共享，优化原有的数字图书馆的数据存储，加强和省市图书馆的数字共享，实现数字资源共享互补，完善图书资源。

联系方式

地　址：浙江省东阳市黉门前45号
邮　编：322100
联系人：杜晓娟

永康市图书馆

概述

永康市图书馆成立于1978年，原有馆舍面积1290平方米，2007年，位于在市区紫微中路138号的新馆建成开放。新馆占地1893平方米，建筑面积8453平方米，为永康市标志性建筑之一。近年来，永康市图书馆敢于创新，拓宽服务空间、改进服务模式、取得了扎实的社会效益。特别是在维持图书馆正常运作的同时，利用社会各方面的力量，整合阅读服务资源，开展全民读书活动。先后成立了科普中心、普法基地、青少年阅读基地、永康市藏书家协会等创新性的服务项目。与此同时，市图书馆认真实施知识工程，积极扶持基层图书网络建设，建立了以市图书馆为中心，以镇（街）图书馆为分馆、以村（村区）图书馆为网点的三级图书馆服务网络。不断建设和维护乡镇图书馆分馆和村级图书流通站，并在学校、机关、工厂建立图书馆服务网点，遍及城乡的图书馆服务为传播文化知识、打造学习型城市提供了良好的人文环境。

业务建设

截止2012年底，永康市图书馆总藏量27.6574万册（件），其中，纸质文献27.6万册（件），电子图书500册，盲文图书74册。

2012年购书经费55万元，此外，还有地方文献专项购置费10万元，合计65万元。2009–2012年，共入藏中文图书33940种，58394册，中文报刊2859种，视听文献221种，盲文图书74册。2012年，我馆在全省地方文献工作考评中被评为全省公共图书馆地方文献工作“示范馆”称号。

截止2012年底，永康市图书馆数字资源总量为4TB，其中，自建数字资源总量1GB。2012年，完成地方特色数据库《百工文化》的建设，并通过浙江省文化信息共享工程中心验收。在建的数据库有《永康古桥》地方特色数据库。

2007年，我馆将自动化管理系统升级改造为力博图书馆自动化系统，以适应图书馆业务发展更新的需要，2010年，建立了盲人阅览室。2012年，将图书馆公共电子阅览室管理系统升级到联创电子阅览室，实现了业务统计和与省图的联网管理，并获得全国文化共享工程分中心·公共电子阅览室示范点称号。2014年年初，实现馆内无线网络覆盖。

读者服务工作

从2007年8月起，永康市图书馆全年365天天天对外免费开放，周开放65小时。2009–2012年，书刊总流通37.32万人次，书刊外借98.8万册次。2009–2012年，建成4个分馆，有115个流通服务点，馆外书刊流通总人次7.3800万人次，书刊外借13.1647万册。

2009–2012年，永康市图书馆网站访问量34.8914万次。图书馆各种数字资源可通过图书馆网站访问。共举办讲座、展览、培训、阅读推广等读者活动60场次，参与人数2.9524万人次。2012年，与永康影院剧联合开展“优秀影片展播”活动，在社区、乡村展播各类影片458余场次，共接待观众30000余人。

业务研究、辅导、协作协调

2009–2012年，永康市图书馆职工发表论文13篇，出版专著3部，荣获金华级优秀科研成果课题2项，撰写调研报告1篇。

2009–2012年，永康市图书馆建立了以本馆为中心，以乡镇图书馆为支点，以村图书室为服务站的三级服务网，下乡送书259次，赠送书刊66505册，辅导培训400人次。2011年下半年–2012年上半年，先后建设农家书屋241家，提升村图书室87个。

本馆从2008年开始，与永康卫校签订了《关于共同创建图书馆服务志愿者队伍的协议》，并且每年对优秀志愿者进行评选和表彰。2012年2月，本馆获得中共永康市委政法委员会、共青团永康市委、永康市志愿者服务工作委员会颁发的“2011年永康市优秀平安志愿活动爱心单位”称号。

管理工作

2009年，永康市图书馆实行聘用制，现完成第三次全员岗位聘任，本次聘任共设12个岗位，有20人重新上岗，同时，建立了工作量化考核指标体系，每月进行工作进度通报，每半年和全年进行总体工作考核。

图书馆外貌

外借部

电子阅览室

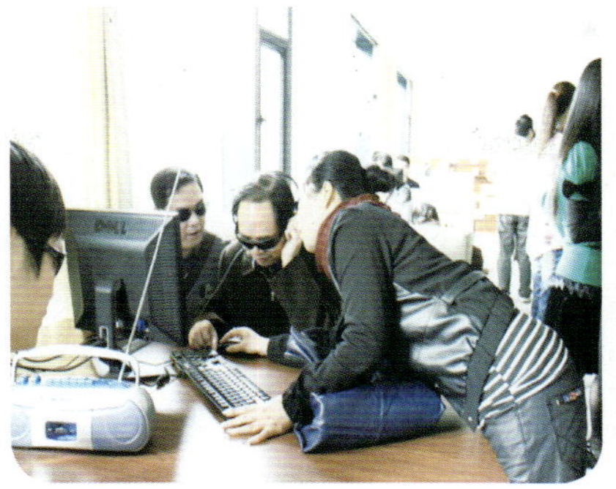
盲人阅览室

少儿阅览室

表彰、奖励情况

2009–2012年，永康市图书馆共获得各种表彰、奖励21次，其中，文化部表彰、奖励1次，省文化厅表彰、奖励7次，金华市表彰、奖励4次，永康表彰、奖励9次。

馆领导介绍

徐关元，男，1963年2月出生，大学学历，华东师大信息管理系研究生班结业，中共党员，研究员职称。1980年12月起从事图书馆工作，现任永康市图书馆馆长、书记，中国图书系列研究馆员，中国图书馆学会会员、浙江省图书馆学会理事、金华市图书馆学会副理事长，永康市藏书家协会副会长兼秘书长，被评为永康市第七、八批拔尖人才。

潘美蓉，女，1963年4月出生，大专学历，中共党员，副研究馆员职称。2004年5月起调永康市图书馆工作。现任副馆长。

应春娟，女，1964年2月出生，大专学历，中共党员，中级职称，副馆长。1989年调到永康市图书馆工作，先后任外借部主任、馆长助理工作、现任业务副馆长兼任采编部主任。

未来展望

永康市图书馆遵循“认真、求实、整改、提高”的办馆方针，通过创建永康市公共图书馆“一卡通”服务联盟，不断扩大服务辐射区域，带动地区图书馆事业发展。同时，我馆作为全市文献和数字化信息服务中心，要不断加强文献保障和技术支持能力，以保证全市公共图书馆服务体系的良好运行。根据社会需求，在拓宽服务空间、改进服务模式、增添阅读亮点等读者工作进行积极探索。

联系方式

地　址：永康市紫微中路138号
邮　编：321300

舟山市定海区图书馆

概述

定海区图书馆于2012年10月从舟山市图书馆接手，正式揭牌于2013年5月。我馆馆舍总面积3630平方米，有外借室、综合阅览室（电子阅览室、盲人阅览室）、少儿借阅室、地方专题文献室、办证处等5个服务窗口，在机构设置上，内设办公室、外借部（流通辅导部）、综合阅览部（少儿部）、读者活动部、采编部（地方文献部）、信息技术部等6个部室。核定事业编制10名，临聘人员编制17名，目前实有职工人数20人。

2013年，定海区图书馆有读者座席280个，电脑47台，宽带接入10Mbps，选用力博图书馆自动化管理系统。

业务建设

定海区图书馆馆藏图书134743册，电子文献藏量7943种，报刊四年总计订购3298种。

2013年图书购置专项经费70万，计划图书年入藏量约为2500种，2万册左右。收集地方文献、海洋专题文献178种，274册。

截止2013年5月，数字资源总量为6TB；宽带接入10Mbps。引入自动化管理系统力博图书管理系统，并升级改造为全市图书通借通还的联合馆系统。网络设备借助市馆网络平台，已成立定海支中心。

读者服务工作

（1）优化公益服务，全面实施免费开放

从2013年6月起，定海区图书馆实行不间断全天对外免费开放，周开放69个小时。2012年定海区图书馆共接待读者258800人次，借还图书共计465045册次，办证人数36276人。2012年10月，开通与舟山市图书馆、普陀区图书馆等图书馆的馆际互借服务。

（2）依托图书流动服务站，延伸服务范围

依托市馆，在定海城区设有89个社区图书室，今后打算对基层图书室实行“区馆指导、社区管理、借阅自由”的管理模式。2013年，定海区图书馆又新增边防、渔船4个流通站。2012年馆外流动服务点书刊借还册次5835册。并在2013年3月份已经将金塘图书馆收入为定海区图书馆的第一个中心馆。

（3）发挥社会教化功能，增加服务多样性

在图书馆一楼大厅内，设有政府公报取阅点和政府信息公开查阅处。为未成年读者小读者提供索书、找书等服务。同时依托舟山日报今日定海、定海新闻、定海官方网站、图书馆微博等报刊、电视、网络媒体加大宣传力度，倡导全民阅读新风尚。目前已被今日定海、舟山日报、大舟山等媒体刊载和报道8篇，活动采访视频2篇。

（4）推进特殊群体服务，体现平等原则

定海区图书馆专设无障碍通道，盲人阅览席，专为盲人订制了盲人电子读物；专人负责盲人电子读物上门服务工作等；开展引导青少年“绿色上网”活动，定期对未成年人进行一次网络安全知识培训；利用公共电子阅览室的有效条件，对农民工进行计算机基础知识、相关实用技术培训；为民工子弟学校学生赠送读书等。

（5）以社会活动为中心，丰富群众精神文化生活

以“世界读书日”、“图书馆服务宣传周”、“全民读书月”、“未成年人读书节”等为主题，开展丰富多彩的读者活动，2012年依托市馆，共计全民阅读活动20余场，少儿专题活动10余场，送展览，培训20余场。受众人群达9.6088万人次。开馆至13年4月，举办“定海区首届图书馆未成年人读书节”活动，包括有“雏鹰行动”、“读者秀场”、“悦读悦心”、“视听盛宴”等四个系列20场配套活动。2013年全年计划开展全民阅读活动12场次，少儿专题读者活动6期，送展览、培训、讲座12期，其他小型活动12期等读者喜爱的互动活动。

业务研究、辅导、协作协调

截止2013年5月，定海区图书馆职工发表论文6篇，出版专著1部。获国家级奖项1项，省级奖项1项，区级奖项1项。

计划建成以区图书馆为中心馆，金塘镇等中心镇分馆和各乡镇（街道）图书室为亚分馆的城乡图书服务网络。2012年10月定海区图书馆正式从舟山市图书馆接手“送书下乡”的管理职能。在5个街道7个镇3个乡设立了89个社区图书室，实行“区馆指导、社区管理、借阅自由”的管理模式，实现图书资源共享。期间，举办培训班3期。

积极参与上级图书馆的协作协调工作，配合全市“通借通还”的项目。采用力博系统及有关开发设计维护服务，满足了公共图书馆自动化业务功能的发展需求，与舟山地区的公共图

书馆及省内具备联网功能的公共图书馆进行业务联接，实现联合编目，联合检索，馆际通借通还等图书资源共享。

管理工作

定海区图书馆于2012年11月12-16日，在四楼会议室对全体员工进行入职培训，为期4天。17人参加，共计544学时。2013年3月，完成第二次中层干部岗位聘任，本次聘任共设7类岗位。同时建立了工作考核制度。

表彰、奖励情况

因定海区图书馆成立于2012年10月，暂无各项表彰与奖励。

馆领导介绍

陈翠，女，1983年10月生，研究生学历，中共党员，馆长。2010年7月参加工作，曾任定海区文化新闻出版局文化产业科科长、办公室副主任，2012.12-至今任定海区图书馆馆长。曾获2011年度定海区精神文化创建工作优秀信息员。2011年度定海区文化体育工作先进个人。撰写的《浅议大桥时代如何做好文化市场管理工作》获2011年度全市文化市场综合行政执法理论研讨优秀奖。《免费开放新理念下的群众文化公益培训模式转型—定海区“百姓课堂”为例》获定海区第二届文学艺术成果政府铜奖、浙江省第十三届公共文化论坛论文一等奖、全国群文论坛二等奖。《共产党人的12个幸福观》读后感获“书香机关”主题读书活动二等奖。

乐玲娜，女，1962年11月生，本科学历，中共党员，主任科员，现任图书馆党支部书记。1980年5月参加工作，1997年3月至2001年8月任舟山市文化局团委书记、女职委主任。2003年8月至2012年10月任定海区文联副主席、定海区文化新闻出版局党组成员。2013年3月任定海区图书馆党支部书记。2001年撰写的论文《对现阶段村级文化组织建设的分析与思考》荣获全国“首届海岛县（市）文化工作交流”论文交流优秀奖。2006年文学作品《木偶情》在浙江省文化厅举办的“海风杯”走进民间艺术家全省文学作品大赛中，荣获三等奖。2010年12月被浙江省人力资源和社会保障厅、浙江省文学艺术界联合会评为全省文联系统先进工作者称号。

潘瀚涛，男，1967年4月生，本科学历，中共党员，副研究馆员，副馆长。兼任定海区非物质文化遗产保护中心主任，舟山市图书馆学会学术委员会副主任、舟山市非遗保护专家委员兼副秘书长、舟山市民间文艺家协会副主席兼秘书长、浙江省民间文艺家协会理事、定海区文学艺术界联合会常委等。曾获评为首届全国“书香之家”、首批“浙江省优秀民间文艺人才”、首届“舟山市中青年德艺双馨文艺工作者”。

未来展望

通过评估，定海区图书馆始终把评估标准作为日常工作规范和努力方向，创新服务方式，提高服务效率，开展丰富多彩的读者活动，扩大公共图书馆影响力、凝聚力，争取各级党委、政府以及社会各界关注和支持。积极努力争取做好几下几点：

一是争取本地区政府领导重视和社会各界的支持。

二是加快硬件设施改造、美化阅读氛围，体现现代化元素。

三是强化专业人才队伍建设；地方文献数据库建设、数字图书馆建设，图书馆学术研究领域进一步拓宽。

四是优化馆藏文献资源建设，凸显地方特色，满足不同群体读者需求。

五是丰富读者活动，深入阅读推广，辐射读者范围，提升读者互动性。

六是加大与市馆、各县区图书馆相互协作协调，加强对乡镇（街道）图书室指导力度。

联系方式

地　址：舟山市定海区环城西路98号
邮　编：316000
联系人：王迦密

舟山市普陀区图书馆

概述

普陀区图书馆前身系普陀县文化图书室，建于1953年8月。十年动乱期间，业务被迫停止，1976年10月重新恢复对外开放。1978年12月单独建制，成立普陀县图书馆。1987年随普陀县设区，改名为普陀区图书馆。普陀区图书馆新馆位于舟山市普陀区东港海华路589号，建筑面积为3241.4平方米，2004年10月动工建设，2007年1月1日试开馆，2007年11月2日正式开馆使用。2009年，参加第四次全国公共图书馆评估，首次获得一级图书馆。2012年，普陀区图书馆有阅览坐席308个，计算机77台，网络节点77个，宽带接入10Mbps，选用力博管理系统进行管理。

业务建设

截止2012年年底，普陀区图书馆总藏量为17.3322万册（件），电子文献藏量1168种，2012年图书入藏量为7832种，报刊入藏量为477种，视听文献入藏量为89件（种）。2012年普陀区图书馆新增藏量购置费为30万元。

2009年–2012年先后征集到《古今观音菩萨奇应记》、《郭氏家谱》、《清风堂藏刻铜墨》等珍贵地方文献几百种。开展《舟山地方文献联合目录》编写工作，编制论述普陀地区人、事、物文献目录共计634条。

自文化共享工程普陀支中心和党员远程教育资源库普陀分中心挂牌以来，已接收国家中心资源和省级分中心资源4.24TB的数字资源，并陆续购入各类电子读物，重点采集加工了一批富有地方特色的资源。除完成向国家管理中心的上缴任务外，还自建视频数据和文字数据，征集到普陀区岛形、岛貌航拍数字图260余张，完成“普陀记忆”、“普陀非物质文化遗产”、“普陀岛礁地形地貌航拍图”三个地方文献专题数据库的建设。

读者服务工作

2009年2月27日，普陀区图书馆在365天白天开放的基础上增加夜间开放，实行365天日夜开放制。2010年，联合舟山市图书馆推出图书借阅一卡通服务。2012年，再推出激活市民卡和身份证借阅功能，夜间开放时间又延长了半小时。2009–2012年期间，书刊总流通721201人次，书刊外借657695册次。截止2012年年底持证读者已达22849人，比2008年度同期翻了两番。2013年4月1日起，取消中午和傍晚闭馆制度，实行8:30至20:30（夏令21：00）不间断开放。

近年来，普陀区图书馆在全区各乡镇（街道）建立了乡镇（街道）图书分馆、流通点和农家书屋100多家。2009–2012年，馆外各流动服务点书刊总流通197701册次，形成了以“展茅柴国定”、“勾山陆信德”、“六横沃银财”为代表的农家书屋精品工程。

2009–2012年，普陀区图书馆网站总访问量13.472万次。2012年10月，实现馆内无线网络免费上网全覆盖。公共电子阅览室免费开放，并提供检索、浏览和下载服务，读者可通过普陀区图书馆网站和普陀数字文化网提供的链接，登录到浙江网络图书馆、全市公共图书馆网站、文化信息资源共享工程网等相关网站。

2009–2012年，普陀区图书馆通过举办征文、演讲、英语脱口秀、谜语竞猜、新书展、优秀电影展播、街头办证等活动，加大对“世界读书日”、“图书馆服务宣传周”、“全民读书节”的宣传，已先后承办纪连海《审视与反思——新解康乾盛世》、毛佩琪《读中庸讲国学》、柏万青老师等名家作《解纠纷、话和谐》等讲座40余场，近1.4万人次听讲，已先后举办“马庭·库摩镜头里的中国三十年摄影展”、“天海一色——上虞普陀书画联展”、“翰墨丹心——普陀·富阳·余杭三地书画联展”等展览40余场，近8万人次参观，其中2012年全年读者活动参与人数为30515人次。

业务研究、辅导、协作协调

2009–2012年，舟山市普陀区图书馆职工发表专业论文26篇，合作专著1部，撰写调研报告2篇，其中获奖12篇。选派多名同志到省、市参加各类业务培训，其中2012年度参加学历教育的有5人，参加各类培训的有18人次。

2009年，与舟山市图书馆执行承办了浙江省文化信息资源共享工程市县支中心系统管理和资源建设培训班，共有88名

普陀图书档案大楼

普陀区图书馆

普陀人文大讲堂"解纠纷话和谐"——柏万青专场

渔农村基层管理员培训班

综合借阅室

来自全省各市县图书馆的技术骨干参加。2009年–2012年每年都举办全区渔农村基层图书管理员培训，以帮助基层图书管理员进行图书分类、业务自动化管理。此外，2010年还举办了全区渔农村党员干部现代远程教育暨文化信息共享工程站点管理员培训。

管理工作

普陀区图书馆内设流通部、阅览部、社会活动部、采编部、后勤部、办公室六大部门，实行岗位聘用责任制和首问责任制，并建立了分配激励制度和严格的考核制度。图书严格依照《中图法》（第四版）进行编目，馆内书刊文献开架比例为89%，定期组织专人对三大书库图书进行全面清点、倒架、整架，实现严密规范排架，开架图书正确率高于96%。

表彰、奖励情况

2009–2012年，普陀区图书馆相继获得第五届浙江省未成年人读书节组织奖、浙江省文化共享工程十佳网站——最佳口碑奖、浙江省文化共享工程先进集体、第七届浙江省未成年人读书组织奖和地方文献"特色资源奖"等奖项，先后被评为市创先争优先进基层党组织、市健康促进场所示范点，全区窗口单位和服务行业创先争优示范点。

馆领导介绍

忙一萍，男，1968年3月生，大专学历，中级职称，馆长。1987年5月参加工作，先后在图书馆各业务部门工作，2004年8月任普陀区图书馆副馆长，分管全馆业务工作，2014年10月任普陀区图书馆馆长。

金雯艳，女，1969年8月生，本科学历，副研究馆员，副馆长。1990年3月参加工作，先后在图书馆各业务部门工作，2007年4月被任命为普陀区图书馆副馆长，分管全馆业务工作，2009年12月兼任舟山市图书馆学会会刊编辑委员会委员。

未来展望

普陀区图书馆是一家集图书馆业务、办公自动化、信息加工与服务于一体的公共图书馆，采用开放灵活的藏、借、阅、查、咨一体化的服务模式，以信息资源为依托，以接轨新区为目标，向社会提供全面、优质、快捷的服务。2009–2012年，主要指标位居全市公共图书馆前列。今后，普陀区图书馆将继续秉承"大开放、大服务"的理念和"以人为本、服务至上"的宗旨，继续朝着集文化、科技、信息传播、保存文化遗产、开展社会教育、展示改革开放成果于一体的现代公共图书馆发展，成为岛城人民终生教育的学校、高雅的文化休闲场所、地方文献的宝库和公共信息导航中心。

联系方式

地　址：浙江省舟山市普陀区东港海华路589号
邮　编：316100
联系人：钟陈黛

（撰稿人：钟陈黛）

"我的书馆我的家"读者沙龙活动

普陀人文大展厅——天海一色上虞普陀书画联展

岱山县图书馆

概述

岱山县图书馆的前身是文化馆图书室，当时图书馆的面积20平方米，藏书1000余册，只有一名图书管理员；1986年岱山县图书馆第一个新馆在高亭镇人民路中段落成，面积1164平方米，藏书62441册；1998年，由于少儿室危房及市政规划等原因，馆舍搬迁至临时租赁房内；2003年9月，岱山县图书馆第二个新馆终于在我县文化中心落成，总面积3000平方米，底层设计为书库，拥有阅览座位260个，200M2电子阅览室（共享工程放映室），共有信息点110个，计算机58台，服务器6台，存储、投影仪、资源加工电脑等设备设施。岱山县图书馆有在编职工16名，大专以上学历14人，副高级职称2人，中级职称7人，初级职称5人。

业务建设

截至2012年底，岱山县图书馆总藏量增加到204646册，其中图书154214册，报刊47222册，视听文献1238件，地方文献1972种。年馆藏购置费达到52.66万元，2008年–2012年四年间分别增加43.49%和110.63%。所有图书按《中图法》（第五版）进行分类标引，按《普通图书著录规则》进行著录，2010年我馆引进了力博图书馆管理系统软件，各项基础业务和统计工作实现计算机自动化管理，现馆藏中文图书书目数字化达80%。财政对图书馆事业建设的投入也在不断地加大，现全年经费由2008年177.8万元增到2012年350.5万元(其中县财政277.51万元)，图书馆事业得到了进一步的发展。

自2012年底，岱山县图书馆通过统一认证的方式，加入到浙江网络图书馆。其中储存本地的数字资源有3.5TB以上，包括文化共享县级升级版，县级图书馆推广计划，2300余册电子图书以及百姓讲堂视频资源、地方文献电子图书。

读者服务工作

2011年岱山县图书馆实施免费借阅，免费开放项目包括文献资源外借、查阅与咨询、网络数据资源、公益性讲座和展览、培训和基层辅导、流动服务、文化信息资源共享工程，以及辅助性服务如办证、验证等。

截至2012年底图书馆拥有有效证件5051人，全年接待读者142132人次，外借图书151583册次（其中流通18296册次），印制《新书推荐宣传手册》13期，每年举办新书推荐活动近十次。图书馆还不断拓展对外宣传服务，举办春节元宵灯谜活动、图书服务宣传周、世界读书日、未成年人读书节等活动；建立"小青苗"志愿者队伍，建设学生服务社会、提升自我社会实践平台；积极打造未成年人思想道德素质教育基地，通过开展征文、演讲、书法比赛和知识竞赛等活动，倡导学生爱读书、读好书；精心打造"岱山百姓讲堂"，至2012年底共举办9场，吸引3千余读者参加；推广本土文化资源，与县海洋文博馆联合开展各项文化艺术展览活动；积极开展馆外图书流通站的建设，截至2012年底，在各乡镇社区、部队军营、企业学校、外来民工所在地建流通站58个；实施"图书六进"，做好流动图书车为特殊人群服务活动，主动为乡村学校、残疾人、老年人、看守所、渔船等上门送信息送书送影片；做好社区、乡镇图书流通站图书业务辅导工作，促进图书室的规范化建设。形式多样的馆外读者宣传服务活动，扩大了图书馆的影响，也吸引更多的人走进岱山县图书馆，使馆藏资源得到充分有效的利用。

业务研究、辅导、协作协调

图书馆的业务研究和学术水平也日趋活跃，在各级专业期刊或学术会议上发表的论文数量逐年上升。09年至12年在省、市级以上发表论文23篇。

2012年参与了市图书馆组织的全市文献联合编目，2013年已出版。每年参与省市未成年人读书节系列活动，推举选手参与市级图书馆各项比赛。2012年，岱山县图书馆衢山分馆成立，县图书馆对其进行多次业务理论指导、培训。

自2006年建立起图书流通中心以来至2012年底，岱山县图书馆共有馆外图书流通点58个，馆外流通图书服务点是在合作单位原有的硬件、人员基础上建立"图书流通（点）"，所有图书流通站（点）只作为县图书馆的一个服务网点，与县图书馆无行政隶属关系，工作人员及日常管理

岱山县图书馆外景

岱山县图书馆外景2

参考阅览室

阅览室

馆员正在图书加工

工作由合作单位负责，县流通中心承担图书采购、图书配送和业务指导。2006年至2012年底，共送书474次，流通图书75023册，赠送图书39726册（包括杂志），其中新书价值约50万元。

管理工作

岱山县图书馆设馆长一名，副馆长两名，外借部、信息阅览部、少儿部、流通部、采编部（副馆长兼）主任各一名。人员管理实行聘用制，实行岗位管理和工作目标管理责任制；建立内部收入分配激励制。2012年建立岱山县图书馆信息管理制度，小青苗志愿者管理制度，档案文件管理制度等，确保图书馆工作正常有序开展。

表彰、奖励情况

2010年–2012年，岱山县图书馆获省级表彰4次，市级表彰1次，县级表彰2次。自2004年以来，我馆连续三次被文化部评定为一级图书馆。

馆领导介绍

王飞，女，1969年5月出生，本科学历，中共党员，馆长，中级职称（记者）。1997年4月–2008年7月，在岱山县广播电视台从事新闻工作，期间任新闻中心副主任、专题部主任等职，2008年8月–2012年7月年任岱山县文广局文化科科长。2012年8月任岱山县图书馆馆长。

傅佩君，女，1970年4月出生，本科学历，中共党员，副研究馆员，副馆长兼采编部主任。1990年12月到岱山县图书馆参加工作至今，先后在阅览部、外借部、少儿部、采编部等部门工作，并任主任、馆长助理等职。2005年被任命为副馆长，分管全馆业务工作。

戎继宇，男，1973年7月出生，大专学历，中共党员，副馆长。2003年，任岱山文化馆馆长助理；2004年至2013年，任岱山文化馆业务副馆长；2013年4月至今，任岱山图书馆副馆长。

元宵灯谜活动

展望未来

岱山县图书馆遵循“读者第一，服务至上”的办馆方针，扩大服务区域，积极争取各级领导的重视，加大投入，进一步抓好图书馆工作的业务建设，不断提高图书馆工作的服务水平和服务质量，以吸引更多读者，使图书馆真正成为人民的终身学校，成为社会主义精神文明建设的重要阵地。

联系方式

地　址：浙江省岱山县长河路126号

邮　编：316200

岱山百姓讲堂

送图书到民工子弟幼儿园

“六进”进看守所

嵊泗县图书馆

概述

嵊泗县图书馆创建于1952年，八十年代初曾并入文化馆，1985年12月正式单独建制。馆址几经变迁，2010年2月28日，位于菜园镇望海路393号的新馆建成开放。新馆建筑面积3700平方米，设有成人读者阅览座位240个、少儿读者座位48个，计算机45台，接入电子政务外网100Mbps、电信10Mbps，选用力博图书馆自动化管理系统。2005年，参加第三次全国公共图书馆评估，获得二级图书馆。2013年，参加第五次全国公共图书馆评估，获得一级图书馆。

业务建设

截止2012年，嵊泗县图书馆总入藏量为105687册，其中，电子图书906种，906册，图书入藏量为5373种，21494册，报刊入藏量为313种，1252册，视听文献入藏量为777种，3110册，地方文献入藏完整率为95%。2009–2012年，嵊泗县图书馆文献购置费共119万元（历年相加）。

截止2012年，嵊泗县图书馆数字资源总量为6TB，已达到可用净容量为4TB，收集、整理"列岛遗风"、"离岛嵊山"、"嵊泗鱼文化"、"海山文艺"、"聚焦岛城"地方文献资料等自建自备数字资源。

读者服务工作

从2010年2月新馆启用起，嵊泗县图书馆各服务部门一律实行向社会读者免费开放，每周开放时间60小时。2012年，书刊借阅28679人次，外借60419册次。已建立分馆3家，图书流通点157家，馆外流通12460册，3025人次。在历年两会期间，共提供信息服务360条。

2010年建立并开通嵊泗县图书馆网站，2010–2012年，嵊泗县图书馆网站访问量16153次，完成为全县共享工程基层服务点提供检索、浏览和下载服务，积极开展共享工程进船头、进军营、进监狱、进敬老院、进校园等社会服务。

2010–2012年，嵊泗县图书馆共举办讲座、展览、培训、阅读推广、读者活动92场次，参与人数6万余人次。其中，"书箱上船头"、"美丽书屋"、"同一片蓝天下的至爱"历届未成年人读书节活动是嵊泗县图书馆阅读推广工作的特色与亮点。

业务研究、辅导、协作协调

2009–2012年，嵊泗县图书馆共撰写论文及各类研究性著作10篇，在全国各级刊物上发表或获奖。同时，嵊泗县图书馆被舟山市列为社会科学普及示范基地。

从2009–2012年，嵊泗县图书馆先后与浙江图书馆、舟山市图书馆、普陀区图书馆、舟山市文化馆、浙江文澜讲坛合作举办"嵊泗渔民画展"、"嵊泗海洋书画作品展"、"古诗诵读"比赛、青少年书法比赛、"渔歌赏析"等协作活动，参与"舟山地方文献联合书目提要"一书编辑出版工作，开展"文化走村入企"辅导、培训、送书下乡41场次。

管理工作

2012年，嵊泗县图书馆制定岗位设置实施方案和岗位设置方案，10人重新聘用上岗。编制人员工作考核制度，分管责任人工作考核制度，全年进行总体工作考核。2009–2012年，共抽查文献排架32次，书目数据14次，建立业务分析报告、财务分析报告、读者统计表、书目下载统计表、文献统计表等档案工作。

表彰、奖励情况

2009–2012年以来，嵊泗县图书馆共获得各种奖励14次，其中，获得浙江省文化厅表彰、奖励5次，获得舟山市委宣传部表彰、奖励1次，获得舟山市精神文明单位荣誉称号，获得县委宣传部表彰、奖励1次，获得嵊泗县文化广电新闻出版局表彰、奖励6次。

馆领导介绍

娄静，女，1964年3月生，大学学历，非党，副研究馆员，馆长。1980年12月参加图书馆工作至今，2007年8月任图书馆馆长。兼任舟山市图书馆学会常务理事。2010年获浙江省文化厅讲座工作先进个人，2011年获浙江省文化节厅共享工程先进个人，2007年、2010年、2012年获舟山市优秀基层群文工作者和文化系统先进工作者，2009年获县委、县政府先进工作者。

李盈莹，女，1973年1月生，大学学历，中共党员，馆员，党支部书记兼副馆长。1992年9月参加图书馆工作至今。分管党务、财务、精神文明建设、地方文献工作。

陈琼，女，1973年5月生，大学学历，中共党员，馆员，副馆

长兼工会主席。1992年9月参加图书馆工作至今。分管全馆业务工作。

未来展望

嵊泗县图书馆围绕“充实馆藏、提升服务、分享悦读”的办馆宗旨，在未来几年里，针对海岛小县岛屿分散、交通不便、人口集中度不均等的特征，在继承、发扬传统服务的基础上，创新理念，充分挖掘和利用本土资源，将服务不断向广度拓展，以突出海岛公共图书馆“小、精、特”潜质，营造全县全民阅读氛围，开展各种图书服务活动，满足渔农民、未成年人和驻岛军营文化需求，逐步形成有地方特色的服务模式。以建设现代化、数字化图书馆为发展目标，从传统服务向现代服务转变，实现通借通还、馆际互借的服务方式，为读者提供更多的、快捷的、便利的阅读空间。同时，收集、整理、加工特色性地方文献资源，建立“嵊泗县渔俗文化特色”数据库，有效实现知识资源、馆藏资源、服务能力共享共用，更好地服务于广大人民、地方文化、经济发展及相关学科研究，服务于“美丽海岛”海洋文化生活。

联系方式

地　址：浙江省嵊泗县菜园镇望海路393号
邮　编：202450

台州市椒江区图书馆

概述

台州市椒江区图书馆是原椒江市文化馆的50㎡图书室，位于中山东路287号，独立建制于1989年10月。1994年因国务院批准台州撤地设市更名为台州市椒江区图书馆，在编6人。现馆舍1997年底竣工，位于东枫山路16号，占地5亩，建筑面积3600㎡，实用面积2000㎡，1998年10月开放服务，在编19人，实行专款专用的经费预算化管理。该馆1999年曾增设翠华小区分馆（馆外分馆），曾被媒体称之为“百姓身边图书馆”。该馆早在2000年7月探索内部管理运行机制改革，实行全员聘用制，部门主任竞争上岗，员工则双向选择、优化组合，分配系数分为1.4、1.2、1岗级，配套制订百分制月度考核及核算办法。该馆2004年参加第三次全国公共图书馆评估，已连续3次获评一级图书馆。该馆本着共建互享理念，2005年与椒江区科技局共建椒江区科技图书馆（馆内分馆）。2006年更深圳图书馆LIAS软件换南京图书馆力博软件。2007年接入100M光纤，开通图书馆网站，与多个部门合作引资30万元改装报告厅、展览厅等，合力打造椒江区党员服务中心、科技人员俱乐部、枫山书院等。2008年与椒江区委组织部合建区人才联谊活动中心。2009年特设了“蔡啸书场”服务老年群体。该馆拥有阅览席296个，计算机47台。该馆拥有中级馆员11人，副研究馆员2人，研究馆员1人。

业务建设

截止2012年底，椒江图书馆馆藏图书总量达28.8275万册，电子图书62万种（远程包库），报刊年均入藏量522种。区财政维持年度新增藏量购置费40万元。与浙江图书馆、上海图书馆实现联合编目。2012年7月率先与台州市图书馆实现通借通还联网服务。有《台州四库荟要》数据库，地方文献工作不断拓展。

读者服务工作

椒江图书馆2004年取消收取借阅证工本费，2005年已实行全免费服务，2011年12月再取消图书借阅超期费，实现全馆零收费。每周总计开放时间为68小时，开架比例达90%。该馆2012年已实现与市馆联网的通借通还服务，四年来书刊文献年外借册次为100943册次，文献年外借率35%，总流通人次90731人次，持有效证读者10689本，人均年到馆次数8.5次。

该馆建立馆外流通点53个，大多是村或社区图书室，已遍及海岛与鱼船、福利院、民工子弟学校、看守所、部队营房以及有些企业，各个馆外流通点年平均借阅为23520册。2009–2012年，“枫山书院”人文讲座59场次，接待3.3万人次；“蔡啸书场”192场次，接待老人读者9600人次；举办各种展览66场次，接待3.6万人次。每年组织图书馆服务宣传周、全民读书月、世界图书与版权日等系列的阅读宣传推广活动，四年来配合政府举办4届未成年读书节，每届都围绕特定主题，开展丰富的阅读推广活动，深受读者欢迎。各类阅读宣传活动总参与人次达9.07万。四年网站访问量达3.4万人次。2010年起，依托台州市图书馆文献资源服务“两会”。读者满意率调查结果为98%。

业务研究、辅导、协助协调

2009年以主要责任者参与国家社科课题[09BTQ006]一项（2012年5月结题），四年来发表论文23篇（核心刊论文5篇，其他论文18篇），调研报告2篇。

参与台州范围的馆际互借，方便本地区读者。主动参与了浙江图书馆、上海图书馆的联合编目，确保编目数据质量。参与台州市公共图书馆讲座联盟，参与浙江公共图书馆网络技术联盟。

制定《椒江区图书馆基层服务网络建设发展计划》，使得流通点服务网络建设进一步得到完善。四年来该馆给50多家流通点送书达7万多册次，借阅94120册次。作为全国文化信息资源共享工程的县级支中心，该馆每年不定期开展基层自动化管理的辅导、指导。四年分别开展各项专业培训7次，内容涉及图书采编加工、读者服务管理、文化信息资源共享工程等方面。

管理工作

2012年底出台《椒江区图书馆奖励性绩效工资分配方案》，于2013年初获表决通过，设置了考勤奖、岗位绩效、创新

休闲阅览室

未成年人读书节向东门民工子弟学校送书

报刊阅览室

外借书库

椒江科技人员俱乐部

工作成果、信息学术成果等四类奖项，绩效系数设为1.5-1.1五个岗级。四年来该馆坚持每月进行工作情况通报，每半年一次工作小结、年终一次工作总结与员工考核。四年来，该馆不定期检查业务，如文献排架、书目数据、问题分析、专项落实等，完成主管局安排的信息通报与调研报告等系列重要任务。

表彰、奖励情况

四年来，该馆获得10次表彰奖励。其中，文化部表彰奖励1次，浙江省社会科学联合会表彰奖励2次，台州市委宣传部与台州市科学技术协会分别表彰奖励1次，区委、区政府与区委组织部分别表彰奖励1次，其他彰奖励3次。

馆领导介绍

汪筱萍，女，1966年11月生，本科，中共党员，副研究馆员，馆长、馆党支部书记。1998年10月到椒江区图书馆工作，历任少儿部主任，2006年1月任馆党支部书记、副馆长。兼任台州市图书馆学会常务理事，台州市阅读推广专业委员会主任。发表专业论文9篇，其中有3篇为核心期刊论文。2012年4月，国家副主席李源潮（原任中组部部长）莅临椒江区党员服务中心（设在图书馆），考察党代会常任制工作，汪筱萍书记有幸陪同考察。

何海敏，男，1976年12月生，专科，中共党员，馆员，副馆长。2000年6月到椒江区图书馆工作，历任基层服务部主任、行政综合部主任。

未来展望

椒江图书馆2008年开创的枫山书院人文讲堂至今走过7个年头，讲座场次已越百场，日益成为椒江百姓知晓度较高的文化品牌。正是它“零门槛”和贴近群众生活实际、关注社会热点难点问题，赢得了各类读者的喜爱与赞扬；正因她独特运作制度及其机制，才焕发勃勃生机，得到了省、市多个组织的领导表扬、表彰肯定。该馆将维护好来之不易的文化服务品牌，让“枫山书院”走出图书馆，进社区、进农村文化礼堂、进企业、进海岛…，继续为专家学者与市民百姓之间构建一座可以流动的丰富多彩的文化知识殿堂。

椒江图书馆继续以区文化广电新闻出版局倡导“至真服务、文化惠民”文化服务品牌为指引，围绕“以人为本、读者至上”核心价值理念，尽力争取新迁建一座现代化的图书馆（现馆设计缺陷、实用面积小、扩建无望），尽力争取政府建设几家合乎国家标准的街道图书馆分馆。同时，将拓展服务项目（资源不足）、扩展服务网络、提升服务质量，转变管理观念、树立治理理念，将不断完善各项管理制度、激励措施、治理机制，争创读者满意的一流服务、一流业绩。

联系方式

地　址：台州市椒江区东枫山路16号
邮　编：318000
联系人：高晶妮(馆办)

温岭市图书馆

概述

温岭市图书馆坐落于溪滨路58号。这里北临前溪，环境优美、安静，是读书的好去处。目前温岭市图书馆建筑分两期建成，一期工程建成于1988年，占地3.5亩，建筑面积1760平方米；二期工程建成于1999年9月，占地3.1亩，建筑面积2490平方米。两个工程联结成一个统一的整体，2000年10月1日，二期工程对读者开放。

温岭市图书馆是温岭市人民政府1988年投资兴办的国家一级公共图书馆，面向全社会开放。是搜集、整理、保存、开发、利用图书期刊、音像制品、微缩胶片、电子出版物和网络信息等文献资源为读者服务，并进行社会教育的全额拨款事业性单位。

截止2014年7月，在编人员17人，其中设馆长1人，副馆长1人，馆长助理1人；有本科学历11人，大专学历5人；大专以上人数占职工总数94%；具有副高职称2人，中级职称9人，初级职称5人。

温岭市图书馆有阅览座位261个，网络节点52个，设有文化信息共享工程温岭市支中心、外借室、期刊室、少儿室、古籍室等服务窗口近10个，每周开放66.5小时，开展外借、阅览、参考咨询、专题、电子信息、视听等服务，举办讲座、展览、学术交流、读者沙龙等活动。

业务建设

截止2014年7月，温岭市图书馆图书总藏量474835册，其中普通图书323937册，电子图书8万余种、12万余册，报刊574种，古籍10000册（珍贵古籍7种65册，入选国家珍贵古籍名录1种2册），家谱达130余种、1000余册。

读者服务工作

1、图书馆免费开放改造工作。2014年，温岭市文广新局斥巨资，开始对已年久失修的图书馆馆舍进行整体的维修和改造。此次改造，温岭市图书馆对原有外借科室及服务项目进行调整，其中A区一楼设立图书馆综合服务大厅，集图书馆业务咨询、报刊阅览、借书证办理为一体，能够更便捷地为到馆读者提供服务；大厅内新设报刊触摸屏一体机，内含数字报刊30余种，电子图书百万余册，读者既能到馆轻松阅览，又能利用二维码免费借阅至手机等便携阅读器中；新设数字广告宣传机用来发布图书馆的最新资讯与新书推荐服务；设立图书墙，内含图书5000余册，并展示馆内所珍藏的全套1500册文渊阁四库全书影印本。A区二楼东侧设立读者自助阅览室，全天候向读者免费开放；文学阅览室迁移至A区二楼西侧，面积扩充至原来的四倍，开架图书扩充为原来的两倍，并设立阅览桌椅，为读者提供更为完善的图书借阅服务。科技、社科阅览室整体合并迁移至A区三楼西侧，拥有面积300余平方米，阅览座席20余个，藏书8万余册。B区一楼为少儿图书馆，设有文献借阅区、亲子互动区、户外活动区等多项活动区块，面积近500平方米，藏书10万余册，能更好地为未成年人及其家长提供服务，此外，温岭市图书馆尝试扩大服务时间，将一楼综合服务大厅开放时间延长为12.5小时（上午8：00–晚上8：30）；借书证办理也试行免押金服务，任何市民凭市民卡均可免费借阅图书。

2、数字资源服务。近几年来，温岭市图书馆加强数字资源建设力度，提高公共图书服务效能和质量，改变了因地域、城乡分割等原因形成的服务不均等状况，能比较好地向城乡广大人民群众提供优质的、平等的数字资源服务，对提升全市人民群众的素质，促进经济社会健康的发展发挥重要的作用。2008年9月开始，温岭市图书馆大胆实践，首创在区域范围内免费开放知网、万方、维普三大全文数据库下载权限，实现全市资源共享，减少医疗、卫生、教育系统等重复购买同一数据库现象。通过发挥图书馆信息窗口应有作用，加大数字资源宣传力度、开展数字资源使用培训、深化数字资源专题服务、建立一支能适应信息化网络化工作环境的人才队伍等多种措施加大资源服务力度，取得了明显的成效。截至2013年底，温岭市图书馆数字资源服务体系为全市各行各业人才提供文献共计655万余篇，其中2013年度下载文献量达205万篇，先后荣获中国知识资源总库授予的“全国公图应用排行十强”、万方数据授予的国内唯一一家科技文献使用示范基地称号。2009年，温岭市“数字资源服务”项目获浙江省基层公共文化服务创新奖。2013年初，温岭图书馆被中国知识资源总库授予国内县级图书馆首家“全国示范型数字图书馆”称号。

温岭市图书馆外景

综合服务大厅

业务研究、科研情况

2009年至2014年，在省级以上刊物或专业会议上发表论文37篇。

2010年申请并承办浙江省文化共享工程“海洋剪纸数据库”项目。

2010年申请并承办浙江省文化厅“数字文化资源的生产与服务研究”课题。

2010年申请并承办温岭市科技局“温岭市公益性信息资源服务体系建设”项目。

2013年申请并承办浙江省文化共享工程“大奏鼓数据库”项目。

2014年申请并承办浙江省文化共享工程“百年温岭数据库”项目。

管理工作

2014年，温岭市图书馆完成第二次全员岗位聘任，本次聘任共设9类岗位，有9人重新上岗，同时，建立了工作量化考核指标体系，每月不定期进行工作巡视，每年进行总体工作考核。

获奖情况

2009年获浙江省基层公共文化服务创新奖。

2009年获浙江省未成年人读书节组织奖。

2009年获温岭市政府颁发的“文化工作先进单位”。

2010年获温岭市政府颁发的“文明单位”。

2010年万方数据授予的全国首家“科技文献使用示范基地”称号。

2011年获台州市首届全民读书月活动先进集体。

2012年获浙江省文化厅第八届浙江省未成年人读书节组织奖。

2012年获得浙江省图书馆文献采编中心颁发的“2010-2011年度数据下载奖”。

2012年获浙江省文化厅“2011全省公共图书馆‘两会’信息服务优秀奖。

2013年获浙江省文化厅“2012全省公共图书馆‘两会’信息服务优秀奖。

2013年获中国知网“全国示范型图书馆”称号。

2013年获浙江省公共图书馆“两会”服务工作优秀服务奖。

2013年获浙江省文化厅“浙江省古籍保护达标单位”。

馆领导及馆属部门负责人

馆长：杨仲芝，女，1663年生，浙江温岭市人，副研究馆员，1981年1月参加工作，历任采编部主任、副馆长、馆长。

元宵灯谜活动

副馆长：陈冰，男，1972年生，浙江温岭市人，馆员，1991年6月参加工作，历任办公室主任、馆长助理、副馆长。

馆长助理：张珍，女，1979年生，浙江温岭市人，馆员，2001年10月参加工作，先后在技术部、办公室工作。

未来展望

根据温岭市总体规划要求和图书馆本身服务工作的定位，以浙江省文化厅《县级图书馆评估指标》为标准，建立与温岭政治经济建设发展相适应、纸质文献与电子文献互为补充的文献资源保障体系，使藏书量、年新书量等各项指标均达到浙江省县级图书馆评估标准中一级馆评估指标要求。争取专项资金支持，大力发展电子资源，适应数字图书馆和数字化、网络化服务的发展。通过建设知识型图书馆门户网站，实现一站式检索；通过“手机图书馆”建设，实现各项服务的泛在化；建立全方位、多层次立体安全防御和容灾系统。进一步规范和健全图书馆机构设置，完善图书馆各项规章制度，落实专业岗位职责要求。增强管理的透明度，提高决策的科学性。强化图书馆信息服务功能，提高图书馆管理水平，优化馆员队伍结构，最终把图书馆打造成“社会教育职能与情报信息职能兼顾的文献信息中心”。

联系方式

地　址：浙江省温岭市太平街道溪滨路58号
邮　编：317500
馆　长：杨仲芝
联系人：陈海量

千种好书

少儿阅览室

阅读活动

临海市图书馆

概述

临海市图书馆始建于民国7年（1918年），馆址位于临海市紫阳宫，建馆时有藏书4万余卷，历史上曾经过多次搬迁，现馆舍位于临海市东湖路35号，于1998年建成并投入使用，总面积约3500平方米。现今馆藏各类图书38万余册，其中古籍约6万册。馆内设有外借室、综合阅览室（电子阅览室）、少儿借阅室、古籍部、地方文献部、展厅、报告厅等7个服务窗口，每周开放时间77小时，年接待读者量24万余人次。现有持证读者1万4千余人，少年儿童读者7000余人。

临海市图书馆现有编制22人，目前在编人员21人，设馆长（兼书记）1人，副馆长、副书记各1人；职工队伍中大学本科以上学历10人，大专学历7人，大专以上学历占职工总人数的80%；具有中级专业技术职称9人，初级专业技术职称7人。

业务建设

2009—2013年期间，临海图书馆年新增图书在万册左右，征订各类报刊477种。在数字资源建设方面，每年下拨15万元用于各类数字资源的采购，自建临海网络文献数据库、台州府城墙数据库，利用数字图书馆推广工程能够访问及使用浙江省图书馆、国家图书馆的虚拟网上资源。截止2013年底，自建数字资源总量为6.1T。在古籍整理保护工作方面，临海图书馆在2009年上半年开始设专人负责管理，并把古籍保护工作列入图书馆的重点工作。2012年开始对古籍库房进行保护性改造，按要求配备恒温、恒湿、防紫外线、防虫及防火等设备。使之达到省级重点保护单位库房建设的标准，专门单设一间百余平方米的房子用于古籍的普查整理工作，并于同年10月全面展开普查著录工作，2013被入选为“浙江省第一批重点古籍保护单位”。2011年开始对地方文献进行量化管理，要求每年征集地方各类文献不少于200种，通过上门征集、互联网采购、对文印店定期走访等征集途径，文献的年新增量达到300余种。

读者服务工作

临海市图书馆全年有363天对外开放（每年农历最后两天闭馆整理），周开放时间达77小时。2007年馆内开通无线上网功能，2011年实现无线上网通过账号认证连接。2007年开始免收年审费，2009开始免收办证费，实现读者借书零收费服务。2011年底，临海市图书馆实行电子阅览室免费开放。至此临海图书馆真正实现全免费开放。2012年至2013年，共接待读者47.5万余人次，两年借阅书刊总共423338册次，图书馆网站访问量9万余人次，2013年数字资源数据库检索阅读125938次，下载46861次。

近年来，图书馆的讲座展览等延伸服务得到了有效发展，讲座从原来的单一硬性组织发展到现在通过发信息、网站、QQ、论坛及馆内公告等多渠道宣传，读者自愿参与。讲座在选题和师资力量上也做了相应调整，邀请浙江省图书馆讲座联盟的讲师团成员及省内外知名教授前来主讲，每月前来听课的人员场场爆满，临海图书馆的“广文讲坛”已逐步进向成熟。图片展览工作从原先完全依靠外来资源发展成现在自己设计制作展板，近年主要制作的展板有推荐书目为主的《当代未成年人适读图书》，读书和健康有关的知识《读书与养生》，以介绍本地历史文化为主的《千年府·山水城——临海》等，展出场地也开始从馆内发展到馆外，如每年广场活动的配套图片宣传，送图片到学校及乡镇展出活动等。

小学生讲故事比赛在临海市图书馆已形成品牌服务，自2005开始每年举办一次，结合浙江省未成年人读书节，会同临海市演讲协会，组织全市的小学生开展演讲比赛，每年评出十佳选手、优秀选手等若干名，颁发奖状，并以图书、奖杯等形式予以奖励。

送书及数字文化下乡活动：近年来，临海市图书馆向全市各个行政村的文化俱乐部配套的图书室捐送图书，每年送图书下乡总数超过万册。同时，利用图书流动车及配套的随车数字播放设备开展送数字文化下乡服务。2013年全年共完成送书下乡38213册，开展文化信息资源共享工程各类视频服务8场次。

业务研究、辅导、协作协调

近5年来，临海市图书馆职工共发表论文13篇，获准立

文化部副部长周和平来馆考察

警营流通服务点

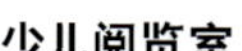
少儿阅览室

小学生讲故事比赛获奖选手

送图书进贫困山区小学

项的地市级以上课题1项，参与其他课题3项。2012-2013年共开展基层辅导36次。与临海市义工服务队联合开展小小图书管理员活动。与临海市民卡办合作，开通市民卡借阅的业务。

管理工作

2011年，临海市图书馆完成全员岗位聘任工作，岗位聘任工作全市事业单位统一实行。此次岗位聘任工作，临海图书馆共设管理岗位4人，技术岗位18人，管理岗位中设享受管理8级3人，管理九级1人，技术岗位中设副高职称岗位2人（空缺），中级职称岗位7人，初级职称岗位11人，同时建立了工作量化考核指标体系，对奖励性绩效工资实行考核分配，每月对工作作风劳动纪律等进行考核，年终进行总体考核分配。2012年开展专项资金绩效评估工作，对近年下拨的购书经费、古籍保护、文化信息资源共享工程等专项资金实行系统性的绩效评估。图书馆注重消防安全管理工作，每年定期开展消防培训及演练工作。

表彰、奖励情况

历年来，临海图书馆多次被省、市（地）、市委市政府授予文明单位称号，被省文化厅授予“文明图书馆”称号，被临海市市委宣传部、市教育局、团市委、市关协定为“青少年德育教育基地”，2011年被台州市社科联评为“台州市科普基地”，近几年连续被临海市公安局评为“治安先进单位”，图书馆对外网站在2010年被浙江省文化厅评为“文化信息资源共享工程十佳网站”，自第三次全国图书馆评估定级以来连续三次被定级为“国家一级图书馆”。

馆领导介绍

彭春林，男，1971年生，浙江临海人，中共党员，馆员，馆长兼党支部书记。

王海粟，男，1964年生，浙江临海人，馆员，副馆长。

杨米周，男，1969年生，浙江临海人，中共党员，馆员，副书记兼古籍部主任。

未来展望

根据临海城市中心区建设规划，“十二五”期间，临海市图书馆新馆将在新的城市中心区重新规划建设，设计总建筑面积1.3万平方米，可容纳纸质文献150万册，阅览座位1000个，新建图书馆将集展览厅、报告厅、科技厅、自修阅览室、报刊阅览室，电子阅览室、多媒体阅览室、未成年人学习室等为一体的综合性图书馆，成为临海市经济建设中的信息情报中心。在乡镇图书分馆建设方面，按照浙江省文化厅的统一部署，在十二五期间完成中心镇的图书分馆建设并投入运行。扶植一批条件成熟的乡镇及行政村图书馆(室)建设，使图书馆的总分馆制建设在临海市全面铺开。

联系方式

地　址：浙江省临海市东湖路35号
邮　编：317000
联系人：彭春林

广文讲坛

临海市图书馆主馆舍

云和县图书馆

概述

云和县图书馆于2000年12月15日新馆落成，坐落在全国生态十佳县云和北麓的凤凰山园林区，占地面积2605平方米，建筑面积3251平方米。新馆设计为古典园林风格，馆中有园，园中有馆。楼阁厅廊，飞檐斗拱，廊柱绿瓦，古今对接。园内诸楼，掩映于花木，连理以回廊，人流物无障碍畅通。2005年，参加全国公共图书馆第三次评估定级，首次获得国家一级图书馆荣誉称号。云和县图书馆有阅览坐席400多个，计算机的数量从2009年的45台增加到57台，读者使用的计算也从原来的30台增至40台，并配备了投影仪、数码相机、手提电脑、扫描仪等现代化装备。

业务建设

馆内基础业务工作已纳入规范化、标准化的轨道，实现了采购经费单列，自2009年至2012年购书经费逐年增加，图书、报刊等各种文献入藏量稳步递增，截止2012年我馆文献资源总藏量为170416册，共享电子文献量为203万种，图书年入藏数量平均每年为12551种，报刊入藏量平均每年为340种，视听文献年入藏量为257件。

在地方文献入藏方面，本馆重视对地方文献的征集工作，通过每年从购书经费中拨出专款购罢、民间征集、读者赠送等方式征集，目前共收藏地方文献资料3496种4202册，并设立了专柜，专人管理。

从2000年开始，云和县图书馆就有计划地进行地方特色资源的序化、整合，目前已形成了一定规模的旅游文化、非遗文化、玩具文化、抗战文化、讲演文化、银矿文化、讲座文化等一系列具有地方特色的全文数据库，2011年《木制玩具数据库》通过省里验收。

云和县图书馆的古籍保护工作始于2009年4月，在省古籍保护中心的帮助下，近四年来完成了馆藏古籍杀虫、防虫、独立库房建设，2012年9份我馆被评为“浙江省古籍保护达标单位”，完成了《浙江省珍贵古籍名录》的申报工作。于2013年12月全面完成普查工作，本次共普查馆藏古籍1795部3258册。加强自动化管理及网站建设，优化服务界面。我馆自2006年起开始使用力博自动化管理系统，通过采编中心、读者服务中心、连续出版物这几个模块实行编目、借阅等自动化管理，提高了服务质量。我馆网站http://www.yhlib.com创建于2009年7月，于2010年3月更新。2011年我馆的网站被评为“浙江省图书馆十佳网站”。

读者服务工作

在服务工作中云和县图书馆能充分发掘和利用图书馆资源，面对不同的读者群以喜闻乐见的形式开展各种广泛性和多层次性读者服务。在服务时间方面，尽最大努力为读者提供便利，每周开馆时间为60小时，保持图书馆周二至周日上午8点30分至晚上21:00点全天开放10小时。在流通借阅方面，我馆书库采用开架及半开架借阅（地方文献、古籍），书刊文献的开架比例高达85%。2012年度，馆藏书刊文献年外率71.6%，书刊文献年外借册次105330册，馆外流动服务点书刊借阅册次4年来平均值为25320册，2012年流通总人次为121520人次，阅览室，因为学习环境和氛围好，假日里每天更是人头攒动、络绎不绝，常常出现“一座难求”的火爆场面。

做好书刊宣传，我们通过图书馆网站、馆内科艺画廊、丽水数字图书馆、丽水市文广新局网站、云和政府网等网络媒体等及时发布各类新闻和资讯。在馆内和馆外利用各种方式开展书刊宣传活动。从多渠道搜集县政府部门的公开出版物，并向全体读者提供免费的政府信息公开服务。由云和县政府主办的“云和县政府信息公开往”网站（http://xxgk.yunhe.gov.cn/），是网络政府信息公开资源检索的重要平台。我馆在外借室设立了专门的政府信息查询点，供读者查询利用。云和图书馆地方文献部收藏了政府公开或内部出版的图书、期刊、报纸、电子文献，可供读者从多渠道获取政府信息公开资源。我们通过外借室接待咨询、电话委托咨询、网上留言咨询以及深入读者代表座谈等多种方式广为读者答疑解惑。

云和县图书馆积极参与社科咨询，最近主要完成县委宣传部安排的撰写钓鱼节主持人讲解词，玩具文化研究室继续帮助木玩企业，为文化与玩具产业结合探路，研发以中国元素与西方元素为主题的木玩具。为各旅游景点制作文化设计，图书馆凭藉热情和专业，做出了品牌。同时云和县图书馆的服务辐射到社会的特殊群体、弱势群体、边缘群体，让他们也能感受到图书带来的力量。

2009年—2012年均组织讲座11次，讲座参加人数为年均4090人次，举办展览年均20次，参观人数年均20660人次。培训班参加人次为300人次。举办其他活动（如读书节、送科技下乡、春泥活动、世界读书日、服务宣传周等），参加人次据不完全统计为年均5630人次。年均参加图书馆活动的总人次为3万多人次。

云和县图书馆是云和县全民阅读活动的主要推广单位，

文化信息共享工程基层点挂牌揭牌仪式

送书下乡并开展阅读指导服务

图书馆创新活动——爱才奖颁奖典礼

几年来，围绕“倡导全民阅读·共建书香云和”的主题，以保障公民阅读权利，共享阅读快乐为宗旨，结合本地实际，紧紧围绕地方主导产业发展，积极延伸服务领域，扎实有效地开展了一系列多种形式的阅读推广活动，形成了内容本土化、理念措施集成化、延伸覆盖规模化的显著特征和效益。2011年浙江省文化厅授予我馆“2011年度全民阅读先进单位”的荣誉称号。

业务研究、辅导、协作协调

积极鼓励职工开展业务研究，动手撰写论文，将理论研究与实际操作相结合，不断提高广大馆员的理论修养，并将此纳入年度考核内容，按论文发表情况实行奖励。经过五年的努力，职工整体论文写作水平明显提高，形成了良好的学术研究氛围，也产生了一批有价值的研究成果。2009—2012年底，全馆职工共发表省级以上刊物交流论文15篇，其中核心期刊2篇，课题《木制玩具文化综合研究报告》丽水市社科联立项，申报县级科技项目3个。

云和县图书馆以提高全馆人员的整体素质为抓手，抓住省、市有关业务培训的机会，坚持实施在职人员的继续教育。每年选派专业人员参加，定期进行专业学习，同时开展馆内业务培训活动，如每年组织职工参加省文化厅举办的图书馆业务知识培训和人事局组织的图书资料人员继续教育、馆内新职工岗位培训、将业务知识培训、技能比武等有机结合。积极鼓励职工开展业务研究，动手撰写论文，将理论研究与实际操作相结合，不断提高广大馆员的理论修养，并将此纳入年度考核内容，按论文发表情况实行奖励。经过五年的努力，职工整体论文写作水平明显提高，形成了良好的学术研究氛围，也产生了一批有价值的研究成果。编写馆内信息90余篇。

至2012年底，我馆与县科协、县科技局合作，依托云和图书馆这一为公众服务的平台建立了“云和县科普活动中心”；在县科技局的支持下，成立了“科技阅览室”；成立了丽水市科普教育基地，丽水市“廉政文化教育基地”；被评为浙江省社会科学普及示范基地（第四批），为更好地促进文化信息共享工程的建设，与丽水市信息中心合作，建立了“丽水市网络图书馆云和分站”，这一服务方式把本馆传统服务拓展为更大范围的网络信息服务，从而最大限度地提高本馆的服务质量和服务水平。同时我馆凭借良好的基础设施成为县实验小学社会实践基地。

管理工作

云和县图书馆抓规范管理，促进队伍建设，建立了一支政治强、业务精、作风硬的职工队伍。以2012年底数据统计，全馆正式职工11名，8名专科以上学历（其中本科以上学历7人）；中级职称以上7人（其中副高1人）。1998年即制定了明确了岗位职责，在实际工作中又增补了一系列规章制度，如《云和县图书馆首问责任制》、《云和县图书馆物资管理制度》、《云和县图书馆考核制度》等系列规章制度。年年实行目标责任制，量化考核，动态管理，强化了全馆干部职工的事业心和责任感，提高了服务质量，效果显著。

表彰、奖励情况

2005年至今我馆被国家文化部授予“国家一级图书馆”称号。近几年来，获得“浙江省群众满意基层站所”荣誉称号，2009—2012年连续四届被浙江省文化厅评选为“未成年人读书节组织奖或创新奖，2009年首届浙江省基层公共文化服务创新获二等奖、2010年度浙江省“巾帼文明示范岗”、“丽水市文明单位”、“2010年度丽水市青年文明号”、2011年我馆的网站被评为“浙江省图书馆十佳网站”。“2012年度县优秀党支部”，2012年丽水市社会科学工作先进集体、2012年全省公共图书馆地方文献工作考评优秀组织奖、全省古籍普查先进单位等荣誉称号。

馆领导介绍

潘丽敏，女，1972年3月出生，本科学历，中共党员，副研究馆员，馆长。1991年8月参加工作，2004年到云和县图书馆工作，现主持全馆工作，兼任云和县社科联常务理事，云和县科普活动中心副主任。

张萍，女，1972年2月出生，大专学历，中共党员，馆员，书记。1991年3月参加工作，先后在阅览室、参考阅览室、读者服务等部门工作，任主任等职。

刘海燕，女，1970年8月出生，本科学历，馆员，副馆长。1990年参加工作，先后在采编部、外借室、馆办公室工作，任主任等职。

陈丽红，女，1977年3月出生，本科学历，馆员，副馆长。2001年参加工作，先后在参考阅览室、农村书库、采编部等部室工作，任主任等职。

未来展望

云和县图书馆的主阵地服务，一直前卫领跑，延伸服务向主流社会和边缘弱势双向延伸，向现成文化产品和原创文化产品双向延伸，向传统纸质资源和数字网络资源双向延伸，向业界、学界、政界和民间多向延伸，向经济、文化、政治全面延伸……总之，向社会和市场需要的、呼唤的一切文化领域延伸。今后这个浙江青藏，深山角落，默默掩映着一个公益图书馆，将会迸放出白夜一样夺目的光采。体现现代图书馆风采：知识存储地—知识交汇地—知识创新地。

联系方式

地　址：云和县公园路100号
邮　编：323600
联系人：刘海燕

美丽的云和县图书馆一隅

外借室内读者专心致志挑选图书

科普画廊画展书画作品展

景宁畲族自治县图书馆

概述

景宁畲族自治县图书馆建于1984年11月，是畲族自治县设立后的县级公共图书馆。建馆之初，馆址暂时设在景宁县城的上桥头孔庙内，占地面积100多平方米，馆藏图书1万多册，工作人员3人。

1998年12月，位于县城鹤溪中路33路的新馆建成开放，新馆投资150万元，建筑面积为1826平方米。2012年3月，馆舍面积为3633平方米，位于畲族文化中心的景宁畲族自治县图书馆新馆舍正式投入使用。截至2012年底，景宁图书馆管理人员增至10人，在编人员7人，编外3人，退休人员4人，具有高级职称的为1人，中级职称5人。新馆内设有外借室阅览室、电子阅览室、采编室、少儿阅览室、电子阅览室、畲族文献研究室、自习室等各个室，全面向读者免费开放。景宁县图书馆现有阅览座位248个、计算机46台，提供给读者使用的计算机32台、宽带接入100M，选用力博图书馆自动化管理系统。2013年，参加第五次全国公共图书馆评估定级，获得了国家一级图书馆称号。

业务建设

截止至2012年底，景宁畲族自治县图书馆藏书总量为10.01万册（件），其中电子5023种，期刊报纸5991册。

2009—2012年，我馆的财政拨款总额呈现明显上升状态，2010年财政拨款96.65万元、2011年129.84万元、2012年562.54万元。

2009年新入藏图书923种，2010年新入藏图书4590种，2011年新入藏图书14178种，2012年入藏量23452种。

截止2012年底，景宁畲族自治县图书馆数字资源总量为36.5TB，其中，自建数字资源总量为1.5TB。2009—2012年，完成《畲族文化数据库》数据库建设并通过国家发展中心验收，2012年与浙江省图书馆合作的《全国畲族文化多媒体数据库》也已完成一期建设。在建的项目有《金奖惠明茶数据库》，目前已基本上完成了浙江省文化厅的建设要求，它的建成将更好地宣传景宁金奖惠明茶，方便茶文化研究者研究和利用。

2008年以来，我馆一直使用力博图书馆管理信息系统，该系统具备完善的图书管理功能。2014年初，实现馆内百兆无线网络覆盖。

读者服务工作

景宁县图书馆自2012年1月1日起实现全面免费开放，开放项目包括了外借室、阅览室、少儿室、电子阅览室、畲族文化研究室、自习室等项目。景宁畲族自治县图书馆每周开放时间为60小时。馆内的图书实现全开架。2009—2012年，书刊总流通87.5万人次，外借为69.58万册次。同时，馆外建成了两个乡镇图书馆分馆及258个农家书屋，四年来，馆外书刊流通平均每年为2.03万人次，书刊外借1.83万册。

2009—2012年，景宁畲族自治县更新建设了图书馆官方网站，开通了景宁图书馆微博等平台，方便读者和图书馆之间的互动。2012年起，图书馆成为景宁畲族自治县政府信息公开点，不仅在图书馆网站设有“景宁县政府信息公开”链接，还在一楼大厅设“景宁县政府信息公开公共查阅点”，并为读者提供了“政府信息公开专用检索台”，供读者查询使用，多渠道提供政府公开信息服务。

2009—2012年，景宁畲族自治县图书馆共举办讲座、展览、培训、阅览推广等读者活动108场次，参与人数达到3.17万人次。其中景宁畲族自治县图书馆的特色读者服务“小小故事林”、“书友聊吧”、“温馨读报亭”等内容更是深受读者的喜爱，成为景宁畲族自治县图书馆的品牌读者活动。

由于景宁畲族自治县图书馆建馆时间短，地方文献建设基础差。近四年来，景宁畲族自治县图书馆把地方文献和畲族文化的建设作为一项重点工作来抓。截至2012年底，地方文献的馆藏量达到3000余册，并完成浙江省图书馆、景宁畲族自治县政府等部门要求的《畲族文化资源数据库》、《畲族文化多媒体资源库》等项目建设。

业务研究、辅导、协作协调

景宁畲族自治县图书馆只有10名管理人员的情况下，坚持做好图书馆业务研究、辅导等工作。2009—2012年，景宁畲族自治县图书馆职工发表论文10篇，完成国级数据库建设项目1个，省级建设项目1个。

景宁县图书馆自开放以来，一直与上级图书馆保持着密切联系，参与浙江省图书馆、丽水市图书馆的联合编目；参与浙江省图书馆、丽水市图书馆的馆际互借。并参与文化信息资源共享工程建设，与国家发展中心、浙江省图书馆联合建设《畲族文化多媒体资源库》。积极参与浙江省图书馆组织未成年人读书节经典诵读比赛、“悦读之星”书法大赛等项目，与省市图书馆建立良好的协作协调关系。

2009—2012年，景宁畲族自治县图书馆注重乡镇基层工作人员的业务培训和业务辅导，做到年初做好基层辅导计划，按照计划开展辅导工作，年终做好基层辅导工作总结。并对基层

景宁畲族自治县图书馆馆舍

馆舍内部

书友聊吧

春节猜灯谜活动

读报亭

图书馆一角

图书馆的业务辅导开展统计分析工作。具体分析各项业务辅导的情况和取得的成效，为以后的工作提供更好的基础。

四年来，景宁畲族自治县图书馆先后开展了共享工程、图书分类、上架整理、排架、读者服务等业务进行了辅导和培训，其中在全县范围内开展的大型基层图书室工作人员业务培训和辅导23次，使基层图书室工作人员的业务能力得到了很好的提升，进一步加强他们的技术水平。

管理工作

2012年，景宁畲族自治县图书馆根据景宁县文化广电新闻出版局关于中层干部聘任的要求，开展了景宁县图书馆馆长的竞聘上岗制度，调整了景宁畲族自治县图书馆的领导班子。2012年底，我馆新增人员编制5个，并进行事业单位招考，充实了图书馆的工作人员。同时，制定了景宁县图书馆岗位设置方案，制定相关的岗位职责、目标管理，完善工作量化考核指标体系和绩效考核制度，每半年或年终按照岗位职责进行人员绩效考核。2009年起，景宁畲族自治县充分发挥志愿者力量，向社会各界积极吸入志愿者参与图书馆工作，对每位自愿者进行实名登记，并制定了志愿者管理制度。

表彰、奖励情况

2009–2012年，景宁畲族自治县图书馆共获得表彰、奖励8次，其中，省级表彰、奖励6次，市级表彰、奖励2次。

馆领导介绍

周晓丽，女，1975年1月出生，本科学历，国家一级教练，馆长。1993年7月参加工作。1996年9月到2013年9月在景宁县体育中心从事体育教练工作，中心副主任；2013年10月任景宁县图书馆馆长。

雷森根，男，畲族，1960年6月生，大专学历，研究馆员。1980年3月参加工作，先后在云和县文化馆、景宁县文化馆、景宁县畲族民间艺术团任舞蹈干部、编导、团长。2011年3月到景宁县图书馆任副馆长。中国舞蹈家协会会员、浙江省舞蹈家协会会员、浙江省民间艺术研究会民族民间舞蹈分会副会长、浙江省民间舞蹈研究会理事、丽水市畲族文化研究学会会员、景宁县畲族文化研究会会员。2010年被评为丽水市宣传文化系统“四个一批”人才。2011年被评为景宁县专业技术拔尖人才。

刘淑萍，女，1976年12月出生，本科学历，图书馆资料馆员，副馆长。1998年6月到景宁畲族自治县图书馆参加工作，先后在少儿阅览室、电子阅览室、信息资源共享工程部、采编部、办公室等部门工作，2012年9月任办公室主任，2013年10月任景宁县图书馆副馆长。

未来展望

近年来，景宁畲族自治县图书馆在各级政府部门的关心和重视下，取得了长足的发展，特别是新馆舍的环境优美，环境优美、设计新颖的新图书馆为读者提供更为优质的服务。书香、优雅、休闲、舒适的阅览大厅、设计活泼的少儿阅览室、丰富全面的各类书籍，体贴时尚的“能量补给小站”，都给读者营造清新高雅、令人流连的阅读环境。下一步，景宁畲族自治县图书馆将把“为读者提供最满意的服务”、“全心全意为畲乡民众服务”作为图书馆的宗旨。我们将以创建浙江省级公共文化示范区、创建全国文化先进县为契机，奉行“文化先行”理念，创新服务机制、创设服务平台，做大做强“小小故事林”、“书友聊吧”等已有的品牌服务，加大力度做好图书馆分馆及农家书屋建设等工作，消除文化鸿沟，让更多的畲乡市民、农民都能享受“悦读”。同时，把做好畲族文化、畲族文献的挖掘、保护、弘扬等工作作为畲族图书馆的工作重点来抓，力争为全国畲族文化总部建设奠定坚实的基础。

联系方式

地　址：浙江省景宁县鹤川路1号
邮　编：323500
联系人：周晓丽

未成年人活动

好书互换活动

小小故事林故事大赛活动

龙泉市图书馆

概述

龙泉市图书馆的前身是创建于1917年的县通俗教育讲演所的民众阅览室。1978年，龙泉县图书馆成立。1990年，随龙泉撤县建市，改称龙泉市图书馆。1989年被浙江省文化厅授予“文明图书馆”的称号。2009年被评为“国家二级图书馆”。新图书馆位于环境优美、休闲娱乐、旅游观光等功能为一体的龙泉市人民公园内，占地面积1814.57平方米，建筑面积5443.71平方米。2008年11月5日正式动工兴建，2011年8月投入使用，2013年，第五次全国公共图书馆评估定级评为图家一级图书馆。成为我市又一道优美的文化风景线。2014年5月，安仁镇图书馆分馆对外开放，建筑面积1000平方米。2013年，龙泉市图书馆有阅览坐席334个（其中儿童座席120个），计算机69台，信息节点90个，图书馆为光纤上网，速率100M。

业务建设

截止2012年底，龙泉市图书馆总藏量15.3万册（件），其中入系统图书74837册，报刊15246册，古籍2500册，电子文献821册，水南小学图书室40000册，总计133404册；未进入系统书刊：人民大学资料12000册，四库全书1500册，破旧图书6300册。

2011年9月图书馆馆搬入新馆，先后投入34多万元购置机房设备相关设备；投入近30余万元更新电子阅览室；投入18.7万元增设办公设备保证正常运行使用。2012年度财政拨款总额为210.63万元，包括经常性经费104.17万元、专项工作经费及专项资金60.46万元，追加图书购置及运行经费46万元。

2009—2012年，共入藏中外文图书图书28135种，中外文报刊964种，视听文献42种。地方文献征集数量增长较快，2009年—2011年馆藏地方文献资料分别增加202种，355种，512种。截止2012年底，已通过编目分类，馆藏地方文献资料累计已达2182种，2693册。龙泉市图书馆数字资源总量为35TB，其中，自建数字资源总量2.25TB。建设地方特色文献数据库香菇数据库容量117G，方志数据库737MB，宝剑数据库40G。

读者服务工作

从2011年10月起，龙泉市图书馆全年365天天天对外免费开放，周开放59.5小时，从2007年开始使用力博图书馆管理系统对图书馆业务进行自动化管理，采访、编目、流通、OPAC、读者管理五大模块齐全；截止2012年底，开架及半开架书刊文献量为14.35万册，馆藏书文献外借为124735册次。外流动服务点2009年书刊借阅册次6386册，2010年3291册，2011年6800册，2012年5071册。目前，龙泉市图书馆正在计划引进RFID图书自助借还系统。资金已全部到位，争取今年年底上线自助借还系统。

2011年搬入新馆后，建立龙泉市图书馆网站，访问量逐年递增。龙泉市图书馆网站共享浙江省网络图书馆、丽水市网络图书馆的数字资源，截止2012年底，浙江网络图书馆中原文传递图书有180万种，电子期刊1万多种；丽水市网络图书馆超星电子图书200多万册。

2009—2012年，龙泉市图书馆组织公益讲座、培训41场，举办公益展览举办35场，总计参与活动总人次达15.74万人。搬入新馆后，服务弱势群体能力有了大幅提升，除每年组织开展的“世界读书日”、“图书馆服务宣传周”、“未成年人读书节”等常规系列活动外，还根据上级政府及部门相关指示精神，实行特殊群体上门服务，开展送书进养老院、农民工子弟学校等活动。构建良好的全民阅读氛围。

业务研究、辅导、协作协调

组织编著了《莫言龙泉寻根问祖图片集》；完成浙江省文化信息资源共享工程立项项目中国（龙泉）香菇资源库、龙泉宝剑数据库建设，印制龙泉宝剑研究报告、龙泉青瓷宝剑专题报道汇编、灵芝专题文献汇编及张寿橙文献汇编。古籍普查员吴婷结合工作实际，撰写了《基层图书馆在古籍文献保护工作中的积极探索》调查研究报告。

龙泉市图书馆积极参与上级部门协作共建工作，协调沟通基层各流通点工作与业务。一是参与省馆、丽水地区联合编目交流合作。二是共享工程进乡镇、街道、社区、学校、公司，共建馆外流通点46个。三是积极建设城乡一体的公共图

第八届浙江省未成年人读书节爱心漂流捐书活动启动仪式

举办“剑瓷·古风·乡情——余乐乐钢笔画“作品展

报刊阅览室

乡土知识竞猜现场

少儿借阅室

书服务体系，推进浙江省公共文化服务示范区建设。安仁镇、锦溪镇的图书分馆建设并开放，在水南小学、安仁镇小学图书馆设立通借通还试点工作。四是流动图书车进乡镇、进农村、进社区、进企业，每年开展下基层服务，拓展基层延伸服务。

管理工作

2012年，龙泉市图书馆完成第一次全员岗位聘任，全馆共有工作人员18人，正式在编人员11名，合同人员7名。大专以上学历占在编人员总人数的100%。同时，建立了人员管理规章制度和工作量化考核制度，读者管理机制、窗口服务机制等各种制度，每半年和全年进行总体工作考核。

表彰、奖励情况

2010年起，朱显军馆长分别获得浙江省文化厅举办的第六、第九届未成人读者节先进个人和创新奖；获丽水市首届全民读书节活动优秀组织奖；2011年，荣获浙江省文化共享工作先进集体；2012年，获浙江省公共图书馆地方文献工作考评优秀组织奖和个人先进；获2012年度龙泉市文广新局信息工作先进单位。

馆领导介绍

朱显军，男，1968年7月生，本科学历，图资副研究员，馆长。1984年12月参加工作。

陈洁，女，1964年12月生，大专学历，图资馆员，副馆长。1984年12月参加工作，分管读者服务、图书采编、地方文献、安全生产等工作，兼任馆工会主席。

未来展望

“读者第一，服务至上”是我们龙泉图书馆全体馆员工作出发点也是我们最终的归宿！龙泉市图书馆将努力提升公共图书服务的能力和水平，充分发挥公益特性，打造先进文化的传播者作用，实现文化惠民的最终目的。龙泉市图书馆将在国家一级图书馆道路上奋勇争先，更好地发挥图书馆的社会服务功能和教化功能，努力打造成为知识信息的集散地，市民终身教育的学校，龙泉地方文献的宝库，高雅的文化休闲场所。为我市经济建设和社会发展发挥其应有的作用。

联系方式

地　址：浙江省龙泉市贤良路人民公园广场内
邮　编：323700

宁波市图书馆

概述

宁波市图书馆始建于1927年，现馆舍位于永丰路135号，建于1988年，由包玉刚先生捐资建设，2001–2002年进行了一次扩建装修，现占地面积15亩，馆舍面积1.2万平方米。馆内设外借室、报刊阅览室、电子阅览室、古籍地方文献阅览室、天一音乐馆、外文阅览室等服务窗口，有阅览座位1000余个。2008年，宁波市图书馆成为国内少数几家率先实行零门槛开放的公共图书馆。

业务建设

截至2014年底，宁波市图书馆总藏量500余万册（件），其中图书180余万册，报刊13万件，电子图书330万种。年购书经费500万元。

截至2014年底，宁波市图书馆已购买《北大方正电子图书》、《中国知网》、《龙源电子期刊》《万方数据》等国内权威数据库40余种。其中自建的数据库有《申报宁波史料》、《馆藏百年老报纸》、《四明丛书》等，持有宁波市公共图书馆借阅卡的读者可免费使用网络图书馆资源，月均点击量10万余人次。

读者服务工作

从2008年1月起，宁波市图书馆与县（市）区公共图书馆实行“一卡通”通借通还。宁波市图书馆全年365天，天天对外免费开放，周开放74.5小时。2014年，接待读者136万人次，书刊流通340万次，读者量和借阅量逐年上升。每年开展各类读书活动100余次，举行讲座近百场，近几年坚持为“两会”开展信息服务，服务内容十余项。

宁波市图书馆坚持举办讲座、展览、培训、绘本故事会等读者活动，如新春读书嘉年华、世界读书日、全民读书月、未成年人读书节、暑期读书夏令营、国学沙龙、好书交换、音乐共赏等活动。宁波市图书馆以建设“书香宁波”为己任，先后借助“公共图书馆一卡通”、“宁波网络图书馆”、“宁波流动图书馆”、“宁波汽车图书馆”、“天一讲堂”、“天一展览”等服务工程和文化品牌，使图书馆成为宁波市民学习知识、交流信息、感受文明、文化休闲、陶冶情操的文化家园。

业务研究、辅导、协作协调

2008年10月，浙江省公共图书馆讲座联盟协议签订，共有90家公共图书馆联盟。同时，成立讲座联盟委员会，宁波市图书馆作为讲座联盟委员会之一，发挥积极作用。

2009年6月，浙江省公共图书馆信息服务联盟委员会成立，33家单位组成，宁波市图书馆是其中之一。

2010年8月27–29日，由中国图书馆学会主办、宁波市图书馆承办的“第22届全国十五城市公共图书馆工作研讨会”在宁波召开，会议围绕图书馆绩效管理、图书馆项目的策划与实施、图书馆人才队伍建设等主题进行了研究探讨。

2012年10月29–31日，浙江省文化信息资源共享工程业务培训班在宁波举办，来自全省各级中心近90名技术骨干参加了培训班。

2014年12月，全国文化信息资源共享工程工作会议暨通讯员工作会议在宁波市图书馆召开。

管理工作

2011年，宁波市图书馆出台《宁波市图书馆首次岗位设置实施方案》，对全馆工勤岗位、专业技术岗位、管理岗位进行了明确。2012年，出台《宁波市图书馆绩效工资实施办法》，建立了绩效考核机制。

2013–2014年，以单位文化建设为契机，从“学习、和谐、民主、规范”四个方面来打造“馆员之家”，形成图书馆特有的单位文化。

表彰、奖励情况

2010年以来，宁波市图书馆获得各种表彰、奖励78次。先后被中图学会评为全民阅读先进单位、全民阅读示范基地，获得省级法制宣传教育先进单位、省级巾帼文明岗、省级文明单位、省级模范职工之家等称号。被省文化厅评为浙江省未成年人读书节组织奖、创新奖，被中共宁波市委宣传部评为宁波市首批文明办网示范单位、宁波市首批文化建设示范点。宁波市图书馆“天一讲堂”先后荣获宁波市委市政府首届“宣传思想文化工作理论武装创新奖”、“浙江省优秀讲座品牌”、“宁波市全民阅读优秀项目”、“浙江省全民阅读活动优秀项目”、“浙江省社会科学普及基地”等荣誉称号。

馆领导介绍

徐益波，馆长，男，1970年7月出生，1993年7月参加工作，中共党员，大学本科学历，硕士学位。曾任：江东区东郊乡党政办公

宁波市图书馆外景

著名作家毕淑敏做客“天一讲堂”

少儿图书室

三楼综合阅览室

第九届未成年人读书节启动仪式现场

宁波市图书馆自修大厅内一座难求

音乐图书馆演奏

音乐图书馆阅览室

室副主任、主任，东郊乡人民政府党委委员，东郊街道党工委委员，宁波市文化广电新闻出版局文化市场处处长助理（挂职），江东区文化广电新闻出版局副局长，江东区文联副主席，宁波市图书馆副馆长、副书记（主持工作）等职。负责全馆全面工作。

贺宇红，副馆长，女，1965年3月出生，1987年7月参加工作，1997年7月加入中国共产党，大学本科学历，研究馆员。曾任宁波市天一阁博物馆副馆长等职。分管人事、财务、宣传、讲座、活动、图书采购、读者服务、后勤等工作。

沈冠武，副馆长，男，1967年4月出生，1987年8月参加工作，中共党员，大学本科学历，副研究馆员。曾任宁波市图书馆辅导部主任、技术部主任等职。分管信息化、数字化等工作。分管信息化、数字化、馆外服务、地方文献、古籍等工作。

陆艳，副馆长，女，1974年1月出生，1994年8月参加工作，1998年3月加入中国共产党，大学本科学历。曾任宁波市图书馆（宁波文化信息中心）信息部主任一职。分管文化信息发布、文化信息技术交流、文化数据资源库规划建设与维护、文化舆情网络监等工作。

未来展望

宁波市图书馆新馆建设项目选址在宁波市东部新城。新馆占地面积3万平方米。计划2015年年初动工，开工后力争两年内建设竣工。宁波市图书馆新馆秉承“开放自由、智能便捷、个性特色”的建设理念，建成后将成为宁波市公共图书馆服务体系的中心馆，成为宁波地区文献保障中心、公共图书馆数字资源及服务中心、地方文献数字化建设中心、纸质图书采编配送中心、公共图书馆业务培训教育中心、公共图书馆服务网络发展中心。

联系方式

地　址：宁波市永丰路135号
邮　编：315010
联系人：严剑平

汽车图书馆–服务进工地

文学沙龙现场

淳安县图书馆

概述

淳安县图书馆1979年3月重建，当时隶属于县文化馆，现址杭州市淳安县千岛湖镇排岭南路54号。1989年1月，由淳安县编制委员会下文同意县图书馆单独建制，经济独立核算。1991年县计委下文同意在原馆址处拆旧馆建新馆，占地面积3.12亩。1992年12月新馆舍落成，1993年4月新馆舍对外开放，面积为1920平方米。2004年经县发展计划局下文同意，自筹资金，在主楼与少儿楼之间进行扩建，使馆舍总面积达2500余平方米。2012年国有资产划拨，原少儿馆及新建楼的二楼产权由淳安县国资委收回，馆舍面积减至1889平方米。

现馆设外借室、阅览室、少儿室、地方文献室、共享工程信息中心淳安支中心、辅导部等服务窗口，开展图书及视听文献的外借、图书阅览、参考咨询、电子信息等服务，举办讲座、培训、展览、各类竞赛等活动。

业务建设

截止2012年12月，淳安县图书馆藏书17万余册。其中视听资料252册，外文图书1000余册，中文期刊400种，中文报纸56种。2012年县财政拨购书经费30万元，省文化厅下拨购书经费22.5万元。淳安县图书馆原一些珍贵文献在文化大革命中被烧毁，现保存在地方文献室的古籍有850多册。完成制作了《淳安睦剧数据库》，《淳安地方文化数据库》正在制作当中。

读者服务工作

2004年，淳安县图书馆加入杭州地区公共图书馆“一证通”服务，实现通借通还、优势互补、资源共享战略。2006年6月1日停止收费，实行全免费借阅服务。2009年为适应网络化、数字化发展趋势，建立了有80余台电脑的电子阅览室。2012年1月，实现了全馆无线网络的覆盖，并免费提供读者使用，电子阅览室也实行全免费开放，实现全馆所有基本服务项目全免费。

淳安县图书馆积极开展读者活动，通过活动扩大影响，每年举办各类读者活动12次以上，主要有：世界读书日活动：根据形势和学校一起举行“美文朗诵”比赛、有奖征文比赛，在图书馆大厅展出“好书伴我成长行”的书展、世界读书日知识介绍等展板，宣传世界读书日，扩大图书馆影响。未成年人读书节活动：浙江省未成年人读书节自2005年开始举办，淳安县图书馆在读书节期间举办“少儿故事比赛”、“幼儿现场绘画比赛”、新书推介、走进图书馆社会实践活动、各类宣传图片展等活动，参与人数达到6000人次以上。图书馆服务宣传周活动：每年的图书馆服务宣传周淳安县图书馆都在千岛湖广场开展服务宣传、上门办借书证、业务咨询等活动，让更多市民了解身边的图书馆并利用图书馆资源。送书下乡活动：为丰富农民精神生活，积极开展送书下乡活动，每年为淳安县农村“一证通”服务点和图书流通点送去科技致富、小说、儿童文学等图书2万余册，为留守农村的成人和儿童提供精神食粮。

此外，淳安县图书馆每年不定期举办各类培训、讲座、座谈会、游园、你买书我付钱、优秀小读者的评选等活动，开展和读者的互动，不断提高图书馆的社会影响。

业务研究、辅导、协作协调

余韶军同志的论文《当前县级公共图书馆陷入困境的内因及其对策》在2001年10月的《图书馆理论与实践》发表、《一种更好的多用途快速生僻定输入法》在2002年11月的《图书馆杂志》发表、《浅议县级公共图书馆电子阅览室管理软件》于2010年3月在《图书馆界》发表、唐巧进论文《摇钱树网吧管理软件在电子阅览室的应用》在第九届中国社区乡镇图书馆发展研讨会获二等奖；洪爱英同志的《杭州“一证通”工程在农村发展问题及对策》获2010年中国图书馆学会年会征文三等奖、《以人为本·服务基层》获全国中小型公共图书馆联合会2010年研讨会征文三等奖。

截止2012年底，淳安县已建立村级、社区图书流通点436个，实现全县图书流通点全覆盖。开通“一证通”服务点100个，服务点的图书纳入杭州地区公共图书馆“一证通”范畴，杭州地区市民凭市民卡就可以在杭州地区各公共图书馆通借通还。积极为农村图书流通点和服务点送去图书，近几年共送书下乡45万余册，一个遍及全县的文化信息资源网正在建立并发挥出应有的作用。为提高基层管理员素质，每年派技术人员下乡辅导业务工作十次以上。

柴世民县长来我馆调研

下乡辅导

读者座谈会

世界读书日活动

图书推介

管理工作

截止2012年12月，淳安馆在编人员11人，临聘人员10人，建立工作量化考核指标，按照有关规定每年办理聘任手续一次。年终总结全年工作，民主评选年度工作积极分子和先进工作者共三名。

表彰、奖励情况

2009年至2012年，淳安馆共获得表彰12次，其中文化部表彰2次，中国图书馆学会表彰1次，省文化厅表彰5次，杭州市非物质文化遗产保护工作委员会、杭州市西湖读书节组委会等表彰4次。

馆领导介绍

余韶军，男，1967年生，大学学历，中共党员，副研究馆员，馆长。

程萍，女，1965年生，大学学历，中共党员，副研究馆员，副馆长。

王木香，女，1962年生，大学学历，副研究馆员，副馆长。

未来展望

随着图书馆公益性地位的日益突出，将有越来越多的读者走进图书馆。淳安县图书馆新馆正在建设中，选址在珍珠广场，面积7000多平方米，预计2016年新馆投入使用。淳安县图书馆将以崭新的建筑、优秀的馆员素质、高品质的服务质量迎接读者，发挥传递社会文献信息、开发智力资源、进行社会教育、搜集和保存文化遗产、消遣娱乐等职能，使图书馆成为该地区的文化中心，为淳安县的经济和文化发展发挥其最大作用。

联系方式

地　址：淳安县千岛湖镇排岭南路54号

邮　编：311700

联系人：宋蔚蔚

文成县图书馆

概述

文成县图书馆前身为文成县文物图书馆，1994年2月份经文成县编制委员会批准建立文成县图书馆。作为文成县图书文献收藏和利用中心及文献信息资源开发中心，并与温州地区各公共图书馆资源共享，通借通还。

文成县图书馆坚持"读者第一，服务至上"的宗旨，积极推行馆际互借、代借代还、预约借书、电话续借、送书上门等便于读者的服务措施。全年开展公益性的专题讲座、周末电影、读书会、展览等多种形式的读者活动，丰富读者阅读内容，提升服务内涵；广泛开展延伸服务、流动服务，在全市各学校、社区、部队、企业设有图书流通站32个，初步形成覆盖全县的图书馆服务网络体系。第五次公共图书馆评估定级评为二级图书馆。

业务建设

截止2012年底，文成县图书馆总藏量48万册（件），其中，纸质文献27万册（件），电子图20万册，电子期刊1万种/册。

2009、2010年，文成县图书馆新增藏量购置费40万元，2011年起增至90万元。2009–2012年，共入藏中外文图书25.4749种，70.3552册，中外文报刊2.0961种，视听文献6045种。2012年，地方文献入藏完整率为92%。

截止2012年底，文成县图书馆数字资源总量为6.5TB，其中，自建数字资源总量1.5TB。在建的数据库有《刘基文化旅游》数据库。

读者服务工作

从2008年10月起，文成县图书馆全年365天天天对外免费开放，周开放70小时，同年，引进RFID技术，实现了馆藏文献的自助借还。2009–2012年，书刊总流通10.8万人次，书刊外借42.6万册次。2012年流通总人次为12530，书刊外借45263册次，2009–2012年，文成县图书馆网站访问量1.2万次。开通网络图书馆并参与温州地区图书馆移动平台。截止2012年，文成县图书馆发布使用的数字资源总量为12种，6.5TB，均可通过文成县图书馆网站、温州市图书馆网站、提供检索、浏览和下载服务。

2009–2012年，文成县图书馆共举办讲座、展览、培训、阅读推广等读者活动242场次，参与人数2.5万人次。以温州公共图书馆服务联盟为平台，积极组织开展省里市里组织的各类活动。

2009–2012年，文成县图书馆向各类人员提供参考咨询共计242次，同时为未成年人、老年人、残疾人等特殊群体提供诸如送书，培训等服务。

业务研究、辅导、协作协调

2009–2012年，文成图书馆职工发表论文2篇，获准省级课题1项，县级课题1项。从2010年起，文成县图书馆以文化信息资源共享工程VPN专网为依托，在全县范围内发基层图书馆和农家书屋管理员培训，培训内容为联合编目、流通服务、地方文献联合征集、阅读推广与讲座展览资源服务、业务培训与技术支持等。截止2012年底，共培训涵盖10个乡镇图书分馆，100家农家书屋，共计165人。10个乡镇图书馆开始了基于统一系统平台的文献借阅服务。期间，举办联合编目等培训班4期，84课时，354人次接受培训。

在业务辅导工作中文成县图书馆对乡镇图书馆业务人员从图书登记、分类、书标粘贴、上架、借还管理及图书室书架的制作尺寸和摆放等一一进行详细讲解和示范；着重讲解了图书的分类和其在实际工作中的应用；为了使分馆的业务更加规范，制定了各项规章制度，如图书借阅制度、分馆管理制度、岗位责任制度等。

充分发挥基层图书室和共享工程基层点的文化传播、社会教育功能，努力实现城乡一体化的图书馆服务体系，县图书馆开展了基层文化业务的辅导工作，采用实地辅导与电话辅导相结合方式，对全县10个乡镇、56个社区，10多所学校进行了深入调研，了解各个图书室的基本概况，并加以业务辅导，以满足当地基层读者服务需求，为进一步设立图书分馆和图书流通站创建必要的技术力量。

管理工作

2012年，文成县图书馆完成全员岗位聘任，同时，建立了工作量化考核指标体系，每月进行工作进度通报，每半年和全年进行总体工作考核。2009–2012年，共抽查文献排架12次，书目数据8次，专项调研、分析报告和工作提案48篇，编写各部门工作进度通报36篇。

表彰、奖励情况

2009–2012年，文成县图书馆共获得各种表彰、奖励21次，市级表彰、奖励12次，县级表彰、奖励9次。

馆领导介绍

周肖晓，女，1982年5月生，本科学历，中级馆员，馆长。2001年12月参加工作，2006年4月到文成县图书馆参加工作，先后在采编部、办公室、财务等部门工作，任副主任、主任等职。

未来展望

文成县图书馆遵循"以人为本，以服务为先"的办馆方针，完善单体服务功能，扩大服务辐射区域，带动地区事业发展。2009–2012年，在不断强化自身综合实力的同时，通过创新机制，带动了全县图书事业的整体发展。2012年文成县图书馆新馆正式开工建设，新馆座落于文化中心南端，建筑面积3146平方米。设计藏书容量50万册，阅览座位500个，网络节点200个，日均可接待读者1500人次。新馆采用大开间的设计理念，功能布局合理，读者服务分布于三个楼层：四楼设总服务台、外借室、报刊阅览室、儿童阅览室、休闲阅览室；五楼设地方文献室、参考咨询室、自学阅览室。将引进先进的RFID（无线射频卡）技术，为读者高效利用图书馆和图书的防盗安全提供更强有力的技术保障，同时还提供电话续借、网上续借以及24小时自助还书等多种开放性服务措施，使读者获取文献信息更为便捷、自由。具有支撑保障全县公共图书馆服务体系良好运行的文献与技术能力，达到一级图书馆的标准。

联系方式

地　址：文成县大峃镇伯温路118号
邮　编：325300
联系人：苏海敏

天台县图书馆

概述

天台县图书馆位于天台县劳动路27号，是交通便利、人口集中的繁华地段。于1978年10月从天台县文化馆分出，开始筹建，1979年5月由县革委会签发（1979）13号文件：《关于成立天台县图书馆的决定》，天台县图书馆正式成立。1979年12月开始对外开放，下设采编、借阅二组。经过十来年的发展，老馆舍无法适应图书馆发展的要求，县政府决定在图书馆原址上拆建新图书馆大楼，因此新图书馆大楼于1991年12月奠基，1993年6月竣工，1995年元旦正式对外开放，新馆建筑面积1658.20平方米。截止2012年底，有阅览座位85个，计算机37台，10兆光纤接入，专用存储容量6TB，使用力博图书馆自动化管理系统。

业务建设

截止2012年底，天台县图书馆总藏量102768册（件），其中盲文图书100册，古籍1343册，地方文献1600多种，电子文献有《台州四库荟要》（含745种台州文献）、家谱31种；2010－2012年每年购书经费24万元，年平均入藏图书3084.3册，报刊252.3种，视听文献14种；有地方文献征集方针、文献采选计划、开架书库巡架排架制度、文献保护制度等来保障文献资源的有序和合理利用。

读者服务工作

从2008年开始，天台县图书馆实行免费开放，周开放时间62小时。2010－2012年书刊文献开架比例70%以上，馆藏书刊文献年外借率45.86%，平均年外借册次47132册；馆外流通点25个，馆外流通点平均年外借册次5260.2册，分馆1个，与本馆通借通还；送书下乡流动车一辆，经常穿梭于我县各乡镇、农村，社区、部队的山路中，每年送图书10000多册、送展览2－10场。2010年开通天台县图书馆网站，2010－2012年天台县图书馆网站年访问量为35012次，建立全国信息资源共享工程天台县支中心。

2009－2012年，天台县图书馆举办展览、培训、未成年人读书节等活动76场次，参与人数15000多次。积极配合浙江省未成年人读书节做好选手的选拔工作。搜集平面媒体上有关天台的资料，编辑出版《天台纵览》月刊，为读者了解天台提供资料。

业务研究、辅导、协作协调

积极参与浙江图书馆和台州市图书馆的信息联盟、馆际互借联盟、讲座展览联盟、图书馆网络技术服务联盟等，制定《天台县基层图书馆服务网络建设规划》。每年对乡镇、农村图书室管理员进行分期分批地培训，平时通过我馆业务人员下基层、电话咨询、基层图书管理员到我馆实习等方式进行业务辅导。每年对基层图书室做一次调研，分出优秀、合格、不合格三个等次，有针对性地进行扶持与辅导。

2009－2012年，天台县图书馆职工发表论文4篇。

管理工作

年度有计划有总结，各项规章制度健全，严格执行财务制度。人事管理实行岗位管理，按需设岗，按岗聘用，建立分配激励机制，执行职工年度考核制度。物资分室登记，建立物资管理制度。各项统计齐全，标牌指示明确。

表彰、奖励情况

2011年获台州市地方文献知识竞赛组织奖，2012年获浙江省文化厅地方文献考评工作优秀组织奖。

馆领导介绍

王水球，女，1966年3月，大学学历，副研究馆员，馆长，1987年7月毕业于原杭州大学图书馆学专业，8月分配到天台县图书馆工作，1996年9月－1999年7月参加浙江大学图书馆学专业专升本函授，获学士学位，2007年3月开始担任馆长职务。

曹一波，男，1963年4月，大专学历，中共党员，助馆，书记。1979年12月参加工作，历任天台县文化馆、天台县博物馆书记，1999年10任天台县图书馆书记。

孙杰，男，1967年10月，大专学历，馆员，副馆长，1987年7月毕业于原杭州大学图书馆学专业，8月分配到天台县图书馆工作，2007年3月开始担任副馆长职务。

未来展望

天台县图书馆以免费、平等、自由的服务理念，在天台县区域内建立覆盖城乡、结构合理、方便快捷、惠及全民的图书馆服务网络。为了适应新时期图书馆事业发展需要，目前天台县政府决定在新城建一座建筑面积10000平方米的新馆舍，新馆设计400个阅览座位，容纳60万册纸质图书，年服务人次80万以上，数字资源设计存储能力20TB，建立地方特色的数据库，如天台家谱、天台古桥、天台石窗、天台山摩崖石刻等。使天台县图书馆成为具有浓郁地方特色的资源库，更是天台人民休闲阅读、获取知识的好去处。

联系方式

地　址：天台县赤城街道劳动路27号
邮　编：317200
联系人：王水球

常山县图书馆

概述

常山县图书馆（新馆），位于城市中心人民路119号。占地面积628平方米，建筑面积2741平方米，建筑总投资600万元。2004年11月正式动工兴建，2010年9月7日开馆服务。新馆可容纳读者座位共计340个。2009年，参加第四次全国公共图书馆评估，首次获得二级图书馆称号。2012年，常山县图书馆有阅览座位266个（包括60个少儿座席），计算机85台（对外开放74台），提供宽带接入10M。

常山县图书馆以体现知识交互理念，融合传统图书馆功能的现代城市中心图书馆。采用开放灵活的藏、借、阅、查、展一体的新型服务模式，除了特定和特殊的文献外，藏书全部对外开放。

业务建设

截止2012年底，常山县图书馆总藏量16.6378万册（件），其中，纸质文献153410册。电子文献藏量649种。古籍3268册，中文报纸8691册（合订本）。地方文献入藏总量304种。

2012年财政拨款136万元，是上一年度财政拨款增长率的25%，新增藏量购置费15.26万元。2012年图书馆免费开放本地经费到位5万元。

2009年至2012年图书入藏数量平均值为3042种，报刊入藏数量平均值为350种，视听文献入藏数量平均值为162种。

2009年第四次评估恰逢新馆建成，因此在功能布局、设施设备购置和维护方面投入较大。一是投入100多万元做好新馆装饰工程，完善我馆功能布局，改善读者服务环境。全馆各读者服务区配备中央空调，拥有300平方米阅览室，增设多媒体和独立标准化机房。二是投入94万多做好新馆智能化建设工程。新增服务器5台、交换机5只、计算机服务终端48个，配备4TB以上的存储和爱数备份系统，还购置2万元的力博图书管理软件，布置了图书检测防盗系统和监控背景广播系统。切实提高我馆读者服务水平。

读者服务

从2011年11月起，常山县图书馆实行全免费向广大读者开放，周开放时间为59小时。2009—2012年共外错图书10.05千册，年平均为2.51千册次。2012年流通总人数为92200，截止2012年，持证读者人数为3450人，人均年到馆次数为26.7次/人。

本馆还通过新书推荐、优秀读物推介等形式进行书刊宣传。并在图书馆网站设有常山县政府信息公开链接，提供政府公开信息服务，编印《农村信息》助推县域农村经济发展；编印《书记、县长专递》为领导提供信息服务。同时还开辟视障阅览专区，为特殊人群服务；开展送书进社区，为进城农民工提供服务、组织开展未成年人读书节等系列活动。

2009—2012年，常山县图书馆共举办各类讲座、展览、培训、阅读推广等读者活动31场次，年参与人次达25017人次。

业务研究、辅导、协作协调

2009—2012年，常山县图书馆干部职工共发表论文7篇。

2012年共有9位员工接受各种形式的岗位培训，继续教育总学时为499学时，年人均为55学时。

常山县图书馆正门

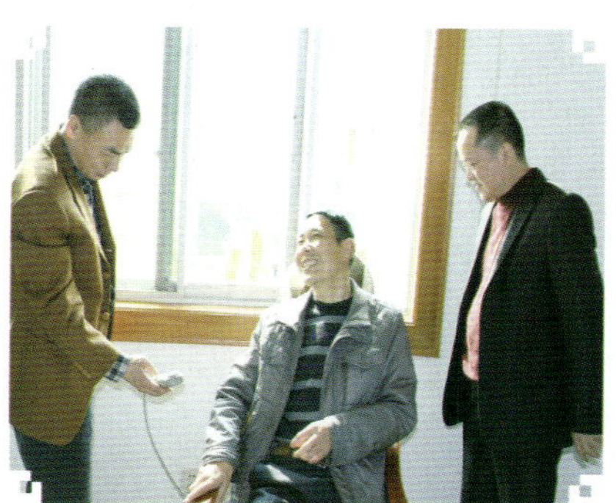

微心愿活动

开展路线教育的有效阵地

“春节习俗”图片展览

“神奇现代武器”图片展览

配合消防部门做好经常性消防安全检查

县图书馆全体党员走进社区，为残疾人送温暖

上级有关部门领导莅临检查指导

常山县图书馆自新馆开馆以来，一直与上级图书馆保持密切联系，积极参与浙江省图书馆文献采编中心的中文图书联合馆藏目录数据库建设。实现文化信息共享工程村村通，网络100%全覆盖。

共享工程资源全部实现基层共享。对下属基层分馆业务辅导有计划，有总结。并开展基层共享工程培训，分馆自动化业务系统建设指导。

管理工作

截止2012年底，常山县图书馆共有员工9人，大专以上学历9人，中级职称以上8人，高级职称1人。2012年2月，常山县图书馆完成新一轮岗位设置实施方案。坚持科学设岗、宏观调控的原则；坚持优化结构、精干高效的原则；坚持按岗聘用、合同管理的原则；坚持平稳实施、稳步推进的原则。共设专业技术岗位9个，管理岗位由专业技术人员兼职。

表彰、奖励情况

常山县图书馆2012年荣获县级文明单位称号。

馆领导介绍

罗友虎，男，1960年9月生，大专学历，中共党员，副研究馆员，馆长。1980年1月参加工作。

黄荣杭，男，1961年8月生，大专学历，国民党党员，馆员，副馆长。1979年11月参加工作。

未来展望

在当今经济高速发展的新形势下，常山县图书馆将秉承文化搭台、经济唱戏这一信息平台。充分发挥自身的优势，为企业改革创新提供相应的信息咨询服务。并将最新最好的农业科技信息传导给广大的农民朋友手中，努力把常山县图书馆打造成知识信息的集散地，市民终身教育的学校和高雅文化的休闲场所。

联系方式

地　址：浙江省常山县人民路119号

邮　编：324200

（撰搞人：栾爱华）

开化县图书馆

概述

民国19年（1930），开化县设通俗图书馆，次年并入民众教育馆，称民众教育馆图书阅览部，1949年成立县文化馆，原民教馆书籍由文化馆接收，称文化馆图书室，1978年成立开化县图书馆，由文化馆负责人兼图书馆领导，1986年11月，图书馆新馆舍破土动工，建筑面积1500平方米，1988年4月，开化县图书馆单独建制，同年8月，新馆竣工，1989年元旦，新馆正式开放。现有在编职工8人，本科学历4人，大专学历2人；副研究馆员1人，中级职称5人，初级职称1人，管理人员1人。馆内设有馆长室、办公室、地方文献室、采编室、基藏书库、农家书屋、古籍书库等工作部门，设有电子阅览厅、外借厅、少儿借阅厅、报刊阅览厅等四个服务窗口，设有阅览座位130多个，计算机30台，实行双休日、节假日照常开放，开展免费外借、阅览、咨询、检索、培训、讲座、多媒体播放等活动。

业务建设

截止2012年底，开化县图书馆总藏量18.23万册，年订购报纸38种，杂志113种。到2012年底，全县255个行政村都建立起了农家书屋，全年累计送书32次，16320册。为保护好馆内的古籍，在二楼建立了专门的古籍书库。开化县图书馆一直秉承“以人为本，读者至上”的服务宗旨，为读者提供图书外借、报刊阅览、资料咨询、信息导航等全方位的优质服务。

读者服务工作

从2011年底起，开化县图书馆实行免费开放，周开放63小时。2012年共接待读者3.8万人次，外借图书流通5.4万册，阅览人次1.6万人次，其中少儿阅览共有7339人次；文化信息共享工程电子阅览室共接待1.9万人次。每年举办征文比赛、图片展览、人文大讲堂、谜语竞猜、经典诵读大赛、讲故事比赛、书法比赛等读书活动，实现图书馆与读者的互动，充分展示图书馆的魅力。

业务研究、辅导、协作协调

开化县图书馆对新进馆的工作人员实行先培训后上岗的原则，每年派出业务工作人员到外地参加学习，提升馆员的业务素质。自从2012年底实行农家书屋全覆盖，县图书馆经常派出业务骨干下乡指导。

管理工作

为了强化管理，更好地发挥激励作用，充分调动全体职工的工作积极性、主动性和创造性，自2012年开始，开化县图书馆实行绩效考核，强调工作责任制，并签订《县图书馆工作人员考勤管理制度》。2011年，为加强馆内安全消防工作，制订了《图书馆安全保卫制度》。

表彰、奖励情况

1994年，开化县图书馆被文化部评定为国家三级图书馆；1995年，被浙江省文化厅评为浙江省文化系统先进集体；1999年，被文化部评定为国家三级图书馆；2005年，被文化部评定为国家二级图书馆；2009年，开化县图书馆被开化县政府评为县级文明单位，同年被文化部评定为国家二级图书馆；2012年，被浙江省文化厅评为全省公共图书馆地方文献工作考评特色资源奖。

馆领导介绍

馆长：余宇明，男，1971年4月生，本科学历，中共党员，馆员。

书记：汪尉廷，女，1964年2月生，本科学历，中共党员，副研究馆员。

未来展望

全馆人员经过多年不懈努力，图书馆环境面貌发生了巨大变化。馆舍条件极大改善，文献（图书）资料入藏量每年递增，读者队伍逐年壮大，图书资料的流通方式实行全开架借阅，基层（乡镇）图书室包括图书流通点不断发展壮大，使馆藏图书期刊得以充分利用，做到活而不乱，读书宣传、图书展览活动蓬勃开展，成效显著，业务学习研讨蔚然成风，职工综合素质大大提高。馆内管理有序，制度健全，得到社会各级各界领导充分肯定和赞誉。在信息社会的今天，开化县图书馆将依托文化共享工程，以数字图书馆建设为目标，以自动化服务为手段，以满足读者需求为出发点，以开展服务活动为重点，以传播知识和传递信息为职能，以馆藏文献为依托，以科学化管理为手段，以全心全意为读者服务为宗旨，树立科学的发展观，与时俱进，改善工作中的不足，巩固和发展文化信息资源共享工程工作，完善运行机制，做好乡镇共享服务点技术辅导和信息交流，以提高全民素质，共享人类资源，使图书馆成为文化、科技、传播、社会教育、信息交流的中心，为丰富群众文化生活，提高全民文化素质，构建城市文化建设，做出新的、更大的贡献。

联系方式

地　址：浙江省开化县城关镇江滨路6号
邮　编：324300
联系人：刘文英

开化县图书馆

春节展板

古籍库房一角

遂昌县图书馆

概述

遂昌县图书馆创建于1979年7月，现有馆舍面积1700平方米，建于1986年。现为全国二级图书馆。馆内设有图书外借室、报刊阅览室、少儿阅览室、参考资料室、地方文献室、电子阅览室、过刊室等服务窗口和采编室、辅导室等业务部门。

截止2012年底，在编人员12人，其中设馆长1人，副馆长2人，有本科学历4人，大专学历8人，具有副高职称1人，中级职称10，初级职称1人。

业务建设

2009至2012年，遂昌县图书馆新增藏量购置费20万元，截止2012年底，遂昌县图书馆总藏量12余万册（件），年证订报刊300余种，地方文献1000余种、3000余册，藏有清康熙五十一年、乾隆三十年、道光十五年、光绪二十二年修的县志及其它新修地方史志；家谱类有名人家谱10余种及其它姓氏家谱100余种。

2004年创办电子阅览室，2007年建立了全国文化信息资源共享工程遂昌支中心，现有电脑24台，为读者提供书目检索、资料查询等服务。另设有多媒体室，为读者提供视频点播服务。

2010年，建立图书馆网站，实现与全国文化信息资源共享平台、浙江省网络图书馆、丽水市网络图书馆等网络链接，通过网页全面介绍本馆情况，为读者提供网络服务。

2008年遂昌县图书馆实现了图书采编、流通、检索等自动化管理。采用力博图书馆自动化管理系统，以适应县公共图书馆服务的需要，同时，2013年年初，实现馆内802.11N无线网络覆盖。

遂昌县图书馆馆藏古籍3600余册，2012年底建成古籍标准库房，并启动古籍普查登记工作。

读者服务工作

从2013年1月起，遂昌县图书馆全年对外免费开放，年平均接待读者6万余人次，出借图书4万余册。目前在馆内设立了图书流通县级配送中心，在乡镇、村、社区、学校、部队、企业建立流通点35个。遂昌县图书馆还经常性以“世界读书日”、“图书馆服务宣传周”、“科技（科普）宣传周”、“未成年人读书节”等活动为载体，积极开展读者服务活动，以扩大读者队伍，营造全民读书氛围。2009–2012年，遂昌县图书馆共举办讲座、展览、培训、阅读推广等读者活动百余场次，参与人数8万人次。

2011年起，为“两会”提供信息咨询服务；2012年，提供公共图书馆视障阅览服务。

2012年底，建设县图书馆中心镇（石练）分馆，面积约300平方米，配备了1万册图书及相应设备，订购100余种报刊，设置了20个阅览座席。

业务研究、辅导、协作协调

在学术研究上，2009–2012年，图书馆职工共发表论文省级8篇，市级5篇。获准立项的省级课题1项。

表彰、奖励情况

2009–2012年，遂昌县图书馆共获得各种表彰、奖励8次，其中，省文化厅表彰、奖励6次，其他表彰、奖励2次。

未来展望

2013年底，遂昌县图书馆新馆建设工程在新区正式启动，全面建成后的遂昌县图书馆，总建筑面积4千平方米。在未来的几年里，遂昌县图书馆将遵循“读者第一、服务至上”办馆理念，进一步完善内部设施和功能，提升总体服务水平，积极构建公共图书馆服务体系，切实保障公众基本文化权益。达到全国一级图书馆的服务水平。

馆领导介绍

王晓红，女，1967年9月生，大学本科学历，中共党员，副研究馆员，馆长。

吴卫红，女，1968年12月生，大学本科学历，中共党员，馆员，副馆长。

陈晓霞，女，1972年5月生，大专学历，中共党员，馆员，副馆长。

联系方式

地　址：浙江省遂昌县公园路95号
邮　编：323300
联系人：王晓红

送电影进养老院

广场竞猜

元宵节猜灯谜

龙游县图书馆

概述

龙游县图书馆前身是1950年2月成立的县文化馆图书阅览室。1956年6月1日成立县图书馆。龙游撤县（1959年12月）后，改为衢县文化馆龙游分馆（图书室）。1984年初恢复县文化馆，原龙游分馆（图书室）改图书馆，隶属县文化馆，时有藏书18000册，杂志213种。1988年1月24日独立建制，工作人员6人，馆舍租用义和巷40号民宅。1992年1月22日，图书馆新馆舍验收合格交付使用。同年2月18日向读者正式开放。馆址座落在文化东路534号，占地面积546平方米，建筑面积1637平方米，书库面积760平方米。2012年，龙游县图书馆参加第五次全国公共图书馆评级，被评为公共二级图书馆。龙游县图书馆目前宽带接入10Mbps，选用力博图书馆自动化管理系统。

业务建设

截止2012年底，龙游县图书馆图书总藏量95077册，其中图书总册数75958册，杂志过刊总藏量16119册，电子资料库113册，工具书3000余册，地方文献千余册，报刊杂志230种。拥有有效图书证4995余本；年接待读者54953人次，图书流通72508册次。

2012年，龙游县图书馆购书专项经费20万元/年。目前，新引进歌德电子借阅机，以适应龙游县图书馆多渠道、多元化服务读者的需要。龙游县图书馆倡导以人为本的服务理念，为市民提供图书外借、报刊阅览、电子阅览、信息咨询等服务，并组织开展丰富多彩的读者活动，不断提升服务水平。

读者服务工作

读书活动：在浙江省委省政府、浙江省文化厅的统一部署下，龙游县图书馆已成功地举办了八届未成年人读书节。读书节通过优秀小读者评选、征文、书画大赛、演讲、优秀少儿图书推荐、讲座等多种不同形式的活动，在未成年人中倡导“读书好、读好书、好读书”的理念，引导未成年人走进图书馆，畅游知识的海洋，营造浓厚的读书氛围。同时，图书馆还不定期地举办展览、优秀影片展播等活动，打破了传统图书馆借借还还的单一模式。为创建学习型社会，龙游县图书馆还开展了“送书进机关，送书进军营，送书进企业，送书下乡”系列活动，在科技局、消防大队、供电局等单位建立图书室，不断延伸服务范围，完善服务内容。

宣传周活动：每年5月，龙游图书馆都开展宣传周活动。通过发放读者调查表、开展读者座谈会、评选优秀读者等形式，加强读者与图书馆的联系与互动，扩大图书馆的社会影响力。

送书下乡：为促进社会主义新农村建设，满足广大基层群众日益增长的文化需要，以及营造“人文龙游”的良好氛围，龙游县图书馆在农村和社区陆续建立基层图书流通点百余个，分馆1个，每年都组织5000-10000册图书送到基层图书流通点，供广大群众借阅。

业务研究、辅导、协作协调

近年来，龙游县图书馆职工发表论文15篇，其中在省级专业刊物上刊登3篇，一篇参加省学术交流。

从2009年起，龙游县图书馆以文化信息资源共享工程为依托，在各乡镇的支持和配合下，在全县15个乡镇，269个村（社区）都建立了共享工程基层服务点，共享工程建设初具规模，服务取得了阶段性的成果。

历年来龙游县图书馆坚持做到主动上门开展业务辅导和现场指导，定期开展农家书屋管理员培训。

管理工作

2011年，龙游县图书馆完成岗位设置，实现了绩效考核，建立起了工作量化考核指标体系，每月进行工作进度通报，全年进行总体工作考核，将量化考核结果作为奖励性绩效工资发放的依据，并存入干部职工年度个人业务档案。

表彰、奖励情况

1、2005年，龙游县图书馆在衢州市图书馆业务竞赛中获得一等奖。

2、2006年1月，龙游县图书馆荣获县级“巾帼文明示范岗”称号。

3、2012年1月龙游县图书馆贺田村基层点荣获浙江省文化信息资源共享工程基层示范点。

未成年人读书节活动

世界读书日赠书活动

龙游县图书馆少儿室

图书馆阅览室

幼儿诵读大赛活动

4、2012年，龙游县图书馆地方文献工作通过省图书馆考核验收。

5、2012年，被市文广新局评为先进工作单位。

6、2012年10月，被衢州市委办评为十佳文化工作单位。

馆领导介绍

黄胜元，男，1963年6月生，大专学历，中共党员，中级职称，馆长。1981年12月参加工作，历任龙游县博物馆书记，龙游县文广电新闻出版局审批科科长，龙游县图书馆馆长等职。兼任衢州市图书馆学会理事。

王明华，男，1965年2月生，大专学历，中共党员，中级职称，党支部书记。1985年12月参加工作，历任龙游县图书馆馆长、书记等职。

吕鸣，女，1981年10月生，大学本科学历，中共党员，初级职称，副馆长。2007年1月到龙游县图书馆参加工作，先后在采编室、电子阅览室、图书外借室等部门工作，任办公室主任等职。

未来展望

随着文化、教育事业的发展，图书馆事业必将迎来又一个新的春天，传统图书馆也将被现代图书馆所替代。龙游县图书馆作为本地唯一一家公共图书馆，担负着为本地区的政治、经济、文化、教育的发展收集和传递各类信息资料，开展社会文化活动，提高民众的素质，以及推动本地区图书馆学术活动等职责，也是本地区广大民众了解科技发展动态、获取信息、增长知识的重要窗口。在未来几年里，龙游县图书馆将在现有馆舍的基础上，拟在龙游县城东区另建一座建筑面积1万平方米的新馆舍，辅以现代化配套设施，力争晋级一级公共图书馆。龙游县图书馆将于2014年下半年开始着手数字图书馆虚拟网建设，争取2015年初完成10TB的数据资源量。

联系方式

地　址：浙江省龙游县文化东路534号
邮　编：324400
联系人：钱利芳

江山市图书馆

概述

江山市图书馆是浙西历史较久（1928年成立江山县通俗图书馆）的公共图书馆，是浙江省公共图书馆通阅互借成员馆，2009年成立浙江图书馆江山分馆。2013年，参加第五次全国公共图书馆评估，获得二级图书馆。现馆舍位于市区江滨路18-2号，东临须江，与江滨公园隔水相望。1989年建成的馆舍，占地4.13亩，建筑面积2007平方米，书库700平方米，阅览座席近200个，环境清幽雅静。目前馆内藏书近20万多册，《四库全书》、《古本小说集成》等珍藏外，《江山县志》、军统及江山军统人物等地方文献也富有特色。

近年来，江山市图书馆重视引进高新技术，开展自动化网络化建设，添置了服务器、电脑、投影机、复印机、扫描仪、数码相机等设备，建成了全国文化信息共享工程基层中心，完成了图书馆业务自动化建设工程，图书采编、外借、检索等业务工作实现计算机管理。全馆现有计算机48台，其中25台在电子阅览室供读者使用，10台用于业务管理，宽带接入100Mbps，选用力博图书馆自动化管理系统。

业务建设

截止2012年底，江山市图书馆总藏量182038册（件），其中，纸质文献181179册（件），电子图书203件/套。

2009至2011年，江山市图书馆三年总新增馆藏购置费40万元，2012年起增至22万元。2009-2012年，共入藏图书34597册，报刊杂志405种，视听文献203种。2012年，征集到地方文献126种352册。

截止2012年底，江山市图书馆仅有自建数字资源200GB，没有外购资源，主要依托浙江网络图书馆这个平台。馆内拥有与省馆合作建立的《江山市方志数据库资源》，还有自建的《江山市家谱数据库》。

2012年，将力博图书馆业务管理系统进行了一次更新升级为网络版，以适应江山公共图书馆服务网络建设的需要。2013年年初，实现馆内802.11N无线网络覆盖。

读者服务工作

2012年，江山市图书馆实施免费开放，取消借书证工本费，实现图书外借、报刊阅览、少儿借阅、电子阅览、参考咨询、地方文献查询等服务项目免费开放。全年365天，天天对外开放，周开放时间56小时。2009-2012年，书刊总流通557824人次，书刊外借523351册次。2009-2012年，建成2个分馆，有52个图书流通点，馆外书刊流通总人次85907人次，书刊外借84475册。

2009-2012年，江山市图书馆共举办讲座、展览、培训、阅读推广等读者活动63场次，参与人数18827人次。以“天天阅读天天向上”全民阅读活动、“文化赶集”图书流动服务、“书香小溪流”少儿图书换购和“弱势群体爱心读书行动”服务品牌建设为抓手，免费开放服务品牌不断成型。

业务研究、辅导、协作协调

江山市图书馆作为浙江图书馆江山分馆，先后参加了浙江方志数据库建设、采编联盟、信息服务联盟、讲座与展览联盟，有各种业务联系。在业务研究方面，工作人员围绕清漾毛

八一送书进军营

少儿图书换购

“阅读时光”展览

报刊阅览室

成人借阅室

少儿借阅室

位梦华到馆指导全民阅读

文化赶集——图书流动服务

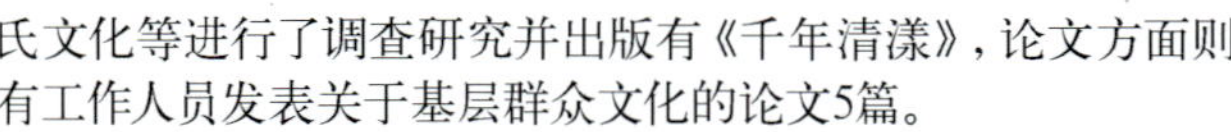

氏文化等进行了调查研究并出版有《千年清漾》，论文方面则有工作人员发表关于基层群众文化的论文5篇。

江山市图书馆在本区域内能积极与江山中学图书馆等较大图书馆（室）协作开发图书联合目录，努力争取区域内图书资源的共建共享。

江山市图书馆以图书流通点建设为抓手，积极配合主管部门抓好省标准文化站、特色文化村、村问题俱乐部的乡镇、村图书室辅导工作。2009–2012年，为基层图书室提供业务辅导和技术支持100多次，取得较好的效果和业绩，并帮助基层图书室制定三个管理制度。

2012年6月，江山市图书馆在举办全市农家书屋管理员业务培训班后，又先后到大陈、虎山街道、凤林、清湖、上余、双塔街道举办农家书屋管理员培训班6期，共培训管理员190多人次。2012年底，实现295个行政村农家书屋全覆盖，每个村发放1500册书和多种报刊杂志，并安排专门的图书管理员进行管理。

管理工作

江山市图书馆把干好本职工作、促进事业发展、服务社会大众作为重要任务，在管理上求规范，气氛上求和谐，作风上求垂范，服务上求实效，全馆上下团结拼搏，自我加压，开拓创新。建立健全了学习、工作、考勤制度，规范了工作行为。

表彰、奖励情况

2009–2012年，江山市图书馆共获得各种表彰、奖励12次，其中省文化厅颁发的表彰、奖励10次，衢州市文广新局颁发的表彰、奖励2次。

馆领导介绍

毛为忠，男，1965年9月生，本科学历，中共党员，副研究馆员，馆长、书记。1986年9月参加工作，2007年10月任江山市图书馆馆长。

何文娟，女，1962年7月生，大专学历，副研究馆员，副馆长。1979年12月参加工作。

徐秋根，男，1955年7月生，大专学历，高级政工师，副书记。

王冬琴，女，1967年9月生，本科学历，副研究馆员，副馆长。

未来展望

江山市图书馆围绕“一切为读者服务”主线，以免费开放提升、“天天阅读，天天向上”全民阅读节示范项目创建和流动文化服务创新为重点，以江山市公共文化标准化、均等化为目标，完善服务网络，带动区域内图书馆事业发展。

联系方式

地　址：浙江省江山市江滨路18–2号

邮　编：324100

联系人：毛为忠

台州市黄岩区图书馆

概述

台州市黄岩区图书馆历史悠久。清同治八年（1869）黄岩县令孙熹在九峰寺建立九峰书院，藏经史百家古籍三万余卷，供学人士子阅读，为台州较早建立的私办公有图书馆，迄今已有一百四十多年的历史。民国元年（1912）九峰书院改称为黄岩县立图书馆。1956年6月15日成立黄岩县图书馆，是建国后全省首批新建县、市公共图书馆之一。

黄岩图书馆几度搬迁。现今的黄岩区图书馆位于黄岩孔庙西侧，西邻直下街，建于1990年，馆舍面积1100平方米，有阅览座席155个，其中少儿阅览坐席35个。馆内共有计算机36台，其中用于服务读者的计算机21台，10M光纤宽带接入，存储容量4T，采用“图创”业务自动化管理系统。

业务建设

我馆馆藏文献资料16.9万册件，其中电子图书564种。2012年新购藏量6522册，其中报刊年入藏量416种。馆内共有古籍4.5万册，其中善本144种1560册，国家珍贵古籍5部，省级珍贵古籍3部。

馆内数字资源总量为0.75T，（国际视频数字图书馆350G，省初始资源390G，方正电子图书10G）；《王棻专题数据库》通过了浙江省共享工程2012年度地方特色资源建设项目立项。

读者服务工作

一切服务对读者免费开放，同时为方便读者借阅，一方面保证开放时间每周开馆时间不低于56小时，周六、周日正常开放，另一方面保证书刊文献开架比例达到100%。2009–2012年，书刊总流通70462人次，书刊外借203546册次。

区图书馆网站于2008年10月份开始建立并运行，读者可以从网站了解黄岩区图书馆的历史、整体概况及提供的服务，读者还可以访问《中国知网学术期刊全文数据库》等数字资源，可以通过网站的读者入口进行续借，查看自己的借阅情况，发表书评等。

积极开展各类社会教育活动。一是做好常态性宣传活动。2012年举办九峰书院人文讲座11期，春节期间在黄岩孔庙举办了“中国年的记忆——中国民间传统年画展”，年参与活动总人数达到2950人次。二是做好专题性宣传活动。积极策划组织“世界读书日”，“未成年人读书节”等活动，利用馆内的外借室、阅览室、本馆网站以及当地的新闻媒体开展主题宣传、书目推荐、征文、讲座、展览等活动。三是提供参考咨询。编写了《信息与参考》，为本地企业提供专题信息服务。

业务研究、辅导、协作协调

参与上级图书馆组织的协作协调工作，包括浙江省公共图书馆讲座展览联盟、浙江省公共图书馆网络技术联盟、台州市公共图书馆讲座联盟、台州市公共图书馆馆际互借联盟等业务活动的合作。

建设本地区的图书馆服务网络，构建通过区级图书馆直接服务于街道（镇）、村（社区）的图书流通点服务网络模式。截止2012年底有残联、武警、看守所、社区等8家图书流通服务点，年流通册次1855册。为了增强图书馆服务网络的服务能力，开展基层业务辅导工作，2008–2012累计开展了23次业务辅导工作。

管理工作

在人事管理方面以事业单位设岗定编改革为契机，根据单位内部工作岗位需求编制各部门岗位说明书，以岗定责，并制定《黄岩区图书馆绩效工资分配方案》和《关于职工请假和考勤制度及待遇的暂行规定》，实行科学考核、绩效挂钩、按劳分配的激励分配机制，推行7级奖励性绩效考核分配模式，增强竞争意识，极大的调动了全体职工工作的积极性和主动性。在设备、物资管理方面建立固定资产登记制度，定期或根据上级清产核资要求管理国有资产。在档案管理方面及时整理归档人事档案、业务档案、工程项目档案等，同时保证档案健全，资料详实，归档及时，立卷准确。

表彰、奖励情况

2010年，黄岩区图书馆获得文化部表彰1次。

台州市黄岩区图书馆新馆外景

台州市黄岩区图书馆老馆外景

世界读书日

未成年人读书节启动仪式

匾图

馆领导介绍

卢勇，男，1968年10月生，本科学历，中共党员，馆员，馆长，黄岩区图书馆博物馆党支部书记。1990年10月参加工作，1998年5月到黄岩区图书馆任馆长助理，2001年5月任黄岩区图书馆馆长。主持全面工作，分管办公室（宣传推广）、古籍与地方文献部。

谷安宁，男，1981年10月生，本科学历，中共党员，馆员，副馆长。2001年11月到黄岩区图书馆工作，2009年6月任副馆长，分管文化共享工程、采编与网数部、馆际资源共享。

乐佳敏，女，1965年5月生，高中学历，副馆长。2007年1月到黄岩区图书馆工作，担任副馆长，分管流通部、劳资、工会。

未来展望

根据黄岩区十二届党代会《工作报告》和十五届人代会《政府工作报告》中提出"启动新图书馆建设"的目标要求，黄岩图书馆新馆工程计划于2014年底动工建设。新建的图书馆馆舍位于西城街道雅林村，占地12.34亩，面积14760平方米（地上9875平方米，地下4890平方米）。新馆根据功能需要采用动静分离手法将建筑分五层布置。一层主要功能：多功能展厅、报告厅、读者休息区、报刊期刊阅览区、自修区、盲残阅览区、咖啡厅；二层主要功能：少儿阅览区、视听阅览区；三层主要功能：外借阅览；四层主要功能：专题阅览、多媒体阅览、古籍及地方文献、主题沙龙区；五层主要功能：网络数字中心、文献采编、基本书库、业务用房、会议档案室等。黄岩区图书馆新馆预计于2017年初完工并对社会开放，建成后的黄岩区图书馆将更好第发挥文献服务中心、学习资源中心、信息服务网络中心、市民交流中心、地方文献收藏和研究中心的作用。

台州市黄岩区图书馆夜景鸟瞰图

联系方式

地　址：台州市黄岩区直下街20号

邮　编：318020

联系人：何心声

图片展

人文讲堂

玉环县图书馆

概述

玉环县图书馆成立于1978年，1985年单独建制，1993年兴建馆舍于城关广陵路，建筑面积1806平方米，属国家二级图书馆。2013年，全馆在编工作人员11人，藏书总数17余万册，阅览坐席252个，计算机66台，选用力博图书馆管理系统。2013年参加第五次全国公共图书馆评估，复评工作圆满完成。

业务建设

截至2012年底，玉环县图书馆已入藏的图书馆、期刊和报纸合订本、小册子、手稿，以及微缩制品、录像带、光盘等视听文献资料共计17.6274万册（件）。其中电子文献8839种，各类地方文献2530册。2009–2012年共入藏图书34239种，报刊1745种，视听文献148种。新增藏量购置费2012年已增至74.8万。

读者服务工作

自2011年年底，玉环县图书馆实现全馆公共空间设施场地全年免费对外开放，每周开馆78小时，向公众提供免费办证、免费借阅、免费上网等服务。书刊文献开架比率达90.1%，2009–2012年馆藏书刊外借120.0535万册次，总流通82.083万人次；馆外流通服务点书刊外借22646册次，13159人次。2012年底建成两家分馆（楚门分馆、爱心书院），并首次引进街区自助图书馆1台，成为台州市县级图书馆首台ATM自助借书机。

建立盲人阅览室，设有残疾人专用通道，配备轮椅、放大镜、盲文书籍等，服务特殊群体，2013年度获浙江省视障信息服务工作优秀奖。2009年开始在报刊阅览室挂牌开设政府公开信息服务窗口，委任专人管理，配备计算机及打印设备，服务广大群众。

2009–2012年玉环县图书馆网站访问量44270次，通过玉图网站可实现书目检索、续借和馆内动态信息的查询。开通玉图微博，方便与读者的互动以及图书馆相关活动的宣传。

2009–2012年每年为地方两会提供信息咨询服务。2009年、2011年为各代表、委员提供知网、万方等数据库的资料免费使用权限；2011年、2012年编印《服务玉环两会特刊》并提供信息代查服务。

2009–2012年玉环县图书馆共举办讲座、展览、培训、阅读推广等读者活动102次，参与人次14.3873万。

协作协调

为促进图书馆工作的规范化，2009–2012年玉环县图书馆多次组队赴台州市图书馆开展业务学习，并在台州市馆的指导下更新了藏书及借阅证条形码，以实现台州地区公共图书馆馆际互借通阅服务。2013年加入台州市馆际互借联盟、浙江省公共图书馆网络技术联盟、台州市公共图书馆讲座联盟，切实加强馆际信息交流，有效规范业务开展。

2009–2012年玉环县图书馆每季度定期到各个馆外服务点进行业务辅导、培训，通过重点辅导、巡回辅导、召开现场会议、解答业务咨询、举办短期培训班、开展业务讲座、邀请服务点工作人员到馆实习等方式有效开展。2012年开展10次基层业务培训活动，参与人次115。

管理工作

2010年玉环县图书馆按照《关于转发台州市事业单位岗位设置管理实施意见的通知》文件的要求，开展事业单位岗位设置工作，实行岗位管理和工作目标管理责任制，按需设岗，设置管理岗位3个，专业技术岗位10个。同时建立分配激励机制。

表彰、奖励情况

2009–2012年玉环县图书馆获得各种表彰、奖励12次，其中省文化厅6次，县委、县政府及其他表彰、奖励6次。

馆领导简介

胡之江，男，1964年3月出生，大专，中共党员，馆长、馆党支部书记。1980年12月参加工作，先后在玉环县电影公司、玉环县文化市场行政执法大队工作过。2012年5月任玉环县图书馆馆长。

余李红，男，1995年12月参加工作，大专，中共党员，副馆长。2000年7月到玉环县图书馆工作，历任电子阅览部主任、办公室主任。

玉环县图书馆馆貌

“墨韵春萃”书画展

未来展望

玉环县图书馆坚持以自动化建设、数字化建设、项目化管理和创立优质服务品牌为提高自身综合实力的践行目标，引进RFID自助借还书操作系统，建立24小时自助图书馆，建立玉环数字图书馆，运作掌上玉图（玉环移动图书馆），拓展服务领域，丰富服务内容，促进玉环县文化事业发展。

玉环县图书馆新馆和分馆建设都被纳入《玉环县文化发展十二·五发展规划》中。十二·五期间玉环图书馆新馆将在玉环漩门二期投入建设，规模10000㎡，预资1.2亿。分馆建设同步规划，同步实行，逐渐组织起以县馆为核心有效辐射各个乡镇的图书馆网络系统。

联系方式

地　址：台州市玉环县玉城街道广陵路69号
邮　编：317600
联系人：杨怡沁(馆办)

三门县图书馆

概述

三门图书馆始建于1979年，前身为三门文化馆图书室，1984年建制独立，隶属三门县文化广电新闻出版局。2001年位于三门县城关上洋路西北端新图书馆大楼建成，并于6月正式对外开放。新馆舍占地面积2.4亩，建筑面积2212平方米，可容纳读者座位250余个，内设报刊阅览室、图书外借室、少儿借阅室、地方文献库、报纸库、农村流通书库、特藏书库、电子阅览室、文化信息资源共享工程分中心等服务窗口。

三门县图书馆在以传统图书馆功能基础上逐步向数字图书馆发展。采用开放灵活的藏、借、阅、查、展一体的新型服务模式，除了特定的文献外，藏书全部对读者开放。2005年开始采用南京力博图书馆自动化管理系统，实现了文献的采编、流通、检索自动化，实行联机编目、网上续借功能，建有三门县图书馆网站。目前有计算机42台，宽带接入100Mbps。

业务建设

截止2013年底，三门县图书馆总藏量约达12万册，其中纸质文献10万余种，包括珍藏一部时汉上下五千年、集著作3470种、79300余卷的世界第一大书——《四库全书》影印本一套。

目前，购有中国工具书网络出版总库、中国学术期刊网络出版总库、起点考试网等数字资源，并有电子图书1.5万余册。

注重收藏与三门工农业生产相关的水产养殖、水产加工、海洋滩涂养殖、水稻、橡胶等文献。重点收藏地方文献，专人专职，目前已收集2530余种，并在建三门县地方文献资料数据库。提供阅览的报纸90余种，杂志画报380余种。

读者服务工作

“读者第一、服务至上”是本馆服务工作的宗旨。每周开放56小时以上，开展外借、阅览、参考咨询、电子信息等服务。以人为本，努力为读者营造一个宁静、典雅、宽松、舒适的阅读环境，设立文印中心，打造可容纳百余人的报告厅，开辟寓教于乐的儿童阅览区，设置全智能数字式读者存包柜等，体现图书馆对读者的人性化关怀。

读书活动：常年性、多形式地组织各种读书活动，尤其注重未成年人读书活动。拥有多个品牌形象服务活动：“琴江讲座”，邀请省内外著名专家学者主讲；“名师讲堂”，名校名师定期开课；“图片巡展”，尤其注重与时事挂钩，宣传地方文献征集成果；“少儿才艺展示”，给小朋友创造没有竞争的轻松展示自我的机会。每年编辑图书馆刊物《信息窗》为本县工农业提供信息咨询服务，2009年开始为两会提供服务，编辑《信息窗—三门县“两会”专辑》，内容涵盖面广，极富时效性，包含“瞭望台”、“新观察”、“聊热点”、“养生吧”、“人物谱”等五大版块内容另外，期刊还收录了“边缘趣味”、“健康生活”等内容，多次获得浙江省文化厅颁布的“两会优秀服务奖”。

农村图书配送：坚持文化三下乡工程，办好农村图书配送中心。年年开展送书下乡活动，目前赠送图书5万余册，设立相对稳定的图书馆馆外流通点32家，指导基层图书管理员业务，帮助建立农村俱乐部。配有图书流动车并随车配置投影仪、电脑，经常性下乡开展图书借阅、放映本馆制作的各类内容的碟片，丰富边远农村的文化生活，因地制宜地建立文化信息资源共享工程基层服务点。

业务研究、辅导、协作协调

在国家级报刊发表论文3篇，省级以上报刊发表论文17篇，获得国家级三等奖3篇，优秀论文奖1篇。

2009年–2013年，三门县图书馆共组织辅导、培训43场次，其中下乡培训16场次，900余人次接受辅导、培训。

参与上级联合目录编制《浙江家谱总目提要》、《台州市公共图书馆馆藏地方志联合目录》。参加市馆际互借联盟、公共图书馆讲座联盟等。

管理工作

截止2013年底，三门县图书馆在职人员共15人，其中设馆长、书记1人；有大学本科学历6人，大专学历7人，占职工总人数的87%；具有高级专业技术职称1人，中级职称2人，初级职称6人。

2010年底完成了事业单位岗位设置，设置管理岗位2个，专业技术岗位7个，在编人员进行岗位竞聘，重新上岗。

同时建立工作量化考核指标体系，每年进行总体工作考核。

表彰、奖励情况

2009—2013年，三门县图书馆共获得表彰、奖励18次，其中省文化厅表彰、奖励7次。2002年被县人民政府评为“文明服务示范点”；2003年起至今，年年被县人民政府授予“文明单位”称号；2011年开始成为我市科普示范基地。2004年参加第三次全国公共图书馆评估，首次被授予国家二级图书馆。原浙江省副省长鲁松庭为本馆题词：“社会自修大学，终身教育课堂”。

馆领导介绍

阮音波，男，1964年出生，本科学历，中共党员，馆员。1982年参加工作，曾任三门越剧团团长等职，1999年进入三门县图书馆工作，任副馆长一职。2013年9月任三门县图书馆馆长、书记。多次被评为县级文化系统先进工作者，2012年，获省级地方文献先进工作者奖。

未来展望

随着文化大省建设和文化大发展大繁荣，图书馆工作面临着更大的机遇和挑战。三门图书馆将以科学发展观为指针，进一步深化改革，完善管理机制，优化业务流程，加强内涵建设，突出公益性、公平性和便利性原则，创新服务方式，延伸服务领域。三门县图书馆正努力朝着大众终身教育殿堂、市民文化休闲中心、公共信息服务中心的目标迈进。

联系方式

地　址：浙江省三门县海游镇上洋路261号三门县图书馆
邮　编：317100
联系人：何丹平

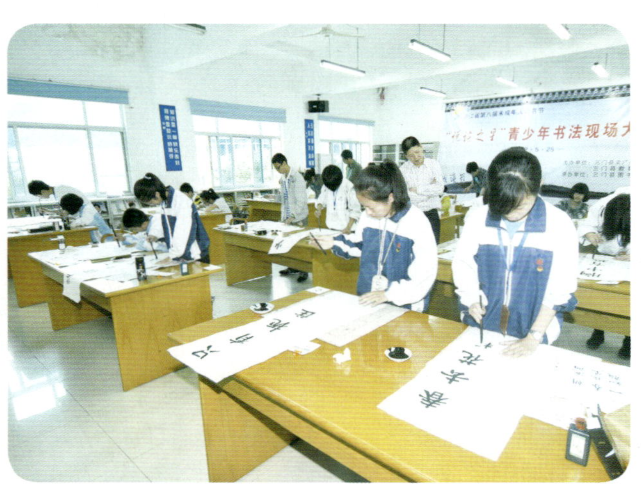

仙居县图书馆

概述

仙居县图书馆建于1927年，解放后为文化馆图书室，1978年8月1日正式成立仙居县图书馆，馆舍建于1986年10月，位于仙居县城关解放街2号，馆舍原建筑面积为2033平方米，2013年因文化馆大楼定为危房，图书馆馆藏书库面积减少96平方米，馆舍实际面积为1934平方米。其中主建筑面积1444平方米，附属用房589平方米。1987年正式对外开放。馆内设有报刊阅览室、图书外借室、少儿阅览室、电子阅览室、地方文献室、科技阅览室、报纸库、农村流动书库、特藏书库、文化信息资源共享工程分中心等服务窗口。共可容纳读者座位172位。截至2012年底，仙居县图书馆已入藏的图书、期刊和报纸合订本、小册子、手稿、以及微缩制品、录像带、光盘等视听文献资料达12.7万册。

仙居县图书馆为全国首批二级公共图书馆，在传统图书馆功能基础上逐步向数字图书馆发展，采用开放灵活的藏、借、阅、查、展一体的新型服务模式，除了特定的文献外，藏书全部对读者开放。“读者第一，服务至上”是本馆服务工作的宗旨，以人为本，做好服务，为读者创造一个宁静、典雅、祥和、舒适的阅读环境是我们永恒的追求。

业务建设

截至2012年底，仙居县图书馆总藏量12.7万册，其中珍藏《四库全书》影印本一套。购有《起点考试网》、《库克数字音乐图书馆》、《时夕乐考网》、《仙居网上文化展示馆》等数字资源。注重收藏与仙居工农业生产相关的文献，重点收藏地方文献，目前已收集各类地方文献1940种，共计3500册。报刊阅览室提供阅览的报纸年平均新入藏种类达259种。2009–2012年度纸质图书年入藏数量年平均达7822种，图书册次年平均达12034册，入藏的电子文献藏量达616种，视听文献入藏年平均数量达51件。2012年财政图书及信息资源拨款实际到位经费为142万元，2012年财政拨款年增长率达12.1%，新增藏量购置费县财政从2009年的7万元提高到了2012年的12万元。

截至2012年底，全馆计算机共计45台，提供读者使用的有34台，100M光纤接入，专用设备存储容量达4.5TB，全馆使用力博管理软件实现图书馆自动化系统管理，馆藏中文文献书目数字化达到52%，仙居县图书馆从2008年开始设立机读目录，专人管理，专人辅导，提供计算机供读者检索查询。从2009年开始从国家图书馆联合编目中心的书目数据下载书刊著录数据，并制定了《仙居县图书馆中文图书著录细则》，所有到馆图书、视听文献1个月内完成编目。

截至2012年底，仙居县图书馆内各类数字资源总量达2TB，自行采购数字资源(电子书)85万册，外购数字资源100%提供持证读者互联网服务。包含4.2亿条中外文献信息，7000余万篇论文原文传递或全文下载，330万种图书书目信息，240万种图书原文传递，10亿页全文内容检索等等。建有《仙居历史人文地图》和《仙居花灯》数据库，同时进行《仙居彩石镶嵌》数据库的建设工作。

读者服务工作

从2012年6月底起，仙居县图书馆实现全馆公共空间设施场地全部免费开放，向公众提供免收年费、工本费，免费借阅、免费上网等服务。全年除周一闭馆外其余全部开放，每周开馆74.5小时。2012年，年流通总人次40万，持证读者6399本，人均年到馆次数远超25次。馆藏书刊文献年外借151596册次，馆藏127000册，年外借率达119%，2009–2012年，馆外流通服务点书刊借阅次数为7.82万次。2011年开始在电子阅览室挂牌开设政府公开信息服务窗口，专人管理，并接有政府信息公开专线，每年为地方两会提供信息服务，为代表、委员编印《仙居视野》及信息代查服务。

仙居县图书馆每月利用仙居县图书馆网站、LED电子屏、新书介绍栏等形式向读者推荐新书，在流通部设“读者推荐书目”，搜集读者所需要的书目和反馈意见，并及时跟进。仙居县图书馆并经常送书到特教中心，送书、送电影、送展览到民工子弟学校，提供进城务工人员免费上网服务，在电子阅览室播放电影(科教片)和专题讲座，为老年人开办老年大学电脑培训班。2009–2012年，每学期开展老年大学培训班2班，共培训学员2176人次，基层业务培训4次，共180人次参加。2012年，仙居县图书馆共举办展览13场次，并积极地与县学习办合作，发放数字资源阅览证3000多本，新书展和图片展进校园等活动，与县委宣传部外宣办合作，利用“仙居手机报”这个崭新的平台，每期向5732名党员干部推荐新书。2012年一年，积极开展各类读者服务活动，参与活动总人次达3.3万人次。通过对读者满意度的调查，仙居县图书馆读者满意率高达98.86%。

业务研究、辅导、协作协调

2009–2012年，仙居县图书馆职工共发表论文12篇，在国家级期刊发表论文3篇，在省级刊物上发表论文8篇，在市级的刊物上发表论文1篇。

为了促进工作的规范化，仙居县图书馆多次赴台州市图书馆学习业务，在市馆的统一指挥下，2010年起更新了藏书的条形码，2013年与台州市图书馆实现通借通还服务，加入了台州

市图书馆业务群、图书馆信息服务联盟、共享联盟、浙江网络图书馆等网上交流平台，参与馆际信息交流。在十二五期间，图书馆新馆及分馆建设同步规划、同步实施，并计划在中心镇建设图书馆分馆，加强村级文化设施建设，基本形成布局合理、设施完善、功能健全、运转良好的县、乡、村三级公共文化设施网络。

仙居县图书馆业务辅导人员每年到各馆外流通点进行业务辅导，定期对乡镇村的图书管理员进行业务指导。图书馆辅导室每年制订图书管理员、文化俱乐部、农民书屋、文化礼堂、文化示范户培训计划，有步骤地推动了基层图书室的规范化建设，截至2012年底，20个乡镇街道文化站全部建有图书室，每年开展1–2次图书管理员等的业务培训，2012年共培训36人，为我县基层图书室的创建奠定了基础。

管理工作

仙居县图书馆实行岗位责任制和工作目标管理责任制，按需设岗，按岗聘用，建立分配激励机制。严格制定和执行《仙居县财务管理制度》、《仙居县图书馆固定资产管理办法》、《仙居县图书馆志愿者管理制度》以及各个科室的规章守则制度等等，确保图书馆的运行有制度和纪律的保障。并严格的按消防要求购置消防设备，举办消防讲座、安全生产图片展，制定了安全防卫综合治理职责、消防安全应急预案等等。

表彰奖励情况

2009–2012年，仙居县图书馆获省级表彰共6次，市级4次，县级3次。2009年9月，参加全国文化共享工程知识与技能竞赛(台州)大赛中荣获集体二等奖；2009年至2012年，连续被浙江省文化厅授予的浙江省未成年人读书节组织奖(最高奖)荣誉称号；2011年仙居县图书馆被评为浙江省文化信息资源共享工程先进集体、台州市群众满意基层站所先进单位、台州市地方文献业务知识竞赛一等奖等荣誉称号，仙居县图书馆党支部被评为台州市时代先锋创先争优闪光言行之星；2012仙居县图书馆开办的《乐安大讲坛》被台州市社科院评为台州市社会科学普及示范基地；2012年仙居县图书馆参加全省公共图书馆地方文献工作考评，被省文化厅授予优秀组织奖等光荣称号。

馆领导介绍

馆长：蒋恩智，男，1966年出生，浙江省仙居县人，中共党员，副研究馆员，2010年荣获台州市委宣传部授予“台州市首届全民读书月活动”先进个人荣誉称号；2010年、2012年荣获浙江省文化厅授予“第六届浙江省未成年人读书节”先进个人荣誉称号。

书记：吴革伟，男，1969年出生，浙江省仙居县人，中共党员，会计师。

未来展望

随着浙江文化大省建设和仙居文化强县创建，图书馆工作面临着更大的机遇和挑战。仙居县图书馆将以科学发展观为指针，进一步深化改革，完善管理机制，优化内部运营结构，促进图书馆基础设施改造和扩建，加强图书馆在社区分馆、乡镇分馆的影响力，优化业务流程，加强内涵建设，突出公益性、公平性和便利性原则，创新服务方式，拓宽服务领域，提高服务手段。仙居县图书馆正以崭新的姿态，负重拚搏，缩短与兄弟馆之间的差距，将图书馆办成集文化、科技、信息传播、保存文化遗产、开展社会主义教育、展示改革开放成就为一体的综合性公共图书馆，让图书馆成为引领全民阅读、提高市民素质的重要场所，成为我县群众读书学习的文化、科技、教育、信息、服务和交流中心的集聚地，为我县旅游休闲城市创建发挥更加重要的作用。

联系方式

地　址：浙江省仙居县城关福应街道解放街2号
邮　编：317300
馆　长：蒋恩智
联系人：蒋恩智

缙云县图书馆

概述

缙云县图书馆创建于1979年9月，1997年搬迁现址，馆舍面积1504平方米；1998年分别被命名为县级文明单位、文明示范窗口、卫生先进单位；1999年被授予全国二级公共图书馆，之后均通过复评；2007年建立了全国文化信息资源共享工程县级支中心和图书流通配送中心。目前，馆内设有电子阅览室、少儿借阅室、图书外借室、报刊阅览室、视障阅览室、资料书库、古籍书库、地方文献库以及农村书库等服务窗口；馆外建立了壶镇分馆及18个乡镇（街道）图书流通配送分中心和253个行政村农家书屋流通点等。

业务建设

截止2012年底，馆藏总量18.69万册(件)，其中古籍7590余册（古籍善本为30种179册），地方文献2000多册。近年来每年新购图书均在2万册左右，订阅报刊200多种，购置宣传图片4套60多幅，新增光盘、音像资料等电子文献1千余件；年入藏书刊0.9万种，入藏地方文献资料近300种。

事业经费逐年增加，图书馆事业稳步发展。县图书馆从2009年到2012年，年度财政预算经费从85万元增至361万元，除人头费外的专项经费达到了220万元，其中：免费开放和古籍保护县补经费12万元，省补4万元；图书管理业务经费县拨3万元；年购书经费县拨40万元，省补50万元（含2011年和2012年）；中心镇分馆建设23万元；其他专项88万元（公共电子阅览室23万、共享工程5万及图书馆维修工程60万）。

2009年，建立图书馆网站，实现与全国文化信息资源共享平台、浙江省网络图书馆、丽水市网络图书馆等网络链接，通过网页全面介绍本馆情况，开设了《服务指南》、《阅读与欣赏》、《新书推荐》、《共享工程》、《地方文献》、《咨询反馈》等栏目，为读者提供网络服务。

2011年启动“缙云特色剪纸”、“仙都黄帝文化楹联”等特色资源数据库建设，2012年《南方黄帝文化》数据库获省分中心立项，至2013年建成通过验收。

2011年对馆藏古籍进行换架、除尘、防蛀保护，2012年又新增气体自动灭火器、温、湿度测控仪、除湿机、紫外线杀菌灯及防紫外线遮光等保护设施，设立古籍部，启动古籍普查和保护工作，是第一批“浙江省古籍保护达标单位”。

读者服务工作

2009年实行全面免费开放服务，双休日、节假日开放，每周开放6天以上。年接待读者10万余人次；流通书刊近11万册次；开展送书下乡万余册；并以“独峰讲堂”和“独峰展窗”上街头、进学校、下农村等形式，开展图书服务宣传活动。

2009–2012年，共举办讲座、展览、培训、阅读推广等读者活动120场次，参与人数12万人次。

2011年起，为“两会”提供信息咨询服务；2012年，建成丽水市首个公共图书馆视障阅览室。

2012年，建设县图书馆中心镇（壶镇）分馆，面积约300平方米，配备了1.5万册图书及相应设备，订购100种报刊，设置了15个共享工程电子阅览座席和30个报刊阅览席。

随着2012年6月第三批农家书屋建设任务的完成，缙云以县图书馆为总馆的县、乡、村公共阅读服务网络基本形成。

业务研究、辅导、协作协调

在学术研究上，除了单位自编的《图苑之窗》外，特别鼓励职工开展业务研究和撰写论文，2009–2012年，图书馆职工共发表论文省级5篇，市级9篇，调研报告2篇。获准立项的省级课题1项。

表彰、奖励情况

2009–2012年，缙云县图书馆共获得各种表彰、奖励10次，其中，省文化厅表彰、奖励7次，其他表彰、奖励3次。

馆领导介绍

辛福民，男，1966年3月生，本科学历，中共党员，馆员，馆长。1983年10月参加工作，2010年11月任缙云县图书馆馆长。

第90期“独峰讲座”《少年茅盾的阅读·写作与人生志向》

向边远乡村学生赠送课外读物等学习用品

电脑免费培训班

图书漂流活动进校园

摄影培训班培训课堂

樊咏梅，女，1973年1月生，本科学历，中共党员，馆员，党支部书记。1991年8月参加工作，2011年8月任党支部书记。分管党、工、团、妇、宣教、信访等工作。

吴伟亚，女，1978年1月生，本科学历，中共党员，馆员，副馆长。2003年10月参加工作，2008年5月任副馆长。分管采编、辅导、地方文献、共享工程、读者活动等工作。

上官青，男，1978年2月生，本科学历，中共党员，助理馆员，副馆长。1997年11月参加工作，2011年11月任副馆长。分管古籍、流通服务、送书工程、安全生产等工作。

未来展望

缙云县图书馆遵循“读者第一、服务至上”办馆理念，践行“和谐美丽好缙云”建设方略，积极完善阅读服务功能，强力推行区域公共文化服务体系建设，促进地区事业发展。2013年，缙云县图书馆修缮工程实施，2014年，缙云县图书馆改造项目实施，将相邻1900余平米建筑改建为图书馆，使整个图书馆达到3400余平米。在未来的几年里，缙云县图书馆将进一步完善内部设施和功能，提升总体服务水平，以纸质文献服务与数字资源远程和移动服务相结合，年服务人次可达14万人次以上，能够提供全天候、不间断、无时空限制的文献信息服务。同时，具有支撑保障全县公共图书馆服务体系良好运行的文献与技术能力，成为全县读者阅读服务的向往所在，达到全国一级图书馆的服务水平。

联系方式

地　址：浙江省缙云县溪滨南路45号
邮　编：321400
联系人：樊咏梅

松阳县图书馆

概述

松阳县图书馆初创于1982年5月，2001年6月，位于西屏镇白露岭A2号的新馆建成开放。新馆占地面积3400平方米，建筑面积3119平方米，现有藏书容量20万册，可容纳读者座位170个。2013年，参加全国第五次公共图书馆评估，首次获得二级图书馆。2012年，馆内拥有计算机数达35台，并与中国电信签订了100M的光纤电路，馆内设有自动化管理系统，机房存储设备容量达5TB。选用RFID图书馆自动化管理系统。

业务建设

截至2014年，松阳县图书馆馆藏量20万余册（件）、年订报刊近300种，去年接待读者5万多人次。共建立了19个乡镇文化信息资源共享工程支中心，407个基层点建设，并送书下乡29500余册，举办10次图片展、开展全县文化共享工程知识与技能培训服务等社会服务活动。

2012年开始建立松阳高腔数据库，内容包括200张照片、8个表演视频，数据量达12G，2013年建成，加上现图书馆拥有省图书馆下载的视频，目前馆内数字资源总量达5TB。

松阳县图书馆针对地方古籍保护方面制定了相关计划，按照文化部行业标准建设了古籍书库，通过古籍普查认定浙江同志稿114册，光绪版松阳县志6册，明国版松阳县志10册为古籍文献。

人员方面，馆内编制11人，在编10人，全部大专以上学历。设有馆长、书记、副馆长3个管理岗位，由刘异担任馆长兼书记，王宏伟担任副馆长，多次参加省组织的业务培训以及馆长培训班。

读者服务工作

2012年起，松阳县图书馆实行全免费开放，包括公共设施场所以及基本服务项目均免费开放，开馆时间为：8：00–18:00，周六周日照常开馆，每周开馆时间不低于56小时。书刊文献实行全开架。建立了图书馆网站，正常开展网上查询和网上续借等读者服务；2014年，采用了全新的RFID智能管理系统，方便读者自助借阅，并配备专门人员进行定期维护、更新等工作，保证其正常运行，另外通过图书馆网站以及在馆内宣传栏向读者介绍新书以及畅销书等宣传活动来引导读者走进图书馆，得到了读者的肯定，达到了良好的效果。2014年外借书刊文献102972册，年外借率达51.49%，年流通总人次达20706人，人均年到馆次数达23.6次。

松阳县图书馆主动改变服务方式，延伸服务范围，截至2014年全县建立农家书屋401家，图书流通站66个，2014年送书下乡29500册。

2014年5月，图书馆联合县教育局、科协、新华书店和全县各中小学校举办了“松阳县第十届未成年人读书节”，以“中国梦”、“社会主义核心价值观”两大主题，举办全县中小学生“节约水资源·保护水环境——从我做起”演讲比赛、主题征文活动、“传递正能量·放飞中国梦”图片展及“走进乡村文化礼堂”图片展、未成年人图书推荐活动、“我爱家乡——田园松阳”随身拍比赛以及“送书进学校”等丰富多彩的系列读书活动，通过系列读书活动和社会实践活动，引导广大读者走进图书馆，畅游知识海洋，提升读者综合素质。

为帮助广大市民认识图书馆和利用图书馆，松阳县图书馆每年在服务宣传周期间，积极开展全民读书节、禁毒日宣传、进村宣传科学种植等结合松阳县特色的服务宣传周活动，参与活动总人数达30000人。2012年还配备了两台电脑专为视觉或听觉障碍读者提供服务，使他们也能够走进图书馆，享受阅读带来的乐趣。

业务研究、辅导、协作协调

2014年松阳县图书馆共举办了农家书屋管理员、乡镇电子阅览室管理等培训4次，馆内工作人员参加全省群众文化活动的组织与策划、丽水市文联创作笔会等培训10次；开展了“田园松阳·系列公益文化大学堂”活动，内容包括“田园松阳文化大讲堂”系列讲座、中国象棋和围棋免费培训。截止2014年12月，共举办了专题讲座8期，中国象棋和围棋免费培训各3期。

2014年，松阳县图书馆联合社区共新建了9个社区图书室，目前已正式对外开放。古市图书分馆始建于2012年10月，目前已正常开放，后期将逐步完成总分馆通借通还体系建设。

“图书馆服务宣传周”宣传活动

松阳县图书馆内部景观

报刊阅览室

语言规范图片展

松阳高腔

截止2014年，全县已建立401个农家书屋，实现所有行政村全覆盖，创建了66个乡、镇、村图书流通站，为部分基层点提供各项辅导工作，开展协作协调资源共建共享。

管理工作、表彰、奖励情况

松阳县图书馆每年都制定有年度工作计划。并制定了书库管理、人员管理、读者管理、财会管理等规章制度。馆舍环境优美整洁，光洁明亮，作为县消防重点单位，本馆联合消防部门制定了各项安全预案，并对全体馆员进行消防安全培训。

被省文化厅评为第5届、第7届、第8届未成年人读书节组织奖。

馆领导介绍

刘异，男，1978年1月出生，大学学历，2000年加入中共党，馆长，党支部书记。1996年12月参加工作，2008年任支部书记，2010年任馆长兼书记，县文化礼堂建设小组专家组成员，县科委委员，2007年度县直属机关优秀党员，多次被评为先进工作者和优秀党员。

王宏伟，男，1974年8月生，本科学历，馆员，松阳县图书馆副馆长。1995年8月参加工作。丽水市图书馆学会会员。第七批浙江省农村工作指导员省优秀农村工作指导员，第七届浙江省未成年人读书节先进个人，丽水市首届全民读书节先进个人。

未来展望

在未来的几年里，松阳县图书馆将在现有馆舍的基础上，进行全面提升改造，增设自助借还设备，增加掌上图书馆，建立具有松阳地方特色的数据库，传承松阳文化。

松阳县图书馆在各级领导的关心和支持下，在全体馆员的共同努力下，本着一切为读者服务的宗旨，围绕优化服务、拓展图书馆教育和信息的功能，从读者服务、业务管理、读书活动、提高人员素质入手，使这里成为松阳人民汲取知识、捕获信息、增长才智、陶冶情操的文化殿堂。

联系方式

地　址：浙江省丽水市松阳县西屏镇白露岭A2号
邮　编：323400
联系人：刘 异

丽水市图书馆

概述

丽水市图书馆前身为丽水县图书馆，1979年10月县图书馆独立建制，1986年改称丽水市图书馆，现有馆舍面积1148.91平方米，1987年10月建成投入使用至今。现设有报刊阅览室、馆长室、外借部等十一个部门，全部实施免费开放。2012年共有阅览座席93个，其中少儿阅览座席12个。采用力博图书馆自动化管理系统，共有计算机65台，采用100M光纤接入方式，存储容量达6TB，采用无线路由方式实现服务区域无线网的全覆盖，选用力博图书馆自动化管理系统。

业务建设

截至2012年底，我馆纸质文献总藏量为29.72万册，四年来年均图书入藏量19759种、报刊1946种、视听文献250种；我馆与浙江网络图书馆、丽水网络图书馆签订资源共享协议，利用丽水图书馆网站可共享其电子资源，文献资源总藏量已超过60万册，其中电子文献总藏量已超过6000种。

2009–2011年，新增藏量购置费90万元，2012年增至50万元。2009–2012年，共入藏中文图书79036册，报刊7784种，视听文献250种。《丽水市地方志库》和《丽水市名人库》两个数据库通过省里验收。

读者服务工作

自2011年6月起丽水市图书馆实施免费开放服务，每周开放56小时。2009–2012年，书刊总流通42.39万人次，书刊外借45.48万册次。2009–2012年馆外流动服务点有58个，图书借阅总量为4.6万册次。2011年起，为“两会”提供服务。

2009–2012年丽水市图书馆网站访问量79.12万人次。截止2012年底，丽水市图书馆发布使用的数字资源总量为6TB，为丽水市各公共图书馆提供检索、浏览和下载服务。

2009–2012年，丽水市图书馆共举办讲座、展览、培训、阅读推广等读者活动70场次，参与人数8.69万人次。

业务研究、辅导、协作协调

2009–2012年，全馆职工共发表论文36篇，其中在省级以上发表论文30篇。

组织开展实施区域网络建设，以丽水市图书馆为中心，逐步建立健全市、乡镇（街道）、社区、村四级图书馆网络服务系统。2009–2012年共举办共享工程知识培训、编目培训、农家书屋管理员培训、网页设计培训等各类培训21次，采取上门辅导和集中辅导的服务方式，对全市各乡镇、行政村、社区、企业、学校等基层点图书室进行了业务辅导，参训人员达2000余人次。

送书下乡至武村幼儿园

与省馆签订《浙江省视障信息无障碍服务联盟协议》，保障视障人群享有社会文明成果的文化权利；与浙江省公共图书馆签订《浙江省信息服务联盟协议》，配合省文化厅关于利用图书馆资源为两会代表提供信息服务；与省馆签约，开展馆际通借互阅服务；根据省文化厅的工作部署，参与图书馆服务宣传周暨未成年人读书节活动；参加全省文化信息资源共享工程暨数字图书馆推广工程资源建设；召开全市公共图书馆馆长联席会议和图书馆学会理事会议，举办全省市级以上公共图书馆馆长联席会议；指导全区公共图书馆地方文献工作考评；以图书馆力博系统为平台，开展全区公共图书馆的联合编目，组建共享工程服务网络体系，为广大读者提供信息服务。

学会鼓励广大会员开展学术研究与交流，做好培训辅导工作，组织开展各类学术活动，2012年底共有会员112人，其中省图会员48人，中图会员18人。

管理工作

2012年初，完成《丽水市图书馆岗位设置实施方案》报批工作。2012年底，完成并实施《丽水市图书馆奖励性绩效工资考核分配方案》。2009–2012年，加强对财务、环境、物资、统计及安全等方面管理与建设。

表彰、奖励情况

2009–2012年，丽水市图书馆共获得地市级以上各类奖项13个，其中省级奖项9个，市级奖项4个。

馆领导介绍

龚亚民，男，1957年12月生，大专学历，中共党员，副研究馆员，馆长、书记，1978年12月参加工作，主持全馆工作，兼任丽水市图书馆学会理事长。

王玉英，女，1965年8月生，大专学历，中共党员，副研究馆员，副馆长，1982年7月参加工作，分管图书采编、读者服务、数字图书馆推广工程等工作，兼任丽水市图书馆学会秘书长。

江永强，男，1959年7月生，大专学历，中共党员，副研究馆员，副馆长，1977年4月参加工作，分管地方文献古籍、新馆建设、安全生产等工作。

未来展望

丽水市图书馆秉承“读者第一，以人为本，服务至上”的服务宗旨，不断完善服务功能，扩大服务辐射区域，带动全市图书馆事业发展。现在，丽水市图书馆新馆建设正有条不紊进行着，依据丽水市图书馆的服务功能定位和未来发展的趋势，全面建成后的丽水市图书馆，总建筑面积20000平方米，阅览座位1200个，藏书量120万册，日接待3000人次，力争达到国内先进水平，建设成为人民群众的大学校，先进文化的传播基地，信息情报的传输枢纽，社会交流的重要场所。

联系方式

地　址：浙江省丽水市文昌路144号
邮　编：323000
联系人：李文琛

庆元县图书馆

概述

庆元县在清末已设立供民众阅览的藏书楼，1919年姚文林创办庆元县公共图书馆，被浙江省省长公署奖赠"急公好义"匾额。抗日战争前夕，图书馆并入县民众教育馆。1950年建立文化馆，设图书室。1979年建立庆元县图书馆，隶属于县文化局。1982年在石龙街37号建成馆舍，建筑面积391平方米，由于书库承重超负荷等原因，1995年底大部分业务门迁入濛洲街132号的县文化中心三楼。2014年现有阅览坐席110个，计算机40台，宽带接入10M，参加2013年第五次评估，获得三级图书馆。

业务建设

截止2014年6月，庆元县图书馆总藏量9.5万（件），其中，纸质文献8.5万册（件），电子图书0.5万册。古籍5100册。设外借、阅览、少儿、电子阅览室、采编、古籍、农村辅导7个科室和行政办公室。

读者服务工作

庆元县图书馆2002年起图书馆隶县文化体育广播电视局，2002年6月1日，图书馆全面实行了全开架式服务，实现了服务方式上质的飞跃，2002年8月24日正式成为浙江图书馆庆元分馆，2002年12月与县科技局共建科技阅览室，2005年6月起隶属县文化广电新闻出版局。图书馆在开展读者各项服务同时，开设廉政书角、计划生育角及残疾人视障碍服务等。在不断强化阵地服务的同时，进一步走出馆门，创新服务理念，扩展服务内容，以"送巡展下乡"和"农家书屋"建设为带动，以"世界读书日"、"图书馆服务宣传周"和"第十届未成年人读书节"等为载体，开展形式多样的群众性特色阅读服务，满足公众阅读需求，引导全民健康阅读，受到社会广泛好评。

业务研究、辅导、协调协作

2009–2014年，庆元县图书馆职工发表论文21篇。

管理工作

2009年，庆元县图书馆完成第二次全员岗位聘任，同时，建立了工作量化考核细则。2010年至今现有编制9人，职工10人。学历：本科4人，大专3人，中专3人，专业职称：副研究馆员1人，馆员7人、助理馆员1人。报帐员1人（兼）。

馆领导介绍

吴祥锦，男，1974年9月出生，本科学历，图书馆员，馆长。1992年参加工作，先后在县文物办、艺术中心、图书馆等部门工作。

陈伟丽，女，1967年12月出生，本科学历，副研究馆员。1992年参加工作，先后在机关幼儿园、图书馆等部门任职工作。

未来展望

我馆将继续以十八大精神为指导，始终坚持解放思想、改革创新，始终坚持党要管党、从严治党，全面加强思想建设、组织建设、作风建设、反腐倡廉建设、制度建设，建设学习型、服务型、创新型党组织，着力增强自我净化、自我完善、自我革新、自我提高能力，不断提升组织创造力凝聚力战斗力科学发展观，坚持以人为本，服务至上，社会效益第一为宗旨，遵循图书馆工作规律，加强对图书报刊、读者服务的科学组织和管理，不断增强服务理念，创新服务手段，提高服务水平，积极构建公共图书馆服务体系，满足广大读者日益增长的图书报刊阅读需求，使图书馆真正成为人们学习休闲的最佳场所。

联系方式

地　址：浙江省庆元县濛洲街132号
邮　编：323800
联系人：吴林雄

图书馆下乡图片展

图书馆阅览室

图书馆活动剪影

青田县图书馆

概述

青田县图书馆成立于1979年9月30日，前身为创建于1927年(民国16年)的青田县立图书馆。现馆址坐落于青田县鹤城街道临江东路56号，2012年馆舍面积2380平方米，于1996年10月建成投入使用；馆内设综合开架借阅室、报刊阅览室(80坐席)、少儿阅览室(60坐席)、电子阅览室(35坐席)、地方文献室和资料咨询查阅室6个服务窗口，特色文献展览厅正在规划装修，多功能视听报告厅已投入使用、馆内配有45台电脑、4台服务器和2台业务服务笔记本电脑，馆藏文献数据库基本建成，基本实现服务管理全面自动化，文化信息资源共享工程县级支中心也已建成，在技术管理上加以提高和完善即可全面向乡镇村辐射和延伸。

青田县图书馆自成立以来，一直坚持无偿服务，全年无节假日提供读者开放、阅览、免费咨询服务，拥有持证读者2800多人，年流通3万多人次和4万多册次，社区乡镇村图书室377个。馆藏地方文献以刘基、民国时期青田籍在台名人传记资料和著书文化等地方名人资料、华侨资料、石雕资料、地方史志为主要特色。青田县图书馆为“三级图书馆”。

业务建设

2012年青田县图书馆共有藏书175258册，电子文献藏量是648种，图书年入藏数量9252册，报刊年入藏464种。

青田县图书馆采编部有自己专门的采买方针，相关编目细则。采编部门、阅览部门都能及时地完成编目、上架。外借部有专门的架位维护管理制度，文献保护制度和专门人员维护架位。青田县图书馆有数字资源总量是1.1TB，馆藏中文献书目数字化是38.7%，地方文献数据库有3个数据库是关于名人、石雕、华侨的。

2009—2012年青田县图书馆在设备硬件方面，采购了包括两台IBM服务器、一台联想服务器在内的性能强劲功能领先的服务器，使原来的存储空间增大到6T。在原有36台读者机的基础上，又购置了16台全新的联想计算机，用于乡镇分管的建设。数字资源不断更新增加，到目前已经超过1TB，其中文献数量达到600来种。同时，本馆也采购了一部分多媒体播放设备，丰富了共享工程内容。

读者服务工作

青田县图书馆根据有关文件，一直都在进行免费开放服务。图书馆每周开放时间57.5小时，除了周一晚上馆内职工自学，其余时间都全天候开放。图书馆2012年书刊外借18400人次39500册，阅览10900人次。馆外流动服务点共有3个，人均年到馆次数是10.4次/人。

青田县图书馆利用各种途径开展书刊阅读宣传活动，如：“未成年人读书节”，外借部的“每月好书推荐”和少儿室的“好书齐分享”等一系列活动。地方文献部为各单位、社会人士编写单位志、地方志提供有关文献资料，同时图书馆也为各种特殊群体提供各种相关服务。

青田县图书馆的网站工作正在筹建过程中，今年将对外开放。图书馆2012年共举办展览3次，讲座2场，并对31个乡镇文化员，377家农家书屋管理员进行现场手把手图书分类等一系列的培训指导。

青田县图书馆这几年来一直加强各种服务宣传工作，特别是服务宣传周，世界读书日等工作，读者对青田县图书馆的满意率是100%。

业务研究、辅导、协作协调

2009—2012年至今青田县图书馆领导和馆员均及时参加省市的各项培训。本馆员工同时也积极参加业务研究，这几年累计下来共有各项论文、专著共25篇。其中发表省级论文18篇，国家级5篇，核心期刊2篇。

管理工作

年度计划都是在对上一年工作简单总结的基础上制订的初步计划，并结合上级部门的有关任务进行随时的穿插和调整，尽可能地完成各项计划工作；财务管理由县会计核算中心统一审核做账，重大项目和支出还要报主管局审批，严格执行定额包干预算对各项支出的规定；人事管理实行由县编制人事部门审定的编制和岗位职数设岗聘任管理，

青田县图书馆“书送希望，书送未来”活动

青田县图书馆阅览室

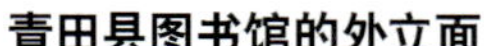
青田县图书馆的外立面

快乐暑期从这里开始

喜猜灯谜欢度中秋文化活动

明确岗位职责条件和目标任务，年度考核报人事劳动部门核审备案；志愿者管理还处于起步间段，把吸纳志愿者与中学生、大学生暑期社会实践相结合，使更多人了解图书馆的管理与服务；设备和物质管理有登记管理，实际管理还算规范，但由于近二年馆舍改造和内部修整出现管理上一些不严密，有待进一步改进；档案管理分人事和业务，人事档案由组织人事部门管理，业务档案正在逐步规范；统计工作只处于简单的统计，还没有进行常规有序的统计分析，有待全面规范和提高；环境与安全管理，环境管理在整洁安静标识等方面做的还好，在规范舒适方面有待改进，安全管理在实际管理上严格有较好的成效，在制度上有待进一步规范。

表彰、奖励情况

图书馆一贯来踏实工作，默默任劳，成绩平淡，在农家书屋建设中取得较好的成绩，受到省市表彰。

馆领导介绍

馆长：詹玉勋，男，1966年1月生，大专学历，民革党员，1987年毕业于杭州大学历史系图书馆学专业后一直从事图书事业。1992年2月主持工作副馆长，1997年12月任新华书店副经理，1999年任青田县图书馆馆长至今。由于馆长室全馆唯一图书馆学专业的，业务知识精湛。

书记：周萍萍，女，1962年8月生，大学本科学历，中共党员，副研究馆员，书记。1979年10月到青田县图书馆工作，先后在采编部、阅览部、图书借阅部，地方文献等部门工作。2014年荣获青田县“文化系统学科带头人”称号。

未来展望

青田县图书馆一直秉着“一切为了读者”的办馆理念在践行。不断完善图书馆的各项服务功能，扩大服务辐射区域，丰富青田县人民的文化生活。2009–2012年青田县图书馆进行了外立面欧式装修和内部环境的大改造，让读者的阅读环境更舒适。馆藏数据库建设进入正常轨道，图书借还RFID智能图书馆管理系统正常运行，外借部借还书进入自动化，大开架书库全面调整，更方便读者借阅，借阅服务得到广大读者的一致肯定。接下来的工作中青田县图书馆将针对市馆对本馆的第五次图书馆评估工作意见进行查漏补缺，并在今后的工作开展中更有针对性、目的性、目标性。我们继续对建设好的农家书屋，文化中心，图书分馆、图书室，做好指导、管理与服务工作。继续开展丰富多彩的读者阅读服务。在未来的几年里，青田县图书馆将进行新馆的筹建工作，建好的新馆将容纳全面进入功能提升后的优质服务，馆藏资源全面数字化，服务手段网络化、电子化，管理规范现代化，以全新的面貌服务读者。（由于各级领导对外面图书馆的规划有不同的意见，现在还没法确定面积，功能划分等工作。）

联系方式

地　址：浙江省青田临江东路56号
邮　编：323900
联系人：季飞燕

手把手指导农家书屋管理员贴标签

孩子们在看老照片展览

安徽省图书馆

概述

安徽省图书馆是创建于1913年2月，是我国较早成立的省级公共图书馆之一。馆址几经变迁，现馆舍位于合肥市芜湖路74号，主楼建造于1958年3月，1998年10月，进行了大规模的扩建，扩建后的新馆于2003年11月12日正式对外开放。1958年修建的安徽省图书馆主楼，于2011年3月和2012年7月，相继成为合肥市级文物保护单位和安徽省级文物保护单位。迄至2012年底，安徽省图书馆拥有馆舍面积3.69万平方米，其中阅览室面积8690平方米，阅览座席1600余个；配备先进的计算机管理系统，计算机信息点1450个；馆藏文献352万册（件），包含大量的皖籍先贤著述和我省各个历史时期的地方志、谱牒等地方文献。2008年，安徽省图书馆全面引入ISO9001质量管理体系模式，增强办馆水平和服务能力。

业务建设

截止2012年底，安徽省图书馆总藏量352.9332万册（件），其中，纸质文献207.8197万册（件），电子文献81.0300万册，缩微文献0.4294万种/册。

2009、2010、2011年，安徽省图书馆新增藏量购置费500万元，2012年增至550万元。2009–2012年，共入藏中外文图书24.7272种，59.9221册，中外文报刊1.2579种，视听文献6048种。2011年，地方文献入藏完整率为99%。

截止2012年底，安徽省图书馆数字资源总量为56.59TB，其中，自建数字资源总量8.49TB。2009–2012年，完成《徽州建筑》等11部电视专题片，《安徽馆藏文物》等7个数据库建设，并通过国家发展中心验收。

2009年，自动化系统升级为ILAS2.0–GB网络版，实现图书采访、编目、连续出版物管理、检索和书刊外借（流通）自动化管理。2011年，增加了RFID自助借还系统。

读者服务工作

从2011年6月起，安徽省图书馆全年365天天天对外免费开放，平均每天开放12小时，全馆设有17个对外服务窗口，实行文献外借、阅览一体化。同年，引进RFID技术，实现了馆藏文献的自助借还。2012年我馆书刊外借1867073册次。其中，图书外借1798386册次，中文期刊外借68687册次。2012年，我馆年流通总人次1105916人（其中各服务窗口流通人次为1070695人，参加读者活动人次为35221人）。先后建立白湖分馆、73091部队分馆、水上运动管理中心分馆和合肥监狱分馆4家分馆，以及43家馆外图书服务点。2009年–2012年，我馆流动服务点和分馆共计书刊外借169664册次，平均每年达42416册次。

截至2012年底，我馆已与国家图书馆、中国科学技术大学图书馆、安徽农业大学图书馆及省内40个市、县（区）图书馆建立了馆际互借关系。2009–2012年间，我馆与国家科技文献中心合作共为各类读者成功检索外刊原文547篇，4801页。2012年7月，我馆建立全国图书馆参考咨询联盟“安徽省图书馆网上咨询台”。2011年7月，经多方努力我馆成为省委宣传部舆情信息直报点，向省委宣传部报送文化舆情信息，截止到2012年12月我们共报送文化舆情信息139篇，被采用14篇，其中三篇为专报。

2009年–2012年网站点击量为15474469次。截至2012年12月，安徽省图书馆发布通过外购、自建等方式建设的数据库57套，供读者利用。其中外购数据库18套，自建特色专题数据库39套，包括完成11部电视专题片的拍摄。安徽省图书馆不仅通过手机形式进行数字资源推送服务，还与农村党员远程教育工程整合共建方式，采用IPTV模式为28000个基层点接通文化共享工程网络，通过安徽省远程教育中心将本馆外购资源、自建资源和共享资源通过电视的形式，高质量、高效率地展示给广大市民。

作为“全国公共图书馆讲座联盟”的成员馆，2012年，我馆举办各类公益性讲座90场，其中“新安百姓讲堂”、“安徽人文讲坛”和“中华文化大学堂”等三大讲座平台82场，残障人士读书文化日讲座4场，少儿读者讲座4场。2012年，举办社会培训13次，举办摄影、图片、书画等各类公益性展览28次。2012年，我馆共举办阅读推广活动53场次，其中少儿阅读推广活动21场次，残障读者阅读推广活动6场次，其他类型阅读推广活动26场次。

2012年，我馆举办的各类讲座、展览等公益性活动，读者参加人数达431821人次。其中讲座、培训等活动读者参加人数17870人次，各类展览读者参观人数396700人次，阅读推广活动读者参加人数17251人次。

业务研究、辅导、协作协调

2009–2012年，安徽省图书馆职工发表论文90篇，出版专

水上运动中心分馆揭牌

蜀山监狱服刑人员书法作品展

爱心一日捐

少儿假期主题阅读活动

视障读者"看"电影

著5部，获准立项的课题8项。

随着现代化技术在图书馆的广泛应用，我馆的基层业务辅导工作模式和手段已经发生了很大变化，业务辅导已经开始从传统集中式归口辅导向分散式专门化辅导转变。在多年的基层培训工作中，安徽省图书馆在文化共享工程、古籍保护计划、图书馆专业继续教育等方面积累了丰富的办学经验，并拥有一支较强的师资队伍，为培养基层图书馆专业人才发挥了积极的作用。

2009年到2012年，共举办高级研讨班、专题培训、基础理论等各种培训班10期，其中2010年8月举办了中美图书馆员专业交流项目——安徽省图书馆馆长高级研修班。

2003年，参加全国性联合编目中心。2008年7月24日上午，全国图书馆联合编目中心安徽省分中心正式成立。2011年上传馆藏目录533631条。2012年下载全国图书馆联合编目中心数据109107条。本中心成员馆有87个，占本地区图书馆总量87%以上。2012年各图书馆下载数量为423174条。

管理工作

2010年，制定安徽省图书馆"十二五"事业发展规划，促进图书馆事业全面协调可持续发展。2010年7月，我馆进行了新一轮人事制度改革，此次人事制度改革主要内容是科学设岗、重组业务流程、竞争上岗、目标管理、双向选择和全员聘用等。同时，制定了《安徽省图书馆绩效工资考核分配暂行办法》，将考核进行量化管理，通过定性和定量相结合的指标体系进行单位职工绩效的考核，每季度和全年进行总体工作考核。定期编辑《安图动态》、《古籍保护工作简报》和《共享工程工作简报》等动态信息和工作简讯，并定期向上级业务主管部门和基层图书馆寄送，向他们通报我馆以及基层馆的发展和建设情况。

表彰、奖励情况

2009–2012年，我馆共获得国家级表彰，国务院业务主管部门及省级党委、政府表彰，省级业务主管部门表彰共计26项。其中，国家级表彰2次，国务院业务主管部门及省级党委、政府表彰5次，省级业务主管部门表彰11次，其他表彰、奖励8次。

馆领导介绍

易向军，男，汉族，1967年2月生，浙江嘉兴人，中共党员，法学学士，研究生学历，研究馆员。1988年7月参加工作，历任安徽省文物总店干事、副科长，安徽省文化厅人事处主任科员、副处长。2006年任安徽省图书馆馆长，兼任文化部全国文化共享工程安徽省级分中心主任、安徽省古籍保护中心主任、安徽省图书馆学会理事长、中国图书馆学会八届理事会常务理事、中国图书馆学会图书馆史学专业委员会副主任、中国图书馆学会青年人才评选委员会委员、安徽省宣传文化系统"六个一批"拔尖人才、安徽省第四批学术和技术带头人称号获得者，享受省政府特殊津贴。

张海政，女，汉族，1955年4月出生，山东文登人，中共党员，大学学历，研究馆员。1977年8月到图书馆工作，历任省图书馆期刊部副主任、参考咨询部副主任，1994年至2001年1月在安徽省文化厅从事对外文化交流工作，2001年1月任省图书馆副馆长，2006年11月当选为安徽省图书馆学会副理事长兼秘书长。

林旭东，男，汉族，1965年3月生，安徽桐城人，中共党员，学历大学，文学学士，副研究馆员。1985年7月参加工作。1985年7月至1995年5月在安徽省图书馆采编部、办公室工作。1995年5月至2000年12月在安徽省文化厅教科文处工作。2001年1月任安徽省图书馆副馆长。

许俊松，男，汉族，1962年11月出生，安徽合肥人，中共党员，本科学历，研究馆员。1979年9月参加工作，历任解放军总参三部三局上尉副营职参谋、助理工程师，安徽省图书馆基建办主任、信息咨询部主任、数字资源加工部主任，2010年8月任安徽省图书馆副馆长。

未来展望

跨入21世纪的安徽省图书馆将以建设现代化、数字化图书馆为发展目标，利用先进的计算机技术建立交互式数字信息系统和查询手段，推动国民经济发展，提高国民整体素质，实现科技和文化的完美结合，努力把安徽省图书馆办成知识信息中心，文化教育中心，把图书馆建成安徽省重要的知识信息枢纽和两个文明建设的重要阵地。

残障人士读书文化日

英语沙龙特别活动：交换阅读、分享知识

映山红行动

合肥市图书馆

概述

合肥市图书馆起源于合肥县立中和图书馆，1958年正式建制。此后20年里，几易馆舍，1978年在市中心徽州路134号（原美菱大道612号）建成第一座馆舍大楼，郭沫若先生为合肥市图书馆题写馆名。1998年，合肥市政府投资8000万元，在合肥市琥珀山庄北口1号新建合肥市图书馆，创下建国以来合肥文化事业建设的第一个大工程，新馆也是合肥市第一个政府交钥匙工程。2003年合肥市图书馆新馆正式向社会开放。新馆占地11.7亩，建筑面积1.5万平方米，可容纳藏品100万件（册），可容纳读者座位600个。合肥市图书馆是国家图书馆数字图书馆分馆，是"全国文化信息资源共享工程"合肥市级中心点。2005年、2009年、2013年连续三次被文化部评为"一级图书馆"。

业务建设

截止2013年2月，合肥市图书馆总藏量685747册（件），另有电子图书200万种、电子期刊39587037篇、数字视频20156篇。

2009年至2012年合肥市图书馆新增藏量购置费分别为190万元、200万元、200万元、240万元；共入藏中外文图书109348种、146438册；期刊年均值1673种；视听文献年均值633件；截止2012年底，地方文献收藏3713种，4059册。

截止2013年2月，合肥市图书馆数字资源总量为17.9T。馆藏文献数字化率为87.1%。2009—2012年，完成《地方文献数据库》建设。

2008年至今，合肥市图书馆使用的是Interlib业务管理系统，为配合免费开放和读者的迫切需要，市馆在省内第一个采用RFID系统，实现了图书的自助借还功能，并将10万册书刊实行开架借阅。同时，在大门前设有24小时自助还书机，大大方便了读者。2013年4月初，合肥市图书馆开通了WIFI 24小时免费开放服务。实现馆内无线网络100%覆盖。

读者服务工作

合肥市图书馆365天向社会开放，平均每天开放时间10小时，每周开放时间70小时；2011年5月，合肥市图书馆在全省率先对全市免费开放，同时，引进RFID技术，实现了馆藏文献的自助借还。2009—2012年，总流通225万人次；书刊外借110.6万人次、169万册次。馆外流动服务点书刊借阅78636册次。2012年合肥市图书馆与巢湖市图书馆、天门湖社区分馆、安徽医学高等专科学院图书馆等11家图书馆开展馆际互借，跨系统互借，4年来，借入借出数量为9万册；馆际间网络全文传递达200篇。2008年9月，合肥市图书馆设立"政府信息公开专柜"和"政府公开信息网络查询点"。2011年合肥市图书馆网站中专门设有"政务信息公开指南"栏目，宣传合肥市政务公开和行政服务中心建设等方面的先进经验和做法，同时可查询到各类政务公开政务服务的信息。自1997年合肥市图书馆编撰的每月一期的《图联网讯》浓缩了全国各地的大量信息，将我国经济建设、文化事业发展的最新信息、外地的改革经验及时地提供给全市党政、市直机关提供信息服务和决策参考；合肥市图书馆自2011年先后开通了市政务大楼、市财政局、市总工会、规划院等数字图书馆分馆，直接将资源与服务送上门；自2011年，合肥市图书馆为两会代表、委员们提供信息服务，同时赠送数字图书馆卡。

2009—2012年合肥市图书馆网站访问量31万人次；合肥市图书馆是全国文化信息资源共享工程的市级中心点，发布数字资源总量为1.8TB，视频资源20000多篇，可通过合肥市图书馆网站向全市共享工程基础服务中心提供检索、浏览和下载服务。

2009—2012年，合肥市图书馆共举办讲座、展览、培训、阅读推广等读者活动411场次，15万人次。比较有影响的活动有：夕阳红老年读者电脑知识培训、中学生假期套餐卡活动、送书下乡、进军营、到社区、企业、学校、监狱及数字图书馆推广活动等等。此类活动收到较好的社会反响。此外，合肥市图书馆坚持举办各种形式面向不同对象的阅读推广活动，如读者征文、演讲比赛、优秀读者、读书家庭评选、电脑培训、免费办证送卡、免费放映电影等等；举办了"阅读无限、书韵庐州"为主题的系列活动；开展图书馆服务宣传周、全民读书月、世界读书日等。

通过读者问卷调查，读者满意率达98.4%。

业务研究、辅导、协作协调

2009—2012年，合肥市图书馆职工发表论文22篇，科研项目立项的有《关于构建我市未成年人图书馆服务体系的研究》、《合肥市数字图书馆远程访问平台》，后一项获"合肥市第二届职工技术创新成果二等奖"。

自2008年起开设数字图书馆分馆，到2012年底，有包括四县一市的数字图书馆分馆22家。同时开展图书馆分馆建设，拥有分馆28家；合肥市图书馆与各数字图书馆分馆之间100%开展资源共享，与芙蓉社区分馆开展通借通还，文献借阅2万余册次。

2009—2012年，合肥市图书馆帮助市地税局、市检察院、北苑社居委等建立图书室，针对桐城市图书馆、四县一市图书馆自动化管理进行指导培训及开展业务培训20多次。

合肥市图书馆学会2012年合出版发行《基层图书馆》杂志，帮助合肥地区图书馆工作者掌握公共图书馆动态信息；

李长春同志在安徽省委书记、省人大常委主任王太华和省长王金山等领导的陪同下来我馆视察

安徽省委常委、合肥市委书记孙金龙同志来合肥市图书馆视察工作

市图举办的高仿版《富春山居图》鉴赏会引起了广泛的社会影响和媒体的高度关注

燃气集团分馆挂牌仪式

合肥市图书馆新馆开馆典礼

“全国信息资源共享工程”正式启动

2009年被市科联评为“合肥市社科联十佳学会”，2011年又获“合肥市科协2010年度优秀调研报告三等奖”。

合肥市图书馆一直以来参加国家图书馆联编中心的联合编目工作，并与安徽省图书馆签订了联编协议。同时有专门负责本地区联采统编工作，制定了工作规范，并且电子资源已经与三县图书馆实现联采统编。

管理工作

2010年，合肥市图书馆实行聘用制，做到了按需设岗、按岗聘用、竞争上岗、择优聘用；每年按照馆里与部门制定的目标责任制进行考核，建立分配激励制度，奖勤罚懒，奖优罚差。根据越来越多的志愿者来馆参加公益服务的现状，合肥市图书馆制定了《志愿者管理办法》。根据全馆各部门工作情况，修编了《合肥市图书馆规章制度汇编》，共52项。

表彰、奖励情况

2009–2012年，合肥市图书馆共获得各种表彰、奖励11次，其中，文化部表彰、奖励1次，市委市政府表彰、奖励4次，省图书馆表彰、奖励1次，其他奖励5次。

馆领导介绍

凌波，男，1953年6月生，在职研究生学历，中共党员，研究馆员，党总支书记、馆长。1972年12月至1978年4月在中国人民解放军海军服役，曾到合肥市曲艺团、合肥市文化局、合肥市图书馆工作，1997年4月任合肥市图书馆馆长。兼任安徽省哲学社会科学联合会委员、安徽省世界语协会会长、中华全国世界语协会（终身会员）常务理事、安徽省图书馆学会常务理事、合肥市图书馆学会理事长。曾荣获“市先进生产（工作）者”等荣誉称号。

谢阳春，男，1963年1月生，中共党员，副研究馆员。1984年7月参加工作，并进入巢湖市图书馆工作；2004至2006年挂任无为县二坝镇党委副书记；2007至2011年任巢湖市图书馆馆长，巢湖市图书馆学会理事长，安徽省图书馆学会理事；2011年12月调入合肥市图书馆任副馆长。分管安全及分馆建设。

李永钢，男，汉族，1976年9月出生，中共党员，在职研究生学历。馆员。2000年7月于安徽大学图书馆学专业毕业，至合肥市图书馆工作，先后在采编部、基建办、网络部工作。2005年10月被任命为合肥市图书馆馆长助理，其主持的《合肥市数字图书馆远程访问平台》项目，获合肥市政府“合肥市第二届职工技术创新成果奖·二等奖”。先后荣获“合肥市建设学习型机关工作先进个人”及合肥市总工会授予“合肥市金牌职工”称号。

李涵，女，1972年4月生，本科学历，中共党员，副研究馆员。1990年12月参加工作，同时进入合肥市图书馆工作，2000年任合肥市图书馆团支部书记；2005年起先后担任参考咨询部、期刊部主任；2007年被选为合肥市党总支委员；2010年9月被任命为合肥市图书馆副馆长。分管行政管理与业务建设。曾荣获“合肥市青年岗位能手”称号。

郑小云，女，1958年8月生，中共党员，本科学历，1978年9月参加工作，曾在合肥市庐剧团、赖少其艺术馆等单位担任主要领导职务，2010年9月调入合肥市图书馆任党总支副书记，分管党建工作。

未来展望

合肥市图书馆将切实贯彻落实“文化惠民”的政策，全力打造辐射全市各个角落的图书馆网络系统。一是继续尝试“中心馆—分馆”的办馆模式，积极推进中心馆建设。根据本市人民群众日益增长的精神文化需求和合肥市文化事业的发展状况，2010年合肥市图书馆申请在政务新区建设一座现代化的合肥市中心图书馆，并继续呼吁各级政府加大力度完善各区县、社区、机关、学校、企业的图书馆（室）。与中心馆实行计算机联网管理，共享总馆的网络化资源，图书可以通借通还。二是尽快开通手机图书馆，积极申办民生项目：“无人图书馆”建设。三是建立合肥地区图书馆联盟，共同开展阅读推广、读者活动，有卡通用，资源共享。四是继续主动积极开展各项阅读推广活动，使合肥市图书馆的服务网络呈现出全方位立体化全覆盖的态势。

联系方式

地　址：合肥市琥珀山庄北口1号
邮　编：230061
联系人：胡忠华

举办“台版图书展”

庆祝建馆“五十周年”馆庆活动

扶持农村图书室

芜湖市图书馆

概述

芜湖市图书馆1949年10月开馆，命名为人民图书馆，是芜湖历史上第一所对人民大众开放的公共图书馆。人民图书馆成立时馆址在环圹路66号（现尺木亭附近）。1951年9月图书馆迁至镜湖西南的烟雨墩。1952年10月更名为芜湖市图书馆。1974年12月在镜湖南岸新建图书阅览楼和书库。1987年6月1日，新阅览楼及书库正式对外开放和启用。2008年12月迁至银湖中路42号新馆。原烟雨墩馆舍作为安徽文化名人藏馆保留，隶属芜湖市图书馆。芜湖市图书馆现有馆舍面积一万四千八百多平方米、藏书70余万册，形成了以新馆为中心，以安徽文化名人藏馆（烟雨墩）、空军驻芜某部空三师分馆、三山区分馆以及南瑞社区文化中心、大花园社区、海军干休所、六郎镇文化中心、汀苑小区等基层服务点为补充的公共文化服务网络。2009年，参加第四次全国公共图书馆评估，首次获得一级图书馆。截止2012年底，芜湖市图书馆有阅览座席1360个，计算机234台，其中供读者使用180台，使用力博自动化管理系统，目前，采访、编目、外借、阅览等已实行自动化管理。2012年全面建成芜湖数字图书馆和芜湖移动数字图书馆，馆藏本地镜像资源36TB、包库资源近60TB，实现办公、服务的自动化和网络化。

业务建设

截止2012年底，芜湖市图书馆总藏量70.67万册（件），其中，纸质文献67.48万册（件），电子图书2.91万种/册。

2012年、2013年芜湖市图书馆新增藏量购置费分别增至230万元、280万元。2012年入藏图书46374种，2009–2013年年均入藏17102种；2012年入藏电子文献60万种，征订报刊1160种，入藏视听文献736种。截止2012年底，芜湖市图书馆数字镜像资源总量为36TB。馆藏中文文献书目数字化达100%；根据芜湖市图书馆地方文献选题规划，建立了地方文献书目数据库。

读者服务工作

从2009年元月起，芜湖市图书馆全年365天免费对外开放，周开放69小时。除古籍阅览室和典藏阅览室以外的各阅览室的图书全部实行全开架借阅。2012年，流通总人次达49.7万，书刊文献外借册次达35万，年人均到馆20余次。2009–2012年，引进街区自助图书馆1台，建成2个分馆，15个基层服务点。馆外流动服务点书刊借阅每年都已达到1.2万册次。坚持为各级领导和各类企业提供信息资源服务。征订了《中华人民共和国国务院公报》、《安徽省人民政府公报》等，在报刊阅览室设立专架为社会大众提供政务信息。

2009年–2012年，芜湖市图书馆网站访问量112.3666万次。全面建成芜湖数字图书馆和移动数字图书馆。截止2012年底，芜湖市图书馆发布使用的数字资源镜像数据量达到36TB。读者服务区无线网覆盖范围为100%，网速为百兆光纤，存储容量为60TB。

2009–2012年，芜湖市图书馆共开展讲座、展览、培训、阅读推广等各类读者活动约300场次。参与人数12.628万人次。2011年11月，芜湖市图书馆成功承办了“第二届安徽省公图文化节”。

业务研究、辅导、协作协调

2009年–2012年，芜湖市图书馆职工发表论文30多篇，撰写调查研究报告近20篇。

积极参与省内外各级图书馆组织的协作协调工作，芜湖市图书馆先后与国家图书馆、安徽省图书馆、南京图书馆、芜湖市各县区图书馆等签定了数字资源共享合作协议、馆际互借和文献传递服务合作协议、文献联合编目协议等。

在本地区图书馆服务网络建设中，芜湖市图书馆制定了规划，有计划地分步实施，加强管理，并取得较好成效。参与服务网络的本地区基层图书馆的比例达到了100%，芜湖市图书馆将本馆数字资源向所有参与本地区服务网络建设的基层图书馆进行开放共享。

截止2012年，芜湖市图书馆共建立了南瑞社区文化中心、大花园社区、海军干休所、六郎镇文化中心、汀苑小区、体育场社区、新芜路社区、殷家山社区、七更点社区等近20个基层服务点，设立了空军驻芜某部空三师分馆、三山区分馆，在全市范围内构建公共文化服务网络。芜湖市图书馆还承担指导全市各县、区文化共享工程支中心、公共电子阅览室建设等工作。

管理工作

2008年芜湖市图书馆通过竞聘上岗实现了全员聘用制，制定了各自的岗位职责和目标任务，并与职工签订了目标责任书。2011年，芜湖市图书馆对馆内岗位的设置重新细化调整，

举办《芜湖文化论坛》文学系列讲座

开展送书下基层活动

芜湖市图书馆报告厅

图书馆借阅大厅

期刊阅览室

再次实现全员竞聘上岗。芜湖市图书馆根据自身工作职能，围绕中心任务和工作重点，制定了一系列完善的工作制度，全面落实工作目标责任制和项目负责制。同时，建立了工作考核指标，每周通过周例会通报工作进展，每月进行工作小结上报，每半年和全年进行工作目标考核。文献排架部门月月检查，馆部实行半年检查。

表彰、奖励情况

2009年–2012年，芜湖市图书馆共获得各种表彰、奖励20余次。2010年元月，中央电视台《新闻联播》对芜湖市图书馆的免费开放和延伸服务工作进行了专题报道。

馆领导介绍

张兆农，男，1962年1月生，大学本科，中共党员，副研究员馆员，馆长。1984年参加工作，1984年至2007年5月，在芜湖市文化馆（原芜湖市群众艺术馆）先后担任培训部主任、经营开发部主任、副馆长等职务。2007年6月任芜湖市图书馆馆长（正科级）。安徽省图书馆学会常务理事，安徽省民族管弦乐学会常务理事，芜湖市作家协会副主席、秘书长，芜湖市文化交流协会副会长，芜湖市张孝祥研究会常务副会长，芜湖市音乐家协会理事。

方婷，女，1964年3月生，大学本科，馆员，副馆长。1982年6月参加工作，1983年6月到芜湖市图书馆工作，2004年12月任芜湖市图书馆副馆长（副科级），分管图书馆业务工作。中图学会2011–2013年度优秀会员，省、市图书馆学会会员，兼任芜湖图书馆学会秘书长工作。芜湖市政协委员，芜湖通俗文艺研究会会员，省、市图书、印刷类评标专家库专家。撰写的论文有《采编工作之思路》、《承办读者服务部的几点设想》、《浅谈网络环境下芜湖市图书馆的地方文献建设》、《浅谈公共图书馆免费开放的理论与实践—以芜湖市图书馆为例》等。

举办公益性展览

未来展望

芜湖市图书本着“开放、均等、包容”服务理念，将在目前全面实现文化基本服务免费开放的基础上进一步拓展服务空间，延伸服务范围，提高服务品质，实现芜湖数字图书馆的全面升级，建设芜湖公共学习网络平台，融合微信等新网络技术，整合网络资源，实现网络资源获取方式的多样性、便捷性。

联系方式

地　址：安徽省芜湖市银湖中路42号
邮　编：241000
联系人：贾 慧

芜湖市图书馆咨询台

芜湖市图书馆外观

蚌埠市图书馆

概述

蚌埠市图书馆成立于1951年元月，其前身为1949年9月成立的蚌埠市人民文化图书馆阅览室。历经六十余年，不断发展壮大，馆址几经搬迁。馆舍面积由初建时90平方米，发展成为目前馆舍面积8100多平方米的新馆。新馆座落于涂山路淮河文化广场，于2005年12月交付使用，2006年3月迁入新馆并部分开放，2009年4月30日全面开放。新馆建筑面积8100平方米，设计藏书能力为100万册，设有阅览坐席500个，全馆读者服务区无线网络覆盖。拥有3000多平方米的"藏、借、阅一体化"的开放式空间，年接待读者40余万人次。是皖北较具特色的综合性公共图书馆。

业务建设

截止2013年底，蚌埠市图书馆现有馆藏文献92万册/件，其中纸质文献29万册，电子图书及数据库63万种，数字资源总量15TB，古籍图书1053种，12132册。基本形成学科门类及文献载体较为齐全的馆藏文献资源。

全年365天对社会开放，每周开放时间65小时，服务窗口12个，免费为市民提供书刊外借、阅览、文献检索、参考咨询等服务，举办公益性培训、展览、讲座，开展读书活动等各种类型主题活动。设有数字资源阅览、视障人士阅览等特色服务。大力加强基础建设，不断提高办馆条件，重视馆藏资源建设，不断丰富馆藏资源。重视地方文献的收集整理工作。加强古籍保护，进行规范著录。现有古籍：国家级善本3种63册，省级善本13种410册，普通古籍1037种，11559册，系皖北地区唯一的藏有古籍的市图书馆。

读者服务工作

蚌埠市图书馆不断强化服务理念，改善服务方式，创新服务手段，使服务质量得到明显提高。图书馆实行全面免费开放，全年无闭馆日，每周开放达65小时，全开架借阅、免费上网、取消办证注册费及工本费，同时开展上门服务，送书到基层，到军营，得到社会一致好评，读者问卷调查满意率为97%。

蚌埠市图书馆始终坚持和不断强化"以人为本"的服务理念。本着"读者第一，服务至上"的原则，扎实有效地开展各项服务工作。蚌埠市图书馆不断加强馆员的职业道德教育，强化"窗口"意识，积极开展微笑服务、礼仪服务，并于2012年荣获蚌埠市"为民服务，创先争优"文明窗口的荣誉称号。

蚌埠市图书馆常年坚持服务基层，以实现本地区公共文献资源共享为目的，致力于构建一个现代化网络技术为依托，以蚌埠市图书馆全国文化信息共享工程蚌埠支中心，各县、区图书馆支中心为骨干，乡（街）、村（居）图书室为节点的公共图书馆联合服务网络。建有农村、学校、社区、劳教所、福利院、军队等范围近20个馆外服务点及流动图书馆。并且为留守儿童、农民工、老年人、未成年人等群体提供服务。

蚌埠市图书馆为特殊、弱势群体提供服务。所有服务窗口均向残疾人、老年人、进城务工人员免费开放。设有残疾人通道，方便残疾读者进出。在阅览室等场所放放置老花镜、放大镜等服务供老年人使用。为未成年人和视障读者利用图书馆接受更多更好地教育，2010年，蚌埠市图书馆先后建立了盲文及盲人有声读物阅览室和未成年人电子阅览室，提供优质服务。为让乡村贫困儿童感受温馨关爱，举办"情系邹庙小学，打开幸福之窗"爱心捐助活动，向邹庙小学捐助图书200册。开展"映山红——为农村孩子捐赠图书"大型广场活动，为贫困地区孩子积极捐书筹建爱心图书室；2010年，蚌埠市图书馆先后在第一看守所和拘留所建立了"图书馆流动借阅网点"，并捐赠图书、期刊3000册。设立了"青年爱心图书馆"；2011年蚌埠市图书馆又为蚌埠劳教所捐赠图书并设立图书馆流动服务点。2012年相继在解放军舟桥团、高速公路蚌埠管理处建立流动图书馆。充分发挥了公共图书馆的社会教育职能。

管理工作

加强内部管理，健全各项制度是做好各项工作的保障。在人事管理方面，在全馆范围内实行聘用制，按需设岗，按岗聘用，竞争上岗。完善了各部门工作职责。制定年度主要工作指标和考核制度，并制定奖励性绩效分配机制，适当拉开收入差距。对考核优秀和有突出贡献的人员给予一定的物质与精神奖励。在业务工作方面，制定了《图书馆岗位职责及业务工作细则》，并以此来规范服务行为，减少工作盲点，实行"人人有责任，事事有程序"的工作标准。加强业务和管理的规范化、科学化、制度化。通过完善制度，建立激励机制，大大提升了职工的工作效率。

积极重视和确保图书馆安全稳定和综合治理工作，实行专人负责，定期检查，定期培训，并适时地组织消防疏散演习。制定了安全责任制，应急预案等一系列安防制度。特别是在节假日，要求大家加强防火、防盗、防电、防拥挤等安全事故的发生，将一切安全隐患消灭在萌芽状态。在馆区环境治理方面，投入资金，完善设施设备，努力使蚌埠市图书馆成为淮河文化广场一道亮丽的风景，吸引更多的市民前来悦读。

业务研究、辅导、协作协调

蚌埠市图书馆坚持长期组织学术讨论会，收到论文四百

报刊阅览大厅

为留守儿童赠书现场

在蚌埠市第一看守所建立流动图书馆

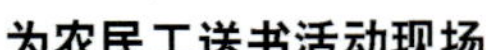
为农民工送书活动现场

为盲人服务活动现场

举办"书海明灯"志愿者服务活动

余篇。每年定期召开蚌埠市图书馆学会年会暨论文研讨会，累计收到专业论文300余篇，评选出的优秀论文向省级学术交流或专业刊物推荐；并组织推荐优秀学术成果参加蚌埠市社科联优秀成果评奖活动。多次被省图书馆学会评为先进集体。

蚌埠市图书馆加强内部交流，促进图书馆间合作，蚌埠市图书馆担负着联系全市各系统图书馆的纽带和桥梁的作用。多年来，市图书馆本着加强交流，促进合作为宗旨，加强兄弟馆之间的联系，资源共享、文献协调采购等业务工作得到很好推进，馆际互帮互助，取长补短等文明之举蔚然成风。

蚌埠市图书馆成功举办蚌埠市首期文化信息资源共享工程培训班，不断创新辅导模式，提高文化信息资源的利用率。蚌埠市图书馆还不断加强整合数字资源建设，及时做好国家中心新建资源的接收工作。并积极协助省分中心，完成《红色经典》、《安徽花鼓灯》在蚌埠拍摄任务。

表彰、奖励情况

始终确立"读者第一，服务至上"的宗旨，始终坚持以提高的办馆条件为基础，改进服务质量和提高管理水平为重点，全面加强图书馆建设，努力提升公共文化服务水平，充分发挥图书馆在精神文明建设窗口作用，在实际工作中取得了明显成效，得到了社会和广大读者的一致好评，受到上级有关部门的表彰和奖励。特别是2009年–2012年，先后荣获"安徽省文化系统先进单位"、"省文化体制改革先进单位"、蚌埠市"文明窗口"及"双拥模范"单位等称号。

馆领导介绍

孟庆杰，男，1959年1月生，民族，汉，中共党员，大学学历，副研究馆员，蚌埠市图书馆馆长。1981年2月在蚌埠市图书馆工作至今。历任工作人员、采编股长、副馆长、馆长，省图书馆学会常务理事，市图书馆学会理事长，1995年被评为副研究馆员。从事图书馆工作33年来发表学术论文10余篇，与他人合编书1本。先后荣获全省文化系统先进工作者、省科普先进工作者、中国图书馆学会优秀会员等称号。多次获市政府嘉奖和记功奖励。

韩安意，女，1958年12月生，大学学历，中共党员，副研究馆员，图书馆党支部书记、副馆长。1977年参加工作，1990年调入蚌埠市图书馆至今，历任图书馆资料管理员、采编部主任、副馆长、党支部书记，兼任工会主席、学会秘书长、蚌埠市文化创意产业协会理事。在省级刊物上发表论文10余篇，2003年获市政府嘉奖，2005年获晋级一级工资奖励，2007年–2009年获国家图书馆学会优秀会员，2012年获市先进女职工干部殊荣。

何俊涛，男，1964年12月生，民族，汉，中共党员，大学学历，蚌埠市图书馆副馆长。1982年10月安徽省繁昌县83512部队服役，1985年10月分配至蚌埠市图书馆工作至今，历任蚌埠市图书馆团支部书记，蚌埠市图书馆下属企业蚌埠市复印机服务中心副经理，蚌埠市图书馆办公室主任、副馆长等职。

未来展望

通过全国第五次公共图书馆评估，促进了市政府及财政、主管部门对市图书馆的支持和指导，促进了蚌埠市图书馆办馆条件的改善，提高了蚌埠市图书馆数字化、网络化建设水平，推动了蚌埠市图书馆制度化建设和科学化管理，宣传了现代图书馆的办馆理念，也提高了市图书馆的社会地位。同时也达到改善条件，改进工作，提高服务水平，学术水平和科学管理水平，从而达到了"以评促建"的目的。蚌埠市图书馆在今后的发展中将以评估为契机，加强制度化建设，制定完善切实可行的业务工作规范，建立有效的业务管理监督机制，强化读者服务工作，使图书馆工作得到社会的认可，使我市图书馆事业得到可持续发展，使评估工作在蚌埠市图书馆达到常态化。有为才有位，有位才能更好地有为。我们坚信在各级领导和支持下，在社会各界帮助下，蚌埠市图书馆必将得到又好又快的发展，为构建现代化公共文化服务体系做出一定的贡献。

全体党员赴凤阳小岗村学习

在蚌埠陆军预备役舟桥团建立流动图书馆

马鞍山市图书馆

概述

马鞍山市图书馆于1974年10月19日正式建立，1976年元旦对外开放。它的前身包括矿区政府文卫股图书室、市文化馆图书馆和市图书馆正式建立三个阶段。新馆建成于2008年12月31日，总建筑面积约2万平方米，设计藏书量140万册，是目前安徽省最大的地市级公共图书馆。2005年、2009年、2013年，马鞍山市图书馆先后三次被文化部授予“国家一级馆”荣誉称号。

2012年新增瑞北、明珠、矿内、师苑、华城、东城、南湖、花园、鸳鸯、映翠10个社区分馆。2012年底，先后在市政广场、东苑社区、半山花园社区、花山区文体局、大华广场、人民医院、幸福广场、市文委广场、雨山文体局、向山建成10个24小时自助图书馆，全面建成总分馆服务体系，开创了安徽省公共图书馆服务体系新模式。2012年，马鞍山市图书馆有阅览室坐席600余个，计算机200余台，宽带接入150Mbps，选用Interlib图书馆自动化管理系统。

业务建设

全市各类图书馆（室）共藏有书刊3939.2万册，其中纸质图书1047.5万册，报刊200万册，电子图书2653.2万册。县（区）级以上公共图书馆：藏书63.2万册，报刊69万册，电子图书50万册，其中市图书馆藏书43万册，电子图书50万册；基层图书室：农家书屋藏书80万册，乡镇、社区、街道藏书56.7万册；高校图书馆、科研院所：藏书326.1万册，报刊101万册，电子图书303.2万册；企业、厂矿图书室：藏书40万册，报刊30万册；中小学图书馆藏书520万册，电子图书2300万册。

安排年购书经费150万元（2012年及以前为100万），免费开放经费50万元（2011年起）。藏有纸质图书43万册，电子图书14万册，总藏量60万册。2012年新增项目采购经费280万，正在采购。图书资源年入藏数量超过6000种。其中2010年27728册；2011年21125册；2012年33157册。

市图书馆电子阅览室提供免费上网服务、数字资源服务；查询机提供书目查询、政府信息公开查询服务。数字图书馆信息化服务平台的投入使用，使市民足不出户就可以免费享受数字资源服务。截至2012年底，全部数字资源总量115975种。本馆采购的电子文献共计10大类；涉及期刊、视频、电子图书多种文献。主要有：①CNKI中国期刊全文数据库；②CNKI中国法律知识资源总库；③重庆维普期刊；④文渊阁四库全书；⑤易学多媒体教学视频；⑥爱迪科森网上报告厅；⑦爱迪科森就业视频库；⑧龙源电子期刊；⑨博看触摸屏期刊；⑩电子图书（中数图公司）。

读者服务工作

2012年马鞍山市图书馆共接待入馆读者、市民80余万人次，其中，接待参观单位及社会组织41批次，较2011年略有增加。办理读者证4500个，借还书籍45万册次，同比增加5%；新加工图书0.7万种3.4万册，同比增加161.5%，使馆藏纸质图书量一举跨越40万册；拥有报纸202种；期刊672种，基本与2011年持平；免费上网服务人数达3万余人次，其中未成年读者免费上网服务4000余人次，同比新增30%。以上服务指标均超过《安徽省公共图书馆服务标准》要求。2012年市图书馆网站访问量已至58517页次，通过网络续借图书有4560人次，同比增加1800人次；电话续借1920人次，同比增加1245人次。

马鞍山市图书馆平均每年播放公益电影约80场，免费服务市民约2.5万人次。主要有“周末公益电影大放送”、“节假日公益电影”、“送电影进警营、进社区、进企业、进工地”等多种形式。平均每年举办公益讲座约20场，视频讲座15场。讲座坚持公益性、平等性、开放性原则，主要围绕经济、社会、政治、文化及马鞍山本地区民风、民情等各个方面，面向全市市民开放，免费服务超6000人次每年。2013年，周末大讲坛活动的开展更是将讲座场次提高到50场，讲座水平也进一步提高。2012年，开展各类大型培训活动15场，还深入基层服务点开展各项业务辅导近80次。平均每年举办公益性展览近20次，免费服务6万余人次。所举办的展览作品中，主要围绕社会、文化、生活各个方面，深受市民喜爱。视障读者是我馆重要的服务群体，由于他们出行不便，为方便他们借阅图书，我馆通过送书上门的服务方式，将他们所需要的盲文图书送到家门口。平均每年开展为盲人读者送书上门服务约20次，为他们送去200余册盲文图书每年。此外，还通过开展培训活动，指导盲人读者使用阅读软件、数字语音期刊、盲文点读器、盲文打印机等设备。

业务研究、辅导、协作协调

2012年有数字图书馆调查研究报告、示范区建设公共图书馆规划建设、为实施马鞍山市24小时自助图书馆项目考察上海区级图书馆的工作调研报告等资料4篇。

与马鞍山市政务中心开通百兆光纤专网，为市委市政府提供各类专题数据库、国内外大事要事的查阅，并为马鞍山市文明城市创建、李白诗歌节举办、文化产业发展提供政策查询、信息支持。

自2011年起，我馆开始了与南京金陵馆之间的一体化合作。双方在合作的基础上制作南京都市圈图书馆服务平台。与江西九江馆签订跨地区合作协议，围绕讲座、阅读推广、展览、

杂志阅览室

李白国际资料中心

电子阅览室

借书处

盲人阅览室

表彰与奖励情况

2012年参加市图书馆业务技能大赛中获得优秀组织奖。一个一等奖，三个三等奖。在局系统才艺展示大赛中获得“最佳团队奖”等。

馆领导介绍

葛圣梅，女，1965年4月生，中共党员，馆长。1985年参加工作，历任图书管理员、副馆长，2010年12月任图书馆馆长，2013年获县“三八红旗手”称号。

王艳秋，女，1972年8月生，中共党员，中级职称，1988年参加工作，历任县文管办职工，副主任、文化局人事科科长、图书馆支部副书记，2013年4月任支部书记。

昂方，女，1970年8月生，中共党员，助理馆员，1988年10月参加工作，历任图书管理员、会计，2010年7月任图书馆副馆长。

邵世球，男，1979年6月生，2000年12月参加工作，2009年4月到图书馆工作，历任图书馆管理员、会计，2010年7月任图书馆副馆长。

未来展望

肥东县图书馆遵循“读者第一，服务至上”的原则，完善服务功能，扩大服务辐射区域，带动肥东地区事业发展。2012年新馆建成投入使用，在未来的几年内，我馆将积极争取县级政府的支持，重新规划建设一个独立的功能齐备的新的图书馆。

少儿阅览室

联系方式

地　址：肥东县塘杨路与包公大道交叉口文化广电大厦三楼
邮　编：231600
联系人：昂　方

美好乡村图片展

送书下乡到明德学校

芜湖市镜湖区图书馆

概述

芜湖市镜湖区图书馆是全面落实党的文化惠民政策，成立于2012年12月，位于芜湖市镜湖区黄山东路1号。2013年和2014年省定民生工程公共文化场馆开放项目的实施馆所。馆舍面积5200平方米，内设开放式阅览大厅、少儿阅览室、视障人士阅览室、多媒体阅览室（电子阅览室）、报告厅（培训室、综合活动室）、自修室等公共空间设施场地，同时还设有自修室、读者沙龙、休闲阅览区。作为芜湖市公共文化服务体系的一部分，镜湖区图书馆以人为本，在读者服务中始终坚持“五全”宗旨，即全年开放、全免费、全年龄段阅读、全馆无障碍服务、全阅读方式，为读者营造极具人文关怀的阅读和交流空间。

业务建设

从2012年12月开馆至今，镜湖区图书馆共藏有图书8万余册、期刊210余种、纸质报纸54种、典藏图书近2000册，涉及人文社科、自然科学、古典文献、少儿读物、教辅资料、地方志等多个领域，总藏量约为10万册（件）。电子图书240万种。电子文献60万种，入藏视听文献736种。读者服务区无线网络覆盖范围为100%，网速为50兆光纤。整体环境典雅而静怡，设备配套，功能齐全，2013年被国家文化部评定为国家公共图书馆县区级一级馆。

截止2014年7月，镜湖区图书馆数字资源总量为20TB，其中，自建数字资源总量20TB。同时，实现馆内5200平方米无线网络覆盖。

2013、2014年，镜湖区图书馆新增藏量购置经费200万元，共入藏中外文图书5万余种，10万余册。

读者服务工作

镜湖区图书馆全年365天对外免费开放，周开放63小时。2012年12月至2014年7月，书刊总流通20万人次，书刊外借10万册次。

2012年12月，镜湖区图书馆开通了图书漂流服务，共设置了4个图书漂流站，分别为馆外书刊流通总人次2万人次，书刊外借5万册。

2012年12月至2014年7月，镜湖区图书馆网站访问量20万次。同时还开通了镜湖区图书馆微博、微信，创建镜湖区图书馆读者群，全方位向读者推广阅读。

开馆至今，镜湖区图书馆共举办讲座、绘本故事、展览、培训、阅读推广等读者活动85场次，参与人数6万人次。

管理工作

2014年6月，镜湖区图书馆第一次实行全员竞聘上岗，本次聘任共设8类岗位，有18人重新上岗，同时，建立了工作量化考核指标体系，每月进行工作进度通报，每半年和全年进行总体工作考核。

未来展望

镜湖区图书馆遵循“政府主导、集中管理、整体规划、社会化运作”的原则，践行“发展三步走”战略，既完善单体服务功能，扩大服务辐射区域，带动地区公共文化服务体系发展。2012年12月至今，在不断强化自身综合实力的同时，通过建设镜湖区图书馆总分馆模式来扩大服务辐射区域。2014年6月，镜湖区图书馆总分馆模式建设工程启动，在未来的几年里，镜湖区图书馆将在以自身为总馆的基础上，根据镜湖区人口数量和人口聚集分布，在街道、社区建立各个社区分馆，通过社会化运作，以点带面，实现公共文化服务体系的优化和完善。同时通过“通借通还”、“资源共享”等方式，将公共图书馆的有效服务范围覆盖整个镜湖区，最终实现镜湖区的“15分钟阅读圈”。

联系方式

地　址：芜湖市镜湖区黄山东路1号
邮　编：241000
联系人：汪勇军

歙县图书馆

概述

歙县图书馆创建于1956年10月，是安徽省较早建立的县级馆之一。经历了先后与县文化馆、县博物馆的合署办公后，1978年4月恢复独立建制；馆址也几经搬迁，最终在老城区中和街新建了图书馆大楼。后陆续扩建，至1992年共建成3幢3层楼舍。1993年底，台胞汪协中先生捐资，与县政府共同兴建，在新城区落成了"汪石铭先生图书馆"。2012年6月，歙县图书馆其中一幢馆舍改建成少年儿童图书馆。至此，歙县图书馆目前拥有三个组成部分，成为覆盖新、老城区，面向各类群体的综合性公共图书馆。共计占地面积3002㎡，建筑面积2637㎡。第一次评估为国家三级图书馆，第二、三、四次评估均为二级馆。2009年第四次评估以来，特别是2011年实施免费开放以来，图书馆的基础设施得到不断改善和提高，自动化、网络化技术也从无到有并不断加强。2012年歙县图书馆有阅览座席300个，计算机60台，带宽为10M速率的2条光纤，2.5出口，使用力博图书馆自动化管理系统。

业务建设

截至2012年馆藏总量达41万余册（件），其中纸质文献为164000册（件），电子图书25万种（册），电子期刊3600种。2009–2012年，歙县图书馆新增藏量2.2万册，12381种，年均入藏5500册，3095种；2009–2012年总计征订报刊1272种，年均318种；视听文献年均入藏150件。2012年，歙县图书馆、汪石铭先生图书馆、歙县少儿图书馆实现了通借通还。

读者服务工作

歙县图书馆长期坚持全年对外服务，周开放56小时以上。自2011年实施免费开放后，除图书外借保留办证押金外，少儿阅览室、电子阅览室、综合阅览室等所有服务窗口均免费开放，文献资源借阅、检索与咨询、公益性讲座和展览、基层辅导、流动服务等服务项目免费提供。

除地方文献室、工具书室半开架外，实行全开架服务。2012年外借册次10.1万册，年外借率达70%；年接待读者7.2万人次，其中电子阅览室1.2万人次，人均年到馆次数25次。2012年馆外流动服务点建有3个，全年为流动服务点提供书刊超过2000册次。2009年开通歙县图书馆网站，读者可通过网站了解图书馆活动，检索馆藏信息，查询个人借阅记录，网上续借。2012年网站改版。2009–2012年，歙县图书馆每年举办各种讲座、培训、展览等读者活动，开展读书月、图书馆服务宣传周、"三下乡"等宣传，年参与活动人次1.5万以上。

业务研究、辅导、协作协调

2010年与省馆签订文化信息资源共享工程VPN使用协议；与黄山市各公共图书馆建立了馆际互借协议。

2009年以来，参与帮助组建乡镇文化站图书室、农家书屋，2012年全县建有28个乡镇综合文化站、259个村级、社区农家书屋。2013年初启动县、乡、村三级公共图书馆（室）服务联盟建设。

管理工作

歙县图书馆自2010年实行全员聘用上岗，建立了岗位责任和管理目标考核制，年终按照工作实绩对照考核，考核结果作为评聘、晋升、表彰、奖励等工作的重要依据。

财务实行统一审核与管理，建有财务管理制度。经费使用和设备物资情况全面登记、造册。建立档案管理制度，对人事、业务、工程项目分别建档立卷。

表彰奖励情况

歙县图书馆参与了历次公共图书馆评估定级，并连续在第二、三、四次评估中被定为"二级公共图书馆"；参与主管局争创第十届黄山市文明单位并获表彰；参与主管局牵头主抓的农家书屋建设、乡镇公共文化信息化建设获市文化委表彰。

馆领导介绍

侯皖红，女，1968年4月生，大专学历，民革党员，馆员，馆长。1988年7月参加工作，1989年8月调入歙县图书馆。

黄金华，男，1958年8月生，本科学历，中共党员，馆员，副馆长兼支部书记。1972年3月参加工作，1993年10月调入歙县图书馆。

姚迟，男，1971年12月生，大专学历，中共党员，馆员，副馆长。1993年12月参加工作。

汪斌，女，1968年10月生，中专学历，中共党员，助理馆员，少儿图书馆副馆长。1985年12月参加工作，1993年1月调入歙县图书馆。

未来展望

歙县图书馆秉承"科学发展、勇于创新、注重实效、均等服务"的办馆方针，坚持"读者至上、服务第一"的服务宗旨，继续抓好基础业务建设，树立以人为本的服务理念，更新发展观念，创新服务方式，强化文献资源、数字资源、数据库建设，加快文化信息共享工程支中心建设，拓展服务领域，延伸服务层次，以建立歙县公共图书馆县、乡、村（社区）三级联盟暨总分馆建设，最大限度满足广大读者对图书馆信息资源的需求，带动全县公共图书馆事业的全面发展。

联系方式

地　址：歙县中和街94–6号
邮　编：245200
联系人：汪 斌

蕪湖縣圖書館

芜湖县图书馆

概述

芜湖县图书馆建于1980年6月，初期与县文化馆合署办公。1985年元月与文化馆分开，成为独立的二级机构，馆舍面积154平方米（仍寄居文化馆内）。1994年4月至2013年10月，连续被文化部评定为“三级图书馆”。

1997年9月，芜湖县图书馆被乔迁到新改造的综合性大楼内，馆舍面积564平方米。2001年，馆舍面积扩增到846平方米。

2013年10月，在全国第五次县以上公共图书馆评估定级工作中，芜湖县图书馆以优异的成绩被评为“一级图书馆”。

芜湖县图书馆新馆坐落在县城东湖公园内，占地10亩，建筑面积5650平方米，总投资2000余万元，于2012年5月建成正式对外免费开放。

文化共享工程芜湖县支中心于2008年12月建成，2009年1月10日正式接待读者。4年来，芜湖县财政每年拨给文化共享工程专项经费5万元。新馆建成，又投入约80万元更新了支中心所有设备。现有阅览坐席551个，计算机85台。网速为20M光纤，存储容量为10TB。自2009年4月起，开始使用力博自动化管理系统。

业务建设

截至2012年底，馆文献总藏量为49.6万册。其中：纸质图书9.58万册，电子图书40万册。2009—2012年，共入藏图书3.9万种4.5万余册，入藏电子文献40万种，征订报刊1300余种，入藏视听文献201种。

2009—2011年，每年专项购书经费为15万元；2012年始，年专项购书经费增至50万元。

2009—2012年，共收集地方文献资料227种468册。

芜湖县图书馆严格依据第五版《中国图书馆图书分类法》进行图书分类。开架图书排架的正确率达98%以上。2009—2012年，修补破损图书670册，装订合订刊1000多本。

截至2012年底，芜湖县图书馆数字资源总量6TB，馆藏中文文献书目数字化达100%；制定了《芜湖县图书馆地方文献选题规划》，根据规划建立了地方文献书目数据库。

读者服务工作

从2011年6月起，馆内外公共空间设施及基本服务项目全部365天免费对广大公众开放，每周开放为63小时。2009—2012年，书刊总流通55万人次，书刊外借60万册次。截至2012年底，全县建有5个镇综合文化站图书阅览室、8个街道图书阅览室、99个村农家书屋、两个社区农家书屋；在县武警中队、县看守所、县行政服务中心、恒达钢构有限公司等4处分别设立了“图书流动服务点”。馆外书刊流通共4万余人次，书刊外借2.8万册。

2009年，芜湖县图书馆创办了馆刊《信息·知识文摘》，赠送给各级领导、单位及全县镇文化站、村农家书屋，4年共发放了1.2万余册。2009—2012年，为各级领导提供信息资源服务50余次。2009年以来，为工业园恒达集团专门征订了专业期刊5种，并安排专人为他们提供服务。同时，征订了《中华人民共和国国务院公报》、《安徽省人民政府公报》，在报刊阅览室设立专架为社会大众提供政务信息。

芜湖县图书馆积极主动为特殊人群提供优质服务。每个阅览室都设有“残疾人阅览专席”，有专人为残疾读者服务，还免费赠送借书卡。为了方便他们进入图书馆读书学习，新馆特铺设了“盲道”和无障碍设施，并设立了盲人阅览室，专门采购了盲人图书和盲人电脑。对未成年人进电子阅览室上机，制定了严格制度，确保孩子们健康上网学习。对老年人和进城务工人员上网学习，馆工作人员随时耐心予以辅导。

积极做好馆网站建设与服务工作，通过网页向受众提供信息资源。对此，馆领导非常关注，网站的规划及其结构、内容，网页的美化、维护、更新、管理及网上服务项目等，都亲自把关。2012年，又对网站重新进行了布局和更新，“数字资源”、“共享工程”资源丰富，并将馆内的工作动态、馆藏数目全部及时上传到网站，供广大读者查阅和监督。2009以来芜湖县图书馆网站的访问量为40309次。

社会教育活动丰富多彩。芜湖县图书馆利用节假日、图书馆宣传周、全民读书月、世界图书与版权日、儿童节、党的生日、建军节、国庆节等，开展了送书送年画下乡、读书征文、演讲比赛、图片展、书画摄影展、知识竞赛、猜谜、报告会、新书推介、为特殊读者上门送书等一系列活动。2009—2012年，共

指导社区图书馆建设

送书到县武警中队并分编

朗诵比赛

签名赠书

书画摄影展

开展各类活动100多次，参与活动约10万人次。

多年来，芜湖县图书馆一直提供预约借书服务，读者不仅可以预约借书，还可以提供馆藏中没有的书目，图书馆定向购买；读者也能自行购书，拿发票到图书馆来办理报销、登记、借阅等手续。不定期向读者发放"读者满意率调查表"，对于图书馆的服务工作，读者满意率达98%以上。

业务研究、辅导、协作协调

芜湖县图书馆积极参与上级图书馆组织的协作协调工作，先后与国家图书馆全国图书馆联合编目中心、安徽省图书馆、芜湖市图书馆签定了资源共享合作协议。

在本县图书馆服务网络建设中，芜湖县图书馆制定了可行性规划，有计划地分步实施，加强了管理，并取得较好成绩。

2009–2012年，先后对全县5个镇文化站图书阅览室、8个街道图书阅览室、99个村农家书屋、两个社区农家书屋、4处"图书流动服务点"进行了上门业务辅导和援助，多次开展集中业务培训，极大地提高了管理人员的业务水平和服务能力。同时，指导和参与了14个基层公共电子阅览室建设。参与服务网络建设比例达50%以上，为全县社会事业的发展起到了推到作用。

管理工作

图书馆内部管理是一项系统工程，多年来，芜湖县图书馆以创先争优为目标，狠抓管理不放松，促进了各项工作有效开展。

根据图书馆自身职能，围绕全县中心任务和重点工作，每年都要制定具体的工作计划，并逐一进行实施。

加强财务、人事、志愿者、设备、物资、档案、环境与安全管理工作，建立健全规章制度30多项，并上墙公布。统计工作扎实具体，有数据、有分析；卫生责任落实到人，每天一小扫，一周一大扫，确保了环境整洁、美观，为读者营造了一个温馨的读书氛围；安防措施得力，馆内外都安装了监控防盗系统，保安人员24小时值班巡逻，从未出现过安全事故。

表彰、奖励情况

由于内部管理工作做得较好，单位和个人多次受到上级表彰。2009–2012年，先后荣获县"法制宣传教育先进集体"、"社会治安综合治理先进集体"、"五好党组织"、"先进基层党组织"及多项"先进单位"等称号。在安徽省青少年"读优秀书刊、讲爱国故事"比赛活动中，获得组织奖。2012年，荣获芜湖县"巾帼文明岗"称号。

馆领导介绍

王国辉，男，1965年12月出生，本科学历，馆员，馆长。1989年7月参加工作。现为芜湖县第十六届人大代表、人大常委会委员，芜湖市第十五届人大代表。

黄晓明，男，1968年3月出生，高中学历，中共党员，助理馆员，党支部书记。1985年7月参加工作。2000年1月加入中国共产党。

秦艳敏，女，1978年9月出生，本科学历，中共党员，馆员，副馆长。2006年9月参加工作。2012年5月任采编部主任；2013年7月任副馆长，分管业务工作，兼采编部主任。

未来展望

在县委、县政府坚强领导下，在各级文化部门指导和支持下，芜湖县图书馆的未来将不断发展，充满希望。2013年5月无线网已无障碍地开放，7月又购置了一台书报刊阅读机。芜湖县图书馆全体员工将以十八大精神为指导，加倍努力，创新工作，强化措施，狠抓落实，争取各项工作更上一个台阶。

少儿室上新书

图书馆外貌

繁昌县图书馆

概述

繁昌县图书馆前身为1950年1月成立的民众教育馆内设图书室。1952年并入繁昌县文化馆，为文化馆一图书室，藏书800册，设立图书借阅、报刊阅览。1959年9月，正式成立繁昌县图书馆，馆长由文化馆馆长兼职，藏书1.17万册。1967年，省拨款2万元，县配套资金在繁昌县城关镇迎春路新建建二层楼房一幢，一层为文化馆，二层为图书馆，面积200㎡。1968年，因文革原因，部分图书被毁，图书馆活动隧止；1970年，县图书馆恢复开放服务。1977年至1982年，新增藏书1.7万册，图书馆读者日渐增多。1984年，在原馆舍上扩建资料室一间40㎡，馆舍总面积240㎡。1987年，省里拨款3万元，县配套资金繁昌县城关镇云路街7号独立新建1幢4层独立图书馆大楼，馆舍总面积1060平方米，藏书6.48万册。

1994年、1999年、2004年、2009年，第一次、第二次、第三次、第四次全国公共图书馆评估中被评为“国家三级图书馆”；2013年，第五次公共图书馆评估定级中被评为“国家一级馆”。2010年启动总分馆建设，2011年完成1个中心馆，10个分馆建设；馆舍总面积达3160平方米。藏书36万册，(纸质图书8.8万册，数字资源27.2万册)；读者阅览坐席462个，计算机52台。宽带接人为10M，中心机房存储专用存储容量9.75TB(其中500GB*9块，750GB*7块)，2010年，县政府分两期启动繁昌县图书馆新馆建设，总占地面积12.5亩；2013年7月，完成新馆一期工程8600平米馆舍建设；2014年6月，新馆正式面向城乡读者服务。

业务建设

截止2012年底，繁昌县图书馆总藏量36万册，纸质图书8.8万册，数字资源9.4TB，电子图书27.2万册。新增藏量购置费为22万元，其中图书购置16万元，报刊6万元。2009年至2012年，年均新增藏书3485种11713册，报刊265种，视听文献50件，181张。2009年启动家谱征集工作，共征集家谱15套96册，台湾版重印乾隆年间《繁昌县志》1套2册(影印本)。

已建馆藏数字资源总量9.4T，完成馆藏中文文献书目、地方文献书目数据库建设。

2007年，启动并实施自动化管理系统建设；2010年，完成图书馆馆藏文献数据库建设；2011年3月，完成6个分馆数据库建设；2011年12月，完成总分馆数据库建设和运行服务。

读者服务工作

1998年以来，实行365天开馆，节假日正常开放，周开馆时间68.2小时。截止2012年底，拥有有效持证读者6057个，年均接待读者24.8万人次，书刊外借11.6万册次。

2011年3月完成6个分馆数据库建设，2011年12月完成总分馆数据库建设和运行服务。建成一个中心馆，10个分馆，总面积达3160平方米，建立基层服务点101个，29个流动图书服务点，年流通书刊1.5万册次。

2011年，建立政府信息公开服务窗口，按照政府信息公开的要求，主动免费为读者提供政府信息公开查询等各项服务。

2007年5月，建立并开通繁昌县图书馆网站；2009年，开通繁昌县数字图书馆平台；2010年，开通了网上“视频点播”，截止2012年底“网上视频点播”点击数为3.88万次。2011年，开设“网上展厅”，点击数为1.5万次；2009年至2012年底繁昌县图书馆网站访问量为15万人次，2012年，开通读者手机短信信息发送服务。

2009年至2012年，年均编印《信息摘要》24期，组织“春谷讲坛”6期，农科讲座10期，实用技能网培课堂12期，书画艺术图片展8期，不同主题的宣传图片展5期。

年均组织开展全民读书月活动、知识竞赛、阅读征文、新春灯谜会、书画艺术作品展览、动漫大赛、亲子绘本阅读等各类寓教于乐的读书活动46期次，直接参与人数8万人次。

业务研究、辅导、协作协调

截止2012年底，1篇业务论文在全国百县馆长论坛上获得三等奖，3篇业务论文分别在省级学会获得二等奖，三等奖；1篇工作案例编人《全国文化共享工程县级支中心基础培训教材》，1篇基层服务案例编人《文化共享十年路》。繁昌县图书馆是安徽省公共图书馆联合编目单位之一，是安徽省图书馆馆际互借协议单位；2011年，完成总分馆数据库建设；2012年总分馆正式运行服务，建成一个中心馆，10个分馆；文化共享工程基层服务点101个，年组织基层服务点业务辅导，计算机培训50期次。

2009年至2012年，开展与16个社区、13个村、乡村少年宫结对帮扶工作。

繁昌县图书馆外景

繁昌图书馆大厅

少儿阅览室

书刊借阅大厅

书画艺术作品展

管理工作

1998年7月，通过民主选举和组织考察的方式，成立繁昌县图书馆馆务工作委员会，制定了《繁昌县图书馆岗位职责》、《繁昌县图书馆规章制度》、《繁昌县图书工作人员行为举止规范》。2009年10月，根据市、县人事局关于事业单位改革文件精神和县人事局核准的繁昌县图书馆岗位设置方案，县图书馆先后召开图书馆馆务委员会和全体职工大会，成立了图书馆事业单位改革领导小组和监督审核小组，公布县图书馆岗位设置情况及各部门岗位职责说明书，对全体员工实行竞聘上岗。经全体员工公开竞聘，对于合格员工签订岗位资格聘任证书，评聘时间为两年。根据事业单位改革和绩效工资相关政策，决定提留10%的绩效工资建立员工年度工作绩效考评基金，实行员工年度工作考评制度及奖励制度。

2009年至2012年，部门设置有读者服务部、社会工作部、采编辅导部、技术部、行政办公室；部门定员：馆长1人、读者服务部4人、社会工作部4人(兼职)、采编辅导部2人、技术部3人、行政办公室3人(兼职)。

至2012年底，图书馆各业务档案、财务档案、设备物质、固定资产管理、工程项目档案等皆按年度及时立卷、装订，做到卷卷有目录，内容详实齐全。各类业务、财务数据统计分析，按年度总结归类。

图书馆环境管理严格规范；馆内指示标牌整洁、美观；文献保护措施到位，书刊借阅、电子阅览室均配有紫外线消毒；2009年至2012年期间，连续两次评为安徽省卫生先进单位。馆内各项安全保卫工作制度健全，馆藏数据实行3重备份保险，配有防火墙、路由器等防范网络侵害；馆内建有110全程监控系统，安排有门卫24小时值班。

表彰、奖励情况

2009至2012年，繁昌县图书馆及个人共获得各种表彰奖励34次，其中，文化部表彰奖励1次，中国图书馆学会1次，省文化厅、文化共享工程省级分中心、省图书馆学会表彰14次，其他奖励14次。

馆领导介绍

管霞，女，1963年6月生，大专学历，中共党员，副研究馆员，现任繁昌县图书馆馆长兼支部书记。学习工作履历：1981年元月参加工作，1981年9月就读安徽大学图书馆学管理专业毕业，1983年8月就职繁昌县图书馆，1996年任繁昌县图书馆副馆长，1998年6月副馆长主持工作，1999年1月任馆长兼图书馆支部书记；中国图书馆学会会员，安徽省图书馆学会理事；曾当选为芜湖市第7、8、9届党代会代表，芜湖市第十届、十三届、十四届人大代表等。曾荣获中国图书馆学会优秀会员、安徽省“三下乡”先进个人、安徽省防范邪教工作先进个人，芜湖市优秀人大代表、繁昌县首届先进个人等荣誉。

未来展望

繁昌县图书馆新馆占地面积12.5亩，分两期进行。新馆一期工程于2011年初正式启动。新馆总建筑面积8600㎡，开设15个对外服务窗口，阅览坐席700个，可容纳纸质文献15万册，年服务人次可达50余万人次以上，数字资源存储容量达40TB。新馆将坚持以集数字化图书馆功能和传统图书馆服务手段为一体的现代公共图书馆模式为指导思想，以“公共文化休闲、信息枢纽中心、数字生活体验”为理念，以信息摘要、春谷讲堂、实用技能网培课堂、灯谜会、读书月等5大地方品牌读书文化活动为抓手，立足服务，加强阅读引导，着力打造数字时代的“百姓书房，温馨家园”。繁昌县图书馆一期工程坚持以集数字化图书馆功能和传统图书馆服务手段为一体的现代公共图书馆模式为指导思想，以“公共文化休闲、信息枢纽中心、数字生活体验”为理念，着力打造一座集传统与现代为一体的小城市民心中一方最美好的精神憩园。

联系方式

地　址：繁昌县繁阳区华阳东路8号
邮　编：241200
联系人：管　霞

春谷讲堂

警民猜灯谜

实用技能“网培课堂”

南陵县图书馆

概述

南陵县图书馆始建于七十年代末。2012年6月南陵县图书馆搬迁新址，馆舍面积由原来的400余平方米增加到3200平方米。内部设施完备，现有图书借阅室、电子文献阅览室、报刊阅览室、少儿阅览室、读者自修室、工具书典藏室及采编室、档案室、培训室等部门。

文化信息资源共享工程是由文化部、财政部自2002年起组织实施的一项社会主义文化建设标志性工程。2009年，南陵县图书馆开始建设文化信息资源共享工程，是安徽省第二批建设项目。电子文献阅览室、机房中的所有设备均由南陵县图书馆依据文化厅下拨资金和省图书馆统一发放的技术参数，完成招标。招标采购了网络设备、服务器、PC机，并接入了20兆的光纤宽带以及6TB的存储容量。软件采用一期共享工程的中标品牌：赛门铁克备份软件、百年树人系统、任子行管理软件等。南陵县图书馆采用力博自动化管理软件，实现了全馆的采访、编目、报刊验收和流通管理等业务工作计算机化。

2010年1月，获得三级图书馆。

2011年6月28日起，南陵县图书馆实行免费开放。

2012年7月28日，南陵县图书馆新馆开馆。

2013年参加第五次全国公共图书馆评估，获得一级图书馆。

业务建设

南陵县图书馆总藏量60万余册，其中，纸质图书10万余册，电子图书50万册，报刊年入藏量达250余种，电子期刊250种/册。一楼图书借阅室，现有藏书4万余册，50席座位供读者查询借阅；二楼电子文献阅览室，配置了50台电脑供读者查询电子文献；报刊阅览室，90席座位；三楼少儿阅览室，藏有少儿图书万余册，16个异形桌，60个座位；读者自修室40个座位共学生读者使用。

2012年度财政拨款总额达120万元。新增藏量购置费33万元，中央财政及地方配套的免费开放经费全部到位。

南陵县图书馆坚持“读者第一、服务育人”服务宗旨，秉承公平、开放、共享的管理理念，实行“大流通”、全开架和“一证通”借阅服务方式，开展全方位的读者服务。主要服务项目有外借阅览、电子文献阅览、文献传递、参考咨询、读者培训、宣传辅导等。

南陵县图书馆馆藏分布

一楼：图书借阅室，各类图书、借还服务，开架，可外借

二楼：电子文献阅览室，办理图书借阅证；各种电子资源检索；多媒体资源计算机阅览；免费开放。报刊阅览室，各类纸质报纸、期刊；电子期刊；开架，纸质期刊可外借。

三楼：少儿阅览室，各类少儿图书开架，可外借；读者自修室，对14周岁以上学生开放，免费开放。工具书典藏室，馆藏各类中文图书保存本，中外文工具书，开架，馆内阅读。

四楼：书库，下架图书，室内查阅。

五楼：培训室，各类培训、讲座，免费开放。过刊书库，下架报纸、期刊，室内查阅。

读者服务工作

南陵县图书馆全年无假日免费对公众开放，每周开馆时间达56小时，馆藏书目数据库和网络资源检索保证24小时×7天的不间断服务，注重为特殊群体的服务工作。截止到2013年3月，持证读者已达2265人，流通书刊60000册次，借阅人次达到 2100人次，人均年到馆达29人次。图书、期刊均全开架服务，书刊文献开架达80%以上。新书上架，南陵县图书馆利用网站、图片、板报等多种形式向读者推荐。

2009年起，每年举办“六·一少儿读书专场”活动，参与人数1000余人。

2010年开始，与南陵县教育局等单位共同举办“中学生演讲、小学生讲故事比赛”，参与人数200余人。

2012年，举办中老年读者计算机普及班，已培训100余位中老年读者，传授计算机的基础知识。

2013年，南陵县图书馆举办了“书香中国——阅读引领未来”服务宣传周活动，宣传周期间，印制宣传单和环保购物袋，开展图书馆免费开放和服务宣传。暑假期间，举办了“暑期少儿读者‘观书有感’展示园”活动，共收到60位小朋友的读后感，利用板报的形式进行展示。少年儿童爱国主义教育影片展播活动，活动期间展播了《小兵张嘎》等优秀的爱国主义影片，参与人数1000余人。

业务研究、辅导、协作协调

2010年与安徽省图书馆签订地方文献资源共建共享协议、VPN使用协议。

2011–2013年，南陵县图书馆坚持送文化下基层（图书）活动。先后送图书至籍山镇春谷敬老院、逸和社区、通济社区、家发镇石峰村、弋江镇塘南村、三里镇文化站等。赠送图书1000余册，赠书金额达23000余元，赠书活动已成为“传承知识，传承文明，传承精神”的文化活动之一。

2012年前后，在弋江镇、许镇镇举办了“农家书屋”管理员

报刊阅览室

电子阅览室

少儿阅览室

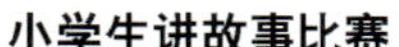
小学生讲故事比赛

2013年"六·一"少儿读书专场

2013年暑期电影放映活动

培训班；帮助南陵县职业技术学院筹建图书馆，对管理员进行业务辅导和培训，并给予技术上支持。

2013年，在籍山镇惠民社区开展"双联系"工作。南陵县图书馆参与"南陵大讲堂——文明礼仪与现代城市精神"公益讲座，参加县全民健身运动会等。

管理工作

南陵县图书馆坚持"按需设岗、公平竞争、择优录用、严格考核"的聘任原则，实行"三定一聘"，引进竞争激励机制；通过引进、培养等方式，提高人员的业务水平。建立了工作量化考核指标体系，每半年和全年进行总体工作考核。根据工作岗位需求设岗位职责；吸纳志愿者参与图书馆工作并对其进行科学管理。

表彰、奖励情况

2012年5月获得了芜湖市妇联合会颁发的"巾帼文明岗"。

2012年7月获得了文广新局颁发的"先进党支部"。

2013年5月获得了县妇联颁发的"三八红旗先进集体"。

馆领导介绍

南陵县图书馆现有职工10人，大专以上学历人数占职工总数的100%；中级职称占职工总数20%，初级职称占职工总数60%；领导班子成员中具有大专以上学历的占100%，馆长、业务副馆长均受过系统的图书馆学培训。

陈玲，女，1963年1月生，大学专科，中共党员，馆长。1981年12月，参加工作，图书管理员。2000年12月，任南陵县图书馆副馆长。2006年，任南陵县图书馆馆长。2004年度县政府为民办实事征集活动荣获纪念奖，2012年度获得南陵县"优秀共产党员"。

樊卫东，男，1971年12月生，大学专科，中共党员。1992年7月，参加工作。2007年4月，任南陵县图书馆副馆长。2009年6月，任文广新局文化科科长。2011年获得文广新局系统"优秀党务工作者"。2012年获得文广新局系统"优秀共产党员"。

许韵雅，女，1973年1月生，大学专科。1997年5月到南陵县图书馆工作，任副馆长。

未来展望

图书馆是社会公益性事业，是社会文明的基石和支柱。服务社会、服务读者是图书馆的基本功能。南陵县图书馆始终坚持"读者第一，服务至上"的原则，在邓小平理论和"三个代表"重要思想指导下，在县文广新局党委的正确领导和关心下，在全馆职工的共同努力下，本着"以人为本"与读者构建和谐关系的服务宗旨，踏踏实实做事，从读者服务、业务管理和员工素质等方面着手，解放思想，锐意进取，奋力开拓，为构建和谐南陵做出了积极贡献，为中华民族实现伟大的"中国梦"添砖加瓦。

图书馆又是一种交叉型产业，是以知识和信息为资源进行开发和服务的部门，基于这种认识，现代图书馆人的观念也应转化。只有转化观念，才能更好地确定图书馆在社会中的地位；只有转化观念，才能在新形势下拓宽图书馆的服务领域，为图书馆的健康发展创造条件。南陵县图书馆充分利用馆藏文献，开展信息资源交流，真正实现资源共享。南陵县图书馆坚持"两手抓"，抓优质服务、抓改革创新。以"三建"为基础，规范化建设、标准化建设、智能化建设。做好"四开放"，头脑开放、资源开放、空间开放、设施开放。

南陵县图书馆将开展信息利用培训，提高信息意识与信息能力。信息意识与信息能力在很大程度上影响着信息产业的发展和社会信息化总体水平的提高。图书馆作为一种服务中介，需要整合多家平台和资源，利用各类公共云，实现不同"云"之间的互操作，拾遗补缺，向读者提供更专指、更贴心、无所不在的服务。

联系方式

地　址：安徽省芜湖市南陵县陵阳中路文化中心
邮　编：241300
联系人：凤艳丹

2011年送书籍山镇敬老院

2012年基层辅导

2013年图书馆服务宣传周

五河县图书馆

概述

五河县图书馆始创于1922年，起初命名为五河民众教育馆，内设图书阅览室，其藏书3000多册。建国后50年代初，五河民众教育馆更名为五河县文化馆，内设阅览室，藏书增至为6000多册。至1979年馆内藏书增加到1.1万册。1980年阅览室从文化馆分离出来，且正式挂牌成立五河县图书馆。因多种原因馆址几经变迁，现定址于五河县淮河路中段，并于2012年10月1日正式挂牌对外开放。新馆建筑面积达4500平方米，可容纳读者1000多人，现有藏书8万多册，全馆工作人员共有8人，其中副研究员1人，馆员3人，助理馆员3人，工勤人员1人。馆内设有外借室、报刊阅览室、资料室、老年阅览室、少儿借阅室、亲子活动室、残障人士活动室、地方文献室、多功能报告厅、展厅、会议室。其中多媒体阅览室共有计算机60台，电子触摸屏、照相机、投影仪等现代化设备8台，配置8TB专用存储设备，宽带接入10Mbps，采用力博图书馆自动化管理系统，盲人视听借阅室等多种服务窗口。全馆年购新书1500余册，共定报纸47种、期刊200多种，年接待读者12万人次，并多次蝉联蚌埠市文明先进单位。

业务建设

截止2013年底，五河县图书馆文献总藏量48万余册（件），其中，纸质文献8万册（件），电子文献藏量40万余种；年图书入藏量2500余种，报刊年入藏量270余种，视听文献入藏量50余种。还收藏了本县数十位业余作家的著书30多册及地方志等相关书籍。

近年来，五河县图书馆新增藏量购置年费15万元，其中：2012年省文化厅安排奖励图书经费15万元。每年国家免费开放经费20万元，其中国家财政经费15万元，地方配套资金5万元。

2013年，五河县图书馆为适应新时期的要求，开始筹建24小时对外开放的自动化借书机两处，并于2014年上半年正式投入运行。

读者服务工作

多年来，五河县图书馆坚持开展各项有益于青少年发展的活动，开展多项有益于中老年身心健康的活动，受到广大市民的一致称赞，并被省市县新闻媒体多次报道。

从2012年8月起，五河县图书馆全年365天天天对外免费开放，周开放63小时，馆藏书刊文献年外借率达到75%，书刊文献年外借册次达到12万册，馆外流动服务点24个，近三年人均到馆次数达到25次/人。五河县图书馆还充分利用馆藏资源，创新服务形式，扩展服务内容，延伸服务领域。先后举办了“五河县全民读书月”，“红色经典图书漂流”，“五河地域文化系列讲座”等大型读书活动。每年邀请书法家撰写春联免费向市民发放，定期免费在社区、福利院、军营、学校播放红色经典影片，丰富了市民的文化生活。每年寒暑假定期举办少儿英语沙龙，讲故事比赛、网页制作等活动。送书下乡，送书到基层，在县武警中队、消防大队、看守所、拘留室、特教学校、机关食堂等设立图书流动点，方便市民就近借阅。近年来，农村留守儿童越来越多，尤其是偏远地区，一些孩子的课外阅读几乎为零。关注农村留守儿童，填补他们课外阅读的空白成为五河县图书馆的己任，几年来，五河县图书馆定期为偏远乡镇小学送书上门，共向8所小学送书18908多册，解决了偏远地区留守儿童读书难的问题。截止2013年，五河县图书馆发布使用的数字资源总量为46种，五河县共享工程VPN专网向全省公共图书馆、共享工程基层服务中心提供检索、浏览和下载服务。

业务研究、辅导、协作协调

2009—2013年，五河县图书馆职工发表论文及文章10来篇。

从2010年起，五河县图书馆以文化信息资源共享工程VPN专网为依托，在全县范围内发起组建公共图书馆服务联盟，并在馆内设立精神文明建设领导小组、移风易俗领导小组，联盟工作小组，下设联合编目、流通服务、地方文献联合征集、阅读推广与讲座展览资源服务、业务培训与技术支持等工作小组。截止2013年底，在全县14个乡镇建立分馆，占全市公共图书馆总数的66%，16个图书馆开始了资源共享、业务相互交流等服务。

2009—2011年，继中国图书馆学会志愿者行动之后，五河县图书馆学会连续三年在本县开展基层图书馆业务骨干志愿者行动。

2010年9月起，五河县图书馆开展中小校图书馆与基层公共图书馆结对帮扶活动。

2011年5月，五河县图书馆对乡镇图书分馆定期举办乡镇图书馆员的培训。

2012年11月五河县图书馆举办中小学图书管理员培训班，特聘请蚌埠市图书馆馆长孟庆杰为主讲人。

图书馆办公大楼

图书馆大厅

会议室

电子阅览室

亲子室

阅览室

管理工作

2010年，五河县图书馆完成第二次全员岗位聘任，本次聘任共设4类岗位，有8人竞争上岗，同时，制定了各项规章制度，一、党支部民主生活制度，二、学习制度，三、电话、电报、邮费的管理制度，四、请销假制度及考勤制度，五、廉政制度。建立健全了工作量化考核指标体系，每月进行工作进度通报，每半年和全年进行总体工作考核。2009至今，五河县图书馆实行争创“三爱一优”（爱馆，爱书，爱读者）优质服务。共抽查文献排架61次，书目数据27次，撰写专项调研、分析报告和工作提案14篇，编写各部门工作进度通报12篇。

表彰、奖励情况

五河县图书馆经过多年的努力，来馆读者越来越多，不同群体越来越多，读书已成为县城居民的一种精神需求，读书已成为文明县城建设一道亮丽的风景，图书馆的发展，拉动了五河县地区文化的发展。

2009年五河县图书馆被中共五河县直属机关工作委员会授予先进党组织称号。

2010年五河县图书馆被中共五河县直属机关工作委员会授予“五个好党组织”荣誉称号。

2012年五河县图书馆被中共五河县直属机关工作委员会授予先进基层党组织称号。

2013年五河县图书馆获文化部颁布的国家一级馆，市级文明单位，县先进基层党组织，县十佳窗口单位。

馆领导介绍

胡晓丽，女，1959年11月生，大专学历，中共党员，副研究馆员，馆长。1980年1月参加工作，先后在五河县图书馆少儿室、阅览室、外接室、采编室等部门工作。1994年任五河县图书馆副馆长，1998年任五河县图书馆馆长，安徽省图书馆学会理事，中共蚌埠市第十届党代会代表，五河县第十五届、十六届人大代表，历年来先后获得安徽省文化先进工作者、市县先进工作者、优秀共产党员、2013年度十佳科长等光荣称号。胡晓丽同志撰写的《增强农民信息意识的途径和实践》论文，获得中国图书馆学会《百县馆长》论坛一等奖。

王仁武，男，1962年9月生，大专学历，中共党员，中级职称，副馆长。先后在五河县图书馆少儿室、阅览室、外接室、采编室等部门工作。

陆莉，女，1968年1月生，大专学历，中共党员，中级职称，副馆长。1987年参加工作，先后在五河县图书馆少儿室、阅览室、外接室、采编室等部门工作。

未来展望

2009—2013年，五河县图书馆把读者服务、读者活动、对外宣传和对基层辅导作为工作的重中之重，积极拓宽工作思路，创新开展各类读者喜闻乐见的活动，全面将读者服务、读者引领工作向纵深推进。

五河县图书馆将继续遵循“全方位开放、全公益服务、全社会共享”的办馆方针，践行“五河县图书馆发展三步走”战略，即完善馆内读者服务功能，扩大读者服务区域，带动地区文化发展。

2012年10月1日，4500平方米的新馆正式挂牌对外开放。在未来的几年里，五河县图书馆在不断完善自身服务功能的同时，将分别在漴河以东的漴河社区和新城区的香格拉社区增设两个社区分馆，一个儿童分馆和图书流动点。通过增设分馆和图书流动点的方式，带动全县公共图书馆事业的整体发展。

联系方式

地　址：五河县淮河路中段
邮　编：233300
联系人：胡晓丽

借阅处

工作人员在整理书籍

多功能厅

马鞍山市花山区图书馆

概述

花山区图书馆建于2008年，随着经济的不断发展，花山区政府将图书馆建设纳入《花山区文化发展十二五规划》，不断加大对图书馆的投入，2008年至今投入资金近500万元用于设施与设备建设。区划调整后，原金家庄图书馆归为花山区图书馆统一管理。目前，花山区图书馆有两处，一处在竹园路200号，一处在金字塘2号，馆舍建设面积总面积为3800平方米，共有阅览坐席339个，少儿阅览室座位为56个，多媒体播放厅2个，各类活动、培训教室8个。计算机71台，能提供给读者使用的计算机59台（包括查目及政府公开信息查询用），宽带接入20Mbps，存储容量达到6TB。图书馆业务管理系统实现自动化。

2013年，积极参与市图总分馆及24小时自助图书馆建设工作，目前，花山区设有7个社区分馆及5个24小时自助图书馆，办馆条件不断提高。同年，参加第五次全国公共图书馆评估，获得一级图书馆。

业务建设

截止2013年底，花山区图书馆总藏书量30.27万册（件），其中纸质文献30.02万册，电子图书500册，电子期刊2000册。

2008年以来，花山区图书馆年投入图书购置费10–20万元。2012年，投入资金16.5万元，入藏图书4000册（盲文书籍40多册），报刊240多种，视听文献30多种。加强了地方文献的收集工作，设置了地方文献专架，有专人进行管理，地方文献入藏量逐步增加。

截止2013年，花山区图书馆数字资源总量为6TB，其中，自建数字资源总量为3TB，自建了网站。

读者服务工作

从2011年起，花山区图书馆实现对外免费开放，周开放60小时，2013年，与市馆合作，引进自助图书馆5个，建成7个社区分馆，实现了馆藏文献全市通借通还。2010–2013年，书刊外借18万册次。2013年，馆外流动服务点书刊借阅册次为5千册次。

在重大节庆日期间，积极开展"我们的节日"活动。2013年，先后和区文化馆一起举办了元旦广场演出、迎春联谊会、等各类群众性文化活动100余次；到万嘉颐园社区、凤山村、霍里街道进行"送文化下乡"活动10多场；成功举办了书画展等展览活动6次。协助开展了禁毒日、世界人口日、百场文艺下基层等专场演出。

围绕"播撒阅读种子，构建公共文化"的主题，2010–2013年举办三届读书节系列活动180余场。开展"流动图书馆"上门服务活动，定期到广场、社区、学校、军营及外来务工人员集中区域开展咨询、办证、赠书、专题讲座、展览、征文等形式多样、针对性强的全方位服务，参与人数2万人次。每年开展讲座、培训等阅读推广活动20多场。做好农村公益电影放映工作，2013年，共放映112场，受益人次近4万人。

2010–2013年，为特殊群体开展活动20多场次，每年寒暑假为学生、外来务工人员及子女开展讲故事比赛、捐赠图书、网络知识培训等活动，形成阅读推广活动特色。

开展参考咨询服务。根据时事需要，为政府机关决策及教育、社会公众提供专题服务。制作了十八大信息简报集、文化产业信息简报集、养生知识及家庭教育知识剪报集等。

业务研究、辅导、协作协调

图书馆利用多种机会加强馆员学习。每年，选派人员参加了图书馆专题培训，同时，选派馆员参加全国图书馆年会，马鞍山市图书馆年会，加强学习与交流。

每年对基层图书管理员进行培训工作，并加强业务辅导。为保证基层公共电子阅览室建设，图书馆由专人分管各街道、社区公共电子阅览室的建设工作，下基层具体进行技术指导，从选配电脑、资源利用和管理服务等方面加强技术指导，协调解决建设工作中相关问题，设置统一界面，将一些常用的网站和有益儿童身心健康的一些儿童教育网站的网址做成导航，将2TB的数字资源推送到各基层服务点，使纷繁复杂的资源通过信息的导航和推荐清晰了然，便于读者点击浏览，为广大群众提供便捷的一站式服务。在指导的同时还注重对管理人员的培训，使他们熟练掌握了公共电子阅览室的日常管理、运行、维护等方面的技术，对社区硬件设施、

电子阅览室

少儿阅览室

非物质文化遗产进校园活动

读者座谈会

到明珠社区为居民办理借书证

软件资料以及如何营造温馨氛围，都给与具体针对性的指导。对农家书屋，从选址、配书橱到图书编目、上柜，区图书馆都派专人进行了指导。每年召开农家书屋培训工作会议，对管好、用好农家书屋经验与做法进行专题交流、辅导。

积极参与上级图书馆组织的协作协调活动，参与总分馆体系建设、自助图书馆建设以及读书节活动等。图书馆服务网络建设逐步完善，与社区图书馆、农家书屋形成较完善的服务网络，取得一定的成效。通过共享工程基层服务中心上传2TB资源，供基层服务点浏览和下载。

管理工作

制定了严格的《工作职责》及《服务指南》，馆室人员认真遵守并以此来规范服务行为，减少工作盲点，做到“人人有责任，事事有程序，科学化、现代化管理”的工作标准。

对全区群众中热心文体服务者进行摸底、登记、造册，成立了1000多人的花山区文体志愿服务队伍，积极支持他们发挥余热；建立志愿者服务章程，吸引志愿者参与图书馆工作；加强志愿者队伍培训，分层分专题开展“菜单式”培训，提升志愿者服务理念与服务能力；开展年终考评工作，推动志愿者工作向前发展。

表彰、奖励情况

每年被宣传部授予宣传工作先进单位，获得市文物保护先进单位，所辖东苑社区公共电子阅览室被文化部评为“全国公共电子阅览室示范点。

未来展望

在未来的几年里，花山区图书馆将在现有馆舍的基础

图书馆外貌

上，不断加强数字图书馆建设，加强总分馆建设，整合特色资源，拓展服务领域，最大限度地发掘和利用文献资源，逐步形成具有地方特色的服务模式和服务品牌，为花山区经济社区发展做出贡献。

联系方式

地　址：马鞍山市竹园路200号
邮　编：243000
联系人：刘　蓉

报刊阅览室

多媒体教室

怀宁县图书馆

概述

怀宁县图书馆，1979年9月建馆。馆舍面积计200.5平方米。坐落于怀宁县石牌镇建设路89号。2005年8月，该馆随县城迁址入居高河镇稼先路81号，面积达750平方米。2009年7月，文化共享工程怀宁县支中心在该馆落成。同年参加第四次全国公共图书馆评估，该馆荣获二级图书馆。2013年第四次全国公共图书馆评估活动中，登顶一级图书馆。截至2013年，怀宁县图书馆馆舍面积达2112.15平方米。拥有阅览坐席254个，计算机总量达45台，采用了力博图书馆自动化管理系统，设备存储容量达16T，10兆宽带接入。实现了日常办公与图书管理的自动化。

业务建设

2009年9月，怀宁县图书馆网站开通。截至2012年，怀宁县图书馆馆藏资源总量达50.6万册（件），含电子图书藏量40万余册。图书年入藏量达2696种，报刊年入藏量达218种，视听文献年入藏量达45件。

读者服务工作

怀宁县图书馆自2009年7月开始试行"一卡通"式免费开放。继而落实省文化厅、财政厅电视电话会议精神，于2011年6月28日正式实施零门槛全面免费开放。实行馆藏文献全开架流通，书刊文献年外借册次达8.5万册，馆藏书刊文献年外借率达76%。开展馆藏图书网点间免费流通，馆外图书流通达55千册次/年。

通过馆内展板、张贴户外广告、运用电视字幕、即时公布新书信息，并向图书流通网点发放书目，进行新书推介，"为书找人"。服务范围涉及机关、部队、学校、企业、社区和农村；服务对象涵盖不同年龄、不同职业身份及残障人士、进城务工人员、农村留守儿童等不同群体。馆网站与县政府网、新闻网联通，及时发布图书馆相关动态信息，参与政府公开信息服务。通过已建的馆网站和编印的《图书馆工作》简报，宣传文化尤其是图书馆建设上的方针政策，发布图书馆建设发展动态和馆务活动，"剪报"式的服务，为领导决策提供参考。提高各级领导和决策机关，对于图书馆事业的关注程度和支持力度。利用馆场地设施优势、图书资源优势，利用县司法局的法律人才优势，两家联办的"法制图书园地"2010年4月6日正式挂牌，开展法制图书阅览和法律咨询服务。同年11月，馆校合作把独秀小学学生课外阅读基地建在了馆里，见周有组织地开展活动，尝试着馆、校共同担负教育下一代的任务，营造"书香育人"的文化氛围，引导学生博览群书，在阅读中快乐成长。把关爱的目光投向农村留守儿童，该馆长期开展送少儿读物到农村小学，尽力满足农村留守儿童的课外阅读需求。把流动图书室建在规模私营企业，为私企人员、尤其是进城务工人员开展信息服务。立足馆内，有盲人阅读专属区开展盲文阅读服务；延伸馆外，长期开展为残障人士送书活动，并用设立图书馆爱心服务点来达到助残的目的。县图书馆还主动与社居委联系，跟踪老年人的阅读兴趣，开展电话预约送书上门、代还图书服务；利用已建的文化共享工程怀宁县支中心，多次择期开展中老年人计算机应用基本技能培训班并向他们推荐相关网站。馆多媒体大厅里，随需随应地为老年朋友播放着数字资源。

2009以来，该馆举办的各类讲座、培训达20次/年，展览5次/年，阅读推广活动达6次/年。2011年组织开展的"百本红色书籍漂流活动"，掀起了县域内阅读红色书藉的热潮。据统计，年参与该馆活动的总人次达3万左右。

馆与流通点间签订立协议，利用馆藏免费开展网点间的循环流通，通过阅读园（基）地的创立，引导形成倾向性阅读沙龙，是该馆阅读推广工作的特色。

业务研究、辅导、协作协调

着眼馆情开展业务研究，2013年，该馆职工计在各级报刊发表论文11篇。

截至2013年，该馆计设立馆外图书流通点10个，这些图书流通点与243个"农家书屋"点，形成了该县的图书流通基层网络。该馆常年按季开展巡回业务辅导制度化开展图书室的业务辅导，有力地促进了基层图书室规范化建设。

2011年4月，该馆作为安庆市区域图书馆馆际合作成员单位，参与了区域图书馆文献资源共享服务合作协议的签订，并积极落实协议的成员权利与义务等相关条款。

管理工作

2009年11月，该怀宁县图书馆按人事部门要求完成馆岗位设置申报，2011年6月全员10人重新上岗。实行法人负责制，馆根据部门制度、岗位职责、工作标准聘用条件，对人、财、物、

文化部副部长周和平莅临怀宁县图书馆视察

馆工作人员在基层图书流通点进行业务辅导

开展中老年人电脑技能培训班现场

送农科下乡电影助春耕

送书到农村小学生手中

日常馆务及服务工作，进行年度考核，全面管理。

表彰、奖励情况

2010年9月，中共怀宁县委、怀宁县人民政府授予该馆“文明单位”称号。

2011年8月，该馆在“安徽省公共图书馆庆祝建党九十周年百本红色书籍阅读征文演讲比赛”活动中，荣获优秀组织奖。

馆领导介绍

刘毅，男，1979年8月生，大专学历，中共党员，助理馆员，馆长。1998年12月参加工作，历任怀宁县图书馆采编、副馆长，2013年11月任馆长。2012年12月，获共青团怀宁县委、怀宁县人力资源和社会保障局授予的“2011年度怀宁县青年岗位能手”称号。

张俊生，男，1962年10月生，大专学历，馆员，副馆长。1979年10月参加工作，1983年5月进入怀宁县图书馆工作，曾担任该馆采编，2003年1月任副馆长。

曹新风，男，1963年12月生，大专学历，中共党员，馆员，党支部书记。1981年10月参加工作，1992年2月进入怀宁县图书馆任办公室主任，2014年4月又任支部书记一职。

未来展望

随县城迁址后，怀宁县图书馆保持了良好的发展势头。2008年，全国文化信息资源共享工程落户怀宁，该馆从而具备了向社会提供传统的图书文献、报刊资料阅览和查询及数字文献信息资源阅览和查询服务的能力。2010年1月，该馆被确定为全国县级数字化图书馆推广计划首批试点单位。2009年以来，在不断完善基础建设的同时，实行免费开放。该馆树立品牌意识，坚持用免费上门办证、阅读园（基）地创建、馆藏在基层点的免费流通、“怀宁大讲坛”讲座及馆际协作等手段不断创新着服务，推进了文化信息服务和公共文化服务事业的整体发展。2014年，全国公共文化服务体系示范区创建试点工作，在安庆市范围内全面展开。以此为契机，该馆对照创建标准，将积极完成新馆及其配套设施的规划建设、纸质信息和数字信息资源建设，力求建成后的新馆坐落环境优美、功能完善独立、辐射能力更强，能更好的适应城镇化发展需要。通过不断创新服务，满足人民群众对于公共文化服务的新需求。

新馆新设施、新架新图书，图书如山，墨香四溢

联系方式

地　址：安徽省怀宁县高河镇稼先路81号
邮　编：246121
联系人：刘 毅

馆内一瞥

怀宁县图书馆

枞阳县图书馆

概述

枞阳县图书馆，前身为枞阳县文化馆图书室。1950年3月，图书室内藏书甚少，古籍150册，还有一些报刊杂志。1959年1月，中共枞阳县委宣传部创办枞阳县图书馆。1972年，县图书馆添置图书5000册，加上原残存的古籍，计5150册。1976年6月13日，县编制委员会发文，正式成立枞阳县图书馆，编制4人，馆舍一间20平方米。1986年3月搬迁到枞阳县枞阳镇凤凰山路17号，该馆舍为五十年代砖木结构二层楼，建筑面积530平方米。2000年6月19日县委常委会会议公布“捐赠枞阳县图书馆（黄镇图书馆）建设资金的实施意见”，县委办和政府办批转各乡镇和县直单位，捐赠活动有效推动，讫止2000年底，收到捐款近150万元。同年，全国政协副主席赵朴初为“黄镇图书馆”题写馆名。2008年初，枞阳县人民政府将枞阳县图书馆（黄镇图书馆）建设纳入政府十件实事；新建枞阳县图书馆位于县城银塘新区，幕旗山公园北侧，三面青山环抱；占地面积15亩，建筑面3000多平方米，总投资1100万元。新馆建筑风格为园林式，内部功能齐全。设有书库、史籍文库、少儿阅览室、电子阅览室、期刊阅览室、综合阅览室、枞阳名人展厅、黄镇纪念厅、多功能报告厅等。2012年元月8日新馆正式对外免费开放，现有在编在岗工作人员8人，自聘8人，其中高级职称1人，中级职称3人，初级6人；本科学历2人，大专学历14人。2013年，枞阳县图书馆有阅览坐席250个，计算机45台，选用力博图书馆自动化管理系统。2013年，参加第五次全国公共图书馆评估，首次获得县级一级图书馆。

业务建设

截止2012年底，枞阳县图书馆总馆藏量47.5593万册，其中纸质文献7.5593万册，电子图书40万册。2012年，枞阳县图书馆共入藏图书3500种，34511册，报刊252种。2012年图书馆向全县企事业单位和个人发出“构筑精神家园，建设文化枞阳”——向县图书馆捐赠图书的倡议书，通过捐书活动共收到捐赠图书2万多册，同时还不断收到在外枞阳籍学者捐赠图书，从捐赠图书中收集到大量的地方文献入藏。

截止2012年底，枞阳县图书馆数字资源总量为7TB。

读者服务工作

自2012年元月8日开馆以来，枞阳县图书馆全年免费对外开放，周开放60小时。馆内开架图书文献共71946册，书刊文献开架比例94%。2012年，书刊总流通20万人次，书刊外借15万册次。2012年元月，与县武警中队、新华居委会签订互借协议。2012年元月28日，与枞阳县水利局、枞阳县农委、枞阳县科技局以及枞阳浮山中学签订“枞阳县图书馆免费为全县科研和相关单位提供特色及资料参考咨询服务的协议”，无偿为相关单位提供多功能报告厅开展各类专题讲座、学术报告会等参考咨询服务活动。2012年，枞阳县图书馆建立图书馆网站。网站的服务内容大致包括图书馆概况、枞阳文史、读书天地、社会捐助、服务窗口、网上服务、数字资源、共享工程和古籍保护等。

2012年，枞阳县图书馆共举办讲座、展览、培训、阅读推广等读者活动25场次，参与人数20000人次。馆内大厅定期制作展板作新书介绍，利用图书馆网站推荐优秀图书。

业务研究、辅导、协作协调

2008年–2012年，枞阳县图书馆职工发表论文3篇，出版专著1部。

管理工作

2010年，枞阳县图书馆完成全馆岗位聘任，本次聘任共设3类岗位，11人重新上岗，同时，建立了工作量化考核指标体系，每半年和全年进行总体工作考核。

表彰、奖励情况

2012年，枞阳县图书馆被中共枞阳县委评为“先进基层党组织”。

馆领导介绍

马丽琴，女，1964年3月出生，大专学历，中共党员，副研究馆员，馆长。1981年8月参加工作，2008年1月任枞阳县图书馆馆长（副科级）。

陶树，男，1963年4月出生，大专学历，中共党员，馆员，副馆长。1980年8月参加工作，2003年11月任枞阳县图书馆副馆长。

黄安平，男，1970年8月出生，大专学历，中共党员，馆员，副馆长。1992年7月参加工作，2008年1月任枞阳县图书馆副馆长。

曹芳莉，女，1976年2月出生，本科学历，中共党员，助理馆员，馆长助理。1995年9月参加工作，2012年11月任枞阳县图书馆馆长助理。

未来展望

枞阳县图书馆通过一年多以来的良好运行，倍受广大人民群众所喜爱，县委、县政府对图书馆寄予厚望，它将为繁荣枞阳文化，实现文化强县战略发挥重要作用。相信枞阳县图书馆在上级文化部门和当地政府的大力支持下，将朝着知识化、专业化发展，服务形式更加多样，服务网点更加宽广，对于传承枞阳文脉，实现文化资源共享的前景会越来越广阔。

联系方式

地　址：枞阳县银塘西路29号
邮　编：246700
联系人：卢　瑶

太湖县图书馆

概述

太湖县图书馆始建于1979年，1998年5月新馆建成正式对外开放。新馆位于县新城龙山路5号，占地面积7244平方米，馆舍面积4860平方米，馆藏图书11万册，设有图书外借处、残障读者综合阅览室、期刊阅览室、少儿阅览室、成人电子阅览室及未成年人电子阅览室、科技咨询室7个对外服务窗口，阅览座席240个。2005年、2009年、2013年太湖县图书馆三次被国家文化部评定为“国家一级图书馆”。截止2012年底，太湖县图书馆有各类持证读者1.39万人，年接待读者20万人次，计算机76台，宽带接入100Mbps，选用力博图书管理系统。

业务建设

截止2012年底，太湖县图书馆总藏量114313册（件），其中纸质图书40149种计108513册（件），电子图书500册，地方文献5300册。

2009–2012年，太湖县图书馆每年购书经费为12万元，入藏中外图书8796种，共23773册；入藏报刊杂志352种；入藏地方文献5000册，其中家谱39套602册；佛经322册，包括乾隆大藏经168册，净土藏50册，高丽大藏经80册，其它24册；古籍45部438册，名人手稿8部。

读者服务工作

自1998年5月新馆落成开放后，太湖县图书馆全年除春节闭馆2天，其余全天开放，每周开放63小时，坚持晚间开放2–2.5小时。2009–2012年，接待读者856942人次，借还书734981册次。

2009–2012年举行读书报告会、书画展、讲座、摄影展等各类活动76次，参加人数达32000人次。2012年太湖县图书馆开办“太湖讲坛”，确定每年请一位全国知名大家，其余以省内、县内的为主，每年开办6期，内容因时而定，年服务群众3000人次。

2009–2012年利用馆藏文献资料二次加工编印《科技参考》小报48期，计72000份，为1500位专业户、科技户、扶贫户提供信息咨询服务。同时为这些科技户建立了电子服务档案，实行跟踪服务。

2009–2012年为太湖县委、县政府四大班子领导编印《决策参考》，为他们提供决策信息，计48期960份。

2006年开始筹建太湖县图书馆网站，设有新闻资讯、读者指南、共享工程等多个板块，在馆内机房架设有网站服务器。2010年对网站进行了模板更新升级。2009–2012年，网站日平均访问50人次，累计访问量73000人次，总浏览量121560人次。

太湖县图书馆电子阅览室建于2000年，配置30台计算机；2009年7月添置20台计算机建成未成年人电子阅览室，为未成年人提供绿色上网服务；2010年2月“县级数字图书馆推广计划”在我县启动，国家数字图书馆下发的电子图书、期刊等资源均能在成人电子阅览室浏览。2009–2012年，成人电子阅览室接待读者189279人次，未成年人电子阅览室共计接待读者68976人次。2011–2012年建成15个村级电子阅览室，每个阅览室配备4台计算机及多媒体设备，年服务群众18000人次。

业务研究、辅导、协作协调

2009–2012年，太湖县图书馆分别派员赴省图书馆学习图书分编、古籍保护、文化共享工程技术培训12人次，为基层站点、社区图书室管理员开展业务辅导162人次。2009–2012年，太湖县图书馆职工积极参加国家图书馆、省图书馆学会和文化共享工程安徽省分中心组织的论文撰写活动，共投稿35篇，其中获国家图书馆征文三等奖1篇，优秀奖1篇；省级征文一等奖1篇，二等奖4篇，三等奖3篇。

管理工作

2012年，太湖县图书馆实行全员岗位聘任制，按需设岗，择优竞争上岗，共设5类岗位，其中设副研究馆员1岗，馆员6岗，助理馆员7岗（含助理馆员及管理员岗位），事业管理1岗。严格按照岗位聘用制度建立相关考核指标体系，每季度及年末进行总体工作考核。同时聘请6名临用工人弥补人员不足，实行合同制管理。2010–2012年，编印《共享》简报18期，发放10800份。

表彰、奖励情况

2009–2012年，太湖县图书馆共获得各种表彰、奖励14次，其中国家文化部表彰2次（一级图书馆及公共电子阅览室示范点），文化共享工程省分中心、省图书馆表彰7次，其他奖励5次。

图书馆外貌

太湖县图书馆地方文献室——晋熙书屋

报纸阅览室及外借处

残障读者综合阅览室

期刊阅览室

少儿阅览室

馆领导介绍

曾玉琴，女，1949年2月生，中专学历，中共党员，副研究馆员，馆长。1965年8月参加工作，1979年调到太湖县图书馆，1993年任太湖县图书馆馆长，兼文化共享工程太湖县支中心主任职务。1994年被国家文化部评为全国图书馆先进工作者，1995年被安徽省人事厅、文化厅授予全省文化系统劳模，2000年被安庆市人民政府授予安庆市劳动模范，安徽省第十届、十一届人大代表，2009年被人力资源和社会保障部、文化部评为全国文化系统先进工作者，2013年被安徽省文化厅评为“江淮群文之星”，被文化部授予第十届中国艺术节“群星奖”群文之星称号。

周盛华，女，1955年1月生，大专学历，中共党员，副研究馆员，党支部书记。1970年7月参加工作，1983年调入太湖县图书馆工作。历任副馆长、馆长职务。分管党建、精神文明建设、图书流通、农村科技咨询工作。

凌波，男，1962年1月生，大专学历，中共党员，馆员，副馆长。1979年11月参加工作，1983年1月部队转业分配到太湖县图书馆工作。分管文化共享工程、基建等工作。

章萍萍，女，1968年4月出生，大专学历，中共党员，助理馆员，副馆长。1985年11月参加工作，历任图书管理员、出纳、办公室主任等职。分管行政办公室财务、文件收发、档案整理、后勤保障、行政事务等工作。

未来展望

2013年底，太湖县正式启动了图书馆、文化馆、剧场为一体的文化艺术中心的建设工作，县图书馆规划建筑面积8000平方米。新馆建成后原馆将建设成一个独立的少儿图书馆。在未来5年中，将在15个乡镇综合文化站及老城区设立分馆，县图书馆作为总馆，形成总分馆服务体系。在县经济开发区新建10个企业图书室，在重点工程建设工地设立5个流动图书室，在县看守所、拘留所流动设立图书服务点。配备流动图书服务车1辆，每年下基层服务达50次以上。公共图书服务将向网络化、数字化、智能化方向发展，努力建设数字图书馆，使服务更加便捷、规范、多元，构建覆盖城乡的县、镇、村三级服务网络。

联系方式

地　址：安庆市太湖县新城龙山路5号
邮　编：246400
联系人：章萍萍

文化共享工程服务幼儿家长

王蒙做客“太湖讲坛”

宿松县图书馆

概述

宿松县图书馆创建于1981年9月。1985年，馆址从县通德街迁至县人民中路文化馆、图书馆综合大楼。2002年6月，在原址上兴建图书馆综合大楼，馆舍面积2500平方米。可容纳读者座位130个。内设报刊阅览室、图书流动部、少儿阅览室、采编室、电子阅览室、残障人士阅览室、多功报告厅、图片资料室及松兹文库等。现有工作人员10人（馆聘2人），计算机60台，宽带接入100M，选用南京力博图书自动化管理系统。2004年，参加第三次全国公共图书馆评估，获得三级图书馆，2009年，参加第四次全国公共图书馆评估，获得二级图书馆，2013年，参加第五次全国公共图书馆评估，获得一级图书馆。

业务建设

截止2013年3月，宿松县图书馆总藏量485500册(件)，其中，纸质文献85500册(件)，电子图书馆40万册。

2010–2013年，共入藏图书6379册，中文报刊735种，视听文献(光盘)512盘，101819种，地方文献1522册。

2010年，宿松县图书馆图书编目与国家图书馆、南京图书馆、安徽省图书馆图书编目自动化管理系统对接，实现了联合编目资源共享，并安装了VPN及资源信息导航系统，在全省率先与安徽省图书馆数字资源对接。

截止2013年3月，宿松县图书馆数字资源总量为7TB，其中，电子图书馆4TB，视频3TB，图书流通服务点40家。

读者服务工作

从2009年6月起，宿松县图书馆全年365天对外免费开放，每周开放58个小时，2009–2012年，到馆60万人次，书刊外借29万册次。2013年3月，实行了宿松县区域学校图书馆、乡镇综合文化站图书馆室文献资源互借服务。2013年8月，引进二台高科技触摸屏电子读报机对读者免费开放。触摸屏电子读报机每天在线自动更新100份来自全国各地主流媒体报纸，每月更换400种期刊，与纸质报 保持同步。让更多读者享受到数字信息时代资讯无所不在的便捷，充分领略高科技带来的“悦读”感受。

2009–2013年，宿松县图书馆网站访问量452717万次。截止2013年止，宿松县图书馆发布使用的数字资源总量6TB，均可通过宿松县图书馆网站、共享工程(宿松县农村广播电视网)为广大读者提供检索、浏览和下载服务。

宿松县文化共享工程支中心与宿松县农村有线广播电视网互联互通，资源共享，更好地发挥了文化共享工程作用，这在安徽省县级图书馆尚为首家。

2009–2012年，宿松县图书馆共举办讲座、展览、培训、阅读推广等读者活动62场次，参加人数111600万人次。

业务研究、辅导、协调

2009–2012年，宿松县图书馆职工发表论文7篇，其他课题2项。

从2009年起，宿松县图书馆承担了全县208个村级文化共享工程服务点、农家书屋图书管理员、22个乡镇综合文化站业务干部的培训任务，共举办培训班25期，480人次接收了培训。

管理工作

2010年，宿松县图书馆实行全员岗位聘任，本次聘任共设10个类岗位，有5人竞聘不同的岗位(每人兼2个岗位)，同时，制定了工作量化考核指标体系，每半年进行工作考核。2009–2012年，共抽查文献排架8次，书目数据4次，各部门撰写分析报告4篇。

表彰、奖励情况

2009–2013年，宿松县图书馆先后被宿松县委、政府授予“文明标兵单位”，安徽省人社厅、文化厅授予全省“文化系统先进集体”荣誉称号。

馆领导介绍

雷鸣，男，52岁，大专文化，宿松县政协七、八、九届委员，图书馆馆长。1975年3月参加工作，历任宿松县黄梅戏演奏员，文化馆群文辅导员，中国人像摄影学会会员、安徽省图书馆学会会员、安徽省摄影家协会会员、宿松县摄影家协会主席。2008年，被政协宿松县委员会授予“优秀提案委员”；2011年，被宿松县委、县政府授予二轮修志工作先进个人；2001–2012年，先后被宿松县委授予全县宣传思想工作者、优秀文艺

副省长谢广祥来馆调研

送书下乡

报刊阅览室

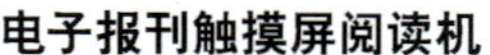

电子报刊触摸屏阅读机

电子阅览室免费培训

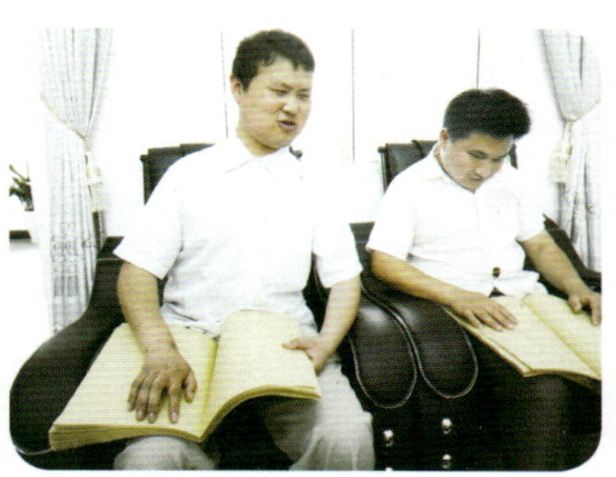

盲人图书阅读室

图书流通部

工作者和优秀新闻工作者称号。

齐晓荣，男，1970年1月出生，大专学历。1987年至1990年12月服兵役于江西省九江市武警支队，上士班长退役。1991年分配在宿松县图书馆工作，2006年12月，任图书馆副馆长。

未来展望

宿松县图书馆紧围绕“发展、创新、惠民”这一主题，优化服务、拓展图书馆教育和信息的功能，从读者服务、业务管理、提高人员素质入手，实施开放型管理模式——文献开架、借阅一体化，并启用电子文献检索、视听服务、网上引擎导航等全新的服务内容和手段，通过创建安庆市国家公共文化服务示范区，扩建馆舍300平方来，阅览座位达250个，年服务人次年达30万人次，数字资源达10TB，促进宿松县图书馆事业的整体发展。

联系方式

地　址：安徽省宿松县人民路111号

邮　编：246500

联系人：雷　鸣

共享支中心下乡为农民播放科教片

暑期播放红色影片经典影片

桐城市图书馆

概述

桐城市图书馆整整历经半个世纪，是目前安徽省县级历史悠久、规模较大、设备先进的图书馆之一；是全国文化信息共享工程桐城支中心；是省内古籍藏量较多的县级图书馆之一，其中桐城派代表作家的作品收藏较多，且有三部古籍入选首批《国家珍贵古籍名录》，是全国"桐城派研究"资料中心；2009年和2013年，先后两度被文化部评定为县级一级图书馆。

业务建设

桐城市图书馆内设办公室、社会工作部、技术信息部、采编部、报刊阅览室、少儿阅览室、电子文献阅览室、借书处、综合书库、桐城文库、古籍库、残障人士阅览室、报刊资料室、多媒体播放厅以及培训中心、全国桐城派研究资料室等内部单元。并辐射支持全市乡、镇、社区文化共享工程基层服务点220多个，农家书屋等基层图书室230多个。

桐城市图书馆馆藏总量达26万册、件，含古籍、图书、报刊合订本、以及电子书刊、视听资料等文献；自购并存储在本馆服务器上的电子图书14万余册、电子期刊3000余种，并安装VPN设备，远程共享安徽省图书馆电子资源，供读者在本馆电子阅览室免费查阅；注重特色资源建设，设有地方人士个人著述专柜、方志专柜、家谱专柜、个人捐赠专室等特藏部门。自2009年至2012年图书年均入藏量为5218种、报刊年均入藏量为297种、视听文献年均入藏量为157件。阅览座席332个（其中少儿阅览室坐席58个）。现有计算机总数为67台；提供读者使用的计算机数量为47台；馆内建立了局域网，网络对外接口是20兆光纤专线接入；存储容量达10.98TB；采用力博图书馆自动化管理系统，自动化程度较高，系统运行正常。

桐城市图书馆设立的"文都讲坛"，由桐城市文广新局主办，定期举行公益讲座，已历时3年，逐渐成为桐城市公共文化服务的品牌项目；馆网站建设亦自成特色，网站页面美观，内容详实，服务健全，信息报道及时。

读者服务工作

桐城图书馆2011年6月28日起，正式对外免费开放。报刊借阅、少儿阅览、图书外借、电子阅览等基本服务项目健全均向读者免费。同时，展厅、多功能报告厅、自修室等公共空间设施场地也对外免费开放。

为了更好的服务读者，桐城市图书馆每周开馆时间达到60小时，周六、周日和节假日正常开放；除古籍图书和电子书刊外均全开架借阅和查询，开架比例达100%。书刊文献年外借册次85569册次，可供外借的书刊文献为12万余册，馆藏书刊文献年外借率达到71%；设馆外8个流动服务点，年书刊借阅册次为6千余册次；年均流通总人次近16万人次，持证读者5000多人，读者的人均年到馆次数为32次；书刊宣传活动开展得有声有色，充分利用本馆网站、馆内展牌、举办读者活动等形式进行宣传；还不定期举办各类公益展览和讲座。在电子阅览室设有政府公开信息查询点，同时在馆网站首页的醒目位置与"桐城市政府信息公开网"作了链接，为广大公众查询政务信息提供方便；编印多种主题的宣传册，为社会公众提供专题服务。

桐城市图书馆积极主动地为特殊群体提供服务。设立残障人士阅览室，购置盲文书籍和视听资料，为残障人士服务；建立市看守所服务点，为高墙内的特殊人群服务；并为少儿举办课外美术、英语学习辅导等活动；设市老年活动中心服务点，举办老年电脑知识、网络知识培训等活动；到企业为进城务工人员服务；到偏远乡村为留守儿童服务。这些活动的开展，得到了社会各界的广泛关注和高度赞誉，并注重利用图书馆活动月、宣传周等形式，通过网站、报纸、电视台等媒体进行广泛传播。

业务研究、辅导、协作协调

桐城市图书馆与国家图书馆联合编目中心、南京市图书馆、安徽省图书馆、安庆市图书馆、桐城市教育局图书室、桐城师专图书馆等单位签定联合编目协议和资源共享协议，开展业务合作活动，实现资源共建共享。制定辅导计划，对桐城市市乡镇、街道、社区文广站图书室和农家书屋及学校图书馆进行辅导。每年至少完成15个基层点的辅导任务。

管理工作

桐城市图书馆注重制度与管理的完善。制定有较完善的人事管理制度与财务管理制度。馆内按需设岗、按岗聘用、竞争上岗，实行目标管理，严格年度考核。财务制度执行严格，并受上级部门及财政部门的监管。同时还制定馆内"志愿者管

图书馆走进特教学校

图书流动点－市消防大队

报刊阅览室

电子阅览室培训

“中国梦”图片展和流动图书走进乡村学校

理办法”，吸纳规范志愿者热心为读者服务。

桐城市图书馆环境整洁、美观、安静，标牌规范，设施设备维护良好，节能减排措施到位；馆内制定有《图书馆消防安全制度》及相关安全应急预案，由一名副馆长分工负责安全保卫工作，成立安保工作小组，为更好地保护国家财产和珍贵历史文献资料，桐城市图书馆加大安防力度，采取人力防范和技术防范相结合的方法来进行保护，聘请保安24小时值班，在古籍库、电子阅览室及重要部室进行24小时实时视频监控，同时设置烟感探测器和门窗专用红外报警器，切实做好防入侵、防火灾等工作。

表彰、奖励情况

因工作积极努力，服务热情周到，桐城市图书馆的社会赞誉度较高，多次受到各级领导的表彰与奖励。先后受本市党委、政府表彰10次，受本市文广新局表彰2次；职工个人受本市党委、政府表彰3次，受本市文广新局表彰4次。

馆领导介绍

吴青，女，1966年2月出生，大专学历，中共党员，中级职称，馆长。1986年7月毕业于安徽大学图书馆学专业，毕业后分配到桐城图书馆工作至今。先后任部门主任、副馆长、馆长。中国图书馆学会会员。安徽省图书馆学会理事，安庆市图书馆学会常务理事。

朱红，生于1959年5月，本科学历，中共党员，中级职称，副馆长。长期从事文学创作、地方文化研究。曾独自承担桐城市图书馆申报《国家珍贵古籍名录》的桐城多部珍贵古籍藏本的整理撰写工作。论文《浅论毛泽东文艺理论的美学思想》发表于《安徽日报》理论版，并获奖。专著《吴樾》由中国文联出版社于2000年12月出版发行。主编《桐城古代散文选》由中国文联出版社于2012年9月出版发行。

王际明，男，1961年3月出生，大专学历，中共党员，中级职称，副馆长。先后公开发表短文20多篇。其中《创新思路求发展》一文入选安徽省图书馆学会年会论文。2004年《从岳阳楼记谈范仲淹的忧乐观》入选《范学论文集》。中国图书馆学会会员。

吴苏琴，女，1976年6月出生，本科学历，中共党员，中级职称，副馆长。1994年10月到桐城市图书馆参加工作，先后在外借处、采编部、办公室工作。安徽省图书馆学会会员，2012年7月参加全国基层文化队伍示范性第二期县级图书馆业务骨干培训班。

孙泉，男，1976年6月出生，中专学历，中共党员，副馆长。长期从事美术创作，作品曾多次在全国书画展中获金奖等，并在全国性专业报刊杂志发表刊登，安徽省美术家协会会员。

未来展望

跨入21世纪的桐城市图书馆将以建设现代化、数字化图书馆为发展目标，利用先进的计算机技术建立交互式数字信息系统和查询手段，推动区域经济发展，提高全民整体素质，实现科技和文化的完美结合，努力把桐城市图书馆办成知识信息中心，文化教育中心，把图书馆建成桐城市重要的知识信息枢纽和两个文明建设的重要阵地。

联系方式

地　址：安徽省桐城市盛唐中路1号
邮　编：231400
联系人：吴苏琴

文都讲坛首讲

图书馆展厅全国书画展

来安县图书馆

概述

来安县图书馆的前身是来安县文化馆图书室。1950年文化馆成立时图书室就建立了，配备一名图书管理员，开展图书借阅活动。1979年来安县图书馆正式成立，文化事业编制，编制四人，隶属文化局领导。1986年来安县图书馆原馆舍大楼建成，面积886平方米，编制八名，馆内设图书借还处、普通阅览室、典藏资料室、科技阅览室、报告厅等。2013年来安县图书馆新馆建成，馆舍面积3360平方米，内设外借处、综合阅览室、少儿阅览室、电子文献阅览室、残障阅览室、自习室、报告厅、咨询辅导室、采编室，典藏资料室、书库等。2013年10月参加全国第五次公共图书馆评估，获得一级图书馆。

来安县图书馆为全民文化事业单位，编制8人，由地方财政全额拨款。截至2013年底，有工作人员6人，其中专业技术人员4人；馆藏书量近81000册，电子书50万册，读者座位278个，电脑60台，宽带接入100Mbps，选用力博管理系统。

业务建设

来安县图书馆建有独立机房和网站，是国家文化信息资源共享工程县级中心，2013年建成数字图书馆。馆藏纸质藏书8.1万册，涵盖22大类；电子图书50万册；电子期刊2000多种，新刊上线与纸版期刊保持同步，多媒体光盘1200多种，内容丰富，涵盖面广。编制《来安县图书馆中文图书分类编目细则》，保证历任采编人员做数据统一、规范。2014年开通来安县图书馆微博和手机图书馆，读者可以通过图书馆网站浏览电子书和下载少儿动漫，收录有来安籍人士作品1千本，非遗项目8个。

读者服务工作

从2009年起，图书馆六个服务窗口全年对外免费开放，节假日正常开放。每周开放时间60小时，现办理借书证2100多个，平均每读者18万人次，图书借还25万册次，定期和老年大学举办免费电脑培训班，每年对基层图书流动点，农家书屋管理员举办培业务训班，请专家来馆进行生活健康知识讲座，组织农业专家到田间和农民面对面辅导，编印《科技与信息》知识小报赠送农民。举办迎新春猜灯谜活动，少儿英语知识竞赛，少儿查字典比赛，读好书讲故事比赛，到县重点建设工地，敬老院免费放电影，在社区播放少儿大众科普。举办展览、讲座和各种类型服务活动50余次。

我馆除了阵地服务，还带着大量图书走出馆门，深入企业、农村、军营，为他们提供精神食粮。在武警中队，消防大队，法院，县城各个社区8个设立图书流动服务点，定期为他们更新图书。2010年—2013年共流通图书12000册。2013年10月根据省文化厅要求在公安监管场所设立图书馆服务点，并免费赠送图书1500册。

业务研究、辅导、协作协调

我馆王子俊撰写的《我们是如何辅导农村图书室的》，《论县馆藏书建设的地方特色》论文，在省级期刊发表。

本馆还积极指导全县各单位、各乡镇、村的图书管理人员进行业务学习，承担文化民生工程、乡镇文化站、农家书屋等业务指导工作。

管理工作

2010年，制定来安县图书馆岗位设置设施方案，坚持按需设岗，竞聘上岗，按岗聘用，合同管理。对每个岗位的岗位职责，岗位工作标准，聘用条件，制定单位岗位说明书。实现单位人事管理的科学化，规范化和制度化。并制定了各项工作管理制度，建立了工作量化考核指标体系，每月进行工作进度通报，参加主管局和上级有关部门的每半年和全年进行总体工作考核。及时更换网站信息，编写工作动态信息。

表彰、奖励情况

被省厅表彰3次，市局4次，县级7次。

馆领导介绍

馆长：徐应龙，男，中共党员，1965年出生，中专，助馆。1983年入伍，1986年分配图书馆，1988–1990年在省文化干校图书情报中专班脱产学习。2009年，2013年获县优秀共产党员称号。

副馆长：武峦，女，中共党员，1962年9月出生，中专，助会，1982年参加工作，1996年调入图书馆至今。

未来展望

1、图书馆功能趋于多样化，主要表现为休闲功能、生产功能展示功能。

2、图书馆文趋于域数字化。

3、图书馆服务趋于自助化，主要表现为适合读者意愿、符合知识交流手段的发展方向、服务基础是主动服务。

联系方式

地　址：来安县新城区文化长廊内
邮　编：239200
联系人：徐应龙

全民读书月

少儿查字典比赛

猜灯谜活动

无为县图书馆

概述

无为县图书馆成立1923年，是安徽省成立最早的县级公共图书馆。馆址几经变迁，老馆址坐落在米公祠，2013年10月1日，位于无城镇新力大道新馆建成开放，新馆占地23.25亩，建筑面积9600平方米，设计藏书容量80万册，可容纳读者座位近2000个，地上4层，集图书阅览、文化教育、展览功能于一体，新馆设计集中围绕“五大中心”要求来定位，即：图书文献收藏中心、情报信息服务中心、学术交流活动中心、面向社会的文化教育中心、文化休闲活动中心。新馆于2011年12月2日正式动工兴建，项目总投资4000万元，历时1年半建成，于2013年10月1日正式对全县广大读者免费开放。2013年，参加第五次全国公共图书馆评估，荣获国家一级图书馆。

业务建设

截止2012年底，图书馆现馆内藏书30多万册，其中古籍书近4万册，居安徽省县级图书馆之首，如：《古今图书集成》、《四部丛刊》、《四部备要》、《省身集要》，此外还珍藏着大量的古今字画、家谱、法帖、地图、地方文献、民国书刊等。2013年，无为县图书馆新增藏量购置费100万元，从2014年起每年新增购图书费60万元。图书馆内设有图书借阅室、报刊阅览室、古籍阅览室、电子阅览室、少儿阅览室等窗口，为揭示馆藏文献，设有馆藏陈列室、宗谱陈列室、地方文献室和专用展厅，为全县广大读者免费提供各种服务。

2013年投入近200万建立图书馆智能化系统，主要是电子文献阅览、读报系统、书目检索系统、24小时图书自助服务等。

读者服务工作

从2009年8月起，无为县图书馆全年365天天天对外免费开放，实现了馆藏文献的24小时自助借还。目前持证读者5000多人，每年读者总流通30多万人次，书刊外借18万册次。2009年，无为县图书馆就开通了网站。2009–2012年，无为县图书馆共举办讲座、展览、培训、阅读推广等读者活动96场次，参加人数1.23万人次。

业务研究、辅导、协作协调

2009–2012年，无为县图书馆职工发表论文1篇，出版专著2部。

2009年以来，多人次参加安徽省图书馆组织学术研讨和国家、省组织各种业务培训。对全县323个行政村“农家书屋”图书进行整理编目，并每年举办农家书屋演讲比赛。

2010年，参加了安徽省图书馆成立安徽公共图书馆联合编目中心。

管理工作

2010年，无为县图书馆完成全员岗位聘任，同时，建立了工作量化考核指标体系，每月进行工作进度通报，每半年和全年进行总体工作考核。建立健全了单位各项规章制度。

表彰、奖励情况

2009–2012年，无为县图书馆多次获得市、县有关部门的表彰。

馆领导介绍

钱传宝，男，1965年1月生，本科学历，中共党员，副研究馆员，馆长。1989年8月参加工作，中国图书馆学会会员。

付勇，男，1973年2月生，大专学历，中共党员，副馆长。1999年11月参加工作。

沈怀玉，男，1968年5月生，本科学历，副研究馆员，副馆长。1991年9月参加工作。

未来展望

无为县图书馆遵循“科学、效率、创新、发展”的办馆方针，逐步完善服务功能，扩大服务辐射区域，带动无为县图书馆事业发展。不断强化自身综合实力，增加藏书量，吸引广大读者；逐步加强数字资源建设的同时，能够提供全覆盖、不间断、无时空限制的数字文献远程和移动服务。通过加强无为县图书馆服务建设，带动了无为县图书馆事业快速发展。

联系方式

地　址：安徽省无为县图书馆无城镇新力大道南侧
邮　编：238300
联系人：钱传宝

定远县图书馆

概述

定远县图书馆初创于1916年（民国5年），旧址在城隆庙东小街南面，占地面积约10多亩，时有馆长1名，馆员5名，经费由国家拨付。馆内藏书千余册，约700种，另有《新闻报》、《大公报》和杂志10余种。既是图书馆又是讲学堂，抗日战争爆发后自行取消。建国后，1950年春，在定远县文化馆内设图书室，有图书2000多册，另有连环画等少儿读物600多册，分借书处和阅览室。"文革"期间，图书损失严重，许多有价值书籍被拉到蚌埠造纸厂销毁，余下部分堆在保管室无人管理，大多被人拿走或霉坏，图书借阅停顿。1973年县文化馆内恢复图书室，1979年1月县图书馆正式由县文化馆分离出来，并建立副科级事业单位。当时馆舍面积400多平方米，4名工作人员，馆藏量3.8万册，每年订阅报刊杂志40-60种。后增设儿童阅览室60多平方米，每天接待成人和儿童读者均在百余人次。

1986年在城北老护城河边建馆，馆舍面积900多平方米，工作人员增至10名，馆总藏书量增加到5万余册，年订阅报刊100余种。2008年，由原馆拆迁置换在城东新区建成占地2600平米，建筑面积2200平方米的现馆。2010年，定远县图书馆参加第四次全国公共图书馆评估定级，首次获得三级馆；2013年，参加第五次全国公共图书馆评估定级获得一级馆。目前阅读席位220座，计算机50台，宽带接入20Mbps，选用力博图书馆自动化管理系统，办公与业务实现自动化管理。

业务建设

定远县图书馆现建有书库、文献资料室4个近500平方米；借阅室一个80平方米，阅览室两个200平方米，120个座席；儿童阅览室一个80平方米40座席；电子阅览室一个80平方米50座席；采编室、编目室、目录厅各一个计180平方米；100平方米报告厅可容纳100人；多功能厅、展览厅各一个约200平方米；同时建有办公室、会议室、中心机房、卫星接收等配套设施。馆前广场建有阅报栏、停车棚等。馆藏文献既1979年以来，逐年丰富，截止2013年，馆藏总量为16.26万册（件），其中，纸质文献13.26万册（件），电子图书3万册。

2009年、2010年，定远县图书馆每年县财政拨付3万元购书经费；2011年免费开放后，地方和省级财政共同拨付年免费开放专项经费20万元。定远县图书馆还收藏有《定远县志》、《曲阳吟坛》、《定远春秋》以及定远籍作家作品等196册，另还收藏有一定量地方特有的史志、文艺、诗歌、散文、小说、家谱等，收集方式是采购、征集、接受捐赠等。2013年采购图书5000册，订阅报刊、杂志160种。

截止2013年，定远县图书馆数字资源总量为3TB，数字资源量较少，主要为采购资源。2013年底，加入合肥经济圈区域公共图书馆共建工程。

读者服务工作

从2010年元月起，定远县图书馆全年365天开放，不闭馆。从2011年6月28日起，全年365天全免费开放，周开放56小时。2009年起，定远县图书馆脱离手工编目，采用计算机自动编目系统，启用力博图书软件，实现业务自动化服务。

从20世纪70年代末到90年代中后期是定远县图书馆接待服务读者的"黄金鼎盛"期，读者从几百人发展到四千余人，每天接待服务读者三百余人次，阅览室常常座无虚席。由于众所周知的原因，至90年代末，读者人数每况愈下，至2007年办证读者仅600余人。

多年来，定远县图书馆利用有利条件，每年都积极开展一些社会服务活动，如少儿书画培训、展览、比赛、讲座、读者座谈会、诗歌朗诵会、义务写春联等，尤其是书画培训等活动，推动了全县书画艺术的发展，并出现了许多优秀人才。1991年以来，除每年举办2-3次正常书画展外，还承办了多种类型、影响较大的书画活动，如举办国庆五十周年、迎港澳回归、纪念穆孝天先生书画展、国庆60周年书画展等共60余场次。从2013年起，探索拓展服务领域，建立"总分"馆服务机制，至2013年分别建立了县武警中队、县看守所、十里黄学校、阳光学校、桑涧中学、青山花园部队等六处流动分馆。

自上世纪90年开始，按照全国知识工程领导小组确定的主题，每年五月最后一周都开展一次"图书馆服务宣传周"活动。

由于图书馆为读者服务为农服务工作做出一定成绩，1996年10月全省图书馆为农服务经验交流现场会在定远县图书馆召开，会期三天，与会代表前往革命老区藕塘观摩学习。

业务研究、辅导、协作协调

2006年，定远县图书馆被确定为全国文化信息咨询共享

省、市县领导来馆关怀

委常委、宣传部长曹征海在定远县图书馆阅览室看望读者

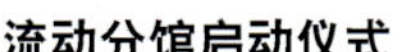

流动分馆启动仪式

少年儿童读书比赛活动现场

图书馆送文化下乡

工程县级支中心，初始配备服务器、卫星接受器和投影仪、幕步各一件。至2009年底建立了主机房，电子阅览室终端数达50台，面积60平方米。图书馆实现网络化、自动化管理。

一、教育与研究：自八十年代初至2007年底，不同类型的图书馆学历教育、继续教育、员工培训等达180人次，860个学时。

二、业务辅导工作：多年来先后对县委党校图书室、一中、二中、城北小学、职工小学图书室和藕塘分馆、县消防大队等进行业务辅导和支持帮助。2010年我馆对全县范围农家书屋进行了业务培训和现场指导，协助组织部门对远程教育网点的投影设备进行安装调试。2013年开展多次中高级书画培训班。

管理工作

多年来，定远县图书馆在实践中摸索制订了较完整、行之有效的行政管理、人事管理、财政管理、后勤管理、安全保卫等规章制度。2009年全馆实现全员聘任制，2010年制定了岗位设置方案并通过人事部门认定，专业技术岗位9个（其中中级岗位3个，助理级6个），工勤岗1个，有效的激活了工作效率。

表彰、奖励情况

1981年被地区文化局评为先进集体；1982年被省文化局评为先进儿童阅览室；2003被市政府评为先进集体，张晓琴同志被评为先进个人，受到滁州市政府表彰。1999年以来一直被评为县级文明单位，2009年滁州市第三届“文化百优”评选荣获先进集体。2011年被评为市文明单位，2013年被评为县双拥模范单位称号。

馆领导介绍

张晓琴，女，1964年11月生，大专学历，中共党员，馆员，副馆长主持工作。1981年12月参加工作，既参加工作以来一直从事图书馆工作。1992年至今，历届次定远县人大代表、滁州市党代表；滁州市三、四届人大代表。

王康义，男，1970年12月生，大专学历，中共党员，副馆长。1990年3月参加工作，一直在图书馆工作，历任定远县图书馆管理员，办公室副主任、主任，副馆长，分管业务工作，2012年荣获全县文化系统先进个人。

未来展望

定远县图书馆遵循“科学、效率、创新、发展”的办馆方针，实施“以人为本”的服务理念，按照“管理有序、免费开放”的总体要求，在不断完善馆舍服务实施的同时，提升馆藏文献资源数量和质量，提高服务读者水平。到2014年底，实现电子阅览室50台电脑更新升级；2015年，实现馆舍配置有可触屏式自助电子阅览设备；2016年，实现建设有可移动自动借阅装置。积极启动2800平方米的馆舍二期建设，到2017年实现馆舍面积达到5000平方米。不断充实馆藏文献，实现年采购纸质文献15000册，到2017年实现馆藏文献总量突破20万册，数字资源设计存储能力达到10TB，电子图书拥有量达到30万册，超过纸质文献册数。年服务读者人次达到20万人次以上。实施“总分”馆联动发展机制，不断拓展图书馆服务领域，将分馆建在社区、偏远学校和人员集中场所，打造成为市民学习天堂、休闲文化乐园、科研院所助手的一流县级公共图书馆。

联系方式

地　址：定远县定城镇城东新区包公路
邮　编：233200
联系人：孙学崇

阅览室一角

馆舍大楼外景

凤阳县图书馆

概述

凤阳县图书馆始建于民国18年11月，因历史原因几经撤并，后于1979年11月底独立建制挂牌。馆舍几经变迁，2013年11月底由政府投资兴建的公益性文化设施凤阳新馆建成开放，位于凤阳县新城凤凰路上；新馆占地11公顷，建筑面积7410平方米，投资5500万元，设计藏书容量30万册。可容纳读者席座600人。日均可接待读者6000人次。2013年，参加参加第五次公共图书馆评估，凤阳县图书馆荣获“国家一级图书馆”称号。计算机70台，信息点200个，宽带接入100M，选用力博自动化管理系统。

业务建设

截止2012年底，凤阳县图书馆总藏量51万册（件），其中纸制图书藏量11万册（件），地方文献、明文化各类工具书2456册，报刊合订本3857册、电子文献达到40万册，电子期刊2000多种，数字资源总量为20TB，自建数字资源总量7TB，视听文献1000余盘。2012–2013年凤阳县新馆增购书经费70万，设备购置费300万元，2012年起每年增加10万的报刊购置费，2012–2013年入藏中文图书35745种，84807册。

2009年建设并开通图书馆网站（www.fyxlib.com），实现了网站与图书自动化系统的连接,读者可在网上进行馆藏资源查询、续借、预约和推荐图书等服务。

2009年建成全国文化信息资源共享工程凤阳县级支中心，网络覆盖全县15个乡镇1个园区，198个行政村。

2012年引进点点全景数字图书馆，通过数字虚拟化技术手段，模拟展现真实场景，少年儿童可以在图书馆阅读到优质的电子书的同时还可DIY自已的电子个性图书，优秀作品可以参与馆内电子平台展示并有机会进入图书馆藏书系统，通过先进的数字技术，激发少年儿童浓厚的阅读兴趣，培养了少年儿童的创作习惯。

2013年打造现代化特色图书馆，通过建设RFID智能借阅系统、24小时迷你图书馆“阳光书坊”，大大简化借还书流程，减轻工作人员劳动强度,减少图书丢、盗；提高图书流通效率，形成数字化、智能化、人性化管理和服务，使老百姓真正体验到信息时代获取知识的便捷。

2013年建设盲人阅览室，通过盲人视障信息系统中的特殊设备，视障人士熟练使用后可以像普通人一样，平等、自由的在图书馆获得所需要的信息，充分体现图书馆是属于全社会的公共文化服务体系。

2013–2014年强化数字信息化资源，建设触摸屏报刊阅读系统，解决了传统报刊所需的人力、空间等诸多问题，在为读者提供丰富阅读内容的同时，也方便了图书馆内部资料管理与维护；随着移动智能设备的迅速普及，凤阳图书馆为了更好的适应读者需求，打造了移动图书馆门户系统，通过在手机、平板等移动手持设备与图书馆集成管理系统和数据库资源对接，将图书馆变成没有时空界限的知识服务中心，使资源利用、个性服务、交互和交流等方面得到全面提升。

读者服务工作

凤阳县图书馆读者服务的宗旨是“以人为本，读者至上”的服务理念，本着这思想，图书馆不断加强工作人员的岗位作风建设和管理水平，改善服务质量，实行统一着装挂牌服务，给广大读者提供更多优质的、多种形式的、高层次的服务。

自2011年6月28日实行公共图书馆全年365天天天对外免费开放，取消办证工本费、电子阅览室上网费，每周开放时间不少56个小时，文献资源借阅、信息检索与咨询、公益性讲座和展览、影视放映、基层辅导、流动图书借阅与服务等免费提供，同时免费提供茶水，设置便民服务箱。

2009–2012年图书馆的办证读者达到2800余人，年外借图书10万余册，各功能室流通人次达到11万人次。2009年–2012年期间为提高特殊群体服务水平，图书馆还分别在新世纪电脑学校、新良种农场，武警住凤部队、武店公安派出所等建立流动图书室，各流动图书馆室摆放了上千册图书并定期进行更换。

从2009年起图书馆每年利用图书馆服务宣传周、世界读书日以及寒暑假期间,广泛开展读者服务活动。连续举办了两届凤阳县全民读书月读书系列活动、元宵节猜灯迷活动,每年参加这2项活动的人数高达万人；每年举办讲座、展览、培训、阅读推广读者活动约50场次，参加人数约8000人次；道德讲堂利用共享工程信息资源在节假日期间为群众免费放映节日电影和视频讲座；每年还组织全县各乡镇中小学参加开展“学雷锋见行动”、“我是图书馆管理员”、“涂鸦工坊——我心中的图书馆”、“我爱我家”读者报告会等系列读者活动，让百姓享受阅读乐趣，共创学习型社会。

2009年凤阳县图书馆网站访问量100次/天，2013年访问量200+次/天，每年通过不断对网站功能的完善，经过多次改版，凤阳县图书馆网站为读者及全县共享工程基层服务中心提供各种数字资源检索，浏览和下载服务，并通过VPN接入技术，将全县16个乡、镇全部并入本馆网络，使乡镇电子阅览室可以无障碍访问我馆所有数字资源。

2011–2013年开始，编辑发行了“信息摘要”，主要为农村科技带头人服务，该刊物凤阳县图书馆每季度编辑一期，每期印刷300余册，发放到各个发放到各个乡镇文化站，内容主要

少儿电子书工坊

读者在图书馆电子读报机阅读

儿童借阅室

开展凤画展活动

元宵灯谜会

宣传服务周服务广大市民

摘要科普信息，政策法规，时政信息等。每年还把国家中心下发的资源光碟刻录上千张，发放到各基层服务点，为老白姓免费送去最新的农业技术和文化大餐。

业务研究、辅导、协作协调

2009年–2012年，凤阳县图书馆职工发表论文4篇。举办"我们的中国梦"读者报告会。2009年12月以"享受阅读乐趣——共创学习型社会"为主题举办"首届全民读书日"活动。2012年至今针对分布于全县十五个乡镇一个工业区，198个行政村的136个村级农家书屋，在建设过程中从选购书架到图书登记、分类上架，都积极参与指导，每年举办"农家书屋管理人员上岗"培训班，经过业务培训后管理人员能够掌握图书分类上架以及借阅基本程序，轻松胜任自己的岗位。2012年凤阳县图书馆组织开展第四次网络培训会，公共图书馆业务培训会"联合参考咨询"培训会。2012年元月凤阳县临淮关镇综合文化站举办文化信息资源共享工程培训班。2013年制定古籍保护计划，根据《中华古籍保护计划》、《中华古籍目录》安徽省分卷普查登记要求，利用橱窗、电台滚动进行宣传，普查登记各古籍收藏单位（包括个人和私人收藏机构）提交国家古籍保护中心。

2013年结合民生工程工作现状，打造"共享工程"、"农家书屋"、"文化大院"三位一体的管理模式，并通过实践开始建设以县图书馆为中心、各乡镇基层点为分馆制的网络管理模式。

管理工作

凤阳县图书馆在2012年对职工进行了岗位培训，每位同志均参加了继续再教育培训，学时均超过60小时/年。期间馆内职工表示这次培训不仅丰富了馆内各位员工之间的亲密度，而且增加了知识度和学习的兴趣。由机械性工作环境转化为主动性工作环境中。

环境的加强建设，职工服务理念教育，改善服务环境，创造一流的服务态度，通过凤阳县图书馆的不断努力，读者数量的增加，图书馆的教育功能在不断得到加强，整洁明亮、安静舒适的凤阳县图书馆。相比以往的工作态度，更使馆内职工感觉轻松、快速、精细，认真。

表彰、奖励情况

2009年至今凤阳县图书馆获得县"文明单位"称号。

2002年凤阳县图书馆获得滁州市第二届"文化百优——先进单位"奖项。

2003、2004、2009、2010、2011凤阳县图书馆获得凤阳文化系统"先进单位"奖项。

2008年，凤阳县图书馆创建文明行业活动指导委员会，"达标单位"奖项。

2009年滁州市第三界"文华百优——先进单位"奖。

2009年7月凤阳县图书馆获得"读优秀书刊，讲爱过故事"比赛活动中，荣获组织奖。

2009–2011年凤阳县图书馆获得中共滁州市委"文明单位奖项。

馆领导介绍

周维萍，女，出生1962年11月，大专学历，中共党员，馆长。1979年12月参加工作，1999年元月任图书馆馆长，中图协会会员，是省图协会会员。

聂燕，女，出生1966年元月，大学学历，副馆长。1984年10月参加工作，1999年元月任图书馆副馆长。

未来展望

总之，面对21世纪世界性的信息化浪潮，我国的图书馆界迎来了事业的机遇和挑战。机遇在于我国提出了全面建设小康社会的奋斗目标，图书馆界在这一进程所要担负的任务，日益得到重视。随着我国综合国力的不断加强，国家对图书馆事业的扶持力度将不断加大，机遇在我国图书馆总体上处于由传统形态向现代化方向过渡的转型期，相关行业积极加入到图书馆事业的发展中来，外部提供了较为先进的计算机技术环境和信息资源源源不断供应较高水平的图书馆管理事业人才，这将为图书馆的前进增添动力，保障了图书馆建设的科学含量。挑战在于我国是发展中国家，图书馆事业的总体发展水平还不高，实现理想标准的现代化图书馆面临着许多困难，然而，机遇总是和挑战并生的，县级图书馆虽然面临着一些不利因素，但机遇又赋予我们战胜困难的条件和力量，只要胸怀事业，扬长避短，勤与开拓，团结一致，与时俱进，就一定会迎来我国图书馆事业美好的未来。

联系方式

地　址：安徽省滁州市凤阳县新城区凤凰路图书馆
邮　编：233100
联系人：刘 辉

建立消防大队"图书服务点"

天长市图书馆

概述

天长市图书馆建于1921年，是安徽省最早的一个县级图书馆。老图书馆楼座落在天长市区西北隅，是一座具有民族风格又兼西式格局的二层红砖楼房，现已列为全省重点文物保护单位。新图书馆大楼位于南市区商务中心东侧，于2012年9月建成对外开放，占地面积20000平方米，建筑面积10640平方米。设计藏书容量60万册，目前有读者座位650个，计算机86台，信息节点278个，宽带接入100Mbps，选用力博图书馆自动化管理系统。2013年参加第五次全国公共图书馆评估，首次获得一级图书馆。

业务建设

截止2012年底天长市图书馆总藏书量48万册（件），其中，纸质文献8万册（件），电子图书40万册，电子期刊304种。

2009–2011年天长市图书馆每年的新增藏量购置费为8万元，2012年起增至15万元。2009–2012年共入藏中文图书2万种，4万册，各类报刊500种。截止2012年底，天长市图书馆已建立了百年树人卫星资源接收系统，同省馆互联互通的冰封VPN系统和20T的磁盘阵列存储系统，馆内数字资源总藏量为4TB。

2012年天长市图书馆新馆建成后，设立了办证处、读者咨询服务处、公共电子阅览室、图书报刊借阅室、少儿图书报刊电子阅览室、视障人阅览室、地方名人暨典籍阅览室、共享工程支中心、培训中心、报告大厅等多个公共文化服务窗口；设立了采编、综合书库、报刊库、古籍特藏书库、修复、装裱、档案、配送、计划生育、财务、办公室等业务办公室。

管理工作

2010年，天长市图书馆完成图书馆岗位聘任工作，建立各部门业务工作目标考核责任制，由馆长、副馆长和各部门主任及员工签订岗位绩效考核责任状，对各部门的业务工作和读者服务工作进行量化考核管理。

表彰奖励

2009–2012年天长市图书馆均获得天长市文化系统先进单位表彰。

馆领导介绍

王震，男，1974年1月生，本科学历，民建会员，馆长。1994年7月参加工作，历任天长市博物馆副馆长。2012年5月任天长市图书馆馆长，当选为滁州市政协委员。

吴义忠，男，1964年3月生，本科学历，中共党员，书记。1982年9月参加工作，历任天长市博物馆副馆长，文管办主任、图书馆馆长。分管图书馆党建工作。

陈勤，女，1963年5月生，中专学历，副馆长。1979年9月到图书馆参加工作。先后图书馆书库、借阅部、财务部等部门工作。分管图书馆财务、办公室工作。

董驰，男，1970年11月生，高中学历，中共党员，副馆长。1986年参军，1991年12月退伍分配到市文管所工作，历任文化局办公室副主任，2009年任图书馆副馆长，分管图书馆业务工作。

成人阅览室

读者培训中心

公共电子阅览室

举办书法公益讲座

举办文化助残志愿者服务

天长市图书馆新馆开馆仪式

举办文学名家讲座

六一关爱留守儿童主题活动

举办青少年书画大赛

举办全市读书讲故事比赛

未来展望

天长市作为全省公共文化示范区，图书馆将完善自身的公共文化服务功能作为目标；建立全市图书统借统还的图书及资源城乡一体化服务网络作为工作重点；开拓地方文献、典籍、地方人文等各类特色馆藏资源的征集工作，建立实物和电子资源一体的天长市地方特藏资源中心；开展各类免费公益讲座，塑造“千秋大讲堂”地方文化品牌；开展馆际合作，加入省图书阅读联盟，积极引进和参与全省的公共文化服务交流工作，丰富本地的群众文化生活。

联系方式

地　址：天长市南市区广场东路（商务中心东侧）
邮　编：239300
联系人：王　震

天长市图书馆外观

颍上县图书馆

概述

颍上县图书馆城北新区新馆始建于2007年11月2日，2010年9月20日投入使用，建筑面积5440平方米。馆内设图书外借室、老干部阅览室、期刊室、残障阅览室、少儿外借室、参考资讯室、典藏室、电子阅览室、书库等室，阅览坐席500个，其中少儿阅览坐席90个，图书馆现代化技术条件计算机有79台，其中提供给读者使用的计算机数量为62台，宽带接入为50M速率的互联网，储存容量为6个TB，图书馆自动化业务管理系统为南京力博软件。

业务建设

县图书馆财政拨款以2012年为例总额为109.2万元，财政拨款年增长率与当地财政收入增长率的比率为100%，新增藏量购置费为每年16.5万元，免费开放经费包括中央财政及地方配套经费均能到位。县图书馆工作人员大专以上学历的人员有13人占职工总数的93%，中专、高中以上学历的人数占职工总数的100%，图书馆目前还没有中级职称，初级以上的职称人数占职工总数的100%，领导班子结构合理，几个都具有大专以上的学历。主管业务的二位领导受过系统的图书馆学培训，领导班子成员每年都接受省、市业务部门的继续教育，单位员工岗位培训，继续教育情况年平均在50个学时以上。业务研究方面，本馆刘刚同志的一篇题为图书馆全民阅读的精神家园，在2010年5月第二届全国百县馆长论坛征文中获一等奖。图书馆一篇关于颍上县"农家书屋"的调查报告被省图书馆收录2009年全省论文、调查报告汇编中。

县图书馆目前总藏量以上一年度报文化部的年度统计报表为依据为460000册件电子文献藏量为近400000种，图书年入藏量4820册2657种，报刊年入藏量455种，视听文献年入藏量48件，县图书馆地方文献入藏有专柜、有专门目录、有专人管理，年年征集工作都开展，普通图书文献编目都依据国家标准进行了编目著录，对本馆所藏的少数民族图书文献、古籍都进行编目整理的，本馆有关编目保证能保持和数据规范一致，图书文献到馆1个月内都能完成编目工作，期刊、报纸文献编目也是按行业标准进行了编目著录，同样也能与数据规范一致，期刊、报纸文献到馆2日内完成记到工作，视听文献也按类别进行了编目，视听文献到馆1个月内完成编目工作。图书加工书标、登记号、馆藏章规范、统一、整齐、美观，设立有机读目录，开架图书有专人维护管理正确率为96%，重点文献有专人维护管理，有专柜、有防盗、防火、防虫、防潮都做了相对的措施。数字资源总量为4TB，其中维护工程资源量为2TB，自建与外购资源为2TB。馆藏中文文献书目数字化为中文文献图书的85%，并建立了机读目录，地方文献数据库已建设，选题规划为"颍上籍名人著作收藏"。

县图书馆根据2011文化部、财政部《关于推进全国美术馆、公共图书馆、文化馆（站）免费开放的意见》及财政部《关于加强美术馆、公共图书馆、文化馆（站）免费开放经费保障工作的通知》等文件精神，制订了县图书馆免费开放实施方案，对公共空间设施场地、基本服务项目健全并实施免费开放都做了具体细化。同时县图书馆每年365天全开放，开馆时间图书馆残障阅览室、老干部阅览室中午不休息，每周开放在60小时以上，达到业内开放时间的要求，书刊文献开架比例占81%，馆藏书刊文献外借率占总图书藏量的72%，书刊外借册次为80000册次，馆外流动图书服务点已建成28个，年书刊借阅10000册以上，人均年到馆次数个人最高值年到馆67次，人均25次已达标，书刊方面利用实物、图书的外包装盒、电视传媒等方面进行了宣传活动，政府公开信息服务栏，每月都进行更新。参考咨询服务方面为行政事业单位、企事业单位、厂矿、农民、科研教育、社区公众提供政策政令、专题专项服务。县图书馆针对特殊群体为残障人士、进城打工人员、未成年人、老年人都设立了阅览室，为他们提供服务。图书馆网站建设于2009年9月就已建成，由于共享工程颍上在建新馆没有实施，没有机房服务器是租用北京的服务器，服务器不在本馆出现问题很难解决，下步将服务器迁入本馆能更好地服务群众。县图书馆以2012年统计共计举办讲座等活动21次，举办展览5次听众近5万人次，阅读推广活动有8次以上之多，每万人平均参与活动人次为2人次。图书馆利用服务宣传周、全面读书月、世界读书日等工作做好服务宣传工作。从前期省文化厅网页下载了读者满意调查表，打印了200份下发给各阅览室，实收为200份，通过馆里统计满意率在96%以上。

业务研究、辅导、协作协调

县图书馆多年来多次参与上级图书组织的协作协调工作，参与2009年10月第十期全国古籍普查培训班，2011年省馆组织中美图书馆馆员交流，2012年市图书馆管理员培训班等活动，同时与周边各市县馆包括河南省固始县图书馆都有协作交流活动。图书馆服务网络建设申请了公共IP地址，将400000册电子图书在其登陆后输入指令和号段就可上网浏览图书馆电子图书。目前本地区街道、乡镇、社区、村，图书馆参与服务网络建设的比例为42.3%。本地区图书馆服务网络内与城南老干部阅览室的资源可以共享。基础业务辅导多年来已做了好几期效果不错，县图书馆经常组织业务人员下乡帮助指导工作，手把手教图书加工、上架、排架等基本工作流程，每二年都要举办几期"农家书屋"综合文化站图书室管理员培训工作，使管理员的工作水平和素质都得以提高。

县图书馆历年来在年底都向县文广新局上报本年度工作总结及下一年度工作计划。在财务上制定了财务管理规章制度，按章执行接受上级财务和单位职工的监督，大的开支项目，开会集体表决。图书馆人事管理方面每个人都有档案，按需设岗、岗位责任制、考核、分配制度建立健全，职工考核方面都有资料可查。每年寒暑假是图书馆最忙的时候，在此期间图书馆都会吸纳大学生来参加社会实践与服务。图书馆的人事档案、业务档案、工程项目档案及资产管理方面都有详细的收支、建档，档案健全，资料详实。统计方面都能按要求详实统计，按时上报，对统计分析和研究方面，根据馆业务实际出发，指导和改进工作的开展。县图书馆环境方面是一个独立馆，设备设施维护良好，环境整洁美观，馆内各种功能标牌规范俱全，水电等方面都能达到要求。安全保卫方面有具体人员，网络数据不受入侵，相对安全，应急预案、安保制度齐全，多年来单位或个人受到国家、省、市、县表彰十余次，2009年、2012年县图书馆被颍上县委、县政府评为第七届、第八届文明单位称号。

管理工作

在共享工程方面各项管理制度齐全、服务、活动已建档，上级要求上报的材料都能及时报送。由于馆内人员少没有专业电脑人才，向国家管理中心上缴任务比较少，自建的资源也是购买的电子图书和视听文献，数量达标质量有保证。社会服务方面经常下乡镇、社区指导基层点建设。公共电子阅览室的硬件、网络和基础环境均已达标。图书馆数字资源总量为4TB，同时整合了共享工程、图书馆和网络资源，对数字资源实行每周、每月都更新，建立的信息安全管理平台符合文化部相关规范要求，能够有效地将本地数字资源服务于公共电子阅览室。在制度建设与管理方面建立健全了各种管理和统计制度。针对青少年、老年人、农民工都有针对性的特色服务。中华古籍保护计划本馆有经费投入、有专职人员、有制度与管理，我馆业务人员参加了2009年10月国家古籍保护中心举办的第十期全国古籍普查培训班。古籍书库达标，针对古籍保护工作做了大力宣传，协调组织本县的古籍完护工作，有实施方案、普查工作通知，古籍普查总结。2009年9月颍上县图书馆将60册古籍送到省图书馆古籍部修复，历经一年才修复古籍，其中一部提供给省图书馆做为数字化提供底本。

未来展望

颍上县图书馆在县委县政府的关心领导下，近几年有了跨越式的发展，城南新区文化广场县政府将拟建新的图书馆，随着数字图书馆建设的步伐，为跟上历史前进的车轮，传统图书馆已经在进行全面的改造，利用数字图书馆的长处，来进化、拓展传统图书馆的功能。我们相信在二者的基础上相互融合与升华而形成的复合图书馆的建设模式，将是图书馆未来努力发展的方向。

典藏室

少儿阅览室

界首市图书馆

概述

界首县图书馆1959建馆，1962年撤馆并入县文化馆，1975年恢复建馆，1989年撤县复市改称界首市图书馆。馆址几经变迁，2010年1月1日，位于界首市胜利东路的界首市图书馆新馆对外免费开放。馆舍面积近5000平方米，藏书50余万册。馆内设图书外借室、报刊阅览室、少儿阅览室、电子阅览室、电子书工坊、地方文献阅览室、典藏阅览室、多媒体室以及多功能厅等服务窗口，可容纳读者座位1012个。2009年10月，"文化信息资源共享工程"界首支中心建成，拥有中心机房以及联网计算机95台，宽带接入20Mbps，书刊查询、借阅全部使用计算机管理，选用南京力博图书馆自动化管理系统。2013年，参加第五次全国公共图书馆评估，首次获得一级图书馆。

业务建设

截止2013年底，界首市图书馆总藏量50.35万册（件），其中，纸质文献10万册（件），电子图书40万册，电子期刊3500种。

2011年，界首市图书馆财政拨款总额为58.51万元，2012年财政拨款总额为164.23万元，财政拨款年增长率为181%；2011年各类型文献购置经费2.84万元，2012年各类型文献（含电子资源）购置经费35.44万元，相比2011年新增藏量购置费32.6万元。2012年，界首市图书馆年入藏量总计10270种，其中省文化厅配发5800种，界首市图书馆自行购置1210种；另外，为10个馆外流动服务点购置3260种；报刊411种，视听文献32件。2012年，共征集各类地方文献260件。

截止2012年底，界首市图书馆数字资源总量达5TB，其中文化信息资源共享工程2TB，县级数字图书馆推广计划1TB，电子图书与电子期刊2TB。2009—2012年，协助省文化信息共享管理中心对《界首彩陶》、《界首书会》等声、像、图、文字资料进行数字化加工、整理，并上传至国家发展中心。

读者服务工作

从2010年1月起，界首市图书馆全年365天天天对外免费开放，周开放60小时。开设服务项目有：文献自助查询、借阅，电子文献检索、网络信息检索、文化信息资源共建共享、基层业务辅导、社会教育培训、联谊活动、学术讲座及展览展示、读者休闲服务等。2012年，图书馆年流通总人次达15万人次：持证读者1300人，年人均到馆次数达25次，书刊外借3.2万册次，书刊外借率为53%；建成11个馆外流通点，配置图书3260册，年借阅册次达6000册次以上。

截止2013年底，界首市图书馆网站访问量达7.9万人次。网站上有40万种电子图书、3500种电子期刊为读者提供检索、浏览和下载服务。开通读者QQ群，为读者提供参考咨询服务。

2010—2013年，界首市图书馆举办讲座、展览、培训、阅读推广等读者活动62场次，承办文艺演出活动25场，会议、论坛27场，年均接待15万余人次来馆活动，年参与活动总人次每万人达3次以上。

业务辅导、培训、协作协调

2009—2013年，界首图书馆先后42次深入乡镇文化站图书馆室、农家书屋、图书馆基层服务书室协助分编、整理上架图书16.3万余册，免费提供图书登记册、书标、制度、标牌等图书室用品，并就借还登记手续以及日常图书的维护开展业务辅导工作。

2009—2013年，界首图书馆通过集中培训、分类培训、现场技术指导等方式，先后10次举办了"农家书屋管理员培训班"、"图书馆基层服务点现场培训"、"共享工程基层点培训班""乡镇电子阅览室管理员培训班"，培训内容涵盖图书分类、图书编目、图书整理上架、图书借阅管理、共享工程概述、计算机基础知识及共享工程应用、共享工程设备安装、操作与维护等内容，累计培训人次达620人次。

免费开放以来，界首市图书馆积极开展阜阳市馆与其它县馆之间的协作协调，在加强加快数字图书馆建设，推进文化信息资源共享工程建设以及全力开展免费开放优质服务等方面，重点开展了馆际互借、服务新生代农民工社会文化活动、

2012年电子阅览室培训班

与山西省图书馆服务新生代农民工活动

电子阅览室

图书外借室

开展业务辅导

业务探讨与交流、地方文献互换等各种协作协调活动，取得了明显的成效。

界首市图书馆承担着160个行政村（涉农社区）、15个乡镇文化站以及12个图书馆基层服务点的管养任务，为给广大群众提供免费、便捷的公共文化服务，全市街道、乡镇、社区、村图书馆全部参与公共图书馆服务网络建设。截止2013年底，参与服务网络建设的图书室共有185个，全市街道、乡镇、社区、村图书馆全部参与公共图书馆服务网络建设的比例为185%。

2012年，通过公共电子阅览室和图书馆网站建设，将全市140个共享工程基层点、农家书屋、乡镇（社区）公共电子阅览室三者的公共文化资源进行有机整合，并做好跟踪管理和服务指导工作。

管理工作

2010年，界首图书馆根据《界首市图书馆岗位设置方案》，合理设置岗位，全员实行竞聘上岗，认真落实岗位责任制，制定绩效考核方案，每年定期开展综合考核，建立完善奖惩机制；图书馆"小红帽"志愿者服务队自2010年5月正式成立以来，拥有注册个人志愿者20名，累计组织志愿服务600余人；2009–2013年，共抽查文献排架47次，书目数据11次，撰写各项专项调研、分析报告14篇，56篇图书馆业务动态信息被上级媒体采用。

表彰、奖励情况

2009–2013年，界首市图书馆共获得各种表彰、奖励15次，其中，界首市政府表彰1次，阜阳市图书馆表彰4次，其他奖励、表彰9次。

馆领导介绍

朱红，男，1958年生，本科学历，中共党员，馆员职称，馆长。1976年参加工作，1992年任副馆长，1997年任馆长。

林少峰，男，1977年生，本科学历，中共党员，支部书记、副馆长。1997年参加工作。2010起任图书馆支部书记，副馆长。

谢颖，女，1965年生，本科学历，中共党员，馆员职称，副馆长。1986年参加工作，1998年任副馆长。

王青，女，1982年生，本科学历，1997年参加工作，馆员职称，副馆长。

未来展望

界首市图书馆秉承"以人为本、科学发展、真情服务"的理念，积极推进"无障碍、零门槛"的免费开放工作，以实现馆舍一流、设备一流、管理一流、服务一流、读者一流的"五个一流"为目标，在未来的几年里，将进一步加强图书馆智能化、数字化和信息化建设，创新免费开放服务方式，以"电子书工坊"为依托，叫响"秀出你的精彩"电子书创作服务品牌，营造"人人写书，书书尽在图书馆"的良好阅读、创作氛围；以建设广场、社区"箱式自助图书馆"为依托，进一步完善图书馆社会教育职能，让更多的群众免费畅享图书馆方便、快捷、优质的公共文化服务。

联系方式

地　址：界首市胜利东路文化活动中心
邮　编：236500
联系人：林少峰

广场自助书吧

界首市图书馆外景

巢湖市图书馆

概述

巢湖市图书馆始建于1956年10月，副科级建制，编制24人，在岗16人，退休13人。1999年地级巢湖市成立，上划为地市级图书馆；2011年行政区划调整，地级巢湖市撤销，又下划到县级巢湖市，成为县级市图书馆。馆舍位于巢湖市卧牛山，原地级巢湖市委办公楼1－5层，面积5000平方米，馆藏图书16万册，持证读者9000多人。内设借书处、综合阅览室、少儿阅览室、过刊借阅室、电子阅览室、视障阅览室、资料室、采编部、宣传辅导部、技术部、共享工程办公室等。自2011年6月起，向社会公众免费开放。

业务建设

该馆有阅览座席240个，其中：少儿阅览室70个；拥有计算机63台，其中电子阅览室40台；接入电信宽带，网速30兆，8TB存储容量；使用南京图书馆开发的力博系统。2012年新书入藏4000多种1万多册，省厅配送了20万元新书，近1万册。每年订阅报纸60多份、期刊300多种。数字图书资源总量是30TB。设专门的地方文献资料室，有专人管理，积极开展地方文献征集工作。

在藏书质量上，该馆按照既定的采选工作方针有计划地进行图书采购，充分考虑读者的阅读需要，确保重点性和连续性。近几年在经费增加的情况下，一般在新华书店采购图书，图书质量得到保证。该馆严格按照《中图法》（第四版）进行图书编目加工，确保连续性和一致性，新书到馆1个月内都能分编完成，上架供读者借阅。报纸期刊到馆后，当天就能上架供读者阅览。期刊按类排架，报纸按拼音顺序排列，方便读者查找。视听文献到馆1个月内能完成编目。

读者服务工作

自2011年6月起，该馆借书处、综合阅览室、少儿阅览室、过刊借阅室、电子阅览室、资料室等部门全部免费向公众开放，读者凭身份证就可以免费办理读者借阅卡。每周开馆56小时，双休日、节假日照常开放，图书、报纸、期刊全部开架为读者服务。每天来馆办证的人络绎不绝，特别是周末、节假日，读者人数激增，少儿阅览室、综合阅览室、电子阅览室座无虚席，每天平均接待读者500人次。每年都要组织多次图书流动服务，建立新的图书流动服务点，2012年巢湖市图书馆开展送书下乡17次，主要送往乡镇综合文化站、农村中小学、农家书屋、村文化活动室，每次300册左右，满足农民群众读书需要。

在服务特殊群体方面，设立视障阅览室，向巢湖市特殊教育学校赠送图书借阅卡；进城务工人员凭身份证就可以到电子阅览室上网查阅资料；设立少儿阅览室，为少儿读者提供阅览和图书借阅服务，每年新购图书、期刊中三分之一是少儿读物，电子阅览室也为未成年人提供上网服务；综合阅览室侧重点是为中老年人服务，订阅一定数量的适合老年人阅读的报纸期刊，如养生保健和休闲娱乐方面的，还为他们免费提供茶水、材料复印等。

在讲座培训方面，重点开展对乡镇综合文化站、农家书屋及社区、厂矿、企业、学校图书室的业务辅导和培训。2012年，巢湖市图书馆为新建的31家农家书屋管理员进行业务培训，在乡镇、街道举办了5场农家书屋管理员培训班，举办了全市乡镇综合文化站电子阅览室管理员培训班，并深入农家书屋点进行现场业务辅导，协助他们整理图书。

在举办展览方面，主要是通过3个宣传栏进行，围绕国家大事、重大活动、业务工作、新书介绍等主题开展，不定期进行更换，每年展出至少6次。

在阅读推广活动方面，主要是举办读书演讲比赛、读者征文和送书下乡等，每年都在10次以上。2012年举办了“爱我散兵，争做文明标兵”中小学生读书演讲比赛、柘皋镇第十一届“热爱中华，报效祖国”中小学生读书演讲比赛和“喜迎十八大，庆国庆、中秋”征文比赛。

业务研究、辅导、协作协调

积极参与省馆、合肥市馆及其他兄弟馆组织的各类业务协作协调活动，积极配合省图书馆开展了巢湖地方文献的征集工作，协调省馆摄制组开展安徽精品文物和“非遗”拍摄工作；积极参与合肥市图书馆组织的馆际交流、馆际互借、总分馆体系建设，包括组织开展业务技能竞赛活动。2012年5月，合肥市数字图书馆巢湖分馆正式挂牌成立，标志着合肥地区总分馆体系正式建成，真正做到资源共享、馆际互借，实现资源利用最大化。

在本地区图书馆服务网络建设上，巢湖市图书馆作为业务牵头部门，承担着巢湖市区域内图书服务网络建设的实施和维护任务。我们以12个乡镇综合文化站和4个街道文广中心

为抓手，带动196个农家书屋工程点建设。一是开展了农家书屋走访调研；二是有针对性地开展业务辅导和培训；三是开展送书下乡活动，为农家书屋更新新书；四是争取政府经费支持。从2009年以来，全市所有乡镇综合文化站和农家书屋管理员至少参加了一次业务培训，图书服务工作基本上能够正常开展。2013年在全市18个乡镇、街道举办农家书屋管理员培训班，每个乡镇街道抽查1–2个基层点进行督促检查，开展现场业务指导。

管理工作

一是加强制度建设。健全和完善了各项规章制度，如各部门工作制度、考勤考绩制度、财务管理制度、资产管理制度、图书保护制度、档案管理制度等，并在相关部室张挂上墙，这些制度涉及到图书馆工作的方方面面，它的建立健全，为实现图书馆有效管理，提供了执行依据。

二是改善办馆条件。为使读者有个良好的阅读环境，先后投入100多万元，对现有馆舍进行了维修改造，将门楼、门厅装饰一新，更换了门窗，改造了水电线路；对业务用房结构进行了部分改造，尽量扩大内部空间；将原有木质书报架全部更换成钢结构，对桌椅板凳也全部进行了更新，添置了空调等设施设备，改造后的图书馆环境整洁、窗明几净，更加适合读者看书。

三是强化综治工作。成立了由馆长任组长、各部门负责人为成员的综治领导组，明确分工，责任到人，建立了安全管理制度，制定了应急防范措施，添置了必要的消防安全器材，对老化用电线路进行了改造，安装了防盗门、防盗网。

四是强化内部管理。在财务管理上，一直实行财政统一核算，采用报账制，财务制度健全；人事管理按照人事部门要求，按需设岗，按岗聘用，建立了年终考核、绩效考核、考勤与职工奖金挂钩等激励考核办法，调动了广大职工的积极性；积极吸纳志愿者参与图书馆工作，对于来巢湖市图书馆实习的大学生和社会志愿者，在指导他们完成具体工作的同时，更重要的是教会他们如何与人沟通，如何更好地融入社会。

表彰、奖励情况

先后被评为巢湖市文化系统先进单位、窗口文明单位，馆党支部被授予“先进党支部”称号。

馆领导介绍

赵明春，男，1967年8月出生，安大图书馆学系毕业，大学学历，中共党员，馆员，馆长。1990年7月参加工作。

王勇，男，1963年1月出生，大专学历，中共党员，图书资料高级工，副馆长。1980年9月参加工作。曾一直担任工会主席职务，并负责宣传辅导工作。

未来展望

巢湖市图书馆遵循“读者第一，服务至上”的办馆理念，积极改善办馆条件，拓展服务范围，提升服务水平，带动全市图书馆事业发展。一是积极争取新馆项目建设。现有馆舍是原地级巢湖市委办公用房，砖混结构，开间小，不能满足图书馆的功能要求和读者服务需要，阅览室空间狭小无法拓展，图书胀库十分严重，新书无法上架。计划在“十二五”末至“十三五”期间兴建巢湖市图书馆新馆，面积8000–10000平方米。二是积极拓展图书服务范围，发挥中心馆的资源、人才、技术优势，建立以本馆为龙头，以乡镇综合文化站为分馆、村级农家书屋为基层服务点的覆盖全市城乡的图书馆服务网络。

联系方式

地　址：巢湖市卧牛路5号
邮　编：238000
联系人：郭　津（办公室主任）

黄山市屯溪区图书馆

概述

屯溪区图书馆建国初为安徽省第十二图书馆，1956年与铜陵市图书馆合并撤除，改为屯溪市文化馆图书室，1978年5月在此基础上独立建制。2012年现有馆舍在原有老馆基础上改造扩建而成，馆址位于屯溪区滨江西路44号小公园内，为三层半建筑，面积1560平方米。拥有阅览坐席200个，计算机42台，宽带接入10Mbps，选用力博图书馆自动化管理系统。馆内目前设有借书处、综合阅览室、少儿阅览室、电子阅览室、电子书阅览室、地方文献阅览室、咨询辅导室等服务窗口。1994年参加第一次全国公共图书馆评估，获得三级图书馆称号。2012年参加第五次全国公共图书馆评估，获得一级图书馆称号。现有工作人员8名，其中馆员4名。

业务建设

截至2012年底，屯溪区图书馆藏书60余万册，其中纸质文献10万余册，电子图书50万册，盲文图书近200册。

2009、2010年，新增藏量购置费为每年8千元，2011年起，新增藏量购置费增至每年5万元，2012年向上争取购书经费25万元，四年累计入藏图书9257册，年均订购报纸20余种，期刊80余种。

2012年，为缓解新书数量的严重不足，切实满足新馆开放后的读者需求，屯溪区图书馆积极向上争取资金，一次性购回新书7524册，电子图书50万册，电子书阅读器10台，满足读者阅读需求。

屯溪区图书馆充分借助计算机技术和图书馆管理软件来提升图书馆各项业务工作管理。2012年该馆已全面实现图书采编、流通、检索自动化管理，图书馆的各项内务统计也已实现电脑操作、有序化管理，确保数据库数据安全与规范。

读者服务工作

长期以来，屯溪区图书馆坚持为地方两个文明发展服务，为丰富群众精神文化生活服务的方针，千方百计为读者提供优质服务。为满足读者需求，1998年起，取消节假日，实行365日天天开放制度。2006年10月取消了图书折旧费、所有书刊面向读者实行免费借阅。2006年7月建成全国文化信息资源共享工程基层站点后，依托电子阅览室，为读者优先提供优秀的文化信息资源，并将开放时间调整为每日14小时（上午8：00–晚10：00）。为更好发挥共享工程作用，屯溪区图书馆领导积极向上争取资金，将电子阅览室电脑增加到30台，为读者开辟了新的获取知识信息的渠道。电子阅览室实行实名上网，未成年人由家长填写委托授权书后，方可在节假日由工作人员指导上网，且严格执行每次上网时间不超过2小时，打造让家长、学校放心的绿色上网空间。

屯溪区图书馆通过图书借阅、预约借书、送书上门、资料代查、阅读辅导、业务辅导、流动书架等多种服务方式开展各项工作，2009–2012年，共接待读者68119人次，外借图书68060册次。除搞好馆内阵地服务外，多年来屯溪区图书馆坚持办好流动图书室，定期将馆内图书流动到部队，满足官兵的精神文化需求。2011年在建立全国文化信息资源共享工程武警黄山边检站基层点，将开展的服务活动和优秀资源直接推送到该基层服务点，使武警官兵享受到更为充实、便利的文化生活服务。此外，屯溪区图书馆定期派出业务人员深入社区、农村图书室进行业务辅导，帮助、扶持基层图书室搞好读者服务工作。我们还与本市三区四县图书馆建立了馆际互借关系，通过馆际互借，满足了一些读者的特殊文献需求。

屯溪区图书馆重视各类弱势群体的服务工作，设置残障人士无障碍通道，开辟盲文图书室，专门购置盲人喜爱的盲文文献资料，更多地关注、关心、关爱弱势群体，为视障人士提供的实际帮助。

公益讲座也是屯溪区图书馆打造的特色服务品牌。该馆分析听众群体需求，精心策划讲座形式和内容，举办的徽商与徽州文化、徽州方言系列讲座，受到读者听众喜爱。

屯溪区图书馆通过各种活动形式进行图书馆服务宣传，如：读者座谈、未成年人假期读书活动、文化进社区等。每年的“4.23世界读书日”、“全国图书馆服务宣传周”，该馆都要走上街头开展读者活动，如发放宣传材料、免费发放上网卡、现场办理借书证，与部队、学校、机关联合举办活动等。

业务研究、辅导、协作协调

从2009年起屯溪区图书馆每年举办一期农家书屋管理员培训班，向管理员们传授图书管理业务知识。该馆的业务人员还深入社区图书室、农家书屋，就新书上架和图书借阅等系列管理工作进行现场指导。技术人员从图书登记、分类、编目、加工、上架、借阅等工作程序对农家书屋管理工作员认真进行

绿树掩映中的屯溪区图书馆

屯溪区图书馆基层服务点

读书宣传活动

座无虚席的阅览室

盲人读者正在屯溪区图书馆查阅资料

了业务辅导，通过现场操作和手把手的辅导，使农家书屋管理员基本掌握了图书分编及流通工作业务流程，为做好“农家书屋”的日常管理工作打下扎实的基础。屯溪区农家书屋基本达到了规范化管理水平，在全市评比中取得了第一名的好成绩。

管理工作

屯溪区图书馆工作人员素质相对较高，规则意识也相对较强。要管理好各部门的工作，最有效的办法就是依靠制度。建立相应的制度，一切按制度办，辅之以适当的灵活性。为此，该馆建立完善一整套规章制度如各部门业务规范、岗位责任制、考勤制度、卫生制度、安全保卫制度等等，按章办事，掌握工作的主动性和灵活性。即以馆员为本，体现人文关怀，把满足馆员的全面需求和促进馆员的全面发展作为图书馆发展的根本出发点和落脚点，调动和激发馆员的工作积极性与创造性。使他们在工作中能够真正心情舒畅、开拓创新，做到“人尽其才，才尽人用”，确保工作的高效率和高质量，确保图书馆目标的实现。

表彰、奖励情况

2012年屯溪区图书馆荣获“全省文化体制改革工作先进单位”荣誉称号。

馆领导介绍

王春杰，女，1961年3月生，大专学历，中共党员，馆员，馆长。1981年3月参加工作，1982年6月到屯溪区图书馆工作。

胡炜，女，1969年2月生，本科学历，中共党员，馆员，副馆长。1990年7月在屯溪区图书馆参加工作。

章志萍，女，1967年1月生，大专学历，中共党员，馆员，副馆长。1985年7月参加工作，1991年7月到屯溪区图书馆工作。

未来展望

未来几年，屯溪区图书馆将积极探索构建城乡一体化新型公共图书馆服务体系，逐步建成5个乡镇分馆并进行联网，实现图书“通借通还”，一证多用，使农民得到与城市居民基本一致的服务。同时配合省中心组织开展的主题宣传活动，在节假日进社区、学校、军队等场所开展丰富多彩的服务宣传活动。继续做好地方文献收集工作，大力采集徽文化方面的图书资料，形成自己的特色和优势，为将来与其他图书馆和有关机构开展资料交流和社会服务奠定基础，也可开展有关专题资料的学术研究。

联系方式

地　址：黄山市屯溪区滨江西路44号
邮　编：245000
联系人：胡　炜

黟县图书馆

概述

黟县图书馆初创于1978年，同年1月对外开放，是县政府设立的公益性文化事业单位。老馆位于黟县老城区麻田后街，占地面积1241平方米，建筑面积405平方米。新馆2008年建成，位于黟县碧山路黄士陵公园内，占地面积5000平方米，建筑面积2020平方米。设计藏书容量30万册，可容纳读者座位242个，计算机74台，宽带接入100MB，选用力博图书馆管理系统。2009年正式对外开放。2013年，参加第五次全国公共图书馆评估，首次获得一级馆。2010年被中宣部、文化部授予"全国服务基层服务农民文化建设先进集体"荣誉称号。

黟县少年儿童图书馆位于城东新区黟县文体科普中心，2014年8月建成正式对外免费开放。由电子阅览区、图书借阅区、梦想舞台、亲子阅览区和少儿e工坊五个区域组成，建筑面积500平方米，可同时容纳120个孩子在比较宽松的环境下阅读。现有馆藏纸质文献1.8万册、数字化阅读电脑五台、Ipad六台、65寸电子触摸屏一台，少儿视频资源触摸屏一台，内藏数字资源三千多种，包括绘本读物、视频资源、儿童交互软件等，电子图书制作电脑八台。主要职责是为3–18岁少年儿童提供免费阅读指导、电子图书制作及益智活动开展等服务，开展多种读书益智活动。黟县少儿图书馆的建立，进一步提升了黟县公共文化服务的能力和水平。

业务建设

截止2013年底，黟县图书馆总藏量791237册，其中，纸质文献89173册，电子图书40万册，电子期刊646种34884份，电子报纸244种267180份。

2010年、2011年，黟县图书馆新增藏量购置费20万元，2012、2014年起增至30万元。2010–2014年，共入藏中外图书4.7178万册，中外文报刊78种，视听文献56种。2014年，地方文献入藏完整率为60%。

截止2014年底，黟县图书馆数字资源总量为10TB，其中，自建数字资源总量1TB。2010年–2014年，完成《徽文化保护实验区–黟县》数据库建设。

读者服务工作

从2010年1月，黟县图书馆全年365天天天对外免费开放，周开放56小时。2010年–2014年，书刊总流通25万人次，书刊外借14万册。2009–2014年，有个4流动图书点，馆外书刊流通总人次1.5万人，书刊外借1.2万册。2011年被黟县政府授予政府信息公开查阅点。

2014年，黟县图书馆网站访问量6.5万次。截止2013年，黟县图书馆发布使用的数字资源总量为6种10TB，均可通过黟县图书馆网站、黟县共享工程VPN专网向全县共享工程基层服务点提供检索、浏览和下载服务。

2010–2014年，黟县图书馆共举办讲座、展览、培训、阅读

县委书记（右一）在少儿馆视察工作

县文广新局领导（中）在少儿馆调研工作

举办沈浩先进事迹图片展活动

送书下基层活动

关爱留守儿童

县武警中队流动图书室挂牌

黟县少年儿童图书馆正门

推广等读者活动90场次，参与人数7万人次。以黟县公共图书馆服务联盟为平台，由县馆创意若干个阅读推广主题活动，在所有联盟成员文化站、村同时进行，年底进行单项奖评选，是黟县图书馆阅读推广工作的特色。

业务研究、辅导、协作协调

从2012年起，黟县图书馆以文化信息资源共享工程VPN专网为依托，在全县范围内发起组建图书馆服务联盟，流通服务、地方文献联合征集、阅读推广与讲座展览资源服务、业务培训与技术支持等工作组。截止2014年底，成员馆覆盖全县8个乡镇综合文化站、66个行政村和4个社区农家书屋。占全县图书馆总数的100%。并举办了图书编目等相关技术培训班55期，6322人次接受培训。

管理工作

2010年，黟县图书馆完成第一次全员岗位聘任，本次聘任共设1类岗位，有4人上岗，同时，建立了工作量化考核指标体系，每月进行工作进度通报，每半年和全年进行总体工作考核。2010−2014年，共抽查文献排架60次，书目数据20次。

表彰、奖励情况

2010−2014年，黟县图书馆共获得国家级表彰2次，其中，中宣部表彰奖励1次，中华全国妇女联合会表彰奖励1次。

馆领导介绍

汪新安，1962年10月生，中专学历，馆长。1979年6月参加工作，2014年11月，任黟县图书馆馆长。2011年获得全县优秀共产党员荣誉称号。

未来展望

黟县图书馆遵循“科学、效率、创新、发展”的办馆方针，加强图书馆联盟、区域性服务网络等多种形式的组织体系建设，延伸扩大服务辐射区域，带动地区事业发展，争取成为省内一流图书馆。

联系方式

地　址：黟县碧山路黄士陵公园内
邮　编：245500
联系人：汪新安

郎溪县图书馆

概述

郎溪，古称建平，地处安徽省东南边陲，长江三角洲西缘，邻苏近浙，东以白茅岭，亭子山与广德县为界，西以南漪湖与宣洲区相连，南以鸦山岭与宣洲区以邻，西北以古胥河与江苏高淳县毗连，东北以五牙山与江苏省溧阳市相接，全县总面积1104.8平方公里，辖8镇9乡119个行政村（先已合并些许乡镇），人口33.37万人，县境低山，丘陵环抱，圩湖交错，平原万顷，景色秀美，物产富饶，素有江南"鱼米之乡""中国绿茶之乡"之美称，又有"天然植物公园"之盛誉。1993年被国务院批准为对外开放县。

设施与设备

建筑条件：郎溪县图书馆建于1979年，位于中港东路119号，使用面积1000平方米，设于县开发区的农民工图书馆面积1000平方米，郎溪县看守所的流动图书室面积达100平方米，总面积达2100平方米。阅览室内供读者使用的座位数240个，其中少儿阅览室可供少儿读者使用的座位数48个。

现代化技术条件：郎溪县支中心拥有计算机55台，读者用机40台，工作人员用机15台，服务器4台，存储16个TB，防火墙1台，接入交换机2台，核心交换机1台，网络10M接入，2009年建成图书馆自动化管理系统，实现了图书采编的自动化，检索查询功能的自动化，流通管理的自动化。

经费与人员。

2012年财政拨款总额93万元，其中免费开放经费20万元，专项购书经费15万元，财政拨款增长率与县财政收入增长率的比例达到了100%，免费开放和专项图书经费全部及时足额配套到位。

郎溪县图书馆成立于1979年，截至2012年底，在编职员10人，其中大专以上学历4名，中级以上职称4人。开设窗口有：电子阅览室，外借室，少儿阅览室，老年阅览室，报刊阅览室，多媒体室，公共数字文化体验区，实行全年免费对外开放。

馆领导与职工积极参加文化信息资源国家支中心的网络培训、共享工程县级支中心建设培训、数字图书馆推广计划培训等一些类图书馆业务培训；全体职工每年都接受并完成了继续教育；员工岗位培训、继续教育等，人均学时每年75小时。

文献资源

总藏量：郎溪县图书馆目前馆藏图书总量为88000万册，电子图书40万册，电子期刊2500种。近几年由于财政投入逐步增长，年均馆藏图书入藏量在2600种。

文献入藏：自2009年评估以来入藏量7800种，年均入藏量2600余种，报刊入藏量年均40种，试听文献入藏量30件，地方文献入藏，有专柜、专人管理，并在不断征集中。

文献编目：所有图书、报刊杂志、试听文献、电子图书按照国家有关标准进行编目著录，并结合本馆实际，制定了具体的编目细则，确保编目数据规范一致，图书到馆后均做到随编随录，确保第一时间对读者开放服务。

藏书组织管理：书标、登录号、馆藏章等齐全，藏书规范、统一、整齐、美观、设立机读目录，专人管理，维护目录。在完善馆藏图书管理的同时，加强开架图书，报刊，杂志的规范化管理工作，图书上架全部进行条形码记录，按照相关标准分类上架，建立起一套图书馆的自动化管理系统。

数字化建设：数字资源总量16TB，免费开放前建设了郎溪县图书馆网站，2012年加大了数字资源建设力度，网站安装了了40万册电子图书，2500种电子期刊，230种全国各大报纸。

服务工作

郎溪县图书馆自2010年6月28日实行了免费开放。为做好读者服务工作，郎溪县图书馆从加强设施建设做起，积极做好馆内外环境的美化、绿化工作，打造出一个优美的服务环境，为读者提供了高质量、高标准的阅览座椅，使用自动化管理系统，方便读者借阅，网上续借，查询，通过郎溪县政府网站、郎溪论坛和郎溪县图书馆网站、宣传栏广泛宣传图书馆的各项建设及活动开展情况，经常性的更新充实开架书刊数，确保开架书刊册占馆藏图书总量的70%以上。目前郎溪县图书馆的报刊阅览室，老年阅览室，少儿阅览室，外借室，电子阅览室，多媒体室等公共空间设施场地全部免费对外开放，节假日、双休日全部对外开放，每周

开放60小时，读者年均到馆及服务25.1万余人次，馆藏书刊文献年外借率8.5万册次以上，读者满意率100%。2011年开始为政务公开查阅点，为政府机关决策服务、为本地区重点教育、科研和企事业单位服务，以及为社会公众提供专题服务。

为进一步扩大公益性图书馆的服务功能，郎溪县图书馆在县开发区、县看守所、乡镇文化站设立流动图书馆，并对全县所有"农家书屋"经常性的开展业务指导，图书交流等活动，先后组织开展了新春灯谜、送书进学校、送书进工厂、图书漂流、"你买书我买单"大型读书日活动、暑期小馆员实践团、学雷锋签名榜、暑期美术培训、公益电影播放等活动，近三年来累计举办养生保健、消防普法宣传、女性知识讲座、如何读一本好书等专题讲座48场次，累计参加活动人次达30万人次。

为方便读者及时了解图书馆信息、活动动态及查询服务，郎溪县图书馆在2010年免费开放前专门建立了郎溪县图书馆网站（http:www.lanxilip.com）开设有图书馆简介、服务窗口、工作动态、读者指南、宣传活动、数字资源、书目检索等栏目，建有40万册的电子图书，2500种电子期刊的数字图书馆一座，让读者在家里就可以方便办理各项借阅、查询业务。

协作协调

积极参加省图举办的各项活动，参与国家图书馆的联合编目系统，共同促进公益性图书馆事业的发展。在郎溪县图书馆的积极参与和帮助下，全县共建成了12个乡镇文化站的建设和112个村（社区）农家书屋，实现了乡镇、村（社区）书屋的全覆盖，极大的活跃了基础书屋的活动，常年组织开展基层农家书屋管理员的业务培训工作，近三年时间累计举办农家书屋管理员培训班48次，参与人次达486人次。

管理与表彰

郎溪县图书馆一直关注管理的制度化建设，从规范化管理入手，建立健全了一整套的财务、人事、设备、档案、统计、安保等各个方面制度，认真落实岗位责任制、绩效考核制，充分调动馆员工作的积极性与主动性，确保图书馆事业的稳步发展，积极投入文明创建和志愿者服务工作，严格安全管理，建立了一整套电子监控系统，建立消防安全制度，制定了图书馆消防应急预案，确保馆舍、图书和读者服务的安全，近三年来没有发生一起安全事故。

重点文化工程

公共电子阅览室建设计划：2009年建成投入使用的文化信息资源共享工程郎溪支中心的主要设施有：机房一座（全部按标准进行配电，UPS电源系统，防雷系统，抗静电地板及空调的安装，并接入了10兆的光纤互联网信号，配有服务器4台，磁盘阵列一套，交换机3台，百兆防火墙一个及杀毒软件等。150平米的电子阅览室一个（配有电脑30台），安装了上网信息管理平台，有效的对未成年人的上网行为进行管理，符号文化部的有关规范要求，建设资源传输调配体系，每个终端拥有资源导航界面，与地方有关单位和部门进行资源共建共享，如郎溪县民政局、郎溪县人力资源与社会保障局等，全部免费对外开放。100平米的多媒体室一个（配有30张座椅，可以容纳50人使用，安装了大幅投影幕布，投影仪，5.1声道的高保真有源音箱设备），300平方米的多功能报告厅一个，卫星接收系统（能够实现卫星传输节目的本地存储），电子阅览室的数字资源总量达16TB，截止目前，文化信息资源共享郎溪支中心对全县12个基层服务点进行了全覆盖。

中华古籍保护计划：有专门人员、制度建设与管理，进行了古籍保护宣传讲座，培养古籍保护与修复人才，对本地区古籍进行普查工作，建立古籍普查数据库，为古籍整理和数字化提供底本。

青阳县图书馆

概述

青阳县图书馆始建于1928年，距今已80多年。因历史原因，几经撤并，后于1980年独立建制挂牌，对外服务。2004年底，馆舍迁入县文广大厦二楼。馆舍建筑面积2000平方米，目前，图书馆设施设备等都得到了进一步的改善，现已建成全国文化信息共享工程县级支中心、古籍善本收藏室、报刊阅览室、电子文献阅览室、自修室、少儿阅览室、图书外借室、多媒体室、视听室，并建有图书馆网站（www.qytsg.com），点击图书、数字图书馆、影视欣赏等数字资源，从而向文献信息电子化和图书馆网络自动化跃上新台阶。2013年参加全国第五次公共图书馆评估，首次获评一级图书馆。图书馆现有阅览座席240余个，其中少儿阅览室座席70余个，报刊阅览室坐席36个，成人阅览室坐席18个，电子阅览室坐席40个，购置计算机60余台，提供给读者使用计算机40台，电子文献阅览室光纤专线接入。多媒体室坐席60余个。

业务建设

截止2012年底，图书馆总藏量达十三万余册(件)，其中纸质图书藏量4万余册、古籍善本1140余册、各类期刊藏量1万余册、报纸种类100余种几十万份、数字图书藏量达到5万余册、音像视听资料1000余盘等。

近几年，青阳县委、县政府高度重视图书事业发展，随着财政收入的增长，逐年增加购书经费和各项活动经费，2012年购书经费达到15万元，由于各项经费得到保证，我馆各项设施得到了较快发展。

多年来，我馆一直非常重视图书馆自动化建设，配置了江苏省图书馆开发的“力博”图书馆自动化管理系统，该系统在图书录入方面，全部按照((中图法))最新版进行图书分类标引，目前我馆开架图书全部重新录入新的管理系统，并设立了图书、期刊、报纸和机读目录，采访、编目、流通、书目检索全部实行自动化管理。我馆还开通了图书馆网站（www.qytsg.com）实现了网站与馆自动化系统的连接，目前读者可以在网上进行馆藏资源查询、续借、预约和推荐图书等。我馆还开设了馆内局域网，建有地方文献数据库、视听文献数据库、个人捐书数据库、电子文献数据库以及信息摘要数据库。

读者服务工作

我馆自11年6月28日起对社会实行免费对外开放，我馆设立的报刊阅览室、图书外借室、少儿阅览室、电子文献阅览室、读者自修室、视听室等公共空间设施场地全部免费开放；文献资源借阅、信息检索与咨询、公益性讲座和展览、影视放映、基层辅导、流动图书借阅与服务等免费提供。取消借阅证等验证费，免去办证工本费。取消电子文献阅览室上网费。图书馆工作人员坚持以人为本的服务理念，热情、耐心、细致做好图书借阅、读者咨询等工作，为广大读者提供优质服务。各功能室实行全年对外开放，每周开放时间不少于56小时。我馆现对外开架图书近四万册，年订报40余种、杂志260余种，现办证读者达4000余人，年外借15万余册次，各功能室年总流通人次达到10万余人次。

图书馆每年利用图书馆服务宣传周、世界读书日以及寒暑假期间，广泛开展读者服务活动。自2005年连续举办了9届青阳县红领巾少儿读书系列（演讲比赛、征文比赛等），每年参加学生达6000余人，收到读书征文4000余篇；红领巾少儿读书活动每年还举办读书报告会、讲故事比赛、征文比赛、古文朗诵比赛等，参加活动达3万余人。

另外这两年我们分别在蓉城百花小学、县看守所、县消防大队、县人武部、新河驻军部队建立了流动图书室，每室摆放了1000余册图书并定期进行更换；为了让农村的孩子像城区的孩子一样能看到更多更好的图书，我馆先期在庙前华阳小学、杜村红光小学设立首批流动站，为两所学校300余学生送去了内容丰富、图文并茂的儿童读物800余册进行现场借阅登记，并每半个月更换新一批图书。9月新开学又把丰富的课外读物送到杜村长垅小学。全年共为3所学校300多名小学生送去6000余册图书供他们借阅。

业务研究、辅导、协作协调

近几年我县非常注重基层图书室建设工作，到目前为止，我县共建乡镇文化图书室11个，村级农家书屋126个，分布于全

看守所流动书屋揭牌仪式

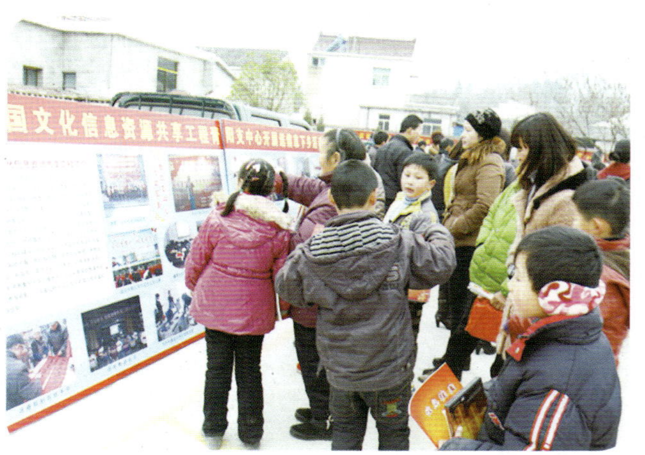

三下乡送信息进农村活动

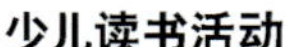
少儿读书活动

举办"品味书香 分享经典"朗读会

现场借阅登记

县十一个乡镇，110个行政村。在以上图书室、农家书屋建设过程中，从选购书架到图书登记、分类上架，我馆人员至始至终参与其中。为了使图书室、农家书屋管理人员能够掌握图书分类上架以及借阅基本程序，我馆每年都举办一期"农家书屋管理人员上岗"培训班，参加培训人员分别来自于乡镇文化工作者、村农家书屋管理员，经过业务培训，他们都能够胜任自己的岗位，工作比较得心应手。

我馆自2009年开始，编辑发行了"信息摘要"，主要为农村科技带头人服务，该刊物我们每月编辑一期，每期印刷300余册，发放到各村养殖大户和全县110个行政村，内容主要摘要科普信息、政策法规、时政信息等。另外，我们每年还刻录科普、影视光盘下发到各基层服务点，为他们免费送去文化大餐。

以公共电子阅览室建设为核心内容的公共文化信息建设工程是省政府33项民生工程之一，它以文化共享工程网络为基础，以乡镇综合文化站为阵地，统一配置设备，统一配置标准，严格按照要求来建设。我馆和乡镇综合文化站为建设具体实施单位，实施统一招标采购，为每个乡镇公共电子阅览室配置终端计算机10台和一台服务器，配备了公共电子阅览室的资源管理、资源展示、网络连接和信息浏览监控等软件设备，并与我馆实施了网络链接，实现了数字资源共享和网络远程监控。期间，我们按照要求，加强了对电子阅览室管理人员的业务培训和考试，目前，各乡镇公共电子阅览室正实施免费开放，为广大青少年和广大百姓提供安全、绿色的上网场所，深受百姓的欢迎。

管理工作

我馆非常重视规章制度建设，并在实行期间不断修订完善。到目前为止，已经建立了一套完整的规章制度体系和岗位考核制度体系，涵盖图书馆工作的方方面面。这样，就使得各项工作都有制度可依，各项奖惩措施均有章可查，减少了人为因素造成的管理上的随意性和盲目性，从而保障了各项工作的顺利开展。另外，我们特别加强档案管理工作，规范工作程序，完善各种措施，建立档案专柜，确定专人保管，使各项工作都有序进行。

馆领导介绍

汪应培，男，1960年8月生，大专学历，中共党员，馆员、馆长。1975年参加工作，历任电影公司经理、文化馆馆长。2004年任图书馆馆长。多年来工作成绩突出，受到各级领导的充分肯定。

未来发展

青阳县图书馆以建设现代化、数字化图书馆为发展目标，利用先进的计算机技术和数字信息系统，开展各种图书服务活动，提高广大人民群众整体素质，为推动青阳经济发展提供智力支持，实现科技和文化的完美结合，努力把图书馆办成知识信息中心，文化教育中心，成为重要的知识信息枢纽和三个文明建设的重要窗口。

联系方式

地　址：安徽省青阳县文广大厦二楼
邮　编：242800
联系人：陈　丽

报刊阅览室

少儿阅览室

宁国市图书馆

概述

宁国市图书馆创建于1985年1月。1994年12月，首批被文化部评定为“三级图书馆”。2006年4月，设有图书馆、文化馆、文物所于一体的文化活动中心建成，其中图书馆位于一、二、三层，馆舍面积约3000平方米。新馆配备了先进的ILAS图书馆自动化集成系统，成立了全国文化信息共享工程宁国支中心。2009年4月1日，在全省率先向读者免费开放，2010年4月增加了夜间开放时间（两小时），11月组建了青少年网络文化中心。2010年元月被国家文化部评定为“一级图书馆”。

2012年，宁国市图书馆共有阅览坐席331个，其中少儿阅览室48个；拥有计算机103台，其中电子阅览室88台。宽带接入标准为100兆，存储容量已达16TB，选用“华博胜讯”公共电子阅览室综合信息管理系统V1.0（县级平台）及“力博”图书馆管理系统V6.0（9用户）。

业务建设

截至2012年底，宁国市图书馆总藏量11万册（件），其中，纸质文献9万册（件），电子图书1万余册，电子期刊6000余种。年平均图书入藏量4000余本，年报刊订阅量为360种，试听文献年入藏量为30余种，并进行了文献书目的数字化管理，70%以上图书已录入力博管理系统。数字资源总量达10TB，地方文献入藏征集工作有序开展，并在做好选题规划的前提下，逐步建立独立完整的地方文献数据库。

宁国图书馆年度财政拨款额均在120万元以上，其中新增藏量购置费16万元，免费开放资金20万元，电子阅览室运行经费25万元。

读者服务工作

自2009年，宁国市图书馆在全省率先实行了夜间开放和免费开放，每周平均开放时间为68小时，除传统节日以外，双休、节假日均不闭馆。截至2012年底，图书馆持证读者6000余人，2012年服务人次达到24万人（次），图书外借册次达到32.3万册（次），每年均以10%的幅度递增，图书馆网站访问量达38万次，以分馆和基层图书服务点为平台，开展乡镇图书外借工作，平均年外借册（次）达到5000册（次）。

2012年9月，宁国市图书馆成功启用新的自动化管理系统，开通了网上服务，并实现联合编目及通借通还等功能。2013年初，进一步完善数字资源建设，添置了VPN虚拟网专用设备，并通过省图书馆VPN测试，实现与省馆VPN联通。

2012年，宁国市图书馆共举办讲座、培训等活动19次，展览活动6次，阅读推广活动6次，年参与活动总人次达3万人次，人均年到馆次数约40次，读者对图书馆满意率达98%。

在书刊宣传上，利用宁国图书馆网站“新书介绍”专栏或馆内橱窗展板开展“新书宣传推荐”活动。在完善图书馆社会媒介功能上，在电子阅览室设政府信息公开查阅点，在本馆网站上与政府信息公开网相联接，并在政府信息公开网上公布图书馆便民服务事项和办证指南。在为特殊群体服务方面，为老年人、未成年人、残疾人及外来务工人员等群体提供优惠措施，且每年通过送文化下乡活动向乡镇留守儿童捐赠儿童书籍。

业务研究、辅导、协作协调

2009年–2012年，宁国市图书馆职工相继在《安徽文化工作》等文化刊物上发表了题为《县级图书馆人才培养之我见》及《把免费开放当做大事要事来抓》等多篇重要论文。

2009年以来，宁国图书馆继续与安徽省图书馆开展馆际交流协作工作，签订了两馆互借协议，并制定了《宁国市图书馆总分馆体系建设项目规划》，在市区设有“西津警营分馆”和包括拘留所服务点、乡镇服务点在内的13个流动服务点。

宁国市图书馆及各乡镇图书服务点均安装了力博图书管理系统，全面实现网上续借功能，电子阅览室均安装了华博管理软件，并对各乡镇发放了文化共享工程宁国支中心帐号，各乡镇基层电子阅览室可直接访问宁国支中心，形成一体化服务网络。

2009–2012年，依托文化共享工程这个平台开展了大量的惠民服务，如举办“农家书屋”及共享工程基层管理人员培训班，制定了《宁国市图书馆基层业务辅导培训3年计划》，每年均派出技术员到各乡镇电子阅览室进行业务辅导，采取一对一的辅导措施；开展“文化共享助春耕”送光盘资源服务，展播各类小品小戏等文艺节目；结合“2131”工程，在广场、小区和乡、村服务点开展公益性电影放映活动；服务“三农”，结合科技下乡活动，开展农业科技知识培训。

“建设幸福中国”讲故事比赛

赴仙霞镇开展“送书下乡”活动

公共阅览大厅

公共电子阅览室

期刊借阅室

管理工作

2012年3月，宁国市图书馆在借鉴浙江嘉兴地区学习模式的基础上，规定每周一上午闭馆半天，定期组织职工学习。

2010、2012年分别实施《2010年轮岗办法》及《2012年度轮岗办法》。2009–2012年，拟定各年度工作计划，撰写年度工作总结，建立财务、人事、统计档案管理体系，制定《图书采购管理办法》及《图书馆管理制度汇编》，实行部门责任制、岗位负责制、考勤考核制以及固定资产登记、风险防控、安全保卫、节能减排、网络信息安全应急预案等各项管理制度。2009–2012年，宁国市图书馆连续几年开展志愿者招募行动，吸纳志愿者参与图书馆工作。

表彰、奖励情况

2009–2012年，宁国市图书馆多次获得安徽省图书馆授予的征文演讲比赛"优秀组织奖"及市文旅广新局授予的"先进集体"等荣誉称号；2011年，图书馆职工获省图"公图之星"歌咏比赛表彰及宁国市政协"五个一"活动表彰，2012年获宁国市直属机关工委表彰。

领导介绍

张轶敏，女，1972年11月生，本科学历，馆员职称，安徽省宣城市作家协会会员，宁国市第八届政协委员。曾先后任宁国市文旅广新局办公室副主任、党办主任、信息中心主任等职，于2012年11月调任宁国市图书馆馆长至今。

汤杨，女，1977年4月生，大专学历，中共党员，馆员，副馆长。1996年4月在宁国市图书馆参加工作至今。先后在办公室，技术副，采编室工作，2012年11月任副馆长，分管文化共享工程宁国支中心、技术部等工作。

施芳卉，女，1975年9月生，本科学历，中共党员，馆员，副馆长。1997年9月参加工作，2009年1月选调到图书馆工作。先后在采编室、阅览室和办证处等科室工作，2011年4月担任宁国市图书馆副馆长，分管采编、流通外借、咨询办证、阅览大厅等业务工作。

图书馆外貌

未来展望

2009–2012年，宁国市图书馆在健全管理制度、升级硬件设备、提升服务质量、拓展服务网络等方面实现了跨越式发展，免费开放卓有成效。如今，随着现代信息化水平的不断提高，图书馆功能也不再局限于单一的图书借阅，而是成为为市民提供休闲生活服务的精神家园。展望未来，宁国市图书馆将以更加积极向上的姿态严格按照国家一级图书馆的标准开展各项工作，并全力做好免费开放服务工作：加强日常管理，确保正常安全运行；丰富馆藏资源，完善设施设备；加强职工队伍素质建设，强化服务意识，创新服务理念；丰富创新活动形式；着手启动总分馆建设，加强对基层服务点的指导，不断推进图书馆服务网络体系建设。

联系方式

地　址：安徽省宁国市滨河路56号
邮　编：242300
联系人：张轶敏

"世界读书日"暨"全民读书月"活动

幼儿园小朋友来图书馆参观

"像雷锋那样"电脑小报设计比赛

淮南市少儿图书馆

概述

淮南市少儿图书馆史建于1986年，该馆馆舍坐落于田家庵淮滨路112号，清美秀丽的龙湖公园北侧，集秀丽的景观和浓郁的文化气息为一体。是安徽省第一家独立建制的少儿图书馆。新馆于1999年10月建成投入使用，总面积2000平米编制15人，现有大专以上学历11人占职工总数的86%，中级以上职称4人占职工总数的35%，少儿馆建立30年来经历了社会职能性由小变大，办馆实力由弱变强，整体环境变换一新的转变过程。长期以来，我们以科学发展观为指导，紧紧围绕科发展不断深化服务，不断锐意创新。做为文化阵地的前沿服务平台，特别是针对少年儿童这一特殊服务对象。我们能够立足自身特点，把握办馆方向。将少儿馆工作开展的有声有色，成为下一代汲取知识与课外教育的摇篮，在全馆职工的共同努力下，各方面工作取得全面的进步，读者满意度很高，在社会中有着相当的影响和好评。

近些年以来，是该馆转型发展关键的几年，文化领域得到空前的发展，该馆更是如沐春风，财力，人力，物力的不断投入，在办馆条件上无疑是大为加强，馆舍得到了全面改造，环境上焕然一新，全馆的每一个角落都注入了最人性化的元素。每一位馆员精神都为之一振，树立了极高的信心和热情。2011年6月28号免费开放以来读者量和单位影响力也相继提高。同时也投入购买了大量新书好书。2011年6月至今办理新证10000余个，上架新书50000余册。送书下乡1万余册，五年以来该馆共接待读者60余万人次。举办各类公益性活动150余次。

思想政治和业务学习

1、多年以来我们根据上级领导的要求，坚持安排馆内学习计划。按照计划，我们围绕“三个代表”重要思想、科学发展观、特别针对党的“十七届六中全会”精神以党员和干部的带头为推动力，认真组织好每周五的政治及业务学习，通过集中学、分散学、网上学、讨论学，狠抓了政治学习和思想教育，使每一位工作人员及时了解了国家的政策法规，提高认识，统一思想，并在工作中落到实处。使党员干部深刻领会一系列新思想、新任务、新指示，努力增强基层党组织和党员的使命感、责任感，不断提升党建工作科学化水平。

2、定期的举办馆务会议，由馆领导和部室主任参加，制定每一时期的工作计划，并由各部室主任向下传达和布署，做到一级对一级负责。

3、加强本馆职工的业务水平和安全意识。鼓励本馆职工加强业务学习，该馆订购了专业书籍，并组织职工参加继续教育。长期不懈的严防火灾等安全事故，我们还请专业消防人员来该馆开展消防知识讲座，通过讲座加强了职工的防火意识。保证工作的正常开展。

4、坚持“走出去，请进来”，不断加强对外业务交流。近年来，该馆带领职工，先赴后厦门市图书馆，铜陵市图书馆，江阴市图书馆，无锡市图书馆等兄弟馆进行了实地业务考察和学习。同时邀请蒙城县图书馆，固镇县图书馆等相关同行来该馆进行业务交流，探讨办馆思路。通过交流学习，学到了先进经验，找到了差距，为以后少图事业的发展明确了方向。

发挥传统优势、做好读者服务工作

1、少儿图书馆全年无闭馆日，每周开放时间达56小时，极大地方便广大小读者。在购书经费紧张的情况下，最大限度的购买适合青少年的新书。并按规范编目要求分编图书，提高分编质量，为书目信息资源共享打基础。根据《图书分类规则》、《书目数据录入原则》等分类编目规则分编图书，做到了归类、编目、标引准确，严格按著录要求录入数据，为书目信息资源共享打下良好的基础基本满足了读者的需求。

2、经过全馆同志的共同努力，该馆做到每年平均接待读者12万人次，全年新书下库达10000册，基层图书流动站送书6000册。年借阅人次总计12万多人次，完成了每一个年度工作目标中的流通任务。

3、做好小读者的导读工作。举行新书推荐活动，把购入的新书好书通过专栏海报的形式推荐给广大小读者。并且举办读书征文活动，不仅使小读者增强了读书的兴趣，而且还扩大了少儿图书馆的影响力。我们还指导小读者熟练的掌握查阅检索的技巧，帮助小读者方便快捷的找到自己所需要的文献信息。

4、大力推进全国文化信息资源共享工程，加强对电子阅览室的管理。配合“共享工程”省馆分中心开展了一系统征文和科普活动。加大了对电子阅览室的管理工作，使小读者能够正确的使用网络，为己所用。给孩子们营造一个良好的求知环境。

5、在馆硬件环境建设取得了极大改观的基础上，该馆及时调整建设思路，把工作重点从硬环境建设转放到软环境建设，明确目标。健全各项制度，优化管理软环境。遵循馆章制度，明确工作目标，责任。该馆人员认真道循岗位职现和业

务工作细则及历年年工作计划。并以此来规范服务行为，减少工作盲点，做到“人人有责任，事事有程序，科学化现代化管理”。的工作标准，充分借助计算机技术和图书馆管理软件来提升图书馆各项业务工作管理。认真的做好图书归类上架、整架工作。图书摆放整齐。给小读者提供优雅、宁静的环境。

大力开展活动、努力延伸服务范围

1、为进一步推进公共文化延伸服务，充分发挥少儿图书馆文化资源优势，近年来该馆经过深入走访和调研，在全市六区一县设立了少儿图书馆分馆和流通站，初步建成了以市少儿图书馆为中心、以流通站为网点，面向全市少年儿童的图书流通网络。新建立的图书流通馆、站将恪守公益性服务原则，免费向少年儿童开放。这些馆、站建成后将大大改善偏远地区儿童的阅读状况，有效保障偏远地区儿童公平享受阅读的权力。建立少儿图书流通馆、站，是少儿图书馆走出馆门，延伸服务，盘活资源，扩大服务覆盖面的重要举措，截至目前为止，已经建立完善分馆一个，基层流通站十六个，它们分别是凤台分馆，杨公镇流通站，山王镇流通站，潘集田集街道流通站，上窑镇流通站，毛集镇流通站，泥河镇流通站和洞山社区流通站等。针对以上流通站该馆精心挑选下送图书，并有专人负责对其各个站点进行技术服务和业务支持，使得它们能够最大能量的发展作用，合理利用资源。逐步解决偏远地区和留守儿童想读书，读书难的问题。

2、做为全国图书馆协会，华东少图协副主任馆。12年4月18日该馆在铜陵负责承办了华东地区少年儿童图书馆工作协作委员会（简称华东少图协）主任馆会议上海少年儿童图书馆、江苏省图书馆、江西省图书馆、山东省图书馆、安徽省图书馆、厦门市少年儿童图书馆、杭州市少年儿童图书馆馆长及相关人员出席会议。与会代表就“少儿图书馆以人为本的服务拓展与创新”、“少儿图书馆为特殊群体服务模式的探索”等方面的工作进行了经验交流，会议的圆满成功，为华东少图协2013年年会的举办奠定了扎实的基础，促进了华东地区少儿图书馆间的交流与合作。

3、认真做好全国读书服务宣传周活动。认真组织计划全国读书服务宣传周活动，特别在每年的六一儿童节该馆全馆职工走上街头进行新书展示和推荐，为小读者放映爱国主义影片，在馆内开展了丰富多彩的少儿娱乐活动“套圈”“猜谜语”等。邀请留守儿童和该馆的小读者进行了名为“手牵手，庆六一”的联欢会。会上孩子们热情洋溢的展现才艺，表演了京剧，舞蹈，相声等节目。在市民中取得了良好的反响，使该馆社会知名度有所提升。

4、该馆既是少年儿童阅读学习的基地，也是少儿艺术培养的摇篮。少儿图书馆近年来以公益性的方式开展了大量的课外艺术培训及科普讲堂活动，该馆的小百灵京剧学校被国家评为全国少儿京剧培训基地，有多名小学员在多项比赛中取得了优异的成绩，并向各大艺术院校输送了一批艺术人才。

淮南市少年儿童图书馆在上级领导的正确带领和全馆同志的共同努力下，秉承“一切为了读者，为了读者一切”的服务理念，营造“全民阅读、传承文明”的良好氛围，始终致力于构建“普遍均等、普及全民”的文化体系，为全市少年儿童提供优质服务。以上是该馆近年的工作的一瞥，我们全体馆员将再接再厉，与时俱进，为少图事业的全面发展贡献力量！

表彰、奖励情况

中华人民共和国文化部、人事部授予：全国文化工作先进集体。

省市级文明单位、文明窗口、先进单位。

国家文化部授予“二级图书馆”。

馆领导介绍

聂磊，1980年出生，中共党员，副馆长(主持工作）。

陈骁，1967年出生，中共党员，书记。

联系方式

地　址：淮南市田家庵区淮滨路112号

邮　编：232007

长丰县图书馆

概述

长丰县图书馆建立于1979年，原与县文物管理所合署办公，1984年分开，1997年12月迁入长丰文苑大楼3楼，位于长丰县水湖镇长丰路88号。馆舍面积1590平方米，藏书79000余册，阅览座席155个。1998、2004、2009年第二、三、四次公共图书馆评估定级均被评定为三级馆，2013年全国公共图书馆第五次评估定级中，晋升为国家二级图书馆。

业务建设

截止2012年底，长丰县图书馆总藏量212万册、件，其中电子文献藏量201万种（该馆为合肥市数字图书馆分馆）；图书年入藏数量2026种，报刊年入藏量200种，视听文献年入藏量124件；地方文献设有专柜，有专门目录，有专人管理，征集工作开展正常；藏书采选具有重点性、连续性、针对性，复本量合理。

2012年财政拨款总额75万元，财政拨款年增长率与当地财政收入增长率的比率为100%，新增藏量购置费18万元，免费开放本地经费到位及时，免费开放经费计20万元。

长丰县图书馆馆舍建筑面积1590平方米，阅览座席155个，其中少儿阅览室座席50个；计算机数量48台，其中提供读者使用的计算机数量36台；10兆宽带接入；专用存储容量7TB；图书馆自动化管理系统为南京力博系统，使用正常。

长丰县图书馆2009年完成了文化共享工程建设，支中心、基础服务点积极为公众提供文化服务，成效显著。2012年根据文化部、财政部《“公共电子阅览室建设计划”实施方案》要求，全县建立了8个乡镇公共电子阅览室，运行良好。根据《中华古籍保护计划》，如期完成了全县古籍普查工作。

读者服务工作

从2011年6月28日开始，长丰县图书馆从场地到基本服务项目全面实现了免费开放，每周开馆时间56小时。书刊文献开架比例90%，馆藏书刊文献年外借率90%，书刊文献年外借10万册次。积极开展了书刊宣传，开展了政府信息公开查询、参考咨询服务；编印《长图剪报》，为政府机关决策服务，同时积极为本地区教育、科研和企事业单位服务，为社会公众提供专题服务；细心周到地为残疾人、进城务工人员、未成年人、老年人等特殊群体服务。建立了图书馆网站，开启了图书馆的数字窗口。充分发挥社会教育功能，2012年举办讲座、培训18次，展览5次，开展阅读推广活动6次。注重图书馆服务宣传，全民读书月、世界读书日、图书馆服务宣传周期间，都能积极开展活动。

业务研究、辅导、协作协调

长丰县图书馆能积极参与上级图书馆组织的协作协调工作，积极参与本地区图书馆联合编目、馆际互借、总分馆体系建设以及其他各类业务合作活动。注重公共图书馆服务体系建设，利用乡镇综合文化站、村农家书屋，建立起全县性的图书馆服务网络，实现资源共享。积极开展了基层业务辅导、业务培训工作。

管理工作

财务、人事、设备、物资、档案，管理有序，资料齐全。能积极吸纳志愿者参与图书馆工作，并对其进行科学管理。图书馆环境整洁、美观，标牌规范。安全保卫工作制度健全，并在行动中得以落实。

表彰、奖励情况

建馆以来，多次被上级授予“文明单位”、“先进集体”、“先进单位”、“巾帼文明示范岗”等荣誉称号。

馆领导介绍

庞余良，男，1966年3月生，大学学历，中共党员，副研究馆员，馆长。1983年7月参加工作。合肥市图书馆学会理事，安徽省图书馆学会会员。

孔英，女，1974年4月生，大专学历，中共党员，副研究馆员，副馆长。1994年12月参加工作。合肥市图书馆学会会员，安徽省图书馆学会会员。

俞清，女，1974年5月生，大专学历，中共党员，馆员，副馆长。1995年1月参加工作。合肥市图书馆学会会员，安徽省图书馆学会会员。

未来展望

长丰县图书馆始终坚持“读者第一，服务至上”的服务宗旨，全年对外开放，无论是节假日还是双休日，读者都可以来馆借阅图书、报刊或在电子阅览室上网冲浪。正在建设中的新馆建筑面积5000平米，坐落在风景秀丽的新城公园内。新馆投入使用后，长丰县图书馆将不断提高图书馆的服务质量，使图书馆工作朝着科学化、规范化、标准化目标迈进，努力为公众提供一流的公共服务。

联系方式

地　址：安徽省长丰县水湖镇长丰路88号
邮　编：231199
联系人：俞 清

固镇县图书馆

概述

固镇县图书馆于1979年10月独立建馆，是固镇县唯一的一个县级公共图书馆。坐落于固镇县城谷阳路中段，拥有临街六层的图书馆大楼一座，馆舍面积1800平方米，1997年建成使用。目前开设阅览室、书画室、借书室、资料室、少儿阅览室、电子文献阅览室、多功能演播厅等免费对外开放场所。读者阅览坐席200个，计算机36台，宽带接入20MB，选用力博图书馆自动化管理系统。

业务建设

截止2013年底，固镇县图书馆总藏量55.2万册（件），其中纸质图书5.2万册（件）、电子图书50万册、古籍文献500余册、地方文献305册、数字资源5.25TB。一套线装本二十四史是固镇馆的镇馆之宝。2009年底，该馆配备了力博图书自动化管理系统、卫星通讯接收系统、安全保障配套服务系统。

读者服务工作

固镇县图书馆自2007年1月份实行全年365天免费开放制度，比国家规定的免费开放时间整整提前了5年。各对外开放科室全部配备笔墨纸砚、纯净水、老花镜、自动存包柜等无偿供读者使用，多媒体室自2009年以来，每月播放经典动画片、爱国影视剧至少2部供小读者观看，每年至少组织各类阅读推广、讲座培训、书画展览活动20余次。截止到2013年底，拥有固定持证读者3000多人，年接待读者超过10万人次，图书外借8万册次。

业务研究、辅导、协作协调

从2009年起，固镇县图书馆每年组织人员参加省馆，市馆的业务培训，馆内定期组织业务学习，并经常与周边图书馆进行业务沟通交流。截止2013年底，该馆共建有分馆5个，流动服务点5个，基层业务服务点培训工作每年不低于4次。

管理工作

固镇县图书馆本着一切为读者服务的宗旨，从读者服务、业务管理、提高人员素质入手，优化基础服务和管理软环境。每年年初与员工制定目标责任书，建立了工作量化考核指标体系，建立和完善各项规章制度，定期进行业务检查，同时积极开展创新服务，延伸服务工作。

表彰、奖励情况

2011年度，固镇县图书馆被评为固镇县文广体新局先进集体；2013年10月通过国家二级馆验收；2013年11月获得安徽省图书馆“文津奖”图书阅读比赛优秀组织奖。

馆领导介绍

史宝同，男，1961年12月生，中共党员，政工师，馆长。

李秀峰，女，1972年4月生，中共党员，大专学历，馆员，副馆长。

未来展望

以“读者第一，服务至上”为宗旨，坚持公益性、基本性、均等性、便利性原则，丰富书、刊、报的藏量；加强设施网络建设，以数字化、网络化为主要标志的新的信息环境是今后努力的主要方向，全面提升图书馆服务的专业化水平。目前，5000平方米的新馆建设已经纳入政府计划，未来以县馆为总馆，各乡镇文化站为分馆，构建覆盖全县，惠及全县城乡居民的公共图书馆服务网络体系。

安全演练

读者座谈会

讲座

电子阅览室

少儿图书室

少儿阅读比赛

马鞍山市雨山区图书馆

概述

雨山区图书馆坐落于安徽省马鞍山市雨山区文体活动中心一楼，雨山区图书馆于2008年建成，为三级图书馆，2013年申报为二级图书馆。拥有3名专职图书管理人员，3名公共电子阅览室专职管理人员。图书馆现有图书室、阅览室、多媒体放映厅和电子阅览室等场所。图书室、成人阅览室、少儿阅览室、多媒体放映厅建筑面积1630平方米，阅览座位257个，电子阅览室建筑面积420平方米，（全国文化信息资源共享工程雨山区支中心）拥有计算机73台。

业务建设

截止2014年7月，雨山区图书馆总藏量（含盲人阅读书籍）20万册（种），其中，纸质图书15万册（件），电子图书5万册。数字资源总量为4TB，其中，自建数字资源总量0.38TB。

2010年建立全国共享工程雨山区支中心，配备服务器4台、存储容量12TB、电脑27台及共享工程资源卫星接收系统。

2010年雨山区图书馆2011年6月投入60万元在乡镇、街道、社区各建立一个共享工程分中心，进一步扩大全国文化信息共享工程在雨山区的覆盖面。

2013年雨山区图书馆公共电子阅览室进行改扩建。改造后面积由160平米扩大至420平方米，设立一间成人培训教室、一间儿童电子浏览教室及零星上机浏览查询区域。电脑数量由27台增加至73台。

2013年雨山区建立3个24小时自助图书借还设备。

2013年底实现雨山区乡镇（街道）及社区共享工程分中心全覆盖。

图书室

每年组织图书馆人员参加市图书馆举办的专业技术培训。

读者服务工作

雨山区图书馆从2011年6月起对外免费开放，每周开放时间不低于56小时。读者可凭身份证免费办理借书证，免费借阅图书，免费上网查询资料或信息检索。2014年将自动化图书管理系统升级改造为图创联合馆系统，以适应马鞍山市公共图书馆总分馆制的需要，读者可凭借书证在市图书馆及各区图书馆、社区分馆借阅或归还图书。同时，增加了RFID智能借还功能及安全门禁。

为读者提供盲人语音阅读器、电子文字放大器、老花镜等相关设备。为行动不便居民提供电话预定图书，流通预定图书到所在社区。

每年开展全民读书月活动及农家书屋宣传月活动。

业务研究、辅导、协作协调

雨山区图书馆自2010年起根据社区、机关、街道、居民的人员特点及文化程度，主动上门了解实际需求，征求培训内容，利用共享工程支中心电脑设备及共享工程视频资源，编制不同教材，设置相应的课程，免费安排专业老师免费为青少年开展儿童校外课堂、暑期夏令营，为社区居民开展实用电脑操作、养生保健、照片编辑、视频制作等培训，为残疾人及外来务工人员开展再就业技能培训、法律法规解读、返程电子票务电脑等培训、服务工作。配合相关单位开展信息平台、办公自动化专业技能培训。截止2014年4月累计开展各类免费培训216期，受益人群达2.6万人。

管理工作

每年制定图书馆工作计划，安排专人定期对社区图书室及农家书屋服务情况进行了解，建立了工作量化考核体系。

未来展望

进一步完善雨山区图书馆的单体服务功能，提升服务质量。加大对社区图书室、农家书屋的帮扶力度，扩大服务辐射区域，带动地区事业发展。加大图书采购力度、把提高图书质量作为工作重点，吸引读者进入图书馆。

联系方式

地　址：安徽省马鞍山市雨山区山南小区36–1号（雨山区文体活动中心）
邮　编：243000
联系人：胡　鹏

数字化书法培训

读书月活动

市民体验图书加工

淮北市杜集区图书馆

概述

淮北市杜集区图书馆始创于1997年，是一所县级综合性公共图书馆，为杜集区文化广电体育旅游局下属事业单位，是一所面向社会公众开放的收集、整理、保管和利用印刷和非印刷品为知识载体的公益性文化机构，是全区书目文献中心和信息中心，区精神文明建设的重要窗口。2010年，杜集区图书馆搬至新址，现址位于杜集区岱河社区。图书馆建筑面积3500多平方米，主楼三层，设有藏书库4个及电子阅览室、阅览室、少儿阅览室、综合阅览室、盲文图书室等对外服务部门。截至至2014年初，杜集区图书馆有阅览座席216个，计算机45台，宽带接入20兆光纤。

业务建设

截至2014年6月，馆内藏有各类图书、报刊杂志16.8万余册，电子图书20万余册，藏书包括社会科学、自然科学、文化教育、艺术教育等方面，适合全区农村种植、养殖特点的书籍、适合矿区职工学习培训等方面的书籍占了相当大的比例。此外，藏有盲文图书1000余册，视听文献500余种，报纸期刊100余种。2014年5月，新购图书2462册，下半年预计新购图书6000册，全年购书费用12万元。2014年6月，杜集区图书馆与淮北市读书馆成功联合，成为淮北市图书馆分馆，基本上实现通借通还。在市图书馆的帮助下，升级了联合自动管理系统。

截至至2014年初，社区、村级读书室及电子阅览室共建设40个，分别配置终端计算机6台，管理计算机1台，并接入宽带，为市图书馆、区图书馆、社区及乡村图书室的互联互通打下基础。

读者服务工作

2014初，杜集区图书馆各室配备了空调，完成了阅览室、图书流通处以及门庭的改造，更新了阅览室桌椅。自2013年起，购书经费单列，每年财政预算20万。

近年来，杜集区图书馆除搞好日常阵地服务外，还适时开展了多种形式的服务。特别是2014年1月1日实施的图书馆零门槛进入，全面免费开放以来，上街市、下农村、走机关、进学校，通过“展板”、“宣传单”等方式，宣传免费服务项目、内容、延长开放时间，并在各乡镇文化站、高岳及矿山集个别学校和行政村建立了图书流动服务点，为农民读者送去了文化、科普信息。为方便读者，图书馆工作人员上街现场为市民办理“借阅证”，倾力满足老人、儿童，特别是留守儿童、残障人、下岗工人、农民工等群体的读书与文化、科技信息需求。开展了图书和“共享工程”网络推介、讲座、展览等服务。通过满意服务，竭力满足广大人民群众对公共图书馆多种服务的需求，为保障群众文化权益均等化，满足我辖区民众基本文化需求，构建和谐杜集，营造书香杜集起到积极的推动作用。

杜集区图书馆始终把读者服务、读者活动作为工作的重中之重。2012年至今，以世界读书日、全民读书月、服务宣传日等为契机，联合辖区农家书屋，开展图书推广、专题讲座培训、读书征文、好书共读、各类展览等40余场次，参与人数6000余人次，年均接待读者1万余人次，图书流通2.2万余册次。

管理工作

图书馆外树形象，内抓管理，建立健全各项规章制度。全馆现有工作人员6名，均为大学专科以上文化水平，经过到轮训和实习，现已完全胜任图书管理工作。他们努力钻研业务，认真贯彻党的十八大精神，继续发扬积极向上的团队精神，克服员工队伍的专业知识薄弱，新手多，客观条件有限等具体困难，切实提高工作人员的服务意识，确立服务标准，完善服务水平，为图书馆的工作顺利开展提供制度保障。

近年来，随着宣传力度的加大，读者队伍不断扩大，现已形成了一支由各行各业人员组成的近千人的读者队伍。2010年、2013年先后被国家文化部认定为二级图书馆。近年来，图书馆在服务方式上已由传统的封闭型过渡到开放型，彻底敞开了图书馆的大门，为读者利用图书馆创造了整洁、方便、宽松的环境。在保存人类文化遗产、开展社会教育、传递科学情报、开发智力资源、提供文化娱乐发挥着积极作用。

馆领导介绍

苗红，女，1973年出生，大学本科学历，中共党员，馆长。1997年参加工作，杜集区文化广电体育旅游局副局长。

未来展望

今后，杜集区图书馆将继续保持“读者第一”、“服务第一”、“以人为本”的工作作风，不断加强图书馆的信息化、数字化建设，加快村（社区）图书室的数字化配置，逐步实现市、区、村（社区）的互联互通、资源共享、一卡式通借通还，不断创新宣传模式，积极拓展个性服务方式，努力为公众提供更好的文献资源保障，努力为公众提供充分体现人文关怀、快捷、便利的阅读场所和优质服务，努力为社会事业进一步发展做出更大的贡献。

联系方式

地　址：安徽省淮北市杜集区高岳办事处岱河社区
邮　编：235027
联系人：史　波

淮北市相山区图书馆

概述

相山区图书馆始建于2011年，馆舍位于孟山北路89号，建筑面积2000平方米，设有藏书室、成人阅览室、少儿阅览室、电子阅览室、视障阅览室等功能室，阅览坐席140余个，计算机32台，宽带接入20兆光纤，配备图书馆自动化管理系统，满足了读者借阅的基本需求。2013年，相山区图书馆参加全国第五次公共图书馆评估定级，荣获国家二级图书馆。

业务建设

截止2014年初，淮北市相山区图书馆总藏量4.4万册，每年订阅报刊杂志近百种。

2012年，区政府当年投入200万元用于图书馆的改造和购置图书、设备，其中图书购置费30万元，新增藏书量近2万册。

2012年、2013年，社区、村电子阅览室共建设6个，分别配置终端计算机10台，管理计算机1台，并接入宽带，为市图书馆、区图书馆、图书室的互联互通打下基础。

2014年初，区图书馆的图书管理系统进一步升级，图书馆办公逐步走向网络办公，新书录入快速高效，借阅、归还方便快捷。

读者服务工作

自开馆以来，相山区图书馆每周免费对外开放6天，周开放达48小时。图书馆服务内容广泛、服务设施比较齐全，面向读者开放式办理借书证，随到随办；馆外设有残疾人通道，保障通行无障碍；馆内设有休闲座椅、免费茶水、存包柜等服务设施，打造舒适的读书环境；藏书室全部开架服务，方便读者借阅；少儿图书阅览室、视障阅览室、成人阅览室、电子阅览室等功能室，在服务大众读者的同时，为特殊人群配有专人辅助指导阅读。

相山区图书馆始终把读者服务、读者活动、对外宣传和培训辅导作为工作的重中之重，以世界读书日、全民读书月、服务宣传日等为契机，联合辖区农家书屋，开展图书推广、专题讲座、读书征文、好书共读、各类展览等30余场次，参与人数5000余人次。开展各类培训班8次，参培人员700余人次。

儿童阅览室

管理工作

2013年，相山区图书馆经区政府同意，招聘工作人员3人，加上兼职人员2人，共计5人。同时，健全图书馆的管理制度、借阅制度、年度考核制度、消防安全制度等制度，明确馆长负责制、馆员争先进位制，确立服务标准，完善服务水平，为图书馆的工作顺利开展提供制度保障。

馆领导介绍

高晓芬，女。1980年4月出生，大学本科学历，中共党员，图书馆馆长。

未来展望

相山区图书馆将继续遵循“传播知识，服务为本”的办馆理念，树立“微笑服务，沟通你我”的服务宗旨，不断加强图书馆的信息化、数字化建设，逐步将区图书馆建设成为宣传教育的排头兵，地区文化建设的领头羊。一是建立馆、室信息共享模式。在不断加强区图书馆信息化建设的同时，加快村（社区）电子设备的配置，逐步实现市、区、村（社区）的互联互通，资源共享；二是实现图书的通借通还。逐步实现市、区、村（社区）图书借阅一卡通，让读者持有一卡，就可以在全市所有图书馆（室）进行借阅、归还书籍；三是拓展个性服务方式。以微笑和真诚的服务，建立图书馆与读者的沟通桥梁，吸引更多的读者走进图书馆。同时，设立流动服务点，走进社区、村部、学校，与读者零距离接触，扩大图书馆的影响力，拓展图书馆的社会教育功能。

联系方式

地　址：安徽省淮北市孟山北路89号
邮　编：235000
联系人：高晓芬

电子阅览室

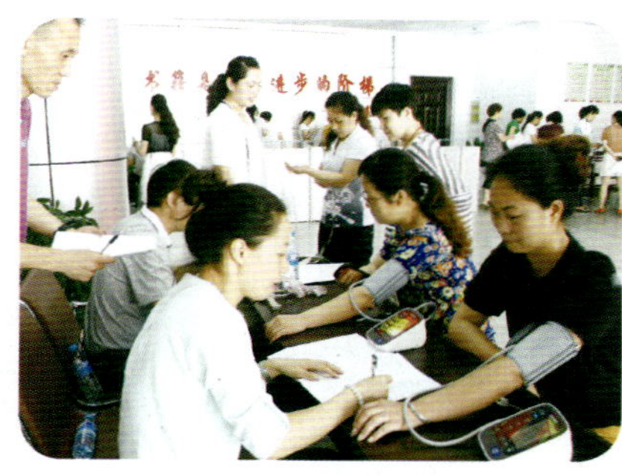

读者体质监测活动

培训班

淮北市烈山区图书馆

概述

烈山区图书馆于2011年8月8日正式开馆，所有基本服务项目和公共空间设施场地全部实现免费开放。馆舍建筑面积共五层2000平方米，设置读者阅览席座200个，另有少儿专用阅览座席60个。2010年投入68万元建成电子阅览室，现有电脑50台，全部可正常使用，接入10兆光纤全部用于读者服务。图书馆专用存储设备容量达到6T，有专用电子阅览室管理软件进行自动化业务管理且运行正常。馆内还拥有典雅庄重、温馨舒适的多媒体报告厅，可向社会公众提供多种类型、层次的文化服务。

业务建设

图书馆总投资300余万元，设有藏书室和阅览室等，社会科学、自然科学、文化教育等类图书、报刊，其中重点收藏了适合全区农村种植、养殖特点的农业科技图书，在淮北地区可达到一流水平。图书馆免费开放书刊阅览室、少儿阅览室、电子阅览室、盲人阅览室、多媒体放映厅等公共空间设施场地；免费提供文献借阅、查询、阅读指导、参考咨询、用户培训、讲座、展览等基本文化服务；免办证工本费和验证费，免费提供寄存包、饮用水、放大镜、老花镜、预约借书、电话或网上续借等便民服务措施。

读者服务

多年来，烈山区图书馆坚持读者第一，服务至上的服务理念，并将其落实于吸引读者，方便读者，满足读者的具体行动之中。开展了形式多样的读书活动，利用各大节日，以及"世界读书日"、"服务宣传日等"等文化活动和主题阅读活动，鼓励读者多读书，读好书。

同时，图书馆一直以"读者第一，服务至上"的宗旨，本着人性化服务的理念，坚持优质服务，便民服务，处处为读者着想，事事以读者为先，不断提升图书馆在读者心中的认知度和美誉度。心系读者，站在读者的立场上，实行全年免费开放，开架自助借阅、免费上网等便民服务。利用网络开展图书推介和宣传，定期推荐好书、新碟以及专题书目，创新图书馆导读和服务的方式；向读者推荐好书并做好预借、续借、导读工作；电子阅览室全年全天免费向读者开放，方便读者阅读电子图书，查阅资料。

业务研究、辅导、协作协调

烈山区图书馆成立至今，已经组成包括1个区总馆，52个农家书屋分馆，以及三镇四办各有一个借书站，共60个大小图书馆的网络阅读体系。总分馆制的实行拓展了城乡图书馆服务体系，激活了全区现有的文化资源，实现了图书馆资源的优化和共享。

2012年以来，烈山区图书馆先后多次组织了"办好乡镇图书馆"培训班，"送书下乡活动"等活动。结合基层图书室的实际情况，对这些基层图书室在分类、编目、排架、上卡、借阅等业务工作中存在的问题给予了及时详细地指导，对个别图书室还将采取了专人蹲点的形式进行重点辅导。通过辅导，显著提高了基层图书室的图书管理人员的业务技能和管理水平，进一步促进基层图书室的业务发展。

管理工作

2013年以来，以创建国家二级图书馆为契机，烈山区图书馆调整了全馆岗位设置，轮训全部工作人员，打造了一支服务意识强、技术素质过硬的图书馆服务队伍。烈山区图书馆有工作人员9名，全部大专以上学历，业务技能扎实。

馆领导介绍

李侠，女，1973年出生，大学本科学历，中共党员，烈山区图书馆馆长。

未来展望

今后，烈山区图书馆将继续保持"读者第一"、"服务第一"、"以人为本"的工作作风，不断加强图书馆的信息化、数字化建设，加快村（社区）图书室的数字化配置，逐步实现市、区、村（社区）的互联互通、资源共享、不断创新宣传模式，积极拓展个性服务方式，打造休闲、生产、展示三位一体的基层图书馆发展模式，努力为全区人民提供现代的智力支持和精神享受。

联系方式

地　址：安徽省淮北市烈山区工人村
邮　编：235025
联系人：李　侠

图书馆外貌

公益绘画培训

署期阅读照片

元宵灯谜照片

铜陵县图书馆

概述

铜陵县图书馆于民国16年（1927年）县教育局长章理芝募资建立图书馆，由王愚山任馆长，置设城东孔庙。馆藏4000余册，其中有二十四史、《资治通鉴》、《中华地名物产大辞典》、《清文献通考》等书籍。报刊有《中央日报》、《大公报》、《新民晚报》等。民国24年馆址迁至城东王氏宗祠，馆长由县教育局长胜祝三兼任。县城沦陷后，图书馆被毁。民国28年春，铜陵县青年抗敌协会在金榔三条冲建立一个图书馆，图书来源于泾县云岭新四军军部驻地书店，主要藏购进步书籍和革命书籍，如《论持久战乱》、《新民主主义论》、《联共（布）党史》等，"皖南事变"后停办。

建国初，在县文化馆内设1个图书室。1958年7月，在县文化馆内设图书室基础上成立县图书馆，与县文化馆合署办公，属县文化科领导，同年9月市、县合并时，县图书馆并入铜官山区文化馆图书室。1959年4月市、县分开时，恢复县图书馆。"文革"期间，县图书馆被迫停顿，大部分藏书被视为"毒草"焚毁。1972年县图书馆恢复开放，图书种类很少。中共十一届三中全会以后，大批图书获得解放，图书馆书源得到补充，馆藏图书逐年增多。2012年馆藏图书由1972年的2244册增加到126000册，报刊212种。

1985年馆藏图书由1972年的2244册增加到36000册，报刊212种。

1990年馆藏图书达到39800册，书架单层总长224米，藏书类别分典藏和流通两类，馆藏种较为珍贵的有明嘉靖《铜陵县志》、明嘉靖《池州府志》、清乾隆《铜陵县志》清人严可均校辑的《全上古三代秦汉三国文朝文》、民国11年版由杜亚泉等编著《动物学大辞典》等。

到2013年底，全县范围形成村、乡、县、社区全覆盖的网络化公共图书与信息服务体系。在这个服务体系中，公共图书已达15万册，电子图书5680册，视听文献600件，报刊3800件，盲文图书100册，文化信息共享工程服务点107个村、乡镇全覆盖，服务人群逐年扩大，服务人次逐年递增，各项工作稳步推进。

常年365天坚持对外免费开放，2013年初以来，铜陵县图书馆坚持节假日不休息，常年对读者开放，累计共接待来馆读者12万人次，外借图书杂志13万多册次，电子阅览室、网站浏览人数5万人次，同时完成年度报刊征订120种，采购图书4500册，展览图片120幅，电子读物2000种，接收个人单位捐赠图书210册。2012–2013年联合团县委、县教体局、县关工委开展了全县铜都少年"中国梦"系列中小学生征文暨演讲比赛活动，参加人员达到1.2万人，收到征文800篇，影响巨大。2013年年初以来共开展了不同类型的读者活动共12次，参加人次约3.2万人。极大地丰富铜陵县的文化活动，同时还联合市图书馆走进驻铜部队送书设点，书香军营。

铜陵县图书馆通过多年的扎实工作，在2013年的全国县以上公共图书馆评估定级中被国家文化部评定为"二级图书馆"使铜陵县图书馆工作又上了一个层次。

全国文化共享工程铜陵县支中心，自建成运行以来，累计接待网上查询12万人次，共享工程服务网络覆盖全县108个乡村和社区，极大的丰富全县人民群众的文化和精神生活。极大的体现了文化共享工程的现代服务水平和功能。

图书馆设儿童阅览室和成人阅览室，日均接待读者约百余人次年均图书借阅量约18000册次。

图书馆组织技术骨干先后帮助乡镇、厂矿、学校筹建图书馆16个，并使之发挥作用，初步形成在全县范围内的服务网络，坚持送书、送科技信息知识下乡。2008年6月与铜陵学院图书馆、铜陵市公共图书馆建立了馆际互借实现了资源共享方便了广大市民。

近几年来铜陵县馆的基层业务培训工作取得了很大的成绩，尤其是在对基层馆的理论指导、业务培训方面，做了很多积极的探索，取得了显著的工作成果。

1、针对乡镇、街道图书馆，铜陵县馆在围绕乡镇图书馆的概念、特点、地位及作用、办馆形式进行了指导培训。通过指导及交流使每个农家书屋都了解了其它馆的先进经验，这些交流活动不仅开阔了馆长们的视野，增长了知识，结合自身，看到了自身与兄弟馆存在的差距，促进了本馆工作的开展。

2、根据基层农家书屋的发展现状，铜陵县图书馆对他

们业务辅导工作首先定位于微观辅导方面。促进基层馆基础业务工作的开展。如：顺安镇的先进村，因刚配置了一批新书而工作人员未从事过图书馆业务工作，因此对图书馆工作了解甚少。铜陵县图书馆针对该馆制订了有针对性的业务辅导，指导他们图书分类、排架并制定了借阅制度等。还有钟鸣镇文化站，铜陵县图书馆派采编人员帮助他们分编了图书，并就中图法给他们做了讲解，进行了图书馆专业基础知识培训。

3、每年开展送书下乡活动，赠送图书杂志等推动基层读书活动的开展，这些图书对于发展农村图书馆，促进农民读书致富建设美好乡村发挥了重要的作用。

管理工作

而今的图书馆已具规模，现配置有领导1人，在编人员6人、编外人员3人、其中大专学历7人.2011年，铜陵县图书馆完成了全员岗位聘任，本次聘任共设两个初级岗，两个中级岗，一个副高岗位，一个普工岗位，两个管理岗位。同时建立了工作量化考核指标体系，每月进行工作进度通报，每半年和全年进行总体工作考核。

表彰、奖励情况

2012年以来我馆已有2篇学术论文在省级评比中分别获二等奖和三等奖。2012–2013年度，铜陵县图书馆汪旭东同志被铜陵市社科联评为先进工作者。

馆领导介绍

汪旭东，男，1971年9月生，大专毕业，1990年2月在驻浙杭州83020部队服役，1992年入党，1994年退伍，分配到县图馆工作，1997年7月担任图书馆馆长。1993年12月荣立个人“三等功”一次，2000年12月被评为省文化系统先进个人。2006年至今，连续七年被评为优秀党务工作者和优秀党员，铜陵县第十一届优秀政协委员，2012–2013年度被铜陵市社科联评为先进工作者。

肖凌虹，女，1967年5月生，大专学历，中共党员，1992年调入铜陵县图书馆工作，在报刊部，馆办公室工作，现任副馆长。

未来展望

1、继续加强对铜陵县各级各类图书馆的业务辅导工作，以提高铜陵县各级图书馆的办馆条件、服务质量、服务水平、服务能力，并搞好图书馆之间的协作协调。

2、做好扶持街道、乡镇图书馆工作。争取在图书自动化管理、藏书量、分编水平等方面都有较大水平的提高。

图书馆内设：办公室、采编部、借阅部、少儿阅览室、报刊阅览室、资料信息部、书库、全国文化信息共享工程铜陵县支中心、电子阅览室、中心机房。馆内现有现有在编职工8人，年采购经费12万元，馆舍面积1000平方米，馆藏图书电子资料6.23万册，2013年在全国公共图书馆评估定级种被评为“二级图书馆”，并多次评为全市“文明图书馆”，2007年12月成功举办首届全民读书月活动，直接参加人数2万人次，并受到文化部专家组、安徽省图书馆领导的表扬。目前铜陵县公共图书馆在三个文明建设中，构建学习型社会以及建设和谐社会中发挥着越来越重要的作用。

联系方式

地　址：安徽省铜陵县文化广场图书馆
邮　编：244100
联系人：王　霞

临泉县图书馆

概述

临泉县图书馆坐落于临泉县临鲖路53号，马路斜对面是新兴的商贸区，东边是作为全县重要交通枢纽的临泉长途汽车站，南临人多繁华的商都大厦，地处繁华交通便利位置醒目。临泉图书馆始建于1979年9月，是临泉县建馆最早的公共图书馆，为副科级全额事业单位。隶属临泉县文广新旅局。几十年来一代又一代图书馆人前赴后继勇于开拓把图书馆事业不断推向前进。在县委县、政府的关心领导下2009年6月，图书馆进行了整体装修，增添了设备，优化了环境，使全馆焕然一新。

目前，图书馆内设期刊室、借阅室、电子阅览室、少儿借阅室、办公室等6个室。现有职工7人，其中大专2人，高中5人。

业务建设

截止2013年底，临泉县图书馆总藏量51万册（件），其中，纸质文献5.66万册（件），电子图书45万册。

2009年主管局领导带领图书馆积极向省馆争取到了文化共享工程这一项目，省馆在临泉建立了当时阜阳地区唯一的一个共享工程县级支中心，并且国家文化部拨专款建立了现代化的电子阅览室，包括50余台电脑和专业的机房，拥有服务器、存储和网络设备等先进设施，大大加强和提高了图书馆的社会服务能力。2009年下半年，中央给予图书馆维修的专项资金又及时到位，我们得以对图书大楼进行闭馆整体翻新改造，更新了全部设施，图书馆焕然一新，窗明几净，干净整洁。于2010年元月初正式对外开放，改建后的图书馆共设电子阅览室、期刊阅览室、图书借阅室、少儿借阅室等对外服务窗口，迎来新馆第一批读者。一直以来省馆都十分关心我馆的建设，在省馆积极支持帮助下，2010年亦送近万册图书。2011年在主管局的帮助下，争取了购书经费，采购图书7000余册。2013年主管局又向图书馆拨款近50万元，我们利用部分资金采购了图书6000余册。以上多次的图书注入，极大的丰富了馆藏资源，改善了藏书结构，吸引了更多的读者来到图书馆。

读者服务工作

从2012年起，临泉县图书馆全年365天天天对外免费开放，周开放56小时。2009–2013年，书刊总流通14万人次，书刊外借17.5万册次。2009–2013年，建成2个流动阅览室。2009年，被评为二级图书馆。

2009–2013年，图书馆网站访问量6.45万次，并开通临泉县图书馆数字图书馆。截止2013年，临泉县图书馆发布使用的数字资源总量为30余万种，1.9TB，均可通过临泉县图书馆网站提供检索、浏览和下载服务。

2009–2013年，临泉县图书馆共举办讲座、展览、培训、阅读推广等读者活动56场次，参与人数2.8万人次。

表彰、奖励情况

2009–2013年，临泉县图书馆共获得各种表彰、奖励11次，其中，阜阳市政府、图书馆表彰、奖励6次，县文广新旅局表彰、奖励3次，其他表彰、奖励2次。

馆领导介绍

马艳，女，1964年11月生，大专学历，中共党员，副科级，图书馆馆长。1981年10月参加工作，历任临泉县交通局团支部书记、临泉县城北交管站副站长、交通局征费大厅主任、临泉县图书馆馆长等职。主管临泉县图书馆全面工作。

李理，男，1981年7月生，大专学历，中共党员，图书馆副馆长。1999年12月参加工作，任临泉县图书馆副馆长职务。主管图书馆信息化建设及党建、财务工作。

李建，男，1961年7月生，中专学历，图书馆办公室主任。1979年11月参加工作，任临泉县图书馆办公室主任职务。主管图书馆综合治理、图书馆业务工作。

未来展望

图书馆的未来要一步一个脚印的脚踏实地的做出来。

1、按照上级要求，认真实施免费开放。并根据读者需求，增订图书资料种类。

2、加强安全教育，保证读者和馆内人员、资源的安全。

3、坚持通过“读者座谈会”、“读者留言薄”“读者信箱”等形式收集读者对图书馆工作的意见和建议，不断改进和提高图书馆为读者服务的水平。

4、为提高服务质量，引入群众监督，设立馆务公开栏，提高工作透明度，长期接受社会监督。

5、制度化选送骨干外出学习培训和参加行业交流，提升图书馆未来的软实力。

6、主动联系省馆，引进各项主题活动，为本县读者提供高层次的精神食粮。

7、积极利用三区人才活动等外部的技术力量，对馆内技术骨干进行培训和指导，提升图书馆的技术水平，为今后更好的开展工作，做好技术储备。

联系方式

地　址：临泉县临鲖路53号
邮　编：236400
联系人：马 艳

休宁县图书馆

概述

休宁县图书馆事业起步较早，早在1923年，休宁籍著名学者戴震后裔戴祖荫就建成古徽州地区第一家图书馆“戴氏私立东原图书馆”，上世纪二十年代更是在全国涌现出一大批休宁籍图书馆学家，如洪範五、施延镛等。建国后，休宁县图书馆工作由人民教育馆管理。1959年成立休宁县图书馆（馆址屯溪）。1961年，休屯分治后，休宁图书馆工作由县文化馆负责，设专人管理。1980年成立休宁县图书馆，内设阅览室和借阅处，成为重要的文化活动阵地和精神文明窗口。2008年4月休宁县图书馆迁入县中心地带文化新区，目前本馆占地3000平方米，总建筑面积2600平方米，配备了先进的ILAS图书馆自动化集成系统，成立了全国文化信息共享工程休宁分中心。自2009年4月1日起，在全省率先实行免费向读者开放。2010年元月，被评定为“三级图书馆”。2013年元月，被评定为“二级图书馆”。

业务建设

休宁县图书馆现配有业务电脑8台、6台服务器，内设报刊借阅室（142个席位）、少儿借阅室（30个席位）、图书借阅室、电子阅览室（50台电脑）、采编室、基藏书库和多媒体室（300个席位）等对外服务窗口。现有藏书46.696万册，其中图书(含古籍) 6.4万册，期刊和报纸2万册，视听文献资料96件，电子图书40万册，年均入藏量2600种，2009–2012年休宁县图书馆购书经费20万元，共入藏中外图书6000种，10056册，报刊320种。休宁县图书馆馆藏有452册的地方文献资料，为了方便读者查阅，在书报刊阅览室设立了一个地方文献专柜，制作专门目录，安排专人负责管理，每年都与县直有关部门联系，收集地方文献入库。2010年休宁图书馆专门建立了休宁县图书馆网（http://www.xnlib.com），开设有图书馆简介、服务窗口、工作动态、读者指南、共享工程、农家书屋、宣传活动、读者论坛、数字资源、读者风采、新书介绍、书海钩沉等栏目，建有40万册的数字图书馆一座，并开设了读者网络服务，让读者在家里就可以很方便办理各项借阅业务和查询信息。

读者服务工作

从2009年4月起，休宁县图书馆全年365天免费对外开放，周开放56小时。2009–2012年书刊流通24万人次，书刊外借32万册次。2009–212年休宁县图书馆网站访问量24万次。为进一步扩大公益性图书馆的服务功能，休宁县图书馆在县看守所、拘留所、驻休部队、乡镇文化站设立长期流动图书室，并对全县所有“农家书屋”经常性的开展业务指导、图书交流等服务。2009–2012年先后组织开展了读书宣传月活动、元宵灯谜活动、学习雷锋精神图片展活动、送书进企业、少儿阅读推广、暑期留守儿童公益电影放映、你选书我买单等系列活动，累计活动人次10万人次。近四年累计举办养生保健、农技培训、普法宣传等讲座45场次，累计参加活动人数达30万人次。

业务研究、辅导、协作协调

积极参加省图书馆举办的各项活动，与黄山市各区县图书馆订立馆际互借协议，参与本地区图书馆的联合编目、馆际互借、总分馆体系建设以及其他各类业务合作活动，共同促进公益性图书馆事业的发展。在休宁县图书馆的积极参与下，全县共建成了21个乡镇文化站的书刊阅览室和196个村（社区）农家书屋，实现了乡镇、村（社区）书屋的全覆盖。协助各乡镇、书屋开展通借通还和图书交流活动，极大地活跃了基层书屋的活动。经常性组织开展基层书屋管理员的业务培训工作，近四年时间里累计举办书屋管理员培训班48次，培训人员达500余人次。注重馆员的业务学习，组织馆员学习业务知识，2009–2012多次组织全馆人员参加省、市、县举办的专业技术人员培训班，总培训学时达1400学时。

管理与表彰

休宁图书馆一直注重管理的制度化建设，从规范化管理入手，建立健全了一整套的财务、人事、设备、档案、统计、安保等各个方面制度。规范制定了《休宁县图书馆岗位设置方案》，严格做到按需设岗、按岗聘用、竞争上岗，认真落实岗位责任制、绩效考核制、分配激励制度，充分调动馆员工作的积极性与主动性，确保图书馆事业稳步发展。积极投入文明创建和志愿者服务工作，先后被评为市、县级两级文明单位。2010年我馆被评为县文明单位、2012年被评为黄山市文明单位。严格安全管理，建立了一套电子监控系统，健全消防安全制度，制订了县图书馆安全服务应急预案，确保馆舍、图书和读者服务的安全，近年来没有发生一起安全事故。

馆领导介绍

朱艳玲，女，1962年10月生，中专学历，图书资料馆员，馆长。1982年11月参加工作，先后在图书借阅室、财务室工作，2006年主持图书馆工作。

未来展望

休宁县图书馆将在现有的馆舍基础上，对二楼馆舍进行全面升级改造，增加汪光涛先生捐赠“汪宽也”图书室、自修室、特藏书库等对外服务窗口。积极组织人力财力，加强地方文献的收集整理工作，特别是收集徽文化特色的地方文献收集、研究工作。增加图书文献资源的储藏量，力争纸质图书收藏达到10万册。通过加入全省图书馆联盟，提升服务能力，加强队伍建设。力争早日达到国家一级图书馆的标准。

黄山市黄山区图书馆

概述

黄山区图书馆始建于1980年9月。2006年，在区委、区政府、区文体局的高度重视下，开始了集“三馆一队”的黄山区文化中心大楼工程建设。2007年7月18日黄山区图书馆新馆正式落成对外开放。新馆位于黄山区太平东路20号文化中心的二楼和三楼，现有馆舍建筑面积约1500余平方米，设有：成人阅览室、图书外借室、少儿阅览室、电子文献阅览室、无障碍阅览室、多媒体视听室、采编资料室、地方文献古籍部、书库等办公场所；拥有阅览坐席570余个，办公业务电脑16台，2009年底黄山区图书馆采用省文化厅统一招标采购的“力博图书专业管理软件”，全面实现了业务、办公管理自动化。

文化共享工程黄山区县级支中心和电子阅览室从2008年开始建设并当年投入使用，电子文献阅览室面积达140余平方米，可供读者使用的电脑有44台，中心拥有标准机房机柜、服务器5台、交换机3台、VPN防火墙1台、卫星接收设备一套和数字资源加工设备等，可存储24TB总量资源，中心20兆光钎接入。

业务建设

截止2013年底，黄山区图书馆拥有馆藏总量：451739册，其中，图书(含古籍)：4.7万余册，报刊：5320余册，地方文献资料：400余册，报刊：190种。2012年新购电子图书：40万种，电子报刊：3500余种，视听资源：2300多种。2013年新增纸质图书：3010种，3653余册。

2009年建设了优秀图书馆门户网站http://www.hsqlib.com/。2012年黄山区图书对网站进行优化升级与资源扩容，开通了图书馆信息及查询服务，建成电子图书、报刊的免费数字图书馆一座，并开设了读者网络服务。

2013年底实现了全区11个乡镇公共电子阅览室与文化共享工程国家中心、省中心和黄山区支中心的上传下达及资源共建共享服务。同年还完成了200余平方米的书库、阅览室扩建项目和文化共享工程信息平台更新扩容等文化建设工程。

2013年9月上旬，少儿阅览室引进安装了DigiBookshelf（点点书库）系统，现已有有声绘本电子书2000余册，小读者可办理图书馆借阅证到指定体验区免费使用IPAD阅读。

读者服务工作

黄山区图书馆2011年起实现无障碍、零门槛进入，公共空间设施场地全部免费开放，所提供的基本服务项目全部免费。读者只需交纳50元押金，办理“黄山区图书馆通用借阅证”，即可外借文献资料。馆内设有读者意见箱、便民服务箱、免费茶水、雨伞、老花镜、药品等。

2009–2013年，书刊总流通：131020余人次，书刊外借：72017万余册次，利用图书馆网站向外宣传书刊：2210余种。

2009–2013年期间与省馆、黄山市各区县图书馆和基层图书室订立馆际互借协议，参与本地区图书馆的联合编目、馆际互借、总分馆体系建设以及其他各类业务合作活动。建立了6个流通站点，25个基层图书室，馆外书刊流通总人次：26650人次，书刊外借：15900册。

2008年黄山区图书馆建立了书目检索和政府公开信息查询点，配备了电脑、激光打印一体机、桌椅、手写输入软件等设备，馆内同时设立了《国务院公告》等专柜，向广大市民读者免费提供政府公开信息服务，并免费提供资料下载和打印服务。

黄山区图书馆坚持开展文化三下乡活动

少年儿童学生的第二课堂

无障碍阅览室一角

为广大社区居民放映优秀电影

开展主题展览活动

为看守所劳教人员播放优秀教育电影

少儿阅览室

外借室

阅览室大厅

2013年，黄山区图书馆与11个乡镇电子阅览室和79个基层点签订了资源共享协议书，为基层站点免费提供电子图书、电子期刊和特色的信息资源等资源服务。截止2012年，黄山区图书馆为学校、基层点提供和加工国家中心、省中心和当地优秀资源信息资源和光盘资源：4000余种。

2009–2013年，黄山区图书馆共举办讲座、展览、培训、阅读推广等各类读者活动57场次，参与人数达67000人次。

业务研究、辅导、协调工作

2009年参与省图书馆组织的读书演讲比赛，获得优秀奖。

2009–2013年举办农家书屋管理员培训班：6次，培训人员200余人次。同时协助各乡镇、农家书屋开展通借通还和图书流通服务，极大地提高了图书的流通率和覆盖率。

管理工作

黄山区图书馆每年年初都制定年度工作计划和目标并落实到人，年底实行工作目标考核；建立健全了一整套的财务、人事、设备、档案、统计、安保、消防安全等制度；开设了志愿者服务岗；同时实现了馆内场所电子监控全覆盖。2009–2013年，共抽查文献排架39次，书目数据18次，撰写专项调研、分析报告、论文等21篇。

表彰、奖励情况

2009–2013年，被评为省、市、区级“文明单位”，黄山区“绿色机关”、“平安单位”等荣誉称号。

馆领导介绍

吴佳辉，男，1963年8月生，2004年7月毕业于党校经济管理专业，中共党员，1983年12月正式参加工作在黄山区文化馆，2003年1月从黄山区文化馆副馆长调任图书馆，2004年6月任馆长至今，主要负责图书馆全面工作。

柏世胜，男，副馆长，1959年10月生，大专学历，中共党员，1986年1月在图书馆工作至今，主管图书馆业务、咨询、辅导等工作。

江赟，男，副馆长，1972年10月生，本科学历，中共党员，95年8月至2001年7月黄山区人事局工作，2001年7月至2008年12月在黄山区财政局工作，2009年2月调入黄山区图书馆工作至今，主管文化共享工程。

未来展望

黄山区图书馆秉承“以人为本”的服务宗旨，在全体馆员共同努力下，黄山区图书馆已成为当地社会主义精神文明建设的重要窗口单位之一，不仅外观形象焕然一新，内部管理也日趋完善，最大程度上发挥了为公众服务的社会职能。

在未来的工作中，黄山区图书馆将按照黄山区区委、区政府建设文化大市的规划和发展要求，运用人性化、科学化管理理念，朝着现代化、网络化目标迈进。我们相信，随着当地经济水平的发展和群众生活水平的提高，黄山区图书馆将为促进当地两个文明建设发挥更大的作用。

联系方式

地　址：安徽省黄山市黄山区图书馆
邮　编：245700
联系人：吴佳辉

黄山区图书馆积极开展送书到基层活动

黄山区图书馆全貌

岳西县图书馆

概述

岳西县图书馆初创于1958年10月，前身是文化馆的一个图书阅览室；1979年独立建制；1987年落成的图书馆主体大楼正式对外开放。馆舍面积1978平方米，其中办公用房面积为20平方米。1998年参与全国第二次公共图书馆评估，被国家文化部评为三级图书馆；2013年参与全国第五次公共图书馆评估，顺利晋升为二级图书馆。内设少儿阅览室、成人阅览室、外借处、电子阅览室、地方文献阅览室、古籍展厅、多功能科技培训室、办公室、采编中心等内部机构。阅览坐席440个，计算机46台，宽带接入10Mbps，选用力博图书馆自动化管理系统。

业务建设

2012年，岳西图书馆各级财政拨款总额为121万元，财政拨款年增长率与当地财政收入增长率的比率超过100%，从2010年开始，图书馆累计购书经费达24.3万元；报刊征订经费每年均在2.5万元以上；2012年又购置电子图书40万册，5万元；电子期刊3000种，每年6000元。从2011年起政府将文化信息共享工程运行经费纳入财政预算，每年投入8万元，用于共享工程县级支中心日常运行维护。各级财政为免费开放下拨我馆的经费均能及时到位，有力的保障了我馆实施免费开放后工作的开展。

截至2012年底，岳西图书馆馆藏资源45万册，其中纸质资源5万册，电子图书40万册，电子期刊3000多种，电子资源容量达到4TB。

2009年，岳西图书馆引进力博图书管理系统，并将馆藏纸质资源录入系统，实现了办公自动化；与国家图书馆签署联合编目协议，实现资源共建共享，大大提高了工作效率。

2009年，岳西县图书馆成立全国文化信息资源共享工程岳西支中心，新建电子阅览室，提供30台计算机供读者使用。宽带接入10Mbps，满足读者上网和馆员办公网络条件；开通图书馆官方网站，即时发布各类信息，拓展了图书馆宣传渠道，帮助读者掌握图书馆工作动态。

2010年，岳西县图书馆着手古籍和地方文献的征集、保护工作，截至2012年底，图书馆征集古籍1000多册，其中400多册被登记到县古籍名录；地方文献800多册，是研究我县历史、社会、人文等知识的重要资料。

读者服务工作

自2011年实施免费开放以来，岳西县图书馆全年365天免费对外开放，每周开馆56小时。2009—2012年，有效持证读者1483人。

坚守阵地服务的同时，积极开展丰富多彩的馆内外活动。2009—2012年，共展出图书馆工作人员职业道德、新书简讯、服务项目介绍等展板近百余块，庆祝建党九十周年及迎接党的十八大"光辉的历程""永远的丰碑"等挂图350余幅，发放宣传单17500余份，展出新书、杂志等1600余种，接受宣传群众达2.8万余人次。帮助偏远乡镇、武警中队、看守所、人武部、学校、金融部门及社区创建了图书室并上门辅导业务，成立流动图书服务点9个。与县妇联、学校、协会、媒体等单位联合举办多种形式的读书征文、演讲比赛活动，并结合民生工程"农家书屋"开展演讲比赛、送图书、送科技知识下乡活动达120余次，利用文化共享工程设备技术平台，举办社会主义新农村建设专题讲座30余场，放映优秀电影200余场次，参与人数3.7万余人次；作为我馆的传统品牌活动，我馆把每届公益讲座和流动图书服务活动开展的有声有色，近年来充分利用重大的传统节假日，开展一系列主题送文化活动达40余次。共送书下乡11067余册，送书上门11220余册。

协作协调

结合自身工作要求，不断将服务延伸至村村落落，千家万户。2007年开始承担农家书屋的具体实施工作，全县共计建有260个农家书屋；建成12家乡镇公共电子阅览室。初步形成图书馆、农家书屋、乡镇公共电子阅览室服务网络。坚持经常性、制度化地组织馆内业务骨干，巡回在各网点间开展图书分类编目、计算机技术等图书管理业务指导，促进了各网点的业务建设。

2010年11月，安徽省图书馆起草《安徽省公共图书馆地方文献工作协调方案》，与省馆共同签署了《地方文献工作协调委员会章程》；2011年4月，我馆作为安庆市区域图书馆馆际合作成员单位，参与了《区域图书馆文献资源共享服务合作协议》的签订，并积极落实协议的成员权利与义务等相关条款。

范并思教授讲座

在消防大队设立流动图书服务点

成人阅览室

电子阅览室

举办“崇德倡廉”老年书画展

管理与表彰

岳西县图书馆实行法人代表责任制，负责图书馆的人、财、物、日常管理及服务工作，各项管理制度、岗位职责、相关应急预案齐全。年度有结合馆情实际的年度工作计划年终有工作总结；财务管理上，年前进行预算、年底对财务收支情况予以通报，通过财务管理软件，严格的财务监督，保障了财会制度的执行力，大额资金的设备采购均通过政府采购中心，公开招投标；人事管理上，我馆坚持按需设岗、按岗聘用、竞争上岗，实行全员岗位责任制，并将年度工作的考核与职工绩效工资的发放挂钩，有效地推进了人、事、工作绩效的目标管理。

自图书馆建立以来，共获得各种表彰、奖励25次，其中，国家级奖励6次，省级奖励2次，县级奖励4次，个人及其他奖励13次。

馆领导介绍

万岳霞，女，1967年3月生，大专学历，中共党员，中级职称，馆长。

曹训武，男，1962年10月生，中专学历，中共党员，助理级职称，副馆长，受过系统的图书馆学培训。

未来展望

岳西县图书馆将以“改革、创新、发展”为方向，以提高读者利用率为目标，不断创新服务模式，改变办馆思路。未来的几年里，图书馆将新建一座建筑面积为7000平方米的新馆舍，增设科室和读者活动区域，添购纸质馆藏图书和电子资源，力争在第六次全国公共图书馆评估中达到一级图书馆的标准。

联系方式

地　址：安徽省安庆市岳西县天堂镇前进南路5号
邮　编：246600
联系人：张惠群

黄山市徽州区图书馆

概述

黄山市徽州区图书馆于1997年元月批准立项，1999年5月，徽州区图书馆正式开馆，馆址几经变迁，于2011年7月搬迁至新建文化大楼二楼（徽州区环城北路31号），占地面积10亩，建筑面积3600平方米、馆内设有办公室、采编室、藏书借阅室、馆长室、阅览室、电子阅览室、多功能厅等，阅览室内供读者使用的座位数242个；少儿阅览室可供少儿读者使用的座位数50个。并且配备了相对先进的图书借阅设备及辅助设备：读者触摸查询一体机、数码检测仪、磁条充消敏仪、图书专用借阅电脑等。2013年，参加第五次全国公共图书馆评估，首次获得二级图书馆。

业务建设

截止2012年底，徽州区图书馆总藏量46.5万册（件），其中，纸质文献6.43万册（件），电子图书40.7万册。区支中心拥有终端计算机38台，读者用机30台，工作人员用机8台；服务器3台、存储24TB、VPN、防火墙及三层交换机1台、网络lOOM接入；有业务管理系统，全部实现自动化。

2011年7月从黄山市新华书店采购4771册图书，（计价141222.00元）、2012年7月从北京卓雅图书公司采购图书8182册（计价196369.60元）、2012年11月安徽省文化厅投入15万元为本馆配备图书。

读者服务工作

2011年7开始我馆公共空间设施场地免费开放，基本服务项目健全并免费开放：普通服务：周六、周日正常开馆，每周开馆时间不低于56小时；书刊文献开架比例100%。

馆藏利用情况：馆藏书刊文献年外借率70%，书刊文献年外借10万册次；馆外流动服务点(含流动图书车、自助图书馆)书刊借阅69000册次／年；人均年到馆次数25次／人；通过专栏、电子显示频、网站等进行书刊宣传。

政府公开信息服务：2012年作为政务公开查阅点，为政府机关决策服务、为本地区重点教育、科研和企事业单位服务，以及为社会公众提供专题服务等。针对残疾人、进城务工人员、未成年人、老年人开展了各类培训、阅读活动；建立了徽州区图书馆网站；社会教育活动：讲座、培训等活动18次／年、展览5次／年、阅读推广活动6次／年；每万人年平均参与活动次数3次。

图书馆服务宣传：开展了服务宣传周、全民读书月、世界图书与版权日、媒体宣传等工作。

协作协调

积极参与上级图书馆组织的协作协调工作：参与了本地区图书馆联合编目、馆际互借、总分馆体系建设以及其他各类业务合作活动。

本地区图书馆服务网络建设：在本地区建立了完整的服务网络，2012年实现了服务网络全覆盖。本地区街道、乡镇、社区、村图书馆参与服务网络建设的比例占100%；分馆全部实现通借通还、分馆书刊文献借阅册次年均750次。

基层业务辅导工作：辅导工作有计划、总结，对本地区公共图书馆的业务进行统计分析，对本地区基层图书馆自动化管理进行指导，业务辅导活动数量年均每人30次以上；基层业务培训工作：有计划、总结和反馈材料。

管理与表彰

评估以来历年的年度计划齐全；财务管理到位；人事管理完善；吸纳志愿者参与图书馆工作，对其进行科学管理；设备、物资管理制度完善；档案管理完善；统计齐全、统计有分析报告；环境与安全管理：阅读学习设施配备较好，并及时进行维护；环境整洁、美观、安静；馆内标牌规范；节能减排措施到位。

安全保卫工作：图书馆图书设备、数据及网络安全，消防设备齐全。

馆领导介绍

汪向阳，男，1955年9月生同，高中学历，中共党员，馆长。1979年8月参加工作，1999年以来历任徽州区文化图书馆馆长。

未来展望

徽州区图书馆利用图书馆资源，增强全社会对图书馆的意识，提高公共图书馆服务质量和社会影响力，以“文化强国——图书馆的责任与使命”、“推进公共图书馆服务规范化”等为主题，积极开展各项活动，为提高全民文化素质，构建和谐社会提供有效的智力支持。

联系方式

地　址：徽州区环城北路31号
邮　编：245900
联系人：汪向阳

农家书屋管理员培训会

给书屋管理员讲解图书著录知识

徽州文化大楼

宣城市宣州区图书馆

概述

宣城县图书馆始建于共和国建国初期，位于现宣州区民生路三眼井地段，和当年县文化馆合并一幢楼办公。1984年撤县设市，改名为宣州市图书馆。1986年宣州市图书馆，在现宣州区护城坊（宣州区老干局院内）建新馆，占地面积1700多平方米。2000年撤地设市，宣州市改名为宣州区，宣州市图书馆随之上挂大市（宣城市）。2009年9月，在区委、区政府高度重视下，经过多方面努力，成立了宣州区图书馆。宣州区图书馆位于宣州区南市路老五小院内，馆舍为原五小一幢三层教学楼，建筑面积：1854平方米。现有在岗人员8人，负责人1人。馆设科室：办公室、借阅室、阅览室、少年儿童阅览室、电子阅览室、学术报告厅、自修室、会议室、采编室等。

业务建设

2009年开馆以来，相继开放了借阅室、阅览室、少年儿童阅览室、电子阅览室、自修室、学术报告厅等。区政府每年拨付15万元资金购置新书，截止2012年底，馆藏各类书书籍31052册。2012年拨付1万6千多元订阅报纸42种，刊物45种，共计87种。电子文献200多种。硬件实施，阅览坐席80个；少儿阅览室坐席20个；学术报告厅坐席100个；电脑25台，电子阅览室23台，借阅室借阅操作1台，少儿阅览室借阅操作1台；宽带（Mbps）2个，10M光纤1个，普通宽带1个；32（TB）设备1台；借阅操作管理系统1套；借阅电子安全防盗设备2套。

读者服务工作

自2009年开馆以来，我馆实行全年365天天天对外免费开放。2012年全年共接待读者152331人次，其中，办借阅卡1000张；来馆阅读39675人次；读者借阅24504人次；借阅、电子阅读87646册；举办一次少年儿童读书活动，参加人数200人次；举办少儿兴趣班多期，人数达3000人次；举办一次摄影展，人数达1000人次。

业务研究、辅导、协作协调

为提高宣城地区文献资源保障能力，可获知能力、可获得能力，促进本地区经济、文化、教育、科技全面协调发展。2012年4月宣城市图书馆与我馆签订了《宣城地区图书馆服务网络建设规划协议》。目的在于通过服务、信息、资源等方面的共建共享，实现授权数字资源的共享、逐步实现区域内读者通借通还，举办大规模的阅读推介活动，共同探索、协作完成更多可行的惠民举措。

2012年在主管局主持下，我馆与辖区内18个乡镇综合文化服务站，218家农家书屋建立了业务联系，利用网络QQ群来探讨公共文化服务心得和业务交流，帮助他们解决借阅和管理过程中出现的问题，联合组织开展了一次少年儿童读书活动。积极参与辖区内农家书屋，文化资源信息共享工程建设。

管理工作

宣州区图书馆建馆时间不长，一切都是从零开始。首先，我们向宣城市图书馆学习请教，设立科室部门，建立各项规章制度，设定各科室工作日志，划定卫生责任区。要求工作人员必须严格遵守执行图书馆各项规章制度。当班人员上班第一件事，打扫划定卫生责任区卫生，整理好科室内务，下班后要认真填写各科室工作日志。季度考核，根据制度执行情况与工作人员绩效工资挂钩，实行奖惩。

馆领导介绍

李建平，男，1959年10月生，大专学历，中共党员，政工师，宣州区图书馆负责人，党支部书记。1976年1月参加工作，1997年至2009年担任宣州区宛陵影剧院副经理，党支部书记。

未来展望

随着宣州区城市建设不断发展，人口不断增多，人们对文化生活的需求，对知识的渴望越来越强力。这就要求我们不能停留在现有基础上，要有科学、发展的眼光来建设、管理好宣州区图书馆。一要加强图书馆自身建设，来满足读者需求。每年新增书籍不低于1万册，五年内馆藏书量达到10万册；增设地方志、本土作家专架；不断拓展图书馆教育和信息的功能，完善书籍门类，电子阅览室阅读功能，增加电脑50台；加大资金投入改善和优化服务环境，给读者提供一个优雅洁净舒适的读书学习环境。二要不断扩展业务范围，提高服务质量和水平，来方便和服务好读者。根据宣州区区域规划，五年内逐步在各街道办事处增设借阅服务网点，来方便读者。通过自学，业务培训，引进人才等方式，来提升业务能力和水平，五年内争取馆内职工大专以上学历人数占职工总人数比例60%。三要加强与基层综合文化服务站、农家书屋交流与联系，来共同提升宣州区文化服务能力和水平。建立和完善一个能上下联动，相互学习，相互借鉴，取长补短的良好运行机制。相信通过坚持不懈的努力，宣州区图书馆必将会成为宣州区精神文明建设的重要基地，成为市民读书学习、文化、科技、教育、信息、服务和交流的中心，成为市民终身受教育的学校，将会为我区经济建设和社会发展发挥更加重要的作用。

联系方式

地　址：宣城市宣州区南市路老五小院内
邮　编：242000
联系人：李建平

祁门县图书馆

概述

祁门县位安徽省最南端，与江西省毗邻，全县面积2257.73平方公里，人口18.7万人，是一个偏远的山区小县。县图书馆于1978年设立，初建馆舍360平方米，藏书1万余册。当时本着“少花钱，办好事”的原则，馆舍造价仅1.9万元，馆舍狭小，馆内业务难以开展。进入21世纪以来，随着经济建设的飞速发展，人们对新知识的渴求日甚一日，旧馆已很难适应发展的需要。在县委、政府及上级业务主管部门关怀、支持下，以及县文化局的指导下，我馆积极筹措资金，建立新馆。2007年元月，迁入新馆，更新设备，增添新书。增设新的服务项目，进一步完善各项规章制度，整个馆容馆貌焕然一新。新馆舍1200平方米，分设一般阅览室、少儿阅览室、电子阅览室、采编室、外借处、典藏室、书库、多功能厅及办公室等。一般阅览室设座席100个，少儿阅览室座席60个。电子阅览室设座席40个，全馆拥有计算机45台，并有专线接入，与社会网络通联，其中，可供读者和工作人员正常使用的计算机39台；其中33台存放电子阅朗室31台用于读者正常的使用2台用于管理，1台存放阅览室用于正常的借阅，2台少儿阅览室用于正常的借阅，2台采编室用于图书的整理和采编，3台办公室用于正常办公。图书馆宽带为100兆速度的互联网宽带接入，接入方式为LAN专线。专用储存设备容量为14TB。

业务建设

截止2012年底，祁门县图书馆文献总藏量8万，各类图书年入藏量2543册，其中受捐赠3000余册，余为馆内购置；报刊年入藏量240种，均为馆内订购；可供读者利用的电子文献500种，其中包含电子图书，调拨，受捐赠等；成套电子文献有13套，查重后数量为104，试听文献年入藏量为30件。本馆建立完整的电子文献资源。地方文献征集有方案，有目标，有书目；征集后有专柜储藏，并列有专门目录，专人管理。

本馆自1999年以来，图书全部依照《中图法》（第四版）进行分类标引；依照《普通图书著录规则》进行著录。由于方法科学，工作人员认真，图书标引及著录误差均在2%以下，书标、登录号、馆藏章等规范、统一、整齐、美观。

目录设置、组织、管理：本馆目录设置，图书设有分类、题名目录；期刊设有刊名目录；报纸设有报名目录。随着计算机的引进，馆内书、报、刊全部设有机读目录。目录组织误差率均为2%以下。

自动化、网络化建设：本馆采编、流通及书目检索等工作全部进入微机，实行自动化管理，并参与地区联网服务，互通有无。馆内局域网，系统运行正常。

本馆图书以闭架、开架两类排列，自查闭架排架误差小于0.5%，开架排架误差小于2%。文献保护制定有规章制度，书库有防火、防盗、防虫、防尘、防潮等措施，并配有防盗仪、消防器材及樟脑丸和灭虫药剂等。书库书架排列合理规范、库内整洁无尘。图书自然破损随时修补，尽量杜绝残破图书出门。

文化资源共享工程入驻祁门，为适应需要，我馆依据本县实际制定了合理可行的建设规划本馆按CNMARC格式将建馆以来的馆藏中文普通图书做成机读目录，实行馆藏中文图书书目数字化达80%以上。建有地方文献题数据库，并能随时提供使用。

读书服务工作

本馆馆藏各类图书资料全部免费为读者服务。公共空间设施场地免费开放。基本服务项目健全并免费开放。2009年–2012年本馆年外借图书3.6万余册次，年流通总人次为7.9万人次。开架（含半开架）书刊册数占总藏量85%。本馆利用各种手段在馆内外开展书刊宣传，其中馆外宣传500余种，馆内宣传橱窗每期可向读者介绍5种左右书刊，已出至77期。本馆全年对外开放，周一和节假日轮休，每天开放时间9小时，其中上午8点–12点，下午1点–6点。每周开放时间60小时，另在馆外设服务点6个，本馆因地势偏高，未能为残疾人设专用通道，然为老年读者设有专席，并优先为弱势群体提供服务。图书馆与祁门警察武装部队、祁门县看守所、祁门县人武部、祁门县第二汽车营等多家单位建立了馆外流通服务点，2012年流通书籍达5千册以上。

业务研究、辅导、协作协调

信息服务：祁门县历来森林资源丰富、生态和谐，且因曾国藩于清咸丰间驻节祁门，在中国近代史上占有一席之地，县领导非常注意开发利用祁门这些优势。同时图书馆为县委、县政府四大班子领导提供了馆典藏室的书目，如：《曾国藩全集》、《毛泽东点评二十四史》、《探索世界未解之谜》等一些优秀系列丛书，以便县领导决策时参考。为重修《祁门县志》提供相关资料。针对祁门山区特点，选辑农村实用技术汇编，为县农村各类专业户提供书面技术支撑。为县内社会大众提供参考书籍，以便他们撰写文章时参考。

图书馆网站建设与服务：本馆网站也已经开通，并有专门技术人员对程序进行维护、更新，系统运行正常。

开展协作协调、资源共建共享：本馆分别与省馆及本市兄

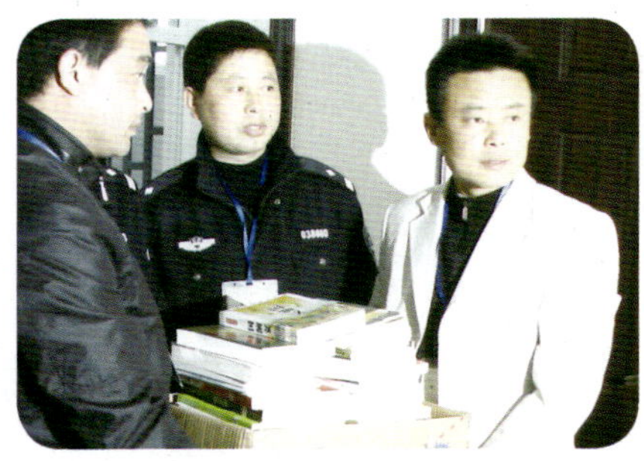

“献爱心、进高墙”活动

图书宣传周

开展大型海洋生物科普展

借阅室

少儿阅览室

文化志愿者指导老年读者上网查阅

弟馆签有馆际互借协议书，与省馆、歙县、黟县、黄山区馆等开展互借，实现资源共享。分别前往黟县、歙县、黄山区等兄弟馆交流取经。

业务辅导：本馆于2009年—2012年分别上门对城区社区以及对老干局、武警中队、福利院图书室进行业务辅导，为基层图书馆自动化管理提供指导，受训人员计为173人。累计为基层图书馆（室）进行业务辅导为11次。全县乡（镇）、街道图书室24所，覆盖率为100%，社区（祁门社区即街道）、村图书室（含农家书屋）158所，覆盖率为100%。全县共有基层图书馆（室）176所，共计有藏书26.4万册。本馆自2010年以来，先后对基层图书馆（室）进行业务培训9次，参加人员为347人。

管理工作

财务管理：本馆财务有管理制度，经费由县统管，年初有预算，大型采购归其采购中心，竞标采购，正常业务所需，由采购人员采购，凭原始发票经单位领导审核签字，报县会计中心审核（会计中心为全县财务审核监督机构），馆财务人员再按规定分科目入账。

人事管理：实行岗位设置管理，按需设岗，按岗聘用。各岗均实行责任制，目标管理，绩效与年终将挂钩，调动了全馆人员积极性。

设备、物资管理：设备、物资有管理制度，有资产有登记清单和存放地点，随所在室使用人员使用管理，馆行政人员负责保管。多年来，馆内固有资产除因自然损耗外，无丢失、盗窃及其它责任性损毁。

档案管理：本馆档案健全、归档及时、装订整齐、保管得当、资料详实、目录清晰、查阅方便。

统计工作：本馆各类统计工作齐全，归档准确，且有统计分析报告，为图书馆工作开展提供数据依据。

消防、保卫：本馆夜间有专人保卫，层楼配有合格有效的消防器材，30年来无火灾事故。

表彰、奖励情况

周群同志被评为2011年“优秀共产党员”称号，彭江琪同志被评为2012年“优秀共产党员”称号，我馆在2011年农家书屋演讲比赛中荣获第二名。图书馆代表文广新局参加县“迎七一”“庆端午”趣味运动会荣获第二名，2012年庆三八登山比赛中，戴亚、查琪同志分别获得第二、第三名，戴亚、查琪同志荣获2012年黄山市农家书屋演讲比赛优秀奖等。

馆领导介绍

彭江琪，男，1970年3月出生，本科学历，中共党员，八级职员，副馆长。1990年12月参加工作，2000年祁门县图书馆副馆长，2003年历任历口镇范家村村支部书记，多次被评为县优秀共产党员。

未来展望

为了加快祁门县图书馆数字化建设，尽早实现数字化图书馆这个目标。馆在2009年就建立了图书馆网站和文化信息资源发布平台，为更好地为读者提供资源服务，满足图书馆的信息化建设需求，祁门县支中心2012年又对文化共享工程服务器和网站进行扩容升级，增加了8TB的磁盘阵列、2台交换机和upn等设备，同时新增了40万册电子图书和3000多种电子期刊资源，并购置了共享工程管理软件，实现了全县18个乡镇公共电子阅览室与文化共享工程国家中心、省中心和祁门县支中心的上传下达及资源共建共享服务，充分利用文化共享工程传播平台和网站，全力做好祁门县文化信息资源服务。祁门县图书馆将以崭新的姿态迎接新的挑战。在今后的工作中，将与时俱进，不断完善检索系统，加强参考咨询服务，整合特色资源，拓展服务领域，最大限度地发掘和利用特藏文献资源，逐步形成具有地方特色的服务模式和服务品牌。在不断强化自身综合实力的同时，通过努力达到一级图书馆的基本标准。

联系方式

地　址：黄山市祁门县文化活动中心1楼
邮　编：245600
联系人：戴　亚

暑期免费美术培训班

放映电影

送图书下乡

舒城县图书馆

概述

舒城县图书馆始建于1959年，初为文、博、图三家合署办公。1979年1月正式划开单独建馆，地点位于县城文化广场，馆舍面积148平方米。1983年由省文化厅扶持、县政府拨款原地兴建一座四层八间、总面积1500平方米的图书馆大楼。2002年11月因县城文化广场改造被拆迁。2004年9月拆迁房建成后原面积返还，座落于县城文化广场文化综合楼内三、四两层，建筑面积1500平方米，内设图书外借室、成人阅览室、少儿阅览室、电子文献阅览室、采编室、参考咨询室、书库（资料室）、多功能活动室等。设计藏书容量15万册，可容纳读者座位600个。2009年元月共享工程舒城支中心建成使用，电子阅览座席48个，计算机49台，宽带接入10M，选用南京力博图书馆自动化管理系统。

业务建设

截止2013年底，舒城县图书馆总藏量47.5万册，其中纸质图书藏量7.5万册，电子图书藏量40万册（38万种）。

2012年度财政拨款（包括免费开放经费20万元）总额为71万元。2009至2012年，纸质图书年入藏量达2510余种（3370余册），报刊120种，视听文献藏量达2100种。2012年度一次性采购超星电子图书达40万册，龙源电子期刊2600余种。

截止2013年底，舒城县图书馆电子阅览室计算机有49台，服务器存储容量9个TB，馆藏数字资源总量4.5个TB，其中数字文化工程资源量0.5TB，外购数字资源4TB。舒城县图书馆有二套目录，一套为卡片目录，一套为机读目录，安排专人管理，提供查目辅导。文献采用《中图法》（第五版）和计算机联合分类编目，图书文献到馆25天内完成编目上架工作。

截止2012年底，共享工程舒城支中心设备总投入71万余元，每年运行经费4万元，建成共享工程服务网站1个，公共电子阅览室1个（100平方米，电脑46台），多媒体室1个（66平方米），主控机房1个（15平方米），机房内装有服务器6台，交换机3台，现有兼职人员2人。公共电子阅览室设置了未成年人和成年人上网服务区，面向社会免费开放，开展方便老年人、农民工、未成年人上网服务工作，日均资源传输量达1.2GB左右，音视频资源的传输下载初步实现。

2009至2010年底，全县共建成393个共享工程村级服务点，每个村服务点配送1台投影仪、1个投影幕、2个功放音箱。每个村信息终端接收点外接电信网络。2012年9月建成乡镇公共电子阅览室16个，总投入81万元，并配备10台终端计算机、1台服务器、1台中央控制台交换机、4个存储杀毒软件等价值5万元的设备，配备了工作人员、制订了工作制度、接通了宽带网，现已免费开放。通过视频点击县支中心网站可接收共享工程信息资源，阅读县图书馆电子图书。

读者服务工作

从2011年6月起，舒城县图书馆所有的公共空间设施场所（图书外借、成人、少儿、电子阅览室、多功能厅）等全部免费开放，所有的公共文献资源、文献检索免费提供，实行无障碍、零门槛进入。全年365天天天对外免费开放，每周开放56小时。以县城为中心服务半径达20余公里（南至舒茶、春秋，北至张母桥，东至千人桥、杭埠，西至干镇、万佛湖方向），读者阅读人次逐年增加。2010－2012年发展持证读者累计人数达1735个，图书外借读者为36700余人次，外借册次为43600册，全年图书馆各室免费开放合计接待读者为51600余人次。经测算：每人平均一年到馆29次，书刊外借率达70%左右，读者满意率达95%以上。

自2001年至今，已剪贴、编印《决策参考》、科技信息两刊计161期，每两个月一期，每期两刊合计300份，全部免费分送本县党政机关、农村科技用户，受到政府领导的肯定和用户的欢迎。

自2009年以来，每年举办营养与保健、农业科普知识讲座、地方名人讲座、读书心得交流会、少儿故事演讲比赛、小学生作文培训、夕阳红老年人电脑培训、少儿读书有奖猜谜等活动，累计达13次，平均每次参加活动人员为60－90余人次。每年举办庆祝"五一"、"七一"、国庆图片宣传展3次，暑期少儿读书夏令营活动1次，每次45天。各项活动每年接待参加人数累计达25100余人次。

2011－2012年，舒城县图书馆与县老年大学联合举办老年人计算机知识培训班，每年2期，每次培训时间15天，培训人员45人，合计培训人员90人。每年举办老年人书画艺术作品展出活动1次，展出作品76幅，展出时间3－4个月，观展人数达3600余人。与社区老年人和残疾人建立借书预约、免费送书上门服务，安排5位同志每人联系2－4人，每人每月上门送书一次，每次5－10本，全年合计送书1575本。

2011年，舒城县图书馆为庆祝建党90周年，举办了以"知党、爱党、做党的好孩子"为主题的留守儿童故事演讲比赛活动。深入城关社区开展《光辉的历程》中国共产党历史成就和优秀共产党员精品图片流动展出活动。与农业科技、卫生等单位联合在农贸市场向群众免费发放农业科技、卫生保健实用知识，放映共享工程光盘关于种植、养殖方面宣传资料，现场接受咨询，解决实际问题。

业务研究、辅导、协作 协调

舒城县图书馆每年参加省馆组织的学会年会和各项业务合作活动1－3次，尤其2011年度为庆祝建党90周年，我馆与省馆合作举办四项活动，其中"红色书籍阅读征文比赛活动"获得少儿组一等奖。自共享工程支中心网络开通后，舒城县图书馆参与省馆图书联合编目，新购的图书全部通过本馆安装的力博图书分编系统，点击仿照省馆、南京大学图书馆图书编目数据完成图书分类编目工作。自2009年以来，舒城县图书馆与全县乡镇文化站、农家书屋建立了业务辅导关系，采用派人下乡与电话预约相结合的办法，帮助基层服务点解决图书馆业务方面需要解决的问题。平均每年下乡宣传辅导5－7次，接待电话咨询预约业务辅导每月7－9次，每年达96余次。前往基层龙塔、春秋苑社区、幸福村、舒茶石塘村、高峰敬亭小学、杭埠中心学校等帮助辅导分编图书合计11000余册（其中为杭埠中心学校一次性分编图书8500册）。

自2008－2012年，舒城县图书馆与县文广新局合作举办农家书屋管理人员业务培训班5次，培训人员达405人。

截止2013年底，舒城县图书馆在乡村发展建立图书阅读基层服务点7个，每个点每半年上门换书一次，每次送书三至五百册。

管理工作

馆内现有编制10人，在职人员8人（其中馆员3人，助馆4人），本科学历3人，大专学历4人，中专学历1人。

2010年，舒城县图书馆建立健全单位岗位设置管理、人员聘用和公开招聘管理制度，引入公平竞争机制，整合人才资源，实现了事业单位由身份管理向岗位管理的转变，由固定用人向合同用人的转变。

财务管理制度健全，会计、出纳职责明确，现金支付帐款相符，会计每月一报帐，来往帐目清楚。国有资产进出有登记，专人保管，妥善安全。人事档案每年归档立卷，每卷有目录，装订整齐，方便查询。

读者阅读环境整洁、美观、安静，阅读场所窗明几净，阅览桌椅摆放整齐，地面干净卫生，各种标牌规范，设备维护良好，财产安全，装有防盗监控，配有专人看护保卫。每年县公安消防、安全管理检查符合要求。

表彰情况

2010年11月在全省文明县城创建工作中，省文明县城暗访组和县文明委暗访考评检查通报表扬"我县图书馆藏书多、管理好，图书借阅规范、面广"。2005、2010、2011年，安徽电视台第一时间连续三年正面采访宣传报道了我县图书馆事业的发展与变化，受到县文化主管部门的认可和社会大众的好评。

2012－2013年度全县目标绩效考核和发展环境暨政风行风民主测评中，被评为"优秀股室"，受到县委县政府的通报表彰，并颁发了奖牌。

馆领导介绍

杨良春，男，1955年2月生，大专学历，中共党员，馆员，1978年12月参加工作，在本县龙河文化站上班，1984年调原县文化局工作，1987年6月调县图书馆担任副馆长，2004年8月由原县人事局任命为县图书馆馆长。2005－2007年连续三年荣获单位个人工作优秀。

孙长明，男，1964年9月生，大专学历，中共党员，助理馆员，副馆长，1983年11月参加工作，1986年6月至舒城县图书馆工作，先后在图书外借处、采编室、电子阅览室、共享工程、参考咨询室工作。2003年，12月被任命为舒城县图书馆副馆长，分管全馆业务工作。2002－2004年连续三年在县机关事业单位年度考核中被评为优秀。

未来展望

为适应时代发展，单独新建一座面积为5000平方米的图书馆大楼，总投资2000万元，藏书量20万册，可容纳读者座位1000个，年服务人次可达20万人次以上。此项工程已纳入舒城县"十二五"建设规划。新馆建成后，将以优美的环境、丰富的馆藏、完善的现代设施，为舒城广大群众"共享精神财富"，满足广大群众基本文化需求创造极为便利的条件。尤其是文化信息共享工程以丰富的数字文化信息资源，通过现代网络技术在全县城乡远程移动服务，定能适应时代要求，满足人民群众愿望，对进一步提高人民群众思想道德素质和科学文化水平，将会起着不可估量的作用。

金寨县图书馆

概述

安徽省金寨图书馆初创于1950年，原是金寨县文化馆内设的图书室，1963年设立金寨县图书馆。隶属于金寨县文教局馆管理，文革中的1968年并入毛泽东思想宣传站，1972年再次并入金寨县文化馆。1979年从文化馆分出，设立独立建制的图书馆。馆舍面积仅仅275平方米。2011年11月，位于金寨县梅山镇新城区江环北路的文化中心建成，金寨县图书馆新馆迁入文化中心2、3、4层，并于2012年3月15日正式向读者免费开放。新馆馆舍面积1510平方米，拥有阅览坐席124个，计算机38台，光纤宽带接入10Mbps，选用力博图书馆自动化管理系统。

业务建设

截止2014年底，金寨县图书馆总载量71.2万册（件），其中，纸质文献30.5万册（件），电子图书40万册，电子期刊0.6万种/册，电子报纸1000种。

2009、2010年，金寨县图书馆新增藏量购置费3万元/年，2011年起增至6万元/年。2012年为新馆开馆，财政增拨新增藏量购置费12万元，2012年新增藏量为纸质图书0.5万册，电子图书40万，电子期刊0.6万种，纸质报刊190种。

金寨县图书馆数字资源总量为6TB，其中电子图书4TB，视频和期刊资源2TB。另有远程包库数字资源《超星汇雅电子书》、《博看电子期刊》、《龙源电子期刊》，同时，通过VPN技术链接省图书馆，利用其部分数字资源。

文化信息共享工程金寨县支中心与金寨县图书馆新馆同时建成并对外免费开放，馆内实现了无线网络覆盖。县级支中心，负责实施全县共享工程的建设、管理、指导工作，投入68万元用于支中心建设，设备按照部颁标准全部达标，县级财政将共享工程运行经费纳入预算，23个乡镇和231个行政村建立了共享工程基层服务点，达到100%。并为村级服务点统一制作了标牌和制度牌，广泛开展了共享工程服务活动。在公共电子阅览室建设工程，我馆公共电子阅览室设施达标，免费开放，数字资源总量达到1.5TB，建立了县级公共电子阅览室管理平台，通过VPN上联省馆，实现资源共享。同时和乡镇公共电子阅览室实现资源共享，并对其进行管理和监控。

2013年起在全省率先实施公共图书服务一体化建设试点工作，县级财政每年投入公共图书馆服务一体化专项资金150万元，为乡镇分馆统一配送了书架等设备、采购了业务管理软件，建立了统一的图书馆业务管理平台，所有图书统一采购、编目、加工，全县范围内实现了通借通还。2013年采购了新书9万多册，2014年采购新书10万册，每个乡镇分馆每年新增图书800册，每个农家书屋每年流转图书2次，每次200册。县总馆负责采购、分配图书，各乡镇分馆负责本馆开放和区域内农家书屋图书流转工作。

2014年在老城区改造原档案馆旧址，设立梅山分馆，在保障正常读者借阅需求的同时，为保障残障人阅览需求，建立了盲人阅览室，购置盲人图书100册、盲人有声光盘100张，配备手持式电子助视器1台、多功能便携式电子助视器1台、电脑2台。

读者服务工作

从2008年10月起，金寨县图书馆位于老城区275平方米的馆舍被拆迁后，图书馆的各项读者服务工作基本停止。因此，金寨县图书馆也没有参加第四次全国公共图书馆评估定级。2012年3月15日新馆经过紧张筹备正式对外免费开放，新馆设有综合借书室、报刊阅览室、参考咨询辅导室，报告厅等8个对外服务窗口，每周开放56小时，书刊文献开架比例达到85%以上，纸质书刊外借率达50%，年外借书刊达5万册次，年新增持证读者500个以上。原实施的儿童流动图书馆项目，27个网点的图书仍在网点流通，持证读者年到馆达20人次/年，设立了专门的参考咨询辅导室，为重点读者增加借阅权限，在农业专业合作社设立共享工程服务点，为重点单位提供数字资源使用快捷通道，对金寨馆的专家和本地作者的文献进行跟踪和二次文献加工；积极为特殊读者服务；在事业单位、学校、企业建立流动图书服务点；利用流动图书服务车在全县范围内开展流动图书服务活动；举办征文、演讲比赛，开展阅读推广活动。对残疾人办证全免押金，农民工进图书馆一视同仁，未成年人服务设有独立的儿童阅览室，借书室和电子阅览室儿童上网专区，为老年人服务提供特别帮助。

金寨县图书馆网站于2012年元月上线，建设规划重点是数字图书馆服务和网上服务，本馆采购的超量电子图书40万册（本地镜像）和远程包库的数字资源《龙源电子期刊》，《博看电子期刊》、《汇雅电子书》、《墨香数字报纸数据库》等不仅可以馆内使用，网站年点击达到3.5万次以上，深受读者喜爱。

业务研究、辅导、协作协调

2009-2012年，金寨县图书馆职工发表论文6篇，其中2010年参加中国图书馆学会主办的第三届“百县馆长论坛”论文获得征文一等奖，2011年参加安徽省社科联学术年会，获得论文三等奖。

金寨县图书馆作为安徽省图书馆学会理事馆，积极参加学会的各项活动，并在2011年牵头发起县级公共图书馆数字资源联采，全省30多个县级图书馆成功联采超星电子图书，每馆采购量达40万册。

金寨县图书馆积极承担乡镇综合文化站共享工程，公共电子阅览室、图书室和社区、村农家书屋的业务辅导。

管理工作

金寨县图书馆原有编制7个，2013年，县编委会为图书馆增加事业单位编制5个，编制数达到12个，目前在岗人员7人。本馆7名专业技术人员全部聘任上岗，其中聘任副研究馆员1人，馆员4人，助理馆员2人，同时，配合新馆开馆，重新修订了业务、财务、人事、设备、档案、统计、安全保卫等各项规章制度，建立健全了工作量化考核指标体系，并将制度上墙。

表彰、奖励情况

近年，金寨县馆获得中国图书馆学会论文奖1次，安徽省社科奖1次，省级学会论文奖4次，省图书馆学会表彰优秀会员1次，市文化主管部门表彰先进集体1次，市级先进工作者1人次，县级考核优秀5人次。

馆领导介绍

吴建国，男，1955年生，大学专科学历，副研究馆员，1973年6月参加工作，曾在金寨县广播电视局、金寨县文化馆工作，1990年调入金寨县图书馆工作，任金寨县图书馆副馆长，1996年任馆长，系中国图书馆学会会员，安徽省图书馆学会第五、六、七届理事会理事，2014年8月辞去馆长职务。1993年曾被评为全国“红读”活动优秀辅导员。3次参加中国图书馆学会举办的“百县馆长论坛”，2次获得征文一等奖，1次入选优秀案例。其中《尴尬的图书馆与图书馆的尴尬——安徽省六安市公共图书馆的调查与思考》在业界引起一定的关注，撰写的论文《论县级公共图书馆在农家书屋建设》被安徽省社科联选编作为内参供省领导参阅并引起重视，促成了安徽省农村公共图书服务一体化工作在金寨县进行试点。

王翠平，女，1958年10月生，中共党员，馆员职称，1976年参加工作，1984年调入金寨县图书馆。1997年任副馆长，1999年任金寨县文图（文化馆、文物管理所、图书馆）党支部书记，曾评为六安市文化系统先进工作者，当选为金寨县党代会代表，妇代会代表。2013年6月免去副馆长职务。

史军，男，1978年10月生，中共党员，1994年参加工作，曾在金寨县广播电视局、金寨县文化市场综合执法队工作。2013年7月调入金寨县图书馆任副馆长。

未来展望

金寨县图书馆遵循“科学、效率、创新、发展”的原则，完善单体服务功能，扩大服务辐射区域，带动全县图书馆事业发展，在不断强化自身综合实力的同时，精心组织实施安公共图书服务一体化建设试点工作，构建了以县馆为总馆、23个乡镇文化站综合文化站图书室为分馆、231个村（社区）农家书屋作为服务点的新的公共图书馆服务体系。未来几年，随着金寨县农村公共图书馆服务一体化的实施，金寨县的公共图书馆事业将为群众提供更多更好的服务，被为誉为“红军故乡、将军摇篮”的革命老区将会书香四溢。

霍邱县图书馆

概述

霍邱县图书馆建设起步于1958年，是在县文化馆的基础上设立一图书室。1978年，国家建立县级图书馆，霍邱县把图书馆分离出来，在原文化馆内（文庙）腾出几间房子设为图书馆，面积216㎡，为全额拨款事业单位，编制2人，另年拨2000元购书订报经费。1980年，人员也由2人增至4人，后期增编为7人，购书订报经费增至5000元。2000年，上级拨款，县政府划拨土地选址建设图书馆，建筑面积2000㎡，2002年建成投入使用。馆内设有电子阅览室、借阅室等，图书外借室、综合阅览室、少年儿童阅览室、电子阅览室、文献加工（复印）室、多功能厅；内设阅览座席110个，其中：综合阅览室座席48个，少儿阅览室座席32个，电子阅览室座席30个；计算机40台（含电子阅览室）。多功能厅配备有投影仪、多功能一体机、音响等设备。

在全国公共图书馆第三、四次评估中被评估为国家三级图书馆。2013年，参加全国公共图书馆第五次评估，被评估为国家二级图书馆。

业务建设

目前，该馆藏图书总量在50万册（种）以上（含电子文献），图书的年入藏量在500多种，报刊的年入藏量在120多种。2008年，完成文化信息资源共享工程县级支中心建设；2009年，441个村级文化信息资源共享工程建设点实现与县委组织部党员远程教育中心共享共建；2010年，完成了馆藏图书的计算机编目、录入、加工等工作，为读者提供了优质快捷的信息共享资源、及时查询和各项专题数据库的文献检索等多项文化服务。2011年，开始筹建“数字图书馆”；2012年，图书馆门户网站及“数字图书馆”建成投入运行，存储在本地的数字资源量4个TB以上，馆藏中文文献书目数字化的比例达80%。2012年10月，中心机房安装了县乡公共电子阅览室管理平台软件，实现了与乡镇电子阅览室的资源共享。2013年，增设了霍邱文化展馆，以展示本土悠久的历史、厚重的文化底蕴及人文风情与丰富多彩的文学艺术。

服务工作

2011年6月，霍邱县图书馆实施公共空间、设施场地全部免费开放，服务窗口全年无节假日、每周七天开放不休息，让广大读者“零门槛”进入图书馆。为更好地服务读者，增设了无障碍通道、读者自助存包免费；免费为读者提供饮用水；为老龄读者免费提供老花镜、放大镜；门厅设置免费雨具台；卫生间免费放置厕纸等免费服务项目。

该馆每年都举办2次展览、4次阅读推广活动，在图书馆服务宣传周、世界图书日、版权日上街设点，运用媒体、公示牌、展版、标语等各种宣传渠道向社会及读者进行大力宣传，从而吸引广大群众走进图书馆，利用图书馆，充分发挥图书馆的公共文化服务职能。

协作协调

霍邱县图书馆在做好窗口服务的同时，进一步转变工作职能，实行走出去的方式，并通过“送文化下乡”活动这一形式，对基层文化信息资源共享工程管理员进行现场解疑答惑，以解决他们在实际操作中碰到的技术问题。为“农家书屋”、乡镇综合文化站送去所需图书、期刊、报纸，极大地丰富了基层书屋的藏储量。每年举办4–5次讲座培训活动，定期对全县的“农家书屋”、乡镇综合文化站的图书管理员及文化信息资源共享工程管理员进行培训，向他们传授图书的管理、分类、上架及数字器材使用技术等业务知识。此外，该馆还积极参与对老年大学的学员提供计算机操作辅导，对社区图书室进行业务辅导工作。

在全县32个乡镇公共电子阅览室建设中，该馆积极提供技术力量参与建设，对工程的室内布线安装、软件操作运行等方面进行全方位的帮助，使已建电子阅览室发挥最大惠民效益。

规范管理

该馆在管理上求规范，气氛上求和谐，作风上求垂范，服务上求实效，建立了一支政治强、业务精、作风硬的职工队伍。一是在每年初制定年度工作计划，明确岗位职责，年终有总结，实行目标责任制，量化考核，动态管理，强化了全馆干部职工的事业心和责任感，提高了服务质量。二是围绕业务工作重心，开展馆内业务培训活动，从而提高全馆人员的整体素质。三是聘用保安人员，购置了安防监控、消防器材等设施，加强

参与省图书馆的各项资料的征集、合作工作，与省图书馆，宣城市、颍上县、芜湖县等图书馆开展馆际互借工作；协助省图书馆文化信息资源共享工程省级分中心《红色记忆》、《徽州古民居》、《民间工艺》等专题片摄制组，在我县境内的拍摄任务；派人参加省图书馆、图书学会组织的各种学习培训交流；与省图书馆、省图书馆学会、芜湖市图书馆、芜湖县图书馆、宣城市图书馆、宁国市图书馆、绩溪图书馆、郎溪图书馆、黄山区图书馆、歙县图书馆、太湖图书馆等省内各图书馆均保持业务交流联系。

建立健全各项规章制度，并吸纳志愿者参与图书馆服务工作和公益活动。各项人事档案、业务档案、文化信息资源共享工程档案装订整齐。按时、按质上报各项统计报表。图书馆环境整洁、美观、安静、标牌规范化。安全工作常抓不懈，强调安全重于泰山，聘请1名保安和保洁人员，晚上有专人值班，定时更换灭火器药剂，定时检查消防设备和线路及门、窗等。同时也加强图书数据和网络的安全，多年来均没有发生任何安全事故和被上级通报批评等有损图书馆声誉的事件。

全国文化信息资源共享工程泾县支中心的各项硬件设施建设均按省文化信息资源共享分中心和有关部门下发技术参数要求进行规范操作，且县财政各项配套资金已全部到位，各乡镇配备了专职文化干部，对乡镇文化站长、“农家书屋”管理员和公共电子阅览室管理员进行专业培训。县图书馆常年对乡镇“农家书屋”管理员和11个公共电子阅览室建设进行业务辅导。各乡镇公共电子阅览室和县图书馆数字资源、共享工程进行了链接。按文化部相关要求对电子阅览室信息平台管理规范化，加强对电子阅览室的管理，做到上、下机时间有登记，能有效的为广大市民和农民工以及中小学生服务，并加强对青少年、老年人、农民工的服务力度，关心留守儿童的业余文化生活，使他们也能享受到同城里小朋友一样的服务。丰富多彩的读书活动被凤凰网、新浪网、中青网、中安网、文明网等知名媒体多次报导。

表彰、奖励

2012年被县文明办评为“文明单位”，2013年被县直工委评为“先进基层党组织”。

馆领导介绍

王立群，男，1965年1月生，大专学历，中共党员，馆长，支部书记。1983年10月参加工作，1994年12月任副馆长，2012年8月任泾县图书馆馆长。

儿童读物交换集市活动

卞浩军，男，1961年5月生，大专学历、中共党员、副馆长。1979年10月参加工作。2013年7月任泾县图书馆副馆长。

未来展望

一是倡导全民阅读，大力开展各类全民读书活动，建立文化共享工程发展长效机制，健全工作协调机制。全面推进社区、居民小区、文化站、村委会等图书流动服务点建设。加强基层网络化、数字化建设和专业技术人员的培训；二是大力开展公益性服务，加强对边远农村地区的技术扶持力度，实行数字资源共享，努力把信息共享工程用活、用好；三是始终把为读者服务放在第一位，为广大读者提供信息咨询服务，开展讲座、展览、报告会、读书演讲、竞赛等形式多样的公益文化活动，全面彰显文化惠民、推动全民阅读热潮、传播科学文化知识；四是建一座建筑面积10000㎡的新图书馆，阅览座位1000个，可容纳纸质文献50万册，年服务人次达20万人次以上，数字资料设计存储能力100TB以上，使各项工作达国家一级图书馆标准。

联系方式

地　址：安徽省泾县稼祥中路1号
邮　编：242500
联系人：卞浩军

年度优秀读者座谈会

离退休老干部电脑操作培训

广德县图书馆

概述

广德县图书馆的前身是县文化馆的图书室，1981年从文化馆分离出来正式成立广德县图书馆，办公场所一直延用老图书室的场地，随着图书馆事业的发展，老的馆舍已不能满足图书馆服务功能的需要，2010年在县委、政府的高度重视下，将原政协办公楼交给我馆使用，现在馆舍的面积达到1500平方米，阅览坐席120个，计算机55台，宽带接入10兆，2011年建立力博图书馆自动化管理系统，采编、借阅、阅览管理、业务数据统计等实现自动化管理，2011年7月启用公共电子阅览室综合管理系统。

业务建设

截止2012年底，我馆文献总藏量为463493册，其中图书58893册（5万册为传统借阅时的藏书），8893册为2010年底至2012年新增的开架借阅图书，古籍线装书1300余册，电子图书40万册，电子期刊3213种。2012年我馆入藏图书1586种、1934册，中文期刊147种，报纸20种，截止2012年底，入藏视听文献660件，地方文献98册（从2012年开始征集）。

读者服务工作

我馆根据皖文财[2011]27号文件精神，在2011年6月28日起向公众免费开放，节假日正常开放，2012年我馆的总流通人次数67287，书刊流通34177册次。我馆网站于2011年正式建成投入使用，我们对网站适时进行维护、更新、管理，并将购买的数字资源通过网站为读者服务，同时我馆还开通了网络服务，读者通过网站就能够查询到我馆的藏书，还可以进行网上续借、网上荐书等网络服务，极大地方便了读者。我馆在搞好读者基本服务的同时还开展丰富多彩的读者活动：2011年1月，举办了“广德县首届全民读书月”活动，2011年4月开展“4·23世界读书日”活动，2011年4月组织读者开展“颂歌献给党——全国文化信息资源共享工程迎接建党90周年”群众歌咏会，2011年6月开展六一儿童节“快乐阅读我做主”活动，2011年8月组织读者参加“安徽省公共图书馆百部红色书籍阅读征文演讲比赛”活动，2012年5月组织读者参加“2012全国中小学生电脑小报设计比赛”活动。多次开展送文化下乡、送书下乡读者服务工作。

业务研究、辅导、协作协调

2012年围绕本馆业务工作撰写调查报告发表在内部刊物上，并多次参加全国、全省业务知识培训班，加强业务知识的学习，提高服务水平。我馆还定期为乡镇文化站、社区及农家书屋免费培训图书管理员，对他们进行简单的图书分类、图书编目及图书管理知识的培训，并上门进行业务辅导。在于上级馆的协助工作中，我馆2011年6月加入国家图书馆联合编目中心，成为联合编目中心的成员馆，与安徽省图书馆签署VPN使用协议，并加入安徽省图书馆联合编目中心，实现资源共享，促进图书馆工作的标准化、规范化。2011年与宣城市图书馆签署协议，成为宣城市图书馆分馆成员馆，互利互惠，逐步实现公共图书服务网络体系。

管理工作

加强内部管理工作，严格执行全员定编定岗，制定各项规章制度，如财务管理制度、图书馆设备管理办法、固定资产管理办法、消防安全管理制度、网络信息安全应急预案等。

表彰、奖励

2011年我馆组织少儿读者参加安徽省图书馆举办的全省公共图书馆系统“庆祝建党九十周年百本红色书籍阅读征文演讲比赛”活动，分别获得两个二等奖、两个优秀奖的优异成绩，两位二等奖的选手还获得由安徽省图书馆组织的获奖选手免费参加游北京夏令营活动的殊荣。

2101年5月我馆组织读者参加由文化部主办的“2012全国中小学生电脑小报设计比赛”活动，我馆报送的选手囊括全省八个奖项的一半，分别获得全国中学组二等奖（安徽省中学组一等奖）一个，全国小学组三等奖（安徽省小学组二等奖）一个，两个全国小学组优秀奖（安徽省小学组三等奖）。

馆领导介绍

刘健，女，馆长，1965年出生，中共党员，大专学历，图书馆专业毕业，馆员，1983年12月参加工作，一直从事图书馆采编工作。

杨常绿，男，书记，1967年出生，中共党员，高中学历，1982年9月参加工作。

汪龙，男，副馆长，1976年出生，中共党员，大专学历，1995年12月参加工作。

未来展望

2014年在各级政府和领导的关心和重视下，广德县文化中心项目已开工在建，新建的图书馆建筑面积约7500平方米，建成以后的新馆无论在硬件设施还是软件设施都将更上一个台阶，服务功能和服务能力将大大提高，我馆在不断加强自身服务质量和服务水平提高的同时，注重公共服务体系的建设，带领全县各乡镇分馆加快图书事业发展，让广大老百姓都能够均等、便捷享受到党和政府文化惠民的好政策。

联系方式

地　址：安徽省广德县桃州镇景贤街23－51号
邮　编：242200

县长及分管县长到图书馆调研工作

农家书屋培训会议

电子阅览室

池州市图书馆

概述

池州市图书馆创建于1949年9月，前身是贵池县图书室，1955年，市、馆分治，改名为贵池县图书馆，隶属县文化局。2000年，池州市建立设贵池区，更名为贵池区图书馆，隶属贵池区文化局。馆址几经变迁，2005年，迁入安徽省池州市建设西路389号（原池州学院校区），与池州学院联合成立市校共建的公共图书馆。2012年3月，池州市图书馆新馆启动建设，对原广电中心办公楼进行了装修改造。2013年9月30日，位于秋浦东路77号的新馆建成开放。新馆总建筑面积8200平方米，设有阅览座位850个，电脑160台，选用力博图书馆业务管理系统。

业务建设

全馆设计可容纳藏书量约37万册，目前总藏书量近10万册。截至2013年底，池州市图书馆可借阅图书总量为7.5万余册，其中少儿图书1.2万余册，特色馆藏图书2000余册。电子期刊200种，数字资源总量为24TB。

2012年起，池州市图书馆新增藏量购置费增至100万元。2012—2013年底，购入中外文图书12224种，26735册，中外文报纸224种，期刊1383种，视听文献37种。

读者服务工作

2013年9月起，池州市图书馆每周对外开放6天，周开放52小时，2013年底，图书流通总量20805册次，书刊外借11446人次。同时，引进RFID技术，实现了馆藏文献的自助借还。

在建设上充分彰显池州深厚的历史文化底蕴和国家生态示范区特色，馆内配备综合书库和流通书库，开设了少儿、自然社科、人文社科、地方文献、特色典藏、过报过刊等阅览室，设有座位850个，设计服务人口50万至150万。同时，增设展厅、读者研讨室、数字放映厅、多功能报告厅、音像资料室和数字图书馆互动体验区以及老年人、残障人士等特殊服务群体的阅览室，凸显图书馆服务的公益性。

池州市图书馆秉承“读者第一，服务至上”的服务邻，坚持优质服务、便民服务、惠民服务的原则，引进现代图书馆管理系统，力求实现服务的自动化，设有检索区、寄存处、开水间等免费服务点，配有触屏式读报机、LED显示屏、电子寄存柜等先进设备。引进室外微型图书馆1台、读报机2台、自助借还机2台、自助还书机1台，实现自动化借阅服务。开通微博、微信平台，建立图书馆读者群，拓宽读者信息反馈渠道。此外，公共电子阅览室配有132台电脑。

2013年，池州市图书馆共举办文化讲座、展览、培训、阅读推广等读者活动19场次，参与人数3982人次。

业务研究、辅导、协作协调

2013年12月中旬，池州市图书馆与池州学院图书馆在池州市看守所联合建立流动图书服务点，赠送图书500册、书架2套。

管理工作

2013年9月，新馆建成后，池州市图书馆共设7类岗位，在岗人员共16人，其中在编人员6人，聘用人员10人。建立健全图书馆考勤制度、请休假制度、会议制度、日常工作制度等。每周召开例会，定期汇报各岗位工作情况，加强职工的业务知识学习，提高工作能力。

馆领导介绍

杜建文，男，1963年10月生，大专学历，中共党员，中级职称，副馆长，负责全局工作。1983年4月到池州市图书馆参加工作，先后在采编部、流通部等部门工作。

未来展望

在未来的几年里，池州市图书馆将继续以建设现代化的综合性图书馆为发展目标，利用先进科技和设备建立交互式的数字信息系统，加大图书采购力度，加强数字图书馆建设，积极引导群众多读书、读好书，丰富群众文化生活的内容，努力把市图书馆打造成池州市最重要的文化教育阵地和知识信息枢纽。

联系方式

地　址：池州市秋浦东路77号

邮　编：247000

联系人：马丽娅

公共电子阅览室

猜灯谜活动

电脑基础知识培训班

映山红行动

阜阳市图书馆

概述

阜阳市图书馆由阜阳县图书馆和原阜阳市图书馆合并而成。民国17年(1928年)，国民革命军淮北七县善后特派员吕荫南拨出倪嗣冲逆产之一部，购置图书2万余册，于城隍庙成立阜阳县图书馆。民国26年(1937年)，安徽省政府拨专款在阜阳城建安徽省第七区图书馆，当时藏书颇丰。1956年6月，图书室从文化馆分出，于人民影院南建阜阳县图书馆。1976年冬，筹建市图书馆。1987年，市图书馆大楼对外开放，建筑面积2448.32平方米，可设阅览座席198个。1993年初，阜阳市图书馆和阜阳县图书馆合并。

业务建设

截止2012年底，阜阳市图书馆总藏量10万多册（件），其中，纸质文献10万多册（件），电子图书40万册，视听文献300多种/册。2009－2012年，共入藏图书近万册，报刊546种。地方文献仅300多种，入藏完整率很低。2010年，阜阳市图书馆初步实现了图书馆自动化管理，有计算机20台，但没有专供读者使用的。存储容量为16TB，宽带接入为20M。2012年建立了“阜阳市图书馆”网站，但电子阅览室尚未建立。

读者服务工作

从2009年起，阜阳市图书馆实行免费开放。①每周开放64小时。②成人近三年图书实行开架借阅，报刊实行开架借阅，少儿部书刊全部开架借阅。馆藏书刊文献年外借率在60%以上，图书年外借册次在15万册以上。服务点21个，年借阅1万3千册以上，人均到馆20次以上。年均宣传书刊600种以上。年编制二、三次文献12期(含政务信息)，免费向社会公众发放。⑤年均举办讲座、报告会10次以上，举办新书、图片、获奖文章、绘画等各类展览5次以上。每年举办阅读推广活动10次以上。⑥积极开展各类读者活动，参与活动者上万人次，每年的图书馆服务宣传周、全民读书月等活动都能认真开展。

2014年皖北地区公共图书馆地方文献交流与研讨会

业务研究、辅导、协作协调

2009－2012年，阜阳市图书馆职工发表论文20篇，出版专著2部，获准立项的省级课题1项。

2009－2012年，阜阳市图书馆开展了业务培训活动10余次，如：①在各科室电脑安装完成后，请江苏省图书馆力波软件总工程师吴海辰，为我馆全体职工作“力波软件”使用方法的培训。②在市文广新局举办的“全市公共电子阅览建设工作会议”上，由我馆周海燕同志为来自各县市的图书馆同行作有关电子阅览室的专业培训。③邀请省共享工程中心专家周全，到我馆作关于“共享工程及电子阅览室管理”的业务培训。④时菁馆长受省文化厅委托，两次赴合肥，为“2012年安徽省乡镇综合文化站站长培训班”的六百多名站长，作“乡镇综合文化站图书室管理”的业务培训。⑤为了提高我市图书馆队伍的业务水平和服务能力，我馆在11月16－21日成功举办了“图书馆专业技术人员继续教育培训班”。

在馆际互借方面，我馆与颍上县图书馆、界首市图书馆、临泉县图书馆定有馆际互借协议，并开展过图书互借工作。

管理工作

2010年，阜阳市图书馆完成第三次全员岗位聘任，本次聘任共设4类岗位，有30人上岗，同时，建立了工作量化考核指标体系，每年进行总体工作考核。

表彰奖励

1987年，原市图书馆被省文化厅评为“三爱一优”先进集体；1990年原县图书馆被文化部评为“全国文明图书馆”；1994年阜阳市图书馆被文化部评为“全国文明图书馆”；1999年被文化部评为“全国文化工作先进集体”；2000－2001年被省三下乡活动领导小组，省委宣传部评为“三下乡活动先进集体”；2001年被全国知识工程领导小组评为“读者喜爱的图书馆”；2003年被省“巾帼建功”领导小组评为“巾帼文明示范岗”。

馆领导介绍

时菁，女，1959年生，本科学历，中共党员，研究馆员，馆长。1979年参加工作，历任阜阳县图书馆副馆长、馆长、阜阳市图书馆馆长等职，兼任安徽省图书馆学会理事。曾先后多次被评为省、县“先进工作者”，地、市、县“优秀共产党员”、“社科活动积极分子”、县“十佳”青年、科技发明“三等奖”等光荣称号。

2010年举办蝴蝶展

时青馆长为2014年培训班授课

看守所建立馆外流通点

庐江县图书馆

概述

庐江县图书馆始建于1979年6月，馆舍建筑面积1000平方米。2009年、2013年3月参加第五次全国公共图书馆评估，分别获得三级图书馆。内设借书室、阅览室、视障人士阅览室、电子阅览室、儿童阅览室、采编室、资料室、多媒体室、办公室。

阅览坐席120个（包括电子阅览室坐席30个，儿童阅览室50个，成人阅览室40个）。

2009年由国家文化部、财政部和县级财政投资建成“全国文化信息资源共享工程县级支中心”，电子阅览室计算机36台。提供读者使用的有32台（包括视障人士2台）。

2013年5月1日，位于庐江县城东新区，占地面积6000多平米的新馆正在建设中，预计2015年建成开放。

业务建设

庐江县图书馆现有藏书约6万册，流通人数年均4万人次，书刊外借年均3.6万册次，电子文献藏量500种以上。

图书文献年入藏量3500册以上，报刊年入藏量240种以上，视听文献年入藏量100多种。现有数字资源总量：4TB。

地方文献，有专架、专人管理，有目录，并积极做好征集地方文献工作。

读者服务工作

2011年6月28日庐江县图书馆实行全面免费开放，公共空间设施场地免费开放，基本服务项目健全并免费开放。全年365天天天对外开放，周开放56小时。安装立博软件，实现数字化服务功能。定期举办公益讲座、展览、阅读推广、培训等活动。庐江县图书馆还特别为视障人士设立了阅览室，购置了两台电脑，安装了盲人阅读软件，并且为盲人购买盲文图书；为进城务工人员提供免费上网、免费借阅等服务；设立了儿童阅览室，购买儿童图书，订购大量儿童报刊杂志，为儿童举办了丰富多彩的活动（暑假励志成长电影展播、阅读、演讲、猜谜语等活动）；根据老年读者的兴趣爱好，为他们订购各类老年报刊杂志，每年重阳节，专为老年读者举办了猜灯谜活动。

业务研究、辅导、协作协调

2009–2013年，庐江县图书馆职工发表论文5篇，积极参加各级技能培训，2012年获得市图书馆举办的技能比赛二等奖1名，三等奖3名。自免费开放以来，每天检查图书排架情况，每周进行图书借阅统计，定期举办读书活动和培训班；下乡辅导农家书屋，赠送实用图书，指导建设全县乡镇、村基层服务点，同时要建起服务体系和服务制度，切实让这一惠民工程落到实处。并以此为契机改善乡镇文化站、农家书屋的硬件设施，实现文化站、农家书屋由传统服务到数字化服务的转型。目前，大部分农家书屋均已达到建设要求。

庐江县图书馆是合肥市数字图书馆分馆，读者随时可在电子阅览室可通过网络访问合肥市数字图书馆网站，查阅电子图书、期刊、报纸、学术论文、讲座等海量信息，实现数字资源共享。

管理工作

每年撰写上半年工作小结，下半年工作安排，及时补缺补差，不断完善服务质量。

馆领导介绍

程振玲，女，1960年12月出生，大专学历，中共党员，图书馆员，馆长兼党支部书记。1977年3月参加工作，1980年10月调到县图书馆工作，2000年任党支部书记，2007年任图书馆馆长。2008年分别获庐江县“三·八”红旗手和首届“十佳女性”；2010年获市文化新闻出版系统先进个人；2013年获庐江县“巾帼建功标兵”。曾创作过几百篇散文和歌词，并发表在全国各大报刊杂志上。

未来展望

庐江县图书馆是全县唯一公共图书馆，担当着保障广大人民群众基本文化权益、提高公民阅读能力和科学文化知识的重要使命。2013年5月新馆建设正式启动，在未来的两年里，庐江县图书馆将以崭新的面貌，展现在读者面前，届时将充分利用电视台、报纸、网络媒体等新闻媒体和图书馆网站进行宣传，努力提高图书馆的社会知晓率，引导人民群众走进图书馆，更好利用图书馆，让图书馆成为人们精神的后花园。

联系方式

地　址：庐江县文明中路90号
邮　编：231500
联系人：许金玲

管理员培训

书画展览

宣传推广

宣城市图书馆

概述

宣城市图书馆原为宣州区图书馆，前身为宣城县图书馆，始建于1958年。宣州区图书馆1987年破土动工，1989年6月12日正式开放。馆舍建筑面积1330平方米，主楼四层。2000年11月，宣城地区撤地建市后升格为宣城市图书馆，隶属宣城市文化局。馆内设置外借部、阅览部、少儿阅览室、数字文献室、地方文献室、自修室共6个开放窗口及古籍文献室、报告厅。可提供纸质文献借阅，电子文献到馆或在线阅览、视屏讲座浏览、地方报刊检索查询、市民讲座等多种信息服务。

业务建设

自2009年我馆新增入藏量呈现快速上升趋势，截至2012年底，宣城市图书馆总藏量达30.1万册，其中电子文献藏量达13万余种。平均年入藏数量达6233种。报刊年入藏量2009-2012年平均年入藏数量达200种。视听文献年入藏量2009-2012年平均年入藏数量100种。

自2009年至2012年4年间，我馆面向社会企事业单位、团体、个人广泛征集地方文献书籍470种3200册。2011年专门开辟了地方文献室存放地方文献，专人管理，编纂了专门目录。

网站自建地方文献数据库，分宣城掌故、宣城历史大事记、宣城古县城、宣城名人著述、宣城自古诗人地、宣城民歌、历史沧桑话宣城、宣城名人录八个专题，将散布在各种载体的相关文献进行搜寻、组织、分析和重组，创建全文数据库。

服务工作

自2009年免费开放以来，宣城市图书馆所有公共空间设施场地全部对读者免费开放。2012年书刊文献外借册次为297919，馆藏书刊年外借率达到90%。2012年持证读者数为12381人次，2012年总流通为235268人次。

2010年世界版权日举办保护知识产权拒盗版活动，2011年世界读书日协办并参加省图主办的征文比赛并获奖，2012年世界读书日开辟数字资源新栏目之际，并对1000余名读者发放了“数字期刊阅览卡”。

在偏远地区学校建设“爱心图书室”，为留守儿童捐赠图书，自2009年，共建设“爱心图书室”3个，捐赠图书上千册，价值2万余元。

在数字文献阅览室开辟绿色上网专区，通过不良信息屏蔽软件、防火墙等网络安全措施，为未成年人浏览查询网上信息提供一个健康的环境。

我馆2010年设立了政府信息公开查询点供市民查询所需信息。

协作协调

我馆与周边县图书馆开展馆际互借，延伸服务网络覆盖面。通过力博采编系统与南京市图书馆形成了资源联采共建。构建VPN平台，实现远程访问。

自2009年至2012年每年定期开展基层业务辅导活动，既有基层馆来我馆参观、学习，我馆也应邀去基层馆进行业务指导，参与农家书屋培训及编纂教材。根据基层辅导活动的实践经验，撰写了本地区图书馆事业建设的综合性报告《宣城市图书馆基层业务辅导报告》。

我馆图书馆学会工作开始于80年代，学会会员包括了本地区五县一区，与本市高校图书馆、中学图书馆及一些基层点。学会工作有活动、有计划、有总结。

管理与表彰

我馆每年的11至12月即会制定出下一年度的全馆年度计划。日常管理主要分为人、财、物三块。财务管理根据国家有关法律、法规及财务制度，并结合具体情况制定了较完善的财务制度，并形成长期的监督机制。人事管理上，制定了包括岗位设置方案、激励制度、目标管理方案、职工考核方案等一系列较为齐全的方案。设备、物资管理上制定了设备、物资管理工作制度。

馆领导介绍

郭薇，女，1970年2月生，本科学历，中共党员，副研究馆员，馆长。1991年8月参加工作。

范宣华，女，1967年11月生，中专学历，中共党员，副馆长，1982年8月参加工作，分管馆内安全、人事工作。

未来展望

宣城市图书馆新馆占地面积2.67公顷，自2012年破土动工以来，在市领导的高度重视下，建设顺利进行。

新馆建成后，将高效率地为宣城市的干部、工人、农民、乡镇居民和少年儿童提供服务。将极大提升社会文化事业基础设施服务水平，强化公益文化服务功能实现，提高宣城市民的精神文化生活品味。

古籍文献室

举办数字资源推广讲座

部队官兵所借图书信息录入电脑

淮南市潘集区图书馆

概述

安徽省淮南市潘集区图书工作按照省文化厅《安徽省公共图书服务标准》精神，以“提高图书馆服务质量、办馆水平”为目标，进一步完善了建设内容，功能布局和设备配置，加强馆内图书资料的收集整理，规范管理制度，提高服务质量和办馆水平。

加大投入，办馆条件逐步改善。随着区域经济的快速发展，地方政府对图书馆事业建设的投入也在不断增加。2004年图书馆搬迁到宣传文化中心大楼后，馆舍面积由原来的300m²增加到540m²。其中：办公室1间22m²；采编室1间22m²书库2间110m²；成人阅览室2间44m²；资料室1间22m²；儿童阅览教室1间22m²；电子阅览室166m²；主控机房1间12m²；多功能活动室馆长办公室1间22m²。现有成人阅览座席24个，培训席位70个。用于服务读者的电脑23台，办公电脑5台，摄像机、照相机、电视机、投影仪各一台（件），宽带网络全部接通。

业务建设

潘集区图书馆工作涉及面广，业务量大。为了满足不同层次读者的精神文化需求，我们于2013、2014年两年共采购新书1.98万册。

读者服务

2013年以来，潘集区图书馆把读者服务、读者活动、对外宣传、业务研究和对基层的辅导作为重中之重，狠抓了落实工作，取得了较好成绩。

一是全民读书日、图书月活动，共举办各类读者活动45次，开展专题读者活动3次。

二是利用广播、报刊、等媒体进行了广泛宣传，去年年内共撰写各类新闻稿件38篇，被刊载和播出14篇。

三是发挥图书馆社会教育职能，深入区直部门、乡镇村社举办各类知识讲座6场次，听众达700多名。下基层开展共享工程基层网点技术培训工作5次，培训基层网点信息员223人次，突出载体，实现文化信息资源共享利用全国文化信息共享工程潘集区支中心，与区委组织部党员远程教育合力共建，参与了对城乡党员的培训工作，社会反响很好。

规范管理、健全协调高效的工作机制

潘集区图书馆把干好本职工作、促进事业发展、服务社会大众作为重要任务，在管理上求规范，气氛上求和谐，作风上求垂范，服务上求实效，全馆上下团结拼搏，自我加压，开拓创新，出现了干实事、求实效的工作局面。一是在人事管理上通过职能调查摸底，制定了图书馆管理聘用工作实施方案，根据单位内部工作岗位需求，公开招聘，竞争上岗，和每个职工签定了、聘用协议，实行岗位绩效责酬挂钩，极大的调动了全体职工工作的积极性。二是建立健全了学习制度、工作制度、考勤制度、服务准则和绩效考核制度。

馆领导介绍

馆长：刘群，男，本科学历，安徽省新四军研究会会员，淮南市政协委员，安徽省摄影家协会会员，淮南市摄影家协会理事，于1989年任潘集区图书馆馆长至今。

副馆长：孙玲，女，专科学历，中共党员，助理馆员，音像资料部主任。

黄燕，女，专科学历。中共党员，外借部主任。

赵兰勤，女，中专学历，少儿部主任。

代秀凤，女，中专学历，馆员，地方文献部，共享工程支中心，电子阅览室主任。

图书馆工作会议

纪念毛泽东诞辰120周年座谈会

图书馆服务宣传

学雷锋进校园

怀远县图书馆

概述

怀远县图书馆位于怀远县城关镇进山路69号，始建于1980年，于1982年正式开始对外开放，其前身为怀远县文化馆图书室。怀远县图书馆占地1047平方米，现有馆藏图书文献资料共53万余册，可容纳读者座位140个，是安徽省三级图书馆。怀远县图书馆拥有计算机47台，其中电子阅览室可用40台，宽带接入10Mbps，使用南京力博图书馆软件系统。

业务建设

截止2013年底，怀远县图书馆图书总藏量为53万余册，其中流通书库藏书31000余册，馆藏文献3300余册，古籍900余册，电子图书50万册。

怀远县图书馆拥有阅览室、外借书库、少儿阅览室、电子阅览室、资料书库、采编室等六个对外服务窗口，为读者提供全方位的服务。

怀远县图书馆年财政拨款总额为104万元，财政拨款年增长率与当地政府收入增长率比率为218%，年新增长藏书购置费9.9万元，图书年入藏数量2000种，报刊年入藏量56种，视听文献年入藏量36种。

读者服务工作

怀远县图书馆全年365天对外免费开放，周开放56个小时，开架及半开架图书文献34551册，占总藏书的95%。外借率达28%，年外借10518册，人均到馆次数9次，年均借阅次数为5300人次。怀远县图书馆拥有流动服务点，服务点年外接册数为6000册。怀远县图书馆提供文化惠民服务、政府公开信息服务、参考咨询服务、特殊群体服务等公共服务，年开展讲座、培训等活动9次，年展览3次，年举行图书推广活动6次，每万人年平均参与活动为0.05次，读者满意率高达95%。

业务研究、辅导、协作协调

2010年怀远县图书馆被县文广局授予"年度先进单位"称号。

怀远县图书馆与怀远县地区、街道、乡镇、社区、村图书馆共同参与服务网络建设，建设比例为42%，在全县19个乡镇建立了8个网络服务基点，就乡镇基层图书室和各学校图书室进行了基层业务辅导工作和基层业务培训工作。2008年到2014年，怀远县图书馆开展了"农家书屋"建设工作，在乡镇已筹建"农家书屋"400处。

2011年开始，怀远县图书馆开始了文化共享工程，制定了专门的人员培训计划，参训总人次达20人次，乡镇覆盖率达100%，自建地方文献数据库，拥有地方文献86种，共172册。

怀远县图书馆于2009年建立电子阅览室，拥有4.5T数字资源总量，并与政府部门共建政府公开信息服务点。怀远县图书馆拥有古籍图书981册，其中孤本一本，珍本、善本书籍37册，并于2009年10月派人参加了国家保护中心举办的第十期全国古籍普查培训班的培训工作，积极协调组织本地古籍保护工作，培训专职人员，进行古籍保护宣传，并引进多种古籍修复方法，为古籍整理和数字化提供了完整详细的底本资料。

管理工作

怀远县图书馆是公益性文化事业单位。机构规格为股级。经费来源系财政全额拨款。编制7人。全部职工学历均在中专、高中以上，大专以上学历5人，占职工人员总数71%。其中中级职称3人，占职工总人数43%；初级职称6人，占职工人员总数85%。人均岗位培训40学时/年。怀远县图书馆有明确的各种管理方案，内容涉及财务、人事、档案及物资设备等。馆内工作人员经常进行定期不定期的文献排架抽查工作、书籍整理工作等。

表彰、奖励情况

2010年怀远县文化广电体育新闻出版社授予怀远县图书馆"2010年度文广体新工作先进单位"荣誉称号。并授予县图书馆"2010年度先进单位"称号。

馆领导介绍

陈春荣，男，1955年10月生，中专学历，政工专业毕业，怀远县图书馆馆长，1970年10月参加工作，1999年获政工师职称。

杨旭，男，1966年5月生，大专学历，图书馆学毕业，怀远县图书馆副馆长，1983年10月参加工作，1998年获馆员职称。

嵇小明，男，1964年1月生，大专学历，图书馆学毕业，怀远县图书馆副馆长，1983年7月参加工作，1999年获馆员职称。

未来展望

怀远县图书馆在上级有关部门的指导下，全面落实各项政策，着眼于保障公民基本文化权益，为满足读者求知学习及休闲的精神文化需求而努力。在未来几年里，怀远县图书馆将在现有馆舍的基础上，在怀远县另建一座新馆舍，扩大图书馆的服务范围与服务能力，与全县各中小学形成文化支撑与资源共享。怀远县图书馆会继续进行地方文献征集工作，保护并弘扬本土文化。提高数字图书馆建设，进一步提高数字资源设计存储能力。进一步完善电子阅览室的设施建设，提高周围群众计算机使用能力。加强纸质文献管理，进一步提高文献管理水平与效率。

联系方式

地　址：怀远县城关镇进山路69号
邮　编：233400
联系人：年　燕

当涂县图书馆

概述

当涂县图书馆事业起步较晚。新中国成立后至1959年5月，图书工作由县文化馆代管。1959年6月1日恢复"当涂县图书馆"名称，与县文化馆一个机构，两块牌子，抽出五名职工管理图书工作。1979年7月与正式县文化馆分开。

1984年10月，由安徽省文化厅拨款3万元、县财政筹资10万元在姑孰镇大成坊76号建成的三层楼馆舍正式对外开放，面积715平方米，2011年为创建国家公共文化服务体系示范区，在馆舍旁新增馆舍145平方米，合计860平方米。馆内现有图书借阅室、报刊阅览室、少儿阅览室、电子阅览室、采编室、辅导室、报告厅、放映厅、共享工程办公室、办公室、书库等。编制11人，在职10人，聘用3人，其中大专以上人员10人，中级职称5人，初级职称4人。书刊专项购置经费每年15万元，全国文化信息资源共享工程县级支中心运行经费每年7.5万元，免费开放经费每年20万元。

建筑面积20217平方米的图书馆新馆工程已于2012年10月正式开工建设，预计2014年12月完工。

业务建设

图书馆业务建设主要分为文化信息资源共享工程、书刊采购和分类编目三部分。

书刊采购是图书馆的基础工作。在七十年代之前，由于社会正处于"文革"这一特定的历史时期，因此在书刊采购过程中则表现出鲜明的时代特色，当时馆藏除了少数经典名著外，多数便是一些政治类的读物。

八十年代之后，书刊采购原则进行了调整，采购工作着重点应是紧紧围绕本地经济建设和读者需求服务。对过去不合理的藏书结构进行了调整，降低了文艺读物入藏比例过高的倾向，减少了复本数，尤其是增加了实用科技图书的入藏比重。

进入九十年代后，由于书刊价格的猛涨，购书经费减少，每年事业经费仅能保工资，书刊购置费仅有1-3万元，年新书入藏量也平均只有200-600册。

1990年元月，为弥补馆藏之不足同时也为加强地方文献资料的采集与补充工作，对省内外当涂籍或曾在当涂工作过的外省知名人士发出信函，征集他们的著作手稿，通过几年的努力共征集到吴泰昌等名人著作128件。

2005年县委宣传部等六家单位共同发起全县各县直机关、企、事业单位向县图书馆捐书活动，此次活动共接受捐赠图书近5000册。近几年来，由于县财政收入的逐步向好，图书馆事业经费也逐年增加，2013年事业费147万元，购书费15万元，年购新书2000册，订购报刊187种。

2008年10月图书编目实现计算机管理。改变了传统的手工操作模式，极大地提高了工作效率，两个月便将馆藏中最具价值三万余册的书目信息全部输入计算机。

我县支中心建设于2008年5月启动。国家和省财政下拨51万元、图书馆自筹20万元，按照国家中心下达的《2008年度县级支中心系统配置标准》，县政府采购中心招标，安徽皖通科技股份有限公司中标，通过近两个月的施工，于2008年8月建成当涂县文化信息资源共享工程县级支中心暨图书馆电子阅览室。支中心建成后，通过县、乡两级政府和文广局的共同努力，在2011年已全面完成10个乡镇的基层服务点建设，支中心通过网络培训和举办培训班等方式对所有基层服务点的工作人员进行了培训。

2010年12月，申请了互联网域名，域名为"dttsg.com"，正式建立并开通了当涂县图书馆网站。截至2013年底，我馆藏书47.3多万册。其中电子图书40万册、电子期刊3千种、视听文献1240件、图书6.2万册、少儿文献7100件、古籍图书618册、盲文图书45册。图书馆坚持以人为本，"读者至上，服务第一"的服务宗旨，为读者提供图书外借、报刊阅览、资料咨询、信息导航等优质服务。

读者服务工作

读书活动：当涂县图书馆每年举办读书演讲比赛，引导读者多读书、读好书；不定期举办评选优秀读者活动，让读者自己投票，选出好学上进的读者。同时坚持经常举办知识讲座、图书展览、谜语竞赛、演讲比赛等读书活动，实现图书馆与读者的互动，充分展示图书馆的魅力。

宣传周活动：每年举办图书馆服务宣传周活动，主要项目有图片展览、知识讲座、谜语竞猜、读者座谈会、送书到基层等活动，扩大了图书馆的社会影响。

送书下乡：为促进社会主义新农村建设，满足基层人民群众的求知欲，每年开展送书下乡活动，组织近万余册图书送到乡镇文化站和村、社区农家书屋，供农村群众借阅，让基层读者也能品尝到丰富的文化大餐。

2013年接待读者7.8万余人次；书、报、刊流通8.7万余册次；年均举办公益性知识讲座52次、举办各类培训班20次、各类图片展览12次；全国文化信息资源共享工程当涂县级支中心已对全县10个乡镇、5个管委会、118个行政村和13个社区的基层服务点实行全覆盖，同时我们还常年对基层服务点进行辅导以及开展送书下乡活动。

获奖情况

1994年至2013年，当涂县图书馆连续五次被文化部评定为国家三级图书馆。

馆领导介绍

夏斌，男，1962年10月出生，1979年10月参加工作，大专学历，中共党员，馆长。

韩运平，男，1962年11月出生，1982年1月参加工作，本科学历，副馆长。

未来展望

在当今信息社会条件下，当涂县图书馆将不断发挥知识经济时代地区信息枢纽和当涂县精神文明建设基地的重要作用，成为知识信息的集散地，市民终身教育的学校，当涂地方文献的宝库，高雅的文化休闲场所。当涂县图书馆新馆建设完成并投入使用后，将打造成为我县集文化、科学、信息传播、保存文化遗产、开展社会主义教育、展示改革开放成就为一体的综合性公共图书馆，成为市民学习文化、科学、教育、信息、服务和交流的中心，为促进本地经济建设和社会发展发挥重要作用。

联系方式

地　址：马鞍山市当涂县姑孰镇大成坊76号
邮　编：243100
联系人：夏 斌

凤台县图书馆

概述

凤台县图书馆于2000年奠基建设，自2009年4月份开始免费对公众开放，是我省县级公共图书馆。

馆址位于凤台县濉溪路，建筑面积3660平方米，现有可利用馆舍面积1600平方米（包括院内大厅、公厕）。共三层：一楼，东南部是无障碍阅览室，东北部是藏书室，设35组书柜，预计藏书24万册，西部为值班室；二楼，东部是图书阅览室，分东西两块使用，西边为阅览区，可容纳100人阅览，东边设11组书架，现藏书3万5千多册，预计藏书6万册。西部是少儿阅览室和图书馆办公区；三楼，东部是报告厅，西部为共享工程监控主机室和电子阅览室。2013年凤台县图书馆阅览坐席有200个，计算机45台，英特网宽带接入为20兆光纤，选用力博图书自动化管理系统。2013年，参加第五次全国公共图书馆评估，首次评为三级图书馆。

业务建设

截至2013年底，凤台县图书总藏量28.5万册，其中纸质图书3.5万册，电子图书25万册。共入藏中外文图书12322种。

读者服务工作

自2009年4月起，凤台县图书馆全年365天对外免费开放，2009年至2013年接待读者18万人次，借阅人次16.1万人次，有2012年–2013年，共成立8个基层图书点。其中包括3个分馆和5个流动图书点。

2012年5月份，我馆无障碍阅览室建成并对外开放。

2013年开通了凤台县图书馆网站和数字图书馆。

2013年在机房安装了VPN设备，与乡镇基层点共享资源。

2009年至2013年，凤台县图书馆举办讲座、展览、培训等读者活动76场次，参与人数20900人次。

业务研究、辅导、协作协调

到目前为止，馆职工发表论文5篇。

管理工作

2013年，凤台县图书馆完成第2次全员岗位聘任，本次聘任共设3大类岗位，即事业管理岗位、事业专技和工勤岗位，现有人员12人。

表彰奖励情况

2013年获得凤台县劳动竞赛 先进集体称号。

馆领导介绍

刘福品，女，1966年11月出生，大专学历，党员，中级职称，馆长。1983年参加工作，先后在凤台县文物管理所、凤台艺校工作，2007年至今在凤台县图书馆工作，2013年任馆长。

华霞尔，女，1964年5月出生，大专学历，党员，中级职称，副馆长。1981年至1997年在凤台县推剧团，1998年至2009年在县艺校担任音乐教师及管理工作，2010年至今在凤台县图书馆工作，2012年任副馆长。

周红，女，1971年10月生，本科学历，党员，中级职称，副馆长。1990年10月参加工作，2009年至今在凤台县图书馆工作，2012年任副馆长。

未来展望

2015年底，新的图书馆将建成投入使用，新馆位于凤台县滨湖新区，建筑面积4931平方米，按照普通一级馆标准,内有藏书12万册（新增约10万册），新馆将更加宽敞、优雅、安静，集藏、借、阅于一体，馆内设有图书外借室、图书阅览室、少儿阅览室、盲人阅览室、报刊借阅室、电子阅览室、视听室、报告厅、办公室等多个部室，图书资料实行全开架，馆内所有服务项目全部实行免费开放。凤台县图书馆将成为凤台县一道亮丽的风景。

本馆人员培训

分馆挂牌

图书馆外貌

少儿阅览室

留守儿童活动

宣传周活动

铜陵市郊区图书馆

概述

铜陵市郊区图书馆是由铜陵市郊区人民政府投资建造的综合性公共图书馆，是收集、整理文献，并向社会公众提供文献服务的公益性文化机构。其座落于郊区政务新区，紧邻铜都大道和铜陵长江大桥，地理位置优越，交通便利，文化氛围浓厚。郊区图书馆始建于2011年5月，建筑面积3229.72㎡，分设成人借阅室和少儿借阅室，于2012年10月18日正式对外开放，2013年起纳入省级民生工程“公共文化场馆免费开放”项目建设，并在2013年全国第五次公共图书馆评估定级中被文化部评为三级图书馆。

业务建设

郊区图书馆设有典雅庄重、温馨舒适的展厅、目录检索大厅、少儿阅览室、成人阅览室、基本书库、电子阅览室、配送中心、文献消毒室、办公室、多功能室、会议室等十余间功能室。目前，馆内拥有各类型文献2万余册（件），其中：第一批入藏12028册，第二批入藏7357册，流动库340册（廉政书柜及莫言专柜），电子影像制品33册，电子书514种，杂志74种。共设阅览座位108席，计算机60台。

读者服务工作

郊区图书馆的工作目标是通过追求文献利用率的最大化、追求读者满意度的最大化，从而实现图书馆社会文化价值的最大化，使之成为具有现代化管理水平、独具特色的区级图书馆。自开放以来，实行全天免费开放，周开放63小时。截止2013年4月，共办理成人借阅证325张，办理少儿借阅证163张，书刊总流通1500人次，书刊外借1221册次。共举办讲座、展览、培训、阅读推广等读者活动57场次，参与人数3万人次。多次开展寒暑假学生专项活动、弱势群体帮扶阅读活动，免费为当地学生及弱势群体提供舒适优越的阅读学习环境。

业务研究、辅导、协作协调

一是提升业务素质。郊区图书馆自开馆以来，所有工作人员不断加强业务学习，深入研究图书馆工作，积极参加省、市图书馆组织的业务培训课程，同时组织乡镇办文化站工作人员学习图书管理相关知识，不断提高图书管理服务能力。

二是开展培训辅导。郊区图书馆充分发挥文献信息服务、数字文化服务和社会教育功能，竭诚为全区人民提供优质服务，免费开放以来，先后组织开展了电脑操作技能、统计知识、计生业务、摄影等培训班，举办了大通历史文化、非物质文化遗产、党的生命线——党的群众路线教育实践图文展等展览展示活动，举办了非遗传承和文物知识、著名作家潘军文学讲坛、古代名人咏大通诗联鉴赏座谈会等讲座，开展了“书香机关”、留守儿童读书、世界读书日、迎新春扑克牌赛、“闹元宵·猜灯谜”等丰富多彩的活动，形成一批具有特色的公共文化服务品牌，受到群众欢迎。

三是加强协作交流。郊区图书馆不断加强与基层文化站及农家书屋联系与交流。多次开展基层图书漂流活动，利用馆藏资源，免费为乡镇办文化站图书阅览室提供受读者欢迎喜爱的书籍。开展基层图书馆业务骨干志愿者行动，开展各图书室相互结对帮扶活动。

管理工作

我馆以创新管理、完善制度、规范行为为主要内容，全面加强效能建设。自办馆以来，我馆科学谋划，制定图书馆的发展规划、工作计划及规章制度，完善馆内各项规章制度，做到制度上墙，岗位职责，工作人员职责分明；我馆科学管理，每年都组织开展读者满意度测评，了解读者对本馆的意见和要求，提高现代化图书馆的科学管理水平，逐步使各项业务工作规范化、系统化、现代化；同时，加强馆员队伍的建设，建立一支“政治强、业务精、作风正、纪律严”的工作队伍。

表彰、奖励情况

2012年，“区文化馆、图书馆建成并免费开放”工作获得区直机关目标管理考核单项优胜奖。

馆领导介绍

严黎君，女，1976年10月生，本科学历，2000年参加工作，在市第八中学任教，中学语文一级教师，2012年10月份被区聘任为郊区图书馆馆长。

汪青，男，1989年9月生，本科学历，图书馆管理员。2008年10月份到郊区图书馆工作至今。

未来展望

郊区图书馆始终遵循“科学发展，服务提升”的办馆理念，通过不断完善馆内设施、提升服务质量、扩大服务辐射范围强化自身综合实力，并坚持贴近实际、贴近生活、贴近群众，进一步规范日常管理、丰富活动内涵、创新开放形式，让更多的群众走进两馆，让更优的资源惠及群众，带动郊区文化事业发展，力争办成“有规范、有特色、有内涵”的一级馆！

联系方式

地　址：铜陵市铜都大道南段8699号郊区政务新区3号楼郊区图书馆
邮　编：244000
联系人：汪　青

全民阅读活动

潘军讲座

喜迎十八大展

濉溪县图书馆

概述

濉溪县图书馆是濉溪县唯一的一座公共图书馆，是濉溪县主要的文献信息收集交流和服务中心。该馆成立于1959年8月，始建于老城石板街，面积有40多平方米。1985年搬至新城黄金地段，当时的馆舍面积约760平方米。2010年由于政府重新规划开发整个文化局地段，图书馆现已拆迁。目前图书馆租借民房办公，现在面积约500平方米，综合阅览室、电子阅览室和儿童阅览室加起来共有90余坐席。图书馆现有计算机70台，宽带接入10兆光纤，业务实现了自动化。

业务建设

截止到2012年底，濉溪县图书馆总藏量为9万册，其中纸质文献6万册，电子文献3万册。图书馆从2007年起，每年有7万元的购书经费纳入了县财政预算，这使图书馆的藏书建设有了一定的保障。

读者服务工作

从2009年开始，濉溪县图书馆每周开放时间都不低于56小时，自2011年起，图书馆免费开放工作全部展开，全年365天每天都对读者开放。从2009年至2012年共接待读者12万余人次。目前在全县设立了8个基层服务点，共送去书刊4000余册。

濉溪县图书馆还利用节假日或服务周走上街头进行宣传活动，每年活动都在8次以上，散发宣传资料3000余分。同时，图书馆还在寒假或暑假期间举办各种各样的读者活动：暑期安全教育、作文比赛、演讲比赛、书法绘画讲座及作品展览等活动。

业务研究、辅导、协作协调

从2009年开始，濉溪县图书馆工作人员在各类杂志报纸上发表论文研究18篇。目前，该馆有7人，其中高级职称1人、中级职称4人，馆员的业务素质和职业道德素质都在不断提搞，服务水平也上了新台阶。对全县基层文化人员开展图书馆业务培训560人次，每年对各个基层点及街道社区图书室进行图书的采编分类排架等业务指导不少于10次。与安徽省图书馆签订了联合编目协作协议。

管理工作

2010年濉溪县事业单位工作人员全部改为聘任制，图书馆核定岗位6个，聘用人员7人。制定了考核奖励标准，每一年底进行年度考核，职工根据考核结果、贡献大小颁发绩效工资。

表彰、奖励情况

2009年以来，濉溪县图书馆多次获得濉溪县委县政府颁发的“先进集体”“巾帼文明示范岗”“文明单位”等表彰与奖励8次。

馆领导介绍

张萍，女，1962年3月生，中专学历，中共党员，馆员，馆长。1979年参加工作，2000年任县图书馆副馆长，2011年任馆长。

赵敏，女，1972年生，大学学历，中共党员，副研究馆员，1996年参加工作，2006年任副馆长。

高子存，男，1963年生，高中学历，馆员，2011年任副馆长。

未来展望

濉溪县图书馆旧馆已拆，希望在未来的3-5年内能建成面积超过5000平方米的馆舍。新馆位置方便，设备完善，功能齐全，方便广大读者借阅和使用。在新馆建成后，希望政府能再增加投入，扩大文献的收藏量，引进人才，以更好的为读者服务，吸引更多读者走进图书馆，使图书馆能充分发挥其在提高基层群众的思想道德和文化素质中的作用。

联系方式

地　址：安徽省濉溪县濉河路口子实验学校
邮　编：235100
联系人：张 萍

为消防官兵送去精神食粮

一位八十多岁的读者为濉溪县图书馆送来锦旗和表扬信

明光市图书馆

概述

明光市图书馆的前身系原嘉山县文化馆图书室。1974年从县文化馆分出，正式成立嘉山县图书馆。1994年6月，因嘉山县撤县设市，县图书馆正式定名为明光市图书馆。1993年年初，位于车站路525号的图书馆大楼落成，馆舍面积1052平方米。

业务建设

明光市图书馆建有独立机房和网站，是国家文化信息资源共享工程县级中心，2012年建成数字图书馆。馆藏纸质藏书8.5万册，涵盖22大类；电子图书40万册；电子期刊3600多种，新刊上线与纸版期刊保持同步，多媒体光盘200多种，内容丰富，涵盖面广。编制《明光市图书馆中文图书分类编目细则》，保证历任采编人员做数据统一、规范。

读者服务工作

图书馆四个服务窗口全年对外服务，节假日正常开放。现办理借书证1500多个，平均每天读者流量300人次，借阅册次400册次。2010年–2013年，接待读者15万人次，图书借还25万册次，定期举办免费电脑培训班、电子资源使用培训班、展览、讲座和各种类型服务活动50余次。

业务研究、辅导、协作协调

本馆业务论文《美、英、澳图书馆立法的借鉴意义》在中文核心期刊发表，2012年论文《美国图书馆服务和技术法令与我国共享工程的比较意义》在国家级期刊发表，2013年《基层图书馆老龄读者服务工作实践与思考》和《共享工程县级支中心服务工作实践与思考》等数篇论文陆续在省级期刊发表。

管理工作

建立了工作量化考核指标体系，每月进行工作进度通报，参加主管局的每半年和全年进行总体工作考核。馆内各项制度建立健全，网站信息每周更新，2010–2013年馆员撰写专项调研报告4篇，编写工作动态信息60篇。

表彰、奖励情况

2013、2014年，获县妇联“巾帼文明岗”“三八红旗集体”荣誉称号。2013年10月，第二次荣获“三级图书馆”称号。本馆业务论文《美、英、澳图书馆立法的借鉴意义》在2011年安徽河南两省图书馆学会论文比赛中荣获二等奖。

馆领导介绍

馆长：徐毅，女，中共党员，1977年出生，本科，副研究馆员，明光市第九届政协委员。

未来展望

正在设计建设中的明光市图书馆新馆建筑面积达4500平方米，为全市65万市民提供服务，满足全市人民知识学习、文化休闲等需求。新馆将成为明光市图书馆总分馆体系中的总馆，服务体系涉及17个乡镇（街道），149个村（社区）。

联系方式

地　址：明光市车站路525号
联系人：徐　毅

潜山县图书馆

概述

潜山县图书馆始建于1979年，现馆舍面积1200平方米，职工9人，其中馆员4人，助理馆员4人；现设有天柱文库、综合阅览室、借书处、少儿阅览室、资料室等服务窗口。2012年，潜山县图书馆有阅览座席80个，计算机40台，选用力博图书馆自动化管理系统。经全国公共图书馆评估，该馆为三级图书馆。

业务建设

2012年，潜山县图书馆业务经费达38.5万元，馆藏不断充实，截止2012年底，藏书总量达6万册。

2012年购买设备，利于VPN平台，与省分中心对接。

读者服务工作

2011年6月28日起，潜山县图书馆对外免费开放，周开放时间56小时。2012年，全年接待读者10万人次，借阅图书11万册次。

业务辅导与学习

2009年以来，对全县各乡镇、行政村（居）共享工程服务点进行督查指导，并进行现场培训；办好每年的图书系列继续再教育，对基层图书管理员进行集中辅导、测试，2009年至2012年参加人数达160人（次），深入农村以乡镇文广站为阵地，对全县各行政村（居）进行分批辅导，累计参加人数达450人。加强地方文献资源建设探索，潜山县图书馆将该馆特有文献（如岳云集等）扫描加工，制成电子版，不断提升馆藏文献利用率。

管理工作

2010年，潜山县图书馆完成岗位聘任工作，全面实行竞聘上岗。

表彰、奖励情况

2012年9月，潜山县图书馆获县委、县政府“文明单位”表彰。

现任馆领导

夏传明，男，1969年12月生，大专学历，中共党员，馆员，馆长。1990年参加工作，现任天柱山摄影家协会常务副主席，省协会员。

黄德红，男，1971年11月生，大学学历，中共党员，馆员，副馆长。历年来担任图书馆编目与基层辅导工作。

未来展望

潜山县正在创建国家公共文化服务体系示范区，已着手建设新图书馆，图书馆未来会更好！

联系方式

地　址：潜山县梅城镇潜阳路442号
邮　编：246300
联系人：夏传明

和县图书馆

概述

和县图书馆是文广新局二级机构、三级公共图书馆（2013年第五次公共图书馆评估定级）。和县图书馆建馆以来，上级领导十分重视图书馆建设，馆舍于七八十年代投入使用，面积800平方米，有阅览座位109个，其中成人阅览室5个，少儿阅览室48个，报刊杂志阅览室30个，电子阅览室26个。与此同时，我馆也十分重视资料室和电子阅览室建设，现有资料室1个，内藏大量地方文献资料。电子阅览室1个，计算机数量达35台。现有编制8个，在编在岗人员6人。

业务建设

随着通讯技术、计算机技术、网络技术的快速发展，网络资源建设已经成为现代图书馆资源建设的重要组成部分。09年以来，我馆在全国文化信息资源共享工程方面投入了大量资金和人力，建设县级支中心和乡镇基层点并与组织部门的“先锋在线”合作，搞好共建工作。通过招标、采购方式完成前期站点建设工作。为保证借阅图书和查阅文化献资料的需要，图书馆将加大数字资源的建设。

2012年我馆积极打造“数字图书”，与北京超星公司签订电子图书采购协议，构建数字化资源服务平台——“和县数字图书馆远程访问卡”。后又签订《龙源电子期刊阅览室》服务合同，开通了和县图书馆网站。积极打造“文化资源共享工程”县级支中心。

我馆经过的多年的积累，藏书已经有了一定的规模，各类书刊总藏量8.8万册。年图书入藏量达1000种，年报刊入藏量达121种。目前，电子期刊计3000种，电子图书40万册，视听文献量达488件（盲人音像资料28件，其他DVD/VCD/CD460件）。同时，重视地方文献资料的收集工作，方便读者查阅，基本满足了广大读者的需要。目前我馆收藏的文献类型主要以印刷型文献为主。

采编人员采用《中图法》（第五版）进行分类、标引，使用《普通图书著录规则》进行著录，并用完整的书标、登录号、馆藏章，提高加工整理质量。

读者服务工作

我馆读者服务的宗旨是“以人为本，读者至上”的服务理念，本着这思想，我馆不断加强工作人员的岗位作风建设和管理水平，改善服务质量，给广大读者提供优质的、多种形式的、高层次的服务，如：为读者的信息资料查阅提供佐证、提供部分免费阅览、开展读者服务周深入社区为少儿和特殊群体服务、积极建设农家书屋，更好地为农民朋友服务等。我馆在县政府网站论坛里及时答复读者借书困难的问题，并及时解决。本馆舍现有一层至四层，开设阅览室、电子阅览室和资料室，实行借阅一体化。接待读者逐年增加，2012年接待读者92100人次，年外借各类书刊约73050册次。

为了提高购书的准确性、针对性，图书馆在采购工作上采取了一些措施。比如，多年来一直坚持采编和管理员选书制度，定期召开会议，听取全馆职工对于图书采购的意见；并由读者随意推荐图书，采访人员在及时给以答复的同时，还根据读者的意见有针对性地进行采购。这些采购措施使得我馆收藏的图书、文献资料，能够最大限度地贴近读者的需要，为我馆藏书的高流通率、高利用率打下了坚实的物质基础。

业务研究、辅导、协作协调

为提高业务素质和服务水平。学术研究工作成为我馆的一个有机组成部分，我馆一直非常重视学术研究工作，学术研究蔚然成风，在馆职工积极撰写学术文章，已经形成了良好的学术氛围。在提高自身素质、水平的同时，还学以致用，积极辅导基层图书从业人员，帮助他们提高服务水平。

我馆柴林红同志积极参加业务学习交流活动，其论文多次获得表彰。参加2011年省图书馆学会征文，《对基层公共图书馆免费开放的思考》，获三等奖；参加2012年中国图书馆学会年会征文，《基层少儿阅读推广之窘境及对策研究》，获得二等奖；参加2013年中国图书馆学会年会征文，《对农村地区阅读推广的思考》，获得二等奖；参加2013年中国出版界图书馆界全民阅读年会征文，《应重视大学的阅读教育》，获得三等奖；参加2013年安徽省图书馆学会年会征文，《浅议立法推动全民阅读》，获得三等奖等。

管理工作

我馆从建馆初期就极为重视各项管理工作，成效显著。积极加强规章制度建设，并在实行期间不断修订完善。到目前为止，已经建立了一套完整的规章制度体系和岗位考核制度体系，涵盖图书馆工作的方方面面。这样，就使得各项工作都有制度可依，各项奖惩措施均有章可查，减少了人为因素造成的管理上的随意性和盲目性，从而保障了各项工作的顺利开展。我馆与本地公安、消防部门展开合作，配置灭火器、防盗门窗进行消防、安保工作。学习相关法律知识，提高全馆工作人员的消防、安保意识，并加强制度管理。经过装修改造，改善了我馆的阅读学习环境，种植了花草树木，加挂了平面示意图、温馨提示等相关标牌，设施维护良好。

2012年我馆还吸纳了大量社会公益人士，组建了“图书馆和县志愿者队伍”，既提高了我馆的知名度，也调动了广大市民积极参与国家“文化大发展、大繁荣”建设。

我馆进行的各项服务工作，县政府网站、县电视台均进行了跟踪报道，社会反响热烈。上级领导多次莅临我馆指导工作，对我馆作出的成绩给予肯定。

馆领导介绍

仲立海，男，1971年7月生，大专学历，中共党员，馆长。2007年9月由县文化旅游局调入县图书馆工作至今。

柴林红，女，1965年3月生，本科学历，副馆长。1990安徽大学图书馆学毕业后分配到和县图书馆参加工作至今，2005年任命为副馆长。

未来展望

在原来有的基础上，进一步加大免费开放力度。近年来，我馆一直非常重视图书馆数字自动化建设，在原来力博软件的基础上，进行升级优化。对图书采访、编目、流通、连续出版物等所有业务范围，进行优化组合，使读者和工作人员也会得心应手。书刊的借阅业务环节将全部实现自动化管理化。进一步加强对馆外流动图书室、乡镇文化站相关业务指导，发挥公共文化基层服务点作用，进一步加强公共文化服务体系建设。

联系方式

地　址：马鞍山市和县文昌中路29号
邮　编：238200
联系人：仲立海

宿州市埇桥区图书馆

概述

宿州市埇桥区图书馆前身是宿县图书馆，成立于1950年，随行政区划变更，更名为宿州市埇桥区图书馆。馆址在宿州市中山街69号，老馆舍为清末所建的雷公馆，馆舍面积150平方米，2005年，新馆在原有馆址新建，建筑面积500平方米，全框架结构，整体二层，局部三层。图书馆设有电子阅览室、综合报刊阅览室、文献借阅室、少儿借阅室、地方文献阅览室、全国文化信息资源共享工程县级支中心等服务部门，有阅览坐席100多个，计算机54台，宽带接入20M，选用南京图书馆研发的力博图书馆自动化管理系统。宿州市埇桥区图书馆2010年、2013年分别被国家文化部授予"三级图书馆"。

业务建设

截止2013年底，宿州市埇桥区图书馆藏书总量55万册（件），其中纸质文献5.5万册、电子图书50万种/册，每年订阅报刊140种。自2012年起，我馆侧重地方文献收集整理工作，已收藏地方文献3000余册。2014年实现全馆无线网络全覆盖。

读者服务工作

从2005年起，宿州市埇桥区图书馆全年365天天天开放，2011年6月28日起，实现基本服务项目免费开放，每周开放时间56小时。免费开放以来，进馆读者越来越多，平均每天接待读者400多人次，双休日每天超千余人，全年总流通182500人次，书刊外借230000册次。在做好基本项目免费开放的基础上，宿州市埇桥区图书馆还开展延伸服务，分别在学校、军营、乡村、社区、看守所、高速公路管理处等地建立馆外图书借阅服务点16家，把图书馆办到群众身边，方便群众就近看书学习。宿州市埇桥区图书馆每月都举办形式不同的读书报告会，邀请知名人士举办讲座和演讲比赛，每年我馆都会邀请不同行业的工作者进行讲座，如市交警部门做的"交通法律、法规专题讲座"；北京植物园科普馆馆长王康博士做的"神秘的植物世界"讲座，既向读者普及了法律和科学知识又进一步提高了我馆的群众知晓度。而以"爱国主义"为主题的演讲比赛，则弘扬了爱国主义精神，激发了青年读者为实现"中国梦"发奋读书的热情，展现了青年朋友为实现"中国梦"而勤奋读书的精神。

业务研究

宿州市埇桥区图书馆近几年先后发表论文5篇，其中2008年发表在《大学图书馆学刊》的《国有书店缘何变成公共图书馆》一文，荣获安徽省图书馆学会三等奖。分别组织图书馆职工参加中图学会、安徽省图书馆学会举办的各类业务培训班，提升业务理论水平，进而提升免费开放服务水准。

管理工作

2011年12月，宿州市埇桥区图书馆完成了全员岗位设置和聘任工作，签订了聘任合同，明确各岗位职责。

表彰、奖励

2011、2012年度分别被宿州市埇桥区文化广电旅游局授予"先进单位"称号；2011年在"颂歌献给党歌咏活动"中被国家文化部全国文化信息资源建设管理中心授予"优秀提名奖"；2013年被宿州埇桥区工会授予"文明窗口"称号；2013年"品读好书、放飞梦想"活动中被安徽省图书馆授予"优秀组织奖"。

馆领导介绍

李大鹏，男，1966年2月出生、大学本科学历，中共党员，副研究馆员，馆长。1985年8月安徽大学图书馆学系毕业分配至图书馆工作至今。中国共产党宿州市第四次代表大会代表、中国共产党宿州市埇桥区第八次代表大会代表。中国图书馆学会会员、安徽省图书馆学会理事，发表专业论文10多篇。

张波，女，1967年1月出生，中共党员，大专学历，图书馆党支部书记、1982年12月参加工作，先后在宿州市粮食局、砀山县行管局工作，2003年调入图书馆工作至今。

未来展望

目前宿州市埇桥区图书馆坐落在宿州市商业步行街中山街中，周围商铺林立，进出通道十分不畅，消防隐患严重，图书馆急需迁出，另选馆址新建图书馆。宿州市埇桥区政府已经规划政府新区，新政务区将兴建新图书馆，新馆设计具有汉代建筑风格形式，建筑面积达5000平方米，按照国家县级一级图书馆标准进行筹建，主要指标位居全省先进行列。

联系方式

地　址：宿州市中山街69号
邮　编：234000
联系人：赵 琪

全椒县图书馆

概述

全椒图书馆建于清光绪二十七年（公元1900年）冬。北伐战争后，图书馆由民众教育馆接管。民国二十六年（1937年）冬，日军侵占全椒县城，民众教育馆停办，次年秋，民众教育馆在全椒程家市恢复，抗战胜利后，民众教育馆迁回县城。1949年元月，全椒解放后，馆址馆名几经变迁后的县图书馆并入县文化馆。一九七九年元月，经省图书馆正式批准成立“全椒县图书馆”。现地址在县城儒林路221号（建设大厦附二楼），建筑面积750平方米。馆内拥有各类文献资源4万册（件），图书馆数字资源总量为10个TB，年接待能力5万人次。现在太平桥南广场新建了5572平米徽派建筑风格的全椒新图书馆，将为各层次读者提供更加舒适恬静的学习休息环境。

业务建设

图书馆建有自己独立的信息网站，是国家文化信息资源共享工程县级中心。采用馆藏、查、借、阅、参一体化模式，向读者提供全开放借阅、欣赏和交流空间，逐步形成以文史、哲学、艺术、法律、旅游、经济、教育、少儿为特色的图书馆藏体系。馆藏纸质藏书3.8万册，涵盖22大类；电子图书40万册；电子期刊3600多种，期刊130余种，新刊上线与纸版期刊保持同步，多媒体光盘200多种。有计算机50余台，工作人员6人，分设外借室、综合阅览室、少儿阅览室、电子阅览室分成人和少儿两个阅览室，地方文献室、采编室、多媒体映视厅，2011年–2013年，接待读者11万人次，图书借还20万册次，定期不定期举办电子资源使用培训班，展览，社科普及大讲堂和各种类型服务活40次。2013年10月，第二次通过图书馆等级评估，被评定为国家三极公共图书馆。

表彰、奖励情况

2013年3月份，获县妇联“巾帼文明岗”荣誉称号。2013年4月份，被共青团滁州市委员会授予“2012年度市级青年文明号”荣誉称号、同时被表彰为“2011–2012年度优秀青少年维权岗”。2013年9月，被全椒县科协命名为“全椒县社会科学普及示范基地”，并作为滁州市唯一一家省级社科普及基地申报单位。2013年10月，第二次荣获“国家三级图书馆”荣誉称号。

管理工作

建立了工作量化考核指标体系，每月进行工作进度通报，参加县主管局每半年和全年总体工作考核。2011–2013年，文献排架76次，书目数据更新38次，网站信息一周一更新，馆员撰写专项调研报告4篇，编写工作动态信息76篇；开展“读者至上，服务第一”“我为读者做贡献”、主题演讲四期，图书、报业知识、计算机技术应用能力、信息学知识、网络技术知识、安全消防技能新知识培训六期，员工仪容、礼仪、心理保健培训4期。

业务研究、辅导、协作协调

与省图、南图等馆保持经常性的业务研究，4次开展新馆理念设计功能布局拓展服务等专题调研。

10个综合文化站共享“一站式”传播平台，举办图书中图法等农家书屋管理员图书编目培训班4期，12课时，510人次接受培训。

与县科协县、纪检会、县宣传部合作，建立红色、廉政、社科普及特色书架3个。

与海螺、县消防中队、县看守所等4个单位建立流动图书点4个，职工书吧3个，免费赠送图书2000多余册。

与襄河镇花园等3社区共建社区图书点3个。

与武岗等镇文化站联合举办“播撒文明守住宁静”讲故事比赛和“小鬼当家”暑期农民工子弟、留守儿童电影影院，全县3000多名农民工子弟、留守儿童共享丰盛文化大餐。

读者服务工作

以“红五月”服务宣传周活动为主抓手，坚守服务永恒主题，努力促进全民阅读，最大限度满足各层次读者需求。为全椒消防支队等流动书点置换图书1000多册，为职工书吧、社区图书点更换图书5次，为特教学校的学生代表和留守儿童代表人均赠送图书500多本；推出“走出馆门，读者自选图书”“奉献爱心，增辉全椒”等“十大”特色品牌活动，包括中小学生在内的上万名读者先后走进图书馆。

馆领导介绍

张青，女，1980年出生，本科，中共党员，退伍军人。1996年底–1999年底在北京第二炮兵通信总站服役；2001年11

省社科联副主席范恒森一行在县图书馆开展专题调研

原安徽省文联副主席俞风斌捐赠个人专著40余册

社科知识大讲堂

举行“欢乐共享楹马年”春节春联现场送活动

报刊阅览室

电子阅览室

综合借阅大厅

月分配至全椒县图书馆；2006年10月–2010年7月借调在全椒县文体局机关办公室；2010年7月至今任图书馆馆长。

未来展望

正在建设中的全椒新图书馆馆将是一个全新功能、概念的图书馆，为全县48万各阶层、各行业、各类人群提供服务，满足全县最广大读者的知识学习、文化消遣、决策支持和科学研究等方面对文献信息的需求。

新馆将成为全椒县图书馆总分馆体系中的总馆，服务体系涉及10个乡镇100多个村（居委会）。

新图书馆是城市的客厅、大众的书房、学生的第二教室、信息咨询中心、市民的学习研究沙龙、专家的研究室、免费的网络阅览室、读者读书交流和换书中心、旧书店等。

新馆与安徽图书馆、南京图书馆等省级图书馆相对接，实现业务协调和资源共享，是文化信息资源共享工程的支中心。

联系方式

地　址：现在图书馆地址在儒林路221号（建设大厦附二楼）
邮　编：239500
联系人：张 青

全椒县科普示范基地

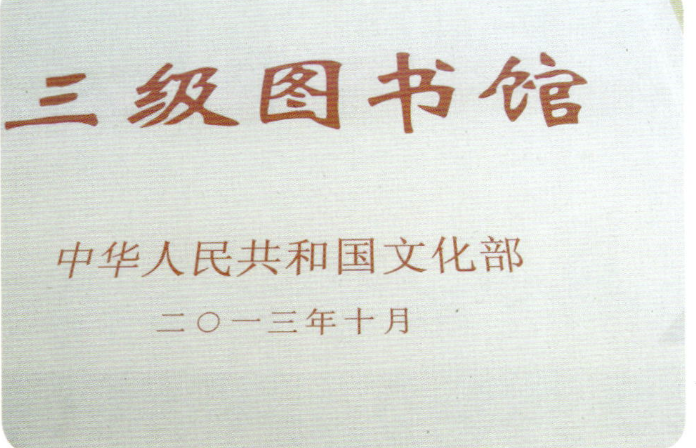

第二次荣获“国家三级图书馆”荣誉称号

阜南县图书馆

概述

安徽省阜南县图书馆初创于1975年，正式落成于1979年，当初是文化馆内部的一个部门，同年八月正式对外开放，是我省较晚成立的县级公共图书馆。馆址几经变迁，1995年9月30日，位于淮河西路，占地1000平方米，建筑面积400平方米，藏书近1万册，可容纳读者座位20个；2003年，因建新馆临时搬迁到阜南县地城南路1号；2004年9月正式迁入地城北路文化大世界5F。2009年参加第4次全国公共图书馆评估，首次获得三级图书馆称号。

业务建设

阜南县图书馆从弱到强，1994年之后进入到快速发展的快车道。截止2013年底，阜南县图书馆面积1500平方米，总藏量5万余册（件），其中电子文献300种。

2011、2012年，阜南县图书馆新增藏量购置费4万元，2013年起增至5万元。2013–2014年6月，共入藏中外文图书800种，报刊120种，视听文献20种。2011年，地方文献入藏完整率为90%。

2013年，安装使用了自动化管理系统，以适应阜阳市共图书馆服务联盟建设的需要，同时升级了光纤宽带接入。2013年年初，实现馆内802.11N无线网络覆盖。

读者服务工作

从2011年6月起，阜南县图书馆全年365天对外免费开放，周开放56小时。坚持读者座谈会制度，定期与读者交流沟通，了解需求更新服务。2009–2012年，书刊总流通3万人次，书刊外借2.8万册次。2013年4月，实现开通与全县农家书屋互借服务。2012–2014年5月，馆外书刊流通总人次5.5万人次，书刊外借6万册。1996年7月起，阜南县图书馆为当地政府、地方招商办公室提供咨询服务，连续被主管部门评为工作先进单位。

2012年，开通了图书馆独立网站，宣传图书馆业务、新书推荐，提供浏览和下载服务。2012–2014年，阜南县图书馆为农家书屋共举办讲座、展览、培训、阅读推广等读者活动40场次，参与人数5000人次。

管理工作

2012年，阜南县图书馆完成全员岗位聘任，同时，建立了工作量化考核指标体系，每月进行工作进度通报，每半年和全年进行总体工作考核。2013–2014年上半年，共抽查文献排架3次。

表彰、奖励情况

1994–2013年，阜南县图书馆共获得市县级各种表彰、奖励12次。

馆领导介绍

李曙，女，1965年12月生，图书情报专业，大专学历，馆长。1985年10月参加工作，1989年任阜南县图书馆副馆长，2004年9月任阜南县图书馆长。

未来展望

阜南县图书馆保持和发扬优良传统，遵循“服务、效率、创新、发展”的思想，逐步完善服务功能，扩大服务辐射面，带动地区事业发展。

联系方式

地　址：安徽省阜南县地城北路文化大世界5F

邮　编：236300

联系人：李 曙

萧县图书馆

概述

萧县图书馆始建于1953年，馆址坐落在龙城镇淮海路中段，1993年被文化部授予三级图书馆。馆内设有办公室、电子阅览室、报刊杂志室、借阅室、书画培训室、儿童阅览室、盲人阅览室。现有在职职工17人，其中45岁以下职工8人，大专以上学历14人，中级职称3人，初级14人。藏书9万余册。

萧县文化信息资源共享工程于2009年开始起步建设，市图书馆建立了萧县文化信息资源共享工程县级支中心，配置电脑20台。县政府对市文化信息资源共享工程建设比较重视，2009年，成立了萧县文化信息资源共享工程建设领导小组，由分管副局长为组长，负责指导、协调全县文化信息资源共享工程建设工作，制订了《萧县文化信息资源共享工程实施方案》。目前，全市已建成萧县文化信息资源县级支中心1个；乡镇基层服务点23个；农村党员干部远程教育基层服务点及村级（社区）共享工程基层点267个。"共享工程"萧县支中心设在萧县图书馆，指导全县"共享工程"工作的开展。

业务建设

截止2012年底，萧县图书馆总藏量14万册（件），其中，纸质文献9万册（件），电子图书5万册。

2012年萧县图书馆新增藏量购置费15万元，2013年购置电子图书5万元。建立萧县图书馆网站。

读者服务工作

2012年，萧县图书馆共举办讲座、展览、培训、阅读推广等读者活动18场次，参与人数12000人次。以萧县公共图书馆服务为平台，做好读者推荐新书、编制新书目录、开展送书服务、解答读者咨询、电子阅览室查询等服务，为读者提供便捷的条件。利用图书馆读者服务宣传周，通过印制宣传单，制作展览，让群众了解图书馆，走进图书馆，利用图书馆，发挥图书馆的社会教育职能。

萧县图书馆利用本地的文化优势——萧县书画。春节期间组织书画家走向街头为当地群众写春联，组织书画笔会活动不仅为书画家展示才艺提供了一个平台，也促进了乡镇书画艺术的交流，这对繁荣我县文化事业，弘扬书画艺术，构建和谐社会产生了积极的作用。更好地丰富我县人民群众的文化生活。

资源建设

2012年以来，萧县支中心结合本县实际，利用萧县——中国书画艺术之乡独特的优势；组织书画活动20多次，发放宣传材料50000余份；丰富了群众的文化生活。

管理和队伍建设

萧县支中心重视"共享工程"管理和队伍建设工作，制定了相关工作职责和制度，每年有年度工作计划和总结，并制定了《萧县文化信息资源共享工程实施方案》。

萧县支中心选择计算机专业或其他高学历的人员为管理员，并通过出去学习、请老师来馆讲课等形式，努力建设一支专业化的"共享工程"管理员队伍，不断提高业务能力和工作水平。

馆领导介绍

陈朝晖，男，1973年5月生，本科学历，中共党员，馆长。1992年8月参加工作，历任萧县图书馆副馆长，2011年10月任萧县图书馆馆长（股级）。2012年在县举办的11省市书画展中被评为"先进个人"。2013年6月被县机关工委评为优秀党员。

刘怀振，男，1978年生，大专学历，中共党员，萧县图书馆副馆长 。

萧莉，女，1970年生，大专学历，1990年8月参加工作，萧县图书馆副馆长。

未来展望

萧县的公共图书馆存在藏书量少、新书少的情况，须继续大力推进"共享工程"建设，充分利用"共享工程"的丰富资源为群众服务。要结合"数字图书馆"工程建设，全面提升萧县县级支中心的设备，提高萧县"共享工程"的建设水平。要进一步扩充文化设施网点，早日实现行政村全覆盖。以县图书馆为中心，加强基层文化设施网点网络化、数字化建设，加强专业技术人员的培养，为深入推进"共享工程"的实施打好基础。要充分发挥"共享工程"的作用，大力开展公益性数字文化服务，尤其加强对广大农村地区的扶持力度，将文化共享工程建设成为社会主义新农村的重要抓手。通过多种形式拓展服务范围、创新服务方式，将地方音乐、曲艺、歌舞、美术等优秀非物质文化遗产纳入"共享工程"建设内容，以群众喜闻乐见的形式使"共享工程"更加贴近基层、贴近生活、贴近群众。

联系方式

地　址：安徽省宿州市萧县龙城镇淮海路98号
邮　编：235200
联系人：陈朝晖

关爱农民工·书籍送温暖

元宵节活动

孝文化作品展

砀山县图书馆

概述

砀山县图书馆始建于1962年，前身为砀山县文化馆图书室，1971年成立砀山县图书馆，现在岗职工7人。老馆馆舍面积450平方米，设置有采编室、借阅处、阅览室、书库、电子阅览室、多媒体室、办公室等，（新馆已基本完工）。砀山县图书馆配有业务终端计算机38台，服务器4台，2013年第五次公共图书馆评估第二次获得三级图书馆称号。

业务建设

截止2014年6月，砀山县图书馆总藏书量9万册，电子图书50万册。选取、制作各类资源15TB，制作刻录光盘30000多张。

读者服务工作

砀山县图书馆从2011年6月28日实行365日免费对社会公众开放。主要免费提供文献借阅、查询、阅读指导、参考咨询、教育培训、讲座、展览及网上信息导航、馆际互借、读书活动、读者天地、卫星通信接收系统共建共享服务、多媒体影视播放学术讲座、打印复印下载、网上浏览、电话或网上续借收发电子邮件、送书上门、免费寄存、提供饮用水等服务。

2011年6月至2014年6月共接待读者68000人次，书刊流通79000人次，书刊外借53000册次。建立6个图书流动服务点，送书下乡、送书进学校、社区15次，送书册数达1万册。

2011年6月至2014年6月共举办各种读书活动、培训、讲座、展览等读者活动245场次，参加人数20000多人。

业务研究、辅导、协作协调

2011年至2014年6月，对中小学图书馆管理员培训、农家书屋管理员、村基层服务点人员进行业务培训辅导共计15次，参训人员1500人。

依托文化信息资源共享工程，进行公益性电脑知识培训，2011年至2014年，举办3期老年电脑知识培训，每期40学时，参训人数近400人。

管理工作

2010年始，砀山县图书馆实行全员岗位聘任制，工作量化考核制，考核结果进行通报，并作为绩效工资和评优的依据。

表彰、奖励情况

2011年，在安徽省公共图书馆庆祝建党九十周年百本红色书籍阅读征文演讲比赛中，获优秀组织奖。

管领导介绍

杜新民，男，1953年生，汉族，武汉大学图书馆情报学毕业。中共党员（1975年复员到图书馆至今），馆员，馆长，党支部书记，中国图书馆学会会员。在中国图书馆学会举办的“百县图书馆论坛”会议，获二等奖，在省级刊物发表论文多篇。

陈朝玉，男，副馆长，1962年生，汉族。县政协委员，1980年复员至今在图书馆工作。

马军荣，女，副馆长，1973年生，汉族，馆员。

六安市金安区图书馆

概述

六安市金安区图书馆于1956年由六安县图书馆转入，1999年撤地设市为六安市金安区图书馆，馆地址为六安市人民路44号，2005年被文化部评定为国家三级图书馆。2012年，馆舍建筑面积850平方米，藏书容量15万册，可容纳读者座位150个，计算机45台。

业务建设

截止2012年底，六安市金安区图书馆总藏量15.23万册（件），其中，纸质文献13.95万册（件），电子图书1万册，电子期刊0.28万种/册。

2009、2010年，六安市金安区图书馆新增藏量购置费3万元，2009–2012年，共入藏中外文图书5225种，10450册，中外文报刊1220种，古籍3833本。

2009年，借书处采用力博图书馆自动化办公系统，实现全馆借阅自动化，以适应公共图书馆服务需要。

读者服务工作

从2011年6月起，六安市金安区图书馆全年365天天天对外免费开放。2009–2012年，书刊总流通45万人次，书刊外借55万册次。2012年10月，六安市金安区图书馆网站开通。读者可以在网络上浏览我们的网站，从而了解我馆的最新动态和最新的图书阅览信息。截止2012年。2009–2012年，六安市金安区图书馆共举办讲座、展览、培训、阅读推广等读者活动125场次，参与人数2万人次。

业务研究、辅导、协作协调

2009–2012年，六安市金安区图书馆职工发表论文12篇。结合金安区民生工程举行金安区“农家书屋”、“公共电子阅览室”的管理员专业知识培训56场次，参会人数1563人。

管理工作

2010年，六安市金安区图书馆完成第三次全员岗位聘任，本次聘任共设6类岗位，有22人重新上岗，同时，建立了工作量化考核指标体系，每月进行工作进度通报，每半年和全年进行总体工作考核。

表彰、奖励情况

2012年，六安市金安区图书馆馆长刘宏同志被评为金安区“优秀党务工作者”。

馆领导介绍

刘宏，男，1966年4月生，大专学历，中共党员，助理馆员，馆长。1970年12月参加工作，历任六安市金安区图书馆办公室主任、副馆长2012年5月任六安市金安区图书馆馆长。

张曙明，男，1962年11月生，本科学历，中共党员，馆员，副馆长。1980年9月参加工作，1982年1月到六安市金安区图书馆工作，分管民生工程工作。

王敏春，男，1956年11月生，大学专科学历，馆员，副馆长。1983年3月到六安市金安区图书馆参加工作，分管采编部工作。

梁荣，女，1967年7月生，大学专科学历，馆员，副馆长。分管外借处工作。

未来展望

六安市金安区图书馆遵循“科学、效率、创新、发展”的办馆方针，完善单体服务功能，扩大服务辐射区域，带动地区事业发展。2009–2012年，在不断强化自身综合实力的同时，结合六安市老城区改造我馆将面临拆迁，等到新馆全面建成后，全新的六安市金安区图书馆，总建筑面积5000平方米，阅览座位1000个，可容纳纸质文献70万册，年服务人次可达30万人次以上，数字资源设计存储能力200TB，能够提供全覆盖、不间断、无时空限制的数字文献远程和移动服务，数字资源年利用率100万件/次以上。同时，还具有支撑保障金安区公共图书馆服务体系良好运行的文献与技术能力。

联系方式

地　址：六安市人民路44号
邮　编：237000
联系人：孙 军

读书活动

六安市看守所流动服务点

农家书屋管理员培训

含山县图书馆

概述

含山县图书馆1958年成立，1961年图书馆并入文化馆，1979年重新成立图书馆，1981年独立建馆，馆舍960㎡，2005年被文化部评为三级公共图书馆，2013年10月开始对含山县老干部局办公楼按照图书馆的功能进行功能改造，改造后的图书馆1200㎡，设立电子阅览室、借阅室、盲人阅览室、采编室、少儿阅览室，有电子计算机50台。

业务建设

含山县图书馆2013年第五次评估定级时有馆藏纸质图书4.7万册，古籍70册，电子图书40万册，期刊3000种，有1987年出版的《四库全书》一套1500册，期刊报纸120种，图书年入藏量2000种，每年视听文献30余种以上，图书采购有针对性与连续性。少儿室有电子触摸屏等先进设备，有电子书、电子期刊供广大读者阅读。宽带接入1000Mbps，图书自动化管理。

2012年10月，含山县划归马鞍山市后，根据马鞍山创建国家公共文化服务体系示范区的要求，含山县委县政府为适应创建要求，将县原老干部局办公楼划归县图书馆使用，含山图书馆一抓观念融合，二抓馆舍改造，图书馆及时行动，制定分布改造方案，在整体布局、功能设置上提出合理建议并在施工中对工程质量进行跟踪监督。

读者服务情况

注重价值引领，丰富道德内涵，在图书馆图书选择和网站宣传中，注重友善、孝敬、诚信、守法等中华美德的教育，树立正确的道德观和价值观。每年4月23日世界读书日开展读书演讲、征文比赛，树立多读书、读好书的良好风气，提供健康向上的正版图书和视听资料，提升未成年人的成长环境，图书馆网络和图书资源，从维护未成年人身心健康出发，营造出全社会关心支持未成年人成长的浓厚氛围。

在少儿阅览室设立“法律知识读书之角”使未成年人既要成为一个身心健康有知识的人，又要成为遵纪守法的文明人，充分利用我馆资源，作为未成年人的德育第二课堂，让他们学到法律知识，提高法律素养。

含山县图书馆在县看守所设立“含山县图书馆看守所分室”，捐赠图书，为在押人员送去精神食粮，并进行图书馆业务指导、帮助图书上架。上门到县残联免费为残疾人员办理借书证。为未成年人办理“妈妈借书证”，开展读者满意率问卷调查。每年开展服务宣传周活动。

业务研究、辅导、协作协调

含山县图书馆在职人员10人，大专学历以上7人，职工每年参加继续教育学习，发表图书馆专业论文6篇。在岗人员均受过系统图书馆学培训，新书上架通过网站进行宣传。和马鞍山市图书馆在县林头镇开展“留守儿童心理辅导”，专业人员现场进行心理辅导。邀请县人大有关领导、县政协委员走访图书馆，了解图书馆现状，帮助解决图书馆的实际问题。每年举行学雷锋志愿者活动，到荒山、“三八”林植树，到公共场所打扫卫生。

管理工作

图书馆2012年完成岗位设置，设置管理岗位2人，专业技术岗位12人，工勤岗位1人。有严格的岗位职责管理条例、每天考勤、每月统计、年度通报。

表彰、奖励情况

含山县图书馆女性职工多，2012年荣获县“巾帼文明岗”表彰，并获“含山县文化先进单位”称号。

馆领导介绍

周明道，男，1924年生，历任小学校长、首任县图书馆馆长。

周子君，女，1936年生，中共党员，大专文化程度，副馆长主持图书馆日常工作，负责第一次建馆舍。

徐长贵，男，1934年生，中共党员。

杨延怀，男，1940年10月生，中共党员，1990年至2000年在图书馆工作，馆员。

王康莉，女，1955年生，中共党员，中级职称。2000年到2010年在图书馆工作。

未来展望

含山县被列为首批创省级公共服务体系示范区，要在三年内建成国家一级图书馆，在建设上图书馆要努力做好协调服务工作，努力做好免费开放工作，真正实现零门槛、人性化，全免费开放。努力打造设施齐备，管理规范、服务高效的新型现代化图书馆。

联系方式

地　址：安徽省含山县长山路7号
邮　编：238100
联系人：孙礼慧

含山县司法局赠书，设立法律知识读书之角

世界读书日举办有奖征文活动

含山县政协委员走访图书馆

霍山县图书馆

概述

霍山县图书馆成立于1978年3月，成立之初无固定馆址，租房办公。1990–1992年，在省文化厅、财政厅和和县财政部门的资金大力支持下，相继征地2.99亩，兴建了图书馆大楼和围墙、护坝石坡等附属设施，环境面貌显著改善。2008–2009年，县政府又投入58万元，完成了图书馆全面维修和成人借阅室、少儿借阅室、地方文献室、报刊阅览室，采编室、电子阅览室，多功能厅，办公室八室配套改造。现有馆舍建筑面积850平方米，阅览室拥有坐席200余个。

业务建设

截止目前为止，霍山县图书馆总藏量为66万册，其中电子图书40万册。实施了图书馆达标建设，并通过市场调研、政府采购，加大对健康有益、喜闻乐见的馆藏图书的配置，对各类图书报刊实行分类编目、电子索引、软件管理，改善借阅条件和环境，极大地满足了读者对图书报刊阅读的需求。目前霍山县图书馆的业务建设基本走上了“五化”发展轨道，一是正规化。即读者第一，服务至上；热情接待，宾至如归；标示规范，借阅迅速；设施完好，环境整洁。并公开向社会承诺，广泛接受读者和社会监督。二是标准化。即开、闭馆准时、敞开办证，语言文明、开架借阅、微机管理、活动丰富、服务创新。三是自动化。即采用微机管理、采访、编目、流通、报刊管理、馆藏文献检索等工作实行计算机业务管理。四是网络化。即开通了互联网局域网，安装图书管理系统，馆内工作人员通过电脑操作即可查知图书借阅情况和相关的信息汇总。五是数字化。即实现读者网上阅览和重要文献数字化。

读者服务工作

我馆坚持每周对外开放56小时，热情接待读者，耐心解答咨询，竭力为读者提供一个洁净舒适优雅的读书学习环境，在每年的图书服务宣传周期间都要悬挂横幅，向读者宣传推介图书馆，让广大读者认识图书馆、了解图书馆，进而走进图书馆、利用图书馆。并通过举办各种内容丰富、生动活泼的讲座、报告会、书籍图片展、送书下乡等活动，广泛提高广大群众科学文化素质，丰富人民群众业余文化生活。据统计自2012年以来我馆平均每年举办读者活动136次，参加人数达15600人。坚持定期不定期的召开读者座谈会，倾听读者的意见和建议，并在工作中加以改进。

业务研究和辅导

我馆每年都要派出工作人员去六安合肥等地参加业务培训，同时还对乡镇社区基层图书馆（室）进行业务培训辅导，2012年以来，先后对诸佛庵，下符桥等乡镇农家书屋进行图书分类、编目等业务辅导，积极努力的帮助基层单位建立较为规范的图书借阅和阅览室管理工作流程。

馆领导介绍

柏娟，女，中级馆员，馆长。

王瑾，女，助理馆员，副馆长。

展望未来

我馆将一如既往的秉承“读者第一、服务至上”的办馆理念，不断探索公共文化服务体系运行管理新机制、新办法，努力朝着国家二级馆的目标奋进。

寿县图书馆

概述

寿县图书馆始建于1956年，座落在寿县寿春镇西大街奎星楼院内，环境优雅，交通便利。占地面积2000平方米，建筑面积700多平方米，50多年来馆址一直未动，2005年因老馆馆舍破旧长期漏雨、损毁严重，单位经多方筹集资金进行了一次维修改造，使图书馆面积由原来500多平方米增加到现在的700多平方米，图书馆的环境有了一定改善。2009年，参加全国第四次公共图书馆评估，首次获得三级图书馆。图书馆的环境有了一定改善。

经费情况

2012年以来，每年国家和地方财政每年给予寿县图书馆图免费开放经费和购书费35万元。

业务建设

截止2013年底，现有图书总藏量47万册，其中借书室藏书37950册，资料室藏书32050册（包括古籍书2300多册），电子图书40万册。另外还有一定数量的电子资源，电子文献、视听资料、数字资源等。经过多年积累，我馆藏书已经有了一定规模，为了提高经费利用率，加强购书的准确性，针对性，在图书采购工作中采取了一系列措施，例如征求读者意见，网上调查读者爱好等，使采购的图书最大限度地贴近读者的需要，不断提升藏书的高流通率和高利用率。近年来，随着国家对文化事业投入不断加大，图书馆事业也发生了翻天覆地的变化，办公条件、读者借还书登记等基本实现自动化。电子阅览室拥有47台计算机，有专门网线接入。全部供读者使用。2012年6月寿县图书馆开通了自己网站。9月份采购了40万册电子图书在网上供广大读者免费阅览。人员结构，我馆现有工作人员20人，其中大学本科2人占10%，大专学历12人占60%，高中以上学历6人占30%。拥有中级职称的5人，助理馆员的7人，高级工2人，中级工3人，初级工1人。管理人员2人。每年至少接受一次图书馆学培训，能随时掌握最新业务动态，领导能够带领职工做好各项业务工作。多年来我馆始终重视队伍建设，为提高职工素质，单位每周固定安排一次政治和业务学习，对馆内没有学过图书的专业人员，先在馆内培训，即利用业务学习时间，由馆内图书专业人员讲授专业课，同时鼓励单位在职人员进行学历教育。文献资源，近几年随着购书经费不断增加，我馆图书年入藏量在3000种以上，报刊、杂志年订阅80种以上，还可根据读者需求随时进行补订。近几年随着网络技术的迅速发展，我馆利用这个平台，购置40万册电子图书供读者网上免费阅览。还试开了网上电子期刊阅览室，并建立了自己的网站。

读者服务工作

作为文化传播的主阵地和人民群众终身受教育的课堂，我馆始终坚"读者第一，服务至上"的理念，本着这一思想，在做好各项工作的同时，不断加强工作人员的岗位作风建设，提高管理水平，改善服务质量。一是举办图书宣传活动，每次购买新书后，均做一期图书推介活动，吸引大批读者来馆办证借阅，取得较好效果。二是组织读者活动，每年组织读者讲座二次以上，参加人数在一千人以上。三是利用我馆现有设备开展社会教育。四是免费为读者服务，保障所有人平等获取知识，实现相对公平的市民文化权利。五是延长图书馆各室的开放时间，全年所有假日照常开放。据统计，寿县图书馆年流通总人次在3万人以上。阅览室和借书室都是全开架式服务，极大方便读者阅览。

业务研究、辅导、协作协调

作为县级图书馆，我馆一直承担着基层图书室的建设和业务指导工作，在文广局领导下，积极参与建设基层图书室工作，几年来共捐增图书2000余册，极大丰富了乡村人民群众的文化生活，受到广泛好评和欢迎。与此同时为了帮助基层图书室管理员尽快熟悉图书管理业务知识，我们还组织人员对他们进行业务知识强化培训，使他们能够尽快投入到实际工作中去。在开展好对机关、学校和街道等基层图书室的业务指导和帮助的同时，也加强了单位工作人员自身的理论学习和研究，近几年我馆有三名职工参加省人事厅组织的中级职称考试顺利通过，单位专业技术力量得到进一步加强。今年6月我们馆和寿县消防大队进行共建，我馆抽调专业技术人员帮助他们建设图书室，并整体外借1000多册图书有期限的供他们借阅，受到好评。

表彰与管理

图书馆管理是图书馆系统运行中的关键一环，管理的好坏，管理水平的高低，直接影响图书馆的发展和对社会的服务。在图书馆的人事管理中，根据我馆的工作实际，实行按岗设人，人随岗移，择优聘用，严格考核，使得优秀职工工作在最适合的岗位上。根据不同岗位，实行科学定岗，定人管理，鼓励工作人员学习先进图书馆的先进经验、新技术和图书馆学理论，对学习突出和工作先进者给予适当的奖励。

馆领导介绍

盛磊，男，1974年3月生，大专学历，中共党员，馆长。

邹媛，女，1967年8月生，大专学历，中共党员，副馆长。

张丽，女，1972年5月生，大专学历，中共党员，副馆长。

未来展望

寿县图书馆新馆建设将于2013年启动，设计建筑面积4000平方米以上，按县级一级馆标准进行建设，预计新馆建成后，图书馆的功能将更加齐全，借阅环境将更加宽敞优美舒适。也必将成为寿县一个新的主要文化活动中心。

读者第一 服务至上

涡阳县图书馆

概述

涡阳县位于皖北，是安徽省历史文化名城，中国伟大的思想家、哲学家、道德学创始人，道教鼻祖老子诞生地，也是捻军首领张乐行的故乡。自古至今这里物华天宝，人杰地灵，英豪代起，贤哲如林。老子、尹熹、庄子、张良、黄石公、嵇康、陈抟等先后在这里生活或活动过，创造了不朽的近代文明，丰富了人类的知识宝库。1939年，中国共产党领导的彭雪枫新四军游击队进驻涡北新兴集，刘少奇也曾在涡阳留下了足迹，如今，涡阳存有捻军会盟的"山西会馆"张乐行故居，新四军游击队支队司令部旧址，刘少奇在新兴的故居，彭雪枫德政碑等。我馆依据本县的古今文化特色，专门设立了地方文献书库，并将本地及在此活动过的历史名人的著述及藏书设立了专柜，以突出名人的重要性，目前，涡阳已成为道教文化的研究中心，以上名人、名胜已汇成独具特色的地方文化。

办馆条件

涡阳县图书馆北邻文化馆，东靠老干部活动中心，西接徽派建筑腾龙潭水上商场。1959年建馆，隶属文化馆，1978年迁至团结路66号，1980年脱离文化馆，独立建制。

现有馆舍1000平方米，馆内设有成人阅览室、面积约90平方米、座席60个，少儿阅览室90平方米，座席70个。2006年，建立电子阅览室，面积60平方米，电子计算机30台，使用电信宽带网。未开展文化产业，年财政下拨事业经费。

馆领导介绍

廉伟，男，1965年出生，大专学历，中共党员，馆长。1982年参加工作，1996年任图书馆馆长至今。

胡洁，女，1964年3月出生，大专学历，中共党员，图书馆员，副馆长。1982年8月参加工作，先后在阅览室、外借室、老子文化藏书室工作。

文献资源建设

建馆以来，馆里根据县级公共图书馆的性质任务、读者服务对象，在藏书建设中力求将综合性、实用性，地方性相结合，尽可能满足读者需求，现在已形成以社科类图书为主的藏书体系，现藏书总量为7万余册、电子图书50万册、少儿有声绘本5000册、电子期刊4000余种。

作为老子故里，多年来我馆着重加强地方文化特色建设，设立了老子图书专柜，收藏老子系列图书1500余种、5000余册，安装了电子图书软件，文献标引用《中图法》，采用《普通图书著录规则》著录文献。采用种次号排列法组织管理，目前设有公务目录、读者目录、音序目录、分类目录。在文献的保护工作中，我馆注重防火、防潮、防高温、防虫、防鼠、防盗。始终保持文献的清洁卫生，定期消毒，实行安全工作责任制，馆藏文献得到良好的保护，做到布局合理、管理科学，使用方便，有效地发挥了图书馆服务的职能。

读者服务工作

历年以来，我馆因人因地，因时制宜，从2005年6月起，涡阳县图书馆全年365天天天对外免费开放，每周开放56小时，2005–2013年，书刊总流通120余万人次，书刊外借45万册次，2013年涡阳县图书馆网站正式启用，所有数字资源在网站进行阅览，结合所属团结社区建立服务网点，并向周边乡镇延伸，多次举行读者报告会，与各类中小学合办图书角，号召同学们捐出多余图书，相互分享。自办剪报形式的〈书窗〉小报，刊登读者读书心得体会，融洽了馆读关系，新书推荐会，新书宣传栏等活动。每年定期举办图书馆宣传周活动号召读者多读书，读好书，在重大节假日活动联合宣传部、文化中心，文联、文化馆、书画院及社会团体组织报告会、演讲比赛，图片展、书画展等活动，使读者量逐年攀升。

自动化、网络化

为推动图书馆自动化，网络化建设，2006年在财政困难的情况下，我馆自筹资金增设电子阅览室，购置30台电脑，进行人员培训，省文化厅在2009年又进一步加大我县"共享工程"的投入，为我馆新增40台计算机、以及投影仪、复印机、扫描仪、摄像机、数码照相机等办公设备。在我馆各科室安装了办公自动化程序，并对专业人员进行集中培训。目前，我县"共享工程"设施运行良好，人员配置合理，作为县级"共享工程"支中心，我馆已做好各项准备工作，随时可以开展各项业务活动，服务于我县的文化和经济建设。并对下一步我县373个文化信息资源共享工程村级服务点进行投影设备发放和技术人员的培训。

研究辅导与协作交流

面临二十一世纪的挑战，使知识增值、知识创新、智力创新，这就要求大家有新知识、新方法、新观念、新思维。因此，我馆经常派业务人员参加省图书馆学会举办的学术交流，学术研讨会，及时掌握图书馆发展前景，对新入馆的工作人员组织参加省馆主办的业务培训及继续教育学习，近年我馆业务人员发表专业论文4篇，由于受办馆条件的限制，我馆的服务还不能尽量地满足读者的需求，为此我馆谋求对外发展，加强馆际间的协作。多年来坚持对基层图书馆（室）进行业务辅导。先后对我县的480个农家书屋、一中、二中、党校、师范、消防中队、农科所、县医院、中医院等单位进行业务培训和技术辅导。涡阳二中为晋升高级中学，要建立图书馆，我馆派出业务骨干历时四个月，为其建立了完整的目录体系，规范了图书馆和借阅规则。涡阳县党校是我县较早使用《中图法》的图书馆，收藏偏重党刊、党报、党史理论研究，由于长期辅导，该馆现人才不断，图书馆在县直单位初具规模。我馆结合新农村文化建设，多年来给周边乡镇养、种植农户送科技书30000余册。

管理工作

随着图书馆事业的蓬勃发展，给图书馆的管理也提出了更高的要求，我馆根据自身的工作特点，按照部门工作性质的不同制定出详细的规章制度，保证各项工作的顺利实施。制定《读者借阅规则》、《电子阅览室管理制度》、《库房管理制度》、《设备管理制度》、《安全保卫和保密规定》等等，同时在全馆开展"爱馆、爱书、爱读者、优质服务"活动。对馆内财产进行年度清查制度对资产进行逐一核对登记造册。文献清查是重中之重，每年参考书库外借处等部门进行彻底清查。发现丢失、损坏等现象，对部门负责人、给予相应处罚。通过以上措施使近年来的文献资料得到良好的保护。

联系方式

地　址：安徽省涡阳县团结路66号
邮　编：233601
联系人：廉　伟

亳州市谯城区图书馆

概述

民国20年前后，有公共图书借阅活动，无专业图书馆。当时的通俗教育馆与民众教育馆均设图书借阅处。书籍除接收柳湖书院部分线装书外，又从上海购买新书数百册，并购《万有文库》1套，供读者借阅。建国初，县文化馆设有图书室。1956年8月1日，在文化馆图书室的基础上创建亳县图书馆，馆址白布大街南头路东。时有平房20多间，内设少儿阅览室、外借处、成人阅览室、资料查询室。1979年，安徽省文物局图书处和县联合拨款兴建一座总面积为600平方米的3层图书阅览楼。其中书库、阅览室面积各为260平方米，阅览室坐席300个。至1986年底，有职工14人、藏书17.5万册，订有报刊500余种；年图书流通量40万人次、60万册。1986年3月，国务院批复"撤销亳县，设立亳州市（县级）"，1987年6月4日，亳州市正式成立。亳县图书馆更名为亳州市图书馆。亳州市政府坐落在谯城区。

亳州市谯城区图书馆位于亳州市商业闹市区的白布大街98号，馆舍分东、西两座二层楼房和部分居住房。馆舍面积800㎡，阅览室面积400㎡，有阅览坐席120个。现代化技术装备，全馆拥有计算机63台，其中电子阅览室使用计算机60台，全部光纤接入，计算机信息点63个。1958年–2004年，设外借、成人阅览、少儿阅览三室，2004年增设电子阅览室。2008年，该馆在职人员8人大（专6人，中专1人；馆员2人，助馆6人）。现藏书23万册，订有报刊500种；年流通量60万人次、38万册，办理各类借书证13000个。1994年参加第一次全国公共图书馆评估被评为二级图书馆，现为三级图书馆。

业务建设

截止2013年底谯城区图书馆总藏量28万册（件），其中纸质文献23万册（件）电子图书5万册，电子期刊6000种/册。

2009–2013年共入藏图书2万种，7万多册，中外报刊500种，视听文献800种，地方文献入藏完整率为92%。

截止2013年底谯城区图书馆数字资源总量为22TB，建成地方文献、酒文化、三曹文化阅览室。实现馆内无线网络全覆盖。

读者服务工作

2009年起，谯城区图书馆对外免费开放借书处，共办理借书证8000个，阅览室办理借书证800个。年接待读书60万人次，图书借阅还40万册次。

2011年至2013年举办红色图书漂流活动，共漂流全区22个乡镇，3个办事处及全区77个党政单位。受益人群达十万人次，受到省委宣传部的表彰。目前红色图书漂流已进入第二阶段，走进企业、走进学校历时3年漂流150个单位。

2011年在观堂镇建立第一个谯城区观堂图书室办证200个，每年组织一次送图书下乡活动，共送书6000册，科技光盘3000盘；每周举办电视知识讲座一次；为残障人士送书上门一次。在市区街道建立两个读报点（亳州报），每年举办一次读书月活动。"六一"少儿猜谜语活动。2014年8.1又和市消防支队共建立一个图书室，我馆提供数字图书1万册纸质图书2000册。

业务研究与辅导

我馆图书馆职工发表论文20余篇，出版专著1部。我馆组织业务骨干为22个乡镇农村书屋上门进行业务辅导，每年集中一次业务培训，受训人员300次。

历任馆长有：朱佩君（女）、刘伟（男）、刘新志（男）、宁太清（男）、刘强（男）。

表彰、奖励

该馆儿童阅览工作颇有特色，曾于1958、1981、1982、1985年四次被评为全国和省级先进集体，出席过文化部召开的"全国图书馆工作会议"，受到表扬和奖励。

1957年，亳县图书馆出席文化部召开的先进图书馆会议。

1981年5月，出席文化部、教育部、团中央联合召开的全国少年儿童图书馆工作座谈会，受到国家领导人邓颖超、宋任穷、康克清的接见。翌年12月，图书馆少年儿童阅览室被文化部正式评为全国先进集体，出席在北京召开的表彰会。

1983年11月，文化部和中国图书馆学会在长沙召开全国少儿图书馆学术讨论会，县图书馆又应邀出席了讨论会。

1983年，被评为"全国先进集体"。

1987年，被安徽省文化厅评为"三爱一优"图书馆。

1994年，被文化部评为"国家二级馆"。

2000年、2005年、2010年，被文化部评为"国家三级馆"。

亳州市文明窗口单位。谯城区十佳文明窗口单位。

未来展望

完善服务功能，扩大服务区域，带动地区事业发展。每年建立一个图书馆分馆。

石台县图书馆

概述

石台县图书馆是国家举办的综合性县级图书馆，是全民所有制公益型文化事业单位，馆址座落在仁里镇仙寓路2号。因历史原因，几经撤并，后于1979年独立建制挂牌，对外服务。1986年，迁入新馆，馆舍建筑面积360平方米，2009年县政府又无偿划拨宣传文化中心200平方米给图书馆使用，总面积560平方米。现有图书借阅室、少儿阅览室、报刊综合阅览室、电子文献阅览室、多媒体室、信息采编室、地方文献室。共有阅览座席170个，计算机50台，10兆光纤接入，选用力博图书馆自动化管理系统。2010年建成全国文化信息资源共享工程县级支中心，网络覆盖全县8个乡镇79个行政村。

业务建设

石台县图书馆总藏量达到40万余册(件)，其中：图书藏量4万余册、古籍711余册、各类期刊藏量7千册；数字图书藏量达到35万册，音像视听资料300种等。

近几年由于县政府投入不断增加，年购图书数量逐年增多。年采购图书6000余册、年订报刊200余种等，极大地丰富了馆藏资源。

征集石台地方文献300余件。采用“力博”系统对馆藏中文图书进行回溯建库。近期，将完成对中文期刊的回溯建库。至此，馆藏中文图书的数目数字化达95%。自购数字资源达6.6TB。

读者服务工作

2011年6月15日开始，我馆实行无障碍、零门槛进入。本馆全年节假日不闭馆，每周开放时间不少于56小时。对外开架和半开架文献为3.5万册。2012年我馆外借文献达到了6万余册次，总流通人次达到10万余人次。另外2010至2012年共建立8个图书流动站，每站摆放了600余册图书、100余册刊物、100余盘科普光盘，供广大农民借阅，为农民朋友提供优秀的文化信息资源。2011年开通图书馆网站（www.stxlib.com）实现了网站与馆自动化系统的连接。

自2009年开始，编辑“信息汇编”，每期印刷200余册，刻录科普、影视光盘等发放到全县79个行政村。送讲座、送电影200余场，图片展48场，观看群众达3万人次。

几年来，针对特别节日、不同人群举办特色服务：元宵节猜灯谜活动，少儿的“阅读伴我快乐成长”讲故事比赛，寒暑假的电影展播活动，成人的“品味书香·诵读经典”比赛，“4.13”世界读书日活动、服务宣传周系列活动，老年人的电脑培训班、重阳节小礼品赠送活动，“牵手残疾人，走进图书馆”活动等。

业务辅导与培训

本馆作为石台县的中心图书馆，一直担负着对学校、机关、企业和社区等基层图书馆（室）进行辅导、培训的责任，解答他们关于图书分类、编目及管理方面的咨询。甚至由加工、分编到管理一步步地指导帮助他们建立图书室。

基层业务培训

为了使图书流通站、农家书屋管理人员能够掌握图书分类上架以及借阅基本程序，我馆举办了“农家书屋管理人员上岗”培训班4次，培训内容涉及图书馆工作的各个方面，参加培训人员计104名，他们分别来自于乡镇文化工作者和村（社区）农家书屋管理员，经过培训，目前这些人员都能够胜任自己的岗位，工作比较得心应手。

管理工作

近年来，图书馆不断完善管理制度，已形成涉及图书馆各个工作环节的管理制度，以制度治馆，以制度化带动图书馆管理的规范化和科学化。一是建立健全了学习制度、工作制度、考勤制度、服务准则等制度。二是购置了安防设施，制定了《石台县图书馆安全工作管理办法》、《安全生产事故应急救援预案》，加强了安全管理。另外，我们特别加强档案管理工作，规范工作程序，完善各种措施，建立档案专柜，确定专人保管，使各项工作都有序进行。逐步改善服务环境；加强职工服务理。

表彰、奖励情况

2009—2012年，石台县图书馆共获得各种表彰、奖励13次，其中，省级表彰1次，市级3次，县级9次。

馆领导介绍

苏娟娟，女，1964年5月生，大专学历，中共党员，馆长。1986年到石台县图书馆参加工作。2009年被池州市政府评为民生工程先进个人，2012年被池州市关心下一代工作委员会评为先进个人、被石台县政府评为民生工程先进个人。

未来展望

石台县图书馆将以本次评估定级为契机，以评估细则为标尺，努力调高工作目标，不断把石台县公共图书馆事业推向新的台阶，尽快达到一级图书馆的基本标准。

公共电子阅览室

少儿阅览

蒙城县图书馆

概述

蒙城县图书馆初建于1979年9月，前身是蒙城县文化馆图书室，藏书2500册，工作人员4名。1985年图书馆迁到东城路30号文化大楼；1994年图书馆在原文化大楼前建了一座二层的图书馆新楼。截止到2013年底，蒙城县图书馆建筑面积1050平方米，阅览坐席240个，计算机40台，百兆宽带接入，配备有Libsys图书馆业务自动化管理系统。

业务建设

截止2013年底，蒙城县图书馆现有七个服务窗口：电子文献阅览室、图书外借室、报刊阅览室、儿童阅览室、媒体播放室、地方文献室、农村图书网点室。图书总藏量11.3万册（件），其中，纸质文献8.3万册（件），电子图书3万册。中外文期刊226种。试听文献500G，1800种。

读者服务工作

从2011年6月1日起，蒙城县图书馆全年365天对外免费开放，周开放56小时。2010–2013年，书刊总流通80.2354万人次，书刊外借49.2125万册次，网站访问量2.2201万次。蒙城县图书馆常年开展免证阅览、预约借书、代借代还、送书上门、等读者服务工作，坚持为书找读者和为读者找书，定期开展书评活动，馆职人员坚持爱馆、爱书、爱读者开展优质读者服务，内阅人次和读者外借册次呈逐年上升趋势。同时，常年开展送书下乡活动，并为企事业单位和广大农民提供参考咨询和信息服务。

2010–2013年，蒙城县图书馆共举办讲座、展览、培训、阅读推广等读者活动262场，参与人数1.0282万人次。蒙城县图书馆结合馆情积极配合县委、县政府的中心工作开展了一系列形势多样内容丰富主题鲜明的读者读书活动和社会宣传活动。组织开展

免费开放宣传

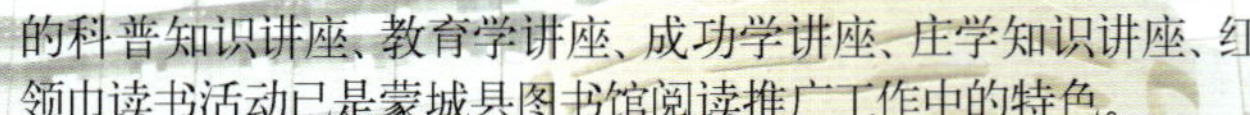
的科普知识讲座、教育学讲座、成功学讲座、庄学知识讲座、红领巾读书活动已是蒙城县图书馆阅读推广工作中的特色。

业务研究、辅导、协作协调

蒙城县图书馆十分注重馆职人员的思想政治学习和业务学习工作，每年都有计划有系统地学习图书馆基础业务知识和图书馆现代化技术，以适应图书馆发展的需要。坚持制度建设，坚持有章可循按章办事，经过不断的充实和完善，馆内各项工作制度健全，管理科学规范。在加强自身业务学习的同时，还注重加强与兄弟馆室的业务研究与协作协调，并对乡镇图书室和农村图书网点室和全县农家书屋的专（兼）职管理员进行业务辅导与指导。

管理工作

2011年，蒙城县图书馆完成“三项制度”改革，实行全员岗位聘任制，此次聘任共设9类岗位。现有职工13名，其中初级职称3名，中级职称5名，员级1名，政工1名，技工3名。其中，大专以上学历的11人，中专学历的2人。蒙城县图书馆建立了工作量化考核指标体系，每月进行工作进度通报，每半年和全年进行总体工作考核。2010–2013年，共抽查文献排架8次，书目数据8次，撰写专项调研、分析报告6篇，编写各部门工作进度通报36篇。

表彰、奖励情况

蒙城县图书馆在1994年、1998年、2004年和2009全国县级图书馆系统评估达标定级活动中，分别获得“三级图书馆”、“二级图书馆”、“三级图书馆”和三级图书馆”称号，并由文化部颁发了铜牌。2010–2013年，蒙城县图书馆共获得各类表彰、奖励4次，其中，省图书馆表彰、奖励1次，县委、县政府表彰、奖励3次。

馆领导介绍

韩宝，男，1970年10月生，大专学历，中共党员，馆员，馆长。1992年7月安徽大学图书情报学系图书馆学专业毕业，同年7月分配到蒙城县图书馆工作，2001年1月任蒙城县图书馆副馆长，2012年6月任图书馆馆长。2009年至2013年多次获县、市文化民生工程先进个人称号。

未来展望

跨入21世纪的蒙城县图书馆将以建设现代化、数字化图书馆为发展目标，利用先进的计算机技术建立交互式数字信息系统和查询手段，推动我县经济发展，提高群众整体素质，实现科技和文化的完美结合，努力把图书馆办成知识信息中心，文化教育中心，把图书馆建成我县重要的知识信息枢纽和三个文明建设的重要阵地。

2013年世界读书日宣传活动

儿童阅览室一角

常年开展计算机知识免费培训

绩溪县图书馆

概述

绩溪县图书馆是县政府举办的综合性县级公共图书馆，是公益性的社会文化信息服务机构。

绩溪县图书馆前身为绩溪县县立图书馆，于民国15年（1926）10月成立，馆址设毓才坊县立女校，后迁崇圣祠，继迁文昌殿。民国23年（1934）并入县立民众教育馆，设址于文昌殿，直至新中国成立。1950年2月改名县人民教育馆，馆址设在木牌楼周家老屋。1959年4月成立县图书馆，地址县城西大街，编制2人。1963年2月改为文化馆图书股。1979年1月复立图书馆，定编3人。1982年6月在县城西大街84号建新馆楼，编制9人。1982年和1983年均被评为"全国红领巾读书读报奖章活动"先进集体；1987年在"爱书、爱馆、爱读书和优质服务"活动中，评为地、省先进单位。1997年全国首届县级公共图书馆评估定级获得"三级图书馆"。2001年全国第二届县级公共图书馆评估定级荣获"三级图书馆"。2005年4月拆建馆楼，在原址重新建立馆楼，建筑面积1200平方米，重新购置书架和阅览桌椅等等，2007年10月新馆正式向社会开放。2009年全国第四届县级公共图书馆评估定级被评为"三级图书馆"，并成立全国文化信息资源共享工程绩溪县级支中心，建立中控机房和电子阅览室；2011年–2012年被绩溪县政府评定为"县级文明单位"；2012年被评为"县级双拥合格单位"；2013年全国第五届公共图书馆评估定级被评定为"三级图书馆"。拥有计算机71台，30Mbps独立光纤接入，选用立博图书管理系统。

业务建设

绩溪县图书馆现有普通图书4.6万册，其中少儿图书3.5万册，工具书1.1千册，地方文献2千余册；古籍线装书15631册，其中民国初期刻印的古籍线装书1万余册；报刊杂志80种；电子期刊3600余种；电子图书40万册；光盘资料200件。

读者服务

绩溪县图书馆从2009年10起，绩溪县图书馆在原来的基础上改建成包含历史阅览室、少儿借阅室、成人借阅室、地方文献室、电子阅览室等多个独立阅览室，实行全年365天开放。2012年协助绩溪县看守所建立图书馆，在绩溪县城建立多个图书流动服务点，为绩溪县文化传播贡献自己的力量。

馆领导介绍

汪顺祥，男，1973年12月生，大学本科学历，中共党员，馆长。1993年8月参加工作。由教师改行至县文化广电新闻出版局，曾任文化新闻出版股股长、文化市场综合执法队队员。2014年4月调任县图书馆任馆长。

未来展望

在今后的工作中，绩溪县图书馆将继续秉持"读者至上、服务第一"的办馆宗旨，贯彻落实好免费开放政策，做好社会大众教育和信息服务工作。

联系方式

地　址：绩溪县华阳镇适之街39号
邮　编：245300
联系人：汪顺详

图书馆外貌

军民共建活动

成人阅览室

电子阅览室

少儿阅览室

利辛县图书馆

概况

利辛县图书馆是我县唯一公共图书馆，座落在县城文州大道777号，建筑面积近3200㎡。利辛县图书馆现有人员13人，其中本科以上学历5人，大专以上学历3人，副高级职称一人，中级职称4人。所有人员均实行岗位聘任制。

利辛县图书馆内设一般阅览室、报刊阅览室、少年儿童阅览室、公共电子阅览室、视听室、读者自修室、多功能报告厅等公共空间设施场地，并全部对外免费开放。

利辛县图书馆能够开展文献资源借阅、检索与咨询、公益性讲座和展览、基层辅导、送书下乡、流动服务等基本文化服务项目。图书馆现馆藏图书10万余册，报刊400余种，阅览坐席260个，年发放借书证2400余个，年接待读者近8万人次，外借书刊3.8万册次。

全国文化信息资源共享工程利辛县支中心暨电子文献阅览室于2008年由中央及省县三级财政共同出资建设并投入使用。中心依托利辛县图书馆建设，共配备大型服务器一套，电脑53台，卫星地面接收系统一套，移动放映设备一套及存储、录像设备等。通过技术支持，县级中心能够访问登录省中心信息资源平台，通过卫星地面接收系统传输下载安装。也可以利用录音录像及其他电子设备进行文化信息资源的采集、整理、加工并进行发布。读者可以通过互联网访问中心的服务器，进行图书在线阅读、观看影视资料等活动。通过现代化的电子设备，真正实现文化信息资源的共建共享。2015年4月，图书馆通过公开招标，将共享工程利辛县支中心暨电子文献阅览室电脑及服务器设备全部进行更新，以适应广大读者的阅览需求。

随着利辛县图书馆服务质量和水平的进一步提升，在不断完善公益讲座的服务品牌的基础上，不断创新服务方式，提高运营效率，不断拓展服务领域、方式和手段，提供更加人性化的服务设施和服务项目。如设立读者自修室、建立公益讲座论坛、展览等。树立了利辛县图书馆的良好社会形象。

免费开放项目内容

1、一般阅览室

一般阅览室（图书借阅室），借阅室面积一百六十多平方米，现有藏书近八万册，借阅室实行开架借阅，读者可凭利辛县图书馆办理的有效借阅证进入图书借阅区借阅图书。图书借阅室所有书籍均可以办理外借业务。

2、报刊阅览室报

刊阅览室面积八十多平方米，拥有阅览座习近五十个，订阅期刊三百余种，报纸近一百种，内有电子读报机两台。所有读者均可以进入阅览区进行自助阅览，持证读者可办理外借手续。

3、少年儿童阅览室

少年儿童阅览室面积八十多平方米，拥有阅览座习近五十个，是专为少年儿童及其家长设立的专用阅览室。阅览室现有儿童书籍近一万册，订阅少儿类期刊、报纸近一百种。少儿读者及其家长可以自由进入阅览室进行自助借阅，少年儿童阅览室所有书籍均可凭有效借阅证办理外借手续。

4、公共电子阅览室

公共电子阅览室面积一百六十多平方米，拥有大型服务器一套，电脑52台。电子文献阅览室能够向读者提供数字化图书报刊阅览、专题性数据库的检索查询，多媒体电子出版物欣赏和互联网信息浏览等方面的服务。成年读者可凭有效身份证件直接进入电子阅览室。未成年读者可凭家长有效身份证件办理阅览手续，在法定休息日进入电子阅览室，且每次上网时间为2小时以内。

5、视听室

视听室面积四十多平方米，拥有阅览座习近四十个。视听室配有多媒体浏览器、多媒体数字电视等现代化的阅览设备。通过本馆服务器可以为读者提供丰富的视听资料的阅览、观看影视节目等。

6、读者自修室

读者自修室面积八十多平方米，拥有阅览座习近五十个。自修室能够为读者提供安静整洁的阅览环境。

7、多功能报告厅

多功能报告厅面积一百八十多平方米，共有座椅60个，配有扩音设备及多媒体播放设备等。可为读者提供各种会议、教学、讲座、展览等多功能的服务场所。

开展活动情况

1、送书进社区

利辛县春暖老年公寓座落在城关镇文州社区，公寓现居住老年人四百余人。公寓文化体育设施设备还没有完善，老年人文化体育活动受到限制。得知这一情况，县图书馆派人到老年公寓实地考察，了解老年人的文化需求，结合图书馆实际情况，为老年公寓精心挑选了适合老年人阅读的600余册、价值一万多元的书籍。为老年人学习、娱乐提供了精神食粮。

2、送文化下乡

2013年2月6日，县图书馆联合县文化馆到汝集镇开展送文化下乡活动。2月6日当天是农历腊月二十六，街上到处是赶集采购年货的群众，活动包括在汝集镇主要街道现场为群众书写春联、现场为群众绘画等。群众们争先恐后的前来索要春联及书画作品，现场气氛十分热烈。图书馆还为汝集镇一所小学带去图书800册，价值一万多元。受到汝集镇广大群众及学校师生的欢迎。

3、电子阅览室为读者提供服务

县图书馆电子阅览室现有电脑52台，综合服务器一套。能

图书馆大楼外貌

一楼大厅

一楼走廊通道

少儿阅览室

老龄阅览室

图书借阅室

够通过卫星地面接收系统，接收省级中心下发的数字资源。能够为读者提供在线阅览。除满足广大读者进行在线阅览和信息检索外，图书馆还利用电子阅览室不定期举办各种培训、教学等活动。同时为学校及单位提供网络教学环境，并不定期举办各种电脑教学、讲座、培训等活动。

4、多功能报告厅发挥为读者服务的作用

利辛县图书馆多媒体教室是一个能容纳60人的、具有网络多媒体视频功能的，集会议、培训、教学、讲座等功能的多功能报告厅。可以免费承办各种小型的会议、培训、讲座以及各种教学等活动。图书馆利用现有设施，除定期举办公益讲座外，2013年共承办各种会议、培训十余次，包括县文体旅游局的民生工程调度会、县农家书屋管理员培训、县电影公司电影放映员培训会、县文联专题讲座等，最大限度地发挥了报告厅的应有功能。

2013年，县文体局共承担图书馆、文化馆、乡镇综合文化站免费开放及农村文化建设专项补助两项重要的民生工程。由于这项工作涉及面广，内容多，工作推进难度大。为此，县图书馆配合县文体局在多功能报告厅多次召开文化民生工程调度会及业务培训，以改进工作方法、加快工作进度、提高工作质量、确保这项工作按时完成。

县图书馆支部书记、副馆长张明同志荣获县委、县政府授予的2012年度全县文化民生工程先进个人称号。

服务标准

图书馆是公共文化服务的重要阵地，坚持公益性、基本性、均等性、便利性原则，利用本馆设施设备和文献资源为读者提供书刊借阅、参考咨询、展览、讲座和数字文化等服务。

1、利辛县图书馆作为公共文化服务机构，其馆舍全部用于公益性文化服务，图书馆内的一般阅览室、报刊阅览室、少年儿童阅览室、公共电子阅览室、视听室、读者自修室、多功能报告厅等公共空间设施场地，全部免费向公众开放。

2、坚持做到科学合理安排布局图书馆的藏书区、借阅区、咨询服务区、公共活动与辅导服务区、业务区等，以适应免费开放后读者量和藏书量增加的需求。

3、图书馆外设有醒目的馆名牌，门厅内及各楼层有服务区分布图、安全疏散通道图，人行通道有明确的指引牌，内部区域设有办证方法、借阅规则、免费项目、便民措施、开放时间等规章制度及各类服务信息公告。

4、图书馆积极建立和落实有关安全管理制度，制定消防、公共安全应急预案，并配备防火、防盗、防潮、防尘、防有害生物等必要设施。

5、免费向社会全体公众开放，零门槛，人性化。实行全天开放制，每周开放时间不少于56小时，全年365天零闭馆日，星期天及节假日期间正常开放。

6、免费为读者提供文献借阅、查询、阅读指导、参考咨询、教育培训、讲座、展览及网上信息导航等基本服务。利用文化共享工程数字资源和设备开展数字文化服务，提供政府信息公开查询服务，定期开展各类讲座（报告会）、展览等读者活动。

7、建立网站，为读者提供网上服务。网站包括文化信息资源共享工程、古籍保护、书目查询、服务信息、读者信箱等栏目，并及时更新内容。

8、电子阅览室遵循公益性原则，不提供大型娱乐游戏及色情、暴力等不健康网站的浏览服务。加强对未成年人上网的管理，引导未成年人正确利用网络进行学习、阅读，并控制上网时间，对上网内容进行指导。未成年人上网须征得监护人同意，且上网时间不得超过2小时。

9、设立寄存包、饮用水供应等免费服务窗口，免费向读者提供饮用水、放大镜等便民服务。

10、科学合理地确定文献信息资源建设重点，积极征集地方文献，保持重要文献、特色文献和地方文献的完整性和连续性，逐步形成具有本地特色的馆藏文献信息资源体系。

11、通过召开读者座谈会、读者访谈等形式，及时掌握读者的阅读需求，科学制定文献采集方针，在通盘考虑馆藏文献资源建设的基础上，购置读者欢迎、需求量大的图书。

12、图书馆工作人员实行挂牌上岗，仪表端庄，举止文明。实行耐心解答读者咨询。

13、在馆内显著位置设立读者建议箱、公开本馆服务电话，接受读者监督。对读者的意见和建议认真加以研究，及时回复，合理采纳。

报刊阅览室

多功能报告厅

贵宾室

福建省图书馆

概述

福建省图书馆创办于清宣统三年（1911年）4月，其前身是鳌峰课士馆附设的图书馆，是一所具有百年历史的综合性省级公共图书馆。馆舍建筑面积4.17万平方米，其中湖东路227号福建省图书馆建筑面积2.38万平方米，1995年落成启用；东街28号福建省少年儿童图书馆建筑面积1.79万平方米，2011年9月落成启用。2000年以来多次参加全国公共图书馆评估，均被文化部评为一级图书馆。2012年底，福建省图书馆有阅览座席1847个，计算机672台，计算机信息节点1430个，接入因特网带宽500M，选用合强办公自动化管理系统和Interlib图书馆集群管理系统。

业务建设

截止2012年底，福建省图书馆总藏量451万册（件），其中纸质文献194.6983万册（件），电子图书159.6684万册（件），电子期刊2.5939万种。

2009年起，福建省图书馆新增藏量购置费增至1000万元。2009–2012年，共入藏中外文图书22.045万种，中外文报刊2.0432万种，视听文献7433种。2011年，地方文献入藏完整率为96.46%。

截止2012年底，福建省图书馆数字资源总量为77.73TB，其中自建数字资源总量33.33TB。重点规划建设《福建文化记忆》多媒体数据库群，建立《闽南文化》《福建非物质文化遗产》《海西红土地》《闽人著述》等多媒体资源库，正在开展推进《妈祖信俗》《寿山石文化》《畲族文化》《船政文化》《莆仙文化》《福建工艺美术》《福建舞台艺术》等多媒体资源数据库建设。

2009年，福建省图书馆以文化共享工程、数字图书馆推广工程、公共电子阅览室建设计划项目实施为抓手，着力建设技术先进、服务便捷、覆盖城乡的公共数字文化服务网络，实现全省56家省、市、县公共图书馆在同构软件平台上的全网资源协同建设、共享与服务，形成元数据集中或分布式访问，对象数据分布式存放的联盟服务格局。福建省图书馆率先在全国公共图书馆构建基于云计算平台的全省公共图书馆信息资源采、编、发云协作平台，完成“移动闽图”手机阅读服务系统、博学网络学习中心、开放式公众学习系统、“八闽悦读”、中文电子图书阅读平台建设，实现馆内RFID自助借还服务以及电子报刊阅读系统、全景数字图书馆、实景导览等服务系统的建设。

读者服务工作

自上世纪80年代起，福建省图书馆就实行全年365天对外免费开放，每周开放74小时。2011年4月，引进RFID技术，实现馆藏文献的自助借还。2012年总流通为234.9626万人次，书刊外借284.3664万册次。截止2012年底，建有19个分馆（含6个数字分馆）、49个流通点、2个24小时自助图书馆。2009–2012年，分馆、流通点书刊借阅历年平均值为23.5399万册次。2008年5月1日，福建省图书馆建立的福建省政府信息查阅中心正式对社会公众开放，2012年9月，中国政府信息整合平台——福建分站工作小组上线服务。2012年起，向省委主要领导寄送每期《决策信息参考》《信息集萃》。2010年1月起，为“两会”提供服务。2012年3月，在全国人大机关相关工作会议上，吴邦国委员长等领导表扬了福建省图书馆的“两会”服务。2004年12月20日起，福建省图书馆加入联合参考咨询与文献传递网，2012年被全国图书馆参考咨询联盟管理中心评为“全国图书馆联合参考咨询先进单位”。

2012年，福建省图书馆网站年访问量为803.7402万次。2011年4月起引入手机图书馆；2012年开通福建省图书馆新浪官方博客、微博。截止2012年，福建省图书馆发布使用的数据库共43个，数字资源总量为55.27TB，均可通过福建省图书馆网站、福建公共图书馆服务联盟网站、福建省共享工程VPN专网向全省公共图书馆、共享工程基层服务中心提供检索、浏览和下载服务。

2009–2012年，福建省图书馆共举办讲座、展览、培训等读者活动872场次，参与人数192.1782万人次。福建省社科联与福建省图书馆联合主办的“东南周末讲坛”，2007年荣获文化部“全国第十四届群星（服务）奖”。2010年福建省图书馆被省委宣传部、省社科联授予“福建省社会科学普及基地”，被中国科协授予“全国科普教育基地”，被中国图书馆学会授予“全民阅读示范基地”。在2012年全国社会科学普及工作经验交流会上，被授予“全国人文社会科学普及基地”。

业务研究、辅导、协作协调

2009–2012年，福建省图书馆员工在省级以上刊物或国际会议上发表论文128篇，撰写或主编专著11种、画册1种，申报及立项省部级项目7项。

2009年以来，福建省图书馆主持开展多项协作协调工作，主要包括主持全省公共图书馆联合编目工作、开展电子资源协调采购、数据库协作建设、馆际互借等资源共建共享工作，主持开展学术活动，合作开展培训、讲座、展览等活动。截止2012年底，全省成立共享工程各级中心83家，占95%以上；部

期刊阅览室

市民体验电子读报机服务

电子阅览室

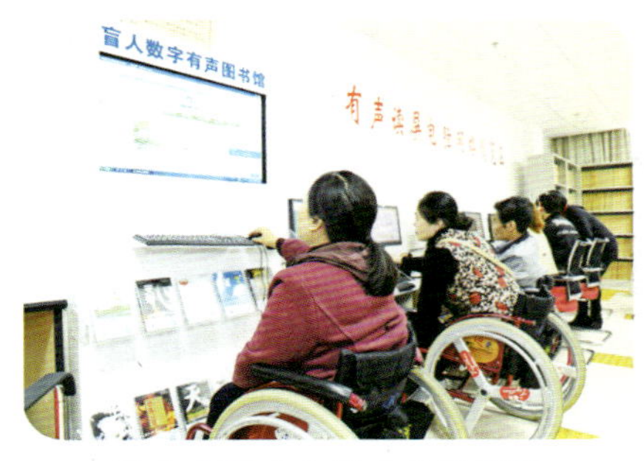
读者在残疾人数字分馆浏览

服务农民工子弟

文化下乡活动

署并启用福建文化共享工程资源播发管理服务平台的公共图书馆56家，参与比例64%；加入福建省地区联合编目中心的公共图书馆成员馆69家，参与比例占全省已上自动化管理系统公共图书馆的87.3%。2009年至2012年共举办培训班23期，累计培训1931人次。

2003年，福建省图书馆成立福建省地区联合编目中心，同年成立全国文献联合编目中心福建分中心，并作为发起馆之一参与六省一市地方版文献联合采编协作网建设。2013年1月，福建省文献联合编目中心在福建省图书馆召开第三次工作会议，全力推进福建地区图书馆联合编目工作的发展。

管理工作

2008年5月20日通过福建省人事厅认定批准，福建省图书馆成为首批岗位设置全省试点单位之一，全面实行聘用制和岗位管理制度，签订聘用合同，并兑现岗位等级工资。2012年制订《福建省图书馆实施奖励性绩效工资实施方案》并建立相应的分配激励机制。2012年8月因扩编，经省公务员局认定重新进行专技岗岗位设置调整，并兑现工资。

表彰、奖励情况

2009－2012年，福建省图书馆共获得各种表彰、奖励35次，其中国家级表彰、奖励1次，省委、省政府表彰、奖励2次，省级业务部门表彰、奖励5次，其他表彰、奖励27次。

馆领导介绍

郑智明，女，1961年11月生，在职硕士研究生，无党派人士，副研究馆员，馆长。1978年12月参加工作，曾任自动化部主任。兼任福建省图书馆学会理事长、中国图书馆学会第八届学术研究委员会图书馆统计与评价专业委员会委员、全国文化信息资源共享工程专家委员会委员、文化部公共文化服务体系建设专家库成员、鼓楼区第十六届人大代表等职。2005年获得首届文化部创新奖，2012年获第四届文化部创新奖，2009、2011年连续两届获省文化厅省直文化系统“十佳”女性称号，2013年获文化部优秀专家称号。

陈晟，男，1966年1月生，在职本科学历，中共党员，总支书记兼副馆长。1987年1月参加工作，先后任职于省文化厅团委，厅机关党委副主任科员，厅社文处主任科员，省艺术馆副书记、副馆长。分管党务、文献借阅、特藏文献等工作。被省文化厅评为“2008－2009年度省直文化系统”优秀党务工作者。

柯少宁，男，1956年1月生，在职本科学历，副研究馆员，副馆长。1976年3月参加工作，1981年10月到省图书馆工作，1998年3月任外文部主任，2010年5月起任省图书馆副馆长，分管读者活动、文献采编等工作。

郑卫光，男，1963年1月生，1986年8月参加工作，中共党员，在职研究生学历，副研究馆员。2005年8月任省图书馆办公室主任，2006年11月起任省图书馆副馆长，2011年8月起兼任省少年儿童图书馆馆长。

未来展望

福建省图书馆立足“传承文明，服务社会”之根本，围绕“资源保障，科技引领，人才兴馆，服务立馆”的发展战略，落实“1527”工作计划，即：推进一个基建项目：“福建省图书馆改扩建暨海峡数字图书馆建设工程”；深入实施五大文化工程：文化共享工程、古籍保护工程、数字图书馆推广工程、公共图书馆电子阅览室工程、延伸服务工程；打造两个品牌：“闽图讲坛”和“决策信息参考”；加强七项服务：流动服务、移动图书馆服务、特色文献服务、走进“两会”、为弱势群体服务、政府信息公开服务、少儿馆服务。着力特色培育和亮点打造，传承弘扬百年闽图人吃苦耐劳、爱岗敬业奉献精神，努力创建读者满意的图书馆，为海西文化事业大发展大繁荣，为建设更加美丽幸福的福建作贡献！

联系方式

地　址：福州市湖东路227号
邮　编：350001
联系人：皮春花

图书馆新馆大厅

图书馆新馆后区书库与阅览楼

图书馆新馆外貌

厦门市图书馆

概述

厦门市图书馆创建于1919年。90多年来，馆址几经变迁，2007年3月体育路新馆建成开放，面积25732平方米。厦门市图书馆以创建国内一流的复合型图书馆为目标，以“全方位开放、全公益服务、全社会共享”为宗旨，充分利用建筑空间优势，构建超市式“藏、借、阅一体化”服务模式，同时在岛内外建立13个分馆，20个图书流通点，1个24小时街区自助图书馆，拓宽服务覆盖面。至2012年底，厦门市图书馆（含直属、托管型分馆）馆舍建筑面积总计38300.96平方米，阅览室面积16222.03平方米，阅览座席3190个，计算机518台（其中供读者使用计算机307台），信息节点1500个，选用Interlib图书馆集群管理系统等自动化管理系统30个，所有业务均实行自动化管理。总馆实现读者服务区无线网络100%覆盖，宽带接入800Mbps，存储容量198TB。同时引进RFID无线射频技术以及设有14个分拣口的图书自动分拣系统，设立24小时自助图书馆和智能书架，实现文献借阅全自助的24小时全天候服务。2009年在全国第四次公共图书馆评估定级中，首次被文化部评为“一级图书馆”。

业务建设

截止2012年底，厦门市图书馆总藏书量2514163册（件、套），其中图书1555190册，古籍27732册，报刊316067册，电子图书540433种，电子期刊19515种。

2012年财政拨款3446.86万元，比2011年增长19.9%。新增藏量购置费643万元。2009—2012年，年平均入藏图书40089种，报刊2324种，视听文献1587种。2012年，地方文献入藏完整率为99.45%。

截止2012年底，厦门市图书馆数字资源总量为42.19TB，其中自建数字资源总量11.23TB。自建数据库以特色馆藏资源为基础，定位于厦门地方文献及华人华侨两大主题，已建成的数据库主要包括“厦门记忆”“闽南地方联合目录索引”等，并常年进行更新维护。

读者服务工作

厦门市图书馆每周开放76小时，一年365天全年无休。2009—2012年，厦门市图书馆总流通1101.04万人次，书刊外借1193.76万册次。

2008年厦门市图书馆引进RFID技术，实现馆藏文献自助借还；2009年牵头构建厦门市公共图书馆服务联合体，实现全市公共图书馆书目统一检索、文献集中编目、借书证一证通用、书刊通借通还、数字资源共建共享、读者活动互联互动等联合服务。截止2012年，厦门市共有87个图书馆及其联网服务网点加入服务联合体，参与服务网络的基层馆达100%。2012年通过联合体通借通还平台外借文献589.34万册次，年人均外借图书1.606册。2004年以来，厦门市图书馆与社会人士合作，先后成立“洪卜仁工作室”和“华人研究工作室”。2005年起，每年为厦门市文广新局提供《文化信息参考》24期。2010年起，为厦门市委宣传部提供厦门舆情专报信息，连续被厦门市委宣传部评为厦门市舆情信息工作先进单位。2011年起为“两会”提供服务。2012年成为厦门大学图书馆科技查新点。

2009—2012年厦门市图书馆网站访问量5828万次，开展无线热点wifi、厦门市图书馆官方微博、读者短信推送和移动图书馆等新媒体服务。截止2012年，厦门市图书馆发布使用的数字资源总量为36.11TB，29个数据库均可供读者远程访问。2009—2012年厦门市图书馆共举办讲座、展览、培训、阅读推广等读者活动2283场次，参与人数227.4362万人次。

业务研究、辅导、协作协调

2009—2012年，厦门市图书馆员工发表论文121篇，出版专著11种。两个调研课题被纳入厦门市社科学会重点调研课题，两个重大社科活动获厦门市社科学会重大社科活动立项及经费资助。

1991年起厦门市图书馆陆续与高校馆、闽南地区公共馆签订馆际互借协议和文献交换协议；2007年与国家图书馆、深圳网络中心签订联编协议；2008年成立厦门市公共图书馆联合编目中心；2009—2012年，共向国图、深图联编中心上传数据4437种，下载数据125428种；参与全国图书馆参考咨询联盟；参与“福建文化记忆”数据库建设；与国内外图书馆、机关企事业单位联办展览、讲座等协作活动。

2009—2012年，厦门市图书馆共举办10期培训班，培训1670人次。2011年起每年编制厦门市公共图书馆工作年报。2012年，厦门市图书馆下基层开展业务辅导和自动化管理指导共87次，辅导人数147人次。

2009—2012年，厦门市图书馆学会共举办研讨会5次，555人次参加；举办青年学术沙龙2次，200人次参加；邀请国内知名专家学者举办学术报告会23场，2945人次参加。编辑《十五城市公共图书馆信息交流》和出版《图书馆探索》。2012年，《图书馆探索》被评为2009—2011年度厦门市社科学会优秀期刊。

管理工作

2007年，厦门市图书馆作为试点单位率先开展岗位设置管理工作。制定、修改《厦门市图书馆规章制度汇编》，建立工作量化考核指标体系，每月考核结果作为职工绩效奖金发

少儿阅览室

自科阅览区

24小时自助图书馆

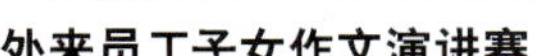
外来员工子女作文演讲赛

知识讲座

周末电影

放的依据。定期完成人事管理、财务和各部门业务工作统计分析报告。场馆一年365天专业保洁，定期消毒，学习设施配备健全。严格执行夜间值班等安全制度，定期进行安全检查。馆部每年与各部门签订《厦门市图书馆社会治安综合治理责任书》和《厦门市图书馆安全生产目标管理责任书》。

表彰、奖励情况

2009—2012年，厦门市图书馆共获得各项荣誉49个。其中省部级荣誉6个，省级主管部门表彰8个，副省级人民政府、副省级主管部门表彰29个，其他荣誉6个。

馆领导介绍

林丽萍，女，1965年4月生，本科学历，中共党员，研究馆员，馆长、党支部书记。1988年7月参加工作，历任厦门市图书馆党支部副书记、厦门市少年儿童图书馆党支部书记、副馆长及书记、馆长等职。2008年8月至今任厦门市图书馆党支部书记、馆长。兼任福建省图书馆学会副理事长、厦门市文广新局直属党委委员、厦门市图书馆学会理事长、厦门市古籍保护中心主任、文化信息共享工程厦门支中心主任。近年来获得了全国文化系统先进工作者、全国文化文物系统优秀党务工作者、福建省巾帼建功标兵、第五届厦门市职工职业道德建设十佳标兵个人、厦门市五一劳动奖章等各级荣誉称号10个。

张肖回，女，1964年5月生，本科学历，中共党员，研究馆员，副馆长，党支部委员。1987年7月参加工作，1992年7月到厦门市图书馆工作，2003年4月至今任厦门市图书馆副馆长。分管图书馆（含公共图书馆服务联合体）自动化、网络化、数字化的规划与建设等工作。2010年获厦门市宣传系统第二批"五个一批"人才称号，2011年获"2010年度工会工作先进个人"称号等。

付虹，女，1965年9月生，本科学历，中共党员，副研究馆员，副馆长，党支部委员。1986年7月参加工作，1993年到厦门市图书馆工作，先后任厦门市图书馆特藏部主任、馆长助理等职，2003年4月至今任厦门市图书馆副馆长，兼任厦门市图书馆学会秘书长。分管图书馆延伸服务、图书馆对外宣传、读者活动等工作。先后荣获厦门市三八红旗手、厦门市巾帼建功标兵、厦门市社科联先进工作者、福建省图书馆学会先进学会工作者等荣誉。

曾兴德，男，1970年12月生，本科学历，中共党员，馆员，副馆长。1995年7月到厦门市图书馆工作，先后任部门主任、馆长助理等职。2012年至今任厦门市图书馆副馆长。分管全馆业务协作协调、读者服务等业务组织与管理工作。

未来展望

厦门市图书馆将在"全方位开放、全公益服务、全社会共享"的方针指引下，不断完善一体化、数字化和多元化的服务体系，积极推进公共图书馆服务体系建设。预计2015年投入使用的集美新城图书馆将作为厦门市图书馆直属分馆、厦门市第二图书馆和岛外中心图书馆，其功能定位为厦门市公共图书馆服务联合体文献编目与文献配送中心，厦门市公共文献信息资源存储保障中心，台湾文献、闽南地方文献和华人华侨文献保存与研究中心，图书馆数字化和信息技术展示、体验与服务中心。届时厦门市图书馆将由文化艺术中心馆区、集美新城馆区和鼓浪屿馆区组成，总建筑面积97078.96平方米，阅览座席8710个，总馆藏能力逾400万册，年服务人次可达960万人次以上。

联系方式

地　址：厦门市体育路95号
邮　编：361012
联系人：薛寒秋

厦门市图书馆读者花园被市民誉为"最晨读"之地

图书馆外貌

厦门市少年儿童图书馆

概述

厦门市少年儿童图书馆创办于1986年元旦，是福建省首家独立建制的市级公共少年儿童图书馆。原馆舍系爱国华侨郑忠益先生捐赠，建筑面积1763平方米。现有馆舍面积1万多平方米，包括位于公园南路2号的馆舍面积5075平方米，位于后埭溪路140号的文灶馆馆舍面积5031平方米。2012年，全馆共有阅览座席1529个，计算机117台，信息节点近120个，互联网接口总10–100Mbps，选用广州图创图书馆自动化管理系统，实现采编流通集成化管理。2005、2009、2013年三次参加全国公共图书馆评估定级，均被文化部评为“一级图书馆”。

业务建设

截止2012年，厦门市少年儿童图书馆文献总藏量56.35万册（件），其中图书50.2万册（件），电子图书报刊80多万种，视频资料1万多条，电子报纸200多种，电子期刊2390种。

2009、2010年，厦门市少年儿童图书馆新增藏量购置费80万元，2011年起增至120万元；2012年实际购书使用经费200.75万元。2009–2012年，共入藏中外文图书5.2682万种，19.3939万册；中文报刊2796种；视听文献6629种，8648件。《全国少年儿童图书馆基本藏书目录》入藏率77.6%以上。

截止2012年底，厦门市少年儿童图书馆数字资源总量为13.4557TB，自建数字资源总量70.1GB。参与“中国少年儿童信息大世界——网上图书馆”专题数据库建设，负责并完成“作文探趣”“少年科技苑”的数据库建设工作。建立少儿图书馆学文摘数据库，自建闽南童谣、中华五千年历史专题、闽南地方传说故事、厦门少儿馆档案多个数据库。

建馆以来先后采用ILAS5.0、ILASII2.0和汇文图书管理系统；2008年引进RFID技术实现馆藏文献自助借还；2010年加入厦门市公共图书馆服务联合体后改用广州图创Interlib2.0图书馆自动化管理系统；馆内办公采用致远OA协同办公自动化系统。

读者服务工作

厦门市少年儿童图书馆实行“全年候开放、全开架借阅、全方位服务”措施，配有触摸屏导读系统、电子读报系统、自助借还机、闭馆还书机等。

全年365天对外免费开放，成人阅读区和明德英文图书馆每周开馆66小时；开学期间中小学生阅览室每周开放50小时，节假日、寒暑假所有阅览室每周开放66小时。

2009–2012年，书刊总流通448.8821万人次，书刊外借453.7028万册次，流通量排名居全国少儿馆前茅。2010年与厦门市公共图书馆服务联合体各图书馆实现馆际通借通还服务。

截止2012年11月，有社区联网分馆、流通站、集体用户80个。2009–2012年，馆外书刊流通总数116.2404万人次，书刊外借125.0940万册。

2009–2013年，图书馆网站年访问均在30万人次以上。开设少图微博、读者QQ群互动平台；2012年建立24小时自助图书馆，引入移动少图终端平台；2013年开通少图微信。

截止2012年，图书馆数字资源总量13种，存储能力33TB，厦门市图书馆服务联合体读者均可通过互联网或馆局域网访问数字资源。

2009–2012年，厦门市少年儿童图书馆共举办读者活动3128场次，参与人数37.38万人次。每年开展全市“红读”活动、“图书馆服务宣传周”活动、“故事妈妈”亲子阅读活动等，影响广泛，成为少儿图书馆界品牌活动。

业务研究、辅导、协作协调

2009–2012年，图书馆员工在各类副省级以上学术刊物发表专业论文37篇，在专业核心刊物发表论文2篇，出版专著《儿童图书馆学理论与实践》《图书馆统计工作》2部。

2012年参与厦门市创建国家级公共文化服务体系示范区建设，并承担文化志愿者制度设计项目研究工作。承办厦门市中小学生“红读”活动，连续多年获评全国“红读”活动先进集体。通过阵地活动、文化下乡、分馆建设等形式开展共享服务。

对各区、小学图书馆、各分馆进行图书馆业务辅导，2009–2012年共举办12期培训班。对厦门市各少儿图书馆（室）进行深入调研，形成《厦门地区公共少儿图书馆（室）事业发展现状及对策》综合调查报告。

成立儿童文献联合编目中心，与集美少儿图书馆、特殊教育学校、海兴社区等开展联合编目。

协助厦门市图书馆学会开展读者活动，与厦门市图书馆等8家公共图书馆签订文献采购协调协议及地方文献交换协议。

担任华东少图协副主任馆，做好福建地区少儿图书馆协

文灶馆

图书馆外貌

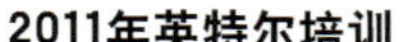
2011年英特尔培训

小学生快乐阅读实践夏令营

中小学生迎新春经典诵读比赛

作协调工作。作为2009中国少年儿童阅读年发起馆之一，参与策划、组织、承办阅读年相关活动。2010年3月承办中国图书馆学会未成年人图书馆服务专业委员会（扩大）工作会。

管理工作

厦门市少年儿童图书馆1992年开始实施聘用制。2002年4月起实行全员聘用制，在按需设岗、按岗择优聘用的基础上，建立起岗位责任制和月考核制度。2011年根据相关政策要求实施岗位聘任，实施按岗位级别和考核情况分配的机制。每月进行工作进度通报，每半年和全年进行总体工作考核。严格执行夜间值班等安全制度，定期进行安全检查，1998年以来未发生过安全责任事故。

表彰、奖励情况

2009—2012年，厦门市少年儿童图书馆共获得各种表彰、奖励29次。其中文化部表彰、奖励2次，省级表彰、奖励3次，市级表彰、奖励14次，中国图书馆学会表彰、奖励8次，其他奖励2次。

馆领导介绍

黄天助，男，1969年8月生，硕士，中共党员，研究馆员，厦门市少年儿童图书馆党支部书记、馆长。1990年8月参加工作，先后任厦门市少年儿童图书馆馆长助理、副馆长、党支部书记、馆长，有较强的专业研究能力，已公开发表学术论文40多篇，出版专著两部；1986年9月至1990年7月在福建师范大学图书情报专业学习，获文学学士；2002年5月至2004年12月在福建省第五期中澳班工商管理硕士研究生班学习，期间2004年5月至2004年12月在澳大利亚LaTrobe大学学习，获MBA硕士学位。是中国图书馆学会未成年人图书馆专业委员会委员，福建省图书馆学会常务理事，厦门市图书馆学会副理事长。

谢斌华，男，1964年4月生，本科学历，中共党员，工程师，党支部副书记、副馆长。1981年10月参加工作，1981年10月至1983年8月在福州军区政治部厦门对金门有线广播站服役；1983年9月至1986年7月在解放军重庆通信学院无线通信专业学习；1986年8月至1999年9月在军队服役。1999年10月副团级转业到厦门市少年儿童图书馆工作。2003年4月起任党支部副书记。1996年被南京军区政治部记三等功一次；2008年2月被厦门市人民政府授予2006—2007年度安全生产工作先进个人；2012年被评为厦门市直机关优秀党务工作者。

陈新鑫，男，1972年9月生，本科学历，中共党员，馆员，副馆长。1996年7月参加工作，先后任厦门市少年儿童图书馆自动化筹备小组成员、技术部主任、技术部主任兼馆长助理、流通部主任兼馆长助理，2006年起任厦门市少年儿童图书馆副馆长，分管业务工作，是厦门市图书馆学会理事。

未来展望

厦门市少年儿童图书馆始终坚持"科技为先，便民为本，服务为上，满意为要"的原则，采取"全年候开放、全开架借阅、全方位服务"的措施，为读者提供多层次的立体化公益性服务。全馆发展总体思路是紧密跟踪新兴技术，紧随时代发展，及时引进适合少儿图书馆应用的成熟技术并消化应用，继续调整业务格局，拓展特色服务、社会服务内容，提高服务品质。具体方向如下：争取早日全面接收中山公园馆一、二楼场所，调整馆舍功能布局；力争增加人员编制，继续加强人才队伍建设，提高队伍整体素质；关注把握新兴技术动态，适应并正确引导移动网络环境下的少儿电子阅读，丰富服务内涵，提升服务档次；加强阅读推广工作，创新服务形式，拓展专题服务，提高儿童图书馆的影响力；继续加强对儿童图书馆学的理论研究，积极参与国家及省级有关儿童图书馆学的课题研究，同时加强对基层少儿图书馆（室）的事业建设。

面对未来，厦门市少年儿童图书馆提出"创建全国一流的多元化、立体型儿童图书馆"的建设目标。将进一步利用现代科学技术，满足少年儿童各方面的文献信息需求，以书籍为阶梯，引导少年儿童步入知识的殿堂，用爱心为明灯，陪伴祖国的花朵迈向美好的明天！

联系方式

地　址：厦门市思明区公园南路2号
邮　编：361003
联系人：陈新鑫

图书馆利用教育与实践活动

2013年六一活动

2013年阅读实践部陶艺活动

泉州市图书馆

概述

泉州市图书馆创建于1958年5月，馆址几经变迁，现馆址位于泉州市东湖街752号，占地10亩，建筑面积8011平方米，设计藏书量80万册，读者座位800个。自1998年以来，在全国公共图书馆评估定级中连续4次被文化部评为“一级图书馆”。

业务建设

截止2013年12月，泉州市图书馆总藏书量75万册（件），其中珍藏善本、普通线装古籍3万余册，报刊合订本10万册。数字资源达48TB，其中电子图书25万种，电子报、刊1万种（册）。

2009年，事业经费396.24万元，业务建设费(含自动化建设、办公费用)203.78万元，购书费100万元。2012年，事业经费761.9万元，增长92.2%；业务建设费272.57万元，增长33.7%；购书费100.3万元，增长0.3%。

2009年，文献总藏量697690册（件），数字资源量1TB；2012年，文献总藏量977442册（件），增长40%；数字资源量18.5TB，增长1750%。

2009年，全馆本科及以上人员14人，其中高级职称4人，中级职称18人。2012年，本科及以上人数25人，增长78.5%；高级职称7人，增长75%；中级职称14人，负增22%，与近几年中级职称退休人员较多有关。

读者服务工作

2009年，泉州市图书馆总外借数量24万册次，网站访问量年30万次，举办各类读者活动200场次。2012年，总外借数量32.39万册次，增长34.9%；网站访问量年83.87万次，增长179.5%；举办各类读者活动300场次，增长50%。

近年来，泉州市图书馆通过开展形式多样、内容丰富的读者活动，营造读书氛围，提升市民科学文化素养。

城市教室——“温陵讲坛”。“温陵讲坛”是深受百姓欢迎的公益性讲座，是泉州市图书馆的文化服务品牌。讲坛设时政热点、名著解读、闽南文化、经济与生活、卫生与健康等多个专题栏目，邀请省内外和泉州市著名专家、学者主讲。“温陵讲坛”采取固定讲座与流动讲座相结合的方式，把讲坛办到驻军、学校、社区里去。自2007年开办以来，每年举办40余场，读者听众逾万人次。2011年，“温陵讲坛”被福建省委宣传部、福建省社会科学界联合会授予“福建省第二批社会科学普及基地”。

读书活动常态化。在春节、元宵等传统节假日以及“世界读书日”、泉州学习节、科技周以及图书馆服务宣传周期间，开展形式多样、内容丰富的各种读书活动，如读书征文、视频讲座、图片展览、读书竞赛、网上活动、灯谜竞猜等。

图书流动点普及化。泉州市图书馆一直把扩大馆外服务点作为读者服务工作重点。近几年在全市范围内建立40个图书流动点，涵盖学校、社区、乡村、企业等。图书馆四级服务网络基本形成，实现公共图书馆资源共享。文化拥军是泉州市图书馆的一大传统和特色，近两年来，为深化军民共建，建组了拥军小分队，深入到驻泉部队高山哨所和沿海前哨，为部队官兵送去大批图书和音像资料。分别与晋江、南安、惠安驻军基层连队和市区武警部队建立共建关系，设立8个部队图书流动点。

构建数字文献区域共享服务平台。泉州市图书馆除外购数据资源库外（如超星数字图书、apabi数字全文图书、CNKI期刊资源库、计算机软件自助学习系统、少儿多媒体数据库等），还加大地方资源数据库建设，以更好地服务泉州当地经济、政治、文化和群众生活。建有“泉州非物质文化遗产库”“泉州著述库”“泉州文史资料全文库”“泉州人物库”“闽台谱牒题录库”“泉州图库”“泉州地方戏曲视频库”等14个地方特色资源库。这些资源整合后通过“泉州文献之窗·泉州数字图书馆”平台提供服务。此外，泉州市图书馆还建有3个功能不同、内容各具特色的服务网站：泉州市图书馆网、泉州文化信息网和闽南文化生态区网。

业务研究、辅导、协作协调

2009–2012年，泉州市图书馆员工发表论文15篇，出版专著1部。泉州市图书馆学会每年召开理事会和一次学会年会，结集出版年会论文集。

从2009年起，泉州市图书馆以“泉州文献之窗·泉州数字图书馆”平台为依托，在全市范围内发起组建公共图书馆服务联盟，现有县、市、区公共图书馆和学校等团体14个。此外，泉州市图书馆与厦门市图书馆、漳州市图书馆联合成立闽南地方文献交换小组，签订闽南地方文献交换协议。

2012年，泉州全市有公共图书馆10个，农家书屋2200个，文化共享工程基层站点3567个，参加服务网络基层县级图书馆比例达100%。期间，举办图书馆业务培训班、农家书屋管理员

时任泉州市委书记何立峰视察泉州市图书馆

李亦园教授赠书泉州市图书馆

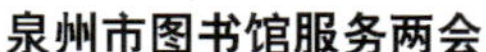

泉州市图书馆服务两会

温陵讲坛之泉州民俗讲座

文化共享工程下乡服务农民

培训班、村级文化协管理员培训班等，1028人次接受培训。

管理工作

2008年，泉州市图书馆实行全员合同聘用制，从岗位设置、岗位规范、岗位职责、专业人员配置、各类人员上岗条件等方面，拟定《泉州市图书馆岗位设置及岗位职责》方案和《岗位说明书》，在馆内实现全员合同聘用，3年一签，双向选择。

中层干部实行竞争上岗。泉州市图书馆对中层干部任职条件、聘用程序和方法、受聘人员权利和待遇、职责等几方面制订可操作性的规定，通过竞争上岗规范干部任用制度。

工资制度改革。泉州市图书馆制定了《泉州市图书馆聘任制岗位津贴与奖金分配（试行）方案》，实行按岗位分配原则，即以岗位责任大小和专业技术含量高低，设岗位津贴级差；实行考核结果分配原则，即制定各岗位定量或定性目标考核标准，按各岗位的责任和工作目标执行、出勤情况的考核结果，实行有奖有罚的奖金分配原则。2010年起，实行绩效工资考核制，制定考核标准和绩效工资分配办法，根据考核结果发放绩效工资。

表彰、奖励情况

2010年以来，泉州市图书馆先后获得多种荣誉：2010年获得“国家一级图书馆”“工人先锋号”“科普教育基地”称号；2011年获得“社会科学科普基地”“先进基层党组织”称号；2012年获得“中小学生阅读基地”“古籍保护先进单位”“文化信息资源共享工程先进单位”“福建省学习型组织先进单位”“先进五好党支部”“泉州市文明单位”“敬老文明号”等称号。

馆领导介绍

许兆恺，男，1957年3月生，大专学历，中共党员，副研究馆员，馆长，党支部书记。1974年参加工作，1987年任泉州市图书馆副馆长，1997年起任泉州市图书馆馆长、书记。是福建省图书馆学会副理事长，泉州市图书馆学会理事长。泉州市政协8–10届委员、提案委委员，泉州历史文化中心理事。曾被文化部评为“全国图书馆先进工作者”，被中国图书馆学会评为“中国图书馆学会先进工作者”，被省文化厅、省人事厅评为“全省文化系统先进工作者”，被泉州市委、市政府评为“泉州市先进工作者”和“泉州文化名家”。

陈文革，男，1967年11月生，本科学历，中共党员，研究馆员，副馆长，党支部副书记。1990年7月参加工作，1998年任泉州市图书馆副馆长。2006年起任泉州市图书馆党支部副书记。2006年至2007年下乡挂职德化县浔中镇。2004年被泉州市委、市政府评为“泉州市创建全国文明城市工作先进个人”；2010年被福建省图书馆学会评为“优秀会员”；2011年被泉州市委、市政府评为“泉州市创建文明行业工作先进个人”；2012年被中国图书馆学会评为“优秀会员”。

未来展望

泉州市图书馆新馆建设项目于2012年11月立项，是泉州市2013年重点预备项目，位于东海组团行政中心轴线，工程总建筑面积4.8万平方米，项目总投资匡算4.8亿元。新馆设计藏书量200万册，阅览座位2000个，服务区域可覆盖中心城区、晋江、石狮、惠安、台投区等，年接待读者150万人次。新馆建成后还将向上承接国家数字图书馆中心、省中心，下联县区、乡镇服务点。届时泉州市图书馆各项主要指标将位居全国地市级公共图书馆前列，成为一个资源丰富、技术先进、服务便捷高效的公共数字文化服务中心。

联系方式

地　址：泉州市东湖街752号
邮　编：362000
联系人：王明雄

捐建泉州市图书馆华侨林文彬家族在泉州市图书馆前留影

图书馆外貌

三明市图书馆

概述

三明市图书馆成立于1958年，现有馆舍位于三明市梅列区东新二路底，于1991年建成。新馆馆舍位于三明市梅列区双园新村50幢，馆舍建筑面积10000平方米，承担着为党政机关、科研、教育、生产单位和社会公众服务的任务，是三明市的中心图书馆，负责全市图书馆业务辅导和协作协调工作。2013年参加第五次全国公共图书馆评估定级，被文化部评为一级图书馆。

业务建设

截止2012年底，三明市图书馆总藏书量51.6788万册（件），其中纸质文献28.0283万册（件），电子文献13.4万册（件），电子光盘图书10万册，光盘2505件。2009—2012年，三明市图书馆共入藏图书4.6345万种、12.2068万册，视听文献2505种，报刊年均入藏854种。为进一步丰富馆藏，提高广大市民参与图书馆建设热情，三明市图书馆发动社会各界向图书馆捐赠图书。在三明市第五届全民“读书月”期间，社会各界爱心人士向三明市图书馆捐赠图书1137多册。

2012年三明市图书馆对计算机房进行提升改造，改造后存储容量达到32TB。截止2012年底，三明市图书馆可用数字资源共4种，总量为18TB。2013年年初根据发展需要，三明市图书馆设置多个无线网络节点，馆内无线网络覆盖范围超过80%。

读者服务工作

三明市图书馆全年365天免费对外开放，每周开放时间56小时以上，为广大读者提供借阅办证、参考咨询、图书外借、报刊阅览、文献利用、信息查询、电子资源等全方位免费服务。2012年图书外借24.0286万册次，期刊外借1.0146万册次，少儿读物外借0.5568万册次。2012年三明市图书馆共举办各类型讲座32期、培训40多期、展览13次、阅读推广等读者活动26场次，参与人数5万多人次。

截止2012年底，三明市图书馆建成19个馆外图书流动服务点，定期或不定期对馆外图书流动服务点的图书进行更新轮换，为距图书馆较远和不便到图书馆的读者提供便利。通过开展“关爱外来务工人员——文化服务送到您身边”活动，走进工业园区，为进城务工人员送去共享工程视频点播及读书、办证、借阅“一条龙”服务。注重开展弱势群体服务工作，多次与三明市残疾人联合会联合举办“牵手残疾人，走进图书馆”活动。

文化信息资源共享工程三明市支中心以共享工程演播厅和电子阅览室为阵地，常年开展优秀视频展播和读者电脑培训等活动；利用文化信息资源优势，开展文化信息进学校、进社区、进农村、进军营、进工业园区“五进”活动。每逢重大节日，三明市支中心紧紧围绕宣传主题，在街道、社区广场、工业园区开展文化信息视频点播、专题知识讲座、图片巡回展等活动。2009年举办了《国事盛典·文化印证》《共和国60周年大事》图片展览，不仅在图书馆一楼大厅展出，还深入到三明学院、三明职业技术学院、列东小学、三元区白沙社区、沙县青州镇巡回展出，3000多人观看展览，近百位观众在留言簿上写下观后感言。在2010年文化部全国文化信息资源建设管理中心和省文化厅主办的“全国文化信息资源共享工程少年网页设计竞赛（福建站）”活动中，市支中心组织选送的10幅作品荣获团体第1名，其中一等奖2名，二等奖2名，三等奖5名，鼓励奖1名。在2011年全国文化信息资源共享工程“阳光少年热爱党”电脑小报设计竞赛活动中，市支中心组织选送的中学组3幅参赛作品均获三等奖佳绩。

业务研究、辅导、协作协调

2009—2012年，三明市图书馆参与本地区及上级组织的图书馆联合编目工作，与国家图书馆和福建省图书馆签订联合编目协议，是福建省地区联合编目中心成员馆之一，上传和利用联合编目数据，加强对基层图书馆的编目工作辅导和培训。

三明市图书馆制定了2009—2013年三明地区图书馆服务网络建设规划，参与服务网络建设的县级以上公共图书馆占全市县级以上公共图书馆总数80%以上。利用服务网络内的资源共享，与10个县（市）图书馆签订馆际互借协议，图书流动服务点遍布军营、学校、社区、工业园区和乡镇。

三明市图书馆结合新形势下图书馆发展的需要，加强对基层图书馆调研，撰写对图书馆工作有指导意义的调研报告4篇；对本地区公共图书馆业务进行统计分析，掌握基层图书馆动态信息，撰写对本地区图书馆事业建设有指导意义的综合性报告，加强对市、县图书馆自动化管理的业务指导。2012年共举办业务辅导活动10次，举办农村文化协管员及农家书屋管理员培训班5期，参训183人次，培训乡镇图书馆（室）和农家书屋的业务骨干，建立基层图书馆（室）名录，了解基层图书馆的基本情况。

三明市图书馆积极参加中国图书馆学会和福建省图书馆学会组织的学术活动，每年召开全市公共图书馆馆长年会，总结交流工作经验。2012年，三明市图书馆选派辅导部人员参加文化部组织的东八省市级师资班培训；2013年组织全馆业务骨干赴杭州图书馆、温州图书馆、厦门市图书馆、南安市图书馆等考察学习，通过培训和考察学习，进一步提升三明市图书馆的创新理念和服务方式。

管理工作

三明市图书馆根据各部室工作特点，制定相应的管理制度和工作人员岗位职责。实行绩效考核机制，建立工作量化考核指标体系，每季度进行工作进度通报，年底进行全馆工作考核。

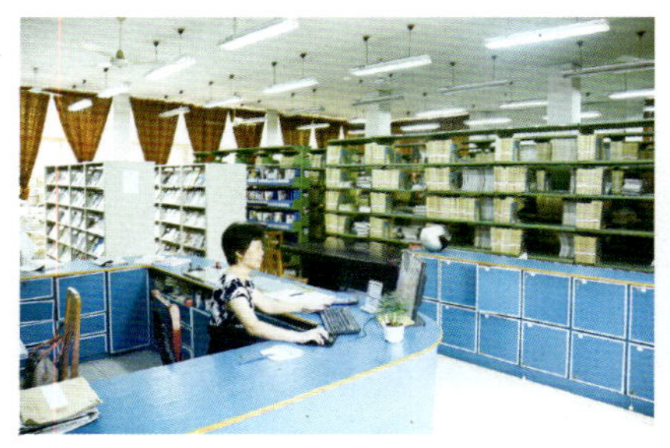

期刊部

特藏部

三明图书馆大门

4·23世界读书日活动

服务宣传周活动

图书流动服务

表彰、奖励情况

2009–2012年，三明市图书馆共获得各种表彰、奖励12次，其中国家级表彰、奖励1次；省级表彰、奖励1次；市级表彰、奖励10次。

馆领导介绍

吴桂春，男，1966年8月生，大专学历，中共党员，1988年8月参加工作，历任三明市文化稽查队队长、三明市图书馆馆长，是中国书法家协会会员、福建省书法家协会理事、三明市书法家协会副主席，现任三明市文化广电新闻出版局市场与产业科科长兼图书馆党支部书记。

洪作椿，男，1961年8月生，大专学历，农工党党员，美术师，副馆长。1982年8月参加工作，2002年8月起任三明市图书馆副馆长，2011年9月主持图书馆工作至今，兼任福建省图书馆学会理事。

未来展望

三明市图书馆本着"读者第一，服务至上"的宗旨，坚持实行"抓管理，塑形象，内外兼修，努力提高综合服务水平"的工作方针，进一步提升公共文化服务能力和水平，充分发挥图书馆精神文明建设窗口作用。三明市图书馆在不断提升自身综合实力的同时，通过召开全市公共图书馆馆长工作会议、举办培训班、业务辅导等方式，带动全市公共图书馆事业的整体发展。三明市图书馆新馆按地市级国家一级馆的标准设计，于2012年3月开工建设，位于三明市梅列区双园新村原青少年宫中心绿地公园旁，预计2015年2月投入使用。新馆设计藏书量50万册，阅览座席700个，将实施全方位的开放性服务、人性化服务，注重技术先进性，文献管理和服务系统采用先进的RFID无线射频识别技术，为每册图书安装智能芯片，实现图书的精准定位。新馆的落成，将为市民提供一个优雅、舒适的全新阅读环境，成为市民阅读、休闲的好去处。

联系方式

地　址：三明市梅列区高岩新村7幢
　　　　三明市梅列区双园新村50幢（新馆）
邮　编：365000

新馆效果图

龙岩图书馆

概述

龙岩图书馆始建于1956年，1998年底因中山路改造新馆立项重建，2004年9月落成开馆。占地面积1682平方米，建筑面积13399平方米，地上8层，地下一层。新馆功能齐全，设施先进，设有少年儿童阅览室、少年儿童外借室、报刊过刊阅览室、社会科学图书阅览室、自然科学图书阅览室、电子阅览室、图书信息交流中心、地方文献室和文化信息资源共享工程示范点等15个业务部门，阅览席位1500个，全馆员工22人。财政经费投入逐年增加，2010年起图书年购置费增至50万元。

业务建设

截止2013年5月，龙岩图书馆馆藏图书总量319326册，电子图书17万余册。

近年来，龙岩图书馆大力加强数字图书馆建设，增加购买数字图书资源。馆藏数字资源包括自建数字资源、外采数字资源和国家与省中心下发的数字资源三部分。2010年对图书馆网站进行改版，大大丰富了网站内容，同时让读者更加便捷地利用网站，突出苏区风采主题特色库。近年还陆续购买超星数字电子图书库、爱迪科森少儿多媒体数字图书馆以及歌德电子图书借阅机等。数字图书馆的建设与服务有效地推动图书馆外延服务，在图书馆传统服务的基础上进一步扩大服务范围，让龙岩中心城市广大市民更好地利用图书馆。

地方文献资源建设是龙岩图书馆文献资源建设工作重点之一。近几年着重收集族谱、地方志、当地作家书画艺术家作品等特色地方文献资源，为了解和研究龙岩的政治、经济、文化、历史提供了翔实的资料。2010年以来着手开展以苏区风采为主题的特色库建设，深入挖掘闽西地方文化资源，重点开辟“苏区革命史”“苏区人物志”“今日苏区”等系列栏目，深入挖掘闽西丰富的地方文化资源，争取把“苏区风采”建设成一个品牌地方特色库。

读者服务工作

2009–2013年，全馆总流通60.2356万人次，借阅图书报刊86.562万册次，办证读者近2万人，读者参加各类活动28万人次。

龙岩图书馆始终坚持“读者至上”的原则，不断改善图书馆阅读环境。2013年粉刷内墙，布置绿色植物，设置宣传栏，在阅览室增设温馨提示牌、导读牌等，为读者提供温馨舒适的阅读环境。为了让读者更加方便地借阅图书，延长开放时间，2013年起取消周四下午的闭馆内务整理时间，实现从周一至周日全开放的目标。同时增设少年儿童图书阅览室，增加阅览座席80多个。

龙岩图书馆在做好基础业务工作的同时，不断加强读者活动。每年都确定一个全民阅读推广活动主题，并以年度主题方式开展全年的系列读者活动。如2012年以“品读经典·品味生活”为全民阅读推广活动年度主题，2013年以“畅享阅读·精彩生活”为全民阅读推广活动年度主题。

2012年8月，为贯彻落实中共新罗区委宣传部开展的“周学月讲”活动，龙岩图书馆在学术报告厅开展文化品牌建设——周学月讲文化大讲坛系列活动，举办各类讲座，如名家讲坛系列、中国历史文化专题系列、红色摇篮——苏区风采系列、走进闽西——山水龙岩系列、龙岩民俗民风系列讲座等。

业务研究、辅导、协作协调

为推动“书香龙岩”全民阅读活动的开展，让更多市民享受到方便、优质、高效的公共文化服务，享受图书馆提供的免费阅读服务，龙岩图书馆大力推进延伸服务工作，开展图书进机关、进企业、进社区、进部队、进学校、进乡镇村、进家庭等延伸服务，进一步拓展图书馆的服务空间。2012年7月龙岩图书馆与福建高速公路龙岩管理分公司签订共建协议；2012年9月龙岩图书馆与龙岩市社区大学共建终身教育基地，在龙岩图书馆六楼学术报告厅举行启动仪式；2013年1月龙岩图书馆与新罗区西城莲花居委会共同建设首家社区图书馆莲花社区图书馆，为社区居民读书带来极大便利，计划未来几年再共建10家社区图书馆。

管理工作

2012年，龙岩图书馆完成新一轮全员岗位聘任，本次聘任共有22人重新上岗。同时建立工作量化考核指标体系，每月进行工作进度通报，每半年和全年进行总体工作考核。2010–2013年共抽查文献排架71次，抽查书目数据27次。

表彰、奖励情况

2009年参加第四次全国公共图书馆评估，被文化部评为“一级图书馆”。2011年被新罗区委授予“宣传思想文化工作先进单位”称号。2012年被新罗区妇联授予“三八红旗集体”

称号。2012年被福建省文化厅授予“全省文化信息资源共享工程建设先进单位”。同年12月被福建省政府、省军区授予“军民三挂钩先进集体”称号，被省文化厅授予“第五届福建省艺术节优质服务奖”。2013年参加第五次全国公共图书馆评估，再次被文化部评为“一级图书馆”。

馆领导介绍

陈鸿雁，男，1969年8月15日生，大专学历，中共党员，馆员，馆长。1992年12月到龙岩图书馆工作，2011年9月任龙岩图书馆馆长。

宫鲁闽，女，1975年10月19日生，本科学历，中共党员，馆员，副馆长。1994年12月到龙岩图书馆工作，2011年9月任龙岩图书馆副馆长。

郑微娜，女，1977年7月13日生，本科学历，致公党员，馆员，副馆长。2006年5月到龙岩图书馆工作，2011年9月任龙岩图书馆副馆长。

未来展望

龙岩图书馆近几年的工作虽然取得了一些成绩，但对照福建沿海发达地区和人民群众日益增长的精神文化需求，还存在差距。在今后的工作中，要进一步改善办馆条件，加强基础业务建设和读者服务工作，提高业务研究水平和协作协调能力，加强重点文化工程建设和图书馆管理水平，发挥龙岩中心城市图书馆的辐射带动作用，推进龙岩地区公共图书馆事业不断发展。

联系方式

地　址：龙岩市新罗区溪南南街路33号
邮　编：364000
联系人：张 权

长乐市图书馆

概述

长乐市图书馆成立于1942年2月，2004年12月新馆舍投入使用。新馆位于长乐市城区进城路人民会堂西侧的长山湖畔，楼高5层，总建筑面积6500平方米，总投资1200万（含布馆装修）。外观造型采用弧形构造，如同一部半打开的书卷，周边环境以湖泊、公园、绿地为主，是一座布局合理、设施先进、功能齐全的现代化图书馆。2009年3月，为进一步满足全市少年儿童的阅读需要，投入400多万元动工兴建长乐市少年儿童图书馆，同年10月正式对外开放，总建筑面积1200平方米，与长乐市图书馆实行一套班子两块牌子的管理模式，人员、经费由长乐市图书馆统一调配使用，自动化管理依托长乐市图书馆Interlib管理系统，采用长乐市图书馆借阅证，通过互联网实现与长乐市图书馆通借通还。2009年参加第四次全国公共图书馆评估，首次被文化部评为一级图书馆。两馆有阅览座席496个，计算机62台，各配有独立光纤（市图书馆20M，少儿馆10M）。

业务建设

截止2012年底，长乐市图书馆文献总藏量39.9216万册（件），其中纸质文献38.7490万册，视听文献2439件，电子文献9287种。

2009－2012年，长乐市图书馆共入藏图书48530种，报刊2307种，视听文献1664件。

截止2012年底，长乐市图书馆数字资源总量12.2TB，其中文化共享工程资源3.6TB，确然多媒体数字资源播发管理平台数据资源186GB，共计3.782TB。外购并存储在本地的数字资源有CNKI中国知网数据库8TB，少儿多媒体数据库87.8GB，就业培训数据库126GB，网上报告厅数据库116GB，超星名师讲坛数字资源75.3GB，两岸关系数据库资源12.9GB，共计8.409TB。自建数字资源有长乐本地歌曲数据库和长乐本地MTV视频数据库2.17GB。

读者服务工作

长乐市图书馆全年365天免费对外开放，每周开放时间达60小时以上。截止2012年底，全馆有效读者借阅证16385本。2009－2012年全馆书刊总流通量141.3433万册次，书刊外借79.6186万册次。

2008年底建立长乐市图书馆网站，设有本馆概况、网上书库、读者服务、长图视频、资源中心、我的图书馆等栏目，为读者提供文献借阅、书目检索、电子阅读、信息咨询、网上续借、网上信息传递以及多种形式的宣传指导和素质教育培训服务。2009－2012年，图书馆网站访问量122.3137万次。

长乐市图书馆在做好基础服务工作的同时，积极开展内容丰富、形式多样的读者活动。2009－2012年，图书馆年均举办讲座、展览、培训、阅读推广等读者活动75场次，年均参与人数3.1578万人次。

业务研究、辅导、协作协调

2009－2012年，长乐市图书馆员工分别在《福建图书馆理论与实践》《全国新书目》《现代经济信息》《海峡科学》《时代报告》等刊物发表论文5篇；围绕本馆业务工作撰写调查研究报告3篇；出版专著1本。

截止2012年底，长乐市图书馆在18个镇（街道）、乡、村、部队、企业建立47个图书分馆、流通点和243个农家书屋，其中市少年儿童图书馆、力恒锦纶科技有限公司分馆、长乐消防大队分馆与市图书馆实现了图书通借通还服务。此外，长乐市图书馆依托自身的资源和人力优势，建立下乡小分队，派出技术人员下乡辅导，每年不定期为各分馆、流通点轮换图书近10万册。

长乐市图书馆坚持知识拥军，做好部队图书室藏书建设，同时加强对部队图书管理人员的业务培训与交流工作，在部队流通点开展各项读者活动，促进部队文化建设，组织官兵及社会读者参加福州市举办的读后感征文比赛和书评写作比赛，并荣获佳绩。市图书馆多次被长乐市委市政府授予"双拥共建文明单位"荣誉称号。

截止2012年底，长乐市图书馆累计投入190.74万元完善文化信息资源共享工程的软硬件配备。目前市支中心、镇（乡）、街道（村）基层服务点软硬件配备已达到全国文化信息资源共享工程试点县配置标准，村级基层服务点依托组织部远程教育平台实现了村村通，基本上形成市、镇（乡）、街道（村）三级服务网络。

管理工作

长乐市图书馆在编人员10名，临聘人员39名，从2009年起实施工作量化考核指标体系，下达目标任务，真正建立科学、合理的人事管理制度。同时继续完善考勤制度和考勤管理办法，加大考勤奖惩力度，最大限度地调动广大职工的工作积极性。

表彰、奖励情况

2009－2012年，长乐市图书馆共获得各种表彰、奖励7次，其中国家级表彰奖励1次，国务院业务主管部门及省级党委、政府表彰奖励2次，省级业务主管部门表彰奖励1次，市级业务主管部门及县级党委、政府表彰奖励3次。

图书馆外借部

少儿馆低幼儿阅览区

少儿馆全景

开展“庆六一”少儿活动

开展少儿室外游戏

中德文化交流“儿童阅读在德国”

馆领导介绍

李文挺，女，1980年12月生，本科学历，中共党员，中级职称，馆长。2001年1月到长乐市图书馆参加工作，任图书管理员，2005年9月任长乐市图书馆管理会计，2009年9月任长乐市图书馆副馆长，分管长乐市少年儿童图书馆日常工作，2012年2月任长乐市博物馆馆长，2014年9月任长乐市图书馆馆长。2001年被评为“长乐市文化工作先进个人”，2011年被评为“长乐市巾帼建功标兵”。

陈正，男，1977年8月生，大专学历，中共党员，副馆长。1998年9月到长乐市图书馆参加工作，先后担任采编部、办公室主任，2004年4月任长乐市图书馆副馆长，分管长乐市图书馆业务工作。

林晶，女，1979年11月生，大专学历，中共党员，中级职称，副馆长。1998年2月参加工作，在长乐市首占镇人民政府从事财务工作，2010年8月调到长乐市图书馆工作，2012年3月任长乐市图书馆副馆长，分管长乐市少年儿童图书馆日常工作。

未来展望

长乐市图书馆坚持全心全意为人民服务的宗旨和“读者第一，服务至上”的办馆理念，不断加大投入，提升软硬件设施。为了给读者提供更加便利快捷的图书借还服务，推进图书馆的信息共享、馆际互借，实现图书馆管理服务的现代化、智能化，2013年在长乐市图书馆和少儿馆安装图书资料流通自动化管理系统和24小时自助图书馆，为读者提供自助式借阅服务。为顺应时代发展，长乐市图书馆今后将进一步完善数字资源建设，着力打造新型数字图书馆，满足网络时代读者在线浏览数字资源的需求。

联系方式

地　址：长乐市郑和西路171号
邮　编：350200
联系人：吴婷婷

厦门市思明区图书馆

概述

思明区图书馆成立于1998年9月28日，是面向社会公众开放、提供图书外借、报刊阅览及参考咨询服务的公益性文化事业单位。自建馆以来，思明区图书馆在区委、区政府的指导及社会各界的关心和支持下，本着文化惠民的理念，不断提升综合服务能力和现代化、信息化水平，满足人民群众日益增长的精神文化生活需求，着力打造“藏、借、阅”一体化服务、全开放型公共图书馆，曾被《厦门日报》誉为“爱书人温馨的家”。2005、2013年参加全国公共图书馆评估定级，分别被文化部评为“三级图书馆”和“一级图书馆”。

思明区图书馆2010年9月迁入新馆，新馆舍位于思明区厦禾路848号之一，紧邻风景优美的金榜山公园，总建筑面积4742.684平方米，总投资约1800万元。设自然科学、文学、社会科学三大图书文献借阅区，现有阅览座席327个，供读者使用的计算机68台，宽带接入10Mbps，采用Interlib图书馆自动化管理系统。

业务建设

截止2012年底，思明区图书馆总藏书量约33万册（件），其中纸质文献27万册（件），电子图书6万种。

2009–2011年，思明区图书馆年新增文献购置费约10万元，2012年增至221万元。2009–2012年共新增图书110896种，中外文报刊1151种，视听文献137种，地方文献447种。

思明区图书馆开设有“24小时自助借还图书室”，是厦门市第一家尝试这一新服务模式的图书馆。同时引进RFID智能馆藏系统，实现图书自助借还、查找、馆藏盘点等功能，有效地提高图书管理效率，简化图书管理流程，读者借还、查询图书便利快捷。

读者服务工作

1、基本业务。思明区图书馆各功能区域全部对读者免费开放，图书馆举办的各项读者活动如讲座、展览、播放电影视频等也全部免费，读者可自由参与。思明区图书馆自开馆以来，秉持最大限度为读者服务的理念，实行借阅合一的管理模式，图书馆全年开放，每周开放时间75.5小时。2009年加入厦门市公共图书馆服务联合体，图书可在全市公共图书馆通借通还，大大方便了读者。

2、读者活动。思明区图书馆每年举办大量的免费公益性读者活动，不断开拓新的服务领域，使不同兴趣爱好、不同文化层次的读者都能在图书馆找到乐趣。一是举办专题系列活动，如图书馆服务宣传周、政府服务月、纠风惠民奉献月、全民科普阅读月、全民终身学习月等系列活动，扩大图书馆的知名度；二是举办不同主题的公益性讲座，内容涉及医学健康、亲子教育、生活服务、国学经典、语言文学、闽南文化等；三是举办不同类型的艺术展览，如书画展、图片展、摄影展、集邮展等；四是举办影视鉴赏活动，每个周末都播放免费电影，逢节假日、黄金周还特别增加播放场次。

3、未成年读者服务。思明区图书馆致力于未成年人思想道德建设，针对未成年人的兴趣爱好开展工作，并向未成年人提供图书馆工作体验及社会实践平台。区关工委“教育实践基地”于2012年6月落户区图书馆。图书馆每年都针对未成年人举办一系列公益性活动，如聘请读者——厦门籍赴美国攻读硕士学位留学生黄隽开讲《漫游美利坚》讲座，举办中小学生暑期社会实践活动，包括低幼儿童趣味英语主题培训夏令营、闽南话和经典诵读夏令营、闽南话古诗词欣赏和吟唱夏令营、象棋培训夏令营（入门班、提高班）、摄影夏令营、“七彩夏日，心灵之旅”心理健康成长专题夏令营等。还与社区合作，根据社区需求举办各种未成年人讲座、播放电影等活动。

4、关爱老年人、残疾人及农民工，为其提供特殊服务。一是举办公益性的老年人活动。如举办中老年人电脑免费培训班，邀请老中医为中老年人举办健康医学讲座并于课后免费义诊，举办喜迎十八大·陈明山和谐厦门摄影展和八十岁老人八十框邮展，与老年大学联办区老年大学诗书画影展，协办区直机关离退联喜迎十八大摄影展等；二是馆内设立视障人士阅览区，配备盲文图书及视障人士阅览设备；三是在工业集中区内设立图书流通点，赠送图书及报刊，方便农民工朋友借阅。春节期间还举办“情系农民工，新春送祝福”活动，为农民工朋友赠。

5、创新服务。思明区图书馆积极推动区“城市街区24小时自助图书馆”项目建设，主要以思明区图书馆为依托，以无线射频（RFID）技术为基础，集成各种高科技手段，计划在全区主要街道、学校、大型商超等公众密集区、沿街区大道等地一期建立20个“城区24小时自助图书馆”，以方便市民，提高文献资源使用效率。该项目预计将投入1287万元，目前第一期20个点已经全部投入使用，第二期20个点的选址工作已经展开。

业务研究、辅导、协作协调

2009–2012年，思明区图书馆员工发表论文2篇。图书馆努力发挥在思明区文化事业中的骨干作用，面向基层，以繁荣社区文化为己任，积极推进全区基层图书阅览室、公共电子阅览室和文化共享工程基层服务点建设。一是通过实地走访了解

思明区城市街区24小时自助借还图书馆

24小时自助借还图书室

开放时间公示牌

市纪委书记洪碧玲亲临现场观邮展

举办未成年人活动

举办中老年人活动

情况，有针对性地加强对基层图书馆（室）的指导和扶持，开展社区图书室业务培训暨典型推广活动，促进基层图书馆（室）规范建设管理，为广大社区群众提供更多更好的读书服务；二是选择合适的社区图书室建立“思明区图书馆图书流通点”，目前辖区内10个街道图书室及96个社区图书室都已成为图书馆的图书流通点，区图书馆为其提供业务指导、赠送报刊、图书流通等帮助；三是深入各街道社区进行现场业务指导，全区公共电子阅览室和共享工程基层服务点覆盖率100%。四是制定《思明区图书馆关于建立三级图书馆网络的方案》，进一步完善区、街、社区三级图书馆网络建设，实现文献资源共享和图书通借通还，使更多居民享受现代图书馆带来的优质文化服务。

图书馆还承担思明区的文物保护工作，2012年参与13项区文物保护工作，其中参与中山路申报2012年度中国历史文化名街的评选推介活动，在最终脱颖而出10个符合名街评选标准的街道中，厦门市中山路名列第一。

管理工作

思明区图书馆建立工作量化考核指标体系和绩效考核制度，每月进行工作进度通报以及月总结，每半年和全年进行总体工作考核。2011–2012年，每半年抽查排架一次。

表彰、奖励情况

2012年，思明区图书馆共获得各种表彰、奖励7次，其中市级表彰、奖励3次，区级表彰、奖励4次。

馆领导介绍

陈重艺，男，1957年5月生，1974年7月参加工作，本科学历，中共党员，1998年起担任思明区图书馆馆长。2007年起兼任思明区文物管理委员会办公室副主任。

未来展望

在思明区政府的高度重视和大力支持下，经过思明区图书馆的努力与奋斗，区图书馆事业取得了阶段性的成绩。思明区图书馆将继续大力倡导和推广全民阅读，使思明区成为因崇尚阅读而受人尊重的城区，成为因致力于公共图书馆建设而使市民的文化权利得到保障和提升的城区。

联系方式

地　址：厦门市思明区厦禾路848号之一
邮　编：361000
联系人：张　炜

厦门市海沧区图书馆

概述

厦门市海沧区图书馆2004年6月批准设立，2005年7月起对公众开放，2007年11月9日迁入海沧区滨湖北路15号海沧区文化中心新馆，加挂“厦门市海沧区少年儿童图书馆”牌子向社会开放。新馆建筑面积6400多平方米，设计藏书容量50万册，有阅览座席393个，少儿阅览座席64个，书架单层总长度4383米。有计算机50台，其中供读者使用计算机32台，数字资源总量4.6TB，同时建有海沧区慈济文化数据库9.70GB，宽带接入10Mbps，采用Interlib图书馆自动化管理系统及RFID图书智能管理系统。

业务建设

截止2013年底，海沧区图书馆总藏书量460646册，其中纸质文献230646册，电子图书23万种，电子期刊130种。

海沧区图书馆采用蓝光睿卡机房管理系统、蓝光控制管理系统和天融信NGFW1508放火墙等设备管理电子阅览室，每台电脑都安装导航界面，方便用户使用。截止2012年底，海沧区图书馆完成辖区内41个基层点公共电子阅览室建设，基层点阅览室统一管理制度，设专人管理。

截止2013年底，海沧区图书馆数字资源总量共4.6TB，其中本馆购买资源3.3TB，国家中心提供资源1.3TB。通过收集、整理、加工，建设以海沧区非物质文化遗产相关文字和图像资源，建成海沧区非物质文化遗产数据库，资源容量9.7GB。

海沧区图书馆通过自建、外购、共享等形式，与厦门市图书馆、厦门市少年儿童图书馆、湖里区图书馆等厦门市公共图书馆服务联合体合作，建立数字化资源共享系统。截止2013年，共享资源数据库容量达29.53T。

海沧区图书馆采用Interlib图书馆自动化管理系统，实现编目、流通等自动化管理，馆藏文献全部实现数字化，设有4台计算机供读者检索查询。2010年投入21万元完善文化信息资源共享工程设备与机房；2011年9月投入近150万元建设图书馆RFID智能馆藏系统，2012年4月建成并运行；2013年投入35万元购置一台图书流动服务车，以加强图书馆服务基层的能力。2013年底投入136万元，在图书馆建成一个“24小时自助图书室”。

读者服务工作

截止2013年底，海沧区图书馆实现馆内公共空间设施场地、报刊阅览、文献资源借阅、文献检索与咨询、数字资源电子阅览室、视听文献阅览室、地方文献阅览室、台版图书阅览室、参考资料阅览室、盲文阅览室、读者自修室等全部免费开放，每周开放66小时。

截止2013年，海沧区图书馆有效借书证9802个。2010–2013年，书刊总流通198522人次，书刊外借709281册次。2009年底起开展与全市公共图书馆的馆际互借服务。

自2009年开始，以海沧区图书馆为总馆，向馆外发展建设分馆及图书流通点。截止2013年底，在村居、企业、部队、学校等基层建有7个分馆，23个馆外图书流通点，38个基层文化图书室（含农家书屋）。街道（镇）、社区（村居）图书室覆盖率达100%。

2010年，海沧区图书馆与政府相关部门协调，设立政府信息公开查阅点专区，主要内容有政府信息阅览和电子查询，协助市民查阅全区26个部门、单位的政府信息公开工作。

图书馆公共电子阅览室每周开放66小时，电子文献通过统一认证平台与各区馆实现远程共享，所有联合体读者通过借书证号和密码认证，可免费使用资源数据库容量29.53T的数字化资源共享系统和总量为4.6TB的图书馆数字资源。

2010–2013年，海沧区图书馆共举办讲座、展览、培训、阅读推广等读者活动212场次，参与人数52856人次。

业务研究、辅导、协调协作

2010–2013年，海沧区图书馆员工多次参加福建省图书馆学会举办的学术研讨会，并到广东、浙江、甘肃等地图书馆参观学习及进行学术交流活动，撰写调研报告3篇。

2009年底，海沧区图书馆加入“厦门市公共图书馆服务联合体”，与各联合体单位共建共享资源，有效地推动厦门市各公共图书馆资源的整合，实现与厦门市各公共图书馆的书目集中检索、借书证一卡通用、书刊通借通还、文献集中编目、数字资源共建共享、读者活动互联互动等联合服务。

2010–2013年，海沧区图书馆作为青少年思想道德教育基地，开展暑期“文明读者督导”学生假期志愿实践服务活动，为广大未成年人创造良好的文化活动场所。截止2013年共举办5期，参与人次106人。

洪塘村流通点

图书馆大门照片

志愿者服务

图书阅览室

幼儿阅览室

2011年起，海沧区图书馆的6个分馆、23个图书流通点、38个基层文化图书室（含农家书屋）统一推广使用Interlib图书馆自动化管理系统的文献借阅平台。2010–2013年，组织基层图书室进行实地培训、观摩辅导活动及业务指导128次。

管理工作

2013年，海沧区图书馆在编人员2人，编外人员10人，其中本科学历9人、大专学历3人；中级职称1人、初级职称10人。有完善的人员考核制度，每半年和全年进行总体工作考核。

自2007年底搬迁新馆后，对原有规章制度进行补充、修改，完善了读者服务工作、人事、财务、设备物资、固定资产、档案、图书馆环境卫生等相关管理制度，使之更加规范。坚持每周例会制，进行安全防范教育、业务学习交流、业务培训等。

2011年开始，撰写图书馆政务信息并对外公布。截止2012年底，发布海沧区图书馆相关信息34篇。

表彰、奖励情况

2012年被福建省文化厅评为“全省文化信息资源共享工程建设先进单位”；2013年被福建省新闻出版局评为“福建省农家书屋工程建设先进单位”。

馆领导介绍

黄清海，男，1964年8月生，大专学历，中共党员，副馆长，助理馆员。1982年11月参加工作。

未来展望

海沧区图书馆将继续遵循“传承、博览、启智”的办馆方针，以“读者第一、服务至上”为服务宗旨，加强读者服务工作及图书馆的自动化、网络化、数字化建设。创新图书馆服务内容和服务方式，确保全年不闭馆，推进无障碍信息服务。加强馆藏文献资源建设，注重馆藏文献形式多样化，建设一个各种载体共存、实体资源与虚拟资源相结合的馆藏体系。做好每年的文献借阅利用率统计与分析报告，制定文献采购计划，科学合理安排文献采购经费；加快形成具有海沧特色的文献馆藏，重点挖掘海沧区地方文献资源的建设；加强新书推荐，帮助读者了解最新上架文献的情况。加强队伍建设，提高工作人员的业务素质和服务质量，拓展图书馆服务范围；积极开展读者活动，提高服务质量，提供良好环境，提升读者满意率。推进分馆及基层流通点建设，加大基层培训辅导。扩大对特殊群体、弱势人群的服务范围，在外来员工较集中的地点建立图书基层点。全面加快传统图书馆向现代化图书馆的转变步伐，为本地区的经济、社会事业发展提供全方位、多层次、高质量、高效率的文献信息服务。

联系方式

地　址：厦门市海沧区滨湖北路15号
邮　编：361026
联系人：陈艺玲

厦门市湖里区图书馆

概述

湖里区图书馆前身是湖里区文化馆图书室，1997年对公众开放，2001年图书馆从文化馆分出独立管理，2004年图书馆独立建制，2010年参加全国公共图书馆评估定级，被文化部评为一级图书馆。2005年馆舍由湖里区华泰路搬迁至禾东路500号湖里区文化中心内，新馆舍面积3000平方米，设有图书外借室、报刊阅览室、漫画阅览室、少儿图书室、共享工程多功能厅、电子阅览室、特藏室、盲人阅览室、培训辅导室、读者自习室、24小时自助图书机等对外窗口，为读者提供文献借阅和信息查询等服务。2012年，湖里区图书馆有阅览座席530个，计算机61台，宽带接入10Mbps，选用Interlib图创集群管理系统。

业务建设

截止2012年底，湖里区图书馆总藏书量22.2045万册（件），其中纸质文献21.2179万册（件），电子图书9813种。

2009、2010年，湖里区图书馆新增藏量购置费25万元，2011年增至28万元，2012年增至248万元。馆藏图书从2009年的13万多册增至2012年的22万册，年订购报刊500多种。

截止2012年底，湖里区图书馆数字资源总量为29.53TB，其中自建数字资源总量4.3TB。自建湖里文史资料全文数据库、湖里区文化演出视频库等数据库2种（185GB），自购中文数据库3种。

湖里区图书馆于2008年购置Interlib图书馆自动化集成管理系统，2009年加入厦门市公共图书馆联合体，依托厦门市社会保障卡在全市范围内实行“一卡通用、通借通还”。2012年增设“图书馆无线射频识别系统”项目，将22万册馆藏图书全部加装芯片，为全市的通借通还工作提供了有力保障。

读者服务工作

湖里区图书馆对外窗口全部向读者免费开放，每周开放时间75.5小时，常年实行无午休、无双休、无节假日的工作制度。2012年引进RFID技术，实现馆藏文献的自助借还。2009-2012年共接待读者148万人次，书刊外借99万册次。

2012年湖里区财政投入专项经费2078万元，在湖里区主要街道、学校、大型商场等人口密集区建立35台“城市街区24小时自助图书馆”，市民可凭社会保障卡在自助图书馆办理自助借书、自助还书、申办新证、预借服务、查询服务等图书馆基本服务。图书馆在基层设立60个图书流动点和13个流动服务车服务点，2009-2012年馆外书刊外借3万册次。

湖里区图书馆网站于2009年底正式启用，至2012年底网站访问量15.2万次。长期购置点点漫画图书数据库，并通过网络免费全开放给厦门各公共图书馆提供资源共享。

2009-2012年，湖里区图书馆共举办讲座、展览、培训、阅读推广、视频放映等读者活动1157场次，参与人数27万人次。

业务研究、辅导、协作协调

2009-2012年，湖里区图书馆员工发表论文1篇，围绕本馆业务工作撰写调研报告4篇。

根据文化共享工程建设标准，2012年湖里区图书馆投入专项经费160万元，按高标准建设区级支中心机房及监控室。目前有服务器6台，存储容量12TB，卫星接收设备1套及防火墙、交换机等相应的网络设备。外网带宽为电信10M光纤，备用3M光纤。区级支中心在设备管理及网络带宽得到保证的情况下，使用确然点播系统与省分中心进行数字资源的共享、分发，以FTP、视频点播方式与市分中心进行资源的共享传送，形成面向辖区居民的资源丰富、技术先进、布局合理、服务便捷的文化信息资源共享网络体系，实现全区街道、社区基层服务点文化信息资源共享工程全覆盖。2012年根据创建全国公共文化服务体系示范区要求，为各街道、社区统一建设公共电子阅览室，采用“云技术”管理模式，配备610台云桌面终端电脑。

湖里区图书馆以文化信息资源共享工程基层服务点为依托，在基层设立60个图书流动点，其中8个部队流动点，50个社区流动点，2个单位流动点。图书馆积极协助基层建立图书室，以图书管理知识培训班、下基层培训等形式，对基层专兼职图书管理人员及镇街村居有关领导进行培训，协助基层图书室逐步走向制度化、规范化管理。2012年共计上门辅导30次，举办基层业务培训3次。

管理工作

湖里区图书馆实行全员岗位责任制，馆内推行民主管理，重要事务由馆务会讨论决定，实行馆务公开和民主测评制度。实行窗口部门挂牌上岗、打卡考勤上班和读者评议制度，在服务窗口设立读者意见箱，征集读者意见。将读者意见、考勤情况、业务培训测试成绩作为工作人员年终考核和评选先进的依据。

24小时自助图书机

元宵猜灯谜活动

图书馆外借部

湖里区图书馆

免费计算机基础知识普及培训

少儿阅览室

漫画阅览室

表彰、奖励情况

2009-2012年，湖里区图书馆共获得各种表彰、奖励7次，其中国家业务主管部门表彰1项，省级业务主管部门表彰1项，市级党委表彰1项，县级党委表彰3项，县级业务主管部门表彰1项。

馆领导介绍

胡晓白，女，1957年10月生，大专学历，馆员，馆长。1999年12月调入湖里区图书馆工作，2001年1月起任图书馆负责人，2004年10月任湖里区图书馆馆长，2012年10月退休。

未来展望

伴随湖里区经济的飞速发展，大批外来人口带着追求和梦想涌入湖里。据第六次全国人口普查数据显示，全区常住人口93.12万人，其中外来人口达74.6万人，占全区人口的80%，文化程度为大专及以上的仅占11.8%。因此大力提供公共文化服务供给，满足外来务工人员的文化需求，是新形势下湖里区图书馆的主要任务。随着湖里区文化中心新图书馆楼的迁建，全新的图书馆将进一步提升公共文化服务空间，向社会公众提供图书借阅、电子文献、文化展览、学术会议、公益知识讲座以及内容丰富的少儿课外知识免费培训等形式多样的服务，更好地满足社会大众日益增长的多元化文化需求。

联系方式

地　址：厦门市湖里区禾东路500号
邮　编：361009
联系人：魏安有

军事夏令营

流动图书车送书进学校

厦门市集美图书馆

概述

集美图书馆是著名爱国华侨陈嘉庚先生于1918年创办的，具有悠久的历史和光荣的传统，是厦门市最早成立的公共图书馆，现在的上级主管部门为厦门市委统战部。馆址几经变迁，2001年1月1日，位于厦门市集美区集岑路6号的新馆建成开放。集美图书馆设有基础部、流通部和办公室3个部门，在编人员17名，编外聘用人员11名，合同制人员8名。馆舍面积6322平方米，阅览座席480个，其中多媒体视听室座席200个，少儿阅览室座席80个。馆内共有供读者和工作人员使用的计算机56台，其中读者计算机34台，宽带接入12Mbps，采用图创Interlib图书馆集群管理系统。2004年参加第三次全国公共图书馆评估，首次被文化部评为一级图书馆。

业务建设

截止2012年底，集美图书馆总藏书量75.45万册（件），其中纸质文献36.0734万册（件），电子图书39万余册；电子文献方面有CNKI等电子期刊1.29万种。

2012年，集美图书馆财政拨款总额为555.7万元，新增藏量购置费为50.5万元。为深入推进免费开放，2012年中央财政及厦门市政府支持集美图书馆用于免费开放经费10万元，2013年为20万元。

2009–2012年，集美图书馆年均图书入藏量6693种，报刊年均入藏量915种，视听文献年均入藏量354件。地方文献入藏量为7433种、9568册，有专架和专门目录、专人管理。

集美图书馆文献编目均依据《中国图书馆分类法》（第五版）和《中国机读目录格式使用手册》《连续出版物著录规则》《图书馆自动化集成系统ILAS书目数据与著录规程》等国家标准或行业标准进行编目。并制定相关编目细则，做到编目数据规范一致。

图书馆对书标、登录号、馆藏章等都有统一的标准规定，做到文献加工规范、统一、整齐、美观。目录服务到位，所有文献都已录入机读目录，读者在馆内任何库室都能方便地检索。图书排架正确率保持在98%以上。文献保护措施到位，有书库管理制度和相应的防火、防盗、防虫、防潮、防尘等措施和设备，破损文献能得到及时修复。

在数字化建设方面，现有各种数字资源总量达8.5TB。馆藏中文文献书目数字化达95%以上。自建4个地方文献数据库，数据量40GB。

2012年完成了RFID智能化管理系统软硬件建设，并引入Interlib图书馆管理系统，完成近20万册书刊的条码、标签及数据的转换工作，加入厦门市图书馆服务联合体，实现全市“一卡通用，通借通还”的联合服务，大大提升了图书馆的自动化管理水平，方便全市民众的阅读需求。

读者服务工作

集美图书馆所有公共空间设施场地全部免费开放，全年365天开放，每周开放时间68小时。书刊文献开架比例为82.4%。书刊文献年外借量12.96万册，外借率为55.8%；5个分馆和7个流通服务点书刊年借阅数量1.06万册次。年接待读者36.4万人次，读者年均到馆28.8次；分馆及流通点年接待读者1.2万人次。注重书刊宣传，每月在宣传栏上开展2–4次书刊宣传，并通过图书馆网站进行同步宣传。馆内设有专架提供政府公开信息服务，满足读者对政府公开信息的查阅需求。

在参考咨询服务方面，集美图书馆2012年接待读者口头咨询、电话咨询和网络咨询2100人次。提供深度参考咨询服务，为政府机关决策提供服务1项，为本地区教育、科研和企事业单位提供服务3项，为社会公众提供专题服务9项，编制二、三次文献6项。

在为特殊群体服务方面，集美图书馆建立了残障人士阅览室，投入20多万元用于购置专用设备和资源，图书馆各场所均设有无障碍通道。为方便进城务员人员便捷利用图书馆资源，在集美工业区内设立分馆和流通服务点。针对少儿读者，专门开设了少儿借阅中心。也为老年人举办“老人读者书刊专展”活动。

在网站建设与服务方面，网站建设规划周全，结构合理，由专职人员管理维护，负责相关内容的及时更新。网页美观，开展的网上服务能够满足读者的需要。

在社会教育活动方面，2012年集美图书馆共开展22场次讲座、培训活动，参加读者1113人次。开展18场次展览，参加读者7000人次。播放视频节目46场次，参加读者1956人次。在阅读推广方面，2012年开展新书推荐、经典诵读等活动44场次，参加读

健康生活全民科普阅读月系列活动

集美图书馆外貌

集美小学走进集美图书馆活动

举办文化专题讲座

开展2012经典诵读活动

者9000人次。全年参与图书馆各类活动人数达19977人次。

服务宣传方面，集美图书馆每年编辑出版12期《图书馆信息》内部资料，并结合服务宣传周、全民读书月等活动，通过图书馆主页、宣传栏、社会报刊媒体等各种形式，广泛开展图书馆服务宣传和推介。通过多种渠道收集读者的意见和建议，及时改进工作。

业务研究、辅导、协作协调

集美图书馆积极参与厦门市公共图书馆联合体建设，并先后与厦门市图书馆、厦门大学图书馆、集美大学图书馆签订馆际互借协议，与集美区少儿图书馆签订协作与资源共享协议。建有5个联网分馆和7个馆外流通服务点，联网比例达45.5%，服务网络内的资源实现全面共享。

在基层业务辅导与培训上，由于本馆的特殊性，主要针对分馆及流通服务点进行，2012年共开展基础业务辅导4次、自动化管理辅导2次及各种专题培训8次。

管理工作

集美图书馆每年都有详细的工作计划，有完善的财务制度并严格执行；建立科学合理的人事管理制度，做到按需设岗、按岗聘用、竞争上岗，严格执行岗位责任制，建立完善的考核和分配激励机制；有健全的设备物资管理规定，并在工作中严格执行；各类档案健全，资料详实，管理规范；各类统计齐全，并有比较详细的统计分析。2012年还吸纳多批次志愿者参与图书馆工作在环境与安全方面，集美图书馆各种设施设备齐全、节能环保、维护及时；环境整洁、安静、优美；各类标牌规范、齐全；消防合格，并有完备的各类事项应急预案。

表彰、奖励情况

2009年以来，集美图书馆受到上级各类表彰共7项，其中省级2项、市级表彰2项、市级业务主管部门表彰3项。

馆领导介绍

李泽文，男，1966年出生，大学本科学历，中共党员，副研究馆员，馆长。厦门市图书馆学会副理事长，《图书馆探索》杂志编委。1988年毕业于福建师范大学图书情报专业，同年分配至福建体育学院图书馆工作，2002年任职于集美图书馆，2004年起任集美图书馆副馆长，2008年起主持集美图书馆工作，2014年任集美图书馆馆长。主要研究方向为地方文献、灰色文献，先后发表专业论文16篇。

黄旋，男，1960年出生，1981年6月毕业于厦门师范学校，在集美小学任教，任教务处主任，小学高级教师。2010年10月调入集美图书馆，任办公室主任，副馆长。

未来展望

在未来的几年里，集美图书馆将本着“读者第一，服务至上”的宗旨，以“服务社区、服务学校、服务统战”为己任，进一步完善图书馆的基础设施和服务功能，以“国家一级馆”评估细则中最高标准指引工作，以嘉庚文献、展会文献、集美文献等三个主题的地方文献建设为特色，全面推动图书馆数字化、智能化建设。在不断推进厦门地区公共图书馆服务联合体建设的同时，积极开拓馆外服务，确保读者量、借阅量每年以5%的速度增长，使集美图书馆发展成为本地区最活跃的文化活动中心之一。

联系方式

地　址：厦门市集美区集岑路6号
邮　编：361021
联系人：刘建勋

报纸阅览室

期刊阅览室

厦门市集美区少年儿童图书馆

概述

集美区少年儿童图书馆前身为1982年10月1日成立的厦门市郊区图书馆，后更名厦门市集美区图书馆，2002年12月改制并定名集美区少年儿童图书馆。馆舍建筑面积4200平方米，设计藏书20万册，设有社科借阅室、自科借阅室、幼儿借阅室、公共电子阅览室、报刊阅览区、自学阅览区、工具书专柜、咨询台、玩具区、视障阅览区、文化共享工程播放厅等对外服务窗口。2009年参加第四次全国公共图书馆评估，首次被文化部评为一级图书馆。有阅览座席360个，计算机110台，文化共享工程播放厅座位220个，宽带接入12Mbps，选用Interlib（图创）图书馆自动化管理系统。

业务建设

截止2012年底，集美区少儿馆总藏书量14万册（件），其中纸质文献12万册（件），电子图书2万册，并有少量视听文献及盲文读物。2009年以来共下拔专项购书经费100多万元，平均年新增图书8000种以上，年订报刊300多种。

2009年8月集美区少儿图书馆加入“厦门市公共图书馆服务联合体”，实现与市图书馆、市少儿馆及各区公共图书馆之间通借通还、一卡通用。为与市图书馆及“联合体”各成员馆对接，方便读者在不同馆借还图书，集美区少儿图书馆从2011年开始对图书管理设备进行升级，安装“RFID智能馆藏管理系统”，实现了图书自助借还等功能。

读者服务工作

长期以来，集美区少儿图书馆所有服务项目都执行免费开放，对外公布免费服务内容，免费项目达20多项。周末、节假日坚持对外开放，每周开放时间60小时。2012年新增办证读者1400多人，馆内累计办证读者5800多人，有效持证读者4300多人；图书年借阅量30万多册次，总流通量23万多人次；共举办各类读者活动50多场次，参与读者2万多人次。

重视社会教育服务，积极开展阅读指导、课外阅读兴趣辅导等读者活动，2009–2012年，平均每年举办36次读者活动，年均参加1万人次，起到很好的宣传教育效果。2009年以来举办全区性的大型读者活动有：少儿读书月2届、读书征文比赛4届、夏令营活动5场、庆元宵大型广场游园活动5场、“六一”亲子活动3场，同时常年举办“鹭江讲坛”等公益讲座、开展文化共享工程视频展播、图书下乡（进社区）、图书馆服务宣传周、图片展等形式多样的读书宣传活动，吸引辖区更多小读者了解图书馆、走进图书馆。

重视流动服务。随着馆藏图书的不断丰富，集美区少儿图书馆开始重视图书流动服务工作。至2012年，先后在周边中小学、幼儿园、企业、部队等单位设立15个流动服务网点，图书馆服务得到延伸，满足外来员工子女、企业职工等群体就近借阅图书的需要。

业务研究、辅导、协作协调

图书馆员工在做好日常工作的同时，积极参加省市级图书馆举办的各种业务培训、学习研讨、专题讲座等。年底根据各部门上报的数据进行分析，撰写统计报告，用于指导图书馆下一步工作。图书馆员工还积极撰写论文，参加省市图书馆学会组织的论文交流活动，2009年以来有7篇论文在省级以上刊物发表。还积极开展基层图书室建设辅导工作及地区图书馆（室）的协作协调工作。

管理工作

进行岗位设置管理，执行绩效工资制度，建立岗位责任制，严格考核，做到按需设岗、按岗聘用、竞争上岗，调动广大职工的积极性。财务管理严格按照《集美区文体广电出版旅游局财务制度》要求，馆领导及财务人员严格把关，涉及政府大宗货物采购项目的走大宗货物采购，达到公开招标金额的严格按照公开招标流程做好采购工作。建立较为完善的设备物资、档案、统计管理等制度。

表彰、奖励情况

2008年以来，连续两届被授予“市级文明单位”称号，2012年被授予“厦门市扶残助残先进集体”称号，并在集美区创建全国文明城市、省文明城区、省教育强区等创优活动中做出积极贡献。

馆领导介绍

曾志平，男，1970年10月生，本科学历，馆员，馆长。1993年7月参加工作，1996年4月从事图书馆工作，历任集美区少儿图书馆副馆长、馆长。

电子阅览室

综合阅览区

讲座

举办《手工艺术制作》夏令营

未来展望

继续做好阵地建设，不断完善馆内软硬件建设，满足辖区广大少年儿童不断增长的阅读需要。开展更多特色读书活动，吸引更多小读者走进图书馆。建立集美区各级公共电子阅览室统一管理平台，逐步把辖区各镇（街）、村（居）图书室纳入厦门市公共图书馆服务联合体管理系统，方便广大群众在各级公共图书馆（室）借还图书。

联系方式

地　址：厦门市集美区建南路1号

邮　编：361022

一楼总服务台

厦门市同安区图书馆

概述

同安区图书馆创建于1978年，原馆舍面积250平方米，1986年投建、1996年续建总建筑面积3015平方米的馆舍。2009年11月，位于同安区环城南路983号的新馆落成，占地面积1350平方米，建筑面积5128平方米，有阅览座席530个，计算机102台，宽带接入100Mbps（共享），构建"藏、借、阅、检、咨"一体化的开放式服务空间，于2011年元旦正式开放。2013年参加第五次全国公共图书馆评估定级，首次被文化部评为一级图书馆。

业务建设

同安区图书馆现有总藏书量339833册（件），其中图书186624册，古籍10896册，民国文献5689册，盲文图书14册，过报过刊合订本5575册，磁带727盒，光盘308片，电子文献13万种。

2009–2010年度，同安区图书馆获得区财政拔给图书购置费200万元，从2011年起每年图书专项购置费由5万元增至50万元。2010–2012年新增图书48328种、112581册，订购报刊2010年346种、2011年352种、2012年507种。

同安区图书馆设有"地方文献资料室"，制定《同安地方文献征集管理暂行办法》，做好同安地方文献的征集管理工作，同时参与闽南地区三地图书馆地方文献交换活动，开展地方文献共建共享。现有地方文献资料1301种、2365册。

同安区图书馆重视数字图书馆建设，外购"中数图文献管理系统"（电子图书13万册，视频资料1.6万集）、大屏幕触摸屏报刊阅读系统（电子报纸400种，电子期刊1200种）、《同安地方文献专题数据库》（同安地方文献电子图书1200种）；自建《同安特色视频库》《同安区图书馆馆藏地方文献书目数据库》《馆藏中文文献书目数据库》。通过卫星、网络下载和上级中心下发的文化信息资源等合计6.8TB。共享厦门数字图书馆的数字资源29.53TB。现可利用的数字资源总量达到36.33TB。

2010年，在福建省县（区）级公共图书馆中首家引进RFID图书智能化管理系统，实现图书自助借还、24小时自助还书、智能安全检测、智能分检等现代化业务管理，服务水平得到较大提升。

读者服务工作

同安区图书馆坚持天天开放，节假日、双休日正常服务，每周开放60小时。坚持"读者第一、服务至上"，免费服务，免证阅览。馆内公共空间设施场地13个项目、基本文化服务20个项目全部免费开放。设立"读者意见箱"，公开读者投诉电话，提供馆外24小时自助还书。

2011–2012年，读者到馆59.2万人次，书刊外借53.13万册次。截止2012年12月，累计办理借阅证8633张。2009年加入厦门市公共图书馆服务联合体，使用同一图书馆集群管理系统（Interlib），采用厦门市社会保障卡自助借还图书，一卡通用，通借通还，实现与厦门市、区各公共图书馆资源共享。

2011年4月建成同安区图书馆网站，栏目设置合理，服务功能齐全，网页美观，专人维护，更新及时，至2012年底网站点击量3.75万次。开通微博，拓宽宣传推广渠道，加强与读者互动。同时注重塑造良好形象，精心打造服务品牌，同安图书馆馆标获得国家工商行政管理总局商标局注册证书。在网站上设立"政府信息公开"栏目，在总服务台、公共电子阅览区、报刊阅览区开设政府信息查阅处，方便读者查阅政府公开信息。

截止2012年底，在馆外设立分馆1个，流通点10个。2011–2012年分馆图书流通量3961册次，2009–2012年流通点图书流通量58550册次，年均14638册次。2012年开展送图书到基层、进军营活动7次，送书5287册。建立参考馆员制度，在各个服务区设置咨询台，即时回答读者的提问。在馆内设立"视障人士阅览室""未成年人阅览室""微众德育学堂"和志愿者服务基地，在外来务工人员集中地建立分馆、流通点，常年为残疾人士、未成年人、老年人、外来务工人员提供服务，处处体现人文关怀。

同安区图书馆利用"图书馆服务宣传周""全民读书月"以及节假日，组织开展"'故事妈妈'与小朋友同乐"、"灯谜展猜"、新书展、图片展、知识讲座、道德讲堂、经典诵读等形式多样的读者活动，2012年举办讲座、培训、展览、阅读推广等读者活动125场次，参加读者达17.22万人次。2011–2012年免费播放电影、视频讲座等449场次，4564人次观看，丰富了读者的文化生活，营造浓厚的文化氛围。

业务研究、辅导、协作协调

2009–2012年，同安区图书馆员工在省级以上图书馆学专

图书馆外貌

文学图书借阅区

"品元宵 猜灯谜"活动

志愿者参加技能服务培训

自然科学报刊阅览区

业期刊发表论文7篇，撰写调研报告3篇。

同安区图书馆积极参与创建国家公共文化服务体系示范区工作，指导基层图书馆（室）建设，已建成10个镇（街）图书馆、125个村（居）图书室（其中社区图书室44个、农家书屋81个），两级基层图书室覆盖率达100%。2011–2012年下基层业务指导123次，通过举办基层图书馆管理人员培训班和组织专业人员到基层图书馆、馆外流通点、农家书屋进行业务指导，有效地提高基层图书管理人员的服务水平。着力抓好文化共享工程建设，2011–2012年组织专业人员到文化共享工程基层服务点进行现场业务指导40次，组织基层服务点管理员分期分批参加省中心培训8人次，举办基层文化协管员培训班3期，61人参加。

2011年签订《闽南地区图书馆文献交换协议》，参与闽南地区三地图书馆地方文献交换活动。2013年3月参与开展厦门市公共图书馆服务联合体网上咨询服务。2013年与厦门市少年儿童图书馆联合举办"'故事妈妈'与小朋友同乐"活动。对同安区公共图书馆服务体系整体建设管理模式提出初步规划方案，促进本地区图书馆服务资源的共建共享。

协调组织本地区的古籍保护工作，调查古籍收藏与保存现状，指导古籍管理保护、古籍线装书版判定和书目编辑等工作。被列入福建省《中华古籍总目·福建卷》14个参编馆之一。2011–2012年完成"全国古籍普查平台"著录数据1322条，并向国家古籍保护中心申报《国家珍贵古籍名录》3批次，其中2011年申报的《陈氏大成宗谱》入选第四批《国家珍贵古籍名录》。

管理工作

同安区图书馆按上级人事管理部门的要求，按需设岗，完成岗位设置管理，实行全员聘用制，按岗聘用，新进工作人员由市、区人事部门统一公开招聘，签订合同。平时做好各项统计，及时上报归档，积极向上级提供分析报告，做到年初有计划，年终有考核，评优激励，充分调动员工积极性。

表彰、奖励情况

2009年以来，同安区图书馆先后获得多种荣誉：2010年被中共厦门市委、市人民政府授予"厦门市第十二届文明单位"；2011年被厦门市文明委授予"厦门市全民阅读活动示范点"；2012年获市文化广电新闻出版局"2012年度厦门市文化志愿者工作先进单位"称号；2012年4月获省文化厅"福建省文化信息资源共享工程建设先进单位"称号；2012年4月获省文化厅"福建省古籍保护先进单位"称号；2013年1月获省新闻出版局"福建省农家书屋工程建设先进单位"称号。

馆领导介绍

黄水木，男，1962年10月生，大学本科，中共党员，副研究馆员，馆长，党支部书记，福建省图书馆学会理事，厦门市图书馆学会理事。

未来展望

同安区图书馆秉承"传承·开放·服务"的办馆理念，积极应用现代信息技术，为市民提供全方位、快捷、优质的文献信息服务，深受市民的欢迎。今后，同安区图书馆将继续努力，不断提升专业理论水平、学术水平、业务水平和管理水平，积极探讨"同安区图书馆——镇（街）图书馆——村（居）图书室"三级公共图书馆服务网络的统一管理模式，为同安区城乡公共文化大繁荣、大发展添砖加瓦。

联系方式

馆　址：厦门市同安区环城南路983号
邮　编：361100

"故事妈妈"与小朋友同乐

开展未成年人活动

厦门市翔安区图书馆

概述

翔安建区后至2011年，翔安区图书馆依托在新店中学图书室。2011年6月，区委、区政府决定区图书馆选址区人民文化活动中心大楼A区一楼。2011年10月28日翔安区图书馆正式开馆，并承办第七届海峡两岸图书交易会翔安分会场活动。

翔安区图书馆总建筑面积约2500平方米，其中主场馆2100平方米，会议室、库房、播放厅等400平方米。主场馆采用大开间通透设计，划分为普通文献借阅区、报刊阅览区、电子阅览区、盲文阅览区、少儿阅览区、读者自修区、读者休息区等7个功能区域。设置阅览座席316个，其中读者自修区212个，少儿阅览区64个，电子阅览区39个，视障阅览区1个。计算机52台，其中供读者使用的计算机41台，分别是电子阅览区39台，视障阅览区1台，读者查询机1台；供工作人员使用的11台。采用Interlib图书馆集群管理系统。

业务建设

截止2012年底，翔安区图书馆总藏书量97324册，其中中文图书90408册，过刊5323册，光盘1593张。2012年订报纸76种，期刊420种；2013年订报纸69种，期刊704种。图书馆重视收集保护地方文献，有地方文献3113册。作为市公共图书馆联合体成员馆，共享数字资源29.53T。2012年图书馆新增藏量46060册。

读者服务工作

翔安区图书馆根据读者需求，一年365天全年无休，冬季每周开放61小时，夏季每周开放64小时。2012年，翔安区图书馆到馆读者181298人次，书刊外借118614册次，持证读者2712人。图书馆设有13个流动图书站，2012年馆外流动服务点书刊借阅5020册次。为了提高到馆率，图书馆不仅延长开馆时间，还举办丰富多彩的读者活动。2012年，翔安区图书馆面向全区各镇街社区召开读者座谈会、举办培训班等共30场次，参与读者9437人次。2012年翔安区图书馆共举办6场展览，包括“翔安区少儿农民画展”“翔安区反腐倡廉书画展”“‘十八大’摄影展”和“中华孝道”图片展等，观看读者17878人次。2012年举办“92580就业我帮您”三送（送文化、送岗位、送服务）进社区等12场阅读推广活动，包括送书下基层、送服务进学校，参与读者20504人次。

业务研究、辅导、协作协调

翔安区图书馆鼓励员工撰写工作经验总结、调查报告和论文。2012年发表论文1篇，馆内交流调研报告2篇。

2012年翔安区图书馆深入基层图书馆开展业务辅导5次，举办4场基层业务培训，177名从业人员参加。培训内容包括《数字资源利用讲座》《“农家书屋”图书馆管理员基础业务及具体操作方法》《图书馆基本知识》《网络环境下的读者服务工作培训》等。

管理工作

翔安区图书馆以“精心做事，精细管理，精致服务”为工作理念，细化、跟踪各项工作的推进情况，强化内部管理，促进服务水平持续提升。加强队伍管理，提高服务质量。建章立制，加强人员管理。建立完善各部门各岗位工作职责，规范办事程序，强化责任意识，确保各项工作有序、安全、高效。尝试“菜单式”的管理模式，单位提目标、提要求，给机会、给资源，员工按照目标要求创造性地开展工作。建立志愿者服务队伍，志愿者经培训后上岗，协助开展书架管理、咨询、辅导、引导等服务。馆内图书按照《中图法》进行分类标引，使用《普通图书著录规则》进行著录、登记。按照《厦门市公共图书馆服务联合体文献编目工作规则》编目。工作人员随时巡查，及时整架、排架，对读者放错位置的图书及时归架。注重控制馆内图书标引误差率、图书著录误差率、目录组织误差率、闭架图书排架误差率、开架图书排架误差率。制定和执行《文献保护制度》，新书及时上架，破损图书及时进行修补。

表彰、奖励情况

翔安区图书馆2008年底至2011年10月均以翔安区人民文

2011年10月28日翔安区图书馆举行开馆仪式

张胜峰馆长为流动图书站授牌

图书馆日常开放

举办文化志愿者培训

“三送”进社区活动

图书下乡活动受到村民的喜爱

“母亲节故事妙妙屋”活动

“书香翔安”全民读书月系列活动

化活动中心名称对外开展各项工作，2010年6月在中华艺术英才奖全国书画大赛中获中国当代素质教育团体金奖；2010年9月获优秀组织工作奖；2010年11月获得2010年度宣传信息工作先进集体奖。

馆领导介绍

张胜峰，男，1972年4月12日生，本科学历，馆员，馆长。长期从事行政管理工作，并经多部门锻炼，管理经验丰富。

未来展望

翔安区图书馆将以党的十八大精神为指导，紧紧围绕区委、区政府的总体工作部署，以厦门市创建全国公共文化服务体系示范区为契机，按照“一年步入正轨，三年迎头赶上，五年创出特色”的工作规划，以“三小”（小而美、小而全、小而精）为工作目标；以两优化（优化馆内环境与优化设备设施）、两提升（提升人员素质与提升服务质量）、两拓展（拓展服务空间与拓展服务内容）为工作思路，以“三精”（精心做事、精细管理、精致服务）为工作要求，扎实工作，开拓创新，努力改善办馆条件，全面提升服务质量，推动图书馆建设再上新台阶。

联系方式

地　址：厦门市翔安区顶曾路360号
邮　编：361102
联系人：黄雪峰

书法家免费为读者赠写春联

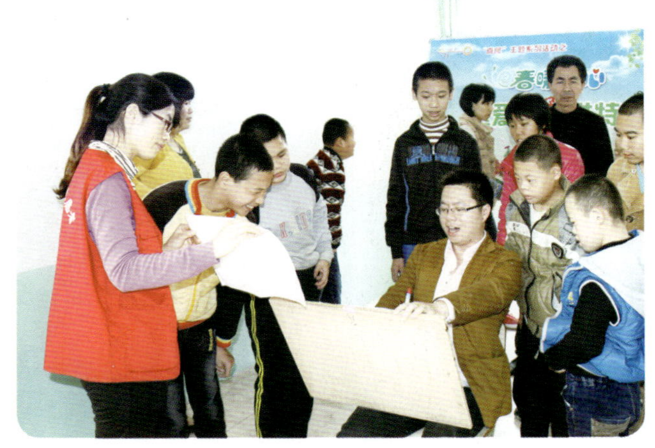
送爱心进特殊教育学校

沙县图书馆

概述

沙县图书馆成立于1981年。馆址几经变迁，现址位于县城中心的文化街，1999年12月8日建成开放。馆舍建筑面积2100平方米，人员编制10人，阅览座席225个。设有报刊借阅厅、少儿书刊借阅处、图书外借部、全国文化信息资源共享工程沙县支中心、电子阅览室、多功能播放厅等对外服务窗口，有计算机48台，大屏幕电子读报机1台，宽带接入10Mbps，选用广州图创图书馆自动化管理系统。2013年参加第五次全国公共图书馆评估，被文化部评为一级图书馆。

业务建设

2012年起，沙县图书馆年新增藏量购置费18万元，年入藏图书2619册、报刊211种、视听文献39件、地方文献30件。截止2013年，沙县图书馆总藏书量21.7万册，其中纸质文献8.8万册，电子图书12.6万册，视听资料及其他文献0.3万册（件）；数字资源总量3.2TB。

读者服务工作

沙县图书馆自1999年12月搬迁到文化街开始，全年365天对外开放，每周开放56.5小时。2011年起沙县图书馆实现无障碍、零门槛进入，公共空间设施场地全部免费开放，所提供的基本服务项目全部免费。2010–2013年，书刊文献年外借10.9万册次。

沙县图书馆在全县乡镇（街道）、村建立15个馆外流动服务点，每个馆外流动服务点年书刊借阅6135册次。2012年10月，沙县政府公开信息服务平台在沙县图书馆上线服务。

2009年，全国文化信息资源共享工程沙县支中心建成并投入使用，负责全县文化信息资源共享乡镇（街道）、村基层服务点的管理人员培训和业务建设工作，为全县共享工程基层服务点提供服务。读者年利用电子阅览室和多功能播放厅10063人次。

2009–2013年，沙县图书馆参与全县171个村级农家书屋的建设，为农家书屋规划选址，培训农家书屋管理员，将18万册图书送到全县各农家书屋，全县农家书屋年接待读者达30万人次，沙县文体局因此被评为全省农家书屋工程建设先进单位。沙县是全国著名的小吃县，农村劳动力人口多外出经营小吃，因此服务农村读者、服务留守儿童是沙县图书馆的工作重点。

2009–2013年，沙县图书馆年均举办各类讲座、展览、培训、阅读推广等读者活动32次，参与人数3.5万人次。沙县图书馆每年结合4月2日国际儿童读书日和4·23日世界读书日举办全县中学生“阅读点亮人生”作文竞赛，都有1万多名初、高中学生参加。每年寒暑假沙县图书馆都举办“远离网吧，走进图书馆”活动，倡导青少年读者绿色上网，引导小读者利用图书馆，多读书，读好书。

业务研究、辅导、协作协调

2009–2013年，沙县图书馆的中国图书馆学会会员、福建省图书馆学会会员多次参加中国图书馆学会、福建省图书馆学会组织的各项学术活动，参与图书馆学专业研讨，发表论文5篇。2011年10月，沙县图书馆一位中国图书馆学会会员被中国图书馆学会评为2009–2011年度优秀会员。

2009–2013年，沙县图书馆通过举办业务培训班、网络远程教育、走基层下乡村面授等方式，年均培训辅导乡镇（街道）文化站图书室管理员、企事业单位图书室管理员、社区文化管理员、村文化协管员293人次，授课80课时。举办乡镇文化站图书管理员培训、农家书屋管理员培训、文化信息资源共享工程基层服务点管理员培训6期，203人次接受培训。

沙县图书馆参与上级图书馆组织的协作协调工作，参加省、市图书馆发起组建的公共图书馆服务联盟，配合做好联合编目、阅读推广、地方文献征集工作，与省、市图书馆及兄弟县图书馆开展协作，共同推动本地区图书馆事业的发展。

管理工作

沙县图书馆建立健全图书馆人事、财务、物资、统计、环境、安全等各项管理规章制度。2010年底完成全馆第3次全员岗位聘任工作，实行按需设岗、按岗聘用、竞争上岗，按照岗位责任制进行年度考核和分配激励制度。吸纳图书馆志愿者参与图书馆工作，采纳图书馆志愿者的合理化建议。沙县图书馆的人事档案、业务档案、设备购置档案较为健全，阅读环境和安全保卫工作有保障。

向湖源乡中心小学赠送图书

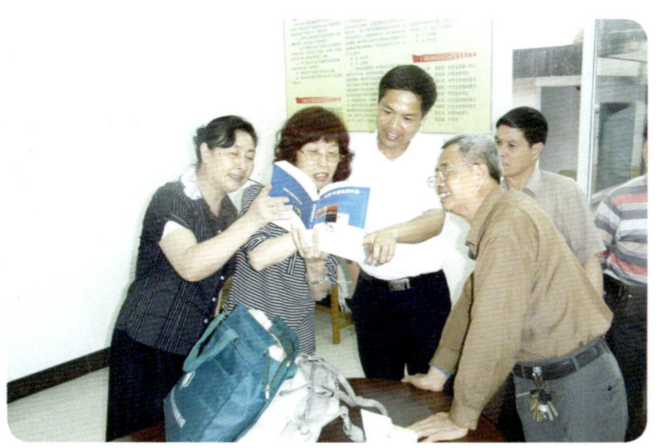
专业技术人员到青州镇青州村农家书屋进行业务辅导

多功能播放厅在举办讲座

小读者在学习

图书馆阅览室

表彰、奖励情况

自2006年起，沙县图书馆年年被沙县县委、县政府评为“文明单位”，连续多年被县文体广电出版局评为“先进单位”。

馆领导介绍

龚新光，男，1967年12月生，本科学历，中共党员，馆员，馆长。1989年8月到沙县图书馆工作。2006年7月被沙县县委评为“优秀共产党员”，2012年6月被沙县县委评为“创先争优优秀共产党员”。

未来展望

“为读者服务”是沙县图书馆的服务宗旨。2013年三明市被文化部确定为全国第二批创建国家公共文化服务体系示范区，沙县图书馆将以创建国家公共文化服务体系示范区为契机，运用现代技术手段，完善办馆条件，抓好图书馆队伍建设，提升为读者服务的条件和水平。在未来几年里，沙县图书馆将完善与三明市图书馆的通借通还工作；引进自助借还机，实现24小时自助借还图书；扩展数字资源存储能力到20TB，为城乡读者提供不间断、无时空限制的数字资源远程服务，力争将图书馆的服务、管理、设施设备等办馆条件提高到一个新的水平。

联系方式

地　址：福建省沙县文化街综合楼
邮　编：365500
联系人：陈 磊

将乐县图书馆

概述

将乐县图书馆是一个具有50多年历史的综合性公共图书馆。2002年1月新馆建成开放，占地面积580平方米，建筑面积2491平方米。馆内设有办公室、文献流通室、少儿室、亲子阅览室、盲人阅览室、电子阅览室、特藏室、多媒体演播室等部门。阅览座席580个，计算机35台，10M光纤互联网宽带线路，采用网图图书馆管理系统。

业务建设

截止2013年底，将乐县图书馆纸质文献藏量17.4万册，电子图书11.07万册。

2007年，县财政拨出专项资金15万元，按照国家文化信息资源共享工程县级支中心标准建立电子阅览室，面积100平方米。2008年将乐县被确定为“文化信息资源共享工程”试点县，支中心设在县图书馆。2009年建成支中心并正式投入使用，面积200平方米，严格按照文化信息资源共享工程标准建立机房和多媒体演播室（面积100平方米，设座位100个），拥有30台计算机等设施设备，10M光纤接入，并建有将乐县图书馆、将乐县数字图书馆和文化信息共享工程支中心网站，有电影、电子图书、戏曲、知识讲座、文化专题等本地数字资源4TB，安装确然资源管理平台，通过管理平台可以实现省中心和全省各支中心资源共享，全部免费对外开放服务，实现了业务自动化管理。全县各乡（镇）、村已陆续建立基层服务点，形成县和乡（镇）、村（社区）三级文化信息传播网络。

2012年6月底，圆满完成全县135个行政村农家书屋工程建设任务，使农家书屋覆盖全县所有行政村。

2013年，将乐县图书馆进行内部重新改建，增设少儿室、亲子阅览室、盲人阅览室等部门，为读者提供多项特色服务。在推进农家书屋管理工作中，县图书馆积极开展馆屋挂钩帮扶工作，将部分农家书屋纳入图书馆服务流通点，赠送各服务点1000册图书，并完成服务流通点图书目录数据库建设，进一步规范化管理，切实发挥农家书屋作用，形成“大馆带小屋”的新路子。2013年底，将乐县图书馆在全县建立13个图书服务流通点，每个服务流通点每季度更换图书一次，每次更新图书200多册，切实把公共图书馆服务延伸到最基层。

图书馆设立地方文献专柜，建设地方文献数据库，对古今将乐籍人士著作或参与编著的各类书籍进行征询、收集，截止2013年底，共收集、整理地方文献500多册。

读者服务工作

将乐县图书馆全年对外免费开放，每周开放63小时，读者流通人数每月1000多人。截止2013年底，办理有效借书证5010本，接待读者135640人次，其中书刊外借60135人次。

图书馆积极做好政府公开信息和参考咨询等服务工作，2012年为读者提供信息咨询200多条，受到上级有关部门和读者好评。

图书馆进一步加大为特殊群体服务力度，为残疾人提供送书上门和电话预约服务，对退休老人凭退休证办理免押金借阅证，鼓励老年人利用图书馆。

2009年以来，将乐县图书馆努力开发文献资源，编印《镛图信息》，结合文化下乡活动，免费发放给农户，为农民致富提供信息服务，积极为农村经济建设服务。

2012年，将乐县图书馆利用文化信息共享工程平台，建立读者QQ群和农家书屋QQ群，QQ群读者达1500多人，成为图书馆新构建的网上续借、预约借书平台和图书馆与读者交流的平台，为广大读者提供方便，拉近图书馆与读者之间的距离，提高图书馆文献资源利用率。

2009–2013年，将乐县图书馆围绕图书馆服务宣传周、4.23世界读书日、全民读书月等活动和重大节日、纪念日，组织开展一系列形式多样、内容丰富、主题鲜明的读书活动，共组织各类讲座20场次，参加读者1520人；举办培训班15场，培训人员1670人次，让市民进一步认识图书馆、利用图书馆、走进图书馆，读者满意率达98%。

业务研究、辅导、协作协调

2009–2013年，将乐县图书馆每年举办2期基层图书管理人员业务培训班，不断提高基层图书管理人员业务素质。图书馆工作人员还经常深入社区、乡村图书馆（室）开展业务辅导和调研活动，每年人均下基层60天以上，并撰写调研报告。

2009–2013年，将乐县图书馆员工撰写多篇论文在省级期刊上发表。馆长程瑞梅的论文《农村宣传文化中心户图书建设和管理工作初探》获得《文化大视野——全国群众文化、图书、博物论文集》优秀论文奖，《浅谈提升县级图书馆公共文

文献流通室

亲子阅览室

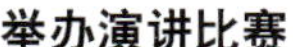
举办演讲比赛

举办Flash动漫制作培训班

Flash动漫制作培训班

化服务能力的探索与实践》被中国图书馆学会评为第三届百县馆长论坛征文三等奖。

将乐县图书馆积极参加上级图书馆组织的协作协调工作，加强场馆建设，参与资源共享，建立并开通福建省远程访问系统及全国图书馆联合编目中心查询下载系统，使读者能方便地查询省图书馆的数据库资源以及全国图书馆联合编目中心的数据资源，并把自编数据上传到国家、省联编中心，2010年成为福建省图书馆10家分馆之一，有效地实现了资源共享。

管理工作

截止2013年，将乐县图书馆在职职工总数4人，均为大专以上学历，其中中级以上职称1人，初级职称3人。通过多渠道、多形式参加业务培训，提高队伍整体素质；建立岗位管理制度和人员聘用制度，创新管理体制，实现由身份管理向岗位管理的转变，由固定用人向合同用人转变，制订岗位说明书、岗位竞聘考核办法，与全馆职工签订事业单位岗位聘用合同书；继续完善考勤制度和考勤管理办法，对成绩突出的员工给予表彰。

表彰、奖励情况

2003年以来，将乐县图书馆连续保持县级“文明单位”称号，2009年以来连续3年被县文体局评为文体系统“先进单位”，2010年参加第四次全国公共图书馆评估，被文化部评为“二级图书馆”；同年获“将乐县巾帼文明岗”荣誉称号和福建省文化信息共享工程颁发的“少年网页制作团体组织”奖；2011年获“三明市巾帼文明岗”“三八红旗集体”“福建省三八红旗集体”荣誉称号；2012年获“全省文化信息资源共享工程建设先进单位”荣誉称号；2013年被三明市暑期学生教育活动领导小组授予三明市暑期学生教育活动先进集体，被省妇女联合会和省“巾帼建功”活动领导小组授予“福建省巾帼文明岗”荣誉称号，同年参加第五次全国公共图书馆评估，被文化部评为一级图书馆。

馆领导介绍

程瑞梅，女，1968年12月生，本科学历，馆员，馆长。1989年6月调入将乐县图书馆，2004年任图书馆馆长。2006年以来连续8年被县公务员局考核为优秀等次；2009年被三明市妇联评为“巾帼建功”先进个人和“三八”红旗手，被省图书馆学会评为2005—2010年度优秀会员；2011年被省巾帼建功活动领导小组授予福建省“巾帼建功标兵”称号；2013年获三明市公务员局、三明市妇联联合授予三明市“三八”红旗手荣誉称号，被三明市委组织部、三明市委宣传部、三明市委文明办、三明市公务员局、三明市文广新局、三明日报社、三明市妇联联合授予三明市“十大杰出女性”提名奖；2013年获三明市委宣传部、共青团三明市委、三明市教育局、少先队三明市工委联会授予三明市优秀少先队志愿辅导员称号。

未来展望

将乐县图书馆将始终坚持“读者第一，服务至上”的办馆宗旨，从规范管理、提高素质、创新服务三个方面入手，严格按照《三明市创建国家公共文化服务体系示范区建设规划》的要求，巩固提升对外免费开放硬件条件，完善乡镇综合文化站、社区、农家书屋等公共文化服务设施，深入乡镇、社区开展文化惠民活动，不断创新服务理念、服务方法、服务手段，努力营造优质服务环境，满足人民群众日益增长的文化需求。

联系方式

地　址：将乐县滨河北路36号
邮　编：353300
联系人：程瑞梅

文化作息共享工程支中心

开展阅读推广日活动

永安市图书馆

概述

永安县图书馆1956年成立，馆内设有报刊阅览厅、借书室、办公室等，藏书6000多册，书刊阅览成为永安人民主要文化生活之一。1984年10月，永安撤县改市，永安县图书馆更名永安市图书馆，成立信息咨询部，编印《信息荟萃》。1988年，永安市图书馆联合15个省、市属企业的19个图书、情报、资料部门，在全省公共图书馆界率先成立首家图书馆馆际协作组织——永安市中心图书馆委员会。馆址几经变迁，2008年5月，位于永安市水坝路396号的新馆建成开放，建筑面积6417平方米，设13个服务窗口，阅览座席250个。采用Interlib图书馆集群管理系统，实现文献采访、编目、流通自动化管理及网上信息服务。

2009、2013年参加第四次、第五次全国公共图书馆评估定级，均被文化部评为“一级图书馆”。

2006年，永安市被文化部定为福建省文化共享工程8个试点县之一，2009年成为福建省首批“县级数字图书馆推广计划”试点县。永安市委、市政府高度重视文化共享工程建设，市财政先后投入资金近300万元支持共享工程项目建设，建立永安市图书馆网站（www.fjyalib.net），接入40M光纤传输线路，购置计算机50台。数字资源7.2TB，自建永安地方特色资源2GB（闽派古琴、永安大腔戏），链接中国国家图书馆、福建省图书馆、福建省文化厅、海西文化信息共享工程、永安市政府网等网站。

业务建设

截止2012年底，永安市图书馆总藏书量198460册，视听光盘资料797种、1238件。永安地方文献是本馆收藏重点，地方文献入藏率为100%。

2008年开始，永安市财政划拨专项购书经费30万元，2013年起增至50万元。2008–2012年，共新增中文图书6053种、13765册，年征订报纸79种、期刊413种。

2001年，永安市图书馆采用“ILAS图书馆自动化集成管理系统”，2008年改用“Interlib图书馆集群管理系统”。

读者服务工作

永安市图书馆全年365天对外开放，每周开放时间不少于56小时。从2008年起向社会公众免费开放，实行无障碍、零门槛进入。2011–2013年，读者到馆117031人次，书刊外借94462册次。

2011–2013年，永安市图书馆网站访问量275113次。文化共享工程永安市支中心提供文献资源检索、浏览和下载服务。

2011–2013年，永安市图书馆共举办各种类型讲座、演讲、展览、培训、读书征文等读者活动47场次，参加人数21016人次。

2002年起，永安市图书馆在乡村、社区、部队建立10个分馆，26个流通点，采取集体借阅方式，每个点不定期选送300–500册图书流通。馆外年书刊流通10万人次，书刊借阅20多万册次。

2009年以来，永安市图书馆在乡村、社区、部队建立文化共享工程基层服务点，采取网络和硬盘拷入方式，将优秀文化信息资源送到基层服务点，为广大群众提供文化信息服务。

业务辅导、协作协调

2011年以来，永安市图书馆举办农村文化协管员、中小学图书室管理人员及其他类型培训班17期，832人次接受培训。2013年10月底，由福建省文化厅主办的“福建省公共数字文化服务体系建设培训班”在永安举办，全省公共图书馆106人参加培训。

2012年以来，永安市图书馆与福建省图书馆、三明市图书馆签订联合编目协议书，获得联合编目上传、下载资格。

管理工作

2009年，永安市图书馆完成全员岗位聘任，全馆人员重新签订聘用合同，建立工作量化考核指标体系，每年进行总体工作绩效考核。

表彰情况

2009–2012年，永安市图书馆共获得各种表彰11次，其中文化部表彰2次，省文化厅表彰2次，市委、市政府表彰6次，市文体广电出版局表彰1次。

馆领导介绍

李维福，男，1960年12月生，大专学历，中共党员，馆员，馆长。1976年12月参加工作，1980年12月到永安市图书馆工作，是福建省图书馆学会理事。

丁占魁，男，1963年2月生，大专学历，馆员，副馆长。1979年12月参加工作，1995年1月到永安市图书馆工作，先后在报刊采编部、特藏部、业务辅导部等部门工作。2006年被永安市委、市政府评为拥军优属工作先进个人。

刘小芳，女，1968年10月生，中专学历，助理馆员，副馆长。1988年8月参加工作，1995年1月到永安市图书馆图书外借部工作。

未来展望

永安市图书馆将继续遵循"读者第一，服务至上"的办馆方针，加强图书馆自动化、网络化建设，实现服务平台多样化，形成设施优良齐全、文献信息资源丰富、传统与现代化服务手段协调统一、高度开放性的市民终身学习阵地。积极推进公共数字文化服务体系建设，进一步完善文化共享工程服务方式，为广大市民提供及时、便捷的优秀文化信息服务。扩大服务辐射区域，加强总分馆制建设，充分发挥市图书馆指导职能作用，在全市开展馆际互借、通借通还，实现区域性文献信息资源共建共享，推动全市图书馆事业的整体发展。

联系方式

地　址：永安市水坝路396号
邮　编：366000
联系人：李维福

泉州市鲤城区图书馆

概述

鲤城区图书馆成立于2004年7月，2005年3月正式对外开放。馆址位于泉州市繁华地段涂门街得月楼，馆舍面积2280平方米。设有图书外借室、报刊阅览室、少儿外借室、电子阅览室、多媒体影音播放室、地方文献室、采编室、报纸期刊资料室等。总藏书量24万册，选用ILASS图书馆自动化管理系统。参加第四次、第五次全国公共图书馆评估定级，连续两次被文化部评为全国一级图书馆。

业务建设

泉州成为中国首个东亚文化之都，是闽南文化的主要发源地和保存地，鲤城区作为闽南文化的中心城区，图书馆扩大了地方文献库存量，征集购买了大量的的地方文献，并建设了《鲤城区地方文献资料资料库》，涵盖了鲤城区地方志、华人华侨、政治经济和生态旅游等特色电子图书资源。此外还与泉州市图书馆签订《泉州公共图书馆联采统编协议》，与厦门市图书馆签订了《闽南地区图书馆文献交换协议》，上传地方文献“文献交换平台”，实现地方文献资源共建共享。

鲤城区是第一批省级文化信息资源共享工程建设试点县，图书馆作为区级支中心，已建成中心机房、电子阅览室和多媒体室，文化共享工程软硬件配备均达到全国文化信息资源共享工程试点县（区）级支中心标准配置要求。为实现图书馆的信息化、数字化和资源共享，满足网络时代读者的需求，建立鲤城区图书馆门户网站（http://www.lclib.cn/）、鲤城区文化信息资源共享工程网站（http://www.lclib.cn/gxgc/）。此外还购买apabi和超星网络技术有限公司的电子图书数据库，开通人民日报网、龙源期刊网等网站资源，供广大读者免费阅读。

图书馆重视加强基层文化建设，积极推进全区公共文化服务体系建设。为辖区内8个街道各争取到文化共享工程专项补助资金3万元；帮助辖区内和平、新峰、跃进3个社区基层服务点向省财政厅、省文化厅申请专项补助经费共24万元，制定电子阅览室设备采购方案，进一步完善社区文化共享工程基层服务点软硬件的建设。

读者服务工作

图书馆全面实行向社会免费开放，制定《鲤城区图书馆免费开放服务工作实施方案》，完善免费开放公示制度，零门槛准入。通过环境打造、文明创建等活动，切实提升办馆条件和服务质量，读者到馆率明显提高。2012年流通人数达11.28万人次，持证读者3513人。开展形式多样的宣传活动，扩大免费开放的公众知晓率。每年定期举办图书馆服务宣传周、全民读书月、4.23世界读书日、图书漂流等图书馆服务宣传活动；每年举办各种讲座、培训等活动18次，举办各种展览5次，举办各种阅读推广活动6次。

业务研究、辅导、协作协调

图书馆辅导人员认真制作课件，不定期对各街道文化站、图书室及共享工程基层服务点工作人员进行辅导，演示图书管理和电子阅读软件操作，详细讲解共享工程、图书分类编目、整理上架、借还登记手续以及日常图书维护等知识，并解答基层图书室业务工作中存在的问题。

管理工作

图书馆历来重视规章制度建设，在实行期间不断修订完善。目前已经建立一套完整的规章制度体系和岗位考核制度体系，先后制定《鲤城区图书馆岗位职能及工作规范》《鲤城区图书馆岗位考勤规定》《鲤城区图书馆安全消防管理制度》等，涵盖图书馆工作的方方面面。各项工作都有制度可依，各项奖惩措施均有章可查，减少了人为因素造成的管理上的随意性和盲目性，保障各项工作顺利开展。

表彰、奖励情况

2009年以来，荣获“2007–2008年度创建文明行业先进单位”、“一级图书馆”、“泉州市第八届（2011–2013）年度文明行业创建工作示范点”、“中共鲤城区委、鲤城区人民政府2011—2012年度文明单位”等荣誉称号。

馆领导介绍

苏艺萍，女，1971年3月生，本科学历，中共党员，馆员，馆长。1995年8月参加工作，2006年4月任鲤城区图书馆馆长，兼任泉州市图书馆学会理事，福建省图书馆学会会员。

未来展望

继续加大文化信息资源共享工程服务力度，指导建设好社区基层服务点，同时建立服务体系和服务制度，切实让文化惠民工程落到实处，并以此为契机改善基层文化站的硬件设施，实现文化站、文化室由传统服务到数字化服务的转型。

继续抓好争优创先工作。面对读者多元化、个性化需求的特点，图书馆积极转变服务理念和服务方式，努力优化服务品质，统一认识，加强领导，建立健全争先创优工作机制，全面加强政风、行风建设，提高员工队伍素质，深入开展科学发展观教育和岗位练兵活动，发扬锐意改革精神和爱岗敬业精神，力求为读者营造良好的学习氛围，推动图书馆事业的进一步发展。

联系方式

地　址：泉州市鲤城区涂门街得月楼二楼
邮　编：362000
联系人：苏艺萍

永春县图书馆

概述

永春县图书馆始建于1932年，现馆舍建筑面积2986平方米。设有报刊阅览室、电子阅览室、外借室、少儿外借阅览室、特藏室、地方文献资料室、采编室等部门，采用开放灵活的藏、借、阅、查为一体的服务模式，实现办公自动化。

业务建设

截止2012年底，永春县图书馆总藏书量25万册（件），其中纸质文献17.1万册(件),电子图书5.5万种。2009–2012年，共入藏图书16424种，25228册，报刊4844册，视听文献1322种，地方文献3516册。截止2012年底，数字资源总量4.85TB，其中自建数字资源546GB。

2009年建立文化信息共享工程县级支中心，建有永春县图书馆网站。自建地方文献数据库（目录），并同省、市图书馆以及厦门市图书馆等建立合作共建关系。读者可以通过网站查阅馆藏书目、数字图书以及本县22个乡镇的非物质文化遗产普查资料。2013年初实现馆内802.11N无线网络覆盖。

读者服务工作

2009年起，图书馆实行全年365天对外开放，每周开放64小时。2011年起，馆内基本服务项目全部免费开放。积极组织开展世界读书日、图书馆服务宣传周、全民读书月等系列活动，设置"购书推荐"栏目，广泛听取读者的意见和要求，及时充实馆藏。2009–2012年，书刊总流通39.6万人次，书刊外借55.2万册次。2012年图书馆网站访问量18244人次，发布使用的数字资源总量为2.3TB。

2009–2012年，图书馆共举办讲座、展览、培训、阅读推广等读者活动97场次，参与人数24977人次。

业务研究、辅导、协作协调

2009–2012年，永春县图书馆员工发表论文及围绕业务工作撰写调查研究报告10篇。

积极参加农家书屋建设，拓宽资金渠道，确保农家书屋建设实效。全县已建设农家书屋236家，募集资金32万元，捐书3750册，由县图书馆统一采购配送到各农家书屋。同时建立35个馆外图书流通点，不定期赠送并更换新书。下乡对农家书屋进行"点对点"业务辅导，多次组织举办全县农家书屋管理员培训班。

建立地方文献资料库，开展多方文献合作与交流，与泉州、漳州、厦门等地区图书馆共同合作，建立"闽南地方文献联合目录库"。与福建省读书援助协会签订协议，共同援建永春县农家书屋。与国家图书馆、省图书馆、市图书馆签订联合编目协议，对文献进行规范标引和著录。

管理工作

建立健全图书馆内部的学习、会议、总结制度、图书采购验收报销制度、物资财产管理制度、书库管理制度、清洁卫生制度、消防安全保卫制度、财务制度等，推行岗位培训目标管理和工作目标管理责任制，每年度对全馆职工进行严格考评，使各项工作有章可循，有据可依。

表彰、奖励情况

2009–2012年，永春县图书馆共获得各种表彰、奖励9次，其中泉州市委、市政府表彰奖励1次，市文广新局表彰奖励2次，永春县委、县政府表彰奖励6次。

2013年参加第五次全国公共图书馆评估定级，首次被文化部评为"一级图书馆"。

馆领导介绍

陈瑞榕，女，1967年11月生，大专学历，中共党员，馆员，馆长。1988年8月参加工作，1990年9月到永春县图书馆工作，先后在外借室、财务室、办公室等部门工作。

未来展望

永春县图书馆始终把"读者至上，服务第一"的服务宗旨贯穿到各项基础服务工作之中，紧紧围绕"全面加强内部建设，整体提高服务质量"的思路，积极探索、健立、完善图书馆建设发展、运行机制和优质服务的管理新模式，以构建公共文化服务体系为契机，不断加大投入，提升软硬件设施，拓展服务领域，倡导全民读书，营造学习氛围，全力打造"共建书香永春，共享文明和谐"。

联系方式

地　址：永春县文化中心（永春县图书馆）
邮　编：362600
联系人：陈瑞榕

外借室

文化共享工程送资源进部队活动

南安市李成智公众图书馆

概述

南安市李成智公众图书馆是新加坡爱国侨胞李成智先生独资捐建的南安市属文化单位，于1995年11月底落成并向读者开放。馆舍占地面积2800平方米，建筑面积3047.28平方米，设计藏书容量15万册。2004年参加第三次全国公共图书馆评估，首次被文化部评为一级图书馆。2012年有阅览座席186个，计算机39台，选用ILASⅡ图书馆自动化管理系统。

业务建设

截止2012年底，南安市李成智公众图书馆总藏书量13.5万册，其中纸质文献12.5万册。馆内已建成局域网，建有图书馆网站，并为读者配置书目、借阅查询、推荐采购等专用计算机。

读者服务工作

2009年8月起，南安市李成智公众图书馆全年365天每天对外免费开放，每周开放63小时。2009–2012年，书刊总流通量41.2万人次，书刊外借38.3万册。

2009–2012年，南安市李成智公众图书馆大力开展“大馆带小屋”活动，主动走出馆门“为书找人”“为人找书”，为社会公众提供多样化、个性化的服务，使图书馆的服务广度与深度都得到延伸。

2012年2月21日，福建省委常委、宣传部长袁荣祥莅临李成智公众图书馆调研，对图书馆有效开展延伸服务工作给予充分肯定。之后图书馆不断拓宽工作思路，创新工作方法，使延伸服务在原有基础上更上一个台阶，大大提高“大馆带小屋”活动的深度和广度，2009–2012年共培育出40个“大馆带小屋”示范点，同时“大馆带小屋”活动也被福建省委宣传部作为经验在全省图书馆界推广。

2009–2012年，南安市李成智公众图书馆共举办讲座、展览、培训、阅读推广活动36场次，参与人数1.1万人次。图书馆采用“走出去、请进来”的方式，为青少年举办心理健康教育讲座，在青少年中大力开展“读心理健康之书，做心理健康之人”的读书活动。这一举措受到社会、学校、家长及学生的高度评价，为当地教育的发展提供了强有力的精神动力。

业务研究、辅导、协作协调

2009–2012年，南安市李成智公众图书馆员工发表论文13篇，其中在核心期刊上发表4篇。

2009–2012年，南安市李成智公众图书馆对40个延伸服务点开展业务辅导，112人次接受培训。图书馆定期选派相关技术人员帮助农家书屋管理员掌握图书管理、分类编目、读者服务等基础业务技能，大大提高了农家书屋管理员的业务素质。

管理工作

南安市李成智公众图书馆共设7个岗位，11名员工聘任上岗。每个岗位建立工作量化考核指标，逢双月进行工作情况检查通报，不定期地对文献排架、书目数据进行抽查。每年对被聘人员进行一次全面考核。

表彰奖励

2009–2012年，李成智公众图书馆共获得各种表彰、奖励8次，其中省委、省政府表彰1次，省委宣传部表彰1次，地级市表彰1次，其他表彰5次。

馆领导介绍

黄超鹏，男，1963年2月生，大专学历，中共党员，馆员，馆长，书记。1982年8月参加工作，2003年5月任李成智公众图书馆负责人，2009年4月任李成智公众图书馆馆长，2013年6月任李成智公众图书馆党支部书记。

黄桂治，女，1977年8月生，本科学历，中共党员，馆员，副书记。1997年8月参加工作，2013年6月任李成智公众图书馆党支部副书记。

庄小清，女，1977年11月生，大专学历，馆员，副馆长。1995年8月参加工作，2013年6月任李成智公众图书馆副馆长。

未来展望

长期以来，李成智公众图书馆恪守“读者第一，服务至上”的办馆宗旨，在全体工作人员共同努力下，取得良好的社会效益。2009–2012年有效地带动全市12个乡镇40个农家书屋大力开展延伸服务，让农民群众广泛地接受新信息，开拓视野，丰富基层文化生活。在未来的几年里，李成智公众图书馆将更加深入地开展“大馆带小屋”活动，建立并完善数据库管理系统，推进农家书屋管理信息化，让各农家书屋在基层点就能通过网络查询文献资源，预借图书资料，让基层群众足不出户就能阅读到大量的文献信息资料。

联系方式

地　址：南安市梅山镇李成智公众图书馆
邮　编：362321
联系人：黄超鹏

报刊阅览室

电子阅览室

工具书检索室

石狮市图书馆

概述

石狮市图书馆由文林图书馆和万祥图书馆两座馆舍组成。文林图书馆位于石狮市八七路东段，建筑面积3000平方米，2000年1月对外开放，馆舍由爱国华侨卢章煌、邱棉棉伉俪捐资建造而成。万祥图书馆坐落于祥芝镇政府旁，馆舍由万祥集团董事长蔡友平先生捐资建造而成，占地15亩，建筑面积4500平方米，建筑风格具有闽南特色，2008年11月开馆。石狮市图书馆在全国公共图书馆第三、四、五次评估定级中均被评为一级图书馆。2012年，石狮市图书馆有计算机76台，服务器6台，硬件防火墙1台，服务器储存设备容量21.46TB，宽带接入42M，采用Interlib图书馆集群管理系统。工作人员15人，实际在编人员7人，其中副研究馆员1人、馆员2人、助理馆员4人，大专以上学历人员达100%。

业务建设

截止2012年底，石狮市图书馆文献总藏量43.5万册（含电子图书）。2009–2012年，新增藏量购置费分别为48.3万元、54.5万元、68.9万元、75.3万元，共新增入藏图书77144册，其中2010年收藏台湾县市志文献近400件，2011年入藏盲文图书576册。截止2012年，石狮市图书馆地方文献总藏量12225册，建有地方文献书目数据库，实现自动化检索。台湾县市志、海洋文化文献、纺织服装文献、地方文献为石狮市图书馆特色馆藏。同时不断加强数字图书馆的建设，实现24小时为读者服务的功能。

石狮市图书馆业务特色主要体现在以下四个方面：

1、注重地方文献建设与保护。石狮文林图书馆积极参与本地文化资源建设工作，同石狮绿洲读书社合作编写《海内外石狮人著述资料汇编》《闽南地方文献丛刊》系列，在省内有较好的影响力和美誉度。万祥图书馆着重收藏闽南文化资料，特别重视闽台文化、华侨文化和海洋文化资料，是国内首家较为完整地收藏台湾县市志文献的县级图书馆，为大陆学者、民众了解和研究台湾提供第一手资料，为两岸文化交流和资源共享增添桥梁。

2、全力推进共享工程建设。石狮市图书馆是福建省首批共享工程13个基层示范点之一，自共享工程启动以来，不断拓展共享工程服务平台，实现了村村通。2008年与市高科办合作推广农村科技文化信息服务站（IPTV+宽带互联网+电脑模式）。同年在玉湖社区建立全省县级公共图书馆第一个VPN服务站，实现图书通借通还。2009年与农村党员干部现代远程教育进行整合，进一步完善石狮市文化信息资源共享工程乡村网络，全市覆盖率达100%。2010年开始先后设立石狮市图书馆科技分馆、边防分馆，创新共享工程资源送企业、共享工程为军队服务的新模式。2011年与“世纪之村”合作，依托世纪之村的农村信息化网络，让共享工程服务有了更牢固的依托，把农业科技送进农家，真正让科技服务农民，服务农业，服务农村。

在文化共享建设中，采取流动图书进企业等方式，充分利用图书资源，实现资源共享。2009–2012年，石狮市图书馆累计建设文化共享工程基层服务示范点30个。2012年石狮市文化共享工程被列为市政府“质量石狮·文化进企业”的为民办实事项目之一，市财政拨173万元专款用于基层文化服务点建设，共建成9个镇（街道）、10个企业和20个行政村（社区）文化共享工程基层服务示范点，基层文化服务示范点覆盖所有乡镇。2012年1月，由文化部全国文化信息资源建设管理中心、福建省文化厅、石狮市人民政府联合主办，福建省图书馆（文化共享工程福建省分中心）、石狮市文体旅游新闻出版局承办的“文化共享工程”服务农民工系列活动福建站启动仪式在石狮市民营企业大帝集团公司举行。

3、合力推动农家书屋发展。自2008年启动农家书屋建设工程以来，截止2011年底，省、市、镇财政累计投入250余万元，图书音像购置量达26.7万册（件），石狮市农家书屋已实现全覆盖。在此基础上，2012年石狮市开展农家书屋提升工程，对全市127家农家书屋增购新书，并选取12家重点企业职工书屋加入提升工程行列。石狮市图书馆承担农家书屋的图书采购、培训、赠书及督导工作，积极探索农家书屋与全国文化信息资源共享工程相结合，谋求共享工程与农家书屋建设的“双赢”发展。

4、注重弱势群体服务。2011年6月在文林图书馆设立石狮市第一家视障人士阅览室，为广大视障人士提供免费学习娱乐场所，成为石狮市精神文明建设的重要载体和窗口。2011年12月，石狮市图书馆协助残联和文体旅游新闻出版局建立石狮市第一家“福乐书屋”，并发动社会人士踊跃捐书，帮助残障儿童健康成长。近年来石狮市图书馆还努力致力于老人服务工作，不但馆里有专门为老年人提供的读物及服务设施，还多次送书进社区和市老年大学。2012年中秋节，石狮市图书馆专门订购有关老人健康养生图书赠送给锦尚镇杨厝村，慰问该村孤寡老人，为老人送去关怀和温暖。

读者服务工作

根据《福建省文化厅、福建省财政厅关于推进我省美术馆、公共图书馆、文化馆（站）免费开放工作的通知》精神，石狮市图书馆于2011年10月1日起实行全面免费开放，每周开放60小时以上。

庞中华硬笔书法讲座

文化共享工程服务农民工活动

文林

台湾县市志

反腐倡廉图书音像库

视障培训

2009–2012年，石狮市图书馆书刊总流通量108.32万人次，书刊外借75.6万册次。

2009–2012年，石狮市图书馆共举办讲座、展览、培训、阅读推广等读者活动206场，参与人数11.88万人次。

业务研究、辅导、协作协调

2009–2012年，石狮市图书馆员工发表论文9篇，与绿洲读书社联合出版地方文献9部。石狮市图书馆是福建省图书馆联合编目成员，还与厦门市图书馆、泉州市图书馆、漳州市图书馆等联合收集闽南地方文献，签订合作协议，开展联合编目。

管理工作

石狮市图书馆实行规范化管理，进行绩效考评，全员培训上岗。在人员少的情况下实行一人多岗，专岗专人。各服务窗口标示清楚，规章制度明确到位；馆内阅读学习环境明亮、宽敞、整洁、安静、舒适，在环境卫生、绿化、安全等方面都实行日常专人管理。

表彰、奖励情况

2010年9月被省科协授予“福建省科普教育基地”；2010年1月被市委市政府评为石狮市第十届（2007–2009年度）精神文明单位，7月图书馆网站被评为石狮市“十佳文明网站”，10月被石狮市科协、市人事局评为“2006–2010年度石狮市全民科学素质工作先进集体”；2012年4月被省文化厅评为“全国文化信息资源共享工程建设先进单位”，12月被文化部确定为“全国文化信息资源共享工程·公共电子阅览室示范点”；2013年元月被福建省新闻出版局评为“福建省农家书屋工程建设先进单位”。

馆领导介绍

曹宝琴，女，1966年2月生，本科学历，中共党员，副研究馆员，文体支部书记、馆长。1987年8月参加工作，先后在福建省林学院图书馆、研究生科任职。2000年3月调到石狮市图书馆工作，历任副馆长（主持工作）、馆长。是福建省第八届党代会代表，泉州市第十、第十一届党代会代表，福建省图书馆学会理事、泉州市图书馆学会理事。先后被评为泉州市文化先进工作者、泉州市“三八红旗手”。

杨孙超，男，1978年8月生，本科学历，中共党员，馆员，副馆长。2001年4月到石狮市图书馆工作，先后在电子阅览室、办公室任职。2007年11月任石狮市图书馆副馆长。2012年被评为泉州市农家书屋建设先进个人。

未来展望

在未来的几年里，石狮市图书馆将积极创建石狮市图书馆服务联盟，加强数字图书馆建设，带动全市图书馆（室）、农家书屋事业的整体发展。石狮市图书馆新馆建设已立项并呈报。石狮市图书馆将在原有成绩的基础上，不断开辟新的服务领域，提供更有特色的服务，为公共文化事业的发展作出更大的贡献。

联系方式

地　址：福建省石狮市八七路东段

邮　编：362700

联系人：曹宝琴

晋江市图书馆

概述

1953年4月，晋江县筹备成立图书馆，阅览室134平方米，座席80个。1958年，晋江县文化馆、博物馆、图书馆实行“三馆合一”，合并为一个单位，1966年撤并入晋江县文化馆。1978年9月恢复图书馆建制。1992年晋江撤县设市后更名为晋江市图书馆，馆址几经变迁。1994年元旦，位于晋江市青阳街道崇德路由爱国华侨陈延奎、蔡琼霞伉俪捐资兴建的“陈延奎图书大楼”建成开放，馆舍面积4948平方米。2007年12月5日，位于晋江市罗山街道世纪大道文化广场的新馆建成开馆，总投资7000多万元，地上4层，地下1层，馆舍面积1.8万平方米。2012年，晋江市图书馆有阅览座席943个，计算机249台，信息节点1000个，宽带接入20Mbps。

业务建设

截止2012年底，晋江市图书馆总藏书量817727册（件），其中纸质文献480055册。2012年入藏图书31152种、65730册，报刊1402种，视听文献3325件，电子图书藏量22万种，电子期刊11157种。

截止2012年底，晋江市图书馆数字资源总量为8.27TB，包括自建的晋江谱牒、晋江文化丛书、晋江理论、印象晋江等地方特色数据库。建有晋江信息资源网站，集合了文化共享工程、图书馆和网络资源等各方面资源，构建内容安全、服务规范、环境良好、覆盖广泛的公益性互联网服务体系。

2007年，将自动化管理系统从ILAS更改为Interlib图书馆集群管理系统，实现晋江地区公共图书馆联合协调采访、联合编目、联合目录查询、通借通还和业务自动化。

读者服务工作

上世纪80年代以来，晋江市图书馆常年坚持节假日开放（每周一为图书馆闭馆日），每天开放9.5小时，每周开放57小时。2011年1月4日起，将分块管理的流通模式改为大流通管理模式，文献开架比例达到100%。2009–2012年，书刊总流通量187.8552万人次，书刊外借160.0822万册次。

2009–2012年，购置数字自助读报机1台，建成24小时城市街区自助图书馆2座，图书馆分馆4个，图书流通点37个，全国文化信息资源共享工程基层服务点408个。设有全国文化信息资源共享工程晋江支中心、晋江市谱牒研究会、全省首家县级市公共图书馆视障阅览室、特藏室、读者休闲书吧。2008年8月起新增政府信息公开查阅专柜，为读者免费提供政府信息查阅与咨询服务。2008年开通晋江市图书馆网站，进行网上新书推荐、活动公告推送和活动信息宣传。2009–2012年访问量年均增长16%。

2009–2012年，晋江市图书馆共举办讲座（包括视频讲座）、展览、培训、阅读推广等读者活动765场次，参与人数10.4万人次。自2011年起，晋江市图书馆每年还承办晋江市“悦”读节等大型活动，包括“少年儿童一生阅读计划”“我们的节日”等活动及各种大型展览、名家讲座等阅读推广活动，为晋江市民提供高雅实用的文化服务，在晋江市营造“好读书，乐读书”的良好氛围。

业务研究、辅导、协作协调

2009–2012年，晋江市图书馆员工发表论文22篇，郑君平馆长撰写的论文《从挑战与机遇中探索图书馆服务创新与拓展的路径》发表于核心期刊并获全国中小型公共图书馆联合会2010年研讨会征文一等奖，出版文学及地方文献专著4种，颜达红副馆长撰写的调研报告获泉州市三等奖，指导馆员撰写的论文获得泉州市图书馆学会学术年会优秀论文二等奖。

自1999年8月开始，晋江市图书馆与福建省图书馆签订数据库资源协调采购协议，有效地促进了全省公共图书馆数字库资源的共建共享。2007年11月加入上海市联合编目中心，实现与国家图书馆、上海图书馆、福建省图书馆及各联编中心成员馆的联机编目和资源共享。2008年11月与上海市图书馆讲座中心签订全国公共图书馆讲座资源共建共享协议书，方便晋江市民就近共享优秀视频资源。2009年7月与泉州经贸学院图书馆签订馆际互借资源共享协议，充分发挥两馆的藏书优势，扩展两馆的服务功能。2010年4月与泉州市图书馆签订共享“泉州文献之窗·泉州数字图书馆”数字资源协议。2011年12月与厦门、漳州、泉州三地区公共图书馆共同签订《闽南地区图书馆文献交换协议》，加强文献信息交流，实现资源共建共享。

下基层94921部队分馆

图书馆外貌

报刊借阅室

秦文君讲座

互动游戏引来了众多观众

2009年建立晋江市首家企业分馆——太平港口分馆，2010年在晋江94921部队建立福建省首家部队分馆，2012年建立全省首家镇级公办图书馆——安海分馆；2009年建立全省首家县级公共图书馆视障阅览室，购置642本盲文书籍、多功能“助视器”及“盲文点显器”，帮助视障人士更好地“阅读”图书资源；2010年成功举办中德文化交流——“儿童阅读在德国”报告会；2011年加入国际图书馆协会联合会，参与国际图书馆协会学术交流；协助晋江市408个文化信息资源共享工程基层点建设，实现晋江市所有镇（街道）和村（社区）全覆盖。

管理工作

2009年5月，晋江市图书馆完成岗位设置改革与聘任，先后聘请多名专家对岗位设置、人员编制、工作定额进行测评。对基础业务重点提高质量和效率，对读者服务重点提高基本服务质量和提升参考咨询、信息服务水平。通过建立健全规章制度，制定或修订馆务、业务、人事、财务、物业、安全保卫等各类规章制度、条例19个，为规范全馆各项工作奠定基础。创造性招录引进辅助性人员，参照事业单位招考方式，面向社会统一招考辅助性人员，采取财政全额拨款、在岗不在编的灵活方式，为稳定人员队伍提供保障。

表彰、奖励情况

2009-2012年，晋江市图书馆共获得各种表彰、奖励12次，其中获省级及省级以上表彰、奖励7项；获地级、县级业务主管部门表彰、奖励5项。

馆领导介绍

郑君平，男，1971年6月生，本科学历，中国作家协会会员，副研究馆员，国家二级作家。1992年8月参加工作，任晋江市文联副主席、晋江市图书馆馆长等职。兼任全国中小型图书馆学会常务理事、福建省图书馆学会理事、泉州市图书馆学会理事。出版《时光的细节》《远离戈多》《晋江小吃》《晋江民间灯谜拾趣》《晋江古厝》等多部专著。

姚明溪，男，1978年1月生，本科学历，中共党员，馆员，副馆长。1998年8月参加工作，2007年10月到晋江市图书馆工作。分管流通服务部、数字资源部等。

颜达红，女，1964年8月出生，在职研究生，副研究馆员，副馆长。1982年3月到晋江市图书馆工作，2007年入选泉州市高级专家库成员，兼任泉州市图书资料系列中级专业技术职务任职资格评审委员会委员。2010年被授予泉州市“巾帼建功活动标兵”荣誉称号。

未来展望

晋江市图书馆将继续遵循“平等、开放、融合”的办馆理念，崇尚“传承文明，服务社会”的核心价值观，打造与晋江城市发展相协调、相适应的文化服务中心，为现代化制造基地、商贸中心、滨海港口城市的城市功能定位提供文献信息支持，成为晋江城市标志性的文化建筑；充分利用和发挥晋江地域的特点和优势，从全地区范围着眼，增设图书馆分馆和24小时城市街区自助图书馆，提高资源共享能力；不断扩大服务辐射区域，提升分馆、24小时城市街区自助图书馆和图书流通点的服务功能；提升文化信息资源共享工程县级支中心的服务功能，构建现代化数字图书馆服务平台及政府信息公开平台；加快台湾文献资料室、海外晋江华人著述库、外文图书的建设和采购，进一步丰富馆藏结构；加快晋江市“一公里半径城市图书馆群”建设，把图书馆服务普及到全市各个角落，实现文献资源社会效益最大化。

联系方式

地　址：晋江市世纪大道文化广场
邮　编：362200
联系人：郑小娇
微　信：晋江市图书馆

“悦”读节

现场春联

“以书易书“活动

南安市图书馆

概述

南安市图书馆成立于1981年，馆址位于南安市柳新路12号，占地面积1000多平方米，建筑面积4450平方米。1994年首次参加全国公共图书馆评估定级，被文化部评为"二级图书馆"，1999、2004、2009、2013年连续四届被文化部评为"一级图书馆"。

业务建设

南安市图书馆现有各类型文献总藏量43.5万册件，其中普通图书19.96万册，电子文献数量约为24万种（册）。

2009-2012年，年新增藏量购置费均超过15万元，年均新增馆藏2964种、3194册，年新增电子视听文献169种，每年订阅报刊400多种。年征集地方文献数百册，并发给收藏证。2009-2012年，书刊总流通80多万人次，书刊外借44万多册次。

2004年建立南安市图书馆网站（http://www.nalib.cn/），现有数据量4.8TB，总点击人数17.5万人次。2005年实现自动化管理系统升级转换。2008年成立文化共享工程南安支中心，2011年开通南安市数字图书馆，2012年开通移动图书馆。现有包括南安名人库、南安经济特色库等在内的数据库12个，电子图书120万种，数字资源总量5TB以上。2013年初实现图书馆服务区无线网络全覆盖，光纤专线带宽14Mbps。

读者服务工作

南安市图书馆设有报纸阅览室、杂志阅览室、少儿阅览室、电子阅览室、多功能报告厅等八室六库一厅二中心共计17个服务窗口，阅览座席318个。所有服务项目全部免费开放，坚持节假日照常开放，坚持夜间开放，每周开馆时间66小时。

以2012年为例，南安市图书馆开展读者活动30余次，其中讲座14次，培训4次，展览5次，阅读推广活动6次，参与活动读者2.2万人次。

业务研究、辅导、协作协调

南安市图书馆专业技术人员继续教育每年人均71.2学时。2009-2012年，图书馆员工共撰写论文25篇，参加学术交流30多人次，编辑论文集1种，获中国图书馆学会优秀论文奖4次，获市级学会优秀论文奖8次。

2012年，南安市图书馆共到36个基层服务点下乡辅导90多人次，辅导基层文化管理员200多人次，内容涵盖建章立制、书屋建设、图书整理、借还登记、业务推广、活动策划等。针对中小学图书馆管理员、青少年、中老年人以及基层文化管理员分别进行培训辅导。2012年度组织集中培训4次，参加培训人员312人，并上机辅导200人次。

2010年起，南安市依托南安市图书馆学会，通过"大馆带小屋"模式加强基层服务，成立南安市图书馆农家书屋服务中心和帮扶队伍。至2012年底，全面完成全市418个行政村农家书屋建设工作，覆盖率达100%。设立馆外延伸服务点6个，军民共建图书室3个，基层服务点42个，每年为基层服务点轮换流动图书5万册次以上，服务基层群众近20万人次。

2001年参与省图书馆组织的数据库协采共建工作；2003年加入福建省文献资源联合编目中心，并与省图书馆、泉州市图书馆签订《全省图书馆馆际互借协议》《泉州图书馆馆际互借协议》；2011年与厦门市图书馆签订闽南区域地方文献协采协议等。

管理工作

南安市图书馆现有工作人员20名，建立一套包括各室业务规则、岗位责任制和奖惩制度在内的完整的管理规章制度。2012年完成新的岗位设置和岗位聘任工作，建立绩效考核体系，全馆职工重新上岗，大力推进"践诺履职"行动。

表彰、奖励情况

2000年被全国"知识工程"领导小组评为"读者喜爱的图书馆"。2010年以来，先后被授予泉州市"文明单位"、泉州市巾帼文明岗、泉州市"三八"红旗先进集体、南安市"先进基层党组织"、南安市"机关党建工作先进单位"、南安市级"青年文明号"等荣誉称号。2013年被中宣部、文化部、新闻出版总署评为"第五届全国服务农民、服务基层文化建设先进集体"。

承办"走进文化南安"讲坛

与驻军部队共建书香军营

成立学雷锋文化志愿者服务队

全馆员工个人荣誉共计获省图书馆学会表彰1次，市级图书馆学会表彰3次，参加南安市级活动获奖3次。

馆领导介绍

黄文，男，1961年6月生，中共党员，本科毕业，副研究馆员，现任南安市图书馆党支部书记、馆长，是福建省图书馆学会常务理事，福建省阅读学会委员，泉州市图书馆学会理事，南安市政协第十二届文史委员。

庄柳盈，女，1967年11月生，本科学历，农工党员，副研究馆员，副馆长。1980年9月参加工作，1992年5月调入南安市图书馆工作。2009年4月任副馆长，兼任中国农工党南安市总支副主委，中国人民政治协商会议第十一届、十二届南安市政协委员，中国农工党泉州市委员会第十二届、十三届代表，南安市反邪教协会第一届理事会理事。

林聪海，男，汉族，中共党员，馆员，业务副馆长。1978年12月生，2001年7月福建师范大学图书馆学本科毕业。2002年4月到南安市图书馆参加工作至今，先后任支部委员、采编室主任、工会主席等职。现分管党的工作、精神文明建设、基层服务等。

未来展望

南安市图书馆将深入贯彻落实科学发展观，以文化体制机制创新为动力，以科技进步与科技创新为支撑，以统筹整合资源、实施重大项目带动为途径，以发展社会主义先进文化为核心，以满足人民群众的精神文化需求为出发点和落脚点，带动整个南安市图书馆事业的全面发展。在未来几年内，争取将早已立项的图书馆新馆建设项目推向实施阶段，建成一座中大型的县级图书馆，新馆面积15000万平方米，预计总藏书量100万册以上，总阅览座席1000个。新图书馆将以点带面，面向农村，以每年40个基层服务点的建设力度，争取早日将南安市所有农家书屋都纳入统一管理、统一服务体系，形成覆盖全市的图书馆服务网络。同时大力加强数字图书馆、移动图书馆的建设和推广活动，提供全覆盖、不间断、无时空限制的数字文献远程和移动服务，使图书馆真正成为一个城市的文献资源中心、信息服务中心、文化活动中心、社会教育中心。

联系方式

地　址：南安市柳新路12号
邮　编：362300
联系人：林聪海

开通数字图书馆，提供网络信息服务

南靖县图书馆

概述

南靖县图书馆的前身是1929年设立的民众图书馆。新中国成立后改称人民教育馆，1951年1月更名为人民文化馆，内设图书馆。"文革"期间一度闭馆，1978年恢复开放。1987年8月，新加坡爱国华侨张庆重先生捐资32万元人民币作为启动资金，兴建南靖县图书馆新大楼。新馆大楼位于县人民政府对面，占地面积3351平方米，建筑面积4185平方米。1991年11月22日正式定名南靖县图书馆，1996年6月18日落成对外开放。2010年，中共南靖县委、县人民政府将图书馆改造工程列入为民办实事民生工程，投入220万元对图书馆大楼进行全面装修改造，2011年初重新对外开放。南靖县图书馆分别于1998年、2004年、2009年三次参加全国公共图书馆评估，均被文化部评为"二级图书馆"，2013年参加第五次全国公共图书馆评估，首次被评为一级图书馆。

图书馆现有阅览座席310个，电脑终端54台，其中公共电子阅览室用户电脑终端40台，使用中国电信10M光纤接入网络，采用ILAS (s) 图书馆自动化管理系统。

业务建设

截止2012年底，南靖县图书馆馆藏总量16.15万册（件），其中图书11万册，报刊合订本2.23万册，电子文献2.5万种，视听文献0.42万件。

2009、2010年，南靖县图书馆新增藏量购置费6万元，2011年起增至16万元。2011年福建闽星集团捐款50万元人民币，用于购置图书。2009-2012年，图书馆新增藏量共7.3万册，其中电子文献2.5万种。2012年入藏报刊249种。

2010年装修完成后，设置地方文献室，专人负责管理和征集工作。截止2012年底，已征集地方文献资料1088册，其中通过购买、复印或接受捐赠共征集各类族谱71册，地方文献数据库还在持续建设中。

读者服务工作

南靖县图书馆根据上级有关文件精神，制定图书馆免费开放工作实施方案，将图书馆公共空间设施场地以及基本公共文化服务项目全部免费向群众开放。

2011年1月起，南靖县图书馆坚持周末及其他节假日对外免费开放，每周开馆58小时；2012年图书馆年外借图书8.6万册次，年流通总数8.8万人次。

2012年，图书馆举办读者培训活动以及基层图书馆（农家书屋）管理员培训活动14次，并对全县农家书屋管理人员进行现场指导，提高农家书屋日常管理服务水平。

根据《中华人民共和国政府信息公开条例》《南靖县人民政府信息公开查阅点管理制度》等文件精神，南靖县图书馆设立"南靖县政府修订稿公开查阅点"，接收各单位交送的政府公开信息，并在一楼报刊阅览区上架，向社会提供公开查阅服务。同时在图书馆大厅设置触摸屏电脑、在电子阅览室设立政府公开信息查询专用机位，供公众上网查询政府公开信息。

业务研究、辅导、协作协调

南靖县图书馆与福建省图书馆签订《数据库使用协议书》《分馆建设协议书》和《地方文献联合编目协议书》，参与全省图书馆联合编目工作，向省图书馆上传馆藏数据；与厦门市图书馆签订《闽南地区图书馆文献交换协议》，参与厦门市图书馆"文献交换平台"测试工作；与漳州市图书馆签订《漳州地区公共图书馆文献资源联合编目协议》《漳州地区公共图书馆公益展览合作协议》《漳州地区公共图书馆馆际互借协议书》《漳州地区公共图书馆地方文献交换协作协议》等，为提高图书馆服务水平和效益、扩展服务范围提供有力支持。

南靖县图书馆以农家书屋工程建设为载体，积极扶持基层图书馆（室）建设，组建公共图书馆（室）服务网络，对镇、村图书室、农家书屋等基层图书馆（室）工作人员进行业务培训与指导。几年来，共建设183个农家书屋，送书25万多册，发放培训材料300多份，培训和指导管理人员800多人次，为构建农村公共文化服务体系创造有利条件。图书馆还设立馆外图书流动点6个，各设点单位均安排专人负责书刊借还工作，正常开展服务，年借阅总数5700多册次。

近年来，南靖县图书馆员工撰写发表1篇论文《试论服务于新农村建设的农家书屋的作用》，还撰写《县级馆报刊选订工作的具体做法》《南靖县图书馆电子资源读者利用情况调研报告》《南靖县图书馆服务质量调研报告》等多篇调研报告。

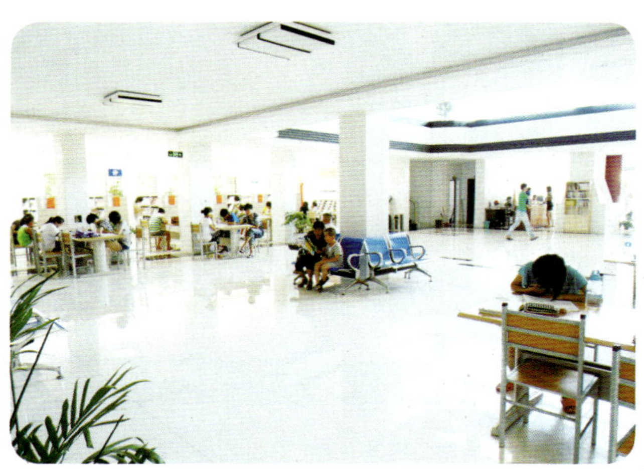

管理工作

南靖县图书馆实行岗位聘任制，馆长负责图书馆全面工作。2009–2012年，南靖县图书馆通过考试招聘工作人员2名，从其他单位调入2名，截止2012年底共有工作人员8名。图书馆制定《南靖县图书馆岗位设置实施方案》《南靖县图书馆绩效考核办法》，按需设岗，明确岗位责任，与工作人员签订岗位目标责任书，实行年终考评制度，严格进行工作考核。

表彰、奖励情况

2009–2012年，南靖县图书馆先后获得文化部“全国文化信息资源共享工程·公共电子阅览室示范点”、福建省“文化信息资源共享工程建设先进单位”、省“十佳图书馆”、漳州市“文明单位”等荣誉称号。

馆领导介绍

吴文智，男，1978年12月生，本科学历，中共党员，馆员，馆长。2006年1月参加工作，2008年4月起任南靖县图书馆馆长。

未来展望

南靖县图书馆将牢记“读者第一、服务至上”的宗旨，继续完善图书馆各项设备、设施，做好图书馆延伸服务工作，加大重点文化工程建设力度，为读者提供优美、舒适、便捷的阅读空间，把南靖县图书馆建成“馆藏丰富、设施先进、管理科学、环境优美、服务创新”的县级文献收藏中心、信息服务中心和社会教育中心。

联系方式

地　址：南靖县山城镇兰陵路11号
邮　编：363600
联系人：吴文智

龙海市图书馆

概述

龙海市图书馆前身是龙海县文化馆图书室，1981年2月独立出来成立龙海县图书馆，馆址位于石码镇九二〇路116号旧文体大楼一楼，馆舍面积323平方米，人员编制4人，藏书1.8万册。1989年7月迁至石码镇公园南路9号，馆舍面积增至2361平方米，人员编制增至10人，藏书量增加到6万多册。2012年10月迁至石码镇紫崴路17号新文体大楼二至四层，人员编制增至15人，馆舍面积7200平方米，拥有“藏、借、阅、检、咨”一体化的开放式阅览空间，设有11个对外服务窗口，512个阅览席位，电脑85台，宽带光纤10M接口，选用图创系统管理软件。2013年1月率先在漳州地区使用24小时自助还书系统和自助借还系统，实现图书智能化借阅管理。1994年参加第一次全国公共图书馆评估，首次被国家文化部评为“二级图书馆”；2013年被文化部评为一级图书馆。

业务建设

截至2012年底，龙海市图书馆总藏书17万册，其中普通图书94821册，期刊、报纸合订本37879册，线装古籍2307册，电子、视听文献1558件，电子图书3万种，年订阅报纸期刊410种。此外还拥有全国文化信息共享工程提供的电子资源3.5TB和外购数字资源0.6TB，并自建地方文献数据库，提供电子资源远程服务。

近年来图书馆加快数字资源建设，建立信息安全管理平台，实现共享工程、实体藏书和网络资源整合利用。与龙海电视台和基层流通点建有资源共建共享项目，通过服务器将本地数字资源链接到个基层流通点和公共电子阅览室。

2009年龙海市图书馆引进ILASII系统管理软件；2009年5月更新办公及电子阅览室电脑设备；2011年10月1日起实行免费开放服务，取消各类借书证、电子阅览证的办证费和验证费。2012年投入6万元购进图创系统管理软件，提升图书馆自动化管理水平。2012年建成漳州市首个地方文献数据库。2012年投入53万元购置上海阿法迪图书智能服务系统，按照2010年度县级支中心配置标准投入68万元配置一整套共享工程硬件设备系统，包含多媒体播放厅和电子阅览室设备等。全馆各室实现宽带上网，为读者提供书目检索和资料查询平台，初步建成馆内局域网和办公自动化管理系统。

读者服务工作

1、流通服务。2009–2012年，坚持“读者至上，服务第一”的服务宗旨，为读者提供免费开放服务。开架册数占馆藏总量的80%以上，每周开放时间63小时，其中报刊阅览室及电子阅览室实行全周开放，每天开放9小时，双休日及节假日照常开放。有效读者借阅证3100本，其中免费为“红读小组”办证200本。2011年接待读者15.6万人次，持证读者年人均到馆50次；免费咨询922人次，1017条次；外借图书11.35万册次，与当年馆藏12.9万册相比，利用率达88%。

2、特色服务。龙海市图书馆是市委指定的爱国主义教育基地和德育教育基地，少儿活动辅导是图书馆特色服务之一。每年在学校建立红领巾图书角25个，发展红读小组200人。每年配合学校课堂教学和思想品德教育，开展丰富多彩的少儿活动，包括各种讲座、报告会、知识竞赛等读书活动。年组织少儿活动10多次，参加人数1万多人次。

3、农村信息技术咨询也是图书馆的特色服务项目。这项服务已经坚持30年，每年编印《信息选编》24期，内容包括各种农村实用技术信息资料等，每期内容都链接到图书馆网站，供读者网上查阅。每年不定期开展“三下乡”活动，通过现场信息发布会和现场信息咨询服务，宣传科学思想，提高农民群众的科技水平。

业务研究、辅导、协作协调

2009–2012年，龙海市图书馆员工积极参与中国图书馆学会及各分委员会的学术交流活动，共发表论文20篇，其中获奖8篇。定期选派工作人员参加省图书馆举办的各项培训活动，更新服务理念，提高服务质量，并及时上传下达，做好全民阅读推广活动及下基层服务活动。不定期为基层图书室及农家书屋培训业务骨干80人次。协助基层组建街道、乡镇图书室5个，覆盖率30%。协助组建社区、村图书室和10个农家书屋图书室，覆盖率40%。

自2007年开始，龙海市图书馆与龙海电视台合作开展资源共享活动，共同开辟“农民之友”“中华民俗大观”“科普与健康”3个电视栏目，每周播放9次，促进文化信息共享。与73131部队军垦农副业基地、73678部队通信站、龙海市消防大队开展军民共建，共享文化信息资源。坚持把共享服务同未成年人思想

方便快捷的数字阅读

其乐融融的亲子阅读

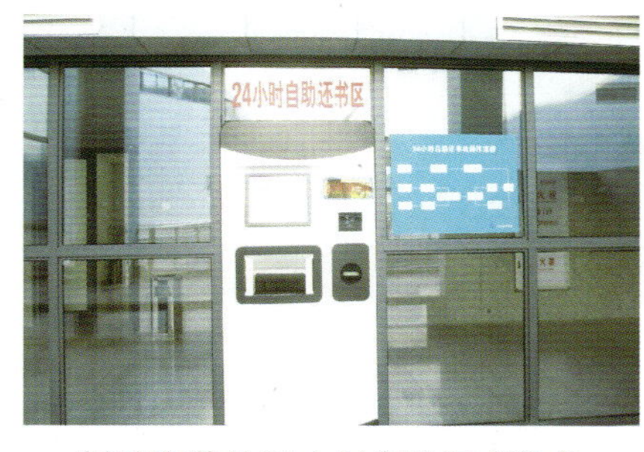

新馆安装的24小时自助还书设备

新馆二楼服务大厅

智能化自助借还机

教育活动有机地结合起来，经常在图书馆以及镇区中学、镇中心小学及镇区周边中小学举办各种报告会、讲座和图片展。

龙海市图书馆积极参与国家图书馆、省图书馆、厦门市图书馆联合编目中心组织的联合编目，实现资源共享。长期与厦门市图书馆、厦门市少年儿童图书馆、漳州市图书馆及各县馆开展馆际互借、互送地方文献等协作协调工作。已加入全省公共图书馆联合编目中心，成为A级成员馆，可上网下载书目数据。

管理工作

2011年以来龙海市图书馆实行岗位聘任制，现有在编人员11人。其中副研究馆员1人，馆员8人，高级工2人，中级以上职称占员工总数82%；大专以上学历9人，占员工总数82%。实行按需设岗，按岗聘用，竞争择优上岗。各室均建立岗位责任制、工作目标管理责任制。职工考核制度健全，建立年终考核制度和分配激励制度，通过年度考核，对业绩贡献突出的员工进行奖励。建立一整套系统、科学的消防档案，制度完善，各项消防措施到位。建立完善的安全保卫工作制度，安全保卫措施良好，工作制度得到较好的贯彻执行。

表彰、奖励情况

2009年7月以来，连年被龙海市委授予“先进基层党组织”和“文明单位”称号；2009年被福建省新闻出版局评为“农家书屋建设先进单位”；2010年被文化部评为二级图书馆；2010年12月电子阅览室被省文化厅评为“文明网吧”；2010年10月参加省共享办组织的少儿网页设计竞赛活动获团体组织奖；2012年被龙海市委市政府评为平安文化市场先行单位；2012年参加全市文化竞赛项目（文化事业）评比获得第一名。

馆领导介绍

蒋一中，男，馆长。1974年10月生，1995年毕业于漳州师范学院，先后在龙海市卓岐中学、龙海八中任教，2009年调到龙海市委宣传部工作，2014年2月到龙海市图书馆主持工作。

未来展望

龙海市图书馆今后几年发展思路是：1、争取资金创建数字图书馆，进行图书馆门户改造与资源整合。2、完善公共电子阅览室建设和管理。进一步升级公共电子阅览室软件系统，达到全市资源共享，完善管理制度，为读者提供绿色健康的网络阅读环境。3、争取资金加强文献资源建设。馆藏文献将在现有17万册（含电子读物）基础上增加到20万册以上，满足读者的阅读需求。4、建立完善的社区、农村图书室，延伸图书馆服务，加强社区、农村文化建设。5、进一步开展文化共享工程活动。不断完善管理机制，加快基层网络建设，争取2015底实现全市村村有公共电子阅览室，实现资源共享。加强基层业务培训辅导，发动社会参与开展各项读者服务宣传工作。6、加强图书情报工作调研，经常开展学术交流和专题研讨活动，活跃学术气氛，提高馆员研究能力和业务水平。

联系方式

地　址：龙海市石码镇紫崴路17号
邮　编：363100
联系人：邓燕媚

邵武市图书馆

概述

邵武市图书馆新馆舍于2011年建成，建筑面积3600平方米。设有报刊阅览厅、古籍查阅室、文化共享工程播放厅、电子阅览室、幼儿阅览区等，阅览座席300个，专用存储设备6T，宽带接入10Mbps，选用Interlib图创图书馆管理系统，拥有天方有声数字图书馆、公元集成教学图片数据库、文化共享工程专题影视数据库、知识视界科普视频库、文化共享工程邵武站点、地方文献资料库等丰富的数字文化资源。购置阿法迪借还书系统、门禁监控系统、自助复印机、自助扫描仪等现代技术装备，供读者使用的电脑46台，办公电脑11台，九星阅报机、24小时还书机、自动借还书机各1台，可为读者提供文献检索、外借、阅览、参考咨询、读者教育、文献复制、文献传递等多类型、多层次的服务。

邵武市图书馆是闽北十县市功能最全、藏书量丰富的县级图书馆和社会公益性文化服务机构，是全市儿童阅读活动和教育培训的爱国主义教育示范基地和德育基地，是国家二级图书馆和县级"文明单位"。

业务建设

注重藏书建设。截止2012年底，邵武市图书馆文献总藏量278764万册，其中图书、期刊和古籍136764册，电子视听文献14.2万册；4年年均增加藏书4621册，其中2012年新增图书47790册、期刊295册、视听电子文献14.1万种。全市人均图书拥有量1.01册，人均图书拥有量位居南平市十县（市）第一。

注重地方文献收藏与利用。近年来，先后收集地方文献72种、342册。对于收藏的地方资料，均按联合编目中心的Marc数据进行著录、登记，使用《中图法》第五版图书分类号进行排架、上架，开放借阅。

重视古籍保护。建设单独的古籍室，设立专柜收藏，专账专卡登记，专人保管，对现存4328册古籍进行防腐、防虫处理，制作简易函套，确保古籍的完整保护。

读者服务工作

邵武市图书馆以搬迁到新馆为契机，构建"藏、借、阅一体化"的全开放服务模式，实施免费服务的各种举措，强化服务意识，改进服务方式，拓宽服务领域，提高服务水平，取得了良好的社会效益。

截止2012年底，实现公共空间及设施全部免费对外开放，每周开馆时间60小时，书刊文献开架比例超过95%。2009－2012年，书刊外借27342册，年平均外借6835.5册。2012年读者到馆借阅37070人，持证读者人均到馆31人次，馆藏文献外借102070册次，年外借率75%；设有9个馆外流动服务点。开展各类讲座、培训、展览和图书推广活动56次，参加活动人数22000人，每万人参加活动人次2.2次。同时重视为残疾人员、进城务工人员和青少年、老年人等特殊人群服务工作，在馆内设立老年人阅览室、青少年阅览室和视障人士阅览室，通过下乡、入村、进社区等活动，为特殊人群开展送书、播放各类电影和开展讲座等活动，极大地丰富了特殊人群的文化生活。

业务研究、辅导、协作协调

通过合作与协调，将分散的、隶属关系不一的本地各级公共图书馆、图书室连接成联系紧密的图书馆网络，构建一个以现代化通信技术为依托，以市图书馆为中心，乡镇、街道社区（村）图书馆为网点的公共文献信息资源共享系统，各成员馆之间建立统一规划、统一组织、统一行动的管理机制和以自动化、网络化、一体化为保障的业务运作体系，全面实现公共图书馆（室）的通借通还和文献资源共建共享，形成一个公共文献信息资源共享网络系统。

管理工作

邵武市图书馆把干好本职工作、促进事业发展、服务社会大众作为重要任务，在管理上求规范，气氛上求和谐，作风上求垂范，服务上求实效，全馆上下团结拼搏，自我加压，开拓创新，出现干实事、求实效的良好工作局面。一是在工作要求上按照县级图书馆评估标准严格要求，规范管理，建立高效工作机制。二是在人事管理上通过职能调查摸底，制定图书馆管理聘用工作实施方案，根据单位内部工作岗位需求，公开招聘，竞争上岗，和每个职工签定聘用协议，实行岗位绩效责酬挂钩，极大地调动全体员工的工作积极性。建立健全学习制度、工作制度、考勤制度、服务准则和绩效考核制度。三是聘用保安人员，购置安防消防设施，加强安全管理。四是规范工作行为，优化工作环境。在馆内大力提倡微笑多一点、行动快

30多台全新高配置电脑供读者免费使用

可容纳百余人的文化信息共享播放厅

到八一希望小学关爱外来务工人员子女

到市爱心老年公寓免费播放影片

一点、做事早一点、说话柔一点、理由少一点、脾气小一点、胆量大一点、质量好一点、效率高一点的"十点"工作法，进一步强化服务氛围。

表彰、奖励情况

2009–2012年，邵武市图书馆每年都被评为"邵武市精神文明先进单位"。

馆领导介绍

张军兰，女，1962年12月生，大专学历，中共党员，馆长。1979年11月参加工作，1988年7月毕业于福建电大档案学专业。2009年撰写论文《浅谈县级图书馆与农村文化站、中小学图书室的合作与资源共享》获"第八届中国社区乡镇图书馆发展战略研讨会"征文二等奖。

黄兴隆，男，1971年5月生，大专学历，中共党员，副馆长。1991年9月参加工作，2005年7月毕业于福建电大行政管理专业。

未来展望

邵武市图书馆始终本着"读者第一、服务至上"的理念，竭诚服务每一位读者。在今后工作中，邵武市图书馆将按照上级有关要求，进一步寻找差距，强化措施，创造条件，狠抓落实。在做好公共图书馆日常业务工作的同时，加强对基层业务骨干培养工作，积极推进古籍数字化工作和民间古籍保护工作，进一步完善古籍征集办法，建立全市珍贵古籍名录。通过多方面努力，力争使邵武市图书馆事业有更大的发展，为邵武市经济和社会发展作出更大的贡献。

迎接建党91周年及党的十八大图片展

联系方式

地　址：邵武市人民路文化艺术中心图书馆3楼
邮　编：354000
联系人：黄兴隆

幼儿图书种类繁多，每日更新

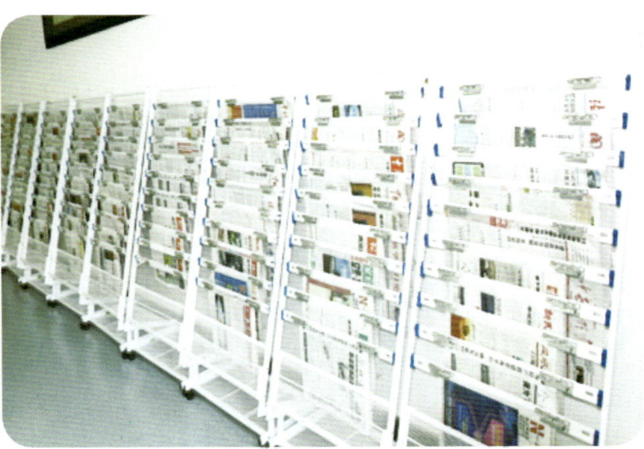
有日报、晚报、周报等各类报纸近百种

漳州市图书馆

概述

漳州市图书馆成立于1956年5月，当年7月在中山公园仰文楼正式开馆，是省内建馆时间较早的市级公共图书馆之一。1972年与市文化馆合称“漳州市文化图书站”。1976年恢复独立建制。1995年迁至华侨林枢先生捐建的图书馆新馆，馆舍面积4300平方米。2013年参加全国公共图书馆评估定级，被文化部评为“二级图书馆”。

业务建设

漳州市图书馆总藏书量23万多册（件），以建国后国内出版中文书刊为主，年订报刊500多种，古籍4000多册。设图书借阅处、期刊阅览室、少儿阅览室和视听室等13个服务窗口。从2012年开始实现基本服务项目全免费，全年开放。每天8时–18时开馆，自修室开放至晚间22时，每周开馆时间63.5小时。

2000年开始采用ILAS系统对业务工作流程进行整合管理，更好地服务读者。于此同时通过网站建设拓展图书馆服务工作。

以地方文献为主的“漳州文库”是漳州市图书馆的一大特色馆藏，重视收集漳州各类方志、地方出版物、历代漳州籍人士著述、金石拓片、族谱等。近年来，漳州市图书馆还利用闽南文化生态保护工作和漳州市非物质文化遗产保护工作的便利，对漳州市非遗项目的文本和影音资料进行收集，已陆续出版近百种非正式出版物。

读者服务

漳州市图书馆2013年流通总数122000人次，借阅图书83000册次，新办理读者借阅卡1200张。开展政府信息公开服务，2013年共收到2500余份文件，40人次进行查询。着力打造“芝山讲坛”系列公益讲座和未成年人读书、学习系列公益讲座，举办图书、图片展览等活动。全年共举办“芝山讲坛”公益讲座12场，少儿国学讲座48场，图书、图片展览6场，各类主题活动12场。协助市文明办在图书馆一楼设立“市民道德讲堂”，得到电视、报纸等多家媒体的报道。

业务研究、辅导、协作协调

漳州市图书馆重视图书馆业务工作的研究，加强图书馆员工的业务学习。2013年派出7人次参加由省文化厅、省图书馆和其他组织举办的业务学习与交流活动。全馆人员按要求完成每年继续教育课时。

加强对县级图书馆的业务工作辅导，组织漳州市各类型图书馆之间的业务协作协调。跨区域参加厦漳泉三地地方文献交流与合作项目，取得较好成果。

管理工作

漳州市图书馆各项规章制度严密，管理工作到位，对全馆工作岗位设置、工作人员安排有明确的制度可循。

表彰、奖励情况

2009年获得第十一届漳州市“文明单位”称号。

馆领导介绍

张大伟，男，1956年4月生。大专学历，副研究馆员，1997年至今任馆长。多年从事图书馆工作，有较丰富的收集、整理地方文献资源经验。在对本地文献资源的收集、整理、出版、利用方面有许多突出的贡献。近年主持编辑出版（含内部出版）本地文献多达近百种。

游海杰，男，1954年7月生。大专学历，副研究馆员，副馆长。多年来从事图书馆业务工作，有较丰富的基层工作，编写《农村图书馆手册》等图书馆业务教材，对推动图书馆业务培训、提高工作人员业务素质、发展漳州市图书馆事业做出应有的贡献。

蔡宇飞，男，1976年生。大学本科学历，管理学学士，馆员，2008年11月任副馆长。有较丰富的工作经验，在推动图书馆自动化建设、网站建设方面做了较多的工作。

未来展望

积极推动漳州市图书馆事业的发展，落实新馆建设项目的实施。积极向市政府争取资金，加强基础业务建设，进一步丰富馆藏资源，改善馆内环境，提高服务能力。提高工作人员业务素质，加强图书馆队伍建设，把公共图书馆的服务提高到一个更高的水平。以地方文献数字化建设为抓手，做好特色馆藏资源的建设与宣传利用，通过图书馆这一文化平台，向全国、全世界宣传漳州文化。

联系方式

地　址：漳州市芗城区大同路大同新巷3号
邮　编：363000
联系人：蔡宇飞

报刊阅览室

电子阅览室

工具书检索室

福州市马尾区图书馆

概述

福州市马尾区图书馆成立于1997年，馆舍面积1550平方米，馆址位于马尾区君竹路28号（旧区委旁）。有阅览座席200个，计算机35台，10M光纤接入。采用网图图书馆自动化管理系统。

业务建设

截止2013年底，马尾区图书馆图书总藏量91237册，电子图书6万种，中文电子期刊3270种，有声读物4万册，电子年鉴140多种，以及各类讲座、影视等文化共享工程电子资源。现有数字资源存储容量6TB。

读者服务工作

马尾区图书馆实行365天对外免费开放，每周开放时间56小时。截至2013年底，办证读者5918个；年图书流通量184420人次，107067册次，其中少儿图书流通4030册次，17131人次。馆外流通点73个，年流通量35877册次。共举办讲座、展览、培训、阅读推广等读者活动32场次，参与人数9184人次。

管理工作

马尾区图书馆员工编制10人，共设置7个岗位，现有工作人员9人。建立工作量化指标考核体系，实行奖励性绩效工资考核标准，每月进行工作进度考核，全年进行总体工作考核。

馆领导介绍

林青，女，1966年3月生。本科学历，馆员，馆长。1986年参加工作，1997年担任马尾区图书馆馆长。

未来展望

未来的马尾区图书馆新馆拟在传统的图书馆文献资源服务基础上，着力开展数字资源建设，用高性能的技术平台与网络环境，自动化、网络化、数字化的先进管理手段，为广大读者提供方便、优质、快捷的文献信息服务。

建设数字图书馆中心门户。中心门户是集成多样化内容和多种服务模式的网站，提供搜索引擎、原文资源服务、个性化服务、特色资源发布、虚拟参考咨询、文献传递等多种功能，集成当前互联网的多种服务模式。通过门户，用户可以根据自己的喜好和兴趣，方便地存取数字图书馆中的数字资源内容，使用数字图书馆的服务。

推进数字阅读。在数字阅读服务中，数字资源建设是保障服务质量的关键。马尾区图书馆将在购买数字资源的基础上自建特色资源数据库，充实文献资源。

加强专业人才队伍建设。培养图书馆创新型人才、复合型人才，使馆内员工有一颗热爱图书馆事业的“心”，更有驾驭新时期公共图书馆事业的“能”。

联系方式

地　址：马尾区罗星西路马江剧院西侧
邮　编：350015
联系人：林　青

三明市少儿图书馆

概述

三明市少儿图书馆创建于1993年1月，位于三明市三元区三元街一号，馆舍面积1500平方米。2009年参加第四次全国公共图书馆评估，首次被文化部评为二级图书馆。2013年，三明市少儿图书馆有阅览座席300个，计算机45台，互联网接口20M，采用图创图书馆自动化管理系统用于图书馆业务管理。

业务建设

截止2013年底，三明市少儿图书馆总藏书量22.13万册（件），其中纸质文献12万册（件），电子图书8万册，电子期刊2.13万种/册。

2013年，三明市少儿图书馆新增藏量购置费9万元，图书新增藏量6020种，报刊新增订数305种，其中报纸33种，期刊272种，连环画、低幼读物新增藏量2016册。电子文献、视听文献新增藏量500件。《全国少年儿童图书馆（室）基本藏书目录》入藏率50%。

2013年，将自动化管理系统升级为广州图创图书馆自动化管理系统，以适应福建公共图书馆服务联盟建设的需要。

读者服务工作

从1993年1月创建起，三明市少儿图书馆对外免费开放，节假日不闭馆，每周开放54小时，全馆书刊全开架借阅。开辟新书专架和宣传专栏，每季编印一期阅读热点信息。2013年，年流通总人数8.01万人次，其中书刊外借0.81万人次，期刊阅览室0.9万人次，电子阅览室0.7万人次，馆外5.6万人次。年外借图书12万册次，其中书刊外借3.2万册次，期刊阅览室0.8万册次，馆外8万册次。

2011年建成“三明市少儿图书馆”门户网站，读者可在网络上查询相关信息。采用ILAS图书馆自动化集成系统，实现文献采访、编目自动化及网上信息服务。2013年，三明市少儿图书馆网站访问量12万次。开通微信，实现手机微信图书续借、书目浏览、读者证挂失、借阅查询等功能。

2013年，三明市少儿图书馆共举办讲座、展览、培训、阅读推广等读者活动40场次，参与人数4102人次。

三明市少儿图书馆发挥馆藏优势，全方位地为城区中小学、幼儿园、特殊教育学校等少儿读者和三元区的成人读者服务，为市区领导机关、科研教育和生产单位以及社会公务服务。在社区文化建设方面也发挥特有的作用，在两区设立10个服务点，为启智学校的学生和家长提供服务。

业务研究、辅导、协作协调

2013年，三明市少儿图书馆组织业务培训10次，各类业务辅导20次，采取来馆跟班、驻点等辅导方式，对基层图书馆面临的自动化管理、读者服务等问题开展针对性的辅导。通过业务统计分析和撰写综合性报告，提高业务研究、辅导、协作协调的水平。辅导活动覆盖本地区少儿图书馆和县（市）少儿图书馆（室）。

2013年，三明市少儿图书馆参与华东少图协、省少儿图书馆、厦门市少儿图书馆等组织的活动，组织本地区少儿馆开展协作协调工作，并与三明市教委、三元区和梅列区教育局、三明学院图书馆、三明市图书馆开展协作协调，共同推动三明市少儿图书馆事业的发展。

管理工作

三明市少儿图书馆实行岗位管理，按需设岗、按岗聘用、竞争上岗，每年对全馆员工进行考核。有完善的财务、设备、物资管理制度，建立职工考核档案、参考咨询档案、读者活动档案和业务辅导档案。开展人事管理统计、财务统计、业务工作统计以及统计数据分析工作。布置有情趣的读书环境，做到整洁、美观、安静、标牌规范、标准和设施维护良好。设专人日夜值班，对全馆人员进行消防安全培训，被评为区文明单位。

表彰、奖励情况

2011—2013年，三明市少儿图书馆党支部连续两年获得“先进基层党支部”荣誉称号。

馆领导介绍

陈红红，女，1960年1月生，大专学历，中共党员，馆员，馆长。1979年开始从事文化工作。1993年到三明市少儿图书馆工作。多年来负责馆内党务和行政管理工作，参与少儿图书馆总体设计和室内环境设计，建立适宜操作的读者管理档案。撰写并公开发表《中小学生减负与图书馆增负的思考和对策》《刍议数字图书馆的辐射功能》等多篇论文，荣获华东地区少儿图书馆学术研讨会优秀论文奖及福建省第二届少儿图书馆与中小

服务进小焦工业园区

开展暑期馆内活动

成立彩虹伞流通点

学图书馆工作研讨会三等奖。曾被评为“三明市全民科学素质工作先进个人”，多次被评为市局先进个人和优秀党务工作者。

黄泽民，男，1961年5月生，大专学历，中共党员，副研究馆员，副馆长。1981年参加图书馆工作。在大专院校主讲过《图书馆学概论》《图书编目》课程，发表论文多篇，《三明公共图书馆事业发展回顾与展望》获华东少儿图书馆协会优秀论文奖。

未来展望

三明市少儿图书馆将坚守少儿文化阵地，不断提升服务能力，完善服务机制，活跃少儿文化生活，创新少儿第二课堂，丰富少儿的精神世界。创办三明公共图书馆（家·阅读）服务联盟，以家为单位开设适宜少儿成长的讲坛，开辟适应少儿成长的平台，将少儿阅读延伸至家庭阅读，从而推动全民阅读。

共建军民图书室

联系方式

地　址：三明市三元区三元街一号
邮　编：365001

读者分享会

馆容馆貌

福州市台江区图书馆

概述

台江区图书馆是集图书报刊、电子文献借阅和网络信息、地方文献综合服务于一体的县区级公共图书馆，创建于1985年10月，原馆位于台江区达道路167号。2011年9月，位于学军路92号台江区文化活动中心五楼和七楼的新馆正式对外开放，建筑面积1560平方米。2013年参加第五次全国公共图书馆评估，被文化部评为国家二级图书馆。现有阅览座席255个，计算机50台，拥有一条40M互联网宽带线路和10TB数据存储容量，使用“春芽”管理软件。

阅览室

业务建设

截止2012年底，台江区图书馆文献总藏量107413册（件），其中图书65794册，报纸、期刊2053册，视听文献150件，电子书39416册。2010–2012年入藏图书报刊、视听文献9880种，以人物传记、中外名著、纪实文学和地方性文献为收藏特色。2012年财政拨款92万元，其中安排购书专款20万元，共享工程支中心投入15万元，自动化设备购置5万元。

设在馆内的共享工程台江区支中心建有多媒体视听室和电子阅览室，各种类型数字资源总量4.6TB，为广大读者提供文献信息查询、多媒体阅览、互联网站、电脑培训等全方位服务，同时建有图书馆网站（www.tjqlib.com）和地方多媒体数据库——台江区上下杭商贸小吃、民俗风情特色数据库，有效整合台江区特色文化资源平台，提供各类优质文化资源。

六一儿童节

台江区图书馆建有地方文献特藏室，收藏地方文献379种，征集台江区民间文学三套集成等系列图书，丰富台江区地方文献馆藏资源。高度重视古籍保护宣传，订立《台江区图书馆保护古籍倡议书》和《台江区古籍普查工作方案》，进行古籍保护知识宣传。

读者服务工作

台江区图书馆坚持全年365天免费对外开放，每周开放56小时，为广大读者提供借阅办证、参考咨询、图书外借、报刊阅览、信息查询、电子资源等全方位免费服务。2012年持证读者近600人，其他证件读者630人，年流通量31373人次，少儿阅览室流通6274册次，成人外借室流通25099册次。共享工程台江区支中心日均接待读者近60人次，节假日日均接待读者近100人次。

台江区图书馆充分利用自身宣传阵地，经常性地开展丰富多彩的读者活动，如全民读书月、免费写春联、专题讲座培训及读者座谈会等，2012年以来共举办各类活动23场，其中讲座、培训12场，展览3场，阅读推广活动8场，参加活动读者2.3万人次。

读者活动

近年来，台江区图书馆不断拓展服务领域，送书上门，送书下乡。截至2012年底，设馆外图书流通点31个，年流通图书10万册次。同时以“云服务”为核心，充分发挥承上启下职能，现已建成茶亭街道文化站“一卡通”试点单位。

业务研究、辅导、协作协调

台江区图书馆领导班子均具有中级以上职称，每年接受继续教育，其中1人受过系统的图书馆学培训。2012年全馆在职业务人员3人，继续教育共352学时。2012年图书馆员工撰写《浅谈图书馆特色资源建设与特色服务》《浅谈新世纪中小型图书馆服务创新与发展》等调研报告及论文。

2012年，台江区图书馆承办了福州地区图书馆业务研讨会，与街道社区签订“一卡通”和流通点服务协议书。2012–

送春联活动

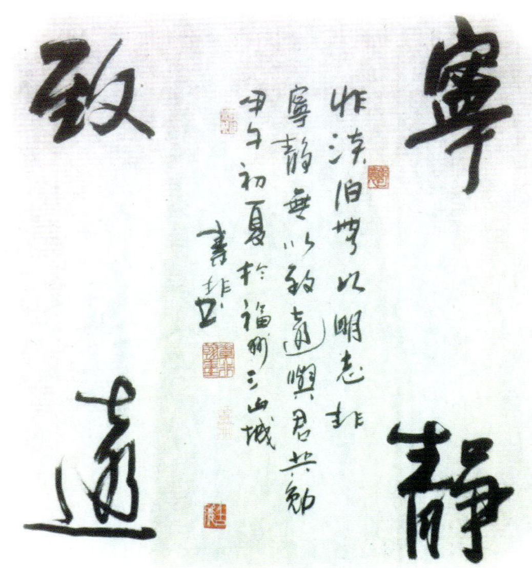

馆长傅秀奇作品二

2013年根据计划任务与职责要求，针对基层存在的问题，共举办7次培训班，每年下基层辅导20天，帮助基层解决技术和业务问题，受到基层的欢迎。

管理工作

2012年台江区图书馆在职员工3人，临聘人员5人，均为大专以上学历；其中中级以上职称2人，初级职称1人。图书馆建立科学考核制度，调动全体员工工作积极性，建立健全各项制度，购置安防设施，加强安全管理，规范工作行为，优化工作环境，大力提倡“读者至上，服务第一”服务理念，进一步强化服务意识建设。

馆长傅秀奇作品一

未来展望

在上级领导和业务部门的关怀指导下，台江区图书馆将继续保持锐意进取、奋发有为的精神状态，遵循“读者至上，服务第一”办馆方针，大力推进“一卡通”建设服务，计划向全区街道社区逐步推广，完成街区24小时图书馆建设，完善基层图书馆服务网络，不断拓宽服务领域，实现区域内图书通借通还，为居民提供更加优质便捷的文化资源服务。未来将以更加丰富多彩的优质藏书、更加形式多样的读者活动、更加专业高效的文化服务来回馈社会各界的支持，为构建和谐社会做出应有的贡献。

馆领导介绍

傅秀奇，男，笔名素非，大专学历，中国民主建国会会员，福建省美术家协会会员，福州市美术家协会理事，少时喜丹青，擅长山水画，作品多次参加全国和省市级书画展并获奖，作品被多家单位和个人收藏，个人艺术传略编入福建省艺术家词典。

联系方式

地　址：福州市台江区学军路92号
台江区文化活动中心七楼
邮　编：350000
联系人：傅秀奇

福州市晋安区图书馆

概述

晋安区图书馆位于晋安区红光路119号，1992年成立，2011年3月正式开馆，馆舍面积2028平方米，设计藏书容量50万册，阅览座席250个，计算机40台，宽带接入400Mbps。设有成人图书阅览室、少儿图书阅览室、报刊杂志阅览室、工具书及地方文献查阅区、电子阅览室、盲人阅览室和政务信息公开室等服务功能区域。2013年参加第五次全国公共图书馆评估，被文化部评为二级图书馆。

业务建设

截止2013年底，晋安区图书馆总藏书量43.2155万册（件），其中纸质图书近13万册，电子图书30万册，盲文图书155册，中外文、儿童报刊近2000种（册）。2012、2013年新增藏量购置费50万元，入藏图书23698种，各类报刊、杂志近300种。

自加入全国文化信息资源共享工程以来，利用开发区电视台和广播电台报道共享工程开展的大型活动，并在开发区政府网站首页上设置共享工程热站链接。

晋安区图书馆积极创办社区电子阅览室，截止2013年共创办社区阅览室15家，拟在2014年新增30家，作为为民办实事的具体内容，增强晋安区图书馆知名度。

读者服务工作

2011年起，晋安区图书馆实行免费开放，每天开放8小时，周六、周天全天开放。2012–2013年书刊总流通20万人次，书刊外借10.88万册次。每年外借图书28600册（次），2013年7月与晋安区七中实现馆际互借服务。

2013年，晋安区图书馆与区档案馆、文化馆、乡镇文化站等单位加强联系，发放地方文献征集启事，全方位、多渠道收集地方文献，并定期开展地方文献展览，提高文化知名度。

2012–2013年举办讲座、展览、培训、阅读推广、读书月等读者活动，参与人数1.897万人次。以三楼的少儿图书馆为阵地，与晋安区各幼儿园携手定期举办“快乐共享”亲子活动，是晋安区图书馆阅读推广活动的一大特色。

业务研究、辅导、协作协调

2012–2013年，晋安区图书馆员工发表论文多篇，平常除了自学图书馆专业知识外，还组织参加外出培训、学习参观，向兄弟图书馆学习取经。

晋安区图书馆还与区农家书屋结对帮扶、指导工作。充分利用区财政资金，并积极募集社会爱心捐赠，加大对“农家书屋”“社区书屋”及中小学校“爱心图书室”等建设力度，将书屋建好、用好、管好，为广大基层群众提供方便、实用、舒适的读书场所。

2012年，晋安区图书馆与书商联系携手，组织优秀图书进学校、社区、网吧开展展销；在区图书馆和各乡镇农家书屋，对到馆读者进行读书宣传和针对性的阅读指导，引导广大群众多读书，读好书，增强读者的图书馆意识。

管理工作

根据新形势的发展要求，针对工作中的管理不规范、责任不明确、制度不健全问题，在广泛调研的基础上，重新修订岗位职责、借阅管理办法、阅览规则、工作人员守则、文明读者守则等多项规章制度，同时每月进行工作进度通报，每半年和全年进行总体工作考核。在市文新局指导下，还对区农家书屋、电子阅览室进行初步的管理、分配工作，建立考勤、考核制度，实现管理一体化。

馆领导介绍

吴颖，女，1971年9月生，大专学历，中共党员，副研究馆员，副馆长。先后在平潭县文化馆、晋安区文体局工作，2012年11月到晋安区图书馆工作。

未来展望

晋安区图书馆遵循“科学、效率、创新、发展”的办馆方针，在未来几年实现“三步走”战略：一向现代图书馆发展。加快图书馆信息资源共享工程建设，以现代化手段为读者及时、快捷、有效地提供服务，提高图书馆管理效率和信息资源利用率。二是向特色图书馆发展。晋安区文化底蕴积淀深厚，图书馆的发展应定位在建设有地方特色的图书馆上。多渠道筹备资金，大力收集、整理流散在民间的珍贵地方文献资料，让图书馆成为体现地域文化的重要支撑，全面展示晋安区文化特色。三是加快社区电子阅览室和农家书屋的建设和管理，使之更好地服务于社区居民。

晋安区图书馆在上级领导的关心支持下，充分利用现有条件，不断加快图书馆建设步伐，取得了一定的成绩。但也要清醒地看到，随着网络时代的到来，图书馆将面临更严峻的挑战。今后，晋安区图书馆将再接再励，拼搏进取，全面推进图书馆网络化、数字化建设，使其真正成为城市文明建设的窗口，市民终身学习的学校。

联系方式

地　址：福州市晋安区红光路119号
邮　编：350001
联系人：吴 颖

连江县图书馆

概述

连江县图书馆建立于1981年，1992年迁入现图书馆大楼，馆舍面积2045平方米，馆内辟有图书外借处、报刊阅览厅、少儿图书阅览厅、地方文献室、公共电子阅览室、政府信息公开查询平台等对外服务窗口。图书外借实行自动化管理，开架借阅，全馆有读者阅览座席213个（其中少儿阅览座席68个），计算机56台，宽带接入20Mbps。1994年参加第一次全国公共图书馆评估定级，连续5次均被文化部评为二级图书馆。曾获得福建省第五、六、七、八、九届“文明单位”称号以及“全国文化先进集体”称号。

业务建设

截止2012年底，馆藏文献总量为14.25万册（件），其中纸质文献14万册（件），电子图书4.25万册，电子期刊200种。

2009–2012年，专项购书经费76万元，新增图书27293册，报刊杂志409种，视听文献1005种，地方文献260种，数字资源总量5.15TB，其中自建数字资源总量0.15TB。

按照文化部颁发的文化信息资源共享工程的配置要求，建立文化信息资源共享工程连江县支中心，资源量达到5.15TB，可供全县文化共享工程基层点进行远程访问。

全县建立247家村级农家书屋，县图书馆对其定期进行业务辅导和培训。

读者服务工作

2008年6月起，连江县图书馆实行对外免费开放，每周开放时间为56小时。2009–2012年共接待读者24.34万人次，流通图书40.73万册次，接待读者各类咨询（包括政府信息公开）6038件次。

连江县图书馆以“读者第一，服务至上”为办馆宗旨，每年积极举办丰富多彩的读者服务活动，如欢度春节系列活动、4·23世界读书日活动、图书馆服务宣传周、安全生产宣传月、庆祝国庆系列活动、科技宣传月、全民读书月等。同时根据连江地方特点开展特色服务，内容包括：1、“知识拥军”活动。2、编发《科技信息》半月刊，至今已发行514期，免费提供给基层科技工作者和种养殖专业户。3、开展连马文化交流。4、与连江谷雨公益中心合作成立“谷雨爱心图书馆”，举办专题讲座，为残疾人提供特殊服务。5、与中小学图书馆协作开展“关心下一代”专题活动，包括举办少儿书评征文活动、组织少儿系列培训班等。6、开展“读书知识有奖竞猜”、向读者赠送春联等特色活动。丰富多彩的读者活动，有效地吸引了众多读者认识图书馆、走进图书馆、利用图书馆。

协作协调

连江县图书馆积极与福建省图书馆、福州市图书馆及兄弟县市图书馆开展业务交流，研讨工作，并参与省市图书馆举办的业务研讨会、专题图片展览、书评征文比赛等系列活动，曾获得福州地区“兴榕杯”征文比赛组织奖。

管理工作

2009年，连江县图书馆完成首次全员岗位聘任，完善岗位工作考核方案，每年实行全员年度工作考核。

表彰奖励情况

2009年获福州市第七届“兴榕杯”书评写作比赛“优秀组织奖”；2011年获福州市第八届“兴榕杯”书评征文比赛“优秀组织奖”；2012年被福州市总工会授予“五一先锋岗”荣誉称号。

馆领导介绍

黄日昇，男，1957年10月生，中共党员，馆员，馆长。1975年6月参加工作，1984年8月任县电影公司经理，1993年8月起任县图书馆馆长、党支部书记，兼任福建省图书馆学会理事。

陈星光，男，1964年11月生，1981年1月参加工作，1988年7月北京大学图书馆学函授专修科毕业，1990年11月任县图书馆副馆长。

未来展望

为进一步提升连江文化强县的基础设施标准，连江县政府拟定在县城东郊筹建“连江文化公园”（已进入规划设计阶段），其中新建县图书馆面积8000平方米。新馆建设将以提供读者文化休闲、学习娱乐多功能服务，实现自动化、网络化管理为目标，建成后将对连江公共图书馆事业的可持续发展增加新的动力。

联系方式

地　址：连江县玉荷东路100号
邮　编：350500
联系人：黄日昇

平潭县图书馆

概述

平潭县图书馆1978年成立，正式落成于1984年，馆址几经变迁。2004年12月2日，位于平潭县潭城镇图书馆路1号的新馆建成开放。新馆占地面积5666平方米，建筑面积3680平方米，藏书22万册，座位384个，计算机46台，宽带接入10M，选用图创自动化管理系统。

业务建设

截止2012年12月，平潭县图书馆总藏书量为228396册。其中纸质文献99922万册（件），视听文献500种，电子图书10万册。

2012年新增藏量购置费12万元。2009–2012年共入藏图书6339种，报刊1107种，视听文献150种。

截止2012年底，平潭县图书馆数字资源总量为3.65TB。其中自建平潭地方文献数据库，包含有平潭歌曲数据库、平潭地方戏曲数据库、平潭地方纸本文献数据库。

2011年将原先采用的北京清大新洋信息技术有限公司GLIS通用图书馆集成系统软件改为广州图创Interlib自动化图书管理系统，2013年实现馆内无线网络覆盖。

读者服务工作

平潭县图书馆全年365天免费对外开放，每周开放时间达64小时。2012年，图书馆流通量为46631人次，书刊外借68278册次。

近年来，平潭县图书馆不断创新服务内容和形式，在全区、县范围内开展图书流通服务，在乡镇（村）、学校、企业建立8个图书流通点，并实现图书通借通还服务。2009–2012年，馆外图书流通点书刊总借阅量20028册次。此外，图书馆依托自身的资源和人力优势，建立下乡小分队，派出技术人员下乡辅导，每年不定期免费为各流通点轮换图书近3万册。

平潭县图书馆建有内部网络，报导图书馆藏书和读者活动，并设有导航连接功能。读者可在网站上检索图书馆全部书目数据，实现网上书目检索、查询等功能。

2012年，平潭县图书馆为丰富广大群众的业余生活，营造良好的文化环境，共举办形式各样、内容丰富多彩的读者活动43场，参加人数30055人。2012年，围绕图书馆服务宣传周、全民读书月、世界图书与版权日等积极开展各项主题活动，引导广大群众走进图书馆、了解图书馆、利用图书馆，营造全城书香氛围。

业务研究、辅导、协作协调

2012年，平潭县图书馆工作人员分别在《管理学家》《21世纪图书馆的发展与变革》《中国改革教育》等刊物发表论文4篇，围绕本馆业务工作撰写调查研究报告3篇。

2009–2012年，平潭县图书馆引进Interlib自动化系统平台，积极拓展服务网络，建成流水镇谢厝村、北港村、五埕村和北厝镇北厝村、北洋村以及西航实业发展集团等8个通借通还流通点；同时与福建省图书馆、福州市图书馆各分馆实现联机编目和数据库资源共享。

2007–2012年，参与建设农家书屋192个，采购配置图书384000多册，音像制品19200余张，并与98家农家书屋实现图书流通，覆盖率达51%。

近年来图书馆积极吸纳志愿者参与图书管理工作，并制定《平潭县图书馆志愿者规章制度》。2012年举办多场志愿者服务活动，如“学雷锋·做好事”志愿者活动、“畅游书海·浸润书香”图书捐赠志愿者活动等。

管理工作

近几年，平潭县图书馆加快人事制度改革的探索和实施，突出以创新能力和工作业绩为核心的工作人员年度考核标准，下达目标任务，建立科学、合理的人事管理制度。为适应事业单位人事制度改革的需要，最大限度地调动广大职工的工作积极性，制定出能够量化的工作目标和奖惩办法，同时继续完善考勤制度和考勤管理办法，加大考勤奖惩力度，激励他们取得更大成绩。

表彰、奖励情况

2009年以来，平潭县图书馆先后获得国务院业务主管部门表彰奖励1次；省级业务主管部门表彰奖励2次；县级党委、政府表彰奖励10次。

馆领导介绍

丁林昕，女，1979年10月生，本科学历，馆员，馆长。1999年

参加工作，历任平潭实验小学教师、平潭县委宣传部办公室干部，2010年7月任平潭县图书馆馆长。多次获得市、县级先进工作者、劳动标兵等荣誉称号，在省、市级刊物发表论文并获奖。

张航平，女，1969年6月生，大专学历，中共党员，馆员，书记兼副馆长。1983年12月入伍，多次被评为县文化系统先进工作者，在省、市级刊物上发表多篇论文，其中《少年儿童图书馆的藏书建设与导向》获省图书馆学会优秀论文一等奖。

未来展望

平潭县图书馆将继续遵循"读者至上"的服务宗旨，不断强化自身综合实力，力争2014年完成图书馆智能化建设，顺应网络化、数字化趋势，依托文化共享信息平台，从长远眼光谋划和布局图书馆的发展。与此同时不断更新图书馆服务理念，增强服务辐射力，扩大服务覆盖面，更好地为社会公共提供多样化、个性化的优质服务。

联系方式

地　址：平潭县潭城镇图书馆路1号
邮　编：350400
联系人：丁林昕

福清市图书馆

概述

福清市图书馆前身为福清县文化馆图书室，设立于1956年。1980年12月批准建制设馆，与县文化馆共用一幢楼。1988年5月，印尼泗水玉融公会侨胞捐款在福清市融城环北路38号筹建福清华侨图书馆，馆舍建筑面积3034平方米，1990年9月竣工，同年12月对外开放。1994年参加第一次全国公共图书馆评估，被文化部评为三级图书馆；1998年参加第二次全国公共图书馆评估，被评为二级图书馆。2012年，福清市图书馆有阅览座席295个，计算机45台，宽带接入10Mbps，使用Interlib图书馆自动化管理系统。

业务建设

截止2012年底，福清市图书馆总藏书量186520册，其中纸质文献180520册，电子图书6000册。

2009年起，福清市图书馆年新增藏量购置费25万元，2009—2012年共入藏中文图书10831种、29136册，中文报刊363种、7980册，视听文献345种。

截止2012年底，福清市图书馆数字资源总量为5TB，福清市地方文献数据库正在建设中。

2009年，将自动化管理系统从ILAS更改为Interlib图书馆集群管理系统，以适应公共图书馆服务联盟建设的需要。

读者服务工作

2008年起，福清市图书馆实现全年365天免费开放，每周开放72小时，文献开架比例85%。2010年起开通福州地区公共图书馆馆际互借服务。

2009—2012年，购置一台数字自助读报机，建成12个馆外图书流通点，2009—2012年馆外图书流通点年均借阅图书25091册次。

2008年新增政府信息公开查阅室，为读者提供免费的政府信息查阅与咨询服务。2009年开通福清市图书馆网站，进行网上新书推荐与活动公告推送。2011年购置InterlibSSO读者统一身份认证系统，读者通过平台认证后可直接访问已授权的各应用系统，实现图书馆各类数字资源系统的单点登录和授权访问。2012年将网站升级改造，整合SSO系统，实现读者异地浏览馆内电子资源、网上图书续借等功能。

2008年福清市图书馆建立全国文化信息共享工程福清支中心，购置5台服务器，拥有存储容量10T,计算机25台（其中5台为未成年人专用）。安装确然多媒体资源应用系统，下载并上传国家中心和省中心下发的资源。

2008年，福清市图书馆新增无障碍通道，设置盲文专柜并购置盲人点读机，做好老年人、残障人士的优先服务和一站式服务。

2009—2012年，福清市图书馆每年举办6次讲座、3场展览、6次培训、6次以上阅读推广等读者活动，读者年均参与活动30643人次。

业务研究、辅导、协作协调

2009—2012年，福清市图书馆员工在CN刊物发表论文5篇，省级刊物发表论文8篇。

福清市图书馆依托Interlib自动化系统平台，开展协作协调和资源共享。2008年加入福建省图书馆联合编目中心，实现了与国家图书馆、省图书馆、福州市图书馆联机编目和数据库资源共享。同时积极开展馆际互借工作，2010年加入福州地区公共图书馆通借通还成员馆，方便读者获取本馆没有的文献信息，实现资源共享。

2005年起，福清市图书馆开展基层图书馆业务辅导工作，采取下基层面对面辅导方式，每年下乡辅导10次以上。

管理工作

福清市图书馆严格按人事部门规定设岗、聘用，2009年3月完成岗位设置改革与聘任，制定《奖励性津贴分配管理办法》《奖励性绩效工资分配细则》《福清市图书馆考勤制度》等制度，认真做好季度考核，实施分配激励制度。

福清市图书馆于2012年制定志愿者管理制度，吸纳志愿者参与图书馆工作，2012年组织志愿活动46人次。

表彰奖励情况

2009—2012年，福清市图书馆共获得各种表彰、奖励9次，其中省级奖励1次，福州市奖励1次，其他表彰、奖励7次。

馆领导介绍

王钦文，男，1975年7月生，本科学历，中共党员，图书馆

员，馆长。1993年8月参加工作，历任福清市瑟江初级中学教师、福清市元洪青少年宫副主任，2012年6月任福清市图书馆馆长，兼任福清市书法家协会主席、福清市文联副主席、福清市政协委员。

陈小群，女，1974年11月生，本科学历，馆员，副馆长。1993年8月参加工作，曾任福清市宏路中心小学教师，1998年11月调入福清市图书馆，先后在地方文献资料室、采编室、外借室、少儿阅览室工作，任科室负责人。2009年5月任福清市图书馆副馆长，分管全馆业务工作。

郑耀，男，1977年8月生，本科学历，中共党员，馆员，副馆长。1998年8月入伍，于武警山东省总队淄博市支队沂源县中队服役，2002年6月转业至福清市图书馆，任期刊阅览室负责人。2009年5月任福清市图书馆副馆长，分管安全生产工作。

未来展望

位于福清市新区的新馆建设于2009年底立项，2011年3月主体工程动工建设，2012年4月主体封顶，计划2015年投入使用。新馆建筑面积12256平方米，共6层，可容纳纸质文献45万册以上，阅览座席1000个。新馆采用大流通、无障碍、自动化管理模式，使用RFID图书自动化借还，开展24小时街区图书馆服务，全馆覆盖无线Wifi，免费提供数字资源远程和移动服务。未来福清市图书馆将遵循“读者第一、服务至上”的办馆理念，发扬求实、奋进的工作作风，不断扩大服务辐射区域，推动本地区文化事业发展，争创一级图书馆。

联系方式

地　址：福清市环北路38号
邮　编：350300
联系人：陈小群

明溪县图书馆

概述

明溪县图书馆前身是县文化馆图书室，1984年12月独立建制。馆舍建筑面积1500平方米，位于明溪县宣传文化中心三楼，县文化馆和县博物馆分别位于该中心五楼、二楼，附近有明溪县第二实验小学，具有浓厚的文化氛围。馆内设有报刊阅览室、少儿阅览室、图书外借室、科技图书室、电子阅览室、办公室等部门。2013年参加全国公共图书馆评估定级，被文化部评为“二级图书馆”。

业务建设

截止2013年，明溪县图书馆文献总藏量6.9万册。2008年3月建成图书馆业务自动化系统。2010年6月，文化共享工程明溪支中心建成，图书馆电子阅览室正式对外免费开放。电子阅览室配备全新电脑25台，为广大读者提供上网、信息检索和网络数据库等服务。

读者服务工作

明溪县图书馆年读者借阅量1.8万人次，年图书流通3.2万册次，年报刊阅览2.5万人次。针对各类读者的不同阅读需求，图书馆广泛开展参考咨询、图书借阅、提供信息与跟踪服务等工作，积极开展地方文献资料的收集、整理和保存。同时落实各项便民措施，提高馆藏书刊资料的利用率。为提高图书馆的社会影响和服务能力，图书馆结合馆情积极开展一系列形势多样、内容丰富、主题鲜明的读者读书活动和社会宣传活动，组织成立“明溪县市民读书会”，开展科普知识讲座、国学知识讲座等系列讲座，认真做好每年的读书宣传月和读书宣传周活动，开展红领巾读书活动。

业务研究、辅导、协作协调

明溪县图书馆常年坚持送书下乡活动，并为企事业单位和广大农民提供参考咨询和信息服务。图书馆在做好本职工作的同时还积极配合县文体局开展农家书屋工程的业务辅导和业务督查工作，圆满完成全县农家书屋工程的建设任务。

管理工作

现有工作人员4名，其中馆员1人，助馆2人，高级工1人。

表彰、奖励情况

1987年被评为三明市文化系统先进单位。1995年获福建省文化厅图书馆服务宣传周活动“宣传效果奖”。

未来展望

为推动明溪县图书馆事业的跨越发展，县委、县政府拟建设一座面积为3500平方米的现代化的图书馆，图书馆新馆建设的准备工作正在有条不紊地进行中。明溪县图书馆将以建设现代化、数字化图书馆为发展目标，利用先进的计算机技术建立交互式数字信息系统和查询手段，推动明溪县经济发展，提高群众整体素质，实现科技和文化的完美结合，努力把图书馆办成知识信息中心，文化教育中心，把图书馆建成我县重要的知识信息枢纽和三个文明建设的重要阵地。

联系方式

地　址：明溪县解放路57号
邮　编：365200
联系人：李　平

明溪新华侨文化之旅

杨时展

青少年读者活动

送书进企业

外借室

馆貌

尤溪县图书馆

概述

尤溪县图书馆成立于1972年，1983年位于尤溪县城关解放路67号的新馆建成并投入使用。馆舍占地面积1039平方米，总建筑面积3039平方米，设计藏书容量20万册，可容纳读者座位600个。

截至2013年，有阅览座席240个，计算机43台，宽带接入10Mbps，采用“网图”图书馆自动化管理系统。建有尤溪县图书馆网站。

1994年以来连续5次参加全国公共图书馆评估定级，均被文化部评为“二级图书馆”。

业务建设

尤溪县图书馆总藏书量89398册。2013年新购图书入藏量2457册，其中少儿图书约1500册，新购报纸、杂志185种，电子图书入藏505种。

2012年，投入20万元用于古籍书库装修与购置古籍专用书架等相关设备。对现有3000多册古籍进行分类、整理、保存，配备一名专职人员进行书库管理维护。

读者服务工作

2012年起实行全年365天对外免费开放，每周开放时间56小时。2009–2012年，书刊总流通21.69万人次，书刊外借24.32万册次。开展流动图书馆活动，馆外书刊流通总数7.12万人次，书刊外借8.24万册次。

2013年，图书馆流通总人数46156人次，外借书刊64535册次。2012年6月，尤溪县政府信息公开平台上线服务。

2009–2012年，尤溪县图书馆网站访问量22.02万次。编辑《沈图风采》刊物，共印发3600份下发全县各个乡、镇。截止2012年，尤溪县图书馆数字资源总量2.8TB，通过图书馆网站向读者提供检索、浏览和下载服务。

2009–2012年，尤溪县图书馆共举办讲座、展览、培训、图书宣传周等读者活动260场次，参与人数7.812万人次；下乡、镇指导农家书屋210次。2013年举办各类讲座、培训、展览30多次，参与人数2万多人次，为读者检索、咨询条目237条。

业务研究、辅导、协作协调

2009–2012年，尤溪县图书馆员工发表论文8篇，参加省、县级各类理论、业务培训20人次；组织举办乡、镇基层点人员培训300人次，包括支中心基层点培训和农家书屋管理人员培训。

尤溪县图书馆积极参与上级图书馆组织的协作协调、资源共享工作，并将数据上传省联编中心。加强本地区图书馆服务网络建设，逐步形成县、乡镇、村三级图书馆服务网络；与学校图书馆、乡镇和社区图书室、各村农家书屋等开展馆际互借工作；开展基层业务辅导工作及业务培训工作。

管理工作

尤溪县图书馆实行岗位聘任制，全馆职工竞聘上岗。建立严格的绩效考评制度，每个月进行一次考评，年底总评。图书馆制定并严格执行财务管理制度、人事管理制度、资产管理制度、消防安全管理制度等。

尤溪县图书馆现有在职员工10人，其中副研究馆员1人，馆员3人，助理馆员5人，高级工1人；大专以上学历4人，中专以上学历7人。

表彰、奖励情况

2009–2012年，尤溪县图书馆获得县级表彰3次。

馆领导介绍

罗盛城，男，1971年7月生，大专学历，中共党员，馆员，馆长。1990年12月参加工作，1992年9月调入尤溪城关小学任教，2006年4月调入尤溪县文化馆任美工。2007年11月调入尤溪县图书馆任副馆长，2009年3月至今任图书馆馆长。2001、2002年被评为“三明市优秀辅导员”，2005年被评为“县先进教师”，2006年获全国首届“三水杯”书画大展赛优秀奖。

吴为鹏，男，1967年2月生，高中学历，中共党员，馆员，党支部书记。1986年7月参加工作，历任尤溪县闽剧团团长，2012年12年任尤溪县图书馆党支部书记。

未来展望

尤溪县图书馆遵循“服务第一，读者至上”宗旨，紧紧抓住“发展、服务、创新”工作主线，开拓创新，扎实工作，各项工作不断迈上新台阶。在未来的几年里，尤溪县图书馆将依照《三明市创建公共文化服务体系示范区》的相关标准开展图书馆各项业务，特别是在数字图书馆建设上加大投入，争取达到国家一级图书馆标准。

联系方式

地　址：尤溪县城关镇解放路67号
邮　编：365100
联系人：叶源斌

报刊阅览室

科普知识讲座

文化信息资源共享工程尤溪县支中心

清流县图书馆

概述

清流县图书馆成立于1985年6月1日，位于清流县北大路光明城市广场，是清流县文化中心建筑群的重要组成部分。建筑面积2300平方米。设计藏书能力20万册，可容纳读者的阅览座位300个。馆舍在主楼3、4层，全馆采用先进的综合布线系统，设置先进的计算机与网络系统、电子阅览系统、安全防护系统等，采用现代、高效、灵活、实用、经济的设计和管理。2004年、2008年在全国第三次、第四次公共图书馆评估工作中均为国家三级馆。

清流县图书馆是全县地方文献收藏中心、全县图书资料业务工作与图书馆学研究、协调协作中心，是全县公共图书馆业务辅导中心、全国文化信息资源共享工程清流县支中心、清流县古籍保护中心。

业务建设

截止2013年，清流县图书馆馆藏普通图书8万册、其它资料1万册，地方志有3000多册，电子书30万册；基本形成了具有清流地方特色，以社会科学、自然科学、新兴学科为主体的藏书体系。2013年，在县委县政府的大力支持下，清流县图书馆采用图创集群技术进行业务管理与服务，为读者高效利用图书馆提供强有力的技术保障。为了实现数字资源和信息服务的全民共享，创造良好的文化效益和社会效益，福建省图书馆清流分馆于2010年10月成立，双方共同投入资金、设备和人力资源，推动图分馆合作项目的进行和持续发展。

清流县图书馆在发展过程中，得到了社会各界的大力支持。与县方志办、县委宣传部等单位建立书刊交换关系。清流县图书馆坚持全天开馆，为教育教学、科学研究服务，多次开展读者培训，专题讲座等活动。为了更好地为社会和科研服务，深化服务理念，开展各项特色服务，如参考咨询服务、数据和文献传送等。

读者服务工作

清流县图书馆设借阅区和阅览室等工作区11个，一年365日天天开放，每周开放56小时以上。多功能厅、电子阅览室等公共设施，面向读者开展形式多样的讲座、展览、影视与音乐欣赏、教育培训与生活服务。清流县图书馆依托丰富的馆藏文献信息资源和网络资源、设施设备资源，开展全方位参考咨询服务、文献信息数字化检索服务。2013年，书刊外借4万册次，接待5万余人次，举办各项读者活动20余次，少儿参观和用户培训2000余人次。

业务研究、辅导、协作协调

清流县图书馆以县馆为中心，在全县范围内设施多个图书业务协作流动点，建立起采骗、流通服务、地方文献收集整理、阅读推广与讲座展览、资源服务、业务培训与技术加工统一服务平台；截止2012年底，各流动点的服务总量占全县图书资料服务20%。

2013年，清流县图书馆业务骨干先后参加福建省文化厅举办各类培训10余次；组织各乡镇图书室工作人员25人次参加4次集中面授培训，组织村级协管员基础图书资料业务培训50人次。参加文化体育局文化三下乡活动24余次，协助文体局举办大型汇演10余场次。接待学术研究、论文撰写、教师参考、领导决策咨询2000余人次。撰写调查报告二篇、专业性总结5篇、各项业务统计分析6篇。

管理工作

2009年起，清流县图书馆完成全员岗位聘任，共设三个大类，建立工作量化指标考核体系，每月、季进行工作进度通报，每半年和全年进行总体考核。2009年至2012年共抽查各科室工作进度50余次，检查藏书质量30次，撰写专项调查报告、分析报告和设计工作方案50多篇。

馆领导介绍

邢玲玲，1964年6月生，大专学历，中共党员，馆员，馆长。1979年参加工作，历任清流县越剧团演员，图书馆外借室负责人，图书馆副馆长，1995年起任清流县图书馆馆长；共著有3篇论文入选有关教育教育学类文集。

未来展望

清流县图书馆遵循“科学、效率、创新、发展”的办馆方针，不断完善服务功能，扩大服务区域，带动全县图书资料事业全面发展。

县委书记指导工作

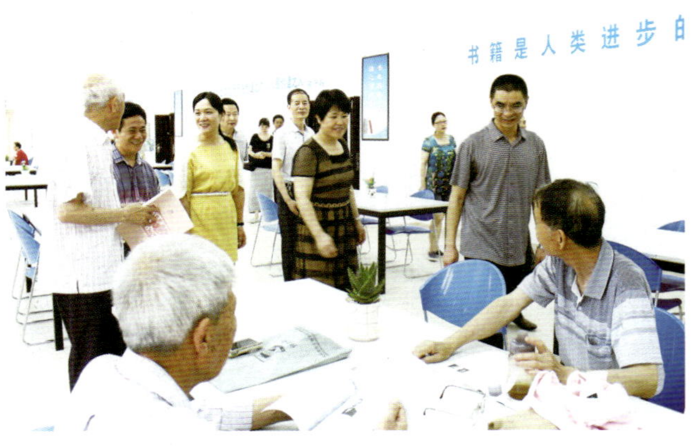

县长、部长指导工作

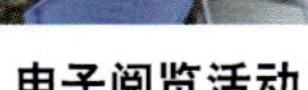

电子阅览活动

多功能厅

少儿阅览室

老年读者活动

亲子活动

2014年起，共享工程清流县支中心的全面建成，并建立清流县图书馆网站。网络作为一种服务渠道和建立与读者连结的技术工具，打破了原来的传统单向信息服务模式，向多向交互和信息交流服务方式转变。让录影带、光盘、缩微胶片和各种网络应用技术都成为图书馆的服务角色。随着技术手段的成熟，未来几年后，全县所有的乡镇村级图书资料都成为清流县图书馆的分馆之一。随着清流县图书馆网站的建立，将建设大于4TB的数字资源（主要是电子书）作为本馆对外服务的重要信息平台。

联系方式

地　址：清流县北大路光明城市广场
邮　编：365300
联系人：邢玲玲

（撰稿人：王海平）

图书流动点

工作人员的精心讲课

宁化县图书馆

概述

宁化县图书馆成立于1983年3月，原馆址位于城关五星路口。1987年迁址翠江镇中山路，总建筑面积1655.34平方米。设有报纸阅览室、少儿借阅室、采编室、电子阅览室等9个工作区。

业务建设

宁化县图书馆全年365天每天开放，每周开放时间56小时以上。2010年，采用"网图"图书馆管理系统进行业务管理与服务。同年10月成立文化共享工程宁化县县支中心。馆内设阅览座席220个，其中阅览室50个，资料室30个，共享工程室90个，少儿阅览室50个。办公电脑15台，供读者使用电脑30台，摄像机、照相机、电视机、投影仪各1台（件），接入20MB宽带网络。

宁化县图书馆图书总藏量13.9万册。其中普通图书12万册，地方志近2000册，基本形成以社会科学、自然科学、新兴学科为主体，具有宁化客家地方特色的藏书体系。2013年总流通量4万余人次，借阅图书4万册次，馆外流通3万册次。

读者服务工作

2013年，宁化县图书馆举办读者活动、读书活动20余次；举办文化科技卫生三下乡活动20余次；协助开展大型汇演10多场次；深入县直部门、乡镇村社举办各类讲座31场次，听众1100多名；接待少儿参观1000余人次。

业务辅导、协作协调工作

2013年，宁化县图书馆业务骨干先后参加福建省文化厅举办的各类培训10多人次。完成各乡镇图书室2次集中面授培训，培训工作人员30多人次；完成村级协管员基础图书资料业务培训50人次；下基层开展共享工程基层网点技术培训工作5次，培训基层网点信息员32人次；下基层文化站指导培训3次，协助指导基层站点分类、编目、上架图书3000多册；举办农家书屋管理培训2次，参训118人次，指导并实施农家书屋图书分类、编目、上架图书73400多册。

管理工作

馆内现有事业编制8个，在岗在编5人。其中馆员3人，助理馆员1人，图书资料高级工2人；大专以上学历5人。

表彰、奖励工作

2013年，被文化部评为"二级图书馆"。

馆领导介绍

邓杰，1972年10月生，大专学历，中共党员，馆员，馆长。1991年参加工作，历任曹坊中心小学教师、县越剧团工作人员、县文化馆工作人员，2008年起任宁化县图书馆馆长。入选教育学类文集论文1篇。

未来展望

宁化县委、县政府高度重视图书馆事业，把图书馆建设作为县域文化事业发展的重要内容，纳入全县社会经济发展总体规划，与经济工作同安排、同部署、同落实、同考核，使宁化县图书馆工作有了长足发展。新馆建设已于2012年动工，馆舍面积7215平方米，设置外借室、阅览室、少儿阅览室、地方文献资料室、文化共享工程室、报告厅、采编室、行政办公室等，预计2015年12月投入使用。宁化县图书馆遵循"科学、效率、创新、发展"的办馆方针，不断完善服务功能，扩大服务区域，带动全县图书资料事业全面发展。

联系方式

地　址：宁化县中山街34号
邮　编：365400
联系人：黄榕慧

德化县图书馆

概述

德化县图书馆在原县文化馆图书室的基础上，经过整合、扩容、发展，于1984年9月25日成立。图书馆新大楼于1998年落成，1999年2月正式对外开放。馆舍建筑面积3540平方米，设置有报刊阅览室、图书外借室、资料室、少儿阅览室、电子阅览室、过刊室等，已实现馆藏管理自动化。截止2013年，图书馆总藏书10.5万册，年订报刊200多种，可容纳读者座位200个。2004年参加第三次全国公共图书馆评估，首次获得二级图书馆称号。

业务建设

2009-2013年初，累计投入经费100多万元建设数字图书馆，主要建设机房、磁盘阵列存储等网络服务基础平台，实现网络光纤接入，建设地方特色网站并通过采购资源特色数据库丰富馆藏。2010年底开始，图书馆投入经费30多万元采购超星陶瓷地方文献资源数据库、方正艺术博物馆图片库、北京爱迪科森《网上报告厅》等。至2013年3月份，德化县馆拥有存储容量15.6TB，建设有地方文献资料特色库、陶瓷特色资源库、艺术图片库等9万多种4.2TB数字资源。

读者服务工作

1、图书馆把读者服务工作视为一切工作的出发点和归宿，努力贯彻“读者至上、服务第一”的原则和理念。

实行天天开馆制度。随着办馆条件的改善，图书馆读者服务工作水平不断提高，流通人次、外借册次逐年提高。2009年以来，每年流通总人次8万人次以上，外借册次4万册次以上，开架书刊册数占总藏书的80%以上。开展图书馆延伸服务。图书馆与管理较完善的乡镇文化服务中心和城区里的社区共建图书流通点26个。图书馆加强与乡镇（社区）文体中心和农村中学的协作，做好送书下乡进学校的工作，有效扩大了图书馆服务面，方便读者借阅图书。服务当地经济建设和科研生产。图书馆每年编辑《信息集萃》2-3期，分发给当地生产厂家及农村种养殖个体户，解答信息咨询1万多条。

2、开展以陶瓷雕塑、书画展览为主要内容的读者活动。

德化县具有悠久的陶瓷生产历史，而陶瓷生产和雕塑、书法有不解之缘，因此，该县具有深厚的陶艺和书画文化积淀。2009-2013年，图书馆共组织书法展、陶瓷雕塑展等各种活动50多场次，参加人数5万多人次。开展图书馆宣传推广活动。为提高图书馆的社会地位，扩大图书馆的影响，在图书馆服务宣传周期间，图书馆积极开展宣传活动，让读者走进图书馆、利用图书馆。设立书刊宣传栏，开展新书、好书推荐工作，年宣传书刊1000多种。开展社会教育和用户培训。开办少儿书法班，与电脑学校合作，开办电脑培训班、网络营销等培训，共培训读者1万多人次，收到良好社会反响。利用暑期举办以爱国主义和爱科学为内容的读书班，引导未成年人阅读有益身心健康的图书，发挥了图书馆的教育职能。

业务研究、辅导

1、积极开展图书馆学理论研究，提高图书馆管理水平。图书馆馆员撰写的《简述新时期图书馆工作的奉献精神》和《公共图书馆如何提供特色服务》参加了2010、2012年泉州市图书馆学会研讨会。

2、做好基层业务辅导工作。图书馆在县文体局的组织下，积极配合各乡镇文体服务中心的工作人员，做好图书室的管理工作。为基层文体服务中心的工作人员进行图书管理的业务培训，内容包括《农家书屋的建设》、《图书分类基本原则》、《数字图书馆如何更好的为大众服务》等。

管理工作

在内部管理方面，实行岗位管理和工作目标管理责任制。按需设岗，按岗聘用，实行岗位聘用制。建立建全财务管理制度，保证国家财产不受损失。

表彰、奖励情况

2009-2013年图书馆被授予“德化县文明窗口单位”称号2次，并于2009年、2013年荣获国家二级馆称号。

馆领导介绍

孙美虹，女，1978年3月生，大学本科学历，馆员，馆长。1999年到图书馆参加工作，先后在报刊室、外借室、采编室工作。2006年任副馆长，2011年任馆长。

未来展望

德化县图书馆将继续遵循“创新、服务、发展”的办馆方针，在完善本单位服务功能，扩大服务辐射区的同时，带动全县公益服务事业的发展。图书馆全体员工将以“科学发展观”重要思想为指导，为“实现中国梦”而共同努力。在县领导和局领导的重视和指导下，加强学习，提高自身素质，始终把引导、服务城乡人民的学习作为图书馆的使命，做好图书馆各项工作，为图书馆建设做出自己的贡献。

联系方式

地　址：德化县凤池街15号
邮　编：362500
联系人：孙美虹

外借室

天乐摄影大讲堂

凤凰画苑成立作品展

大田县图书馆

概述

大田县图书馆始建于1941年，由县民众教育馆改为县图书馆。1997年，在县委、县政府的关心和大力支持下，大田县图书馆新馆大楼建设正式立项，2002年6月投入使用。新馆占地面积560平方米，建筑面积2011平方米。2010底投入60万元按照国家相关配置标准完成全国文化信息共享工程大田县级支中心建设，建立公共电子阅览室、大田县数字图书馆网站（http://www.dtlib.cn）。图书馆设有报刊阅览室、少儿阅览室、电子阅览室、外借部、采编部、办公室等部室和多功能报告厅、书库等设施。阅览座席252个，计算机30台，宽带接入10Mbps，选用广州图创图书馆自动化管理系统。2013年参加第五次全国公共图书馆评估，被文化部评为二级图书馆。

业务建设

截止2013年底，大田县图书馆总藏书量23.4万册（件），其中纸质文献3.3万册（件），电子图书20.1万册。

截止2012年底，大田县图书馆数字资源总量为4TB，其中自购电子图书20万册约0.8T，网上报告厅1.4T，征集地方专题片0.8T，国家中心赠送县级图书馆计划资源1T。

大田县图书馆通过电视台宣传、发放征集函、上门征集、委托征集等多种方式，开展地方文献征集工作，已收藏地方文献205种、412册。此外正在进行地方文献数据库建设，已征集到古籍普查相关信息、大田高山茶、大田旅游风光、申报苏区、大田板凳龙、大田土堡群等相关专题片视频资料0.8T。

读者服务工作

自2011年8月起，大田县图书馆全面实施免费对外开放，每周开放63小时。2009–2012年书刊文献年外借6.041万册次。

2009–2012年，大田县图书馆共举办讲座、展览、培训、阅读推广等读者活动87场次，参与人数6.0279万人次。

大田县图书馆充分利用文献资源优势为县党政机关提供信息服务，征订的相关图书报刊资料具有时效好、针对性强、内容丰富等特点；加大为社会大众提供信息服务，为均溪镇撰写镇志以及湖北郑州安和钢铁公司、县首届民俗文化周活动等提供参考咨询服务。

此外有针对性地为特殊群体开展相关服务活动：①为残疾人办特约服务卡，设有盲人语音室和盲人书屋；②为进城务工人员免费举办计算机基础知识培训；③设立少儿阅览室及电子阅览室未成年人专用机位，开展多种未成年人阅读推广活动以及周末播放儿童片等；④在多媒体演示厅为老年人播放健康教育片、举办老年读者“欢度晚年”迎新年联欢会等活动。

业务研究、辅导、协作协调

2009–2012年，大田县图书馆员工发表论文1篇，业务研究报告4篇。

大田县图书馆积极参与上级图书馆组织的协作协调工作，进一步加强场馆建设和资源共享，开通了福建省图书馆远程访问系统、三明市图书馆联编、福建省图书馆联编及全国图书馆联合编目中心查询下载系统，使读者能方便地查询省图书馆购买的数据库资源以及全国图书馆联合编目中心的数据资源，并把本馆自编数据上传到国家和省联编中心。2012年2月与三明市图书馆签订馆际互借协议。

近年来，大田县图书馆不断加强本地区图书馆服务网络建设，逐步形成县、乡镇、村三级图书馆服务网络。

管理工作

大田县图书馆建立了岗位管理制度和人员聘用制度，制订岗位说明书和岗位竞聘考核办法，与全馆职工签订事业单位岗位聘用合同书；同时继续完善考勤制度和考勤管理办法，加大考勤奖惩力度，每月进行工作进度通报，每年进行总体工作考核，做到年初有计划，年终有总结。

表彰、奖励情况

2009–2012年，大田县图书馆共获得各种表彰、奖励9次，2009年以来连续4年被县文体局评为文体系统“先进单位”，2012年被省政府评为“农家书屋建设先进单位”，2012年郑美玉同志被评为大田县“巾帼建功先进个人”。

馆领导介绍

姜彩云，女，1960年4月生，中专学历，中共党员，馆员，馆长。1976年3月参加工作，1988年2月至今任县图书馆馆长。

2012年12月人大主任廖小华来我馆作文化建设调研

八九十年代的大田县图书馆阅览室

每年举办一次读者联欢活动

到农村进行移动资源播放

一年一度的春节有奖猜谜活动

郑圣泉，男，1979年2月生，大专学历，三级美术师，副馆长。1998年8月参加工作，2012年8月至今任县图书馆副馆长。

未来展望

大田县图书馆遵循“科学、效率、创新、发展”的办馆方针，不断完善图书馆服务功能，扩大服务辐射区域，带动地区事业发展。图书馆在不断强化自身综合实力的同时，带动全县公共文化事业的整体发展。2013年，县委、县政府加大对文化设施的投入，再次新建县图书馆馆舍，建筑面积4164.60平方米，预计2014年底投入使用。全面建成后的大田县图书馆，将由新馆和分馆组成，阅览座位600个，可容纳纸质文献100万册，年服务人次可达30万人次以上，数字资源设计存储能力20TB，能够提供全覆盖、不间断、无时空限制的数字文献远程服务和移动服务，数字资源年利用率60万件/次以上。未来的大田县图书馆还具有支撑保障全县图书馆服务体系良好运行的文献与技术能力，成为本县社会信息网的重要枢纽，更好地为大田县的政治、经济、文化建设服务。

图书馆外景

联系方式

地　址：福建省三明市大田县文山路9号
邮　编：366100

新图书馆外貌

泰宁县图书馆

概述

泰宁县图书馆成立于一九八四年，一九九七年二月迁至尚书街16号，馆舍面积为1520㎡。2006年8月24日，县政府将泰宁一中图书室、宣教中心图书室纳为泰宁县图书馆少儿分馆，使用面积1048㎡，至此图书馆建筑面积达到2568㎡。近年来对书库、外借室重新装修、改造，建成了设计藏书量16万册的书库，本馆可容纳读者座位200个，计算机38台，宽带接入10Mbps，选用力博自动化管理系统。2005年获得二级图书馆称号。

业务建设

截止至2012年底，泰宁县图书馆总藏量32.9万册（件），其中纸质文献16.8万册（件），电子图书14万册，影音视频文献869种，数字资源总量4TB。

2009–2012年底，泰宁县图书馆积极开展“大馆带小屋”活动，完成了全国文化信息资源共享工程泰宁支中心的改造并通过验收，建成了拥有3台服务器的中心机房，磁盘阵列存储系统容量8TB，电子阅览室供读者使用的计算机26台；将已淘汰的ILASS自动化管理系统更换成力博图书管理系统；针对特殊人群开辟了盲人阅览室并购置了相关的盲人读物和安装了盲人阅读软件；完成了馆内的无线网络覆盖；在本地区率先引进歌德电子借阅机做为流通点在景区、社区进行流通；对外借室和书库进行全面改造，采用密集型书架弥补馆藏总量的不足。

读者服务工作

从2009年起，泰宁县图书馆秉承“天天开馆，全年无休”，周开放时间达60小时。2009–2012年，书刊总流通21万人次，书刊外借42万册次，2012年底完成了与泰宁一中的通借通还建设。

2011年开通了泰宁县图书馆网站，实时发布最新动态，年访问人数达到3万人次。2012年底开通了泰宁县图书馆微信公众号，通过公众号向广大读者进行新书推荐、预约新书、续借图书等功能。

2009–2012年，泰宁县图书馆举办讲座、展览、培训、阅读推广、文化三下乡等读者活动60场次，参与人数6万人次。

2011年始依托共享工程在世界读书日期间开展地方特色的“书香泰宁”全民阅读月，并依托学校、乡镇文化站等开展“书香八闽”全民读书月、“好书伴我行”等各类特色读书活动；积极创新服务理念，依托社会力量共同开展品牌创建活动，如：与共青团县委长期合作共同创建“青春助梦泰宁”、“中秋关爱农民工子女活动”等品牌活动；依托共享工程多功能厅开展“生态文明建设”讲座、“泰宁最美”创作展、企业电子商务培训等；与老干局共同创建“老年大学电脑基础知识培训班”，形成独树一帜的品牌；同时与泰宁社科联打造的“金湖讲坛”成为泰宁社科文化亮丽的名片。

业务研究、辅导、协作协调

2009–2012年，泰宁县图书馆职工发表论文12篇，出版专著6部。

2011–2012年，泰宁县图书馆完成了全县112个行政村的农家书屋和9个乡镇文化站图书室的指导工作。依托图书馆的业务优势，与农家书屋联动运行，建立总分馆制，将农家书屋图书统一编目，并推出“图书流通点”，定期与各农家书屋进行图书流动交换，形成一条定期补充、更新、交流图书的畅通渠道，做到常换常新。并定期举办文化协管员培训班和下乡进行业务辅导等活动形式，提高管理员的业务水平，并增强管理员责任意识和服务能力。同时编印《杉阳信息》和送发《农村专业户》、《农村百事通》等刊物，为农村传递科技信息。

2012年，泰宁县图书馆针对农家书屋图书种类较少的情况，在全县名单位、企业、学校开展“爱心捐书”活动，共接受捐赠图书1万余册。

2010年，泰宁县图书馆在暑假期间开展大学生志愿者服务，组织志愿者到馆进行志愿服务。同时与全县各级精神文明单位、青年文明号协作，到馆开展志愿活动。

表彰、奖励情况

多年来，我馆坚持“以读者需求优先”的办馆方向，树立“以人为本”的服务理念，取得了一定成绩。二00五年六月二十二日文化部批准命名为“二级图书馆”。二00五年五月二十一日省文化厅授予“十佳图书馆”光荣称号，我馆还先后获市、县“先进集体”、“文明单位”、“文明窗口”、“巾帼文明岗”等光荣称号。

馆领导介绍

馆长：连小琴，女，1969年6月生，1991年福建师范大学图书情报学本科毕业，中共党员，高级职称。著有《尚书第：全国重点文物保护单位》、《泰宁古代碑刻史籍选萃》。

未来展望

泰宁县图书馆多年来始终坚持“一切为读者”的宗旨，本着“以读者需求优先”的理念，营造全民阅读的氛围。未来我馆将充分利用现有图书馆有限的资源环境，通过引进新技术、新手段，以更高的标准来强化图书馆的各项职能，用数字化来弥补空间资源的不足，让传统图书馆朝着电子图书馆发展。同时借助图书馆环境幽雅静谧，人文气息浓厚，我们将积极开展阳光阅读、书香影视、名片赏析、名家讲坛等各类型读者活动，不断创新服务形式，吸引越来越多的读者朋友走进图书馆，让图书馆真正成为集文化、休闲、娱乐为一体的公共文化服务场所。

联系方式

地　址：福建省泰宁县尚书街16号
邮　编：354400
联系人：连小琴

书香泰宁

诏安县图书馆

概述

诏安县图书馆前身为民国时期成立的县立民众教育馆。1989年挂牌成立诏安县图书馆，与县文化馆合署办公；2004年与县文化馆分开独立办公。现有馆舍面积2335平方米，阅览座席245个，电脑45台，光纤4M接入。设有报刊阅览室、少儿阅览室、自学室、电子阅览室、地方文献室、报告厅、政府信息公开查阅室等部室。采用网图自动化管理系统。

业务建设

诏安县图书馆现有藏书4.5万余册，2009年以来先后拨款100多万元购置新书，增加馆藏图书和农家书屋图书，图书年入藏量超过1500种。在现代化技术设备方面，先后投资50万元，建立文化共享工程诏安支中心、公共电子阅览室、政府信息公开查阅室。2013年财政拨款70万元，其中20万元为免费开放经费，财政拨款增长率超过县财政收入增长率。

在地方文献专藏方面，诏安县图书馆历来十分重视地方文献的收集和专藏工作，专设地方文献书库，有专门目录，设专人管理，并有专人负责地方文献征集工作。

在自动化、网络化建设方面，诏安县图书馆2004年采用ILASI自动化集成管理系统，2011年改用网图图书管理系统。2011年进行网页结构调整，使网页更符合图书馆的地方特色，网页内容经常更新，页面设计美观，有专人负责网页的维护管理。

读者服务工作

建馆以来，诏安县图书馆始终将读者服务工作作为根本，2011年起图书馆公共空间设施场地及基本公共文化服务项目全部免费向群众开放。每周开放时间56小时以上，读者借阅率大幅提高。2013年，图书馆外借书刊4.8万册。在开展阵地服务的同时，图书馆也尽力将服务触角向基层延伸，积极参与上级图书馆、兄弟馆的馆际互借交流，帮助基层图书馆室、农家书屋、文化站、电子阅览室进行业务培训辅导。积极为特殊人群服务，开展丰富多彩的读书活动，扩大服务范围。图书馆积极组织图书，深入街头、学校分发宣传单，扩大读者群，并与诏安一中、怀恩中学、南城中学、溪南中学、职业中学共建图书馆。协助采购40多万册图书，帮助建立覆盖全县农村的农家书屋。

为了让更多人了解诏安，诏安县图书馆积极开展宣传工作，编印全国报刊报道诏安的目录分发给各单位，扩大了社会影响。图书馆还为农民朋友编印信息并广为分发，取得良好的社会效益。图书馆还加强与各单位联系，先后为《诏安地名志》《诏安交通志》《诏安县志》《福建戏剧志》《福建舞蹈志》《福建武术志》等提供资料并进行跟踪服务，得到相关部门的肯定。

诏安县图书馆还采取多种形式，提高服务质量和水平。每年图书馆服务宣传周，工作人员都走上街头，举办宣传图书馆的板报展览，开展书刊借阅，召开读者座谈会，征求读者对提高服务质量的意见。还不定期送书到学校和部队。

图书馆积极参加创建文明图书馆活动，增加和调整开放时间，报刊阅览室全天候开放，节假日照常开放，每周开馆时间超过60小时。图书实行开架借阅，增发读者借书证、集体外借证。如为县一中开展研究性学习提供集体借书服务。为提高馆员的服务意识，图书馆还利用学习时间，宣传图书馆职业道德，规范服务用语，树立图书馆文明形象。

为了扩大图书馆的影响，充分发挥馆藏文献的作用，诏安县图书馆采取有效措施，增设服务窗口，增设网上服务。配合形势需要因地制宜开展各种读者活动，如举办图书馆服务宣传周、全民读书月等群众性读书活动，通过这些活动推动全民阅读。

管理工作

诏安县图书馆设有采访、编目、阅览、流通、财务、自动化等部门。这些部门既独立承担工作，又相互联系、密切配合。建立健全各种规章制度，包括图书馆工作制度，如工作规范、请假制度、奖励制度、目标责任制、岗位责任制、专业技术职务评聘制度、读者须知等。分编工作走向标准化，图书按照《中图法》、《图书著录法》分编，达到标准化要求。在联合编目工作方面，参加福建省文献联合编目中心，完成漳州市地方文献的联合编目工作。

未来展望

根据诏安县人口发展规划，图书馆编制应达8人，要加快引进、招聘图书馆学和自动化管理的高学历人员。加快步伐全面实现文化信息资源共享，包括在新文体中心建设一座4000平方米的新馆，预计2015年投入使用。加强内部管理，和图书馆软、硬件配套设施建设，美化内部环境，争创一级馆。建好文化共享工程支中心，开展相关的各项信息资源共享服务。以图书馆建设为契机，抓好社区、乡镇及村图书室建设。协助条件较好的社区、乡镇建设图书馆，面积达到100平方米以上，藏书规模逐年有所增加，藏书量达到2000册以上，形成较完善的基层图书馆网络。

联系方式

地　址：诏安县南诏镇县前街140号
邮　编：363500
联系人：叶宗榜

电子阅览室

图书馆书画室

三下乡

建宁县图书馆

概述

建宁县图书馆成立于1979年12月，前身是县文化馆图书室，成立初期只有外借室、办公室各一间。1987年5月拥有独立馆舍，馆楼5层，有独立的书库、资料室、外借室、期刊阅览室、少儿室等。2006年8月18日正式搬迁建宁县宣传文化中心综合楼。新馆坐落在濉城镇中山北路濉溪河畔，建筑面积1670平方米，增设了电子阅览室、特藏室和会议室。建有建宁县图书馆网站，选用Interlib图书馆自动化系统将多个社区、村级书屋资源有效整合，提供图书馆联合服务。2013年参加第五次全国公共图书馆评估，被文化部评为二级图书馆。

业务建设

截止2013年底，建宁县图书馆总藏书量15.2万册（件），其中纸质文献5.6万册（件），电子图书8.6万册，电子期刊1.4万种。

2013年，建宁县图书馆新增藏量购置费5万元，共入藏中外文图书4520种、5160册，中外文报刊210种，视听文献640种，地方文献入藏完整率为80%。

2011年7月成为福建省图书馆首批10家分馆之一，利用Interlib图书馆自动化系统实现本地区总分馆制，真正将公共图书馆服务覆盖到全县，通过图书统一采购、统一编目、统一配送、统一服务、统一管理等方式，实现服务效益最大化。

读者服务工作

2010年8月起，建宁县图书馆全年365天对外免费开放，每周开放56小时。2013年书刊总流通7.06万人次，书刊外借4.26万册次。目前有9个馆外流通服务点，馆外书刊流通总人次4.06万人次，书刊外借2.1万册。全年下乡完成基层业务辅导及流动服务30余次。建宁县图书馆数字资源总量为4TB，在本馆局域网内可访问自购数字资源、省图远程登入系统等数字信息资源，为读者提供检索、浏览和下载服务。2009—2013年，建宁县图书馆共举办讲座、展览、培训、阅读推广等读者活动40余场次，参与人数6000多人次。同时积极加强农家书屋创建工作，充分发挥书屋阵地作用，利用图书馆服务宣传周、4·23世界读书日等节假日开展形式多样、群众喜爱的阅读宣传活动。

业务研究、辅导、协作协调

2013年，建宁县图书馆员工在国家核心期刊及省级CN期刊发表论文3篇。

2009年以来，积极携手村流通点开展业务辅导、读者服务咨询等共建工作。以图书馆自动化借阅软件为依托，在全县范围内发起组建公共图书馆服务联盟，将联合编目、流通服务、地方文献征集、阅读推广与讲座展览资源服务、业务培训与技术支持等业务整合在一起，实现资源共享。

2007—2012年，通过整合、创新、规范，对全县每个行政村原有阅览室进行改造、规范，建成农家书屋，添置文化、科普类藏书（光盘）9.2万册，开通农村电子阅览室，建成融图书借阅、党员教育、信息传递、休闲娱乐多种功能为一体的农村图书服务中心，形成全县92个行政村图书共享全覆盖网络。

2012年开始，积极探索与县志愿者协会合作，协调工作，开展形式丰富的读者活动。目前共发展图书馆志愿者32人，其中图书馆小小暑期志愿者20人。建宁县图书馆也是国家公共图书馆和省图书馆联合编目中心成员之一，促进了文献信息资源的共建共享。

管理工作

2009—2013年，建宁县图书馆完成岗位聘任工作，并结合本馆工作实际制定《建宁县图书馆岗位聘任方案》。聘任共设3类岗位，重新建立工作量化考核指标体系，实行每月工作量化进度通报，每半年和全年进行总体工作考核。2009—2013年，结合岗位职责全馆共抽查文献排架12次，书目数据22次，编写《莲乡信息集萃》16期，撰写专项调研、分析报告和工作提案5篇。

表彰、奖励情况

2009—2013年，建宁县图书馆共获得各种表彰、奖励7次，其中县委、县政府表彰、奖励5次，省文化厅表彰、奖励2次。

馆领导介绍

余剑琴，女，1973年7月生，本科学历，中共党员，馆员，馆长。1997年9月参加工作，历任建宁县文广局支部宣传委员、组织委员，建宁县图书馆副馆长。

未来展望

建宁县图书馆遵循“读者第一，服务至上”的宗旨，将进一步完善软硬件服务功能，扩大县级公共图书馆的服务辐射范围，推动图书馆事业发展。2014年，在不断强化自身综合实力的同时，通过创建三明市公共文化示范区建设，馆藏图书达

老年电脑培训班

文化协管员培训

小小志愿者在行动

六一送温暖特校学生

全民读书月诗歌诵读

小小志愿者在行动

15.2万册，年新增图书5000册以上，年平均图书流通量0.7册以上，读者人均到馆次数0.5次以上，通过量化指标带动全县公共图书馆事业的整体发展。2014年，建宁县图书馆新馆扩建工程正式启动，在未来几年里，建宁县图书馆在保持原有馆舍基础上，将新建一座建筑面积3500平方米的新馆舍。全面建成后的建宁县图书馆占地面积2511平方米，阅览座位1200个，可容纳纸质文献20万册，年服务人次可达2.6万人次以上，数字资源存储能力6TB，能够提供全覆盖、不间断、无时空限制的数字文献远程和移动服务，数字资源年利用率50万件/次以上。同时还将建成具有支撑保障全县公共文化服务体系良好运行的文献与技术能力，成为与全县中小学校及各乡镇实现资源共享互补的县级公共图书馆，达到国家二级图书馆的标准。

联系方式

地　址：建宁县宣传文化中心三楼
邮　编：354500
联系人：余剑琴

图片展

宣传服务周活动

惠安县图书馆

概述

惠安县图书馆成立于1983年1月。1984年2月，在省文化厅和惠安县委、县府的重视下，投资兴建惠安县图书馆，1986年10月启用。现有馆舍1500平方米，阅览座位250多个，总藏书量10万多册（其中古籍7200册），电子图书近13万册。设有外借室、少儿室、期刊阅览室、电子阅览室、地方文献资料室、视听室等服务窗口。

业务建设

2009—2012年，惠安县图书馆抓住被省文化厅确定为第三批"福建文化信息网"基层工作站的机遇，努力争取上级各部门支持，截止2012年底，省、市、县财政先后拨专款68万元，使惠安县文化信息资源共享支中心的硬件建设达到文化部要求，建立文化信息共享工程惠安支中心和电子阅览室。

2010年，惠安县图书馆对图书馆自动化管理系统进行升级，采购Interlib图书馆集群自动化管理系统，进一步提高了在采访、编目、流通、期刊等方面的自动化管理水平。

为保护古籍馆藏，2011年县财政拨出专项资金10万元，购置一批樟木制作的古籍专用书橱和空调设备，建立了60平方米的古籍专用书库。

根据读者的需求，年均新增图书1500多种、4500多册，在添置普通图书的同时，2012年采购近13万册的电子图书，提高了文献入藏量。

注重文化信息共享工程支中心的特色资源建设，根据惠安县实际情况，把有关惠女、惠雕、闽南建筑等作为重点，建立具有本地区特色的专题数据库。先后建立了惠安地方文献、惠安雕艺图片、雕艺文献、建筑文献、惠女服饰等专题数据库，数据容量近3TB，逐步形成具有地方特色的专题数据库资源。

读者服务工作

坚持"读者第一"的服务宗旨，努力做好读者服务工作。为方便读者阅读学习，在人手不足的情况下，调整开馆时间，并组织志愿者服务，坚持星期一至星期日全周向读者开放，坚持节假日不放假，每周开放时间达56小时以上。每年接待读者借阅书刊8万多人次，借阅书报刊近12万册次。

开展阅读推广活动。举办"阅读伴我成长"少儿读书活动，联合学校举办千人诵读经典诗词等活动。

开展专题讲座。举办"做最好的自己""激扬青春，无悔人生""做有智慧的家长"等专题讲座。

在全民读书月期间，开展科普图书宣传，举办科普知识图片展。联合县新华书店在黄塘镇农贸市场、东岭镇农贸市场开展送科普图书进乡村活动。

积极开展送书下基层活动。新增驻军部队60分队、县看守所、人寿保险公司3个图书流通点，使馆外图书流通点达到10个，把图书馆服务范围延伸到基层。

建立视听室，开展优秀影片及科普影片展播活动，丰富了读者和少年儿童的节假日文化娱乐生活。

业务研究、辅导、协作协调

积极组织馆员参加省、市、县组织的各种业务培训，不断提高工作人员综合素质。同时提倡本馆员工积极参与图书馆业务研讨，在图书馆学刊发表论文和参加省、市图书馆学会召开的各种学术交流会，进一步提高本馆工作人员的专业理论水平。

开展业务培训。举办惠安县"农家书屋"管理员业务培训，参加人员包括全县农家书屋建设点管理人员、各镇（街）文化站负责人等共230多人。为做好宗祠文化资源信息普查工作，对全县文化协管员进行宗祠文化资源信息普查知识培训。

管理工作

惠安县图书馆把做好本职工作、促进事业发展、服务广大读者作为重要职责，坚持按需设岗、竞聘上岗、按岗聘用、合同管理的原则，全馆工作人员全部实行岗位聘任。通过建立岗位管理制度和人员聘用制度，实现由身份管理向岗位管理的转变，由固定用人向合同用人转变，调动本馆工作人员的积极性和创造性。

表彰、奖励情况

2012年被省文化厅评为"古籍保护"先进单位。2012年被中共惠安县直党工委评为"五好"党支部。2012年被惠安县老

送书下乡

读书活动

文化协管员培训

专题讲座

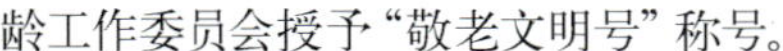

龄工作委员会授予"敬老文明号"称号。

馆领导介绍

邱少阳，男，1957年11月生，本科学历，中共党员，副研究馆员，馆长。1981年10月参加工作，先后在采编室、资料室、信息咨询室、馆外流通服务等部门工作，1998年12月任惠安县图书馆副馆长，2004年5月任惠安县图书馆长。

未来展望

随着惠安县地方经济不断发展和县委、县府对图书馆事业发展的重视，惠安县图书馆新馆建设已纳入为民办实事项目。未来的惠安县新图书馆将更加现代化，处处给读者以亲切和方便，书刊借阅与交流活动并重，纸质文献与数字文献互补，人文与科技交融，传统与现代结合，地方特色与时代精神统一，是读者与知识、读者与馆员及读者相互之间交流的最佳场所。

联系方式

地　址：惠安县螺城镇科山路2号
邮　编：362100
联系人：邱少阳

惠安县图书馆大楼

安溪县沼涛图书馆

概述

安溪县沼涛图书馆前身安溪县图书馆成立于1983年1月。1996年6月，台湾财团法人陈沼涛文教基金会捐赠的沼涛图书馆大楼落成投入使用，安溪县人民政府决定将安溪县图书馆更名为安溪县沼涛图书馆。

图书馆现馆址位于风景优美的凤山公园内，占地面积10亩，建设面积3800平方米，设计总藏书量30万册，阅览座位200个。现有在编工作人员7人。图书馆设有办公室、图书外借室、报刊阅览室、地方文献室、电子阅览室以及少儿室等。在2013年全国公共图书馆评估定级中，被文化部评为“二级图书馆”。

业务建设

截止2012年底，安溪县沼涛图书馆总藏书量16万册（件），其中纸质文献12万册，电子图书4万册，内容涉及各个学科，已逐步形成以地方文献、茶叶资料为特色的馆藏体系。其中馆藏茶叶数字图书4万余册，内容涉及我国各类茶叶文献资料，成为安溪特色地方文献专藏，同时建有“茶叶数字图书馆”，为安溪县茶产业经济和文化发展提供文献参考服务。无线宽带网络覆盖全馆，读者只要携带具有无线网卡的手提电脑以及拥有WIFI功能的手机或PDA，便可在全馆范围内随时随地灵活便捷地免费享受网络服务，使用各种数字资源。

安溪县图书馆搜集本地民间文化活动，编辑制作各类题材资源5TB，每年制作发放各类光盘1400多张，展板100多块，发放宣传资料4000余份。

读者服务工作

在读者服务方面，常年举办专题书展、图片展、读书活动、视频讲座、影视展播等活动。实行全馆免费开放服务，服务对象涵盖各年龄段所有人群。

近年来，安溪县图书馆开展了形式多样的读者服务工作：

1、利用各种渠道宣传推广文化信息共享工程。在安溪县每年的科技文化卫生三下乡活动中，县图书馆以该活动为平台，以资料为媒介，宣传文化信息共享工程，让民众加深了解共享工程，利用共享工程丰富的资源。

2、走进校园开展宣传。安溪县图书馆不断探索吸引少年儿童关注共享工程，收集青少年知识兴趣点进行整理挖掘，联合有关部门聘请专家到中小学校为青少年答疑解惑。

3、专题活动精彩纷呈。县图书馆在服务中抓住文化热点和亮点，积极组织开展群众喜闻乐见的文化服务。

业务研究、辅导、协作协调

县图书馆以共享工程为依托，结合全覆盖的农村数字电影厅，建立电子文献资源服务中心。将各部门下发的电子文献资源及时送到乡镇基层共享工程服务点结合，根据不同乡镇村的硬件条件建立形式多样的电子阅览室和多媒体中心。如在湖头镇、茶都等建立有多台电脑的多媒体阅读中心以及共享工程宣教授课和电子资源阅读播放为一体的多功能活动室。通过多方不懈努力，共享工程已逐步走入基层村民生活，成为村民获取新知、娱乐身心的新渠道和平台。

安溪县是中国茶都，是名茶铁观音的原产地，安溪县图书馆每年制作茶叶生产技术光盘和小册子，通过行政村基层服务点向村民分发。历年来累计服务茶叶专业生产户30多户，长期点对点跟踪服务6户。

管理工作

县图书馆完成全员岗位聘任，7个人员编制全部招满。同时建立工作量化考核指标体系，每月进行工作进度通报，每半年和全年进行总体工作考核。

表彰、奖励情况

2009–2012年，安溪县沼涛图书馆共获各种表彰、奖励5次，其中县级3次，其他奖励2次。

馆领导介绍

许子波，男，1975年4月生，本科学历，中共党员，助理馆员，馆长。1997年9月到馆，2011年10月任现职。

未来展望

安溪县沼涛图书馆以“读者至上，服务第一”为服务理念，不断加大投入，加强软硬件设施建设，努力建设一支专业化的服务队伍，逐步推进，稳步发展，为营造书香社会、满足读者需求、传递中国民族优秀文化资源发挥应有的作用。

联系方式

地　址：安溪县凤山公园路1号
邮　编：362400
联系人：许子波

茶叶数据库阅览室

共享工程活动

读者活动

政和县图书馆

概述

政和县图书馆前身是1931年成立的“政和文化服务社”和1946年成立的“国立政和民众教育馆”，建国后被并入政和县文化馆，1985年5月独立建制。新馆舍建于1988年，坐落在主城区七星河畔彩虹桥南端，1999、2013年两次扩建，现有建筑面积2510平方米。设有综合借阅大厅、阅报厅、自修室、培训室、多媒体报告厅、公共电子阅览厅室、综合活动室、休息厅等服务窗口，配置阅览座席253个，计算机36台，宽带接入10M。2013年参加第五次全国公共图书馆评估定级，被文化部评为“二级图书馆”。

业务建设

2011年，政和县图书馆成为福建省图书馆10家分馆之一，省图书馆每年为政和县分馆选配图书2000—3000册。2012年建成文化共享工程政和县支中心。图书馆采用立博图书馆自动化管理系统，实现业务管理自动化。年购书专项经费6万元。截止2013年，文献总藏量13余万册，其中电子图书7万册，期刊160余种，报纸20多种，视听资料321种。在县武警中队、看守所、光荣院、敬老院等设立馆外书刊流通服务点，开展常态化书刊流通借阅服务。

加强地方文献收集工作，实行地方文献专人负责、专架管理，设立地方文献与族谱研究室，在全县开展古籍和宗祠普查登记工作，搜集全县各姓氏族谱，拟建政和县族谱专题数据库。

读者服务工作

2010年政和县图书馆重新装修开馆，改变原有半开架借阅模式，实行全开架全免费对外开放。2012年办证读者1227人，年外借书刊43167册次，馆藏图书利用率68%。

每年举办全民科普读书月、图书馆服务宣传周等系列活动。图书馆与老年大学、县医院、县农业局、县科协、县文联等合作设立“云根讲坛”，每年举办40余场讲座，每周日下午准时开讲。

图书馆组织社会志愿者，分别成立“政和县图书馆风之翼合唱读书会”和“政和县图书馆明德学堂读书会”，经常开展各种读书活动。

业务辅导、协作协调工作

2011—2012年，重点帮助指导8个村镇文化服务基层点建设，有计划地对农村文化协管员、乡镇文化中心站人员进行辅导与培训。2012年还邀请省、市图书馆专家进行业务指导与培训工作。

管理工作

现有事业编制4个，工作人员7人。

馆领导介绍

黄成思，男，1964年9月生，中共党员，馆员，馆长。

李仁龙，男，1969年8月生，中共党员，助理馆员，副馆长。

未来展望

强化馆际协作，服务城乡读者，发挥传统优势。对外争取省、市图书馆文献资源扶持帮助，对内坚持对中小学图书馆（室）和各乡镇文化中心、农家书屋进行业务辅导与业务培训。利用文化共享工程平台，建立政和县城乡公共图书馆（室）服务体系。计划在2010—2013年构建城乡实体服务框架，2014—2018年向数字化、网络化、虚拟化过渡。通过努力，实现欠发达革命老区图书馆向自动化、数字化图书馆的跨越发展。未来将在馆舍建设、文献资源与数据库建设、公共电子阅览室建设、图书馆数字化网络化建设等方面继续努力，为构建城乡一体化公共文化服务体系而努力。

联系方式

地　址：政和县熊山镇中元路56号
邮　编：353600
联系人：黄成思

图书馆馆貌

读者活动

科普读书月

与老年大学活动

漳浦县图书馆

概述

漳浦县图书馆成立于1983年，1989年建成图书馆大楼。现有馆舍面积2050平方米，阅览座席200个。设有期刊外借室、少儿阅览室、地方文献资料室、报纸阅览室、成人外借室、图书报刊查询室、采编室、电子阅览室、多媒体放映室、机房等9个服务窗口。1999年首次参加全国公共图书馆评估定级，被文化部评为“二级图书馆”。

业务建设

漳浦县图书馆总藏书量22.9万册，其中纸质图书12万册，电子图书10万种，各类光盘（磁带）340片（盘），中外文期刊、报纸180余种。地方文献资料室共收集族谱近100种，古籍118册。

2009年3月组建局域网，电子阅览室有30台电脑供读者使用。做好文化信息共享工程县级支中心建设。采用“网图”图书馆管理系统，实现图书馆管理自动化。做好图书馆主页建设，发布动态信息，揭示馆藏纸质文献资源，引导读者利用资源，进行读者教育与培训等。

读者服务工作

漳浦县图书馆2012年开始实施免费开放。每年举办图书馆服务宣传周、全民读书月等系列活动，举办有奖征文、读者座谈会、昆虫展览、图片展览及图书展览等。每年元宵节期间，举办有奖灯谜竞猜活动。重阳节期间组织工作人员，开展文化共享工程戏曲视频资源下乡村演出。并在社区、老人协会、部队设立流动书箱。利用多媒体放映平台，做好周末和节假日的放映工作。利用共享工程的网络、资源优势，举办多主题的文化服务活动。2012年购进一套《四库全书》，并接受北京郭仲钦老人（祖籍漳浦）个人捐书2500册。

业务辅导

积极做好农家书屋建设与辅导工作，配合上级主管部门进行图书配送，指导图书采编、上架及开展图书借阅。

管理工作

漳浦县图书馆实行岗位聘任制。馆长主持图书馆全面工作，各部门负责各自部门安全保卫工作，做好防火、防盗、防虫、防尘、防湿等保护措施，发现问题及时汇报，馆长每星期对各部门检查一次；员工上岗接待读者使用文明用语，践行“为人找书，为书找人”的工作宗旨，工作人员不得在岗位上聊天、大声喧哗。

表彰、奖励情况

2011年被中共漳浦县委县直机关工作委员会评为“先进基层党组织”。

馆领导介绍

陈专英，女，1962年11月生，大专学历，中共党员，馆员，馆长、党支部书记。1979年9月参加工作，历任漳浦县旧镇镇文化站站长、县图书馆党支部副书记、馆长、书记。1996、2011年被漳浦县委评为“优秀共产党员”。

林色芬，女，1976年9月生，本科学历，中共党员，馆员，副馆长。1999年6月进入图书馆工作，先后在成人外借室、电子阅览室、地方文献资料室、采编室、财务部等部门工作，现分管文化共享工程漳浦支中心工作。

未来展望

2011年，漳浦县图书馆新馆建设工程正式启动，未来新馆总面积为11899平方米。漳浦县图书馆将以现有图书馆集成管理系统为支撑，在现有数字资源及网络化建设的基础上，进一步加强软硬件基础设施建设、数字资源建设、数字图书馆应用系统建设、数字信息服务体系建设，建设好图书馆门户网站，打造没有馆舍限制、没有服务时间限制的数字图书馆、移动图书馆。

联系方式

地　址：漳州市漳浦县绥安镇环城东路73号
邮　编：363200
联系人：陈专英

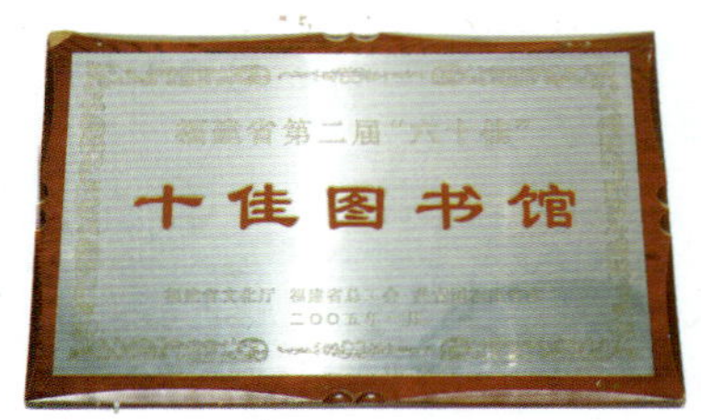

建瓯市图书馆

概述

建瓯市图书馆萌芽于1915年，1918年9月正式成立，定名为“建瓯县图书馆”，曾是福建省早期三大公共图书馆之一。现有藏书21万册，其中古籍、民国书刊近4万册，古籍和地方文献为建瓯市图书馆藏书两大特色。1996年10月，建筑面积4255平方米的图书馆新大楼正式投入使用。大楼为仿古花园式建筑，主楼5层，设有综合图书借阅厅、报纸阅览厅、期刊借阅厅、少儿书籍阅览厅、电子阅览厅、共享工程播放厅、中文工具书和地方文献书籍阅览室等七厅一室。建瓯市图书馆先后荣获福建省“先进图书馆”“十佳图书馆”、繁荣社会主义文化“芳草计划示范点”、南平市“先进图书馆”和“文明单位”、全国县级市“二级馆”等称号，2012年被福建省文化厅评为“全省古籍保护先进单位”。

业务建设

近年来，建瓯市财政不断加大对图书馆的投入，图书馆人员经费逐年增加，3年来每年均超过50万元。图书馆购买图书、订阅期刊、报纸和购买电子文献、视听文献的数量逐年增加，图书年均入藏2067种，报刊年均入藏211种，视听文献、电子文献入藏量达70788册，购置一套投影仪放映设备。馆内设有阅览座席260个，年流通读者数量15万人次。采用图书监测系统和中国专业图书馆网软件，实现了图书编目和流通自动化管理，读者可在网上进行馆藏查询、续借、预约等。开展资源共享工作，与兄弟县市图书馆建立馆际互借关系，缓解馆藏文献资源不足。

读者服务工作

2012年开始，建瓯市图书馆实行免费对外开放，每周开馆时间56小时以上；年均举办讲座、报告会9次、展览3次、读者活动2次，参与读者3万多人次。每年组织开展送书下乡活动，深入农村开展农家书屋管理人员培训和服务，年送书下乡419册。为残疾人、青少年、老年人提供力所能及的贴心服务，得到读者的广泛好评，发放的读者调查表满意率达95%以上。目前全市共建成16个基层图书馆（室），乡镇（街道）、村和社区图书馆（室）覆盖率超过50%。建瓯市图书馆积极为市委市政府决策和社会事业发展提供信息服务，为建瓯市申报中央“苏区”提供了大量珍贵、翔实的原始佐证材料，为建瓯市经济建设提供各类信息服务。

管理工作

建瓯市图书馆现有工作人员9人，其中大专以上学历占90%；中专、高中以上人员占职工总数的100%。中级以上职称7人，初级以上职称人数占职工总数的78%，已经形成一个整体素质较高、专业结构合理、学历梯级配套的专业技术队伍。2011年完成第二次岗位聘任，为确保各项工作顺利高效地开展，馆内建立健全消防安全管理制度、各窗口岗位责任制以及卫生、门卫管理制度等一整套完整的规章制度体系和岗位考核体系，各项工作和奖惩措施都有章可依，保障各项工作的顺利开展。

古籍保护工作

建瓯市图书馆认真贯彻古籍保护工作“保护为主、抢救第一、合理利用、加强管理”16字方针，加大对馆藏近4万册古旧书刊的整理力度，为北京大学、清华大学、厦门大学等著名高校教授、学子提供古籍资料查询、复印等业务数百次，满足社会各界人士的查询需要。通过报纸、网络、电视台等媒体加强对古籍保护重要性的宣传工作，《福建日报》《闽北日报》《海峡都市报》等多次报道建瓯市图书馆的古籍保护情况。按照国家颁布的《图书馆古籍特藏书库基本要求》的标准，对原有古籍库房进行全面改造，安装恒温恒湿系统、防火防盗报警系统、OTA门禁考勤系统，对库房进行有效管理，保证馆藏古籍的安全。组建古籍保护队伍，多人次、多渠道参加古籍培训，先后选派人员参加国家古籍保护中心和福建省古籍保护中心举办的培训班，提高古籍保护人员业务技术水平。认真落实省文化厅和省古籍保护中心对古籍保护工作的布署，如期开展图书馆古籍普查登记和申报工作，成效显著，已在全国古籍普查平台上完成全部馆藏古籍数据的输入，古籍保护工作取得阶段性成果。

馆领导介绍

谢才生，男，1971年12月生，本科学历，中共党员，馆员，副馆长（主持工作）。1996年6月毕业于福建师范大学历史系，同年10月开始从事图书馆工作。先后在报刊厅、办公室、古籍部工作。2005年调建瓯市文化体育局办公室，历任办公室文员、主任。2012年荣获福建省古籍普查登记优秀管理人员荣誉称号。

庄瑜音，女，1968年1月生，本科学历，中共党员，馆员，副馆长。1991年从文化馆调到图书馆工作，先后在报刊厅、期刊厅、综合图书借览厅、地方文献资料室、办公室工作。

张慧玲，女，1965年6月生，本科学历，中共党员，馆员，副馆长。1985年参加工作，1987年9月到建瓯市图书馆工作，先后在图书借阅部、采编部、报刊部、古籍部、中文工具书、地方文献阅览厅、财务等部门工作。担任图书馆支部宣传委员、组织委员等职。

联系方式

地　址：福建省建瓯市胜利路70号
邮　编：353100
联系人：谢才生

安装恒温恒湿系统的古籍书库

建瓯市图书馆全体工作人员

关爱儿童读书月图书展销活动

长泰县图书馆

概述

长泰县图书馆成立于1986年，几经扩建，现馆址位于长泰县武安镇人民西路40号，建筑面积1746平方米，是一所现代化、综合性的公共图书馆。设有公务员自习室、文献借阅室、信息咨询、信息检索、多媒体教室及电子阅览室等服务科室。现有阅览座席600个，计算机40台，并配有电子读报机、歌德电子图书借阅机等先进的借阅、服务设备。截止2013年底，图书总藏量8.5万多册，其中纸质文献6万多册，电子图书2.5万多册，期刊（含电子期刊）400种，另有各类光盘（磁带）600余片（盘），每年订购期刊、报纸210余种，每年服务读者7万多人次。2013年参加第五次全国公共图书馆评估，首次被文化部评为二级图书馆。

业务建设

长泰县图书馆从2011年开始全面实施免费开放，实现无障碍、零门槛进入。2011–2013年期间，县图书馆新办借书证人数增加了近5倍。2009年，长泰县图书馆新增购书费3万元，2013年经各种渠道多方争取增加至20万元。2009–2013年间，阅览座位由200个增至600个，计算机由5台增至40台；同时增设孔子专柜、地方文献专柜和政府信息公开平台等，进一步满足广大读者阅读需求。

2010–2013年间，长泰县图书馆在积极推广文化共享工程的同时，不断加强数字资源建设，建立长泰县最大数字资源数据库。购买电子图书2.5万册，涵盖中图分类法22个大类，其中57种地方文献电子书深受广大读者好评。2013年图书馆又引进读报机，每日为读者提供400多种报纸、1000种期刊的最新内容。

读者服务工作

长泰县图书馆长期举办各种素质教育培训班，开展丰富多彩的活动，扩大服务广度，年开展活动20多场次，活动内容涵盖美术书画培训、读书报告会、演讲比赛、征文、知识竞赛等。2012年，长泰县图书馆积极配合科普阅读，开设少儿科普阅读专柜，举办科普阅读读者座谈会、征文比赛等活动10场。2013年，根据读者中新出现的“公务员阅读热”现象，开展相关公务员培训、公务员互动沙龙等活动5场。

自2009年起，长泰县图书馆坚持编印《科技信息》刊物，将分散的各种科技报刊上的新技术、新经验以及本地农科专家的乡土经验，分门别类编印成册，免费向农民群众发放。截止2013年，共编印108期、3万多份，成为连接图书馆和广大农民群众的纽带。同时还开展定期“跟踪服务”，走出馆门，深入农村，了解农民群众生产情况和信息需求。2012–2013年，县图书馆帮助5个自然村建立农家书屋，并结成共建单位，向每个农家书屋送书500册，辅导培训书屋管理人员200人次。截止2013年底，县图书馆联合县、乡镇农业科技部门，以农家书屋为阵地，开办农业实用科技夜校，不定期举办不同层次、不同类型的培训班和科技讲座，共计培训农村养殖骨干2600名。

管理工作与人才队伍建设

2009年，长泰县图书馆根据部门业务工作和服务准则，建立一套完整的服务规范，明确各部门职责范围和工作服务标准，责任到人，任务明确、职责清晰，根据每个员工实际工作能力和业绩定期定量进行考核，全面激发工作人员的积极性和创造性。

2012年，长泰县图书馆加大继续教育和业务学习力度，定期组织业务学习，鼓励员工积极参加各类学习、教育、职称考试。2013年全馆有工作人员10名，其中副研究馆员1名，中级职称5人，初级职称2人；员工中大专以上学历7人，占总人数的70%。

表彰、奖励情况

2013年，长泰县图书馆获得表彰、奖励1次，被文化部授予“二级图书馆”等荣誉称号；被县委、县政府授予“未成年人课外阅读活动基地”、评为先进单位。2009–2013年间，获企业、村等赠送4面牌匾、锦旗。

馆领导介绍

张文珍，女，1967年9月生，大专文化程度，副研究馆员，馆长。1991年调入图书馆，1998年任长泰县图书馆副馆长，主持图书馆工作，2006年被聘为长泰县图书馆馆长、县文体科技新闻出版局党支部统战委员，负责图书馆全面工作及文化共享工程长泰支中心工作。从事图书馆专业技术工作近24年，连续多次在年度考核中评为“优秀”、被福建省图书馆评为2005–2010年度优秀会员和中国图书馆学会2009–2011年度优秀会员。

举办重阳节书香敬老活动

长泰县武安镇赠送长泰县图书馆牌匾

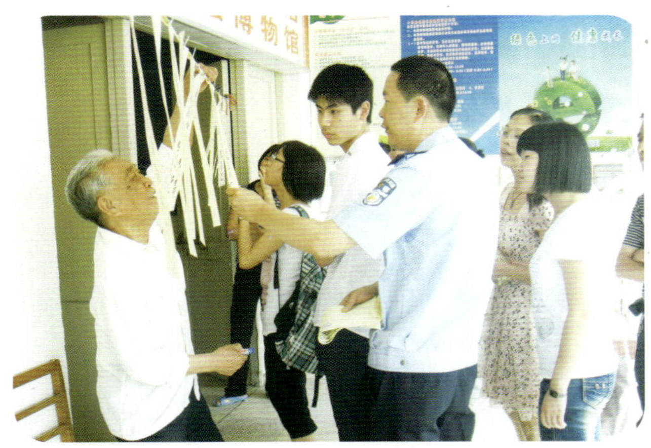

举办灯谜活动

举办流动图书进军营活动

举办“中国梦”系列活动

举办3.8送书下乡活动

未来展望

长泰县图书馆以“读者至上，服务第一”为办馆理念，着重培养工作人员的服务意识，以“爱书如宝，爱读者如亲人，爱馆如家”的“三爱”为基本职业道德要求，不断扩大服务辐射区域。在不断强化自身综合实力的同时，通过各种内容丰富、形式多样的活动，带动全县创建“书香长泰”，在当地形成良好的学习氛围。2013年，长泰县图书馆新馆建设工程正式启动，建筑面积8600多平方米，总建筑面积超过1万平方米。这座现代化、数字化的新型图书馆，将更全面地满足全县广大读者需求，进一步推动社会书香氛围的形成。

联系方式

地　址：长泰县武安镇人民西路40号
邮　编：363900
联系人：张文珍

儿童绘画活动

举办图书服务宣传周活动

浦城县图书馆

概述

浦城县位于闽、浙、赣三省七县（市）交界处，是中国民间文化艺术之乡、丹桂之乡、中央苏区县。浦城县图书馆成立于1979年，1991年新馆落成并正式开放，占地面积2100平方米，建筑面积3100平方米。2012年扩建372.8平方米。设有图书外借部、报刊阅览厅、少儿阅览厅、古籍特藏部、电子阅览厅和文化共享工程多媒体室等6个对外开放窗口。

业务建设

浦城县图书馆现有馆藏图书28.39万册，其中古籍2.16万册，电子图书7.14万种。图书年入藏量3400种，报刊年入藏量300种，视听文献年入藏量1531件。馆藏书刊年外借率50%，图书年外借量6.18万册次，馆外流动服务点书刊借阅年均7872册。

浦城县图书馆采用“网图”图书馆管理系统，实现图书馆业务自动化。2008年建立文化共享工程浦城县支中心，设置中心机房、电子阅览室、文化共享工程视听室、业务加工室。建有图书馆内部局域网并接入10M光纤，配置计算机终端50台，其中供读者使用35台。

读者服务工作

2012年1月起，浦城县图书馆基本服务项目全部免费开放，每周开放时间60小时。开展政府信息公开、参考咨询服务、为特殊群体服务，并建有浦城县图书馆网站。浦城县图书馆每年举办百科讲坛、图书展览、“爱我中华——爱我浦城”中小学生读书征文大赛等读者活动，年参与读者约4万人次。此外还通过浦城电视台介绍浦城县图书馆，宣传文化共享工程和电子阅览室，通过移动、电信部门向读者发送新书推荐短信。在图书馆服务宣传周、全民读书月活动中，通过浦城时讯、浦城电视台开展保护知识产权咨询活动。

图书馆馆貌

业务协作、协调

浦城县图书馆积极参与图书馆协作协调工作，完成《中华古籍目录·福建卷》浦城部分、《南平古籍联合目录》浦城部分的编目工作；配合编纂《福建省志·文化艺术志》（图书馆部分）工作；参与馆际交流、互借流动，参与南平市图书馆网络建设工作。

管理工作

浦城县图书馆制定有人事管理制度、工作人员职责、志愿者规章制度条例、财务管理制度、设备物资管理制度、图书管理制度、统计工作制度、安全保卫制度、阅览厅管理制度等。

表彰情况

2012年，浦城县图书馆获省文化厅“古籍保护先进单位”称号。2013年参加全国公共图书馆评估定级，被文化部评为“二级图书馆”。

馆领导介绍

周冬梅，女，1967年11月生，大专学历，中共党员，馆员，馆长。1988年12月参加工作，2001年9月任馆长。2012年被评为省古籍保护中心古籍普查登记工作优秀组织者，2010年被评为省图书馆学会优秀会员，同年被评为县三八红旗手。

李天冬，男，1970年4月生，中专学历，中共党员，高级技术工。1987年11月参加工作，2003年1月任县图书馆书记。

未来展望

浦城县图书馆将继续完善各项基础设施建设，为读者提供优美、舒适、便捷的阅读空间；不断更新图书馆服务理念，增强服务辐射力，扩大服务覆盖面；全力倡导全民阅读，不断加强数字图书馆建设，推动县图书馆事业的全面发展。

联系方式

地　址：浦城县丹桂河北路
邮　编：353400
联系人：周冬梅

期刊阅览室

阅览室

图书宣传周开幕式

武平县图书馆

概述

武平县图书馆创建于1930年，1940年改称民众教育馆，开武平县图书收藏与阅览先河。建国初期并入武平县文化馆。1984年8月正式成立武平县图书馆。1986年兴建5层共1614平方米的图书馆大楼，设有公共电子阅览室、多功能厅、报刊阅览室、少儿阅览室、外借室、采编室、地方文献工具书资料室、过刊室等服务部门，在武平县行政服务中心设有市民阅览室。全馆共有阅览座席254个，其中少儿阅览室座席60个；有计算机64台，其中电子阅览室41台，市民阅览中心6台，供读者使用46台，宽带接入10兆光纤，存储设备容量6.5TB，采用IlasII图书馆自动化管理系统。

业务建设

武平县图书馆现有藏书128710册，电子文献38800种。2009–2011年，年新增藏量购置费10万元，2012年新增藏量购置费23.5万元。2009–2012年共入藏图书10550种，电子图书31000种，年订报刊230种。

2009年，武平县图书馆建立电子阅览室和多媒体室，读者可方便地查阅7000种电子文献，并开通图书馆网站。同时借助福建省委组织部主办的利用IP–TV机顶盒党员远程教育培训服务平台，实现文化信息资源共享工程村村通。

2012年，武平县图书馆投入40余万元进一步完善公共电子阅览室及多媒体展示厅的设施设备。

读者服务工作

武平县图书馆坚持周一至周日全天免费对外开放，每周开放61小时。开通图书网上预借、续借以及电话预借、续借服务，2009–2012年书刊年外借9.2万册次。紧紧围绕读书活动品牌建设，举办“我读书，我快乐”“品味书香、文化武平”“闲读书·读闲书”等各类读书活动、征文比赛、演讲活动和知识讲座，积极开展图书进企业、书香进军营、送书下基层等项活动。2009年以来共举办各种读者活动80余次。

为丰富地方文献资源，弘扬地方文化和客家文化，武平县图书馆在图书馆网站建立“武平文化”专栏，开设历史文化、风土人情、地方特产、名人名士等栏目，给广大读者提供一个了解武平、认识武平的平台。

2012年9月，武平县图书馆、文化共享工程武平县支中心与十方镇共建黄陌基层点，并向黄陌基层点赠送电脑、电脑桌、图书、书架等物品，为图书造册登记、整编上架，并现场指导协管员有关网络安全、共享工程资源平台使用等业务知识。

业务研究、辅导、协作协调

武平县图书馆注重馆内员工培训，制定培训计划，开展短期培训和岗位培训，不断更新知识结构。组织人员编印一套通俗易懂的《农家书屋工作人员业务知识教材》，分发给基层文化协管员，共培训基层图书管理人员1000多人次。截止2012年底，全县214个行政村全部建立农家书屋。2012年武平县被评为“福建省农家书屋建设先进单位”。

武平县图书馆注重与相关单位保持良好的协作协调关系，包括与区域内中小学校图书馆及乡镇图书馆开展协作协调，形成良好的地方文献保障体系。积极与县委文明办、县文体广新局等单位联合举办“纪念世界读书日”、全民阅读月等活动，定期或不定期地与各中小学校图书馆进行馆际交流。

管理工作

武平县图书馆每年在制定工作计划时，把每项工作内容分解到每个工作人员，把工作落实情况作为年终考核的重要依据之一。同时制订较为完善的管理制度和岗位职责，建立健全目标管理机制，明确职责，馆长和各室负责人负责督查、落实工作完成情况。对馆员进行各种培训、再教育，提高馆员素质和专业技术水平。

表彰、奖励情况

1993年参加全国公共图书馆评估定级，被文化部评为“三级图书馆”；1999年至2013年被文化部评为“二级图书馆”。1993年至今连年被评为县级文明单位。

馆领导介绍

黄惠英，女，1966年1月生，大专学历，中共党员，馆员，馆长。武平县文体局群文支部书记，1983年9月参加工作，是武平县客家协会理事，2011年被评为武平县首届劳动模范。

王锦添，女，1961年9月生，大专学历，馆员，副馆长，1978年参加工作，2012年被评为龙岩市第三次全国文物普查优秀工作者。

未来展望

武平县图书馆将努力增强图书馆服务能力，提高管理水平，健全完善服务项目，延伸服务内容，坚持全面推开、逐步完善、保障基本公益、科学设计、注重实效的原则，2014年将引进2台歌德电子书借阅机，2015年引进“超星移动图书馆”管理平台，更好地为广大读者服务。

联系方式

地　址：武平县平川镇
邮　编：364300
联系人：黄巧婧

电子阅览室

4.23图书进企业活动

文化信息共享工程共建基层点

光泽县图书馆

概述

光泽县图书馆成立于1985年，从县文化馆分离出来。1998年位于光泽县文昌路53号的新馆建成投入使用。新馆占地面积520平方米，建筑面积1510平方米；2009年参加第四次全国公共图书馆评估，首次被文化部评为二级图书馆。2012年，光泽县图书馆有计算机41台，宽带接入10Mbps，采用"力博"图书馆自动化管理系统。2011年成为福建省图书馆10家分馆之一。

业务建设

2003年采用ILAS图书管理系统，2010年为适应事业发展需要，将ILAS系统更换为"力博"系统。2007年实现藏阅一体化，开架式服务，超市化管理，让读者方便地查阅文献信息。2007年建立全国文化信息资源共享工程光泽县支中心，按照县级支中心标准配置设备，建立电子阅览室。2013年初实现馆内无线网络全覆盖。

2012年光泽县图书馆新增藏量购置费16万元。2009—2012年，共入藏中文图书12979种，中文报刊1468种，视听文献1674种。截止2012年底总藏书量为121934万册（件），其中图书40006册，报刊10764册，视听文献1674件，电子文献63000种，古籍120册，地方文献225册，数字资源总量为2.2TB。

读者服务工作

自建馆以来，实行每周开放7天的工作制度，日均开放8.5小时。馆藏图书开架率83%以上。2012年书刊外借14万册次，持证读者年人均到馆42次；基本服务项目健全，全部实行免费开放；2009—2012年向驻地部队、农家书屋等馆外服务点流通图书5000余册。

多年来，光泽县图书馆以宣传栏、读者QQ群、读书时光为平台，积极推介好书新书；以各种节庆为载体，为不同类型读者量身定做活动内容；以"书香人家""年度文明读者"等评选，鼓励市民和青少年热爱读书、文明读书；以"服务质量问卷调查""你点书，我买单"等形式，向读者提供利用图书馆的交流平台。为方便读者能在闭馆时归还到期图书，设立"还书口"；为提醒读者还书时间，制作"温馨提示小书签"；为电子阅览室每台电脑配备笔和纸张，方便读者随手摘抄。近年来读者满意率达98%。

在服务弱势群体方面，建立"爱心联系卡"，把那些有可能需要帮助的老年读者和儿童读者进行登记，提供便民服务。开展"留守儿童关爱行动"，通过图书馆公益服务为他们提供良好的阅读空间。2013年为县残障者建立"福乐书屋"，并开辟无障碍通道。2013年新建少儿阅览室，根据不同年龄层次的少年儿童特点，设计了阅读区、藏书区、娱乐区以及亲子阅览区。

业务研究、辅导、协作协调

2009—2012年，光泽县图书馆员工发表论文6篇，其中《县级图书馆地方文献收集探析》在核心期刊《图书馆建设》上发表，《试论社区乡镇图书馆为未成年人服务的实践与探索》被中国图书馆学会评为二等奖。2011年承担并完成《南平地区地方文献联合目录》整理工作。

光泽县图书馆多年来协助学校图工委举办图书馆业务培训。2009—2012年培训工作重点是农家书屋，以"走下去，请上来"的方式进行辅导。建立馆员联络辅导制，并将农家书屋作为图书馆流通点，开通"书屋管理人员QQ群"，便于分散于乡村各地的农家书屋管理员学习交流。还利用文化信息共享工程资源下载戏剧节目，刻录成光盘送进农家书屋。

2012年参与福建省图书馆举办"图书馆宣传推广与活动策划专题培训班"培训工作，与来自全省各地的学员交流，在学员培训反馈表中得到良好评价。

2011年起成为福建省图书馆10家分馆之一，充分利用省图书馆文献资源，图书流通量位于10家分馆前列。

管理工作

为充分调动员工的积极性，更好地发挥每个员工的特长，光泽县图书馆2009年起结合岗位设置，推行岗位自荐与实际工作能力相结合的竞争上岗制度；制定在德、能、勤、绩方面可量化的《光泽县图书馆绩效考核及奖惩实施办法》。指标考核采取部门自查、部门之间互查、读者监督以及领导不定期督查的方式进行。每次督查有通报，每半年和全年进行总体工作考核。2013年完成了第三次全员岗位聘任工作。

农家书屋流通点授牌

送阅读礼袋进产房

放学归来

老年人书法展

春联赠读者

表彰、奖励情况

2009–2013年，获福建省妇联授予"巾帼文明岗"、南平市文明办授予"南平市文明行业创建工作示范点"、光泽县委、县政府授予"文明单位"、光泽县妇联授予"巾帼建功先进单位"等荣誉称号。

2008年、2012年在省文化厅组织召开的全省公共图书馆工作会议上，以"艰苦创业谋发展，提升服务塑形象"以及"于细微处见精神"为题作典型发言。

参与建设、管理和辅导光泽县农家书屋工作，获南平市示范县荣誉称号，其"大馆带小屋"的典型经验在南平市推广。

温馨的报刊阅览室

馆领导介绍

蔡惠，女，1963年11月生，大专学历，中共党员，福建省第九届党代表，光泽县文化体育新闻出版局机关党支部书记，馆员，馆长，福建省图书馆学会理事，福建省第五次公共图书馆评估定级工作专家组成员。从事图书馆事业27年，曾荣获福建省"巾帼建功标兵"、省"农家书屋工程建设先进个人"、省图书馆学会"年度优秀会员"以及县"精神文明建设先进工作者"、县"三八红旗手"等荣称号誉。

章小芳，男，1966年4月生，大学本科学历，中共党员，副研究馆员，副馆长。1991年8月分配到光泽县图书馆从事采编工作，现为负责全馆业务工作副馆长。

未来展望

光泽县图书馆将继续遵循"不求最大，但求更好"的办馆宗旨，秉承"以读者为中心"的服务理念，在进一步提高自身综合实力的同时，扩大服务辐射区域，引领本县学校、社区、乡镇、企业图书馆事业不断向前发展。力争将新馆建设纳入光泽县政府下个五年规划，同时以数字图书馆为发展方向，多种信息载体共存互补，将图书馆打造成人与信息、人与人之间交流的知识空间，成为全县市民与青少年最喜爱的日常看书学习、娱乐休闲的知识乐园。

联系方式

地　址：光泽县文昌路53号
邮　编：354100
联系人：章小芳

少儿讲故事大赛

老人第二个家

武夷山市图书馆

概述

武夷山市图书馆前身是1937年7月成立的崇安县民众书报所。1938年1月改为崇安图书馆，全天开放。1990年1月经国务院批准，撤销崇安县，成立武夷山市，崇安县图书馆更名武夷山市图书馆。1996年6月搬迁现馆址，位于武夷山市文化宫路1号，建筑面积3500平方米，设有办公室、外借部、采编部、报刊部、参考咨询部、辅导部、特藏部、孙克骥将军赠书展览室等部室。现有工作人员6人，其中大专以上学历5人，高中学历1人。

业务建设

截止2013年底，武夷山市图书馆馆藏图书19万册，电子图书21万册，其中包括市政府拨专款6.8万元购置的《传世藏书》一套，以及香港石景宜先生捐赠图书等。图书种类齐全，收藏有丰富的地方文献资料。

加强地方文献建设。充分利用现有资金购置地方文献资料，每年主动到市直各单位寻访地方文献资料。利用图书馆渠道协助市志办在全国范围内开展《武夷山市志》交换工作，将交换来的地方文献设置专柜管理。

充分利用武夷山优美的自然环境这一有利条件，搞好闽港闽台文化交流，加强与海外同行的联系。被誉为“闽台文化交流使者”的石景宜先生多次向图书馆捐赠图书，馆内专门设立石景宜先生捐书专柜。

读者服务工作

武夷山市图书馆积极采取多项举措，加强读者服务工作：开展多主题读书活动，如2009年春节期间开展“纪念改革开放三十周年暨武夷山撤县建市十周年”读书活动，“六一”儿童节期间开展“我与祖国”少儿读书活动等；密切联系读者，开展读者辅导工作，开展宣传教育工作；简化外借手续，开展免证报纸阅览服务。

表彰、奖励

2003年底被武夷山市委、市政府评为2002–2003年度文明单位；1999、2005、2009、2013年参加全国公共图书馆评估定级，均被文化部评为二级图书馆。

未来展望

今后，武夷山市图书馆将进一步加强学习，不断提高服务水平，开展优质文明服务活动，努力为社会各界提供更多更好的知识信息服务。

联系方式

地　址：武夷山市文化宫路1号
邮　编：354300
联系人：刘念铭

图书馆馆貌

报刊阅览

图书阅览

漳平市图书馆

概述

漳平市图书馆1985年成立，馆址位于漳平市和平南路68号，建筑面积2000平方米，读者座席350个，计算机50台，宽带接入10M，馆内实现无线网络覆盖。1994年至今参加5次全国公共图书馆评估定级，均被文化部评为“二级图书馆”。

业务建设

漳平市图书馆文献总藏量23.5万册，其中纸质文献8.5万册，电子图书10万种，电子期刊5万种/册。

2009–2012年，年购书经费10万元，共入藏纸质图书9621册，视听文献566种，地方文献资料386册。

截止2012年底，漳平市图书馆数字资源总量10TB，其中自建数字资源4TB。

读者服务工作

漳平市图书馆每周开馆时间56小时，2009–2012年书刊流通31.94万人次，书刊外借17.47万册次。

漳平市图书馆积极探索读者服务工作创新：一是创新服务模式。把单一、被动、静态的服务模式转变为多样、主动、动态的服务模式，送书进乡村、社区、学校等，扩大送书上门范围；建立图书服务点，派业务骨干指导全市农家书屋图书分类、制度制定、流通管理等业务；充分利用新技术开展新的服务项目，如预约借书、网上续借、电话咨询服务、共享工程远程服务等，拓展服务范围，为读者提供实用便捷的信息服务。二是创新网络服务。利用网络优势，加快数字图书馆建设步伐，2010年图书馆网站正式开通，至2012年底点击率超过50万人次。充分利用门户网站，广泛宣传图书荐购、新书介绍、最新动态、最新读者活动、公益讲座等，让更多读者全面系统地了解图书馆的最新服务动态，搭建起图书馆员与读者之间的沟通平台，使图书馆与读者之间关系更加亲密。三是创新读者活动。以读者为本、活动为形、阅读为魂，进一步彰显阅读魅力。根据不同读者的需求，开展形式多样的阅读、讲座、展览、培训活动，如免费举办中小学作文讲座和英语、数学辅导班，深受家长、学生欢迎。在世界读书日、图书馆服务宣传周、全民读书日、中国传统节庆日开展主题特色鲜明、群众参与面广的各类阅读活动。

2009–2012年每年举办10次以上读者活动，参与人数15.1万人次。

业务研究、辅导、协作协调

2009–2012年，漳平市图书馆员工发表论文5篇。图书馆积极参与省图书馆组织的地区联合编目以及龙岩地区地方文献联合编目工作。2010–2012年，还对基层图书管理员进行比较系统的业务培训。

管理工作

2010年，漳平市图书馆完成第三轮评聘分开工作，制定《漳平市图书馆制度汇编》，确保各项工作有序开展。

表彰、奖励情况

2009–2012年，漳平市图书馆共获得各种表彰、奖励6次，其中文化部表彰、奖励1次，其他奖励5次。

馆领导介绍

刘金珠，女，1962年6月生，大专学历，中共党员，馆员，馆长。1983年参加工作，曾任漳平市双洋镇卫生院护士长。1991年5月调入漳平市图书馆任科室负责人，1996年12月任漳平市图书馆副馆长，2004年1月任漳平市图书馆馆长。曾获漳平市“三八红旗手”“优秀党员”“优秀党务工作者”以及福建省首届“书香之家”等称号。

林瑞欣，男，1972年3月生，大专学历，中共党员，馆员，党支部书记、副馆长。1996年参加工作，2004–2007年下派漳平市溪南镇大山村任党支部第一书记，2008–2010年借用到漳平市委宣传部任社会宣传科负责人。曾获漳平市“优秀驻村干部”“优秀党务工作者”等称号。

高晓玉，女，1970年4月25日生，大学学历，工程师，馆员。1993年参加工作，2004年至今任漳平市图书馆副馆长。先后在自动化部、流通部及资料室等部门工作。

未来展望

漳平市图书馆始终坚持“读者第一、服务至上”的办馆宗旨，不断完善漳平市图书馆各项功能，加快数字化建设，使之成为漳平市文献收藏、情报传递和信息服务中心，成为市民终身教育的学校、漳平地方文献的宝库和精神文明建设的重要基地。

联系方式

地　址：漳平市和平南路68号
邮　编：364400
联系人：刘金珠

建阳市图书馆

概述

建阳市图书馆前身是建阳县文化馆图书室，1979年成立建阳县图书馆，1985年建成一座1095平方米的书库及儿童阅览厅。1997年10月，位于上水南路的新馆建成投入使用，占地面积1400平方米，建筑面积2700平方米，阅览座席258个，计算机30台，10M光纤宽带接入，选用网图自动化管理系统。自建馆以来，多次被市委、市政府授予先进单位、文明单位等称号，在四次全国县级以上公共图书馆评估定级工作中，三次被文化部评为二级馆，一次评为一级馆。

业务建设

截至2013年底，建阳市图书馆总藏书量14.2万册（件），其中电子图书1万种。2005–2010年购书经费每年8万元，2011年购书专项经费增至14万元。1998年图书馆自动化网络建设开始起步，采用IALS5.0图书自动化管理系统，2009年改用网图（CSLN）管理系统，共有终端7台。

读者服务工作

建阳市图书馆本着"读者至上，服务第一"的宗旨，全心全意为每一位读者服务。除周一闭馆外，其余时间每天对外免费开放。近年来，先后引进读报机和电子书借阅机，图书馆数字化服务迈上新台阶。馆内设有期刊、第一外借、第二外借、少儿、报纸、地方文献（古籍）等借阅室，年平均流通45000人次，文献借阅85000册次。

建阳市图书馆作为国家二级图书馆和全市文献信息服务中心，以打造群众贴心的科普教育基地为目标，面向大众，面向基层，普遍开放，平等服务，开展丰富多彩、生动活泼的读者活动，受到市民的欢迎和读者的青睐。2007年下半年，被市委宣传部、文明办确认为"潭山市民讲坛"的主坛，主办或协办讲座、培训、报告、座谈会数十场，免费为市民提供学习教育机会，满足市民求知和精神文化需求，为建阳市精神文明建设提供智力支持。

业务研究、辅导、协作协调

2010–2012年，建阳市图书馆员工发表论文3篇。从2009年起依托网图自动化系统平台，积极拓展服务范围，开展协作协调，实现联机编目和数据库资源共享。在省图书馆支持下开通远程连接，向广大市民开通网络数据库资源，使读者能方便地查询省图书馆数据库资源，取得良好的效果，年平均查询使用省图数据库数百次。同时依托自身的资源和人力优势，建立下乡小分队，派出技术人员不定期免费为各个流通点、农家书屋进行业务指导，赠送书刊及视听光盘，丰富基层图书室资源，满足不同读者需求，实现协作协调与资源共享。积极配合主管局抓好乡镇、社区、村图书流通点建设，协助21个街道、乡镇建立图书流通点，覆盖率达100%。全市194个行政自然村已实现村级农家书屋流通点全覆盖，覆盖率达100%。

管理工作

建阳市图书馆完成第二次全员岗位聘任，本次聘任共设10类岗位，有8人重新上岗。树立"以人为本"的理念，重视人员队伍建设，把建设一支思想素质好、业务水平高的专业队伍作为图书馆管理的一项重要工作来抓。除抓紧在职人员培训外，还向社会招聘专业人员，员工队伍学历和职称结构趋向合理，人员素质不断提高。积极组织员工参加省图书馆举办的各种专业培训，鼓励员工参加继续教育。以事业单位岗位设置管理制度建设为契机，推行目标管理和岗位责任制，科学设岗，明确任职条件，细化工作任务，指定项目负责人。建立内部收入分配激励机制，奖金与岗位挂钩。制订图书馆人员行为规范、图书馆文明公约、读者服务用语和图书馆业务考评等规定，实行工作人员挂牌上岗，接受读者监督。

表彰、奖励情况

在2009年、2011年两届"文化共享杯——全国文化信息资源共享工程知识与技能竞赛福建选拔赛"中，建阳市图书馆作为南平队代表之一，分别荣获团体亚军、团体三等奖、个人一等奖、优秀选手等好成绩；2012年被省文化厅评为全省文化信息资源共享工程建设先进单位，2012年被建阳市委、市政府评为精神文明建设先进单位，2009年被建阳市创建优秀"青少年维权岗"活动领导小组评为优秀"青少年维权岗"单位，2011年被建阳市依法治市领导小组评为"五五"普法先进单位。

多功能会议室

电子阅览室

书展

讲座

馆领导介绍

吴建辉，男，1973年9月生，本科学历，中共党员，馆员，馆长。1997年12月参加建阳市图书馆工作至今。

未来展望

建阳市图书馆经过不断积累与发展，已初步建立本市特色的文献资源体系，依托图书馆各类资源，努力创建服务全市读者的新一代图书馆门户平台。未年几年内将完成门户网站的建设，进一步整合资源，建设特色数据库，形成内容丰富、有地方特色的数字资源库群和覆盖全市城乡的数字文化体系；同时将申请专项经费，推出移动图书馆服务，帮助读者随时随地获得全面的信息服务，真正实现数字图书馆的梦想：任何人、在任何时间、任何地点获取所需要的任何知识。

联系方式

地　址：建阳市上水南路图书馆
邮　编：354200
联系人：吴建辉

图书馆大楼

福鼎市图书馆

概述

福鼎市图书馆成立于1981年，1999年图书馆大楼落成并投入使用，占地面积916平方米，建筑面积3000平方米，书库3层，内设特藏书库、报刊书库、基本外借书库；主楼5层，内设报纸阅览室、期刊阅览室、少儿阅览室、图书外借室、地方文献、工具书阅览室、电子阅览室、采编室、多功能厅等部门。1999、2004、2009年三次参加全国公共图书馆评估定级，均被文化部评为“二级图书馆”。

业务建设

截止2013年底，福鼎市图书馆共建设图书流通点50个。按文化共享工程县级支中心和乡镇、村基层服务点配置标准，由市财政投入专款133万元用于文化共享工程建设。目前已完成1个县级支中心及14个乡镇、6个村、社区、部队服务点的建设，市财政每年拨款6万元用于文化共享工程运行经费。目前福鼎市图书馆支中心机房已购置4台高性能服务器、6台交换机、1套存储设备，1套视频点播系统、3套系统管理软件，接入10M光纤。

截止2013年底，图书馆实现自动化、网络化：设立电子阅览室；更新图书馆业务自动化软件；建设图书馆网站；安装读者查询目录检索机；多功能厅（多媒体演示厅）配备52寸大屏幕电视、投影机、120英寸投影幕和中控系统；全馆安装监控设备系统。市财政每年拨款10万元购书专项经费。

读者服务工作

始终以“读者第一，服务至上”为服务宗旨，节假日照常对外开放。开放办证，随到随办，实现借阅一卡通，为读者提供全方位的免费服务。同时开辟馆际互借、预约借书、电话续借、送书上门等服务。全馆设有7个服务窗口，全年借阅流通82338人次，外借图书87876册次。

积极采取多种形式进行图书宣传，努力向市民推荐好书。结合4·23全民读书日，开展学雷锋弘扬福建精神主题读书活动。在图书馆服务宣传周开展系列活动，举办图书图片展、书评活动、书谜竞猜、智力竞赛等。充分发挥文化共享工程示范点作用，经常到老年大学、特殊学校、社区、乡镇播放各类视频节目，在少儿阅览室为少年儿童读者播放爱国主义教育影片、科教片、动画片等。配合重大节日举办各类图书图片展，包括“腾飞的中国”“祖国万岁”“走进2010上海世博会”“反腐倡廉常抓不懈，拒腐防变警钟长鸣”“喜迎十八大顺利召开”等。与桐北社区、城关卫生院联合举办“感恩母亲节——健康医疗免费义诊”活动。与市科协、老年大学、市青少年宫在海口社区联合举办科普益民活动。与特殊学校共同举办“让生命充满爱”大型演讲报告会等。

业务研究、辅导、协作协调

截止2013年底，共编制《鼎图信息》20期，新书介绍专栏25期，计生专刊4期，全民读书月专刊4期，综治专刊4期，发放《新书书目》4期。

充分发挥图书资源优势，开展军地双拥共建。在与海军92613部队开展共建基础上，继续坚持做好科技共建。同时扩大与驻鼎罗唇205部队共建活动，设立拥军流动图书站，建立海上流动书箱，坚持每季度送去流通图书，配合部队开展“世纪之光”“东海魂”“闪光的金锚”等系列主题活动。在春节、“八一”期间，到部队举办各类图片展，召开“心连心联欢会和军地座谈会，开展创先争优活动。还向部队赠送电脑、投影机、投影屏幕、移动硬盘，建立文化共享工程部队基层服务点。

为当地经济建设服务，开发文献信息资源。专门设置工作人员负责咨询服务，为读者解答咨询问题，跟踪服务项目。为协助推广福鼎白茶，利用《鼎图信息》专刊介绍白茶有关信息，刊登《信息传递》向茶农及专业户介绍白茶，并为茶叶专业户提供跟踪服务，配合市委、市政府打造福鼎大白茶品牌战略。为福鼎市贯岭镇透埕村槟榔芋基地提供跟踪服务，提供《农业产品实用技术资料大全》等有关槟榔芋生产管理技术、病虫害防治等相关资讯，邀请利农薯业专业合作社进行技术指导，帮助槟榔芋产品顺利打入国内外市场。

管理工作

建立健全各项规章制度，职责分明，分类细则、编目细则、书库管理、业务统计、档案管理等业务制度健全。流通部

莆田市图书馆

概述

莆田市图书馆成立于2000年7月，2002年5月整合原莆田市机关图书馆和莆田县图书馆资源，对外开放服务。现有正式编制15人，2012年在编人员12人，90%以上为大专以上学历。馆址位于莆田市建设路45号的原莆田县图书馆。馆区占地面积2700平方米，大楼主体高5层，建筑面积2750平方米。其中书库面积900平方米，阅览座席190个，计算机58台，宽带接入30Mbps，选用Interlib图书馆自动化管理系统。

业务建设

截止2012年底，莆田市图书馆总藏书量72.9万册（件），其中纸质文献27.8451册（件），电子图书30万册，电子期刊近15.1125万种（册）。线装古籍1万余册，数量和质量居省内市级馆前茅，有两种明版古籍被列入第二批《全国珍贵古籍名录》。

2009年，莆田市图书馆新增藏量购置费30万元，2012年达60万元，其中电子资源采购费15万元。2009–2012年入藏图书4.5128万种，年均报刊435种，视听文献628件。截止2012年，莆田市图书馆数字资源存储量为15.2TB，其中自建数字资源0.2TB。2012年实现馆内无线网络全覆盖。数字图书馆硬件设备不断完善，基本具备国家数字图书馆分馆的申报条件。

2011年将自动化管理系统升级更换为Interlib集群管理系统，为实现全市公共图书馆总分馆目标搭建平台。同年与仙游县图书馆结成联盟，实现通借通还，书目共享。

读者服务工作

2009年之前，莆田市图书馆已实现对所有人群零门槛、全星期免费开放服务，每周开放60小时。2012年到馆读者16.5801万人次，馆内书刊总流通13.561万册次，建有45个馆外流通服务点，个别服务点年读者量达上万人次，借阅量2万多册次。在数字资源服务方面，2012年11月数字资源远程登录系统正式使用，市、县两级公共图书馆读者登录莆田市图书馆网站，均能远程享用莆田市图书馆的本地存储数字资源和远程包库数字资源。

2009–2012年，莆田市图书馆不定期举办各类讲座、展览、培训、阅读推广等多种形式的读者活动108次。

业务研究、辅导、协作协调

2009–2012年，莆田市图书馆员工在省级以上刊物发表论文14篇，人均1.17篇，撰写调研报告5篇。

2011年与仙游县图书馆结成联盟，共用业务管理系统，读者不仅能查询两馆的书目信息，还能通借通还。

莆田市图书馆分别于2007年、2012年加入福建省和全国图书馆联合编目中心，2012年上传数据至省联编中心共52901条。

管理工作

2009年3月，莆田市图书馆完成第二轮全员岗位竞聘，岗位设置分为管理、专业技术、工勤技能三大类，下分若干级别，其中专业技术岗位占比78%。

在业务管理上，文献排架出错率控制在5%以下，报刊当天上架，新书一周内上架。每年初各部门提交上年度的工作总结、分析报告及本年度工作计划。

表彰、奖励情况

2009–2012年，莆田市图书馆共获各种表彰、奖励7次，其中获省级业务主管部门表彰、奖励3次，市级政府表彰、奖励4次。

馆领导介绍

陈豪，男，1953年8月生，大专学历，中共党员，副研究馆员，馆长兼支部书记。1976年12月入伍，先后在县文化馆，县图书馆和市图书馆工作，历任县图书馆馆长、市图书馆副馆长、馆长，长期从事公共图书馆管理工作和地方文献研究工作。

陈枚香，女，1967年9月生，本科学历，中共党员，副研究馆员，副馆长。1991年8月参加工作。先后在外借部、特藏部工作，历任部门主任。2007年4月任莆田市图书馆副馆长，分管业务及安全工作。

未来展望

为适应莆田市经济建设和社会发展的需要，2011年11月莆田市图书馆新馆动工兴建，总建筑面积3万平方米，预计2015年投入使用。新馆设计坚持“实用、开放、灵活、美观”原则，集“藏、借、阅、咨、管”于一体，可容纳实体文献135万册（件），阅览座席1200个，能够提供全覆盖、不间断、无时空限制的数字文献远程和移动服务，还将具备支撑保障全市公共图书馆服务体系良好运行的技术能力，成为全市人民读书活动中心和信息集散中心。建成后的新馆与相邻的莆田市科技馆、青少年宫相得益彰，形成莆田市公共文化服务体系的新地标。

联系方式

地　址：福建省莆田市建设路45号
邮　编：351100
联系人：陈枚香

福州市仓山区图书馆

概述

仓山区图书馆成立于1980年，1984年正式落成，是福州市第一家区级公共图书馆。馆址位于仓山区万春巷24号，建筑面积1392万平方米，设计藏书容量15万册，读者座位300个。2009年参加第四次全国公共图书馆评估，首次被文化部评为三级图书馆。有计算机38台，宽带接入50Mbps，选用春芽图书馆自动化管理系统。

业务建设

截止2012年底，仓山区图书馆总藏书量14.46万册（件），其中纸质文献6.96万册（件），电子图书7.5万册。年入藏数量2009年850种，2010年509种，2011年1155种，2012年3005种，年平均入藏图书1379.75种。报刊入藏量2009年104种，2010年114种，2011年116种，2012年211种，年平均入藏报刊157种。近年入藏视听文献367种，年平均入藏81.25种。

2009年以来购入服务器3台、电脑38台，建立仓山区图书馆网站和电子阅览室，接入4M宽带光纤网络专线，2011年接入50M光纤，实现了业务管理系统的自动化、网络化。

读者服务工作

从2009年8月起，仓山区图书馆节假日延长对外开放，周开放56小时，实行免费开放。馆内图书报刊检索、阅览、外借向所有人群开放，免费使用网上数据。馆藏书刊开架比例为97.1%，年外借率63%，年外借册次4.45万册，年到馆读者22518人次。建有馆外流动服务点25个，馆外书刊借阅5000册次/年。利用节日、寒暑假和各种读者活动，宣传各类书刊500多种。设有政府公开信息查询点，提供10部电脑供市民登陆仓山区政府网站，随时查询政府公开信息。

2012年举办培训班、讲座等31次，阅读推广活动10次，展览5次，总参与活动人数20360人次。

业务研究、辅导、协作协调

2009–2012年，仓山区图书馆职工发表论文5篇，出版专著2部。积极参与本地区图书馆的联合编目，是福州地区“一卡通”试点馆之一。与福州市少儿图书馆签有“图书代借点”协议，定期交换图书1500册。多次与福州市图书馆共同开展图书馆服务宣传周活动、基层文化站农家书屋业务辅导等。

建立图书馆服务四级联通网络：省市图书馆——区图书馆——街、镇文化站——社区图书室和农家书屋。充分利用地理位置优势，与福建师范大学图书馆开展共建共享，向仓山区市民开放丰富的图书资源，与街镇文化站、社区图书室、农家书屋签订协议，建立流动点，将图书流动到基层。文化信息共享工程覆盖街镇、社区，深入基层举办读者活动。对基层图书管理员进行辅导培训，并建立奖励机制。举办多场文化站长、文体协管员培训班，进一步提高文化站长、文体协管员的图书管理业务水平。

管理工作

2010年，仓山区图书馆完成第三次全员岗位聘任，本次聘任共设3类岗位，3位员工重新上岗。同时建立工作量化考核指标体系，每月进行工作进度通报，每半年和全年进行总体工作考核。2009–2012年共抽查文献排架10次，书目数据7次。

表彰、奖励情况

2009–2012年，仓山区图书馆共获得上级部门各种表彰、奖励2次。

馆领导介绍

王壮志，男，1958年2月生，大专学历，中共党员，馆员，馆长。1979年参加工作，是中国图书馆学会会员。

王文娴，女，1975年6月生，本科学历，馆员，副馆长。1997年2月参加工作。

未来展望

未来3年，仓山区图书馆将在现有馆舍的基础上，正式启动扩建工程，在仓山区金山新区另建一座建筑面积3500平方米的新馆舍，2014年将收回建筑面积1000平方米、修复竣工的省级文物保护单位林森公馆，开辟为绘本分馆。全面建成后的仓山区图书馆，将由金山馆区、万春巷馆区和绘本分馆三部分组成，总建筑面积5892平方米，阅览座位1000个，可容纳藏书40万册。

联系方式

地　址：福州市仓山区万春巷24号
邮　编：350007
联系人：郭艳娜

罗源县图书馆

概述

罗源县图书馆2005年2月独立建馆，2006年初对外开放。馆址位于罗源县九大中心二号楼，建筑面积1500平方米。设有综合阅览室、少儿阅览室、特藏书库、多功能厅、放映厅、电子阅览室等服务窗口。2013年参加全国公共图书馆评估定级，被文化部评为“三级图书馆”。

业务建设

罗源县图书馆实行全免费开放。全馆设有阅览座席244个（其中少儿阅览室48个）。综合阅览室、少儿阅览室及特藏书库共有书架242组，总藏书量10.7万册，订阅报刊45种。图书年均外借2.5万册次。全馆配置计算机45台（其中用于服务读者32台），服务器4台，存储容量4T，全馆覆盖无线wifi信号。

读者服务工作

罗源县图书馆开展各类图书宣传服务活动，建有图书馆网站，年均举办讲座、展览、培训、阅读推广等读者活动30场次。

业务研究、辅导、协作协调

截止2013年底，罗源县图书馆已建立10个图书流通点，并指导全县11个乡镇综合文化站图书室、188个农家书屋业务管理工作。每年派出人员下乡辅导，不定期免费为各流通点轮换图书。目前全县11个乡镇均按标准配备共享工程和公共电子阅览室设备，基本形成县图书馆、乡镇文化站、村农家书屋三级文化服务网络体系。

管理工作

图书馆人事管理上，通过职能调查摸底，制定图书馆管理聘用工作实施方案。根据单位内部工作岗位需求，公开招聘，竞争上岗，签订聘用协议，实行岗位绩效责酬挂钩。同时建立健全学习制度、工作制度、考勤制度、服务准则和绩效考核制度。

馆领导介绍

方宇，男，1984年3月生，本科学历，中共党员，馆长。2004年12月参加工作即参与图书馆成立筹备工作，2009年8月担任副馆长，2012年8月起任馆长。其中2008年2月至2013年2月兼任罗源县科技文体局办公室负责人。

未来展望

罗源县图书馆将以创建二级图书馆为目标，努力抓住机遇寻求发展，为广大公众提供更优美的环境和更优质的服务：一是争取扩建馆舍。积极呼吁在未来人群集中地——罗源县滨海新城规划成立县图书馆分馆或县少儿图书馆，扩大图书馆影响力和服务范围；二是争取资金和人员，提供更为多样的服务内容，建立较为合理的人才梯队，进一步提高服务质量和服务水平；三是进一步完善业务建设，继续在条件成熟的地方建立分馆或流通点，加快步伐和省、市图书馆实现通借通还，打造新型数字图书馆。

联系方式

地　址：罗源县九大中心二号楼图书馆
邮　编：350600
联系人：郑小红

原综合阅览室

新门厅

新大门广场

电子阅览室

新少儿阅览室读书活动

新综合阅览室

永泰县图书馆

概述

永泰县图书馆1985年成立，1993年元旦正式对外开放，馆址位于永泰县樟城镇上坪路37号。馆舍建筑面积1650平方米，设有图书外借、报刊阅览室、地方文献资料室、电子阅览室等对外服务窗口。附设福州市少年儿童图书馆永泰县分馆1个，以及大洋镇苍霞村、葛岭镇台口村、富泉乡蜚英村等4个流通点。2013年参加全国公共图书馆评估定级，首次被文化部评为"三级图书馆"。

业务建设

截止2012年底，永泰县图书馆总藏书量62950册，其中纸质图书45600册，期刊合订本2200册，视听文献150种，电子图书15000种。2012年订购报刊132种。

读者服务工作

2008年，永泰县图书馆成为政府信息公开查询点。2009年起，所有服务项目实现免费开放，每周开放时间56小时，全年节假日正常对外开放。2012年服务读者2.5万人次，年外借书刊(含流通点)4万册次。

2012年，永泰县图书馆与永泰县人民法院联合在中小学举办3场法律知识公益讲座，在普法宣传方面取得良好效果。

业务辅导与协作

2009年以来，在省读书援建协会支持下，斥资200多万元进行馆舍改造，并购置新书2万多册，成为援建示范馆。

积极设立馆外图书流通点，延伸服务阵地，将21个乡镇文化站与265个农家书屋图书管理业务纳入图书馆管理，实现"大馆带小屋"；参加省市馆的资源共建共享建设，深入学校与基层站点开展图书馆业务辅导工作，通过当场解答、跟班学习、举办专题培训等方式，提高基层图书馆（室）管理人员的业务水平，并协助教育系统建立多家省市中小学示范图书馆（室）。

管理工作

2008年起，图书馆实行岗位聘任制，组织实施绩效考核制度。图书馆核定事业编制4名，现有工作人员4名。

馆领导介绍

林红兵，男，1968年5月生，大学毕业，中共党员，副研究馆员。1989年8月参加工作，历任永泰县图书馆副馆长、馆长。

未来展望

在永泰县委、县政府的重视与支持下，永泰县将建设建筑面积约8000平方米的新馆。永泰县图书馆将不断改进各项业务工作，提高管理和服务水平，以"树立服务意识、打造优秀团队、争创优异业绩"的理念，为打造"书香永泰"而努力。

联系方式

地　址：福建省永泰县樟城镇上坪路37号
邮　编：350700
联系人：林　硕

仙游县图书馆

概述

仙游县图书馆历史悠久，1919年成立仙游县立民众图书馆，1921年更名仙游公立图书馆，1928年更名仙游县中山图书馆，1940年更名仙游县立图书馆，1945年复称仙游县民众教育馆，并沿用至建国初。

1950年7月，县人民政府接收民众教育馆，成立仙游县人民文化馆，并设立图书室履行公共图书馆职能。1979年10月恢复单独建制，正式成立仙游县图书馆，并在县城中心地带建新馆。馆舍占地面积600多平方米，建筑面积1719平方米，为4–5层框架结构，1982年1月对外开放服务。

2001年6月，原馆舍因商业开发被拆除，县图书馆临时安置在县委党校学员宿舍楼和礼堂底层大厅，总面积1000多平方米，继续发挥公共图书馆的职能作用。仙游县图书馆分别于1994、1999、2004、2009、2013年参加五届全国公共图书馆评估定级，均被文化部评为“三级图书馆”。

2010年10月开始采用Interlib图书馆集成系统，实现图书馆自动化管理。设有阅览座席120个，计算机32台，宽带接入10Mbps，读者可方便地查阅数字资源。

业务建设

截止2013年底，仙游县图书馆总藏书量12万册（件），其中纸质文献11.8万册，电子图书0.2万种，各类报刊600多种，报刊合订本1.8万册，古籍线装书近千种，6650册。坚持长年持续征集地方文献资料，现有地方文献资料近万册。由于馆藏匮乏，藏书增长幅度微弱，需要大量补充适合公众阅读的综合性、权威性、实用性图书，尤其是少年儿童读物。

读者服务工作

2013年，仙游县图书馆共接待到馆读者18620多人次，图书流通46200多册次，期刊阅览8000多册次。电子阅览室、常规服务632小时；接受读者业务咨询900多次；修补破损图书1000多册。文化共享工程县支中心正常运行，利用多媒体播放音像视频160小时，有科教文体宣传片145部，全年接待观看读者1000多人次。古籍室、地方资料室接待读者32人次，提供资料咨询服务62条，制作藏书书目1020条，平台著录古籍2部3册。经分管领导同意，委托厦门市图书馆修复古籍9册、地方文献137册、民国旧书131册。

平时还举办丰富多彩的读者活动，如2013年举办仙游地方文献资料展览、“六一”征文活动、动物标本科普展、“八闽读书月”等活动，有效地拓展了图书馆读者服务工作内容，吸引众多读者参与。

业务研究、辅导、协作协调

2013年，仙游县图书馆员工发表《农家书屋可持续发展探究》论文1篇。图书馆结合自身馆情，加强馆际合作，共享文化资源。2010年10月成为福建省图书馆10家分馆之一，开展常规服务；2011年3月，莆田市图书馆仙游县分馆成立并开展常规服务；2011年2月仙游县图书馆建立昌山分馆，为农村群众和青少年提供图书借阅服务。

管理工作

2012–2013年，仙游县图书馆按上级要求，实行岗位聘任制，共设岗位20个，按岗竞聘，调动工作人员积极性，让专业技术人员更高效地为读者服务。

馆领导介绍

陈森，男，1980年生，大专学历，中共党员，助理馆员，馆长。2006年11月参加工作，先后担任流通部负责人、自动化部负责人。2013年5月起任仙游县图书馆馆长。

未来展望

队伍建设方面：积极向县人事部门反映馆情，争取不断招聘新生力量。统一全馆同志思想，加强班子领导，加强“传、帮、带”，为图书馆工作提供坚实的人才队伍保障。藏书建设方面：由业务馆长统一领导，加强分馆馆际合作，收集民间地方特色藏书，形成“多、精、特”的县级馆藏书体系，让更多的人在图书馆都能找到自己喜爱的图书。资金保障方面：积极向上级部门争取免费服务专项资金，购买更多更好的符合馆情和民众需要的精品图书。合作协作方面：多想办法、多找渠道，积极与媒体、社会爱心机构协调合作，开展有利于民众阅读和增长知识的活动，增强县图书馆的社会地位和影响力。

联系方式

地　址：仙游县党校路正觉巷9号
邮　编：351200
联系人：林鲤生

云霄县图书馆

概述

云霄县图书馆是云霄县政府兴办的综合性公共图书馆，是收集、整理文献并向社会大众提供文献服务的公益性文化机构。现馆址位于云霄县云陵镇望江路164号，建筑面积1500平方米，设有外借室、综合阅览室、地方文献借阅室、电子阅览室等。有阅览座位100多个，电脑25台。图书馆新馆已列入五年建设规划。新馆址位于新城市中心区，占地面积14多亩，总使用面积6000多平方米，设计藏书总量30多万册，总投资1300多万元，设有少儿阅览区、成年阅览区、大型书库、报告厅、电子阅览室、多媒体室等。

业务建设

截止2013年，云霄县图书馆拥有各类文献资料10万余册（件）。2012年选用网图自动化管理系统，初步实现采编和流通自动化，极大地方便了读者借阅。

读者服务工作

云霄县图书馆实行开放型办馆，向全社会免费开放。年接待社会公众10万人次，外借书刊约10万册次。图书馆采取多项便民措施提升服务水平，如延长开放时间，方便读者；设立读者咨询处，解答读者提问；提供摘抄资料时必需的纸、笔；根据读者建议采购书刊。

馆领导介绍

吴文政，男，1973年12月生，本科学历，馆员，副馆长（主持工作）。1996年参加工作，2002年主持工作至今，获县宣传部文化先进个人称号。

未来展望

云霄县图书馆的办馆宗旨是通过追求文献利用率的最大化，追求读者满意度的最大化，从而实现图书馆社会文化价值最大化，使之成为独具特色的、具有现代化管理水平的县级图书馆。

联系方式

地　址：云霄县中山路126号
邮　编：363300
联系人：吴文政

云霄县图书馆新馆设计图

东山县图书馆

概述

东山县图书馆1980年成立，现馆址位于东山县铜陵镇顶街282号。馆舍建筑面积2500平方米，设有采编室、阅览室、少儿室、外借室、期刊室、过刊室、台湾资料室、电子阅览室、盲人阅览区、展览厅、地方文献特藏室等服务窗口，以及东山歌册展示馆、谷文昌事迹展览室、黄道周研究室、关帝文化研究室等部门，把平面的文献立体化，把分散的资料典型化，使图书馆成为东山县的一道风景线。图书馆现有员工7名，其中专业人员3名（研究馆员1名，馆员1名，助理馆员2名），工勤人员3名（高级工2名，中级工1名）。建有全国文化信息资源共享工程县级分中心和东山县图书馆网站。2013年1月在西埔地区动工兴建新馆，面积7000平方米，计划2014年投入使用。

业务建设

截止2012年底，东山县图书馆总藏书量13万册（件），电子文献藏量400种。2012年，图书年入藏2100种，报刊年入藏182种，视听文献年入藏30件。2013年，为适应图书馆服务联盟建设需要，东山县图书馆加入中国专业图书馆网CSLN.net。

读者服务工作

2009年起，东山县图书馆全年365天对外免费开放，每周开放60小时。2009–2012年，书刊总流通6万人次，书刊外借4万册多次，并开通东图微博。建有农家书屋、部队流动箱等15个流动服务点，2009–2012年馆外书刊流通总数3万人次，书刊外借1.6万册次。2009–2012年，东山县图书馆共举办讲座、展览、培训、阅读推广等读者活动72场次，参与人数4万人次。

业务研究、辅导、协作协调

东山县图书馆在做好图书馆工作之外，还为东山书画院、东山县收藏协会、东山象棋培训中心提供活动条件，开拓图书馆领域，发挥应有功能，深化服务工作，为繁荣东山文化、促进对外文化交流做出贡献，在社会上产生良好影响，如：举办日报展、收藏展、“东山歌册”爱好者座谈会、书画展、笔会、“中小学弘扬和培育民族精神月”活动、东山实小迎春师生艺术作品展、欧相金诗集《翠竹潇潇》座谈会、“文化下乡”活动、“非遗“传承人进校园、东山歌册演唱会等等。编印《东图信息》和科普宣传资料3000份，正式出版东山歌册《谷文昌》《文明颂》《玉二妈传奇》《寡妇村》《人口与计生》。发挥全国文化信息资源共享工程东山县支中心作用，开拓服务领域，组织学生观看，下乡巡回播放《农村养殖新知识》《贺年新春》等纪录片。2005年《东山歌册》列入国家级首批非物质文化遗产保护名录，《东山关帝文化信仰风俗》列入福建省首批非物质文化遗产保护名录。这两个项目申报，成功地体现了图书馆的重要性，让社会各界人士了解文化遗产对本地区文化、科研、生产和经济发展所起到的重要作用。

表彰、奖励情况

2012年，东山县图书馆被评为“东山县第十一届（2010–2011年度）文明单位”，同年县图书馆组织排演的节目——东山歌册《东山十八景》参加福建省文化厅和福建省文联举办的福建省第四届曲艺节，被评为“节目奖（综合奖）三等奖”。2013年图书馆组织排演的少儿曲艺节目《家乡美》荣获福建省少儿曲艺比赛三等奖。

馆领导介绍

游明元，男，1963年1月生，大学学历，中共党员，研究馆员，馆长兼党支部书记。1995年7月到东山县图书馆工作。

未来展望

东山县图书馆遵循“科学、效率、创新、发展”的办馆方针，在不断强化自身综合实力的同时，带动全县图书馆事业的整体发展。2013年，在县城新建一座建筑面积7000平方米的新馆舍，主要指标位居全国县级公共图书馆前列，达到国内一级图书馆的基本标准。新馆建成后，东山县图书馆将在文献资源建设和读者服务工作等方面更上一个新台阶。

联系方式

地　址：福建省漳州市东山县铜陵镇顶街282号
邮　编：363401
联系人：游明元

游明元馆长为东山歌册国家级传承人颁发证书

游明元馆长

举办中小学生象棋比赛

福建省第四届曲艺节

顺昌县图书馆

概述

顺昌县图书馆成立于1982年，与县文化馆共用一座办公大楼。2002年搬入新馆舍，建筑面积2000平方米。2009年参加第四次全国公共图书馆评估，首次被文化部评为三级图书馆。有计算机29台，电子读报机1台，宽带接入10Mbps，采用CSLN“网图”图书馆自动化管理系统。

业务建设

2009年，顺昌县图书馆采用“网图”系统，实现图书馆管理自动化。2007年实现藏阅一体化和开架式服务，最大限度地给读者查阅文献资料提供方便。2007年启动全国文化信息资源共享工程顺昌县支中心建设，按照县级支中心标准配置设备，建立电子阅览室、多动能厅和机房。2010年初实现馆内无线网络全覆盖。

2012年，顺昌县图书馆新增藏量购置费11.3万元。2009–2012年底总藏书量为156161万册，其中图书92963册，电子文献63000种，地方文献325册，数字资源总量2.2TB。

读者服务工作

顺昌县图书馆实行每周7天免费对外开放的工作制度，日均开放8小时，节假日照常上班。馆藏图书开架率达到83%以上。2012年接待读者13万人次，年书刊流通量9万册次。2009–2012年，设立驻军部队、农家书屋等流动图书服务点20个，文化信息基层服务点6个，乡镇文化站服务点11个。建立读者QQ群，与读者在网上交流，吸引更多年轻读者走进图书馆。每逢节日举办生动活泼的读者座谈会、围棋比赛、“读者之友”有奖知识问答、三八“亲子”游戏等活动，深入军营送书上门，丰富官兵的文化生活。利用多功能厅举办“健康与营养”“国学讲座”“摄影常识讲座”，拉近图书馆与读者的距离。与县妇联联合成立“四点钟学校”，让孩子放学后在这里读书学习。根据不同年龄层次少年儿童特点，设计阅读区、娱乐区以及亲子阅览区。2012年还举办“八荣八耻”图片展、“建行杯”“顺昌风情”摄影展，深受群众好评。

业务研究、辅导、协作协调

长期以来，顺昌县图书馆协助基层、学校图工委举办图书馆业务培训。2009–2012年培训工作重点是“农家书屋”，以“走下去，请上来”的方式进行辅导。建立馆员联络辅导制，并将“农家书屋”作为图书馆流通点，开通“书屋管理人员QQ群”，通过QQ群体互动，将分散于乡村各地的“农家书屋”协调联系在一起。利用文化信息共享工程资源下载戏剧节目，刻录成光盘送到全县农家书屋。

管理工作

为充分调动员工的积极性，更好地发挥每个员工特长，2009年起顺昌县图书馆结合岗位设置，推行岗位自荐与实际工作能力相结合的竞争上岗制度；制定在德、能、勤、绩方面可量化的《顺昌县图书馆绩效考核及奖惩实施办法》。指标考核采取部门自查、部门之间互查、读者监督以及不定期领导督查的方式进行。每次督查有通报，每半年和全年进行总体工作考核。2013年完成第3次全员岗位聘任工作。

表彰、奖励情况

2009–2013年期间，被福建省妇联授予“巾帼文明岗”称号，连续5年被顺昌县委、县政府授予“文明单位”称号，被顺昌县妇联授予“巾帼建功先进单位”称号。

馆领导介绍

刘静波，女，1962年12月生，大专学历，馆长，从事图书馆工作29年。曾荣获县、市“三八红旗手”等荣誉称号。

未来展望

顺昌县图书馆将继续遵循“一切为了读者”的办馆宗旨，秉承“读者至上”的服务理念，在不断提高自身综合实力的同时，进一步扩大服务辐射区域，引领本县学校、社区、乡镇、企业图书馆事业不断发展，力争在第六次全国公共图书馆评估定级时被评为二级图书馆，将图书馆打造成人与信息、人与人之间交流的知识空间，打造成一个不仅可以看书学习，还可以纵论古今的知识乐园。

联系方式

地　址：顺昌县城中路21号
邮　编：353200
联系人：钟秀兴

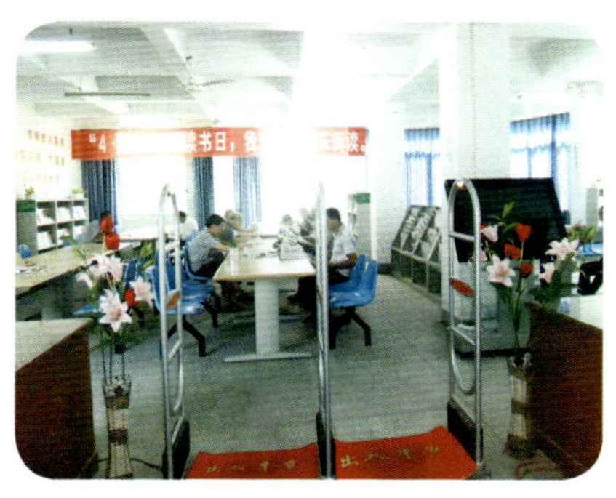

东山县图书馆

概述

东山县图书馆1980年成立，现馆址位于东山县铜陵镇顶街282号。馆舍建筑面积2500平方米，设有采编室、阅览室、少儿室、外借室、期刊室、过刊室、台湾资料室、电子阅览室、盲人阅览区、展览厅、地方文献特藏室等服务窗口，以及东山歌册展示馆、谷文昌事迹展览室、黄道周研究室、关帝文化研究室等部门，把平面的文献立体化，把分散的资料典型化，使图书馆成为东山县的一道风景线。图书馆现有员工7名，其中专业人员3名（研究馆员1名，馆员1名，助理馆员2名），工勤人员3名（高级工2名，中级工1名）。建有全国文化信息资源共享工程县级分中心和东山县图书馆网站。2013年1月在西埔地区动工兴建新馆，面积7000平方米，计划2014年投入使用。

业务建设

截止2012年底，东山县图书馆总藏书量13万册（件），电子文献藏量400种。2012年，图书年入藏2100种，报刊年入藏182种，视听文献年入藏30件。2013年，为适应图书馆服务联盟建设需要，东山县图书馆加入中国专业图书馆网CSLN.net。

读者服务工作

2009年起，东山县图书馆全年365天对外免费开放，每周开放60小时。2009—2012年，书刊总流通6万人次，书刊外借4万册多次，并开通东图微博。建有农家书屋、部队流动箱等15个流动服务点，2009—2012年馆外书刊流通总数3万人次，书刊外借1.6万册次。2009—2012年，东山县图书馆共举办讲座、展览、培训、阅读推广等读者活动72场次，参与人数4万人次。

业务研究、辅导、协作协调

东山县图书馆在做好图书馆工作之外，还为东山书画院、东山县收藏协会、东山象棋培训中心提供活动条件，开拓图书馆领域，发挥应有功能，深化服务工作，为繁荣东山文化、促进对外文化交流做出贡献，在社会上产生良好影响，如：举办日报展、收藏展、“东山歌册”爱好者座谈会、书画展、笔会、“中小学弘扬和培育民族精神月”活动、东山实小迎春师生艺术作品展、欧相金诗集《翠竹潇潇》座谈会、“文化下乡”活动、“非遗“传承人进校园、东山歌册演唱会等等。编印《东图信息》和科普宣传资料3000份，正式出版东山歌册《谷文昌》《文明颂》《玉二妈传奇》《寡妇村》《人口与计生》。发挥全国文化信息资源共享工程东山县支中心作用，开拓服务领域，组织学生观看，下乡巡回播放《农村养殖新知识》《贺年新春》等纪录片。2005年《东山歌册》列入国家级首批非物质文化遗产保护名录，《东山关帝文化信仰风俗》列入福建省首批非物质文化遗产保护名录。这两个项目申报，成功地体现了图书馆的重要性，让社会各界人士了解文化遗产对本地区文化、科研、生产和经济发展所起到的重要作用。

表彰、奖励情况

2012年，东山县图书馆被评为“东山县第十一届(2010-2011年度)文明单位”，同年县图书馆组织排演的节目——东山歌册《东山十八景》参加福建省文化厅和福建省文联举办的福建省第四届曲艺节，被评为“节目奖(综合奖)三等奖”。2013年图书馆组织排演的少儿曲艺节目《家乡美》荣获福建省少儿曲艺比赛三等奖。

馆领导介绍

游明元，男，1963年1月生，大学学历，中共党员，研究馆员，馆长兼党支部书记。1995年7月到东山县图书馆工作。

未来展望

东山县图书馆遵循“科学、效率、创新、发展”的办馆方针，在不断强化自身综合实力的同时，带动全县图书馆事业的整体发展。2013年，在县城新建一座建筑面积7000平方米的新馆舍，主要指标位居全国县级公共图书馆前列，达到国内一级图书馆的基本标准。新馆建成后，东山县图书馆将在文献资源建设和读者服务工作等方面更上一个新台阶。

联系方式

地　址：福建省漳州市东山县铜陵镇顶街282号
邮　编：363401
联系人：游明元

游明元馆长为东山歌册国家级传承人颁发证书

游明元馆长

举办中小学生象棋比赛

福建省第四届曲艺节

平和县图书馆

概述

平和县图书馆成立于1984年6月，1997年馆舍迁至平和县小溪镇龙溪路，建筑面积2250平方米。总藏书量6万余册，报刊55种。馆内设有采编室、图书外借室、报刊阅览室、典藏阅览室、政府信息公开平台、多媒体播放室、电子阅览室等服务窗口。目前新馆正在建设之中。2013年参加全国公共图书馆评估，被文化部评为“三级图书馆”。

读者服务工作

2009年8月起，平和县图书馆实行免费开放，每周开放时间56小时。年办理借书证读者总数2321人；年读者流通12630人次，年图书外借16830册次；年举办社会教育与培训3次，参与读者326人次；年开展讲座活动4场，参与读者1200人次；年开展读者活动2场，参与读者1935人次。2013年，平和县图书馆与平和县文体新局联合编辑出版《绳武楼》一书，在省级期刊发表论文4篇，并参与全县农家书屋建设与业务指导。

平和县图书馆秉承“传承文明、服务社会”的宗旨，积极开展为特殊群体、弱势人群服务，为领导机关决策和社会事业发展、为科研与经济建设提供各种信息服务，为广大读者提供优雅舒适的阅读环境；积极开展送图书进社区、学校、工厂、部队、农村等便民服务；积极开展读书、征文、讲座、咨询、展览、培训等特色服务。加强对平和窑、土楼文化、红色文化等地方特色文化的挖掘与研究，继续编写文化丛书，不断延伸、拓展服务的深度和广度，充分发挥图书馆普及科学文化知识，提高社会文明程度和公民文明素质，服务“文化旅游名县”建设，推动社会发展进步等多方面作用。

管理工作

平和县图书馆事业编制6人，现有工作人员6人，其中高级职称1人。

馆领导介绍

叶朝阳，男，1969年10月生，大专学历，中共党员，副研究馆员，副馆长（主持工作）。

未来展望

平和县图书馆秉承“传承文明、服务社会”的宗旨，积极为广大读者服务，为领导机关决策与社会事业发展、科研与经济建设、社会大众提供各种信息服务；积极开展图书进社区、学校、工厂、部队、农村等便民服务；积极开展读书、征文、讲座、咨询、展览、培训等特色服务。不断拓展服务深度和广度，充分发挥图书馆在普及科学文化知识，提高社会文明程度和公民文明素质、推动社会发展进步的作用。2013年，平和县图书馆新馆大楼建设工程正式启动，计划2015年投入使用，总建筑面积3000平方米。届时，资金的投入，平和县图书馆将更好地服务社会，不断满足广大读者对精神文化的需求。

联系方式

地　址：平和县龙溪路
邮　编：363700
联系人：叶朝阳

馆舍大楼

阅览室

图书进校园

到南胜中学开展送文化进校园活动

华安县图书馆

概述

华安县图书馆筹建于1994年，馆舍面积300平方米，文献藏量1万册。2012年，根据省文化厅下发关于加强县级公共图书馆建设的通知，县委、县政府将县公共图书馆项目建设列入为民办实事项目之一，纳入县“五大战役”总体规划。通过多方协调，将2004年投入使用、占地面积近7000平方米、建筑面积2589平方米的青少年活动中心一幢5层综合楼划拨给华安县文体科新局，作为县图书馆新馆舍。按照国家三级馆的功能设置要求，投入130多万元进行重新改造装修，2012年12月正式开馆。设置藏书库、少儿阅览厅、开架阅览室、残疾人阅览室、采编室、外借室、报刊阅览室、期刊阅览室、电子阅览室、多媒体播放厅、行政办公室、文献特藏书库等部门。少儿阅览厅座席100个，多媒体播放厅座席120个，电子阅览室电脑33台，使用电信6M光纤接入网络，采用网图自动化管理系统。2013年参加全国公共图书馆评估定级，被文化部评为三级图书馆。

业务建设

截止2013年，华安县图书馆已上架图书3.6万册，未上架图书2万多册，报刊合订本2100册，杂志3000册。

读者服务工作

华安县图书馆根据上级有关文件精神，制定图书馆免费开放工作实施方案，将图书馆公共空间设施场地以及基本公共文化服务项目全部免费向群众开放，每周开馆40小时。自2012年12月开馆至今，华安县图书馆利用多媒体播放厅每年与青少年活动中心和附近中小学联合举办以4·23世界读书日为主题的系列活动。此外，暑假期间图书馆多媒体播放厅不定期播放科学、文化、艺术、教育、娱乐、故事片等视频节目，为满足孩子们假期文化生活需求搭建平台，提供服务。为方便广大读者查阅图书，华安县图书馆在一楼大厅为读者提供一台触摸屏检索机，供读者上网查阅馆藏文献，节省读者查找图书的时间。

业务研究、辅导、协作协调

华安县图书馆与厦门市图书馆签订《闽南地区图书馆文献交换协议》，参与厦门市图书馆“文献交换平台”测试工作，创新跨区域文化资源共享方式。

华安县图书馆以农家书屋工程建设为载体，协助建设91个农家书屋，送书3万多册，发放培训材料200多份，对各村文化协管员尤其是农家书屋管理人员进行指导和培训，为构建农村公共文化服务体系创造有利条件。

管理工作

华安县图书馆由馆长负责图书馆全面工作。2013年，华安县图书馆从其他单位调入工作人员3名，目前共有员工5名。根据华安县文体科新局制定的《华安县图书馆岗位设置实施方案》《华安县图书馆绩效考核办法》，按需设岗，明确岗位责任，与工作人员签订岗位目标责任书，实行年终考评制度，严格按照考核制度对工作人员进行工作考核。

馆领导介绍

蔡年和，男，1957年9月生，厦门大学中文系毕业，馆长。1978年2月参加工作至今。

未来展望

华安县图书馆将牢记“读者第一、服务至上”的宗旨，继续完善图书馆各类设备、设施，在现有基础上，争取固定的购书经费，逐年增加藏书量；加大建设力度，为读者提供优美、舒适、便捷的阅读空间；努力争取资金，在未来几年建好电子阅览室并向公众开放，把华安县图书馆建成“馆藏丰富、设施先进、管理科学、环境优美、服务创新”的县级文献收藏中心、信息服务中心和社会教育中心。

联系方式

地　址：福建省漳州市华安县平湖西路24号
邮　编：363800
联系人：蔡年和

（撰稿人：蔡年和）

县长视察图书馆

家庭教育报告会

“认星争优·做美德少年”活动

世界读书日活动

顺昌县图书馆

概述

顺昌县图书馆成立于1982年，与县文化馆共用一座办公大楼。2002年搬入新馆舍，建筑面积2000平方米。2009年参加第四次全国公共图书馆评估，首次被文化部评为三级图书馆。有计算机29台，电子读报机1台，宽带接入10Mbps，采用CSLN“网图”图书馆自动化管理系统。

业务建设

2009年，顺昌县图书馆采用“网图”系统，实现图书馆管理自动化。2007年实现藏阅一体化和开架式服务，最大限度地给读者查阅文献资料提供方便。2007年启动全国文化信息资源共享工程顺昌县支中心建设，按照县级支中心标准配置设备，建立电子阅览室、多动能厅和机房。2010年初实现馆内无线网络全覆盖。

2012年，顺昌县图书馆新增藏量购置费11.3万元。2009–2012年底总藏书量为156161万册，其中图书92963册，电子文献63000种，地方文献325册，数字资源总量2.2TB。

读者服务工作

顺昌县图书馆实行每周7天免费对外开放的工作制度，日均开放8小时，节假日照常上班。馆藏图书开架率达到83%以上。2012年接待读者13万人次，年书刊流通量9万册次。2009–2012年，设立驻军部队、农家书屋等流动图书服务点20个，文化信息基层服务点6个，乡镇文化站服务点11个。建立读者QQ群，与读者在网上交流，吸引更多年轻读者走进图书馆。每逢节日举办生动活泼的读者座谈会、围棋比赛、“读者之友”有奖知识问答、三八“亲子”游戏等活动，深入军营送书上门，丰富官兵的文化生活。利用多功能厅举办“健康与营养”“国学讲座”“摄影常识讲座”，拉近图书馆与读者的距离。与县妇联联合成立“四点钟学校”，让孩子放学后在这里读书学习。根据不同年龄层次少年儿童特点，设计阅读区、娱乐区以及亲子阅览区。2012年还举办“八荣八耻”图片展、“建行杯”“顺昌风情”摄影展，深受群众好评。

业务研究、辅导、协作协调

长期以来，顺昌县图书馆协助基层、学校图工委举办图书馆业务培训。2009–2012年培训工作重点是“农家书屋”，以“走下去，请上来”的方式进行辅导。建立馆员联络辅导制，并将“农家书屋”作为图书馆流通点，开通“书屋管理人员QQ群”，通过QQ群体互动，将分散于乡村各地的“农家书屋”协调联系在一起。利用文化信息共享工程资源下载戏剧节目，刻录成光盘送到全县农家书屋。

管理工作

为充分调动员工的积极性，更好地发挥每个员工特长，2009年起顺昌县图书馆结合岗位设置，推行岗位自荐与实际工作能力相结合的竞争上岗制度；制定在德、能、勤、绩方面可量化的《顺昌县图书馆绩效考核及奖惩实施办法》。指标考核采取部门自查、部门之间互查、读者监督以及不定期领导督查的方式进行。每次督查有通报，每半年和全年进行总体工作考核。2013年完成第3次全员岗位聘任工作。

表彰、奖励情况

2009–2013年期间，被福建省妇联授予“巾帼文明岗”称号，连续5年被顺昌县委、县政府授予“文明单位”称号，被顺昌县妇联授予“巾帼建功先进单位”称号。

馆领导介绍

刘静波，女，1962年12月生，大专学历，馆长，从事图书馆工作29年。曾荣获县、市“三八红旗手”等荣誉称号。

未来展望

顺昌县图书馆将继续遵循“一切为了读者”的办馆宗旨，秉承“读者至上”的服务理念，在不断提高自身综合实力的同时，进一步扩大服务辐射区域，引领本县学校、社区、乡镇、企业图书馆事业不断发展，力争在第六次全国公共图书馆评估定级时被评为二级图书馆，将图书馆打造成人与信息、人与人之间交流的知识空间，打造成一个不仅可以看书学习，还可以纵论古今的知识乐园。

联系方式

地　址：顺昌县城中路21号
邮　编：353200
联系人：钟秀兴

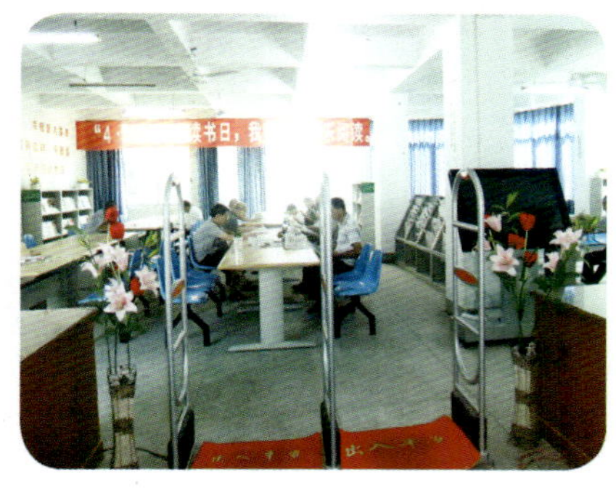

古田县图书馆

概述

古田县图书馆成立于1989年，馆舍面积800多平方米，是一所面向社会公众开放，免费提供书刊借阅、报纸阅览、计算机信息检索和多媒体阅览等多功能的服务性机构。设有图书外借处、报刊阅览室、电子阅览室、文化共享工程机房、多媒体播放厅、地方文献特藏室、采编室、办公室等部门。采用GLIS通用图书馆集成系统，实现了编目自动化管理。

业务建设

截止2013年底，古田县图书馆文献总藏量约32万册，电子书约26万册。自建地方特色文化资源1.5TB，图书馆数据总资源量达到10TB。

2010年古田县图书馆被福建省文化厅确定为全省10个“县级数字图书馆推广计划”试点馆之一，先后投入100多万元，购买,服务器4台、存储磁盘阵列10TB等相关硬件，完成了文化共享工程支中心建设；购置电脑35台，其中电子阅览厅25台，开通古田县图书馆网站。2009–2012年，古田县图书馆网站访问量120.2万次。

近年来，古田县图书馆抓紧完成图书回溯工作，按照省联编中心的要求，向省中心上传本馆馆藏图书数据，成为省文献联合编目中心的成员馆。

读者服务工作

2009年古田县图书馆实行开架借阅，每周开放56小时。2009–2012年，书刊总流通18.6万人次，书刊外借24.8万册次。利用节假日开展形式多样的读者活动，2009–2012年共举办讲座、培训9次，展览6次，阅读推广活动5次，其他形式活动10次，参加活动的读者达到3.5万人次。

业务研究、辅导、协作协调

2009–2012年共选派人员参加业务培训20多人次。鼓励在职成人教育，鼓励馆员撰写论文，发表论文15篇，其中获中国图书馆学会年会优秀论文二等奖1篇，获福建省图书馆学会第九届优秀论文二等奖1篇、三等奖2篇。多篇论文刊登在省级期刊上。每年还编印4期《古图信息》与兄弟馆交流。

2012年以来，古田县图书馆被省文明办评为福建省首批“关爱未成年人志愿服务牵手行动”志愿服务站。与古田二小留守儿童结对帮扶，开展志愿活动。

2009–2012年间，积极配合地方政府部门编撰出版《文史资料》《古田库区》《朱子与古田》《圆瑛》《古田临水宫志》《古田旧城记忆》《翠屏集》等地方文献书籍，并参与田野调查，承担部分章节的撰写，为有关图书的出版提供大量的第一手资料。

管理工作

古田县图书馆实行全员岗位聘任，建立了工作量化考核指标体系，制定图书外借制度，考勤、奖惩制度，档案、统计工作制度，自动化电脑操作管理制度，书库管理制度，共享工程机房管理等岗位责任制，使图书馆各项工作有章可循。

表彰、奖励情况

1999–2013年，古田县图书馆连续4次被文化部评为“三级图书馆”；2009年被评为“宁德市巾帼文明岗”；2010年被评为“福建省三八红旗集体”，同年共享工程古田县支中心获得“福建省文化信息资源共享工程少儿网页设计竞赛组织奖”；2012年被评为“宁德市第七届文明行业创建工作示范点”；连续4届被评为县级文明单位。

馆领导介绍

王丽端，女，1964年8月生，大学本科学历。1980年12月参加工作，现任古田县图书馆馆长，副研究馆员，兼任福建省图书馆学会理事，宁德市图书馆学会副会长，政协古田县第十届、第十一届委员，第十二届常委，古田县第十六届人大常委会委员，古田县张以宁文化研究会副秘书长等职。2008年被福建省人事厅、福建省文化厅评为“全省文化系统先进工作者”，2013年被宁德市精神文明建设指导委员会评为“学雷锋优秀志愿服务工作者”。

李芳，女，1965年10月生，本科学历，中共党员，馆员，副馆长。1989年9月参加工作，2009年7月至今任古田县图书馆副馆长。

未来展望

在信息社会的今天，古田县图书馆将依托文化共享工程，以数字图书馆建设为目标，以自动化服务为手段，以满足读者需求为出发点，以开展服务活动为重点，以传播知识和传递信息为职能，以馆藏文献为依托，努力实现全方位开放式读者服务工作，使图书馆成为文化、科技、传播、社会教育、信息交流的中心，为丰富群众文化生活、提高全民文化素质、建设城市文化做出新的更大的贡献。

联系方式

地　址：福建省古田县六一四路301号
邮　编：352200
联系人：李　芳

“少儿阅读辅导”专题讲座

古田县地方文献征集座谈会

为老年大学学员电脑培训

寿宁县图书馆

概述

寿宁县图书馆成立于1997年8月，2008年9月开馆。馆舍占地面积500平方米，建筑面积2100平方米。有阅览座席120个。2013年首次参加全国公共图书馆评估定级，被文化部评为三级图书馆，2014年被评为县级文明单位。

业务建设

截止2013年底，寿宁县图书馆总藏书量23.0526万册，其中纸质文献3.0526万册，电子图书20万册。2013年底完成文化信息共享工程县级支中心建设。2011年成为福建省图书馆10家分馆之一。2011-2013年总流通量7.31万人次。

业务研究、辅导、协作协调

2010-2013年，寿宁县图书馆员工撰写发表论文6篇，向县政府递交调查报告2份。2012年，与寿宁一中签订《课外阅读活动场所协议书》。邀请专家学者举办大型讲座2次，参加读者200人次。连续两年开展“志愿者服务读者”活动。举办乡镇文化站站长培训班2次，为乡镇文化信息共享工程、基层普查等工作服务。2010-2013年开展送书进军营、送书进乡村、送书进社区、关怀留守儿童等活动13次。

管理工作

寿宁县图书馆采用聘任制，现有5名工作人员。

馆领导介绍

叶永清，男，1959年9月生，大专学历，馆员，馆长，宁德市图书馆学会常务理事。

叶少灵，男，1973年8月生，大专学历，馆员，副馆长。

未来展望

寿宁县图书馆将服务山区人民群众的阅读需求作为第一任务，随着以往遗留问题的逐步解决，图书馆工作将逐步走上正轨，更好地为全县人民服务。

联系方式

地　址：寿宁县鳌城茗溪新区
邮　编：355500
联系人：叶永清

省市县领导到我馆指导工作

与武警共建

馆长叶永清为读者辅导

乡镇文化站人员培训

电子阅览室

阅览室一角

柘荣县图书馆

概述

柘荣县图书馆前身为县文化馆图书室，1984年12月成立图书馆，1997年迁入现馆舍。馆舍建筑面积1200平方米，光纤宽带接入10M，采用北京清大新洋图书自动化管理系统，馆藏图书书目数字化90%以上。2013年参加全国公共图书馆评估定级，被文化部评为“三级图书馆”。

业务建设

截止2013年底，柘荣县图书馆文献总藏量5.1万册。其中纸质图书38707册，报纸合订本3682册，期刊合订本4975册，电子图书近30万种，视听文献1271件。数字资源总量达2.5TB。主要依托确然点播系统并利用金蝶电子图书馆管理系统和网上报告厅两大平台，对外开展网络点播服务。

重视地方文献建设，与县方志委、县党史办等单位联合，多方收集、整理地方文献，并以柘荣人物志、柘荣特色产业等为重点，建立地方文献专柜和地方文献目录。

读者服务工作

柘荣县图书馆每周开馆时间56小时，双休日、节假日不闭馆。设立10个馆外流通站点和服务场所，每年开展为弱势群体和基层群众送书上门、送书下乡服务。利用馆内电子阅览室链接主要政务信息网站，为广大读者提供政府信息公开服务。

2010–2013年，柘荣县图书馆流通总数为14.2万人次，书刊外借31.3万册次。开展读者活动40多场次，举办讲座、报告会15场次，参与读者达1万人次以上。编印《柳图信息》40余期。

业务研究、辅导、协作协调

2010–2013年，柘荣县图书馆赴基层开展业务辅导30多次，深入全县9个乡镇，帮助创建乡镇图书馆（室）、社区图书室和农家书屋。先后举办全县文化协管员岗位培训班和基层图书馆业务培训班等业务培训活动，培训基层业务人员及文化协管员、农家书屋管理员近80人次。

2010年始，成立共享工程县级支中心，投入资金近40万元，建设中控机房、电子阅览室和多媒体室，基本实现共享工程县支中心硬件标准化配置。加入全国图书馆联合编目中心，共享编目资源；安装省图书馆数字资源客户端，实现远程共享省图数字资源。

在延伸服务方面，与县消防大队和武警中队结成流动图书共建单位；与县实验小学共建课外雏鹰活动基地；与县残联共建“福乐书屋”。

管理工作

截止2013年，实行新一轮岗位设置，按岗聘用，竞聘上岗；完善“员工岗位责任量化考核细则”，量化考核图书馆员履行岗位情况；尝试吸纳志愿者参与图书馆工作。同时每年选送业务骨干赴省图书馆参加基础业务培训；组织员工赴周边县市图书馆学习参观，拓宽和提高专技人员知识面与综合业务素质。

表彰、奖励情况

1998年被县委、县政府评为县“文明单位”。2010年被县委、县政府授予县“文化工作先进集体”称号。

馆领导介绍

褚缨，女，1968年9月生，在职大学本科学历，中共党员，馆员，馆长。1988年9月入馆参加工作，先后在外借，采编等部门工作；2006年被宁德市文化与出版局评为2004–2006年度先进个人；2009年被柘荣县人民政府评为2008–2009年度全县文化体育工作先进个人；2010年被福建省图书馆学会评为2005–2010年度优秀会员。

赵盛源，男，1976年11月生，在职本科学历，中共党员，馆员，副馆长。2000年4月到馆参加工作，先后在少儿室、办公室等部门工作。

未来展望

柘荣县图书馆将始终以读者为中心，打造特色资源型地方图书馆。规划建设新馆，单体建筑面积3000平方米；强化文献信息资源体系建设，探索建设具有地方文化历史特色的馆藏文献；加快地方特色资源数据库建设，制定《柘荣中国民间艺术之乡——柘荣剪纸世界非物质文化遗产》地方文献数据库建设规划，完成柘荣剪纸渊源、地方剪纸名人、名作及剪纸产业化发展等文献的采集、制作、上传，服务地方经济；全面构建完善的文化共享工程县级支中心平台及县级数字图书馆服务架构，为广大读者提供一站式的服务，提供跨平台联合检索服务；建设县数字图书馆门户网站，初步实现与省市图书馆数字资源互通共享，推进图书馆自动化建设。

联系方式

地　址：柘荣县柳城西路22号
邮　编：355300
联系人：赵盛源

“书香八闽”颂读大赛

少儿摄影培训班

流动图书进军营

全国公共图书馆评估

上等级图书馆全集(第五次)

第三卷

江西 山东 河南 湖北

中国图书馆学会 编

中国文史出版社

图书在版编目（CIP）数据

全国公共图书馆评估上等级图书馆全集（第五次）：全 5 册 / 中国图书馆学会编. —— 北京：中国文史出版社，2016.1

ISBN 978-7-5034-7473-6

Ⅰ. ①全… Ⅱ. ①中… Ⅲ. ①公共图书馆-图书馆评估-中国 Ⅳ. ①G259.252

中国版本图书馆 CIP 数据核字(2016)第 024761 号

责任编辑：詹红旗　梁　洁

装帧设计：童　昊　李玉琴

出版发行：中国文史出版社

网　　址：www.wenshipress.com

社　　址：北京市西城区太平桥大街 23 号　邮编：100811

电　　话：010-66173572　66168268　66192736（发行部）

传　　真：010-66192703

印　　装：廊坊市汇兴印刷有限公司

经　　销：全国新华书店

开　　本：16

印　　张：210

印　　数：1-2600

版　　次：2016 年 1 月 北京第 1 版

印　　次：2016 年 1 月 第 1 次印刷

定　　价：1980.00 元(全五册)

《全国公共图书馆评估上等级图书馆全集（第五次）》
编委会

组稿负责人（按姓氏笔画排列）

马慧艳	乌兰格日勒	王祝康
石焕发	旦增卓玛	严　真
李　苗	李盛福	陈卫东
杨岭雪	杨洪江	吴　荇
张　蕊	陆丽娜	尚　庄
金晓英	金晓明	金美丽
武巍泓	钟海珍	贺定安
段蓓虹	闻德锋	高　莹
贾　莹	徐力文	徐向东
陶嘉今	黄　俊	董　隽
雷兰芳	熊　文	

前　言

2013年，文化部在全国开展了第五次公共图书馆评估定级工作，上等级图书馆共2230个。为做好本次评估工作的经验总结、成果交流和资料留存等工作，展示上等级图书馆风采，充分发挥公共图书馆在我国公共文化服务体系建设中的重要作用，中国图书馆学会编辑、出版了《全国公共图书馆评估上等级图书馆全集（第五次）》（以下简称《全集》）一书。

《全集》共设9个基本栏目：概述，业务建设，读者服务工作，业务研究、辅导、协作协调，管理工作，表彰、奖励情况，馆领导介绍，未来展望，联系方式。内容全面介绍了上等级图书馆的发展状况及取得的成绩。本书是近年来全国上等级图书馆发展的最新成果集萃和最高水平展示，凝聚着全国图书馆工作者的心血和汗水。

《全集》由中国图书馆学会副理事长、国家图书馆常务副馆长陈力和中国图书馆学会副理事长、文化部公共文化司原巡视员刘小琴共同担任主编，邀请中国图书馆学会、国家图书馆以及各省级图书馆学（协）会领导和相关专家共同组成编委会。《全集》编辑过程中，中国图书馆学会、各省级图书馆学（协）会和全国上等级图书馆相关人员积极配合，搜集、整理了诸多第一手素材和资料。《全集》编撰涉及面广，内容介绍详细，参考价值大，互动性佳，系统性强，这得益于上述各方的大力支持和倾力合作，才确保了本书的品质和质量。借此出版之际，也向大家表示最诚挚的感谢。

《全集》具有权威性、全面性、系统性、工具性等特点，集中收录第五次评估上等级图书馆的有关资料、照片等内容，真实、准确地记述上等级图书馆相关方面的史实，全面、客观地反映上等级图书馆的建设成就，对社会各界了解和研究上等级图书馆具有重要的参考作用。

《全集》编辑过程中，为统一版式，对部分入编单位的版面进行了调整。由于时间和水平的原因，恐有疏漏之处，诚望谅解！

《全集》编委会

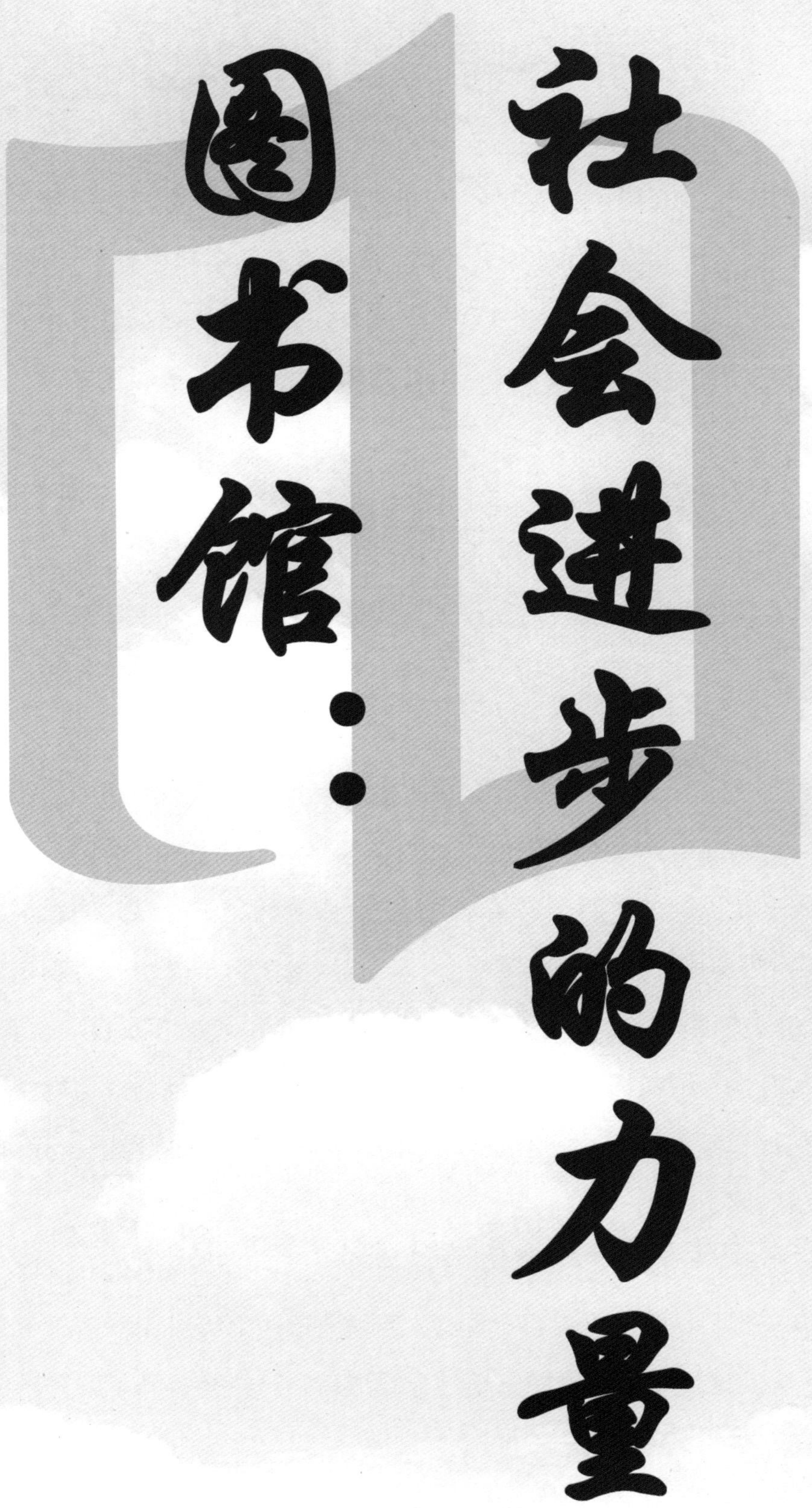

LIBRARY:

the power of social progress!

目录

江西省

山东省

河南省

湖北省

南昌市图书馆

概述

南昌市图书馆坐落于南昌市风景名胜滕王阁西南面。东临抚河，西靠赣江；左拥江西省博物馆，后依江西省科技馆。风景优美宜人，文化气息浓厚。

南昌市图书馆位于新洲路12号，占地面积1.5公顷，总建筑面积2.1万平方米，设计可藏书150万册。截止2012年底，有工作人员69人。内设外借部、期刊部、少儿部、参考咨询部、辅导部、电脑部、盲人阅览室、后勤部、文化产业部、保卫科和办公室11个部门。南昌市图书馆从2003年参加全国公共图书馆评估开始，连续三次获得一级图书馆称号。

业务建设

截止2012年底，南昌市图书馆入藏的古籍、图书、期刊和报纸合订本、小册子、手稿及相关视听文献共计80余万册。拥有计算机116台，其中，办公及业务使用46台，电子阅览室对外服务70台。宽带接入100M，存储容量30TB，无线网覆盖率90%以上。

2009–2012年底，南昌市图书馆购书经费始终保持在130万元。

读者服务工作

南昌市图书馆新馆开馆以来一直执行此开馆时间（上午8：20–下午5：30）。工作人员分两班轮换。每天保证开馆9小时以上，每周开馆64小时以上，并保证全年365天都照常开馆。为方便读者，该馆外借部、期刊部和少儿部一直以来都是实行开架借阅，参考咨询部实行半开架借阅。

截止2012年底，南昌市图书馆共有持证读者2万余人，2009–2012年，年均接待读者26万余人次。

2009–2012年，南昌市图书馆共举办讲座、展览、培训阅读推广等活动100余场次，参与人数28余万人次。

2009–2012年，南昌市图书馆馆外基层服务点书刊借阅年均20000余册次。

业务研究、辅导、协作协调

2009–2012年，南昌市图书馆职工发表论文16篇，调查研究1篇。获奖论文11篇，其中中图学会三等奖2篇；省图学会一等奖1篇，二等奖2篇，三等奖4篇，优秀奖2篇。

2009年，为了长效开展"文化三下乡"活动，让社区、乡镇图书室更好地发挥宣传阵地的作用，更好地为基层群众服务，南昌市图书馆继续坚持有目的、有计划地开展送书下乡，有选择地重点帮建一些社区、乡镇图书室，以点带面，逐步推进基层文化服务体系的建立、完善。全年组织送书17次，共计9460册。极大地丰富了当地群众的业余文化生活，受到广大群众的欢迎。

2010年加大对县区级图书馆的业务辅导工作，相继举办全市文化共享工程培训班、ILAS业务知识培训班，并积极组织员工参加省馆举办的各类学术报告会，极大地提高了我市公共图书馆从业人员的整体素质。

2011–2012年，南昌市图书馆共组织举办各种培训10次，培训各级技术人员500余人。

管理工作

2008年，根据市委办公厅、市政府办公厅《关于南昌市事业单位岗位设置管理的实施意见》（洪办发[2009]14号）等文件精神，南昌市图书馆开展了岗位设置聘任工作。本次聘任共设69个岗位，其中：管理岗位7个，专业技术岗位59个，工勤技能岗位3个。

表彰、奖励情况

2009–2012年，南昌市图书馆共获得各种表彰、奖励13次，其中文化部表彰、奖励1次，省图协会表彰、奖励4次，市委、市政府表彰、奖励1次，其他表彰、奖励7次。

2009年，该馆被文化部授予"一级图书馆"称号。

馆领导介绍

胡才高，男，1958年12月生，大专学历，中共党员，馆长。1977年1月在福州军区32837部队服役，历任福建省军区32834部队司令部机要参谋、福建省军区32833部队司令部参谋、福建省军区32833部队司令部机要科长、江西省铜鼓县武装部部长、南昌市图书馆馆长、南昌市政协委员。

罗卓舟，男，1969年1月23日生，大学本科，中共党员，副研究馆员、副馆长。1989年8月到南昌市图书馆参加工作，先后任馆长助理、副馆长职务。2001年9月论文《图书馆的管理与改革》在江西省图书馆学会年会征文活动中，被获得三等奖。

2010年1月18日南昌县幽兰镇罗舍小学送书活动

2010年5月20日南昌县图书大循环活动

科普讲座现场

服务宣传周启动仪式

有奖竞猜活动

陈菊凤，女，1959年12月2日生，大学本科，中共党员，副研究馆员、副馆长。1976年1月参加工作。历任江西棉纺织印染厂保育院副院长、南昌市群艺馆馆长助理、南昌市图书馆馆长助理、副馆长职务。2002年获南昌市文化局先进工作者称号。

未来展望

南昌市图书馆一直以最大限度满足读者需求为宗旨，新图书馆于2002年12月27日对外试开放以来，切实加强了制度建设，制定完善了一系列行政、业务工作的规章制度并付诸实行，有效地保证了图书馆工作的正常运转和健康发展。

未来南昌市图书馆将设立一个豫章文化主题图书馆，此主题图书馆是依托南昌市图书馆的丰富馆藏文献资源和南昌地域文化有交集的历史文化名人、以及中国共产党领导的八一南昌起义为代表的红色文化和以南昌采茶戏为代表的本土戏曲文化为背景作切入点，以集中各种文献专藏，变“分类集中”为“主题集中”，集中各种载体形式的专藏文献，为建设豫章文化做好文献信息资源建设和服务工作，是研究南昌地域文化专业人员、社会公众的一个值得信赖的公共信息服务平台。建成后的主题图书馆，将国内外最新最全的南昌地域文化资讯呈现给读者，预计馆藏规模二万册。并以乡土教育为创新点，培养爱国爱乡的情节，增强对家乡的认知感，最终以丰富的文化信息资源、优雅的阅览场所，先进的技术设施，为读者提供方便、舒适的信息共享空间，成为专业读者查询资料、提供课题研究服务的理想去处，发挥其应有的社会效益。

未来南昌市图书馆还会不断地研究并采用新技术、新手段，以更高的标准来强化图书馆职能。我们相信，只要我们胸怀事业，勤与开拓，团结一致，与时俱进，南昌市图书馆就一定能迎来更美好的未来。

联系方式

地　址：南昌市新洲路12号
邮　编：330025
联系人：刘 霞

图书馆外貌

景德镇市图书馆

概述

景德镇市图书馆始建于1954年，2000年进行馆舍改造，2002年10月新馆竣工落成，建筑面积6000平方米，2004年正式对外开放。新馆地位于市中心广场与珠山南路交汇处，交通便利。馆名由我国著名学者、前国家图书馆馆长任继愈先生题写。为本市规模最大、藏书最多的综合性公共图书馆，2009年通过第四次评估定级被文化部评定为一级图书馆。2012年，景德镇市图书馆有阅览座席近555个，计算机192台，信息节点247个，宽带接入为30Mbps，选用ILASⅡ图书馆自动化管理系统。

业务建设

截止2012年底，景德镇市图书馆文献入藏总量为612883册，其中电子文献入藏总量为69332种。2012年景德镇市图书馆新增藏量购置费70.65万元。图书年均入藏量为6979种，12930册。报刊年均入藏量为811种，829份。视听文献年均藏量687件。多卷书、连续出版物入藏完整率在85%以上。

截止2012年底，景德镇市图书馆数字资源总量为15TB，其中，自建数字资源总量300G。2009—2010年，完成《《江西景德镇陶瓷文化资源库》数据库建设并通过江西省图书馆信息中心的验收。2012年购进中国知网陶瓷特色库，将在这两个库的基础上完成景德镇陶瓷特色数据库平台的建成。

2013年年初，实现馆内85% 802.11N无线网络覆盖。

读者服务工作

从2010年7月起，景德镇市图书馆全年365天对外免费开放，公共空间设施场地全部免费开放。平均每周开放时间超过64小时，部分对外开放部室开馆时间达70小时以上。普通图书、报刊实行开架借阅。馆藏书刊年外借率达55%。书刊文献年外借册次达33万以上。并与乐平图书馆、珠山区馆，昌江区馆、陶瓷学院图书馆进行馆际互借。2009年至2012年间共建成三个分馆，图书流动服务点有20多家.每年书刊借阅册次平均为12000册。人均年到馆15次。每月在市图书馆举办"珠山讲坛"活动.每月的周5晚8点在景德镇市电视台"陶瓷视界栏目播放"珠山讲坛"节目。走进社区为居民举办各类视频及现场讲座。2013年起与市文明办联合举办"道德讲堂"讲座。平均每年组织各类展览达12次。每月均通过电子显示屏、网站、媒体等媒介为读者进行"新书推荐"。每年的4月23日举办各种读书日活动，并在各级各类媒体广泛进行阅读推广活动。每万人年均参与活动次数15次。景德镇市图书馆馆通过电子屏幕、报纸、网站、"读者荐书"等活动进行书刊宣传，四年合计近8000种。三楼报刊阅览室内设立政府公开信息查阅点，直接为市民提供查阅服务，并在馆网设立政府公开信息网站的链接，方便读者查阅政府公开信息。2009年起，为"两会"提供信息参考咨询服务并编辑《信息与咨询》刊物。

为科技查新、文献提供、定题服务、信息咨询并编制二次文献及目录等。编制了《古籍善本目录》、《古籍目录（经、史、子、集）》《古籍普查表格》等二次文献。景德镇市图书馆馆建设有自己图书馆网站，内容丰富，栏目结构完整，网站更新及时，管理完善。

业务研究、辅导、协作协调

2009—2012年，景德镇市图书馆职工发表论文24篇，获准立项的市级课题2项。景德镇市图书馆馆参与跨地区、跨系统协作协调工作，积极协调景德镇市各级县市区的图书馆工作，并跨系统与景德镇市陶院图书馆、景德镇市第一中学图书馆、景德镇市高专图书馆等单位协作协调工作。从2012年景德镇市图书馆和景德镇市珠山区图书馆、景德镇市昌江区图书馆开始了基于统一系统平台的文献借阅服务。2009—2012年举办联合编目等培训班15期，164课时，128人次接受培训。2013年，景德镇市图书馆学会组织举办第五届四次年会，就共建共享景德镇陶瓷特色数据库平台和景德镇陶瓷学院图书馆达成广泛共识。2009—2012年，景德镇市图书馆学会连续四年在全市开展基层图书馆业务骨干志愿者行动。2009—2012年，共主办景德镇市图书馆学会年会暨学术研讨论会8次。

管理工作

2010年，景德镇市图书馆图书馆完成第四次全员岗位聘任，本次聘任共分设十个部门，52个岗位，在职人员37人，外聘人员15人共52人重新上岗，景德镇市图书馆自2004年来一直实行按需设岗、竞聘上岗、按岗聘用、按目标管理进行考核、有完善的岗位设置、岗位责任制、考核制度和激励机制。每周二上午全馆学习及内务整理，每月进行工作进度通报，每半年和全年进行总体工作考核。每年均有年度计划，年底参照年度计划进行年度工作总结。有完善的财务管理制度和固定资产管理制

市委书记刘昌林为景德镇陶瓷图书馆揭牌

读好书活动启动仪式

为两会代表提供参考咨询服务

新购书籍进行编目

养生之感

度，并按制度严格执行。人事档案、业务档案、工程档案齐全，专人管理。有图书馆人员安全、数据及网络安全应急预案，并与各部室均签有安全责任状，消防设施完备，并且定期进行培训。安保工作有制度有措施有检查，每楼层均有专人负责。2009-2012年，共抽查文献排架48次，书目数据16次，撰写专项调研、分析报告和工作提案18篇，编写各部门工作进度通报48篇。

馆领导介绍

徐田华，男，1970年10月出生，本科学历，中共党员，副研究馆员，景德镇市图书馆馆长。1989年3月参加工作，历任景德镇陶瓷历史博物馆副馆长，景德镇市文化市场稽查支队书记，景德镇市图书馆馆长。兼任中国图书馆学会会员，全国中小型图书馆学会常务理事，江西省图书馆学会常务理事，景德镇市图书馆学会理事长。政协景德镇市第九、十、十一、十二届委员会委员。2011-2013年度被评为中国图书馆学会优秀会员，2014年被文化部授予全国古籍保护工作先进个人。

周国良，男，1961年10月生，高中学历，中共党员，景德镇市图书馆支部书记。1979年10月参加工作，历任景德镇市演出管理站主任，景德镇市群英堂经理，景德镇市民窑博物馆支部书记，景德镇市图书馆支部书记。兼景德镇市图书馆学会常务理事。

白小燕，女，1972年8月生，本科学历，中共党员，副研究馆员，副馆长。1992年12月参加工作，2002年到景德镇市图书馆工作。兼任景德镇市图书馆学会副理事长、秘书长。评为江西省图书馆学会2010-2011年优秀会员。2013年入选景德镇市新世纪百千万人才、2013年荣获景德镇市科协系统先进工作者光荣称号。

黄崧，男，1972年12月生，本科学历，中共党员，馆员职称，副馆长。2001年到景德镇市图书馆网络技术部工作。兼任景德镇市图书馆学会副理事长。

陆宇红，女，1970年4月生，本科学历，中共党员，馆员职称，副馆长。1987年到景德镇市图书馆工作，先后在借阅部、特藏部、采编部、少儿部、办公室工作。兼任景德镇市图书馆学会副理事长。

石玢，女，1971年7月生，本科学历，中共党员，馆员职称，工会主席。1990年6月参加工作，2002年到景德镇市图书馆工作，先后在外借部、办公室、产业部工作。兼任景德镇市图书馆学会副秘书长。

未来展望

近年来，景德镇市图书馆积极探索、勇于奋进，以新的服务理念，新的服务环境为读者提供服务。2012年景德镇市图书馆与景德镇市珠山区图书馆和景德镇市昌江区图书馆建立总分馆制，实行通借通还，城区“一卡通”。做到景德镇市公共图书馆服务“一卡通”是我馆今后实现的目标。依托深厚的陶瓷文化底蕴、进一步拓展服务功能。2012年4月在原陶瓷美术文献室的基础上成立的“陶瓷文献图书馆”正式对外开放，作为举世瞩目的瓷都，在陶瓷美术方面，景德镇市图书珍藏了许多古今陶瓷名人画册、手稿，《世界美术全集》等大量美术文献资料，除此之外，还收藏了大量的中外有关陶瓷的文献信息资料源，尤以珍贵的陶瓷古籍珍善本和丰富的地方文献著称。3000余种反映古代陶瓷生产的《陶说》、《陶录》、《陶歌》、《陶雅》均为《辞海》选收，作为历史名著词目进行释文叙述。2011年将四大陶瓷古籍文献进行整理出版《陶瓷古籍文献精粹》。2012年购进中国知网陶瓷特色库，近年来大量采选陶瓷类相关书籍，景德镇市图书馆正力争将其打造成全国最大的陶瓷特色图书馆。

联系方式

地　址：景德镇市广场南路1号
邮　编：333000
联系人：黄 慧

小记者走进图书馆

六一少儿活动

萍乡市图书馆

概述

江西省萍乡市图书馆的前身是创建于1936年10月的萍乡县大成图书馆，1949年7月至1960年9月，改称为萍乡县图书馆。1960年10月，萍乡撤县设市后，更名为萍乡市图书馆。馆址几经变迁，2005年1月1日，位于萍乡市安源区昭萍西路的新馆建成开放。2005年11月建立了文化信息资源共享工程萍乡市支中心，2011年萍乡市图书馆实行了免费开放。

2009年，参加第四次全国公共图书馆评估，首次获得一级图书馆称号。2012年，萍乡市图书馆有阅览坐席572个，计算机110台，信息节点360个，宽带接入20Mbps，选用ILAS（3.0）图书馆自动化管理系统。全馆共设有外借室、少儿借阅室、幼儿借阅室、电子阅览室、报刊阅览室、参考咨询室、地方文献室、古籍室、采编室、辅导室、技术部、盲文阅览室、报告厅、多媒体视听室。

2012年，萍乡市图书馆共有编制32个，在编工作人员30人，其中2人具有高级职称、11人具有中级职称、12人具有初级职称。馆内设施、设备比较齐全，配有自动化管理系统、室内空调系统、安全防护监控系统、消防报警系统、气体灭火系统等。

业务建设

截止2012年底，萍乡市图书馆总藏量55.8363万册（件），其中，纸质文献44.3096万册（件），电子图书11万册，电子期刊5267种/册。

在馆藏77270册古籍中，有善本7292册。清初抄本《天隐和尚语录》7卷2册为海内孤本，清末重彩工笔画《西游记》300幅为国内罕见。清乾隆至同治年间6种《萍乡县志》等地方文献是其特色藏品，清代萍乡籍名人文廷式、刘凤诰、李有棠等的资料收集比较齐全。2009年6月，萍乡市图书馆成功入选第二批全国古籍重点保护单位。2010年6月，馆藏善本《宋四子抄释》（明嘉靖十六年即1537年刻本）成功入选第三批国家珍贵古籍名录。

2009、2010年萍乡市图书馆新增藏量购置费50万元，2011年起增至60万元。2009—2012年，共入藏各类图书23517种、48326册，报刊3891种，视听文献2956种。2012年，地方文献入藏完整率为95%。

截止2012年底，萍乡市图书馆数字资源总量为5.5TB，其中，自建数字资源总量1.12TB。具有萍乡特色的数字资源主要有：1、萍乡傩文化研究资源库；2、地方戏剧：《榨油坊风情》（获得了中宣部“五个一”工程奖）、《燃烧的玫瑰》（获得了“五个一”工程提名奖）；3、萍乡非物质文化遗产：萍乡曲艺“莲花落”；4、萍乡民间艺术家、春锣大王雍开泉的演出作品等；5、电影：《毛主席去安源》等。

读者服务工作

萍乡市图书馆一贯坚持“读者第一、服务至上”的办馆宗旨，坚持以人为本的管理理念，积极开展各类活动，方便和吸引广大读者利用馆藏资源。每年开展的“4·23世界读书日”庆祝活动、图书馆服务宣传周、全民阅读推广、“读好书”活动、少儿快乐园地、红色经典视频播放、少儿手工制作、少儿绘本阅读、少儿才艺表演、读书演讲比赛、少儿朗诵会、“送书进军营、下农村、入社区、进学校”活动、道德讲堂、文化大讲坛及各种公益性讲座与展览等，在社会上产生了良好的影响。

2009—2012年，共接待读者115.39万余人次，书刊外借72.91万余册次。2009—2012年，建成3个分馆，有16个流动服务点，馆外流通总人次19.67万余人次，书刊外借13.75万余册次。

2009—2012年，萍乡市图书馆网站访问量57.63万余次。截止2012年，萍乡市图书馆发布使用的数字资源总量为12种5.5TB，均可通过萍乡市图书馆网站、萍乡市共享工程VPN专网向县区公共图书馆、共享工程基层服务中心及广大读者提供检索、浏览及下载服务。

2009—2012年，萍乡市图书馆共举办讲座、展览、培训、阅读推广等读者活动279场次，参与人数21.93万余人次。

业务研究、辅导、协作协调

萍乡市图书馆承担着对全市各图书馆（室）的业务指导任务，通过对全市各级各类图书馆（室）的调研、辅导、协作，促进了全市图书馆事业的整体发展。

2009—2012年，萍乡市图书馆职工发表论文31篇，获得中国图书馆学会、江西省图书馆学会学术年会征文奖励的论文23篇，获准立项的市级课题3项。在此期间，市图书馆与萍乡高等专科学校图书馆合作编辑了《萍乡市地方文献联合目录》。

开展道德讲堂活动

开展文化大讲坛活动

少儿才艺表演活动

开展绘本阅读活动

文化大讲坛活动走进校园

几年来，市图书馆每年派出专人对各县区文化共享工程建设工作给予精心指导，并多次开展了全市文化共享工程管理人员的技术培训。萍乡市图书馆还承担着市图书馆学会日常工作，每年组织会员积极参加中国图书馆学会和江西省图书馆学会举办的各类学术交流活动和业务培训班。2009年，萍乡市图书馆先后加入国家图书馆、上海图书馆联合编目中心。

管理工作

2009年，萍乡市图书馆完成了第二次全员岗位聘任，全馆工作人员均签订了聘任合同，并修订完善了各项管理制度43项，实行了岗位分类管理，做到了一人一岗、责任到人。同时，建立了工作量化考核指标体系，每年进行总体工作考核。2009–2012年，撰写专项调研、分析报告5篇。

表彰、奖励情况

2009–2012年，萍乡市图书馆共获得各种表彰、奖励22次，其中：中国图书馆学会奖励1次，市委、市政府表彰、奖励3次，省文化厅奖励1次，省图书馆学会表彰、奖励6次，其他表彰、奖励11次。

馆领导介绍

谢霞，女，1960年2月生，本科学历，中共党员，副研究馆员，馆长。1976年参加工作，1977年至2001年9月先后在安源路矿工人运动纪念馆、江西省文艺学校萍乡分校工作，2001年10月至2003年9月任萍乡市图书馆馆长、书记，2003年9月至2004年5月调任江西省文艺学校萍乡分校校长。2004年6月至今，任萍乡市图书馆馆长，兼任江西省图书馆学会常务理事、萍乡市图书馆学会理事长、文化信息资源共享工程萍乡市支中心主任等职。2012年起，提拔为萍乡市文化广电新闻出版局副调研员兼图书馆馆长。

漆忠，女，1968年9月生，本科学历，中共党员，副研究馆员，党支书记。1986年12月至2013年3月在安源路矿工人运动纪念馆工作，2013年4月调任萍乡市图书馆党支部书记。

贺卫兵，男，1966年11月生，本科学历，中共党员，副研究馆员，副馆长。1987年8月至今一直在萍乡市图书馆工作，2002年1月任馆长助理，2004年6月任副馆长，分管业务工作，兼任萍乡市图书馆学会秘书长。

李力，女，1970年4月生，本科学历，中共党员，馆员，馆长助理。1991年9月到萍乡市图书馆参加工作，先后在采编室、辅导室等部门工作，2007年起任馆长助理兼采编室主任。

张小舟，女，1967年12月生，大学专科学历，中共党员，馆长助理。1987年3月参加工作，先后在萍乡市湘东区老关乡油塘中学、萍乡矿务局白源煤矿子弟学校、萍乡市电影发行放映公司工作，2012年任萍乡市图书馆馆长助理。

未来展望

萍乡市图书馆遵循“科学管理、服务优先”的办馆方针，践行“内强素质、外树形象”的管理模式，不断完善服务功能，扩大服务辐射范围，带动全市图书馆事业发展。2009–2012年，在继续做好各项服务工作的同时，通过文化信息资源共享工程、古籍普查、数字图书馆建设，带动了全市公共图书馆事业的整体发展。2013年，中共萍乡市委、市人民政府已决定在萍乡市新城区建设一座设施设备更为先进、服务功能更加齐全的新图书馆，现有馆舍将作为分馆继续为读者服务。在未来的几年里，萍乡市图书馆将在现有馆舍的基础上，在萍乡市新城区另建一座建筑面积1.35万平方米的新馆舍。全面建成后的萍乡市图书馆，将由新城区馆舍、昭萍西路馆舍两部分组成，阅览座位将达1500个，可容纳纸质文献120万册（件），年服务人次可达60万人次以上，数字资源设计存储能力100TB，能够提供全覆盖、不间断、无时空限制的数字文献远程和移动服务，数字资源年利用率100万件/次以上。同时，还具有支撑保障全市公共图书馆服务体系良好运行的文献资源与技术服务能力，成为与市内学校、科研系统图书馆实现资源共享互补的大型地市级图书馆，主要指标位居全省公共图书馆前列，达到全国一流图书馆的基本标准。

联系方式

地　址：江西省萍乡市安源区昭萍西路2号
邮　编：337000
联系人：贺卫兵

九江市图书馆

概述

九江市图书馆前身为江西省建设厅图书馆，1939年创办于江西泰和，曾更名为私立天翼图书馆、私立豫章图书馆，1946年迁址至九江，改为九江图书馆。新中国成立后，正式更名为九江市图书馆。

半个多世纪以来，图书馆几易馆址，馆舍面积和设施逐步改善。现馆舍位于九江市庐山南路，2003年7月建成开放，占地面积13亩、建筑面积14068平方米，信息节点180个，设学术报告厅两个，多功能厅和展厅各一个，提供图书阅读、信息检索、社会教育、文化休闲等全方位的公共文化服务。全馆在职员工56人，其中本科以上学历18人，中级职称18人，高级职称4人。在第四次、第五次全国公共图书馆评估定级中均评定为国家一级图书馆。

业务建设

设图书借阅室、报刊阅览室、少儿借阅室、电子阅览室、地方文献中心、视障阅览室、自习室等服务部门，阅览座位450余个，于2011年12月实行免费开放，每周开放时间64小时，并经常开展展览、讲座、培训、演艺等社会文化活动。截止2013年底，图书总藏量67万册（其中古籍2.97万册），数字化资源总藏量14TB，视听文献1500余套。图书馆业务工作采用计算机自动化管理，图书借阅配备RFID自助管理系统，并配有24小时自助图书馆和图书流动服务车各一台。馆内局域网接入50M带宽互联网光纤，读者服务区域实现无线网络信号全面覆盖，建有图书馆网站和“数字图书馆”网上服务平台。

读者服务工作

坚持以人为本，积极创造良好阅读环境、提升服务质量，开展全民阅读服务。2013年，九江市图书馆文献借阅量23万册次，年接待读者阅览26万人次，定期通过流动图书车开展流动服务，流动服务图书年借阅量3.5万册次，每年通过网络、报刊、宣传栏等方式开展书刊宣传800种。在市区建成比较完善的总分馆制服务体系，建有三个区级图书馆分馆和九江电厂社区图书馆分馆，实现借阅证“一卡通”和图书通借通还，另设立固定图书服务点8个、流动图书服务点9个。

不断完善数字图书馆建设，建有文化信息资源共享工程九江市级支中心，计算机、网络设备设施达到国家数字图书馆建设标准，数字化资源可存储容量达30TB，馆藏电子图书、数据库等海量数字化资源容量达15TB。馆内局域网已联通国家数字图书馆虚拟网，可以共享国家数字图书馆的丰富数字资源。建有“数字图书馆”网上服务平台，读者凭借阅卡帐号即可登录，提供馆藏数字资源的互联网远程访问，并陆续推出移动阅读、触摸屏阅读等新型数字化阅读服务。

图书馆展览、讲座、演艺、培训等社会文化活动丰富多彩，每年各种文化活动近百场次。2008年创办公益性文化讲座“寻庐讲坛”，迄今已举办200余场，国内众多知名学者先后受邀前来讲学，取得很大社会反响，后又陆续推出“寻庐大舞台”、“寻庐小剧场”等演艺平台，丰富市民文化生活，逐渐形成“寻庐”系列文化服务品牌，产生了良好的社会效益。2013年，在“寻庐文化”系列文化服务基础上提升的“九江市八个一文化亲民工程”成功列入第二批创建国家公共文化服务体系示范项目。

利用文献信息资源优势，积极开展信息参考咨询服务，为党政机关、企事业单位及个人提供信息导航。自2008年起每年开展“两会”专题信息服务，编印《“两会”参考信息资料汇编》，现场提供信息检索和咨询服务，受到参会代表们的普遍赞誉。以发掘、弘扬九江地方历史文化为已任，注重地方历史文化的收集、整理、研究与传播，编辑了《寻庐文化报》、《寻庐月读》、《九江地方史论坛》等报刊资料，为保存和宣传九江地方历史文化做了大量有益的工作。加强九江地方文献资料的征集和收藏，形成了较为完善的九江地方文献馆藏体系。加强古籍普查与保护工作，被评定为江西省级古籍保护单位。

业务研究、辅导、协作协调

2010—2013年，全馆馆员在各级图书馆专业学术刊物和学会活动上发表论文12篇、调查研究报告5篇。

图书馆注重员工的岗位培训、继续教育，制订有培训计划、课程安排和教学内容，组织馆员以自学、讲学、交流等形式参加业务学习和继续教育，领导班子成员坚持“每月一

文献阅览室

学术报告厅

寻庐大舞台

九江古诗词名家诵读晚会

名家漫画展

讲”，开展业务交流与培训。

积极开展跨系统、跨区域的协调合作工作，建议图书馆联盟，先后与江西省图书馆、北京东城区图书馆、扬州图书馆、马鞍山市图书馆及本地区15家县区图书馆签定了合作协议。在本地区利用图书馆学会平台，大力探索总分馆制图书馆管理体系，构建与各县区图书馆、社区书屋、农家书屋一体的区域图书馆服务网络。

经常面向基层图书馆开展图书编目、自动化技术、古籍保护等方面的业务培训和辅导工作，开展区域图书馆的业务分析、统计工作，提交综合分析报告，为本地区图书馆事业发展提出合理化建议。

九江市图书馆学会工作规范有序，定期召开学会会议，在学会组织下积极开展学术研究、业务交流、辅导培训等各项学会工作。

2012年6月，九江市图书馆与国家图书馆联合编目中心签定了联合编目协议，正式成为国家联合编目中心的成员馆，在图书编目业务工作中实现共建与共享。

管理工作

实行全员聘用、竞争上岗，制定工作岗位责任制，建立完善的规章制度和激励机制，日常工作与年终考评奖罚相结合。制定志愿者管理制度，积极吸纳社会志愿者参与图书馆服务工作。馆内设有安全监控系统，消防、保卫工作配备专人负责，财务、档案等管理制度齐全，后勤工作保障有力。

表彰奖励情况

（省级以上）

2006年，国家文化部“公共文化设施管理先进单位”。

2009年，江西省文化厅“先进图书馆”、“信息工作先进单位”。

2011年，江西省文化厅“江西省首届‘读好书’活动先进单位”。

2011年，九江市图书馆“寻庐讲坛”获首届江西省“赣鄱群星奖”。

2011年，江西省古籍保护中心“江西省古籍保护先进单位”。

2013年，江西省图书馆学会“全民阅读先进单位”。

馆领导介绍

余海：馆长，男，1958年2月生，大学学历，研究馆员。江西省图书馆学会常务理事、副秘书长，九江市图书馆学会理事长，中共九江市第十次代表大会代表，九江市政协委员，九江市政府非遗专家，2013年获国家文化部“图书馆榜样人物”入围奖。

王文婷：党支部书记，女，1963年1月生，大学学历，副研究馆员。

刘炜红：副馆长，男，1966年10月生，大学学历，副研究馆员，分管辅导和社会活动工作，兼任九江市图书馆学会秘书长。

王晓健：副馆长，男，1967年9月生，大学学历，副研究馆员，分管图书采编、信息技术工作。

吴怿：党支部副书记，女，1964年5月生，大学学历，副研究馆员，分管文献工作。

杨晶：副馆长，男，1969年11月生，大专学历，分管办公室、外借工作。

钟剑：馆长助理，男，大学学历，馆员，分管报刊、少儿借阅工作。

联系方式

地　址：江西省九江市庐山南路229号

邮　编：332000

联系人：刘炜红

俞敏洪作客“寻庐讲坛”

少儿演讲比赛

新春春联书赠活动

赣州市图书馆

概述

赣州市图书馆创建于1926年，是一座历史悠久的综合性公共图书馆，现由各具特色的中心馆和少儿分馆两部分组成。中心馆位于赣州市章江新区长征大道，建成开放于2001年10月1日，与赣州市市政中心、市体育中心毗邻，是赣州市文化标志性建筑之一；少儿分馆位于健康路，与市儿童公园为邻，现名为赣州市少年儿童图书馆，已成为赣州市少年儿童素质教育、学习娱乐的场所。

赣州市图书馆环境优雅，设施齐全，馆藏丰富。馆舍总面积12000平方米，藏书47.8万余册，其中线装古籍书3万余册，各种报刊1300多种，尤以藏有蒋经国先生在赣南创办的《正气日报》、《民国日报》(赣南版)等地方珍贵文献闻名全国。

赣州市图书馆实行全方位开架管理，藏借阅三位合一，向读者提供书刊借阅、地方文献与工具书检索、网上查询等多项服务，全年365天免费开放。中心馆内设有展览厅、多功能报告厅、电子阅览室、读者自修室、期刊阅览室、图书阅览室、石景宜赠书陈列室、儿童阅览室、地方文献阅览室、工具书检索室、古籍阅览室等各类图书阅览室，共1200多个座位，布局合理，功能完善。

业务建设

截止2013年底，赣州市图书馆总藏书量达47.8万余册，现有珍贵古籍31020册，古籍善本3012册。2012年财政拨款总额535.9万元，2013年购书经费70万元，图书年入藏数量6500种(含国图调拨图书)。购买了清华同方cnki中国知网数据库的使用权，拥有120TB数字图书资源，有效持证读者总数达19043人，读者年总流通量达45万人次，每年书刊文献累计外借约50万册次，2013年开展各类读者活动共计86次、群众参与103500人次。

【建设基层分馆】赣州市图书馆以本馆为中心，选择部分单位为分馆，进行科学布点，以中心带动服务点(分馆)，依靠服务点(分馆)辐射中心城区各区域，形成总分馆制模式的服务网络，通过总分馆之间图书流动和服务的互动，达到城区图书阅读服务读者的全覆盖。截至2013年底，赣州市图书馆在中心城区大型企业、工厂、部队、街道(乡镇)、社区等建立分馆、流动服务站30多个，在中心城区建立了16个“社区书屋”分馆、服务点。赣州市图书馆坚持定期为中心城区分馆、服务点送书，仅2013年送书量就达万余册，读者覆盖率达30万余人，有2万余册文献资源分布在流通点上流通，在中心城区街道图书服务网点覆盖率达75%以上，社区、村服务网点覆盖率50%以上。

【实施文化共享工程】赣州市图书馆作为文化信息资源共享工程市级支中心，利用现有设备努力开展读者服务工作，做好信息资源的免费开放阅览，每年接待读者5万多人次。收集整理了一批具有赣州地方特色的文化信息资源以及部分非物质文化遗产名录并制作成数据库，包括国家级非物质文化遗产赣南采茶戏及国家、省中心下发的电影、电视、图书等资源，让群众享受到优秀文化精品。组织对部分共享工程基层服务点进行了业务指导、培训，以及对设备运行进行实践操作方面的指导等。

【古籍保护与利用】认真开展全国可移动文物普查工作，顺利完成了全市古籍普查工作，通过邀请国家、省古籍专家对图书馆古籍进行全面鉴定，摸清了家底，被省古籍保护中心评为“2010年江西省古籍普查工作先进单位”。做好古籍有关申报工作，先后成为国家级、省级古籍重点保护单位，馆藏1部古籍、20部古籍分别列为国家级、省级珍贵古籍保护名录。2013年投入十多万元在古籍库安装了自动灭火系统，增添了恒温恒湿设备以及安全设施等。在保护中注重利用开发，进行了部分古籍数字化工作，并制作成光盘，近年来利用馆藏古籍，开展古籍书对读者免费开放阅读活动，让市民能充分分享古籍保护工作成果。

读者服务工作

【免费开放】赣州市图书馆自2011年全面实施免费开放以来，着力拓展免费开放路子，提升公共文化服务水平，陆续推出一系列形式多样的免费服务项目，精心打造了延伸服务、爱心助残、全民阅读等多个贴近民生的免费服务品牌，目前每周开放时间在60小时以上。2013年，新办读者借阅证6430个，有效持证读者总数达19043人，读者年总流通量达45万人次，书刊文献年累计外借约50万册次。

【全民阅读】赣州市图书馆每年利用节日、假日开展元旦、春节、六一、国庆等节假日系列读书活动，积极参与全省统一组织的读书月活动，开展了国际盲人节关爱残疾人阅读活

阅览室

未成年人阅览室

电子阅览室文化共享工程

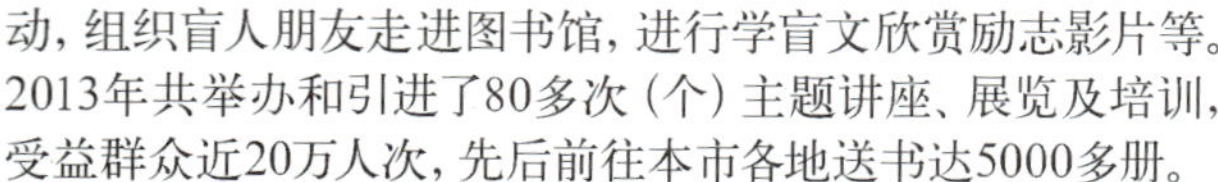

图书阅览室

动，组织盲人朋友走进图书馆，进行学盲文欣赏励志影片等。2013年共举办和引进了80多次（个）主题讲座、展览及培训，受益群众近20万人次，先后前往本市各地送书达5000多册。

【图书流动延伸服务】2013年在全市范围新建分馆及馆外基层服务点4个，截止目前，共在全市建立分馆和基层服务网点33个，年借阅量达80万人次，有20余万册文献资源分布在流通点上流通，每季度为每个分馆配送3000册图书。进一步拓宽为弱势、特殊群体服务渠道，通过和图书馆志愿者的联合，将盲人送书服务扩大到18个县（市、区），实现服务全覆盖。

管理工作

截至2013年4月，赣州市图书馆现有在岗在编职工37人，大学本科以上学历的有14名，占职工总数的38%，大专以上学历的有30名，占81%；在职人员中有专技人员23名，其中副高职称2人，占业务人员总数的9%，中级职称13人，占57%，馆领导及中层以上干部全部具有大专以上学历。在人才管理中，赣州市图书馆鼓励职工在完成每年的继续教育课程的基础上，积极参加各类在职教育，不断更新知识，优化了职工的学历、职称结构。同时，加强业务培训和对外交流学习，定期举办和派员参加各类业务知识培训班、专题讲座以及到上级部门跟班学习等。通过培训和实地考察学习，提高了我市图书馆专业人员的业务水平和文化素养，为迎接新一轮公共图书馆评估工作打下了扎实的基础。

表彰、奖励情况

连续三次被评为“国家一级公共图书馆”；被评为全国古籍重点保护单位，馆藏《楚辞二卷》是全市唯一入选第二批国家珍贵古籍名录的古籍；先后被评为江西省古籍普查工作先进单位、江西省第一批古籍重点保护单位。馆藏20部古籍入选江西省第一批珍贵古籍名录。赣州市图书馆服务农民工工作被文化部评为全国40个“2012年农民工文化服务示范项目”之一。

馆领导介绍

钟乘云，男，汉族，1963年2月生，江西赣县人，1980年11月参加工作，1985年9月加入中国共产党，大学本科学历，馆长、党支部书记。

张松华，女，汉族，1960年11月出生，江西龙南人，1979年12月参加工作，1991年2月加入中国共产党，大专学历，副馆长、党支部副书记。

邱丽红，女，汉族，1964年4月出生，江西兴国人，1982年12月参加工作，本科学历，副馆长、副研究馆员。

辜强华，男，汉族，1955年9月出生，江西南昌人，1976年1月参加工作，1990年2月加入中国共产党，大专学历，主任科员、中级职称馆员。

未来展望

赣州市图书馆将按照内“练内功、强自身，抓规范、优服务”，外“聚人气、树形象，争项目、促发展”的工作思路，抓好常规管理，改革创新图书馆工作，构建以市、县（区）图书馆为中心，以乡镇图书馆分馆为骨干，以村（社区）图书馆及图书流通站为基础，以数字技术和计算机网络技术为支持的城乡一体化、资源高度共享的总分馆制现代化公共图书馆服务体系，实行图书借阅“一卡通”，实现通借通还，为广大城乡居民提供优质、高覆盖的公共图书馆服务。全力推进图书馆网络化、数字化建设，不断提高服务水平，完善馆内设施，优化管理过程，切实把图书馆建设成为社会教育的窗口、文化传播的使者、市民终身学习的殿堂。

联系方式

地　址：赣州市长征大道13号
邮　编：341000
联系人：郭志勇

古籍善本书库安装恒温设备

图书阅览室一角

图书阅览室

吉安市图书馆

概述

吉安市图书馆前身为吉安市人民教育馆图书借阅室，1954年改名为吉安市文化馆图书室，1958年筹建馆舍，1959年正式成立，至2010年历经两次搬迁。1992年5月从阳明东路搬至人民广场，但随着经济社会文化的发展、城市规模的扩大，为满足市民日益增长的精神文化需求，人民广场的原图书馆已被拆迁。新建的图书馆地处吉安市城南新区吉州大道旁，于2008年12月动土兴建，2010年6月30日对外开放。新馆由主附两楼构成，占地1.34公顷，建筑面积10967平方米，藏书规模为60万册，设阅览席位600余座，总投资达4200多万元。2012年，吉安市图书馆设有报刊阅览室、少儿阅览室、电子阅览室等十多个服务功能区，共有阅览坐席641个，计算机100台，宽带接入20Mbps，采用ILASIII图书馆自动化管理系统。

业务建设

截止2012年底，吉安市图书馆总藏量60.5万册（件），其中，图书30.5万册（件），期刊和报纸合订本22.45万册，古籍5937册，民国文献13107册，电子图书25万册，电子期刊3500种/册，视听文献8500件。

2011年，吉安市图书馆新增藏量购置费30万元，2012年增至90万元。2009–2012年，四年平均图书入藏数量为6099种，报刊725种，视听文献210种。全年多卷书、连续出版物入藏完整率为94%。

吉安市图书馆开展地方文献征集工作较早，1992年成立了地方文库，设立专架，派专职人员管理，至2012年，地方文献共征集300余种5000册。

截止2012年底，吉安市图书馆数字资源总量为15TB，其中，自建数字资源总量2TB。2009–2012年，完成《庐陵文化数据库》、《吉安名人数据库》、《红色旅游数据库》等3个独具吉安地方特色的数字资源库。

2012年，增加了10㎡LED高清彩屏1块，触摸屏查询机4台，接受捐赠电子读报机4台，实现馆内读者服务区无线网络覆盖范围达到80%以上。

读者服务工作

从2010年10月起，吉安市图书馆按文化部、财政部的通知精神，全面实行免费开放，每周开馆时间达到69小时。2009–2012年，馆藏书刊年外借率逐年增长，2012年达到60.03%，同时书刊文献外借册次也逐年增长，2012年达到30.04万册次。2011–2012年我馆先后与江西省图书馆、井冈山大学图书馆、辖区内所有县（市区）公共图书馆签订馆际互借协议，开通了馆际互借服务。截止2012年，设立11个流动服务点，馆外书刊借阅册次110761人次，书刊外借96725册。2009–2012年，编制二、三次文献——《知识·信息》小报，长期为本地科研与经济建设提供信息服务，2012年起，为“两会”提供服务。

吉安市图书馆已建立网站，网址为http∥www.jxjalib.com，开展了多项网上服务，网站结构合理、内容丰富、页面简洁、更新及时。

2009–2012年，吉安市图书馆着重打造“书香走廊”、“光明行动”、“白鹭洲大讲堂”、“炫彩童年”四大免费服务品牌。“书香走廊”在吉泰走廊沿线设立流动服务点12个，共配送图书16万册次，放映视频资料20场；“光明行动”为20位残疾人读者建立服务档案，上门服务309人次；“白鹭洲大讲堂”平均每半个月举办一次，共举办30场；“炫彩童年”结合未成年人的特点，每逢节假日及寒暑假开展丰富多彩的主题读书活动26场。

2012年，吉安市图书馆共举办各类读者活动69次，参与人数15570人次，其中讲座、培训45场，展览12次，其他阅读推广的读者活动12场次。

业务研究、辅导、协作协调

2009–2012年，吉安市图书馆职工省级以上刊物发表论文12篇，专业会议上获奖论文4篇，撰写了4篇调研报告，2012年有1项馆级科研项目立项。

从2011年起，吉安市图书馆牵头成立了吉安市公共图书馆资源共享联合网络组织，全市13个县市区公共图书馆均加入了服务网络系统，参与服务网络建设的基层图书馆已达到100%。截止2012年底，吉安市图书馆与江西省图书馆、吉安市各公共图书馆及高校图书馆开展了协作协调工作，签署了讲座与展览联盟协议书。

2009年–2012年，做好对基层图书馆的业务培训，全年举办业务辅导活动不少于6次。2012年，先后举办了全市公共图书馆业务培训班、农家书屋残疾人管理员培训班、《中图法》第五版分类编目培训班、吉安市图书资料系列专业技术人员继续教育培训班、图书馆自动化集成系统培训班等业务培训班8期，387人次接受培训。

阅览室

未成年人阅览室

电子阅览室文化共享工程

图书阅览室

管理工作

2009年，吉安市图书馆建立了岗位设置实施方案，并建有各岗位工作责任制，实行按岗聘用竞争上岗，同时，制定了竞争上岗量化打分细则、中层干部考核标准、吉安市图书馆人事收入分配及内部管理改革方案。2012年吸纳志愿者参与图书馆工作，对26名志愿者进行科学管理，调动其积极性，年底进行评选嘉奖。

表彰、奖励情况

2009–2012年，吉安市图书馆共获得各种表彰、奖励14次，其中，省级业务主管部门表彰、奖励5次，地级党委表彰、奖励1次，市级业务主管部门表彰、奖励8次。

馆领导介绍

邹美兰，女，1967年8月生，大学专科学历，民建党员，馆长。1988年7月参加工作，2010年7月到吉安市图书馆工作，任馆长。

彭澍，女，1966年11月生，本科学历，中共党员，副研究馆员，副馆长。1981年9月参加工作，1998年12月到吉安市图书馆工作，任副馆长。

杨波，女，1969年9月生，大学专科学历，中共党员，馆员，副馆长。1996年8月到吉安市图书馆工作，任副馆长。

未来展望

吉安市图书馆树立"一切为读者、为一切读者"的理念，走"资源立馆、科技强馆、人才兴馆、服务活馆"的发展道路，按照"公益性、基本性、均等性、便利性"的要求，充分发挥图书馆的独特作用，承载起时代赋予的历史使命，担当起公共文化建设的主体责任，在不断完善基础条件，全面提升服务质量的同时，以打造全市知识中心、情报信息中心、文献保护中心、社会教育中心、古籍保护中心、公共数字文化建设中心、古籍保护中心、公众文化休闲中心七位一体的公益文化场所为基本目标，齐心协力、开拓创新、奋发有为、努力建设成为一座规模宏大、功能齐全、馆藏丰富、设备先进、服务规范的现代化数字化图书馆，不断谱写吉安图书馆事业发展的新篇章。

联系方式

地　址：吉安市城南新区吉州大道旁
邮　编：343000
联系人：杨 波

宜春市图书馆

概述

宜春市图书馆新馆于2009年9月30日奠基，2012年12月28日正式开放，总投资8000万元，建筑面积1.2万平方米，共有5层（地上4层、地下1层），建筑精美，功能齐全，目前拥有藏书30余万册，可容纳读者座位1200个。计算机200台，宽带接入50Mbps，采用ILAS图书馆自动化管理系统。市图书馆主要由咨询服务区、借阅区、公共活动辅助区、藏书区、技术设备区、行政办公区6个功能区域组成。新馆兴办讲座、展览、读书活动、培训活动、经典诵读、讲故事等各种活动89场（次），从中央到地方数十家媒体对我馆的各项活动进行了报导。在2013年第五次全国图书馆评估定级中被评为一级图书馆。

业务建设

截止2013年底，宜春市图书馆总藏量30万册（件），其中，纸质文献27万册，电子图书3万。全年共接待读者37万人次。

宜春市图书馆新馆建成后，市财政一次性拨给购书经费100万元，以后将每年拨给50万元用于采购新书。共入藏中外文外图书10万册，中外文报刊810余种，视听文献100多种。地方资料2000余册。

宜春市图书馆2013年被江西省政府授予首批江西省古籍重点保护单位，有古籍善本370部，其中有5部入选江西省珍贵古籍名录。同时我馆馆藏本地名家唐代卢肇、郑谷撰《袁州二唐人集》[民国五年（1916年）刻本]一套，是我馆最能代表地方特色的古籍藏本。目前我馆馆藏古籍中最有价值的是明末清初思想家、史学家顾炎武所著《日知录》[清康熙34年刻印]，该书是寄托作者经世思想的一部书，内容分为3类：经术、治道、博闻，而核心是“治道”。

宜春市图书馆数字资源有期刊数据库、考试数据库等3个大型电子数据库，是一个集文献借阅、信息咨询、培训教育、学术研究、文化休闲于一体的综合性现代化图书馆。

采购了高清大屏读报机、触摸查询机等先进设备，并在全省范围内首家采用的RFID（无线射频）图书电子定位系统及配备了4台自助借还机，还新购入了三台电子图书借阅机，为读者提供最先进的自主服务。

2012年，将自动化管理系统升级改造为ILASIII集成系统。

读者服务工作

从2012年12月28日起，宜春市图书馆对市民实行免费开放，并设有残疾人专用通道，每周开放72小时，开放时间为9：00－21：00，双休日及节假日正常开放。持证人数2万人，全年流通人次172872人次，借还册次72702万册次。借还人次49554万人次；此外还配备了2台42寸高清大屏读报机，内置各类报刊167种，读者足不出馆，就可调阅全国各地最新、最全的新闻资讯；馆内已实现无线网络（wifi）全覆盖。

宜春市图书馆开通了网站，微博，引入手机图书馆。宜春市图书馆期刊数据库、考试数据库等3个大型电子数据库，均可通过宜春市图书馆网站检索、浏览和下载服务。

全年宜春市馆共组织各类讲座、培训、展览、阅读推广活动近百场。其中讲座6次，展览6次，阅读推广51次，培训13次，“艺术沙龙”5次，大型比赛5次。这些活动包括2013年“数字文化，共享如e”春节系列惠民活动，“知识给人力量，阅读引领未来”2013年世界读书日系列活动，“书香宜春——阅读引领未来”图书馆服务活动宣传周系列活动。我馆着力打造的文化讲坛，开坛首讲邀请的是全国著名文学理论家、解放军艺术学院原副院长朱向前教授以及“国学系列讲座”、“健康系列讲座”等，同时我馆的月亮宝宝听故事、周末主题电影周等各类以读者为主的每月常态活动，都受到广大读者的积极参与和赞誉。全年参与活动的读者人数接近14万人次。

业务研究、辅导、协作协调

至2013年，宜春市图书馆职工发表论文1篇。

2013年宜春市图书馆成立宜春公共图书馆联合编目中心，并与各县市图书馆及高校图书馆签订了《宜春地区文献资源共建共享联合编目协议书》，加入宜春市图书馆联合编目体系，共享市图书馆的各种资源，实现各馆之间文献资源共建共享。

宜春市图书馆在市委、市政府的高度重视和强力推动下，国内首创全开放、自助式幸福书屋于2013年7月正式向市民免费开放。

2013年，宜春市图书馆举办基层业务培训班3期，其中，宜春市公共图书馆馆长联席会议暨馆长培训班在宜春市图书馆召开，累计培训基层图书管理员200人次。采取走出去的方式，抽调业务骨干组成巡回辅导小组，2013年下基层辅导图书管理员和全市中小学图书馆的管理员。

管理工作

宜春市图书馆自开馆以来实行全员聘用制和岗位管理、工作目标管理责任制，由管人转变为管岗。做到按需设岗、按岗聘用、竞争上岗、择优聘用、严格考核。制定《岗位职责》，明确每一个人的职责范围、工作数量和质量要求，进行年度考核，奖勤罚懒、奖优罚劣。

电子阅览室

外借室

少儿阅览室

全市公共图书馆馆长联席会暨培训班

文化讲坛之“毛泽东与读书学习”

表彰、奖励情况

2009–2012年，宜春市图书馆共获得各种表彰、奖励33次。2013在全国第五次公共图书馆评估定级中被评为国家一级图书馆；省文化厅表彰、奖励15次，其中，2011年荣获江西省第一批重点保护单位、2011年荣获江西省文化信息资源共享工程先进单位、2013年荣获江西省“好读书”先进单位、2013年荣获江西省“古籍保护”先进单位等；宜春市表彰、奖励17次。

馆领导介绍

岳德林，男，1962年8月27日生，本科学历，副研究馆员，馆长。1980年参加工作。1984年至2011年在宜春市群艺馆工作，先后任创作干部、助理馆员、副所长、副馆长、副研究馆员。2011年12月调入宜春市图书馆工作至今，任馆长。

张爱君，女，1968年5月6日生，本科学历，中共党员，副研究馆员，副馆长。1988年11月参加工作，2004年3月任宜春市图书馆副馆长。

李莉，女，1980年6月23日生，本科学历，民盟盟员，馆员，副馆长。1998年9月至2014年8月在宜春市博物馆工作，2014年9月调入宜春市图书馆工作，任副馆长。

田玮，女，1983年5月20日生，本科学历，文学学士，助理馆员，馆长助理。2003年9月参加工作，2009年3月考入宜春市图书馆，2014年9月任馆长助理。

未来展望

宜春市图书馆是一个集文献借阅、

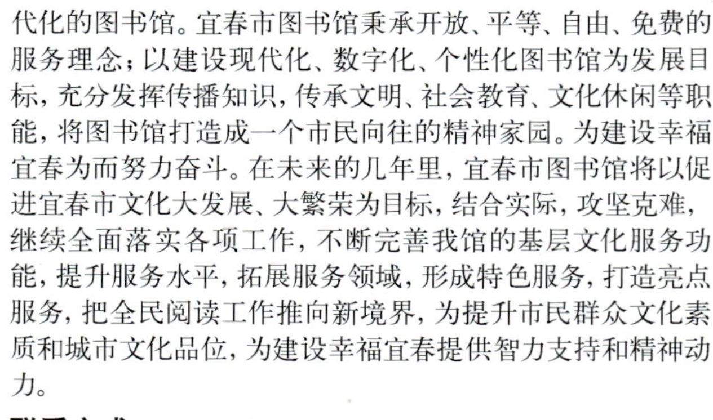

信息咨询、培训教育、学术研究、文化休闲于一体的综合性现代化的图书馆。宜春市图书馆秉承开放、平等、自由、免费的服务理念；以建设现代化、数字化、个性化图书馆为发展目标，充分发挥传播知识，传承文明、社会教育、文化休闲等职能，将图书馆打造成一个市民向往的精神家园。为建设幸福宜春为而努力奋斗。在未来的几年里，宜春市图书馆将以促进宜春市文化大发展、大繁荣为目标，结合实际，攻坚克难，继续全面落实各项工作，不断完善我馆的基层文化服务功能，提升服务水平，拓展服务领域，形成特色服务，打造亮点服务，把全民阅读工作推向新境界，为提升市民群众文化素质和城市文化品位，为建设幸福宜春提供智力支持和精神动力。

联系方式

地　址：江西省宜春市卢洲北路536号
邮　编：336000
联系人：田　玮

文化交流室

馆内展厅

万里行走进宜春大型讲座活动

“书香赣鄱，悦读人生”演讲比赛

小学生经典诵读比赛

抚州市图书馆

概述

抚州市图书馆始建于1958年，曾先后命名为抚州市图书馆、临川区第一图书馆。2000年抚州撤地设市后，重新更名为抚州市图书馆（市级馆）。2007年6月20日动工建设新馆，2008年8月竣工。新馆占地面积4100平方米，建筑面积9610.07平方米，共四层，设计藏书库容50万册，总投资4600万元，可容纳读者座位1000个，2010年9月1日正式对外开放，对外服务窗口设有12个科室（部）：报刊阅览室，无障碍阅览室、少儿室、外借室、特藏室、过刊室、电子阅览室、少儿电子阅览室、基本书库、参考咨询部、多功能报告厅、展览厅。2012年，抚州市图书馆有阅览坐席1000个，计算机106台，宽带接入100Mbps，选用ILASIII图书馆自动化管理系统。

业务建设

抚州市图书馆总藏量51.888万册（件），其中，纸质文献23.7万册（件），电子图书20万册，电子期刊1.2万种/册。近年来，抚州市政府加大对公共文化事业的资金投入，图书馆的办馆条件得到了极大的提升。2012年的财政拨款总额达463.23万元，新增图书购置费100万元，电子资源购置费占购书经费12.34%，免费开放经费50万元。文化信息资源共享工程抚州支中心占地面积800平方米，拥有PC机160余台，100M带宽的互联网光纤接口，建有标准化中心机房，配备专用服务器8台、磁盘阵列存储空间10T、硬件网络防火墙一台、防火墙配有VPN接口，千兆网络交换机一台、百兆网络交换机九台、大功率UPS两组、防雷器一套、网络防病毒软件一套。图书馆宽带接入100Mbps，使用ILASⅢ图书馆自动化集成系统进行管理。

截止2012年底，抚州市图书馆数字资源总量为15TB，包括电子图书二十万部，CNKI系列全文数据库、博看畅销期刊、银符考试题库、央视教育视频资源库、天方有声图书馆、知识视界（青少年版）等十多个数据库可供检索查询。为弘扬抚州临川文化，抚州市图书馆利用数字图书馆平台建立了临川文化特色数据库，开通了临川特色文化主题馆。建有文化溯源、历史名人、地方文献、宗教集要、才乡教育、红色遗址、非遗保护、地方风物等特色库基础系统。包含4000本临川文化电子图书，12万条元数据。

读者服务工作

2010年9月迁入新馆后，抚州市图书馆积极采取措施，不断扩大图书馆的知名度和影响力，读者队伍持续壮大。2011年3月起，抚州市图书馆率先在全省实行免费开放，全年365天天天对外免费开放，每周开放68小时。免费开放后年均接待读者32.2万人次，开展各类主题讲座、展览等读书活动72次，年均书刊流通43.298万人次、外借32.932万册次。为方便城乡群众就近借阅，抚州市图书馆在市城区企业、社区、学校、军营、机关等建设了13个图书馆分馆，定期更新图书，馆外书刊流通年均达4万人次、外借6.8万册，每年坚持编印农科资料近万份，图书5000余册下乡。

抚州市图书馆软硬件设施完备，自动化、智能化水平较高。图书馆各类服务指标均能达到部颁标准。在全省设区市图书馆率先开通了自助借还服务，实现了全开放式借阅；引进街区24小时自助图书馆1台，为读者提供快捷便利的自助借还服务；配置了触摸屏读报一体机、歌德电子书借阅机等先进设备，无线网络覆盖全馆90%区域。

2011年起，连续深入抚州市“两会”驻地，设立“两会”服务点，为人大代表和政协委员们提供丰富的信息参考咨询服务，赠阅图书馆精心编辑的“两会”信息服务专题资料，赢得了代表、委员的一致好评。定期开展“小蝌蚪游书海”绘本阅读、月亮姐姐讲故事、涂涂画画、优秀电影展播等多姿多彩的少儿活动，充分满足了小朋友们的文化活动需求，双休日、寒暑假图书馆成了孩子们的乐园。为更好地为老年人、残疾人服务，设置了残疾人专用通道、专用卫生间，购买了盲文书籍4500余册及视障阅读设备，在全省设区市图书馆率先专门建立了残障阅览室，室内各项设施完备、功能齐全，能较好地满足残障少儿心理咨询、陶冶情操、接受教育的需求。

2009—2012年，抚州市图书馆网站访问量17万次。网站设有本馆介绍、馆内动态、书目服务、数字资源、特色馆藏5大栏目，包含抚图概况、抚图动态、业界新闻、新书推荐、读者荐书、数字文献、共享工程等17个小栏目，全面展示了抚州市图书馆风采和特色服务，为读者了解图书馆、走进图书馆提供了一个很好的平台。2013年，抚州市图书馆开通“移动抚图”手机网站，试行手机图书馆，利用移动互联网和先进的移动信息技术延伸服务时空，进一步促进全民阅读。

在做好阵地服务、传统服务的同时，充分利用馆藏文献和设施设备，依托现代网络信息技术，开展了大量广受好评的读者活动。通过开展全民阅读“六进”活动，不断丰富服务内容、创新活动方式，将图书馆服务的触角延伸到了社会各个角落。打造了文化抚州大讲堂、道德讲堂等展览、讲座品牌。通过举办讲座、展览、培训、开展网上服务等方式，拓展了图书馆社会教育功能，并形成了“文化抚州大讲堂”系列讲座，到图书馆听讲座渐成抚州人民的新时尚。打造了“小蝌蚪游书海”绘本阅读、“网络书香·数字阅读推广”等特色服务品牌。特色服务品牌活动使图书馆的服务广度与深度都得到延伸，图书馆公共文化服务能力得到极大的提升。品牌活动的创建和持

电子阅览室

少儿室

无障碍阅览室电子阅读区

“小蝌蚪游书海”绘本阅读

读好书活动进中学

演讲比赛现场

续开展，得到了社会的广泛关注和积极参与，新闻媒体进行了大量宣传报道，取得了极好的社会效益。长年通过举办老年人养生知识系列讲座、开展关爱留守儿童行动、举办进城务工人员技能培训班等，满足社会弱势群体的精神文化需求。

业务研究、辅导、协作协调

抚州市图书馆近三年20人次职工积极参加各种学术论文征文、摄影等比赛获得一、二、三等奖35次。积极参与跨地区、跨系统协作协调工作，制定统一的编目标准，实行联合编目，提供资源共建共享服务。多次举办《中图法》（第五版）编目培训、计算机机读目录知识培训，组织全市12个公共图书馆的图书分类人员及业务骨干参加，为图书馆业务工作打下坚实基础。为提高基层图书馆（室）管理人员的业务水平和技能，抚州市图书馆积极组织各县馆举办业务培训班。2012年，各市（县）馆全年共举办各类培训班10期，参训人员350余人，累计为基层图书馆（室）分编上架图书3万余册。

管理工作

抚州市图书馆现有在职职工19人，其中副高职称1人，中级职称7人，本科学历14人，聘用人员16人。制定了科学合理的财务、人事、物资、档案管理制度。通过建立岗位管理制度和人员聘用制度，创新管理体制，转换用人机制，整合人力资源，凝聚优秀人才。全馆工作人员岗位明确、职责分明，按照公共图书馆服务标准开展服务。所有员工挂牌上岗，馆员职业道德教育常抓不懈，专业技能培训常年不断。全馆上下形成了浓厚的学习氛围及创新意识。馆员责任心、向心力和凝聚力较强。建立了工作量化考核指标体系，每月进行工作进度通报，每半年和全年进行总体工作考核。

表彰、奖励情况

2009—2012年，抚州市图书馆共获得各种表彰、奖励19次，其中，中国图书馆学会表彰、奖励2次，省文化厅表彰、奖励4次，其他表彰、奖励7次。

馆领导介绍

孔彬，女，1963年11月生，本科学历，中共党员，副研究馆员，馆长。1980年12月参加工作，历任抚州地区玉茗堂影剧院书记、经理，2005年4月任抚州市图书馆馆长，兼任江西省图书馆学会理事。2009—2011年度被国家图书馆学会评为优秀会员，2009—2011年度被江西省图书馆学会评为优秀会员工作者。

曾振民，男，1955年8月生，大专学历，中共党员，党支部书记、副馆长。1978年12月分配在抚州地区文教局工作，先后在抚州地区文化广播电视局、王安石纪念馆工作。2003年任王安石纪念馆党支部书记，2005年4月至现在担任抚州市图书馆党支部书记兼副馆长。

何翠红，女，1969年1月生，本科学历，中共党员，助理馆员，副馆长，1987年在抚州电机厂工作，1992年调入抚州市图书馆，现任抚州市图书馆副馆长。

王小华，男，1967年7月生，本科学历，中共党员，馆员，馆长助理。1985年11月参军入伍，1990年退伍后分配到抚州市图书馆工作。现任馆长助理兼采编部主任和党支部纪检委员。

未来展望

抚州市图书馆以科学发展观为指导，以“普遍均等”、“惠及全民”和“以人为本”为基本原则，以实现和保障公民基本阅读权益、满足公民基本信息需求为职责，勇于开拓创新，真诚服务读者，始终致力于为公众提供更多、更好的公共文化产品和服务，充分发挥图书馆在公益性社会教育与文化传播、构建和谐社会等方面作用，为推进全民阅读、建设书香抚州，开创抚州公共文化服务体系建设新局面、推动抚州文化大发展大繁荣作出积极的贡献。在今后的日子里，抚州市图书馆将继续发挥自身优势，发扬优良传统，在服务人性、惠及全民、管理科学、馆藏特色等方面不断进取，构建新思路，展现新面貌，实现新突破，为建成一流市级图书馆而努力奋斗。

联系方式

地　址：抚州市迎宾大道588号
邮　编：344000
联系人：陈 蕾

品读红色经典建设幸福抚州

为“两会”代表提供打印、信息咨询服务

送书下乡活动

上饶市图书馆

概述

上饶市图书馆于2009年12月建成开放，建筑面积1.5万平方米。馆内设有办公室、读者服务中心、业务科、信息处理中心等组织机构，功能设置有外借室、期刊室、少儿阅览室、过刊室、捐赠书库、办证处、报告厅等多个读者服务活动项目。2013年，首次参加第五次全国公共图书馆评估，获得一级图书馆称号。

业务建设

截止2013年底，上饶市图书馆总藏量70万册，其中纸质文献16万册，电子图书54万册。

2010年上饶市图书馆图书购置经费15万元，2013年起增至35万元。2009－2013年共入藏中外文图书8万种，16万册，中外文报刊857种，视听文献1005种。

读者服务工作

从2012年3月起，上饶市图书馆全年对外免费开放，周开放70小时。2010－2013年，书刊总流通150万人次，书刊外借75万册次。2013年以来设有12个延伸服务点。

2010－2013年，上饶市图书馆共举办讲座、展览、培训、阅读推广等读者活动90场次，参与人数8万人次，以江西省公共图书馆服务联盟为平台，上饶市图书馆创意多个具有本地特色的阅读推广主题活动。

业务研究、辅导、协作协调

2010－2013年，上饶市图书馆职工发表论文5篇。

从2013年起，上饶市图书馆以文化信息资源共享工程为目标，在全市范围内建立公共图书馆联合服务体系，进行地方文献联合征集，阅读推广和讲座展览服务，业务培训与技术支持等工作。

2013年11月，上饶市图书馆承办了由山东省图书馆学会、河南省图书馆学会、安徽省图书馆学会、江西省图书馆学会、新疆维吾尔自治区图书馆学会主办的首届五省图书馆学会学术年会。会议以“书香中国·阅读引领未来”为主题，研讨工作，交流学术心得；就加强各区域图书馆之间的合作，共同促进图书馆事业的繁荣和发展达成广泛共识。本次学术年会的召开是五省图书馆学会办会的一种新尝试，对办会理念、办会形式和丰富办会内容进行了创新和探索。通过承办此次会议，上饶市图书馆在学术研讨，业务合作和工作交流等方面学习了先进经验，将进一步推动我市图书馆事业的发展。

管理工作

2009年，上饶市图书馆完成岗位设置，全馆设置46个专业技术岗位，同时建立了工作最后考核指标体系，每周进行馆例会，每月进行工作进度通报，全年进行总体工作考核。

表彰、奖励情况

2010－2013年期间，上饶市图书馆分别荣获江西省文化信息资源共享工程知识与技能竞赛组织奖一次；荣获江西省文化信息资源共享工程先进单位两次。荣获上饶市文化系统先进工作单位两次。2013年被评为江西省第三届“读好书”活动先进单位。

馆领导介绍

方少华，女，1964年4月出生，本科学历，中共党员，副研究馆员，馆长，上饶市政协委员。1985年参加工作，从事图书馆工作近30年，2011–2013年期间荣获江西省图书馆学会优秀会员称号三次。2013年被评为江西省图书馆学会优秀工作者。

毛智芳，男，1970年1月出生，本科学历，中共党员，1986年参加工作。2005年从事图书馆工作，2012年12月任分管后勤保障副馆长。

未来展望

上饶市图书馆遵循“读者第一，服务至上”的办馆宗旨，近年来，在完善服务工作的同时，围绕图书馆创新工作，通过加入江西省图书馆服务联盟，带动了全市图书馆事业的整体发展。在未来的几年里，上饶市图书馆将在现有藏书的基础上，进一步丰富馆藏资源，加强数字化图书馆的建设，

方馆长作报告

方少华馆长审阅评估材料

“小蝌蚪游书海”绘本阅读

读好书活动进中学

演讲比赛现场

根据广大读者的需求和信息技术的发展实行网络化，构建新兴媒体数字资源与传输平台，确保能够提供全覆盖、不间断的数字文献远程服务，努力使各项工作指标位居全省前列。

联系方式

地　址：上饶市广信大道中段
邮　编：334000
联系人：蔡 超

上饶市图书馆大楼外观

读者参观《雷锋事迹图片展》

评估现场

“我阅读我快乐”小读者交流会合影

庐山图书馆

概述

江西省庐山图书馆创建于1934年7月，现位于世界遗产地和世界地质公园——庐山风景名胜区的中心，海拔1160米，有建筑面积3200平方米，拥有阅览坐席260个，计算机68台，开通20兆光纤通讯网络，免费WLAN覆盖全馆；书架单层总长度5103米；现总藏书四十三万册（件），其中，古籍图书近六万册，古籍当中有善本五千二百册，善本书中明朝中叶至明朝后期的版本有一千余册；另还藏有民国时期出版物三万册。连续五届被文化部命名为“一级图书馆”。建有“全国文化信息资源共享工程”庐山支中心。2013年，国务院公布庐山图书馆为第四批“全国古籍重点保护单位”。

业务建设

截止2013年底，庐山图书馆总藏量43万册（件），2012年新购置图书5200册（种），全年订购报纸46种，杂志464种。

现已藏有800余种（集）电子文献，近年的入藏量都在100种以上，并购电子版《四库全书》（文渊阁），征集到电子版康熙年间编撰的《南康府志》和康熙年间编撰的《九江府志》等珍贵历史文献，同时还征集到新中国成立初期庐山风光老照片200余张等文献文物，老照片已全部进行了电子化。

馆藏数字资源总量达到2TB以上，含全国文化信息资源量，也包括庐山图书馆自行安装的数字视频资源，当中有60余部（集）的电视专题片，自行组织拍摄了三部电视专题片，制作完成了14分钟的《藏书匡庐》、11分钟的《馆藏经典：共产党宣言》、15分钟的《庐山：八一起义策源地》电视专题片，全部挂靠在庐山图书馆网站的视频当中。录制与庐山有关的讲座，举办《庐山历代诗词赏析讲座》，联系省内的专家学者来庐山参与庐山诗词的赏析讲座，邀请到江西省社会科学院研究员胡迎建、江西师范大学教授杜华平等讲解《庐山历代诗词》，共组织播放专家学者《庐山历代诗词赏析讲座》26期。

重视地方文献的收集，建立庐山旅游文献室，设地方文献专门书架，有地方文献600余种。设立了《庐山图书馆地方文献专题目录》。

2013年度的财政预算拨款达到了194万元，2012年181万元，2011年120万元，2010年88万元，2009年81万元。

庐山图书馆业务管理系统，采用深圳图书馆的图书馆自动化集成系统ILASⅢ，采访和编目系统正常使用运行，流通系统书目数据录入工作已经完成，正在调试管理系统，即将投入使用。

读者服务工作

庐山图书馆率先在全省公共图书馆正式实行免费开放，并作为江西省首批公共图书馆免费开放试点单位。庐山图书馆按照“推进图书馆等免费开放，丰富人民群众的精神文化生活”的要求，并依照《公共图书馆服务规范》，对基本公共服务设施实行免费开放服务，免费服务范围面积有1200平方米，免费开放图书达10余万册，免费开放的场地有：报刊阅览室、旅游文献室、少年儿童阅览室、多媒体阅览室(电子阅览室)、馆史陈列室等公共空间设施场地；文献资源借阅、检索与咨询、公益性讲座、基层辅导、流动服务等基本文化服务项目健全并免费提供。为保障基本职能实现的一些辅助性服务如办证、验证等全部免费，庐山居民到庐山图书馆随时可免费领取图书外借证，非庐山居民或外地游客只要在庐山居住在七天以上，也可免费取得庐山图书馆的图书外借证。通过多样式的公共文化服务，建立起来“怡人览”免费开放服务，在庐山形成了一个良好的文化服务品牌。新增盲文图书310种，在庐山范围内开展阅览和外借服务。

庐山图书馆历年坚持每天对读者和游客免费开放，包括双休日和节假日，每周开放在56小时以上，根据庐山的实际情况，结合庐山公共文化事业特点，在每年的“五一节”、夏季、“国庆节”期间的晚上增加开放时间。

庐山旅游区地理环境特殊，庐山图书馆在日照社区设立图书阅览室，为社区提供图书、报刊，进行业务指导，社区无偿为周边的居民服务。定期为庐山幼儿园送去儿童读物，每逢“六一节”向庐山幼儿园赠送儿童图书和儿童剧数字光盘资源。整合了部队服务点的工作，与庐山公安消防大队共建图书室，与庐山雷达营共同共建“兵峰”流动图书站。定期和不定期对农村基层服务点进行督导和检查，帮助解决计算机使用中的问题。

针对庐山旅游区的特殊群体，庐山图书馆设有残疾人专用通道，优先服务残疾人、老年人，阅览区提供免费饮用水、放大镜和公用药箱等。设立少年儿童阅览室，少儿藏书较为丰富，为庐山的少年儿童和暑期来庐山度假的小朋友，提供了一个良好的阅读场所。

仙人洞景区服务

免费无线网服务

制作开通庐山图书馆网站，设有栏目：新闻资讯、古籍保护、共享工程等栏目，于2012年9月28日正式开通上线，网站以全新版面展示庐山图书馆的特色，年点击量在3万次以上。

在中国共产党成立九十周年，将馆藏红色经典英文伦敦版的《共产党宣言》，面向大众展出。面向游客，在馆内设立“庐山图书馆史料陈列展”，介绍庐山藏书史和庐山图书馆的发展历程，每年都吸引众多游客驻足参观，每年的参观者都在6000人次以上。

在庐山文化旅游活动中心广场设置的昼夜阅报长廊，每天陈列全国、省市的主要报纸26种48张。

庐山图书馆重视阅读推广工作，通过举办读者读书活动，在庐山图书馆网站上发布新书推介等多种形式，让更多的读者和游客读好书，积极推荐庐山历史文化的书，积极推荐庐山风光视频等。

针对庐山的实际情况，每年一个服务主题，在庐山的景区景点面向游客，开展图书馆服务宣传周系列活动，主要活动形式有：庐山历史知识有奖问答、播放庐山风光片、庐山文史介绍、景区景点解读等。

近几年，庐山图书馆在图书馆服务宣传周期间，发放读者意见调查表，通过对回收的表格进行统计，读者满意率都在95%以上。

业务研究、辅导、协作协调

庐山图书馆积极参与中国图书馆学会组织的各项业务活动，2010年刘庐松的论文《旅游区图书馆建设新探索——以庐山图书馆为例》，被中国图书馆学会评为三等奖，2012年刘庐松《开展免费开放，服务于读者游客》，被中国图书馆学会评为优秀奖。

与九江市及各县区图书馆建立了《九江市公共图书馆联盟》，实现了“优势互补，服务大众”的方向。

发挥共享工程的服务协调作用，为农民提供实用书报刊和音像电子产品，提供公益性的文化服务，提高农民科学文化素质。

管理工作

庐山图书馆建立了明确岗位考核制度和检查制度，业务工作实现了定量化管理，规范每个工作人员的行为，经过多年的修改完善，现在已建立起的比较完整的工作管理规范。

建立健全了物资财产管理制度，定期对资产进行清点盘查，保证了国有资产不流失。完善档案管理，业务辅导档案齐全，各类统计及分析内容齐全、准确。工作人员统一挂牌上岗，并设有效投诉电话。

完善安全工作检查制度，制定了《消防工作应急预案》、《突发事故灾难应急预案》、《突发自然灾害应急预案》、《突发公共卫生事件应急预案》等、加大对在干部职工的安全教育，向干部职工下达安全责任状，明确每个工作人员承担的安全责任和义务，使每个干部职工都能懂得安全常识，会使用安全设备，定期和不定期对安全工作进行大检查，如发现安全隐患立即进行了整改。

表彰、奖励情况

2009—2012年，庐山图书馆共获得各种表彰、奖励10次，其中，文化部表彰1次，中共九江市委、九江市人民政府表彰3次。

馆领导介绍

刘庐松，男，1960年10月出生，大专学历，中共党员，1994年6月任副馆长，2005年11月任馆长。2008年江西省文化厅授予“江西省优秀图书馆馆长”称号。2012年12月，当选江西省图书馆学会古籍保护部委员。

李红艳，女，1968年1月出生，本科学历，中共党员，2006年1月任副馆长。

未来展望

在未来的几年里，庐山图书馆将在现有基础上，深度发掘馆藏资源，充分发挥旅游胜地的优势，提升个性化服务，建设旅游主题图书馆，为广大读者和游客提供记载庐山历史、文化的书籍，让更多的人了解到庐山是文化名山、教育名山、宗教名山、科学名山、政治名山。同时，积极做好古籍普查登记和保护工作，建立古籍综合信息数据库，形成统一的古籍目录，积极开拓图书馆的文化教育功能，通过讲座、展览、培训等形式宣传古籍保护知识，促进古籍利用和文化传播，普及保护知识，展示保护成果，培养公众的保护意识，营造全社会共同保护古籍的良好氛围，从而达到继承和弘扬优秀传统文化，推动社会主义先进文化和和谐社会建设的良好目的。

联系方式

地　址：江西省庐山河东路1号
邮　编：332900
联系人：胡梦痕

公共电子阅览室

儿童阅览室

珍贵的外文原版藏书

会昌县图书馆

概述

会昌县图书馆成立于1978年。新馆于2009年6月1日正式对外开放，位于会昌县同济大道北侧教育文化园区，占地20亩，建筑面积3000平方米，是一座现代布局合理、功能齐全、庄重典雅、综合性较强的建筑物，是会昌县重要的文化景观之一。2013年12月被文化部评为国家一级馆，截止2013年12月底，会昌县图书馆藏书总量达到45万册（含分馆）。

业务建设

一是探索图书馆“总分馆”制模式，推进图书资源均等共享。建立以县级图书馆为总馆、基层图书室为分馆的公共图书馆“总分馆”制模式，统一开放时间、图书管理、图书借阅、图书流转等方面的标准要求，形成覆盖城乡的公共图书服务网络。二是推进数字图书馆建设，以县级图书馆为龙头，整合数字图书资源专网、文化信息资源共享工程、农村电子阅览室等资源，实现数字图书资源县、乡镇（街道）、村（社区）三级共享。三是推行图书通借通还，实现读者只需办理“一卡通”，即可在一定区域的公共图书馆享受阅览期刊、图书借还、文献传递等多种形式的网上信息服务，使高效便捷的知识信息传递惠及更多的用户，实现公共图书服务在一定范围内一卡通行，先在中心城区试点，然后逐步在基层乡村推行。

读者服务工作

会昌县图书馆坚持以读者为本，服务至上的理念，全面向社会免费开放图书外借室、盲文及盲人有声读物阅览室、少儿阅览室、报刊阅览室、电子阅览室、多媒体室、农民工借阅室、辅导室、捐书室、书库、多功能报告厅等11个功能室。阅览座位294个（其中少儿阅览室65个、电子阅览室65个、多媒体室70个、报刊阅览室70个、盲人阅览室24个），图书馆馆坚持每周开放56小时以上，年接待读者约8万左右人次，年购书经费16万元，新增图书4500余册，订报刊480多种，馆藏图书均按《中图法》第四版进行分类编目，并安装自动化集成系统（ILAS），把馆藏近14万余册纸质图书进入微机，实行条码借阅。拥有计算机65台，通过计算机网络为读者提供电子文献检索服务和多媒体资源的浏览等服务。

主题活动开展，激发读书热情。近几年，会昌县图书馆在世界读书日、图书馆服务宣传周举办了一系列的读书活动。一是举办演讲比赛、读书会、读书讲座、儿童营养健康讲座、读书征文、亲子阅读家长沙龙、好书现场推荐、英语朗诵比赛。二是举办“两会”信息服务、捐书活动、流动图书箱进城乡、基层服务点数字资源共享和中老年人计算机培训。三是举办全县中小学生象棋、围棋比赛等形式多样、内容丰富的读书月活动，努力推动全社会形成“多读书、读好书、好读书”的良好氛围。

业务研究、辅导、协作协调

抓好政治理论学习的同时，鼓励干职工积极撰写论文，近年来撰写的《对县级图书馆建筑的反思》、《二十一世纪如何当好县级图书馆馆长》、《会昌县图书馆活动项目案例分析》、《图书馆未成年人活动项目案例》等多篇论文，分别经江西省图书馆、辽宁省图书馆学术委员会评审，并辑入《江西省图书馆》、《辽宁省图书馆》学刊2007年第四期、第六期及《江西省图书馆学会年会论文集》。另外，2014年撰写的《公共图书馆为特殊儿童服务的思考》论文，经《图书馆建设》编委会审定，被《图书馆建设》（增刊）发表。2010至2014年撰写的《刍议少年儿童图书馆如何加强对少年儿童的网络阅读教育》、《刍议数字图书馆的发展与思考》、《会昌县西江镇、村新农村图书馆（室）建设调查与思考》、《图书馆立法的现状与分析》、《基层图书馆“读书月”活动实践探析》、《公共图书馆为盲人图书馆（室）服务的研究综述》论文，又分别在《文化大视野——全国群众文化、图书、博物论文集》中，荣获优秀论文奖，并辑入中国文联出版社的《文化大视野》作品选。2013年撰写的《全市县以上公共图书馆第五次评估定级自评情况分析》论文，经赣州市图书馆学术委员会评审，被评为一等奖。

会昌县图书馆多年坚持“走下去、进基层”的辅导方式，分赴会昌县文武坝镇中塅村、湘青村、小坝村，富城乡富城村、桂坑村，西江镇千工村、大田村等基层图书室开展帮扶工作。对基层图书室近2万册图书进行业务辅导，建立了长效指导和帮扶机制，为镇村图书室管理员讲解图书管理业务知识，帮助提高图书书标使用、图书分类、图书上架，并做到了整齐、清洁、美观、标准，真正做到了想该图书室所想，急该图书室所急。目前，各基层图书室以崭新的面貌呈现在广大农民读者面前，受到当地领导的好评。

通过无线上网技术，会昌县汽车图书馆与各流通点之间实现了通借通还业务，读者只凭“一卡通”，即可以实现异地借还图书，方便了读者利用图书馆的资源和服务。经过多方调

举办全县中老年人计算机培训

首届“文化助残，知识帮困”演讲比赛

"两会"信息咨询活动

开展学雷锋志愿服务活动

试，在技术部的支持下，运用VPN技术，会昌县图书馆总馆与珠兰示范学校分馆实现了通借通还，读者可以将在总馆借的书在珠兰示范学校分馆归还，也可以将珠兰示范学校分馆借的书在总馆归还。

管理工作

截止2013年底，会昌县图书馆共设编制10人，目前在编在岗10人，其中2人取得专业技术资格，（1名副研究馆员、1名助理馆员），内设5个职能股室，即办公室、流通室、采编与辅导室、信息与技术部、特藏书库。

表彰、奖励情况

2009—2013年，会昌县图书馆共获得各种表彰奖励23次，其中，文化部表彰奖励2次，省文化厅表彰奖励1次，其他省级以上奖励20次。

馆领导介绍

钟冬莲，女，1964年11月生，本科学历，中共党员，副研究馆员，馆长。1980年12月至1987年3月在会昌县采茶歌舞剧团工作，1987年4月至今在会昌县图书馆工作，中国图书馆学会会员，江西省图书馆学会会员。

陈珺，女，1976年1月生，大专学历，助理馆员，副馆长。1991年6月参加工作，历任会昌县图书馆采编管理员、采编部主任等职。

余敏，女，1981年1月生，高中学历，中共预备党员，副馆长。1997年9月参加工作，历任会昌县图书馆财务、办公室主任等职，江西省图书馆学会会员。

未来展望

未来几年，会昌县图书馆将继续大力加强馆藏资源建设，力争使图书文献馆藏超过50万册。进一步优化馆藏结构，形成内容丰富、结构合理，门类齐全的图书档案一体化的馆藏资源体系。充分发挥文化信息资源共享工程支中心的优势，延伸服务范围、拓展服务功能。在社区、学校等人口聚集区增加2—4个分馆，方便读者就近、高效地使用我馆资源。努力加强信息化建设，拓展新的数字化服务手段，深化高端信息服务，继续创新并完善电子图书、电子期刊的传送和管理，加强数字图书馆建设。进一步调整、优化馆舍布局，完善人性化设施，在馆内设立自助借还书系统，尝试在大型超市、学校、社区等重点区域设立自助还书箱，大幅度提高服务效率和覆盖范围。深化资源共享与馆校合作，继续尝试与县属各学校建立馆校互联平台，借助国家数字图书馆、国家科技图书文献中心这样的高水平的国家平台，向公众、学校提供全面、更高层次的文献信息服务。

联系方式

地　址：江西省会昌县同济大道北侧教育文化园区三馆一中心
邮　编：342600
联系人：张锦来

进贤县图书馆

概述

进贤县图书馆自1977年12月10日建馆以来，由起初文化馆的一个面积仅有30平方米、藏书仅3000册、管理人员仅1人的图书室，发展到今天总面积为4124平方米、藏书达10万余册，全馆工作人员达19人的面向社会各界免费开放的综合性公共图书馆。现馆舍自1993年元月开馆以来，辟有报纸阅览室、杂志阅览室、少儿借阅室、综合借阅室、资料内阅室、电子阅览室、自习室、多功能报告厅等公众服务窗口。参加了1994年、1998年、2004年、2008年四次评估，均获得"二级图书馆"称号，2013年评估，获得"一级图书馆"称号。

进贤县图书馆总座席为312个。其中报纸阅览座位26个、杂志阅览座位50个、电子阅览室座位32个、少儿阅览室座位82个、自习室20个、多功能厅座位102个。计算机58台，10M光纤接入，WiFi全覆盖，使用ILASSIII图书自动化管理系统。现有在职干部职工19名，其中大学本科以上学历11人，副高职称1人，中级职称6人，初级职称资格11人。

业务建设

截止2013年底，进贤县图书馆馆藏总量为10.6万余册（件），包括民国文献线装书3000册、过刊2000册、地方文献1000册、音像视听文献1313件。2004年至2012年购书经费为4.25万元，2013年增至为10.25万元。2009年8月1日，进贤县图书馆网站正式开通，数字存储能力达8TB，在建的数字资源有《进贤县非物质文化遗产省级以上项目汇编》以及把县志、进贤籍作家的作品、民间故事、民风民俗等目录建成具有进贤特色的地方文献数据库。2013年5月新购进"书目检索机"、"触摸式电子报刊阅读器"各一台，为读者提供了数字阅读体验。

读者服务工作

作为江西省首批免费开放试点单位，进贤县图书馆于2011年3月25日起实行了免费开放，全年365天开放，每周开放时间63小时。除特藏文献外书刊文献全部实行开架借阅，开架率达99%。2013年新增借阅卡1080个，当年馆内外借总量达9.1万人次，馆外设立了13处流通场所，借阅1.6万人次。2009年至2013年每年开展的各种主题活动均达二十多场次；送书下乡、送科技下乡，送书进军营、进学校、进社区等活动达三十多次；举办各种知识讲座14次；2013年，又新推出了盲人阅览、亲子阅读、"您选书，我买单"、"您点播，我放映"、为年龄在七十岁以上及残疾读者电话免费送书上门、手机报刊阅读等服务项目。2009年至2013年进贤县图书馆网站访问量达3.16万次。

业务研究、辅导、协作协调

进贤县图书馆制订了《进贤县图书馆服务网络建设规划》，建成了县乡村三级服务网络。2009年以来每年举办基层管理员培训班3次，下基层图书室业务辅导五十余人次。实际承担了对全县7个社区、21个乡镇图书室、264个农家书屋基层服务点的所有业务指导、培训、管理制度的制订、借书证的制作、各种登记、统计汇总、乃至开放时间牌及年终考评等工作。2009年以来，先后在各种省级以上刊物上发表的论文12篇，获奖征文5篇。自2012年5月开始，成立了进贤县图书馆文化志愿者服务队，服务队开展活动11次。

管理工作

进贤县图书馆试行了按需设岗、按岗定人的《岗位设置、人员分工、工作要求暂行方案》、《进贤县图书馆岗位责任制》、《责任追究制》，2013年实行绩效工资后，同时出台了《进贤县图书馆员工奖励性绩效工资考核的实施方案》以及《进贤图书馆考勤暂行办法》。同时制订了较完善的财务管理制度，财务管理严格按照管理制度办事，每年均通过了财政局、审计局等部门的审查。对馆内的固定资产、物资实行了严格的管理，并在相关的责任制中作了明确的规定。建立了人事档案、业务档案、工程项目档案，所有档案均装订整齐、内容齐全、标有目录。制订了《进贤县图书馆人员安全应急预案》、《进贤县图书馆数据及网络安全处置预案》，同主管局签订了《社会治安综合治理目标管理责任状》、《安全生产责任状》、《创建文明卫生城市责任状》、《计划生育责任状》。

表彰、奖励情况

2009—2013年，进贤县图书馆共荣获各类奖项17次。其中：文化部表彰1次，省文化厅表彰1次，省图书馆表彰4次，市文化新闻出版局表彰4次，市社联表彰1次，县政府表彰1次，县文化主管部门表彰5次。

全民阅读月活动

少儿活动

图书阅览室

馆领导介绍

姜钦华，男，1959年2月生，本科学历，中共党员，副研究馆员，副馆长主持全面工作。1977年3月参加工作，1983年调进贤县图书馆工作，1988年5月任副馆长，2005年6月开始主持全面工作迄今。中图学会、省图学会会员，1997至2000年连续荣获南昌市"为公共图书馆事业做出突出贡献的先进工作者"称号及市文明委授予的"先进个人"称号，2004年10月被评为"首届江西青年科学家"，2009年获江西省文化厅"优秀图书馆馆长"荣誉称号。

王淑珍，女，1970年8月生，本科学历，中共党员，馆员，支部书记。1991年10月参加工作，2006年3月任副馆长，2009年6月任支部书记、副馆长。中图学会、省图学会会员，2013年3月获南昌市纪检委、南昌市妇联授予的"廉内助"称号。

刘晓霞，女，1976年12月生，本科学历，中共党员，馆员，副馆长。1995年6月参加工作，2013年8月任副馆长，中图学会、省图学会会员。

未来展望

进贤县图书馆将秉承"读者第一，服务至上"的办馆宗旨，整合特色资源、培育人才队伍、实施科学管理、提升服务质量为重点，全面推进图书馆数字化、网络化建设进程。建成以县图书馆为中心馆，各社区图书室、乡（镇）图书馆（室）、学校图书馆、村级农家书屋三级联动的公共图书馆服务体系网络，紧紧围绕进贤县经济社会发展大局，为实现进贤"一年强基础、两年求突破、三年大变样"目标重新定位，调整方向，为建设人文进贤、生态进贤作出更大的贡献。

联系方式

地　址：进贤县城西门路电视台旁
邮　编：331700
联系人：姜钦华

进贤县图书馆馆貌

乐平市图书馆

概述

江西省乐平市图书馆初创于1923年，正式落成于1956年，2008年底重建新馆位于乐平市大连新区东风路，新馆建成开放。新馆占地7000平方米，建筑面积5000平方米，设计藏书容量30万册，可容纳读者座位1000个。2013年，参加第五次全国公共图书馆评估，首次获得一级图书馆。2011年11月，我馆少儿部对外开放，建筑面积300平方米，2012年盲人阅览室对外开放，建筑面积150平方米。乐平市图书馆现有阅览坐席1000个，计算机78台，信息节点200个，宽带接入20Mbps，选用ILASⅢ图书馆自动化管理系统。

业务建设

截止2013年底，乐平市图书馆总藏量11万册（件），其中，纸质文献8万册（件），电子图书2万册，电子期刊1万种/册。

2010年，乐平市图书馆新增藏量购置费10万元，2011年起增至22万元。2011—2013年，共入藏中外文图书54700种，63418册，中外文报刊317种，视听文献248种。2013年，地方文献入藏完整率为95%。

截止2013年底，乐平市图书馆数字资源总量为1.5TB，其中，自建数字资源总量0.8TB。2011—2013年，完成《乐平古戏台资源宝库》。

2012年，由传统手工操作升级改造为自动化管理系统ILASⅢ系统，以适应江西公共图书馆服务联盟建设的需要，同时，增加了读报机2台，内有电子报刊260份可每天更新内容，电子期刊和电子辅导资料15万册。2013年初，实现馆内802.11N无线网络覆盖。

读者服务工作

从2012年11月起，乐平市图书馆全年365天每天对外免费开放，每周开放63小时，2011—2013年，书刊总流通26万人次，书刊外借30万册次。2012年7月获得《江西省古籍重点保护单位》，2013年获得《全国古籍重点保护单位》和“全国县级（市）一级图书馆”。2014获得文化部颁发《全国古籍保护先进单位》。

2012—2013年，乐平市图书馆网站访问量5万次。截止2013年，乐平市图书馆发布使用的数字资源总量为11种，1.5TB，均可通过乐平市图书馆网站，江西公共图书馆服务联盟网站、江西省共享工程VPN专网向全省公共图书馆、共享工程基层服务中心提供检索、浏览和下载服务。

向读者开放的窗口有图书外借室、少儿借阅室、电子阅览室、报刊阅览室、地方文献室、盲人阅览室、古籍阅览室等7个服务窗口，建有图书流通站10个，通过建立社区图书流通站，读书示范基地、组织开展预防青少年违法犯罪图片展10次、科普展6次、演讲比赛20次、知识竞赛24次、主题读书活动6次、召开读者座谈会18次，播放爱国主义教育影片50次等活动延伸服务。坚持“以民为本，真情服务”。年接待读者达8万人次，书刊流通阅览10万册次，成为保障市民享有公共文化权益的主要阵地，收到了良好的社会效果。

为了提高服务水平，拓宽服务范围，每年的图书馆服务宣传周活动非常重视，当作是一次难得的宣传机会，并把活动开展到人群集中的街道、市中心。做到了有组织、有计划、有行动、有总结，取得了良好的社会效应。乐平市图书馆还利用自身优势，积极与各中小学、文联、残联、市政府等单位联合举办各种读者服务活动和专题展览，如在市政广场举办一次“乐平成就”展览十余天，接待读者5万人次，影响深远。

开展创建文明和谐社区，军民共建活动；积极参与农村结对帮扶工作；组织文化下乡活动，为全市教育、科技和企事业单位提供专题服务和图书信息资料，为政府提供《信息与咨询》四期。

为特殊群体服务，采用了预约借书、代借代还、上门服务等方式，解决了许多残疾人，老年人看书难的问题。

业务研究、辅导、协作协调

2013年，乐平市图书馆职工发表论文12篇，获得江西省文化厅“读好书”先进单位。

2012年与景德镇图书馆、庐山图书馆签订合作协议书，共同开展联合编目，馆际互借等业务活动。

本地区服务网络建设也初见规模，与全市各街道，乡镇，社区，村级图书室建立了业务联系，实现了资源共享，参与服务网络建设的图书馆（室）占全市的40%以上，并针对社区、学校、农村基层图书室进行业务辅导和培训，定期上门为基层图书室服务整理、采编等，使其管理更正规化。

截止2013年，举办各种文化站站长、农家书屋管理员和资源共享管理员培训班32期，380课时，1087人次接受培训。

管理工作

2011年，乐平市图书馆建立了工作量化考核指标体系，每周召开例会进行工作进度通报，全年进行总体工作考核。2009—2013年，共抽查文献排架20次，书目数据5次，编写各部门工作进度通报5篇。乐平图书馆建立了明确的岗位考核制度和检查制度，业务工作实现了定量化管理，规范每个工作人员的行为，经过多年的修改完善，现在已建立起的完整的工作管理规范。

馆内展厅

报纸阅览室

盲人阅读

基层业务辅导

农家书屋残疾人图书管理员电脑培训班

世界读书日活动

建立健全了物资财产管理制度，定期对资产进行清点盘查，保证了国有资产不流失。完善档案管理，职工考核、参考咨询、课题服务、业务辅导档案齐全，各类统计及分析内容齐全、准确。各种设备维护良好，工作人员统一挂牌上岗。并设有有效投诉电话。

表彰、奖励情况

2010−2013年，乐平市图书馆共获得各种表彰、奖励13次，其中，文化部表彰、奖励2次，省委、省政府表彰、奖励1次，省文化厅表彰、奖励6次，其他表彰、奖励4次。

馆领导介绍

邹晓玲，女，1981年10月生，本科学历，中共党员，馆员，馆长。1999年12月参加工作，历任乐平市电视台记者，2011年10月任乐平市图书馆馆长。江西省图书馆学会会员，兼任景德镇市图书馆学会常务理事。

王建华，男，1969年6月生，本科学历，中共党员，馆员，支部书记。1991年3月参加工作，历任861台台长，美术馆馆长。

黄时雄，男，1963年3月生，大专学历，中共党员，助理馆员，副馆长。1980年7月参加工作，江西省图书馆学会会员，景德镇市图书馆学会理事。

吴永林，1979年7月生，1999年11月参加工作，助理馆员，景德镇市图书馆学会理事。

曹霞，工会主席，1976年12月生，1997.8参加工作，助理馆员，江西省图书馆学会会员，景德镇市图书馆学会会员。

未来展望

乐平市图书馆面临全面转型，全体员工将继承和发扬团结一致、艰苦奋斗、爱岗敬业、文明服务的精神，全面实现市图书馆的信息网络化、典藏数字化、服务个性化、管理自动化的目标，在乐平市全面转型的划时代进程中充分发挥职能，以凝练特色文化，打造城市精神，提升文化软实力，增强城市竞争力为己任，为建设“和谐乐平”、“数字乐平 ”、“科技乐平”、“魅力乐平”而努力奋斗。达到国内一流图书馆的基本标准。

联系方式

地　址：江西省景德镇市乐平市大连新区东风路
邮　编：333300
联系人：黄时雄

读好书活动

流动服务站

少儿活动

莲花县图书馆

概述

莲花县图书馆建于1984年，位于莲花县永安北路93号，交通便利。即将投入使用的新图书馆，莲花县文体中心（文化服务中心）位于莲花县莲花广场以东地块，西临广场，南以一环路为界。莲花县图书馆旧馆建筑面积2017平方米，新馆建筑面积3666.7平方米。馆藏图书25万余册，报刊、杂志400余种，馆内开设外借室、阅览室、少儿室、资料室、古籍文献室、采编室、电子阅览室、残障人士阅览室等服务窗口。其中阅览室座席近210个，少儿室座席近80个，电子阅览室坐席41个，盲文阅览室坐席24个，年读者人数8万余人次，读者外借各类文献6万余册次。2013年，参加第五次全国公共图书馆评估，获得"一级图书馆"称号。

业务建设

截止2013年底，莲花县图书馆总藏量25.06万册（件），其中，纸质文献10.02万册（件），电子图书15万册，电子期刊5千种/册。

2012年购书经费6万元，2013年购书经费22万元，2013年县财政拨款91.98万元，年县财政拨款增长率与县财政收入增长率基本持平。图书年均入藏数量3215种，报刊年均入藏量248种。2013年，地方文献入藏完整率为95%。

截止2013年底，莲花县图书馆数字资源总量为4.02TB，其中，自建数字资源总量0.47TB。正在筹建的数据库有《红色莲花》。

2011年，莲花县图书馆安装ILAS3.0自动化管理系统，日常业务工作全部实行自动化。

全国文化信息资源共享工程莲花支中心已经建成，中心配置高性能服务器、存储设备、防火墙和数字资源设备等，数字资源服务系统和技术支持体系能有效服务于各基层点，可提供远程数字化信息服务。

读者服务工作

从2011年1月起，莲花县图书馆全年365天对外免费开放，周开放63.5小时，2010–2013年莲花县图书馆先后与乡镇、村、看守所、企业、军队等单位建立流动图书室，累计建立流动图书室56个，馆外书刊流通总人次5.84万人次，书刊外借9.77万册，馆藏书刊文献年外借率达到74.9%。每年接待读者达7.9万余人次，图书借阅6万多册次，电子图书阅览9万多人次。

2009年莲花县正式启动了文化共享工程建设。同年9月在图书馆建成萍乡唯一一个县级支中心。截止2013年12月，已完成全县13乡（镇）服务点和157个村级基层网点建设，实现全县共享工程村村全覆盖。莲花县共享工程支中心作为全县的建设和业务指导单位，负责保障县支中心共享工程设备的正常运行，协调乡镇村级共享工程设备的维修，指导乡镇村级共享工程活动的开展以及每年全县共享工程管理员的业务培训和指导。2013年开始实施共享工程村级示范点工程，以点带面，以更优、更快的发展为全县共享工程村级基层点的建设提供学习和借鉴平台。

2009–2013年莲花县图书馆共举办讲座、展览、培训、阅读推广等读者活动167场次，参与人数8.6万人次。通过文化资源信息网络，积极开展社会教育活动，向大众读者特别是青少年传播中华优秀文化，以摆脱网络不良文化的影响，引导青少年健康文明上网；为中老年人播放《养生系列讲座》、《辛亥革命》等影片，开展"引导学生正确上网"等公益讲座和技能培训18余次，在广场等公共场合年均展览5次，年均开展阅读推广活动5次，利用服务宣传周、全民读书月、世界读书与版权日等节假日积极开展活动。读者满意率达到96%。

管理工作

莲花县图书馆制定并完善采编、外借、保管、财务、学习、卫生等各项制度。加强人事制度改革，做好队伍建设，实行竞争上岗制度，优化科室设置，实行岗位责任制，加强馆员职业道德教育和专业理论教育。每年制订工作计划，在财务、人事、志愿者、设备物资、档案、统计、环境、安全保卫等管理方面建立规章制度，完善管理体系，在财务上做到有监督，公开透明；在人事上做到按需设岗、按岗聘用、竞争上岗；在档案上做到档案健全、资料详实、归档及时、立卷准确、装订整齐、内容齐全，目录清楚；在环境上，做到环境整洁、美观、安静、馆内标牌规范、低碳运行节能减排；在安全保护上，制订人员、数据、网络安全制度，建立安全紧急情况应急预案，消防设施齐全规范。

表彰、奖励情况

2010–2013年，莲花县图书馆共获得各种表彰、奖励11

莲花县图书馆阅览室

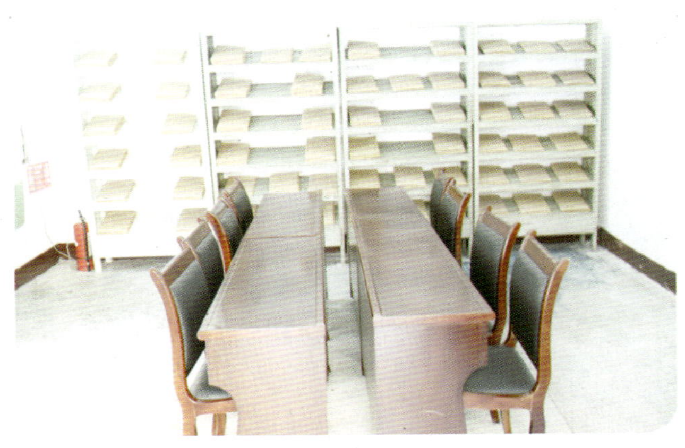

莲花县图书馆盲文室

举办荷乡莲说讲坛

举办摄影征文比赛颁奖仪式

举办中华礼仪图片展

莲花县图书馆

次，其中，文化部表彰、奖励1次，省委、省政府表彰、奖励1次，省文化厅表彰、奖励1次，其他表彰、奖励8次。

先后荣获江西省文化共享工程2010年度培训工作先进单位；2011年省文化厅首届"读好书"活动先进单位；萍乡市三八红旗集体；县文化广播电视工作目标考评第三名；2012年被省妇联评为农村妇女岗位建功先进集体，在全省文化系统中是唯一获此殊荣；2012、2013连续两年获得县文化广电新闻出版工作目标考评第一名；政府信息工作先进单位；2013年文化信息资源共享工程先进单位等。

馆领导介绍

文莉，女，1968年7月生，大专学历，中共党员，馆长。1982年12月参加工作，历任莲花县采茶剧团演员，县文化馆舞蹈编导，县文化局出纳，县图书馆副馆长（主持工作），莲花县文广新局办公室副主任兼局妇委会主任等职，2008年6月任县图书馆馆长。2012年获《江西图书馆动态》优秀通讯员，2013年获县文化广电新闻出版局"优秀共产党员"。

谭莲凤，女，1967年12月生，1987年5月参加工作，1996年调入莲花县图书馆，2005年任莲花县图书馆副馆长，协助馆长分管图书馆业务、采编等工作。

陈秀萍，女，1977年9月生，2000年2月参加工作，2013年任莲花县图书馆副馆长。协助馆长分管图书馆财务、活动策划、古籍、地方文献等工作。

未来展望

莲花县图书馆始终坚持"读者至上，服务第一"的原则，立足实际，开拓创新，加大投入，完善基础设施，提升服务层次和质量。特别针对即将要搬迁的新图书馆的装修进行科学分析、精心布局，在软硬件方面有了长足的进步。随着新馆的投入使用，莲花县图书馆将以崭新的姿态迎接新的挑战，与时俱进，不断完善设施设备，加强参考咨询服务，整合特色资源，拓展服务领域，最大限度地发掘和利用特藏文献资源，逐步形成具有地方特色的服务模式和服务品牌。

联系方式

地　址：萍乡市莲花县永安北路93号
邮　编：337100
联系人：危　巍

电子阅览室

图书馆外借室

武宁县图书馆

概述

武宁县图书馆前身为“武宁县立协和图书馆”，1926年由李烈钧将军回乡创办，在2013年第五次全国公共图书馆等级创评中评为国家县级一级馆。现主馆舍于1991年建成，座落在武宁县城繁华地段，是座古香古色的民族建筑，占地面积2700㎡，建筑面积1523.96㎡，2013年我们争取到武宁县委、县政府的重视，在县城沙田新区已建成的一中图书馆中，划出第一层三区面积860㎡馆舍单独归我馆使用和管理，向社会提供公共文化服务。我馆开设了少儿读书乐园、无障碍阅览室、电子阅览室、期刊室（自习室）、外借室、资料室、多功能报告厅、展览厅和沙田区图书借阅室服务窗口。共有阅览座席428个，计算机60台，接入10兆光纤，安装了ILASSIII图书自动化管理系统。

业务建设

截止2012年年底，我馆的文献总藏量139520册(种)。其中：图书120271册（盲文图书20册），古籍1251册，地方文献1243册，报刊合订本10526册，视听文献、缩微制品、电子图书6229种。拥有数字资源总量3.064TB。年购书经费8万元。

2009年，我馆安装了ILASSⅡ图书自动化管理系统，对书目采编、借还、查询等实现微机化，2013年我们还将书目查询挂入我馆网站，方便读者在公网查询。2014年购进电子书借阅机1台，推出“移动图书馆”服务。

读者服务工作

2010年我馆作为江西省第一批“两馆一站”的二十家之一率先实行免费开放，每周开放时间56小时，节假日不休息，实现了全年365天对外开放；年外借图书6万余册，年接待读者7万余人次。2014年，为武宁县“两会”开展了文献信息服务。

武宁县图书馆按照“形成规模、办出特色、树立品牌”的活动要求，通过联办、协办等形式，开展了一系列形式多样、丰富多彩的读书文化活动，年举办活动20余场次，受益群从达5万余人次。一是以“古艾之春”为服务品牌，开展了“迎新春·送春联”、“元宵有奖灯谜竞猜”、“读者新春音乐会”、“特藏图书展阅”等活动。二是以“柳山讲坛”为服务品牌，邀请名家来我县举办专题讲座，结合文化下基层活动的开展，深入中、小学校，机关单位，乡镇举行。三是围绕“读好书”活动的开展，举办“全县中、小学生读书征文比赛”、“经典诗词朗诵比赛”等活动。四是在每年图书馆服务宣传周期间，以图书展阅、展板宣传，现场办证和咨询等形式，宣传推介图书馆。五是针对未成年人思想道德建设，开展了“送书进校园”、“文明上网，健康成长”图片展、“暑期电影周放映”、“亲子共读”、“亲子图画比赛”等活动。

业务研究、辅导、协作协调

2008年，我馆承担了乡（镇）村基层图书室的图书采编、配送任务。截止2012年，完成了20个乡（镇），183个行政村图书室的建点任务。为每个基层图书室配送2000–5000册图书。此外，我们还对社区、机关、学校图书室开展了业务指导工作。5年来，先后举办了“全县、乡（镇）图书馆（室）、农家书屋管理员培训班”2期，“全县农家书屋残疾人图书管理员培训班”2期，“全县文化共享工程基层管理员培训班”1期，培训人员300多人次。

2013年，我馆按照“书目加工、检索平台、服务标准”三统一的总分馆制模式开展武宁县公共图书馆总分馆制试点工作，目前，加盟成员馆6个，既有乡镇图书室，也有学校图书馆，现已微机加工图书近万册，办理借书卡近千张，并于2013年11月份实行“一卡通”借阅。

我馆针对读者阅读服务工作、乡镇文化站图书室建设、村级农家书屋建设和文化共享工程建设，撰写调研报告5篇，对全县图书馆（室）业务工作起到了很好的指导作用。

鲁溪镇文化站图书室和罗坪镇漾都村图书管理员分别荣获了全国农家书屋示范点和优秀图书管理员荣誉称号；鲁溪基层服务站、甫田基层服务站管理员分别荣获“全国文化共享工程公共电子阅览室”示范点和“文化共享之星”荣誉称号。

管理工作

武宁县图书馆建立健全财务管理、人事管理、设备物资管理、档案管理、安全管理等一系列切实可行的规章制度，做到事前有计划，事中有督查，事后有总结。此外，我们按照“定岗、定员、定责”的原则，建立了一个能上能下、职责分明、合

多功能报告厅

少儿阅览室

图书捐赠活动

下岗工人职业技能培训班

理配置、严格考核、管理有序的用人机制，实行了工作业绩与馆员福利相挂钩的奖惩机制，馆内工作面貌和馆员作风显著改观，形成了上下钻业务，个个谋事业的良好工作氛围。

表彰奖励情况

2009–2013年，武宁县图书馆共荣获各类奖项14次。其中：省文化厅表彰2次，省图书馆表彰1次，市文化新闻出版局表彰3次，县政府表彰3次，县业务主管部门表彰5次。

馆领导介绍

余正兴，男，1968年10月生，本科学历，中共党员，馆长。1992年1月参加工作，2008年任武宁县图书馆书记、馆长。

刘礼仁，男，1961年6月生，电大函授，中共党员，副馆长。1980年12月参加工作，1998年任武宁县图书馆副馆长，2009年获江西省文化厅“优秀图书馆馆长”荣誉。

钱江科，男，1963年10月生，大专学历，中级职称，副馆长。1981年10月参加工作，2003年任武宁县图书馆副馆长。

黄钦萍，女，1967年12月生，大专学历，中共党员，副馆长。1990年7月参加工作，2010年任武宁县图书馆副馆长。

未来展望

武宁县图书馆遵循“整理、保存、开发、应用文献信息资源，服务全县公众”的办馆宗旨，以建设一流新馆、整合特色资源、培育人才队伍、实施科学管理、提升服务质量为重点，全面推进图书馆数字化、网络化建设进程。加大服务体系建设力度，建成以县图书馆为中心，各乡（镇）图书馆（室）、学校图书馆、社区图书室、村级农家书屋三级联动的公共图书馆服务体系网络，紧紧围绕武宁经济社会发展大局，以传承文明、服务社会为己任，重新定位，调整方向，努力做大、做强、做实特色服务，为建设宜居、宜业、宜游的“山水武宁”作出更大的贡献，使武宁县图书馆成为全省具有一定影响的学习型图书馆。

联系方式

地　址：江西省九江市武宁县豫宁大道53号
邮　编：332300
联系人：余正兴

修水县图书馆

概述

修水县图书馆初创于1940年，于1958年8月1日正式成立，馆址几经变迁，现馆址坐落在原县政府机关内，面积有2100平方米，环境幽静，是一座功能齐全、满足读者需求的现代化图书馆。2012年，县委、县政府又斥巨资修建了全省县级一流的文化艺术中心及四馆合一的建筑群体，其中图书馆面积5000平方米（预计明年搬迁）。图书馆内设资料收藏、采编辅导、图书借阅、报刊阅览、少儿阅览、文化信息资源共享支中心六个部门，全馆阅览座席288个，少儿室阅览座席60个，书库面积452平方米，计算机59台，接入宽带10M，专用存储器容量达6TB，人员编制9人。

业务建设

至2012年底，修水县图书馆藏书14万多册，其中古籍1526种、10603册，国家认定善本11种174册，并有4种75册列入国家善本书总目，电子文献藏量1万册。

2013年，图书馆新增藏量购置费10万元，图书馆每年新书入藏量在2500册以上，订阅报纸50多种，期刊70种，视听文献30种。目前有视听文献152件。本馆切实加强对地方文献的保护、收集和整理工作，地方文献入藏量达50%。

2012年底图书馆建成了修水县图书馆网站，建起了馆内局域网，编目工作和书目检索全部采取自动化管理。数字资源总量达3TB，馆藏中文文献书目数字化达30%，地方文献也建立了数据库。

读者服务工作

从2010年起，修水县图书馆外借流通室、报刊阅览室、少儿阅览室坚持天天免费开放，节假日不休，每周开放时间在58个小时以上。书刊文献开架比例达60%，馆藏书刊文献年外借率达70%，书刊文献年外借9万多册次，流通人次13万人次。人均到馆次数25次。2009—2013年，建立了36个乡镇图书室，在乡镇和社区设立流通服务点18个。

2009年至2013年，图书馆编印了《决策与参考》20期、《农科信息》15期。2012年起，编印《修水“两会”参考信息》等资料，为“两会”提供服务。

图书馆创立了“桃里春风”免费开放服务品牌，坚持每年组织开展“利用图书馆专题讲座”、“读者座谈会”、“图书馆服务宣传周”、“全民读书月”、“小读者征文比赛”“青鸟课堂”、“七彩暑期”等系列活动，每月推出“读好书——新书推荐”活动，使读者“多读书，读好书”。每年举办讲座、培训等活动12场次、展览5次，阅读推广活动20场次，参与人数达5万余人。

业务研究、辅导、协作协调

2009年—2012年，修水县图书馆职工发表论文3篇，获奖论文2篇。其中入选省级刊物一篇，市级刊物一篇。

修水县图书馆积极参与上级图书馆组织的考察、学习、培训、讲座等活动，并参与了联合编目，馆际互借等。

修水县图书馆建立健全了县、乡镇、村三级服务网络，并制订了一系列的管理制度，服务更广大的群众。街道、乡镇、社区、村图书馆参与服务网络建设的比例达50%。实行图书流通进乡镇，进农村、进社区，每年开展了“送书下乡”活动，采购20多万元的图书一万多册，送到各个乡镇文化站和农家书屋，满足了基层群众的文化需求。

加强对乡村图书室及中小学图书室的业务指导，每年下基层进行业务指导在10天以上，2011、2012年还组织了中小学图书管理员、乡村图书管理员进行业务培训，让广大图书管理员尽快熟悉业务。举办计算机培训班一期，让基层信息资源管理人员基本掌握计算机操作技能，在图书馆人员的业务指导下，各乡村的图书管理业务逐步规范化。

管理工作

修水县图书馆建立、健全完善规章制度20个。2010年完成了岗位设岗定职制，设立岗位9个，建立了岗位责任制，实行竞争上岗，每年对各人的业绩进行考核，每月进行工作情况通

下基层进行业务辅导

电子阅览室

图书外借室

图书馆少儿室

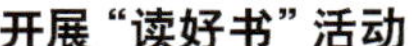
开展“读好书”活动

少儿暑期系列活动

举办老年人电脑培训班

报。加强财务管理与监督，实行专人专管，账册齐全，一支笔审批。建立起分配激励制度，有方案。同时招聘了一批文化志愿者参与图书馆工作，提升了修水县图书馆的美誉度，让优秀读者参与到文化建设中。建立设备、物资管理制度，实行物资登记造册。各种档案管理规范、齐全，资料详实，归档及时，立卷准确且装订整齐，内容齐全。有人事情况统计、财务统计、业务工作统计等。加强馆里的环境管理和消防保卫工作，做到环境整洁、美观、安静；标牌规范、标准。与各个科室签订了防火安全责任状，使大家以高度的责任感，维护本馆的消防和保卫安全。

表彰奖励情况

2009年至2012年，修水县图书馆和馆员个人共荣获各种奖项15次。其中：省级业务主管部门表彰先进个人3次，市级业务主管表彰先进单位4次，表彰先进个人2次，县政府表彰2次，县文广新局表彰先进集体及先进个人4次。

新馆外貌

馆领导介绍

馆长：韩山兰，女，1969年出生，本科学历，中共党员，1991年参加工作。先后在四都镇政府，县妇联工作，2008年四月任修水县图书馆馆长。

副馆长：余昌明，男，1966年出生，大学学历，馆员。1987年到修水县图书馆工作，先后在外借室，报刊室，财会室工作，2002年被修水县委宣传部任命为修水县图书馆副馆长，分管采编业务、党的精神文明建设等工作。

副馆长：沈俊华，男，1965年出年，大专学历，馆员。1985年到修水县图书馆工作，2012年任命为修水县图书馆副馆长，分管资料室、文化信息资源共享工程、古籍保护等工作。

副馆长：冷烃，女，1982年出生，大专学历，助理馆员。2007年调到修水县图书馆工作，2012年任命为图书馆副馆长，分管办公室、财会室等工作。

未来展望

修水县图书馆将立足实际，争取政府和各方支持，在2016年完成良塘新馆的设备购置，布馆及搬迁工作，新馆馆舍面积达5000平方米，阅览座位达500个，年服务人次达20万。未来几年将完善文化信息工程的管理和服务工作，建立数字资源8TB，建成独立地方文献室200平方米，地方文献收藏率达80%，建成陈门五杰文化主题馆，收藏有关图书、资料1000册。我们将不断探索和运用科学的图书馆管理理论和方法，达到资源、技术及人才的最佳组合，以实现运行机制协调、管理模式先进、业务操作规范、制度建设完善的管理机制目标，适应社会发展和培养人才需要。使之成为我县广大群众读书、学习、信息服务的交流中心和满足读者需要的现代化公共图书馆，为修水县经济建设和社会发展发挥重要的作用。

联系方式

地　址：江西省九江市修水县凤凰山路51号
邮　编：332400
联系人：韩山兰

开展农家书屋管理员培训班

组织观看太空课堂

中华经典诵读活动

湖口县图书馆

概述

湖口县图书馆始建于1932年，是时与民众教育馆合署办公。抗战爆发后，图书馆自行解体。1959年，县人民委员会决定重新建立图书馆，从而挂起了第一块招牌，但与县文化馆同一班人马。1984年8月，单独建制，延续至今。

馆址几经变迁，2012年5月8日，位于湖口县海正路文博中心北侧的新馆正式对外免费开放，占地面积6亩，建筑面积3600平方米。内设外借室、阅览室、少儿活动中心、电子阅览室、资料室、无障碍阅览室、多功能报告厅等多个服务窗口。现有阅览坐席360个，计算机66台，宽带接入20兆光纤，安装了先进的ILASIII图书自动化管理系统。2013年，在第五次全国公共图书馆评估定级中，被文化部评定为县级一级图书馆。

业务建设

截止2013年底，江西省湖口县图书馆总藏量10万册（件），其中，纸质文献近8万册（件），电子图书0.7万册，电子期刊0.5万种/册，地方文献0.8万册。

2010年以前，湖口县图书馆图书购置费7万元，到2012年增至20万元。2009–2012年，共入藏中外文图书5万册，截止2012年底，湖口县图书馆数字资源总量为6TB，其中，自建数字资源总量2TB。

2012年，湖口县图书馆采用ILASIII计算机编目管理系统，对书目采编、借还、查询等实现自动化。同时，利用共享工程网络平台，提升县支中心运作效能，全面覆盖乡镇基层服务网点，为基层群众提供优质服务。

读者服务工作

从2012年5月新馆搬迁起，湖口县图书馆实现对外免费开放，每周开放60小时，开展了图书外借、报刊阅览、儿童活动中心、培训、参考咨询、电子阅览，地方文献检索等读者服务工作。2012年，书刊总流通10.2万人次，书刊外借7.2万册次。

推出了为特殊群体服务：（一）为残疾人服务。在馆内设立视障阅览室并购置盲文语音地图；与县特殊教育学校协作，定期为残障儿童赠送书报。（二）为农民工服务。深入工业园，为进城务工人员办理借书证、阅览证；设立农民工借阅服务流动点，把图书送进工业园区；对农民工开展超期借阅，电话预约服务。（三）设立少儿活动中心为未成年人服务。中心设有儿童外借、儿童阅览、少儿培训等场所，并实行全程免费服务；开辟绿色上网服务，为未成年人营造良好的上网氛围；利用“六一”儿童节，与多个学校联手，组织学生开展征文，读书活动。（四）为老年人服务。在报刊阅览室配备老年人使用的眼镜、放大镜；对老年人借阅报刊，书籍提供便利；组织老年读者进行座谈，征求老年人阅读需要。

2012年，湖口县图书馆共举办知识与创新、湖口经济发展、文化的春天、文化信息资源共享工程建设、农家书屋管理员培训等各类培训讲座等18次；举办了经典文献、科技知识展、大型海洋生物展，湖口发展成果展等展览5次，参与人数3万人次。图书馆社会活动以全民阅读活动、图书馆服务宣传周为平台，开展读书活动、征文演讲比赛等形式的活动，吸引更多读者走进图书馆。

业务研究、辅导、协作协调

2011–2012年，湖口县图书馆干部在省级以上专业刊物发表论文9篇，在省级学术研讨会、交流会上交流论文2篇。

湖口县图书馆的辅导工作面向基层，对近30家乡镇图书馆、学校图书馆、工会图书馆进行业务指导。从2012年起，还对全县118家农家书屋进行业务辅导，指导其开展读者服务工作。同时与九江市内县级图书馆建立了协作协调关系，开展馆际互借、实现资源共享。

管理工作

2012年，湖口县图书馆岗位聘任人员达到9个，建立了工作量化考核体系，每半年和全年进行总体工作考核。制定《图书馆工作条例》、《图书外借制度》、《报刊阅览制度》、《考核管理办法》等规章制度。2012年，图书馆员撰写专项调研、分析报告和工作提案6篇。实现“定岗、定员、定责”的原则，建立了一个职责分明、合理配置、严格考核、管理有序的用人机制，实行了工作业绩与馆员福利相挂钩的奖惩机制，达到了工作作风明显提升、工作效率明显提高的局面，形成了个个学业务、个个谋事业、个个比成效的良好业务氛围。

送书下乡

全民阅读活动启动仪式

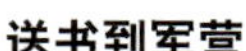
送书到军营

文化共享工程基层服务点培训班

报刊阅览室

表彰、奖励情况

2009–2013年，湖口县图书馆共获得各种表彰、奖励15次，其中，获省图书馆、省图书馆学会表彰、奖励2次，获市文化局、市图书馆表彰、奖励5次，获县委、县政府表彰、奖励3次，县文广局表彰、奖励5次。

馆领导介绍

齐清萍，女，1963年12月生，馆长，中共党员，大专学历，馆员职称。主持全面工作。在图书馆工作20多年，在省级以上刊物发表多篇论文，参加了省、市多次图书馆业务培训；曾荣获省学会先进个人，多次受市图书馆，县文广局表彰。

郑安红，女，1972年11月生，副馆长，本科学历，中共党员，馆员职称，分管业务、财务工作，1990年9月参加工作，多次参加了省、市图书馆业务培训，在江西省图书馆学刊等刊物上发表专业论文4篇，在各类媒体发表图书馆业务活动信息近30条。

周毅，男，1967年出生，工会主席，高中学历，助理馆员职称，分管政务，群团等工作，在图书馆工作近30年，参加过多次系统的业务培训。在文献流通领域，服务读者工作上取得较好的成绩。

未来展望

湖口县图书馆遵循“搜集、整理、保存、开发文献信息资源”的办馆宗旨，以振兴和发展图书馆事业为已任，以建设一流图书馆、主题图书馆为主要目标，整合特色资源，打造服务品牌，提升服务质量，全面推进图书馆文献资源数字化、网络化、管理方法和服务手段现代化的建设进程，实现网络环境下文献信息查询、检索、馆际互借，使之成为一个完整的信息资源共享体系，为读者提供全面、便捷的数字化资源服务，逐步走向普遍化、多样化和特色化，使公众认可，社会重视，为湖口经济社会发展提供强有力的文化精神支撑。

联系方式

地　址：湖口县海正路文博中心
邮　编：332500
联系人：齐清萍

瑞昌市图书馆

概述

瑞昌图书馆始建于1932年，起源于解放前期的民众教育馆，建国后其前身为瑞昌县工农兵文艺站图书室，1978年成立瑞昌县图书馆，隶属文教局领导，1989年撤县建市，正式称瑞昌市图书馆。新图书馆大楼于2009年12月建成，2010年1月正式投入使用，总投资600万元，建筑面积3779平方米。馆内设外借室、资料室、报刊阅览室、电子阅览室及盲人有声音响阅览室、参考咨询室、儿童阅读乐园等服务窗口，共有阅览席座350个（少儿阅览席座64个），计算机63台（供读者使用的计算机42台），开展外借、阅览、参考咨询、宣传辅导、专题服务以及举办演讲、培训、各种知识讲座、学术交流、读者沙龙等活动。

业务建设

截止2013年，馆藏总藏量约41万册（种），其中：图书11万册（古籍2300册、地方文献1000余册），电子图书和视听文献约30万种，数字资源总量约4TB。

2011年底，瑞昌市图书馆开始使用ILASIII图书自动化管理系统，对文献的采编、流通、查询等实现电脑操作。2012年，图书馆网站搭建完成，链接ILASWEB功能模块，方便读者在网上查询馆藏书目信息、读者借阅状态、图书续借等。

读者服务工作

瑞昌市图书馆自2011年12月实行免费开放以来，每周开放时间60小时，节假日照常开放，实现全年365天开放；每年流通约15万人次、文献借阅10万余册次。2012年以来，馆里利用专柜、专架整理党报党刊，开辟网站专栏，制作专题宣传册，进行政府公开信息服务。

图书馆突破传统服务方式，努力创新服务项目，通过主办、联办、协办等形式，开展了一系列丰富多彩的读书宣传活动，每年20场以上，参与群众6万余人次。一是以“赤乌讲坛”为公益性特色服务品牌，自2010年首次开办以来，每年邀请名家学者来馆讲学，与学校、书法协会、摄影协会等团体合作举办各类知识讲座；二是结合“读好书”活动举办演讲比赛、征文比赛、展览、猜谜活动、读者座谈会等；三是利用文化共享工程设施设备为青少年、老年人、农民工等弱势群体服务；四是开展图书“六进”活动等。

业务研究、辅导、协作协调

瑞昌市图书馆在全市各乡镇、社区拥有图书分馆5个，基层图书服务点152个，馆外流动站3个，文化共享工程基层服务点166个。每年由专人负责各图书室图书的配送与更新工作，并经常举办培训班，指派专业人员辅导各基层点的业务工作，截止2012年，先后举办了农家书屋管理员培训班3期，文化共享工程管理员培训班3期，现场业务指导若干次。

本馆员工在图书馆的管理工作方面发表论文3篇，撰写业务工作调查研究报告3篇，乡镇基层服务点工作调研报告1篇，对图书馆（室）的工作开展起到了很好的指导作用。

管理工作

图书馆建立了学习制度、工作制度、财务制度、请假制度、考勤奖惩制度等，每年制定年度计划，按照计划开展工作，做到每事有登记，事后有总结。制定了岗位设置实施方案，按需设岗，按岗聘用，竞争上岗，择优聘用，建立职工考核档案，严格绩效考核制度，与绩效工资挂钩，使馆内工作风气明显改观，工作效率明显提高。

2010年九江市公共图书馆馆长工作会在瑞昌市图书馆举办

报刊阅览室

少儿阅览室

中图法培训班

多功能厅—幼教专题讲座

表彰奖励

2009—2013年，瑞昌市图书馆共获得各种表彰、奖励12次，其中：省文化厅表彰、奖励2次，九江市文化局表彰奖励5次，其他表彰、奖励5次。

馆领导介绍

吴百花，女，1966年2月出生，大专文凭，初级职称，中共党员，1986年7月参加工作，2012年1月任瑞昌市图书馆党支部书记，2014年4月任瑞昌市图书馆馆长。

冯利华，男，1961年11月出生，大专文凭，中级职称，中共党员，现任瑞昌市图书馆副馆长。

柯力，女，1967年7月出生，大专文凭，现任瑞昌市图书馆副馆长。

未来展望

瑞昌市图书馆以建设现代化、数字化图书馆为发展目标，利用先进的计算机技术、通信技术和数字技术等，开展丰富多彩的读书宣传服务活动，提高广大人民群众整体素质，为推动瑞昌文化大市建设尽一份力量，努力使图书馆成为广大读者获取知识信息的重要阵地。

联系方式

地　址：江西省九江市瑞昌市图书馆
邮　编：332200
联系人：柯　彬

2012年在瑞昌市图书馆举办了大型书展

2010年瑞昌市图书馆首届赤乌讲坛在馆举办

2011年瑞昌市首届校长论坛在图书馆举办

新余市渝水区图书馆

概述

新余市渝水区图书馆初创于1989年，是新余市一所县区级公共图书馆，原为三级图书馆，馆舍面积880平方米，只有外借室和电子阅览室。2008年以来，在全国文化大发展大繁荣氛围推动下，江西省县区图书馆陆续启动由传统图书馆向现代化图书馆转变。2008年，迁入新余市渝水区人民北路278号的新馆，并对外开放。新馆馆舍面积3000平方米，设计藏书总量30万册，可容纳读者座位500个。2009年，参加第四次全国公共图书馆评估，首次评为一级图书馆。截止2012年年底，新余市渝水区图书馆有阅览坐席297个，计算机51台，宽带接入10Mbps，采用ILASIII图书馆自动化集成管理系统。

业务建设

截止2013年底，新余市渝水区图书馆总藏量13万册（件），其中，纸质文献12万册（件），电子图书1万件。

2012年财政拨款共计101.47万元，财政拨款年增长率与2012年渝水区财政收入增长率持平，新增藏量购置费20万元，中央及地方配套免费开放经费均在2012年完成到位，经费利用率100%。

2007年年底至2008年，我馆将原来藏书及入藏新书全部进行了电脑采编著录，全馆图书实现图书馆数字化。实现全开架式、借阅藏一体化服务模式。

截止2013年底，数据资源总量为4TB，馆藏中文图书文献数目数字化100%，建有地方文献数据库。

2012年，将自动化管理系统升级改造为ILASIII图书馆自动化集成管理系统。2014年年初，实现馆内802.11N无线网络覆盖。

读者服务工作

作为江西省首批面向读者免费开放的公共图书馆，自2011年年初便对外实行免费开放，坚持每周免费开放时间保持60小时以上，周六周日节假日也照常上班，全年不间断开放。网上图书馆网站每天24小时在线，可供读者查阅书目，借阅信息，图书馆公告消息，新书推荐等信息，并提供读者相互交流的平台。

书刊文献年外借册次为12万册次，馆藏书刊文献年外借率达90%。馆外流动服务点（含流动图书车）书刊借阅册次达7000册次/年。据统计，2012年我馆年流通总人次达到10万人次，持证读者数3000人，人均年到馆次数30次/人。

在建馆日、世界读书日、学雷锋宣传周、未成年保护日、等节假日开展形式多样的读者活动，进行书刊宣传。每周开设1场视频讲座、放映2场电影，每年举办图书展览不低于5次，多次在市人民广场，市抱石公园等人流量大的公共场所开展阅读推广活动。据统计，每年参与活动总人次达10万人次。

设有政府公开信息服务窗口，安排工作人员，按照规章程序为读者服务，提供信息，积极服务政府机关，企事业单位，社会公众，为他们提供参考咨询服务。

在对特殊人群服务方面，也极尽关心照顾。图书外借针对老年人设立便民服务台，提供老花镜、各类文具、多媒体设备等，还为盲人采购了一批盲文书籍，针对未成年人设立少儿阅读乐园提供阅读场所；期刊报纸阅览室常年供老年读者免费阅读无须办证；电子阅览室周六周日向未成年开放，每周二下午免费开设老年计算机电脑培训班。针对进城务工人员，我馆免费提供计算机让他们网上订票，需要计算机指导服务的，我馆工作人员都会全心指导。

在2013年读者问卷调查中，发放200份，收回200份。针对读者对我馆设施设备、馆藏资源、服务内容、服务质量及员工素质等情况征求读者意见，满意率达98%，读者对我馆的工作表示满意。

业务研究、辅导、协作协调

主管业务领导均受过系统的图书馆学培训，全体馆员每年都会安排县区继续教育培训，并定期安排馆员赴省图书馆参加业务培训，人均达52学时/年。我馆馆员业务研究积极，仅2012年就在省内国内发表论文报告10篇，其中就有3篇获得较好名次。

与本地区图书馆业务合作来往密切。在市文化局组织召开的全市图书馆通借通还系统研发上，我馆积极配合。安排专业技术人员与各馆技术人员密切合作，组织馆员参与讨论会，技术培训等活动。还加入本地区图书馆业务交流QQ群，馆员即时分享业务操作实施心得，及时提出日常遇到的业务问题和为其他地区馆解决业务上的困难。

基层业务，每年定期到个乡镇村基层服务点开展辅导工

外借室阅读区

电子阅览室

渝水区图书馆大门

图书馆书库俯瞰内景

作，组织技术人员对各乡镇村基层服务点的管理员进行技术指导与计算机升级维护，对服务点遇到的问题给予技术支持和解决。每年开办两届基层服务点管理员培训班，集中教授图书馆服务网络的知识与注意事项，为各乡镇村提供了技术支持，加强了他们的业务水平，取得了显著效果，对我馆图书馆服务网络的建设起到了很大作用。

管理工作

2010年，渝水区图书馆完成第二次全员岗位聘任，本次聘任共设3类岗位，有6人重新上岗，同时，建立了工作量化考核指标体系，每月进行工作进度通报，每半年和全年进行总体工作考核。2009–2012年，共抽查文献排架10次，书目数据20次，撰写专项调研、分析报告和工作提案15篇，编写各部门工作进度通报20篇。

表彰、奖励情况

在省、市、县（区）各级的关心爱护下。2005至2012连续多年获得“新余市文化工作先进单位”，“新余市精神文明单位”；2009年7月31日，国家图书馆首席顾问李国新专家、深圳市南山区图书馆馆长余子牛参观考察我馆后，对我馆的工作以及新旧馆舍的建设变化给予了肯定，并正式确立了与我馆开展“手牵手”活动。2009年第四次全国图书馆评估定级中，我馆被授予“国家一级图书馆”馆牌。2010年12月20日被文化信息资源共享江西分中心授予“2010年江西文化信息资源共享工程先进单位”。2010年4月渝水区图书馆被渝水区文广局评为“先进集体”。

馆领导介绍

喻莉，女，1973年12月生，大专学历，中共党员，馆长。1997年参加工作。她是中国图书馆学会会员、江西省图书馆学会会员、中国图书馆学会会员，渝水区“魁星阁”读书会副会长。渝水区图书馆文化馆党支部书记。2008至2012年多次获新余市获“全市文化工作先进个人”荣誉，渝水区“优秀共产党员”，“全区文化先进工作者”荣誉。2013年获得渝水区“二十佳”副科领导干部荣誉称号。2012年7月获中国第四届百县馆长论坛论文优秀奖。2012年9月获第十一届中国社区乡镇图书馆发展战略研讨优秀论文奖。2012年12月获江西省图书馆学会年会论文“二等奖”。

未来展望

渝水区图书馆全体馆员发挥图书馆人“甘于清贫、乐于奉献”、“全心全意为读者服务”的精神，在日常读者服务以及图书推介、信息咨询等软件服务上做出了自己应有的奉献。践行党的群众路线教育实践活动精神，切实做好公共图书馆窗口服务工作，知读者忧，解读者困。不断提高图书馆的服务质量，发展图书馆事业。2014年，在不断强化自身综合实力的同时，通过加入新余市公共图书馆服务联盟，加入全市公共图书馆事业的整体发展平台。不断完善渝水区图书馆各项功能设施，争取在2014年底主要指标位居全国公共图书馆前列。

联系方式

地　址：新余市人民北路278号
邮　编：338025
联系人：喻　莉

图书漂流活动

分宜县图书馆

概述

分宜县图书馆成立于1988年。原址位于县城钤阳东路142号是一栋三层办公大楼，建筑面积1484平方米（阅览面积240平方米）。2004年，为配合市政规划，分宜县图书馆拆迁至美丽的东湖畔。2012年新馆建成开放，建筑面积2864平方米。设有对外开放窗口有8个：期刊报纸阅览室、盲文阅览室、少儿阅读乐园、中文外借室、参考咨询室、古籍阅览室、电子阅览室、学术报告厅。阅览面积达1600平方米，拥有阅览座席420个，少儿座席120个。电脑55台（其中电子阅览室48台），网络使用电信宽带接入速度为10Mbps。机房配有容量6TB的专用存储设备。选用ILASIII图书馆自动化管理系统。

业务建设

截止2012年底，分宜县图书馆总藏量8.4万册（件），其中，纸质文献7.8万册（件），电子图书0.6万册；少儿图书2万册，古籍2000册

2009–2011年，分宜县图书馆藏量购置费7.7万元，2012年起增至12.7万元。2009–2012年，共入藏中文图书12780册，报刊300余种。2013年县财政一次性安排30万元购书专款，采购新书1.6万余册。

2012年，安装图书馆自动化集成系统ILASIII，2012年年底至2013年，我馆将原来藏书及入藏新书全部进行了电脑采编著录，全馆图书实现图书馆数字化。实现全开架式、借阅藏一体化服务模式。现代化图书馆自动化集成系统ILASIII数自化编目和借阅代替简单原始手工借阅操作。

2009年成立了江西省文化共享工程分宜县支中心，已在全县建成133个基层站，形成了县和镇乡和村三级文化信息传播网络。

读者服务工作

2011年初，分宜县图书馆全年365天天天对外免费开放，周开放56小时。2009–2012年，办理图书借阅证4000余个，年接待各类读者约13万人次，外借册次达8万以上。

2009–2012年，利用共享工程配发的ILASIII图书管理系统，在我馆搭建起一套完整的数字自动化图书馆服务平台，利用该系统可以远程联网的特点，在分宜镇文化站、双林镇文化站、湖泽镇文化站、矿建社区图书室以及海螺水泥厂图书室建立了5个分馆。6个流动图书服务点，133个行政村文化共享工程基层服务点。

2009–2012年，分宜县图书馆共举办讲座、展览、培训、读书活动等读者活动78场次，参与人数4.2万人次。充分利用本馆信息资源，与县直各单位联合举办以“图书馆服务宣传”和“爱国主义”等为主题的“多读书、读好书”读书活动和图书宣传活动，特别是“红领巾”读书会已成为分宜县图书馆品牌活动之一。主动走出馆门，开展图书下基层活动——“进校园、进社区、进农村”，上门为读者传递科技知识，送科技致富“钥匙”。2009–2012年，下基层赠送自编的《信息摘编》资料，共计8千多份。

业务研究、辅导、协作协调

2009年成功申报全国文化信息资源共享工程分宜支中心。上级配套设备经费68万元（其中8万元为电子阅览室前期装修）。同年，我馆文化信息资源工程运行经费2万元纳入财政预算。在县委、县政府大力重视下，我县已经形成了以县图书馆为龙头，乡镇基层图书室为骨干，村级“农家书屋”为节点的县、乡、村三级文献资源共享网络。目前乡镇基层图书室网点10个，村级农家书屋网点133个。我馆大力支持乡、镇、村、文化站（室）的建设。组织精干力量对乡镇村文化站（室、农家书屋）的业务指导，每年举办二期业务骨干人员的专业培训。

管理工作

分宜县图书馆工作多，任务杂。特别是免费开放以后，图书馆更加繁忙。为此，制定了各项管理制度，保障图书馆高效科学的工作运行。

1、每年年初制定了年度计划，保证图书馆的工作按计划执行。

2、制定严格的财务管理制度，用好图书馆每一分钱。

3、人事管理，志愿者管理，设备、物资管理，档案管理，环境与安全管理，我馆有一整套纪律严格，科学高效管理制度。保证图书馆馆员按时执勤，爱岗敬业，并积极创优争先。

期刊阅览室

中文阅览室

获奖情况

1989年荣获江西省三级文明图书馆；1992年评为“江西省二级图书馆”；1996年授予“国家三级县级图书馆”称号；1999年授予“国家二级县级图书馆”称号。2007年被市文化局授予全市先进文化单位。2008年确定为全国文化信息资源共享工程分宜县支中心。

馆领导介绍

廖琦，男，1970年12月生，本科学历，中共党员，中学高级教师职称，馆长兼党支部书记。1990年8月参加工作，历任分宜二中校长助理、分宜县文化馆党支部书记，2012年10月任分宜县图书馆馆长。2009年被市政府授予新余市优秀教师荣誉称号。

张玉敏，女，1973年1月生，大专学历，中共党员，馆员，副馆长。1995年8月到分宜县图书馆参加工作，先后在图书借阅部、财务室、办公室等部门工作。2006年6月任分宜县图书馆副馆长。分管全馆办公室和财务工作。2000—2013年度均被分宜县委县政府评为全县文化广电新闻出版局工作先进个人荣誉称号，2013年被省图书馆授予江西省图书馆学会优秀通讯员和优秀学会会员荣誉称号。

刘祥辉，男，1971年4月生，本科学历，副馆长。1993年9月到分宜县图书馆参加工作，先后在图书采编部、等部门工作。2008年12月任分宜县图书馆副馆长。分管全馆业务工作。

未来展望

分宜县图书馆遵循“科学、效率、创新、发展”的办馆方针，以创建新余市公共文化服务体系为契机，践行“图书馆发展三步走”战略，即完善单体服务功能，扩大服务辐射区域，带动乡镇村社区事业发展。2009—2012年，在不断强化自身综合实力的同时，通过创建分宜县图书馆总分馆制，带动了乡镇、村、社区公共图书馆事业的整体发展。到2015年，分宜县图书馆力求平均每册藏书年流通率0.8次以上，人均年增新书0.04册以上，每年下基层服务次数36次，提高数字资源存储能力，逐步实现提供全覆盖、不间断、无时空限制的数字文献远程和移动服务，同时，还具有支撑保障全县图书馆服务体系良好运行的文献与技术能力，通过资源共享、馆际互借、通借通还，拓宽服务渠道，提升服务水平，使分宜县图书馆在现代化管理、信息服务等各方面均达到图书馆一流水平。

联系方式

地　址：分宜县天工北大道
邮　编：336600
联系人：张玉敏

开展“走进校园关爱留守儿童”捐书活动

鹰潭市月湖区图书馆

概述

月湖区图书馆始创于1958年，最初名为鹰潭镇图书馆；1979年鹰潭升格为县级市，命名为鹰潭市图书馆；1983年鹰潭升格为省辖市，改为现馆名：月湖区图书馆。月湖区图书馆原馆楼为两层石木结构。1988年重建新馆楼，1990年5月1日新馆落成开放。馆楼共五层，总面积为2352平方米。内设图书外借室、期刊阅览室、报纸阅览室、少儿阅览室、电子阅览室、资料室、采编室、办公室等。新馆设计藏书容量30万册，可容纳读者座位300个。

月湖区图书馆座落在人民公园旁边。现有藏书9万余册。期刊300百余种，近4万册。特别是58年以来的各种报纸合订本收藏规范，其内容丰富，是本馆藏书建设的一大亮点。本馆的电子阅览，是全国文化信息资源共享工程的基层网点，可上网点击浏览全国各大图书馆的藏收，寻找读者所需要阅读的图书。

月湖区图书馆1999年被文化部评为全国二级图书馆。2013年，参加第五次全国公共图书馆评估，被文化部评为全国一级图书馆。历年来被月湖区文明办授于文明窗口单位。截止2012年，月湖区图书馆有阅览坐席244个，计算机47台，宽带接入4M，选用ILAS图书馆自动化管理系统。

业务建设

截止2012年底，月湖区图书馆总藏量9.2900册（件），其中，纸质文献9.2900册（件），电子图书2万册，电子期刊150种/册。

2010－2013年，月湖区图书馆新增藏书购置费10万元。2009－2012年，共入藏中外文图书6855种，7367册，中外文报刊842种，视听文献383种。2012年，地方文献入藏完整率为96%。

截止2012年底，月湖区图书馆数字资源总量为3TB。

2009年，将自动化管理系统升级改造为ILAS图书馆管理系统，以适应江西省公共图书馆服务联盟建设的需要，同时，增加了电子图书通过二维码智能借阅功能。2014年，实现馆内802.11N无线网络覆盖。

读者服务工作

从2011年12月起，月湖区图书馆对外免费开放，周开放56小时，节假日照常开放。2009－2012年，读者流通12.2万人次，书刊外借10.3万册次。2010年起，开始在月湖区范围内发起公共图书馆延伸服务点建设，当年建成15个基层延伸服务点，馆外书刊流通总人次20000人次，书刊外借15600册。2012年12月，开始数字图书馆建设。月湖区图书馆为每个基层延伸服务点配置电脑、书架、办公设备，定期为延伸服务点轮换图书期刊。

2009－2012年，月湖区图书馆网站访问量激增。开始引入手机图书馆，开发数字图书馆。截止2013年，月湖区图书馆发布使用的数字资源总量为2万种，6TB，通过月湖区图书馆网站、月湖区文化信息资源共享专网向读者、共享工程基层延伸服务点提供检索、浏览和下载服务。

2009－2012年，月湖区图书馆共举办讲座、展览、培训、阅读推广等读者活动22场次，参与人数2万人次。以月湖区图书馆文化信息资源共享工程为平台，创意若干个阅读推广主题活动，在所有基层延伸服务点中同时进行，是月湖区图书馆阅读推广工作的主推工作。

业务研究、辅导、协作协调

2009－2012年，月湖区图书馆职工发表论文1篇。

从2010年起，月湖区图书馆以文化信息资源共享工程专网为依托，在全区范围内发起公共图书馆延伸服务点建设，并在馆内设立延伸服务点工作领导小组，下设提供联合编目、流通服务、阅读推广与讲座展览资源服务、业务培训与技术支持等专业支持人员。截止2013年底，延伸服务点发展到27家，占全区文化图书室总数的68%，通过数字图书馆建设，27个基层文化图书室开始了基于统一系统平台的文化服务，区、镇（街道）、村（社区）三级联动公共图书服务体系日趋完善。期间，举办图书分类编目培训班4期，72课时，286人次接受培训。

管理工作

2010年，月湖区图书馆完成第三次全员岗位聘任，本次聘任共设3类岗位，有9人重新上岗，同时，建立了工作量化考核

开展少儿演讲比赛

开展图书流动活动

图书阅览室

指标体系，每月进行工作进度通报，每半年和全年进行总体工作考核。2009–2012年，共抽查文献排架56次，书目数据8次，开架图书排架正确率达到98%以上。

表彰、奖励情况

2009–2012年，月湖区图书馆共获得各种表彰、奖励8次，其中，鹰潭市表彰、奖励1次，月湖区政府表彰、奖励7次。

馆领导介绍

胡斌，男，1969年1月生，大专学历，中共党员，助理工程师，馆长。1990年7月在贵溪化肥厂参加工作，1992年调月湖区房地产综合开发公司工作，1995年调月湖区房管所工作，任职党支部书记，2007年在月湖区童家镇挂职，担任童家镇党委副书记，2009年任职月湖区房管所所长，2009年至2010年在鹰潭市沿江拆迁指挥部借用工作，2011年11月任月湖区图书馆馆长（副科级）。江西省图书馆学会会员、文化信息资源共享工程月湖区分中心主任等职。

杨根旺，男，1975年10月生，本科学历，中国民主促进会会员，副馆长。1997年9月在月湖区童家镇司法所参加工作，后任月湖区童家镇司法所副所长，2003年1月调月湖区招商局任办公室主任（副科级），2010年5月调月湖区童家创业基地管委会任副主任，2010年5月调月湖区图书馆任副馆长（副科级）。1998年12月荣获1998年度全市优秀司法干部。2004年–2007年多次获得市招商局优秀统计员、先进个人。2008年获得鹰潭市招商引资先进个人。

未来展望

月湖区图书馆遵循“文化立馆、把月湖区图书馆办成读者和社会大众的精神家园”的办馆方针，践行“月图发展三步走”战略，即完善图书馆服务功能，加强数字图书馆建设，扩大服务辐射区域、带动地区事业发展。2009–2012年，在不断强化自身综合实力的同时，通过月湖区公共图书馆基层延伸服务点建设，带动了全区公共图书馆事业的整体发展。2012年，月湖区图书馆装修工程正式启动，当年完成装修。在未来的几年里，月湖区图书馆将在现有条件的基础上，依靠政府的支持，加强社区、村文化室建设，争取早日对全区基层进行全覆盖服务，提供不间断、无时空限制的数字文献远程和移动服务，数字资源年利用率达到100%。同时，全力建设服务主导型数字图书馆，加强数据库建设，具备支撑保障全区公共图书服务体系良好运行的文献与技术能力，成为与省内各县市图书馆实现资源共享互补的图书馆，主要指标位居全省公共图书馆前列，达到国家一级图书馆的基本标准。

联系方式

地　址：鹰潭市林荫东路7号
邮　编：335000
联系人：马志强

大余县图书馆

概述

大余县图书馆的前身为1932年建立的大余公立中山图书馆，新中国成立后合并于大余县文化馆，1978年从文化馆分离正式成立大余县图书馆。现使用场馆于2007年11月建成并正式对外开放，位于县城金莲山大道文化中心院内，总建筑面积2200平方米。设有少儿阅览室、外借室、报刊阅览室、盲文阅览室、公共电子阅览室、地方文献及工具书检索室、资料室和特藏室等8个对外服务科室。馆内共有阅览座席287个，计算机60台，宽带接入15M，选用Ilas3图书馆自动化管理系统。

业务建设

截止2012年底，大余县图书馆总藏量12.14万册（件），其中，纸质文献11.64万册（件），电子图书0.2万册，电子期刊0.3万册。

2012年，大余县图书馆图书藏量购置费增至每年20万元。2009—2012年，共入藏中外文图书21250种42500册，中外文报刊720种，视听文献1140种。

截止2012年底，大余县图书馆数字资源总量为2.02TB，有marc数据条数17973条，电子图书1000种5005册，电子期刊200种，占馆藏图书总量6万种12.14万册的数字化比率为35%。地方文献数据库建设了以赣南采茶戏为主的地方文献数据库，主要收录了我县地方戏代表作《南安罗汉舞》、《旁牌舞》、《蓝支书审猪》、《桃树下》、《刘二与四妹》、采茶戏《闹山》、传统采茶戏《斗火》、大余采茶戏《村长家的妇娘们》等。

大余县图书馆馆自2011年5月配备并正式运行了图书自动化管理系统Ilas3，从图书编目、流通到读者事务办理等均实现了自动化管理，系统运行规范正常。同时设有触摸查询一体机2台，内设图书机读目录和门户网站供读者查询，配有专门工作人员对查询工作进行管理、维护、辅导。

读者服务工作

大余县图书馆按照上级文化部门的要求，从2011年11月29日起实现全年365天全面免费开放，每周开馆56个小时。馆内图书除古籍外，所有书刊文献均开架或半开架对读者开放，书刊文献开架比例为95%。2009—2012年，书刊总流通26.256万人次，书刊外借40.3166万册次。每2个月制作一期《百业信息》，免费赠阅给读者朋友，为市民朋友的出行、就业、居家、生产、生活等提供指导和帮助。

2009—2012年，大余县图书馆共举办讲座、展览、培训、阅读推广等读者活动92场次，参与人数5.6526万人次。

业务研究、辅导、协作协调

大余县图书馆积极参加江西省图书馆举办的“读好书”活动、“像雷锋那样……”电子小报设计比赛、百题知识竞赛、江西省第一届“文化共享杯”群众摄影艺术作品征集大展活动以及上级图书馆举办的其它各类活动。

制定了《大余县图书馆服务网络建设规划》，与部分乡镇图书室建立总分馆制，对各基层图书馆进行调查摸底，并对部分村级图书室工作人员进行了业务培训。与武警大余县中队图书室等3个图书室实现了通借通还。

大余县图书馆积极开展针对基层图书室的业务辅导，多次对大余县委党校图书室、南安中学图书馆、新城镇巷口村图书室等基层图书室进行上门辅导。通过辅导，使基层图书室的管理员业务得到了较大幅度提高，能按《中图法》科学、有序、规范地开展各项工作，达到本行业标准水平。

管理工作

2008年11月，大余县图书馆按上级要求实施了事业单位岗位设置工作，按需设岗、按岗聘用、竞争上岗、择优考核、聘用

建立了《财产管理制度》，设备、物资由财务人员登记造册、负责管理，各室财产的日常管理分别由各室工作人员负责。有专职人员负责档案管理，职工考核档案、参考咨询档案、课题服务档案、业务辅导档案比较规范整齐。

吸收了一批图书志愿者，对他们进行统一管理，主要是在节假日或寒暑假为图书借阅或读者活动提供协助。

表彰、奖励情况

2009—2012年，大余县图书馆共获得各种表彰、奖励12次，其中，文化部表彰、奖励2次，省文化厅表彰、奖励2次，其他奖励8次。

读者免费办证进社区

送书进警营

阅览室

全民阅读活动

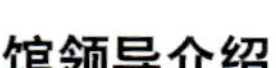

馆领导介绍

李娟，女，1979年10月生，大专学历，中共党员，馆长。1997年8月参加工作，2012年被江西省图书学会授予“江西省青年人才奖”光荣称号；2012年7月被评为大余县“创先争优优秀共产党员”；2012年被县文广局授予“先进个人”光荣称号。

李江英，女，1969年5月生，大专学历，中共党员，副馆长。1989年12月参加工作，先后在文化馆、图书馆工作。

未来展望

大余县图书馆将树立现代化信息网络化图书馆理念，高度重视现代化图书馆建设与服务，加快数字化图书馆建设，加大对数字图书馆的投入力度，发展数字文化服务，进一步扩大服务功能，延伸服务区域，走进社区、企业、乡镇等是未来发展的方向，同时将扩大服务人群，如农民工、残障人士等，让广大读者随时随地可享用丰富的图书资源。在当今信息社会条件下，大余县图书馆将不断发挥知识经济时代信息枢纽的重要作用，打造成为该县集文化、科学、信息传播、开展社会主义教育、展示改革开放成就为一体的综合性公共图书馆，成为群众学习文化、科学、教育、信息的交流中心，为促进本地经济建设和社会发展发挥重要作用。

联系方式

地　址：江西省赣州市大余县文化中心图书馆
邮　编：341500
联系人：朱　芩

大余县图书馆馆貌

上犹县图书馆

概述

江西省上犹县图书馆始建于1945年8月，1949年8月解放后改为“人民教育馆”，1951年改为“文化馆”，1984年4月实行单独建制，属副科级事业单位。新馆建筑面积2330平方米；藏书达到20万册。人员编制10个，实有干职工人数11个。实行了馆长负责制、工作人员岗位责任制和全员聘任制。馆内设有图书外借室、期刊报纸阅览室、电子阅览室、少儿阅览室、文化共享工程县级支中心、老年活动与过刊阅览室（包括地方文献资料室和上犹县志愿者工作站）、老馆综合阅览室、视障阅览室、书库（包括古籍书库）、多功能报告厅、培训教室等功能阅览室。实行每天免费对外开放，每周开放时间达60小时以上。2013年在全国第五次公共图书馆评估定级中评为国家一级公共图书馆。

业务建设

截止2013年底，上犹县图书馆文献资源总藏量达20万册，其中图书92769册、古籍19册、报刊11422件、视听文献1649种、电子图书93902种。数字资源总量超过3.0TB，其中上犹县数字图书馆资源量达到1.5TB，县级数字图书馆推广计划资源量达到1.0TB，上犹县地方数字资源0.6TB。已建立机读目160551册，其中(ILAS机读目录65000册、视听文献1649件，电子图书93902种)。

读者服务工作

上犹县图书馆自从2011年实行免费开放以来，在国家、省市、县各级政府和文化财政的大力支持下，图书馆现有的所有功能阅览室以及公共空间设施场地全部对外免费开放，每周开放时间60个小时。书刊开架比例达92.76%，书刊文献年外借册次达105680册，人均年到馆人数96902人次。建立了县看守所、某部队驻地和14个乡镇图书流动阅读服务站。建立了图书馆专门网站（www.sytsg.net)和上犹县数字图书馆。2013年举办各类活动52场次，如各类讲座、培训、展览、书刊宣传等，参与人数达3万人次。图书外借与阅览、期刊外借与阅览、报纸阅览、资料查询、文献检索、咨询服务、图书流动服务、公益性讲座、优秀影片展播、基层辅导培训、网络服务（上网）等基本文化服务项目不断健全并免费提供，为保障基本职能实现的一些辅助性服务如办证、办卡、验证验卡及存包等全部免费。

我馆已经基本实现了从传统的管理模式向自动化管理方式的转变，从传统服务模式向数字化、自动化、现代化、多样化服务模式的转变。主要有：一是自动化管理与服务为我们读者朋友简化了手续，提供了方便，节约了时间。二是“总分馆”制服体系建设为我们图书馆延伸了服务，贴近了基层，方便了群众。三是“图书流动书箱”服务模式的建立为图书馆树立了形象，改进了服务，得到了肯定。四是文化信息资源共享工程实现全面覆盖，使图书馆文化信息服务的触角迅速延伸到基层。五是公共电子阅览室的建成有效地解决了未成年人上网安全与健康问题。六是免费开放促进更多的人走进图书馆、关注图书馆和利用图书馆。

通过大力开展多读书、读好书、爱读书服务活动、不断创新服务方式、活动形式和服务内容。创立更多更好的公共图书馆免费开放服务品牌，促进公共图书馆服务引起党委政府的高度重视，吸引更多的人走进图书馆和利用图书馆，以达到促进全民阅读，提高国民素质的最终目标。

业务研究、辅导、协作协调

2010年至2013年全馆干职工发表、撰写论文及业务研究报告22篇，获县级以上奖8篇，省级以上6篇，这些学术论文都能理论联系实际，对于促进业务建设，活跃学术气氛，提高专业队伍素质起到了积极的推动和促进作用。

上犹县图书馆对14个乡镇、8个社区、14个居委会、131个行政村以及机关事业单位图书室开展基层文化业务辅导工作。对各个乡镇、村和社区的统计建档，按照地理位置的远近分成5组，每组每一年具体负责30–50个图书室的调研和辅导。通过图书馆基层文化业务辅导活动，提高了基层图书室的图书管理人员的业务技能和管理水平，进一步促进了基层图书室的业务开展。

上犹县图书馆积极参与上级图书馆组织的协作协调工作，并且加入了全省图书馆联盟。为加强县域协作，建立合理的县域协作机制，制定了上犹县图书馆协作协调措施。同时，成立了县图书馆县域协作领导小组，为适应上犹经济、文化发展要求，进一步加强县域协作协调，形成了县级图书馆、学校图书馆、村级图书室的协作协调工作，实现了文献资源共建共享。

管理工作

上犹县图书馆制定了岗位设置制度，人事管理严谨有序，按照有关文件精神和要求认真执行贯彻落实到位。岗位设置、聘用制度合情合理，竞争上岗公平公正，强化岗位职责，建立健全考核机制，各项目标任务有序完成。

制定了上犹县图书馆财务科工作制度和财务管理制度，财务管理制度不断健全，执行各项财经纪律和财务制度，严格会计行政执行过程，强化财务监督，财务管理正常规范。

馆内所有设施、环境的标示统一，安全保卫制度齐全，馆

公共电子阅览室

期刊报纸阅览室

少儿阅览室

视障阅览室

外借室

多功能报告厅

内人员安全、共享资源应急预案完备，消防、公安认可。档案管理规范，各类档案项目齐全，内容整齐，归档装订成册。业务统计分析报告，经费、藏书、共享工程、节能减排等各项统计工作及时、准确、分析精确。

表彰、奖励情况

上犹县图书馆共获国家级表彰2次、省级业务主管部门表彰3次，市级业务主管部门表彰10次，县级业务主管部门表彰7次。获县级表彰先进单位及先进个人10次，论文发表获得省市级表彰9次，其中省级4次，市级5次。

馆领导介绍

赖良泰，男，1968年3月生，大专学历，中共党员，馆长。1984年8月参加工作，2000年1月任上犹县图书馆馆长至今。

未来展望

坚持以邓小平理论、“三个代表”重要思想和科学发展观为指导，坚持读者至上、服务第一、创新管理和以书育人、为人找书、以人为本的思想理念，以国家一级公共图书馆标准，扎实推进图书馆事业繁荣发展，不断提高公共文化服务能力，整合资源，拓宽领域，丰富内涵，创新内容、创新形式、创新手段，逐步建立覆盖城乡、结构合理、方便快捷、惠及全民的公共图书馆服务网络，有效地满足广大人民群众的精神文化需求，丰富精神文化生活，推动全民阅读，提高整体素质和文明程度，为全面建成小康社会提供精神和智力支持。

(1) 全力推进图书馆免费开放向纵深发展。

(2) 扎实抓好文化信息资源共享工程建设。

(3) 高度重视公共电子阅览室建设。

(4) 大力推动图书馆总分馆制服务体系建设。

(5) 不断加强图书馆藏书建设和读者服务工作。

(6) 努力加快图书馆数字化、自动化和现代化建设步伐。在未来几年里，纸质图书达到20万册，电子图书达到50万册，数字资源量达到6TB以上，年服务人次达到15万以上。

图书馆工作人员下基层辅导

免费开放服务宣传

图片展览活动

文化共享工程县级支中心

文化信息资源共享工程

定南县图书馆

概述

定南县图书馆创建于1950年，1986年后重新兴建、整合，成立新图书馆，同年农历十月正式对外开放，设计藏书容量15万册，可容纳读者座位100个。2008年7月，县政府领导批示把总工会大楼划转给县图书馆，图书馆从原来的建筑面积1870建筑面积达到了现有的3315平方米。2009年，江西省文化厅下拨馆舍维修改造资金70万元，改造后的图书馆可容纳读者460人，2009年7月参加第四次全国公共图书馆评估，首次获得一级图书馆。2013年10月定南县图书馆再次被文化部评为“一级图书馆”。

业务建设

截止2012年底，定南县图书馆总藏量175740册。阅览座位213个，现有工作人员8人，馆内开设了图书外借室、报刊阅览室、多媒体电子阅览室、少儿阅览室、资料资料查阅室、专家治修室“俊杰书院”名人字画展示厅和报告厅等九个对外服务窗口。

2011年，新购图书9112册，接受新书捐赠1000册。2012年4月，开展“世界读书日”读书捐书活动，接受新书捐赠4225册，接受购书款33.9万元，新购图书13403册。2011年3月，我馆工作人员对到位的图书举行编目加工、著录整理以及数据输入和贴条形码，建立馆藏书目数据库资料，并正式成立ILAS图书管理系统。

读者服务工作

（一）做好特色藏书工作——“俊杰书院”

我馆在著名文艺评论家缪俊杰先生的大力支持下，收藏了缪俊杰先生捐赠的由国内外政要、文化名人签名的个人珍贵藏书27550余册，缪先生私人珍藏的名家书画作品（原创）几十幅，为此，我馆特增设“俊杰书院”，构成了我馆的一大馆藏特色。

（二）打造品牌服务项目——“图书流动服务车”

定南县城城区人口7万余人，我县近年兴建三处廉租房小区，居住在廉租房小区内的人大部分为低收入人群，为了这部分低收入群众能更好地享受到优质高效、普惠均等的公共文化服务，定南县图书馆以“多借一本书、多读一本书”为工作目标，加强对特殊群体的服务工作和文化关怀，实施“书橱就在家门口”计划，主动上门为该群体提供免费借阅服务，丰富弱势群体的文化生活。

定南县图书馆作为国家一级馆，各项工作应走在我省公共图书馆的先进行列，在实行免费开放的同时，力求注重服务内容和质量的提高，打造品牌服务项目。为此，县图书馆在离城区相对较远的三处廉租房小区设立图书流动免费借阅点。

通过对他们的服务，营造小区内居民的学习氛围，达到“文明、向上、健康”的民风民俗。

1、利用“图书流动服务车”这个平台，定点定时将图书送到我县三处廉租房小区：即中沙“裕民嘉苑”（住户618户）、马蚴“阳光家园”（住户240户）和富田廉租房小区（住户810户），共1668户5014人，为小区低收入人群实施零门槛办证，免费借阅。

2、加强宣传，组织开展形式多样的宣传活动，扩大公众知晓率，为小区里的特殊人群（老年人、残疾人）开通读者热线，根据预约需求送书上门服务。

3、专门采购一定数量的学习技能操作类新图书，免费赠送给有需要的读者。

我馆还充分发挥“流动图书车”的作用，年送书下乡、进社区、进军营150余次，为各种人群送去他们需要的图书，解决看书难问题。

从2010年12月起，定南县图书馆全年365天对外免费开放，周开放56小时。近3年，图书馆共接待读者14.033万人次。对外借阅图书23.546万册次。其中，少儿阅览室接待读者3.4万人次，电子阅览室接待前来网上阅读和查找资料的读者3.2万人次，外借阅览室接待读者7.8万人次，资料室接待咨询和查找资料825人次，查找资料904条。

2009–2012年，定南县图书馆共举办讲座、展览、培训、阅读推广等读者活动189场次，参与人数5.514万人次。2012年定南县图书馆建立图书馆网站，把近3年的工作开展情况及活动全部上传至网站，供读者们浏览。

2012年4月，定南县图书馆实施的服务品牌项目“书橱就在家门口”送书计划被赣州市创建国家公共文化服务体系示范区办公室确定为创新案例。

业务研究、辅导、协作协调

2009–2012年，定南县图书馆职工发表论文5篇，其中省图书馆3篇，市图书馆2篇。

读书日活动

专题报告会

图书流动服务车进校园

图书流通车下乡

从2010年3月，建立文化信息资源共享工程县级支中心。按要求采用光纤接入、防静电瓷砖贴底，按标准设计安装机房和电子阅览室。同时，推广"数字图书馆"，使广大读者可通过视频浏览节目万余部。

2010年9月，我馆与北京市宣武区图书馆建立"友好合作馆"共同完成了手拉手"红领巾阅读"阅览室揭牌仪式，并接受捐赠图书3000多册，价值10万余。

2012年，在我县申报"中央苏区县"工作中，我馆提供佐证文章、地图等珍贵文史资料，协助相关部门为我县成功申报"苏区县"。

管理工作

2010年，定南县图书馆实行全员岗位聘任，建立了工作量化考核指标体系，每月进行工作进度通报，每半年和全年进行总体工作考核。年终进行绩效考评。2009–2012年，共抽查文献排架32次，书目数据13次，编写《工作质量周报》47期，撰写专项调研、分析报告和工作提案21篇，编写各室工作进度通报23篇。

表彰、奖励情况

1、2008年12月，荣获赣州市文化局授于的"图书馆建设特别奖"。

2、2009年12月，获得省文化厅授于的"全省先进图书馆"荣誉称号。

3、2010年12月，荣获"全国文化信息资源共享工程江西省分中心先进单位"。

4、2010年1月，定南县图书馆参加全国公共图书馆评估定级工作，被文化部评为国家"一级图书馆"（全省仅7个），定南图书馆走在全省公共图书馆的先进行列。

5、2011年3月被定南县妇女联合会授于"三八红旗集体"光荣称号。

馆领导介绍

李志玲，女，1970年9月生，大专学历，副馆长主持工作。1997年10月参加工作，2007年11月调入图书馆工作，2009年6月任图书馆副馆长，2008年4月被县里评为宣传文化思想工作先进个人。2013年12月被市图书馆评为先进个人。

廖晓晖，女，1957年9月生，高中学历，副馆长，分管全馆业务工作，现为中级职称，现在少儿阅览室工作。

未来展望

定南县图书馆以"发展才是硬道理"为办馆方针，以服务读者为目标，在新的信息环境中，需要重新定义图书馆的作用，重新定义图书馆及其服务对象之间的关系，并逐部扩大图书流动规模，进一步增强在社会中的影响力。在未来的几年里，定南县图书馆将在现有馆舍的基础上，准备把少儿阅览室扩大阅览空间，增加48个阅览座位，俊杰书院增加阅览座位64个，并把原来总工会改建成藏书库，改建后的图书馆可容纳读者325人，可容纳纸质文献120万册，年服务人次可达63万人次以上，数字资源设计存储能力5TB。

联系方式

地　址：江西省赣州市定南县图书馆
联系人：李志玲

定南县图书馆馆貌

定南县图书馆全景

全南县图书馆

概述

全南县图书馆老馆于1986年动工兴建，1989年10月1日正式向读者开放。全南县图书馆座落在县城中心地段，环境优美，人口集中，辐射面广，馆舍面积1700平方米。2010年，县委、县政府决定扩建馆舍，该工程于2010年2月下旬开工建设、9月底建成并交付使用，占地面积300平方米，建筑面积700平方米，新馆的建成，使全南县图书馆的面积达到了2400多平方米。老馆维修改造升级工程于2012年2月底完工并交付使用，以崭新的面貌重新对读者开放。此项工程得到了江西省文化厅领导的好评，在2012年全省"两馆"维修现场会把我们的经验和做法在全省予与推广。2012年，我馆参加第五次全国公共图书馆评估，首次获得一级图书馆。截止2012年底，全南县图书馆有阅览坐席288个，计算机50台，宽带接入20Mbps，服务器存储量7TB，选用ILASⅢ图书馆自动化管理系统。

业务建设

截止2012年底，全南县图书馆总藏量12.1万册。现有工作人员6人，功能科室分为期刊阅览室、外借室、电子阅览室、盲文阅览室、少儿阅览室、文献资料室、多功能厅、报告厅、活动室、书库。2012年初图书馆业务数字化管理系统ILASⅢ建成。为了更好地满足读者日益增长的文献需求，县财政连年增拨了购书经费，从2009年的4万元，逐年递增，增加到2012年的22万元，实现全县人均购书经费1元，从2009年开始，每年新增图书约5000–20000册次，新书购进量大大增加，馆藏图书由2009年的4万增加至2012年的12.1万。

在各界领导的关心重视下，我馆广泛动员联系社会各界爱心人士捐赠图书。2012年，我馆就接受了北京国泰康扶国际贸易有限公司捐赠的码洋118万元的图书。

读者服务工作

全南县图书馆秉承"读者第一、服务至上"的办馆宗旨，在图书馆与读者之间架设一座心灵的桥梁，构建一个学习交流的平台。

2010年在全县深入开展了"创建学习型机关，争当学习型干部"活动，兴起了"勤学习，比赶超"的浓厚学习氛围。活动要求全县干部职工每周到县图书馆看书或借书二次以上，并列入干部职工个人年度考核；同时县委中心组也在图书馆进行学习。为了方便广大干部职工在工作之余能借书读书，我们在星期日到星期五晚上开展了温馨夜读活动。

2010年12月起，全南县图书馆全年365天，天天对外免费开放，周开放68小时。近3年，图书馆共接待读者18余万人次，对外借阅图书22万册次。其中，少儿阅览室接待读者4万人次，电子阅览室接待前来网上阅读和查找资料的读者5万人次，外借阅览室接待读者9万人次，资料室接待咨询和查找资料2000人次，查找资料3000条。2009–2012年，全南县图书馆共举办讲座、展览、培训、阅读推广等读者活动200场次，参与人数6万余人次。2012年全南县图书馆建立图书馆网站，供读者们浏览。当前有"全南讲坛"、全南县青年读书协会等经常性活动定期开展。

业务研究、辅导、协作协调

2009–2012年，全南县图书馆职工发表获奖论文1篇。

我县文化信息资源共享工程县级支中心于2008年正式申报了文化共享工程建设县并获省厅批准，2009年5月启动了文化信息资源共享工程县支中心的建设，经过对县级支中心电子阅览室、中心机房、供电线路改造，防盗、消防设施及桌椅等设备配置建设，至2009年12月全南县县级支中心的各项建设工作完成并对外运行开放，截止2011年12月底，全县共建成了乡镇基层服务点9个、农村村级基层服务点86个，各点配有电脑1台，覆盖率达100%，建成农家书屋79家，全县信息资源共享网络基本形成，很好地满足了我县人民群众不断增长的文化需求，对促进我县政治、经济、文化、教育的全面发展，提高农民科技致富能力，满足人民政策信息需求起到了极其重要的作用。

管理工作

我馆始终坚持"以人为本，服务至上"的办馆理念。实行岗位目标责任制，定岗定职定责，每月进行工作进度通报，每半年和全年进行总体工作考核，年终进行绩效考评，并实施奖惩制度，使全馆工作人员人人有压力、个个有动力，尽职尽责，做好自己的本职工作，并在工作中遵循单位的规章制度和业务工作程序，使工作做到规范化、程序化、效能化。建立健全图书资料采访管理工作细则、图书技术加工工作细则、书目数据制作工作细则等规章制度来加强对图书资料的管理和使用，让馆藏图书资料发挥最大的效益。注重地方文献的搜集、整理和保护。开展了古籍的调查、征集和保护工作。

表彰、奖励情况

2009–2012年，全南县图书馆共获得县级表彰3次。

馆领导介绍

谭芳明，男，汉族，中共党员，1972年6月出生，大专学历；1993年7月参加工作，多年在乡镇一线工作，2012年2月任全南县图书馆馆长。对历史、国学、哲学和美学有较深的兴趣，对图书馆建设和典藏有自己的见解，热心读者服务，积极做好免费开放各项工作。

未来展望

立足"服务立馆、资源强馆"的办馆宗旨和"读者第一、服务育人"的工作理念，不断提高图书馆管理及服务水平和信息资源的利用率，更大地发挥图书馆的社会效益，满足人民群众不断增长的文化与信息需求。以打造"书香全南"为载体，以建设数字图书馆为抓手，不断加快图书馆的现代化和信息化建设。努力提高广大职工的业务能力和综合素质，提升图书馆的服务质量和管理水平，使图书馆成为我县社会再教育的文献资源保障基地。

联系方式

地　址：全南县城厢镇文化路14号
邮　编：341800
联系人：钟丽荣

于都县图书馆

概述

于都县图书馆创建于1979年，馆址于都县建国路13号，是于都县规模最大、藏书最多的综合性公共图书馆，是全县文献资料、图书目录、馆际协作、信息交流和专业人才培训的中心。大楼建筑面积1728平方米，设有采编室、资料室、外借室、综合阅览室、少儿阅览室、特种文献典藏研究室（于都籍人士著作陈列室）、中心控制室、电子阅览室、培训讲座室、辅导室、电子文献加工室、视听室、办公室等部门，配有多种现代化设备，采用图书馆自动化集成系统(ILAS)进行文献和读者服务管理。阅览座位200余个，年接待读者近20万人次。

业务建设

截止2012年低，于都县图书馆总藏量为121379万册，电子文献藏量有363种，图书年入藏2060种，报刊年入藏量241种，视听文献从2009年至2012年共入藏150件，平均年入藏量为37件，书刊年外借册次98200册次，馆藏书刊文献年外借率80%以上，开架图书排架正确率为98%，馆外流通服务人次21000人次/年，服务册次16250册次/年，人均年到馆40.2次，数字资源总量为4TB，馆藏中文文献书目数字化为80%以上。地方文献入藏有专柜、有专门目录、有专门人员管理、征集工作持续开展。文献采选有重点、连续性、以及对读者需求的针对性、复本量合理。

2012年财政拨款总额为115.7万，较上年递增了34.5%；2012年新增藏量购置费为6万元，较上年递增了20%；免费开放本地配套经费为20万元。

读者服务工作

1、图书馆坚持“读者至上，服务第一”的服务宗旨，始终把工作重心放在“为人找书、为书找人”的基础上，创新服务方法，分层次地推进读者服务全方位拓展，并不断深化创新，为读者提供优质满意服务，在服务工作中发挥了积极作用。

2、在图书馆的门厅显著位置公示免费开放的管理办法，服务项目，开放时间和活动观众须知等制度。在报刊、电视、网络等媒体向社会广泛宣传吸引更多的读者来馆参加读书活动。公共空间设施场地免费开放主要包括：综合阅览、外借、少儿阅览、电子阅览、资料、特种文献典藏研究（于都籍人士著作陈列）、讲座、视听。基本公共服务项目主要包括：摄影讲座；播放爱国主义影片等。这些免费开放服务内容贯穿全年，保证了每天服务时间8个小时。

3、开展服务宣传。利用图书馆专题讲座，“图书馆服务宣传周”、“数字图书馆”、“全民读书月”系列活动等，使广大读者充分了解馆藏状况和基本功能，并掌握文献信息资源的检索利用方法，推出读好书活动，并实施奖励制度，倡导和鼓励读者多读书。利用公共查询系统，本馆主页，及时发布图书馆资源信息，积极地引导读者利用图书馆资源。

4、开展各类免费基层业务辅导培训工作。结合图书馆工作情况，开办了图书管理工作人员培训班、基层图书室培训班、共享工程等各类培训班20余期。经过于都县图书馆多年的苦心经营，注重基层图书室的建设，打造了3个精品图书室。

5、我们向本馆周边群众发放了460份问卷调查表，就到馆率、参与活动率、满意率进行了调查，共收回了402份，回收率达到84%。其中满意和基本满意的有288份，满意率达96.3%，满意率超过95%。

6、打造“于山论‘见’”视听讲座品牌。利用文化信息资源优势，传播先进文化、讲解身边科技知识，提升大众生活质量，开展各类知识视听讲座，努力打造“于山论‘见’”视听讲座品牌。于都县图书馆与该县老年大学联合开展“于山论‘见’”之摄影讲座活动。

7、积极探索不断改进，力求文献开发与利用服务上新台阶。《科技文摘》是我馆于1986年创办的为农民服务的小刊物，近二十年来，我们克服困难，不断完善，坚持把这一面向基层、服务农村提供文献信息服务的工作做好，受到广大农民群众的欢迎和好评。继续做好专门为县四套班子领导服务的《信息参考》，以及面向广大读者、推介优秀馆藏、介绍读书方法、交流读书心得、报道服务举措的《读书生活》，受到社会关注。

8、积极开展各种主题读书征文、读书效果征集活动。服务宣传周期间，开展了“读好书”活动。内容包括：1、“我喜欢的书房”摄影比赛；2、“我的读书故事”征文。引导读者养成终身利用书籍获取信息的习惯，使读者从书中获得乐趣，从书中接受教育，陶冶情操。活动面向全体读者，要求围绕主题开展读书与写作。对入围作品将给予奖励，以吸引更多的人走进图书馆、利用图书馆。

“于山论见”讲座

元宵节灯谜活动

9、开展了三届“我是小小图书管理员”活动。使孩子们在实践中体验，在体验中成长。

10、为盲人增添了盲文读物，设有盲文专架，成立了为盲人服务的小组，为其上门服务。

11、延伸服务：2011年8月10日，按照军地共建协议，于都县图书馆为县武警中队更换150册集体借阅图书，并为每个官兵更换了电子阅览证，送到官兵手中。对武警中队图书室的管理员进行业务辅导，对武警中队电子阅览室的十多台电脑进行维护，我馆派出谢康生老师前去协助解决。根据协议，双方还将不断深化合作关系。

业务研究、辅导、协作协调

2009–2012年，于都县图书馆职工发表论文10篇，出版专著1部。

2009–2012年，于都县图书馆连续四年开展基层文化站与基层公共图书馆结对帮扶活动。

管理工作

2010年，于都县图书馆完成第二次全员岗位聘任，本次聘任共设8类岗位，有15人重新上岗，同时，建立了工作量化考核指标体系，每月进行工作进度通报，每半年和全年进行总体工作考核。2009–2012年，共抽查文献排架30次，书目数据10次，撰写专项调研、分析报告和工作提案4篇，编写各部门工作进度通报8篇。

表彰、奖励情况

2009年在江西省公共图书馆为两个文明建设服务成果评奖活动中，我馆的“于都籍人士著作陈列室建设”项目荣获二等奖、“创办《科技文摘》为农民服务”获优秀奖。2010年7月，谢弟铨同志的专著《耕耘与探索：基层图书馆建设管见》由大众文艺出版社出版，这是我市首部公开出版的关于基层图书馆建设的个人专著，也是我市公共图书馆工作者公开出版的首部个人专著。

馆领导介绍

何小兰，1968年9月生，本科学历，中共党员，馆长。1987年参加工作，历任乡政府妇干、组织委员，2001年11月任文化馆党支部书记，2012年8月任图书馆馆长。

电子阅览室场景

刘国生，1961年2月生，大专学历，副馆长。1982年参加工作，历任学校教师、人事局干部，1999年8月任文化馆馆长，2002年11月任副馆长。

李晖春，1962年2月生，高中学历，副馆长。1980年参加工作，历任县剧团干部，2012年11月任副馆长。

未来展望

于都县政府正在设计，将在贡江南岸建设一栋面积约2206平方米的新馆。于都县图书馆将以新馆建设为契机，以更加优美的环境、更加丰富的馆藏、更加优质的服务，满足广大读者的需求。

联系方式

地　址：于都县贡江镇建国路13号
邮　编：342300
联系人：邱 浩

吉安市青原区图书馆

概述

青原区图书馆位于青原区正气路88号，建筑面积4650平方米，2012年11月竣工并投入使用。图书馆严格按照国家一级图书馆标准建设，分为外借阅览室、少儿阅览室、报刊阅览室以及电子阅览室等几个内部功能区。2013年参加第五次全国公共图书馆评估，获得一级图书馆称号。图书馆有阅览坐席283个，计算机50台，采用IlasntⅢ图书馆自动化管理系统。

业务建设

截止2013年年底，馆藏图书共计20万余册，其中纸质图书9万册、电子图书7万册、报刊杂志等约4万种册。截止2013年底，办理图书借阅证的读者人数达到2800名左右。全区各乡镇街道建设农家书屋共计120个，藏书共计8万余册，建设公共文化信息资源共享工程村级服务点106个，全区乡镇基层服务点均可链接区图书馆文化信息资源工程。

读者服务工作

青原区图书馆2012年建成并投入使用，于2013年1月正式对外免费开放，严格贯彻执行文化部、财政部《关于推进全国美术馆、公共图书馆、文化馆（站）免费开放工作的意见》及相关文件精神。2013年，书刊总流通10.98万人次，书刊外借11.23万册。2013年，馆外书刊流通总人次5.26万人次，书刊外借6.72万册。

2013年，青原区图书馆网站正式上线，读者可在网站查询图书馆的最新资讯与活动信息，也可在留言板块互动留言。同年，青原区图书馆读者QQ群正式建立，截止2013年年底，读者群共有约800名读者。QQ群由图书馆管理员统一管理，对读者提出的意见建议认真分析仔细研究，图书馆每年采购图书按照以人为本的原则，主要根据读者的阅读需求和推荐的书籍进行采购。

2013年，青原区图书馆共举办讲座、展览、培训、阅读推广等读者活动48场次，参与人数近1.5万人次。图书馆重点打造“青原悦读”服务品牌，为创建学习型社会，深入开展全民阅读活动。

2013年，青原区图书馆举办了一系列特色活动，书签设计大赛得到了全区读者的热情参与，收到了近百份的设计稿；优秀小读者的评比让孩子们在阅读的同时养成了良好的阅读习惯；中国梦系列国画展是图书馆举办的地方特色画展，展出了曾建生老师画作；新书推荐活动第一时间展出了图书馆的新书好书；爱护书籍签名大会是图书馆举行的特色读者交流活动，每一名到场读者在印有“爱护书籍，从我做起”的横幅上庄重签名，表示自己将以实际的行动爱护公共阅读资源；4月23日世界图书日期间，图书馆举办了丰富多彩的阅读活动，包括书评大赛、“地球与我”系列图画展等；为残疾人送书上门是图书馆为特殊群体开展的阅读活动，“你选书，我送书”，让每一名读者都能感受阅读的魅力；趣味成语大赛是图书馆在青原区开展的首届成语大赛，得到全区各学校的大力支持和积极响应。图书馆将重点打造特色品牌阅读活动，将阅读活动深入推广。

业务研究、辅导、协调

青原区图书馆与其他县区馆紧密联系，互相学习。2013年3月，赴万安县图书馆学习考察；2013年7月，赴赣州市于都县图书馆学习考察；2013年11月，新干县图书馆来我馆交流学习；2013年12月，深圳市福田区图书馆来我馆进行交流学习；2014年，省图书馆馆长率全省各市图书馆馆长来我馆参观指导。

青原区图书馆对全区120个农家书屋管理员定期培训指导，全年培训12期，共有295人接受培训。培训包括基础业务学习、图书馆管理系统基础操作等，确保农家书屋正常、高效的对外开放。

管理工作

2013年青原区图书馆制定了一系列保障图书馆免费开放的管理办法，包括《青原区图书馆借阅管理制度》、《青原区图书馆办证须知》、《青原区图书馆志愿者管理制度》、《青原区图书馆电子阅览室管理制度》等以及2013年图书馆的各项活动计划。管理制度及工作计划的制定，确保了图书馆一是正常有序开放，二是深入开展全民阅读推广活动。

图书馆各功能区分别落实了责任负责人。定期对各部门相关工作人员实行培训指导，每个月各部门负责人相互交流部门开放情况，互助交流、学习指导。

图书馆文献排架准确，要求当天还回书籍当天完成上架。每天定时整理书架，确保图书排架有序，方便读者查找。

报纸杂志要求到馆后一小时内完成记到手续，记到后当天完成上架。下架的书刊报纸有序放回书库，地方特色的书刊报纸重点保存。

电子阅览室

阅览室

首届中小学趣味成语大赛

小型书展

表彰、奖励情况

免费对外开放以来，青原区图书馆不断提升服务，开展各种活动，并大力推广全民阅读，得到了到广大读者的肯定及好评。2013年，青原区图书馆荣获文化部评定的“一级图书馆”，获得2013年青原区总工会授予“五一标兵岗”荣誉称号，获得2013年江西省全民阅读先进单位。2014年获得吉安市总工会授予的“五一巾帼标兵岗”荣誉称号。

馆领导介绍

刘爱凤，女，1971年11月生，大专学历，中共党员，1991年7月参加工作，现任图书馆馆长。

周燕，女，1976年6月生，专科学历，副馆长。1994年参加工作，2005年进入图书馆工作。分管图书馆财务及基层业务。

未来展望

青原区图书馆树立“读者第一、服务至上”理念，将满足读者需求作为图书馆最高目标，力争将青原区图书馆打造成青原区第一学习阵地。着力推广“青原悦读”服务品牌，青原区图书馆将不断创新服务方式、拓宽服务领域，让阅读活动深入到广大读者。

进一步发挥图书馆少儿部的阅读引导功能，开创亲子阅读教室，为低幼龄儿童打造故事绘本园地，开设小读者课外兴趣活动小组，打造青少年学习的第二课堂。

进一步拓宽图书馆阅读服务领域，重点打造特色阅读品牌活动。丰富活动内容，创新活动形式，将活动延伸到图书馆外，形成阅读品牌效应。

进一步提高数字资源利用率，加大数字图书馆的建设力度，将图书馆有特色的文献转化为数字化文献。增加电子图书馆藏量，采购多媒体阅读设备，扩展图书馆阅读方式，增设新型阅读体验。多渠道的提高图书馆社会服务功能，推动图书馆向新型数字化图书馆转变。

联系方式

地　址：吉安市青原区正气路88号
邮　编：343009
联系人：杨 欢

吉安县图书馆

概述

江西省吉安县图书馆始建于1956年，原址位于吉安县永阳镇。1988年，搬迁至现在的县城文山路7号。是全市最早拥有独立馆舍的县级馆之一，馆舍面积近2200平方米，有正式职工7人。2009年，被文化部评定为国家二级图书馆。2012年3月，被评定为江西省古籍重点保护单位。2013年参加第五次全国公共图书馆评估，首次获评国家一级图书馆。馆内总藏书容量10万册，阅览坐席240席，计算机50台，宽带接入20Mbps，选用ILAS3图书馆自动化管理系统。

近年来，吉安县图书馆围绕进一步提升公共文化服务能力和水平，本着“服务第一、读者至上”的理念，围绕“一个主题”，打造两大亮点，突出“四大抓手”。一个主题是“质量立馆、发展兴馆、特色强馆”；两大亮点是“古籍保护利用、流动图书进园区”；四大抓手是“抓资金投入、共享工程服务、古籍保护、队伍培育”，很好地抓出了图书馆工作的亮点和特色，充分发挥图书馆引领群众精神文化生活的窗口作用，多项工作取得明显成效。

业务建设

截止2013年底，吉安县图书馆部藏量117600余册，其中图书8万余册，古籍17000余册，过刊20000余册，电子文献600余件。

吉安县图书馆年度购书总经费10万元，其中文献发展经费为1万元，普通资源采访经费为8万元，电子资源订购经费为1万元。

吉安县图书馆数据库资源总量为2000GB,其中自建数字资源总量为500GB,可共享的数字资源为1200GB。

吉安县图书馆开发数字图书馆门户系统，统一检索平台，电子资源导航系统。

读者服务工作

吉安县图书馆坚决执行免费开放政策，坚持以书聚心，以优秀图书引领社会文明风尚，促进邻里和睦，人际和谐与社会进步。扎实开展了形式多样的读书活动，共建社会文明风尚。结合馆藏资源和地方特色，经过精心的组织和策划，与相关部门密切合作，通过导读、展览、网络信息服务等多种形式，深入推动全民阅读活动，特别是在4月23日“世界读书日”、5·4青年节、“图书馆服务宣传周”和6·1儿童节、“全国科普日”等节假日大力开展了多种形式的主题阅读活动，不断提高公共图书馆服务质量和社会影响力，充分发挥图书馆在公共文化服务体系中的积极作用。

与此同时，我馆扎根基层读者，广泛开展各种读书竞赛活动，引导悦读。每年暑假期间，免费举办美育培训班等。近4年来，共举办各类培训班30期达1000余人，儿童智力开发培训班20期500余人。在少儿阅览室举办快乐阅读比赛活动，全县有60多位小学生参赛。2013年共举办讲座，展览，培训，阅读推广等读者活动40场次，参与人数3万人次。

2012年8月23日，井冈山报2版以《少儿读书乐园》进行了报道。我馆积极参加上级组织的各项比赛活动，先后参加了市图书馆举办的“我喜爱的书房摄影大赛”、“吉安巨变主题征文”、“我的读书故事征文”活动。组织读者撰写的《处处风光怡人心》、《情牵红楼》在征文比赛中均获得二等奖。

结合工作实际，我馆还开展了向领导干部和读者推荐好书活动，充分发挥优秀图书鼓舞人引领人的作用。近年来，我馆已向读者推荐过《旧制度与大革命》、《余秋雨散文集》、《世界大趋势：正确观察世界的11个思维模式》、《中国未来30年》、《曾国藩家书》、《大清相国》、《中国经济双重转型之路》等近80部优秀图书。年流通1万人次，书刊外借5万余册。吉安县图书馆网站年访问量6000余次，可通过吉安县图书馆使用的数字资源向共享基层服务中心提供检索，浏览和下载服务。

业务研究、辅导、协作协调

吉安县图书馆利用文化信息资源共享工程的设备和资源，对社会提供各种各样的服务，如讲座，报告，培训，展览等等，并经常下乡辅导基层网点的建设与服务，解决设备故障。吉安县文化信息资源共享工程与农村党员干部现代远程教育网络积极配合，优势互补，共同拓宽公共文化信息服务平台。通过强化领导，做到人力、物力、宣传“三个到位”，形成了县、乡、村“金字塔式”管理网络，奠定了全县开展文化信息资源共享工程工作的组织基础。在日常服务中，坚决遵守国家有关互联网服务和电子阅览室服务的规定，遵循公益性原则，开展免费服务。坚持面向基层尤其是农村，开展多元化的服务，既提供农业科技服务，又提供先进文化信息服务，坚持典型引路。在先进典型的带动下，群众的积极进一步提升。截至目前，该工程已让200多名致富能手掌握了1门以上致富技能，全县涌现出370多个“一村一品”、“多村一品”的产业村，有效发挥了

馆舍正面

业务培训和指导

馆舍全貌

电子阅览室

文化信息资源共享工程在引导农民致富中的重要作用。

吉安县图书馆网站建立了古籍保护专栏，并制定了《古籍书库管理制度》，定期性对工作人员进行古籍保护培训。开展古籍保护工作，关键是要有充足的资金投入作保障。我馆完善保护工作责任制的同时，积极争取领导的支持和重视。县长现场要求各部门加大帮扶力度，尽可能解决我馆古籍保护工作中存在的具体问题，解决人员和经费困难。县财政预算增加5万元用于古籍保护。

吉安县图书馆积极推动“送书下乡”工程，在各个乡镇建立图书流动站，并送书到各企业单位，并定期进行基层业务培训。

管理工作

2010年，吉安县图书馆建立了岗位设置实施方案，并建有各岗位工作责任制，实行按岗聘用，竞争上岗。每月进行工作进度通报，每半年和全年进行总体工作考核。建立了图书馆设备物资管理制度，建立健全人事、业务、工程项目档案的管理制度，并有专人负责管理。多年以来，我馆以培养、引进、考核、激励为主要途径，建立健全培养人才、引进人才、激励人才的干部管理机制，逐步形成了一支结构合理、素质优良的图书管理人才队伍。目前，全馆干部队伍中80%以上有大专以上文凭；具有高、中级职称的人员占全馆员的50%以上，专业技术人员占85%，人才队伍结构逐步趋向合理。

2011年，吉安县图书馆吸纳了志愿者参与图书馆工作，制定了志愿者管理条例，并对其实行科学管理。同进，我馆吸引了一批充满活力的文艺创作活动队伍。近年来，我馆充分利用馆藏资源丰富的优势，邀请县文学协会在我馆建立起文学创作基地、讲评场所。县摄影协会、书法协会与我们联姻，在我馆设立图片、书法展示中心，也成为我馆展示对外形象的窗口。

表彰、奖励情况

截止2013年，吉安县图书馆共获得各种表彰，奖励24次，其中省文化厅奖励4次，其他奖励20次。

馆领导介绍

肖晓林，馆长，男，1972年12月生，大专学历，中共党员。1995年8月参加工作。2003年至2012年在吉安县委宣传部从事新闻外宣工作。多次被市委、县委表彰为优秀共产党员。

邓春玉，副馆长，女，1963年2月生，大专学历，副研究馆员。1981年7月参加工作。2009年荣获中国图书馆学会“会员论坛之星”。

李雅琳，副馆长，女，1986年9月生，大专学历，中共党员。2006年参加工作，2013年评为文广系统“十佳青年”。

张丽萍，馆长助理，女，1975年6月生，大专学历。1991年参加工作。

未来展望

吉安县图书馆本着“服务第一，读者至上”的理念，坚持质量立馆，发展兴馆，特色强馆。在不断强化自身综合实力的同时，全面提升图书馆公共服务职能，进一步融入公共文化服务体系。2013年。吉安县图书馆新馆工程正式启动，在吉安县城北新区富川路与吉州路交叉口建立新图书馆，新馆为四层框架结构，建筑面积为6500余平方米，建设有服务大厅，演播大厅，阅览场所，文献储备区，古籍中心等场所，阅览坐席1000个。努力打造成为全市设施最完善，功能最齐全，最具人文特征的县级图书馆。

联系方式

地　址：吉安县文山路7号
邮　编：343100
联系人：肖晓林

录入古籍数据

开展新书推广活动

少儿阅览

峡江县图书馆

概述

峡江县图书馆成立于1987年，当时办公用房只有360平方米，为了改善阅读条件，以适应读者需求，1998年6月举行了新馆办公大楼开工奠基仪式，2004年10月份办公大楼竣工并投入使用。新办公大楼占地面积7947平方米，建筑面积3478.11平方米，大楼共有三层框架结构，2012年，峡江县图书馆设有读者阅览室6个，阅览座席306个，宽带接入10Mbps，选用ILASIII图书馆自动化管理系统。

业务建设

截至2012年底，峡江县图书馆总藏量12.84万册，其中地方文献2358册、古籍468册。2009–2012年入藏图书3140种，报刊年入藏245种，电子文献藏量566种，视听文献入藏量35种，2012年外借图书10.2万册次。

馆内普通图书编目、期刊、报纸文献编目、视听文献编目都依据《中图法》第四版分类编目，其文献标引文献著录和书标登录号，馆藏章均做到规范统一，整齐美观，按规定时间内完成编目。书刊资料通过整理加工后，必须进行组织和管理，才能有效地提供利用，并长久而完整地保管藏书。我馆图书、期刊100%开架借阅，便于读者查找，文献保护基本做到防火防盗，防虫，防腐，确保室内卫生，安全，对被损的图书及时修补装订。

截止2012年底，峡江县图书馆数字资源总量为6TB。图书馆有自动化管理系统，馆藏图书，实行了图书计算机编目计算机借阅，数据全部实行计算机管理，建立峡江县图书馆网页。电子阅览室为读者免费提供各类信息服务，地方文献数据库有、专人管理，征集入藏初见端倪，其地方特色突出。如“峡江文化”文献资源，内容包括：峡江民间文学、峡江曲艺志、玉笥山传说、峡江民间建筑和服饰，峡江书画艺术，打造文化品牌。

读者服务工作

图书馆坚持以服务创新为立馆之本，不断拓展服务项目，创新服务特色，做到优质高效。

报刊阅览室、电子阅览室、少儿阅览室、玉峡读书沙龙、培训中心、报告厅、综合活动室等对外服务场所全部实行免费开放，节假日坚持正常开放，每周开放时间63小时。本馆书刊文献开架100%以上，图书期刊文献年外借率70%以上，书刊文献年外借10.2万册。

近年来开展为中小学校送图书6080多册；长期免费为县老年大学举办电脑培训和网上阅览培训学习，参加培训142名，为盲人送盲文图书120多册、为敬老院孤寡老人和残疾人送图书1200多册。

通过“玉峡讲坛”平台2012年我馆举办文化共享工程基层点人员培训8次，计320人次；健康保健知识、烤烟栽培技术、乡镇文化站、农家书屋管理人员培训10次，共计600人次；井冈蜜柚、畜牧业养殖技术、农机管理讲座5次，计460人次，先后制作“预防青少年犯罪”、“我心中的军魂”、“廉政文化”、“科技兴烟”、“精品书籍推介”等展板展览6次，共接待观众7800多人次。

积极开展图书宣传服务活动。一是将送图书下乡服务深入街头、社区、农村，现场宣传阅读；二是现场办证，解答咨询；三是联合新华书店、峡江中学图书馆开展“读书提高品味，知识改变命运”等系列读书宣讲活动，在全县掀起读书热潮，峡江电视台进行了专题报导，反响热烈。特别是在“世界读书日”和“图书宣传周”期间，散发宣传单、悬挂横幅，张贴标语等方式加大宣传力度。

遵循读者至上，服务第一的宗旨，根据读者需求，有针对性订购书刊，免费开放，延长服务时间，受到读者好评。新购图书均进行宣传推介，图书期刊实行开架服务，馆内设施设备齐全，馆员热情周到服务，馆藏文献资源丰富，环境优化安静，文化氛围十分浓厚，通过读者调查满意度达98%。

业务研究、辅导、协作协调

积极参加江西省、吉安市图书馆组织的业务合作活动：2011年江西省图书馆学会首届“读好书”征文活动，中共党史知识竞赛及“双百人物”知识竞赛，该馆吴小升等三名人员均为“双百人物”知识竞赛获奖者。2011年吉安市图书馆举办纪念辛亥革命一百周年书法作品奖，该馆获优秀组织奖，选送的四幅作品分别获一、二、三等奖。2012年10月吉安市图书馆举办的“我喜爱的书房”摄影大赛，该馆获优秀组织奖，周敏、黄小荣拍摄的两幅作品分获一等奖和三等奖。

“走出去请进来”参与兄弟县市服务网络资源共享。2010年组织馆员到新余市渝水区图书馆观摩图书电子数字化建设。2012年到靖安县参观学习图书馆少儿阅览组织管理。2012年吉安市安福县图书馆、吉水县图书馆、泰和县图书馆、新干

电子阅览室

馆舍内部

县图书馆前后来该馆交流学习文化共享工程建设和图书管理经验。2012年永丰县图书馆应邀来我馆指导古籍文献的整理编目等工作。兄弟县市交流合作，协作协调，取长补短，共同促进图书馆事业繁荣发展。

基层业务辅导培训：每年对文化信息共享工程基层点，农家书屋等基层人员进行11次业务培训，参加培训人员500多人，有计划、有通知、有培训总结。通过学习培训极大地提高了基层人员的业务技术和管理水平，都能胜任工作搞好服务。该馆还不定期指派人员下基层了解情况，解决问题，辅导业务，帮助制订工作制度和管理细则。截止目前，峡江县11个基层服务中心84个基层服务点全部建立文化信息共享工程，文化共享工程覆盖率达100%，点上服务很有成效。

馆舍全貌

管理工作

完善财务管理制度，严格财务审批手续，对于国家、省、市、县拨给的各类经费专款专用办好事，认真接受上级财务检查和考评。

按照人事制度改革要求，实行全馆人员聘用合同制，竞争上岗对外公示，建立一整套岗位职责和奖惩制度。使全体工作人员的主观能动性和工作积极性得到充分发挥，从而使人员舒心、服务尽心、奖惩到位。

设备、物质财产登记造册，财产设备管理有制度有管理手续，物质管理完善无偷盗、无丢失，管理规范，监督有责，一直以来单位财产没有发生过丢失和偷盗现象。

2012年峡江县图书馆评为档案工作规范管理省级三级单位。种类统计报表齐全，数字准确。人事、业务、工程等档案健全规范，数据详实。环境整洁、美观，幽雅安静，馆内标牌醒目，有安全保卫措施和应急方案，从未发生安全事故。

表彰、奖励情况

①2011年江西省图书馆学会首届“双百人物”知识竞赛，吴小升等三人均为“双百人物”获奖者。

②2011年吉安市图书馆纪念辛亥革命100周年书法展，获优秀组织奖，边经仁、廖承武、劲舟、吴拥宪书法作品分别获一、二、三等奖和鼓励奖。

③2011年吉安市图书馆开展首届“读好书”征文活动，黎珊的“读《林海雪原》有感”获优秀奖。

④2012年吉安市图书馆举办的“我喜爱的书房”摄影大赛，获优秀组织奖，周敏、黄小荣“胸有诗书气自华”和“民族图书馆”两幅作品分别获一等奖和三等奖。曾鸣的《我读书、我快乐、我成长》一文在“我的读书故事”征文活动中，获优秀奖。

⑤2009年获“全县民主评议行风政风工作先进单位”。

⑥2010年获文广新局目标考核“先进单位”。

⑦2012年获文广新局目标考核“先进单位”。

⑧2012年获县委、县政府“烤烟蹲点先进单位”。

⑨2012年获县委、县政府“文明单位”。

馆领导介绍

周敏，男，1963年12月出生，大专学历，中共党员，馆长。1980年12月参加工作，峡江县文化广播电视局工作期间分别担任办公室主任、会计、记者等工作，2003年3月至今任峡江县图书馆馆长。

吴小升，男，1963年12月出生，高中学历，中共党员，1980年12月参加工作，1998年8月至今任峡江县图书馆副馆长。

杜炼，女，1968年10月出生，大专学历，中共党员，1987年3月参加工作，1990年9月到峡江县图书馆工作，2007年9月至今任峡江县图书馆副馆长。

未来展望

在信息社会的今天，峡江县图书馆将依托文化共享工程，以数字图书馆建设为目标，以自动化服务为手段，以满足读者需求为出发点，以开展服务活动为重点，以传播知识和传递信息为职能，以馆藏文献为依托，努力实现全方位开放式读者服务工作，使图书馆成为文化、科技、传播、社会教育、信息交流的中心，为丰富群众文化生活，提高全民文化素质，构建城市文化建设，做出新的、更大的贡献。

联系方式

地　址：江西省峡江县图书馆
邮　编：331409
联系人：梁 晖

读好书活动

读者正在阅读书籍

预防青少年犯罪图片展

遂川县图书馆

概述

遂川县图书馆成立于1978年6月，1985年元月兴建馆舍，占地面积1091.27平方米，建筑面积2044平方米，1986年9月14日整体搬迁至县城工农兵大道17号新馆舍，正式开放，2012年6月28日，馆舍维修改造工程全面启动总招资120万元，2013年5月1日维修改造后的馆舍重新为读者开放。馆内设有外借室、综合阅览室、少儿阅览室、电子阅览室、过刊资料室、地方文献特藏室、报告厅7个服务窗口。

馆内机构设置为“二部一室”，即典藏外借部：辖采编室、外借室、基层辅导组、特藏书库、流动书库；资料阅览部：辖综合阅览室、少儿阅览室、报刊资料室，地方文献特藏室、电子阅览室；办公室：行政、财务、工会、文书档案等。

2007年实现计算机管理自动化，2009年图书外借实行全开架借阅，2013年5月1日，实行一卡通借阅，读者凭借阅卡可在馆内服务窗口借书、阅览、上网、查找资料。现有持卡读者1962余人，年均接待读者10万人次，书刊流通11万册次。

2012年，遂川县图书馆有阅览坐席340个，计算机55台，宽带接入10Mbps，选用ILAS3图书馆自动化管理系统。

业务建设

截止到2012年底遂川县图书馆总藏量为127375册，其中，图书86899册，古籍86册，报刊19340册，电子文献20150册。

2010年、2011年购书经费为4万。2012年遂川县图书馆新增藏量购置费为9万元。2009–2012年图书入藏数量为10599种，其中2009年入藏数量2505种，2010年入藏数量为2350种，2011年入藏数量为2756种，2012年入藏数量为2988种。2009–2012年报刊入藏量为980种，其中2009年报刊入藏量为241种，2010年报刊入藏量为245种，2011年报刊入藏量为246种，2012年报刊入藏数为248种，历年平均值245种。

到2012年底遂川县图书馆的数字资源总量为3TB，其中存储服务器1TB，数字图书馆1TB，下发和自建等资源1TB。通过遂川图书馆网站，整合了共享工程、图书馆和网络资源，每周更新卫星资源，每月更新光盘资源和自建资源，并与遂川县电视台共建数字资源。

2009年，安装了卫星接收器和卫星服务器，将接收资源传输到电子阅览室存储服务器上，通过互联网、政务网下载资源，另外将上级下发的光盘资源拷贝到服务器上，供读者阅读。通过图书馆网站进行资源导航，能有效地提供资源给读者，并收集用户点击率。

读者服务工作

从2011年1月起，遂川县图书馆所有科室全部免费开放，每周开放时间为70小时，书刊文献100%开架供读者借阅。馆藏书刊文献年外借率为79.24%，书刊文献年外借册次10.12万册次。到2012年我馆已设立15个馆外流动服务点，图书在社区、学校、人武部、消防大队等服务点流通。年平均流通册次为8687册。遂川县图书馆利用各种方式在馆内外开展宣传活动，如到广场、乡村、校园等将购买的部分新书现场展示给读者，制作新书介绍的书目单供读者查阅。为县纪委、县国土局、工业园区、经贸委等单位和一些私营企业提供各类文献资源和撰写论文等信息服务。每年都开办一次残疾人农家书屋管理员培训班，为少年儿童举办读书活动，为老年大学捐赠图书，为退休老干部及残疾人等弱势群体查阅服务。

2009年–2012年利用文化三下乡、图书宣传周、节假日举办讲座和培训活动。平均年举办讲座培训达30场次。内容包括农村科技知识下乡及咨询、农家书屋管理员培训、农民实用技术培训、古籍保护知识讲座、信息资源共享工程基层服务点管理人员业务培训等。每年举办各种展览达6场以上，有文化信息资源共享工程影视展播、爱国主义图片展、新书展、法制宣传教育漫画展等等。并开展了各种阅读推广活动，如“文明美德伴我成长”主题教育读书活动，读书有奖活动，农业科技知识竞赛活动，演讲比赛等。每年举办的各类活动参加人数达3万余人次以上。据读者问卷调查统计，读者满意率达96%。

业务研究、辅导、协作协调

2009–2012年，遂川县图书馆职工发表论文和调查报告总计6篇，2009年以来，遂川县图书馆利用共享的设备和资源为社会提供各种服务工作，每年举办农家书屋培训2期，共享工程举办共19期培训、辅导。培训取得了良好的效果，开展馆际互借资源共享服务与部分县馆签订了互借共享协议，与遂中图书馆及乡镇、社区图书室开展馆际互借图书流通服务。

管理工作

2010年，遂川县图书馆建立了岗位设置实施方案，并建有

外借室

狗牯脑茶文化沙龙阅览室

馆舍全貌

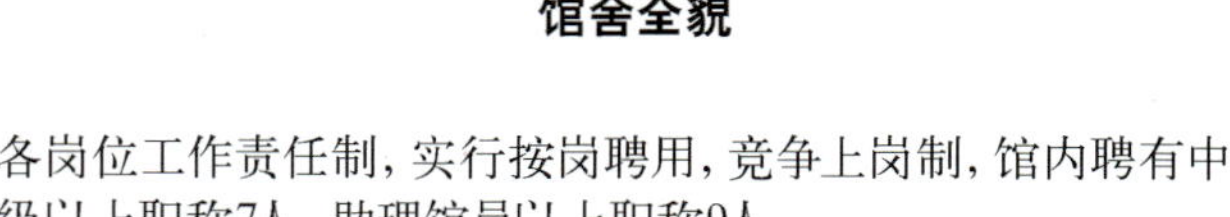

讲座活动

各岗位工作责任制，实行按岗聘用，竞争上岗制，馆内聘有中级以上职称7人，助理馆员以上职称9人。

普通图书馆编目，根据《中国文献编目规则》、《普通图书著录规则》、《中图法》第五版进行编目著录，制定了遂川县图书馆图书著录工作细则，图书验收、登录、加工细则规定馆内文献到馆1个月内必须完成编目。新到期刊、报纸保证在2个工作日内完成。记到、编目上架，视听文献到馆3个星期内完成记到。设立了机读目录，有专人管理、维护目录为读者提供查目、辅导、图书排架正确率为99%，有排架规则和专人管理。

文献保护有相应的规章制度，书库防火、防盗、防虫、防潮、防尘等措施，设备齐全，破损图书有专人修补。

馆藏文献机读目录101900，地方文献的地方志为主，地方文献数据共有3000册，并有专人负责收集、整理。

表彰、奖励情况

2009-2012年，遂川县图书馆共获得各种表彰、奖励9次，其中，市文广局、市图书馆表彰、奖励2次，县文广局表彰、奖励3次，其它表彰、奖励4次。

馆领导介绍

郭艳红，女，1973年9月生，本科学历，中共党员，中级职称，馆长。1993年8月到遂川县博物馆工作，先后担任解说、财务等工作，任群宣主任、副馆长等职。2011年1月任遂川县图书馆馆长。2010年被江西省文化厅评为“文物普查先进个人”，2013年被县委宣传部评为“发展文化事业先进个人”，2013年被县文广局评为“优秀共产党员”。

张华，男，1964年10月生，本科学历，中共党员，中级职称，副馆长。1981年10入伍，1984年10退伍。1985年元月分配到遂川县图书馆工作。先后在采编辅导部、典藏外借部、资料阅览部、馆办公室工作，任采编辅导部、馆办公室主任等职。

李慧，女，1979年3月出生，本科学历，2007年加入中国共产党，馆员，副馆长。1997年8月毕业分配到遂川县图书馆工作到今，先后在阅览部，采编外借部工作任主任职务，2013年被县委宣传部任命为遂川县图书馆副馆长，现分管图书业务工作。

郭遂英，女，1973年4月生，本科学历，中共党员，初级职称，副馆长。1995年10到遂川县于田镇政府广播站工作，兼镇政府出纳等工作。2003年调遂川县图书馆。2001年被于田镇政府评为“优秀共产党员”，2004年被县文广局评为“优秀共产党员”，2013年任图书馆副馆长。

未来展望

遂川县图书馆以“读者至上”为办馆方针，完善好单位的服务功能。结合我县的特色服务。在未来的几年里，将开通与全市各图书馆的馆际互借服务。为了让广大市民读者能有一个更为舒适、宽敞明亮的环境读书看报，满足人民群众不断增长的精神文化需求，遂川县图书馆已申请拟建一个新的图书馆，位于县城的中心位置，交通便利、地理位置优越，建筑占地3.5亩，建筑主楼为6层，总建筑面积为9000平方米。新馆建成后，使图书馆借阅服务能接纳更多读者，提高读者的到馆借阅率和图书的流通率，提升图书的使用价值。弥补了县城常住人口逐年增加及物质水平不断提高而公共文化设施建设相对落后的现状，对满足人们日益增长的精神文化需求具有积极的作用，让广大市民想到阅读，就想到图书馆。

联系方式

地　址：江西省吉安市遂川县工农兵大道17号
邮　编：343900
联系人：李　慧

农业科技知识下乡活动

少儿活动

元宵节猜灯谜活动

万安县图书馆

概述

万安县图书馆最初成立于民国初期，在县城孔圣门(今中共万安县委院内)左侧设图书馆。民国二十九年（1940年），政府在此基础上成立“县立图书馆，馆址设县立中学右侧（今县委院内左后侧），面积40平方米。1950年8月，县人民政府在“聚华书店”旧址开办“万安县人民教育馆”，内设图书馆。之后馆址几经变迁，1988年12月，图书馆迁至新建成的图书大楼（凤凰路与东门路相交）办公，大楼四层，建筑面积1280平方米，藏书3.25万册。2004年，参加第三次全国公共图书馆评估定级，获三级图书馆称号，2009年，参加第四次全国公共图书馆评估，晋升为国家二级图书馆。2011年被定为江西省首批免费开放试点县，于3月25日对外实行免费开放。2012年，县图书馆经维修改建后面貌一新，现有面积2019.09平方米，藏书12万余册，阅览坐席280个，计算机60台，宽带接入100Mbps，选用ILas图书馆自动化管理系统。馆内设有外借室、报刊阅览室、少儿阅览室、电子阅览室、少儿导读室、报告厅、综合活动室、残障人阅览室等阵地常年免费为广大读者服务，开展电话借书、预约借书、送书上门等服务，年接待读者11万余人次。县图书馆现有在职员工12人，女性8名，男性4名；其中大专以上毕业10人，高中毕业2人；专业技术岗位11人，其中副高职称1人，中级职称4人，初级职称4人；工勤岗位1人，为高级工。

业务建设

截止2012年底，万安县图书馆总藏量12万册，其中，纸质文献11.7万册，电子图书3.3万册。数字资源总量为7TB，其中，自建数字资源总量3TB。

2011年以前，万安县图书馆图书购置费为6万元，2012年增至10万元，图书购置费和图书正逐年增加。

2006年开始，图书馆业务全部实现自动化管理，2008年，将原有自动化管理系统改为ILas图书管理系统，以适应江西省公共图书馆服务联盟建设的需要。

读者服务工作

一直以来，万安县图书馆全年365天天天对外免费开放，周开放56小时，2009–2012年，书刊总流通38.8035万人次，书刊外借25.8596万册次。

2012年，万安县图书馆网站建成，访问量0.5621万次。截止2012年，万安县图书馆发布使用的数字资源有669种，总量7TB，可通过共享工程VPN专网进行检索、浏览和下载服务。

2009–2012年，万安县图书馆共举办讲座、展览、培训、阅读推广等读者活动240余场次，其中各类培训班、讲座80场，展览32场，阅读推广活动24场，配合我县的农村文化三项活动，举办农业科普知识竞赛、生活常识问答等活动120余场。参与人数2.8万人次。

业务研究、辅导、协作协调

2009–2012年，万安县图书馆职工发表论文7篇。

县图书馆积极参与上级图书馆组织的协作协调工作，协助省馆做好地方文献收集工作，同时与省馆共享图书采编数据；积极参与市馆组织的各项读书、业务培训等活动，并与市馆签定《馆际互借协议》，共享资源。

制定了县图书馆服务网络建设规划，确定工作思路及工作方法。县辖9个镇、7个乡、1个垦殖场、4个居委会、138个共享工程基层服务点、132个农家书屋均为县图书馆服务网点。因经费、人员等因素，通借通还的覆盖率未能达到百分之百。每年县图书馆对各基层服务网点进行业务辅导及管理员培训，帮助其健立建全各项管理制度，规范图书借阅操作。2012年下基层辅导十余次，举办各类业务培训班七场，辅导培训人次三百余人次，效果良好。

免费开放后图书馆读者激增，为更好的为读者服务，县图书馆未雨绸缪，先后制定了《图书馆人员安全应急预案》《图书馆数据及网络安全应急预案》等，并吸纳志愿者参与图书馆的工作。志愿者通过报名、审核、签名、培训、上岗等程序，参与到图书馆的管理工作中来，现图书馆已招募自愿者20余名。

管理工作

县图书馆每年的工作前有计划后有总结。每年都在完善各项制度，用制度管理人。财务管理也根据据上级要求规范报帐程序。设备、物资也统一规范管理，责任到人。馆务会对全馆的岗位设置、要求、竞聘都列出具体实施方案，严格按上级劳动部门要求开展按需设岗、按岗聘用、竞争上岗等工作。每年年初制定目标管理工作方案，年终按目标管理要求对干部职工进行考核，奖励先进。人事管理、财务、业务工作都有统计分析，用以不断改进和提高图书馆的工作。

报刊阅览室

少儿借阅室

基层业务辅导

十八滩讲坛之走进古诗词讲座

表彰、奖励情况

2009–2012年先后获县文化系统目标管理先进单位；分别获县宣传部、妇联、市妇联文明岗、巾帼文明岗、“十行百佳”巾帼文明岗；2011–2012连续两年被省文化厅评为“读好书先进单位”；还先后获市“读好书”征文、“家乡巨变”征文组织奖；2010年获“文化信息资源共享工程培训工作先进单位”；2012年获江西省图书馆学会年会“优秀组织奖”。

馆领导介绍

刘爱红，女，1966年5月生，成人本科学历，馆员，馆长。1984年7月参加工作，2003年2月任万安县图书馆馆长（副科级）。兼任万安县法院陪审员、万安县人大常委。2009年获“江西省文化系统先进工作者”，2011–2012年江西省图书馆学会优秀会员，2008年获全县“爱岗敬业争先创优”优秀党外干部。2009、2011、2012连续三年获万安县人民法院嘉奖。

陈智洪，女，1977年10月生，成人本科学历，馆员，副馆长。1993年9月参加工作，2001年8月到万安县图书馆工作，2004年3月任副馆长。

刘香莲，女，1968年9月生，成人本科学历，副研究馆员，副馆长。1986年7月参加工作，2003年9月到万安县图书馆工作，2010年3月任副馆长。

未来展望

因万安县图书馆大楼建于1986年，建筑时间已达27年，又因整幢大楼设计不规范，两翼功能房成不规则形状，所以给利用带来了很大不便。最主要的是整幢大楼楼面都是由空心预制板构成，承重能力很差，安全隐患时时存在。所以，在未来的几年里，万安县图书馆将努力争取资金，在保留现有馆舍的基础上，在河西开发区另建一座占地3亩，框架4层，总建筑面积约3000平方米的新数字图书馆。全面建成后的万安县图书馆，将由新馆区和旧馆区组成，总建筑面积5019.09平方米，阅览座位1000个，可容纳纸质文献40万册，年服务人次可达35万人次以上，数字资源设计存储能力30TB，能够提供全覆盖、不间断、无时空限制的数字文献远程和移动服务。同时，图书馆各项主要指标保持位居全国县级公共图书馆前列，达到国内县级一流图书馆的基本标准。

联系方式

地　址：万安县凤凰路1号
邮　编：343800
联系人：胡洁秋

图书馆大楼正面

服务宣传周活动

老年人免费电脑培训

乐器演奏会

安福县图书馆

概述

安福县图书馆的前身是“江西省图书馆安福阅报所”，建于1940年。1976年11月图书室与县文化馆分开，单独建馆，成立安福图书馆，1990年10月拆除旧馆，在原址（文塔路113号）开始兴建一座四层钢筋混泥土结构的新馆舍，新馆呈四合院布局，1993年2月建成开放，占地面积650平方米，建筑面积2500平方米，现有在编职工12人，其中管理人员5人，专业技术人员5人，工勤人员2人；本科学历2人，大专学历5人；中级职称5人。馆内设有综合办公室、采编室、古籍室、资料室等4个工作部门，设有外借室、少儿阅读乐园、电子阅览室、报刊阅览室等4个服务窗口。2009年图书馆重新装修改造，使得图书馆的读书环境大为改观，馆舍面貌焕然一新，能够更好地满足文献资料信息的采集、加工、利用和安全防护功能要求。截止2012年底，有阅览座席400个，其中少儿阅览座席100个，计算机62台，宽带接入10M，使用ILASIII图书馆自动化系统。

业务建设

截止2012年底，安福县图书馆现有馆藏15.8万册，其中古籍图书2269册，电子图书500册，视听文献30种，地方文献300册。

2009–2012年，安福县图书馆每年购置图书经费10万元，其中年均购置报纸50种、杂志260种、图书2000种。接收赠送图书10000册、杂志数百种。

截止2012年底，安福县图书馆数字资源总量为7TB。

2009年，安福县图书馆实现ILASIII图书馆自动化系统管理，2013年，实现馆内无线网络覆盖。

读者服务工作

2009年起，安福县图书馆双休日、节假日照常开放，周开馆时间累计60小时，实行与公众上、下班时间错时开放，开展免费外借、阅览、咨询、检索、培训、讲座、多媒体播放等服务活动，2009–2012年均借阅人次12.68万人次，图书流通14.4万册次。2012年元月起，与本县六个乡（镇）综合文化站开展馆际互借服务，开展通借通还试点工作，同年，开通安福县图书馆网站。

2009–2012年安福县图书馆，充分利用阵地设施，拓展职能，开展了读者征文竞赛、读书知识竞赛、读书演讲竞赛、图片展览、信息服务等一系列颇具特色的读书延伸活动。引导读者多读书、读好书，实现图书馆与读者互动，充分展示图书馆的魅力和社会功能。近年以来，最具影响力的活动有以下品牌活动。

宣传周活动：每年举办图书馆宣传周活动，主要内容有图片展览、读者座谈会、送书到基层等活动，扩大图书馆的社会影响。

送书下乡活动：每年开展送书下乡活动，满足基层人民群众的需求，先后组织1.2万册图书送到乡镇综合文化站、农家书屋、留守儿童借阅点、学校、军营，供群众借阅，让基层群众也能品尝到丰富的文化大餐。

关爱“留守儿童”活动：2012年“六一“儿童节，图书馆开展为农村贫困“留守儿童”送书活动，让贫困“留守儿童”在“六一”儿童节得到一份特殊的礼物，礼物有汉语字典、成语字典等学习工具书。

“国学经典诵读进校园”活动：2011–2013年安福县图书馆精心编印《国学经典精读》18000册发放到县城学校和乡（镇）有关学校，还组建“国学经典诵读”辅导队伍，进入学校进行辅导，每个学校都将“国学经典诵读”进校园活动纳入到学生思想道德教育计划之中，并将“诵读展演”纳入全县每两年一届的中小学生艺术节，作为学生艺术节参演指定节目，统一进行表彰，从而激发和促进青少年思想道德建设健康发展。这项活动的开展，得到社会各界的广泛赞誉。

业务研究、辅导、协作协调

安福县图书馆自2009–2012年以来，先后对19个基层文化站图书室进行了业务辅导，组织1.2万余册种图书资料分送至全县乡综合文化站图书室和部分村级文化室、新农村建设点；在全县先后建立29个固定图书借阅点，形成了一个以县级图书馆为中心，各乡镇文化站为枢纽，基层借阅点为流通平台的三级图书网点，最大限度的延伸服务，为农民朋友提供科技致富书籍。2010年图书馆主动与当地武警中队联系，结成对子，建立免费借阅制度，定期送书上门，极大的丰富武警官兵的文化生活。2010–2011年图书馆还开展两期文化信息资源共享工程基层服务点管理员培训班学习，开展两期农家书屋管理员培训班学习，图书馆还每年不定期组织对乡镇、学校图书室的业

安福图书馆

少儿阅读乐园

书法展

外借室

基层管理员培训

流动服务点

全县国学经典诵读大赛

务工作人员，进行业务培训，2013年至今，累计举办18期各类业务培训班，深入基层图书馆（室）进行业务辅导达175人次。近年以来，加强了业务研究。截止2013年图书馆职工在省级刊物发表论文5篇。

管理工作

2010年，安福县图书馆建立岗位设置实施方案，并建有各岗位工作责任制，实行按岗聘用、竞争上岗。对全馆岗位设置、目标管理、职工考核等制定了具体实施细则。通过竞争上岗，实现人员优化组合。同时，建立了工作量化考核指标体系，每季度进行一次工作考评，年终进行全年工作考核。

表彰、奖励情况

2009–2012年，安福县图书馆共获得各种表彰、奖励15次，其中，2013年安福县图书馆被文化部评为国家“一级图书馆”，2013年，安福县图书馆被评为“江西省文化信息资源共享工程先进单位”，2014年被吉安市委、市人民政府授予“市级文明单位”称号。

馆领导介绍

朱林志，男，1964年5月出生，大专学历，中共党员，馆长。

彭姚，男，1966年4月出生，大学学历，中共党员，图书馆员，党支部书记兼副馆长。

彭军，男，1966年8月出生，大专学历，中共党员，副馆长。

未来展望

在信息社会的今天，安福县图书馆将依托文化信息共享工程，以数字图书馆建设为目标，以自动化服务为手段，以满足读者需求为出发点，以开展服务活动为重点，以传播知识和传递信息为职能，以馆藏文献为依托，努力实现全方位开放式读者服务工作，使图书馆成为文化、科技、传播、社会教育、信息交流的中心，为丰富群众文化生活，提高全民文化素质，促进城市文化建设，做出新的、更大的贡献。

联系方式

地 址：江西省安福县平都镇文塔路113号
邮 编：343200
馆 长：朱林志

盲人盲文有声读物阅览室

少儿英语讲座

送书进军营

奉新县图书馆

概述

奉新县图书馆始建于1981年7月，现地址在狮山西大道520号。图书馆建筑面积2252.1平方米，其中书库530平方米，阅览室及办公用房1480平方米。馆内设置借书室、综合阅览室、电子阅览室、少儿阅览室、古籍室、采编室、书库、报告厅、会议厅等。共有阅览坐席248个，微机53台，其中供读者使用的42台，供工作人员和培训使用的11台。同时，图书馆实现10兆互联网接口、局域网主干及分支100兆速率接入。图书馆现有文献总藏量12万余册，采用ILASS数字化图书管理系统。

业务建设

截止2012年底，奉新县图书馆总藏量115876册，其中图书55947册，古籍180册（含善本2册），报刊12413件，视听文献58套，电子图书6种，藏书量中开放书刊40000册，少儿文献26000册。现有文献总藏量11万余册。2012年财政拨款总额为114万元。现有干部、职工12名，发展志愿者157名。现有社科普及电教设备主要为：电教计算机45台、投影仪2台、显示屏1台、音响等扩音器材4套。现有社科普及载体为：书刊、报刊、杂志、宣传册、宣传单、光盘、硬盘、U盘、投影仪、电视机、报告厅、放映室等。每年用于社科普及活动的经费至少30万元。2012年年底，实现馆内802.11N无线网络覆盖。

读者服务工作

2011年6月1日，奉新县图书馆将成人阅览室、少年儿童阅览室、电子阅览室、多功能报告厅、培训室等公共空间设施场地全部免费开放。每周开放时间达63小时，2011年读者达15万多人次，举办活动18次、讲座7次，年流通册次20万余册次。2012年接待读者16.8万人次，组织社科普及讲座、培训18次，展览5次，阅读推广活动16次。形成了“送科技下乡”“让我们在阅读中成长”“社科普及宣传周”“寒暑期电影展播”“阅读经典，成就人生”和“让阅读成为习惯，让思考伴随人生”六个大类的主题活动。2009–2012年，图书馆与县消防大队及武警中队分别建立了“警民共建阅读室”“警地流动图书室”，协助粮食局、奉新公路分局、冶城职校、奉新一中等多个部门建立了各自的图书室，在编目和分类等专业项目方面给与其指导。

奉新县图书馆在做好阵地服务工作的基础上，专门设立农村书库，为全县18个乡镇文化站图书室、146个村文化室办理集体借书证。结合每年的“图书馆宣传服务周”活动，向各乡小学等处赠送图书。

业务研究、辅导、协作协调

馆内员工2009年–2012年间编写论文3篇。

2009年县图书馆在抓好自身业务建设论文被省图学会评为优秀论文二等奖。

2010年题为《少年儿童图书馆的发展方向——在县（市）一级建立少儿图书馆的必要性初探》论文被华东地区少年儿童图书馆协作委员会评为优秀论文奖。

2011年编写完成《县级市图书馆生存现状与发展前景》一文。

管理工作

2009–2012年，奉新县图书馆逐步在财务、人事档案、人才队伍、环境与安全等方面建立起了一套完整的管理体系。建立了工作量化考核指标体系，每月进行工作进度通报，每半年和全年进行总体工作考核。通过宣传和引导，积极筹建了一支一百五十余人的志愿者队伍，人员涵盖农、林、渔、医药卫生等多个专业领域。

表彰、奖励情况

2009–2012年，奉新县图书馆共获得各种表彰13次，其中省文化厅授予“全省文化信息资源共享工程先进单位”1次，省社联授予“江西省社会科学普及宣传基地”1次，宜春市委市政府授予“第六届文明规范服务示范窗口”1次，市文化局授予“文化资源共享工程先进单位”2次，其他表彰、奖励8次。

馆领导介绍

甘云，男，1969年6月生，大专学历，中共党员，县文化局党组成员，馆长，支部书记。1991年6月参加工作，历任会埠乡政府社办人员、党政办副主任、人武部副部长、宣传干事、组织干事，借调县委组织部，县委宣传部，县人武部工作。2004年7月至今任县文化局党组成员，县图书馆馆长、党支部书记等职。先后40多次评为省、市、县“优秀党务工作者”，“优秀共产党员”、“优秀宣传思想政治工作者”“优秀通讯员”荣誉称号。

肖元，女，1974年11月生，大专学历，中共党员，助理馆员，副馆长、支部副书记。1994年1月参加工作，1999年3月到奉新

阅览室

会议厅

乡镇综合文化站站长培训班

第三届社科普及宣传周活动现场

开展科普咨询下乡活动

图书馆工作，2005年4月任副馆长，党支部副书记。分管党务、财务工作、精神文明建设、社科普及宣传工作等。个人先后10多次评为县“优秀共产党员”、“三八红旗手”、“巾帼建功标兵”“文化先进工作者”“优秀财务工作者”等荣誉称号。

邹润秀，女，1972年8月生，大专学历，中共党员，助理馆员，副馆长。1994年1月参加工作，2008年5月到奉新县图书馆工作，2012年1月任副馆长。分管业务工作、安全、消防、保卫综合治理等工作。

未来展望

奉新图书馆始终遵循“读者至上、服务第一”的理念，坚持零门槛开放，紧紧咬住“评估年”，抓住“江西省科普示范基地”这个载体开展各项工作。2009–2012年，在不断强化自身综合实力的同时，通过参加公共图书馆服务联盟建设，促进了全县公共图书馆事业的整体发展。2014–2015年，努力建设一个以“走出象牙塔，融入开阔的田野”为主题的社科知识主题图书馆。规划建成社科知识主题借阅区域，并配备20个左右的坐席、形成5000册左右的主题文献藏书、配备有四台专用计算机提供数字资源搜寻服务。同时，完成年均开展送书下乡活动8次，主题展览活动4次，相关科技类影片放映10次、电脑技术培训班4次的计划任务。建立信息收集室，安排专人负责，整理汇总社科知识信息。联系宣传部、农林水牧部门、医药卫生部门，联合开展社科知识系列大讲堂。收集、整理、存贮、传播文献信息资源，通过文献信息资源开发和开展社会教育、科技服务等工作，为奉新县的政治、经济、生产生活服务，为推动奉新县文明建设服务。

联系方式

地　址：江西省宜春市奉新县狮山西大道520号
邮　编：330700
联系人：甘　云

万载县图书馆

概述

万载县图书馆座落于万载县城沿河东路228号（双虹桥头），始建于1936年8月（前身为万载县立图书馆），成立于1958年10月。1984年7月单独建制。1992年5月由万载县旅台同乡会捐资新建临街馆舍大楼，1993年4月举行新馆落成暨开馆典礼。2009年3月由省文化厅、省财政厅扶助对馆舍进行整体维修改造。

馆藏书总量15万册，数字资源总量3TB，其中古籍6800多册，并藏有古字画80余幅。系江西省第一批古籍重点保护单位，且有《隆平集》、《地脉五卷》、《楚辭集注》、《唐陸宣公集》等4部古籍入选江西省第一批珍贵古籍名录。

截止2010年，全馆有工作人员14人，馆舍面积3160平方米。内设机构：行政办公室、采编辅导部、读者借阅部、参考咨询部和共享工程办公室。馆内设有：图书外借室、报刊阅览室、过刊借阅室、少儿借阅室、盲人阅览室、电子阅览室、古籍阅览室、地方文献阅览室和信息咨询室等服务窗口。年购书经费15万元，年接待读者12万人次。年图书外借册次10万册。

万载县图书馆是一座开放性、综合性、多功能现代化图书馆。馆舍外表美观大方，内部布局合理，设施一流。馆内还设有报告厅，为举办各种讲座和报告会提供平台。书刊借阅实行开架方式，有各种读者座位400多个，有电脑60台。信息节点160个，宽带接入50Mbps。通过Ilas软件管理系统，实现了传统书刊借阅与先进计算机网络系统相结合，读者通过网络可访问全国图书馆数字文献资源。

业务建设

截止2012年底，万载县图书馆总藏量15万册（件），其中，中文图书124700册，盲文图书300册，古籍6800多册，电子图书3000种，报刊18000册。

2009－2011年，万载县图书馆新增藏量购置费7万元，2012年起增至15万元。2009－2012年，共入藏图书8675册，年入藏报刊260种，新增视听文献100种。地方文献征集每年均在开展。

截止2012年底，万载县图书馆数字资源总量为3TB，其中，自建数字资源总量1TB。2009年－2012年，完成了万载县国家级及省级非物质文化遗产数据库建设。在建的数据库有谢灵运主题图书馆。

2011年，实现了图书自动化借阅。2013年年初，实现馆内802.11g无线网络覆盖。

读者服务工作

从2011年1月起，万载县图书馆全年365天实现了无障碍，零门槛进入，实行“一卡通”全免费开放。本馆报刊阅览室、少儿阅览室、电子阅览室、报告厅、盲人阅览室、信息咨询室等公共设施场所免费开放。文献资源借阅、检索与咨询、公益性讲座和展览、基层辅导、流动服务等基本文化服务项目健全并免费提供。为了进一步做好读者服务工作，方便青少年和农民读者，万载县图书馆电子阅览室每周开放时间60小时。图书外借室、少儿阅览室实行开架借阅。开架书刊比例达到70%；馆藏文献外借率达到60%，书刊文献年外借已达9万册；为扩展读者，利用图书流动服务车在馆外设定图书流动服务点，书刊借阅册数5千册次/年；随着办馆条件的改善，走进图书馆的读者逐年增加，全年接待读者12万人次，人均到馆次数达到24次/人，为提高书刊利用率，增加对馆藏知识信息的了解，在一楼大厅设立了导读栏进行新书推介，印发新书目录宣传单，年推介、宣传的图书在400种以上；在政务网上可查询图书馆向读者免费开放的信息。在参考咨询方面，我馆积极为本县领导、科研人员、经济建设、社会大众提供信息服务，进行二次文献开发，编印《信息荟萃》和《专题文摘》，无偿发送给乡镇、街道、农家书屋和建立联系的农村种养户，为农村发展，农民致富作出了积极的贡献。

努力为特殊群体开展服务，一是设立盲人阅览室，配备了盲人图书和有声读物，设立了残疾人厕所；二是为老年读者配备老花眼镜；三是为进城务工人员提供网络资源服务，中午开放电子阅览室；四是和小桔灯文化艺术学校建立长期协作关系，经常举办有利于青少年成长的读书活动。

2009－2012年，书刊总流通496516万人次，书刊外借32万册次。

2009－2012年，万载县图书馆网站访问量4000次。截止2012年，江西省万载县图书馆发布使用的数字资源总量为6种，计3TB，这些资源均可通过万载县图书馆网站提供检索、浏览和下载服务。

2009－2012年，万载县图书馆共举办讲座、展览、培训、阅读推广等读者活动110场次，参与人数90760万人次。我馆积极筹划公共图书馆免费开放，积极培育“我与图书馆同成长”特色品牌。

业务研究、辅导、协作协调

2009－2012年，万载县图书馆职工出版图书1部，发表论

图书流动服务点

小记者走进图书馆

中小学生故事会

中小学生暑期读书活动

文3篇，获准立项的省级课题1项。

积极参与上级图书馆组织的各类合作交流活动，分别与宜春市图书馆、上高县图书馆、宜丰县图书馆、铜鼓县图书馆、樟树市图书馆、丰城市图书馆、静安县图书馆建立了馆际互借关系，与县武警中队和县看守所建立了长期集体外借关系。

我县有17个乡镇，181个行政村，按照上级要求，经过多年努力，17个乡镇均已经建立了文化站，文化站均有图书室。全县所有行政村均建立了农家书屋。目前，有8个乡镇与我馆建立了人才培养及馆际互借协议和总分馆体系建设合作协议。参与建设合作的比例达到50%。覆盖全县城乡的图书馆网络已基本形成。

在基层业务辅导工作方面，我馆坚持服务基层、服务农村、服务农民的工作方法。定期不定期派出业务人员下到乡镇及村级基层点指导业务。从2010年起，万载县图书馆在全县范围内组织讲座展览资源服务、业务培训与技术支持等工作。截止2012年底，共举办培训班8期，260课时，760人次接受培训。

管理工作

在管理方面，我馆坚持做到了年初有计划，年终有总结；财务管理做到了民主理财，公开透明；以及管理实行了定岗定员，有一整套以《岗位责任制度》为主的工作管理制度；对人、财、物、安全、环境等各项工作都有章可循。档案管理做到了立卷准确，装订整齐，卷有目录。统计工作资料齐全，环境管理规范，各种设施维护良好。馆内各种标牌统一、规范。整个环境整洁、美观、安静，消防设施符合消防部门要求；安全保卫工作有专人负责、实行24小时安全值班。同时，建立了工作量化考核指标体系，每月进行工作进度通报，每半年和全年进行总体工作考核。

表彰、奖励情况

2009−2012年，万载县图书馆先后10多次被省、市主管部门和县委、县政府评为先进单位、全省古籍保护工作先进单位、宜春市公共文化服务先进单位，宜春市敬老文明号。2000年起连续六届被中共宜春市委、市政府授予“文明单位”称号。2009年顺利通过第四次全国公共图书馆评估定级考核，被国家文化部命名为“一级图书馆”；荣获万载县直属机关工委先进党支部。2010年万载县“创文明城”先进单位；创“三城”工作先进单位；“创园林城”优质服务奖；2009−2012年荣获万载县文化工作目标管理先进单位。

馆领导介绍

高思梅，女，1964年8月生，本科学历，中共党员，馆长。1983年12月参加工作，1983年12月至2005年7月在万载县文化馆工作，先后任办公室主任、副馆长、副书记、书记，2005年8月调入万载县图书馆工作至今，任馆长、书记。

龙江云，男，1959年11月生，中专学历。1978.12参加工作，1989年6月调入万载县图书馆工作，1999年9月至今任万载县图书馆副馆长，其中：2003年3月至2005年8月主持万载县图书馆全面工作。

未来展望

万载县图书馆遵循“以人为本”的办馆方针，践行“服务社会”战略，即完善服务功能，扩大服务辐射区域，带动地区事业发展。在未来的几年里，江西省万载县图书馆将进一步构建具有赣鄱特色的文献信息资源体系，充分挖掘地域文献特色，我馆拟开展谢灵运文化主题图书馆建设工作。通过设立谢灵运文化主题图书馆，充分挖掘厚重的万载特色文化，向世人展示万载深厚的文化底蕴。该主题图书馆体现以读者为中心的表现形式，以满足读者需求为建设的最终目的，真正体现以人为本的服务理念，立足本地特有的人文资源和优秀文化，挖掘区域文化内涵，展现主题图书馆的特有理念，充分发挥公共文化服务大众的功能，满足大众的个性化和多样化文化需求。

联系方式

地　址：万载县沿河东路228号
邮　编：336100
联系人：李成初

万载县图书馆全貌

上高县图书馆

概述

上高县图书馆创建于1932年，设于县城，时称“县立通俗图书馆”，1941年夏停办。1978年9月正式以“上高县图书馆”命名，并单独建制。馆址设上高县和平路29号，馆舍建筑面积2500平方米，分上下两层，有读者座位300多个，各类活动室10个，工作人员12名，到2013年每年财政预算事业经费达200万元。2009年，通过二馆维修改造以后，上高县图书馆服务全面实现自动化管理，现有计算机62台，大型投影仪2台，宽带接入10M。2009年参加第四次全国公共图书馆评估，首次获得一级图书馆，2013年，上高县图书馆参加了第五次全国公共图书馆评估，再次获得一级图书馆。

业务建设

截止到2013年底，上高县图书馆总藏书量13.85万册，其中古籍书1.0428万册，包括：1、清抄本《资治通鉴大事录》一百四十四卷，现存七十五卷；2、明万历39年刻本《杜氏通典》二百卷，现存48册；3、明万历23年刻本《整庵先生存稿》二十卷，现存2册；4、清道光8年刻本《敖阳三事始末》1册；5、明嘉靖9年刻本《枫山章文集》九卷，现存4册；6、明嘉靖刻本《杨东显文集》二十五卷，现存3册；7、清抄本《选录山川古迹风土诗》十卷，现存一册；8、清末稿本《西域补志》1册；9、明嘉靖刻本《西山先生真文忠公读文章正宗》三十四卷，现存1册；10、清抄本《李祖陶家谱》1册；11、明宣德6年刻本《保命集》五卷，现存2册；12、何绍基款诗词条幅一幅；13、董其昌款诗词条幅两条零一块；14、郑秉恬诗词条幅一对；15、刘凤诰诗词条幅一对；16、黄茂材考卷一本。电子图书2607（件）套。另外，还有20多万册图书的数字资源。

2013年，上高县图书馆共订阅期刊105种，报刊45种，地方文献入藏5种10册，此外，每年新增新书藏量在2500册以上。

2013年，上高县图书馆借助馆内自动化系统，自主建立上高县图书馆网站，定期发布信息、活动情况、新书介绍。

2013年底，上高县图书馆基层乡级图书网点16个，村级图书网点198个。

读者服务工作

上高县图书馆建馆以来，特别是实现免费开放起，全年实行每周免费开放6天，每天开放8小时以上，遇上节假日实行全周开放，全年图书外借达到9.56万册次，图书流通率达70%以上，年接待读者20余万人次。到2013年底全馆共有借阅证5600多个，其中少儿证就有2800多个，并且每年还以上千个新证的速度在增加。此外，全县乡、村两级基层网点有214个，对这些网点开通了馆际互借服务活动，同时，也展开了同宜丰、万载、高安等兄弟馆的互借活动，每年互借图书都在万册。

2011年，县图书馆举办各种展览、培训、讲座9场，参与人数3.95万余人；利用图书馆网络平台每月不定期举办了一些爱国主义教育影片展播活动；和县委宣传部合作，利用手机报这一传媒平台，每周开展一期以上的最新热点书籍推荐、介绍服务活动，2013年全年共推出热点新书200多册。

业务辅导、研究、协作、协调

2013年，上高县图书馆有论文2篇在省以上刊物发表，有活动消息6篇在市级以上传媒登载播出。

2009年以来，上高县图书馆以文化信息共享工程为依托，每年组织专门的业务骨干深入乡、村两级共享工程网点进行辅导、培训，并同他们一起组织开展活动，辅导、培训率达到100%。

此外，我们还同兄弟馆，如宜丰馆、万载馆、高安馆等开展了馆际协作，每年开展馆际互借图书近千册。还同县农业局、科委、团委、卫生局、教育局等开展送科技下乡活动。

管理工作

上高县图书馆每年根据该年度的工作情况，制订相应的岗位责任制，建立了工作量化管理指标，定期通报，并实行一定的奖惩制度，对岗位制度执行情况，采取不定期不定时的上岗检查、监督，及时发现问题立刻整改。

此外，对上下班采取签到制度，指定专人负责管理，定期进行通报，对不遵守制度的人员进行适量处罚，经过一系列的管理措施，使整个馆风馆纪得到明显改善，工作积极性也提高了，服务态度也增强了，团结气氛也更浓了。

表彰、奖励情况

2013年，上高县图书馆获得全省“古籍保护先进单位”，

图书流动服务点

小记者走进图书馆

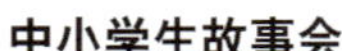
中小学生故事会

中小学生时期读书活动

全省“全民阅读先进单位”和全市“公共文化服务先进单位”称号。

馆领导介绍

罗平英，女，1971年12月生，中共党员，1994年参加工作，2008年任上高县图书馆馆长。

黄利群，男，1963年12月生，中共党员，1984年参加工作，2002年任上高县图书馆副馆长，助理馆员职称。

肖晔，男，1970年8月生，中共党员，1989年参加工作，2014年2月任上高县图书馆副馆长，馆员职称。

未来展望

进入二十一世纪以来，我们图书馆事业面对信息产业和文化产业迅猛发展的形势，迎来了新的发展机遇和挑战，图书馆功能的多样化，文献趋于数字化，服务趋于自动化等，都是我们必须面对的新课题，我们必须在新的历史条件下坚持遵循以“服务第一，读者至上，科学、创新、力求发展”的宗旨，完善服务功能，创新服务体系，才能打造出具有上高民族文化特色的服务项目品牌。

联系方式

地　址：上高县和平路29号
邮　编：336400
联系人：罗平英

宜丰县图书馆

概述

宜丰图书馆创建于1978年。现行使用的宜丰图书馆建成于1989年，位于县城文苑路8号，总建筑面积1588万平方米。2011年元月至9月，宜丰县图书馆在省财政厅、省文化厅专项资金的扶持下，全面完成馆舍的维修改造和扩建。并于2012年元月正式全面对外免费开放。

改造后图书馆由原来的1588平方米增加到2288平方米，设有少儿阅览室、电子阅览室、外借室及成人阅览室、盲人阅览室五个免费开放窗口和一个多媒体报告厅，藏书涵盖马列主义、哲学、社会科学、自然科学、综合性图书等五个部类22个基本大类共10.8万册宝贵藏书，电子阅览室拥有电脑机位40个。现有在职人员12人，改造后的图书馆硬件设施明显改善，软件服务显著提升，图书馆的读者接待量也逐年增长，2012年总流通人数达到13万人次，年外借11.7万册。

业务建设

截止2012年底，宜丰县图书馆总藏量108956册（件），其中，纸质文献册100016（件），古籍5717册，视听文献100件，电子图书500册，期刊2623种/册。

2009至2012年，年购书费均为5.2万元。2009–2012年，新增藏量总计10072种（含接受捐赠的图书），截止2012年，共征集地方文献1107册，入藏完整率为95%。

截止2012年底，宜丰县图书馆数字资源总量为3.1TB，其中，自建数字资源总量2258GB(下载)，省馆备置916GB。

2001年，开始使用ILAS图书馆自动化管理系统，建立了我馆文献书目数据库。馆藏普通图书（44701条），馆藏报刊合订本、视听文献和电子文献均按CNMARC建有机读目录；馆藏古籍670部，5717册，并正式登录进入全国古籍平台，从平台可检索到数据（2012年度所做数据已上交省古籍保护中心）。

读者服务工作

从2012年1月起，宜丰县图书馆对外免费开放，周开放56小时，2009–2012年，书刊总流通399768人次，书刊外借431088册次。2009–2012年，馆外书刊流通总人次18884人次，书刊外借21768册次。

截止2012年，宜丰县图书馆发布使用的数字资源总量为3.1TB，均可通过宜丰县图书馆向共享工程基层服务站、点提供浏览和下载服务。

2009–2012年，宜丰县图书馆共举办讲座、展览、培训、阅读推广等读者活动71场次，参与人数45760人次。

业务研究、辅导、协作协调

2009–2012年，宜丰县图书馆职工发表论文8篇，其他课题2项。

2009年，喻小毛同志论文《公共图书馆均等服务与读者权利保障探究》获中国图书馆学会三等奖；2010年，喻小毛同志论文《浅谈农家书屋的可持续发展》获中国图书馆学会三等奖；2010年，喻小毛同志论文《公共图书馆保障读者权利享受阅读快乐初探》获江西省图书馆学会学术年会二等奖。

宜丰县图书馆作为全国文化信息资源共享工程支中心，近年来逐步加强了对基层服务站、点的业务指导和扶持，增强了服务辐射能力，扩大了服务覆盖面，拓展了社会教育功能。“全国文化信息资源共享工程”宜丰乡、村基层服务站（点）自2010年实施以来，目前已全面完成各行政村硬件设施（信息共享专用电脑配置、专用宽带接入）的配置。2012年始，宜丰县图书馆本着扶优扶强的原则，对硬件建设到位、活动开展扎实、群众反映良好的130个基层服务点相继配送了多功能（打印、复印、传真、扫描）一体机1台，从而为各村更好地开展群众文化服务创造了条件。

为让更多的群众了解“文化信息共享工程”所提供的服务，让更多的老百姓分享到“文化信息共享工程”所带来的实惠，宜丰支中心还统一制作了“全国文化信息资源共享工程基层服务点工作要点”，将“文化信息共享工程”服务对象、服务内容、工作目标和工作职责详细作了要求，并制作成宣传版，统一张挂到各基层服务点公共服务场所。这一举措不仅让基层服务点理清了“文化信息共享工程”要做什么，怎么做的思路，也从制度上进一步规范了各基层服务点的管理，为进一步扩大“文化信息共享工程”基层服务点群众受益面奠定了基础。

2009–2012年，宜丰县已在16个乡镇（场）文化站建立图书室，224个行政村建立了“农家书屋”，5个街道办社区建立了图书室。近年来，我们从管理、使用和建立长效机制等方面入手，加强基层图书室的业务指导，努力让基层图书室最大限度满足广大人民群众阅读需求，服务新农村建设和发展。

报刊阅览室

电子阅览室

少儿阅览室

多媒体报告厅

截止2012年，我馆累计培训农家书屋管理人员及文化信息共享基层服务站文化站长及基层服务点管理员共计380人次。通过培训使文化站长及管理员掌握了基本的图书管理技能，能开展好基层文化工作及图书室的日常管理工作。

管理工作

2010年，宜丰县图书馆完成全员岗位聘任，本次聘任共设12个岗位，同时，建立了工作量化考核指标体系，每月进行工作进度通报，每半年和全年进行总体工作考核。2009–2012年，共抽查文献排架17次，书目数据7次，撰写专项调研、分析报告和工作提案4篇。

表彰、奖励情况

2009–2012年，宜丰县图书馆共获得各种表彰、奖励7次，其中省人事厅、省文化厅表彰奖励1次，市文化局表彰2次。县文化教育局表彰4次。

馆领导介绍

刘杏林，男，1958年11月生，本科学历，中共党员，馆长（2006年3月至2012年4月），1977年6月参加工作，副研究馆员。

袁晓琴，女，1978年12月生，大专学历，中共党员，馆长。1998年9月参加工作。2012年4月，组织任命为图书馆馆长，主管图书馆全面工作，宜春市图书馆学会理事。

邹红，女，1967年4月生，本科学历，中共党员，党支部书记。1984年1月参加工作。2002年6月，组织任命为图书馆党支部书记，分管党建、财务、精神文明建设等工作。

蔡秋琴，女，1965年10月生，中专学历，中共党员，助理馆员，副馆长。1983年10月参加工作，1997年4月调入图书馆工作，先后在办公室、外借室、少儿室工作，任工会主席、办公室主任职务，2009年1月任命为图书馆副馆长，协助馆长分管全馆业务工作，江西省图书馆学会会员、宜春市图书馆学会会员。

未来展望

宜丰图书馆作为宜丰市民的“大书房”，城市的“第三空间”，我们将充分利用馆藏优势，携手服务全民阅读，积极营造舒适优雅的阅读环境，让越来越多的读者在这是获得书籍延伸的文化体验与知识体验，为广大市民不断提供高品位的心灵大餐和精神享受，把图书馆打造成全民终身学习的大课堂，百姓心目中精神食粮的“大粮仓”。

联系方式

地　址：宜丰县文苑路8号
邮　编：336300
联系人：袁晓琴

开展农家书屋业务培训

少儿电影专场

服务宣传周“爱心捐书”

靖安县图书馆

概述

靖安县图书馆成立于1984年，1985年兴建新馆，1987年12月，迁至后港西路101号新馆对外开放，新馆占地面积3781.89平方米，2000年后建成少儿培训中心，馆楼总建筑面积3000平方米，设计藏书容量25万册。1992年4月，经省市文化主管部门评估，被评为江西省县级一级图书馆。2004年被评为国家二级图书馆。2007年该馆被列为全省首批28个文化信息资源共享工程建设县之一，争取到国家文化部和江西省文化厅价值68万元设施设备和县财政启动配套资金10万元，建成共享工程专用机房、电子阅览室和视听室。2008年，该馆获得省财政100万元资金支持，启动馆楼维修改造工程并于2009年4月全面完工。2009年，全国第四次公共图书馆评估，被评为国家一级图书馆。2012年，靖安县图书馆有阅览坐席262个，计算机50台，宽带接入10Mbps，采用ILAS图书馆自动化管理系统。

业务建设

截止2012年底，靖安县图书馆总藏量136717册（件），其中纸质图书93197册、纸质报刊36400件、视听文献120件，电子图书、期刊7000种。

2009–2012年，图书入藏总计15827册，平均每年入藏3956册；报刊入藏总计546种，平均每年入藏136种；视听文献入藏120件，平均每年入藏30件。地方文献的收集、整理、入藏工作已常态化，有经费保障、有专职管理人员、设立了专架，截止2012年共征集到地方文献667册。

截止2012年底，靖安县图书馆数字资源总量为3.7TB，其中合作共建和自建资源约0.135TB。2012年建设了《靖安县地方文献数据库》，该数据库重点收录靖安本地氏族家谱、非物质文化遗产、地方影视戏曲、诗词歌舞、书法绘画等具有地方特色的地方文献。

2010年，全面实现自动化管理。2012年，将自动化管理系统升级改造为ILASIII集成系统。

读者服务工作

靖安县图书馆全年365日天天对外开放，全馆公共空间设施场地及基本服务项目全部免费开放，周开放58小时，电子阅览室每天开放12小时，周开放84小时。开架文献总量为114700册，占文献总量（不含古籍和电子书刊）的88%。2012年书刊外借97084册次，馆藏书刊文献外借率为71%。2009–2012年，馆外流动服务点书刊借阅年平均为6988册次。2012年，持证读者4947人，年流通总人次138500，人均年到馆27次。

靖安县图书馆为政府机关、企事业单位和社会公众提供参考咨询服务，2012年，分别为县委宣传部、县纪委、县政法委、工信委、科技局、县第三中学等单位提供了参考咨询服务，为农业种植、养殖专业户提供课题服务。

2012年，靖安县图书馆举办讲座、培训活动56次，参与的读者和群众14450人次；举办展览6次，接待读者5130人次；举办阅读推广活动6次，接待读者11457人次；全年参与活动总人数31037人次。靖安县图书馆开展"读者服务110"活动，创建特色服务品牌，开通服务热线电话，在图书馆和读者之间架起一座连心桥，2012年6–12月，"读者服务110"解答读者咨询178次，为残疾人、老年人送书上门103次，为弱势群体提供亲情视频服务132次；指导农民工网购火车票38张。针对进城务工人员，靖安县图书馆联合县总工会为8000多名农民工建档建卡，提供有针对性的定向跟踪服务。

业务研究、辅导、协作协调

2011年，靖安县图书馆职工发表论文1篇。2012年，撰写调查研究报告9篇。

靖安县图书馆签订了《宜春地区文献资源共建共享联合编目协议书》，加入宜春市图书馆联合编目体系，共享市图书馆的各种资源。与宜春市所有县市图书馆签订馆际互借协议，实现了各馆之间文献资源共建共享。

靖安县图书馆联合乡镇、社区图书室和村农家书屋，组建全县服务网络，建立了8个分馆，指导靖安中学、三中、县小等3家中小学图书馆建立并使用图书馆自动化管理系统。

2012年，靖安县图书馆举办基层业务培训班4期，累计培训基层图书管理员214人次，使全县11个乡镇图书室、75个农家书屋的管理员掌握了基本的图书管理技能。采取走出去的方式，抽调业务骨干组成巡回辅导小组，2012年下基层辅导图书管理员32人次。

管理工作

靖安县图书馆实行全员聘用制和岗位管理、工作目标管理责任制，由管人转变为管岗。做到按需设岗、按岗聘用、竞争上岗、择优聘用、严格考核。制定《干部职工考勤考绩制度

少儿阅览室

报刊室

送书进军营

消防知识培训

和奖惩办法》，明确每一个人的职责范围、工作数量和质量要求，进行年度考核，奖勤罚懒、奖优罚劣。从2012年起，每周排架抽查1次，每年馆藏盘点1次，实行丢失赔偿制度。

表彰、奖励情况

2009−2012年，靖安县图书馆共获得各种表彰、奖励26次。其中，2009年与2010年，中国图书馆学会连续两年授予该馆"全民阅读"先进单位称号；全国文化信息资源共享工程江西省分中心授予2010年度"先进单位"称号及"宣传和培训工作先进单位"称号。2011年，获全国文化信息资源共享工程摄影作品比赛三等奖；江西省文化厅授予"读好书"活动先进单位称号；中共宜春市委、宜春市人民政府授予"宜春市第六届文明规范服务示范窗口"称号。2012年，被国家文化部评为"全国文化信息资源共享工程·公共电子阅览室示范点"；江西省文化厅授予"读好书"活动先进单位称号。

馆领导介绍

窦莉莉，女，1974年2月生，本科学历，中共党员，馆长，1990年8月参加工作，历任中共靖安县委宣传部新闻报道中心主任，2012年任靖安县图书馆馆长，兼任宜春市图书馆学会常务理事。

许金萍，女，1963年6月生，大学专科学历，副馆长。1980年9月到靖安县图书馆参加工作，先后在采编室、外借室、资料室等部门工作。

周莉，女，1976年3月生，大学专科学历，助理馆员，副馆长。1995年7月到靖安县图书馆参加工作，先后在外借室、少儿阅览室、报刊室、办公室等部门工作。

未来展望

靖安县图书馆遵循"发展、创新、共享、服务"的办馆方针，秉承开放、平等、自由、免费的服务理念；以建设现代化、数字化、个性化图书馆为发展目标；以传承文化、传播知识、丰富基层群众精神文化生活为己任，努力为提升全民文明素质和社会文明程度，推动靖安经济社会发展提供强大的精神动力和智力支撑。

在未来的几年里，靖安县图书馆将继续发挥龙头带动作用，立足基层，坚持"服务重心向下"战略，进一步完善县、乡、村三级服务网络，提升服务品牌的知名度和美誉度，努力把图书馆办成知识信息中心和文化教育中心，争创全国知名图书馆。一是紧跟现代潮流，加快数字图书馆建设步伐，争取上级支持，在广场、车站以及各乡镇设置电子图书借阅机，大力推广电子阅读，营造浓厚读书氛围，纵深推进全民阅读活动。二是顺应公共图书馆个性化发展趋势，发掘本地历史文化渊源，彰显地方特色，启动佛学主题图书馆建设，为广大佛学爱好者、国学爱好者创造一个学习、研讨和活动平台，达到弘扬中华传统文化的目的。

联系方式

地　址：江西省靖安县后港西路101号
邮　编：330600
联系人：黄新华

免费开放启动仪式

少儿活动

业务培训

崇仁县图书馆

概述

崇仁县图书馆初创于民国十六年（1927年），开我县公共图书馆之先河，新中国建立之初，县人民政府于1950年3月接管原县立公共图书馆，改设在县人民教育馆内，1978年4月，经县人民政府批准，正式成立崇仁县图书馆。

馆址几经变迁，2000年新的图书馆大楼建成投入使用，大楼位于县城胜利路68号，建筑面积1500平方米，2013年我馆利用两台合并这一契机，争取文化局将原广播电台大楼划拨给图书馆作为少儿活动中心，增加面积700余平方米。2011年至2012年，对内部设施和大楼进行整改维修，图书阅览室座位增至220个，多媒体及报告厅座位可同时容纳130人，电子阅览室宽带接入专线，可同时提供电脑45人上网查询使用，同时采用图书馆自动化集成系统(ILAS)进行文献和读者服务管理。全年365天全天侯免费开放。阅读环境宽敞、优雅、安静，集藏、借、阅于一体，图书资料实行全开架，馆内所有服务项目全部实行免费。

业务建设

截止2012年底，崇仁县图书馆总藏量129933册（件），其中，纸质文献89700册（件），古籍664册，电子图书300册。其中，开架书刊96000册，少儿文献15000册。

2012年，崇仁县图书馆财政拨款总额为121.80万元/年，新增藏量购置费18万，图书年入藏量4500种，报刊年入藏量180余种，电子文献300种，视听文献60件。书刊外借8万余册，全年流通人次达13万人次。

2012年，采用图书馆自动化集成系统(ILAS)进行文献和读者服务管理，同时在使用VPN技术借还图书。

截止2012年底，崇仁县图书馆数字资源总量为数字资源总量为3.45TB，主要内容涵盖地方志、舞台艺术、非物质文化遗产、电影、电视剧、文化讲座、精品文化专题库、少儿动漫、农业技术、科普、医疗卫生、法律法规、生活百科等方面。（县级图书馆推广计划900G,视频服务器和移动存储器的数字资源合计约2.55TB）。建成一个县级支中心，15个镇级基层服务点，与农村党员远程现代教育项目相结合，合作共建村级基层服务点152个，实现了崇仁县村级100%全覆盖，与全国文化共享工程数据资源链接结合，利用崇仁县图书馆电子阅览室进行发布，使读者能够真正的感受到共享工程数据资源带来的生活便利。

读者服务工作

2012年9月1日起实行无节、假日全年365天全天侯免费开放。简化办证手续，并延长开放时间。每周开放56个小时，全年外借书刊6万册，流通人次13万人次，人均年到馆人次数26.5次。全县各学校机关单位有图书馆是49个，藏书79.8万余册。2009-2012年，基层图书流动站有11个，藏书8万余册，并派4个专业工作人员挂点进行业务辅导。县图书馆每年开展春节送书下乡活动，2009-2012年已累计送书30余次，1.2万册书，编送农业科技资料和光盘6000余份。

2009-2012年，崇仁县图书馆建立网站，开通崇仁县图书馆博客，让更多人了解崇仁图书馆。截止2012年，崇仁县图书馆发布使用的数字资源3.45TB，均可通过崇仁县图书馆电子阅览室、共享工程基层服务中心进行检索、浏览和下载服务。

2012年，崇仁县图书馆共举办讲座、展览、培训、阅读推广等读者活动29场次，参与人数3.2万人次，同时为残疾人员送去300册知识性、教育性、科技性书籍和为外地民工、幸福院孤寡老人和留守儿童提供服务。

业务研究、辅导、协作协调

2009年至2012年，我馆辅导工作深入基层，每年多次下乡进入农村文化大院、图书室、农民书屋辅导图书管理、图书分类、图书收藏等业务知识，使管理员的业务水平有了很大的提高。

2012年，组织2次基层图书馆、街镇馆人员参加共享工程技术人员基础技能培训班。协调基层图书馆组织开展《保护文化遗产弘扬民族文化 建设社会主义核心价值体系》等类型的崇仁县各公共图书馆服务宣传周活动。

2012年，为做好“联合目录”、“馆际互借”、“采购协调”工作，先后与资溪图书馆等单位完成49次互借活动，互借册次达80余册。由市图书馆牵头，通过ILAS系统中的联合编目功能，实现图书馆编目资源的共建共享，提高编目工作效率。

管理工作

2009至2012年，崇仁县图书馆制定了《图书管理人员岗位责任制》、《图书馆业务工作细则》、《图书阅览和外借制度》、《图书丢失和损坏的赔偿制度》、《电子阅览室使用规则》等

图书馆馆貌

阅览室

新春活动

指导学生在网上学习

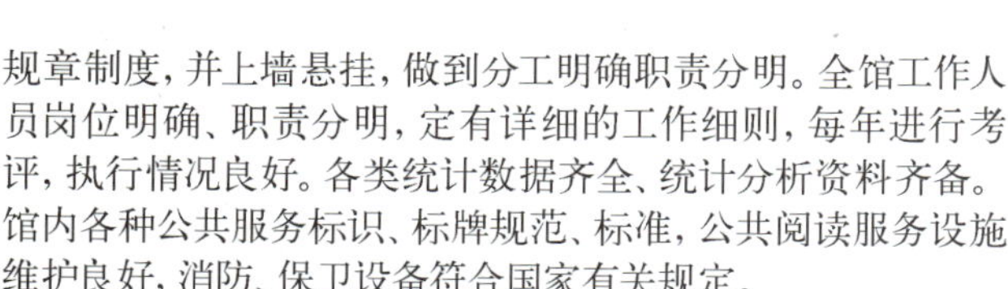

规章制度，并上墙悬挂，做到分工明确职责分明。全馆工作人员岗位明确、职责分明，定有详细的工作细则，每年进行考评，执行情况良好。各类统计数据齐全、统计分析资料齐备。馆内各种公共服务标识、标牌规范、标准，公共阅读服务设施维护良好，消防、保卫设备符合国家有关规定。

表彰、奖励情况

2009至2012年，崇仁县图书馆获得明恒杯“爱我抚州、知我抚州、兴我抚州”演讲大赛组织奖，“全民阅读”活动组织奖。

馆领导介绍

范丽娟，女，1965年3月生，大学专科学历，馆长，馆员职称，历任抚州市图书馆学会理事，1981年9月在崇仁县图书馆参加工作至今，先后参加图书馆各类专业知识学习及培训19次，在馆内各个部门科室工作过，全面掌握图书馆专业技术技能。

许玲菊，女，1973年9月生，大学专科学历，中共党员，副馆长。1997年3月在崇仁县图书馆参加工作，分管技术资源部，先后在采编部、阅览部、图书借阅部、技术资源等部门工作。

许晓霞，女，1970年10月出生，本科学历，工会主席，中级职称，分管采编工作。1996年12月调入图书馆工作，先后参加省内外图书馆各类专业知识学习10次，并熟悉掌握图书馆业务工作。

未来展望

崇仁县图书馆一直遵循“读者第一，服务至上”的宗旨，全年365天开放。自2012年实行全年开放式免费服务以来，我馆把不断创新服务形式，拓宽服务范围，推动图书馆各项业务建设，作为首要目标。积极推进文化信息资源共享工程建设，图书馆网站建立，设立农村书屋，同时积极开展经典诵读、知识竞赛、演讲、读书征文、讲座等多种形式的读书交流活动。在信息社会的今天，崇仁县图书馆将将从共享文献信息资源入手，利用日渐成熟的网络技术，积极开展馆际间通借通还工程，使我馆的文献资源得到更大的利用价值。同时推出崇仁县理学文化“巴山讲坛”系列活动，利用多种平台，向社会推广崇仁理学文化。以满足读者需求开展服务活动，以传播知识和传递信息为职能，以馆藏文献为依托，努力实现全方位开放式读者服务工作，使图书馆成为文化、科技、传播、社会教育、信息交流的中心，为丰富群众文化生活，提高全民文化素质，构建城市文化建设，做出新的、更大的贡献。

联系方式

地　址：崇仁县巴山镇胜利路68号
邮　编：344200
联系人：范丽娟

信息共享工程

组织开展“看电影”活动

金溪县图书馆

概述

金溪县图书馆雏形是1951年建立的金溪县文化馆图书馆借阅室，文革期间，图书室被封，大量图书和古籍被销毁失散，1978年10月县委、县政府正式下发要独立建馆，性质为公益性事业单位。金溪县图书馆老馆在金溪县老街，是一幢老房子馆舍陈旧简陋，全馆面积只有145㎡，书库面积26㎡，借阅面积119㎡。1987年被房管部门鉴定为三级危房。2003年8月，在多个部门共同努力下，金溪县图书馆新馆奠基。2004年11月，主体工程竣工，历时近4年，耗资近300万元。2007年6月新建图书馆对外正式开放。金溪县图书馆新馆坐落在象山公园，建筑面积2300㎡，环境优雅，风景秀美。现有工作人员9人，设有办公室、采编室、咨询室等多个部门。机构设置有：图书外借室一个，面积108㎡；期刊借阅室一个，面积54㎡；报纸阅览室一个，面积54㎡；儿童借阅活动室一个，面积108㎡；多功能读者活动室一个，面积108㎡；书库一个，面积115.5㎡；文化信息资源共享室一个，面积115.5㎡；多功能视听室一个，面积42㎡。另设有馆长室、书记室、财务室、采编室、咨询室等。全馆阅览室坐席368个，计算机48台。选用ILASIII图书馆自动化管理系统。

业务建设

截止2012年底，馆内有藏书386266册(其中纸质图书86266册，电子图书300000册)。

2009年金溪县图书馆购书专项经费3万元，2011-2012年新增购书经费15万元，2009-2012年，共入藏中文图书8万余种，共计86266册。中外文纸质报刊保持每年240余种，光盘磁带520件。地方文献完整率为5%。

2012年底，电子数字资源方面，总数据容量达4T，形成了具有一定规模的文献信息资源体系，基本能满足我县读者的电子文献需求。

读者工作

现共有读者借书证4000余个，年办证820余个，建立了单独的电子阅览室，专用自动化设备容量达4TB，实行了20兆宽带接入，实行对外免费开放。同时还建立了自己的图书馆网站，开通了与金溪县电信公司智慧城市手机平台对接，实现全县手机上网免费看图书，全馆实现图书馆自动化管理。年接待读者总人次10.75万人次，年外借图书册次120000册，设有300余个阅览席位。2012年12月以来利用三个月的时间进行图书馆精装修，面貌焕然一新，环境幽雅，办馆条件优越，现代化技术设备齐全。近几年来，金溪县图书馆在提高服务质量的同时，大胆创新，成人外借室、儿童外借室、报纸阅览室、杂志阅览室等全面实行全开架服务，各项服务工作全部免费开放。在读者服务工作方面，我们实行走出馆去，面向农村，面向大众，送书上门，预约借书，网上阅读。开办“图书兴农”服务网点，为农村科技兴农服务，为全县各乡(镇)场、村组服务。全县建立信息资源共享工程服务网点146个，农家书屋171个，组织编写科技信息资料、组织送科技图书下乡，为农村专业养殖户建立跟踪服务，及时为农村群众提供最新的科技知识和智慧信息。举办各种读者服务活动，为特殊群众服务，设立少儿阅读基地，举办两届图书节，开展少儿航天科普展，开办少儿诵评科普知识展等，多次举办讲座、培训等活动。

业务研究、辅导、协作协调

积极参加上级图书馆组织的协作协调工作，同市图和兄弟单位开展馆际互借，参加市图书馆举办的各种活动。加强全县社区、乡镇图书馆建设，实现网络资源共享，通借通还率达90%，年文献借阅册次5000余册。我们加强基层业务辅导工作和基层业务培训工作，先后协助象山社区建立了“未来星书吧”图书室，金山社区残障人图书室，廷贤社区王氏祠堂书屋，金溪县武警消防中队农家书屋，金溪县留守儿童农家书屋，金溪县林业局森林防火大队书屋，金溪县看守所图书室，我们实行理论和实践相结合，做到先理论培训后业务辅导，亲历现场，解决难题，提高我县基层图书管理人员的业务水平。

馆领导介绍

王灿京，男，1963年6月出生，大专学历，中共党员，馆长。1982年参加工作，1986年到金溪县图书馆工作，2008年任金溪县图书馆馆长。1992年9月毕业于江西省广播电视大学行政管理专业。2008年7月任馆长至今，2013年7月参加中央文化管理干部学院全国第三期县级图书馆业务骨干培训班学习。曾多次获得省、市、县各种奖励。

修国花，女，1971年8月出生，大专学历，中共党员，党支部书记。1987年4月参加工作，2005年任党支部书记，2008年任图书馆馆长，现任图书馆党支部书记。2009年被评为“优秀共

阅览室

馆内展厅

与残联联合开展三下乡活动

送书进校园

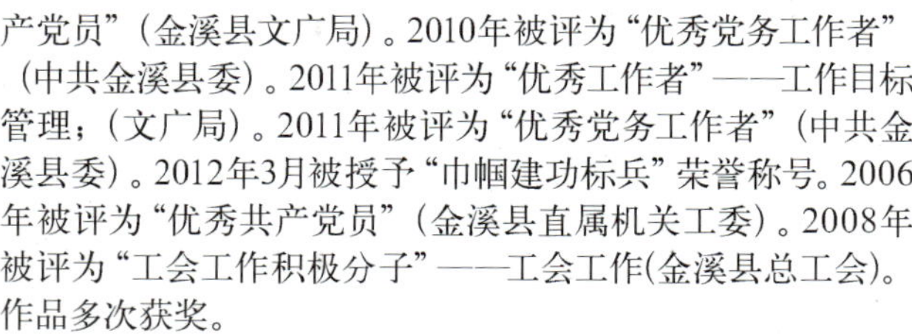

产党员"（金溪县文广局）。2010年被评为"优秀党务工作者"（中共金溪县委）。2011年被评为"优秀工作者"——工作目标管理；（文广局）。2011年被评为"优秀党务工作者"（中共金溪县委）。2012年3月被授予"巾帼建功标兵"荣誉称号。2006年被评为"优秀共产党员"（金溪县直属机关工委）。2008年被评为"工会工作积极分子"——工会工作(金溪县总工会)。作品多次获奖。

熊光时，男，1967年10月出生，大专经济管理专业毕业，中共党员，副馆长。1987年12月参加工作，2008年1月任副馆长职务。2005–2007年连续三年获得金溪县文体广电局"优秀党员"及"先进工作者"荣誉称号。

管理工作

2012年底，金溪县图书馆共计8位工作人员，建立了工作量化考核指标体系，每月进行工作进度通报，每半年和全年进行总体工作考核。我馆严格按计划和制度采购和验收图书，及时认真做好图书登入、分类和编目工作。

表彰、奖励情况

多次受到上级部门的嘉奖，2011年3月被列为全省免费开放试点单位，2011年10月正式实行全面免费开放服务，2012年被省文化厅评为全省"读好书"先进单位2012年获得江西省文化厅第二届"读好书"活动先进单位，2013年12月被江西省图书馆学会、江西省文化厅评为"江西省全民阅读先进单位"，2013年被江西省图书馆协会"全民阅读"先进单位，2013年10月被中国文化部评为国家一级馆。

未来展望

金溪县图书馆继续秉承"平等、免费、惠及全民"的办馆理念和"读者第一，服务至上"的服务宗旨，最大限度地满足广大人民群众日益增长的文化生活需求，为建设"四个金溪"、实行"四感目标"，为建设文化强县提供强有力的智力支持和思想保障。在县委、县政府及主管部门领导关心下，金溪县图书馆近几年来取得了长足的发展，实现了质的飞跃，为金溪县精神文明建设提供了良好的文化服务平台。我们不断加强自身建设，扩大服务，增强图书馆的发展元素，创建优质服务品牌，使我县图书馆在未来三年跻身全省先进行列。

联系方式

地　址：抚州市金溪县秀谷中大道象山公园图书馆
邮　编：344800
联系人：王灿京

服务宣传周活动

世界读书日活动

"五一"读书宣传活动

弋阳县图书馆

概述

弋阳县图书馆成立于1983年，1987年正式建馆对外开放，2009年4月拆旧建新，2013年5月新馆建成对外开放。新馆位于县城北广场旁综合大楼1–3楼，总面积为3000平方米，内设报刊阅览室、少儿阅览室、外借阅览室、电子阅览室、资料查询室、多媒体办公室、读者服务中心、特藏室等，其中设有阅览座席共243个，采用ILASIII图书馆自动化集成系统。2005年参加全国第三次图书馆评估，获得一级图书馆。后因闭馆，未参加2009年评估，2013年，在图书馆评估中重获一级馆殊荣。

业务建设

截止2012年底，弋阳县图书馆总藏量14.77万册，读者办证累计7965本，年服务读者近12万余人次。

自2011年开始，弋阳县图书馆实行免费开放，中央、省级补助12万元免费开放资金。每年县财政补助10万元图书购置经费、3万元共享工程经费、3万元流动经费。

2001年，弋阳县图书馆引进ILAS系统实行半自动化管理，自此弋阳县图书馆图书全部进入数据库实行电子借阅。2013年自动化管理系统升级改造为ILASIII，馆内全部实现无线网络覆盖。

读者服务工作

弋阳县图书馆于2009年因县政府启动城北广场改造工程而闭馆。闭馆期间弋阳县图书馆对馆内职员进行了系统的培训，在提升自身业务能力争取更好的为读者服务的同时，大力展开馆外活动。2012年弋阳县图书馆在全县人口比较密集、硬件条件比较成熟、管理规范的乡镇，开展分馆建设试点调研，打造村级农家书屋流动服务点平台。2011–2012年弋阳县图书馆根据各农家书屋的管理水平及当地村民需求意愿等情况挑选了5个基础较好的村级网点开展图书流动服务，实现流动服务书刊年均借阅4336册次、1287人次。设立机关事业单位图书流动服务点，积极开展机关事业单位自设图书室图书流动服务，坚持设有所需、社会效益为重的原则，按照定期更新、定期归还、内部流通、内部管理的规定现已建立弋阳县消防大队图书流动服务点及县福利院两个服务点，据统计2012年建立以来共累计实现流动图书内部借阅达1200余册次。

2013年5月弋阳县图书馆新馆建成，实行全年360天天天对外免费开放，2013年度自开馆以后我馆办理成人借阅证1004个、少儿借阅证1370个。2013年6–12月书刊总流通29389人册、书刊外借41897册次。在此期间弋阳县图书馆多次举办讲座、展览、培训、阅读推广等活动。

业务研究、辅导、协作协调

截止到2012年年底，弋阳县图书馆职工发表论文有两篇《浅议和谐社会与图书馆服务创新》、《免费开放环境下县级图书馆服务对策研究》。

2006年，弋阳县被列为全国文化信息资源共享工程一百个试点县之一，2007年我县全面启动文化共享工程建设，至今已全面完成1个县级支中心、16个乡镇基层服务中心、114个村级基层服务点建设，目前各基层服务中心设施配发全部到位，运转正常。县级支中心设在县图书馆，配有2名专业人员负责，县财政每年预算3万元运行经费，新馆建成后电子阅览室提供读者使用计算机数量45台，带宽接入50M，专设机房一间，内置专用服务器设备2套，存储容量6TB。支中心制度健全、管理规范、资料完备。近年来，图书馆支中心共组织基层服务点管理人员培训72人次，发放光盘培训教材58张，接收国家信息中心配送信息光盘资料12期150余张，县级支中心组织配发基层服务点各类光盘资料450余张，每年组织全县基层服务点至少开展2次以上专题活动，取得了良好的社会效益。

2012年，我馆紧紧依托上饶市数字图书馆较为广泛的数字资源获取渠道和相对更为充足的数字资源购置经费，曾就目前本市数字图书馆建设与市馆进行过相关交流，计划由市馆牵头建设并开通“上饶读书网”，全市各县馆按建设网站的出资份额代理发行相当数量的有偿阅读卡，实现电子阅读平台全市共建共享、一卡通读。后因种种原因未能实施。

管理工作

推行按岗定酬、按绩取薪相结合的绩效考核制度。以实行事业单位工作人员绩效管理工资为契机，实行岗位绩效目标考核，按需设岗、以岗选人、按岗定酬、按绩取薪，切实解决人岗不适应、绩薪不对称的现状。

坚持实行员工定期业务培训。闭馆期间，我馆利用有利时机组织员工开展了ILASS自动化系统、OFFICE办公系统及中图法分类采编等科目较为全面的系统培训，培训时间累计180小时/人；新馆开馆后，我馆拟实行每周五下午2小时培训计划，从实际工作当中涉及的不同方面不断提高员工职业操守和岗位业务操作能力。

表彰、奖励情况

2009–2013年，弋阳县图书馆获得的表彰有被省文化厅评为全省第三届“读好书活动”先进单位、被县直机关工委评为先进基层党组织。

报刊阅览室

电子阅览室

少儿阅览室

非物质文化遗产展览

服务宣传活动

馆领导介绍

江宪华，男，1979年3月生，大专学历，中共党员，馆长。2001年9月参加工作，2009年参加弋阳县图书馆馆长竞聘考试，取得馆长资格，于2009年8月正式被任命为弋阳县图书馆馆长。

胡堂香，女，1959年4月生，大专学历，中共党员，支部书记。1978年参加工作，1992年9月至2009年7月在弋阳县图书馆任馆长，2009年8月至今，任弋阳县图书馆支部书记。曾多次被评为"女能人"、"先进工作者"等称号。

李敏琴，女，1970年2月生，本科学历，中共党员，馆员，副馆长。1988年12月参加工作，1990年3月调到图书馆工作，曾在江西省"图书馆学刊"发表《浅议和谐社会与图书馆服务创新》、《免费开放环境下县级图书馆服务对策研究》。

未来展望

弋阳县图书馆遵循"服务基层、服务群众、服务社会"的办馆方针，将弋阳县图书馆打造成有弋阳县特色的主题式图书馆、逐步实现自助借阅服务。同时弋阳县图书馆将推行多样化服务方式，拓展服务领域，实施四位并举的服务方针不断提升新馆服务水平。一是改版弋阳县图书馆网站，整合电子文献资源，增设服务窗口和相关链接，计划创办网上电子图书借阅平台，加强网络服务。二是有效利用图书流动服务车，以农家书屋、乡镇文化站及部分机关事业单位自设的图书阅览室为服务平台，开展图书流动服务；三是针对老年人、残疾人、未成年人等弱势群体，继续开展预约送书上门服务；四是对于重点读者、重点机构和单位实行跟踪专题服务。

联系方式

地　址：弋阳县城北广场综合大楼图书馆
邮　编：334400
联系人：李敏琴

江西省图书馆

概述

江西省图书馆是一个有着悠久历史的省级公共图书馆，始建于1920年，原馆址座落在风景秀丽的百花洲畔。1993年6月搬迁至南昌市洪都北大道198号现馆址，占地99亩，建筑面积2.5万平方米。截止2012年底，江西省图书馆总藏量306.28万册（件）（其中古籍50余万册），年购书经费500万元，在职职工155人，内设13个部门，现有阅览室15个、阅览座位1412个，全年365天开放，持证读者22万余个，年接待读者100余万人次，外借文献60多万册次，每年开展读者讲座、报告会、读书演讲比赛、展览等各种读者活动数百场次。已成为江西省规模最大、藏书最多、体系最完备的综合性省级公共图书馆，是江西省地方文献保存中心、文献信息服务中心、文献编目中心以及古籍保护中心、文化信息资源共享工程江西省分中心。2012年，江西省图书馆有计算机182台，信息节点787个，宽带接入200M，选用Ilas图书馆自动化管理系统。

业务建设

截止2012年底，江西省图书馆总藏量306.28万册（件），其中图书203.79万册，古籍50.16万册（其中善本29975册），报刊28.26万件，视听文献0.66万件、套，缩微制品0.11万件、套，电子图书22万册，其它1.3万册（件）。

2009—2012年，江西省图书馆新增藏量购置费500万元。2009—2012年，共入藏中文图书97184种，188424册，外文图书3327种，3379册，中外文报刊17938种，电子、视听文献3539种，3568册（盘）。

截止2012年底，江西省图书馆馆藏数字资源总藏量达到35TB，其中自建数字资源总容量已达12TB，国家下发的数字资源总容量达14TB，购买的网络数字资源达9TB。完成《江西非物质文化遗产资源库》《江西地方戏剧资源库》《景德镇陶瓷资源库》《江西旅游文化资源库》等数据库建设。在建的数据库有《江西籍共和国开国将军多媒体资源库》《江西历史文化名人多媒体资源库》等。

读者服务工作

江西省图书馆全年365天天天对外免费开放，每周开馆时间达到75小时以上，年到馆100万人次，2009—2012年，总流通259.06万人次，书刊外借176.33万册次，新办证65764个，持证读者突破20万，图书流通站、分馆总数达到48个。四年来，我馆先后开展的读者活动达到807场次，参与人次达164.19万，充分发挥了图书馆传承文明和服务社会的积极作用，吸引了更多的人走进图书馆，享受公共文化服务。2002年起，开始为省“两会”提供优质文献信息服务。

2009—2012年，江西省图书馆积极利用现代化手段服务社会，建立了网站服务1+3模式，即一个门户网站加三个专项工作网站，网站累计访问次数达到7843746次。2009年至今新增访问人数超过4553160人次，年均增长1138290人次。2010年我馆开通了江西省数字图书馆，2011年开通掌上赣图（手机图书馆）、2012年开通省直机关数字图书馆，利用网络媒体服务手段发布数字资源服务读者，可远程访问数字资源占数字资源发布总量的90%。

业务研究、辅导、协作协调

2009—2012年，江西省图书馆职工发表论文90余篇，出版专著6部，获准立项及参与的国家级课题1项，省委级课题12项。

江西省图书馆本着“优势互补、共建共享、互惠互利、多方共赢”原则，积极推动跨省的协作协调工作，2011年开展了滇皖赣三省的省图书馆合作，互派中层干部挂职锻炼，有效促进了中西部公共图书馆科学、协调发展。2012年，参与建立了湘鄂赣长江中游城市集群公共图书馆联盟，打造了长江中游城市集群公共图书馆服务的新模式，2013年该联盟新增了安徽省，成立“中三角”（湘鄂赣皖）公共图书馆联盟，成为公共图书馆界区域合作的典范。江西省图书馆不仅在跨省、跨系统协作协调建设方面作出了不断尝试，还根据相邻地理位置、相近特色资源建立了江西数字资源共建共享联盟、江西省公共图书馆讲座与展览联盟以及南昌城区公共图书馆联盟等具有赣鄱特色的联盟，有利地带动了江西本省公共图书馆的联盟建设工作，通过资源整合实现区域协作，实现成员馆间的资源共建共享，给读者提供更加全面和完善的图书馆公共文化服务。

管理工作

2010年，江西省图书馆完成全员岗位设置，制定岗位责任制和考核细则。根据各部门的不同分工，重新进行岗位设置，明确各岗位的职责和任职要求，为绩效考核提供基础信息和考核标准。2012年，中层干部及员工进行轮岗。上半年对在本岗位两年以上的中层干部和职工进行轮岗。通过轮岗，干部队伍结构得到调整、优化。多年来加强温馨家园建设，积极鼓励职工为赣图事业的发展献计献策，充分发挥职代会作用，让广大职工参与我馆

举办全省“读好书”活动

提共24小时自助借还服务

连续十年为省“两会”提供信息咨询服务

大家来折纸

的民主管理。通过开展业务知识竞赛、演讲比赛、体育运动会等形式多样的文体活动，丰富职工业余文化生活，增强了广大职工的凝聚力和团结协作精神，展现职工良好的精神面貌。

表彰、奖励情况

2009–2012年，江西省图书馆共获得各种表彰、奖励26次，其中，国家级表彰、奖励5次，省级表彰、奖励19次（其中省文化厅表彰、奖励5次），其他奖励2次。

馆领导介绍

周建文，男，1970年1月生，本科学历，中共党员，副研究馆员，馆长。1991年7月参加工作，历任江西省文化厅办公室副主任，2009年任江西省图书馆馆长，兼任中图图书馆学会理事、江西省图书馆学会理事长、文化信息资源共享工程江西省分中心主任、江西省古籍保护中心主任等职，荣获2011年度江西省千百万人才等称号。主持全馆工作。

程春焱，男，1963年9月生，本科学历，研究馆员，党委书记。1984年8月参加工作，历任江西省文化厅计财处副处长，2009年任江西省图书馆党委书记，兼任江西省图书馆学会副理事长、秘书长等职。荣获2011江西省直机关优秀党务工作者等称号。现主持全馆党务工作，协助馆长分管研究辅导部（学会办公室）、《江西图书馆学刊》编辑部。

蔡荣生，男，1965年10月生，本科学历，研究馆员，副馆长。1986年7月参加工作，兼任文化信息资源共享工程江西省分中心副主任等职，协助馆长分管计算机技术部、人事科。

黄俊，女，1969年5月生，本科学历，副研究馆员，副馆长。1990年9月参加工作，兼任江西省图书馆学会副秘书长等职，协助馆长分管办公室、采编部、信息咨询部。

何振作，男，1965年4月生，本科学历，研究馆员，副馆长。1985年7月参加工作，兼任江西省古籍保护中心副主任等职，协助馆长分管特藏部、报刊部。

李晓君，女，1962年11月生，本科学历，副研究馆员，副馆长。1982年12月参加工作，协助馆长分管少儿部、借阅部。

何巧云，女，1957年9月生，本科学历，研究馆员，馆长助理。1977年2月参加工作，协助馆长分管读者服务中心、保卫科，协助书记分管工会工作。

未来展望

江西省图书馆将以新馆改扩建工程为契机，以传承文明、服务社会为己任，以特色立馆、服务兴馆、人才强馆为目标，紧随时代步伐，更新服务理念，创新服务模式，加快数字图书馆建设，努力打造江西省文献资源保存服务中心、江西省文献联合编目中心、江西省古籍保护中心和文化信息资源共享工程江西省分中心，成为国内有重要影响、省内起示范带动作用的省级公共图书馆，为江西省公共文化服务体系建设，为江西崛起新跨越战略目标的实现提供强有力的精神动力和文化支撑。

联系方式

地　址：江西省南昌市洪都北大道198号

邮　编：330046

联系人：熊 琪

赣图大讲堂“改革开放三十周年”特别活动

举办国庆主题展览活动

新余市图书馆

概述

新余县图书馆成立于1979年，1983年新余县恢复为地级市，新余县图书馆升格为新余市图书馆，是江西省最早实现自动化管理的公共图书馆。馆址几经变迁，1996年才拥有独立的馆房，位于新余市北湖西路358号，与新余四中毗邻，馆房建筑面积6800平方米，占地面积15亩，设计藏书总量50万册，可容纳读者座位600个。现有在职职工27人，其中副高2人，馆员7人，大专以上学历占总人数的90%，除书库外设有外借部、阅览部、信息咨询技术部、采编部和办公室。2013年，参加第五次全国公共图书馆评估，获二级图书馆。2012年，新余市图书馆有阅览坐席400个，计算机73台，信息节点100个，宽带接入100Mbps，选用ILASⅢ图书馆自动化管理系统。

业务建设

截止2012年底，新余市图书馆总藏量38万册，其中纸质文献37.6万册、电子图书0.4万册。

新余市图书馆年新增藏书购置费50万元，2009–2012年，共入藏中文图书24000种，73500册；中文报刊805种，视听文献283种。2012年，地方文献入藏完整率为87%。

截止2012年底，新余市图书馆馆数字资源总量为4TB。在建的数据库有抱石文化库、地方文献库。

读者服务工作

从2000年起，新余市图书馆全年365天每天对外开放，2011年10月实行免费开放，周开放56小时。2009–2012年，书刊总流通68万人次，书刊外借71万册次。从2005年起，新余市图书馆就采取合作共建等形式，开展馆外服务和延伸服务，着力推进图书“四进”活动，将图书服务送进企业、学校、社区、农村。2009–2012年，建成4个分馆、16个图书流通点，馆外书刊流通总人次32万人次。2008年起每月编一期《信息选编》，为市委市政府决策提供参考。

2009–2012年，新余市图书馆共举办讲座、展览、培训、阅读推广等读者活动256场次，参与人数26万人次。其中“市民自选图书”活动、读者心理咨询与辅导服务是本馆的特色服务。

业务研究、辅导、协作协调

2009–2012年，新余市图书馆职工获准立项的课题1项，撰写调研报告16篇。2009–2012年与企业、学校、社区、农村等单位联合办馆，建立4个图书分馆。2012年，在全市范围内发起组建新余市城市图书馆服务联盟，实现全市书刊借阅一卡通工程，目前成员馆有6家，联盟工程将在2013年年底正式开通。新余市图书馆积极参与全省的合作交流，是江西省公共图书馆讲座与展览联盟的成员，也将加入全省公共图书馆通借通还服务。

管理工作

2006年，新余市图书馆开始实施目标管理责任制，2010年完成了第二次全员岗位聘任，本次聘任共设8类岗位，有27人重新上岗，同时，建立了绩效考核指标体系，每月进行工作进度通报，全年进行总体工作考核。2009–2012年，共抽查文献排架24次，书目数据24次。

表彰奖励情况

2009–2012年，新余市图书馆共获各种表彰、奖励6次，其中省文化厅表彰奖励3次，其他奖励3次。

馆领导介绍

胡庚华，男，1959年1月生，大专学历，中共党员，馆长。1979年9月参加工作，历任新余市委宣传部新闻科长。2007年8月任新余市图书馆馆长（副处级），兼任江西省图书馆学会理事。

黄燕滨，男，1956年2月生，高中学历，民建成员，主任科员，副馆长。1975年7月参加工作，历任市歌舞团团长，2002年6月任新余市图书馆副馆长（正科级）。

肖声莲，女，1967年10月生，大学学历，中共党员，馆员，副馆长。1989年8月参加工作，历任采编部主任，2004年8月任新余市图书馆副馆长。

邹义平，男，1967年9月生，大学本科学历，中共党员，馆员，副馆长。1986年8月参加工作，历任外借部主任，2007年5月任副馆长。

市民自选图书活动

省文化厅副厅长王晓庆考察新余市图书馆

报刊阅览室

新余市图书馆少儿分馆

未来展望

2011年元旦，新余市图书馆新馆建设举行了开工典礼，新余市图书馆新馆位于毓秀山东大道和中山路交汇处，市体育中心东南大门的正面，东临孔目江。新馆的建筑面积3.1万平米（含地下层）约为现馆的4—5倍。从以人为本的目标出发，按照现代化的公共图书馆的发展方向、发展理念及综合功能，规划设计了八大功能区——传统服务功能区、现代信息服务功能区、少儿服务功能区、文化欣赏与读者交流休闲功能区、文献信息开发特色功能区、行政管理协调功能区、读者办证咨询区、监管功能区、辅助功能区。实际使用面积1.2万平米，阅览座位1000个，可容纸质文献100万册，年服务人次可达20万人次以上，数字资源设计存储能力300TB，能够提供全覆盖、不间断、无时间限制的数字文献远程和移动服务。预计2013年底新馆正式开馆，新馆开馆之际，将引进RFID技术，实现馆藏文献的自助借还。依托新余市数字文化网、新余市图书馆网站，建立两个地方特色资源库，提供20TB以上的数字资源远程服务，并将购置流动服务车，开展丰富多彩的流动图书服务。

联系方式

地　址：江西省新余市北湖西路358号
邮　编：338000
联系人：肖声莲

鹰潭市图书馆

概述

1984年鹰潭市图书馆建制，1985年挂牌成立，1986年3月借用市群艺馆楼房办公，对外开放，面积200平方米。1997年兴建馆舍，馆址座落在市湖西路4号，总面积4300平方米于1999年12月16日落成。馆内设有外借阅览室、期刊阅览室、报纸阅览室、少儿阅览室、电子阅览室、道藏资料室等服务窗口，阅览座位近500席。道藏资料室是该馆的特色阅览室，该室充分挖掘我市独特的道教文化资源，收集了较为丰富的道教方面的资料，《鹰潭市道教书目》已编辑成册。2004年，参加第三次全国公共图书馆评估，首次获得二级图书馆。2012年底，有计算机80台，其中电子阅览室供读者使用的计算机60台，宽带接入电信100M局域网共享，存储容量8TB，馆内各室电脑均运行ILASIII图书管理系统，建立了馆内局域网和无线网络覆盖。

业务建设

截止2012年底，鹰潭市图书馆总藏量161472册（件），其中，纸质文献117433册（件），期刊、报纸合订本38672册(件)，电子图书5367册。

2009–2012年，鹰潭市图书馆年图书购置费为35万元，藏中外文图书2586种，49657册，中外文报刊528种，视听文献238种。2011年，地方文献入藏完整率为97%。

截止2012年底，鹰潭市图书馆数字资源总量为8TB，其中，自建数字资源总量1.47TB。2009–2012年，完成《鹰潭市道教书目》数据库建设。多卷书、连续出版物入藏完整率为90%，如《道藏》图书入藏完整率为100%。

2009年，将图书自动化管理系统升级改造为ILASIII。2010年7月，鹰潭市图书馆与江西省全国文化信息资源建设管理分支中心签署合作协议，江西省图书馆分批次精心组织了6.5TB的数字资源，投放到文化共享工程的服务网络中，使数字资源与服务实现全民共享。2013年年初，实现馆内102.11N无线网络覆盖。

读者服务工作

从2011年12月起，鹰潭市图书馆实现对外免费开放，周开放60小时。鹰潭市图书馆的阅览室、少年儿童阅览室、多媒体阅览室、培训室、综合活动室等公共空间设施场地免费开放；文献资源借阅、检索与咨询、公益性讲座和展览、基层辅导、流动服务等基本文化服务项目免费提供；取消办证费、验证费和存包费，同时，还降低非基本服务收费，重点增加对未成年人、老年人、农民工等特殊人群的公共文化服务。2009–2012年，鹰潭市图书馆十分重视馆外流动服务工作，有社区、企业、部队和乡镇图书流动点共计20个，每年平均向流动点提供2.2万册图书，作为流动借阅服务。2012年12月，鹰潭市图书馆充分发挥文献资源丰富的优势，收集、整理、编辑了学习贯彻党的十八大精神《信息汇编》，为“两会”提供服务。

2009–2012年，鹰潭市图书馆网站访问量4.89万次。整合网络资源，开发新型服务：一是建立电子阅览室，在网上开通远程数据查询服务；二是通过自身制作、合作建设，购买和网上搜索等多种方式进行新型文献资源载体建设，整合网络资源，以丰富学习资源，实现资源共享。

2009–2012年，鹰潭市图书馆共举办讲座、展览、培训、阅读推广等读者活动189场次，参与人数4.8万人次。以鹰潭公共图书馆服务联盟为平台，积极组织参加省馆开展的“读好书”活动，并根据本地的实际制定了工作计划和活动方案。鹰潭市图书馆围绕中国经典名著，结合地域文化特色，培养儿童的阅读兴趣，至2011年6月1日起，每月举办一次少儿阅读经典故事会，每次都会选择一部经典名著，在少儿部老师的辅导帮助下，引领少年儿童阅读经典，培养广大儿童阅读经典名著的兴趣。

业务研究、辅导、协作协调

2009–2012年，鹰潭市图书馆职工发表论文12篇，获准立项的省级课题1项，市级课题3项，其他课题2项。

从2010年起，鹰潭市图书馆以文化信息资源共享工程VPN专网为依托，在全市范围内发起组建公共图书馆服务联盟，制定了《鹰潭市2010年度全市文化信息资源共享工程建设计划》，紧紧围绕市级支中心规范建设、本地特色资源建设和基层服务示范点建设三大重点、集中精力、发挥主动、加强宣传、突出服务。

2009–2012年，鹰潭市图书馆利用文化资源共享工程设备资源，定期为少年儿童放映科教电影和爱国主义教育等宣传教育片，为老年人开设计算机培训，为农民工春节期间开通网上购票“绿色通道”。

2009–2012年，鹰潭市图书馆每年为全市农家书屋管理员进行培训，受训人员达600余人。

2009年，鹰潭市图书馆成立鹰潭公共图书馆联合编目中心，开展图书馆的联合编目、联合参考咨询、文献传递第工作。2011年，开展了本地区图书馆的合作与资源合作，推动本

少儿阅览室

少儿讲故事比赛

“读好书”活动启动仪式

开展送书下乡活动

图书送军营活动

地区图书馆的通借通还工作。2012年，加强了和省图书馆学会与全省各地方图书馆学会合作机制的建设，联合开展了图书馆学的项目研究与合作，结合鹰潭市图书馆数字图书馆建设等问题开展合作研究，向省里申报图书馆学，不断拓展对外交流和合作的渠道。

管理工作

2009年，鹰潭市图书馆完成第二次全员岗位聘任，本次聘任共设14类岗位，有15人重新上岗，同时，建立了工作量化考核指标体系，每月进行工作进度通报，每半年和全年进行总体工作考核。2009−2012年，共出台了《鹰潭市图书馆财务管理制度》、《鹰潭市图书馆设备物资管理规定》、《鹰潭市图书馆档案资资料管理规定》等各项制度。对消防安全工作常抓不懈，至今未发生一起消防和盗窃事件。

表彰、奖励情况

2009−2012年，鹰潭市图书馆共获得各种表彰、奖励32次，其中，国家图书馆表彰、奖励2次，省文化厅和省馆表彰、奖励16次，其他表彰、奖励14次。

馆领导介绍

薛玉红，女，1963年8月生，本科学历，中共党员，副研究馆员，馆长。1984年7月参加工作，至1987年1月在贵溪一中任教，1987年2月至2011年5月在鹰潭市广播电视工作，2011年6月任鹰潭市图书馆馆长。

朱爱英，女，1964年2月生，本科学历，中共党员，馆员，党支副书记。1981年9月参加工作，1998年至今任鹰潭市图书馆副书记，分管党的工作、精神文明建设、工会工作。

未来展望

鹰潭市图书馆遵循“服务、创新、发展”的办馆方针，在未来的几年里，建立特色藏书体系和数字资源库，为社会公众了解、研究本地区社会发展进程中的历史与现状提供了重要的参考，以更大的决心推动鹰潭特色文化的大发展大繁荣。围绕建设“绿色世界铜都”为主题，不断丰富完善铜产业及铜加工领域的图书资料，设立铜产业图书专柜，及时收集、反馈铜产业发展的信息，切实为广大铜产业从业人员服务；围绕繁荣龙虎山道教文化为主题，邀请国内的专家学者，策划一系列的专题公益讲座，打造以道教文化为主题的图书馆；围绕特色旅游业发展，完善道教图书信息及辅导书籍方面的资料，提升图书馆参考咨询服务水平，实现图书馆服务效益。

联系方式

地　址：鹰潭市湖西路4号
邮　编：335000
联系人：郑凌平

“中国梦与现代化”巡讲活动

鹰潭市图书馆外貌

南昌市东湖区图书馆

概述

东湖区图书馆初创于1979年，于1980年并入东湖区，并正式更名为东湖区图书馆。1994年，该馆由文化部授予国家三级图书馆。当年区政府投资200万元在叠山路601号新建图书馆大楼，建筑面积2551.93平方米。1995年4月新馆竣工，10月正式投入使用。现馆内设有图书馆外借室、报刊阅览室、电子阅览室（全国文化信息资源共享工程）、盲文及盲人有声阅览室等七个对外服务窗口；设有成人阅览室座位210个，少儿阅览室座位30个。2013年馆藏图书104000余册，年流通人次65000余人，年外借册次83000余册。1999年、2004年、2009年，该馆连续由文化部评为国家二级图书馆。

业务建设

截止2013年底，东湖区图书馆总藏量122951册，其中纸质文献104051册，电子图书8000册，试听文献900种，精装地方志一套。平均每年购买报刊245种。

2011年、2012年分别获各级财政拨免费开放经费20万元。东湖区图书馆2013年图书购置费达16万元。

截止2012年底，东湖区图书馆服务器存储量为4.39T，台式计算机55台，笔记本电脑4台。于2013年引进通借通还系统，实现全市借还一体化服务。

2011年底，东湖区图书馆正式向社会全年365天免费开放，周开放56小时。馆内设有240个读者座席位，其中少儿座席24个。年平均图书借阅量83216册次，其中馆外借阅点年平均借阅5500册，年流通人次65317人。

东湖区图书馆网站主要由本馆概况、服务介绍、读者指南、读者园地、信息查询、网络导航、图书馆动态组成。

走进农村，年平均发放宣传资料1000余份。走进学校、社区，进行图书馆宣传2000余册次，讲座40余场，展览8次，阅读推广活动7次，赠送图书1000余册，业务辅导4次。平均每年针对残疾人、少儿、老人、农民工群体开展的活动20余场。

业务研究、辅导、协作协调

2008年以来，东湖区把文化惠民作为工作的出发点和落脚点，在市新闻出版局的支持指导下，积极探索，有序推进，共建设农家书屋6家，农家书屋覆盖率达到100%。本区街道、乡镇、社区、村图书馆参与服务网络建设的比例为46%。

参与南昌市公共图书馆集群管理建设，达到书目资源共建共享，实现通借通还。采用ILASIII系统进行书目数目借还系统化。利用手机WAP服务平台，建立手机掌上图书馆。

平均每年对图书馆工作人员进行2次专业技术培训。开展文化信息共享工程培训4次。

管理工作

东湖区图书馆为副科级全额拨款事业单位，内设机构8个，分别是：办公室、采编室、图书外借室、报刊阅览室、少儿室、电子阅览室、盲人阅览室、参考资料室。共有干部职工8人。建立了工作量化考核指标体系，每月进行工作进度通报，每半年和全年进行总体工作考核。同时完善了奖惩制度、请假制度、值班管理制度、考勤制度以及职工考核评先标准。

表彰、奖励情况

2009—2012年，东湖区图书馆获得各项表彰、奖励17次，其中共东湖区人民政府表彰奖励9次，东湖区妇女联合会表彰、奖励2次，中共东湖区纪律检查委员会表彰、奖励2次，东湖区总工会表彰1次，东湖区机关效能建设领导小组奖励1次，江西省农建书屋工程领导小组表彰、奖励2次，2013年被江西省文化厅评为“读好书先进单位”。

馆领导介绍

周敏女 南昌业余大学毕业，大专学历，中共党员，1980年10月参加工作，2003年9月任东湖区图书馆党支部书记，2007年8月任馆长。

罗慧敏，女，南昌大学图书馆情报专业毕业，本科学历，中共党员。1994年8月参加工作，2000年1月担任南昌东湖区图书馆副馆长，2007年8月担任南昌市东湖区图书馆党支部书记。2009年获东湖区人口和计划生育工作先进个人称号；2010年被评为东湖区优秀妇联干部；2009年和2010年被评为“农家书屋”工作先进个人；2007年和2010年被评为全区社会治安综合治理先进工作者。

电脑培训

“图书馆漂流”活动

春节猜谜语

读好书活动

未来展望

东湖区图书馆遵循“诚信服务、人本服务、创新服务、知识服务”的服务理念，践行为人民服务的宗旨，带动地区事业发展。通过南昌市公共图书馆集群管理建设，增加图书资源的率用率，增强服务能力。东湖区图书馆新馆建设正式启动，在未来的几年里，东湖区图书馆将建设新馆，阅览室座位500个，可容纳纸质文献200000册，年服务人次可达150000万以上。在新馆开始运营的同时，将引进一批先进的图书自主借还机、查询机、报刊阅读机，等新设备，极大提升读者阅读自主性和办公人员工作效率。

联系方式

地　址：南昌市东湖区叠山路601号

邮　编：330000

联系人：罗慧敏

庆祝十八大 服务大深化

“书来书往”图书馆交换

图书漂流

馆容馆貌

南昌市西湖区图书馆

概述

西湖区图书馆初创于1979年，馆址几经变迁，2007年1月30日至今位于南昌市前进路38号，建筑面积近1000平方米，设计藏书容量6万册，可容纳各类读者座位近百个，有电子阅览室1个，计算机20台，信息节点34个，宽带接入10Mbps，选用LIASII图书馆自动化管理系统。预计2015年将搬入新馆，新馆位于朝阳新城抚生路以东，青原路以南（喜盈门东南方，朝阳新城控规A03-04地块），新馆建筑面积达1500平方米。

99年以来，我馆在上级相关部门的关心指导下，在全省县区图书馆中创造了2个第一和6个唯一：首家开放了电子阅览室、首家参与“全国文化信息共享”；唯一实现了自动化管理、唯一开放了电子图书光盘库、唯一创办了网络杂志、唯一创办了少儿网站；唯一建立了少儿网络中心；唯一实现了在线服务。我馆的工作得到了上级部门领导的充分肯定，并连续被评为“市级文明单位”和“西湖区巾帼文明岗”、西湖区百个内设机构“优秀单位”。2003年8月30日，胡锦涛总书记还亲临视察了我馆扶持创办的“建设桥社区图书室”，2008年10月15日，习近平总书记考察了我馆扶持的“恒茂社区图书馆”。

业务建设

我馆自2008年以来，年购书经费为14万，为全市县图书馆年图书经费最多的县区。因此，每年入藏数量至少达到了2500余种以上，含各种来源的中外文图书（如采购，接受捐赠或调拨等），但不含电子图书，报刊年入藏量为189种。截止2013年底，西湖区图书馆现有总藏量为20.2万余册，其中包括本馆已入藏的古籍、图书、期刊和报纸合订本、小册子、手稿以及缩微制品，录像带，录音带，光盘等视听文献资源的数量之和。另外，我馆还在豫章监狱和武警西湖支队、筷子巷派出所分别设立了图书室以及区政府的机关阅览室。其中藏书总量5.2万册（件），视听文献202种，地方文献入藏完整率为90%，数字资源总量为近5TB。

读者服务工作

从2010年11月起，西湖区图书馆全年365天对外免费开放，周开放56小时，2013年率先引进了RFID技术，2014年将实现与省市、城区馆馆藏文献实现自助借还。2009-2012年，书刊总流通达15.19万次，书刊外借达9.2万册次，读者满意率达97%。2009-2012年，西湖区图书馆先后在全省创办了首家青少年绿色网站——大眼睛少儿网站和大眼睛青少年网络中心；率先建立了西湖区图书馆在线借阅网络系统，实现了馆内、网上双轨服务；率先实行了“社区图书循环配置”活动；2009-2012年，西湖区图书馆共举办讲座、展览、培训、阅读推广等读者活动30余场次，参与人数近2200余人次。

业务研究、辅导、协作协调

从2010年起，西湖区图书馆以文化信息资源共享工程为依托，在全区开展阅读推广与讲座展览资源服务、业务培训与技术支持等工作组。截止2012年底，成员馆发展到10家，期间，举办联合编目等联盟培训班5期，12课时，227人次接受培训。

管理工作

2010年，西湖区图书馆完成第二次全员岗位聘任，本次聘任共设3类岗位，有6人重新上岗，实行了上岗择优聘用制和分配激励制度。同时，建立了工作量化考核指标体系，每月进行工作进度通报，每半年和全年进行总体工作考核。2009-2012年，共抽查文献排架5次，书目数据3次。

表彰、奖励情况

2009-2012年，西湖区图书馆共获得各种表彰、奖励8次以上，其中，省、市文化局（厅）表彰、奖励3次，其他表彰、奖励5次以上。

馆领导介绍

余江华，男，1978年2月生，本科学历，中共党员，馆长。2000年1月参加工作，历任西湖区图书馆副馆长、区文广局党政办主任。

熊鹰，男，1975年7月生，研究生学历，副馆长。1998年9月参加工作。分管外借部、采篇部及少儿阅览室等。

朱智琴，女，1972年12月生，大专学历，副馆长。1974年7月参加工作，分管财务、电子阅览室及相关业务工作。

未来展望

西湖区图书馆为给辖区居民居民提供一个增长知识、传播文明、寓教于乐的优质阅览活动场所，即完善单体服务

图书馆内景

读书节开幕式

送书进农村

流动书屋进农民工地

流动书屋进社区

功能，扩大服务辐射区域，带动朝阳新城文化事业发展。在2010年，西湖区图书馆已在依据朝阳新城整体规划为前提，拟在抚生路以东，青原路以南（喜盈门东南方，朝阳新城控规A03－04地块）新建一座建筑面积近万平方米的俱文化、图书、演艺等为一体的新大楼。目前工程早已竣工，正在进行内部装修工程。2015年将投入使用，全面建成后的西湖区图书馆，总建筑面积将达3000平方米，阅览座位超百个，可容纳纸质文献20万册，年服务人次可达5万人次以上，数字资源设计存储能力50TB，建设规模将达到国家一流图书馆的标准。

联系方式

地　址：南昌市前进路38号
邮　编：330009
联系人：朱智琴

南昌市青云谱区图书馆

概述

青云谱区图书馆创立于1979年4月，馆址几经变迁，1995年3月迁入新落成的区文化大楼4–5楼，建筑面积1000平方米。2012年，参加第五次全国公共图书馆评估，首次获得二级图书馆。2012年，青云谱区图书馆有阅览坐席240个，计算机72台，宽带接入10Mbps，选用IlasⅢ图书馆自动化管理系统。

业务建设

截止2012年底，青云谱区图书馆总藏量68396册（件），其中纸质文献37246册(件)，报刊2097件，电子图书31000种，视听文献1947件/套。

2009年，青云谱区图书馆购书经费为8万元，2013年增加至12万元。2009–2012年，共入藏中外文图书种16903册，中外文报刊335种，视听文献1025种。

截止2012年底，青云谱区图书馆数字资源总量为1TB。2009–2012年，完成了《青云谱区图书馆中小学图书影像平台资源库》的建设，本系统有中小学电子图书31000余种，中小学教学视频1000余种；完成了《青云谱区地方文献库》、《青云谱区特色视频库》、《青云谱区少儿数字图书馆》和《青云谱区数字图书馆》的建设。在建的数字资源库有《青云谱区地方文献特色数字资源库》。

2010年，把IlasⅡ自动化管理系统升级改造为IlasⅢ自动化管理系统。

读者服务工作

从2009年2月起，青云谱区图书馆全年365天每天对外免费开放，周开放56小时。2009–2012年，本馆采用开架及半开架方式借阅，书刊文献外借册次为61025册次。2009–2012年，已建有6个馆外流通服务点，书刊借阅册次为25840册次。馆内设有政府信息公共查阅点，存放了青云谱区政府各级单位的公开服务信息。2009年起，连续为政府机关、科研和企事业单位提供课题信息服务12项，为社会公众提供重点信息咨询服务22项。

2009年–2012年，依托每年的图书馆服务宣传周、青云谱区“象湖之春”社区文化艺术节开展“图书下社区”活动24场，把流动书屋设在社区，供居民自由阅读，服务约2.4万人次。2009–2012年的每年春节期间举办“迎新春有奖灯谜竞猜活动”36场，服务约7.2万人次。2012年春节始，举办了“笑脸”免费拍摄活动。活动走进社区、区社会福利院、外来务工子女学校、残疾人家庭及困难户为群众免费拍摄全家福和“笑脸”照，举办了8场次，现场打印照片近500张，服务人群近2000人。

2011年3月，青云谱区图书馆网站建成，整合了全国文化信息资源共享工程资源信息、网络资源信息及地方文献数据库，访问量7135次。

2012年，青云谱区图书馆共举办讲座、展览、培训、阅读推广等读者活动14场次。参与活动总人次为3.1247万人次。并且积极利用图书馆服务宣传周、全民读书月、世界读书日等开展丰富多彩的活动，宣传图书馆，营造阅读氛围，让人们亲近图书馆，走进图书馆。

业务研究、辅导、协作协调

2009–2012年，青云谱区图书馆职工发表论文3篇。编写《青云谱区图书馆工作简报》16期，撰写专项调研、分析报告和工作提案8篇。

从2010年7月起，青云谱区图书馆与南昌市形成馆际互借，通过两馆的馆际互借，更大限度地满足了读者的需求。形成了以青云谱区图书馆为中心馆，街道（镇）文化站图书室为业务分馆，农家书屋、社区书屋为亚分馆的本地区三级服务网络，层层管理，互动互联，为共享工程各级基层服务点统一配发电脑等设备，为各书屋统一配发图书。通过上门指导、电话咨询、开展培训等方式对书屋管理员进行培训指导。2012年举办基层管理员培训班3场次，每年下基层书屋指导工作不少于四次，指导自动化管理、新书采编上架及服务活动开展等，提高了管理员的业务水平。截止2012年，本区街道、乡镇、行政村、社区共建有74个基层图书室，达到街道、乡镇、社区、村图书室参与服务网络建设100%的比例。

管理工作

青云谱区图书馆按岗设置、按岗聘用、竞争上岗。各类岗位均制定了岗位责任制。干部职工每月进行考核打分，按考核结果发放奖励性绩效工资。2009–2012年，共抽查文献排架48次，书目数据16次。对设备、物资加强管理，准确确定管理范围，定期对设备清查盘点。

表彰、奖励情况

2009–2012年，青云谱区图书馆共获得各种表彰、奖励10次，其中，文化部表彰、奖励1次，省级表彰、奖励5次，市级表彰、奖励4次。

馆领导介绍

宋雪涛，女，1968年10月生，本科学历，农工民主党党员，馆员，馆长。1990年8月参加工作。2007年11月任青云谱区图书馆馆长。中国女摄影家协会会员，江西省摄影家协会会员，南

报刊阅览室

阅览室

展览活动

服务外来务工子女

赠书活动

昌市摄影家协会理事。喜欢用手中的相机记录阅读的感人瞬间，以此表达一个图书馆人对读书、对图书馆的宣传，多幅摄影作品在省、市摄影大赛中获等级奖。同时勇于创新，积极拓展图书馆新型化、多元化服务模式。2008年，该馆获省文化厅授予"先进图书馆"荣誉称号。

李文华，女，1975年3月生，江西省委党校在读研究生，中共党员，党支书记。1990年12月在部队服役，1994年10月至今在青云谱区工会任会计、女职委主任，2007年10月担任青云谱区图书馆书记。分管党的工作、精神文明建设。

未来展望

青云谱区图书馆将始终以"读者第一，服务至上"为服务宗旨，不断发挥阵地优势，做好传统服务。同时，积极引进现代化设备、设施，增购图书自动借还机、自动办证机、图书自动分拣机等，提高图书馆的现代化服务能力。创新服务模式，拓展服务功能，使图书馆的服务广度与深度得到延伸。充分利用馆藏文献、设施和技术条件，提高现代信息网络技术，健全网站、特色资源库、数字图书馆建设等。2013年，青云谱区图书馆新馆建设项目正式启动，在未来的几年里，青云谱区图书馆新馆舍将在广州路落成使用，建筑面积近3000平方米。

联系方式

地　址：南昌市洪都南大道18号青云谱区图书馆
邮　编：330001
联系人：王永梅

新春读者活动

志愿服务活动

南昌县图书馆

概述

南昌县图书馆1986年3月从南昌县文化馆分离出来，正式独立办公对外开放，是我县唯一的县级公共图书馆。馆址几经变迁，2008年6月，在南昌县委、县政府统一安排下，新馆舍迁入南昌县文化中心二楼，现位于澄湖北大道579号，建筑面积2680平方米，同年8月正式对外开放，为全县读者提供公共文化服务。2013年，参加第五次全国公共图书馆评估，获得二级图书馆。至2012年，南昌县图书馆有阅览坐席267个，计算机65台，宽带接入10兆光纤，选用ILASⅢ图书馆自动化管理系统。

业务建设

截止2012年底，南昌县图书馆文献总藏量14.3万册（件），其中，纸质资源14.2万册，电子文献715种，数字资源总量为4TB。

2009年–2011年，南昌县图书馆购书经费10万元，2012年起增至21万元。2009–2012年，共入藏中文图书1.1万种，2.7万册，中文报刊256种。自2008年以来，运用各种方式，通过各种渠道，逐步了解掌握全县文献资源的历史与现状，进一步确定收集范围和重点，采取相应措施及方法步骤，使地方文献征集工作取得了较好的社会效益，为我县曹雪芹祖籍在武阳提供了大量的资料。

读者服务工作

从2011年底，我馆全年365天对外免费开放，节假日照常开放，周开放56小时，馆内实行图书采编、流通、目录检索自动化管理系统。2009–2012年，书刊总流通21.8万人次，书刊外借32.56万册次。2009–2012年，与省市图书馆开展全县图书流通大循环活动，共建流通站16个，馆外书刊流通总人次5万人次，书刊外借7.2万册。

2010年，设立政府公开信息查询点，提供全县市民政府公开信息服务。

2010年，建立独立的南昌县图书馆网站，为读者提供网上信息咨询。2009–2012年，南昌县图书馆共举办讲座、展览、培训、阅读推广等读者活动124场次，参与人数12.4万人次。

业务研究、辅导、协作协调

2012年，南昌县图书馆职工共撰写调查研究报告发表论文8篇，编辑出版《红楼梦诗词选辑》一辑。

从2010年起，与南昌市图书馆在全县联合开展“全县图书流通大循环活动”，共建16个图书流通站，每年进行图书互调4次，让全县城乡居民充分享受了文化的权益，实现全县资源共享，有效缓解了基层图书室“买书难、借书难、看书难”现状。

自2007年起，我馆率先在全省协助开展农家书屋工程建设工作，到目前为至，南昌县共建乡镇图书室16个，社区服务点5个，村级农家书屋263家。文化信息资源共享县级支中心一个，乡镇基层服务点16个，村级基层服务点263个，覆盖率达到了100%。2012年与武警南昌县中队共建警地流动图书室，每年为中队提供100册流动图书和部分“名家讲座”光盘，每季度组织图书流动，进一步丰富我县官兵文化生活。

坚持开展与省、市图书馆建立馆际互借业务，充实馆藏资源。

2009年–2012年举办了乡（镇）村基层图书室管理员培训班三期，文化信息资源共享基层服务点管理员培训班一期，共培训管理员790人；乡（镇）文化站长经验交流会一期，上门现场培训230多次，逐步规范了基层图书室科学管理，进一步提升基层管理员的业务水平和自动化技能，确保了我县农家书屋工程建设和文化信息资源共享工程的顺利开展。

2010年，南昌县三江镇万心怡同学荣获“我的书屋我的家”讲演比赛全国最佳读书奖、江西省一等奖；南昌县塘南镇田万村荣获“全国农家书屋示范点”、管理员获“全国优秀管理员”；塔城乡青岚村获“全省优秀农家书屋”、管理员获“全省优秀管理员”；2012年南昌市征文比赛中分别荣获二等奖一名、三等奖一名。

管理工作

我馆建立了完善的财务管理、人事管理、设备物资管理、档案管理、安全管理等一系列规章制度。2012年，南昌县图书馆完成岗位聘任，本次聘任共设8个岗位，有8人上岗，同时，建立了工作量化考核指标体系，每月进行工作进度通报，每半年和全年进行工作总结与考核。

落实招募实施方案，建立规范的志愿者管理机制，通过各种渠道招募文化志愿者，参与读者服务工作，作为全系统招募志愿者试点，在充分发挥了志愿者在构建和谐文化社会建设中发挥了积极的作用。

报刊阅览室

阅览室

展览活动

表彰、奖励情况

2009–2012年，南昌县图书馆共获得各种表彰、奖励21次，其中，国家新闻出版部署奖励1次，省新闻出版局表彰、奖励1次，省文化信息资源共享2次，市文化局表彰、奖励3次，其他表彰、奖励14次。

馆领导介绍

姜钦峰，男，汉族，1977年10月生，本科学历，中共党员，馆长。中国作家协会会员，《读者》签约作家，南昌市文学艺术院特聘作家，南昌县作家协会主席，南昌县政协委员。在《羊城晚报》等报刊开设专栏，作品收入百余种图书或编入中学语文试卷，部分拍成电视散文在中央电视台播出，出版有散文专著六部，获第二届南昌市滕王阁文学奖（政府奖）。2014年4月到南昌县图书馆工作。

熊洪伟，男，1963年3月生，本科学历，中共党员，馆员，党支部书记。1986年参加工作，于2000年到图书馆工作，中国图书馆学会会员、江西省图书馆学会会员、北京曹雪芹研究会会员、南昌武阳曹雪芹研究会副会长，曾发表学术论文10余篇，并多次获奖，并编辑出版了《红楼梦诗词选辑》一辑，为我县曹雪芹祖籍在武阳提供了大量的资料。

万剑梅，女，汉族，1974年10月生，江西南昌县人，2005年7月加入中国共产党，1993年9月参加工作，大专学历。现任南昌县图书馆支部副书记。

未来展望

南昌县图书馆遵循“读者第一，服务至上”的服务宗旨，践行创新求发展战略，完善读者服务功能，扩大服务辐射区域，带动地区事业发展。2009–2012年，在不断强化自身综合实力的同时，通过开展乡镇图书流通站，协助全县农家书屋建设，带动了全县基层图书事业的整体发展。在未来的面对全球信息产业和文化产业的迅猛发展和新的机遇和挑战，南昌县图书馆着眼于增强自身能动性，以主动服务取代被动服务，读者服务方式则由传统服务转向服务自助化方向，不断完善数字化建设，指标数不断增强，达到国家一级图书馆的基本标准。

流动书屋进社区

联系方式

地　址：南昌县图书馆
邮　编：330200
联系人：姜钦峰

安义县图书馆

概述

1916年设中山书报社，后改为民众图书馆，藏书8000余册。民国二十五年更名为民众阅览室，直至解放。1949-1978年图书阅览室属县文化馆一部分，1979年成立。安义县图书馆，但仍与文化馆合署办公，1980年请南昌市图书馆派人现场指导分类编目使用《中图法》三版。1984年机构改革时，图书馆单独建制。直到图书馆大楼从1985年开始动工，位于解放路226号，1991年10月1日竣工建成，面积为1717.31平方米。

2011年进行加层维修改造后面积达2000平方米，现有藏书8.8万册，内设机构有办公室、外借室、综合阅览室60席、少儿室50席、内阅室30席、多媒体报告厅100席，培训室50席，电子阅览室电脑72台，采编辅导部、报纸库，杂志库。宽带10兆，使用Ilas图书自动化管理系统。农家书屋和村级基层服务点105个。

2008年成立安义县文化信息资源支中心。同年该馆是江西第一批文化信息共享建设单位；各项建设均按照省级验收标准和要求统一进行配置、装修，建设机房：服务器3台，存储器1台，安全设备1台，卫星接收器1台；同时完善供电系统、防雷、防火、防盗等装置，机房工作用房20平方米、机房服务器3台，存储器1台，安全设备1台，卫星接收器1台；于2009年4月完成并接入10兆专线光缆互联网网线（电讯），电子阅览室面积200平方米，可供读者使用电脑72座位，工作电脑7台，多媒体音响设备1套。工作电脑7台，10兆专线光缆。数字资源总量4TB在图书馆自动化管理方面。

全县105个行政村，每个村省文化厅分发了1台电脑，2012年建立了105个农家书屋。基层村级服务网基本建成。

业务建设

截止2012年底，安义县图书馆总藏量8.8万册（件），其中，纸质文献7.8万册（件），电子图书1万册。2009年、2010年，安义县图书馆新增藏量购置费6万元，2011年起增至10万元。2009-2012年，共入藏中外文图书5367种，16101册，中外文报刊120种，视听文献326种。

截止2012年底，安义县图书馆数字资源总量为4TB，其中，自建数字资源总量5700种。2010年使用Ilas自动化管理系统。

2012年将自动化管理系统升级改造为Ilas3联合馆系统，以适应江西公共图书馆服务联盟建设的需要。同年实现馆内网络全覆盖。

古籍及地方文献，安义县图书馆由于文化大革命，没有古籍藏量。本馆大力收集整理地方文献在，从庐山图书馆复印了安义县《南康府志》一套，既安义地方志34册，在全县进行募集古籍及地方文献活动，收藏了36本，以影印为主，包括家谱，本县历史名人、在外当代的学者，画家，名人等手写著作和著述资料，至今馆藏古籍为271本。

读者服务工作

从2009年1月起，安义县图书馆全年365天天天对外免费开放，周开放63小时。2009-2012年，书刊总流通21万万人次，书刊外借22万册次。有5个流动服务服务点，馆外书刊流通总人次34.1286万人次，书刊外借25.7624万册。举办各种不同形式的推广阅读 活动，如“雷锋在我心中”读书演讲比赛，讲故事比赛，读经典比赛，“读书与我”演讲比赛，少儿诗歌朗诵比赛，开展图片宣传，绘画书法作品展，家庭教育讲座，开展残疾人服务，送书上门，农技科研跟踪服务，电话预约借阅等不同形式的服务。截止2012年，本馆通过文化信息资源共享平台上传送文献资料，连接江西省图书馆网站、省共享工程网向全县共享工程基层服务网点提供检索、浏览和下载服务，电子阅览室月接待读者3000人次。“安义县文化信息资源支中心”成为安义县广大人民群众享受公共文化资源的重要信息枢纽。为此安义县图书馆充分利用文化信息资源共享工程平台，努力全县广大读者，特别是为留守青少年创造健康向上的学习环境不断创新服务。

2009-2012年，安义县图书馆共举办讲座、演讲、培训、军民联动、阅读推广等读者活动48场次，参与人数1.6万人次。送书下乡、编印《科技知识摘编》2万份册发送广大读者和农民读者手中，深受青睐。

业务研究、辅导、协作协调

2009-2012年期间，组织人员到全县各基层服务点进行调研，拟写调研报告，每年农闲时，学校寒暑假期间，开展读者调查活动，及时了解广大读者对文献信息需求，实行跟踪服务和馆际互借制度，举办农家书屋管理员培训班，基层村级服务管理员培训班，中小学图书管理员培训班，农民工电脑培训班以及留守少儿电脑培训等各种不同形式的培训活动，参加人数达到1.1万人次。乡镇文化站的图书资料实行互通借阅。

电子阅览室

外借室

安义读书周暨安义书香节启动仪式

图书馆服务宣传周活动

管理工作

2009-2012年完善各种规章制度；很抓作风建设，制定考核新规定，出勤与绩效现结合，建立量化考核制，实行每周每月统计考核每年年终考核。建立活动效果监察考评制，对每次活动进行评估。2009-2012抽查借阅率8次文献排架16次，书目数据8次，每人每年拟写岗位调研报告。

表彰和奖励

2009-2012年安义县图书馆获11次，其中省厅1次，市局4次，县局3次，其他奖励3次。

馆领导介绍

刘祥缔，1985年2月参加工作，2011年调入图书馆工作，高中学历，中共党员，现为联合支部书记。

傅斌，1976年7月参加工作。1980从事图书馆工作至今年，大专学历，中共党员，现为为副研究馆员，馆长。曾为县人民代表，发表论文4篇，获奖论文5篇，获市文化系统先进工作者2次，获县三八红旗手。

刘琳，1976年7月参加工作。1986年从事图书馆工作至今，大专学历，农工民主党，政协委员，现为馆员，副馆长。获奖论文5篇。多次评为市县先进工作者。2012年10月获南昌市公共图书馆"我喜欢的书房"摄影大赛优秀奖。

李慧，1987年参加工作，1991年从事图书馆工作，大专学历，现为馆员，副馆长。获奖论文1篇，2009年评为市先进个人，2011年评为县文化系统先进个人。

未来展望

安义图书馆本着"读者至上，服务第一"的服务宗旨，满足广大读者的需求，以创新服务提高服务质量，加强服务软硬件功能建设，加强少儿读书环境改造，扩大读者群体，使县图书馆在本地区家喻户晓，到2016年全民阅读率85%，开展科技跟踪服务，创品牌服务，2016年增加网速为50兆，加强以网络传送为手段的创新服务，为营造学习型社会尽本馆的社会责任。

联系方式

地　址：江西省安义县图书馆
邮　编：330500
联系人：李 慧

浮梁县图书馆

概述

浮梁县图书馆大楼于1999年9月竣工使用，当时图书馆建筑面积为580平方米，2010年8月经浮梁县政府有关部门批准，在图书馆的顶层续建540平方米，并于2010年12月完工，图书馆面积达到1120平方米。2012年经县政府研究，决定将浮梁县城白居易路原交通局大楼（建筑面积2000平方米）划拨给浮梁县图书馆免费开放使用，目前馆舍面积为3120平方米，有阅览坐席209个，计算机50台，信息节点152个，宽带接入10Mbps，选用ILASⅢ图书自动化管理系统。2012年10月以前，浮梁县图书馆与文化馆合署办公，2012年10月，浮梁县图书馆与文化馆分设。2013年，浮梁县图书馆参加第五次全国公共图书馆评估，首次获得二级图书馆。

业务建设

截止2012年底，浮梁县图书馆总藏量14.12万册（件），其中，电子图书10万册，中外文图书3.5万册（件），报刊0.6万册，视听文献100件，地方文献100册。数字存储容量8TB，数字资源2TB，拥有自动化管理系统。配置计算机50台，其中42台可供读者使用，馆内实现宽带无线全覆盖。建立了网站数字化平台，页面美观，更新及时，服务项目齐全。

读者服务工作

根据馆内工作实际，该馆加强组织领导，制定实施方案，完善各项规章制度，建立健全岗位责任制，积极组织全馆干部职工参加政治和业务知识学习，增强免费开放服务意识，提高业务素质与服务技能，加大宣传力度，组织举办丰富多彩的全民阅读活动，对全县乡镇图书室和农家书屋免费辅导，规范基层图书室建设，完善基层文化阵地。

在为特殊群体服务方面，该馆在少儿阅览室设立了适合少年儿童使用的低矮桌椅板凳等特别设施；为老年人配备了老花镜、放大镜；老年人、残疾人读者可凭有效证件优先免费办理借阅证，并可适当延长续借时间，解决弱势人群活动不便的困难；定期组织未成人来馆参观阅览，或到学校开展借阅活动，丰富孩子们的课外生活；为增强进城务工人员的劳动技能，与县就业局联合开展了劳动技能培训活动。

浮梁县图书馆实行全年对外免费开放，每日上午8：00–下午17：30（冬季8：00–17：00），每周坚持开放60小时以上，基本服务如办证、借书及存包等全部免费，全馆实行一卡通无障碍、零门槛服务。馆内设立了政府信息公开专柜，每年为史志档案局编写《浮梁年鉴》及关工委关爱未成年人身心健康活动提供参考咨询服务。

2012年，全年总流通人次约8万人次，书刊总流通约4.1万册次，举办各类讲座、展览、培训、阅读推广等读者活动29场次，参与人次为3.9万人次。

业务研究、辅导、协作协调

截止2012年12月底，浮梁县图书馆共建成151个文化信息共享工程村级服务点。每年与全县各乡镇图书室开展图书大循环活动，与全县165家农家书屋开展图书复本互换活动，并承担对基层的业务辅导工作。2012年，共开展基层业务培训4次。

管理工作

浮梁县图书馆制定了严格的财务制度和报账制度，由会计委派中心执行财务监管，所有工作人员实行聘用制，竞争上岗，每年参加全局的定期考核，阅读学习环境设施设备齐全，环境整洁、美观、安静，馆内各标志牌规范，节能减排措施科学有效。

表彰、奖励情况

2009–2012年，浮梁县图书馆连续四年荣获浮梁县文广新局先进集体；2011年在全市首届“读好书”活动中被景德镇市图书馆协会评为先进集体；2012年在第二届““读好书”活动中荣获景德镇市图书馆协会颁发的优秀组织奖。

馆领导介绍

康仲，男，1977年11月生，本科学历，中共党员，工程师，馆长。1998年9月参加工作，历任浮梁县广播电视台技术部主任、浮梁县文广新局人秘股负责人，2012年10月任浮梁县图书馆馆长。

程龙珠，女，1964年2月生，大专学历，副馆长。1980年11月参加工作，先后在业务办公室、财务室工作，2004年9月任浮梁县图书馆副馆长。

未来展望

浮梁县图书馆本着一切为读者服务的宗旨，将从改善阅

借阅室一角

少儿图书室一角

书法、美术、摄影展览

读好书活动

服务宣传周活动

图书赠书活动

读环境、增强免费服务、提高馆员素质、提升业务水平、举办特色活动等方面入手，争取项目资金，加大建设力度，完善服务内容，打造特色品牌，积极争取与全市各图书馆联合打造“一卡通“服务，努力做好数字图书馆推广工程，实实在在把图书馆建成读者喜爱的窗口，让更多群众走进图书馆，享受新生活。

联系方式

地　址：浮梁县朝阳大道26号
邮　编：333400
联系人：程龙珠

芦溪县图书馆

概述

芦溪县图书馆成立于1984年，现为国家二级图书馆。目前县图书馆拥有藏书6.5万册，设有外借室、期刊室、少儿阅览室、电子阅览室、采编室、古籍室、多功能厅、书库等功能用房，馆容馆貌、设施设备均为一流。

芦溪县图书馆自成立以来，始终坚持"双百方针"和"二为方向"，依托自身资源优势，为广大读者提供图书借阅和信息咨询服务。2011年3月，县图书馆作为全省十二个试点单位之一，率先向全社会实行免费开放，并打造出"兴文流动书屋""濂溪讲堂"等服务品牌，为丰富城乡群众文活做出积极的贡献。

业务建设

（一）争取各级领导支持。在各级领导的高度重视下，我县先后于2004年、2006年建成了图书馆、文化馆综合楼和文化艺术中心，投入近2000万元，建筑面积近1万平方米。特别是2008年，我县争取到了省政府图书馆维修改造资金135万元，用于对县文化艺术中心一楼、二楼按照国家二级馆的标准进行改造，目前县图书馆的馆舍面积达3100余平方米。争取政府对公共文化事业的支持，购书经费已增加到每年4万元。

（二）想方设法增加图书馆藏量，改善办馆条件。通过政府采购、企业援助、个人单位捐献等方式，每年图书入藏量超过3500册，目前，县图书馆馆藏量为6.1万册。地方文献征集进展顺利，效果较好。此外，我们还争取经费添置设施，新馆阅览座席420个，少儿阅览室座席达120个。计算机从无到有，逐年增加，今年又争取到了全省文化信息资源共享工程支持，预计到年底，我馆可提供给读者使用的计算机将超过40台。

读者服务工作

一是使用《中图法》（第四版）对图书进行分类标引，按照《普通图书著录规则》进行著录，图书标引、著录误差率显著下降。加强图书目录设置、组织、管理和藏书组织管理工作，目录组织误差、图书排架误差逐步减小。

二是强化馆内服务工作。保证开馆时间，每周开馆时间达60小时，做到了节假日不闭馆。加强对图书的管理，对损坏书刊及时进行修补，提高图书使用效率。

三是加强信息服务，经常为领导机关、科研、企事业单位、社会大众提供信息服务，做好服务宣传周活动。

四是协助搞好街道、乡镇图书馆，社区、村图书室建设，加强业务指导，开展业务培训，加强协调协作，实现共建共享，不断延伸工作手臂。到现在街道、乡镇图书馆覆盖率100%，社区、村图书室达40%以上。

五是积极开展"流动书屋"活动，通过"流动书屋"走进乡村集镇、走进校园、走进军营等多种形式的活动，实现了突破图书馆围墙开门办馆，收到良好的社会效益。去年8月，撰写的《拓宽阵地，创新服务，为丰富农村群众精神文化生活助力》一文，在全省公共图书馆馆长会议上交流。到目前为止，已开展"流动书屋"活动42次，受益群众2万余人。

六是举办形式多样的读者活动，通过讲座、报告会、读书活动等有效载体，激发读者的读书热情，提高图书馆的服务水平。近两年，先后举办讲座等活动8场，参加活动人次约9000人。

管理工作

2006年，在县委、县政府领导的重视下，县机构编制委员会同意将县文化馆、县图书馆机构和人员进行分设。机构分设后，改变原来文化馆、图书馆混合办公的不科学的局面，也为更好的发挥两馆的作用打下基础。近年来，县图书馆在局行政的统一领导下，通过加强政治业务学习，建立和完善各项制度，强化内部管理，并逐步走上制度化、科学化、规范化。制定了芦溪县图书馆《财务管理制度》、《图书借阅制度》、《安全保卫制度》、《设备、财产管理制度》等，建立岗位责任制，实行目标管理，工作作风和工作效率得到有效提高。员工上岗实现统一着装，精神面貌焕然一新，对外形象越来越好。

业务研究、辅导、协作协调

2009–2014年，芦溪县图书馆职工发表论文17篇。

2012年9月，芦溪县图书馆组织举办萍乡市首届全民阅读启动仪式，带动全市读书积极性。

2009–2014年，芦溪县图书馆每年都会举办图书业务讲座

电子阅览室

外借室

濂溪讲堂

流动书屋

培训，目前总共举办培训31场，惠及全县各乡镇、各学校图书室（馆）。

表彰、奖励情况

2009—2014年，芦溪县图书馆共获得各种表彰、奖励13次，其中市一级表彰2次，县一级表彰11次。

馆领导介绍

周毅，男，1989年5月生，本科学历，馆长。2012年12月参加工作，是中国图书馆学会会员、江西省图书馆学会会员。

杨绍珍，女，1965年10月生，本科学历，中共党员，大学期间学习江西师范大学图书情报专业。1983年2月参加工作，具有较高的业务水准。

未来展望

芦溪县图书馆利用自身的资源优势，最大限度地挖掘、利用和传播知识，为更多读者提供获取知识的共享平台，丰富了群众精神文化生活。但是，由于受专业人才、经济条件等客观因素的影响，工作成绩与上级的要求还有差距，主要体现在图书管理数字化程度还不够，图书藏量不够，专业人才少等。在今后的工作中，我们将对照公共图书馆服务标准，争取上级更大的支持，完善设施，强化管理，加强学习，努力提高公共文化服务质量，为构建“活力芦溪、实力芦溪、魅力芦溪、繁荣芦溪、和谐芦溪”发挥应有的作用。

联系方式

地　址：芦溪县凌云南路75号
邮　编：337200
联系人：张春生

承办摄影展

报刊阅览室

少儿阅览室

永修县图书馆

概述

永修县图书馆坐落于新城大道南端，占地面积3200平方米，院内环境优美，空气清新，是读书静心，陶冶情操的好去处。该馆是一所综合性公共图书馆，履行着社会教育和信息情报服务的职责，是县精神文明建设的重要基地。充分利用现代信息技术手段，逐步推行数字化、网络化，实现县、乡、村三级信息资源共建共享，不断满足广大群众日益增长的阅读需求，并采用开放、灵活的藏、借、阅、展、培训、讲座等一体的新型服务模式与服务理念，使图书馆成为全县广大群众文化学习、知识培训、文化休闲的重要场所。该馆2013年首次被文化部授予国家二级图书馆。馆舍大楼建筑面积2100平方米，馆藏图书6万册，文献资料及地方史料1500册，报刊140种，视听资料1000余种。馆内设施按标准配置，功能齐全，设施完善。馆内设有图书外借室、报刊阅览室、少儿阅览室、电子阅览室、文献资料室、多媒体报告厅、读者俱乐部等服务窗口。2013年，永修县图书馆有阅览坐席300个，计算机58台，信息节点130个，宽带接入1000Mbps，使用图书馆自动化集成系统(ILAS)，每周开放时间不少于56小时，开展外借、阅览、参考咨询、专题、电子阅览、视听等服务，举办讲座、培训、展览、学术交流、读者活动等。

该馆截止2013年底，在职人员7人，其中馆长1人，副馆长1人，有本科学历2人，大专学历3人，大专以上学历者占职工总数的70%，具有中级职称2人，初级职称1人。

业务建设

截止2013年底，永修县图书馆总藏量6.0万册（件），文献资料及地方史料1500册，报刊160种，视听资料1000余种。

2008年启动永修县文化信息资源共享工程项目，制定了《永修县文化信息资源共享工程实施方案》，2009年对县支中心和电子阅览室房屋进行装修、布线。2010年6月县支中心和电子阅览室建成对外开放。支中心面积300平方米，机房安装5台服务器，电子阅览室PC机50台。2010年7月村级基层服务点建设得到全面发展，第一批76个行政村服务点建成投入使用，2012年7月第二批87个行政村服务点建成投入使用。至此全县163个行政村实现共享工程村村全覆盖。

2012年，将图书馆自动化集成系统ILAS2.0升级为3.0，以适应江西公共图书馆服务联盟建设的需要，2013年年底，实现馆内802.11N无线网络覆盖。

读者服务工作

为了做好读者服务工作，永修县图书馆举办文学、历史、科学、艺术、经济、医疗保健等知识讲座，邀请业界知名专家学者任主讲嘉宾，不断提高广大读者科学文化知识，提升读者的文化品位。每年在“4.23世界读书日”来临之际，举办读书活动，鼓励、倡导中、小学生、广大群众爱读书、多读书、读好书。每年都不定期举办4-6次读书比赛、征文比赛、演讲比赛等读书活动，通过活动使更多的人了解图书馆、走进图书馆，彰显图书馆浓厚的学习氛围和缤纷魅力。同时还经常举办各种讲座、美术书法展览、报告会议等读者活动，实现图书馆与读者之间的交流与互动，充分发挥图书馆传播知识，丰富群众文化生活的功能。

宣传周活动，每年都定期举办图书馆服务宣传周活动，能够结合图书馆服务宣传周活动主题，开展丰富多彩的宣传活动，如新书展览、知识讲座、少儿影视播放、送书进社区、送书进校园等活动，进而扩大图书馆的社会影响，树立图书馆新形象。

送书下乡，为了做好新农村建设，满足基层群众的求知精神和文化需求，解决农民群众看书难得问题，该馆每年都积极开展送书下乡活动，2010-2013年为乡、村图书室、农家书屋赠送农业科技、果树栽培、家禽饲养、食品加工、文学名著、科学知识、少儿百科等各种图书期刊3000余册，供乡、村群众借阅，让农民读者也能享受到丰富的精神文化盛宴。

表彰、奖励情况

2010、2011年度荣获九江市文化局表彰的“全市公共图书馆目标考评先进单位”。

2012年度九江市文化局表彰的“全市公共图书馆特色服务先进单位”。

2012年9月荣获永修县委表彰的“群众满意十佳窗口单位”。

2013年度九江市文化局表彰“全市公共图书馆特色服务先进单位”。

2013年度全县文化广播电视新闻出版工作目标考评“第三名”。

少儿阅览室

图书馆外貌

读者俱乐部挂牌成立

老年读者参观图书馆

2013年被文化部评为国家二级图书馆。

馆领导介绍

叶德云，男，1963年10月生，大专学历，中共党员，馆员，馆长。1982年11月参加工作，九江市图书馆学会理事，江西省图书馆学会会员。2012年荣获永修县文化广播电视新闻出版局“优秀共产党员”称号，2014年被评为“十佳服务群众党员标兵”。

淦作霖，男，1963年11月生，助理馆员，副馆长，1980年8月参加工作。

未来展望

在当今科学技术高速发展的年代，永修县图书馆要充分发挥本县信息枢纽和精神文明建设基地的重要作用。把图书馆建设成为全民学习中心，社会教育中心和文化休闲中心。不断完善图书馆硬件设施和文化信息资源共享网络，把永修县图书馆建成为一个功能齐全、布局合理、环境优美的新型数字化图书馆。未来的图书馆将是该县集文化、科技、信息传播、保存文化遗产、开展社会主义教育、展示改革开放成果为一体的综合性图书馆。成为该县广大人民群众读书学习、文化交流、科技创新、信息服务的中心，为该县经济建设和社会发展发挥重要的作用。

联系方式

地　址：永修县新城大道88号
邮　编：330304
联系人：叶德云

电子阅览室

报告厅

荣获二级图书馆

资料收藏室

读书活动

德安县图书馆

概述

德安县图书馆最早成立于1977年8月，其前身是始建于1950年的德安县文化馆图书阅览室。馆址几经变迁，2005年6月，搬至县文化影视艺术中心三楼，2006年8月对外开放至今。馆舍面积1600平方米，2012年5月30日，德安县图书馆新馆大楼由政府投资兴建，位于德安县文化广播电视中心的六区，该馆三层，共3316平方米，馆内设有办公室、外借室、报刊阅览室、少儿阅览室、电子阅览室、多功能报告厅、综合阅览室、音像视听室、展览厅、参考咨询室等服务窗口。现已进入装修扫尾阶段，预计今年底将搬入新的图书馆大楼，新馆可容纳读者座位近500个，计算机45台。2013年，参加第五次全国公共图书馆评估，首次获得二级图书馆。

业务建设

截止2013年底，德安县图书馆总藏量6.8万册（件），其中，纸质文献5.2万册（件），电子图书3200册，电子期刊、报纸1.28万种/册。

2013年，德安县图书馆购书经费增加到3万元，免费开放经费20万元，事业经费2.34万元。

读者服务工作、协作协调

从2010年9月起，德安县图书馆免费对外开放，周开放56小时，2013年，书刊总流通6.75万人次，书刊外借13.69万册次。2008年4月，开通与全县社区图书室及中小学图书馆的流动服务。2009年开始协助全县农家书屋工作，对农家书屋管理员进行培训，对书籍进行分类、造册。

德安县图书馆积极发挥协作协调作用，广泛与省、市图书馆建立业务合作关系。2006年就与省图书馆签订了《合作加强乡镇图书馆阅览室建设》协议，2006年8月图书馆开馆得到省图书馆赠送图书1000余册。2008年以来，我馆积极参与市馆《九图通讯》、《寻庐文化》、《九江少年》的协办，发送工作。为传承、培育九江文化作出了应有的贡献。2012年3月与市馆签订《九江公共图书馆联盟协议书》。同时，我馆注重加强与基层图书馆（室）的协作协调工作，定期、不定期为基层图书馆（室）配送书籍，为图书流动点更换书籍，与基层图书馆（室）合作开展各种读书活动，取得了良好的社会效果。

德安县坚持以县图书馆为中心，加大基层图书馆（室）、村级“农家书屋”和图书流动服务点的建设力度，增强了服务辐射能力，扩大了服务覆盖面，拓展了社会教育功能。2010年至2012年，我馆先后与学校、乡镇文化站、社区、学校、机关、军营、企业和农村，先后共创建了10个乡镇图书室，90个村级“农家书屋”和7个图书流动服务点。为保证图书馆（室）、“农家书屋”、图书流动服务点的正常运转，我们每年给图书馆（室）、“农家书屋”、图书流动服务点的工作人员进行业务辅导，定期、不定期提供和更换各种书籍1万余册，有效地拓展了读者群，延伸了服务半径。目前，全县县、乡、村三级图书馆服务网络已基本形成，呈现出县、乡、村三级联动，部门、社会和农民良性互动的良好局面。

管理工作

德安县图书馆对馆里每个岗位都制定了“岗位职责”制度，制定了考勤制度，员工请假制度，制定了《德安县图书馆首问责任制实施细则》、《图书馆工作人员年度考核细则》、《德安县图书馆竞争上岗方案》、《德安县图书馆专业人员聘用实施办法》，制定了年度共性目标和业务目标考核办法。

德安县图书馆实行民主理财，加强民主监督，严格执行财务管理制度。制定了《财务管理制度》、《会计工作细则》、《出纳工作细则》、《廉政建设制度》，严格执行一把手不批条，来客接待、办公用品采购由办公室统一办理；采取县会计中心统一报帐制，接受县财政监督，每年都向全体员工公布图书馆年收支情况，接受员工监督。

为加强公共财产管理，防止公共财产流失，更好发挥公共财产的使用效益，德安县图书馆制定了《公共财产管理细则》、《空调管理制度》、《报告厅管理细则》，建立了图书馆财产明细台帐，采取实物登记的方式，各部门财产分别登记造册，注明价格，实行部门负责制，损坏或丢失财产照价赔偿。

德安县图书馆建立了《职工考核档案》、《参考咨询档案》、《课题服务档案》、《业务辅导档案》，制订了《档案管理细则》，确保了归档文件材料的完整齐全。

新大楼多功能厅

新馆大楼大厅

感受自然“读好书”活动

未成年人读者活动掠影

广场服务宣传周活动

表彰、奖励情况

2009至2013年，我馆的各方面工作得到各级业务部门及当地政府的充分肯定，本单位和馆员个人共获各种奖项15次。其中：单位获市级业务主管表彰6次，县级业务主管部门表彰的先进集体3次及个人7次。

馆领导介绍

单向荣，男，1968年9月生，本科学历，中共党员，馆员，馆长，中国图书馆学会会员。1991年8月参加工作，1996年10月任德安县图书馆副馆长，2006年7月任德安县图书馆馆长。

余腾腾，女，1971年11月生，大专学历，中共党员，馆员，党支部书记，副馆长，中国图书馆学会会员。1993年7月参加工作，历任德安县文广局办公室主任，2012年3月任德安县图书馆党支部书记、副馆长。分管党支部及农家书屋等工作。

童小忠，男，1966年8月生，大专学历，中共党员，馆员，副馆长，中国图书馆学会会员。1986年8月参加工作，1986年8月至1999年10月在中国人民解放军东海舰队服役，1999年11月在德安县图书馆工作，任副馆长职，分管古籍保护等工作。

黄世德，男，1978年2月生，大专学历，中共党员，馆员，副馆长，中国图书馆学会会员。1997年12月至1999年11月在中国人民解放军87083部队服役，1999年12月到德安县图书馆工作，先后任办公室主任、副馆长等职，分管文化信息资源共享工程、办公室等工作。

未来展望

德安县图书馆新馆面积3316平方米，设有8个对外服务窗口，阅览座位将达到近500个，多功能厅及音像视听室设备先进，将给读者提供全新的视听体验，新馆的对外开放将改善服务环境，提升图书馆的服务水平。带动整个工作向新的更高层次发展。

联系方式

地　址：德安县文化影视中心
邮　编：330400
联系人：黄世德

德安县图书馆外貌

都昌县图书馆

概述

都昌县图书馆座落于都昌县文体中心，是都昌文体中心项目的主体建筑之一，总建筑面积7000平方米，馆舍建筑面积4600平方米，可藏书50万册。2009年，参加第四次全国公共图书馆评估，获得二级图书馆称号。都昌县图书馆内设儿童阅览室、电子阅览室、盲人阅览室等，能同时容纳千人阅读；五楼设有报告厅，可容纳300多人。其设计凸显"文化元素"，着重打造文化、建筑、绿化、装饰的综合体。在功能上，引进了最新的理念，紧跟时代潮流，引入了更多的人性化功能，是一座集藏书、阅览、影像、多媒体等功能于一体的公共文化服务设施。都昌县图书馆有阅览座席251个，计算机78台，宽带接入30Mbps，存储容量5TB，选用ILAS自动化管理系统。

业务建设

都昌县图书馆文献藏量已入藏图书共计9.25万册，其中古籍8468册，报刊8100件，视听文献1200件，电子图书1000种，开架图书63500册。同时制定了《都昌县图书馆文献采选原则》，保证文献采选的重点性、连续性及用户需求的针对性和合理的复本量。都昌县图书馆数字化资源总量4TB，馆藏中文文献数目数字化达30%，并有专门的地方文献目录。都昌县图书馆2009年以来，收录了《当代》、《十月》、《人民文学》、《青年文摘》、《民主与法制》等电子文献共1000余种。

读者服务工作

都昌县图书馆按照上级通知要求，2011年实现免费开放，零门槛进入以来，取得了显著的社会效益。

都昌县图书馆坚持每周开馆60小时以上；书刊文献开架比例80%以上；馆藏书刊文献年外借率70%以上；书刊年外借册次10万册以上；同时设置了校园、社区、军营、园区四个图书借阅流动点，年外借5000册；设置了政府信息公开查阅处等，辅导读者查阅文献信息，提高读者信息素质水平，并提供高层次的咨询服务。

都昌县图书馆为特殊群体服务主要是开展为生理性弱势群体和社会性弱势群体提供特殊服务。每年开展讲座、培训等活动20余次；每年开展图书展览活动5余次；每年开展阅读推广活动12次；利用服务宣传周、全民读书月等开展图书馆服务宣传工作，读者满意率达95%以上。

都昌县图书馆年流通总人次12万，现有持证读者4800人，根据公式计算，我馆人均年到馆25次/人。

都昌县图书馆为更好地服务读者，服务社会，2012年每月开展一期新书推荐活动，共开展12期，向读者推荐了《峥嵘岁月》、《香凝轩文集》、《鄱湖三女杰》、《白色的女人》、《都昌文献》、《南疆碎影》、《古南诗词》、《都昌骄子》、《九江风俗》、《海内外都昌同乡录》等书籍，大大提高了公民的阅读兴趣。

业务研究、辅导、协作协调

都昌县图书馆依托文化共享工程和互联网，设立图书借阅流动点，凭都昌县图书馆借书证在设立的各个流动点都可以办理借还业务，定期开展丰富多彩的文化休闲活动，构建都昌县图书馆服务网络。全县259个行政村，建设"农家书屋"238家，基本实现全面覆盖。开展基层业务辅导4次，举办"农家书屋"图书管理员培训班3期，提高了农村图书管理员的业务技能和管理水平。

都昌县图书馆在社区设立了图书借阅流动点，每个月更换书籍一次；全县259个行政村，建设"农家书屋"238家，大大方便了市民借还书籍。参与服务网络建设的比例达91%。

管理工作

截止到2012年12月31日，图书馆在职人员共18人。按从业岗位分，管理人员6人，其中4人具有中级职称，专业技术人员13人，工勤技能岗位3人。举办各类活动共计28次，其中组织各类讲座20次，参加人次3200余人次，展览2个，参观人次3600人次，举办各类培训班6次，培训280人次。各类活动参与人次共计7000余人次。

表彰、奖励情况

都昌县图书馆在近年来共获得13次奖励，其中市级表彰5个，县级党委、政府表彰2个，县级主管部门表彰6个。

馆领导介绍

高秋霞，女，1983年8月生，本科学历，中共党员，馆长。2001年4月参加工作，先后在都昌县政府办公室、都昌县县委组织部工作，2012年调任都昌县图书馆任馆长。

曹丹，女，1982年7月生，本科学历，中共党员，党支部书记。2002年7月参加工作，2012年7月到都昌县图书馆工作，主持图书馆党务工作，负责宣传、安全稳定、扶贫和活动组织等工作。

黄丽，女，1973年7月生，大专学历，中共党员。中级职称，副馆长。1991年8月到图书馆工作，先后在资料室、财务室、办公室工作。

朱永建，男，1960年8月出生，高中文化，中共党员，助理馆员，中国图书馆学会会员，副馆长。1977年1月参加工作，历任都昌县图书馆办公室主任，工会主席兼任都昌县文化信息资源共享工程县中心办公室主任等职，2012年任县图书馆副馆长。

未来展望

都昌县图书馆秉持"以人为本，服务社会"的理念，积极倡导全社会多读书、读好书，努力营造良好的阅读氛围；将以"世界读书日"、"图书馆服务宣传周"、"小读者演讲比赛"和"迎新春、送春联"等一系列活动为载体，开展形式多样、丰富多彩的各类读书活动，不断拓展服务内容，提升服务水平，积极传播社会文明，普及人文知识，弘扬先进文化，努力实施"送书下乡工程"和文化共享工程基层网点建设，丰富群众的文化生活，实现文化大发展、大繁荣。

联系方式

地　址：都昌县解放路28号
邮　编：332600
联系人：成明明

贵溪市图书馆

概述

贵溪市图书馆初建于1937年，建馆以来，馆址几经变迁，馆舍、设备条件极为落后。1995年8月，位于雄石路东路新馆建成开放，新馆占地面积1200平方米，建筑面积2537平方米，设计藏书容量30万册，拥有阅览坐席240个。设有外借室、阅览室、少儿借阅室、母子阅览室、资料查阅室，购置了一些设备、图书。2008年贵溪市图书馆获得江西省第一批文化"两馆"维修改造经费100万元。2009年图书馆进行部分维修改造，设有图书外借室、报刊阅览室、少儿阅读乐园、古籍书目地方文献资料室、展厅、报告厅、电子阅览室、资料查阅室，有阅览坐席300个，计算机65台，宽带网络接入15M，拥有书架总长度1151米。使贵溪市图书馆的环境、藏书、软硬件设施得到了很大的更新和改善。2013年第五次全国公共图书馆评估获得二级图书馆。

业务建设

截止2012年底贵溪市图书馆总藏量99865册，其中：图书70976册，古籍2600册，报刊22555册，其他1734册，年入藏量3000多种册，订阅报刊杂志90多种。2013年开始使用ILAS3图书馆自动管理系统。

读者服务工作

从2011年3月起，贵溪市图书馆对外免费开放，共办借书证1236个，每周开放56小时，2009–2012年书刊总流通量253600人次，书刊外借304320册次，电子阅览室流通年均24960人次。2012年建立两个图书流通站，2010–2012年贵溪市共举办"读好书"、新书推介展览、展览、培训等读者活动20场次，参与人数45672人次。

业务研究、辅导、协作协调

2009年–2012年，职工发表文章2篇，2012年3月贵溪市图书赴苏州图书馆学习考察，同年12月赴新余市渝水区图书馆学习交流。2009年–2012年为了进一步加强与基层图书馆、学校图书馆的业务联系与沟通，对各基层点的业务、图书借阅工作统一进行规范，利用文广新局文化站例会和送书下乡时机，开展对文化站站长和农家书屋管理员的业务辅导，2012年选送读者参加鹰潭市图书馆"读好书"活动朗诵比赛并获得二等奖一名、三等奖一名、优秀奖一名。

管理工作

贵溪市图书馆2009年–2012年年初有工作计划、年终有工作总结，建立健全各项管理制度和贵溪市图书馆突发事件应急预案。2010年实行岗位设置和聘任，特别是对馆工作人员建立考勤制度和绩效工资发放工资实施方案，做到奖勤罚懒。

表彰、奖励情况

贵溪市图书馆2010年–2013年连续4年获贵溪市文明单位，2012年先后获贵溪市和鹰潭市"巾帼文明"单位，2013年先后获江西省和鹰潭市第三届"读好书"活动先进单位。

馆领导介绍

徐海华，男，1975年9月出生，大学学历，中共党员，馆长。1997年8月参加工作，1997年8月–2005年8月中学教师，2005年9月–2010年8月任贵溪市委组织部综合科、组织科科长，2010年9月任贵溪市图书馆馆长（副科级）。

叶小春，男，1959年3月出生，中专学历，中共党员，馆员、副馆长，1979年9月参加工作以来从事图书馆、借、阅、采编办公室工作，1997年升任副馆长。

未来展望

贵溪市图书馆遵循"运行规范化、管理人性化、服务亲情化"的办馆方针，不断提高为读者服务的质量和水平，在图书馆硬件设施和软件运行方面上新台阶。一是推进数字图书馆建设，让读者在家就可以借阅图书馆的电子书籍，进行网上办证、延迟借阅，做好图书通借通还工作；二是推进服务亲情化，开展送书下乡、进社区，做好流动服务，最大程度地方便读者；三是推进文化共享工程，做好文化信息资源的日常接收、分类、存储和本地资源的数字化加工、处理工作，建好本地资源库。充分利用文化信息资源共享和电子阅览室平台，帮助并利用村级基层服务点，开展农村技术讲座、影片展播等辅导形式活动；四是推进图书馆分馆和联系点建设，选择适当的村、社区、学校作为联系点，拓宽业务，延伸服务；五是推进图书馆的综合服务建设，举办讲座、展览，开展阅读、征文、演讲等活动，增强图书馆的社会影响力，创造更大的社会效益，逐步将贵溪市图书馆建设成在全省排位靠前的县级图书馆。

联系方式

地　址：江西省贵溪市雄石东路16号
邮　编：335400
联系人：叶小春

电子阅览室

警地共建流动图书室

贵溪市图书馆正门

赣县图书馆

概述

赣县图书馆于1926年开始建立"赣县公立中山图书馆"，次年更名为"赣南公立中山图书馆"。民国三十年(1941)又改名为"新赣南图书馆"，建国后，"新赣南图书馆"由赣州市接管。1952年至1980年，经省、地、县文化有关部门批准，正式从赣县文化馆划分出来，独立建制，成立赣县图书馆。馆址几经变迁，2012年8月，位于赣县梅林镇银河大道十八米市政大道新馆建成。新馆占地面积1519.59平方米，建筑面积3822.54平方米。2013年，参加第五次全国公共图书馆评估，获得二级图书馆。赣县图书馆有阅览座席246个，计算机52台，信息节点410个，宽带接入20Mbps，采用ILAS 3图书管理系统。

业务建设

截止2012年底，赣县图书总藏量11.5146册(件)，其中，纸质文献11.4946万册(件)，电子文献200种。

2009–2012年，共入藏图书954种8860册，视听文献36种，地方文献入藏完成率为85%。

2012年，赣县图书馆正在建设数据库，数字资源总量4TB。

读者服务工作

从2009年10月起，赣县图书馆全年365天天天对外开放，每周开放60小时，全馆实行免费开放，书刊总流通16.13万人次，书刊外借18.7162万册次。

2009年10月，赣县图书馆与赣州市图书馆建立了总分馆制实行"一馆办证、多馆借书、多馆还书、通借通还"，共同服务民众。书刊总流通1.3140万人次，书刊外借1.1528册次。

2011–2012年，建成5个流通服务点，馆外书刊流通总人次3.7882万人次，书刊外借3.1064万册。

2009–2012年，赣县图书馆送书下乡208次，为全县种养殖，农副产品加工专业户，建立登记台帐，实行跟踪服务。

2009–2012年为特殊群体上门服务，送书进敬老院、进校园开展为残疾人献爱心活动132次。

2012年12月建成赣县图书馆网站，2013年点击数1204次，年访问量1466次，平均每天访问量4次。

2010年8月开始，江西文化共享工程陆续配送了建立赣县文化共享工程支中心和村级服务网点设备有计算机、交换机、4路KVM切换器、应用服务器等整套建设文化共享工程的设备。2011年8月建成赣县共享工程支中心，2012年建成了224个村级服务网点。

2011年9月，赣县图书馆建成电子阅览室为读者提供服务，至2012年12月上网浏览网页人次8968人次。

2009–2012年，赣县图书馆举办讲座，展览、培训、阅读推广等读者活动112场次，参与人数1.2425万人次。

业务研究、辅导、协作协调

2009–2012年职工发表论文2篇。

2009–2012年，赣县图书馆对全县224个村级服务网点，276个农家书屋，4家企业，6个社区等图书室，年均辅导4次，举办业务训班8期，192课时，接受培训人员1426人次。

2011–2012年，赣县图书馆参与协助全县乡镇村建设基本服务网点达80%以上。赣县文化共享工程支中心资源进行数字化加工、整合，通过工程网络体系，光盘等形式，为村级服务网点提供资源共享。

管理工作

2010–2012年，赣县图书馆实行全员竞争聘用上岗，并制定工作量化考核制度，岗位责任制，财务制度，安全保卫制度，志愿者制度，年终实行考核制度。

聘工撰写工作调查报告，工作新闻报道，在县以上媒体报道或刊物上登载的共18篇。

表彰、奖励情况

2009–2012年，赣县图书馆共获得各种表彰3次，其中市级表彰1次，县级表彰2次。

馆领导介绍

黄淑英，女，1964年2月生，大专学历，中共党员，助理馆员，党支部书记、馆长。1980年12月参加工作，历任赣县阳埠乡政府妇联主任，1989年9月调到赣县县委宣传部工作，1994年元月—2010年4月在赣县图书馆任馆长。

肖芳英，女，1962年2月生，大专学历，馆长，1976年3月参

开展送书下乡服务活动

流通服务点

举办农家书屋管理员培训班

走访赣县特殊学校开展献爱心活动

加工作，从任电影公司经理，2010年4月–2012年12月任赣县图书馆馆长。2007–2008年连续两年获文化部颁发的先进个人奖。

潘其禄，男，1972年12月生，大专学历，国家三级演奏员，馆长。1991年7月参加工作，历任赣县文化馆馆长，赣县采茶剧团团长，赣县民俗歌舞演艺有限公司董事长兼总经理。2013年1月起任赣县图书馆馆长。

刘晓芳，男，1962年10月生，大专学历，中共党员，副馆长(副科级)。1981年10月参加工作，历任赣县阳埠卫生院院长，赣县田村卫生院院长，赣县第二人民医院院长，赣县计划生育服务站站长(副科级)。2010年4月至今任赣县图书馆副馆长(副科级)。

王赣昌，女，1958年10月生，大专学历，中共党员，馆员(中级职称)，党支部书记、副馆长。1981年8月到赣县图书馆参加工作，先后在外借室，采编室工作，1995年6月任图书馆副馆长。分管全馆业务工作。2003年荣获江西省总工会颁发素质达标学习成才材兵称号。2013年荣获赣州市全市图书馆先进工作者奖。

未来展望

赣县图书馆捧着“以人为本、开拓创新、与时俱进、满足读者”的办馆理念。完善服务功能，扩大服务辐射面，带动全县图书事业发展，建设好赣县文化共享工程支中心的同时，协助乡镇村建设好基层服务网点，起到县支中心枢纽指导作用。在未来的几年里，赣县图书馆朝着自动化、电子化和数字图书馆方向发展，数字资源设计存储40TB，实现馆内无线网络全覆盖、不间断，无时空限制的数字文献远程和移动服务。推行多层次广角延伸服务，购置现代化设备，自助借还机，实现图书馆24小时对外服务，盲人电脑，盲人多功能数码助视器，安装盲人无障碍设施等，建立一流盲人阅览室。做到各项指标达到国家县级一级图书馆的标准。

联系方式

地　址：赣县梅林镇银河大道十八米市政大道旁
邮　编：341100
联系人：黎宇红

信丰县图书馆

概述

信丰县图书馆创办于民国24年，其后历经磨难，多次被改名、撤并、分设。1981年在县城广场东南角，新建混凝土结构图书大楼，建筑面积727平方米，可藏书10–12万册，1982年迁入。信丰县图书馆现有馆舍面积2583平方米（其中老馆舍727平方米，文化艺术中心馆舍面积1856平方米），现为国家县二级图书馆。总藏书8万多册，工作人员八名。设有图书借阅室、少儿阅览室、电子阅览室、盲人阅览室、采编室、资料室、办公室等七个部门。2004年，参加第三次全国公共图书馆评估，首次获得三级图书馆，2010年被文化部评为二级图书馆。信丰县图书馆有阅览坐席150个，计算机62台，宽带接入10Mbps，选用ILASⅢ图书馆自动化管理系统。

业务建设

截止2012年底，信丰县图书馆总藏量81150册（件），电子文献藏量100100种。

2012年信丰县图书馆购书经费为8万元。2009–2012年，共入藏图书6700册。

截止2012年底，信丰县图书馆数字资源总量为3TB，信丰县图书馆发挥自身优势，大力加强地方信息资源建设，努力为地方的经济建设和社会发展服务，拟建立信丰县科技成果库、信丰籍专家学者数据库、信丰招商项目库、信丰企业数据库及实用技术成果库。

读者服务工作

从2011年12月16日开始实行免费开放，每周开放时间56小时，2009–2012年，书刊总流通109725万人次，书刊外借225394册次。

2012年12月，信丰县图书馆门户网站正式开通。图书馆网站图文并茂、有声有色，充分彰显了网站的方便性、易用性。网站主栏目包括本馆概况、读者服务、动态资讯、馆藏检索、馆藏资源、信丰特色、共享工程、古籍保护等8个，内容丰富。通过此网站平台，广大读者可以了解图书馆工作动态，检索图书馆馆藏资源，数字资源浏览，网上参考咨询，网上续借及留言，还可以免费观看文化共享工程优秀视频资源。网站的开通，搭建了图书馆与读者交流的平台，拓展了服务的空间，缩短了与读者的距离，信丰县图书馆在“世界读书日”、“服务宣传周”、“科普宣传周”、“全民读书月”期间开展图书馆宣传活动，如深入社区、学校、乡村、部队、工地等处开展图书馆知识宣传，图书流通等服务活动。组织便于残疾人群参与的主题阅读与展现其精神风貌的文化娱乐活动，为弱势群体送上特殊服务，表达关怀温暖之情。2009–2012年，信丰县图书馆共举办讲座、展览、培训、阅读推广等读者活动116场次，参与人数6.612万人次。

业务研究、辅导、协作协调

信丰县图书馆重视工作研究。一方面积极鼓励各种方式的业务学习，加强人员培训。另一方面积极参加省、市组织的各项工作研讨活动，开展图书馆工作交流及研究。积极思考图书馆现代化管理建设，开展课题研究，通过工作研究来促进馆员学习业务、提高业务，从而改进图书馆工作，提升馆员素质。2009–2012年，信丰县图书馆职工发表论文6篇。

2009–2012年，我馆经常开展对基层图书馆（室）的业务辅导，通过专业培训、技术支持等提高基层图书馆（室）的业务水平，为市民群提供更便捷的公共图书馆服务。

2012年，信丰县图书馆制定了《信丰县城乡图书服务网络建设规划》，并积极整合县、乡镇（街道）、村（社区）图书馆（室）资源，构建公共图书馆服务体系。

管理工作

信丰县图书馆制定了《信丰县图书馆岗位设置方案》，对职工实施岗位责任制，职工竞争上岗，充分调动了全馆职工的积极性和创造性。

馆领导介绍

何启玉，女，1965年10月生，大专学历，中共党员，馆长。1987年10月参加工作，历任信丰县大阿镇妇联副主任、小江镇妇联主任、小江镇党委宣传委员、信丰县博物馆馆长、2012年9月任信丰县图书馆馆长。

廖宝沛，男，1960年8月生，大专学历，中共党员，中级职称，副科级干部。1979年参加工作，先后在信丰县图书馆阅览室、图书借阅室、采编室等科室工作，2003年7月至2012年8月任信丰县图书馆馆长。

未来展望

信丰县图书馆，牢固树立“读者第一，服务至上”理念，努力适应新形势下图书馆事业特点和规律，大力推进图书馆内部机制改革。以制度为保障，以落实为基点，在全馆范围内推进了“转换机制、增强活力、改善服务”的改革措施。一是在指导思想上由以书为主，逐步向书、人并重，以人为本转变。二是以人、书、业务为中心，制定出与之相配套的各种规章制度，来保障工作任务的完成；三是在管理方式上进行改革，制定出《信丰县图书馆目标管理责任实施办法》，根据各部门职能业务性质的不同，实行分类管理，部门量化考核，并以此作为年终考核和奖惩干部职工的主要依据。同时，信丰县图书馆将进一步强化传统服务功能，着力更新和拓展服务模式，不断满足全县人民日益增长的社会文化需求。

联系方式

地　址：信丰县嘉定镇胜利西巷51号
邮　编：341600
联系人：曾小琴

龙南县图书馆

概述

龙南县图书馆现馆建于1989年，建筑面积1219平方米，位于县人民大道中段。现图书馆内设8室1中心，自2011年12月16日以来各室全部实行免费开放。2009年我县在龙翔广场围屋内建“桃川书院”，购置各类典籍20000多册，打造了一个集藏书展示、读书交流、修身怡情、治学研讨等功能为一体的现代书院。我县现已新建高标准的文化艺术中心(位于县龙翔大道北侧)，内含有剧院、文化馆、博物馆、图书馆、档案馆，建成后的图书馆场所近6000平方米，现正在装修。

业务建设

县图书馆及所属分馆已入藏的古籍、图书、期刊和报纸合订本、小册子、手稿，以及缩微制品、录像带、录音带、光盘等视听文献资料共计200286册（件）、电子文献有500种、每年入藏图书2500种以上、每年入藏报刊240多种、每年入藏视听文献40件。

读者服务工作

龙南县图书馆自2011年11月16日以来对目前现有的场地设施全部实行免费开放，每周开放62小时，书刊文献全部开架，书刊文献年外借率达到了70%以上，全县人均年到馆次数达到了25次/人，积极向读者推荐新书；龙南县图书馆专门为设计了《龙南县图书馆咨询服务登记表》，为单位及公众提供咨询服务；县政府特批了购买盲文及盲人有声读物经费6万元，在图书馆设置了盲文借阅室，在工业园区企业里兴建了“职工书屋”，配备学习设施，并开展了“阅读进企业”活动，对未成年人及老年人开展了“馆员推介”、送书上门服务等活动；龙南县图书馆建有自己的网站（网址：sg.jxln.gov.cn），并有专人负责美化、维护、更新、管理及网上服务项目，以便读者更好查阅馆内资料。

在社会教育方面，龙南县2009年以来提出了打造“阅读之城”的发展战略，并把它作为提升全民素质的基础工程、塑造城市品牌的希望工程，主要做法如下：(1) 整合资源，夯实基础，构建“阅读之城”全民学习设施体系。一是建设“竹林新村，阅读公园”；二是兴建城乡书屋；三是创办桃川书院，开办“桃川讲坛”；四是在城区主要公共场所新建市民阅报栏；五是开展阅读征文，出版了“走进‘阅读之城’征文专刊”。(2) 区别对待，统筹兼顾，构建“阅读之城”全民学习网络体系。一是在县城中心广场——龙翔广场举办周末朗读大擂台，开展阅读进广场活动；二是开展阅读进校园活动；三是开展阅读进机关活动；四是开展阅读进社区活动。(3) 积极服务，长效管理，为打造“阅读之城”提供有力支撑和强大后劲。一是开展送书、捐书活动；二是提供阅读信息服务；三是鼓励、服务本土创作。

业务研究、辅导、协作协调

龙南县图书馆积极参加省市图书馆举办的各类活动、培训、会议等，积极参与总分馆体系的建设。此外，龙南县还积极与上海图书馆结对帮扶，2010年11月县政府和上海图书馆签署了《文化战略合作协议》，现已向龙南县无偿捐赠了图书、期刊各5000余册、文化和科技及无障碍电影光碟1000余张，并邀请了一批国内外知名专家、学者到龙南开展授课；龙南县文化信息资源共享工程支中心与上海图书馆讲座中心签订了《全国公共图书馆讲座资源共建共享协议书》，现已免费向龙南县图书馆提供了1000多张文化和科技讲座光盘。

龙南县图书馆积极在全县94个行政村、11个社区建设农家书屋点共112家，并开展了送书下乡活动、业务指导，对文化站和农家书屋工作人员进行岗位、分类法等培训。

管理工作

本馆每年都会制定年度计划、统筹兼顾好各项工作。在管理上，制定了严格的财务管理制度，对免费开放、两馆维修等专项资金的管理更是有专门的制度；在人事管理上，既有全馆工作人员共同目标管理责任制，也有各岗位职责制度，且引进了竞争上岗的激励机制，每年年底都会对全馆干职工进行考核；为更好地让公众参与图书馆管理，本馆吸纳了9名志愿者到各室参与为读者服务。

表彰、奖励情况

由于努力做好县图书馆工作并积极参与县里的各种文化工作，每年都有图书馆干职工评为全县宣传文化系统先进。

馆领导介绍

馆长：赖小琴，本科学历，2008年至2011年在渡江镇担任副镇长，在2007年9—10月参加龙南赴武汉理工大学第二期培训班、2008年6—8月参加县第三期离岗培训班、2010年9—10月参加市委党校第十一期科级妇女干部培训班。

副馆长：赖翠萍，大专学历、中级职称、接受过多种图书馆业务培训、一直在图书馆负责业务，参加过图书馆系统组织的各种培训。

未来展望

我县现已在最好位置、最繁华的地段新建高标准的文化艺术中心，项目总投资4亿元，占地面积95.5亩；文化艺术中心内含有剧院、文化馆、博物馆、图书馆、档案馆，建成后的图书馆场所近6000平方米，现正在装修。新馆内设图书借阅室、电子阅览室、报刊借阅室、少儿借阅室、亲子阅览室、少儿作品展示区、视障借阅室、展厅、多媒体视听室、图书采编室、资料室，将全部采用自动化管理系统，还将增加无线网络功能，以便读者能自带电脑等移动阅读器到图书馆阅读，将把龙南县图书馆建成数字图书馆，建成后将向社会免费开放，成为我县精神文明的重要窗口。

联系方式

地　址：江西省赣州市龙南县人民大道中段县图书馆
邮　编：341700
联系人：李　波

安远县图书馆

概述

安远县图书馆初创于民国二十九年（1940年）秋，设图书管理员1人，开展图书藏借活动。民国31年8月，并入县民众教育馆馆。县民教育馆内设图书开放处，有藏书3007册。

建国后，1950年1月20日，县人民教育馆设图书阅览室，配工作人员1人，专责藏书借书工作。1952年4月，县人民教育馆设图书阅览室改称县文化馆图书阅览室。是年，全县设有农村、矿山图书室4所，圩场流动图书站2个。1961年全县图书室增至24所，流动图书站增至7个。1966年"文化大革命"开始后，县文化馆图书阅览室停止借阅图书。1973年，县文化站设立图书阅览室，恢复图书借阅活动。1975年，在县城解放路薛氏宗祠设立儿童图书阅览室，开展儿童图书阅览活动。

1978年12月，县图书馆成立，有工作人员3人。1983年8月，县图书馆工作人员增至5人，设政工组、采编组和外借阅览组。1986年8月，新馆建成开放，建筑面积1069.21万平方米，馆藏图书45350册，其中线装书25部2222册，非线装书43128册。

2004年，参加第三次全国公共图书馆评估，首次获得三级图书馆。2013年，参加第五次全国公共图书馆评估被评定为二级公共图书馆。安远县图书馆有阅览坐席120个，计算机40台，基层服务点151个，宽带接入10Mbps，选用ILas系统图书馆自动化管理系统。

业务建设

从2009年到2012年，安远县图书馆一直保持每年2万元购书经费，未有增长的趋势。为做好全国第五次公共图书馆评估检查工作，县政府一次性投入22万元新购置了4万册纸质图书，大大增加了我馆的图书藏量，也进一步满足了广大读者的需求。2012年省文化厅下拔两馆维修改造专项资金140万元，将县政府无偿划拨的原剧团办公楼改造修缮一新，图书馆由原建筑面积1200平方米扩建到2000平方米。新增设了少儿阅览室、多媒体报告厅、盲人阅览室等，各项基础设施基本完善。

截止2013年底，安远县图书馆总藏量34万册（件），其中纸质文献10余万册（件）、电子图书24万册，数字资源总量12TB，建立了安远县图书馆网页；引进图书管理业务自动化系统ILAS系统，录入书目数据3万多册，其中期刊数据3000多册，完善了基础业务自动化管理，自建了特色农业脐橙种植、养蜂技术数据库，开展了自建特色数据库的尝试。

读者服务工作

2011年11月起，安远县图书馆全年365天对外免费开放，每周开放56小时，2009–2012年，书刊总流通5.381万人次，书刊外借21.6万册次。

2012–2013安远县图书馆网站访问量1万多次。截止2013年底，县图书馆发布使用的数字资源总量为16种计2TB，读者可通过安远县图书馆网站、安远县共享工程VPN专网进入全省公共图书馆、共享工程基层服务中心进行检索、浏览和下载相关信息资料。

2009–2012年，安远县图书馆共举办讲座、展览、培训、新书推介等读者活动151场次，参与人数5.14万人次；与乡镇、学校、社区等图书馆（室）开展交流，建立互动，开展了一系列的延伸服务工作；与县消防大队建立了图书互借关系，打造了东江源小学精品书吧走廊，增加了面向农村的实用技术推广等定向服务。

业务研究、辅导、协作协调

2009–2013年，安远县图书馆职工人均撰写论文两篇，人均发表论文一篇，参加相关培训115人次。

安远县图书馆长期招募志愿者，并对志愿者进行培训，截止目前有志愿者105人；志愿者对儿童阅读进行指导，对成人阅读咨询进行解答，满足了各方面读者的不同需求。

2011年5月成立了文化信息资源共享工程县级支中心。按要求采用光纤接入、防静电瓷砖贴底，按标准设计安装机房和电子阅览室。并对外运行开放，同时，推广"数字图书馆"，使广大读者可通过视频浏览节目万余部。截止2011年12月底，全县共建成了乡镇村级基层服务点151个，各点配有电脑1台，覆盖率达100%，建成农家书屋18家，全县信息资源共享网络基本形成，较好地满足了我县人民群众不断增长的文化需求。

管理工作

强化内部管理，发挥人才优势，图书馆工作人员实行岗位

儿童阅览室

精品书吧

阅览室

暑期电影展播

聘任制，增强竞争意识，提高馆员素质，各岗位职责明确，并制度化。对文献资源的管理，注重书籍的保护，有专人负责藏书室的保护；对文献书籍的加工整理做到规范化、一体化、系统化；注重地方文献的收集和地方古籍的保护。

表彰、奖励情况

2009-2012年，安远县图书馆共获得各种表彰、奖励5次，其中，赣州市文化局、市图书馆协会表彰4次，县里表彰1次。

馆领导介绍

叶红梅，女，1981年3月生，大学本科学历，中共党员，馆长。1999年9月参加工作，2008年任安远县塘村乡副乡长，2011年10月任安远县图书馆馆长。

唐志伟，男，1968年9月生，大学专科学历，中共党员，助理馆员，副馆长。2000年7月从安远县文化馆调入安远县图书馆，先后在办公室、采编室、阅览室、图书借阅室等部门工作。

未来展望

“以人为本，服务读者”安远县图书馆将朝着更高、更远、更强的目标，把服务安远人民的精神文明摆在首位。统一思想，努力朝着多元化、数字化的图书馆方向发展。2011年我县图书馆列入罗霄山片区区域发展与扶贫攻坚实施规划(2011-2015年)新建县图书馆，建设项目占地面积约4000平方米，建筑面积为5500平方米，项目总投资为9150万元。规划藏书50万册，按县一级图书馆标准建设。

联系方式

地　址：安远县欣山镇濂江路剧团小区1号
邮　编：342100
联系人：唐志伟

兴国县图书馆

概述

兴国县图书馆创建于1958年10月，是江西省较早成立的县级公共图书馆之一，现位于兴国县潋江镇瑶岗西路75号的图书馆大楼，建筑面积2216.30平方米，其中书库面积754.60平方米，阅览室面积659.40平方米，环境占地面积1317.77平方米，设计藏书容量30万册，可同时容纳450个阅览座席，于1993年3月正式对外开放。该馆目前设有行政办公室、采编室、外借室、阅览室、少儿借阅室、电子阅览室、多功能报告厅、报刊书库和参考资料室。程控机房装备有总存储量为5TB的业务、应用、视频点播、流媒体服务器和存储器5台，拥有终端计算机59台，互联网接入带宽10Mbps，选用ILASIII图书馆自动化集成管理系统，注册创建图书馆网站，成立了全国文化信息资源共享工程县级支中心。

业务建设

截止2013年底，该馆总藏量为17万多册（件），有普通图书、线装古籍、报刊合订本、大型工具书、地方谱志、电子书刊和视听文献。图书年入藏量3000余种，报刊年入藏量300余种，电子文献年入藏量500余种，视听文献年入藏量400余种。

近年来，该馆一方面增加文献资源总量，充分利用苏区振兴发展的大好机遇，积极联系，多方争取，得到中央有关部门的大力支持，接收了国家图书馆调拨的两批图书，共计20000余册，获得中国光华科技基金会书海工程部捐赠价值100万元图书，使文献资源建设上了一个新台阶。另一方面优化文献资源结构，结合馆藏实际，适应数字资源建设要求，购买了2万册，总量超过180G的电子图书，链接安装“心声·音频馆”，并设立残障人士阅读区，为读者提供了一种全新的阅读服务。

该馆自运行图书馆自动化集成管理系统ILASIII以来，已顺利完成外借室、少儿借阅室新书的改编任务，并建立起CNMARC机读目录，改编好的图书全部按照标准规范整理排架，实现馆藏资源建设步入书目电子化，文献资源管理数字化的发展轨道。

读者服务工作

该馆把“读者第一，服务至上”的宗旨贯穿到读者服务工作之中，所有服务窗口实行“全年候”开放作息制，每周开放时间56小时，周六和周日照常开放。长年开展预约借书、代借代还、送书上门、代办借书证等方便读者的优质服务，坚持开展“送书下乡”等文化活动。2013年新办借书证1000余份，接待读者80000余人次，图书、期刊流通58000册次。为更好地服务读者，进一步改善服务条件，装饰美化了各借阅室和公共区域，完善了一线服务窗口的硬件设施，对电子阅览室进行了维修改造，更新了电脑桌椅，调整了室内布局，安装了电子监控系统和空调设备，积极营造和谐文明的读书氛围和阅读环境。

为推动全民阅读，建设书香社会，形成多读书，读好书的文明风尚，营造浓厚的社会阅读氛围，在春节期间举行送春联，送书进警营和元宵灯谜竞猜活动；在“世界读书日”开展有奖答题和征文比赛活动；在“图书馆服务宣传周”活动中与偏远山区中小学校共建“爱心书屋”，激发学生的阅读兴趣，丰富孩子们的课余文化生活；在暑假期间播放共享工程红色经典影片，开展中小学生“假期读一部名著”和“小小图书管理员”活动，满足读者的阅读体验需求。

业务研究、辅导、协作协调

该馆认真做好古籍的普查申报工作，申报的《管子》和《历代史纂左编》2部善本入选《江西省首批珍贵古籍名录》。在实践探索的基础上，鼓励馆员进行理论研究，撰写学术论文，该馆提交的论文《县级古籍保护工作的现状及其对策——以江西省兴国县为例》分别荣获江西省图书馆学会2012学术年会征文二等奖和赣州市图书馆学会2012学术年会征文一等奖。

为做好乡镇综合文化站评估定级工作，图书馆专业技术人员对参加全县乡镇综合文化站评估定级工作培训班的与会人员进行了如何做好乡镇综合文化站图书室评估定级工作的专题培训，结合乡镇综合文化站图书阅览室和电子阅览室建设，对照评估定级的标准及具体要求，进行了详细的解读，对如何开展乡镇综合文化站图书室工作进行了具体指导。针对基层图书室、农家书屋在图书分类上架等业务管理上存在一些不足的情况，该馆组织业务人员下到基层服务点进行了建立借阅制度、登记著录、书刊整理、分类上架等业务辅导，使其达到规范化管理要求。

绿色上网

春节读者活动

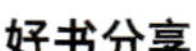
好书分享

共享阅读乐趣

管理工作

在管理工作中，该馆狠抓思想建设、组织建设、队伍建设和制度建设，不断完善内部管理制度，先后制定了20多项规章制度，内容涉及读者工作、文献资源建设、设备管理、部门岗位职责、财务管理、安全生产和党的建设等方面，并在实践中不断修订完善。同时，强化岗位职责考核，拟定了职工岗位考核指标体系，并建立了相应的检查制度，在全馆开展“改变工作作风，规范服务行为”讨论，开展职工爱岗敬业教育活动。

积极组织馆员学习贯彻中国图书馆学会制定的《中国图书馆员职业道德》，制定《图书馆文明服务公约》，加强思想教育，树立良好职业道德和公共服务形象。定期对各服务窗口的服务情况进行检查，检查结果及时反馈，督促相关部门对检查中发现的问题及时加以整改。自觉接受读者监督，在一线服务窗口设置党员先锋岗，在读者服务部门设置读者意见箱和意见簿，倾听读者意见。制定“文明服务窗口”、“文明馆员”的评比标准，开展争创“文明服务窗口、文明馆员”活动，结合年终考核进行评比。

表彰、奖励情况

该馆先后被省、市、县各级授予“一级图书馆”、“文明图书馆”、“建国五十周年图书馆建设一等馆”、“文明单位”等荣誉称号。1994年首届全国图书馆评估定级被文化部评定为“三级图书馆”，1999年第二届全国图书馆评估定级被文化部评定为“二级图书馆”，2004年第三届全国图书馆评估定级被文化部评定为“三级图书馆”，2010年第四届全国图书馆评估定级被文化部评定为“二级图书馆”，2013年第五届全国图书馆评估定级被文化部评定为“二级图书馆”。

馆领导介绍

程晖，女，1971年10月出生，本科学历，中共党员，馆长。1987年元月参加工作，历任教师、机关干部、县委办秘书科长，2010年9月任兴国县图书馆馆长。近年来，组织实施该县全国文化信息资源共享工程建设，主持开展送书下乡、古籍普查和图书馆宣传服务周等业务活动。2012年被评为县级“优秀共产党员”，2013年被评为赣州市“三·八红旗手”。

吴定定，男，1965年1月出生，电大图书馆学专科毕业，中共党员，馆员，副馆长。1983年5月参加工作，先后从事书刊阅览、外借、典藏、采编、辅导工作，协助实施全国文化信息资源共享工程建设，开展送书下乡、古籍普查和图书馆宣传服务周等业务活动。2013年被推荐为“赣州最美基层文化工作者”候选人，被评为江西省免费开放工作表现突出的个人和赣州市图书馆先进工作者。

未来展望

进入新世纪，兴国县图书馆事业实现跨越式发展，馆藏文献资源稳步增长，设施设备进一步完善，自动化技术逐步推进，服务能力不断增强，服务方式不断完善，服务理念不断更新，服务范围不断扩大，进一步满足广大群众的阅读需求，充分彰显图书馆的服务功能，一个由城镇、乡、村三级共同构建的图书馆网络已初步形成，必将为实现中华民族伟大复兴的“中国梦”起到良好的助推作用。

联系方式

地　址：江西省兴国县潋江镇瑶岗西路75号
邮　编：342400
联系人：吴定定

图书流通箱

业务培训

共建爱心书屋

赣州市南康区图书馆

概述

南康区图书馆成立于1935年，有着七十余年的历史，在县市级图书馆中属历史较早的一座。1995年3月1日位于蓉江街办蓉江中路15号的文化大楼南康图书馆建成开放。馆舍建筑面积1584平方米。南康区图书馆有阅览坐席180个，计算机55台，宽带接入10M，使用的是IlassIII图书馆自动化管理系统。从1998年第二次全国公共图书馆评估起，连续三次评为二级图书馆。

业务建设

截止2012年底，南康区图书馆总藏书15.366万余册（件）。其中，纸质文献14.81万册，电子图书0.25万册，电子期刊0.3万册。2009–2012年图书馆每年新增图书购置费1万元，2012年增至10万元。2009–2012年，共入藏中文图书22120种，23650册，中外文报刊780种，视听文献1230种。截止2012年底，南康区图书馆数字资源总量为3TB，2010年底图书馆全面实行IlasIII自动化管理系统，有Marc数据120万条，电子图书800种2500册，电子期刊180种，3000册，图书数字化53260册，数字化比率为35%。

读者服务工作

南康区图书馆按照上级文化部门的要求，从2011年11月29日起，实现全年365天全面免费开放服务，制订了《南康区图书馆免费开放实施细则》、《南康区图书馆免费开放项目公告》，每周开馆56个小时。馆内图书除古籍外，所有书刊文献均开架对读者开放，书刊文献开架比例为85%。2009–2012年，书刊总流通36.86万人次，书刊外借42.12万册次。征订各类家具期刊，参与南康家具协会举办各种服务活动6次。

2009–2012年，南康区图书馆共举办讲座、展览、培训、阅读推广等读者活动87场次，参与人数9.645万人次。

2009年建立了南康图书馆网站(www.nktsg.com)，及时更新图书馆数据信息和动态。

业务研究、辅导、协作协调

南康区图书馆积极参加江西省图书馆举办的“读好书”活动、百题知识竞赛、江西省第一届“文化共享杯”群众摄影艺术作品征集大展活动以及上级图书馆举办的其它各类活动。

2010年，图书馆依托文化信息资源共享工程，对全区278个行政村建立了文化信息资源共享工程基层服务点。使文化共享工程覆盖率达100%。2009–2012年对基层管理人员培训4次，网络培训29次。培训人员980人次。

2009–2012年对南康区市直单位、民间团体和宗教活动场所进行了古籍普查登记，区图书馆馆藏古籍4101册，善本762册，区博物馆古籍1册，南康市志办古籍16册，其中区图书馆馆藏古籍《彭东泷先生遗稿》四卷（明万历刻本）2012年申报了第四批《国家珍贵古籍名录》。

开展了特殊人群服务功能，设立了盲文阅览室、为残疾人免费送书上门服务。在南康看守所设立了南康图书馆驻看守所图书流动服务点。

南康区图书馆积极开展针对城区学校图书馆和基层乡镇农家书屋的业务辅导，指导南康地税局图书室建设；对南康中学图书馆、南康二中、实验小学、唐江镇平田村等基层农家书屋进行上门辅导。通过辅导，使基层图书室的管理员业务得到了较大幅度提高，能按《中图法》科学、有序、规范地开展图书管理工作。

2009–2012年开展了送“图书”下乡活动6次，累计送图书7600册和科技光碟5600片。

管理工作

南康区图书馆在2009年、2012年分别投入40万元和120万元，对图书馆馆舍环境和图书馆设备进行了升级改造。

2008年11月，南康区图书馆按上级要求完成了事业单位岗位设置工作，按需设岗、按岗聘用、竞争上岗、择优考核、聘用。建立健全了各项图书馆制度，从而促进了图书馆事业全面健康发展。设立有专职人员负责档案管理。

南康市“文化共享工程”基层服务点管理员培训班

表彰、奖励情况

2009–2012年，南康区图书馆共获得各种表彰、奖励13次，其中，文化部表彰、奖励2次，省政府表彰、奖励1次，省古籍保护中心、文化共享工程省中心表彰、奖励2次。其他表彰、奖励12次。获有“全国文化信息资源共享工程·公共电子阅览室示范点”、“江西省古籍重点保护单位”、“江西省文化信息资源共享工程先进单位”、“江西省古籍保护工作先进单位”等称号。

馆领导介绍

叶兰兰，女，1970年10月生，大专学历，中共党员，馆员，馆长。1991年8月参加工作。历任南康区文广局戏剧研究室副主任、南康区文广局办公室主任，2007年7月被任命为南康区图书馆馆长。

郑忠发，男，1972年2月生，本科学历，中共党员，馆员，副馆长。1995年9月参加工作，2005

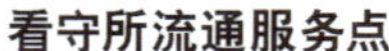
看守所流通服务点

电子阅览室

年被任命为图书馆副馆长，分管数字图书馆建设、文化信息资源共享工程、古籍普查、电子阅览室、办公室等部门工作。

曹辉，男，1968年8月生，本科学历，2010年被任命为图书馆副馆长，1990年8月参加工作。分管图书采编、图书流通、图书馆辅导、咨询工作。

未来展望

南康区图书馆将树立信息网络化图书馆理念，高度重视现代化图书馆建设与服务，十二五期间，着力加快数字图书馆建设，加大对数字图书馆的投入力度，发展数字文化服务，进一步扩大服务功能，延伸服务区域，走进社区、企业、乡镇等是未来发展的方向，同时将扩大服务人群，如农民工、残障人员等，让更多的读者能随时随地可享用丰富的图书资源。在未来几年里，着力加快融入赣州市主城区步伐，联合周边县市图书馆、乡镇图书室、中小学学校图书馆，实现图书馆资源区域共享互补，馆际互借。把南康区图书馆，打造成为一所集文化、科研、信息传播、教育及展示改革开放成就为一体的综合性公共图书馆，使图书馆成为群众学习文化、科学、教育、信息的交流中心，为促进本地经济建设和社会发展发挥重要作用。

联系方式

地　址：赣州市南康区蓉江街办蓉江中路15路文化大楼
邮　编：341400
联系人：郑忠发

吉水县图书馆

概述

吉水县图书馆初建开民国三十四年，正式落成是1990年元月并对外开放，馆址位于吉水县文峰中大道307号，占地面积达600平方米，大楼共四层，建筑面积1500平方米。吉水图书馆馆内总共设有阅览座席132个、其中少儿阅览室座席35个，计算机60台，接入10M宽带使用协议，使用ILASIII图书馆自动化管理系统。

业务建设

截止2012年底，吉水县图书馆总藏量38万余册（件），其中纸制文献35.5万册（件），电子图书2.5万册，视听文献年入藏量30种。

2012年入藏图书2510册，报刊年入藏242种。吉水县图书馆普通图书文献编目、期刊、报纸文献编目、视听文献编目都依据《中图法》第四版标引，书标登录号，馆藏章均做到规范统一，整齐美观，按规定时间内完成编目上架工作。

目前吉水县图书馆有计算机数量60台，其中电子阅览室51台，办公室、少儿阅览室、外借室各2台，报刊阅览室、馆长、副馆长室各1台。馆内设施全部实行对外免费开放供读者使用。

2010年4月吉水县图书馆馆与中国电信股份有限公司吉水分公司签订了光纤接入10M宽带使用协议，储存容量6TB。2012年9月吉水县图书馆全面实行业务自动化管理，完成了图书计算机编目，并建立了吉水县图书馆网站。

吉水县2008年被列为江西省首批文化共享工程县级中心建设重点县，得到国家、省资金（设备）68万元扶持。成立了吉水县文化资讯工程领导小组，设备达标齐全，有专职人员参加培训，并建立了一整套工作管理制度和发展规划，到2011年止全县18个乡镇294个行政村文化信息资源共享工程服务点覆盖率100%，并且全部开放使用。吉水县支中心有专职工作人员，乡镇村（小区）基层服务点也有专职或兼职工作人员，吉水县支中心每年都要分别举办基层服务点人员业务和管理培训，仅2012年举办各类培训4期，每期40–60人，总共280人，时间2天。同时吉水县支中心不定期派人到基层点面对面的进行辅导，检查和帮助制定工作制度及管理方法，使之业务和管理水平提高。

吉水县图书馆电子阅览室宽敞整洁，硬件达标，环境幽静，现有计算机计算机50台，制定了阅览须知和管理制度，对公众提供免费上网服务，并对青少年、农民工、残疾人和老年人等特殊群体优先服务。

吉水县图书馆馆认真按照《国务院办公厅关于进一步加强古籍保护工作的意见》，做好古籍保护工作，多次派出专人到省、市图书馆进行培训学习。并成立了古籍保护小组，开行古籍普查，摸清家底，并下基层对吉水县各单位和个人存有古籍进行摸底普查。

读者服务工作

从2012年元月起，吉水县图书馆所有的项目全部实行免费开放，节假日坚持正常开放，电子阅览室平均每天开放9个小时，每周开放时间63个小时。2012年–2013年书刊总流通8.5万人次，书刊外借6万册次。

吉水县图书馆制作宣传栏，发放宣传单，在公共场所开展各种形式多样的宣传活动，并利用媒体制作新闻报道等形式进行书刊宣传。在文化信息资源网、江西日报，井冈山报、吉水电视台等媒体，分别刊登吉水以图书馆馆开展的各项活动信息。

吉水县图书馆利用电子阅览室的有利资源，成为江西金山科技工商学校的培训基地；为传统剧目《解缙闹殿》及非物质文化遗产申报提供参考咨询服务。

吉水县图书馆为特殊群体服务：为盲人开展网上视听服务；为青少年提供绿色上网及安全知识讲座等服务；关爱留守儿童开通亲情视频；为老年人阅览配备放大镜、老花镜、笔和纸等服务。

吉水县图书馆每年组织各种讲座共10次，参加人次达3000余人；举办培训班8次，参加人次达1200余人；举办各种展览共5次，参加人次达1700余人。

业务研究、辅导、协作协调

吉水县图书馆刘玉莲的论文《牢固树立读者第一，服务至上的思想观念》，在“全市图书馆学、情报学论文”评选中，荣获优秀论文二等奖。

积极参加省、市图书馆组织的业务合作活动：吉水县图书馆连续2年参加了省图书馆馆学会“读好书”征文活动。2012年10月吉安市图书馆举办的“我喜爱的书屋”摄影大赛，我馆获优秀组织奖，选送的作品分别获二等获和4个优秀奖；在

报刊阅览室

电子阅览室

举办演讲比赛

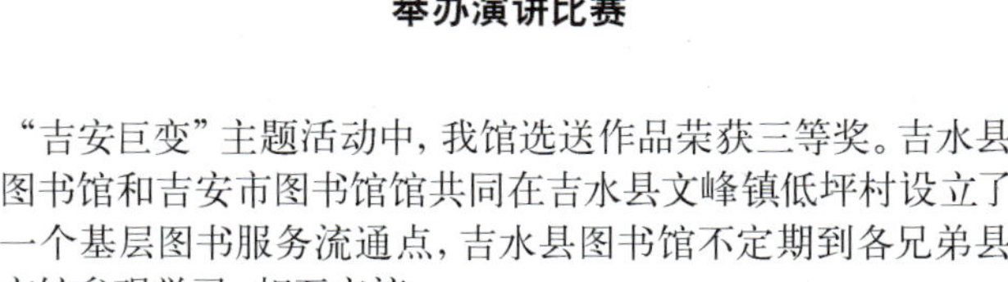

开展知识讲座

“吉安巨变”主题活动中，我馆选送作品荣获三等奖。吉水县图书馆和吉安市图书馆馆共同在吉水县文峰镇低坪村设立了一个基层图书服务流通点，吉水县图书馆不定期到各兄弟县市馆参观学习，相互交流。

基层业务辅导培训：每季度对农家书屋管理员进行培训，有计划、有总结，吉水县图书馆还不定期的到各农家书屋了解情况，有针对性的进行业务辅导，帮助制订工作制度和管理细则。2012年培训基层点骨干业务学习3次，参与人员280余人次，通过学习培训极大地提高了基层人员的业务技术和管理水平，都能胜任工作，搞好服务。到目前为止，吉水县249个村委全部建立文化信息共享工程，文化共享工程覆盖率达100%。

管理工作

吉水县图书馆严格遵守各项规章制度，馆内各项规章制度健全。

表彰、奖励情况

2012年10月吉安市图书馆举办的“我喜爱的书屋”摄影大赛，我馆荣获优秀组织奖，选送的作品分别获二等获和4个优秀奖；在“吉安巨变”主题活动中，我馆选送作品荣获三等奖。2010至2012年，我馆连续三年荣获年度考核“先进单位”光荣称号。

馆领导介绍

刘娟，女，1980年10月生，本科学历，中共党员，馆长。1997年参加工作，2007年到吉水县图书馆任副馆长，2009年任馆长。

王莺，女，1977年11月生，本科学历，中共党员，中级职称，副馆长，1997年参加工作，先后到外借、采编、少儿、办公室等部门工作。

未来展望

吉水县图书馆将结合本地实际，不断更新观念，强化服务意识，实现高效率，高质量，高水平的管理，继续加强地方文献资源建设，进行“吉水县历代名人资源库”建设、“解缙故事”、“杨万里故事”“民间艺术”等地方文献资源库建设，打造一批具有地方特色的文化品牌。努力争做先进生产力和先进文化发展的弘扬者和推动者，以充分发挥县级图书馆在县域经济了展中的积极作用。

联系方式

地　址：江西省吉水县文峰中大道307号
邮　编：331600
联系人：王　莺

地方文献

举行作文竞赛

进行读书宣传

新干县图书馆

概述

新干县图书馆成立于1982年10月，是收集、整理、保存、传播文献并提供利用的科学、文化、教育用科研机构，是为广大人民群众提供精神粮食的公益性文化事业单位。馆址几经变迁，现新馆位于新干县城南新区县政府旁，于2013年5月投入使用，馆舍面积3620平方米，设有报刊阅览室、少儿阅览室、康复阅览室、图书外借室、电子阅览室、文化信息共享工程县支中心机房、特藏室、多媒体报告厅、读者俱乐部等对外服务窗口。新干县图书馆有阅览坐席494个，计算机68台，宽带接入10兆，选用ILAS图书馆自动化管理系统。现有工作人员9人。2013年被文化部评为二级图书馆。

图书馆现有藏书17.3万册，其中纸质图书6.8万册，古籍3014册。近年来，县委、县政府高度重视图书事业建设，拨出专项50万元，正在用于添购图书，其中今年已新增纸质图书25000多册，电子图书2万册。今后还将添购大量图书，增加馆藏数量。

今年初，县图书馆创新服务举措，建立以县图书馆为总馆，各乡镇文化站及村组、社区图书室为分馆的总分馆制。通过统一编目、统一借阅证、统一安装图书管理系统，就近还书，开展全县的通借通还服务，实现文献资源整合共享。方便城乡广大读者。

业务建设

在县委、县政府及文化主管部门的高度重视下，近几年图书馆的基础馆藏和基本设施逐步完善。年购书经费预算达18万元，特别是新馆建成，追加到购书专款50万元。截止2012年止，新干县图书馆总藏量达17.3万册，其中图书6.8万册，电子书10万册，古籍3018册，盲文120册。

2009年，新干县图书馆配备ILAS图书馆自动化管理系统，以适应公共图书馆服务提供需要，为实现“通借通还项目”提供有力帮助。

读者服务工作

2011年6月，根据省文化厅统一部署，新干县图书馆全年实行免费对外开放，每周开放时间为56个小时，极大地方便了读者利用图书馆。近年来，在武警中队，工业园区，特教学校，社区设立流动图书馆。利用各种方式宣传本馆藏书：如LED公告屏上宣传，宣传周活动展示，编制新书介绍展板等等。

新干县图书馆通过一年一届的“读好书“品牌阅读演讲比赛等活动，培养不同层次的读书群，提高读者的阅读鉴赏能力。县图书馆经常举办多种形式的专题讲座、展览、读书征文和阅读演讲比赛等活动，培养不同层次的读者群，提高读者的阅读鉴赏能力。通过一年一届的“读好书”品牌阅读活动，在全县积极倡导多读书、读好书，兴全民读书之风，并多次在省、市组织的相关比赛中获奖。

业务研究、辅导、协作协调

新干县图书馆积极参与本省图书馆联合编目，签订《馆际互借协议》，与乡镇文化站，农家书屋建立了总分馆体系，实行了资源共享体系，并且年初制定计划，派出业务骨干至农家书屋和共享工程服务点进行业务培训和指导。

管理工作

新干县图书馆每年年初制定岗位责任制，年终考核与经济挂勾，做到奖惩分明，同时单位制定财务，人事，档案，环境与安全等等各项规章制度。

表彰、奖励情况

2011年至2012年，新干县图书馆获得各种表彰奖励7次，其中，省级表彰3次，市级表彰4次。

馆领导介绍

周欣，男，1965年4月出生，大专学历，中共党员，馆长。1984年8月参加工作，2011年获文化部共享工程管理中心颁发的“第二届文化共享杯——全国文化信息资源共享工程知识与技能竞赛的参赛选手”证书。

杨根华，男，1966年9月出生，本科学历，副馆长。1991年8月参加工作。2011年获全省文化系统文化艺术科学论文评奖三等奖。

陈旭娟，女，1966年12月出生，大专学历，副馆长。1985年4月参加工作，先后分管财务、报刊征订等工作。

未来展望

新干县图书馆将遵循“一切为读者”的方针，在完善图书馆硬件条件的基础上，同时改变观念，提升服务意识，积极打造一个环境优雅，人文气息浓厚的现代化图书馆，为争取达到县级一级图书馆的标准而努力。

联系方式

地　址：江西省吉安市新干县城南新区（县政府旁）
邮　编：331300
联系人：周 欣

报刊阅览室

少儿阅览室

馆舍全貌

永丰县图书馆

概述

永丰县图书馆1979年11月建立，1980年1月1日开馆。2003年6月，永丰县整合文化资源，永丰县图书馆馆舍被整体拍卖，2009年9月，搬入新馆（县文化艺术中心二楼），新馆建筑面积1667.92m²，馆藏图书10万册（含古籍善本3712册）。永丰县图书馆核定全额事业编制10人，在职8人。内设电子阅览室、图书外借室、报刊阅览室、少儿阅览室、培训中心、信息资源共享之中心。2013年10月，国家公共图书馆第五次评估定级，永丰县图书馆评估定级为国家二级图书馆。

业务建设

永丰县图书馆设报刊阅览室座位40个，电子阅读室座位50个，少儿阅览室座位48个，培训室座位60个，报告厅座位60个，计算机56台。2009年12月，接入10M光纤宽带，储存量6TB，实行ILAS系统对馆藏文献计算机编目和自动化管理，建立了永丰县图书馆网页。《永丰县图书馆工作人员岗位责任制》《古籍书库管理制度》《永丰县图书馆安全保卫制度》等系列制度完善。截止2013年底，永丰县图书馆馆藏文献12万册。其中，电子文献5万册，视听文献32种，外借图书3.2万册（次）。

读者服务工作

2009年以来，永丰县图书馆报刊阅览室、电子阅览室、少儿阅览室、培训室、报告厅、综合活动室，每周56小时全面免费开放，馆藏文献开架率100%，外借率70%以上。积极拓宽延伸教育培训、讲座、展览、咨询等服务项目。坚持每年举办农家书屋残疾人管理员培训，文化信息资源共享工程村级服务点工作人员培训和少儿绘画、演讲、计算机基础知识等免费培训；"4.23世界读书日"宣传咨询、"读好书"活动常办常新；"读欧公文章、写中国汉字"电视大赛，"文化惠民乡村行"公益讲座展览巡讲巡展等品牌活动受到领导、群众交口称赞；新书宣传推介有声有色，读者满意率达98%。

业务研究、辅导、协作协调

坚持每年组织人员、作品参加省市举办的各项读书活动和业务研究；积极推进馆际交流和通借通还。2011年10月，完成了《皇清经解》等十六部古籍申报省级珍贵古籍名录和《四书集注》等5部国家级珍贵古籍申报工作。2012年，《皇清经解》等10部古籍入选江西省第一批珍贵古籍名录。永丰县图书馆获"2013年全省古籍保护先进单位"。2014年，《杨氏易传：诚斋先生易传二十卷》《三国志六十二卷》《说文解字十二卷》《笔业正集十部三十二卷续集二部十六卷》《武夷志略》《韩文四十卷韩文外集十卷》《四书集注》等7部共57册古籍，已通过省古籍保护中心评审，目前已申报国家二级保护目录。

组织人员、作品先后参加了江西省第一、二、三、四届"读好书"征文、摄影活动、江西省"我的书屋·我的梦"农村少年儿童阅读活动征文活动和吉安市纪念辛亥革命100周年书法作品比赛、"我喜爱的书房"摄影大赛、"诵读国学经典，传承赣鄱文化"国学经典诵读比赛等系列活动。永丰县图书馆多次获优秀组织奖，选送的作品、节目获奖100多人（次）。

管理工作

不断完善免费开放、财务管理、设施设备管理、安全保卫等系列工作制度，实施图书馆工作制度化管理。健全了专业技术人员继续教育学习培训机制和《永丰图书馆绩效考核工作方案》，促进了全体馆员履职水平和服务能力的提高。

表彰、奖励情况

2009–2013年，永丰县图书馆获得各种表彰26次，其中，2013年，获全省古籍保护先进单位、永丰县文广新局年终目标考核一等奖。

馆领导介绍

袁志合，男，1972年出生，1991年参加工作，大学本科学历，中共党员，中级职称。现任永丰县图书馆馆长、永丰县文广新局办公室主任、团支部书记。历任永丰县广播电视台新闻部主任、永丰县图书馆副馆长。近年来，5篇业务论文在省级专业杂志发表；11篇新闻稿件在省、市优秀广播电视稿件评比中获奖，其中，获省级三等奖2篇；市级一等奖3篇；获市级表彰2次，县级表彰5次。

傅小菊，女，1980年出生，1998年参加工作，大学本科学历，中级职称。现任永丰县图书馆副馆长、永丰县文广新局女职工委员会主任。

未来展望

遵循"科学、创新、服务、高效"办馆方针，践行为读者服务、为社会服务理念。配合县委县政府完成永丰县图书馆新馆建设、迁入工作。不断加强馆际交流与合作，提高馆藏图书入藏量，强化公共图书馆数字化管理，创新服务方式，提升履职水平，满足不同读者的最大需求。

联系方式

地　址：永丰县欧阳修大道29号

邮　编：331500

联系人：袁志合

"读欧公文章、写中国汉字"电视大赛

公益讲座展览巡讲巡展

好书推荐

泰和县图书馆

概述

泰和县图书馆大楼建成于1993年，建筑面积3890㎡，之后泰和县图书馆于1994年成立，由当时的文化馆图书室组成，泰和县图书馆内目前馆内设有报刊阅览室（80座位）、电子阅览室（50座位）、地方文献查阅室（5座位）、视听文献查阅室（5座）、藏阅一体外借室（10座位）、少儿阅览室（70座位）、过刊报纸查阅室（24座位）、古籍室（6座），共计250阅览席位。目前县里正计划在新行政区建设一个面积达6000平方米的新图书馆大楼。人员编制8人，在职实有人数6人，其中高级职称1人、中级职称2人。2012年，泰和县图书馆用于服务读者的电脑51台，办公电脑6台，摄像机、照相机各一台（件），投影仪3台，笔记本4台，移动播放器2台，移动硬盘4个等，10M光纤上网。存储容量6TB（含存储服务器、数字图书馆、虚拟服务器）。

业务建设

2013年馆藏图书105606册，电子图书23000种。其中古籍1045册、数字图书馆电子资源总量1TB、地方文献364册。

全面采用ILASIII进行图书管理，实现了图书期刊采编、流通、网上咨询等自动化服务。年购书经费14万元。除文化共享工程下发资源、数字图书馆资源和存储服务器资源外，自建《乌鸡资源》《爵誉古村》《蜀口风景》《浙大西迁》《杨士奇》《白口城》等地方特色数字资源和网站数字资源。以上数字资源共计4.1TB。

读者工作

2012年创建“分级阅览”推广服务和打造“志愿者服务基地”两大服务品牌。

2011年开始全面免费开放。2013年书刊外借册次100024册，书刊年外借率达94%。馆外流通点每年流通量达5000册以上。2013年有效借书证读者2502人，持身份证等在馆内阅读人数4500人，2013年流通人次181000人次，人均到馆次数达30次以上。

2003年开始实行全开架服务，读者可在书库里自由挑选图书。实现了全开架、全周服务。开放时间为全周服务，周六日无休息，每周开放时间84小时。

利用宣传栏、宣传周、文化下乡、网站、LED公告屏等各种方式为各类读者宣传介绍本馆藏书每年宣传新书4000余种。

发挥图书馆社会教育职能，深入县直部门、乡镇、村、社区等，每年利用文化三下乡、图书宣传周、节假日举办讲座、培训和阅读推广活动，年举办讲座培训达150场次以上，年参加活动人次达30000多人次，内容涵盖农村科技知识、文明礼仪、健康、安全知识、文学艺术、党员、时事政策、农家书屋管理员培训、业务培训、共享工程培训、演讲比赛、朗诵比赛、知识竞赛、读书活动等。

利用馆藏图书为县委宣传部、团县委、总工会、县妇联等单位举办大型活动提供较多的文献资源和编制赛题等信息服务，为县志办编写县志提供大量资源，比如在《井冈山报》、《江西日报》上查询国家领导人（江泽民、胡锦涛、温家宝、曾庆红、宋平、习近平、王丙乾、毛致用等）视察泰和的新闻报道等和查询“改革开放30周年”30年泰和的相关报道等。

2013年与县科技局合作，为泰和县汉君雄实业发展有限公司课题《泰和乌鸡生态健康养殖技术推广》研究提供资料，取得了良好效果；2010年为泰和县塘洲农技站研究课题《南方红壤丘陵马铃薯高产高效栽培技术示范》提供资料。

设立盲人上网专席，开办了残疾人农家书屋管理员培训班；为进城务工人员抢车票；为少年儿童举办各类培训班、六一儿童节读书活动；为老年大学捐赠图书、为社会福利院捐赠图书，做义工；在一楼老年读者集中的地方设立便民服务箱。

管理工作

泰和县图书馆树立“一切为了读者，为了一切读者”的服务宗旨，以“争创一流”的精神，以创建“井冈红旗”示范点为契机，对内部管理进行强化，规范工作行为，优化工作环境。在馆内大力提倡微笑多一点、行动快一点、做事早一点、说话柔一点、理由少一点、脾气小一点、胆量大一点、质量好一点、效率高一点的十点工作法，进一步强化了服务意识。健全了各项制度（财务管理制度、办公室制度、各科室制度以及文化共享、电子阅览室、书库管理制度、安全保卫应急预案等等。

专题讲座

2013年六一儿童节知识竞赛

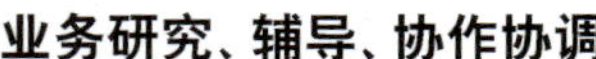
2013年8月30日文化进村活动

欢乐泰和读书竞赛活动

业务研究、辅导、协作协调

开展业务研究，获省级以上奖励2次，馆员在省级以上刊物发表4篇，申报科研课题1项，撰写有质量的业务调研报告4篇。

参与本省图书馆联合编目，互通有无，与省馆、市馆、兄弟馆之间共享书目、期刊数据，签订了《吉安市图书馆联合编目中心协议书》和《馆际互借协议》，制定了《泰和县城乡一体化公共图书馆服务体系建设规划》，初步与乡镇各流通点、农家书屋建立了总分馆体系，参加率达100%，开展馆际互借、互通有无的协作协调工作。

每年开展农家书屋管理员培训和共享工程基层点管理员培训，赴各乡镇村农家书屋进行现场辅导。对我县企事业单位图书室进行了辅导，比如：泰和工商银行图书室、实验小学图书馆，对泰和中学图书馆的自动化建设提出了建议和意见。

表彰、奖励情况

2009年至2012年获国家级奖一项、省级奖四项、市级奖三项、县级奖二项。

馆领导介绍

罗斌，男，1971年12月生，大专学历，中共党员，馆员，馆长。1994年8月参加工作，历任泰和县图书馆副馆长、馆长职务。

李明华，男，1969年11月生，本科学历，副研究馆员，副馆长。1990年8月参加工作。泰和县第十三届政协委员。

未来展望

泰和县图书馆立足本地，辐射全县，在县城规划新区规划建设一栋面积约6000㎡的新馆，目前已完成项目立项、图纸设计工作，预计在几年之内将在新区矗立一栋有着现代化水平的图书馆，服务能力将大大提高。

联系方式

地　址：江西省泰和县城工农兵大道102号
邮　编：343700
联系人：李明华

举办志愿者社会福利院义务活动

2013年迎春快乐猜灯谜

永新县图书馆

概述

永新县图书馆1950年从县文化馆分离建馆，馆址几经变迁，2004年10月般入文化艺术综合大楼，位于永新县禾川镇湘赣大道47号。馆舍总面积为2000平方米，2009年、2013年参加全国第四、五次公共图书馆评估，获得二级图书馆。各阅览室总座席300个。计算机68台，其中电子阅览室60台，用于图书管理3台，读者查询1台，办公4台。服务器存储量4TB。已建成图书馆网站www.yxxtsg.com，为全县50万人口，23个乡镇、238个行政村、各厂区、中小学校等开展各类免费服务工作。

业务建设

馆藏总量4.55万册，古籍总量107册，地方文献2000余册。电子资源总量1.5TB。自2013年起购书经费从6万元增至10万元。

创新发展思路，大力推进数字化服务。拓展服务领域提高数字化服务能力；做好图书馆业务自动化管理系统，将ILASII升级为ILASIII，积极整合中央、省、市、县四级资源，加大基础设施投入，完善服务功能，不断构建公共文化服务体系。

截止2012年底，全县所有乡镇100%设立基层服务点，100%的行政村构建服务点。同时，整合各类资源，自建了3个数据库。即：①地方特色视频数据库②文献书目数据库③馆藏光盘数据库。地方特色视频资源库收集了“三湾改编”、“贺子珍清廉小故事”、“将军清廉故事”、“永新红色歌谣”，非物质文化遗产的“永新盾牌舞”、“永新小鼓”和国家著名书法家尹承志老师等书法协会成员的书画作品为内容的光盘在“视频点播平台”播出，丰富了特色数据库信息储备，实现优秀文化信息在全国范围内共建共享。

读者服务工作

从2009年起，每周对外免费开放56小时，年接待人次20余万，其中外借室31200人次，少儿室54258人次，期报刊室43320人次，电子阅览室71220人次。年外借总册次8万余册。

2009–2011年，利用共享工程资源为基层种养殖户开展特色服务，在全省范围内着重打造了具有影响力的服务品牌——“惠民工程暖人心”，每年重点帮扶一户种、养殖户利用现代科技脱贫致富，09年养鱼专业户肖相昌、10年红米种殖户龙桃仔、11年养野鸡专业户贺和先，实现信息共享，使之成为一项民心工程。为“空巢老人”、“留守儿童”开展关爱活动。2013年为“两会”提供服务。永新县图书馆共举办讲座、展览、培训、阅读推广等读者活动600余场次，参与人数5余万人次。

业务研究、辅导、协作协调

2009–2012年，永新县图书馆职工发表论文3篇。

从2009年起，永新县图书馆以文化信息资源共享工程为依托，在全县范围内开展各项流通服务、地方文献联合征集、阅读推广与讲座展览资源服务、业务培训与技术帮扶等活动。截止2013年底，举办各类培训班65期，6万余人次接受培训。

2009年积极配合省馆做好《中华古籍总目·江西省分卷》的编纂工作。

2011年2月28日《永新人物传》编纂工作在永新县图书馆内正式启动，2012年9月向全国发行。

管理工作

认真贯彻落实科学发展观，贯彻“尊重劳动、尊重知识、尊重人才、尊重创造”的方针，竞争上岗，择优聘任。坚持“公开、平等、竞争、择优”的原则，单位按需设置岗位，按岗位工作要求制定竞聘条件，岗位设置须群众公认，竞聘条件兼顾竞聘人员的能力水平、工作业绩和学历资历等有关条件。制订竞聘方案。实施工作小组根据国家、省、市有关文件精神，制定单位竞聘上岗方案（草案），将方案提交单位岗位设置工作领导小组审核后，召开单位职工大会或职工代表大会讨论通过，最后形成本单位竞聘方案。资格审查。对申请竞聘人员提交的材料对照岗位任职条件进行资格审查，确定参加竞聘打分人员名单。量化打分。组织对资审合格人员进行量化打分，确定单位拟聘人员名单。协调和处理问题。对岗位实施工作中出现的各种情况和问题进行协调并处理，仲裁本单位岗位实施工作中存在的争议。

表彰、奖励情况

2009–2012年，连续获得江西省分中心先进单位及先进宣传单位表彰，文化部表彰。

馆领导介绍

贺小燕，女，1974年10月生，本科学历，馆员，馆长。1970年12月参加工作。

成人外借室图

基层管理员培训班

“共享工程”设备发放仪式

在期刊室老年读者沉浸书海

刘刚，男，1974年2月生，大专学历，中共党员，中级工，党总支书记。1975年2月参加工作。

左小婷，女，1979年2月生，本科学历，中共党员，馆员，副馆长。1998年9月参加工作，2010年8月调至图书馆工作。

未来展望

永新县图书馆遵循“科学、效率、创新、发展”的办馆方针，践行图书馆发展战略，完善免费服务功能，扩大服务辐射区域，带动图书馆事业发展。进一步提高基层图书室业务骨干的公共文化服务技能和管理能力，增强创新能力、责任意识和服务水平。推进基层文化队伍培训规范化建设，逐步提高公共文化队伍整体素质。

联系方式

地　址：永新县禾川镇湘赣大道47号
邮　编：343400
联系人：左小婷

全国七大媒体记者莅临我县共同见证“共享工程”永新支中心开展的“科技富民”取得的成效

井冈山市图书馆

概述

井冈山市图书馆成立于1978年3月，其前身是文化馆的图书室，当时藏书3万册，工作人员3人。1979年由省文化厅拨款10万元，在原井冈山市政府所在地茨坪镇建起馆舍，面积为900平方米，1980年11月迁入开放。2000年5月经国务院批准，原井冈山市与原宁冈县合并成立新井冈山市，2001年两地图书馆也随之合并成立新井冈山市图书馆。2007年8月28日两馆同时开始下迁至新城区文化局大楼一楼（二楼部分），11月26日开馆。现有馆舍面积1665.54平方米（其中：新城区馆舍865.54平方米；龙市分馆800平方米）；馆内设有阅览室席位124个（其中少儿座位30个）。现在井冈山市文化艺术中心建设2600平方米的新馆舍，2014年搬入。

业务建设

井冈山市图书馆每年新进藏书3000种以上，其中文化部送书下乡工程、各地图书馆赠送等2500多种，中国期刊协会赠送的“全国百家期刊阅览室”近400种，自购书500多种；电子文献入藏量465种；地方文献视听资料38种；地方文献的收集，1992年发文各有关单位，上交呈缴本，同时制定制度，要求采编人员定期走访收集，并设有专柜，专人管理，专门目录。

2012年12月，藏书106703万多册（另每年送书下乡不少于4000多册）。

2012年度我馆财政预算经费1279696.09万元（其中3万元共享工程运行经费、7万元购书经费单列）。

1998年深圳市图书馆赠送我馆自动化管理系统ILAS软件及9台计算机设备，佛山市、韶关市、东莞市、上海市等图书馆分别赠送计算机等自动化设备13台；并于1998年开展实行采编工作自动化；2008年我市列入“共享工程”，我馆48台电脑的“电子阅览室”已装修建成，机房布置已完成，网络对外接口，8月底也完工，ILAS图书馆自动化等陆续安装完毕。2012年9月以前完成了外借书库、少儿阅览室、资料书库及地方文献书库的回溯建库，于11月1日正式向读者开放。

读者服务工作

井冈山市图书馆除做好本馆的阵地服务工作，还分别在偏远的乡镇、村、社区开办“图书”流动站11个。全馆各书库实行全开架服务，做好新书宣传工作，为老弱病小人群提供送书上门、预约服务，在夏季7–8月双休日增加晚间2小时开放时间，现新城区馆每年接待读者2.2万人次，各流动书站每年接待读者1.4万人次；借阅书刊2.8万册次；资料室、合订报库每年接待外来读者及本市政府机关部门资料查询近1000人次。

每年度编辑印发4期“信息小报”二次文献，在送书下乡时发放到农民和社区居民手中；同时了解各乡镇企业情况，确立、跟踪服务对象，经常为他们送去专业技术书籍和行业信息。为市政府领导机关决策，提供信息服务。

做好每年一度的图书馆服务宣传周活动，全民读书月活动宣传，有计划方案、有总结、有宣传，联合有关部门共同联办讲座报告会，开展形式多样的读者读书活动不少于17次。

2008年以来，遵照上级精神要求，腾出宽敞的馆舍建立电子阅览室和机房，并制定有“发展规划”，确定106个以来首批村级试点单位，有2名专职人员负责此项工作，并申请到2009年度“工程”财政预算运行经费3万元。

为提高服务质量，注意加强职工的业务及职业道德教育，增加投入美化读书环境，为离退休老干部提供饮水服务，实行首问责任制，得到读者的好评。

业务研究、辅导、协作协调

井冈山市图书馆把鼓励职工学习、发表文章、论文等作为制度纳入每年的工作目标管理之中，2004年以来，馆内中级职称人员发表业务论文2篇。

井冈山市有19个乡镇（场）及106个行政村均建有“图书室”或“图书角”，同时近年来的“万村书库”、“农家书屋”工程，极大地繁荣农村文化事业。为让农村书屋发展更加规范，让农民更好地利用书刊资料，分别派出业务人员下到各村进行业务辅导30多次，2008–2012年举办“乡镇村基层图书室管理人员业务培训班”。

在井冈山市范围内各学校、乡镇图书室开展馆际互借活动，建立流动书站11个，与兄弟馆互换书籍互通有无，做好“为人找书，为书找人”。

电子阅览室

外借书库

读者"十八大精神"宣讲会

基层培训班

管理工作

制定了"岗位设置管理""人员聘用制度"；建立健全各项规章制度，工作上实行目标管理，年终与经济挂钩。

建立健全财务制度，严把收支两条线。设备物资管理有专人，有进出手续，年终清查。

表彰、奖励情况

多次获得省、市各种表彰、奖励。其中，2006年被评为"关心下一代先进集体"，1985年至2012年一直评为井冈山市"文明单位"。

馆领导介绍

胡蓉，女，1972年3月生，1991年7月参加工作，本科，馆员，副馆长。

黄述良，男，1956年生，大专，馆员，副馆长。

张红，女，1965年生，高级工，副馆长。

未来展望

井冈山市图书馆本着"服务第一，读者至上"的理念，坚持质量立馆，发展兴馆，特色强馆。在不断强化自身综合实力的同时，全面提升图书馆公共服务职能，进一步融入公共文化服务体系。2014年，井冈山市图书馆新馆建成，在井冈山市文化艺术中心，面积2600平方米，建设有服务大厅，演播大厅，阅览场所，文献储备区，古籍中心等场所，阅览坐席1000个。新馆将继续坚持以科学发展观为指导，努力打造成为设施最完善，功能最齐全，最具人文特征的县级图书馆。

联系方式

地　址：井冈山市新城区
邮　编：343600
联系人：胡　蓉

接受赠书

少儿知识竞赛

迎新春　送书送春联活动

丰城市图书馆

概述

丰城市图书馆1958年建馆，现馆建于1992年，建筑面积2446平方米，内设办公室、采编室、外借室、少儿阅览室、综合阅览室、科技参考咨询室、电子阅览室、报告厅等，有阅览坐席308个，计算机57台，宽带接入10Mbps，选用ILAS3图书馆自动化管理系统。2012年，馆藏图书14.7万册，分馆及流通站483个（农家书屋），共享工程村级点467个。现为国家二级图书馆。

业务建设

截止2012年底，丰城市图书馆总藏量14.7万册，其中：图书104410册、报刊13865册、电子书28000册。

丰城市图书馆年购书经费13.5万元，共享工程运转经费2万元。

截止2012年底，丰城市图书馆数字资源总量为7TB，采购了28000册电子书，建成数字图书馆并投入使用。

2004年，开设电子阅览室并免费开放至今。2008年5月，列入全国共享工程建设县，共享工程村级点覆盖率达99.8%。

2009–2012年，争取上级两馆维修资金80多万元，对馆舍进行了全面整修。

读者服务工作

从2011年11月起，丰城市图书馆全面免费开放，每周开放时间达56小时。实行借阅证全馆"一卡通"。仅2012年，借阅图书、报刊、杂志量11.7万多册。接待读者借阅数为10万人次，年流通总人次50.6万人次。与消防大队建成共建友好单位，并设立图书室。开通了丰城市图书馆官方QQ群，已有铁杆"粉丝"60多名。在丰城人在线论坛上注册的官方发言人，成为了广大市民与图书馆的互动平台。丰城市图书馆网站的年访问量达2万多次。为方便视障人群在电子阅览室开设专用机、免费为农民工网络票等，加强对特殊人群的服务。

2009–2012年，丰城市图书馆共举办讲座、展览、培训、阅读推广等读者活动62场次，参与人数57231人次。"小小图书管理员"活动和在丰城全市中小校开展的国学诵读比赛，是丰城市图书馆阅读推广工作的特色。

业务研究、辅导、协作协调

2009–2012年，丰城市图书馆职工发表论文16篇，出版专著1部，获准立项的其他课题1项。

2009年4月，丰城图书馆组织举办宜春市公共图书馆长会议，就馆员联合培训和建立联合参考咨询平台等达成广泛共识。

2009–2012年，对共享工程基层网点技术培训20多次，对文化站、农家书屋管理员培训30多次。将文化信息资源共享工程与广场文化、村镇文化、社区文化、家庭文化、文化下乡活动及老年、青少年文化活动等紧密结合起来，充分发挥工程的效能和作用。在基层站点积极实行"课堂+基地"、"课堂+乡土人才+基地"、"课堂+协会+基地+产业"等学用模式培训，为广大群众学习技术技能、了解市场架起信息高速公路。以各服务站点为主要阵地，建立组织有序、活动经常、富有生机和活力的培训机制，组织农村党员干部学理论、学政策、学知识、学技术、学方法、学典型、学先进，不断提高自身素质。

2009–2012年，古籍普查已查明347册，收集地方文献97册。

管理工作

完善各项规章制度。建立健全了学习制度、工作制度、考勤制度、安全保卫工作制度、服务准则和绩效考核制度。推行了"微笑多一点、行动快一点、做事早一点、说话柔一点、理由少一点、脾气小一点、胆量大一点、质量好一点、效率高一点"的"十点"工作法。

截止2012年，丰城市图书馆完成全员岗位聘任，建立了工作量化考核指标体系，每月进行工作进度通报，每半年和全年进行工作考核。积极引进专业人才，截止2012年，共引进计算机专业的本科大学生2名。

表彰奖励情况

2009–2012年，丰城市图书馆共获得各种表彰、奖励13次，其中：宜春市表彰、奖励6次，丰城市委、市政府表彰、奖励4次，其他表彰、奖励3次。

馆领导介绍

熊雷辉，男，1978年9月生，本科学历，中共党员，馆长。1997年7月参加工作，历任丰城市荷湖乡组织干事、宣传干事、

少儿阅览室

读书会

非遗活动图书展

美文共赏朗诵比赛

文化站长、人大秘书、党政办副主任、团委副书记，丰城市委宣传部宣传股股长，兼任宜春市图书馆学会常务理事。多年被评为丰城市优秀通讯员。先后荣获2009年宜春舆情信息先进个人，2010年宜春主题教育活动先进个人，2011年宜春宣传思想工作先进个人，2011年丰城普法工作先进个人等荣誉称号。

赵小辉，女，1962年1月生，大专学历，毕业于辽宁党校经济管理专业，副馆长。1979年参加工作，曾于石滩、河洲教书；1983–1989年供职于机关幼儿园；1989–至今在丰城市图书馆工作。

未来展望

未来5年，丰城图书馆将现有馆舍打造地方文献主题馆，在新城区按照国家一级馆标准新建一座现代化的图书馆，全面建成后的丰城市图书馆，将坚持开放性、公益性原则，将"人才振馆、科技强馆、项目兴馆、服务立馆"的发展战略具体化，付诸于行动，落实于各项具体的工作中，通过真抓实干，与时俱进，树立图书馆在知识信息时代的新形象，并健康有序地朝着数字化、信息化、现代化的方向迈进。

联系方式

地　址：丰城市东方红大街161号
邮　编：331100
联系人：熊　蕾

论语诵读比赛

农家书屋

农家书屋图书上架

农家书屋管理员培训

读书日

樟树市图书馆

概述

樟树市图书馆建馆时间为1985年12月，现馆建成时间2000年10月，位于新城区杏佛路63号，共五层楼，建筑面积2265平方米，现有干部职工8人，其中副科级干部1人，初级职称2人，技术员1人，高级技工4人。馆内设有少儿活动中心（少儿书刊借阅室）、报刊阅览室、图书外借室、电子阅览室等8个服务窗口。馆藏图书102013册。主要工作：图书借阅、报刊阅览、开展读书、讲座、培训等活动。经费：年购书经费10万元，共享工程运行经费3万元，免费开放经费20万元。文化信息资源共享工程：利用公共文化资源为群众提供网络服务，播放革命传统教育影片、动漫片、益智片、举办讲座活动等，年服务读者50000余人次。2013年，樟树市图书馆有阅览坐席325个，计算机60台，宽带接入10Mbps，选用ILASIII图书馆自动化管理系统。

业务建设

截止2013年12月，樟树市图书馆总藏量102013册（件），其中，纸质文献61718册（件），电子图书和期刊共计4万种/册，电子光盘1133件。

截止2013年12月，樟树市图书馆数字资源总量为9.67TB，自建数字资源总量2TB。

目前，樟树市图书馆采用ILASIII图书馆自动化管理系统。2013年10月，开通WIFI24小时免费开放服务，实现馆内10M无线网络覆盖。

读者服务工作

从2011年12月起，樟树市图书馆对外免费开放，每周开放时间大于56小时。2013年，书刊总流通52000人次，书刊外借60000册次。2013年3月，开通与宜春市图书馆（共10个市、县级馆）的馆际互借服务。2013年，设立4个流动图书室，分别是94872部队流动图书室、福城社区流动图书室、垱下亭社区流动图书室、鹿江社区流动图书室，我馆为每个流动图书室提供基数图书300册和过刊25种，并定期进行更新，流动图书室全年接待读者3000余人次。

2012—2013年，樟树市图书馆网站访问量21578次。截止2013年，樟树市图书馆发布使用的数字资源总量为9.67TB。2012—2013年，樟树市图书馆共举办讲座、展览、培训、阅读推广等读者活动31场次，参与人数2700余人次。

业务研究、辅导、协作协调

2011—2013年，樟树市图书馆职工发表论文2篇。

为打造城乡一体化文化服务体系，樟树市图书馆积极规划2013年城乡一体的四级图书服务网络建设工作。以市图书馆为龙头，以社区图书室为纽带，依托村社区流动图书室以及农村文化站、农家书屋，规划建立遍布城乡的社区、站点、村、居四级图书服务网络。局分管领导、市图书馆、文化行政执法大队为具体责任人和责任单位，通过强化组织领导、协调，结合送书下乡等工作，分别为社区、乡镇文化站、村农家书屋进行图书配送，在符合条件的社区、乡镇文化站、村农家书屋及农户家庭、农家文化大院建立起县图书馆乡镇分馆、图书馆流动服务点和农民读书点。

2010—2013年，樟树市图书馆组织业务人员到基层图书室进行业务辅导工作共计10次。工作人员到福城社区流动图书室、山峰日化有限公司职工书屋和临江镇基层图书室等地方，对他们的图书管理人员进行手把手的辅导培训，分别就图书分类编目、整理上架、借还登记手续以及日常图书的维护进行详细的讲解。

管理工作

2010—2013年，共抽查文献排架57次，书目数据24次。2010—2013年，我馆通过政府招聘增加了2名本科专业人才，充实了图书馆技术力量，满足了现有设施设备的运转需要。

表彰、奖励情况

2010—2013年，樟树市图书馆共获得各种表彰、奖励5次，其中，获得宜春市颁发的全市公共文化服务先进单位1次，馆员蒋诗妍获得中国图书馆学会颁发的优秀论文奖1次，获得江西省图书馆学会颁发的优秀通讯员荣誉称号1次，其他表彰、奖励2次。

馆领导介绍

刘国清，男，1962年1月生，大专学历，中共党员，馆长。1976年3月参加工作，2004年9月任樟树市图书馆馆长（副科级），兼任宜春市图书馆学会理事。

电子书借阅

借阅室

观看电影

读好书活动

新春灯谜会

龚继清，男，1961年4月生，大专学历，中共党员，副馆长。1980年11月参加工作，2007年10月任樟树市图书馆副馆长。

未来展望

樟树市图书馆遵循“服务第一、读者至上”的服务理念，2011–2013年，面向广大读者实行免费开放，不断拓展服务范围，提高服务质量，受到全市上下的一致好评。在未来的几年里，我馆将不断完善数字图书馆建设，满足广大读者日益增长的阅读需求。

联系方式

地　址：樟树市杏佛路63号
邮　编：331200
联系人：张　珉

馆内展厅

高安市图书馆

概述

高安市图书馆成立于1978年，1998年搬迁至现馆舍，建筑面积2300平方米，其中阅览室面积750平方米，书库面积130平方米，阅览座椅240个。设有外借室、少儿室、报刊阅览室、资料室、电子阅览室、多媒体视听室等服务窗口。现有干职工13人，学历机构为本科6人、大专5人、中专2人。其中中级职称4人，初级职称3人。

业务建设

高安市图书馆馆藏总数量14.52万册，其中图书13.11万册、古籍图书1808册、报刊1.27万册、少儿文献3.2万册、地方文献藏量3500册、新书年均入藏2500册，电子资源数据总量103125条。现有计算机35台，其中电子阅览室20台、外借大厅图书目录查询1台、报刊阅览室1台供读者使用。服务器存储量4T，建有文化共享工程支中心1个、乡镇基层服务点22个、村级服务点296个。

读者服务工作

根据上级有关图书馆免费开放通知精神，制定了《高安市图书馆免费开放实施方案》，严格按照上级文件精神管好、用好免费开放经费。目前高安市图书馆免费开放范围包括图书外借、报刊阅览、电子阅览、多媒体视听、资料查询等。通过免费开放的实施，图书馆读者明显增多，2012年流通人次15.8万，年外借图书13.75万册；现有有效借书证5998个；基层图书流动点9个，年流通图书3600册；年举办各种讲座32次。四年间先后举办过读书征文、“六一”儿童故事演讲比赛等较大规模读者读书活动，共有1000多人次参加。

此外，根据省文化厅统一部署，高安市图书馆于2011年和2012年在全市深入开展了两届“读好书”活动。向全社会发出“读好书、多读书、好读书”的倡议，以优秀的红色经典图书激扬大众的爱国情怀，激发人们的阅读兴趣，推动全社会形成浓厚的书香氛围，形成“读好书、多读书、好读书”的良好社会风尚，将“读好书”活动打造成深受人民群众喜爱的公共文化服务品牌。活动期间，高安图书馆集中开展了多种形式的主题阅读活动：1、利用世界读书日、图书馆服务宣传周制作“促进全民阅读，建设学习型社会”、“撒播阅读种子，构建公共文化，推进免费开放”宣传条幅进行宣传，散发“图书馆服务宣传周”传单1000多份，积极营造良好的阅读氛围。2、举办了建党90周年读书征文比赛活动，共收到征文56篇，并评优颁奖。3、举办了“‘六一’奥尼杯”庆祝建党90周年演讲比赛活动，共有23名优秀选手参加。4、组织了红色经典、爱国主义的“读好书”图书专柜。5、配合主题读书活动，利用多媒体视听室举办了12场系列讲座、讲坛。6、组织全馆同志积极参与省图书馆学会举办的“中共党史知识竞赛和‘双百人物’知识竞赛”活动。随着图书馆免费开放的深入开展，走进利用图书馆的人们日益增多，有很多读者是家庭成员人手一卡进行借阅。

文化共享工程高安支中心利用多媒体视听室、电子阅览室开展了名家讲座、影视欣赏、知识摘登等大量活动120余次，服务群众7200多人。配合我市新区建设，坚持“贴近生活、贴近实际、贴近群众”的原则，对老年朋友、敬老院等开展了资源服务。走进社区，开展“优秀影片展播”活动26次，接待群众600余人。每年举办两期乡镇管理人员培训班。

管理工作

高安市人力资源和社会保障局核准我馆设立管理岗位2个，专业技术岗位10个，工勤技能岗位2个，图书馆13名干职工已实行全员聘用制，按需设岗，以岗定人，以岗位管理代替以人为中心的管理模式，优化科室人员结构，制定了科室职责、考勤管理、休假管理、奖惩管理等制度，量化考核目标，提高工作效率，增进服务质量。

表彰、奖励情况

参加省中心组织的“全省中小学生电脑小报设计比赛”活动，获优秀组织奖。3名同志在省图书馆学会组织的首届“读好书”活动中，荣获“双百人物”知识竞赛奖。《中国文化报》曾分别以《高安文化共享工程惠泽群众》、《翰墨书香惹人醉》为题对高安市图书馆工作进行了报道。

馆领导介绍

王春根，男，1966年1月生，本科学历，中共党员，馆长。1983年参加工作，先后担任过中共高安县委办公室秘书、龙潭乡党委副书记、蓝坊镇党委副书记等职务，现今担任高安市文化局党组副书记、市图书馆馆长、党支部书记。

陈尚梅，女，1962年9月生，本科学历，中共党员，副馆长。1979年到高安市图书馆参加工作，先后在采编辅导股、外借股工作，任副股长、股长等职。

章圣勇，男，1971年11月生，大专学历，中共党员，中级职称，副馆长。1993年到高安市图书馆参加工作，先后在采编辅导股、少儿室、人秘股工作，任副股长、股长等职。

未来展望

高安市图书馆新馆建设即将启动，新馆位于高安市瑞阳新区核心区部位，用地18亩，建筑面积13000平方米，主楼占地4000平方米，主体建筑地上4层、地下1层。预计工程主体投资5000万以上。图书馆作为公益性的文化事业因其便利性、基础性、公益性及它的教育功能、传递信息功能、休闲娱乐功能顺应了人民群众的需求。高安市新图书馆的建成对提升城市形象，促进社会和谐，建设幸福高安等必将产生极大的影响。

联系方式

地　址：江西省高安市桥北路298号
邮　编：330800
联系人：王春根

宜黄县图书馆

概述

宜黄县图书馆成立于1978年，成立时与文化馆合署办公。旧馆舍建于1989年，建筑面积1121平方米，连续四次被文化部评定为三级图书馆。现用馆舍建于2011年，2013年投入使用，面积约2000平方米。2013年，在第五次全国公共图书馆评估定级中，被文化部评定为二级图书馆。

业务建设

宜黄县图书馆现有藏书7.2万册，设有报刊借阅室、少儿图书借阅室、图书外借室、电子阅览室、学术研讨室、特藏室、书库、多功能报告厅、采编室、读者参考咨询室等，设置读者座位400个，拥有计算机60台，其中电子阅览室终端数50台。

馆内拥有电子图书自动借阅机2台，投影仪2套，并已实现全馆无线网络覆盖。

读者服务工作

自2011年6月开始，宜黄县图书馆全方位实现免费开放，具体包括：1、一般阅览室，少儿阅览室，多媒体阅览室(电子阅览室)、报告厅等各公共空间设施场地免费开放。2、文献资源借阅、检索与咨询、公益性讲座和展览、基层辅导、流动服务等基本文化服务项目免费提供。3、一些辅助性服务全部免费，如办证、验证、换证等。

多年来，宜黄县图书馆坚持全年365天天天开放，每周开放时间超过56小时，特别是节假日、双休日对外开放，受到了广大读者的好评。同时，每年要举办讲座、展览、培训、阅读推广等读者活动10次左右，平均每次活动参加的人数在2000人次以上。

业务研究、辅导、协作协调

为了丰富农村广大农民朋友的精神文化生活，宜黄县图书馆每年不定期地挑选文学、科技、农业、医学等各类书籍来充实基层图书室，每年完成送书下乡3000多册，同时，经常深入各乡(镇)文化站图书室、村级图书流动点指导工作，并对乡(村)、学校、企业图书室的业务人员进行业务辅导，提高他们的业务水平及个人素质，努力使基层图书室、村级图书流动点规范化。2011年8月图书馆与县文化局、县残联联合，举办了图书管理知识培训班，为农家书屋培训业务人员100多人。2011年11月，宜黄县文化信息资源共享工程村级服务点正式启动，县图书馆将省中心发放下来的设备分别配送到全县139个村。

自2010年开始，宜黄县图书馆先后与县人民武装部、县政策研究室、县实验小学、凤冈一小、县青少年活动中心、宏业针织厂、大江饲料有限公司、县武警中队、县邮政局等十多家单位，签订了《共建图书流动服务点协议书》，使图书馆真正走进机关、走进企业、走进军营、走进学校。

管理工作

宜黄县图书馆始终本着人文主义办馆理念，开展优质服务，微笑服务，努力满足读者多元化的阅读需求。同时，完善各项规章制度，坚持用制度管权、管事、管人，拟订了涵盖党务、行政管理、财务管理、图书业务管理、单位日常事务管理等各个方面的规章制度。另外，就工作流程、成绩考评及责任作出了明确的要求，做到用制度管人、管事，规范运作，有据可依。

表彰、奖励情况

2009—2012年连续四年荣获年度目标管理先进单位，2010年，荣获全县社会治安综合治理工作目标管理先进单位，2010年荣获全县精神文明创建工作先进单位，2012年荣获市委宣传部、市文化局组织的第二届“全民读书”活动组织奖。

馆领导介绍

付慧荣，男，1962年11月出生，大专学历，中共党员，技师，馆长。1979年12月参加工作，1984年11月调入图书馆，2000年9月党校函授毕业，1998年开始担任宜黄县图书馆馆长。

黄抱新，男，1967年1月出生，大学本科，学士学位，中级职称，副馆长。1991年7月毕业于江西师范大学历史系，分配到图书馆工作。

未来展望

宜黄县图书馆将认真贯彻落实科学发展观，以阵地服务为中心，开展丰富多彩的优质服务，拓展图书馆的社会教育和信息传播功能，从读者服务、业务管理、读书活动及培养全民阅读兴趣入手，精心营造团结和谐的工作环境和阅读氛围，坚持“读者第一，服务至上”的宗旨，努力完成上级要求的各项工作任务，为提高全民素质和社会经济的发展作出应有的贡献。

联系方式

地　址：江西省宜黄县河东新区世纪大道
邮　编：344400
联系人：黄抱新

少儿读者正在阅读

中外儿童文学名著展

馆舍全貌

南城县图书馆

概述

南城县图书馆始建于1958年，馆舍几经搬迁，现馆建于2009年，位于城北登高公园北侧，占地面积5亩，现馆舍总面积2560平方米。现有藏书10万册，可提供读者座位400多个，计算机40台，设有外借室、报刊阅览室、少儿阅览室、采编室、电子阅览室、多功能报告厅、书库等读者服务窗口。配备设施现代化，采用图书馆自动化集成系统(ILAS3)进行文献和读者服务管理。全年365天全天侯免费开放。2013年，参加第五次全国公共图书馆评估定级，被评为二级图书馆。

业务建设

县馆积极争取地方政府加大对公共文化事业的资金投入，2009年，县政府投入资金400多万元，建成图书馆大楼，并投入资金进行装修、绿化，改善了图书馆的办公环境，增强了图书馆对读者的吸引力；加强文献资源建设，每年向社会各界征集符合本县特点的地方文献10余种，300余册，有专人管理，常年开展工作，图书馆设"地方文献专柜"，展示南城的风土人情、地方特色，让社会各界更好的了解南城的发展史；加强文化信息资源共享工程建设，2010年，文化资源信息共享工程南城支中心正式成立，推动了图书馆自动化、网络化建设，基层服务点安装150台电脑，占全县行政村的100%，使公共图书馆服务水平、技术手段得到了很大提高，为读者服务提供了更大的空间。同时，加强图书馆网站建设，网站设有书馆介绍、书馆快讯、读者服务、馆藏资源、新书推荐、书画欣赏、捐赠文库、共享工程、留言咨询等10个栏目，为读者了解图书馆，走进图书馆提供了一个很好的平台。

读者服务工作

图书馆自2011年实行免费可开放以来，实行全年365天开放服务，每周开放时间不少于56小时，全年书刊外借4.6万余册，全年流通人次达约4万人次；每年通过开展4.23"世界读书日"、"图书馆服务宣传周"、"全民阅读"等活动，大力宣传图书馆，提高了广大群众对图书馆服务工作的认识；开展特色服务，设立残障人阅览室，为残疾人提供盲文、视频、音像等资源服务，自2010年以来，坚持为看守所服刑人员开展送书服务，帮助服刑人员进行改造；开展科技为农服务工作，每年自编自印《农业科技》12期，帮助科技农户提供一些科技信息服务；每年举办专题讲座、展览、培训、阅读推广等读者活动不少于6次。

业务研究、辅导、协作协调

从2010年以来，图书馆业务辅导工作深入基层，每年多次下乡，进入农村文化大院、图书室、农家书屋进行图书借阅、图书分类、图书收藏等业务知识辅导，使管理员的业务水平有了很大的提高；积极开展馆际通借通还工作，实现了市区图书馆间的通借通还。

管理工作

图书馆现在编在岗工作人员10人，其中大专以上学历6人，占职工总数60%，中级职称3人，技师2人，占职工总数的50%，初级以上人数6人，占职工总数的60%；为了更好地为读者服务，最大限度地发挥图书馆的作用，图书馆以制度建设规范岗位行为，制定了《图书管理人员岗位责任制》《图书馆业务工作细则》《图书阅览和外借制度》《图书丢失和损坏的赔偿制度》《电子阅览室使用规则》等规章制度，并上墙悬挂，做到分工明确职责分明。全馆工作人员岗位明确、职责分明，定有详细的工作细则，每年进行考评，执行情况良好。大家既分工，又有协作；以业务学习提高服务能力，坚持通过业务学习来提高工作人员的业务素质，不断提高服务水平。为了使业务学习学有所获，图书馆每年均制定了学习计划、充分保证学习时间、年终还要对学习效果进行测试等，以保证业务学习的效果；图书馆还明确规定测试结果与年度考核挂钩，使全馆上下共同重视业务学习。

表彰、奖励情况

2012年，组织参加市图书馆举办的演讲比赛，荣获一个二等奖 和三等奖，并获得组织奖；2013年荣获主管局"先进单位"称号。

馆领导介绍

杨昕，男，1957年3月生，大专学历，中共党员，馆员，馆长。1982年12月分配至南城县图书馆工作，1999年任南城县图书馆馆长至今。

报纸阅览室

古籍室

基层培训

送书到军营

共享工程知识竞赛

黄晓红，女，1962年11月生，大专学历，中共党员，五级职员，副馆长。1981年10月参加工作。历任图书馆管理员，副馆长至今。

蔡绍辉，男，1972年3月生，大专学历，中共党员，馆员，副馆长，1993年7月毕业分配至南城县文化馆工作，1995年7月调入南城县图书馆工作至今。

未来展望

南城县图书馆始终以"读者第一、服务至上"作为办馆宗旨，积极发挥图书馆文化阵地作用，为广大读者提供丰富的精神食粮。随着国家对公共文化事业的重视，图书馆边缘化的状况得到改变，特别是免费开放政策的实施，可以说是基层公共图书馆事业春天的到来。借此契机，南城县图书馆将内抓管理，外抓服务，尤其是创新服务。努力发挥图书馆在基层公共文化服务体系中的龙头作用。

联系方式

地　址：江西省南城县建昌北大道126号
邮　编：344700
联系人：蔡绍辉

馆内大厅

南丰县图书馆

概述

南丰县图书馆建于1986年，坐落于南丰县老城区人民会场，2010年完成馆舍维修改造，以全新的面貌对外免费开放。馆舍建筑面积1680平方米，阅览座席266个，其中少儿阅览座席54个。全馆拥有计算机55台，其中供读者使用的计算机为40台，宽带接入为10Mbps，专用存储设备容量4TB，安装了ILAS111自动化管理系统。

业务建设

截至2012年底，南丰县图书馆总藏量为10.2598万册，其中纸质图书9.1518万册，电子文献（含视听文献）1.108万册。图书年入藏量1500种，报刊年入藏量199种，视听文献年入藏量40种，地方文献入藏386册，并设专柜陈列，有专门目录、专人管理，征集工作开展良好。

南丰县图书馆依据有关国家标准或行业标准对普通图书、期刊、报纸、视听文献等进行了编目著录，藏书管理规范，书标、登录号、馆藏章等统一、整齐、美观，目录采用卡片目录和机读目录相结合，对录入电脑系统的图书，设立机读目录，尚未录入电脑的书籍，通过卡片目录查找。

南丰县图书馆图书排架有专门的维护员，并设立了专门制度，文献保护制度健全，破损图书修补及时。

南丰县图书馆通过购买、自建等方式建设的数字资源量达4TB，馆藏书中文文献书目数字化达23%。建立了南丰地方文化数据库。

读者服务工作

南丰县按照文化部、财政部《关于推进全国美术馆、公共图书馆、文化馆及财政部《关于加强美术馆、公共图书馆、文化馆（站）免费开放经费保障工作的通知》等文件规定，对公共空间如阅览室、报告室、资料室等设施场地免费开放，健全了基本服务项目并免费开放。

南丰县图书馆每周开放时间56小时，书刊文献开架比例达81%。馆藏书刊文献年外借册次6.1万册，年外借率达66.5%，馆外流动服务点年外借55727册次，人均年到馆次数为25次。南丰县图书馆充分利用各种时机、场合开展宣传活动，每年开展宣传活动达12场次。南丰县图书馆利用宣传栏、电子阅览室开展政务信息公开服务，让读者及时了解党和国家及地方的有关政策。

南丰县图书馆重视特殊人群的服务，制订了特殊人群针对性服务方案，先后开展了农家书屋残疾管理员培训班、针对农民工开展的“创业金点子”讲座、针对青少年开展的文学创作讲座及针对老年人开展的健身讲座等，受到群众的好评。

南丰县图书馆建立了以外网读者为重点的“南丰文化网”，以内网读者为重点的“南丰数字图书馆”及“南丰数字期刊网”。

2009-2012年，南丰县图书馆每年开展各类讲座、培训活动36场，展览12次，阅读推广活动6次，每万人平均参与活动次数达264次。

南丰县图书馆利用服务宣传周、全民读书月、世界图书与版权日等契机广泛开展宣传活动，相关活动被媒体给予了大力报道。

业务研究、辅导、协作协调

南丰县图书馆积极参与本地区图书馆联合编目、馆际互借和总分馆体系建设及其他各类业务合作活动。认真做好了本地区图书馆服务网络建设与规划，建立了以县图书馆为主体的总分馆服务体系和县、乡、村三级服务网络，南丰县图书乡镇服务站12个（其中分馆7个），村级服务点159个（其中村级分馆9个），社区图书服务点10个，乡镇参与网络建设的比例达58%以上。本地区图书服务网络内通借通还覆盖率达80%以上，分馆书刊文献借阅54000册次。南丰县图书馆致力于基层业务辅导和培训工作，每年开展业务辅导2次，覆盖全县12个乡镇160多个服务点。以《中图法》等为基本教材的业务培训工作也开展较好，每年开展相关业务培训4次，参加培训的学员达240人次。

管理工作

南丰县图书馆一手抓业务建设一手抓管理，年初要制定年度工作计划，并抓好计划的落实。严格财务管理，制定了财务管理制度和监察制度。认真抓好人事管理，按需设岗，按岗聘用，制订了岗位责任制考核和分配激励制度。

吸纳了志愿者参与图书馆工作，并对其进行了科学管理。

资源共享室

少儿阅览室

农家书屋残疾人管理员培训

农家书屋管理员培训

全民阅读活动

送图书下乡

建立了设备、物资管理制度，各类档案管理规范。

抓好馆内外环境的整治，阅读学习设施设备维护有力，管理规范，环境清幽，馆内标识牌规范，节能减排措施到位。经常性开展安全应急演练活动，制订了应急预案，馆内消防安全达标。

表彰、奖励情况

2009—2012年，南丰县图书馆共获得各种表彰、奖励10次，其中，省文化厅表彰、奖励1次，其他表彰、奖励9次。

馆领导介绍

王惠云，女，1957年8月出生，高中学历，中共党员，副研究馆员、馆长。1971年参加工作，任南丰县图书馆馆长至2012年7月。为中国图书馆学会会员、江西省图书馆学会会员，江西省群文学会会员，江西省舞蹈家协会会员。

李秀华，女，1975年5月出生，本科学历，中共党员，馆员，馆长。1997年7月参加工作，2012年7月任南丰县图书馆馆长至今。

邓洪，男，1968年6月出生，中专学历，中共党员，馆员，党支部副书记兼副馆长，分管财务工作。

未来展望

南丰县图书馆遵循“科学、效率、创新、发展”的办馆方针，践行“三步走”战略，即完善单体服务功能，扩大服务辐射区域，带动地区事业发展。2009—2012年，在不断强化自身综合实力的同时，完成了图书馆的维修改造任务，优化了馆内阅读环境，提升了读者服务水平。在未来的几年里，南丰县图书馆将在现有馆舍的基础上，在新城区建设一座面积600平方米的少儿图书馆及地方文化主题图书馆。全面建成后的南丰县图书馆，将由县图书馆、少儿图书馆和主题图书馆三部分组成，总建筑面积2280平方米，阅览座位500个，可容纳纸质文献40万册，年服务人次可达30万人次以上，数字资源设计存储能力10TB，能够提供全覆盖、不间断、无时空限制的数字文献远程服务，数字资源年利用率30万件/次以上。同时，还具有支撑保障全县图书馆及农家书屋服务体系良好运行的文献与技术能力，成为与县内学校、卫生、研究机构等实现资源共享互补的图书馆。

联系方式

地　址：南丰县琴城镇人民会场10号
邮　编：344500
联系人：李秀华

流动书屋开展业务辅导

辅导乡镇文化站图书室工作

乐安县图书馆

概述

乐安县图书馆1983年成立，馆舍建成于1993年6月，位于乐安县鳌溪镇毕力路1号，总建筑面积2162平方米。乐安县图书馆现有阅览座位120个，计算机47台，宽带接入10Mbps，选用ilasIII图书馆自动化管理系统。

业务建设

截止2013年底，乐安县图书馆总藏量8.7万册（件），其中，电子文献5205册。2012年，乐安县图书馆新增藏量购置费增至7.6万元。2012年报刊总入藏138种。其中，期刊入藏86种、报纸入藏52种；视听文献年入藏量212件。

截止2012年底，乐安县图书馆数字资源总量为3TB，其中，2011年乐安县图书馆和乐安县文化馆合作共建了乐安傩舞数字资源库。制作乐安傩舞（第一期）视频2小时、文字材料2万字、图片200幅。

2013年，开始使用图书馆自动化管理系统IlasIII系统，2013年年底完成馆藏上架图书的机读编目，全馆使用IlasIII系统进行自动化管理。

读者服务工作

自2011年7月实施免费开放以来，在服务时间上实行每周56个小时，节假日照常的全年365天开放；在服务方式上实行“全面开放、免证进馆”，面向社会全体公众开放，普通阅览无需任何证件，每年共接待读者5万人次以上，书刊文献年外借4万册次，馆外流动服务点书刊借阅1万册次。为社会提供文献外借、书刊阅览、缩微复制、信息检索、参考咨询、业务培训等各种服务，而且一般性服务全部免费。

自2008年以来，乐安县馆每年定期编印《农科信息》12期，种、养、加工等二次文献近千份，无偿送到乡村、送到基层图书室、送到专业户手中，使图书馆真正发挥作用。同时利用馆内、外宣传橱窗、乐安县图书馆网站及宣传单等手段和形式进行书刊宣传和政府公开信息服务。

乐安县图书馆2012年共举办各类讲座15次；基层图书馆（室）、农家书屋管理员培训2次；农民工技能培训1次；展览5次；举办阅读推广活动4次；每万人平均参与活动次数为0.176（次/万人）。

业务研究、辅导、协作协调

乐安县积极参与上级图书馆组织的协作协调工作，如：参加省馆、市馆组织的业务学习、培训及参与上级图书馆组织的读书演讲比赛等工作。

乐安县图书馆以县图书馆为中心馆，2个分馆和各乡镇（街道）图书室为亚分馆，村（社区）图书室（农家书屋）为服务点的公共图书馆三级服务网络。

乐安县图书馆作为全县公共图书馆服务网络的中心馆，承担对全县公共图书馆业务的规划、指导、协调和评估等工作，各乡镇图书馆作为本地区公共图书馆服务网络的亚分馆，承担对辖区内村级服务点业务的规划、指导、管理、监督和评估等工作。

乐安县共有15个乡镇和175个行政村，目前已建设了2个分馆和村级农家书屋167个，建设的比例为87%。

乐安县图书馆每年对基层图书馆（室）、农家书屋业务辅导均做出了计划，并认真组织实施，同时对个别单位进行上门指导；每年对基层图书馆（室）、农家书屋管理员业务培训工作都作出了计划，2012年度本馆共组织了基层图书管理员、农家书屋管理员业务培训班2次。

管理工作

乐安县图书馆每年对全馆当年的工作做年度计划与总结，按照国家有关法律、法规及人事管理制度进行管理，建立健全了岗位责任及考核制度，对全馆职工进行岗位、目标管理和考核。同时也按照国家有关法律、法规及制度健全了乐安县图书馆的财务管理、环境与安全管理管理、志愿者管理、设备和物资管理、统计工作和档案管理等制度。

表彰、奖励情况

2010年至2012年，乐安县图书馆获市级业务主管部门表彰2次；获县政府表彰2次；获县级业务主管部门表彰14次。

馆领导介绍

谢华勇，男，1963年11月生，大专学历，中共党员，馆长。1983年1月参加工作，现任乐安县文化体育广播电视局副局长兼乐安县图书馆馆长。

黄明广，男，1969年11月生，大专学历，助理馆员，中共党员，党支部书记。1992年9月参加工作，2011年调任乐安县图书馆党支部书记。

邓亚风，男，1967年7月生，大专学历，助理馆员，中共党员，副馆长。1981年2月参加工作，1989年4月到乐安县图书馆工作，先后在采编部、阅览部、借阅部、办公室等部门工作。

少儿阅览室

电子阅览室

借阅室

开展送书进校园活动

在县武警中队设立流动图书室

开展"科技支农"下乡活动

举办中外儿童文学名著图片展

农村青少年阅读行动

吴健，女，1975年5月生，大专学历，助理馆员，副馆长。1992年8月参加工作，2006年到乐安县图书馆工作，先后在报刊阅览室、外借室、采编室，办公室，财会室工作，2008年6月被任命为乐安县图书馆副馆长，2009–20011年连续三年荣获县"三八红旗手"称呼。

未来展望

乐安县图书馆2013年7月开始利用江西省"两馆"维修改造资金对全馆进行维修改造，2014年1月维修改造后的乐安县图书馆正式对全社会开放，除了对社会开放原有的图书借阅室、报刊阅览室、少儿阅览室、电子阅览室和古籍书库等传统科室，还增设了的多媒体播放室、多功能报告厅、存包处等。馆内安装了"安全指示标志"、"小心地滑"、"馆内平面示意图"、"免费开放项目一览表"、"免费开放承诺公告"和"入馆须知"等温馨提示牌；并在大门墙面设置电子显示屏，及时更新服务内容；剪除了院内混乱线路，改造馆内小花园，种植绿色植物，美化整体环境等，彻底整治了图书馆脏、乱、差的状况，极大地提升了整体形象。全面提升了图书馆的服务功能，可为广大读者提供更快捷、优质的服务。

联系方式

地　址：江西省抚州市乐安县鳌溪镇毕力1号
邮　编：344300
联系人：谢华勇

馆舍全貌

多功能报告厅

资溪县图书馆

概述

资溪县图书馆1984年成立。2007年建设新馆，位于县建设中路29号，总建筑面积3000平方米，阅览室的面积240平方米，坐席数120个。人员编制10人，实有10人，中级职称3人，初级职称7人。图书总藏量10万余册，其中纸质书籍3万余册，电子书籍7万册。

在县委、县政府的坚强领导下，在县文广局，市图书馆的全面支持、关心下，2007年9月新馆建成并对外开放，2010年获文化部颁发国家（县）三级图书馆。图书馆设置有：采编室、少儿阅览室、报刊阅览室、外借室、电子阅览室、多媒体报告厅、参考咨询室、行政办公室、文印室。图书馆各项制度健全，全年无节假日免费开放。

业务建设

微机总台数50台，其中电子阅览室40台，服务器5台，服务器存储量6T，OPAC设备2台，复印机2台。资溪县图书馆网址：http://www.zixilib.com，网站拥有7万余册电子书籍资源，每月不定期更新发布新闻。资溪县图书馆采用图书馆自动化集成系统ILASSⅢ，运行于图书馆采编室、图书外借室、报刊阅览室、儿童阅览室等，系统运行正常。

读者服务工作

以《图书馆服务宣言》为准则，秉承“以人为本、读者至上”的服务理念。坚持免费对外开放政策，上午8：00–12:00，下午2:00–6:00对读者开放。在服务方式上实行“全面开放、免证进馆”，面向所有公民开放。县城服务点7个（县武警中队、县消防中队、县财务核算中心、县一中、县二中、县老干局、县看守所等）、基层服务点25个（嵩市镇法水文化活动中心，乌石镇新月村，鹤城镇沙苑村、大觉山村，高阜镇初居村等）分季度流动书刊。由于资溪县是面包之乡很多人在外创业，出现较多留守儿童。针对这种情况，图书馆情系留守儿童，每年定期开展为留守儿童送爱心书籍，学习用品等活动，解决外出务工家长的后顾之忧。每年举办12次左右的读者活动，内容丰富，形式多样。图书馆还对全县残疾人进行统计，建立较为全面的残疾人档案，便于掌握信息、及时为他们提供其所需的服务。另外县图书馆从2005年就开始了为农民，武警消防部队，老干部等送书活动，平均每年送书2600多册，价值累积10万多元。

业务研究、辅导、协作协调

2011年全省“读好书”活动中，李永成、邱秀娟两位同志撰写的《感悟“读书”》论文荣获三等奖，魏群英同志撰写的《以学校图书馆建设引领学生阅读》获得2013年鲁豫皖赣图书馆学会年会征文优秀奖。

针对资溪县所属的乡镇、街道图书馆，资溪县图书馆在2009年6月22日–2010年10月18日，分别举行题为“办好乡镇图书馆”培训班及“办好城市社区图书馆”的培训班，内容围绕乡镇及城市社区图书馆的概念、特点、地位及作用、办馆形式进行了培训。2010年及2012年，资溪县图书馆工作人员深入到农村各村对基层图书管理人员及基层社区图书管理人员，进行了基础理论知识、管理工作的现场辅导活动。

①联合编目：2009年我馆派出多名馆员协助资溪一中开展图书馆（室）建设，为其图书整理、分类和编目达4万余万册；2010年协助资溪职中图书馆（室）做好图书整理工作，共整理、分类和编目纸质书及电子书达3余万册。

②馆际互借：与南城、金溪、黎川等图书馆就李觏研究文章，建立资源互享机制，通过馆际互借形式，为李觏诞辰1000周年纪念活动的开展和李觏学术研究提供了便利。

③其它合作：2011年与县委宣传部、文明办、文联、党校开展全县“纪念建党九十周年”读书征文及演讲比赛。

管理工作

图书馆核定人员编制为10人，在岗10人。馆内所有人员均为专业技术人员，行政人员和工勤人员。我馆共有工作人员10人，大专以上学历8人。中级职称3人，其中馆员2人，技师1人。我馆在职人员根据工作需要常派到省馆学习业务知识和工作技能培训，每年都会参加一年度的继续教育培训，人均可达50学时/年。每年对各个馆员从德、能、勤、绩各方面全面考核，并将考核结果作为评优评模的一项重要依据。

表彰、奖励情况

2011年，被江西省文化厅授予“读好书”活动先进单位。

2012年，被抚州市委宣传部、抚州市文化新闻出版局授予“2012年第二届‘全民阅读’活动”组织奖。

资溪县图书馆报告厅

报刊阅览室

基层图书管理人员培训

为武警部队送书

馆领导介绍

采用馆长全面负责、副馆长专项分管、办公室统筹协调的结构型层次化的管理模式。

馆长：魏群英，主持全面工作，学历大专，党员，中级职称，1985－1986年到北京大学图书馆系进修一年，1984年2月调入资溪县图书馆工作，1998年任图书馆副馆长，1999年入党，2004年任图书馆馆长至今，2009年参加中国图书馆学会“志愿者行动”基层图书馆馆长培训。荣获过“市文化工作先进个人”奖，多次荣获县局“先进个人”称号。

副馆长：顾坚，党员，主管业务，学历大专，科员。

未来展望

以申办主题图书馆形式宣传资溪本地资源，建设好特色数据库，方便读者，为读者提供学习、交流、休闲的平台，使生态资溪，纯净资溪得到全社会的支持。

资溪县图书馆将继续做好图书馆本职工作，恪守“以人为本、读者至上”服务理念，热忱为读者服务，满足各类读者群体的需求。

联系方式

地　址：江西省抚州市资溪县建设中路29号
邮　编：335300
联系人：魏群英

情系留守儿童送书活动

读好书活动

为县看守所服刑人员送书

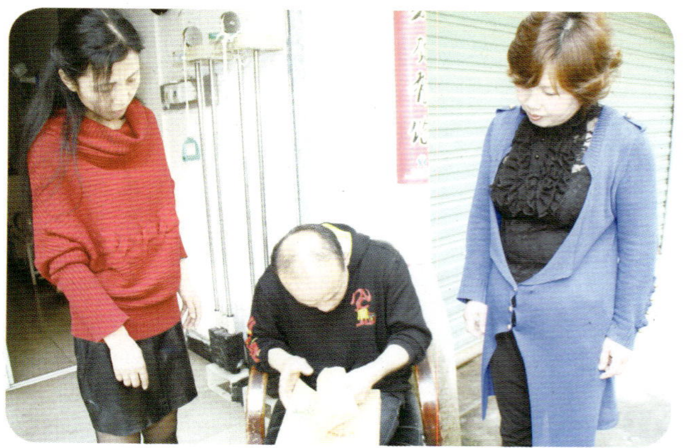

为盲人送盲文书籍

上饶市信州区图书馆

概述

信州区图书馆（原名上饶市图书馆）成立于1977年，馆址几经变迁，1998年9月9日，正式对外开放。新馆是1994年由于城市建设需要原址重建，建筑面积2000平方米，设计藏书容量15.5万册，可容纳读者座位500个。2013年，参加第五次全国公共图书馆评估，首次获得二级图书馆。2012年，信州区图书馆有阅览坐席200个，计算机100台，信息节点300个，宽带接入100Mbps，选用Symphony图书馆自动化管理系统。

业务建设

截止2013年底，信州区图书馆总藏量15.5万册（件），其中，有珍贵的古籍善本11000册，馆藏纸质图书及报刊2万余种，音像资料光盘、磁带2000余张，年订期刊145种、报纸38种。

读者服务工作

从1998年10月起，信州区图书馆全年365天天天对外免费开放，周开放52小时。2009–2012年，书刊总流通3.6万人次，书刊外借3.3万册次。2012年4月，开通与上饶5所高校图书馆的馆际互借服务。2010–2013年，设立街区自助图书馆3个分馆，馆外书刊流通总人次1.1万人次，书刊外借2.7万册。2012年7月，中国政府公开信息整合服务平台江西上饶分站上线服务。连续几年被信州区委宣传部评为全省舆情信息工作先进单位。2010年起，为"两会"提供服务。

2010–2013年，信州区图书馆共多次举办讲座、展览、培训、阅读推广等读者活动，参与人数4.5万人次。以江西公共图书馆服务联盟为平台，由省馆创意若干个阅读推广主题活动，在所有联盟成员馆中同时进行，年底进行单项奖评选，是信州区图书馆阅读推广工作的特色。

业务研究、辅导、协作协调

2010–2013年，信州区图书馆职工发表论文12篇，省委级课题1项，其他课题5项。

从2010年起，信州区图书馆以文化信息资源共享工程VPN专网为依托，在全省范围内发起组建公共图书馆服务联盟，并在馆内设立联盟工作委员会，下设联合编目、流通服务、地方文献联合征集、阅读推广与讲座展览资源服务、业务培训与技术支持等工作组。2009年9月，信州区图书馆组织举办西北五省（区）图书馆首届峰会，就共建共享西北特色文献数据库、馆员联合培训和建立联合参考咨询平台等达成广泛共识。

管理工作

2013年，信州区图书馆完成全员岗位聘任，工作人员12人，同时，建立了工作量化考核指标体系，每月进行工作进度通报，每半年和全年进行总体工作考核。

表彰、奖励情况

上饶市信州区图书馆（原名上饶市图书馆）曾于1994年被中华人民共和国文化部颁为"五级馆"，2013年又被中华人民共和国颁为"二级馆"，曾多次被评为"江西省先进图书馆"。

馆领导介绍

程辉，男，1970年10月生，大专学历，图书情报专业毕业，馆长。1988年12月参加工作，1992年调入信州区图书馆。2005年至今，担任馆长一职。列席参加信州区第五，第四届政协会议。

郑文卿，女，1976年11月生，本科学历，中共党员。1995年7月参加工作，2011年2月调入信州区图书馆担任党支部书记。

涂美君，女，1966年1月生，本科学历，中共党员，图书馆员，中级职称，副馆长。1981年10月参加工作，1990年1月到信州区图书馆工作，先后在历史文献部古籍阅览室、业务办公室、历史文献部工作，任副主任、主任等职，2001年被信州区文化厅任命为信州区图书馆副馆长，分管全馆业务工作。

吴韵琴，女，1979年4月生，大学专科学历，中共党员，副馆长。2004年调入信州区图书馆参加工作，先后在采编部、阅览部、图书借阅部等部门工作。

未来展望

信州区图书馆遵循"科学、效率、创新、发展"的办馆方针，践行"陕图发展五步走"战略，即完善单体服务功能，扩大服务辐射区域，带动地区事业发展。2003–2013年，在不断强化自身综合实力的同时，通过创建江西公共图书馆服务联盟，带动了全省公共图书馆事业的整体发展。2014年，信州区图书馆改建工程正式启动，在未来的1年里，信州区图书馆将在现有馆舍的基础上，设立更加独立完整功能齐全的馆舍。全面建成后的信州区图书馆，总建筑面积2000平方米，设有阅览室、外借室、少儿阅览室、电子阅览室，可容纳纸质文献15.5万册，年服务人次可达5万人次以上，能够提供全覆盖、不间断、无时空限制的数字文献远程和移动服务，数字资源年利用率100件/次以上。同时，还具有支撑保障全省公共图书馆服务体系良好运行的文献与技术能力，成为与省内高校、科研系统图书馆实现资源共享互补的特大型省级图书馆，主要指标位居全国公共图书馆前列，达到国际一流图书馆的基本标准。

联系方式

地　址：上饶市赣东北大道88号
邮　编：334000
联系人：黄才容

玉山县图书馆

概述

玉山县图书馆成立于1983年，现馆舍于2003年开始筹建，2006年7月正式对外开放。原馆址几经变迁，2006年7月，位于县文化艺术中心的新馆建成开放。建筑面积2100平方米，设计藏书容量9万册，可容纳读者座位250个。现有干部职工16名。2009年，参加第四次全国公共图书馆评估，首次获得二级图书馆。20013年，参加第五次全国公共图书馆评估，再次获得二级图书馆。2013年，玉山县图书馆有阅览坐席256个，计算机63台，选用ILASIII图书馆自动化管理系统。

业务建设

截止2013年底，玉山县图书馆总藏量9万册（件）。2013年，玉山县图书馆藏量购置费7元。2013年年初，实现馆内无线网络覆盖。

读者服务工作

从2012年3月起，玉山县图书馆实行对外免费开放，周开放56小时，2010—2013年，书刊总流通20万人次左右，书刊外借18万册次。2013年，与市图书馆开展馆际协作服务。

2013—2014年，玉山县图书馆网站访问量3万次。2013年，玉山县图书馆共举办讲座、展览、培训、阅读推广等读者活动20场次，参与人数18万人次。

业务研究、辅导

2013年组织举办农家书屋管理员和共享工程基层服务点管理员的培训。

管理工作

2009年，玉山县图书馆完成全员岗位聘任。

馆领导介绍

杨如意，男，1963年1月生，大专学历，中共党员，馆长。1981年1月参加工作，历任玉山县图书馆副馆长、馆长（乡科副职），1997年10月任玉山县图书馆馆长。2008年任玉山县图书馆馆长（乡科副职），兼任玉山图书馆学会理事长、文化信息资源共享工程县支中心主任等职”。

张剑，男，1974年9月生，本科学历，中共党员，党总支书记。1995年8月参加工作，历任玉山县电视台副台长、玉山县图书馆党支部书记等职。分管党的工作、精神文明建设、扶贫工作等，兼任玉山县图书馆学会副理事长。

尹柏英，女，1963年，大专学历，副馆长。1980年8月参加工作，1989年7月到玉山县图书馆工作，任副馆长，兼任玉山县图书馆学会副理事长。

刘宏霞，女，1973年6月生，大专学历，中共党员，副馆长。1993年6月到玉山县图书馆参加工作，先后在采编部、阅览部、图书借阅部等部门工作，主任、副馆长等职，兼任玉山县图书馆学会副理事长。

未来展望

玉山县图书馆遵循“科学、效率、创新、发展”的办馆方针，践行“玉山发展三步走”战略，即完善单体服务功能，扩大服务辐射区域，带动地区事业发展。2013年，在不断强化自身综合实力的同时，通过创建玉山公共图书馆服务联盟，带动了公共图书馆事业的整体发展。2013年，玉山县图书馆在未来的几年里，玉山图书馆将在现有馆舍的基础上，年服务人次可达10万人次以上，数字资源设计存储能力10TB。同时，主要指标达到公共图书馆的基本标准。

联系方式

地　址：玉山县冰溪镇府后园B区15号
邮　编：334700
联系人：王水清

农家书屋残疾人图书管理员免费培训班

亲子阅读活动

鄱阳县图书馆

概述

清宣统二年（1910年）鄱阳县图书馆附设于劝学所，民国初年停办。民国17年（1928)和民国21年（1932）先后于通俗讲演所、民众教育馆附设图书馆。民国24年（1935）另设机构，定名县立图书。1949年5月，县政府接收民众教育馆，设图书室于文化馆内。1956年鄱阳县图书馆成立，馆址设建设路。2012年10月1日，位于县行政新区的新馆建成开放。新馆占地3亩，建筑面积2750平方米，设计藏书容量20万册，可容纳读者座位600个。2013年，参加第五次全国公共图书馆评估，获得二级图书馆。2012年，鄱阳县图书馆有阅览坐席300个，计算机45台，信息节点610个，宽带接入10Mbps，选用图书馆ILASⅢ自动化管理系统。

业务建设

截止2012年底，鄱阳县图书馆总藏量8.6万册（件），其中，纸质文献6.3万册（件），电子图书2.3万册。

2011年，鄱阳县图书馆新增藏量购置费5万元，2012年起增至10万元。2009–2012年，共入藏中外文图书6826种，11738册，中外文报刊260种，视听文献30种。2012年，地方文献入藏完整率为95%。

截止2012年底，鄱阳县图书馆数字资源总量为2TB，2012年底，实现馆内无线网络覆盖。

读者服务工作

鄱阳县图书馆全年365天对外免费开放，周开放60小时，2009–2012年，书刊总流通20万人次，书刊外借18万册次。

2009–2012年，鄱阳县图书馆共举办讲座、展览、培训、阅读推广等读者活动86场次，参与人数5.6万人次。

业务研究、辅导、协作协调

2009–2012年，鄱阳县图书馆职工撰写论文63篇。

每年春秋两季各举办一期图书管理员培训班，共培训管理员116人次。鄱阳县图书馆每年不定期深入乡镇开展业务辅导，帮助基层图书室做好图书编目、举办读者活动，指导基层建设好文化共享工程村级服务点建设，2009–2012共开展辅导325次。

为提高图书使用率，更好地服务广大读者，2012底，鄱阳县图书馆分别在社区、学校、企业共建成5个分馆。

鄱阳县图书馆积极参与省、市图书馆组织的联合编目、馆际互借，参加省图书馆组织的讲座、展览联盟。

管理工作

2009年，鄱阳县图书馆完成全员岗位聘任，同时，建立了工作量化考核指标体系，每月进行工作进度通报，每半年和全年进行总体工作考核。2009–2012年，共抽查文献排架71次，书目数据27次。

表彰、奖励情况

2009–2012年，鄱阳县图书馆共获得各种表彰、奖励6次。

馆领导介绍

李菁华，女，1977年8月生，大学学历，中共党员，馆长、党支部书记。1994年8月参加工作，2006年5月到鄱阳县图书馆任职。

虞小华，女，1962年11月生，大学学历，中共党员，副馆长。1978年8月到鄱阳县图书馆工作，先后在报刊阅览室、图书借阅室、图书资料室等部门工作。

黄国美，女，1968年月生，大学学历，副研究馆员职称，副馆长。2009年12月到鄱阳县图书馆工作，先后在报刊阅览室、少儿阅览室工作。

未来展望

鄱阳县图书馆秉持“开放、免费、普遍均等”的服务理念，始终坚持“以人为本”、“读者第一，服务至上”的服务宗旨，努力贯彻公共图书馆行业“一视同仁，耐心细致，及时快捷，想方设法”的服务承诺，不仅提供图书外借、阅览、信息咨询、讲座、社会教育等传统图书馆服务，还积极推进数字图书馆建设，提供知识导航、信息咨询、数字资源检索与利用等服务。此外，还不断拓展服务空间，利用微博、微信等搭建图书馆与读者数字化交流平台，提供多元化、多层次、全方位的图书馆服务。在保障图书馆服务普遍均等、缩小社会信息鸿沟、促进社会信息公平、提高公民素质、促进人的全面发展和社会可持续发展方面做出积极努力。

联系方式

地　址：鄱阳县城锦宇大道
邮　编：333100
联系人：舒雪华

“三八妇女节”女性知识讲座

电子阅览室

馆貌全景

万年县图书馆

概述

早在民国十三年（1924年）秋，共产党人胡完生、黄士彪在青云镇创办图书馆，备有《每周评论》、《新三民主义》、《向导》、《新时代月刊》等大量进步书刊，宣传革命理论，传播马列主义。民国27年（1938）8月，创办万年县图书馆，馆址设救济院（青云镇南门外），人员2名，翌年停办。民国29年（1940），县图书馆恢复，馆址迁文昌宫（青云镇县政府招待所）民国31年（1942）并入民众教育馆，改名为图书室。1949年新中国成立后，复称图书馆，隶属县文化馆。1984年9月，与文化馆分设单独建制，定员3名。当时藏书仅4000余册，1985年5月，动工兴建图书馆大楼，于1986年6月正式落成举行开馆典礼，正式对外开放。馆址几经变迁，2011年12月30日，位于万年县建德大街（会展中心大楼一楼）的新馆建成开放。新馆总建筑面积为3895平方米，使用面积为2682平米，设计藏书容量40万册，可容纳读者座位500个。其中：综合阅览室面积128平米，座位数80个；外借室为300平米，座位数28个；电子阅览室面积151平米，座位数42个；少儿借阅室面积102平米，座位数60个；盲文借阅室面积48平米，座位数20个；书库面积540平米。实际共有阅览坐席230个，计算机52台，信息节点520个，宽带接入200Mbps，选用ILAS江西省图书馆自动化管理系统。2012年，参加第五次全国公共图书馆评估，首次获得二级图书馆称号。

业务建设

截止2013年底，万年县图书馆总藏量5.6万册（件），其中，纸质文献5.6万册（件），电子图书零册，电子期刊18种，音像制品200册。

万年县图书馆藏量购置费3万元，2005年起增至5万元。2009–2013年，共入藏中文图书1.6万册，中文报刊210种，视听文献200种。2011年，地方文献入藏完整率为90%。

截止2013年底，万年县图书馆数字资源总量为1TB，其中，自建数字资源总量0TB。2012年6月，完成万年县图书馆网站数据库建设并通过国家信息中心验收和备案。馆里每年安排一定的资金，聘请专业人员进行网页更新和数据库续建工作。

读者服务工作

从实行免费开放政策以来，图书馆全年365天对外免费开放，周开放63小时，年接待读者5万余人次，图书总流通3.5万余册次，查阅资料6千余人次，8千余册次，杂志换刊2万余册次，报纸上、下架2.4万余份，装订报纸280余本、杂志160余本，修补破损书刊300余本。2012年8月，与12个乡镇文化站（图书室）签订馆际互借服务条约，此外，与村级图书室（农家书屋）共建24个长期图书流动服务点。2009–2013年，以江西公共图书馆服务联盟为平台，在电子阅览室播放省图书馆举办讲座、展览、培训、阅读推广等活动视频1000余次，推广各类读者活动48场次，群众参与人数3.12万人次。

业务研究、辅导、协作协调

从2010年起，万年县图书馆以文化信息资源共享工程VPN专网为依托，在全县范围内发起江西公共图书馆服务联盟倡议，截止2013年底，成员馆发展到36家，占全县公共图书馆（室）总数的30%，2009年至2012年期间，举办农家书屋编目等培训班6期，安排各乡镇文化站长和书屋管理员270人次接受培训。

管理工作

2011年，万年县图书馆完成第三次全员岗位聘任，本次聘任共设管理、技术、流通三类岗位，有9人重新上岗，同时，建立了工作量化考核指标体系，每月进行免费开放工作进度通报，每半年和全年进行总体工作考核。

表彰、奖励情况

2009–2012年，图书馆共获得各种表彰、奖励6次，2009–2013年，图书馆职工发表各类刊物及报道6篇，专业论文1篇。

馆领导介绍

曹忠辉，男，1971年11月生，本科学历，中共党员。1995年7月参加工作，历任青云镇兽医站站长、县畜牧局副局长。1996年加入中国共产党，2013年6月任图书馆书记、馆长，2013年荣获“江西省图书馆学会年会论文”三等奖。

李世平，男，1968年9月生，中专学历，中共党员，副馆长。分管财务工作，协助馆长负责馆内图书流通、馆外送书下乡、流动服务、报刊订阅、财务、安保等工作。

未来展望

不断拓宽服务领域，努力提高服务水平。第一要搞好馆内服务，做到以人为本，读者至上，服务第一，以全新的、全方位的、全面的服务满足读者的综合需求，积极主动地为读者提供优美的环境、良好的服务。第二要打破坐等读者上门的被动服务方式，积极开展为读者找书，为书找读者，送书上门，延伸服务活动，改变过去重收藏轻利用的工作方法，充分利用馆藏资源为社会服务，为农村服务，继续编印“农技资料”，帮助农民用知识改变命运，脱贫致富。第三要继续建立咨询服务台，解答读者有关阅读方面的咨询，热情帮助读者查找书刊资料，做到人性化、便利化，无障碍为读者服务。继续转变思想观念，加快图书馆网络事业发展。进一步解放思想，更新观念，与时俱进，不断创新，在创新中巩固成绩，在创新中寻找发展，充分发挥主观能动性。加强社会横向联系，寻找合作伙伴，在服务宣传周、全民读书月、世界读书日活动期间配合有关单位开展一些大型的、有影响的读书活动，提高图书馆的知名度。在工作中做到多向领导请示汇报，争取领导的重视和关心。积极做好共享工程县支中心和乡镇、村级基层点的连网工作。配合上级继续做好农家书屋的后续工作。

联系方式

地　址：万年县建德大街（会展中心一楼）
邮　编：335500
联系人：曹忠辉

婺源县图书馆

概述

婺源县图书馆成立于1959年，后为图书馆、文化馆、博物馆三馆合一。1984年独立，馆址几经变迁。现馆舍建成时间是2006年，建筑面积1500平方米，其中阅览室面积260平方米，共分3个阅览室，阅览座位数180个，书库面积480平方米。2010年，获文化厅两馆维修资金，经过维修改造后的馆舍，服务功能更臻完善。参加2013年第五次全国公共图书馆评估，获得二级图书馆。人员编制7人，实有人数6人，藏书总量8.5万册，其中古籍1900余册，善本338册，地方文献1200余册。计算机45台，宽带接入200Mbps，运用ILASII图书馆自动化管理系统。

业务建设

藏书建设：截止2013年底，婺源县图书馆总藏量8.5万册，每年新增藏量（图书）1000余册，报刊168种。

地方文献：婺源素有“书乡”之誉，图书馆历来重视地方文献的搜集整理工作，组织专人下乡采访，现已收集到古籍一千九百余册，其中不乏珍善本。婺源还是朱熹的故里，经多方搜寻收集到朱氏宗谱（忠、孝、节、廉）四卷，接待朱熹后裔复印家谱数十次，特别是东南亚的朱子后代，寻根来婺源，见到朱氏家谱如获至宝，再三感谢。为了解民间家谱收藏情况，婺源县图书馆派专人跑遍了全县十八个乡镇，登记民间收藏家谱15种。并一一作了记录，以备查阅。为丰富馆藏和弘扬“书乡”文化传统，图书馆还致函各地婺源籍学者，搜集他们的著作、著述。此举深受婺源学子们的欢迎，他们纷纷寄来自己的著作，拳拳之心，令人感动。图书馆特别注重搜集本地机关事业部门编辑、油印或出版的关于本土文化的一些书刊、资料和报纸，保存了较为广泛的第一手资料。如《婺源》内刊、《虹井》诗刊等，从创刊号开始，至今一期不缺，保证了地方文献的完整性。

二次文献开发：图书馆的老馆长陈五元同志倾注了多年的心血，查阅了大量的资料，编纂了十六万字的《婺源历代作者著作综录》一书，为中国古代史和近代史的研究，提供了一份极有用的史料。江西大学俞兆鹏教授称此书编者为“图书馆文献索引工作的发展，立了一大功勋”，图书馆还整理出《婺源历代作者收入（四库全书）著作目录》，得到了有关专家、读者的好评。

读者服务工作

从2009年7月起，婺源县图书馆向广大读者承诺“全年365天，天天对读者开放，所有场所设施（包括图书外借、报刊阅览室、少儿阅览室以及电子阅览室、多功能报告厅等全部免费为读者提供服务。2009–2013年，书刊总流通45万人次，书刊外借40.5万册次，2011–2013年建成3个分馆，1个图书流动服务组，服务的足迹遍布全县18个乡镇。馆外书刊流通总人次3万余人次，书刊外借3.9万册次。

2009年–2013年，婺源县图书馆举办讲座、展览、培训、图书推广等读者活动115场次，参与人数1.3万人次。

业务研究、辅导、协作协调

2009年–2013年，婺源县图书馆职工发表论文2篇；获江西省文化艺术科学论文评奖图书学科组二等奖1篇、三等奖1篇；江西省图书馆学会学术研讨会论文三等奖2篇、优秀奖2篇。

2010年，婺源县图书馆建成了“文化信息资源共享工程婺源支中心”及173个“文化信息资源共享工程基层服务点”，在全县范围内实现了全覆盖。2013年加入了江西省图书馆讲座与展览联盟。

2009年–2013年，婺源县图书馆举办“电脑基础知识”及“图书业务知识”培训5次，并在全县13个乡镇文化站、173个“基层服务点”及“农村书屋”巡回培训。

管理工作

2013年，婺源县图书馆实行岗位聘任制，共设7个岗位，建立了工作量化考核指标体系，每月进行工作进度通报，全年进行总体工作考核，不定期地抽查文献排架，撰写各部门工作总结、报告12篇。

表彰、奖励情况

2000年–2013年，婺源县图书馆获得各种表彰、奖励4次，其中，文化资源共享工程江西省分中心表彰1次，县文广局表彰3次。

馆领导介绍

查志鹏，男，1965年3月生，大专学历，馆长。1978年考入

送书下乡深受农民读者欢迎

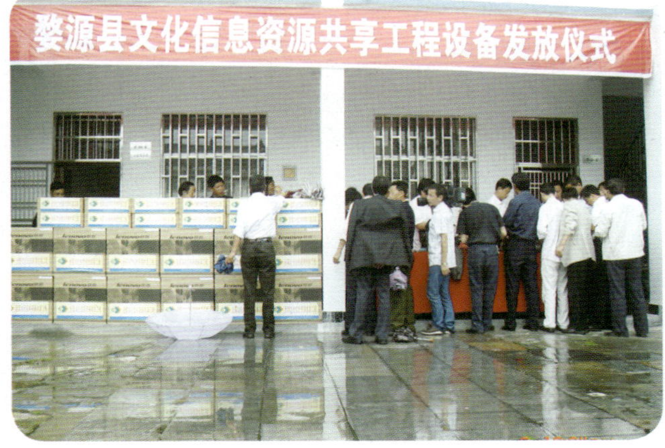

文化信息资源共享工程设备发放仪式

农村流动服务组送书下乡

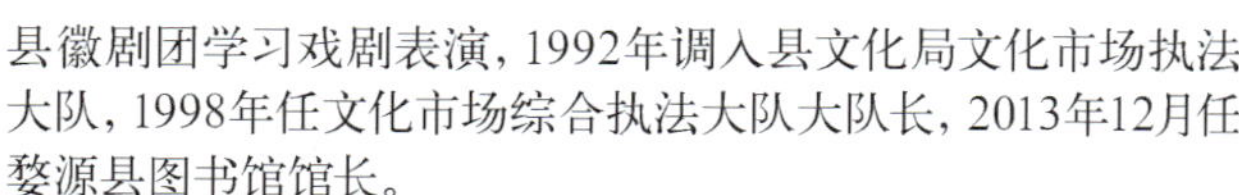

举办读书活动

县徽剧团学习戏剧表演，1992年调入县文化局文化市场执法大队，1998年任文化市场综合执法大队大队长，2013年12月任婺源县图书馆馆长。

董欢欢。女。1984年7月生，大专学历，副馆长。2005年参加工作。曾在电视台担任新闻制作，2013年2月任婺源县图书馆副馆长。

未来展望

婺源县图书馆遵循“科学、效率、创新、发展”的办馆理念，践行“婺图发展三步走”战略，即完善单体服务功能，拓展服务范围，带动地区事业发展，通过不断强化自身综合实力，加入江西省公共图书馆讲座与展览联盟，促进了婺源县图书馆事业的整体发展。2014年，婺源县图书馆新馆建设工程正式启动，新馆总建筑面积4500平方米。阅览室座位420个，可容纳纸质文献44万册，数字资源的设计存储能力将在现有的5.5TB的基础上有所提高，各项指标将达到并超过县级1级馆标准。

联系方式

地　址：上饶市婺源县紫阳镇星江路296号
邮　编：333200
联系人：查志鹏

婺源县图书馆馆舍

德兴市图书馆

概述

德兴市图书馆成立于1982年5月，2010年5月搬迁至新馆，新馆位于南门新区文化艺术中心，新大楼为两层，建筑面积2100平方米，新馆内设外借室、综合阅览室、电子阅览室、少儿阅览室、多功能报告厅等。新馆环境优美，为读者营造了一个安静、舒适的读书环境，并配有多种现代化设备，采用图书馆自动化集成系统(ILAS)进行文献和读者服务管理，目前全馆各开放窗口基本实现自动化借阅,并与2011年实现免费开放。图书馆年购书经费10万元，共有藏书8万余册，报刊150余种，现有在编人员8名，其中中级职称4人。2013年被文化部评定为“二级图书馆”。

业务建设

截止2012年底，德兴市图书馆总藏量8.5万册，每年图书入藏量1500种以上。2010年，德兴市图书馆新增图书购置费10万元。2012年，我馆在现有基础上实行馆内图书自动化管理系统的改造升级，通过努力，目前全馆各开放窗口基本实现自动化借阅，改变了过去手工操作的局面，并对老借书证进行了换证，基本实现了全馆一卡借阅，彻底解决了读者多头借阅的麻烦与困扰。

读者服务工作

我馆根据文化部、财政部《关于推进全国美术馆、公共图书馆、文化馆（站）免费开放工作的意见》，所有图书资料实行免费开放。我馆除做好日常馆内服务工作，每年还组织送书下乡，送书进社区，送书进部队等活动，深受大家的欢迎。此外，为提高图书馆服务水平、拓宽图书馆服务范围和人群，我馆还与市总工会、市武警中队建立共建服务对接单位，针对特殊人群实行点对点流动服务。为了吸引更多的读者来利用图书馆，扩大图书馆的知名度，我馆聘请了一些市内市外专家、资深教师来图书馆进行专题讲座或培训。

业务研究、辅导、协作协调

2008年我德兴市图书馆被江西省文化厅预为第二批全国文化信息资源共享工程重点单位，配置电子阅览室建立全省网络信息基层中心，共享工程基层服务点94家，实现了全覆盖。我市有117个行政村，村村都有“农家书屋”，我馆对他们不仅在业务上进行辅导，还在图书流通上互通有无，全市上下形成了一个庞大的图书服务网络，做到了资源共享。2012年，我馆根据乡镇的情况，分批对全市乡镇文化站、农家书屋及新农村建设点进行集中业务培训，收到较好效果。

管理工作

2010年，德兴市图书馆将原有的管理制度进行重新优化，分别制定出了财务制度、人事制度、志愿者管理制度等。

表彰、奖励情况

2009-2012年，德兴市图书馆共获得各种表彰、其中，获江西省文化厅颁发的“第一届读好书”先进工作单位的殊荣。

馆领导介绍

童林武，馆长，男，中国党员，研究生学历，2011年11月调入图书馆。

未来展望

作为公共文化事业的中坚力量，图书馆在文明传承、文化惠民方面的作用举足轻重、不可或缺。我市对此也十分重视，投入逐年增多，使公共图书馆的硬件水准有了很大提高。图书馆应拓宽思路，深化公益性文化改革，充分利用图书资源，加大服务力度，变“关门”为“开门”，以送书点、图书站等形式，把公共图书馆的服务触角向企业、机关、学校、社区、农区延伸，成为一大亮点。

联系方式

地　址：江西省德兴市图书馆
邮　编：334200
联系人：胡晓慧

新馆舍正面外观

少儿活动

新馆电子阅览室

图书馆服务宣传周

南昌市湾里区图书馆

概述

湾里区图书馆1979年建馆，1986年新馆竣工，建筑面积1534平方米，拥有报刊阅览室、少儿阅览室以及电子阅览室，其中少儿阅览室面积约60平方米，座位数20，报刊阅览室及电子阅览室总计面积180平方米，座位数54，计算机35台，书库面积120平方米。宽带接入10Mbps光纤，选用ILASⅢ图书馆自动化管理系统。2013年，参加第五次全国公共图书馆评估，获得三级图书馆。

业务建设

2013年，湾里区图书馆新增藏量购置费16万元，截止年底，馆内总藏量11万册（件），其中，纸质文献4万册（件），电子图书7万册。

截止2013年底，湾里区图书馆数字资源总量为4TB，其中，自建数字资源总量4TB。主要为有教学意义的视频音像内容。

2013年，湾里区图书馆正式启用ILASⅢ图书自动化管理系统，以适应南昌市公共图书馆服务联盟建设的需要，同时，增加了磁卡智能借还功能，借还通过刷卡刷书即可办理，方便快捷。2013年年底，实现馆内wifi无线网络覆盖。

读者服务工作

湾里区图书馆全年365天天天对外免费开放，周开放达63小时。2013年，书刊总外借流通数达到4万册次，馆藏书刊文献年外借率达到了35%。2013年底，湾里图书馆开通与江西省图书馆、南昌市图书馆及市辖区图书馆的馆际互借服务。为城区读者提供贴心的人性化免费开放服务。

2012年，湾里区图书馆官方网站建成正式启用。开通新书推介、业界新闻，馆内服务介绍、业界新闻等等栏目，读者不管何时何地，均可通过湾里区图书馆网站了解到最新最快的免费开放服务资讯。

2013年，湾里区图书馆共举办讲座、培训9场、展览3场、阅读推广活动4场，参与人数万余人次，活动范围涵盖湾里区主城区及辖区乡镇，宣传效果明显，群众反馈良好。

管理工作

截止2013年底湾里区馆内共有8人，其中支部书记1名，馆长1名，副馆长1名，馆员4人，临时工1名，馆内制定有年度绩效考核方案，对馆内人员平时的免费开放服务表现有具体量化评分标准，每个季度统计分数，针对工作中的不足，作出总结，督促改进，并设有专门的检查小组，着重检查已提出的不足是否得到及时改进。

表彰、奖励情况

2013年，湾里区图书馆在市图书馆学会组织的"书香赣鄱 悦读人生"比赛中获优秀组织奖。

馆领导介绍

涂传跃，男，1967年5月生，本科学历，中共党员，馆长。1989年8月参加工作，2012年2月任湾里区图书馆馆长（副科级）。

刘剑，男，1967年2月生，本科学历，中共党员，副馆长。1981年1月参加工作，2007年任湾里区图书馆副馆长。

未来展望

1、继续深入的开展公共图书馆免费开放工作。主要从加强宣传、提高人员素质、加强馆际交流、丰富馆藏资源、加强基础设施建设、保证开放时间等方面入手，提高免费开放的实际成效。

2、加强对现有"农家书屋"的服务与指导工作。围绕"农家书屋"开展形式多样的主题活动，使"农家书屋"办出特色，体现实效。

3、继续深化与拓展湾里区读书会的工作，使湾里区读书会成为帮助全区人民特别是机关干部牢固树立终身学习的理念、不断提升自身综合素养和实践能力的学习型组织，服务于湾里区的经济建设和社会进步。

4、加强信息共享平台的建设，在充分挖掘现有的信息资源的基础上，不断充实与丰富电子信息资源。

5、充分利用国家对文化事业发展的扶持政策，积极争取个方面的资源，改善我馆的软、硬件条件，促使湾里图书馆超常规发展。

6、利用省内、市内馆际间的"一卡通"、"通借通还"的形式，加强与省级、市级、县区级图书馆的交流，化别人的优势资源为我所用，达到馆际间资源的共享。

联系方式

地　址：南昌市湾里区幸福路253号
邮　编：330004
联系人：曾 强

期刊阅览室

少儿阅览室

馆舍外貌

新建县图书馆

概述

新建县图书馆前身为新建县文化馆图书室，初创于1950年8月；1979年4月，成立新建县图书馆，与文化馆合署办公，两块牌子，一套人马；1984年，县图书馆与文化馆拆分，独立办公；1986年10月，位于新建县长埈镇解放路185号的新馆建成开放。新馆占地450平方米，建筑面积0.12万平方米，设计藏书容量10万册，可容纳读者座位200个。2008年，参加第四次全国公共图书馆评估，首次获得三级图书馆。2012年，新建县图书馆有阅览坐席194个，计算机64台，宽带接入10Mbps，选用ILAS图书馆自动化管理系统。

业务建设

截止2012年底新建县图书馆总藏量50.500万册（件），其中，纸质文献50.378万册（件），电子图书122种/册。

2009年，新建县图书馆新增藏量购置费2万元，2010年起增至5万元。2009–2012年，共入藏中外文图书4700种，9400册，中外文报刊375种，视听文献12种。2011年，地方文献入藏完整率为30%。截止2012年底，新建县图书馆数字资源总量为1TB。其中，自建ILAS数字资源总量70M。2010年10月，建立了《全国文化信息资源共享工程》——新建县支中心，电子阅览室于2010年12月18日正式对外开放，为全县295个行政村基层服务网点配送电脑295台，实现了资源共享、办公、管理自动化和基层服务点联网。截止2012年底，完成了全县308家"农家书屋"工程建设任务。2009–2012年，共配送图书647500万册，科普资料光盘57450万张（碟），报刊杂志127种；配送乡镇文化站和社区图书4700册。

读者服务工作

从2011年12月起，新建县图书馆全年365天天天对外免费开放，周开放56小时。2009–2012年，书刊总流通37000万人次，书刊外借62000万册次。

2009–2012年，新建县图书馆共举办讲座、展览、培训、阅读推广等读者活动35场次，参与人数34260万人次。

业务研究、辅导、协作协调

2009–2012年，新建县图书馆干部职工发表论文10篇。

新建县图书馆基本建立了公共文化服务体系，服务网络布局合理，目前，乡镇图书室20个，社区、行政村图书室151个。2009–2012年，组织基层文化业务辅导活动37场次，举办基层文化业务培训班8期，128课时，450人次接受培训。

管理工作

2012年，新建县图书馆完成全员岗位聘任，本次聘任共设11类岗位，有13人上岗，同时，建立了绩效考勤制度和各项管理制度。2009–2012年，共抽查文献排架12次，书目数据4次，编写《工作简报》5期，撰写专项调研、分析报告和工作提案14篇。

表彰、奖励情况

2009–2012年，新建县图书馆共获得各种表彰、奖励12次，其中，文化部表彰、奖励2次，省级表彰、奖励3次，其他表彰、奖励7次。

馆领导介绍

傅绍平，男，1956年5月生，大专学历，中共党员，主任科员，图书馆党支部书记、馆长。1974年10月参加工作，历任新建县文化广播电视局文化市场稽查大队长、新建县文化广电旅游新闻出版局副主任科员、主任科员、局机关支部副书记、新建县电影公司党支部书记、经理等职，2006年11月任新建县图书馆馆长。兼任文化信息资源共享工程新建县支中心主任等职。1988年获南昌市委组织部、市人事劳动局、市总工会"优秀青年干部"称号，1991年获南昌市人事劳动局、市财政局"首届先进工作者"称号，1993年获国家广电部、财政部"全国财务管理先进工作者"称号，1995年至今获省、市、县"文化市场管理先进工作者"和"优秀共产党员"称号，同时，入选新建县志优秀人才榜。

陈筱梅，女，1968年3月生，大专学历，馆员，副馆长。1985年10月参加工作，历任新建县非物质文化遗产研究保护中心副主任等职，2012年4月任新建县图书馆副馆长。分管全馆业务工作。

未来展望

新建县图书馆遵循"科学、效率、创新、发展"的办馆方针。2009–2012年，在不断强化自身综合实力的同时，通过开展公共图书馆服务，带动了全县公共图书馆事业的整体发展。目前，长埈镇政府旧址商业改造项目工作涉及图书馆拆迁改造项目，在未来的几年里，将建成一个建筑面积0.2万平方米的分馆。新建县"四馆一中心"规划正在启动，将建成一座环境优美舒适、功能齐备便捷的中心公共图书馆。全面建成后的新建县图书馆，总建筑面积0.35–0.5万平方米，其中：行政用房500平方米，书库面积300平方米，阅览室面积2500平方米，会议室面积200平方米，阅览座位1000个，可容纳纸质文献10万册，年服务人次可达20万人次以上。

联系方式

地　址：新建县长埈镇解放路185号
邮　编：330100
联系人：陈筱梅

上栗县图书馆

概述

上栗县图书馆初建于1997年，位于上栗县老县政府旁边朝阳路1号。随着县城规模的拓展和拉开，2007年县图书馆在上栗县城东（319国道）沿河景观大道边着手上栗县新图书馆的建设。新图书馆位于上栗县沿河风景带以东地段，建筑面积1751平方米。馆藏图书8万余册，报刊、杂志70余种，馆内开设外借阅览室、少儿室、采编室、电子阅览室等服务窗口。其中阅览室座席近80个，少儿室座席近70个，电子阅览室坐席32个，年读者人数2.8万余人次，读者外借各类文献3.2万余册次。位于我馆的全国文化信息资源共享工程上栗支中心已经建成，中心配置了高性能服务器、存储设备、防火墙和数字资源设备等，可提供远程数字化信息服务。2013年，参加第五次全国公共图书馆评估，获得三级图书馆。

业务建设

截止2013年底，上栗县图书馆总藏量8万册（件）。

2013年购书经费11万元，2013年县财政拨款48万元，图书年均入藏数量1000种，报刊年均入藏量30种。

截止2013年底，上栗县图书馆数字资源总量为4.5TB。

2011年，上栗县图书馆安装ILAS3.0自动化管理系统，日常业务工作于2014年5月全部实行自动化管理。

读者服务工作

从2013年7月起，上栗县图书馆全年365天对外免费开放，每周开放63.5小时，2010–2013年上栗县图书馆先后与乡镇、村、残联、看守所、医院、企业、军队等单位建立图书室，累计建立流动图书室18个，馆外书刊流通总人次1.37万人次，书刊外借2.6万册。

2009年上栗县正式启动了文化共享工程建设。

管理工作

上栗县图书馆财务制度健全，按章执行，有监督制度和监管人员，加入了县财政专网，实行了财务网络化管理。实行按需设岗，按岗聘用，竞争上岗，有岗位责任制和考核激励制度，并吸纳在校学生、社会人员、退休干部等志愿者，对他们进行适当培训和科学合理的管理。

表彰、奖励情况

2010–2013年，上栗县图书馆共获得市、县各种表彰、奖励6次。

馆领导介绍

刘中海，男，1968年10月生，本科学历，中共党员，馆长。1986年参加工作，历任上栗县文化市场稽查大队队长，县文化局办公室副主任，江西省广电网络传输有限公司上栗县分公司副总经理，县文化馆馆长，2013年6月任县图书馆馆长。

未来展望

上栗县图书馆始终坚持“读者至上，服务第一”的原则，立足实际，开拓创新，加大投入，努力在全县形成“读好书·好读书·读好书”的文明风尚，吸引广大人民群众了解图书馆、走进图书馆、利用图书馆。为更好地建设文明、和谐上栗提供精神动力和文化支撑，促进全县经济社会又好又快发展。

联系方式

地　址：萍乡市上栗县文化广电新闻出版局（城东景观大道）
邮　编：337009
联系人：邱明慧

举办世界蝴蝶标本展览

电子阅览室

少儿集体读书活动

景德镇市昌江区图书馆

概述

江西省景德镇市昌江区图书馆创于2012年，正式落成于2012年元月，同年五月正式对外开放。现位于景德镇市昌江区政府大院内五楼建筑面积1500平方米，设计藏书容量4.2万册，可容纳读者座位200个。2012年，参加第三次全国公共图书馆评估，首次获得三级图书馆。2012年，江西省景德镇市昌江区图书馆有阅览坐席209个，计算机55台，宽带接入10Mbps，选用ILasIIMD图书馆自动化管理系统。

业务建设

截止2012年底，景德镇市昌江区图书馆总藏量4.3万册（件），其中，纸质文献4.2万册（件），电子图书300册，报纸杂志期刊30种。

2012年财政拨款总额95.5万元，区财政拨到区图书馆位免费开放经费12万元。

开馆初始便与市图书馆并用一系统，为方便广大读者方便借阅书籍，成立"一卡通"，让读者在市图书馆及珠山区图书馆，昌江区图书馆都实行真正的通借通还。

2012年，将自动化管理系统升级改造为ILasII联合馆系统，以适应景德镇市公共图书馆服务联盟建设的需要，同时，增加了智能借还功能。2012年年初，实现馆内无线网络覆盖。

读者服务工作

从2012年5月起，江西省景德镇市昌江区图书馆全年365天天天对外免费开放，周开放63小时。2012年，书刊总流通2万人次，书刊外借1.6万册次。2013年5月，开通与景德镇市图书馆、珠山区图书馆的馆际互借互还服务。2012年，江西省景德镇市昌江区图书馆共举办讲座、展览、培训、阅读推广等读者活动20场次，参与人数5149人次。

业务研究、辅导、协作协调

2009–2012年，江西省景德镇市昌江区图书馆职工论文12篇。

2012年与上级图书馆共举办活动21场，其中送书进社区、为特殊群体服务、庆六一儿童节、及读书日宣传等。

管理工作

制定2012年年度计划和发展规划，组织志愿者为广大读者服务，单位共有工作人员13名，拥有本科学历的同志共有4名、大专8名。

表彰、奖励情况

2009–2012年，江西省景德镇市昌江区图书馆共获得各种表彰、奖励8次，其中，上级图书馆四次、宣传部二次、上级文化局二次。

馆领导介绍

万兴，男，1982年11月生，大专学历，副馆长。1999年12月参加工作。

未来展望

充分发挥和履行区公共图书馆的作用及服务职能，加大力度扩大我区图书馆在市民中的影响，夯实全区群众学习知识文化的阵地，进一步营造我区浓厚的读书氛围，为全区人民群众精神文化生活提供不竭的源泉。我区图书馆以服务工作为中心，开拓创新；以提高馆员素质为根本，强化教育。在基础设施、文献资源、人员队伍建设及科学管理、读者服务等方面要不断完善和拓展。努力创建一个勤奋读书、努力学习、奋发向上、和谐平安的昌江作出贡献。

科学管理，为读者提供服务。为了让我区图书馆进尽可能不受地理位置的限制，我区图书馆在各社区设置流动办理点，为全区民众及学生办理图书借阅证带来更多便捷。借阅图书采取定期借还的方法，保证让区民及学生能看上书、看好书。利用计算机，科学地统计图书资料的借出与归还情况。对部分新书和音像制品进行分类、编目和上架，期刊按年度进行装订、入帐。

开展系列知识性讲座，发挥图书馆的阅读引导作用。通过开展知识性讲座，尤其是以在各学校、各社区举办的全国文化信息资源共享工程的知识性讲座为重心，让更多人了解全国文化信息资源共享工程的使用流程并通过他们在我区图书馆电子阅览室实践操作将全国文化信息资源更好的运用起来。吸引更多的读者参与图书馆，并推荐丰富多彩，适合他们阅读的书籍，使读者更好地利用图书馆，从而达到提高群众文化素质，形成良好的阅读习惯，真正实

少儿书籍储藏室

昌江区图书馆读者阅读

昌江区图书馆活动图片

绘画书法摄影大赛展示

现全民资源共享，丰富和活跃群众文化生活，传播社会主义先进文化。

努力拓展图书馆的职能，发挥图书馆的教育职能。积极开展系列读书活动来带动、吸引全民热爱阅读，让更多人了解我区图书馆，并来图书馆学习。鼓励读者摘记一些好词好句，以及好的片段，日积月累，写出自己的感受，写好读后感、读书心得，激发他们爱读书，感受阅读的快乐。从而提高全区公民的文化素养，发挥图书馆这座被喻为“没有围墙的大学”的教育职能。

加大农村书屋的建设力度，继续开展“送文化下乡”、科学知识和法律知识宣传等活动，提高农民群众的综合素质，进一步加强我区农村精神文明建设。真正地落实好为“三农”服务的目标，确保我区农村文化事业的全面发展。

提高素质、精通管理．通过创建学习型组织的形式来提高图书馆人员的素质，建立起一支能提供优良服务的队伍，为顺利实现图书馆年度工作目标创造条件。图书管理员认真学习图书馆的各项规章制度，加强政治学习和业务学习努力提高自身的业务素质，认真学习各类业务书籍，提高责任意识与服务精神，进一步规范图书馆管理工作。

在未来的工作中，将着重于打造成一家特色的，能够让群众看得见，用得上，用得好，贴近群众生活的图书馆。因我区辖区主要是以城乡结合为主，其中农村所占比重相对较大，所以在未来的工作当中，可以借助于网络对各个乡镇进行网点铺设，可以远程协助，并且可以请专家利用多媒体进行视频讲座。对于农民在养殖技术上，图书馆也可以进行书籍上技术支持，让广大群众通过知识来发家致富。

联系方式

地　址：江西省景德镇市昌江区西郊街道瓷都大道
昌江区政府大院五楼
邮　编：333000
联系人：万 兴

景德镇市珠山区图书馆

概述

珠山区图书馆成立于2008年，原坐落于沿江东路51号珠山区群众文化活动中心，图书馆面积约300平方米，由图书阅览室和电子阅览室两部分组成，图书阅览室藏书5000册，电子阅览室有电脑40台。2012年为满足广大居民群众日益增长的精神文化需求，有效改善我区图书馆馆舍陈旧，功能不全，设备不足，藏书不够的现状，珠山区委、区政府高度重视下，选址在新村街道梨树园社区办公楼内实施了珠山区图书馆维修改造项目。该馆主体建筑面积为1000平方米，设计藏书容量10万册，可容纳读者座位288个，计算机50台，宽带接入12M，选用ILASⅡ图书馆自动化管理系统，2013年在第五次公共图书馆评估定级中获得了全国三级图书馆称号。

业务建设

截止2012年底，珠山区图书馆总藏量5.2万册（件），其中，纸质文献5.088万册（件），电子图书0.1万册.2012年我区财政拨款金额为190万元整，免费开放配套经费12万元整。2012年与市图书馆并用一套图书馆自动化管理系统ILasII，为方便广大读者方便借阅书籍，实行了“一卡通”，方便全市读者在市图书馆及昌江区图书馆，珠山区图书馆三馆可以借还图书馆。2012年底，实现馆内无线网络覆盖。

读者服务工作

从2009年8月起，珠山区图书馆全年365天天天对外免费开放，周开放61.5小时，2012年，我馆书刊年外借4万册次。馆外流动服务点书刊年借阅2.25千册次。同年8月，我馆与市图书馆、昌江区图书馆实行通借通还服务，极大程度的方便了我市的读者。

2012年，珠山区图书馆建立自己的网站，并及时更新站内信息，增添新资源，读者可以通过我馆网站来了解馆内动态及共享站内资源。

2009–2012年，珠山区图书馆共举办讲座、展览、培训、阅读推广等读者活动共120场次，参与人数30多万人次。

业务研究、辅导、协作协调

珠山区图书馆2009–2012年共下街道、社区基层图书室进行辅导工作共72次，开展基层业务培训班12次，通过这些辅导和培训，解决了基层图书馆平时工作中遇到的困难，完善了相关制度及岗位职责的制定，规范了管理。

昌河图书馆为我馆分馆，在日常工作中两馆相互协作协调，开展了联合编目工作，实行馆际互借，还经常开展业务交流学习活动，提升馆员的业务水平，并且共同开展公益性讲座、培训、展览之类的活动。

管理工作

2011年，珠山区图书馆重新聘用了4名工作人员，定期进行业务培训，同时，建立了工作量化考核指标体系，每月进行工作进度通报，每年进行总体工作考核。定期抽查文献排架、书目数据，编写的分析报告和工作提案共20篇，工作进度通报20篇。

表彰、奖励情况

2009–2012年，珠山区图书馆共获得各种表彰、奖励12次，其中，市级业务主管部门表彰4次，县级业务主管部门表彰8次。

馆领导介绍

何璇，女，1985年3月生，本科学历，馆长。2007年6月参加工作，2012年8月任珠山区图书馆馆长。

未来展望

2013年景德镇市将竟成镇划为珠山区管辖范围内，改变一直以来区里只有街道社区，没有乡镇的现状，接下来我们要投入更多的精力来加大农村书屋的建设力度，继续开展“送文化下乡”、科学知识和法律知识宣传等活动，提高农民群众的综合素质，进一步加强我区农村精神文明建设。真正地落实好为“三农”服务的目标，确保我区农村文化事业的全面发展。

多功能厅

电子阅览室

幼儿娱乐天地

廉政文化长廊

义务法律咨询活动进梨树园社区

义务咨询活动进电厂社区

珠山区图书馆将遵循“科学、效率、创新、发展”的办馆方针，继续完善服务功能，扩大服务辐射区域。在社会转型的艰难历程中，公共图书馆肩负重要的历史使命，她就像润滑剂，帮助社会在变动中实现整体和谐，体现社会的仁慈和公平。

新世纪给图书馆带来机遇和挑战，只有抓住机遇，改善办馆条件，提高服务效益，才有生存和发展的希望。我馆要转变观念，争取社会各方面资金支持，大力加强人员队伍建设，共享信息资源，实现网上服务，积极促成与相关部门的合作，积极收集地方文献，形成自己的特色，为科技兴农服务，为全面建设小康社会做出贡献。

联系方式

地　址：景德镇市珠山区梨树园社区南苑综合办公楼二楼
邮　编：333000
联系人：何　璇

珠山区图书馆集报展

珠山区图书馆外借室

老年人电脑培训班

浙江路社区健康讲座

九江市庐山区图书馆

概述

庐山区图书馆于2011年12月正式报区政府批准，成立了庐山区图书馆。现馆舍于2010年建成，座落在美丽的南山公园入口处，是座豪华的现代化建筑。占地面积10000平方米，其中图书馆建筑面积3882.4平方米，馆舍由办公、读者服务区、书库三个部分组成，现开设了少儿阅览室、电子阅览室、一般阅览室（自习室）、外借室、多功能报告厅、展览厅等服务窗口。庐山区图书馆现拥有阅览席位389个，其中：少儿阅览席位36个，拥有计算机50台，其中供读者使用的42台，管理和业务机3台，办公用机5台，实现了办公加工、图书借阅和办公自动化。

业务建设

庐山区图书馆通过采购、捐赠等渠道，家大文献藏量的收集力度，目前拥有纸质文献56000余册，其中图书55000册，报刊1000余册，视听文献10套。年新增电子文献、图书入藏量、报刊入藏量和视听文献分别达到5000种、30种以上。

图书馆资源数字化是发展趋势。虽然图书馆馆员没有一个计算机专业毕业的，但是馆内工作人员迎难而上，朝着图书馆数字化目标不断努力。一是利用现成的电子图书资源，装入服务器，供读者使用；二是对馆藏中文文献书目进行了微机加工，实现了书目数字化；三是利用文化志愿者的特长，对一些民间的文化资源进行了数字化加工整理。

读书服务工作

图书馆为文化服务公益性单位，图书馆的每一步发展都离不开社会各界的支持，为社会提供优质、免费的文化服务是图书馆的责任所在。庐山区图书馆按照基本服务项目要求增设服务窗口，实行了公共空间设施场地、基本服务项目全免费开放。每周开放60小时以上。

庐山区图书馆通过活动开展的同时大力丰富群众文化生活，也充分发挥了文化主阵地社会教育作用，一是举办丰富多才、形式多样的读书活动。二是举办系列讲座。三是开展社会主义核心价值教育，在假期播放一些爱国电影、英模人物等影片。与此同时，在服务宣传周、全民读书月，走出馆门，到学校和社区进行宣传活动。

业务研究、辅导、协作协调

庐山区图书馆与省市及兄弟县馆保持良好的协作关系，图书馆积极配合省、市馆的工作，及时提供相关数据材料，供上级部门决策参考。受主管局委托，图书馆承担乡镇村基层图书室的图书采编、配送任务。截止2012年，完成了9个乡镇，93个行政村（包括街道社区）图书室的建点任务。此外，图书馆还知道了社区、文化站、学校图书室的义务指导工作，为基层图书室举办培训班，让基层图书室建成一个，规范一个。

管理工作

图书馆建立健全了各项规章制度，做到事前有计划，事中有督查，事后有总结。此外，按照“定岗、定员、定责”的原则，建立了一个能上能下、职责分明、合理配置、严格考核、管理有序的用人机制，实行了工作业绩与馆员福利相挂钩的奖惩机制，馆内工作面貌和馆员作风显著改观。

表彰、奖励情况

庐山区图书馆的工作得到省、市主管部门和当地政府的充分肯定，2012年度获全市公共图书馆特色工作先进单位称号。

馆领导介绍

由于庐山区图书馆成立比较晚，目前还没有任命馆长及领导班子。目前的工作只是由黄益银同志临时负责。

黄益银，男，1975年8月出生，本科学历，中共党员，助理级馆员，1994年参加工作，庐山区图书馆成立时调到图书馆负责图书馆工作。

未来展望

庐山区图书馆由于成立时间比较晚，还在摸索中成长，我们希望在未来的三、五年里遵循“科学、效率、创新、发展”的办馆方针，争取能向上级部门争取到独立的馆舍，全面优质的为人民服务。

联系方式

地　址：九江市十里大道1448号
邮　编：332005
联系人：黄益银

培训活动

书库一角

阅览坐席

九江市浔阳区图书馆

概述

浔阳区图书馆于2008年7月中旬建立，位于中心城区的江西省九江市庐峰东路36号。少年儿童图书馆是我馆的特色。由少儿阅览区、主题活动区、图书外借区与数字共享空间、多功能活动区等五个区域组成。图书馆总面积达到1500平方米，阅览室座位近200个，少儿阅览室座位48个，用于读者使用的计算机数量41台，接入电信光纤宽带6M，存储容量6.5TB，使用ILAS系统实现图书采编、借阅等自动化管理。配备空调、电视、复印、数码照相机等设备。

业务建设

截止2013年底，浔阳区图书馆有纸质图书2.2万册，电子图书2万种，总藏量为4.2万册。浔阳区图书馆图书年入藏量为1800种，报刊年入藏量32种，试听文献年入藏量10件。近年来，浔阳区图书馆先后收集《百年大中路》、《浔阳美文》等地方文献。对于收藏的资料，均按要求进行标引、著录、登记、上架排列，做到按要求开放借阅。

浔阳区图书馆在文献采购上坚持"种多复少"的原则，使藏书具有综合性、普及性、地方性、连续性的特征，图书、期刊报纸、试听文献均使用《中国法》（第五版）进行分类标引，使用《国际标准著录规则》、《中国分类主题词表》进行著录、主题标引，图书著录误差率为3%，图书标引误差率为3%，书表登记号、馆藏章等规范、统一、整齐、美观。

读者服务工作

自图书馆成立以来，一直把读者服务、读者活动、对外宣传、业务研究和对基层的辅导作为重中之重，并形成了工作亮点。

一是在每年全民读书月、世界图书版权日举办主题不同、形式各样的读者活动和专题讲座。特别组织少年儿童参加人数达500余人。

二是利用网络、广播、报刊等媒体进行广泛宣传和报道，截止目前为止共撰写各类新闻稿件12篇。

三是发挥图书馆社会教育职能，深入区直部门举办各类知识讲座7次，听众达400余人。同时我们下基层开展共享工程基层服务点技术培训工作5次，培训基层服务点信息员12人；举办农家书屋管理员培训3次，参训人员达150人，指导并实施农家书屋图书分类、编目、上架图书52000余册。

业务研究、辅导、协作协调

图书馆积极参与上级图书馆组织的协作协调工作，经常组织馆员参加《寻庐讲坛》讲座。与九江市图书馆签订了《九江市公共图书馆联盟协议书》，利用九江市图书馆的流动书车为我区各个基层点提供流动服务。制定了《浔阳区图书馆基层服务网点分布图》，实行各基层服务点图书相互流通。本地区街道、社区图书室参与服务网络建设的比例达10%。每年对基层业务辅导、培训作计划、总结，为全区社区文化中心、农家书屋进行现场指导和培训。全区建成的农家书屋达64家，覆盖率达82%，做到指导各种图书室的业务工作，为基层图书室培训业务骨干，做到资源共建共享。

管理工作

浔阳区图书馆把干好本职工作、促进事业发展、服务社会大众作为重要任务，在管理上求规范，气氛上求和谐，作风上求垂范，服务上求实效，全馆上下团结拼搏，自我加压，开拓创新，呈现出干实事、求实效的工作局面。

一是在人事管理上通过职能调查摸底，制订了图书馆管理聘用工作实施方案，根据单位内部工作岗位需求，公开招聘，竞争上岗，和每个职工签发了聘用协议，实行岗位绩效责酬挂钩，极大的调动了全体职工工作的积极性。

二是建立健全了学习制度、工作制度、考勤制度、服务准则和绩效考核制度。

三是安装了监控设施设备，加强了安全管理。

四是规范工作行为，优化工作环境。在馆内大力提倡微笑多一点、行动快一点、做事早一点、说话柔一点、理由少一点、脾气小一点、胆量大一点、质量好一点、效率高一点的十点工作法，进一步强化了服务学识。

表彰、奖励情况

2011、2012连续两年被九江市文化新闻出版局评为全市公共图书馆特色工作先进单位。

馆领导介绍

黄娅，女，1984年6月生，大专学历，中共党员，馆长。2005年参加工作，兼任浔阳区文新局群文股股长。

未来展望

浔阳区图书馆将按照省市有关要求，进一步寻找差距，增强措施，创造条件，狠抓落实，争取建成县级二级图书馆。

联系方式

地　址：浔阳区行政服务中心二楼
邮　编：332000
联系人：周　丽

开展图书馆宣传周活动

开展寒假读书活动

阅览室

九江县图书馆

概述

九江县图书馆成立于1978年10月，1979年与文化馆、博物馆共同迁移至柴桑路45号，合署办公，图书馆占据底层，面积206㎡。1992年12月，在原办公楼院内，修建二层书库，面积175㎡。2001如何县城老城改造，与文化馆、博物馆两馆合署办公楼被拆除，在原址上，2003年还办公楼，仍与文化馆合署办公，图书馆分配至第二、三层办公，使用面积231㎡。2011年县委，政府决定将县青少年活动中心新楼分配给图书馆，共2006㎡。我馆现设有报刊阅览室、少儿阅览室及电子阅览室。报刊阅览室提供座席80个，少儿阅览室提供坐席40个。我馆现有计算机合计35台，其中供读者使用计算机共30台，存放于电子阅览室。工作人员计算机4台，现有计算机存储容量为10TB，图书馆自动化管理系统正常运行，实行了自动化办公编目及借阅服务。

业务建设

截止2012年底，我馆馆藏文献15960册（件），其中，纸质文献13000册（件），古籍142册，报刊2818册。我馆目前只有少量电子文献，及视听文献，在图书年入藏量上，现已达到1000册，报刊年入藏量70种，地方文献的收藏工作正在有序进行，有专柜，专门目录，专人管理。

读者服务工作

九江县图书馆自2010年开始，实施免费开放，周开放56小时。至目前为止，因无条件实施馆外图书服务，所以无馆外流动服务点。因藏书量较少，读者书刊外借册次不多，人年均到馆次数为3.5次，馆内书刊有新品种入藏后，都在宣传栏内进行书刊宣传，指引读者借阅到适合书刊。我馆在2012年与县老年协会开展了多项合作活动，从2012年10月份开始开办老年电脑培训班。每期培训学员40人次，共培训240人次，赢得离退休老同志的好评。

业务研究、辅导、协作协调

九江县图书馆自办馆以来，与上级图书馆及本地区各类型图书馆联系密切，在业务工作及服务工作上互通有无。2010年3月23日我馆协同九江市图书馆在博莱药业公司举办了企业文化《细节决定成败》讲座。2010年12月，我馆与市馆合作共同向九江县狮子镇及新合镇赠送农村科技书籍及光碟。2011年8月份，我馆与九江市图书馆与德安县图书馆在黄老门机场部队进行了军民共建活动，我馆赠书300册，书架3个，此次活动有力地推动了机场部队图书馆的建设，得到广大官兵的一致好评。

管理工作

九江县图书馆在人事管理制度上进一步深化改革力度，引进竞争机制，健全和完善聘用合同制，岗位责任制，考勤奖惩制、年度考核等，使内部管理制度化、规范化，做到了分工明确，责任到人，奖勤罚懒，优胜劣汰。

馆领导介绍

郑从富，男，1964年2月生，本科学历，中共党员，图书馆员，馆长，1981年10月到九江县图书馆参加工作。

蔡慰芳，女，1964年1月生，本科学历，中共党员，图书馆员，副馆长，1981年6月到九江县参加工作。

许小平，女，1963年9月生，大专学历，图书馆员，办公室主任，1980年12月到九江县图书馆参加工作。

未来展望

坚持“以改革为动力”，不断深化管理体制改革，促进知识创新、业务创新、服务创新、体制创新的有序递进，推进知识更新普及化，从理念更新到观念更新，再从理论创新到实践创新；业务范围扩展化，从基础业务到外包业务，再到协作业务；服务方式多元化，从静态服务到流动服务，再从网络服务到移动服务；体系建设社会化，创建覆盖全社会的图书馆公共文化服务体系。

联系方式

地　址：沙河街镇柴桑南路40号

邮　编：213200

联系人：郑从富

报刊阅览室

外借室

科普展

星子县图书馆

概述

星子县图书馆成立于1984年，原馆舍大楼在2004年5月因旧城改造所需被拆除，现办公场所处于临时租借状态。新馆建设在2010年12月开始动工，预计2011年底竣工。新馆选址于环山公路南侧，森林公园北部。占地面积为3275平方米，总建筑面积为3000平方米。2013年，参加第五次全国公共图书馆评估，首次获得三级图书馆。

业务建设

截止2012年底，星子县图书馆总藏量12万册（件），其中，纸质文献8万册，年入藏量达2600余种，报刊10320件，电子图书馆1000种。2012年，星子县图书馆新增购书经费19万元。

读者服务工作

星子县图书馆于2012年搬入新馆后实行免费开放，实行了公共空间设施场地、基本服务项目全免费开放。每周开馆时间达60小时，通过设立流动图书服务点等办法，使馆藏资源利用情况有较大提高，其中学校、武警中队、等场所设立流动图书服务点。同时，我馆还提供为特殊人群体服务。星子县图书馆一直把社会教育活动开展作为业务工作的重要内容之一，通过活动开展的同时大力丰富群众文化生活，同时充分发挥了社会教育作用。一是举办丰富多彩、形式多样的读书活动。主要是在节庆日配合县中心工作，举办各种竞赛摄影活动。二是开展社会主义核心价值教育，举办各种专题教育讲座。三是做好图书馆服务宣传工作，不断扩大公共图书馆公益性服务和延伸服务的社会影响。通过对读者就图书馆各项设施与服务等的调查统计，我馆的读者满意率达96%。

业务研究、辅导、协作协调

星子县图书馆与市馆及兄弟县馆保持良好协作关系，2012年与市图书馆签订《九江市公共图书馆联盟协议书》，积极发挥协作协调作用，与市图书馆实现资源互借建设。同时，在技术上，市馆也给予我们很大的帮助与支持。2012年结合远程教育网，在全县73个行政村设置文化共享工程基层服务点，截止目前为止，已经完成56个基础服务点的建设工作，另外17个点也在陆续筹建过程中。此外，我馆还承担着“农家书屋”的建设与管理工作，定期派专业人员下到各个书屋进行业务辅导工作，并有计划的对书屋管理员行书屋管理业务培训工作。

管理工作

为了确保星子县图书馆各项工作正常运转，我们建立健全财务管理、人事管理、设备物资管理、档案管理、环境与安全管理等系列切实可行的规章制度，做到事前有计划，事中有督查，事后有总结。此外，我们建立了职责分明、合理配置、严格考核、管理有序的用人机制，实行了工作业绩与馆员福利相挂钩的奖惩机制，馆内馆员工作面貌和作风显著改观，形成了上下齐努力，个个谋发展的良好工作氛围。

表彰、奖励情况

我们的工作也得到了省、市主管部门和当地政府的充分肯定，连续四年被九江市文化新闻出版局评为公共图书馆特色工作先进单位。

馆领导介绍

牛贵远，男，1965年2月生，本科学历，中共党员，馆长。

陈艳林，男，1983年5月生，本科学历，中共党员，党总支书记。

詹琪，女，1986年7月生，本科学历，中共党员，副馆长。

未来展望

在未来的几年里，星子县图书馆将在建成新馆舍的基础上，实现以电子计算机为主要手段的现代化图书馆管理系统和网络，以集团化的方式发挥整体化效能，其终端再与省级馆联网，从而真正实现资源共享，服务子生产科研和生活等各个方面。真正现代图书馆服务职能。

联系方式

地　址：星子县柳絮路
邮　编：332800
联系人：牛贵远

图书借阅室

新馆外貌

彭泽县图书馆

概述

彭泽县图书馆现馆舍建于1987年，位于县龙城镇解放路计家巷11号，占地面积420平方米，建筑面积1280平方米，阅览室面积560平方米，内设电子阅览室、期刊阅览室、外借室、查阅资料室、少儿阅览室、多功能活动室。参加全国公共图书馆评估，获得三级图书馆。彭泽县图书馆有阅览坐席182个，计算机56台，宽带接入20M，采用ILASSSⅢ图书馆管理系统。

业务建设

建馆以来，彭泽县图书馆根据县级公共图书馆的性质任务、读者服务对象，在藏书建设中力求将综合性、实用性，地方性相结合，尽可能满足读者需求，现在已形成以社科类图书为主的藏书体系，截止2014年，彭泽县图书馆总藏量51230册。其中：图书：42226册，古籍106册，报刊8672册，视听文献21套，电子图书226种。

彭泽县图书馆新增藏书购置费为4万元，2013年新购图书1632册，2014年期刊购置142种，报刊36种，视听文献12种，地方文献86册。

读者服务工作

彭泽县图书馆积极开展读者活动，每年根据图书馆服务宣传周活动的主题，结合本馆实际，通过开展知识竞赛、图片巡展、现场免费办证等活动，向广大读者宣传图书馆，吸引更多读者走进图书馆、利用图书馆，积极推进全县良好的读书风尚。2013年全年接待读者近7.3万人次，年外借图书6千余册，年办证1012个。全县设有13个综合文化站，各站设有阅览室、电子阅览室、多功能厅，文化信息资源共享工程村级服务点142个。

业务研究、辅导、协作交流

面临二十一世纪的挑战，使知识增值、知识创新、智力创新，这就要求大家有新知识、新方法、新观念、新思维。因此，彭泽县图书馆经常派业务人员参加省、市图书馆学会举办的学术交流，学术研讨会，及时掌握图书馆发展前景，组织安排馆内的工作人员参加省、市馆主办的业务培训及继续教育学习。近几年来，彭泽县图书馆通过免费开放工作，着力打造服务品牌，以免费开放、文化共享工程，乡镇（村）文化站(室）建设、农家书屋工程为契机，拓展延伸服务，构建城乡一体的公共图书馆服务体系。我馆组织工作人员对全县12个乡镇综合文化站和142个文化信息共享工程村级服务点及128个农家书屋进行督导服务工作，帮助技术指导，积极参与乡镇综合文化站文化开展活动，并建立完善信息管理档案。组织人员分别到县二中、四中、县城关完小、县国税局、县农行等友好合作单位图书室，帮助进行图书分类、编目、排架，进行业务指导和管理方法，规范图书借阅管理制度。

管理工作

随着图书馆事业的蓬勃发展，给图书馆的管理也提出了更高的要求，彭泽县图书馆根据自身的工作特点，按照部门工作性质的不同制定出详细的规章制度，保证各项工作的顺利实施。制定《读者借阅规则》、《电子阅览室管理制度》、《库房管理制度》、《设备管理制度》、《安全保卫和保密规定》等等，同时在全馆开展“爱馆、爱书、爱读者、优质服务”活动。每年对馆内财产进行年度清查，新置资产进行逐一登记造册。

表彰、奖励情况

2010年至2013年，彭泽县图书馆共获得各种表彰、奖励8次，其中九江市文化新闻出版局表彰、奖励5次，彭泽县文化广播电视局、彭泽县新闻出版局表彰、奖励3次。

馆领导介绍

廖继彬，男，1969年4月生，大专学历，中共党员，助理馆员，馆长，支部书记。1986年12月参加工作，先后在彭泽县图书馆从事外借、采编辅导、财会、办公室工作，2002年任副馆长，2006年任馆长，主持全面工作，九江图书馆学会理事。

未来展望

图书馆是集文化、科技、信息传播、保存文化遗产、开展社会主义教育、展示改革开放成就为一体的综合性文化基层单位，今年彭泽县政府在山南新区以划地30亩，建设近3万平方米的文化影视中心，年底全面竣工完成，届时使彭泽县图书馆真正成为全县文化信息中心、学习教育中心和文化休闲中心，成为我县经济建设和社会发展中的文化建设的一道亮丽的风景线。

联系方式

地　址：彭泽县龙城镇计家巷12号
邮　编：332700
联系人：余群英

全县职工演讲比赛

龙城讲坛

期刊阅览室

赣州市章贡区图书馆

概述

赣州市章贡区图书馆成立于2013年9月，地处赣州市寻乌路17—57号，于同年10月正式对外免费开放。馆舍面积约1300平方米，藏书近10万册（含分馆），年购书经费35万元。2013年评为国家三级图书馆，现有干部职工4人，馆员2人，助理馆员2人。

读者服务

赣州市章贡区图书馆全面向社会免费开放，设有报刊阅览室、电子阅览室、图书资料室、少儿阅览室、盲文阅览室、多媒体电教室、综合采编办公室等业务科室。阅览室座位300个（其中少儿阅览室50个，电子阅览室50个）。图书馆实行全天候的周七服务工作制，每周开放56个小时，年接待读者约6万人次。拥有计算机50台计算机台，以“全国文化信息资源共享工程”为平台，通过计算机网络为读者提供多媒体资源的浏览等服务。章贡区图书馆面向读者、学校、社会组织开展图书馆服务宣传周、全民读书月、文化讲座、图书进农村、进社区等图书服务活动及资料代查、咨询解答、为退休老人、残疾人读者提供特殊服务，丰富读者的阅读生活，不断拓展和深化图书馆的社会服务功能。

馆领导介绍

袁峰，男，1977年10月生，本科学历，中共党员，中级职称，馆长。1996年参加工作，历任章贡区文化馆副馆长等职务，2013年12月任章贡区图书馆馆长。兼任章贡区书画协会副会长等职。

钟晓明，男，1973年8月生，本科学历，常务副馆长。1993年参加工作，历任赣州艺术剧院院长助理等职务，2013年12月任章贡区图书馆常务副馆长。兼任章贡区书画协会常务理事。

未来展望

赣州市章贡区图书馆将完善图书阅读服务网络建设，建立区、镇（街道）、学校总分馆制，扩大服务范围，推动赣州市中心城区图书阅读工作发展。赣州市章贡区图书馆新馆将于2014年底竣工并投入使用，新馆总建筑面积约1500平方米，阅览座位600个，年服务人次可达10万人次以上，新馆将成为赣州市中心城区文化惠民的重要窗口和开展全民阅读活动的重要平台。

联系方式

地　址：赣州市寻乌路17—57号
邮　编：341000
联系人：谢 钎

崇义县图书馆

概述

崇义县图书馆成立于1984年5月，馆舍建成于1986年6月，位于县城阳岭大道，主体建筑面积1497.4㎡，馆内共有阅览座席200个，计算机60台，宽带接入10M，选用ILAS3图书馆自动化管理系统。新馆建设已完成选址和征地工作，正在规划设计之中。

业务建设

截止2012年底，崇义县图书馆总藏量6.3万册(件)，其中，纸质文献5.94万册(件)，电子图书0.16万册，电子期刊0.2万册。2012年，崇义县图书馆新增藏量购置费5万元。2009–2012年，共入藏中外文图书3260种5600册，中外文报刊326种，视听文献416种。截止2012年底，崇义县图书馆数字资源总量为1.22TB，有Marc数据条数13642条，电子图书460种2136册，电子期刊106种，占馆藏图书总量6.3万册的数字化比率为28%。地方文献数据库建设主要收录了我县地方灯彩《三节龙》、《舞春牛》和道教舞蹈等。崇义县图书馆馆自2012年10月正式运行了图书自动化管理系统Ilas3，从图书编目、流通到读者事务办理等均实现了自动化管理，系统运行规范正常。

读者服务工作

崇义县图书馆从2011年12月16日起实现全年365天全面免费开放，每周开馆56个小时。馆内所有书刊文献均开架或半开架对读者开放，书刊文献开架比例为95%。2009–2012年，书刊总流通6.432万人次，书刊外借12.3166万册次。2009–2012年，崇义县图书馆共举办讲座、展览、培训、阅读推广等读者活动80场次，参与人数1.6826万人次。

业务研究、辅导、协作协调

崇义县图书馆积极参与江西省图书馆讲座与展览联盟，签订了《江西省公共图书馆讲座与展览联盟合作协议》，参与开展了全省的"读好书"活动以及上级文化部主管部门举办的其它各类活动。

与县武警中队、国税局图书室、地税局图书室开展了图书馆业务和服务协作，指导协助完善借阅制度，图书登记著录，分类上架等业务工作，并对图书室工作人员进行业务培训，为实现资源共享、通借通还创造条件。

崇义县图书馆多年来积极参与行政村"农家书屋"的建设和业务辅导工作，经常组织人员对"农家书屋"进行上门辅导，参与组织"农家书屋"管理员培训工作，使"农家书屋"管理员业务有较大幅度提高，能组织开展一些读书活动。

管理工作

2008年12月，崇义县图书馆按上级要求实施了事业单位岗位设置工作，按需设岗、按岗聘用、竞争上岗、择优考核、聘用。按照国有资产管理要求，建立了《财产管理制度》，对设备、物资进行登记造册，各室财产的日常管理分别由各室工作人员负责。办公室有专职人员负责档案管理，职工考核档案、参考咨询档案、课题服务档案、业务辅导档案归档及时，立卷准确，存放规范整齐。

建立志愿者服务队伍，吸纳一批图书志愿者参与图书馆工作，对他们进行科学管理，主要是在节假日或寒暑假为图书借阅或开展读者活动提供协助。

表彰、奖励情况

2009–2012年，崇义县图书馆共获得各种表彰、奖励6次，都是县委政府的工作表彰和奖励。

馆领导介绍

黄符新，男，1966年12月生，大专学历，中共党员，馆长。1985年3月参加工作，历任乡镇计生办主任，乡镇党委组织委员，2001年9月担任图书馆长至今。

黄花，女，1965年2月生，大专学历，副馆长。1983年4月参加工作，先后在图书借阅室、报刊阅览室、办公室等部门工作。

未来展望

崇义县图书馆将以不断推进做好免费开放服务工作为切入点，加快新馆建设步伐，高标准规划新馆的功能布局，重视现代化图书馆建设与服务，积极争取政府的重视，加大投入，推进数字化图书馆建设。进一步建立和完善服务网络，使公共文化服务走进社区、企业、乡镇和行政村。同时，依托现有服务平台，在做好正常服务的基础上，加大对农民工、残障人士的服务力度，让更多的读者能享用丰富的公共文化服务。在网络信息高速发展的社会条件下，崇义县图书馆将不断发挥文化共享工程网络枢纽的重要作用，充分发挥图书馆公共资源优势，采取有力的举措，为公众堤供更便捷、更系统、更全面的服务，努力把图书馆打造成为全县集文化、科学、信息传播、开展社会教育、展示改革开放成就为一体的综合性公共图书馆，成为不同层次、不同人群的读者学习文化、科学、教育、信息的交流中心，为促进本地经济建设和社会发展提供强有力的精神动力和文化支撑。

联系方式

地　址：江西省赣州市崇义县横水镇阳岭大道905号
邮　编：341300
联系人：黄符新

报刊阅览室

农家书屋管理员培训

馆貌

宁都县图书馆

概述

1914年，宁都县建立了第一个公办图书馆"宁都中学图书馆"，后改名为"宁都县师范图书馆"，1944年设立宁都县县图书馆。1982年1月，宁都县图书馆从文化馆分离出来，单独建制并由县财政拨款10万元，上级文化部门资助3万元，兴建一栋建筑面积1247平方米的三层钢混结构的新馆舍。1985年1月正式投入使用，图书馆正式向社会公众开放。1997年12月，宁都县图书馆为了适应图书事业的发展，自筹资金兴建一栋建筑面积1618.7平方米（集职工宿舍、办公）的六层钢混结构的综合大楼。馆内设有外借室、报刊室、少儿室、资料室、电子阅览室、多功能报告厅等8个服务窗口，拥有阅览座位130个，书库面积36平方米。因原馆舍建筑时间过久，墙面已经脱落且无法修复，设备设施过于陈旧，我馆经县委、县政府同意，重新划拨馆舍，现在正在规划之中。2013年10月在"县以上公共图书馆第五次评估定级"中被文化部首次评定为"三级图书馆"。

业务建设

截止2013年12月底，图书总藏量113987册(其中纸质图书80047册，报刊30423，视听文献435件，古籍2807册)；书架总长度1178米；座位总数130个；计算机55台；大型计算机服务器1套；大型投影仪2套；摄影、摄像机2部；大型卫星接收设备1套。2013年经费总收入62万元，其中购书经费3.5万元，免费开放资金12万元。

读者服务工作

2012年起，所有对外开放馆室实行免费提供，上述馆室包含的书刊、文献、视听设施以及检索、咨询、摘录、复印和基层辅导、流动网点图书配送、各类知识讲座等实行免费服务。2012年10月起，坚持每天开馆接待读者，每周开馆时间不少于56小时；书刊文献开架比例不低于96%。2012年起，所有对外开放馆室正常开放，书刊文献年流通21960人次；书刊文献年外借册次达19910册；馆外流动服务网点年书刊配送册次达1950册；自办网站全年共发布各类信息54条，年访问量达8880余人次。2013年全年共举办各类展览、讲座2次，培训班1期，开展"知识给人力量，阅读引领未来"的图书馆宣传周活动和"读好书"活动各1次。

业务研究、辅导、协作协调

2011年为提高管理人员业务素质，引进上级馆专家来馆教学、辅导三人次，计40学时，赴兄弟馆及上级馆跟班学习、培训两期，共四人次，计30学时。截止2013年底县图书馆帮助、指导24个乡镇的240个村开通文化资源共享村级基层服务点；对乡、镇、村图书馆（室）辅导、检查业务工作4次；举办农家书屋管理员业务培训班1期。

管理工作

2011年起完成全员岗位聘任制，制定了各部门岗位工作职责和年度工作计划及工作目标完成情况考核体系。

表彰、奖励情况

2010年至今员工获市表彰1次；获县表彰4次。

馆领导介绍

吴植峰，男，汉族，大专文化，江西省宁都县人，1964年8月生，1980年10月参加工作，2006年8月调入任宁都县图书馆馆长、文化信息资源共享工程宁都县支中心主任。

未来展望

县图书馆作为县域唯一一家收集、保存、开发、利用、传播地方典籍和人类优秀文化资源的公益性事业单位，除了在经费预算上要进一步加大扶持、人员编制上给予倾斜外，硬件的改造、升级和完善方面也还有很大的提升空间：一是随着纸质图书将逐步被电子图书取代的大势所需，电子数字产品的升级改造和扩容已是当务之急；二是接待任务日益繁重，馆容升级应列入议事日程；三是藏书室升级改造刻不容缓。

"图书馆是社会的一面镜子"，是一个地区、一定时期物质文明和精神文明综合成就的体现，在一定程度上也代表着一座城市的品味。期望不久的将来，在宁都这块具有光荣革命历史传统的红土地上耸立起一座造型别致、功能齐全、服务完善、深得读者喜爱的现代化宁都县图书馆大楼。

联系方式

地　址：江西省宁都县图书馆
邮　编：342200
联系人：龚莉玲

阅览室

馆貌

寻乌县图书馆

概述

寻乌县图书馆成立于1985年6月（此前为县文化馆图书室）。建馆四十年来馆址数度搬迁：成立之初被安排在县城人口稠密路段一幢400m²钢混结构的三层楼房开馆办公，1997年12月因道路扩建被征用拆除；1997年冬迁租至县农机公司办公楼；2000年冬，搬迁至新落成的图书综合大楼，开馆不足三年，因拖欠工程款无法偿还，被整体移交给施工方改建成商品房出售抵债；2003年春，搬迁至"东江源剧院"三楼；2012年3月，搬迁至新落成的"青少年活动中心"。新馆址总使用面积2560m²，随着各级政府和相关部门对文化事业投入的逐年加大，一应设施、设备基本配齐，2013年10月在"县以上公共图书馆第五次评估定级"中被文化部首次评定为"三级图书馆"。

业务建设

截止2012年12月底，图书总藏量82388册(其中纸质图书59973册，报刊21034册，视听文献1145册，连环画214册)；书架总长度548米；座位总数200个；计算机60台；大型计算机服务器1套；大型投影仪2套；摄影、摄像机2部；大型卫星接收设备1套。

2012年经费总收入30.5万元，其中购书经费4万元，免费开放资金12万元。

读者服务工作

2012年起，所有对外开放馆室实行免费提供，上述馆室包含的书刊、文献、视听设施以及检索、咨询、摘录、复印和基层辅导、流动网点图书配送、各类知识讲座等实行免费服务。2012年10月起，坚持每天开馆接待读者，每周开馆时间不少于56小时；书刊文献开架比例不低于76.12%。2012年起，所有对外开放馆室正常开放，书刊文献年阅览率达13.8%；书刊文献年外借册次达10860册；馆外流动服务网点年书刊配送册次达2232册；自办网站全年共发布各类信息96条，年访问量达9900余人次。2013年全年共举办各类活动、讲座7次，培训班3期，展览2次，开展"世界读书日"阅读推广活动1次。

图书馆馆长古红艳

业务研究、辅导、协作协调

2013年为提高管理人员业务素质，引进上级馆专家来馆教学、辅导三人次，计40学时，赴兄弟馆及上级馆跟班学习、培训两期，共四人次，计30学时。截止2013年底县图书馆帮助、指导开通乡、镇服务网络12个；对乡、镇、村图书馆（室）辅导、检查业务工作14次；举办农家书屋管理员业务培训班2期；举办全县文化站长及文艺骨干培训班1期。

管理工作

2011年起完成全员岗位聘任制，制定了各部门岗位工作职责和年度工作计划及工作目标完成情况考核体系。

表彰、奖励情况

2010年至今员工获市表彰2次；获县表彰1次；单位获县主管部门表彰2次。

馆领导介绍

古红艳，女，汉族，大专文化，江西省寻乌县人，1972年7月9日生，1987年3月参加工作，1989年1月调入寻乌县图书馆从事图书管理员工作，2008年9月任寻乌县图书馆馆长、文化信息资源共享工程寻乌县支中心主任，著有《对图书馆立法迫切性的几点思考》等论文多篇，2013年被市、县评为"全市图书馆先进个人"、"先进文广工作者"。

未来展望

县图书馆作为县域唯一一家收集、保存、开发、利用、传播地方典籍和人类优秀文化资源的公益性事业单位，除了在经费预算上要进一步加大扶持、人员编制上给予倾斜外，硬件的改造、升级和完善方面也还有很大的提升空间：一是随着纸质图书将逐步被电子图书取代的大势所需，电子数字产品的升级改造和扩容已是当务之急；二是接待任务日益繁重，馆容升级应列入议事日程；三是藏书室升级改造刻不容缓。

"图书馆是社会的一面镜子"，是一个地区、一定时期物质文明和精神文明综合成就的体现，在一定程度上也代表着一座城市的品味。期望不久的将来，在寻乌这块具有光荣革命历史传统的红土地上耸立起一座造型别致、功能齐全、服务完善、深得读者喜爱的现代化寻乌县图书综合大楼。

联系方式

地　址：江西省寻乌县图书馆（寻乌县青少年活动中心）
邮　编：342200
联系人：张小锋

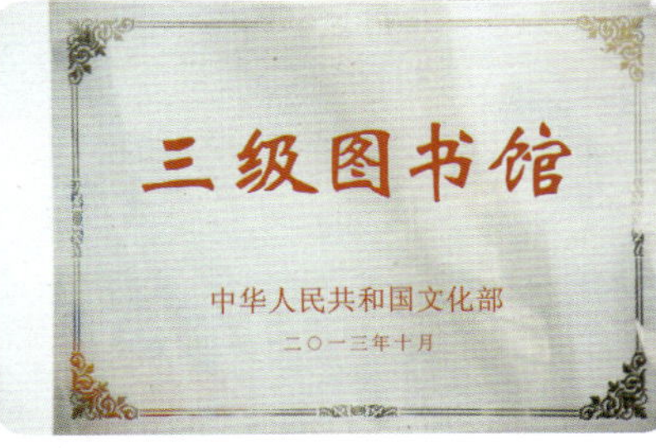

第五次评估定级首次被评为三级馆

"世界读书日"活动现场

2012年改建完成的新馆外貌

石城县图书馆

概述

石城县图书馆在县委、县政府及上级文化主管部门的正确领导下，在社会各界的关心和支持下，经过几代图书馆人的的艰苦创业，我县图书馆事业得到了较快发展，逐步形成了一个纵横城乡的文化资源共享网络，为丰富我县人民群众文化生活、发展石城经济作出了积极的贡献。

石城县图书馆前身为石城县文化馆图书室，有兼职工作人员2人。1983年11月成立石城县图书馆，1990年搬迁到现馆址，现馆舍建筑面积1027平方米，开设了报刊阅览、图书外借、少儿阅览、电子阅览、多媒体播放室等5个对外服务窗口。为广大群众提供图书外借、报刊阅览、计算机上网与培训、信息咨询与查询、学习与文化休闲等服务。

业务建设

石城县图书馆在文献资源建设上首先保障了读者的基本阅读需求，注重工具书、资料性书刊和地方文献的收集和利用，现有藏书6.4万余册，电子图书6.5万册，资源总量为1.1TB。2013年图书馆网站建成。

读者服务工作

为方便读者，提高图书利用率，外借书刊全部实行全开架借阅。年接待读者4.5万余人次，外借书刊3.5万余册次。自2011年12月起，取消办证工本费，图书借阅室、报刊阅览室、少儿阅览室、电子阅览室、多媒体播放室全部实行免费开放。

2010年底，文化资源共享工程石城县支中心已建设完成，可以通过互联网接收和下载优秀的文化信息资源，实现外部资源和馆藏资源的共享。并完成了10个乡镇基层点建设。与县委组织部农村党员干部现代远程教育工程办合作共建完成了131个行政村基层点建设。

表彰、奖励情况

石城县图书馆经常开展各种读书活动，加强与社会和读者的联系，扩大图书馆的社会影响，读书活动多次在省、市媒体报道。石城县图书馆连续11年评为文化系统“目标考评先进单位，多次评为县”三八“红旗集体”、“文明单位”，2010年在全国公共图书馆评估定级中被评为“国家三级图书馆”。

业务研究、辅导、协作协调

石城县图书馆注重队伍建设和人才培养，鼓励和支持职工参加继续教育和业务学习，学术论文、业务竞赛、课题服务多次在省、市获奖。我馆现有工作人员6人，其中本科学历3人，大专学历3人；专业技术人员3人，初级职称3人。

石城县图书馆常年服务基层，为农村开展业务辅导，每年开展送书下乡活动，送文化、科学、技术下乡，开展“流动书库”活动。自1999年以来，累计赠送科技图书3000多册，编印发放科技资料100余种2万余份，设立馆外流通服务点64个，并经常举办业务培训班，加强乡镇图书室和“农家书屋”业务辅导，现全县有乡镇图书室10个，农家书屋131个，成了社会主义新农村的文化亮点。

馆领导介绍

刘敏，男，1973年11月生，本科学历，馆长，1994年8月参加工作。

董文瑜，女，1971年10月生，本科学历，副馆长，1992年7月参加工作。

黎健，男，1970年6月生，大专学历，副馆长，1987年参加工作。

未来展望

现图书馆新馆已经落成，新馆将于2015年年底前搬迁。我馆将逐步实现全县图书馆网络的资源共享，达到二级图书馆基本标准，充分发挥县中心图书馆的作用，以崭新的面貌、丰富的资源、热情的服务接待每一位读者，为发展石城县图书馆事业而不懈努力，为建设社会主义新农村、构建和谐社会做出应有的贡献。

联系方式

地　址：赣州市江西省石城县琴江镇东华北路82号
邮　编：342700
联系人：董文瑜

文化共享影视展播

横江镇文化站图书室

农家书屋管理员培训

阅览室

瑞金市图书馆

概述

一九三二年三月中华苏维埃临时中央政府在瑞金县叶坪村办起了中华苏维埃中央图书馆(即苏区图书馆)。一九三四年十月开始二万五千里长征，苏区图书馆随中央红军离开瑞金。一九五八年七月正式成立瑞金图书馆。一九六五年在八一路重建新馆。二零零四年在老馆舍上重建。馆舍1700平方米。馆内设有外借室、报刊室、少儿室、资料室、电子阅览室、多功能报告厅等8个服务窗口，拥有阅览座位120个，书库面积80平方米。因原馆舍建筑时间过久面积太小，设备设施过于陈旧，我馆经市委、市政府同意，重新建设新馆，现在正在规划之中。2013年10月在“县以上公共图书馆第五次评估定级”中被文化部评定为“三级图书馆”。

业务建设

截止2012年12月底，图书总藏量10.16余万册；书架总长度560米；座位总数120个；计算机50台；大型计算机服务器1套；大型投影仪2套；摄影、摄像机2部；大型卫星接收设备1套。2012年经费总收入80万元，其中购书经费12万元，免费开放资金12万元。

读者服务工作

2012年起，所有对外开放馆室实行免费提供，上述馆室包含的书刊、文献、视听设施以及检索、咨询、摘录、复印和基层辅导、流动网点图书配送、各类知识讲座等实行免费服务。

2012年10月起，坚持每天开馆接待读者，每周开馆时间不少于56小时；书刊文献开架比例不低于80%。

2012年起，所有对外开放馆室正常开放，书刊文献年流通39000人次；书刊文献年外借册次达45000册；馆外流动服务网点年书刊配送册次达2000册；自办网站全年共发布各类信息200条，年访问量达6500余人次。

2012年全年共举办各类展览、讲座12次，培训班10期，开展“知识给人力量，阅读引领未来”的图书馆宣传周活动和“读好书”活动各2次。

业务研究、辅导、协作协调

2012年为提高管理人员业务素质，引进上级馆专家来馆教学、辅导三人次，计40学时，赴兄弟馆及上级馆跟班学习、培训两期，共四人次，计62学时。

截止2012年底县图书馆帮助、指导17个乡镇的224个村开通文化资源共享村级基层服务点；对乡、镇、村图书馆（室）辅导、检查业务工作16次；举办农家书屋管理员业务培训班1期。

管理工作

2011年起完成全员岗位聘任制，制定了各部门岗位工作职责和年度工作计划及工作目标完成情况考核体系。

馆领导介绍

周红斌，男，汉族，本科文化，江西省瑞金市人，1963年5月生，1981年10月参加工作，2006年8月任瑞金图书馆馆长、文化信息资源共享工程市图书馆支中心主任。

未来展望

瑞金市图书馆作为当地唯一一家收集、保存、开发、利用、传播地方典籍和人类优秀文化资源的公益性事业单位。图书馆事业面对信息、文化产业的迅猛发展，在现有功能外，以后将逐渐会增加<1>休闲功能；<2>生产功能；<3>展示功能。对图书馆未来展望：〈1〉有相应的工作运行经费；〈2〉有层次合理的管理人才；〈3〉图书馆法出台，且人人守法；〈4〉图书馆事业逐渐与全世界各国图书馆有机接轨。

“图书馆是社会的一面镜子”，是一个地方物质文明和精神文明综合成就的体现，在一定程度上能代表着一座城市的品味。期望不久的将来，在瑞金这块红土地上耸立起一座功能齐全、设备完善、深得读者喜爱的现代化瑞金市图书馆大楼。

联系方式

地　址：江西省瑞金市图书馆
邮　编：342500
联系人：杨志华

故事比赛

送书下乡

吉安市吉州区图书馆

概述

吉州区图书馆创建于2012年，现位于吉州区长岗北路31号。设立了少儿阅览室、亲子阅览室、外借室和多媒体电子阅览室等多个读者服务窗口，共设有阅读座椅200余个，计算机50台，采用图书馆自动化集成系统(ILAS)进行文献和读者服务管理。2013年参加第五次全国公共图书馆评估，荣获三级图书馆称号。

业务建设

截止2013年底，吉州区图书馆总藏量13万册（件），其中，纸质文献7万册（件），电子图书6万册。

2012年，吉州区图书馆新增藏量购置费10万元，2013年起增至20万元。2012–2013年，共入藏中外文图书2.43万种，7万册，中外文报刊30种，视听文献200种。2013年，地方文献2000册。截止2013年底，吉州区图书馆数字资源总量为20TB，吉州区图书馆在全区各乡镇建设农家书屋共计97家、街道社区书屋25家，藏书共计20万余册，建设公共文化信息资源共享工程村级服务点89个，乡镇中心6个、街道中心和社区活动室25个，乡镇街道社区基层服务点均可链接区图书馆文化信息资源工程。

读者服务工作

吉州区图书馆2012年建成并投入使用，开放时间为每周二至周日，书刊总流通5万人次，书刊外借3万册。2012–2014年，建成6个分馆，馆外书刊流通总人次3万人次，书刊外借2万册。吉州区图书馆采购图书以贴近群众最基层的文化需求为根本。2013年，吉州区图书馆网站正式开通，读者可在网站平台上了解到本馆新闻与行业资讯，也可在意见留言板上留言互动交流。

2012–2014年，吉州区图书馆共举办培训、阅读推广等读者活动30场次，参与人数4000余人次。吉州区图书馆致力打造多个贴近不同服务群体所需的品牌活动，如为青少年开展的“庐陵文化小小讲解员”活动、百米长卷绘画活动、为老弱残群体开展的免费借阅送书上门活动，为留守儿童开展读书颂读等特色活动。

业务研究、辅导、协作协调

吉州区图书馆与其他市县区馆紧密合作，互相学习。2013年我市各县区图书馆馆长到馆内参观指导，派工作人员赴北京东城区图书馆、浙江省杭州市图书馆、江西省图书馆、宜春市图书馆、万载、永新、安福、新干等各县馆参观学习、交流图书馆服务经验。

吉州区图书馆对全区97个农家书屋管理员、文化站长、社区活动室、社区书屋管理员定期培训指导，以完善社区书屋、村镇农家书屋管理制度与相关服务，2013共有120人参加培训。培训包括基础业务学习、图书馆管理系统基础操作等，确保社区书屋、农家书屋正常、高效的对外开放。

管理工作

吉州区图书馆为保障图书馆免费开放制定和完善了各类制度，包括《吉州区图书馆借阅管理制度》、《吉州区图书馆借阅卡须知》、《吉州区图书馆工作管理制度》、《吉州区图书馆电子阅览室管理制度》等。

图书馆各服务窗口进行优化分工定责。定期对各部门相关工作人员实行培训指导，每个星期召开各部门工作会议，相互交流部门开放情况，互助交流、学习指导。

吉州区图书馆文献排架准确，图书管理员每天定时整理书架，确保图书排架有序，方便读者查找。

表彰、奖励情况

免费对外开放以来，吉州区图书馆不断提升服务，大力推广全民阅读，开展各类有特色活动，并得到到广大读者的支持和充分肯定与好评。2013年，获省文化厅表彰1次，获得市文广局表彰2次，其他奖励5次。

馆领导介绍

肖冰，男，1963年4月生，大专学历，中共党员。1981年参加工作，2012年9月任吉州区图书馆馆长。

稂志勇，男，1982年9月生，大专学历，中共党员。2006年1月参加工作，2012年9月任吉州区图书馆副馆长。

未来展望

吉州区图书馆以“创新”为方针，以贴近基层群众文化需求为工作之本，努力完善各项服务功能，扩大服务对象与辐射区域，做好街道社区书屋、乡镇农家书屋、文化信息资源共享工程各项工作,关爱留守儿童,弱势群体，致力于做好流动书屋工作。积极开展馆办活动，争创多个图书馆馆办品牌活动。进一步提高数字资源利用率，增加电子图书馆藏量，采购多媒体阅读设备，扩展图书馆阅读方式，增设新型阅读体验。

联系方式

地　址：吉安市长岗北路31号
邮　编：343000
联系人：周 月

助残日为残疾人送书上门活动

小读者们使用学习机搜索学习

馆舍阅读推广墙

铜鼓县图书馆

概述

1946年（民国三十五年）建立县民众教育馆。当时，县党部的图书室、阅览室为县内唯一的书报阅览场地。1952年初，成立县人民教育馆（后改称县文化馆），内设图书室，有少量书刊供读者借阅。因受“文化大革命”的冲击，1966–1976年，图书室停止开放，所藏书刊被永宁镇造反组织焚毁，1977年始恢复图书借阅。1979年10月，根据铜革发（1979）71号文件精神，成立铜鼓县图书馆，面积为580平方米，1988年2月，图书馆迁至定江中路中段新建文化中心大楼一、二楼内，面积940.34平方米。2014年，文化局、文化馆搬离定江中路中段文化中心大楼，建筑面积增至2800平方米，内设外借室、少儿阅览室、报刊阅览室、电子阅览室、采编室、办公室等。其中阅览室总面积900平方米，座位数110个，书库面积550平方米。现有在职人员7人，2012年总流通人数达到3万人次，年外借2万册。

业务建设

截止2012年底，铜鼓县图书馆总藏量80625册，其中，图书45032册，视听文献22件，报刊37020件。

2009至2012年，年购书费均为3万元。2009–2012年，新增藏量总计2000种，截止2012年，共征集地方文献601册，入藏完整率为95%。

截止2012年底，铜鼓县图书馆数字资源总量为0.73TB，接收资源73GB。

2010年，我馆开始使用ILAS图书馆自动化管理系统，建立了我馆文献书目数据库。馆藏普通图书（24701条），均按CNMARC建有机读目录。

读者服务工作

从2011年6月起，铜鼓县图书馆对外免费开放，周开放56小时，2009–2012年，书刊总流通109768人次，书刊外借131088册次。

2009–2012年，铜鼓县图书馆共举办讲座、展览、培训、阅读推广等读者活动60场次，参与人数35760人次。

业务研究、辅导、协作协调

从2010年起，铜鼓县图书馆作为文化信息资源共享工程为龙头，加大了基层服务站、点的建设力度，增强了服务辐射能力，扩大了服务覆盖面，拓展了社会教育功能。联合全县13个乡、镇（场）及全县102个行政村、社区等图书室，组建了铜鼓县图书服务网。为保证基层服务站、点的正常运转，我们还配备专职人员对其进行业务辅导，目前，全县、乡、村图书馆（室）服务网络已形成。

2009–2012年，铜鼓县已建立了13个乡镇（场）文化站图书室，98个“农家书屋”。近年来，我们从管理、使用和建立长效机制等方面入手，加强基层图书室的建设工作，使我县基层图书建设步入了良性的发展轨道。最大限度地发挥了基层图书室的社会职能作用，基本满足了广大人民群众读书阅读需求。

截止2012年，我馆累计培训农家书屋管理人员及文化信息共享基层服务站文化站长及基层服务点管理员共计200人次。通过培训使文化站长及管理员掌握了基本的图书管理技能，能胜任基层文化工作及图书室的日常工作。

管理工作

铜鼓县图书馆建立了工作量化考核指标体系，每月进行工作进度通报，每半年和全年进行总体工作考核。撰写专项调研、分析报告和工作提案等。

表彰、奖励情况

2010年铜鼓县图书馆被评为江西省文化共享工程县级支中心宣传工作和培训工作先进单位。

馆领导介绍

黄靓，女，1984年6月生，大学学历，中共党员，2005年7月参加工作，2013年5月调入任县文化局党组成员、图书馆馆长，主管图书馆全面工作，宜春市图书馆学会理事。

李杨菊，女，1963年8月生，大专学历，1978年3月参加工作，2000年5月，任命为图书馆副馆长。

廖荷梅，女1983年4月生，本科学历，中共党员，助理馆员，2001年8月参加工作，2012年5月，任命为副馆长。

未来展望

铜鼓县图书馆遵循“科学、效率、创新、发展”的办馆方针，争取在年内完成旧馆维修改造的任务。2009–2012年，在不断强化自身综合实力的同时，通过开展各种读书活动，带动了全县市民的阅读氛围。在未来的几年里，铜鼓县图书馆将在新改造馆舍的基础上，支撑保障全县公共图书馆服务体系良好运行，成为全县人民精神食粮的大课堂。

联系方式

地　址：江西省铜鼓县图书馆
邮　编：336200
联系人：黄 靓

电子阅览室

农家书屋

图书馆大门

广昌县图书馆

概述

广昌县图书馆成立于1972年9月，原馆舍兴建于1989年8月，总建筑面积1036平方米。2003年初，因旧城改造原有馆舍被拆除。2012年初，广昌县图书馆在县委、县政府高度重视和关怀下，经县政府第21次县长办公室研究，下发广府办抄字（2012）46号《关于县图书馆免费开发场所问题》抄告单，同意将原政府办公场所作为图书馆免费开放使用，解决了我县图书馆长达10余年闭馆状态。现有场所建筑面积1500余平方米，阅览坐席80余个，配有办公和提供读者使用计算机45台，宽带接入10兆。2013年在全国开展第五次公共图书馆评估定级工作中被评为“三级图书馆”。

业务建设

截止2013年底，广昌县图书馆总藏书2.5万册，其中古籍1149册。综合性图书23851册。2011年前，广昌县图书馆购书经费0.6万元，2012年免费开放后增至每年4万元。2011–2013年，共入藏各类图书0.3万种（册），报刊年入藏量90余种。

2011年底，成立了广昌县文化信息资源共享工程支中心，2012年全县有基层服务点66个。广昌县图书馆数字资源存储量6.2TB（含移动硬盘2TB）。实有数字资源300个GB，内容有戏曲、影视、讲座等视频资源、在建的资源有被列入国家级非物质文化遗产保护项目“广昌孟戏”，其中的孟戏视频资料《长城记》视频影像长度8个多小时，可建设资源5.5个GB。

读者服务工作

从2012年初开始，广昌县图书馆全年365天对外免费开放，每周开放56小时。全年接待读者2.2万人，书刊外借1.2万余册。为解决馆内接待能力不足，图书馆努力创造条件，延伸服务范围，在条件好的社区、公安看守所、乡(镇)街道、行政村等设立流动服务点6个，不定期对服务点书籍进行更新。每年通过“读好书”活动、4.23“世界读书日”、“六一”儿童节等节假日，集中开展多种形式的主题阅读活动，每年开展送书下乡活动不少于2次，图书馆每年举办讲座、展览、培训等读者活动不少于6次，参加人数逐年增加。

业务研究、辅导、协作协调

从2010年起，广昌县图书馆每年派员参加省、市组织的业务培训学习，参加省、市举办各类主题演讲、读书征文、网络读书知识竞赛等活动。为规范基层图书室建设，提高基层图书室管理人员的实际操作能力，每年初制定基层图书室培训计划，通过组织集中培训和实地培训方式，极大提高了基层图书室的管理和服务水平。

管理工作

广昌县图书馆核定编制数4个，实有5人。大专学历以上3人。为努力推进图书馆事业的发展，更好服务广大读者，提升服务水平，图书馆制定了系列管理制度。如：《图书馆工作人员职业规范》、《电子阅览室管理制度》、《电子阅览室岗位管理职责》、《报刊阅览室管理制度》、《报账员岗位职责》等。同时，为激励职工爱岗敬业，扎实工作，全馆工作人员职责分明，岗位明确，积极主动完成各项工作目标任务，根据年初本馆制定的绩效工资考核方案，进行每月考核发放干职工绩效工资，年底进行总体工作考核。

表彰、奖励情况

2009–2013年，广昌县图书馆参加市委宣传部、市文化新闻出版局开展的“全民阅读”活动，获组织奖2个，三等奖1个。荣获省图书馆学会第二届“读好书”征文活动二等奖1个。第三届“读好书”征文活动三等奖3个。2012年获得中共广昌县委表彰，被评为全县“创先争优十大群众满意窗口”单位称号。

馆领导介绍

符熠，男，1968年10月出生，大专学历，中共党员，副主任科员，馆长。1986年8月参加工作，1997年1月从县文化馆调入图书馆任馆长至今，兼任广昌县文化体育广播电视局机关支部书记。

吴品丽，女，1970年2月出生，大专学历，副馆长。1988年10月参加工作，2011年12月从县林业局调入，2013年9月任图书馆副馆长至今。

未来展望

广昌县图书馆坚持“一切为读者，为一切读者”的办馆理念。在党和政府高度重视公共图书馆事业发展，提供了坚强的领导保证和政策环境，带来了历史性发展机遇，广昌图书馆将抓住现有大好时机，争取县政府大力支持，加强县图书馆设施建设，按照县级公共图书馆评估标准，推进图书馆达标升级，在未来几年实现县图书馆设施达标、功能完善、布局合理，不断扩大服务辐射区域，带动基层服务网点事业发展，充分发挥县级图书馆承上启下的枢纽作用。

联系方式

地　址：江西省广昌县盱江镇解放南路214号
邮　编：344900
联系人：符　熠

图书流动站

读好书阅读活动

指导老年人上网

抚州市临川区图书馆

概述

临川区图书馆创建于1956年10月，是江西全省建馆最早的县级公共图书馆，地点在上顿渡镇建设路63号，占地6.01亩，建筑面积2186平方米。有座位242个，计算机55台，电信宽带接入10M。基本实行图书馆自动化管理，2013年全国第五次评估定级获得三级图书馆。

业务建设

截止2012年底，临川区图书馆总藏书量14.1890万册（件），其中，纸质文献13.87万册（件），电子图书2200册。新增购置费8万元，购书2312种，4620册，订阅报刊杂志242种。

读者服务工作

从2000年10月起，临川区图书馆全年365天天天对外免费开放，每周开放63小时。书刊总流通15万人次，外借12.43万册次。建成26个流通借阅服务点。馆外书刊流通总人次7.6万人次，书刊外借5.41万册。

2009—2012年临川区图书馆共举办讲座展览、培训推广等读者活动134场次，参加人次1.78万人次，以区馆为平台创意阅读推广主题活动是临川区阅读推广工作的特色。

业务辅导、协作协调

建立区、乡、村三级图书馆（室）网工作始终摆在我馆的重要记事日程。已建立乡镇流动站服务点26个，每季交换一次图书，每次500册。流动图书5.41万册。临川区图书馆每年安排乡级图书管理员和计算机管理员培训6期，共培训人员320人次，每期培训5天达40小时以上。区馆安排人员参加国家和江西省内举办的各种培训班12人次。

管理工作

2011年临川区图书馆实行全员岗位聘任制度，创新管理体制，转换用人机制，整合人员资源，凝聚优秀人才，实现由身份管理向岗位管理的转变。由固定用人向合同用人转变，调动单位各类人员的积极性和创造性，促进图书馆事业的发展，竞聘上岗，按岗聘用，合同管理的原则，本单位设置岗位总数12人，管理岗位2人，专业技术岗位9人，工勤岗1人，主体岗位是专业技术岗位，占岗位总数75%。编写古籍书目一册，撰写分析报告5篇，论文1篇。

表彰、获奖情况

2009—2012年，江西省抚州市临川区图书馆共获得各种表彰奖励10次，其中江西省文化厅1次，抚州市图书馆4次，江西省抚州市临川区文化局5次，并荣获首批江西省古籍保护重点单位。

馆领导介绍

何华，男，1962年12月出生，江西省抚州市临川区人，大专文化，中共党员。1979年12月参军，1983年12月退伍分配至图书馆工作。1988年至1992年任临川区文物管理所所长。1992年至2000年任临川区文化局工会副主任。2001—2004年任临川区文化馆馆长。1998年至2010年任临川区文体局工会副主任兼广电股股长。2010年12月调临川区图书馆任馆长。

付常倩，女，汉族，1976年2月，中共党员，江西临川人，大专学历，1994年毕业于江西省文艺学校抚州分校。1994年分配到原临川县文化广播电视局稽查大队工作。1999年于江西师范大学中文系毕业，2005年任临川区文化体育广播电影电视新闻出版局文化艺术股副股长、2006年任临川区文化体育广播电影电视新闻出版局文化艺术股股长、2014年3月任临川区图书馆党支部书记，现任临川区政协委员、临川摄影家协会副秘书长。先后在《抚州日报》、《临川晚报》上发表了十余篇调研文章和文化信息报道。1999年获区文化先进工作者称号、2006年摄影作品获江西省团委“五四”优秀新闻奖、2007年至2011年连续被评为区文化广播系统“先进工作者”、2007年被评为抚州市第五届“十大优秀青年”。

谢建敏，男，1961年3月25日出生，高中学历，中共党员，江西省图书馆学会会员，1979年至1982年于北空某部队服兵役。1982年分配至江西省抚州市临川区图书馆工作。历任辅导部主任，古籍部主任，05年任副馆长至今。

张普艳，女，1977年1月23日生，大专学历，中共党员，助理管理员，副馆长。1997年12月参加工作，工作期间在采编室、办公室工作。2007年加入中国共产党成为一名优秀的共产党员，同年竞争副馆职位至今。历任临川区图书馆采编主任，办公室主任，现分管共享工程及青妇工作。2008年获区文化局先进工作者奖及2009年获临川区“三八”红旗手称号。

与消防大队共建图书室

全民阅读日

送对联下乡活动

千人签字活动

未来展望

一是进一步扩充网点，以临川区图书馆、乡镇图书室、村级图书活动室为实施主体，加强基层设施网点网络化、数字化建设，强化文化、科技信息资源自动化、网络化建设和专业技术人员的培训，为深入推进共享工程的实施打好基础。二是努力把文化信息资源共享工程用活、用好，积极采用图书馆先进技术，借助数字电视盒远程教育服务网络，大力开展公益性服务，尤其加强对广大农村地区的扶持力度，将文化共享工程建设成为社会主义新农村的重要抓手。以先进文化教育广大农民群众，提高人民群众的思想道德水平和科学文化素质，最大限度的将信息资源转化为生产力，通过多种形式拓展服务范围，创新服务方式，将地方影视戏曲、音乐、歌舞、美术等艺术表现形式纳入服务内容，以群众喜闻乐见的形式使共享工程更加贴近基层、贴近生活群众。三是在实施过程中加强与上级各部门的沟通协调，使共享工程服务群众更具针对性和时效性。同时不断总结经验，改进创新治理体制和运行机制，使"共享工程"真正成为文化创新工程。

联系方式

地　址：抚州市临川区上顿渡镇建设路63号
邮　编：344100
联系人：何 华

黎川县图书馆

概述

黎川县图书馆始建于1939年。1940年改为民众教育馆，1953年改为县文化馆同时设立了图书阅览借藏工作。84年图书馆在历届常委、政府的关心重视下，经过一代代黎川图书馆人的辛勤培育，黎川县图书馆得到了快速发展。面积由150㎡扩大为至今1200㎡的馆舍。1987年12月图书馆借阅大楼建成使用。可容纳读者阅览座位200个。我馆设有综合图书馆开架外借处、资料半开架借阅处、外借室、报刊阅览室、儿童阅览室、资料收藏库、报刊书库、古籍书特藏室、电子阅览室等服务窗口。计算机45台，宽带接入10兆，选用图书馆自动化ILAS3管理系统。全年365天全天侯免费开放。2013年参加全国县级公共图书馆被评估定为三级图书馆。2014年7月搬迁至新馆。

业务建设

2010年，县政府投入资金，新建约3200平方米的图书馆大楼，并进行装修、绿化，改善了图书馆的办公环境，增强了图书馆对读者的吸引力;加强文献资源建设。为了让社会各界更好的了解黎川的发展历史和风土人情;加强文化信息资源共享工程建设，2011年，文化资源信息共享工程黎川支中心正式成立，推动图书馆自动化、网络化建设，基层服务点安装108台电脑，占全县行政村的100%，使公共图书馆服务水平、技术能力得到了很大提高，为读者服务提供了更大的空间。同时，加强图书馆网站建设，网站设有本馆介绍、本馆快讯、读者服务、馆藏资源、新书推荐、书画欣赏、捐赠文库、共享工程、留言咨询等10个栏目。更好地成为当地群众求知、传播信息为科技服务的中心，发挥图书馆的职能，满足对文化科学知识的需求，为广大读者增进对图书馆的了解提供了一个很好的平台。

截止2012年底，黎川县图书馆总藏量6.1万册（件），其中纸质文献4.27万册（件），电子图书2万册（件），电子期刊26种。古籍书收藏有1千多册，共计152部；其中善本书268册，共计34部。黎川县图书数字资源总量为12TB。

读者服务工作

从2012年1月起黎川县图书馆开始实行全年对外免费开放服务，周开放56小时。既从时间上延长了服务时间（365天从早上8：00－中午12：00；下午14：00－18：00天天开放）；又拓展了服务空间，图书馆的每个角落广大读者都能自由、文明地出入。每年通过开展4.23“世界读书日”、“图书馆服务宣传周”、“全民阅读”等活动大力宣传图书馆，提高了广大群众对图书馆服务工作的认识。

2012年4月，开通与黎川县各个学校图书的互借服务。开展特色服务，设立残障人阅览室，为残疾人提供盲文、视频、音像等资源服务，自2009年以来，坚持为看守所服刑人员开展送书服务，帮助服刑人员进行改造；开展科技为农服务工作，每年自编自印《农业科技》12期，帮助科技农户提供一些科技信息服务；每年举办专题讲座、展览、培训、阅读推广等读者活动不少于6次。还与各个社区、驻地武警图书室建立了流动服务站。书刊总流通4.6万人次，书刊外借3.3万册次，书刊流动总人次2.3万人次，书刊外借2.56万册。

2012年全年，黎川县图书馆共举办讲座、展览、培训、阅读读者活动16场次，参加人数约2.3万人次。以黎川县公共图书馆服务联盟为平台，由省館创意若干个阅读推广等主题活动在所有联盟館中同时进行，年底进行单项评选，是黎川县图书馆阅读推广工作的特色。

业务研究、辅导、协作协调

从2012年起，黎川县图书馆以文化信息资源共享工程专网为依托，在全市范围内发起组建公共图书馆服务联盟，并在馆内设立联盟工作委员会，下设联合编目、流通服务、地方文献联合征集、阅读推广与讲座展览资源服务、业务培训与技术支持等工作组。

截止2012年底，成员馆发展到9家，联合编目成员馆发展到5家，4个图书馆开始了基于统一平台的文献的借阅服务。期间，举办联盟培训班6期，展览4次，412人次接受培训。

2009年－2011年继中国图书馆学会行动之后，黎川县图书馆学会开展了基层图书馆业务骨干志愿者行动和结对帮扶活动。还举办了《中国法》五版在各乡镇展开巡回培训。

管理工作

黎川县图书馆共有编制8个，现在编人员5人，中级职称1人，其中干部2人，职工3人。为了更好地成为当地群众求知、传播信息的宝库，发挥公共图书馆的职能，力求在服务内容、服务质量和服务水平上进行提升，图书馆制定了《图书管理人员岗位责任制》《图书馆业务工作细则》《图书阅览和外借制

新馆阅览室

新馆阅览室

荣获组织奖

流动图书馆

送对联进企业

度》《图书丢失和损坏的赔偿制度》《电子阅览室使用规则》《设备管理制度》，《各科室工作目标管理制度》等规章制度，在收藏书籍借阅工作中严格按照"中图法"分类法管理。做到分工明确职责分明。全馆工作人员岗位明确、职责分明，定有详细的工作细则，每年进行考评，执行情况良好。大家既分工，又有协作；以业务学习提高服务能力，坚持通过业务学习来提高工作人员的业务素质，不断提高服务水平。

为了使业务学习学有所获，图书馆每年均制定了学习计划、充分保证学习时间、年终还要对学习效果进行测试等，以保证业务学习的效果；以上实行分刊借阅管理与经济挂钩，考勤岗位责任制与奖惩挂钩，增强工作人员责任感，牢固树"为书找人、为人找书"服务宗旨。

表彰、奖励情况

2012年，组织参加全市图书馆举办的演讲比赛，荣获一个三等奖、并获得组织奖；2013年荣获主管局"先进单位"称号。

馆领导介绍

肖丹丽，女，1978年12月出生，本科学历，馆长。1997年9月参加工作，2012年任黎川县图书馆馆长。

吴友华，女，1968年10月出生，高中学历，1991年10月参加工作，副馆长。

未来展望

黎川县图书馆本着"读者至上、服务第一"的服务宗旨，满足读者要求，围绕优化服务、拓展图书馆教育和信息的功能，从读者服务、业务管理、读书活动、提高人员素质入手。随着国家对公共文化事业的重视，图书馆边缘化的状况得到改变，特别是免费开放政策的实施，可以说是基层公共图书馆事业春天的到来。借此契机，图书馆将加大宣传力度，扩大免费开放的社会影响力，让更多群众了解图书馆的职能作用，吸引广大人民群众走进文化设施共享改革开放带来的文化发展成果，努力为图书馆在基层公共文化事业服务体系中发挥重要作用作出应有的贡献。

联系方式

地　址：黎川县新图书馆
邮　编：344600
联系人：黄 虹

报刊阅览室

共享工程阅览室

新书捐赠活动

上饶县图书馆

概述

上饶县图书馆于1984年建馆。馆址几经变迁，现位于上饶县旭日街道办七六路12号。馆舍建筑面积1600平方米，其中：办公室1间30平方米、采编室1间50平方米、成人借阅室1间200平方米、书库资料室1间150平方米、少儿借阅室1间200平方米、报刊阅览室1间150平方米、电子阅览室1间150平方米、主控机房1间25平方米、多功能活动室1间150平方米、综合娱乐室1间150平方米、保安室1间25平方米、馆长办公室1间60平方米、副馆长办公室1间50平方米。现有成人阅览席120个，儿童阅览席60个。用于服务读者的电脑40台，办公电脑8台，还配备了摄像机、照相机、电视机、投影仪复印机等设备，宽带网络全部接通。2013年，参加第五次全国公共图书馆评估，首次获得县级三级馆。

业务建设

上饶县图书馆的藏书量逐年增加，2009年前我县图书馆馆藏图书5万余册，2010年新增图书1500余册，2011年新增图书2500册，2012年新增图书3200余才，各类儿童读物128种386才，视听文献31种。现有藏书6万余册。

读者服务工作

上饶县图书馆根据文化部、财政部《关于推进全国美术馆、公共图书馆、文化馆（站）免费开放工作的意见》，所有图书、读书活动、报刊以及政府公开信息查询、等全部免费开放服务。

全馆实行开架借阅，平均每周开放56小时，年接待读者13.9万人次，外借册次6.5万册次，书刊流通超过13.6万册次，建立馆外服务店、流通点5个，弱势群体及老龄人免费办证、免费开放。同时对馆藏图书的宣传和新书介绍等开展了多次活动。

上饶县图书馆为了更好的服务于残疾人、未成年人、农民工和老年人等，先后和信江居委会、后畈居委会、旭日二小、特殊学校、鑫敏橡胶厂签订了分馆共建协议，解决了他们看书不方便的年体。

业务研究、辅导、协作协调

目前全县村、社区、农家书屋达到了194个，城区乡镇街道个体书屋23个，全县中小学图书室31个，共有藏书87万册，年流通书刊41.4万册次，借阅人次达到28.2万人次，三级图书网络初具规模。

2012年上饶县图书馆多次深入乡镇街道进行调研，对我县农家书屋进行督察和业务指导，并开展各种培训和读书活动。一是在2012年9月6日组织人员送书下乡，切实推进农村图书流动服务活动建设，送书下乡活动取得显著成效。二是加强对基层管理员的业务培训，在全县村（社区）宣传文化员培训班上，讲授了基层图书室管理与服务等业务知识，并在罗桥街道办作农家书屋规范化管理培训、网络图书馆推介讲座。三是与教委合办了全县中小学图书管理员培训班。参训286人次，指导并实施图书分类、编目、上架82300多册。

管理工作

上饶县图书馆在人事管理上通过职能调查摸底，制定了图书馆管理聘用工作实施方案，根据单位内部工作岗位需求，公开招聘，竞争上岗，并建立健全了学习制度、工作制度、考勤制度、服务准则和绩效考核制度。

表彰、奖励情况

上饶县图书馆工作人员工作积极认真，多次得到先进工作者的表彰。

馆领导介绍

王爱华，女，1966年12月生，大学学历，中共党员、馆长、党支部书记。1984年7月参加工作，1998年6月到上饶县图书馆工作，担任馆长，党支部书记等职。

未来展望

总体看，我县图书馆工作在县委、县政府的领导和省、市主管部门的指导下，通过不懈努力，取得长足发展。但与县级馆标准要求，我们的工作仍有一定的差距和不足。一是图书馆藏量还很低，报刊年入藏量还很少，电子文献和视听文献年入藏量还不到位；二是馆藏中文图书数目数字化工作还未开展；三是图书馆自动化管理工作还未启动；四是馆内区域网未建、图书馆网站未建、参加地区联网服务，联合借阅工作还未开展。以上问题，我们将按照省市有关要求，进一步寻找差距，增强措施，创造条件，狠抓落实。

联系方式

地　址：上饶县七六路12号
邮　编：334100
联系人：刘慧华

电子阅览室

书架

阅览室

横峰县图书馆

概述

横峰县图书馆成立于1982年，2008年迁至县广场西路文化艺术中心大楼内。文化艺术中心总建筑面积10174平方米，内含文化馆、图书馆、博物馆，其中图书馆馆舍面积2200平方米。新馆于2011年12月对读者开放。在全国公共图书馆第五次评估定级中被评为国家三级图书馆。

业务建设

横峰县图书馆内设有综合阅览室、少儿阅览室、电子阅览室及藏书室4个服务窗口。为读者提供纸质文献的外借、阅览、电子文献的在线阅读、参考咨询等服务。

横峰县图书馆读者服务系统采用ILASⅡ3.0版本，使用了采访、编目、流通、连续出版物、检索、参考咨询六个子系统，开设了电子阅览室，有56台电脑供读者使用，办公基本实现自动化。

横峰县图书馆现有藏书6万余册、报刊杂志120余种。年接待读者约2万人次，流通书刊约4万册次。各阅览室全年对外开放。

读者工作

横峰县图书馆坚持免费开放制度。为吸引众多的更多的读者来馆借阅，县图书馆本着“一切为了读者，一切方便读者”的服务宗旨实行全方位开架借阅，充分体现“以人为本”的工作思路。在立足阵地服务的基础上，还在部队、社区、学校开展图书资源共享建设。每年组织各种形式的读者、读书活动吸引广大群众走进图书馆。认真开展送书下乡活动，对基层图书室、农家书屋业务进行辅导培训，开展地方文献收藏和保护等，为建设“书香横峰”作出不懈地努力。

馆领导介绍

平迪文，女，1975年10月生，本科学历，馆员，馆长。1995年8月参加工作，2003年9月任横峰县图书馆馆长。

万海英，女，1964年8月生，大专学历，馆员，副馆长。1982年11月参加工作，1998年9月任横峰县图书馆副馆长。

徐宗发，男，1980年5月生，大专学历，助理馆员，副馆长。1999年8月参加工作，2004年9月任横峰县图书馆副馆长。

未来展望

一是引进图书管理和计算机专业技术人才，实现图书馆数字化管理和建设数字化图书馆；二是加大图书馆人力、财力投入，在老县城居民区设立图书借阅网点，方便老年读者和残障人士借阅图书；三是与学校图书馆及企业图书室之间形成图书资源共享，形成图书通借通还，提高图书使用率。

联系方式

地　址：江西省横峰县文化艺术中心图书馆
邮　编：334300
联系人：平迪文

图书馆馆貌

小学生文学知识竞猜

图书馆服务义务宣传员

阅览室

余干县图书馆

概述

余干县图书馆初创于民国17年（1928年）5月，当时由政府购买报纸、杂志及募集旧书，附设于教育局，不久停办。1935年恢复，1941年并入民众教育馆，1960年重新设立县图书馆，与文化馆合署办公。1966年“文化大革命”开始后，图书馆撤销，1978年恢复机构，1991年在东山岭南麓兴建新图书馆，建筑面积1210平方米，内设报刊阅览室、图书开架阅览室、少儿阅览室、电子阅览室、文献资料室、古籍保护室、盲人阅览室、学习报告厅等。阅览座位260个，阅览室面积530平方米，书库面积300平方米，藏书6.6万余册，馆藏文献资料7000册，其中古籍976册，计算机51台，2013年第四次全国公共图书馆馆评估，获得三级图书馆。

业务建设

截止2013年底，余干县图书馆总藏书量6.6976万册，其中古籍976册，年流通约2万人次，年外借3万册。图书馆业务自动化ILAS系统正在建设中，文化共享工程余干县支中心及120个村级服务点已全面建设好。

读者服务工作

余干县图书馆全年365天（节假日不闭馆）对外免费开放，周开放时间不少于70小时。年流通约2万人次，年外借3万余册。以“读者第一，服务至上”为服务理念，不断提高服务能力，积极拓宽服务渠道，努力提升图书馆的社会影响力。在驻余武警中队、消防大队、看守所设立分馆，注重弱势群体服务，开办了余干县图书馆农民工书屋。农民工凭身份证随时可以借阅。并设立盲人阅览室，提供盲文和有声读物，为盲人开展特殊关爱服务，我馆常年开办“道德讲堂”，崇尚社会道德、倡导社会文明。

积极做好文化信息资源共享工程工作，为了充分利用文化信息资源共享工程服务网络的资源优势，扩大文化信息资源共享工程的社会影响，我们将“共享工程”国家中心下发的《文化共享助春耕》、《共享书香、快乐阅读》等光盘资料进行翻刻录成光盘，下发到全县各个村级基层服务点，把科技知识直接送到各村小组，农户家中，现场播放《西瓜种植》、《养猪要决》等科技片，赠送科技图书，散发各类科技资料宣传单。同时我们利用图书馆电子阅览室及文化共享工程村级服务点为载体，发挥文化共享工程网络优势，以开展服务活动为契机，大力宣传国家党的方针、政策，最大限度地发挥了图书馆在服务社会、服务经济、维护稳定中的特殊作用。

业务研究、辅导、协作协调

余干县图书馆长期坚持鼓励有研究能力的馆员著书立说，撰写发表学术论文，以提高自身业务素质和理论水平，指导业务工作深入开展。1986年至2010年全馆在省级以上发表学术论文8篇，地（市）级学术论文36篇。其中：方立华同志撰写的论文《县级图书馆“一把手”如何适应新纪元》在199910湘赣（湖南省、江西省）两省图书馆学会首届图书馆学情报学学术研讨会上被评为优秀论文奖，同时被中国科学院图书情报工作杂志社评为优秀论文奖，并被刊登在国家级大型图书馆学情报学核心期刊《图书情报工作》2000年增刊上。方立华同志撰写的论文《浅议基层公共图书馆的服务》一文在2008年04期刊登在《江西图书馆学刊》上。方立华同志撰写的论文《县级图书馆为农村读者服务探究——以江西省余干县图书馆为例》2009年第4期《江西图书馆学刊》上发表。李爱斌同志撰写的论文《坚持精神文明这块圣地——图书馆外借工作随笔》1997年获得江西省科学技术协会颁发的优秀论文证书。李爱斌同志撰写的论文《县级图书馆如何走出困境》1998年被收录到《中国社会科学典范文献》一书中。

为进一步推动图书馆建设，大力提高图书馆服务能力，我馆在省、市图书馆的关爱下，与省市图书馆建立了馆际互借、讲座和展览联盟。该举措拓宽了我馆的服务渠道，提高了图书馆的社会影响力。

余干县图书馆承担全县乡镇图书室、农家书屋、文化共享工程村级服务点的业务辅导工作，开展业务培训、技术指导、图书编目，通过业务辅导，切实加强了基层文化建设，为基层文化服务点服务建设奠定了良好基础。

管理工作

余干县图书馆管理出成绩、出效益，领导干部带头遵守馆里各项规章制度，办公室严格各项考评管理，强调大局意识，强调服务效率。健全规章制度，有效推进各项工作，图书馆制订了年度工作计划，年终对各项工作进行严格考核，健全财务、人事档案、安全保护、设备物资等管理工作，并加以贯彻执行，

电子阅览室

阅览室

制度的建立、完善与实施使图书馆各项工作全面、科学发展。

表彰、奖励情况

2012年余干县图书馆维修改造工作受到省文化厅表彰，并作为先进典型在大会发言。2011年图书馆馆长被县委、县政府评为“五个余干”建设先进个人，2013年图书馆党支部被评为“五星级基层党组织”。

馆领导介绍

郑国兴，男，1975年11月生，大专学历，中共党员，馆长。1999年参加工作，历任乡镇文化站站长、文化局文化综合执法大队负责人、2008年8月任余干县图书馆馆长，兼任文化信息资源共享工程余干县支中心主任、县古籍保护中心主任等职，2011年获余干县“五个余干”建设先进个人，多次荣获优秀党务工作者。

方立华，男，1963年9月生，大专学历，中共党员，副馆长，馆员。1979年12月参加工作，先后在采编部、阅览部、图书借阅部、古籍保护中心等部门工作。

张英，女，1963年9月生，大专学历，中共党员，副馆长，馆员。1981年5月参加工作，先后在采编部、阅览部、图书借阅部、古籍保护中心等部门工作。

舒开山，男，1982年10月出生，大专学历，中共党员，副馆长，助理馆员。2001年3月参加工作，先后在阅览部、图书借阅部、电子阅览室等部门工作。

刘冰，女，1981年6月出生，大专学历，中共党员，工会主席，助理馆员。2000年9月参加工作，先后在办公室、阅览部、图书借阅部等部门工作。

未来展望

余干县图书馆根据用户的多元化信息需求，并依据馆藏特色，开辟特色阅览室、特色图书室，并通过各种活动的开展，拓宽服务领域，提高服务质量，打造城市文化品牌。在工作创新上下功夫，让更多的读者都能享受到图书馆的服务，共同分享阅读带来的乐趣。这为读者了解图书馆、熟悉图书馆、进而利用图书馆资源、以逐步形成全民阅读之风奠定了坚实的基础。公共图书馆要平衡和协调发展，既要硬件设备设施支撑，也要服务管理技术的创新的支持，图书馆优质高效普惠务实的服务，对于城市的繁荣发展起着不可替代的重要作用。只要图书馆人有坚守事业的精神，敬业奉献、勇于探索创新、并有敢为人先的竞争意识以及凝聚力的团队精神，并用这种精神去推动图书馆事业的新发展，创造图书馆事业的更大辉煌。

4.23世界读书日活动

联系方式

地　址：余干县玉亭镇东山大街71号
邮　编：335100
联系人：郑国兴

山东省图书馆

概述

山东省图书馆创建于1909年（清宣统元年），是国内创建最早的省级公共图书馆之一，目前现有馆舍三处，总馆位于济南东部，三处馆舍总建筑面积6.3万平方米，阅览室面积12709.89平方米，阅览座席1730个，其中少儿座席164个。全馆现有计算机信息节点1518个，计算机终端448台，其中供读者使用的计算机202台。在馆内提供704个无线接入点，实现了读者服务区无线网络100%覆盖。馆内设采编部、中文图书外借部以及山东省古籍保护中心、全国文化信息资源共享工程山东省分中心等23个业务行政部门。人员编制300人，2012年底实际在编222人，其中硕士研究生以上22人（博士5人，硕士研究生17人），占职工总数的10.36%；大学本科以上学历187人，占职工总数的84.2%；取得专业技术职称的210人，其中高级职称45人，占专业技术人员总数的21.43%；中级职称87人，占专业技术人员总数的41.43%。

业务建设

全馆各部门严格按照《中图法》对图书进行分类、排架，根据文献类型、读者习惯适当调整。开架书库均设有专人管理，责任到人，随时巡架，保证开架图书排架正确率在98%以上。全馆文献资源采选条例完备，采访工作规范。2012年山东省各出版社应呈缴文献资料2037种，全馆共接受呈缴样本1959种，呈缴率达到96.17%。1949年以后的馆藏中文文献书目已全部数字化，馆藏书目数字化达到100%。截止2012年底，全馆文献总藏量达7094804册（件）。其中图书4566181册，古籍753146册（件），中文报纸期刊901731册（合订本），视听文献52104件，电子图书520747种，电子期刊2万余种，数字资源总量达到51.95TB，其中购买数字资源29.955TB，自建数字资源22TB。

文化共享工程、公共电子阅览室、数字图书馆和文献保护工作等重点文化工程取得显著成就。文化共享工程建设扎实有效，截至2012年底，全省已建成文化共享工程各级支中心和基层服务点9万余个，实现了全省17个市、140个县（市、区）以及乡镇、街道、村、社区的公共数字文化服务全覆盖，有9个基层服务点荣获全国共享工程·公共电子阅览室示范点，成为全国获示范点奖项最多的省份，“山东文化共享工程创新运行应用模式”被列为国家文化创新工程项目，并于2012年通过验收；数字图书馆建设方面，是全国推广计划的试点建设省份之一，2009年我馆成为国家数字图书馆分馆，2010年1月，启动“县级数字图书馆推广计划”，同年7月实现省内全覆盖；开发布署公共电子阅览室运行管理平台，实现全省公共电子阅览室运行服务的统一管理，通过征购、自建、共享等方式，数字资源内容不断丰富，建立了山东公共电子阅览室资源桌面服务门户，实现系统化管理；逐步建立起起集普查、修复、展示、研究、利用“五位一体”的古籍保护工作体系，在古籍普查、古籍修复、古籍保护宣传、古籍整理、队伍建设、民国文献保护等工作方面均成绩斐然。

读者服务工作

一是积极推进免费开放，坚持全年开放，每周开放时间达80.5小时，2012年到馆人次186万人次，人均年到馆次数达26.28次。二是做好普通服务工作，全馆中外文书刊全部开架借阅，至2012年，全馆开架借阅书刊达到154万余册（件），2012年书刊外借达930339册次。在做好阵地服务的同时，积极开展流动服务，截至2012年底，已先后在部队、农村、学校等单位建成分馆和流通服务站点76个。三是大力开展参考咨询和信息服务，通过科技查新、文献提供、定题服务、信息咨询及二、三次文献编制等方式，积极为我省重点教育、科研和企事业单位服务，为社会公众提供专题服务。设立政府公开信息查询服务中心，面向社会免费提供“政府公开信息服务”，同时编印专题信息服务产品，积极开展“两会”服务。四是关爱特殊群体，建立了“康复阅览室”、“进城务工人员文化中心”和“光明之家·视障数字阅览室”，成立以未成年人为服务对象的流通站41个，以劳教、服刑人员为服务对象的流通站6个。五是注重数字资源服务，通过官方网站，向读者提供馆藏书目查询、网上预约及续借、虚拟参考咨询等服务，读者也可在局域网内浏览下载万方、维普、中国知网等外购资源库以及自建资源库的内容。2012年各类数据库总计访问1918680次，检索4047865次，浏览4220794次，下载2939182次。六是积极开展“书香齐鲁·全民阅读”活动，“大众讲坛”、全省读书朗诵大赛、书海灯谜会、“周末100分”、共享工程公益电影播放等各类活动都已形成品牌取得圆满成功，社会品牌效应进一步增强。2012年，共举办讲座、用户培训、社会培训等136场次，各类展览34次，阅读推广活动31次，参与读者共82万余人次，每万人年均参与活动次数达85.2次。

业务研究、辅导、协作协调

做为山东省公共图书馆的龙头，积极协调省内各级公共图书馆工作，与国内兄弟图书馆之间开展密切合作。先后主持了阅读文化研究工作会议、图书馆数字资源共建共享、边疆万里数字文化长廊、省内外高校馆际互借、大众讲坛·儒家论坛、联合参考咨询等跨省、跨系统的合作协调工作；充分发挥对市、县（区）级图书馆的指导和协调作用，广泛开展联合编目、联合参考咨询、数字文化惠民工程、讲座、展览等工作，实现了140余万条书目数据、200余期讲座、120TB数字资源等资源的共建共享；定期深入全省各级公共图书馆开展业务辅导和调研工作，坚持组织全省业务竞赛，已连续举办了六届，是全国唯一

朗诵大赛颁奖大会上警花精彩表演

“情系齐鲁——两岸文化联谊行”

孔子第79代嫡长孙、中华大成至圣先师孔子协会会长孔垂长先生

山东地方文献资料中心

总馆齐鲁名人文库

总馆书画阅览室

没有中断的省份；编辑《山东图书馆信息》，宣传、推广、总结全省图书馆先进经验，累计培训全省图书馆员929人次；积极发挥山东省图书馆学会作用，举行各种省际、省内的学术研讨会，并组织各项专题培训班，现有省学会会员453名，中图学会会员474名；依托山东省图书馆文献编目中心，联合17市公共图书馆共同建设了"山东省图书馆馆藏文献联合目录"和"山东省图书馆地方文献联合目录"，截至2012年底，累计整合馆藏文献联合目录140余万条，地方文献联合目录6万余条。

管理工作

山东省图书始终坚持馆总支领导下的馆长负责制和民主集中制，不断增强凝聚力、领导力和执行力。制定了《山东省图书馆"十二五"发展规划》，指导全馆年度性工作；形成健全科学有序的财务、资产管理模式，按照科学管理、严格执行、内部监督、相互制约的原则，对全馆经济活动进行核算与监督；先后出台《专业技术职务岗位设置方案》、《专业技术职务评聘分开竞争上岗实施办法》、《山东省图书馆考核办法》等一系列人事管理制度，积极推行岗位管理，按需设岗，竞争上岗，择优聘用，执行岗位责任制；制订《山东省图书馆志愿者管理办法》，以"读者服务读者"的方式，提高社会化水平；对国有资产实行统一管理、责任到人的目标管理制度，每半年对资产进行一次全面清查登记，形成了一整套监督、检查、监管制度；档案管理采取集中与分散相结合的管理模式，做到了档案健全，资料详实，归档及时，装订整齐，每卷有目录；积极推进后勤服务的社会化，将馆内外卫生保洁、绿化、设备维修等委托专业公司管理，加强对托管公司的监管，保障了运行管理的高效有序；不断完善各种安全管理制度，制定各项安全应急预案，强化现代化技防设施建设，加强对水、电设施的监管，保证消防安全。

表彰、奖励情况

2009年以来，先后荣获"全国十五届群星奖"（大众讲坛）、"第三届文化部创新奖"、"全民阅读基地"、"全省文化系统先进集体"、"省为民服务创先争优示范窗口单位"、"全省文化体制改革工作先进单位"等多项表彰奖励。其中，国家级表彰11次，省级表彰16次，厅级表彰22次。厅局级以上科研成果获奖10项，其中"山东省文化共享工程运行应用模式"分别获文化部创新奖和省科技进步二等奖。

馆领导介绍

山东省图书馆有一个团结协作的领导班子，现有班子成员5人，均具有本科以上学历，其中1人具有博士学位，3人具有硕士学位，5人具有研究馆员职称。主管业务的领导接受过图书馆学专业培训。领导班子成员十分重视管理水平和学术研究能力的提高，接受继续教育情况良好。

未来展望

一是在图书馆体制机制上不断创新。进一步推广总分馆制，探索实施理事会制度，吸纳各方面的代表人物，为图书馆的发展提供指导和支持。根据事业发展的需求，完善投入管理，建立稳定的保障机制。二是进一步明确事业发展的目标，制定中长期发展规划，进一步规划整合服务品牌，扩大影响；三是进一步加大人才培养力度，培养一批馆内骨干、省内权威，争取产生全国领军人物；四是重点文化工程建设进一步扩大成果，进一步加强对新技术应用的研究，丰富服务的内容和手段，进一步加强对各级图书馆的古籍保护人才培养工作；五是进一步落实"大师引进工程"，建设儒学收藏和研究阵地，做好尼山书院建设。

联系方式

地　址：山东省济南市二环东路2912号
邮　编：250100
联系人：徐 洋

首届国际《论语》知识大赛

大明湖分馆老年人阅览室

青岛市图书馆

概述

青岛市图书馆始建于1924年，至今已有八十九年的历史。馆址几经变迁，到2002年，位于青岛市延吉路109号的新馆建成开放。新馆建筑面积近2.6万平方米，藏书205万册，馆藏数据库43T，工作人员105名；设13个管理部门、26个开放窗口及活动区域，阅览座位1897个。2004年，参加第三次全国公共图书馆评估，首次获得一级图书馆。2008年开始采用Interlib图书馆集群管理系统，加快了总分馆制建设的步伐，读者量迅速增长，2012年接待读者139万人次，书刊外借达到87.55万册次。

业务建设

青岛市图书馆各级财政拨款总额从2009年的2000.35万元，增加到2012年的2878.3万元，其中，购书费由450万元增加到1000万元。2009—2012年，入藏中文图书171966种，449886册；入藏外文图书33368种，34992册；入藏中文期刊2719种，中文报纸263种；入藏外文原版期刊143种、外文原版报纸4种，多卷书、连续出版物入藏完整率达90%以上；入藏地方文献3649种、地方报刊65种，地方文献入藏率达100%；馆藏电子图书数量达到8万多册，视听文献年均入藏1583.5种，馆藏电子期刊达2万多种，与印刷型期刊相配合，使馆藏核心期刊的覆盖率达到98%以上。

全市已建成各级公共电子阅览室239个，拥有计算机4023台，13家公共图书馆均建有符合硬件标准和技术标准的公共电子阅览室，166个街道（镇）文化活动中心和文化站的电子阅览室均达到公共电子阅览室的硬件建设标准。

至2012年，青岛市图书馆共引进数据库20种，自建“青岛旧影”（图文库数据库）、“胶澳文化遗产”（图文、流媒体数据库）、“青岛市文化共享工程视频资源库”（流媒体数据库）、“青岛历史街巷”、“名人与青岛”、“青岛国际啤酒节”、“地方戏曲文化”、“市民学堂”、“信息资源导航”九个数据库，数据容量达到近15.2TB。

2008—2012年，青岛市图书馆牵头引进Interlib图书馆集群管理系统，搭建应用平台，将市内12区市图书馆纳入分馆管理，采用第二代身份证作为统一借阅证，在市内有条件的街道（社区）图书室试点，将其纳入区馆-社区总分馆管理。到2012年，总分馆通借通还人次达100331人，外借册次210908册。

读者服务工作

从2008年起，青岛市图书馆全年无节假日免费开放，周开放72小时，当年流通人次迅速增长到114.12万，书刊外借册次则增长到76万册。2012年，青岛市图书馆年流通人次增长到139万人，书刊外借达到87.55万册次；建成流动分馆和服务点共计36个，年流动服务200次以上，年服务读者5万人次，借阅图书6.7万余册；编发《领导决策讯息》、《公共文化信息监测报告》，为市委、市人大、市政府、市政协机关和领导提供的信息服务，还先后为房地产、旅游、钢铁、红酒等企业提供专题信息40余期；积极参与全国“联合参考咨询与文献传递网”服务，开展虚拟参考咨询工作，解答咨询6078人次，远程文献传递7990篇次；网站信息发布1871条，网站点击率年均达320万人次。

青岛市图书馆已成功打造了“青岛文化大讲堂”、“驿动书香”、“小小莫扎特故事音乐会”、“小贝壳快乐营”、“青图外语沙龙”等一系列服务品牌，在广大市民读者中赢得了良好的口碑。2009—2012年，文化大讲堂共举办讲座600余场、视频讲座117场；“驿动书香”开展流动服务600余次；组织“小贝壳快乐营”、“小小莫扎特故事音乐会”、外语沙龙活动500余场次，组织大型文化活动38次，参与活动的读者达35万余人；配合各项文化活动，组织媒体宣传发稿450余篇。

青岛市图书馆面向特殊群体，开展特色服务，如馆内专门设立了残疾人阅览室、老年报刊阅览室、军人研修室、旧日文文献研究室和旧德文文献研究室，为农村和社区基层点配送书刊、光盘、讲座等，并在节假日期间为这些特殊读者群体举办各种阅读推广活动。

业务研究、辅导、协作协调

2009年—2012年，青岛市图书馆员工共有28人在省级以上刊物或论文集发表学术论文44篇；获得山东省文化艺术科学优秀成果一等奖1次，山东省文化艺术科学优秀成果二等奖2次、三等奖1次、优秀奖2次；组织主编、参编专著5部；获厅局级科研项目立项三项。

2009年以来，青岛市图书馆共召开馆长例会16次；举办专题培训班43期；业务技能竞赛4次；现场技术指导和专业辅导261次；外出参观学习4次；考核评估达标4次，培训基层专业人员1806人次，并组织专业人员编写了《文化信息资源共享工程

文化大讲堂

青岛馆展览活动

管理与规范》培训教材。

青岛市图书馆古籍保护中心率先提出了“古籍寄存制”的收藏模式，目前，共接受民间寄存古籍364册。青岛地区有40种古籍已入选国家珍贵古籍名录；有197种古籍入选山东省珍贵古籍名录。2012年，青岛市被确定为全国可移动文物普查试点城市，青岛市图书馆成为试点单位，申报具有较高文物价值的古籍1000余种，填报国家普查平台数据1047件套（14799件）。

青岛市图书馆积极参与国家图书馆联合编目中心、上海市文献联合编目中心、山东省图书馆文献编目中心合作，新书、报刊书目数据下载率达96%以上，编制高质量古籍书目数据2449条，并编辑出版《青岛市图书馆古籍书目》一书。

2010年，青岛市图书馆学会与潍坊市图书馆学会联合举办学术研讨会，共收到论文150篇，有81篇论文获奖。学会还邀请了北大信息管理系李国新教授、山东大学古籍研究所杜泽逊教授分别以“图书馆研究与服务”、“古籍鉴定与保护”为主题，举办了专题讲座。

管理工作

青岛市图书馆领导实行聘任制，公开竞聘，经主管局考核聘任；实行领导任期目标责任制、馆长责任制。依照按需设岗、因事设岗原则，设置管理岗位15个、专业技术岗位95个、工勤技能岗位5个。同时，建立了工作量化考核指标体系，每月通报月度考核情况，年底进行总体工作考核。每月编写《青岛市图书馆工作信息》一期。

青岛市图书馆制定了立卷归档、保管、保密、借阅等档案管理制度。多年来，形成了职工考核、参考咨询、读者活动、业务辅导、业务统计等系列档案。所有档案管理均做到资料详实、装订整齐、归档及时、目录完整、查询方便。

表彰、奖励情况

2009—2012年，青岛市图书馆共获得各种表彰、奖励48次，其中，文化部表彰奖励2次，山东省委、省政府、省文化厅等表彰奖励10次，其他表彰奖励17次。

馆领导介绍

于婧，女，1960年1月生，本科学历，中共党员，研究馆员，馆长。1977年10月参加工作，历任青岛市图书馆外借部、少儿部和辅导部主任、工会主席、党总支副书记、党总支书记等职，2012年10月任青岛市图书馆馆长。期间获得“山东省群众文化先进个人”、“山东省三八红旗手”、“军警民共建先进个人”、“青岛市劳动模范”、“青岛市工人先锋”等多项省市奖励和荣誉称号。另外，还主编出版了五本著作，另有两本即将付梓。

马云超，男，1969年1月生，本科学历，中共党员，副研究馆员，党总支书记。1992年7月参加工作，历任青岛市图书馆办公室副主任、技术部主任、参考咨询部主任，副馆长等职，2012年10月任青岛市图书馆党总支书记。曾多次获得山东省“优秀图书馆工作者”，市文广新局“先进工作者”荣誉称号。参编著作两部，发表学术论文数篇。

未来展望

青岛市图书馆在未来几年里，将加快图书馆新馆建设和扩建改造工程的建设步伐，伴随新馆建设将进行资源建设调整和服务能力提升的变革。

一是加快数字图书馆建设步伐。加大数字资源建设力度，加强与国家图书馆和山东省图书馆的馆际间协作，将更多的数字资源和更先进的技术手段提供给读者使用。二是加强外文文献资源建设。青岛市作为重要对外交流城市，国际间的各种交往频繁，把青岛市图书馆打造成胶东地区最大的公共图书馆外文文献信息中心，加强外文文献的收集与开发利用，将是今后的一项重要工作内容。三是将提供更灵活多样的现代化服务手段。2014年，手机图书馆、24小时自助图书馆已成功运行，还将尽快实现全馆RFID图书自助借还服务。四是做好本地公共图书馆服务体系建设。在已建成的四级总分馆制体系框架下，细化社区图书室服务标准，提升服务能力，把通借通还、自助借还等服务手段向社区图书室延伸，2014年底将向社会公布第一批星级社区图书室名单，充分挖掘总分馆制体系中每一级图书馆（室）服务能力，为广大读者提供更为广泛、更为便捷的服务。

联系方式

地　址：青岛市延吉路109号
邮　编：266034
联系人：刘 佳

青岛馆全貌

济南市图书馆

概述

济南市图书馆是国家一级图书馆，全国古籍重点保护单位。济南市图书馆前身为1931年建立的济南市立图书馆，几经变迁，1952年8月18日济南市人民政府批准在人民公园以原第五区人民文化馆图书室基础上筹建济南市图书馆，并于1953年4月馆舍落成。此时图书馆面积为324.28平方米，人员10名，年经费1万元。1983年4月，根据国务院批准的济南市建设总体规划，市政府决定在人民公园西北部兴建济南市图书馆和济南市少年儿童图书馆，并将这一工程列入济南市十大重点建设项目之一。经过二年建设，1986年5月31日新馆开馆（济南市图书馆、济南市少年儿童图书馆，两馆合属办公，一套领导机构）两馆建筑占地面积2350平方米，总建筑面积8899平方米，投资380万元。标志着济南市图书馆进入了一个崭新的历史发展时期。随着社会发展及市民的需求，原有馆舍远远不能满足业务需求，2011年由济南市政府批准，占地25000平方米，建筑面积4.1万平方米，项目总投资约6亿元的新馆于2013年10月试运行。图书馆由中部5层通高空间及其南北两侧的阅览空间组成，其东侧和西侧的仿木质感的书墙和600坐席报告厅形成了一大亮点，中庭屋顶的天窗给整个空间带来充足的采光。新馆采用了大开放的设计理念，读者通过首层北侧的门禁可自由穿梭于各个阅览区。地下一层、地上五层，总高度34.3米，阅览座席2200个，总藏量260余万册（件），新馆开放后，具备100万册的文献规模，5000–8000人次的日接待能力。无线网络覆盖全馆，各借阅区均有电脑设备。凭借RFID智能管理手段，新馆将实现全面自助服务，开放借阅文献将达100余万册（件），同时升级图书馆读者外借权最高至10册，济南市图书馆将成为国内面向读者开放度最高的图书馆之一。

业务建设

截止2012年，济南市图书馆总藏量270万册（件），其中现有纸质文献195万册，电子文献65万册。2009年济南市图书馆购书经费300万，2010年购书经费330万，2011年、2012年起购书经费增至400万。2009年至2012年共入藏中文图书111417万种，370867万册，2012年入藏期刊2877种、报纸147种，少儿期刊403种、报纸85种。近四年平均每年入藏报刊3352种。外购电子文献70.5万册(件)，合计265.8万册（件）。2012年购买镜像电子书44482种、“书香泉城”数字阅读平台包库的电子书660507种。2012年，济南出版社出版正式出版物为120种，本馆入藏117种，入藏完整率为97.5%；本地报刊正式出版物194种，本馆实际入藏192种，入藏完整率为98%。2012年，本地出版发行单位正式出版图书120种，报刊14种，共征集呈缴本图书117种、报刊14种，呈缴数量占本市正式出版物的97.8%。2009–2012年入藏多卷书3039种，不完整的126种，完整率为95.8%；核心报刊2810种，完整入藏有2586种，完整率为92%。

截止2012年底，济南市已建成市级支中心1个，县级支中心10个，包括50个扩展型站点、30个规范型站点在内的基层服务点4573个，覆盖城乡的共享工程服务网络基本形成。济南图书馆数字资源总量为70TB。自建数据库13个，数字资源总量13.6TB，建立了古籍地方文献、趵突泉志、金石拓片鉴赏等专题数据库；加工、整理了农村实用技术、植物病虫害防治以及农村科技电子图书、农业电子期刊等栏目；购置了北大方正、维普、中国知网等数字资源库。开通书香泉城数字阅读平台，依托互联网为整个济南地区开放；利用移动通信网，开通面向全国的电子书阅读服务；利用大型触摸屏为读者提供政府信息公开服务、电子读报服务等；先后为市人大、残联、中国重汽等30余家机关、企事业单位、学校、农村开通了数字资源服务。

2012年建成山东省第一个多终端开放性服务模式的图书馆——“书香泉城”中华数字苑，并向全体市民开放，读者可通过互联网、手机、手持阅览器、电视等媒介实现电子书在线下载阅读等，读者可以在济南地区的任何地区上网免费阅读65万册最新的电子书、300多份电子报、1000多册年鉴、2000多种工具书，以及图书馆自建名泉数据库、济南记忆等特色资源；新发布的手机图书馆为读者提供书目查询、电子期刊、读书等服务。

馆藏中文文献书目数字化：2009–2012年，馆藏中文普通图书全部书目数字化；1949年以来中文普通图书书目数据共428778种（封存剔旧图书不在回溯建库之列），书目数字化为100%。

2009–2012年，馆藏中文报刊全部书目数字化；1949年以来中文报刊书目数据5971种，数字化为100%。

地方文献数据库建设：制定有地方文献书目数据库建设实施方案，系统地收藏本市正式和非正式出版的各种地方文献。共有馆藏地方文献6408种，全部按CNMARC格式制作机读目录，书目数字化100%；截止到2012年，新建及不断完善的地方文献数据库13个，容量达到5.954TB。全文数据库实现在线浏览、多媒体数据库实现在线视听。

读者服务工作

2008年1月1日起，在全省率先实行全年365天免费开放，每周开放83小时。同年引进RFID技术，实现了馆藏文献的自助借还。2009年至2012年书刊总流通1064.000万人次；书刊外借27154.400万册次。2009年至2012年建成25为个分馆。2011年率先在全省设立24小时自助图书馆，目前分别在泉城广场、赤霞广场、龙奥大厦、领秀城社区设立了4座24小时自助图书馆，为市民阅读提供了极大的便利。以市图书馆为总馆，由分馆（流动站）、汽车流动图书馆、24小时自助图书馆构成，形成了我市资源共享、优势互补的图书馆服务网络，有效地延伸了服务半径。2009年至2012年馆外书刊流动总人次188.000万人次；书刊外借393.781万册次。

2009年在网站建立政府信息公开查询平台，并加入中国政府公开信息整合服务联盟平台，向读者免费提供政府信息公开服务。《文化信息快报》《信息摘编》《城市管理动态》等信息刊物，《文化信息快报》自2001年创刊以来，每周一期，2009年至2012年已完成200期，及时发送给济南市委、市政府等分管文化口的三十多位领导查阅。并分别以纸制印刷版、邮件版和网页三种形式发布。受到市委、市政府多位领导好评。如副市长王新文、市委秘书长任建新都曾给予极大的肯定。2006年组成服务小组连续八年到“两会”现场服务，得到代表和委员们的高度认可。

利用TRS数据库发布平台、INTERLIB图书自动化管理系统发布信息，并实现OPAC检索服务。2012年网上预约、续借20063人次52850册次；电话预约、续借3420人次9870册次。2008年加入全国图书馆参考咨询联盟，实时解答咨询2065条，文献传递17086篇。

2009年到2012年济南市图书馆网站访问量3104.00万次。2012年，本馆网站访问量为820万次，2009–2012年的平均值是每年776万次。

2008年9月，济南市图书馆加入中山图书馆“全国图书馆参考咨询联盟”，咨询回答的方式主要是电子邮件和实时解答。2013年7月，加入山东省图书馆“山东全省图书馆联合参考咨询平台”，回答咨询方式也是表单咨询和实时资讯两种方式。济南市图书馆腾迅微博和新浪微博于2012年开通，主要是播放图书馆最新动态和服务内容，推荐阅读书目，展示一些健康有益的图片和新闻等等。

2009年至2012年济南市图书馆共举办讲座、展览、培训、阅读推广等读者活动203场，参与人数77.538万人次。2012年举办Interlib系统管理员、一卡通系统培训班等共计7期，培训学员120余人次；组织各县级支中心、乡镇服务点举办培训活动140余期，培训基层站点工作人员5000余人次。

2010年举办的“书香泉城　全民阅读节”至今已举办了四届。这项活动已做为推广阅读活动的平台。

业务研究、辅导、协作协调

2009年至2012年，济南市图书馆职工发表论文68篇，出版专著5部，2009年–2012年，本馆共参与科研项目3项，其中省部级1项，厅局级2项。

2009年至2012年举办了四届“泉城图书馆科学发展论坛”重点学术分会场及重点学术活动。

2009年至2012年为省政府特批重大项目《山东文献集成》提供《红蕉馆诗稿》等底本19种，以馆藏文献为底本整理出版了《济南快览》、《济南大观》等文献5种。

2011年成为全国图书馆联合编目中心和山东省分中心成员馆，上传国家中心馆藏目录310991条，2012年下载数据26846条。有联合编目专门机构、工作章程和联合编目系统，县（市）区图书馆100%的参与本地区联合编目工作，并建立了集群检索系统。

2009年至2012年，向国家中心、省中心上缴名泉数据库、济南民国文献数据库等文字、图片、视频类数据库，其中4种被省分中心列入基层中心优秀资源，资源总量约4G；按既定计划、方案和标准进行资源开发，自建济南老照片、老街老巷、古籍地方文献等各类数据库13种，资源总量13.6TB。

管理工作

2009年济南市图书馆完成了第四次全员岗位培训。根据岗位管理要求和实际工作需要，共设行政管理、业务管理、工勤岗位105个，在中层干部、专业技术职务、专业岗位三个层面实行全员竞聘、动态管理，建立健全了部门职责和岗位责任制及相应的考核制度，定期考核。每月进行工作进度通报，每半年和一年进行工作总结，每周业务工作周报。同时，按照新核准的专业技术岗位等级，建立“绩效优先，优劳优酬”的分配激励机制，以工作实效和贡献为主要依据，重点向一线岗位、关键岗位、优秀人才倾斜。编写《工作动态》48期，2012年，被评为“全省文化体制改革工作先进单位”。

表彰和奖励

2009至2012年，济南市图书馆共获得奖励42项，其中文化部表彰奖励3次，省文化厅8次，2009年被评为全国文化系统先进集体，2012年被评为全省文化体制改革先进单位，连续六年获省级文明单位称号。

馆领导介绍

郭秀海，男，1959年12月生，大专学历，研究馆员，中共党员，书记兼馆长，1972年参加工作，2003年任馆长，2009年任馆长兼书记。并兼任中国图书馆学会理事，济南图书馆学会理事长；出版专著6部并任执行主编。2010年课题组负责人，济南市专业技术拨尖人才、济南市五一劳动奖章获得者。

吴伟，男，1962年9月生，本科学历，研究馆员，副馆长。1980年参加工作。中国图书馆学会会员，济南图书馆学会常务理事。参与编辑及撰写专著八部。撰写论文20篇，学术研究多次获得中国图书馆学会、山东省图书馆学会项奖及济南市社会科学优秀成果、济南市科协优秀成果奖项。

牛汉武，男，1961年生，本科学历，副研究员，副馆长，1978年12月参加工作，济南图书馆学会副理事长，历任办公室、辅导部、中专函校主任等职。

王海，男，1968年12月生，本科学历，副研究馆员，副馆长，1987年12月参加工作，先后在中专函授学校、辅导部、办公室、社会工作部工作。

未来展望

济南市图书馆新馆作为我市推出的“十艺节”重点文化项目之一，自2013年10月11日开馆至今，即以全新的服务形象，先进的服务理念，一流的服务设施，为读者和市民带来强烈的视觉冲击、崭新的阅读体验和更多的服务便利。新馆落成开放，意味着市图书馆在历经六十年风雨之后，一举实现了建馆以来最华丽的一次转身和蜕变，成为开放型、多功能，国内一流、世界先进的现代化图书馆，并顺利跻身国家一级图书馆，由此开启一段全新的历史积淀与文化传承。市图书馆将以此为契机，深入贯彻落实十八届三中全会精神，努力将新馆打造成全市的文献信息保障中心、全民阅读推广中心、数字图书馆服务中心和文化惠民服务中心，并以一流的设施、一流的服务和管理，为市民提供优质、高效、便捷的图书馆服务；在全面提升自身服务功能的同时，尽快筹建图书馆理事会，吸纳社会各界人士参与管理，以促进基本公共文化服务标准化、均等化，推动图书馆服务与群众文化需求的有效对接；积极为包括老年人、未成年人、残疾人等各类特殊群体在内的所有人提供书刊借阅、讲座展览、文化培训、音乐欣赏等多元化服务，使真正成为泉城济南的“文化新地标，市民大学堂”，让文化惠民成果覆盖所有人，并进而为建设书香泉城，促进济南市文化繁荣发展做出新的更大贡献。

联系方式

地　址：济南市腊山河西路与威海路交叉口
邮　编：250000

第八届重汽杯读书人展览

二楼借书区

图书馆书墙

淄博市图书馆

概述

淄博市图书馆建于1953年，是新中国成立后山东省首批设立的地市级公共图书馆之一，原馆址位于今淄博市博山区范公祠。1976年9月，搬迁至张店区共青团西路10号现馆址。市图书馆业务自动化工作起步于1998年，现使用的系统为ILASⅡ2.0。2010年10月29日，淄博市文化中心奠基仪式隆重举行，2011年初，包括市图书馆在内的第一建筑组群同时施工，其中图书馆面积2.38万平方米。2013年10月，市图书馆新馆交付使用，设施设备招投标正在筹备中，预算资金4567.8万元。市图书馆新馆位于淄博新区，设计藏书容量220万册件，设有阅览座席1359个。2013年，淄博市图书馆参加第五次全国公共图书馆评估，首次获得一级图书馆。

业务建设

截止2012年底，淄博市图书馆总藏量125万册（件），其中古籍2.3万册，图书62.7万册，期刊和报纸合订本20.7万册，视听文献0.1万件（套），电子文献39.2万种。

2012年度财政拨款560.26万元，购书经费83.2万元，电子资源购置费24.028万元。2009–2012年入藏普通图书21216种，年均入藏5304种；报刊年均入藏936种；视听文献年均入藏687件。与各区县图书馆签署地方文献联合征集协议，形成较完善的地方文献专藏体系。

截止2012年底，市图书馆数字资源总量16T，包括超星电子图书、清华同方全文数据库等，馆藏中文文献书目数字化率达72%。根据地方文化的特点，初步建成齐文化、聊斋文化等专题数据库。机房存储容量现为33.2T，新馆存储容量将达到100T。馆内宽带接入100Mbps，实现全馆无线网络覆盖。

淄博市图书馆现有古籍2万余册（件），善本古籍300余种3300余册（件），其中《兵垣四编》等3部古籍入选国家级珍贵古籍名录，《许氏说文解字》等40部古籍入选山东省珍贵古籍名录，还有190余件珍贵的古代名人字画。2010年6月，淄博市图书馆被国务院批准为全国古籍重点保护单位。自2009年起，连续4年被评为全省古籍保护工作先进单位。

读者服务工作

2009年4月，市图书馆率先向未成年人免费开放；2011年3月，全面实行免费开放，周开放87.5小时。2012年度书刊文献外借20.1万册次，馆藏书刊文献年外借率32.19%。加强阅读引导、进行书刊推荐。在做好阵地服务的同时，不断开拓服务领域，通过建立馆外流动点，送书下乡，送书进军营、进社区，捐建爱心书屋等，开展馆外服务工作；通过设立政府信息公开专架等多种方式，为市民提供政府公开信息；设立青少年志愿服务活动基地，为志愿者搭建了社会实践和读书学习的平台。

利用各种信息资源提供参考咨询服务：开辟网上咨询专栏，回答读者的信息咨询；2013年7月起，参加全省图书馆联合参考咨询平台，为全省范围内的读者提供信息服务；通过文献传递，提供个性化服务；编制聊斋文化数据库等数据库，提供特色服务；2009年起，为淄博“两会”提供服务。

加强为特殊群体、弱势人群服务，设有盲人阅览区，购买盲文图书、视听资料；开展丰富多样的活动吸引少年儿童，使他们更好地利用图书馆；开展老年人电脑培训、电子书培训等活动，使老年人老有所乐，老有所得。

市图书馆利用网站、共享工程等资源为读者提供服务。网站建设突出服务和资源，实现了网上检索、在线咨询、网上续借、在线读书等功能。2010年获淄博市“文明网站”，2012年获“优秀网站”。利用共享工程资源，提供服务，组织选手参加全国共享工程的活动等。开展送电子资源进机关企事业单位活动，目前已将资源送入10余家单位。

市图书馆深入开展“全民阅读”工作，自2008年开始，与多家单位联合举办“淄博市读书节”，迄今已连续举办七届；2010年开始，举办“淄博市读书朗诵大赛”，已连续举办五届，成为淄博的一个优秀文化品牌项目，产生良好的社会效益；与淄博晚报等媒体联合举办各种读书、征文活动。2012年度举办培训讲座72次、展览12次，参加图书馆活动的总人次为11300人次。

业务研究、辅导、协作协调

2009–2012年，市图书馆职工发表专业论文33篇；结合本地区公共图书馆的实际情况撰写专题调研报告3篇，出版专著2部；设立馆级科研项目2项。

市图书馆设有专门部室负责基层辅导工作，通过举办培训班、网上实时咨询等开展业务辅导。指导各基层馆进行自动化建设，保障各区县图书馆自动化工作顺利进行。举办公共图书馆业务竞赛，提高各基层馆业务水平。多次到基层进行农家书屋建设培训与现场指导，促进农家书屋规范化建设。

淄博市图书馆学会定期举办学术年会，按时完成学会换届，配合市社科联的社会科学普及周，举办各种活动，连年被

团市委、市教育局等部门举行揭牌仪式

全国文化信息资源共享工程剪彩仪式隆重举行

评为优秀学会，学会报送的科研成果多次获得市社会科学优秀成果奖。学会2012、2013年连续两年获得中国图书馆学会颁布的“全民阅读优秀组织奖”。

参加山东省图书馆的联合编目，并发展8个区县图书馆参与联合编目工作，及时了解动态，上传编目数据，使编目工作标准化、规范化。在全市公共图书馆系统，规划以市图书馆为中心馆、级级联动、层层辐射的总分馆制模式。

管理工作

认真制订年度工作计划和半年工作计划，并在年底对本年度的工作进行及时总结，检查各项工作开展情况。同时，每年对全体工作人员进行总体工作考核。积极配合事业单位改革步伐，做好事业单位岗位设置、审批和管理，按规定程序和步骤，做好专业技术职称岗位的竞聘工作。加强内部管理，建立健全各项规章制度，创新工作机制。本馆中层干部全部实行竞争上岗，优化内部人力资源，进一步规范服务行为，减少工作盲点，提高服务质量。

表彰、奖励情况

2009—2012年，淄博市图书馆共获得各级表彰、奖励13次，其中国家级表彰1项，省级表彰、奖励11次，市级表彰1次。

馆领导介绍

刘玉湘，男，1964年7月生，本科学历，中共党员，研究馆员，馆长。1987年7月参加工作，历任蒲松龄纪念馆馆长助理、副馆长，并兼任中国人文社科核心期刊《蒲松龄研究》副主编、主编；蒲松龄研究会秘书长、副会长。2006年8月，调至市图书馆工作，任馆长、党支部副书记，并兼任淄博市图书馆学会理事长。个人先后获得“山东省先进文化工作者”称号并立三等功、“振兴淄博劳动奖章”等荣誉。

姜艳平，女，1968年7月生，硕士学历，中共党员，研究馆员，党支部书记。1990年毕业，到市图书馆工作。1994年11月，调市文化市场管理处工作，历任市文化市场管理处业务副科长、业务稽查科长（内部聘任）。2000年4月，调回市图书馆工作，历任馆长助理、副馆长（兼任工会主席），现任党支部书记、副馆长。多次获得市委、市政府及有关部门表彰奖励，曾获省公共图书馆业务竞赛一等奖，被省文化厅表彰为“优秀图书馆工作者”、“全省古籍保护工作先进个人”等。

钱玉龙，男，1965年11月生，本科学历，中共党员，副研究馆员，副馆长。1988年7月参加工作，历任淄博市群众艺术馆馆长助理、副馆长。2010年7月，调任市图书馆，任副馆长、工会主席。撰写的群众文化论文，曾获文化部群星论文奖、文化部论文征文一等奖、山东省文化厅二等奖，个人曾被山东省文化厅评为非物质文化遗产保护工作先进个人。

丁雷，女，1968年7月生，本科学历，副研究馆员，副馆长。1990年7月参加工作，历任市图书馆采编部副主任、主任、馆长助理，现任市图书馆副馆长，兼任淄博市图书馆学会副理事长兼秘书长。多次获得省公共图书馆业务竞赛一、二等奖，获省业务竞赛优秀辅导奖，获山东省文化信息资源共享工程建设与服务先进个人，获淄博市妇女儿童工作先进个人等。

淄博市图书馆新馆外景

倪志坚，男，1962年3月生，本科学历，中共党员，副研究馆员，副馆长。1978年10月参加工作，1988年3月调入市图书馆，先后在借阅部、阅览室、图书馆设备销售、办公室等部门工作，现任市图书馆副馆长。先后被淄博市人民政府评为全市安全生产先进个人，荣记淄博市公安局评选的单位内部安全保卫工作三等功一次。

未来展望

淄博市图书馆始终坚持“读者第一，服务至上”的宗旨，不断强化自己的服务能力，带动全市图书馆事业的发展。一座面积达2.38万平方米的现代化新馆已在淄博新区中心拔地而起，搬迁工作正在筹备中。

市图书馆新馆在服务功能和理念上将有一个新的定位和更高的要求。在实现对文献资源藏、借、阅、查等基本服务职能的基础上，重点建设以数字图书馆为基础、体现知识交互理念的现代城市中心图书馆。新馆将进一步体现公益性、服务性、便捷性的特点，还将调整和增设内部机构，建立“淄博市少年儿童图书馆”。馆藏总量设计为220万册件，阅览座席1359个，年购书经费将达到400—600万元，服务窗口增至26个，建设“淄博数字图书馆”，增设少儿电子阅览室、低幼服务区、视障服务区和多功能报告厅、24小时自助服务区等项目，并积极开展馆外延伸服务，建立总分馆制，增加图书流动车、街区24小时自助图书馆等，以更好地满足市民的信息需求，充分发挥在知识创新和社会主义精神文明建设中的支撑作用，向现代化的一流图书馆迈进！

联系方式

地　址：山东省淄博市张店区共青团西路10号
邮　编：255025
联系人：董　娟

入选国家级珍贵古籍《兵垣四编》书影

爱心书屋捐赠仪式

第三届“淄博市读书朗诵大赛”

枣庄市图书馆

概述

枣庄市图书馆前身为峄县图书馆，建于1956年11月，1959年2月搬迁至枣庄镇，1960年随峄县改为枣庄市，改称枣庄市图书馆。1962年搬迁到胜利路86号（现为公胜街23号），1992新馆建设被批准立项。2000年搬迁至当前馆址——市中区文化西路23号，建筑面积12600平方米，藏书43万册，对外服务窗口13个，配有先进的计算机网络管理系统。原老馆建筑面积2000余平方米，现作为市少年儿童图书馆和市老年人阅读中心对外开放。2004年，参加第三次全国公共图书馆评估，被国家文化部评为"一级图书馆"。2012年，枣庄市图书馆有阅览坐席680个，计算机152台，宽带接入200M，存储容量为25.75TB，采用图书馆自动化管理集成系统ILASII。

业务建设

截止2012年底，枣庄市图书馆总藏量637986册（件）。

枣庄市图书馆新增藏量购置费每年在不断增加，2009年为50万元，2010年为60万，2011年增至70万元。2009-2012年，共入藏图书37230种，86310册，报刊2395种，电子文献藏量95712种，视听文献600种。2012年，地方文献入藏完整率为98%。

截止2012年底，枣庄市图书馆数字资源总量16.23TB，其中磁盘阵列容量为6.75TB，县级数字图书馆推广下发硬盘1TB，大容量移动硬盘18TB。2009-2012年，我馆自建资源有枣庄数字文化视频库和枣庄市非物质文化遗产资源库两个数据库，拥有500多篇资源介绍，视频容量达0.54TB。2012年枣庄市图书馆采用山东省分中心配置的公共电子阅览室管理软件系统，通过山东省"公共电子阅览室"服务平台进行了有效整合，既可访问山东省图书馆的数字资源，也可使用枣庄市图书馆的数字资源，资源更新与国家中心和省中心更新同步。枣庄市图书馆与超星数字图书馆有共建共享项目，电子图书、枣庄特色资源库、读秀学术搜索等资源全部可以在公共电子阅览室免费使用。

读者服务工作

从2009年8月起，枣庄市图书馆全年365天"天天开放"，每周开放时间为70小时。2009-2012年，书刊总流通1531987人次，书刊外借2378240册次。截至2012年底，枣庄市图书馆已与滕州市图书馆等8个图书馆建立馆际互借关系，与枣庄市委党校图书馆和枣庄学院图书馆2个图书馆开展跨系统馆际互借。在市驻地助建了14个图书分馆和18个图书流动服务点，馆外书刊流通总人次53473人次，书刊外借61280册次。枣庄市图书馆以新书推荐、书刊宣传栏等形式向读者宣传书刊。每年为领导机关编制决策信息参考，为有关科研、经济等单位及个人提供参考咨询服务，2009年以来共提供解答读者咨询60000余条，新书推荐80000余条，编制二次文献100种、决策信息参考60期。

2009-2012年，枣庄市图书馆网站访问量89.5万次。网站建有枣庄市数字图书馆分馆、枣庄市文化信息共享工程——非物质文化遗产专栏、枣庄数字文化网（全国文化信息资源共享工程枣庄支中心）等。可提供本馆书目查询、枣图数字图书馆电子图书免费阅读、在线咨询等服务项目。建立"共享工程"枣庄市支中心，硬件资源拥有千兆局域网，采用电信与网通双网与因特网相连，出口均为百兆高速，10台高端服务器与磁盘阵列组成的功能强大的服务器系统，8TB海量存储，为共享工程的实施提供了较大的发展空间和硬件支持。实现了文化信息资源共享工程基层服务站点全面覆盖。

2009-2012年，枣庄市图书馆共举办讲座、展览、培训、阅读推广等读者活动288场次，参与人数94920人次。

业务研究、辅导、协作协调

2009-2012年枣庄市图书馆职工发表论文68篇，撰写调查研究报告16篇。

参与跨地区、跨系统协作协调工作，签订了一系列跨地区、跨系统协作协调协议；签约"山东公共图书馆讲座联盟"，举办了多场讲座；积极参加地区性/全国性联合编目工作，签署了山东省馆藏文献网上联合目录共建协议、山东省地方文献联合目录数据库编制协议，每年将我馆MARC数据上传给省馆采编部；在枣庄地区各公共图书馆之间，开展文献采购协调工作、联采统编工作及联合征集枣庄市地方文献；积极组织、参加跨地区的学术会议和工作交流，2011年3月，全省公共图书

文化部蔡武部长视察枣庄市图书馆

图书馆全景

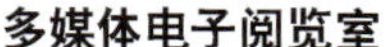

多媒体电子阅览室

文化部文化司巡视员刘小琴来我馆调研

公益讲座

馆馆长联席会在我市召开。2012年11月，全省图书馆数字文化建设工作研讨会在枣庄市图书馆召开。

在本地区服务网络规划上，构建了以各公共图书馆为依托，以设立图书分馆、文化信息资源共享工程基层服务站点全覆盖、建立数字图书分馆、开展流动书箱百里行等方式为辐射，形成五位一体的服务网络。

每年开展一次基层馆调查，了解基层馆的动态情况，对基层图书馆自动化进行指导。2012年度，深入基层开展业务辅导工作达到了22天，业务辅导活动的数量达到了9次，对于提高我市基层图书馆馆员的业务素质发挥了重要作用。

在学会工作方面，积极发展学会会员，开展学术活动，截至2012年底发展中图学会会员41人，山东省图书馆学会会员55人。

管理工作

每年根据上级主管部门要求，结合我馆实际，制定详细的年度工作计划。全馆实行挂牌上岗，严格执行《枣庄市图书馆规章制度汇编》，公开服务承诺，实行首问负责制。有规范的财务管理规章制度、监督机制、财务审计制度，帐目清晰，设备、物资管理工作制度完善，严格按制度执行，实施情况良好。人事管理实行聘用制，按需设岗、按岗聘用、竞争上岗、择优聘用、严格考核，实行岗位管理、工作目标管理责任制和业务工作监督考核办法，建立激励制度。有完整的人事档案、职工考核档案、业务辅导档案、工程项目档案，并实现计算机管理。吸纳志愿者参与图书馆工作，并对其科学管理。各类统计齐全，包括人事管理统计，财务统计和业务工作统计，并据此指导和改进工作。阅读学习的设施良好，环境整洁、美观、安静，标牌规范，设施维护良好。馆内建有电子监控、红外线监控、气体灭火报警，成立应急工作领导小组和应急预案。每年“两节”期间走访慰问老党员老干部，每年组织全体职工进行健康体检。

表彰、奖励情况

2009—2012年，枣庄市图书馆共获得各种表彰、奖励24次，其中，文化部表彰、奖励2次，省委、省文化厅表彰、奖励7次，省图书馆表彰、奖励4次，其他奖励11次。

馆领导介绍

周传臣，男，1974年2月生，本科学历，中共党员，馆长。1993年9月参加工作，历任枣庄市文化局办公室主任、枣庄市文物事业管理委员会办公室主任等职，2013年12月任枣庄市图书馆馆长、枣庄市图书馆学会理事长。

范军，男，1966年3月生，本科学历，中共党员，研究馆员，副馆长。1984年9月到枣庄市图书馆参加工作，先后在辅导部、办公室等部门工作，任辅导部、办公室主任。2004年任枣庄市图书馆副馆长，分管全馆业务工作。

祝坤，男，1975年3月生，本科学历，中共党员，副研究馆员，副馆长。1996年7月到枣庄市图书馆参加工作，先后在信息技术部、采编部等部门工作，任采编部主任。2009年任枣庄市图书馆副馆长。

王华伟，男，1974年5月生，本科学历，中共党员，副研究馆员，副馆长。1991年在枣庄剧院参加工作。1993年调入枣庄市图书馆。先后在外借部、办公室等部门工作，任办公室主任一职。2009年任枣庄市图书馆副馆长。

张明恩，男，1962年8月生，本科学历，中共党员，副馆长。1980年9月参加工作，历任枣庄市社会科学联合会主任，《枣庄社会科学》编辑部主任等职。2013年任枣庄市图书馆副馆长。

未来展望

枣庄市图书馆遵循“服务读者、服务社会”的总体工作思路，坚持科学发展观，创优服务环境，创新服务形式，提升服务效率，以品牌活动为特色，以基础建设为保障，最大限度地满足读者需求，努力扩大社会影响，将枣庄市图书馆积极打造成为成为全市人民的大书房。

在未来的几年里，枣庄市图书馆在保留原有馆址的基础上，将在枣庄新城区与山东出版集团联合建设新华图书大厦，扩大服务区域，更好地服务我市人民。

联系方式

地　址：枣庄市市中区文化西路23号
邮　编：277101
联系人：周传臣

举办读书朗诵大赛

送书进军营

“尼山书院”揭牌

东营市图书馆

概述

东营市图书馆始建于1999年3月，建筑面积8346平方米，东营市图书馆于2002年10月1日正式对外开展图书、报刊借阅业务，设采编部、流通部、研究辅导部、技术部和办公室，开辟社会科学、自然科学、文学艺术借阅室、地方文献特藏室、电子阅览室、少儿阅览室、报刊阅览室、盲人阅览室、政务公开查阅点等8个服务窗口，共设阅览坐席550个，并配有检索大厅、展厅和学术报告厅。

东营市图书馆高度重视现代化、自动化建设，现有供读者使用的计算机终端108台、服务器8台、千兆交换机6台、防火墙、VPN网关和非线编系统，读者服务区实现无线网络全覆盖，互联网带宽100M，专用存储设备容量35T。为建设总分馆网络，选用Interlib自动化管理系统。2009、2013年东营市图书馆连续获得“国家一级图书馆”称号。

业务建设

截止2012年底，东营市图书馆总藏量64.5万册（件），其中，纸质文献其中纸质图书22万余册，电子图书42.3万册，报刊1191种。

截止2012年底，东营市图书馆数字资源总量为30TB，自建三个地方特色数据库。截至2012年，共建成市级支中心1处，县区支中心5处，乡镇（街道办）基层服务点40处，村（社区）基层服务点1781处，形成了以市级支中心为龙头、县区支中心为支撑、乡镇村基层服务点为延伸的网络化、一体化服务格局。2013年年初，实现馆内无线网络覆盖。

读者服务工作

东营市图书馆始终坚持“读者第一、服务至上”的服务宗旨和“一切为了读者”的办馆理念，2011年6月，东营市图书馆实现了全年365天向读者免费开放，每周开馆时间达70小时。东营市图书馆图书、报刊实行全部开架借阅。2012年总外借册次31万册，流通总人次达201253人。自开馆以来，东营市图书馆充分利用现有馆藏文献资料组织开展了全民读书月、图书馆服务宣传周等许多大型的群众性读书宣传活动，向社会推荐优秀书目5000余种，组织公益讲座、读书经验交流、读书演讲、征文等系列活动90次，参与读者达10.3万人次。

近年来，东营市图书馆还积极开展了免证阅览、为弱势人群服务、办证上门及送信息上门等一系列方便读者的服务措施，先后为企业、社区、乡镇、学校及老年公寓送书8000余册、期刊10000余册，通过“送书下乡”和“送书上门”服务，为进城务工人员和行动不便青少年、老年人等弱势群体提供了借阅文献的便利，提高了社区居民的文化生活品味，营造了多读书、读好书的文化氛围。为更好的服务残疾人，在阅览室、图书馆入口、卫生间及楼梯专门设立了残疾人专用通道及专用阅览坐席，并为残疾人设立盲人有声读物阅览区，使广大残疾朋友深受其益，被东营市人民政府表彰为创建全国残疾人示范城市先进单位。

东营市图书馆长年坚持开展“图书进社区、进学校、进军营、进敬老院”服务。2010年4月，东营市图书馆“图书馆进基层延伸服务”活动、“书香社会，和谐东营”全民读书活动被省文化厅确定为山东省公共图书馆特色服务品牌。截至2012年底，市图书馆共开辟17个馆外流通服务点，3个馆外流通服务站，极大的方便了我市企业、基层社区及偏远农村读者的借阅需求。

面对社会不断变化的需求，东营市图书馆面向黄河三角洲开发建设的主战场，站在用户的角度收集、整合信息，形成高质量的信息精品——《决策参考》和《信息参考》，并通过从专题数据库及纸质文献中检索到相关的信息，做成专题本提供给领导机关。2012年，东营市图书馆为领导机关决策与社会事业发展提供《决策参考》9期、《信息参考》31期，取得了很好的社会效益，效果反馈良好。

业务研究、辅导、协作协调

2009–2012年，东营市图书馆职工共发表学术理论文章80篇，省级课题1项。

2012年，东营市图书馆充分发挥地区中心馆的作用，积极参加创建省级公共文化服务体系示范区工作，在全市范围

2014年4月读书朗诵大赛

东营市图书馆全景

向武警支队捐书

图书馆业务培训

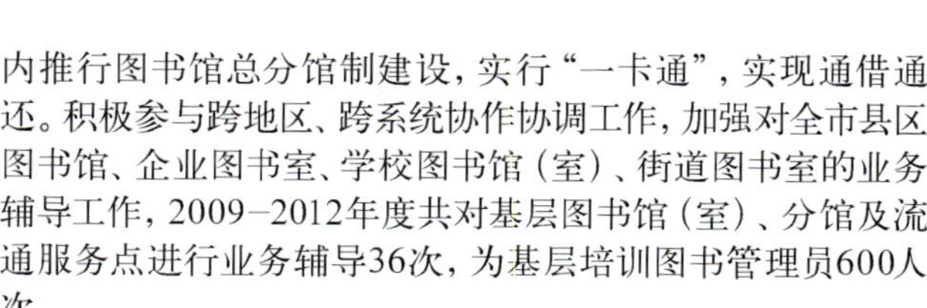

内推行图书馆总分馆制建设，实行“一卡通”，实现通借通还。积极参与跨地区、跨系统协作协调工作，加强对全市县区图书馆、企业图书室、学校图书馆（室）、街道图书室的业务辅导工作，2009–2012年度共对基层图书馆（室）、分馆及流通服务点进行业务辅导36次，为基层培训图书管理员600人次。

2009–2012年，东营市图书馆学会共组织省及地区性学术活动10余次，参加研讨及培训人员超过300余人次。

为促进山东地区地方文献资源的共建共享工作，建立山东地区地方文献的联合目录体系，截止2012年底，东营市图书馆共上传地方文献联合目录1200余条，馆藏文献联合目录8万余条，建立了覆盖面广、布局合理的全省文献信息资源协作协调网络。

管理工作

为深化事业单位人事制度改革，建立和完善岗位管理制度，工作人员全部按岗聘用，竞争上岗，择优聘用，努力提高服务质量，不断完善图书馆各项规章制度，形成一套完整的岗位责任制度，明确规定了馆领导及各部室的职责范围，并认真执行年终全面考核和奖惩激励制度，以各种形式提高了图书馆工作人员的工作积极性。

为进一步规范图书馆财务行为，加强财务管理，提高资金使用效益，制定了《图书馆财务管理办法》，成立了财务监督管理小组。为加强固定资产的管理，制定了《固定资产管理规定》和《固定资产管理员岗位责任制》，严格按照规定和制度对设备物资进行管理，注册登记。并设置固定资产帐与固定资产卡帐，责任明确到人，定期清查，做到帐、卡、物三者一致，确保固定资产的安全完整。

表彰、奖励情况

2009–2013年，东营市图书馆共获得各种表彰、奖励27次，其中，文化部表彰、奖励1次，省文化厅表彰、奖励9次，市文化部门表彰、奖励2次，其他奖励15次。

馆领导介绍

马文远，男，1974年10月生，大学学历，民革党员，副研究馆员，馆长。1995年7月参加工作，历任副科长、科长等职务。

王会梅，女，1976年9月生，大学学历，中共党员，中级职称，副馆长。2000年参加工作，先后在采编部、图书借阅部等工作，曾任图书馆采编部主任。

未来展望

在未来的几年里，东营市图书馆将不断增强公共文化服务的公益性、基本性、均等性、便利性，拓宽服务辐射领域，加大数字资源建设力度，保障公共文化产品供给，创新载体，开展丰富多彩的读者活动，带动东营地区图书馆事业健康发展。2011年，东营市图书馆新馆工程正式启动，东营市图书馆新馆位于南二路以南、胜利大街以东，总建筑面积21000平方米，设计藏书120万册，阅览坐席1500个。东营市图书馆新馆建成投用后，将成为东营市集学习阅读、信息交流、展览讲座等文化功能和数字化网络为一体的现代化、综合性公共文化场所。

联系方式

地　址：东营市东三路220号
邮　编：257091
联系人：王会梅

电子阅览室

德育实践基地揭牌仪式

少儿绘画大赛

烟台图书馆

概述

烟台图书馆建于1956年10月，1998年9月迁至烟台市环山路2号，东临碧波粼粼的黄海，北依风光旖旎的岱王山，风景秀丽，环境优雅。馆舍面积23000平方米，主要由两部分组成：一处位于环山路2号，是现在的主要馆舍；一处位于十字街51号，是市级文物保护单位，为烟台少年儿童图书馆。2012年馆内设阅览座席651个，其中少儿阅览座席106个。内部机构设置为借阅部（含报刊室）、技术部、少儿部(烟台少年儿童图书馆)、采编部、研究辅导部、展览部、办公室总务科（保卫科）。烟台图书馆共有计算机170台，2011年建立公共电子阅览室，有计算机70台，宽带接入100Mbps，选用ILASII图书馆自动化管理系统。

业务建设

截止至2012年底，烟台图书馆总藏量189.05万册。其中，图书102.6万册，报刊10.36万册，古籍5多万册，视听文献、缩微制品1.086万件，电子图书67.9658万种，CNKI数字期刊8000多种。有ILASⅡ书目数据34万条。2012年新购藏量购置费总额227万元，其中图书购置费107.90万，数据电子文献98.5万元，报刊购置费20.6万。

烟台图书馆数字资源总量为17T，其中自建资源总量达到4.1T。自建资源包括有烟台市地方文献书目数据库、烟台市非物质文化遗产专题数据、烟台市老照片系列、少儿益智数字资源等，先后完成了《冰心与烟台》、《烟台老照片》、《烟台市非物质文化遗产专题》等10余个课件的制作。

烟台图书馆有古籍书库2个，共800平方米。2010年建立了古籍修复室。2011年设立烟台市古籍保护中心，有15部馆藏古籍入选《国家珍贵古籍名录》，515部古籍入选《山东省珍贵古籍名录》。2011年加入全国图书馆联合编目中心，2012年加入全国参考咨询联盟。

读者服务工作

烟台图书馆设有24个对外服务窗口，为读者提供书刊借阅、资料代查、信息咨询、多媒体阅览、上网查询等服务。各对外窗口全部实行免费开放，截止到2012年，烟台图书馆拥有有效借书证数为30066个，年总流通人次为64万人次，年外借书刊30.8万册次。为政府、科研和企事业单位代检索课题101项，解答读者咨询5000余条。2001年始，每月为市政府办公室、市人大、市政协、市委宣传部等十一家单位编印、发放《外地报纸看烟台》，截止2012年底已印发130余期。2004年起，烟台图书馆在报刊阅览室设立专架，陈列《中华人民共和国国务院公报》、《山东省人民政府公报》和《烟台市人民政府公报》。同时，每月免费提供100余份《烟台市人民政府公报》，供读者取阅。2008年，烟台图书馆为文广新局、发改委、财政局、宣传部、市委办公室等政府部门提供CNKI机构馆帐号，免费提供信息服务。

在为弱势群体服务方面，烟台图书馆专门设立了少年儿童图书馆、老年人阅览室和盲人阅览室，购买了盲人阅览专用的计算机、铺设了残疾人无障碍通道。2012年烟台图书馆免费举办了两期“进城务工青年计算机应用培训班”，为进城务工人员子女举办了“服务城市小候鸟”活动。在专门招收进城务工子女的中大德美学校、烟台SOS儿童村、烟台聋哑学校等，设立图书流动站，免费提供图书，并定期更换。

2012年烟台图书馆共举办各种类型的读者活动105次，其中讲座70次，展览19次，其他形式的阅读推广活动16次，每万人年均参与活动106.7次。每年的图书馆服务宣传周、全民读书月、世界图书与版权日烟台图书馆通过广场宣传、发放宣传材料、举办多种形式的活动。

2010年开通网络图书馆，市民足不出户，便可免费浏览300万种图书电子图书。2011年建设改造公共电子阅览室，采用先进技术，实行了个性化、人性化的分区管理。烟台图书馆共享工程建设始于2002年，2012年先后在芝罘区南上坊村、烟台图书馆前广场、文化广场、中大德美学校、烟台市武警二中队以及市政机关等开展共享工程服务活动，参加者近3000人次。在网站开通方正中华数字书苑，数字图书由原来的100万册，增加到300万册，并开通了考试辅导课程等22个栏目，平均每月读者访问在50万人次以上。2013年，开通无线网络，读者服务区无线网络覆盖率达到100%。

业务研究、辅导、协作协调

2009年–2012年，烟台图书馆职工发表论文57篇，出版专著1部，参加全省艺术科学重点课题科研项目结项1项，立项2项。

烟台图书馆业务辅导工作由研究辅导部、技术部、采编部、借阅部等部门共同承担，2012年共帮助建新馆5个，深入基层辅导50余人次，解答业务咨询30余人次，举办培训班4次，培训人员200余人次。

2003年加入山东省文献编目中心，2011年加入全国图书馆

烟台图书馆大厅

报刊阅览室

公共电子阅览室未成年人专区

少儿图书互换活动

第六届公共图书馆业务竞赛决赛现场

联合编目中心，2012年加入全国参考咨询联盟，同年加入山东公共图书馆讲座联盟。除了参加上级图书馆组织的协作协调，先后与驻烟高校和部分企事业单位签订了《烟台市地方文献征集与利用协议》、《烟台市公共图书馆展览联盟协议》、《烟台市公共图书馆讲座联盟协议》和《烟台地区图书馆馆际合作协议书》等，2010年烟台市公共图书馆总馆分馆制建设被提上议事日程，2013年提出了《烟台市公共图书馆总分馆体系建设实施方案》，并将开始试点。计划将全市的13个区县馆和原有的馆外服务点将全部纳入总分馆的体系中来。

表彰、奖励情况

2009—2012年，烟台图书馆共荣获国家级奖励3次，省级奖励13次，市级奖励13次。2000年，被国家文化部图书馆司授予"读者喜爱的图书馆"称号、"全国文化工作先进集体"。2001年，被山东省授予"省级文明单位"称号。2008年被省文化厅评为"文化信息资源共享工程建设与服务先进单位"、"地方文献工作先进单位"及"古籍保护工作先进单位"。1999年、2004年、2009年、2013年先后四次被国家文化部命名为"一级图书馆"。

馆领导介绍

包晓东，男，1959年5月生，本科学历，中共党员，研究馆员，馆长。1976年8月参加工作，先后从事过教育、广播电视及文化工作，2011年1月任烟台图书馆馆长（副处级）。兼任烟台市图书馆学会理事长、烟台市古籍保护中心主任等职。2010年、2012年获山东省古籍保护先进工作者。

宋书兰，女，1969年10月生，研究生学历，MPA硕士，中共党员，党支部书记、副馆长。1992年7月参加工作，历任烟台市文化局团委副书记、政工科副科长、科长，烟台市文化广电新闻出版局政工科科长等职。负责图书馆党务工作及研究辅导、少儿馆和报刊等工作。

姜瑞珍，女，1965年2月生，大学学历，中共党员，研究馆员，副馆长。1987年7月到烟台图书馆参加工作，先后在参考部、辅导部、报刊部、借阅部等部门工作，任参考部主任、借阅部主任等职，2008年5月任烟台图书馆副馆长（正科级），负责全馆业务工作策划、图书馆评估、古籍保护、文献资源建设、学术研究、读者服务工作。

田玉南，男，1963年5月生，本科学历，中共党员，副研究馆员，副馆长。1978年8月参加工作，1997年7月到烟台图书馆工作，历任办公室主任、副馆长，负责读者展演活动、行政后勤工作。

宋晨，男，1972年6月生，研究生学历，中共党员，高级工程师，副馆长。1997年到烟台图书馆，先后在辅导部、技术部工作，2009年任烟台图书馆副馆长，负责图书馆信息技术、文化信息资源共享工程和数字图书馆建设工作。

（撰稿人：郑 微）

市民大讲堂讲座现场

图书馆外景

潍坊市图书馆

概述

潍坊市图书馆成立于1948年8月7日，时称潍坊特别市市立图书馆，几经馆名变更及馆址变迁，自1998年起，连续四次被评为一级图书馆，先后荣获文化部授予的"文明图书馆"、"读者喜爱的图书馆"，是山东省古籍保护、共享工程建设与服务、地方文献工作先进单位。2013年11月29日，位于潍坊市高新区北海路4502号、建筑面积36000平方米新馆全新试运行。新馆可容纳藏书200万册，采用大开间、无障碍、通联式建筑风格、"藏、借、阅一体化"服务模式，实现无线网络全覆盖，配备24小时自助还书机、自助阅报机、全景图书馆等先进设备，为读者开通手机图书馆，已成为具有信息与知识咨询、社会教育、文化交流、休闲娱乐等多功能的现代化文化服务机构。

业务建设

截止2012年底，潍坊市图书馆累计馆藏总量为616722册（件），2009年5月至2013年4月新入藏图书25051种，平均年入藏普通图书6262种，年订购报刊1253种，年入藏视听文献621件。近几年事业经费逐年上升，2011年财政拨款为546.46万元，2012年增加为1623.96万元；2012年新增藏量购置费为930万元，电子资源购置费为162万元，免费开放经费全部到位。

潍坊市图书馆有重点的科学的藏书体系已初步形成，利用馆庆举办展览等活动征集的书法绘画作品等地方文献构成了馆藏特色。现各类地方文献已达7547种，8624册(件)，其中名人字画1373件，名家手稿112部。编辑出版的《潍坊地方文献书目》，共录入地方文献书目2415种，共计28万余字。

潍坊市图书馆1997年建立局域网，使用ILAS5.0图书馆自动化集成管理系统（多用户版），经2003年升级为ILASII2.0版（网络版），2012年始改用Interlib。目前自建和外购并存储在本地的数字资源量为24T，包括CNKI学术期刊、网络图书馆、移动图书馆、新东方英语教学等数字资源，先后建立了地方文献电子图书库、馆藏字画库、外载本市信息索引、民俗文化库、双百人物中的共产党、在线讲座数据库、世界各国国歌数据库等，所建资源全部通过自主开发的数字资源管理平台进行发布，突破了自建资源依赖外部软件的技术瓶颈。"图书馆连环画特色数据库建设及发布平台的构建"申报2012年山东省艺术科学重点课题被批准立项。

读者服务工作

坚持"读者第一、服务至上"的原则，以"优美的环境、优良的秩序、优质的服务"全天候免费向社会开放，节假日不休息，每周开放时间累计达81小时，最大限度地满足了读者需求。2012年馆内宣传书刊就达3860种，馆藏书刊年外借册次为472228册次，年流通人次达47.2万。及时自1998年在驻潍某部队设立第一个拥军分馆以来，先后在部队、武警、社区等设立20个服务点；自2011年开展"阅读在身边——图书漂流"服务品牌活动，年深入到城区20多个社区开展送书上门、集体借阅等活动，获得全国"全民阅读推广活动经典创新案例"二等奖，被省文化厅授予"全省公共文化服务优秀实践奖"；被市委群工委表彰为"群众工作优秀项目"；在潍坊政府门户网站设立了图书馆专版，开通网上预约借书、电话预约、续借等服务；设立盲人阅览室、少儿图书馆、老年人专用座席，强化服务措施，对老年人、青少年、残废人、进城务工人员等弱势人群给予更多的关注与支持。

充分发挥图书馆的社会教育职能，积极开展公益讲座、用户培训、展览及各种宣传推介活动。仅2012年就组织开展了各类社会教育活动125场次，其中讲座、培训81场次，展览12次，参加活动的读者人数达11万余人；其中，针对老年人举办的"计算机科普知识公益培训班"，少儿馆的"学会阅读"系列讲座，已连续举办十六届的"元宵灯谜会"，逐步发展成为影响较大的特色服务品牌。

业务研究、辅导、协作协调

积极参与跨地区、跨系统的协作协调，推进资源共建共享。参与并组织参加全国中小型联合会、山东省图书馆举办的各种研讨交流活动，承办2012年全省公共图书馆馆长联席会议和组织了潍坊市图书馆新馆专家论证会；加入山东省公共图书馆讲座联盟，共享优秀讲座资源，与潍坊各高等院校共享文献资源，在电子资源、纸质文献资源购置方面实现信息共享；开通潍坊市图书馆协作交流平台，各基层馆可在信息、服务、学习等方面进行即时交流；每年组织举办共享工程、公共电子阅览室、中小学图书管理员等业务培训，2011筹备组织举办了潍坊市第七届公共图书馆业务竞赛，并选派选手参加山东省第六届公共图书馆业务竞赛，取得团体第一名的历史最好成绩。

开通网络学习平台，组织全体人员参加专业继续教育、网上学习、脱产学习，人均参加学习时间达到97小时。自2009-2012年，本馆职工在省级以上刊物或专业会议上发表论文19篇，30余篇获奖；编辑出版《潍坊地方文献书目》、"潍坊市珍贵古籍名录"等专著，调查开展创新性前瞻研究，获准立项的

办证咨询

借书室一角

老年计算机培训

读书朗诵

元宵灯谜会

图书漂流活动

省课题2项、市课题3项，其中1项获省课题一等奖，2项获市文化创新重点项目。

潍坊市图书馆学会成立于1989年10月，目前拥有中国图书馆学会会员33名，山东省图书馆学会会员52名；2009–2012年先后组织会员参加各种形式的研讨会、学术报告会、征文评选、阅读推广等活动18次。2009年、2010年"青岛——潍坊市图书馆学会高层合作论坛"成功举办，影响较大。荣获中国图书馆学会2012年度全民阅读优秀组织奖，被山东省图书馆学会评为"先进学会"、被潍坊市社科联评为"先进社团"等。

管理工作

修订完善了各项规章制度，制订了科学的年度工作计划并按照月、季、半年、全年进行绩效考核，积极实行机构人事制度改革。重视加强对财务和设备物资管理的力度，有专人负责，制定了《财务管理制度》、《物资管理制度》、《国有资产管理制度》等，档案管理工作也走上了正规，行政档案、业务档案、及人事档案等立卷准确、装订整齐、内容齐全，促进了各项工作的规范发展。

表彰情况

2009至2012年，潍坊市图书馆受到了各级政府和业务主管部门的多次表彰奖励。其中获得国家级表彰3次，省级奖励11次，市级20余次。

馆领导介绍

郑晓光，女，1968年12月生，2008年9月获青海师范大学教育学专业硕士学位，中共党员，副研究馆员，馆长。1989年7月参加工作，历任潍坊艺术学校校长助理、潍坊市图书馆书记、潍坊市博物馆书记，2009年5月调任潍坊市图书馆馆长，兼任中国图书馆学会全国阅读推广委员会阅读文化研究委员会委员。荣获山东省文化厅表彰的"优秀图书馆工作者"、"山东省古籍保护工作先进个人"等多项荣誉称号。

王英勋，男，1966年6月生，大学学历，中共党员，馆员，副馆长。1986年参加工作，先后在潍坊市艺术学校、潍坊市文化局和潍坊市图书馆工作。

王希兆，男，1970年4月生，大学学历，中共党员，副研究馆员，副馆长。1990年7月参加工作，先后任潍坊市图书馆业务辅导部主任等职。

未来展望

立足新馆开放，潍坊市图书馆坚持服务立馆、品牌强馆、创新活馆、人才兴馆的发展理念，把工作重点聚焦到"服务读者、彰显特色、创建品牌、惠及全民"，大力实施服务能力提升工程、数字图书馆工程、阅读驿站工程、人才培养工程等文化惠民工程，努力创新"书香潍水"阅读推广服务品牌。潍坊市图书馆将以其特有的零门槛、全免费、大众化和高品位，组织开展从书刊借阅、图书推荐、连续举办山东省特色服务品牌——潍坊市元宵灯谜会、定期举办"真人图书馆"、经典阅读、读者沙龙、科普展览、好书互换、亲子手工、潍图公开课等全方位的文化活动和文化服务活动，为广大市民带来全新的阅读体验的同时，使图书馆成为大众首选的公共文化空间，成为大众寻求生命智慧的心灵牧场，享受学习乐趣的精神家园。

联系方式

地　址：山东省潍坊市高新区北海路4502号
邮　编：261061

低幼活动区

图书馆外景

济宁市图书馆

概述

济宁市图书馆始建于1958年，1982年迁至红星中路，馆舍面积1540余平方米，1997年10月迁至现馆舍，面积10713.15平方米。现有持证读者约18000人，阅览座席726个，其中少儿阅览座席116个。济宁市图书馆新馆已选址济宁市太白湖区，建设规模为2.5万平方米，设计藏书总量为200–300万册（件），阅览坐席为1500–2000座，目前正在建设中。已连续5次通过评估定级，并获得一级图书馆。现有计算机120台，接入100兆光纤电信网，选用智慧2000图书馆自动化管理系统。

业务建设

2012年全馆总藏量达到762404册（件）。其中纸质文献370645册（件），视听文献650件，电子文献391109种。近年来我馆文献入藏增长较快，2009–2012年总入藏53279种，124099册，电子文献入藏量19.1万件。

地方文献工作得到加强，2009–2012年征集地方文献1625种，2012年征集300余册（件）。2008–2012年底，负责完成了济宁市范围内的一级、二级、三级和四级古籍普查工作，截止2012年，我馆藏有古籍301种、5421册（件），入选《国家珍贵古籍名录》1种，《山东省珍贵古籍名录》5种。

数字化建设发展迅速，2009年4月，开通了全省首家网络图书馆，截止2013年7月，点击量已突破百万人次。截止2012年，馆藏数字资源总量25TB，其中电子书资源包括济宁市网络图书馆、点点数字动漫图书馆、vipexam考试库等外购资源和自建的地方文献全文数据库、乔羽数据库等数据库资源。

读者服务工作

2011年4月1日起全面推进免费开放服务，分别比省厅和文化部的免费开放要求提前了3个月和9个月。2012年全馆文献外借册率77.44%（28.7/37.06），书刊文献外借册次达到28.7万册次，年流通人次达到37.1万人次。截止2012年已建成分馆、流通站23个，每年为各分馆和流通站送书22500余册次。积极为领导机关决策、科研与经济建设、社会大众开展信息服务，其中《文化信息参考》受到广泛好评，2009–2012年编印47期，免费发放6580册。

自动化网络化建设有新进展，全面引进智慧2000数字图书馆自动化管理系统，实现了馆内的采访、编目、流通、书目检索、办公的全面自动化，以及馆外分馆和流通站的网络化管理，为实行总分馆制奠定了基础。

广泛开展社会教育活动，不断扩大图书馆的社会影响。2009–2012年，济宁市图书馆共举办讲座、展览、培训、阅读推广等读者活动580余场次。

业务研究、辅导、协作协调

2009–2012年，全馆在省级以上刊物或专业会议上发表论文30余篇、出版专著1部。2009年和2010年由我馆主持和参研的三项重点科研项目《图书馆之城：济宁愿景及其实现方式》、《济宁市数字图书馆中心门户平台建设研究》和《儒家文化产业带的开发与建设》均被省文化厅批准为“全省文化艺术重点课题”，现已全部结项。

积极选派业务人员参加全国和全省古籍保护培训班、共享工程、数字图书馆培训班、《中图法》第五版培训班、信息咨询与检索培训班等业务培训班，承办了全省信息资源共享工程培训班，全省信息咨询与检索培训班，不断提高工作人员的业务技能。我馆高度重视对基层的业务辅导，定期下基层进行业务辅导，先后帮助市中区、任城区等乡镇街道、村居及中小学图书馆室解决了业务难题，丰富完善了基层图书馆档案，形成了市县乡村四级图书馆管理网络。配合全市乡镇综合文化站、农家书屋建设项目，积极推动街道、乡镇和社区图书馆建设，截止2012年，全市街道/乡镇、社区/村图书馆（室）覆盖率均已突破97%。

积极开展协作协调，主导本地区资源共享建设。积极参与全省文献采购协作协调，同时制定全市文献资源采购计划，统筹本地区资源共建共享工作；济宁市网络图书馆全面覆盖市直和所有县市区的近70万网络用户，数字化网络服务全覆盖，实现了数字资源的全面共享。

不断发展壮大市图书馆学会会员队伍，截止2012年，学会会员120余人。根据中图学会和省学会的有关通知精神，结合本地图书馆工作实际，充分发挥学会的桥梁纽带作用，与驻济大中专院校、医院、党校和各县区等会员单位开展形式多样的活动，广泛开展了读书演讲比赛、国际《论语》知识大赛、征文比赛、党员示范岗等活动。市图书馆学会多次受到上级学会及主管部门表彰。

管理工作

全面推行全员聘任、竞争上岗，2008年完成了全员聘用、双向选择人事制度改革，中层干部全部实行竞争上岗，实行试用期制度、签订目标责任书、履行岗位责任制。2009年进一步加大专业技术职务竞聘制度改革，顺利完成了专业技术岗位全员聘任的任务和目标。加强安全管理，馆内设有专职保安，保安24小时值班，全馆安装监控44个点。

表彰、奖励情况

2009–2012年，济宁市图书馆共获得各种表彰、奖励16

党员示范岗活动仪式

《论语》大赛颁奖仪式

开通电子书借阅机

4.23世界读书日“进馆有礼”活动

大众阅读嘉年华

元宵灯谜竞猜

次，其中，文化部表彰、奖励1次，省委、省政府表彰、奖励2次，省文化厅表彰、奖励6次，中国图书馆学会表彰、奖励5次，其他表彰、奖励2次。

馆领导介绍

马伟，男，1961年4月生，本科学历，中共党员，研究馆员，馆长，1978年参加工作，1994年任副馆长，1997年任馆长、党支部书记。兼任济宁市图书馆学会理事长。

杨卫东，男，1971年9月生，大学学历，中共党员，研究馆员，副馆长。1994年8月参加工作，先后在办公室、信息部工作，2000年1月担任副馆长，分管读者服务、地方文献、古籍保护等工作。

张华峰，男，1973年1月，大学学历，中共党员，副研究馆员，副馆长，1994年12月参加工作，先后在图书流通部、基础业务部、办公室工作，曾任办公室主任。2006年5月任副馆长，兼任济宁市图书馆学会副秘书长，分管办公室、技术部、社会活动部。曾获全省第三届公共图书馆业务竞赛团体第二名，个人单项第四名，省文化厅表彰的优秀辅导老师，济宁市委、市政府表彰的“十艺节”先进个人，市委宣传部表彰的“三下乡”先进个人，市文广新局表彰的优秀共产党员和先进个人等。

刘红旗，男，1963年8月29日，本科学历，中共党员，高级会计师，副馆长。1982年7月至1984年10月在汶上县南站供销社任会计，1984年10月至2008年2月在市文广新局任财务负责人，2008年2月至今任副馆长，分管财务工作。2010–2013度被市文广新局评为先进个人，2011年被市人社局、市文广新局评为全市文化工作先进个人，2012年被山东省文化厅评为全省文化系统统计工作先进个人，2013年被济宁市委、市政府授予“全市文化体制改革工作先进个人”。2013年“十艺节”筹办组织工作先进个人（省级三等功）。

张晶波，女，1984年6月，硕士研究生，中共党员，党支部副书记，2009年8月工作，先后在少儿部、期刊流通部、图书流通部工作；2009年12月至2010年12月在山东鲁抗医药股份有限公司制剂事业部挂职锻炼，任部门经理；2013年4月至今任党支部副书记。分管工作范围：党务、群团、计生、少儿部。

未来展望

按照全市大型文化设施建设的总体规划，做好太白湖区新馆建设工作。以新馆建设为契机，推动城区主馆分馆体系建设，努力构建以太白湖区市馆为主馆、以任城区图书馆、兖州区图书馆、高新区图书馆为分馆的一城三区图书馆服务新格局。

做好基础业务和读者服务工作。以新馆建设为契机，搭建全市图书统一采购、分编、配送平台，为实现城区图书馆的统借统还奠定基础；做好读者发展和维护工作，提高图书流通利用率；加大读者活动和宣传力度，重点打造公益电影、讲座、展览等服务品牌；做好馆外流通服务工作，提高分馆借书数量和频次；加强地方文献和古籍保护工作，适时推出古籍普查保护工作成果展。

做好数字信息服务工作。进一步加大数字文献采购力度，完善网上报告厅服务，建好智能化系统；加强网络图书馆的宣传和推广，推动自建资源、采购资源、共享工程资源的整合，为读者搭建更加友好的使用平台；做好基于网络的专题信息服务工作，做好全省图书馆联合参考咨询工作。

联系方式

地　址：济宁市常青路13号
邮　编：272000
联系人：侯延领

图书流通部内景

图书馆馆貌

泰安市图书馆

概述

1951年初，泰安县建立了中心文化馆，并于当年10月份在馆内设立了图书室。1956年初，县政府将中心文化馆的图书室分离出来，建立了“泰安县图书馆”，于1956年10月10日正式挂牌开馆。馆址设立在遥参亭内，馆舍为21间平房。图书4000余册，报刊50余种，阅览坐席48个，馆内工作人员4名。1979年泰安县图书馆由遥参亭搬迁到财源街20号。1985年，泰安地改市，该馆由原来的县级市图书馆同时升格为市级图书馆。1997年初，泰安市委、市政府拟建新馆，并决定将原市乡镇企业局的一座商用大楼该建成市图书馆新馆馆舍。当年6月26日，新馆改造工程破土动工，至12月初，一期改造工程竣工。12月16日，新馆正式向读者开放。新馆坐落在东岳大街中段，位于市中心，总建筑面积1.1万平方米，主楼高八层。2005年5月，泰安市图书馆搬迁至普照寺路6号，该馆建筑面积8000平方米，阅览坐席500个，藏书总量25万册。

2010年泰安市委、市政府决定建立泰安市文化艺术中心（含图书馆）。泰安文化艺术中心位于泰安时代发展轴二期工程北端，京沪铁路以南，总占地面积38558平方米，总建筑面积58995平方米，其中图书馆占地面积18900平方米。图书馆新馆设计总藏书量100万册，阅览坐席1200个。2014年5月份泰安市图书馆搬迁至文化艺术中心。

业务建设

截止2012年底馆藏各类文献总量共计53万余册。其中人我馆“个别登记簿的普通图书51万册，另有：过刊合订本共计10669册（本）、报纸合订本7916册（本）、古籍线装书2768册、建国前文献6000余册，地方文献2898本。

2010年财政全年拨款587万元（含人员工资），其中行政业务经费163万元。2011年财政全年拨款635万元（含人员工资），其中行政业务经费155万元。2012年财政全年拨款678万元（含人员工资），其中行政业务经费159万元。

文化信息资源共享工程泰安市支中心，自2002年以来，市委、市政府先后投资150余万元，用于共享工程建设。支中心采用网通百兆骨干网接入，配备6TB磁盘阵列，防火墙，千兆网络交换机，大功率UPS，应用服务器6台，非线编系统一套，公共电子阅览室计算机65台，共有3人专职负责此项工作。

我馆数字化应用软件系统在“数字图书馆推广工程”省级、市级数字图书馆硬件配置标准的基础上，安装了一系列图书馆数字化应用软件系统，包括：图书馆业务自动化系统、办公自动化系统、整合检索系统、VOD视频点播系统、文献数字化加工系统、网上读书系统、应用软件监测系统、电子阅览室管理系统、一卡通系统、电子教学系统、读者导读系统等，和‘超星’公司建立泰安网上图书馆，并购置20余万册电子图书为读者服务。我馆公共电子阅览室面积150平方米，读者服务计算机65台，联通百兆光纤接入，为上机读者免费开放，提供自建20余万册电子图书和在线阅览省图书馆和国家共享工程免费资源。2010年荣获全省共享工程先进集体。

读者服务工作

我馆在图书外借、馆内阅览、资料查阅、文化信息资源共享等方面，已全部实行了免费服务制度。

2012年，我馆外借书刊共计28万册次、流通总计22万余人次；普通图书、报刊实行全开架借阅；在书刊宣传方面，我馆各借阅部门专门设立了新书架，不定期的公布新书目录，外借部、少儿馆、期刊部定期或不定期的在馆内发放优秀图书推荐表1000余份。本馆开放时间为8:30–18:00，每天开放9.5小时，每周开放66.5小时，一年365天，全年开放，无节假日。

本馆自2002年7月12日建立了我市第一家“泰安市图书馆市场社区分馆”之后，在最近几年内，又陆续分别建立了“泰安武警支队”五个中队、“粥店社区”等十五处分馆及图书服务点、流通站。

我馆积极开展送书进军营、进企业，送书下基层、送书到农村的服务活动。今年，为泰安市武警支队的五个中队及各个流通站点定期送书年计万余册，在每年都参与的“文化三下乡活动”中，近三年总计送农民书刊6217册，获得了泰安市委颁发的“文化、科技、卫生三下乡先进集体”荣誉。

我馆积极开展信息服务活动，近几年来，为泰安市非物质文化遗产评定提供信息咨询服务，为“泰山石敢当”等优秀剧本的编写提供了参考咨询服务，为泰山景区管委提供“泰山石刻”、为各单位及广大市民提供信息咨询、资料编辑等服务，为泰山“古建筑”等课题、专题提供古籍信息服务，为我市出版《泰山文献集成》、《泰山大全》提供相关资料，为泰山女儿茶、灵芝茶等企业提供相关资料的查阅。

为了丰富广大读者的精神文化生活，充分发挥图书馆社会教育的职能作用，近年来，我馆多次举办了各种形式的讲座和报告共45场、5000余人次；举办了多场特色展览，如：泰山文献展5次、古籍文化展览3次、古籍文献保护宣传3次；举办“我爱泰安，爱我泰山”青少年书画展2次，科普展2次、各类摄影展4次，参加人数达4600人次，我馆每年还开展丰富多彩、各种形式的读书活动，每年固定的活动有“元宵节灯谜有奖竞猜”（获得泰安市春节文化活动领导小组颁发的“泰城春节文化活动突出贡献奖”）、各种主题的“读者座谈会”、少儿馆举办“暑期征文及有奖竞猜”以及“图书馆体验”活动。在每年开展的全民读书月活动中有固定的主题征文比赛、摄影比赛、演讲比赛、书香家庭评选等活动。

业务研究、辅导、协作协调

2010年以来，我馆在省级以上的具有ISBN、ISSN的正规刊物（图书）共发表论文22篇，并有多篇论文获得省级、国家级的奖励。

泰安市图书馆业务辅导工作的总目标是：建设“以泰安市图书馆为龙头、以六县市区为骨干、以乡镇、街道图书馆为节点、以村、社区图书馆为网点”的泰安市四级图书馆事业网络和全市社会大众享有公共图书馆服务的保障体系。几年来，我馆紧紧围绕这个目标，大力加强基层图书馆事业网络建设，从而涌现出了我市第一个超过万册图书的“粥店社区图书馆”。同时与新华书店强强联合，在全市大力实施“农家书屋”工程项目建设，并积极推行“村投场地、新华书店投图书、市图书馆投技术、投管理、投培训”三方联合打造“农家书屋”的方式方法，进而使我市“农家书屋”工程的建设取得了较大的成绩，仅2008年，我市就有54家“农家书屋”获得了全省“示范屋”的称号，并至2008年底，我市“农家书屋”的数量达到了500余家，提前完成了市委、市政府对该项目建设的任务。2012

年我馆和泰安市武警支队合办了“文化共建联创”活动，并提供了7万册电子图书和2000册书籍。

管理工作

我馆在人事管理上实行了“因需设岗、因事设岗、按岗聘用、竞争上岗、择优聘用、双向选择”的人事管理制度，建立健全了我馆各个岗位的《岗位职责》以及考核、分配激励（奖惩）制度。

在财务管理上，认真落实、执行《会计法》和我馆制定的《财务管理制度》，行使党支部监督财务的运营机制，严格遵守国家各个相关的财经政策、法规。

设备、物资以及资产管理制度健全，并在日常工作中严格执行监管，从而保证了我馆各类设备、物资处于正常运转、安全、良好使用的重要环节。

档案有专人管理，各类档案齐全、资料详实、存案准确、归档及时、装订整齐、规范、安全。

各类统计准确、及时、系统，能够比较全面地反映我馆建设和服务的实际状况，统计数据齐全、完整，并能够对其进行分析研究，从而为本馆各项工作起到了积极的指导作用。

表彰、奖励情况

近年来我馆先后获得的表彰、奖励主要有：

1、2010年4月，获得山东省文化厅授予的“山东省公共图书馆特色服务品牌”称号。

2、2010年4月被山东省文化厅评为“读者最喜爱的图书馆”。

3、2012年山东省十七地市图书馆举办的“全省读书朗诵大赛”活动中，我馆荣获“优秀组织奖”。

4、2011年和2012年我馆连续被中国图书馆学会评为全国“全民阅读”先进基层单位。

5、2012年度山东省古籍保护工作会议上，我馆再次荣获“山东省古籍保护单位”、“古籍保护先进单位”。

6、2013年被中国图书馆学会授予“全民阅读基地”。

馆领导介绍

徐玉谦，男，1973年7月生，大学学历，中共党员，副研究馆员，馆长。2006年12月任泰安市图书馆馆长至今。

赵晓山，男，1962年3月生，中共党员，大专学历，副研究馆员，党支书记。1981年参加工作，历任泰安市艺术馆部主任，泰山画院办公室主任，泰安市文学戏曲研究室书记，泰安市图书馆书记。1988年国家文艺集成：文化部，2000年民间文艺集成优秀编审：全国艺术科学规划领导小组。

于勇，男，1971年9月生，专科学历，中共党员，馆员，副馆长。1990年12月参加工作，1994年7月到泰安市图书馆工作，先后在阅览室、外借部、办公室工作。2008年9月任泰安市图书馆副馆长。

张梅，女，1975年4月生，本科学历，中国民主促进会会员，副研究馆员，副馆长。1995年8月到泰安市图书馆工作，先后在办公室，外借部，采编部等部门工作。2008年9月任泰安市图书馆副馆长。

未来展望

随着新馆的建成投入使用，将以泰安市图书馆为中心，带动周边县市区图书馆的发展。努力为读者提供一个环境优美，服务优质的休闲、学习场所。建成后的泰安市图书馆是一座集学习阅读、信息交流、展览讲座等综合文化功能和数字化网络服务为一体的现代化、大型、综合性公共图书馆。为读者提供书刊外借、阅览、信息检索咨询等服务项目；积极参与各类社会文化活动，举办内容丰富、题材广泛的展览、讲座和读书咨询活动；与省内外各地市公共图书馆联合，以泰山文化为依托，开展各类业务辅导、培训和学术交流以及馆际间的合作与协调活动。

联系方式

地　址：山东省泰安市文化艺术中心
邮　编：271000
联系人：马仁勇

艺术中心夜景鸟瞰

莱芜市图书馆

概述

莱芜市图书馆是一座公共图书馆，是莱芜市重要的知识性信息枢纽和精神文明建设基地，也是为各级党政机关、企事业团体的科学决策提供服务的公益性服务机构。

民国初年，莱芜县人民政府在莱城东关设图书馆，直到1938年日军侵占莱城时停办，1951年莱芜县文化馆设图书室，1976年，经上级批准建立莱芜县图书馆，1977年7月1日正式建馆，单独行使图书馆的业务职能，列入直属文化事业单位。

随着时代的发展，莱芜市图书馆几经变迁，馆舍由平房到楼房到现代化设备，宽敞明亮的办公大楼，2012年8月26日，位于莱芜市龙潭东大街286号的新馆建成，新馆建筑面积13652.5平方米，新馆设置读者活动区、电子信息服务区、书刊借阅区、地方特色文献区、社会教育培训区等区域，共设阅览座席1240个，其中少儿阅览座席120个。现代化技术装备先进完善，配有阅报机、触摸查询机、视听及音像控制、存储等设备，采用RFID无线射频技术，实现图书的自主借还、高速盘点、快速查找、定位等功能。2009年被文化部评估定级为地级市国家“二级图书馆”，2013年被文化部评估定级为地级市国家“一级图书馆”。

业务建设

莱芜市图书馆现共有各学科、各门类的图书（含可利用的电子图书、视听文献等）21.8万册（件），数字文化工程资源5TB。其中，音视频资源286部，电子文献7000种，电子期刊2000种，专题资源库5个。

莱芜市图书馆2012年财政拨款共计556.2万元，其中：年新增藏量购置费95万元，电子资源购置费10万元，免费开放专项经费50万元。

1996年6月，抽调专项资金36万元，购进《四库全书存目丛书》一套共1200册，成为该馆馆藏之龙头。

读者服务工作

莱芜市图书馆始终坚持“读者第一、服务至上”的服务宗旨和“一切为了读者”的办馆理念，全年365天向读者开放，每周开馆时间达63小时。自2008年1月1日起实行免费开放试运行，2011年，根据国家及省里有关要求正式实施免费开放服务，所有场地全部免费开放，书刊借阅服务、公益性讲座、展览等十多项项目免费开放。2012年持证读者为16376人，人均年到馆次数22次，书刊文献年外借册次达21万册次，馆藏书刊文献年外借率达57%。

2012年，充分利用现有馆藏文献资料组织开展了全民读书月、世界读书日、图书宣传周等许多大型群众读书宣传活动，向社会推荐优秀书目760余种，组织公益讲座、读书经验交流、展览及各种形式的系列活动70余次，年均参与活动次数71次/万人。

近年来，莱芜市图书馆还积极开展了特殊人群服务、办证上门、送信息上门等一系列丰富多彩的服务活动。一是为满足广大基层人民群众对知识、信息的需求，开展“送书上门、送书下乡”活动，丰富社区图书馆的“精神食粮”。二是把社区图书阅览室、农家书屋作为公共图书馆建设的着力点，以新农村建设为契机，广建分馆、基层服务点，构筑公共图书馆网络。三是利用各种形式为进城务工人员、残疾人、老年人和青少年等特殊群体提供优质服务。四是开设政府信息公开公众查阅室，开展报摘信息服务，开展代查、代译、代复制、网上预约、网上文献查询等服务项目，为领导机关决策与社会事业发展、为科研与经济建设提供信息服务。

业务研究、辅导、协作协调

2011年全馆在省级以上刊物或国际会议上发表论文11篇，2012年发表26篇，撰写有关图书馆事业建设的综合性和专题性报告14篇。

为了打造全市图书馆的共建共享信息平台，并加强对全市区图书馆、企业图书馆（室）、学校图书馆（室）、街道图书室的业务辅导工作和协作协调工作，与学校、部队合作共建图书室。2012年下基层辅导13次，重点针对业务自动化管理辅导，指导其熟悉软件操作及数据转换，并撰写了统计分析报告。积极举办各种培训班，提高基层图书馆人员业务素质。2011年举办业务培训班12期，累计学时53学时，参加人次56人次；2012年举办培训班13期，累计学时92学时，参加人次92人次。

为建立科学合理的文献信息资源收藏体系，积极开展文献信息资源的共建共享，参加地区性、全国性联合编目工作。与省馆签定了《山东省公共图书馆联合编目协议书》，《山东省馆藏文献网上联合目录共建协议》，《山东省地方文献联合目录数据库编制协议书》。2012年共下载数据万余条。

莱芜市图书馆馆长高新华

莱芜市图书馆业务培训

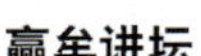
嬴牟讲坛

参加业务竞赛

全民读书月

管理工作

为深化事业单位人事制度改革，建立和完善岗位管理制度，根据《山东省事业单位岗位管理试行办法》、《山东省事业单位岗位设置管理实施意见》及行业指导意见，结合我馆实际，制订了《莱芜市图书馆岗位管理设置方案》。工作人员全部按岗聘用，竞争上岗，择优聘用，努力提高服务质量，不断完善图书馆各项规章制度，形成一套完整的岗位责任制度，明确规定了馆领导及各部室的职责范围，并认真执行年中全面考核和奖罚激励制度，以各种形式提高了图书馆工作人员的工作积极性。

表彰、奖励情况

多年来，在省、市各级领导的关怀和鼓励下，在全市广大图书馆工作者的共同努力下，自2010年以来，莱芜市图书馆荣获集体奖项10次。先后被评为“国家级二级馆”、“山东省古籍保护工作先进单位”、“第六届全省公共图书馆业务竞赛团体三等奖”、“城乡妇女岗位建功先进集体”、“莱芜市计划生育生进单位”等称号。

馆领导介绍

高新华，男，1963年4月生，本科学历，中共党员，副研究馆员，馆长。1979年2月参加工作，历任莱芜市文化市场稽查队副队长，莱芜市文化市场稽查队队长，莱芜市文化市场稽查支队副支队长，莱芜市艺术馆馆长，2013年4月任莱芜市图书馆馆长。

李桂香，女，1964年7月生，本科学历，中共党员，1980年5月参加工作，副研究馆员，副馆长。

赵希波，男，1979年1月生，本科学历，中共党员，1999年12月参加工作，馆员，副馆长。

未来展望

莱芜市图书馆遵循“阅读、创新、发展”的办馆方针，完善服务体系，扩大服务范围和区域，积极带动本地区经济和事业的发展。按照市委、市政府和局党委的安排和部署，在今后不断加强自身综合服务实力的同时，逐渐转变图书馆新功能、新服务。功能上随着社会的发展而逐步拓展，还应发挥出以下几个方面的作用：休闲功能，图书馆因环境优雅静谧，人文气息浓厚，将和影剧院、体育馆、健身馆一样，成为人们工作之余缓解精神紧张、调节身心健康的重点选择场所。在这里，有可以满足听觉、视觉和触觉的各类活动空间，同时也有周到的相关服务；展示功能，将来的图书馆是最吸引人的社会文化活动场所之一，它像“磁场”一样，聚合了相当规模的读者队伍。这些读者长年来到图书馆涉取知识，交流思想，更新大脑，图书馆变成读者群体思想与文化融合的中心。服务是图书馆的中心工作，建立长期有效的服务机制，充分发挥文献资源的作用，图书馆以主动服务取代被动服务的模式，向服务自助化方向方面发展。

联系方式

地　址：莱芜市高新区龙潭东大街286号

邮　编：271199

联系人：亓 迎

图书馆馆貌

图书馆阅览室

下基层辅导

电子阅览室

临沂市图书馆

概述

2011年5月30日，临沂市图书馆正式向社会免费开放。馆舍位于山东省临沂市兰山区新华路13号，馆舍面积2.1万平方米，藏书63万余册。现设业务研究辅导部（市图书馆学会）、办公室、采编部、全国文化信息资源共享工程市级支中心、外借部、少儿图书馆六个部门，在职工作人员29人，均为大学专科以上学历，其中硕士研究生4人。2013年，临沂市图书馆有读者座席891个，少儿阅览坐席107个，计算机100台，宽带接入100兆光纤专网，选用Interlib图书馆自动化管理系统。2013年参加第五次全国公共图书馆评估，首次参评即获得国家一级图书馆。

业务建设

截止2013年4月，全馆总藏量达到633201册，其中中文图书353718册，视听文献602件，电子文献279483册。临沂市图书馆期刊年入藏846种，2011、2012年，征订期刊均为814种，2013年征订910种。2011年，临沂市图书馆开设专门的地方文献阅览室，入藏地方文献473种、833册，并设有专架，安排专人管理。临沂市图书馆全部图书报刊都实行免费公开借阅，开架图书排架误差率控制在4%以内。

2011年，临沂市图书馆开通了图书馆网站，所有临沂市的网络用户都可以登录临沂市图书馆网站，查询图书馆书目。目前，馆藏数字资源存储总量为10TB，主要包括：全国文化信息资源共享工程县级数字图书馆推广工程数字资源库、超星数字图书馆、点点书库少儿科普数字图书馆、电子期刊、电子报纸以及以采购、自建和共建方式建设的多媒体数字资源库等。2013年临沂市图书馆已建成地方特色文献数据库1个，主要收录关于临沂、临沂籍人士的著述、沂蒙红色文化等。目前临沂市图书馆所有图书全部录入书目数据库，文献书目数字化率达到了100%。

读者服务工作

2011年，临沂市图书馆制定了详细的免费开放工作的实施方案：报纸期刊阅览室、新市民阅览室、盲文及盲人有声读物借阅室、自然科学借阅室、社会科学借阅室、少儿图书馆、地方文献与政务信息、文化信息资源共享工程支中心、数字多媒体室等对外免费开放，开馆时间为9:00—21:00，星期六、日及国家法定节假日不闭馆。临沂市图书馆建馆之初就引进了RFID技术，实现了馆藏文献的自助借还。2012年全馆纸质书刊文献年外借率为104.9%，书刊外借册次366140册次，年流通总人次727137次，人均年到馆次数25.97次（727137/28000）。

2012年，临沂市图书馆先后与山东医学高等专科学校图书馆、罗庄地税局分馆建立馆际互借关系，山东医学高等专科学校图书馆使用ILAS图书馆自动化管理系统，临沂市图书馆使用Interlib图书馆自动化管理系统，实现了跨系统馆际互借。自2012年3月，临沂市图书馆先后在西关社区、砚台岭社区、宋王庄社区、柳青苑社区、南坊街道办事处、大官苑社区、西苑社区、小埠东社区、兰山街道办事处、天元集团、兴大投资发展集团有限公司等开设了11个流通服务点，馆外流通服务点书刊借阅册次16161.5册。同时，临沂市图书馆在报刊阅览室设立了“政务公开信息服务”展览，为公众查询政府公开信息提供了便利。同时，制定了《为领导机关决策提供信息服务的工作方法》，为领导机关决策、科研与经济建设、社会大众开展各种形式的信息服务，共开展课题检索、书目信息、定题服务等项目数十项。

2011年，临沂市图书馆成立了盲文及盲人有声读物阅览室，有专门的盲道通往阅览室，阅览室为盲人读者提供盲文图书、有声读物和电子读物，并通过读屏软件提供互联网上网服务。2013年3月，临沂市图书馆开设了新市民阅览室，并在临沂大剧院工地举行“关爱农民工图书捐赠活动”。在少儿馆专门服务的基础上，又在电子阅览室开设了未成年人电子阅览专区，开通《少儿多媒体图书馆》试用服务。2013年，临沂市图书馆在老年读者较多的报刊阅览室提供老花镜、拐杖、饮水机、钟表等物品。

2012年2月，参加了全省讲座联盟，与省馆和其他地市合作，共享讲座资源。截止2013年4月21日，临沂市图书馆已经举办了讲座、培训156次，展览举办了26次，阅读推广活动23次，临沂市民每万人参加各类活动的次数为73次。

业务研究、辅导、协作协调

2011年，临沂市图书馆与国家图书馆签订联合编目协议，实现了联合编目，临沂市图书馆从国家图书馆书目中心下载书目数据93798条。2012年2月临沂市图书馆加入了山东省公共图书馆讲座联盟，先后与山东医学高等专科学校图书馆、罗庄地税局分馆、市国税局分馆签订了馆际互借协议，建立了不同程度的业务协作关系，实现了图书通借通还。

2012—2013年，临沂市图书馆在西关社区、砚台岭社区、宋王庄社区、柳青苑社区、南坊街道办事处、大官苑社区、西苑社区、小埠东社区、兰山街道办事处、天元集团、兴大投资发展集团有限公司等地开设了11个流通服务点。同时，临沂市图书馆启动了总分馆建设模式，与兰山区图书馆、河东区图书馆、临沭县图书馆、莒南县图书馆、费县图书馆、罗庄地税局分馆、市区国税局合作建立分馆，在本地区参与服务网络建设的县级以上公共图书馆占全市县级以上公共图书馆（含县级）总数的比例为46%。

电子阅览室

红色资料馆

少儿借阅室

2011年5月，临沂市图书馆成立；2012年，临沂市图书馆牵头筹建临沂市图书馆学会；2013年，临沂市图书馆学会正式成立。2012年临沂市图书馆举办了7次业务培训班，1次业务知识竞赛，并定期下基层进行业务辅导，帮助部分乡镇街道、社区图书馆解决了分类编目、图书排架、读者服务、业务自动化管理等业务难题，形成了市县乡村四级图书馆管理网络。

管理工作

2011–2013年，临沂市图书馆制定了岗位设置、竞争上岗、按岗聘用、年度考核等各项制度，实行奖励性绩效工资分配方案，每周一次岗位检查，每月一次考核，每月进行考核结果发放绩效工资。2012年，临沂市图书馆建立健全了财务管理的各项制度，财务开支定期公开，每月月初10日内将上月开支情况公开，每半年进行一次固定财产清理检查。

2011年6月以来，临沂市图书馆通过网络、新闻媒体面向社会招募志愿者，截止到2013年4月，共招募了志愿者375名。临沂市图书馆制定了详尽的志愿者管理制度，并定期发布“优秀志愿者光荣榜”。

表彰、奖励情况

2011–2013年，临沂市图书馆先后获得了多项荣誉：省级业务主管部门、地级党委、政府表彰共有集体奖1次、个人奖6次；地市级业务主管部门集体奖2次，个人奖11次。

馆领导介绍

刘景东，男，1962年9月生，本科学历，中共党员，馆长。1983年3月参加工作，1980年1月参加工作，在临沂地区沂河水利工程管理所从事财务工作，1988年在临沂地区广播电视局从事财务工作，1998年10月任广电局稽查大队长，2003年任广电局广电管理科长，2012年11月任临沂市图书馆馆长（副县级）。

岳梦宇，女，汉族，1977年10月出生，在职研究生学历，中共党员，图书馆员，副馆长。1999年12月在临沂艺术学校任英语教师，2006年12月任临沂艺术学校学生处处长兼团委书记，2011年2月调入临沂市图书馆工作任临沂市图书馆副馆长一职，分管全馆业务工作。先后获得“山东省优秀共青团干部”、“山东省先进学生管理干部”、“山东省古籍文化保护先进个人”等荣誉称号。

刘健，男，1962年10月生，专科学历，中共党员，图书馆员，副馆长。1976年12月在临沂艺术学校参加工作，历任办公室副主任，工会副主席。2011年6月到临沂市图书馆工作，担任临沂市图书馆副馆长（正科级），兼任临沂市图书馆学会会长。2014年获省古籍保护工作先进个人。

未来展望

临沂市图书馆立足发展实际，优化服务模式，提升服务质量。在未来的1–2年里，临沂市图书馆将有重点、有步骤、有计划地建设成一个特色化、数字化、自动化、网格化的新型图书馆。一要建设具有沂蒙地区特色的红色文献资料馆、商贸物流资料馆。二要完善数字化图书馆建设。新增影视资料馆、多功能放映厅、手机图书馆、RFID自助图书馆和数字体验区等，加强地方特色数字资源库建设。三要进一步拓展服务领域，利用市图书馆现有资源，在主城区选择部分具备条件的市直机关、企事业单位、学校、社区开办10个分馆，扩大市图书馆的业务覆盖范围。四要全面推进公益性文化服务活动，每年开展不少于72次的公益性活动和不少于15次的公益性展览。

联系方式

地　址：临沂市兰山区新华路13号
邮　编：276000
联系人：程鹏飞

德州市图书馆

概述

德州市图书馆建于1984年10月，原位于德城区东方红路25号。1985年至1986年8月，图书馆的基本业务部门基本就序，开始了正常的阵地服务工作。1999年8月，该馆由东方红路22号搬迁至湖滨北中36号。于2000年选用深圳图书馆开发的ILAS小型版图书馆自动化管理集成系统，经过1年多的回溯建库，于2002年1月1日实现了图书编目、流通的计算机管理，并组建了馆内局域网，实现了图书馆管理和办公自动化。于2007年升级为Interlib系统。2001年9月16日，该馆搬迁到现德城区文化路1号新湖风景区内，面积3000平方米。有各类书刊8万册，其中图书7万册，合订报刊1万册，地方文献1000余册，电子图书38万册，阅览座席160个，其中少儿阅览座席70个。文化共享工程支中心拥有4台服务器，12TB存储、150个终端的电子阅览室。2004年6月21日，山东省评估组评估达标定为地市级三级馆。德州市网络图书馆于2011年11月开通运行，使德州560万人民成为在线读者。2013年5月在经济开发区成立德州市图书馆新城分馆，并于10月份对外开放服务，面积5296平方米，专设了视障阅览室。2013年，德州市图书馆有阅览座席360个，计算机172台，信息节点330个，宽带100Mbps，选用Interlib图书馆自动化管理系统。

业务建设

截止2013年底，德州市图书馆部藏量15.80万册（件），其中，纸质文献15.5万册（件），电子图书2500余册（件）。

2010年—2013年，德州市图书馆新增藏量购置费20万元，2011年—2013年起新增网络在线数字资源购置费50万元。2010年—2013年，共入藏图书26000种，31000册。报刊110种，视听文献2200种。

截止2013年底，德州市图书馆数字资源总量为35.5TB，其中，自建设数字资源总量5.5TB。2010年至2013年完成《德州地域文化——民俗非遗》、《德州地方文献》专题数据库建设。在建的数据库有《德州新闻》视频资源的下载制作工作等。

2007年，将馆内自动化管理系统升级为Interlib，以备适应全市图书馆服务联盟建设的需要。2013年10月实现馆内WLAN无线网络覆盖。

读者服务工作

免费开放为图书馆事业发展带来了勃勃生机。自2011年4月23日实行全面免费开放，坚持365天对外开放，周开放时间63小时，逐步实现了从传统的实体图书馆服务到实体与虚拟相结合的图书馆服务等一系列转变，2010—2013年书刊总流通80万人次，书刊外借120万册次。建立馆外分馆8个。组织开展了“百部优秀电影进社区”“庆元宵·猜灯谜”“图书馆送文化到部队”“全市读书朗诵大赛”及全市少年儿童读书征文等一系列活动。

2013年，德州市数字图书馆建设工程被列入全国试点，在内容资源和服务人次上都有了显著提升；网上展厅、网上讲堂、网上剧场的建立，使图书馆的服务内容和方式进一步多元化，极大地满足了广大读者的阅读欣赏需求。

2010年—2013年德州数字图书馆网站访问量157.21万次。德州市网络（数字）图书馆是山东省地级市中第一个覆盖全市城乡所有居民的网络图书馆，使得德州市560万人口都成了德州市网络图书馆的“在馆读者”。该网络图书馆拥有200万册中文电子图书文献传递，9亿页中文电子图书全文，310万中文图书书目，中文期刊5720万篇，外文期刊7789万篇，内容每天都在不断更新中。2013年引入手机移动图书馆，进一步加强对读者服务。截止2013年底，利用数字图书馆网站，共发布信息数字资源总量为37种，自建设数字资源5.5TB。均可通过德州市数字图书馆风站、共享工程基层服务中心提供检索、浏览和下载服务。建成了可为读者提供服务的公共互联网和两个馆内局域网，即：图书馆管理自动化管理系统和馆内电子书、数字化地方文献查阅以及OPAC查询的局域网。

2010—2013年，德州市图书馆共举办讲座、展览、培训、阅读推广等读者活动562次，参与人数32700人次。

业务研究、辅导、协作协调

2010—2013年，德州市图书馆职工共发表论文31篇，出版专著3部。

每年派人参加上级业务部门举办的各类培训班、学习班和学术研讨会；职工参加省以上图书馆学会组织的各类学术研讨活动，该馆职工在专业刊物上发表论文30余篇。馆内业务学习培训，本着理论联系实际、学以致用的原则，制定了详细的学习计划，在整个学习过程中，有布置、有检查，年底组织严格考试。

2010—2013年先后召开专题会议17次，组织技术培训63次，下基层督导检查59余次。2013年6月德州市图书馆对11个县市区图书馆及乡镇图书馆（室）专业技术人员进行了为期30天的业务培训辅导。

建立了德州学院志愿者服务基地。志愿者服务基地的建立促进了社会与学校的联系，为双方进一步开展合作奠定了扎实的基础。

电子阅览室

图书馆辅导培训班

送图书进社区

管理工作

该馆根据《中国图书馆图书分类法》、《普通图书著录规则》等进行文献分类、编目工作。

该馆建立健全了各项规章制度，如《图书馆服务工作规范》、《安全卫生制度》、《财务管理制度》、《书刊管理制度》，同时把竞争机制引入到图书馆的人事管理中来，建立健全工作量考核指标体系，每年进行总体工作考核。制定了《德州市图书馆部分岗位职称聘任实施方案》。坚持公平、公开、公正原则，对职称评定过程坚持按个人申报、资格审查、民主测评、量化赋分、业务考核、评后公告、征求意见的程序进行。

该馆将有关规章制度汇编成《德州市图书馆工作人员手册》，下发全体职工，人手一册，同时，全面实施和完善岗位竞争机制和岗位目标责任制，对专业技术人员实行聘约管理；对其他岗位实行目标责任管理，层层签订聘任书和《岗位责任书》，形成了重大事情集体决策、班子成员分工负责、日常工作分级管理的科学管理模式，充分调动了工作人员的积极性和主动性，在本馆逐步形成效益优先、按劳取酬、奖罚分明的分配机制。

表彰、奖励情况

2010–2013年德州市图书馆共获得各种表彰、奖励13次，其中，省文化厅表彰、奖励5次，市委、市政府表彰、奖励3次，其他5次。2010年该馆被山东省人力资源和社会保障厅、山东省文化厅授予“全省文化系统先进集体”荣誉称号，在山东省“万方数据杯”文化信息资源共享工程知识与技能竞赛中荣获三等奖，被德州市精神文明委员会授予“文明服务窗口单位”；被市委市政府评为“双城联创”先进单位等荣誉称号。在全省第六届公共图书馆业务竞赛中，取得了一名一等奖和一名二等奖的好成绩，图书馆获组织工作奖；图书馆党支部被机关工委评为先进党支部。2012年被省委、省政府评为全省文化体制改革先进单位；被文化厅评为全省公共文化服务优秀实践奖；全省第七届读书朗诵大赛中获组织工作奖，图书馆党支部被机关工委评为五星支部。2013年，德州市数字图书馆建设工程项目入选全省公共文化服务体系建设示范项目，并以全省第三名的总成绩参加了文化部组织的全国公共文化服务体系建设示范项目答辩。

馆领导介绍

邹积国，男，1958年10月出生，本科学历，中共党员，德州市文广新局副局长，德州市图书馆馆长。1977年4月参加工作，1989年2月在德州市图书馆工作，1990年至1998年在德州市文化局工作，任人事科科长，1998年8月至2011年回德州市图书馆工作，任馆长、党支部书记。曾兼任德州市图书馆学会理事长。2010的被德州市委、市政府记三等功一次。

张海燕，女，1965年2月出生，大学学历，中共党员，研究馆员，副馆长。1984年9月参加工作，1991年10月任德州市图书馆报刊部副主任，1993年12月任德州市图书馆副馆长，2009年始主持图书馆全面工作。现任德州市图书馆学会理事长。曾被山东省文化厅评为山东省文化信息资源共享工程建设与服务工作先进个人；德州市委、市政府“德州市妇女儿童工作先进个人和山东省图书馆学会、山东省图书馆“全省地方文献先进个人”等荣誉称号。

牛新平，男，1959年10月出生，大专学历，中共党员，副研究馆员，副馆长。1977年8月参加工作，1986年1月到该馆工作，先后在图书部、辅导部、馆长办公室工作。德州市图书馆学会副理事长，2010年第四届世界太阳能大会文艺演出组织工作先进个人。

未来展望

德州市图书馆的各项工作紧紧围绕“高位求进、创新突破、彰显特色、跨越发展”这一理念，以优化服务，拓展图书馆教育和信息功能，从读者服务、业务管理、读书活动、提高素质入手，各项工作取得了全面的进步。将图书馆数字化，利用网络、计算机等现代信息工具，丰富和拓展传统图书馆的功能和作用是图书馆发展的必然趋势。数字图书馆的出现对于正在不断产生的浩瀚的信息资源的整理、管理、提取和服务，在今后几年，创建全市图书馆服务联盟，提高整体图书馆的服务水平，使图书馆事业发展更上一层楼。在现有不断充实纸质文献的基础上，把该市数字图书馆建设的更加完善，提高广大群众数字数字阅读的能力。在把现有的的几个数字资源专题库不断完善的情况下，争取建设更多的地方文献、地域文化数字资源专题数据库。在未来几年里，在德州市区大地上建设一个高标准、多功能、现代化的市图书馆大楼，在为广大读者提供纸质文献服务的前提下，同时能够提供全覆盖、不间断、无时空限制的数字文献远程和移动服务，数字资源年利用率几百万件以上，达到全国地市级一流的图书馆的标准。

联系方式

地　址：德州市德城区文化路1号
邮　编：253008
联系人：崔志飞

德州市图书馆外景

新城分馆外景

菏泽市图书馆

概述

菏泽市图书馆位于菏泽市文化中心片区，地理位置十分优越。东临华英路，南临丹阳路，西邻赵王河国家级水利风景区，是菏泽的重要公共文化服务设施。菏泽市图书馆建筑面积29486平方米，其中地上建筑面积22925平方米，地下建筑面积6561平方米，图书馆馆舍与胜利广场占地共63亩，总投资近3亿元。菏泽市图书馆设计总藏量约135万册（件），阅览室座席1200个，具备4000–5000人次的日接待能力，服务人口960万。2013年，参加第五次全国公共图书馆评估，被评为国家一级馆。

菏泽市图书馆设计包括图书馆和胜利广场景观设计两大块。图书馆场馆建筑外形呈竖向叠加的建筑形态，将建筑营造成一本立体的书，表达知识沉积的内涵，以“书墨·文韵”的建筑，巧妙地体现了“书画之乡”的文化背景。图书馆南部的胜利广场通过对原有绿化树木的保留，将场地自然分割成“南公园、北建筑”的格局，形成“馆在园中”的独特景观，为市民营造一个集展览、借阅、交流、存贮等功能于一体的城市文化休闲空间。绿化系统设计将以保留记忆和林荫古道再塑造为着手点，保留古树名木，配以地方色叶树种，将保留的林荫、古道以院落的形式与主体建筑融为一体，形成“馆在林中，林在馆中”的意境。

菏泽市图书馆按功能具体分为藏书区、开架借阅区、其他特殊人群阅览区、咨询服务区、公共活动与辅助服务区、业务区、行政区、技术设备区、后勤保障区等。地上地下均设有停车场，地下车库有近百个机动车停车位，地上60余个机动车停车位，300余个非机动车停车位。场馆设施配备和服务项目设置中，引进多项高端服务设施，将人性化服务推送到新馆每一个角落，为读者带来全新的阅读体验。

业务建设

菏泽市馆藏纸质图书近50万册，电子图书50万册。其中，报纸300余种，期刊1200余种；设有报纸、期刊、过报过刊、视障人、老年人、地方文献、古籍、书画、数字资源等阅览室；自然科学、社会科学、少儿等借阅室；同时，还设有政府信息公开查询中心、文化信息资源共享工程中心、市民学习中心、网络信息中心、书展阅展中心、报告厅、自修室、公共电子阅览室等为群众提供综合性服务。市图书馆运行以来积极为包括老年人、未成年人、残疾人等各类特殊群体在内的所有人提供书刊借阅、讲座展览、文化培训、艺术欣赏等多元化服务，开展了“尼山书院”、“曹州大讲堂”、“全民阅读”、图书流动站、文化资源共享工程等服务品牌，开展了一系列丰富多彩的文化活动，每年举办各类展览讲座70余场，放映电影80余场，建成图书流动站5个，办理读者证2万余张，接待全国各地参观考察和学习交流的代表团60余个，读者总流通30万人次，书刊文献外借20万人次，书刊外借达到40万册次。

读者服务工作

菏泽市图书馆实现全年无休对外免费开放，分布在各楼层的书目检索机、室内自助借还书机、电子读报机、自助办证机和24小时室外自助还书机等均能实现“一站式”免费服务。这种形似“超市”的服务模式让读者拥有最大的自由度，只要一卡在手，便可坐拥书城，尽享书香。在这里，读者可以迅速便捷地获取纸质文献、电子文献、声像文献，享受藏(馆藏)、阅(阅览)、借(外借)、参(参考咨询)的人性化贴心服务，轻松享受图书馆提供的讲座、展览、报告会及各种文化娱乐休闲服务。菏泽市图书馆拥有100多T大容量磁盘存储设备、千兆核心交换机等设施，建立了千兆光纤的网络系统和服务器集群系统（菏泽市图书馆网络信息中心），并以此为依托建立了RFID自助借还系统、电子阅览室系统、无线上网系统、信息资源展示使用系统、文化共享工程服务平台、数字图书馆、掌上图书馆（OPAC）、OA自动化办公系统等多种服务新平台，图书馆实现了全面自助服务；实现了无线网络全覆盖；对纸质文献、电子资源和网络资源进行深度加工和多维整合，构建了体系化、特色化的知识资源库群，提高了数字资源的可获取度；面向全市开放的“书香菏泽全民阅读数字平台”，使读者在菏泽的任何地区，上网免费阅读10万册有声图书和近2万个小时的音视频资料；菏泽市数字图书馆拥有近50万册的电子图书供读者在馆内外上网免费阅读；掌上手机图书馆为读者提供书目查询、网上续借、借阅查询等服务；借助移动通讯、广播电视、互联网及VPN等现代网络技术，建立了覆盖全市的数字图书馆服务网络，加强门户网站建设，建立绿色网络，实现网站与自动化管理系统的无缝链接；综合运用报纸、杂志、广播、电视、音像、网路、电信等各类传播工具，用文字、声音、影像、动画、网页等形式，为市民提供全媒体服务。市图书馆采用

丹阳路小学图书流动站授牌仪式

特教中心授牌仪式

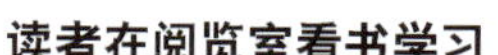
读者在阅览室看书学习

菏泽市图书馆大厅

菏泽市图书馆新馆掠影

Interlib文献管理系统、RFID自助借还系统、自助办证、自助查询和电子读报系统，配有先进的局域网、门户网站，馆内实现wifi无线网络全覆盖，馆内业务基本实现自动化管理，可向读者免费提供文献外借、阅览、信息检索、讲座等多类型、多层次的综合性服务。

业务研究、辅导、协作协调

菏泽市图书馆认真开展业务研究，积极做好各项工作。建立了覆盖全市的数字图书馆服务网络，促进了全市数字图书馆系统资源与服务的共建与共享，积极做好业务管理自动化、网络化和共享工程平台建设，优化整合全市的文献信息资源，建立区域性文献资源保障体系，将市馆与县区馆粘合成一个相互融通的，资源高度共享的紧密型图书馆共同体。积极参加各级业务部门组织的各类培训班，每年举办业务辅导、培训班10余期，培训人员1000余人次，深入农家书屋、基层站点现场辅导。菏泽市图书馆职工发表论文36篇，获省图书馆学会征文二等奖、三等奖八个，15人获《文化大视野——全国群众文化、图书、博物论文集》优秀奖。

管理工作

菏泽市图书馆完成全员岗位聘任，全体工作人员全部实行了岗位聘任。优化管理软环境，强化建章立制，推动管理建设规范化长效化。推行岗位管理和目标管理责任制，先后起草制订了《菏泽图书馆工作规则》、《菏泽市图书馆工作人员守则》、《菏泽市图书馆优质服务规范》、《菏泽市图书馆读者须知》、《菏泽市图书馆考勤制度》、《菏泽市图书馆安全保卫制度》、《菏泽市图书馆应急疏散方案》等多项规章制度，将议事制度、机关经费、专项资金、督查考核等有关规定和办事程序，制定成条条款款，打印成册，人手一本。同时，建立了工作量化考核指标体系，每月进行工作进度通报，每半年和全年进行总体工作考核，强化刚性约束，确保各项制度规定落到实处。

馆领导介绍

田玉堂，男，1959年12月生，大学学历，中共党员，1982年7月参加工作，市图书馆法人代表。历任东明县一中团委书记、东明县委组织部科长、宣传部副部长、菏泽市新闻出版局副局长、菏泽市文广新局副局长、调研员、曹州书画院院长等职。

张伟胜，男，1977年9月生，本科学历，中共党员，图书副研究馆员，党支部书记、副馆长，中国图书馆学会会员、山东省图书馆学会会员。1998年11月参加工作，历任菏泽市艺术馆副主任科员、党支部书记，菏泽市图书馆副馆长、党支部书记。

未来展望

菏泽市图书馆新馆建成开放，实现了一次华丽的新生和发展，成为开放型、多功能的现代化图书馆，将由此开启一段全新的历史积淀与文化传承。市图书馆将以此为契机，深入贯彻落实十八届三中全会精神，遵循“服务第一，读者至上”的服务宗旨，按照结构合理、发展平衡、网络健全、运行有效、惠及全民的原则和公益性、基本性、均等性、便利性要求，努力将新馆打造成全市的文献信息保障中心、全民阅读推广中心、数字图书馆服务中心和文化惠民服务中心，全面提升图书馆的公共文化服务能力。以一流的设施、一流的服务、一流的管理，为市民提供优质、高效、便捷的免费服务；在全面提升自身服务功能的同时，尽快筹建图书馆理事会和市图书馆学会，吸纳社会各界人士参与管理，以促进基本公共文化服务标准化、均等化，推动图书馆服务与群众文化需求的有效对接；积极为包括老年人、未成年人、残疾人等各类特殊群体在内的所有人提供书刊借阅、讲座展览、文化培训、艺术欣赏等多元化服务，让文化惠民成果覆盖所有人，并进而为建设书香菏泽，促进菏泽市文化繁荣发展做出新的更大贡献。

联系方式

地　址：菏泽市牡丹区丹阳路669号
邮　编：274000
联系人：张伟胜

免费上门办证服务

武警支队图书流动站

少儿书画展

济南市历下区图书馆

概述

历下区图书馆成立于1997年，于2010年被评为国家二级图书馆。2012年迁至新馆历下区十亩园街1号。现图书馆位于城区中心地带，紧邻风景秀丽的黑虎泉，建筑面积达3000余平方米，藏书20万册，拥有300多个阅览坐席。

业务建设

至2012年，历下区图书馆总藏量20余万册，其中电子文献达到8万余册。社科类图书占30%，文学类图书占60%，综合性图书占10%。图书平均年入藏为5000册左右，报刊年入藏数为260种以上，电子文献年入藏量达到500种以上。

2012年图书馆的经费支出达120多万元，其中包括图书馆阅览桌椅、微机、书架、报架等基础设施建设，其中，购书经费达48.3万元。

2012年我馆升级图书管理系统，由ILAS（扩展版）升级为Interlib集群图书管理系统，采访、编目、流通、书目检索、期刊等功能更加简洁、直观、便利，并具有网络查询、分馆管理等功能，使我馆能和市馆及其他兄弟馆达到联网。

2012年底，为了方便读者借还图书，我馆新添置了两台RFID图书自助借还设备，极大地方便了读者借阅，提高了图书借阅效率。

2012年，公共电子阅览室计算机全部更新，并增至51台。专线100兆接入。

读者服务工作

历下区图书馆于2008年起开始免费向社会开放，全年365天无休，周开放时间56小时，实现了全馆公共空间设施场地全部免费开放，基本服务项目健全。2012年引进RFID技术，实现了馆藏文献自助借还。历下区图书馆设有中文借书室、少儿借书室、视障阅览室、期刊阅览室、少儿阅览室、电子阅览室、自习室、地方文献室、多媒体播映室、报告厅、多媒体教室、展厅等12个功能室，设有阅览座位300多个，可供读者利用的计算机51台，年接待读者12万人次，年借阅图书10.2万册次。馆外设有社区图书馆流动站13个，由区图书馆定期为图书流动站更换图书，年借阅图书1.2万册。现我馆持证读者达4600人，其中少儿读者183名；集体借书小组30个，少儿借书小组约12个。我们注重发挥图书馆的宣传作用，通过丰富多彩的活动让社会了解和支持图书馆，除了参加一年一度的图书宣传月活动外，我们每年都组织开展多种形式的图书宣传活动，2012年共举办讲座、展览、培训、阅读推广等活动31次。如："六一"儿童节举办诵读经典活动、利用消夏晚会开办图书猜谜活动、假期开办少儿作文班、图书演讲比赛、举办摄影、美术作品展览、举办老年人电脑免费培训班，还为残疾读者准备了有声读物，举办读书会、利用文化资源共享播映室播放老电影等活动都受到上级领导和社会各界的好评。

业务研究、辅导、协作协调

我馆积极参加省市图书馆举办的各项业务培训和学习，经常和兄弟图书馆进行业务交流，不断提高业务素质和业务水平，促进图书馆事业的发展。目前我馆采用Interlib图书管理系统，和市图书馆、其他区县馆能够联合编目，实现了馆际互借的业务功能。

图书馆除坚持正常的阵地活动外，还负责基层文化站的辅导业务，每年都定期对辖区内各文化站图书室和文化共享工程基层点进行辅导和培训，通过培训辅导的基层管理人员，都具备了独立开展工作的业务能力，并在各自的岗位上做出一定的成绩，近年来曾多次获得省、市、区先进图书室、先进基层站点和先进个人的荣誉称号。我区共有78个社区和19个行政村，目前共建有基层图书室68个，达到70%；建有13个社区图书流动站，基本满足了辖区居民图书借阅的需求。

管理工作

近年来，图书馆不断完善制度建设，制定了涉及图书馆各个工作环节的管理制度，通过以制度治馆，达到以制度化带动图书馆的规范化和科学化的目的。图书馆对业务干部实行岗位目标责任制和聘任制，对上岗人员定期进行严格考核，择优聘任。对财产、设备都建帐管理，制定了各项管理规章制度，并有专人负责落实。另外我们还建立了各类档案，有专人负责统计管理。

馆领导介绍

张雨，女，1969年7月出生，本科学历，馆长。1986年5月参加工作，2014年1月调入历下区图书馆。

图书馆画展

历下文化大讲堂

小读者体验日

小小志愿者

猜迷语活动

小读者体验日–少儿阅览室

征文活动颁奖大会

石秀娟，女，1973年5月出生，本科学历，副馆长。1994年7月参加工作，2008年8月任命为历下区图书馆副馆长。

王艺，女，1977年4月出生，本科学历，副馆长。1996年7月参加工作，2009年8月任命为副馆长。

表彰、奖励情况

2009年–2012年，历下区图书馆共获得各种表彰、奖励10次，其中文化部表彰、奖励1次，省文化厅表彰、奖励1次，其他表彰、奖励7次。

未来展望

加强数字资源建设，尤其是自建资源建设，包括历下区非物质文化遗产影像资料库、历下区文化演出专题库等。再就是进一步加强我区图书馆网络建设，整顿现有社区图书室、图书流动站，促进文化信息资源共建共享，加大图书馆覆盖范围。未来的三年，历下区图书馆规划建设以区馆为中心馆，以100个社会分馆为发散节点的星形服务网络。打造区、社区图书馆一体化服务体系，实现全区内图书馆一卡通借通还，联合编目，联合检索。在以区馆带动社区图书馆发展的同时，极大的推动市民的阅读需求。

联系方式

地　址：济南市历下区十亩园街1号
邮　编：250000
联系人：石雯君

社区健康讲座

社区老年人计算机培训班

济南市市中区图书馆

概述

市中区图书馆始建于1953年，前身是市中区文化馆图书室，2004年成立市中区图书馆，新馆坐落于交通便利的大众广场文体中心，建筑面积4000余平方米，严格按照图书馆各项建设标准进行设计建设、装修；设备先进、功能齐全。内设基本书库、特藏书库、少儿阅览室、报刊阅览室、图书阅览室、特殊阅览室、文献资料阅览室、学术报告演示厅、陈列展览厅、信息处理室、采编加工室、机房、文化信息资源共享公共电子阅览室等十三大功能区。2009年参加了第四次全国公共图书馆评估，2013年参加第五次全国公共图书馆评估，被评为国家一级馆。藏书20万册，坐席400个。为了更好地对图书馆进行科学化信息化管理，提高管理使用效率，2009年与市图书馆及各区县图书馆开通一卡通功能的基础上，安装配备先进的图书管理系统、更加科学和人性化门禁以及3RDAuto System Interlib系统软件。

业务建设

市中区图书馆注意收藏适合读者所需的社会科学和文学艺术类图书，并适当收集适合各专业不同层次读者需要的自然科学类图书，藏书范围共涉及《中图法》22个大类。社会科学类以文学艺术、文化教育、语言、政治、经济、历史类图书为主，约占藏书总量的50%，其中又以文学类图书为主；自然科学类以医药卫生、工业技术、农业科学及数理化等方面的图书为主，约占藏书总量的40%；综合类图书约占总量的10%。另外包括报刊和地方文献。

2009—2012年，本着购书连续性合理性的原则，先后分4批购进了2638种，5751册新书；山东人民出版社捐赠103种，1030册新书；市文化局、市图书馆支援13000余册；在全区机关单位开展了捐书活动，共捐书2万余册。同时，我馆工作人员加班加点进行了图书著录工作。2013年通过政府招标采购图书，北京华文、山东爱书人、济南读乐尔3家公司中标，购书10万册，价值300万元。截止目前，我馆年图书入藏量达5000余种，文献总藏量已达20万余册。

为适应新馆工作需要，提高工作人员业务素质，自2009年1月份，先后派出工作人员到市图学习图书管理一卡通程序和Interlib图书管理系统的图书、期刊的采编、流通、著录等项业务的培训、学习。目前，我馆使用了《中图法》（第四版）进行分类标引；《普通图书著录规则》进行著录；《中国分类主题词表》进行主题标引。标引误差率、图书著录误差率、目录组织误差率控制在2%以下、闭架图书排架误差率0.5%以下、开架图书排架误差率控制在2%以下。坚持每月一次的业务检查，促进业务管理规范化，做到了书标、条码、馆藏章等规范、统一、整齐、美观，达到了较高的业务水准。

2001在济南市文化系统率先创办“电子阅览室”，按照省、市文化信息资源共享工程工作会议精神，对照省级文化先进区标准进行资源配置，在原有投资106万元的基础上将进一步追加投入，努力打造技术更新、设施更全、资源更丰富的共享工程市中区支中心。目前，支中心分为“一房两室”，即：中心机房、电子阅览室和多媒体室，配备72台电脑、大型的应用及管理服务器、卫星接收系统、交换机、UPS和防火墙等设备。现代化的设施配备，为图书馆文化共享工程更好的发展奠定了良好的基础。

在济南市率先启动了文化信息资源共享工程建设，先后建成177个文化共享工程基层服务站点，覆盖率达100%，构建了区、街、村（居）三级文化资源服务网络。其中，基本型服务站点171个，规范化服务站点6个。2010年12月底，市中区图书馆投入资金15万余元为市中区十六里河办事处大西村建设了农村公共电子阅览室。面积80余平米，配备电脑30台和配套的交换设备，达到省内一流水平。

截至目前，区级支中心已累计为群众提供免费服务8000多个机时，受益群众达2.6万余人次。

读者服务工作

图书馆首要任务是为读者服务。始终坚持“零门槛”，率先实行了免工本费办理借阅证，并利用各种形式对馆藏图书进行了广泛宣传活动。针对读者的成分、性质分类分期宣传引导。先后举行了“三八”妇儿生活健康主题图书推介会、“五一”职工职业主题图书推介会、“六一”可爱儿童图书主题推介会、“七一”红色革命传统教育图书主题推介会、“八一”雄风军营图书推介会、报刊推介会等。

2009年1月—2013年12月份，外借册书30万余册；人均年到馆次数25次；开架书刊占图书馆总藏量的50%。读者人数已增加至3000余人。

组织选手参加书香泉城读书节活动

市中大讲堂“吃出健康来”讲座

作为公益性、服务性、社会教育性机构，我馆以服务弱势群体为己任，专门成立了“弱势群体服务小组”，对不方便到馆的辖区内残疾人读者摸底排查建立速查档案，电话预约，送书上门；对进城务工人员年均4次组织技能培训。

利用学术报告厅推出了“市中大讲堂”品牌系列教育活动，聘请专家、教授，开办各种讲座、报告会15次，内容丰富多彩，包括法律、法规、政策、健康、科普等各方面知识；图书馆展室举办名人书画展、老年书画展、摄影展、民间工艺展等各种展览活动20余次，陶冶社区居民的情操，增加社区居民的艺术修养，充分发挥了宣传阵地的作用。

业务研究、辅导、协作协调

市中区图书馆一直承担着区文化局分配的关于全区社区文化建设方面的工作调研任务，其内容包括工作现状、传统文化、设施资源、场馆建设、文化市场建设、文化活动队伍、社区群众文化活动等一系列调研内容。本着“以事实为依据，务求实效”的原则，克服一切困难，深入到各办事处、各社区、各村居进行实地考察，获得第一手资料，以严谨的工作态度进行调查研究，统计总结，做好调研报告为领导提供了丰富的工作信息和合理化建议，有力地推进了基层社区文化建设。

在市中区17个街道办事处中，拥有图书室的街道办事处占街道总数的100%；拥有图书室的社区占社区总数的90%；农家书屋76个，占村居总数的99%。

在全区范围内建立了25个社区、村居、部队图书流通点，按照各流通点辖区居民成分素质、人数等实际情况，自2009年4月以来，先后从馆藏图书中拿出64500册，分别进行扶持配送图书工作。定期为他们更换图书，传播先进文化，进一步拓展了图书馆的服务功能，壮大了读者队伍。为保证流通点的正常运转，我们对图书管理员集中、现场培训，教授图书馆基础知识，主动服务于社区、服务于农村、服务于军营。

管理工作

管理需要制度，制度需要规范，规范需要科学。图书馆的规范和制度，是图书馆实行科学管理的依据和准绳，是整个图书馆工作正常有序运行的保证。我馆历来重视各项管理工作，逐步实现了管理工作制度化、科学化、现代化。

新馆的建立，标志着市中区图书馆进入了崭新篇章。新馆规模的扩大、现代化的设施都需要人才资源的支撑。为此，派专人到济南市市图书馆进行业务培训，在短短的时间内为图书馆组建了较高素质的工作队伍，提供了人员保障。

制度齐全，有章可循，完善的工作管理制度是工作顺利开展的保证。我馆从大处着眼，小处着手，把完善管理制度、规范行为作为一项重要的内容来抓。为此，我馆严格执行贯彻、制定了各项管理制度，设备、物资、档案、统计、环境、消防、保卫等制度责任落实到位到人，实行目标责任制，量化考核、动态管理，定期检查、检验，提高了管理水平，强化了全馆人员的事业心和责任感，提高了服务质量，使图书馆整体工作高效运转，为图书馆今后的持续发展奠定了坚实的基础。

根据《书库管理细则》进行书库管理工作，依照标准配齐了防火、防盗、防虫、防潮、防尘等设备，工作人员努力提高保护馆藏文献资源的责任意识，爱护馆藏文献，保护馆藏文献。定期检查馆藏文献受虫、鼠害情况，合理放置药品、器具，谨防虫患、鼠患；随时检查和清理馆藏文献受损情况，及时进行修复、装订；读者归还的图书分类上架，有序排放。

表彰、奖励情况

1988年被评为山东省先进图书室；2000年在济南市区县公共图书馆《图书馆工作概论》业务竞赛中获团体三等奖。2007年12月荣获“省级社会文化先进区”称号；2008年9月荣获“山东省文化信息资源共享工程建设与服务工作先进集体”；2008年12月荣获“山东省共享工程示范区”称号；2008年12月荣获“山东省学习型先进单位”；2008年12月被济南市委宣传部、济南市文化局授予“先进图书馆”称号；2009年封静同志被济南市精神文明建设委员会评为“微笑服务先进个人”；2009年参加第四次全国公共图书馆评估定级被被评为“一级图书馆”；2010年陈芃同志被济南市精神文明建设委员会评为“微笑服务先进个人”。

2013年参加第五次全国公共图书馆评估定级被评为“一级图书馆”。

2013年12月被济南市文广新局评委先进文化单位。

馆领导介绍

陈梅，女，1970年6月生，本科学历，中共党员，馆长。

未来展望

济南市市中区图书馆本着“全心全意为读者服务”的办馆理念，不断强化自身综合实力，通过图书馆的三级服务网络体系，把市中区建成先进文化区强区，2014年，已建成“六小书屋”即农民工书屋、环卫工书屋、交警书屋、医院书屋、廉政书屋、红色书屋。

为更好的扩大图书馆延伸服务，在基层街道办事处、社区建市中区图书馆分馆，成熟一家办一家，不搞走过场形式，扎扎实实的打好基础，现已建成2家，二七街道办事处和舜玉街道办事处，争取在2017年在17个街道办事处都建成分馆。

在2015年上半年建成尼山书院，继承弘扬优秀中华文化传统，拓展公共文化服务领域。

联系方式

地　址：济南市市中区大众广场文体中心
邮　编：250000
联系人：陈　梅

报刊阅览室全貌

图书借书室

图书馆外景

济南市槐荫区图书馆

概述

济南市槐荫区图书馆前身是槐荫区文化馆图书室。建于1953年，名称为“济南市第六人民文化馆图书室”。馆址几经变迁，2002年4月，按照省图书馆的标准对区图书馆进行了装修，由于省、市、区领导和各界人士的大力支持，槐荫区图书馆于2002年9月20日正式对外开放。2012年槐荫区按照一级图书馆建设，建筑面积3000平米，设计藏书容量20余万册，可容纳读者座位400余个，具体解决了资金、设备、人员等问题。2013年，参加全国第五次公共图书馆评估定级，首次获得国家一级图书馆。

业务建设

截止2013年底，槐荫区图书馆总藏量近18.8万余册，报刊1.3万余册，持证读者3500余人。

2009年区级财政拨付27.3万元，2010年财政拨款30万元，其中购书费5万元，2011年预算拨款35万元，其中购书费8万元，2012年预算拨款40万元，其中购书费18万元。2013年预算90万元以上，其中购书经费30万。

截止2013年底，我馆数字资源总量为7.8TB，数字图书馆推广计划下发资源1TB，《CNKI系列全文全文数据库》3TB，自建资源：槐荫区消夏晚会、槐荫区非物质文化遗产影像资料库、新书推荐、赠书专题数据库、视听文献等1TB。地方文献数据库资源建设：《济南名泉数据库》建设实施方案、《读书人摄影展数据库》建设方案。在108个村级点实现“现代远程教育网”、“党员先锋网”、“文化信息共享工程”三网共建共享。

2012年，将ILAS系统升级改造为Interlib图书馆集群管理系统，2013年实现馆内无线网络覆盖。

读者服务工作

槐荫区图书馆始终坚持全年365天对外免费开放，实行每周56小时工作制度。2012年流通书刊10.3万册（次），借阅人次达到6.3万人（次）。截止2013年底，共接待读者6.8万人次，流通图书10.5万册次，累计发放办理借书证3500个。共推荐新书近1000种，读者参与活动4600余人次，解答读者咨询300多条，送书下乡1600余册，关注弱势群体，为残疾人免费办理借书证，开展送书上门服务，优化服务环境。2013全区办镇图书室达到14个，建成匡山分馆和南辛分馆，社区、村农家书屋135个，2007年我馆与省馆签订馆际互借协议，除每季度由省馆提供一定数量的图书外，我馆还可以根据读者需要调借省馆资料。2008年10月我馆与县档案局达成协议，计划建立“县情资料库”，并且数据化向读者提供服务。2007年，全国文化信息共享工程槐荫区共享支中心建成。

年均深入区直部门、办镇村社举办各类知识讲座11场次，听众达1100多名。2013开展全民读书月槐荫区青年干部“学习十八大，争当生力军”演讲比赛活动。开展迎新春猜灯谜活动、槐荫区图书馆寒假学生角色体验活动、槐荫区文化局、图书馆为明理村农民朋友送知识下乡、槐荫区文化局、图书馆为“三馆建设”的农民工朋友送书活动、由济南市图书馆、槐荫区图书馆联合主办的“三八妇女节”专题公益讲座活动、4.23世界读书日活动、图书馆服务宣传周活动、十八大精神宣讲报告会走进槐荫全年共举办各类读者活动13次。举办基层图书管理员培训班3次、文化共享基层服务点5期。举办“历届艺术节掠影展览、读书人摄影展等展览活动5次。

业务研究、辅导、协作协调

2013利用报刊、国家图书馆协会、山东省图书馆学会杂志、济南图苑报刊、济南市图学会、人民网齐鲁频道等媒体进行了广泛宣传，去年年内共撰写各类新闻稿件32篇，被刊载和播出12篇，图书馆职工发表论文4篇。

2013举办基层图书管理员培训班3次、文化共享基层服务点5期。举办“历届艺术节掠影展览、读书人摄影展等展览活动5次。下基层开展共享工程基层网点技术培训工作5次，培训基层网点信息员32人次，下基层文化站指导培训25次，协助指导基层站点分类、编目、上架图书43000多册，举办农家书屋管理培训2次，参训118人次，指导并实施农家书屋图书分类、编目、上架图书8万多册。

2013年来共组织开展各种培训15期，培训学员600人次。其中办镇文化站业务培训4期，老年人电脑基础知识培训6期，图书馆业务培训6期。在做好各种业务培训的同时，图书馆加强对基层农家书屋和共享工程服务点业务辅导和支持力度，2013年以来图书馆派出业务骨干到辖区办镇45个农家书屋及全国文化信息资源共享工程基层服务点的管理人员进行业务辅导，主要进行图书的分类、编目、登录、排架、借阅，电脑的基本操作及网络信息

槐荫区图书馆匡山分馆开馆

送文化下乡

槐荫区图书馆阅览室

寒假角色体验活动

收集等知识的培训和辅导，全年累计下基层辅导40余次。

管理工作

2013年，馆内有专业人员8名，均为大专以上学历，其中中级职称2人，专业人员每年都参加省、市、区组织的岗位培训和继续教育，专业考核全部合格。建立有工作量化考核指标体系，每月进行工作进度通报，每半年和全年进行总体工作考核。2009–2013年，共抽查文献排架60余次，书目数据20余次，撰写分析报告8篇工作进度通报40余篇。

表彰、奖励情况

2010年–2013年，槐荫区图书馆获得济南市文广新局、省文化厅各种表彰、奖励7次。

馆领导介绍

程玉霞，女，1971年2月生，本科学历，中共党员，馆长。1989年11月参加工作，先后在采编部、业务办公室、外借部工作。2011年任槐荫区图书馆馆长，兼任文化信息资源共享工程槐荫共享支中心主任。2004年获市文广新局图书馆“先进个人奖”、2013年获市文广新局“信息工作先进个人奖”、2010年、2011年、2013年获区文化局“优秀工作者”。

未来展望

槐荫区图书馆遵循“读者之上，服务第一”的办馆方针，完善各项服务功能，不断强化各项综合素质。以展览等形式宣传特藏文献资源，为读者提供学习、交流、休闲的平台，同时使特藏文献工作得到全社会的理解、重视和支持，将是槐荫区图书馆拓展特藏文献工作的一个重要服务层面。今后，将推出特色讲座活动，进行乡土教育、爱国主义教育，以此弘扬优秀传统文化，满足广大读者的文化需求。

随着新馆的投入使用，槐荫区图书馆特藏文献将以崭新的姿态迎接新的挑战。在今后的工作中，将与时俱进，不断完善检索系统，加强参考咨询服务，整合特色资源，拓展服务领域，逐步形成具有地方特色的服务模式和服务品牌。

联系方式

地　址：济南市经三路242号
邮　编：250000

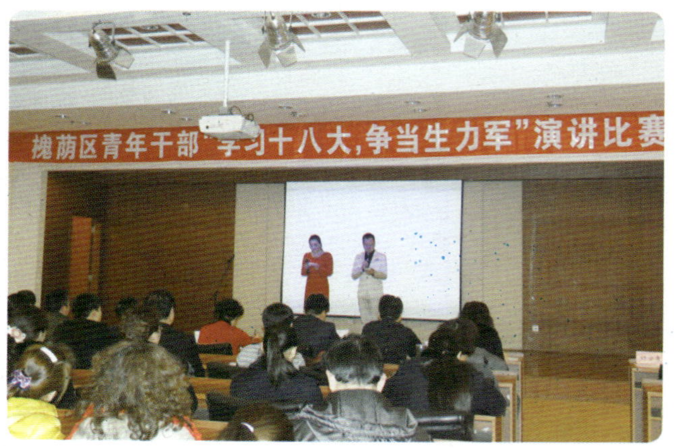

举办演讲比赛活动

诵读比赛

甲骨文展进校园

济南市历城区图书馆

概述

历城区公共图书馆事业起步于上世纪初叶。1919年历城即设立历城县图书馆，馆址在济南大明湖南岸，藏书3000余册，年经费864元（旧币），系山东省内成立最早的县级图书馆之一。后因历城辖区地域沿革及建制，图书馆馆址几经变迁。1990年12月，撤销历城区第一文化馆，成立历城区图书馆，馆址位于王舍人镇朝山街413号，占地面积0.35公顷，馆舍面积2018平方米。1994年，在文化部组织的第一次公共图书馆评估定级工作中被评定为三级图书馆；2005年、2009年被评定为二级图书馆；2013年被评定为一级图书馆。

2013年历城区图书馆新馆建设落成，馆址位于唐冶东路，馆舍面积5000平方米，设计馆藏量20万册。设有成人借书室、少儿借书室、视障阅览室、地方文献室、期刊阅览室、视频放映室、电子阅览室、特藏文献室、读者培训室、自习室等10余个服务窗口。其中阅览坐席300余个，计算机80台，宽带接入100Mbps，选用Interlib图书馆自动化管理系统。

业务建设

截止2013年底，历城区图书馆馆藏各类图书文献16.5万册（件）。其中图书文献10.5万册，期刊203种3.6万册，报纸合订本1.8万件，电子文献0.6万件。

1996年起，区财政局开始划拨购书专项经费5万元/年。2013年起10万元/年，年购置新书5000余册，报刊230余种。

2013年，区财政一次性划拨300余万元，用于图书馆设备设施的购置，其中新购图书5万册、计算机80台、书架、期刊架等近300个、RFID智能防盗仪、自助借还机等1宗。

2005年12月，文化信息资源共享工程历城区支中心成立，图书馆除接收文化共享工程数字资源外，还采取自建和外购的方式购置了部分资源，截止2013年，数字资源总量达到4TB。此外，还通过协作共享的方式自建地方文献数据库，先后建有历城区文物数据库、历城年鉴数据库、历城非物质文化遗产数据库等，数据库总量0.36TB。

图书馆上架图书按照中图法（第四版）标引著录，中文普通图书分编误差率均保持在2%以下，开架图书排架正确率达到96%以上。2008年9月，图书借阅自动化管理图书管理系统由ILAS升级为Interlib系统，图书著录由书本目录和机读目录组成，2013年底，接入100Mbps宽带，办公自动化程度大幅提升。

读者服务工作

实现免费开放。2008年6月，历城区图书馆全面实行免费开放，取消了办证费、工本费等，包括电子阅览、培训讲座、数字放映等所有服务窗口全部对读者免费，实现了读者的零缴费，无门槛进入。图书馆实行全年无休工作制度，实行每天从早8：30—晚17：00连续开放，每周开放达到58.5小时。自2010年起，坚持每半年读者问卷调查制度，征求各阶层读者意见，发现问题及时解决，问卷调查统计读者满意率达到95%以上。2011年6月起，实行了网上续借、电话预约、短信通知等读者服务活动。

开展送文化下乡。从1996年起，图书馆正式启动送书下乡活动，根据农时及种养殖特点，将科技图书送到地处偏远地区的农民手中，截止2013年，累计送书2.157万册次，科普信息资料3.8万余份。2007年起，图书馆开始在农村、机关、军营、学校设立“流动图书站”，让不同群体的读者能就近借还图书，先后共建立“流动图书站”22处，流动图书5万册次，读者8.54万人次。2010年起，共享工程历城区支中心利用文化信息资源，到群众集中的集市、广场、农村文化大院开展数字电影放映，年开展活动30场次，受益群众3万余人。

为政府机关和社会事业提供信息服务。历城区图书馆自2004年开始自编《历城文化信息快报》，每月一期，定时送到区委、区政府、人大、政协、企事业单位领导手中供其参考，2009年起，将《历城文化信息快报》全部改为用电子邮件方式发送。

为弱势群体服务。2008年起，先后开展了为历城聋童学校、南部山区贫困学校、农民工定期送书活动。2009年7月，在全区开展了“我读过的书，与你共享”捐书活动，发动社会各阶层捐赠图书，扶持贫困地区农村图书室。2009年—2013年，共为15所学校送书近1.3万册次，为贫困地区图书室募集图书1.2万余册。

以图书馆宣传周、全民读书月为契机，举办形式多样的读者服务活动。2010—2013年，先后举办了“低碳生活”科普展、“读书知化学”科普展、“公共电子阅览室建设”图片展、“从甲骨文到计算机”图片展等，参与读者2万人（次）。2003年开始，历城区图书馆与济南市花园青少年培训中心合作，建立了

拥军流动书站

历城区图书馆馆貌

图书外借部

图书馆展厅

送科普知识下乡

少年儿童培训基地，利用节假日常年提供书法、绘画、英语、舞蹈、作文辅导培训，培训少儿0.2463万人次。2005年4月，举办了首届“历城区读书用书讲演比赛”，2006年7月，举办了历城区首届“读书人”摄影展览，2007年9月起，开始举办“我最喜爱的一本”书系列征文活动。上述活动均定期举办，每年一届，参与读者共计3.748万人次。

2009年7月，历城区图书馆网站建成开放，网站设有地方文献资源、读者服务动态、图书检索、网上续借等板块。截止2013年底，浏览人数达18.748万人次。

协作协调、辅导、业务研究

2007年8月，历城区图书馆与区党员远程教育中心协作，利用其设施在全区建立658个文化信息资源共享工程基层服务点，使文化共享工程服务在区内实现了全覆盖。2009年起，历城区图书馆与济南市图书馆签订了协作协调协议书，作为市图书馆的协作馆，逐步实现了联合编目、馆际互借。

2009年–2013年，全区18个街、镇建成了综合文化站，598个村设立了农家书屋，并配备了1000册图书及音像数字资源。为使基层图书室健康规范发展，图书馆制定了下基层调研制度和辅导制度，并采取集中辅导与个别辅导相结合的办法，深入农村社区对图书室管理员进行业务培训和辅导。共举办管理员培训班9次，辅导培训基层图书室管理员313人。

2009–2013年，历城区图书馆专业人员共撰写论文26篇，其中出版发表8篇，获奖4篇。自2009年起到2013年底，共有12人次先后参加山东省、济南市图书馆学会的理论学习研讨。

管理工作

历城区图书馆干部人事管理逐步走上正规化、制度化的轨道，已经实行了按需设岗、按岗聘用、竞争上岗、择优聘用、严格考核的管理制度。及时选拔优秀工作者补充到领导岗位上来，激励工作人员争做贡献，多做贡献。与此同时，图书馆建立了严格的财务管理制度及监督机制，做到财务半年一公开，主动接受职工监督。

2013年9月，历城区图书馆完成了第二次专业技术人员岗位评聘，对所有岗位人员签发了工作量化考核指标承诺书，每月进行工作情况通报，每半年进行全体考核，年终对考核结果进行奖惩。

表彰、奖励情况

2009–2013年，历城区图书馆共获得各种表彰、奖励13次，其中文化部表彰、奖励1次，省级表彰、奖励3次，市级表彰、奖励4次、区级表彰奖励5次。

馆领导介绍

崔勇，男，1980年3月生，山东省委党校在职研究生，中共党员，正科级，馆长。1999年6月参加工作，先后任职于历城区博物馆、历城区文化市场稽查大队、历城区文化局业务科，2004年任历城区图书馆馆长，2009年起任馆长兼党支部书记。

李娟，女，1962年8月生，本科学历，中共党员，馆员，中国图书馆学会会员、副馆长。1985年2月参加工作，2009年4月起任历城区图书馆副馆长。

未来展望

引进高素质高水平的专业人才，加快新馆的资源配置。在未来几年内，使图书馆馆藏图书资源达到20万册，期刊、报纸15万件（份），数字文献资源达到30TB，建成涵盖历城政治、经济、文化、教育诸领域的地方文献数字资源库，形成与国家及省、市资源共享互补的图书信息服务体系，同时辐射并带动乡镇社区图书服务的开展，形成区、乡镇（社区）、村（居）具有多功能、标准化、数字化的三级图书信息服务网络。

联系方式

地　址：历城唐冶世纪大道东首历城文博中心二楼
　　　　历城区图书馆
邮　编：250000

“经典诵读”公益讲座

“绿色阅读”展览

基层管理员培训班

济南市长清区图书馆

概述

长清区图书馆1984年10月建馆，原馆址在老城区499号，隶属长清县文化局，建筑面积为216平方米。2002年6月长清区图书馆由老城搬迁到清河街东首文化中心一楼（清河街2428号），馆舍总面积为1400平方米，并对其进行装修改造。2004年乘长清区争创文化先进区的东风，在长清区体育中心西看台三楼，设立少儿图书馆一处，馆舍面积446平方米。截止到2002年底馆舍总面积为1846平方米。1994年、1999年被国家文化部授予"三级图书馆"。2005年、2010年分别被国家文化部授予"二级图书馆"。2012年底，经区委、区政府研究决定，将文化中心一至三层、四层一部分做为长清区图书馆对外服务、办公之用。现馆舍总面积为3065.6平方米，设14个科室，阅览座席288个，计算机46台，宽带接入100Mbps，选用Interlib图书馆自动化管理系统，图书馆事业得到空前发展。2013年被国家文化部授予"一级图书馆"。

业务建设

截止到2013年12月底，长清区图书馆总藏量为20万册（含电子文献）。2003年全馆建立各类文献数据库。在地方文献搜集整理工作方面，自1987年至今，我馆对其文献收集、整理工作从未间断，具有连续性、系统性和完整性，设立专室存放，并加大向社会的宣传力度，从而形成全区广泛关注征集工作并积极提供珍贵文献的良好社会氛围，通过开展各类活动，向社会普及搜集地方文献的意义和范围，同时加强馆际之间互通有无，加强交流，充分提高地方文献的利用率。2012年10月，本馆策划并成功举办了地方文献书画展，并由中国文联出版社出版发行《长风清韵——长清区图书馆地方文献珍藏书画卷》一书，该书内所有作品现已作为长清区图书馆馆藏地方文献永久珍藏，此事，在长清书画界引起强烈反响。地方文献的收藏为传承长清区的优秀文化及为当地各项建设提供详实资料，发挥着不可替代的作用。

读者服务工作

长清区图书馆自2011年3月份起，馆内所有对外公共服务空间全天侯、无障碍、零门槛免费向社会开放。齐鲁晚报、齐鲁电视台"拉呱"栏目、长清电视台、新长清报等媒体给予报道宣传。长清馆书刊文献开架率为100%。馆外设三处分馆，18处图书流通点、9处"小桔灯"图书流动服务点。长清区图书馆是长清市民查询政府信息的主要场所之一。政府信息公开工作除了将政府各部门报送的信息整理、陈列供读者阅览之外，还设立了政府公开信息专架，并在图书馆网站链接政府网站信息资源。在电子阅览室提供6台计算机免费为群众上网查找政府信息，并针对不同的查阅人群开展不同的咨询服务，推进信息服务工作的开展。

在参考咨询服务方面，长清区图书馆常年坚持对外参考咨询、课题服务工作，利用电话、书面、口头、QQ、网站等不同形式，为读者解难答疑，有效的提高了文献信息的利用率，壮大了读者队伍。图书馆常年为特殊群体、弱势人群等特殊读者进行送书上门活动，并设立"特需人"阅览座席，因地制宜开展为特殊群体、弱势人群的服务工作。

2011年10月，本馆创立"'小桔灯'乡村爱心流动图书馆"，并成立志愿服务队。活动主旨：以服务偏远地区贫困孩子为主题。图书来源以本馆赠送、馆内图书流通、社会捐赠三部分组成，由本馆工作人员和社会志愿者共同参与，在市、区级大型广场设立图书捐赠点，筹集图书助学献爱心，以图书服务为主线，在爱心流动图书服务点进行图书外借。迄今为止，已建立九处爱心流动图书服务点，为贫困学生提供免费图书借阅和志愿者助学活动。自活动开展以来受到了社会媒体的广泛关注，曾被中国图书馆学会网站、中国图书馆网、中国网络电视台、网易新闻中心、山东图书馆信息、济南市政府网、长清政府网、长清文化网站、济南市图书馆网站、齐鲁晚报、济南日报、新长清、长清电视台等多家媒体给予宣传、刊登、转载报道。2012年6月，"'小桔灯'乡村爱心流动图书馆"被济南市文明办、团市委、市妇联、市教育局、市关工委评为2011年度济南市未成年人思想道德建设十大创新案例。2012年11月，获中国图书馆学会"全民阅读推广活动经典、创新案例"三等奖，同时被中国图书馆学会网站进行刊登。2013年2月22日，济南市长清区图书馆申报的"'小桔灯'爱心流动图书馆——乡村行"被影响济南年度文化人物文化事件群众文化活动评选组委会评为"2012影响济南年度群众文化活动"。2011年–2013年，各类媒体刊登、转载本馆宣传信息100余篇。

2006年12月，长清区图书馆被列入"山东省文化信息资源共享工程"试点单位。2007年–2013年，图书馆利用这一平台进一步向企业、社区、农村、学校、军营扩展延伸，举办了"文化信息资源共享工程走进军营、社区、学校、农村、企业、敬老院、广场"七进"活动，播放优秀影片100余场次，观看人数达20万人次，真正做到文化信息资源共享，有效地提高基层群众的科学文化素质，受到了长清广大市民的好评和赞扬。

业务研究、辅导、协作协调

长清区图书馆重视学术研讨工作，积极支持馆员参加学术研讨活动，领导积极带头，参加上级行政主管部门和业务主管部门举办的各种读书活动、学术研讨及业务竞赛活动，自2002–2013年，在国家省市各类期刊上发表学术性论文50余篇，参加、省市业务竞赛分别获得团体奖和个人奖一、二、三等奖优异成绩。

多媒体教室

图书馆少儿部

图书馆外借部

长清区图书馆在对下设分馆、基层图书室、图书流通点不定期交流图书、期刊的同时，加强业务辅导和业务骨干的培训，及时写出辅导工作报告，填写工作记录，对基层图书室的情况进行汇总整理。另外，长清区图书馆与济南市图书馆文献编目中心签订协议，成为济南地区图书馆文献编目中心成员馆，后又自愿参与济南市馆藏文献网上联合目录建设，并签订协议。为了进一步推动文化强市的建设，构筑资源共享，功能互补，协调发展的市域网络化大都市，创新服务手段，优化服务环境，充分利用各图书馆丰富的文献资源，提高图书馆文献服务保障水平，更好的为济南地区的读者服务，长清区图书馆签订了济南地区公共图书馆资源共享馆际互借协议。

管理工作

长清区图书馆实行岗位目标管理和工作目标管理责任制，按需设岗，按岗聘用，实行年度考核制，人尽其才，各展所长。加强人事、财务、设备物资、档案等管理，提高了资金的使用率，杜绝了国有资产的流失，使图书馆的各项工作走向了科学化、规范化、法制化的道路。长清区图书馆整体环境整洁、卫生、安静、优美，各科室标牌规范、标准，并及时对图书馆内设备进行维修、维护和保养。为加强消防、安全、保卫工作，每年图书馆都邀请公安消防大队教官到本馆进行消防安全知识讲座，使图书馆防火、防盗、消防、安全警钟长鸣。各部室安装监控，以确保国有财产安全，防范于未然。

表彰、奖励情况

2010年获济南市文广新局、中国重型汽车集团有限公司、市图书馆"重汽杯"济南市第四届"读书人"摄影比赛组织奖。2010年获长清区文广新局先进单位称号。2011年获济南市文明单位称号。2011年获济南市文广新局先进图书馆称号。2011年获济南市文广新局、中国重型汽车集团有限公司、市图书馆、市图书馆学会"重汽杯"济南市第五届"读书人"摄影比赛优秀组织奖。2011年"小桔灯"乡村爱心流动图书馆被评为2011年度济南市未成年人思想道德建设优秀创新案例。2011年获长清区"省级文明区"创建工作先进单位。2011年获长清区文广新局先进单位称号。2012年获济南市文广新局、中国重型汽车集团有限公司、市图书馆、市图书馆学会"重汽杯"济南市第六届"读书人"摄影比赛优秀组织奖。2012年获中国图书馆学会"全民阅读推广活动经典、创新案例"三等奖。2012年获长清区文广新局标兵单位称号。2012年"'小桔灯'爱心流动图书馆——乡村行"获影响济南年度群众文化人物、文化事件、群众文化活动表彰。2013年3月长清区图书馆被济南市妇女联合会评为"巾帼文明岗"。

馆领导介绍

温洪玲，女，1965年5月生，本科学历，中共党员，副研究馆员，党支部书记、馆长。1980年1月参加工作，1997年任图书馆副馆长，2004年任图书馆书记，2009年任图书馆馆长、书记，对图书馆这项惠及广大民众的公共文化事业有着无限的挚爱，曾撰写学术论文20余篇，其中，3次在论文集中担任编委，主编的《长清区地方文献——书画卷》，由中国文联出版社印刷出版。曾先后荣获山东省古籍保护中心"先进个人"，济南市委宣传部、市文化局"济南社会文化工作先进个人"，济南市妇联"三八红旗手"、"三八红旗手标兵"，中共济南市第十次党代会代表，长清区第六、七届政协委员，"有突出贡献的政协委员"等荣誉称号。

电子阅览室

朱成香，女，1978年9月生，本科学历，中共党员，中级职称，副馆长。1997年7月到济南市长清区图书馆工作。分管外借部、古籍部、读者活动、基层业务辅导、对外宣传等工作。任职以来，获省级奖励6次，市级奖励4次，区级奖励6次，局级奖励10次，发表论文数篇，获不同等级奖励。

路静，女，1975年10月生，本科学历，中共党员，副馆长。1995年4月参加工作，分管办公室、阅览部、档案室、基藏库，发表省级论文数篇，获不同等级奖励。

未来展望

长清区图书馆遵循"科学、效率、创新、发展"的方针，以服务立馆，文化办馆、科技兴馆、人才强馆的理念，与时俱进，认真实践科学发展观，拓展工作思路，经过多年的不懈努力，图书馆得到了前所未有的发展。面对着21世纪世界性的信息化浪潮，图书馆界迎来了事业发展的机遇和挑战。时代在召唤，在催促，长清区图书馆将一如既往的保持和发扬好成绩，"不用扬鞭自奋蹄"，在上级部门的正确领导下，在各级图书馆学会和相关单位的指导下，虚心学习，寻求合作共赢共同发展的战略，求得更好更快更大的发展。争取向图书馆功能趋于多样化，文献趋于数字化，服务趋于自助化，建筑趋于现代化，管理趋于科学化而努力奋斗。

联系方式

地　址：济南市经十西路17017号
邮　编：250399
联系人：朱成香

（撰稿人：朱成香）

图书馆阅览室

"小桔灯"乡村爱心流动图书馆走进房庄小学

图书馆外景

商河县图书馆

概述

商河县图书馆前身是县文化馆图书室。1985年11月，经山东省文化厅批准，在原图书室的基础上建立商河县图书馆。内部机构设置为图书组、文物组、办公室。1986年5月，改为采编、借阅、阅览、总务、文物五组。1991年设立辅导部后，内设机构为采编、借阅、阅览、辅导、文物五部和办公室、资料室两室。2007年在行政服务中心建立全国文化信息资源共享工程商河支中心。内设电子阅览室、多媒体教室和中心机房。实行分工协作制度。于2009年3月，迁至城市展馆。馆舍几经变迁，2012年7月初，位于商河县文昌南街的新馆正式开工建设，新图书馆按照国家一级馆标准建设，位置座落于文昌南街与田园路交汇处，占地面积2185平方米，建筑面积3825.92平方米，共4层，全框架结构，设计藏书量为30万册，阅览坐席268个，信息接口100个。新馆于2013年8月正式免费开放。

业务建设

截止2012年底，商河县图书馆总藏量8.1592万册（件），其中，纸质文献8万册（件），电子图书1592种/册。

商河县图书馆现有古籍11种93册，地方文献4000余种/册。

截止至2012年底，商河县图书馆数字总资源为2.46TB，其中自建数字资源总量842GB。不断加强地方特色资源建设，广泛征集本县历史文化和民间资源，利用数字化设备，加工制作地方特色数字资源，已完成商河文化资源包括：地方文献、地方名吃、故乡文化、鼓子秧歌、图书馆专题、全县“我爱家乡·展望未来”获奖征文等地方资源库建设。

2012年，商河县新增藏量购置费20.9788万元，2009–2012年，共入藏中外文图书1.0652万种，1.6026万册，中文报刊426种，视听文献1592种。2012年，地方文献入藏完整率为96%。

读者服务工作

从2009年8月起，商河县图书馆全年365天对外免费开放，周开放63小时。加入济南市图书馆Interlib图书馆集群管理系统，实现了馆藏文献的自动化借还。2009–2012年，书刊总流通48万人次，书刊外借32万册次。2010年起，为“两考”网报志愿提供服务。

图书流通和读者工作主要以开架借阅为主。读者以机关干部、农民和学生居多。

2009–2012年，文化共享工程商河支中心，电子阅览室接待读者10.3680万人次，利用多媒体服务大众11.3758万人次。

2009–2012年，商河县图书馆共举办讲座、展览、培训、阅读推广等读者活动540场次，参与人数16.2万人次。创新了若干阅读推广活动，其中包括自2010年起，以商河县图书馆为平台，由县文广新局、县教体局、县新闻中心联合举办的“我爱家乡”征文比赛和暑期电影月活动，都是商河县图书馆阅读推广工作的特色服务项目。

业务研究、辅导、协作协调

2009–2012年，商河县图书馆职工发表论文9篇，获奖论文6篇，出版专著3部。

为深入贯彻落实中共中央、国务院《关于推进社会主义新农村建设的若干意见》和《关于进一步加强农村文化建设的意见》，切实解决广大农民群众“买书难、借书难、看书难”的问题，2007年商河县开始建设农家书屋。在市文广新局的指导下，在社会各界广泛参与下，商河县已经建成农家书屋963家，配备图书105.781万册、电子音像制品9.63万张。2012年底，已完成全县农家书屋全覆盖的任务。

2009–2012年，商河县图书馆在基层管理员的培养上实现了制度化和常态化。每年定期深入村镇社区农家书屋和学校图书室，对管理员进行面对面图书管理业务巡回辅导，共同做好农家书屋和基层图书室管理、服务的督促、指导工作。

2007年9月，商河县文化信息资源共享工程在市政府扶持配置68万元设备的基础上，县政府又投资69.9万元，购置了相应软件、投影仪12台、DVD973台，建立了县级支中心1个、乡镇/街道服务站12个、村级服务站点963个，初步搭建了覆盖全县的服务网络，实现了城区建有支中心、基层服务站点城乡全覆盖、网络运行正常、资源建设领先、基层队伍培训有效开展的建设目标，形成党委政府重视、文化主管部门统领、县支中心和基层服务点通力合作的良好工作局面。从2009年起，商河县图书馆以文化信息资源共享工程专网为依托，在全县范围内发起组建电子阅览室，隶属农家书屋。截止2012年底，乡镇级电子阅览室发展到4家。

商河县图书馆新馆落成仪式

图书馆馆貌

2012高考生网报志愿活动

2012庆七一送电影进老党员之家

科技宣传周活动

加入山东省公共电子阅览室运行管理系统。电子阅览室信息安全管理平台是实施山东省图书馆信息管理平台软件管理方案，统一对客户端进行标准规范的管理模式；其资源传输调配体系配备有共享工程转接设备和中型浪潮客户端服务器。另外，在资源导航与信息采集中电子阅览室安装系统软件管理平台，有效地管理客户终端并能够即时监管监控用户使用本机状况，迅速采集使用信息。

管理工作

2010年，商河县文广新局对商河县图书馆工作人员进行局内部调整。本次岗位调整之后，共有8名工作人员。技术职称：馆员4人，助理馆员1人。同时，健全了商河县图书馆工作制度，共四章二十八条，每半年和全年进行总体工作考核和个人工作考核。

2009–2012年，共抽查文献排架16次，书目数据8次。修复损坏图书729册，保养电子阅览室电脑48次，发表工作信息、宣传信息220余篇。

表彰、奖励情况

2009–2012年，商河县图书馆共获得各种表彰、奖励9次。其中，省文化厅表彰1次，省古籍保护中心表彰1次，济南市乡村阅读工程及农家书屋办公室表彰1次，其他表彰奖励6次。

馆领导介绍

陈芳萍，女，1965年8月生，大专学历，中共党员，中级职称，馆长。1981年12月参加工作，先后任采编部主任、副馆长等职，2010年3月任商河县图书馆馆长，兼任济南市图书馆学会常务理事。2008年获济南市文化先进个人、2010年获山东省古籍保护先进个人。

李梅，女，1966年1月生，大专学历，中共党员，中级职称，副馆长。1984年12月至今商河县图书馆工作，先后在阅览部、图书借阅部、办公室等部门工作。

未来展望

目前我馆虽然流通图书仅有8万余册，但通过几代图书馆人坚持不懈的努力，读者服务工作成绩显著，读书活动蓬勃开展；业务学习研讨蔚然成风；职工综合素质明显提高，馆内管理井然有序，得到了社会各界的充分肯定和赞誉。今后我们将一如既往的保持和发扬好的传统，改善工作中的不足。争取社会各界对图书馆事业的关心和支持，尽早把图书馆现代化技术管理引入到日常管理工作之中，把商河县的图书馆事业推向新的历史发展时期，更好的为广大读者服务。

为迎接“十艺节”在济南举办，全面落实省、市下达的2012年底各县（区）完成“两馆”建设任务的要求，县文广新局积极协调，努力争取，新图书馆经过选址、立项、规划、设计、招标等一系列复杂的前期工作，于2012年7月初正式开工建设。

根据商河发展综合考虑，新图书馆按照国家一级馆标准建设，位置座落于文昌南街与田园路交汇处，占地面积2185平方米，建筑面积3825.92平方米，共4层，内设咨询台、办证处、免费存包区、触摸屏读报区、目录检索区、阅览藏书区、读者休闲区、老年（视障）阅览室、少儿阅览室、期刊阅览室、电子阅览室、地方文献室、资料室、自习室、采编室、配送中心以及后勤办公室等多个区域和部室。配备有报告厅、展厅、多功能厅及会议室、培训教室等多个专业厅室，为读者提供多样化服务。设计藏书量为30万册，阅览坐席268个。已于2012年10月2日完成主体工程，于2013年8月份正式免费开放。

新图书馆建成开放后，极大地满足城乡群众多层次、多方位的精神文化需求和阅读需要，更好地为广大群众提供优质的精神食粮，成为商河文化惠民的主阵地。

联系方式

地　址：商河县文昌南街与田园路交汇处
邮　编：251600
联系人：王德娥，程亚楠

服务宣传周及庆六一活动

暑期电影月活动

少儿读书室

章丘市图书馆

概述

章丘物华天宝，人杰地灵，是举世闻名"龙山文化"的发祥地。悠久的历史，灿烂的文化，养育了文学家李格非、一代词人李清照、戏曲家李开先、书法家雪蓑等无数名流贤达。源远流长的古老文化，为章丘图书事业的发展奠定了基础。有文字记载的章丘古代"藏书楼"，可追溯到明代李开先（1502-1568）的"中麓书院"和"万卷藏书楼"。清代高赤诚建"有怀楼"和"灌书园"。1916年（民国五年），国民党章丘县政府，在章丘城（现绣惠镇驻地）设"通俗图书馆"。1930年于章丘城教育街设"县立图书馆"。1931年成立"章丘县民众教育馆"。1939年，日伪军在旧县城设立"新民教育馆"，附设阅报所，1942年至1943年在埠村、章丘城分别设有"民众教育馆"，均有图书借阅业务。

解放后，章丘图书馆事业有了长足的发展，1951年章丘县政府成立"人民文化馆"，内设图书室，房舍5间，藏书万余册。1984年9月，在文化馆图书组的基础上成立"章丘县图书馆"，1986年10月现馆落成，面积2500平方米，藏书6万余册。2012年7月7日，投资7亿元的章丘市文博中心正式开工，其中图书馆建筑面积2.08万平方米，可容纳藏书120万余册，今年下半年投入使用，届时可极大提升我市公共文化的承载能力和服务水平。章丘市图书馆1994年参加第二次全国公共图书馆评估，首次获得二级图书馆，2012年参加第五次全国公共图书馆评估，获得一级图书馆。

章丘市图书馆现有阅览座席360个，其中少儿阅览座席100个，微机46台，供读者使用的计算机35台，配有服务器3台，投影仪2台，手提电脑1台，电视机1台，网络对外接口10M专线，存储容量6TB，业务自动化管理系统运行正常。

业务建设

截止2013年底，章丘市图书馆总藏为150636册，电子文献610部。2012年入藏图书5178种，2011年入藏图书6373种，2010年入藏图书2752种。报刊年均入藏数量300种，视听文献年均入藏量200件。我馆注重地方文献的收集、整理、利用工作。走出馆门，面向社会，开展征集，地方文献室有专人和专架管理，有专门目录。章丘市图书馆是我市精神文明建设的窗口，是广大市民终身学习的学校，丰富的文献资源为本地政治、经济、文化和科学教育服务的最根本的保证。

2011年财政拨款132万元，2012财政拨款133万元，财政拨款增长率与当地财政收入增长率的比率为100%。2012年、2013年新增藏量购置费20万元。

读者服务工作

按照文化部、财政部《关于推进全国美术馆、公共图书馆、文化馆（站）免费开放工作的意见》文件要求，2008年各大服务窗口实行全免费向社会开放，开馆时间每天8.5小时（双休日、节假日正常对读者开放）。文献全部实行开架阅览，文献年均外借13万余册次，文献外借率达到87%。

近年来采取馆外流动服务方式与阵地服务相配合，服务惠及更多的基层群众，年均送书万余册，年流通15万余人次，有效借书证7000余个。

积极做好书刊宣传工作，利用多种方式进行图书宣传活动，积极为政府、教育、科研等单位和公众提供信息服务和专题服务。广大群众可以快捷、无偿、平等地通过图书馆平台获取丰富的信息资源。同时特别注重对弱势群体的服务工作，积极与老年人、残疾人社团、未成年人取得联系，根据他们阅读的特点和需要，定期送去所需书刊。

章丘市图书馆各项设施达标，配备机房、多媒体电子阅览室、教室，10M专线，网站。为读者提供网上服务平台、信息浏览、电子图书、免费打印等服务项目，极大地方便了读者。

年均开展讲座培训、阅读推广和图书宣传等30余次服务活动，参加群众均达到90万人次，每万人年平均参与活动达3次。积极做好图书馆服务宣传周、全民读书月等活动，利用章丘新闻网和章丘电视台等媒体，宣传图书馆免费服务和文化共享工程服务平台。举办"爱国主义教育影片展播"，"健康知识讲座"等活动，发放宣传材料、读者调查表，读者满意率为99%。

章丘市文化共享工程支中心全年免费开放，坚持公益性、高标准服务。对各基层服务点进行规划和指导，文化共享工程市、镇（街道办）、村三级服务网络运行正常。章丘共享工程是基层群众文化娱乐和学习的重要阵地，是全市的人民学科技、学文化的广阔平台，为新农村建设提供了全面、快捷、到位的服务，取得了良好的社会效益。

文化部关司长在吕家村基层服务点参加全国文化信息资源共享工程示范点现场会

上级领导来馆检查指导免费开放服务工作

“我与数字图书馆”读书活动

“老年网上阅读”系列活动

“培养阅读习惯从娃娃抓起”系列活动

业务研究、辅导、协作协调

积极参加上级举办的培训和学习，2009–2013年在省级刊物上发表论文10篇，获奖论文15篇，撰写调研报告5篇，每年2次业务考核业务人员取得良好的成绩。

与上级馆签订数字化资源共享、文献采购等协议，实行图书馆联合编目和目录查询，提供基层图书室集体借阅服务。年举办基层图书室管理员培训班3–4期，常年下基层对20个镇（街道办）图书室、电子阅览室、农家书屋、流通服务点进行帮助指导，联合街道、学校实行共建共享。

管理工作

章丘市图书馆环境整洁、美观，馆内标牌规范，措施齐全，积极吸纳志愿者参与图书馆工作，实行科学管理。每年制定年度计划，财务公开，按需设岗、按岗聘用，每3年进行一次竞争上岗。对馆藏、借阅、设备物资各科室负责人年终统计汇总。

表彰、奖励情况

2009–2013年，章丘市图书馆共获得各种表彰、奖励42次，其中，文化部表彰2次，省、市表彰5次，其它表彰、奖励35次。

馆领导介绍

张兆奎，男，1963年4月生，本科学历，中共党员，副研究馆员，馆长，1981年10月参加工作。2007年获“济南市第九届科学技术优秀学术成果叁等奖”；2009年获“济南市社会科学优秀成果奖三等奖”、“济南市第十届科学技术优秀学术成果叁等奖”、2011年获“济南市第十一届科学技术优秀学术成果叁等奖”；2011年获“章丘市第八批专业技术拔尖人才”、2013年获“泉城文化之星“荣誉称号。先后获得“中国图书馆学会优秀会员”、“山东省文化信息资源共享工程建设与服务工作先进个人”、“山东省图书馆学会优秀会员”、“章丘市精神文明建设先进个人”荣誉称号；连续多年被评为文广新局先进工作者和优秀党员。

董玲，女，1971年7月生，本科学历，中共党员，馆员，副馆长，1991年3月参加工作，先后在采编部、外借部工作。

郑海青，女，1977年7月，本科学历，中共党员，馆员，副馆长，1993年11月参加工作，先后在阅览部、外借部工作。

未来展望

随着新馆的投入使用，章丘市图书馆将以崭新的姿态迎接新的挑战。在今后的工作中，学习十八大和十八届三中全会精神，落实科学发展观。围绕公共文化服务体系建设目标，不断加大工作力度，积极探索新形势下图书馆发展思路。

新馆是章丘文化大市的重要支撑硬件和标志性文化设施，力争建成集传统文献资源和现代网络资源为一体，信息与人才资源交融的数字化、电子化、信息化、一体化、人性化的城市中心图书馆和全国文化信息资源共享工程支中心。在馆舍、设备、藏书、队伍、管理、服务等方面争取达到国家一流标准和一流服务。

继续完善检索系统，加强参考咨询服务，积极整合特色资源，拓展服务领域，最大限度地发掘和利用地方文献资源，逐步形成具有地方特色的服务模式和服务品牌。改善全市文化生活，服务民生，保障章丘市广大市民的文化权益，满足我市人民阅读需求，提高全市人民科学文化素质，促进富裕、和谐、幸福章丘的建设发展。

联系方式

地　址：章丘市明水街道办山泉路1658号
联系人：张兆奎

章丘市农村劳动力技能培训活动

章丘市图书馆

青岛开发区图书馆

概述

青岛开发区图书馆为综合性公共图书馆，位于青岛市黄岛区珠江路1001号，北依环境优雅的市民文化广场，南临碧波荡漾的唐岛湾，面积5017平方米，2002年8月正式对外开放。自建馆以来，连续三次获得国家一级图书馆称号。2012年，青岛开发区图书馆有阅览坐席443个，计算机81台，宽带接入100Mbps，使用Interlib图书馆自动化管理系统。2012年12月，国务院批复撤销青岛市黄岛区、县级胶南市，设立新的青岛市黄岛区，青岛开发区图书馆于2014年变更为青岛市黄岛区东区图书馆。

目前设置的厅室、服务窗口有10余个：六层采编室、旧书库、图书外借室书库、计算机机房，五层报刊阅览室、外语阅览室、电子阅览室<共享工程阅览室、政府信息公开查询室>、学生借阅室、地方文献室，四层中文图书借阅室、办公室、道德讲堂（小书房活动场地），一层自学室。

业务建设

截止2012年度，开发区图书馆总藏量为35万册（件），电子文献共1591册（件），加工、存储共享工程等数字资源5.3TB。书目数字化达到90%以上。

近年来年均购书费38万元，2012年区财政增拨300万元经费采购图书10万册。2009–2012年度，年均新增藏书5291种、年均订阅报刊360种、年均新增视听文献87件。

青岛开发区图书馆于2008年实现全免费开放，2010年启用Interlib图书管理系统加入青岛市图书馆总分馆系统，同年启动了全区总分馆建设工作，分级实现图书通借通还，至2012年底共发展街道、社区分馆11个。

2010年联合青岛理工大学、山东科技大学、中国石油大学（华东）、青岛黄海学院、青岛职业技术学院、青岛港湾学院等6家驻区高校图书馆成立了全区图书馆联盟，推动高校图书馆资源向社会免费开放，广大市民既可以免费借阅各联盟高校图书馆的纸质图书，也可以免费使用各高校馆丰富的电子图书等数字资源，丰富了市民的学习资源。

读者服务工作

开发区图书馆自2008年全免费开放以来，每周开馆时间70小时。2012年书刊文献外借287616册次，书刊文献年外借率为84%。

积极推动流动图书服务，2009–2012年度馆外流动图书年均借阅5000册次以上。于2012年制订下发了《青岛开发区图书馆“流动图书服务点”管理办法》，对流动图书服务点实行分类管理。2012年共开展流动图书服务工作29次，更新流动图书5968册次。

创新宣传形式，扩大图书馆影响力。2012年4月份起每周推出一期图文并茂的《新书通报》；拓宽宣传渠道，开设青岛开发区图书馆官方微博，在青青岛社区黄岛论坛定期发布活动信息，多渠道发出自己的声音，扩大宣传受众面；丰富宣传内容，宣传内容从活动前、过程中和活动后三方面入手，充分做好预告性、解读性和总结性信息宣传，及时准确做好服务事项调整变更类信息，在公众中树立积极、负责、可信的良好形象。2012年，共向省、市馆业务信息刊物报送信息56条，在青岛日报、青岛财经日报、半岛都市报、开发区政务网、开发区政务信息等各级媒体上发表各类信息105条，全年共发表信息161条。

积极推进全区总分馆系统建设，通过制订《青岛开发区图书馆条码规划》对全区的图书馆服务网络建设进行了统一规划与部署，研究、制定了《青岛开发区公共图书馆总分馆建设实施办法》、《关于加快推进全区公共图书馆总分馆系统建设工作的通知》等文件指导全区图书馆服务网络的建设与实施，至2012年底建设基层分馆11家。

创建品牌活动，推动全民阅读活动开展。于2012年5月12日正式推出公益性少儿阅读活动品牌——“快乐小书房”，并以固定地点、固定时间和持续开展为标志，打造为全年常设活动阵地。2012年“快乐小书房”共举办绘本阅读、弟子规学堂、爸妈课堂、动手吧、手偶剧场等系列版块活动35场次。同时为传统品牌“市民文化大讲堂”注入活力，举办专家讲座和视频讲座，发挥图书馆的社教阵地功能。

2012年，开发区图书馆共组织、举办讲座培训26场次、展览13期、其他读者活动68场次，参与全年各类活动的读者达2.2万人次。

业务研究、辅导、协作协调

青岛开发区图书馆积极参与省、市业务部门的协作协调、资源共享、馆际互借、信息报送等工作，积极参加上级部门组织的各类业务培训、读者活动等。积极参与全国“公共电子阅

报刊阅览室

荒里社区分馆编目辅导

电子阅览室

手偶剧剧场

学生借阅室

览室建设计划”百题知识竞赛、全省读书朗诵大赛青岛选拔赛、全市绘本阅读活动公开示范课等系列活动。结合全区总分馆建设工作和社区公共电子阅览室建设工作，采取集中培训与现场辅导相结合的方式，开展基层图书室管理员及电子阅览室管理员的辅导与培训工作，年均20次以上。截止2012年底，全区总分馆建设工作在全区205个社区的100多个社区中启动。全区高校图书馆联盟成立以来，逐年得到深化，每年均召开全区高校图书馆联盟工作座谈会，探讨、延伸服务范围，在前期实现了大学图书馆向广大市民开放的基础上，新设立全区图书馆联盟公共邮箱，联合各高校图书馆实现了讲座资源共享。2012年联盟各馆共享校内讲座20余场次，拓展了活动资源。

管理工作

青岛开发区图书馆人员编制11人，实有工作人员16人，全部为大专以上学历，中级以上职称人员比例达50%。为强化素质、提升服务，开发区图书馆建立每周闭馆日业务学习制度和每月例会制度，以送出学、集体学、自学、互学相结合的方式，持续提升员工业务水平，2012年岗位培训人均达71学时。

开发区图书馆制订了《岗位设置及职责分工》，各岗位服务技术标准参照2012年5月1日实行的《公共图书馆服务规范》、2008年实行的《山东省图书借阅服务质量规范》和2009年制定的《青岛开发区图书馆定岗定员方案（草）》。

团队建设是事业发展的永续活力。每一位馆员便是图书馆的一张脸，他们脸上的喜怒哀乐代表着图书馆每天呈现给读者的表情，只有让每一位职工有存在感、价值感，才能形成团结凝聚的团队力量。2012年，除采编业务外包外，图书馆对报刊和电子阅览室岗位合并，对外借、报刊等服务岗位进行了轮岗调整，对综合服务岗位进行了细化分工，建立重要工作征求意见和定期通报制度，在互信、互谅的基础上，激发了全体同志的工作热情，增进了内部团结，提高了服务质量，2012年全年未发生一起读者投诉事件。

表彰、奖励情况

青岛开发区图书馆在2006、2011、2012年连续三届青岛市公共图书馆业务竞赛中包揽团体第一名和个人全能第一名，参加2007年青岛市首届文化共享工程业务竞赛获得团体第一名，先后荣获省级“文明单位”、青岛市服务基层、服务农民先进单位及援建军营活动先进单位、卫生先进单位、创建全国文明城市工作先进单位、巾帼文明岗、青岛市行风建设示范服务窗口等荣誉称号。

馆领导介绍

孙永青，男，1973年1月生，大专学历，助理馆员，图书事业处处长。

未来展望

开发区图书馆坚持“服务经济建设、服务基层、服务群众”的原则，秉持“以人为本、读者至上”的服务理念，以读者满意度作为检验日常工作的标准，最大限度地满足社会各界读者的需求。2009–2012年，在扎实做好馆内各项业务工作的同时，通过创建全区图书馆联盟，拓展了全区图书馆服务范围，丰富了市民学习资源。2013年计划总投资5.6亿元建设总建筑面积达7万平方米的市民文化中心，其中包括新图书馆2万平方米，预计藏书150万册，目前已进入施工阶段。

联系方式

地　址：青岛市黄岛区东区图书馆（原经济技术开发区图书馆）
邮　编：266555
联系人：吴　清

流动图书进军营

图书馆外貌

青岛市市南区图书馆

概述

青岛市市南区图书馆坐落于市南区大尧三路19号，是国家一级图书馆。目前，馆舍面积2500平方米（包括本馆面积2100平方米，文化馆和音乐厅分馆面积400平方米），拥有阅览坐席311个，其中儿童阅览坐席60个，计算机50台，用于服务读者的计算机32台。使用Interlib图书馆集群管理系统，10兆光纤接入，16.5TB的大容量存储设备，数字资源总量4.5TB，通过独立域名的网站向读者提供便捷的服务。总藏量22余万册，年新书入藏量3500余种，年接待读者约16万人次，外借图书约14万册次。对外服务窗口有：报刊阅览室、少儿阅览室、图书外借室、电子阅览室、媒体视听室、读者自习室、文献及地方文献室等。自2008年4月起，免费为读者开放。

市南区图书馆本着“以人为本、读者至上”的服务理念，为方便读者，开展了各种读者服务活动。自2002年开始推出“百姓课堂”每周一讲活动，邀请医疗保健、民间工艺、书法绘画等各方面的专家，每周六在馆内开展讲座，该活动于2009年被山东省文化厅评为“山东省公共图书馆特色服务品牌”。少儿阅览室针对孩子的特点，开展“小浪花志愿者服务”和征文、朗诵比赛以及少儿剪纸、小手工制作等活动，成为少年儿童课外活动重要场所，被命名为青岛市“小公民道德建设实践基地”。

业务建设

截止2014年底，青岛市市南区图书馆总藏量22.5余万册（件），年购书等文献费用30万元。年入藏量约4000种，其中报刊入藏400余种，视听文献入藏千种，年收集地方文献约650种700册，以历史地理类文献（441种，524册）、政治法律类文献（68种，79册）为主，另有经济类、文学类、工业技术类等文献。2014年共普查登记古籍近200种，准确地反映了青岛市市南区区古籍的数量、价值、分布、保存状况等基本情况，为上级部门有针对性、有计划地开展古籍保护工作提供了依据。

读者服务工作

市南区图书馆自2008年4月开始实行365天免费开放，周开放时间为60小时40分钟。从2010年起，开通与青岛13座市、区图书馆的馆际互借服务。每年开展阅读推广类活动20余场，如图书置换大集、“书香家庭、书香社区”评选活动、“百种优秀图书进社区活动”等，大大激发了广大群众的读书热情。利用网站、新书架、宣传栏等方式方法推荐新书400余种，2014年，在市级以上媒体发稿21篇、在省、市图书馆信息上发表稿件50篇，起到了较好的宣传效果。目前年接待读者约15万人次，开展各种馆外活动近200场。

为充分发挥图书馆在公益性教育、文化传播、构建和谐社会等方面的作用，市南区图书馆开展了一系列形式多样、内容丰富的活动。比如，“百姓课堂”开办四年来每周一课从未间断，内容涉及衣食住行、医药卫生、文化学习、儿童教育等，深得辖区群众喜爱。市南区图书馆与青岛电视台《青岛全接触》栏目通力合作，并邀请有影响的专家学者参与授课，并在青岛一台定点播放录制视频，收到了良好的社会效果，2009年被山东省文化厅授予“山东省读者喜爱的服务品牌”。在未成年人阵地建设方面，市南区图书馆携手周边幼儿园、中小学签订了协议，建立了“未成年人社会课堂”、“青少年阅读基地”，树立了良好的社会形象，2014年开展小浪花志愿者、英语沙龙等各类少儿活动15场。每年双节期间，市南区图书馆都要举办生肖剪纸、丝网花、猜谜大赛、新书推荐活动、书法绘画鉴赏活动等丰富多彩的文化娱乐活动，吸引了众多群众参与，有效提高了图书馆的知名度和影响力。

另外，为满足特殊群体的阅读需求，市南区图书馆定期举行“夕阳红”网络交流辅导，建立“QQ群”，及时把新书信息、讲座内容、读者活动等发送至通告栏，让老年读者第一时间掌握馆内最新活动资讯，并开办了公益老年书法班、计算机班和英语班，拉近了图书馆与老年读者间的距离。开辟了残疾人通道，方便残疾人进出，并提供亲情服务，为残障人士和行动不便的老年读者开展送书上门、发送电子生日贺卡等服务。

业务研究、辅导、协作协调

市南区图书馆是首批参与青岛总-分馆制建设的区级馆之一，实现了联合编目；与市图书馆联合举办各类活动，如每年一度的生肖剪纸、丝网花、灯谜大赛、“4.23”情景剧展演、全省读书朗诵大赛、经典名著诵读比赛等。

青岛市市南区共有56个基层服务点，作为文化信息共享工程市南区支中心，市南区图书馆制定了全区统一的规章制度并聘请专业技术人员对基层服务点工作人员进行业务辅导。2012年，市南区图书馆派专人下社区安装图书管理软件、设备，对11家社区图书室和市南区文化馆、青岛市音乐厅的图书室进行“通借通还”服务改造。2013、2014年，又采用服务外包的方

式，继续推进总–分馆制建设，现在市南区已经拥有“通借通还”分馆33家。

同时，为充分发挥支中心的辅导、培训作用，保证基层服务点的工作效率，市南区图书馆每季召开一次社区图书管理座谈会，定期举办培训班，提高基层图书管理员的理论素养、管理服务水平。在对全区各社区进行普遍培训的同时，也针对各图书室的具体情况有所侧重地进行辅导。2014年共举办社区图书管理员座谈会4次，培训班两期，下社区辅导40余次。

管理工作

市南区图书馆现有职工12人，全部具有大专以上学历，中级以上职称为5人，占职工总数的42%。职工数量与我区总人口的比率为每10万人口3人。我馆非常重视职工的业务学习、在职培训和继续教育，通过培训和自学等方式，每年人均达到93个学时。同时，建立继续教育效果考核、评价机制，每周开一次馆内会议，每月进行工作评估，每半年和全年进行总结和考核。

表彰、奖励情况

2009–2014年，市南区图书馆的“百姓课堂”活动获得山东省文化厅授予的“山东省公共图书馆特色服务品牌”，并喜获“青年文明号”和“敬老文明号”荣誉称号，其他各种表彰、奖励9次。

馆领导介绍

王鹏，男，1981年12月生人，毕业于俄罗斯奥廖儿国立工业大学，硕士研究生学历，中共党员，馆长。2007年7月参加工作，历任即墨市外侨事务办公室副主任、即墨市重点项目办公室副主任、市南区服务业发展副主任科员。2013年3月任命为青岛市市南区图书馆馆长职务。

未来展望

在未来的几年里，市南区图书馆将争取更有力的财政支持，更新相应配套设施设备，增强服务能力，补充、更新文献资源。继续推进总–分馆制建设，分批建立起覆盖全区的“通借通还”社区基层服务点，在实现均等普惠的公共服务基础上，加强对特定地域、特殊群体的服务，形成结构更合理、功能更健全的图书馆服务网络，进一步提高服务能力与服务水平。

同时，依托文化共享工程、公共电子阅览室建设计划、数字图书馆推广工程等，提高我馆的数字文化产品供给与服务能力，努力建设资源丰富、技术先进、服务便捷的数字文化服务网络，加大地方特色数字资源和少年儿童适用数字资源的采集与保存，加强数字图书馆与传统图书馆业务的融合，加快由传统图书馆向现代图书馆的转变。

在人才培养和理论研究方面，市南区图书馆将围绕图书馆事业发展中亟需研究解决的问题，促进理论研究、人才培养与业务发展有机结合，重视论文出版，通过理论研究工作促进人才培养与成长，造就一支素质优良、有良好职业道德与服务能力的人才队伍。同时，加强志愿者队伍的制度建设，探索和实践公共图书馆志愿者工作岗位的分类与界定，保证志愿者岗位的服务质量，利用社会人力资源参与图书馆服务，成为专业队伍的有益补充。

青岛市市北第一图书馆

概述

青岛市市北第一图书馆成立于1994年8月，由原市北文化馆改建而成，藏书4.5万册，报刊168种。2003年12月新馆大楼落成，2004年4月迁入新馆，地址在昌邑路2号，馆舍面积3100平方米，2005年3月开馆使用。现有藏书总量286628册，报刊入藏量488种，电子文献入藏量460种，收藏各类工具书800余册，阅览席位300个，计算机65台。市北第一图书馆开设了办公室、业务辅导室、外借室、少儿借阅室、采编室、参考资料室、报纸阅览室、期刊阅览室、电子阅览室、展厅、报告厅等对外服务窗口。2009年在第四次全国公共图书馆评估定级工作中被评为国家一级图书馆。

业务建设

市北区区委、区政府十分重视公共文化基础设施建设，加大图书事业经费的投入，图书经费逐年增加。2011年投入资金总额215.95万元，2012年投入231.78万元，增长6.82%。目前市北第一图书馆总藏量达286628册，年购书经费23万元，图书年入藏量达3500种、7010册，报刊入藏量488种，电子文献入藏量460种，完全达到国家一级馆评估标准。

2008年5月，市北第一图书馆将图书业务管理系统由Ilas升级改造为Interlib图书馆集群管理系统，以适应青岛公共图书馆服务联盟建设的需要，后来，电子阅览室管理系统也升级成为公安统一的视频一卡通管理系统，接着对原有网站也进行了全新改版升级、增加了全民读书月活动版块及以书会友栏目，更进一步全方位的方便读者与图书馆的沟通交流。

读者服务工作

从2008年起，市北第一图书馆全年365天天天对外免费开放，每周开放60小时。2009–2012年，书刊总流通60余万人次，书刊外借40余万册次。自与青岛市图书馆开通馆际互借服务以后，先后与8家街道、社区、分馆、流通点也实现了该项服务，馆外书刊流通每年近万人次。

市北第一图书馆每年举办全民读书月活动，活动包含惠民图书联展、发放惠民购书券、“以书会友”网络交友活动、国学百姓讲堂、中华美文朗诵大赛、精品书画展、“书香社区”、“书香家庭”评选活动、印刷出版《行走在市北——品味城市文化客厅》一书等等活动。

每年开展“同在蓝天下，快乐共成长”暑期新市民子女主题系列活动，活动包括“主题绘画”、“巧手兴趣班”、“经典少儿影片展播”、“我是小小图书管理员”、“爱绘本创意故事会”、“绿色上网”等少年儿童喜闻乐见的活动版块。

积极开展各项特色活动。每年专门从高校及相关单位聘请专家为读者举办知识讲座，利用节假日组织开展富有特色的读者活动，比如迎新春“真情·暖心”为春节留守人员送温暖系列活动、“鲤跃龙门·真情回馈”感恩答谢读者活动、“龙年迎新春”年画展、迎新春贺岁影片播映和春节有奖知识答卷、元宵节猜谜、冬季养生视频放映和节日食谱图书专架、少儿手工作品展示、“粽叶飘香话端午”和“月圆中秋”知识小手册免费赠送等活动。

自2009–2012年，市北第一图书馆共举办讲座、展览、培训、阅读推广等读者活动200余场次，参与人数数万人次。

业务研究、辅导、协作协调

2009年以来市北第一图书馆对街道、社区的图书业务和文化共享信息资源的使用进行远程和实地培训辅导，每年举办基层图书管理员业务培训班四期，指派专业骨干定期深入各基层进行巡回辅导共计60余次，累计参加人数130人。

积极组织参与协作协调活动，推选绘本情景剧《猜猜我有多爱你》参加了市馆举办的“4·23绘本情景剧展演”，获得“最佳组织奖”；推荐选手参加了全省朗诵大赛青岛赛区选拔赛，获优秀组织奖；推荐读者参加了市馆举办的“第四届读者利用图书馆知识技能比赛”选手获三等奖，图书馆获优秀组织奖；与青岛市图书馆联合举办了“桃李满天下·妙笔绘风情”庆祝教师节水彩画邀请展和庆中秋国庆双佳节“写意金秋”精品画作联展；与区残联联合举办“世界助残日”文化活动，为残疾人赠送300册图书；与区政协联合开展了“送知识，讲文明”作家签名赠书进社区活动，为社区赠书图书5000余册。

管理工作

2009年，陕西省图书馆完成第三次全员岗位聘任，本次聘任共设11类岗位，同时，建立了工作量化考核指标体系，每月进行工作进度通报，每半年和全年进行总体工作考核。

报刊阅览室

图书借阅室

朗诵比赛

少儿科普阅读活动

表彰、奖励情况

2009–2012年，市北第一图书馆共获得各种表彰、奖励34次，其中，省委、省政府表彰、奖励1次，省文化厅表彰、奖励1次，其他表彰、奖励31次。

馆领导介绍

于刚，男，1969年5月生，大本学历，中共党员，馆员，馆长。1988年8月参加工作，历任青岛市四方图书馆馆长，市北第一图书馆馆长。任中国图书馆学会会员、山东省图书馆学会会员、青岛市图书馆学会会员，兼任文化信息资源共享工程市北支中心主任等职。获青岛市文广新局先进个人等荣誉称号。

未来展望

市北第一图书馆遵循“科学、效率、创新、发展”的办馆方针，践行“科学发展三步走”战略，即完善单体服务功能，扩大服务辐射区域，带动区域事业发展。2009–2012年，在不断强化自身综合实力的同时，通过参与青岛市公共图书馆服务联盟，筹建24小时自助图书馆，带动了市北区公共图书馆事业的整体发展。同时，还具有支撑保障市北公共图书馆服务体系良好运行的文献与技术能力，达到了国家一级图书馆的基本标准。

联系方式

地　址：青岛市北第一图书馆
邮　编：266021
联系人：于 刚

青岛市市北第二图书馆

概述

青岛市市北第二图书馆（原青岛市四方区图书馆），馆名因青岛市区划调整，于2013年正式启用。青岛市市北第二图书馆建于1991年10月，正式落成于1991年10月，1991年10月1日正式对外开放。馆址几度变迁，于1998年2月28日，位于青岛市鞍山二路61号的现馆正式对外开放。现馆占地2600平方米，建筑面积2600平方米，设计馆藏容量30万册，可容纳读者座位300个。1998年，少儿阅览室对外开放，建筑面积120平方米，座位60个；1999年，公共电子阅览室对外开放，拥有计算机20台，2013年，参加第五次全国公共图书馆评估，评为一级图书馆。

业务建设

截止2013年底，市北第二图书馆总藏量20万册，2009年，市北第二图书馆新增藏量购置费15万元，2013年起增至28万元。2009年至2013年，图书年入藏量3500种，7000余册；报刊入藏量400余种；电子文献入藏量350余种。

读者服务工作

从2008年4月23日起，青岛市市北第二图书馆全年365天对外免费开放，周开放60小时。2009年至2013年，书刊总流通60余万人次，书刊外借40余万册次。自与青岛市图书馆开通馆际互借服务以后，先后与7家街道、社区、分馆、流通点也实现了该项服务，馆外书刊流通每年近万人次。为方便读者，我馆常年开办了代借代还、预约借书、资料查询、上门送书等服务内容，服务点达20余处，包括街道办事处、部队、学校、少管所、弱势群体等。同时，面向基层、服务基层，每年定期对街道、社区图书管理员进行业务辅导与培训工作。积极为上级领导提供决策、为读者提供生活保健、为农民工提供优惠政策等服务，专门编制了《领导决策信息》、《保健与生活信息》、《农民工信息》，以电子版形式通过金宏网发送到全区各机关、企事业单位和街道办事处，采取有针对性地提供定期服务、跟踪服务，及时收集反馈意见，受到了机关干部、职工及社区居民群众的广泛赞誉与好评。每年的全民阅读季、图书馆服务宣传周做到有计划、有安排，利用广播、电视、报纸等新闻媒体宣传图书馆，让更多的人了解图书馆、利用图书馆，组织了形式多样、内容丰富的图书宣传活动，深入社区为居民群众提供图书业务咨询及现场办证服务，组织社区居民开展"读健康图书、塑文明形象"读书活动，开展向少管所未成年在押人员"送书"、与辖区小学校开展"手拉手、心连心"系列读书活动等。2009年至2013年，青岛市市北第二图书馆共举办讲座、展览、培训、阅读推广等读者活动200余场次，参与人数约十万人次。

业务研究、辅导、协作协调

2009年至2013年，青岛市市北第二图书馆职工共有30余篇论文获奖，10余篇论文发表。

2009年以来市北第二图书馆对街道、社区的图书业务和文化共享信息资源的使用进行远程和实地培训辅导，每年举办基层图书管理员业务培训班四期，指派专业骨干定期深入各基层进行巡回辅导共计70余次，累计参加400余人次。

2009年至2013年，继中国图书馆学会志愿者行动之后，青岛市市北第二图书馆小海螺志愿服务连续在区内开展图书馆志愿者行动，2013年被青岛市文化广电新闻出版局评为"文化志愿者示范项目"。2010年，与辖区高校图书馆开展结对帮扶活动。2011年，举办《中图法》五版在市北区各街道巡回培训。

管理工作

青岛市市北第二图书馆实行岗位聘任制，2012年，青岛市市北第二图书馆完成第三次全员岗位聘任，同时，建立了工作量化考核指标体系，每月进行工作抽查，每季度进行总体工作考核。

一是在人员方面采取三级管理。实行总负责制，馆长对全馆工作承担全部责任；实行层级管理制，部室长对分管工作责任包干；实行业务责任制，全馆人员定岗定位，签定责任书。

二是在档案方面采取专人管理。每人负责的工作、开展的活动每一项都要收集资料，整理归档，每月档案汇总，每季度由专人负责收集立卷，档案整理严格按真、细、全的要求规范、标准。

三是制度方面采取上墙管理。建立了各项工作职责、服务标准、保障安全等30余项制度，每一项制度必须上墙，严格按制度抓好落实。近几年，全馆未出现任何责任事故、违规行为、丢书被盗现象等。

四是环境方面采取人性化管理。建立温馨提示、残疾人通道、视障人士服务专区、老年人专区；走廊、楼道、室内安装了老建筑、名人名家等装饰画，营造人文氛围；种植了花草、盆景等20余种，营造了清新的读书环境；重视环境卫生管理，划分了卫生责任区，为读者创造了洁净的学习环境。

关爱残疾人送书送卡

为敬老院赠送书报

举办新春猜谜活动

报刊阅览室

电子阅览室

少儿阅览室

表彰、奖励情况

2009年至2013年，青岛市市北第二图书馆共获得各种表彰、奖励22次，其中，文化部表彰、奖励1次，省文化厅表彰、奖励1次，市委、市政府表彰、奖励1次，其他表彰、奖励19次。

馆领导介绍

赵云，女，1971年月生，大学学历，中共党员，副研究馆员，馆长。1989年参加工作，先后在采编部、阅览部、外借部、电子阅览部等部门担任部门负责人，2009年4月任市北区图书馆副馆长，2011年2月任市北区图书馆馆长，2013年任市北第二图书馆馆长。

展望未来

回顾过去，展望未来。为适应形势的发展，紧跟时代前进的步伐，市北图第二书馆将以建成数字化、现代化图书馆为契机，以优质文明的服务、优雅整洁的环境，吸引更多的人走进图书馆、了解图书馆、喜爱图书馆，以开拓创新、勇于拼搏的精神推动全区图书事业的快速发展。

图书馆外借室

联系方式

地　址：青岛市市北区第二图书馆
邮　编：266033
联系人：王常娟

青岛市黄岛区图书馆

概述

黄岛区图书馆是黄岛区属公共图书馆（原胶南市图书馆），建于1956年，期间几经调整，于1980年机构独立至今。馆址几经变迁，1992年迁至现位于文化路107号，建筑面积1850平米，2009年启用隐珠文化艺术中心分馆，建筑面积5000平米，总面积达到6850平米。馆内设有成人外借室、少儿借阅室、报刊阅览室、资料室、电子阅览室等10个服务窗口，近90%的面积为读者开放使用。2008年4月开始免费开放，2009年在全国第四次公共图书馆评估定级工作中首次获得一级图书馆。2012年12月，国务院批复撤销青岛市黄岛区、县级胶南市，设立新的青岛市黄岛区。2012年设有阅览座位360个，馆内百兆光纤接入，拥有计算机61台，选用Interlib图书馆自动化管理系统。

业务建设

截止2012年底，黄岛区图书馆总藏量24.2万册（件），其中，纸质文献241260册（件），电子图书、期刊740种/册。2009—2012年，黄岛区图书馆新增藏量购置费163.85万元。2009—2012年，共入藏中文图书22333册，中外文报刊1614种，视听文献240种。书目数字化已达到80%。

截止2012年底，黄岛区图书馆数字资源总量为6.5TB，2013年对馆藏地方文献进行数字化加工，2014年地方文献数据库正式对读者开放。2009年，将自动化图书管理系统升级为Interlib图书管理系统，以适应青岛市公共图书馆服务联盟建设的需要，实现了青岛地区图书馆网上联合编目、通借通还、网上参考咨询以及数字资源共享等联网服务。至2013年分馆数量达到24个。2014年年初，实现馆内无线网络覆盖。

读者服务工作

从2008年4月起，黄岛区图书馆开始对外免费开放，周开放60小时，2009—2012年，书刊总流通60万人次，书刊外借65万册次。

2012年制定了本地区《关于构建胶南市公共图书馆总分馆体系实施方案》，对部分成熟的分馆免费配备身份证识别仪、扫描枪、条码、书标等设备耗材，至2013年底已建设基层分馆24家，图书流动服务点12个，9处军营流动图书馆。配有流动服务车1辆，定期开展送书活动。年开展送书活动12次，送书6000余册。2013年在区行政办公中心、便民服务中心、阳光大厦、图书馆设立四处爱心图书漂流驿站，传播知识、播撒文明，让市民参与共同分享知识的财富，推进全民阅读活动的开展。

2009—2012年，黄岛区图书馆加强网站建设，2013年建设独立域名网站（http://www.huangdaolib.net/），读者可登陆网站进行网上续借、图书查询、数据库使用、检索、浏览等服务。

2009—2012年，黄岛区图书馆共举办讲座、展览、培训、阅读推广等读者活动200场次，参与人数8万人次。每年开展世界读书日、图书馆服务宣传周、全民读书月等活动。2013年开始创建公益文化品牌“文化大讲堂”，邀请山东省、青岛市有关专家为市民带来文学艺术、法律、历史、心理、礼仪等高品质讲座，年开展“文化大讲堂”10次。2014年结合“图书馆服务走基层”主题实践活动开展猜谜、讲座、展览、读书等基层读书活动，丰富基层群众文化生活。

设立残疾人通道及视障服务专区，解决弱势人群活动不便的困难。与残联合作安装视障阅读软件、馆藏盲文图书20种20册，有声读物60种200盘。对视障人员提供免费的盲文图书阅读、开展光盘试听等服务，2012年购进听书机2台，电脑4台。为老年人或残疾人开展上门送书送温暖等服务。充分利用共享工程开展特色服务，为未成年人、妇女、农民工提供视频讲座、影视欣赏、信息查询等服务。

业务研究、辅导、协作协调

全馆有9名工作人员，加强自身业务研究学习，2009—2012年撰写业务论文12篇，业务调研报告8篇，围绕本馆业务工作撰写调查研究报告5篇。加强和规范本地区基层业务指导工作，结合农家书屋管理，进一步提升农家书屋服务能力，深入各镇、街道图书室开展业务辅导84次。结合辅导工作开展总分馆制建设，巩固和完善以区图书馆（支中心）为中心的街道、社区三级图书馆（室）、共享工程基层服务点的网络服务建设。2014年在推进图书馆基层分馆建设的同时，把书香校园建设纳入分馆建设体系。提出了“1+1”的分馆建设理念，即在建设一个乡镇基层分馆的同时，协助建设一个乡镇学校分馆，

送书进老年公寓

讲座进社区

期刊借阅室

亲子动手

电脑培训

已辅导建设5处学校分馆。使公共图书馆的信息资源更好的为学校的教学、教育服务，有效盘活公共文化资源。积极参与青岛市图书馆举办地各类读书、培训、学习活动。“青岛市读书朗诵大赛”、“喜悦4.23绘本情景剧展演”活动中，获得好成绩。参加了青岛市图书馆举办的公共图书馆基础业务技能竞赛获团体优秀奖。2012年开始对本地文献向青岛市图书馆呈交，年呈交地方文献60余册。

管理工作

馆内环境整洁、美观、安静，标牌规范。有暖气、空调等设备，增添存包柜、饮水机、休息座椅等方便读者使用。安装监控，24小时保卫，保证读者的人身及财产安全。2012年引入志愿者管理机制，招收了志愿者10名，制定了志愿者服务守则，帮助志愿者参与到日常管理工作中来，并根据个人特长帮助我馆筹划开展读者活动。

表彰、奖励情况

2009–2012年，黄岛区图书馆在第四次评估中被评为国家一级图书馆，获山东省“读者最喜爱的图书馆”。多次被评为青岛市“巾帼建功”先进集体、胶南市精神文明单位、胶南市“解放思想 勇争一流”巾帼标兵岗等荣誉。

馆领导介绍

李海燕，女，1969年12月生，大本学历，中共党员，馆员，馆长。2013年山东省农家书屋工作先进个人，被青岛市文明办、青岛市教育局、青岛市文化广电新闻出版局评为青岛市未成年人“社会课堂”工作中先进个人。青岛地区群众文化先进个人。

未来展望

黄岛区图书馆全体馆员牢固树立“读者第一，服务至上”的理念，为读者做好一切图书服务工作。严格管理规范，健全制度建设。以提高自身政治素质、业务水平、创新能力和读者满意度为目的，结合图书馆深化服务质量、服务内涵的目标，遵循馆章制度，明确工作目标。认真遵循岗位责任制、服务承诺制、《图书借阅服务规范》等一系列规章制度，接受市民监督。从“三个一”做起，提供文明服务，即“一个微笑、一杯饮水、一句温馨用语”。树立了图书馆人良好的服务形象。2013年计划总投资9.5亿元建设总建筑面积达11.7万平方米的市民文化中心。其中包括新图书馆1.4万平方米，预计藏书100万册，目前已进入施工。2014年6月9日国务院同意设立青岛西海岸新区，包括青岛市黄岛区全部行政区域，黄岛区图书馆将与西海岸新区一起发展，继续加强数字图书馆建设，让更多读者走进图书馆学习知识、享受娱乐。

图书馆馆貌

联系方式

地　址：青岛市黄岛区图书馆
邮　编：266400
联系人：程 斐

军营分馆送书

送活动进基层幼儿园

志愿者培训

青岛市崂山区图书馆

概述

1994年青岛市行政区划调整后，崂山区图书馆于1995年2月挂牌成立，地点设在国家气象局度假村内。1996年，搬至崂山区政府大楼内。1997年，搬迁至梅岭路19号，面积200平方米，设外借及阅览开放窗口。2004年，搬迁至秦岭路16号，馆舍面积扩大为3030平方米，开设了报刊阅览、图书外借、少儿阅览、电子阅览、地方文献阅览、自习室等服务窗口。2005年参加第三次全国公共图书馆评估，获得国家二级图书馆。2009年参加第四次全国公共图书馆评估，首次获得国家一级馆。2013年11月，搬迁至仙霞岭路20号区市民文化中心，设有报刊阅览室、图书外借室、少儿阅览室、电子阅览室、地方文献阅览室、多媒体教室、盲人阅览室等多个服务窗口。2013年参加第五次全国公共图书馆评估，再次获得国家一级馆。目前，崂山区图书馆建筑面积3060平方米，馆藏文献28万册，阅览坐席310个，计算机45台，宽带接入10Mbps，选用Interlib图书馆自动化管理系统，实现了采访、编目、流通、连续出版物以及公共查询系统等业务工作的自动化，文件浏览、传输无纸化及资源的共享，实现全馆各区域wifi全覆盖。

业务建设

截止2013年底，崂山区图书馆馆藏文献28万册（件），其中视听文献5861件，过报合订本3823册，过刊合订本5076册。其中，2012年图书年入藏量12018种，报刊年入藏量413种，视听文献年入藏量665种1465件。2012年，区财政拨款320余万元，其中拨付人员经费87.1088万元，购书经费共35.5万元，读者活动经费30万元，免费开放资金30万元，由我馆采编为街道配置图书财政拨款139.3万元，保证了文献入藏的种类和数量，能够满足不同读者的阅读需求。

为了方便读者利用图书馆，崂山区图书馆建设并开通了网站，建立网上图书馆，将崂山区图书馆的最新动态、新书等及时地展现给读者，还可以为读者提供书目检索、数据库查询等服务。网站内设有“崂山地方文献数据库”，总容量为35G，形成了包括文化艺术类、非物质文化遗产类、崂山文物类、崂山地方图书类和农业知识类特色信息资源库群，成为展示崂山文化的重要窗口。

2009年，将自动化管理系统升级改造为Interlib集群管理系统，以适应青岛地区公共图书馆通借通还服务的需要。2013年年底，实现馆内无线网络覆盖。

读者服务工作

从2008年2月27日起，崂山区图书馆在全市率先免费对社会开放，《青岛日报》、《半岛都市报》、《青岛人民广播电台》等予以报道。2012年崂山区图书馆全馆接待读者18万余人次，外借书刊17.6万册。针对崂山区地域广、交通不便、居民借阅图书困难的实际，崂山区图书馆在全区4个街道建立了160个社区图书室，社区覆盖面达100%，使居民足不出社区就可以享受到图书馆提供的优质服务。2012年，建成14个分馆，10余个流动服务点。做为公共文化服务机构，崂山区图书馆对残疾人、青少年、老年人和进城务工人员实行优惠借阅；在馆内设立了盲人阅览专区，配备了CD机、复读机、可听读物等；为读者提供电话预约、电话续借等服务；积极为区内中小学校、老年大学、医院、企业部队等配送图书，满足了残疾人、青少年、老年人、企业员工等特殊群体的精神文化需求。

崂山区图书馆2005年在全省率先实施的“全区图书配送体系”建设，为区域内总分馆制的顺利实施打下良好基础。区政府累计投入购书资金达500余万元，由区图书馆将街道、社区所购置图书实行统一编目、共先后为全区160个社区图书室配送15万册图书，其中139个农村社区均建起了标准的社区图书室，覆盖面达100%。2012年崂山区图书馆进行了区域内总分馆制试点工作，第一批已有14个街道和社区图书室纳入了区域内的通借通还中。

2009—2012年举办讲座、报告会、展览、阅读推广等各类活动百余次，参加人次达7万余人次，读者满意率达95%以上。

业务研究、辅导、协作协调

2011—2012年，崂山区图书馆在青岛市公共图书馆基础业务技能竞赛中成绩优异，分获团体第三名和第二名，还获得个人全能及单项的一、二、三等奖。2009—2012年，崂山区图书馆职工撰写论文20篇，发表8篇，获省市级奖励12篇。

2009年，参加了青岛地区总分馆体系建设，采用Interlib集群系统，实现了网上联合编目、通借通还、网上参考咨询以及数字资源共享，真正实现了图书借阅“一卡通”。

2009以来，崂山区图书馆积极推行文化惠民、文化下乡工

儿童画比赛获奖作品展

崂山区市民文化中心

文化管理员培训班在崂山区委党校举行

连续五年举办图书文化节

作，认真选派有经验的馆员下基层对社区图书室工作人员进行培训和辅导，累计辅导和培训达200余次。2012年，崂山区在全市率先配备160名财政补贴的专职社区文化管理员，并集中组织了为期两天的上岗培训，进行图书管理知识、全国文化信息资源共享工程及计算机的使用与维护常识等多方面的培训，使基层图书室的管理有了统一的标准，走上规范化、制度化的轨道。

管理工作

先后制定了《业务岗位设置及工作目标管理要求》、《目标管理绩效考核实施细则》、《固定资产管理办法》，实行目标责任制，量化考核，动态管理，强化了全馆干部职工的事业心和责任感。馆内制定了多项文明服务规章，包括馆员守则、文明服务公约、文明礼貌用语、文明服务忌语等。在服务中贯彻“五心服务”和“双不方针”（对读者服务做到热心、耐心、细心、精心、专心，回答读者问题做到百问不厌、百问不倒），促进了服务水平的提高，在读者中树立了良好形象。

表彰、奖励情况

2009年以来，崂山区图书馆始终以“读者至上，用心服务”为服务宗旨，以打造“书香满社区”服务品牌为工作目标，立足本职、爱岗敬业，开拓创新，受到了读者的欢迎与上级部门的表彰肯定。2009年荣获全省文化系统先进单位，2010年荣获青岛市文化广电新闻出版系统先进单位，2009–2010年度崂山区老龄工作敬老模范单位，2011年先后获得省、市农家书屋建设工程先进单位等20多项荣誉。

馆领导介绍

孔令薇，女，1983年11月生，中共党员，本科学历，馆长。2006年6月参加工作，2011年8月被任命为崂山区文化馆副馆长，2014年1月被任命为崂山区图书馆馆长。

江爱英，女，1969年10月生，本科学历，副馆长。1992年7月参加工作，2004年8月到崂山区文化馆工作，2011年到崂山区图书馆工作。

未来展望

崂山区图书馆将以保障市民基本文化权益、满足市民基本文化需求为出发点，坚持公共服务普遍均等原则，全力建造与崂山区发展相适应、相配套的现代图书馆服务体系，加快构建以崂山区图书馆为总馆，各街道、社区图书馆为分馆，图书流动车为补充，吸收企业、学校等其它系统图书馆加入的覆盖全区的公共图书馆总分馆服务网络，在全区范围内实现资源共享、协同采编、统一检索、一卡通用、通借通还，极大满足广大读者的精神文化需求。

联系方式

地　址：青岛市崂山区图书馆
邮　编：266101
联系人：江爱英

图书馆外借室

报刊阅览室

电子阅览室

少儿阅览室

青岛市李沧区图书馆

概述

李沧区图书馆是1994年青岛市区划时由原崂山区图书馆和原沧口区图书馆合并而成的。馆址几经变迁，2004年由书院路11号迁至向阳路98号；2006年3月迁至黑龙江中路1112号，2007年12月6日迁至金水路766号至今。目前馆舍面积3180平方米；设成人借书处、成人阅览室、少儿借阅室、电子阅览室、多媒体教室、文化共享工程支中心、采编辅导室、地方文献、参考咨询、办证处、书库等处室。馆藏资料丰富，藏书20余万册，各类报刊565种；其中，文史类文献是本馆藏书强项，并有大量的地方文献。阅览座位262个，少儿阅览座席60个。2008年4月起免费开放。2009年7月建立了青岛市图书馆李沧分馆，采用Interlib图书馆集群管理系统，实现采访、编目、流通以及公共图书查询系统等业务工作，进一步实现了图书馆资源共享网络化。2009年评为国家一级馆。

业务建设

截止到2012年，馆藏总藏量达到283389册。最早的文献记录是从1963年开始。其中，中文期刊合订本11883册，中文报纸合订本4360册，中文图书266620册，视听文献526件，电子图书有800余种。自1999年使用ILAS系统后，所有财产帐使用计算机统计、打印并装订成册。

李沧区图书馆自第四次评估定级以来，加大文献入藏量。2009年图书年入藏数量2568种，2010年图书年入藏数量是2850种，2011年图书年入藏数量是2559种，2012年图书年入藏数量是9184种，4年来平均值是4290.25种。2009年报刊年入藏量565种，2010年报刊年入藏量565种，2011年报刊年入藏量565种，2012年报刊年入藏量405种，4年来报刊年入藏平均值为525种。视听文献自2009年以来共入藏526件。其中2009年入藏228件，2010年入藏105件，2011年入藏158件，2012年入藏35件。4年来视听文献年入藏平均值为132件。

截止2012年底，李沧区图书馆的数字资源，包括国家下发的1TB数字图书馆以及本馆电子文献、视听文献等，内容覆盖自然科学、工程技术、农业、哲学、医学、人文社会科学等各个领域；名师视频讲座、电影、电视剧、动画片等数据总量已达4TB。自1999年年初，李沧区图书馆开始了图书馆局域网建设和馆藏文献资源数字化工作，馆藏中文文献按照CNMARC格式做成机读目录。馆藏中文文献书目数字化达到了82%。同时建立了地方文献数据库。

读者服务工作

李沧区图书馆自2008年4月23日实行免费开放以来，每周开馆时间56小时。书刊文献开架比例82%。馆藏书刊文献年外借率达到了75%。书刊文献外借册次213462册次。每年按时对流动服务点配送图书，增加读者借阅次数。2012年借阅5237册次、流通人次为215563，持证读者为7102个，人均到馆次数达到了30次/人。

为给读者提供更周到的服务，一是在借书处以展牌的形式，每周更换一期新书介绍，向读者宣传最新购进图书的内容简介；二是以简报的形式，向读者定期发放，使读者及时了解本馆新购图书的信息；三是为政府机关干部提供阅读需求信息卡，推荐畅销书目录，并建立了为机关领导提供畅销书目推荐服务和机关图书漂流角机制。四是通过电子资源，包括因特网和图书馆网站对读者进行宣传。图书馆拥有丰富的电子资源供读者浏览下载。文献信息咨询中心借助本馆丰富的文献资源和网上实时信息，发挥专业人员熟练的检索资料技巧，快速全面收集信息，编制各类专业专题资料，先后创办《报刊信息》、《房地产业信息快报》；五是充分发挥图书流动车的作用，每年多次开展送图书进社区、进部队、进学校、进工地、进企业、进弱势群众家庭的“六进”活动，深受广大读者们的欢迎。

在2012年共举办全民读书月、亲子阅读、世界读书日、道德讲堂、谜语竞猜等活动41次，其中讲座12次、培训6次，展览5次，其他读者活动18次，年参与活动总人次达到20168人次。

业务研究、辅导、协作协调

积极参与上级图书馆组织的协作协调工作。与市图书馆签订联合编目协议书和合作建馆协议。积极参加上级业务部门组织的各类培训、业务竞赛、读书朗诵大赛，并取得优异成绩。

完善本地区图书馆服务网络建设。一是对全区的图书馆服务网络建设进行了统一规划与部署。李沧区图书馆在2010年加入了全市公共图书馆总分馆系统的同时，制定了《李沧区图书馆馆藏条码规划方案》，不仅对李沧区图书馆自身的书刊文献资源设定了图书条码使用号段，更是对全区所有街道、社

电子阅览室

李沧区图书馆外貌

对图书管理员进行辅导

为消防大队送去精神食粮

区图书馆（室）进行了详细的条码规划，以此为基础统领并开展全区基层图书室加入总分馆服务网络的建设工作。二是加强全区图书馆服务网络的业务辅导与培训，提高基层图书管理员的能力。采取进社区个别辅导和到馆全部培训相结合的形式。提高管理员的业务能力和管理水平，更好的发挥图书馆分馆的功能。三是加大全区图书馆服务网络建设力度，确保基层馆的建设效果。目前已建立分馆、服务点，流通站22个。李沧区分馆的建立实现了区馆与各个分馆之间联机编目、联机检索、联机互借等，加强了公共文化服务体系建设，有效整合利用文化资源，实现了文化惠民均等化。

加强基层业务辅导、培训工作。为了进一步提升李沧区社区图书室的服务与管理水平，李沧区图书馆针对各街道社区图书室存在的问题，每年分批次，组织馆业务人员到基层图书室进行业务辅导工作。还举办基层图书室管理员及共享工程基层点管理员培训班。

管理工作

李沧区图书馆每年年初都制定年度工作计划，年底进行总结。在财务管理方面，自2004年制定并实施了《李沧区图书馆财务管理制度》、《李沧区图书馆财务工作监督管理办法》。在人事管理方面，为调动现有人员工作的积极性，李沧区图书馆按需设岗、按岗聘用、竞争上岗、形成岗位责任制，年度考核等激励制度。认真履行绩效考核制度和工作岗位职责，做到“人人有责任，事事有程序，科学化、现代化管理”的工作标准。

表彰、奖励情况

2009—2012年，李沧区图书馆荣获市图书馆及李沧区委、区政府表彰奖励8次，李沧区文化新闻出版局表彰奖励6次。

馆领导介绍

孙淑丽，女，1964年3月出生，中共党员。1986年7月调入李沧区图书馆。1997年担任主管会计，2006年担任副馆长，2012年7月任李沧区图书馆馆长至今。1993年、2007年、2008年获得区级文化工作先进个人等荣誉称号，连续三年考核优秀等次。

辛怡茜，女，1977年8月出生，青岛市李沧区图书馆副馆长，中共党员。曾荣获青岛市青年岗位能手、青岛市十佳辅导员、青岛市十佳共青团员、李沧区十佳青年等称号。

胡行燕，女，1975年11月出生，青岛市李沧区图书馆副馆长，中共党员。荣获青岛市文化工作先进工作者、青岛市优秀共青团员、青岛市档案先进个人、李沧区文化工作先进个人、李沧区“三八”红旗手等荣誉称号。

未来展望

李沧区图书馆本着一切为读者服务的宗旨，2009—2012年，按照公共图书馆服务规范，紧紧围绕优化服务、拓展图书馆教育和信息的功能，从读者服务、业务管理、阅读推广、提高人员素质入手，不断强化自身综合实力，带动了全区图书馆事业的整体发展。2014年，李沧区图书馆将搬迁至李沧区市民公共服务中心，新馆面积4000余平方米，地理位置优越，交通便利。新馆本着高起点规划、高标准建设、高水平管理的原则，将通过增添更新设备、增加阅读书目、优化内部环境、完善服务功能，使李沧区图书馆信息化程度更高、功能更加齐全、环境更加优美、服务更加完善。

联系方式

地　址：青岛市李沧区图书馆

邮　编：266000

举办2012全省读书朗诵大赛青岛选拔赛

成人阅览室

送书进工地活动

青岛市城阳区图书馆

概述

城阳区图书馆成立于1995年，坐落于城阳区政府南端，为财政拨款的公益性事业单位。建筑面积3700平方米，内设中文图书外借室、中文报刊阅览室、少儿借阅室、公共电子阅览室、自修室、地方文献室阅览室、报告厅等免费开放服务窗口，每周免费开放56个小时以上。拥有阅览坐席372个，其中少儿阅览坐席100个，拥有计算机50台，可供读者使用36台。2009年参加第四届公共图书馆评估定级，获评“国家一级馆”。2013年参加第五届公共图书馆评估定级，再次获评“国家一级馆”。2013年城阳区图书馆“书香益民”商标获准注册，同年“书香益民”被评为“山东省服务名牌”。近几年，城阳区图书馆先后被评为山东省“文化信息资源共享工程建设与服务工作先进集体”、山东省“读者喜爱的图书馆”、山东省“‘农家书屋’建设先进单位”，“一卡通”服务活动被命名为“山东省公共图书馆特色服务品牌”。

业务建设

截至2012年底，馆内文献资源总藏量为30.87万册。所有在架流通文献资源均按照《中图法》规定进行上架、排架和流通。

2009年城阳区结合自身实际，在全省率先实施图书馆总分馆制，启用Interlib管理系统，初步构建了以市、区图书馆为中心，以街道图书馆为骨干，以社区图书室和流动图书点为基础，以企业、学校、部队等行业系统图书馆联合加盟为补充，覆盖全区、城乡一体、功能完善、资源共享、管理规范的公共图书馆服务体系，市民借阅图书实现“一卡通”。

2012年，财政年拨款386万元，实际到位386万元，免费开放专项经费实际到位266万元，财政拨款年增长率与当地财政收入增长率的比率为318.18%。馆内文献资源总藏量为30.87万册（件），其中电子文献藏量1000余种，馆藏中文文献书目数字化达94%，书刊文献开架比例达80.98%。全年购书经费近80万元，定期采书8场次，采编入藏图书10000余种40000余册，采编入藏报刊420种，其中少儿报刊105种，入藏各类视听文献资源2000余件。

2012年，根据青岛市创建国家公共文化服务体系示范区有关工作安排，按照青岛市人民政府办公厅《关于加强公共电子阅览室建设的实施意见》（青政办字[2011]77号）文件有关规定，全年建设完成社区级公共电子阅览室30处，配置电脑330台，供读者使用电脑300台，均衡分布在6个街道30个社区片区中心区域，基本实现基层公共电子阅览室片区全覆盖。

读者服务工作

城阳区图书馆始终坚持“以人为本，读者至上，服务第一”的服务理念，书刊借阅全部采取开放式服务，工作日、双休日、节假日（部分法定节假日除外）免费开放，截至2012年底，图书馆拥有持证读者1.2万人，全年接待读者32万人次，其中流通读者人次（不含各类活动）25万人次，人均年到馆26.52次。全年书刊文献外借34万册次，馆藏书刊文献年外借率为110.20%。完成各类参考咨询服务5次、为新市民、老年人、未成年人等特殊群体开展各类专项服务。

截止到2012年底，全区共建设并免费开放分馆126处，其中新市民分馆等特色分馆14处。全年投入60余万元为各分馆配送图书6000余种1.8万册次、报刊30种近万期、视听文献近2000件，有效丰富了各分馆在架文献资源。同时做好馆际图书流通工作。全年完成与市馆及12区市馆的馆际图书流通6000余册次，直接服务馆际读者4000余人次，完成区内各分馆图书流通近万册次，直接服务读者5000余人次。

2012年，城阳区图书馆作为以广大未成年人为对象的重要的社会教育机构，自觉履行教育未成年人义务，积极创造条件，丰富活动载体，把未成年人的社会大课堂建设好、管理好、使用好。全年投入10万余元，新采购少儿文献3000余种，采编上架图书10000余册。继续做好未成年人绿色网络通道建设，积极引导、培养广大未成年人正确、科学使用网络，全年共接待未成年人2000余人次。深入开展未成年人阅读指导和服务工作。组织开展了英语沙龙、影片展映、“故事大王”评选等读书活动，吸引未成年人走进图书馆、利用图书馆。2012年，共组织开展各类未成年人阅读推广活动80余场，受益小读者近3万人。认真做好馆校合作，共同开展阅读指导、素养教育。常年开展图书馆“小义工”活动，先后与区实验中学、实验小学合作，发展小义工30余人，有效发挥了“社会课堂”作用。

2009年至2012年，城阳区图书馆共举办讲座、展览、培训、阅读推广等活动500余场次，参与人数10万人次。2010年，城阳区图书馆举办首届读书节，推出了适合街道、学校、部队、企业、机关、社区、新市民等不同群体共同参与的16项读书活动，参与群众达到5万多人次，提高了读书节的知名度，在全区掀起了新一轮的读书热潮。自此，城阳区读书节成为城阳区阅读推广活动的传统活动。

业务研究、辅导、协作协调

不断提高工作人员的业务水平，学习贯彻落实《公共图书

少儿图书外借室

中文图书外借室

自修室

共享工程服务点业务辅导

"驿路书香"流动图书服务

馆服务规范》、《山东省图书借阅服务规范》，改进工作作风，增强服务意识，深入开展创先争优活动，积极争创区"基层行风建设示范窗口"、"青岛市文明服务示范窗口"、"山东省质量服务品牌"；创新学习方式，丰富学习内容，不断提高全体工作人员的理论素养和业务知识水平。开展了"日学日高"干部在职自学；定期利用党员远程教育站点进行网络学习；实施个人工作日志制度；全年在馆专业技术人员共参加各类理论学习及业务知识培训班22期，参训人员200余人次。深入开展基层调研工作，创新发展理念、创新工作思路、不断增强图书馆事业发展的活力和能力。全年共开展基层调研10期，完成调研报告8篇。

加大对各分馆及基层图书室的指导培训力度，规范管理和使用。严格执行《城阳区图书馆分馆管理办法》，签订建设协议，明确考核细则，建立健全监管考核机制。定期举办分馆管理员业务培训班，从Interlib管理系统、基层图书室读者活动、图书管理员服务规范等方面进行专业性培训与辅导。2009年至2012年，共举办各类培训班20期，实地业务指导1000余次，累计培训万余人次。2009年至2012年共在街道、社区、企事业单位以及驻区部队等场所建设流动图书服务点30余处，送书上门200余次，流通图书近四万余册。

管理工作

依据山东省地方标准《图书借阅服务规范》制定严格的操作规范，并制作制度牌张贴在每个窗口的服务台附近供读者监督。定期召开思想工作会议，要求员工遵纪守法，诚信做人，踏实做事。每位员工建立了"工作手册"，对每天的工作任务以及完成情况进行记录；每季度、每年都会进行民主考核。

表彰、奖励情况

2009–2012年，城阳区图书馆共获得各种表彰、奖励14次，其中，文化部表彰、奖励2次，省级表彰、奖励6次，市级表彰、奖励3次，区级表彰、奖励3次。

馆领导介绍

王欣，女，1977年9月生，本科学历，中共党员，馆长。1997年10月参加工作，历任青岛市城阳区城阳街道科教文卫服务中心主任、宣传科负责人，2014年6月任城阳区图书馆馆长。曾先后获得青岛市创建全国文明城市工作先进个人、农家书屋先进个人荣誉称号。

刘芬，女，1982年9月生，研究生学历，中共党员，副馆长。2009年8月参加工作，先后在青岛市城阳区夏庄街道办公室、组织科工作，2011年10月调至城阳区文化新闻出版局，2013年5月任城阳区图书馆副馆长，分管全馆业务工作。获得青岛市农家书屋先进个人等荣誉称号。

未来展望

城阳区图书馆始终坚持"以人为本，读者至上，服务第一"的服务理念，2009–2012年间，不断完善硬件与软件设施，通过总分馆制及流动图书服务点的实施，带动了城阳区内图书馆事业的发展。未来几年，城阳区图书馆将在馆舍面积有限的情况下，最大限度拓展服务空间，不断完善内部设施，优化资源配置，拓宽服务渠道，延伸服务领域，使图书馆服务打破传统服务的时间和空间限制，使优秀文化成果惠及基层群众。

联系方式

地　址：青岛市城阳区图书馆

邮　编：266000

"颂歌献给党"美文诵读比赛

第三届读书节启动

"看图书 讲故事"故事大王比赛

即墨市图书馆

概述

即墨市图书馆创建于民国四年（1915年）7月，初称“即墨县通俗图书馆”，距今已有近百年的历史。馆址几经变迁，2010年10月份，位于即墨市文化路597号的新馆建成开放。新馆地下一层，地上五层，占地面积5184平方米，建筑面积7500平方米，总阅览坐席数393座，其中少儿阅览坐席90座。馆内配有计算机96台，其中可供读者使用计算机73台，宽带接入20M，专用存储设备存储容量为6.7TB。选用Interlib图书馆集群管理系统，与青岛市地区所有公共图书馆数据实时联通，实现了通借通还。

业务建设

截止2012年底，即墨市图书馆总藏书280022册，其中Interlib系统录入107440册，Ilas5.0系统登记172582册；电子文献藏量500余种。

2012年，财政拨款总额226万元，其中新增藏量购置费为27.5万元，免费开放经费为34万元。图书平均年入藏量为9700种，报刊年入藏量为480种，视听文献平均年入藏量为40件。截至2012年，地方文献总入藏量为3600册，全部存放于四楼的方志馆内。

截止2012年底，即墨市图书馆数字资源总量为4.5TB，文献资源的书目数字化比例达80.4%，同时在图书馆网站专门设立了自建资源专栏，读者可通过市图书馆网站主页及数字资源门户免费使用。

读者服务工作

即墨市图书馆自2008年开始免费开放，目前已开放中文及文学图书外借室、中文及少儿报刊阅览室、少儿图书外借室、电子阅览室、多功能报告厅等14个免费服务窗口，免费提供检索与咨询、公益性讲座、展览等基本公共文化服务项目以及办证等辅助性服务。坚持全天开放的工作制度，节假日不休，每周累计开放达60.5小时。2012年，我馆持证读者达18492人，年流通总人次达503358人，外借总册次达295164册，其中馆外流动服务点年平均书刊借阅流通量为32982册次。人均年到馆次数27.2次/人，持证读者年人均外借册次15.96册/人，馆藏书刊文献年外借率达到105.4%。

2012年，即墨市图书馆积极开展各类社会教育活动，全年累计举办各类讲座、展览、阅读推广活动52次，参与总人次达6万余人次。其中举办讲座、培训19次，服务读者约3600余人次；举办展览13次，参展人数近3万人次；举办阅读推广活动20次，参与人数27160人。2012年，即墨市图书馆推出了吉祥物“墨墨”，同时创建了“墨墨”火炬手行动-小志愿者服务活动和“墨墨”智慧加油站少儿活动品牌，“墨墨”火炬手行动获青岛市“文化志愿者基层服务年”示范项目，“墨墨”智慧加油站入选了即墨市机关工作成果立项。吸引融纳社会资源，通过联办、协办等多元合作的模式运作活动，是即墨市图书馆阅读推广工作的特色，自2012年开始，即墨市图书馆先后与6家社会团体机构及电视台签订合作协议，秉承公益服务以及平等互助的合作宗旨，开展各类少儿阅读推广活动。

即墨市图书馆为政府机关、企事业单位和社会公众等提供参考咨询服务，2012年，提报《即墨市图书馆新馆建设调研报告》、《图书馆新馆建设标准》等，为市政府“蓝色新城”文化中心建设提供信息资料；编写农业科技致富信息4期；为市普查办、环保局、学校等单位提供专题服务5期；为读者解答咨询800余条。

业务研究、辅导、协作协调

2012年，即墨市图书馆按照计划对全市24处街道办事处、镇、中心社区图书室和部分村级农家书屋进行了上门辅导，共辅导30处图书室。指导、协助各基层图书室对购买的新书和上级捐赠的图书进行验收、登记、分编上架和流通。举办了六期文化共享工程基层点管理培训班，培训覆盖率达到100%。采取授课和实际操作相结合的方式，对业务骨干、图书管理人员培训4次，共培训105人次。

2012年，即墨市图书馆协同博物馆积极开展古籍普查工作，建立了全国古籍普查登记汇总表，充实了古籍普查数据库。其中《妙法莲花经七卷》、《易象管窥十五卷》等12部古籍入选第一批《山东省珍贵古籍名录》。

管理工作

即墨市图书馆现有在编职员工12人，大专以上学历11人，占职工总数的91.7%；副高职称2人，中级职称5人，中级以

图书馆大厅

朗诵比赛

展览

中秋猜谜会

上职称占职工总数58.3%。领导班子成员中有馆长1名，中级职称；副馆长1名，中级职称。在职员工人均参加培训51学时，共撰写业务论文、调研报告等10余篇。

人事管理上实行聘用制，按需设岗、按岗聘用，实行岗位管理和工作目标管理责任制，吸纳志愿者参与图书馆工作。

表彰、奖励情况

2009–2012年，即墨市图书馆先后荣获“2009年青岛全民读书月优秀组织奖”、“国家一级图书馆”、“2009–2010年青岛市文明单位”、“青岛市基层行风建设示范窗口”、“2011年青岛市文化广电新闻出版系统先进集体”、“即墨市巾帼创先争优示范单位”、“青岛市2011年公共图书馆业务竞赛团体二等奖”，“即墨市党员示范岗”、“即墨市雷锋式团队”等荣誉称号。

馆领导介绍

解爱林，女，1971年7月生，本科学历，馆员，馆长。1990年8月参加工作，历任即墨市图书馆副馆长、即墨市非物质文化遗产保护办公室主任，2011年9月任即墨市图书馆馆长，即墨市第十二届、十三届政协委员。曾获即墨市关心下一代先进个人、青岛市“益民书屋”工程农家书屋建设十佳个人、青岛市农村文化建设先进个人等多项荣誉称号，2011年获山东省农村优秀文化人才称号。

崔魁，男，1983年5月生，本科学历，中共党员，馆员，副馆长。2006年9月到即墨市图书馆参加工作，2011年9月任副馆长。

未来展望

即墨市图书馆始终坚持“读者至上、服务第一”的原则，内强素质、外树形象，不断提高服务意识，创新服务形式，拓宽对读者服务的渠道，打造服务亮点。2012年11月，即墨市图书馆扩建工程正式启动，在未来的几年里，即墨市图书馆将在现有馆舍的基础上，在即墨省级经济开发区蓝色新区另建一座新馆舍。新馆总面积1.4万平方米，读者最高容量约1400人。新馆将更加关注图书馆所提供的公共空间，增设了低幼阅览区、老年阅览区、精品阅览区及亲子活动室，并且涵盖有咖啡厅、研讨室。重视数字图书馆服务，设置有自动检索机、自助办卡机、自助借还书设备以及24小时自助图书馆。新馆将建设成为现代化、多元化、人性化的综合性图书馆。

联系方式

地　址：即墨市图书馆
邮　编：266200
联系人：解爱林

才艺展示

读书日宣传

中文报刊阅览室

平度市图书馆

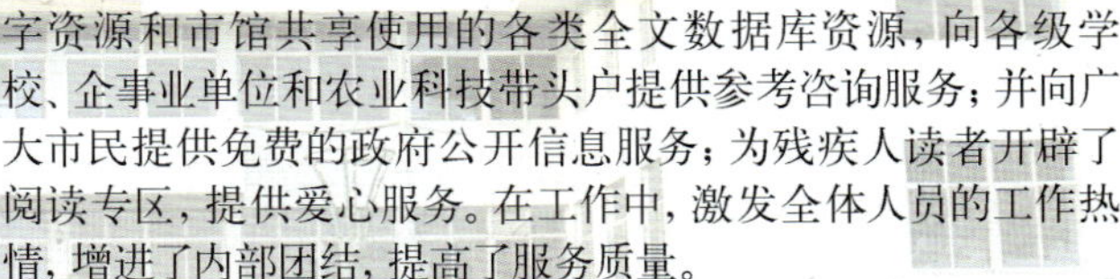

概述

平度市图书馆建于1956年4月，属全省最早建立图书馆的县（市）之一。建馆57年来，在市委、市政府和上级业务主管部门的关心和重视下，图书馆事业有了长足的发展。目前，有在职职工11名，平均年龄42.5岁。其中中专、高中以上学历者11人，占在职职工总人数的100%。专业技术职务：副高1人，中级4人，初级6人。馆领导班子设馆长1人。

图书馆大楼于1996年落成并交付使用，建筑面积3010平方米，内设“成人和儿童借书室、阅览室”、“采编辅导部”、“电子阅览室”、“特藏书库”、“报刊资料室”、“典藏书库”、“讲座厅”、等。1998年建立起馆内业务管理的局域网，变手工操作为计算机管理。并建立起拥有30多台计算机的“电子阅览室”。2007年，投资50万元，建立了文化信息资源共享工程平度市支中心。截止2012年底，馆藏图书报刊21.4万册。其中收藏自1939年以来的报刊近900种，29000多个合订本。明清以来的古籍线装书及各类工具书、图片等12000多册。年接待读者11万人次，借阅16.5万册次。

业务建设

（一）设施与设备

利用有限的服务空间，扩大无限服务窗口。馆舍面积3010平方米；阅览座席242（含少儿阅览座席48个）；计算机数量50台；其中提供读者使用的计算机32台。现有磁盘阵列12TB，通过独立域名的服务网站借助网通独享20M的管带优势向读者提供服务，并改造了馆内的共享工程支中心机房和电子阅览室，更新微机32台，供读者使用。

（二）争取政府多投资，尽显公益性服务职能

2012年积极争取市财政拨款120万元，财政拨款年增长率与当地财政收入增长率的比率为100%；新增藏量购置费16万元，免费开放本地经费20万元到位。2012年图书年入藏数量3491种；报刊年入藏数量260种；电子文献年入藏数量117种；视听文献年入藏数量35件；总藏量达到21.4万册。

读者服务工作

（一）全面实行免费开放，扩展服务范围

在做好免费开放服务的基础上，平度市图书馆不断将服务范围向基层读者、有特殊需求的读者、弱势群体读者扩展。配备了流动服务车，为全市各流动服务点开展送书服务，馆外流动图书年均借阅册次1500册次以上；充分利用馆内现有数字资源和市馆共享使用的各类全文数据库资源，向各级学校、企事业单位和农业科技带头户提供参考咨询服务；并向广大市民提供免费的政府公开信息服务；为残疾人读者开辟了阅读专区，提供爱心服务。在工作中，激发全体人员的工作热情，增进了内部团结，提高了服务质量。

（二）重视地方文献的征集工作，有市政府转发的呈缴本制度，在成人外借室、报刊资料库、线装书库中设有地方文献专架，有地方文献目录。丰富的服务资源为读者提供了充足的学习内容，所有的馆藏资料实行全开架与半开架结合的方式，吸引了大量读者来馆借阅，提高了馆藏文献利用率，全年书刊文献外借达11.2万册次，馆藏书刊文献年外借率为75%，馆内持证读者人均到馆次数达到26次。

（三）创建品牌活动，推动全民阅读季活动开展

一是继续开展元宵节灯谜会，推广活动品牌。元宵节灯谜会，已在平度市图书馆连续举办了30届，参与活动的达150万人次，成为我馆的品牌活动，极大地丰富了城乡居民的节日文化生活，同时宣传了企业形象，达到了文化搭台，经济唱戏的目的。

二是创建“游艺”大讲堂活动品牌。开辟栏目“游艺”大讲堂，每月一讲。以传播先进文化，提高市民文化艺术素质，推动社会和谐发展。邀请名家学者每月免费为市民和读者举办讲座。讲座内容丰富，涉及主题有传统文化、国学经典、文学艺术、民风民俗、音乐教育、写作等，直接受惠社会群体。

三是举办各类书画展览。与平度市美术家协会联合举办“华森杯”中国画临摹展。在世界环保日之际，与平度市环保局联合举办了“环保杯”青岛市首届书法名家作品展。为市民提高了鉴赏眼力，得到了市领导的认可和社会上的好评。

四是积极开展送文化下乡活动。推动全民阅读是一项长期的任务，要把全民阅读活动同文明社区、文明村镇创建活动有机结合起来。活动期间，开展了送图书、送书架活动，为明村镇明二村、南村镇姜家埠村捐赠了部分书架。

业务研究、辅导、协作协调

（一）开展协作协调，网络服务再上台阶

平度市图书馆积极参与省、市业务部门的协作协调、资源共享、馆际互借、信息报送等工作，积极参与上级部门组织的各类业务培训、读者活动等。积极参加青岛市图书馆召集的历次公共图书馆工作会议，积极参与全省读书朗诵大赛青岛选拔赛、全市绘本阅读活动公开示范课等系列活动。积极推进图

工作人员在为读者办证

平度市图书馆书画讲座

读者在查阅书

阅览室

平度市图书馆灯谜会

书馆总馆分馆制建设，实现了与各区、市图书馆的通借通还。并将对平度市的图书馆服务网络建设进行统一的规划与部署，指导全市图书馆网络的建设与实施。

（二）强化业务学习，提升服务水平

平度市图书馆现有工作人员11名，大专以上学历占职工总人数的90%，全部为高中、中专以上学历；中级以上职称占职工人员总数的45%。为强化素质、提升服务，建立每周四业务学习制度，以送出学、集体学、自学、互学相结合的方式，持续提升员工业务素质。2012年岗位培训人均50学时。

（三）创新宣传形式，扩大图书馆影响力

着力加强对外宣传工作，并力求形式、渠道、内容上有所创新。一是创新推介形式，随时更新新书推介、书目介绍等；二是拓宽宣传渠道，在各种媒体上进行报道；三是丰富宣传内容，在公众中树立积极、负责、可信的良好形象。在省、市馆业务刊物发表信息42条，在半岛都市报、今日平度、平度政务网、平度文化等各级媒体上发表信息15条。

（三）加强古籍文献的保护、搜集和服务工作

加强对馆藏古籍的保护。以文物保护的标准管理古籍，尽力使书库达到恒温、除湿、通风、防蛀等要求，开创对破损古书的修复工作。在保护好古籍的基础上，开展古籍的宣传、开发、利用工作。并按照国家和省古籍保护中心的要求，做好古籍名录的申报工作。

管理工作

平度市图书馆多年来一直坚持目标考核责任制，按需设岗，按岗聘用，竞争上岗，择优聘用，半年、年终建立严格的岗位目标考核。建立健全设备、物资管理制度，定期维护保养，馆内物资有严格的出入库手续。职工考核档案，立卷准确，装订整齐，每卷有目录。建立健全消防、安全保卫制度，机防、人防并重，聘用专职安全保卫人员，通宵值班。消防、公安部门检查考核中合格。

表彰、奖励情况。

2009年以来，平度市图书馆先后被国家文化部命名为“一级图书馆”；青岛市委、市政府连续5年命名为“文明单位”；平度市委、市政府连续5年命名为“平度市文明单位标兵”，连续三年获山东省古籍保护工作先进单位；青岛市委宣传部、青岛市文化局多次命名为“图书馆工作先进单位”“群众文化工作先进集体”等荣誉称号。并获青岛市文化局业务奖两项，平度市级优秀青少年维权岗、巾帼文明岗、女职工明星岗等奖励。

馆领导介绍

张毓敏，女，1970年10月生，大学学历，中共党员，副研究馆员，馆长。1990年7月参加工作，从事图书馆工作19年。先后获山东省古籍保护工作先进个人、青岛市“三八”红旗手、平度市劳动模范、平度市“三八”红旗手等荣誉称号，多次受市政府“嘉奖”。所撰写的20多篇业务论文获省、市级科学研讨会奖励，发表国家级论文7篇，省级论文11篇。2008年获山东省文化艺术科学优秀成果奖。

未来展望

一是争取新图书馆的搬迁，为全市群众提供更优质的阅读环境；二是抓业务建设不放松，同步推进全市图书馆总分馆系统建设，抓紧基层社区图书管理员辅导培训工作。三是抓制度创新不放松，以服务读者为宗旨，不断创新管理手段，优化服务环境，拓展服务效能；四是抓特色品牌不放松，扩大图书馆的影响力，促进全民阅读深入开展。

联系方式

地　址：平度市图书馆
邮　编：266700
联系人：张毓敏

莱西市图书馆

概述

莱西县图书馆于1976年10月正式挂牌成立，当时由于场所局限，与莱西县文化馆合用共同办公场所，1978年莱西县图书馆由莱西县文化馆搬到莱西县展览馆（原名），开始独立办公。1981年在市政府和有关部门的支持下，在原展览馆旧址上筹建图书馆大楼。1983年位于威海中路的建筑面积为1100平方米的莱西县图书馆大楼建成，并于1984年3月莱西县图书馆新馆开馆。1994年12月莱西市图书馆首次被中华人民共和国文化部评定为国家三级图书馆。馆址几经变迁，2000年4月，位于烟台路38号的莱西市图书馆新馆建成并开馆，建筑面积3080平方米。图书馆编制12人，现有工作人员11人，藏书19万余册，7万余种，全馆自2008年实行免费开放，开放科室有报刊阅览室、视障阅览室、中文外借室、儿童阅览室、电子阅览室，现有阅览坐席226个，计算机53台，采用全省Interlib集群管理系统办公。在第五次全国公共图书馆评估中，首次获得国家一级图书馆。2014年在国家提倡弘扬优秀传统文化的大背景下，增建了莱西市图书馆尼山书院，年底已对外免费开放。

业务建设

截止2012年底，莱西图书馆总藏量26.8万册（件），其中，纸质文献19.6万册（件），电子图书7万册，电子期刊2000册。

自第四次全国评估定级以来，莱西图书馆新增藏量购置费160万元，共入藏中文图书18000种，56000册，中文报刊500种，电子文献2000种。地方文献入藏完整率为96%。

2009年8月，采用自动化管理集群系统，以适应公共图书馆服务联盟建设的需要，全市内实施通借通还。

读者服务工作

从2008年4月起，莱西市图书对外免费开放，周开放63小时，年服务15万人次，书刊流通达到10万册次。2009年8月，开通与青岛市图书馆的馆际互借服务。2009—2012年，建成45个分馆，有15个图书流动服务点，馆外书刊流通总人次超过5万，书刊外借为3.2万.政府公开信息服务点成立于2010年，累计服务读者520人次。莱西图书馆2009年建设成立独立域名的网站，网站累计访问量7.8万次。目前，已开通莱西图书馆公众微信平台（tsg1025421890）。2009—2012年，莱西市图书馆共举办讲座、展览、培训、阅读推广等读者活动220场次，参与人数14.9万人次。

业务研究、辅导、协作协调

2009—2012年，莱西市图书馆馆员发表论文22篇，其中《培养群众图书馆意识之我见》获得第四届全国教育科研创新成果一等奖。自使用集群系统后，结合各基层图书室的实际情况，对图书室（分馆）在图书编目、分类、排架、借阅等业务工作中存在的问题给予具体指导，累计辅导基层图书室（分馆）280次，从2009年起，图书馆以集群管理系统为依托，在全市范围内发起组建公共图书馆服务联盟，采用统一编目、通借通还服务、地方文献联合征集、阅读推广与讲座展览资源服务、业务培训与技术支持等。组织与参与省馆、市馆举办的编目培训、地方文献征集、古籍培训班与新时期读者服务培训班等。

表彰、奖励情况

2009—2012年，莱西图书馆共获得各种表彰、奖励24次，其中省文化部表彰1次，农家书屋表彰、奖励3次，青岛文化局表彰、奖励8次，其他表彰、奖励12次。

馆领导介绍

张良，男，1975年生，本科学历，中共党员，研究馆员，馆长。

王琳，女，1972年生，本科学历，中共党员，馆员，副馆长。

未来展望

统筹设施建设管理打造文化活动阵地。近年来，莱西市用好上级资金、配套本级资金、吸引社会资金，累计投入改扩建文化设备6000多万元，为12个镇综合文化站、570个村文化活动室配备了锣鼓、桌椅、文化共享机等设施设备，建立文化信息资源共享工程基层服务点861个，实现了“镇镇有综合文化站、村村有文化活动室”的目标。莱西图书馆遵循“科学、效率、创新、发展”的办馆方针，完善服务功能，扩大服务区域，在莱西市北新区另建一座建筑面积8000平方米的新馆舍。全面建成后的莱西市图书馆，阅览座位1300个，可容纳纸质文献200万册，年服务人次可达20万人次以上，数字资源设计存储能力12TB，能够提供全覆盖、不间断、无时空限制的数字文献远程服务。

联系方式

地　址：莱西市烟台路38号
邮　编：266600
联系人：王　琳

报刊阅览室

书画名家迎新春活动

图书馆外景

昌邑市图书馆

概述

昌邑市图书馆成立于1956年6月，是潍坊市最早单独建制的县级图书馆。在文化部组织的公共图书馆评估定级中，连续三次被评定为二级馆，第五次评估定级被评定为“一级图书馆”。2007年8月市政府投资82万元建起了全国文化信息资源共享工程昌邑市支中心。支中心建筑面积280平方米，包括两室一房：电子阅览室、多媒体教室、中心机房。工程设施全部按照或超过国家试点县级支中心设备购置建设标准采购安装。主要有大型专用服务器机柜1个，管理服务器3台，高性能磁盘阵列，存储容量达8TB，因特网百兆光纤接入，卫星数据接收系统组成。多功能大型电子阅览室和多媒体教室，拥有60台160G硬盘、1G内存的高性能计算机，高清晰度超大幕布投影视频播放系统以及相应的软件，同时向60名读者提供信息服务。根据公共图书馆的业务需求，配有专用服务器1台，终端机4台，全套图书防盗系统和扫描仪、激光打印复印机等先进设施和独立的业务管理系统，全部实现了采、编、流、查等环节的自动化。

随着旧城改造，2010年8月图书馆楼被整体拆除，原读者服务工作转到各基层联系点进行。2009年5月市政府投资3亿多元开始建设昌邑市文化中心，图书馆设在其中，2013年竣工并投入使用，新图书馆设计馆舍建筑面积为5217平方米。根据《公共图书馆建设标准》要求，设有电子阅览室、一般阅览室、视障阅览室，共设计阅览座席512个，其中单独设有少儿阅览座席120个。

业务建设

截止2012年底，昌邑市图书馆总藏量23.96万册（件），其中，纸质文献23.36万册（件），电子图书0.6万册。

2009、2010、2011年，昌邑市图书馆新增藏量购置费20万元，共入藏中外文图书12240种，24510册，中外文报刊320种，视听文献420种。2011年，地方文献入藏完整率为94%。

截止2012年底，昌邑市图书馆数字资源总量为3.16TB，其中，自建数字资源总量0.86TB。数字资源整合了共享工程、图书馆和网络资源。

读者服务工作

昌邑市图书馆全年365天天天对外免费开放，每周开放56小时，2009–2012年，书刊总流通456034人次，书刊外借870750册次。2012年4月，开通了与9个乡镇图书馆的馆际互借服务。2009–2012年，建成12流动服务点，馆外书刊流通总人次354250人次，书刊外借266664册。2013年1月，在昌邑政府（中国昌邑）网站建立开通了昌邑市图书馆网站（http://60.210.160.131:9001/cytsg/）。开通后不断丰富完善网站内容。网上服务项目有概况、读者服务、馆内动态、书目查询、新书推荐、共享工程、视频点播、图书流动站、图书馆之城、昌邑市政府信息公开等服务项目。

2009–2012年，昌邑市图书馆共举办讲座、展览、培训、阅读推广等读者活动54场次，参与人数141540人次。

业务研究、辅导、协作协调

2009–2012年，昌邑市图书馆职工发表论文32篇，出版专著2部，获国家级三等奖1篇，省级三等奖3篇。

从2010年起，积极参与本地区图书馆联合编目、馆际互借、总分馆体系建设以及其他各类业务合作活动。重视古籍与地方文献整理，部分地方文献名录、古籍名录参与省、潍坊市图书馆联合编目。建立10个乡镇街办社区图书流动站，流动图书46600多册，收到了良好的效果。例如：由我馆牵头并提供一定图书，以柳曈图书馆为中心，发动附近几个条件好的图书室如西付村、东付村、常家庄村、柳曈镇图书室进行图书交换，年交换5400册以上，既节省了开支，又增加了图书的流通量，效果十分显著。

2009年，昌邑图书馆市图书馆服务网络建设规划采图书馆集群管理系统，形成以市图书馆为总馆、10处镇街综合文化站图书室为分馆、70处社区图书室为馆藏地点的联网借阅。下步尽快实现全市各图书馆通借通还。逐步实现与学校、企业、医院图书室的联网借阅。

2010年8月，全市10个镇街、70个社区、学校图书馆实施以市图书馆为总馆，镇街图书室、学校图书馆为分馆、社区图书室为馆藏地点的总分馆制，全市镇街、社区、村图书馆参与网络建设占全市公共图书馆总数的比例为100%。

2009–2012年，举办基层业务培训31次，参加8200人次。目前我馆的业务辅导固定联系点已发展到60多个，其中帮助新建乡镇、街道、社区图书馆（室）40多个，学校厂矿企业图书室20多个，军营图书室2个。

管理工作

2010年，昌邑市图书馆完成第二次全员岗位聘任，有13人重新上岗，同时，建立了工作量化考核指标体系，每月进行工作进度通报，每半年和全年进行总体工作考核。2009–2012年，共抽查文献排架15次，撰写专项调研、分析报告和工作提案6篇，编写各部门工作进度通报12篇。

表彰、奖励情况

2009–2012年，昌邑市图书馆共获得各种表彰、奖励18次，其中，文化部表彰、奖励1次，省委、省政府表彰、奖励1次，省文化厅表彰、奖励5次，其他表彰、奖励8次。

馆领导介绍

宫明莹，男，1961年12月生，中共党员，华东师范大学中文系毕业，研究馆员，馆长兼党支部书记。1981年7月参加工作，1994年9月任昌邑市图书馆馆长。出版专著多部，发表论文20多篇。2008年评为昌邑市专业技术拔尖人才。2009年9月，被省政府授予“全省文化系统先进个人并记三等功”荣誉称号。

姜杰华，女，1964年5月生，中共党员，本科学历，中级职称，副馆长，工会主席。1983年9月参加工作，先后在借书室、阅览室、采编室工作，任副主任、主任等职。

未来展望

2009年，昌邑市图书馆新馆建设工程正式启动，全面建成后的昌邑市图书馆，面积5217平方米，阅览座席512个，其中单独设有少儿阅览座席120个。可容纳纸质文献150万册，年服务人次可达32万人次以上，数字资源设计存储能力600TB，能够提供全覆盖、不间断、无时空限制的数字文献远程和移动服务。

联系方式

地　址：昌邑市图书馆
邮　编：261300
联系人：姜杰华

淄博市张店区少儿图书馆

概述

淄博市张店区少儿图书馆是山东省唯一一家独立建制的以0–18岁的少年儿童以及家长、教育工作者、儿童工作者和广大读者为服务对象的公共图书馆。馆内拥有设施完善的借书室、成人（少儿）阅览室、采编室、自习室、公共电子阅览室、多媒体室、低幼儿活动室、残疾人借阅室、文献资料室等十个服务窗口，实行藏、借、阅、导读、活动、咨询一体化，面向不同年龄层的读者，开展文献阅览外借、阅读指导、读书活动、参考咨询等各类服务的少年儿童图书馆。

张店区少儿图书馆成立于1990年11月12日。馆址几经变迁，2006年10月，位于张店区文化艺术中心三、四、五楼的新馆建成开放。新馆建设面积3912平方米，馆藏文献13万册，年接待读者12.8万人次，读者坐席360个，计算机56台，选用Interlib图书馆集群管理系统。2009年，参加第四次全国公共图书馆评估，首次获得一级图书馆。

业务建设

2002年初增上ILASS图书馆自动化管理系统软件，开始计算机书目著录回溯建库工作，2004年实行开放式借阅管理；2005年政府采购微机12台，增设电子阅览室，并创建张店区少儿图书馆网站（www.zdlib.cn）。

2007年区政府投资68万元在原电子阅览室基础上建立文化信息资源共享工程张店区支中心，改换Interlib集群图书馆管理系统。图书馆网站（www.zdlib.cn）于2008年底进行了改版升级，开通了网上书目查询、新书通报、好书推荐、网上续借、预约等功能。

2013年底启动了张店区城乡一体化图书馆服务体系项目，目前已建12个分馆及服务站，总馆增设触屏读报系统、自助借还机等设施，实现了馆藏资源开放式管理与服务的格局，全面实现了业务工作自动化，并建立了数字资源存储系统，存储容量达5TB。

截止2012年底，共人藏中外文图书3.6万种，10.9万册，报刊102种，视听文献2474种，数字资源总量3.5TB。

2009–2012年张店区少儿图书馆年新增藏量购置费6.6万元，2013年始增至10万元。

读者服务工作

“居高声自远，非是藉秋风。”张店区少儿图书馆秉承以人为本的服务宗旨，牢固树立“读者至上，服务第一”的思想宗旨，结合本馆实际，以便利、健康、公平、公益为宗旨，作为城乡一体化中心图书馆，充分发挥自身职能，努力为构建和谐社会公共文化服务体系做出贡献，本馆及辖区12家街道、镇级分馆，全部纳入张店区公共图书馆计算机信息服务网络，实行“通借通还”联网服务，定期为其提供免费图书借阅服务，实现了资源共享，极大地方便了读者的就近借阅服务。

2009–2012年张店区少儿图书馆共接待读者51.27万人次，书刊外借40.78万册次，15个图书流通站馆外书刊流通8.51万人次。网站访问量17.84万次。

2009–2012年张店区少儿图书馆组织形式多样、丰富多彩的读者活动71次，服务读者5.77万人次。利用节假日、周末时间组织开展讲座、电影展播活动；与周边中、小学校联合开展学生课外阅读课活动，把学校的部分课外阅读课流动组织起来，到校或到馆，分播阅读方式便捷、信息内容丰富的电子图书、期刊、动漫和科技视频，以及有声读物里的课外阅读——经典名著名篇等数字图书馆资源，受到学生、老师及广大读者的欢迎。常年与区实验中学团委联谊组办青少年社会实践基地，举办图书馆志愿者活动七年，志愿者950人次。配合青少年素质教育，开展每年一期的主题读书征文、十佳书香家庭评选、手抄报比赛、读者座谈会等有益少年儿童身心发展的读书娱乐活动，引导少年儿童的阅读行为，为少年儿童提供展示自我的舞台，丰富少年儿童的课余生活；编辑二次文献，为家长、教育工作者及儿童工作者等提供信息参考服务。

两年一届的全区青少年书法、美术作品大赛及作品展，已经连续举办了四届，吸引了全区52所学校的3500余名爱好书法、美术的学生参加了此项活动，获奖作品通过作品展、网站、媒体等形式向公众展出，展示了张店区的艺术教育成果，取得了良好的社会效应，已形成特色服务品牌。为周边乡镇村民、居民，为武警支队、区军干休所的官兵及离退休的老干部们挑选有针对服务的视听文献及图书、期刊资源，提高农民的耕种技术，丰富农民、居民、官兵的休闲娱乐生活，为广大人民的健康生活，提供平等、专业的服务。

业务研究、辅导、协作协调

2009–2012年，张店区少儿图书馆为提高工作人员的业务和理论水平，坚持开展业务研究工作，撰写专业论文，馆员先后撰写6余篇学术论文刊发于省以上刊物。被邀请参加中国图书馆学会2010“全国图书馆少儿服务工作座谈会”，先后派馆员参加“2010年中美图书馆员专业交流项目·山东省图书馆长高级研修班”等国家及省级培训班28人次，参加市级图书馆开展培训班10余人次。

2009–2012年，为了加强社区、农家书屋图书管理员的业

新闻联播–图书资源送到乡村

中央台新闻直播间《数字图书馆服务》

文化艺术中心全貌

低幼儿活动室

借书室

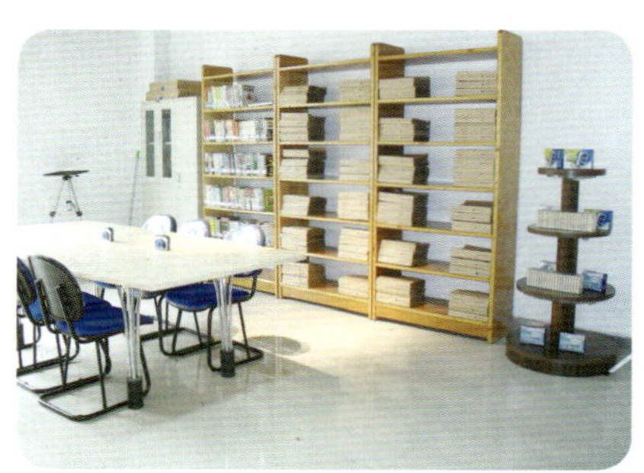
盲人阅览室

务水平，张店区少儿图书馆18人次专人深入基层对乡镇、村农家书屋图书室实地了解办馆条件、藏书及业务情况等，并有针对性的加强业务辅导工作。一是到学校、街道、乡镇、村帮助建设图书室，并指导图书室各项工作。二是交流、推广图书管理经验。三是培训管理人员，帮助他们掌握图书分类、编目、上架等业务知识，举办培训班3次，200余人次。

管理工作

2009–2012年张店区少儿图书馆编制职工10人，副研究馆员2人，馆员5人。推行馆员岗位责任制和年度目标考评制，健全完善了内部激励机制，坚持开门办馆，突出少儿特色，牢牢把握服务读者这个永恒主题，实现“四个转变”，即服务方式由单一型向多方位、多形式转变；服务工作由被动型向主动型转变；馆藏文献由封闭的收藏型向开放的流通型转变；导读活动由平面的静态型向多载体活动的动态型转变。为广大读者提供简便、快捷的服务，实行全面免费服务，提供电话续借、网上续借等服务，并开展网络信息及数字化文献阅读服务。

坚持社会办馆、群众办馆。积极扩大宣传，在不断增强社会各界对图书馆了解、认识、利用和支持的前提下，疏通渠道、引线搭桥，采取“文企联姻”、“文明共建”和“联手办馆”“资源共享”等多形式、多渠道先后全国工商联与北京学友园教育传媒集团、区文明办等单位无偿捐赠图书2万余册；与区残联实行“文明共建”，馆内开设了“残疾人借阅室”；与市区“双拥办”联合建立“军人阅览室”。在国家图书馆来馆调研时，本馆的馆内环境与服务得到国家馆领导的赞誉，“良好的硬件设施、高素质的人才队伍需要更好更丰富的软件来填充利用发挥其作用”，国家图书馆调拨10000册期刊，1000册图书支援地方图书馆馆藏建设。这一系列成功的运作，不仅对坚持以政府投入为主，社会多元化、多渠道投入为辅的原则，通过实践进行了有意的探索。据初步况算，累计向社会融资约35.5万元，增加馆藏图书文献3万余册。

表彰、奖励情况

2009年、2013年被评为一级公共图书馆，并曾先后被山东省文化厅授予“山东省文化信息资源共享工程示范县”、“山东省文化信息资源共享工程建设与服务先进集体”、“读者喜爱的图书馆”等荣誉称号，荣获淄博实施妇女儿童发展纲要示范单位、淄博市文化工作先进集体、全市第三届公共图书馆业务竞赛团体一等奖、优秀组织奖，全市第四届公共图书馆业务竞赛团体奖等荣誉称号。中央电视台《整点新闻》、《中国文化报》对我馆的数字图书馆服务情况进行了采访报道。

馆领导介绍

孙风芹，女，1967年12月生，大学学历，中共党员、副研究馆员，中国图书馆学会会员，馆长。1984年8月参加工作，历任张店区少儿图书馆采编室主任，张店区少儿图书馆副馆长，张店区文化馆副馆长等职。

未来展望

张店区少儿图书馆坚持公益性、基本性、均等性、便利性原则，不断完善馆内服务功能，扩大服务辐射区域，带动地区事业发展。2009–2012年，在不断强化自身综合实力的同时，积极争取各级领导的支持，2013年张店区城乡一体化图书馆服务体系项目启动，在未来的几年里，张店区少儿图书馆将完善张店区公共图书馆的基础设施网络体系包括组织体系建设，通过努力和探索，公共图书馆服务体系建设的实践，实现让居民真正就近、便捷、充分地享受公共图书馆普遍均等的文化服务。同时，不断提升自身建设，强化科学管理，紧跟科技发展，转型自助化服务、数字化服务，力争达到一流图书馆的基本标准。

联系方式

地　址：山东省淄博市张店区南西五路10号
邮　编：255000

免费开放后到馆的读者更多了

元宵节灯谜会现场

少儿书画作品展

桓台县图书馆

概述

桓台县图书馆初创于1978年，2008年迁入新馆，总面积1.5万平方米，被国家文化部命名为“国家一级公共图书馆”，省文化厅授予“山东省读者喜爱的图书馆”荣誉称号，全面实现免费开放。馆内设有期刊阅览室、少儿阅览室、盲人阅览室、多媒体教室、电子阅览室，地方文献室等10余个功能室，500余座阅览坐席。馆藏15万册图书、200余种报刊、10万册电子图书，是一个集文献借阅、图书展览、信息咨询、培训教育、学术研究于一体的综合性公共图书馆。

业务建设

文献入藏情况：截止2012年底，图书馆的总藏量是27万册（含10万册电子图书）。纸质图书163976册。其中，普通图书149451册（基本书库37449册，采编编目112002册）；报纸合订本5656册；期刊合订本8869册。电子图书：108579册。其中，《移动数字图书馆》10万册（1万种）；医学类1579种（1579册），接收上级捐赠7000册，存放在中心机房。视听文献总人藏量1219件，其中：多媒体教室1123件，期刊阅览室96件。古籍730册，存放在古籍阅览室。2009－2012年图书总人藏量为12766种，平均年人藏量3191种，报刊年人藏种数217种，视听文献年人藏154种，地方文献有专架，专门目录，专人管理，截止到2012年共征集地方文献905种，2576册。

文献编目：本馆严格执行中图法对图书进行编目，按照《中国图书馆分类法》的要求，以文献内容的学科或专业属性归类，做到归类准确，保证编目数据规范一致。目前我馆共分编图书45037种，103394册。

藏书组织管理：闭架图书排架误差率不高于0.5%；开架图书排架误差率不高于2%。建立了文献保护规章制度，书库防火、防盗、防虫、防潮、防尘措施到位。书库内卫生清洁，环境条件好，破损图书及时糊补。各借阅室、书库都安装了防盗仪，对进出书库的人员进行检测，有效的防止了图书的丢失。

目录设置、组织、管理：普通图书设有公务目录、读者目录；读者目录设分类目录、题名目录、著者目录、报刊题名目录。现有10万册馆藏普通图书已编制机读目录，并可供读者检索。目录组织误差率低于2%。目录有专人管理，及时维护，有查目辅导。

数字化建设：数据库建设规划合理，具有可操作性。馆藏中文图书书目数字化10万册，占全部馆藏（15）的70%。建立了地方文献专题数据库，并能提供使用。

读者服务工作

图书馆读者服务的宗旨是“以人为本，读者至上”，本着这种理念，我馆不断加强工作人员的岗位作风建设和管理水平，改善服务质量，实行统一着装挂牌服务给读者提供优质的、多种形式的、高层次的服务。

读者服务：微机化管理系统的正式使用从而替代了传统的手工操作，简化了书籍的借还手续，方便了读者对图书馆内所藏资料的电子查询。同时也提高了图书的流通率。2012年图书外借15万册次；年总流通总人次为16万；开架书刊册数占总藏量的91%；通过电子显示屏、专栏、书刊陈列等形式宣传推荐图书400种；每周开放91小时，节假日照常开放；本馆建有图书流通点10个；建立了盲人阅览室，盲文书籍，计算机及软件配备齐全，盲文图书100册次。能够正常开放，为青少年、老年人、农民工等弱势群体服务热情周到。

信息服务：2012年开展定题服务、情报服务、跟踪服务，为领导决策与事业发展提供信息服务，收到很好的效果；为科研与经济建设提供信息服务20条；为社会大众提供参考咨询、政务信息服务800条，并能提供使用。相关宣传报道及时。

社会教育活动：本年度举办讲座、培训等活动31次；展览6次；阅读推广活动6次，图书馆服务宣传6次。开展了“图书馆服务宣传周”活动，开展了向农村社区图书室赠送图书活动，在活动期间共向农村社区图书室赠送图书万余册，大大活跃了社区的文化生活；开展了“全民读书月”活动，活动主要倡导“走向阅读社会，共享阅读快乐”的全民阅读精神。阅览室、资料室免费向读者开放。积极为读者推荐新书800余种，认真解答咨询，引导读者取其精华。

业务研究、辅导、协作协调

协作协调：目前，我馆利用建立流通站的方式定期交流图书，不仅丰富了农民群众的文化生活，更标志着对流通站点建设模式迈出了成功的一步，使图书馆的资源达到共享。同时，并在本地区建立互借业务。

基层业务辅导：我们本着“走向社会，主动服务，把图书馆办到基层去”的社会化服务的指导思想，形成了以总馆为中心、流通站为网点、面向镇村图书室及社会企事业单位的流通网络。2012基层业务辅导10余次，辅导工作做到有计划、有记录、有总结、有统计分析，辅导成效显著。

基层业务培训：为进一步提升我县公共图书馆管理与服务水平，着力加强队伍建设，积极构建城乡一体化图书馆服务体系，历年来我馆积极开展基层业培训工作，通过集中培训和

敬老月读书活动

向社区矫正人员捐赠图书

举办科普展活动

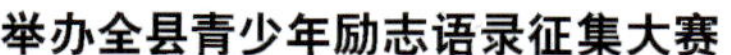
举办全县青少年励志语录征集大赛

设立道德经典图书专架

我是小小志愿者

下基层现场操作指导等方式，对图书分类编目基础业务知识进行普及，取得了良好的效果。

管理工作

年度计划：桓台县图书馆根据年度工作目标及任务合理制定了年度工作计划。

财务管理：财务管理、监督制度健全，自觉接受上级部门的监督检查。实行财务公开，每季度都将收支情况向全体职工公布，自觉接受职工监督。年终写出财务分析报告上缴文化局，以便接受文化局对财务工作的的监督检查。

人事管理：馆内制定了人事管理制度，在人员录用方面实行人事局统一招考录用的方式，人员工资参照公务员执行。结合本单位的编制情况、现有岗位和人员状况，将《桓台县图书馆关于现有人员实行聘任制度工作的备案报告》、《桓台县图书馆关于现有人员实行聘任制度的工作实施方案》、《桓台县图书馆岗位设置方案》，上报县人事局。年度按德、勤、绩、能对职工进行考核。2012年，有2人被评为优秀等次，有9人被评为合格等次。

志愿者管理：桓台县图书馆积极招募志愿者，开展各类志愿者服务活动，并进行了岗前培训，进行了科学管理。

设备、物资管理：物资管理制度健全，在设备、物资管理中设有物资帐簿，并设有专人管理，确保馆内物资有帐可查，借出物品有据可查。国有资产的注销都经县财政局、县文化局审批。

档案管理：多年来，我馆严格按照档案分类标准类份文件，在县档案局业务人员的指导下，做到立卷正确，装订整齐，内容齐全，归档及时，每卷有目录。2008年被评为档案工作先进单位，2009年争创档案工作“省二级”，材料已上报。

统计工作：各类统计齐全，并有分析报告。

环境管理：阅读学习设施齐全，环境整洁、美观、安静，标牌规范、标准，适时维护良好。

消防、保卫：消防安全制度健全，安全生产目标责任到人。消防安全措施到位，预案切合实际。安全工作有检查，有总结，有专门的安全档案。2012年无安全事故，被县文化局表彰为“安全工作先进单位”。

表彰、奖励情况

2009年–2012年度，获得省、市级、县级表彰共21次。

馆领导介绍

张艳青，女，1964年1月生，本科学历，中共党员，馆长。1980年11月参加工作，2002年4月担任桓台县图书馆馆长，2008年被淄博市文化局授予文化服务先进个人，2009年被评为淄博市第十一次妇女代表，2012年被评为全国创建文明城市先进个人，2012年12月被评为淄博市文化改革发展先进个人。

张学宇，男，1966年2月生，本科学历，中共党员，副馆长。1981年12月参加工作，2003年担任桓台县图书馆副馆长，副研究馆员。

魏丽丽，女，1983年7月生，本科学历，中共党员，馆长助理。2009年9月参加工作，先后在阅览室、办公室、财务部工作，2013年担任桓台县图书馆馆长助理，助理馆员。

未来展望

随着信息化、网络化程度的提高，服务危机极大地影响着图书馆的地位和图书馆事业的发展。图书馆如何在这种形势下求生存、求发展，更日益显得紧迫。

首先是不断丰富馆藏资源，积极改善馆藏结构。本着从本地区的实际情况出发，根据读者的需求来优化馆藏结构，积极发现潜在的读者和读者的潜在需求，把特定图书推荐给特定读者，做到为人找书，为书找人。其次，优化镇村统筹，实施文化惠民。以县图书馆为依托，在镇综合文化站、村文化大院、社区文化中心、镇村图书室（站）及部分企业、学校设立了图书流通站点，不定期开展图书交换流通服务，在全县形成以县图书馆为龙头、镇村图书室为骨干、图书流通站点为补充的三级公共图书服务网络，积极推动城乡文化统筹发展。第三，创新活动方式，促进资源共享。坚持以人为本，通过大力推进文化惠民工程，积极开展送书下乡文化惠民活动，充分发挥图书馆精神文明建设窗口作用。第四，创新管理方式，营造服务理念。把创新渗透于整个管理过程中，不断提高管理人员的整体素质，使每一个管理者都成为创新者。营造新的服务理念，创造出与众不同的服务方式。图书馆要尽其所能为民众营造一个充满人性关怀，充分尊重读者人格的、平等自由的空间，每位读者不论是普通公民或者掌权者，百万富翁或失业者，正常人或残障人，本地人或者说外来人员，都是平等的读者，没有歧视，没有压抑，使读者充分享受到神圣的平等权利，在平等的氛围中去学习新知识，使图书馆成为充满人文关怀的净土，广大公众的精神家园。

联系方式

地　址：桓台大道2999号
邮　编：256400
联系人：魏丽丽

沂源县图书馆

概述

沂源县图书馆成立于1976年8月，其前身为县文化馆图书室，有藏书2000余册，为闭架式借阅。馆址几经变迁，2006年5月迁入县城文化中心五楼，馆舍面积3100平方米。内设借阅室、公共阅览室、资料室、采编室、电子阅览室、旧报室、展览室、多媒体教室、报告厅等功能部室。2009年，参加第四次全国公共图书馆评估定级，实现了从三级图书馆向一级图书馆的跨越。2012年扩大开架借阅书库面积80平方米，新添书架40组。2013年单独开辟少儿阅览室，面积80平方米。2013年，图书馆开架借阅面积达200平方米，外借书架80组，阅览座椅302个，少儿阅览座椅60个，馆藏各类图书近34万册，各类报刊杂志240余种，计算机35台，宽带接入100Mbps，使用Interlib图书馆自动化管理系统。

业务建设

2007年购置并安装ILAS小型版业务自动化系统，为实现自动化借阅打下基础。

2008年文化信息资源共建共享工程沂源县支中心成立，建成公共电子阅览室，帮助实现全县633个村共享工程全覆盖。

2009年新购置Interlib图书馆业务自动化管理系统，连接自动化系统端口3处，将所有馆藏全部录入自动化系统，实现了图书办证、编目、流通、统计管理、检索工作自动化管理。参加第四次全国公共图书馆评估，首次被评为一级图书馆。

2011年实现免费开放，借阅室、阅览室、电子阅览室全年免费对外开放。

截止2013年，沂源县图书馆现有各类藏书近34万册，纸质藏书15万册，电子文献藏量500余种，图书年入藏3100种，年订购各类报刊240余种，视听文献年入藏30余件。地方文献设有专人专架，并面向全社会广泛征集。图书馆建立了局域网并建有自己的网站，在网站上建有地方文献专题数据库供读者使用，馆藏数字化建设达80%以上。在第五次全国公共图书馆评估定级中，凭借优良的硬件设施、过硬的业务建设、高质量的管理与服务水平，再次被评为“国家一级图书馆”。

读者服务工作

从2011年5月起，沂源县图书馆实现对外免费开放，全年365天正常开馆，每周开放63小时。2011—2013年，年均书刊总流通15万人次，书刊外借流通10余万册次。2012年，与淄博市图书馆签订了《馆际互借协议》。2013年在县武警中队设立分馆一处，定期进行图书交流。捐赠部分图书，帮助504部队、县林业局、县棉织厂等企事业单位建立图书室。同各乡镇签署了《馆际互借协议》，提供馆际互借服务。全县有20个图书流动服务站点，馆外书刊流通总人次3万人次，书刊外借5万册。

2009—2013年间，沂源县图书馆开展全民读书月、图书服务宣传周、征文比赛、朗诵比赛等各类读者活动50余次，参与人数达20余万人次。特别是2012年暑期在文化中心广场举办的“星河湾”杯全民读书朗诵大赛，颁奖仪式采用汇报演出的形式，再现朗诵比赛参与者的风采，同时穿插群众喜闻乐见的文化演出，参与读者群众达2万余人，成为历史上规模最大的一次读者活动，极大地激发了读者的参与兴趣，点燃了“全民阅读”的热情。

业务研究、辅导、协作协调

2009—2013年，沂源县图书馆职工发表论文20篇，出版专著3部。

举办各类讲座、展览、培训等阅读推广活动100余场次，送图书下乡活动200余次，采取集中办班和定期到现场指导等形式，对书屋管理员进行图书分类、登记、上架、保管、借阅等方面的业务辅导和培训，提高了农家书屋的规范化管理水平，充分发挥农家书屋公共阅读的平台作用，把农家书屋作为乡村开展读书活动的主阵地，实现了全县各镇村农家书屋的全覆盖。在2013年的全省公共文化服务建设会议上，沂源县作为12个典型发言单位之一，对本县农家书屋建设作了经验介绍。

管理工作

2011年，沂源县图书馆完成全体职工分级分类聘任，此次聘任每类职称共有2个晋级名额，每位职工依据工作业绩进行自评与互评打分，总分数高者获得职称晋升机会。同时，坚持事业单位职工年度工作考核机制，每年进行领导干部述职和职工工作总结，采用民主投票的方式选出两名职工，评为年度考核优秀等次。2009—2013年，共抽查文献排架71次，书目数据27次，撰写专项调研、分析报告和工作提案10篇，上报各部门工作信息通报20篇。

朗诵比赛

征文颁奖

电子阅览室

借阅书库

阅览室

表彰、奖励情况

2009–2013年期间，沂源县图书馆先后被山东省文化厅表彰为山东省文化信息资源共享工程示范县、山东省文化信息资源共享工程服务与建设工作先进集体，分别被市政府、市文化局表彰为文化工作先进单位、被市妇联表彰为巾帼文明队、巾帼文明示范岗、被县人民政府表彰为县级文化工作先进单位、青年文明号、先进党支部等荣誉称号。在第三、第四届淄博市图书馆业务知识竞赛中，沂源县图书馆获得团体二等奖，两名选手分获一、二等奖。在全省第六届公共图书馆业务知识竞赛中，沂源县图书馆的队员代表淄博市图书馆参赛，获个人一等奖。

馆领导介绍

刘永华，女，1980年10月出生，大学学历，中共党员，馆员，党支部书记、馆长。1998年11月参加工作，先后在县文化出版局和县图书馆工作。2011年任县图书馆馆长（副科级）。获得山东省第六届公共图书馆业务知识竞赛个人一等奖。

孟凡英，女，1968年2月出生，大学学历，山东大学图书馆专业毕业，中共党员。1991年7月参加工作，1993年任县图书馆副馆长，2008年12月，评为副研究馆员。

魏玉萍，女，1963年4月出生，大专学历，中共党员，馆员，副馆长。1980年1月参加工作，2005年任县图书馆副馆长。

未来展望

围绕全县“三创两新”、“两个再造”的发展理念和实现全县跨越式发展的战略，沂源县图书馆将不断加强业务素质和提高服务水平，提升全县文化水平，推动实现全民阅读。2009–2013年，沂源县图书馆在不断强化自身综合实力的同时，通过创建市、县、乡馆际合作，加强资源整合，带动全县公共图书馆事业的整体发展。2013年，沂源县图书馆阅览部搬迁工作正在筹划中，在不久的将来，沂源县图书馆将在现有馆舍的基础上，将借阅部单独搬迁至一楼大厅，面积达到500平方米，书架预计达到130组以上，可以单独配备少儿阅览书架，可容纳纸质文献20万册，年服务人次可达20万人次以上。将逐步实现省、市、县、镇村四级公共图书馆服务体系运行机制，并逐步与学校、武警中队、林业局等部队、企事业单位图书室实现资源共享互补，并将逐步实现读者自助办证、自助借还等自助服务项目的开展，不断向现代化、智能化、人性化的现代化公共图书馆方向发展。

联系方式

地　址：山东省淄博市沂源县鲁山路西首文化中心
邮　编：256100
联系人：任纪宏

滕州市图书馆

概述

滕州市图书馆始建于1956年，其前身为滕县通俗图书馆，建于1911年（清宣统三年），距今已百年历史。现滕州市图书馆坐落于山东省滕州市善国北路31号，建成于1991年，大楼有效利用面积3000余平方米，馆藏图书25万余册，设有阅览室、少儿借阅室、外借室、盲人有声读物阅览室、报告厅、自习室、地方文献特藏室、采编室、山东文化信息资源共享工程滕州支中心等部室。自1994年，国家文化部第一次开展"国家一级图书馆"评估定级以来，滕州市图书馆已连续5次在评估定级工作中荣获"国家一级馆"荣誉称号。2012年，滕州市图书馆有阅览坐席421个，计算机56台，光纤专网接入，自2005年开始使用INTERLIB图书自动化管理系统。

业务建设

截止2012年底，滕州市图书馆总藏量25.32万册，电子文献藏量621种，电子图书9860册，电子期刊1560册。2009–2012年，共入藏图书8640种，25920册，中外报刊407种，视听文献40余种。2012年，地方文献入藏完整率98%。

截止2012年底，滕州市图书馆数字资源总量6.5TB，其中，自建数字资源总量1.2TB。2005年始，使用INTERLIBTER图书专业借阅系统，2012年底，基本实现馆内藏书数字化。

读者服务工作

滕州市图书馆于2011年7月1日起，实行全部免费开放政策。阅览室、少儿阅览室、电子阅览室、报告厅（培训室、讲座厅）、自习室等科室免费全天对外开放。免费开放后，图书馆实行免费上网、取消办证工本费等服务制度，同时，各类知识讲座、文学讲座、展览、基层辅导、培训、流动服务、数字图书馆资料放映等文化服务项目全部免费。滕州市图书馆每周开放时间60小时，节假日正常上班。2012年，馆藏书刊文献年外借率72.26%以上，书刊文献年外借册次21万余册。设有馆外服务点21个，分馆4个。服务点书刊年借阅册次5500册次以上。人均到馆次数为27次/人。

2011年，滕州市图书馆开设参考咨询服务部，每季度出一期综合信息合订本报送给滕州市委、市政府、市财政局、市科技局、市劳动局等部门做信息参考；为科技局、经贸局等提供综合信息合订本的同时，定期上门咨询，了解掌握所提供信息的可采用情况，征求意见，以便更好地发挥信息的服务作用，并通过图书馆网站，滕州市数字文化网站每天都向社会公众提供各种政务信息。

2012年，滕州市图书馆共举办讲座、展览、培训、阅读推广等读者活动38次，参与人数1.6万余人次，每月一期的"善国讲坛"已成为滕州市图书馆的品牌活动，已逐步成为滕州市专家、学者与社会大众探究学术、交流思想的知识平台，成为对社会进行方向性引领、高素质培养的教育平台。

业务研究、辅导、协作协调

2009–2012年，滕州市图书馆员工发表论文32篇。2012年，滕州市各乡镇街道村居农家书屋（基层图书室）实现全覆盖。全市乡镇街道社区村级图书室服务网络建设比例达到80%，各乡镇驻地农家书屋（图书室）建有网络化服务网络体系，并参加滕州市图书馆组织的各项培训活动，同时，市图书馆定期组织人员到基层村居农家书屋辅导，加强分馆和基层农家书屋管理，取得了理想的效果。2012年，滕州市图书馆全年举办了十二次基层图书馆（室）管理员与文化站长培训班。滕州市图书馆积极配合上级图书馆开展本地区图书联合编目，交流数据，定期组织相关人员进行交流学习，促进工作更好地开展，同时，开展馆际互借，与枣庄等周边图书馆定期进行馆际交流合作。

管理工作

滕州市图书馆现有在编工作人员18人，均系大专以上学历，并持有图书馆专业资格证书，其中高级职称4人，中级职称8人，中级及以上人员比例为66.7%，初级及以上职称人数为18人，比例为100%。馆领导班子年富力强，班子成员4人，全部持有高级任职资格证书。有1人是图书馆专业毕业，3人接受过枣庄市级以上业务部门举办的系统图书馆专业培训，全馆人员每年接受各级继续教育，全部考试合格。2010年，滕州市图书馆完成全员岗位聘任，18人重新定级上岗，同时，建立了工作量化考核指标体系，每月进行工作进度通报，每半年和全年进行总体工作考核。定期进行工作检查，2009–2012年，共抽查文献排架48次，组织进行书目数据校正12次，组织编写《工作质量报告》，并撰写专项调研、分析报告和工作提案4篇。

善国讲坛19期

书法展

公共电子阅览室

图书馆外借室

表彰、奖励情况

自2009年来，滕州市图书馆荣获国家公共图书馆第四次评估定级“国家一级图书馆”称誉，被国家文化部评为“全国文明图书馆”，被省文化厅评为“先进图书馆”、“读者最喜爱的图书馆”，荣获枣庄市“十佳服务窗口单位”、“先进图书馆”，滕州市“先进集体”，滕州市“关心下一代先进集体”，2012年被省文化厅评为“全省公共电子阅览室与服务示范县”，2010–2012年评为“枣庄市精神文明单位”。

馆领导介绍

董润洁，女，1966年5月生，大学本科，中共党员，馆长。1982年12月参加工作，历任滕州市五交化集团总公司部门经理、滕州市农业局植物组织培训中心主任、滕州科协科普部部长。2013年4月，任滕州市图书馆馆长。2010年被枣庄市人力资源和社会保障局、枣庄市科学技术协会记三等功；2011年获得中共滕州市委、滕州市人民政府嘉奖，获得枣庄市人力资源和社会保障局、枣庄科学技术协会、枣庄市老科技工作者协会嘉奖；2012年3月被枣庄市人力资源和社会保障局、枣庄市科学技术协会评为先进个人；2012年6月被中共滕州市委市直机关工作委员会评为优秀共产党员。

颜东，男，1971年11月生，大学本科，中共党员，支部书记。1991年8月参加工作，历任滕州市图书馆外借室主任、电子阅览室主任、副馆长。2013年4月，任滕州市图书馆书记。2010年，评为滕州市先进工作者；2011年，评为滕州市创先争优先进个人。

魏焕升，男，1983年5月生，大学本科，中共党员，副馆长。2007年1月参加工作。历任滕州市图书馆外借室主任、办证室主任、采编室主任、办公室主任。2013年4月，任滕州市图书馆副馆长。2012年，评为山东省古籍保护先进个人。

刘进静，女，1982年9月生，大学本科，副馆长。2007年1月参加工作。先后在电子阅览室、采编室、少儿阅览室工作，历任少儿阅览室主任。2013年4月，任滕州市图书馆副馆长。2013年，评为滕州市文化系统先进个人。

未来展望

2013年，滕州市图书馆新馆建设工程正式启动，在未来的几年里，滕州市图书馆将在现有馆舍的基础上，在滕州市高铁新区另建一座建筑面积1.2万平方米的新馆舍。全面建成后的滕州市图书馆，将形成由新馆和老馆区域互补的服务格局，总建筑面积将达1.6万平方米，阅览座位1200个，可容纳纸质文献200万册，年服务人次可达100万人次以上，数字资源设计存储能力400TB，能够提供全覆盖、不间断、无时空限制的数字文献远程和移动服务，数字资源年利用率150万件/次以上。同时，还具有支撑保障全市公共图书馆服务体系良好运行的文献与技术能力，成为与省及市内科研系统图书馆实现资源共享互补的综合型图书馆，主要指标位居全国县级公共图书馆前列，达到一流图书馆的基本标准。

联系方式

地　址：山东省滕州市善国北路31号
邮　编：277500
联系人：魏焕升

小读者活动

滕州市图书馆外景

东营市东营区图书馆

概述

东营区图书馆为新建图书馆，于2008年3月建成，2009年在全国第四次图书馆评估定级中被授予国家县级二级图书馆，2013年在全国第五次图书馆评估定级中被授予国家县级一级图书馆，2012年1月，因工作需要，东营区图书馆搬迁至东营区文体活动中心一楼，馆舍面积3000平方米。内设少儿图书借阅室、成人图书、期刊借阅室、电子阅览室、文化信息资源共享工程县（区）支中心室，多功能学术报告厅，多功能视听室、图书采编室、电子信息机房、办公室等9个服务窗口。图书馆现有坐席578个，共有计算机58台，选用Interlib图书馆自动化管理系统。目前图书馆免费对外开放工作运行正常，每周开放达到79个小时。

业务建设

截止2012年底，东营区图书馆图书总藏量达到了28万余册，其中电子文献10.5万余册，5万多种。图书年入藏量3100种，报刊、期刊年入藏量为247种，电子文献年入藏量600种，视听文献年入藏量225种。2012年6月，将自动化管理系统ILASII升级改造为Interlib图书管理系统，以适应东营区图书馆服务联盟建设的需要。

读者服务工作

从2008年6月起，东营区图书馆全年365天免费对外免费开放，每周开放时间达79小时，2009年至2012年，书刊总流通量35万人次，书刊外借9万册次。

2012年东营区图书馆外借图书11.5万余册次，圆满完成了各项图书外借任务；重点建设基层馆外流通服务站点10个，流动书刊借阅册数达到6000余册，受到了基层服务站点一致好评。

积极开展了免证阅览、弱势人群服务、办证上门、送信息上门等一系列方便读者的服务措施，通过“送书下乡”和“送书上门”服务，为进城务工人员和行动不便青少年、老年人等弱势群体提供了借阅文献的便利，并利用电子阅览室对进城的务工人员、老年人，老年大学生开设免费的电脑培训。

2012年开展讲座、培训19次，参加读者10171人次，读者作品展览活动5项，参加读者5034人次，阅读推广活动6次，参加读者近2万人，4月举办了以“让阅读成为习惯，让思考伴随人生”的世界读书日系列活动。5月12日至18日开展了主题为“读书求知思考，和谐进步创新”的公共图书馆服务宣传周活动，8月2日至9月2日开展了主题为“读书求知思考，共建学习型城市”的全民读书月活动。

业务研究、辅导、协作协调

完成与上级图书馆组织的协作协调工作：一是制定了东营区图书馆书籍馆际互借制度，馆际互借工作顺利开展，年借入书刊文献册数逐年提高，分馆体系建设完善，年外借文献逐年增加，2012年中山社区图书馆和庐山社区图书馆被我馆纳入分馆，并给予了他们图书和设施设备的扶持帮助。同时我们还与全区各镇的村（居）农家书屋，各街道的社区图书馆建立了书籍互借业务，每年有重点的为基层配送图书。二是认真完善了电子资源和图书馆服务网络内的资源共享工作，提高了服务网络建设水平和通借通还的覆盖率，加强了基层业务辅导和业务培训工作力度，使馆际协调协作、资源共建共享工作取得了很好的成效。

图书馆服务网络建设工作。为服务广大读者，根据图书馆的特点，按照网站建设与服务的要求，我们采用稳定性高、安全性强、成熟度高的专业网站内容管理系统，充分体现了图书馆的特色，满足了读者的网络服务需要，总体设计庄重典雅、构思新颖、富有现代气息、页面制作精美亮丽；制作开发了网站首页模版、频道页模版、栏目页等20个服务窗口，最大限度的满足了广大读者的需要。

完成对基层业务的培训辅导工作。根据年初计划，结合工作实际，认真开展了基层业务培训辅导活动，活动中我们抽调部分业务骨干人员分别到各个基层进行业务培训辅导活动，通过培训辅导活动切实提高了基层图书管理人员的整体素质和能力。同时通过培训活动加强了与基层的业务交流，有效的丰富了各项课程效果反馈信息资料，为全面提高全区图书管理整体工作打下了坚实的基础。

少儿活动

分馆建设

图书借阅室

图书馆书库

管理工作

为深化事业单位人事制度改革，建立和完善岗位管理制度，根据《山东省事业单位岗位管理试行办法》、《山东省事业单位岗位设置管理实施意见》及行业指导意见，结合我馆实际，一是制定了《东营区图书馆岗位设置方案》。工作人员按岗聘用，竞争上岗，择优聘用，努力提高服务质量，不断完善图书馆各项规章制度，形成了一套完整的岗位责任制度，明确规定了领导及各部室的职责范围，并认真执行年终全面考核和奖惩激励制度，以各种形式提高了图书馆工作人员的工作积极性。同时积极吸纳社会志愿者参与到图书馆工作中来，并制定相应的管理制度对其进行科学管理。二是进一步规范图书馆财务管理，提高资金使用效益，确保各项工作正常运行。

表彰、奖励情况

2009至2012年，东营区图书馆共获得各种表彰、奖励7次。

馆领导介绍

郭文霞，女，1968年　月生，大专学历，馆长。1984年参加工作。

高海珍，女，1975年11月生，大专学历，图书馆员，副馆长。1999年4月参加工作。

联系方式

地　址：东营区宁阳路98号文体活动中心一楼
邮　编：257000
联系人：郭文霞

分馆建设指导

电子阅览室

首届少儿绘画大赛

垦利县图书馆

概述

垦利县图书馆前身为垦利县文化馆图书室，1952年开始了图书借阅活动，正式成立于1987年12月，是一所综合性公共图书馆。馆址几经变迁，2012年7月，位于垦利县新城区群众文化中心A座的新馆建成开放。新馆建筑面积4270平方米，阅览座席397个，计算机78台，宽带接入100Mbps，选用Interlib图书馆自动化管理系统。2004年，参加第三次全国公共图书馆评估中，获得二级图书馆。

业务建设

截止2012年底，图书总藏量13.244万册，其中，视听文献1.2万种、盲文出版物350种、地方文献1万册。

2009至2011年，垦利县图书馆新增藏量购置费10万元，2012年新增藏量购置费200万元。2009–2012年，图书年均入藏量8023种；报刊年均入藏量374种；视听文献年均入藏量3329件。2012年，地方文献入藏完整率为99%。

截止2012年底，新馆配备电子阅报机，易趣动漫机、广播、视频播放器等设施。数字资源总量为4TB，实现馆内无线网络覆盖，建有垦利县文化信息资源共享工程支中心。

读者服务工作

自1987年成立以来，一直对读者实行免费借阅服务。自2010年1月1日起，免除办证工本费，实现零收费借阅管理。实行全年对外免费开放，严格执行“零门槛”政策。开设综合服务台、综合外借室、青少借阅室、综合阅览室、亲子阅览室、电子阅览室、地方文献室七个一线对外服务窗口，设立了盲文阅览区。增设晚间对外开放服务，周开放63小时。2009–2012年，持证读者7658人，书刊总流通17.6万人次，书刊外借25.8万册次。下设2个流通服务点，每年定期更换图书1000种以上，年平外借册次5000册以上。与东营市图书馆、各县区图书馆开展了馆际互借服务工作，2010年3月，垦利县网上图书馆上线，以适应实施“县级数字图书馆推广”活动的需要，读者可通过图书馆网站免费浏览到国家文化部、省市公共图书馆、文化共享工程提供的公共数字资源。

2009–2012年，垦利县图书馆共组织了15场专题讲座和报告会，共有5000余名读者参加了活动；组织了30多项读者活动，有近万人次读者参加；图书馆举办展览6次，参观读者人数12000人次。

系列讲座以“弘扬主流文化、关注社会热点，传播新知识、新思维”为主旨，演讲人以深邃的思想、生动的语言，以及富有魅力的人格为“城市热读”注入了极大的活力。每月开展一期“道德讲堂”活动，以“我听、我讲、我议、我行”为辅助形式，大力倡导“爱国守法、明礼诚信、团结友善、勤俭自强、敬业奉献”等基本道德规范，推动先进道德理念入脑入心，外化于行，营造“讲道德、做好人、树新风”的浓厚氛围，为争创省级文明县打造新亮点、树立新品牌。

2010年5月，开展“巾帼文明读书”活动。2010年3月至5月，举办了“让童心在童话中飞扬，让童年在书香中芬芳”为主题的首届“童话节”活动。2010年，配合东营市图书馆做好“全省十大书香家庭评选”活动。2011年6月，开展“爱环境、树新风、向不文明行为告别”活动。2011年4月至6月，举办“我们的读书故事”征文活动。2012年4月至6月，开展“让我们在阅读中一起成长”读书节系列活动。2012年5月，举办“21世纪新人——学会学习、学会生存、学会合作、学会生活”的讲座。2012年“七一”，举办“庆祝党的生日，感受家乡巨变”主题报告会。2012年9月至10，开展“我心中的图书馆”读者征文活动。2013年3月，开展“感悟雷锋精神，温读雷锋故事”主题活动。2013年4月，举办“垦利县读书朗诵大赛”。

业务研究、辅导、协作协调

为提高文献资源的利用效益，进一步推动文献资源的共建与共享，最大限度地满足读者的需求。垦利县图书馆与东营市图书馆开展了馆际互借服务工作，由东营市图书馆统一组织、定期交流有关馆际互借互阅和文献传递服务的情况，主要内容包括馆际互借文献统计、开展文献传递情况统计等。

垦利县图书馆积极创新服务方式和手段，开展面向社区、面向农村、面向基层的延伸服务，成为新形势下公共文化服务的新亮点和增长点。依托共享工程网络开展服务成为开展图书馆延伸服务的新形式，使全县街道、镇、社区、村图书室参与到服务网络建设中。

为不断推动垦利县基层图书室管理的规范化、标准化，垦利县图书馆一直把对基层图书室的业务辅导工作作为重点工作开展。自2009年以来，组织业务人员多次到各镇（街道）图书室进行基础业务辅导工作，采用集中辅导与分散辅导相结合方式，受到了基层图书管理员的热情欢迎，辅导工作达到预期效果。

2011年5月，对垦利县新建社区农家书屋及各镇21个示范型农家书屋行政村的管理员进行了培训。全县50余名农家书屋管理员参加了此次培训会。通过举办培训班，提高了垦利县农家书屋管理员队伍的整体业务水平，推进了全县农家书屋管理工作的规范化进程。

2011年8月24日，全省“农家书屋”现场推进会在垦利县召

盲文阅览室内部

青少借阅室

亲子阅览室

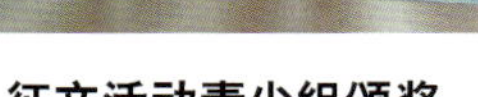
征文活动青少组颁奖

农家书屋培训班

举办新书展览会

开，参观了垦利县三处“农家书屋”观摩点，垦利县基层图书室建设得到了领导的一致好评，获得较高的评价。

2012年，社区图书室在图书的借阅流通以及日常管理方面缺少专业的知识和实际的操作能力，针对这些特点，垦利县图书馆将新建图书室的业务辅导工作列入了培训重点，促进社区图书室业务工作的规范化、标准化，推进社区图书室管理规范化进程。全年进行了3次全县社区图书室的集中培训辅导活动和20余次的村图书室的分散辅导活动。

2012年11月，对垦利街道提升型农家书屋管理员进行培训，实地参观学习了图书管理业务知识。县图书馆业务人员就图书、期刊、电子音像制品的接收、分类、编号、上架、保管、流通等六个方面的内容进行了详细的讲解，并对农家书屋管理员提出的问题进行现场解答。

管理工作

全馆实行人事管理的各项制度，按需设岗、按岗聘用、竞争上岗、岗位责任制、考核及分配激励制度齐全，同时，形成了优化服务制、服务质量检查制度等一系列服务规范机制，汇编装订成册，馆员人手一册。岗位责任制明确规定了领导职位和各部室每个职工的职责范围，具体工作内容和任务指标。年中考核一次，年终全面考核。2012年7月新馆投入使用后，坚持每周文献大排架1次。

每年面向社会公开招募志愿者，以汇集更多的社会力量参与图书馆建设和管理，同时为各界提供社会实践平台。

表彰、奖励情况

2009–2012年，垦利县图书馆共获得各种表彰、奖励15次，其中，承担的垦利县“农家书屋”建设工程、文化信息资源共享工程，多次受到上级主管部门的表彰。被山东省新闻出版局评为2011年度全省农家书屋工程建设先进单位；文化信息资源共享工程垦利支中心被市文化广电新闻出版局评为2011年度全市文化信息资源共享工程工作先进集体；2012年12月，垦利县被山东省文化厅评为山东省公共电子阅览室建设与服务示范县。

馆领导介绍

李海明，男，1975年1月生，大学学历，中共党员，馆员，馆长。1990年6月参加工作，2005年任图书馆副馆长，2012年任图书馆馆长。先后获东营市“农家书屋”建设先进个人、东营市文化体育新闻出版系统先进个人、东营市“未成年人思想道德建设工作”先进个人、垦利县“优秀共产党员”等荣誉称号。

刘宁，女，1981年3月生，大学学历，中共党员，馆员，副馆长。2003年10月参加工作，2009年12月任垦利县图书馆副馆长。先后获山东省农家书屋工作先进个人、山东省第六届公共图书馆业务竞赛优秀选手奖、垦利县文明标兵等荣誉称号。

李兵，女，1973年7月生，大学学历，馆员，副馆长。1993年11月参加工作。先后获东营市农家书屋工作先进个人称号、垦利文体系统“联系群众工作先进个人”等荣誉称号。

未来展望

垦利县图书馆以“读者至上，平等服务，共享资源，和谐发展”为服务理念，结合创建省级公共文化服务体系示范区建设工作，将不断完善新馆建设，加强基础服务工作、开展社会活动、基层图书站点的建设等业务实力，推行城乡总分馆制体系建设，实现图书借阅“一卡通”统借统还的服务模式，充分发展图书馆职能，让群众享受公共文化服务的便利、优越性，成为集社会教育、爱国教育、文化休闲、艺术交流等于一体的重要文化惠民窗口。

联系方式

地　址：东营市垦利县群众文化中心A座
邮　编：257500
联系人：刘　宁

童话节活动

群众文化中心全景

广饶县图书馆

概述

广饶县图书馆是历史最悠久的公共图书馆，成立于1974年，至今已有40年的历史，它是广饶县文献信息收藏和服务中心，承担着广饶县地方文献的收藏和服务职能，履行搜集、加工、存储、研究、利用和传播知识信息的社会职责，是社会各界学习和了解广饶的重要窗口。

在2004年和2009年公共图书馆评估定级工作中，广饶县图书馆均顺利通过评估验收，被国家文化部命名为"一级图书馆"，同时，广饶县图书馆也是全国文化共享工程建设、公共电子阅览室建设的优秀示范点，全省古籍保护工作先进单位，全省地方文献工作先进单位，各项工作多次受到国家文化部、省文化厅的表彰。

自2010年广饶县图书馆新馆建成开放，新馆建筑面积约8000平方米，馆舍设计藏书总量达到100万册，阅览座席550个，少儿阅览坐席158个，设计每日接待人数2000人，可满足全县将来50－100万人口的阅读需求。

业务建设

广饶县图书馆于2010年完成了馆舍的搬迁，新馆配套建设总投资700余万元，其中包括100多万元的电子设备，完成了自99年至今的第四次设备更新换代，其中微机数量149台，网络接入采用中国联通100Mbps及城域网100Mbps双光纤接入。现有的存储容量为7T，在今年为了适应总分馆制建设的安全需要和图书馆数字化一体解决平台建设的容量需要，将更换为10T以上IP－SAN型存储，目前正在进行设备考察。

我馆自1999年实行自动化管理，管理系统为ILAS5.0，2007年11月升级为ILASII，2009年7月更换为Interlib系统，2011年3月升级为Interlib大型版，包括采访子系统、编目子系统、典藏子系统、连续出版物子系统、流通子系统、系统管理子系统、全文传递子系统、专项服务子系统、联机编目、联合目录系统，无用户数限制，不限馆藏量。内设基本资料外借部、中文报刊阅览部、少年儿童借阅部、办证复印检索室、采编咨询部、新书阅览室、视障阅览室、工具书阅览室、外文借阅室、电子阅览室、电影放映厅、多媒体制作室、网络培训中心、基本书库、基本报刊库、地方文献书库、古籍特藏书库、典藏阅览室、业务辅导部等对外服务窗口。

读者服务工作

我馆自2009年起所有对外开放窗口均实行免费制度，并由财政部门进行监督。我馆坚持全年365天开放，每周开放时间不少于56个小时。为照顾白天无法到馆借阅的读者，我们周二至周五增加一个小时的开放时间，大大方便了读者。2012年我馆书刊外借册数次达到12.8万册次，现有读者8476个，全年流通总人次18.2万人次，人均年到馆次数为21.4次。

读者服务工作是我馆工作的重中之重，多年来我们秉承"读者第一，服务至上"的原则，努力拓宽服务渠道，深化服务内容，举办各种形式的读者活动，如讲座、演讲、报告会、读书活动、各种培训班、书画展、新书展等，每年不少于30次，参加人数达3万余人次；为重点读者和科研型读者预约借书、免费检索课题、代查资料，并实行专人负责，跟踪服务；进行二、三次文献开发，定期编印《决策参考》、《信息文摘》，通过政府网发送到全县各部门、各乡镇和各企事业单位，为各级领导和社会各界提供信息服务；为大量咨询读者解答咨询，每年800条以上。

为了照顾弱势群体，我馆配备了专门的盲文阅览室，现有藏书545册，2013年即将与市残联联合扩大藏书量，另外设立了盲人通道、残障人士通道和残障人士卫生间等，为残障人士提供便捷舒适的阅览环境；我们在成人阅览室设立了专门的务工人员图书角，包括法律常识、务工技术等在内的实用书籍，并且我们利用流动服务车定期到企业聚居地进行专题图书借阅。少年儿童方面，我馆少年儿童阅览室整体工作量占到全馆业务工作量的一半以上，成为我馆一大办馆特色。我馆中文报刊阅览部有30%的读者为老年人，不定期与老年人进行沟通，了解他们需求，为老年人读书提供方便。另外我馆还长年以来坚持每月为武警中队提供送书服务，此项工作已坚持近20年。

业务研究、辅导、协作协调

我馆与省图书馆文献编目中心签订了联合编目协议，成为其数据用户。在日常图书编目工作中，我馆主要依托于国家图书馆联合编目中心（ucs.nlc.gov.cn），并依据本馆制定的相关标准进行编目。另外我馆与市图书馆、省图书馆签订了馆际互借服务协议，提高文献资源的利用效益，进一步推动文献资源的共建与共享，最大限度的满足读者需求。在今年年初，我馆与市级图书馆签订了总分馆服务协议，成为东营市公共文化服务体系总体建设的一份子。该部分工作在2013年5月份进入到具体实施阶段。

自建馆之初，广饶县图书馆就将各乡镇、重点社区、重点企事业单位、中小学校图书室纳入到业务辅导网络中来，并将此项工作作为全馆每年重点工作来抓。

本年度图书馆将实施总分馆制一期工程，该项工程已列入本年度全县重点文化工作，一期工程将以乡镇、办事处为单位，依托各乡镇综合文化站图书室以及重点社区图书室，建立广饶县图书馆分馆，并将城区范围内各企事业单位图书室纳入到分馆管理体制中来。2014年将以乡镇为单位，依托各中小学图书室，建立中小学图书分馆。

古籍书库

科普展

书画展

我县共有乡镇、办事处9个，目前所有乡镇均建有图书室，覆盖率达到100%。我县目前共有行政村563个，其中364个村建有图书室，覆盖率达到64.6%，全县农家书屋藏书量达到70万册，报刊1.5万种，电子音像制品2.77万件。为了促进广饶县城区图书馆网的建设，同时为了节省社会资源，最大限度的利用好县馆和各图书室的馆藏资源，广饶县图书馆自2009年起，通过各种手段扩大服务领域，配备了图书流动车辆，每年平均流通5000册次以上。

多年以来，我馆一直坚持将业务辅导工作作为一项重点工作来抓，并列入全文体系统重点工作进行考核。2012年图书馆共计辅导基层图书室、村级图书室200余处，辅导人员600余人次。其中辅导城区范围内基层图书馆（室）30余处，辅导培训基层图书馆管理人员60余人次，并针对西苑社区、武警中队、供电局、地税局、一小、二小、城里中心小学等基层图书馆室进行了重点辅导；乡镇农村建设方面，我馆有针对性地对所有乡镇中的部分重点小康文明书屋进行了巡回业务辅导，针对各图书室不同情况为他们解决如图书分类、著录、流通借阅等各方面的问题，热心为他们服务，提供技术支持，解决各类技术问题，提升其管理水平及图书室建设档次，为其他小康文明书屋建设做好榜样，以点带面，全面提升全县村级图书室建设水平。

管理工作

按照我馆人员分工，图书馆年度工作计划由业务主管部门年初下达各项工作指标，由馆长负责具体制定，并经馆领导班子会议讨论修订后通过，将年度工作计划进行分解后下达至各业务窗口，并负责进行考核验收。

广饶县图书馆自事业单位改革以来，一直实行竞聘上岗制度，2012年，我馆按照《山东省事业单位岗位设置管理实施意见》，结合我馆实际，本着公开、公平、公正、竞争择优的原则，制定实施专业技术岗位竞聘实施方案，实行按需设岗、按岗聘用、竞争上岗。实施严格岗位责任制，全体干部职工明确分工，责任到人，各部室任务目标明确。

为了有效地管理、使用好固定资产，维护国家财产安全，保持设备完好、充分发挥其使用效益，我馆建有严格的《固定资产管理制度》，在馆长的直接领导下，由办公室财会人员负责全馆固定资产管理工作，实行统一领导，归口管理，责任落实到各部室主任。固定资产的购置和管理贯彻勤俭办事的方针，根据本馆事业发展需要和财力的可能等情况，全面考虑，统筹安排。本馆现有固定资产做到妥善保管，合理使用，及时维修保养，提高使用效率和经济效益。

我馆档案管理工作由馆长管理，办公室专人负责，档案存档按照档案局所制定档案加工存放标准实施，做到档案齐全、归档及时，装订整齐、存放有序。

表彰、奖励情况

管理工作的高标准、高质量，保证了我馆工作的高效率、高标准和高质量，各项规章制度实施为我馆向更高层次的发

广饶县图书馆新馆建设

展提供了强有力的保障。2009年以来，广饶县图书馆共计受部级业务主管部门表彰奖励3次；受省级业务主管部门或市委市政府表彰9次，受市级业务主管部门或县委县政府表彰5次，受县级业务主管部门表彰7次。

馆领导介绍

吴艳玲，女，1974年1月生，本科学历，教育学学士学位，中共党员，中级职称，馆长。1992年7月参加工作，2008年7月任文化体育局妇委会副主任，2009年3月任体育局办公室副主任，2011年到图书馆担任党支部书记工作，2014年5月任图书馆馆长。

未来展望

广饶县图书馆遵循“科学、效率、创新、发展”的办馆方针，完善图书馆总分馆建设。下一步逐步完善数字化建设服务平台，图书馆是信息化建设的重要阵地，随着信息技术和网络技术的飞速发展，利用好数字和网络技术平台传播和服务，随时随地进行信息加工、整理、存储、发布。下一步还要以展览等形式宣传特藏文献资源，为读者提供学习、交流、休闲的平台，同时使特藏文献工作得到全社会的理解、重视和支持，图书馆拓展特藏文献工作的一个重要服务层面。展望未来，特藏文献的宣传将开创一个新的文献信息增值点，也将开辟一块新的服务领域。随着新馆的投入使用，在今后的工作中，我们将与时俱进，不断完善公共图书馆服务体系良好运行的技术能力，加强参考咨询服务，整合特色资源，拓展服务领域，最大限度地发掘和利用特藏文献资源，逐步形成具有地方特色的服务模式和服务品牌。

联系方式

地　址：广饶县图书馆
邮　编：257300
联系人：吴艳玲

给武警送书

电子阅览室设施

儿童借阅部设施

烟台开发区图书馆

概述

烟台开发区图书馆创建于1987年，总馆现位于科技大厦南侧，建筑面积2600平方米，分别于2004年、2009年和2013年3次被文化部评定为国家县级一级图书馆。馆内设有借阅室、阅览室、儿童阅览室、电子阅览室，阅览座席350个。辖有3个分馆、22个图书流通站和服务点。烟台开发区图书馆建有APABI数字图书馆，馆藏电子文献62211册，各类数字化信息资源达6TB。采用ILASII业务管理系统，并与山东省图书馆实现了在线联合编目。

业务建设

2013年4月1日统计数据显示，烟台开发区图书馆总馆藏量270409册。其中ILASII书目数据167409条，电子图书62211册，视听文献1626件，报纸合订本1398册，大季家分馆17865册（含农家书屋），古现分馆13900册（含农家书屋），八角分馆6000册（含农家书屋）。

2012年，财政预算补助经费219万元，其中，购书经费50万元，盲人设备费20万元，设备维修维护费、培训费、资源共享工程经费等20万元。电子文献年入藏量521种，图书年入藏量5432种，报刊年入藏量496种，视听文献年入藏量605件。

烟台开发区图书馆采用ILASII业务管理系统，其中包括采访子系统、编目子系统、流通子系统、书目检索子系统、信息加工与管理子系统等六个子系统，2003年初建立了馆内局域网，并开通了图书的采、编、流、检索等各项业务工作，2003年7月1日，在全省县级图书馆中率先开通了图书馆网站，并与山东省图书馆实现了在线联合编目。

目前，馆内设有专用储存设备一台，OPAC专用服务器两台，视频专用播放服务器1台，累计存储空间7TB，其中数字资源4.1TB。馆藏中文文献书目全部数字化。

读者服务工作

烟台开发区图书馆自2008年11月1日起，率先在烟台地区实行免费开放，读者只需交纳押金就可以借阅图书馆的所有文献资源，公共空间设备场地实行免费开放。实行365天开馆，灵活设置各室开放时间，并在开发区武警、消防、边防等设立馆外流通站、服务点22处，定期为流通站更新图书，2012年共为22处流通站更新图书30次，更换图书15000册。持图书借阅证读者人均到馆次数30次以上，持证读者年流通25.8万人次，持有效证件的非持证读者年流通18万人次。为了方便读者了解馆藏更新情况，首先在图书馆门厅设立"新书推荐"宣传栏，定期为读者推荐新书，2012年共推荐新书21期，2400余种，其次利用《开发时报》不定期刊发"新书推荐"，2012年共刊发12期，500余种，另外，还在图书馆网站宣传新书18期2700余种，2012年合计宣传书刊5600余种。

烟台开发区图书馆利用网络信息资源开展二次文献服务，2003年9月起编辑出版适合开发区发展形势的《网络视野》决策服务版半月刊，为领导提供决策参考服务，截至目前已正式出版刊物141期。利用自身丰富的电子信息资源开展了定题信息服务，为科研与经济建设提供信息服务，2012年共委托定题检索12项；并且图书馆在每个服务窗口设有解答咨询单，读者可以通过书面、口头、电话等形式寻求馆员帮助，每年为大众提供的解答咨询1000余条。

烟台开发区图书馆门户网站于2003年7月正式运行，具有完整的建设规划和严格的日常维护制度，主要用于发布我馆的基本概况，区内外的文化信息动态，新书推荐、活动预告、读者留言等。2012年，烟台开发区图书馆为了充分发挥图书馆的社会教育职能，通过采用合作、联办、联建等方式举办各类讲座、培训、展览等读者活动40余次，参与人数达30898人次。

业务研究、辅导、协作协调

自2010年以来，烟台开发区图书馆出版专著一部，在各级刊物发表专业论文15篇，获奖论文10篇。2003年7月与省图书馆实现了在线联合编目，与省图书馆、烟台市图书馆签订了馆际互借协议。每年都采取集中培训与面对面指导相结合的方式，派出业务骨干4人次，培训基层图书室业务人员18人次。并对基层图书室的工作人员进行业务培训，举办了资源共享基层服务点培训4期，图书馆管理系统培训4期，提升了基层服务水平。

根据开发区的实际情况，制定开发区服务网络建设5年

图书流通站

珍贵古籍展

电子阅览室

借阅室

阅览室

规划，规划中明确指出每年服务网络应达到的效果，到目前为止，开发区4个社区管理处中有3个管理处设有分馆，22个馆外流通站以及23个农家书屋服务点，图书馆服务网络建设比例达到45%。现采用总馆统一采购，编目、加工后配置到各个分馆，定期进行图书更换调剂，确保各馆图书配置合理，方便读者借阅需求，分馆年外借册次均达到20000余册。

管理工作

开发区图书馆现有工作人员10名，全部为大专以上学历，高级职称1人，副高级职称1人，中级职称5人，初级以上职称人数占职工总人数的80%。同时，制定和修订了馆务、业务、人事、财务等各类规章制度20个。在人事管理方面，每年都制定年度目标责任考核方案，岗位设置上基本实现了按需设岗、按岗聘用、竞争上岗、择优聘用。

表彰、奖励情况

2010–2012年共获得上级表彰7次，其中，省文化厅表彰2次，市委、市政府表彰2次，市图书馆表彰3次。

馆领导介绍

李国红，女，1966年12月生，本科学历，中共党员，研究馆员，馆长。1981年9月参加工作，先后在烟台开发区工委宣传部、人力资源和社会保障局工作，2004年8月任烟台开发区图书馆馆长。连续多年被烟台市委宣传部、烟台市人力资源和社会保障局授予“烟台市文化建设工作先进个人”荣誉称号。

栾玮玮，女，1980年9月生，本科学历，中共党员，副馆长。2004年参加工作，先后在烟台开发区工委宣传部、农海局工作，2014年1月任烟台开发区图书馆副馆长。

图书馆服务宣传活动

未来展望

烟台开发区图书馆不断借助现代化信息技术，增强服务功能，扩大服务领域，强化现代化管理意识，提高工作水平，为全区读者提供更优更好的借阅环境和服务需求。位于福莱山文化公园的新馆正在进行内部装修，预计明年即将启用。新馆建筑面积9680平方米，设计馆藏60万册，采用RFID技术，更换适合总分馆体系建设的INTERLIB系统，开通24小时自助还书系统，配有3D智能导航系统、多媒体自助阅报系统、数字资源阅读平台终端、OPAC触摸查询一体机等现代化设备，实行全开架服务模式，实现网络全覆盖，形成文化、休闲一体的综合服务体系。

（撰稿人：栾玮玮）

志愿服务活动

服务宣传活动

烟台市牟平区图书馆

概述

牟平区图书馆是全区唯一的公共图书馆。它创建于1976年，1994年新馆投入使用。总建筑面积达2500㎡。1994年和1999年，被文化部评定为“国家二级图书馆”，2005年和2010年被文化部评定为“国家一级图书馆”。2010年10月份开工建设的牟平区文化中心，处于牟平区新城大街与沁水路交汇处优势地段，东起沁水路，西至东隋路，南起新城大街，北至金埠大街。总投资6亿元。主要包括5.3万㎡的主体建筑和15万㎡的室外广场两大部分，地上总建筑面积49541.59㎡，地下总建筑面积3931㎡，建筑层数为地上4层，建筑高度为33.4米，其中主体建筑包括大剧院、展览馆、图书馆和群众文化艺术中心；室外广场主要配套建设露天演出舞台、水幕电影等高档设施，是牟平区建国以来投资规模最大、功能最为完善的单体文化设施。其中，位于B区的图书馆新馆，建筑面积约6227.6㎡；阅览座位555个，计算机120台，宽带接入10Mbps，选用Interlib图书馆自动化管理系统。

业务建设

截止2012年底，牟平区图书馆总藏量26.3万册（件），其中，电子文献570种。开设有成人阅览室、电子阅览室、少儿阅览室、多媒体活动室、图书采编室、借书室等科室，订有中外文报刊300多种。广泛开展图书外借、报刊阅览、网络信息服务、业务辅导等业务。2012年财政拨款总额为136.2万元，新增藏量购置费17.9万元，免费开放本地经费20万元。2009至2011年图书馆图书年入藏数量达到3000多种，报刊350余种，电子文献100种以上，视听文献30件以上，地方文献有专架，有专人管理，有地方文献书目数据库。共上报地方文献数据102条，在2011年召开的烟台市公共图书馆会议中被评为“全市地方文献工作先进单位”的荣誉称号。

图书的采编严格按照标准执行，建立文献保护规章制度，切实采取有效措施做好书库防火、防盗、防尘、防湿。在自动化网络化建设方面，早在1999年11月在全市县级图书馆中率先采用了图书馆自动化管理系统ILAS，并于2009年改为Interlib管理系统。建立馆内局域网，馆藏中文图书书目基本数字化，截止2012年底，牟平区图书馆数字资源总量为2TB，实现馆内无线网络覆盖，已经取得了显著的社会效益。

读者服务工作

牟平区图书馆一直都把读者服务工作放在首位来抓，不仅出台《牟平图书馆服务公约》，设立读者意见箱，通过读者座谈会完善服务，而且服务的精神贯穿每一工作细节，比如不仅实行首问负责制，而且接待读者问询都需用统一标准的回答，读者无论何种原因的退证，都要填退证调查表，真正把读者满意，作为图书馆的工作目标。

2008年2月牟平区图书馆率先在全省免费开放，图书馆持证读者人数达7000多人，达到历史最高水平，年外借册次达到10万册以上，年流通总人次达15万人次以上。所有书刊对读者实行全开架借阅，并设有导读和巡视人员。在书刊宣传上，设有新书快递，每月上架新书，图书排行榜等专栏，及时给读者介绍最新最好的图书，宣传栏《书与人》，传递最新书情，鼓励读者求知，现已办到61期，取得了很好的社会效益。在报刊征订上，图书馆把权力交给广大读者，每年的报刊征订，图书馆都事先征求广大读者的意见，根据读者反馈的意见，再针对读者的需求订购报刊，可以说图书馆成人阅览室和青少年读书俱乐部的每种报刊，都是经过反复斟酌，精心选择，符合绝大多数读者要求的。为了更好地方便读者，实行365天全年不闭馆，每周开馆时间达60小时以上。同时，加强和企业，部队，社区，学校的联系，开展送书上门服务，服务点达10多个。在为领导机关决策提供信息服务方面，图书馆充分挖掘全真资源，打造牟平核心文化品牌，写出了一系列提案，被区委、区政府列入区文化发展方案。在读者活动方面，围绕书香牟平建设，打造服务品牌，贯穿全年的有讲座、展览、报告会、读书征文比赛、元宵节猜谜、演讲比赛、电脑培训、图书宣传周等丰富多彩的活动，发放各种宣传材料3万多份。其中文化信息资源共享工程支中心，在社会教育发挥了主导作用，图书馆共享工程支中心利用全国文化信息资源共享工程资源库中丰富的影视资源为广大中小学生、农民工、残疾人等免费放映影片。不仅开展了对机关企事业，学校等单位团体培训，而且对读者网上学习提供方便。同时，在日常工作中，牟平区图书馆积极挖掘爱国主义教育潜力，开展了一系列爱国主义教育活动。如各种形式的读书活动、青少年红色经典图书专架、小读者校外活动、青少年思想道德教育活动等，充分发挥图书馆的社会教育职能作用。2011年，被评为市级爱国主义教育基地。

业务研究、辅导、协作协调

图书馆在业务研究方面积极探索在新形势下，图书馆事业单位发展的新思路，并以此为研究课题，取得了一些成绩。年发表专业论文4篇以上。同时，加强对基层图书馆的辅导与培训。抽调业务骨干对全区14个镇（街）的文化信息资源共享工程基层服务点进行业务辅导、检查。2009-2012年，技术人员共下基层点辅导56次，下乡为群众放映专题片12次，进学校为中小学生放映共享工程专题片16次，进社区放映共享工程专题片12次，支中心对基层点工作人员进行业务培训共10次。

古籍展览

朗诵比赛

图书进校园

送书进部队

共享工程支中心影片放映

图书捐赠

每年从5月份开始，开始对全区乡镇文化站的图书管理人员进行图书的分类、管理的业务辅导。做到14个乡镇都走遍。同时，区图书馆工作人员每年下乡达50余次，对农家书屋的登记管理制度、图书分类采编、日常上架等进行检查辅导，发现错误立即予以纠正，并现场对管理员进行业务指导。积极开展与市馆和基层馆的协作协调，与市馆签订了地方文献合作协议，开展馆际互借，实行图书资源共享。与省图采编部签订编目数据下载协议。

管理工作

图书馆制订了思想政治学习和业务学习制度、考勤制度、卫生制度等，实行了竞争上岗、评聘分开等制度，各科室都实行岗位责任制，分工明确，责任具体到人，严格财务，设备物资，档案管理制度，统计要求每日统计，每日上报，保证了图书馆国有资产的保值、升值。

严格工作纪律。在加强员工思想道德教育的同时，启用每人签到考勤，辅以不定期的劳动纪律和工作质量检查，强化了内部管理，提高工作效率。在员工少、工作任务重的情况下，保证了正常运转，保证了运行效率。

常年坚持每周四下午集中学习的制度。所学内容涉及到图书馆业务知识、文明服务礼仪、文明服务规范以及图书馆各项规章制度等，真正做到了"学习、工作"两不误，通过学习增强了全馆人员的服务意识，图书馆工作人员全部申报了志愿者，提升了服务层次。

围绕文明服务，制定了工作人员职业道德、行为规范。在文明服务上，主要抓了统一着装、挂牌上岗、文明用语、站立服务、图书导读等一些环节，并通过设置读者监督卡、意见薄等形式，来推动促进图书馆的工作。

表彰、奖励情况

2009-2012年，牟平区图书馆共获得各种表彰、奖励11次，其中，文化部表彰、奖励1次，省文化厅表彰、奖励2次，市级表彰、奖励7次，区级表彰、奖励1次。

馆领导介绍

赵丰淑，女，1970年2月生，本科学历，中共党员，文广新局副局长兼图书馆馆长。1986年4月参加工作，历任烟台市牟平区高陵镇党委委员、妇联主席，烟台市牟平区王格庄镇党委副书记，烟台市牟平区文化广电新闻出版局副局长，2011年3月兼任牟平区图书馆馆长。先后荣获"山东省劳动模范""全国五·一劳动奖章""全国劳动模范"等荣誉称号。

张霞，女，1972年9月生，本科学历，中共党员，副研究馆员，副馆长。1991年12月牟平区图书馆参加工作，先后荣获山东省优秀图书馆工作者、山东省古籍保护工作先进个人等荣誉称号。

未来展望

牟平区图书馆新馆已经建成，未来几年，加强文献信息资源的采集与保存，形成内容丰富、载体多样、特色鲜明的文献信息资源体系。加大电子出版物、网络文献等数字资源的采集。让读者在家里就能通过图书馆的网站享受到馆藏书目检索、电子图书阅读、电子图书制作、收看视听频道、浏览地方资源数据库等多元化的服务，建设"资源丰富、技术先进、服务便捷、覆盖城乡"的数字文化服务体系。倡导社会机构和个人捐赠；加强文献的交换与补缺；实施"服务立馆"战略，面向社会公众的多层次服务体系，构建牟平区城乡一体化的公共图书馆服务体系。即将全区14个乡镇（街）、部分社区、企业、学校图书馆纳入区图书馆总分馆制，实行系统联网，初步构成以区级图书馆为中心，以镇街、社区、企业、学校等图书馆为分馆的覆盖全区、城乡一体、功能完善、资源共享、管理规范的公共图书馆服务体系，基本实现全区图书借阅"一卡通"，满足全区人民的读书需求。服务工作以读者为中心、以需求为导向，坚持公益性、以人为本、突出重点与兼顾一般等原则，建立和健全服务评价体系，促进服务工作的标准化与规范化。结合书香牟平建设、文化惠民活动的开展，利用4.23日世界读书日，六一、七一、春节等节假日，开展各种形式的读书活动。

培育公众图书馆意识，改善图书馆发展的人文环境。通过多种途径普及图书馆知识，增强公众对图书馆的了解，培育公众的图书馆利用意识和参与意识，维护公众的图书馆利用权利，提高公众的图书馆利用能力；通过一定的组织形式，开展多种多样的活动，建立社会、公众、图书馆之间的良好互动关系，提升社会对图书馆的需求程度。

未来会将牟平区图书馆新馆打造成为一个集学习阅读、讲座培训、信息交流、文化休闲等为一体的信息化、网络化、智能化、安全环保、具有鲜明时代风格和浓郁人文内涵的图书馆。图书馆新馆将是一座建设理念与世界接轨，综合效果代表全区最高水平的新的文化地标。

联系方式

地　址：烟台市牟平区图书馆
邮　编：264100
联系人：张　霞

龙口市图书馆

概述

龙口市图书馆前身是黄县图书馆，创立于1977年，1986年黄县废县立市后，改名为龙口市图书馆，属全民事业单位，隶属龙口市文广新局领导。馆址几经变迁，2003年，位于龙口市港城大道596号的新馆建成开放。新馆建筑面积4600平方米。馆内机构设置有办公室、采编部、辅导部、借书室、报刊阅览室、少儿阅览室、财会室、地方文献阅览室、社会教育活动室、报告厅、古籍文献特藏室、文化信息资源共享工程龙口市支中心等。全馆共有阅览座席300个，其中少儿阅览室座席120个。全馆共有计算机78台，其中提供读者使用的有66台，存储容量6TB，网络对外接口是10M光纤专线接入，选用Interlib图书馆集群管理系统。1998年在全国图书馆第二次评估定级中，被文化部命名为二级图书馆，2009年在全国图书馆第四次评估定级中，被文化部命名为一级图书馆，2013年第五次评估中，继续被评为一级图书馆。

业务建设

截止到2012年底，图书馆图书总藏量254519册，其中报刊9856册，电子文献6.1万册，音像制品100多件。

2013年财政预算148万元，每年固定购书经费单列15万元。每年文化共享工程运行经费10万元。

2011年，龙口市图书馆对馆藏普通图书完成图书回溯建库工作，图书馆馆藏普通中文图书书目数字化为100%，其中地方文献设有专室专柜，并建立了数据库。

2009–2012年，图书入藏量都在9356种，报刊189种。

2009年又升级了原有的图书管理系统，购买了Interlib图书管理系统软件。

读者服务工作

从2009年起，龙口市图书馆所有服务窗口全年365天对外免费开放，周开放70小时。年外借14万余册次，年流通15万多人次。

1、有奖猜谜活动是龙口市馆连续10多年以来组织举办的一项大型节日文化活动，龙口市市委宣传部将此项活动列为该市春节期间的大型文化活动之一，从2005年开始，有奖猜谜活动由图书馆与当地企业博商购物广场联合举办，获得了很好的社会效果。

2、龙口市图书馆利用节假日和图书馆服务宣传周，开展了各种以社会主义、爱国主义教育为中心的读者活动。暑期青少年有奖征文比赛；庆祝“六一”儿童节读书故事会；“爱我中华”、“进步阶梯”读书有奖猜谜活动等。全年共开展读者活动30次，报告会20次，书刊宣传18次，参加活动达3万多人次，达到了很好的社会效应。

3、与兄弟单位合作，扩大图书馆服务领域

2012年龙口市图书馆馆与创作室合作积极参与举办“工会杯全球华人诗歌大赛”活动，此次活动共收到全国各界投稿1000多份，共评出一等奖3人，二等奖7人，三等奖10人，并将证书及奖金发放地设在图书馆内，晚上在市政府礼堂举办颁奖晚会，市领导等出席颁奖。

业务研究、辅导、协作协调

2009–2012年，龙口市图书馆在省级专业刊物上发表论文12篇以上，调研报告6篇。

为促进龙口市图书馆事业的发展，图书馆常年对基层图书馆（室）进行业务辅导和帮助建馆，到2012年年底，全市每个街道、乡镇，社区、村都基本设有图书馆（室），其中街道、乡镇图书馆覆盖率100%，社区、村图书馆覆盖率达80%。

利用流动图书箱，在全市各个乡镇都设立了流通站，定期开展送书下乡活动，在全市中小学建立了10个服务点，常年开展业务。全年送书共计12次，总计1万余册。还要不定期的到基层图书馆（室），开展现场业务知识辅导，同时还在图书馆内举办各类培训班。

1998年，龙口市图书馆发起并参与签订了烟台市公共图书馆馆际互借协议。

2007年，龙口市图书馆与烟台市图书馆签订了烟台市馆藏文献网上联合目录共建协议。

2009年，与山东省图书馆签订了书目数据资源共建共享协议。

2012年，与烟台图书馆先后签订了烟台市公共图书馆展览联盟协议、烟台市公共图书馆讲座联盟协议、烟台市图书情报单位馆际互借协议。

通过向烟台图书馆和山东省图书馆上报古籍数据和书影，参与完成了《烟台市珍贵古籍名录图录》和《中华古籍·山

送书进军营

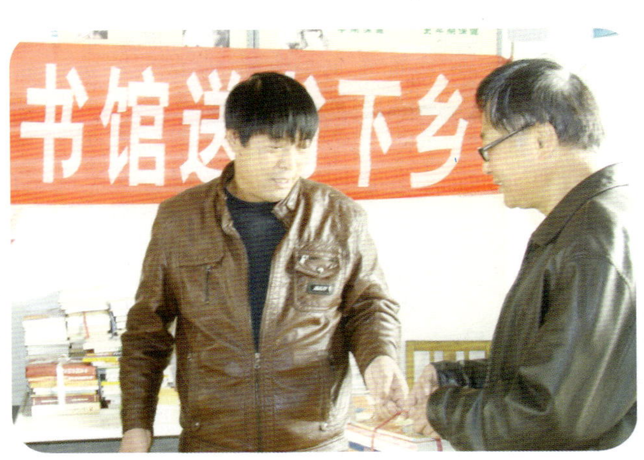

送书下乡

电子阅览室

少儿借阅室

东卷》的工作。

管理工作

2008年，龙口市图书馆完成全员岗位聘任，共设14个岗位。同时，图书馆开展工作量化考核工作，每月每年对图书馆职工进行量化考核，做为年底评优工作的参考。

表彰、奖励奖励情况

2009–2012年，龙口市图书馆共获得各种表彰、奖励12次，其中，省级表彰5次，市级表彰7次。

馆领导介绍

刘彦卉，女，1966年10月出生，大学学历，馆员，馆长。1985年12月参加工作。2005年任龙口市图书馆副馆长，2008年任图书馆馆长，龙口市第十二届政协委员。

唐耿怀，男，1963年3月出生，大学学历，中共党员，馆员，副馆长。1980年8月参加工作。1996年任龙口市图书馆副馆长。

封丽萍，女，1979年1月出生，大学学历，中共党员，馆员，副馆长。1993年2月参加工作。2012年任副馆长。

颜秉东，男，1957年12月出生，大学学历，中共党员，馆员，党支部副书记。1976年7月参加工作，2004年任图书馆党支部副书记。

未来展望

龙口市图书馆将遵循“服务、科学、标准、创新”的办馆方针，以更好的为龙口市市民服务为出发点，以科学管理为手段，使各项业务工作走向规范化、标准化的轨道，大力发展数字图书馆，拓宽服务领域，加强馆际合作，建设国家一流图书馆。

联系方式

地　址：龙口市港城大道596号
邮　编：265701
联系人：封丽萍

莱阳市图书馆

概述

莱阳市图书馆，始建于1956年10月，是当时山东省建馆较早的县级馆之一。1985年原馆被陆续拆除，几经搬迁，2004年新馆落成，位于旌旗西路661号，2004年10月1号正式投入使用对外开放。馆舍面积3550平方米；阅览座位180个，少儿阅览座位62个；计算机49台；宽带光纤接入，选用Interlib自动化管理系统。2013年参加第五次全国公共图书馆评估，首次被文化部授予“国家一级图书馆”。

业务建设

截至2012年底，图书总藏量20.1万册，电子文献藏量300种以上；图书年入藏量3000种左右，报刊年入藏量180种以上，视听文献年入藏量30种以上，地方文献每年征集1至2次，入藏量150本以上。

财政拨款全年达120万元以上，财政拨款年增长率在100%，新增藏量购置费12万元左右，免费开放本地经费情况基本到位。

2009年将管理系统升级为Interlib自动化管理系统，以适应本馆实际需要。

读者服务工作

实行365日免费开放，每周开放时间56小时；书刊文献开架比例在80%以上；馆藏书刊年外借率在70%以上，年外借册次在10.5万册次；为本地区重点教育、科研和企事业单位服务，以及为社会公众提供专项服务，年平均达1000次以上；举办各种讲座、培训、展览、阅读推广、图书服务宣传等活动达20次以上，每万人年平均参与活动人次达3次；读者满意率达95%以上。开展送书下乡活动，推动我市群众性读书活动的开展，无偿赠送给各街道、乡镇图书馆（室）图书1039册，期刊500余册。

业务研究、辅导、协作协调

2009—2012年，莱阳市图书馆职工共发表论文21篇；一名同志参与莱阳市文化志编撰工作；在《今日莱阳》等报刊发表业务工作通讯3篇；参与烟台市古籍联合目录和烟台市珍贵古籍图录的编撰工作。

协助协调各级政府有关部门，促进全市图书馆事业的发展。2011年3月12日组织召开了乡镇图书馆馆长研讨会议，会上促成了乡镇图书馆（室）联盟，各与会单位介绍了各单位实际情况，大家一同探讨乡镇图书馆服务模式，促进了本市图书馆事业的发展。

帮助建立各乡镇图书馆（室）的规章制度，各部门职责和工作规则，辅导乡镇图书馆（室）业务工作，截至到2013年底莱阳市乡镇图书馆的数量由8个增加到9个，有独立馆舍图书馆的个数由6个增加到了8个，5个图书馆（室）增加了馆舍面积或建了新馆，馆舍总面积由7200平方米增加到11250平方米，增长了约1.6倍。

做好基层图书管理员的业务辅导，写好辅导报告，每次培训都事前有计划，事后有总结，尽量做到辅导一次见效一次，辅导与实践相结合，使辅导工作不走过场不搞形式。年平均培训次数达10余次。

利用网络开展参考咨询服务的工作，2012年11月借图书馆员继续教育之机，开展了题为“网络环境下图书馆资源建设与共享的思考”的大讨论，就利用网络共享共建新型图书馆达成了共识，建立了图书管理员网络联络平台。

开辟第二借书室，分别在武警莱阳支队、莱阳驻军、和平小学、儒林小学、复健医院等12个单位设立流动图书室，定期更换新书，为丰富市民精神文化生活提供服务。

管理工作

莱阳市图书馆设有采编部、成人借阅部、儿童借阅部、报刊阅览部、办公室、辅导部、地方文献部、技术部等八大部室。按岗聘用工作人员；建立了完备的各类管理档案，分别是：财务管理档案、人事管理档案、志愿者管理档案、设备物资管理档案、统计工作档案、环境与安全工作管理档案；建立了工作量化考核指标，每月对单位工作人员进行工作考核，考核项目为德、能、勤、绩四个方面，重点考核工作实绩，绩效考核是年度考核的基础；被考核人每月将个人工作绩效、出勤情况、记于个人档案。

莱阳市图书馆不断总结工作经验，及时修正工作方向，2009年—2012年共调整和抽查文献排架21次，书目数据12次，编写工作情况汇总14篇，撰写各项分析报告和提案6篇，编写各部门工作进度通报48篇，做到了每周有工作小结，每月有工作进度通报，每半年和全年有总体工作考核。

消防讲座

图书阅读推广

书画展

少儿借阅室

表彰奖励情况

2009年–2012年，莱阳市图书馆共获得各种表彰、奖励22次。其中省级表彰、奖励3次，市级表彰、奖励3次，其他表彰、奖励16次。分别是：2009年被中共莱阳市委莱阳市人民政府授予“文明单位”；2009年被莱阳市人事局莱阳市老龄委授予“老龄先进工作单位”；2009年12月被山东省古籍保护中心授予“2009年度山东省古籍保护工作先进单位”；2010年被中共莱阳市委、莱阳市人民政府授予推进“三创四心”行动“先进基层单位”；2010年12月被山东省古籍保护中心授予“2010年度山东省古籍保护工作先进单位”；2011年4月被烟台市图书馆授予“全市地方文献工作”先进单位；2011年8月在烟台市图书馆举办的“庆祝建党九十周年”征文活动中荣获优秀组织奖；2011年9月，莱阳市图书馆在烟台市文化广电新闻出版局举办的第二届“文化信息资源共享工程”知识竞赛中，荣获优秀组织工作奖。2012年3月获得烟台市图书馆学会、烟台市图书馆组织的“第二届烟台市读书朗诵大赛”组织工作奖2012年6月，莱阳市图书馆荣获山东省文化厅颁发的“2011年度山东省古籍保护工作”先进单位。2012年9月，莱阳市图书馆在烟台市文化广电新闻出版局举办的“第六届公共图书馆业务竞赛”中，荣获团体优秀奖。

馆领导介绍

于立宁，女，1976年9月出生，大学本科学历，致公党党员，中共党员，副研究馆员，馆长。1994年7月参加工作，曾任莱阳画院副院长、2013年任莱阳市图书馆馆长。兼任莱阳市美术家协会副主席兼秘书长、山东省书画学会理事、中国青年书画家协会理事等职；系山东省美术家协会会员、山东省摄影家协会会员、山东省民间文艺家协会会员；莱阳市第九、十、十一届政协委员、莱阳市青联委员、致公党莱阳支部组织委员；2005年–2013年连续九年被致公党烟台市委评为优秀党员、2009–2011年度莱阳市直机关评为优秀共产党员；多次受邀赴海外进行文化艺术交流，多件美术作品获国家金奖。2010年8月创意设计的真丝手绘青花瓷旗袍系列作品“曼妙青花”获第五届全国民间工艺品博览会获金奖。

李少平，女，1966年9月生，本科学历，中共党员，馆员，副馆长。1989年7月参加工作，1991年5月调莱阳市图书馆工作，任报刊部主任，2008年任莱阳市图书馆副馆长，分管业务工作。2008年–2011年被中共莱阳市委授予优秀共产党员称号，2012年被烟台市古籍保护中心授予古籍保护先进个人，2013年被山东省文化厅授予古籍保护先进个人。

未来展望

莱阳市图书馆以传播优秀民族文化为己任，以服务全体读者为宗旨，以资源建设为保障，以改革创新为动力，不断完善各项功能，加快图书馆数字化、网络化、现代化建设进程；扩大服务区域，带动当地政治、经济、文化发展；构建以莱阳市图书馆为龙头，带动各乡镇、街道图书馆（室）共同发展、共享资源的公共文化服务体系；创新服务模式，不断研究并采用新技术、新手段，以更高的标准来强化图书馆传播知识、保存文化遗产、开展社会教育、传递科学情报、开发智力资源的职能；在未来的几年内，我们将加快图书馆整体环境改造，强化图书馆数字化建设进程，加快丰富图书馆资源藏量，将图书馆真正办成为公民修身养性，休闲娱乐，提高文化素质的终身免费学校，为莱阳市的文化建设再谱新篇。

联系方式

地　址：莱阳市图书馆
邮　编：265200
联系人：狄卫红

莱州市图书馆

概述

1951年，在掖县和掖南县文化馆内，均设图书室。1956年3月，两县合并时，将两县文化馆内的图书、阅览部分合并建立了掖县图书馆，馆址在古楼后路两侧，分设图书室和阅览室。1966年迁府前东街路北。1969年与文化馆、职工俱乐部合并，改称毛泽东思想宣传站。1971年恢复图书馆。1988年4月，改称莱州市图书馆。1996年8月16日，位于莱州市文化东路351号的新馆建成开放。新馆拥有阅览座席301个，少儿阅览座席80个，计算机120台，供读者使用的计算机108台，宽带接入10Mbps，选用ILAS小型版自动化管理系统。1998、2004、2009、2013年，参加第二、三、四、五次全国公共图书馆评估，连续四次获得县级一级图书馆。

业务建设

截止2012年底，莱州市图书馆文献资源总藏量237，345册，电子文献藏量2116种。图书年均入藏量达到3054种，报刊年均入藏量302种，视听文献年均入藏量34件，地方文献入藏量达到439种2488册。

2013年，莱州市图书馆财政补助经费158.5万元，比2012年的129.9万元增长了22%，公共财政预算收入增长18.5%，财政拨款年增长率与财政收入增长率的比率达到119%，新增藏量购置费17万元，上级财政补助收入的免费开放专项经费20万元。

截止2012年底，莱州市图书馆数字资源总量为4TB，其中，自建数字资源总量27.6GB，2009–2012年，完成《地方文史》数据库建设，先后采购了6万多元的电子图书和综合数据库，累计加工制作数字化地方文献100余种，各种文化娱乐节目40余个，开发并报送视频课件节目60多个，约50余小时，每年制作发放各类光盘2300多张，展板120多块，各类海报、招贴画50余幅，发放宣传资料5000余份。

读者服务工作

自2011年7月1日起，莱州市图书馆借书室、综合借阅室、少儿借阅室、地方文献阅览室、电子阅览室实现免费开放，每周开馆时间都在60个小时。在一楼大厅设置电子显示屏滚动播出免费开放内容、部室设置情况和办证借阅办法，同时设置读者意见箱听取读者意见和建议。书刊文献开架比例达到70%，馆藏文献年外借率达到74.71%，书刊文献年外借册次122368册次，11个馆外流动图书馆服务点书刊年借阅册次达到54000册次。为了方便群众查阅文献，推荐新书目2800多种，发布新书排行榜一期，发放宣传材料3100多张。为政府机关决策服务、为本地区重点教育、科研和企事业单位代检索课题服务项目23项，解答读者咨询929条，取得服务成果36项，为农民刻录了700个科技光盘。为编写《莱州文史》和《莱州玉雕渊源与工艺》提供两个专题服务。通过送书上门、送书下乡、送书进校园、送书进敬老院、举办进城务工人员电脑培训班、成立少儿借阅室、开办电子阅览室少儿专区、创建未成年人校外活动基地等形式，开展了为残疾人、为进城务工人员、为未成年人、为老年人专项服务活动。

2012年，创建了莱州市图书馆网站，平均日访问量达到1200多人次。为进一步扩大图书馆的社会影响，吸引更多的人群走进图书馆、利用图书馆，多读书、读好书，我们举办讲座、培训活动18次，展览6次，阅读推广活动7次，累计开展灯谜会、读书征文比赛、优秀小读者评选、共享剧场、书画展、摄影展、演讲比赛、故事会、报告会、馆藏报刊展览等读者活动31次，参加人次36000人次，每万人年平均参与活动4次。每年的公共图书馆服务宣传周、全民读书月、世界图书与出版日到来之际，我们利用各种形式集中开展了图书馆主题服务宣传、阅读辅导和读者阅读需求调查活动，全年在各级媒体发表宣传报道50多篇幅。收到了很好的社会效益。

电子阅览室年运行经费2万元，面积180平方米，终端计算机98台，服务器2台，资源总量4TB；整合了共享工程、新农村网上图书馆、中国少年儿童数字资源网等网络资源，数字资源服务更新频率达到每周一次，并与山东省数字科技馆烟台工作站等建立了资源共建共享；建立了信息安全管理平台，公共电子阅览室终端导航界面，建立完善了各项规章制度，监督和指导市镇村电子阅览室按要求对公众开展服务，对青少年、老年人和农民工有明确的服务方案。

流动图书服务点

农家书屋管理员培训班开班仪式

公共图书馆服务宣传周

元宵节灯谜会

送书进校园

业务研究、辅导、协作协调

2009–2012年，莱州市图书馆图书管理员在专业期刊发表专业论文12篇，出版专著一部，承担省级课题两项，撰写调查研究报告3篇，一项成果获得山东省文化艺术科学优秀成果奖一等奖。

2012年，除本单位经常性组织业务学习外，全体馆员还分别参加了山东省和烟台市有关部门举办的图书馆员职业资格培训班学习，并取得了图书馆员三级职业资格任职证书，年人均学时达到了160小时。

为做好新形势下基层业务辅导工作，莱州市图书馆采取馆领导和辅导部包镇街的形式，积极开展基层业务辅导工作，为实现全市农村图书馆（农家书屋）和文化共享基层服务点全覆盖提供了技术保障。2011年，启动了“千村千人”农家书屋管理员培训工程，辅导部的三名同志深入到17处镇街，举办培训班17期，培训农家书屋管理员1001人，讲授了图书分类、读者工作等课程，并现场指导图书借阅登记、图书财产登记、报刊财产登记、图书总括登记等具体工作，规范日常管理行为。

从2010年起，莱州市图书馆参与烟台市馆藏文献网上联合目录共建共享，烟台市公共图书馆讲座联盟，烟台市公共图书馆展览联盟。

管理工作

2012年，莱州市图书馆完成第7次全员岗位聘任，本次共聘任专业技术人员19人，其中副研究馆员6人、馆员10人、助理馆员2人、高级工1人。同时，实行岗位目标管理和工作目标管理“双百分”责任制。每月进行工作进度通报，每半年和全年进行总体工作考核。建立了职工考核档案、参考咨询档案、课题服务档案、业务辅导档案，把考核结果与本人切身利益挂钩，极大地提高了馆员工作积极性。

表彰、奖励情况

2009年，在烟台市文化局组织的“文化信息资源共享工程”知识竞赛中，荣获优秀奖，2009年和2010年，两次被山东省古籍保护中心授予“山东省古籍保护工作先进单位”称号，2010年，一名同志荣获山东省“优秀图书馆工作者”荣誉称号，2010年，在烟台市第二届“文化信息资源共享工程”知识竞赛中，荣获组织工作奖。2011年，荣获“烟台市图书馆学会先进会员单位”称号和“烟台市地方文献工作先进单位”称号，在烟台图书馆组织的“庆祝建党九十周年”征文活动中，荣获优秀组织奖。2012年，被莱州市机关和干部队伍建设工作领导小组授予“先进基层党组织”荣誉称号，被烟台市委、市政府和莱州市委、市政府授予“文明示范单位”光荣称号。

馆领导介绍

孙峰斌，男，1972年3月生，大学学历，中共党员，副研究馆员，馆长。

郎玲周，女，1969年5月生，大学学历，中共党员，馆员，副馆长。“烟台市三八红旗手”。

周文，男，1965年9月生，大学学历，中共党员，馆员，副馆长。

姜源，男，1961年11月生，大专学历，中共党员，副研究馆员，副书记。

未来展望

莱州市图书馆遵循“内强素质，外树形象”的办馆方针，践行“一切为了读者”的宗旨，不断完善服务功能，扩大服务能力，在创新中求发展，在对社会发展的参与中实现自身的价值。2012年，总投资5亿元、建筑面积6万多平方米的莱州市民活动中心建设工程正式启动，将新建图书馆等公益性文化设施，预计2015年5月完工。莱州市图书馆新馆建成后，设施设备将更加齐全，馆舍面积、阅览座位、文献入藏、年服务人次、数字资源利用率等将大大提高，阅读推广活动也将更加丰富多彩。

联系方式

地　址：莱州市图书馆
邮　编：261400
撰稿人：姜 源

征文比赛颁奖仪式

评选表彰优秀小读者

捐书活动启动仪式

潍坊市坊子区图书馆

概述

坊子区图书馆的前身是原潍坊市第二文化馆图书室(1952年建馆), 1983年12月昌潍地区改市后, 新组建了坊子区, 1984年7月经坊子区政府批准原隶属文化馆的图书室独立成编, 正式建立坊子区图书馆, 1984年9月正式对外开放。馆址几经变更, 1984年坊子区图书馆成立时, 位于坊子区三马路64号文化馆院内, 馆舍使用面积126平方米, 可容纳读者座位50个, 馆藏图书22560册, 报刊79份。1995年6月, 经区文化局安排, 坊子区图书馆搬迁至六马路文化馆办公楼四楼, 馆舍面积为180平方米。2009年坊子区图书馆首次参加全国第四次公共图书馆评估定级, 获得三级图书馆。2010年9月, 坊子区图书馆搬迁至新馆, 新馆位于坊子新区潍坊四中东临（崇文街461号）, 坊子图书馆楼底一层, 馆舍使用面积2546平方米, 馆藏文献76万册（件）, 读者座席306个, 计算机60台, 宽带接入10兆, 安装了自动化管理软件Interlib图书馆集群化管理系统。馆内设有采编部、外借部、报刊部、少儿部、参考咨询部、辅导部、盲人有声读物室、全国文化信息资源共享工程坊子支中心（含主机房、电子阅览室、多媒体教室、培训教室）、过期报刊查阅室等11个服务窗口。

2013年坊子区图书馆参加全国第五次共公图书馆评估定级, 获得一级图书馆。

业务建设

坊子区图书馆实行全面免费开放。截止2013年底, 坊子区图书馆总藏量83.6万册（件）, 其中, 纸质文献12.6万册（件）, 电子图书70万册, 电子期刊1万种/册。新办各类读者证3216个。

2010、2011年, 坊子区图书馆新增藏书购置经费80万元, 2012、2013年起增至120万元。2012、2013年, 共入藏各类图书16.3216种, 50.1179册, 中外文报刊6367种, 视听文献1086种。

截止2013年底, 坊子区图书馆数字资源总容量为12TB, 其中, 坊子图书馆网站0.5TB; 自动化资源0.5TB; 卫星共享工程1TB; 各类光盘、移动硬盘1TB; 多媒体视频资源6TB; 电子图书数字资源3TB。馆藏普通图书全部实现了书目数据化, 达100%。建有地方文献书目数据库, 可以此检索馆藏地方文献书目数据。

读者服务工作

坊子区图书馆面向社会, 面向群众需求, 积极开展各类服务工作。从2010年10月起, 坊子区图书馆全年365天对外免费开放, 周开放56小时, 2010—2013年, 书刊总流通43.236万人次, 书刊外借33.621万册次。图书馆大楼前设有残疾人专用通道（盲人通道）。设盲人阅览室, 配备了盲文图书和盲人阅读机。设阅览座席10个, 年接待读者30余人次。

2013年, 坊子区图书馆网站访问量2199千次。

坊子区图书馆每年举办一次元宵灯谜竞猜、读者征文、少儿画展、优秀读者评选等活动; 连续举办图书宣传周活动期; 不定期举办街办、社区、村图书管理人员培训班, 文化信息资源共享工程管理人员培训班。2010—2013年, 共举办讲座、展览、培训、阅读推广等读者活动60场次, 参与人数达2万余人次。

业务研究、辅导、协作协调

2010—2013年, 坊子区图书馆职工发表论文28篇。分别在国家级、省级刊物上发表。

2013年底, 全区五个街办均已建立分馆, 覆盖率100%。2010年—2013年底, 书刊流通总人次2.313万人次, 书刊外借1.8632万册。

坊子区图书馆定期辅导、培训街办、社区、村图书管理人员, 以集中办班、分组培训、个别辅导等形式。经过培训的人员能达到熟练地分类编目, 检索馆藏图书, 熟悉排架有效地指导读者利用图书馆。

坊子区图书馆积极参加了全国古籍普查工作, 与山东省图书馆签订了联合编目协议; 与潍坊市图书馆签订了地方文献联合征集协议。将地方文献呈交省、市(地)馆, 为实现全省地方文献资源共建共享打下了基础。

管理工作

2010年坊子区图书馆全馆人员实行岗位聘任制, 即按需设岗, 按岗聘用, 制定了岗位责任制, 部室主任竞争上岗。制订了《坊子区图书馆目标管理责任管理办法》和《各部室岗位职责》, 为各部室规定了详细的年度百分制考核项目和目标, 半年和全年进行总体工作考核。对考核优秀者区文化局和单位进行表彰, 形成了良好的竞争机制。另外还制定了《坊子区图

承办全市社会文化工作会议

图书馆外景

读者猜谜活动

多媒体教室举办消防知识培训

小学生读书活动

书馆财务室岗位职责》、《坊子区图书馆财务管理制度》，并严格监督执行，会计、出纳，帐目清楚，做到日清月结。有专人负责，并有严格的设备登记制度，制定了《设备物资管理规章制度及规定》，有进出库记录簿，确保国有资产的安全使用和管理。消防、保卫有专人负责，有严格的管理制度，对馆内消防设施定期维修保养，达到了当地消防、公安部门的要求。

表彰、奖励情况

2011年4月，坊子区图书馆荣获全省读书朗诵大赛潍坊地区选拔赛优秀组织奖，报送选手分别获得市级二、三等奖。

2011年7月，坊子区图书馆参加潍坊市第七届公共图书馆业务竞赛，荣获团体三等奖、优秀组织奖。郑海清、王瑞霞分别获得个人三等奖。

2012年5月，坊子区图书馆荣获“第七届全省读书朗诵大赛潍坊地区选拔赛”优秀组织奖，报送选手分别获得市级二、三等奖、优秀奖。

2013年4月，坊子图书馆荣获“第八届全省读书朗诵大赛潍坊地区选拔赛”优秀组织奖。报送选手分别获得市级二、三等奖。

2012年度，坊子区图书馆公共电子阅览室被评为市级先进单位，颁发了公共电子阅览室规范化建设示范点标牌。

2010−2013年连续3年被坊子区委文明办评为“文明单位”等荣誉称号。

馆领导介绍

戴洪青，女，1962年4月生，本科学历，中共党员，研副究馆员，党支部书记、馆长。1976年12月参加工作。

张春荣，女，1963年4月生，本科学历，中共党员，中级职称，任坊子区图书馆副馆长。1981年8月参加工作。

郑海清，女，1979年10月生，本科学历，中共党员，中级职称，副馆长。1998年8月参加工作。

书画展

未来展望

坊子区图书馆在现有馆舍的基础上，在区中心建一座独立的、建筑面积20000平方米，可容纳藏书100万册，阅览座席1000个的新馆舍。采用大开间、无障碍、“藏、借、阅一体化”的服务模式，实现无线网络全覆盖，配备24小时自助还书机、自助阅报机等先进设备，完善单体服务功能，扩大服务辐射区域，带动我区图书事业发展。使图书馆真正成为坊子区社会教育、文化交流、休闲娱乐等多功能的现代化服务机构，成为大众寻求生命智慧的心灵牧场，享受学习乐趣的精神家园。

联系方式

地　址：潍坊市坊子区图书馆（崇文街461号）
邮　编：261200
联系人：戴洪青

借阅大厅

少儿阅览区一角

潍坊市奎文区图书馆

概述

潍坊市奎文区图书馆筹建于2004年8月，2006年4月18日正式对外开放。2011年5月进行首次搬迁，位于潍坊市奎文区胜利东街4919号的新馆于2013年5月完成改扩建并对外开放。新馆建筑面积3100多平方米，馆藏总量20.1万册，计算机55台，可容纳读者座位320个。2013年，参加第五次全国公共图书馆评估，首次获得一级图书馆。2013年5月，选用Interlib图书馆集群管理系统和非接触式射频识别RFID智能图书管理系统。

业务建设

截止2013年底，奎文区图书馆总藏量20.1万册（件），其中，纸质文献19.02万册（件），电子文献1.08万种（册）。

2009年5月至2013年4月，新入藏图书32120册，平均年入藏普通图书2900种；年订购报刊245种，其中期刊225种，报纸20种；年入藏视听文献139件。2013年新增藏量购置费40万元，电子资源购置费0.82万元。自建和外购并存储在本地的数字资源量为8TB，馆藏机读书目数据库已初具规模，馆藏中文图书、报刊目录书目数字化已达80%。

自2008年开始使用Interlib图书馆集群管理系统，实现了业务管理、图书馆网站内网资源、文件传输、视频点播、办公自动化的一体化管理。2013年5月开始，采用先进的非接触式射频识别RFID智能图书管理系统开展自助借还图书服务，实现馆藏图书的自助借还和高精确门禁监控，并实现无线宽带网络全馆覆盖。

读者服务工作

从2011年7月1日起，奎文区图书馆开始实施免费开放，采用大开间、软分隔、无障碍的空间布局和借阅一体的模式，实行人性化、无障碍、零门槛的免费开放“五免”服务，即：免证阅览、免费办证、免费冷热直饮水、免费无线网络服务和免费寄存包服务，公共空间设施场地全部免费开放，所提供的基本服务项目全部免费。

场馆中近85%的面积用于开放，开放区域主要包括：普通文献借阅区、报刊阅览区、自助借阅区、数字化文献阅览区、休闲交流区、公共电子阅览区、视听欣赏区、音乐欣赏区、盲人读物阅览区，还建有相对独立的少儿图书馆。

采用全实木成人阅览桌椅、少儿阅览桌椅、报纸架、读报桌，实木护板的钢木结构无螺钉楔扣式书架、期刊架、少儿书架，阅览座席达320个，其中少儿阅览室的座席65个，提升了阅览舒适性；先进的无线射频识别RFID智能图书管理系统，方便读者自助借还纸质文献资源，实现高精确门禁监控；无线宽带网络覆盖全馆，读者只需携带具有无线网卡的手提电脑以及拥有Wi-Fi功能的手机或PDA，就可以在馆内灵活、便捷地免费享受网络服务；先进的触摸屏查询一体机、书目检索机、三色LED宣传屏，方便读者获取更多阅读信息；安装了分区式多媒体广播系统、摄像监控系统、自助寄存包设备，为读者营造良好的阅读环境；设立具备THX认证的中高端音响设备和3D高清投影设备的视听欣赏室和专业音乐欣赏区，超高清及3D视频片源200余部，音乐片源近10万首，为读者搭建影视音乐欣赏、交流及视听文献阅读的体验平台；建成空间相对独立、全彩绘装饰、护眼光照设计、少儿借阅主题鲜明的少年儿童图书馆，满足少儿读者智力开发、全面发展的需求；盲人读物阅览区既有盲文纸质书籍，还有视障点读播音设备，满足视障读者阅读需求。

馆藏书刊年外借册次为10.4万册次，年外借率为51.7%，年流通人次达7.5万。

业务研究、辅导、协作协调

2009至2012年，奎文区图书馆职工在省级以上刊物或专业会议上发表论文5篇，3篇获奖，人均发表论文篇数1篇；编辑出版了专著《奎文古韵》，历史悠久的城墙炮楼、欧式建筑等文物古迹，或是活灵活现的白浪溯源、神牛卧波等民间故事，街头巷尾的朝天锅、肉火烧等传统小吃，工艺精湛的铸铜印、红木嵌银等传统技艺，收纳了8大类文物古迹和8大类非物质文化遗产名录，累计8万余字，具有较强的历史保存价值和文献参考价值，为全面推进文化遗产保护与传承工作奠定了坚实的基础。

积极参与跨行业、跨系统的协作协调，推进资源共建共享，加大地方文献征集力度，完善地方文献征集体系，联合有关党政机关、事业单位及企业进行地方文献编写，如《奎文古韵》、《奎文史话》等，共享文献资源，在电子资源、纸质文献资源购置方面实行信息共享。

服务台及自助借还区

图书馆外景

图书馆东阅览区

图书馆主借阅区

管理工作

截止2013年4月，全馆15名工作人员中，有大学本科以上学历的6人，其中大专以上学历（含硕士、大学学历）6人，占在编职工人员总数的100%；全馆具有高级职称的1人，占在编全馆业务人员总数的16.66%；具有中级以上职称（含高级职称）的4人，占在编业务人员总数的67%。重视人才队伍建设，注重对馆员进行读者第一、服务至上、勤奋学习、文明服务、团结互助、爱馆敬业等内容的职业道德教育及各种形式的业务培训和专业教育，职工素质不断提高。确定每周二、四两个下午为集中学习时间，开通了网络学习平台，组织参加专业继续教育、网上学习、脱产学习，人均参加学习时间达到50小时。

表彰、奖励情况

2009至2012年，奎文区图书馆共获得各种表彰、奖励15次，其中，省级表彰、奖励1次，市级表彰、奖励5次，区级表彰、奖励9次。

馆领导介绍

李敬华，男，1978年10月生，本科学历，中共党员，馆长。1998年6月加入中国共产党，1999年7月参加工作，从事教育工作9年，后从事人大工作，2011年3月任奎文区图书馆馆长（副科级）。

胥国明，男，1963年4月生，本科学历，中共党员，党支部书记。1980年11月参加工作，1995年6月加入中国共产党，从事档案工作26年，2012年9月任奎文区图书馆党支部书记（副科级），分管党建、行政等工作。

王素梅，女，1971年7月生，本科学历，中共党员，中级职称，副馆长。1992年7月参加工作，2005年7月加入中国共产党并调入奎文区图书馆工作。2013年9月任奎文区图书馆副馆长，分管图书馆业务等工作。

未来展望

奎文区图书馆遵循“坚持以人为本，一切为了方便读者、服务群众”的理念，践行“由小到大、由弱到强、分步实施”的发展思路，即：先建成小馆、精品馆，再建设大馆、高端馆。奎文区图书馆新馆规划、选址工作已于2014年启动，在未来几年内，一座建筑面积4000多平方米的新馆将建成，阅览座位将达到600个，纸质文献可达40万册，年服务人次可达10万人次以上，数字资源设计存储能力20TB，能够提供优质的数字文献远程和移动服务。新馆将实施全方位的开放性服务，人性化服务，零门槛免费服务，注重技术先进性，文献管理和服务系统采用数字化管理技术，主要指标位居全省公共图书馆前列，达到国内一流图书馆的基本标准，着力体现现代化商务中心区图书馆的服务能级，成为公共图书馆服务网络的枢纽，面向社会的文化教育中心。

联系方式

地　址：潍坊市奎文区胜利东街4919号奎文区级机关院内2号楼。
邮　编：261041
联系人：李敬华

图书馆视听欣赏区

图书馆自修区

青州市图书馆

概述

青州市图书馆始建于1956年10月，现图书馆楼建于1984年，同年投入使用，馆舍面积3000平方米，建筑面积1.2万多平方米的新馆正在建设中，预计2014年底前可正式投入使用。作为精神文明建设的窗口单位，青州市图书馆很好地发挥了先进文化传播者的作用。文化部和省文化厅分别授予"文明图书馆"和"先进图书馆"。1994年至今已连续5次被文化部定为国家一级图书馆。

业务建设

青州市图书馆馆藏丰富、门类齐全，总藏量30余万册，其中中文图书20余万册，电子文献6万余种，古籍善本书1905册，珍藏有《佛母大孔雀明王经》、《渔洋诗话》等较高价值的古籍书。

为了适应当前青州人读书热的潮流，青州市图书馆新增各类图书近5000册，期刊400多种，报纸100余种，同时还专门为盲人读者准备了盲文书籍。

图书馆现代化管理方面，青州市图书馆实现自动化、网络化管理。自1998年已在采访、编目、流通、检索等领域实现了计算机管理，形成了馆内业务管理的计算机网络化。2007年又投资10万元将ILAS业务管理系统更换为新一代的Interlib业务管理系统与设备，用于内部业务管理的计算机50台，服务器3台，其中用于办公的计算机8台，Interlib图书管理系统用10台，机读目录检索机1台，信息查询机1台，电子阅览室32台，网络对外与因特网连接，存储容量达7.5TB。

为了适应新一代图书馆读者网络信息服务的需要，青州市图书馆于2012年8月投资12万元对电子阅览室的电脑设备全部进行更换，电子阅览室拥有高配置电脑30台，室内装有空调，环境宽敞舒适。青州市文化信息资源共享工程支中心的建立，又进一步提高了图书馆的服务功能，读者在电子阅览室不仅能够访问到因特网的信息，而且还可以浏览到文化信息资源共享工程的所有内容。读者可以通过图书馆的多功能、多媒体教室观看信息资源共享工程中的优秀影片、戏曲，为弘扬中华优秀文化起到重要的作用。

读者服务工作

青州市图书馆于2011年7月1日起实行全年365天对外免费开放，对外所有服务窗口实现无障碍、零门槛的全部免费开放服务。为推进青州市公共图书馆免费开放工作深入开展，2012年市财政专门拨付图书馆免费开放补助资金16万元，并全部用于图书馆服务工作中。

此外，青州市图书馆普通服务形式多种多样，其中包括外借、阅览、送书上门、咨询服务、跟踪服务、资料代查、集中上街服务、信息服务、馆外网点服务等。2012年外借图书达154513册次，其中包括服务点外借33428册次，流通30多万人次。馆藏书刊除特藏图书资料外，所有书刊全部实行开架和半开架借阅，馆藏书刊文献外借率78%，人均年到馆次数为28.23次，馆外流通书刊借阅33846册次。在书刊宣传方面，除利用报刊进行宣传外，各部室利用黑板报、专栏及读者活动等多种形式对馆藏书刊及新入藏图书进行宣传、报道和推介，全年出新书报道17期，宣传图书1591种，每周开馆时间63小时以上。到2012年底，青州市图书馆已在谭坊镇、王坟镇、何官镇等11个单位和社区设立了图书馆服务网点，并与其签订协议，定期为其更换书刊和业务辅导。

政府信息公开服务。青州市图书馆在图书馆一楼大厅设立政府信息公开查询机，以"青州信息网"为核心建立了面向社会、服务公众的图书馆网站，加强和完善图书馆局域网建设，实现与当地政务网相连，为政府信息公开提供信息公开查询服务平台。

在咨询服务方面，青州市图书馆根据读者需要为读者提供信息咨询服务、定题跟踪服务等，年代检索课题21个，服务课题资料齐全，并有详细记录。各业务部室每年解答读者一般性咨询累计达742条。利用馆藏资料编制了各种信息资料，其中每年编印参考信息4期，为领导机关、科研单位和经济建设部门提供信息服务，取得了一定成效。

在为残疾人服务方面，青州市图书馆设有残疾人专用通道，设有视障阅览室，各部室设有残疾人专用座席，并购置了专供盲人阅读的书籍和阅览设备。对残疾人进行特殊服务，采取送书上门、代为找书等服务形式。

图书馆网站建设与服务，青州市图书馆以服务读者为出发点，建立图书馆网站，网站建设与规划充分考虑到系统的稳定性、运行的可靠性、硬件的兼容性、读者的可操作性、界面的观赏性等诸多因素，从而发挥图书馆网站最基本的功能。网站建设的内容以图书馆的实际服务功能和服务项目，包括图书馆的历史沿革、馆藏介绍、人员构成、机构设置、服务项目、开馆时间、规章制度、读者活动、阅读链接、书目检索、读者论坛、新书推荐等。

社会教育活动方面，多年来青州市图书馆十分重视读者服务工作，为提高书刊的利用率，大力开展"读者第一，服务之上"的为民服务活动，所有馆藏图书均可免费借阅，得到了广

儿童借书室

电子阅览室

报刊阅览室

大读者的好评。

为推动全民阅读活动的开展2008年首创“青州市全民读书节”。2009–2012年共举办各种读者活动52次，参与人数40余万人次。读书节期间利用馆藏文献和图书馆的优势，联合各有关部门进行了机关干部艺术培训、中小学阅读知识培训、各种演讲比赛等活动。利用图书馆电脑多、空间大的自身优势开展多种形式的培训与辅导，培训达2273人次。

业务研究、辅导、协作协调

目前青州市图书馆已有省图书馆学会会员2人，市学会会员17人。业务人员积极探索图书馆业务理论，不断总结业务经验，2009到2012年共向各级图书馆学会递交论文35篇，其中27篇分别获奖，其中省级获奖19篇，地市级获奖8篇。2009年至2012年共在省级以上刊物发表论文5篇。全馆人员以论文形式进行业务探讨和交流，大大提高了工作人员的业务素质和工作水平。

近年来，青州市图书馆加大了对协作协调、资源共享工作的力度，采取多种措施促进协作协调及资源共享工作的开展。自07年以来首先与潍坊教育学院签订了资源共享协议，并同时成立了企事业单位图书馆长联谊会。潍坊教育学院为全市各图书馆和社会读者发放借阅证近3000个，同时为青州市图书馆开通了两个数据库，并为其开通了文化信息资源共享工程浏媒体平台，还与其组织开展联合下乡以及编制联合目录等活动。各馆之间凭手续可互借互还，青州市图书馆还编制馆藏特色书刊目录索引与其他馆室进行交流。参加了全市古籍书电子版的编纂和资源共享工作，地方文献呈交省、市两馆，为实现全省地方文献资源共享和协作协调打下了坚实的基础。

基层图书馆自动化管理指导方面，辅导部与电子阅览室的同志紧密合作，先后到谭坊镇图书室、海岱苑图书室、何官镇图书馆、驿店社区等6处单位进行过自动化技术指导，与他们建立了定期联系机制，及时了解各基层馆的自动化设备运行情况，从而使其尽可能的发挥各基层馆的最大效能。

青州市图书馆重视业务辅导工作，经常下基层进行业务辅导，使辅导工作常态化、制度化。目前，图书馆业务辅导联系点已发展到100多个，其中乡镇、社区60多个，机关、厂矿、学校40多个。辅导人员经常下基层帮助他们解决各种疑难问题，并建立了他们的业务档案。同时，不定期举办各种业务培训班，2012年培训基层业务人员60人。2012年底，与各网点建立“好书共享”机制，并重点加强对服务网点和新组建图书馆（室）的业务辅导。

管理工作

青州市图书馆各项规章制度健全，每项制度均在册上墙，定期检查，半年初评，年终进行考核，对那些有实绩、有贡献的优秀人才进行嘉奖。实行聘用制与工作目标岗位责任制，全员竞争上岗，择优聘用，严格考核，极大的调动了职工的工作积极性。

建立健全职工考核档案、参考咨询档案、业务辅导档案、课题服务档案等，档案管理实行分类保存，专人管理，建立了档案管理制度，各类档案立卷准确，装订整齐，内容充实，保存齐全。

表彰、奖励情况

2009年至2012年，青州市图书馆共获得各种表彰、奖励二次，其中文化部表彰、奖励一次，省委省政府表彰、奖励一次，省文化厅表彰、奖励二次，其他表彰、奖励二次。

馆领导介绍

张庆刚，男，1968年4月生，本科学历，中共党员，馆长。1987年6月参加工作，历任青州市委宣传部副科长、主任。2004年任青州市图书馆支部书记，2007年任馆长。2009年荣获“山东省文化系统先进个人”荣誉称号，并三次荣获“山东省古籍保护先进个人”。

陈晓华，女，1972年10月生，大专学历，中国党员，党支部书记。1992年8月到青州市图书馆工作，获得“潍坊市优秀青年知识分子”等荣誉。

臧建武，男，1966年3月生，本科学历，中级职称，副馆长。1989年参加工作，历任青州市外贸公司科长、谭坊镇副镇长、青州市工商联秘书长，2005年任青州市图书馆副馆长。

未来展望

青州市图书馆新馆的建设，标志着我市文化事业发展又进入一个崭新的时代。青州市图书馆新馆建筑面积达1.2万平方米，将拥有容纳300人的报告厅、200坐席的电子阅览室、各型培训教室和多媒体教室6个，影视厅、老年活动室、少儿活动室、读者休闲娱乐室等5个，阅览坐席达1000个以上。馆藏文献将达80万册以上，服务人次达50万人次。图书馆新馆即将竣工并投入使用，届时将呈现在公众面前的是一座环境优雅、配套齐全、设备先进、服务一流的代表青州城市文化形象的现代化图书馆。

目前，青州市图书馆积极响应市委、市府的指示精神，积极倡导全民读书活动。从转变图书馆的服务理念着手，努力打造图书馆服务品牌。我们的口号是：“您的需要就是我们的工作”。图书馆的全体职工正以全新的工作面貌、热情的服务态度为提升青州的文化品位、构建文化青州奋斗着。

联系方式

地　址：青州市图书馆
邮　编：262500
联系人：王新建

第六届全民读书节启动仪式

举办元宵节灯谜会

图书联展

诸城市图书馆

概述

诸城市图书馆成立于1974年7月。新馆1999年9月建成启用，建筑面积3822.5平方米。馆藏图书24.6万册（件），阅览座席400个，其中，少儿阅览座席60个。计算机48台，光纤接入（100Mbps）。依托Interlib图书馆集群化管理系统，实现了全市236个图书馆（室）总分馆“一卡通”服务。1998年首次被文化部评为国家“一级图书馆”，2004年、2009年、2013年继续蝉联国家“一级图书馆”。2010年被山东省文化厅评为“读者喜爱的图书馆”，“两公里读书圈”阅读服务活动被省文化厅评为“山东省公共图书馆特色服务品牌”。

业务建设

2012年财政拨款198.9万元，年购书费17万元。2009－2012年，入藏普通图书11837种23657册，地方文献306种932册，报刊2482种6189册，视听文献1083种，电子图书10800种。数字资源总量4.16TB。包括国家下发光盘和数字图书馆推广磁盘、购买的电子图书、自制光盘、自建图书期刊数据库、地方文献数据库、古籍书目数据库等。2009年，图书管理系统由ILAS2.0更换为Interlib图书馆集群化管理系统，实现了以市图书馆为总馆、镇街图书馆为分馆、社区图书室为馆藏地点的总分馆制“一卡通”服务，全市236个图书馆（室）通借通还。建立图书流动站13个，流通图书1.2万册。

读者服务

全年对读者免费开放，节假日包括春节等都不闭馆，每周开放时间67小时。所有中文普通图书报刊开架借阅，期刊实行外借。年接待读者20万人次，书刊外借17万册次。2012年8月1日，开通了诸城手机报，每周向广大市民推荐馆藏优秀图书1种，已推荐92种。为本地区政府机关、教育部门、企事业单位以及社会公众提供参考咨询服务，解答咨询2.2万条，跟踪服务187项。设立了政府信息公开专区，并结合用户群体的特点开展政府信息查阅、实用技术、科普教育等方面的辅导。同时，对服务情况进行记录，了解群众对信息服务的意见和需求，定期上报。

2009年，建立诸城市图书馆网站（www.zcstsg.com）。服务项目有：概况、读者服务、馆内动态、书目查询、新书推荐、共享工程、视频点播、图书流动站、图书馆之城、诸城政府信息公开等10个项目。本馆2名专业人员日常进行网页维护及管理，定期更新上传内容。

针对未成年人、进城务工人员、老年人等特殊群体开展一系列主题服务活动，特别是针对对视障人员，市图书馆建立了盲人有声阅读室。先后购置4台盲人有声阅读机，盲文书500册，并延伸服务到土墙、辛兴等社区。年接待视障人员200人次。

2009－2012年，先后举办了迎春灯谜竞猜、读书朗诵、“让读书走进人生”读者征文、管炳圣首届银杏日记收藏展、“我的书屋，我的家”阅读讲演、“百名优秀读者”评选等一系列读者活动及讲座、培训、展览287次，参加群众5万人次，并在报社、电视台、网络等媒体进行了大力宣传。

业务研究、辅导、协作协调

图书馆现有职工19人，其中，研究生4人，本科学历9人，大专学历5人，研究馆员1人，副研究馆员3人，馆员11人。职工岗位培训、继续教育人均129学时/年。

学术研究、交流氛围浓厚，2009－2012年，提交国家级、省级参评论文74篇，获三等奖以上53篇，出版14篇。2012年12月，宋桂娟、逄金英主编的《诸城市图书馆馆藏地方文献名录》一书出版。

积极参与本地区图书馆联合编目、馆际互借、总分馆体系建设以及其他各类业务合作活动。重视古籍与地方文献整理，部分地方文献名录、古籍名录参与省、潍坊市图书馆联合编目。2009年，全市实施了总分馆制“一卡通“服务。总馆与分馆之间实现了联合编目，书目资源共建共享。利用互联网输入网址http://124.134.220.209——进入Interlib图书馆自动化系统，输入各馆及馆藏地点的用户名及密码即可查询全市各图书馆（室）藏书量、图书借还、书目所在地等信息。

目前，全市235个社区图书室（农家书屋）藏书达140万册。藏书达万册以上的社区图书室12个，藏书达5000册以上的39个，藏书3000册以上184个。2007年以来，建立了基层管理员定期培训制度和市、镇、社区（村）三级培训需求反馈机制。市图书馆有基层固定联系点242个，为每个社区培养业务骨干至少2名。年举办基层业务培训151次，下乡督导200余次，培训辅导8000人次。创新“社区大学生村官培训”和“农村实用人才培训”两个服务品牌，实现了文化管理员持证上岗。社区图书室年接待读者117万人次，书刊文献年外借70.5万册次。

管理工作

馆员实行竞聘上岗，制定了部室岗位责任制，实行年度百分制考核，对考核优秀者进行表彰、奖励，形成了良好的竞争机制。财务、设备、物资，档案、安全保卫等管理工作，制订了相应的管理制度。组织志愿者开展形式多样的志愿服务活动。一是市图书馆成立总分馆制下的“一卡通”志愿者服务队

读者卞成友向图书馆赠书

华元杯大舜文化书画作品展开幕式

首届银杏日记收藏展开幕式

盲人有声阅读室一角

第三届百名优秀读者颁奖现场

文化信息资源共享工程诸城支中心

伍6人，经常在社区图书室及电子阅览室进行巡回指导，年下乡200余次，辅导700人次。二是大华学校、实验中学、一中等参与市图书馆管理的志愿者20人，年活动12次，帮助管理员整理书架、借还图书、打扫卫生等。

重点文化工程

设立文化信息资源共享工程诸城支中心，有专职人员3名，建立了235个基层服务点。2009–2012年，共培训59次，培训1063人。年辅导基层点227次，参与人员1622人次。组织开展免费阅览、手机阅读、网上阅读推介、学雷锋、光盘服务、讲座、视频等多种形式的社会服务。年参与人员2万人次。

设有独立古籍专用书库，面积160㎡。古籍专职人员2名，建立了古籍普查书目数据库和书影数据库。2009年–2012年，投入经费22万元。普查古籍977种6082册。其中，诸城市图书馆珍贵古籍161种1011册，有9部入选首批山东省珍贵古籍名录，24部入选第2批山东省珍贵古籍名录，14部入选第3批山东省珍贵古籍名录。诸城市图书馆是首批山东省古籍重点保护单位。

表彰、奖励

2009–2012年，获得上级表彰17次。其中，文化部表彰、奖励1次，省委、省政府表彰、奖励1次，山东省文化厅表彰、奖励2次，省级业务主管部门表彰、奖励1次，地市级主管部门及县委、政府表彰、奖励8次，其他奖励4次。

馆领导介绍

宋桂娟，女，1962年9月出生，中共党员，在职研究生，研究馆员。山东省图书馆学会会员、中国图书馆学会会员。1985年7月参加工作，1991年12月调市图书馆，1998年11月任图书馆副馆长，2001年8月任图书馆党支部书记，2008年1月任图书馆馆长。2012年，论文《我国农村地区公共图书馆建设的诸城模式研究》在《中国图书馆学报》发表。

傅培宏，男，1963年1月出生，中共党员，党支部书记，本科学历。山东省图书馆学会会员、中国图书馆学会会员。1987年7月参加工作，2009年6月调任图书馆党支部书记。

逄金英，女，1969年4月出生，中共党员，本科学历，副研究馆员。山东省图书馆学会会员、中国图书馆学会会员。1990年7月参加工作，1991年10月调市图书馆，2001年8月任图书馆副馆长。

郭殿涛，男，1970年10出生，中共党员，本科学历，馆员。山东省图书馆学会会员、中国图书馆学会会员。1989年3月参加工作，2004年9月军转至市图书馆，2005年2月任图书馆副馆长。

张玉莲，女，1963年11月，中共党员，本科学历，副研究馆员。山东省图书馆学会会员、中国图书馆学会会员。1980年7月参加工作，1999年10月调市图书馆，2007年8月任图书馆副馆长。

未来展望

诸城市图书馆以"读者就是上帝"为宗旨，热情为社会各界读者提供全方位的优质服务。近几年来，围绕城乡文化一体化建设与发展这一中心，健全完善了城乡公共文化一体化服务，推动了诸城图书馆事业的快速发展。今后，我们将不断延伸图书馆的服务功能，继续拓宽"一卡通"服务范围，实施与学校图书馆联网借阅，"一卡通"服务，实现全市图书资源的统一采购、统一编目、统一配送；加强社区图书管理员培训指导，提高管理服务水平，做好品牌服务；扩大镇图书馆建设数量，提高基层公共文化服务效能，进一步丰富人民群众的精神文化生活。

联系方式

地　址：诸城市图书馆
邮　编：262200
联系人：王娟娟

诸城市图书馆外借部一角

诸城市图书馆大楼外貌

寿光市图书馆

概述

寿光市图书馆位于文化中心的四楼，使用面积7600平米。内部配置高、精、尖，在全国县级图书馆中名列前茅。图书馆内部设计完全本着以人为本、服务至上、科学合理的宗旨，将新馆按其功能划分七大片区，分别是：办公区、报刊阅览区、库藏区、古籍保护中心、书籍借阅区、少儿阅览活动区、文化信息资源共享支中心及电子阅览室和数字图书馆。2009年第四次全国公共图书馆评估，首次获得国家一级馆，并在2013年的第五次全国公共图书馆评估中以998分（满分1000分）的高分圆满通过。

业务建设

截止2013年底，寿光市图书馆总藏量85万册，其中，纸质图书75万册，电子图书10万册，电子期刊八千个品种。已整理古籍658种5584册，其中善本古籍1223册。整理上报列入国家古籍名录11种，135条；善本古籍782种；整理民间古籍39部；捐献古籍304册。

随着图书馆事业的不断发展，我馆购书种类也不断增加，其中：2010年购置图书20万册，2012年新购图书8.9万册，2013年新购图书3万册。报刊入藏量在180种以上，更新电子文献8千种以上，视听文献50件以上。

图书馆设有阅览座席1211个，其中，少儿部专用座席563个。六层书架700节，三层书架230节，八层合订本报架100节，报纸架（十层抽拉式）50节，期刊架50节，儿童期刊架20节。

数字资源总量达到了10TB，电子阅览室配置120台计算机，图书馆网站于2009年建成并对外服务，参加了地区联网服务可联合借阅。读者有何疑难问题，完全可以登录图书馆网站，寻求业务帮助和技术支持，数据库规划合理，具有可操作性，建立了地方文献专题数据库，并能提供使用。

读者服务工作

从2010年1月起，寿光市图书馆全年365天对外免费开放，每周开放65小时以上。我馆的普通服务形式多种多样，其中包括外借、阅览、送书上门、咨询服务、跟踪服务、资料代查、集中上街服务、信息服务等。另外，我们已建成分馆14个，每个村都建有农家书屋，大中型企业大部分建立健全职工书屋，大专院校、边防武警等已实现了资源共享，大大方便了郊区村镇的读者朋友。图书馆年外借册数达11.2万册次，年流通人次在16.2万人次以上，开架书刊册数占馆藏总量的100%。每年举行书刊宣传，2013年宣传总数为32次。为方便残疾人读者，设有盲人专业通道，并专门设有盲人阅览区及盲人图书1200册。对残疾人进行特殊服务，采取了电话预约、送书上门、代为找书等服务形式。

信息服务热情周到，为读者着想，解决读者提出的一些疑难问题，对咨询解答的问题都有文字记录，并归类入档。如寿光市南菜北盐中间粮棉，独特的地理位置形成了不同的生产方式，从海水养殖、枣粮间作、盐化工等各方面，图书馆尽可能提供信息咨询服务。寿光市蔬菜办蔬菜研究会更是我们常年的业务联系单位，多次来我馆查阅、咨询高温棚蔬菜栽培技术，无滴膜使用，二氧化碳气体施肥，烟雾除草和静电杀虫实验等问题，取得了较好效果，提高了寿光蔬菜质量，使寿光蔬菜向无公害蔬菜方向发展。

2010年—2013年，寿光市图书馆与寿光市作家协会、寿光市书法家协会、寿光市美术家协会、寿光市摄影家协会、寿光市青少年教育中心、寿光日报、寿光菜博会等多家联合，采用报告会、讲座、书画展、有奖猜迷、少儿读者征文活动、诗歌朗诵会、“圣城美景”摄影展、青少年夏令营等形式与读者交流与互动，组织读者活动120场次，参与人数12万人次。

为扩大图书馆的影响，壮大读者队伍，我们还充分利用板报、专栏、网络方式向读者宣传、推荐图书文献资料，经常组织读者对新书进行书评、演讲，对图书馆工作的意见和建议，组织读者进行讨论等。另外，我馆还定期举办社会教育培训班，开展用户培训。

业务研究、辅导、协作协调

寿光市采取图书馆总馆分馆制，市文广新局和14个街道、镇签订分馆协议，每个分馆配备图书1万册，并定期轮换。并配备了专业借、还书设备（管理软件、扫描平台）、借书卡等。此举激活了我市现有文化资源存量，实现图书馆资源的优化组合与共享，方便读者借阅，增强镇、村文化建设，普及科技知识，起到良好作用，读者普遍反映很好。

目前我馆已有省图书馆学会会员2名，潍坊市学会会员3名。随着我馆业务水平的不断提高，全体业务人员积极探索图书馆业务理论，不断总结交流业务经验，研究成果日见成效。2010—2013年，共发表论文21篇，出版专著1部。

几年来，我们加强了业务辅导工作，主动走出去拓宽业务领域。我们先后辅导了齐鲁学院、世纪学校、富康制药、红仙霞、各个分馆、现代中学、晨鸣集团、二职专等图书室，从图书采编、登记分类、排架等系列化服务，帮助他们培训人员建章

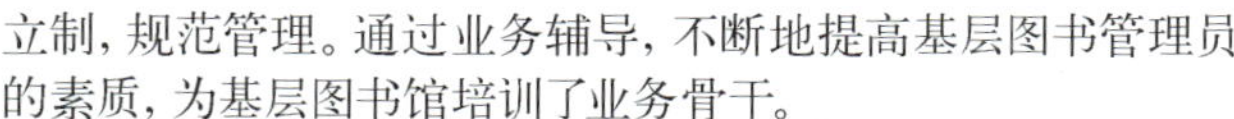

立制，规范管理。通过业务辅导，不断地提高基层图书管理员的素质，为基层图书馆培训了业务骨干。

我馆还开展了与各图书馆（室）协作协调、资源共建共享，并为其开通了文化信息资源共享工程流媒体平台，还与其组织开展联合下乡及编制联合目录活动等，加强了我馆与这些业务友好单位的交流与合作，学习了彼此的管理经验，进一步推动了我馆各项工作的开展。

管理工作

财务管理方面：加强财务管理，建立财会管理制度，做到收支平衡，账目清楚，日清月结。人事管理方面：我们先后修改制定了馆长职责、职工守则、办公室工作职责、借阅室工作职责、采编辅导部工作职责、报刊阅览室职责、少儿部工作职责、电子阅览室工作职责、安全保卫制度等一系列规章制度，强化了内部管理体制，明确了工作人员的职责范围，各自的工作数量与质量的具体要求，引入激励机制，实行量化管理，按需设岗、按岗聘用、竞争上岗、择优聘用、严格考核等措施。全馆人员行有标准、动有制度，一切按章程办事。让能者上、庸者下，极大地调动了全体职工的工作积极性。设备、物资管理方面：建立健全物资、设备管理制度，实行了物资谁使用、谁保管、谁出现问题谁负责的措施，具体落实到各部室、各人。健全固定财产登记帐，做到实帐相符，帐帐相符，杜绝了国有资产流失现象。

表彰、奖励情况

2010—2013年，寿光市图书馆共获得各种表彰、奖励20次，其中，电子阅览室在2012年的全国示范点评选活动中，被文化部评选为“全国文化信息资源共享工程·公共电子阅览室示范点”；2012年7月，古籍保护中心被山东省人民政府评选为“省级重点保护单位”；省文化厅、省图书馆表彰、奖励5次；其他奖励、表彰13次。

馆领导介绍

孙在勇，男，1964年10月生，本科学历，中共党员，中级职称，馆长。1982年6月参加工作，1985年1月到寿光市图书馆工作，先后在博物馆、图书馆工作，任副馆长、馆长等职。荣获2010年度山东省古籍保护工作先进个人称号。

袁敏，女，1964年3月生，本科学历，现任副馆长一职。1980年12月参加工作，2004年7月从文化馆调入图书馆，先后任辅导部、采编部、古籍部副馆长。2013年度被山东省文化厅评为古籍保护工作先进个人。

李尚君，女，1980年7月生，本科学历，中共党员，现任副馆长一职。2002年1月在寿光市图书馆参加工作，先后在借阅部、少儿部、办公室工作。

郑英祥，男，1981年4月生，本科学历，中共党员，副馆长。2005年10月参加工作，历任寿光市文化市场稽查大队副队长、寿光市图书馆副馆长。现分管全馆业务工作。

未来展望

寿光市图书馆将继续完善馆内建设，为读者提供良好的阅读环境；搞好读者活动，4.23服务宣传周精品书展、书评、朗诵、讲座等；提高职工业务水平，加强业务学习与研究，争取5篇以上业务论文在省级以上报刊发表；持续推动分馆建设，打造成寿光市图书馆读者服务工作品牌。使寿光市图书馆的主要指标位居全国公共图书馆前列，达到国内一流图书馆的标准。

联系方式

地　址：寿光市图书馆
邮　编：262700
联系人：郑英祥

高密市图书馆

概述

高密市图书馆成立于1980年7月，于2009年5月搬至新馆。2009年月，被中共高密市委宣传部、共青团高密市委、高密市教育局命名为“爱国主义教育基地”。2009年，在市委、市政府和文广新局党委的正确领导下，在省文化厅和潍坊市文广新局的支持帮助下，圆满的完成了一级馆的达标工作，于2010年元月被国家文化部公示为国家一级图书馆，2010年3月被正式公布为一级图书馆。

2009年以来，我馆的内部管理、业务水平、读者服务、文化信息资源等各方面工作都有了很大提高。2007年9月，我馆安装了自动化管理软件Interlib图书馆集群化管理系统，购置了服务器电脑等设备，实现了图书管理自动化，使我馆的业务管理水平迈向一个新台阶。2009年5月，高密市新馆落成并投入使用，现馆舍面积4115平方米，藏书30万册。设有图书借阅室、少年儿童阅览室、期刊报纸阅览室、电子阅览室、多功能报告厅、读者自修室、过刊室、过报室、资料室、特藏室等。高密市图书馆各项工作达到规范化，工作开展正常。

业务建设

高密市图书馆实行全面免费开放成效显著。高密图书馆实现了全面免费开放，实现了馆藏资源向读者的全面免费开放。截止到2012年，全年读者人数和图书流通量激增，日均到馆人数达1000余人，节假日突破2000人，书刊借还量日均达到500册，双休日超过1000册，均为老馆的3－4倍。截止到目前，办理各类读者证3000余张，借还书刊总数超过10万册，接待读者逾16万人次，取得了良好的社会效益。

外借服务有图书外借(成人、少儿)和期刊外借。书刊全部实行开架借阅。利用新书目和黑板报形式进行新书刊宣传，2012年新书刊宣传450种。节假日照常开馆，每周开馆时间平均56小时。截止到2012年有图书服务点流动站15个。图书馆大楼西南角设有残疾人专用通道。设盲人阅览室，配备了盲文图书。设阅览座席30个，年接待读者200余人次。

我们坚持免费为领导机关决策与社会事业发展提供信息服务、定题和跟踪服务，效果显著。例如，高密电视地方历史频道的建立，《村庄大典》的出版等。我们积极为科研与经济建设提供信息服务。每年为社会大众提供信息服务也在10项以上，出了许多成果，例如，读者牧文的《华夏龙魂》被诗歌界、评论界誉为华夏民族第一部神话英雄史诗；读者邵瑞香多荣获山东省文化艺术科学优秀成果奖。

读者服务工作

定期开展读者活动，以报告会、讲座、征文、书展等形式来加强与读者的联系，形成了良好的公共关系，取得了良好的社会效果，树立了图书馆良好的公众形象。

2009–2012年每年都按时举办图书馆服务宣传周、全民读书月活动，有计划、有实施方案、有总结。组织学校、企业等单位图书馆(室)参加，以展示馆内特藏，免费阅览、图书展销、联合散发宣传材料、电视台录像、报社报道等形式宣传图书馆，取得了良好效果，并多次受到上级业务主管部门的表彰。

图书馆是开展社会教育的场所，2012年利用寒暑假举办中小学英语培训班，参加学习的学生达300人；举办图书管理员培训班，培训图书管理员80人。

进行用户培训，提高用户检索利用图书馆的能力，有效地利用图书馆资源，是图书馆的一项经常性的重要工作。我们采用集中办班和个别辅导的方式进行培训，每年举办用户培训班，2012年培训图书馆和基层用户800多人次。

我们坚持“读者第一”的服务原则，热心为读者服务。发放读者调查表200份，回收198份，读者满意率达到99%。

协作协调

2009年高密市图书馆积极参加了全国古籍普查工作，为《中华古籍书目——山东卷》提供古籍书目。将地方文献呈交省、市(地)馆，为实现全省地方文献资源共建共享打下了基础。

2012年我馆业务辅导工作卓有成效。目前全市13处乡镇街道文化站的图书室都已建立。城市社区图书室都在100平方米以上，藏书1万册以上，农村社区图书室都在80平方米以上，藏书5000册左右。我馆与基层文化站、社区图书室有着长期的业务辅

高密市图书馆宣传字样

在小康河公园设置宣传栏

在小学开展"六一"读书活动

在新馆开展读者宣传活动

导关系，并定期培训社区图书管理人员，为社区图书室管理人员实行集中办班、分组培训、个别辅导的方法。经过培训的人员能达到熟练地分类编目，检索馆藏图书，熟悉排架有效地指导读者利用图书馆。目前，我市街道、乡镇图书馆共13处，社区图书室21个，覆盖率达到了100%，与市图书馆实现了统借统还。

管理工作

全馆人员实行聘任制，即按需设岗，按岗聘用，制定了岗位责任制，部室主任竞争上岗。制订了《高密市图书馆目标管理责任管理办法》和《各部室岗位职责》，为各部室规定了详细的年度百分制考核项目和目标，让每个人充分发挥其能动作用，调动起极大的积极性，年终进行部室考核、岗位考核和职称考核，对考核优秀者文化局和单位都进行表彰和奖励，形成了良好的竞争机制。制定了《高密市图书馆财务室岗位职责》，并严格监督执行，会计、出纳，帐目清楚，做到日清月结。有专人负责，并有严格的设备登记制度，制定了《设备物资管理规章制度》，有进出库记录簿，确保国有资产的安全使用和管理。消防、保卫有专人负责，有严格的管理制度，管理达到了当地消防、公安部门的要求。

管理与表彰

表彰2009年9月，于艳萍参加"山东省文化信息资源共享工程知识与技能竞赛"，获得个人优秀奖，团体三等奖。2011年4月，李千佼在2011全省读书朗诵大赛潍坊地区选拔赛中荣获二等奖。2011年7月，孙萍参加潍坊市第七届公共图书馆业务竞赛，荣获优秀选手奖。2012年5月，李千佼、孙萍分别荣获"第七届全省读书朗诵大赛潍坊地区选拔赛"三等奖。

馆领导介绍

王修文，男，1964年10月生，大专学历，中共党员，馆长。

李淑云，女，1967年9月生，本科学历，中共党员，副馆长。

范伟华，男，1970年1月生，中专学历，中共党员，副馆长。

迟文丽，女，1968年11月生，专科学历，中共党员，副馆长。

未来展望

面对着21世纪世界性的信息化浪潮，图书馆界迎来了事业发展的机遇和挑战。机遇在于我们的专业逐渐扩大，图书馆也将不断地供应较高水平的管理专业人才，这将为图书馆的前进增添动力，保障了图书馆建设的科学含量。建设总是和挑战并生。虽然图书馆事业面临着一些不利因素，但又赋予了我们战胜困难的条件和力量。只要扬长避短，勤于开拓，团结一致，与时俱进，就一定会迎来图书馆事业美好的未来。

联系方式

地　址：高密市康城大街东首文体公园内

邮　编：261550

联系人：李淑云，于艳萍

图书馆长廊处门口

图书馆新馆外貌

金乡县图书馆

概述

金乡县图书馆原隶属于金乡县文化馆，名为图书室。于1979年独立成股级事业单位，为金乡县图书馆，编制8人，位于金乡县文峰路东段路南。于1985年重建，占地面积2000平方米，馆舍建筑面积500平方米。主体工程为上下两层，设有办公室，样板书库，图书阅览室，报刊阅览室，借阅室，资料室。2009年开始图书馆的改建工作，于2012年12月竣工，2013年2月对外开放。2013年，参加第五次全国公共图书馆评估，首次获得县级一级图书馆。金乡县图书馆改造后，编制36人，新馆馆舍面积5680平方米，阅览坐席500个，计算机89台，信息节点434个，宽带接入100Mbps，选用ELASSIII图书馆自动化管理系统。

业务建设

截止2013年底，金乡县图书馆总藏量17.8万册（件），其中，纸质文献10.8万册（件），电子图书10万册，少儿电子动漫图书5000册。2012年，金乡县图书馆新增藏量购置费180万元。

2013年，将自动化管理系统升级为ELASSIII图书馆自动化管理系统，2013年年初，实现馆内无线网络全覆盖。

2014年6月，金乡县图书馆网http://www.sdjxlib.com正式投入运营，网站包含图书检索、图书网上预约、网上续借、活动动态、新书推荐、借阅推荐、借阅排行、互动平台（用于回答读者咨询）、公告通知、服务指南（开馆时间、办证指南、交通指南等）、电子书库（正在开发中）、蒜乡文化人论坛（用于书友交流）。

读者服务工作

从2013年2月新馆开放起，金乡县图书馆除每周一闭馆外全年对外免费开放，周开放60小时，2013年4月至2014年6月，书刊总流通约20万人次，书刊外借7.9104万册次。2013年4月，签订与济宁市图书馆的馆际交流业务服务。

自动化管理软件：全面引进ILAS111数字图书馆自动化管理系统，能够实现馆内的采访、编目、流通、书目检索、办公的全面自动化和管理网络化，为总分馆制的推广运行和实现通借通还建立了网络通道。

宣传活动：金乡县图书馆始终坚持“以人为本·读者至上”的服务原则，不定期开展宣传活动和系列读书活动及系列文化服务活动。坚持举办4.23世界读书日、图书馆服务宣传周、全民读书月等常规宣传活动。2009–2013年，金乡县图书馆共举办讲座、展览、培训、阅读推广等读者活动67场次，参与人数5.4237万人次。每年利用图书馆服务宣传周、全民读书月、世界读书日、寒暑假等节假日，广泛开展了读书征文活动、各种读书演讲比赛、论语知识大赛等丰富多采的读者活动和阅读推广活动；开展了图书馆服务宣传周集中上街宣传活动，各级领导同志亲临现场予以指导；举办了非物质文化巡回展、金乡县庆“七一”美术书法作品展览、金乡县“铂金杯”青少年书画展等。

文化信息资源共享工程：在政府的有力支持下，全国文化信息资源共享工程金乡支中心于2007年7月建成，并向社会公众免费开放。创建“绿色网吧”，提升图书馆的影响力，充分发挥共享文化资源的魅力。在金乡县支中心的指导下，筹建完成了13个共享工程镇街基层服务点和13个社区电子阅览室的建设，使文化信息资源服务得到进一步延伸。

业务研究、辅导、协作协调

2009–2013年，金乡县图书馆职工发表论文6篇，先后有2名工作人员获得省级古籍保护先进个人称号，有1名工作人员获得市级古籍保护先进个人称号。

2007年7月，文化信息资源共享工程金乡县支中心初步建成，于次月完成调试并投入运行。2012年12月底金乡县支中心随着新址搬迁又投入176万元，完成了设备更新换代以及全面升级。利用上级中心的资源，依托金乡县支中心，积极通过电子阅览室、网站、视频放映、场地培训等方式，为当地的民众提供多样化的、灵活的文化信息资源服务。

2009–2013年，金乡县图书馆工作人员积极专研业务，努力提高专业知识水平和业务服务能力，积极选派业务人员参加全国和全省古籍保护培训班，共享工程、数字图书馆培训班，《中图法》第五版培训班，信息咨询与检索培训班等业务培训班等，不断提高工作人员的业务技能。

金乡县图书馆馆高度重视对基层的业务辅导，多次举办业务培训班，开展专题业务研讨。配合全县乡镇综合文化站、村级文化大院和农家书屋建设项目，积极推动街道、乡镇和社

图书馆大厅

图书馆书库

社科室

走进图书馆宣传活动

区图书馆建设，截止目前，全县镇街图书室覆盖率达到100%。同时结合农家书屋和中小学图书馆（室）达标建设活动，举办各种类型的培训班，为基层培养了一大批业务骨干。定期下基层进行业务辅导，先后帮助鸡黍镇、胡集镇、羊山镇等乡镇街道、村居及中小学图书馆室解决了业务难题，形成了县乡村三级图书管理服务体系。

管理工作

2008年，金乡县图书馆完成岗位第一次聘任，2014年，金乡县图书馆完成第二次全员岗位聘任，同时，各科室展开业务评比，量化负分，每月选出优秀科室，年终进行综合考评。2012—2013年，共抽查文献排架12次，书目数据6次，工作人员的图书流通排架分工明确、细化，确保读者能够及时、准确的查阅。

表彰、奖励情况

1999年，2005年，金乡县图书馆连续两次被文化部评为县级"三级图书馆"。

2011年，金乡县图书馆获得县级先进集体。

2013年，金乡县图书馆被文化部评为县级"一级图书馆"。

馆领导介绍

赵贤臣，男，1964年10月生，大学学历，中共党员，金乡县文广新局党组成员，馆长。1987年毕业于济宁师专，1993—1996年在山东干部管理学院学习。1987年参加工作，任金乡县羊山镇教育团委书记、成人教育学校校长。历任金乡县羊山镇团委书记，马庙镇党委组织委员、纪检书记，高河乡政府副乡长。2007年任金乡县文化局党组成员。现任金乡县文广新局党组成员、文化馆馆长、图书馆馆长。

卢华伟，男，1977年11月生，本科学历，中共党员，中级职称，副馆长。1997年6月毕业于济宁市艺术学校图书管理专业，1997年参加工作，先后任图书馆副馆长、馆长，金乡县第十三届党代表，现任副馆长兼金乡县文广新局办公室主任。先后荣获"山东省古籍保护先进个人"，"山东省农家书屋工作先进个人"，"山东省文化统计工作先进个人"，济宁市"文化先进工作者"，金乡县委县政府嘉奖，"五一劳动奖章"，"优秀共产党员"。

黄河，男，1971年3月生，大学学历，中级职称，副馆长。1996年7月参加工作，先后任文化馆副馆长、图书馆副馆长。先后荣获文化部与农民日报联合举办的征文《父亲的魅力》荣获"三等奖"，国画《一叶知秋》、《露滴荷珠香有迹》分别获省级"一等奖"、"三等奖"，摄影《沉思》获省级"二等奖"，书法《身残志坚》获省级"优秀奖"，县级"五一劳动奖章"。现协助馆长管理图书馆的全面工作。

马亭亭，女，1983年5月生，本科学历，中级职称，副馆长。2007年6月参加工作，先后在采编部、会计室、图书借阅部、古籍室、资料室等部门工作，先后荣获"山东省古籍保护先进个人"，济宁市"三下乡先进个人"。现分管全馆业务工作。

未来展望

在信息社会的今天，金乡县图书馆将依托文化共享工程，以数字图书馆建设为目标，以自动化服务为手段，以满足读者需求为出发点，以开展服务活动为重点，以传播知识和传递信息为职能，以馆藏文献为依托，努力实现全方位开放式读者服务工作，使图书馆成为文化、科技、传播、社会教育、信息交流的中心，为丰富群众文化生活，提高全民文化素质，构建城市文化建设，做出新的、更大的贡献。

联系方式

地　址：山东省金乡县中心街西段

邮　编：272200

联系人：李 峰

曲阜市图书馆

概述

曲阜市图书馆始设于1984年，为副科级全额事业单位。馆舍开始设在孔府后花园东侧，1990年搬迁到明故城新文化街，新馆馆舍1510平方米，2013年接收相邻的文化馆馆舍，馆舍面积扩大为3216平方米。现有工作人员20人。

业务建设

2013年，曲阜市图书馆财政拨款达144万元，其中新增藏量购置费20万元。现有阅览座席410个，其中少儿阅览座席120个，电子计算机数量54台，其中供读者使用的40台，设立了公共电子阅览室，接入10兆宽带，配置了专用存储设备，存储容量达6TB。安装了智慧2000业务自动化管理系统，采访、编目、流通、书目检索等均采用网络化系统进行管理。摄像机、数码相机、扫描仪、复印机、打印机、笔记本电脑等现代化设备一应俱全。

馆藏资料14万册（件），2009年-2012年图书总入藏量达1.28万册，年均入藏量达到3219种，期刊341种，报纸32种，电子文献120种，视听文献103种。开通了数字化图书馆，立足曲阜特色，制作了一批本地数字资源，馆藏数字资源达3.2TB。

读者服务工作

实行开架借阅，周六周日不闭馆，节假日中午不闭馆，每周开放时间为58小时。自2011年开始，对公共空间设施场地和基本服务项目实行免费开放。启动了总分馆建设，目前已设立了市委机关分馆、预备役团分馆以及鲁城、书院、王庄、姚村、吴村、董庄等12个图书馆分馆，2012年，书刊文献外借册次达11.3万，总流通人次13.9万。

通过新书宣传栏、曲阜吧、图书馆网站、微博等多种形式，在馆内馆外开展书刊宣传，每年都在1000种以上。

积极为公众开展政府公开信息服务活动，开设了政府公开信息服务窗口，在图书馆网站链接了政府政务公开网址。立足馆藏文献资料，根据机关、企事业单位和市民的不同要求，积极开展信息咨询服务。每年编制《领导决策参考信息》和《农业科技信息参考》，为曲阜市作家创作反映孔子及其弟子的文学作品提供丰富的创作素材，为旅游部门举办祭祀孔子提供历史依据，为曲阜市非物质文化遗产保护查找了大量文献。

积极为特殊群体提供优惠服务。一是对持有“残疾人证”、“老年人优待证”、“学生证”的读者优惠办理借书证；二是保证馆内残疾人专用通道畅通；三是为部分残疾人、老年人提供送书上门等服务；四是在阅览室放置老花镜、放大镜等老年人常用工具，方便老年人阅读报刊；五是设立少年儿童图书专架和农民工图书专架，六是经常举办少年儿童主题阅读活动和寒暑期影视放映活动，七是针对未成年人和老年人开展书目查询、上网辅导、专题讲座等活动，八是结合曲阜实际，为中外游客开展服务。

积极开展社会教育活动。年均举办讲座、培训、展览、阅读推广活动44次以上，每万人年均参与活动达3.2次以上。

每年组织开展图书馆服务宣传周活动、全民读书月活动，经常利用曲阜电视台、电台、《今日曲阜》以及曲阜政府网站、图书馆网站、微博等对图书馆的工作进行宣传，让广大市民更好的了解图书馆，走进图书馆，利用图书馆。

增强与读者的沟通与了解。设立读者信箱和意见薄，虚心听取读者对图书馆工作的意见和建议。向社会公示开放时间、服务范围以及设施、设备的使用方法与注意事项。

业务研究、辅导、协作协调

2009年以来，职工在省级以上刊物或专业会议上发表、交流论文66篇，其中在全国核心刊物上发表6篇，有9篇论文分获2009年-2012年山东省文化艺术优秀成果奖评选二、三等奖和优秀奖。40多篇获国家图书馆及山东省图书馆学会奖项。撰写调研报告12篇，其中《县级公共图书馆在农家书屋建设中的作用》列入2010年山东省文化艺术科学重点课题，《乡镇农村图书室建设与服务》获2009年曲阜市科学技术三等奖。

定期下基层进行业务辅导，年均举办各种类型的培训班4次以上，参训人员达到492人次，有力的促进了基层图书馆（室）建设。对全市所有乡镇及村居图书室进行了调研，建立了基层图书室档案，形成了市乡村三级图书管理网络。

加强了馆际交流与资源共享的工作。先后和国家图书馆、山东省图书馆联合编目中心签订了协议，实现了联合编目。先后与济宁市图书馆、曲阜档案馆、曲师大图书馆、曲阜师范学校图书馆、孔子研究院图书馆以及一些外地图书馆签订了馆际互借协议，建立了不同程度的业务协作关系。

积极做好地方文献工作。在图书馆建起了地方文献书库和儒学文库，设置地方文献书目，面向社会提供服务，充分发挥了地方文献的作用和价值。

切实做好普查工作。在市图书馆设立了古籍保护中心，积极组织曲阜辖区有关单位开展申报国家古籍名录和山东省古

期刊阅览室

阅览室免费开放

书库

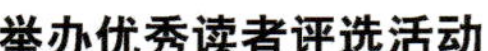
举办优秀读者评选活动

农村图书业务培训

到校园开展宣传活动

籍名录暨山东省古籍重点保护单位、国家古籍重点保护单位。初步查实了古籍总量，建立了全市古籍信息数据库，推动了全市古籍保护工作的进一步发展。

管理工作

市图书馆以制度化、规范化、标准化建设为目标，制定完善了图书馆各类工作制度、管理制度。定期召开馆委会，研究决定全馆重大事项。每年都制订年度工作计划，并明确工作标准、责任人和完成时间，经常调度工作完成情况，年终进行工作总结。

加强岗位管理，实行按需设岗，按岗聘用，竞争上岗，择优聘用。建立岗位责任目标考核机制，实行分配激励制度，增强了单位内部活力。

制定了《曲阜市图书馆图书采购和管理制度》，加强了文献采选的重点性、连续性以及对用户需求的针对性，积极为读者、为社会提供个性化、特色化服务。

规范文献入库程序和文献加工标准。根据《中图法》（第五版）、《普通图书著录规则》、《中图法期刊分类表》、《连续出版物著录规则》的要求，结合实际，制订了《曲阜市图书馆分类工作细则》、《曲阜市图书馆图书编目细则》、《曲阜市图书馆期刊文献编目细则》、《曲阜市图书馆电子视听文献资料分编细则》、《曲阜市图书馆普通图书加工工作细则》、《曲阜市图书馆目录管理制度》等规章制度。坚持每月一次业务检查，促进管理规范化，图书标引误差率、图书著录误差率均在2%以下，目录组织误差率均在2%以下，图书加工标准、规范、整齐、美观。

抓好书库管理，强化文献保护。根据《曲阜市图书馆书库管理制度》、《曲阜市图书馆关于图书借阅的规定》、《曲阜市图书馆开架书库管理规定》、《曲阜市图书馆开架图书排架责任分工表》等规章制度开展书库管理，开架图书排架正确率始终保持在96%以上。强化环境卫生及防火、防盗、防尘、防虫等管理措施，对破损图书及时修补，按照《曲阜市图书馆馆藏文献清点方案》、《曲阜市图书馆文献剔除制度》定期对馆藏文献进行清点并剔除图书。

表彰、奖励情况

2009年，《孔府菜烹饪技艺》在首届山东省文化共享工程自建资源专题片评比中被评为二等奖，《孟母教子传说》和《孔子诞生的传说》评为优秀奖。

2010年，曲阜市图书馆被文化部评为“一级图书馆”。

2012年，曲阜市图书馆被山东省文明办、山东省文化厅、中国孔子基金会评为“首届国际《论语》知识大赛”活动优秀组织奖。

2013年，被中共济宁市委、市政府授予“文化体制改革先进单位”。

馆领导介绍

孔德安，男，1968年11月生，大学本科学历，中共党员，副研究馆员，馆长。1987年参加工作，曾任曲阜市文化局办公室主任，2007年6月任曲阜市图书馆馆长。2010年4月被山东省文化厅授予“优秀图书馆工作者”称号，2014年4月被中国图书馆学会评为“2011–2013年度先进会员”。

王建伟，男，1964年生，大学本科学历，中共党员，馆员，副馆长。1982年参加工作，2004年6月任副馆长。

季旭，男，1963年生，大学专科学历，中共党员，馆员，副馆长。1982年参加工作，2006年5月任副馆长。

马亮，男，1970年10月出生，大学本科学历，中共党员，馆员，副馆长。1990年4月参加工作，2010年8月任副馆长。

未来展望

建筑面积7500平方米的曲阜市图书馆新馆建设即将启动。曲阜市图书馆将围绕“办馆条件最优化、职工队伍专业化、读者活动常规化、文献入藏多元化、服务手段现代化、服务成果精品化”的办馆理念，进一步加大工作力度，把曲阜市图书馆的各项工作推向一个新的发展阶段，为建设书香圣城，为曲阜市和谐社会建设作出应有的贡献。

联系方式

地　址：曲阜市图书馆
邮　编：273100
联系人：孔德安

外国游客在电子阅览室查阅资料

全市读书月活动启动仪式

市图书馆外观

兖州市图书馆

概述

兖州市图书馆始建于1956年10月，是济宁市建馆较早的公共图书馆，为副科级全额事业单位。1994年，被文化部评定为二级公共图书馆，2007年9月迁入由原市委大楼改造的现馆址，2009年，晋升为一级公共图书馆，2013年顺利通过国家一级公共图书馆复核验收。现有职工18人，其中高级职称2人，中级职称7人；馆舍面积3000平方米，内设文化共享工程支中心、外借部、综合阅览部、期刊部、业务辅导部、老年阅览室、少儿阅览室、电子阅览室、古籍方志室、采编室、办公室等部（室）；拥有阅览坐席330个，其中少儿坐席60个；现有持证读者2万余人，每年发展新读者3000余人，日均接待读者800多人次。2010年，兖州市图书馆被省文化厅评为“最受读者喜爱的图书馆”。共享工程、古籍、地方文献等工作也都被评为山东省先进单位。

业务建设

截止2012年底，兖州市图书馆馆藏图书23.7万册，报刊杂志429种，年均入藏新书4194种，7132册，馆藏图书中，中文文献书目数字化达到72%。馆藏电子图书、视听文献22000册，其中2012年电子文献入藏量为16392种，视听文献年入藏量254种，包括《中国地方文献大典》、《中国方志》、《二十四史》、《四库全书》、《近代史料》在内的数字资源总量达到4.6TB。地方文献入藏有专柜、专架、专门目录，有专人管理和开展征集工作，目前已建立完善的地方文献数据库并可对外服务。

文献资源藏书组织管理规范，所有书标、登录号、馆藏章规范整齐统一，具备机读目录，有专人维护，提供读者查询台及导引人员，开架图书正确率达96%以上并有专门制度及专门人员管理。

读者服务工作

2008年1月1日，图书馆在全省率先实行免费开放以来，除每年初一闭馆休息外，兖州区图书馆全年无休。由于地处市中心，交通位置便利，图书馆每天都保有较高的人均接待量，节假日高峰期每天接待读者2000多人次。2009–2012年，书刊总流通112.32万人次，年均接待读者量达30万人次。书刊外借87.4万册次，书刊文献年均外借册次为21.86万册，读者人均年到馆次数23次/人。建成12个馆外流通点，2009年–2012年间，馆外流通点书刊借阅总人次3.12万人次，书刊借阅册次为2.51万册，流通点年均借阅图书5525册。图书馆还设立政务公开专栏专架、网站政务公开板块，积极开展政府公开信息服务。

兖州市图书馆网站功能齐全，页面美观大方，信息更新及时，服务效果良好。通过网站，读者可进行图书检索、预约、续借等功能操作，及时了解图书馆各项工作动态、便捷利用丰富的数字资源、多方式参与图书馆有关活动。兖州市首届读书朗诵大赛比赛期间，图书馆网站是了解赛事活动的一个重要平台，日访问量达一千余人次。

图书馆每年开展社会教育活动30场以上，各类宣传、演讲、征文、电影放映等活动层出不穷；共享工程建设规范有序，6家镇、村级基层服务站点被评为济宁市文化共享工程规范化服务站点，1家被评为山东省文化共享工程规范化服务站点；2012年，兖州市图书馆共举办各类讲座、培训活动20余场，举办展览活动5次，开展阅读推广活动7项，全年总流通25万人次，仅由市电视台、市图书馆联合举办的《读书时间》一项就举办50余场。2009年3月份开展举办的“周末公益讲座”作为图书馆举办的一项品牌活动，2009年–2012年间共举行80余场，直接服务读者达1万余人次，2010年3月，该活动被省文化厅评为山东省“图书馆特色服务品牌”。

业务研究、辅导、协作协调

2009–2012年，兖州市图书馆职工发表论文19篇，获山东省艺术科学成果奖二等奖1篇，获准立项省级重点课题1项。

09年以来，图书馆着眼于全市教育、科研和企事业单位，积极做好跟踪服务、定题服务；积极撰写调研报告，为决策机关提供参考依据；扎实开展读者参考咨询工作，常年填写借阅效果单和读者意见表，根据读者需求不断改进工作。在“兖州兴隆文化园建设”、“2011–2012为市领导及有关部门预定图书”等方面都积极提供服务，在“开展‘廉政图书阅读月’的建议”和对兖州文学遗迹情况的梳理等方面开展定题服务，此外还定期开展情报调研，编写兖州市图书馆信息等，充分发挥图书馆资源优势，积极做好图书的参考咨询工作。

图书馆不断加大农村图书工作力度，常年开展多种形式的培训和辅导工作，促进了全市农村图书室的规范化管理。近

方志室

外借部

地方文献建设先进单位

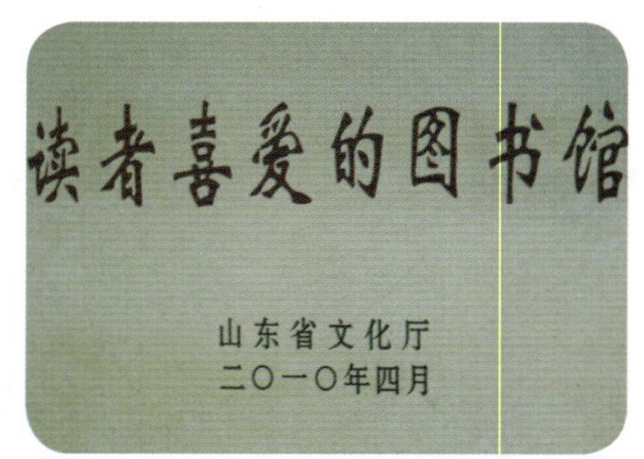

读者喜爱的图书馆

共享工程示范县

几年来，图书馆的职能作用得到了良好的发挥，在全市精神文明建设中的作用日益凸显，得到了社会各界的广泛认可。市图书馆积极开展基层业务辅导和基层业务培训工作，帮助镇（街）、村（居）图书室、农家书屋整理图书，积极构建农村公共图书馆服务体系，开展图书管理员培训工作，促进基层图书馆在农村公共文化服务体系中发挥应有的作用。2009年–2012年共开展基层培训工作9次，年均2.2次，对农家书屋实地指导27次，年均6.75次，举办座谈会4次，目前已建立4个分馆，12个馆外流通地点。

管理工作

为进一步深化单位人事制度改革，建立和完善岗位设置管理制度，兖州市图书馆根据上级要求并结合自身实际，制订了科学的《岗位设置方案》并已开始着手实施。目前已实行按需设岗，按岗聘用、竞争上岗，建立良好的分配激励制度，形成一支战斗力、凝聚力强，充满活力的工作队伍。

表彰、奖励情况

图书馆近几年来多次受到上级部门表彰。2009年以来，共获得国家级荣誉1次，省级荣誉8次，市级荣誉2次，县级荣誉2次。

馆领导介绍

邱霞，女，1966年7月生，本科学历，中共党员，副研究馆员，兖州市图书馆党支部书记、馆长。1981年8月参加工作，先后在图书馆外借部、采编室、古籍部等科室工作，2008年6月担任兖州市图书馆馆长。先后荣获第四届济宁市青年科技奖三等功、第七届济宁市优秀青年科技人才、济宁市“农家书屋”建设工作先进个人、山东省文化工作先进个人等荣誉称号。

汪亚军，男，1978年7月生，本科学历，中共党员，馆员，副馆长。1998年7月参加工作，2009年2月到兖州市图书馆工作，分管全馆业务和宣传工作。

施洵，女，1969年8月生，本科学历，中共党员，馆员，副馆长。1990年7月参加工作，1992年11月到兖州市图书馆工作，分管全馆人事、财会、党建等工作。

未来展望

兖州市图书馆作为县市区图书馆的一员，是国家、省、地市图书馆与镇（街）图书室、农家书屋等基层图书馆服务设施相联系的重要桥梁，下一步，图书馆在遵循“服务、科学、求实、发展”的办馆方针和在“以活动促带动、以服务促发展”的精神引导下，将不断适应新时期社会发展对图书馆事业的新要求，努力突破禁锢，不断开拓创新，积极构筑城乡一体化公共图书馆服务体系。同时，不断调整图书馆服务模式和方法，拓展和延伸图书馆服务领域，在开展常规借阅服务的同时，增加电子图书、专项服务和品牌活动的开展工作，充分发挥图书馆职能作用，促进兖州市文化事业的发展。

联系方式

地　址：兖州市建设东路5号
邮　编：272100
联系人：施 洵

图书馆外貌

图书交换

我是故事王

第三届读书朗诵颁奖典礼

邹城市图书馆

概述

邹城市图书馆于1999年10月被文化部评定为国家一级图书馆，2004年、2009年分别通过复查验收。邹城市图书馆现大楼于1992年11月正式对外开放，馆舍面积3105平方米。2006年建成了北关社区分馆，2008年建成了香城镇分馆，2010年建成了唐村镇分馆。阅览室座席为280个（其中报纸期刊阅览室80个、自修室40个、儿童阅览室60个、电子阅览室30个、多媒体室60个，北关社区分馆20个）全部对外开放。今年，设计面积达1.9万平方米的东城区新馆将完成内外装修，竣工投入使用。

邹城市图书馆新馆位于东城区文化艺术中心内。图书馆新馆单体设计总建筑面积1.9万平方米，新馆内部采用大体量通透式、自然采光的理念。大面积的开架阅览空间则营造出了人性化的活动空间，整体建筑采用8.1MX8.1M的柱网结构，增加读者的舒适度。内部功能布局全面、科学、合理，体现了自动化、网络化、数字化、现代化的发展方向。按照人流量的多少分布1–4层的空间，设计了单独的儿童图书馆，独立的出入口，低幼阅览室、视障阅览室等全方位的服务功能。整体设计藏书为100万册，阅览座椅为1000个，1000个信息服务点。

业务建设

邹城市图书馆馆藏量达27万册，其中图书183543册、期刊83128册、报纸合订本9256册，电子文献、视听文献藏量2877件。近年，村图书室调拨图书3.4万册。自2012年以来新增专项资金购置农村图书室图书18万册。近5年来购置入藏新书总量为35610册。

馆内图书入藏量3421种，9996册。其中期刊289种3638册，报纸装订整理入库33种196册合订本。自2012年订阅期刊280种，报纸39种。与此同时，加强对地方文献的收集整理工作，共收集地方文献1600余种、2000余册，建立了专门目录，实行专柜收藏，并明确专职人员负责。藏有《四库全书》、《孔子文化大全》、《古本小说集成》、《毛泽东点评二十四史》等重要文献。

2000年，邹城市图书馆建立了贯穿编目、流通、书目检索等工作的馆内局域网。现升级并使用Interlib第三代图书馆自动化管理系统。图书馆网站已建成并对外服务，建成了地方文献数据库，后与机器联网投入使用。

读者服务工作

1、全部实行免费开架阅读

图书借阅室、特藏室、儿童图书馆和北关社区分馆、香城镇分馆、唐村镇分馆均实行免费开架借阅。其中开架图书98000册，过期期刊70000册，报纸合订本8477册，全部开架率占总藏书量的76%。

2013年全年共接待读者14万余人次；采编新书1929册；征订报刊312种，其中期刊273种，报纸39种；新增读者1240人；借阅室流通43270人次、儿童借阅室流通51100人次；报刊流通阅览40000余人次。每周每个服务窗口开放时间在56小时以上，节假日不休息。

2、积极开展图书宣传活动

对持证读者发放“图书馆读者服务满意度调查表”，对图书馆办馆条件、环境、服务质量、服务效果等方面广泛征求读者意见，发放表格600份，收回550份，满意率达到95.5%。

每年利用图书馆宣传周、全民读书月、世界读书日、六一、寒暑假等节假日进行宣传，开展读书征文、欢迎读者走进图书馆等活动。我们制定了《全民阅读活动的工作方案》，开展了“好书伴我成长”读书征文活动，收到读书征文100余篇，评选出获奖篇目76篇。积极响应4月23日“世界读书日”活动号召，结合创城活动，面向社会发放宣传单1200余份。各部室采取互动的形式，向读者征求意见，鼓励读者参与建馆活动，更好地搞好读者服务工作。2012年共开展讲座报告会、读者座谈会24次，读者活动6次，参与人数达到2万人次以上。

3、树立志愿者服务品牌

为进一步提升邹城市图书馆服务水平，引导读者文明阅读，发挥广大市民参与公共图书馆建设的积极性，在完成儿童阅览室省级改造的同时，开展儿童服务志愿者、成人志愿者活动，共征集优秀志愿者50余名，多次开展培训，并为儿童志愿者开展表彰仪式，颁发了证书和奖品，深受广大家长和学生的欢迎，在全市掀起了文明阅读的社会风尚。

4、积极提供参考咨询服务

2012年曾为《邹城市地方志》、《媳妇》、《山头花鼓》、《邹城市非物质文化遗产资源普查指导汇编》等书提供检索课题20余项，有检索记录和课题研究登记报表。年完成代检索课题30多项。

5、重视弱势群体服务工作

为开拓服务领域，整合信息资源，馆内设置无障碍设施、残疾人专座，建有多媒体阅览室，为读者提供全文检索、数据查询、课题咨询等服务。设立馆外流通站12个，积极为读者提供便利的服务。图书馆积极为领导机关决策、科学研究、经济建设提供力所能及的服务工作，与驻邹部队签订图书借阅协议，为士兵提供借阅服务。根据我市经济产业结构的调整，通过编印小册子等形式，及时提供情报信息，为我市的经济发展做出积极贡献。

图书馆大堂

图书馆流动服务车

唐村镇文化活动中心

业务研究、辅导、协作协调

每年积极鼓励职工参加山东省、济宁市图书馆学会举办论文评选活动，2009年以来，共公开发表论文21篇。邹城市图书馆根据实际情况，加强了对基层图书馆（室）的辅导工作。我们在辅导部设立了业务辅导网显示牌，以便做到心中有数，一目了然。采取办业务辅导班与派人实地辅导相结合的方法，有计划、有步骤地培养一大批事业心强、素质高、懂业务的基层图书馆（室）工作人员。结合我市农家书屋工作，举办了农村图书室管理员培训班，陆续培训管理人员300人次。自2012年以来帮助23个村级图书室完成图书编目上架、制度上墙、读者流通服务等工作，和市文化馆共同举办了文化站、村文化大院、图书室管理人员培训班，进行电脑、投影仪培训，培训人员100余人次。

管理工作

落实了岗位目标管理责任制和年终人事考核与专业技术考核制度。人事考核按照德能勤绩标准，评出优、中、差三档，与评先树优挂钩。专业技术人员按照全年业务述职报告进行评比，评出结果，归入个人业务学习档案，作为晋升职务、职称、工资的依据。

邹城市图书馆设有文书档案和业务档案两套。文书档案是上级行文、检查等内容，业务档案有职工考核档案、参考咨询档案、课题服务档案、业务辅导档案。两套档案都做到了立卷准确、装订整齐，并做到了专人管理。

表彰、奖励情况

2009年以来，邹城市图书馆先后受到上级表彰奖励。2012年被中共济宁市委、济宁市人民政府授予“市级文明单位”，被中共邹城市委授予“先进基层党组织”，被中共邹城市文广新局委员会授予“优秀党支部”。2009年以来，获得省级奖励3人次，济宁市级奖励4人次，多次受到上级和领导的好评。

对照《县图书馆评估标准》，邹城市图书馆建设水平符合国家一级馆的标准要求，拟继续保持国家一级馆的称号。同时，通过自查，我们认为邹城市图书馆的工作和自身相比有了较大的提高，但是与先进地区相比，与上级要求相比，特别是与实现文化大发展大繁荣的目标相比都还有较大差距。邹城市图书馆将以这次评估定级为契机，进一步加大工作力度，采取有力措施，扬长避短、发挥优势，努力把邹城图书馆“全国一级馆”的创建成果提高到一个新的水平。

馆领导介绍

刘红云，女，1976年6月生，本科学历，中共党员，副研究馆员，副馆长。1996年10月参加工作，任图书馆副馆长。2009年，山东省文化厅优秀图书馆工作者；2010年，山东省新闻出版局优秀工作者；2013年，山东省文化厅论文成果三等奖。

焦建，女，1964年1月生，大专学历，中共党员，中级职称，副馆长。1980年10月到邹城图书馆参加工作，先后在报刊室、借阅室、馆长室工作。

侯森，女，1967年9月生，本科学历，中共党员，中级职称，副馆长。1980年参加工作任职邹城市豫剧团副团长，2000年5月任邹城市图书馆副馆长。2012年被市委、市政府评为“计划生育先进工作者”称号，2013年3月荣获省文化厅颁发的“山东省农村优秀文化人才”称号。

张厚玲，女，1967年5月生，本科学历，中共党员，中级职称，副馆长。1989年7月至1989年11月邹城市石墙镇教办教师，1990年1月到邹城市图书馆工作。

姜现刚，男，1973年10月生，大专学历，中共党员，中级职称，工会主席。1996年10月到邹城市图书馆参加工作。

未来展望

邹城市图书馆遵循“科学、效率、创新、发展”的办馆方针，践行“邹图发展三步走”战略，即完善单体服务功能，扩大服务辐射区域，带动地区事业发展。在不断强化自身综合实力的同时，通过创建公共图书馆服务联盟，带动了全市公共图书馆事业的整体发展。2015年，邹城市图书馆新馆即将开馆，在接下来的工作中要做好以下几点：

做好新馆文化艺术中心图书馆新馆的免费开放各项工作。按照局里要求和时间节点，配合好东城区建设工地的进度，积极做好新馆筹备开放工作，争取为邹城百万读者营造舒适、现代化的一流图书馆。

继续做好日常服务工作。以不断提升服务水平为工作重点，扎扎实实做好日常读者服务工作。继续坚持“以人为本，服务至上”的宗旨，学习同行业先进的工作方法，积极倾听读者意见，借助免费开放的有利时机，扎实有效的突进图书馆各项基础建设。吸引读者，带动读者更好的利用图书馆，共同建设图书馆，使图书馆成为名符其实的邹城文化新名片。

加强职工学习培训，以提升馆员素质为工作重点，为新馆的投入使用做好软件准备。积极走出去，学习先进地区的先进经验和管理模式，探索新的管理方式方法，做好人员培训、新的智能化系统业务学习工作，为新馆的投入使用打好基础。

因图书馆开放工作是一个复杂的系统工程，同时又受制于文化中心整体建设进展。结合东城区新馆建设，我们继续做好新馆内部设施设备的配备以及环境氛围营造等工作，尽可能的为读者提供一个现代化、科学化、智能化的新馆，更好的服务邹城百万人民。

联系方式

地　址：邹城市图书馆
邮　编：273500
联系人：鹿 峰

文化培训

好书伴我行

送书进军营

泰安市泰山区图书馆

概述

泰山区图书馆始建于1987年，馆址几经变迁，2009年4月23日，座落在泰安市泰山区迎春路22号泰山区文化大厦的新馆建成开放。新馆交通便利，环境优雅，馆舍面积约4000平方米，可同时容纳500人阅览。

泰山区图书馆采用INTERLIB图书馆自动化管理系统，全面实现了包括图书采访、编目、典藏、流通、查询、馆际联系等相关功能，内设图书阅览中心、电子阅览室、盲人阅览室、编目室、辅导部、多媒体培训室、报告厅等。

泰山区图书馆馆藏图书达15万册，辐射126家农家书屋和76个社区图书室，总藏书量达60万册。

泰山区图书馆现有在职员工15人，全部具备本科以上学历，中级职称3人，人才队伍建设日趋成熟。

近几年来，泰山区图书馆把为读者服务作为办馆宗旨，把充分发挥馆藏资源利用率、不断提升图书馆服务水平做为目标，认真工作，不断创新，整体工作有了长足的发展。2009年全国第四届公共图书馆评估定级中被评为国家一级馆，2013年全国第五届公共图书馆评估定级中通过复评。

业务建设

截止2012年底，山东省泰安市泰山区图书馆总藏量15.6万册（件），其中，纸质文献14.5万册（件），电子图书1.1万册。

2009、2010年，山东省泰安市泰山区图书馆新增藏量购置费10万元，2012年起增至15万元。2009–2012年，共入藏图书10154种、30462册，报纸期刊412种，视听文献645种。截止2012年底，泰山区图书馆数字资源总量为2.16TB。

2009年，泰山区图书馆新馆建成伊始就开通了宽带网络，电子数码设备的广泛配备和使用，使图书馆的现代化装备在硬件支撑上实现了质的升级，为图书馆资源数字化和开展现代化服务打下了坚实的基础。2012年将自动化管理系统升级改造为Interlib图书馆集群网络管理系统Ⅱ，以适应公共图书馆服务联盟建设的需要。2013年年初，馆内实现无线网络全覆盖。

读者服务工作

从2011年7月起，泰山区图书馆实现免费开放，周开放58小时。2009–2012年，总流通52.89万人次，书刊外借39.08万册次。2011年6月，建成7个分馆，有12个流动服务车服务点，馆外书刊流通总人次23512人次，书刊外借34710册。

2009–2012年，山东省泰安市泰山区图书馆网站访问量1.2万次。2009–2012年，山东省泰安市泰山区图书馆共举办讲座、展览、培训、阅读推广等读者活动216场次，参与人数91524人次。

业务研究、辅导、协作协调

2009–2012年，泰山区图书馆职工发表论文共24篇，参加上级业务培训39人次，2012年荣获泰安市公共图书馆业务知识竞赛集体一等奖。

为了更好的服务基层，充分发挥图书馆社会教育职能，泰山区图书馆2009年–2012年开展共享工程基层网点、基层图书室指导培训75次，参训人次1800人，协助指导基层站点分类、编目、上架图书6万多册。

依托Interlib图书馆集群网络管理平台，泰山区图书馆构筑起全区图书的共享信息平台，形成了“城市帮助农村、中心带动基层”的图书馆共同发展格局。

自2009年初至2012年6月，已构建起由1个中心馆、7个镇区分馆、179个村（社区、居委会）图书室、2个企业图书馆及10多个图书流动车服务点组成的城乡图书馆总分馆网络体系。读者量逐年猛增，持证读者由以前的1千余人增加到现在的两万余人。基层分馆的效益则更为明显，比如镇区分馆省庄图书馆的持证读者由原来的47个增加到806个，增长了近20倍。

管理工作

泰山区图书馆不断探索、运用科学的管理理念，达到资源、技术及人才的合理调配，以实现运行机制协调、管理模式先进、业务操作规范、制度建设完善的管理机制目标。图书馆的五部一个中心分别承担书刊采访、分编、典藏、流通、阅览以及信息服务、读者服务和文献检索等工作，各部门各司其职，相互协调，规范管理，保证了图书馆基本功能正常发挥。图书馆以制度、教育和管理为手段，以大幅度提高图书利用率为目的，全面推行藏、阅、借、管一体化的全新管理模式，整体实行开架流通和阅览。

表彰、奖励情况

2009–2012年，泰山区图书馆获得了山东省文化信息资源共享工程建设与服务工作先进集体、山东省青少年活动基地先进单位、省级规范化服务定点单位、省文化厅“读者最喜爱的图书馆”、文化部“服务农民、服务基层”先进集体、国家一级馆称号等各项荣誉。2010年成为山东省首家服务标准化试点的图书馆，“咱们的图书馆”于2011年获“山东省服务名牌”的荣誉称号，产生了良好的社会效益。

馆领导介绍

徐斌，男，1981年5月生，大专学历，中共党员，馆长。

张若薇，女，1978年11月生，本科学历，中共党员，副馆长，2008年12月到泰山区图书馆工作，先后在流通部、业务办公室工作，2012年4月担任泰山区图书馆副馆长，分管全馆业务工作，2012、2013连续两年荣获泰山区文化先进个人的荣誉称号。

未来展望

泰山区图书馆始终围绕“读者第一、服务至上”这一宗旨，坚持优质服务、便民服务、惠民服务，处处为读者着想，事事以读者为先。

展望未来，泰山区图书馆将在做好馆内日常开放服务的基础上，继续扩大流动图书站的数量，将图书馆服务范围辐射更多的边远地区，并逐步规范和建立长效管理机制，力争打造一张层次分明、便捷高效、轮转有序的流动图书服务网络。除了为读者提供传统的文献借阅、参考咨询等服务外，以更加人性化和创新性的服务理念，通过应利用现代化技术手段，对馆藏文献进行深层次开发，并为读者提供网上服务等日益多元化的服务需求，不断提升图书馆在读者心中的认知度和美誉度。

联系方式

地　址：泰安市泰山区图书馆
邮　编：271000
联系人：张若薇

肥城市图书馆

概述

肥城市图书馆始建于1985年，1993年对社会开放，1994年被国家命名为“三级图书馆”，1999年晋级为“二级图书馆”。2013年5月，参加第五次全国公共图书馆评估，被评定为国家“一级图书馆”。老馆位于肥城市龙山路032号，馆舍面积2200平方米。新馆位于新城路肥城市文化中心内，其中，图书馆建筑面积1.59万平方米。设计藏书容量100万册，可容纳读者座位500个，内设有采编室（辅导部）、报告厅、多功能展厅、书库、成人借阅部、学生借阅部、盲人阅览室、成人阅览室、少儿阅览室、电子阅览室、全国文化信息工程支中心、自修室等科室。目前，肥城市图书馆有阅览坐席360个，计算机60台，宽带接入100Mbps，选用Interlib图书馆自动化管理系统。

业务建设

截止2013年底，肥城市图书馆总藏量32.5万册（件），其中，纸质文献28.5万册（件），电子图书2.8万册，电子期刊1.2万种/册。

2011、2012年，肥城市图书馆新增藏量购置费50万元，2013年起增至45万元。2010–2013年，共入藏中外文图书2.1万种，8.4万册，中外文报刊390种，视听文献270种，地方文献入藏完整率为96%。

截止2013年底，肥城市图书馆数字资源总量为4.5TB。

读者服务工作

肥城市图书馆自2011年7月1日实行全年365天无节假日、零门槛、免费向社会开放。现发展持证读者1.2万余人，年外借10.8万人次。积极探索和创新图书馆延伸服务模式，肥城市图书馆在肥城市企事业单位、看守所、武警中队、特警、消防、济空、社区等建立多家“图书流动站”，每次为图书流动站提供1000余册图书、期刊，并定期更换，形成了多层次、多渠道、多领域的图书流动站服务网络体系。为充分发挥图书馆服务功能，围绕建设十五分钟文化圈，2007年，在全市14个街镇、607个村居全部建成了全国文化共享工程基层服务点，形成了市、镇、村三级服务网络。对全市14个街镇基层服务点的管理员进行每年不少于4次的业务培训。截止2013年累计培训基层服务点技术人员1680人次，为基层服务点配送资源500GB。

每年6月份举办“服务宣传周”活动，免费开放电子阅览室和期刊阅览室，免费为读者播放教育影片和知识讲座，年累计接待读者4000余人次，受到了广泛好评。每年10月份组织开展“倡导全民读书，终身学习”为宗旨的“全民读书月”活动，通过开展全民阅读、演讲比赛、征文比赛等活动，每年参与读者近万人次。结合季节、节日等积极组织开展“文化共享助春耕”、“共享书香，快乐阅读”、“红色记忆，振奋中国”、“共享知识，和谐万家”、“文化共享工程夏日电影展播”等活动，制作光盘2400余张，免费分发到14个街镇文化站。每年都会精心挑选农业、科技、种植、养殖、文学等方面的图书3000余册，到镇街、村居和中小学校开展“送图书下乡”活动。

结合全市“农家书屋”建设，有计划、有目的的开展制度建设、读者服务等方面的业务培训和指导，先后对全市485家农家书屋在制度建设、图书编目、分类和读者服务等方面进行了培训和指导。

业务研究、辅导、协作协调

2010年–2013年，肥城市图书馆职工发表论文15篇。完成了全市14个街镇村，共计621家文化信息资源共享工程基层服务点和485家农家书屋的管理人员的业务辅导。

肥城图书馆采编部积极参加地区联合编目，经常通过电话和QQ向省内外编目专家咨询或讨论。与肥城市实验小学、河西小学图书馆签订资源共享、馆际互借协议。与北京世纪读秀技术有限公司签订服务平台协议。与国家编目中心、省编目中心建立编目合作。

管理工作

肥城图书馆现有干部职工8人，副研究员1人，馆员4人，助理馆员3人。2013年，肥城市图书馆完成全员岗位聘任，本次聘任有8人上岗，与各科室签订了岗位目标责任书，将工作任务进行量化分解，层层落实责任。同时，明确了各科室的工作范围、任务目标和奖惩制度，使图书采编、流通、清查、读者服务、工作考核等各个环节都责任明确，落实到人。每月进行工作进度通报，年底进行总体工作考核。

表彰、奖励情况

肥城图书馆先后荣获“全国文化信息共享工程”示范县、山东省农村文化工作先进集体、山东省文化系统先进单位、泰安市文化工作先进单位、泰安市“巾帼文明岗”、泰安市“全民读书月”优秀组织奖、肥城市文明单位、肥城市文化工作先进单位等30多项市级以上荣誉称号。

馆领导介绍

刘士霞，女，1969年3月生，大学学历，中共党员，副研究员，馆长，支部书记。1990年10月参加工作，中国图书馆学会会员，山东省图书馆学会会员，2010年获山东省文化厅“优秀图书馆工作者”，多次获省市级先进个人称号。

徐莉，女，1974年1月生，大学学历，图书馆员，副馆长。1992年7月到图书馆工作，先后在借书室、阅览室、文化信息资源共享工程肥城支中心、采编部工作，多次获市级先进个人称号。

张丽娜，女，1976年10月生，大学学历，中共党员，图书馆员，副馆长。1996年3月参加工作，长期在借阅部工作，多次获市级先进个人称号。

闫丽，女，1975年3月生，大学学历，中共党员，图书馆员，副馆长。1993年7月参加工作，长期在阅览部工作，多次获市级先进个人称号。

蒿玉芝，女，1965年7月生，大专学历，图书馆员，工会主席。1981年12月参加工作，1994年8月调至图书馆工作，长期在采编部工作，多次获市级先进个人称号。

未来展望

肥城市图书馆将本着一切为读者服务的宗旨，完善新馆建设，促进新馆发展，通过发展迎挑战，立足高标准、高要求、高效能，超前谋划，把肥城市图书馆建设成为文献资源丰富，设施一流，功能齐全，管理先进，服务优良，效益较高的文献信息中心，为进一步促进全市文化大发展大繁荣做出积极贡献。

联系方式

地　址：肥城市图书馆
邮　编：271600
联系人：徐　莉

东平县图书馆

概述

1978年，山东省批准先后拨款6万元，在后屯青峰山北麓（县城香山街002号）建立东平县图书馆，当年开工兴建。图书馆占地面积9.24亩，建筑面积730平方米，其中书库159平方米，房屋结构为砖混平房，设有书库、借阅室、阅览室、期刊资料室、办公室、家属院等。1980年，图书馆正式对外开放，开始图书、报刊阅览活动。1990年，县政府拨款10万元，将原来部分平房改造为二层楼，改造后楼房面积1100平方米，为砖混结构。1999年，根据东平县委「1999」20号文、县政府「1999」1号会议纪要精神，东平县图书馆办公场所无偿划拨给县高级中学扩建校舍，东平县图书馆租赁县齐鲁商厦二楼场所办公，2009年文化部第四次全国公共图书馆评估定级评定为国家三级图书馆。2010年东平县图书馆新馆选址建设，位于白佛山前——东平县文化发展中轴线上文化发展中心大楼北部，博物馆以南，府后街以北，安山西路与安山东路之间。新馆为地下一层，地上四层地下一层，建筑面积9941.72平方米，设计藏书50万册，阅览坐席800个，总投入6500万元。2013年开馆运转，建筑规模目前为泰安市六个县市县级图书馆之首。同年4月、5月通过了文化部第五次全国公共图书馆评估定级初评和复评，10份被文化部评定为国家一级馆。截至2014年，图书馆拥有各类书架总长度10120米，期刊架总长度1200米，阅览坐席560个，计算机75台，信息节点160个，宽带接入100Mbps，选用Interlib图书馆集群管理系统。

业务建设

2013年，东平县委、县政府号召全县广大干部职工向图书馆捐赠图书10万册，接受在京东平人青年联合会捐赠图书5000册，接受泰安市委宣传部捐赠图书1.5万册，进一步加强了青少年儿童读物。图书馆现拥有图书、报刊纸版文献资料32万册（件）及15000余张（件）音像制品资料。其中东平县青年人在京联合会捐赠的《中华人民共和国图像日志》共365集，以新中国成立以来社会主义建设的史实为经脉，将1949年以来共和国的发展按政、经济、文化、教育、外交等序列，集合各方面珍贵历史影像资料制作而成，以高科技传媒手段激发全民爱国热情，弘扬民族精神，树立社会主义荣辱观、价值观，真实再现了新中国的崛起历程。图书馆一直重视地方文献资料的收藏整理，县委、县政府制定了东平县地方文献征集方案，专门召开了地方文献征集大会，图书馆安排专门工作人员征集和整理，经过几十年的积累，基本做到地方文献资料详实完整，现已征集地方文献1000多种，累计5000余册，我县近代出版的各类志书和其它相关文献征集基本齐全，为保存东平记忆、彰显地方特色发挥了作用。

2008年年初，山东省文化厅、财政厅帮扶文化信息资源共享工程建设，帮扶读者用电脑30台（电子阅览室用），办公室用电脑5台，投影仪2套，中控机房用服务器、防火墙、交换机、磁盘存储设备等，一体机1台，移动硬盘2套，移动影音设备2套，成立了文化信息资源共享工程东平县支中心。2010年，购进图书自动化管理系统，增加图书防盗仪1套，我馆图书自动化管理开始实行。2013年，新馆开馆，添置图书防盗仪3套，书目检索仪2套，打印机1台，读者存包柜2个，便携式音箱1台。2014年投入10万元购置电脑20台建成音像作品室，以复印、缩微、计算机网络等为代表的新设备、新技术组成的图书馆自动化技术在图书馆全面铺开，标志着自动化技术在我县图书馆应用的开始。

读者服务工作

1980年，县图书馆开馆开始图书阅览活动，1982年2月14日正式开始图书外借活动。服务对象主要是工、农、兵、机关干部、教师和学生。服务方式主要是依托馆内资源开展图书阅览和图书外借，馆内设大众阅览室1个，有座位40个，每周二、四上午学习时间闭馆，其余时间对外开放。图书馆开馆至1985年9月，共接待读者12800人次，流通各类图书资料18500册次，发展持证读者1567个，周开放时间48小时，借阅方式均为闭架管理，同时为方便读者查询、借阅，馆内开始开设分类目录。

1886年至1999年，县图书馆相继开设的窗口有采编室、借阅室、阅览室、报刊室、儿童阅览室，开放时间由原来周开放48小时延长至56小时，年平均阅览3000人次，年平均借阅图书2400册次，发展持证读者1010个。1999年至2013年3月，县图书馆搬迁至县齐鲁商厦二楼开展业务，2007年12月，在原来开设服务窗口基础上增设了电子阅览室，多媒体室，自修室。自2008年开始，图书馆实行年全天开放，节假日、双休日不休。

自2010年开始原来的纸质借阅证不再办理，换成pvc质的借阅证。为方便读者，图书馆开始敞开办证，简化办证手续，读者凭个人身份证（或其它有效证件）即可办理，随到随办，退办自由，当年办理借阅证1860个，借阅方式由原来闭架借阅实现了开架借阅，借期为一个月，每次可借书或期刊亮册，期满可来馆或电话续借。

自2010年开始，图书馆实行年全天开放，节假日、双休日不休，周开放56个小时以上。2013年4月21日，新图书馆举行开馆典礼并开始办理新借阅证。新证面向社会公开办理。新馆开馆以来，办理新借阅证9056个，接待读者40360人次，接待各界参观学习7000人次，外借图书报刊等101208册次。

电子阅览室

儿童阅览室

书库

举办全民读书月活动

举办书画展活动

全县图书捐赠活动

业务研究、辅导、协作协调

2008年–2014年，东平县图书馆职工发表论文6篇，参与编纂《东平县文化志》2人。

东平县图书馆采用多种方式开展图书宣传与阅读辅导工作。一是利用馆内外宣传栏制定宣传版面，如"办证指南"、"读者须知"、"图书馆服务宣言"、"图书分类法结构体系"等，用以引导和指导读者阅读。二是利用讲座、报告会、座谈会、演讲等活动招来观众，扩大读者。三是利用每年图书馆服务宣传周活动，通过制作各种内容宣传版面、宣传条幅，发放宣传材料，现场介绍，现场办证等形式吸引读者，推荐图书馆，使更多人了解图书馆，利用图书馆。累计举办各类培训、讲座、展览等活动206次，举行了图书馆服务宣传周活动20次，发放各类宣传材料5万余份。成立了业务辅导组，由业务骨干组成，注重基层图书室管理员业务培训。2008年，辅导组改为辅导部，采取多种形式对乡镇、农村、中小学图书室进行培训、轮训、巡回辅导或个别指导。1999年举办了第一期全县农村图书管理员培训班；2010年，邀请泰安市图书馆专家进行了各乡镇农村图书管理员培训；2003年，帮扶县实验中学指导分类上架图书3.2万册；2011年，对佛山中学指导分类上架图书8000册；2012年，联系山东省图书馆有关专家辅导和培训县第四实验小学分类上架图书8万册。

2003年开展以来，为促进全民阅读，在社会上形成全民读书的良好氛围，泰安市委宣传部、市文广新局、泰安市直机关工委、泰安市教育局等部门举办的泰安市"全民读书月活动"，目的是推动全民读书活动，倡导良好的家庭文化，使读书成为广大市民学习、生活的好习惯，营造热爱读书、勤奋读书、终身读书的浓厚氛围，截止2013年底，东平县委宣传部、县文广新局、县直机关工委、县教育局等部门积极配合向泰安市推荐市级书香家庭7个，加深了我县市民对图书馆的了解，在我县形成了全民读书、爱书、藏书、用书的良好习惯，充分发挥了图书馆在推进社会主义文化强县建设，推进公民道德素质和丰富人民精神文化生活等方面的作用，扩大了图书馆社会影响。

表彰、奖励情况

2008年–2014年东平县委、县政府表彰为"文明单位"；2011、2012年度县级"安全生产先进单位"；2012年"泰安市公共图书馆业务知识竞赛二等奖"；2012、2013年度"泰安市文广新局系统先进单位"；2014年"泰安市群众文化艺术年活动先进单位"；2008山东省文化厅表彰为"山东省文化信息资源共享工程建设与服务先进集体"。

馆领导介绍

李振玉，男，1971年4月生，大学学历，中共党员，馆员，馆长。1994年7月参加工作，历任东平县武术运动学校副校长、党支部书记，2008年3月任东平县图书馆馆长、文化信息资源共享工程东平县支中心主任，2008–2013年度泰安市文广新系统先进个人，东平县精神文明先进个人，多次获东平县体育和文化工作先进个人。

张慧，女，1960年5月生，专科学历，中共党员，会计师，中共党支部书记。1977年12月参加工作，1990年调入图书馆工作，2003年任图书馆副馆长，2006年任图书馆支部书记，多次获县级文化先进工作者，市公共图书馆业务知识竞赛团体第二名。

张丽平，女，1966年3月生，大学本科，中级职称，副馆长，1983年参加工作，2005年调入东平县图书馆工作，先后从事采编、图书借阅等工作，多次被评为文化先进工作者，2008年获泰安市公共图书馆业务知识竞赛二等奖。

联系方式

地　址：东平县城佛山街西首（文化发展中心大楼）
邮　编：271500
联系人：王艳艳

音像制品室

图书馆外貌

威海市文登区图书馆

概述

威海市文登区图书馆始建于1956年4月，馆址几经变迁，先后设于柳营街丛氏祠堂内、天福路图书馆大楼。2011年6月1日，坐落于市民文化中心内的图书馆新馆对外开放。新馆建筑面积8000平方米，分四层，馆内建筑高端大气，宽敞明亮，设外借、阅览、休闲、会议等功能区，阅览席位608个，计算机103台，400多处信息提供点，宽带接入100Mbps，全馆无线网络全覆盖。使用INTERLIB图书馆集群自动化管理系统，引入RFID无线射频识别技术，配备2台电子读报机、1台动漫点击电子书、6台自助查询终端、2台自助借还机、1台24小时还书机和1台24小时自助图书馆等先进设施设备。馆内还设有中央空调、动态监控、消防报警及公共音响等体系，在全国公共图书馆评估定级中连续五次获"一级图书馆"称号。

业务建设

截止到2013年底，文登区图书馆总藏量73.9万册，其中：古籍3.8万册、图书36.6万册、期刊合订本2.4万册、报纸合订本0.9万册、视听文献资料0.3万册、电子文献30万册。

2013年度，新增藏量购置费36.3万元。2009—2012年，共入藏图书17587种，90639册，报刊平均年入藏395种，视听文献平均年入藏135件。设有地方文献库，专人进行管理。

截止到2013年底，文登区图书馆数字资源总量为4.53TB，其中，电子报纸3TB；动漫电子图书0.08TB；县级数字图书馆推广计划资源1TB；文登区数字图书馆0.12TB；全国文化信息资源共享工程卫星下载资源0.25TB。

2009年，将图书自动化管理系统由ELASS变更为INTERLIB，2011年，增加了RFID图书自助借还、3D定位、顺架、盘点等功能。

读者服务工作

文登区图书馆全年早8：30—5:30开放。节假日和周六、日正常开放，周开放时间63小时。休闲阅读区、读者自修区和24小时自助图书馆全天候开放。开架及半开架书刊文献数量为33万册，书刊文献总量为40万册（不含古籍和电子书刊），书刊文献开架比为82.5%。依托优越的服务环境和先进的服务设施，全面落实免费开放政策，"零门槛"全方位对外免费开放，为广大读者提供"十免费"服务项目：免费办理通用借阅证、免费借阅、免费年审换证、免费提供报纸和期刊阅览、免费提供检索与咨询、免费电子阅览、免费自修、免费提供饮用水和WiFi、免费参与公益性讲座和展览等活动、免费提供基层辅导和图书流动等服务。截至2013年，已有有效读者8536人，年服务30万人次，流通图书24万册次。2010年起，通过链接政府信息公开网站，采用触摸屏和台式机为供公众提供自助查询，并设专架提供纸质政府信息公开。在一楼设立4台信息公开触摸屏供公众查询；二楼设立1台信息公开触摸屏，并设总长10米的期刊架摆放各种纸质政府信息公开资料，为群众提供方便。

加强为特殊群体服务，专设残障人士借阅区，购置上千本盲文书，内容丰富；增设有声读物，并配备5台电脑，安装了阳光读屏软件，方便视障人士浏览。专设少儿借阅区和亲子阅读区，方便未成年人借阅；在电子阅览室设立农民工、未成年人和老年人专区，采取分类培训、针对性指导等相应措施加强服务。常年广泛征求读者意见和建议，改进工作。通过随机发放问卷调查，读者平均满意率在99%以上。

2009—2013年，文登区图书馆网站访问量3156.5410万次。网站结构合理，内容丰富；网页美观，维护好，更新快，核心技术委托专业机构管理，更新由本馆技术人员专人管理；网上服务项目齐全。

自2012年2月起，区图书馆开办了"昆嵛讲坛·市民大讲堂"，每月在馆内报告厅开展两次以上公益讲座，采取本土讲师志愿服务的形式，深受广大市民欢迎，先后被《人民日报》、《大众日报》等各级媒体报道，被确定为威海市20个优秀志愿服务项目之一，在中国图书馆学会举办的全国"全民阅读推广活动经典、创新案例"征集活动中，荣获二等奖。馆内常年举办"文登学子著述展"，"剪纸、老照片展"等展览。2013年，举办公益作品展、书画展等近10场次。开展大规模的"书香文登"读书节活动，并通过发放《图书馆读者服务手册》，现场服务宣传。

业务研究、辅导、协作协调

2009—2013年，文登区图书馆职工获奖（发表）论文31篇。

自2012年起，大力推行全区范围内的总分馆制，构建网络服务集群，已建成分馆20个，实现资源共享、通借通还，每个分馆年书刊文献借阅平均在2000册次以上。建成农村图书交流中心48个，积极开展图书流动，实现图书利用最大化。扩建农家书屋至313个，参与图书配送和交流等服务网络建设的有280个，占总数的90%。

加强基层业务辅导，对基层图书馆自动化管理实行全程指导和帮助，每年集中培训次数在4次以上，通过培训，使分馆、农家书屋、学校等各方面管理员的业务水平有较大提升，受到基层的欢迎，效果良好。

电子阅览室

图书馆阅览室

自修区

市民大讲堂

为分馆配送新书

昆嵛讲堂

管理工作

制定切实可行的年度计划，按照计划做好工作；同时，把握图书馆发展趋势，制定实施了"网络集群管理"等中长期规划。财务管理制度健全，做到收支账目清楚，支出符合规定，钱、财、物管理规范；实行全员聘任制，按需设岗、按岗聘用、竞争上岗、双向选择，制定完善并积极实施岗位责任制，定期检查、考核，结果与评先选优挂钩；广泛发动社会各界参与志愿服务，利用双休日、节假日等工余时间参与馆内志愿者工作，截至2013年底，常年参与志愿服务的社会各界人员有23人；有完备的固定资产账，定期清产核资，确保国有资产不流失；各种档案健全，资料详实，归档及时，立卷准确；认真制订统计工作计划，执行统计法规和统计制度，监督检查统计法规和统计制度的实施，安排专人负责统计，按时上报统计报表，做好统计数据的分析工作；始终加强图书馆的卫生管理，整体环境整洁、美观、安静，馆内标牌清晰标准，节能减排措施到位，从而营造了良好的服务、育人环境。

表彰、奖励情况

2009年，"山东省古籍保护工作先进单位"（省古籍保护中心）。

2010年，"全国古籍重点保护单位"（国务院公布，文化部颁发）；山东省"读者喜爱的图书馆"（省文化厅颁）；"一级图书馆"称号（文化部颁）；"先进集体"（文登区文化广电新闻出版局）。

2011年，"先进集体"（文登区文化广电新闻出版局）。

2012年，山东省古籍保护工作先进单位（省文化厅）；"威海市爱国主义教育基地"（威海市委宣传部）；"全省公共电子阅览室建设与服务示范县"（省文化厅）。

2009—2012年，连续被命名为威海市级"文明单位"（威海市精神文明建设委员会）。

2013年，山东省古籍保护工作先进单位（省古籍保护中心）。

2013年，省级社会科学普及教育基地（省委宣传部、省社会科学联合会）。

馆领导介绍

于炜炜，女，1973年3月生于文登区界石镇，本科学历，中共党员，馆员，馆长。1997年7月参加工作。2010年2月任威海市文登区图书馆馆长。2011年获山东省古籍保护工作先进个人称号，同年被文登市妇联授予"巾帼建功标兵"称号、"三八"红旗手。

鞠建林，男，1971年3月生于文登区宋村镇，本科学历，中共党员，馆员，副馆长。1990年10月参加工作。2012年任威海市文登区图书馆副馆长。先后获文登市委市政府嘉奖，山东省古籍保护工作先进个人，威海市农家书屋建设先进个人等荣誉称号。

曲菬，女，1970年7月生于文登区葛家镇，本科学历，中共党员，馆员，副馆长。1989年9月参加工作。2012年任威海市文登区图书馆副馆长。2013年获山东省古籍保护工作先进个人奖。

未来展望

全面启动"文登民间古籍保护计划"，并把几年来古籍普查成果汇集成书，力争2015年出版。继续完善提升现有设施，充实整合各类资源，举办各种活动，全力做好各方面准备工作，2014年年底前完成尼山书院建设任务，打造"图书馆+书院"模式，实现优秀传统文化的创造性转化、创新性发展。

在建好、用好20处分馆的基础上，进一步创新工作思路和方法，着重在扩大服务范围和提高服务功效上下功夫，不断提高文化惠民服务水平。计划用两年时间，在现有20个分馆的基础上，再吸收20个符合条件的企业、学校和社区图书馆加入总分馆服务体系，构建全区一体、功能完善、管理规范的服务模式。建成后，将形成全区"1公里阅读服务圈"，50万群众就能享受到就近畅游书海的快乐。

继续做好服务工作，提升服务水平。通过举办读书节、读书征文活动、赠书仪式、图书交换等丰富多彩的读者活动，吸引广大群众走进图书馆，多读书、读好书，营造全民读书、终身教育的氛围。

联系方式

地　址：威海市文登区图书馆（原文登市图书馆）
邮　编：264200
联系人：栾晓彤

一级图书馆

24小自助借还机

图书馆外观

荣成市图书馆

概述

荣成市图书馆1956年建馆，历经3次搬迁，迁址于悦湖路文体中心7号入口，馆舍为两层圆弧式建筑，占地面积7500平方米，使用面积3500平方米，阅览坐席600个。为读者提供阅览服务的计算机60台，宽带接入10Mbps，选用Interlib图书馆自动化管理系统，存储用量10TB。2009年首次晋级为“国家一级馆”。

业务建设

截止2012年底，荣成市图书馆总藏量25.9万册（件），其中，纸质文献24.7万册（件），电子图书1.2万册，电子文献藏量2100种，图书年入藏量3000种，报刊年入藏量260种，视听文献年入藏量50件。

读者服务工作

从2009年6月1日起，荣成市图书馆全年对外免费开放，每周开放63小时。2009–2012年，书刊总流通67万人次，书刊外借70余万册次。书刊文献开架率达到90%多，馆藏文献年外借率达到71%，馆外流动服务点6个。

文化信息资源共享工程的视频资源在荣成以新的形式为民服务，一是搬上电视，实现固定电话7551234免费即时点播；二是“嫁接”到数字电影机上，随公益电影下乡进村入企上学校，每年演出10000多场次。

延伸服务领域，送书进企业进军营，让有限的资源发挥无限作用，为12家企业、部门设立集体借阅户，统一借阅，统一归还。设立市图书馆崖头分部，从2008年7月至今实施免费借阅。

2012年起推行“总分馆一卡通”图书借阅新模式，逐步实现城乡居民均等享受文化服务，缩小城乡一体化进程中的文化差异。

2009–2012年，荣成市图书馆网站访问量8万次。共举办讲座培训等活动72场次，展览24场次，阅读推广活动24场次，参与人数3.5万人次。

业务研究、辅导、协作协调

2009–2012年，荣成市图书馆职工发表论文21篇，辅导建立农村文化大院、农家书屋137处。建立了工作量化考核指标体系，每月进行工作进度通报，每半年进行总体工作考核。

表彰、奖励情况

2009–2012年，荣成市图书馆共获得各种表彰、奖励6次，其中，文化部授予“国家一级馆”、“文化信息资源共享工程·公共电子阅览示范点”等荣誉称号；省文化厅授予“群众喜爱的图书馆”，“文化信息资源共享工程·公共电子阅览示范县”；省古籍保护中心授予“古籍整理先进个人”2次。

馆领导介绍

汤天伟，男，1970年5月生，大学学历，中共党员，馆长。1992年10月参加工作，2008年1月转行到图书馆，2008年7月任馆长。

王爱红，女，1971年3月生，大专学历，中共党员，馆员，副馆长。1990年10月参加工作，2003年任副馆长，现在市文化广电新闻出版局主持市场产业科工作。

孙永凤，女，1972年3月生，大专学历，中共党员，副馆长。1990年9月参加工作，1996年9月到荣成市图书馆工作，先后在采编部、技术部任职，2010年6月任副馆长，分管业务工作。

未来展望

荣成市图书馆遵循“科学、创新、发展”的办馆方针，坚持“服务第一，读者至上”原则，不断完善馆内服务功能，扩大服务辐射区域，带动地区文化事业发展，为市民提供更好的学习、展示、生产、休闲场所。

联系方式

地　址：荣成市悦湖路文体中心7号入口
邮　编：264300
联系人：孙永凤

招远市图书馆

概述

招远市图书馆组建于一九七六年七月，一九九八年迁于现址（市府前路128号），为财政全额拨款公益性事业单位。市图书馆馆舍建筑面积3000平方米，馆藏图书20万册，开架图书50000册，其中少儿类图书10000册。设有一般借阅室、少儿借阅室、电子阅览室和阅览大厅，可容纳读者300人。2010年被国家文化部授予一级图书馆。

业务建设

市图书馆现有工作人员14名，设有办公室、借阅部、采编部、信息共享部和辅导部四部一室。主要业务范围是面向社会提供图书资料借阅；图书文献资料的彩编与储藏；图书资料网络系统的建立与维护；信息工享工程建设；图书馆学的研究、知识培训和社会教育等。近年来，市图书馆立足服务，履行职能，全面实施免费开放，为全市公共文化建设与服务工作做出了积极贡献。被市委、市政府授予文明单位；被授予烟台市图书馆学会先进会员单位；被山东省古籍保护中心授予古籍工作先进单位；被烟台市图书馆授予地方文献工作先进单位。2012年度被评为全国"公共电子阅览室建设与服务示范县（市.区）"，2013年顺利通过文化部"一级馆"复检。

读者服务工作

图书馆于2010年全面实施免费开放。一般阅览室、少儿阅览室、电子阅览室、阅览大厅等公共空间设施场地免费开放；文献资源借阅、检索与咨询、公益性讲座和展览、基层辅导、流动服务等基本文化服务项目健全并免费提供；为保障基本职能实现的一些辅助性服务如办证、验证及存包等全部免费。为确保图书馆免费开放，市财政每年单列购书经费10万元用于馆藏图书更新，每年拨付20万元做为免费开放的保障经费。2011年以来市财政拨付50万专项经费，对图书馆电子阅览室、馆藏结构、信息共享工程设施设备和图书管理设施设备进行了改善。免费开放实现了图书馆无障碍零门槛准入，取得了良好社会效果，读者较免费开放前增加了5倍；坚持每月组织读书会、讲座、展览等形式的读者活动，年参与活动人数5000多人次；读者流量50000人次，外借图书10万册次。

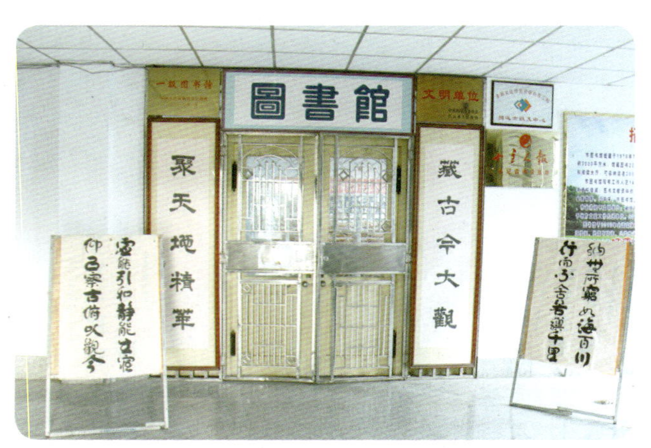

招远市图书馆情况简介

市图书馆组建于1976年7月，1998年迁于现址（市府前路128号），为财政全额拨款公益性事业单位。市图书馆馆舍建筑面积3000平方米，馆藏图书20万册，开架图书50000册，其中少儿类图书10000册。设有一般借阅室、少儿借阅室、电子阅览室和阅读大厅，可容纳读者300人。2010年被国家文化部授予一级图书馆。2013年顺利通过国家"一级馆"复检。

市图书馆现有工作人员14名，设有办公室、借阅部、采编部、信息共享部和辅导部四部一室。主要业务范围是面向社会提供图书资料借阅；图书文献资料的采编与储藏；图书资料网络系统的建立与维护；信息共享工程建设；图书馆学的研究、知识培训和社会教育等。近年来，市图书馆立足服务，履行职能，全面实施免费开放，为全市公共文化建设与服务工作做出了积极贡献。被市委、市政府授予文明单位；被授予烟台市图书馆学会先进会员单位；被山东古籍保护中心授予古籍工作先进单位；被烟台市图书馆授予地方文献工作先进单位。2012年度被评为全国"公共电子阅览室建设与服务示范县（市.区）"。

图书馆于2010年全面实施免费开放。一般阅览室、少儿阅览室、电子阅览室、阅览大厅等公共空间设施场地免费开放；文献资源借阅、检索与咨询、公益性讲座和展览、基层辅导、流动服务等基本文化服务项目健全并免费提供；为保障基本职能实现的一些辅助性服务如办证、验证及存包等全部免费。为确保图书馆免费开放，市财政每年单列购书经费10万元用于馆藏图书更新，每年拨付20万元作为免费开放的保障经费。免费开放实现了图书馆无障碍零门槛准入，取得了良好社会效果，持证读者达到4000人；坚持每月组织读书会、讲座、展览等形式的读者活动，年参与活动人数5000多人次；读者流量3万人次，外借图书10万册次。

乳山市图书馆

概述

乳山市图书馆始建于1975年10月，原馆址位于商业街市宾馆对面。1998年，新图书馆大楼建成并对外开放，馆址位于胜利街70号，馆舍面积3000多平方米，阅览座席300余个。2009年，第四次全国公共图书馆评估定级工作中，被文化部评为一级图书馆。

业务建设

截止2012年底，拥有纸质文献22.7318万册，电子文献12.9万种。2010年至2012年图书年平均入藏量8801种，报刊平均年入藏量259种，试听文献年平均入藏量37种。

数字化建设工作进一步加强，数字资源总量达3.12TB；馆藏中文文献书目数字化比例达到97.2%；地方文献数字资源建设不断强化，逐步建成乳山市年鉴、乳山市志、仁爱乳山、乳山红色文化、乳山区域特色资源等数字资源。

现代化技术条件方面，拥有计算机58台，其中供读者使用的计算机42台，包括公共电子阅览室30台、特殊教育阅览室10台，及供读者查阅用触摸屏2台。外网100Mbps宽带接入。存储容量10TB。图书馆业务管理采用Interlib图书馆集群管理系统，通过外网访问，实现全市总分馆间自动化管理运作。

读者服务工作

从2009年6月起，乳山市图书馆按照文化部、财政部的有关文件规定所有场地实施免费开放，坚持全年365天为社会免费开放，周六和周日不闭馆，每周开馆63小时。所有服务窗口实行开架服务，开架比例100%。2012年，书刊文献外借达16.7万册次，书刊外借率达73.4%。人均到馆次数25.5次。2010年，实施县域图书馆总分馆制，至2012年底，建成15个镇分馆，13个社区分馆，40余个机关、学校、部队等基层服务点，配备了图书流动专车，仅15个镇分馆年书刊借阅就达7.6万册次。2012年，举办各种讲座、培训、专题展播等活动32次，展览12次，阅读推广活动6次。如，2011年开展的庆祝建党90周年“我心向党”红色影片展播活动，深入全市15各镇和601个行政村，在基层取得了强烈反响，得到了各级媒体的高度重视，中央电视台、山东电视台、威海电视台等均进行了报道。

在此基础上，做好政府公开信息服务，在电子阅览室专设政府信息查询处，为市民提供网上查询和纸质公开信息查阅；加强参考咨询服务工作，为领导机关决策与社会事业发展提供信息服务，坚持为教育、科研和企事业单位做好服务工作，为大众提供各种专题服务和咨询工作；为特殊群体等实施知识援助，特设了特殊教育阅览室，拥有微机10台，盲文图书500册，盲人有声读物、音像资料100多种，配备盲文点显器5台、阳光听书郎10套，并配有轮椅、拐杖等；为更好地利用网络开展服务，对网站进行了升级改建，进一步完善服务功能。

业务研究、辅导、协作协调

2010年，乳山市图书馆着力于图书文化资源整合共享和促进公共文化服务均等化，在全市推行县域图书馆总分馆制。12月，“全省图书馆服务创新现场会”在乳山召开，与会领导高度肯定了乳山市图书馆总分馆在全省图书馆服务工作中的创新性与示范作用；2012年12月，乳山市图书馆总分馆制，即“推进图书资源共享实现城乡服务均”项目被省文化厅评为“全省公共文化服务优秀实践奖”。

在做好县域总分馆制的同时，积极参与上级图书馆组织的协作协调工作，更好地实现了图书馆间的共建共享。2012年，按照威海市《关于推行威海市图书馆集群网络服务体系建设的意见》，参与地区图书馆集群网络服务体系建设，打造“一纵一横一中心一体化”的全市图书馆集群网络服务体系。同年，加入全国图书馆联合编目中心，成为其成员馆，实现书目数据资源的共建共享。

在业务辅导方面，立足本馆职能，并根据上级有关工作部署及基层实际情况，每年年初制订工作计划，认真开展工作，做好辅导记录、进行业务统计分析、撰写工作总结和辅导报告。

自实行图书馆总分馆制以来，市图书馆进一步担负起全市各基层图书馆（室）的建设服务与业务培训辅导等任务。为充分发挥总馆的作用，3年来撰写了具有实际指导意义的综合性或专题性调查研究报告13篇，对本市图书馆事业建设发展提供了较好的科学依据。2012年，在省级以上专业刊物上发表了论文2篇。

管理工作

始终将强化内部管理作为一项重要内容。各项工作计划周全、总结及时。财务管理制度健全，管理规范。人事管理上，严格按需设岗、按岗聘用、竞争上岗，严格考核，同时做好了志

全省图书馆服务创新现场会在乳山召开

山东省委宣传部副部长、省文化厅厅长徐向红在乳山图书馆白沙滩镇基层分馆

世界读书日宣传活动

为部队分馆流通图书

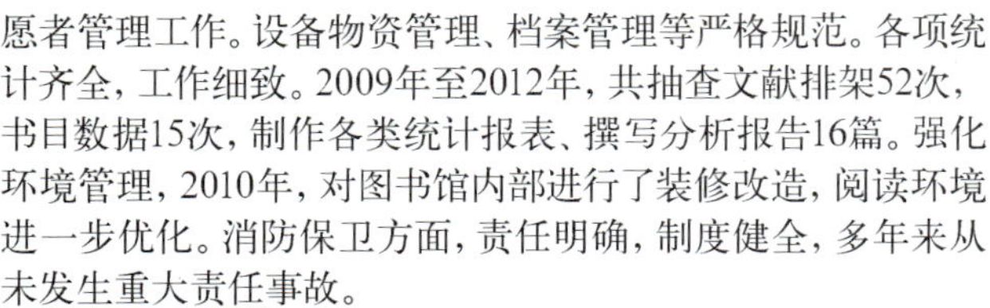

愿者管理工作。设备物资管理、档案管理等严格规范。各项统计齐全，工作细致。2009年至2012年，共抽查文献排架52次，书目数据15次，制作各类统计报表、撰写分析报告16篇。强化环境管理，2010年，对图书馆内部进行了装修改造，阅读环境进一步优化。消防保卫方面，责任明确，制度健全，多年来从未发生重大责任事故。

表彰、奖励情况

2009年至2012年，乳山市图书馆共获上级各种表彰、奖励11次。其中省级3次，地市级2次，县级6次。如，2011年被威海市妇联评为“巾帼文明岗”；2012年“推进图书资源共享实现城乡均等”被省文化厅评为“全省文化服务优秀实践奖”；2009年至2012年，连续被评为市文化工作先进单位。

馆领导介绍

刘玫，馆长，女，1966年1月生，大学学历，中共党员。1983年12月参加工作。2001年12月，调任乳山市图书馆，历任办公室主任、副馆长，2010年3月任乳山市图书馆馆长。她工作作风优良，爱岗敬业，清正廉洁，连续多年被市直机关工委授予“优秀共产党员”、“优秀党务工作者”，被文广新局授予“先进工作者”等荣誉称号。2010年，被评为威海市女职工建功立业标兵；2012年，被选为乳山市第十七届人大代表；2012年12月被威海市人力资源和社会保障局、威海市文化广电新闻出版评为先进个人，授予三等功。

陈景恒，副馆长，女，1982年1月生，大学学历，中共党员。2004年11月参加工作，曾借调文广新局办公室工作，任图书馆办公室主任，2010年3月任乳山市图书馆副馆长。连续多年被乳山市直机关工委评为“优秀共产党员”、被市文广新局评为“先进工作者”。2012年12月被评为威海市文化广电新闻出版工作先进个人，授予嘉奖奖励。

未来展望

县域图书馆总分馆制的推行，更好的整合了全市图书资源，让基层群众更加便捷地共享优秀文化成果。按照整体规划，未来的几年里，乳山市图书馆将逐步把有条件的农家书屋纳入总分馆服务网络，同时结合农村新型社区建设，对社区图书室（分馆）进行上档提升，让农民就地就近实现市民化、城市化，尽享优秀文化。特别是下一步依托市图书馆网络设立文化惠民网络服务平台，按照图书馆的职能，将服务项目制作成菜单软件，输入网络服务平台，向全市公布，实现全市基层文化服务供给菜单式服务。图书馆密切联系基层，按照基层预约的服务项目需求，统筹安排，提供服务，充分实现文化共建共享的最大价值。服务无止境，乳山市图书馆将始终秉承以人为本服务理念，切实做好免费开放工作，不断改进服务功能，具备支撑全市图书馆文化服务网络体系良好运行的文献与技术能力，形成具有地方特色的服务模式和服务品牌，竭尽全力为全市人民提供更加便捷均等的图书馆服务。

联系方式

地　址：乳山市图书馆
邮　编：264500
联系人：陈景恒

阅览室

乳山图书馆大楼

莱芜市钢城区图书馆

概述

莱芜市钢城区图书馆创建于2005年6月，2008年6月正式对外开放，图书馆坐落于美丽的爱山脚下，环境优雅、交通便利。馆舍总面积3200平方米，馆藏总量76268册，涉及文学、哲学、经济、历史、社会科学等22大类中文图书，内设图书外借室、报刊阅览室、电子阅览室、共享工程活动室、多媒体教室、多功能厅等服务窗口，可容纳读者座位500个。2009年，参加第四次全国公共图书馆评估，首次获得一级图书馆。2012年，钢城区图书馆有阅览坐席596个，计算机46台，宽带接入100Mbps，选用Interlib图书馆自动化管理系统。

业务建设

截止2012年底，钢城区图书馆馆藏总量为76268册。其中，中文图书39718册，期刊12848册，报纸6255册（件），地方文献3863册，电子文献11332件，视听文献2035件，字画217件。2012年钢城区图书馆财政拨款124、61万元，其中图书购置费25万元。2012年新增藏量购置费19.39万元，其中图书16.99万元，报刊2.4万元。2010年入藏图书文献2376种，4752册；2011年入藏图书文献2062种，4124册，2012年入藏图书文献3898种，6796册。三年入藏中文图书文献15672册，8386种，平均年入藏量为2795种。2010年入藏报刊237种，2467册；2011年入藏报刊256种，2855册；2012年入藏报刊256种，2855册。平均年入藏量为249种。现有视听文献2035件，年平均入藏量为400件。电子文献11332件，年平均入藏量为2266件。截止2012年底，钢城区图书馆数字资源总量为3TB。其中自建数字资源为2TB。

读者服务工作

钢城区图书馆自2008年6月开馆至今始终坚持全年免费开放，每周开馆时间长达66小时。共建成4个分馆，6个服务点流通点。2010年—2012书刊总流通21.9万人次，文献借阅18.2万册次；馆外书刊总流通2.3万人次，文献借阅1.94万册。2009年，开通与莱芜市图书馆、各分馆的馆际互借服务。钢城区图书馆网站自开通以来，将馆藏情况、新书推荐、电子图书、电子期刊等数字资源及时发布，供读者浏览。

钢城区图书馆建立“政府公开信息服务”专架，打造共建共享的政府信息资源体系，整合信息资源，实行“一站式服务”。

2010—2012年，钢城区图书馆共举办各类讲座、培训、展览、阅读推广等系列活动118场次，参与人数2.6万人次。创办以“倡导全民阅读·构建和谐钢城”为主题的若干个阅读推广活动，流动阅览室、道德讲堂成为特色服务品牌，深受广大读者好评。

业务研究、辅导、协作协调

自2008年开馆以来，钢城区图书馆在市图书馆学会的协调下，积极开展区属公共图书馆之间的协作协调，加快数字图书馆建设，推进文化信息资源共享工程，促进钢城区属公共图书馆事业发展，取得了明显的成效。2008至2012年，莱芜市钢城区图书馆职工共发表论文20余篇，其中获取省级二等奖1篇，三等奖6篇。

从2010年起，为贯彻落实加强公共文化服务体系建设实施纲要的精神，钢城区图书馆以文化信息资源共享工程为依托，在全区范围内发起与基层图书馆联网服务，该网的建立，成为钢城区文化资源共建共享的一个重要平台。钢城区图书馆在各基层图书馆积极配合与支持下，馆际互借工作取得了较好的成绩，同时，对基层图书馆每年进行了业务辅导及培训，培训班共举办了8期，218课时，320人次接受培训。对于流通服务、地方文献的征集、阅读推广与讲座展览资源服务等都能熟练掌握，极大地提升了基层图书馆服务社会的能力。

管理工作

钢城区图书馆始终以改革、管理、创新为主题，不断推进事业建设和发展，使图书馆运转步入良性循环的发展轨道。特别是在人事制度改革方面，逐步走向规范化、制度化，为专业技术职务评聘分开工作奠定了一定的基础。针对图书馆的各项职能，我馆在实施人事制度改革的过程中，不断地完善制度建设和建立考核机制。为保证改革的顺利实施，根据“效率优先，兼顾公平”的原则，采取多种分配模式。逐步过渡并形成重实绩、重贡献，向优秀人才和关键岗位倾斜的分配激励机制。钢城区图书馆完成全员岗位聘任，实行按需设岗，按岗聘用，竞争上岗，强化优胜劣汰，择优聘用，本次聘任11人重新上岗，同时，建立了工作量化考核指标体系，每月进行工作进度通报，每半年和全年进行总体工作考核。

全民阅读活动启动仪式

书画展览

报刊阅览室

借阅室

流动阅览室

表彰、奖励情况

2008年至2012年，钢城区图书馆共获得各种表彰、奖励10次，其中，文化部表彰、奖励2次，省文化厅、财政厅表彰、奖励2次，其他表彰、奖励6次。

馆领导介绍

赵翠萍，女，1969年11月出生，本科学历，中共党员，副研究馆员，馆长。1986年9月参加工作，1994年7月到钢城区文化体育局工作，分管图书档案工作。2008年3月到钢城图书馆工作，负责图书馆全面工作。

石云，女，1978年2月生，本科学历，中共党员，馆员，副馆长。2001年3月参加工作，先后在少儿阅览室、办公室工作。

李海波，男，1983年3月生，本科学历，中共党员，中级职称，副馆长，2007年7月参加工作。2007年，被评为“山东省文化信息资源共享工程”服务工作先进个人；2013年全国“十艺节”优秀志愿服务者。

服务宣传周活动

展望未来

钢城区图书馆始终坚持“以人为本、读者至上”的服务理念。加大为弱势群体服务项目，为残疾人与年老体弱者设置专门的设施，必要的附属服务，比如餐饮、休息等服务项目。在开放时间上，图书馆改变作息时间机关化的作风，实行全年开放制度，延长每天的开放时间。双休日和节假日是读者到馆的高峰期，正是图书馆开展服务的好时机。在做好图书馆馆内服务的同时，增设开放站点，将服务延伸至馆外、延伸到基层。重点发展社区图书馆，社区图书馆作为“居民身边的图书馆”所具有的地域亲和力和便利、快捷的借阅优势，这是其他类型图书馆所无法替代的。社区图书馆的兴起使城市图书馆建设重心下移，向基层街道、社区有效延伸，逐步构建起区、街道、社区图书馆三级网络体系。同时，这一变化还为图书馆的信息网络化建设提供了重要基础，为实现公共图书馆资源的社会共享创造了条件。初步构建成以区图书馆为中心，以镇（街道）图书馆为骨干，社区图书馆、农家书屋为补充，覆盖全区、城乡一体，功能完善、资源共享、管理规范的公共图书馆服务体系，改善了居民的读书环境，满足了居民的读书需求。为构建和谐钢城发挥重要作用。

联系方式

地　址：莱芜市钢城区图书馆
邮　编：271104
联系人：赵翠萍

钢城区农家书屋管理员培训班

赠书活动

郯城县图书馆

概述

郯城县图书馆始建于1975年，2013年5月7日，郯城县图书馆新馆正式对外开放。新馆位于郯城县文体中心四楼，馆舍面积达3800平方米，风景秀美，地理位置极佳。新馆设计藏书容量60万册，可容纳读者座席500个，网络节点200个，建有公共电子阅览室、青少年读书俱乐部和老年读书俱乐部等；拥有千兆以太主干网和服务器4台、计算机45台，采用智慧2000图书管理自动化系统，内部业务和对外服务全面实现了自动化管理。2013年，新采购智慧2000图书管理自动化系统，升级了文化共享储存容量和办公自动化系统；新馆订购标准钢制书架200组及阅览座椅100套，报刊橱20组。2010年，参加第四次全国公共图书馆评估定级，首次被评为"一级图书馆"，2013年，再次被文化部评为"一级图书馆"。

业务建设

截止2012年底，郯城县图书馆总藏量22万册（件），年入藏新书5000余种，订阅期刊200种，报纸120份，年检索课题200项，信息服务800余条；年接待各类读者10万余人次，图书流通量12万余册。数字资源总量4TB，存储容量6TB。2012年，先后派出图书业务人员120人次，指导新建农家书屋106个，实现了全县农家书屋全覆盖。2012年起，进一步提升了图书馆网站建设水平，加大特色资源数字化搜集整合力度，开通了网上读书工程，延伸书刊借阅和信息服务。

读者服务工作

郯城县图书馆全年365天开馆，自2011年起，图书馆内所有科室均免费开放，每周开放63小时。2012年，共组织各类讲座15次，举办展览12次，接待少年儿童来馆参观6000余人次；建立馆外服务站20个，新增馆外读者3万余人。2009–2012年，先后在县人民广场举办阅读推广活动28场，举办新书展览35场，举办书评等其它形式的读书活动22场，形成了《郯文化研究》、《古郯地方文献假日讲座》等品牌讲座，内容涉及科学、文化、音乐、戏曲、教育、健康等。

为保障读者公平、自由获取文献信息，县图书馆坚持开展少儿读书月和妇女读书月活动，设立了残疾人无障碍通道和盲人阅览室。对老年人、残疾人、进城务工人员采取免费上门办理读者卡、送书上门和设立专座等服务措施。2012年，组织各类讲座15次，举办展览4次，接待少年儿童来馆参观6000余人次；建立馆外服务站20个，定期交换新书5000余册，新增馆外读者2万余人。县支中心举办基层网点技术培训班5次，培训基层网点技术员400人次。县农家书屋办公室举办农家书屋管理员培训班6期，参训600余人次，指导书屋分类、编目、上架图书5万余册。信息咨询部完成代检索课题100余项，完成重点读者跟踪服务项目15项，信息产品的用户数达20家，受到企事业单位的一致好评。

为增强农家书屋吸引力。郯城县试行会员制管理，不断壮大基层读者队伍。规定凡在各村书屋办理借阅证的读者，均为全县农家书屋会员，可在全县范围内进行图书借阅。我县依托"农家书屋"服务平台，定期推出与读者互动的活动，拓宽互动渠道。2012年，举办了读书比赛、有奖征文、读书沙龙等活动15次，不断引导农民养成爱书、看书的好习惯。

全国文化信息资源共享工程郯城支中心建立了由全县各行业120名专业技术人员组成的"百名专家人才库"，成立了"专家服务团"，启动了"心系百姓，服务三农"实用知识讲座，举办助农春耕、手口足病防治、防雷电、夏季常见病防治、稻田早中期管理等讲座38期，制作出和百姓生产生活息息相关的各类服务视频光盘1万余张，发送到基层服务点，受益群众10余万人。寒暑假期间，积极开展"红色经典——青春励志"爱国主义优秀影片展映活动，丰富中小学生的文化生活，2012年，放映电影32场次，受教育学生6000余人。组织开展趣味网络阅读、网络知识培训等系列活动15次，举办实用技术培训班，980人参加培训，扩大了公共电子阅览室知名度和利用率。结合农村电影放映工程，设立共享工程播放点32处，流动播放影片讲座240余次，使基层群众不出家门就可以享受到服务。建立了文化共享工程网站，开展网上视频点播服务。举办地方优秀文化展，大力推介郯马五大调、木版年画、木旋玩具、挂门笺等地方优秀文化，利用共享工程网站充分宣传地方文化，打造地方文化品牌。

业务研究、辅导协调工作

针对公共图书馆的发展趋势，对图书馆业务及相关领域开展调研，共完成各类调查研究和论文35篇，对改进与提高业务工作起到了积极的作用。论文《县级图书馆馆外服务站建设模式初探》获2009年中国图书馆学会学术年会征文二等奖，论文《争创国家一级馆实践谈》获2010年中国图书馆学会学术年会征文二等奖；论文《馆外服务点在农家书屋建设中的应用初探》获2011年山东省图书馆学会年会征文二等奖。

管理工作

郯城县图书馆通过继续教育、在职培训等渠道培养业务骨干，全面提升员工队伍素质，基本形成了一支符合现代图书馆发展模式、结构相对合理的专业技术人才队伍。建全了职工

开架期刊

电子阅览室

开架图书

青少年阅读推广活动

图书借阅服务

自修大厅

继续教育、考核和奖励制度，全年人均接受继续教育60学时；大专以上学历15人，占职工总数的82.3%，高级职称1人，中级7人。

表彰、奖励情况

2008年，郯城县被山东省文化厅、省财政厅命名为“山东省文化信息资源共享工程建设示范县”。郯城县图书馆被山东省图书馆评为“全省地方文献保护工作先进单位”。2010年，郯城县图书馆被山东省图书馆评为“读者喜爱的图书馆”和“公共图书馆特色服务品牌”。2011年–2012年，连续两年被山东省新闻出版局评为“全省农家书屋建设工作先进单位”。

馆领导介绍

杨东磊，男，1972年3月生，中共党员，本科学历，图书副研究馆员，馆长，1992年到郯城县图书馆参加工作，中国图书馆学会会员，山东省图书馆学会会员。

孙磊，男，1981年2月生，研究生学历，中共党员，副馆长，2004年到郯城县图书馆参加工作，临沂市图书馆学会会员。

未来展望

2013年5月，郯城县图书馆新馆正式对外开放。图书馆作为城市最基本的文化设施，一方面是市民终身教育的知识殿堂，另一方面也是城市文化内涵和文化品位的重要象征。郯城县图书馆新馆在功能、流线、布局、设施、管理及环境的营造，以人为中心，充分体现了“以人为本、以用为藏”的现代理念，以方便读者使用文献信息和进行交流活动为出发点，充分考虑内外环境气氛的营造，使图书馆成为读者开展学习研究、信息交流活动的重要场所。图书馆新馆的落成将为郯城这个古老而充满活力的城市增添了一道独具特色的文化景观。

开展服务宣传周活动

联系方式

名　称：郯城县图书馆
地　址：郯城县文体中心四楼郯城县图书馆
邮　编：276100
联系人：杨东磊，孙 磊

郯城县图书馆外观

沂水县图书馆

概述

沂水县图书馆的历史可以追溯到1927年。1927年，沂水县公立图书室建立，年图书经费960元。1930年，公立图书馆划归县民众教育馆后，改称图书部，有藏书室3间，设少儿、成年两个阅览室，共有藏书6400册，书籍主要有四库全书、古典文学、科技杂志等。1978年，馆藏图书达到30000册后，正式命名为沂水县图书馆，定址于县府前街64号。1984年，馆藏图书达72700册，馆内分设借书、阅览、资料、报刊陈列等4个室。1989年，在县城正阳路4号征地9.8亩开始兴建新馆，1992年5月建成，有建筑面积近2000平方米，10月1日新馆开始对外服务，年购书经费3万元，设借书室、阅览室、采编室、办公室等科室。2001至2004年，该馆自筹资金又建成地方文献库、电子阅览室、西大门及回廊等设施，馆舍面积达到2500平方米，年购书经费5万元，对外服务窗口实现了热电集中供暖。自2006年起，馆内经费逐年增加，管理和服务现代化程度逐步提升，2012年底投资100余万元建成了900多平方米的现代化综合阅览大厅，进一步提升了图书馆的服务能力。目前馆舍面积3370平方米，职工15人，年业务经费44万元，馆内设办证厅、成人借阅室、期刊借阅室、少儿借阅室、电子阅览室、多媒体讲座厅6个专门服务窗口和1个集自修、成人阅读、少儿阅读、书画自修、特藏展览5个分区的综合阅览大厅，有阅览座席496个，计算机69台，光纤宽带接入100Mbps，选用5U联合图书馆服务系统。2007年，共享工程沂水县支中心挂靠图书馆成立，2008年全馆服务项目实现免费开放，2012年被定为山东省古籍保护重点单位。1994年被授予"全国文明图书馆"，在1994年、1998年、2004年、2009年的四次公共图书馆评估中，均被评为"二级馆"，在2013的第五次评估定级工作中，被定为"一级馆"。

业务建设

截止2012年底，沂水县图书馆总藏量23.0455万册（件）。其中，线装古籍3502册，馆藏古籍名录电子图书26册，普通图书15.678万册，期刊合订本4.3795万册，报纸合订本1.9415万册，电子图书5000册，光盘1966张，盲文图书47册，电子报纸500种。沂水县图书馆地处沂蒙革命老区，存有大量的抗日及解放战争时期的珍贵历史资料，保存了《大众日报》从创刊号至今的全部报纸。报刊装订实行"十二道工序制"。

2009–2012年，共入藏图书12720种，25300册，期刊894种，报纸154种，视听文献1062种，制作完成《沂水县图书馆珍贵古籍名录》26册。《山法全书》入选山东省二批古籍名录。有专门的地方文献库和展柜，有纸质与电子目录，常年开展地方文献征集工作，入藏完整率为100%。截止2012年底，馆藏数字资源总量为4.003TB。

自2000年5月1日起，利用ILAS5.0系统图书编目流通实现计算机自动化管理，2004年建成公共电子阅览室，2006年服务管理系统改换为5U联合图书馆系统，2010–2012年，增设4台读者触屏目录检索机，至2013年，电子阅览室有电脑阅览终端40台（含盲人专座），馆内实现无线网络开放覆盖。

读者服务工作

从2008年5月29起，沂水县图书馆开始实行"零门槛"免费开放服务，每周开放61小时，同年，利用5U联合图书馆系统OPAC功能和自建的"沂水文化信息资源网"网站服务平台，实现了馆藏文献的远程检索及自助续借等功能。2009–2012年，书刊总流通80.734万人次，书刊外借48.557万册次，发布使用的数字资源总量4.003TB，网站访问量24.21万次。2006–2012年，共建设分馆、流通站、资源共享中心等23个基层服务点，馆外书刊流通总人次12.66万人次，书刊外借8.643万册，并与临沂大学沂水分校实现文献信息资源校地共建共享。

2009–2012年，沂水县图书馆召集县内各单位图书馆（室），主办和参加上级讲座、展览、放映、培训、阅读推广等读者活动680余场次，展出珍贵文献8000余册次，参与人数10万人次。其中在2009年"共享欢乐——山东省文化信息资源共享工程摄影作品展"中，作品《活到老，学到老》荣获三等奖。2009年，编辑制作的《姬王崮的传说》、《齐长城穆陵关传说》非物质文化遗产专题片入选山东文化信息资源共享工程基层中心优秀资源库。2010年"双百"人物有奖征文《不朽的精神，永恒的力量》获全国三等奖。网页《我的空间》、《少年文化空间》、《少年文化乐园》、《你我的世界杯》、《文化天地》获"山东省文化信息资源共享工程少年网页设计竞赛"三等奖或优秀奖，2012年在第七届全省读书朗诵总决赛获成人业余组优秀奖。2010年开始打造的"推进全民阅读，构建书香和谐社会"服务品牌，成为县人民政府历年来的重点工作并予以总结表彰。自2011年始，按"满20人即开讲"的原则，在电子阅览室针对青少年推行了15分钟网络知识培训课公益讲座，2013年开始开展了"公益大讲堂"名师讲座和行政事业单位公职人员到县图书馆的"集中读书日"活动，被纳入了县委、县政府的重点民生工程，目前已举办名师讲座52场，听课签到人数已达8200人次。2013年4月，山东省图书馆在沂水县图书馆泉庄分馆设立活动实践基地。

业务研究、辅导、协作协调

2008年–2013年，举办大型全县图书管理员培训班3次，500余人次参加了培训。

图书馆服务宣传周

优秀影片放映

公益大讲堂

公共电子阅览室

综合阅览大厅

2014年世界读书日

2009年-2012年，沂水县图书馆职工发表了《对图书馆免费开放几个重要问题的思考》、《制约农家书屋服务效能提升的问题研究》、《关于加强图书馆员队伍建设的思考》、《山东省沂水县图书馆做好图书细分工作》、《山东沂水图书馆——群众身边的图书馆》、《在儿童借阅室中你会遇到什么小事情》等文章8篇，有两篇获得省图书馆学术年会论文一等奖。编制了电子图书26册。2011年7月，在临沂市首届公共图书馆业务竞赛中，参赛队员荣获一、二等奖。

2013年，市文广新局组织有关专家两次到沂水县图书馆开展业务调研，在市文广新局门户网站上发表了《沂水县图书馆五项措施提升免费开放质量惠民众》的文化要闻。随后临沂市图书馆学会第二次理事会在沂水县图书馆召开，对沂水县图书馆的当前与未来建设及市图书馆学会的长远发展进行了讨论。

2011年，沂水县图书馆实施志愿者工程，公开向社会招募志愿者。2012年夏，与临沂大学沂水分校签订协约，县图书馆在大学城设置图书流通站和资源共享中心，临沂大学沂水分校在县图书馆设置学习社会教育实践基地，大学生分批到图书馆开展社会教育和志愿者服务活动。2013年在"临沂大学图书馆与临沂市图书馆合作签约仪式暨临沂市图书馆学会首届学术研讨会"上，沂水县图书馆就沂水县图书馆如何联合高校开展"资源共享、互惠互利、共同发展"等工作做了发言。此后，沂水县图书馆的志愿者服务活动被纳入共青团的全国青年志愿者组织活动范畴，在管理和使用上实现了与全国志愿者活动的接轨。

2009年，沂水县与山东省图书馆签订协议，开始使用联合编目。2010年、2013年分别在县电业公司、县医院两个分馆实现了联合编目。

管理工作

沂水县图书馆实行馆长负责制，馆务会研究决策制。工作考核实行岗位目标责任制量化考核，周一学习例会制通报，积分考核奖惩等制度，推行了个人工作日志展示，挂牌上岗，文明服务等服务标准。考核每月公布年终汇总，考核得分作为岗位竞聘和表彰奖励的主要依据。2012年通过了旅游服务标准化单位验收。

表彰、奖励情况

2012全省公共电子阅览室建设与服务示范县，2011年省古籍保护工作先进集体，2012年省古籍保护工作先进集体/古籍重点保护单位，2012年市文化工作先进集体，2012年全县精神文明单位、2009年县优秀图书馆，2009年县先进集体，2010年县优秀图书馆，2010年县先进集体，2011年县优秀图书馆，2011年县先进集体，2012年县优秀图书馆，2012年县先进集体，2010年五四红旗团支部（临沂市团委），2012年农家书屋建设先进单位（省文化厅）。

馆领导介绍

陈华，男，汉族，1973年8月生，泉庄镇沙地村人，计算机工程师、图书资料副研究馆员，中共党员。1994年毕业于山东建筑材料工业学院计算机应用与维护、财会两专业，2004年取得山东大学汉语言文学本科学历。曾就职于诸葛镇政府和县图书馆、县文广新局、县职业学校等单位，历任打字员、微机员、档案员、信息员、通讯员、会计、出纳、秘书、网络设计师、网络系统控制师、办公室主任、副馆长等职务，现为沂水县图书馆馆长、沂水职业学校电气工程系党支部书记、中国图书馆学会会员、山东省图书馆学会会员、山东省政府采购评审专家、临沂市文化艺术图书资料专业委员会专家、临沂市图书馆学会理事、临沂大学沂水分校特聘辅导教师、沂水县人民法院陪审员等职。工作中专长于计算机应用和图书馆管理学课，在省内外发表学术论文26篇，两次荣获得山东省图书馆学术年会学术论文一等奖。在职期间，主持完成了全县农家书屋工程、文化信息资源共享工程的建设普及和国家一级图书馆、数字图书馆、山东省重点古籍保护单位的创建任务，20余次受到省、市、县各级表彰。生活中，爱好散文、散文诗创作和新闻写作，先后在省内外文学刊物和新闻媒体上发表文学作品、新闻报道数百篇。

未来展望

30多年的改革开放，奠定了沂水县图书馆事业发展的基础，信息时代为图书馆的发展带来新的生机活力。沂水县图书馆将本着"引领风尚，教育人民，服务社会，推动发展"的办馆方针，一是积极推进新图书馆的规划建设，争取早日建成面积超5000平方米的园林式现代化图书馆；二是以建设现代化、数字化图书馆为发展目标，利用先进的计算机技术和数字信息系统，进一步加强各种远程信息服务活动，努力把图书馆办成知识信息中心、文化教育中心、文化活动展示服务中心。

联系方式

地　址：山东省沂水县城正阳路4号
邮　编：276400
联系人：邱然安

临沭县图书馆

概述

山东省临沭县图书馆始建于1976年7月，1986年图书馆大楼建成，实现独立办公。2003年因县城整体规划需要，图书馆大楼拆迁，搬入现址文化大楼。新址位于临沭县城沭新东街2号，占地1600平方米，建筑面积3200平方米。内设办公室、成人借书室、少儿借书室、公共电子阅览室、成人阅览室、少儿阅览室、盲文阅览室、自修室、地方文献室、典藏室、展览室、多功能大厅、业务研究辅导室、采编室、参考咨询部等科室。现有阅览坐席312个，计算机48台，宽带接入100Mbps，使用Interlib图书馆自动化管理系统。2013年，参加全国公共图书馆第五次评估定级，被评为“国家一级图书馆”。临沭县图书馆现有在职职工14人，其中高级职称2人，中级职称9人，初级职称3人，均具有大专以上学历。

业务建设

截止2013年底，临沭县图书馆总藏量21万册。其中，纸质文献11万册，电子文献10万册。自2010年起年新增馆藏量购置费20万元，年均入藏新书3500种，报刊年入藏260种，地方文献入藏完整率90%。数字资源总量为6TB，其中自建数字资源总量为2TB。建立了涵盖学术论文、地方书籍、电教片、非遗影像资料等内容的地方文献数据库。资源中心制作的《打花棍》、《扑蝴蝶》、《传统柳编》、《沂蒙老区》等数字视频，已成功申报为省、市级非遗项目名录。

读者服务工作

临沭县图书馆全天开放，全年无节假日，每周开放60小时。开通了图书馆网站，读者可以在网上办理查询及续借业务。年接待读者24万人次，图书外借34万册次。2012年6月1日实行了借阅室、少儿借阅室、自修室、电子阅览室、展览室等公共空间设施场地免费开放服务。在乡镇设立了4处图书馆分馆，与县图书馆实行“一卡通”借阅服务，与所有镇街签订了合作协议，由县馆定期对镇街文化站图书予以交流、更新。在城区建立了5处图书流动服务点，年流通图书3万册次。

每年定期开展“系列读书月”及“书香临沭”读书活动，年均开展讲座、培训、展览、阅读推广等读者活动35次，参与人数3.4万人。“红领巾读书月”是临沭县图书馆最具特色的读者活动，内容包括“小小管理员上岗实践活动”、青少年手抄报比赛、暑期硬笔书法比赛、经典诵读活动等，极大丰富了全县青少年的暑期生活。

业务研究、辅导、协作协调

临沭县图书馆不断加大职工教育及岗位培训力度，年度职工教育及岗位培训人数占职工总数的100%，人均每年60小时。2009–2013年，图书馆业务人员共撰写学术论文60余篇，多次在国家、省、市级刊物、报纸、网站上发表并获奖。馆内业务人员参加省市培训14次，参与55人次。

由县政府投资50万元，建成了全国文化信息资源共享工程临沭支中心，支中心包括电子阅览室和多媒体放映室，主要依托党员干部远教平台和广电网，与乡镇及村级联网，实现了共建共享，面向社会各界提供公共文化信息服务，制作了大量的数据光盘及视频节目。2009–2013年共放映160场、讲座32场、培训18次，参与5万人次，受益40万人次。县图书馆业务人员共到县直部门及基层单位业务辅导140余次，开展业务培训12次，为农家书屋培训管理员960人次。

管理工作

2010年，临沭县图书馆完成了全员岗位聘任，对单位在职职工进行了上岗聘用，制订了工作量化考核制度，对职工履职履责情况进行考核，根据考核结果予以奖惩。对单位职工实行脸谱识别签到制度，月底予以张榜公示，根据出勤天数及履职情况，年底予以评先树优。

表彰奖励情况

2009–2013年，临沭县图书馆共获得各级表彰、奖励18次。其中，市文广新局表彰、奖励6次，县委、县政府表彰、奖励4次，其他表彰、奖励8次。

馆领导介绍

杨保华，男，1972年10月生，本科学历，中共党员，图书资料馆员，馆长，党支部书记。1993年7月参加工作，兼任临沂市图书馆学会理事。2012年获“振兴临沭劳动奖章”。

青少年读者经典诵读活动现场

农家书屋管理员培训

读者借书场景

纪念建党90周年图片展

沙蔚真，女，1975年5月生，本科学历，图书资料馆员，副馆长。1992年7月参加工作，分管全馆业务工作，任第八届临沭县政协常委。

李兴红，女，1969年10月生，本科学历，图书资料馆员，副馆长。1987年8月参加工作，分管馆内行政工作。

唐洪飞，男，1982年1月生，本科学历，助理馆员，全国文化信息资源共享工程临沭支中心主任。2005年7月参加工作，历任临沭县文化市场管理办公室综合科副科长、临沭县图书馆副馆长、临沭县书画院院长等职。

未来展望

临沭县图书馆坚持"以人为本"的办馆理念，不断探寻改革、创新的发展思路，与时俱进、开拓创新，创建了适应当地文化特色的服务模式，带动了全县图书馆行业的整体较快发展，营造了浓厚的全民读书氛围。县委、县政府着眼于未来，立足于图书馆的长远发展，选取新址筹建图书馆新馆。新馆位于临沭县文化中心一角，建筑面积6000平方米。新馆建成后，可容纳藏书50万册，阅览坐席600个，年服务读者60万人次，数字资源存储能力可达100TB，可满足全县人民的阅读需求。新馆在技术上可实现与省、市公共图书馆的资源共享，同时实现全县范围内的图书统借统还，并整合农家书屋图书资源，采取多种形式为全县广大农民提供图书借阅服务。

猜灯谜活动图版

联系方式

地　址：临沭县图书馆
邮　编：276700
联系人：沙蔚真

2012年暑期青少年硬笔书法比赛

少儿借书室内景

德州市陵城区图书馆

概述

陵城区图书馆新馆建立于2009年，正式对外开放于2012年1月1日，新馆建筑面积达3000平方米，藏书数量不低于3000种，可容纳读者座位240个。计算机达45余台，2013年，参加第五次全国公共图书馆评估，首次获得一级图书馆。

业务建设

截止2014年底，陵城区图书馆总藏量20万册（件），其中，纸质文献18万册（件），电子图书1.5万册，电子期刊0.5万种/册。

截止2014年底，陵城区图书馆数字资源总量为4TB，其中，自建数字资源总量2TB。

截止2014年底，全区13个乡镇建有基层服务点，989个行政村中972个村建起了共享工程基层服务点，覆盖率达98%，13个基层点图书室，糜镇、神头等几个乡镇的文化大院的建设面积都达到了800平方米以上，并且都建立了多功能活动厅、书刊阅览室、培训教室、共享工程电子阅览室、办公室等“四室一厅”，书刊阅览室配备图书都达到了3000册以上，糜镇图书达到了20000册，前孙镇、边镇、宋家镇、义渡乡图书达到了4000册以上。形成了县、乡、村三级较为完整的图书馆服务网络及村文化大院。

读者服务工作

从2012年1月起，陵城区图书馆全年365天天天对外免费开放，周开放72小时，零门槛进入，取得了显著的社会效益。

1、免费开放项目内容

图书馆免费开放的主要项目包括：图书阅览室、少儿阅览室、多媒体阅览室（电子阅览室）、报告厅（培训室、综合活动室）、自修室等公共空间设施场地免费开放；文献资源借阅、检索与咨询、公益性讲座和展览、基层辅导、流动服务等基本文化服务项目；为保障基本职能实现的一些辅助性服务等全部免费。

2、社会效益

自免费开放以来，各项业务均有较大幅度增长，相比2008年，2014年读者接待量从8960人次提高到2.2万人次增加了一倍多；外借书刊从7万册次增加到10万册次，办理借阅卡从1589张增加到2920张，日均接待读者从75人增长到150人，高峰期达到170人。

(1) 提供学习平台

图书馆通过免费开放，向社会公众推荐好书、辅导阅读、举办免费讲座、培训班、和读者座谈会、报告会等方式，唤起了公民的阅读热情，吸引更多的读者走进图书馆，利用图书馆，让每一个公民都能平等地获得文化信息资源。任何人都可根据自己的需要在图书馆找到相应的学习位置，选择自己喜欢的书刊，为每个公民提供平等的获取文化信息资源的权力。

(2) 弘扬先进文化

图书馆免费开放，有效地利用丰富的馆藏资源和先进的网络信息技术平台，深入宣传先进文化，宣传党的十八大精神，改变了公民的知识结构，提高了公民的知识水平和思维能力。使公民在享受人类优秀文化熏陶的同时，陶冶情操，塑造美好心灵。激励社会成员发扬奉献爱心，热心公益，扶危济困，救难扶贫的新风尚；培养了人们的法律意识、公德意识、公民意识；形成扶正祛邪、扬善惩恶，追求高尚、学习先进的社会风气。有力地宣传落实科学发展观，弘扬解放思想、实事求是的精神；宣传和弘扬了紧跟时代、勇于创新的精神，弘扬知难而进、一往无前的精神；弘扬了艰苦奋斗、务求实效和淡泊名利、无私奉献的精神。

(3) 体现人文关怀

图书馆始终坚持“读者至上、服务第一”的宗旨要求图书馆员工在创建和谐社会中，以人文关怀为准则，从人们的信息需求出发，为读者提供优质、高效的人性服务。对读者所遇到的文化知识需求和精神心理等问题及时给予关注，探索、指点和解答，为读者的文献信息需求提供保障，营造一种充满人性化的读书学习环境，通过优化环境，增强了图书馆与读者间的亲和力，有利于人际间的和谐相处，促进了社会和谐发展。

业务研究、辅导、协作协调

2009—2012年，陵城区图书馆职工发表论文6篇。

阅览室

报刊阅览处

图书馆书架

书库一角

2009–2014年，陵城区图书馆陆续组建流通服务、地方文献联合征集、阅读推广与讲座展览资源服务、业务培训与技术支持等工作组。截止2014年底，各工作组每年举办阅读推广、讲座等培训班15期，60课时，4620余人次接受培训。

管理工作

2013年初，陵城区图书馆完成第三次全员岗位聘任，共设10类岗位，有4人重新上岗，同时，建立了工作量化考核指标体系，每月进行工作进度通报，每半年和全年进行总体工作考核。

表彰、奖励情况

2009–2014年，陵城区图书馆共获得各种表彰、奖励17次，其中，省级表彰、奖励1次，市级表彰、奖励5次，县级表彰、奖励11次。

馆领导介绍

高纳新，男，1969年6月生，大专文凭，中共党员，现任图书馆馆长，参加工作时间1984年12月，入党时间1993年10月，参加工作后先后在图书借阅部、阅览部、采编部等部门工作，曾任副主任、主任等职。

陈艳霞，女，1978年11月生，本科学历，中共党员，中级职称，副馆长。1997年9月毕业分配至陵城区图书馆工作，先后在报刊部、阅览部等工作。

未来展望

陵城区图书馆一直遵循“科学、发展”的办馆方针，2009–2014年，在不断强化自身综合实力的同时，通过建立流动图书馆，送图书下乡等多种多样的服务活动，促进了我区公共图书馆服务事业的发展。2014年，陵城区图书馆将继续走服务为民的路线，坚持举办馆外流动服务点的建立，并增加馆外流动服务点的数量，为了让老百姓更方便更快速的获取阅读资源，图书馆计划购置自助图书馆，将自助图书馆深入基层，深入农村。同时，馆内继续加大新书购置数量，加强馆员培训力度，提高馆员技术水平，使我区图书馆继续保持一级馆水平。

资源共享工程

齐河县图书馆

概述

齐河县图书馆建于1979年，1980年1月正式对外开放。2013年，参加第五次全国公共图书馆评估，荣获国家一级图书馆。馆址几经变迁，2003年5月，迁至位于齐河县齐晏大街文化中心254号文化中心。

目前齐河县图书馆建筑面积3600平方米，包括第一借书室、第二借书室、电子阅览室、阅览室、少儿阅览室、多媒体室等13个科室。少儿阅览室坐席54个，阅览室座席255个，其中成人阅览室座席120个、多媒体教室坐席100个、电子阅览室坐席35个。齐河县图书馆有计算机45台，其中供读者使用电脑38台，7台日常业务工作用机。存储容量6TB，其中阵列磁盘4.5TB，移动硬盘1.5TB。2013年1月又投资3.8万元，更换Interlib图书馆集群自动化管理系统，现运行正常。

业务建设

截止2013年底文献总藏量为128183册。馆藏书103406册，其中借书室图书98039册，少儿阅览室1935册，资料室图书2930册，地方文献502册。期刊329种，视听文献1279册，电子文献4080种。图书机读目录数是99982册，报刊机读目录数是329种。机读目录总数，100813册（种）。并使用《中图法》（第四版）进行分类标引；使用《普通图书著录规则》进行著录；使用《中国分类主题词表》进行主题标引。图书加工整理工作，规范、统一，每册图书都有登录号、书标、加盖馆藏章，使之整齐、美观。图书目录有专人管理，设立可供读者使用的机读目录，并有专人辅导读者查目。通过自查，图书标引误差率、图书著录误差率、图书排架误差率都低于2%。

齐河县图书馆数字资源总量达到4TB，资源栏目包括国家图书馆下发的数字资源：百年守望、电子期刊、电子图书等九大板块。图书馆自行开发数字资源包括曲苑荟萃、美术图片、历史照片、务工培训、少儿动漫知识讲座等内容；建立了共享工程民族民间文化保护等专题内容；增加了北展区风景区、晏子湖风景区等地的特色资源；设置了经典影视、名家讲坛、齐河谚语、齐河民间故事、齐河历届春晚等精彩节目。

读者服务工作

齐河县图书馆读者服务的宗旨是"以人为本，读者至上"，在工作中，不断加强工作人员的素质教育、岗位作风建设和服务意识，改善服务质量，实行统一挂牌服务，将给读者提供优质的、多种形式的、高层次的服务。借书室实行全架开放，开架书刊册数占总藏量的98%以上。并设有咨询台，答复读者的问题，解决读者的困难。每周开放60个小时以上，节假日、周六、周日不休。目前为止共办理借阅证6000余个。2013年接待读者110000余人次，人均年到馆次数为26次。图书流通量109590册，馆藏书刊文献年外借率为85%以上。

齐河县图书馆紧紧围绕"全民阅读活动"这个主题，认真组织、精心安排，开展了一系列丰富多彩的服务宣传活动。利用黑板报、宣传栏，开展新书、老书推荐活动，推荐《红岩》、《烈火金刚》、《大刀记》等图书100余种。建立馆外流动服务点、图书服务点、流通站。书刊借阅册次达到5000册以上。制作农业科技及卫生知识剪报17块；用电视、宣传单等形式推荐新书703多种；编印了"世界读书日"名家感言和"齐河县图书馆简介"宣传材料2600多份、在街道、社区、学校张贴，向过往行人散发宣传。

2012年4月组织开展"全民读书月"活动。活动受到了媒体的关注，齐河电视台、德州电视台对此做了宣传报道。2013年共举办讲座、报告会、培训20次、阅读推广活动6次，举办展览6次，年参加活动人数30000人。

结合"全民读书月活动"开展图书馆服务宣传周活动。在"六·一"儿童节期间，以"弘扬雷锋精神，做优秀少先队员"、"知识改变命运，读书丰富生活"为主题，组织读书征文活动。为加强宣传力度，特邀请齐河县部分著名书画家，现场挥毫泼墨，为广大读者作画。引导人们充分认识图书馆、走进图书馆、利用图书馆，扩大图书馆的社会影响，使服务宣传周活动取得实效。

协作协调

2013年齐河县图书馆对基层馆的业务辅导工作取得了很大的成绩，尤其是在对基层馆的理论指导、业务培训方面图书馆选出馆内业务骨干组成业务辅导小组针对各镇街道文化站图书室实际情况进行基层业务辅导7次，并制定详尽的辅导工作计划。结合各图书室实际情况，就图书分类、排架、借阅、规范化管理等业务工作中存在的问题给予详细指导，使辅导工作有序进行。在业务辅导过程中，县图书馆不断更新辅导方法，总结辅导经验，结合基础图书室的实际情况，对这些图书室在分类编目、排架、上架、借阅等业务工作中存在的问题给予了

文化站培训

读书征文颁奖

电子阅览室

多媒体教室

儿童阅览室

及时指导，对个别图书室还采取了专人蹲点的形式进行了重点辅导。加强基层文化队伍培训阵地建设。充分利用共享工程网络资源，制作培训课件，开展远程培训，充实丰富基层文化队伍培训内容。举办业务培训班5次。就图书分类、图书著录、图书排架、图书标引等进行了经验交流。

管理工作

根据中央、省、市关于公益性文化事业单位改革的要求，齐河县图书馆实行严格意义上的全员聘任制，对全体职工由身份管理转变为岗位管理。根据齐河县图书馆实际工作需要增设岗位。通过公布岗位设置、应聘人员申请、审查资格、考试考核或公开竞争、民主评议、双向选择等程序，产生各类岗位聘任人员。建立了分配激励制度，制定了《齐河县图书馆工作制度》、《齐河县图书馆财务制度》、《岗位责任制度》、《设备物资管理制度》和《消防、保卫安全制度》。

为增进图书馆和读者之间的交流，并为热心公益事业的广大市民提供一个服务社会和工作实习的机会，齐河县图书馆面向社会招募志愿者协助图书馆管理人员整理图书、报刊以及维持场馆秩序和卫生。此项活动收到了图书爱好者的好评。

表彰、奖励情况

2009年–2012年，齐河县图书馆共获得各种表彰、奖励10次，其中，文化部表彰、奖励1次，文化厅表彰、奖励3次，德州市表彰、奖励4次，齐河县人民政府表彰、奖励2次。

馆领导简介

滕颖，男，1983年1月生，大学学历，中共党员，馆长。2005年参加工作，先后任齐河县文化局艺术科科长、文物管理科科长、齐河县文化广电新闻出版局文物管理科科长，2014年3月任齐河县图书馆馆长、党支部书记。兼任齐河县文学艺术及联合会副秘书长。2009年11月被评为山东省非物质文化遗产普查工作先进个人、2012年12月荣获山东省文化创意产业统计工作先进个人、2013年4月荣获德州市文化广电新闻出版系统先进个人。

刘建军，男，1966年2月生，大专学历，中共党员，中级职称，馆长助理，兼任办公室、采编室主任。1981年10月参加工作，一直从事图书管理工作，1996年8月在图书馆服务宣传周活动中被省文化厅评为先进个人。

袁军英，女，1968年4月生，大学文化，中共党员，中级职称，馆长助理，兼任电子阅览室主任。1990年参加工作，1991年从事图书馆工作至今。2008年2月被山东省文化厅评为“全省信息资源共享工程建设与服务工作先进个人”。

未来展望

齐河县图书馆遵循“科学、效率、创新、发展”的办馆方针，完善服务功能，扩大服务区域，带动全县文化事业发展。2009–2013年，在不断强化自身综合实力的同时，带动了齐河县公共图书馆事业的整体发展。同时，还具有支撑保障全县文化站图书室服务体系良好运行的文献与技术能力。在今后的工作中，齐河县图书馆将以崭新的姿态迎接新的挑战，将与时俱进，不断完善检索系统，加强参考咨询服务，整合特色资源，拓展服务领域，最大限度地发掘和利用特藏文献资源，逐步形成具有地方特色的服务模式和服务品牌。

联系方式

地　址：德州市齐河县齐晏大街254号
邮　编：251199
联系人：张　宁

（撰稿人：袁军英，张　宁）

进军营进行技术指导

世界读书日宣传活动

平原县图书馆

概述

平原县图书馆始建于1928年（民国17年），后改为民众教育馆图书部。1937年日军入侵，图书馆封馆停办。1948年，平原县人民文化馆设图书室。1956年7月独立设图书馆。1961年图书馆并入文化馆。1975年图书馆析出独立。1986年新馆建成并投入使用，建筑面积2020平方米。图书馆下设成人借阅室、少儿借阅室、采编部、辅导部、资料室、书库、文物室、办公室。1999年，为纪念义和团平原起义一百周年，建成了“义和团平原起义陈列室”，被德州市委宣传部定为“市级爱国主义教育基地”。2007年6月，文化信息资源共享工程平原县支中心建成使用，增设电子阅览室、多媒体教室、机房、工作室。同年，设立“任继愈赠书”特藏室。2013年，设立古籍书库。

业务建设

平原县图书馆现藏各类文献9.2万册，分馆藏图书、工具书、古籍善本、地方文献、报纸、期刊、画报7大类。其中，工具书2000余种，古籍善本979册，地方文献247册，期刊画报合计2725册，报纸2650册。

2011年以来，平原县图书馆加大了对图书、期刊的投入，2013年，采购图书3000余册，2014年，订阅报刊341种，其中成人报纸56种、期刊172种，少儿报纸32种、期刊81种。

在文化信息资源共享工程方面，电子阅览室、多媒体活动室对外开放，仪器设备均按省级统一标准配置，配有3名参加过省市专业技术培训的专业技术人员。2012年初，支中心购入1946年–2011年电子版《人民日报》安装到电子阅览室供读者查阅，在微机桌面创建了德州数字图书馆的快捷方式。

2007年，平原县图书馆辟专室陈列任先生赠书，命名“任继愈赠书”，陈列任老先生生前13次捐赠的近7000册图书和两千册学术期刊，总价值百万元以上，著名学者、红楼梦学会会长冯其庸题写匾额。任先生所赠图书内容宏富，涉及文学、历史、哲学、艺术等各个门类，其中，名人著述、鸿篇巨制不在少数，还有先生和夫人冯钟芸教授的治学用书，弥足珍贵，有全国各地民众慕名前来瞻仰。

2012年，随着免费开放工作的开展，平原县图书馆业务实现了自动化，建立了自己的窗口网站，设置了业界动态、新书推荐等模块，安排专人维护，及时更新，年访问量10万余人次。

2008年，平原县图书馆完成了53种馆藏古籍的数据申报，2009年，馆藏郭种德手批《红楼梦》入选第一批《山东省珍贵古籍名录》，2010年入选第三批《国家珍贵古籍名录》。

读者服务工作

长期以来，平原县图书馆把读者服务、读者活动、对外宣传作为重中之重，狠抓落实工作。从上世纪90年代，平原县图书馆人开始更新观念，变单一封闭的服务模式为多途径、开放型服务，先后开展了预约借书、资料代查、跟踪服务、送书上门、图企联姻、送科技下乡等活动。

进入二十一世纪，随着自动化的发展和计算机技术的普及，平原县图书馆在原有工作的基础上，利用新技术对馆藏图书资料分类、编目，建立馆藏数据库，帮助读者查询图书、资料等。为激发读者的读书兴趣，每年举办活动30余次，如图书推介、有奖征文、朗诵大赛等。

自2012年7月份免费开放以来，平原县图书馆读者显著增加，年读者借阅图书达10万册次，“义和团平原起义陈列室”每年接待游客3000余人次。

共享工程平原县支中心建成以来，每年播放电影、讲座等视频资料60余场，观众达3000人次。同时与县电影公司合作，通过光盘、移动存储等方式将优秀的文化信息资源源源不断传输到基层群众中。电子阅览方面，平原县图书馆将文体信息网、教育网、农网等与共享工程有机衔接，整合资源，扩大资源总量，年服务读者3000人次。

业务研究、辅导、协作协调

平原县图书馆鼓励职工加强业务学习，提高专业技能，近几年，在全国学术报刊发表论文10余篇。

平原县图书馆多次为政府、机关、企事业单位提供专题服务，2012年为《任继愈文集》编委会提供相关信息资料400余条。

平原县图书馆每年举办讲座、培训活动，帮助基层图书馆（室）业务人员补充图书分类、图书管理、读者服务等方面的知识，辅导共享工程基层站点建设和开展工作，提高基层图书馆（室）、服务点业务技能。

平原县图书馆早在上世纪90年代就非常重视少儿图书室

办平原县图书管理人员培训班

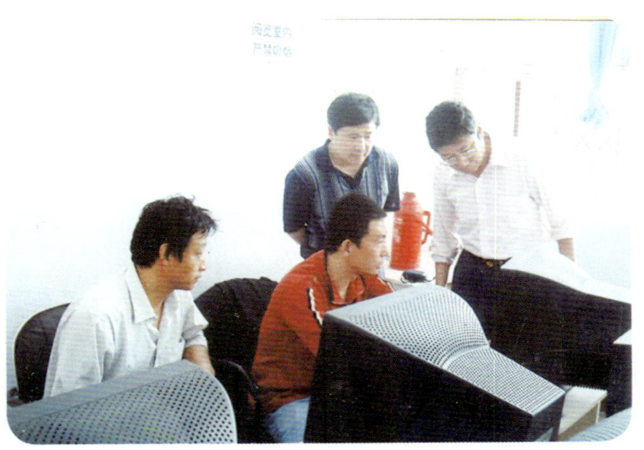

为前曹镇服务点安装资源共享工程操作平台

任继愈赠书室

任继愈赠书室内图片

支中心对乡镇基层服务点培训

的建设，利用平原县图书馆的地理位置优势（东临平原县实验小学），与实验小学协作，将学生的阅读课引入图书馆，在全县范围引起很大反响，青少年读者纷纷到图书馆借阅图书。2007年平原县“初中教育进城工程”全面完成，平原县图书馆紧抓机遇，在平原一中、二中、三中、四中和平原师范五所中学建立分馆，通过馆际互借，扩大了服务辐射范围，实现了全县图书资源整合。

管理工作

为保证工作有序开展，平原县图书馆制定了各项工作职责和制度，实行制度公开上墙。每年有年度工作计划，每阶段有工作重点，年末有工作考核，同时推行管理员工作日志管理，总结得失，不断改进和创新图书馆管理和服务新模式。

平原县图书馆在管理员队伍建设上坚持以人为核心，增强执行力，明确职责，明确思路，制度化管理，常态化培育，控制过程，规范管理，实行馆长负责、分管业务馆员具体抓工作机制，各科室人员相互协作，注重创新力，不断激发员工的内在潜能。

表彰奖励情况

自1999年第二次全国公共图书馆评估定级工作至今，平原县图书馆已连续四次被评为县级“一级图书馆”。2008年，平原县图书馆被山东省图书馆学会、山东省图书馆评为“山东省地方文献工作先进单位”，被德州市图书馆、共享工程德州支中心评为2008年度“德州市共享工程建设与服务工作先进单位”。2010年4月平原县图书馆被山东省文化厅评为“读者喜爱的图书馆”，2010年、2011年被山东省文化厅评为“古籍保护工作先进单位”。

馆领导介绍

迟庆元，男，1966年5月生，本科学历，中共党员，馆长，党支部书记。1986年7月参加工作，曾任平原县人民政府办公室督查科长，后主持平原县地方史志工作，2004年3月任平原县图书馆馆长，2005年10月兼任平原县图书馆党支部书记。多次在《书法报》、《山东省图书馆学刊》、《中国书画报》发表文章，1996年获山东省督查工作先进个人，多次被评为市级工作先进个人，2011、2013年被山东省文化厅评为“古籍保护先进个人”。

齐相兵，男，1966年2月生，大学专科学历，中共党员，中级职称，副馆长。1983年6月参加工作，1987年7月进入平原县图书馆工作，1999年6月任副馆长。2010年被山东省文化厅评为“古籍保护先进个人”。

杨纪华，男，1968年11月生，本科学历，中共党员，中级职称，副馆长。1985年9月参加工作，1998年1月进入平原县图书馆工作，2004年6月任副馆长。

未来展望

平原县图书馆将以崭新的姿态迎接新的挑战。在今后的工作中，将与时俱进，不断完善图书管理系统，加强参考咨询服务，整合特色资源，拓展服务领域，勇于创新，最大限度地发掘和利用特藏文献资源，逐步形成具有地方特色的服务模式和服务品牌。

联系方式

地　址：平原县文化街370号

邮　编：253100

联系人：庞志翠

禹城市图书馆

概述

禹城市图书馆于2006年开工建设，2007年7月6日正式开馆，其前身为禹城市文化馆图书室。是禹城市关心下一代教育基地和科普教育基地，也是禹城市妇女儿童活动中心。

禹城市图书馆坐落于禹城市的中心广场糖城广场内，地理位置优越，周边环境优美。图书馆为2层现代化独立式建筑，建筑面积3000平方米。2009年参加第四次全国公共图书馆评估，首次获得一级图书馆。2013年，图书馆有阅览坐席300个，计算机48台，宽带接入联通100Mbps光纤，借阅系统采用广州图创的Interlib借阅系统。

业务建设

2012年底我馆的图书总藏量11万册，图书年入藏量3000余种，全部是自主采购。报刊年入藏量300种，电子文献年入藏量200种，视听文献年入藏量200种。地方文献有专柜，有专门目录，有专人管理。图书标引与著录使用《中图法》第五版等标准进行标引与著录，图书标引正确率达98%，著录误差率小于2%。书标、登录号、馆藏章齐全，规范、统一、整齐、美观。书库防水、防盗、防虫、防潮、防尘等措施到位，破损图书及时修补。目录有专人管理。开架图书排架误差率小于2%。文献保护规章制度齐全。我馆数字资源总量丰富，自建和存储的数字资源达到2TB，馆内有局域网，建有图书馆网站并对外服务。数据库建设规范合理，具有可操作性。

读者服务工作

自2009年8月起，禹城市图书馆全年免费开馆360天，每天开馆时间11小时。2009–2012年共接待读者48万余人次，日接待读者最高1025人，平均330人次。借阅图书52.465万册，接受到馆咨询820条，征订报刊341种，采编图书20000册。封装报刊杂志2000余册。

2009年–2012年，禹城市图书馆共举办展览，讲座，培训，阅读推广等活动120场次，参与人次6万余人次。

我馆根据文化部、财政部《关于推进全国美术馆、公共图书馆、文化馆免费开放工作的意见》及财政部《关于加强美术馆、公共图书馆、文化馆免费开放经费保障工作的通知》等文件的具体规定，全部实现了免费开放，我们的公共空间设施场地，基本服务项目健全并免费开放。

我馆是禹城市的亮点和民心工程，是向外展示的名片，每年的接待任务非常繁重，图书馆也是服务窗口单位，如何为读者服务是我们重中之重的课题。我们采取了行之有效的措施，千方百计为读者提供一个学习和交流的平台。每个阅览室丰富和完善了各项规章制度，使图书馆规范、科学和制度化。另外我们考虑到部分读者白天上班，没有时间借书、读书，他们下班我们也下班的实际情况，克服了人员少的困难，增加了夜班工作时间，也就是说从早上8点上班后，一直为读者服务到晚上9：00，每周的开馆时间达77小时，极大地方便了市民和读者，也得到了读者的赞扬。

我馆充分发挥阵地人才优势，发挥国办公益性的导向、示范作用，积极开展丰富多彩的读者文化活动。如我们举办的元宵灯谜活动，深受读者的喜爱和支持，社会反响良好，参与人数之多，场面之热烈在读者活动中是不多见的。每年两次的书画展，吸引了大批的书画爱好者，提高了城市的品位和档次。周末及暑寒假的少儿书画、英语、奥数、写作与口才培训班，吸引了大批的少儿读者。同《禹城市报》联合举办的读者征文活动，在社会上营造了浓厚的读书氛围。我们还不断加强对乡镇基层服务站点、乡镇文化站长进行业务指导和培训，提高从业人员的整体素质和水平。我们还利用文化网开展服务宣传周和全民读书月活动。为领导机关决策与社会事业发展提供信息服务。每年为读者开办讲座、报告会20次以上。我馆文献开架比例达95%，馆藏书刊文献年外借率达90%，年读者活动次数40次以上，年读者活动达1.5万人次，年外借图书12万册，2012年流通达20余万人次（期刊70618，儿童60918，图书借阅59801，电子阅览室23125）。

业务研究、辅导、协作协调

在开展读书活动中，我们坚持“三贴近”的原则，注重业务研究、辅导、协作协调工作，在省级以上专业刊物发表论文20余篇。理论与实践相结合，有参考价值的调查研究报告三篇。我们与德州科技职业学院图书馆、禹城一中图书馆、齐鲁中学图书馆联合编目，馆际互借。我市的十一个乡镇在新建文化大院的基础上，都新建了图书馆，丰富了馆藏。乡镇、街道、社区、村图书馆参与服务网络建设的比例达40%。每年两次对基层图书馆的管理人员进行培训，促进了农村文化、社区文化

社区图书发放仪式

猜谜活动

报刊阅览室

儿童阅览室

图书馆自习室

的繁荣。在此基础上，还组建了书画学会、文学社等多个群众文化社团，团结了一大批文艺骨干参与到读书文化活动之中。

管理工作

我馆实行岗位设置管理，建立了完备的分配激励制度。财务管理有章可循。人事管理按需设岗，按岗聘用，竞争上岗。上至馆长，下到每一名员工，不同职称，业务指标也不同，责、权、利相结合，任务目标明确，奖勤罚懒，增强了责任心，调动了每一位员工积极性。设备物资管理有专人负责。人事档案、业务档案、工程项目档案健全，资料详实，归档及时，立卷准确，装订整齐，内容齐全，每卷有目录。我馆的阅读环境整洁、美观、安静。标牌规范、标准，设备维护良好，消防保卫达标。良好的读书环境，不断受到上级领导的肯定和读者的赞扬。

表彰、奖励情况

我馆曾受先后被评为山东省读者喜爱的图书馆、山东省文化信息资源共享工程示范县、山东省文化信息资源共享工程建设与服务工作先进集体、山东省第六届公共图书馆业务竞赛一等奖、德州市文明单位、德州市文化信息资源共享工程建设与服务工作先进单位、德州市学会工作先进集体、德州市关心下一代先进单位、禹城市妇女工作先进单位等26项集体和个人荣誉。

馆领导介绍

程先利，男，1965年生人，大专学历，中共党员，副研究馆员，曾做过工人，企业干部，专业技术拔尖人才。1994年开始业余创作，1995年加入山东省作家协会。至今已在《山东文学》、《当代小说》、《少年文艺》、《人民日报》等五十余家报刊发表小说、散文三百余篇，部分作品被《小说月报》、《小小说选刊》、《微型小说选刊》转载，另有作品在国外出版或播音。曾获《芳草》、《短篇小说》、《山东文学》等期刊奖十余个，获第三届中国人口文化奖一等奖。出版小说集《无言的结局》、《绝唱》、《寻找》三部，长篇小说《沸腾的冰》一部。现任德州市作家协会副主席，禹城市图书馆馆长。

李秀芝，女，1964年生人，大专学历，中共党员，中级职称，副馆长。1982年到禹城市文化馆图书室工作。分管全馆业务人事工作。

未来展望

2013年，禹城市图书馆加层工程正式通过市财政预算，在2014年，禹城市图书馆将达到建筑面积4500平方米。在未来的工作中，我馆将紧随时代潮流，与时俱进，开创性的开展工作，做到了一是从阅读资源方面提供保障，二是向公众推荐图书，三是从理论研究的角度来确立图书馆在公众阅读中的地位和作用，四是为全社会提供一个交流阅读的平台。

我们决心在以后的工作中，进一步加强服务力度，大胆尝试工作方法，不断创新工作思路，把更多更好的精神文化食粮送到读者中去，通过我们的点滴付出，为创建禹城的书香环境，融入大文化格局，做好大禹水文化文章，满足人民群众更多的精神文化需求做出更大的贡献。

联系方式

地　址：禹城市图书馆
邮　编：251200
联系人：宋 平

禹城市图书馆外景

图书借阅室

图书借阅室藏书

图书馆儿童阅览室

茌平县图书馆

概述

茌平县图书馆始建于1956年6月，位于茌平县城中心街565号，是我县唯一综合性公共图书馆。2011年10月，茌平县图书馆搬迁新址，新馆位于茌平县览胜街三馆一场文体中心，周边环境优美，绿树葱茏，鲜花簇拥，馆舍建筑面积10800平方米，设计馆藏60万册，共有四层，设施先进，设备一流，功能齐全，是一座现代化的图书馆。馆内设有读者服务大厅、采编室、期刊借阅室、图书外借室、少儿外借室、辅导室、多媒体教室、自修室、地方文献室、基本书库、特藏书库、报告厅等，能全方位满足不同层次读者各方面的需求。配备电脑120台，互联网采用光纤接入，宽带接入100Mbps，WLAN全覆盖，整体建筑采用综合布线系统、视频安防系统、门禁系统、有线电视系统。新馆运营后，购进大型阅报系统，年购进新书三万册、订阅杂志500种，选用Interlib图书馆自动化管理系统，拥有供读者使用的阅览坐席356个，极大地满足了广大读者的阅读需求。

业务建设

自建馆以来，各级领导与政府及社会各界给予图书馆极大的重视与支持。2002年馆内全部实现办公自动化，改变了手工操作读者排队借阅书刊的局面。2004年政府拨专款11万元，建立了全国文化信息资源共享工程支中心，为广大读者营造了最佳的网络服务环境，为未成年人提供了健康有益的绿色网上空间。2012年7月26日，图书馆新馆对外免费开放，县政府加大对图书馆的投入，自动化服务系统采用省内先进的Interlib图书馆管理系统。截止2013年底，茌平县图书馆馆藏总量23万册，其中纸质文献18万册，电子图书5万册，图书馆免费开放后，2012、2013年新增藏量购置费40万元，2014年起增至50万元。气派的图书馆读者服务大厅设有总服务台，为读者提供办证、咨询、导航等服务。期刊阅览室，订有报纸30余种，现刊500余种，装订过刊近千册，报刊内容丰富，涵盖了政治、经济、教育、科技、文学、艺术、休闲、娱乐诸多方面。图书外借室是图书借阅的主要服务窗口之一，藏书6万余册，全开架借阅，实现了藏、借、阅、还一体化的人性化管理。我们还设立了茌平籍作家、诗人作品专架，深受广大读者欢迎。少儿借阅室，藏书6万余册，少儿报刊60种，提供各类少儿图书、期刊、报纸的借阅服务。中心机房按照国家标准建设，配有延时2小时以上UPS不间断电源两台，千兆交换机5部，防火墙为神州数码6804E，有服务器6部，一部为办公自动化主机，一部为备份，一部为图书馆网站，一部为阅报机，两部为共享工程存储。报告厅有能力接待500人以上的会议、讲座。新馆开馆以来，我馆新增自修室，主要服务对象是大学毕业生，他们来到这里，就像回到大学校园，可以安心学习，为各种公务员、事业编考试做好充分准备。县级图书馆的一项重要职责就是收藏地方文献，我馆一致致力于地方文献收藏工作，并取得显著成效，目前入藏的地方文献有508种，包括茌平县行业志、茌平籍著名人士著作等。茌平县图书馆目前馆藏古籍有194种、1750册，其中《类林新咏》入选第一批《山东省珍贵古籍名录》，《太师张文忠公集》入选第二批《山东省珍贵古籍名录》，《周会魁校正四书大全四十二卷》（明刻本）入选第三批《山东省第三批珍贵古籍名录》。图书馆新馆开放以来，新增多媒体教室，实现了多媒体教学，其主要职能是开办小型读者培训班，组织青少年学生观看爱国主义教育影片等。电子阅览室配备电脑100台，免费向公众开放，承担着全国文化资源共享工程茌平县支中心文献资源的传播与利用，馆藏各种数据库资源以及网络资源的在馆服务。

读者服务工作

图书馆搬迁新址后，我们加强宣传力度，提高服务质量，吸引更多的读者走进图书馆，受益图书馆。截止2014年6月份，拥有持证读者万余人，年均流通读者18万人次，年均借阅图书26万册次，稳居全市公共图书馆之首。图书馆每年开展大型读者服务活动12次，举办读者讲座、报告会10次，每年“全国助残日”期间举办“送书到特校”活动。多年来，图书馆开展的各项延伸服务活动深受赢得了社会各界的好评，收到了良好的社会效益，2012年新馆开放后，进一步完善了网站，开通了图书馆官方博客，与茌平县政务网、信息网相互建立链接，更好的为茌平县政治、经济发展和人民生活服务，让广大读者登入互联网就能了解图书馆的动态发展情况。

图书馆大厅

图书馆外貌

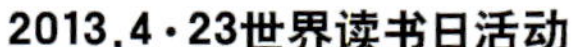
2013.4·23世界读书日活动

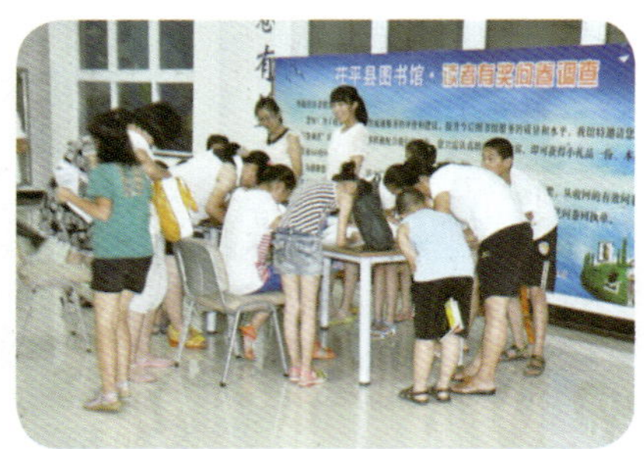
2013.8开展读者“有奖调查问卷”

2014年1月“十佳读者”评选

业务研究、辅导、协作协调

茌平县图书馆工作人员积极参加各项业务学习，特别是山东省图书馆学会组织的培训班和论文研讨会，2009年以来，共发表论文16篇，其中获奖论文10篇。茌平县图书馆除了开展基础服务、提升自身素质外，还定期对机关、企业、学校等基层图书室积极开展协作、协调工作，实现资源共享。目前，图书馆建立的图书服务点、流通站有实验小学、实验中学、城关中学、茌平特校、尚庄小学、武警中队、妇女儿童保护中心等18个，共享工程基层服务点有小杨屯、曹庄村等16个，每年定期上门服务，更换新书。

管理工作

茌平县图书馆现有工作人员18名，其中副研究馆员5人，馆员6人。实行全员聘任制，同时建立了工作量化考核指标体系，每月进行工作进度通报，每半年和全年进行总体工作考核，奖励先进，鞭策后进，实现各项工作的全面提升。

表彰奖励情况

茌平县图书馆连年被评为“茌平县文化旅游系统先进单位”，1989年被省文化厅命名为“先进图书馆”，1999年被文化部命名为国家“二级图书馆”，2005年、2009年两次被文化部命名为国家“一级图书馆”，2010年被山东省文化厅评为“读者喜爱的图书馆”。2012年获得“山东省古籍保护先进单位”荣誉称号，由于图书馆电子阅览室工作出色，茌平县被评为“全省电子阅览室建设与服务先进县”。

馆领导介绍

黄肖琳，女，1964年12月生，大专学历，中共党员，馆长，1980年9月参加工作，任图书馆图书管理员，1981年12月调入茌平县文化局，任文化局政工科科长，2008年4月至今，担任茌平县图书馆馆长，主持全面工作。2009年获得全省文化系统先进个人，荣记三等功。

于长豹，男，1968年11月生，本科学历，中共党员，副研究馆员，1985年12月参加工作，1989年7月调入茌平县图书馆工作，2008年4月，任茌平县图书馆书记，分管党的工作。2011、2012年获得“茌平县优秀共产党员”荣誉称号，担任2012年中国共产党茌平县第十二次代表大会代表。

白晶，女，1963年8月生，1979年参加工作，中共党员，副研究馆员，副馆长，本科学历，分管采编、古籍保护等业务工作，2010年、2012年获得“山东省古籍保护先进个人”荣誉称号。

刘富云，女，1968年11月生，中共党员，副研究员馆员，副馆长，本科学历。1989年7月参加工作，2005年4月调入图书馆，2008年4月，任茌平县图书馆副馆长，分管采编、古籍保护等业务工作，2009年、2013年获得“山东省古籍保护先进个人”荣誉称号，兼任“聊城市传统文化研究会”理事。

张立明，女，1965年生，1976年10月参加工作，本科学历，主管期刊阅览室工作，馆员，副馆长。

谢红琴，女，1967年4月生，1987年7月参加工作，本科学历，2005年4月调入图书馆，主管电子阅览室工作，副研究员馆员，副馆长，2009年获得山东省共享工程摄影大赛三等奖。

张翠萍，女，1964年12月生，1980年12月参加工作，本科学历，2006年2月调入图书馆，馆员，副馆长，主管图书外借室工作。

李红云，女，1981年9月生，1997年7月参加工作，本科学历，中共预备党员，馆员，副馆长，主管财务工作。

未来展望

茌平县图书馆坚持“以人为本，服务社会”的办馆理念，遵循“科学、高效、创新”的办馆方针，进一步完善各项服务功能，扩大服务辐射区域，带动地区文化事业的发展。在未来的几年里，主要指标位居全省县级公共图书馆前列，加强数字图书馆建设，利用技术支撑图书馆的发展，建设国内一流的县级图书馆。

联系方式

地　址：茌平县图书馆
邮　编：252100
联系人：刘富云

报刊阅览室

电子阅览室

少儿借阅室

东阿县图书馆

概述

东阿县图书馆自1979年9月成立以来，凝聚了几代工作人员的心血与汗水，至今已走过30余年的光辉历程。东阿县新图书馆于2010年2月开工建设，2011年9月竣工落成。坐落于美丽的喜鹊广场，占地面积7158.4平方米，地上4层，高18米。此楼分为东西两厅，东厅设有书库、期刊阅览室、艺术展厅、办公区；西厅设有"于氏书苑"图书室、多媒体教室、儿童借阅室、图书借阅室、电子阅览室等。

东阿县图书馆设计以惠及民生，造福后代为理念，严格按照国家一级图书馆标准而建。馆舍功能齐全，监控、消防配套设施完善，可容纳藏书40万余册。各个阅览室、借阅室布局为大开间，宽敞明亮。其文化资源有纸质图书15万余册、电子图书5万种、报刊300余种、文化部下发的科教光盘近2000张、计算机130余台、触摸屏电子阅报机2台、书目检索机1台，读者坐席300余个，配有覆盖12个乡镇（工业园区、办事处）的文化信息资源共享工程中心机房，是一个集现代化、智能化、数字化于一体的大型公共图书馆。

业务建设

截止2012年底，东阿县图书馆总藏书量26余万册，其中设有纸质图书15万余册、电子图书5万种、报刊300余种。

2012年，东阿县图书馆新增购置经费100万元，新购置了少儿类、科技类、文学类、学习教材类、盲人用书等读者喜爱的图书5万余册，并接受社会捐赠八成新以上的图书近10000册。2013年新增图书近五千册，图书种类多，涉及面广，实用性和阅读性大，为不同年龄的读者提供了更多的阅读选择。

2012年，东阿县图书馆实现了从人工记录图书借还的形式到Interlib图书自动化管理系统的跨越式升级，以便更好的为读者服务。同时，实现了馆内无线网络的覆盖。截止2013年底，东阿县图书馆数字资源总量为4.0TB。其中，电子图书5万种、文化部下发的1TB数字文化资源、科教光盘2000余张，包括图书期刊、舞台艺术、音乐美术、影视作品、科普知识、文物鉴赏等内容的数字文化信息资源库。

读者服务工作

2010年12月，东阿县图书馆老馆与茌平县图书馆、海源阁图书馆签署了馆际互借公约，实现了三馆间的互借。

东阿县图书馆新馆自2013年1月正式开馆以来全年365天天天对外免费开放，每周开馆时间63个小时，每天上午8:30-12:00，下午2:00-6:00，晚上7:00-8:30。

2013年1月16正式开馆至今文献借还册次达到62149人，持证读者约3469人，人均到馆次数达17.90次/人。4个馆外流动服务站点，图书利用率达80%。

2012年至2013年东阿县图书馆共举办讲座、展览、培训、比赛、阅读推广活动等读者服务活动二十余场，参加人数超过四千人次，东阿县图书馆每年把五月末六月初的一周定为图书阅读宣传周，进行阅读推广。

业务研究、辅导、协作协调

2011年以来，东阿县图书馆职工在省图刊物和国图刊物上共发表论文26篇，其中获得一等奖的2篇，二等奖3篇，三等奖19篇，优胜奖2篇。

2011年东阿县图书馆全面实施图书馆总分馆建设，建立了以县图书馆为总馆，以乡镇（含工业园区、镇办事处）建立的图书室为分馆，以城区社区、村（社区）基层综合信息服务站为服务点，以流动图书车和馆外流动服务站点为补充的公共图书馆三级服务网络模式。分馆阵地实行统一标识。各级图书馆馆舍与硬件建设由各镇、村自己负责。编目实行统一管理。东阿县成立了县图书采编中心，进行业务指导，对新书实行统一采编，统一管理。图书资源实行统一流转。东阿县成立了县图书流转中心实现全县图书统一流转。新书经县图书馆组织采分编后，进入县图书流转中心库平台，每月每镇级分馆流转500册、办事处分馆300册，村级点100-200册，每册图书的流转路径都有据可查。业务管理实行统一平台。

2012年起东阿县图书馆逐步对镇、村（社区）图书馆原有图书进行回溯建库，目前已将11个镇、村（社区）文化大院的服务点的图书编入县图书馆数据库，这11个点的图书可以在县、镇、村三级公共图书馆范围内实现通借通还，真正地实现了图书馆际互借，惠及了一方的广大人民群众。

2012年东阿县图书馆针对基层图书馆开展了3次业务培训，主要针对基层11乡镇、街道办事处、工业园区基层图书馆（室）、农村书屋，培训的主要内容包括基本业务操作、图书馆自动化管理Interlib系统的应用及管理、图书馆学界热点话题的分析等。

2012年8月9日-8月15日东阿县图书馆对承办基层文化队

为庆祝党的十八大胜利召开和我馆新馆的开馆

东阿县举行首届中国画邀请展

服务宣传周我馆职工进行图书阅读宣传

服务宣传周

伍图书馆骨干进行了7天文化政策与法规、图书馆业务知识、管理与服务能力建设等培训，通过培训，进一步提高基层图书馆业务骨干的公共文化服务技能和管理能力，增强创新能力、责任意识和服务水平。

管理工作

东阿县图书馆领导班子有党支书记1人、馆长1人、副馆长1人，其中副高职称2人，中级职称1人。主管业务的馆领导多次接受省市图书馆业务培训，领导班子成员积极参加每年继续教育学习。建立了工作量化考核指标体系，每月进行工作进度通报，每半年和全年进行总体工作考核。从2009年起，东阿县图书馆实行每周向上级单位汇报工作计划，每季度汇报工作总结，每半年编写工作一期工作简报，汇总工作情况。

表彰、奖励情况

2010—2012年，东阿县图书馆共获得各种表彰、奖励12次，其中，市级表彰、奖励4次，县委县政府表彰、奖励4次，县文化局表彰、奖励4次。

领导介绍

李清洪，男，汉族，1963年7月出生，山东东阿县人，大专文化，中共党员，现任东阿县图书馆馆长，文博副研究馆员。长期以来从事文物管理和文史研究工作。1986年5月，参加鱼山曹植墓保护和修复工作。同年10月至11月，在山东省考古研究所参加整理文物档案（先秦史部分）工作。2005年4月，配合山东省考古研究所对古运河沿线（东阿段），积极开展了文物调查工作。1996年11月4日，出席在山东临沂召开的“中国汉画学会第五届年会”学术研讨会。2001年4月24日，参加在东阿举办的“中国东阿·曹植学术国际研讨会”。2006年10月16日，在河南南阳师范学院出席了“中国汉画学会第十届年会”，并向大会提交了《汉代画像中的杂技艺术——戏车图》一文，该文被编入《汉画研究：中国汉画学会第十届年会论文集》。主要编写整理完成了省级物质文化遗产——曹植佛教音乐“鱼山呗”，2006年12月30日，被山东省人民政府公布为“省级第一批非物质文化遗产名录”。2008年6月7日，该项目又被国务院公布为“国家级第二批非物质文化遗产名录”。近年来，在国家级和省级报刊上发表论文20余篇。现为中国汉画学会会员，中国科举文化研究会员等。

未来展望

东阿县图书馆响应与时俱进的时代召唤和读者的需求，以纸质图书为主导业务资源的同时，不断完善数字资源的的建设、更新和维护，下一步将实现自助借还、续借等业务为新的发展趋势，以东阿县图书馆、基层图书室、流动服务站点等为轴心扩大服务辐射区域，提高公众对阅读的认识，实现公共文化资源服务的均等化。为读者提供全面、系统、完善的主动服务，东阿县图书馆图书资料得到最大限度的利用，让图书馆真正成为教育文化服务的重要阵地。

联系方式

地　址：东阿县图书馆
邮　编：252200
联系人：刘丽丽

无棣县图书馆

概述

无棣县图书馆前身可以追溯到清代希贤书院,存有图书300余册,专供生员阅读。未设一处下属机构。民国年间,国民党县政府于1932年在文庙内建民众教育馆,设阅览部,藏书626种,并创立了巡回文库。

1979年10月,在原县文化馆图书室的基础上,成立无棣县公共图书馆,馆址位于无棣县老城里,藏书3万余册,有政治、社会、文学、科技等共计22类,有报纸30种,持证读者2200人。馆址几经变迁,2012年4月,位于无棣新区新馆建成开放。该馆是集"阅读与交流"为一体,"传统与数字"相结合的新型图书馆,建筑面积3364平方米,设计藏书容量80万册,可容纳读者座位500个。计算机49台,专线光缆接入,选用Interlib区域图书馆集群自动化管理系统。

业务建设

截止2013年底,无棣县图书馆总藏量135000册(件),其中,纸质文献125000册(件),电子图书10000万册。

3013年,无棣县图书馆新增藏量购置费20万元,中外文报刊280种,视听文献850种。2013年,地方文献入藏完整率为80%。

截止2013年底,无棣县图书馆数字资源总量为7TB,其中,自建数字资源总量0.5TB。2013年,完成了无棣县地方文献数据库建设。

为了满足不同层次读者的精神文化需求,我们把搜集整理、收藏和流通图书资料放在首位,贯穿于工作之中。

注重图书馆图书藏量的增加。新馆落成后,县财政每年都安排一定的资金购置期刊和图书。2012年新购置图书32000册,订购各类期刊、儿童读物249种。电子文献藏量510种,视听文献平均年入藏108件,书刊进馆后,都按照省图书馆配置的图书馆自动化管理系统进行著录、登记;对过期的图书、报刊及时清理,并建账、建卡、入库收藏。开架图书排架误差率分别控制在了3%以内。

还注重了地方文献收藏、保护和上架借阅。建设图书馆网站,创建了地方文献数据库,设立了专职人员,近年来,我们先后收集地方文献3500册。对于收藏的资料,均按要求进行标引、著录、登记、建账建卡、上架排列,按要求开放借阅。

图书馆新增加了一体多功能的多媒体教室、自习室,全部配备了桌椅并安装了大屏幕投影仪。新开发了无棣县共享工程使用平台,电子阅览室、数字图书馆供读者阅览。

读者服务工作

从2010年起,无棣县省图书馆全年365天天天对外免费开放,周开放60小时。2010年至今,书刊总流通35万人次,书刊外借41万册次。积极参与本地区图书馆联合编目,馆际互借、总分馆体系建设,与滨州市图书馆、阳信县图书馆等馆实行了馆际互借。加大服务网络建设,11个乡镇、街道办全部建有图书室,共有藏书100万册,年流通书刊150万册次,借阅人次达到25万人次。

到2013年,无棣县图书馆共举办讲座、展览、培训、阅读推广等读者活动210场次,参与人数6.5万人次。积极开展各种读书活动、送书下乡文化惠民图书流动服务,精心挑选的有关果树种植及病虫害防治、农作物的栽培技术、家庭科普手册、外出务工须知等文化科普宣传资料8000册,共享工程科技光盘200多种发送到了群众手中。开展了"庆六一·相约中国梦"等主题活动,各乡镇(街道)留守儿童或优秀学生代表在六月一日这一天,体验5D电影院,到儿童阅览室、电子阅览室阅读、上网等活动。

业务研究、辅导、协作协调

到2013年,无棣县图书馆职工发表论文11篇。积极发挥图书馆社会教育职能,深入县直部门、乡镇村社举办各类知识辅导110场次,21000余人次参加。举办共享工程基层网点技术培训班等活动12次,800余人次参加,下基层业务辅导,协助指导基层图书室、农家书屋分类、编目、上架图书9万多册。开展参考咨询服务,为政府机关、教育、企事业单位提供专题服务23项。为残疾人、进城务工人员、未成年人、老年人服务,设立老年人坐席,建立了盲人阅览室,为进城务工人员、未成年人提供绿色免费上网。

管理工作

2013年,无棣县图书馆完成全员岗位聘任,建立了工作量化考核指标体系,每月进行工作进度通报,每半年和全年进行总体工作考核。财务管理、人事管理、设备物资管理等全部制度化。

地方文献资料

儿童阅览室

阅览室

存有1935年以来的人民日报、大众日报、文汇报、解放军报等各种报刊资料

表彰、奖励情况

到2003年，无棣县图书馆共获得各种表彰、奖励14次，其中省文化厅表彰、奖励5次，省图书馆4次，市委、市政府2次，其他奖励3次。

馆领导介绍

文学锋，男，1970年1月生，本科学历，中共党员，馆员，馆长。1987年12月在图书馆参加工作至今。近年来先后发表论文10余篇。

未来展望

无棣县图书馆新馆至新馆投入使用以来，为了使新馆的布局和功能区域划分更趋于科学合理，充分利用空间、优化空间，为读者营造一个良好的阅读环境，在思路上，按照开放型、综合性、多功能的现代化图书馆要求，平面布局上遵循“方便读者，便于管理，高效服务”的原则，满足“查阅借藏一体化”的开架管理方式的要求，大大增加了馆舍面积，投资20万元，新购置了高规格的书架、阅览架、报架、阅览桌椅等设备，使馆舍面貌焕然一新，给读者创造了一个环境整洁、美观、安静的读书环境。在不断强化自身综合实力的同时，通过建设辅导各乡镇、社区图书馆（室），必将带动全县图书馆、农家书屋、文化大院的整体发展。今后的一段时间里，在不断加大自身投入的基础上，还要建设“尼山书院”一处，创新形成“图书馆+书院”模式的图书馆，让古老书院在现代图书馆中焕发青春，让藏在图书馆的文献典籍利用书院走进百姓，来提高公共图书馆的文化服务能力。

联系方式

地　址：无棣县新区文化中心图书馆
邮　编：251900
联系人：文学锋

博兴县图书馆

概述

博兴县图书馆最早成立于民国8年（1919年），附建于通俗讲所内；民国19年（1930年）并入民众教育馆；民国25年（1936年）独立建馆，时称博兴县民众图书馆，是滨州市最早的公共图书馆之一。1976年博兴县图书馆正式独立建馆。目前，县图书馆位于博城五路文化广场内，于1999年由县委、县政府投资兴建，2001年10月1日投入使用，馆舍面积3300平方米，有阅览坐席360个，计算机55台，宽带接入10Mbps，选用Interlib图书馆集群自动化管理系统。2009年在第四次全国公共图书馆评估定级中，首次评为全国公共图书馆国家级一级馆；同年被省文化厅评为“山东省读者喜爱的图书馆”。2013年在第五次全国公共图书馆评估定级中，再次评为全国公共图书馆国家级一级馆；同年被省文化厅授予“山东省古籍保护先进单位”。

业务建设

截止2012年底，博兴县图书馆总藏量218578册（件），其中，纸质文献198100册（件），电子图书期刊18179种/册，缩微制品、录音（像）带、光盘等2236件。

2012年，博兴县图书馆新增藏量购置费31.45万元，2009–2012年，平均年入藏图书3099种，共计24430册，报刊入藏38500册，视听文献入藏175种。2011年新建地方文献室，入藏文献973册。

截止2012年底，博兴县图书馆数字资源总量为4.3TB，其中，馆藏特色数字资源1.8TB。2009–2012年，完成建设《博兴县非物质文化遗产》、《博兴文学风采录》、《博兴文物》等地方特色数据库。

博兴县图书馆采用Interlib图书馆集群自动化管理系统及“一卡通”借阅服务，以适应和满足不同读者群体的需要。2011年，实现馆内Wi–Fi无线网络信号全覆盖。

读者服务工作

从2011年3月起，博兴县图书馆全年无假日对外免费开放，周开放64小时。2011年免费开放以后，书刊总流通12.5万人次，书刊外借11.2万册次。截止2012年，与12个乡镇、街道图书馆（室）实现了馆际互借服务；成立10个流动服务服务点。2011年5月，博兴县图书馆开展政府公开信息服务。

2007年，博兴县图书馆开始尝试建设图书馆网站（域名www.bzbxtsg.com），经过几年的努力和建设，已实现与省、市图书馆和全国共享工程的链接，读者可通过博兴县图书馆网站、全国共享工程博兴支中心VPN专网进行检索、浏览和下载。

2009–2012年，博兴县图书馆共举办讲座、展览、培训、阅读推广等读者活动175场次，全县每万人参加活动系数达2.868次。博兴县图书馆面向残疾人、青少年、老年人等弱势群体开展的针对性特色服务，深受广大读者的喜爱。2010年世界助残日期间针对视障读者开展的“借你一双慧眼”计算机培训活动，7月15日的《人民日报》曾给与高度评价。

业务研究、辅导、协作协调

博兴县图书馆注重工作人员的业务学习及培训，2009–2012年在馆职工18篇论文获奖发表，其中7篇省级以上核心刊物发表，一篇获中国图书馆学会征文一等奖。

2012年，博兴县图书馆开始构建“中心馆+分馆”的基层网络建设体系，网络将普及到12个乡镇、街道图书馆（室）、269个村（社区）图书室、10个学校图书馆。面向全县开展图书流通服务、地方文献联合征集、阅读推广与讲座展览服务、业务培训与技术支持等。2012年底博兴县图书馆实现与国家图书馆的联合编目。期间，面向全县图书管理人员举办图书管理培训班5期，20课时，100人次接受培训。

管理工作

博兴县图书馆实行岗位聘任制度，根据岗位责任制竞争上岗，同时，建立了工作量化考核指标体系，每月进行工作进度通报，每半年和全年进行总体工作考核。2009–2012年，共抽查文献排架22次，书目数据11次，撰写专项调研、分析报告4篇，极大地调动了工作人员的积极性。

表彰、奖励情况

2009–2012年，博兴县图书馆共获得国家、省、市、县各种表彰、奖励10次，其中，文化部表彰、奖励1次，省文化厅表彰、奖励1次，其他表彰、奖励8次。

馆领导介绍

高云兵，男，1969年10月生，本科学历，副研究馆员，馆长。1986年10月参加工作，2011年12月，担任博兴县图书馆

“百年馆藏见证历史发展”大型新闻报刊图片展

举办全民读书月活动

多媒体视听室

图书借阅室

长、文化信息资源共享工程博兴支中心主任。

张志霞，女，1975年6月生，本科学历，中共党员，馆员，党支部书记、副馆长。1993年8月参加工作，历任博兴县图书馆阅览室主任、图书馆副馆长，图书馆党支部书记等职。分管党务工作、精神文明建设、计生和办公室工作等。

张艳玲，女，1970年1月生，本科学历，中共党员，副研究馆员，副馆长。1988年4月参加工作，先后在图书馆外借室、地方文献室，任主任职务，2013年11月，担任图书馆副馆长，分管全馆业务工作。

未来展望

博兴县图书馆秉承“读者第一·服务至上”的原则，以“以人为本·创新服务”的服务模式推动博兴县公共文化服务体系的健康发展。目前“中心馆+分馆”是博兴县图书馆正在规划的一种重要发展模式，计划两年内在中心城区较成熟的社区，筹建“社区图书馆”，努力用县图书馆带动社区图书馆，并支援农家书屋建设，走进单位、企业等，共同分享图书资源。在未来的几年里，博兴县图书馆将在县三河两水一湖开发区另建一座建筑面积8000平方米的新馆舍。届时在发展传统图书馆资源的同时，还将加大对数字图书的投入力度，未来开通数字阅读平台，发展数字文化服务。博兴县图书馆将以建设现代化、数字化图书馆为发展目标，利用先进的计算机技术和数字信息系统，开展各种图书服务活动，提高广大人民群众整体素质，未来的博兴县图书馆将进一步扩大服务功能，延伸服务区域。走进社区、企业、乡镇等是未来发展的方向，同时将扩大服务人群，如农民工、残障人士等。为推动博兴经济发展提供智力支持，实现科技和文化的完美结合，努力把图书馆办成知识信息中心，文化教育中心，成为重要的知识信息枢纽和三个文明建设的重要窗口。

博兴县图书馆全貌

联系方式

地　址：山东省滨州市博兴县胜利二路文化广场内
邮　编：256500
联系人：盖　芳

举办青少年“暑期消夏阅读”活动

视障读者计算机培训活动

菏泽市牡丹区图书馆

概述

菏泽市牡丹区图书馆前身是菏泽县立中山图书馆，始建于1928年7月。1930年与民众教育馆合并，成为民众教育馆的一个图书室。1948年菏泽解放后，被冀鲁豫边区二、五行署文管处接管。1949年菏泽县文化馆成立后，下设图书室。1956年9月文化馆、图书馆分家，正式成立菏泽县图书馆。1958年秋，又与文化馆合并。1966年"文化大革命"开始，图书室关闭，图书全部封存，直至1972年图书室才恢复正常工作。经过几次的分合和变迁，再加上文革的破坏，藏书损失惨重，图书馆（室）基本上名存实亡。1983年县改市后，与文化馆分家，成立了菏泽市图书馆。1988年政府先后拨款114万元，在原址（菏泽老南华公园）扩建图书馆楼，1989年10月1日新馆建成正式对外开放，馆舍面积增加到2115平方米，藏书达62166册，阅览座席增加到240个。2009年，参加第四次全国公共图书馆评估定级，获得一级图书馆。2013年，在第五次全国公共图书馆评估定级中，再次获得一级图书馆。2011年，实施免费开放，服务窗口增加至12个。截止2013年，牡丹区图书馆有阅览座席340个，计算机52台，100Mbps宽带接入，配备了INTERLIB图书馆集群管理系统和智能图书防盗系统。

业务建设

截止2013年，牡丹区图书馆藏书总量177956册（件），其中，普通图书藏量129241册（件），期刊合订本9774册，报纸合订本8152册，连环画7459册，电子图书5633种/册，非书资料及视听文献17697种/册。

2009年以来，图书馆购书经费年均增加到10万元，2013年起增加到13万元。2010—2013年，共入藏图书10444种，18573册，报刊312种，视听文献12436种，其他非书资料6582种。同时，还加大了地方文献的收藏，建立了地方文献陈列室。

截止2013年底，牡丹区图书馆数字资源总量为3.95TB。与牡丹区非物质文化遗产保护中心共建了《牡丹区非物质文化遗产专题资源库》，资源总量达到58.9GB。搜集、加工、整合豫剧、曲剧、大平调、两夹弦、四平调、枣梆等地方戏音、视频资源382GB，建立了《菏泽地方戏曲专题资源库》，并在机房架设了点播服务器实现了电子阅览室内的网络点播。馆藏地方文献数据库，正在规划建设当中。

2012年，将自动化管理系统由原来的"ILAS小型版"升级为"INTERLIB图书馆集群管理系统"。同时增加了两台图书馆自助式终端查询机和两台智能电子存包柜。2013年实现了馆内WLAN无线网络覆盖。

读者服务工作

牡丹区图书馆一直坚持全年365天对外开放，特别是2011年全面实行免费开放以来，周开放时间由原来的56小时改为63小时。2009年以来，年均流通125813人次，书刊文献外借102691万。2010年起，每年编印《信息荟萃》四期，为政府机关、教育、科研、企事业单位和社会公众提供专题跟踪服务。2011年以来，先后增设了农民工阅览室、少儿借阅室、老年阅览室、书目自动查询处、政府公开信息专架等服务窗口。

2010年，建立了IIS网站，使用内网IP（192.168.1.5），在防火墙开辟81访问端口，整合OPAC查询、卫星接收服务器点播、公共文化服务视频点播等并于图书馆网站内，实现了局域网内在线点播。

2009—2013年，牡丹区图书馆共举办讲座、展览、培训、阅读推广等读者活动236场次，参与人数83641人次。2011、2012、2013连续三年举办了读书朗诵大赛选拔赛，分别选拔三组选手代表菏泽市参加了第六、七、八届全省读者朗诵大赛。

业务研究、辅导、协作协调

2009—2013年，牡丹区图书馆全体职工共发表论文23篇，担任编委、编辑的著作3部。其中获奖论文19篇。

2009—2013年，牡丹区图书馆全体馆员除坚持参加人事部门组织的专业技术人员继续教育外，还积极参加每周四下午馆内组织的集体业务培训，年人均参加岗位培训和继续教育达60个学时。选派业务骨干参加山东省图书馆学会、山东省图书馆培训16人次。

2009—2013年，牡丹区图书馆选派专业技术人员和业务骨干下基层，开展基层辅导113次。举办基层图书馆（室）、文化共享工程基层服务点管理人员，文化站长，古籍和非物质文化遗产普查与保护培训班28期，培训人员1564人。

2009—2013年，参与了全省公共图书馆联合编目、中华古籍联合编目和全省公益讲座联盟等。

图书馆外貌

多媒体教室

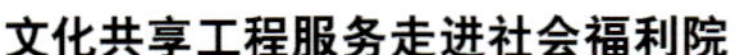
文化共享工程服务走进社会福利院

少儿借阅室

读书朗诵比赛活动

管理工作

2009—2013年，牡丹区图书馆严格按照《图书、资料专业职务试行条例》晋升、聘任专业技术人员职务，建立了工作量化考核指标体系，明确了岗位职责，实行了竞争上岗，每季度检查一次工作完成情况，每年进行总体工作考核，让能者上，庸者下。各种规章制度健全，人事档案、业务档案有专人管理，做到了归档及时，立卷准确，装订整齐，内容齐全。各种管理井然有序，各项服务工作开展顺利。

表彰、奖励情况

2009—2013年，牡丹区图书馆共获得各种表彰、奖励15次，其中，省文化厅、省图书馆表彰、奖励7次，菏泽市委、市政府、牡丹区委、牡丹区总工会表彰、奖励各1次，其他表彰、奖励5次。

馆领导介绍

韩庆国，男，1965年2月出生，本科学历，中共党员，副研究馆员，馆长，中国图书馆学会会员，山东省图书馆学会会员。1982年1月到牡丹区图书馆参加工作，先后在农业图书借阅部、普通图书借阅部、采编辅导部工作，历任牡丹区图书馆采编部主任、副馆长，2010年6月任牡丹区图书馆馆长（股级）。兼任文化信息共享工程牡丹区支中心主任，牡丹区古籍保护中心主任等职。2006年获山东省图书馆学会2001—2005年度优秀会员，2008年分获山东省图书馆2006—2007年度优秀会员和全省地方文献工作先进个人，2011年获中国图书馆学会2009—2011年度优秀会员，2012年获山东省古籍保护工作先进个人。在《山东图书馆学刊》发表论文3篇，在中国图书馆学会、山东省图书馆学会征文活动中多次获奖。

王艳英，女，1970年5月出生，本科学历，中共党员，党支部书记，副研究馆员，中国图书馆学会会员，山东省图书馆学会会员。1991年12月到牡丹区图书馆参加工作，历任牡丹区图书馆采编部主任、副馆长等职务。2014年2月，任牡丹区图书馆党支部书记，分管党务工作、财务工作、精神文明建设、协助分管业务馆长工作。在中国图书馆学会、山东省图书馆学会征文活动中发表多篇业务论文，并多次获奖。

张勇，男，1971年7月出生，本科学历，中级职称，副馆长。1992年9月到牡丹区图书馆工作，先后在普通图书借阅部、采编辅导部、技术部等部门工作。分管文化信息资源共享工程和办公室工作。

王瑞新，女，1976年10月出生，本科学历，中共党员，中级职称，副馆长。1992年12月参加工作，1996年12月到牡丹区图书馆工作，先后在外借部、参考咨询部、采编辅导部工作。分管业务工作。

未来展望

牡丹区图书馆本着“服务第一，读者至上”的原则，不断创新、完善读者服务工作。随着图书馆免费开放工作的深入开展，读者人数大量增加，牡丹区图书馆大部分设施、设备亟需更新，阅读环境也有待改善。在2014和2015两年，首先要对少儿借阅部进行扩展改造，增加自动查询机、图书智能防盗系统、电子存包柜等现代化服务设备，配备全新的阅览桌椅、少儿书架、期刊架，改造后的少儿借阅部面积将会增加到96.64平方米，阅览座席40个，年服务人次可达到5万人次以上；其次是增设残障人士阅览室，设立残障人专用通道，购置一些盲文书籍，配备视频助视器、盲文刻印机、盲文点显器等硬件设备及盲文读屏软件，为残障人士搭建一个读书、上网、交流的服务平台，满足他们对知识的渴望；第三是对公共电子阅览室和多媒体教室42台电脑设备进行更新，室内环境进行改造，从而来提高数字资源的利用率；第四是延伸图书馆服务，创服务品牌，将少儿阅读推广和图书馆流动服务进一步做大做强，让广大少年儿童和基层群众充分共享公共文化服务体系建设成果。

联系方式

地　址：菏泽市牡丹区图书馆
邮　编：274004
联系人：韩庆国

国学讲座

开展社会实践活动

少儿书法讲座

济南市天桥区图书馆

概述

天桥区图书馆自2009年被评为国家二级图书馆以来，始终坚持以科学发展观为指导，按照公益性、基本性、均等性、便利性原则，积极创新，不断增强公共图书馆服务能力，努力构建覆盖城乡、惠及全民的公共文化服务体系，切实保障了广大群众的基本文化权益。相继荣获济南市先进图书馆、山东省农家书屋建设先进称号，2012年被评为省级文明单位。

业务建设

现天桥区图书馆建筑面积2500多平方米，馆藏17万余册（件）。由成人图书馆、少儿图书馆、文化信息资源共享工程天桥支中心三部分组成，内设开架书库、密闭书库、报刊阅览室、电子阅览室、自修室、报告厅、展厅、少儿阅览室、少儿书库、活动室等，设施齐全、功能完善。目前，区图书馆共有干部职工9人，其中，大专以上学历7人，占78%，中级职称5人，初级职称2人。

根据文化部关于开展公共图书馆第五次评估定级工作的通知精神，我区图书馆对照评估标准，在进行自查的基础上，确定申报一级图书馆。

读者服务工作

天桥区高度重视图书馆建设，将图书馆事业发展列入全区经济社会发展规划，建立稳定的经费保障机制，并不断加大投入和政策扶持力度，优化图书馆发展环境。

一是大力加强图书馆设施建设。按照结构合理、布局突出、惠及群众的要求，不断调整、优化功能布局，先后投入170多万元，更新书架、电脑等设备，维护完善图书馆设施。2012年，又投入50多万元，在全市区县中率先建设完成少儿图书馆。少儿馆集中了2010年以来最新出版的、适合各个年龄段、涵盖各大类的优秀少儿读物，经过数据化处理等深加工，于2012年11月1日对外开放，自开放以来，少儿读者及借阅量逐步攀升。

二是积极推进基层公共文化设施建设。通过资金、设备、图书等扶持，帮助大桥镇、桑梓店镇、纬北路、北坦、北园等综合文化站、社区文化中心完成图书室建设，在率先实现农家书屋全覆盖的基础上，又先后为120个村的农家书屋充实更新图书。

三是大力实施重点文化工程。建立了具备多功能室、电子阅览室、文化信息交换传输机房的区级文化共享工程支中心，结合基层公共文化设施规范化建设任务，积极推进文化共享基层站点建设，在全区形成了以党员远程教育为依托的覆盖城乡的文化信息资源共享工程服务网络。

业务研究、辅导、协作协调

坚持以改善服务为主题，紧紧围绕一切为了读者，不断加强基础业务建设，提高图书馆服务能力。

一是积极调整、更新馆藏结构。逐年增加图书入藏量，增强图书馆吸引力。自09年以来，实行了开架服务模式，开架率达到80%以上，2010年至2012年，通过政府招标、集中采购，购入新书1万多种、3万多册。3年来，年购进新书平均值达到4300多种，年订阅报刊近200种。目前，区图书馆业务管理、读者服务系统全部采用Interlib图书管理系统，在此基础上，充分借助计算机技术和图书馆管理软件全面提升图书馆业务管理工作，实现了图书采编、流通、阅览自动化管理。

二是深入推进免费开放。始终坚持公益性，自08年新馆开放即在全市区县馆中率先实行无节假日免费开放，各功能场所及文献借阅、电子信息查询、业务指导、讲座、展览等服务项目全部免费，实行“零门槛”。图书馆报刊阅览室、图书借阅部、电子阅览室、自习室以及所提供的文献借阅、电子信息阅览、展览、讲座以及办证、存包等免费服务内容、项目及制度全部对外公示，形成常态化，年服务达到10万多人次。

三是服务活动丰富多彩。以世界读书日、图书馆服务宣传周、科普宣传周以及天桥区全民学习节活动为契机，积极策划、有针对性地开展服务活动，深入推进全民阅读活动。自2009年开始，在城区开展了文化共享工程电影进广场活动，每年进社区、进广场为城区群众免费放映电影100场次；利用数字资源，结合实际，为各街镇刻录配发阅读知识、红色专题、农业技术等光盘资料；定期或不定期举办视频讲座、专题片放映、读者沙龙以及电脑实用、法律法规宣传培训；开展送书下乡、图书漂流、诗歌朗诵、图书展销、农家书屋征文比赛等系列活动，并在全市诗歌朗诵活动中获得优秀组织奖。

四是切实发挥图书馆信息服务作用。围绕区委、区政府中心工作，加强参考咨询和信息服务，先后为区党史办、史志办以及人大代表、政协委员、读者等单位和个人提供支持，编辑出版《天桥区历史文化概览——文化卷、工业卷》、《明代晏璧——济南七十二泉诗注释》、《济南七十二泉考疏证》等。另外，主动加强与济南市图书馆和基层馆（站）的协调合作，延伸服务半径，配合基层公共文化设施规范化建设和文化信息资源共享工程建设，主动为基层提供业务辅导，受到好评。

管理工作

坚持以“服务群众、服务发展、服务基层”主题活动为抓手，不断加强作风建设和制度建设，强化标准意识和规范意识，建立健全年度考核、平时考核、服务承诺以及图书管理各项制度。科学合理设置岗位，在全馆推行全员聘用制，开展专业技术岗位竞聘上岗和科级干部竞争上岗，推动创先争优活动开展。同时，注重业务学习，始终把业务人员的在职培训和继续教育作为工作重点，以培训促发展。采取“请进来、走出去”和集中培训等方法，鼓励支持业务干部参加各类学习，在知识、技能和素质三个方面提高服务技能。先后组织参加省市图书馆文化共享、图书分类、图书馆建设发展等培训班。积极邀请省、市图书馆业务骨干来馆指导授课。分批组织业务干部到市图进行现场学习实践，掌握图书数据录入、采编、借阅、期刊记到等图书馆自动化系统管理。图书馆人员利用业余时间，参加学历教育、计算机应用知识以及各种工作研讨活动，并立足本区开展调查研究、撰写专业论文，取得较好成绩。

未来展望

近年来，天桥区图书馆各项工作都取得了一定成绩，但是与上级和广大群众的要求相比，与先进单位相比，仍有不少差距。我们将以这次图书馆评估定级工作为动力，围绕优化服务、拓展图书馆教育和提高信息功能，进一步解放思想，创新观念，为推动图书馆公共文化服务体系建设做出积极贡献。

联系方式

地　址：济南市天桥区济洛路219号
电　话：0531-81601095
邮　箱：tqqtsg2009@163.com
联系人：盛 岚

淄博市临淄区图书馆

概述

临淄区图书馆成立于1978年，现为国家二级公共图书馆。馆址位于临淄区齐都文化体育城北区，建筑面积3065平方米。馆内设有采编室、资料室、成人借阅室、少儿借阅室、报刊阅览室、电子阅览室、盲人阅览室、多媒体教室等。现有藏书20万册、期刊300余种，电子阅览室电脑60台，接入宽带100Mbps，选用Interlib自动化管理系统。每周72小时对外开放，同时，不断创新工作方法，为读者阅读创造良好条件。

业务建设

截止2013年底，临淄区图书馆图书总藏量21万册，其中，纸质文献19万册，其中，期刊3000册，报纸3000种。2009年以来，累计购书经费财政拨款100万元，其中，2013年财政购书经费30万元。2010年，馆内新设两台自助查询机，更新了60台联想计算机。为了提高工作效率、增强为读者服务能力，采购Interlib图书自动化管理系统。并于2012年实现Wlan馆内全覆盖。

读者服务工作

临淄区图书馆在各级党委的正确领导下，发挥集体团队的实干精神，团结一致，克服困难，解放思想，开拓进取，努力推进和谐社会建设、促进社会主义文化大发展大繁荣。一是认真履行图书馆的公共服务职能，坚持“读者至上，服务第一”的工作宗旨，自2009年以来，图书借阅实行全免费。图书藏、借、阅一体的全开架大流通管理模式，节假日、双休日均对外开放。二是在做好阵地服务的基础上，开展形式多样、寓教于乐的读书活动，如全民阅读月、读者座谈会、征文、书评、志书展、亲子诵读、专家讲座等，突出图书馆的公益性与专业性，让群众共享文化资源。三是不断加强与读者的联系，通过召开读者座谈会、发放图书订购意见表、网站留言等方式，广泛征求读者意见。四是倡导特色建设，盲人阅览室配有百余册盲文书刊、千余种有声读物、微机、点显器、助视器等，实行电话预约上门接送服务，免费为失明以及弱视读者提供网络浏览、盲文阅读等服务；文化信息资源共享工程发挥作用，下载刻录科学养殖、医疗保健等农村群众急需的光盘资料，丰富基层站点；名人书屋、齐文化资料室等强调特色馆藏，妥善保护古籍资料。五是不断拓展业务范围，结合各镇（街道）综合文化站的建设进度，建设图书分馆28家、农家书屋、文化共享工程基层站点等，大力开展送书到农村、到学校、到企业、到军营活动，以阅读为桥梁，积极传播先进文化。2009年至今，在全区先后建成了13个镇级图书分馆，村村建成农家书屋，实现了共享工程基层站点100%覆盖。

业务研究、辅导、协作协调

从2010年起，与市图书馆签订合作共建协议，由市馆指导协作工作，包括联合编目、地方文献联合征集、业务培训和技术支持等工作。

管理工作

临淄区图书馆已实现全员岗位聘任，同时，建立健全工作量化考核指标体系，实行全年工作考核制。截止2013年，共抽查文献排架35次，书目数据12次，并及时向各科室通报结果。

表彰、奖励情况

2010—2013年，临淄区图书馆工获得各种表彰、奖励20次，其中，市级表彰8次，区委、区政府表彰、奖励12次，区文化出版局表彰8次，其他表彰、奖励2次。

馆领导介绍

胡学国，男，1968年11月生，本科学历，中共党员，区文化出版局副局长，馆长。自2007年担任图书馆馆长以来，认真学习贯彻党的路线方针政策，积极投身于全区图书文化事业，团结和带领全馆干部职工与时俱进、改革创新、求真务实、创先争优，深入开展各项优质服务。工作中，坚持廉洁自律、从严治馆、关心同事，以诚待人。同时，在多方调查、摸清家底的基础上，针对书少、书旧、读者少、环境差等客观问题，锐意改革，顺利通过了全国第四次、第五次公共图书馆评估定级工作。由于工作成绩特别出色，胡学国同志先后被省、市、区各级政府表彰为先进个人、优秀党员。

唐曾刚，男，1966年4月生，本科学历，中共党员，副馆长。1988年参加工作，26年来，他兢兢业业、脚踏实地、爱岗敬业、默默奉献，顾大局、识大体，优质高效地完成了组织和领导交办的各项任务，受到大家的认可和赞誉。2011年以来，先后被省文化厅、区委、区政府评委先进个人。

未来展望

区图书馆在上级党委的指导下，以“为民务实清廉”为工作要求，不断提高服务群众水平。临淄是齐文化的发祥地，是齐国故都，现在正集合全馆的人力、物力建设齐文化数据库。未来的几年，临淄区政府将建设市民文化活动中心，中心包括新建设临淄区图书馆新馆，新馆上下三楼，可容纳1000人到馆阅览。同时，临淄区图书馆将继续加大和兄弟馆之间的合作共建，相互学习，相互促进，使图书馆成为临淄的地标品牌。

联系方式

地　址：临淄区齐都文化体育城北区
邮　编：255400
联系人：杨晓东

成人阅览室

图书馆大厅

少儿阅览室

平阴县图书馆

概述

平阴县图书馆1992年正式建馆，其前身是平阴县文化馆图书室，馆址位于平阴县榆山路54号，是平阴县城中心地带，建筑面积2300平方米。设计馆藏图书容量100万余册。可容纳读者坐席400个，计算机50台，宽带接入100M。文化信息资源共享工程平阴县支中心设在我馆。2013年参加第5次全国公共图书馆评估，获国家二级图书馆称号。

读者服务工作

截止2013年底，平阴县图书馆总藏量205650册（件），其中，古籍善本书籍2400册（件），报纸、期刊2250种/册。从1999年起平阴县图书馆全年对外免费开放，1999–2013年，书刊总流通273750人次。2012年至今，先后开通与平阴县8个街道办事处、镇图书馆的馆际互借服务。建成5个分馆，11个流动图书室，346个农家书屋，馆外书刊流通总人次57600人次，书刊外借12500册。

2012年至今平阴县图书馆网站访问量21600次。1999–2013年，平阴县图书馆共举办讲座、展览、培训、阅读等主题活动136次，起到良好的社会效益，为平阴县经济发展和精神文明建设做出贡献。

业务研究、辅导、协作协调

平阴县图书馆十分注重馆职人员的思想政治学习和业务学习工作，每年都有计划有系统地学习图书馆基础业务知识和图书馆现代化技术，以适应图书馆发展的需要。在加强自身业务学习的同时，还注重加强与兄弟馆室的业务研究与协作协调，并对县直企事业单位和中小学校的图书馆（室）进行业务辅导与指导，共同提高了平阴县图书馆事业发展的水平。从2010年起，平阴县图书馆以文化信息资源共享工程VPN专网为依托，在全县范围内发起组建平阴县公共图书馆街道、镇办分馆和消防大队、看守所、社区等流动图书室，组织举办主题阅读推广与讲座、展览、业务培训与技术支持等活动，受到上级业务部门与广大市民的好评。

图书馆外貌

管理工作

从2000年起，平阴县图书馆完成全员岗位聘任，共聘任共设副高类岗位1个，中级类岗位3个。同时，建立了岗位职责考核指标体系，每年进行一次岗位工作考核。

表彰奖励情况

平阴县图书馆2010年–2013年共获得各种表彰5次。全部为市级表彰。

馆领导介绍

李进占，男，1968年9月生人，本科学历，中共党员，馆长。1987年10月参加工作，历任平阴县文化市场稽查队副队长、队长，2011年任平阴县图书馆馆长。2007年获山东省文化市场管理先进个人，记三等功。2008年获平阴县“规范执法、优质服务”标兵个人。

刘万宝，男，1970年12月生人，本科学历，助级管理员，副馆长。1991年7月参加工作，历任平阴县栾湾乡中心小学教员，94年12月任体校教员，2011年任平阴县图书馆副馆长。

夏峰，男，1963年6月生人，中专学历，图书资料馆员，副馆长。1985年7月参加工作。历任平阴县图书馆馆员、采编部主任、辅导部主任，2012年任平阴县图书馆副馆长。中国图书馆学会会员，1999年–2013年共发表学术论文多篇，其中获中国图书馆学会优秀论文奖三次，济南市图书馆学会优秀论文奖5次。

未来展望

平阴县图书馆将以建设现代化、数字化图书馆为发展目标，利用先进的计算机技术建立交互式数字信息系统和查询手段，推动我县经济发展，提高群众整体素质，实现科技和文化的完美结合，努力把图书馆办成知识信息中心，文化教育中心，把图书馆建成我县重要的知识信息枢纽和精神文明建设的重要阵地。

联系方式

地　址：济南市平阴县榆山路54号
邮　编：250400
联系人：夏　峰

读书朗诵大赛现场

看守所流动图书室揭牌

武警中队共建流动图书室揭牌仪式

烟台市芝罘区图书馆

概述

烟台市芝罘区图书馆是于1987年经烟台市芝罘区编委[1987]芝编字第10号文件批准，在原第三文化馆图书阅览室的基础上，组建成为芝罘区图书馆。图书馆隶属于芝罘区文化新闻出版局，为股级文化事业单位。馆址几经变迁，2000年5月，位于芝罘区大海阳路67号的新馆建成开放。馆舍面积为2833.65平方米，藏书25万册，有可供读者使用的座位120个，计算机25台，宽带接入100Mbps，选用Interlib图书馆集群自动化管理系统。馆内设儿童外借室、成人外借室、儿童阅览室、成人阅览室、采编室、展览厅、资料室、电子阅览室、办公室、报刊库及书库等。现有工作人员7名，中级职称1名，初级职称6名。

业务建设

截止2012年底，芝罘区图书馆总藏量25万册（件），其中图书15.4万册，报刊1100册，视听文献279件，电子文献94610万种。2012年图书馆新增藏量购置费39.4万元，共入藏中文图书3070种，中文报刊30种，视听文献279件。芝罘区图书馆有视听文献、文化共享工程等数字资源，总量约为4T。

读者服务工作

从2009年起，芝罘区图书馆全年365天天天对外免费开放，每周开馆时间为63小时。芝罘区图书馆年总流通人次50874（书刊外借人次27656，读者咨询307次，阅览室13056，电子阅览室9855），书刊外借8.6万册次。

2009—2012年芝罘区图书馆建有服务点、流动站共计17家单位。

这些服务点，主要是驻烟部队、街道办事处文化站。芝罘区图书馆通过对各服务点进行集体借书、流动图书等方式，为服务点提供文献借阅服务，平均每年送书30.6千册次。2012年芝罘区图书馆通过文献提供、信息咨询等方式为本地区重点教育、科研和企事业单位以及为社会公众提供专题服务307次。在2012年11月共发放读者满意率调查表223份，读者满意率达到96.4%。

2009—2012年，芝罘区图书馆共举办讲座、展览、培训、阅读推广等读者活动31场次，参与人数22351人次。

业务研究、辅导、协作协调

2009年—2012年期间，芝罘区图书馆走出馆门，到社区、学校、企业、部队协助他们办好图书馆（室）每年我馆采编辅导人员都要下基层二至一个半月时间为我区社区文化站、企业部队，辅导培训，组建图书馆（室）。近年来我馆为只楚、幸福、通伸、白石、世回尧等街道办事处，村街组建的图书馆（室）有十余所。与此同时，我们年内为基层图书馆(室)举办业务骨干培训两次，达200余人次。并与馆际之间开展资源共享，互相协作协调，利用我馆及厂矿、社区文化站、学校、部队、图书馆(室)的图书，做到互相借阅、互相流动，使我区图书馆(室)基本形成网络化管理。烟台市芝罘区图书馆网络设计工作由采编室、辅导室共同承担，2010年芝罘区图书馆总馆分街道建设被提上议事日程，提出《烟台市芝罘区公共图书馆总馆分街道建设实施方案》，并开始进行试点。芝罘区图书馆地区街道、乡镇、社区、村图书馆参与服务网络建设由办公室人员负责，街道文化站13个。其中与芝罘区图书馆签订馆际合作协议书13个，达到100%。

芝罘区图书馆共有13个馆外服务点，总分馆制实施后，这些服务点将成为芝罘区图书馆的服务点，目前各服务点借阅工作正常开展，年均外借图书2万册以上。

管理工作

我馆实行了岗位管理和工作目标管理责任制，按需上岗、按岗聘用、竞争上岗、择优聘用、严格考核。财务管理由芝罘区财政局核算中心统一管理。设备、物资由专人管理，专人保管，我们制定了相应的工作制度，做到各项物资、相应设备，随时可供使用，并设有职工考核档案、参考咨询档案、业务辅导档案，各类统计齐全。

表彰、奖励情况

2009—2012年，芝罘区图书馆共获得各种表彰、奖励7次，其中，市级表彰3次，区级表彰4次。

馆领导介绍

谢国强，男，1956年5月生，大专学历，副研究馆员，馆长。1974年12月参加工作，1982年12月调入馆内，2002年担任馆长一职。

袁婧，女，1968年出生，本科学历，馆员，书记。1987年7月参加工作，1990年调入馆内，2010年9月担任图书馆书记，现为芝罘区图书馆山东省美术家协会会员，山东省画院特邀画师，烟台市美术家协会会员，政协书画联谊会会员。

于全胜，男，1962年2月生，本科学历，副研究馆员，副馆长。1979年8月参加工作，1996年调入，2010年9月任芝罘区图书馆副馆长，现为中国散文学会会员，山东省作家协会会员，烟台市文联委员，烟台市作家协会理事。

未来展望

2013年7月，芝罘区图书馆在现馆址进行了馆升级改造，增加了必须的硬件设备，扩大了儿童、成人借阅室，在未来几年里，芝罘区图书馆将全面实行自动化管理。今后，还将推出特色讲座活动，进行乡土教育、爱国主义教育，以此弘扬优秀传统文化，满足广大读者的文化需求。

随着新馆的投入使用，芝罘区图书馆将以崭新的姿态迎接新的挑战，在今后的工作中，将与时俱进，不断完善检索系统，加强参考咨询服务，整合特色资源，拓展服务领域，最大限度地发掘和利用文献资源，逐步形成具有地方特色的服务模式和服务品牌。

联系方式

地　址：烟台市芝罘区图书馆
邮　编：264002
联系人：谢国强

枣庄市峄城区图书馆

概述

峄城区图书馆于1985年5月独立建制，原馆址位于承水中路。1990年8月搬迁至峄山路，同年对外开放至今，面积为1500平方米，馆藏图书8万余册，有阅览坐席230个，计算机45台，宽带接入10Mbps。内设部门办公室、采编室、外借室、阅览室、辅导室、特藏室、多媒体教室、中心机房、电子阅览室、自修室，1994年被文化部首次评为“国家三级图书馆”，2004年参加第三次全国公共图书馆评估，被评为国家二级图书馆至今，2007年被定为全国文化信息资源共享工程峄城支中心。

业务建设

截止2012年底，峄城区图书馆总藏量8万册，电子文献藏量500种，从2011年起，图书年入藏量2500种，报纸年入藏量240种，视听文献年入藏量35件。截止2012年底，峄城区图书馆数字资源总容量为4T，馆藏中文文献按CNMARC格式将1949年以来的馆藏中文普通图书做成机读目录占馆藏书文献的50%，同时将建国以来的《峄城文史资料》建立了地方文献专题数据库，数据库容量10GB。

读者服务工作

从2011年12月起，峄城区图书馆全年365天对外免费开放，周开放60小时，书刊文献开架比例84%，馆藏书刊文献年外借率50%，书刊文献外借册次8万/年。2010年开始开通馆外8个读者服务场所，设专人定期巡回送书，外借5千册次/年图书。该馆利用墙报、推荐书目小册子以及宣传报等形式开展宣传活动，推荐图书500余种/年，2009年至2012年，峄城区图书馆举办讲座、培训共计近百次，举办各类展览30余次。对重点读者、重点科技专业户、科研单位无偿提供信息服务。每年举办元宵灯谜会、五月图书馆服务宣传周、十二月全民读书月等活动，专门开设老年阅览座席，主动为残疾人送书上门。

业务研究、辅导、协作协调

从2009年至2012年，峄城区图书馆专业技术人员积极撰写专业论文，省级以上刊物发表论文4篇，写出有参考价值的调查报告2篇。

近年来，峄城区图书馆积极与枣庄市图书馆开展了协作协调和采购协调工作，积极探讨馆际互借的可行性，并付诸实施。从2007开始，该馆作为全国文化信息资源共享工程的支中心，参与信息资源的储存、整理、流转，完善了自身作为信息节点平台的建设工作。

从2009年开始，峄城区图书馆加大对本地区图书馆服务网络建设规划，将本地区街道、乡镇、社区、农家书屋纳入到图书馆服务体系，延伸了公共图书馆服务的深度和宽度。

从2009年截止2012年底，峄城区图书馆的基层辅导工作效果显著，每次辅导都有计划、有总结，并写出有价值辅导工作报告，对本地区公共图书馆的业务统计进行分析，从2009年开始，峄城区图书馆先后开办了农家书屋管理员培训班、乡镇图书室管理员培训班、资源共享工程乡镇基层点培训班，累积20余次。

管理工作

峄城区图书馆制定了健全的规章制度，以制度管人，按需设岗，竞争上岗择优聘用；同时建立了工作量化考核指标体系，每季度进行跟进通报。

表彰、奖励情况

2009年12月峄城区阴平镇获“省文化信息资源共享工程规范化站点”；2009年12月峄城区图书馆报送的《匡衡故里文化传播的领头雁》在2009年首届山东省文化共享工程服务典型专题片评比中，获优秀奖；2010年1月第四次全省公共图书馆评估定级，被文化部评为“国家二级图书馆”；2010年3月李转云同志被评为“山东省优秀图书馆工作者”；2010年峄城区获省“优秀农家书屋”；2010年12月峄城区图书馆被枣庄市文化广电新闻出版局评为“优秀图书馆”；2010年12月马丽玲同志被枣庄市文化广电新闻出版局评为“优秀图书馆工作者”；2011年11月李萍同志被评为峄城区“农家书屋”先进个人。

馆领导介绍

李萍，女，1965年10月生，本科学历，中级职称，馆长，1982年12月参加工作，2013年10月任峄城区图书馆馆长，兼任全国文化信息资源共享工程峄城支中心主任。

马丽玲，女，1972年10月生，本科学历，助理馆员，副馆长，1992年7月参加工作，2013年3月任峄城区图书馆副馆长。

学生走进图书馆

峄城区图书馆对区党校图书室进行业务指导

图书馆服务宣传周

走进区实验幼儿园送书活动

李清，男，1975年12月生，本科学历，中级职称，副馆长，1997年7月参加工作，2013年3月任峄城区图书馆副馆长。

未来展望

数字时代的峄城区图书馆，紧紧围绕图书馆的核心功能，以馆藏资源数字化为基础，打造基于互联网的资源传播平台，更好的发挥公共图书馆的作用。2010年峄城区文体中心建设工程启动，新的图书馆将于2015年启用，全面建成的新图书馆将由两部分组成，建筑面积将达7000余平方米，将完全满足峄城区人民群众的阅读要求。正值党和政府将"全民阅读"提升到国家战略，峄城区图书馆将紧跟时代要求，在此战略本地区实施的过程中发挥引领作用，为书香溢满峄城而奋斗。

联系方式

地　址：枣庄市峄城区峄山中路2号
邮　编：277300
联系人：李 清

为残障人士送书上门

枣庄市台儿庄区图书馆

概述

台儿庄区图书馆成立于1987年，现位于兴中路122号，占地面积2.68亩，总建筑面积2000平方米，拥有藏书9万册。为全额拨款副科级单位，现为“国家二级图书馆”。

台儿庄区图书馆编制14人，设馆长1名、副馆长2名。目前实际在职人员13人，其中图书系列副高职称2人、馆员（中级）职称5人、初级职称6人，本科10人。

现对外免费开放电子阅览室、多媒体教室、多功能视听室、成人阅览室、儿童阅览室、过刊室、特藏室、第一、第二外借室、贺茂之将军爱乡书屋等服务窗口和一个业务辅导咨询室。2007年10月建成文化信息资源共享工程台儿庄支中心，组建开放了公共电子阅览室，设有中心机房等全套信息设备，依托远程教育终端接收站，加挂共享工程基层服务点的牌子。

业务建设

截止2013年底，台儿庄区图书馆总藏量19万册（件），其中，电子图书10万册，报纸类共90种1.5万册，期刊类共76种1.2万册，地方文献特藏图书类共8450册，其他过旧期刊杂志类共2000余册。

2007年以来，台儿庄区图书馆通过全国文化信息资源共享工程国家中心和省分中心配发资源、卫星接收、网络下载、自建购买等方式，整理储藏的数字文献资源量达3.5TB(1TB数据量相当于25万册电子图书或926个小时视频节目)，其中国家数字图书馆启动实施“县级数字图书馆推广计划”，台儿庄区图书馆获得配送的数字资源总量就达1.024TB，内容包括《百年守望》、《馆藏故事》、《文明与创造》等3个视频资源，《前尘旧影》、《年画撷英》等2个图片资源，5000种“电子图书”和2000种人文社科类“电子期刊”等2个书刊资源，“政府信息”与“中国事典”等2个网络资源在内的综合数字资源体系。

读者服务工作

台儿庄区图书馆实行全年对外免费开放。建馆以来，始终坚持“为人民服务、为社会主义服务”工作方针，本着“读者至上、热情服务”的工作原则，充分利用馆藏文献资源为地方政治经济社会发展服务，同时认真抓好农村、企业、校园、警营、机关及社区图书室的经常性辅导、巩固和新建工作。

业务研究、辅导、协作协调

2002–2014年，职工发表论文32篇。

台儿庄区图书馆充分利用文化共享工程资源及服务设施，积极开展网上资料查询、参考咨询辅导、电子图书/音像资料借阅、举办专题讲座、播放文化共享影视片等服务活动，年均举办专题讲座5余场次、播放优秀影视片13余场次，开展有关计算机知识、汽车装饰、卫生保健、农业科技、职业技能、图书馆业务、共享工程工作等培训30余场次，年均接待各类读者1.2万余人次。

管理工作

2014年，台儿庄区图书馆建立了工作量化考核指标体系，每月进行工作进度通报，全年进行总体工作考核。

表彰、奖励情况

2009年被山东省文化厅评为全省文化系统先进集体；2010年被枣庄市人民政府评为先进图书馆；2011年被市新闻出版局评为先进集体；2011年9月份选派4名优秀人员参加了省文化厅举办的“三级图书资料馆员资格证”的培训；2012年被区委、区政府评为文化系统先进集体；2002年至今被枣庄市人民政府评为市级精神文明建设先进单位。2013年4月在全国第五次公共图书馆评估定级验收中通过二级图书馆验收。

馆领导介绍

瞿怀海，男，1963年3月生，本科学历，中共党员，馆长。1981年11月在空军地空导弹兵第十五团服役，1984年至1986年在空军勤务学院学习，1987年至1991年在空军地空导弹兵第一团工作，干部。1992年至1998年在空军大连基地工作，干部。1999年转业到台儿庄大战纪念馆工作，任工会主席。2005年11月选拔为台儿庄区文化广电新闻出版局副局长兼台儿庄区图书馆馆长，2008年获优秀共产党员，2010年获山东省优秀图书馆工作者，2010年被市人力资源和社会保障局特记个人三等功，2014年被评为先进个人。

曹怀亚，男，1965年3月生，大专学历，中共党员，副馆长。1986年12月参加工作，1996年6月被台儿庄区文广新局任命为台儿庄区图书馆副馆长。分管安全生产、党建等，2011年被评为安全生产先进个人。

张震，女，1976年7月生，本科学历，副馆长（副研究馆员）。1995年12月参加工作，担任台儿庄区图书馆办公室主任，2012年10月被台儿庄区文广新局任命为台儿庄区图书馆副馆长。分管图书馆业务、办公室等。2009年被评为区级优秀网络评论员，2010年被评为市级优秀工作者，2012年分别被评为省级先进个人、区级巾帼建功示范标兵、文化系统先进个人，2013年获得枣庄市第22次社会科学优秀成果奖。

未来展望

今后，台儿庄区图书馆将以新馆建设、整合资源、培养队伍、健全管理、文明服务为重点，转变发展观念、创新发展模式、提高发展质量，努力充实文献信息资源，加大图书馆人才队伍建设，不断提高服务质量和服务水平，增强图书馆综合实力，把台儿庄区图书馆建设成为地方综合性文献馆藏中心、信息服务中心、书目数据中心，为台儿庄区经济发展和社会进步，构建文明台儿庄，提供全方位、多层次、高质量、高效率的文献信息服务。

联系方式

地　址：枣庄市台儿庄区图书馆
联系人：瞿怀海

蓬莱市图书馆

概述

蓬莱市图书馆建于1975年，现址位于蓬莱市钟楼北路85号，建筑面积约2100平方米，1999年被国家文化部授予二级图书馆。图书馆馆藏文献13.6万余册，其中包括古籍50467册，石景宜藏书1300册，近代文学4601册，现代文学996册，现代期刊3125册，三十年代杂志2202册，译著2785册，戏剧本1565册，各种全集781册，文史资料354册，回忆录144册，工具书115册，画册568册。年订阅报纸22份，期刊62种，现持证读者2400余人，年接待读者11万人次。蓬莱市图书馆设有借书室、综合阅览室、儿童阅览室、电子阅览室、多媒体教室、资料室、办公室等多个对外服务窗口，为读者提供报刊、图书的内阅、外借及文献的咨询和检索等服务。2004年至2007年，图书馆积极争取地方财政支持，建立了包括中心机房、多媒体教室和电子阅览室完善的文化信息共享工程基层中心，拥有电子计算机47台，外接10兆光纤入网，为广大读者提供网上查询、主题服务、多媒体阅览等各项服务。蓬莱图书馆现有工作人员11人，其中高级专业人员1人，中级专业人员7人，大专以上学历占90%。蓬莱市图书馆除日常的业务工作外，还负责全市基层图书馆（室）网的建设和业务辅导任务，为地方驻军，各街道、机关、乡镇村图书馆（室）提供业务指导与人员培训。蓬莱市图书馆坚持以“读者第一、服务至上”的宗旨，为传播科技知识、丰富文化生活做出自己的贡献。

业务建设

截止2012年底，蓬莱市图书馆总藏量13.6万册（件），年购书经费10万元。年均新增图书2000种、年订阅报纸22份、期刊62种。完成烟台市古籍普查，部分古籍收入《烟台市珍贵古籍名录图录》和《山东省珍贵古籍名录》。2010年更换新的数字管理系统——智慧2000。实现了采访、编目、典藏、流通、检索的自动化管理。

读者服务工作

蓬莱市图书馆全年年费开放，周开放时间56小时。书刊文献开架比例达到81.25%。与驻蓬莱海军和武警总队结成军民共建单位，定期为部队开展送书进军营活动，年均2000册次。为蓬莱巨涛和看守所办理集体外借业务，免费实行图书借阅，年均外借2000册次。年均书刊年外借18000人次，81000册次、书刊阅览10000人次、举办读者活动3次、讲座4次。年均开展乡镇及社区图书室专业人员培训2次以上。

业务研究、辅导、协作协调

2009—2013年，蓬莱市图书馆工作人员发表论文50余篇。员工岗位培训、继续教育人均110学时/年。加强本地区街道、乡镇、社区图书室参与服务网络建设的比例达到80%以上。对全市12个镇（街道）和4个社区的图书馆及9个馆外服务点开展基层业务辅导、培训工作。积极参加烟台图书馆组织的古籍普查培训班、业务竞赛。

管理工作

蓬莱市图书馆建立了严格的岗位考核标准，各部门均有各自的岗位要求细则。同时，建立了工作量化考核指标体系，每月进行工作进度通报，每季度尽心汇总，每半年和全年进行总体工作考核。

表彰、奖励情况

2009—2012年，蓬莱市图书馆共获得各种表彰、奖励6次，其中，省文化厅表彰、奖励2次，其他表彰、奖励4次。

馆领导介绍

付强，男，1975年2月生，大学本科学历，中共党员，馆长。1997年8月参加工作。

未来展望

蓬莱市图书馆遵循“科学、务实、高效、便民”的方针，加强馆员的业务培训。在提供传统的参考咨询、图书馆学研究、业务辅导、视频资料、阅览服务、定题服务、报道服务、试听服务、复制服务的基础上，强化服务竞争、拓展服务领域，采取有效措施，为读者提供更多的创新服务，实现图书馆优质高效服务的终极目标，以促进社会主义文化的大繁荣、大发展。

联系方式

地　址：山东省蓬莱市钟楼北路85号
邮　编：265699
联系人：付　强

农家书屋管理员培训班

书库

电子阅览室

枣庄市山亭区图书馆

概述

山亭区图书馆前身是齐村区图书室，1983年区划，成立了山亭区图书馆，为独立核算全额事业单位编制，现隶属于山亭区文化广电新闻出版局。1993年，由于政府单位搬迁，致使各项工作暂时停止。多年来，区委、区政府高度重视图书馆事业，把图书馆建设作为区域文化事业发展的重要内容，纳入了全区社会经济发展总体规划，图书购置费列入财政预算，图书馆工作有了长足发展。区委、区政府在财力紧张的情况下，投资2000余万元新建区图书馆，并于2013年10月正式启用。新图书馆位于的山亭市民中心东南部，采用欧式风格建筑。总建筑面积为3000平方米，馆舍内部按照动静分离原则布局，按功能需求：一楼设有文献资料库、期刊部、借阅部、办证处。二楼设有辅导部、自修室、电子阅览室、文化共享中心；主要服务项目有图书借阅、报刊阅览、信息咨询、宽带上网等。

业务建设

2013年山亭区财政拿出10万元资金用于图书馆购置新书。馆内现有藏书、期刊、杂志近10万册（种），电子出版物8万册（种），阅览坐席120个，二层配有240个，计算机50台。外借部、自修室、书库电子阅览室等建筑面积都在200平方米以上。可为近400位读者提供自修、学习阅读等服务。

图书馆建成了由业务管理子系统和多媒体网络子系统构成的计算机网络系统暨山亭区数字图书馆已经启用，馆藏电子图书8万余册；建设完善"全国文化信息资源共享工程"山亭支中心，通过网络把优秀的文化资源传播到社区、乡村、学校、军营，是我区干部、群众、学生读书求知的最佳场所。2013年，在开展全国第五次公共图书馆评估定级工作中，我们高度重视此次评估定级工作，坚持"以评促建，评建结合，重在建设"的原则，以"提高图书馆服务质量、办馆水平"为目标，以评估为契机，进一步完善建设内容，功能布局和设备配置，加强馆内图书资料的。收集整理，规范管理制度，提高服务质量和办馆水平，顺利通过了评估定级，被文化部评为"国家二级图书馆"，社会反映良好。

读者服务工作

在区委、区政府的正确领导下，在省厅、市局及省图书馆、市图书馆等上级主管部门的指导下，区图书馆按照县级图书馆的标准开展各项工作，积极发挥公共图书馆文化阵地的宣传教育作用，与时俱进，开拓进取，不断发展和完善，取得了较好的工作成绩。积极实施文化惠民工程。按照"总体规划，分步实施，逐步推广"的方针，在乡镇（街道）居民居住集中的区域，先后建成了区图书馆公共电子阅览室、乡镇（街道）文化站公共电子阅览室和村级公共电子阅览室，为人民群众提供了更加方便的公共互联网服务。实现了公共电子阅览室对社会服务的覆盖，受到了城乡群众的欢迎。

区图书馆本着一切为读者服务的宗旨，围绕优化服务、拓展图书馆教育和信息的功能，立足实际，开展了为读者服务、业务培训、全民读书等免费活动。实行了全日制免费开放，周开放60小时。书库、借阅部、电子阅览室、自修室、期刊部等公共空间设施场地免费开放；免费提供馆藏文献资源借阅、检索与咨询、公益性讲座和展览、优秀影视片展播、基层辅导培训、流动图书服务等基本文化服务项目；办证费、验证费等全部免费。进一步丰富人民群众的精神文化生活，更好地发挥好文化公益场所的作用，活跃了我区广大干部群众的精神文化生活，有力推动了"三馆一站"免费开放工作。

业务研究、辅导、协作协调

为进一步提高图书馆工作服务水平，2009年—2013年图书馆工作人员发表论文10篇,发表作品3篇。

表彰、奖励

2012年，文化部命名表彰山亭区南赵庄村为"全国公共电子阅览室建设与服务示范点"；省文化厅命名表彰山亭区为"全省公共电子阅览室建设与服务示范县"。

馆领导介绍

王运峰，男，1973年12月生，大专学历，中共党员，中级职称，馆长。1991年参加工作。

韩建，女，1969年12月生，大专学历，中共党员，助理馆员，副馆长，1984年参加工作。

薛芹，女，1975年7月生，本科学历，管理员，副馆长，1992年参加工作。

刘建强，男，1968年2月生，中专学历，管理员，副馆长，1986年参加工作。

省厅调研一

省厅调研二

书画展览

开馆揭牌

未来展望

图书馆遵循“科学、效率、创新、发展”的办公方针，即完善服务功能，扩大服务区域，把便民、为民服务作为宗旨，从读者的要求和利益出发，全心全意为读者服务，公共图书馆只有切实提高其服务质量，大力培养管理型人才，加强基础业务建设、队伍建设与业务现代化建设，立足实际，努力提高服务质量。才能满足面对日益增长的读者服务要求，有助于图书馆的长期发展。

联系方式

地　址：枣庄市山亭区图书馆
邮　编：277200
联系人：韩　建

专家调研

图书捐助

借阅部

图书馆鸟瞰图

东营市河口区图书馆

概述

河口区图书馆始建于1999年3月，2000年9月投入使用，投资200万元，建筑面积1664平方米。2013年，参加第五次全国公共图书馆评估，获得二级图书馆。河口区图书馆始终坚持“服务第一，读者至上”的服务宗旨，全天开放。内设综合借阅室、青少借阅室、电子阅览室、报刊阅览室4个对外服务窗口。全部实行开架借阅，同时图书馆选用Interlib图书馆自动化管理系统管理，实现了采编、流通、检索咨询自动化。2013年，河口区图书馆有阅览坐席260个，计算机46台，宽带接入10Mbps。2007年实施文化信息资源共享工程，区政府投资82万元建成了文化信息资源共享工程河口区支中心，全区现有6个乡镇（办事处）和178个行政村（社区）。河口区文化信息资源共享工程基层服务点覆盖率为80%，实现了采编、流通、检索咨询自动化。增设电子阅览室，新增电脑30台，为读者提供了一个免费上网的绿色空间。

业务建设

截止2012年底，河口区图书馆总藏量12.85万册（件），其中，纸质文献10.8万册（件），电子图书1200册，报刊5600册，视听文献609件，电子文献520种。

2009、2010年，河口区图书馆新增藏量购置费50万元，2011年起增至72万元。2009—2012年，共入藏图书25.71种，50.5册，报刊3种，视听文献2.25种。2011年，地方文献入藏完整率为96%。

截止2012年底，河口区图书馆数字资源总量为1.55TB，其中，自建数字资源总量1TB，国家文化共享工程光盘0.5TB，电子图书0.05TB。

2012年，河口区图书馆一直使用ILAS分编子系统，馆藏中文图书和报刊按CNMARC格式编制，机读目录比例达50%以上。

读者服务工作

从2011年8月起，河口区图书馆全年365天天天对外免费开放，周开放56小时。2009—2012年，书刊总流通10.3257万人次，书刊外借10.5851万册次，持有效借书证数4106个，人均年到馆次数达25.1次。2012年10月，开通与各镇、街道文化站各流通服务站点的馆际互借服务。2009—2012年，建成3个分馆，有12个流动服务点，馆外书刊流通借阅5260册次。2012年起，河口区图书馆为政府机关、学校、企事业单位以及为社会公众提供专题参考咨询服务，一年举办六期。

2009—2012年，河口区图书馆共举办讲座、展览、培训、阅读推广等读者活动101场次，参与人数9.15万人次。积极为读者解答咨询，每年500条以上。以图书馆服务宣传周活动为契机，加大书刊宣传力度，广泛征求意见，了解读者需求，更好地为读者服务。

业务研究、辅导、协作协调

2009—2012年，河口区图书馆职工发表论文5篇，其中在省以上刊物发表论文2篇。

从2012年起，以文化信息资源共享工程为依托，河口区图书馆积极参与馆际互助资源共建共享工作，签署了“东营市图书馆馆际互借服务协议”，先后与东营市图书馆完成7次互借活动，极大的提升了地区图书馆服务社会的能力。制定河口区集群化图书馆管理实施方案，以区图书馆为中心图书馆，基层覆盖到乡镇文化站，每个乡镇成立一个分馆，实现通借通还、联合协调采购、联合编目、联合目录社区服务等多项业务合作工作，大大节省了社会资源。

管理工作

河口区图书馆自事业单位改革以来，一直实行竞聘上岗制度，坚持民主、公开、竞争、择优原则，按照精简、效能的原则和国家有关规定合理设置岗位。岗位有明确的名称、职责任务、工作标准和任职条件。严格岗位责任制，全体干部职工明确分工，责任到人。同时，建立了工作量化考核指标体系，每月进行工作进度通报，每半年和全年进行总体工作考核。2009—2012年，共抽查文献排架10次，书目数据6次。

2009年以来，河口区图书馆实行严格的卫生环境管理制度，卫生区域责任到人，每周进行一次环境卫生清理整治，并将卫生管理与个人考核相结合，保证图书馆阅览环境的整治有序。

表彰、奖励情况

2009–2012年，河口区图书馆共获得各种表彰、奖励10次，个人荣获市级以上荣誉称号4人次。

馆领导介绍

王清，女，1981年9月生，大学学历，助理馆员，馆长。2003年12月参加工作，2012年11月任河口区图书馆馆长。2009年获东营市文化体育工作先进个人，2010年获东营市文化市场管理工作先进个人、2011年获全省“网络共享”专项治理行动暨创建无“小耳朵”区活动先进个人，2012年获东营市“青春奉献文明城”志愿服务先进个人。

未来展望

河口区图书馆遵循“科学、效率、创新、发展”的办馆方针，坚持“服务第一，读者至上”的服务宗旨，2013年，河口区图书馆升级改造工程正式启动，区政府财政拔款210万元用于图书馆的改建、设备、图书等软硬件配备。河口区图书馆在现有馆舍的基础上，在河口区河安小学西南角位置建设新馆，预计2015年底投入使用，新馆建筑面积3500平方米。全面建成后的河口区图书馆，将给市民提供更加温馨的环境，提供更加全面的文化服务设施和文化服务方式；提供更多的精神享受和休闲选择；提供最新的信息服务和专业咨询，将成为市民接受教育的终身课堂。

联系方式

地　址：东营市河口区黄河路172号
邮　编：257200
联系人：王　清

利津县图书馆

概述

利津县图书馆始建于1956年3月，1958年11月并入沾化县图书馆，1961年沾利分开后在文化馆设图书室，1978年正式单设利津县图书馆，1987年迁入县城津二路568号，占地5267平方米，1993年新馆建成开放，建筑面积1550平方米。2012年，设立乡镇分馆，其中盐窝镇分馆面积450平方米，陈庄镇分馆面积400平方米，总建筑面积2400平方米，服务人口30万人。利津县图书馆对外开放服务窗口5个，有阅览坐席160个，计算机35台，宽带接入10Mbps，选用Interlib图书馆集群管理系统。在全国第二、第三、第四次评估定级工作中连续三次被评为二级图书馆。

业务建设

截止2012年底，利津县图书馆总藏量20万册（件），其中纸质文献19万册（件），电子图书6000多册，电子期刊3000册。

2009年–2011年利津县图书馆新增藏量购置费为27万元。购置新书2万册。2012年，利津县图书馆改造提升工程被列入全县十大重点民生实事，县财政一次性拨款20万元，集中采购图书1.1万多册。2009年–2012年，共入藏中文图书1万种，3.1万册，中文报刊110种，视听文献300种，征集地方文献50余件。2012年，剔除不流通图书3万册。

截止2012年底，利津县图书馆数字资源总量为2TB，其中县级图书馆数字推广计划工程资源1TB，接收国家文化共享中心下发资源1TB。

2011年，将ILAS小型版系统更换为Interlib图书馆集群管理系统，实现与国家图书馆和省图书馆的联合编目，开通读者网上检索和网上借还功能。2013年初，增加身份证识别端口3个，实现读者用身份证进行图书借还、阅览登记的借阅模式。

读者服务工作

从2011年起，利津县图书馆坚持公益性原则，实行对外免费开放，节假日不休，每周免费开放56小时。实行免费开放以来，来馆读者数量由原来的每年9000人次增加到1.5万人次，年均流通书刊文献8.2万册次。2012年，设立东营市图书馆利津县分馆，开通与东营市图书馆的网络集群管理端口，设立利津县图书馆基层流通服务点5个，年流通图书7000册。2009年–2012年，结合图书馆宣传周、全民读书月等活动主题，通过新书推荐、发放宣传单、有奖征文、开展读书朗诵赛等形式，开展读者活动32次，参与人数3.5万人次。2010年，将政府公开信息文献查询服务列入阅览室免费服务项目。

2011年，与利津县武警中队签署双拥共建联合协议，设立利津县图书馆武警中队服务点，定期开展“流动图书进警营”活动，每年为县武警中队图书室更新图书3000册以上。

2012年，建成利津县图书馆域名网站，将网上检索、新书推荐、网上续借等功能通过网站开展服务，年访问量6000多次。

业务研究、辅导、协作协调

2009–2012年，利津县图书馆职工发表省级以上论文3篇，其中国家级二等奖1篇。

2009年–2012年，以图书分类编目、图书排架、流通管理为重点，组织技术人员对8个乡镇下辖村的图书室开展现场辅导30余次，共协助指导上架图书8万余册。截止2012年，利津县文化共享支中心现场指导乡镇（街道）、村（社区）基层点27个，提升完善村级基层点492个，使县、乡、村三级文化信息资源共享工程覆盖率达到96%。

2012年，实现与国家图书馆、省馆的联合编目。与东营市图书馆形成总分馆体系，实现与市馆及各县区公共图书馆的馆际互借、资源传递等相关服务事项。

2009年–2012年，开展“送书下乡”活动4次，累计赠送乡镇文化站和村文化大院图书2万余册。

管理工作

2012年，利津县图书馆完成全员岗位竞聘工作，本次聘任共设主系列岗位8个，有3人聘任新岗位，同时健全各项管理制度，每年底进行全县督察、效能工作等年终考核。2012年，被利津县编办评为一级信用事业单位。

表彰、奖励情况

2009年–2012年，利津县图书馆共获得各种表彰、奖励3

盐窝镇辅导

明集乡辅导

送书进警营

阅览一角

次，其中文化部表彰、奖励1次，市文广新局表彰、奖励1次，其他表彰、奖励1次。

馆领导介绍

杨东，男，1969年9月生，大学学历，中共党员，副研究馆员，馆长。1988年7月参加工作，曾在采编室任职，2011年4月任现职。

房振环，女，1968年12月，大学学历，副研究馆员，副馆长。1991年1月参加工作，1997年10月调入利津县图书馆工作，先后在阅览室、采编室等部门工作。

孟素芹，女，1975年10月，大学学历，中级职称，副馆长。1996年7月到利津县图书馆参加工作，先后在打印部、采编室工作。

未来展望

利津县图书馆将遵循“服务、效益、发展”的办馆方针，不断创新服务意识，改善服务环境，带动地方的经济、社会发展。2013年，利津县新馆规划开始实施，未来几年，位于利津县文化艺术中心的新图书馆将落成开放，新馆建筑面积为4000平方米，阅览坐席1000个，可容纳纸质文献90万册，年服务人次可达6万人次以上。

联系方式

地　址：利津县图书馆
邮　编：257400
联系人：曲　波

图书馆外貌

长岛县图书馆

概述

长岛县图书馆，现地址为长岛县县府街175号，内设办公室、借书室、采编室、电子阅览室、辅导室、少儿阅览室、老人阅览室、资料室8个科室。2013年，长岛县图书馆馆舍建筑面积2500平方米，阅览室面积130平方米，阅览座席100个，计算机14台，电子阅览室计算机14台，服务器2台。宽带接入10Mbps，图书借还系统选用易用图书馆管理系统。

业务建设

截止2013年底，长岛县图书馆总藏量7.55万册（件），其中，普通图书5.55万册，报刊2万册。新购图书1600种，约3200册，新购期刊36种，新购报纸12种，书刊文献开架比例为100%。

读者工作服务

从2009年起，长岛县图书馆实行免费开放，周开放56小时。截至2013年，长岛县图书馆持证读者达到1300人，总流通量43000人次，书刊阅览10000人次，书刊外借28000人次，外借56000次。分馆数量达到11个，乡镇、社区图书馆总藏量11万册。

2013年，长岛县图书馆共举办读者活动5次，参加人数2000人次，其中，举行少儿活动2次。举办展览3次，参加人数3500人次，解答咨询380条。

业务研究、辅导、协作协调

2013年3月，长岛县图书馆举办专业技能培训班，培训的主要内容有文化馆、图书馆日常工作所涉及的内容。采取集体学习和自学相结合的形式。

另外，长岛县图书馆每年都组织渔家书屋管理员培训活动，培训内容包括农家书屋管理员职责、管理制度、借阅制度、图书分类、读者服务等方面。

表彰奖励情况

2013年，长岛县图书馆被文化部评定为二级图书馆。

2013年，长岛县图书馆参加第四届烟台读书朗诵大赛获优秀组织奖。

管理工作

长岛县图书馆建立工作量化考核指标体系，每月进行工作进度通报，每半年和全年进行总体工作考核。

馆领导介绍

邹东玖，男，1969年2月生，大学本科学历，中共党员，中级职称，馆长。

范丽君，女，1969年5月生，专科学历，中共党员，中级职称，副馆长。

未来展望

下一步，长岛县图书馆将继续完善单体服务功能，扩大服务辐射区域。不断加快图书馆的现代化和信息化建设，努力提高图书管理人员的业务能力和综合素质，提升图书馆的服务质量和管理水平，使图书馆成为我县社会再教育的文献资源保障基地。

联系方式

地　址：长岛县县府街175号
邮　编：265800
联系人：邹东玖

图书馆馆容

县图书馆为乡镇配送电脑

电子阅览室

图书馆书库

下乡流动站

汶上县图书馆

概述

汶上县图书馆初创于1994年，并于同年对外开放。2007年因旧城改造，老馆拆除，先后在县职业中专和宝相寺路中段开设两处分馆。2012年，汶上县委县政府为完善公共文化服务体系，满足群众文化需求，建设文化强县，把建设图书馆新馆列为重点工程、民生工程，项目规划建筑面积1.2万平方米，总投资4千万元。2013年10月参加第五次全国公共图书馆评估评定为国家二级图书馆。

业务建设

目前，县图书馆共有从业人员17人，其中副研究馆员1人，馆员5人，助理馆员11，总藏书量20万册，办证读者1万余人，总流通人次近8万人，书刊文献外借20余万册次。新增图书52000册；帮助创办乡镇、社区等基层图书馆（室）26家。全县493个行政村全部建起农家书屋。

读者服务工作

自2013年10月起汶上县图书馆全年365天对外免费开放，每周开放66小时。全国文化信息资源共享工程实施后，县图书馆紧紧抓住这一历史机遇，将共享工程作为推进文化创新、完善公共文化服务体系、提高公益性文化服务水平的重要抓手，扎扎实实地进行落实和实施，有力推进全县文化事业建设。

为最大限度满足农村读者要求，汶上县图书馆新设“农家书屋”读者服务工作室，并开通读者服务热线，随时解决解答农村读者的阅读问题。同时利用图书阅览室、多媒体教室、各村级农家书屋开展了大量的文化共享工作，对全县读者进行各类培训交流活动，实现共享工程的充分利用、资源共享、文化繁荣。

业务研究、辅导、协作协调

2009–2013年，汶上县图书馆职工共在省级以上业务类期刊发表论文5篇。2014年在第九届全省读书朗诵大赛济宁赛区决赛中获得个人三等奖，我馆获得优秀组织奖。

从2010年起，汶上县图书馆以文化信息资源共享工程VPN专网为依托，组建汶上县范围内的图书服务联盟，设联合编目，流通服务，地方文献联合征集，阅读推广与讲座服务联盟。为认真贯彻执行党的方针政策，图书馆开展走基层进社区服务活动，积极开展服务宣传、读书活动、业务交流和岗位培训等重点业务工作，落实农家书屋建设等重点项目，组建农家书屋工作培训小组，定期组织各乡镇综合文化站人员培训，进行工作交流。同时多次组织全馆员工分次赴山东省图书馆进行学习交流，亲身体验省馆工作流程和内容，开拓了工作思路，提高了工作人员的业务能力和服务水平。

管理工作

2014年图书馆完成全员岗位聘任，本次共设17类岗，17人重新上岗，同时建立了系列的量化考核体系，进行工作考核评价，每季度、半年和年度进行工作总结。各部门科室要有针对的提交本部工作的部门总结和业务分析调研报告。

表彰、奖励情况

近年来，汶上县图书馆多次获得上级业务指导部门的各种表彰和奖励。其中市级及市级以上奖励八次，县级奖励十余次。

馆领导介绍

李长宏，男，1965年6月生，大专学历，中共党员，馆长。1987年参加工作，历任汶上县电视台总编室主任、政工科长，汶上县文广新局行政审批科科长，2014年3月任汶上县图书馆馆长。

徐玉林，女，1977年5月生，专科学历，办公室主任。1997年参加工作，先后在文化局、图书馆采编室、财务科等部门工作，2014年任图书馆办公室主任。

未来展望

图书馆承载着人类优秀传统文化的传承、现代信息存储与传播，是人类文明社会发展的资源库，担当着未来现代社会发展的历史责任、社会义务。

汶上县图书馆以实践科学发展观为统领，认真学习党的十八大和十八届三中全会精神，坚持“以人为本，公益优先”的管理服务理念，按照国家一类馆标准，立足实际，努力工作，服务读者，传播文化，弘扬文明，开拓创新。将图书馆事业发展推向新的高度、新的水平。为实现中华民族伟大复兴的中国梦作出新的更大贡献。

联系方式

地　址：市政路东段
邮　编：272500
联系人：李长宏

海阳市图书馆

概述

海阳市图书馆成立于1976年10月，馆址几经变迁，2007年11月，迁至海阳市文山街11号。总面积2000平方米，内设外借室、阅览室、少儿借阅室、电子阅览室、多媒体教室等服务窗口，电脑40台，实行网络对外接口专线接入。内设阅览座位130多个，现有各学科各门类的图书、报刊和现代出版物18.5万册（件），其中，古籍1956册，持证读者6388人，1994年，参加全国第一次公共图书馆评估定级，首次获得二级图书馆。图书按照《中国图书馆分类法》的第五版分类，并运用图书馆自动化集群管理系统进行计算机采访、编目、流通、典藏等，每周开放时间达到60小时。为最大限度发挥馆藏图书的作用，提高其利用率，在威青高速海阳管理处、市军休所等单位设立10个图书流动服务点，定期开展送书活动。2011年7月，图书馆免费对外开放。

业务建设

截止2012年底，海阳市图书馆总藏量18.5万册，其中：报刊1.77万册；古籍1956册；视听文献219件，电子图书30种。2013年市图书馆新增藏量购置费9万元，入藏图书2984种，5342册；报刊73种；电子文献10种；地方文献63种，460册。截止2012年底，海阳市图书馆数字资源总量2TB，其中，自建数字资源总量0.33TB，建立了地方文献数据库和馆内局域网，文化信息资源共享工程覆盖全市17处镇区街道732个村。在自动化、网络化建设方面，围绕采访、编目、流通实行计算机管理，闭价图书排架误差率在0.5%以下，开架图书排架误差率2%以下，做到了图书分类准确，并按规定标引，各项工作有序开展。

读者服务工作

海阳市图书馆全年365天免费对外开放，免费开放窗口有阅览室、外借室、少儿借阅室、电子阅览室等，周开放60小时。2012年，书刊总流通28859人次，书刊外借18932册次，有对外10个流动服务点，总流动书刊11.1万册。2012年举办讲座、展览培训、阅读推广等活动11次，参入人数1800多人。工作中，我们不断拓宽服务渠道，服务方式在实行开架借阅的基础上，实行预约借书、送书上门、资料代查、科技赶集等多样形式。2012年，先后深入郭城、发城、凤城等乡镇10多处30多个村，免费发放科技图书15000多册，科技资料30000余份，代查资料1600余条。

业务研究、辅导、协作协调

2009—2012年，海阳市图书馆职工发表论文8篇，关于新农村建设与拓展图书馆服务工作、海阳市社区图书馆建设情况的调研报告2篇。2012年4月与烟台市图书馆签订烟台市图书情报单位馆际互借协议，开通全市公共图书馆馆际互借业务。2012年3月成为烟台市公共图书馆讲座联盟、展览联盟的签约馆之一。参加省馆举办的各类培训班2次，参加市馆举办的各类培训班4次。

管理工作

海阳市图书馆编制12人，实有人数12人。2010年，市图书馆完成第三次全员岗位聘任，本次岗位共设12个岗位，实有12人全部在岗。海阳市图书馆制定有完善的管理制度和考核办法，按需设岗，竞争上岗，择优聘用，严格考核，建立内部考核激励机制，对成绩突出的给予物质和精神奖励。各类统计规范齐全，建立了读者档案、业务辅导档案、课题档案等，做到立卷准确，内容齐全。

表彰、奖励情况

2009—2012年，海阳市图书馆共获得各种表彰、奖励10次，其中，山东省文化厅表彰、奖励1次，全国文化共享工程山东省分中心表彰、奖励1次，山东省古籍保护中心表彰、奖励2次，烟台市文化广电新闻出版局表彰、奖励4次，海阳市委表彰、奖励1次，烟台市图书馆表彰、奖励1次。

馆领导介绍

冷平，男，1970年3月出生，大本学历，中共党员，馆员，馆长。1991年7月参加工作，历任海阳市图书馆馆长、海阳市稽查大队队长，2008年5月任海阳市图书馆馆长。2009年、2010年由于工作突出，被海阳市市委、海阳市人民政府给予嘉奖奖励。

张玉云，女，1962年1月出生，大本学历，中共党员，副研究

市馆外貌

送书到军休所

读书日活动

送书到村

馆员，业务副馆长。1981年7月参加工作，1991年5月调入海阳市图书馆，先后在外借室、采编室工作。

李庆东，男，1969年10月参加工作，大专学历，中共党员，副馆长。1989年11月参加工作，1993年5月调入海阳市图书馆，在图书馆办公室工作，现借调到海阳市文广新局办公室工作。2010年、2012年由于工作突出，被海阳市市委、海阳市人民政府给予嘉奖奖励。

未来展望

海阳市图书馆将继续坚持“服务第一，读者至上”的工作理念，完善服务功能，延伸服务范围。积极发挥阵地作用，继续加大投入，完善设施建设，对现有的文化信息资源共享工程支中心进行升级改造和完善，加大馆藏资源数据库建设力度及特色资源数字化，延伸书刊借阅和信息服务，建立完善的读者信息数据库。加强业务建设，提升服务质量，坚持“以人为本，全心全意为读者服务”的原则，为市民提供更多数字时代的新体验、新变化。目前，海阳市图书馆建设已列入政府规划，新建的图书馆将推向自动化、数字化方向发展，逐步构建覆盖县乡村三级文化网络的服务体系，满足广大农民多方面的文化需求。

联系方式

地　址：海阳市图书馆
邮　编：265100
联系人：邵春艳

科技下乡活动

图书下乡赶集

报刊阅览

图书馆内景

图书借阅

潍坊市寒亭区图书馆

概述

寒亭区图书馆位于山东省潍坊市寒亭区友谊路549号。图书馆成立于1981年4月，前身为潍县文化馆的一个科室，1981年从文化馆分离，单独建制成立潍县图书馆。1983年潍县撤县建区，该馆随之称寒亭区图书馆。鉴于寒亭区图书馆馆舍陈旧，不能满足群众的阅读需求，寒亭区政府投资500余万元建设了新图书馆，并于2006年5月投入使用。新图书馆建筑面积3300平方米，内设书库、借书室、阅览室、资料室、采编室、电子阅览室等，设计藏书容量30万册，读者坐席共400余个。馆内配备计算机35台，宽带接入100Mbps，选用Interlib图书馆自动化系统。寒亭区图书馆于2013年参加了全国第五次公共图书馆评估定级，被评为国家二级图书馆。

业务建设

截止到2013年底，寒亭区图书馆总藏书量13.2万册（件），其中纸质文献10.2万册，电子图书3万册。

2009年—2013年，寒亭区图书馆购书经费连年递增，2013年购书经费达到60万元。2009—2013年共入藏中文图书2500种4.2万余册，视听文献1012种，地方文献入藏完整率达到98%。

读者服务工作

从2006年5月开始，寒亭区图书馆全年对外开放，每周开放时间达到56小时以上，2009—2013年书刊总流通达到32.4万人次。寒亭区图书馆于2011年建立网站，2011—2013年网站访问量11万人次。2009—2013年，寒亭区图书馆举办了各类专项讲座、阅读推广、展览培训以及中小学生阅读竞赛、庆祝党的生日演讲大赛、元宵节灯谜、图书宣传周等活动104场次，参与人数达到12.3万人次。

业务研究、辅导、协作协调

2009—2013年，寒亭区图书馆职工在省级以上发表论文16篇，专著3部，涵盖了图书管理、电子阅览建设等方面内容。

从2006年起，寒亭区以区图书馆为平台，整合全区各街道图书室、村农家书屋，开展了图书流通服务、地方文献征集、阅读推广与讲座服务以及业务培训等工作，全面提升基层文化队伍的素质。2009—2013年，对全区331个村的基层文化大院管理员逐一进行了培训，共举办图书馆里专项培训班18期，培训人员达到412人次，使基层图书管理员的业务水平有了显著提高，服务群众的能力有了进一步提高。2009年以来，寒亭区图书馆开展了基层图书馆业务骨干志愿者行动，与学校、厂矿及基层图书室结成帮扶对子，对全区学校厂矿及基层图书室管理员进行了业务指导。

管理工作

寒亭区图书馆编制10人，设馆长一人，书记一人，副馆长一人，实行全员岗位聘任制和工作量化考核指标体系，每半年和全年进行总体工作考核。2009—2013年，共抽查文献排架11次，书目数据6次，编写《工作信息》30期，撰写专题调研、工作报告和政协提案11篇。

表彰、奖励情况

2009—2013年，寒亭区图书馆共获得各种表彰、奖励11人次，其中，省级表彰、奖励2人次，市级表彰、奖励4次，其他表彰、奖励5人次。

馆领导介绍

陈之亮，男，1969年1月生，大专学历，馆长。1986年10月参加工作，历任寒亭区文化市场管理办公室副主任、区文物保护管理所副所长、2006年6月任寒亭区图书馆馆长。2011年获山东省农家书屋建设工作先进个人荣誉称号。

季丽琴，女，1963年4月生，大学学历，中共党员，馆员，党支部书记。1981年12月参加工作，先后在阅览室、采编室等部门工作，2012年6月任寒亭区图书馆党支部书记。

杨丽红，女，1974年3月生，大学学历，馆员，副馆长。1991年12月参加工作，先后在阅览室、采编室等部门工作，2012年6月任寒亭区图书馆副馆长。

未来展望

寒亭区图书馆将继续遵循“科学、效率、创新、发展”的办馆方针，践行“文化强区”战略，完善服务功能，为广大群众提供优质高效服务。

在内部设施方面，寒亭区图书馆继续增加藏书内容，购进群众所需的图书，增加馆藏图书量。积极完善服务设施和服务质量，增加阅览座位，提升电子阅览室功能，为广大市民提供更优质的服务，争取下一次评估定级能达到国家一级馆标准。同时，大力开展文化下乡活动，将群众急需的科技、种植、养殖等方面的书籍，送到广大基层农村，为老百姓致富提供帮助和便利。在此基础上，积极开展为残疾人、进城务工人员及未成年人送书活动和图书志愿者活动，在全区营造良好的读书氛围，全面提升市民文化素质，为建设“和谐、文明、生态”的新寒亭做出积极贡献。

联系方式

地　址：潍坊市寒亭区图书馆
邮　编：261100
联系人：杨丽红

寒亭区图书馆大楼

送图书下乡

寒亭区图书馆全民阅读月活动

兰陵县图书馆

概述

兰陵县图书馆1976年2月正式成立，初期馆舍三间，藏书少许。1985年在上级支持下，建图书馆楼一座，面积580平方米，藏书5万5千册，人员7人。

近年来，兰陵县委、县政府高度重视图书馆事业，把图书馆建设作为兰陵县文化事业发展的重要内容，纳入了全县社会经济发展总体规划，2010年投资4500万元建设文化中心，其中图书馆建筑面积3800平方米。现在兰陵图书馆拥有藏书20万册，电子图书40万册。阅览坐席500个，每年接待读者十万余人次，书刊外借六万余册次。工作人员27人，均取得专业技术职务，平均年龄35岁，大专以上文化程度的人员占总数的80%以上。馆内设借阅室、阅览室、采编室、资料室，少儿阅览室、文化资源共享中心等。

业务工作

图书馆工作涉及面广，业务量大。为了满足不同层次读者的精神文化需求，我们把搜集整理、收藏和流通图书资料放在首位，贯穿于工作之中。

一是注重图书馆图书藏量的增加，二是注重地方文献收藏、保护和上架借阅，建有专门的地方文献库、目录，有专人负责管理。近些年来，我们收集地方文献2000余种。对于收藏的资料，均按要求进行标引、著录、登记、上架排列，对外进行宣传展览并对外进行开放借阅。三是重视对古籍的保护工作。新馆投入使用后，在全县范围内开展了古籍普查工作，严格按照国家、省保护中心要求进行整理上报了各类数据。

读者服务工作

从2009年起兰陵图书馆每周开放时间达到六十小时，从早八点到晚六点，星期一闭馆。2009–2012年书刊总流通31万余人次，书刊外借25万余册次。2009–2012兰陵图书馆共举办讲座、展览、培训、阅读推广等活动122场次，参与人次1万余人次。

1、研究现代阅读范式，树立开放服务的理念

传统的大众阅读是以汲取知识营养和解惑为主，而现代的阅读有了满足个人兴趣和缓解竞争压力的需要，呈现浅阅读和深阅读并举的现象，因此，兰陵县图书馆顺应和引导读者的阅读倾向，采取多种服务方式，汲取现代服务理念，为广大读者输送精神食粮。

2、实行开架借阅，送书下乡，为书找人

在购书经费严重短缺的县级图书馆，要想使图书馆的功能得到最大限度的发挥，让人人都有机会享有图书馆的服务，兰陵县图书馆转变了封闭式的服务方式，抛开怕丢书的顾虑，建立严格的管理制度，实行开架借阅。借鉴保险公司、快餐店等行业的服务方式，走出馆门，将新书目、经典藏书以传单的方式向他们推荐，实行电话服务、送书上门、还书上门；还采取与社区、企业等共建图书室的方式，为科教兴国、科技脱贫致富发挥出图书馆的作用。

3、加强对特殊读者的服务

兰陵图书馆为老年读者，残疾人读者，少儿读者提供特色服务。设立老年书架，残疾人书架，征订适合他们需要的书刊，配备一些视听资料，提供更加细致、周到的服务，让他们在清静悠闲的气氛下看书、读报。还采取各种形式的活动，调动特殊读者学习的兴趣，促进他们之间的沟通和交流，丰富了他们的业余文化生活。加强少儿阅读指导，结合少儿活泼、好动的特点，设计一些小朋友易于接受的活动，如讲故事、听音乐、演讲等，让他们在新颖、生动的读书形式中领悟各种道理，学到科学文化知识。

4、开展丰富多彩的读书活动

根据兰陵图书馆的馆藏特色以及工作人员的服务水平，因馆而定，因时而动，开展文献展览、读书征文、演讲、公益讲座、知识培训、读者联谊等活动。通过读书活动，让更多的人了解了图书馆，认识了图书馆，吸引了更多的社会公众利用图书馆。

5、重视特色图书馆建设，以特色建设带动特色服务

兰陵图书馆在做好常规服务的同时，集中精力选择一两个服务项目重点建设。以特色建设满足不同读者的需求，产生了很好的社会效益和经济效益。

搞好乡镇图书馆工作

构建农村公共文化服务体系是一项利国利民的系统工程，而乡镇图书馆建设是农村公共文化服务体系中重要的一环，因此，大力发展乡镇图书馆事业，是提高农民思想道德和文化素质、知识水平的重要手段，是创建“和谐社会”的重要举措。没有乡镇图书馆的发展和普及，就谈不上公共图书馆的繁荣。2009–2012年兰陵县图书馆积极创办乡镇图书馆（图书室）51个。并定期对乡镇图书室管理人员进行培训。使乡镇图书室在农村公共文化服务体系中发挥了应有的作用。

业务研究、辅导

2009–2012年兰陵图书馆职工发表论文15篇，举办各类培训50余次，重点培训各乡镇图书室、社区图书室及农家书屋管理人员。

管理工作

2011年兰陵图书馆完成全员岗位聘任，本次聘任共设20类岗位，同时，建立了工作量化考核指标体系，每半年和全年进行总体考核。

表彰、奖励情况

2009–2012年兰陵县图书馆共获得各种表彰奖励9次，其中市文化新闻出版局1次，县政府4次，县委宣传部4次。

馆领导介绍

张轶伟，男，1970年6月生，大专学历，中共党员，馆员，馆长。1987年10月参加工作，现为中国书法家协会会员。

王荣，女，1972年5月生，大专学历，中共党员，馆员，副馆长。1990年10月参加工作。

岳峰，男，1981年6月生，大专学历，中共党员，馆员，副馆长。2009年10月参加工作。

未来展望

兰陵县图书馆遵循科学、效率、创新、发展的办馆方针，在县委、县政府的领导下和省、市、县主管部门的指导下，通过不懈努力，取得了一些发展。但与县级一馆标准还相差甚远，我们将按照省市有关要求，进一步寻找差距，增强措施，创造条件，狠抓落实，知难而进，确保下次评估定级工作中兰陵县图书馆达到并建成县级一级图书馆。

临朐县图书馆

概述

临朐县图书馆成立于1978年3月，当时与县文化馆合署办公，管理人员4名，有书库、借书室各3间。1987年底新馆建成，位于县城文化路5号，属仿古庭院式建筑，面积2446.2平方米，1988年7月1日对外开放接待读者，人员编制11人，阅览座席200个。设有借书室、成人阅览室、少儿阅览室、采编室、辅导室、资料室、《四库全书》特藏书库、办公室。2007年建成全国文化信息资源共享工程临朐县支中心，设有公共电子阅览室、多媒体教室和中心机房，拥有计算机40台，光纤宽带专线接入使用，存储容量5TB。安装了Interlib图书馆自动化管理系统。2011年实现了公共设施空间及各服务窗口免费开放。连续五次被文化部评定为二级图书馆。

业务建设

截止2012年底，馆藏图书总量为17.3735万册（件）。其中纸质文献16.2972万册（件），电子文献10708册，视听文献55件。

2009–2012年，新增藏量购置费88万元，共入藏普通图书22620册，报刊合订本1060册，视听文献55件。截止2012年底，入藏地方文献1113种4634册，设地方文献征集室，专架陈列，编制题名目录1套，建立了地方文献馆藏数据库。

建立了《四库全书》特藏书库，入藏《四库全书》、《四库全书存目丛书》、《四库未收书辑刊》、《四库禁毁书丛刊》4套丛书3300册，形成了馆藏特色，成为镇馆之宝。

对已安装的Interlib图书馆自动化管理系统进行升级，完成了馆藏数据库建设，与镇图书馆实现了“一卡通”图书借阅服务。

读者服务工作

从2011年起全面实现了公共空间设施场地和与图书馆职能相适应的基本文化服务项目免费开放，设立了免费开放工作宣传栏。每周开馆66.5小时，开架书刊数占总藏量的90%以上，书刊文献外借率57.5%。2009–2012年书刊外借50万册次，流通总人次达60万人次。每年利用宣传栏对新书和优秀报刊进行宣传。建有馆外服务点、流通站21个。建立了政府信息公开服务点，做好政府信息公开查询记录工作。

2009–2012年，发挥馆藏优势，每年开展为领导机关决策与社会事业发展提供调研等信息服务5项；为科研与经济建设提供定题跟踪等信息服务15次；为社会大众提供参考咨询等信息服务800余条。认真开展为残疾人、青少年、进城务工人员和老年人等特殊群体、弱势人群服务工作。

2009–2012年，有计划地联合县教育局、地税局、司法局、工商联等部门举办讲座、报告会72次以上；举办地方文献展览、优秀图书展览、少儿书画展览、开展全民阅读活动24次以上。开展有奖猜谜、送图书下乡、共享工程进广场、社区放映等读者活动120次以上，读者活动人次12万余人次。每年开展图书馆服务宣传周活动和全民读书月活动，多次受上级表彰。建立了临朐县图书馆网站，参加地区联网服务。

业务研究、辅导、协作协调

2009–2012年，组织专业人员为各级图书馆学会撰写论文16篇，为中国图书馆学会第九届中国社区、乡镇图书馆发展战略研讨会、山东省图书馆学会、潍坊–青岛周两地市图书馆学会撰写论文。对图书馆免费开放工作情况、教育系统图书馆建设、临朐县公共文化服务体系建设进行调研，形成调研报告3篇。

2009–2012年，组织开展了第一届、第二届“闻一多杯”全国少儿书画大赛和山东省第四、五、六、七届读书朗诵大赛的地区选拔赛。完成了潍坊市公共图书馆馆藏地方文献的调查工作。与县东苑小学、龙泉中学、实验一小、县地税局等11个单位开展了协作协调、资源共建共享工作。

按照临朐县公共服务体系建设规划，截止2012年底，临朐县10个镇（街道）综合文化站和85个社区文化中心全部建立图书馆（室），覆盖率达到100%。所有镇（街道）、社区、中心村全部建成文化信息资源共享工程基层服务点。

2009–2012年，每年三分之二的时间对镇、社区、村图书

青少年书画展

全县中小学图书管理员培训班

青少年书画展

图书展销周活动

馆（室）和共享工程服务点开展业务辅导，做到有计划、有总结。每年都举办基层图书管理员、农家书屋管理员、公共电子阅览室管理员业务培训班，对基层管理员进行业务培训和指导，促进了全县图书馆事业的发展。

管理工作

实行岗位聘任制管理，对上岗人员实行目标管理，建立考勤考核、责任目标奖励制度。建立健全各项业务档案24项。各项工作做到年初有计划、年终有总结，计划制定科学有效。定期做好各项统计工作，并做好统计分析。加强了财务管理、设备物资管理和环境、安全管理。

表彰奖励情况

2009−2012年，临朐县图书馆共获得了各种表彰、奖励24次，其中文化部命名1次，省文化厅及市委表彰2次，市业务主管部门及县委、县政府表彰13次，县业务主管部门表彰8次。

馆领导介绍

王庆增，男，1965年10月生，大学学历，中共党员，副研究馆员，馆长。1987年7月参加工作，1994年3月任临朐县图书馆副馆长，2001年6月任临朐县图书馆馆长。系中国图书馆学会会员、山东省图书馆学会会员、潍坊市图书馆学会常务理事、潍坊市图书馆学会学术委员会委员。

高军，男，1969年12月生，大专学历，中共党员，馆员，支部书记，副馆长。1988年10月参加工作，2001年10月任临朐县图书馆副馆长，2008年12月任临朐县图书馆党支部书记。

未来展望

临朐县图书馆以"面向科技、面向基层、面向青少年、面向未来、服务经济"为指导思想，以"务实、求效、创新、发展"为办馆原则，扎实做好免费开放服务，县、镇、村三级联动，共同推动全县公共图书馆事业发展。2012年始规划新馆建设，功能设置为藏书区、借阅区、咨询服务区、公共活动与辅助服务区、业务区、行政办公区、技术设备区、后勤保障区等8个区，总建筑面积13500平方米，阅览座位900个，容纳馆藏90万册，服务人口50−100万人。新馆建成后，将进一步提升公共文化服务能力，进一步提高临朐人民的文明素质。

联系方式

地　址：山东省潍坊市临朐县城文化路5号
邮　编：262600
联系人：李艳萍

馆内连廊

图书馆外景

安丘市图书馆

概述

安丘市图书馆前身是1951年成立的安丘县文化馆图书室。1978年，安丘县图书馆正式成立并对外开放，馆址设在县城潍安路中段（今工商银行处），时有平房20间，建筑面积500平方米。截至1986年，安丘县图书馆已初具规模，下设采编、借阅和文物三个组，藏书78911册。

1988年，安丘县图书馆在永安路159号新建并对外开放。建筑面积2080平方米，设有借书室、阅览室、采编室、辅导部、办公室、参考咨询室等。1994年3月，安丘撤县设市，安丘县图书馆更名为安丘市图书馆，增设儿童阅览室、党支部办公室、业务辅导室。同年12月，全国公共图书馆评估定级，安丘市图书馆被文化部评估为国家"二级图书馆"，并在历次评估定级中保持至今。1997年，安丘市图书馆升为副科级单位。2003年，图书馆引进ILAS图书自动化管理系统，对馆内的图书文献进行加工录入，实现了自动化管理。2004年接入因特网，建立了网站。2007年，投资55万元建成全国文化信息资源共享工程县级支中心，新设中心机房、电子阅览室和多媒体教室，并在各镇街区和各社区、行政村建立了基层服务站点。2009年，安丘市图书馆开始使用Interlib图书自动化管理系统，完成了业务自动化管理系统的升级工作。2012年，安丘市图书馆阅览座席总数达到了306个，计算机50台，100Mbps宽带接入。

业务建设

截至2012年底，安丘市图书馆馆藏文献总量达17万册（件），其中纸质文献11万册（件）。

2009—2012年，安丘市图书馆新增藏量购置费共40万元。2012年图书入藏量为2666种，报刊入藏量为298种，视听文献入藏量为43种，地方文献共有240种。

2009年，购买数字图书馆资源，内有电子文献24万（条目）。截至2012年底，安丘市图书馆数字资源总量为1.3TB，其中包括《安丘大鼓》、《孙膑拳》等自建地方文献资源。

2009年，安丘市图书馆大楼进行内外装修，阅览室、儿童阅览室桌椅全部换新。2012年，重新整理了书库和过刊室，全部换成钢质书架。

读者服务工作

自从2009年8月起，安丘市图书馆实现免费开放，节假日、公休日正常开馆，周开放70小时，年接待读者10万人次，书刊外借12万册次。在开展馆内服务的同时，还建成药监局、武警中队、地税局、联谊中学等10多个流动服务点，年书刊外借2万册次。

2009—2012年，安丘市图书馆共举办培训讲座、送书下乡进社区、送春联下乡、元宵节灯谜活动、知识竞赛、读者征文、书画展览等读者活动28次。

业务研究、辅导、协作协调

2009—2012年，安丘市图书馆员工发表论文22篇。其中获省级奖3篇，地市级奖8篇。

2011年，安丘市图书馆参加了潍坊市《地方文献书目数据》编制、地方文献征集等工作，并积极推进本地区图书馆服务网络建设，2012年与山东省图书馆实现馆际协作，开展联合编目工作。2012年投入80万元为全市农家书屋配送图书12380册、e农影库130套、书架120节、电脑40台、阅览桌椅、电脑桌椅等设备，努力构建完善城乡图书馆服务网络。

安丘市图书馆注重加强镇村基层图书管理人员辅导培训工作，2009—2012年共举办培训班6期，受训人员520人次。并采取派出专业人员下乡辅导、基层人员进馆"以干代训"等多种方式，努力提升基层人员业务水平，规范优化镇村服务点业务管理。

管理工作

安丘市图书馆现已落实岗位聘任制，现有中级以上技术职务人员4人。建立了工作量化考核指标体系，每季度进行工作进度通报，每年底进行总体工作考核。2009—2012年，共抽查文献排架16次，书目数据4次，撰写专项调研、分析报告和工作提案6篇。

表彰、奖励情况

2011年我馆有2人参加第七届公共图书馆业务竞赛，取得团体二等奖。1人获省图书馆学会学术论文交流三等奖。

阅览室一角

镇村图书管理员培训

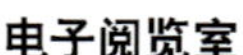
电子阅览室

书库内景

馆领导介绍

初桂森，男，1974年10月生，本科学历，中共党员，馆长、党支部书记。1997年8月参加工作，历任安丘市文化广电新闻出版局办公室主任、副主任科员、党组成员。2012年9月兼任安丘市图书馆馆长、支部书记。

王安亭，男，1963年9月，大专学历，中共党员，副馆长。1979年9月参加工作。1979年至1997年9月在中国人民解放军服役。1997年至2004年任安丘市文化局文化市场稽查大队队长。2004年至今，任安丘市图书馆副馆长。

程爱霞，女，1965年10月，大专学历，中级职称，副馆长。1987年7月至1988年12月在坊子区机关幼儿园工作，1988年12月调入安丘市图书馆，先后在阅览室、办公室工作。

未来展望

安丘市图书馆将继续坚持“全方位开放、全公益服务、全社会共享”的办馆方针，不断夯实公共文化服务阵地，提升管理服务水平，完善城乡一体化网络，推进公共图书馆事业再上新台阶。目前，安丘市已在青云山文化广场规划建设新馆。新馆建筑面积8000平方米，阅览座席1000个，可容纳纸质文献150万册，年服务人次可达100万人次以上。同时积极推进镇图书馆和村农家书屋建设，2015年底前，安丘市10处建制镇将全部建成潍坊市统一标准的镇级公共图书馆。

联系方式

地　址：安丘市图书馆
邮　编：262100
联系人：董永胜，秦玉芬

安丘市图书馆馆貌

微山县图书馆

概述

1994年7月，微山县编制委员会下达13号文件，决定设立“微山县图书馆”。遂以原文化馆图书室的全部图书、报刊、设备以及人员为基础，建立了图书馆，隶属县文化局领导。1995年5月，图书馆楼正式投入使用；2004年1月，设立电子阅览室；2004年12月，少儿阅览室正式对外开放。2005年，在全国公共图书馆第三次评估定级中被文化部评定为“国家三级图书馆”。

20年的变更，微山县图书馆初具规模。建筑面积2200平方米，在编人员15人，馆藏总量达10.1万册，年征订报刊杂志330多种；年流通总量为16万人次，现有持证读者5500多人。在全国公共图书馆第五次评估定级中被文化部评定为“国家二级图书馆”。2012年，图书馆有阅览坐席300个，计算机40台，宽带接入100Mbps，选用ILASⅡ图书馆自动化管理系统。

业务建设

截止2012年底，微山县图书馆总藏量9.4万册（件）。2009-0012年微山县图书馆每年新增藏书购置费20万元、新增报刊及杂志购置费4万元。2009-2012年，共入藏中外文图书10832种，32494册，中文报刊杂志1250种，视听文献248种。2009-2012年，累计收录地方文献282种，地方文献入藏完整率为91%。

读者服务工作

从2011年5月起，微山县图书馆实行全年免费对外开放，2009-2012年，书刊总流通62.8万人次，书刊外借58.4万册次。以2012年为例：2012年持证读者4109人，相比免费开放前增长1倍；年流通总量16万人次，同比增长38.4%；年流通人次15万，同比增长42.3%。同时，在微山县运河文化广场建立分馆。分馆面积700多平方，可同时容纳200位读者。分馆新增读者阅览桌椅60套，报刊架4个，期刊架2个，图书馆管理自动化服务端口2个。

2009-2012年，微山县图书馆共举办讲座、展览、培训、阅读推广等读者活动62场次，参与人数2.1万人次。同时，微山县图书馆优化特色服务，催生微山文化新品牌。微山县图书馆免费开放以后，形成了两个让广大市民和读者有口皆碑的地方性特色文化品牌：一是微山县图书馆春秋季读书节，二是寒暑假“小小图书管理员岗位体验活动”。

为进一步拓宽图书馆服务范围，深化服务层次，方便图书馆与广大读者之间更好的沟通与交流，微山县图书馆建立了“读书爱好者QQ群”，以此作为与广大读书爱好者沟通的渠道。（群号：331677009；群名称：微山县图书馆读书爱好者群）。

业务研究、辅导、协作协调

2009-2012年，微山县图书馆职工发表论文16篇，其中专业核心期刊6篇，获准立项的省级课题2项，其他课题2项。获中国图书馆学会一等奖2项、三等奖5项。获山东省图书馆学会二等奖2项、三等奖3项。获山东省文化艺术科学优秀成果奖二等奖2项、三等奖6项。在山东省图书馆学会举办的第二十次科学讨论会征文评选活动中，我馆工作人员井继龙、王蕴慧参评论文《数字图书馆服务品牌塑造及产业化发展思考》和马长书参评论文《公共图书馆在非物质文化遗产保护中的职能》均获得二等奖。

2009-2012年，微山县图书馆先后举办了4期乡镇文化站长和村级文化骨干共享工程培训班，培训200多人次。

2011年4月，微山县图书馆全体工作人员到兖州馆和济宁馆学习取“经”，实地参观了两个馆的图书外借室、期刊阅览室、过刊外借室、电子阅览室、自修室、少儿阅览室等科室。实地参观学习后，互相交流了工作心得、经验，共同探讨了图书馆办馆模式，济宁市馆马伟馆长并对阵地服务如何加大创新力度、拓宽服务领域、未来图书馆的发展模式发表了独到见解。

管理工作

微山县图书馆全面实施岗位聘任制度，竞争上岗。同时，还建立了工作量化考核指标体系，每月进行工作进度通报，每半年和全年进行总体工作考核。为加强单位内部管理，做到有章可循，从制度上规范职工个人行为，保证竞争上岗工作顺利实施，特制订《微山县图书馆考勤制度》。2009-2012年，共抽查文献排架48次，书目数据9次，撰写专项调研、分析报告和工作提案19篇，编写部门工作进度通报48篇。

评估定级检查组莅临

图书馆外景

小小图书管理员岗位体验活动

小小图书管理员接受培训

表彰、奖励情况

2009-2012年，微山县图书馆共获得各种表彰、奖励16次，其中，市级表彰、奖励4次，县委、县政府表彰、奖励6次，其他表彰、奖励6次。

馆领导介绍

井继龙，男，1977年生，本科学历，中共党员，副研究馆员，图书馆馆长。1997年9月参加工作，业务能力突出，在专业核心期刊发表10余篇学术性论文，并多次获得国家、省图书馆学会奖项、省文化艺术科学优秀成果奖。重视人才培养，结合岗位开展学术研究，参与组织学术活动，科研成果显著。积极创新，尝试多种为社会服务的新途径。注重学习，不断提高自身综合素质，尤其是业务能力的学习，受到局领导的一直肯定。2009年度被评为全县优秀宣传干部；2012年抽调到微山县民生和社会事业建设指挥部；2012年被选为微山县文广新局后备副科级领导干部，2013年被评为微山县第三批有突出贡献的中青年专家，2014年被评为山东省政府采购评审专家。

李琳，女，1969年生，本科学历，中共党员，中级职称，副馆长。1989年参加工作。工作积极向上，有很强的创新能力和责任心。工作能力尤其突出，一直受到局党组的认同和肯定。办事从来不拖拖拉拉，为下属各部门树立了很好的榜样2010年被授予“县优秀工会工作者”称号；2011年被授予“县三八红旗手”称号，中共微山县第十二、十三次党代表。

未来展望

微山县图书馆致力于“提高图书馆社会效益，加强图书馆服务能力，拓展图书馆服务范围，提升图书馆服务水平”为具体奋斗目标，牢固树立“以人为本”，“以读者服务为中心”，“以优雅宜人的阅览环境和高效灵活的服务方式”为宗旨的服务理念，全心全意为读者服务。2012年，随着教育体育文化中心的建立，一个崭新的图书馆将矗立微山县南部新城。新馆总建筑面积12447平方米，投入资金1亿元，计划2014年底竣工。建成后的微山县图书馆新馆达到“国家一级图书馆”标准。

联系方式

地　址：山东省微山县奎文路28号
邮　编：277600
联系人：井继龙

微山县图书馆新馆正面图

新泰市图书馆

概述

新泰市图书馆成立于1979年12月，座落在市中心花园街1号，面积2000平方米（现设分馆两处：新泰市图书馆翟镇第一分馆，面积300平方米，现有藏书2万册，电脑20台，阅览座椅20个，新泰市图书馆汶南第二分馆，现有藏书2.2万册，阅览座椅30个）现有工作人员19人，大专以上17人，其中副研究馆员3人，馆员14人，助理馆员2人。1994年首次在全国公共图书馆评估中，获得二级图书馆。

业务建设

截止2012年底，新泰市图书馆的总藏量15万册，报刊200多种，持证读者5076人，阅览座席120个，少儿阅览座席34个，电子阅览座席40个，多媒体体放映室坐席30个。年流通读者10万人次，图书10万册次，每周开放60小时，全年经费80万元，其中专项购书经费8万元。

读者服务工作

新泰市图书馆在为读者服务的方式方法上，本着“以人找书，为书找人”的服务宗旨，对未成年人、老弱病残及科技人员采取了免证阅览，代借代还，预约借书，上门服务等灵活多样的服务方式，变被动服务为主动服务。外借图书册次10万册，流通人次9万次，为离退休干部和科研人员送书上门800多册次，资料代查200人次，解答咨询工作300条，跟踪服务课题80个，开放时间每周60小时，全年节假日不休息，实行免费为读者开放，建成军民共建图书室一个，警民共建图书室一个，每年的9月30日–10月31日，定期举办“全民读书月”活动。多年来，市图书馆始终把积极有效地发挥图书馆社会教育职能与信息传递职能作为办馆的方针，通过举办各种形式的读者活动，宣传图书馆、利用图书馆、认识图书馆，如“走进图书馆大家共读书”，与学校合办征文活动，与其它有关单位协办各种展览及其他文化活动，开拓新的服务领域。多种多样的读者活动丰富了群众的业余文化生活，激发了读者的读书热情，在读书中求知识，在活动中增智慧，使读者真正领略到图书馆是他们陶冶情操、净化心灵、启迪智慧、开拓视野、获取知识、增加才干、丰富生活、追求人生而不可缺少的社会文化阵地。充分利用代借代还、预约借书、送书上门、馆际互借、资料借查、电子阅览、音像借阅等手段，受到读者的欢迎和好评。丰富多彩、新颖独特、别具一格，引人入胜的读者活动已成为新泰市图书馆对外服务的闪光点与发挥其社会职能的重要手段。

业务研究、辅导、协调工作

2009–2012年，新泰市图书馆职工发表论文22篇，基础业务建设工作是图书馆工作常抓不懈的重点，经过几次对馆藏书的全面整顿，基本上达到科学化、规范化、标准化的目标要求。现已采用《中国图书馆分类法（五版）》为标引准则，依据《普通图书著录规则》，结合本馆使用的特点，对图书进行分类。自1998年全面启动图书馆自动化、流通编目子系统以来，基础业务工作更加标准、规范、机读目录的格式与各项要求符合国家标准。为搞好业务研究工作，促进本馆工作人员专业知识的提高，业务人员在学完《图书分类》、《图书著录》《图书馆自动化管理》等课程的基础上，狠抓业务学习和培训，使我馆工作人员的业务水平有了很大提高。进一步加强自动化业务工作的管理，注重专业人才的培养，派出专人到省馆培训，提高了自动化管理系统的工作效率，极大发挥了自动化管理系统的作用。

随着文化体制改革的逐步深入，图书馆社会职能的逐步强化和拓展，加强图书馆的科学管理以适应社会发展的需要显得越来越重要。近年来，市图书馆通过不断完善，充实规章制度，建立图书馆工作人员守责、岗位规范、岗位责任制、工作原则及规则，逐渐形成了民主办馆、科学办馆、文明办馆的机制，使管理工作日趋科学化、规范化。加强管理，搞好各项工作。为了进一步促进图书馆事业的发展，提高我馆的各项工作质量，在制定了领导班子岗位责任制的同时，实施了全体工作人员的分工负责制，建立健全了严格的考核制度和检查措施，对具体的工作数量与质量进行检查，以作为奖惩的依据，充分起到激励先进、勉励后进的作用。

为加强基层图书阵地建设，在原有村、镇文化大院、文化站图书室的基础上，市财政投入800多万元，建成书屋916家的同时，又拨出专项资金115万元，以以奖代补的形式补贴到农家书屋建设工作中，有力推进了书屋建设工程的顺利进行。具体工作中，我们紧紧抓住设施建设和图书配送两个工作重点，以市乡财政投入为主，大力鼓励发动社会捐建，形成了“政府投入、社会捐赠”两条腿走路的工作格局。同时，在书屋的管

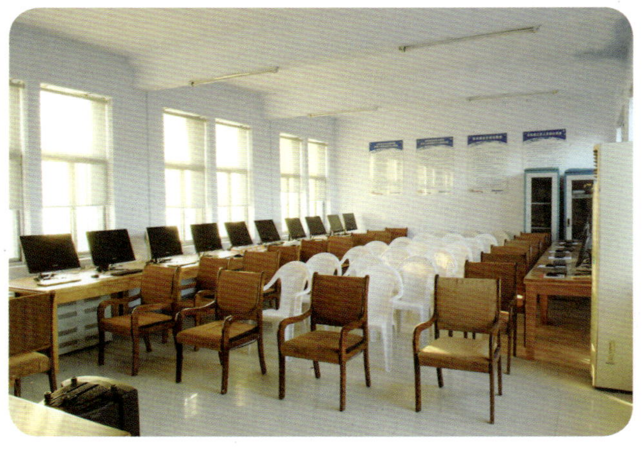

理利用上下功夫，多次举办书屋管理员培训班，全员普训图书管理员，不断提高他们的服务和管理水平。农村图书室建设真正做到了"投入、措施、共建、利用"四个到位。经过几年的努力，农家书屋在我市广大农村基本实现了全覆盖。大部分厂矿企业、企事业单位也都建起了具有一定规模的图书馆（室），据统计，这类馆（室）目前共有56个。同时，市图书馆还积极与当地驻军、公安民警等特殊读者群联系，建成军民共建、警民共建图书馆（室）16个。截至目前，全市图书总藏量达到了100多万册。我们将在做好图书馆业务工作的基础上，进一步把基层图书馆（室）的建设放在突出位置，充分发挥我市经济基础好、文化底蕴厚的优势，大力做好基层馆（室）的建设工作，把图书馆的服务进一步延伸到农村、厂矿企事业单位等方面去，切实把图书馆事业发展好、建设好，把图书管理好、利用好。

馆领导介绍

毕玉景，男，1964年8月出生，1978年12月参加工作，中共党员，大专学历、舞台技师、馆长、中国图书馆学会会员，山东图书馆学会会员。

郑桂芝，女，1964年出生，中共党员，馆员，中国图书馆学会会员，山东图书馆学会会员。

曹春爱，女，1967年出生，中共党员、副研究馆员、副馆长、山东图书馆学会会员。

王峰，男，1972年出生，中共党员、副研究馆员、副馆长、中国图书馆学会会员、山东图书馆学会会员。

秦丽，女，1967年出生，馆员、工会主席、中国图书馆学会会员、山东图书馆学会会员。

未来展望

新泰市图书馆遵循"科学、效率、创新、发展"的办馆方针，践行群众路线，扩大服务辐射区域，带动本市文化发展。

联系方式

地　址：新泰市图书馆
邮　编：271200
联系人：毕玉景，王 峰

五莲县图书馆

概述

五莲县图书馆成立于1979年，1985年建成图书馆大楼，馆舍建筑面积2100多平方米，现有干部职工13人，藏书17.4万册，内设办公室、图书借阅中心、少儿阅览室、采编辅导室、文化信息传播中心、电子阅览室、共享工程主控室、资料室等对外服务窗口。阅览室内有阅览坐席80个，少儿阅览室内有阅览坐席36个，传播中心60个、电子阅览室30个，满足了群众阅读的需要。

五莲县图书馆现有可供读者和工作人员使用的计算机45台；其中读者活动区域供读者使用的计算机30台。图书馆网络使用10台，其他使用5台。

目前，全馆职工大专以上学历占职工总数的70%以上，中专高中以上人数占职工人员总数100%以上，领导班子状况达到规定要求，业务人员岗位培训继续教育人均85学时/年，组织撰写图书档案管理、图书馆改革发展与展望等内容的论文发表60余篇，获市以上奖励16篇。

业务建设

图书年入藏量2000余种，5200册；报刊年入藏量200余种；电子文献年入藏量500余种；视听文献年入藏量30余件，地方文献入藏310册。

目前，五莲县图书馆实行自动化管理，馆内设有局域网，建立了文化信息资源共享工程五莲县支中心网站，并能正常对外开展服务。

读者服务工作

五莲县图书馆免费开放，年外借104805万册次，年流通总人次达113020万次，开架书刊册数占总藏量的80%以上；书刊宣传400余次，每周开放时间达到68小时，服务点、流通站22个。定期开展为特殊群体、弱势群体服务工作和为领导机关决策与社会大众提供信息服务。

五莲县图书馆读者活动开展的丰富多彩，不定期地组织讲座、报告会和读者座谈会，利用服务宣传周、全民读书月等活动广泛开展图书馆服务宣传工作，效果显著。2011年起连续举办了三届元宵节灯谜游艺会，为五莲县的春节文化活动增色添彩。2011年起每逢寒暑假，我们举办演讲比赛、围棋比赛、少儿阅读沙龙等各种赛事，吸引大批青少年积极参与活动，充分发挥了公共图书馆的公益性和阵地优势。

五莲县图书馆将社会教育与培训工作准确定位，突出特色，开展了知识技能培训、艺术教育培训、健美修身培训等多种形式的教育培训活动，受到了社会各界的一致好评。

业务研究、辅导、协作协调工作

五莲县图书馆注重业务理论研究，2009年至2013年在省市级以上学会发表的论文共计20篇。

定期组织馆内技术人员到乡村、学校、厂矿等基层图书馆室进行业务辅导，成效明显。共举办基层图书管理员培训班10期，培训人员达500余人次，与42个基层图书室建立了图书借阅业务。每年坚持开展送书下乡活动，挑选部分图书和书架赠送给边远乡镇建立图书室20余个。截至目前，社区、村图书室覆盖率达到60%以上，乡镇图书室覆盖率达100%。

与农村党员干部现代远程教育实现了资源共享，充分利用县委组织部在县电视台设立的远教频道播放共享工程节目，积极将丰富多彩的文艺节目、科技知识和实用技术送到群众手中。与20个图书馆参与馆际互借。

管理工作

高素质的图书管理人才是实现图书馆发展的基础，为了提高图书管理人员的素质，首先我们按照“政治强、业务精、纪律严、作风正”的总体要求，不断加强业务理论学习，每周一为固定学习日，系统学习科学发展观和有关图书管理方面的知识，不断提高自身业务技能。实行岗位设置管理，建立分配激励制度，按岗聘用、竞争上岗。建立健全了财务管理的各项规章制度，建立监督机制，严格各项规章制度的落实。

表彰、奖励工作

五莲县图书馆先后荣获“文明单位”、“全市文化工作先进集体”、“全市文化共享工程先进单位”、“62届国际图联大会图书馆服务宣传活动先进单位”等荣誉称号，共享工程县支中心被表彰为“山东省文化信息资源共享工程建设与服务工作先进集体”，同时我县被省文化厅、财政厅命名为“全省文化信息资源共享工程建设示范县”，为我县经济社会又好又快发展做出了积极的贡献。

馆领导介绍

王荔，女，1971年7月生，大学学历，中共党员，讲师，馆长。1990年12月参加工作，历任县新闻出版办公室主任，县图书馆党支部书记、馆长等职。2010荣获山东省古籍保护工作先进个人、日照市文化遗产保护先进个人等荣誉。

冯志炳，男，1966年5月生，中共党员，图书馆馆员，副馆长。1985年11月参加工作，历任五莲县县委办公室科员，图书馆副馆长等职。

未来展望

五莲县图书馆新馆扩建工程已纳入政府城建规划，在未来的几年里，在五莲县城市中心将建一座建筑面积1万平方米的新馆舍。

联系方式

地　址：山东省日照市五莲县文化路57号
邮　编：262300
联系人：冯志炳

莒县图书馆

概述

莒县设图书馆始于民国。据《重修莒志》记载：民国12年(1923年)，县知事周仁寿创建通俗图书馆。1951年10月，莒县人民文化馆成立，隶属县文教科，次年3月，文化馆筹建图书室。1976年秋，莒县图书馆正式成立，1978年8月，省文化厅拨款，在县城北关现图书馆馆址征地6.97亩建设新馆，于1980年5月迁入新馆址。1998年全国公共图书馆第二次评估定级，首次获得二级图书馆。2012年，莒县图书馆有阅览座席242个，其中少儿座席52个。计算机54台，其中公共电子阅览室34台，业务用10台，信息节点50个，宽带接入100Mbps，选用深圳图创图书馆自动化管理系统软件。

业务建设

截止2012年底，莒县图书馆总藏量10.9万册，其中，纸质文献10.7万册，电子图书和电子期刊0.2万册。2012年，新增藏量购置费4万元。2009—2012年，共入藏中外文献1.04万种，1.6万册。中外报刊813种，视听文献308种。2011年，地方文献入藏1100册。截止2012年底，数字资源存储容量为6TB，数字资源存储总量4TB。其中，自建数字资源总量0.5TB。完成《莒县地方文献数据库》建设。1998年，采购使用深圳图书馆ILAS5.0业务管理系统。2007年，更换深圳图创图书馆集成管理系统。

读者服务工作

从2009年8月起，莒县图书馆全年365天对外免费开放，周开放60小时。2009—2012年，书刊总流通45万人次，书刊外借32万册次；图书馆网站访问量3万人次；共举办讲座、展览、培训、阅读推广等读者活动63场次，参与人数1.575万人次。

业务研究、辅导、协作协调

2009—2012年，莒县图书馆职工发表论文12篇。另有每年都有一些围绕业务工作撰写的调查研究报告等，对全县21处街道、乡镇、开发区进行农家书屋和共享工程辅导和管理员培训。参与山东省图书馆和日照市图书馆组织举办的古籍联合编目、参与山东省图书馆和日照市图书馆组织举办的“4.23”全民读书日、读书朗诵比赛等项活动。

管理工作

2011年，莒县图书馆完成第三次全员岗位聘任，共设3类岗位，有14人重新上岗。

表彰、奖励情况

2009—2012年，莒县图书馆共获得各种表彰、奖励14次，其中，文化部表彰、奖励2次，省文化厅表彰、奖励2次，其他表彰、奖励10次。

馆领导介绍

杜树景，男，1962年4月生，本科学历，中共党员，馆员，馆长。1980年11月参加工作，2004年8月—2013.9月任莒县图书馆馆长（股级）。

王瑞峰，男，1968年9月生，本科学历，中共党员，副研究馆员。1980年10月参加工作。1988年11月山东广播电视大学图书馆学专业毕业。2004年8月—2013年9月任莒县图书馆副馆长。2011年11月起任图书馆党支部书记。2013年9月起任莒县图书馆馆长。

未来展望

莒县图书馆遵循“服务社会、方便用户”的办馆方针，践行“向国家一级图书馆迈进”战略，即扩大图书馆建筑面积，增加图书入藏数量，增加外借册次，创造读者温馨、舒适、优雅的阅读环境。2009—2012年，重点进行了地方文献收藏，建设了方志馆、谱牒馆，连续进行了九届莒文化讲座，家谱收藏是山东省县级图书馆中收藏数量较多的图书馆之一。正在创造条件，争取早日成为国家一级图书馆。

联系方式

地　址：莒县县城青年中路17号
邮　编：276500
联系人：王瑞峰

省厅省馆领导视察

第五次评估定级奖牌

第五次评估定级验收

电子阅览室

临沂市罗庄区图书馆

概述

罗庄区图书馆新馆舍于2008年落成，总建筑面积为3100平方米。内设图书借阅室、少儿阅览室、电子阅览室、多功能厅、地方文献阅览室、政府公开信息阅览室等多处服务点；现馆藏图书总量18.6万册，拥有阅览座席276个、少儿阅览座席56个、计算机42台（电子阅览室阅览用机30台、办公用机12台）；并且内部建成了千兆主干、百兆到桌面的以太局域网络，通过100MB光缆专线接入互联网，开通了馆内自动化办公系统，实现了馆内各系统的连接。

业务建设

截止2012年底，罗庄区图书馆总藏量19.4万册（件），其中纸质文献18.6万册，电子图书5900册，视听文献2100件。2012年图书入藏量为3131种，报刊入藏量为300种，电子文献入藏量为200种，视听文献入藏量200件，并设有地方文献专柜，文献保护管理制度健全，加工整理规范。设立了2台计算机检索机位，由两名专职人员负责目录管理及维护，并向读者提供查目辅导，方便读者借阅检索。

为适应信息社会的要求，罗庄区图书馆从2008年新馆建成开始，用了近一年的时间全面完成了馆内局域网的建设，构建了完整的千兆主干百兆到桌面以太局域网络，完善了数据库及数字资源检索系统，开通了馆内自动化办公系统，并实现了馆内各系统的连接，实现了由传统图书馆向现代化图书馆的转变。

读者服务工作

罗庄区图书馆严格按照文化部有关文件落实免费开放措施，充分体现公益性服务性质，取消全部服务收费，并进一步丰富服务内容，提升服务水平。截止2012年底，罗庄区图书馆有效借书证5000个，2012年外借图书160000册次，流通总人次共计达150000人次，书刊文献外借率（年外借册次/馆藏总量）达到86%，读者人均到馆次数（年流通总人次/持证读者数）达30次。为了方便广大读者，罗庄区图书馆每周开馆66.5小时，馆内全部印刷型书刊全部面向读者开放，开架书刊达到总藏量的100%，并且长期为市民组织各类书刊宣传活动，宣传种数共1803种，开设服务点、流通站14个，并为特殊群体、弱势群体提供了，无障碍通道、专用设施，专用坐席，未成年人阅览室及盲人阅览室，为其提供送书上门，课题跟踪服务，力求为特殊群体、弱势群体提供更周到的服务。

2012年罗庄区图书馆共举办各类读者活动36次，参加活动读者共47151人次，其中：讲座、报告会：27场，共5863人次；阅读推广活动：6次，参加活动读者17495人次；展览：5次，参观读者23793人次。组织社会教育与业务培训共计13次，累计培训学员3360人，取得了良好的成绩。受到了广大人民群众的热烈欢迎和各级领导的上级业务主管部门的一致好评。

业务研究、辅导、协作协调

罗庄区图书馆新馆自建成以来，在市级以上学会发表论文6篇，撰写调查研究报告3篇。在基层辅导工作中，加强了对基层业务辅导人员的管理，增加了基层业务辅导的投入，对八个街镇的图书室和部分社区图书室进行了强有力的业务辅导工作，并就有关情况进行了调查研究。2009到2012年，我馆对基层图书室工作人员进行了12次培训辅导，同时开展送书下乡活动，共赠给街镇图书室、社区图书室图书6739册、期刊2100册，极大的促进了我区基层图书室的建设，满足了农村广大读者对农业科技信息的需求，对帮助农村群众致富奔小康发挥了重要的作用；同时向广大群众传播了先进文化，提高了人民群众的思想道德和科学文化素质，倡导了文明健康的生活方式，有力地推进了我区农村的现代化发展进程。

管理工作

区图书馆十分重视制度建设，先后建立并规范了岗位职责及来访管理、技术加工、数据制作、借还、阅览细则，以及安全管理、文献管理、财务管理等26项规章制度，并注重在实践中不断完善和改进各项制度。还结合实际出台了奖励激励措施，极大的提高了干部职工的工作积极性。尤其针对重点环节，如财务、物资设备、消防安全等进行了细致研究和综合分析，特别制定了一系列监管制度和应急预案。

通过建章立制，区图书馆服务管理树立了新理念，各项工作有章可循、有章可依，保证了图书馆各项工作的平稳有效开展。

表彰、奖励情况

2009–2012年，罗庄区图书馆共获得各种表彰、奖励6次，其中市委、市政府表彰、奖励1次，区委、区政府表彰、奖励1次，其他表彰、奖励4次。

馆领导介绍

邬云峰，男，1977年3月生，本科学历，中共党员，馆员，馆长。98年10月参加工作，曾任罗庄区文化市场管理办公室主任，2009年12月任现职。

群众业余进行学习休闲活动的首选

送书进社区

十佳小读者颁奖仪式

免费开放服务周边居民

全民阅读促进活动启动仪式

胡庆科，男，1969年6月生，本科学历，中共党员，馆员，副馆长。1986年10月参加工作，曾任罗庄区文物管理所所长，2009年12月任现职，分管图书馆行政管理工作。

宋磊，男，1986年4月生，本科学历，中共党员，助理馆员，副馆长。2009年4月参加工作，分管图书馆业务管理工作。

未来展望

罗庄区图书馆在不断加强传统业务建设的同时，着力构建科学完整的信息网络、数字资源系统，努力实现由传统图书馆向现代化图书馆的转变，支撑保障公共图书馆良好运行和持续发展。

罗庄区图书馆积极寻求突破传统封闭的服务方式，努力拓宽思路，深化服务内容，重点加强和改进服务工作，不断满足基层广大读者对科学文化信息日益增长的需求，向广大群众传播先进文化，提高群众的思想道德和科学文化素质，努力推进书香罗庄建设。

联系方式

地　址：临沂市罗庄区工业路51号文化中心
邮　编：276017
联系人：郇云峰

临沂市河东区图书馆

概述

临沂市河东区图书馆于2003年8月经区机构编制委员会批准成立，2010年6月在城区中心位置新建河东区图书馆，建筑面积3400余平方米，共有工作人员15名，免费向社会开放，被国家文化部命名为"国家二级图书馆"，是河东区标志性的公共文化设施和精神文明建设的重要窗口。河东区图书馆一楼主要设有外借部、采编部、参考咨询部、盲文及盲人有声读物阅览室，二楼设有培训教室、文化共享工程支中心、公共电子阅览室、期刊阅览室、少儿外借部、多媒体教室、财务室、档案室、办公室、馆长室、副馆长室等，三楼主要设有展览室、研究辅导部、投影室、老年阅览部、学术报告厅、会议室、资料室等。馆藏图书15万余册，电脑40余台，办理借书卡5000余个，全面实现微机自动化管理。

业务建设

截止2013年4月，馆藏图书147247册，年均入藏量达到6068种、期刊246.3种、视听文献133.5种，电子文献6000余种。

区图书馆通过自建和外购等多种途径，加强数字资源建设，馆藏数字资源总量2TB以上，开通了数字图书馆。将1949年以来的所有中文普通图书文献资料按CNMARC格式建立机读目录占86%以上。整合了文化共享工程、图书馆和网络资源，数字资源每周按时更新，目前公共电子阅览室资源总量达3TB。

2013年，将自动化管理系统升级改造为Interlib系统，以适应临沂市公共图书馆服务联盟建设的需要。

读者服务工作

2010年新馆落成后，河东区图书馆就对公共空间设施场地和基本服务项目实行免费开放，目前已打造了6个馆内外服务品牌。如图书馆的多媒体展厅，是为了更好地利用图书馆这个宣传平台，让市民更多地了解部门工作职能和工作成绩，开辟的集展览、多媒体演示等于一体的多媒体展厅，基本上一个月就有一个部门在这里举办展览活动。图书馆每年365天全天开馆，每周开放时间平均63小时。实行开架借阅，开架书刊达到132522册，占总藏量的90%以上。

馆藏资源有效利用。2012年，馆藏书刊文献年外借率为76.2%，书刊文献年外借册次达到11万册次，人均到馆25.83次。通过新书推介、图书馆网站等多种形式，在馆内、外开展书刊宣传。在期刊借阅室开设了政府公开信息服务窗口。在图书馆网站链接了区政府政务公开网址，积极为市民查阅政府公开信息服务。根据机关、企事业单位和市民的不同要求，图书馆整合利用文献资源，免费开展信息咨询服务，满足了不同人群的文献查阅需求。建设了河东区图书馆网站。设计了体现河东特色的网页和栏目，主要由本馆简介、工作动态、公告通知、共享工程、读者服务等板块组成。网站有专人负责，定期维护，及时更新内容，网站开通后成为图书馆服务读者群众的一个重要平台。深入开展社会教育活动。年均举办讲座、培训、展览、阅读推广活动29次以上，每万人年均参与活动达4.7次以上。积极打造读书活动品牌。

业务研究、辅导、协作协调

区图书馆积极加强馆际协作。与临沂市图书馆签订了共建协议，与区档案馆、河东一中图书馆、临沂盲校图书馆签订了馆际互借协议，启动了联合编目、馆际互借，建立了较高程度的业务协作关系。

加强公共图书馆服务网络规划建设，启动了总分馆体系建设，目前已设立了九曲、相公、太平、汤头、郑旺、汤河、八湖、凤凰岭等8个图书馆分馆，2011年全区农家书屋实现全覆盖，镇街图书馆分馆参与服务网络建设的比例达100%，村居（社区）图书室（农家书屋）参与服务网络建设的比例达56%。2012年分馆书刊外借册次2.4万余册。

充分发挥区图书馆的辐射带动作用，加强对基层单位的业务培训和辅导工作。每年根据工作需求，不定期举办各种类型的培训班，年培训人员达到427人次。长年坚持下基层业务辅导活动，帮助各镇街及部分村居图书馆（室）解决了分类编目、图书上架、读者服务、业务自动化管理等业务难题，年均辅导业务骨干27人，有力地促进了基层图书馆（室）建设。目前，全区镇街图书馆和村居（社区）图书室覆盖率达100%，镇街图书馆均达到万册藏书规模。对全区所有镇街及村居图书室进行了调研，建立了基层图书室档案，形成了区、镇街、村居三级图书管理网络。

管理工作

河东区图书馆以创建"五型"窗口单位为目标，制定完善了图书馆各项工作制度和服务规范。每年都制定年度工作计划，并明确工作任务、责任人和完成时限，经常调度工作完成情况，年终进行工作考核。一是认真做好财务工作；二是加强岗位管理，实行按需设岗，按岗聘用，竞争上岗，择优聘用；三是积极吸纳志愿者参与图书馆工作，制定了图书馆志愿者服务章程，加强志愿者的管理，确保志愿者发挥较好的作用；四是加强设备和物资管理，设有专项保护制度并有明确分工，每年进行固定资产清理检查；五是档案管理规范；六是人事管理、财务工作、业务工作统计及时、准确，并进行了统计分析；七是始终牢固树立"安全第一"的观念，切实加强安全工作。

表彰、奖励情况

2009–2013年以来，河东区图书馆的工作得到了上级部门和社会各界的一致好评，荣获"国家二级馆"、"全区文化先进单位"、"区级文明单位"、"优秀职工书屋示范点"、"全市文化广电新闻出版工作先进集体"、"全市文化民生工作先进集体"、"河东区未成年人思想道德建设工作先进集体"等多项荣誉称号。

馆领导介绍

谷程瑶，男，1984年4月生，本科学历，中共党员，馆长。2008年12月参加工作，历任河东区图书馆副馆长、文化信息资源共享工程河东支中心主任等职。

王亚婷，女，1983年6月生，本科学历，中共党员，副馆长。2003年10月参加工作。分管图书馆财务及日常管理等工作。

郭瑞奎，男，1989年4月生，本科学历，文化信息资源共享工程河东支中心主任。2012年10月参加工作。

未来展望

在未来的几年里，河东区图书馆将在现有馆藏的基础上，逐年购置一定数量图书，进一步加强馆藏资源建设。同时，加强职工干部队伍、思想、作风、组织和制度建设，提高管理和服务水平，打造全市一流图书馆。

联系方式

地　址：临沂市河东区图书馆
邮　编：276034
联系人：郭瑞奎

沂南县图书馆

概述

沂南县图书馆是一座国家举办的县级综合性公共图书馆，是向社会公众提供文献信息，服务学术性社会公益文化单位，隶属于沂南县文广新局领导，成立于1975年，其前身是文化馆图书室，1981年增设儿童借书室和阅览室，2007年增设全国文化信息资源共享工程沂南支中心，旧馆址位于县人民路中段，2005年搬迁至朝阳路与北外环交汇处，主体建筑为三层办公楼，总建筑面积3400余平方米，实用面积3160余平方米，现在全馆工作人员16人。是全县科学，教育，文化事业的重要组成部分，是文献收藏，传递及利用中心，担负着提高全县人民科学文化素质和两个文明建设服务的重要任务。

业务建设

沂南县图书馆内设成人借书室，成人阅览室，儿童借书室，儿童阅览室，信息服务中心，书库，电子阅览室，机房，电教室，娱乐活动室，办公室等专业科室。全馆现有书刊12万余册，阅览席位124余个，作为沂南县图书文化信息中心，沂南县图书馆可设100人左右计算机培训，会议召开讨论，文艺演出等多种活动。

读者服务工作

从2012年9月起，图书馆全年365天天天对外免费开放，周开放56小时，持证读者1万余人，年图书馆流通量8万册次。

业务研究、辅导、协作协调

2012–2014年，沂南县图书馆职工发表论文20余篇。组织各类辅导培训800人次。

管理工作

2012年，图书馆进行人员岗位竞争上岗，共设岗位14个。

表彰、奖励情况

2012年至今，沂南县图书馆被市文广新局评为先进集体。多次被县里评为先进单位。

馆领导介绍

马士杰，男，1966年12月生，大专学历，中共党员，馆长。1984年10月参加工作，2011年获得省级文化工作先进个人。

杨立霞，女，1965年12月生，大专学历，中共党员，副馆长，1981年12月参加工作。2013获得全县十佳文化工作者。

未来展望

沂南县图书馆一直坚持以‘读者至上，服务第一’为宗旨。不断开展优质服务工作，坚持以读者为中心，以现代技术和科学管理为手段，继续加强图书馆自动化，网络化，数字化建设，不断深化改革，开拓创新，积极向管理科学化，标准化，规范化推进，加快向现代化图书馆转变步伐，最大限度满足读者需要，以高质量，高效率为全县人民服务。

联系方式

地　址：沂南县朝阳路与北外环交汇处南
邮　编：276300
联系人：马士杰

图书馆外景

综合楼外景

报刊阅览

电子阅览室

阅览室

费县图书馆

概述

费县图书馆最早的雏形来自于1926年(民国15年)前后建立的费县通俗图书馆，馆内有《大公报》、《实业报》、《东方杂志》等报刊，供读者阅读。而后几经沿革，1978年11月，费县图书馆正式成立，馆址在费县文化楼一楼、馆舍面积250平方米，为费县文化局下属事业单位，设为办公室、借阅组组、辅导组、文物组。1985年，图书馆楼建成，1989年11月，费县图书馆被山东省文化厅授予先进单位。到2012年年底，费县图书馆馆舍建筑面积达3144.34平方米，建立了22个分馆，有10个流动服务点，并与各分馆签订协议，开展各类业务合作活动。费县图书馆在职工作人员18名，副高级职称1人，中级职称16人，初级职称1人。设有电脑65台，阅览座席248个。设有第一借书室、报刊阅览室、盲人阅览室、地方文献库、未成年人阅览室、电子阅览室、采编室、业务辅导部、资料室、报纸库、报刊装订室等。

业务建设

截止2012年底，费县图书馆总藏量24.3万余册，其中电子图书500种，共40万册；数字资源试听文献270套（1600盘）；期刊杂志2084册，报纸3248册，合计共240余种；电脑60余台，阅览座席248个。

费县图书馆新增藏量购置费10万元，2011年起增至18万元，2012年为20万元。

费县图书馆安装和使用Interlib系统，使图书馆工作逐步向数字化管理和自动化应用过渡，并建立和完善了费县图书馆网站的建设。

读者服务工作

费县图书馆自2009年始，全年对外免费开放，没有公休日和节假日，每周开放时间超过60小时，2009年至2012年，书刊总流通48万人次，书刊外借104万册次，期间共建成22个分馆，有10个流动服务点，馆外书刊流通总人次3万人次，书刊外借10.8万册次。

2003年8月8日，费县图书馆率先开设电子阅览室，成立费县电子图书馆，创建特色数字图书馆，多年来费县电子图书馆充分发挥电子文献量大的优势，重点开展特色数据资源，提供检索、浏览和下载服务，到2012年止已拥有电子图书40万余册。

业务研究辅导、协作协调

大力建设社区图书馆，推进图书馆网络化建设.在各住宅小区，村文化大院逐步建设社区图书馆，建立健全县、乡、村三级图书馆网络，并定期委派业务骨干对各文化大院图书网点进行业务辅导。

大力增加电子书籍的收藏量，收藏重点转向以电子形式存储的资料库或包括声音、图像、电子报表（数据库）复合文本。逐渐从“书本图书馆”走向“电子式图书馆”。

在辅导过程中，图书馆工作人员对不完善的图书室进行了业务上的辅导，帮助他们建立、健全图书室的借阅及管理制度。对图书室在分类、编目、排架、借阅等业务工作中存在的问题给予及时指导，规范了图书管理，方便读者借阅。图书馆还针对有文献需求的图书室建立了图书流动服务网点，定期为他们免费送书，以补充他们文献资源上的不足，满足读者的需求。而通过开展基层文化服务辅导活动，提高了基层图书室的图书管理人员的业务技能和管理水平，进一步促进了基层图书室的业务发展。

管理工作

截止2012年底，费县图书馆完成全员岗位聘任，本次聘任共设15个岗位。同时，建立了工作量化考核指标体系，每月进行工作进度通报，每半年和全年进行总体工作考核。

我们还充分利用业余时间和图书馆现有的文献，组织工作人员对图书情报知识、计算机应用知识、图书馆自动化管理系统应用进行了系统的学习。同时在省图书馆购置40万余册的电子图书，安装和使用ILAS系统，使图书馆工作逐步向数字化管理和自动化应用过渡，完成了费县图书馆网站的建设。

表彰、奖励情况

2009年11月被中共山东省委宣传部、山东省总工会评为“百佳职工书屋”，2010年1月被中华人民共和国文化部评为二级图书馆。2010年10月被临沂市总工会评为“优秀职工书屋示范点”。2011年10月费县图书馆被中华全国总工会授予的“全国职工书屋”，同时被命名为“全国职工书屋示范点”。2011年2月和2012年2月被授予“全县宣传思想文化工作先进单

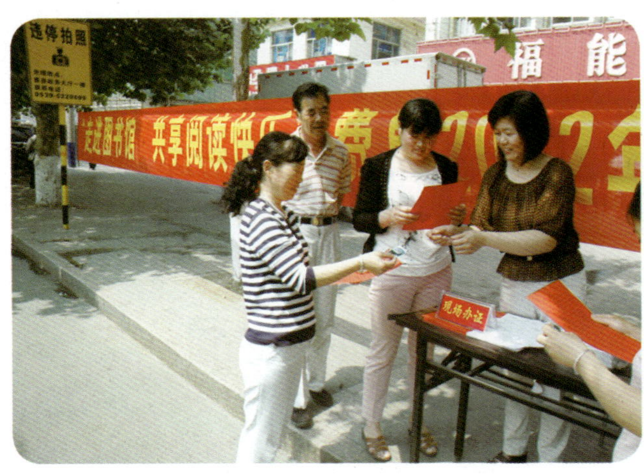

2012年图书馆服务宣传周活动

残疾人文化教育基残疾人文化周启动仪式

第二届“剑桥杯”英语才艺展示大赛

快乐阅读、构建文明征文活动

位”。2011年9月被授予“全县创建省级文明城市先进单位”。2010年2月和2013年3月被授予“全县精神文明建设先进单位荣誉称号。”

馆领导介绍

王玉莲，女，1966年2月生，大学学历，中共党员，副研究馆员，馆长。1984年7月参加工作，历任费县实验小学语文教师、费县图书馆业务辅导部主任、副馆长、副馆长主持工作、馆长，2011年2月任费县图书馆馆长。2013年4月15日兼任临沂市图书馆学会理事，2003年10月被聘为副研究馆员。

赵颖，女，1966年6月生，大专学历，中共党员，职称馆员，党支部书记。1982年10月参加工作，先后在费县毛纺厂、费县粮食局、费县图书馆工作，历任费县图书馆副馆长、党支部书记。

未来展望

费县图书馆作为费县重要的的知识信息枢纽和窗口单位，是公益性的社会文化信息服务机构。今后，费县图书馆将继续坚持正确的办馆方向，秉承“读者第一、服务至上”的办馆理念，大力扩建社区图书馆，推进图书馆网络化建设。在各住宅小区、村文化大院逐步建设社区图书馆，建立健全县、镇（乡）、村三级图书馆网络。大力增加电子书籍的收藏量，推进图书馆数字化建设，收藏重点转向以电子形式存储的资料库或包括声音、图像、电子表（数据库）的复合文本。逐渐从“书本图书馆”向“电子图书馆”过渡，大力增加电脑等先进设备，推进图书馆自动化建设。同时做好地方文献征集、收藏工作。地方文献的收集，已引起国内外公共图书馆的普遍高度重视，地方文献带有明显的地方特色，是一种特殊的人文文化信息资源，是本地现实与历史的总汇，把这些资料及时收集、整理、利用起来，将对地方经济、政治、文化发展起到积极的推动作用。今后，还将推出特色讲座活动，进行乡土教育、爱国主义教育，以此弘扬优秀传统文化，满足广大读者的文化需求。特藏文献的宣传工作不仅为读者提供了展示特色资源的平台，同时也使特藏文献的收集成倍地增长，质量不断地提高。展望未来，特藏文献的宣传将开创一个新的文献信息增值点，也将开辟一块新的服务领域。

联系方式

地　址：费县图书馆（和平路45号）
邮　编：273400
联系人：王玉莲，赵　颖

图书馆外貌

全省百佳职工书屋

图书馆借阅室

报刊阅览室一角

平邑县图书馆

概述

平邑县图书馆初创于1960年，正式落成于1989年，1990年10月正式对外开放。1999年、2004年、2009年三次参加全国公共图书馆评估，被评为国家三级图书馆。2013年为迎接全国第五次公共图书馆评估，搬迁至县城公园路35号，被评为国家二级图书馆。图书馆占地面积5.5亩，建筑面积3300平方米。2013年平邑县图书馆可容纳读者座位320个，计算机45台，宽带接入100Mbps，选用Interlib图书馆自动化管理系统。

业务建设

截止2013年底，平邑县图书馆总藏量49.2457万册(件)，其中纸质文献14.2457万册，电子图书35万册。

2011、2012年，平邑县图书馆新增藏书量购置费10万元，2013年增至20万元。2011–2013年，共入藏中文图书4.2万册，1.4万种，视听文献35种，中文报刊120种。2012年，地方文献入藏完整率87%。

2013年，将自动管理系统升级改造为Interlib联合系统。2014年，为适应临沂市公共图书馆服务联盟建设的需要，增加了网上查询系统。

读者服务工作

从2009年8月起，平邑县图书馆全年365天，天天对外免费开放，每周开放56小时。2012–2013年，书刊总流通量17.208万人次，书刊外借6.827万册次。2012年开通与18所平邑县企业学校图书馆馆际互借服务，有4个流动服务车服务点，馆外书刊流通总人次达3.12万人次，书刊外借5.6万册。2012年7月，中国政府公共信息服务窗口设于平邑县图书馆，为读者提供政府信息服务。

2011–2013年，平邑县图书馆共举办讲座、展览、培训推广等活动78场次，参与人数达5430人次。

业务研究、辅导协作协调

2011–2013年，平邑县图书馆职工共发表论文14篇。从2010年起，平邑县图书馆以文化信息资源共享工程为依托，在全国范围内组建企事业、学校图书馆服务联盟，到2013年底，成员馆发展到17家。自2008年起，对全县农家书屋进行统一编目。期间举办业务培训班8起，96课时，512人次接受培训。

2011–2013年，平邑县图书馆连续三年在全县内开展基层馆室业务骨干志愿者行动，并建立了档案。

管理工作

2011年，平邑县图书馆完成了第三次全员岗位竞聘，本次职位共12个岗位，建立了工作量化，考核指标体系，每月进行工作通报，每半年和全年进行总体工作考核。2011–2013年，共抽查文献排架27次，书目数据8次，撰写专项调研报告和工作提案14篇，编写各部门工作通报17篇。

自2010年起，平邑县图书馆安装了考勤机，完善了上下班制度。

表彰奖励情况

2011–2013年，平邑县图书馆共获得各种表彰奖励18次，其中山东省文化厅表彰奖励3次，市委、市政府表彰奖励2次，市局表彰奖励4次，其他表彰9次。

馆领导介绍

彭志成，男，1970年2月出生，专科学历，中共党员，馆长。1990年3月入伍，历任排长、副连长、连长、指导员职务，2003年转业，2006年11月任平邑县图书馆馆长。兼山东省图书馆学会会员，临沂市图书馆学会理事，在部队工作期间曾两次荣立三等功。

邵燕明，女，1964年4月出生，专科学历，副馆长。1980年10月参加工作，兼山东省图书馆学会会员，临沂市图书馆学会理事，工作期间曾多次受到上级表彰。

未来展望

平邑县图书馆遵循“全方位开放，全公益服务，全社会共享”的办馆方针。2011–2013年，在不断强化自身综合实力的同时，通过文化信息资源共享工程平台，带动了全县公共图书馆事业的整体发展。在未来几年里，平邑县图书馆将在现有馆舍的基础上，在县城东区新建一座建筑面积5000余平方米的新馆舍，明年年底将交付使用，目前的两所馆舍将交给县政府统筹协调管理。建成后的新馆，阅览座位将达到1200余个，可容纳纸质文献30余万册，年服务人次达60万人次，数字资源设计存储能力20TB，能够提供全履盖、不间断、无时空限制的数字文献远程和移动服务，数字资源年利用率20万件/次以上，主要指标位居全市图书馆前列，达到一流县级图书馆的基本标准。

联系方式

地　址：平邑县城花园路35号
邮　编：273300
联系人：彭志成

省专家组评审

外县图书馆来学习

领导视察

蒙阴县图书馆

概述

蒙阴县图书馆始建于1978年，原址在老文化馆。1987年新馆开工建设，1990年正式搬迁启用，现有建筑面积2131平方米。1994年，参加全国公共图书馆评估，首次获得二级图书馆。馆内设有9个科室：办公室、成人外借室、少儿借阅室、采编辅导室、报刊阅览室、盲人借阅室、电子阅览室、资料及地方特藏室、参考咨询室。至2012年，图书馆共有各类阅览座席300余个，100M光纤独享IP专线一条，选用Interlib图书馆自动化管理系统。

业务建设

至2012年底，蒙阴县图书馆馆藏文献总量18万册，其中，纸质文献16万册，电子图书及电子期刊2万册。年购置新书2600余种，4000余册，订阅期刊130余种、报纸48种。所有图书文献全部依据标准进行标引著录、加工，并实行全开架服务。2010年，将自动化管理系统升级改造为Interlib图书馆自动化管理系统，以适应联合编目及读者网上预约及查询需要。

读者服务工作

2009年以来，蒙阴县图书馆全年365天对外免费开放，周开放64小时。2009－1012年，书刊总流通10万人次，书刊外借及阅览50多万册次。至2012年共建成5个分馆，12个图书流动服务点。

2009至2012年以来，蒙阴县图书馆共举办讲座、展览、培训、阅读推广等读者活动100多场次，参与人数3万余人。每年的图书馆宣传周及世界读书日，我们都会有形式多样的各种讲座论及读者活动。

业务研究、辅导、协作协调

2009－2012年，蒙阴县图书馆职工在省级以上刊物发表论文28篇，围绕本馆业务工作撰写调查研究报告8篇。

我馆始终把人才的培养放在首位，通过学历再教育，工作人员大专以上文化程度占职工总数的100%。每年都选派人员参加省、市业务培训及全员岗位继续教育培训。人员素质的提高，为我馆开展各项业务工作奠定了坚实的基础。每年定期举办乡镇村图书管理员业务培训2次，并不定期地到各乡镇村进行业务指导。

管理工作

近年来，我们逐步完善了岗位管理，建立了工作量化考核指标体系，实行全员竞聘上岗，严格考勤、财务管理等各项规章制度，使全馆工作人员做到了有章可循，激发了广大职工的积极性，在馆内形成了“纪律严、风气正、讲团结、比奉献”的良好局面，保证了各项工作的顺利开展。

表彰奖励情况

2009－2012年，蒙阴县图书馆共获得各种表彰奖励10次，其中2010年在第四次全国公共图书馆评估定级工作中被评级为二级图书馆，被文化部表彰奖励；2009－2012连续四年被评为市级文明单位。

馆领导介绍

孙艳，女，1972年10月出生，大专学历，图书资料馆员，馆长。1990年9月参加工作，多次被市、县表彰为文化单位先进个人。

王峰，男，1961年11月出生，大专学历，中共党员，副研究馆员，党支部书记，曾任图书馆馆长一职多年。

马淑兰，女，1961年5月出生，大专学历，副研究馆员，副馆长。

张峰，女，1970年10月出生，本科学历，馆员，副馆长。1970年参加工作，先后在采编室、信息资源共享中心等部门工作，历任共享工程副主任，副馆长。

李明，女，1975年12月出生，本科学历，副研究馆员，副馆长。1996年9月参加工作，先后在借阅室、阅览室、采编室等部门工作。

赵芳，女，1982年8月出生，本科学历，中共党员，助理馆员，副馆长，2005年12月参加工作，先后在采编室、阅览室、借阅室等部门工作。

未来展望

蒙阴县图书馆遵循“科学、效率、创新、发展”的办馆方针，在不断强化自身综合实力的同时，进一步扩大服务辐射区域，通过开展送书进校园、送书进社区、送书到部队、送书到农户以及为残疾人免费送书等系列活动，继续开展好我馆服务模式变被动服务为主动服务的实践活动。通过举办新书展、书评、召开读者座谈会、举办知识讲座、有奖征文、书画展览等形式，丰富人们的精神文化生活，提高图书馆的服务职能，从而提高图书馆的社会知名度和影响力。配合当地经济发展，进一步挖掘馆藏文献资源，加大为地方经济建设服务工作力度。

联系方式

地　址：蒙阴县图书馆
邮　编：276200
联系人：孙 艳

党在我心中征文分布奖仪式

小学生周末来儿童阅览室阅读图书

书画展

宁津县图书馆

概述

宁津县图书馆是由宁津县政府主办的一家县级公共图书馆，是公益性的社会文化信息服务机构。她座落于宁津县城中心地带，是宁津重要的窗口单位和文明单位，是隶属于县文化体育局。宁津县图书馆建馆于1978年9月，前身是宁津县文化馆图书室，建馆时址仍设在文化馆原图书室，面积不足60平方米，藏书2500册，工作人员4名。由于当时的条件差，县图书馆已不符合现在群众的文化需求，党中央在十七届六中全会明确指出加强公共文化建设，县委县政府高度重视，并决定于2011年底在县文化艺术中心三楼建立新的图书馆，县财政拿出100万元采购新书5万余册，图书种类达到10000种，并发动干部职工向图书馆捐书4万余册，又投资50万元购置新的设备（电脑30台，阅览桌30张阅览座位150个，少儿阅览桌12张阅览座位60个图书书架90个，培训桌椅50张。新建的图书馆位于文化体术中心三楼北侧，建筑面积3000平方米，藏书量9万余册，新建图书馆设有多媒体室，少儿阅览室，图书借阅室，电子阅览室，报刊室等科室，图书馆现有职工10名，其中高级职称1名，中级职称6名大学生2名。电子阅览室现有60台电脑，一台打印机，60台电脑已全部连接网线，网速100兆，图书馆于2012年7月上旬正是向群众免费开放。目前我馆配备有先进的图书馆业务自动化管理系统，文化信息资源共享工程宁津县支中心设在我馆。

坚持正确的办馆方向，内练素质，外树形象

图书馆是宁津唯一的一家公益性公共图书馆，是宁津人民的一所没有围墙的大学，是全县人民的知识宝库，在履行政府职能，维护群众的基本文化权益，提高群众的科学文化素质、活跃群众的文化生活方面起着其它机构不可替代的作用。为了把图书馆的职能作用发挥出来，图书馆人立足馆情创造性地开展工作，坚持正确的办馆方向，牢牢树立全心全意为读者服务的理念，制定了图书馆的短期发展规划和中长期发展目标，全体图书馆人心往一处想，劲往一处使，图书馆的面貌发生了较大的改观，馆风正，馆容整洁，服务效率高。图书馆数年坚持业务知识的学习和文化知识的学习，通过单位集中学习、自学和到省馆及兄弟馆学习等方式，不断提高了馆职人员的业务操作技能和综合文化素质，为读者服务能力逐渐得到加强；坚持政治学习，学习了党的系列文化方针政策和法律法规，通过学习，图书馆人全都明白了自己所肩负的责任和使命，全体馆职人员心往一处想劲往一处使，在工作中形成了合力，图书馆的工作一年一个新台阶。在具体的工作中，图书馆人自觉遵守图书馆文明服务公约，挂牌上岗，严格岗位责任制，始终以优质的服务和优雅的馆舍帮助每一位读者在知识的海洋中畅游。图书馆的服务能力和社会影响与日俱增，越来越多的人走进图书馆，利用图书馆，把图书馆作为终身学习的第二课堂。

文化信息资源共享工程扎实稳步推进

宁津县文化底蕴丰厚，历任县委、县政府都十分重视文化事业，文化机构比较健全。多年来，文化部门积极开展文化下乡并组织文化进社区活动，文化活动的场次、规模、质量都不断提高，丰富充实了城乡群众的文化生活。结合我县的具体情况，图书馆在县委、县政府的大力支持和帮助下，在宣传部、文化局的正确指导下，克服重重困难，于2007年8月份建成支中心并正式投入使用。支中心设立了中心控制机房、资源加工整合室和电子文献阅览室，电子文献阅览室现收藏电子图书容量为1T，还有丰富的优秀影视资源。支中心在开展好中心工作的同时，还积极做了大量的调查研究和走访工作，在各级各部门的积极配合下，全县共享工程已经建成13个乡（镇）基层服务点。支中心积极为乡镇、村基层服务点提供上门服务和技术指导，组织开展业务学习和技术交流活动。目前，县级支中心和乡镇、村基层服务点都能有效利用共享工程设备为广大群众服务，把优秀的文化信息资源送到百姓手中，丰富和活跃了城乡群众的精神文化生活，为宣传党的方针政策开辟了新渠道，为丰富农民群众业余生活，弘扬文明新风开辟了新的阵地，为培养“有文化、懂技术、会经营”的新型农民搭建了新的平台，成为了宁津县的一项党得民心，民得实惠的文化创新工程。共享工程在我县的建成和使用，为图书馆插上了科技的翅膀，为充分发挥图书馆的职能作用提供了强有力的后盾。

文献资源建设和读者服务工作

宁津县图书馆在30多年的办馆历程中，始终坚持正确的办馆方向，坚持全心全意为读者服务的方针，励精图治，使得图书馆的藏书由建馆初2500册发展到现在的9万余册，年订报刊不足十种到现在的200余种。我馆文献资源建设坚持为读者服务，结合我县的具体情况，坚持普及与教育相结合，坚持为地方经济发展和社会进步服务的原则入藏文献。目前我馆藏图书以文学类、教育类图书见长、以历史地理类和农业科技类图书为主，兼顾其它各类的综合性藏书体系。我馆注重藏书的管理和利用工作，严格按照规范的业务流程对馆藏图书进行加工整理和典藏，设有公务目录和读者目录两套目录工作体系，读者目录又分设分类目录和书名目录。为了适应信息化发展的需要，满足读者的需求，方便读者检索，加强对馆藏文献的管理和利用，我馆积极创造条件于08年3月建成了图书馆业务自动化系统，主要业务环节实行了计算机管理。我馆常年开展预约借书、代借代还、送书上门、免证阅览、电话续借等常规性读者服务工作，坚持为书找读者和为读者找书，定期开展书评活动，馆职人员坚持爱馆、爱书、爱读者和优质读者服务，内阅人次和读者外借册次呈逐年上升趋势。我馆坚持常送书下乡活动，并为企事业单位和广大农民提供参考咨询和信息服务，目前图书馆已经成为我县的信息中心。为提高图书馆的社会影响和服务能力，我馆结合馆情积极配合县委、县政府的中心工作开展了一系列形势多样内容丰富主题鲜明的读者读书活动和社会宣传活动，组织开展科普知识讲座、教育学讲座、成功学讲座、知识讲座等系列讲座，认真做好每年的读书宣传月和读书宣传周活动，开展红领巾读书活动。宁津图书馆在做好本职工作的同时还积极配合县宣传部搞好农家书屋工程的业务辅导和业务督查工作。

加强学习和管理，重视图书馆研究辅导与协作交流

宁津县图书馆十分注重馆职人员的思想政治学习和业务学习工作，每年都有计划有系统地学习图书馆基础业务知识和图书馆现代化技术，以适应图书馆发展的需要。我馆坚持制度建设，坚持有章可循按章办事，经过不断的充实和完善，我馆的各项工作制度健全，管理科学规范，在加强自身业务学习的同时，还注重加强与兄弟馆室的业务研究与协作协调，并对县直企事业单位和中小学校的图书馆（室）进行业务辅导与指导，共同提高了宁津的图书馆事业发展水平。

未来展望

为推动宁津图书馆事业的跨越发展，县图书馆将以建设现代化、数字化图书馆为发展目标，利用先进的计算机技术建立交互式数字信息系统和查询手段，推动我县经济发展，提高群众整体素质，实现科技和文化的完美结合，努力把图书馆办成知识信息中心，文化教育中心，把图书馆建成我县重要的知识信息枢纽和三个文明建设的重要阵地。

莒南县图书馆

概述

莒南县图书馆建于1953年，是山东省文化厅为支援沂蒙老区文化建设而建立的全省第一个面向农村的县级公共图书馆，是年10月1日正式对外开放。目前馆舍总面积6500平方米，内设服务窗口12个，阅览座席360个。专线接入网络对外借口，选用Interlib图书馆自动化管理系统。部颁国家二级图书馆。

业务建设

截止2012年底，莒南县图书馆馆藏图书31万册、电子文献11万种。2009至2012年均入藏新书3250种、报刊260种、视听文献215件。2013年，财政拨款131.96万元，新赠藏量购置费16万元，中央财政及地方配套免费开放经费到位30万元。建成"图书书目数据库"、"莒南县地方文献资料库"、"中华古籍库"。启动"县级数字化图书馆推广计划"、华夏2000电子图书馆，数字资源总量达5.1TB。建立了业务局域网，实现了采访、编目、流通、书目检索的自动化管理。2008年，馆内WLAN无线网络覆盖。

读者服务工作

2011年始，努力推进免费开放工作，至是年底实现了无障碍、零门槛进入。保证每周开馆时间60小时。文献年外借率达71%，年外借图书22万册次，人均年到馆次数26.2次/人。

成功实施"农家书柜"流动图书服务，即根据农户的需求和喜爱，为每个农户量身定做一个小书柜，通过"您点书、我送书"模式，把藏书化整为零，分放到各家各户，让农民不出家门就能免费看到所需图书、学到实用技术。截止目前，全县有2223户村民家中拥有小书柜。通过农家书柜工程，莒南县形成了县图书馆、乡镇综合文化站图书室、村农家书屋、农户农家书柜上下联贯、四位一体的读书体系。《农民日报》、《大众日报》、《图书馆报》相继报道了莒南县创新开展"农家书柜"服务的事迹。

利用馆藏资源为开发县域特色经济、特色旅游项目提供定题、跟踪服务。馆内人员参与编写出版了《全国农业劳动模范厉月举》、《团旗在这里飘扬》、《马鬐山》等地方文献系列书籍。参与了高家柳沟、王家坊前、厉家寨纪念毛泽东主席批示50周年和纪念山东省第一个青年团支部—金沟官庄团支部成立60周年等大型庆祝活动，承担了60周年回顾展《青春的火炬》展板图片的设计与制作。在修复重建山东省政府旧址和八路军115师旧址、毛泽东批示的三个先进单位纪念展览馆中，县图书馆提供了大量珍贵资料。

2007年建成图书馆网站，拓展网上服务，每周更新内容，载有11万册电子图书可直接阅读。开展预约借书服务，满足不同读者阅读需求。

近年面向社会开展社会教育及阅读推广活动。先后举办了"我与文明同行"朗诵大赛、"十佳书香家庭·百名读书之星"评选、"我读书·我成长·我是阳光好少年征文比赛"及各种形式的书画展览、图书宣传、送文化下乡、不同专题的讲座、报告会等服务活动共61场次。

业务研究、辅导、协作协调

2008年与山东省图书馆联合编目中心签订了合作协议，2011年实现了与国家图书馆联合编目，2013年与临沂市图书馆签订了合作协议，建立了业务协作关系。馆外建立13个分馆，形成了以县公共图书馆为中心，以机关图书室、乡镇基层图书室为半径的服务辐射网络。建立了常年对基层图书室业务辅导制度，自2009年以来先后对各机关、厂矿、企事业单位的32处基层图书室进行了业务辅导，累计整理图书96万册，培训基层管理人员300余名。2009至2012年，职工发表论文40余篇，出版专著1部，获论文奖20余次。

管理工作

一是实行目标管理和岗位责任制。做到按事设位，按位用人，按人定责。年底以确定数额、工作质量和工作态度考核，根据考勤考绩记录，分别给予不同的奖励和处罚。二是组建好业务骨干班子，注重知识、注重人才，大胆起用学历高、业务精、年富力强的中青年。三是完善图书馆考核机制，并严格落实奖惩。

表彰奖励情况

2011年，莒南县图书馆被省文化厅评为山东省古籍保护工作先进单位，2012年，被临沂市人力资源和社会保障局、临沂市文化广电新闻出版局授予"全市文化广电新闻出版工作先进集体"荣誉称号，2011年被授予"全市优秀公共电子阅览室"荣誉称号。连续多年被评为全县文明单位。

地方文献展

电子阅览室

农家书柜会议

书香家庭读书之星评选颁奖

馆领导介绍

孙玉汉，男，1968年3月生，本科学历，中共党员，馆员，馆党支部书记、馆长。1987年参加工作，2008年任图书馆馆长。2008年获“山东省文化信息资源共享工程建设与服务工作先进个人”、“全省地方文献工作先进个人”，2011年获“山东省古籍保护工作先进个人”，2012获“全市文化广电新闻出版工作先进个人”。

李娟，女，1973年6月生，本科学历，中共党员，研究馆员，馆党支部副书记、副馆长。1994年7月参加工作。2012年获“山东省古籍保护工作先进个人”，2012、2013连续两年获“临沂市文化广电新闻出版工作先进个人”。

李光，男，1971年1月生，大专学历，中共党员，馆员，副馆长。1985年参加工作。2013年获全县文化广电新闻出版工作先进个人。

曹宾，男，1981年11月生，大专学历，中共党员，助理馆员，副馆长。2006年参加工作。

未来展望

新的世纪，莒南县图书馆将站在新起点，从新馆建设、社区服务、阅读推广、网络服务等方面不断完善服务功能，提升服务水平。在未来几年，将在北城新区建设一处建筑面积1万平方米的新型图书馆。在新馆建设上，将重点体现图书馆的功能多样化、文献数字化、服务自助化、建筑现代化、管理科学化的总体要求，更好地发挥图书馆服务职能，推动图书馆事业又好又快发展。

联系方式

地　址：莒南县隆山路中段38号
邮　编：276600
联系人：李　娟

读书征文颁奖

小读者剪报

书画展

阅读宣传

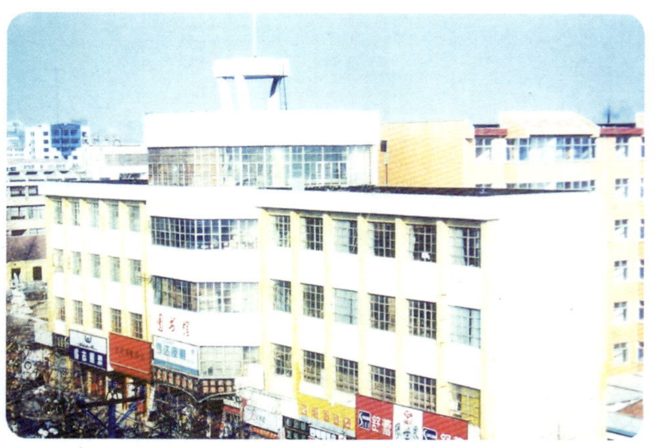

图书馆外貌

庆云县图书馆

概述

庆云县文化中心（图书馆、文化馆）坐落于风景秀丽的北海公园东北角，于2009年8月开始建设，项目占地面积约8亩，主体建筑面积5860平方米，工程造价1500万元。整体结构共分四层，其中一、二层为图书馆主功能区，图书馆使用面积2300平方米，共有各类阅览室6个，阅览坐席240个，馆域分工明确，布局合理，现代化设施齐全，总藏书量10万余册，计算机45台，是一座集阅读、研究、活动、休闲于一体的文化活动场所。

业务建设

截止2012年底，庆云县图书馆总藏量12.23万册，其中，纸质文献7.67万册，电子图书3.01万册，电子图书1.02万册，电子期刊0.53万种/册。

2012年县财政拨设备购置费58万元，新增馆藏购置费20万元，免费开放资金20万元，文化共享工程经费10万元，古籍保护经费3万元，拨款总额128.79万多元。

读者服务工作

图书馆全年365天对外免费开放，每周开放60小时，总流通人次14.32万人次，书刊外借8.32万册次。

2011年—2012年庆云县图书馆联合农业、信贷等单位共举行社会参考咨询服务5次，惠及群众2000余人次；为聋哑儿童、残疾人、福利院老人等特殊群体服务7次，惠及群众1500余人次；进学校、进敬老院等地开展公益性讲座和培训共12次，惠及群众1280余人次；举行书画、摄影等展览展示活动5次，共有5200余人次前来观看；举行阅读推广活动6次，3000余人参加，开展服务宣传活动11次，惠及群众6000余人次。

业务研究、辅导、协作协调

庆云县图书馆积极参与市图书馆的协作协调工作，实现了市县两级图书馆联合编目、馆际互借和资源共享。图书馆服务网络实现县、乡、村三级覆盖，县图书馆1处，乡镇图书室9处，村基层图书室106处，初步构筑起了一个全县范围的共享服务体系。

2013年开展县乡两级图书通借通还，提高图书借阅率，扩大惠及人群。

2012年我馆业务人员到9个乡镇开展基层业务辅导工作，对各乡镇图书室管理员和部分农家书屋管理员进行业务培训，200余人次参加培训。

管理工作

庆云县图书馆现有工作人员17人，其中：大专以上学历11人，中专高中以上6人。年度计划，财务、人事、设备物资、统计、环境、安全等各项规章管理制度健全，每周一召开例会，每半年和全年进行总体考核。

表彰、奖励情况

2009年—2012年，庆云县图书馆共获得各种表彰、奖励18次，其中，市文化局、图书馆表彰6次，县委、县政府表彰、奖励10次，其他表彰2次。

馆领导介绍

张荷兰，女，1964年9月生，大专学历，中共党员，1987年参加工作，2010年任庆云县文体广电新闻出版局副局长，文化中心常务副主任，分管图书馆工作。

信书霞，女，1968年10月生，本科学历，中共党员，1984年参加工作，2010年任庆云县图书馆馆长。

未来展望

庆云县图书馆以科学、发展、创新、共享为办馆宗旨，努力践行为全县人民群众提供公共文化服务职能，不断完善服务功能，扩大服务辐射区域，带动区域文化、经济发展。目前，庆云县图书馆服务网络实现县、乡、村三级覆盖。针对乡村级图书室开展基层业务辅导工作，提高了乡镇图书室和农家书屋管理员的业务水平，进一步规范了乡村级图书室的管理、运行，提高了利用率，并实现了县乡两级图书通借通还以来，提高了图书借阅率，扩大了惠及人群，使文化惠民真正落到实处。在未来几年里，我县图书馆将设法多方筹措资金，进一步完善藏书种类和数量，完善馆内设备设施，营造更好的馆内环境。同时，践行科学的人才观、资源观、管理观，进一步优化馆内人力资源配置，优化补充馆内藏书和电子图书资源，进一步扩大服务范围和服务领域，坚持以人为本，以人民利益为本的管理观念，提供全覆盖、不间断、无时空限制的数字文献远程和移动服务。探索与周边县市实现资源共享模式，成为与周边地区实现资源共享互补的大型综合性图书馆。争取达到国家一流图书馆标准。

联系方式

地　址：庆云县图书馆
邮　编：253700
联系人：信书霞

临邑县图书馆

概述

临邑县图书馆初创于2003年，馆址几经变迁，2009年9月，临邑县图书馆新馆建成开放，坐落于县城的黄金地段。建筑面积3200平方米，设计藏书容量10万册，图书馆设有开架式中心借阅室、电子阅览室、机房、展览室、地方文献室、期刊室、儿童阅览室、旧书室、采编室、学习培训室等。中心阅览室可容纳读者座位300个。2013年10月被正式授予国家二级图书馆。

业务建设

截止2013年底，临邑县图书馆图书总藏量10.2万册（件），中心借阅图书室8万册，期刊500种/册。报纸50种，电子图书20万册，儿童读物800种/册。

2009年，新馆开馆，临邑县图书馆争取县级资金100万元，购置图书和电子设备。每年以10万元的经费维持正常运转。

电子阅览室拥有大型主机服务器设备各一台，电脑30台，全部安装文化共享工程。网络光纤专线接入100M。

读者服务工作

临邑县图书馆新馆于2009年9月正式开馆向读者免费开放，全年365天天天对外免费开放，每周开放68个小时，周一至周五每天开放8小时，其中电子阅览室每天开放10小时，周六、周日、法定节假日全天开放。书刊外借16万次每年。建成12个乡镇（街道）分馆，为12个乡镇街道的居民全天服务。实现全县图书馆的全覆盖，方便读者阅读。

电子阅览室为读者提供电子文化阅览服务，通过网络连接全省其他图书馆来弥补本馆资源的欠缺。电子图书阅读越来越成为大众流行的阅读渠道。

临邑县图书馆不定期的举办讲座、展览、培训、阅读推广等读者活动，参与人数总计2万人次。

业务研究、辅导、协作协调

临邑县图书馆职工每年发表论文达30多篇，分别刊登在临邑大众报纸，临邑文摘等刊物。从2009年起，临邑县图书馆以文化信息资源共享工程VPN专网为依托，在全县范围内开展党员文化教育，群众文化宣传，农业技术知识辅导等专项服务，截止2013年底，共培训人数达2万余人。从2010年开始，以县图书馆为服务平台。协调12个图书馆之间开始了图书馆之间图书定期互换服务。方便读者阅读到各种图书资源。

管理工作

临邑县图书馆建立了工作量化考核制度体系，每月进行工作进度汇报，上下班签到考核，服务质量测评考核，各科室每月进行图书汇总查检。每半年和全年进行总体工作考核。通过考核评比优秀骨干。

表彰、奖励情况

临邑县图书馆共获得各种表彰、奖励10次，其中，市文化局表彰、奖励3次，县委、县政府表彰、奖励5次，其他表彰、奖励2次。

馆领导介绍

陶永芳，女，1976年2月出生，大专学历，中共党员，研究馆员，馆长。1997年7月参加工作，2009年10月至今任临邑县图书馆馆长。

未来展望

临邑县图书馆遵循“文化立县、文化强县”的办馆方针，面向“临邑县文明城市建设”的奋斗目标，即完善临邑县图书馆服务功能，扩大服务辐射区域，带动本地区的文化事业发展。在不断强化自身综合实力的同时，通过临邑县图书馆的服务平台，带动了全县12个公共图书馆事业的整体发展。未来将在南部新区建设文化服务中心，图书馆将迁入，建成后将容纳2000个阅览坐席，预计可同时接纳8000名读者，阅览室将不断增加，服务质量和服务方式将进一步提高。争取达到一级图书馆标准，将更好地为全县人民服务。

联系方式

地　址：临邑县图书馆
邮　编：251500
联系人：陈玉军

图书馆规章制度

图书馆一角

读书会活动读者阅读照片

夏津县图书馆

概述

夏津县图书馆是于1990年11月开始筹建，1992年6月10日正式开馆，该楼建筑面积1150平方米，内有三个阅览室、两个书库和七间办公室。以满足市民的精神文化需求，延伸图书的服务阵地，设立图书馆分馆，建筑面积2666平方米，设计藏书50万册，可容纳读者坐席500个。2013年6月1日，夏津县图书馆分馆正式向社会免费开放。该馆位于夏津县开发区人民公园东侧原县聋儿语训学校，2013年，夏津县图书馆参加了第五次全国公共图书馆评估，首次获得二级图书馆。截止2014年，夏津县图书馆现有阅览坐席368个，计算机45台，宽带接入100Mbps，安装有Interlib图书馆自动化集群管理系统中心馆平台V2.0。

业务建设

截止到2014年5月，夏津县图书馆总藏书量15万册（件），其中，纸质图书文献10万册（件），电子图书、电子期刊5万册。2012、2013、2014年，夏津县图书馆新增图书购置经费15万元，2014年起增至20万元，2012–2014年，共购置图书15121种，61029册。截止到2014年5月底，夏津县图书馆数字资源为2TB。

读者服务工作

自2011年12月1日起，夏津县图书馆全年对外免费开放，周开放56小时，2012年–2014年5月，书刊总流通15万人次，书刊外借32万册次，在深化读者服务方面，力求创新，全年开展送书下乡、流动借阅、特藏书刊查阅、基层社区图书室共建，基层读者活动组织，基层管理业务服务及培训，少儿英语、书法培训、展览、阅读推广等读者活动450场次，是夏津县图书馆阅读宣传工作的特色，也承担着为夏津县两个文明建设服务的光荣任务。

业务研究、辅导、协作协调

夏津县图书馆2012–2014年，职工发表论文16篇，从2007年起，夏津县图书馆以文化信息资源共享工程为平台，截止到2014年，利用县支中心。乡、社区基层服务点为依托，举办科技、法律、医疗卫生等培训班48期，860课时，1225人次接受培训。

管理工作

2011年，夏津县图书馆全员岗位聘任8类岗位，有15人重新上岗，建立健全了工作规章制度和年度考核指标体系，每周一次各岗位工作情况例会，每全年进行全体工作考核。

表彰、奖励情况

2012–2014年，夏津县图书馆共获得各种表彰、奖励18次，其中市文广新局表彰6次，县委、县政府9次，其他奖励、表彰3次。

馆领导介绍

宋明曙，男，1977年3月生，大学本科，中共党员，党支部书记，馆长（副科级）。1994年4月参加工作，历任夏津县文化馆办公室主任、副馆长，2005年5月任夏津县图书馆馆长（副科级）。兼任德州市图书馆学会常务理事、夏津县文物管理办公室主任、夏津县文化信息资源共享工程支中心主任等职。

王建华，女，1967年10月生，大专学历，中共党员，研究馆员，副馆长，1991年4月参加工作，分管地方文献书画研究室、采编部、阅览室、图书借阅等科室工作。

时燕，女，1968年6月生，大专学历，中共党员，研究馆员，副馆长，1984年11月参加工作，分管办公室、报刊部、电子阅览室等科室工作。

未来展望

夏津县图书馆始终坚持“为人民服务和为社会主义服务”的办馆方针，本着“服务第一，读者至上”的原则，开展各种类型读者活动，不断推出便民服务新举措，如创建社区阅览室、推出网上借书、开通流动图书馆等等，服务于基层，促进资源共建共享。完善服务功能，扩大服务辐射阵地，2015年夏津县图书馆新馆将正式启用，全面建成的夏津县图书馆，使用面积约6000㎡，设计阅览坐席1000个，可容纳纸质文献100万册，年服务人次可达25万人次以上，数字资源设计存储能力达100个TB，能够提供全覆盖的数字资源服务，在未来的几年里，不断探索服务模式的创新，充分利用网络作为新的服务方式和手段，通过网络推介各种资源，开展各类个性化、知识化服务，夏津县图书馆争取达到指标位居公共图书馆的前列。

联系方式

地　址：夏津县图书馆
邮　编：253200
联系人：宋明曙

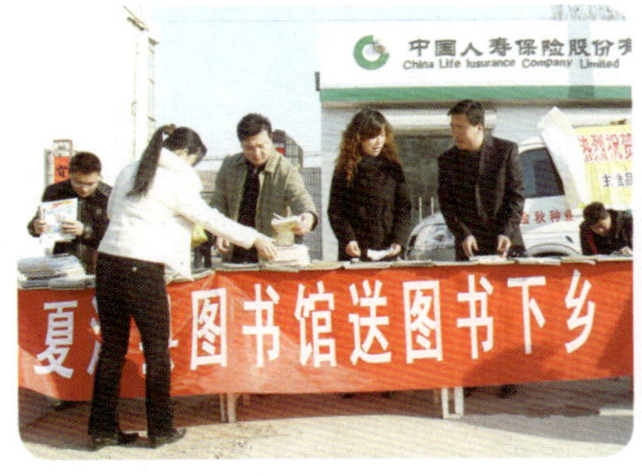

图书下乡

图书宣传周

图书业务宣传

武城县图书馆

概述

山东省武城县图书馆初创于1998年，馆址几经变迁，于2008年搬址升平广场。同年正式对外开放。新馆位于城区中心，地理位置优越，建筑面积2000多平方米，设计藏书总量50多万册，可容纳读者座位500个。2009年参加第四次全国公共图书馆评估，首次获得二级图书馆。2013年武城县图书馆拥有阅览坐席300余个，计算机65台，宽带接入10M，选用Interlib图书馆自动化管理系统。

业务建设

截止2014年6月份，武城县图书馆总藏书量11万2千册。2009年武城县图书馆新增藏量购置费16万元，财政拨款总额每年70万元。2009–2013年，共入藏中外文图书4万多种，中外文报刊30多种，视听文献1000多种，2013年地方文献入藏率为75%。

截止2013年底，武城县图书馆数字资源总量为6TB，其中自建数字资源总量为2TB。并完成了县春节晚会、广场文化活动的数据库建设。

2014年6月份，武城县图书馆将自动化管理系统进行了升级改造，以适应图书馆服务联盟建设的需要。

读者服务工作

从2009年9月起，武城县图书馆360天对外免费开放，周开放77小时。2009–2013年书刊总流通40万人次，书刊外借30万册次。与各乡镇建立了11个流动服务点，馆外书刊流动总人次15万人次，书刊外借12万册。在服务宣传周、全民读书日、世界图书与版权日等时间段进行图书馆服务宣传工作。

武城县图书馆共享工程VPN专网向全县各乡镇图书馆共享工程服务中心提供检索.浏览和下载服务。

2009–2013年武城县图书馆共举办讲座、展览、培训、阅读推广等读书活动125场次，参与人数5260人次。每年与德州市图书馆联合举办的小学生阅读征文活动、读书朗读大赛是武城县图书馆阅读推广工作的特色。

业务研究辅导、协作协调

2009–2013年为各乡镇图书馆进行业务培训辅导班4期，32课时，125人次接受培训。2012年为各乡镇图书馆举办《中图法》五版培训班。

管理工作

从2009年起，武城县图书馆实行全员岗位聘任制，同时，建立了工作量化考核指标体系，每月进行工作进度通报，年底进行总体工作考核。2009–2013年，共抽查文献排架8次，书目数据4次。

表彰奖励情况

2009–2013年，武城县图书馆共获得各种表彰奖励26次。其中市级表彰奖励7次，其他奖励19次。

馆领导介绍

代秀兰，女，1967年11月出生，山东大学图书馆学系毕业，大专学历，职称馆员。1990年7月参加工作，1993年担任武城县图书馆科长，1999年担任武城县图书馆付馆长，2011年6月任武城县图书馆馆长至今。

未来展望

武城县图书馆本着“读者第一，服务第一”的办馆理念，不断完善服务功能，扩大服务辐射区域。在未来几年内，武城县图书馆在现有馆舍基础上，会不断加大投入，增加图书的品种和质量，改善图书馆的办馆环境，提高电子阅览室的技术能力，实现馆际资源共享互补，不断提高图书馆的服务水平，更好地为全县人民服务。

联系方式

地　址：武城县图书馆
邮　编：253300
联系人：代秀兰

公共电子阅览室

少儿阅览室

阅览室

乐陵市图书馆

概述

乐陵图书馆正式成立，现有员工十五人，设：展览厅、电子阅览室、图书借阅室、报刊阅览室、地方文献室、多媒体室以及少儿阅览室等七个对外开放窗口。主要负责图书(对图书、电子图书收藏、整理和对外借阅、文物管理、文化信息、共享工程、企事业单位及乡镇街道)学校图书馆等几项工作。乐陵图书馆属于国家全额拨款单位，从2007年9月至今总共拨款60万。总共投入700余万元进行投资建设，08年又分配3名大学生，来图书馆工作。历年来在市委市政府高度重视全市文化建设，2008年七月开始酝酿"文化娱乐中心"改建工程，同年九月末开始动工。十一月中旬完成基本改造建设，建设面积三千零二十七平米。同时，市政府在财政比较紧张的情况下拨付专项资金，购进两万册图书，刊、书架百余，图书管理设备，办公设备及相应部分耗材，并要求单位或个人捐赠图书两万余册，预计藏书量达十万册。

业务建设

采编室：图书馆的心脏，负责对新增图书及时办理入库登记手续，加盖印章并向各个科室分发入库上架。图书分类根据《中国图书馆分类法》进行图书分类编目。并且对各类图书资料的验收、登录、注销及替旧工作，做到有案可查。

借阅室：为了方便市民分借阅证和阅览证，上架图书6万余册，对外开放2万余册，图书可借15天。借阅时刷读者卡进入书库，找到所需图书可以和读者卡一起交给工作人员办理借阅手续。总共分类22种，读者可以根据自己的爱好进行选择。没有办理借阅证的可以凭身份证利用阅览证（代书板）进行阅读。

展览室：面对文化产业发展形势，市图书馆积极应对新的挑战，用敏锐的目光，寻求以图书馆文化为背景、以公众需求为根本、立足当前、着眼长远的图书馆产业发展新路，主要展示民间书法、个人艺术绘画艺术鉴赏等，展出艺术收藏爱好者的艺术作品，不断满足市民群众日益增长的精神文化需求。

报刊阅览室：市图书馆为读者提供了40多个座位，订阅了60多余种报纸和100多种杂志，主要针对广大的阅读爱好者。读者可以凭借阅证去工作人员那领取阅览证进行阅读。阅读完毕后放回原处，然后离去。工作人员对每期的报纸进行有效装订，对杂志定期更换。

儿童阅览室：儿童代表民族的未来，儿童文化是一种社会福利，国家有责任让每个儿童都有一个自由的读书环境，文化艺术对儿童智力发展、人格完善起引导作用。图书上架5千余册，有报刊、杂志、漫画、寓言故事、童话等。

电子阅览室：是全国文化资源共享工程知识的一个网络信息平台，现有电脑35台，投资35万元，通过这个平台给读者提供一个电子文献，可以在网上找书，网上读书，网上参考咨询等，可以给读者带来很大的方便。

多媒体室：主要对乡镇街道的文化爱好者及文化站站长进行有效培训，建立文化信息共享工程。

地方文献室：已有五六十本名人发表的作品及小册子。收藏整个图书馆的资料。按期按分类摆放整齐，以及方便市民对资料的查阅。

读者服务工作

乐陵市图书馆开馆以来以每年2800种的平均值增长，乐陵市图书馆坚持实施各项业务工作制度和标准，按照不同时期的收藏范围和原则征集文献，根据国家有关文献的分类、著录标准以及本馆地方文献编目工作细则操作。通过专人专责和制度化治理，保证了地方文献各项业务工作的标准化和规范化，为文献的自动化、网络化治理打下基础，从而建立起一个各项业务功能发挥良好、符合地方文献读者使用的藏书系统。

业务研究

为了适应社会发展的需要，乐陵市图书馆也在寻求相应的现代图书馆运作模式，以增强自己在网络社会的竞争力，更好地为社会和读者服务，成为未来社会的公共信息中心和枢纽。

乐陵市图书馆在德州图书馆的协调下，积极开展公共图书馆之间的协作协调，加快数字图书馆建设，推进文化信息资源共享工程，促进乐陵市公共图书馆事业发展，取得了明显的成效。现总结如下：

完善"联合目录"、"馆际互借"、"采购协调"工作，为贯彻落实加强公共文化服务体系建设实施纲要的精神，乐陵市公共图书馆拟构建"乐陵市图书馆虚拟服务网络"，该网的建立将成为乐陵市文化资源共建共享的一个重要平

台。今年馆际互借工作取得了较大成绩，先后与德州市图书馆提供帮助。今年馆际互借工作取得了较大成绩，先后与德州市图书馆、乐陵市各基层图书室单位完成了20次互借活动，互借册次达60余册，极大地提升了乐陵市图书馆服务社会的能力。同时也继续开展“联合编目”工作。并建设了全国文化信息资源共享工程，加强图书馆之间的业务协作协调，促进共享工程建设，开展通借通还业务。乐陵市图书馆与城区各流通点、社区图书室之间实现了通借通还业务，读者只要手持一证，即可以实现各社区内借还图书，方便了读者利用图书馆的资源和服务。并完成基层图书馆统计工作。

乐陵市图书馆加强对基层单位基本资料的收集和整理工作，今后更要加强协作协调的力度，推进乐陵市公共图书馆事业发展。

管理工作

实现了图书馆服务创新，使乐陵市市民可以就近、便捷地办证、借还图书、查阅信息，促进了图书馆服务的便利化、均等化，有效地提高了公共图书馆文献资源的利用率。同时，因读者得到分流，中心图书馆可以集中精力开展分层服务、个性化服务，图书馆服务水平得到了提升。

实现了图书馆服务创新，使乐陵市市民可以就近、便捷地办证、借还图书、查阅信息，促进了图书馆服务的便利化、均等化，有效地提高了公共图书馆文献资源的利用率。同时，因读者得到分流，中心图书馆可以集中精力开展分层服务、个性化服务，图书馆服务水平得到了提升。实现了图书馆管理创新，为图书馆体制改革探索新路，乐陵市城、街道、社区各自负责本辖区图书馆建设，由乐陵市图书馆统一采购、统一管理，为公益性文化事业投入机制改革做出了有益探索。

乡镇图书室的基本设备配置要求是：图书室拥有图书至少2000册，报刊杂志至少10种；文化信息资源共享工程电子阅览室应配电脑不少20台，多媒体演播室配投影仪及音响设备。

表彰

乐陵市图书馆2007年文化共享工程先进集体奖；2009年读书诗朗诵“优秀组织奖”；2011年皇明杯读书征文大赛“优秀组织奖；2014年乐陵市文明先进单位。

领导介绍

张芳，女，1985年9月生，本科学历，中共党员，助理馆员，党总支书记。2007年11月参加工作，现任现任乐陵市图书馆

副馆长、文化信息资源共享工程办公室主任等职。分管党的工作、精神文明建设和图书馆全面工作。

展望未来

公共图书馆是政府履行公共服务职能的文化设施，是政府实现面向广大群众的文化关怀、文化享有、文化提高、文化创造的重要方式。公共图书馆服务体系是公共文化服务体系的重要组成部分，构建农村公共图书馆服务体系，才能不断满足广大农民日益增长的文化生活的需要，才能更有效地为新农村建设作出贡献。近六年来，乐陵市图书馆从全市城乡一体化发展的实际出发，不断摸索一条适合农村村级和社区文化服务的新思路、新模式，有效地在村、社区、机关、学校、建立分馆，初步建成了以市图书馆为中心，覆盖全市的公共图书馆服务体系。

乐陵市图书馆还面临问题有：一是借众力，集资办馆。通过政府或有关部门组织、动员社会各方面力量向图书馆投资，增添藏书籍和必要的设备。全区市级馆靠集资购入多册书籍，定期修补建馆舍，添置新设备。二是扩大外延，联合办馆。由企业或乡镇出馆舍、设备和部分购书经费，市馆出书、出人联合办馆，不断向外延伸扩大服务面。团结企业及乡镇联合办馆。三是扶持个人，补足缺损。由个人出资、出馆舍，县馆辅导扶持，既扩大了服务覆盖面，又解决了设施条件不足的问题。

联系方式

地　址：乐陵市图书馆

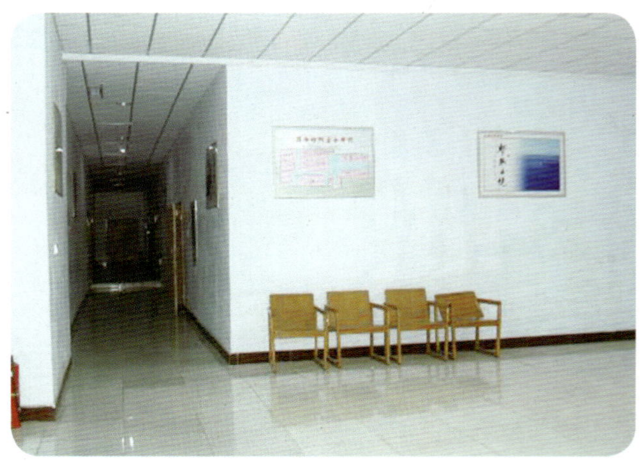

高唐县图书馆

概述

高唐县图书馆始建于1949年，馆址经已多次变迁，现址位于县城区金城西路129号，总建筑面积4332平方米，主楼6层，局部8层。2000年底落成对外开放，总投资约768万元，现为全县唯一的综合性公共图书馆。具体职能为：履行搜集、加工、存储、提供和传播知识信息，承担着为我县各级领导机关、科研、教育、企事业单位和社会公众服务的任务。建馆60年来，高唐县图书馆在藏书特色上注重综合性、公共性和地方性。现有各类藏书近20万册。2013年，图书馆共有持证读者3028人，阅览座席320个，年接待读者超过14.2万多人次。

适应时代发展新举措

近年来，随着网络技术应用的大面积普及和实用化进展，高唐县图书馆坚持与时俱进，不断适应读者需求，努力提高为读者服务的水平，在自动化、网络化建设方面取得了显著成绩。2002年引进了当前较为先进的图书馆自动化管理ILAS系统，系统涵盖了分类、编目、流通、连续出版物和检索咨询五个子系统，实现了计算机网络化管理。2007年10月，建立了电子阅览室，现有微机30台，为读者提供了一个多媒体电子文献阅览、上网查询的平台，读者在此可以很方便的阅览各种上网电子图书，能随时上网查询信息，所需资料可以随时下载、随时打印。

做好基础工作取得新成绩

外借部负责图书流通、借阅、新书宣传等工作，采用全开架服务方式，读者可以自由进入书库挑选喜欢的书籍。借书证分为A、B两种。阅览部负责报刊登记、上架和借阅流通等工作，年订报刊200多种，全开架服务，部分期刊可以借出。少儿阅览室，为少年儿童提供大量健康、活泼、开发智力的少儿读物。

高唐县图书馆是国家文化部命名的“二级图书馆”和“读者喜爱的图书馆”。

负责人变动情况

彭树民：1998年–2008年担任馆长。

白云云：2008年–今担任馆长。

附：重要工作和取得的荣誉称号

一、2005年重要工作及取得的荣誉称号

1、2005年创建军民共建文明单位。11月份，向高唐武警中队赠送图书200册，并针对复员战士做了“军人创业秘诀”的报告。

2、完成现有图书的分类、编目、微机注入工作，为重新开馆作准备。克服经费不足等问题，完成了60000册图书的分类、编目、微机输入等工作，顺利完成了开馆的前期工作。

3、为充实馆藏数量、添制新书，经与省新华书店申请协商，新增图书30000余册（省新华书店赠），并于当年全部上架，供读者阅览。

4、2005年初我县初创全省社会文化先进县我馆顺利通过省市验收。

5、编写《高唐县文物志》工作正式开展。为展现和还原高唐历史名人、历史古迹、历史文物和悠久的历史文化，图书馆聘请三位对我县历史有深刻研究的老专家、自5月份正式开始《高唐县文物志》编纂工作。

6、完成了图书馆大楼消防工程扫尾工作。投资40万元完成了消防工程，并通过了省消防质检部门验收。

7、完成了图书馆新馆重新开馆前的准备工作。内部设施功能齐全，设置了办证处、采编室、借书室、阅览室、典藏室、报刊室、自修室、电子阅览室等，藏书种类齐全，共10万册。6月6日图书馆完成了微机自动化管理。

二、2006年的重要工作

主要是完成首届中国高唐书画之乡艺博会组委会交办的外地画家书画展销及名家画名城采风团书画展的全面工作。

三、2007年重要工作

1、被市妇联评为聊城市“巾帼文明岗”。

2、大力发展读者，延长开馆时间，节假日照常开馆，接待读者近8000人次，成逐年增加趋势。

3、4月23日是世界读书日，图书馆举办了读者“你选我购”选购图书活动和图书馆电子资源免费开放活动。

4、5月份，筹集资金，到图书市场选购新书，按照多选种类，少选复本的原则，购置图书2000册，并在极短的时间内完成了图书的分类、编目、著入、上架等一系列工作，图书馆受到了读者的好评，主动来图书馆办证借阅的人数聚增。

5、成立了高唐县文化信息资源支中心。借助国家中心的系统技术平台，在已实现联网的范围内开展以数字资源共享为重点的实验运行。

2008年的重点工作和取得的荣誉

1、通过了省文化资源共享工作的验收，并被省文化厅评为“全省文化资源共享示范县”。

2、2008年9月被省文化厅评为“山东省文化信息资源共享工程建设与服务工作先进集体”称号。

3、2008年11月被山东省图书馆学会、山东省图书馆评为全省地方文献工作先进单位。

2009年的重点工作和取得的荣誉称号

1、为4个乡镇图书室和县特校捐赠图书1000余册。

2、4月份，对原未进行数字化管理的近两万册图书进行了数字化图书编目、分类、上架等一系列工作，极大的丰富了书库的储存量，满足了广大读者的阅读需求。

3、6月份为满足读者要求按照读者需求购置图书700册，报纸15种，杂志50余种，发展新读者150人，满足了广大读者的需求。

4、开展第四次全国公共图书馆评估定级工作，7月份向上级部门提出了评定二级馆申请，9月份顺利地通过了省图书馆评估验收组的初评验收，10月份顺利地通过第四次全国公共图书馆评估定级的复评。

2010年重点工作和取得的荣誉称号

1、联合县第二实验小学举办读书月活动。

2、原省人大常委会主任苗枫林先生向我馆捐赠的4000余册图书，并与当月完成整理、分类录入、上架，与读者见面。

3、文化资源共享工作。5月17至18日根据文化部《关于开展少年网页设计培训暨“全国文化信息资源共享工程少年网页设计竞赛活动”的通知》（文全信培发〔2010〕7号）有关要求，参加了文化部全国文化信息资源建设管理中心通过网络直播形式开展的市县级支中心负责少年网页设计培训的师资人员业务培训。

2013年重点工作和取得的荣誉称号

1、2013年10月，开展第五次全国图书馆评估定级工作，图书馆被国家文化部定为二级图书馆。

临清市图书馆

概述

临清市图书馆始建于1958年。1987年在青年路中段建图书馆楼，建筑面积1320平方米。1993年，参加首次全国县以上公共图书馆评估，获得三级图书馆。2010年，在原张彦青艺术馆基础上改建为临清市图书馆，新馆坐落于青年路西段大众公园东南侧，于2011年7月1日，正式开放。新馆总建筑面积2600平方米，馆藏文献10.2万册。现有阅览座席252个，计算机终端67台，接入带宽100M光纤独享，采用Interlib图书馆自动化管理系统。

业务建设

临清图书馆文献总藏量是10.2万册，其中图书95742册，期刊451种，5036册；电子文献417种，417册；地方文献198种，235册。每年投入20万元用于免费开放服务。2011年一次性投入120万购书经费，购入图书14807余种，42261万余册。年购入图书不少于2600种。临清支中心数字资源总量达到4TB，包括自行开发数字资源和国家图书馆下发的数字资源。栏目包括文物天地、历史照片、经典影视、民间故事等内容。

读者服务工作

新馆开馆以来，馆内5个对外服务窗口全部免费开放，每周开馆时间为63小时。2013年，报刊阅览册次约14.6万册，文献借还册次6.62万册，读者借阅人次累计16.48万人次，12个馆外服务点为读者提供借阅服务。

临清市图书馆在2013年共举办了12场培训、讲座活动，3场展览活动，开展阅读推广宣传活动6场，参加人次累计达58000人。

书画展厅

业务研究、辅导、协作协调

发表论文5篇，国家级1篇，并在征文活动中获二等奖，省级4篇。2013年组织了8次基层业务辅导班，围绕基层图书馆的工作进行辅导。每季度1–3次，不定期派员到基层服务点开展基础培训和业务指导。顺利开通了和聊城地区图书馆的联合编目系统和馆际互借业务，实现资源共享。

管理工作

临清图书馆现有在职职工8人，其中本科学历4人，大专学历4人，中级职称4人。实行全员竞聘上岗。制定《临清市图书馆绩效考核办法》，开展创先争优、效能建设、文明创建和民主考评活动。

表彰、奖励情况

2013年共获表彰奖励3次，聊城市文化局工作先进单位和优秀活动组织奖，临清市文化旅游工作先进单位。

馆领导介绍

贾晓兵，男，1975年生，中共党员，大专学历，馆员，临清图书馆馆长、党支部书记。

范民，女，1966年生，中共党员，大专学历，馆员，临清图书馆副馆长。

许志军，男，1975年生，大专学历，馆员，临清图书馆副馆长。

未来展望

临清图书馆围绕“读者至上，服务第一”的宗旨，把完善内部管理与加强对外交流相结合，从读者服务、社会活动、业务管理和员工素质等方面着手，大力推进图书馆工作，充分发挥图书馆的职能作用。现有关专家正在对馆舍扩建工作进行考查论证，今后几年，馆舍面积争取达到一级馆标准。进一步加强图书馆数字化和公共电子阅览室建设，努力构建内容安全、服务规范、环境良好、覆盖广泛的公益性互联网服务体系。完善服务基础设施，构建富有特色的馆藏体系。加强分馆建设力度，推动公共文化资源均衡配置，实现公共图书馆服务效益最大化。

联系方式

地　址：山东省临清市青年路西段
邮　编：252600
联系人：范 民

报刊阅览

图书借阅

武警中队分馆

滨州市滨城区图书馆

概述

滨城区图书馆成立于1956年，是滨州市最早的县级公共图书馆。建成以滨城区图书馆为中心馆、包括北镇、彭李、市东3个街道分馆在内的"中心馆+分馆"服务体系。目前，馆舍面2560平方米；在岗人员14人（分馆9人）；藏书11.6万册；报刊杂志250余种。阅览坐席320个；计算机72台，带宽接入100Mbps，选用智慧2000图书管理系统。馆藏量达11.6万册；报刊杂志250余种。馆内设有借书室、阅览室、少儿阅览室、电子阅览室、盲人阅览室、机房、书库、报刊库、报告厅、多媒体教室、培训室一应俱全。其中北镇分馆面积为610平方米，设有借阅室、电子阅览室、少儿阅览室、报告厅；彭李分馆面积为1130平方米，设有借阅室、电子阅览室、多媒体教室；市东分馆面积为320平方米，设有借阅室、电子阅览室、多媒体教室、培训室。2013年参加第五次全国公共图书馆评估，首次获得二级图书馆。

业务建设

截止2012年底，滨城区图书馆馆藏量达11.6万册，报刊杂志250余种。2012年新增馆藏购置费16万元，入藏图书2500余种。截止2012年底，滨城区图书馆数字资源总量为2TB。馆内使用智慧2000图书管理系统。

读者服务工作

从2011年起，滨城区图书馆实行免费开放，周开放66.5小时。年流通总人次12.2108万人次，书刊外借8.8235万册。

2009–2012年，滨城区图书馆共举办讲座、展览、培训、阅读推广等读者活动107场次，参与人数18.4万人次。

业务研究、辅导、协作协调

2012年建成以滨城区图书馆为中心馆、包括3所街道分馆在内的"中心馆+分馆"体系。在"中心馆+分馆"的管理模式下，实行统一拨款、统一采购、统一配置、统一服务。各馆经费由区、办两级政府承担，文献由中心馆统一采购，统一分配，各分馆业务工作由中心馆统一管理。制定和完善了图书管理制度。中心馆与分馆全部实行免费开放。读者可就近到中心馆或分馆免费办理借书证，出外借图书外，读者可凭有效证件在阅览室和电子阅览室免费阅览。中心馆与分馆使用同一个图书管理系统，分馆内可查询检索中心馆中央数据库。大大方便了读者。

分馆的工作人员由中心馆统一培训、统一考核，办事处负责行政管理，中心馆负责业务管理。中心馆定期对分馆工作人员进行培训，并为分馆提供及时充分的技术服务，以保障分馆工作的顺利开展。

为提高基层图书管理员的业务水平，滨城区图书馆定期举办基层图书管理员培训班，并组织业务人员到各基层图书室进行业务辅导工作，帮助他们分编图书，向基层图书馆捐赠图书。

管理工作

滨城区图书馆健全财务管理制度、人事管理制度、档案管理制度，明确岗位责任制，工作人员实行岗位聘任制，每年进行工作考核。

馆领导介绍

耿宁华，女，1971年5月生，本科学历，中级职称，馆长。1990年8月到滨城区图书馆参加工作。2013年11月任滨城区图书馆馆长。

王静，女，1983年3月生，本科学历，中级职称，副馆长。2006年10月到滨城区图书馆参加工作。2012年11月任滨城区图书馆副馆长。

未来展望

建设一座设施完备、功能齐全，能满足群众需求的新型公共图书馆。再发展几个分馆。积极做好基层图书室的业务辅导工作。加强工作人员的业务学习，提高本馆工作人员的素质，进一步规范图书馆管理工作，创新机制，建立起一支能提供优良服务的队伍。

联系方式

地　址：滨州市黄河十路611号滨城区图书馆
邮　编：256600
联系人：王　静

工作人员帮助滨北图书室分编图书

中心馆电子阅览室一角

中心馆借书室一角

基层图书管理员培训

阳信县图书馆

概述

民国六年（1917年），根据当时教育部颁布的“图书馆规程”与“通俗图书馆规程”，阳信县图书馆创建，馆址设在县立高级小学（现阳信一中驻地）。后因战事不断，图书馆也几经变迁。1988年5月，阳信县图书馆挂牌成立，位于阳城三路953号。1994年，参加第一次全国图书馆评估定级，首次获得国家二级图书馆，也是当时滨州市唯一一家二级馆。2012年，阳信县图书馆拥有建筑面积2200平方米，拥有阅览座席256个，其中少儿阅览坐席48个，计算机45台，宽带接入100Mbps，选用Interlib图书馆自动化管理系统。

业务建设

截止2012年底，阳信县图书馆总藏量11万册（件），其中，纸质文献10.4782万册（件），电子图书5218册。

2010、2011年，阳信县图书馆新增藏量购置费8万元，2011年起增至13万元。2009–2012年，共入藏中外文图书9261种，35123册，中外文报刊960种，地方文献收集560册。

截止2012年，阳信县图书馆数字资源总量4TB。

读者服务工作

阳信县图书馆在2010年1月起，实行全年免费开放，每周开馆时间在66小时。2009–2012年，书刊总流通32.24万人次，书刊外借20.41万册次，馆外流动服务点书刊借阅2.2万册次。

在做好日常图书借阅业务的同时，大力开展读者服务、对外宣传、社会教育、基层辅导和业务研究等各类图书主题活动。一是积极开展全民读书日、阅读推广等活动；二是利用广播、报刊、图书馆学会杂志等媒体进行广泛宣传；三是深入乡村、社会、学校、企事业单位开展社会教育和基层辅导。2009年–2012年，阳信县图书馆共举办讲座、展览、培训、阅读推广等读者活动116场次，参与人数8.5万人次。

业务研究、辅导、协作协调

2009–2012年，阳信县图书馆职工发表论文13篇，参与各类科研项目10个，撰写调查研究报告4篇。

阳信县图书馆积极参加上级图书馆组织的协作协调工作，先后与滨州市图书馆、无棣县图书馆、惠民县图书馆、沾化县图书馆、博兴县图书馆签订了馆际互借协议，并根据协议开始馆际互借，2009–2012年，阳信县馆际互借中文图书1840册。

截止2012年底，阳信县图书馆帮助全县所有的乡镇、街道办事处建立了图书室，2009年–2012年，阳信县图书馆先后培训基层图书管理人员287人次。

2007年建成全市首家文化信息资源共享工程支中心，积极与县委组织部党员远程教育中心联合，将服务范围拓展至偏远乡村，在做好乡村文化信息资源实现全覆盖的同时，充分发挥自身文化资源丰富的优势，积极参与对城乡党员群众的知识培训工作。在做好基层业务辅导的同时，结合乡镇文化站、村文化大院和农家书屋建设，积极推进县、乡、村三级图书网络服务体系的建立和发展。全县街道、乡镇、社区、村图书馆参与服务网络建设的比例达55%。

管理工作

2011年，阳信县图书馆完成全员岗位聘任，10人被聘任上岗，同时建立考勤考核和分配激励制度，每半年进行总体工作考核。建立完善的财务、设备物资、档案等方面的管理制度。

表彰、奖励情况

2009年–2012年，阳信县图书馆共获得表彰、奖励32次，其中，市委、市府表彰、奖励2次，市文广新局表彰1次，市图书馆表彰、奖励12次，县委、县府表彰、奖励11次，县文广新局表彰、奖励6次。

馆领导介绍

查学芬，女，汉族，1964年7月出生，大专学历，中共党员，馆员，馆长，党支部书记。2005年7月任阳信县图书馆馆长。2004年，被县委、县直机关工委授予“优秀共产党员”荣誉称号；2005年7月被中共阳信县机关工委授予“优秀党务工作者”荣誉称号；2006年6月，被县委、县政府评为“县妇女儿童工作先进个人”荣誉称号；2011年3月被县“双学双比”“巾帼建功”竞赛活动协调小组评为“‘双学双比’、‘巾帼建功’竞赛活动先进个人”称号；2013年6月，被省文化厅评为“古籍保护先进个人”称号。

电子阅览室

评估定级小组验收

红色电影放映月启动仪式

图片展

王宗文，男，汉族，1979年6月出生，本科学历，中共党员，助理馆员，副馆长。2003年7月参加工作，历任阳信县文体局体育科科长、阳信县图书馆副馆长。分管图书馆日常工作、文化资源共享等工作。2005年、2006年、2008年获得县先进体育工作者称号，2010年获得阳信县文体局先进工作者称号。

解朋，男，汉族，1982年1月出生，本科学历，信息管理与信息系统专业，中共党员，助理馆员，副馆长。2008年11月入馆，先后在外借室、文化资源共享、办公室工作，曾全面负责馆内第五次评估定级的业务工作。2013年6月任命为阳信县图书馆副馆长，负责馆内业务、办公室等工作。2009年荣获县优秀团员称号，2011年、2012年获得阳信县文广新局先进工作者称号。

未来展望

阳信县图书馆作为公益性的图书馆，是社会主义文化、教育、科学事业的重要组成部分，是向社会公众提供图书借阅和信息咨询服务的学术性机构，始终坚持“读者第一，服务至上”的原则，利用丰富的馆藏，通过文献外借、电子阅览、课题检索、免费阅读、免费咨询以及信息服务等多种形式为读者服务。并且先后开展了下基层送书、下基层业务辅导、电影放映、不定期开展少儿征文活动、举办书画展、讲座报告会、服务宣传周等多种服务活动，并通过“以人为本”的服务理念和创新性的服务模式，在不断的探索和实践中开拓为读者服务的新路子，全心全意为读者服务，尽心尽力推进社会主义文化建设。

联系方式

地　址：阳信县图书馆
邮　编：251800
联系人：解　朋

大厅外景

少儿阅览室

外借室

单县图书馆

概述

单县图书馆初始于二十世纪三十年代初期，当时根据山东省政府教育厅发布的“山东市、县立图书馆暂行规定”，取得县政府同意，于民国二十年四月（1931年）建立了“新民图书馆”。单县图书馆的前身是1950年在湖西文化馆成立的图书室，位于文化路（现舜师步行街）。1976年7月、1977年9月，分别向省、地革委文化局、县革委递交了建立单县图书馆的申请报告，选址位于向阳路与湖西路交界处（现新华书店），于1978年开始筹建，1979年6月1日正式开馆接待读者。从此，隶属于单县文教局的单县图书馆正式成立。馆址几经变迁，2010年5月1日，位于开发区的单县文化中心建成开放。其中图书馆建筑面积2200平方米，设有图书借阅部、成人阅览部、少儿阅览部、电子阅览室、多媒体室等服务部室，全部实行免费向读者开放。自1994年参加县级以上公共图书馆评估以来，2013年，首次获得二级图书馆称号。2012年，单县图书馆有阅览坐席240个，计算机40台，光纤接入100Mbps，采用Interlib图书馆集群自动化管理系统。

业务建设

截止到2012年底，单县图书馆总藏量11.22万册（件），其中，以纸质文献居多，达9.62万册（件），电子图书、光盘1.6万册（种）。录制了《宋氏活鸡接骨膏》视频节目，在山东省共享工程视频点播栏目展播。自2010年起，自动化管理系统采用Interlib图书馆集群管理系统，各业务环节全部实现自动化。实现馆内无线网络全覆盖。

读者服务工作

图书馆全年开放，每周开放56小时。近几年，接待读者16.35万人次，利用书报刊35.68万册次。举办讲座、展览、培训、读者阅读活动、广场电影放映、元宵节灯谜有奖竞猜等活动86场次，参与人数18.21万人次。开展为老弱病残读者送书上门服务，开通图书预约借阅热线，方便了读者。

业务研究、辅导、协作协调

认真开展业务研究，积极参加省、市上级业务部门组织的各类培训班。2009年至2013年，单县图书馆职工申请发明专利一项，发表专业论文16篇，其中，一篇获中国图书馆学会征文二等奖，两篇获鲁、豫、皖、赣、新图书馆学会联合征文二等奖，一篇在《城市建设理论研究》2012年10月论文评比中获二等奖，一篇在《文化大视野——全国群众文化、图书、博物论文集》获优秀奖。举办业务辅导、培训班26期，培训人员886人次。走进农家书屋、基层站点现场辅导。编印《实用生活小常识》、《农村实用科技信息》免费发放给广大读者。

管理工作

建立完善的管理制度，制定工作计划，分工明确，实行全员岗位聘任，每半年进行总体工作考核，年终对个人进行年度考核。

表彰、奖励情况

2009年以来，单县图书馆多次受到上级表彰。其中省文化厅表彰1次、山东省古籍保护中心表彰3次、菏泽市委宣传部表彰1次、菏泽市总工会表彰1次、县人民政府表彰2次。其他表彰奖励4次。

馆领导介绍

黄爱民，男，1965年1月生，大专学历，中共党员，中级馆员，馆长。1980年10月参加工作，先后在阅览部、采编部等部门工作。山东省图书馆学会会员，中国图书馆学会会员，1995年任副馆长，2006年任馆长。

郭霞，女，1968年7月生，大专学历，中共党员，中级馆员，副馆长。1983年6月参加工作，先后在阅览部、外借部、采编部、办公室等部门工作。山东省图书馆学会会员，中国图书馆学会会员，2010年任副馆长。

刘克宏，男，1969年4月生，大专学历，中共党员，助理馆员，副馆长，支部书记。1991年7月参加工作，1997年5月到单县图书馆工作，2004年任副馆长。

未来展望

单县图书馆本着服务大众、服务基层的工作宗旨，不断强化自身综合实力，完善服务功能，扩大图书馆服务的辐射范围，带动区域事业发展。在未来几年里，申请在老城区按一级图书馆标准建设一处分馆，成为广大城乡居民读书学习、休闲娱乐的场所。

联系方式

地　址：山东省单县开发区向阳路单县文化中心
邮　编：274300
联系人：黄爱民，郭 霞

阅览室

电子阅览室

亲子绘画活动

郓城县图书馆

概述

郓城县的公共图书馆事业可追溯到1921年成立的“郓城县公共图书馆”，1931年并入“郓城县民众教育馆”，1978年由省文化厅、郓城县革命委员会批准，成立郓城县图书馆。

2002年3月郓城县图书馆新楼落成，位于郓城县临城路东段63号，馆舍建筑面积为2150平方米，现有书刊文献总量17万册次。阅览座席320个，计算机71台，从1994—2013年连续五次参加全国公共图书馆评估，被文化部授予“二级图书馆”。2004年建立局域网，以千兆互联网接入方式，宽带出口速度达100兆，建有郓城图书馆网www.yctsg.cn。选用的是Interlib图书馆自动化管理系统。

业务建设

截止2012年底，郓城县图书馆总藏量17万册，其中，纸质文献147160册次，电子图书22000册。

2009—2012年，郓城县图书馆新增藏量购置费每年在8万元左右。2009—2012年，共入藏中外文图书1万种，3万册，中外文报刊1千种，视听文献200种。2012年，地方文献入藏完整率为92%。

2004年我馆建起局域网，用Interlib图书馆自动化管理系统，实现了办公自动化。

2005年我馆启动了文化信息资源共享工程建设，并开展了把先进文化送到了军营、农村、学校的活动。2007年10月建成郓城县级支中心。电子阅览室、多媒体室对广大读者开放。目前郓城图书馆的电子阅览室面积200平方米、设有微机60台供读者使用，多媒体室可供80人使用，中心机房装备服务器8台，存储空间近10TB，数字化加工室可进行录音、录相、音频加工、非线编辑和文本资料加工，流动服务队装备可供3000—5000人使用的音响及放映设备，同时郓城县图书馆网站运行正常。

读者服务工作

从2009年1月开始，郓城县图书馆全年365天实行免费开放，每周开放70小时，每年坚持对老年人、残疾人、未成年人、军人、下岗失业人员、进城务工人员等群体实行全免费服务，书刊文献开架比例为100%。2009—2012年，书刊总流通26.2万人次，书刊外借52.6万册次，馆藏书刊文献年外借率50%。建有5个馆外流动服务点，馆外书刊流通总人次3万人次，书刊外借6万册次。

2009—2012年以来图书馆不断深化信息咨询服务，积极为上级领导决策提供信息参考服务，公开信息服务项目，有针对性地编制二、三次文献，共编辑送发《郓城科技经济信息》4期。2009—2012年，郓城县图书馆图书馆网站访问量47635次。2009—2012年，郓城县图书馆共举办讲座、展览、培训、阅读推广等读者活动60场次，参与人数4.7万人次。

业务研究、辅导、协作协调

2009—2012年，郓城县图书馆职工发表论文36篇，图书馆先后举办了乡镇基层管理员计算机培训、老年保健等各类培训班16期，参加培训学员4350人次。开展业务辅导活动20次，年均接待农民读者6600多人，赠送《农科信息》5000余份，解答咨询2700多条。

2009—2012年，郓城县图书馆举办各种专题讲座、培训活动22次以上，举办科普展览4次以上，开展阅读推广活动4次，举办了《校园读书演讲比赛》、《迎八一军民读书征文活动》和图书馆送书上门活动等各类读书演讲比赛、读书征文活动12次，参加活动人数高达8730多人次。

2009—2012年，郓城县图书馆一直把“世界读书日”、图书馆服务宣传周与全民读书月读书活动结合起来向市民宣传，每年的4月也就成为了郓城县的“快乐读书月”，郓城县图书馆分别在唐塔广场、崛起广场等大型文化活动广场举办了“世界文化遗产日”读书活动、“世界读书日”读书活动、“图书馆宣传服务周”读书活动等12场次，参加读者人次超过5.6万人次，发放各类资料7千份。每年郓城县电视台都对图书馆服务周的进行宣传报道。

管理工作

2010年，郓城县图书馆完成全员岗位聘任，全体工作人员全部实行了岗位聘任，同时，建立了工作量化考核指标体系，每月进行工作进度通报，每半年和全年进行总体工作考核。2009—2012年，编写《郓城经济参考信息》16期，撰写专项调研、分析报告和工作提案6篇，编写各部门工作进度通报12篇。

表彰、奖励情况

2009—2012年，郓城县图书馆共获得各种表彰、奖励14次，其中，文化部表彰、奖励1次，市委、市政府表彰1次，县级表彰12次。

馆领导介绍

钱玉萍，女，1965年10月生，本科学历，中共党员，副研究馆员，馆长。1980年6月参加工作，山东省图书馆学会会员。

张传峰，男，1966年12月生，本科学历，中共党员，副研究馆员，副馆长。1983年10月参加工作，山东省图书馆学会会员。

魏国华，男，1964年2月生，本科学历，中共党员，副研究馆员，副馆长。1981年12月参加工作，山东省图书馆学会会员。

未来展望

郓城县图书馆遵循“科学、效率、创新、发展”的办馆方针，完善单体服务功能，扩大服务辐射区域，带动地区事业发展。2009—2012年，在不断强化自身综合实力的同时，带动了全县公共图书馆事业的整体发展。2013年，郓城县图书馆新馆建设工程正式启动，在未来的几年里，郓城县图书馆将建成一座建筑面积5千平方米的新馆舍。阅览座位700个，可容纳纸质文献150万册，年服务人次可达60万人次以上，数字资源设计存储能力20TB，能够提供全覆盖、不间断、无时空限制的数字文献远程和移动服务。

联系方式

地　址：郓城县图书馆
邮　编：274700
联系人：张传峰

巨野县图书馆

概述

巨野县图书馆建于1985年11月；新馆位于巨野县文昌路北段，馆舍面积3820平方米；老馆位于巨野县古城街44号，馆舍面积460平方米；馆舍总面积4280平方米。目前阅览座席共540个；计算机总台数115台，其中电子阅览室供读者使用计算机80台、读者检索6台；宽带接入10Mbps，巨野县图书馆使用的图书馆数字软件Interlib系统。

业务建设

截止2013年，巨野县图书馆总藏量134600册（件），其中，纸质文献124600万册（件），电子文献110000万册，2013年，巨野县图书馆新增藏量购置费130万元，2013年，共入藏中文图书20000种，60000册，中文报刊220种，视听文献80种。2013共入藏地方文献19种61册截止2013年底，巨野县图书馆数字资源总量为4.84TB，其中，自建数字资源总1.14TB。

读者服务工作

从2011月起，巨野县图书馆星期一闭馆，星期二到星期日开馆60小时，书刊文献开架比例85%开架及半开架书刊数量为95710册，书刊文献总量为112600册，年流通率64%。书刊文献年外借册次80500。馆外流动服务点3个，每年书刊借阅册次2000册次。年流通总人次62520人次，持证读者3126人。每到一批新书，通过新书专架，向读者报道图书馆的动态，发布新书通报，发布好书借书排行榜，开展图书评论及阅读交流。在2012年元月20日，为贯彻落实“文明巨野建设”活动，在紫薇广场举办书刊宣传活动，此次活动2天，共接待群众3000余人，为宣传“文明巨野”图书馆文化事业提供了良好的服务平台。世界读书日期间，在县麟州步行街举办了“县图书馆免费开放”主题宣传活动和地方文献展览，近2000人参加了展览，60余人参于活动，并散发传单200余份，让更多群众知晓了图书馆免费开放了，许多读者纷纷表示要走进图书馆，尽情享受国家提供的公共文化服务权益。

政府公开信息服务。我馆充分发挥专业方面的优势，对有限的政府公开信息资源，承担起政府信息查询平台的功能，方便群众获取公开的政府信息，全面收集政府信息化解其因设计部门众多、范围广泛、内容宠大带来的收集困难，推进信息服务工作的开展，对相关信息资料进行广泛系统的收集，以主题索引、分类目录等方式进行分类，在图书馆大厅设立了咨询服务点，由业务能力突出的工作人员，负责接待查阅政府公开信息的群众，向来访着讲解、查询政府公开信息的要点及公开的主要内容范围。例如2012年6月为巨野县政府经济发展提供了《马克思主义与县域经济的发展》等信息材料。

参考咨询工作。参考咨询是图书馆服务的重要组成部分，是读者向工作人员提问并获得解答的一种信息服务方式。积极开发和报道文献资源，提供信息服务，利用智力资源、宣传、扩大图书馆的影响。随着网络技术和信息科学飞速发展，为读者提供实时、动态、便捷、高效的信息服务。设立了专门的咨询点，并培训和配备了参考馆员，解答读者提出的问题，辅导读者如何利用图书馆和使用工具书，以及一些以情报服务为主的定题服务。

为残疾人开展上门服务，为10余名残疾人读者常年送书上门。针对进城务工人员日益增多，存在就业难，就业渠道不畅，劳动保护意识差等状况，我馆开展了进城务工人员专业技能培训、专业知识宣讲、法律知识宣讲等工作。帮助提高劳动技能，强化他们维护自身合法权益。免费印发发放宣传材料，受到他们的欢迎。

未成年人是国家的希望、民族的未来。对到馆学习的未成人辅导其阅读，并指导其不断尝试不同阅读方法，经常与他们交流，教育他们读好书，激发他们阅读情趣与爱好，多开展未成人读书活动，向他们推荐有益身心健康的图书。

社会教育活动。截止2013年讲座、培训等活动11次，共举办讲座4次，培训基层服务点7次、展览2次。2012元月20号在紫薇广场举办新进书刊的宣传活动，此次活动2天，共接待群众3000余人。4月23号世界读书日在麟州步行街广场举办了地方文献展。共接待群众2000余人。

阅读推广活动6次。开展了“古籍保护宣传活动”、“文化资源走进广场”活动、“我为家乡添光彩·文化资源送身边”、“喜迎十艺节·文化资源送身边”“闹元宵灯谜”、“夏之夜影视展播”等系列活动。

古籍宣传

讲座

电子阅览室

历史文献部

多媒体室放映

图书馆服务宣传。在服务宣传周期间，开展了新书宣传咨询服务活动，利用共享工程设备，在广场播放图书馆简介短片和爱国教育电影。

在世界读书这一天，为了弘扬中华民族爱读书爱学习的优良传统，在广场举办了图书馆免费开放主题宣传活动和地方文献展览。在馆内悬挂"全民阅读、你我同行"、"倡导全民读书、共建和谐社会"等大幅标语，在多媒体室播放《共享书香·快乐阅读》经典阅读，实现资源共享，享受快乐阅读。

为了吸引社会大众走进图书馆和利用图书馆，利用电视台新闻栏目宣传图书馆的特色资源，介绍图书馆多元化信息等等。2012年4月9号巨野新闻报导了图书馆文化信息资源共享工程：全力为未成年人创建绿色文明的上网空间。吸引了更多读者，提高了图书馆的知名度。

基层业务培训工作。巨野县图书馆开展基层管理员业务培训活动。为了进一步提高全县文化资源共享工程基层点和远程教育基层点管理员的业务水平20012年7月6日–8月10日，巨野县支中心于县党员远程教育中心想结合，在党校二楼电子阅览室，分14批举办了基层管理员培训班。共培训学员870人次。2012年9月5日，举办了秋季基层站点业务培训班，培训50人。2013年3月12号至20号，对县直、乡镇图书室工作人员开展业务辅导工作。主要辅导《图书分类》、《图书编目》、整理上架、自动化管理、日常维护等方面。为推动图书馆事业的发展，提高我县共享工程服务点工作人员的服务与技术水平，促进图书馆与乡镇图书室之间的纵向交流。2013年7月6号至8月10号，对全县基层图书室共享工程基层服务点工作人员进行辅导，以电子图书等网络电子软件操作，进行演示及基层图书室业务培训辅导。对今后在基层开展相关业务工作有很大帮助，对文化共享程进基层有重要意义。

2009–2013年，巨野县图书馆职工发表论文12篇。

管理工作

2013年，巨野县图书馆完成第二次全员岗位聘任，有3人重新上岗，同时，建立了工作考核、岗位职责等制度，每月进行工作通报实行奖罚制度，每半年和全年进行总体工作考核。

表彰、奖励情况

2009–2013年，巨野县图书馆共获得各种表彰7次，其中，省文化厅表彰、2次，省馆2次，市委宣传部2次，共青团菏泽市委1次。

馆领导介绍

陈高鹏，男，1971年11月出生，本科学历，中共党员，副研究馆员，党支部书记、馆长。1987年参加工作，历任图书馆办公室主任、副馆长，2006年3月任图书馆馆长。发表个人论文12篇。

杨艳梅，女，1964年11月出生，大专学历，中共党员，馆员，副馆长。发表个人论文3篇。

赵伟，女，1975年1月出生，本科学历，中共党员，副研究馆员，副馆长，发表个人论文7篇。

张鹏，男，1967年4月出生，大专学历，中共党员，馆员，副馆长。发表个人论文3篇。

联系方式

地　址：山东省巨野县文昌路北段
邮　编：274900
联系人：陈高鹏

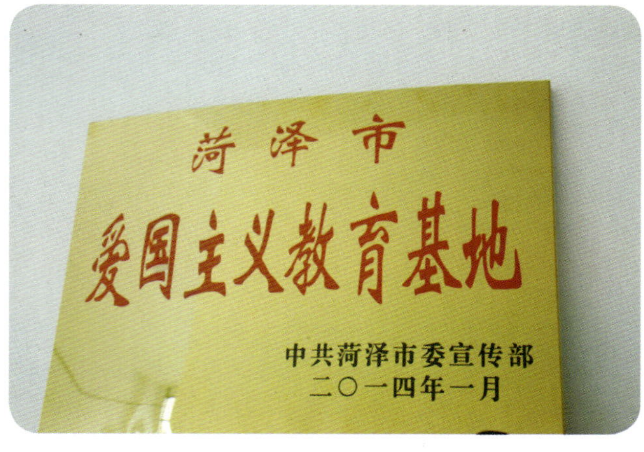

菏泽市
爱国主义教育基地
中共菏泽市委宣传部
二〇一四年一月

爱国主义教育基地

图书馆外景

泗水县图书馆

概述

泗水县图书馆初建于1985年，隶属于泗水县文化局，馆址为泗水县文化路。该馆成立后因城区改造及服务需求，几次搬迁、扩大，2003年搬迁至文化路文化馆楼一楼，馆舍面积100余平方米，藏书一万余册，2007年又搬迁至泉兴路科技文化中心，馆舍面积1650平方米，藏书2万5000册。

2012年再次升级改造，使馆舍面积达到2260平方米，设计藏书容量10万册，可容纳读者座位500个。2013年，参加第五次全国公共图书馆评估，首次获得国家县级二级图书馆。2012年，泗水县图书馆有阅览坐席302个，计算机48台，宽带接入10Mbps，选用智慧2000图书馆自动化管理系统。

业务建设

截止2012年底，泗水县图书馆总藏量10.8万册（件），其中，纸质文献8.2万册（件），电子图书1.3万册，期刊1.3万种/册。

2012年，泗水县图书馆新增设备藏量购置费98.86万元，2012年，共入藏中外文图书2500种，5000册，中外文报刊256种，视听文献500种。截止2012年底，泗水县图书馆数字资源总量为7TB，正逐步实现馆藏中文文献数字化，完善自建地方文献数据库。

2013年2月，将自动化管理系统升级改造为智慧2000管理系统，以适应泗水县图书馆服务需要，同时准备实现馆内无线网络覆盖。

读者服务工作

从2012年6月起，泗水县图书馆全年365天天天对外免费开放，每周开放56小时，2012年，书刊总流通量为10.92万人次，书刊外借8.5万册次。2012年，开通与济宁部分图书馆及泗水县乡镇社区图书馆的馆际互借服务工作。

自2007年泗水县图书馆建成全国文化共享工程泗水支中心以来，泗水县图书馆就不断利用共享工程这一平台，在电子阅览室为读者提供检索、浏览和下载等服务。

2012年，泗水县图书馆共举办讲座、展览、培训、阅读推广等读者活动29场次，参与人数2万人次。

业务研究、辅导、协作协调

泗水县图书馆针对各个科室不同情况，制定了科学的培训学习计划，定期对管理员进行培训，加强学习，并加强与同级图书馆的交流学习，积极参与上级图书馆组织的协作协调工作。

为了不断提高我县图书管理员的业务技能和管理水平，针对泗水县图书馆（图书室）还有农家书屋管理员的具体情况，在2012年3月、4月对图书管理人员进行了业务培训。8月初，针对社区、镇、村图书室在图书分类上架等业务上存在的一些不足，泗水县图书馆组织业务人员到基层图书室进行了业务指导，分别就图书分类、整理上架、借还登记手续以及日常图书的维护进行了详细的讲解和指导，并进行了示范。

管理工作

2012年，泗水县图书馆完成全员岗位聘任，建立了工作量化考核指标体系，每月进行工作进度通报，每半年和全年进行总体工作考核。2009–2012年，共抽查文献排架55次，书目数据20次，撰写专项调研、分析报告和工作提案22篇，编写各部门工作进度通报30篇。

表彰、奖励情况

2009–2012年，泗水县图书馆共获得各种表彰、奖励21次，其中，济宁市图书馆表彰奖励2次，泗水县县委、县政府表彰、奖励4次，泗水县文化广电新闻出版局表彰、奖励10次，其他表彰、奖励5次。

馆领导介绍

赵峰，男，1969年4月生，中共党员，馆员，馆长，退伍军人，1993年12月参加工作，曾分别在文化馆、文化稽查大队工作，2007年6月至今任泗水县图书馆馆长，兼任全国文化信息资源共享工程泗水县支中心主任。

郁青，女，1965年10月生，中共党员，副馆长，1980年12月参加工作，兼任图书馆图书外借部主任，主要抓业务工作。

未来展望

图书馆事业是一个长期的事业，泗水县图书馆将秉承“服务第一，重在利用”的办馆方针，依托国家各种文化方针和馆内资源，在各级政府和热心人士的关心下，不断发展壮大，为地区发展奉献力量，满足当地人民群众的精神文化需求，立足当前，我们充满热情，展望未来，我们满怀信心。

联系方式

地　址：济宁市泗水县泉兴路科技文化中心
邮　编：273200
联系人：赵 峰

曹县图书馆

概述

曹县图书馆始建于1956年，前身为县文化馆图书室。1984年从文化馆分出，建址于曹县城隍庙后街月牙河上，馆舍面积为1384平方米。2005年6月按照曹县城市建设规划，曹县图书馆搬迁到位于府前路中段的文化活动中心综合大楼，馆舍面积1750平方米，同年7月1日正式对外开放，馆藏文献逐步递增，内容丰富、载体形式多样。2012年，曹县图书馆有阅览坐席150个，计算机35台，宽带接入15Mbps。2013年，参加第五次全国公共图书馆评估，评为三级图书馆。

业务建设

截止2012年底，曹县图书馆总藏量51876册(份)，其中中文图书32780册；古籍4777册；地方文献576册；报刊资料13443册；音像制品300余种。

2009、2010年，曹县图书馆新增藏量购置费2万元，2011年起增至3万元。2009–2012年，共入藏图书3280种，4264册，报刊126种，视听文献155种。2011年，地方文献入藏完整率为90%。

2009年6月，馆藏古籍《学蔀通辩前编三卷后编三卷续编三卷终编三卷》、《逊志斋集二十四卷》经国务院批准入选第二批《国家珍贵古籍名录》；2009–2012年，馆藏《陋巷志八卷》、《曹南詩社傳觀稿》等23部古籍善本分别入选《山东省珍贵古籍保护名录》。2012年，积极争取资金3万元加强馆藏古籍的安全保护措施，为古籍库房安装了温湿度检测仪、除湿机、视频监控报警系统等，制作安装古籍函套387件。

截止2012年底，曹县图书馆数字资源总量为2TB。

读者服务工作

从2005年7月起，曹县图书馆全年365天对外免费开放，周开放56小时。2009–2012年，书刊总流通2.45万人次，书刊外借2.81万册次，办理读者借阅证2036个。2009年以来，分别在县武警支队、县消防中队、县电力公司等单位建立了8个流动服务点，馆外书刊流通总人次0.861万人次，书刊外借0.954万册。

2009–2012年，曹县省图书馆共举办讲座、展览、阅读推广等读者活动32场次，参与人数1.84万人次。举办共享工程经典影片广场放映62场次，惠及群众3.1万人次。

业务研究、辅导、协作协调

2009–2012年，曹县图书馆职工发表论文14篇，撰写《关于开展曹县公共文化服务体系建设的调研报告》等调研、分析报告6篇。

从2010年起，先后对全县新建287家农家书屋开展业务辅导，指导图书分类上架，制订完善各项规章制度。期间举办农家书屋和共享工程基层点管理员培训班12期，604人次接受培训。

管理工作

2010年，曹县图书馆完成全员岗位聘任，本次聘任共设18个专业岗位，实行竞聘上岗，同时，建立了工作量化考核指标体系，年终进行总体工作考核。

表彰、奖励情况

2009–2012年，曹县图书馆共获得各种表彰、奖励14次，其中，省文化厅表彰、奖励3次，市、县表彰、奖励11次。

2009年4月曹县图书馆被山东省政府办公厅、省文化厅批准命名为“山东省古籍重点保护单位”。

馆领导介绍

韩令忠，男，1964年1月生，大专学历，中共党员，副研究馆员，馆长。1981年3月参加工作。1983年1月到曹县图书馆工作，先后在阅览部、采编部、辅导部等部门任部室主任，2011年10月任馆长。

袁涛，男，1972年7月生，本科学历，中共党员，中级职称，副馆长，分管全馆业务工作。1990年在曹县图书馆参加工作，先后在采编部、图书借阅部、古籍特藏部等部室工作。

陈继宝，男，1974年1月生，大专文化，中共党员，中级职称，副馆长，文化信息资源共享工程曹县支中心主任。1991年12月参加工作，先后在图书借阅部、电子阅览室览室工作，任副主任、主任等职。

未来展望

随着曹县经济社会的快速发展和综合实力的不断增强，为进一步满足公共文化事业的发展和公众精神文化生活的需求，2012年7月集文献典藏、检索咨询、学术交流、文化创意、教育培训、休闲娱乐等多功能于一体的现代化大型综合性文化场馆——曹县文化中心正式立项建设。曹县图书馆新馆位于该中心一楼，按照国家二级图书馆标准建设，计划于2014年12月正式投入运营。新馆馆舍面积3000平方米，设计容纳纸质文献60万册，阅览座位350个，配置计算机、终端70台，图书报刊文献借阅实行开架管理，全面实现业务工作及办公自动化，馆藏文献和服务设施基本满足全县不同层次读者的需求，年服务人次可达50万人次以上。

联系方式

地　址：曹县图书馆
邮　编：274400
联系人：袁 涛

曹县图书馆借书室

广场图片展

诗歌朗诵会

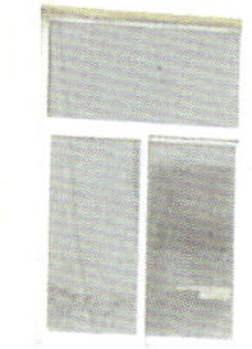

枣庄市市中区图书馆

概述

枣庄市市中区图书馆初创于1983年，正式落成于1986年农历三月，同年六月正式对外开放，位于市中区光华路0号，建筑面积1100平方米。2009年，参加全国公共图书馆评估，首次被评为三级图书馆，内设外借部、报刊部、自修室、少儿部、特藏部、电子阅览室等服务窗口，收藏有图书、报纸、杂志、视听资料、电子出版物等各种文献资源6万册（件），有阅览座席150个，计算机38台，光纤接入。建成包括社区在内的农家书屋服务点112个。

业务建设

截止2012年底，枣庄市市中区图书馆总藏量6万册（件），其中，纸质文献4.8万册（件），电子图书0.8万册，电子期刊4000种/册。

2012年，枣庄市市中区图书馆藏量购置费达到34万元。2009–2012年，共购置图书3000余种6000册，报刊100种，视听文献25种。

读者服务工作

枣庄市市中区图书馆全年对外免费开放，主要服务项目有图书借阅、报刊阅览、信息咨询等，周开放60余小时，2009–2012年，书刊总流通12万余人次，书刊外借20万余册次。

枣庄市市中区图书馆电子阅览室每天对读者开放10小时，双休日实行全天开放，平均每周对读者开放时间达到60小时以上，2009–2012年电子阅览室共接待读者7万余人次。

2009–2012年，枣庄市市中区图书馆共举办讲座、培训、阅读推广等读者活动60次，参与人数8.6万余人次。开展“流动书箱百里行”活动，送书下乡、送书进社区达10万余册次。积极开展青少年读书活动，开展“先进文化进军营”活动，定期更换书刊资料。加强老年人、残疾人等社会弱势群体服务工作，在全区范围开展图书馆服务宣传周和全民读书月等活动。

业务研究、辅导、协作协调

2009–2012年，枣庄市市中区图书馆职工发表论文62篇，出版专著1部。

枣庄市市中区图书馆制作储备了一批反映枣庄特色的优秀文化信息资源，加强了馆藏特色文献的数字化工作，并积极参与上级图书馆协作协调工作。

枣庄市市中区图书馆加强文化信息资源共享工程建设，以区图书馆和基层文化站为依托，建成乡镇服务站点11个，村服务站点112个，初步形成了区、乡镇（街道）、村统一联网、资源共享的文化信息资源网。2009–2012年开展文化信息资源共享工程基层网点技术培训工作80余次，培训基层网点管理员436人次，下基层文化站指导培训860余次。

2009–2012年举办农家书屋管理培训4次，培训图书管理员460余人次，业务工作人员年下基层开展辅导培训均在60天以上，指导并实施农家书屋图书分类、编目、上架图书30万余册。

管理工作

枣庄市市中区图书馆全馆在职在岗人员7人，其中副研究馆员1人，馆员6人，大专以上学历6人。建立健全了学习制度、工作制度、考勤制度、服务准则和绩效考核制度，每年对工作情况进行一次全年考核。市中区图书馆不断提高人员业务综合素质，2009–2012年全馆人员参加各种继续教育培训达590余学时，人均85学时。

表彰、奖励情况

枣庄市市中区图书馆受到各级政府和文化主管部门的多次表彰，先后被省文化厅评为文化信息资源共享工程示范县、山东省文化信息资源共享工程建设与服务工作先进集体，被市文广新局评为先进集体。

馆领导介绍

刘刚，男，1975年7月生，大学本科学历，中共党员，馆长。1993年12月参加工作，2014年1月任枣庄市市中区图书馆馆长。

徐阳，女，1984年12月生，大学本科学历，中共党员，2007年11月参加工作，2014年1月任枣庄市市中区图书馆副馆长。

未来展望

枣庄市市中区图书馆充分发挥和履行区公共图书馆的作用及服务职能，将在基础设施、文献资源、人员队伍建设及科学管理、读者服务等方面不断完善和拓展，加大力度扩大区图书馆在市民中的影响，夯实群众学习知识文化的阵地，进一步营造浓厚的读书氛围，为全区人民群众精神文化生活提供不竭的源泉。

联系方式

地　址：枣庄市市中区光华路0号市中区图书馆
邮　编：277100
联系人：刘 刚

报刊阅览室

共享工程支中心

农家书屋管理员培训班

栖霞市图书馆

概述

栖霞市图书馆建立于1985年，是副科级全民事业单位。位于栖霞市跃进路475号，面积800平方米，烟台市文明单位，国家三级图书馆。现有计算机22台，选用Interlib图书馆自动化管理系统。内设两室四科。

业务建设

新增藏量购置费4万元。藏书7万余册，其中中文普通图书6.1万余册，期刊8000余册，报纸合订本4000余册，地方文献3500余册，古籍书4300余册，电子数据1.5T。

自2010年来，创办栖霞作家书库，古籍藏书，泰山出版社图书、道教文化图书、林韶明捐赠图书等五大特藏品种。

为提升图书馆形象，邀请专家设计馆标、书标、藏书章等，突出栖霞“中国苹果之都”的特点。

开通期刊外借功能，实现了上架期刊的实时外借。

读者服务工作

从2010年起，全面实行对外免费开放，简化办证手续，实行一证通。先后建立邴家村、武警中队、“爱心书屋”、敬老院等16个流动图书室。通过阅览外借、解答咨询、信息服务、举办展览、读者座谈会等多种形式为读者服务。

有图书交换、服务宣传周、流动图书室、十佳读者评选、网上新书推介等五大服务品牌。

业务研究、辅导、协作协调

2013年编纂出版《栖霞市图书馆古籍藏书目录》，系统反映了古籍藏书资源的保护成果。2014年举办烟台市珍贵古籍联展——栖霞站展览。

2013年、2014年发动全市、镇（街）机关捐赠图书、报刊活动，增加图书馆藏，为图书馆免费开放、农家书屋建设提供了资源保障。

参加编撰出版《栖霞民俗》，由中国教育文献出版社出版发行。

管理工作

制定岗位责任制，实行“周工作计划、小结报告书”制度，对业务活动的工作流程，业务标准都做出明确的规定。完善图书登记、报刊登记、读者借阅统计、馆藏动态统计等各项制度。业务人员熟练掌握图书分类、编目、标引及流通等流程。定期抽查文献排架和书目数据。

表彰、奖励情况

2013年烟台市古籍保护工作先进单位；2013年度栖霞市直工委先进党支部；2011-2013年栖霞市文明单位，2014年烟台市文明单位。

馆领导介绍

李玉光，男，1970年9月生，大学学历，中共党员，馆长、党支部书记。兼任烟台市摄协理事、栖霞市摄协常务副主席、秘书长。荣获山东省古籍保护先进个人，烟台市非遗保护先进个人，中国摄协“新农村建设纪实摄影工程”新农村摄影志愿者，多次受市委市政府嘉奖和记三等功奖励。编辑出版有《魅力栖霞光影瞬间》、《栖霞民俗》等图书。

范玉卿，女，1968年1月生，大学学历，中共党员，副馆长、副研究馆员。当选为栖霞市第十四届人民代表大会代表，中国共产党烟台市第十一次代表大会代表，中国共产党山东省第九次党代会代表，2007年荣获烟台市“五一”劳动奖章，2011年荣获“烟台市先进工作者”称号，连续多年被栖霞市政府授予嘉奖。

衣元宏，女，1977年4月生，中共党员，大学文化。党支部委员。先后荣获三八红旗手、优秀共产党员称号；2013年获烟台市古籍保护工作先进个人，栖霞市群众文化活动先进个人；在烟台市第六届公共图书馆业务竞赛获三等奖。

马春梅，女，1972年10月生，中共党员，大学学历，党支部委员，副研究馆员。栖霞市第十五届人民代表大会代表，2013年获栖霞市群众文化活动先进个人。

未来展望

栖霞市图书馆将始终坚持“一切为了读者，满足读者需求的宗旨”，坚持“二为”方向，以满足人民群众对科学文化知识的需求，积累和传播有益于提高民族素质、有益于经济发展和社会进步的科学文化知识，丰富人民群众的精神生活为己任，进一步完善服务功能，扩大服务辐射区域和人群，不断强化自身综合实力，力促新建图书馆项目上马，建立完善电子阅览室和信息资源共享工程。

联系方式

地　址：栖霞市图书馆
邮　编：265300
联系人：马春梅

读者参观业务工作

读者座谈会

举办珍贵古籍联展，市领导参观展览

郑州图书馆

概述

郑州图书馆成立于1953年，现有大石桥老馆和郑东新区新馆两个馆舍。大石桥老馆位于郑州市南阳路6号，1994年9月建成使用，占地面积16.8亩，馆舍面积9699平方米。

郑东新区新馆位于郑州市郑东新区客文一街10号，占地76.383亩，总建筑面积72450平方米，规划总藏书量240万册（件），设计阅览坐席3000个，设计日均接待读者量6000人次，是一所集文献典藏、信息交流、学术研究、教育培训、文化休闲等功能为一体的综合性现代化大型文化场馆。新馆于2013年8月开始开放试运行。全馆现有阅览座席3544个，其中少儿座席223个。现有计算机264台，信息节点1800个，存储系统总存储容量130TB，宽带接入300M，新馆已实现无线网络全覆盖。

自1999年以来，郑州图书馆已连续四次在文化部全国公共图书馆评估定级中获评“国家一级图书馆”。

业务建设

郑州市委、市政府对公共文化建设高度重视，郑州图书馆财政经费逐年增加。2011年财政拨款总额为1119.81万元，2012年财政拨款总额为1584.87万元。2012年新增藏量购置费为174.48万元，2012年电子资源购置费为40.9万元，2012年免费开放本地经费到位60万元，其中中央财政补助25万元，郑州市财政补助35万元。

随着政府财政投入的逐渐加大，馆图书文献入藏量也不断增高。截至2012年底全馆文献资源总藏量为109.3040万册（件）。其中图书77.4837万册；古籍5.2万册；报刊14.8505万册；视听文献1.7698万件（套）；电子图书10万种。

目前全馆数字资源总量达到40TB，馆藏中文文献书目数字化比例为80.4%。自建有“商都文化全景数据库”和“信息荟萃”专题数据库，特别是“商都文化全景数据库”是关于郑州地方文化的全文检索数据库，包括二级栏目14个，总词条近6000条，约300万字，在全省公共图书馆地方数据库建设工作处于前列。

读者服务工作

自上世纪90年代就坚持实行“四免四服务”，从2011年2月14日起，按照文化部、财政部关于公共图书馆免费开放的相关要求，实现了服务设施场地免费开放和基本服务项目免费提供。全馆实行全年365天开放，每周开放时间为68小时。2009-2012年，书刊总流通309.2336万人次，图书外借142.2972万册次，有效持证读者6.7万人。

2004年郑州图书馆就建起了实现通借通还、“一卡通”管理的郑州图书馆省送变电社区分馆，其后又陆续建起了南阳寨社区等5个分馆和30多个小型阅读站以及3台街区24小时自助图书馆，图书馆社会服务网络体系建设取得良好成效。2009年-2012年，馆外书刊总流通21.8177万人次，书刊外借12.3146万册次。2009-2012年，举办各种公益性展览、讲座、培训、游艺竞赛、阅读推广等读者活动413次，参与人数达20.1566万人次，收到了良好的社会效益。

坚持以馆藏传统文献资源为依托，先后开办了《信息文萃》、《信息荟萃》、《文化信息》、《文化信息荟萃》、《参考资讯》等刊物，为领导机关决策及社会事业发展提供信息服务。其中《参考资讯》自2009年4月改版以来，已编印43期。2012年完成一般咨询服务和专题咨询服务数百项，编制二三次文献等专题咨询服务18项，为本地区经济建设和相关部门科研工作提供了帮助，受到社会各界的广泛好评。

建有郑州图书馆网站（www.zzlib.org.cn），开设有本馆简介、特色馆藏、学术研究、数字化资源、文化信息共享工程等栏目，可查询馆藏书目数据和读者信息。网站与万方数据库、维普数字期刊全文镜像数据库、全国24个公共图书馆网站及多个生活类咨询网站链接，方便读者浏览、查阅。2009年8月，正式建成并开通以共享工程为主体的“郑州图书馆数字文化网”（www.zzldcn.cn），栏目设置更为新颖，内容更为丰富。专门开辟了“郑州市人民政府信息”专栏，方便广大市民及时了解和掌握政府公开信息。

业务研究、辅导、协作协调

2009-2012年，郑州图书馆职工发表论文94篇，出版专著5部，撰写综合性、专题性调研报告6篇。科研项目立项共11个，其中单位4项，个人7项。本馆参与的《河南宗教文化考论》项目荣获河南省社科联、河南省经团联2011年度调研课题优秀调研成果奖。

自2004年以来，郑州图书馆已先后建立5个分馆和30多个小型阅读站。2013年又开始启动郑州市公共图书馆服务联盟建设计划，现已与郑州市13个县（市）区图书馆签订了馆际协作协议并开通了VPN专线，实现了数字资源的共建共享和图书资源的通借通还。初步形成以郑州图书馆新馆为中心，以县（市）区、乡镇、社区及农村文化大院图书馆（室）、分馆、阅读站、24小时自助图书馆为一体的图书馆服务网络，实现图书馆服务区域内的全覆盖。

创建公共文化服务示范区工作培训班

监狱分馆开馆仪式

送文化进社区

新馆图书借阅区

新馆报刊阅览区

新馆电子阅览室

2009年–2012年期间，组织基层图书馆工作者参加各类业务培训21期，全市乡镇街道、乡村社区2800名基层文化骨干接受了图书馆专业培训，从而提高基层图书馆工作人员的综合素质和整体业务水平，建立了一支具有专业技能的基层图书馆服务队伍，为郑州市基层图书馆事业的发展奠定了良好人才基础。

郑州图书馆学会自2009年5月经郑州市民政局批准正式成立以来，目前有会员单位16家，注册会员168人。2012年5月在全国大中城市第二十三次主席团会议上被评为“先进社会科学团体”；2013年1月被郑州市社会科学联合会评为“2011–2012年度郑州社会科学先进学会”。

管理工作

截至2012年底，全馆人员编制为123人，实有正式职工总数为97人，具有大专以上学历91人，占职工总数的94%。本馆业务人员总数为49人，高级职称16人，中级职称30人，占业务人员总数的93%。

郑州图书馆高度重视管理制度建设，先后建立健全了近50项管理制度。自1995年起实行了岗位责任制。2000年根据市政府办公厅有关文件精神，作为郑州市人事改革的示范试点单位，开始全面推行馆长负责制、目标管理责任制、干部职工聘用制和全员考核制，多次被市政府评为“推进事业单位人事制度改革先进集体”。在财务、人事、志愿者、设备物资、档案、统计管理等方面均建立了完善的规章制度和监督运行机制，确保各项工作顺利开展，多次被上级部门评为先进单位。

表彰、奖励情况

明确的办馆理念、科学的管理模式和突出的工作成效得到了上级部门的认可和社会各界的肯定。2009–2012年以来，郑州图书馆受到各级党委、政府及业务主管部门的各种表彰和奖励约计44次。其中，文化部表彰、奖励6次；省文化厅表彰、奖励5次；郑州市市政府表彰、奖励3次；省图书馆学会表彰、奖励8次；其他表彰、奖励22次。

馆领导介绍

李红岩，女，汉族，1964年1月出生，本科学历，中共党员，研究馆员，1981年11月参加工作，1987年3月到郑州图书馆工作，现任郑州图书馆馆长，同时兼任中国图书馆学会会员、中国图书馆学会图书馆馆员研究委员会委员、河南省图书馆学会副理事长、郑州图书馆学会理事长、文化部国家公共文化服务体系专家库成员。

柴法君，男，汉族，1964年6月出生，本科学历，中共党员，1982年10月参加工作。2011年6月到郑州图书馆工作，现任副书记。

牛伟，男，汉族，1978年8月出生，研究生学历，中共党员，副研究馆员。2001年7月参加工作，2009年6月到郑州图书馆工作，现任副馆长。兼任河南省图书馆学会副秘书长、郑州图书馆学会副理事长。

孙红强，男，汉族，1966年10月出生，本科学历，中共党员，馆员。1987年8月到郑州图书馆参加工作，现任副馆长。兼任郑州图书馆学会副理事长。

未来展望

随着郑州图书馆新馆的正式开放、郑州地区图书馆服务网络的形成，未来几年将是郑州图书馆快速发展的机遇期。郑州图书馆将通过加快推进智能化数字图书馆建设和完善拓展图书馆服务网络体系，不断创新发展模式、拓宽改进发展路径，强化文献典藏、检索咨询、学术交流、文化创意、教育培训、文化休闲等各项服务功能，使公共文化资源更好的惠及全民，巩固现代化市民文化中心核心地位，提升自身在省内外和国内外的知名度与影响力，在图书馆公共文化服务建设领域取得新成绩。

联系方式

地　址：郑东新区客文一街10号
邮　编：450000
联系人：杨　琳

新馆多语种阅览室

智能化互动设施

郑州图书馆新馆外观

洛阳市图书馆

概述

洛阳市图书馆坐落于繁华的西工区凯旋西路八一路口，其前身是建于1933年的河洛图书馆，馆址在今洛阳老城图书馆街。新中国成立后，人民政府于1953年4月成立洛阳市人民图书馆。1958年，洛阳市政府在西工区凯旋西路13号新建的市图书馆大楼落成，占地2.5亩，馆舍面积12000平方米，全馆迁入，更名为洛阳市图书馆。馆名由时任全国人大副委员长、中国科学院院长郭沫若题写。近年来，国家和洛阳市政府对文化工作高度重视，洛阳市图书馆面临前所未有的发展机遇，除正常经费外，上级用于维修、设备购置、共享工程等的专项拨款达100多万元，图书馆自动化程度极大提高，办公设备和书架等设施逐步更新，安装空调，藏书量也大幅增加，2011年起，读者到馆率和办证率持续上升，社会效益日益显著。自1998年以来，市图书馆连续三届被国家文化部命名为“国家一级图书馆”，被河南省政府命名为“河南省先进图书馆”，被洛阳市政府授予多项荣誉，为洛阳的文化建设和经济社会发展做出了较为突出的贡献。现今，洛阳市图书馆藏书80余万册，有阅览坐席800个，计算机180台，信息节点150个，宽带接入100Mbps，选用ILAS图书馆自动化管理系统。

业务建设

截止2012年底，市图书馆文献资源总藏量达到766710册（件），其中电子文献入藏29500件。年均入藏新书12945种，报刊年均入藏906种，视听文献年均入藏1886件。地方文献建设也更加规范，2012年开设地方文献书库，专人管理，制定有洛阳地方文献征集工作计划，注重地方文献的收集和保存。2009—2012年征集地方文献18272册（件）。

近几年，财政拨款逐年增加。2011年财政拨款总额为869万元，2012年财政拨款总额为1136万元，其中购书专项经费为65万元，新增藏量购置费90万元，电子资源购置费10万元，2012年免费开放经费50万元均已到位。

截止2012年底，洛阳市图书馆数字资源总量为1.5TB，自建数字资源总量0.5TB。目前馆藏中文文献书目数字化达到100%，建有洛阳牡丹专题库、洛阳方志数据库等多个特色地方文献数据库。

读者服务工作

2011年，洛阳市图书馆实施全免费开放服务，制定了洛阳市图书馆免费开放实施方案，将12月份定为免费开放服务宣传月，采取发放宣传页，制作展板，举办公益讲座，召开读者座谈会等形式，开展了免费开放宣传活动，提高了免费开放公众知晓率。通过公益文化宣讲活动、送书下乡活动、课题跟踪服务、关爱特殊群体活动、公益电影放映活动等形式，不断提升图书馆的社会形象，扩大图书馆的社会影响，充分体现了公共图书馆普遍均等、文化惠民的服务理念。2012年洛阳市图书馆年外借册次为318000册次，年流通总人次达665000人次，代检课题36项，为社会公众提供事实性咨询1127条。为政府决策、农民致富、服务“两会”编印专题信息资料共16期12万余字，“中原大讲堂、洛阳讲堂”举办公益文化宣讲活动36场，周末公益电影放映达48场，社会效益十分显著。

市图书馆始终把关爱特殊群体作为读者服务工作的重点。少儿部常年坚持为少年儿童提供周到热情的借阅服务，每年举办6场以上新书展借活动。“六·一”儿童节期间举办少儿百科知识竞猜活动，每个周末放映优秀动画片活动，每月举办1—2场教育专题讲座，每年都要到豫西山区学校“交通爱心春蕾书屋”送书上门，调换新书。与西工区邙岭路小学联合开展“共建书香校园”活动，建立馆外互借服务点，为该校的进城务工人员子女提供优秀图书，帮助他们从小养成读书习惯，健康成长。

市图书馆常年开展为洛阳市特教学校和按摩针灸医院送书上门活动。市特教学校共有残障儿童200多名，十分需要社会各界的关爱。市图书馆在每年的“世界助残日”都会选取一些适合孩子们看的书刊送去，丰富残障儿童的知识，满足他们的文化需求。在市按摩医院也建立了外借服务点，每年都要送去盲文图书和视听读物，受到盲人医师的好评。

市图书馆在每年的“世界读书日”和“图书馆服务宣传周”以及重要节日，都要开展丰富多彩的读者活动，举办各种题材的讲座、报告会。每年元旦春节期间，都开展多种形式的群众文化活动，其中有新书展借、公益讲座、优秀影片放映、书画展览、新书推介、猜谜语活动、以及迎新春读者寄语活动等。2009—2012年参加活动总人次达269000余人次，新闻媒体（含网络媒体）报道400多次，社会影响十分广泛。

每年6月1日儿童节期间，市图书馆都要为小读者们举办少儿百科知识竞猜活动，使孩子们以知识收获快乐、增强自信的人生体验，激励他们畅游书海，健康成长。每年举办20余场青少年教育专题讲座，帮助家长了解青少年心理，掌握正确的教育方法。举办新书展借、读书征文活动，以及到山区学校馆外流通点调换图书活动，体现了公共图书馆对未成年人健康成长的关心和帮助。

“洛阳讲堂”活动

中原大讲堂·洛阳讲堂公益讲座

业务骨干下基层培训

“中原大讲堂·洛阳讲堂”公益宣讲活动致力于提高广大市民的科学文化素养，普及健康养生知识，激发广大读者的爱国主义热情。四年来，“中原大讲堂·洛阳讲堂”举办了文学艺术、养生保健、美学教育、河洛文化、音乐欣赏、金融经济和国际形势等多个专题的宣讲活动共80余场，收益听众达6000余人次，讲堂所聘主讲人皆为洛阳市正高级专家学者，旨在让专家学者走近民众，让民众亲近专家学者，真正让市图书馆成为“没有围墙的大学”。

“英语沙龙”活动形式多样，别开生面。为了提高广大英语爱好者的口语交际和听写能力，上世纪九十年代，洛阳市图书馆成立了“英语沙龙”，每个周末都要举办一场英语口语交际活动，每月举办一次英语演讲会。参加活动的人有外籍人士、在校大学生、以及普通的英语爱好者。十多年来，英语沙龙已成为英语爱好者提升英语水平、结识各国朋友、丰富人生阅历、提高综合素质的重要平台，为图书馆营造了浓厚的学习氛围，提高了市图书馆的社会知名度。

业务研究、辅导、协作协调

2009–2012年，洛阳市图书馆职工发表论文58篇，出版专著2部，获准立项的课题5项。

市图书馆积极响应省图书馆倡议，加入了省图书馆牵头组织的河南省公共图书馆信息服务联盟，跨地区共享信息服务资源。为了有效利用丰富的数字资源，市图书馆在本地区内也倡议建立了洛阳市公共图书馆数字资源服务联盟，依托数字图书馆建设平台，使九县（市）四区图书馆免费获取市图书馆丰富的数字资源，弥补基层图书馆藏量不足之缺憾。市图书馆学会常年开展各系统各类型图书馆之间的业务协作，四年来，帮助洛一高图书馆、014中心图书馆、市卫校图书馆、市警校图书馆、市荣华技校图书馆、市55中图书馆、市59中图书馆等单位完善基础业务建设，培训业务人员，完成学校晋级图书馆提升共计30余次，促进了本地区图书馆事业的整体发展。2012年，市图书馆与河南科技大学、洛阳师范学院、洛阳理工学院友好协商，决定开展馆际互借业务，并制定了馆际互借实施办法，目前已办理馆际互借证50张，基本实现了公共图书馆与高校图书馆纸质图书文献的互借共享服务，满足了部分市民读者和高校读者的阅读需求。

管理工作

洛阳市图书馆做好免费开放工作，吸引广大群众走进图书馆。制定了《洛阳市图书馆免费开放工作实施方案》和《免费开放公示制度》，所有免费开放的服务窗口和服务项目全部对读者开放。免费服务窗口、服务项目、开放时间向社会公示，设立读者场所导引图、借阅流程图并向社会公示，接待读者集体参观，接受社会监督。制定了保障免费开放的工作制度和应急预案，完善应急处置机制，确保免费开放后的公共安全、资源安全和设施安全。

加强制度建设，推行效绩考核。全面加强图书馆的内部管理，提升服务质量。先后出台了《关于加强作风建设、提升服务效能、严肃工作纪律的考核办法》，《市图书馆业务考核办法》、《各部室综合考核办法》、《专业技术职务晋升管理办法》等一系列规章制度，实行制度管人。

完善内部管理制度，推行绩效考核。制定了洛阳市图书馆奖励性绩效工资考核分配方案（试行）和副科级领导岗位竞聘上岗工作实施方案，完成了副科级领导竞聘上岗工作。建立了科学有效的激励机制和业务考核机制，全馆实行目标责任制和岗位聘任制进行管理和考核。

表彰、奖励情况

2009–2012年，洛阳市图书馆共获得各种表彰、奖励33次，其中，文化部表彰、奖励1次，省文化厅表彰、奖励6次，其他表彰、奖励26次。

馆领导介绍

吕子刚，男，1966年10月出生，汉族，1989年大学毕业，中共党员，馆长。先后在洛阳轴承厂、洛阳市文化局工作，具有工程师专业技术职称；2008年3月到洛阳市图书馆工作，历任支部书记、馆长等职务，曾先后多次被评为文化系统先进工作者。在工作中，注重图书馆的业务建设，使洛阳市图书馆继续保持国家一级馆得荣誉称号，并被国务院命名为全国古籍重点保护单位。

韩向阳，男，1971年9月生，本科学历，中共党员，洛阳市图书馆党支部书记。1994年7月参加工作，2011年6月任职洛阳市图书馆党支部书记。

宋润芳，女，1964年2月生，研究生学历，中共党员，研究馆员，洛阳市图书馆副馆长。1986年7月参加工作，2003年任职洛阳市图书馆副馆长。

周元贵，男，1963年4月生，本科学历，中共党员，副馆长。1979年9月至1996年8月在部队服役，1996年9月转业到洛阳市图书馆工作至今。期间，担任过报刊部主任，2003年7月任副馆长。

未来展望

洛阳市图书馆遵循“科学发展，文化惠民”的办馆方针，逐步完善服务功能，实施总分馆制服务模式，带动地区事业发展。展望未来，豪情满怀。在建设社会主义和谐社会和文化大发展大繁荣的进程中，洛阳市图书馆将继往开来，再立新功。

联系方式

地　址：洛阳市西工区凯旋西路13号
邮　编：471000
联系人：张秀敏

举办知识竞猜活动

为偏远山区小学送书

小学生参观洛阳市图书馆

安阳市图书馆

概述

安阳市图书馆始建1956年，是安阳市唯一的一所综合性公共图书馆。2008年底新馆建成开放。在2009年第四次评估定级中被定为一级图书馆。新馆馆舍面积16000平方米；阅览座席560个，少儿阅览室座席128个；计算机231台，专供读者使用的计算机187台；读者服务区无线网覆盖范围达到100%；50兆宽带接入互联网；拥有专用存储设备1台，容量8T；使用ILAS3图书馆自动化管理系统。

业务建设

2009年，我馆财政拨款总额304万元，2010年财政拨款454万元，2011年430万元，2012年达到494万元。2012年新增藏量购置费70万元，电子资源购置费为13.8万元，占资源购置费的19.73%。2010年，我馆争取到中央补助地方专项资金30万元，升级改造了网络设备。

截止2013年4月，我馆馆藏总量达60万册件，电子文献藏量66501种。图书年平均入藏15708种，报刊年平均入藏1036种，视听文献年平均入藏1234种，地方文献累计入藏6175册。

2011年，我馆加盟“河南数字图书馆”联盟，为广大读者提供全文图书200多万种、全文期刊9000多种、原版原貌当天更新的报纸700种，以及博硕论文、会议全文、各类型考试等多种全文数据库，数字资源总量得到海量提升。

另外，我馆购入了汉籍古籍数据库，自建了地方文献数据库，自建资源总量达3.2TB。馆藏中文文献书目数字化率达到70%。

读者服务工作

长期以来，安阳市馆始终坚持全年365天天天开放，周开馆68小时，并于2011年底实行了免费开放。2012年，图书年外借488326册次，报刊年外借133993册次，年外借率达到104%；办理借阅卡20729张，流通总人次64万人次，人均年到馆次数30.87次/人；网上点击近10万人次，年新书宣传180种，新刊宣传400种。截止2012年底，我馆已分别在部队、社区、单位等地设立了12家分馆，分馆年平均借阅12000册次。同时，与高校图书馆等12家单位建立了馆际互借关系，共享文献信息资源。

2011年起，打造了“安阳文化大讲堂”公益讲座和“决策信息服务”两大服务品牌。2009至今，大讲堂举办200多期，并于2011年计入全国公共图书馆讲座联盟，获河南省公共文化服务成果一等奖；决策信息服务工作多次得到褒奖，引起我市主要领导的重视并批示表扬。坚持每年为地方“两会”提供服务，2013年，加入全国信息服务联盟。

2009年–2012年，参考咨询服务共服务课题77项，其中重点课题59项，一般课题18项，涉及到了205个课题组，共提供参考文献1720篇，共计806.4万字。

常年为残障人士、农民工、青少年、老干部等特殊群体提供服务。发挥图书馆社会教育职能，开展“中小学生社会实践大课堂”、“摄影摄像培训班”、“灭火救灾实战演练”、“青少年文献检索技能培训”、“道路交通安全教育培训”等活动。

2012年，我馆共举办各类展览19次，开展阅读推广活动达到12次。

业务研究、辅导、协作协调

我馆2009年–2012年度在省以上刊物发表论文30余篇，出版专著4部，调查研究报告7篇，完成省、市社科调研课题18项。

2012年，对我市高等院校、中小学校、医疗卫生系统和科研院所等35家单位进行了业务辅导和资源调查并完成《安阳市图书馆图书馆事业发展报告》。

2010年，召开首届“安阳地区公共图书馆馆长论坛”，与各县（市）馆友好协商，共同签订《安阳地区公共图书馆信息服务联盟协议书》、《安阳地区公共图书馆讲座联盟合作意向书》。2011年与河南省图书馆联合举办“全省公共图书馆业务培训班”。2012年组织了“安阳市优秀图书馆、优秀图书馆工作者”评比活动。2013年，与河南省图书馆签订了《河南省公共图书馆讲座联盟合作意向书》、《河南省公共图书馆信息服务联盟协议》，加盟安阳市科学技术情报所《安阳科技基础条件平台》。

管理工作

对人事、劳动分配制度进行改革，推行馆长负责制、目标管理责任制、干部职工聘任制和全员考核制等，推出了“馆长接待日”与“馆长值班制”制度，加强与读者的沟通交流。根据职工的不同特点，建立科学竞争激励制度，竞争上岗，形成一个强有力的工作团队。

重点文化工程建设

1、文化共享工程

2011年，组织优秀视频资源放映活动8次、发送共享工程助春耕光盘10套、摄制制作资源2部、集中培训1次、基层技术培训指导6次。2012年，为市、县、社区播放影片5场，800余人次。深入县基层网点技术培训8次，500余人次。

2、数字图书馆推广工程

2012年我馆成为“数字图书馆推广工程”试点单位。目

“安阳文化大讲堂”举办殷商文化讲座

举办“文明礼仪培训”

“奉献爱心，增辉古都”优秀图书捐赠表彰大会

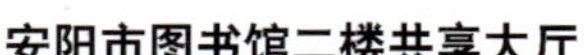

安阳市图书馆二楼共享大厅

学术报告厅

图书馆展厅

前，推广工程建设经费已基本到位。随着工程建设的推进，我馆将借助全媒体为读者提供数字文化服务。

3、公共电子阅览室建设计划

依托多媒体阅览室，我馆进一步加强公共电子阅览室建设，制定了各项制度方案，整合现有数字资源，开展共建共享。阅览室保证每周开放60小时，并开展了针对青少年的绿色上网服务，针对老年人的电脑使用指导、针对农民工的信息服务，以及政府公开信息查询服务等工作。

4、中华古籍保护计划

2010年11月，安阳市古籍保护中心在我馆挂牌成立。现存古籍1315种15076册。购入汉籍古籍数据库，收录中文古籍文献近9万种、120余万卷册，丰富了古籍馆藏资源，有效缓解了保护与利用的矛盾。2011年3月，举办名书展，展出《四库全书》影印本、《嘉靖彰德府志》等珍贵文献。2012年，被确定为河南省第一批古籍重点保护单位，古籍保护工作得到了河南省文化厅杨丽萍厅长的批示表扬。

表彰、奖励情况

2010年，我馆被国家文化部授予“一级图书馆”；被中国图书馆学会授予“2011年度全民阅读先进单位”；被河南省文化厅评为“2012年度河南省先进图书馆”；被河南省图书馆学会评为“2010、2011、2012年度全民阅读活动先进单位”、“2010、2011、2012年图书馆服务宣传周先进单位”、2006–2009年优秀会员单位；被中共安阳市委宣传部、安阳市社会科学界联合会评为2009、2010、2011、2012年度“安阳市社会科学工作”先进单位；被安阳市精神文明建设指导委员会评为“2011年度安阳市精神文明建设信息工作”先进单位；被安阳市文化广电新闻出版局评为“2010、2011、2012年度全市文广新系统信息工作”先进单位；被团市委、安阳市精神文明建设指导委员会、市文广新局授予“安阳市有奖征文活动优秀组织奖”；被安阳市人民政府妇女儿童工作委员会授予“安阳市儿童工作先进集体”；被市委宣传部授予“市级爱国主义教育基地”；被团市委授予“青年文明号”、“青少年维权岗”、“三理教育基地”；被安阳市关工委、安阳市直关工委授予“安阳市青少年教育基地”；被市委市机关工委、市委老干部局、市人力保障局、市文明委四局评为“青少年教育示范基地”；被市文明办授予“市级文明单位”称号等。

馆领导介绍

段静，女，汤阴县人，本科，副研究馆员，现任安阳市图书馆馆长，安阳市图书馆学会理事长。

刘燕，女，山西省人，本科，副研究馆员，现任安阳市图书馆副馆长。

王咏梅，女，河南林州人，本科，学士学位，副研究馆员，现任安阳市图书馆副馆长。

蒋廷方，男，鹤壁浚县人，本科，副研究馆员，现任安阳市图书馆副馆长。

未来展望

目前人才队伍现状不容乐观。人员严重不足，学科结构不尽合理，知识结构老化，研究能力相对薄弱。特别是数字图书馆建设人才短缺。改变我馆现有人才结构，是我们面临的新课题。

受限于现有设施设备、人员条件，我馆在利用现代科技手段加大文献信息资源整合力度，拓展图书馆服务领域方面还有待进一步提高。充分发挥科技进步在图书馆建设中的支撑、提升和引领作用，依靠科技进步完善公共图书馆网络布局与功能，创新服务方式与方法，是我们下一步工作的重点。

努力把握图书馆发展的方向，为建设成为本地区文献信息收藏传递中心、社会教育中心、文化休闲中心的目标继续努力。

联系方式

地　址：河南省安阳市文明大道东段436号
邮　编：455000
联系人：孙　炎

举办“让大山的孩子走出大山”公益活动

有奖阅读征文活动

无障碍电影首映活动

信阳市图书馆

概述

信阳市图书馆成立于1999年，属信阳市文化广电新闻出版局直属正科级事业单位，核定编制数20人。于2002年底正式对外开放，原馆址位于四一路文化大厦，面积1800平方米。市委、市政府于2008年启动新馆建设项目，新馆建筑面积1.28万平方米，建设预算资金为0.72亿元，设计藏书量100万册，配置网络节点600个，读者座席1000个，日可接待读者3000人次。新馆设爱心阅览室（残疾人盲文视听阅览）、报刊阅览区、图书借阅区、特藏服务区、少儿阅览区、多媒体电子阅览区等9大功能分区。

业务建设

信阳市图书馆在全省率先采用国内先进的RFID图书自助借还系统和Interlib总分馆管理系统。2009年市图书馆老馆图书仅有7万册，报刊25种。三年来累计现采高质量、高品位图书达16万册。其中2012年购进图书3.5万册，电子图书2.5万册，订阅报纸82种，杂志385种，征集地方文献436种。累计接受社会捐赠图书2.2万册，接收国家图书馆调拨图书2万册，馆藏图书量达27万册，开通超星数字图书馆和读秀中文学术资源库等数字资源服务。

信阳市图书馆于2010年9月8日新馆开放之日起就确立了免费开放、公益平等、自助借阅的服务和管理模式。实现一般阅览室、少年儿童阅览室、培训室、综合活动室、自修室等公共空间设施场地免费开放；文献资源借阅、检索与咨询、公益性讲座和展览、基层辅导、流动服务等基本文化服务项目免费提供；辅助性服务如办证、验证及存包等全部免费。三年来已累计接待读者达80万人次，图书外借达56万册次，免费办理读者证近2万个。

信阳市图书馆创新服务理念，持续不断地深入开展全民阅读活动。举办不同主题的读者活动近70次。2012年初举办双节系列文化活动。2月免费公益讲座——“申城讲坛”正式开讲，全年播放精品讲座44期。3月份举办“传承雷锋精神·让爱永远流动”学雷锋主题教育月系列活动。4月份举办倡导“文明、绿色、感恩”清明节活动，联合信阳市国税局举办“读税书、晓税法、解税事”暨“税收走进图书馆”税法宣传月活动，4月23日举办“世界读书日”系列活动，举办信阳市青少年经典阅读推广进校园活动，发放经典阅读卡1500多张。5月13日联合市妇联举办“感恩母亲节活动”，5月17日联合市科技局举办“信阳市科技服务宣传周”活动，为农民朋友送知识、送科技。5月27日举办以“文化强国——图书馆的责任与使命”为主题的“图书馆服务宣传周”活动，积极宣传、推广、实施《公共图书馆服务规范》。7、8月举办“快乐暑期、快乐阅读”系列活动。10月举办《科学发展 成就辉煌》喜迎十八大主题图片展，与市工行联合举办“爱我信阳山水·共建美好家园”首届信阳市“工商银行杯”摄影优秀作品展。11月份与市文联等联合举办了“喜迎十八大·展新区风采”大型摄影作品展。12月份举办“学习贯彻十八大精神·大力倡导全民阅读”为主题的全民读书月活动。2012年全年参与活动读者达5.8万人次。

业务研究、辅导、协作协调

信阳市图书馆加强馆际交流合作，积极参加省市级图书馆组织的各项业务交流16次，2011年举办“河南省数字资源共建共享信阳演示会”。2012年举办“河南省地方特色文化数据库论坛”，全省20多家公共图书馆馆长参加研讨。2012年底举办信阳公共图书馆免费开放馆长培训班。2012年底加入上海图书馆展览联盟，由上海图书馆免费提供展览资源，定于2013年信阳国际茶文化节期间举办“上海第十一届国际摄影展信阳巡展”。参与省图书馆申报全国文化信息资源共享工程地方文献资源建设国家级项目：《风卷红旗·河南红色历史文化系列专题片》（信阳篇）建设。积极加入河南省公共图书馆讲座联盟和信息资源共建共享讲座联盟。2012年2月为浉河区董家河乡驼店小学捐赠图书1100册，书架阅览桌椅20套，设立驼店小学“爱心图书室”。5月联合市劳教所开展“读书促转化·书香满监区”活动，设立信阳市劳教所图书流动站，为广大干警和在教人员提供流动送书服务，全年送书近2000册。7、8月为农民工兄弟免费播放电影20场。设立阳光助残服务站和盲文专柜，为残疾人朋友提供特殊服务。多次为老年读者提供上门送书服务。2011年2月由信阳市工商联牵头组织数十家企

信阳市图书馆新馆外景

志愿者到馆服务

申城讲坛讲座活动

送书进小学

青少年活动

报刊区

少儿天地一角

图书馆借阅区

业向信阳市图书馆捐赠资金238万元，用于新馆的图书和设备购置。

管理工作

2010年信阳市图书馆开通门户网站，实现网上续借、网上查询、网上阅览电子图书、数据库检索等网络服务。

表彰、奖励情况

2009–2012年，信阳市图书馆先后荣获市级“三星级青年文明号”、“河南省图书馆服务宣传周先进单位”、“河南省全民阅读活动先进单位”、“河南省先进图书馆”、“河南省优秀青少年法制宣传教育基地”、“河南省农民工子女教育基地”、“省级文明单位”等荣誉。

馆领导介绍

崔亚军，男，汉族，1965年出生，中共党员，大专文化。1984年至1993年在信阳地区文化局工作。1993年任信阳地区文化艺术干部学校副校长。1998年任信阳市群众艺术馆馆长。2014年任信阳市图书馆馆长。

黄文峰，女，汉族，1968年出生。中共党员，本科学历。1992年至2012年在信阳市广播电视局工作，做过记者、编辑，曾任广播电台副台长、分局副局长、主任科员。2014年任信阳市图书馆副馆长。

朱进，男，汉族，1979年出生，中共党员，本科学历。2000年8月进入信阳市图书馆工作，2011年4月任信阳市图书馆副馆长。

未来展望

信阳市图书馆将继续按照一级公共图书馆的标准，把信阳市图书馆逐步建设成为信阳市民公共信息服务中心、市民终身教育中心和文化休闲中心。

送书进警营

元宵猜谜活动

新乡市图书馆

概述

新乡市图书馆始建于1928年3月，其前身为中山图书馆。后经河朔图书馆、平原省图书馆、新乡图书馆、新乡人民图书馆等几次改名，1973年确定为现称。1999年，从市卫河公园迁至平原路437号、建筑面积8572平方米的新馆，2000年6月30日对社会开放。2009年，被国务院命名为"全国古籍重点保护单位"，在全省的市级图书馆中首家获此殊荣。2011年11月，实现了对社会的全面免费开放。2013年参加第五次全国公共图书馆评估，荣获"国家一级图书馆"。约20万册的线装古书，是特色馆藏。其中古籍善本760余种，收入《中国古籍善本书目》的141种，入选第一批《国家珍贵古籍名录》的9种，入选第三批《国家珍贵古籍名录》的1种。阅览座席506个，计算机102台，宽带接入达到了100兆，磁盘阵列存储容量为40TB，选用的是金盘图书馆自动化管理系统。

业务建设

截止2013年上半年，馆藏总量已达104.5万册（件）。其中，纸质文献74.5万册，电子文献藏量为30万种。自上次评估以来，图书年均入藏量为6303种，报刊年均入藏量为528种，购置视听文献年均入藏量为625件。

馆藏建设方面，新乡市图书馆严格按照规范采选文献，馆藏种类齐全。通过在服务窗口建立"阅读需求登记簿"、定期发放阅读需求调查表、召开读者阅读座谈会、个别阅读调查、通过网络搜寻新书好书等多种形式，不断地提高藏书质量，尽力满足读者阅读需求。根据馆情，普通图书复本量一般为2—3本，根据需求会做相应调整。报刊保持了连续无缺藏，多卷、连续出版物入藏完好率达到了93%。

近年来，市政府对新乡市图书馆的财政拨款总额逐年递增。2012年市财政预算拨款373.63万元，2013年财政预算拨款增加到500.68万。自上次评估以来的年均电子资源购置费为10万元。

截止到2013年上半年，新乡市图书馆数字资源总量达到了15TB，馆藏中文文献书目数字化达到了73%，地方文献数据库建设从2009年开始，就本市涌现出的"新乡劳模群体"现象，以及"中州文献"特色馆藏、"卫辉比干林氏"、"牧野大战"等做了专题规划，正在逐步建立相关的地方文献数据库，以弘扬本土先进文化。

2010年，新乡市图书馆实现了办公服务的自动化系统管理。2013年初，读者服务区无线网覆盖范围达到了100%。

读者服务工作

自2010年以来，新乡市图书馆的普通图书（2000年以来）、报刊（现刊）全部实行了开架借阅。全年无休日，每周开馆时间夏季为70小时，冬季66.5小时。2011年11月前，新乡市图书馆实现了免费开放，现有11个对外免费服务窗口。2012年，馆藏书刊年外借323000册次，年书刊总流通254790人次。自上次评估以来历年书刊借阅册次的平均值为15814册次/年，持证读者人均年到馆次数31.6次/人。开通馆际互借服务8家，建立馆外流动图书服务站18个。利用馆板报、网站、滚动字幕、特别是联合当地主流媒体（《新乡日报》、《新乡手机报》等推介优秀图书）进行新书好书宣传，更广泛地激发了读者对馆藏文献的关注和阅读热情。

新乡市图书馆重视对读者的参考咨询服务，除了在服务窗口随时解答读者咨询外，还陆续编写了《决策信息》、《文化信息参考》和《生活小百科》、《农民致富信息》等，为市民生活、领导决策和经济建设提供信息服务。2013年初，该馆设立了政府信息公开查询服务窗口，为市民及时了解政府有关政策信息提供了更为便捷的服务。

2012年，新乡市图书馆共举办讲座、展览、培训等各类读者阅读推广活动114场次，参与人数20510人次。为弱势群体开展多种形式的阅读活动是新乡市图书馆阅读推广活动的特色（如：新乡市图书馆开展的为农村留守儿童和偏远山区、贫困农村小学送书、送安全知识，建立图书服务站，为农民工送书进工地，为视障者举办电脑培训班，为监狱服刑人员建立图书服务站等等）。

业务研究、辅导、协作协调

业务学习研究方面，新乡市图书馆通过派专业人员参加国家省市举办的业务培训、邀请专家到馆讲学和鼓励职工在职学历教育、继续教育等形式，提高整体业务素质。自上次评估以来，该馆专业人员发表论文12篇，出版专著2部，完成省级课题4项。同时，积极鼓励、组织专业人员参加学术研讨活动，在2011年豫皖、2012年鲁皖豫等省图书馆学会联合举办的年度征文活动中，共报送论文54篇。参加研论文数量、获奖数量都是名列前茅，该馆获活动组织奖。

新乡市图书馆不断调整、创新业务辅导的内容形式，除下基层馆为业内人员解惑释疑、现场实际操作指导外，还有计划地召集基层馆业务人员进行多种形式的专业理论学习研讨，为提高全市公共图书馆的专业人员业务素质和整体服务能力，发挥了重要的作用。

公共图书馆第五次评估定级工作

副馆长王惠敏向省文化厅副厅长康洁、新乡市文广新局局长祁原新等介绍馆藏古籍

世界读书日活动现场工作人员合影

近几年来，新乡市图书馆积极探索协作协调，促进本地区图书馆事业发展的新路子。参与了河南省古籍善本的联合书目编撰；先后加盟了由河南省图书馆牵头的“河南省图书馆信息联盟”、“河南省图书馆服务联盟”、“河南省图书馆讲座联盟”；发挥自身文献信息资源优势和驻新高校多的资源优势，和市妇联、市文广新局、市教育局、区文明办、高校、县区图书馆等多家联合开展馆际互借服务、读者活动等。通过跨系统、跨地区的协作协调，提高了服务能力，实现了资源共享，丰富了服务内涵，让更多的社会公众享受到了公共图书馆免费提供的知识信息和阅读的便利。

管理工作

新乡市图书馆人事、财务、业务、统计、后勤保障、保卫消防、志愿者队伍等制度健全、管理规范。自上次评估以来，逐步建立了年度工作目标考核体系。2010年，全馆实行了岗位聘任制；2012年，实行了工作业绩和工资挂钩的绩效考核制度：年初层层签订年度工作目标责任书，每周召开馆务会通报部门工作进展情况，每季度工作总结，年终依照年度工作目标对全员考核。

表彰、奖励情况

2009–2012年，新乡市图书馆共获得各种表彰、奖励共17项。

馆领导介绍

张爱新，女，1962年10月生，本科学历，中共党员，馆员，馆长，馆党支部副书记。1979年12月参加工作，历任新乡市群众艺术馆团支部书记、办公室主任、副馆长，2006年到新乡市图书馆任副馆长、党支部书记，2011年6月任馆长、馆党支部副书记。兼任河南省图书馆学会常务理事、是新乡市第九届党代表、河南省第九届党代表、新乡市第十一届政协委员。

赵腾涛，男，1969年3月生，本科学历，中共党员，馆党支部书记。1985年11月参加工作，2002年到新乡市图书馆工作任副馆长，2006年1月任新乡市博物馆副馆长，2013年12月任新乡市图书馆党支部书记。

王惠敏，男，1963年6月生，本科学历，中共党员，馆员，副馆长。1984年到新乡市图书馆参加工作，一直在古籍部工作，1990年任主任。2010年10月，被新乡市文广新局任命为新乡市图书馆副馆长，分管馆业务工作。

周园，女，1965年4月生，本科学历，中共党员，副研究馆员，副馆长。1982年8月参加工作，1985年3月到新乡市图书馆工作，先后在阅览部、参考咨询部、外借部等部门工作，2012年4月任少儿部主任。2013年7月，通过系统公开竞聘，被新乡市文广新局任命为新乡市图书馆副馆长，分管馆行政、少儿部工作。

不断创新进步

新乡市图书馆以评估定级工作为驱动力，2014年，加大创新工作力度，收获颇丰：年接待到馆读者689632人次，图书流通342937册次，解答读者咨询7204人次；开展各类型全民阅读推广活动286场次，被媒体报道403件次。特别是为视障人群开展的电脑培训班、电脑技能大赛、无障碍电影专场等活动，社会好评如潮。学习研究之风浓厚，举办职工业务讲座20期，参写出版专业著作1部，主持结项省级科研项目1项，在鲁豫皖赣新五省学术年会征文活动中，报送论文18篇，其中，获一等奖2篇、二等奖3篇、三等奖13篇；开展道德教育实践活动18项、130余场次、社会公益活动200余场次；增添服务设施、优化办公环境和读者借阅环境，购置了3台自助读报机，建立了职工文体活动室；影印出版了《读易大旨》、《苏文》两部珍贵古籍文献，完成18部《第五批国家古籍珍贵名录》的申报工作；成功地创建了省级文明单位，先后获省市级各类表彰、奖励共计11项。

新乡市古籍保护和开发利用工程启动仪式

未来展望

国家一级图书馆、省级文明单位，是新乡市图书馆领导班子带领全馆人员不懈努力、奋斗所得！站在新一轮四年的起跑线上，新乡市图书馆人充满了信心和希望！2013年，该馆二期工程建设已被列入了新乡市的重点工程，2014年已经完成了地质勘探，将在现有馆舍基础上，建设占地4.5亩、建筑面积15815.41平方米的业务综合大楼；该馆将继续通过多形式、多渠道地加强专业人员的业务学习，通过招聘、引进人才等方式，切实提高整体队伍素质；通过逐步建立特色馆藏古籍数据库，做好古籍文献的保护开发和利用；通过自建数字资源、增添有声读物数据库、自助借还机等，加快数字化图书馆建设；通过在阅读推广活动内容形式上的不断丰富创新，进一步推动全民阅读。

随着在服务环境、服务功能、服务效能等方面的逐步改善、拓展和提高，新乡市图书馆将真正成为集“阅读、求知、休闲、娱乐”等多种功能于一体、有着先进技术支撑的全市“文化信息资源中心”、“资源共享中心”和“市民终身学习中心”，成为新乡市重要的城市文化名片。

馆文化志愿服务队参加全市文化志愿服务活动

新乡市图书馆2012年8月野外拓展

为农村留守儿童小学送书进校园

焦作市图书馆

概述

焦作市图书馆成立于1962年6月，2002年8月，按照市政府的安排，图书馆整体拆迁。2011年10月1日新馆试运行，2013年4月28日新馆正式对外开放。新馆位于焦作市山阳区丰收路中段，建筑面积1.56万平方米，设计藏书容量200万册，可容纳读者座位1100多个，计算机总数230台，其中提供给读者使用计算机159台，信息节点1094个，宽带接入100Mbps，选用广州图创公司INTERLIB图书馆自动化管理系统。1998年，首次参加第二次全国公共图书馆评估，获得二级图书馆。2013年参加第五次全国公共图书馆评估，获得一级馆。

业务建设

截止2012年底，焦作市图书馆总藏量53.0801万册，其中：图书34.8992万册、期刊合订本4.867万册、报纸合订本2.7447万册、古籍3463册、盲文图书362册，电子图书10万册。

2012年，共入藏图书7784种、报刊合订本1363种13116册、视听文献1867件。2012年，地方文献入藏6000多册件，地方文献入藏完整率为90%。

截止2012年底，焦作市图书馆数字资源总量为3TB。焦作印象数据库等地方特色数据库初具规模。2012年底，实现馆内无线网络覆盖。

读者服务工作

从2011年10月起，焦作市图书馆坚持零门槛、无障碍、全年365天天天对外免费开放，周开放68小时。2012年，图书总流通20.9732万人次，图书外借51.6777万册次。2012年，与3所高校、6县市图书馆签订馆际互借协议，开展相关借阅服务。建立馆外流通点、服务点23个，馆外书刊外借13.1295万册。2012年起，为“两会”提供决策信息服务。

2011年底，焦作市图书馆网站投入使用，主要为读者提供文献检索、续借、政府信息查询、文化信息共享工程资源利用等服务，发布使用的数字资源总量2TB。

2012年，焦作市图书馆共举办讲座、展览、培训、阅读推广等读者活动98场次，参与人数2.4万人次。

业务研究、辅导、协作协调

2012年焦作市图书馆专业工作人员在省级以上专业刊物发表论文3篇。

焦作市图书馆积极开展对县市区公共图书馆的基层业务辅导工作。2012年对基层图书馆进行业务辅导22次，现场解决基层在基础业务、古籍、共享工程等方面的问题，推动基层图书馆业务工作的顺利开展。发挥焦作市图书馆学会的作用，积极开展学术交流活动、参观学习和业务培训。通过签订馆际互借协议，开展馆际间图书借阅服务。

管理工作

2011年，焦作市图书馆按照上级要求开展岗位聘任工作，结合单位工作实际，按需设岗，竞争上岗，择优聘任。同时，与各部室建立工作任务书，每半年和全年进行总体工作考核。并对全馆的业务统计数据进行分析和研究，为我馆的业务工作发展及事业的未来发展提供依据。实行“收支两条线”和“联签会审制”加强经费管理和财务管理，提高资金使用效率。同时，实行政务和财务公开制度，自觉接受群众监督。

2012年1月起，焦作市图书馆开始建立志愿者服务队伍。除了建立馆志愿服务队伍外，还积极主动招募文化志愿者及“小小管理员”，建立志愿者服务基地，缓解节假日人手不足的问题。

表彰、奖励情况

2012年，焦作市图书馆共获得各种表彰、奖励16次，其中，中国图书馆学会表彰、奖励1次，河南省文化厅表彰、奖励3次，河南省图书馆学会表彰、奖励2次，其他表彰、鼓励10次。

馆领导介绍

吴保成，男，1967年1月生，大学学历，中共党员，馆长。1984年6月参加工作，曾任焦作市文化局文化科副科长，2007年7月任焦作市图书馆馆长，现任河南省图书馆学会第八届理事会常务理事。

李保全，男，1962年6月生，大学学历，中共党员，党支部书记。1981年11月参加工作，曾任焦作市博物馆办公室主任、

读者服务活动

主题演讲比赛

社科借阅室

少儿借阅室

焦作市图书馆鸟瞰图

焦作市文化稽查大队副队长、焦作市群艺馆副馆长等职，2005年7月任焦作市图书馆党支部书记。分管党建工作、文明单位创建、工会等工作。

王莉，女，1961年9月生，大学学历，中共党员，副研究馆员，副馆长。1981年8月到焦作市图书馆参加工作，先后在辅导部、报刊阅览部任主任，2003年任焦作市图书馆副馆长，分管全馆业务工作。

王强，男，1964年12月生，大学专科学历，中共党员，中级职称，馆长助理。1981年11月参加工作，先后在流通部、报刊阅览部、办公室等部门工作，曾任办公室主任。

谢小宝，男，1971年10月生，大学学历，中共党员，中级职称，馆长助理。1997年9月参加工作，先后在流通部、报刊阅览部、历史文献部等部门工作，任副主任、主任等职。2001年荣获河南省文化厅优质服务先进工作者光荣称号。

未来展望

焦作市图书馆始终秉承"读者第一，服务至上"的宗旨，恪守"读书·明理·修身·养德"的馆训，不断加强服务网络和数字图书馆建设，积极拓展图书馆服务的领域和功能，推动地区事业发展。统筹服务网络建设，形成以焦作市图书馆为中心"覆盖城乡、结构合理、功能健全、实用高效"的服务体系，逐步构建市、县、乡（街道）、村（社区）四级公共图书馆服务网络。加强对读者阅读需求和获取信息方式的调查研究，通过设立24小时自助图书馆、移动手机图书馆等方式，使广大市民可以方便快捷地使用信息资源，不断扩展公共图书馆馆外服务方式和能力。坚持以培养青少年良好的阅读兴趣和效果为全民阅读的重点和突破点，开展"萤火虫"系列阅读活动，逐步形成特色服务品牌，为图书馆的未来培养潜在"读者群"。同时，不断加强自身的队伍建设，提高专业技术工作人员的业务素质和信息素质，促进服务手段多样化、服务方式高效化，提高公共文化服务效能，促进公共文化服务标准化、均等化建设。

联系方式

地　址：焦作市山阳区丰收路中段
邮　编：454000
联系人：谢小宝

许昌市图书馆

概述

许昌市图书馆始建于1956年，1987年撤地建市，升格为地市级图书馆，1988年2月搬迁至许昌市劳动路14号，2001年1月在原址进行扩建，扩建工程投入使用后，总建筑面积达8130平方米。2011年5月，在市委、市政府的高度关注和支持下，市图书馆新馆如期实现试开馆。新馆位于许昌市东城区智慧大道文博馆东部，新馆建筑总面积10050平方米，现有18个对外服务窗口；各种阅览席位800余个；各个阅览区均配备新型馆员工作站及安全防盗设备，全馆设有700余个网络节点，宽带接入100Mbps，选用Dlib图书馆自动化管理系统；实现了全馆无线网络全覆盖；2013年，参加第五次全国公共图书馆评估，首次获得一级图书馆。

基础业务建设

基础业务建设是图书馆开展各项工作的核心和前提条件。截至2013年底，许昌市图书馆总藏量69.5802万册件，其中图书487402册件，各类古籍16004册件，报刊39693册件，电子试听文献10252册件、电子图书7000册，光盘20000盘，盲文图书314册件。

2011年，许昌市图书馆建设包含三国文化、许昌人、烟草文化等在内的具有许昌地方特色的数据库10个，包含各类文档资源115137册件，视频资源430.2小时。并建立了业务工作自查、互检制度，业务差错追究制度，对馆藏文献总量进行调控。各学科、各类型文献按比例合理增长。按照行业标准进行分类清点、整理藏书；定期检查、纠正标引、编目等误差；多渠道收集地方文献，分布建设业务自动化等等。制定宏观业务建设规范，各项业务工作逐步得到规范、完善，技术指标不断提高。

读者服务工作

读者服务工作是图书馆工作的灵魂，我们始终坚持社会效益至上的服务原则，坚持读者服务工作与精神文明建设相结合，与提高民族文化素质相结合的原则。在实际工作中，我们强调馆内阵地服务与馆外社会服务并重，在做好馆内书刊宣传、借阅、参考咨询、阅读指导、信息服务以及读书活动的同时，进一步拓展和延伸服务领域，将图书送到社区和村镇。在馆内服务方面，我们坚持365天全年候开放，免费办证借阅，现期期刊阅览区、现期报纸阅览区、少儿阅览区、中文自科阅览区、中文社科阅览区等实行全开架借阅，开架书刊占总藏量的70%。各开放窗口、部室都有明确的书刊宣传、解答咨询、待检课题、编制二、三次文献、举办读者活动等岗位职责，任务明确，职责到人。尤其在发展馆外服务点、送书下乡和开展读者活动方面，探索和总结出许多新颖、独特的工作方法和经验。

大力开展读书宣传活动。在开展读书宣传活动方面，我们注重利用每年的“4.23”世界读书日、5月图书馆宣传周为契机，大力开展读书宣传活动。2013年，共组织开展新书推荐活动12次，推出畅读新书600种；组织开展读者征文活动、开展重阳节系列文化活动，举办“幸福家庭、智慧父母”亲子教育大讲堂、开展端午节“读书送香包”活动、开展针对青少年读者的“快乐暑假”系列活动。通过一系列活动的开展，有效的推介和传播了优秀文化资源，拉近了图书馆与读者距离，提升了图书馆的社会影响力，更加密切了图书馆与读者的关系，扩大了图书馆的知名度，也增强了图书馆对读者的吸引力。

积极探索馆外服务新途径。我馆在馆外服务方面注重打造和树立自己的特色品牌，积极实施走出去的发展模式，建立和完善馆外借阅点，积极开展送书进工地、送书下乡、送书进社区、送书进军营、送书进监狱等活动机制，逐步扩大免费开放范围，努力打造群众满意的“百姓图书馆”。2013年新增馆外借阅点及流动服务站4个，累计出动服务人员200余人次，馆外借阅点图书流通6余万册次。

积极为特殊群体提供文化服务。为充分考虑特殊读者的需求，专门为特殊人群设立了无障碍阅览区，高标准投入40万余元，在收集全国200余种盲文图书的同时，配备了先进的盲文刻录机、盲文阅读机、助视器、盲用电脑等各类特殊读者服务设备，外借、阅览等部室专设“残疾人坐席”，一线工作人员实行“首见服务制”，把残疾人迎入座，送出门。主动与市特殊教育学校、孤儿院联系，为他们开通绿色通道，邀请小朋友们走进图书馆，让他们在图书馆开心阅读馆藏各类书籍，让他们感受到社会大家庭和文化惠民举措的浓浓暖意。

我们坚持编印为领导机关服务的决策信息，年累计20余种百万余字，发放500余份，许昌市多家新闻媒体进行了多次宣传报道。在创建国家文明城市活动中，许昌市图书馆软硬件设备、设施等各项指标，均获得检查组和各界领导的高度评价。

业务研究、辅导、馆际协作协调

我馆有一支由专业技术人员参与的业务研究辅导队伍，

与市社会救助管理站共建爱心基地

先进的数字化阅读条件

4.23世界读书日阅读推广活动

重视对基层馆（室）的辅导和社区、村镇图书馆（室）的建设。专职辅导人员每年深入各类基层图书馆（室）辅导近20余次，或授课答疑，或操作示范，或参与策划设施建设。由于各级主管部门的重视和我馆常年不懈的业务辅导，全市各级各类图书馆（室）稳健发展，尤其村镇图书馆事业发展迅猛，其中不乏全国文化建设先进村。

合理有效地配置图书馆资源，开展馆际协作协调。我馆编制了联合目录，并与禹州市、长葛市、鄢陵县、许昌县等图书馆开展馆际互借，显现出协作协调的极大优越性，为协作馆的读者提供了便利的借阅条件。

管理工作

科学管理是事业发展的保证。我馆人事、财务、设备、物资等各项规章制度齐全、完善，制度操作规范。人事管理方面，实行了全员聘用制，按需设岗，按岗定员，竞聘择优，严格考核。内部分配重实绩，论贡献，人、财、物向一线倾斜，向优秀人才倾斜。财务管理、设备物资管理都有健全的规章制度。

表彰、奖励

近年以来，在上级领导的关心支持下，在全体干部职工的不懈努力下，我馆多次受到上级表彰和奖励，具体荣誉如下：

精神文明建设方面。“图书导读”志愿服务项目荣获文化部2013年“文化志愿者基层服务年”示范项目；2012年获得“河南省优秀志愿服务站”荣誉称号；2007年至今连续两届被中共许昌市委、许昌市人民政府授予“市级文明单位标兵”荣誉称号；2013年荣获许昌市“青年文明号”、“巾帼文明岗”荣誉称号。

业务工作方面。2013年被文化部评为“国家一级图书馆”，获得“2012年度河南省先进图书馆”荣誉称号，连续获得“2010、2011、2012年度许昌市社会文化工作先进单位”荣誉称号，连续获得“2010、2011、2012年度“许昌市信息督查工作先进单位”等荣誉称号。

古籍保护方面。2010年被评为“河南省古籍保护单位”，目前已有《魏书》等13种，651卷古籍入选第一批河南省珍贵古籍名录；《宋书》、《南齐书》等5种古籍文献被列入国家级珍贵古籍名录。

馆领导介绍

安玉龙，男，1963年3月生，本科学历，中共党员，馆长，书记。1982年10月入伍，1985年12月参加工作，历任北京军区第24军战士、班长，河南省许昌市群众艺术馆副馆长、河南省许昌市文化新闻出版局社会文化与产业管理科科长，2012年6月任河南省许昌市图书馆馆长、书记，兼任河南省图书馆学会常务理事。

吴国强，男，1962年9月生，大专学历，中共党员，馆员，副馆长。1976年7月参加工作，先后在许昌文化艺术学校、许昌市豫剧团、许昌市文化局工作，1990年5月许昌市图书馆工作至今，分管党的组织工作、综合治理、消防安全、业务工作等。

党炜，女，1974年1月生，大专学历，中共党员，中级职称，副馆长。2012年到许昌市图书馆任职。

未来展望

在新的历史阶段里，许昌市图书馆面临更多地机遇和挑战。我们将本着“以人为本、完善功能、优化环境、提高品位”的原则，始终坚持以“读者满意”为中心，以“文化惠民、免费开放”为重点。

一、继续做好新馆的全面完善、调整及提升工作。一是在充分考虑中长远发展的目标基础上，合理规划功能设置，对部分功能区域进行调整。二是对馆藏纸质文献资源、电子文献资源进行合理调配，扩大各类资源免费开放规模和质量，提高各类文献资源流通率；三是对免费开放相关配套服务进行改进提升，包括对免费开放相关规章制度的调整、借阅环境的美化装饰等方面，努力打造人性化、现代化的文化传播环境。

二、加大图书馆免费开放工作的范围和深度。一是牢固树立“读者第一、服务至上”的理念，加快新馆各项免费开放服务设施、功能区域的调整和完善，尽快向读者全面开放；二是努力开展一系列主题鲜明、读者参与性高、教育意义大的读者活动、公益展览、文化讲座，突出免费开放的社会效益和教育意义，三是坚持走出去的发展模式，努力打造有许昌特色的优质图书馆服务品牌，逐步巩固和完善流动图书站、图书借阅点、送书下乡、送书进社区、送书进孤儿院、送书进军营、送书进监狱等免费开放机制，扩大免费开放范围，让更多的群众了解免费开放内容，吸引更多的公众走进图书馆，利用图书馆，最大限度地发挥公共图书馆功能作用。使图书馆成为真正的、群众满意的“百姓图书馆”。

三、严格规范化管理，提升服务水平。以绩效工资改革为契机，通过优化人员结构和管理机制，全面推行按需设岗、按类定岗、竞争上岗，结合新馆实际发展需要，适时推行新的管理手段，增强活力，促进新馆全面、健康、有序发展。把许昌市图书馆打造成特色鲜明、惠民务实的“百姓图书馆”！

联系方式

地　址：许昌市东城区赵湾路
邮　编：461000
联系人：陈　猛

许昌市图书馆读者排队

古籍室

无障碍阅览室

三门峡市图书馆

概述

三门峡市图书馆是1964年7月在原文化馆图书室的基础上筹建的，位于三门峡市陕源路中段西侧。1998年9月，位于市黄河路与崤山路西交叉点南侧的新馆建成开放，新馆占地30.11亩，建筑面积10684平方米。1999年，首次被文化部命名为国家一级图书馆。2010年7月，与三门峡职业技术学院图书馆实现合并。合并后的图书馆总面积为12880余平方米，阅览座席1441席，计算机终端246台，馆内有100M互联网宽带接入，读者服务区无线网覆盖范围达到85%，存储总容量达38TB。

业务建设

截止2012年底，三门峡市图书馆拥有各种馆藏资料79万册，其中纸质图书59万册，电子图书20万册，中外文期刊847种，图书历年平均入藏量为11799种。2010–2011学年购书经费达160余万元，新增纸质图书4.9万余册。该馆还拥有中外文书刊、《CNKI中国知网期刊数据库》、《读秀学术搜索平台》、《超星名师讲坛》、《特夫克数字化图书馆》和《学院精品课程数字资源》等中外文数据库、非书资源、网上资源等多种文献资源类型，可用的数字资源为10T。

2011年，三门峡市图书馆将图书馆集成管理系统升级为MELINETSⅡ，该系统包括采购、编目、流通管理、读者管理、系统维护、帮助、通用期刊管理、通用公共检索、网上远程查询、通用馆务管理等十个模块。馆藏中文文献书目数字化达到100%。

截止2012年底，全馆拥有计算机终端246台，其中提供读者使用的计算机218台，一楼和二楼综合服务区均设有检索专用电脑，供读者进行馆藏目录的自助查询。馆内有100M互联网宽带接入，读者服务区无线网覆盖范围达到85%。还拥有IBM–DS3200以及ESS620–G16磁盘阵列，存储总容量达38TB。

读者服务工作

2011年以来，图书馆全面推进免费开放工作，每天从早上8时至晚上21时不间断开放，每周开放时间由原来的64小时增加为91小时。2012年，全馆累计流通人次32万，外借册次40万，馆藏书刊年外借阅率为68%，流通量较以往有了较大幅度的提高。

2012年，共举办读者活动103次，参与活动读者达6万余人次，其中，举办各种类型的讲座、展览86次，其他类型的读者活动17次，形成了馆内馆外活动交相辉映、异彩纷呈的良好态势。

上世纪末开始，三门峡市图书馆就跨出了馆门，把服务延伸到社区、农村、学校、军营，开展流动图书馆、流动图书服务。2012年，该馆除了送书到工地、送电影到企业外，还免费为外来务工人员发放了部分图书借阅证。为学校、部队、企事业等单位提供上门服务26次，提供图书15000多册，报刊800多种。至2012年底，已在学校、幼儿园、驻峡部队、劳教所等单位建立了17个图书流动站。

2010年–2012年，三门峡市图书馆不断加强科研服务职能，使高校图书馆文献信息中心的作用得以彰显。2012年，三门峡职业技术学院共取得各项科研成果583余项，出版专著（教材）69余部，发表学术论文419余篇，获奖科研项目37余个。

业务研究、辅导、协作协调

2009–2012年，三门峡市图书馆在做好传统业务辅导工作的同时，不断创新工作思路，将辅导工作纳入年度目标管理，全年下基层20余次，重点对我市的5个县（市）级图书馆、20余个全国文化信息资源共享工程支中心、60余个农村、学校、军营、劳教所、福利院、幼儿园的图书室提供业务指导和技术支持，使基层图书室的基础业务工作逐步走上了科学化、规范化的轨道。

2012年，分期分批对各县（市）区的基层图书馆（室）的300余名图书管理人员进行培训，内容涉及图书馆各项业务知识，促进了基层图书馆业务水平的提高。

目前，文化共享工程三门峡支中心拥有总控机房一个，专职人员五人，电子阅览室四个，影视报告厅一个，拥有戴尔/DELL PowerEdge SC420、惠普/HP ML350 G5、浪潮/英信NP120D2、浪潮/英信110、联想/万全T100等各

类服务器5台，用于数据提供、信息发布、图书馆业务管理等服务；另有IBM DS3200磁盘阵列4组，存储容量38TB，电脑215台，拥有各种数字资源10T，免费对社会公众开放。

2012年，文化共享工程三门峡支中心利用共享工程支持基层网点建设，全年举办培训班两期，并多次下基层进行现场指导，帮助其解决问题。为社会提供各种服务活动25次，参加人次21960人，取得了显著的社会效益。

管理工作

在人员管理上，三门峡市图书馆实行了全员聘用合同制，建立以聘用合同制为基础的人事管理体制。根据图书馆业务工作的特点和需求，坚持优化精简、按需设岗、双向选择、竞聘上岗、择优聘用，责任到人，严格考核的原则，明确岗位职责和任职要求，与部门负责人、岗位责任人签订目标管理责任书，年终进行考核。在财务和物资管理上，严格遵守《会计法》、《固定资产管理办法》等有关规定，以科学的经费预算、严格的财务制度、合理的经费使用、广泛的民主监督，保障图书馆业务工作的高效运行。在档案管理和统计工作上，制定了立卷归档、保管、借阅等各项档案管理制度，为图书馆的人员管理、业务发展、读者服务提供了详实的参考依据。

表彰、奖励情况

2009–2012年，三门峡市图书馆共获得上级表彰16次，先后获得了“河南省优秀青少年法制宣传教育先进基地”、“河南省先进图书馆”、“预防青少年违法犯罪先进集体”、“优质服务十佳图书馆”、“全民阅读活动先进集体”、“图书馆服务宣传周活动先进集体”等多项荣誉称号。

馆领导介绍

赵成玉，男，1961年8月出生，本科学历，中共党员，副研究馆员，馆长。1973年5月参加工作，历任三门峡市文管会文物队副队长；三门峡市文物工作队队长；三门峡市博物馆馆长、党支部书记；三门峡市图书馆党支部书记，2012年11月任三门峡市图书馆（三门峡职业技术学院图书馆）馆长。

宋少峰，男，1960年1月出生，大专学历，中共党员，副馆长，1980年1月参加工作，2005年任三门峡职业技术学院图书馆副馆长。

周玲，女，1968年6月出生，本科学历，中共党员，副研究馆员，副馆长。1986年12月参加工作，2004年1月任三门峡市图书馆副馆长。

未来展望

三门峡市图书馆始终遵循“资源共享，联动双赢”的办馆方针，坚持公益、开放、公平的服务宗旨，在基础设施、资源建设、财政投入等方面不断得到加强，既为职业技术学院师生提供了公共图书馆优质的文献信息服务，又为峡市人民创造了良好的文化阅读场所，探索出公共图书馆与高校图书馆合作双赢的服务模式。在未来的几年里，三门峡市图书馆将根据城市发展目标与功能，吸取国内外先进图书馆的发展经验，充分发挥公共图书馆的文献信息中心作用，让图书馆成为三门峡城市文化发展的助推器。

联系方式

地　址：河南省三门峡市崤山西路40号
邮　编：472000
联系人：姚江萍

济源市图书馆

概述

济源图书馆发展史可追溯到1928年成立的"县立公共图书馆"。1979年秋，济源县图书馆作为独立的文化事业单位正式成立；1988年，随着济源撤县建市，更名为济源市图书馆；2008年9月与济源职业技术学院图书馆整合，"一个机构，两块牌子"，既是"济源市图书馆"，又是"济源职业技术学院图书馆"，并迁入新馆(济源市世纪广场北侧)。新馆于2006年8月开工建设，2008年9月投入使用，建筑面积2.1万平方米。在2009年第四次全国公共图书馆评估定级中首次被评定为"一级图书馆"。2012年，济源市图书馆拥有阅览坐席1307个，计算机246台，选用清大新洋GLI8.0图书馆自动化管理系统。

业务建设

截止2012年底，馆藏总量达70.75万册（件），其中电子文献藏量32万种。

2012年新增藏量购置费为105.67万元。2009年1月到2012年12月共入藏图书40560种，共119552册。报刊、视听文献年新增藏量分别为1118种、728.25件。

截止2012年底，济源市图书馆数字资源总量达6.214TB。先后购入了超星数字图书、书生之家数字图书、万方数字资源的期刊、中国知网（CNKI）的期刊全文库、方正阿帕比"中国报纸资源全文数据库"等资源；自建了"印象济源"数据库、教学资源库、中文书目数据库、期刊书目数据库、"济图讲堂"讲座视频剪辑等资源。馆藏中文文献书目数字化率达94.57%。地方文献数据库"印象济源"，规划建设愚公文化、女娲文化、济源名人、红色文化、济源篮球、城市文献7个子库，目前已建设了前3个子库。图书馆读者服务区无线网100%全覆盖。

不断推进现代化技术应用，2012年购置了2台自助借还书机，实现了馆藏文献的自助借还。

读者服务工作

2008年以来，济源市图书馆坚持全年365天天天开放、周开放达85小时。2012年接待读者70万多人次，人均到馆25.53次；2012年馆藏书刊文献外借总量为42.93万册次，外借率为60.64%。

为最大限度满足读者的文献需求，积极探索适合的馆际互借模式。一是加入了高校文献保障体系（CALIS)，开通馆际互借、文献传递等功能，可享受省内外1000多家高校图书馆之间的馆际互借及文献传递服务；二是与设有馆外服务点的的部分单位建立馆际互借关系，由双方代为读者借阅彼此的相关文献，4年来，共向31个馆外服务点借出图书96408册。

2009年–2012年，2012年济源市图书馆举办各类讲座、展览、培训、阅读推广等读者活动582场次，参与人数47384万人次，形成"图书漂流"、"济图讲堂"、"馆外服务"三大工作特色。

业务研究、辅导、协作协调

2009–2012年，济源市图书馆职工在省级以上刊物上发表论文60篇；主编、参编图书馆学、情报学著作10部，撰写调研报告10篇；主持、参加的科研项目20项，其中获奖5项。

参与跨地区、跨系统协调工作。一是参加省图书馆牵头的"河南省信息联盟"和"河南省讲座联盟"；二是加入高校文献保障体系（CALIS)与河南省高校文献保障体系（HALIS)。

积极推进济源市的文献信息服务网络建设。2012年制定了《济源市公共图书馆服务网络建设规划》，结合济源实际，提出了"资源共享，以文化信息共享工程网络建设、农家书屋建设及目前市图书馆开展的馆外服务点建设、图书漂流活动为依托，整合市、镇（街道）、村（社区）图书馆（室）资源"的服务网络建设思路，以及"力争到'十二五'期末，实现市、镇（街道）、村（社区）三级公共图书馆服务网络全覆盖"服务网络建设目标。目前已在北海办事处、济水办事处、沁园办事处、邵原镇、下冶镇、坡头镇等14个镇（办）建设了31个馆外服务点，并在王屋镇、邵原镇开展了3期图书漂流活动，占全市16个镇（办）的87.5%。

积极开展基层业务辅导。结合济源实际，济源市图书馆主要从以下几个方面开展基层业务辅导工作。一是服务农家书屋建设，为农家书屋提供管理员集中培训和现场指导；二是为馆外服务点提供管理和业务支持；三是为中小学图书馆（室）、企业图书馆（室）等基层图书馆建设、管理、分类编目提供技术支持；四是解答基层图书馆（室）的个别咨询。2012年，为基层图书馆提供了10次现场业务辅导。同时，在深入调查研究的基础上，撰写了《构建济源市社区图书馆》等3篇调研报告，并为参与制定了《济源市公共图书馆服务网络建设规划》。

党员活动

馆员风采

古籍书库

少儿阅览区

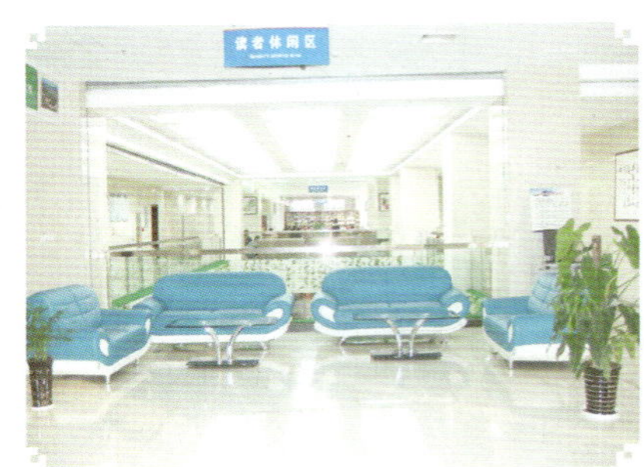

读者休闲区

管理工作

济源市图书馆以科学发展观为指导，持续进行制度建设，近年来，根据规范服务等新要求，以及实践中出现的新问题、读者的新需求，修订完善了多项管理制度，全面落实了免费开放政策。

积极落实目标责任制。每年都要根据与市文广新局、济源职业技术学院分别签订的目标责任书，制定图书馆年度工作计划，明确工作思路、重点工作任务等，并制定相应的保障措施，确保落实。

积极探索创新，建立了以读者为中心的“全开架、大流通”的图书馆服务模式。

表彰、奖励情况

2009年–2012年，济源市图书馆共获得各种表彰、奖励19次，其中国家级表彰1项，省级业务主管部门、地级政府表彰13项；市级业务主管部门表彰5项。先后获得河南省先进图书馆（2011年、2012年）、河南省全民阅读先进单位（2009年至2012年连续4年）、河南省“图书馆服务宣传周”活动先进单位（2011年、2012年）、河南省卫生先进单位（2012至2015年）。

馆领导介绍

胡国平，男，1965年4月生，河南泌阳人，河南大学本科学历，中级职称。1986年7月参加工作，现任中国图书馆学会会员、河南省图书馆学会常务理事、济源市图书馆馆长。历任泌阳县计经委科员，1994年7月至今，历任济源中等工业学校、济源职业技术学院党政办副主任；经管部（系）书记、主任；宣传（统战）部部长；工会副主席；济源市文化广电新闻出版局党组成员；2010年7月至今任济源市图书馆馆长。

李东风，男，1967年5月生，本科学历，中共党员，馆员，副馆长。1988年7月参加工作，1994年11月到济源职业技术学院图书馆工作，历任采编部主任、中共济源职业技术学院联合党支部副书记职务。

谢会昌，男，1973年8月出生，1995年毕业于郑州大学图书馆学专业，在职研究生，副研究馆员，现任图书馆副馆长，主要从事数字图书馆的建设和管理工作，多次被评为“河南省高校图书情报先进工作者”。

刘俊英，女，1965年7月出生，本科学历，中共党员，副研究馆员，副馆长。1986年1月参加工作，2003年10月到济源职业技术学院图书馆工作，先后在采编部、阅览部和馆办公室工作。

未来展望

济源市图书馆将继续发挥好公共图书馆和高校图书馆双重职能，坚持“以服务社会为己任，以服务教育教学科研为重点”，不断夯实基础，提升质量，打造品牌。未来几年重点做好如下工作：继续推动现代化技术在图书馆的应用，探索建立街区24小时自助图书馆，2015年前建设1–2个；增加自助借还书机数量，实现每楼层1台；升级现有图书馆管理系统，提升图书馆服务现代化水平。

继续加强文献资源建设，每年新增纸质图书2–3万册，继续推动特色数据库《印象济源》的建设，不断充实各子库的内容。继续加强读者服务工作，年服务人次保持在70万以上。

联系方式

地　址：济源市济源大道2号
邮　编：459000
联系人：李惠娜

“世界读书日”签名活动

图书馆外景

郑州市金水区图书馆

概述

金水区图书馆于2008年9月正式开馆，2010年元月份被文化部命名为“国家二级图书馆”，2013年底被文化部命名为“国家一级图书馆”。总占地面积2700平方米，建立了全国文化信息资源共享工程金水区支中心，成为了全国文化信息共享工程的重要组成部分，读者可以通过计算机设备访问本地和互联网上的文化信息资源。

共拥有13个服务窗口，可以为读者提供图书借阅、借书证办理、文献流通和推广服务、馆藏报道、阅读辅导、参考咨询、文献检索、电子阅览、盲人有声阅读服务、专题讲座等综合服务。建有13个基层图书馆室和馆外24小时自助机一台。

业务建设

截止2012年底，金水区图书馆总藏量178309册，其中，纸质文献74718册，电子图书103591册。视听文献120种，期刊杂志400余种，计算机53台，其中对外提供读者使用的34台。10兆光纤，全馆无线网络覆盖。图书购置经费从09年的10万元到2012年已增到30万元。2011年投入资金49万设置自助借书机一台，2013年初投入资金150万进行图书馆馆室改造及自动化改造。设立了1台“24小时自助图书馆”，购置3台自助借还机、智能架位查询系统、图书杀菌机、移动还书箱、安全门禁连动系统、馆内监控系统等一系列自动化设备。

书库图书实现了三维定位，实现了全自助借阅，设置1台触摸式大屏幕电子读报器，电子显示屏、自助办证机，图书查询机等。精心打造了一层一主题的“楼层文化”，提升了图书馆文化品位。这些新式设备的配备，环境的提升，使图书馆时尚感十足。金水区图书馆自动化水平、硬件环境已走在全省区（县）级图书馆的前列。

金水区图书馆注重地方文献的收藏、保护和上架借阅。截止2012年底共征集到《金水区志》等地方文献70余册。2013年初建立金水区地方文献特色库，提供地方文献数字信息共计6TB，包含金水介绍、金水政治、金水经济、金水文化、金水旅游、金水文物、参考咨询、民生热点聚焦、教育园地、百姓生活、医疗保健等服务版块。

金水区图书馆通过购买数字资源，建立金水区数字图书馆，截止2012年底，自建数字资源总量为7.076TB，同时我馆购买VPN设备，连接郑州图书馆网络，可以访问天方有声图书馆网、维普资讯、中国知网、数字漫画平台、超星视频、万方视频等，借助有线和无线网络，读者可以免费阅读电子图书资源及有声读物资源，全面提高了图书馆的综合服务实力，为数字化服务体系快速发展提供了稳定的基础平台。

读者服务工作

金水区图书馆坚持贯彻执行国家免费开放政策，全年365天对外开放，每周开放63个小时，读者只需交纳100元的押金，即可办理借阅卡，免费使用馆内所有的纸质资源及数字资源。也就是，现在所有群众到金水区图书馆不花费一分钱，可免费进行书刊外借、阅览、自修学习、听讲座、参加活动、观看展览等图书馆内的活动。免费服务的及时推出，使金水区图书馆的公共文化服务效益大幅提升，年度进馆读者从2008年的3万人次，上升到2012年的21万人次；借阅册次从2008年的9万册次，上升至2012年的26余万册次。2012年底馆藏书刊年外借率2012年达到147%。

自2008年开馆以来，图书馆立足于馆内，走向馆外，举办各项展览、图书展、培训等丰富多彩的读者活动，连续举办了五届金水区全民读书节大型活动、举办读书文化周、服务宣传周、全民阅读活动、暑期少儿读书夏令营活动、六一少儿服务活动、科技活动周、助残日活动、“让书回家，超期免罚”活动，“新貌迎读者，阅读你做主”活动，“2013第六届多喜爱杯儿童绘画比赛暨爱心捐书”活动，“全国少年儿童数字阅读推广月”等一系列丰富多彩的活动。并举办多场“图书馆进社区、进广场、进学校、进孤儿院、进军营、进机关”活动。2009年至2012年累计举办各类讲座、展览、培训、阅读推广等读者活动共72场次，参与人数59139人次。2013年，金水区图书馆在免费开放的基础上形成了“义工服务品牌”和“走进外来务工人员群体”服务品牌。与绿城社工联合，在图书馆建立义工服务基地，并吸纳群众力量开展义工服务。向外来务工人员开展“送温暖”活动，积极为他们提供免费的休闲、阅读场所，向他们推荐劳动者权益保护、三农问题等多方面内容的图书，满足他们多样化的精神文化需求，提高外来务工人员文化素质，拓宽就业渠道。在电子阅览室开展“外来务工人员电脑培训”活动，给外来务工人员提供学习技能的平台，使他们能掌握电脑操作技术，在电子阅览室常年开展“为农民工免费订车票”活动，解决农民工不懂网络知识、不能在网上订车票的难题。这些活动的开展得到社会各界的广泛关注与好评，并被多家媒体争相报道。

业务研究、辅导、协作协调

2009年，全馆人员参加了全国中小型图书馆联合会主办的征文活动，共撰写图书馆业务研究论文6篇，其中3篇已被收录

举办金水区第一届盲人读书节

十佳读者颁奖

开展图书进社区活动

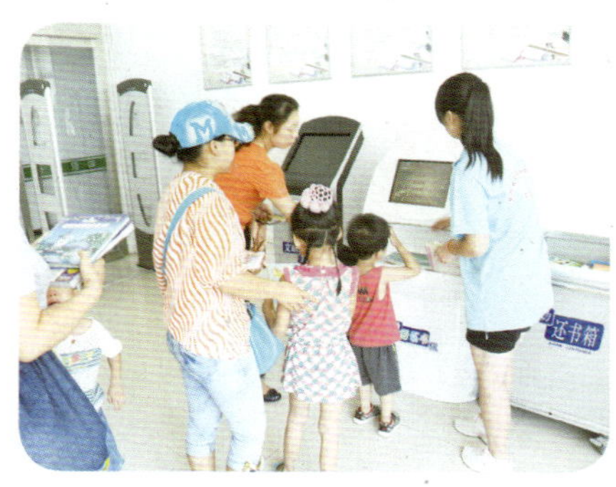

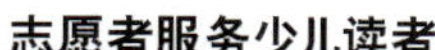
志愿者服务少儿读者

开展“你选我购荐书有奖”活动

金水区图书馆参观

入中国图书馆学会编的《科学发展与创新》论文集中。

金水区图书馆实现了与郑州市图书馆的馆际互借、加入了河南省公共图书馆信息服务联盟、2014年准备加入郑州地区公共图书馆总分馆体系。

2010年开始建立金水区图书馆总分馆制，至今已建立13个基层馆室。定期对基层服务点工作人员进行培训，下基层对基层业务进行辅导及自动化管理的指导，并指导基层馆室图书分类、上架。

2010年11月上旬金水区共享工程支中心在金水区图书馆建成，是郑州市第一个竣工的区支中心，从2010年至2012年共完成12个乡镇综合文化站（街道文化中心）、71个村级服务点、48个社区文化活动室的共享工程建设工作，实现文化共享工程“村村通”的工作目标。

各个基层服务点都开展了各种各样的惠民活动，如进行室外播放电影、送书进小区等形式，吸引了大批群众参与到我们的文化活动中来。

管理工作

2012年，图书馆在人事管理上通过职能调查摸底，制定了图书馆管理聘用工作实施方案，根据单位内部工作岗位需求，公开招聘，竞争上岗，和每个职工签定了聘用协议，实行岗位绩效责酬挂钩，极大的调动了全体职工工作的积极性。

图书馆狠抓队伍建设，多次邀请市图书馆专家对馆内工作人员进行图书馆编目工作、藏书建设工作、期刊管理工作、读者服务工作进行针对性的业务知识培训。组织人员参加市文化局、市图书馆主办的各项培训，大大提高了工作人员的业务水平和工作能力。建立健全了学习制度、工作制度、考勤制度、服务准则和绩效考核制度。每半年和全年进行总体工作考核。

表彰、奖励情况

2010年元月金水区图书馆被文化部评定为“国家二级图书馆”，2013年底被文化部评定为“国家一级图书馆”。2011年参加文化部共享工程资源和管理中心举办的“颂歌献给党——河南信息资源共享工程迎接建党90周年群众歌咏比赛活动，荣膺文化部三等奖。2012年获得全省先进图书馆荣誉称号。2009至2012年多次获得郑州市图书馆学会先进集体称号，2009至2012年多次获得金水区文化旅游局先进集体、优秀服务窗口等称号。

馆领导介绍

吕莹，女，1968年5月生，本科学历，中共党员，副馆长。1986年12月参加工作，2010年到金水区图书馆工作，曾担任金水区广电中心副主任职务。

何艳丽，女，1982年2月生，本科学历，副馆长。2008年9月到金水区图书馆工作，先后在报刊室、书库、办公室工作。

梅玉刚，男，1974年2月生，本科学历，2012任年全国文化信息资源共享工程金水支中心主任至今，负责共享工程工作。

未来展望

展望未来，金水区图书馆要始终坚持公共图书馆的公益性原则，牢记公共图书馆全心全意为读者服务的宗旨，充分利用文献资源，改善服务功能，拓宽服务领域，真正实现图书馆的社会存在价值。要想方设法，努力改善办馆条件和服务手段，并继续完善各种规章制度，加强班子领导培训工作，将全馆的各项工作逐步完全纳入到评估标准的轨道。要努力开展好馆员继续教育工作，培养“跨越式发展”的图书馆人才，提高整体素质，以适应社会的发展需要和读者需求。采取多种服务手段，加大社会宣传力度，满足社会多层次信息资源需求，发挥社会教育职能，搞好全方位、高品质的社会教育活动，以提高图书馆的社会地位，争取全社会的支持。

联系方式

地　址：郑州市金水区国基路和索凌路交叉口路东200米路北
联系人：吕 莹

开展读者庆新春元宵节灯谜活动

开展少儿暑期活动

组织学生参观图书馆

郑州市上街区图书馆

概述

上街区图书馆建成于2008年，自建馆以来，努力强化“以人为本、合理规划、服务大众”的意识，创新工作思路、拓宽服务渠道，在郑州市图书馆和区委、区政府的大力支持下，各项工作取得了显著成绩。坚持以“提高图书馆服务质量和办馆水平”为目标，对照《县级图书馆评估标准》，联系实际，进一步完善了建设内容、功能布局和设备配置，加强了馆内图书资料的收集整理，规范了管理制度。近年来，区委、区政府高度重视文化事业发展，特别把图书馆建设作为区文化事业发展的重要内容，纳入了全区社会经济发展总体规划，促使我区图书馆从无到有、从有到优。

业务建设

2008年，上街区政府投入资金108万元，购买图书6万余册，并且每年拨付专项经费用于购买报刊杂志和书籍。2012年又再拨付资金44万元购买2万多册纸质图书和4万多册电子图书，极大的丰富了我馆的馆藏资源，2012年本馆入藏图书15.912万册；报刊1.3656万册；视听文献0.1577万册；电子图书4.5万册；2014年入藏图书3000册。总藏量达到22万余册。

上街区图书馆现有馆舍面积3000平方米。设有少儿图书阅览室、自然科学图书阅览室、社会科学图书阅览室（两个）、报纸、期刊阅览室、盲人阅览室、电子阅览室六个功能室，阅览座席300个，其中少儿阅览室69个，社科阅览室110个，自科（盲人）阅览室54个，报刊阅览室42个，电子阅览室25个。拥有计算机45台，其中供读者使用的计算机37台。2008年建馆时由政府信息办联合网通公司接入千兆光纤，实现互联网络高速浏览。

采用“北京特夫克图书文献管理系统”，进行图书自动化管理。2012年申请专项资金建成了“上街图书馆”网站，并购置VPN设备，与郑州市图书馆进行资源共享，丰富了我区图书馆的数字资源。

在目录设置方面，努力做到目录规范，馆藏普通图书都进行了机读目录编制，并可供读者检索。图书目录有专人管理，并及时维护保养，进行查目辅导。

按照省市统一要求，文化信息资源共享工程上街区支中心于2009年底建成，并设有专人专职管理，专用设备经过验收全部达标合格，在支中心设有规章制度，并且开展一系列活动。2012年，以红色网络教育家园建设工程为契机，将文化信息资源共享工程进一步辐射到各个社区、学校、企业。2014年全区建成红色网络教育家园50家，统一设置了文化信息资源共享工程桌面导引，方便群众查阅相关信息。

读者服务工作

上街区图书馆始终把读者服务作为图书馆工作的重中之重，针对不同人群制定不同的服务方案。(1) 制定了残疾人免费服务方案；在环境设施上专门设有轮椅通行坡道、直升电梯、老花镜、残疾人专用卫生间等，购置了500册盲人图书、有声读物；同时我们实行电话预约、图书选取、送书上门等服务，有针对性的为残疾人提供贴心服务。(2) 加强对外来务工人员的舆论引导，营造一种平等和谐的社会环境。开办多种服务形式，如建立流动图书馆、灵活办理借书证等；通过“红色网络教育家园工程”，为外来务工人员提供免费上网场所；对外来务工人员提供知识培训、网上订票等特色服务，满足他们的需求。(3) 设置未成年人阅览室和红色网络教育家园，对未成年实施免费开放；定期邀请社会各界知名人士和教育专家，举办系列专题讲座；利用节假日，举办各类展览和活动，加强对青少年的阅读辅导。

2010年开始，加大免费开放力度，延长了开放时间，进一步满足了群众的文化需求，区委区政府在免费开放方面给予了大力支持，保证每年免费开放配套资金及时到位，确保图书馆工作扎实开展。

建立基层图书服务点和基础网络服务点。2012年1月3日，上街区图书馆与11个社区签署了基层流动图书协议书，建立了社区图书馆。2012年，11个社区图书馆业务总流通达61233人次。2012年上街区图书馆还积极开展红色网络教育家园工作，2014年底在社区、农村、学校、企业建成红色网络教育家园50家，在学校、社区、农村形成全覆盖。该项工作也得到了市委、区委领导的高度评价，市委组织部组织全市各县区在我馆召开了红色网络教育家园现场会，该项工作将于2013年在全市推开。

业务研究、辅导、协作调研

加强与各部门的协作。上街区图书馆在开展各馆内业务的同时加强与区直有关部门联系，有针对性的提供相应服务。如为上街区政府法制办提供了相应的政策查询、公文写作服务；为上街区有线电视台提供了相应的计算机应用、技术培训等服务；为上街区电视台提供了相应的写作技巧、摄影技术等服务；为上街区政府督查室提供了相应的政策查询、资源共享等服务，该工作也得到了相关单位的好评。

加强对基层的指导。近年来，对24个社区和村提供了送书下基层活动，书籍内容涵盖健康养生、心理辅导、农作物种植、知识产权维护等方面，受到了基层群众的一致好评。

加强对图书馆发展相关课题的研究。为进一步创新图书馆的发展模式，加强了业务研究工作，开展了公共文化服务体系和“红色网络教育家园”工程建设以及图书馆特色服务的研究，共发表了3篇研究报告，分别为：《公共图书馆免费开放的应用研究》、《上街区图书馆针对弱势群体免费服务方案》和《基于红色文化教育的红色网络教育家园建设研究》。

加强与上级和周边图书馆的交流。2010年6月27日，与中原区、荥阳市、郑州市图书馆签署了郑州地区图书馆馆际协作协议，积极开展馆际互借工作。2012年10月，签署了河南省公共图书馆信息服务联盟协议。2013年初，增加VPN设备，与郑州市图书馆形成资源共享。

管理工作

上街区图书馆把干好本职工作、促进事业发展、服务社会大众作为重要任务，在管理上求规范，服务上求实效，全馆上下团结拼搏，自我加压，开拓创新。一是在人事管理上，制定了《上街区图书馆岗位设置实施方案》，根据单位内部工作岗位需求，公开招聘，竞争上岗，和每个职工签定了目标责任书，极大的调动了全体职工工作的积极性。二是建立健全学习制度、工作制度、考勤制度、服务准则和绩效考核制度。三是强化安全保卫工作，有专门保安队伍24小时值班，并设置有红外监控摄像头。四是规范工作行为，优化工作环境。在馆内大力提倡微笑多一点、行动快一点的工作方法，进一步强化了服务意识。上街区图书馆现有职工13名，其中1名硕士学历职工，6名本科学历职工，6名大专学历职工。大专以上学历人数占职工人员总数的100%。同时，我馆高度重视职工自身素质培养，每年组织职工有针对性的业务培训，现4名职工取得中级职称，9名职工取得初级职称，初级以上职称比例达到100%，有力地提升了上街区图书馆的整体队伍素质，促进了各项业务工作的有序开展。

表彰、奖励情况

建馆以来，在各级领导的关心下，在广大读者的支持下，

上街区图书馆圆满完成了各项工作任务，得到了各级部门和社会公众的认可，先后获得了14次表彰和奖励，其中，文化部表彰1次，省文化厅表彰2次，市文广新局表彰3次，省、市图表彰6次，其他表彰2次。

馆领导介绍

陈玮，男，1980年12月生，大学本科学历，中共党员，馆长。2004年9月到上街区广电局参加工作，先后在新闻部、办公室等部门工作，任记者、办公室主任等职务。2011年3月到上街区图书馆工作，任馆长职务。

朱珈乐，女，1976年12月生，本科学历，预备党员，副馆长。2009年6月调入上街区图书馆，2012年3月担任上街区图书馆副馆长。2013年评为“全国公共图书馆第五次评估定级工作先进个人”。

未来展望

今后将进一步扩大图书馆的建设规模，引进先进的图书馆设计理念，体现开放性、适应性、灵活性特点，努力建设风格新颖、功能完善、环境舒适的现代化图书馆；进一步拓展图书馆的功能，采用新技术、新手段完善图书馆的教育、休闲、生产、展示功能；进一步建立有效的服务机制，加强图书馆的自主化服务建设，使被动服务逐步转向主动服务，让读者获得充分的权利和自由，以及更多的方便和满足；进一步推进管理的科学化，引进科学的管理人才和科学的管理制度，提高管理者的综合领导力和业务水平，促进对外合作。

联系方式

地　址：郑州市上街区中心路136号
邮　编：450041
联系人：朱珈乐

郑州经济技术开发区图书馆

概述

郑州经开区图书馆成立于2011年6月，2012年10月10日起免费对外开放。图书馆馆舍面积4108平米，馆藏资源总量近50万册，共有阅览座席318个，计算机87台，其中提供读者用于检索查询、上网服务、电脑培训的有60台，宽带接入50Mbps。目前持证读者逾8200人。设立有参考咨询部、外借部、综合阅览部、少儿阅览室、亲子阅览室等服务窗口，另在富士康、旭飞光电等企业设立了多家分馆。图书馆总馆位于郑州经开区第三大街经南五辅路。

业务建设

截止目前，本馆总藏量为483626册，其中纸质图书120029册，电子图书321128种，听书40000件，地方文献1074种，报刊合订本1395册。在数字资源方面，建设有法律文献、红色歌曲、姓氏文化、感动人物、电子图书、有声读物等专题数据库，资源总量达20.85TB，此外还能通过VPN设备访问河南图书馆联盟所有数字资源。

2012年区财政拨款总额为181万元，2013年区财政拨款总额229.4万元，其增长率与区财政收入增长的比率为133.5%。其中2012年区财政拨付我馆“新增藏量购置费”86.6651万元。

建馆时，我馆就应用了RFID自助借还系统，配备3台自助借还机、3台馆员工作站、一台自助办证机和一台点检车，所有图书均能实现自助借还，同时还开发了书目查询实景导航系统，读者在馆内外均能查询图书精确架位信息，方便查找图书。全馆设置有500个信息节点，并实现无线网络覆盖。

读者服务工作

郑州经济技术开发区图书馆自开馆以来，不断建立健全各项服务窗口管理规章制度，丰富免费开放服务项目，牢固树立“读者第一、服务至上”的服务意识，坚持全年365天对外免费开放，每周开放57.5小时，书刊文献开架比例达到98%。2012年我馆图书外借率达到72%，年人均到馆次数达到128人。

作为公共性文化服务场所，我馆对残疾人等特殊群体、弱势群体的服务十分重视，制定了多项服务措施：设置了无障碍通道、多功能轮椅以及专用卫生间，提供盲文读物300余册，阅览座席24个，提供有声阅读及网络有声文献供视障读者使用。对进城务工人员进行免费电脑知识培训，帮助其在网上订购火车票，使众多务工人员受益。除此之外，还为老年人配备老花镜、视障阅读设备和电子放大镜，利用儿童节、寒暑假、重阳节等开展丰富多彩的青少年、老年人读者活动，积极为弱势群体提供特色服务。

我馆在强化馆内阵地服务的同时，主动走出去，将图书馆服务工作延伸到辖区企业、基层单位、社区及办事处。截止2012年底，已建立了区实验小学、外国语小学、朝凤路小学、郑州第八十五中学及区国土局5个“馆外流动服务点”，郑州富士康、旭飞光电等分馆。为每个分馆统一调配图书1.5万册。

我馆坚持以馆藏传统文献资源为依托，充分整合各类信息资源，为党政机关、企事业单位及科研用户提供参考咨询服务。2012年先后开展课题研究为《培养阅读兴趣、提升阅读能力》、《珍惜每一寸土地、提高土地利用效益》、《强化思想、提高意识》等课题开展专题服务。同时，图书馆网站首页设置了“政府信息公开”固定链接；并在报刊阅览区设置了政府信息公开免费取阅处，定期更新内容，让读者免费取阅，为提高政府工作的透明度，促进依法行政发挥了积极作用。

为吸引更多的人走进图书馆，我馆注重利用网站、馆内宣传栏等开展馆藏书刊的宣传推荐，年均举办阅读推广活动135场，其中每年的“4.23”世界读书日征文活动、“六一”少儿书画比赛、元宵节读者灯谜会、全民读书月系列宣传活动、每周的“蒲公英”故事会已经形成品牌，深受读者喜爱。

郑州经开区图书馆网站年均访问量达到14.2万余次，读者可以通过网站访问馆藏及河南、郑州地区图书馆联盟的数字资源。此外，为了加强与读者之间的沟通交流，开通了图书馆微博、手机短信通平台，手机图书馆也正在开发，即将上线。

图书馆外景

街区24小时自助图书馆

少儿阅览室

电子阅览室

送书进校园

业务研究、辅导、协作协调

坚持利用周例会时间举办《馆员讲坛》，让每位馆员围绕图书馆专业问题给全馆人员授课，累计举办42期。有两篇论文分别获河南省图书馆学会年会征文二等奖和三等奖。参与一项省级社科课题研究工作。

我馆每年深入各农家书屋，社区、办事处及行政村的基层图书室，开展下基层服务30余次，每年定期举办"基层图书室人员培训会"2次。

为充分利用郑州地区各公共图书馆丰富的文献资源，加强图书馆之间的馆际合作，提高图书馆文献资源的利用率，在河南省图书馆、郑州图书馆的号召和倡导下，我馆先后签订了《河南省公共图书馆信息服务联盟协议》、《郑州地区图书馆馆际协作协议书》，并且积极落实《郑州地区公共图书馆总分馆制实施方案》，配备VPN网络设备，并参与"河南公共图书馆论坛"的研讨工作，开展馆际互借、文献复制及传递服务、联合举办学术研讨会，实现经开区图书馆与其他公共图书馆信息资源共建共享，读者服务协同合作，提升经开区图书馆服务能力、服务层次及服务水平。

管理工作

郑州经开区图书馆设有7个部门，现有工作人员21名。我馆十分重视完善管理制度和管理体制建设，先后建立、完善并实施了近40项管理制度。特别是在人事管理方面，全面推行馆长负责制、目标管理责任制、中层干部竞争上岗制和全员考核制等。

业务管理方面，流通书库每周利用点检车进行文献排架检查，排架正确率在98%以上。流通书库和少儿部每周分别编写一期新书通报，参考咨询部每月选择不同专题编写一期《参考信息》。

表彰、奖励情况

开馆后，我馆受到河南省图书馆学会表彰1次，郑州市表彰1次，郑州图书馆学会、经开区教文体局表彰6次。

馆领导介绍

陶文明，男，1963年4月生，在职研究生学历，中共党员，高级职称，馆长、支部书记。1979年参加工作，先后在多所中学担任校长职务，2011年调郑州经开区图书馆工作。兼任河南省图书馆学会理事、郑州图书馆学会常务理事。

李飞，男，1978年9月生，本科学历，中共党员，副馆长。2002年参加工作，2013年底调郑州经开区图书馆工作。

余加元，男，1976年1月生，本科学历，中共党员，支部副书记。1998年参加工作，2012年底调郑州经开区图书馆任采编部主任。

未来展望

本着"立足中心，服务全区"的宗旨，在2014年底之前，我馆将构建一个以郑州经开区图书馆为中心馆，以各企业馆为分馆、各村(社区)文化大院(中心)、各学校为流动站，以24小时街区图书馆为辅助网点，以数字图书馆、手机图书馆为支撑手段，辐射全区的图书馆服务网络。将经开区图书馆建成为一个资源丰富、设施齐全、功能完善的现代化公共图书馆。

联系方式

地　址：河南郑州经济技术开发区第三大街经南五辅路东200米
邮　编：450016
联系人：余加元

文化公益讲座

富士康企业分馆

荥阳市图书馆

概述

荥阳市图书馆老馆位于荥阳市广场街001号，毗临广场，环境优雅怡人。2000年3月开始投入建设，2002年9月竣工，2003年10月1日正式对外开放。馆内环境布置舒适、幽雅，建筑面积500平方米，馆舍面积2100平方米。全馆设有六个对外开放部门，有阅览座席240个。

荥阳市图书馆新馆于2007年开始建设，2012年竣工，主体楼共分三层，建筑面积约5000平方米，设计纸质藏书容量20余万册，可容纳读者座位约420个，计算机128台。2013年5月，荥阳市图书馆参加了四年一度的图书馆评估定级工作，获得一级图书馆称号。

业务建设

根据公共图书馆发展的任务和目标，每年都有目的、有计划地补充各类图书。2009–2012年，经过多方努力，图书馆每年争取购书经费10万元，使馆藏总量达到104524册（其中含电子文献21000册）。

截止2012年底，馆藏中文文献书目实现100%数字化，自建数字资源总量达到4.2TB。2012年，经过工作人员大量的前期准备工作，建立并开通了图书馆网站。

2014年，将自动化系统升级改造为郑州市图书馆联盟联合馆系统，以适应郑州公共图书馆联盟建设的需要，增加了RFID智能加倍导航和智能借还功能，实现馆内无线网络全覆盖。

读者服务工作

为进一步提高馆内资源的利用率，荥阳市图书馆节假日不休息，365天免费对外开放。自2011年6月1日起，荥阳市图书馆率先在郑州六县市实现免费对外开放。免费开放后，图书馆每周开放达到61个小时；2011年，新增图书1920册，到馆92410人次，借阅流通40024册次；2012年馆藏年流通率为58%；书刊文献年外借6万多册；馆外服务点借阅达到每年5千册次以上；人均年到馆次数80次/人；馆内、馆外利用各种方式开展宣传活动90次。

自开馆至今，图书馆每年都组织开展“图书馆服务宣传周”、“世界读书日”、“全民读书月”等系列活动。通过开展活动，使广大读者充分了解馆藏状况和基本服务工作。2012年图书馆开展讲座、培训共30次；举办各种展览5次；开展阅读推广活动6次；年参与活动总人次达到2万多人次。

业务研究、辅导、协作协调

荥阳市图书馆利用每周二下午组织全体人员集中学习业务知识，及时交流学习收获，交流思想，及时改进工作中的不足。2009–2012年，有多名职工发表专业论文，在省级以上刊物发表专业论文11篇。

2012年，开展基层业务辅导活动共13次，图书馆选派具有丰富图书管理经验的业务骨干到乡镇图书室进行业务辅导，从新书的验收、登记、加工整理到图书的上架、借阅、流通逐一进行了耐心、细致的讲解，帮助他们解决图书管理过程中遇到的各种疑点、难点问题。

为了推动全市公共图书馆信息服务的交流与合作，促进信息资源共建共享，更便捷地开展全市公共图书馆文献信息服务工作，与郑州图书馆签定《郑州市公共图书馆信息服务联盟协议》，今后将以“统一标准，联合建设；互联互通，资源共享”为指导原则，依托网络联合全市各级公共图书馆，充分利用现代信息技术开展信息资源共建共享及图书馆网络服务。

管理工作

荥阳市图书馆按国家、省规定，积极推行事业单位人事制度改革，实行人员聘用制，建立了岗位管理和工作目标管理责任制。2009–2012年，通过计算机检索与书库实地调查相结合的方式，多次对本馆多卷书、连续出版物入藏完整率做出统计，抽查了近年来多卷书和连续出版物的入藏情况，对现有馆藏中的多卷书和连续出版物做出统计分析。

表彰、奖励情况

2009–2012年，荥阳市图书馆共获得各种表彰、奖励10次，其中文化部表彰、奖励1次，其他表彰、奖励9次。

馆领导介绍

王利仁，男，1966年2月生，大专学历，中共党员，馆长。1984参加工作，历任文化市场管理办公室主任、文化馆馆长，2007年至今任荥阳市图书馆馆长，文化信息资源共享工程荥阳

农民工计算机培训

女子书画展

世界读书日活动现场

暑期活动

迎春书画展

市支中心主任等职。

闫雅，女，1982年8月生，本科学历，中共党员，馆员，党支部书记。2003年参加工作，历任图书馆副馆长、文化局机关党支部书记、图书馆常务副馆长、图书馆支部书记。

石晨曦，男，1982年出生，本科学历，中共党员，副馆长。2003年参加工作，2005年调到荥阳市图书馆，曾在办公室工作，任主任等职，2010年至今任荥阳市图书馆副馆长。

周延超，女，1980年7月出生，本科学历，中共党员，助理馆员，副馆长。2000年参加工作，2003年调到图书馆，曾在财务部门工作，任图书馆副馆长、荥阳市文广新局财务科副科长。

刘燕舞，女，1978年12月出生，本科学历，中共党员，副馆长。1998年参加工作，2008年调到图书馆，任图书馆副馆长。

未来展望

根据公共图书馆事业发展要求，围绕郑州市委、市政府《郑州市文化事业十二五发展规划》提出的强力推进全市文化事业的大发展大繁荣的宏伟目标，形成以市图书馆为中心，乡镇、社区及村文化大院图书馆（室）分馆、阅读站、24小时自助图书馆为一体的图书馆服务网络，实现图书馆服务区域内的全覆盖。

1、加强区域内各级公共图书馆文献资源统一采购协调，加强总分馆特色资源建设。

2、建立联合编目中心，实现文献编目工作标准化和规范化。

3、实行网络内各级图书馆书刊借阅“一卡通”服务，在全市范围内实现通借通还。

4、共建、共享各类型数字资源，实现图书馆资源的优化组合与共享。

联系方式

地　址：荥阳市繁荣街与福民路交叉口向西100米荥阳市文博中心东配楼
邮　编：450100
联系人：周延超

新郑市图书馆

概述

新郑市图书馆始建于1996年5月，翌年10月竣工。2000年2月1日正式开馆，占地6800平方米，建筑面积3200平方米。2008年，参加第三次全国公共图书馆评估，首次获得一级图书馆。2012年，新郑市图书馆有阅览坐席342余个（少儿62个）；计算机66台（电子阅览室43台、读者书目查询2台），网络接口10M；选用ILASⅡ图书馆自动化管理系统。

业务建设

截止2012年底，新郑市图书馆总藏量24.4004万册(件)，其中纸质文献14.4万册（件），电子图书10万册。

2009年至2012年，新郑市图书馆新增图书10143种，20350册，新增报刊1196种，视听文献208件。

截止2012年底，新郑市图书馆数字资源总量为16.65TB，其中，自建数字资源总量5.8TB。2011–2012年，完成《新郑市地方特色文化数据库》建设工作。

读者服务工作

从2009年起，新郑市图书馆全年365天天天免费开放，周开放63小时。2009–2012年，书刊总流量52.5432万人次，书刊外借30.02万册次。新郑市图书馆2009–2012年设有5个外借服务点，馆外书刊流通总人次3.698万人次。书刊借阅册次为2.4908万册，从2005年一直以来为市委市政府提供《领导参考》，为农民朋友提供《致富信息》。

2009–2012年，新郑市图书馆共举办讲座、展览、培训、阅读推广活动76场次，参与人数34830人次。

2012年，新郑市图书馆馆与郑州市图书馆实现数字资源共享，可以通过郑州市图书馆网站阅览、浏览到有声读物、电子图书、视频讲座、动漫等10万余册。

业务研究、辅导、协作协调

2009–2012年，新郑市图书馆职工发表论文15篇，参与科研项目一项，围绕本馆业务工作撰写调查研究报告3篇。

管理工作

2012年，新郑市图书馆完成第四次全员岗位聘任，本次聘任共设6类岗位，有20人重新上岗。同时，建立了工作量化考核指标体系，每月进行工作进度通报，每半年和全年进行总体工作考核。

表彰、奖励情况

2009–2012年，新郑市图书馆共获得各种表彰、奖励16次，其中，省文化厅表彰、奖励2次，省科技厅表彰、奖励1次，省图书馆学会表彰、奖励5次，市图书馆表彰、奖励2次，其他奖励、表彰6次。

馆领导介绍

郑新珍，女，1964年12月出生，1984年5月参加工作，中共党员，馆长。2011年任省图书馆学会理事，2012年任郑州市图书馆学会常务理事。

赵晓敏，女，1970年11月出生，1990年6月参加工作。本科学历，中共党员，党支部书记，分管馆内党务工作。

庆六一"绿色童年"绘画大赛

外国语小学参观

元宵节灯谜晚

亲子阅读体验

炎黄读书节颁奖典礼

庆"八一"送书到军营

送书到军营

4.23读书日

牛永强，男，1973年11月出生，大专学历，中共党员。副馆长，分管馆内财务工作。

李艳莉，女，1973年10月出生，1991年7月参加工作。本科学历，中共党员，副馆长，分管馆内业务工作。

未来展望

新郑市图书馆坚持"抓管理，树形象，内外兼修，努力提升综合服务水平"的方针，进一步突出以业务建设为中心，以加强制度建设和提高职工综合素质为重点，形成特色服务，打造文化亮点，以科学发展观为指导，以"读者至上，服务第一"为宗旨，新郑市图书馆将真正建设成为郑韩大地三个文明建设的重要阵地、对外交流的重要窗口和人民群众的精神家园，更好地满足人民群众日益增长的文化需求，为构建公共文化服务体系作出应有贡献。

联系方式

地　址：新郑市中华南路536号
邮　编：451100
联系人：李艳莉

新郑市图书馆外景

鹤壁市图书馆

概述

鹤壁市图书馆成立于1978年，馆址几经变迁，2005年5月1日，位于鹤壁市淇滨区湘江南路10号的新馆建成开放。现馆舍面积10000平方米，藏书容量为80万册。2009年首评为国家一级图书馆。2012年，鹤壁市图书馆有阅览坐席585个，计算机104台，信息节点280个，宽带接入80Mbps，选用ILAS3图书馆自动化管理系统。近年来，我馆以“做群众身边的图书馆”为目标，以“读者至上、用心服务”为标准，不断创新服务理念，拓展服务功能，延伸服务网络，丰富服务内容，打造服务品牌，提升服务品质，为推动全市公共文化服务体系建设发挥了重要的作用。荣获全国第十四届群星奖首届服务奖、省级文明单位、省全民阅读活动先进单位、省先进图书馆、省市爱国主义教育基地、全市文明巾帼示范岗等20多项荣誉。

业务建设

截止2012年底，鹤壁市图书馆总藏量万册41.0215万册（件），其中纸质文献40.4035万册（件），电子文献6180种，电子期刊300种。

2009–2012年，鹤壁市图书馆新增藏量购置费120万元，2009–2012年，共入藏图书29376种，60752册，报纸60余种，期刊810种，视听文献2460种。

截止2012年底，鹤壁市图书馆数字资源总量为5TB，2010年，将自动化系统换为ILAS3系统。2013年初，实现馆内无线网络覆盖。

读者服务工作

从2005年5月，新馆开放，鹤壁市图书馆全年365天对外免费阅览开放，周开放72小时。2009–2012年，书刊总流通103.3748万人次，书刊外借204.3052万册次。有20余个馆外流通点，书刊流通总人次92637人次，书刊外借65612册。1993年起，为“两会”提供服务。

2009–2012年，鹤壁市图书馆共举办讲座、展览、培训、阅读推广等读者推广等活动376场次，参与人数4.28万人次。

业务研究、辅导、协作协调

2009–2012年，鹤壁市图书馆职工发表论文15篇，出版专著2部，获准立项的省委级课题2项，其他课题1项。

鹤壁市图书馆积极响应河南省图书馆的倡议，参与全省范围内组建的公共图书馆讲座联盟、信息联盟、展览联盟，并在全市范围内发起组建公共图书馆讲座联盟、信息联盟、展览联盟，浚县图书馆发展为成员馆；期间，举办系列讲座24期，听众达到4800人次；举办展览48期，观众达到11046人次，编辑二次文献24期，举办培训班8期，2000余人次接受培训。

开展针对两县（浚县、淇县）的业务指导工作，积极开展针对25个乡镇农村中小学图书馆（室）的业务辅导工作，完善各个图书馆（室）的规范管理与计算机软件的实际应用与操作，提高各个图书馆（室）的服务利用效率，针对本地区所属范围的厂矿、学校、企事业单位图书馆（室）的需求及时上门服务指导。

鹤壁市图书馆学会定期召开理事会，分别就当年的工作计划、基层图书馆业务培训、全年工作总结及明年计划等议题进行讨论协商，并形成决议逐一布置落实，为了加强会员间的交流与协作，学会分别组织业务骨干到兄弟馆参观学习，互通信息。

管理工作

2010年，鹤壁市图书馆完成第三次全员岗位聘任，同时探索研究图书馆内部激励机制实施办法，每季度进行工作进度通报，每年进行总体工作考核。2009–2012年共抽查文献排架24次，书目数据20次，撰写专项调研、分析报告和工作提案8篇。

表彰、奖励情况

2009–2012年，鹤壁市图书馆共获得各种表彰、奖励18次，其中，文化部表彰、奖励1次，省委、省政府表彰、奖励1次，省文化厅表彰、奖励6次，其他表彰、奖励10次。

馆领导介绍

张庆伟，男，1966年5月生，本科学历，中共党员，副研究馆员，馆长。1982年参加工作，2008年4月任鹤壁市图书馆馆长、支部书记。兼任河南省图书馆学会理事。

耿忠敏，男，1960年4月生，大专学历，中共党员，中级职称，副馆长。1977年参加工作，1981年到图书馆，历任流通部、阅览部、辅导部主任。

郑红，女，1969年5月生，本科学历，中共党员，副研究馆员，副馆长。1987年7月参加工作。1990年到图书馆工作，历任流通部、采编部主任。

未来展望

回顾多年来的工作，我们深深地感受到，人民群众的文化知识需求无止境，用心服务创新服务无尽头，距离做群众身边图书馆的目标永远有距离，我们将继续在传承文明、服务社会的道路上奋力前行！

图书进企业

翰墨情缘—张国军师生国画展

鹤图讲坛活动

修武县图书馆

概述

修武县图书馆始设于1948年，前身是修武县文化馆图书室，1986年9月经修武县编委批准同意正式更名“修武县图书馆”。现馆位于修武县文化艺术中心一区，建筑面积5600平方米。新馆于2012年3月免费对社会开放。

2013年参加第五次县级全国公共图书馆评估，获得国家一级图书馆称号。现在馆内已编目的图书总藏量为23万余册，可容纳读者座位412个。可供读者阅读的电脑计算机60余台，网络宽带接入带宽10M，图书借阅自动化管理系统选用ELIB图书区域图书馆集群管理系统。

业务建设

截止2013年底，修武县图书馆总藏量23万余册，其中纸质图书18万册，电子图书5万册，2013年购进图书3万册、报刊302种。

2011、2012、2013年，修武财政新增图书藏量购置费424.8万元，2012年，入藏中外文图书53000种。截止2013年底，建成修武县图书馆门户网站系统、局域网电子图书借阅系统，馆藏电子数字资源总量为6TB。

2012年，将自动化管理系统升级改造为ELIB图书区域图书馆集群管理系统。

现馆内实施无线网络覆盖，免费为读者提供上网服务。

读者服务工作

从2012年3月起，修武县图书馆全年365天天天对外免费开放，周开放60小时以上。日接待读者400余人次，全年累计读者近15万人次，借阅图书40余万册次。

业务拓展、阅读推广工作

在阅读手段日益丰富、信息媒介日渐增多的新形势下，如何充分发挥图书馆的作用，让广大读者更加喜欢纸质图书，更加热爱图书馆这一活动阵地，是一个值得探讨的大课题。

1、举办“读书月”活动。从2009年起，修武将每年的五月份定为“读书月”，每年确定一个主题，在“读书月”期间开展一系列售书、荐书、读书、评书活动，营造全民读书的氛围。县委、政府号召全县的党员干部踊跃参加，带动了几万人次参与活动。“读书月”活动开展以来，共赠、捐、售各类图书800余册，举办“好书共享”读书会35场、讲座与欣赏21场、读书演讲比赛90多场。特别是在首届读书月活动中，举办的“今夜我们倾听”经典诗文吟诵晚会，500多名党员干部登台演出，给全县群众奉献了一场丰盛的读书学习“盛宴”，在全县引起强烈反响。

2、开展暑期有奖征文活动。为了将广大学生紧紧吸引到县图书馆，县图书馆迁入新馆后，利用暑假两个多月的时间，向广大中小学生发出了“读书有奖征文比赛”的通知，2012、2013年两次活动共收到征文800多篇，经过组织评委认真评选，最终评选出一等奖2名，二等奖6名，三等奖20名。并在修武馆举行了隆重的颁奖仪式，同时在电视台给予了宣传报道。极大地激发了中小学生阅读的积极性。

3、开展“文化修武”系列讲座。图书馆依据修武千年古县的悠久历史，依托熟悉我县历史的文物工作人员、档案史志人员、历史教师等，组织编写了《修武简明历史》、《文化修武概要》，从中选出一些重大历史事件和重要历史人物，聘请专人进行讲解，或邀请对修武历史有研究的专家、学者来修武举办讲座。目前，已邀请同济大学教授刘强、北京师范大学教授于丹、清华大学教授张国刚等，先后开办讲座10余起，极大地拓展了县图书馆的功能，普及了修武的人文历史，受到了广大干部群众的一致好评。

4、开展图书“联动互用”活动。通过调查摸底，根据群众面对图书需求程度的强弱差异，先后将学校、农村、企业、机关、居民区进行排列，首先将全县初中以上的学校列入修武县图书馆“联动互用”的对象，有针对性地派送图书、设立分馆。“联动互用”的原则是，“依据总量，突出重点，各有侧重，有序推进”，每年计划将馆内2万册的复本图书参与“联动互用”，每年联动的对象原则上不超过10家，图书流动的时间不超过一年。届时，将在我馆的监督指导下，各对象之间实行图书交叉互换。目前，图书馆已与周庄中学、县城关镇西关村等单位开展了“联动互用”，设立了三个图书馆分馆。下一步，将在进一步完善合同约定和操作规范的前提下，将图书“联动互用”工作逐步向全县推开。

表彰、奖励情况

2009—2013年，修武县图书馆共获得各种表彰、奖励15次，其中，2013年获“河南省优秀图书馆”称号。

馆领导介绍

范清河，男，1970年11月生，大专学历，中共党员，馆长。1989年3月参加工作。

田芳琴，女，1969年12月生，大专学历，副馆长，1989年4月参加工作。

联系方式

地　址：河南省焦作市修武县文化艺术中心一区
邮　编：454350
联系人：田芳琴

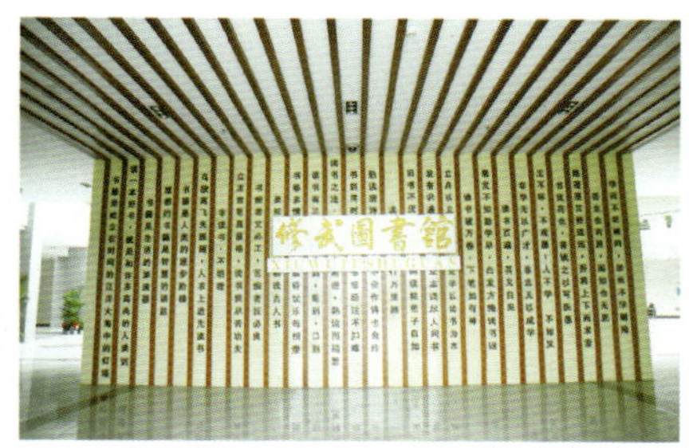

门厅

自修区

图书馆广场夜晚

孟津县图书馆

概述

孟津县图书馆建于1986年，前身为孟津县人民文化馆图书室，1990年图书馆大楼建成，1991年12月正式对外开放。现有馆舍面积2050平方米，编制15人，藏书8.3万册，年订报刊302种，阅览坐席348个，计算机56台，选用清大新洋图书馆自动化管理系统，2013年参加第五次全国公共图书馆评估，首次获得一级图书馆。

业务建设

截止2012年，孟津县图书馆总藏量8.3万册（件），其中纸质文献8.1万册，电子图书1854册。

2013年孟津县图书馆新增藏量购置费14.6万元，入藏图书2230种，电子图书6500种，订购报刊302种。

2011年开通全省共建共享的河南数字图书馆，包括博看网在内14个数据库，可以浏览全文图书200多万种，全文期刊9000多种，原版原貌当天更新的报纸500多种和实时更新主流畅销类期刊3000多种；购置电子读报机和歌德电子书借阅机，148种报纸、2000种电子书及时更新。

购置盲文图书、有声读物和网络读屏软件，购置助视器、有声地图等设备建起了专为盲人服务的视障阅览室。

孟津县图书馆建有标准配置的电子阅览室，面积60平方米，座位38个，电子读物8300多件。

读者服务工作

从2011年10月起，孟津县图书馆对外免费开放，周开放64小时，2013年1月所有服务窗口实现自动化管理，2012年书刊总流通12.6万人次，书刊外借12.7万册次。截止2013年建成16个乡镇（社区）分馆、10个馆外流通点。

2011年12月开通孟津县图书馆网站，通过网络宣传图书馆动态、宣传图书馆活动；同时开通河南数字图书馆，实现了数字图书馆进机关、进军营、进学校、进社区、进网吧；所有用户均可以进入网站查询馆藏书目和电子书等数字资源。

围绕“世界读书日”、“图书馆服务宣传周”和“全民读书月”，围绕重大节日和寒暑假，组织举办不同主题、不同形式的读书活动30余次，其中组织举办讲座、培训20次，参加读者达1.6万人次。其中六一儿童节开展小读者志愿者活动、小读者联谊会及数字阅读体验活动，暑假与县第一实验小学联合组织三至五年级学生开展图书馆参观体验活动，组织小浪底镇官庄村留守儿童到图书馆参观体验等都有较大影响，孟津电视台、洛阳新闻网、洛阳文化网都做了报道。

围绕特殊群体开展服务，让特殊群体读者一样享受图书馆的资源和服务：(1) 积极有效的接纳和吸收未成年人参与到图书馆的各项活动中来，大胆地尝试新的模式，着力在未成年人的服务工作中打造公益文化品牌，多渠道、多方式地发挥少儿室的服务功能，引导更多的未成年人走进图书馆、了解图书馆、利用图书馆；关注留守儿童，在王良小学建立图书馆分馆；组织留守儿童到图书馆来参观和体验阅读，丰富的藏书资源和数字资源，让留守儿童开阔了眼界、激发了阅读热情。(2) 为了更好的服务老年读者，在县老年人文化体育活动中心建立孟津图书馆老年分馆，并送去图书、报刊400余种，定期不定期更换。(3) 精心挑选的励志类、哲理类、科普类等图书，丰富了劳教人员的文化生活，累计为黄河桥劳教所、孟津看守所分馆配送各类书籍3000余册。(4) 为农民工服务也是图书馆的重要服务内容，利用电子阅览室为农民工开展电脑知识讲座、网络订购火车票等活动，让回乡的农民工感受到图书馆免费开放为他们带来的便利；在洛阳赛罗帕陶瓷有限公司建立图书馆分馆，丰富农民工工作之余的文化生活。(5) 为了让盲人读者同正常人一样享受到公共图书馆的免费服务，孟津县图书馆购置了盲文书籍、盲人有声读物、盲人用读屏软件、助视器、听书郎、语音地图等设备，建起了视障阅览室。盲人读者在视障阅览室通过听觉和触觉便可像普通读者一样使用电脑上网，享受电子书籍、音乐欣赏、在线讲座等精彩内容；可以听到评书曲苑、相声小品、名曲赏析、健康养生等多方面音频内容，享受图书馆丰富的文化资源；盲文书籍、盲人有声读物等对盲人读者免费借阅，为盲人读者提供免费下载、复制馆藏电子资源等服务。

探索文化志愿者队伍建设。2012年4月开始尝试志愿者服务，在广大读者中招募小管理员和大学生假期志愿者，通过公布招聘通知、报名、培训等环节，先后4批招募图书馆志愿者110余名。

业务研究、辅导、协作协调

从2012年起开始尝试推进图书馆总分馆制实施：(1) 针对特殊群体，建立黄河桥劳教所、县看守所、县武警中队、县消防大队、县老年人活动中心分馆、洛阳市赛罗帕公司、王良小学等分馆；(2) 在会盟、桂花、八一、龙马、泰康、大华等6个社区建立了分馆，举办管理员培训班，配送图书1600册，开通数字图书馆。(3) 积极推进乡镇分馆建设，制定镇区分馆细则，建成十个乡镇分馆，配送图书6000册，目前孟津县公共图书馆VPN专网已经开通。

在全县图书馆服务网络建设中，县图书馆积极做好对全县基层分馆、文化共享工程基层服务点和农家书屋的辅导培训工作。2011年以来先后组织文化共享工程管理员培训班5期、农家书屋管理员培训班3期、社区图书馆管理员培训1期，培训人员600余人。

表彰、奖励情况

2011年以来，我馆获得文化部表彰1次，河南省文化厅表彰3次，洛阳市文化广电新闻出版局表彰4次，孟津县委、县政府表彰2次。

馆领导介绍

陈雅利，女，1968年1月生，本科学历，馆员，馆长，河南省图书馆学会理事。1989年毕业于郑州大学图书馆学专业，2000年武汉大学图书馆学本科函授毕业，1989年到孟津县图书馆工作。

张银辉，男，1975年7月生，本科学历，馆员，副馆长，1993年到孟津县图书馆工作。

应莺，女，1975年3月生，本科学历，助理馆员，副馆长，2001年到孟津县图书馆工作。

新安县图书馆

概述

新安县图书馆始创于清宣统二年（1910年），新安知县曾炳章购书200余册，于劝学所内设立图书馆。据考证，这是河南省第一个县级公办图书馆。民国23年（1934年），辛亥革命元老张钫（字伯英）捐购《万有文库》、《四部丛刊》各一部共4112册，在县教育局前院设立"伯英图书馆"。后于1944年日军侵占新安县期间，藏书丢失殆尽。1950年成立新安县文化馆，内设图书室。1992年8月正式成立筹建新安县图书馆，建筑面积2000平方米，藏书7万余册。1999年被国家文化部评为"二级图书馆"。2002年随着县域经济飞速发展，县政府投资500万元建成建筑面积4000平方米的新馆。2006年元月正式对外开放。2009年，参加第四次全国公共图书馆评估，首次获得一级图书馆。2012年新安县图书馆有阅览座席300个，计算机66台，OPAC检索1台、电子图子借阅机1台、接入10兆光纤，使用的是CDI北京中数创新技术有限公司的图书馆自动化管理系统。

业务建设

截止2012年底，新安县图书馆总藏量12.4万册（件），其中电子文献500种以上。

2009–2012年，新安县图书馆新增藏量购置费10万元，每年入藏图书达到2500种，视听文献年购30件以上，电子图书2000种以上。

截止2013年7月，新安县图书馆数字资源总量为5TB，其中，自建数字资源总量1TB，购买数字资源总量4TB。完成了"魅力新安数据库"建设。

2009年，开始使用CDI北京中数创新技术有限公司的图书馆自动化管理系统。同时，实现馆内无线网络全覆盖。

读者服务工作

从2006年元月起，新安县图书馆全年365天天天对外免费开放，免费开放流通书屋、热门书屋、旅台同乡书屋、少儿阅览室、电子阅览室、现刊阅览室、报刊阅览室等服务窗口12个，每周不少于56个小时，免费为读者办理借书证，免费开展图书服务活动。四年来，我们不断开展优惠服务，来降低读者成本，贴近读者生活。如延长开放时间，同时也努力满足残疾人、老年人、下岗工人、进城务工人员等弱势群体的需求，为其提供丰富的精神食粮，为部分残疾人、老年人提供送书上门，电话预约、电话续借等服务，方便其借阅文献资料。2010–2012年，书刊总流通40.89万册，书刊外借37.73万册次。馆外建成16个图书流通点，同时利用馆藏文献资料，开发利用资源，编辑二、三次文献《文献致富信息》，每年6期，发往图书流通点，给农民朋友致富提供帮助。

2009年，新安县图书馆建成网站，主要发布图书馆动态信息，揭示馆藏纸质文献资源，引导读者利用各类网络资源，进行读者教育与培训。2009年建立新安县共享工程支中心，向基层点提供检索、浏览和下载服务。新安县图书馆根据本地区的实际，加盟全国数字图书馆推广工程，开通了河南省数字图书馆。

2009年–2012年，新安县图书馆根据自身实际举办讲座、展览、培训、资源展播、阅读推广等读者活动175场次，参与人数49530人次。

业务研究、辅导、协作协调

2009–2012年，新安县图书馆职工发表论文8篇，撰写调研报告8篇以上。

新安县图书馆积极参加省、市图书馆的联合编目和馆际互借、总分馆体系建设，同时每年都参加省、市举办的业务培训、业务知识竞赛活动和业务研讨会。

2009–2012年，积极发挥中心馆的作用，对本地区的总分馆建设进行规划、管理。及时指导本地区各基层图书馆（室）开展业务工作，在各项工作中努力起组织、辅导、推动的核心作用，如在建立新农村书屋活动中，新安县图书馆在做好前期准备工作后，承担组织培训、实地辅导和汇总评审。辅导各乡镇图书室、村级文化大院图书室等图书管理员培训，仅2012年基层辅导282次，培训达310人次。

管理工作

2009–2012年，新安县图书馆一向注重内部管理，从大处着眼，小处着手，每年都将各部室的工作任务制定出千分目标责任制，同时完善各项规章制度，对部室的任务月考核、年综合考评，始终如一，强化了全馆干部职工的事业心和责任感，

古籍阅览室

过刊库

到正村镇开展送书下乡活动

培训照片

少儿座谈会

提高了服务质量。四年来，严格按照《中图法》（第四版）分类标引，按《普通图书著录规则》进行著录，使用《中图分类主题词表》主题标引。标引误差率，图书著录误差率在2%以下。坚持每月一次的业务考核检查，促进业务管理规范化。同时做到书标、条码、馆藏章等规范、统一、整齐、美观。

表彰、奖励情况

2009—2012年，新安县图书馆共获得各种表彰、奖励13次，国家荣誉1次，省荣誉3次，2011年被河南省文化厅评为河南省“先进图书馆”、2012年洛阳市文化广电出版局的“先进集体”等。2011年和2012年洛阳市文化广电出版局的“古籍普查先进集体”。

馆领导介绍

吕鸿玲，女，1964年11月生，在职研究生学历，中共党员，副研究馆员，馆长。1979年10月参加工作，历任新安县图书馆少儿阅览室主任、副馆长，2003年8月任新安县图书馆馆长、党支部书记。中国图书馆学会会员，兼任河南省图书馆学会常务理事、河南省图书馆学刊编辑委员会委员，新安县第八届科技拔尖人才。

曾利平，女，1973年5月生，本科学历，中共党员，中级职称，副馆长。1997年12月到新安县图书馆工作，先后担任采编室、办公室主任，2003年8月任新安县图书馆副馆长。

张建军，男，1962年8月生，中专学历，中共党员，技师，副馆长。2006年到新安县图书馆工作至今。

未来展望

新安县图书馆诞生于新世纪，新世纪的新安图书馆将不断优化深化服务功能，以面向科研、经济建设、领导决策与广大读者的高层次参考咨询为服务中心。以建设现代化、数字化图书馆为目标，为具有新安特色的开放式，多功能、研究型现代化公共文献信息中心，成为新安重要的知识、信息枢纽和两个文明建设的重要阵地。

联系方式

地　址：新安县新城世纪广场东侧
邮　编：471800
联系人：吕鸿玲

偃师市图书馆

概述

偃师市图书馆初创于1949年建立的县人民文化馆，内设图书室。1958年图书达到1万册，图书资料费达1333元。1963年藏书达15613册。1978年在人民文化馆图书室的基础上成立偃师县图书馆，当时藏书71640册，订阅刊物50多种，报纸12份，发借书证600个。1989年建成3003平方米的新馆，新馆址在偃师市新新路5号，为河南省规模最大的县（市）级图书馆之一。1992年撤县设市，正式更名为偃师市图书馆。馆内建有电子阅览室、亲子阅览室、流通部、阅览部、少儿部、参考咨询部、辅导部、特藏部等十余个服务窗口，拥有中控室一个，综合数字加工室一个，多媒体视听室一个。实现了图书文献的编目、收藏及检索的自动化，成为偃师文献收藏、检索和图书馆间协作协调、业务研究交流的中心。连续四次在文化部举办的公共图书馆评估定级中被命名为一级图书馆。

业务建设

截止到2013年底，各类馆藏文献达23.5万册（件），年文献购置费10万元，年到馆人次20万，书刊外借13万册次，建立分馆及馆外服务点238多个。办公自动化和图书馆自动化管理系统运用到了全馆的每个部室和各个业务环节，极大地提高了工作效率。其中包括服务器5台，PC机53台，卫星接收设备一套，投影设备2套，数码影音移动播放设备20台，电视机一台，数码相机、数码摄像机各一部，数码储存容量可达9TB。建立了数字化加工与管理系统，完成了八个地方文献数据库的建设：《玄奘文化数据库》、《古都文化数据库》、《地方志数据库》、《家谱数据库》、《地方名人数据库》、《地方法规数据库》、《古籍文献数据库》、《非物质文化遗产数据库》。文化共享工程覆盖率达到100%，2008年5月偃师市被文化部命名为“全国文化共享工程示范县”。

读者服务工作

自2011年5月起，偃师市图书馆全年365天免费对外开放。免费开放图书借阅室（包括少儿图书和过刊）、报纸期刊阅览室、地方文献特藏室、少年儿童阅览室、多媒体电子阅览室、自修室、多功能会议室（培训室、综合活动室）等公共空间设施场地，读者凭本人图书借阅证可直接入馆阅览。并免费提供馆藏文献资源借阅、检索与咨询、公益性讲座和展览、优秀影视片展播、基层辅导培训、流动图书服务等基本文化服务项目。

偃师市图书馆现有流动服务车一辆，年开展流动服务次数50次。利用“世界读书日”、“图书馆服务宣传周”、“六一儿童节”等，开展多种形式的读者活动40余次，参加读者达万人次。其中百姓讲堂、儿童书画展、周末影视空间、感悟经典诵读展示会、优秀读者及优秀读者家庭评选等活动，深受读者好评，社会效果十分显著。连续被省图书馆学会评为全民阅读活动先进单位。

业务研究、辅导、协作协调

偃师市图书馆积极开展业务课题研究及专题咨询服务。先后有13项课题获得省文化厅和社科联的奖励。其中有7项被评为一等奖，5项被评为二等奖，1项被评为三等奖。职工撰写论文共计100余篇，其中有53篇在省级以上刊物上发表，有42篇在省级以上学术研讨会上宣读及交流，有6篇获得中图学会一、二、三等奖，30篇获得省级一、二、三等奖。

建立总分馆制服务体系并初见成效。偃师市图书馆利用原有的文化共享工程数字资源设备和农家书屋工程图书资源，依靠图书馆的自动化管理优势，以偃师图书馆为总馆、建立了以乡镇综合文化站图书室为分馆、以226个农家书屋为外借点的三级总分馆模式。全面铺开，分类推进，重点建设11个乡镇文化站分馆和条件较好的42个示范村，对这53个示范点进行联网管理，率先实现通借通还。总分馆制自2013年实施以来，总馆投入70万元，对馆舍进行了改造，新增了3个业务部门，购置了空调电脑书架等设备、添置了1台流动服务车，服务环境和设施得到改善，读者人数明显增多。为分馆和外借点投入150万元，购置新书、书架、书柜，为示范村安装了江苏常熟春晖公司的总分馆制电脑管理借阅系统，组织了3期业务培训班。各分馆和外借点

图书馆外貌

图书馆后花园

基层管理员业务培训

华夏广场文化活动

"聪明树杯"少儿经典诵读活动

成人阅览室

流通外借部

"故事大王"比赛活动

除坚持常规服务读者外，还根据不同情况开展形式多样的读书活动，基层读者人气得到较大提升。到2014年8月，首批50个示范点已实现通借通还，偃师图书馆总分馆藏书达到66.2万册，人均占有藏书达到1.06册，人均年增新书达到0.09册，藏书年流通达到0.7次，人均到馆次数达到0.3次。

管理工作

在《公共图书馆建设标准》、《河南省公共图书馆管理办法》等政策法规的基础上，偃师市图书馆制定了《图书馆员守则》、《图书馆馆员职业道德规范》及一系列的规章制度，形成了偃师市图书馆科学规范管理系统。偃师市图书馆规范的管理系统共分四个部分：部门岗位职责；业务管理制度；文化共享工程工作规范；行政管理制度。

表彰、奖励情况

偃师市图书馆连续三次被国家文化部命名为一级图书馆、全国文化信息资源共享工程试点县、全国全民阅读活动先进单位、全国少年儿童图书馆（室）先进集体、全国文明图书馆、河南省十佳图书馆、河南省示范图书馆、文化系统先进单位、洛阳市巾帼文明岗。连年被洛阳市文化局、人事局评为先进集体、被偃师市政府命名为庭院化达标单位。

馆长介绍

赵治卿，男，1967年4月生，郑州大学图书馆学系毕业，中共党员，馆员。1989年参加工作，1993年任偃师图书馆副馆长，2001年任偃师市文化广电新闻出版局办公室主任，2010年11月任偃师市图书馆党支部书记、馆长。

"书韵图书馆"摄影大赛活动

快乐阅读送书到军营活动

延津县图书馆

概述

河南省延津县图书馆成立于1984年11月，前身是延津县文化馆图书室，成立之初馆藏图书1.1万册，建筑面积80平方米，职工3人。近年来，随着我县经济的发展和县委、县政府对文化工作的高度重视，2007年县政府规划建设了新的图书馆，新馆位于延津县文体中心西南部，于2010年11月份正式对广大群众免费开放。新馆占地40亩，建筑面积3010平方米，设计藏书能力15万册，阅览坐席330个，计算机50台，宽带接入光纤100兆，选用金盘图书馆自动化管理系统。设有多功能报告厅、报刊阅览室、老年阅览室、少儿阅览室、休闲阅览室、电子阅览室、地方文献室、古籍保护中心、文化信息资源共享中心延津县支中心等多个业务部室，一流的设施，热情的服务，现代化的延津县图书馆已经成为我县对外宣传的重要窗口和文化名片。我馆实行365天免费开放、免费办证、开架式阅读制度，是我省首家推出休闲读书理念的图书馆，为我县人民群众提供了休闲读书的优雅环境。

业务建设

截止2012年底，延津县图书馆纸质图书藏量8.9万册。2011年延津县图书馆率先开通了数字图书馆业务，成为河南省第一家开通数字图书馆的县级图书馆，同时也是新乡地区第一家开通数字图书馆业务的公共图书馆，数字图书馆拥有14个数字资源库数十万种数字资源；全年订阅报刊杂志400余种,内容涵盖政治、经济、历史、文化、养殖、种植等类别，基本上满足了我县广大群众的读书、阅报、了解新知识新信息的需求。

截止2012年底，延津县图书馆新增藏量购置费70万元，2010、2011、2012年，共入藏中外文图书1.2万种，6.9万册，数字图书馆资源量达数100万种，中外文报刊1320种，视听文献年入藏量96种，截止2012年搜集地方文献300种，1235册，地方文献入藏完整率90%。

2010年，为适应河南省公共图书馆服务联盟建设的需要，购入金盘借阅系统实现借阅自动化，与新乡市图书馆实现借阅联盟。2012年下半年实现馆内无线网络全覆盖。

2011年与县纪委监察局联合建设廉政教育基地，在图书馆门前广场建设廉政长廊，宣传历代廉吏故事；购进廉政图书2000册，建设廉政图书阅览室；订阅廉政报刊78种，在报刊阅览室设立廉政报刊专架；制作当代反腐典型案例图片，建设廉政警示教育室；廉政教育基地是我县开展党员干部廉政教育和廉政文化宣传的主阵地。

读者服务工作

延津县图书馆自2010年11月新馆开馆以来，全年365天对外免费开放，免费办证、开架式阅读制度，是我省首家推出休闲读书理念的图书馆，每周开放56小时。2010–2012年，书刊总流通18.27万人次，书刊外借31.36万册次。2011年，开通与新乡市图书馆的馆际互借服务。同年，建成延津县财政局分馆、延津县国税局分馆、延津县消防队分馆三个分馆。成立政府信息公开查阅中心，为我县人民及时了解地方政务信息，了解政府决策，提供了服务平台。

2010–2012年，延津县图书馆共举办讲座、展览、培训、推广阅读等读者活动89场次，参与人数1.57万人次。

业务研究、辅导、协作协调

2010–2012年，延津县图书馆职工发表论文10篇，出版专著1部。针对延津县辖区居民读书情况和居民家庭藏书情况进行专题调研，并撰写《关于延津县居民家庭读书藏书情况的调查报告》，被县政府以《政府工作简报》的形式下发全县各单位。

本馆定期开展为少年儿童、进城务工人员、老年人等特殊群体的针对性服务，定期为全县文化信息资源共享基层网点、农家书屋人员进行业务辅导，全年对基层网点、农家书屋人员培训12期，每期均不少于60人。

管理工作

2009年7月延津县图书馆实行第二次全员岗位聘任，本次聘任共设18个岗位，有19人重新上岗，同时建立了工作量化进度考核指标体系，每季度进行工作进度考核，每半年和全年进行总体工作考核。2010年–2012年，共抽查文献排架15次，撰写工作问题报告5篇，撰写专题报告1篇。

休闲阅览室

“我读书·我快乐”少儿系列活动现场

"延津县首届汉字听写大赛"活动现场

诵读比赛现场

表彰、奖励情况

延津县图书馆2011年、2012年连续被河南省文化厅评为"河南省先进图书馆",2009年–2012年被河南省图书馆协会评为"河南省全民阅读先进单位"、"河南省图书馆服务宣传周先进单位";新乡市"三·八"红旗集体,新乡市科普宣传先进单位,新乡市少年维权岗先进单位,新乡市文广系统免费开放先进单位;延津县精神文明建设先进单位、延津县对外宣传先进单位,延津县未成年人思想教育基地和延津县廉政文化建设先进单位等荣誉。

馆领导介绍

范伟,女,1968年9月生,本科学历,民盟党员,副研究馆员,馆长。1984年参加工作,1992年任延津县图书馆馆长,兼任河南省图书馆理事会理事,文化信息资源共享工程延津县支中心主任、延津县古籍保护中心主任等职,多次被河南省图书馆评为"先进工作者"、"全民阅读先进个人"等荣誉称号;新乡市第十二 届人大代表、政协延津县第五、六、七、八届委员,政协延津县第八届常委;新乡市文化系统先进工作者,新乡市"三·八"红旗手,新乡市科普先进工作者;延津县"三·八"红旗手,延津县对外宣传先进个人。

郭瑞民,女,1974年2月生,本科学历,中共党员,馆员,副馆长。1992年9月到延津县图书馆工作,先后在阅览部、古籍部、业务办公室工作,2002年8月任命为延津县图书馆副馆长,兼任延津县图书馆党支部书记,河南省图书馆学会会员。延津县对外宣传先进个人,延津县"三·八"红旗标兵。

未来展望

延津县图书馆作为文化事业的重要组成部分,作为公益性社会文化机构,担负着为全县人民提供各种公益性文献信息服务和传播先进文化、开展社会教育等社会职能,我们将致力于弘扬优秀传统文化,弘扬中国精神,开展全民阅读,建设书香社会,用丰富的藏书,热情的服务,全心全意服务于全县人民,服务于社会,继续为促进富裕、生态、诚信、幸福、平安新延津做出积极的贡献!

联系方式

地 址:河南省延津县南环文体中心院内
邮 编:453200
联系人:范 伟

鄢陵县图书馆

概述

鄢陵县图书馆初建于民国时期，设有图书借阅、报刊阅览室。1979年1月正式设置鄢陵县图书馆，馆址几经变迁，现址2008年10月落成，位于县人民路西段文化广场院内，建筑面积2600平方米，设计藏书容量50万册，可容纳读者座位500个。1999年、2004年、2009年连续三次参加全国公共图书馆评估定级活动，均获得三级图书馆，第五次评估定级荣获国家一级图书馆。2012年，鄢陵县图书馆有阅览座席260个，计算机46台，全部实现了光纤（ADS）网络接口，选用春晖图书馆自动化管理系统。

业务建设

截止2012年底，鄢陵县图书馆总藏书量8.5万册（件），其中，古籍图书1万余册，古字画、连环画500册（件），电子文献680种。2009年、2010年鄢陵县图书馆新增购经费16万元，2011年起增至20万元，2009–2012年共入藏中文图书6350种，7620册，中文报刊280种，试听文献628种。2012年地方文献入藏完整率98%。截止2012年底，鄢陵县图书馆数字资源总量2.1TB，其中，自建数字资源总量1.0TB。2009–2012年完成《栾城三集》、《苏氏家乘》、《中外文征》等数据库的建立，在建数据库有《鄢陵花卉》、《鄢陵历史名人》等。

读者服务工作

从2009年11月起，鄢陵县图书馆全年365天对外免费开放，每周开放58小时。2009–2012年书刊总流量21.3万人次，书刊外借36.5万册次。2012年5月，开通与许昌市、禹州、长葛等图书的馆际互借服务，2009–2012年共建立馆外服务网点12个，馆外书刊流通总人次6.2万人次，书刊外借9.6万册。2009–2012年，鄢陵县图书馆共举办讲座、培训、阅读推广等读者活动218场次，参与人数1.6万人次。以鄢陵县图书馆文化共享工程支中心为平台，围绕"健康鄢陵、幸福人民"为主题进行了一系列讲座、宣传。

业务研究、辅导、协作协调

2009–2012年，鄢陵县图书馆职工发表论文3篇。

2009–2012年，鄢陵县图书馆担负着《农家书屋》和《全国文化信息资源工程》建设的任务，重视对农村和社区图书室的业务辅导，全县12个乡镇1个社区综合文化站建有图书室，382个行政村文化大院建有农家书屋和文化信息资源共享工程，实现全覆盖。建立了图书馆、农家书屋统一购书统一编目。

2009–2012年分批分期对全县农家书屋、文化资源共享工程管理员进行业务培训6次。培训人员615人次。

管理工作

2009年，鄢陵县图书馆施行全员聘任上岗，聘任岗位9类，有19人重新上岗，同时建立了工作量化考核标准，每半年和全年进行考核，作为评先、晋级依据。财务管理，严格循章守则，设备物资管理有健全的规章制度，实行监督管理。防盗、消防设备齐全，消防安全合格。

表彰、奖励情况

2009–2012年，鄢陵县图书馆共获得各种表彰、奖励11次，其中文化部表彰2次，省文化厅表彰2次，其它表彰7次。

馆领导介绍

杜建设，男，1964年2月生，大专学历，中共党员，馆员，馆长、党支部书记。1982年12月在图书馆参加工作，1992年任图书馆馆长，先后在外借室，业务辅导室工作。

丁勇超，男，1963年12月生，中专学历，中共党员，馆员，副馆长，分管全馆业务工作。1981年参加工作，1986年到鄢陵县图书馆工作，先后在外借室，阅览室。古籍室等部门工作。

王沛，男，本科学历，1980年2月生，1998年参加工作，2004年4月调任鄢陵县图书馆任副馆长，分管文化信息资源共享工程，古籍室，安全、消防等工作。

姜莉，女，1970年7月生，大专学历，中共党员，助理会计师，副馆长，1985年6月参加工作，先后在古籍室，电子阅览室、采编室工作。

刘卫琴，女，1969年4月生，大专学历，中共党员，馆员，馆长助理。1987年4月到图书馆参加工作，先后在图书馆外借室、阅览室工作。

未来展望

鄢陵县图书馆遵循"科学、高效、创新、进步"的办馆方针，进一步完善服务功能，扩大服务区域、带动区域事业发展，积极整合文化资源。开发与图书馆业务相关的文化产业发展渠道。建立健全特色文献资源数据库，把鄢陵地方文献、茶文化，花文化、许由文化等作为收录重点。改造古籍库房使之成为全省全国重点保护单位，建立完善无障碍服务区，美化阅览环境，提升服务质量，努力创造鄢陵县图书馆新的未来。

联系方式

地　址：河南省鄢陵县人民路2146号
邮　编：461200
联系人：丁勇超

鄢陵县图书馆古籍室

电子阅览室

正月十五谜语竞猜活动

淅川县图书馆

概述

淅川县图书馆成立于1978年10月。2002年6月原馆舍因城市改造拆迁，2003年8月新馆破土动工，建筑面积3300平方米，2005年9月投入使用，2006年5月16日正式开馆。馆内设图书外借室、报刊阅览室、过刊资料室、科技图书资料阅览室、少儿图书外借室、少儿阅览室、全国文化资源共享工程支中心、采编室、书库等服务窗口9个。2008年率先在全南阳市范围内实行Ilass图书馆办公自动化管理系统。2009年，参加第四次全国公共图书馆评估，首次获得全国一级图书馆。在2013年第五次全国图书馆评估定级工作中再次获得一级图书馆的称号。

业务建设

2005年图书馆经费在财政预算中只有15万元，2009年达到20万元，购书经费单列7万元。资金短缺、馆藏图书少，一直是淅川县图书馆的薄弱环节。为了从根本上解决藏书不足，在2001年就积极想办法，自筹资金购置图书，取得了显著的社会效益和经济效益。2002年3月12日《中国文化报》以"一个县级图书馆是如何走出困境的"为题，报道了淅川县图书馆艰苦创业的工作业绩。另一方面积极争取社会捐助。近年来，已争取到文化部为贫困县捐增图书2000余册，国家文明委捐增图书1000册，国家图书馆捐赠3000册。开馆至今，图书馆开展了"奉献一片爱心、营造书香家园、构建和谐社会、打造文化淅川"为主题的图书捐赠活动，得到了淅川籍县内外热心公益事业的单位和个人的积极响应，踊跃捐赠图书。图书馆设立了淅川名人专架和捐赠榜。目前，已收到捐赠图书12个专架，计18000余册图书，极大地丰富了馆藏。截至目前，我馆藏书已达110000册，2014年新增图书达3600余种，5600多册。

读者服务工作

把读者服务工作提高到一个新的水平。为扩大读者队伍，2012年淅川县图书馆一方面实行免费开放，另一方面通过采取街头宣传、送书上门、读者活动、媒体报道、延长开馆时间（周六、周日延长工作时间2个小时，以保证每周开馆60小时）等措施，吸引了大量的读者走进图书馆，利用图书馆。目前图书馆已拥有固定读者5500余人，馆内年借阅人次达162142万余人次。读者队伍的扩大，为服务工作提出了新要求，围绕图书馆业务工作的开展，牢固树立服务意识，坚持服务进社区，服务到基层。我们分别在龙城街道办事处上集社区、春风社区、电业局、聋哑学校、毛堂乡旬子村等单位设立了10个送书网点，建立服务台帐，坚持定期更换新书，大大方便了读者借阅。另外，对社会弱势群体，开展了送书上门服务，淅川县上集镇敬老院、聋哑学校等成为常年服务的网点。

2008年–2013年，淅川县图书馆共举办讲座、展览、阅读推广等活动158场次，参与人数36154人次。广泛开展丰富多彩的读者活动。把读者活动作为实现图书馆职能的重要方式，每年共举"读者座谈会"、"少儿故事演讲赛"、"暑期读书有奖征文"等读者活动和讲座报告会30次以上，尤其是开展的"走进图书馆 和书交朋友"大型少年儿童读书活动和全民阅读活动，已成为图书馆每年的固定节目，参加各类读者达六万多人次。同时全国文化信息资源共享工程支中心利用节假日免费向读者开放并定期对基层服务点人员进行培训，技术人员定期到基层服务点进行辅导并播放专题节目。

业务研究、辅导

2008年–2013年，淅川县图书馆职工发表论文58篇，其中已有36篇业务论文在市图书馆学会会员大会上宣读交流，5篇提交省图书馆学会。其中5篇荣获"第五届优秀学术论文暨为经济建设服务成果奖"（一等奖2篇，二等奖3篇）。

管理工作

2012年，淅川县图书馆完成图书馆岗位首聘工作。本次聘任共设18个岗位，有16人上岗。淅川县图书馆引进企业化管理模式，定岗定责，实行竞争上岗、优化组合，让能者上、平者让、庸者下，并建立一整套激励奖罚制度。

表彰、奖励情况

2008年–2013年，淅川县图书馆共获得各类表彰、奖励36次，其中，文化部表彰、奖励2次，省文化厅表彰、奖励2次，其他表彰、奖励32次。

馆领导介绍

靳仕贤，男，1956年，汉族，党员，1988年任淅川县文化局文化股长，2012年至今任淅川县图书馆党支部书记，负责全馆工作。

于慧珍，女，1954年，回族，党员，副研究馆员职称。1989年任淅川县图书馆党支部书记、馆长。2002年任淅川县文化局副主任科员。2014年3月退休。

未来展望

淅川县图书馆长期坚持自力更生、艰苦奋斗、团结协作、无私奉献的创业精神，利用馆藏文献资源，积极传播科学知识，开展全民读书活动，丰富人民群众文化生活，有力地服务了淅川县两大文明建设。荣获全国"文明图书馆"、"河南省甲级图书馆"、"河南省示范图书馆""全国一级图书馆"等称号。未来把扩充馆藏、增添现代化设施、加强业务建设、扩大读者队伍、提高服务水平、加强内部管理作为工作重点，争取在基础设施、业务建设、读者工作、管理等方面取得了前所未有的好成绩。一流的馆舍、一流的设备、一流的管理、一流的服务是淅川县图书馆奋斗的目标。

联系方式

地　址：淅川县体育场北侧
邮　编：474450
联系人：靳仕贤

禹州市图书馆

概述

禹州市图书馆始建于1978年9月，是我省在党的十一届三中全会以后首批开放的县（市）级重点公共图书馆之一，2007年5月位于禹州市城东新区科技文化苑东侧的新馆建成开放，建筑面积4800平方米。内设服务大厅、社科借阅部、自科借阅部、现刊阅览室、过刊阅览室、少儿阅览室、电子阅览室（全国文化信息资源共享工程）、资料室（钧瓷文献特藏库、古籍资料、工具书）、采编部、辅导部、参考咨询部、自习室、报告厅等业务部室，馆藏图书21.5万册，报纸期刊450多种。拥有阅览座席478个，计算机95台，光纤接入40Mbps，各部室全部实现了计算机管理。我馆建有自己的网站（www.yzstsg.com），读者访问量达12.2万次。

业务建设

截止2012年底，禹州市图书馆总藏书量21.5万册（件），其中，纸质文献21万册(件)，电子文献1353件，视听文献3020件，古籍文献779册。

我馆于2012年5月成立了“钧瓷文献特藏馆”和“地方文献博物馆”，目前已搜集整理钧瓷文献和地方文献800余册，不断丰富本地文献资料的现状，成为收藏夏禹文化、钧瓷文化和中医药文化等特色文献的博物馆。

2011年，为适应公共图书馆建设的需要，原有的图书管理系统从6.3升级到8.0系统；并于2012年初，实现馆内无线网络覆盖。

读者服务工作

从2007年5月起，禹州市图书馆全年对外免费开放，周开放56小时。2007–2012年，书刊总流通108.5万人次，书刊外借62.4万册次，共举办讲座、展览、培训、图书宣传等读者活动62场次，举办广场文化活动306次，参与读者人数达20万人次。

为了满足我市特殊群体、弱势人群阅读及充分利用图书馆，我馆依托馆内资源，除了常规的阅览室以外，还特设有盲人、老年人专区，有专人服务指导，做到给读者最好的服务。

在信息服务方面，我们通过编印《禹图快报》、《禹图参考咨询快报》，积极为领导机关和社会大众提供决策及信息服务，为农民工和下岗职工提供致富信息。

书刊宣传服务工作中，禹州市图书馆坚持馆内阵地宣传和馆外服务点宣传相结合。并且在每届的“中国禹州中医药交易会”和“禹州·中国钧瓷文化节”期间，设立了中医药图书和钧瓷文化图书展示专柜，推广和宣传地方文化，让读者更进一步的了解和学习相关知识。以上宣传服务活动，共吸引了社会各界读者近3万人次前来参与。

业务研究、辅导、协作协调

禹州市图书馆投资68万元设置了全国文化信息资源共享系统。禹州市支中心面积120多平方米，设有专职管理人员，有总容量为6TB的服务器一台、电脑设备80余套、存储电子资源2TB。并且接入有光纤业务，形成了互联网、光盘（移动硬盘）等多种技术服务模式。

禹州市图书馆目前珍藏古籍700余册。对古籍资料的保存和利用非常重视，专人负责管理且制定了详细的古籍资料管理、借阅制度。对全市范围内的古籍进行了普查，建档等工作。定期举办针对古籍资料保护以及修复相关的专题讲座和业务研讨会，提升了管理人员的业务水平。

近年来，禹州市图书馆辅导部对基层图书室和农家书屋建立信息档案，帮助他们完善图书管理制度，进行图书分类，为基层图书室和农家书屋培训业务人员600余人次，使我市基层图书室和农家书屋的建设步入良性发展。

禹州市图书馆积极参加上级图书馆组织的协调协作工作，制定了本地区图书馆服务网络建设规划，使本地区街道、乡镇、社区、村图书馆参与服务网络建设的比例达到40%，实现了图书馆服务网络内的资源共享。

管理工作

科学的管理是图书事业健康良性发展的保障。为不断满足广大读者日益增长的阅读需求，禹州市图书馆多措并举、狠抓管理，向读者提供更加优质的服务。

1、人事管理方面，引入激励和制约机制，充分发挥广大职工的积极性和创造性。我馆根据《河南省公共图书馆管理办法》制定了《禹州市图书馆人事制度改革方案》，实行了全

与电视台联合举办文学讲座

六一留守儿童参观图书馆

办证大厅

少儿阅览室

自科借阅部

员竞聘，调整了内设机构。按需设岗，定岗定员定责。中层正职实行双指标竞争上岗，员工可以进行双向选择，与每位职工签订目标管理责任书，目标完成情况将作为年终考核的一项重要内容。通过对每位职工德、能、勤、绩等方面的综合评定，作为发放绩效工资的依据，每年年终评选出“五佳”突出贡献员工，另行颁发突出贡献将。

2、财务及物资管理方面，不断建立健全财务监督管理机制和物资管理机制，严格遵守相关法律法规，严格按照规定程序执行。

3、环境管理方面，我馆利用新馆建成开放的有利时机，对馆址周围的整体环境进行了认真细致的规划与建设，为广大读者创造出了一个优美雅静的读书环境。

表彰、奖励情况

2009年被文化部命名为“国家一级图书馆”。

2011年、2012年被河南省文化厅评为“河南省先进图书馆”。

2010年、2011年被河南省图书馆评为“全民阅读先进单位”。

2011年、2012年在“图书馆服务宣传周”活动中被河南省图书馆学会评为先进单位。

2012年被许昌市人民政府命名为“文明服务示范窗口”单位。连续多年被许昌市文化局授予“社会文化工作先进单位”称号。

馆领导介绍

崔慧红，女，1971年12月生，本科学历，中共党员，馆员，馆长。1991年参加工作，2011年任禹州市图书馆馆长。兼任河南省图书馆学会常务理事，禹州市政协委员等职。

杨珩，女，1963年12月生，大专学历，中共党员，馆员，党支部书记，1983年参加工作，2011年任图书馆党支部书记。

未来展望

禹州市图书馆为适应全市文化和经济发展的需要，遵循“科学、创新、效率、发展”的办馆方针，努力推动文化信息资源的建设和人力资源的开发利用，把握发展机遇，充分发挥图书馆在知识创新和社会主义精神文明建设中的作用，在不断强化自身的同时，扩大服务辐射区域，带动地区事业发展，向现代化图书馆迈进。

联系方式

地　址：禹州市禹王大道与府东路交叉口
邮　编：461670
联系人：赵 静

渑池县图书馆

概述

渑池县图书馆成立于1986年，原址位于仰韶大街科技楼一楼。2000年建立新馆馆址位于会盟大道中段三馆院内，新图书馆建筑面积为2700平方米，总投资350万元，2001年12月建成投入使用，现为国家一级图书馆。目前馆藏图书12万余册，阅览座席有300个。2007年参加全国公共图书馆评估，首次获得国家二级图书馆。2013年参加第五次全国公共图书馆评估，获得一级馆。目前拥有阅览坐席360个，计算机52台，宽带接入100Mbps，选用ILAS图书馆自动化管理系统。

业务建设

截止2013年底，渑池县图书馆藏总量37万余册（件），其中纸质图书12余万册，电子文献500种以上，拥有电子图书25万册，三个图片资源，3个视频资源。2012年图书入藏数量为1500种，报刊入藏量为40种，视听文献年入藏量为30种。2013年4月我馆与县史志办联合在图书馆一楼成立了地方史志资料室，新增地方文献3000余册，并有专柜、专门目录和专人管理，4月10日正式对读者进行开放。2012年度图书馆财政支付决算为149万元，新增图书购置费9万元，2013年图书购置费7.2万元。我馆藏书按照《中图法》第五版进行分类标引，按照《普通图书著录规划》进行著录，并在图书文献到馆30内完成编目著录工作；期刊、报纸、视听文献我馆采用手工登记进行编目；图书加工书标、机读号、磁条等都在省馆图苑公司购买并按照图书加工标准进行加工上架；我馆图书目录设立机读目录和卡片目录两种，采编室定期进行维护。开架图书达到馆藏图书的70%，正确率达到96%以上。架位维护管理设立了架位维护制度，大众阅览室2名工作人员少儿阅览室1名工作人员负责进图书的日常排架复位；文献保护方面我们设置了1、库房管理制度。2、文献保护制度。3、文献修补情况统计。4、文献保护相关设备使用登记等项制度，并严格按制度操作，确保文献损耗减到最低值。数字化建设方面：我馆2007年成立文化共享工程县支中心时，省中心留存数字资源3TB，2010年县级数字图书馆建设时，上级发放1TB的数字资源组成，现存有数字资源量为4TB；馆藏中文文献数字化达到80%，计9万6千册。2012年10月实现馆内无线网络覆盖。

读者服务工作

2011年5月1日起图书馆实行365天免费对外开放。图书馆公共空间开放达到90%，基本服务项目全部免费。制作了免费开放项目和内容版面悬挂于一楼大厅。普通服务方面，每周开馆时间56小时；书刊文献开架比例为80%；馆藏书刊文献外借率到达70%；2013年书刊文献外借10万册次。馆外流动服务点借阅方面，截止2013年底共建立馆外服务点12个。每季度到服务点每月到驻军二营五连军营图书室和县消防大队、渑池武警支队警营图书室更换新书1500册，2013年更换图书5000册。图书馆共办理借阅证5500个，年流通人次15万，人均到馆27次；2013年我馆书刊宣传活动举办4次，发放新书简介彩页2000份；2009年我馆开通了残疾人专用通道，2012年举办未成年人教育辅导活动2次，2013年在一楼开办了老年阅览室，在电子阅览室开设了进城务工人员电脑购票专用电脑4台，方便和服务了特殊群体；2013年我馆举办各种活动16次，其中读者活动11次，讲座培训5次。举办老年书法展和动物标本展览各一次；图书服务宣传方面我们分别在2012年5月21—27日，2013年5月27—6月2日分别举办了图书宣传周活动，在2013年7月1日、10月1日两次举行图书服务宣传活动，通过发放宣传彩页和版面展览，让更多的群众了解图书馆职能，吸引读者到馆参加各项活动。2012年12个乡镇基层站点电子阅览室建设：中央资金12万，县级配套12万；2012年基层站点管理人员培训工作，我们在4月和7月进行了两次培训，共培训人员200余人，几年来县支中心共培训基层站点工作人员1060人次。基层站点的检查按乡镇区域划分，覆盖了全县12个乡镇和235个行政村。制度建设与管理，县支中心除了按照河南省文化共享工程县级支中心工作规范、电子阅览室管理人员工作守则、机房管理制度和信息安全管理制度工作外。2010年10月，县支中心与组织部电教科共同制定了基层站点文化共享工程设备管理暂行办法，2011年三门峡市文化局下发了文化共享工程设备管理办法下发到各基层站点。同时我们还制定了设备管理责任书下发到各乡镇，要求乡镇加盖党委公章交支中心存档，通过确定责任人和处理措施保证站点设备不被挪用，发挥其应有的作用。资源建设方面我们根据当地情况，收集了仰韶文化方面材料，包含图片、建设数据、文化介绍等。

县支中心电子阅览室实行免费开放，并针对青少年、老年人和农民工进行了区域划分，工作人员分别对上述人员进行指导。并规定了青少年到室上网必须有成年人陪同，上网时间不得超过2小时每天。老年人区规定工作人员必须随叫随到，详细询问老年人上网需求，并帮助其进行电脑操作；古籍保护方面：自2010年9月古籍保护工作开展以来，我馆先

“老电影的记忆”电影纪念展室

电子阅览室

图书阅览外借室

历史人物讲堂——《曹端》

科普文化宣传

优秀作文评选活动

后购置樟木箱、冷光无边距扫描仪、书影翻拍架等设备，共计3万元。县古籍保护中心古籍普查平台和省古籍保护中心联网，有两名专职人员进行古籍数据录入。古籍制度建设方面我馆制定了古籍保护制度和管理规定，并严格按照执行确保古籍安全。2011年，县政府办公室下发《进一步加强我县古籍保护的实施意见》，在全县范围内开展古籍普查。宣传采用发彩页、挂横幅、电视台字幕的方式进行。古籍培训我馆分别在2011年8月、11月渑池县图书馆抽调工作人员3名，参加省级古籍保护中心统一培训。古籍普查完成情况：我馆目前录入全国古籍平台古籍503种1321册，其中三级古籍58册，4级古籍488种1263册。我馆保存的古籍清刻本《朱阳书院志》，入选第一批河南珍贵古籍名录。在古籍著录的时，按照古籍著录标准进行著录，古籍数据同期上传全国古籍著录平台，古籍整理和数字化随时可从古籍著录平台导出。同时我馆也将古籍数据（包括著录数据和照片资料）进行另外保存，确保古籍资料随时调取。

管理工作

2012年9月渑池县图书馆完成第一次全员岗位聘任，本次聘任共设3类岗位，有12人重新上岗，同时，建立了工作量化考核指标体系，每月进行工作进度通报，每半年和全年进行总体工作考核。2012—2013年，共抽查文献排架30次，书目数据15次，撰写专项调研、分析报告和工作提案8篇，编写各部门工作进度通报10篇。

表彰奖励

2006—2013年，渑池县图书馆共获得文化部表彰3次，省文化厅表彰2次，市政府表彰1次，其他奖励6次。

馆领导介绍

崔强，男1972年7月出生，大专学历，中共党员，馆长。1990年12月参加工作，2006年任文化市场管理办公室副主任，2008年2月任渑池县图书馆长。2010年获得文化厅第四次全国公共图书馆评估定级先进工作者，2011年被渑池县县委县政府命名为“渑池十大优秀青年”。

马新乐，男，1983年6月出生，大专学历，中共党员，党支部书记。2002年12月参加工作，2009年4月任文广新局办公室副主任，2013年7月任渑池县图书馆党支部书记。

刘新峰，男，1976年7月出生，本科学历，助理馆员，副馆长。1998年4月参加工作，2008年2月任渑池县图书馆副馆长。

未来展望

按照“科学、效率、惠民”办馆方针，把提升图书馆综合服务效能作为重点，实现图书馆人均占有藏书0.5册以上，平均每册藏书年流通率0.7次以上，人均年增新书在0.03册以上，人均到馆次数0.3次以上，每周开放时间不少于56小时，每月举办馆办活动不少于一次。依托全国文化信息资源共享工程和数字图书馆推广工程，建设1个县级地方特色数字资源库，可用数字资源不低于2TB。在做好免费开放的基础上，组织开展全民阅读活动和各类专题讲座活动。积极争取为图书馆配备图书流动服务车。实施公共图书馆总分馆建设。制定《渑池县图书馆总分馆制建设实施方案》、《总分馆制管理暂行工作办法》等相关制度，保证分馆(点)规范性、系统性的建设原则。实施以县图书馆为总馆，乡镇图书室为分馆，村图书室为分点的总分馆模式。同时做好图书流动车服务工作，与总馆、各分馆(点)形成动静结合、馆点结合的图书馆服务网络，构建覆盖全市的公共图书馆总分馆体系。实行统一管理、统一采购、统一调配、统一检索、统一分编，通借通还。

联系方式

地　址：渑池县会盟大道中段三馆院内
邮　编：472400
联系人：刘新峰

十八大精神报告会

送书进警营

送图书下乡活动

陕县图书馆

概述

陕县图书馆建立于1984年11月，址设陕县神泉路中段。为二层拐角楼房，使用面积1500平方米。职工12人，(其中初级专业技术人员7人)，设正、副馆长各1人。1988年增设馆长助理、业务主任各1人，下设9部1室。另在县政府机关楼下设立分馆1所，面积60平方米。年经费2.9万元，购书费8700元。藏书3.7万册，订期刊97种，报纸52种。发放借书证1770个，每周开放61个小时。

1994年，陕县政府西迁温塘。1996年，在新县城高阳路西侧建设新馆，于1998年8月竣工。新馆占地4329平方米，建筑面积2800平方米。2014年，有职工18人，其中高级职称3人，中级职称7人，藏书13万册，可容纳读者座位300个，计算机90台，宽带接入10MB，选用春辉图书馆自动化管理系统。内设采编部、报刊阅览室、图书流通部、电子阅览室、参考资料室、辅导部、古籍特藏室、过期报刊特藏室、地方文献特藏室、少儿活动室、办公室、财务室、文化共享工程陕县支中心等部室。1990年以来，先后被县委、县政府表彰为“立功单位”，省文化厅授予“倡导全民读书，实施优质服务”活动先进单位、“河南省先进图书馆”，被省委、省政府命名为“文明单位”，被文化部授予“国家二级图书馆”、“国家一级图书馆”、“全国文明图书馆”等荣誉称号。2014年，在全国公共图书馆第五次评估定级活动中，被文化部再次授予“一级图书馆”称号。

业务建设

截止2012年底，陕县图书馆总藏量13万册（件），数字资源总量为6TB，其中，自建数字资源总量1.3TB。2010年，陕县图书馆新增图书购置费8万元。

2009年，在全省统一实施的文化共享工程中，建立了“文化共享工程陕县支中心”，新增“文化共享工程——电子阅览室”，更新了图书馆自动化管理系统。2010年，将全馆原藏图书报刊通过自动化管理系统重新分类编排，以适应图书馆自动化管理系统的实施，截止2011年，陕县图书馆全面实现自动化借阅管理，并实现无线网络全覆盖。

读者服务工作

从2009年10月起，陕县图书馆实施全面对外免费开放，周开放60小时。2009–2012年，书刊及电子阅览总流通14万人次，书刊外借12万册次。

2012年6月，开展集体办证免办证押金活动，新增加行政、企事业单位、社会团体和各级组织集体办证6000个。2009–2012年，新增集体借阅书刊服务点8个，年集体流通书刊24000册次。

2009–2012年，陕县图书馆共举办讲座、座谈、培训、展览、全民阅读和数字图书馆推广等读者活动136场次，参与人数126000人次。以陕县图书馆为全县民众的服务平台，联合指导乡镇文化中心和行政村文化大院的图书室和农家书屋广泛开展全县范围的阅读推广等主题活动，并将各部门活动开展情况记入年度考核档案，年终报陕县文广新局进行评奖表彰，重点是乡镇、村的“文化共享工程基层服务点”、“电子阅览室”、“图书室”和“农家书屋”等基层辅导和服务活动开展工作，这也是陕县图书馆服务基层工作的亮点。

业务研究、辅导、协作协调

2009–2012年，陕县图书馆职工发表论文12篇，出版专著1部，获省、市社科联调研项目3项。

2006年，陕县图书馆为河南省首批实施的文化信息资源共享工程试点单位。2008年，在陕县图书馆成立“文化共享工程陕县支中心”。从2009年至2012年，陕县4镇9乡256个行政村，全部建立了文化共享工程基层服务点，实现了文化共享工程全覆盖。陕县图书馆利用支中心的设施设备，开展了全县范围的基层文化共享工程和图书室业务辅导和培训工作，他们根据本地实际情况，自选课题、自编教材、图书馆中级以上职称授课，截止2012年底，全县269个基层服务点主管领导和管理人员培训完成，共举办业务培训班16期，326人接受了培训。

管理工作

2010年，陕县图书馆完成全员岗位聘任，设12类岗位，有18人重新上岗，同时，建立了工作量化考核指标体系，每月进行工作进度通报，每半年和全年进行总体工作考核。2009–2012年，共集中分编图书报刊4次，抽查文献排架8次，抽查书目数据4次，编写《致富信息》16期，撰写业务调研、分析报告和工

“三下乡”活动

举办青年农民党员电脑培训班

报刊阅览室

图书流通部

举办暑期少儿安全知识讲座活动

作提案6篇，整理业务档案和工作台账68册。

表彰、奖励情况

2009–2012年，陕县图书馆共获得各种表彰、奖励12次，其中，文化部表彰、奖励1次，省文化厅表彰、奖励2次，市、县文广新局表彰、奖励6次，其他表彰、奖励4次。

馆领导介绍

崔国民，男，1964年11月生，本科学历，中共党员。1998年，毕业于北京大学图书馆学系函授本科班，文学学士学位，副研究馆员。陕县图书馆馆长、党支部书记。1980年1月参加工作，历任陕县图书馆馆长助理、副馆长、馆长、党支部书记，2002年4月任陕县图书馆馆长，2002年11月任陕县图书馆党支部书记。中国图书馆学会会员，河南省图书馆学会理事、文化信息资源共享工程陕县支中心主任、陕县古籍保护中心主任等职。2004年被陕县县委、县政府授予"专业技术拔尖人才"，2009年录入"三门峡市专家人才库"成员。

王淑兰，女，1971年10月出生，本科学历，文学学士学位，中共党员，副研究馆员，陕县图书馆副馆长。1992年12月参加工作，历任陕县图书馆采编部主任、副馆长等职。分管图书馆业务工作等，中国图书馆学会会员，河南省图书馆学会会员。

刘慧芳，女，1963年6月生，大专学历，中共党员，助理馆员，副馆长。1982年1月参加工作，历任参考咨询部主任、副馆长等职。分管图书馆行政工作等，河南省图书馆学会会员。

蔡海娟，女，1969年3月生，大专学历，助理馆员，副馆长。1984年12月参加工作，历任图书流通部主任、副馆长等职。分管图书馆财务和人事工作等，河南省图书馆学会会员。

未来展望

陕县图书馆遵循"读者至上，服务第一；敬业爱岗，创新务实"的办馆方针，全面实施免费开放，不断完善人性化服务功能，扩大服务范围，促进图书馆事业发展壮大。2009–2012年，以全国公共图书馆评估定级为契机，创新公共图书馆服务新职能，让公共文化惠及于民。按照陕县发展规划，陕县图书馆新馆建设已经蓝图绘就，新的现代化图书馆即将建成。在未来的几年里，陕县图书馆将在现有馆舍的基础上，做好公共图书馆的免费开放工作，加大宣传力度，让更多的读者了解图书馆、走进图书馆、利用图书馆，真正让公共图书馆成为本地区文化信息的传播中心，人们休闲阅读、学习技能和网络冲浪的场所，实现全社会少年儿童及弱势群体零门栏进入。不断创新思路跨越发展，主要业务指标位居全省前列，争取进入全国一流图书馆行列。

联系方式

地　址：三门峡市陕县县城高阳路南段
邮　编：472143
联系人：崔国民

灵宝市图书馆

概述

灵宝市图书馆是灵宝市唯一向社会公众开放的公共图书馆，有老区和北区两个馆舍，老区馆舍坐落于弘农路181号，馆舍面积2800平方米，阅览坐席400个，其中少儿阅览坐席100个。灵宝市北区文化活动中心新馆拥有馆舍面积3917平方米，阅览坐席600个，其中少儿阅览坐席150个。2013年参加第五次全国公共图书馆评估，获得一级图书馆。馆内有计算机45台，宽带接入10Mbps，选用春晖图书馆自动化管理系统。内设：六部、三室、二库、一中心。六部：图书外借部、期刊阅览部、少儿阅览部、图书采编部、业务辅导部、参考咨询部；三室：地方文献室、电子阅览室、读者活动室；二库：过期报刊库、历史资料库；一中心：文化信息资源共享工程支中心。

业务建设

自2011年搬迁新馆以来，灵宝市图书馆新增藏量购置费35.6万元，截止2014年底，灵宝市图书馆总藏量21.0507万册（件），其中其中新增电子图书10万册次，报刊年入藏量312种，视听文献年入藏量38件。

数字化图书馆建设方面，目前图书馆共拥有数字资源总量为3.29TB；借助春晖系统，对1949年以来的9.5万册图书进行了数据化处理，促使馆藏中文文献数目数字化比例达到89%。数据库建设方面，制定了《灵宝市图书馆数据库建设规划》，结合灵宝发展历史和独特的地域资源优势，计划建设平台数据库14个，设立7个专题数据库，实现“一个中心、一个平台，全省各级公共图书馆共享、服务人民群众”的目标。待该平台建成后，可以提供全文图书200多万册、全文期刊9000多册，原版原貌地当天更新报纸700多种，更新主流畅销类期刊3000册。

读者服务工作

灵宝市图书馆为贯彻落实文化部、财政部出台的《文化部、财政部关于推进全国美术馆、公共图书馆、文化馆（站）免费开放工作的意见》这一文件精神，我们以“增强活力，创新服务”为重点，积极推进图书馆免费开放工作卓有成效进行，全面做好公共空间设施场地的免费开放和图书馆基本服务项目免费向群众提供工作，共免费接待读者6万多人次。坚持“周六周日不闭馆”的行业规定，对值班人员进行轮休，确保每周开馆时间达60小时以上，书刊文献开架率达85%以上。在馆藏利用方面，书刊文献年外借率达93.02%，外借册次达10万以上。先后与城区主要图书摊点联络，一方面为其提供图书管理业务辅导，另一方面作为流动图书服务点，定期进行图书期刊方面的交流互换和活动宣传，每年借阅册次达6000册次，年人均到馆借阅图书次数达30次以上。图书馆先后购置阅览桌36张、阅览椅219把，安排单双面书架60个、期刊存报架80个、存包柜3个、办公桌10套，及时为读者提供全面、周到的借阅服务；配备了先进的门禁系统，增添了相关防盗设备和自助存包柜。在为社会及政府机关提供参考咨询服务方面，我们及时在网站开设相关目录与服务咨询，编辑各种文献信息、快报、数目参考，承担重要课题研究和重点业务咨询；积极与地方企业、民营企业和个体户建立联席会议制度，多次组织人员对农村经济养殖种植户、残疾人、聋哑人士进行上门摸底调查，了解用户需求，主动为其提供图书借阅服务。在社会教育活动建设方面，每年举办各类讲座、培训达30余次，各类展览活动8次以上。借助“书香灵宝”、“图书下乡”、“图书赶集”等活动，在各类媒体刊发稿件20余篇，开展图书服务宣传活动30天次，组织阅读推广活动8次。搞好图书馆服务宣传，利用每年中国儿童读书日、世界读书日、图书服务宣传周、助残日等重要节日，开展图书阅读宣传和评选活动。全市有5人被评为“读书之星”，5个家庭被命名“书香家庭”。组织开展图书服务调查活动，参与总人数达3.5万人次，读者满意率达100%。

业务研究、辅导、协作协调

2010—2014年，灵宝市图书馆职工发表各项论文8条，2012—2014年，灵宝市图书馆在中国文化报、河南人民广播电台、河南省图书馆网站、河南省文化信息共享工程工作简报、三门峡电视台、西部晨风、灵宝电视台、金城灵宝、灵宝手机报、灵文广新局文化简讯等，发表信息118余条。

灵宝市图书馆积极参加上级图书馆组织的协作协调工作，实施资源共建共享。2012年5月，灵宝市图书馆采编部人员赴省图书馆考察学习；2012年10月，灵宝市图书馆馆长及相关人员参加第24届省辖市公共图书馆馆长联席会暨河南省公共图书馆发展论坛2012年年会；2014年6月，灵宝市图书馆相关人员参加由国家图书馆、中国图书馆学会、河南省文化厅主办，河南省图书馆、河南省图书馆学会承办的“网络书香·数字图书馆建设与服务”宣传推广项目（河南站）培训；2014年12月，全国文化信息资

河南省文化厅厅长杨丽萍等领导视察灵宝市图书馆书画室

河南省文化厅厅长杨丽萍等领导视察灵宝市图书馆少儿部

灵宝市图书馆期刊部

灵宝市图书馆外借部

全国文化信息资源共享工程灵宝支中心

源共享工程灵宝支中心负责人参加由全国文化信息资源共享工程河南分中心主办的“公共电子阅览室建设”技术培训；2014年12月，灵宝市图书馆馆长参加由国家图书馆、中国图书馆学会、河南省文化厅主办的“公共图书馆总分馆建设”培训。2012年10月，灵宝市图书馆与河南省图书馆签订《河南省公共图书馆信息服务联盟协议》；2012年3月，灵宝市图书馆与三门峡市图书馆签订《三门峡地区文献资源共建共享协作网联合编目协议书》。同时，充分利用基层网店的优势，促进图书馆的延伸服务。利用城区各图书销售摊点、乡镇综合文化站和农村文化大院、新农村书屋，作为基层图书摊点，图书网络服务覆盖率达97.3%，每年定期开展基层业务辅导及培训10次以上，全市农家书屋管理率达95%以上，文化信息资源共享基层点正常使用率达90%以上。

管理工作

灵宝市图书馆共有人员编制22人，行政管理4人，业务人员18人。其中本科2人，大专20人。图书馆领导班子成员均为大专以上学历，学历合格率为100%；领导成员多次赴郑州参加系统的图书馆业务继续教育培训，培训合格率达100%。全体干部职工积极参加岗位培训，人均每年学时达55小时以上，自觉提升自身业务技能。

灵宝市图书馆把提升图书馆干部职工的整体素质作为强化内部管理的重中之重，按照“政治强、业务精、纪律严、作风正”的总体要求，一是狠抓制度建设，建立完善各项管理制度20余条，装订成册，发放到各个部室；二是加大图书馆规范化建设力度。坚持“读者第一，服务至上”的服务宗旨，严格执行文化部颁发的《公共图书馆服务规范》及省文化厅颁发的《河南省公共图书馆工作条例》，及时修订了各部室的工作流程；三是开展优质服务示范窗口和争当岗位标兵评选活动。每月一初评，每季一汇总，每半年一通报，形成优质服务的良好氛围；四是不断加强业务理论学习和技能考核，积极向社会做出公开承诺，聘请社会各层次读者予以监督，使全体干部职工端正了服务态度，增强了服务意识，全面提高了优质服务水平。

表彰、奖励情况

2011、2012、2013、2014年，灵宝市图书馆被评为“河南省先进图书馆”；2011年6月被评为“灵宝市巾帼文明示范岗”；连续多年被文化系统评为先进单位、优秀党支部；2012年1月被评为“三门峡市先进图书馆”；2012年被评为“河南省公共文化服务先进单位”；2012年10月被评为河南省“图书服务宣传周”先进单位；2013年被评为基层文化建设工作先进单位；2013年被评为国家一级图书馆。

馆领导介绍

朱丽，女，1964年3月生，本科学历，中共党员，馆长、党支部书记。1980年1月参加工作。在文化系统工作中，成绩突出，连续多年被文化系统评为优秀工作者、优秀党员。2011年，在宣传思想工作中，成绩突出被灵宝市宣传部评为先进个人；2012年被评为河南省“图书服务宣传周”组织奖。

李超，男，1969年7月，大专学历，中共党员，副馆长。2013年，在文化系统工作中被评为优秀工作者。

郑志洁，女，1988年1月生，本科学历，中共党员，办公室主任。2010年10月参加工作。在文化系统工作中，连年被文化系统评为先进工作者。

未来展望

灵宝市图书馆始终坚持“服务至上，读者第一”的宗旨，并将其落实于“吸引读者、方便读者、满足读者”的具体实践中。2011年以来，灵宝市图书馆新馆建成后，始终以免费开放工作为中心，以“增强活力，创新服务”为重点，确保读者无障碍、零门槛进入。在未来几年里，灵宝市图书馆新馆将在原有设备基础上，增加书刊种类、阅览坐席及数字资源存储能力，全面实现数字化管理。“全国文化信息资源共享工程灵宝支中心”要全面实现与河南省图书馆书目数据的共享，实现市、乡、村三级文化信息服务的全覆盖和互联互享，扩大服务范围，延伸、规范服务内容，提高工作效率和质量。坚持把主要精力用于开展基本公共文化服务工作，树立公共图书馆免费服务的良好形象，让更多群众了解公共图书馆的功能作用，吸引广大群众走进文化设施，共享文化发展成果。

三门峡市委书记杨树平图书馆检查指导工作

河南省图书馆馆长、书记孔德超检查工作

灵宝市文化广电和新闻出版局局长张建华检查指导工作

商丘市梁园区图书馆

概述

商丘市梁园区图书馆座落在市民主西路25号，始建于1948年，原为商丘市民众教育图书馆。1980年5月独立建制，名为商丘市图书馆。1997年商丘撤“地”设“市”，改为商丘市梁园区图书馆，同年5月在原地重建，于2000年12月对外开放，建筑面积1500平方米，藏书2.2万余册，古籍资料3万余册，拥有成人阅览坐位226个，少儿阅览坐位120个。梁园区图书馆现有员工22人，设有采编部、外借部、阅览部、少儿部、辅导部、电子阅览室、资料室、期刊库、报刊库、办公室等部门。2013年参加第五次全国公共图书馆评估，被评为国家一级图书馆。现为全国文化信息资源共享工程区级支中心。

业务建设

截止2013年底，梁园区图书馆总藏量22万册，其中纸质文献20万册，电子图书文献1.2万册，视听文献8000余种。

2009—2013年，梁园区图书馆新增藏量购置费3.5万元，年入藏图书2200种4400余册、期刊220种1700余册、视听文献280余种、地方文献入藏600余册。

读者服务

梁园区图书馆实行全年对外免费开放，每周开放时间60个小时，书刊文献开架比例85%，2012年，据数字统计，馆藏书刊文献外借率80%，书刊文献外借册次12万余册，馆外流动服务点，书刊借阅册次近5000册次，流通总人次约7万人次；2009—2013年，我馆建成12个流动图书服务点，馆外书刊流通总人次2万人次，书刊外借1.3万册次，我馆定期为他们更换图书。

2009—2013年，梁园区图书馆参考咨询辅导，有针对性的搜集整理编印二、三次文献，农村科技致富信息，免费向社会发放。梁园区图书馆定期举办讲座、展览、培训、阅读推广、读者座谈会等活动30场次，参与人数2.8万人次，我馆每年都举办庆“六一”少儿公益活动，此活动已开展20多年；每年图书馆开展“送书下乡”、“进军营”、“进机关”、“进企业”、“进学校”等活动，延伸了图书馆的服务功能。图书馆在全区开展基层图书馆（室）业务骨干培训，截止目前，已举办农家书屋培训班12期，培训人员3000人次。

业务研究辅导协作协调

2009—2013年，图书馆职工发表论文18篇，图书馆积极参与与兄弟馆之间的馆际交流合作，我馆经常到兄弟馆进行业务交流学习，以提高自身的专业能力，2013年开通了与睢阳区图书馆、睢县图书馆、虞城图书馆、宁陵图书馆，馆际互借服务，更加方便读者的阅读需求。

管理工作

图书馆实行岗位聘任制，建立建全并规范了财务、人事、设备与资源、档案、统计工作、环境、安保及文献采编各项规章制度。同时建立了工作量化考核指标，每一季进行一次工作进度通报，年终按照工作业绩进行考核，充分发挥调动工作人员的积极性。

馆领导介绍

李培进，男，1965年10月出生，大学专科学历，中共党员，中级职称，馆长，1989年9月到梁园区图书馆工作。

贾艳春，女，1971年1月出生，大学本科学历，中共党员，中级职称，副馆长，1987年12月到梁园区图书馆工作。

刘飞，男，1974年11月出生，大学本科学历，中共党员，中级职称，副馆长，1996年12月到梁园区图书馆工作。

联系方式

地　址：商丘市梁园区民主西路25号

邮　编：476000

关爱老年人阅读伴健康公益活动

关爱留守儿童

农家书屋辅导

送书进军营

永城市图书馆

概述

永城市图书馆成立于1985年。馆址曾几经变迁，至2011年，位于永城市东城区建设路的新馆建成开放。新馆占地5000平方米，建筑面积10000平方米，设计藏书容量100万册，可容纳读者座位1000个。2013年，参加第五次全国公共图书馆评估，获得一级图书馆。

业务建设

截止2012年底，永城市图书馆入藏图书、期刊和报刊合订本、小册子、手稿，以及视听文献资料的总藏量为22万册（件），电子图书10万余册、电子期刊200种。

2011年永城市图书馆新增图书购置费10万元，2012年新增图书购置费15万元。2011—2012年，共入藏图书文献3600种，报刊299种。

截止2012年底，永城市图书馆数字资源总量为5TB，其中，自建数字资源1TB。2011—2012年完成《永城记忆》、《汉梁文化》、《永城名人》数据库建设，包含永城地区的经济、政治、文化等方面，充分展现了永城市地方特色和悠久的历史文化。

2012年，永城市图书馆增加了RFID智能图书借还功能。

读者服务工作

从2012年6月起，永城市图书馆全年365天对外免费开放，每周开放60小时。2012年，引进RFID技术，实现了馆藏文献的自助借还。2012年图书馆书刊外借9.5万册，接待读者20万人次。

2011—2012年，永城市图书馆围绕“世界读书日”、“图书馆服务”、“世界文化遗产日”等主题，共举办讲座、展览、培训、阅读推广等读者活动30场次，参与人数3.2万人次。永城市图书馆为了更好的开展读者服务工作，除一如既往的做好新书推介外，还创办了图书馆网站、图书馆QQ群、读者活动信息发布平台，受到了广大读者的好评。

业务研究、辅导、协作协调

2011—2012年永城市图书馆组织商丘地区各县市图书馆馆长及业务骨干集中进行《免费开放与读者服务》培训；承办了《第24届省辖市图书馆馆长联席会暨河南省公共图书馆发展论坛2012年年会》。

2011—2012年，永城市图书馆先后多次对乡镇文化服务中心、村级农家书屋进行业务辅导。

管理工作

2012年，永城市图书馆编制9人，申请聘任人员15人，共计24人，共设置12类岗位。同时，建立健全各项规章制度，制定激励制度，每月召开一次例会，并对当月工作情况进行通报，每半年和全年进行总体工作考核。2011—2012年，共抽查文献排架8次，书目数据8次；撰写专项调研和分析报告6篇。

表彰、奖励情况

2011—2012年，永城市图书馆共获得各种表彰、奖励7次，其中省文化厅表彰、奖励2次，永城市总工会表彰、奖励2次，其他表彰、奖励3次。

馆领导介绍

王向军，男，1963年3月生，本科学历，馆员，馆长。1983年3月参加工作，1997年任永城市图书馆副馆长，2003年任永城市图书馆馆长至今。

古伟平，女，1968年8月生，专科学历，馆员，副馆长。1989年8月参加工作，1997年任永城市图书馆副馆长至今。

刘新建，男，1970年1月生，高中学历，中共党员，支部书记。1989年参加工作，2008年任永城市图书馆支部书记至今。

未来展望

永城市图书馆在未来的几年里，将围绕永城市市委、市政府提出的实施新的文化发展战略，打造文化城市的宏伟目标，全力建造与城市发展相适应、相配套的现代化图书馆服务体系，利用全国文化共享工程、国家数字图书馆工程为平台，初步形成以永城市图书馆为总馆，各乡镇文化服务中心图书室为分馆，街区24小时自助图书馆以及图书流动车为补充的图书馆服务网群，为广大读者提供全方位的服务。

联系方式

地　址：永城市建设路
邮　编：476600
联系人：王向军

报刊阅览室

举办灯谜活动

少儿阅览室

商丘市睢阳区图书馆

概述

商丘市睢阳区图书馆位于睢阳区古城内中山西一街，始建于1980年，于1988年在原址重建，同年7月1日对外开放，建筑面积1400平方米。1996年重建少儿图书馆，同年6月1日少儿图书馆对外开放，建筑面积1100平方米。拥有成人阅览座位248个，少儿阅览座位150个。2009年参加第四次全国公共图书馆评估，首次获得一级图书馆；2013年参加第五次全国公共图书馆评估，再次获得一级图书馆。睢阳区图书馆建有资源共享睢阳区支中心、公共电子阅览室，拥有计算机195台，宽带接入约100Mpbs，存储容量为6TB，自动化管理系统基本正常运行。

业务建设

截止2013年底，睢阳区图书馆图书总藏量8.5万多册（件），其中纸质文献7.6万册，电子图书文献6000余册、视听文献3000余种。

2005–2008年，睢阳区图书馆新增藏量购置费2万元，2009–2013年起增至3万元。年入藏图书2500种6000册，期刊240种1900余册，视听文献300余种，地方文献入藏完成率为90%。

截止2013年底，睢阳区图书馆数字资源总量6TB，其中，自建资源总量2TB。

读者服务

睢阳区图书馆实行全年全天对外免费开放，周开放60小时，书刊、文献开架比例80%。一些文学类、教育类、农业类图书采用3–5本的副本量上架，彰显了图书馆的藏书特色。

2012年，根据统计数据，馆藏书刊文献外借率70%，书刊文献外借册次10万册次，馆外流动服务点书刊借阅册次近6000册次，流通总人次约8万人次。2013年开通与梁园区图书馆、睢县图书馆、商丘师范学院图书馆、宁陵县图书馆的馆际互借服务。2009–2013年，建成12个流动车服务点，馆外书刊流通总人次3万人次，书刊外借1.2册次。政府公开信息整合服务平台上线服务。

2009–2013年，睢阳区图书馆网站访问量1.5万次。

2010年，睢阳区图书馆设立专门的参考咨询辅导，有针对性的编印二、三次文献，免费向社会发放，其中生活服务类连续编印二十二期，科普类连续编印二十二期。

2009–2013年，睢阳区图书馆共举办讲座、展览、培训、阅读推广、竞赛等读者活动28场次，参与人数3万人次。每年暑假期间，少儿图书馆举办的全区少儿书画大赛，成为睢阳区图书馆读者活动工作的特色。

2009–2013年，睢阳区图书馆定期举办“古城讲坛”专题讲座48场次，参与人数3万人次，打造成睢阳区图书馆读者服务的一个品牌。

2009–2013年，每年元宵节开展有奖猜谜活动，参加人次1万人次。

2009–2013年，每年开展图书送军营、送农民工、送敬老院、送幼儿园等活动，形成一种常态化的工作模式。

睢阳区图书馆每年在全区内开展基层图书馆（室）业务骨干培训，形成制度化。

睢阳区图书馆积极为特殊群体服务，采取电话预约、送书上门、集体办证、集体借阅等形式，开展读者服务工作。

业务研究辅导、协作协调。

2009–2013年睢阳区图书馆职工发表论文16篇，其他课题3项。

睢阳区图书馆以文化信息资源共享工程为依托，在全区范围内组建公共图书馆服务联盟，开展流通服务、地方文献联合征集、阅读推广与讲座展览资源服务、业务培训与技术支持等工作。

2009–2013年，开展基层图书馆（室）业务骨干志愿者服务，开展图书馆与基层图书馆（室）结对帮扶服务。

睢阳区现有17个乡镇，330个行政村，其中参与街道、乡镇、社区、村图书馆（室）服务网络建设的比例为63%，图书馆定期为街道、乡镇、社区、村图书馆（室）进行业务培训和业务辅导。

睢阳区图书馆积极参与兄弟馆之间的馆际交流与合作，2009年，参与不跟地区兄弟馆间有关免费开放工作的探讨，2012年，与梁园区图书馆、睢县图书馆签订馆际互借协议。

猜灯谜

图书进军营

猜灯谜

图书流动车

图书进军营

管理工作

睢阳区图书馆实行岗位聘任制，建立建全并规范了财务、人事、志愿者、设备与资源、档案、统计工作、环境、安保及文献采编各项规章制度。同时建立工作量化考核指标，每季度进行一次工作进度通报。每年不定期抽查文献排架4次，书目数据1次。撰写专项调研、分析报告8篇。

表彰、奖励情况

2013年度“河南省先进公共图书馆”，2011—2012年，睢阳区图书馆连续两年被河南省文化厅命名为“河南省先进图书馆”，2010年度“全民阅读活动先进单位”，2011年度“图书馆服务宣传周”活动优秀组织者和先进单位，2012年度“全民阅读先进单位”。多次受到省、市、区各级政府表彰。

馆领导介绍

吕瑞芳，女，1963年5月生，大学专科学历，中共党员，中级职称，馆长，1985年5月到图书馆参加工作，先后在外借流通室、采编室等科室工作，2009年获省文化厅先进工作者。

韩燕，女，1963年5月生，大学专科学历，中共党员，中级职称，馆长。1988年6月到睢阳区图书馆参加工作，先后在采编室、阅览室、图书借阅室等科室工作。

刘晓燕，女，1978年7月生，大学专科学历，中级职称，副馆长。1995年到图书馆参加工作，先后在图书馆外借室、阅览室等科室工作。

刘艳，女1980年8月生，大学专科学历，中共党员，中级职称，副馆长。1996年4月参加工作，先后在财务室、采编室工作。

未来展望

睢阳区图书馆始终坚持为文明服务和为社会主义服务的办馆方针，本着“服务第一，读者至上”的原则，在发展的道路上，创新服务方式，提高服务效率，开展丰富多彩的阅读推广活动，不断推出便民服务新举措，如创建社区阅览室、推出网上借书、开通流动图书馆等服务于基层，促进资源共建共享，吧图书馆服务做成品牌。

联系方式

地　址：商丘市睢阳区中山西一街
邮　编：476100
联系人：张　鹏

睢县图书馆

概述

睢县图书馆建立于1978年，初建时，没有正式的办公场所，在袁山庙的殿堂里开展业务，工作人员5人。1985年，由县政府拨款，于文化路袁家山脚下西南侧建筑楼房两层，长35米，宽11.4米，建筑面积473.87平米，用于图书馆综合办公服务。1987年，扩建建楼房两层，长20米，宽8.5米，建筑面积417.54平方米，工作人员增加至13人。1994年，又扩建了两层楼房，楼房长16米，宽9米，建筑面积288平方米。总计1179.41平方米。2010年元月，睢县图书馆迁址在北湖景区新建的一处仿古建筑四合院内，房屋建筑总面积约2500平方米，人员增加到30人，藏书总藏量由建馆时2000余册增加至11万册，服务窗口由初建时的一个综合科室，发展到现在12个科室及拓展服务项目。共参加了四次全国公共图书馆评估，其中三次被评为三级图书馆，2013年被评为一级图书馆。

业务建设

睢县图书馆共有阅览席位250个(其中报刊阅览室60个，少儿室60个，借阅室40个，电子阅览室30个，多媒体视听室60个)。并设有单独的少年儿童活动空间。

计算机45台（其中电子阅览室31台，读者检索1台，多媒体演播室1台，图书借阅1台，少儿室1台，编辑室2台，采编2台，馆长办公室1台，财务1台，读书会办公室4台）。计算机使用10M光纤接入互联网。存储容量6.6TM。

实行图书馆自动化系统管理，运转正常。

2014年元月建立了数字图书馆。并增添了电子读报机、少儿电子触摸屏学习桌各一台。

全馆总藏量11万册。数字资源总量达到了4TB。馆藏文献书目数字化占图书总藏量80%。制定有地方文献数据库建设规划。平均年入藏图书5620种。报刊年入藏120种。视听文献共777件，年入藏量60种。地方文献设有专柜专架、专门目录、专人管理，并开展了专门的征集工作。图书文献采集有重点、保证了文献的连续性，并根据用户的需求有重点合理的采集入藏。图书文献的编目依据《中国图书分类法》进行分编。并进行了规范统一美观的加工整理。保存已有的卡片目录，设立了机读目录，有专人管理维护和查目辅导。开架图书严格按照中图法分类秩序排架。制定了文献保护制度，采取了防火、防虫、防盗、防潮、防尘等措施。

读者服务工作

从2010年4月23日起，睢县图书馆全年365天对外免费开放，周开放60小时。

书刊文献开架比例在80%以上。馆藏文献年外借率70%以上。年外借书刊文献8万多册次。馆外流动服务书刊借阅5000册次。每逢节假日或新书上架前均举办图书宣传。

及时做好有关政府的公开信息服务。创编了《决策与参考》、《睢县科技参考》、《书香睢州》报免费发放，为政府、为工农业生产、为广大读者提供参考宣传服务。

为年老和身体不便的特殊读者提供送书上门服务，同时还免费为读者提供茶水、老花镜、雨衣等。

建立"睢县图书馆网站"以来，能够确保网站主页规划、设计、制作更新和日常维护。确保本馆网络对外做好图书馆宣传服务工作。"全国文化信息资源共享工程"睢县支中心机构健全，设备、经费达标，专职管理人员经过省图培训。各种制度健全，有活动服务档案。

在资源建设方面，向省共享工程管理部门上缴自建资源，如文化遗产《麒麟舞》、《三拉房》。购置电子资源5万6千种供读者阅读欣赏。整合了共享工程、图书馆和网络资源。为充分发挥资源优势，公共电子阅览室为读者提供30台电脑免费上网，并常年坚持免费播放共享工程优秀影片和光碟。针对老年和青少年开办了电脑

馆长朱凝霜

使用技术培训班。使党中央这项惠民工程受到了人民群众的一致好评。

在古籍保护方面，有专门的人员和经费投入和相应的制度，在全县范围开展古籍宣传普及工作。并在网站上设有宣传专栏。并配合上级有关单位协调好古籍普查、信息上报工作。

在社会教育服务方面，图书馆倾其所有，装备场所，购置设施设备，发挥藏书丰富，网络先进，环境优美的优良条件，为广大读者成立了提供交流思想、展现才华的舞台——“书香睢州读书会”。并利用图书、影像等一切可用资源，在大家的共同参与和辛勤付出下，活动办得丰富多彩，形式灵活多样，举办了公益讲座、文化考察、文化研讨、素质教育、播放优秀影片等内容活动共106次。编发了《书香睢州》报。《书香睢州》报两开四版，开辟了读书要闻、当地历史文化论坛、科技知识、文学艺术等栏目，版面新颖，文图并茂，聚知识性、趣味性、理论性为一体，突出睢县文化，地方风情，紧扣时代脉搏，借鉴古人智慧，吸纳科技知识，讴歌美好生活，建设和谐家园。已发表各类作品近800篇，刊载90多万字，图片161幅，每月一期，截止目前已共编发了《书香睢州》50期，已免费累计发放14万2千份。通过读书会的这些活动和工作，宣传了图书馆，激发了民众的读书热情，扩大了图书馆读者队伍。上级领导更是由此对图书馆的工作有了进一步的了解，在工作上给予了很大的支持，使图书馆工作得到了有利的开展，赢得了广大读者的欢迎和称赞，目前已成为睢县知名的文化品牌服务项目。年度举办讲座、研讨等活动29次，举办各种展览7次，年参与活动达3万多人次。

业务研究、辅导、协作协调

为了适应社会发展需求，全馆同志始终坚持每星期二下午集体学习，学习政治理论、了解国内外时事，学习专业知识，共同探讨在实际工作应用中的工作经验、学习成果。员工岗位培训人均学时58小时。

为了全方位的做好图书馆服务，我馆克服技术难关建设并开通了睢县图书馆网站。增强了图书馆和读者的交流沟通，扩大了读者更便捷的了解利用图书馆的渠道。

积极参与本专业业务研究，撰有论文报告11篇。获省级科研2等奖一项。

睢县图书馆与本地区各图书馆一直保持着联合协作关系，为发展本地区的图书馆事业发展整合了本地区文献资源，编制了图书和报刊联合目录。并与商丘市图书馆和本地区其他公共图书馆、基层图书室建立了馆际互借关系，签订了通借通还协议。并经常向其他图书馆学习先进办馆经验、进行业务交流活动。2012年举办了本地区县级公共图书馆业务培训与经验交流研讨会，通过与兄弟馆互相协作，很多宝贵的经验和借鉴，使睢县的图书馆事业发展获到了促进和提高。在发展建设本馆业务工作的基础上，同时积极参与了社区、街道、机关单位、乡镇、村图书馆的服务网络建设。目前已有10多个机关单位、2个社区、130个村镇建立了图书室，图书馆逐一给予了业务辅导。

管理工作

在对图书馆管理方面，本馆建立健全了各种工作制度，全馆干部职工一致严格遵守。2000年全员岗位聘任，同时，建立了工作量化考核指标体系，年进行工作考核。抽查文献排架20次，书目数据12次。制定有年度计划、财务管理、人事管理、志愿者管理、设备物资管理、档案管理、统计工作等各项制度档案。

在环境管理方面，为了给广大读者提供良好的借阅环境，我馆注重营造了图书馆文化氛围建设和环境的清洁美化。加强对一线工作人员言行举止和文明服务用语规范要求、悬挂宣传标语、名人名言、合理放置花草绿色植物、统一馆员上岗服装等。

为了保证图书馆人员及图书馆财产安全，安置了监控和联防报警，并有专人负责安保工作。

表彰、奖励情况

1、2013年获首届河南省“群星奖”优秀公共文化服务项目。

2、2013年获河南省先进公共图书馆。

3、2013年获商丘市“工人先锋号”。

4、2012年“河南省全民阅读活动”先进单位。

5、2012年河南省科学技术普及成果奖二等奖。

6、2012年荣获商丘市宣传部先进单位。

7、2012年睢县文化广电旅游局先进单位。

展望未来

睢县图书馆遵循“读者第一，服务至上”的服务理念，以公共图书馆管理规范为开展工作标准，提高业务技术服务水平，加强现代化管理技术的专业素质培养，在专业理论的调研和现代化技术应用方面加大学习力度，争取更进一步缩短上级规定的差距。另外，重点做好设施建设、读者服务、阅读推广、服务人员队伍素质的提高和培养等工作，完善本馆服务功能，扩大乡村、社区等服务辐射区域，带动睢县图书馆事业繁荣发展，满足人民群众的基本文化需求。

联系方式

地　址：睢县图书馆（北湖公园）
邮　编：476900
联系人：朱凝霜

信阳市平桥区图书馆

概述

平桥区图书馆原为信阳县文化馆图书室，1985年1月成立信阳县图书馆，1998年8月撤县设区改后称信阳市平桥区图书馆。现位于平桥国际会展中心一楼，自2010年底搬迁至此后，馆舍面积由原来的2517㎡增加到3800㎡，内设成人阅览区、少儿阅览区、幼儿活动区、电子阅览室、参考咨询室、采访编目室、多媒体会议室、小会议室、贵宾室等十个功能区。设施完备，功能齐全。总分馆共有电脑590台，书架845组，期刊架211组，报纸架104组，阅览椅2200个。目前，我馆馆藏27万册，全区持证读者6万人，年接待读者40万总人次、文献流通120万册次。采用Interlib第三代图书馆集群管理系统。2013年被评为国家一级馆。

业务建设

1、标准化建设。平桥区乡镇公共图书馆规划设计以总分馆制为前提，选址以乡镇中小学校附近为原则。根据文化部《公共图书馆建设标准》要求，各乡镇图书馆平均建筑面积为821平方米（其中明港镇系新兴的人口聚集区域，图书馆建设面积达3750平方米），按照统一规划、统一图纸、统一标准、统一验收的原则，分为上下两层，内设少儿、成人、报刊、电子、采访编目等5室。各馆文献资源中，适合儿童、青少年阅读的读物占总数的30%以上；开通的数字图书馆囊括了14个数据库；由华谊兄弟公益基金捐赠的“零钱电影院”，已经在16个乡镇公共图书馆投入使用。

2、加快村级馆建设。平桥区实施村级图书馆试点工程建设。在全区范围内，选择人口数量较多，距离乡镇图书馆较远的农家书屋（社区图书室）50个，要求馆舍面积达到70–100平方米，内设少儿阅读区、成人阅读区、电子阅览区。在原有藏书、资源设施基础上，总馆为其配备计算机4–6台，每年配送图书800–1000册，图书由总馆“统一采访、统一编目、统一配置”，纳入平桥区公共图书馆业务管理系统，实现“一卡通”借阅服务。

3、推行一体化管理。平桥区以区图书馆为总馆，以乡镇图书馆为分馆，以村级图书馆为支馆，以数字图书馆为补充，建设出一条区—乡（镇、街）—村（社区）三级公共文化服务网络。不同级别服务理念各有侧重，区级突出统筹，乡（镇、街）级突出共享，村级突出均等和便利。各级图书馆采用统一的服务平台和业务管理系统，实行“统一采购、集中编目、统一资源，统一调配、定期轮换、分级管理、分散服务”，建立了纵向联系、横向联通、高效流畅的图书馆一体化服务平台，初步实现了图书资源在全区范围内共享流通、通借通还，最大限度地提高了办馆效益。

4、建立完善政策机制。制定《平桥区公共图书馆管理办法》，对图书馆的领导机制、硬件建设、管理运营、经费投入、人才队伍等各方面提出明确要求，保证了公共图书馆的科学、规范、健康发展。平桥区成立了国家公共文化服务体系示范项目创建领导小组，出台了《平桥区公共图书馆一体化建设管理办法》、《平桥区公共图书馆一体化建设考评机制》、《人才激励机制及人才引进培养办法》，建立了良好的政策保障机制。

5、完善人才培养机制。在乡镇图书馆建设期间，全区公开招录18名具有本科学历的的乡镇图书馆管理员，核定为区财政全供事业编制。目前，全区有在编图书管理员33人，招聘工作人员26人，由区总馆负责日常管理、业务培养和考评奖惩。坚持“专业人才领军、基层馆员统筹、志愿者广泛参与”的原则，广泛动员社会力量参与图书馆建设。充分发挥信阳师院和市图书馆文化人才资源、团队资源丰富的优势。招募图书馆志愿者200余名，激发了全民参与社会管理的活力，对做好图书馆服务工作形成了有力补充。

读者服务工作

1、数字图书馆初步建成。平桥区数字图书馆是平桥区公共图书馆总分馆制科学管理体系中的重要方面，也是全区公共文化服务体系中的一个重要组成部分，2012年度被区委、区政府列为“双十工程”之一。作为河南省图书馆的三级用户，平桥区图书馆的数字化建设已纳入省数字图书馆范畴。全面运营后，凡平桥区图书馆持卡读者，不论身处何地，可以随时免费登陆河南省图书馆网浏览200多万种图书，9000多种期刊500多种报纸，使图书馆的服务更高效、便捷。

2、四类文化百花齐放。充分利用图书馆免费公共文化资源，坚持大众文化、青少年文化、传统文化和特殊群体文化百

河南省副省长刘满仓视察陆庙图书馆

河南省委常委、省纪委书记尹晋华视察陆庙图书馆

读者休闲区

少儿阅览区

电子阅览室

花齐放，满足不同群体的文化需求。累计开展不同类型的读者活动400余场次，参与读者5万余人次。逐步打造出“经典名篇朗诵会”、“公民社会与现代思想论坛”、“平图讲坛”等大众文化品牌活动；“公民常识教育小课堂”、“读书演讲比赛”、“手工制作小课堂”等青少年第二课堂品牌活动；以乡镇图书馆为依托，定期开展“乡村大讲堂”公益讲座，联合中小学、非物质文化遗产传承人开展“剪纸、泥塑、书画、戏剧”等传统文化作品展示；利用图书馆门前广场，开展民俗文化艺术活动，以及广场舞蹈、体育健身、电影放映等。关注留守儿童问题，培育一批留守儿童特色服务，建立“零钱电影院”，每周末开展“电影分享课堂”，孩子们在这里观影、读书、绘画，想象力和创造力得到充分释放；开展“零距离”亲子视频对话服务，孩子随时可以在电子阅览室与外出务工父母进行免费视频交流，为缺少父母陪伴的留守子女送去一份温暖和关爱；联合团区委，发动志愿者广泛参与，建立留守儿童成长档案，开展“一对一”帮扶结对关爱活动，定期为留守儿童送图书、送培训、送演出；同时，还为留守儿童开展心理健康辅导、课后作业辅导等服务。通过一系列活动开展，害羞的孩子有了表现欲，逐渐增加自信、学会表达，好动的孩子学会了专注，不同年级的孩子因为生动、有趣的活动有了沟通和交流。这些潜移默化的影响塑造了孩子们积极向上、乐观豁达的精神风貌，真正实现了孩子们身心健康的快乐成长。

成效

经过四年来的持续发展，平桥区公共图书馆的服务功能正在得到逐步延伸。中央政治局常委、中央处书记刘云山、中央农办主任陈锡文、原河南省委书记卢展工、省委书记郭庚茂、省委副书记邓凯、省纪委书记尹晋华、省文化厅长杨丽萍等领导同志来公共图书馆考察后，都给予了高度评价和殷切希望。《光明日报》、《人民日报》等诸多媒体也对平桥农村公共公共图书馆模式进行了多视角、多方位的宣传报道。平桥区公共图书馆先后荣获了河南省先进图书馆、河南省示范图书馆、河南省全民阅读示范点等荣誉称号。

2013年8月，《关爱留守儿童：信阳市平桥区农村公共图书馆一体化建设》项目在全国第二批公共文化服务体系示范项目创建评审工作会上成功取得创建资格。平桥区将在2013-2015年期间，以留守儿童特色服务为抓手，不断提高图书馆服务效能，推进农村公共图书馆一体化建设，形成比较完善的公共图书馆服务体系，以点带面促进平桥区公共文化服务体系全面发展。该项目的成功创建将为河南省乃至我国中部省份劳动力输出地区的农村公共图书馆服务体系建设提供实践示范，为中国构建基本完善的公共文化服务体系贡献建设经验。

馆领导介绍

李敏，女，1980年11月生，本科学历，中共党员，馆长兼党支部书记。2005年参加工作，先后在平桥区民政局担任办公室主任，平桥会展中心主任。

时程，男，1977年6月生，本科学历，中共党员，副馆长。先后在平桥国际会展中心任办公室主任，平桥区文化局人事股股长兼团委书记。

闫晓华，女，1965年7月生，本科学历，副馆长、业务骨干，先后在办公室、成人部工作。

杜桂华，女，1985年5月生，硕士研究生学历，中共党员，副馆长，业务骨干。先后在办公室、少儿部、采编部、读者服务部工作。

平图讲坛之张弘讲学

庆六一，心飞扬，书香伴我快成长

罗山县图书馆

概述

多年来，我馆始终把改善办馆条件作为一项重要工作来抓。经过我们的努力，赢得了各级领导部门的支持，办馆条件明显得到改善。一是基础设施建设：拥有占地建筑面积达3000㎡的办公大楼一幢，内设借书室、报刊阅览室、电子阅览室、少儿阅览室、文献资料室、过刊阅览室、资源共享演播厅、采编室、业务辅导室等几大服务窗口，阅览座席300多个，少儿室60个；二是馆服务设备现代化。全馆计算机数量45台，可供读者使用的计算机达32台，双光纤宽带接入，专用存储设备容量6TB，图书馆自动化管理系统运行正常。

业务建设

近年来，我馆办馆经费逐年有所增加。2012年，我馆获得各级财政拨款110万元，财政拨款年增长率与当地财政收入增长率的比率达90%，新增藏量购置费12万元。免费开放经费全部到位（包括中央财政及地方配套经费）。目前，我馆现有员工20人，具备大专以上学历的占40%，中专以上学历占95%，中级以上职称5人，占职工人员20%，初级以上职称占60%以上。领导班子配备合理，馆长、副馆长4人。其中3人具备大专学历。主管业务的馆领导受过系统的图书馆学培训。在员工岗位培训、继续教育方面，坚持采用了走出去、请进来的模式，让在职员工轮换到市、区馆学习他们的工作经验，并邀请有关专家来本馆为我们进行人员培训、辅导。近年来共发表学术论文5篇。

文献资源

截至2012年底，我馆馆藏文献数量（含图书、期报刊、电子文献等）达10万（册、件）。电子文献藏量500种，图书年入藏数量2500种，报刊年入藏量180种，视听文献年入藏量30件，积极开展地方文献的征集、整理工作，并在资料室设有专柜，有专人管理建立了地方文献目录。在文献编目上，依据《中国图书馆分类法》进行分类索引，按照《普通图书著录规则》进行著录，其误差率分别均为2%。为了提供读者更便捷的查询，我馆具备机读目录和手工检索目录，包括图书目录（分类、题名）、期刊目录、报纸目录、视听文献目录。其目录组织误差率为2%，日常设有专人管理并指导读者，并制定了相应的管理制度，确保了开闭架图书报刊整齐有序，排架误差率为2%。目前，我馆的电脑自动化、网络化建设逐步得以完善，数字资源总量达4TB，馆藏中文文献书目数字化达80%以上。同时还设有地方文献专题数据库。

服务工作

根据文化部、财政部《关于推进全国美术馆、公共图书馆、文化馆免费开放工作的意见》及财政部《关于加强美术馆、公共图书馆、文化馆免费开放经费保障工作的通知》等文件的具体规定，一是我馆从2011年12月1日就实行了对外全免费开放，其中包括公共空间设施场地及各服务窗口。二是坚持节假日、周六、周日不闭馆，每周开放时间在60个小时以上，书刊文献的开架率达80%以上。2012年外借册次数达10万册次，流通总人数为20万人次。三是组织专门送书小分队，坚持常年定期送书上门服务。目前，在私企、军营、学校、老年公寓等场所建立流通服务点达到12个，年书刊借阅在5千册次。利用板报、媒体、发放宣传单等形式在管内外为读者提供书刊宣传推介，全年为政府公开信息服务。四是依托丰富的馆藏文献资源，向社会开展信息服务活动，取得一定的社会效益和经济效益。为满足不同群体读者的需求，我们开设了儿童阅览室。针对残疾人、老年人，我们采取了预约借书、送书上门、资料代查等多种服务方式。特别是建立了自己的网络，配有专门的技术人员进行维护、更新，也更加方便的为广大读者服务。五是馆办活动丰富多彩、形式多样。每年举办各类讲座或培训活动18次，新书展览5次，各类读者活动次数10次，活动人次达到2万人次。坚持开展一年一度的图书服务宣传周和全民读书月活动，其内容丰富，形式多样，读者满意率达到95%以上。

协作协调

一是积极参与市馆、区馆的协作协调工作，实行馆际互借；二是按照“以点带面”的工作思路，开展对全县基层图书室的业务辅导和建设工作，在业务技能上采取下基层辅导和集中培训的方法。在硬件建设上量力而行，给予一定捐助。通过努力，部分图书室达到了规范化、标准化。目前，全县街道、乡镇图书室、社区、村图书室参与服务网络建设达到50%。

管理与表彰

多年以来，我馆始终秉持“读者第一、服务至上”的宗旨，紧紧围绕构建社会主义和谐社会这个中心，按照公共图书馆评估定级标准规范日常工作，扎实推进了各项基础业务建设，不断拓宽服务领域，实行了科学管理，制定了全年的工作计划。在管理上，一是加强财务管理工作，建立健全管理制度，实行政务公开，杜绝了各种违纪现象发生。二是按照图书馆工作人员的要求，实行按需设岗、竞争上岗，制定了严格的工作制度，有力促进了员工干事创业的积极性。三是积极吸纳志愿者参与图书馆工作，并对其各项管理提出中肯意见。四是对设备、物资管理、档案管理，严格按照规章制度进行管理，由专人负责。各项统计报表齐全、清晰。五是为了给读者提供舒适、安静的优美环境，我馆下大力气对建筑设施进行重新装修、封闭阳台、粉刷墙体等。安全无小事，防患靠大家。在安全方面，我馆按照公安、消防部门的要求，在重点科室都放了灭火器材等。多年来从无出过一次纰漏，没有发生一次安全重大责任事故。六是天道酬勤。由于我们工作出色，受到各级领导部门的奖励表彰。2005年被国家文化部授予“国家二级馆”的称号，2006–2007年先后被河南省文化厅授予“示范性图书馆”、“文化信息共享工程先进集体”称号；2004–2012年连续九年荣获县文化局目标工作一等奖。

重点文化工程

一是利用省、市、县三级财政下拨专项资金68万元建成罗山县信息支中心。设2名工作人员管理资源共享设备的运转，建立了规章制度和档案管理。采取基层网点辅导和集中培训方法，提高了管理人员的专业技术水平。二是近年来随着网络信息化的普及，我馆于2004年成立了公共电子阅览室。通过不断的升级、改造，累计投入资金40万元。目前具备了32人同时在网上浏览，为广大读者网上阅读、休闲娱乐、信息查询提供了快捷服务。

商城县图书馆

概述

商城县图书馆成立于1978年，现新址位于县城黄柏山路文体广场西侧，馆舍占地面积1600平方米，建筑面积5340平方米。2012年4月正式免费向社会开放。内设：文化信息资源共享工程支中心（电子阅览室）、典藏室、资料室、外借室、少儿借阅室、期报刊阅览室等，现馆藏纸质图书近12万册，电子图书30万册，期刊、报纸2863种（册），阅览座席200位，计算机50台，信息节点36个，宽带接入100Mbps，选用图书馆计算机管理软件系统。馆内设备先进、配套齐全、环境优雅明亮。馆员业务熟练，服务热情。目前是商城县有史以来一个集文献借阅、信息咨询、教育、培训、学术研究、管理规范为一体的综合性图书馆。2013年在全国第五次公共图书馆评估定级中被文化部评定为一级图书馆，被省文化厅评为先进公共图书馆，被信阳市文广新局评为先进单位。

业务建设

截止2014年底，商城县图书馆总藏量42余万册，其中纸质文献12万册（件），电子图书30万册，期刊报纸2863种（册），视听资料467种（件），地方文献正在搜集工作中，现已整理入藏1137册，364种。

2011年–2012年，县政府财政投入商城县图书馆400万元，购置新书8500册，完善了设施、设备。

读者服务工作及业务辅导工作

自2012年开馆以来，商城县图书馆内设成人阅览室、少儿阅览室、电子阅览室、资料典藏室、报告厅等公共空间，设施场地一律免费向社会开放，供读者使用。每周开放56小时，实行馆藏文献图书借阅计算机管理，并有图书书目自动检索、查询系统。2012年–2014年10月，书刊总流通量12.6573万人次，书刊外借8.567万册次。

利用每年春节、元宵节、“世界读书日”“图书馆宣传周”等节假日举办讲座、展览、培训、送书下乡、进军营、进学校、进社区阅读推广等活动31场次，参与人数4.7266万人次。举办各乡镇、村农家书屋、学校图书室图书管理员培训班5期，286人次接受培训。

管理工作

商城县图书馆共设6类岗位，有15人上岗，建立了工作绩效考核制度，每季度进行工作进度考评通报，每年终进行总体工作考核，各项管理制度健全。

表彰、奖励情况

2012年–2014年10月，商城县图书馆共获得各种表彰、奖励5次，其中：文化部表彰奖励1次，省文化厅表彰奖励1次，市文广新局表彰奖励1次，县文化主管部门表彰奖励2次。

馆领导介绍

唐明建，男，1965年2月生，大专学历，中共党员，中级职称，党支部书记，馆长。

卢斌，男，1959年9月生，大专学历，中共党员，中级职称，副馆长。

未来展望

加强业务建设，满足读者阅读需求，切实发挥公共图书馆社会职能，提高图书文献资料的入藏质量及数量。进一步拓展服务领域，加大信息资源宣传力度，让读者了解和熟悉新资源，激发他们利用信息资源的意识。推出便捷式服务，给广大读者提供更文明和谐的阅读环境和更加快捷有效的信息服务，保障市民基本的文化权益，把丰富的文化信息资源送进机关、学校、企业、社区、军营、农村等。实现馆际合作，推进资源共享，真正体现公共服务均等的原则。加强文化信息资源共享工程建设。全国文化信息资源共享工程是各级政府向群众提供公益性文化服务的重大基础工程和文化创新工程，商城县图书馆将立足实际，继续做好全县文化信息资源的加工整合，加强内容建设，加大内容容量，对外提供网络资源服务，利用共享工程网络宣传而服务于社会，服务基层群众。进一步完善和提高图书馆的综合实力和服务效能，推动图书馆服务不断提升和外延，为广大读者提供形式多样的文化信息服务。

联系方式

地　址：商城县黄柏山大道文化广场
邮　编：465350
联系人：朱成秀

商水县图书馆

概述

商水县图书馆前身为民国时期的民众图书馆，建国更为为商水县商水县文化馆图书室。1997年10月正式建馆，位于县城行政路中段，为三层仿古式建筑，建筑面积近2000平方米，藏书8万多册。1990年被评为乙级图书馆，1999年被文化部授予国家“三级图书馆”。2013年在全国公共图书馆第五次评估中被评为国家“一级图书馆”。

业务建设

商水县图书馆经费每年财政拨款为120万元，其中15万元为购书经费预算。我馆年文献入藏书量为2600种、9000册，预订报刊200种，新购电子文献120种，视听文献346种，古书籍1250册。图书馆现有图书外借室、综合阅览室、少儿活动阅览室、电子阅览室、多媒体培训室、采编室、档案室、地方文献室、殷川书画院、叶氏文化研究会等科室，共设有阅览座席300余个，所有科室场地均免费对外开放。2009年，由国家财政部、文化部联合组织，中央、省、市、县共同配套68万元，成立了文化信息资源共享商水支中心。先后购进计算机40台，大型服务器2台等各种配套设施。计算机网络2009年电子阅览室建立时与商水县网通公司签订合同，10兆宽带接入因特网。

我馆建有局域网，连接馆内各系统运行正常。2011年我局网站建成并对外访问，网页符合商水和我馆的地方特色，网页内容经常更新，新增电子文献与视听文献的内容。网页设计美观，有专人负责网页的维护、管理。

建馆以来，始终秉持“读者至上，服务第一”的服务宗旨，大力宣传知识工程，努力为读者提供优越的阅读环境，为县城经济发展提供了大力的智力支持。

读者服务工作

根据《文化部、财政部关于推进全国美术馆，公共图书馆文化馆（站）免费开放工作的意见》（文财务发[2011]5号）文件通知精神，我馆基本服务项目全部免费向读者开放。

我馆每周开馆时间达到60小时，周六周日不闭馆。书刊文献开架比例达到100%，馆藏书刊文献年外借率达到70%，书刊文献年外借册次达到70%，书刊文献年外借8万册次，馆外流动服务点达到75%，馆外流动服务点外借图书5万册次，人均年到馆次数达到80%，人均年到馆25次，利用馆藏文献为政府机关决策公开信息、青少年爱国主义教育、非物质文化遗产普查、农民工法律知识普及等提供专题咨询服务。对老年人、残疾人、未成年人提供特色服务，每年编辑出版《百科咨询》4期。我馆每年举办各项形式的讲座、活动30场次以上。每周二、周五与商水县纪检监察部门举办红色歌曲大合唱活动。每周周日，组织书法爱好者进行书法培训，邀请商水县知名书画家为书画爱好者进行创作指导。积极开展图书下乡，对基层图书室加强辅导。参与文化部、财政部送书下乡工程，向全县20多个文化站，500多个农家书屋进行了业务辅导。积极开展图书下乡活动，向全县种植、养殖村民送去养殖、种植等各类科技图书和光碟。每年春节期间，我馆都举办“迎新春送春联和”“闹元宵猜灯谜”活动。关爱留守儿童，每年都要组织开展“图书进校园”、中小学生征文活动、“经典诵读”比赛等活动，为留守儿童送去温暖和精神食粮。

业务研究、辅导、协作协调

积极参与上级图书馆组织的协作协调工作，参与全县25个乡镇文化站、586个农家书屋的创建服务工作，构建城乡一体的服务网络。乡镇、社区、村图书室占全县公共图书馆总数的70%，对全县的乡、村、学校、机关单位图书室进行业务辅导，帮助他们为图书编目上架。培训基层图书管理员580人次。

管理工作

我馆按省市县政府、人事部门的文件要求，实行按需设岗、按岗聘用，竞争上岗，绩效考核，目标管理。每年年初都制定详细的工作计划，建立财务管理制度，严格财务管理，坚持勤俭节约，按章办事，并实行有效监督，无违规情况发生。建立了设备物资出入库台帐，严格报损审核，购置使用国有资产严格按国有资产管理的规定和程序办理。无流失和非正常损毁。人事、业务、工程项目均有档案，且资料详实。归档及时、立卷准确、装订整齐，内容齐全。统计和报表和分析报告及时完整，对指导和改进工作提供了可靠依据。

我馆阅读环境整洁美观、安静优雅，馆内制度标牌齐全，消防设施全部达标关键部位安装了摄像头，自动报警等安保防控系统，没有发生过失火、失窃、人身伤害、公物损毁等重大责任事故。

表彰、奖励情况

2011年至今，商水县图书馆共获得市级表彰、奖励5次，县级表彰、奖励12次。

馆领导介绍

费若云，女，1973年7月生，大学本科学历，中级职称。1993年元月参加工作，历任河南省商水县文化馆副馆长，2006年1月任河南省商水县图书馆馆长。

张咏，男，1975年3月生，专科学历，现任图书馆副馆长。

王倩，女，1978年4月生，本科学历，中级职称，现任图书馆副馆长。

未来展望

在今后的工作中。商水县图书馆将继续贯彻落实十八大精神，围绕上级工作部署安排，加强各类业务培训学习，提高职工队伍素质，持续开展内容丰富、各具特色的培训讲座，为农民、未成年人、农民工、残疾人、老年人等弱势群体服务。加强全县文化资源共建共享，开展资源利用宣传推广服务，推动全县文化资源建设健康发展。将按照科学发展观要求，科学规划全县图书事业发展的前景和蓝图，积极与上级协调，争取在商水新区修建一座功能设施齐全的新型图书馆。加快建设覆盖城乡的公共文化服务体系，认真实施文化惠民工程，进一步发挥图书资源优势，为推动商水县文化的大发展大繁荣，做出新的更大的贡献。

联系方式

地　址：商水县行政路中段
邮　编：466100
联系人：费若云

郸城县图书馆

概述

1952年8月建时，图书阅览工作由县文化馆兼管，藏书仅万余册，辟有阅览室两间，主要面向县城干部，职工借阅，1964年，图书室随文化馆搬迁后，有书库12间，藏书两万余册，辟阅览室3间，订购报刊150种，全年干部职工借阅书刊近7万人次左右。1984年11月，县图书馆正式建立，图书阅览工作移交县图书馆。1985年，图书馆有工作人员11名，藏书16145册，订购报刊160多种，全年借阅5.8万人次。1985年12月开工建设图书馆综合楼，1987年12月竣工。1988年初投入使用，占地面积2000平方米，建筑面积2000平方米，实际使用面积2000平方米，本次建设工程总计投入53万元。由省文化厅拨入18万元，县财政拨入15万元，自筹20万元，现无负债，产权属于国有。

郸城县图书馆现馆址面积为2000平方米，经扩建现有建筑面积为2600平方米。

业务建设

郸城县图书馆经费2012年财政拨款为140万元。其中20万元为购书经费预算。2011年财政在去年预算的基础上，又两次分别追加图书馆经费10万元、共计20万元，用于购书日常开支。2012年我馆文献入藏书量为401种、22504册，预订报刊200种、18860件，新购电子文献140种，视听文献368种，古书籍268册。图书馆现有外借处、采编室、档案室、自修室、报告厅、报刊阅览室、综合活动室、少儿活动阅览室、电子阅览室、文化信息共享工程、古书籍地方文献室等科室，共设有阅览座席500个以上。并免费存包、免费办证、免费验证。

先后购进计算机61台，笔记电脑1台，大型服务器2台扫描仪1台，数码照像机1台，摄像机1台，复印机1台，新购触摸屏查询一体机一台，供读者使用的计算机60台，其中供读者检索专用的计算机共计1台。计算机网络2009年电子阅览室建立时与郸城县网通公司签订合同，10兆宽带接入因特网。

我馆自2011年开放时就购置了北京清大新洋科技有限公司研制的通用图书馆自动化集成系统，并运用到采访、编目、流通、书目检索工作，在办公自动化方面，已购置了复印机、笔记本电脑、投影等现代化设备。馆内建有局域网，连接馆内各系统运行正常。2011年我馆网站建成并对外访问，网页符合郸城和我馆的地方特色，网页内容经常更新，新增电子文献与视听文献的内容。网页设计美观，有专人负责网页的维护、管理。

读者服务工作

郸城县图书馆从2011年底开馆就执行全年364天开放，每周开馆时间达到84小时的作息时间，年外借册次67166册，2011-2012年累计接待读者6万人次。从1984年开馆至今普通图书、报刊实行开架借阅。并积极利用宣传橱窗、网站、书展等形式开展书刊宣传活动，书刊宣传总数达600种以上。为全县23个乡镇（办事处、工业区），518个行政村送去图书一百多万册，光盘5万多张，培训农家书屋管理员540名，极大地丰富了人民群众的业余文化生活。

郸城县图书馆馆积极举办各种形式的讲座、报告会提高图书馆的知度和认知度，深受读者欢迎，并召开读者座谈会、读者调查、“走近郸城”读书活动。并在社区、学校、警营等开设服务站，经常开展送书上门、送书下乡等服务，先后为郸城县特殊群众体、聋哑校、留守儿童等开展赠送图书，送电影等活动。

业务研究、辅导、协作协调

郸城县图书馆职工杨光奇、刘涛、尹素兰等先后在省级刊物和省市级学会上发表论文，并获得优秀论文奖。2012年我馆徐岩、刘艳杰等四人根据郸城县图书馆事业的现状和发展，从各自的工作方面对图书馆事业发展写出了调研报告，有一定的参考价值。

管理工作

我馆从2011年就按省市县政府、人事部门的文件要求，实行岗位设置管理。建立财务管理制度，严格财务管理，坚持原则，有监督机制，无违规情况发生。设备、物资管理制定有制度，并按国资局国有资产管理的规定办理。档案管理统计工作、环境管理、消防、保卫等工作规范。

表彰、奖励情况

2012年被授予2012年度河南省先进图书馆。

2011年至今，郸城县图书馆共获得市级表彰、奖励6次，县级表彰、奖励10次。

馆领导介绍

徐岩，男，1968年1月生，大学专科学历，馆长。1985年12月参加工作，历任河南省郸城县文广新局新闻出版股副股长，图书馆副馆长，2011年1月任河南省郸城县图书馆馆长。

孙晓燕，女，1976年1月生，大学专科学历，中共党员，党支部书记。1992年3月参加工作，历任图书馆副馆长，2011年1月任郸城县图书馆党支部书记。

刘艳杰，女，1981年12月生，大学专科学历，中级职称，副馆长。1999年参加工作，现任图书馆副馆长。

未来展望

郸城县把图书馆事业的发展作为郸城县十大惠民工程的一部分，并把争创国家级图书馆纳入工作日程。在未来的几年里，郸城县图书馆将在县城新城区建一座建筑面积万平方米的新馆舍。

在今后的工作中，图书馆将继续本着立足全县实际，服务全县人民的理念，围绕中心，服务大局，不断完善各项工作，健全图书馆的各项规章制度，使各项工作做到有章可循，有条不紊。不断总结工作经验，创新工作思路，服务全县转型跨越民展，不断满足人民群众日益增长的文化需求，丰富人民群众的业余文化生活。

联系方式

地　址：郸城县新华路中段
邮　编：477150
联系人：刘艳杰

淮阳县图书馆

概述

河南省淮阳县图书馆的前身是，清光绪甲申十年（公元1884年），邑人开明绅士捐资筹建的藏书楼，当年藏书达两万余册。历史演变，藏书楼易名图书馆，馆址几经变迁，2012年10月，位于淮阳县羲皇大道中段淮阳县文化艺术中心的新馆建成开放。新馆占地59.5亩，建筑面积6782平方米，可容纳读者座位300个，计算机68台，宽带接入10Mbps，选用ILAS图书馆自动化管理系统。2013年，参加第五次全国公共图书馆评估，获得一级图书馆，并于同年获得河南省文化厅颁发的“河南省先进公共图书馆”称号。

业务建设

截止2012年底，淮阳县图书馆总藏书量近10万册，其中，电子文献400种。

2012年，淮阳县图书馆新增藏量购置费17万元，入藏图书2500种，报刊240种，视听文献100种。地方文献入藏完整率95%。购置电子读报机一台，可每日更新报刊150种。

古籍书库，年投入经费1万元，配有专柜及专职管理，普及古籍保护宣传3次，协调组织本县的古籍保护工作，为古籍书的整理和数字化提供底本。

截止2012年底，淮阳县图书馆数字资源总量为1.5TB。2013年初，实现馆内无线网络覆盖。

读者服务工作

从2011年开始，淮阳县图书馆已经实现免费对外开放。2012年10月，新馆搬迁后，每周周二至周日开馆，周开放60小时。每周利用LED屏和版面等宣传新书10种，馆藏书刊文献年外借率70%，书刊文献年外借册次10万册次，馆外流动服务点（图书流动服务车）书刊借阅册次6900册次/年。

淮阳县图书馆电子阅览室免费上网，开通红色家园等网站，以及方便盲人使用的音频馆，实现资源共享，向全县人民提供检索、浏览和下载服务。

2009–2012年，淮阳县图书馆共举办讲座、培训18场次，展览5场次，阅读推广活动169场次，参与人数96873人。

业务研究、辅导、协作协调

2009–2012年，淮阳县图书馆职工发表论文65篇，出版专著8部。

2009–2012年，淮阳县图书馆充分利用文化信息资源共享工程，加强图书馆服务网络建设，街道、乡镇、社区、村图书室参与服务网络建设的比例达到46%。

淮阳县图书馆对基层图书室指导和培训，内容涉及编目及自动化管理，开办培训班9期，246课时，359人次接受培训。

干部职工岗位培训，继续教育人均60学时/年。

管理工作

2012年，淮阳县图书馆完成全员岗位聘任，在岗人员14人。自2013年底，共抽查文献排架16次，书目数据6次。

淮阳县图书馆面向社会招募图书管理志愿者，普及图书馆业务基本知识，协助图书馆开展活动。

表彰、奖励情况

2009–2012年，淮阳县图书馆共获得各种表彰、奖励16次，其中，省文化厅、省人事厅、省社科联、省文学艺术联合会表彰、奖励5次，其他表彰、奖励11次。

馆领导介绍

雷超，男，1965年12月生，大专学历，中共党员，馆长。1981年到淮阳县图书馆参加工作，1997年被淮阳县文化局任命为淮阳县图书馆副馆长，2009年任命为淮阳县图书馆馆长。

朱炜东，男，1974年9月生，大专学历，中共党员，党支部书记，1989年参加工作，2011年被淮阳县县直机关工委任命为淮阳县图书馆党支部书记，分管党的工作，精神文明建设。

刘燕，女，1976年5月生，本科学历，中共党员，副馆长。1992年到淮阳县图书馆工作，在外借室工作，任部门主任职务。2009年被任命为淮阳县图书馆副馆长，分管全馆业务工作。

牛楠方，女，1975年2月生，本科学历，中共党员，副馆长。1992年到淮阳县图书馆参加工作，先后在藏书室、采编室等部门工作，任部门主任职务。2011年被淮阳县文化局任命为淮阳县图书馆副馆长。

未来展望

淮阳县图书馆遵循“求真务实，以人为本”的办馆方针，

稳步发展图书馆的服务功能，扩大服务范围。在信息网络技术的推动下，当代图书馆已经不仅仅是一个具体的机构和物理馆藏，而是一个集网络信息资源和服务动态于一体的动态集合。在未来几年内，需要紧跟时代的发展，将馆藏资源数字化，在原始收藏的基础上，按照类别构造核心保证系统，针对不同需求的读者提供网上检索和阅读服务。充分利用网络对图书馆进行信息管理，通过联网，与其他图书馆交流、共享数据库，打破时间和位置的限制，方便读者随时、随地、多次使用，开展更大范围的资源共享和服务。

联系方式

地　址：河南省淮阳县羲皇大道 淮阳县群众文化艺术中心图书馆
邮　编：466700
联系人：牛楠方

上蔡县图书馆

概述

上蔡县图书馆成立于1980年，时值房屋简陋，设施陈旧，2006年开始在原址翻建，2009年3月正式落成，现图书馆建筑面积2000平方米，实用面积1500平方米，馆藏图书6.2万册，内设报刊阅览室（多媒体室、少儿阅览室）、电子阅览室（报告厅）、图书外借室、采编室、文化信息资源共享工程上蔡支中心。其中阅览室座席170个，少儿阅览座席50个；文化共享工程网络已全部建成覆盖全县444个所有村点。支中心配备服务器3台，配电盘一台，UPS电源一台，打印机、复印机、一体机各一台，投影机一部，工作机5台，可供读者服务的计算机40台，电子阅览室现已接入10K光纤，专用网络存储设备容量达6.0TB，2010年建立了上蔡县图书馆网站（www.shclib.com），2009年9月份开通了图书馆自动化管理系统，实行了图书借阅流通自动化。在2013年全国第五次公共图书馆评估定级中，被评为一级图书馆。

上蔡县图馆现实有人员17人，平均年龄38岁，其中专科学历4人，高中、中等学历13人；中级职称3人，初级职称2人，初级以上职称占全馆人员的100%。班子成员3人，其中馆长1人，副馆长2人，大专2人，中专1人，中级职称2人，高级2人。文化共享工程上蔡支中心工作人员4人（兼职2人，专职2人），村级服务点管理人员749人，其中专职人员370人，兼职人员379人，大专以上人员15人，大专以下人员734人。图书馆年财政拨款为90万元，其中购书单列经费为10万元，免费开放经费20万元，每年都全部到位，纳入财政预算的为38万元，并以每年0.23%的比例逐年增长。

为提高自身业务水平图书馆班子成员经常组织到省市级外地进行业务培训和学习，接受继续教育数次，还经常邀请省市专家对我县村级服务管理人员进行辅导培训。几年来举办培训班3次，共培训管理人员7291人次，积极参加各类调研，并为领导决策和经济建设服务撰写课题调研9篇，其中郭水山撰写的《基层图书馆服务创新》、《论乡镇图书馆的发展现状与对策》获省优秀论文评奖二等奖；《论基层图书馆文化信息资源共享工程建设》在图书馆文化馆工作论坛中发表。

文献资源

上蔡县图书馆总藏量6.2万册，其中古籍图书200册，期刊和报纸合订本2.2万册，光盘、录像、小册子等视听文献资料3万册；电子文献藏量684种（包括捐赠和调拨的）；图书年入藏量2500种，报刊年入藏量264种，比往年增长0.36%，其中每年通过征集接受捐赠42种；为了更好的适应广大青少年网上阅读的需求，图书馆每年都通过各种渠道（如采购、接受捐赠）增加一定的视听文献入藏量，通过征集工作开展针对征集的文献设立了地方文献专柜及儿童阅览专架，并有专人管理，以便更好地服务读者。

为了提高藏书质量，对普通图书、期刊、报纸、视听等文献的编目，依据有关国家标准，按照《中图分类法》第五套进行著录，保证编目数据的规范一致，并制定了编剧制度，期刊、报纸文献到馆2个工作日内完成记到，图书文献到馆一个月内完成编目、分类并上架等，对流通书刊的错架、乱架及时进行整架，确保读者借阅树立流畅。

开架排架误差率不得高于6%，正确率不低于96%，针对馆藏文献，采取一定有效的保护措施，制定了防火、防盗、防虫、防潮、防尘等具体措施，对馆藏文献及古籍保护起到了一定的作用。

数字资源总量达3.6TB，制定了以李斯文化为代表的上蔡县图书馆地方特色数据库建设方案，申报了2013年上蔡县图书馆地方特色数据库建设项目。

服务工作

按照文化部、财政部《关于推进全国美术馆、公共图馆、文化馆（站）免费开放工作意见》及财政部《关于加强美术馆、公共图馆、文化馆（站）免费开放经费保障工作的通知》要求，上蔡县图书馆于2010年公共空间设施及基本服务项目对外全部实施免费开放，如电子阅览室，报刊阅览室，图书外借等各项服务项目。

为提高图书馆服务水平，使全社会形成多读书、读好书的良好氛围，图书馆积极开展了各种形式的服务活动，例如5月份举办图书馆服务宣传周活动，在大门前设立临时图书摊，为读者展示图书1000余册，现场为读者办证428个，为读者解答咨询300余条；6月份举办的“我与图书馆”读者座谈会活动，征求读者意见40余条，每年发放读者调查表200份，读者对本馆设施、资源服务内容、服务质量等满意率达96%。庆七一广场文化活动，为群众播放爱国主义教育和科教知识宣传片6部，为社会大众传播丰富的科技信息，坚持每周开馆56小时，周六和周日照常开馆，受到了群众一致好评。为了满足各类读者的阅读需求，我们在搞好关内服务工作的同时，增设外部服务网点，坚持送书上门等馆外工作，实行定点、定时、定员负责的办法，根据服务点不同类型的读者及阅读需求，挑选出适合他们阅读的书刊，坚持每月或每季度送书一次，这些服务点有阳光家园、老干部局、武警消防中队等水多个单位。同时馆内开展了“五个一”读书活动。既：建立一种学习机制、鼓足一种学习干劲、采取一种读书方式、讲究一种读书方法、营造一种读书气氛。几年来，图书馆每年举办阅读推广活动3次，即办各类讲座培训6期，参与人数达1.2万人次。通过读书活动，增强单位队伍素质，提高了服务水平，丰富了馆务生活。

上蔡县图书馆2009年以来，每季度组织举办一场“图书交流会”，已成功举办了16次读书交流及8场对话活动，共邀请嘉宾读者400多人次，参与互动读者200多人次，每次交流会都精心策划，认真组织，邀请社会各界广泛参与，采取杜种宣传手段，扩大传播影响，提升社会形象，创新服务形式，使每次交流都保持活力，通过读书交流会，提升了文化品位，丰富了优秀文化资源，增强了图书馆与读者之间的沟通，促进了文化事业建设，激发了读者读书热情，引导和推动广大青少年及农村进城务工人员的阅读兴趣，营造了全民阅读的良好氛围，是上蔡县读书月活动最具有品牌影响力的活动项目。2010年被评为全省优秀服务项目。

协作协调

上蔡县图书馆经常参与与上级图书馆组织的协作协调，保持与省图书馆沟通与学习，积极参与本地区图书馆业务合作，与我县22个图书流动服务外借点及一中、高中图书室的体

系建设进行合作，实行一卡通流通外借制度，大大提高读者借阅册次，方便了读者。我馆于2010年建立了图书馆网站，并与20个乡镇、地区、街道文化服务中心进行了联网，通过图书馆网站把图书馆各项业务活动及地方特色文化，对外进行传播，并通过网络征集到了上蔡县图书馆馆训（传递文献、传播文化、传承文明）馆徽，及时更新网站内容，满足读者网上阅览需求。

为了使基层图书室借阅规范化，对乡镇文化从业人员进行业务辅导和培训，我们通过赠送教材，安排窗口实际操作，使他们不断提高业务技能；我们还帮助部分居委会、中小学校、乡镇、街道图书室统一使用《中图法》进行分类、指导登录、排架，建立健全图书馆借阅制度和各项规章制度，使他们进一步规范管理，图书借阅开展有序。

管理与表彰

为了增强公共图书馆的建设和管理，根据上级有关规定，结合我馆实际，完善和制定了各项规章制度，即：工作学习考勤制度、财务制度、安全生产管理制度、卫生制度、值班制度、文献采编保护制度、图书借阅制度、电子阅览室上网查询制度等，并落实到位，责任到人。建立了学习园地。坚持每周一例会制度和二、五学习制度，要求全馆人员学习有记录、有心得，坚持统一着装上岗，并配戴上岗证。对单位国有资产，财产、设备进行登记造册，各类档案装订整齐，归档完整。环境经常保持整洁、美观、舒适。标牌制作规范，各部室配备了消防栓，灭火器消除了安全隐患，多年来无任何重大事故发生。为了提高服务质量在各服务窗口，开展微笑服务活动，增加服务项目，优化读者借阅环境，为读者营造一个舒适、高效、便捷的良好氛围。

上蔡县图书馆近年来多次受到上级表彰，历年被评为我县文化系统先进单位。2010年荣获上蔡县委“五个好”先进党支部；2011年荣获上蔡县文明单位；2012年被评为全省先进图书馆，同年“上蔡县读书交流会”项目被省新出版局评为全省优秀服务项目，2012年又被省公安厅、文化厅、共青团省委命名为优秀青少年维权岗。

重点文化工程

上蔡县文化资源共享工程建设开始于2008年，2009年支中心开始安装，前期安装均通过国家财政下发设备，给与资源和信息。2008年至2010年共建成基层文化服务点444个，文化共享网络在我县已全部覆盖。上蔡县支中心配备服务器3台，配电盘一台，UPS电源一台，打印机、复印机、一体机各一台，投影机一部，工作机5台，电脑45台；工作人员4人（兼职1人），建立了上蔡县图书馆网站（www.shclib.com），目前上蔡县基层服务网点共有电脑336台，投影机108部，村级服务点管理人员749人，共中专职人员370人，兼职人员379人，大专以上人员15人，大专以下人员734人。2008年至2010年由中央、省、市、县四级财政共投入360万元，用于我县文化信息资源共享工程建设，其中县支中心68万元，11个文化服务中心44万元，444个基层服务点248万元，县财政投入近100万元，并且每年投入运行经费10万元，用于共享工程设备的维护，人员培训和惠民活动的开展。确保了共享工程的正常运转。

共享工程上蔡县支中心设在上蔡县图书馆，是上蔡县共享工程的建设和业务指导单位，负责保障全县共享工程设备的运行，协调镇村级工程设备的维修，指导镇村级共享工程活动的开展以及开展全县共享工程管理人员的业务培训和指导。

上蔡县支中心经常对村级服务点的管理人员进行组织培训，2009年至2012年之中心分四批对上蔡县444个基层服务点管理人员及24个乡镇文化中心主任749人进行了有效的管理、辅导和培训，使其掌握了资源的更新和运用，为共享工程建设和发展打了夯实的基础。

电子阅览室现有可供读者服务的计算机40台，连同宽带接入10K，每台计算机通过支中心内网浏览图书馆各种文献资源信息，电子图书、视听光盘、科教片等560种。

领导介绍

郭水山，男，1972年出生，大专学历，中共党员，馆员，支部书记、馆长。

杨长青，女，1971年出生，中专学历，助理馆员，副馆长。

展望未来

图书馆现在虽然已经建立起，环境有了一定的改善，但馆舍面积仍然很小，不能实施零门槛服务，积极与县领导协调，已规划在县城工业集聚区新建标准图书馆。

馆藏图书量及文献资料甚少，远远不能满足上蔡人民的读书、学习、查询、求知的需求。面向社会制定政绩文献资料的方案，成立专业征集领导小组，收集整理出有地方特色的文献丰采，满足广大读者的阅读需求。

全馆人员业务技术仍处在以前手工操作水平，不能完全适应数字化管理操作规范，计划分批、分期派业务骨干外出学习，或请省、市专家到我馆授课，达到提高全馆人员业务技术的目的，更好地服务广大群众。充分发挥功能作用，更新服务理念，创新服务模式，不断提高服务水平和管理水平，使图书馆成为上蔡文献资源、信息服务、社会教育的中心，全面实施免费开放工作中，更加切实地保障人民群众的基本文化权益。

联系方式

地　址：驻马店市上蔡县城东大街60号
邮　编：463800
联系人：郭水山

汝南县图书馆

概述

汝南县图书馆位于汝南县天中路天中山生态园南侧，占地15亩，2011年7月建成，2012年11月投入使用，建筑面积3100平方米。新馆搬迁后，新成立了特殊群体阅览室、文献资料室，古籍部，至此，图书馆有图书室、期刊阅览室、少儿阅览室、电子阅览室、特殊群体阅览室、文献资料室、古籍部七个服务窗口，阅览座席240个，其中少儿阅览室座席位50个。

电脑设备46台，其中，电子阅览室提供给读者使用的40台，宽带接入，10兆光纤，专用存储硬盘18块，容量9TB。宽带网络的开通，电脑、服务器、扫描仪等数码设备的配备和使用，使图书馆的现代化装备在硬件支撑上实现了质的升级。2012年底，图书馆在新馆安装图书馆自动化管理系统，包括图书采访子系统、编目子系统、流通子系统、书目检索子系统、期刊管理子系统、参考咨询子系统。文化共享工程网络已全部建成覆盖全县281个所有村点。支中心配备服务器3台，配电盘一台，UPS电源一台，打印机、复印机、一体机各一台，投影机一部，工作机5台，可供读者服务的计算机40台，电子阅览室现已接入10兆光纤，专用网络存储设备容量达9.0TB，2013年建立了汝南县图书馆网站，2013年6月份开通了图书馆自动化管理系统，实行了图书借阅流通自动化。

业务建设

文献资源基本情况：我馆总馆藏15万册/件，其中图书11.8万册，期刊、报纸合订本3.6万册，录像带、光盘等0.8万册。电子文献400多种，报刊180种。内设馆长室、财务室、综合图书室、期刊借阅室、音像资料室、电子阅览室、少儿图书室、采编室、参考咨询部、文献资料室，全开架借阅。各室服务设施基本齐全，建立健全了各项规章制度，能较好地完成读者接待和上级文化主管部门下达的工作学习任务。

文化资源共享基本情况：我馆积极推进全国文化信息资源共享工程的实施，建立了县级文化共享支中心，完成了281个行政村（居委会）和6个综合文化站基层网点的建设。乡级文化信息资源共享县级支中心的各种服务器、多媒体资源加工设备、存储设备、业务自动化管理系统均按标准进行了配置，建设了统一、交互式的网络管理平台，丰富了公共文化服务的方式和手段，改善了服务质量，提高了公共文化服务水平。

电子阅览室基本情况：我县图书馆电子阅览室于2009年5月16日正式对外开放，电子计算机台数40台。县图书馆电子阅览室的开办，对于满足城乡群众的精神文化需求，缓解农民看书难、看戏难、看电影难、丰富广大群众的精神文化生活发挥重要作用。

古籍保护基本情况：为贯彻落实上级文化主管部门关于古籍普查保护工作意见，我馆在开展调查研究的基础上，对全县古籍开展了普查工作，并开展了古籍保护宣传工作，提高社会公众的古籍保护意识。首先，改善古籍保管条件，成立了专门的古籍部，完善安全措施，按照《图书馆古籍特藏书库基本要求》作好现有书库古籍保护环境的改进工作。对古籍书库内部环境和消防要求不符合要求的，提出整改意见及改造计划，逐步完善古籍书库的保护措施。二是建立健全工作机制，制定工作方案，积极申请古籍保护经费，提高古籍保护条件。

读者服务工作

图书馆图书室、期刊借阅室和音像资料借阅室，坚持常年365天开放，每个服务窗口每周开放不少于60个小时，实行各读者服务工作室长负责制，月底集中向馆领导汇报工作情况，作为每季度评选“优质服务标兵”和年终考核、评选先进工作者的参考依据，全馆全年累计发放借书证总数在1000个以上，任务分解到各室，落实到人，全馆接待读者累计在10000人次以上，书刊外借册次为80000册次，制定了方便读者多种措施，由室负责人按月检查工作落实情况，发现问题，及时纠正。

积极组织假日节庆活动，配合县中心宣传工作。组织形式多样、内容丰富的全民读书娱乐活动，举办读者座谈5次、少儿活动5次、图书展览2次、版面展览3次，举办少儿电子阅览网页设计培训班2次，大力宣传图书馆在改

革开放形势下为我县经济建设和两个文明建设做出的贡献。

积极开展图书馆服务服务宣传周活动及“全民读书月”活动。每年5月29日至6月4日全国图书馆服务宣传周和12月份“全民读书月”期间，图书馆全体员工都要走上街头，出书摊，向广大民众免费发放本馆编印的《综合信息》、《读者文摘》、《科技参考》近10万份，同时利用广播、电视等大众传播媒介进行多角度、全方位的宣传，发展了县中队、县消防队、县人民医院、天中商厦、金铺、板店、三桥等图书外借点，收到较好的社会效益，为我县掀起读书学习高潮做出了积极的导向作用。

根据《文化部办公厅关于转发〈国家图书馆关于加强和改进公益性服务的实施方案〉的通知》，从7月1日起全馆实行免费开放，实现无障碍、零门槛进入，公共空间设施场地全部免费开放，所提供的基本服务项目全部免费，取消了原有图书馆办证费、电子阅览室上网费；取消了公共图书馆存包费；图书超期费等。

我馆于2012年6月、8月分别发放读者调查表500余份，收回460份，统计读者满意率达95%以上。

业务研究、辅导、协作协调

2009-2012年，汝南县图书馆职工发表论著13篇，学术论文7篇，优秀调研报告3篇。

积极开展下乡送书与农村基层图书室、农家书屋、文化共享支中心业务指导工作。几年来，全馆各室下乡送书30多次，努力解决农村群众看书难问题，积极扶持农村文化服务中心图书室，在图书资源和业务上帮助他们，辅导他们，使文化服务中心图书室真正成为文化工作的前沿阵地。举办农家书屋基层管理员培训班3次，文化共享基层服务点人员培训班2次。同时，加强农村“农家书屋”的建设、扶持工作，建立和完善县、乡、村三级公共图书馆网络体系。

不断延伸自己的服务领域，使读者工作不断深化以图书馆窗口服务为基点，开展改善服务态度，增加服务项目，强化优质服务，优化借阅环境，树立良好的服务形象，深入基层，面向农村，采取馆厂、馆站、馆园、馆村挂钩的形式，积极组织送书下乡，送书上门等活动。

我馆在舍屯乡建立了图书馆分馆，流通服务点7个，有县中队、县消防队、县人民医院、汝南高中、汝南二高、老君庙镇、金铺镇。

管理工作

各室服务设施基本齐全，建立健全了各项规章制度，完成了人事、岗位设置管理，建立健全了各项读者统计，能较好地完成读者接待和上级文化主管部门下达的工作学习任务。建立健全读者服务监督机制，设立读者服务监督岗，评选“优质服务标兵”，实行奖励激励机制，制定奖惩制度，实行岗位聘用制，岗位与责任挂钩，竞争上岗，择优聘任，形成良好的工作氛围与人才激励机制，激发和鼓励全体馆员学习、提高与创新并此来培养人才与业务骨干。

表彰、奖励情况

近年来，我馆工作人员在工作学习中取得了一定的成绩，同时也多次得到上级及本地主管部门的一致肯定与表彰，三年来，我馆工作人员受到市级业务主管部门表彰、奖励4次，县级党委、政府表彰奖励3次，县级业务主管部门表彰、奖励6次。

馆领导介绍

刘冬，男，1969年12月生，大学本科学历，中共党员，馆员，馆长。1989年1月参加工作，曾任汝南县文化稽查大队副大队长，2007年12月任任汝南县图书馆馆长。

韩祥荣，女，1968年5月生，大专学历，图书馆学专业毕业，中共党员，馆员，副馆长，1991年8月参加工作。

未来展望

汝南县图书馆，从建馆之初的159平方米，藏书1万余册到今天的2600平方米，藏书12万册，服务全县87万人，从单一的传统服务到开放式服务，在广大领导和社会群众广泛支持下，在汝南已经成为汝南人民文化生活的一大支柱，成为繁荣汝南文化，丰富汝南人民精神生活，推动汝南人文科技进步的强大动力源泉。今后汝南县图书馆希望在驻马店市文化局、汝南县文化局大力支持下成为汝南一支专业化的服务队伍，为繁荣阅读文化，推进知识传播形式更加多样，服务网点更加宽广，参与群众更加广泛的文化服务体系，为建设科技汝南，文化汝南做出贡献。

联系方式

地　址：汝南县天中山路
邮　编：463300
联系人：刘 冬

西平县图书馆

概述

河南省西平县图书馆始建于1916年，建国后，附设于文化馆，1984年7月1日图书馆正式建立，1990年10月1日新馆启用，地处西平县柏城大道东段，占地面积3000平方米，馆舍面积1622平方米，2011年扩建到2000平方米。馆藏图书（含报刊）12.8万册次，按照"中图法"分成22大类、1600多小类。馆内设置有采编室、社会科学外借室、自然科学外借室、现刊阅览室、过期报刊室、地方文献阅览室、工具书室、电子阅览室和多媒体教室等9个服务窗口，阅览座位280个。2012年，借助计算机技术和图书馆管理软件实现了图书采编、流通、检索自动化管理，馆藏中文文献书目数字化已达50%以上。

业务建设

西平县图书馆现馆舍建筑面积为2000平方米，阅览座位有150个，多媒体教室有150个座位，计算机数量为63台，供读者使用的计算机57台，计算机网络为100兆光纤接入，存储容量为4TB，建设了图书馆网站和数据库。

2012年、2013年图书入藏书量为4000种，2013年预订报刊120种，视听文献入藏量为50种。图书编目规范，设立有卡片目录和机读目录，馆藏中文文献书目数字化已达50%以上。专设地方文献书库和古籍书专架。

图书馆服务宣传周新书展阅活动

读者服务工作

从2012年元月1日起，西平县图书馆全年365天对外免费开放，每天开放8小时，每年接待读者6.5万人次，借阅书刊4.5万册次，馆外服务点10个，书刊借阅7千册次，解答读者咨询600条，开展课题服务17项，收集整理科技信息和市场信息600条，图书宣传20次，送书下乡、送书上门18次，举办各种读者活动6次，参与人数3千人，举办各种专业培训班5次，参加人数500人。

业务研究、辅导、协作协调

2009年–2012年，西平县图书馆职工发表图书馆专业论文23篇。对文化信息资源共享工程基层服务点、农家书屋、中小学图书馆室、社区图书室、乡镇文化站及局委图书室开展辅导120次，500人接受培训。

管理工作

在人事管理方面，西平县图书馆一直按县政府、人事部门的文件要求，实行岗位设置管理，2012年完成第二次全员岗位聘任，在编职工22人全部与单位签订了"河南省事业单位聘用合同"。在财务管理方面，通过制订财务管理制度和监督机制，无违规情况发生。设备、物资管理有制度，并按国有资产管理的规定办理。

表彰、奖励情况

2009–2012年，西平县图书馆获得省文化厅表彰、奖励2次。

馆领导介绍

张建红，男，1967年10月生，本科学历，中共党员，中级职称，馆长，党支部书记，河南省图书馆学会会员。1983年7月参加工作，2002年12月到西平县图书馆任馆长。

未来展望

西平县图书馆坚持"为人民服务，为经济建设服务"和免费开放的服务宗旨，利用有限资源，加快基础设施建设和"共享工程"的有机结合，重视现代化设施设备与技术方法的利用，实现网络文献资源共享。不断创新服务方式和手段，努力满足不同层次不同需要的读者需求，充分发挥文化信息资源在发展县域经济、提高人民群众思想道德和科学文化素质等方面的重要作用，把县图书馆真正办成全县人民的大书房，为西平社会经济文化的发展做出贡献。计划在2014年–2018年在乡镇建设两个借阅点，满足偏远乡镇农民借阅文献的需要。

文化助残活动

少儿阅览室

现刊阅览室

平顶山市图书馆

概述

平顶山市图书馆1962年12月成立，前身是市文化馆的图书组。"文革"前期，图书曾封藏闭馆，1972年易名为"毛泽东思想宣传站图书组"。1974年馆舍建筑面积仅有324平方米。1988年建成建筑面积2530平方米的图书楼。2002年又建成8000平方米的图书馆大楼投入使用，2011年底随着市图书馆新城区文化艺术中心分馆的建成使用，整个市图书馆建筑面积已达到1.3万平方米。藏书45万册（件）。2009年，参加第四次全国公共图书馆评估，获得三级图书馆。截止2012年底，平顶山市图书馆有阅览坐席610个，共有计算机124台，宽带接入30Mbps，选用IlasIII图书馆自动化管理系统。

业务建设

截止2012年底，图书馆总藏量45万册(件)，2009、2010年，平顶山图书馆新增藏量购置费50、100万元，2011年起增至150万元。截止2012年底，图书馆数字资源总量为35TB，2013年年末将自动化管理系统升级改造为IlasIII系统，实现馆内802.11N无线网络覆盖。

读者服务工作

为了更好地推动免费开放工作的顺利进行，我们成立了领导小组，制定了图书馆免费开放工作实施方案，制作了免费开放内容的宣传横幅及展板，并通过新闻媒体多次对公共图书馆免费开放进行宣传、报道。向读者公示图书馆的服务范围、服务内容、服务时间、服务公约、读者须知、办证方法、借阅规则、便民措施、服务承诺等规章制度及各类服务信息。公益服务得到强化，全面实施无障碍办证，零门槛阅读。

"读者第一，服务至上，一切为了读者"是我馆的服务宗旨，我馆积极开展特色服务，如为老年人、残疾人送书上门服务等，并设老年人、残疾人阅览专席，对弱势群体优先照顾，进行免费服务。立足馆内，走向馆外，既满足信息需求又顾及文化普及。我馆积极利用图书馆服务宣传周、全民读书月、世界读书日开展活动，营造良好社会读书氛围。推进文化信息资源共享工程建设。搞好图书馆自动化、网络化、数字化建设。

业务研究、辅导、协作协调

2009–2012年，平顶山市图书馆职工发表论文42篇，出版专著3部，课题5项。在全市范围内发起组建公共图书馆服务联盟，并成立图书馆学会，推动地方文献联合征集、阅读推广与讲座展览服务、业务培训。截止2012年底，成员馆发展到17家。期间，举办联盟培训班5期，327人次接受培训。

管理工作

为深化人事制度改革，加快推进聘用制度和岗位管理制度，实现单位人事管理的科学化、规范化和制度化，根据《市委、市政府办公室关于印发〈平顶山市事业单位岗位设置管理实施细则〉的通知》精神，结合我馆实际，制定出了岗位设置方案。并在2012年10月份，进行中层干部竞争上岗，职工双向选择，全面实行岗位聘用制。在财务管理方面，按照"三重一大"集体决策制度，即：重大事项、重要干部任免、重要项目安排，大额度资金使用由集体决定。在设备管理方面，除有管理制度外，我们还把各部门所属的设备制表登记，由部门负责人验收签名、使用和保管。对于其它的办公用品，一律由集体讨论，馆长批准，办公室人员统一购买，需用者在领物登记本上签字后方可使用；在档案管理方面，由专人负责，每年的档案按时整理，按要求立卷，装订整齐，每卷都有目录。

表彰、奖励情况

管理工作的加强，使图书馆的业绩不断提升，获得了不同形式的表彰奖励。2012年获得演讲比赛三个一等奖。全市运动会象棋一等奖。市妇女工作者先进表彰等。2010年我馆职工撰写的论文多篇获得国家及省论文研讨会奖项。2009年获得河南省文化信息资源共享工程暨图书馆基础业务知识竞赛三等奖，个人一等奖，优秀组织奖；2008年、2009年、2010年、2011年分别荣获省"全民阅读活动先进单位"。2012年"全国公共图书馆服务宣传周"先进单位。2012年被授予省级卫生先进单位。2013年被文化部命名为地市级"二级图书馆"。

馆领导介绍

田长斌，男，1970年11月生，本科学历，中共党员，馆员，馆长。1987年11月参加工作，历任平顶山市文化市场管理办公室副主任，平顶山市图书馆党支部书记，2012年1月任平顶山市图书馆馆长，兼任河南省图书馆学会常务理事，平顶山市图书馆学会理事长。平顶山市文广新局机关党委委员。

王文，女，1967年6月生，本科学历，中共党员，2001年为副研究馆员，党支部书记。1985年12月参加工作，兼任平顶山市图书馆副馆长、河南省图书馆学会常务理事，学术委员会委员，市图书馆学会常务理事。2003年任市图书馆副馆长，主管业务，2012年1月任馆党支部书记，分馆党务工作、部分业务工作。

王宝郑，男，1969年1月生，本科学历，民盟市委委员，馆员，副馆长。1989年7月参加工作，2003年任平顶山市图书馆副馆长，兼任新华区政协常委，市政协委员，平顶山市社会主义学院副院长。

谢胜敏，女，1963年9月生，本科学历，中共党员，2003为副研究馆员，副馆长。1988年11月到平顶山市图书馆工作，先后在采编部，辅导部，办公室等部门工作，2012年3月任副馆长。

周明杰，女，1973年4月生，本科学历，中共党员，馆员，副馆长。1995年到平顶山市图书馆参加工作，在办公室工作。2012年3月任副馆长。

未来展望

总之，我们在省图书馆的指导下，在市文广新局党组的正确领导下，挖掘自身的潜力，以"读者至上，服务第一"为宗旨，让读者每一天都享受阅读快乐，突出重点，扎实工作，使图书馆的各项工作继续向前迈进。遵循"科学、效率、创新、发展"的办馆方针，完善单体服务功能，扩大服务辐射区域，带动地区事业发展。2009–2012年，在不断强化自身综合实力的同时，通过创立公共图书馆服务联盟，带动了全市公共图书馆事业的整体发展。

联系方式

地　址：平顶山市湛南路
邮　编：467000
联系人：刘慧兰

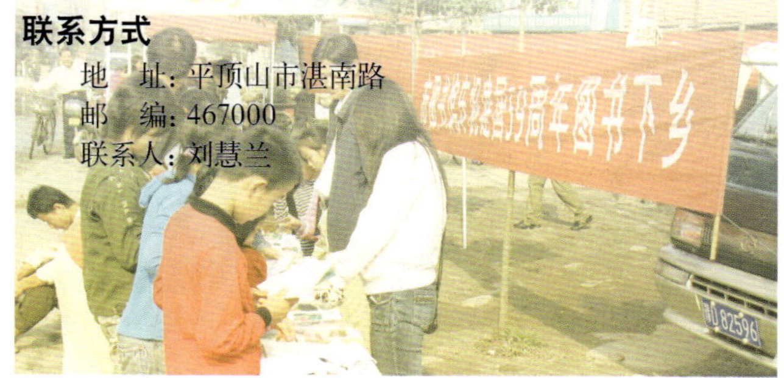

河南省图书馆

概述

河南省图书馆是我国建馆最早的公共图书馆之一。1908年7月6日，河南提学使孔祥霖呈奏抚院请创建“河南图书馆”，7月13日获准。1909年2月27（宣统元年农历2月初8日）开馆，定名为“河南图书馆”。1915年，以教育部“图书馆令”改为河南省立图书馆。1928年，奉省政府令改为河南省图书馆。1957年5月20日，河南省图书馆由开封迁往省会郑州纬二路省人民委员会礼堂。1985年在嵩山南路与伊河路交叉口西北选址建设新馆，1989年建成并交付使用，馆舍面积2.95万平方米。2004年、2009年两次参加文化部组织的全国公共图书馆评估，被评为一级图书馆。2012年，河南省图书馆有阅览坐席700个，计算机327台，信息节点500个，宽带接入300Mbps，选用ILASⅢ图书馆自动化管理系统。

业务建设

截止到2012年底，河南省图书馆累计藏书总量达323.5302万册（件），其中古籍50万多册。另有木刻版3万多片，电子图书50万种。

2009年、2010年、2011年、2012年，河南省图书馆新增藏量购置费分别为232万元、375万元、311万元、450万元。2009–2012年共入藏图书155959种，260345册（件）。2012年，地方文献入藏完整率为95%。

截止到2012年底，河南省图书馆数字资源总量为66.4TB，其中自建数字资源总量5.177TB。2009–2012年，先后制作完成《河南地方戏曲资源数据库》、《中州览胜数据库》、《新农村致富之路数据库》、《河南省非物质文化遗产数据库》，并通过国家验收。《风卷红旗——中原红色历史文化系列专题片·信阳篇》、《舞之河南——河南民族民间舞蹈系列专题片》尚在制作之中。

2011年对硬件平台和业务自动化进行升级，对网络、服务器、存储、资源等进行重新规划，光纤接入由20兆带宽提升为300兆，业务管理系统由ILASⅡ升级为ILASⅢ，增加了网上图书馆、网上续借、电话语音续借等网络远程服务功能，先后开通了河南数字图书馆及数字资源移动服务，实现馆内无线网络全覆盖。

读者服务工作

2000年河南省图书馆中文报刊、中文图书阅览室实行免证零门槛自由阅览，随后逐步取消了办证工本费、验证费、自修室使用费、电子阅览室上网费，实现了全免费开放。2011年初已实现了一般阅览室、少儿阅览室、多媒体阅览室（电子阅览室）、报告厅（培训室、综合活动室）、自修室等设施场地免费开放；文献资源借阅、检索与咨询，网上阅读及全文下载，公益性讲座和展览，基层辅导和流动服务等基本服务项目健全并免费提供；办证、验证及存包等配套管理服务免费提供。2009–2012年，总流通3433512人次，书刊外借3559699册次。先后在在郑州女子监狱、郑州武警消防支队、聚源路小学、省政府综合楼、郑州老年公寓等设立馆外服务点，定期补充新书，就近开展服务。密切关注本省政治、经济、文化发展动向，通过《决策参考》、《省长专递》、《文化信息参考》、专题信息汇编等二、三次文献，为省委、省政府、省人大、省政协等省级领导机关提供立法、决策信息服务，得到了各级领导的支持和肯定。

2009–2012年，河南省图书馆网站各类数字资源阅读、访问量达到1280万人次。随着远程访问系统的开通，全省各市、县（市、区）图书馆均可共享省馆数字化资源。文化共享工程河南省分中心以IPTV传输、接收模式为主，服务范围覆盖全省4. 8万个行政村，形成了基层文化信息资源服务网络。

2009–2012年，河南省图书馆共举办各类读者活动840场次，参与人数247853人次。以河南省图书馆为基础，发起河南省公共图书馆讲座联盟、河南省数字图书馆联盟、河南省公共图书馆地方资源共建共享联盟，服务范围和影响进一步扩大。

业务研究、辅导、协调工作

2009–2012年，河南省图书馆员工发表论文143篇，出版专著22部，获准立项国家级课题1项，省级课题2项，其他课题26项。

河南省图书馆历来注重参与全国和区域性的协作协调工作。参与全国联合编目中心编目工作，参与全国公共图书馆立法决策服务合作，组织全省公共图书馆加入国家图书馆讲座联盟，组织全省图书馆参加中国图书馆年会及中国图书馆学会各种活动，参与全国文献缩微中心组织的文献缩微工作。2009年以来，先后与安徽、山东、江西等省图书馆联合，开展学术交流与业务合作。加强与市、县图书馆的沟通与合作，召开了第21–24届省辖市图书馆馆长联席会暨河南省公共图书馆发展论坛年会，成为全省公共图书馆馆长共商事业发展、传递信息、交流经验的重要平台，对促进事业发展起到重要作用。2012年又先后成立了“河南省公共图书馆信息服务联盟”、“河南省公共图书馆讲座联盟”、“河南省公共图书馆特色数字资源共建共享联盟”等区域性协作协调组织，共同开展业务工作。

河南省图书馆外景

文化部原副部长周和平到河南视察共享工程基层网点一

文化部原副部长周和平到河南视察共享工程基层网点二

全国第五期古籍普查培训班在郑州举办

数字图书馆移动服务启动仪式

河南数字图书馆启动仪式

2012年利用各种机会到市、县、乡等图书馆（室）进行调研，在此基础上，完成《河南省公共图书馆发展报告（2011年》，根据调研及统计数据，总结发展成果，归纳问题所在，提出发展建议。除举办全省公共图书馆馆长培训班外，还先后与新乡、焦作、商丘、漯河、信阳等地联合举办区域性业务培训班，共享工程、古籍保护、数字图书馆推广等重点文化工程也先后举办多期全省或区域性业务培训班，有力地促进了事业发展。

管理工作

在2009年内部机构改革及员工聘任的基础上，2012年重新调整了部门设置，制定了新的人员聘用工作制度，完成了新的中层干部及全体员工的竞聘工作。在财务管理、后勤保障、档案管理、业务统计、安全保卫等方面，河南省图书馆制定了一套较为完善的规章制度和监督运行机制。2012年重新修订了《河南省图书馆规章制度汇编》，内容涵盖业务建设、财务管理、物业管理、安全保卫等各方面，保证各项工作有章可循。

表彰、奖励情况

2009–2012年，我馆共获省级业务主管部门以上表彰、奖励30项，其中国务院主管部门及省级党委、政府、省级业务主管部门18项，其他奖励12项。

馆领导介绍

杨扬，男，1955年8月生，大学学历，中共党员，研究馆员，馆长。1971年6月参加工作，历任河南省艺术研究院研究室主任、副院长，2010年12月任河南省图书馆馆长。兼任第八届中国图书馆学会理事、河南省图书馆学会常务副理事长、河南省音乐家协会副主席、河南省非物质文化遗产保护专家委员会委员。

孔德超，男，汉族，1968年2月出生，中共党员，研究生学历，研究馆员，书记；兼任河南省图书馆学会副理事长、秘书长。1988年7月参加工作，历任河南省文化厅主任科员、河南省图书馆任副馆长、河南省文物考古研究所任副所长，2012年4月任河南省图书馆任党委书记。参与国家级课题1项，主持和参与省级项目2项，主持、参与厅级项目1项，获奖科技成果5项。2006年被评为河南省社科调研先进个人。

刘中朝，男，1957年6月生。本科学历，中共党员，高级讲师，馆党委委员。1972年参加工作，历任35006部队战士、参谋，河南省文化厅人事处干部，河南省豫剧三团副书记，文化艺术周报社副社长，河南省电影电视学校副校长、副书记，河南省图书馆副馆长，河南省图书馆学会理事。主要分管古籍部、少儿部、地方文献部、研究辅导部、读者工作部等部门工作。

琚青春，女，1962年出生，中共党员。1981年毕业于河南省职业艺术学院，先后在河南省豫剧一团、豫剧二团担任演员队长。1996调至河南省美术馆工作，曾任党支部副书记，2010年12调至河南省图书馆任副馆长。

李克征，男，1968年生，本科学历，中共党员，副研究馆员，副馆长。1990年参加工作，先后在借阅部、采编部等部门工作，2010年11月，被省文化厅任命为副馆长。

未来展望

河南省图书馆围绕“建设文化强省”战略目标，以加快图书馆现代化建设为中心，以不断满足人民群众日益增长的精神文化需求为根本出发点，以新馆建设、重点文化工程建设为事业发展的突破口，坚持“读者第一，服务至上”的服务宗旨，着力信息化、自动化、网络化建设，强化文献信息资源建设与信息服务功能，创新服务理念与服务内容，提高服务能力和管理水平，优化馆员队伍结构，把河南省图书馆建设成管理科学、业务规范、功能完备、环境优良、服务一流的现代图书馆，实现从传统图书馆向现代化图书馆的转型，成为为全省知识创新、科技创新、社会进步和个人发展，提供强有力信息服务的文献资源保障与利用中心，并以此为中心建立起覆盖全省的、较为完善的公共图书馆服务体系。

文化遗产日活动

文化共享长征行启动仪式

河南省图书馆百年庆典

安阳市少年儿童图书馆

概述

安阳市少年儿童图书馆1984年批复成立，1990年开馆。馆舍几经变迁，2008年底搬入安阳市图书馆博物馆综合大楼，馆舍面积约2000余平方米，持证少儿读者10000余人，年到馆读者10余万人次，流通图书25万册次，每年举办各种社会宣传教育活动60余次。

业务建设

截止2012年底，安阳市少年儿童图书馆馆藏文献资源总量达19万余册(件)，其中图书152260册，期刊45568册，电子出版物1109种、1416件（盘)，电子动漫图书5800册。

2009年–2012年底，安阳市少年儿童图书馆新增藏书购置经费年均30万元，2009–2012年，共入藏中文书刊83487册。

读者服务工作

安阳市少年儿童图书馆围绕以服务读者为中心，坚持全年365天开放服务，借阅全部开架服务，使全馆书刊开架率达到了100%，按照《河南省公共图书馆管理办法》，该馆每周开放时间41小时。

安阳市少年儿童图书馆在做好馆内阵地服务的同时，积极走出馆门，扩大服务范围，2009–2012年先后在市区、县建立了20多个馆外服务点，使大批县区和农村的孩子都能和市区的孩子一样有书看，有效地保障了青少年的阅读权益。

同时，安阳市少年儿童图书馆还加大了对少年儿童的社会教育力度，利用“文化下乡”、举办各类型专题讲座、放映爱国主义教育影片、积极开展“中小学生夏令营”活动、和“全民读书月”活动、“世界儿童读书日”活动，开通“少儿数字动漫图书馆”等方式，2009年–2012年年均举办各种读者社会教育活动60余次，使该馆的服务方式不断创新，得到了广大少年儿童及家长的一致好评。

业务研究、辅导、协作协调

安阳市少年儿童图书馆2009年—2012年度在省以上刊物共发表论文12篇，出版学术著作2部。

2009年–2012年，安阳市少年儿童图书馆共举办各种业务辅导60余次，内容包括图书馆基础业务辅导和少年儿童辅导活动，对分馆自动化业务辅导，对农村图书室进行捐赠图书及基础业务辅导等。

管理工作

安阳市少年儿童图书馆先后建立、完善了各项管理制度。对人事、劳动分配制度进行改革，全面推行馆长负责制、目标管理责任制、干部职工聘任制和全员考核制等。在用人上，根据职工的不同特点，注意扬长避短、合理调配，使人尽其才，物尽其用，建立了一套科学的竞争激励制度。

表彰奖励情况

2009年–2012年，安阳市少年儿童图书馆共获得各种表彰奖励16项，其中中国图书馆学会表彰、奖励4次，省级表彰、奖励4次，地市级表彰奖励8次。

馆领导介绍

邓宏峰，男，1970年4月生，本科学历，中共党员，副研究馆员，馆长。1989年8月参加工作，历任安阳市文化局老干科副科长，2006年9月任安阳市少年儿童图书馆馆长。兼任河南省图书馆学会常务理事，安阳市图书馆学会副会长等职。2003年5月被共青团安阳市委、安阳市青年联合会授予“安阳市新长征突击手”，多次被评为全市文化先进工作者。

李江丽，女，1965年5月生，本科学历，中共党员，副研究馆员，党支部书记。1980年12月参加工作，历任安阳市图书馆副馆长，2009年12月任安阳市少年儿童图书馆党支部书记。兼任河南省图书馆学会理事，安阳市图书馆学会秘书长等职。1999年被共青团安阳市委、安阳市青年联合会授予“安阳市新长征突击手”，2006年被安阳市委组织部、宣传部、社会科学界联合会评为“安阳市优秀青年社科专家”。2006年，被河南省社会科学界联合会评为“2005年度河南省社科联系统先进工作者”。2006年被安阳市人民政府评为“2006年度安阳市学术技术带头人”。

朱艳红，女，1964年12月生，民建会员，会计师，副馆长。1985年10月参加工作，2009年12月任安阳市少年儿童图书馆副馆长。

申亚洲，男，1968年4月生，中共党员，馆员，副馆长。1987年12月参加工作，1990年3月到安阳市少年儿童图书馆工作，先后在信息部、辅导部、期刊部任主任，2009年12月任安阳市少年儿童图书馆副馆长。

未来展望

安阳市少年儿童图书馆本着“内强素质，外树形象，创新服务”这一原则，克服各种困难，2009年–2012年在发挥少年儿童图书馆教育职能，提高人口素质和建设文化强市过程中发挥了举足轻重的作用。在未来几年里，安阳市少年儿童图书馆将实行总分馆制，实现与各个分馆、流动送书服务点的通借通还。同时，还将引进街区自助图书馆，方便读者借阅书刊，服务广大少年儿童。

联系方式

地　址：河南省安阳市文明大道436号
邮　编：455000
联系人：付媛虹

郑州市中原区图书馆

概述

郑州市中原区图书馆位于郑州市陇海西路96号，2008年9月建成并开馆，馆舍总面积2000㎡，可容纳读者座位248个，计算机47台，宽带接入10Mbps，选用师易图书馆自动化管理系统。2013年，参加第五次全国公共图书馆评估，首次获得二级图书馆。

业务建设

截止2012年底，郑州市中原区图书馆总藏量23.9万册（件），其中，纸质文献8.8万册（件），电子图书10万册，有声图书5万册。

郑州市中原区图书馆新增藏量购置费为每年8万元，2009–2012年，共入藏中外文图书12461种，其中纸质图书74797册、电子图书100092册、儿童读物1000册，盲人图书2000册、期刊6000册，有声读物50000册，视听文献128件，地方文献5000册，图书年入藏量平均3110种，报刊年入藏量平均240种以上，视听文献年平均入藏量30件，馆内藏书中文普通图书机读目录占中文图书总藏量的90%。

截止2012年底，郑州市中原区图书馆购买了VPN设备，与郑州市图书馆联网，共建共享数字图书资源，数字资源总量超过10TB。

读者服务工作

从2011年8月起，郑州市中原区图书馆全年365天天天对外免费开放，周开放56小时，2009–2012年，书刊总流通11.76万人次，书刊外借32.43万册次。2009–2012年，郑州市中原区图书馆在本辖区街道办事处及社区设有5个服务点和馆外流通站，馆外书刊流通总人次2.26万人次，书刊外借册次2.19万册次。

2009–2012年，郑州市中原区图书馆网站访问量3.26万人次。为做好政府公开信息服务，电子阅览室设有纸质政府公开信息取阅处，免费向读者提供各种纸质政府公开信息，并在中原区图书馆网站，设有政府信息公开栏目，供读者免费查阅政府公开信息。截止2012年中原区图书馆加入河南省公共图书馆数字资源服务联盟网站，与郑州市图书馆网站联网，建有文化信息资源共享工程中原区支中心，为读者免费提供检索、浏览和下载服务。

2009–2012年，郑州市中原区图书馆共举办讲座、展览、培训、阅读推广等读者活动65场次，参与人数12.34万人次。为了提高郑州市中原区图书馆的培训水平，加入了河南省图书馆讲座联盟，使辖区群众能学习到省市专家的专题讲座培训。

业务研究、辅导、协作协调

2009–2012年，郑州市中原区图书馆职工撰写调查报告21篇，从2010年起，郑州市中原区图书馆以文化信息资源共享工程、VPN专网为依托，加入郑州市图书馆服务联盟，期间参加河南省图书馆、郑州市图书馆举办联合编目等各项培训班，56人次接受培训。

管理工作

2010年，郑州市中原区图书馆完成全员岗位竞争上岗，建立目标考核机制，与全体人员签订岗位责任书和服务承诺书，年终根据每人的实际工作情况进行年度考核。每年开展“服务之星”评比活动，提高工作人员的服务水平。举办“汇聚社会爱心、关爱老人儿童”好书捐赠等志愿者活动，援助社会弱势群体。

表彰、奖励情况

2009–2012年，郑州市中原区图书馆共获得各种表彰、奖励10次，其中，省级业务主管部门表彰4次，市级业务主管部门表彰2次，区级业务主管部门表彰4次。

馆领导介绍

杨艳红，女，1968年7月生，大专学历，副馆长。1989年4月参加工作，历任郑州市中原区文化旅游局旅游科长，2012年3月任郑州市中原区图书馆副馆长。

刘晓娟，女，1987年7月生，本科学历，副馆长。2008年10月参加工作，2010年8月任郑州市中原区图书馆副馆长。

未来展望

郑州市中原区图书馆遵循“文化中原，书香沁人”的办馆方针，以“阅读惠民”为宗旨，2009–2012年，不断强化自身综合实力，努力提高免费开放服务水平，开始建设公共图书馆服务网络。今后几年，郑州市中原区图书馆将通过加入郑州公共图书馆服务联盟，加快发展辖区街道图书馆分馆、社区图书馆分馆，通过郑州图书馆联盟服务体系，实现纸质文献的通借通还，电子文献资源共享等各项惠民建设目标，带动全区公共图书馆事业的整体发展。

联系方式

地　址：郑州市陇海西路96号
邮　编：450000
联系人：杨艳红

为郑州社会福利院捐书1500册

举办青少年网络学习辅导活动

地方文献精品展厅

濮阳市图书馆

概述

濮阳市图书馆位于开州路南段，北依濮水河、南接火车站，地理位置优越。是濮阳市目前唯一一座集图书收藏、学术研究、业务辅导的功能齐全的综合性公共图书馆。

自1997年8月落成启用，经过十几年的发展，已逐渐成为濮阳知识信息源中心。馆内现有藏书22.6万册，其中包括：四库全书，四库丛刊，册府元龟，古今图书集成，史律等一批珍贵特藏文献。截止目前共收藏大型查阅性工具书4200多册；重要的地方文献资料2159册；目前阅览座位564个，计算机103台，提供读者使用的计算机76台，网络对外接口双光纤2×10兆级、并建有自己的网站。图书馆年事业经费389万元，新增藏量购置费为43万元。

业务建设

文献采选标引加工：严格按照《普通图书著录规则》和《濮阳市图书馆图书微机编目细则》进行著录，基本达到了分编加工科学规范、误差率低的标准，完成馆藏中文图书100%的回溯建库工作。现年订购中文报刊857种，其中港台报刊6种，青少年报刊读物99种。图书年入藏量为5008种，视听文献年入藏量400多种。

濮阳市图书馆现使用ILASⅡ2.0图书自动化管理系统，图书借阅全自动化。图书馆建有100Mbps的局域网带宽，10Mbps的互联网出口带宽，馆内局域网有两种，一种是以UNIX系统为运行环境的ILAS局域网，设有服务器（UNIX）一台，终端16台。另一种是以windowsXP系统的办公局域网，共计11台。

读者服务工作

濮阳市图书馆从方便读者、服务读者出发，根据不同的服务对象统一规划，合理布局，共划分为三个服务区域：一楼设有电子阅览室。盲文试听阅览室、远程教育辅导站、二楼为少儿阅览室、自然科学类外借处，社会科学类外借处，三楼设有报刊阅览室，地方文献及过刊查阅处，多年来市图书馆始终遵循读者第一，服务至上的服务宗旨。全年365天免费为读者开放，对每个服务窗口都制定了服务公约。工作人员接待实行微笑服务，让每位读者都能享受到家一般的温馨，在人性化服务的基础上，市图书馆还对老弱病残的读者实行全免费政策，开通了温暖爱心送书通道，志愿者送书小组，可将书籍直接送至读者手中。

濮阳市图书馆重视文化信息资源共享工程建设，自2006年7月启动以来，组织实施“五走进”活动80余次，受众5万余人次。2009年7月完成了共享工程与农村党员干部现代远程的对接，开通了濮阳市文化信息资源共享工程专题栏目，实现了远程教育资源库与文化资源信息库的互联互通，覆盖了我市2973个村乡镇，覆盖率达100%。为拓展社会教育职能，濮阳市图书馆以自身为载体，整合文化教育资源，于2001年10月承办了现代远程高学历教育，截止目前濮阳市图书馆现代远程教育已经为濮阳市培养了近千名名本专科毕业生。

濮阳市图书馆还认真落实中央省市的有关精神，常年开展送书下乡活动，活动汇集社区、乡镇、部队、企业及学校等，帮扶建立了不同类型的图书文化室11处。形成了以图书馆为源头，辐射全市图书流通的网络，发挥了良好的社会效益。同时，市图书馆还大力配合省文化厅与司法厅共同发起的文化阳光工程计划，每季度向市监狱流动图书管理站提供一千册最新图书，帮助他们早日改过自新。2009－2012年共为馆外流通点送书54409册，年平均1.3万册。

业务研究、辅导、协作协调

2009－2012年以来共发表论文46篇，省级以上论文23篇；省市调研课题及成果共17项，其中一等13项；共编写专著及调研报告5篇。

馆际协作协调：濮阳市图书馆积极开展图书馆之间的协作协调，推进文化信息资源共享工程，促进公共图书馆事业发展，2010年以来，先后与清丰县图书馆、濮阳县图书馆、范县图书馆、濮阳职业技术学院图书馆签定了“公共图书馆展览联盟协议书”、“公共图书馆信息服务联盟协议书”；与河南省图书馆签定了“信息职务联盟协议”与“讲座联盟合作意向书”；与国家图书馆签定了联合编目成员馆协议书，建立了馆际之间的协作协调。

热情的授书场面

读者服务宣传周

对基层图书馆进行辅导：2009年以来，每年举办各类专家培训班（讲座）8到10场，截止到2012年底，累计举办培训班（讲座）16场，为基层图书馆培训600余人（次）。

2012为规范乡镇“农家书屋”管理，提高“农家书屋”图书管理人员专业化水平，濮阳市图书馆举办了“农家书屋”图书管理员培训班。

管理工作

濮阳市图书馆建立起了一套职务能上能下、待遇能高能低、岗位靠竞争、分配比贡献的激励竞争机制，受到主管部门的充分肯定和全体职工的拥护。我馆制定了《濮阳市图书馆规章制度》，包括工作管理条例、职业道德规范、人事制度改革实施方案、岗位设置方案、消防安全制度、固定资产管理制度、馆员守则、专业技术人员考核制度等各项规章制度37项，系统的对图书馆人事、业务等工作做出具体规定，为图书馆各项工作的顺利开展提供了有利的保障。

表彰、奖励情况

濮阳市图书馆先后荣获了“河南省文化文物系统创先争优先进党支部”、“2012年度河南省全民阅读活动先进单位”、“未成年人思想道德建设先进单位”、“全市文化广电新闻出版系统先进单位”、文广新系统“先进党组织”“先进党支部”等20项荣誉称号。

馆领导介绍

李文峰，男，1964年10月生，中共党员，本科学历，副研究馆员，馆长。曾任濮阳市戚城文物景区副主任，2009年12月任濮阳市图书馆馆长。兼任河南图书馆学会常务理事，濮阳市图书馆学会理事长。

杨晓娟，女，汉族，1965年出生，河南省汤阴县人。中国共产党员，大学本科学历，副馆长，副研究馆员，濮阳市学术带头人。1982年参加工作。1995年加入中国共产党。1986年调入濮阳市图书馆工作。86年至87年分别在期刊部和采编部工作87年至90年在辅导部工作、任辅导部主任。90年至97年在流通部工作，任流通部主任。1997年至今任图书馆副馆长。目前分管辅导部、流通部和少儿部的工作。

王文英，女，1967年9月生，本科学历，中共党员，研究馆员，副馆长，1989年8月参加工作，2012年5月任濮阳市图书馆副馆长，兼任濮阳市图书馆学会常务理事。曾被文化厅评为中原文化资源数据库建库先进个人；被濮阳市人社局和文广新局联合评为年度先进工作者；在组织实施的“811”人才工程活动中，被命名为濮阳市第六批学术技术带头人。

刘若瑾，女，1972年10月生，本科学历，硕士，中共党员，副研究馆员、副馆长。1990年参加工作，历任濮阳市图书馆技术部主任，2012年5月任濮阳市图书馆副馆长。

未来展望

雄关万道铮如铁，而今迈步从头越！濮阳市图书馆将继续沿着“一切想着读者、一切为了读者”的办馆理念，在科学、效益、发展的思维中不断完善服务功能。

新馆将给濮阳图书馆带来新的机遇，占地面积112亩、建筑面积3.6万平方米的新馆在建中，到那时，濮阳市图书馆将迎来新的机遇，全体干部职工以崭新的工作姿态，更优质的服务，全面提升图书馆的各项业务。力争把濮阳市图书馆建设成豫北乃至全省一流图书馆。

在建的濮阳新馆效果图

周口市图书馆

概述

周口市图书馆是由周口市委、市政府斥巨资兴建的大型现代化公益文化基础设施，于2008年开工建设，2011年6月30日向公众开放，建筑面积8417平方米，藏书量40.6万多册，馆内配置免费无线网络，读者座席500个。市图书馆共有正式编制15名，现有工作人员11人，其中正高职称1人，中级职称1人，研究生学历2人，本科学历9人。馆内设部门有办公室、采编部、信息技术部、数字资源部、读者服务部、流通阅览部、报刊部、地方文献部、古籍部、业务辅导部、参考咨询部。目前已开放综合借阅大厅、青少年阅览室、期刊阅览室、读者自修厅、过期报纸期刊室、地方文献室、电子文献室和周口市方志馆8个服务窗口。

业务建设

目前，我馆图书藏量40.6万册，报纸53种，期刊803种。同时积极开展业务工作，主要包括：一是重视地方文献的收集和整理工作。我馆在地方文献资源建设中，更加重视地方文化的挖掘和整理。为充分展现地方特色文化，我馆已向公众开放地方志阅览室。二是积极开展古籍保护工作。按照有关要求，建立了周口市古籍保护工作局际联席会议制度，分工协作，整体推进。三是业务管理工作实现自动化。我们引进了全国最为先进的图书集群管理系统Interlib，该系统包括了图书流通、工作日志管理和财经管理等多方面管理流程。同时，我们也引进了RFID图书馆智能管理系统，这项技术的应用实现了读者自助借书、还书、查询和续借，为广大读者提供了更为简捷快速的自助服务。

读者服务工作

周口市图书馆开馆以来坚持全年开放。目前接待读者158万人次，借阅图书165万册次，并且从多方面开展服务工作。一是拓展服务空间，开展多项读者服务活动。先后开展了“第一届、第二届、第三届‘优秀读者家庭和优秀读者’评选”、“读者座谈会”、“周口晚报小记者走进图书馆”、“学雷锋、树新风，争创文明服务窗口”、“暑期‘小小管理员’、“送图书进机关”、“关注弱势群体，为残疾人送书献爱心”、“开展留守儿童走进图书馆”、“送图书进社区”、“六一期间送图书到福利院”等大型读者服务活动30多次。我馆先后建立了“川汇区文化小学”、“周口市第三幼儿园”、“东新区郭阜口小学”、“川汇区文明社区”等13个馆外借阅点，进一步扩大了我市图书馆的服务范围。二是接受社会捐赠，积极回馈社会。

2012年度，在周口市委市政府领导的关心和支持下，在全市范围内开展了向我馆捐赠书刊的活动，共收到全市107家单位捐赠的书刊359727册，其中图书54500册，期刊305227册，并收到社会群众捐赠书刊2000多册。我馆加班加点的对捐赠图书进行了加工整理，目前已经与广大读者见面。三是开展延伸服务，拓宽图书馆的服务职能。在省图书馆的大力支持和帮助下，我馆从2012年10月起每月最后一个周六上午，邀请一批在各领域理论素养好、热心公益事业的名家名师，面向社会开展长年性“沙颍读书讲坛”公益讲座活动。目前，该讲座已成功举办6期，受益群众达到3000多人次，得到了社会各界和市民的广泛好评。

业务研究、辅导、协作协调

一是扩大业务范围，增强业务交流。为增加馆藏特色，我馆与周口市地方志办公室合作建设了周口市方志馆。二是加强对基层馆的业务辅导。

2012年度，我馆共举办各类业务培训8次，培训人数480人次以上。三是重视学术研究工作。馆长李佳同志，2012年被中共周口市委、周口市人民政府授予周口市第七批专业技术拔尖人才和周口市学科技术带头人。

2013年出版《图书馆文献标引》一书；论文《豫东县域农业信息化建设探析》、《新农村科技信息服务模式与构建探析》获河南、江西、山东等省图书馆学会联合征文一等奖；被河南省图书馆学会评为“图书馆服务宣传周优秀组织者”；此外，我馆职工在《图书馆学研究》等学术期刊上发表论文6篇。

开展送书进校园活动

开展庆新春读者座谈会

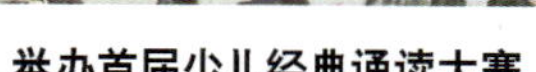
举办首届少儿经典诵读大赛

图书馆走廊

报纸期刊阅览室

管理工作

首先，深化人事制度改革。深化体制改革，推进机制创新，建设一支政治素质高、业务能力强、作风形象好、能够适应时代要求的图书馆人才队伍是图书馆工作顺利开展的保证。其次，不断完善规章制度。制定完成《周口市图书馆规章制度汇编》，从行政、业务、财务、人事等方面完善各项制度。第三，全面实行分配制度改革。在分配制度上，我馆首先制定了《周口市图书馆绩效工资考核方案》，以效率优先、以岗定酬、兼顾公平为原则，根据岗位职责和业绩，全馆实行绩效工资发放考核制度。

表彰、奖励情况

我馆连续3年被省文化厅授予"河南省先进图书馆"荣誉称号，"周口市图书馆特殊人群阅读保障活动"、"周口市沙颍读书讲坛"被省新闻出版局表彰为"河南省全民阅读优秀项目"，被省图书馆学会授予"图书馆服务宣传周先进单位"、"全民阅读先进单位"，被周口市团委命名为"爱国主义教育基地"，被周口市社科联命名为"周口社会科学普及基地"和"社会科学普及先进单位"，被周口市直工委表彰为"周口市优秀基层党支部"。

馆领导介绍

李佳，男，1969年1月生，研究生学历，中共党员，研究馆员，馆长、支部书记。1990年1月参加工作，历任周口市川汇区图书馆副馆长、馆长、支部书记。2011年3月任周口市图书馆馆长。中国图书馆学会会员、河南省图书馆学会常任理事、河南省图书馆未成年人服务专业委员会委员、河南省作家协会会员、周口市作家协会副秘书长、周口市孔子研究学会理事。周口市优秀专业技术拔尖人才、周口市学术技术带头人。

李项楠，男，1978年3月生，本科学历，南京大学新闻传播学系毕业，馆员，副馆长。2000年参加工作，先后在周口市文化局文艺创作室、办公室工作。现任周口市图书馆副馆长。

常猛，男，1979年10月生，本科学历，郑州大学会计学专业，副馆长，2002年参加工作，先后在周口市演出管理站、市文化局新闻出版科、市扫黄打非办公室工作。现任周口市图书馆副馆长。

未来展望

我馆将积极推进数字图书馆工程，引进电子书借阅机、触摸屏读报机、24小时自助还书机等先进图书馆设备，举办展览、讲座、座谈会等丰富多彩的读者服务活动，增加馆外借阅点数量，扩大服务范围，争取把市图书馆建设成为市民学习教育中心、信息知识中心、文化休闲中心，为提高周口市民的文化素质做出新的更大贡献。

联系方式

地　址：周口市东新区文昌大道东段2号
邮　编：466001
联系人：刘志伟

开展小小图书管理员服务活动

开展留守儿童走进图书馆活动

郑州市二七区图书馆

概述

郑州市二七区图书馆隶属郑州市二七区文化旅游局，于2008年成立并对外开放。2013年在全国公共图书馆评估定级中被评为国家二级馆。郑州市二七区图书馆原址位于郑州市政通路26号，2014年初，馆址搬迁至郑州市大学中路86号，新馆共上下三层，面积有1146平方米，设置阅览座位350席。目前馆藏近5万册纸质图书、上千种电子图书、320余种期刊报纸、200余册盲人图书、20台计算机，全部为光纤宽带接入。另外，新馆开放后，二七区图书馆与郑州市图书馆联盟，实现"通借通还"的图书借阅系统。

业务建设

二七区图书馆目前藏书量共有近5万册，阅览座位350席，每年购置一批新书，目前馆内读报机一台、电子查询机一台，设立无线信号，实现馆内无线网络全覆盖。

读者服务工作

图书馆新馆自开放以来，实现365天全开放，周开放57小时，2008年以来，书刊流通达10万人次，书刊外借8万人次。为适应国家公共图书馆联盟建设的需要，2014年初开通与郑州市图书馆"通借通还"的图书借阅系统。

为满足读者需求，二七区图书馆定期举办知识讲座。另外，依托节日及寒暑假，二七区图书馆举办各类文化知识活动。2008年–2013年，二七区举办讲座、展览、培训，阅读推广等读者活动150余次，参与人数8000人次，以二七区图书馆为平台，积极开展各类文化活动，不断进行阅读推广活动，全心全意为读者服务是二七区图书馆的根本宗旨。

业务研究、辅导、协作协调

二七区图书馆自开馆以来关注图书馆馆员业务素质的培养，重视业务研究与辅导工作，每年定期组织工作人员到河南省图书馆、郑州市图书馆学习借鉴其先进管理水平与经验，提高馆员协作协调能力。2013年，二七区图书馆安装一台VPN设备，从而实现充分利用网络资源进行文化信息资源共享。VPN设备实现了二七区图书馆本馆内免费访问郑州图书馆内网商业电子资源数据库，在本馆内免费访问郑州图书馆自建电子资源数据库，各县区图书馆内部电子资源数据库相互复用以及郑州图书馆集群业务自动化系统在本馆的使用。

管理工作

图书馆工作人员采用竞聘上岗制度，包括任命副馆长，办公室主任，图书管理科科长、副科长，每半年和全年进行总体工作考核，期间将汇报本部门的工作进度与工作情况。

表彰、奖励情况

2011、2012年先后被评为文化工作先进集体、创建国家公共文化服务体系示范区先进集体。

馆领导介绍

邹红娜，女，1971年10月生，本科学历，中共党员，馆长。1992年参加工作，曾就职于二七区委宣传部，2011年调入二七区图书馆，任命为馆长，兼任郑州市图书馆协会理事。2013年底被评为郑州市文化惠民工作先进个人。

王真，女，1988年12月生，本科学历，中共党员，副馆长。2011年到二七区图书馆参加工作，负责协助馆长管理馆内各项事务。

未来展望

在现代化技术日益发达的今天，展望二七区图书馆的未来发展，首先需要工作人员掌握先进技术，实现馆内中外文献资料的采购、编目、检索、流通的自动化，可以开展与其他图书馆联机联合编目，为资源共享、信息交流等工作创造有利条件。其次，建立图书馆现代化网络平台，可以实现图书馆资源在网络上的畅通传输。在这样的系统下可以使一个个单个的图书馆用过有机的结合在一起，形成一个相互补充、相互协作的整体。

随着新馆的投入使用，二七区图书馆将以崭新的姿态迎接新的挑战。在今后的工作中，将与时俱进，不断完善检索系统，加强参考咨询服务，整合二七区特色资源，拓展服务领域，最大限度地发掘和利用文献资源，逐步形成具有地方特色的服务模式和服务品牌，真正使读者受益。

联系方式

地　址：郑州市二七区大学中路86号
邮　编：450000
联系人：王　真

电子阅览区

老年人电脑培训

三八趣味活动

郑州市管城回族区图书馆

概述

管城回族区图书馆位于郑州市货栈街98号，于2008年9月9日建成开放，是区政府投资兴建的现代化综合性图书馆，总建筑面积2500平方米，内设借阅室、报刊阅览室、电子阅览室、少儿阅览室、残障人阅览室、视频播放室、自修室和多功能报告厅等8个服务窗口，拥有计算机30台，阅览席位220个，实行信息化、网络化管理和服务，是管城区文献信息和社会文化教育的重要场所。2013年参加第五次全国公共图书馆评估，首次获得国家二级图书馆称誉。

业务建设

截止2013年底，管城区图书馆总藏量7.53万册（件）。2010、2011、2012、2013年，每年新增藏量购置费5万元，2010–2013年，共入藏中文图书10000种，25000册。2009年，管城区图书馆与郑州图书馆完成总分馆制建设，实行资源共享，采用IELAS自动化集成系统，并运用到采访、流通、书目检索工作，馆内建有局域网，拥有计算机30台。

读者服务工作

从2011年8月起，管城区图书馆全年365天天天对外免费开放，周开放64小时，实行免证阅览，代借代还，电话续借等服务措施。2010–2013年，发展23个基层服务点，年服务读者18万人次，书刊外借3.8万册。2009–2013年，管城区图书馆共举办讲座、文化共享工程优秀视频资源展播、展览、培训、阅读推广等读者活动628场次，参与人数5.5149万人次。

业务研究、辅导、协作协调

2009–2013年，管城区图书馆干部职工发表论文12篇。从2010年起，管城区图书馆以文化信息资源共享工程建设为依托，在全区范围内发展基层公共图书室服务点23家，配送图书12500册，下基层业务辅导63次，组织技术培训6期。2008年9月，与郑州图书馆完成总分馆制建设，实现资源共享。

管理工作

管城区图书馆共有6名工作人员，均为大专以上学历，初级职称3人。2010年，实行全员岗位聘任，建立了工作量化考核指标体系，每月进行工作进度通报，每半年和全年进行总体工作考核。2010–2013年，共抽查文献排架24次，书目数据12次，撰写分析报告和工作提案8篇，编写各部门工作进度通报10篇。

表彰、奖励情况

2008–2013年，管城区图书馆共获得各种表彰、奖励8次，其中，河南省文化厅表彰奖励2次，其他表彰、奖励6次。

馆领导介绍

李增喜，男，1966年7月生，大学专科学历，助理馆员，副馆长。2007年5月任管城区文化旅游局办公室主任，2010年9月任管城区图书馆副馆长。

未来展望

管城区图书馆遵循“读者第一，服务至上”的办馆方针，将会不断完善单体服务功能，扩大服务辐射区域，带动地区事业发展。计划在未来3年内，在不断强化自身综合实力的同时，通过创建管城区公共图书馆（室）服务联盟，带动全区公共图书馆事业的整体发展，达到具有支撑保障全区公共图书馆（室）服务体系良好运行的文献与技术能力，主要指标位居全市公共图书馆前列，达到一流图书馆的基本标准。

赠书活动

下基层业务辅导、配送图书活动

走上街头开展宣传活动

组织基层业务培训班

报刊阅览室

儿童阅览室

郑州市惠济区图书馆

概述

惠济区图书馆位于新城路8号惠济区文化活动中心院内一楼二楼东，2007年11月建成开馆，建筑面积1500平方米。截止2013年6月底，共有藏书58001万册，阅览坐席442个，计算机51台，宽带接入10兆，存贮容量7.3TB，选用特夫克图书馆自动化管理系统。2009年10月首次参加全国公共图书馆评估定级工作，被评定为国家二级图书馆。

业务建设

我馆总藏量为120151册（件）。其中图书58001册，杂志3385本，报刊575册，电子图书58000册，光盘190件。

自2009年评估以来，图书平均年入藏数量3009.75种，报刊平均年入藏量130.75种，视听文献平均年入藏量47.5件。在共享工程放映厅设有地方文献专柜，有目录，有专人管理，面向全区开展征集工作，共征集170册。

我馆的数字资源总量为5.3TB，馆藏中文文献数目数字化为99%。高度重视地方数据库建设工作，邀请了专家召开了研讨会，确定共分为九大板块，有历史文明资源数据库、汉文化资源数据库、战争文化资源数据库、“金石”资源数据库、地方文献资源数据库、文化遗产资源数据库、共享工程惠济区支中心、惠济名人、文化旅游。

读者服务工作

我馆免费开放包括：综合借书处、综合阅览室、少儿阅览室、电子阅览室、共享工程放映厅、盲人阅览室、自习室等公共空间设施场地免费开放；文献资源借阅、检索与咨询、公益性讲座和展览、基层辅导、流动服务等基本文化服务项目健全并免费提供；为保障基本职能实现的一些辅助性服务如办证、验证及存包等全部免费。

自习室的开放时间为8：30－6：30，为读者提供自修服务，每周开馆时间超过60个小时，书刊文献开架比例达到了100%，馆藏书刊文献年外借率为97.75%，书刊文献外借册次为59848册，馆外流动服务点书刊借阅册次为8108册，人均到馆次数为30.6，新书宣传21次，短信书刊宣传4次。在综合阅览室设立了政府公开信息查阅点，图书馆网站有政务公开专栏，并与惠济区人民政府网站做了链接，方便广大读者及时快速的了解政府公开信息。

2012年，惠济区图书馆为政府部门、广大群众提供惠济信息专题4个，惠济信息动态6期。同时也为政府机关、事业单位及个人免费提供信息服务，并有反馈信息表。

积极为特殊群体服务，举办了关爱农民工志愿服务活动、重阳节活动、盲人节活动、老年人电脑免费培训活动、青少年计算机比武大赛活动、“保护环境·美化家园”手工制作大赛活动、送图书进校园活动、少儿绘画大赛活动以及一系列的暑期活动，专门针对特殊群体服务，受到了这些读者的一致好评。

2012年我馆共举办讲座、培训活动18次，展览5次，阅读推广活动7次，每万人年参加图书馆活动次数为466次。加大了图书馆服务宣传力度，举办了“惠济区第五届读书节”活动、公共图书馆服务宣传周活动、全民读书月”暨图书馆成立五周年活动等，起到了良好的宣传效果，让更多的人认识图书馆，走进图书馆，利用图书馆。

业务研究、辅导、协作协调

为加强图书馆之间的馆际合作，提高图书馆文献资源的利用率，2010年我馆与郑州市图书馆签订了郑州地区图书馆馆际协作协议，还参与了由河南省图书馆倡议的河南省公共图书馆信息服务联盟并共同签订《河南省公共图书馆信息服务联盟协议》。为保证辖区人民基本文化权益，更好的发挥公共图书馆的作用，我馆制定了惠济区图书馆总分馆制实施方案，并与丰乐分馆、双桥分馆签订了协议，以保证图书馆为更多的群众服务。

2012年针对各个基层图书室开展了10次专业培训工作。对基层图书室的工作人员进行了6次全面的系统的培训。培训人数累计300人左右。针对各镇街道文化站图书室、农家书屋实际情况，就共享工程基层服务点的相关知识、图书分类、排架、借阅、规范化管理等业务工作中存在的问题给予详细指导，取得了一定的成效。

管理工作

2009年，公开招聘活动，并签有聘书。每年馆里都与工作

元宵节送图书下乡

重阳节到敬老院送爱心

电子阅览室

毛毛虫绘本馆

综合阅览室

人员签订目标责任书。2009年终考核，制定评分制度，评分最高分者为优秀，并公示。2011年、2012年底，开展“优秀服务之星”评比活动，由读者和工作人员共同投票选出。每周二下午全体工作人员到综合借书处整理图书，一月抽查一次。

表彰、奖励情况

共获得国家表彰1次，市级业务主管部门表彰6次，区级业务主管部门表彰8次。

馆领导介绍

李志英，现任惠济区图书馆馆长，民革党员，大学本科学历，国家注册二级心理咨询师，河南省作家协会会员，郑州市作家协会理事，惠济区第一届人大代表，惠济区第二届政协委员。多次参加图书馆、心理学专业继续教育培训，获得荣誉证书。

毛亚珍，女，现任惠济区图书馆副馆长，大学本科学历。曾向《计算机市场，科教导刊》发表论文《郑州市惠济区图书馆读者问卷调查报告》。多次参加图书馆专业继续教育培训，并获得荣誉证书。

未来展望

1、以绘本馆为依托，以少儿阅读推广为己任，多开展阅读推广活动，办出自己的特色。

2、加大宣传力度，举办图书进社区、进农村、进学校、进工厂等活动，进一步提高图书馆的知晓率和利用率。

3、做好地方文献的搜集整理工作，对于濒危的文化遗产要积极抢救，做好珍贵文献的二次编辑工作，为惠济区的经济建设和社会发展做出应有的贡献。

4、改变图书馆以“藏”为中心的观念，将工作重心转移到优质服务上，尝试在传统服务的基础上，拓展服务范围：例如信息代理、社区信息服务、建立学习中心、建立专业网站等方面的服务。建立长期有效的运行机制，以实现图书馆的可持续发展。

少年儿童手工制作才艺展示大赛

5、加强硬件建设，上自助办证机和自助借还机，方便广大读者。

联系方式

地　址：郑州市惠济区新城路8号
邮　编：450044
联系人：毛亚珍

百米长卷绘画比赛活动现场

换物大会现场

中牟县图书馆

概述

中牟县图书馆始建于1978年，正式落成于1981年12月，1982年1月正式对外开放。位于老县城青年路西段文化局院内一楼、三楼，面积400平方米，与县文化局同楼办公。馆址几经变迁，新馆于2008年12月正式开馆。位于新城区经四路与纬三路交叉口文化活动中心综合楼，与文化馆、博物馆同楼办公。位于一、二楼，面积1500平方米。2013年参加第五次全国公共图书馆评估，获得二级图书馆。中牟县图书馆有阅览座席260个，计算机110台，宽带接入10Mbps，选用特夫克图书馆自动化管理系统。

业务建设

截止2012年底，中牟县图书馆总藏书量123880册，其中图书63876册，报刊16424册；电子文献43000种，视听文献580件。2012年新增藏量购置费10.5万元，盲文图书购置费10018元，有声图书购置费78000元。2012年财政拨款总额为147.31万元，财政拨款增长率为19.51%。2012年8月开始规划中牟县图书馆网站建设。

读者服务工作

从2011年6月1日期实现免费开放，周开放61小时书刊文献年外借册次为60102册。人均到馆次数80.84次。2012年，中牟县图书馆举办讲座、展览、培训、阅读推广等读者活动41次，参与活动总人数3万人次。

业务研究、协作协调

2011年中牟县图书馆员工共发表论文7篇，其中两篇获得奖项；2012年人均发表论文1篇。围绕本馆业务工作撰写调查研究报告3篇。2012年安装VPN设备与郑州图书馆实现了资源共享、网上服务和数据库查询，还将文献信息、数字资源、视频点播、展览讲座、网络服务等各种读者服务方式融为一体，还将通过统一平台资源整合建设，逐步建立形成独具郑州地域特色文化资源库群，实现传统与现代并存的文化信息资源共享服务。2012年中牟县图书馆下基层业务辅导23次，举办培训班4次。取得不错成绩。

管理工作

中牟县图书馆岗位设有：文献采编室、地方文献开发研究室、综合藏书室、报刊阅览室、盲人阅览室、少儿阅览室、电子阅览室、共享工程县级支中心电子阅览室和办证室9个服务窗口。馆内工作人员实行按需设岗，按岗聘用，竞争上岗，建立健全了岗位责任制。为发展中牟县公共图书馆事业，满足全县人民群众对科学文化知识的需求，促进社会主义物质文明和精神文明建设，结合图书馆实际，制定馆内员工考核制度。

主要成就

2013年11月由中国文化部定为二级图书馆；信息资源共享工程的建设工作：建设完成12个乡镇文化站的共享工程乡镇基层服务点。已发放到位422个村级服务点设备。已完成17个社区电子阅览室的建设工作，现已全部免费对外开放。

表彰、奖励情况

中牟县图书馆自2010年以来，获得国家级表彰2次，市级业务主管部门表彰3次，县级党委政府及县级业务主管部门表彰及奖励5次。

2009年在全国县级以上公共图书馆第四次评估定级中被文化部评为三级图书馆。2011年在全国共享工程管理中心举办的“全国青少年纪念建党90周年党史知识大赛”中荣获组织奖。在2010年度工作中被郑州市图书馆评为郑州市区（县）级图书馆先进集体。在2011年度工作中被郑州市图书馆评为郑州市区（县）级图书馆先进集体。在2012年度工作中被郑州市图书馆评为郑州市区（县）级图书馆先进集体。在2010年文化工作中被中牟县文化广电和旅游局评为先进工作单位。在2011年文化工作中被中牟县文化广电和旅游局评为先进工作单位。在2012年文化工作中被中牟县文化广电和旅游局评为先进工作单位。2012年3月被中牟县妇女联合会评为巾帼文明岗。2012年7月10至8月10日开展全国“公共电子阅览室建设计划”百题知识竞赛活动，我馆组织的参赛人员李雯喜获个人二等奖。

馆领导介绍

李继枝，女，1973年3月生，大专学历，中共党员，馆长。1992年4月参加工作，曾在电影公司工作，1999年7月到图书馆工作，先后在综合藏书室工作，担任副馆长职务。

刘晓艳，女，1976年11月生，本科学历，中共党员，党支部书记。1996年10月参加工作。先后在外借室、办公室、财务室工作。

李文卫，男，1970年4月生，大专学历，中共党员，副馆长。1993年11月参加工作，曾在中牟县纸制品厂工作，2000年12月到图书馆工作。先后在报刊阅览室、综合藏书室、少儿室、电子阅览室、共享工程支中心、地方文献室、办公室工作。

赵春红，女，1968年1月生，大专学历，中共党员，副馆长。1982年1月参加工作，曾在中牟县粮食局粮油易购易销公司工作，1999年8月到图书馆工作。先后在采编室、地方文献室工作。

未来展望

中牟县图书馆遵循“科学、效率、创新、发展”的办馆方针，进行“中牟发展三步走”战略，即完善单体服务功能，扩大辐射区域，带动地区事业发展。希望在政府的大力支持下，能在中牟县老城区建立分馆，实现更好的服务老城区及周边的广大市民。借助图书流动车实现全县城乡地区范围内群众的文化需求，更进一步的为残障人士提供更好更方便的服务。

联系方式

地　址：中牟县新城区清阳街231号
邮　编：451450
联系人：李乃丽

巩义市图书馆

概述

巩义市图书馆成立于1980年，后经市委市政府决定，2007年12月底，新图书馆开工建设，2013年9月正式投入使用，实现全馆免费对外开放。现馆总建筑面积11090平方米。主要承担文献典藏、图书借阅、信息资源服务、古籍征集保护与研究、教育培训等社会职能。在2013年全国公共图书馆评估定级中，被文化部授予二级图书馆称号。巩义市图书馆现有综合阅览室、电子阅览室、少儿阅览室、盲人阅览室、报刊阅览室、地方文献室、特藏文献室等7个阅览室，共有阅览席360个，拥有电脑82台，其中供读者使用的电脑有76台，宽带接入100M，选用金盘图书馆自动化管理系统。

业务建设

巩义市图书馆年财政拨款总额71万元，2012年巩义市图书馆行政藏量购置费48万元。截止2013年底，巩义市图书馆总藏量45万册，其中电子文献4.5万种，图书年入藏19529种，报刊年入藏276种，视听文献年入藏140种。

2013年年底，实现馆内无线网络覆盖，并于2014年完善了电子阅览室的管理系统，读者可以凭读者证及密码登陆上机。有声读物磁盘阵列柜存储容量16T，硬盘存储容量2T，共计18T容量，图书馆自动化管理系统均已经投入使用。读者可以通过图书馆网站查询个人借阅信息并实现网上续借。

2011年7月，巩义市图书馆成立了文化共享工程县级支中心，以文化信息资源共享工程VPN专网为依托，为基层图书室常年提供资源共享、专干培训等社会服务。

读者服务工作

从2013年10月起，巩义市图书馆全年对外免费开放，每周开放56个小时，2013年配备自助借还机两台，并引进RFID技术，实现了综合阅览室的自助借还。巩义市图书馆年均总流通13万余人次，图书外借5万余册次。截止2012年，石灰务、西沟两个分馆均已建成并投入使用，在书刊宣传、政府信息公开、借阅、参考咨询服务、为特殊群体服务等方面，工作开展情况良好。

每年开展讲座、培训等活动均在20次以上，有详细活动记录等资料。展览活动，每年不少于10次，阅读推广活动不少于30次，年参与活动总人次达3万以上。通过问卷调查，读者满意率在95%以上。

业务研究、辅导、协作协调

新馆开馆至今，巩义市图书馆职工发表论文7篇。

巩义市图书馆积极参与上级图书馆组织的协作协调工作，与河南省图书馆、郑州市图书馆均签有协作协议，馆际互借等各类业务合作活动运行正常。巩义市图书馆服务网络覆盖比例已经达到了100%，也收到了较好反响。

巩义市图书馆对基层业务辅导工作多达60余次，培训训课程紧凑，内容充实，深入基层，除自动化管理方面有缺失之外，其他工作进行顺利，成效显著。

巩义市图书馆全年开展向全市读者招募志愿者活动，针对报名参加的志愿者，进行统一培训，越来越多的读者报名参加，志愿投入到图书馆事业中。此外，巩义市图书馆还在寒暑假面向全市中小学生开展小小管理员招募活动，既培养了学生良好的阅读习惯，也让更多的学生从小学会承担责任，在全市引起了很好的反响。

2014年9月，巩义市图书馆对全市331个基层图书室进一步加强管理，将各个图书室的图书重新统计整理并登记造册，形成档案，现存放于巩义市图书馆档案室。

管理工作

巩义市图书馆财务独立，管理制度透明。人事管理合理，员工年度考核严格，奖惩分明。由于馆内员工少，巩义市图书馆积极吸纳志愿者参与图书馆工作，并对其进行科学管理。在设备、物资管理方面，严格按照固定资产管理制度进行管理。档案管理方面能做到严谨仔细，凡事有档可查。统计工作方面，无论是人事、财务还是业务工作，均做到条理清晰。馆内环境整洁、美观，安保措施完好。

表彰、奖励情况

巩义市图书馆获郑州市级以上表彰4次，县级表彰12次。

馆领导介绍

李建军，男，1974年10月生，本科学历，中共党员，馆长。1994年8月参加工作，历任巩义市电视台新闻部主任，巩义市广播电视局新闻中心主任，电视台常务副台长。现任巩义市文广新局副科级干部，巩义市文化艺术中心主任，分管巩义市演艺中心、文化中心管理办公室、巩义市老年活动中心、巩义市图书馆，兼任巩义市图书馆馆长。

周尚营，男，1975年7月生，中共党员，党支部书记。1993年10月参加工作。

张新春，男，1986年1月生，中共党员，副馆长。1985年11月参加工作，曾任巩义市文化馆副馆长。

李玲玲，女，1979年5月生，副馆长，1999年8月参加工作。

未来展望

巩义市图书馆遵循“科学、效率、创新、发展”的办馆方针，践行“巩图发展三步走”战略，即完善读者服务功能，加快数字化进程，带动地区文化发展。2014年，巩义市图书馆网站已经投入使用，并逐步完善线上数据库，未来将实现线上阅读功能，读者还可通过网站进行续借图书。另外，巩义市图书馆还将建设移动图书馆，读者可下载巩义市图书馆客户端，通过手机随时随地阅览馆内图书。巩义市图书馆将不断招揽人才，尽快将其余各个阅览室及数字资源、自动化设备投入使用，向国家一级图书馆做准备。

联系方式

地　址：巩义市东区文化艺术中心
邮　编：451200
联系人：赵敏英

二级图书馆

中华人民共和国文化部

二〇一三年十月

新密市图书馆

概述

新密市图书馆始建于1985年6月，它的前身是密县文化馆图书室。原址于老城区，1992年4月迁馆于新城区，馆舍面积2500平方米。位于东大街19号五层仿古式建筑。由于旧城改造，新馆搬迁于青屏大街99号临街楼。现馆舍面积2500平方米。该馆现有藏书11万余册，阅览坐席260个，电子阅览室配备电脑46台，宽带接入10M，存储量6TB。上网快捷、查询方便，为我市的资源共享提供了有利的保证。采用了SirsiDynix图书馆集成管理系统。馆内设有综合外借室、少儿阅览室、电子阅览室、过期报刊阅览室、图书资料室、参考咨询部、辅导部等十个服务窗口。

2005年正式加入共享工程的“135”计划，成为全国5000个基层网点的联户之一——新密市支中心。目前，新密市支中心承担的“共享工程”共建立有7个乡（镇）服务站，303个村级服务点和社区服务点。推出了通过全国文化信息资源联合目录、建立网上文化信息导航系统、利用光缆传输网络和卫星接发网络进行文化信息资源传输服务。

2006年12月被河南省文化厅命名为示范图书馆，2005年、2009年被文化部评定为国家一级图书馆，2013年10月被文化部评定为国家二级图书馆。

业务建设

截止2012底，新密市图书馆总藏量11万册，其中，纸质文献10万多册，电子图书8000册。

2011、2012年，图书馆每年新增藏量购置费6万元，共购置新书7000余册，其中报纸期刊每年132种。每年征收地方文献100册。

2009年从（LLAS）小型版系统改为特夫克系统，2014年又采用了SirsiDynix图书馆集成管理系统，与郑州图书馆实现了资源共享共建。

读者服务工作

新密市图书馆全年对外免费开放，周开放66小时。2011年接待读者10.7万人次（含读者活动人次），外借册次达91744次，新增读者157个，利用大门电子飞幕，宣传、推介优秀书刊8000余种册，2012年全年到馆人次达11.3305人次。为方便读者，给读者创造一个良好的读书学习环境，充分发挥其功能与作用，年接待读者56868人次，外借册次达74709次。创办决策信息刊物《领导参考》、《信息情报》每月两期，共144期。2012年利用VPN技术使图书馆业务与郑州图书馆实现了数字资源共建共享。

2009–2012年新密市图书馆共举办讲座、展览、培训、阅读推广等读者活动421场次，参与人数达86789人次。

业务研究、辅导、协作协调

2009–2012新密市图书馆职工共发表论文10篇，出版专著5部。

2009年为提高图书馆专业技术水平，5月份委派四名馆员参加了省图书馆举办的“共享工程培训班”和郑州市图书馆举办的“郑州市图书馆资源共享发展规划高级培训班”。组织专业技术人员4名参加了郑州市“共享工程”县区支中心技术人员培训班。2010年抽调2名骨干力量参加了郑州市举办的“业务骨干”培训班，并对厦门市图书馆“读者服务工作”进行了观摩和学习。2011年专业理论学术研究方面获得两项成果，专业学术论文《论中小型图书馆的特色化发展之路》，荣获了在贵州省遵义市召开的“全国中小型公共图书馆联合会2011年学术研讨会”三等奖和“第九届河南省文化艺术论文评选”一等奖。一名馆员有幸受邀参加了在遵义召开的全国学术研讨会。2012年在创建“全国公共文化服务体系示范区”的工作中，图书馆班子高度重视并抽调四名同志，3月份参加了三天的郑州市举办的此次培训。12月份又抽调图书馆及乡镇街道专业人员15人参加郑州市公共文化服务体系培训班。

管理工作

新密市图书馆共有工作人员10人，高级职称2名，中级职称2名，助理管员4名和科员2名。几年来，图书馆不仅重视业务操作建设，而且重视业务理论研究工作，强调队伍求素质，业务理论研究工作实行定人定责、年初定计划、年终有结果。每半年和全年进行总体工作考核。每季度写一份业务统计分析报告。

表彰、奖励情况

2009–2012年，新密市图书馆共获得各表彰、奖励10次，其中文化部表彰1次，省委省政府表彰、奖励1次，市级奖励4次，县级奖励5次。

馆领导介绍

杨明生，男，1963年6月出生，大专学历，中共党员，副研究馆员，馆长。1981.3月参加工作，历任了文化馆书记，2006年任图书馆馆长同时兼任郑州图书馆学会副秘书长、常务理事等职务。

刘宏亮，男，1964年出生，中共党员，技师等级。现任新密市图书馆党支部书记兼管图书馆业务工作；同时兼任郑州图书馆学会副秘书长、常务理事、郑州“全国文化信息资源共享工程”工作委员会副主任等职务。2011年被授予新密市“四个一百”优秀人才，并被推荐为新密市“领军人才”候选人；2012年被新密市委市政府授予“金牌技师”优秀人才。

柴兴伟，女，1973年12月出生，大专学历，中共党员，技师等级。副馆长。1992年参加工作，先后在综合外借室、办公室、采编室工作。

未来展望

2009–2012年新密市图书馆本着一切为读者服务的宗旨，围绕优化服务、拓展图书馆信息服务的功能，从读者服务、业务管理、读者活动、提高人员素质入手，做好了图书馆的各项工作。为了充分发挥图书馆的社会职能，服务于地方经济发展，长期以来，图书馆拓宽服务领域，增加服务深度和广度，大力开展读者活动，使读者队伍日益壮大。利用乡镇文化站和文化大院，设立了多个图书流动服务点，辐射农村千家万户。

今后，新密图书馆将满足群众为目标，不断深化和创新服务，提升图书馆的服务能力和整体水平，为新密市的社会文化、经济发展做贡献，以实现图书馆的社会存在价值。

联系方式

地　址：新密市青屏大街99号
邮　编：452370
联系人：杨明生

洛阳市吉利区图书馆

概述

洛阳市吉利区是距洛阳市35公里的一个边远行政区，于1984年建区，全区总人口7万人，29个行政村。吉利区图书馆2002年12月建制，2003年10月开馆，是吉利区人民政府举办的公益性图书馆。几经搬迁，于2006年7月份迁至吉利区新建文化活动中心大楼，包含图书馆。现有馆舍面积2500平方米，编制5人，藏书7.2万册，年订报刊150种，阅览坐席260个，计算机32台，2003年起使用北京金沙汇图书馆自动化管理系统至今。图书馆从2011年起全部实行免费开放。2013年参加第五次全国公共图书馆评估，荣获国家二级图书馆。

业务建设

截止2013年，吉利区图书馆总藏量7.2万册（件），其中纸质文献7万册，电子图书2千余册。

图书馆设有：流通部，残疾人阅览室，多功能报告厅，成人阅览室，少儿阅览室，全国公共文化信息资源共享工程支中心（公共电子阅览室），学生自修室，过刊资料查询室，藏书库两个。

馆内设有残疾人阅览室，配备有盲文书籍、有声读物300件套，并有残杖、轮椅等提供服务。

吉利区图书馆建有标准配置的电子阅览室，面积45平方米，座位25个，内设青少年绿色网络专区。

读者服务工作

从2011年，吉利区图书馆开始全面实行免费开放，节假日每周开放56小时以上，2013年书刊总流通6.5万人次，书刊外借6.6万册次。

2013年5月开通吉利区图书馆网站，网址为www.jlqtsg.com。吉利区图书馆通过网络宣传图书馆动态、宣传图书馆活动；读者可以进入网站查询馆藏书目和网络电子刊物。

吉利区图书馆的日常工作紧紧围绕“世界读书日”、“图书馆服务宣传周”和“全民读书月”，围绕重大节日和寒暑假，组织举办各种形式的读书活动10余次，其中组织举办各种类型讲座、培训20余次，参加读者达8000人次。吉利区实验小学组织三至五年级学生开展图书馆参观体验活动，吉利电视台、洛阳新闻网都做了报道。

围绕特殊群体开展服务，让特殊群体读者一样享受图书馆的资源和服务：（1）积极和学校联系，让未成年人参与到图书馆的各项活动中来，给贫困学生送去免费借书证，让他们了解图书馆、利用图书馆，（2）为了更好的服务老年读者，工作人员走出图书馆到社区、老人家里，或把他们请到图书馆，让他们参与到图书馆的一些工作中来，与区老年体协建立协作单位，并送去图书、报刊100余种，定期不定期更换。（3）图书馆把为农民工的服务也纳入日常工作范围。图书馆利用电子阅览室为剩余劳动力、农民工开展电脑知识讲座，网上找工作，让农民工感受到图书馆免费开放为他们带来的便利，为来吉农民工感受到丰富的业余文化生活。（4）为了更好地为残疾人服务，与民政局联系，为残阅配备了残杖，轮椅，让来馆的残疾朋友能感受图书馆大家庭的温暖。

2012年暑期，开始了图书馆的志愿者队伍建设工作。我馆招募了一大批文化志愿者，有社区、农村、老人、学生，图书馆还重点对中油社区的志愿者进行课程培训，组织活动等，至今已在馆内活动200余人次。

业务研究、辅导、协作协调

从2013年起开始尝试推进图书馆总分馆制实施：2013年6月，吉利区图书挂牌：洛阳市图书馆吉利区分馆，正式成立。吉利区图书馆积极推进乡镇分馆建设，制定乡文化站分馆细则，于2013年8月建成一个分馆，吉利区图书馆吉利乡分馆，并配送图书2000册。

2013年洛阳市开始创建全国公共文化服务示范区，总分馆业务于2014年10月正式开始，吉利区图书馆将配合市中心馆做好全市总分馆的协调工作。

表彰、奖励情况

2009年以来，我馆获得文化部表彰2次，河南省文化厅表彰2次，洛阳市文化广电新闻出版局表彰3次，吉利区委、区政府表彰3次。

馆领导介绍

吴秋红，女，1971年10月生，中共党员，本科学历，馆员，馆长，洛阳市图书馆学会理事。1990年毕业于洛阳市第一师范学校，2000年河南省教育学院本科函授毕业，2003年担任馆长至今。

联系方式

地　址：洛阳市吉利区康乐路
邮　编：471012
联系人：吴秋红

栾川县图书馆

概述

栾川县图书馆始建于1951年3月，前身是栾川县文化馆图书室，1978年10月经省、市、县批准成立了栾川县图书馆，建馆时土木结构瓦房五座15间。藏书20000册，工作人员4人，几经变迁发展到藏书53000册，年借阅人数达23000人次，图书馆开展的"图书赶集"活动曾参加省图书馆经验交流会，《河南日报》、《河南农民报》都作了报导。1991年10月在原馆址基础上新建6层标准化图书馆大楼开业，建筑面积2080平方米。1990年参加第二次全国公共图书馆评估，首次获得二级图书馆。截止2012年栾川县图书馆工作人员10人，全部是大专以上学历，中级职称4人。拥有阅览室坐席400个，计算机55台，宽带接入20Mbps，并选用春晖图书馆自动管理系统。2011年10月，在新区征地60余亩，计划建设建筑面积30000余平方米的综合性艺术中心，其中图书馆使用面积4800余平方米，目前主体楼全部封顶完工。按照县政府十项惠民工程的要求2014年12月底搬入新馆，全面开放。

业务建设

截止2012年4月底栾川县图书馆馆藏量18.45万册，（其中古籍550册，报刊杂志1.8万册，电子图书5.6万册）2011年县财政拨款74.5万元，2012年县财政拨款98.7万元（其中专项购书经费23.6万元），在此基础上栾川县图书馆先后购置电脑、复印机、打印机等。增加了内部设施，并购置了新书。2011年–2012年新增中外文图书12600种，35420册。中外文报刊267种，视听文献10件，为了方便送书下乡，投资了3万余元购置一台面包车，全县巡回下乡，同时还建立文化信息共享工程数据库。目前，14个乡镇文化服务中心已达到共建共享。

读者服务工作

做好读者服务工作是我们一直努力的方向。从2009年8月起，栾川县图书馆全年365天，天天免费对外开放，每周开放56个小时，每年书刊总流通量都在15万人次，10万册以上。2008年起为"两会"提供免费服务。

2009年–2012年为弱势群体服务，与我县残疾人联合会联合，分别送图书到特殊教育学校和乡镇敬老院以及老年大学，定期更新图书。2012年全年累计送图书1.1万册次。并在全县14个乡镇建立图书馆分馆，目前已建成6个，同年3月建成"农民工读书之家"已设立3个"农民工读书之家"服务点。每个点送图书500–800册，每月更新一次，并为其建立图书室管理制度。同时为他们提供免费上网场所，真正为他们解决了看书难，晚上及下雨天没地方去的苦恼。设立馆外服务点10个，每个点每月10号前更新图书，接待读者3万余人次。2012年对留守儿童送关爱服务活动，为我县城东、城西小学100余名留守儿童赠送图书600册，赠送文具400套，让留守儿童感到社会的温暖。同时开展图书送军营、进社区、进景区、进企业、进校园五进活动。

2009年起为我县县委、县政府、县人大、县政协提供决策信息服务，编写《决策信息》共48期，为农民提供科技信息服务，编写《致富信息》共发放40期，同时为社会大众提供信息服务。2009年–2012年通过各种宣传形式有效收集地方文献120种，410册，改善了藏书结构。2009年–2012年，栾川县图书馆共举办各种讲座、报告会、展览、培训、阅读推广活动200场次，参与人数12万余人次。

业务研究 辅导 协作协调

2009年–2012年，栾川县图书馆职工发表论文5篇，举办基层业务培训9次，参加450人次。连续三年开展基层图书室，业务骨干文化志愿者行动，2010年9月份我馆建成文化信息资源共享数据库，到2012年12月份与14个乡镇文化服务中心进行衔接已达到共建共享。

管理工作

2009年栾川县图书馆完成第二次全员岗位竞聘上岗，同时建立了工作目标责任制和考核指标，每月进行工作督促，每半年进行考核，全年进行总体考核。撰写专项调研，分析报告8篇。

表彰、奖励情况

2009–2012年，栾川县图书馆获得各种表彰奖励7次。其中河南省文化厅表彰1次，河南省洛阳市文化局表彰4次，栾川县人民政府表彰3次，其他奖励5次。

馆领导介绍

杨成，男，1964年11月生，大专学历，中共党员，1981年至1984年在栾川县陶湾镇红洞沟村教学，1984年10月至1991年10月在栾川县陶湾镇红洞沟村任共青团支部书记、文书、副村长、副书记、村长。1991年10月至今在栾川县图书馆工作，任栾川县图书馆社会服务部经理，图书馆支部副书记、副馆长。2003年至今任栾川县图书馆馆长。

周红艳，女，1965年1月生，大专学历，中级职称，副馆长，1981年10月参加工作到图书馆至今先后在办公室、采编部、咨询辅导等部门工作，任主任等职，1999年3月被任命栾川县图书馆副馆长，全面分管图书馆业务工作，任政协栾川县第五届、第六届委员，2013年"文化部办公厅关于开展县以上公共图书馆第五次评估定级工作"中成绩突出，被河南省文化厅授予"评估工作先进个人"。

程璐，女，1984年7月生，党支部书记，本科学历，中共党员，2004年11月参加工作到图书馆至今先后在采编部、电子阅览室、少儿阅览室等部门工作，2005年7月被任命栾川图书馆党支部书记。

未来展望

栾川县图书馆始终遵循"以人为本，读者至上"的办馆方针，践行栾川县图书馆"五进"目标，即进景区、进社区、进企业、进校园、进军营。实现特色服务理念。我们将以新馆建设为契机，不断创新服务理念，拓宽服务领域，提高服务质量，打造服务品牌，以数字化建设为中心，全面实现数字化，打造国家"县级"一流图书馆。

联系方式

地　址：河南省洛阳市栾川县
邮　编：471500
联系人：周红艳

嵩县图书馆

概述

嵩县图书馆前身嵩县文化馆图书室，1985年从嵩县文化馆分离成立嵩县图书馆。1986年馆舍建成并投入使用，面积1187平方米。2014年元月迁入嵩县行政中心四楼，新增面积1008平方米。老馆舍整修成立嵩县图书馆少儿分馆。现有馆舍面积累计2295平方米，可容纳读者坐席201个。嵩县图书馆编制6名，现有干部职工5名，其中本科1名，大专3名，高中1名，中级职称3名，初级职称1名。馆内设有“成人阅览室”、“少儿阅览室”、“残疾人阅览室”、“过刊部”、“多功能活动室”、“培训室”、“电子阅览室”“展厅”等对外服务窗口，每周开馆时间60个小时.年外借4万册次。接入了20M宽带，开通了嵩县图书馆网站。16个乡镇设立图书馆分馆，318个行政村设立图书馆服务基层点。成立了文化共享工程县级支中心，建立16个乡镇共享工程站点。2013年参加第五次全国公共图书馆评估，首次获得国家二级馆称号。

业务建设

截止2012年底嵩县图书馆图书总藏量51841册（件），其中纸质文献总藏量34856册，占67%；报刊总藏量6820册，占13%；视听文献总藏量370件，占1%；地方文献总藏量1483册，占3%；电子图书总藏量8312册，占16%。

自2009年至2012年由于我馆购书经费逐年增加图书的年入藏量也呈梯级稳步递增，其中图书的年均入藏量为1511种。报刊年均入藏量为88种。视听文献近几年由无到有，至2012年总藏量已达370件，平均每年92件，使本馆文献类型日趋多元化。本馆重视对地方文献收藏，目前共有1483册，每年从购书经费中拨出专款购置另外还通过民间征集、读者赠送等方式收集。嵩县图书馆依托共享工程建设，使我馆的数字化资源建设从无到有、从小到大，正在沿着健康有序的方向发展。现有国家中心下发信息资源共享资源2.5TB，自购电子文献1TB，地方文献数据库0.5TB。

2012年7月嵩县图书馆安装并使用了春晖自动化图书管理系统。2014年11月为了配合洛阳市总分馆建设更新为ilas自动化图书管理系统。

读者服务工作

嵩县图书馆2010年开始对社会免费开放，每周一至周五开放8个小时，周六、周日中午增开2个小时，每周开放60个小时。年外借4万册次。2009年至2012年嵩县图书馆年均举办讲座、报告会20次，展览5次，阅读推广活动6次，年参与人数30049人次。定期为农村种、养殖户送技术服务；嵩县图书馆为了方便广大视障人员走进图书馆，在一楼特设了残疾人阅览室，坚持为残疾人送书上门，并每月按时为他们更新书籍和期刊。还利用丰富的视频资料，为青少年读者提供电子阅读、儿童文献资料、网上信息浏览、电子邮件传送等多层次的信息服务及计算机培训。

业务研究、辅导、协作协调

2009至2012共举办各类培训班30多次，培训文化站、资源共享基层服务点、图书馆流通服务站点及村级图书馆工作人员340多人次；调查走访基层图书馆业务，共享工程站点的工作情况，写出了业务调查报告；为农村图书馆送图书，帮助基层图书馆建立制度，指导分类借书等日常工作。同时采取各种形式提高全县图书馆管理人员的业务素质和专业水平。就图书馆业务工作、图书馆信息技术、文献信息开发工作、地方文献征集等图书馆基础业务工作者进行了系统的业务培训。

为推动河南省公共图书馆信息服务交流与合作，促进信息资源共建共享，嵩县图书馆与河南省图书馆签订了《河南省公共图书馆信息服务联盟协议》。联合全省公共图书馆，在信息资源建设上进行联合开发和共建共享，在信息服务上进行纵横联合与互相协调，搭建全省公共图书馆联合信息服务平台。

为了打造与洛阳城市发展相适应、相配套的现代图书馆服务体系，嵩县图书馆与洛阳市图书馆签订了《洛阳市图书馆总分馆协议》。建立总分馆文献编目工作的标准化和规范化，实现书目数据的共建共享，提高公共资源的社会效益最大化。

管理工作

根据嵩县人力资源和社会保障局核准的《嵩县图书馆岗位设置方案》，制定本单位的《岗位设置管理实施方案》，组织竞争上岗、岗位聘用，开展岗位考核，健全管理措施，确定实施步骤及完成时限，积极稳妥地实施好岗位设置管理工作，实现人事管理的科学化、规范化、制度化。

表彰、奖励情况

2009至2012年嵩县图书馆积极配合县委、县政府和文化主管部门的各项工作部署，认真落实各项活动目标任务，先后获得嵩县人民政府表彰6次，嵩县文广新局表彰4次。

馆领导介绍

雷艳粉，女，1971年5月，大专学历，党员，馆员，馆长。1990年11月参加工作。

路炳旭，女，1983年8月，大专学历，党员，助理馆员，副馆长，2001年11月参加工作。

未来展望

这次评估定级工作促进了各项业务与管理工作的建设、增强了办好图书馆事业的责任心，提高了全馆人员的业务水平和管理能力。建立健全了各项规章制度，使图书馆工作更进一步规范化、合理化、标准化。通过这次评估定级工作，全体干部职工心往一处想、劲往一处使、团结奋进、努力工作，取得了一定的成绩。我们决心在以后的工作中，认真落实科学发展观和党的十八大精神，在县委、县政府和上级文化主管部门的领导下，同心同德、团结一致、与时俱进、顽强拼搏，为推进我县图书馆事业的发展做出新的更大的贡献。

联系方式

地　址：嵩县行政服务中心四楼

邮　编：471400

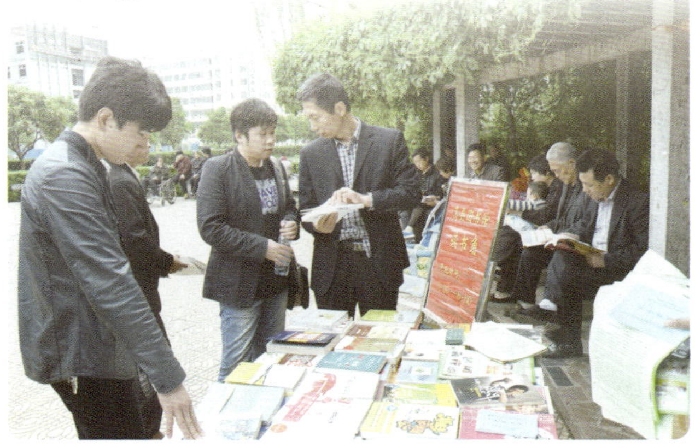

鲁山县图书馆

概述

鲁山县图书馆1979年建制，具有三十多年的发展史。现馆舍建筑总面积2500平方米，内设办公室、图书外借室、综合阅览室、少儿阅览室、电子阅览室、文献采编室、地方文献、古籍库、文化资源共享县级中心、多媒体教室、视听室、自修室等，各服务窗口利用总面积2200平方米，阅览座位300个，总利用率达到90%以上。文化资源共享工程县级支中心一个，内设计算机56台，落实了国家建设标准，完成了中心机房建设，完善了图书馆的业务自动服务化工作。

业务建设

截止2012年底，鲁山县图书馆总藏量185000册（件），其中，图书168974册，古籍1251册，电子图书508种，少儿文献9861册。

2008年9月至今，鲁山县图书馆加大对图书文献的编目整理工作力度，按照国家规定的公共图书馆的达标条件和《中图法》要求，对现有的18万余册图书文献资源进行重新分类编目和整理上架，并进行了微机数字处理。

2009年以来，鲁山县图书馆加强特色馆藏建设，与县文联、史志办、党史办等单位紧密配合，通力协作，广泛深入开展“鲁山籍作者编印出版图书的征集”工作，截止2012年底已征集具有一定历史学术、艺术价值的《鲁山党史》、《鲁山县志》、《鲁山县戏曲志》、《鲁山县民间文学集》，另外还有一些诗集、影集和民间美术1500余种，4000余册。

读者服务工作

鲁山县图书馆全年365天对外免费开放，周开放不低于56个小时，2009年–2012年，书刊总流通27.2万人次，书刊年外借均为6.8万人次。

综合阅览室、图书外借处、少儿阅读室、电子阅览室、多媒体活动室、资料库、古籍地文库等服务窗口提供图书资源借阅、咨询、检索、电子资源检索免费服务；提供多媒体室公益性讲座、会议、展览、演讲比赛等免费服务；提供免费办理借书证，验证等服务；免费提供各乡镇文化站图书室、农家书屋辅导、全县图书流动站流动服务；免费提供各乡镇基层文化共享工程服务点和村级文化共享工程服务点的资源和辅导。

电子阅览室在强化管理、优化环境、规范服务方面下大功夫，严格按照国家互联网上网管理条例的相关要求，结合全国文化信息资源共享中心的服务内容，整合我馆特色资源，充分利用网络资源服务广大民众；尤其是在未成年上网方面，划分了未成年专区，专人专职管理，限制上网时间，定期与家长沟通，正确引导青少年绿色健康上网。2011年5月省、市、县领导莅临我馆检查指导工作中，受到省文化厅负责领导的高度赞扬。

综合阅览室、图书外借处、少儿阅读室、电子阅览室、多媒体活动室、资料库、古籍地文库等场所全部免费开放；提供图书资源借阅、咨询、检索、电子资源检索免费服务；提供多媒体室公益性讲座、会议、展览、演讲比赛等免费服务；提供免费办理借书证，验证等服务；免费提供各乡镇文化站图书室、农家书屋辅导、全县图书流动站流动服务；免费提供各乡镇基层文化共享工程服务点和村级文化共享工程服务点的资源和辅导。

业务研究、辅导、协作协调

从2010年起，鲁山县图书馆以文化信息资源共享工程为依托，与全省范围内的公共图书馆组建服务联盟，实行资源、信息、数据共享。并在馆内设立联盟工作委员会，下设流通服务、地方文献联合征集、阅读推广与讲座展览资源服务、业务技术培训等工作组。期间，举办业务技术培训18次，讲座展览6次，1800余人接受培训。

2010年起，开展高校图书馆与基层图书室结对帮扶活动。在全县553个基层站点中，下乡培训服务30次，全年累计培训服务2000余人次。

充分利用图书馆各种场地，拓展、延伸各室的服务功能。除一般阅览室、少儿阅览室、电子阅览室免费开放，还利用多媒体活动室免费开展公益讲座、会议报告、演讲比赛等活动。

管理工作

鲁山县图书馆现有编制人员20名，实行聘任上岗，其中大专以上学历的助理馆员16人，占全馆比例的80%，另外，建立了工作量化考核体系，每月通报工作进度，每半年和全年进行工作考核及总结并制定下一年度工作计划。

表彰、奖励情况

2009–2012年，鲁山县图书馆共获得各种表彰、奖励16次，其中文化部表彰、奖励1次，河南省文化厅表彰、奖励1次，县委、县政府表彰8次，其他表彰、奖励6次。

馆领导介绍

肖宏伟，女，1963年2月生，大专学历，助理馆员，馆长。1982年12月参加工作至今。

华朝阳，男，1965年3月生，中共党员，高中学历，助理馆员，副馆长。1983年11月参加工作至今。

陈慧丽，女，1965年1月生，大专学历，助理馆员，副馆长。1982年参加工作至今。

未来展望

鲁山县图书馆遵循“科学、效率、创新、发展”的办馆方针及“读者至上、服务第一”的办馆理念在原有的工作基础上，加强公共服务设施的建设，完善基层公共服务体系。加强数字图书馆建设，利用信息技术拓展公共文化服务能力，加大文化传播力度，开发本地特色文化资源，建设数字化、信息化、网络化服务的新平台、新阵地。同时，加强分馆建设力度，提高图书馆的的覆盖率，切实满足人民群众不断增长的精神文化需求。

联系方式

地　址：鲁山县南环路宣传文化中心
邮　编：467300
联系人：董 楠

舞钢市图书馆

概述

舞钢市图书馆位于舞钢市垭口温州路北段市文化大楼裙楼，前身是舞阳工区文化馆图书室，始建于1972年5月，1979年6月成立舞钢区图书馆，1989年10月1日舞钢区图书馆大楼投入使用，位于垭口文化路南段，面积1478平方米，2005年评估为河南省三级图书馆。2011年5月1日，舞钢市图书馆新馆正式开馆，总面积2200平方米，设有综合阅览室、电子阅览室、资料室、自修室、多媒体报告厅、社科书库、自科书库和全国文化资源共享工程舞钢市支中心，现有藏书10万余册，其中《四库全书》为镇馆之宝，地方文献600多册。阅览座席420个，其中电子阅览席位40个，宽带接入10Mbps；建成了中心机房，安装了图书馆自动化管理系统，实现了业务工作自动化。2014年10月1日少儿图书馆成立，面积320平方米，设有少儿外借室、亲子阅览室、少儿阅览室等，内置中央空调，阅读环境优雅。目前已完成8个乡镇和191个村级基层文化共享工程站点的设备发放工作。

业务建设

2008年以来，每年市财政除按期拨付专项购书经费外，还投入配套资金配合省图书馆配书活动购书上千册。2012年又争取了省文化厅配送的2万元图书。2013、2014年新增图书5600余种27580余册(含期刊和电子图书)。现有馆藏图书102987册，期刊272种，报纸60多种，全部上架。

读者服务工作

实行图书流转制度。2012年以来，积极探索实施图书流转制度，整合市、乡、村图书资源，让基层群众共享文化资源。制定了《图书流转管理办法》和《图书借阅规定》，由舞钢市图书馆按统一登记、统一管理、统一调配的“三统一”模式进行管理。原则上，市图书馆为每个单位每季度调配一次图书，每次调换500册，使全市8个乡镇文化站、9个社区、191个村图书室的30多万册图书、2万多本光碟流转起来。当图书室没有自己想要借阅的图书时，借阅者可以向图书管理员申报，图书管理员登记造册，每周五把借阅信息反馈到乡（镇）文化站，下周一调配到位。这项探索受到了上级领导的肯定，中央、省、市各级领导多次到舞钢调研，调研文章《舞钢市推进农村文化资源流转》在中宣部《决策与参考》2013年第3期刊登。

开展多种图书服务活动。一是坚持开展“图书服务宣传周”活动，通过制作宣传版面、举办新书展览等形式，借助舞钢电台电视台、《舞钢信息》、中国舞钢网站等媒体进行宣传。2012年以来，开展“正月十五猜字谜、走近图书馆”等宣传活动。二是坚持与全市中小学联合开展以“让我们在阅读中一起成长”为主题的系列活动、“青少年绿色上网”、“争当小小图书管理员”等活动，让孩子们了解图书馆，走进图书馆，在阅读中健康成长，图书馆真正成了“青少年第二课堂”。三是积极实施上门办证和送还书服务活动，热心关注特殊群体，加强和扩大为残疾人、老年人的服务，让他们有所乐，有所学，图书馆成了他们精神生活的加油站。

实施免费开放。2011年5月1日，正式对外免费开放。全年365天全天免费开放，每周对外开放63个小时。截止2014年底，共发放个人借书证7723个，月流通量达10000多册次。

业务研究、辅导、协作协调

坚持参加省、平顶山市图书馆岗位培训和图书馆协会活动。免费为全市各乡镇文化中心图书室、农家书屋提供辅导培训。积极探索，深入研究，2010年以来，全馆共发表论文30余篇，完成省级课题一项并获一等奖。

管理工作

坚持管理上求规范，气氛上求和谐，作风上求垂范，服务上求实效的工作原则，全馆人员团结拼搏，开拓创新，形成了干实事、求实效的工作局面。建立健全了学习制度、工作制度、考勤制度、服务准则和考核制度。购置了安防设施，加强了安全管理。规范工作行为，优化工作环境。工作人员要求挂牌上岗，文明用语，微笑服务。在各楼道及各个阅览室内，配以郁郁盆景、格言警句，环境高雅宁静，弥漫着人文气息、书香气息，给读者带来了赏心悦目的感受和潜移默化的熏陶。图书馆成了人们求职的理想场所。

表彰、奖励情况

近年来，舞钢市图书馆先后获得了河南省先进图书馆，舞钢市文明单位、“三八红旗集体”、“文明服务示范窗口”等10多项荣誉。

馆领导介绍

贾喜英，女，1972年12月生，本科学历，中共党员，馆员，馆长。1991年1月参加工作，1992年12月到图书馆工作，先后在成人部，少儿部，采编部工作，2006年8月任副馆长，分管业务工作，2009年9月任馆长、党支部书记。公开发表论文10多篇，并有多篇获得省级以上奖励。本人先后获得舞钢市“三八红旗手”、“拔尖人才”、“五一劳动奖章”等10多项荣誉。

张瑞珍，女，1972年7月出生，大专学历，中共党员，中级职称，副馆长。1990年参加工作，2010年从舞钢市文化馆调到图书馆工作至今。

何亚红，女，1966年出生，专科，馆员。现任图书馆副馆长兼任少儿图书馆馆长。1982年12月参加工作,1987年3月从平顶山市残联调到舞钢市图书馆工作，先后在成人部，少儿部，采编部工作，分管业务工作，公开发表论文6篇，并有四篇获省级一等奖。

崔金霞，女，1973年1月生，本科学历，中共党员，助理馆员，副馆长。1991年参加工作，2012年到图书馆工作，先后在借阅室、采编室工作。

未来展望

秉承“读者至上，服务第一”的工作宗旨，开拓创新，大力实施图书流转制度，实现图书流转点全覆盖，让基层群众共享文化资源。深入开展图书服务活动，提升图书馆的影响力，推进全民阅读活动，实现“图书馆伴我成长”的目标。以市图书馆支中心为龙头，积极推进乡村基层文化共享工程建设，全面完成各乡镇和村级站点建设工作，实现文化资源共享、绿色上网。创建全国一级图书馆。

联系方式

地　址：河南省舞钢市文化大楼
邮　编：462599
联系人：贾喜英

滑县图书馆

概述

滑县图书馆始建于1978年，1990年重新扩建，位于滑县道口镇解放中路88号，目前占地3000平方米，建筑面积2024平方米；设有办公室、财务室、采编室、外借室、资料室、阅览室、少儿借阅室和电子阅览室8个部门；阅览座席170个，其中少儿阅览座席70个，计算机60台，宽带接入100M光纤。

业务建设

截止2012底，滑县图书馆总藏量为8.3万册（件），其中电子文献藏量为100种。

自2009年以来，滑县图书馆每年的购书经费7万元，滑县图书馆2010年图书年入藏图书3761册，1780种，2011年图书年入藏5263册，2630种，2012年图书年入藏3694册，1840种，图书平均年入藏量2083种。

2010年报刊年入藏量76种，2011年报刊年入藏量78种，2012年报刊年入藏量90种，报刊年入藏量平均81种。

截止目前滑县图书馆视听文献共入藏725件，年入藏量平均120件。地方文献已收藏169件。

电子阅览室现已接入100M光纤，国家投入68万元的文化信息资源共享工程滑县支中心现已建成并开始运行，服务器存储量达6TB。2008年购买了春晖图书馆管理系统，采访工作、编目工作、流通工作、书目检索等全部实行了自动化处理。

2008年文化共享工程滑县支中心建设完成，2009年滑县数字图书馆建设完成，截止目前，滑县图书馆的数字资源总量达到了4TB。

2006年，滑县图书馆完成了普通图书的回溯建库；2008年还完成了对中文期刊的回溯建库，至此，馆藏中文文献书目数字化已近90%。目前，《大运河》地方文献数据库正在建设。

读者服务工作

2011年7月1日滑县图书馆向社会公众免费开放，每天开放8个小时，每周56小时，节假日不闭馆。开架书刊6万多册，占总藏量（7.3万册）的82%。2012年，滑县图书馆书刊文献年外借8.5万册次，馆藏文献年外借率110%。现有8个馆外服务点，馆外服务点书刊借阅每年平均9千册次。年流通总人次约9.7万人次，现有有效借书证3580个，人均年到馆次数25.6次/人。

滑县图书馆始终重视书刊的宣传推荐，2010-2012年主要利用4.23世界读书日、图书馆服务宣传周、六一儿童节等以新书展出方式进行书刊宣传，每年还利用宣传板报的形式介绍推荐新书（每月一期，每期10种），编印新书通报，宣传推荐新书。自2012年起，滑县图书馆为领导机关、教育、科研、企事业单位编印了《信息参阅》，两个月一期，截止目前已编印9期，为滑县的政治、经济提供服务。另外，滑县图书馆工作人员利用图书馆学、情报学等知识和工具解答咨询，每年解答约400条。

自2004年以来，滑县图书馆就推出了70岁以上老人和贫困中小学生借书免费的服务措施，2006年，还推出了为行动不便者和70岁以上老人送书上门服务活动，几年来送书上门近3000册次。滑县是农业大县，外出务工人员较多，于是滑县出现了大批的“留守儿童”为了让这些孩子能健康成长，自2009年滑县图书馆开展了为留守儿童送温暖活动，每年都为他们送励志教育讲座和优秀图书。

2010-2012年，滑县图书馆共举办讲座、展览、培训、阅读推广等读者活动106场次，参与总人数2.7万人次。2012年，滑县图书馆共发放《读者满意率调查表》200份，收回176份，回收率88%，基本满意以上达92%。

业务研究、辅导、协作协调

2010-2012年，滑县图书馆共有5人次出版、发表论文12篇，撰写调查研究报告2篇，其中在省级以上刊物发表论文4篇。现在馆内有4名河南省图书馆学会会员，3名安阳市图书馆学会会员。

2010年起，滑县图书馆定于每周四下午为全体职工集中学习时间，并且每年都分期分批派送员工到外地参加有关图书馆业务和技术培训。同时还举办法律、科技等讲座，以丰富员工的其他知识，每年人均学时达40学时。

截止2012年，滑县22个乡镇1019个行政村的农家书屋全部建设完成，滑县图书馆的服务延伸到了六个乡镇，服务网络建设的比例为30%。2011年6月和2012年8月对全县1019家农家书屋管理员进行了业务培训，培训人员达1000多人次。目前，滑县农家书屋90%已经正常开放。

截止2012年底，滑县图书馆共帮助组建农村图书室8个，联办图书室4个，为12个基层图书室培训业务骨干12人。

2010年，国家投入68万元的文化信息资源共享工程滑县支中心现已建设完成并正常运行，设备按县支中心配置标准配置，支中心现有1名专职人员管理。1019个行政村的基层服务点也已全部建设完成，行政村基层服务点专职工作人员542名，兼职工作人员477名。

2010年，建成滑县数字图书馆，数字图书馆拥有6个数据库，电子图书5000多册，数字资源量1TB。加上全国文化共享工程的数字资源，2012年，滑县图书馆电子阅览室数字资源总量达3TB。滑县图书馆资源共享演播室每年组织群众观看节目30多场，在座人次达1500多人次。2007–2012年，滑县图书馆一共为基层中心工作人员举办各类培训班18期，参加轮训的各级管理员达1200多人次。

管理工作

滑县图书馆按照工作需求设立12个岗位，在内部实行竞争上岗、择优聘用，严格考核；同时在工作中重实绩、重贡献，收分配向优秀人才和关键岗位倾斜。

对各类设备、物资登记造册，专人负责，严格管理，每半年清理一次。各类档案均立卷准确，装订整齐，内容齐全。

表彰、奖励情况

滑县图书馆历年都被滑县县委、政府命名为县级文明单位；2010–2013年，均被河南省图书馆学会评为“全民阅读活动先进单位”；2013年2月，滑县图书馆组织开展的“为留守儿童送温暖读书活动”被河南省新闻出版局评为“河南省全民阅读活动优秀项目”；并被河南省新闻出版局评为“河南省全民阅读活动先进单位”。

馆领导介绍

王林红，女，1969年3月生，本科学历，中共党员，副研究馆员，馆长，党总支书记。1991年8月到滑县图书馆参加工作，2006年7月任滑县图书馆馆长，河南省图书馆学会理事。

王志淑，女，1972年7月生，本科学历，中共党员，馆员，副馆长。1992年8月到滑县图书馆参加工作，河南省图书馆学会会员。

李莉，女，1972年10月生，本科学历，中共党员，馆员，副馆长。1988年10月参加工作，1991年1月调入滑县图书馆。

未来展望

滑县图书馆遵循“读者第一，服务至上”的服务宗旨，“开放、公益、公平、共享”的服务原则，“科学、效率、创新、发展”的办馆方针，完善服务功能，扩大服务区域，带动本地区的文化事业发展。2014年，滑县图书馆新的阅览大厅正在筹建中，2015年将落实到位，向广大读者免费开放。大厅面积210平方米，阅览座位260个，新增杂志、报刊100份，增设电子读报机1台。2014年，随着滑县全面进入省直管，创建特色文化先进县的氛围越来越浓，新的文化艺术中心建设已列入县政府工作规划，在未来的几年里，文化艺术中心将成为滑县标志性建筑，置于文化艺术中心的新的图书馆，将以崭新的面貌迎接更多的读者。未来的滑县图书馆将不断努力，为全县群众构建一个“保护人类文化遗产、传播文化知识、开展社会教育、开发智力资源”的文化服务平台。

联系方式

地　址：滑县道口镇解放中路88号
邮　编：456400
联系人：王林红

浚县图书馆

概述

浚县图书馆成立于1949年，原为文化馆图书室，1991年正式更名为浚县图书馆。现馆址位于浚县县城黎阳路中段路北，三层楼房建筑，面积为1500平方米。现有职工13名。总藏量8万册（件），报刊200余种，阅览坐席220个，计算机45台，信息节点110个，年接待读者15万人次，使用“三联图书管理系统”。下设图书流通部、报刊阅览部、采编部、古籍保护中心、信息咨询部、公共电子阅览室、多功能演播厅、全国文化信息资源共享工程浚县支中心等部室。

业务建设

截止2012年底，浚县图书馆图书总藏量6.1万册，期刊合订本1.8万册，电子文献530种/件，古籍图书712册。2009–2011年图书购置费为5万元，2012年增至8万元。2009–2012年共新增入藏中文图书8200种，2万余册，报刊82种，视听文献120种。地方文献入藏完整率为97%。

截止到2012年底，浚县图书馆数字资源总量为6TB，其中各种音像资源3TB，网上数字图书容量2.5TB，本单位自建业务数据量0.5TB。

2011年，我馆将图书馆传统的手工借阅模式升级为“三联图书馆自动化管理系统”。

读者服务工作

从2009年起，浚县图书馆实行无节假日上班制度，2011年6月实行全面对外免费开放，周开放时间为70小时。

2009–2012年到馆总流通人次55万，书刊外借11万册次。馆外服务点15个，馆外总流通3.8万人次，书刊外借2.3万册次。2009–2012年公共电子阅览室共接待读者2.5万人次。文化共享工程提供数字资源总量2.5TB。

2009–2012年浚县图书馆共举办讲座、展览、培训、馆外图书宣传活动85场次，参与人数3.58万人次。

业务研究、辅导、协作协调

2009–2012年，浚县图书馆共在省级以上刊物发表论文4篇，参与鹤壁市图书馆服务网络建设，利用文化共享网络平台，开通了县、镇（乡）、村的远程服务网络，实现了图书数字资源共享。

管理工作

2009年浚县图书馆第二次实行了全员聘任制度，建立了职工绩效考核机制。2009年–2012年抽查图书排架22次，检查书目数据12次。

表彰、奖励情况

2009–2012年浚县图书馆共获得各种表彰、奖励9次，其中省文化厅表彰、奖励2次，县政府表彰、奖励3次，其他表彰、奖励4次。

馆领导介绍

秦勇，男，1970年2月生，大专学历，中共党员，馆长，党支部书记。1986年参加工作，1991年到图书馆工作，先后任办公室主任、副馆长等职。多次获得省、市、县先进个人表彰。

王俊红，女，1964年11月生，大专学历，中共党员，中级职称，副馆长。1980年8月参加工作，先后在采编部等部室工作，任采编部主任。多次获得市、县先进个人表彰。

展望未来

近年来浚县图书馆遵循“读者第一，服务至上”的宗旨，全体干部职工努力做到内强素质、外树形象，大力改善服务环境，努力提高服务质量，不断扩大图书馆开放服务区域。充分利用馆藏资源服务于党政机关、企事业单位及广大人民群众，满足广大读者日益增长的阅读需求，丰富了人民群众的精神文化生活，使各项工作整体上了一个新台阶。2014年，浚县图书馆新的馆舍已经建成，面积3000余平方米，藏书容量为80万册，阅览坐席500个，目前正在装修阶段，计划明年投入使用，伴随着新馆的投入使用，浚县图书馆各项服务工作将会位居公共图书馆前列。

联系方式

地　址：鹤壁市浚县黎阳路
邮　编：456250
联系人：胡明强

公共电子阅览室

自动化借阅

新乡市牧野区图书馆

概述

河南省新乡市牧野区图书馆成立于1985年7月，是新乡市成立的唯一区级公共图书馆。馆址几经变迁，2009年底投入资金26万元，对原市化纺厂职专教学楼进行了装修改造，2010年初搬迁至此。现河南省新乡市牧野区图书馆位于工人街二巷31号，占地1550平方米，建筑面积1510.5平方米，设有成人图书室、少儿借阅室、阅览室、多媒体室、爱心书屋等科室，服务窗口5个，阅览坐席220个。计算机45台，信息节点46个，宽带接入10M，选用金盘图书馆自动化管理系统。2010年下半年，投入68万元建立了文化信息资源共享支中心，并与59个行政村建立了信息资源共享基层点。在第二、三次全国县（区）级图书馆评估中，连续两次被国家文化部定为“三级图书馆”。第五次全国县（区）级图书馆评估中，获“二级图书馆”。

业务建设

截止2012年底，河南省新乡市牧野区图书馆总藏量27561册（件），其中，纸质文献27435册（件），电子图书1万册。

2009–2012年，河南省新乡市牧野区图书馆新增藏量购置费31万元。

2011年，为加快图书馆自动化建设，积极争取省财政厅、文化厅图书馆建设专项补助资金30万元，购置了电脑检索（自动化）系统设备、安全防护设备、计算机设备及其它图书设备，为方便文献管理将北京清大新洋信息管理软件改为金盘信息管理软件。2013年底，增添了多媒体触摸屏，为读者便捷查询文献提供条件。

读者服务工作

从2011年11月起，河南省新乡市牧野区图书馆全年365天对外免费开放，每周开放70小时。同年，引进金盘软件管理技术，实现了馆藏文献的自动化借还。2009–2012年，书刊总流通6万人次，书刊外借21万册次。2009–2012年，于新乡市图书馆、新乡市牧野区老干部局、新乡市牧野区财政局、新乡市牧野区教文体局开展馆际互借服务。2009–2012年，开展37次馆外流动服务活动，馆外书刊流通总人次1.1万人次，书刊外借2.38万册。2009–2012年，充分利用、发挥馆藏资源，编印二次文献《信息摘要》、《农科信息》、《健康知识123》各48期，发送区委、区政府、乡、村等各级领导及各界读者，为其提供决策性、参考性信息。

2009–2012年，河南省新乡市牧野区图书馆共举办讲座、展览、培训、阅读推广等多种读者活动（特殊群体）57场次，参与人数4.7万人次。2011–2012年，支中心向全区乡镇、社区、村基层点提供检索、浏览和下载服务。

业务研究、辅导、协作协调。

2009–2012年，河南省新乡市牧野区图书馆职工发表论文10篇，出版专著（合著）1部，获准省级结项课题1项。省厅级课题1项。

2009年、2012年，河南省新乡市牧野区区委、区政府两次下发文件对全区广泛开展征集地方文献工作。

2011年、2012年，举办了农家书屋管理员培训班，对基层管理员进行了业务知识培训，并深入基层进行一对一业务辅导。2012年，帮助社区组建图书室组。

管理工作

新乡市牧野区图书馆，编制数5人，其中管理人员1个，专业技术人员4个。2010年9月，建立了工作量化考核指标体系，每月进行工作进度通报，每半年和全年进行总体工作考核。2010–2012年，共抽查文献排架40次，书目数据8次，撰写专项调研、分析报告7篇。发表论文10篇。

表彰、奖励情况

2009–2012年，河南省新乡市牧野区图书馆共获得各种表彰、奖励15次，其中，文化部表彰、奖励1次，省文化厅表彰、奖励3次。

馆领导介绍

司新荣，女，1962年7月出生，本科学历，中共党员，副研究馆员，馆长。

未来展望

河南省新乡市牧野区图书馆以“读者至上，服务第一”为服务宗旨，扩大服务阵地，带动地区文化事业发展。2013年在不断强化自身综合实力，被国家文化部评定为“二级公共图书馆”。2014年9月，将为0–3岁婴幼儿建立亲子阅览室。为全方位服务读者。

联系方式

地　址：河南省新乡市牧野区工人街二巷31号
邮　编：453002
联系人：司新荣

五四青年节

六一儿童节

业务辅导培训

获嘉县图书馆

概述

获嘉县图书馆于1987年3月正式成立，现在使用馆舍系1989年开始筹建，1991年正式投入使用，位于获嘉县红旗路中段，馆舍建筑面积1774平方米，内设图书阅览室、图书借阅室、电子阅览室、综合活动室、少儿阅览室等部室，2013年以来新建立了部队分馆、丁村第三小学图书站，同盟老年公寓图书站、腾飞纸业分馆。2012年，获嘉县图书馆有阅览坐席175个，计算机50台，电子阅览室接入10M光纤。选用金盘图书馆自动化管理系统。

业务建设

截止2012年底，获嘉县图书馆图书总藏量6.2万册，电子图书500册，视听文献405件，图书阅览室现有各类期刊杂志近200种，图书借阅室新书8000册，电子阅览室共有电脑40台，国家投入68万元的文化信息资源共享工程获嘉县支中心2009年建成并开始运行，服务器存储量达1TB。获嘉县图书馆2011年购买了金盘图书馆管理系统，采访工作、编目工作、流通工作、书目检索等全部实行了自动化处理。自2009年以来，获嘉县图书馆每年购书经费4万元，获嘉县图书馆2010年图书年入藏图书2650册，1780种，2011年图书年入藏3500册，2630种，2012年图书年入藏3694册，1840种，图书平均年入藏量2083种。

读者服务工作

从2011年11月起，获嘉县图书馆全年365天，每天对外免费开放，周开放56小时，免费开放了借阅室、阅览室、少儿借阅室、电子阅览室；免费提供文献资料借阅与检索、信息咨询、公益性讲座、基层图书馆业务辅导；免费提供办证及存包等配套管理服务，并且健全了基本服务项目。

获嘉县图书馆开架书刊、半开架书刊6万多册，占总藏量的90%。2012年，获嘉县馆书刊文献年外借4.5万册次，馆藏文献年外借率73%（馆藏总量7.3万册）。获嘉县图书馆现有4个分馆，馆外服务点5个，书刊借阅每年平均9千册次。获嘉县馆2012年流通总人次约6.2万人次，现有有效借书证2000个，人均年到馆次数31次/人。

获嘉县图书馆始终重视书刊的宣传推荐，2010—2012年主要利用4.23世界读书日、图书馆服务宣传周、六一儿童节等以新书展出方式进行书刊宣传，宣传推荐新书。

信息服务也是获嘉县图书馆的重要业务工作，自2012年10月年起，获嘉县图书馆通过加入河南省图书馆信息联盟，利用省图书馆编印的《决策参考》、《文化信息参考》为县领导、教育、科研、企事业单位提供信息服务。获嘉县馆工作人员利用图书馆学、情报学等知识和工具解答咨询，每年解答约400条。

自2004年以来，获嘉县图书馆就推出了70岁以上老人和贫困中小学生借书免费的服务措施，2011年以来，还推出了为行动不便者送书上门服务活动，为老年公寓送书、送电影、送书画展活动。获嘉县是农业大县，外出务工人员较多，获嘉县出现了大批的“留守儿童”为了让这些孩子能健康成长，自2009年获嘉县图书馆开展了为留守儿童送温暖活动，为他们送励志教育讲座和优秀图书、书包等。

获嘉县图书馆馆每年都开展形式多样的阅读推广活动，如家庭教育讲座活动，4.23世界读书日、图书馆服务宣传周、六一儿童节、全民读书月的阅读推广活动；开展文化遗产日宣传、农家书屋培训、少儿书画展、农民书画展、读书演讲比赛等；组织了两届“小小志愿者义务小馆员”活动。举办了8期剪纸培训活动、纸绳画亲子活动。

业务研究、辅导、协作协调

获嘉图书馆积极参与上级图书馆组织的协作协调工作，目前有1名人员加入了河南省图书馆学会，并积极参加学会每年组织的年会、学术讨论会等。参加了河南省图书馆资源共享协作协调建设、河南省图书馆讲座联盟、参加了市馆互借服务，成立了获嘉县图书馆部队分馆、获嘉县图书馆丁村第三小学分馆、获嘉县图书馆同盟老年公寓分馆、获嘉县图书馆腾飞纸业分馆，采取多种形式对分馆管理人员进行业务辅导。获嘉县图书馆连续两年对“小小志愿者义务小馆员”80人次进行培训。2009—2012年，获嘉县图书馆职工发表论文2篇，撰写调研报告3篇。获嘉县图书馆注重提高职工的政治素质和业务素质，定于每周五下午为全体职工集中学习时间，每年人均学时达50学时以上。

获嘉县图书馆部队分馆揭牌仪式

义务小馆员送书进军营

电子阅览室

期刊阅览室

少儿阅览室

管理工作

获嘉县图书馆按照上级要求和工作需求设立岗位，在内部实行竞争上岗、择优聘用，严格考核；同时在工作中重实绩、重贡献，收分配向优秀人才和关键岗位倾斜。

获嘉县图书馆每年都对上一年工作做出总结，并查找出工作中存在的问题，根据上一年的工作经验和不足制定下一年的工作计划，并且在上一年的工作基础上制定新的工作任务及实施方案。以保证工作有计划、有安排的进行。制定了严格的财务管理制度，对各类设备、物资登记造册，专人负责，严格管理，每半年清理一次，保证了公共财产不流失、不损毁。室内外环境卫生整洁，各服务窗口均安装空调，温度适宜，为读者提供良好的阅读环境。购置了灭火器具，安装了各种消防设施，对全馆工作人员进行了安全教育培训，使各部室全部安装了防盗门、防盗窗，参加了110联网报警系统。几年来没发生过失火、失窃等任何重大责任事故。

表彰奖励情况

2009—2013年，获嘉县图书馆共获得各种表彰、奖励11次，其中，河南省文化厅表彰、奖励1次，河南省图书馆学会表彰、奖励4次，新乡市文广新局表彰、奖励1次，市图书馆奖励、奖励1次，获嘉县文广局奖励4次。

馆领导介绍

岳巧玲，女，1970年1月出生，大专学历，1986年1月参加工作。2012年8月任获嘉县图书馆馆长。

吴光芬，女，1987年8月出生，大专学历，2006年12月参加工作。2011年11月任获嘉县图书馆副馆长。

朱道香，女，1988年9月出生，本科学历，2008年12月参加工作。2014年9月任获嘉县图书馆副馆长。

未来展望

获嘉县图书馆以阵地服务为基础，推动图书馆持续有效发展，优化服务，促进图书馆公共事业健康发展，以“读者第一、服务至上”为宗旨，本着人性化服务的理念，坚持优质服务、便民服务、惠民服务，处处为读者着想，事事以读者为先，不断提升图书馆在读者心中的认知度和美誉度；以社会活动为中心，丰富群众精神文化生活。为进一步弘扬中华民族传统文化，丰富广大群众的业余文化生 活，不断创新传播形式，同时能够吸引大众走进图书馆、利用图书馆多读书、读好书，开展各类读书活动，内容丰富，形式多样，极大程度满足广大读者精神文化生活的需求；大力开展公共图书馆延伸服务，每年新建立一个分馆或图书站，在全县逐步形成网络健全、结构合理、发展均衡、运行有效、惠及群众的公共图书馆服务网络；充分发挥图书馆的社会教育职能，大力开展讲座、展览、培训、读书活动等丰富多彩的活动，积极探索适合基层特点、适应群众需要的新的公共图书馆服务方式，在有条件的地方开展流动服务，推动公共图书馆服务更好地向城乡基层延伸，提升公共图书馆服务的整体效能；加强面向农村基层、特殊人群的文化关怀，丰富农村、偏远地区、弱势群体的精神文化生活，加强面向农民、进城务工人员、老年人、未成年人、低收入人群、残障人群等特殊人群的图书馆服务，开辟服务渠道，丰富服务内容，探索建立长效机制，有效提高对弱势群体的公共文化供给能力；积极探索志愿者队伍建设，吸引社会人力资源以志愿者形式参与图书馆服务，成为专业队伍的有益补充。加强志愿者队伍的制度建设，探索和实践公共图书馆志愿者工作岗位的分类与界定，建立志愿者上岗的培训制度，保证志愿者岗位的服务质量，完善志愿者队伍管理制度；完善图书馆在职人员继续教育体系，建立继续教育效果考核、评价机制。加强与图书情报教育机构的联系和合作，鼓励图书馆从业人员接受专业断续教育。加强基层分馆、图书站人员的岗前培训，推进图书馆队伍培训规范化建设。

联系方式

地　址：河南省获嘉县红旗路中段
邮　编：453800
联系人：岳巧玲

4.23中国梦演讲比赛

义务小馆员学习借还书操作

暑假期间阅览室内一座难求

长垣县图书馆

概述

长垣县图书馆2013年5月搬迁至食博园文博中心，8月通过全国"第五次图书馆评估定级"验收；同年12月份被文化部部颁为"国家二级图书馆"。新馆建筑面积3300余平方米，场馆内设普通阅览室、少儿阅览室、报刊阅览室、电子阅览室、地方文献室、特藏古籍室、自修室七个对外窗口，并建有报告厅、艺术展厅等配套场地，阅览席位240席，并建有馆外服务点2个。

业务建设

截止2013年，长垣县图书馆共藏有各类文献85000册，其中纸质中文图书53000册，数字文献32000种，期刊报纸260余种，古籍500卷。其中2013年度，长垣县图书馆共新增图书23000册，其中普通借阅室上架图书13000册，少儿阅览室新增图书10000册；征集地方文献68种，共计1360本。

读者服务工作

为全方位的拓展服务范围，长垣县图书馆开通微信公众服务平台，截止目前，共推送消息84条，推介图书170种，名家作品赏析28篇，推介国学基础知识200条，社会热点新闻解析25条，影讯48期，公益活动讯息65条；积极开展"世界读书日"、"全民读书月"宣传活动，与学校、企业、政府部门联合举办创作大赛，共征集到各类艺术作品625幅，征文753篇；引进可触摸自助电子书借阅机—超星歌德电子书借阅机，让读者不再受时间、空间限制，二维码扫一扫，就可以把图书下载到手机、平板终端带走阅览；寒暑期共举办"电影连连看"48期，共接待观众4200余人；联合民生中心、摄影家协会举办"摄影师基础知识讲座"十六期，共吸引社会各界群众2100余人参与；积极开展公益捐赠图书活动，共接受社会各界捐献各类图书约7000册；挂牌设立了实验小学及驼人公司馆外服务点，并为他们配发流动图书3600册，保障了青少儿及残障人士的文化需求。

馆领导介绍

李朝阳，男，1982年11月出生，毕业于河南师范大学，现任中共长垣县人民文化馆联合党支部书记、长垣县图书馆馆长，曾荣获省、市、县文化先进工作者、优秀党员、优秀干部等称号。

未来展望

图书馆是文化服务体系的重要组成部分，是承上启下，辐射城乡的重要文化阵地，也是一个城市精神文明建设的窗口单位。为加强图书馆建设，我们将重点做好以下几点工作：

1、提高服务，办群众身边的图书馆。首先，转变办馆理念，加强自身建设，增强内部活力，充分利用现有的资金和资源，坚持免费开放。通过电视、报纸、互联网等新闻传媒，宣传图书馆免费开放政策，拓展服务范围，新建馆外服务点2-4个。积极开展"全民读书月"、"读者服务周"、"世界读书日"、"长图大讲堂"、"艺术展览"等文化活动，吸引更多群众走进图书馆，了解图书馆，实现文化资源共享，不断提高图书馆的社会影响力。

2、筹建数字图书馆。筹建数字图书馆工程，全面推进"数字图书馆推广计划"，通过资源拷贝、安装阅读，采用现代科技手段，实现资源整合，形成了一个资源丰富、服务快捷、技术先进、稳定可靠的数字图书馆网络。

3、扩大地方文献的征集力度，建立完善的工作方案，确立征集范围、工作目标，以及地方文献后期的数字化加工，实现文化共享。

我们将以部颁国家二级图书馆为契机，转变办馆理念，拓宽服务项目，加强馆际交流，积极探索图书馆发展新途径，秉承"以人为本，读者至上"的服务理念，使更多的人民群众走进图书馆。

联系方式

地　址：河南省长垣县食博园文博中心图书馆
邮　编：453400
联系人：李朝阳

武陟县图书馆

概述

武陟县图书馆成立于1984年11月30日，位居县城南大街中段，建筑面积2000平方米。现有干部职工9人，藏书10万余册，其中古籍1110种，8202册。每年报刊征订100余种，设有外借室、报刊阅览室、少儿阅览室、地方文献阅览室、电子阅览室。2013年10月获得二级图书馆。

业务工作

1、图书管理工作

按照河南省公共图书馆工作条例，认真搞好馆藏图书的管理、保护和借阅工作。节假日不闭馆。为鼓励广大青少年走进图书馆多读书和读好书，充分利用馆藏资源，选择优秀读物。免费开放报刊阅览室、少儿阅览室、电子阅览室。

为贯彻落实河南省文化厅、财政厅《关于推进全省美术馆、公共图书馆、文化馆（站）免费开放工作的意见》（豫文财[2011] 16号），充分发挥图书馆在保障公民基本文化权益、提高公民文化素养，加强公民思想道德建设中的重要作用，县图书馆免费开放一般阅览室、少儿阅览室、电子阅览室、文献资源借阅、检索与咨询等基本文化服务项目健全并免费提供。制定明确基本服务项目和内容，完善规章制度，并进行宣传使免费开放工作落到实处，实行一卡通。确保无障碍、零门槛进入，所提供的基本项目全部免费。

2、古籍保护工作

认真贯彻落实国务院、省、市关于进一步加强古籍保护工作文件精神。成立古籍普查小组，本着“保护为主、抢救第一、合理利用、加强管理”的基本方针，古籍图书重点从古籍基本信息、破损信息和古籍保存状况信息等三方面着手。按照国家古籍保护中心标准和要求，进行全面摸底普查。在普查平台登录过程中，严格按照有关标准和程序，规范实施和操作、提高效率、保证普查质量。根据豫政[2011] 87号文件通知，武陟县图书馆获得第一批河南省古籍重点保护单位。《易图明辨十卷》、《周易传义大全二十四卷》、《泽州志十八卷》、《武陟志七卷》、《寒松堂全集十二卷》五种古籍获第一批河南省珍贵古籍名录。其中《周易传义大全二十四卷》为国家珍贵古籍名录。

3、公共电子阅览室建设、乡镇文化共享工程建设工作

根据《文化部、财政部关于进一步推进全国文化信息资源共享工程的意见》（文社图发[2007]14号）和《河南省财政厅河南省文化厅关于下达2008年文化信息资源共享工程专项资金的通知》（豫财办教[2008]310号），武陟县文化信息资源共享工程支中心完成建设任务，并已对外开放。全县352个村极基层服务点完成建设任务，覆盖率达100%。各乡镇文化中心共享工程活动室建设完成。形成了县、乡、村三级服务网络，极大的改善了全县城乡基层文化服务条件，更好的满足广大群众的文化需求。

4、地方文献征集工作

在地方文献征集工作中，以标语、版面等多种形式进行宣传，并受到社会各界友好人士和各种协会的广泛支持，并制定地方文献数据库建设规划。共征集地方文献100余种，500余册。

5、开展活动和组织培训工作

按照时间要求和主题内容，组织开展图书馆服务宣传周和读书月活动。举行各类培训班讲座，内容有《公共电子阅览室建设》《共享工程知识培训》等，提升管理人员工作技能和业务水平，更好的为广大群众服务。

工作中虽取得了一定的成绩和发展，但还存在着差距和不足，在下一步工作中，制定措施、创造条件、努力工作，使各项工作再上新台阶。

馆领导介绍

任哲峰，男，1982年5月生，本科学历，中共党员，助理馆员，馆长。2002年9月参加工作，历任武陟县文化局团支部书记、武陟县文物局副局长，2013年9月任武陟县图书馆馆长。兼任焦作市图书馆学会常务理事。

杨学全，男，1970年10月生，大专学历，中共党员，副馆长、党支部书记。1990年参加工作，先后在阅览部、图书借阅部、采编部等部门工作。

未来展望

在未来几年里，武陟县将在县城东区新建文化艺术中心，其中图书馆建筑面积10100平方米，设有文献储备区、特藏库、普通报刊阅览区、善本书库、专家参考研究室、综合阅览区、多媒体阅览区、专业阅览区、少儿阅览区、老年阅览区、400人报告厅、图书管理办公等。给读者提供优质的，高层次服务。充分发挥图书馆文化传播和社会教育职能，进一步提高图书馆公众服务能力。

联系方式

地　址：河南省武陟县南大街中段
邮　编：454950
联系人：任哲峰

图书馆外景

读书活动

图书阅览室

温县图书馆

概述

温县图书馆的前身是1920年国民政府在县鼓楼开办的"通俗读书馆"。新中国成立后，馆址几经变迁，2006年6月1日，位于文化广场的新馆建成开放。新馆建筑面积2945平方米，使用面积2800平方米。馆内设有报告厅、采编室、藏书库、外借处、综合阅览室、少儿阅览室、电子阅览室、共享工程机房、读报大厅、古籍书库、资料室、办公室共计十二个科室。馆内现有藏书7万余册，阅览坐席270个，计算机35台，30Mbps宽带接入，选用春晖图书管理系统。新馆舍的建成，使温县的图书事业步入了正规化道路。1999年温县图书馆被国家文化部定为"三级图书馆"。2012年，被省文化厅评为河南省先进图书馆。

业务建设

温县图书馆现总藏量7万余册，其中，电子文献2万余册，古籍书68种1400余卷，每年图书新入藏量1000余册。2012年，新购图书14000册，报刊年入藏量80种，视听文献每年接受捐赠或购买在30件以上。

2013年，财政拨款总额近50余万元其中，年人头经费22万元，图书购置费18万元，文化共享工程县级支中心运行经费1万元，办公经费1万元，杂志报刊费1万元，免费开放经费10万元。

截至目前，温县图书馆数字资源总量为2TB，馆藏中文文献书目制作20%，地方文献数据库正在筹建中。

2012年7月，筹措资金2万余元购置了图书借阅管理信息系统，并配置了专用计算机、扫描器等硬件设备，对馆藏图书全部进行电子录入、分类标引、贴书标、加磁条，重新归类上架，实现了图书馆微机化管理和借阅自动化。2013年，改用春晖图书管理系统。

读者服务工作

温县图书馆积极推动免费开放工作，每周开馆56个小时，节假日不闭馆。馆内开架及半开架书刊文献比例达到90%，馆藏文献年外借率达到80%，开展新到馆书刊宣传10余次，宣传新书1000余册。已开通与各基层图书室的馆际互借服务。

积极开展丰富多彩的读者活动。如每年5月份的"图书馆服务宣传周"与"全民读书月活动"活动；并与新宇、阳光等中学联合举办读书征文比赛，开展迎新春猜灯谜活动，开展硬笔书法培训班，与县直幼儿园联合，开展少儿绘画比赛，开展我与图书馆演讲比赛等。为鼓励广大青少年走进图书馆多读书和读好书，充分利用馆藏资源，温县图书馆选择优秀读物，免费为学校送借书证，免费开放各个活动场所。

业务协作协调

温县图书馆积极参与上级图书馆组织的协作协调工作，已经实现与10个乡镇、262个基层图书室的馆际互借服务。经过对本地区图书馆服务网络建设大量细致的调查，温县图书馆积极撰写网络建设规划，开展基层业务辅导工作，建立馆外服务点，并把人才培养作为提升发展的一项重点工作，积极组织开展基层图书室及农村书屋管理员培训工作，每年开展三次基层图书室图书管理员培训，培训基层管理员120余名。对全县范围内的基层图书室每年开展2至3次业务辅导。2012年，对全县262家农家书屋的图书分类、排架进行了督导检查，抽调馆内业务骨干为北冶村图书室新购2000余册图书进行加工整理，分类标引、贴书标，重新归类上架。

管理工作

温县图书馆制定并严格图书馆内部各项规章制度。设立内部职工岗位责任制，按需设岗，竞争上岗。实行岗位责任制。年终，所有职工参加年终考评，对考评不合格的，进行批评教育，责令其改正。财务管理制度健全，并建立有长效的财务监督机制，统计资料健全。积极吸纳志愿者参与图书馆工作，制定志愿者管理制度。

表彰、奖励情况

2008年，由于信息资源共享工程温县支中心在文化共享工程中的突出表现，温县被文化部确定为全国文化信息资源共享工程先进示范县；温县图书馆被省文化厅评为服务基层先进单位；连续几年被焦作市评为先进示范单位；2009年，古籍书保护被焦作市文化局评为先进集体。2010年，被国家文化部评定为三级图书馆，2012年，被省文化厅评为河南省先进图书馆，2013，在第五次国家公共图书馆评估定级工作中，被国家文化部评定为国家二级图书馆。

联系方式

地　址：温县图书馆
邮　编：454850
联系人：邓瑞娟

省文化厅崔为工厅长检查古籍书保护工作

利用共享工程设备在文化广场播放优秀影片

电子阅览室免费开放

清丰县图书馆

概述

清丰县图书馆建于1984年，旧馆位于旧城区，县房屋均建于二十世纪六十年代，破损严重，大部分属于危房状况，致使各项业务难以开展，县委、县政府领导多次到图书馆现场办公、查看房屋以及图书损毁情况，并鉴于图书馆地方拥堵，交通不便等因素，决定在县城新规划区建设新馆。在上级领导及主管部门的搭理支持下，新馆于2007年开工建设，2011年全面竣工，新馆建设面积1500㎡，总藏书量8万多册，2013年参加全国公共图书馆评估，经过省专家组检查指导，获得二级图书馆。

业务建设

阅览坐席共有246个，其中：阅览室62个，少儿阅览室63个。藏书8.2万余册，其中图书68433册，报刊12990册，地方文献123册，刘静西赠书2372册，古籍书273册，电子文献205册。每年图书藏量达到2500种，报刊入藏量达到240中，试听文献年入藏量50种。

读者服务工作

为响应文化部、财政部关于推进全国美术馆、公共图书馆、文化馆免费开放的精神号召，我馆实行免费开放制度，为读者提供免费阅读空间场所，制定并健全了各项免费开放制度，受到广大读者欢迎。

我馆每周开放时间为周一至周七，电子阅览室开放时间为早8点至晚8点，保证了读者的借阅时间。

全馆每年开展各项讲座培训活动20次，举办各种展览5次，各项阅读推广活动6次，图书服务宣传活动3次。从各个角度向全县各层读者做好了图书宣传工作，充分发挥了图书馆的作用，很大程度提高了图书馆的知名度。

业务研究、辅导、协作协调

2009年—2013年我馆职工发表论文120多篇，获得国家级课题2项，其他课题4项。参与了上级图书馆组织的协作协调工作，建立了图书馆服务网络。全县503个行政村都建起了农村书屋，参与了服务网络建设，并为基层人员做了业务培训与辅导工作，丰富了农村文化。

未来展望

清丰县图书馆遵循“科学、创新、发展”的办馆方针。扩大读者范围，最近学校、机关单位，宣传读书带来的乐趣。在未来的几年里要不断扩大藏书量，对读者的读书需求尽最大能力满足，对读者进行喜欢阅读读书登记，购书时，多购置一些读者喜爱的图书。根据一级图书馆的标准，建设新时期的公共图书馆。

联系方式

地　址：濮阳市清丰县文化路西段
邮　编：457300
联系人：郭宏伟

服务宣传周

图书宣传月活动

电子阅览室

阅览室

外借部

长葛市图书馆

概述

长葛市图书馆成立于1984年11月，馆址位于长葛市人民路南段。1996年11月，在长葛市铁东路北段建设图书馆新馆，新馆占地15.61亩，建筑面积4028㎡，属4层框架结构。新馆2004年竣工，2005年启用。长葛市图书馆设有外借一部、二部、三部、少儿阅览室、期刊室、过刊室、文化信息资源共享工程公共电子阅览室、图书银行、报告厅等，拥有标准书架840组、期刊架150组、阅览桌85张、坐椅560个，计算机41台。2013年，参加第五次全国公共图书馆评估，被文化部评为二级图书馆。

业务建设

截止2014年上半年，长葛市图书馆总藏量10.8万册（其中电子图书2.7万册，纸质文献8.1万册）。

读者服务工作

从2005年新馆启用起，长葛市图书馆实行对外免费开放，免费办证，每周开放56小时，节假日不休息。2012年4月，将原来的手工借阅登记改造升级为电子计算机自动化管理系统，实现馆内无线网络覆盖。馆内现持卡读者约3800人。2011–2014上半年，书刊总流通人次31.5万人次，书刊外借28.91万册次。2012年8月12日，与长葛市拘留所共建“长葛市图书馆第三外借部——图书阅览室”；2013年11月20日，与长葛市纪委共建“长葛市图书馆第四外借部——图书阅览室”。自2011年以来，我馆每年开展送书下乡活动，截止2014年上半年送出图书总计1.5万册。为了满足我市特殊群体、弱势人群阅读及充分利用图书馆，2011–2014年上半年，我馆依托馆内资源，通过赠送报刊等多种形式积极为特殊群体、弱势人群提供服务赠送报刊总计6500份。2011–2014上半年，为我市机关领导和社会大众提供决策信息服务，编印《长图信息资源快报》和《长图参考咨询快报》。

2011–2014上半年，长葛市图书馆共举办讲座、展览、培训、阅读推广活动256场次，参与人数约3万人次。

业务研究、辅导、协作协调

积极组织专业技术人员参加各种学术课题研讨活动。2011–2014上半年，我馆专业技术人员积极进行业务探索研究，出版专著学术论文8篇，参与创研服务成果两项并在“第六届全省公共图书馆服务成果”评选活动中被评为二等奖。

管理工作

2011年，长葛市图书馆完成第二次全体员工岗位聘任，本次聘任共设9类岗位，同时建立工作量化考核指标体系，每月进行工作进度通报，每季度和全年进行总体工作考核。2011–2014年上半年，共抽查文献排架42次，编写各科室工作进度通报46篇。

表彰、奖励情况

2011年3月，我馆被河南省农家书屋建设工程领导小组办公室评为“农家书屋建设工程”先进单位。

2011–2013年被许昌市精神文明建设委员会评为“文明示范窗口”先进单位。

2012年3月，我馆被省文化厅评为“全民阅读活动”先进单位。

2013年被文化部评为二级图书馆，被省文化厅评为“先进图书馆”。

馆领导介绍

邢建学，男，1971年8月生，大专学历，中共党员，馆员，馆长。1988年10月参加工作。

李淑华，女，1971年2月生，大专学历，中共党员，馆员，党支部书记。1991年7月参加工作。

梁建华，男，1963年11月生，大专学历，中共党员，助理馆员，副馆长。1984年12月参加工作。

李静，女，1978年6月生，大专学历，中共党员，助理馆员，副馆长。1993年12月参加工作。

未来展望

长葛市图书馆多年来始终坚持“读者第一，服务至上”的宗旨，在各项工作中取得了一定的成绩，得到了各级领导和业务主管部门的一致认可，带动了长葛市文化事业的发展。在未来的图书馆事业发展中，服务是图书馆的中心工作。建立有效的服务机制，来充分发挥文献资源的作用是一个值得长期研究的课题。推行自助化的服务方式可能更适合读者的意愿，这种服务可以让读者获得充分的权利和自由，利于培养愉悦的读书情绪，从而乐于接受阅读。相信我们图书馆将来通过利用先进的技术和手段，借鉴其它兄弟馆的经验，把我们图书馆建设成县级一级公共图书馆。

长葛市图书馆外借部室内

少儿阅览室

长葛市图书馆办公楼

镇平县图书馆

概述

镇平县图书馆初建于1982年5月并对外开放。2003年12月，新馆建成开放。新馆位于县城杏山路东段，占地2000平方米，建筑面积1766平方米，设计藏量30万册。1996年参加第一次全国公共图书馆评估，获三级图书馆。2012年，镇平县图书馆有阅览座席130个，计算机35台，光纤接入12Mbps，选用春晖图书馆自动化管理系统。

业务建设

截止2012年底，镇平县图书馆总藏量6.4万册（件），其中纸质文献6.38万册（件），电子文献0.02万册。

2009年开始，镇平县图书馆新增藏量购置费5万元，年文献入藏数量为1600种，地方文献入藏完整率为90%。

截止2012年底，镇平县图书馆数字资源总量为10GB，其中自建数字资源总量为1GB，完成地方文献及古籍数据库建设。

读者服务工作

镇平县图书馆全年365天对外免费开放，周开放60小时，2009年建立了全国文化信息资源共享镇平县支中心，实现馆藏文献自助借还。2009–2012年，总流通30万人次，书刊外借20万册次。书刊文献开架比例为80%，馆藏文献外借率为78%。开展服务宣传周、全民读书月活动。开展送书上门、电话预约服务。2012年开通与南阳市图书馆及兄弟馆的馆际互借服务。馆外流动点书刊借阅为5.2千册次/年。2000年起连续编印《致富信息窗》无偿散发，服务“三农”。为本县企业、科研单位提供文献查询和主题跟踪服务。

2011年，开通镇平县图书馆网站，年访问量1.2万人次。

2009–2012年，镇平县图书馆共举办讲座、培训、展览、推广活动110场，参与活动总人数为12.8万人次。

业务研究、辅导、协作协调

2009–2012年，镇平县图书馆职工发表论文31篇，专著2部。

至2012年，全县50%的街道、乡镇、社区、村图书室、农家书屋参与网络建设，并实现文献资源互借。每年对基层图书管理人员进行业务培训、辅导8次以上。

文化共享支中心共培训乡镇、村级基层点管理人员360人次，覆盖率达90%以上，并制订巡查制度，指导、督查基层点开展工作。电子阅览室为读者提供免费上网服务。

管理工作

2008年开始，全馆人员施行按需设岗、竞争上岗，按岗聘用，实行岗位责任制。建立了工作量化考核指标体系，绩效工资年底考核发放。2009年–2012年，共抽查文献排架12次，书目数据4次。

表彰、奖励情况

2009年–2012年，镇平县图书馆共获各种表彰、奖励11次，其中市文化局3次，县委、县政府2次，县文化局6次。

馆领导介绍

李晓飞，男，1964年11月生，本科学历，中共党员，馆员，馆长。1983年12月参加工作，1997年任镇平县图书馆馆长。南阳市图书馆学会常务理事，多次被市文广新局评为“先进工作者”。

王林会，女，1975年8月生，本科学历，中共党员，馆员，党支部副书记兼办公室主任。1998年12月参加工作，分管党务工作、办公室工作等。

王克静，女，1970年2月生，大专学历，中共党员，馆员，副馆长。1988年5月参加工作，分管业务工作等。

张少杰，男，1966年8月生，中专学历，中共党员，技师，副馆长。1984年7月参加工作，分管精神文明、综合治理等工作。

未来展望

多方筹措资金，建设楼前图书广场，为全县群众提供一个更加宽敞、舒适、安静的学习、休闲场所。内强素质、外树形象，在今后的工作中，将与时俱进，不断完善检索系统，加强参考咨询服务，整合特色玉雕资源，拓展服务领域，逐步形成具有地方特色的服务模式和服务品牌。

联系方式

地　址：河南省镇平县杏山路东段
邮　编：474250
联系人：王林会

漯河市郾城区图书馆

概述

郾城区图书馆成立于1984年。占地面积2300平方米，馆舍建筑面积1500平方米。我馆现有工作人员14人，大专以上学历12人，占职工总人数的85%，中专、高中学历2人，占职工总人数的100%。其中初级职称2人，中级职称6人。郾城区图书馆现馆藏总量10.8万余册，其中，图书总类有22大类体系、期刊300多种、报纸20多种、电子图书千万种。郾城区图书馆人均占有藏书0.6册以上；平均每册藏书年流通率0.7次以上；人均年增新书0.03册次以上；人均到馆次数0.3次以上。我馆的年外借册次达12.5886万册次，总流通人数15.0911万人次，其中书刊文献外借人次10.8596万人次.实行全开架免费阅览，书刊宣传达400种之多。我馆于2012年元月一日起按照文化部要求实行对外免费开放。免费开放的服务窗口设有：图书借阅室、期刊借阅室、少儿借阅室、电子阅览室、地方文献室、多功能报告厅等。免费开展的服务项目有：借阅、咨询、为课题研究服务、为领导决策送书、为老干部送书、为弱势群体送书、上门送书、送书下乡、组织读者活动、建立馆外图书流动网点、免费组织公众观看共享工程节目等。

为了更好的服务读者，图书馆全年365天不闭馆，成人服务窗口，每周开馆时间为60小时，少儿窗口开馆时间为66小时.电子阅览室全天侯开放，免费为青少年放映红色电影。盲人有声读物阅览室，坚持双休日和节假日为聋儿语训中心的孩子们义务播放精彩的儿童节目、科普讲座等，给聋儿语训中心的孩子们打开了另一个精彩的有声世界。我馆长期坚持开展为老干部、残疾人、看守所服刑人员等特殊群体开展代借代还，预约借书、上门服务，并为领导决策、编制二次文献《健康快车》、《基层图书室管理手册》1300多册，为农民致富编制二次文献350多册，为经济建设服务编制二次文献60多册，解答咨询800余条，年代检索课题6个。

我馆在2003年设立了电子阅览室，电子阅览室共设电脑25台，电子阅览室共有专职人员3名，其中1名工作人员毕业于计算机专业，熟练计算机的日常工作与维护。

在共享工程建设方面：2008年，我馆在我省第二批46个支中心建设中，被省文化厅确定为四个试点之一，按照“文化信息资源共享工程”68万元建设标准，安装配备了业务服务器、应用服务器、视频点播服务器、业务终端计算机日常管理工作站等配备。特别是春晖图书馆计算机业务管理系统软件的安装，使基层图书馆具备了数字化能力，使图书馆建设进入划时代的历史变革中。

为促进新农村建设，2009年，我馆组织业务骨干对全区9个乡镇167个行政村进行实施摸底调查，都已建立图书室，作为“新农村书屋”，为他们配发了图书、桌椅、书柜等设施，目前已实现了农家书屋全覆盖，极大的丰富了农民朋友的精神文化生活。

读者活动方面，为了吸引更多的读者走进图书馆、利用图书馆，每年我馆在节假日或特殊节日都会举办各类活动。其中有“正月十五”、“世界读书日”、“服务宣传周”、“桃花节”、“草莓节”、“八一建军节”、“十一国庆节”等特殊节日举办的大型义务书展，读书演讲比赛，以及各种讲座、报告会，年读者活动人次平均达25万人次。每周坚持为伊坪小学，许洼小学、岷山路小学、王堂小学送书，并定期为馆外流通服务网点送书。

在社会教育与用户培训方面，我馆利用暑期举办少儿座谈会的机会，鼓励广大青少年到图书馆来，学会利用图书馆，在日常的读者借阅时，随时指导读者如何利用书目检索，受到广大读者的欢迎与好评。

我馆于2006年被市妇联命名为“巾帼文明示范岗”，同年被市人劳局、市科协命名为“青少年科普教育基地”，2010年被文化部授予“国家二级图书馆”，2011年被市委宣传部授予“市级爱国主义教育基地”称号。

公共文化服务体系存在的问题

1、文化服务设备老化，经常出现问题，阅读环境差，影响服务读者。购书经费不足，不能为读者提供更丰富的图书。

2、专业人员匮乏，希望上级能更多地组织一些业务知识培训。

3、基层公共文化机构的服务意识需要加强：尽管不少地区已经基本建成文化基础设施体系，但开展群众文化活动和服务的积极性依然不高，缺乏对文化服务的认识，还没有转变文化职能观念。

公共文化服务体系建设的措施方法

鉴于基层公共文化服务体系建设是一项长期、复杂的公益性惠民工程，社会和公众的文化主体回归，是十分关键的要素。离不开政府的主导和公众的参与。其中政府起着主导作用。

1、唤醒社会公众的文化意识：

公共文化服务体系建设除了政府作为投入主体之外，公众的文化参与、社会的文化责任承担等都是十分重要的因素。全民的参与，就需要唤醒其公共文化意识，形成双方的良性互动。

2、坚定履行政府的文化责任：在公共文化服务体系建设过程中，政府的文化责任不可推卸，政府是公共文化服务体系建设的主体力量。

3、拓展公共文化服务方式：通过文化主管部门对各个基层文化协会的管理，整合基层文化队伍资源，搭建基层群众文化活动队伍的组织平台，解决基层文化活动少的问题。

下步规划

1、围绕图书馆“四心”工作理念，将“馆荣我荣，馆衰我耻”作为今后学习教育的重点。工作中要求全体馆员树立“读者服务至上的理念”，在服务中端正工作态度，处处为读者这着想，充分体现“服务至上”的思想。真正把老黄牛精神落实到工作行动中。计划每年送书下乡26390册次。

2、继续加大免费开放宣传力度。通过发放宣传单、媒体报道、新闻外宣以及定期深入学校、乡村进行免费开放宣传等各种方式，引导各个阶层公民走进图书馆，利用图书馆。

3、以文化艺术中心图书室为依托，每月开展一次不同形式的读者活动，让更多的人了解文化艺术中心、了解图书馆，走进文化艺术中心、走进图书馆。

4、拓展服务领域，增强服务方式和手段，提供更加人性化的服务项目，增加对未成年人、老年人、农民工、弱势群体等特殊群体的服务。

5、利用“全国文化信息资源共享工程”和“数字图书馆”资源，全年播放196次资源共享节目让公众免费观看。每周平均播放4次左右。

6、做好全区167家农家书屋的管理、后勤保障工作，真正让农民朋友能读书、多读书、读到有用的书。

7、向上级相关部门申请争取早日改变阅读环境、改善硬件设施老化老化等问题，充分利用购书经费为读者朋友精心挑选新书。

预期效果

1、充分利用购书经费，图书馆藏书量由目前的10.8万册增加到12.8万册；加大宣传力度使人们爱读书、会读书、读好书，平均每册藏书年流通率在1次以上，使人均到馆次数增加到0.7次以上。

2、图书馆有专职人员定期深入到基层，为农家书屋管理人员进行业务培训，为基层读者朋友进行业务辅导，使农家书屋真正发挥小书屋，大作用。

3、资源共享工程实现全覆盖，使农民朋友真正足不出户观看实用电影及各种视频资料。

保障措施

图书馆是一个城市的无形资产，图书馆是一个城市文化标志，是广大市民文化生活不可或缺的组成部分，代表着一个城市的精神文明建设水平。一个城市没有文化就没有灵魂，老图书馆虽然很多地方不尽人意，但还是吸引了很多读者，是青少年活动的阵地。一个城市应该有一个好的图书馆，如果没有或不够好，是城市精神食粮匮乏的表现，是灵魂中的遗憾。图书馆对于预防青少年犯罪、杜绝诸如黄色网吧的不良影响有很重要的作用，也是宣传科学文化知识、提高整个城市文化品位的主要途径。所以发展不仅仅是图书馆自身的事，也是地方政府的事。政府应积极采取措施，为图书馆提供服务，为图书馆的发展提供良好的地理环境和秩序上的保障。

舞阳县图书馆

概述

民国八年二月间，由河南省教育厅厅长催办于1919年4月建立了舞阳县图书馆，1922年改为舞阳县县立通俗图书馆，设有阅书、阅报、藏书处。日本进犯舞阳时，大量书籍被烧毁。

1949年冬舞阳县成立了“舞阳人民文化馆”。图书馆的业务工作归属县文化馆图书室，当时藏书5000多册，大部分是省文化局拨给的，有一少部分是从书店购买的，工作人员是临时凑合的，其工作也只能是借借还还，尽管这样，在当时文化生活十分贫乏的情况下，这个小而又不起眼的图书室仍吸引了数以千计的读者，为丰富舞阳这偏僻落后的群众业余文化生活做出了应有的贡献。

党的十一届三中全会以来，随着党的工作重心转移，如何发挥图书这一特殊商品在两个文明建设中的职能作用，愈来愈得到各级领导的高度重视，文化图书工作也被列入了议事日程，1979年10月经河南省文化厅批准，图书馆从文化馆分离出来，正式独立工作，馆址设在舞阳县城西街路北。

1997年以前，舞阳县图书馆的馆址是在县城老西街的9间老式平房中，使用面积不足200平方米，条件比较简陋，随着藏书的增长和广大读者求知愿望的增强，原有的馆舍显然不能满足读者的需求，改变馆舍条件迫在眉睫，经县馆和主管局的努力以及省、市、县三级政府的大力支持，1992年，县政府把建设新馆舍的工作列入议事日程，并着手基建准备。在县城最繁华地段北京路奠基动工。经过5年的奋斗，1997年新馆建成，县图书馆由原来的平房搬进了一幢三层现代化建筑的新楼，馆舍的更新为读者提供了良好的阅读环境，也使县图书馆的业务活跃起来。

现在舞阳县图书馆以全新的面貌展现在人们的心中，馆舍面积1500平方米，有阅览座席300个，计算机30台，内设机构为：办公室、采编室、参考咨询室、少儿阅览室、图书借阅室、期刊借阅室、报纸阅览室、电子阅览室、文化信息资源共享工程舞阳县支中心活动室等，实现了国内、国际的网络联通，为各类读者阅读和阵地活动的开展提供了有利条件，促进了我县群众文化的开展和群众文化素质的提高。

业务建设

1、藏书建设工作

截止2012年底，舞阳县图书馆总藏量8万多册（件）。

2、分编、著录基础业务建设工作

舞阳县图书馆中文普通图书采用《中国图书馆分类法》进行分类，依据《普通图书著录规则》著录，误差率均在1%以下，加工整理质量也比较规范统一，并按照《河南省公共图书目录组织规则》组织公务目录和读者目录，组织误差都在1%以下，并设置了报刊题名目录。书刊的加工整理规范，统一、整齐、美观，为开展各项业务工作打下了良好基础。

读者服务工作

舞阳县图书馆在地方各级领导的支持下，坚持“两为”方向，贯彻“双百”方针，更新服务观念，改善服务态度，改变服务方式，提高服务质量，变过去单一的借借还还为现在不同层次不同渠道的纵横交叉服务。

(1)开架借阅。为充分利用馆藏文献资源缩短检索时间，我馆实行了全开架借阅，开架册数占总藏书的90%，大大提高了藏书的利用率。

(2)借阅方式。为了提高书刊的流通率，我馆允许一个借书证可以多人使用，每次每证可借书刊3至4册，为增加图书借阅的覆盖面，设立了遍及城乡的服务点13个，为不同的读者提供了便利的服务。

(3)注重基层图书室的建设辅导工作。我县有14个乡镇，全都建有文化站图书室，其中由我馆帮助组建的北舞渡、辛安、吴城等8个乡（镇）基层图书室，被命名为省百强，市十佳文化站。本馆经常抽出专职人员深入基层乡镇对基层图书室进行分类，编目管理等业务辅导，并对各级图书室业务人员每年进行一次集中培训学习，提高他们的政治和业务素质，并且利用送书下乡活动，定期给他们送去所需的精神食粮。

(4)发挥社会教育职能。为充分发挥图书馆的社会教育职能，我馆每年多次组织开展了不同形式、不同规模的各类读者活动，如《交通安全知识讲座》、《家庭安全知识讲座》、《消防安全知识讲座》、《美容、健康知识讲座》和读者权益

在我心中演讲比赛、成功人士演讲报告会以及读者服务宣传周、英语、美术辅导班、在各种节日期间举办图书展览、百科知识竞赛等，利用建成的全国文化信息资源共享工程县级支中心，每年成功举办了“庆七一”、“庆国庆”爱国主义影片展映，为老年读者播放戏曲专场，为农民朋友举办科普讲座等活动30多次，参加活动人数达15000多人次，从而提高了图书馆的社会认知度。

(5)大力宣传。我馆利用曾与广播电视局电视台为一个系统的便利条件，多次在电视上以专题画面、新闻和飞播字幕等形式宣传报导图书馆，并利用馆内板报，读者宣传栏等方式，宣传馆藏书刊，从而大大提高了书刊的借阅率和流通率。

业务研究、辅导、协作协调

2009–2012年，舞阳县图书馆职工发表论文9篇，出版著作3部。

在审计局、检察院、交通局、老干部局、党校等单位设立了分馆，经常深入基层乡镇文化站及农家书屋进行业务辅导，组织基层图书室管理人员进行专业技能培训。为基层图书室送去科技、法律等急需的图书。

管理工作

管理是图书馆工作实现效益的根本保证，我馆从竞聘上岗入手，按需设岗，竞聘上岗，以人为本，狠抓队伍建设。根据我馆实际情况，建立了奖惩制度、财务管理制度、设备、物资管理制度、消防安全制度、安全保卫制度、卫生制度等20多个行之有效的工作制度和岗位职责，健全了统计工作和档案管理工作，这一系列措施、制度的建立，有力的保证了图书馆各项工作的正常运转，为我馆取得一些成绩奠定了良好的基础。

表彰、奖励情况

在2004年的全国公共图书馆第三次评估定级工作中，舞阳县图书馆由于成绩显著，被国家文化部评定为二级图书馆，实现了事业发展新的里程碑。在全国第四次、第五次评估定级工作中，连续被国家文化部评定为二级图书馆。

馆领导介绍

杨晓丽，女，1968年6月生，汉族，中共党员，本科学历，副研究馆员，馆长。1985年9月在河南省舞阳县图书馆参加工作，2004年2月任河南省舞阳县图书馆馆长。中国图书馆学会会员，兼任河南省图书馆学会理事、舞阳县文化旅游局副科级干部、党总支委员。

未来展望

回顾舞阳县图书馆事业的发展历程，取得了很大成就，但由于起步较晚，在发展中还有不少不尽人意的地方，在前进中还会遇到各种各样实际困难。因此，在今后的工作中，还更需进一步努力，在实践中推进我馆自身工作的发展，改变服务方式，努力办好图书馆这一社会主义精神文明窗口，把图书馆这个宝库变成知识的喷泉，为舞阳的经济振兴与文化繁荣增添绚丽的色彩。

联系方式

地　址：河南省舞阳县城北京路北段图书馆
邮　编：462400
联系人：杨晓丽

卢氏县图书馆

概述

卢氏县图书馆成立于1980年7月，原馆位于县城新建路。2005年在县城迎宾路南段新建文化活动中心，该中心总建筑面积5400平方米，文化广场3500平方米。该中心集图书馆、文化馆、文艺培训为一体，是开展各项群众文化娱乐活动、文艺培训和图书文献资料收藏借阅的大型公共文化场所。县图书馆建筑面积2700平方米，可容纳读者座席140个，拥有计算机60台，光纤宽带接入10Mbps。是该县唯一一座具有文献收集、整理、保存和利用的公益性文化机构，为全县的政治、经济和社会发展服务。2013年在第五次全国公共图书馆评估定级中被评为二级图书馆。

业务建设

截止2013年底，卢氏县图书馆总藏量8.8038万册，书架总长度1100多米，98%为纸质文献，其中古籍707种，2631册。

2009年以来新增图书2104种，4282册，报刊150种。按照《中图法》有关章节的内容进行分类标引，使用《普通图书著录规则》进行著录、登记、建账建卡；经自查，馆内图书标引正确率、图书著录正确率分别在95%以上，目录组织正确率、开架图书排架正确率均在96%以上。

注重地方文献的收藏整理。近年来该馆收集了各类地方文献32种198册，对于收藏的资料均进行标引、著录、登记、建账建卡、上架排列，按要求开放借阅。

重视古版书籍的保护。完成了2631册古版书籍的整理任务，其中上传至国家古籍平台进行珍贵名录申报的有275条、172函、1190册；并对现存的古籍进行了防腐、防虫处理，设立了专柜收藏，专账专卡登记，专人保管。

读者服务工作

该馆始终把读者服务、读者活动、对外宣传工作做为重中之重，狠抓落实，争取实绩。2009年以来，卢氏县图书馆全年免费对外开放，每周开放60个小时以上，年接待读者15万余人次，年流通图书12万余册次。

2009年以来该馆利用传统节假日和全民读书日、读书月等举办各类读者读书活动，年均10次，共接待读者2.6万人次，2.2万册次。2012年完成城区15个图书馆（室）馆际互借服务。

利用广播电视、报刊、省图书馆学会杂志等媒体进行广泛宣传，近年来每年撰写的各类新闻稿件均在10余篇以上，大部分都能被刊载和播出。

业务研究、辅导、协作协调

2011年起卢氏县图书馆对基层乡、村业务辅导进入常态化，每年深入基层进行业务辅导和业务培训，年下基层业务辅导8次，业务培训3次，培训人员300余人；并协助指导基层图书室进行图书分类、编目、上架。

为配合国家文化惠民重点工程建设项目，该馆承担了全县"农家书屋"工程的建设和辅导任务，到目前，全县19个乡镇，352个行政村已全部建成农家书屋，另外基层图书室20个。卢氏县图书馆分别对全县19个乡镇农家书屋进行摸底调查，建立详细的辅导档案；并对图书的分类、编目和上架等进行现场业务指导，

文化信息资源共享工程，截止目前卢氏县建成了县级分中心1个、15个乡（镇）级支中心、建成了304个基层服务点，举办文化信息资源共享工程培训班2期，培训人员300余人，基本实现城乡群众都能便捷地享受到丰富的文化信息服务。

管理工作

卢氏县图书馆把干好本职工作、促进事业发展、服务社会大众作为重要任务，在管理上求规范，气氛上求和谐，作风上求垂范，服务上求实效，全馆上下团结拼搏，自我加压，开拓创新，呈现了干实事、求实效的工作局面。人事管理上，根据单位内部工作岗位需求，公开招聘，竞争上岗，2012年设置12个岗位，有11人走上新的工作岗位，与每个职工签订了聘用合同，实行岗位绩效责酬挂钩，极大的调动了全体职工的工作积极性。建立健全了学习制度、工作制度、考勤制度和服务准则。购置和安装了安防设施，加强了安全管理。规范工作行为，优化工作环境，进一步强化了服务意识。

表彰、奖励情况

2013年10月卢氏县图书馆在全国第五次公共图书馆评估定级工作中晋升为二级图书馆；2011–2013年连年被河南省

图书馆学会评为“全民阅读活动”和“图书馆服务宣传周活动”先进单位，获县、局奖励5次。

馆领导介绍

王芳，女，1971年5月生，大专学历，中共党员，馆员职称，馆长。1990年8月参加工作，历任卢氏县文化馆副馆长、支部书记、县图书馆支部书记，2013年3月任卢氏县图书馆馆长。

刘秀玲，女，1961年8月生，本科学历，中共党员，中级职称，副馆长。1981年到卢氏县图书馆工作，先后采编部、外借部等部门工作。

薛慧玉，女，1960年10月生，专科学历，中级职称，副馆长。1994年到卢氏县图书馆工作，在综合阅览室工作至今。

未来展望

卢氏县图书馆在上级各部门的领导和指导下，始终遵循“创新、发展、务实”的办馆方针，通过不懈努力，取得了长足发展。但对照县级馆标准要求，仍有一定的差距和不足。在未来的几年里继续升级完善图书馆自动化管理系统，建立自己的数字文献资源库，主要指标达到国家一级图书馆标准。

联系方式

地　址：河南省卢氏县迎宾路南端（文化活动中心四楼

邮　编：472200

西峡县图书馆

概述

西峡县图书馆成立于1986年，其前身是县文化馆图书室。1991年9月位于县城吊桥西街71号的新馆开馆。该馆总建筑面积为1532.7平方米，内设书库、图书外借室、综合阅览室、古籍室、过刊期刊室、少儿阅览室，2011年成立电子阅览室，馆藏总量达到5万册，有阅览席位200个，年总流通29800人次，年书刊文献外借21000人次，其中书刊文献外借28700册次，现有工作人员8名，2009年在全国公共图书馆第四次评估定级中被评为“三级图书馆”。

业务建设

截止2012年底，西峡县图书馆总藏量为5万册，其中纸质文献4.6万册，电子文献200种，古籍4200册，所有文献均按国家有关标准进行编目、著录、标引、分类、上架。财政单列藏量购置费由原来的2万元增至5万元。地方文献实现了“三专”，即有专柜、有专门目录、有专人管理。2011年一次性投资50多万元，购买了电脑35台，建成了电子阅览室，专线接入光纤和10Mbps宽带各1条，购置了打印机、复印机、照相机、传真机。为图书外借室配备了磁卡扫描系统及图书防盗系统，在电子阅览室、书库及院前院后安装了摄像头8个，增补阅览桌椅60套，书架20组。购买并安装了金蝶K3财务软件、图腾读者管理、图腾流通管理、图腾阅览管理、图腾统计管理系统软件、事业单位人员岗位人事管理软件等，把所有图书业务工作纳入自动化管理轨道。

读者服务

西峡县图书馆以纸质图书馆为主，数字图书馆为辅，采用开放灵活的藏、借、阅、查、展为一体的服务模式，除了特定或特殊的文献外，藏书全部对读者开放。从2011年1月起，该馆坚持全年365天向社会免费开放，每周开放56小时。2009年–2012年，除每年图书服务宣传周、全民读书月活动外，还相继组织开展了青少年爱国主义基地教育活动、“爱读书，读好书”中学生读书征文活动、“知党史、感党恩、跟党走”喜迎十八大知识竞赛、西峡县第一、第二届“读经典，诵诗文”展示赛等大型活动12场，各类讲座、展览、培训、读者报告会33场，参与人数74900人次。

建设特色文献，征集地方名家学者著作举办展览，2012年在首届西峡籍名人名著书展活动中，展出的乔典运、廖华歌、王俊义、韩向阳、李雪峰、曹刚林等20多名西峡籍作者的部分著作成果，吸引了大批读者的目光，成为西峡县图书馆阅读推广工作的一大亮点。

业务研究、辅导、协作、协调

2009–2012年西峡县图书馆职工积极参与市图书馆组织的协作协调工作，共发表论文8篇，获市课题奖3个。同市馆交流的《伏牛山传奇》、《农家溜》、《内乡西峡申氏族谱》等地方文献，受到了好评，并被市馆收藏。

2011年起，西峡县图书馆在全县范围内组建图书馆服务联盟，进行地方文献征集、讲座、业务培训、辅导等，同时开展县馆与基层图书室结对帮扶活动，一是把基层图书管理员请回来进行业务系统培训；二是从本馆派出业务能手深入到基层图书室开展传、帮、带。2009年–2012年，通过集中培训与个别辅导相结合的方式，为“农家书屋”及基层图书室管理人员举办规模较大的集中培训8次，个别辅导46次，共计培训辅导506人次，分编图书19万余册，使基层图书室管理逐步向着制度化、规范化迈进。

管理工作

2009–2012年，西峡县图书馆先后制订并完善了《图书馆工作规则》、《图书馆文明服务公约》等10项规章制度，使业务学习、读者服务、古籍保护、文献管理、财务统计、环境卫生、设备维护、安全保卫等，做到有章可循，规范管理。

2011年根据河南省事业单位岗位设置管理实施意见的有关要求，西峡县图书馆切实按照“公开、平等、竞争、择优”的原则，进行 西峡县图书馆岗位设置，并严格遵循“因需设岗”，“按岗聘用”，全面完成图书馆“定编、定岗、定职、定责、定员”“五定”改革，对单位在编职工实行全员聘任，健全岗位责任，为下一步公益性文化事业单位内部三项制度改革奠定了基础。

2009–2012共抽查文献排架16次，撰写专项调研13次，分析报告、工作建议10篇。有5篇被县委宣传部、县文明委等单位采纳应用。

表彰、奖励

2009–2012西峡县图书馆共获得各种表彰奖励22次，其中市级表彰9次，县级表彰13次。

馆领导介绍

馆长：袁伟民，男，生于1964年7月，大专，党员，高级工，1986年参加工作，历任西峡县文化市场办公室副主任，西峡县文化局办公室主任，2007年1月任西峡县图书馆馆长。南阳市图书馆协会第四届理事。

副馆长：张景玉，女，生于1963年10月，大专学历，党员，中级职称，于1984年参加工作，1998年调入西峡县图书馆工作，2007年任西峡县图书馆副馆长。有多篇论文发表，其中《构建和谐社会必须着力加强公共图书馆建设》、《图书馆员阅读与专业能力构建》在市图书馆协会组织的征文中先后荣获一等奖，《信息技术下的图书馆员》《公共图书馆与青少年阅读》等篇论文在市馆举办的学术研讨会上进行交流。

未来展望

展望未来，西峡县委、县政府对新的图书馆大楼筹建工作已列入当地经济和社会发展规划之中，未来几年里，在新馆建成并投入使用后，将打造成为该县集文化、科学、信息传播、保存文化遗产、开展社会教育、展示改革开放成就为一体的综合性公共图书馆，为促进本地经济建设和社会发展发挥应有作用。

联系方式

地　址：河南省西峡县吊桥西街71号西峡县图书馆
邮　编：474500
联系人：张景玉

唐河县图书馆

概述

唐河县图书馆成立于1959年，1964年撤销，馆藏图书与人员全部归入县文化馆图书室。1984年重新成立县图书馆，1986年开始接待读者，1989年迁入现址。目前，馆舍面积1500平米，馆藏各类型文献12万余册（件），阅览坐席180个，计算机39台，宽带接入100Mps。1994—2013历次全国公共图书馆评估均获得县（区）级“二级图书馆”，1994年，被文化部命名为“文明图书馆”，2000年被全国知识工程领导小组命名为“读者喜爱的图书馆”。

业务建设

截止2012年底，唐河县图书馆总藏量122749册（件），其中，纸质文献115915册（件），视听文献6834件。

2009—2012年，唐河县图书馆年文献购置费5万元，年均入藏各类型文献约1500册（件），报刊约140种。接受各方捐赠6123册（件），征集地方文献若干。

2009年，唐河县图书馆完成了文化信息资源共享工程县级支中心建设，配备了25台电脑的电子阅览室，同时，完成了自动化管理系统建设，实现了业务管理现代化。

2013年，建成了唐河县《地方文化数据库》，内容包括地方名人、地方风物、文化遗产等。

读者服务工作

唐河县图书馆自开馆即实行全年开放，周开放63小时。2011年起，开始实行免费开放。2009年—2012年，累计接待读者532080人次，书刊总流通520000册次。

2009—2012年，共举办各类宣传、讲座、培训、送科技资料下乡、阅读推广等读者活动92次，参加活动人数达3万多人次。

业务研究、辅导、协作协调

唐河县图书馆鼓励员工积极参加国家、省、市各级图书馆学会举办的学术研讨会，2009—2012年，共计发表论文10篇，获得河南省“图书情报学术成果奖”2项。

开展基层辅导。2009年—2012年，唐河县图书馆对全县528个农家书屋管理员进行了两次集中培训，并对其中26个书屋进行了实地指导，使之管理科学、规范。

加强协作协调。参与全市公共图书馆馆际互借和文献交流，2012年10月加入了“南阳市公共图书馆信息服务联盟”，以更好地实施公共图书馆文献信息资源的共建共享。

管理工作

唐河县图书馆实行全员岗位聘任，定岗定责，量化工作任务，建立工作目标考核制度。2009—2012年，共计抽查文献排架36次，书目数据12次，有效保证了文献排架和书目数据的准确率。

表彰、获奖情况

2009—2012年，唐河县图书馆共获得各种表彰、奖励11次。

馆领导介绍

王曹莉，女，1962年8月生，大专学历，中共党员，馆长。1980年12月参加工作，河南省图书馆学会理事，南阳市图书馆学会常务理事。

李桂增，女，1968年12月生，大专学历，中共党员，副馆长。1990年7月参加工作。

朱清君，女，1973年5月生，大专学历，中共党员，副馆长。199 1年12月参加工作。

陈亦然，女，1970年10月生，大专学历，中共党员，副馆长。1993年12月参加工作。

未来展望

唐河县图书馆4000多平米新馆竣工在望，新馆可容纳纸质文献20万册，阅览坐席250个，200坐席的多功能报告厅一个。未来，唐河县图书馆将继续奉行“读者第一，服务至上”的服务宗旨，不断完善服务功能，提升服务水平，逐步完善图书馆网络建设，扩大服务覆盖面，各项指标达到或超过县级一级馆标准。

联系方式

地　址：唐河县新春路256号
邮　编：473400

桐柏县图书馆

概述

桐柏县图书馆成立于1981年，于当年开始接待读者，2012年迁入现址。目前，馆舍面积4200平米，馆藏各类型文献近10万册（件），阅览坐席220个，计算机36台，宽带接入。2013年在全国公共图书馆评估获得县级“二级图书馆”。

业务建设

截止2014年底，桐柏县图书馆总藏量10万册。

2012—2014年，桐柏县图书馆年文献购置费17万元，年均入藏各类型文献约1500册，报刊约200种。接受各方捐赠20123册，征集地方文献若干。

2012年，桐柏县图书馆完成了文化信息资源共享工程县级支中心建设，配备了30台电脑的电子阅览室，同时，完成了自动化管理系统建设，实现了业务管理现代化。

读者服务工作

桐柏县图书馆自开馆即实行全年开放，周开放63小时。2011年起，开始实行免费开放。2012年—2014年，累计接待读者18万人次，书刊总流通22万册次。

2012—2014年，共举办各类宣传、讲座、培训、送科技资料下乡、阅读推广等读者活动46次，参加活动人数达3万多人次。

业务研究、辅导、协作协调

桐柏县图书馆鼓励员工积极参加国家、省、市各级图书馆学会举办的学术研讨会，2012—2014年，共计发表论文6篇。

开展基层辅导。2012年—2014年，桐柏县图书馆对全县146个农家书屋管理员进行了两次集中培训，并对其中24个书屋进行了实地指导，使之管理科学、规范。

加强协作协调。参与全市公共图书馆馆际互借和文献交流，2012年10月加入了“南阳市公共图书馆信息服务联盟”，以更好地实施公共图书馆文献信息资源的共建共享。

管理工作

桐柏县图书馆实行全员岗位聘任，定岗定责，量化工作任务，建立工作目标考核制度。2012—2014年，共计抽查文献排架24次，书目数据8次，有效保证了文献排架和书目数据的准确率。

表彰、获奖情况

2012—2014年，桐柏县图书馆共获得各种表彰、奖励5次。

馆领导介绍

陈平，女，1980年10月生，本科学历，馆长。2000年9月参加工作，南阳市图书馆学会理事。

孟磊，女，1978年10月生，本科学历，副馆长。2006年元月参加工作。

未来展望

未来，桐柏县图书馆将继续奉行“读者第一，服务至上”的服务宗旨，不断完善服务功能，提升服务水平，逐步完善图书馆网络建设，扩大服务覆盖面，各项指标达到或超过县级一级馆标准。

联系方式

地　址：河南省桐柏县宣传文化中心一楼
邮　编：474750

邓州市图书馆

概述

邓州市图书馆成立于1978年10月，位于古城路232号，占地1728平方米，建筑面积1550平方米，藏书8.2万册，共有阅览座席180个，电子计算机51台，宽带接入4M，选用北京特夫克图书文献管理系统。在前四次全国公共图书馆评估定级工作中分别被评定为三级图书馆、二级图书馆、三级图书馆、三级图书馆。

业务建设

截止2012年底，邓州市图书馆总藏量8.2万册，其中图书5.9万册、期刊合订本1.3万册、报纸合订本0.6万册、古籍0.4万册，电子文献526种、730件。设有图书借阅室、报刊阅览室、资料咨询室、少儿阅览室、过刊借阅室、电子阅览室、唐祖宣图书室、业务辅导室、采分编室、古籍书库、基藏书库等业务部门，设有地方文献专架。

2009–2010年，年专项购书经费5万元，2011年后，免费开放资金拨付到位。2009–2012年，共入藏中文图书10023种、12355册，报刊183种，视听文献93件。

2009年10月起，引入特夫克图书文献管理系统，实现了图书采编、读者管理、流通管理、期刊管理、馆务管理等的自动化。

读者服务工作

自2011年12月起，邓州市图书馆全面落实公共图书馆免费开放政策，实现了零门槛进入和免费开放，全年365天开馆，每周服务时间56小时。2009–2012年，年均接待读者5.5万人次、借阅书刊8.7万册次。在全市建有35个流动服务点，每个服务点年均借阅图书在2.5万册次。

2009年以来，邓州市图书馆利用农村文化茶馆“流动图书室”向返乡农民工提供技术和信息书刊，开展科技讲座，帮助2000余人走上新的工作岗位。针对农村留守儿童举办“书香伴我健康成长”活动，为全市近万名农村学生和留守儿童送去了丰富的精神营养，培养了良好的学习能力，收获到了读书的快乐，播种下了健康成长的理想。利用服务宣传周、全民读书月、世界读书日等开展“书香进校园”、“阅读助翱翔”、“我是雷锋城的孩子”等专项活动，组织形式多样的阅读推广活动，宣传图书馆的各项职能，吸引更多的社会公众走进图书馆、利用图书馆。

业务研究、辅导、协作协调

2009–2012年，邓州市图书馆工作人员发表论文13篇，出版著作3部，完成南阳市级哲学社会科学项目1个，调研报告1篇。

2012年，邓州市图书馆组织业务辅导活动12次，辅导图书管理员92人次。组织乡镇文化站图书管理人员培训班1次，参训人员32人。组织农家书屋及文化茶馆图书管理人员培训班1次，参训人员153人。组织乡镇文化中心及村级共享工程服务点管理人员培训班2次，参训人员210人次。利用农村文化茶馆为阵地，每年邀请农业专家面向农民开展科技讲座活动21场。

制定《邓州市图书馆服务网络建设规划》，将24个乡镇（办、区）文化站图书室列入服务网络。在市政协机关设立了“邓州市图书馆政协分馆”，在8所城乡中小学校建立了“爱心图书室”，在25个农村文化茶馆开办了“馆外流通借阅室”。每年将全市90家“农家书屋”列入服务网络，至2012年底已纳入270家。

管理工作

邓州市图书馆按业务需要设立了采编、外借、阅览、辅导、咨询等9个业务岗位，制定有岗位职责，实行竞争上岗、聘用上岗，年终考核与工资晋级、评先评优挂钩，形成了较为完善的人事管理制度和分配奖励制度。

表彰、奖励情况

2010年，“书香伴我成长”项目在河南省文化厅组织的“第六届全省公共图书馆服务成果”评选活动中被评为一等奖；2012年，被河南省文化厅评为“河南省先进公共图书馆”，“阅读助翱翔”活动被河南省新闻出版局评为“河南省全民阅读活动优秀项目”；2013年，“穰原书香浓”系列活动被评为首届河南省“群星奖”优秀公共文化服务项目。

“书香伴我健康成长”读书讲座活动

“阅读助翱翔活动”启动仪式

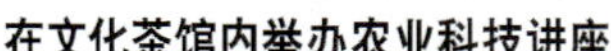
在文化茶馆内举办农业科技讲座

期刊阅览室

图书借阅室

馆领导介绍

馆长：耿海英，女，汉族，1968年11月出生，本科学历，馆员。1986年11月参加工作，先后任职于邓州影剧院、邓州市龙堰乡文化站、邓州市文化市场管理办公室，2005年9月任邓州市图书馆馆长（副科级）。邓州市第十、十一届政协常委，邓州市第七届专业技术拔尖人才，南阳图书馆学会常务理事。2012年被评为河南省全民阅读活动先进个人、南阳市“三八”红旗手。

党支部书记：曹建，男，汉族，1967年11月出生，大专学历，中共党员，馆员。1987年4月参加工作，1994年8月任邓州市图书馆副馆长，2005年9月任邓州市图书馆党支部书记。

副馆长：吴新闻，男，汉族，1969年7月出生，本科学历，中共党员，馆员。1988年12月参加工作，2005年9月任邓州市图书馆副馆长。

未来展望

2012年，邓州市政府将包括图书馆新馆建设在内的“四馆一中心”项目列入政府工作报告，规划在湍北新区建设新图书馆，设计总建筑面积19017平方米，总藏量100万册（件），总阅览座席数量900个。新馆建成后能够满足邓州市未来100万城区人口的阅读需求，成为全市集文献借阅、信息咨询、培训教育、文化休闲以及提供文化共享工程、数字图书馆服务的中心和代表邓州市文明发展的标志性工程。

联系方式

地　址：邓州市古城路232号
邮　编：474150
联系人：吴新闻

民权县图书馆

概述

民权县图书馆前身为民权县文化馆图书室，于1979年分开正式成立民权县图书馆，在文化馆内的临时馆舍向公众正式开放，同年后期于治安路北段建立馆舍。1988年，在人民路西段二次筹建馆舍，建筑面积1200平方米。1998年，参加第二次全国公共图书馆评估定级，获得三级图书馆。为满足人民群众日益增长的文化需求，完善县城东区配套设施建设，县委、县政府在县城东区新建庄子文化馆。庄子文化馆为综合楼，于2012年10月投入使用，图书馆分布于一、二、三楼，馆舍面积5200平方米，设计藏书容量20多万册，可容纳读者600多人，在2013年的第五次全国公共图书馆评估定级中获得二级图书馆。

民权县图书馆现有阅览座席415个，计算机86台，光纤专线接入，RFID自助借还，使用清大新洋GLIS Version9.0通用图书馆集成管理系统，实现了图书馆工作数字化管理。

业务建设

民权县图书馆现有馆藏图书8万册，视听文献256种，2009–2011年，年财政拨款36万元；2012年财政拨款增至45.8万元，新增购书费86225万元，新书入藏2610种，13050册，地方文献入藏近70种，完整率达到90%，同年，增加了RFID图书自助借还系统；2013年,购书费增至10万元，入藏新书1670种，8553册，实现全馆无线网络全覆盖，同时地方文献数据库正在积极申请筹建中。

读者服务工作

自免费开放以来，将免费开放的公共空间设施场地和基本服务项目对读者进行公示。坚持全年开放不休息，每周开放时间60小时，馆藏文献实行开架借阅，大大提高了文献的利用率。年总流通人次70000人次，书刊文献外借40000册次，人均年到馆30次。

针对不同的特殊群体读者，提供多样化相应的方式服务。

举办讲座、展览、培训和形式多样书刊宣传活动；开展读者座谈会、读书会；利用节假日举办少儿读书会、故事会，精心组织“图书馆服务宣传周”、“全民读书月”、“世界读书日”等丰富多彩的阅读推广活动近32次，参与读者近10000人次。

业务研究、辅导、协作协调

对基层图书馆（室）业务辅导，每年深入基层图书馆（室）开展业务辅导6次，帮助基层图书馆（室）的管理人员尽快地熟悉业务，促进了基层图书馆（室）的业务工作走向规范化、正规化。同时，馆内每年举办2期基层图书馆（室）骨干管理员业务培训班。

民权县图书馆与商丘师院图书馆不断加强联系，建立长期的协作关系，就古籍图书的普查与保护、地方文献的搜集与整理、特藏图书的电子编目等工作经验进行交流，实现地方文献资源共享。

2013年，民权县图书馆与睢县图书馆签订“民权县图书馆、睢县图书馆馆际互借协议”和“民权县图书馆、睢县图书馆‘通借通还’协议”，加强了两馆之间的协作，满足了读者的文献信息需求，实现了文献资源共享的目标。

管理工作

健全藏书、分编、档案、安全、环境、设备等各项规章制度，做到有章可循；建立工作质量考核标准，每年进行一次藏书排架、书目抽查，并做出分析报告。

馆领导介绍

吴占书，男，1958年生，大专学历，中共党员，中级职称，馆长。1975年参加工作，1993年10月到图书馆任馆长至今。

赵荣华，女，1960年生，大专学历，中级职称，副馆长。1977年参加工作，1980年调至图书馆至今。

金花，女，1981年生，本科学历，中共党员，中级职称，副馆长。2000年参加工作到图书馆至今。

未来展望

民权县图书馆本着“读者第一，服务至上”的办馆理念，不断加快文献资源和自动化建设步伐、深化读者服务、馆际协作协调等项工作，积极申请地方文献数据库建设，扩大数字资源存储量；不断加强和改进图书馆各项管理工作，提高图书馆职能作用和服务水平，更好地发挥图书馆在全面建设小康社会和构建社会主义和谐社会中的作用。

联系方式

地　址：河南省民权县东区庄子文化馆二楼民权县图书馆
邮　编：476800
联系人：吴占书

RFID自助借还机

少儿阅览室

电子阅览室

扶沟县图书馆

概述

扶沟县图书馆始建1987年3月，于当年10月正式对外开放。馆址位于扶沟县县城昌盛西街41号，地处县城街道繁华地带，交通十分便利。占地面积3200平方米，建筑面积600平方米，藏书量12000册，阅览座席80个，1997年在县委、县政府的大力支持下，图书馆于1997年7月扩建竣工，建筑面积达1800平方米，设外借室和期刊室，2008年开设电子阅览室、计算机24台，2010年，开设了少儿阅室从席80个，老年阅览室40个，增加计算机17台，2012年底，实电子化借阅系统，信息节点10个，宽带接入10个，存借容量（TB）为8，含普通服务器及微机硬盘容量。2013年，扶沟县图书馆参加了全国第五次评估，首次获得二级图书馆。

业务建设

截止2012年底，扶沟县图书馆总藏量16.53万册，其中纸质文献6.5万册、电子图书10万册。截止2010—2012年，扶沟县图书馆新增藏量购置费35万元，视听文献280种，地方文献1680种、2650册、古籍普查登记65册。

读者服务工作

从2009年10月起，扶沟县图书馆全年365天对外免费开放，周开放70小时，2011年扶沟县图书馆荣获省县级先进图书馆；2013年12月实现了电子借阅化系统，增加了读者流通人次，提高了服务质量，自免费开放工作实施以来，扶沟县图书馆通过县电视台、打滚动字幕、发放宣传单、挂宣传横幅等形式向社会各界宣传图书馆免费开放的各项政策和制度，受到了县委、县宣传部和社会各界读者的好评。从2009年至2012年扶沟县图书馆向县农村种植、养殖专业户、免费发放科技图书3600多册，为农村留守儿童免费发放各类图书2400册，电子阅览室开展各类培训56场次，各类展演活动30场次，为基层服务培训20场次，为特殊群众服务10场次，参与人数达28000人场次，为读者发放意见建议表1200份，扶沟县图书馆从2009至2012年把阅读推广工作纳入了县文化工作计划，联合中、小学及高中学校共计开展了28场次阅读及征文比赛活动，扶沟县图书馆开展“四心”服务活动以来，坚持“微笑诠释服务，细节铸就品牌”主题，抓住问题导向，精心设计载体，突出民意抓整改，倡导“诚心、关心、用心、热心”服务，开通电话预约借阅、短信续借平台；策划组织“书香扶沟，阅读引领未来”大型系列主题读书活动；倡导“一声问候，一张笑脸，一个承诺”的“三个一”的规范服务，在优化服务环境，简化服务程序，拓展服务方式上狠下功夫，努力实现服务“零距离”，沟通“零障碍”。

业务研究、辅导、协作协调

2012年，扶沟县图书馆职工发表论文6篇，出版发行3篇。

从2010年起，扶沟县图书馆，以文化信息资源共享工程为平台，在全县建立公共图书馆信息服务中心。开展流通服务，地方文献宣传与征集、阅读推广与讲座、业务培训与技术服务等。

截止2012年底，扶沟县蔬菜种植专业户、养殖专业户培训与技术服务达565户，共举办培训班12期，扶沟县种植与养殖专业户50%销售量，通过此平台，有力推进了扶沟县县域经济的发展，2010年—2012年，联合本县籍在外就读高校大学生自愿者，每年暑假期间，开展图书上架、整理，及各项阅读比赛和服务宣传等活动，每年全馆职工要进行2到3次培训，业务试卷考试，提高业务水平和服务能力。

管理工作

从2009年扶沟县图书馆实行岗位聘任，由县人事部门通过业务考试，季度考核，年终考核和工作绩效考核，结合图书馆业务实际操作，2001—2012共抽查了文献排架24次，书目数据16次，同时，每月进行工作进度通报。

表彰奖励情况

2009年—2012年，扶沟县图书馆共获各种表彰奖励16次，其中、周口市文广局6次，省文化厅1次，其他奖励9次。

馆领导介绍

白凤勤，女，1968年10月生，大专学历，中共党员，扶沟县政协委员，党支部书记、馆长；1987年3月参加工作。2008—2012年，获扶沟县“三八红旗手、经济建设标兵、周口市文广局先进个人等奖。

李春华，男，1979年4月生，大专学历，中共党员，副馆长，1998年3月参加工作，至今在图书馆工作。

未来展望

扶沟县图书馆虽然经过几年来的不懈努力，取得了一些成绩，但距图书馆发展的要求还有很大差距，努力践行“四心”服务。在未来的日几年里，扶沟县图书馆将在现有馆舍的基础上，将扩建一幢三层阅览楼、阅览面积为1200平方米，阅览座位600个，将预建2个基层图书馆，扩大服务辐射区域，在“十二五”期间，逐步完善公共图书馆服务体系，形成服务网络，健全服务机制，提高服务能力，努力实现数字化图书馆建设，加强面向特殊群体的文化关怀，以农民进城务工人员，不岗失业人员，低收入人群，残障人群为对象免费服务，为图书馆事业的繁荣发展而努力。

联系方式

地　址：扶沟县昌盛西街41号
邮　编：461300
联系人：白凤勤

固始县图书馆

概述

固始县图书馆始建于1912年，清末，固始的诂经精舍是河南著名的书院之一。1900年的《诂经舍章程》和《诂经精舍书目》，则是窥见这个地方藏书传统的窗棂。“合共一万七千七百六十卷，五千五百二十八本，图四百二十八幅”是诂经精舍曾经有过的藏书规模。

1994年的《固始县志》记载：“民国元年（1912年），县建图书馆。”根据有关资料推论：新中国成立前，固始县先有民国初年的县立图书馆，再有冯玉祥第二次主政河南期间的两所图书馆，后分别归并于民众教育馆。

现在图书馆成立于1980年，系从固始县文化馆分离出来。座落于中山大街，占地面积450㎡，局布三层，建筑面积1250㎡，总藏书量5.5万册。

2009年新图书馆搬迁至城南新区县政府对面，馆舍建筑面积3119平方米。计算机53台（其中提供读者使用计算机45台、办公管理服务计算机8台）。馆内现有读者阅览座席共300个，其中少年儿童阅览坐席100个，普通读者阅览坐席155个，电子阅览室坐席45个。共设九室一房：少儿阅览室、多媒体阅览室（电子阅览室）、书库、李乾山图书室、期刊室（含地方文献）、资料室、老干部阅览室、过期报刊室、根亲爱心书屋、文化信息资源共享工程服务器机房以上现所有室全部免费对外开放。2009年参加第四次全国公共图书馆评估，获得三级图书馆。2013年参加第五次全国公共图书馆评估，获得二级图书馆。

业务建设与读者服务工作

截止到2013年底固始县图书馆总藏量10万册，期刊100余种。一直以来，我们图书馆都十分重视读者服务工作。特别是免费开放后，图书馆普通服务，参考咨询服务、为特殊群体服务、网站建设与服务、社会教育活动及图书馆服务宣传活动等做得都非常到位，2009–2013年，做了70余次活动，参加总人次达2万余人次。讲座40次总人数达3000余人次，还有其余活动参加总人数达数千人之多。读者满意率在95%以上。

业务研究、辅导、协作协调

2010年河南省文化厅文件豫文社[2010]81号，关于公布2010年“公共图书馆建设设与服务”论文评选获奖名单的通知。其中我馆陈秀华、吴昌琴合著的《关于我省文化信息资源共享工程培训工作的控讨》获二等奖；杨睿的《论公共图书馆如何利用电子图书为社区网络建设服务》；刘伟的《论公共图书馆如何为社会主义新农村文化建设服务》；单莹莹的《论公共图书馆如何为学习型社区建设服务》获三等奖。2011年9月出版的《图书馆·文化馆工作论坛》上有：我馆杨睿、张蕊的《基于ZenossCore开源系统在图书馆信息系统监控的应用》；杨睿的《论县级图书馆的信息资源建设略论》。2012年8月出版的《图书馆·文化馆工作论坛》有：刘伟的《对固始县图书馆地方文献工作的思考》；单莹莹、刘伟《浅论县级图书馆存在的问题及对策》。

图书馆积极参与上级图书馆组织的协作协调工作，现已成为河南省公共图书馆论坛和公共图书馆讲座联盟会员。图书馆已与部分农家书屋乡镇文化中心图书室建立图书馆联合编目。随着政策对文化事业发展的扶持力度不断加大，我们已制定本地的网络建设和规划，值得特别说明的是，随着文化事业的不断发展，我县576家文化资源共享工程网点已建成，601家农家书屋也于2012年建成。目前，我馆业务培训、指导、跟踪服务已近两年，此项工作属需常年连续跟踪服务的常态工作，农家书屋管理员培训举行了280次，参加总人次达2800余人次。基层业务辅导工作、基层业务培训工作做得扎实有效，成绩显著。

招募的大学生志愿者来到图书馆，经过简短的见面会之后，图书馆竹馆长带领志愿者们参观了图书馆各对外服务窗口，了解图书馆的工作情况，志愿者们对图书馆工作表现出浓厚的兴趣，他们牺牲自己休息娱乐的时间，利用假期来到图书馆，通过自己的劳动为图书馆服务质量的提高做出努力，为广大读者的阅读提供方便。几年来共招募五批10余人次来我馆服务，并且开展了对我县中小学图书馆结对帮扶活动。

管理工作

管理出效益、管理出人才，图书馆党支部始终高度重视管理工作，做到年初有计划，年终有总结，财务、人事设备物资有制度。有专人管理、档案完善、统计齐全、安全保卫工作细致全面，获三项省部级业务主管部门表彰。

表彰、奖励情况

2009–2013年，固始县图书馆共获得各种表彰、奖励11

次，其中，省级表彰、奖励3次、市级2次、县级6次，其他奖励3次。

馆领导介绍

竹安珉，男，1968年7月生，大专学历，中共党员，馆员，图书馆党支部书记、馆长。1986年10月参加工作，历任图书馆办公室主任、副馆长。2010年被文化厅评为"先进工作者"，2012年获得信阳市基层文化工作先进工作者。2013年获得文化厅"先进工作者"。2014年主管并参与固始县创建"网络图书馆信息资源共享工程"项目申报工作。2014参与固始县图书馆申报河南省科普教育基地工作。

张晓燕，女，1965年4月生，大专学历，中共党员，馆员，图书馆党支部副书记、副馆长。1984年12月参加工作，2003年任现职，任职期间多次获得县、局及本单位"先进工作者"和"优秀党员"荣誉称号。2014年主管并参与固始县创建"网络图书馆信息资源共享工程"项目申报工作。2014主持并参与固始县图书馆申报河南省科普教育基地工作。

未来展望

固始县图书馆是政府举办的公益性文化事业单位，是开展公共文化服务的重要场所，是保障人民群众基本文化权益的重要阵地。是加强社会主义核心价值体系建设和公民思想道德建设的有效手段，是进一步提高政府为全社会提供公共文化服务水平的重要举措，是实现和保障人民群众基本文化权益的积极行动。对于提高广大人民群众思想道德和科学文化素质，保障广大人民群众基本权益，促进社会和谐稳定具有重要意义。因此，我们努力完善单体服务功能，扩大服务辐射区域，带动地区事业发展。在不断强化自身综合实力的同时，通过创建街道、社区图书室服务联盟，结合国家建设的农家书屋，带动了全县公共图书馆事业的整体发展。同时，还具有支撑保障全县公共图书馆服务体系良好运行的文献与技术能力，成为优秀的国家级二级图书馆。

义马市图书馆

概述

义马市图书馆位于义马市珠江路中段，文化城院内二楼，总面积2500平方米，2011年1月14日全部资源正式对外免费开放。现有馆藏纸质图书9万册，报刊247种，每周对外开放56个小时，持证读者5000多个。环境舒适，设有办公室、采编室、第一阅览室、第二阅览室、报刊阅览室、电子音像制品阅览室、少儿借阅室、电子阅览室、流通书库等；共有阅览座席275个，其中少儿阅览室座席60个，总利用率达到98%以上；共有电脑46台，其中用于服务读者的电脑35台，办公电脑11台，宽带接入10Mbps，建成了中心机房，安装了图书馆自动化管理系统，实现了业务工作自动化。

2011年初，义马市图书馆先后完成了与省图书馆牵头的9家数据库公司的签约和开通事宜及其他技术性问题，率先在全省开通了数字图书借阅平台（义马市数字图书馆），读者可以在任何时间任何地点登录数字资源平台，浏览到200万册图书和9000种报刊，以及当天更新的500种报纸资源，赢得了良好的社会效益。

业务建设

多年来，义马市图书馆始终支持“读者第一，服务至上”的原则，立足实际，开拓创新，通过不断地拓宽服务渠道，义马市图书馆现已成为一个多功能的图书馆，它的信息传播、社会教育和文化娱乐等功能不仅得到充分发挥，而且功能越来越多，创造的社会效益和经济效益也越来越高。义马市图书馆注重加强对基层文化站、图书馆的规范化管理。近年来，义马市图书馆克服人员少等实际困难，帮助多个基层图书馆进行业务指导，使基层图书馆实现规范化管理。

义马市图书馆的定位是以数字图书馆为基础，体现知识交互理念，融合传统图书馆功能的现代城市中心图书馆。采用开放灵活的藏、借、阅、查、展一体的新型服务模式，除了特定或特殊的文献外，藏书全部对读者开放。义马市数字图书馆可以提供原版原貌当天更新的主流畅销类期刊3000种，拥有国研网、中国宏观领导决策等国内政经全文数据，各类型考试学习资源数据，全国所有博硕论文，所有重要会议全文，拥有工具书、年鉴、中外标准、专利信息、机构信息、外经贸信息等全文数据，拥有国内外艺术博物馆所存的各类精美图片，提供中国精品文化期刊库、中国精品科技期刊库、中国党建期刊库、中国政报公报期刊库等专题服务。另外中国国学宝典数据库、中华连环画数据库、少儿多媒体图书馆等其他数据库都能针对不同的读者提供相应服务。

读者服务工作

义马市图书馆每年举办文学、历史、科学、艺术等知识讲座，邀请知名专家学者任主讲嘉宾，以优秀的作品塑造人；每年与办事处、社区、教体局等单位联合举办主题征文活动，以提高少年儿童文学修养和写作水平；不定期举办读书演讲比赛，引导读者多读书、读好书；不定期举办评选优秀读者活动，让读者自己投票，选出好学上进的读者。同时坚持经常举办知识讲座、图书展览、谜语竞猜、演讲比赛等读书活动，实现图书馆与读者的互动，充分展示图书馆的魅力。

义马市图书馆每年举办图书馆服务宣传周活动，主要项目有图片展览、知识讲座、谜语竞猜、读者座谈会、送书到基层等活动，扩大了图书馆的社会影响。

为促进社会主义新型社区建设，满足基层人民群众的求知欲望，义马市图书馆每年开展送书下乡活动，组织2000余册图书送到基层文化站和涉农社区农家书屋，供社区群众借阅，让基层读者也能品尝到丰富的文化大餐。

业务研究、辅导、协作协调

2011年，义马市图书馆馆长张战军发表题为《义马市公共图书馆发展与展望》的论文，提要：发展公共图书馆，丰富人民群众日益增长的文化需求，已经成为社会的迫切需要。义马市图书馆也是基于这一基本点，以机构改革为契机，加快图书馆建设，最大限度地满足读者需求，同时整合义马辖区内图书资源，提出了一些建设性的建议和意见，具有较强的操作性。

义马市图书馆开馆以来，先后派人前往新乡市延津县图书馆、南阳市唐河县图书馆进行交流学习，图书馆领导还经常参加河南省图书馆馆长联席会议。2013年4月，义马市图书馆与河南省图书馆达成河南省公共图书馆讲座联盟合作，联盟合作明确，各馆以会员身份通过出版、交换讲座图书、光盘，刊物等形式进行交流，共享其他图书馆讲座信息成果。

2009年5月15日开始建设义马市文化共享工程支中心，总投资56.966万元，2009年8月13日，已建成并安装有35台终端电脑，为全市20个社区分别配发了投影仪、电脑等设备，开通了与组织部门共享合作共建的基层服务点，2012年8月争取省厅专项资金支持，建成了义马市东区办事处公共电子阅览室。

管理工作

义马市图书馆建馆以来，人员一直实行全员岗位聘任，聘任共设20个岗位，实行聘任上岗，同时，建立了工作量化考核指标体系，每年进行总体工作考核。义马市图书馆还建立了门户网站，对外经常宣传义马市图书馆的各项业务。

表彰、奖励情况

义马市图书馆建馆以来，省级表彰奖励2次，地级表彰奖励1次，市级表彰奖励3次，其他表彰奖励1次。2013年11月，义马市图书馆被评为国家二级图书馆。

馆领导介绍

副馆长：张志红，1972年12月生，大专学历，中级职称，主要负责行政后勤工作。

副馆长：陈猛利，1970年12月生，中专学历，主要负责业务工作。

未来展望

在知识经济时代，知识、信息已然成为社会发展最重要的资源，作为社会信息资源管理机制最重要的组成部分之一——义马市图书馆，将继续发挥其不可替代的作用，竭力保障全市基层图书室服务体系良好的运行，积极与河南省图书馆，以及全省其他联盟成员馆实现资源共享互补，达到服务义马及进驻义马的各类市民的基本标准。并将在信息社会中为社会信息资源管理作出更大贡献，将图书馆事业发展推向新高度。

联系方式

地　址：义马市珠江路中段文化城院内
邮　编：472300
联系人：张志红

南阳市图书馆

概述

南阳市图书馆成立于1956年5月，连同它的前身成立于1924年的南阳县立第一图书馆共有88年的历史。馆址几经变迁，现址位于南阳市卧龙区工业南路93巷55号。占地面积15亩，建筑面积5370㎡，阅览席位600个，电子计算机60台。宽带接入10Mbps，选用图创Interlib图书馆自动化管理系统。

业务建设

截止2012年底，南阳市图书馆总藏量67.7万册（件），电子文献藏量6000件。2012年，南阳市图书馆新增藏量购置费10万元/年。地方文献入藏年均300余种。

各种文献持续增长，2009年订购报刊822种，2010年818种，2011年418种，2012年418种，年平均619种。从2009年开始对馆藏中文图书数字化管理，中文文献书目数字化达到90%以上。

读者服务工作

南阳市图书馆全年365天免费开放，周开放68小时，普通报刊图书实行开架借阅。馆藏书刊及文献年外借率为32%。编辑《决策参考》内部资料，为政府提供信息、咨询服务。

南阳市图书馆网站自2009年10月开通，现点击量为61713人。

2009–2012年，南阳市图书馆共举办讲座、展览、培训、阅读推广等读者活动376场次，每万人年平均参加活动25次。现设立20余个馆外服务点，年流通书刊13000余册。全年接待读者20万人次左右，借阅册次21万以上。

业务研究、辅导、协作协调

2009–2012年，南阳市图书馆职工在省级学术刊物上发表论文29篇，撰写论著及调查报告8篇，参与省市科研项目6项。

南阳市图书馆现已参加了河南省图书馆信息服务联盟，组建了南阳市公共图书馆信息服务联盟，现已有1市11个县（市）加盟。

南阳市图书馆依托南阳图书馆学会开展业务研究辅导及协作协调工作，南阳图书馆学会于1993年12月成立，现有理事单位35个，个人会员228人。

2009–2012年，南阳图书馆学会共举办学术研讨会4次，培训班2届。

管理工作

南阳市图书馆实行全员聘任制和岗位管理制度。实行目标任务考核管理，按需设岗，按岗聘用，竞争上岗。实行绩效奖励工资制。南阳市图书馆自2009年开展志愿者服务工作，现有志愿者43人。

表彰、奖励情况

2009–2012年，南阳市图书馆共获得各种表彰奖励13次，其中省市级4次，市级9次。

馆领导介绍

周献红，男，1968年生，本科学历，中共党员，研究馆员，馆长、书记。1989年郑州大学图书馆学专业毕业分配至南阳市图书馆工作至今，历任南阳市图书馆办公室主任、副馆长、书记、馆长职务。

张蕾，女，1963年生，本科学历，中共党员，副研究馆员，副馆长。1981年参加工作，1983年调到南阳市图书馆工作至今，历任参考咨询部主任、古籍部主任、办公室主任、副馆长。

李东黎，男，1961年生，本科学历，中共党员，副研究馆员，副馆长。1980年南阳市图书馆参加工作至今，历任外借部主任、辅导部主任、副馆长。

未来展望

随着各级政府对公共文化事业投入的加大，南阳市图书馆也将迎来新的发展机遇。力争在两年内完成南阳市数字图书馆及文化信息资源共享工程地级支中心的建设。南阳市图书馆新馆已列入国家发改委十二五建设项目，未来五年有望建成并投入使用。进一步加大特色文献入藏量，使南阳市图书馆藏书体系建设有质的飞跃。力争在第六次评估定级中达到市级国家一级馆的标准。

联系地址

地　址：南阳市工业南路93巷55号
邮　编：473063
联系人：陈小梅

电子阅览室

书库

少儿阅览室

开封市图书馆

概述

开封市图书馆座落在风景秀丽的龙亭湖畔。她创建于1956年，原址设在刷绒街二曾祠旁的许公祠内。1957年，河南省图书馆迁郑后，该馆二曾祠馆址全部移交开封市图书馆使用。1970年，图书馆改名为“开封市毛泽东思想宣传站图书组”，1974年恢复现名。1987年新建了一座阅览大楼。目前，馆建筑面积4180平方米，编制73人，现有在职人员52人，其中：副研究馆员4人，馆员28人。机构设置为七部一室，包括办公室、采编部、流通部、期刊部、文献部、少儿部、技术部、社会事业发展部。设有5个借书处、8个阅览室，拥有400多个阅览座位，分别以开架、半开架、闭架等方式为广大读者服务。是我市重要的公益性文化服务阵地。2013年参加第五次全国公共图书馆评估定级，获得三级图书馆馆。

业务建设

拥有各类藏书56.6万册（件），主要包括：印刷、缩微、视听等多种文献载体类型。品种齐全的各类工具书、古籍善本、孤本、珍贵的民国时期的文献资料和较丰富的地方文献形成了开封市图书馆的藏书特色。截至2014年底，持证读者为22000人。

读者服务工作

2011年以来，开封市图书馆坚持“读者第一，服务至上”的办馆宗旨，实行全年365天对外开放。2014年累计到馆读者达35万人次。外借、阅览文献37万人次，56万册次，到馆人数、文献借阅人数和流通率均均比上年有大幅度提高。2014年，开封市图书馆累计开展各类社会文化活动共计123次、新建基层服务点6个。其中特色阅读活动16次、送文化进基层活动14次、社会教育活动65次（含“开图讲坛”公益讲座12次、优秀电影展播48次、展览5次）、少儿活动28次。

业务研究、辅导、协作协调

开封市图书馆长期以来高度重视业务研究、辅导以及协作协调工作。以2014年为例，我馆着力开展了一系列业务研究活动。在2014年全国中小型公共图书馆联合会学术研讨会中，开封市图书馆获得征文优秀组织奖，并取得两个一等奖，一个三等奖的好成绩。在2014年“鲁豫皖赣新五省图书馆学会联合征文”中，开封市图书馆成绩斐然，被评为五省图书馆学会联合征文优秀组织奖，共有五篇论文获奖，包括一等奖三名、三等奖两名，综合成绩在全省位列前茅。2014年全年开封市图书馆在省级以上刊物共发表学术论文13篇。这些业务研究活动，为我市公共图书馆事业发展打好理论基础；为了使图书馆的文献资源更广泛的为群众提供服务，2014年我馆新建馆外基层服务点6个，分别是：朱仙镇明心爱心书屋、理事厅小学馆外服务站、夏理逊小学馆外服务站、开封市强制隔离戒毒所馆外服务站、张庄新村小学馆外服务站、开封市新区大宏社区馆外服务站。截止2014年，全市共建立基层服务网点34个。这些馆外基层服务点的建立进一步完善了全市基层社区图书馆服务网络，满足了各类型读者的多元化、全方位的借阅需求，丰富了市民的精神文化生活，受到了广大群众和读者的一致好评。

表彰、奖励情况

2011年–2014年，开封市图书馆共获得各类表彰、奖励25次。其中国家级表彰1次，省级表彰9次，市级表彰15次。这些荣誉体现了各级领导对开封市图书馆各项业务工作的高度肯定。

馆领导介绍

马慧萍，女，1975年3月生，本科学历，副研究馆员，馆长。1997年10月参加工作，第十届及第十一届开封市政协委员，开封市民盟文化支部副主委；全国中小型图书馆联合会常务理事，河南省图书馆学会常务理事。

鲁德莹，女，1968年2月生，本科学历，副研究馆员，开封市图书馆党支部书记。1987年9月参加工作。

刘芙蓉，女，1962年11月生，本科学历，馆员，开封市图书馆副馆长。1980年11月参加工作。

刘军，男，1968年07月生，本科学历，馆员，开封市图书馆副馆长。1989年8月参加工作。

朱晓波，男，1978年2月生，本科学历，工程师，开封市图书馆副馆长。2002年9月参加工作。

葛智星，男，1984年03月生，硕士研究生学历，馆员，开封市古籍保护中心副主任。2009年9月参加工作。

展望未来

2014年开封市政府主要工作的第十项“切实保障和改善民生，建设幸福开封”中明确提出要“扩大基本公共文化服务。支持市图书馆、市博物馆、市美术馆、市群艺馆等公共文化基础设施建设”。2014年开封市政府工作报告中，把市图书馆的新馆建设提到了全市重点工作的高度。

2012年市政府已将市图书馆新馆建设列入新区规划，图书馆新馆选址在第六大街以西，第七大街以东，众意湖畔，规划面积占地50余亩，市图书馆和美术馆共建一所大楼，其中的3万多平米归市图书馆使用。建设新馆的规划振奋人心，加快我市公共图书馆建设步伐，将使全体市民共享改革开放带来的文化成果，为构建全市公共文化服务体系，实现开封从文化大市到文化强市的跨越式发展做出应有贡献！

兰考县图书馆

概述

兰考县图书馆创建于1991年，面积约1200㎡。2013年9月新馆成立，占地面积近20亩，建筑面积4900㎡，设计藏书20万册，可容纳读者座位200个。

业务建设

截止2013年底，兰考图书馆藏书量8万册，其中，纸质文献7万册，视听数据资源藏量2500GB，2010年、2011年、2012年兰考图书馆新增藏书量购置费3万元，2010年–2013年共入藏中文图书2万册，报刊6000册，地方文献入藏200册，截止2012年底，完成计算机编目工作，实现了图书借阅自动化管理，编制机读目录4万册。

读者服务工作

从2007年元月起，兰考图书馆全年365天对外开放，2012年12月实行全年免费开放，周开放56个小时，2010–2013年，书刊总流量12万人次，书刊外借10余万册次。建立馆外流通站2个，举办讲座、培训班、故事会、演讲比赛、阅读推广等读者活动20场次。

业务研究、辅导、协作协调

2010–2014年，兰考图书馆职工发表文章1篇，获省市奖5篇，2009年，建成文化信息资源共享工程兰考县支中心。

参与辅导全县农家书屋建设。凤凰城社区图书室建设，西城机关幼儿园图书借阅馆外流通站等活动。

管理工作

2001年兰考县图书馆第三次全员岗位聘任，有2位同志重新上岗，建立了工作量化考核指标体系，每月进行工作进度通报，每半年和全年进行进度考核。2009–2013年共抽查文献排架5次，书目数据5次。撰写专项调研、分析报告和工作提案4篇，编写各部门工作进度通报5篇。

表彰、奖励情况

2009–2013年，兰考县图书馆共获得各种表彰、奖励7次，其中省文化厅2次，县文化局5次。

馆领导介绍

王迎霞，女，1963年12月，大专学历，中共党员，馆员，1983年9月参加工作，历任文化馆副馆长，兰考县第十届人大代表，现任图书馆馆长。

张东敏，女，1968年10月，大专学历，助理馆员，1992年3月参加工作，现任副馆长。

未来展望

兰考县图书馆在发展传统图书馆资源的同时，将加大对数字图书的投入力度，未来开通移动阅读平台，发展数字文化服务。如今手机等移动设备发展速度很快，所以开通移动阅读平台实现图书资源共享指日可待。兰考县图书馆将进一步扩大服务功能，延伸服务区域，走进社区、企业、乡镇等是未来发展的方向，同时将扩大服务人群，如农民工、残障人士等。

兰考县图书馆将以建成本地区综合性的文献收藏中心、文献信息服务中心、社会教育中心、学术交流中心以及市民文化休闲中心为目标，保障人民群众基本文化权益，满足人民群众日益增长的多样化、多层次文化需求。

新馆侧面

专家讲座

儿童节活动

登封市图书馆

概述

登封市图书馆初创于1985年，馆舍建筑面积1500余平方米，其中主体建筑面积850平方米；供配电等附属建筑面积80平方米。现有供读者使用的阅览座席146个，其中报刊阅览室26个；少儿阅览室54个；电子阅览室56个（可使用的计算机56台，使用10M光纤专线）；宽带接入70Mbps，选用Symphony图书馆自动化管理系统。外借室10个；2013年，参加第五次全国公共图书馆评估，获三级图书馆。

业务建设

截止2014年底，登封市图书馆总藏量69521册，其中，开架图书册次46465册，电子图书50万册，电子期刊1.0171万种/册。

读者服务工作

从2013年4月起，图书馆全年358天对外免费开放，周开放56小时，2009—2014年，书刊总流通16万人次，书刊外借24.5万册次。2013年4月，开通与郑州市图书馆的馆际互借服务。2012年，建成5个分馆，馆外书刊流通总人次4万人次，书刊外借8万册。

截止2014年，登封市图书馆发布使用的数字资源总量为46种，72.4TB，均可通过登封市图书馆网站、登封市公共图书馆服务联盟网站、登封市共享工程VPN专网向全省公共图书馆、共享工程基层服务中心提供检索、浏览和下载服务。

2014年，登封市图书馆共举办讲座、展览、阅读推广等读者活动20场次，参与人数1450人次。以登封市公共图书馆服务联盟为平台，由省馆创意若干个阅读推广主题活动，在所有成员馆中同时进行，年底进行单项奖评选，是河南省图书馆阅读推广工作的特色。

业务研究、辅导、协作协调

2009—2014年，登封市图书馆连续五年被郑州市图书馆评为先进集体，获得文广新局先进集体的称号。

从2008年4月起，登封市图书馆以文化信息资源共享工程VPN专网为依托，在全市范围内发起组建公共图书馆服务联盟，下设登封市社区服务站。流通服务、地方文献联合征集、阅读推广与讲座展览资源服务、业务培训与技术支持等工作组。2012年底，登封市17个乡镇，藏书量共计668000册。2011年至2014年登封市图书馆下基层业务培训工作33次。

2010年6月，登封市图书馆与郑州市图书馆联合协议，实行馆际互借，实行总分馆实施方案，加强图书馆之间的馆际合作，提高图书文献的利用率。

2012年，继中国图书馆学会志愿者行动之后，登封市图书馆学会在市内开展基层图书馆业务骨干志愿者行动。共招募47名志愿者。

管理工作

2010年，登封市图书馆完成第三次全员岗位聘任，本次聘任管理岗位9个，同时，建立了工作量化考核指标体系，每月进行工作进度通报，每半年和全年进行总体工作考核。

表彰、奖励情况

2009—2012年，登封市图书馆共获得各种表彰8次，其中，被郑州市图书馆评为先进集体4次，被登封市文广新局评为先进集体4次。

馆领导介绍

刘少军，男，1970年10月生，大学学历，中共党员，副研究馆员，馆长兼书记，1989年参加工作，2013年4月任登封市图书馆馆长。

李俊霞，女，1969年1月生，大学学历，中共党员，副馆长，1986年参加工作至今。

耿向东，男，1968年10月生，大学学历，副馆长，2001年9月至2002年7月在中央美院进修，1989年参加工作，2003年7月任登封市图书馆副馆长。河南省美术家协会会员，著有《简笔画》、《素描画理》，作品被中国美术馆、河南省美术馆专业机构收藏。

未来展望

登封市图书馆遵循“科学、效率、创新、发展”的办馆方针，即完善单体服务功能，扩大服务辐射区域，带动地区事业发展。2012年，登封市图书馆扩建工程正式启动，在未来的几年里，登封市图书馆将在现有馆舍的基础上，在登封市少林大道中段，市委对面另建一座总建筑面积12355平方米的新馆舍。同时，还具有市公共图书馆服务体系良好运行的文献与技术能力，成为与郑州市图书馆实现资源共享互补的市级图书馆。

联系方式

地　址：登封市爱民路2号
邮　编：452470
联系人：刘少军

平顶山市卫东区图书馆

概述

卫东区图书馆是卫东区政府投资兴建的公共图书馆，主要为卫东区政治、经济、文化建设及辖区民众提供文献借阅及信息咨询等服务，卫东区图书馆的前身即原卫东区文化馆图书馆，位于原平顶山市中心区，1981年秋开始办理图书借阅，图书管理员1人。1987年随文化馆一起迁入东安路北段的文化馆综合活动楼，2004年12月搬入新建的综合活动楼。图书馆实际使用面积60平方米，工作人员2个，馆内设图书阅览室1个。2004年，区财政拨付购书经费一万元。2005年藏书量有1000余册，后依托卫东网建成了电子图书，网上藏书6.4万册。2009年，投资68万余元建立了卫东区"资源共享工程"；投资了30余万元正式成立了卫东区图书馆，拥有藏书达到了3.6万册，并开始使用"北京特夫克图书馆理系统"实现自动化管理。2012年区政府继续加大对图书馆的资金投入，配套资金60万元扩建了现有馆舍，目前图书馆占地面积面积达到了近2000平方米。设有藏书室、少儿图书室、图书借阅室、阅览室、电子阅览室、资源共享卫东支中心等。阅览席位90余个。目前藏书10余万册，订阅报刊110余种。设有读者服务部、办公室、展览厅等部门，机构编制8人。2010年卫东区图书馆被国家文化部授予"国家三级图书馆"称号，2012年被河南省科学技术协会评定为省级科普教育基地。

业务建设

目前，卫东区图书馆持证人数近3000人，最高日接待读者200余人，日流通图书最高300余册，为了更好的服务读者，吸引读者到馆阅读，卫东区图书馆还及时开展非富多彩的读者活动，比如在每年的"4.23世界读书日"及"图书宣传周"开展主题读书活动、六一儿童节以及暑假寒假期间开展"成语接龙"、"猜谜语"、"亲子阅读"、"看电影"等活动，在科普日举办"科普进社区"、科普展览、"少儿科普知识问答"等活动。每年卫东区图书馆还会开展送书、捐书到基层活动，卫东区图书馆还加大对基层图书室的管理，根据基层图书室的情况开展基层图书室业务指导、举办街道、社区图书管理员及农家书屋管理员培训班等，切实让基层图书馆发挥好服务群众的作用。

联系方式

地　址：平顶山市卫东区东安路中段
邮　编：467000
联系人：杜晓峰

举办农家书屋管理员培训

少儿读书活动

藏书室

少儿阅览室

文化信息资源共享工程卫东区支中心

宜阳县图书馆

概述

宜阳县图书馆位居河南省宜阳县城文化中心大楼，总面积1800余平方米，2009年元月正式向社会免费开放。该馆现有职工12人，大专以上文化程度占职工总数70%，其中中级职称2人，初级职称6人。2013年底，宜阳县图书馆在图书馆标准化评估达标活动中，被国家文化部授予“三级馆”称号。

业务建设

宜阳县图书馆现拥有各类藏书20000余种、36000余册。开设有报刊阅览室、少儿阅览室、流通书库、过刊资源库、电子阅览室和全国文化信息共享工程宜阳县支中心服务平台六个服务窗口，阅览坐席150个。流通书库现有藏书2.6万册，利用标准化借阅系统，实行开架借阅；少儿阅览室有藏书10000余册，供小读者阅览；报刊阅览室、少儿阅览室每年征订报纸、期刊240余种；电子阅览室拥有电脑50台，可供读者查阅信息资料。

读者服务工作

宜阳县图书馆书库和各个阅览室卫生整洁，环境优雅，服务热情，为读者提供老花镜、饮水、复印等服务，全天开放，周日、节假日正常开放，每周开馆时间达到56小时。该馆秉承“读者至上，服务第一”的宗旨，实行办理借书证免费，共发展各类读者3000余个，每年接待各类读者25000余人次。

2012年1月，宜阳县图书馆在河南省率先开通拥有15个商业数据库、数字化资源量达10TB的网上数字图书馆，免费向社会公众开放，发展持证读者1500余人，读者年点击人数达3万次以上，网络资源与全国各、省、市公共图书馆和科研院所、大中院校互联互通。

业务研究、辅导、协作协调

宜阳县图书馆经常开展基层业务人员培训活动，每年为基层业务培训3次以上，培训人数200余人次。积极开展图书流通服务活动，方边群众借阅，近年来，不断开展送书、送信息资源进部队、进农村、进校园、进工地、进社区、进企业等活动，每年活动次数不少于30次，特别是2014年初举办了图书进学校活动，在县锦屏中学开展“关爱留守儿童、阅读引领未来”的主题阅读活动；4.23世界读书日期间，举办阅读普及宣传活动，印发宣传品500余份，现场办理借书证100余个；6月份，开展图书进军营活动，为宜阳驻军96271部队送去图书600余册，期刊100余种，另外为部队官兵开通数字图书馆60个号段的网络资源。

如今，借宜阳县创建国家公共文化服务体系示范区的东风，县财政不断加大对图书馆的投入力度。图书馆的内部设施不断改善，服务质量和服务环境大有提高，冷热空调、茶水全天免费供给读者，广大读者自由进出，实现了零门槛借阅，对不便来馆借阅图书的老年人及残疾人读者实行上门服务。

未来展望

当前，宜阳县图书馆总分馆制体系建设正在加速推进，2015年全市城乡将实现通借通还。在宜阳县委、县政府的大力支持下，北城区12000平米的宜阳县图书馆新馆已开工建设，建成后，宜阳县图书馆将更好地为全县各类读者开展最优质的服务。

原阳县图书馆

概述

原阳县图书馆始建于1987年，馆址位于原阳县城关镇新一路13号。图书馆大楼于1987年兴建，总投资150万元。为四层八角仿古式建筑，占地面积3600平方米，建筑面积2900平方米。馆内设有办公室、财务室、书库、采编室、图书借阅室、电子阅览室、科普文化讲座室、少儿阅览室8个科室，阅览坐席170个，计算机36台。管内工作人员10人。1990年被评为河南省甲级图书馆，在2013年全国第五次公共图书馆评估定级工作中获得三级图书馆。

业务建设

该馆藏书总量5万册。馆年图书入藏量1500种，报刊年入藏量120种，电子文献年入藏量500种，视听文献年入藏量50件，书库设有专人管理的地方文献资料专架，该馆图书分类使用《中国法》（第四版），图书标引误差率约2%，对图书书标、登入号、馆藏章等均进行规范统一使用，真正做到整齐美观；图书分类、题名目录等均纳入信息化管理；开架图书排架误差率2%，有规范的文献保护规章制度和防火、防盗等设备；馆采访、编目、流通、书目检索等均为自动化管理，已建成局域网并正常开展各项工作；有可操作性强的建设规划，馆藏中文图书书目数字化占80%。地方文献设有专柜并由专人管理，普通图书文献编目依据行业标准进行编目著录，书标、登入号、馆藏章等规范、统一、美观，开架图书排架正确率96%以上，图书借阅及编目著录已实行自动化管理。

读者服务工作及业务研究、协作协调

原阳县图书馆常年面向社会免费开放，读者满意率95%以上，年外借图书4万多册次，开架书刊册数占本馆图书总藏量的82%，馆内馆外利用各种方式开展图书宣传400余种，每周开馆时间平均56小时，设立乡镇图书服务网点及流通站14个，经常性地为特殊群体提供有专门的服务，组织各种科普、文化讲座（培训），积极配合党的中心工作，组织开展宣传周、全民图书月、培训班和学术研讨会等服务宣传活动。以文化信息资源共享工程县级支中心为平台，对全县乡（镇）、村服务网点进行了培训，形成了与农村党员远程教育相结合的网络服务体系，并为县直单位、14个乡镇、社会团体及广大农村提供各项社会服务活动。常年对乡镇文化站村文化大院和农家书屋等基层服务网点进行业务辅导，乡镇、行政村图书室（农家书屋）覆盖率95%，并常年对乡镇、村图书室的业务骨干进行业务培训。

原阳县图书馆在管理方面采取按需设岗、按岗聘用、竞争上岗、目标管理、职工考核等机制；有完善的财务管理、设备物资管理和档案管理制度；该馆环境优美、安全施舍齐全。

馆领导介绍

陈建成，男，1964年出生，馆员、中共党员，2008年任原阳县图书馆馆长，党支部书记。

王琪琳，女，1967年出生，馆员、中共党员，1990年参加工作，原阳县图书馆副馆长。

未来展望

原阳县图书馆本着对历史负责，为现实服务，替未来着想的办馆方针，决心把县馆办成传统文化收藏的档案馆，大众读书学习提高的加油站，促进地方经济繁荣的知识宝库，在原有基础上进一步扩展业务范围，进一步落实规范，协调发展。新城区现代化标准图书馆基本落成，大型文化信息数据库正在建设，这些都将极大地提高其服务能力，不断丰富和满足全县广大人民日益增长的精神文化需求。

图书馆大楼

青少年读书活动

丰富多彩的少儿文化活动

报刊阅览室

电子阅览室

图书借阅室

安阳县图书馆

概述

安阳县图书馆成立于1983年8月。当时，因无馆址，暂设在安阳县文化馆水冶分馆内。1987年4月，由省文化厅补助15万元，县财政拨款34万元，单位自筹6万元，总投资60万元，在安阳县文化局、县文化馆原址上动工兴建安阳县图书馆大楼，到1989年元月建成并投入使用。图书馆大楼（包括地下室）共7层，占地面积600平方米，建筑面积2006平方米，从而结束了安阳图书馆有馆无址的历史。由于当时人员、经费未落实到位，没有对外开放，直到1993年7月图书馆才正式对外开放，为社会服务。

图书馆内有电子阅览室和多媒体视听室各一个，计算机25台，宽带接入，运用图书馆自动化管理系统开展工作。

业务建设

截止2012年底，安阳县图书馆现有馆藏文献25020册，其中：图书12360册；过刊12660册；报刊年入藏量140余种。

收藏的文献使用《中国图书馆图书分类法》类分，依据《中文普通图书著录规则》著录。地方文献有专柜，专人负责。设有分类目录、题名目录各两套作为公务目录与读者目录。日常的管理维护由编目人员负责。为便于读者使用设有目录使用说明。

读者服务工作

安阳县图书馆内设有综合图书外借、期刊外借、报纸阅览、信息服务、地方文献收集整理等窗口。

在开馆时间上，按照《河南省公共图书馆管理办法》规定，每周开放56小时，传统节日与法定节假日正常开放；阅览室免证对读者开放；对所有到馆读者免费办证；对不能到馆的读者实行代借代还制度；图书期刊实行全开架借阅，到馆的新期刊及时上架借阅；并以书目的形式推荐给读者。为使订购的期刊符合读者的阅读需要，每年征订期刊前组织开展读者评刊活动，听取读者的意见，及时更新征订目录。

2012年全年办证400个，到馆读者20000人次，外借15000人次，外借图书20000册次。文献外借率达到百分之七十左右，读者满意率达到百分之七十以上。在安阳市图书馆的大力支持下，安阳县图书馆积极开展了参考咨询服务工作。

业务研究、辅导、协作协调

2009–2012年，安阳县图书馆职工合计公开发表专业论文3篇。所有员工每年都接受系统的岗位培训、继续教育。

安阳县图书馆积极和上级图书馆开展各种协作协调工作，联合开展各种活动。不但和上级馆搞好资源的合作共享，而且对辖区的所有图书室在业务上进行辅导培训，使基层图书管理员的服务能力得到整体提升。

管理工作

为强化管理，提高服务质量和服务水平，先后制定了图书馆《工作人员守则》、《馆长、副馆长岗位职责》、各个服务窗口的《岗位职责与工作规范》、《值班制度》、《关于加强工作纪律的几项规定》和《请消假制度》等。为改进工作和改善服务态度，设立了读者意见箱，对社会公布了服务电话与监督电话，接受读者的监督。为保证馆藏文献的安全，我们采取了如下几项措施：

1、坚持搞好室内外环境卫生，及时清理书架灰尘。

2、严格电器使用管理，定期检查线路，及时消除隐患。

3、书库定期通风。

4、下班、闭馆时切断书库电源。

5、对破损的图书及时修补。

表彰、奖励情况

2012年安阳县图书馆被安阳市图书馆学会评为安阳市优秀图书馆。

馆领导介绍

高红涛，男，1965年6月生，中专学历，中共党员，馆长。1981年11月参加工作，先后在安阳县文化局办公室、县图书馆工作。

王爱红，女，1971年1月生，本科学历，中共党员，馆员，副馆长。1993年9月到安阳县图书馆参加工作，先后在财务室、报刊部、办公室工作。

未来展望

安阳县图书馆遵循“读者第一，服务至上”的图书馆服务宗旨，做好读者服务工作，做好乡镇和村级图书室业务辅导工作，在硬件和软件建设上挖掘潜力，调整服务方式，增加服务内容，成为丰富群众文化生活的最佳场所。

联系方式

地　址：河南省安阳市东风路32号
邮　编：455000
联系人：高红涛

图书馆大楼侧面

多媒体放映室

送图书下乡

孟州市图书馆

概述

孟州市图书馆前身为孟县人民文化馆图书室，1992年经县委批准同意正式更名孟县图书馆，1996年撤县建市更名为孟州市图书馆，现馆位于孟州市河雍办事处北环路。孟州市图书馆建筑面积800平方米；阅览坐席220个，少儿阅览坐席60个。计算机数量52台，其中提供读者使用的计算机数量是50台；移动光纤接入10Mbps；自动化管理系统使用的是春晖管理系统，系统运行正常。

业务建设

截止2012年底，孟州市图书馆总藏量115000册。

2012年度新增藏量购置费为10万元图书年入藏数量4307册；报刊年入藏量41种；视听文献年入藏量133件；地方文献入藏完整率为96%。

读者服务工作

免费开放方面，公共空间设施场地免费开放，基本服务项目健全并免费开放。普通服务方面，每周开馆56小时；书刊文献开架比例达57%；馆藏书刊文献年外借率达53%，书刊文献年外借册次达6.1万册；馆外流动服务点书刊借阅册次平均每年5.21千册次；人均年到馆次数61次；书刊宣传每年400余种。为企业提供专题服务。社会教育活动方面，讲座、培训等活动10次；展览每年举办6次；阅读推广活动每年6次；每万人年参与活动总人次0.05次/万人；图书馆服务宣传活动丰富多彩。读者满意率达96%。

业务研究、辅导、协作协调

参与上级图书馆组织的协作协调工作，与焦作市图书馆签订了馆际互借协议。

基层业务辅导工作，孟州市图书馆定期到基层图书室进行业务辅导。

基层业务培训工作，孟州市图书馆每年有计划对乡镇文化专干进行2次业务培训，2次信息共享工程培训。

管理工作

2010年，孟州市图书馆完成事业单位岗位聘任，根据图书馆职能情况，拟设岗位总数7个，其中：管理岗位1个，专业技术岗位6个，两类岗位比例为1：6。同时，建立了工作量化考核指标体系，每月进行工作进度通报，每半年和全年进行总体工作考核。2012年，共抽查文献排架12次，书目数据5次，撰写专项调研、分析报告和工作提案4篇。

表彰、奖励情况

上级表彰，文化部表彰1次，省文化厅1次，焦作市文化局3次，孟州市文化局表彰7次。

馆领导介绍

耿言平，男，1966年2月生，本科学历，中共党员，馆长。1984年10月参加工作，历任孟州市文化局文化市场管理办公室主任，2008年4月任孟州市图书馆馆长。

张金雁，女，1977年9月生，本科学历，中共党员，副馆长。1997年12月参加工作，2006年8月任孟州市图书馆副馆长。

未来展望

孟州市图书馆长期坚持团结协作，无私奉献的精神，紧紧围绕“读者第一，服务至上”的服务理念，以提高服务效能，促进业务建设和科学管理，通过不断加强职工的素质教育工作，完善各项制度建设，全面坚强软硬环境建设，积极营造优美的图书馆环境。2012年，孟州市图书馆建设新馆工程已经启动，在未来的几年里，孟州市图书馆将在现有馆舍的基础上，在孟州市工业集聚区区另建一座建筑面积7000平方米的新馆舍。把孟州市新图书馆建成一个大众交流、放松的地方，增强大众对图书馆的依赖性。同时图书馆服务人员要秉承人文精神，为读者提供全面的服务，要尊重读者，为读者营造一个和谐的环境，让读者体会在图书馆体会到家的温暖。

联系方式

地　址：孟州市北环路西段
邮　编：454750
联系人：张金雁

卫辉市图书馆

概述

卫辉市图书馆座落在卫辉市中心比干大道行政路，与卫辉市政府遥遥相望，其前身是成立于1913年的经正书舍，历经多年风雨，于1988年卫辉撤县建市时，从原汲县文化馆分出，正式更名为卫辉市图书馆。现馆建筑面积1500平方米，于2007年11月正式对广大群众免费开放。现有藏书5.5万册，下设有办公室、书库、分编室、多媒体教室、少儿阅览室、电子阅览室、地方文献室、文化信息资源共享中心卫辉支中心等多个业务部室。现有工作人员12人，其中具有高级职称的1人，中级职称的7人，初级职称的2人，高级工2人，具有大专以上文化程度的11人。近年来，国家和卫辉市政府对文化工作高度重视，卫辉市图书馆面临前所未有的发展机遇，国家下拨资金和卫辉市财政拨给经费逐年增加。图书馆自动化程度极大提高，办公设备和书架等设施全面更新，藏书量也大幅增加。卫辉市图书馆是新乡四区八县率先开展全免费、全开架借阅的图书馆，较早实现机读机编的图书馆，也是共享工程基层点覆盖率第一个达100%的图书馆。尤其是2012年，卫辉市图书馆解放思想，开阔思路，积极向外开拓服务领域，改变服务方式，先后成立了道西街服务点、二运物流园服务点、交通局廉政书架，特别是召开了卫辉市地方文献征集工作座谈会，取得了良好的社会效益，多次受到省、市、县各级业务部门和主管部门表彰，新乡电视台、平原晚报、卫辉电视台都进行了跟踪报道，2009年以来，受到省图书馆学会表彰3次，新乡市文广局表彰1次，新乡市图书馆表彰1次，卫辉市文广局表彰多次。同时，馆内职工多人荣获省文化厅、省图书馆学会各种学术成果奖多次。2009年文化部对全国公共图书馆第四次评估定级和2013年文化部对全国公共图书馆第五次评估定级时均被定为国家三级馆。

业务建设

本馆近年来购置新书较多，但输入管理系统时剔除了一部分老书，有纸质图书3.2万册，报纸和期刊合订本1800册，地方文献800册，电子文献21000册，视听文献1200种，少儿画书2000册，共计5.88万册。

我馆购有“云比特”数字图书馆软件，内含电子图书21000册，各种少儿智力、游戏、动漫图片5万幅。所有读者均可在电子阅览室查阅观看。

本馆近几年每年订阅各类专业杂志、社科类、保健类等杂志约100种，党报党刊及其他报纸约20种。

2009年由本市新闻出版管理办公室协调，本市一家音像店捐赠给图书馆光盘600盘，以动画片、爱国主义电影、科普知识讲座为主。2011年和2012年接受国家共享工程中心邮寄光盘400盘，其他渠道捐赠200盘，共1200盘，平均年入藏量300盘。

本市为省级历史文化名城，文化生活活跃，地方文献丰富。卫辉市图书馆一贯把地方文献收集工作作为一项重点工作，收集了不少珍贵的特色文献，并购置了10个资料柜，作为地方文献专柜，平时有两个专职人员管理，并建有专门账本和目录，按本馆情况进行编目，尤其是2012年卫辉市人民政府下发了关于开展地方文献征集工作的通知（卫政文2012144号）并召开了全市范围的地方文献征集工作座谈会，通过卫辉市电视台、卫辉在线等多种渠道进行了宣传，印制了收藏证颁发给每一位捐赠者，产生了较大的社会影响，取得了明显的社会效益。该项工作正在进行中，计划明年资料收集较多时开始地方文献数据库建设。

近年来，本馆多次参加省文化厅配书活动，2010年通过政府采购，公开招标采购了大批新书，所购图书均为质量较高的正版图书。每次购书前采编人员都征求读者意见，选择采书重点，针对本馆读者机关人员较多的特点，所购图书以文学类、历史类、名人传记类较多，保证了购书的重点性、连续性和针对性。由于购书经费有限，一般不购复本。

读者服务工作

为突出图书馆的公益性，更好地为广大读者服务，我馆自2007年起对所有读者实行全开架、全免费借阅，外借读者只收押金，免收其他一切费用。文化部、财政部《关于推进全国美术馆、公共图书馆、文化站免费开放工作的意见》及财政部《关于加强美术馆、公共图书馆、文化站免费开放经费保障工作的通知》等文件下发后，本馆制订了免费开放工作方案，本馆公共空间设施场地全部免费开放，所有服务项目全部免费开放。同时，为适应免费开放的需要，增加了服务人员，设立了公示牌和相关标志，进一步完善了消防设施，并制订了免费开放应急预案。

2012年全民读书月、世界读书日和服务宣传周期间，卫辉市图书馆结合本馆实际，开展了一系列全民阅读推广活动，主要包括：全民读书月期间在书库开设新书专架，对到馆读者进行为期一个月的新书展示；2012年世界读书日，卫辉市图书馆制作横幅，印制宣传单，对世界读书日进行了详细介绍和宣传；国庆期间，在政府广场开展为期三天的新书展示活动等。2012年，卫辉市图书馆举办各类讲座培训20次，参加人次为1300人次，举办各类展览5次，参加人次为30000人次，各类阅读推广活动6次，参与人次约3000人次。对广大市民了解图书馆，走进图书馆，起到了重要作用。这些活动得到了广大群众的肯定，让广大读者了解公共图书馆，积极参与读书活动，为读者陶冶情操，滋润心灵，培养全民自觉读书的良好意识打下了基础，更是作为公共文化服务体系重要一员的公共图书馆在拓宽服务领域、增强服务意识方面从内容和形式上主动服务的具体体现。新乡电视台、平原晚报、卫辉电视台都进行了跟踪报道，并被省图书馆学会评为“全民读书和服务宣传周活动先进单位”。

业务研究、辅导、协作协调

卫辉市图书馆积极参与省馆和新乡市馆组织的各项业务活动和协作协调工作，与河南省图书馆签有《河南省公共图书馆信息服务联盟协议》，与新乡市馆签有馆际互借协议。在工作中有业务问题及时向上级部门请教，对上级馆指派的各项业务工作，如填写各类调查表，参加培训和开会，上报各种数据等均能不折不扣按时完成。

卫辉市图书馆现有5个服务点，即道西街居委会服务点、物流园区服务点、石庄超限站廉政图书专架、老干部局活动中心图书室、交通局工会图书室。本馆制定有有统一的建设规则，对5个服务点统筹管理，定期为服务点更换图书，按要求进行管理，并进行业务指导。

卫辉市图书馆每年都对基层馆提供定期和不定期的业务辅导，2012年对347个共享工程基层点和农家书屋管理员进行了培训，并邀请管理员到市图书馆进行参观和现场操作平时不定期对基层点进行巡回检查和辅导，发现问题及时解决。对较大规模的辅导工作写有工作报告和工作记录。

2012年8月，卫辉市图书馆和群艺馆联合举办了农家书屋管理员培训活动，分七次对全市347个村的农家书屋管理员进行培训，自制课件，向他们讲解了图书和期刊的分类、登记、加工、管理等基本知识，解答了他们的咨询，现场参观了市图书馆书库，并请图书馆工作人员现场操作了图书的加工流程，对提高管理员素质，规范卫辉农家书屋管理起到了关键作用。

管理与表彰

卫辉市市图书馆每年年初都根据省文化厅、省图书馆、新乡市文广局、新乡市图书馆和卫辉市文广局工作安排，结合本单位实际情况，制定本年度工作计划，并通报全馆认真执行。

卫辉市图书馆以《行政事业单位财务管理规定》为标准，严格执行国家有关规定，每年有详细的预算，决算，平时会计经常参加卫辉市财政局各项会议和培训，每一月向财政局会计中心递交报表，所有财务手续均接受卫辉财政局的审查和监督。

卫辉市图书馆从1999年起施行工作目标管理责任制，每年与卫辉市文广局签目标责任书，2003年起，实行聘任制，实行按需设岗，按岗聘用，竞争上岗，定人定岗，每年年终卫辉市文广局对卫辉市图书馆全体职工进行考核，考核结果记入档案，并与工资挂钩。2011年起，实行绩效工资，充分调动了全馆职工的工作积极性。

我馆建有历年职工考核档案、职工基本情况档案、计划生育档案、财务档案等行政档案及参考咨询档案、定题服务档案、共享工程基层点档案、业务培训档案等业务档案。内容齐全，装订整齐。

卫辉市图书馆多次受到省、市、县各级业务部门和主管部门表彰，2009年以来，受到省文化厅表彰2次，省图书馆协会表彰3次，新乡市文广局表彰1次，新乡市图书馆表彰2次，卫辉市文广局表彰多次。同时，馆内职工撰写论文20余篇，多人获省文化厅、省图书馆学会各种学术成果奖。

馆领导介绍

郭爱梅，女，1965年3月生，中共党员，1987年毕业于河南大学，本科学历，副研究馆员，1999年任卫辉市图书馆馆长至今，河南省图书馆学会理事。

来卫勤，女，1972年生，大专学历，馆员，卫辉市图书馆副馆长。

未来展望

未来的卫辉市图书馆的建设，在提升图书馆硬件条件的基础上，把深化服务，提升软实力放在首位。不断拓宽服务领域，提高服务深度，扩大服务范围，走出去，请进来，力求变被动服务为主动服务。并依托共享工程和农家书屋建设，不断把服务向农村延伸。真正做到利民惠民，极大程度的满足不同层次、不同人群的文化和精神需求。同时，要不断提高图书馆数字化、现代化水平。打造自己的品牌，建设卫辉特色数据库和地方文献数据库。争取在下一次评估定级中再上一个新台阶。

联系方式

地　址：河南省卫辉市行政路中段
邮　编：453100
联系人：郭爱梅

博爱县图书馆

概述

博爱县图书馆前身为博爱县文化馆图书室，1986年建制成立为博爱县图书馆。建馆之初，暂借县文化馆三间房屋开展服务。1990年在县城十街借一居民小院将办公和采编辅导等部室迁出。1992年新馆建成，新馆位于县城阁前路中段，建筑面积1317平方米。新馆设计藏书总量10万册，容纳读者300余人。内设报刊阅览室、图书外借室、少儿阅览室、图书参考阅览室等。2004年参加第三次全国公共图书馆评估，获得三级图书馆。2010年根据文化部财政部统一部署，建成文化资源共享工程，图书馆为县支中心，同时建成电子阅览室。2012年，博爱县图书馆有阅览座席73个，计算机25台，宽带接入10Mbps，选用三联图书馆管理系统进行自动化管理。

业务建设

截止2012年底，博爱到图书馆总藏量2.4万册，包括图书和报刊合订本。

2012年，博爱县图书馆藏量购置费2万元，入藏图书300多种，入藏报刊36种。

2011年增设地方文献专架，收藏有关地方文献。

户外宣传

读者服务工作

博爱县图书馆实行每周7天全部对外开放，每周开放56小时。

2012年，博爱县图书馆书刊年流通4万多人次。1990年以来与全县企事业单位、村街协调协作，建立了馆外流通点，至2012年共有6个馆外流通点，馆外书刊流通每年7000多册次。

2012年，举办各类培训、讲座等9次；举办各种展览、阅读推广活动11次；每年利用节假日及重大纪念日组织开展读者活动10多次，参加活动读者多达上万人次。

业务研究、辅导、协作协调

博爱县图书馆与市图书馆签订了馆际互借协议，积极与市图书馆开展协作共建。对全县基层图书馆室等基层网点加强协作和辅导，形成了覆盖全县的图书馆网络。每年定期不定期对基层图书馆室进行辅导和培训，进行经常化、制度化的业务指导。

管理与表彰

博爱县图书馆按需设岗，各部门签订目标责任书，年终考核，奖优罚劣，提高效率。

2012年，全馆共获得各种表彰奖励2次，职工个人获得表彰5人次。

馆领导介绍

和风云，男，1965年9月生，中共党员，助理馆员，1980年2月参加工作，2006年任副馆长，2011年任馆长。

张宏勇，男，1965年5月生，中共党员，1981年9月参加工作，2011年任副馆长。

张育红，女，1969年9月生，助理馆员，大专毕业，1989年11月参加工作，2006年任副馆长。

未来展望

2012年前，博爱县文化中心规划设计完成，当年底开始征地拆迁。县文化中心建成后，图书馆将成为现代化的多功能、信息化、数字化图书馆，建筑面积为3150平方米，内设报刊阅览室、少儿阅览室、电子阅览室、盲人阅览室、文化支中心讲座厅、音乐阅读厅、视听资料室、闭架借阅库和开架借阅库等部门，成套配备多种新型现代化的电子设备，为我县经济社会发展提供优质的、全方位的信息服务。

电子阅览室

组织少儿观看影片

临颍县图书馆

概述

临颍县图书馆成立于1987年，当时馆址位于老城西街，2003年12月搬迁至人民路东段，是我县公共文化服务体系建设的重要组成部分。在2009年第四次和2013年第五次全国图书馆评估定级中两次获得三级图书馆。目前馆舍建筑面积1300平方米，全馆拥有藏书二万多册，配置计算机40台，宽带接入100M，选用春晖图书馆自动化管理系统。

经费与人员

2013年临颍县图书馆财政拨款总额为55万元。中央补助的免费开放资金10万元。2012年新增藏量购置费2.14万元。其中征订报刊120种。我馆共有人员13个，全馆职工大专以上学历占职工总数的70%；中专、高中以上人数占全馆职工100%；有中级职称3人，初级以上职称共5人。

业务建设

临颍县图书馆实施免费开放。免费开放的服务窗口有五个：外借室、报刊阅览室、少儿阅览室、电子阅览室、多功能报告厅。免费开放的服务项目有：文献资源借阅、检索与咨询、公益性讲座与展览、基层辅导、流动服务、读者活动等。我馆使用春晖图书管理系统，全馆于2013年底实现免费无线网络覆盖。现在存储在本地的数字资源量（包含数字文化工程资源量）达到了4TB。

读者服务工作

我馆认真落实公共图书馆免费开放政策，于2011年底全面实行免费开放，严格按照文化部的规定，阅览室、电子阅览室、报告厅等公共空间设施场地免费开放，实行免费办证、免费借阅，检索与咨询、公益性讲座与展览、基层辅导、流动服务、读者活动等基本服务全部免费提供。图书馆全年开放，外借室、阅览室和电子阅览室周六周日不闭馆，节假日照常开放。电子阅览室全年接待读者3.5万多人次，流通图书3万多册次。全年借阅图书2万册次，接待读者3万人次。通过送书上门、流动服务、电子阅览室活动，积极为老人、青少年和残疾人等弱势群体服务。充分发挥图书馆社会教育作用，举办各种讲座、培训。利用世界读书日、图书馆服务宣传周和全民读书月活动宣传图书馆，推广阅读，累计有16500多人次参加。2014年组织开展“周末有约”读书会，每周一期，全年共举办50期，读者反响良好，产生了很好的社会效益，并逐渐成了县图书馆的服务品牌，推动了我县全民阅读活动的开展。此外还举办各类书展、“唱红歌、诵经典”经典诵读、演讲比赛等活动。积极开展参考咨询服务，如为我县的文化产业发展开展调研，撰写调研报告；为我县文化文物的开发提供文献信息服务，如为陈星聚纪念馆建设和为小商桥景区开展建设提供专题文献服务；为我省潘氏宗亲会服务，为他们搜集、整理资料，打印、复制相关文章。在2013年，我馆还全程参与到“颍川文化研究”课题之中，提供相关文献，并参与撰写有关调研报告。

业务研究、辅导、协作协调

加强本地区图书馆服务网络建设，2013年底，全县15个乡镇文化站已完成配套建设。2010年，成立文化共享县级支中心，全县有367个共享工程基层服务点和农家书屋，共享工程基层服务点和农家书屋在全县达到了全覆盖。县域公共文化服务网络已有了整体框架，图书馆的业务辅导工作随着服务网络的完善而进一步铺开，图书馆除了配合文化主管部门对基层定期进行督导检查外，每季度按计划到基层进行业务辅导。针对基层工作中存在的问题，有针对性地开展文化产业、文化共享工程设备安装与使用等业务培训活动。馆员先后出版专著一部，发表论文10多篇，分别获得多个奖项。

馆领导介绍

临颍县图书馆实行馆长负责制。

郭凤梅，女，47岁，大学学历，馆员，馆长。郑州大学图书馆学系毕业，从事图书馆工作二十多年，有着扎实的理论基础和丰富的工作经验。

未来展望

临颍县图书馆新馆正在装修设计中，将于2015年启用。新馆建成后，将把加强基础建设，提升服务水平放在首位，进一步开展阅读推广工作，开展丰富多彩的读书活动，推动各项读者服务工作的开展，充分发挥图书馆社会作用，全力推动全民阅读，打造书香社会。

联系方式

地　址：河南省临颍县人民路东段
邮　编：462600
联系人：郭凤梅

诗歌创作及朗诵会

元宵书展

电子阅读室共享工程培训

许昌县图书馆

概述

许昌县图书馆成立于1986年，之前是许昌县文化馆图书室，位于许昌市衙前街39号，后于1985年4月搬至许昌市文庙前街春秋楼院内大成殿。1991年10月因许昌市开发春秋楼旅游景区，图书室由大成殿搬出。许昌县图书馆现在位于文苑路南203号，办公大楼由各级财政拨款及自筹136万元投资建设，于1998年立项，1999年11月12日破土动工，2000年6月26日竣工，2004年6月30日正式开馆。

2010年1月份被文化部命名为“国家三级图书馆”。总占地面积6293平方米，建筑面积1572.92平方米，主楼五层，可提供图书借阅、电子阅览、等多项服务。馆内现有对内外计算机40余台以及各种配套网络设施、在此基础上，于2010年9月份建立了全国文化信息资源共享工程许昌县支中心。

业务建设

截止2012年底，许昌县图书馆馆内现有纸质图书9万余册，（其中成人图书75828余册，少儿图书20686余册），报纸17份，杂志30种，书架80个，过刊1500余册。

2012年图书入藏量3500册，报刊入藏量30余种。

读者服务工作

自2009年8月起始，许昌县图书馆全年365天免费对外开放，周开放56小时，解答一般咨询520条，编印资料《信息咨询与服务》4期共200份，举办各种读者活动18次，参加人数3000余人次,如读者工作研讨会，读书知识有奖竞赛、象棋比赛、全民读书月、优质服务月、服务宣传周、迎“六一”小学生读书活动等等，宣传图书馆463种。

业务研究、辅导、协作协调

我馆业务研究工作成绩较好，2012年在《科技咨询》和《图书馆文化馆论坛》分别发表有《浅论县级图书馆存在的问题及其对策》《论全民读书活动中的图书馆传统文献服务》等论文3篇。写有《网络环境下图书馆信息服务工作浅探》《网络环境下图书馆期刊工作浅探》等调查研究等3篇。

管理工作

科学的管理是事业发展的保证。我馆人事、财务、设备物资等各项管理规章齐全，制度操作规范。人事管理，实行了全员聘用制，按需设岗，竞聘择优，严格考核。财务管理在实行会计委派制以后，严格遵守规定，受到许昌县会计委派中心的高度评价。设备物资管理有健全的规章制度，各部室账物相符，设备、物资消耗无超标现象。建馆以来，没有发生过任何安全隐患。

表彰、奖励

近年来，我们受到过上级部门的表彰和奖励，但距自定目标还有不小的差距。我们会更加注重脚踏实地地工作和奉献，尽我们最大的努力为图书馆事业的发展做出贡献。

馆领导介绍

张艳敏，女，1966年5月，高中学历，中共党员，馆长。1988年7月参加工作，于2012年被评为许昌县先进工作者。

郑静，女，1982年6月，大专学习，中共党员，党支部书记。2002年元月参加工作。在2010年三月被评为许昌县先进工作者。2011年在许昌市农家书屋建设工作中被评为农家书屋建设工作先进个人。2011年在河南省农家书屋工程建设评为先进个人。

李静，女，1970年6月，大专学习，中共党员，副馆长。1987年参加工作。

未来展望

许昌县图书馆在许昌县尚集新区新馆建设已初具规模，主体已落成，内部装修有待完善。图书馆新馆建筑面积7000多平方米，新馆对外开放，丰富的馆藏、雅静的阅读空间、自助智能化的服务设备，将以其特有的零门槛、全免费、大众化和高品位为广大市民带来全新的阅读体验，许昌县图书馆也必将发展成为大众寻求生命智慧的心灵牧场，享受学习乐趣的精神家园。

联系方式

地　址：许昌县文苑路南203号
邮　编：461000
联系人：张艳敏

许昌县图书馆全貌

图书三下乡

方城县图书馆

概述

方城县图书馆1949年–1988年为方城县县文化馆图书室，设在现文化局北楼，仅有80平方米的阅览室和100平方米的书库。1979年文化馆和图书馆分开，1980年10月正式建馆，命名为"方城县国禄图书馆"。2000年8月更名为"方城县图书馆"。至今，方城县图书馆是方城县唯一对外免费开放的图书馆。馆址几经变迁，现馆位于方城县文化广场"文化宣传中心大楼"，馆舍面积1200平方米，馆藏量8.5万册，曾三次参加全国公共图书馆评估，每次被评为"国家三级图书馆"。图书馆内设图书外借，报刊阅览，少儿阅览，电子阅览和资料查询五个对外服务窗口。有阅览坐席120个，计算机28台，光纤接入10Mbps，暂无使用图书馆自动化管理系统。

业务建设

截止2013年底，方城县图书馆总藏量8.5万册。其中纸质文献8.4万册，电子文献1000种。年购书1000余册，征订报刊57种，视听文献120种，并设有地方文献专柜，图书报刊依《中图法》第五版分类，编目上架流通，全开架免费对外开放。

读者服务工作

方城县图书馆自2009年10月起，全年365天对外开放。周开放56小时，馆藏文献全部免费借阅，同时，免费检索咨询、免费办证、公益性讲座、基层文化中心和新农村书屋辅导培训等。年开展基层图书馆（室）业务培训、讲座、展览、阅读推广等读者活动38场次，培训基层图书管理人员和文化共享工程服务人员180人次，每年开展有图书馆服务宣传周活动、世界读书日和青少年春节阅读月等活动。

业务研究、辅导、协作协调

2011年–2013年，方城县图书馆职工发表专业论文8篇。针对新农村书屋，举办了专题图书分类、编目和排架借阅制度等方面的培训及文化共享工程设备应用指导和送图书下乡活动。

管理工作

图书馆实行全员岗位聘任制，建立健全了各部门各工种量化考核体系。每年进行工作通报和总体考核，全员实行绩效工资。统计档案、财务档案、业务档案实行科学管理，各类报表完整齐全。

表彰、奖励情况

方城县图书馆连续四年被评为"方城县文化工作先进单位"、"方城县综合治理先进单位"、"方城县文明单位"、"南阳市文广新局先进单位"、"南阳市文广新系统先进党组织"。

领导介绍

王国林，男，54岁，本科学历，中共党员，馆长。1976年参加工作，历任文化局新闻出版文化市场办公室主任，方城县扫黄打非办公室副主任。2000年至今任图书馆馆长。先后被评为市、县文化工作先进个人、文广新系统先进个人、方城县优秀共产党员、优秀干部，曾荣获"南阳市优秀科研成果二等奖"两次。

聂松森，男，39岁，本科学历，中共党员，党支部书记。1991年参加工作。历任文化局办公室副主任，文物管理委员会办公室主任，2004年至今任图书馆党支部书记。曾荣获"河南省优秀调研成果三等奖。

夏天顺，男，49岁，本科学历，党员，副馆长。图书资料员二级技师，1991年参加工作，历任图书馆办公室主任，工会主席，图书馆副馆长。曾荣获"方城县先进文化工作者"、"优秀党员"、"南阳市文广新先进个人"和"南阳市图书馆学会先进理事"。

未来展望

方城县图书馆遵循"服务创新，科学发展"的办馆方针，完善服务功能，扩展服务范围，带动县城事业发展。2014年8月方城县图书馆新馆址已破土动工，新馆面积8000平方米，全面建成后，可容纳纸质文献50万册，阅览座位600个。未来的方城县图书馆将成为广大人民群众重视学习的课堂，广大读者的良师益友。

联系方式

地　址：方城县城关文化广场文化宣传中心大楼
邮　编：473200
联系人：王国林

送共享工程设备下乡调试指导

送图书下乡

新农村书屋管理人员培训

南召县图书馆

概述

南召县图书馆始建于1985年，原建于南召县伏山路，由于位置偏，为了方便读者，在2004年5月1日，由南召县伏山路迁至人民中路100号。1995年至今被评为国家公共图书馆三级馆。

设施与设备、经费与人员

南召县图书馆建筑面积为1100㎡，下设有外借室、电子阅览室、报刊阅览室、采编室等。

在现代化建设方面，先后配置了电脑21台，供读者使用19台，大大提高了图书馆的服务水平。计算机网络2007年与南召县移动公司签订合同，接入宽带因特网。

经费与人员：2012年财政拨款为50万元，其中购书费为5000元。我馆共有职工9人，大专文凭7人，中专2人。中级职称2人，初级职称7人，总藏量为62729册。

文献资源

2012年我馆文献藏书量为500册（全部捐赠）。每年订报刊100余种。

在地方文献方面，我馆历来都重视地方文献收集及收藏工作，设有专柜，专人管理。

我馆的文献标准与著录、汉文普通图书编目规范、使用题目目录规范著录，保证了编目数据规范一致，为保证加工整理质量，馆藏书刊上书标、登录号、馆藏章等都按规范进行。在藏书组织管理方面，开架图书、排架、误差率力争控制为2%。图书外借室、报刊阅览室都有管理制度，有防电、防盗、防潮、防尘措施，书库卫生良好。

读者服务工作

根据文化部办公厅关于《国家图书馆关于加强和改进公益性服务的实施方案》的通知，我馆停止一切收费项目，全免费向读者开放。2012年8月向读者发放《图书馆读者调查表》100份，回收80份，回收率80%，统计读者满意率为80%。

我馆年外借册次2万册，2009年–2012年累计接待读者2万人次。

从2009年4月至今，普通图书报刊实行开架借阅，并利用捐赠报刊等形式宣传数达100种以上，我馆并在乡村开设服务站，经常送报刊下乡，先后为城关镇、沙坪村、南河店胡垛村、石门张沟村等10多个新农村书屋送图书、赠报刊。

2012年4月23日读书月活动中，在主要街道悬挂横幅标语，向全县人民宣传读书活动，设有未成年专柜。

管理与表彰

在人事管理方面，多年来曾获得过劳动保障部门和文化部门的奖励，建立财务管理制度，无违规情况发生。

我馆2009年以来，被县市评为卫生先进单位。

通过图书馆的评估定级，促进了上级领导对图书馆工作的重视和支持，使图书馆工作者更加熟悉图书馆工作与范围，有利于提高工作人员的业务技能和素质。但由于县比较贫穷，我馆无论在硬件、软件等方面离图书馆的要求还很远很远，特别是经费方面，严重制约和阻碍了图书馆事业的发展。

我们在今后的工作中，要不断探索总结，使我们的工作更加规范，争取早日向二级图书馆迈进，早日迈进数字化图书馆，为南召全县人民、为南召经济发展做出应有的贡献。

联系方式

地　址：河南省南召县人民路100号
邮　编：474650
联系人：张 辉

举办农家书屋管理员培训

藏书室

少儿阅览室

文化信息资源共享工程卫东区支中心

社旗县图书馆

概述

社旗县图书馆位于县城北京大道北段，2004年2月动工，2006年1月投入使用，该工程为框架结层，建筑面积1320平方米，工程总投资110万元。设计总藏书量20万册，馆内设有图书外借室、期刊外借部、报刊阅览室、电子阅览室、资料室、报告厅等。目前馆内藏书总量103000册；期刊40多种；报刊5种；电子阅览室供阅览计算机48台；文献信息电子自动化计算机2台，全国文化资源共享工程县级资源支中心于2010年建成，增加机房一个，电子图书存储量达到了4TB，电子阅览室计算机在原来的基础上增加了30台，接入互联网百兆光纤，由于设备和资金原因，没有和全国文化资源联网，互联网业务不能全部开展服务。

业务建设

图书馆现有馆舍面积1320平方米，阅览座席75个，其中少儿阅览坐席50个，计算机48台，全部用于阅览电子文献和文献自动化。有专用的网络对外接口，由于图书馆新馆建成较晚，现有藏书不足，年购书经费未单列。现有总藏量103000册，新增图书数量跟不上广大群众需求，现有条件与上级标准有很大差距。

读者服务工作

读者服务工作是图书馆的基础业务工作之一，我馆在自身条件不足的情况下，按照上级关于免费开放的通知精神，以现有资源为依托，坚持开展每周不少于60小时读者服务工作，利用各种形式进行宣传。如在图书馆宣传周期间，全馆同志手拿宣传单走向街头向广大群众进行宣传推介，在繁华地段设立咨询台现场回答群众咨询，为读者办理借书证，为弱势群体办理特殊书证，并上门服务，多次举行送书下乡活动为提高图书馆的知名度，我们还邀请县电视台现场录像，并在县台以新闻形式播放受到良好效果。

我馆自建馆以来一直是把“读者第一，服务至上”做为我们办馆的宗旨，为更好服务广大人民群众，我们利用现有馆藏延长开放时间，每周开放60小时，周六周日和节假日不闭馆，图书我们正在上机读目录，图书实行全部开架借阅。我们每年举办不少于三次的读者座谈会，及时听取群众对我们工作中的意见和建议，以便完善我们工作上的不足。与周边学校联合举办了“有奖图书阅读演讲赛”激发同学们室自为从小养成爱读书的好习惯。电子阅览为中高招学生发放查询卡近千份，让他们及时了解考试信息受到了广大考生和家长的一致好评。每年8月份我们图书馆派专人为全县图书资料高、中、初级人员进行培训，受到人事劳动部门的好评。

业务研究、辅导、协作协调

目前，全县共有村级图书室236家，建立文化资源共享几层服务点218个，占全县总行政村86%图书馆根据各地的实际情况指导各乡镇和村级图书馆室制订了切实可行的借阅管理制度，对各图书事负责人进行了业务培训。

我馆虽然人员较少，但是业务素质很高，大部分同志接受过图书专业培训，并具有专业技术职称，所撰写的论文多次在省、市图书馆业务研讨会上交流。在2004年由省文化厅主办的关于“公共图书馆改革与发展优秀论文”评奖活动中我馆有5篇获奖；在2007年“第五届公共图书馆服务成果评奖”活动中我馆的移动杯读书知识竞赛活动和杨树丰产栽培技术服务获二等奖；2006年10月由河南省图书馆主编的《图书馆文化馆工作论坛》我馆发表论文一篇。

管理工作

根据图书馆的发展要求，在广泛征求读者和全体工作人员意见的基础上，我馆建立一套完整可行的图书和内部管理制度，明确了各部门各岗位的工作职责，阅读环境整洁、美观、安静、各指示标示规范，设备维护良好，各项工作制度健全，人员采取竞争上岗的聘任制，有明确的分配激励制度和奖惩制度，消防保卫也符合上级要求。

表彰奖励情况

连年被上级有关部门评为综治先进单位。2011、2012、2013年度我馆被河南省图书馆学会、南阳市文化局、南阳市图书馆学会评为先进单位；2012年度被南阳市文化局评为优秀党组织荣誉称号；连年被县文化局评为先进单位。

馆领导介绍

谭振锋，男，1970年7月生，大专学历，中共党员，馆员，支部书记兼馆长，1986年参加工作，历任县文化局市场办科员，1995年任文化馆副馆长，2000年任图书馆副馆长，2007年任馆长兼支部书记，兼任河南省图书馆学会理事，南阳市图书馆常务理事。

张建，女，1973年3月生，本科学历，中共党员，馆员，支部委员兼副馆长，1988年参加工作，历任图书馆科员，2007年任图书馆副馆长。

未来展望

社旗县图书馆发展坚持“创新、高效、为民”目标，社旗县文化展演中心即将建设完成，展演中心包括图书馆、文化馆、剧团、会场等，在未来几年里县图书馆馆舍面积可达2500多平方米，图书馆藏量可达120万册，年服务人次可达80万人次，数字资源存储能力30TB，阅览座位550个馆内设施先进，扩大服务辐射区域，带动全县图书事业发展，主要指标达到国家县级公共图书馆一流图书馆标准。

内乡县图书馆

概述

内乡县图书馆首创于1932年，经历史沿革，几度变迁，1980年4月，正式成立，对外开放。在2002年2月年，近千平方米的图书馆大楼建成并投入使用。县图书馆位于县城东大街73号，06年元月恢复全供事业单位。图书馆占地面积1526平方米，建筑面积926.4平方米，共有房舍27间。2013年参加第五次全国公共图书馆评估，再次获得三级图书馆。

业务建设

内乡县图书馆现有编制12人，设有馆办公室、采编室、阅览室、古籍室、技术服务部，面向全社会提供图书借阅、报刊阅览、参考咨询、文献检索、信息查询等多类型、多层次的服务。图书馆图书总藏量85027册，图书年入藏量2357种，报刊年入藏量42种，视听文献年入藏量80种，设有地方文献专柜。书籍保存完好，依文献编目要求分类上架，对外实现免费开架借阅。

读者服务工作

2011年内乡县图书馆实现免费开放，一般阅览室、少年儿童阅览室、电子阅览室、报告厅等公共空间场地设施场地免费开放；文献资源借阅、检索与咨询、公益性讲座和展览、基层辅导、流动服务等基本文化服务项目健全并免费提供；一些辅助性服务如办证、存包等全部免费。图书馆每周开馆时间60个小时，双休日照常上班，在学校设立2个借阅服务点，为学生读书服务，送图书到聋哑学校、种烟大村、消防中队、劳教所解决他们看书难问题，与国税局、宏达公司、维多利亚房产、计生委等单位合作举办猜谜语，演讲比赛等公益活动，每年五场。世界读书日、五一、十一、国庆等重大节日开展主题宣传活动，吸引人们走进图书馆，享受阅读的快乐。举办每月一次的“菊潭讲堂”各类报告会，邀请社会文化名人参加讨论交流，提升图书馆社会地位。

业务研究、辅导、协作协调

加强业务学习和研究，对基层图书馆室做好业务辅导，针对农家书屋图书，图书馆专门抽调业务骨干分批分次到乡村对图书馆管理员进行业务培训，并在图书馆报告厅举办“农家书屋”管理员培训班，具体指导图书分类、编目，以便“农家书屋”的图书得以真正利用。举办共享工程管理员培训班，辅导电脑操作知识，使电脑、投影仪等设备发挥积极作用。

管理工作

图书馆工作量化到每一个馆员，每年对工作都有总结，并制订下年度工作计划，财务、人事管理分工明确，并吸纳志愿者参与图书馆工作，对其进行科学管理，馆内档案管理完整，统计报表齐全。

表彰、奖励情况

图书馆人员各司其职，环境干净整洁，安全保卫工作完善，受到局机关多次表彰。图书馆被评为文化工作先进单位、文化建设和文化活动先进单位。

馆领导介绍

张惠娟，女，1968年3月生，大专学历，中共党员，助理馆员，馆长。1987年10月参加工作，在县文化馆工作，2005年8月任图书馆馆长。张惠娟2007年获得内乡县“青年岗位能手”称号。在2008年全市农家书屋工程建设工作中，被评为先进个人。2008年获得全县优秀公务员称号、优秀共产党员称号。2009年内乡县“爱祖国，颂家乡”诗歌大赛中获得个人组织奖。

余柯，女，1977年8月生，大专学历，馆长助理。1995年11月参加工作，先后在图书馆外借、阅览、办公室工作，2011年8月任馆长助理，协助馆长工作。

未来展望

2009年自被评为三级馆以来，图书馆班子团结，职工爱岗，上下一心，2013年又被评为三级馆，但针对评估标准，我馆还存在不足，主要是由于资金限制，图书馆现代化技术条件还不完全具备，文化资源不够齐全，数字化建设呈现空白状态，图书馆属公益性单位，且实现免费开放后，更是无任何收入，我馆会想方设法筹措资金开展工作，利用社会资源，更好地开展服务读者，服务社会工作。目前，图书馆规划新馆占地面积2000平方米，建筑面积2700平方米，2015年开始动工建设。

联系方式

地　址：内乡县东大街73号
邮　编：474350
联系人：余　柯

柘城县图书馆

概述

柘城县图书馆始建于1979年，图书馆选址在春水西路1号，2011年因城市建设搬迁至未来大道新建。定名“柘城县文化艺术中心”。艺术中心为综合楼，图书馆设在二楼，于2011年5月份正式投入使用。图书馆建筑面积1500平方米，馆内设有外借室、报刊阅览室、少儿阅览室、检索咨询室、电子阅览室、多功能展示厅等；馆内通道畅通，标识清清晰，环境整洁，无对外出租厅室，馆内空调开放，并免费寄存包。馆内有阅览座席240个、少儿阅览座席34个、计算机42台、其中电子阅览室计算机36台；宽带接入存储容量均达到了资源共享的标准。参加第五次全国公共图书馆评估，获得三级图书馆。网络对外有专线接入。

业务建设

截止2014年底，柘城县图书馆总藏量6万余册（件），其中，纸质文献6万册，视听文献100多种。2014年，柘城县图书馆年藏量购置费2.4万元，地方文献入藏有专架。截止2014年底，柘城县图书馆数字资源总量为10TB。

读者服务工作

从2011年5月起，柘城县图书馆全年365天天天对外免费开放，周开放56小时，2013年，实现了馆藏文献的自助借还。2013至2014年，书刊总流通30多万人次，书刊外借4万册次。2013年4月，开通与社区、乡镇图书室馆际互借服务。有10个流动服务车服务点，馆外书刊流通总人次2万人次，书刊外借万余册。2009–2013年，柘城县图书馆共举办讲座、展览、培训、阅读推广等读者活动105场次，参与人数35万人次。

业务研究、辅导、协作协调

2009–2013年，柘城县图书馆职工发表论文7篇，其他课题8项。设有地方文献联合征集、阅读推广与讲座展览资源服务、业务培训与技术支持等工作组。举办分类编目培训8期，110人次接受培训。2011年–2014年开展基层图书馆业务骨干志愿者行动。

管理工作

同时，建立了工作量化考核指标体系，每月进行工作进度通报，每半年和全年进行总体工作考核。2011–2013年，共抽查文献排架6次，书目数据7次，质量，撰写专项调研、分析报告和工作提案4篇。

表彰、奖励情况

2011–2013年，柘城县图书馆共获得表彰、奖励3次。

馆领导介绍

李玉芝，女，1965年8月生，大专学历，中共党员，馆长。1985年7月参加工作，2002年3月任柘城县文化局副局长，2006年10月兼任图书馆馆长至今。

路芙蓉，女，1969年5月生，大专学历，中共党员，副馆长，中级职称，党支部书记，分管常务工作。

殷红英，女，1970年生，本科学历，中共党员，副馆长，中级职称，分管后勤工作。

杨素萍，女，1971年生，本科学历，副馆长，中级职称，分管业务工作。

李娟，女，1973年生，本科学历，中级职称，副馆长。

未来展望

柘城县图书馆遵循“科学、效率、创新、发展”的办馆方针，完善服务功能，扩大服务辐射区域，带动城乡事业发展。2011–2013年，在不断强化自身综合实力的同时，通过创建柘城县图书馆服务联盟，带动了城乡公共图书馆（室）事业的整体发展。年服务人次可增加至35万人次以上，数字资源设计存储能力增加至30TB，达到县二级馆图书馆的基本标准。

联系方式

地　址：柘城县未来大道西段文化艺术中心二楼
邮　编：476200
联系人：李玉芝

新野县图书馆

概述

新野县图书馆成立于1990年，原址位于新野县城关镇解放路24号，2010年6月迁入我县最繁华的地段书院路中段文化广场二楼，内设借书处、报刊阅览室、电子阅览室、古书库等藏书有4.5万册左右。2013年参加第五次全国公共图书馆评估，获得“三级馆”，图书馆有阅览座位100余个，计算机43台、光纤接入。

业务建设

截止2013年底，我县图书馆总藏量4.5万册左右，2013年新购图书8万元，共4000多册新书。由于购进新书，办证的读者也越来越多。

读者服务工作

从2010年6月起，图书馆全年365天，天天对外免费开放，周开放56小时，书刊总流通1.8万余人次，书刊外借1.2万余册。

2012–2013年，我馆共举办讲座8场，主要讲有健康知识讲座，科普知识讲座，如何培养学生的阅读习惯等，在展览方面我们开展新书好书推荐、书法展、新书展等展览，在培训方面我们开展了老同志如何上网，小学生如何在网上视频，农家书屋图书室的管理人员培训其分类、编目等。在阅读推广等活动方面，我们分别在汉风、北关小学开展了“中国梦”的读书活动，在“4.23”日世界读书日开展赠书活动等。我们还分别在新野县老年公寓、新野县服务大厅开展延伸服务活动，给他们送去了十几捆报刊、杂志，大大丰富了他们的生活。通过近年来一系列活动的开展，使图书馆的知名度大大增加，也使越来越多的人开始了解图书馆、走进图书馆，办证借书，使图书馆的功能得到了充分利用。

电子阅览室也发挥了它的功能，读者也可以上网看书、学习，对村图书室也实行了资源共享，群众也可以在网上看戏。起到了较好的作用。

业务研究、辅导、协作协调

2013年我馆在南阳市图书馆学会上发表论文2篇，其中曹红梅写的“新野图书馆的一朵奇葩—汉桑题咏”获得一等奖。杨珍写的论文论图书馆的创新服务获得二等奖。2012–2013年我馆在副馆长聂荣娟的带领下分别给县城五个学校分类6个村庄图书室指导，分别给他们指导图书分类，编目。使基层图书室的业务得到了一定的提高，也得到学校领导和村群众的好评。

管理工作

2013年，我馆7人建立了工作量化考核制度，每月进行工作进度通报，每半年和全年进行总体工作考核，实行了绩效工作和平时工作挂钩，2010–2013年，共检查文献排架6次，报刊每月装订一次，杂志半年装订一次，然后登记入库。

表彰、奖励情况

2012年在“创先争优”活动中，被县政府评为先进工作单位，2012年被南阳市文广新局评为“先进单位”、2013年在全国第五次公共图书馆评估定级工作中，成绩突出，被评为先进单位。

馆领导介绍

杨珍，女，1969年10月出生，本科学历，中共党员，馆员，馆长，1988年9月参加工作。

聂荣娟，女，1971年11月1日生，大专学历，中共党员，副馆长，1988年参加工作。

未来展望

新野图书馆在未来的日子里，做以下打算：

1、每年新购藏量5000册。

2、争取在近几年内借书还书实行自动化管理。

3、在近几年内县领导打算新建一个3000平方米的馆舍面积大，功能齐全，自动化程度高，高起点、高标准、藏书种类多，规划布局合理，合乎国家标准的新型公共图书馆、以满足全县人民群众的精神需求，提升新野县的城市品位。

联系方式

地　址：新野肥书院路中段文化广场二楼

邮　编：473500

夏邑县图书馆

概述

邑县图书馆于1979年正式建馆，是我县唯一公共图书馆，2013年被评为国家三级馆，位于夏邑县天龙湖。建筑面积800平方米，馆藏书容量8万余册，读者座位60个，少儿座位34个，电子阅览室座位35个。2013年，参加第三次全国公共图书馆评估定级，首次获得三级图书馆。图书馆有计算机45台，宽带接入10Mbps。

业务建设

截止2012年底，夏邑县图书馆总藏量8万余册（件），其中，纸质文献8万余册（件），图书馆新增藏量购置费5万元，免费开放20万元。2009年至2013年，地方文献入藏完整率为96%。2013年初，实现馆内无线网络全覆盖。

读者服务工作

从2009年8月起，夏邑县图书馆全年365天天天对外免费开放，每天不少于9小时，2009–2013年，书刊总流通400000人次，书刊外借400000册次。2009–2012年，夏邑县图书馆共举办讲座、展览、培训、阅读推广等读者活动30场次，参与人数20000人次。

业务研究、辅导、协作协调

在对基层业务辅导工作以，夏邑县图书馆针对性地制定了对基层图书馆辅导服务工作计划，2012年9月对骆集、刘店、太平等乡镇进行了业务辅导。2009年至2012年分别对32个基层（乡镇、单位）图书室进行了调查摸底，结合工作实际，2009年至2012年对基层网点进行了业务培训12次，制定出培训计划、培训内容，效果显著。2009–2012年，夏邑县图书馆职工发表论文30篇，获省级奖8篇。

管理工作

2010年，夏邑县图书馆完成第三次全员岗位聘任，有21人上岗，同时，建立了工作量化考核指标体系，每月进行工作进度通报，每半年和全年进行总体工作考核。2009–2012年，共撰写专项调研30篇。

表彰、奖励情况

2009–2012年，夏邑县图书馆共获得各种29次，其中，（单位）：获市级奖1个，县级奖10个；（个人）：共获省级奖1个，县级奖19个。

馆领导介绍

邱娟，女，1983年3月生，本科学历，中共党员，馆员，馆长。1999年9月参加工作，历任文化馆副馆长。2013年10月调图书馆工作，任图书馆馆长，主要负责全面工作。

刘景云，女，1971年3月生，大专学历，中共党员，馆员，党支部书记。1985年3月参加工作，历任文化局办公室副主任，妇委会主任，2012年12月调图书馆工作，任图书馆党支部书记，主要分管党务政务工作及业务工作，2009年度获省“农家书屋优秀管理员”。

祁亚鹏，男，1981年1月生，中专学历，中共党员，副馆长。1999年12月参加工作，2006年1月到图书馆工作，主要分管业务工作。

刘剑青，男，1976年8月生，大专学历，副馆长。1995年8月参加工作，2007年到图书馆工作，主要负责业务工作。

未来展望

夏邑县图书馆遵循“科学、效率、创新、发展”的办馆方针，践行“夏邑县图书馆发展三步走”战略，即完善单体服务功能，扩大服务辐射区域，带动地区事业发展。2009–2012年，在不断强化自身综合实力的同时，通过创建夏邑公共图书馆服务联盟，带动了全县公共图书馆事业的整体发展。2014年初，夏邑县委、县政府准备筹建新馆，目前，选址已经确定，图书馆建设工程正式启动，计划2015年底完成。在未来的几年里，夏邑县图书馆将在现有馆舍的基础上，在县城新区另建一座建筑面积3000平方米的新馆舍。全面建成后的图书馆，总建筑面积35000平方米，阅览座位1000个，可容纳纸质文献70万册，年服务人次可达30万人次以上。同时，还具有支撑保障全县公共图书馆服务体系良好运行的文献与技术能力，实现资源共享互补的大型县级图书馆，达到国家一级图书馆的基本标准。

联系方式

地　址：夏邑县人民路文化大楼二楼
邮　编：476400
联系人：邱 娟

虞城县图书馆

概述

虞城县图书馆于1954年成立，当时归属文化馆管理，1979年图书馆从文化馆分出，成立县图书馆，馆址迁至大同路中段北侧任家旧式房院，占地面积3000余平方米，房屋100余间，内设科室有外借室、报刊资料室、少儿阅览室、老年阅览室、采编室、读者活动室等，工作人员10名，实有图书3100册，经过几年的努力和政府部门的支持，到1986年已有各种书籍53000册，订各种报刊363种，发放借书证，阅览证2100余个，全年阅读量11.3万人次，为社会的发展，科技的进步做出了不可磨灭的贡献。1991县成立博物馆，图书馆和博物馆同在任家四合院办公，由于任家四合院是清代末期建筑，是县城唯一保留完整的古式建筑，1992年此院被省委省政府命名为省级文物保护单位，后又被县委县政府列入民族博物馆规划，县使用权归属博物馆。图书馆暂借博物馆前院进行办公，图书馆实属有馆无址。随着经济的发展和改革的深入，对图书馆的投入越来越少，以至有当时的财政全供成为差供单位，工作人员的工资难以保证，每月只有少量的生活保障金与全县的最低生活保障金差不多，多数人不能正常上班，只能临时外出谋生。随着十七届六中全会的召开，文化的发展迎来了一个良好的发展契机，要求县图书馆对全县开展免费开放工作，我们图书馆由原来的旧式任家四合院搬迁到木兰大道北侧的县宣传文化中心，办公尽管和其它单位合属办公，房屋使用面积不太大，但优美的环境以让人能从喧哗的浮世中有一个清净的陶冶人情操的圣地。

业务建设

虞城县图书馆积极响应国家免费开放政策，自2012年搬迁以来，购置了对外开放所需的新书架，阅览桌椅，收藏包柜等。政府加大了投入力度，购置了书架10组，阅览桌椅50套，成人阅览室书籍3100册，订购了20多种报刊杂志，少儿阅览室书籍一万册；安装了监控设备，接通了网络光钎专线，成立了县共享工程支中心，使用面积由原来的500㎡增加到1200㎡。其中，阅览室四间120㎡，少儿阅览室120㎡，电子阅览室120㎡，书库120㎡，资料室24㎡，主控机房10㎡，培训展厅200㎡。用于服务的电脑30台，照相机，摄像机，投影机各一台；馆内有各类书架100个，书柜6个，报刊架5个。图书藏量40000余册，图书馆现有职工14人，其中管理人员1名，图书管理员10名，电脑操作人员2名，外聘网管人员1名。在图书馆干部职工中，大专以上5人，中专4人。

读者服务工作

我们把读者服务、读者活动、对外宣传和对基层辅导，作为重中之重，取得了显著的成绩。全民读书日，图书月活动，各类读者活动十余次。其中影响较大的有：清明节期间举办的小读者踏春活动、“五一”举办的小读者手工大赛、“六一”举办的小读者一天乐联欢会活动，大型公益讲座六次，小型讲座两次。十一国庆节期间，邀请小读者参观图书馆展厅，了解故乡虞城县的成长历程。由于各项工作扎实有效，读者活动做得有声有色，赢得广大读者的一致好评。利用新闻媒体、拉过街横幅、贴标语、发放图书宣传册、读者问卷等途径，广泛宣传国家免费开放政策，使更多的读者知道图书馆、了解图书馆并走进图书馆。充分发挥图书馆社会教育职能，目前已举办全县各乡镇文化站长、农家书屋管理员培训班2次，参训人员120多人，并深入基层农家书屋进行专业辅导，为他们讲授图书分类、古籍保护、普查等相关知识，动员全县人民挖掘古籍，增强古籍保护意识。截至目前我们馆员下乡指导并实施农家书屋图书分类编目，上架图书20000多册。我县图书馆以“免费开放，全民共享”为主题开展了公共图书馆免费开放宣传活动，我们逐步到孙门楼村、张李楼村、三座楼村、孙尧村，发放（读者手册），利用投影机宣传公共图书馆免费开放，让群众了解图书馆、走入图书馆，利用图书馆多读书、读好书，即丰富了人民群众的文化生活，又充分利用了文化共享工程网上资源为群众服务，引导广大群众了解图书馆免费开放是进一步提高政府，为全社会提供公共文化水平的重要举措，是实现和保障人民群众基本文化权益的积极行动，对于提高广大人民群众的思想道德和科学文化素质促进社会和谐稳定具有重要意义。

业务研究、辅导

每年我馆都进行文化共享工程管理员培训，提高技术管理人员的基本素质，使他们能够熟练掌握电脑操作技术和服务要领。

管理工作

将新购图书按照《中图法》进行科学分类，著目上架，电脑输入目录；对过期的图书、报刊进行清理并入库收藏。对新增订报刊杂志15种进行建章建卡，图书藏量达到40000余册，报刊藏量460种。经严格自查，馆内图书标引无误差。注重地方文献的收集、保护和上架借阅。近年来，先后收集地方文献100多册，均按要求进行了分类、著录、上架排列、免费借阅。积极参加上级业务部门组织的培训学习。我馆馆员都积极参加古籍培训班、数字图书馆培训班，业务培训极大地提高了人员素质，为图书馆今后工作更好地开展奠定了坚实的业务基础。

表彰奖励情况

经过努力，2012年被评为虞城县文化局先进单位，2013年年底被省文化厅定为三级图书馆，2014年县文化局推荐为市级先进单位。

馆领导班子介绍

馆长：张凤丽，1971年出生，大专学历，中共党员，现任文物办办公室主任（副科）、兼任县图书馆馆长，县图书馆党支部书记。

未来展望

虞城县图书馆在以后的工作中，把干好本职工作、促进事业发展、服务社会大众作为重要任务，在管理上求规范气氛，上求和谐、作风上求严谨，服务上求实效，全馆上下团结拼搏，自我加压，开拓创新，出现了干实事、求实效的工作局面，健全了学习制度、工作制度、考勤制度和服务标准。规范工作行为，优化工作环境，在馆内大力提倡微笑多一点、行动快一点、做事早一点、说话柔一点、理由少一点、脾气小一点、胆量大一点、质量好一点、效率高一点的工作法、进一步强化服务学习。

联系方式

地　址：虞城县木兰大道北侧宣传文化中心
邮　编：476300
联系人：张凤丽

潢川县图书馆

为加强文化建设，推动社会文化大发展、大繁荣，在县委、县政府和县文广新局的高度重视下，我县图书馆新馆于2009年建成，馆舍建筑面积2000平方米，内设有图书外借室、电子阅览室、报刊阅览室、少儿阅览室、资料室、采编辅导室、参考咨询室、文化资源共享演播厅、文化信息共享支中心等9个服务窗口；拥有阅览坐席200个，馆藏文献数量（含图书、期刊、电子文献等）共计10万余册；年接待读者12万人次；年外借册次10万册次。目前我馆在职人员20人，其中大专以上学历4人，技师5人，助理馆员3人。近年来，随着我县图书馆基础设施的不断改善，科学管理，实现由传统服务型向现代化服务管理型的转化，进一步推动了我县公共图书馆的事业发展，为服务广大人民群众文化生活和经济发展起到重要作用，深受人民群众的好评。目前，我馆是“国家公共三级图书馆”，正以新的姿态和崭新的面貌积极申报“国家公共二级图书馆”。

〔一〕领导重视，规范管理。

多年来，我馆始终坚持以邓小平理论、“三个代表”重要思想和科学发展观为指导，认真落实党的“十八大”精神，坚持“继承中前行，创新中发展”的工作理念，按照《河南省公共图书馆工作规范》的标准规范日常工作，扎实加强图书馆基础设施建设，增强服务意识，提高服务能力，实现科学管理，促进图书馆事业的蓬勃发展。同时，图书馆作为传播精神文明的窗口得到县委、县政府和社会各界的重视和支持，年拨事业经费逐年增加，服务设施、服务水平不断提升，以优质服务赢得广大群众好评。我馆先后被评为县文化系统的先进单位。1998年获得“国家三级图书馆”称号。

〔二〕加强基层管理，增强服务意识。

一是2009年，新馆建成后，我馆投资75万元，按现代图书馆设施的配置，淘汰了旧设施，更新了新型标准化、多功能的钢制书架、阅览桌、椅、新购进了60台电脑和配套桌椅，优化美化了环境，为广大群众提供了优雅的阅览环境，使广大群众得到了文化资源的共享。

二是组织人员向别人学习，向先进看齐，6次组织班子成员和馆员工到市图书馆、周边兄弟县图书馆参观学习，建立了广泛的联系，学习到许多宝贵的经验和好的做法，运用到我们的实际工作中，比如，增加专业书籍的藏量和范围，开展科普书籍的宣传和介绍，为广大读者的需要快捷的提供服务，得到广大群众的赞扬。同时在图书借阅工作的硬件上，我们购置了自动化的借阅设备，提高了服务效能，方便了读者，使服务管理更加规范化，标准化。

三是坚持免费开放，丰富读者文化生活。首先坚持公益性，发挥图书馆文化服务载体的作用，实现全年的免费开放，“零门槛”借阅，其次坚持周末、节假日正常开放，尽量延长开放时间，坚持每周开放时间56小时以上，为读者借阅书籍提供便利条件，同时，为改善阅读环境，我们在借阅室、电子阅览室等部位，安装了空调，提供免费纯净水，供读者免费饮用。另外，我馆加大开展免费开放的宣传力度，先后发放免费宣传单20000份，发放读者满意率调查表5000份。增加了免费开放工作的透明度。为拓宽免费借阅的范围，深入农村、乡镇开展图书免费借阅业务，丰富农村群众文化生活，我馆又积极争取到了国家文化部配送的“流动图书车”一辆，坚持到人员密集大型公共场所、学校等开展流动借阅活动，方便了广大读者。

四是一方面加强馆职工的业务培训，增强服务意识。将读者服务工作列入考评的重要内容，要求职工必须熟悉本馆的文献收藏情况，积极开展图书宣传推荐工作，开展了开架借阅、预约借书、送书上门、资料查询等多种服务方式，为读者提供了周到便捷的服务。另一方面为了满足读者的阅读需求，我馆还专门设立了读者意见薄，及时了解读者的阅读需求和工作建议。此外，我馆还积极开展了丰富多彩的全民读书活动，坚持利用宣传周、节假日等在馆内、校园、社区等开展形式多样的读书活动，年开展读者活动达6次，参加活动累计人数达6000余人。各项活动的开展，吸引了更多的读者走进图书馆，利用图书馆，发挥了图书馆文化阵地的作用。

今后，我们将进一步加强图书馆的规范管理，强化基础设施建设，拓宽免费开放的范围，提高服务水平，我们坚信在各级政府的关心支持下，在广大读者的关心帮助下，向创建“国家二级图书馆”目标迈进，为繁荣我县文化事业的发展做出更大贡献！

信阳市浉河区图书馆

概述

浉河区地处豫南，隶属信阳市管辖，全区总人口59.4万人。浉河区图书馆建于1956年，是信阳市最早的图书馆。2012年10月由浉河区文化宫迁入琵琶台景区琵琶台二楼实用面积2400平方米，有各类文献总量15万册（种），坐席242个。浉河区成立以来收集，记载了社会科学最新成果，收藏了线装书等国内外珍贵工具书，具有较高的学术价值、收藏价值、文化价值。初步形成了印刷型文献和数字化文献相结合的文献保障服务体系最大限度的满足浉河区读者需要，2013年获得三级图书馆。

业务建设

截止2014年10月，浉河区图书馆有各类文献总量15万册（种）其中纸质图书9.1万册（种）、中外期刊1046种（含合定本）、电子图书5万册、电子期刊123种（册）。电子阅览室座位48个，报刊阅览座位46个，少儿阅览座位76个，图书座位72个，共计242个座位。计算机48台建成了国家文化共享工程县级支中心，实现了馆内无线网络覆盖。

读者服务工作

2011年购置了相应的硬、软件配套设施，使图书馆的各主要工作实现了计算机化管理，为全区读者提供了优质，便捷服务，提高了文献利用率，在服务形式上提出"藏、借、阅合一"方针。实行全开架借阅，除开展一般性借阅外，图书馆还为读者提供文献咨询服务，向读者开放、复印、视听、下载多种文献技术服务，青少年阅览室50小时/每周开放服务，网络提供7×8小时开放服务。

2013年书刊外借43614册，举办讲座、展览、培训等8场次参与人数1326人次.利用现有景区广场开展连续开办了多场"文化茶乡"活动，鼓励群众参与茶艺的制作过程当中，宣传了中国名茶当地特产"信阳毛尖"。

业务工作

以共享资源为依托在浉河辖区各乡镇建成电子阅览室9个，组织专业人员下乡帮助建设乡（镇）图书室及村级文化书屋。期间举办班训班三期，187人次接受培训。适时开展读书主题宣传活动，吸引读者万余人次。

管理工作

全馆在编人员15人。2012年，浉河区图书馆实行了绩效工作考核，建立了考核标准，每半年和全年进行总体工作考核。

表彰、奖励情况

20010—2013年获区文化局表彰3次。

馆领导介绍

王建东，男，1963年10月生，大专学历，中共党员，馆长。

杨宜广，男，1960年2月生，大专学历，中共党员，中级职称副馆长，转业到图书馆工作，先后在采编、阅读、借阅室工作。

燕波，男，1962年1月生，大专学历，副馆长。

未来展望

浉河区图书馆依旧会以群众便捷、共享同质的文化生活为己任，扩大服务辐射区，尽快建成数字图书馆，通过网络建立起与各乡镇图书室的服务联盟联，开展各项活动，丰富馆藏内容，继续改善办馆条件，带动本辖区的事业发展。按照创办更好的公共文化服务为目标，继续沿着文化惠民的道路走下去，为建设大美浉河做出成绩。

河区图书馆全貌

借阅工作台

成人阅览室

阅读宣传

周口市川汇区图书馆

概述

川汇区图书馆原为区文化馆图书室，1978年从文化馆分离，正式成立图书馆。1991年12月创建办公楼，1993年建书库楼。馆舍面积1050平方米。馆内设书库、资料室、阅览室、电子阅览室、采编室、辅导部、办公室等部门；阅览室阅览桌10个，座椅60个，书库书架138个，目录柜8个，电子阅览室电脑30台，10兆光纤接入。

业务建设

经过30多年的积淀与发展，现馆藏各类图书87000册，其中古籍1900多册；年订阅各类杂志200多种，报刊十余种，地方文献2000多册。

读者服务

一是阅览室和外借处一年365天天天对外开放，年平均接待读者6万多人，借阅图书及杂志15000册次；二是常年开展义务送书活动，年为市区内种植（养殖）专业户、残疾人义务送书2000多册次；三是自2009年以来，全面开展了农家书屋的图书进行分类上架及协助管理工作，共建成90个农家书屋；四是持续开展地方文献收集工作，年收集地方文献300余册次；五是实施了免费开放工作，年举办2–3次专题免费开放宣传活动，所有对外开放场所全部免费开放。六是年建成馆外借阅点2–3个，目前共建馆外借阅点10个，年图书借阅量10000册次。

业务辅导

一是年举办农家书屋管理员培训班一次，培训人员200多人次；二是每年开展两次农家书屋业务辅导活动，对全区90个农家书屋管理员进行业务辅导。

管理工作

2014年，区图书馆完成第三次全员岗位聘任，此次聘任共设岗位三类，20人上岗，其中管理岗位5个，专业技术岗位10个，工勤岗位5个。

奖励情况

2009年被省文化厅、市文化局表彰为全省农家书屋建设先进单位称号。2006年、2008年两次被川汇区委评为青年文明岗称号。

馆领导介绍

王志刚，男，1972年生，本科学历，中共党员，馆员，馆长。1997年4月参加工作，历任区文化局团委副书记、办公室副主任、主任，12010年8月任区图书馆馆长。

张红，女，1967年生，本科学历，中共党员，馆员，支部书记。1985年12月参加工作，2000年2月任副馆长，2010年任支部书记。

王七灵，女，1970年生，本科学历，中共党员，馆员，副馆长（正股级）。1988年6月参加工作，2006年入馆任副馆长。

马会敏，女，1966年生，本科学历，中共党员，副研究馆员，副馆长。1982年参加工作，1992年入馆工作，2010年任副馆长。

蒋丽，女，1971年7月生，本科学历，中共党员，副馆长。1990年12月参加工作，2010年8月任副馆长。

未来展望

2014年年初，川汇区图书馆新馆建设正式启动，预计2015年年底将在川汇区沙北行政新区建成一座近5000平方米的新馆舍。

联系方式

地　址：周口市川汇区交通路西段
邮　编：466000
联系人：王志刚

区委宣传部领导在读者座谈会上讲话

图为农家书屋培训班现场

区消防队员讲解消防安全知识

图书馆工作人员开展古籍录入工作

淮滨县图书馆

概述

淮滨县位于河南省东南边缘，隶属于信阳市管辖，幅员1208平方公里，人口80万，是一个平原农业县，也是国家级老区贫困县。淮滨县图书馆位于北城淮河公园内，2013年建成使用，建筑面积2000平方米。图书馆设有外借部，书报刊阅览室，资料采编室，少儿阅览室等服务机构。有设施齐全的公共电子阅览室，建有文化信息资源共享工程县级支中心。1999年淮滨县图书馆被文化部评为“三级图书馆”，2012年被河南省文化厅授予“先进图书馆”称号，2013年被文化部授予“三级图书馆”称号。

业务建设

截止2013年底，馆藏图书总量达到10万册以上，其中纸质文献6万册，电子图书4万册，电子期刊2000种。每年新书入藏量在1000种以上。淮滨县图书馆建有地方文献数据库，选题以淮河文化，历史人物及孙叔敖故里为主题。近两年围绕淮滨的蒋氏文化、孙叔敖文化、白姓、孙姓文化源流、搜集、整理、保存了极具地域文化特色的文献资料内容。共征集到全国各地蒋氏家谱、族谱等姓氏文献38种246册，其中刻于清代之前的古本3册，征集到地方志书、行业志书、个人著作等图书资料220种计3600余册，丰富了自己的馆藏，突出了自己的文化个性，拓展了服务范围。

读者服务工作

淮滨县图书馆实行了全天对外开放，每周开放56小时，对读者免费开架借阅。馆藏文献书刊年外借率30%以上，书刊总流通每年4万册次以上。

2013年实现全县“一卡通”，开通县图书馆和全县17个乡镇图书室馆际互借服务。得到了读者，尤其是农民朋友的一致好评和支持。淮滨县图书馆每年举办讲座、展览、征文、阅读推广等读者活动18次，提高读者的阅读兴趣、阅读水平、鼓励青少年热爱读书，远离网吧，健康成长。充分发挥了图书馆社会教育的职能。并且不断拓展图书馆的服务空间和服务区域，增设服务项目，开展送书进军营，进工厂、进学校、进社区，最大限度地为读者提供便利。“让读书成为一种习惯”、“多读书、读好书”是淮滨县图书馆多年以来的宗旨。

业务研究、辅导、协作协调

淮滨县图书馆担负着17个乡镇图书室和289个行政村的农家书屋的业务指导工作，每季度对乡镇图书室进行基础业务知识培训。本馆职工经常开展业务学习和业务评比工作，不断地提升业务水平，以便更好地服务于读者。

管理工作

淮滨县图书馆实行全员岗位责任制，每年对职工进行岗位培训和岗位考核。定期检查整理文献排架，统计流通量，查找不足，报纸、杂志装订工作、旧书修善工作也是我们馆的一项重要工作内容。

表彰、奖励情况

2009—2013年，淮滨县图书馆共获得各种表彰奖励13次，其中文化部表彰奖励2次，省委、省政府表彰、奖励1次，市政府表彰、奖励3次，县政府表彰、奖励7次。

馆领导介绍

周长会，男，1960年12月生，高中学历，中共党员，馆长。1978年12月参加工作。

联系方式

地　址：河南省淮滨县图书馆
邮　编：464400
联系人：王 震

鹿邑县图书馆

概述

鹿邑县图书馆始建于1980年，1981年投入使用，占地面积1700平方米，馆舍面积2400平方米，实际使用面积2088平方米，为综合性五层楼房符合国家建筑设计要求，位于鹿邑县真源大道中段，紧邻县金鹿商城。全馆开设科室有：二楼：外借处、成人阅览室、老子及地方文献阅览室、采编室、检索室。三楼：资料室、电子阅览室、少儿阅览室。四楼：演播厅、自修室、职工活动室。五楼：多功能汇报厅。我馆现有工作人员31人，其中大专学历18人，中专及高中学历13人，拥有中级职称2人，初级职称21人。阅览坐席253个，书架600米，计算机33台，宽带接入100Mbps，我馆选用了GLIS7.0通用图书馆集成管理系统。

业务建设

截止2012年年底，鹿邑县图书馆总藏量24.8万余册(件)，其中纸质文献5.45万册（件），电子图书19.35万册（件）。

2011、2012年，鹿邑县图书馆新增藏量购置费25万元，2009–2012年，共入藏图书8622余种，18566册，报刊2613种，视听文献207种。2012年，地方文献入藏完整率为85%。

2010年，鹿邑县图书馆选用了清大新洋GLIS7.0通用图书馆集成管理系统。同年实现了馆内无线网络全覆盖。

读者服务工作

从2009年起，鹿邑县图书馆全年365天免费对外开放，周开放70小时。2009–2012年，借阅总流通8.2万人次，书刊外借6.1万册次。馆外流动图书服务网点10个，常年开展送书下乡活动，2009–2012年累计下乡流动图书5万余册。

2009年–2012年，鹿邑县图书馆共举办讲座、展览、培训、阅读推广等读者活动135场次，参与人数4.4万余人次。

业务研究、辅导、协作协调

2009–2012年，鹿邑县图书馆职工发表专业学术论文4篇，其他课题论文8篇。

2010–2012年，鹿邑县图书馆对各乡镇文化信息资源共享工程网点和农家书屋工程进行分批培训、现场指导，累计培训170课时，1652人次接受培训。

2012年，鹿邑县图书馆为了能更好的开展协作协调参加了省馆举办的光盘联盟和信息联盟组织。

管理工作

2011年，鹿邑县图书馆完成了首次全员岗位聘任工作，本次拟设岗位共24个，其中：行政管理岗位3人，专业技术岗位17人，工勤技能岗位4人。

馆领导介绍

邹红，男，1966年10月生，大专学历，中共党员，馆长。1986到鹿邑县图书馆工作，先后在图书借阅部，阅览室、采编室、办公室任副主任、主任职，自参加工作以来多次被县委宣传部评为先进文化工作者。

武琦，男，1966年4月生，大专学历，中共党员，副馆长，1982到鹿邑县图书馆工作，先后在阅览室、图书借阅部任副主任、主任职。

张磊，男，1979年9月生，大专学历，中共党员，中级职称，副馆长，1998年到鹿邑县图书馆工作，先后在图书借阅部、采编室等科室工作，任副主任、主任等职。

朱焱竑，女，1966年3月生，大专学历，中共党员，副馆长，1984到图书馆工作，先后在采编室、办公室等任主任职。

展望未来

近年来国家、省、市、县对文化设施的大力支持，随着人民群众求知欲望的不断增强，2012年鹿邑县图书馆新馆建设正式立项，于2014年破土动工，预计2015年将正式投入使用，新馆坐落在鹿邑县行政新区，建筑面积9600平方米，阅览坐席1100个，可容纳纸质文献150万册，年接待读者达80万人次以上，数字存储能力将达100TB。新馆落成后，鹿邑县图书馆仍遵循“科学、务实、开拓、进取”的办馆方针，坚持“全心全意为人民服务”的宗旨，继续完善各项服务职能，努力打造全省一流的公共图书馆。

鹿邑县图书馆外貌

农家书屋培训

送书下乡

读书活动

西华县图书馆

概述

西华县图书馆的前身是文化馆图书室，始建于上世纪五十年代，藏书不足八千册，十年动乱期间，大部分图书被销毁，1979年，省文化厅统一部署，成立西华县图书馆。馆址设在原展览馆内，馆舍二十多间，工作人员8人，年经费一万多元。于1984年，由省、县共同投资建造读者活动楼一栋，楼高3层，共24间，建筑面积800平方米。1987年建藏书楼一座，面积350平方米。图书馆现有阅览坐席200个，计算机50台，全部实现图书馆自动化管理。

业务建设

截止2013年底，西华县图书馆总藏量4.9万册（件），共入藏图书7000余种，报刊600余种，视听文献400余种，地方文献入藏完整率为90%。

读者服务工作

西华县图书馆全年365天免费对外开放，节假日不休息，周开放56小时，2009年−3013年，书刊总流通18.6万人次，书刊外借25.8万册次。2009年−2013年，西华县图书馆共举办讲座、展览、培训、阅读推广等读者活动180场次，参与人数5.6万人次。在县城中心广场开展新书宣传，以图片展览、散发宣传单等形式开展引领阅读、推广阅读、品鉴阅读新风尚。西华县图书馆充分开发利用信息资源，主动跟领导机关、企事业单位、相关科技部门和经济实体建立协作关系，为他们及时提供资料信息，从而促进了我县经济的繁荣发展。

业务研究、辅导、协作协调

2009年−2013年，西华县图书馆职工发表论文15篇。

2010年起，西华县图书馆与各县图书馆开展结对帮扶活动。定期举办农家书屋管理员培训班和共享工程管理员培训班，并对全县18个乡镇文化站和三个办事处图书室进行业务辅导。

管理工作

2011年，西华县图书馆完成了全员岗位竞聘，本次聘任共设30个岗位，同时，建立了工作量化考核制度，每季度进行工作进度通报，每年进行总体工作考核。2009年−2013年，共抽查文献排架16次，书目数据5次，撰写专项调研、分析报告6篇。

表彰、奖励情况

2009年−2013年，西华县图书馆共获得各种表彰、奖励9次，其中，省文化厅表彰、奖励2次；市文化局表彰、奖励2次，县委、县政府表彰、奖励2次，县文化局表彰、奖励5次。

馆领导介绍

徐卫国，男，1970年9月出生，本科学历，中共党员，馆员，馆长。1987年参加工作，先后从事外借、采编工作，1996年任图书馆副馆长，2003年任西华县图书馆馆长。

金连营，男，1971年10月出生，大专学历，中共党员，党支部书记。1989年参加工作，1998年调任图书馆副馆长，2007年任西华县图书馆党支部书记。

高运荣，女，1970年7月出生，大专学历，中共党员，馆员，副馆长。1987年参加工作，先后在外借室、阅览室工作，2007年任西华县图书馆副馆长。

赵喜讯，女，1978年5月出生，大专学历，副馆长。1991年参加工作，2007年调任西华县图书馆副馆长。

赵娜，女，1979年1月出生，本科学历，中共党员，馆员，副馆长。1996年参加工作，先后在咨询室、资料室工作，2009年任西华县图书馆副馆长。

未来展望

西华县图书馆一直遵循“科学、创新”的办馆方针，进一步完善服务体系，扩大服务区域，带动城乡事业发展。在未来的几年里，西华县图书馆将在城南新区建一座8000平方米的新馆舍，阅览坐席1000个，可容纳纸质文献100万册，年服务人次可达60万人次以上。

联系方式

地　址：西华县箕子台路中段153号
邮　编：466600
联系人：候红光

正阳县图书馆

概述

1982年正阳县图书馆建立。1984年，省图书馆拨款7万元，县财政投资13万元，在真阳镇广场北巷购地2500平方米。筹建县图书馆。1985年11月竣工，建筑面积1117平方米，藏书1.8万册，可容纳读者600人。1999年，图书馆在全国公共图书馆评估定级工作中被文化部评定为三级图书馆。

2012年，正阳县图书馆有阅览座席350个，计算机25台，藏书3.1万册。

业务建设

截止2013年底，正阳县图书馆总藏量3.2万册，其中文献3.1万册，电子图书0.1万册。

由于地方财政困难，1990–2007年没有图书购置费，没有增加藏量，2008–2013年，共入藏图书1.4万册，报刊180种，视听文献0.1万件。2013年，地方文献入藏完整率为95%。

读者服务工作

从2011年8月起，正阳县图书馆全年对外开放，周开放56小时。2011–2012年，书刊总流量1.2万册次，总流量1.7万人次。

2011–2012年，正阳县图书馆共举办讲座、展览、培训、阅读推广等读者活动210场（次），参与人数0.8万人次。

2011年以来，国家对文化的扶持，加之县委和县政府的支持，图书馆积极开展各项业务工作，每年春节期间开展了一系列活动（迎新春猜谜、青少年书法展、红色电影展播、各类知识讲座等），积极参加文化三下乡活动，每年开展送书下乡6次，极大的活跃了我县的群众文化生活。

2009年–2013年共播放电影200多场次，播放电影400多部，节假日在县文化广场播放电影和视频讲座80多场次，电子阅览室每周开放56个小时，每年在寒暑假期间举办“农民工和下岗工人电脑培训班”“中小学生绿色上网培训班”，春节培训的人员达数百人。

根据图书馆服务宣传周的要求，每年5月27日–6月2日举办了图书馆服务宣传周的活动，在县城行政街和文化广场摆出咨询台，共展出科技图书3000余册次，报刊杂志50余种，共接待读者咨询达1500余人次，悬挂横幅两幅、宣传展板15块，通过宣传，提高了读者的读书热情。

业务研究、辅导、协作协调

2009–2012年，正阳县图书馆职工发表论文6篇，共举办基层图书管理员和文化共享工程培训班7次，培训人员170余人次。

管理工作

为进一步调动广大职工的工作积极性，开创图书馆工作的新局面，正阳县图书馆坚持公开、公平竞争的原则实行聘任制，实行了岗位责任制，竞聘上岗，以“德、能、勤、绩”为内容，并按照客观、公平、公正的原则对馆内工作人员进行测试，依据测评分数进行岗位分置，有效地调动了人员的工作积极性。

正阳县图书馆在日常事务管理过程中，制定了财务管理制度、设备物质管理制度、档案管理制度、统计工作制度，环境管理制度、消防保卫制度，用制度管理人和事，极大提高工作效率，使图书馆的工作纳入了规范化、制度化。

表彰、奖励情况

2009年、2012年被驻马店市授予“农家书屋建设先进单位”。

2013年被省文化厅授予“先进图书馆”。

2013年被授予“正阳县文明单位”。

每年被授予正阳县文化系统先进单位。

馆领导介绍

任应丽，女，1973年10生，本科学历，中共党员，馆员，馆长。1989年参加工作，2009年起连续获得驻马店市“农家书屋”建设、“文化共享工程建设”、双争活动先进的人，年年被正阳县政府授予先进个人和先进共产党员。

汤刚，男，1971年7月生，大专学历，中共党员，馆员，副馆长。1986年参加工作。

梁继民，男，1968年12月生，大专学历，中共党员，支部副支书，1985年参加工作。

联系方式

地　址：正阳县真阳镇广场北巷2号
邮　编：463600
联系人：曾亚伟

驻马店市驿城区图书馆

概述

驻马店市驿城区图书馆，始建于1949年原驻马店市文化馆图书室，1978年10月图书室脱离文化馆成立驻马店市图书馆。馆址几经变迁，1982年6月重建驻马店市图书馆大楼，1984年6月竣工，同年10月1日正式对外开放。新馆座落于繁华的驻马店市驿城区人民街西段，总面积1815平方米。总藏书量12万册，计算机70台，阅览席位600个。2000年10月撤市改区更名为驻马店市驿城区图书馆。五次参加全国公共图书馆评估，均获得三级图书馆，是驻马店市中心城区唯一一座公共图书馆。

业务建设

截止2012年底，总藏书量12万册，所藏资料有清光绪年间、民国时期的孤本、善本及建国以来的报纸、杂志。各种视听光盘300余种。对外开设6个服务窗口，全年免费对外开放，年接待读者6万多人次。2010年6月建成文化资源共享工程驻马店市驿城区支中心。支中心配备服务器4个，配电盘一台，UPS电源一台，电脑30台，10兆光纤接入。目前建成中心机房、多媒体室、电子阅览室共150席位，基层文化共享服务点117个，其中配备电脑39台，投影仪78台。

读者服务工作

每年积极参加市、区组织的“文化三下乡”活动，我馆利用馆藏资源为各6个图书服务点送书8次，300多册，并向农民朋友无偿提供图书馆编印的信息资料800余份，让更多的基层群众受益。为部队官兵送书是我馆的光荣传统，我馆与3个驻军部队建立了“军营图书流动站”，每季度更换一批新书，每年给部队官兵送去文学名著、军事类图书共计3000多册。为我市创建全国拥军模范做出了应有的贡献。

每年的“全国图书服务宣传周”和“全民读书月”期间，我馆都要走上街头、社区广泛开展宣传活动。在活动中悬挂宣传横幅，展出图文并茂的宣传版面5次25块，设立咨询台、图书报刊阅览台，现场接受读者咨询100人次，编印130多份手册发放给群众。为激发小读者的阅读热情，在“六一”期间成立了小读者团队，开展了以“青少年、阅读、图书馆”为主题的阅读辅导活动，共接待小读者近600人次。建立残疾人档案面向残疾人、农民工弱势群体，开展人性化服务电话预约，免费送书让广大残疾人平等自由地共享图书馆资源。

业务研究、辅导、协作协调

从2011年起我馆承担了全区农村书屋管理员的培训任务，到基层单位进行调查摸底，随后并数次奔赴各乡镇、村委，对186家农村书屋开始进行培训、实地帮教，就农村书屋现状，图书操作流程、农村书屋日常工作做了详细的指导。参加培训人员达五批200人次。为各个点制作了借阅制度、管理员工作职责、图书管理制度。

文化共享工程区支中心自建立以来，与乡镇文化站建设相结合，科学制订活动方案，建立健全各项规章制度，突出整合资源，拓宽服务渠道。目前区支中心承担全区网点的管理，资源更新，日常技术维护、人员培训等工作。培训技术人员3批共100余人，提高了管理员的业务技能水平。

管理工作

图书馆经常对干部职工进行职业道德、爱国卫生、法治、和安全教育。2011年，我馆根据河南省事业单位改革进行全员岗位聘任，本次聘任设三大岗位，共有32人择优聘任重新上岗，同时，建立了绩效考核体系，每季度进行效能考核，每季度对原有图书、音像资料进行整理，顺架。补充更新图书导引标识，实现严密规范更加详细的计算机录入、登记。

表彰、奖励情况

2009–2012年驻马店驿城区图书馆共获得各种表彰、奖励6次，其中，荣获省文化厅表彰奖励1次，市委市政府表彰奖励2次，区委区政府表彰奖励2次，其他奖励1次。

馆领导介绍

杜玲，女，1974年月出生，本科学历，中共党员，馆员，馆长兼书记。1988年6月参加工作，2009年4月任驻马店市驿城区图书馆馆长，文化信息资源共享工程驿城区分中心主任，驿城区农家书屋中心主任，驻马店市驿城区古籍保护中心主任等职。2008年–2012年连续被评为全区优秀工作者，2009年获全区优秀思想工作者称号，2014年3月被评为全区“三八”红旗手称号。

未来展望

今后驿城区图书馆还将继续在和谐的氛围中，借鉴先进经验，并以免费开放为契机，加快文献资源建设步伐，特别是电子、信息资源建设应稳步推进。持续完善读者服务相关工作，以人为本，开拓创新，强化服务意识，增加服务功能，提高服务质量。在维护公民基本文化权益、倡导学习阅读、丰富社会文化生活、构建和谐社会等方面发挥应有作用。

联系方式

地　址：驻马店市驿城区人民街248号
邮　编：463000
联系人：杜 玲

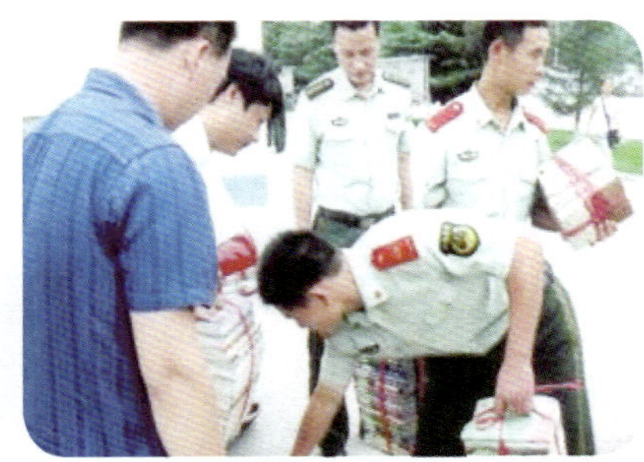

泌阳县图书馆

概述

1992年，文化馆、图书馆、文物管理所分家，图书馆设立成人阅览室和少儿阅览室。

2007年5月，图书馆新馆开馆，建设时间1999年12月–05年12月，由于经费问题历时7年建成，2007年5月份启用至今。图书馆占地面积1570㎡，图书馆建筑面积2168㎡，图书馆实际使用面积2168㎡。在原有组室的基础上加以完善，增加成人阅览室，少儿阅览室，自习室、乡镇图书室和农村书屋。

2008年为响应国家号召又成立电子阅览室和县支中心。

业务建设

1、成人图书室。2、少儿图书室。3、阅览室。4、资料室。5、采编室:采编桌。6、电子阅览室。

1、人员配备：馆长1名，负责全面工作；副馆长2名负责各项业务工作，支部书记1名，负责政治思想工作；出纳1名负责馆财务管理；办公室主任1名，负责日常事务和考勤；电子档案及档案管理员1名；5个部室分别由12名同志负责，全馆正式工作人员共计15人。

截止2014年底，泌阳县图书馆总藏量10万册，其中普通图书8万册，精装图书1.3万册，期刊杂志7000册。

馆领导介绍

李矛，女，泌阳县图书馆馆长。

赛伟，男，泌阳县图书馆支书。

夏红，女，泌阳县图书馆副馆长。

何照东，男，泌阳县图书馆副馆长。

联系方式

地　址：泌阳县行政路中段

邮　编：463700

联系人：何照东

湖北省图书馆

概述

湖北省图书馆始建于1904年，是中国最早成立、最先对外开放的省级公共图书馆，被誉为“楚天智海”。在第三、四次全国公共图书馆评估工作中，蝉联“一级图书馆”荣誉。2012年12月8日，位于武汉市武昌区沙湖南侧的湖北省图书馆新馆建成并向公众开放。新馆占地100.5亩，主体建筑地上8层，地下2层，总建筑面积10余万平方米，是目前全国单体建筑面积最大的省级公共图书馆。2012年，湖北省图书馆有阅览坐席5293个，计算机973台，信息节点3680个，宽带接入1000Mbps，使用Interlib区域图书馆集群自动管理系统（V2.0国际版）。

业务建设

截止2012年底，湖北省图书馆馆藏文献达5655301册（件），其中，古籍461784册，近50个学科(领域)文献达到或接近研究级水平。拥有电子图书2669924种、电子期刊198128种。

2009、2010年，湖北省图书馆新增藏量购置费为500万元，2011年增至735.8万元，2012年增至2953.04万元。2009–2012年，共入藏中外文图书223213种，674835册；中外文报刊19104万种；视听文献9734种，40191件。多卷书、连续出版物平均入藏完整率为95.1%。2012年，地方文献综合入藏率为95.1%。

湖北省图书馆馆藏中文文献数目数字化为100%。通过外购、自建、共享等渠道，聚集数字资源。截止2012年底，可供读者使用的数字资源总量为45.6TB，其中自建数字资源10.8TB。选择13个主题，形成了地方志等特色数据库。

读者服务工作

自2011年7月1日起，湖北省图书馆实行免费开放，每周开放时间达到72小时。近三年的普通图书实行全开架借阅。2009年到馆读者115.6万人次，书刊外借76.5万册次。2010年到馆读者110.3万人次，书刊外借79.4万册次，2011年至2012年老馆拆迁期间仍坚持对读者服务。新馆建成试运行后半年接待读者92.2万人次，书刊外借81.4万册次。2012年，人均年到馆次数为31次。2009–2012年，馆外流通点书刊借阅总册次达14.23万册次。自2006年起，连续6年开展为省人大、政协“两会”代表和委员决策提供服务。自2002年开展馆际互借服务以来，已与122家图书情报机构建立了馆际互借关系。

自2006年来，湖北省图书馆网站一直努力改版完善。2009–2012年，湖北省图书馆网站访问量2924万次，2012年网站访问量739万次。开通微博、微信，建立“馆馆通”移动阅读平台。截至2012年，已发布的外购数据库36个，自建数据库44个，读者可远程访问数字资源占发布数字资源总量的比例为100%。

2009–2012年，湖北省图书馆共举办各类公益讲座、报告会422场。2012年12月新馆开放之际，湖北省图书馆整合资源，联合打造了“长江讲坛”文化品牌。2012年，读者参与湖北省图书馆组织的讲座、展览、培训、阅读推广等各类社会教育活动达49.5万人次，每万人参与活动次数超过85次。

业务研究、辅导、协作协调

2009–2012年，湖北省图书馆职工在省级以上刊物上发表学术论文341篇，出版学术专著14种，获准立项的国家级科研项目6项，省部级项目2项。其中《中国古籍总目·丛书部》获国家新闻出版总署突出贡献奖。

2010–2012年，湖北省图书馆发挥龙头作用，落实李长春视察湖北省图书馆新馆指示精神，组织全省主要图书馆广泛开展调研，研究并出版专著《谋求新跨越——湖北省公共图书馆事业建设与发展研究》，90%的县级以上公共图书馆参与了此项目。2012年，下基层开展业务辅导与调研活动14次。

湖北省图书馆与国家图书馆全国图书馆联合编目中心、上海联合编目中心、深圳全国地方版联合编目中心等联网，建立湖北地区图书馆联合编目协作网，开展书目数据共建共享业务，下载国家中心编目数据109588条，上传编目数据2477条，参编馆占全省县以上公共图书馆总量的98%。

2012年7月，湖北省图书馆在全国率先推进区域性省级图书馆联盟建设，与湖南、江西省图书馆签订合作协议，成立湘鄂赣三省公共图书馆联盟。三省联盟在文献采购、资源共享、信息服务、专业人员培养、业务研讨、经验交流等方面积极搭建平台，服务三省人民群众。

借助中国图书馆学会社区乡镇委员会和湖北省图书馆学会的平台，湖北省图书馆与湖北省高校、科研、卫生、工会、军队等系统图书馆密切合作，开展业务交流和理论研究。

馆长汤旭岩（左一）、书记贺定安（左四）向文化部副部长董伟、省文化厅厅长雷文洁汇报我馆公共文化数字支撑平台建设情况

文化部全国公共文化发展中心主任李宏（右一）和湖北省文化厅副厅长李耀华（左一）共同为“湖北省公共文化数字服务中心”揭牌

“中三角”湘鄂赣皖四省公共图书馆联盟签约仪式在本馆举行

夜色中的湖北省图书馆新馆

数字加油站及4G体验区

书海徜徉

少年儿童读者阅读区

管理工作

湖北省图书馆实施人才培养计划，打造一流队伍。截至2012年，正式在编职工总数为243人，其中大学本科及以上学历183人，占职工总数的75%，副高职称人员占业务人员的15%，形成了一支学历高、专技强的职工队伍。人事管理实行全员聘任制，干部实行目标责任考核制，实施绩效管理。

湖北省图书馆以新馆开放为契机，凝练培育“聆听思想的声音，沐浴智慧的阳光”职工团队文化价值。抓作风建设，全面实施“首问负责制”、“服务承诺制”、“限时办结制”。2012年，湖北省图书馆对现行规章制度进行了整体修订与完善。2011年被湖北省档案局授予“档案工作目标管理省特级”单位。

表彰、奖励情况

2009–2012年，湖北省图书馆共获得各种表彰、奖励20余次，其中国家和省部级表彰6次，厅局级表彰14次。先后获得“全国科教文卫系统先进工会组织”、“全省最佳文明单位”、“全民阅读优秀组织奖”、“全省科普工作先进集体”等称号。

未来展望

湖北省图书馆将贯彻湖北省委书记李鸿忠关于建设好“藏书之书”与“讲座之书”的指示精神，按照“一年打基础，三年见成效，五年跨越式发展”的总体思路，实施“服务立馆、人才兴馆、科技强馆、特色亮馆”四大战略，建设古籍大馆、少儿图书馆大馆、地方文献大馆、特色图书馆大馆、数字图书馆大馆“五个支柱”，力争将湖北省图书馆打造为国际知名、国内一流、中西部领先的学习型、研究型、创意型、示范型的现代化图书馆。

联系方式

地　址：武汉市武昌区公正路25号
邮　编：430071
联系人：严继东

2014年9月5日“长江讲坛”走进俄罗斯

馆长汤旭岩（右一）向俄罗斯外国文学图书馆赠送“湖北书架”

国防大学刘明福教授讲座现场

武汉图书馆

概述

武汉图书馆始建于1946年10月，其前身是“汉口市立图书馆”，1953年正式更名为武汉图书馆，2000年12月搬迁至现址并对外开放。馆舍建筑面积约3.2万平方米，拥有借阅合一阅览室、参考文献阅览室、古籍阅览室及多功能报告厅、学术活动室等多个功能服务区，建成了集印刷文献、电子文献、缩微文献、视听文献、网络文献为一体，学科门类齐全、虚拟与实体馆藏相结合的文献资源保障格局，形成了以中国哲学、法律、经济、碑帖等学科为重点，以地方文献为特色的馆藏体系。图书馆实行借阅合一的服务模式，免费办证，全年天天对外开放，每天开放时间长达12小时，开展了文献借阅、OPAC查询、参考咨询、定题服务、课题查新、馆际互借、文献传递、阅读推广、读者培训、讲座展览等多种服务方式；推出了400服务专线、手机短信、无线wifi、网站服务、网上预借/续借、网上参考咨询、移动图书馆、数字资源服务、武图市民学堂、市民之家分馆暨数字阅读示范基地等新的服务举措；形成了“武图讲座”“武图汽车图书馆”“武图魅力阅读”等系列服务品牌；成立了武汉地区图书馆联盟；建立了与国家图书馆的战略合作；实施了武汉市惠民“十件实事”之一的武汉市24小时自助图书馆、武汉市公共图书馆通借通还工程建设。2004年、2009年两次被评为国家一级图书馆。

业务建设

截止2012年底，武汉图书馆总藏量达到272万册（件），其中古籍22万册（件），纸质文献222万册（件），电子图书21万册，电子期刊1万种/册。

2012年市财政拨款总额3542.69万元，其中购书经费翻了一番，由原来的300万元增加到660万元。2009—2012年，共入藏中外文图书163900种，中外文报刊14680种，视听文献6211种。2012年，地方文献入藏完整率为96.1%。

截止2012年底，武汉图书馆数据库总数量已达37个，总容量达148.85T，其中可以远程访问的数据库25个，占到可访问数据库总数的68%。自建数字资源24种，1346046条(张)，4.691TB，类型涉及书目、全文数据库、多媒体、图片等。向文化部资源管理中心报送“名家论坛”DVD讲座视频资源共计400余场。

读者服务工作

武汉图书馆全年天天对外免费开放，每天开放长达12小时，引进RFID技术，实现了馆藏文献的自助借还。2012年接待读者209万人次，网站访问量775万次，年有效借书证36259个，书刊借阅量达87万册次，举办读者活动221次，书刊宣传活动39期（次）。全市常驻人口1000多万，每万人年均参与活动次数为197次。武汉图书馆以流动图书车为纽带，通过设立分馆、服务点，开展送书上门、送书下基层、送书下乡，不断将服务向馆外延伸。截止2013年6月已建立馆外服务点62个。2012年新增流动服务点2个，开展送书上门服务100余次，行程约1.6万公里，服务人次达8万人次，外借册次11万册。

2012年12月26日，武汉市第一批“24小时自助图书馆”全面建成开放，分布在7个中心城区和3个开发区。截止2013年6月，全市24小时自助图书馆服务读者4.4万人次，流通图书8.7万册。

2012年，武汉图书馆为市委、市政府等领导机关、文化产业机构提供《领导决策参考》24期，共350篇，提供《文化产业动态》12期共288篇；每年为市管干部推荐党风廉政建设学习参考资料4期，推荐党风廉政建设新书书评4期，通过廉政信息中心网络平台为党员领导干部提供专题信息2578条；专题信息100期共5663条。依托各种服务方式完成用户咨询3007条。为重点教育、科研和企事业单位提供不定期定题服务共66人次。2012年共编制科技农业专题信息50余个，发放各类农科信息资料5000余份，科技图书100余册，期刊杂志500余册，科普宣传挂图600余幅。

武汉图书馆网站创建于2002年，现网站日均浏览量达2.1万次。2012年起，在新浪微博设立了@武汉图书馆、@武汉图书馆讲座、@武汉24小时自助图书馆等三个公众账号，开展活动预告、微阅读、武图书香等多项服务和活动，后又推出了微信公众号服务平台。

武汉图书馆为持证读者免费提供数字资源的检索、阅读和下载等服务，所提供的数字资源包括维普信息资源、万方数据资源、天方有声图书馆等10多种商业性数据库资源；武图讲座、武图展览、馆藏书刊目录数据、武汉地区抗日战争史等自建数据库资源及通过与国家图书馆搭建的虚拟网获取120TB的共享数字资源。2012年数据库资源访问人次达48万，下载量达109万篇次。

2009—2012年，武汉图书馆共举办讲座、展览、培训、阅读推广等读者活动510场次，参与人数36.5019万人次。武汉“名家论坛”讲座创办于2003年，现已成功举办545场，累计接待听众19万人次，图书馆网站、长江网“名家论坛”专栏的点击率近千万次，经过市民票选被授名为武汉读书之城“十大品牌读书活动”之一。

配合“读书之城”建设，武汉图书馆开展了贯穿全年的“武图魅力悦读”系列读书活动，武图读者沙龙经过市民票选被授名为武汉读书之城“十佳书友会”之一。

业务研究、辅导、协作协调

2009—2012年，武汉图书馆职工在省以上刊物及图书馆学论文集上共发表论文158篇，年均发表论文40篇，出版图书馆学、情报学专著8本，6项科研项目立项，3项科研成果获奖。

武汉图书馆大厅

武汉图书馆市民之家分馆

图书馆外貌

2008年，市财政拨款336万元实施武汉市文化信息资源共享工程扩建改造项目，配置服务器14台，建成EMC中心式管理的存储系统，总存储容量达20TB。2012年，再次拨款344万元，进行了一系列软硬件升级，新增服务器8台，购入NetApp存储系统，存储容量增至110TB，建立起了先进的技术平台，具有良好的扩充能力及技术服务系统。2009至2012年，累计投入市支中心建设经费达1500万元，按共享工程标准配置了服务器、网络安全设备、软件、专网等软硬件，完成210兆电信独享光纤互联网接入、卫星网、光盘、移动硬盘等多种资源传送建设。2013年6月，全市已建成2个文化共享工程市级支中心，13个区级支中心以及2297个基层服务点。2012年辅导基层支中心、基层点19次。

2012年，武汉图书馆与武汉地区各类型图书馆自愿联合发起成立了武汉地区图书馆联盟；建立了与国家图书馆的战略合作，并先后与国家图书馆、上海图书馆、CALIS华中地区中心等单位签订了馆际互借与文献传递服务协议。2012年，武汉图书馆与国家图书馆、上海图书馆、广东省立中山图书馆开展馆际互借、文献传递服务1996项，其中提供图书53册、图书节选18本、全文1989篇。参与国图、上图联合编目中心、地方版文献联合采编协作网深圳网络中心，并上传数据总计3095条；参与编制湖北地区联合目录。2008年及2009年，武汉图书馆荣获全国图书馆联合编目中心颁发的“全国图书馆联合编目中心数据质量监督奖”。

管理工作

武汉图书馆推行部门目标管理责任制，每月进行上月部门工作进度的通报和下月部门工作计划的安排，每半年和全年进行总体工作考核。2012年度完成各类统计分析报告10篇。

2010年，武汉图书馆完成全员岗位设置和岗级认定工作，共设置13个岗位级别，161个岗位，确定了每个岗级对应岗位的岗位职责，每年年终严格按照岗位职责的内容进行个人考核。为提升职工自身素质和业务能力，2012年组织职工参加馆内外各类培训达35次。

武汉图书馆于2009年之前拟定了《武汉图书馆义务工作者管理办法（暂行）》，并于2012年拟定了《武汉图书馆志愿者服务章程》，截止2012年底，招募志愿者21名。

表彰、奖励情况

2009–2012年，武汉图书馆共获得各种表彰、奖励21次，其中，国家级表彰、奖励1次；国务院业务主管部门及省级党委、政府表彰、奖励6次；省级业务主管部门表彰、奖励3次；其它表彰、奖励11次。

馆领导介绍

李静霞，女，1963年11月生，中共党员，武汉图书馆馆长兼党委副书记，研究馆员。曾先后担任国际图书馆协会联合会公共图书馆委员会常务委员，中国图书馆学会第八届理事会理事及学术研究委员会用户研究与服务专业委员会委员，湖北省图书馆学会副理事长及公共图书馆委员会主任委员等职，并荣获全国五一劳动奖章、湖北省“三八”红旗手、武汉市有突出贡献中青年专家、武汉市劳动模范等荣誉称号。

张颖，女，1964年10月生，中共党员，研究馆员，副馆长。1986年参加工作，历任采编部、典藏借阅部副主任、主任等职，分管名家论坛办公室、历史文献部、参考咨询部、信息服务部、报刊部、图书借阅部等业务工作。

赵汉敏，男，1964年2月生，中共党员，副研究馆员，副馆长。1981年参加工作，先后在武汉图书馆办公室、保卫科、读者服务部等部门工作，分管行政后勤及安保工作。

魏丹，女，1966年10月生，中共党员，副研究馆员，纪委书记兼办公室主任。1988年参加工作，先后在武汉图书馆文献开发部、采编部、辅导部、新馆工程筹建处、教育培训部、馆办公室等部门工作，分管办公室及汤湖图书馆分馆工作。

姚明玉，女，1963年7月生，中共党员，副研究馆员，工会主席。1980年参加工作，先后在采编部、古籍部、参考咨询部、研究辅导部等部门工作，分管武汉市图书馆学会及研究辅导部工作。

未来展望

武汉图书馆坚持公共图书馆“公益性、基本性、均等性、便利性”的原则，全力实施“三项建设同步（文献资源建设、人才队伍建设和管理制度建设）、四种服务结合（大众服务与专业服务、阵地服务与延伸服务、传统服务与网络服务、常规服务与创新服务）、五大文化惠民工程并举（文化信息资源共享工程、数字图书馆推广工程、公共电子阅览室计划、古籍保护工程和武汉市公共图书馆通借通还工程）”的发展战略，在保障市民的基本文化权利、满足市民多样化、多层次、多方面的精神文化需求，提高市民的科学素养等方面发挥了积极的作用，为“文化强市”、“两型社会”、“文化五城”的建设做出了贡献。未来几年，是武汉市推进“两型”社会建设，实现中部地区率先崛起及构建公共文化服务体系的重要时期，也是武汉图书馆事业实现跨越式发展的重要阶段。武汉图书馆的发展，对于提升我市公共图书馆服务能力和水平，满足人民群众基本文化需求、保障人民群众基本文化权益，培育城市人文精神，提升武汉市文化软实力具有十分重大的意义。在市委、市政府的高度重视下，政府相关部门的领导多次到武汉图书馆进行调研，共同谋划图书馆的发展，推进我市总分馆制体系建设，武汉图书馆二期工程已列入武汉市十三五发展规划重点项目，拟按照“国际一流、国内领先”的目标，在建设中融入现代化图书馆人文服务的理念，实现图书馆服务的自动化、数字化、信息化、智能化，为读者提供基于多网络、多终端、全媒体的现代化图书馆服务。

联系方式

地　址：武汉市建设大道861号
邮　编：430015
联系人：张　颖

汽车图书馆

24小时自助图书馆

名家论坛讲座分会场

武汉市少年儿童图书馆

概述

武汉市少年儿童图书馆位于汉口南京路64号，是我国首批创建的少年儿童图书馆之一。它成立于1958年，初名为武汉儿童图书馆，设于汉口保华街2号。其前身是成立于1950年的武汉图书馆儿童阅览室。1987年该馆与武汉图书馆分离，成为隶属于市文化主管部门的独立机构。2004年12月24日，迁入现址。新馆馆舍是有着83年历史的欧式建筑，建筑面积4100平方米，属省级文物保护单位，气势恢宏，环境优雅。辟有亲子阅览室、报刊阅览室、电子阅览室、盲童阅览室、绿色借书客、图书借阅室、文献信息室、市青少年素质陶宏开工作室、市家庭教育指导服务中心、自修室等10个服务窗口。2012年财政拨款859.51万元。是国家一级馆图书馆。

业务建设

截至2012年12月底，武汉市少年儿童图书馆总藏量118万册。其中中文普通图书84.25万册，低幼读物5.78万册，视听文献2.39万件，电子图书12.98万种，报刊合订本1.04万册，报刊686种。经过多年努力，形成了以儿童心理、教育、文学以及连环画、低幼读物、儿童地方读物等为重点的具有一定特色的藏书体系。与《全国少年儿童图书馆基本藏书目录》比较，图书入藏率为63%，图书质量较高。2012年整编完成珍贵的旧连环画2.21万种、9.86万册，成为镇馆之宝。2009年，新增藏量购置费100万元，2012年起增至220万元。2009年–2012年，共入藏中文图书6.8042种，23.8411册，其中连环画、低幼读物1.0343种，3.7099册。中文报刊2634种。视听文献5247件。2009年起，图书分编工作实行了外包服务。

截至2012年12月底，武汉市少年儿童图书馆数字资源总量为12.38TB。其中，自建数字资源总量5.31TB。2002年起，承担中国数字图书馆“中国少年儿童信息大世界”“中华童谣”专题数据库的建设项目，2005年承接全国文化信息资源建设管理中心的“少年文化·名人故事”栏目中名人故事数据库的建设任务，7年来自建数据库6个。2006年开始数字资源外采工作，逐步提高数字资源的入藏比重，注重网络虚拟资源建设，初步形成了各种载体互补的文献资源体系。外采数据库11个，资源总量7TB。

1995年引进ILAS系统，实现图书馆业务工作自动化管理。2004年、2008年，经过市财政两次投入，基本建设了比较完善的服务设施和网络。至2012年，网络系统结构采用千兆以太网，100M独享的光纤宽带与互联网的接入，有300多个信息接点。有计算机等设备90余台。总存储容量配置达到20TB。提供信息查询、书目检索、图书续借，数字资源、视频点播等网络服务。

读者服务工作

武汉市少年儿童图书馆秉承“读者第一，服务至上”的宗旨，开展文献借阅、专题咨询、社会教育、读书活动、流动服务、网络服务等工作，不断创新服务的内容与方式，为少年儿童和少儿工作者服务，服务内容丰富，特色鲜明，成效显著。全年365天天天对外免费开放，每周开馆时56小时。2012年，馆内年流通总人次71.67万，年书刊外借册次42.2万。完成专题咨询服务10项，提供相关文献资料200余册，制作专题书目4期。开展新书宣传84次，推荐图书15216种。截至2012年底，设有馆外流通服务点45个，其中分馆5个。区馆流动图书车13个。2009年–2012年，流通服务点书刊借阅80.88万人次，112.92万册次。在送书的同时，将馆内的讲座资源以及读书活动引入流通点。

阵地活动丰富多彩，常年不断。2009年–2012年馆内举办讲座、展览、故事会、读书会等读者活动691场次，15.6万余人次参与。2005年开始举办的“童窗讲坛”讲座活动，经过9年的耕耘，品牌形象逐步得到孩子和家长的认可。2007年、2008年先后成立的武汉市青少年素质教育陶宏开工作室、武汉市家庭教育指导服务中心，多年来服务家庭，定期开展咨询、讲座等活动，传播先进的家教理念和方法，帮助众多家庭走出困境。2010年陶宏开工作室的经验在全省未成年人心理健康教育工作会上交流，同年家教指导中心被全国妇联、教育部命名为”全国示范家长学校。2010年，小脚印故事吧开办以来，吸引了大批儿童走进图书馆，作为服务于低幼儿童阅读指导方式，在“全国图书馆未成年人服务能力提升计划“案例征集活动中，得分最高。2011年挂牌成立武汉市青少年剪纸教育基地，举办剪纸作品展，开展剪纸读书会活动，对少年儿童进行传统文化教育。2012年成立武汉市少年科普教育基地，通过科普体验、科普展、科普讲座等，对青少年开展科普教育。常年利用节假日、纪念日举行活动，如百科知识网络答题、优秀儿童电影展映、迎春游艺会、亲子动手做、少儿图书馆“一日游”、读者俱乐部、小小管理员等，丰富了孩子们的课余生活。

武汉市知识工程少儿读书系列活动是武汉市少年儿童图书馆多年坚持举办的全市性少儿读书活动，倡导少年儿童读好书、多读书。从1982年起，持续30年，形成“马良杯”少儿书画大赛，“楚童杯”故事大王、诗歌朗读、书评演讲、知识竞赛、读书征文等的传统活动。全市百所中小学、幼儿园，年逾万人参加。2009年–2012年举办大型读书活动17场次，8万余人次参与，参加活动的区达100%。2009年在全国少年儿童阅

图书馆馆舍外貌

绘画作品征集赛颁奖大会

剪纸读书会活动情况

读年活动中，承办了首届“闻一多杯”全国少年儿童书法、绘画作品征集赛活动，征集作品近2900余幅。全国17个省（市）的百家图书馆参与组织，参赛选手达3万余人。2010年与山东省图书馆联合承办了第二届“闻一多杯”赛事，征集书画作品近4000幅。2010年在第二届全国少年儿童阅读年活动中，与中山市图书馆承办了全国少年儿童百年纪念征文活动。

业务研究、辅导、协作协调

武汉市少年儿童图书馆担任省图书馆学会未成年人图书馆工作委员会主任馆工作任务，积极组织召开地区性的学术研讨与交流活动。2010年，邀请德国杜伊斯堡市图书馆馆长巴比尔先生来汉，作“文化：人类的精神食粮”主题报告会。全省各地少儿图书馆（室）150余人参加了活动。2011年，组织召开湖北省少年儿童图书馆业务建设研讨会，全省有二十余家少儿图书馆近200名代表参加了交流。2009年–2012年举办基层图书馆人员业务培训班11场次，471人次参与。

管理工作

武汉市少年儿童图书馆坚持深化改革，实行岗位责任制，竞争上岗，签订目标责任。强化制度管理，规范工作流程，建立科学的工作质量考评依据，同时注重强调人性化管理，调动员工的主观能动性。通过开展“内强素质，外树形象”、“读者在我心中”的创先争优等活动，进行自我提升，调动员工的积极性和创造性，增强了凝聚力，为少儿图书馆事业发展注入了强劲动力。

表彰、奖励情况

2009年2012年，武汉市少年儿童图书馆共获得各种表彰、奖励61项，其中，文化部表彰1项，省级表彰1项，其它59项。

馆领导介绍

镇火星，男，1963年1月生，大学本科，中共党员，现任武汉市少年儿童图书馆党委书记、副馆长。1980年11月参加工作，历任武汉市委宣传部副调研员，武汉市艺术创作中心党委书记（正处）。2011年8月任武汉市少年儿童图书馆党委书记、副馆长。

袁钢，男，1966年3月，本科，中共党员，现任武汉市少年儿童图书馆党委副书记兼纪委书记。1986年参加工作，历任武汉市文化局团委书记，武汉话剧院党委副书记、纪委书记，2002年任武汉市少年儿童图书馆党委副书记、纪委书记至今。

匡红鹰，女，1963年10月生，大学本科，现任武汉市少年儿童图书馆副馆长，副研究馆员。1986年7月毕业分配至武汉图书馆工作，2004年任研究辅导部主任、武汉市图书馆学会副秘书长、湖北省图书馆学会副秘长。2008年3月到武汉市少年儿童图书馆任业务副馆长、武汉市图书馆学会副会长。

张坤林，男，1958年9月生，大专学历，中共党员，现任武汉市少年儿童图书馆副馆长。1971年5月参加工作，历任武汉市人民剧院书记，经理；武汉市儿童艺术剧院副院长党委委员；2011年2月至今到武汉市少年儿童图书馆任副馆长。

“马良杯”少儿书法、绘画大赛活动

张传伟，男，1966年11月生，本科，副研究馆员，中共党员，现任武汉市少年儿童图书馆工会主席。1985年11月参加工作。

未来展望

武汉市少年儿童图书馆将一如既往地秉承”读者第一，服务至上”的发展理念，着力打造一流的服务设施，一流的服务环境，一流的服务态度。深入开展“内强素质，外树形象，读者在我心中”的创先争优活动，通过“服务之星”评比，仪容仪表，文明用语、礼节礼貌的规范和馆员中“阅读提升快乐”读书活动的开展，激发内在活力，不断提升馆员的内在素养和服务质量，做好传统品牌，创新特色品牌，开展丰富多彩的读书推广活动。“马良杯”全市少年儿童书画赛，“楚童杯”故事汇，“童窗讲坛”等传统品牌活动已坚持数十年。要在不断发展变化的社会中赋予新的内涵，让其焕发发勃勃生机和活力。继续做强做大“小脚印故事吧”、“小种子流动车阅读推广”、暑期“相阅经典”读书活动的，结合时代要求举办“家教大讲堂”开展心理辅导、家庭教育等咨询讲座，不断创新特色品牌读书活动，更好的服务全市少年儿童。积极争取资金，把现馆舍改造成为具有“欧式建筑风格，武汉文化特色，少年儿童特点”的舒适温馨的读书圣地，同时争取开辟新的馆舍。与时俱进开设多媒体教室、科普活动室、绘本表演室等现代阅读功能区。争创全国一流少年儿童图书馆。

联系方式

地　址：武汉市江岸区南京路64号
邮　编：430014
联系人：匡红鹰

“楚童杯”故事大王比赛现场情况

举办“小种子”纳凉故事会

小管理员在少儿馆体验工作

黄石市图书馆

概述

黄石市图书馆成立于1956年5月，9月1日正式向读者开放。1982年春，黄石市委、市政府在原馆址重建图书馆，于1984年9月正式对外开放，建筑面积7237.1平方米（含自建房）。黄石市图书馆1990年1月14日成立"流动汽车图书馆"；1993年5月5日，黄石市政府批准成立黄石市少年儿童图书馆，与图书馆合署办公；1993年11月1日成立湖北服装文献中心、黄石市服装图书馆。

2012年9月20日，位于黄石市团城山广会路15号的新馆对外试运行，2013年4月23日，黄石图书馆新馆正式开放，新馆占地14亩，建筑面积为9172平方米。参加全国公共图书馆评估定级工作以来，已连续五次获得地市级一级图书馆。目前，黄石市图书馆新旧两馆同步运行，总面积16401.1平方米。截止至2012年，黄石市图书馆共有阅览座席796个，计算机181台，宽带接入70M，选用Interlib图书馆自动化管理系统。

业务建设

截止2012年底，黄石市图书馆总藏量89万册（件），其中，电子图书6万册，电子期刊2000种，报纸685种，服装文献3万种，矿冶文献5000种。

2009年、2010年、2011年黄石市图书馆新增藏量购置费分别为48万元、54万元、54万元；2012年，黄石市图书馆新增藏量购置费210万元（其中年度预算60万元，新馆开馆图书购置费150万元）。2009—2012年，共入藏中外文图书27510种，中外文报刊3274种，视听文献2923种。

截止2012年底，黄石市图书馆数字资源总量为10.45TB。已建成"黄石地方特色资源全文数据库"，现已完成了3815种地方文献纸质资源数字化加工工作。

2012年，选用Interlib图书馆自动化管理系统，同时，增加了RFID智能借还功能。2012年9月，实现馆内无线网络覆盖。

读者服务工作

从2011年12月起，黄石市图书馆实行对外免费开放，周开放70小时，同年，引进RFID技术，实现了馆藏文献的自助借还。2009—2012年，书刊年均流通22.13万人次，书刊年均外借32.578万册次。截止2012年年底，建成2个分馆，10个流动服务车服务点，馆外流动服务点书刊年均外借2.127万册。

截止2012年，黄石市图书馆发布使用的数字资源总量为10.45TB，均可通过黄石市图书馆网站向全省公共图书馆、共享工程基层服务中心提供检索、浏览和下载服务。

2009—2012年，黄石市图书馆年均举办讲座、展览、培训、阅读推广等读者活动52场次，年均参与人数8.94万人次。

业务研究、辅导、协作协调

2009—2012年，黄石市图书馆职工发表论文15篇，省级课题1项。

从2012年起，黄石市图书馆成为黄石市创建全国公共文化服务体系示范区成员单位之一，依托流动图书车、数字图书馆及共享工程平台，目前已搭建起以黄石市图书馆为总馆，大冶市图书馆、阳新县图书馆、城区及中小学图书室为分馆，社区、乡镇图书室为基层服务点的协作协调三级服务网络。

2009—2011年，黄石市图书馆学会连续三年在全市开展基层图书馆业务骨干培训活动，共举办培训班12期。

2012年，依托Interlib图书馆自动化管理系统，黄石市图书馆与各分馆之间实现地区性联合编目。

管理工作

2010年，黄石市图书馆参加黄石市事业单位岗位设置管理工作，对管理、专技、工人等12类岗位重新进行认定。2011年12月至2012年5月，黄石市图书馆完成副馆长、部（室）主任岗位竞聘工作，部门人员进行双向选择，同时，建立了工作量化考核指标体系，每半年和全年进行总体工作考核。

表彰、奖励情况

2009—2012年，黄石市图书馆共获得各种表彰、奖励10次，其中，文化部表彰1次，省政府表彰1次，市政府表彰3次，其它表彰5次。

图书馆外貌

古籍文献阅览室

全民阅读活动

图书馆服务宣传周

中国作家黄石文化论坛

馆领导介绍

陈东韵，男，1967年12月生，本科学历，管理学硕士，中共党员，副研究馆员，黄石市文化局副局长、市图书馆馆长。1991年7月在湖北师范学院参加工作，历任湖北师范学院图书馆主任，馆长、书记等职，2013年7月任黄石市文化局副局长、市图书馆馆长（正处级）。兼任黄石市图书馆学会会长。

王朝霞，女，1967年2月生，本科学历，中共党员，副研究馆员，副馆长。1988年7月到黄石市图书馆参加工作，先后在采编部、研究辅导部、借阅部等部门工作，任副主任、主任等职，2002年8月、2012年元月聘任为副馆长。

程晓莉，女，1974年2月生，本科学历，中共党员，副研究馆员，副馆长。1995年7月到黄石市图书馆参加工作，先后在借阅部、采编部、办公室等部门工作，2002年8月担任馆办公室主任，2012年元月聘任为副馆长。兼任黄石市图书馆学会秘书长。

书海霓裳服装毕业设计作品展示

未来展望

黄石市图书馆遵循“读者服务创新化、特色活动品牌化、学术交流纵深化、内部管理人性化、争创工作制度化、设施建设现代化”的建设方针，2012年，在不断强化自身综合实力的同时，通过黄石市公共文化服务体系示范区创建工作，带动了全市公共图书馆事业的整体发展。2012年元月，黄石市图书馆老馆改扩建工程已正式立项，黄石市图书馆总分馆建设工作也正式启动。在未来的几年里，黄石市图书馆将通过基础设施建设以及服务网络的进一步构建，将建成独立的黄石市少儿图书馆、五大城区分馆以及涵盖中心城区的24个社区图书馆，形成运行完善的三级服务网络。同时，还进一步提升支撑保障全市公共图书馆服务体系良好运行的文献与技术能力，实现与市内高校、科研系统图书馆实现资源共享互补的目标，办馆的各项指标位居湖北省地市级公共图书馆前列，达到全国公共图书馆一级馆的基本标准。

联系方式

地　址：湖北省黄石市团城山广会路15号
邮　编：435002
联系人：程晓莉

电子阅览室

图书开架阅览室

十堰市图书馆

概述

十堰市图书馆成立于1979年2月，同年12月正式对外开放，其前身是十堰市文化局图书室。馆址经3次变迁，1988年8月20日，位于十堰市六堰人民广场的新馆建成开放。新馆建筑占地面积4764平方米，建筑面积为11364平方米，设计藏书容量120万册，阅览室坐席800个。1994年以来，参加第一次至第五次全国公共图书馆评估，均获得一级图书馆。1995年4月1日，原郧阳地区图书馆并入十堰市图书馆。2004年8月–2005年元月，十堰市图书馆实施大楼加层改造工程，增加建筑面积1300平方米。2012年，十堰市图书馆有阅览坐席704个，计算机140台，信息节点255个，带宽接入24Mbps，选用Interlib图书馆集群自动化管理系统。

业务建设

截止2012年底，十堰市图书馆总藏量为61.1436万册（件），其中，加工文献总数为48.6764万册（件），报刊总藏量为12.4672万册。此外，还藏有电子图书3.1926万册，电子期刊200种，有声图书馆资源10万种，视频专题资源2254部。

2009–2011年，十堰市图书馆新增藏量购置费120万元，2012年新增藏量购置费增至45万元。2009–2012年，共加工入藏图书2.4284万种，4.7万册，报刊1000种，视听文献1926种。2009–2012年，收集入藏地方文献562种。

截止2012年底，十堰市图书馆数字资源总量为130TB，其中，自建数字资源总量2TB。自建的数据库有“十堰古籍联合书目专题数据”、“十堰非物质文化遗产数据库”、“十堰地方视频数据库”、“十堰记忆全文数据库”、“十堰老照片数据库”等。

2011年，十堰市图书馆完成了“共享工程”中心机房和公共电子阅览室的建设工作，更新了全馆的网络布线；2011年12月，实现馆内无线网络全覆盖。2012年，十堰市图书馆借助国家数字图书馆推广工程，搭建了数字图书馆对接系统，实现了与湖北省数字图书馆VPN对接；2013年，实现了与国家数字图书馆VPN对接，并安装了统一认证和唯一标示符系统；2013年1月，将自动化管理系统升级为Interlib图书馆集群自动化管理系统。

读者服务工作

从2009年7月起，十堰市图书馆每天开放时间延长至10小时，周开放70小时。2011年12月，十堰市图书馆与十堰地区各高校图书馆联合签名发布对全社会免费开放宣言书，实行通借通还。2009–2012年，十堰市图书馆书刊总流通128万人次，书刊外借120万册次。

2007年，由企业捐助创办“十堰市汽车流动图书馆”，有效地将图书馆传统借阅服务与现代数字网络化信息服务延伸到社区、机关企事业单位、军营、学校、乡村等各类社会群体，在全市设立了40多个流通点。

2009–2012年，十堰市图书馆先后在银监局、农商银行、地税局、检察院、顺强有限公司、审计局、武警支队等7家单位建立行业分馆。

2002–2011年，十堰市图书馆连续十年在馆大楼前面的人民广场举办“元宵节”有奖猜谜活动。2004–2012年，十堰市图书馆连续八年举办“你读书，我买单”活动。2010–2012年“世界读书日”期间，十堰市图书馆连续三年在馆前人民广场组织大型诗文诵读活动，每年都有30多家机关企事业单位，2000余人参加诵读方阵。

2009–2012年，十堰市图书馆举办讲座、展览、培训、阅读推广等读者活动316场次，参与人数10.4万人次。先后创办了“共筑和谐，十堰讲坛”、“你读书，我买单”、“今日导读”、“信息摘编”、“信息直通车”、“一对一服务”、“五进服务”、“少儿图书银行”、“国学经典讲座”、“集报展和集报知识讲座”、“快乐双休”、“亲子活动”等服务品牌，以多种形式打造图书馆服务新业态，丰富图书馆服务的内容和形式。

业务研究、辅导、协作协调

2009–2012年，十堰市图书馆职工发表论文95篇，出版专著1部，撰写调研报告4篇。

2008年以来，十堰市图书馆与十堰市残联协作，建有十堰市残疾人图书馆和十堰市残疾人数字图书馆。

2009年，十堰市图书馆在中宣部争取到了5万多册新书。

2009年以来，十堰市图书馆与武汉市少儿图书馆建立了馆际互借关系，并在少儿部设专架。

你读书，我买单

汽车图书馆走进军营

2011年，十堰市图书馆与武汉“书之恋”书商签订资源共建协议，两年共买3万多册图书，附带1.6万多条数据。2012年以来，十堰市图书馆分4批在国家图书馆书店购买新书7390册，并获随书附带数据7000余条。

2010年，十堰市图书馆制定了《十堰市城区图书馆总分馆制的建设规划》；2012年，十堰市图书馆地方文献中心与十堰地区各县（市）图书馆签订了《十堰市地方文献中心建立各县分中心暨地方文献交流交换协议》，并有少量的文献交流。2012年，与湖北省馆签订了“湖北地区文献资源共建共享协作暨公共图书馆文献资源建设协调协议”、与襄阳图书馆签订了“十堰市图书馆与襄阳市图书馆资源共建共享协议”。

2009–2012年，对县图书馆和基层图书馆（室）进行业务辅导44次，培训365人次。

管理工作

2008年，十堰市图书馆完成第二次全员岗位聘任，本次聘任共设70类岗位，有64人重新上岗。同时，实行岗位管理和工作目标管理责任制，年初下达全馆工作总目标，各部门制订全年工作总目标和季度量化工作目标，并按照馆长—（分管）副馆长—中层干部的顺序，层层签定工作目标责任状。每季进行工作检查和考核，全年进行总体工作考核。2009–2012年，共抽查文献排架24次、书目数据15次，撰写专项调研、分析报告和工作提案30篇，召开各类专题工作研究会议40次。

表彰、奖励情况

2009–2012年，十堰市图书馆共获得各种表彰、奖励20次，其中，国家级2次，省级8次，市级10次。

馆领导介绍

赵明意，男，1961年11月出生，湖北十堰人，汉族，大专，中共党员，党支部书记。1978年7月参加工作，1994年7月任十堰市文化局办公室主任，1995年元月任十堰市文体局科长，2014年9月任十堰市图书馆党支部书记。

倪传明，男，1957年5月生，大专学历，中共党员，副研究馆员，副馆长。1971年9月参加工作，1997年12月任十堰市图书馆副馆长。

郝敏，女，1970年10月生，研究生学历，硕士，民进党员，副研究馆员，副馆长。1990年7月参加工作，2009年12月任十堰市图书馆副馆长，兼任十堰市图书馆学会秘书长。2013年被评为十堰市首批文化体育系统领军人才。

未来展望

十堰市图书馆遵循“以事业发展为主题、以读者服务为主线、以改革创新为动力、以满足读者阅读需求为出发点”的办馆方针，创新服务模式，实施人才培养战略，不断增强图书馆综合实力，着力打造“环境和谐、充满活力、全国知名、区域一流”的公共图书馆。

图书馆大楼

一是强化图书馆基础设施和服务效能建设，在全市形成以十堰市图书馆为总馆，以四县一市、五区公共图书馆为分馆的“总分馆”制，实行图书的统一采购、统一编目、统一配送、统一管理的模式，并逐步形成服务网络体系。

二是建设专业咨询馆员队伍，同时全面推进图书馆数字化、网络化建设，开展虚拟参考咨询服务，加强网络环境下的虚拟咨询服务和跟踪定题服务，努力提升图书馆的服务水平和核心竞争力。

三是增强文献信息保障能力，建设特色资源数据库，展示地方文化特色。(1) 武当文化数据库。收集所有关于武当文化、武当武术等的出版物和经整理的信息资源，分类制作专题数据库。(2) 汉水文化数据库。从十堰秀水历史中寻找汉水文化的根脉，保护汉水文化遗存，提升汉水文化价值。(3) 汽车文化数据库。搜集整理汽车艺术文化、汽车展览文化、赛车文化、汽车创意文化的知识，整理东风“起点”文化，形成人在车城，情在车城，创业在车城，幸福在车城的特色专题数据库。(4) 地方文献数字化。十堰市图书馆地方文献中心所藏3700多册（件）文献分门别类进行数字化。

联系方式

地　址：十堰市公园路11号
邮　编：442000
联系人：刘　娟

（撰稿人：吴鸿春）

“十堰讲坛”进乡村

“颂读中华经典·共享和谐社会”

举办元宵节有奖猜谜活动

宜昌市图书馆

概述

宜昌市图书馆1956年建馆，馆址位于福绥路32号。先后在解放路、古佛寺、光前街、博物馆等地对外开放。2008年9月，位于夷陵大道225号的宜昌市图书馆新馆建成开放。新馆建筑面积17000平米，藏书69万册，阅览座席1005个、其中少儿阅览座席181个，网络节点1000个，日均接待读者2000人次。新馆采用超高频RFID智能图书管理系统。开通读者短信平台，建立了宜昌市图书馆门户网站，开通了网络续借和书目检索功能。数字图书馆工程已正式运行（可提供50万种电子图书的全文阅读）。通过讲座、展览、多媒体放映、电子阅览等形式丰富读者文化享有方式，已成为宜昌的藏书、目录、馆际协作协调、信息存储传递和业务研究中心。2009年，在文化部第四次公共图书馆评估定级活动中，首次评为“国家一级图书馆”。

业务建设

截止2012年底，宜昌市图书馆总藏量120万册（件），其中，纸质文献藏书69万册（件），电子图书51万册。年均新增报刊703种。年均新增图书6173种；地方文献入藏量逐年增加。

馆内采用超高频RFID智能图书管理系统，实行“一证通”服务，读者可自助借还。2013年，实现馆内读者服务区域无线网络全覆盖。安装24小时自助借还机供读者使用。

2010年，宜昌馆着手建设数字图书馆，一次性购买了50万种电子图书、5000集视频资源；2011年，购买了博看人文期刊3000种；2012年，又争取了专项经费10万元，购进电子图书1万种，视频资源3000集。

截止2012年底，宜昌市图书馆数字资源总量为17TB，其中，自建数字资源总量3TB。完成宜昌旅游文化特色资源4部，包括《梦里老家车溪》、《昭君故里》、《屈原故里端午习俗》及《长阳清江》等，拍摄并上传三峡文化讲坛讲座视频20多场。

做好古籍资源普查，加强古籍保护。2010年申报“国家珍贵古籍名录”5部，“湖北省珍贵古籍名录”10部，其中《唐书》1部共45册被选入第三批国家级古籍珍贵名录，申报的《宋书》20册入选了“湖北省第一批古籍珍贵名录”，参与《中华古籍总目·湖北卷》的编辑工作。2011年被评为“湖北省首批省级古籍重点保护单位”。

读者服务工作

宜昌市图书馆全年365天对外开放，每天开放时间12小时，每周开放时间84小时。2011年9月，实现全免费开放服务。2012年，外借册次达61万，读者到馆人次达81万。自2009年起，按照每年3–4个的标准，有计划地在馆外建设流通服务点。截至2012年底，共建设馆外流通服务点35个，另有1台流动图书车和1个24小时自助图书馆，2012年馆外流通点外借册次达16.9万册次。

为领导机关决策提供信息服务。编印了《领导参考》、《经济导报》《旅游快讯》等二次文献，分别送给宜昌四大家领导及各有关部门领导。利用每年“两会”召开之机，在“两会”会场进行现场咨询，为代表委员撰写提案提供信息服务。

2010年3月，宜昌数字图书馆正式上线试运行。读者凭借书证和密码，在家里鼠标轻点就可体会坐拥书城的快乐。截至2012年末，点击率达到近29万人次。

宜昌市移动图书馆于2012年6月开通试用。利用这个平台，市图书馆读者只需要利用手机浏览器登录，即可使用数字图书馆的所有资源。

2012年，宜昌市图书馆共举办讲座、展览、培训、阅读推广等读者活动442场次，参与人数4.79万人次。“三峡文化讲坛”、“快乐小屋故事会”、“元宵灯会”等读者活动已产生品牌效应。读者活动还倾向关注弱势群体，为农民工子女、留守儿童、残疾人、服刑人员、福利院老人等提供送书上门、送活动上门的服务，保障弱势群体的阅读权利；积极开展共享工程惠民服务。

业务研究、辅导、协作协调

2009–2012年，宜昌市图书馆推荐参加省级以上学术会议的论文达36篇。课题《对宜昌农村文化服务体系建设的调查与思考》获宜昌社科联研究课题二等奖。《三峡图书馆人》是宜昌市图书馆学会会刊，每年四期，定期出版，编发宜昌各会员馆工作交流、学术论文、信息动态等。组织城区协作网单位、各县市公共图书馆和基层单位专业人员进行培训。先后邀请湖北省图书馆学会专家巡讲团来宜开展学术讲座，包括省图书馆常务理事、武汉市图书馆馆长李静霞做的《公共图书馆服务及其范例分析》，中国科学院国家科学图书馆武汉分馆研究员、业务处长江洪题为《国外图书馆最新战略规划研究》的学术讲座，三峡大学图书馆副馆长刘芳题为《图书馆技术环境的发展趋势与应对策略》的专题讲座等。市图书馆学会先后被湖北省图书馆学会、宜昌市社科联、市民政局授予“先进图书馆学会”、“先进社团”等称号。

为加强区域间图书馆协作协调，2010年5月31日，宜昌市图书馆与荆州、荆门图书馆签订了合作协议书，“宜荆荆”图书馆联盟正式成立。开展了三馆读者图书互借、合作编辑出版地方文献联合目录、地方文献精品交流、共同举办读书活动、举办宜荆荆图书馆联盟论坛等协作协调工作。通过绑定IP的方式，荆门、荆州市图书馆可以利用宜昌数字图书馆资源，开启三地电子资源共建共享的先河。

电子阅览室

图书馆中庭

图书馆新馆外观

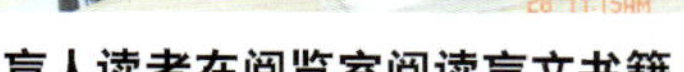

盲人读者在阅览室阅读盲文书籍

小读者挑选喜爱的图书

送书下乡——五峰

管理工作

宜昌市图书馆实行目标考核，加强内部管理，制订《宜昌市图书馆岗位设置》、《宜昌市图书馆岗位聘用实施方案》、《宜昌市图书馆部室岗位职责》等文件，成立了考核领导小组，出台了目标管理考核标准，对各部室实行目标考核，建立分配激励机制。严格财务制度。加强消防安全及保卫工作。

表彰、奖励情况

2009年，宜昌市图书馆被市文化局评为“全市文化工作目标管理优胜单位”，市总工会授予服务窗口“工人先锋号”称号，全国妇联授予宜昌馆“全国三八红旗集体”称号；2010年，被市文化局评为“宜昌十佳文化单位”，市直机关工委授予总服务台“巾帼文明示范岗”称号；2011年被湖北省文化厅授予2006—2010年“湖北省十佳图书馆”称号；2012年，被湖北省文化厅授予“2011年度优质服务窗口”；2010—2011年，被宜昌市政府评为“最佳文明单位”。

馆领导介绍

江世华，男，1972年3月生，本科学历，中共党员，副研究馆员，书记、馆长。1990年7月在宜昌市图书馆参加工作，先后在外借部、采编部、办公室工作，任主任、副馆长等职，2009年2月任宜昌市图书馆馆长，兼任湖北省图书馆学会常务理事、宜昌市图书馆学会会长。

彭定红，男，1964年2月生，本科学历，中共党员，副研究馆员，副馆长。1986年到宜昌市图书馆工作，先后在采编部、科技文献部、计算机网络部等部门工作，1998年任副馆长。2010年获省文化厅公共图书馆先进工作者称号。

罗萍，女，1971年4月生，本科学历，中共党员，中级职称，支部副书记。1990年到宜昌市图书馆参加工作，先后在采编部、读者服务部工作。

薛玲，女，1967年12月生，本科学历，民盟盟员，副研究馆员，副馆长。1989年参加工作，曾在读者服务部、采编部、业务辅导部工作，先后担任宜昌市图书馆学会副会长，湖北省图书馆学会未成年人图书馆工作委员会委员，民盟伍家岗区基层委员会主委，政协宜昌市第四、五届委员等职。2010年，被湖北省图书馆学会评为优秀学会工作者，2011年，被中国图书馆学会表彰为2009—2011年度优秀会员，被政协宜昌市委员会表彰为优秀政协委员。

余民莉，女，1963年4月生，专科学历，中共党员，副研究馆员，工会主席。1986年4月到宜昌市图书馆工作，先后在外借处、网络部、办公室等部门工作。

王风成，男，1977年12月生，本科学历，中共党员，高级工程师，副馆长。2001年11月到宜昌市图书馆参加工作，先后在采编部、读者服务部、计算机网络部工作。2011年获湖北省文化厅“公共图书馆先进工作者”称号。

未来展望

未来三年，宜昌市图书馆藏书（纸质）将达到90万册以上，日均可接待读者超过2500人次。形成2个以上品牌服务项目。配备流动服务车，图书馆每年流动服务不少于30次。

加快建设宜昌市数字图书馆，以高速、宽带网为运行支撑，实现全民网上阅读，开展网上读者服务活动，建设2个以上地方特色数字资源库，可用数字资源达20TB，满足不同层次读者个性化阅读需求。

宜昌市图书馆将以宜昌创建国家公共文化服务体系示范区（中部）以契机，构建“一网五化，城乡共进”的公共图书馆服务体系。建立宜昌图书馆总分馆制，以市图书馆作为城区总馆，在城区建立60个村（社区）分馆，形成总馆以6千米为服务半径，分馆以2千米为服务半径的公共图书服务网络。宜昌市图书馆遵循“智慧、服务”的办馆方针，将以更加人性化的服务方式、更加舒适的借阅环境、更加准确便捷的服务效率为广大市民服务，为学习型社会作贡献。

联系方式

地　址：湖北省宜昌市夷陵大道225号
邮　编：443000
联系人：江世华

全民阅读示范基地

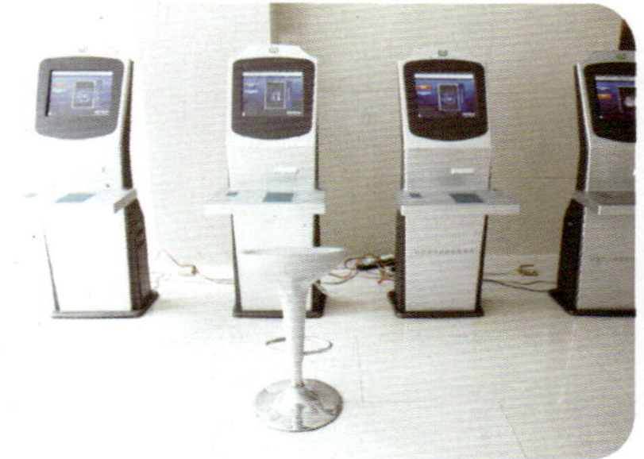

RFID自助借还系统

专题讲座

襄阳市图书馆

概述

襄阳市图书馆创建于1953年10月，现址在襄阳市襄城区檀溪路169号，1996年建成并正式对读者开放。2010年市图书馆与市少儿馆整合实行一套班子、二块牌子联合办公。2009年在第四次公共图书馆评估定级中被文化部命名为一级馆。现图书馆占地16000平方米，馆舍建筑面积8080平方米；藏书40万种，报刊合订本2.5万册，总藏量66.6万册；辟有7个阅览室，可容纳读者座位700个，其中少儿阅览室座位120个。2012年，襄阳市图书馆书刊文献年外借达89万册次，计算机85台，宽带接入10Mbps，无线局域网覆盖100%，选用ILAS图书馆自动化管理系统。

业务建设

截止2012年底，襄阳市图书馆总藏量66.6万册，相比2008年增加18万册，其中，电子文献9000种，视听文献600件。

2012年，襄阳市图书馆购书专项经费增加至168万元，电子资源购置费比例达5%，其中市图书馆68万元，少儿图书馆22万元，流动图书站78万元。2012年，新入藏图书32000种，报刊731种，地方文献17000册，多卷书、连续出版物入藏完整率100%。2009–2012年逐步建成市政协文史资料中心、三国藏书馆、古籍保护中心。

截止2012年底，襄阳市图书馆数字资源总量为10TB，读者专用电脑56台。2009–2012年，按CNMARC格式将馆藏中文书目100%数字化，建成地方专题文献数据库数量20000条。

2011年，将自动化管理系统升级改造为ILAS2.0系统，以适应湖北公共图书馆服务联盟建设的需要，同时，增加了RFID自助借还书系统。2013年年底，开始网站更新和业务办公自动化管理。

读者服务工作

从2011年5月1日起，襄阳市图书馆全面实行免费开放，开馆时间为8:30–20:30，周开放时间为84小时。同年，引进RFID技术，实现了馆藏文献的自助借还。年借阅人次在30万人次以上，书刊外借89万册次以上，人均到馆次数18次以上，外借率达到70%以上。与各县（市）、区、部分学校图书馆开通馆际互借服务8家。全市建有120个图书服务点、流动站，每年书刊宣传不少于600种，书刊外借在22万册以上。2012年9月，为诸葛亮文化节汇编《诸葛亮文集》。2010年起，先后为“两会”提供决策咨询信息、为企业提供科技生产信息服务，其中《全球纳米产业民展研究报告》最受欢迎。

2009–2012年，襄阳市图书馆开通襄图微博，引入移动图书馆，组建襄图俱乐部。2012年，襄阳市图书馆提供使用的数字资源下载量达3TB，实现《汉江讲坛》每月更新2次，《在线讲座》每月更新2次，《远程教育讲座》每月更新1次。

近5年来，襄阳市图书馆共举办讲座、展览、培训、阅读推广等读者活动250多场，吸引读者50余万人次，其中汉江讲坛和市民大讲堂已成为全市公益文化服务活动的精品名牌。小诸葛读书会、英语角、诗社为不同年龄、不同爱好的读者开辟学习交流环境。各级各类媒体宣传报道我馆开展活动情况300余篇（条），其中二次登上中央电视台新闻频道。

业务研究、辅导、协作协调

2009–2012年，襄阳市图书馆职工发表或入选在省级以上刊物的论文40余篇，每年10篇以上获奖，其中撰写有较高学术价值的调研报告4篇，专著2篇，科研项目1个。从2010年起，襄阳市图书馆以中心馆和分馆制的运营模式，整合了市、县、乡镇、村（社区）图书室资源。截止2012年底有6个县级公共图书馆参加服务网络，占全市县以上公共图书馆总数的86%，实现通借通还50%，借阅文献500册。期间，举办农家书屋管理员、中小学图书管理员、农村乡镇长等业务培训10次，200多人接受培训，覆盖80%街道、社区图书室和50%农村乡镇图书室。对各县级支中心、基层服务点、各社区流通站的业务骨干进行基层设备操作培训800余人，覆盖率达90%。

2012年4月16日，襄阳市图书馆学会举行了换届改选会议，推选出湖北文理学院图书馆馆长杨豪良担任襄阳市图书馆学会会长。

2009–2011年，襄阳市图书馆古籍保护中心人员多次参加国家、省级古籍培训班，组织专班到各县（市）、区图书馆、档案馆、博物馆等地进行古籍普查工作，指导古籍分类编目。其中10部211册入选第二批国家珍贵古籍名录、30部入选湖北省第一批珍贵古籍名录。同时，为国家中心和省中心出版珍贵古籍名录提供数字化底本40件。

2011–2012年，襄阳市图书馆每年向国家管理中心上缴《汉江讲坛》系列光盘，通过网络向省图书馆传送馆藏目录数据300条。

管理工作

襄阳市图书馆现有干部职工82人，在职50人，大学本科以上学历26人，大专以上学历45人，高级职称8人，中级职称29人，领导班子成员4人。内部机构设置为图书外借部、报刊阅览部、采编部、科技部、辅导部、少儿部和办公室。襄阳市图书馆还建立了分配激励机制和岗位责任制，实行了中层干部竞争上岗，职工按岗择优聘用，通报每月工作进度，每半年和全年进行总体工作考核。

表彰、奖励情况

截止2012年底，襄阳市图书馆干部及职工个人共获得各种表彰、奖励79次，其中，国家级表彰、奖励2次，省级表彰、奖励5次，获"一级图书馆"、"全国古籍重点保护单位"、"十佳图书馆"、"全省十大阅读基地"、"省级文明单位"、"优秀青少年维权岗"、"推动科学发展好班子"、"宣传工作先进集体"、"三八红旗集体"、"社会治安综合治理先进单位"、"平安单位"等荣誉称号。

馆领导介绍

高军，男，1961年4月出生，1978年12月参加工作，中共党员，大学学历，2007年8月任襄阳市图书馆党总支副书记、馆长。2009年11月被国家文化部、人力资源和社会保障部授予全国文化系统先进个人称号，2012年2月被襄阳市政府批准为2011年度享受市政府专项津贴人员，2013年4月被省文化厅聘为湖北省公共文化服务体系建设专家库专家。当选中共湖北省第十届党代表，襄阳市第十二届党代表。现任湖北省图书馆学会常务理事、襄阳市图书馆学会副会长、襄阳市汉水文化研究会会长、襄阳市三国文化研究会副会长。

丁希红，女，1963年2月出生，1982年参加工作，中共党员，大学学历，研究馆员，1999年任襄阳市图书馆副馆长，分管业务工作，兼任襄阳市图书馆学会秘书长。全国第一次可移动文物普查襄阳专家组成员，襄阳市专家人才库成员，襄阳市"隆中文化拔尖人才"。

刘晓红，女，1962年12月出生，1984年11月参加工作，中共党员，大学文化程度，1996年4月任湖北省南漳县广播电视局副局长，1998年11月任南漳县花庄镇镇长、党委书记，2001年5月任南漳县委宣传部副部长，2003年3月任襄阳市图书馆副馆长。

曹禹，男，1969年9月出生，中共党员，大学学历，1998年任襄阳市少年儿童图书馆副馆长至今。长期从事基层少儿图书馆的业务工作，曾在班子分工分管政工、业务、财务，连续组织举办了20期全市"红领巾读书读报"系列活动；2012年开始组织了"小诸葛读书会"、"童趣童爱"等系列活动，这些形式多样、内容活泼的少儿读书活动，深受全市少年儿童的喜爱。"小诸葛读书会"已经成为少儿图书馆社会影响活动较大的活动品牌。撰写的论文曾荣获全国征文二等奖，湖北省图书馆学会征文二等奖；2011年荣获湖北省公共图书馆先进工作者称号。

未来展望

襄阳市图书馆遵循科学发展观，践行党的十八大有关"社会主义文化大发展、大繁荣"战略，一是坚持公共图书馆的公益性，二是坚持现代化图书馆建设。2012年底，襄阳市图书馆改扩建工程正式启动，未来几年内将在现有馆舍的基础上，新建一个集少儿电子阅览、青少年文化活动中心、书画展览、讲座报告会、老干部学习中心于一体的综合文化大楼，使图书馆的馆舍面积再扩大4000平方米，满足市民的正常需求。

同时，为适应新形势需要，襄阳市图书馆新馆工程于2013年在东津新区开始兴建，建筑面积54377平方米，概算投资4.3亿元，将建成一所环保节能、开放综合、充满人文、智能现代、特色鲜明的具有汉水文化蕴涵的现代化大型公共图书馆。

联系方式

地　址：襄阳市襄城区檀溪路169号
邮　编：441021
联系人：杨敏，喻骆

（撰稿人：杨敏，喻骆）

鄂州市图书馆

概述

鄂州市图书馆是鄂州市唯一一座公共图书馆，前身为鄂城县图书馆，成立于1956年7月。1984年建立新馆，将鄂城县图书馆更名鄂州市图书馆，并对外开放。鄂州市图书馆建立开放以来，在曲折的发展的过程中，不断探索，开拓创新，无私奉献，为推动人类文明和社会进步做出了重要贡献。2011年被国家文化部授予国家一级图书馆，特别是建市30多年来，鄂州市图书馆事业如日中天，进入又快又好的发展新时期。

业务建设

夯实基础，创新技术，办馆条件不断提升：投资50余万元，建成了面积600平方米的图书馆北侧改造工程。投资200万元，完成工程建筑面积为1800平方米的图书馆二期工程（少儿馆）建设。投资150万元，建成小广场、对办公楼正立面、门窗、大厅及各部室的维修装饰。投资50万元，建成装饰美观大方、设施设备齐全的“吴都讲坛”报告厅。投资50万元，建成功能齐全、技术先进的现代化网络信息中心，面貌焕然一新。馆舍面积从原来不足1000平米达到现在的8100平方米，阅览座席529个，全馆实现办公自动化、业务自动化、网络化，广域网（光纤接入带宽20M）、局域网、无线网全覆盖。

加大投入，优化馆藏，业务整体推进：文献资源年购置经费由5万元提升到40万元，达到年入藏文献10000册，6000种，报刊500种，馆藏总量达到40万册件。数字资源建设上，利用吴王古都、三国文化等地方特色，通过加工、整合，建成《鄂州著作人传》、《鄂州非遗》、《鄂州地方志》、《鄂州三国文化》、《鄂州地区图书馆学术论文》、《鄂州古铜镜》等地方文献特色资源数据库，数字资源容量达到15TB。全面实行免费开放，文献资源全部实行开架借阅，年发展持证读者10000人，书刊年外借26万册次，接待读者28万人次。书刊年宣传6000种，书刊文献年外借率65%，人均年到馆次数达到32次。

读者服务工作

开展活动，创新服务，打造文化品牌：年开展以全民读书月、服务宣传周为主、在世界读书日、节假日、纪念日举办系列阅读推广活动达到100场次。利用“吴都讲坛”平台，开展系列专题讲座24场，“吴都道德讲堂”讲座10场，举办各类培训40余场次，全年讲座、培训达到74场。“吴都讲坛”讲座影响日益巨大，成为市民通向专家的桥梁，成为鄂州市党建教育“三大”平台之一。

业务研究、辅导、协作协调

开展辅导，学术研究，成果显著：学术研究成果走在全省前列，编辑出版了《鄂州名优特产录》、《鄂州著作人传》、《心中永远的圣地》、《鄂州文化志》、《鄂州市馆藏地方文献书目提要》、《探索与实践》五部专著，职工年撰写学术论文25篇以上，分别获得国家级、省级奖项，论文年的入选率达100%，连续八届荣获省图学会学术论文组织奖。

文化工程，强力推进，惠及全民：在全省率先建成市级文化共享工程——鄂州基层中心和电子阅览室。目前鄂州共享工程拥有自动化设施设备：大型服务器6台，存储器（容量50TB）一台，计算机100台，摄像机一台，投影机二台，数字化加工设备一套，20M带宽的光纤接入，面积约120平方米的电子阅览室及多媒体室和中控室，建立共享工程网站，开展移动图书馆、流通图书馆、着力推进数字图书馆建设。以此平台，向社会提供信息资源服务。共接待读者50万余人次，下载文献信息资料20000余份，办理阅览卡10000个，开展网上培训50余次，组织中小学开展网上教育30期。深入开展“文化信息进社区”、“进厂矿”、“进基层”等活动，把优秀文化资源送到群众面前，丰富了广大基层群众的精神文化生活，满足社区居民、乡镇农民“求知”、“求美”、“求乐”的精神文化需求，鄂州共享工程荣获全省十佳共享工程支中心荣誉称号。

强化管理，健全制度，提升形象：通过管理体制创新、业务创新、环境创新，实现了图书馆事业的快速发展。改变图书馆从几年前的脏、乱、差，债务重，难管理的现状，如今，面貌焕然一新，鄂州市文化信息资源共享工程全面建成；办馆条件日益改善，办公楼全面装修改造，小广场建成，少儿馆准备动工建设；读者服务阵地不断扩大；图书馆业务全面实现自动化管理；学术研究走向全省、全国省（市、州）前列；读者服务、读书活动出成果。如今的鄂州市图书馆成为了读者的文献信

图书馆主楼

少儿图书馆

少儿阅览室

电子阅览室

息获取中心、文化活动中心、知识交流中心、终身受教育中心，成为市民的文化精神家园，终身学习的学校。“不信春风唤不回”，市图书馆就凭着这种坚定的信念，以“不破楼兰誓不还”的拼搏精神干出了业绩。被文化部评为国家一级馆；被省委、省政府授予文明行业先进单位；被省社科联评为社会科学普及基地；被省知识工程领导小组授予全民读书月先进单位；连续八届荣获省图学会学术论文组织奖，荣获省文化信息资源共享工程先进集体；连续八届分别被鄂州市委、市政府为最佳文明单位、文明单位，连续两届荣获鄂州“十佳文明诚信”窗口单位；鄂州“巾帼示范岗”荣誉称号。

未来发展趋势

鄂州市图书馆坚持“读者至上、优质服务”的宗旨，开拓创新、与时俱进，切实保障了人民群众基本公共文化权益，不断满足市民日益增长的文化需求，为鄂州市社会、政治、经济、文化发展做出了突出的贡献。2014年，鄂州市新图书馆建设工程已启动，在未来的几年里，鄂州市图书馆将易地兴建一座建筑面积12000平方米的新馆舍。全面建成后的新鄂州市图书馆，集综合性、开放性、现代化、多功能于一体的市级现代化公共图书馆，将成为鄂州市文化标志性建筑之一，馆藏总量达到200万册，1000种报刊，900个阅览座位，300台电脑的基本配置，采用INTERLIB系统和RFID技术，实现图书馆文献资源的电子化、数字化、网络化和虚拟化；实现图书馆管理和业务现代化、自动化。年服务人次可达50万人次以上，数字资源存储能力100TB，能够提供全覆盖、不间断、无时空限制的数字文献远程和移动服务，适应未来社会发展需求。

书库

吴都讲坛名家讲座（1）

吴都讲坛名家讲座（2）

荆州市图书馆

概述

荆州市图书馆原名沙市市图书馆，1956年7月建于沙市中山公园涵荫草庐。1957年，北京路新民街口独立馆舍竣工开放。1960年底，撤销并入市文化馆。1978年恢复建制，回迁新民街口。1988年9月4日园林路新馆开馆庆典，时任国家主席李先念题写馆名，面积6531平方米，编制50人，藏书40万册。1991年2月21日，沙市图书馆少儿部单列成沙市少年儿童图书馆。1994年10月，荆州地区和沙市市合并，改名荆沙市。沙市市图书馆更名荆沙市图书馆，负责全市公共图书馆协作协调等工作。1996年底，荆沙市更名荆州市。荆沙市图书馆更名为荆州市图书馆。2004年10月，荆州市直市图书馆、市少儿图书馆、市科技图书馆（原荆州地区图书馆）机构合并，沿用荆州市图书馆馆名，人、财、物统一管理调配，形成一馆三地总分馆格局。馆舍建筑总面积11626平方米，编制75名。2012年荆州市政府决定在沙北新区规划行政文化中心，修建2万平方米市图书馆新馆。1998年以来该馆连续四次被评为国家一级图书馆。

截止2012年，荆州市图书馆阅览座席854个，其中少儿分馆338个，古城分馆103个；电脑及服务器104台，可供读者使用电脑65台，电子阅览室50台，专用存储容量为40TB；2009年租赁使用15M光纤宽带；1995年引入Ilas管理系统，2003年升级到IlasII，同年共享工程荆州市支中心建成；1998年开始建设电子阅览室，至2012年共更新三代电脑终端。打印机8台，复印机5台，其他外设如扫描、刻录、数码照相、摄像等设备齐全。读者服务区无线网覆盖范围大于80%以上。

荆州市图书馆2011年财政拨款340万元，2012年财政拨款450万元，增长率为24.4%，高于地方财政收入增长率。2012年新增藏量购置费60万元，其中购书521341元，电子资源购置费为5.5万元。2012年共享工程运行经费5万元，免费开放配套经费25万元。

业务建设

长期以来，该馆建立了以工具书、地方文献、饮食文献为特色的藏书体系，字画艺术、电子文献有一定比重。2012年底，荆州市图书馆总藏量为602005册，其中中心馆451289册。普通中文图书438123册、外文39491册。中文图书书目数字化占其总藏量的87%。图书平均年入藏6285.75种，报刊入藏822种。馆内可检索方正、博看网、同方、维普、万方等数据库，移动图书馆、有声图书馆为特殊读者提供服务，数字资源总藏量达到10TB。荆州市图书馆收藏古籍文献2.8万余册，其中善本约500册，是荆州市古籍文献收藏的主要单位。2011年3月该馆成为湖北省文化厅颁布的第一批“湖北省古籍重点保护单位”。

读者服务工作

荆州市图书馆每周开馆69小时，全年365天开放。2011年实现免费开放，计有中心馆社科借阅处、电子阅览室、盲人有声阅览室、廉政书屋、少儿馆中学生借阅室、明德英文图书馆、古城分馆报刊阅览室等15个窗口实现全部免费开放，文化广场、自修室、多媒体阅览室、数字报告厅等场所免费开放。每年为读者推荐新书700余种，馆藏书刊文献年外借率为57%，年外借册次为25万册次，年流通总人次为28.5万，持证读者数为1.32万，人均年到馆21.59次。读者办证人数，以及流通人次、书刊文献外借册次同比增长15%。全年编辑《信息参考》为领导机关决策提供信息服务。同时为残疾人、进城务工人员、未成年人、特殊学校学生以及服刑人员等特殊群体提供文献阅读和知识传播服务。

荆州市图书馆每年邀请专家举办各类讲座、报告会共70场，举办各类型展览12次。荆州市图书馆连续16年承办的“小太阳读书节暨全民阅读活动”已成为国家公共服务体系示范项目，每年超过10万中小学生和机关干部、社区居民等参与读书节活动。

每年农历4到9月所有周末、节假日，“春夏影视欣赏会”按时在图书馆文化广场举办，免费播放共享工程电影，服务社区居民和进城务工人员，每场观众达到300名-400名。电影进社区成为送文化下乡下基层重要项目。馆内电子阅览室上座率达90%。

业务研究、辅导、协作协调

荆州市图书馆实行总分馆制模式，科学规划管理1个总馆、2个直属分馆、23家机关、企事业、社区、军营、学校、乡镇等图书流动点。荆州图书馆学会以荆州市图书馆为依托，涵盖公共、高校、专业多系统，以及城区及县（市）区基层40余家图书馆共同构建全市公共文化服务体系。学会围绕图书馆学基础理论，图书馆科学管理，图书馆业务工作规范化、标准化、现代化，数字图书馆建设，文献资源共建共享等方面进行学术研究辅导，出版多部学术论文集。同时，学会在全市图书馆服务宣传和各项读书活动中，策划部署，组织协调，多次荣获市级优秀学会称号和省级学会征文组织奖。

荆州图书馆倡议并建成宜昌、荆州、荆门一小时城市圈宜荆荆图书馆联盟。联盟实行三馆轮值管理，制定联盟章程和异地读者使用图书馆规则，建立联盟QQ群，创建联盟网站，创办联盟简报，编辑“联盟馆地方文献联合目录”、连续举办联盟论坛和联盟图书馆馆长巡回报告会。

管理工作

2009年荆州市图书馆根据湖北省、荆州市事业单位岗位

荆州市图书馆

荆州市图书馆少儿分馆

荆州市图书馆古城分馆

2011年12月宜荆荆图书馆联盟年会

服务进军营

流动图书进社区

设置管理精神，结合本单位实际，按“先入轨，后完善”的原则，制定荆州市图书馆《岗位设置方案》、《岗位设置管理实施方案》、《专业技术岗位量化标准》等文本，广泛征求全馆职工意见，依照市人事局核定的管理岗位4名、专业技术岗位70名、工勤岗位1名的岗位职数对全馆在编正式人员进行岗位评聘，实现全员聘用。其中专业技术岗位高级岗7名，中级岗21名，初级岗位42名，三级比例1：3：6。人事改革公正、平稳，逐步实现由身份管理向岗位管理转变目标。

表彰、奖励情况

2009—2012年，荆州市图书馆共获得各种表彰、奖励27次，其中，文化部、财政部和国家图书馆学会表彰、奖励4次，湖北省委宣传部、省文化厅和省文化信息资源共享工程领导小组表彰、奖励4次，荆州市委组织部、宣传部、文化局、文明办、总工会、安全生产委员会奖励8次、其他表彰、奖励11次。

馆领导介绍

欧阳军，男，1956年11月生，在职大学学历，中共党员，研究馆员。1971年参加工作，历任沙市图书馆采编、辅导、科技等部门主任、市文化局团委副书记、市图书馆副馆长、市少儿图书馆馆长、荆州市图书馆改革筹备组副组长、荆州市图书馆馆长、总支委书记等职。系荆州市图书馆学会会长，湖北省图书馆学会常务理事，学术委员会委员，中国图书馆学会会员。2002年被评为享受荆州市政府津贴专家。2007年被评为荆州市专业技术拔尖人才。2013年被评为中国图书馆榜样人物提名候选人。

陈生平，男，1968年7月生，大学学历，中共党员，副研究馆员。1990年参加工作，历任荆州市图书馆自动化、网络等部门主任、馆长助理、副馆长、总支委员。系荆州市图书馆学会秘书长，湖北省图书馆学会专业委员会委员，中国图书馆学会会员。

孙品燕，女，1969年12月生，在职大学学历，中共党员，副研究馆员。1988年参加工作，历任少儿图书馆素质教育培训中心主任、市图书馆少图分馆馆长、市图书馆副馆长、总支委员。系荆州市图书馆学会理事，湖北省图书馆学会会员。

未来展望

荆州市图书馆遵循“服务为本，读者至上”办馆宗旨，践行改革发展、创新发展、可持续发展三步走战略，不断完善自身服务功能，扩大服务区域，带动地区事业发展。2009—2012年，在不断强化自身综合实力的同时，通过倡导创建宜荆荆图书馆联盟，带动了宜昌、荆州、荆门一小时城市圈图书馆事业的整体发展。2011年，荆州市图书馆新建工程正式立项。全面建成后的荆州市图书馆，总建筑面积2万平方米，阅览座席1800个，可容纳纸质文献200万册，能够提供全覆盖、不间断、无时空限制的数字文献远程和移动服务。同时，还具有支撑保障全市公共图书馆服务体系良好运行的文献与技术能力，主要指标位居全省地市公共图书馆前列。

联系方式

地　址：荆州市园林路47号
邮　编：434000
联系人：陈生平

图书馆大厅

电子阅览室

参考咨询室

武汉市江岸区图书馆

概述

江岸区图书馆原隶属于江岸区文化馆下设的图书室，于1984年12月1日从文化馆分离，独立建制，批准文号岸文党[84]13号，馆址胜利街257号。2009年被文化部授予国家一级图书馆。

1991年江岸区图书馆和江岸区少儿馆分离，江岸区图书馆搬迁至公安路81号，1993年江岸区图书馆搬至胜利街257号，1996年搬迁至头道街1502号与江岸剧场合并，2001年江岸区图书馆搬回公安路81号，2007年江岸区图书馆搬迁至黄石路34号，2012年江岸区图书馆搬迁至南京路63号。

业务建设

江岸区图书馆馆舍面积3018平方米。阅览座席400个。

历经二十八年的发展，目前馆藏图书152782册。线装古籍3700余册，线装二十四史820册，电子文献藏量500余种，每年开展地方文献征集工作，每年以20000册的新书速度递增。馆藏数字资源总量达4.1TB，馆藏中文文献数目数字化比率达到80%以上，在网站上开辟地方文献专栏。

在辖区设立全国信息资源共享工程基层服务点17个，设立图书专柜76个。

读者服务工作

根据文化部和财政部文件精神要求，已全面实现全方位免费开放。

免费提供文献查阅、办证、验证、公益讲座、基层辅导等。全周免费开放时间达到64小时。馆藏书、报纸、期刊，文献全部上架并免费对外开放，开架比率100%。

积极开展公开信息服务，将图书馆链接到政府网站，丰富政府信息内容。积极为社会各界人士开展参考咨询服务。为社区群众、残疾人、进城务工人员、未成年人、老年人开展读书、送书活动。开展图书馆网站服务7年。

每年举办图书馆服务宣传周暨全民阅读、金秋读书节、世界读书日、“读书之城·书香江岸”、国际风筝节等系列阅读推广活动。

业务研究、辅导、协作协调

参与地区图书馆联盟框架协议、武汉市公共图书馆联合编目和馆际互借体系建设并与省、市图书馆联合举办读书系列活动。在全区贴近基层、走进社区、踏进军营，建立三级图书馆网络。共建街道和社区图书室100多个，形成了区图书馆和街道、社区图书共享、资源共享。不定期对社区图书室图书管理人员进行业务辅导工作，举办“共享工程基层服务点管理员培训班”、“街道（社区）图书管理员培训班”等。

2005年建立全国文化信息资源共享工程基层分中心。目前，电子阅览室电脑30台，视障人士电脑2台，10M光纤接入，办公电脑15台，服务器数字图书存储容量6TB，机房拥有联想服务器4台，承担图书馆自动化及电子资源服务。

2010年10月，采编部和借阅部引进了INTERLIB系统，实现各种载体形式的文献信息资源的联机联合编目，书目资源的共享，图书自动化流通的几大步骤，借、续借、还书、预约、查询、统计等，功能齐全。目前，已经同全市图书馆联网，实现了全市通借通还和自助借阅功能。

管理工作

江岸区图书馆有职工12人，大专以上学历100%，中级以上职称7人，占全馆职工总数的58%。领导班子2人，员工岗位培训、继续教育年人均达40个学时以上。职工撰写的业务论文多次获奖、发表。

表彰、奖励情况

国家级荣誉：2005被文化部评为国家二级图书馆，2009年被文化部评为国家一级图书馆。

湖北省荣誉：2005年被湖北省图书馆评为全国文化信息资源共享工程基层分中心；2011年获湖北省图书馆学会颁发

电子阅览室

多功能厅

阅览室

低幼儿玩具室

"学术年会征文活动"组织奖。

武汉市荣誉：2009年获武汉市图书馆学会颁发第二十一届武汉市图书馆服务宣传周先进集体；2009年获武汉市图书馆学会颁发第十四届学术论文研讨会征文优秀组织奖；2010年获武汉市图书馆学会颁发第二十二届武汉市图书馆服务宣传周先进集体；2010年获武汉市图书馆学会颁发第十五届学术论文研讨会征文优秀组织奖；2010年被武汉市图书馆学会评为优秀会员单位；2011年获武汉市图书馆学会颁发第十六届学术论文研讨会征文优秀组织奖；2012年获武汉市图书馆学会颁发第二十四届武汉市图书馆服务宣传周先进集体；2012年获武汉市图书馆学会颁发第十七届学术论文研讨会征文优秀组织奖。

馆领导介绍

徐泓，女，1965年12月出生，大专学历，中共党员，图书馆牵头副馆长。1987年5月参加工作，2009年8月任江岸区文化馆党总支书记，江岸区非物质文化遗产保护中心江岸分中心副主任。2013年3月任江岸区少年儿童图书馆副馆长，2013年6月任江岸区图书馆牵头副馆长。撰写的论文多次在全国、省、市获奖，先后发表论文10余篇。2011年被江岸区委、区政府授予"江岸区有突出贡献中青年专家"的荣誉称号。2013年被武汉市委宣传部、文新广局授予"全市文化遗产保护工作先进个人"的荣誉称号。2013年被武汉市文新广局授予"第二十五届武汉市服务宣传周先进个人"的荣誉称号。

未来展望

一是进一步完善"区、街、社区"三级图书网络，加强各类图书室、阅览室、24小时自助图书馆的建设。

二是在辖区单位、学校、部队广泛开展阅读推广活动，为外来务工人员、低收入人群、智障人士等开展各类读书活动，将读书服务延伸到他们身边，让广大群众享受均等的公共文化服务。

三是探索中小学"智能图书馆"分馆建设，引领学校图书馆的建设和发展，服务未成年人。

四是结合江岸区情，建立江岸区图书馆特色馆中馆，充分发挥区级公共图书馆的引领作用。

联系方式

地　址：武汉市江岸区南京路63号

邮　编：430014

典藏室

书库

武汉市江汉区图书馆

概述

江汉区图书馆前身为江汉区文化馆图书室。1978年5月18日经江汉区革委会决定成立江汉区图书馆，与区文化馆合署办公。1984年正式建立江汉区图书馆，与文化馆分离，成为独立核算的正科级事业单位。现任馆长裴晋侠。

1996年9月30日，位于汉口新华下路19号新馆建成开放。新馆建筑面积3023平米，馆藏图书、报刊、电子文献资料20余万册（件），全馆分别设有报刊阅览室、少儿阅览室、图书外借处、地方文献室、工具书阅览室、电子阅览室、自习室、盲文室、视听室、陈列室等10余个对外服务窗口，为读者提供书刊借阅、资料检索、参考咨询、网上教育、信息导航等服务。阅览座位300个，馆内实行无节假日对外开放，每周服务时间66小时。

业务建设

截止2012年底，江汉区图书馆总藏量20万册（件），新增藏量购置费35万元。

1951年至1996年，分别在民权路二圣巷5号、民权路73号、江汉一路27号、民生路182号、前进四路169号、江汉区青少年宫等地开展工作，1998年迁至新馆即现今位置——汉口新华路275号，楼高八层，面积3023平方米。

支中心于2003年建成，并于2010年投入68万元进行了升级。电子阅览室和多功能厅是共享工程基层中心的主要服务阵地。目前我馆计算机管理系统初具规模，电子阅览室电脑30台，拥有5台高性能服务器、6台交换器、1套存储设备（5TB）、1套视频点播系统、防火墙、Interlib业务系统管理软件，建设了网站，接入10M光纤，已建成馆内千兆局域网，基本实现办公自动化及内外网上资源共享。

在藏书和经费方面。图书馆属全额预算单位，一应经费由区财政拨付，2000年–2012年13年间，图书馆财政拨款增加300%，购书经费费增加了138%，图书总藏量由2000年的12.4万册增加到2012年的20.9万册，书架总长度达到4554米，拥有计算机67台，空调19台，复印机2台，摄像机2台，投影仪2台，照机机2台。

读者服务工作

我馆以"读者第一、服务至上"为宗旨，开展了一系列读者服务工作。如预约借书、电话续借、资料代查、送书上门、馆际互借、图书宣传、咨询等，并开展军民共建、社区共建、知识下社区、书评比赛、知识竞赛、知识讲座、专题书展等活动。

1987年创办的"金桥"读书评书活动，享誉省内外，迄今已坚持了25年，共举办了二十四届，成为我区精神文明建设的拳头产品和精品。活动受到中央、省、市各级领导及专家学者的好评，省文化厅以文件转发了"金桥"书评活动经验；《中国文化报》、《新闻出版报》、《湖北日报》、《长江日报》、湖北电视台、武汉电视台等新闻媒介进行了大量的宣传报道，2006年被市委宣传部评为政治思想工作创新奖，2007年获文化部群星奖服务奖，2012年评为武汉市十大读书品牌，产生了良好的社会效应，为精神文明建设作了积极的贡献。

建立了汽车图书馆，在区福利院、劳教所、戒毒所、部队、机关等共建立了五十多个图书流通点，定期上门更换图书，最大限度地满足各类读者对知识和信息的需求。

几年来，我馆在区文体旅游局的领导下，立足实际，努力进取，围绕创一流、抓特色、出效应，加强业务建设和管理，创新读者服务形式，坚持开展具有传统文化特色的"金桥"书评活动，从各方面不断开拓我们的工作。随着我区精神文明建设不断深入，我馆在职工中开展"内强素质、外树形象、爱岗敬业、争创一流"的活动，很好地树起了城市文明窗口的形象，赢得了社会各界的好评，取得了一定的成绩。

业务研究、辅导、协作协调

2009–2012年，江汉区图书馆职工发表论文16余篇，出版金桥活动专著3部。

为加强基层业务辅导，2012年为7条街道提档升级及20个社区图书室辅导指导。建立图书网络，实现以区图书馆为中心，街道图书馆为龙头，社区图书室为基地的图书工作新局面，全面推行规范化、科学化、制度化管理，更有效发挥图书馆的社会职能作用。辅导工作任务重，要求高，加上有的街道条件较差，给辅导工作带来一定的困难，但我馆加强辅导力度，分别从技术部、电子阅览室抽调工作人员4人，对街道、社

廉政书画进社区

中国书史在部队展览

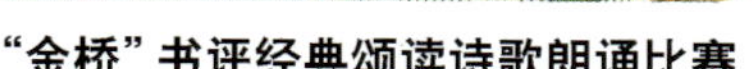
“金桥”书评经典颂读诗歌朗诵比赛

为部队送书

竞猜廉政谜语

区共享工程进行检查、辅导；指导全区开展第二十四届金桥书评活动；指导辅导全区30多个单位开展读书活动，辅导街道、社区、学校开展了少儿现场书画、征文活动；指导、辅导建立图书馆外流动服务点、指导开展了共享工程宣传服务活动。

管理工作

2012年我馆开展了岗位设置管理工作，根据《武汉市事业单位岗位设置管理实施意见》等文件精神，结合我馆实际情况，制定了《江汉区图书馆岗位设置实施方案》、《江汉区图书馆岗位任职条件》、《岗位责任制》、《岗位说明书》、《江汉区图书馆目标管理规定》等一系列制度，并对馆内各岗位层层落实责任制、签订目标责任书。即馆长与副馆长、分管部门负责人、签订目标责任书。年度和任期目标任务，由部门负责人根据部门工作目标和具体岗位情况确定。目标内容具体化、分解成量化的指标。责任内容的完成情况将作为职工年度考核定级的重要参考依据。根据岗位责任和目标管理，制定了奖惩制度、考核制度和检查措施。并与工资、奖金挂钩。

制定有《固定资产管理规定》等设备、物资管理制度，建有职工考核、参考咨询、课题服务、辅导、读者、党支部等档案，且较为齐全，每卷有目录。制订了《统计工作制度》，严格统计工作。业务（馆藏、读者、借阅、咨询等）、设施设备、劳动人事、财务统计等各类统计齐全，每年都写有统计分析。环境管理做到标牌规范、标准，阅读学习设施配套，大楼环境整洁、美观、安静；且维护良好。

表彰、奖励情况

江汉区图书馆2000年–2012年以来，受到国家、省、市、区等有关领导部门的表彰80多次；已连续四次被文化部授予“国家一级图书馆”称号、全省十佳公共图书馆、湖北省公共图书馆奖励基金颁发的计算机管理奖、全市文化工作先进集体、武汉市基层公共文化设施优质服务奖、武汉市文明用语示范岗、江汉区群众文化体育工作先进集体、江汉区先进基层党支部、江汉区女职工建功立业示范岗、江汉区巾帼文明岗等。

共享工程工作于2012年被文化部授予“全国文化信息资源共享工程·公共电子阅览室示范点”、金桥书评活动荣获文化部全国第十四届群星奖（服务奖）、第二届武汉市委宣传部政治思想工作创新奖，武汉市委宣传武汉读书之城建设《十大品牌活动》称号等。

组织开展的少儿活动、图书馆服务宣传周活动等，分别获湖北省知识工程第5–8届“童之趣”杯征文大赛优秀组织工作奖、武汉市图书馆服务宣传周活动中先进集体、武汉市“知识工程”少儿读书系列活动先进单位、省市学术论文研讨会优秀组织奖等。

馆领导介绍

裴晋侠，女，1963年2月生，本科学历，中共党员，副研究馆员，书记、馆长。1980年12月参加工作，兼任湖北省图书馆学会理事、武汉市图书馆学会常务理事。

周琼，女，1964年8月生，本科学历，中共党员，副研究馆员，兼任武汉市图书馆学会理事。

联系方式

地　址：江汉区图书馆
邮　编：430015
联系人：周 琼

著名作家熊召政读书思廉辅导报告会

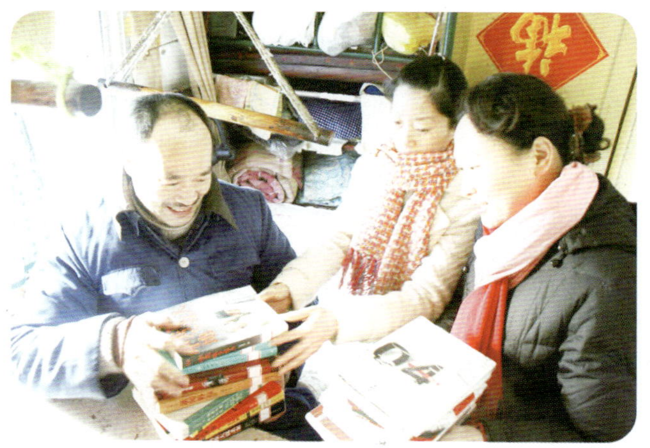
为残疾人杨忠保送书上门

武汉市硚口区图书馆

概述

武汉市硚口区图书馆始建于1979年，地址：武汉市硚口区集贤路特1号。馆舍面积2156平方米，文献总藏量21万册，内设阅览座席363个，计算机63台，宽带接入10Mbps，选用Interlib图书馆自动化集成管理系统。全馆内设12个部门，共计16个服务窗口。采取开架借阅、预约借书、馆际互借、通借通还等多种方式为读者服务，全年365天免费开放。2002年，硚口区图书馆开设电子阅览室。2003年，自建图书馆网站。2005、2009，连续2次获得“一级图书馆”称号。

硚口区图书馆常年开办各类公益讲座，举办“知识工程”读书系列活动，开展图书馆服务宣传周、优秀电影放映、各类展览及培训活动。图书馆与武汉图书馆开通“通借通还”、“一证通用”服务。在居民密集区，构建平方公里分馆20个。

业务建设

截至2012年底，硚口区图书馆文献总藏量200260(册、件)。其中：图书191040册，报刊430种，视听文献1268件，电子文献7522件。2010年，新增各类文献9797册（件），馆藏文献增长率为6.1%；2011年，新增各类文献9915册（件），馆藏文献增长率为5.8%；2012年，新增各类文献9658册（件），馆藏文献增长率为5.4%。

硚口区图书馆建有3个地方特色文献数据库：汉正街商品文化研究数据库、硚口著名企业数据库、汉口竹枝词研究数据库。设有地方文献专柜、目录，且有专人负责管理。

截至2012年底，硚口区图书馆数字资源总量为4.1TB。其中：全国文化信息资源共享工程县级数字图书馆推广计划1T；全国文化信息资源共享工程县乡资源母盘（南方版）1.2T；国家图书馆县级数字图书馆数字资源母盘118GB；知识视界80GB；网站视频点播资源905GB；网站电子书45GB；国家中心卫星数字资源756GB。

2010年，硚口区图书馆根据业务建设及发展的需要，引进广州图创计算机软件开发有限公司的Interlib图书馆自动化集成管理系统。同年，与武汉图书馆联网，开通“通借通还”服务。2012年，定制RFID标签2万张。2013年初，开始筹备RFID自助借还系统安装升级工作。

读者服务工作

硚口区图书馆为读者提供文献外借、阅览、检索、续借、预约、读者证办理、参考咨询、送书上门、馆际互借、通借通还等基本服务。自2011年6月起，全馆16个服务窗口及公共设施场所全部免费开放，每周对外开放时间63小时。2012年，硚口区图书馆书刊年外借册次12.61万册次，年流通人次20.2653万人次，持证读者5342人，人均年到馆37.94次/人。截至2012年底，硚口区图书馆建立平方公里图书分馆20个，馆外服务点30个。2009-2012年，分馆及馆外服务点书刊借阅总册次3.5005万册次。

2010年10月1日，与武汉图书馆联网，在武汉市区级图书馆中，首个开通“通借通还”、“一证通用”服务。2012年，硚口区图书馆协助武汉市文化新闻出版广电局、武汉图书馆，新建3个24小时自助图书馆。2003年，硚口区图书馆自建网站。图书馆网站（http://www.qklib.cn/）包括读者指南、硚图简讯、书目检索、数字资源、参考咨询、地方文献、读者留言、网上展览、新书速递等20个栏目，为读者提供信息推送、信息检索、参考咨询、数字资源阅览等服务。

2009-2012年，硚口区图书馆每年举办“知识工程”读书系列、社区名家讲坛、世界读书日、图书馆服务宣传周、优秀电影放映、各类展览和培训等活动。硚口区图书馆开展的“社区名家讲坛”公益活动，采取一月一讲的方式，邀请各界专家、学者亲临授课，以文学鉴赏、道德礼仪、医疗保健、家庭教育等为主要内容，已成为图书馆的品牌活动。湖北日报、楚天金报两家媒体曾作专题报道。

业务研究、辅导、协作协调

2009-2012年，硚口区图书馆职工获市级以上表彰或在市级以上刊物上发表论文12篇。

截至2012年底，硚口区图书馆已与文化信息共享工程湖北省分中心、武汉市支中心签订“文化资源共建共享协议书”，并与武汉市支中心联网，实现市、区两馆文化资源共享。2009-2012年，在文化信息共享工程建设中，硚口区图书馆共计投入89万元，2009年投入74万元，2010年投入5万元，2011年投入5万元，2012年投入5万元。2010年，硚口区图书馆完成文化信息共享工程硚口区支中心的改造升级，从国家中心数据库下载共享工程专题数据，并同步更新到共享工程网站，更新频率为每周一次。在图书馆服务网络建设方面，截止2012年底，硚口区图书馆已辅导全区11个街道文化站，134个社区建立图书馆（室），网络建设覆盖面达91%。2012

“书香硚口·全民阅读“活动

基层辅导

少儿集体阅览活动

社区名家讲坛讲座

青少年朗诵比赛

年，硚口区图书馆下基层服务点培训67次，到图书馆（室）培训24次，并举办社区图书管理员培训班和电子阅览室管理员培训班。2009–2012年，硚口区图书馆继续开展平方公里图书分馆建设，已建立分馆20个，每年到分馆交换图书近1万册。2009–2012年，硚口区图书馆积极配合上级图书馆开展读书活动。2010年，与武汉图书馆联网，在全市区级图书馆中，首个开通"通借通还"服务。2012年，与武汉大学信息管理学院协作办学两学期。

管理工作

截至2012年底，图书馆在编职工12人。其中，馆长（兼支部书记）1名，副馆长1名，全馆大专以上学历11人，占职工人员总数的92%。中级以上职称8人，占职工总数的67%。初级以上职称10人，占职工总数的83%。每年均制定学习计划，加强在职人员的继续教育和培训。

截至2012年底，硚口区图书馆已建立工作量化考核指标，共制定55项管理规章制度，实行科学化、制度化管理。图书馆研制并使用色系书标，按照《中国图书馆分类法》，将22个基本大类的图书，用色系书标予以区分，一种颜色（或线条）标识一个大类，便于图书管理、物流分拣，也方便读者检索图书。

表彰、奖励情况

2009–2012，硚口区图书馆获得国家级表彰2次，省级表彰3次，市级主管部门表彰4次，市级业务部门表彰13次，合计22次。

馆领导介绍

王有来，男，1956年11月生，本科学历，中共党员，中级职称，现任硚口区图书馆馆长（兼支部书记）。1974年12月至1986年元月，中国人民解放军52930部队，技师；1986年元月至1991年元月，硚口区文化局，科员；1991年元月至2001年8月，硚口区图书馆，副馆长；2001年8月至2003年元月，明确为正科级干部；2003元月至今，硚口区图书馆，馆长(兼党支部书记)。担任馆长期间，研制并使用色系书标，构建平方公里图书馆，并在全市区级图书馆中，首个开通图书"通借通还"服务。2010年，在武汉市图书馆学会第三届代表大会上当选为副主席、常务副理事长。曾多次被评全省公共图书馆先进工作者、市先进社团工作者、市图书馆服务宣传周先进个人、区绩效管理先进工作者、区直机关工委优秀党务工作者、区先进个人。

余建群，男，1971年12月生，大专学历，中共党员，现任硚口区图书馆副馆长。1990年至1993年，武汉市无线电变压器厂，担任过技术员、车间副主任、助理工程师；1993年至1998年，在硚口区图书馆打印室、产业部、外借处、音像部等不同岗位工作；1998年至2000年，硚口区图书馆，流通部主任；2003年至2009年，硚口区图书馆，信息服务部主任；2009年至今，硚口区图书馆，副馆长。2005年取得馆员任职资格。发表专业论文9篇，获得国家、省、市级10多项奖项。多次被评为区直机关优秀党员、区绩效管理工作先进个人、武汉市"知识工程"少儿读书系列活动优秀辅导员。

未来展望

2009–2012年，硚口区图书馆在不断强化自身综合实力的同时，通过构建平方公里图书馆，延伸图书馆服务，带动全区图书馆事业的整体发展；通过创建社区名家讲坛特色活动，在全区营造浓郁的读书氛围；通过绩效考核、色系书标，不断完善图书馆的业务管理工作，激发馆员工作积极性。接下来，硚口区图书馆将在硬件设施完善、资源整合利用、服务质量提升三个方面继续努力。硬件设备方面，完成RFID自助借还设备的安装和升级，购置图书点检车、读者自助查询机，通过RFID排架系统，为读者提供可视化的、准确的图书架层位信息，配置免费饮水设备，为读者提供更先进、舒适的借阅环境；资源整合利用方面，进一步扩大平方公里图书馆服务圈，跟进硚口区的城区发展新建图书分馆，并每年升级1–2个分馆使用RFID系统，开通市馆、区馆、分馆之间的"通借通还"服务，构建三级服务网络；服务质量提升方面，结合地区读者需求特点，提供个性化服务，并利用微博、微信等新媒体应用，广开渠道，加强图书馆的服务推广。

联系方式

地　址：武汉市硚口区集贤路特1号
邮　编：430030
联系人：王思敏

图书管理员暨网络管理员培训班

图书馆服务宣传周

展览

武汉市汉阳区图书馆

概述

汉阳区图书馆是国家区级公共图书馆，是把社会效益放在首位的国家公益性质的事业单位。

图书馆是知识的殿堂。马克思在图书馆渡过了他的一生，完成了巨著《资本论》；毛泽东在湖南图书馆确立了共产主义信仰，指导中国革命取得了伟大的胜利；图书馆造就培养了一大批科学家、学者和人才。图书馆的作用是任何其它机构所不能替代的。

图书馆是一个地区文明程度的重要标志之一。图书馆丰厚的文化底蕴和丰富的信息资源，通过搜集整理和传播，幅射到社会的各个领域，从而推动了社会的不断发展。文化底蕴越深，文献信息越大，地区文明的程度就越高。在十分重视领导班子知识化的前提下，各级党政领导对图书馆事业也越来越重视，有的地区甚至把是否成为图书馆的读者，作为进入领导班子考核的依据之一，从而有力地推动了图书馆事业的发展，图书馆的地位也进一步凸现出来。

汉阳区图书馆在区委、区政府的高度重视下，在区文化新闻广电局的直接领导下，图书馆事业不断推进，图书馆工作不断发展，图书宣传活动不断创新，图书服务领域不断拓展，为汉阳区经济发展和精神文明建设发挥了积极的作用。

汉阳区图书馆始建于1982年，现位于汉阳区墨水湖北路（三馆综合楼）。现拥有藏书15.8万余册，馆舍面积3377平方米；阅览座席400个，每年购新书6000余册，订报刊400余种，工具书530多种，设有公务目录、读者目录，另辟工具书目录、少儿图书目录、地方文献目录；现办理读者借书证3000个，拥有常年读者3000个，固定图书联系点30个，实行预约借书、资料代查、文献咨询、新书介绍、送书上门、馆际互借、跟踪服务等多种服务方式，近三年来，每年图书流通达10万余册次，接待读者达15万余人次；2003年区政府投资建立了ILAS编目系统和电子阅览室，添置计算机27台，打印机1台；2010年国家、省、市、区大力发展"全国文化信息资源共享工程"，图书分编提档升级，建立了"图创"分编系统并与全市联网，计算机设备全部更新，图书微机化管理又上了一个新的台阶；2013年通借通还工程已全部完成并推广使用，全馆流通图书换上了新的RFID标签和条码。

全馆正式职工编制9人，退休4人。领导班子设置：馆长1人，副馆长1人；机构设置："四部一室"（外借部、采编部、辅导部、技术部、办公室）；文化程度：大学本科6人，大学专科1人。职称聘任：副高职称1人、中级职称3人、初级职称4人；政治素质：中共党员8人，占全馆的90%。

公共图书馆是搜集、整理、保管和利用书刊资料，为一定社会的政治、经济服务的文化教育机构，是面向社会和公众开放的图书馆，是国家公益性的事业单位。区公共图书馆在普及科学文化知识、丰富群众文化生活、满足群众阅读需求等方面，发挥着十分重要的作用。其工作职责主要有以下几个方面：

1、坚持党的基本路线，坚持"读者第一、服务至上"的宗旨，注重强化服务意识，全心全意地为社会服务，为读者服务。

2、对社会文献流进行整序

（1）控制好社会文献流的流向；

（2）发挥文献的潜在能量。

3、为大众及时、准确地传递文献信息

（1）准确地传递文献的内容信息；

（2）快捷地传递关于馆藏文献的信息；

（3）及时、准确地为读者提供读者未知的文献和已知的文献。

4、搜集和保存人类的文化遗产

搜集各种印刷型资料，搜集各种文化的传播载体，搜集各种形式的制作和使用非印刷型资料。

5、加强管理，不断提高业务素质

做好文献搜集工作，确定收藏原则、收藏范围、收藏标准，取选购、订购、邮购、委托代购和交换、接收、征集、复制等方式源源不断地补充藏书；做好文献的个别登录和总括登录工作；认真进行文献的加工整理，按《中国图书馆分类法》（第五版）进行分类，并做好文献的标引、著录和目录的组织工作；做好书库的图书保护工作，扎扎实实地对图书做好装订、修补、防火、防潮、防光、防霉、防虫、机械性损伤及做好藏书的清点。做好读者服务工作，不断发展读者，对读者进行调研，满足读者需求；开展各种形式的图书流通推广、宣传辅

省政协副主席范兴元一行来我馆进行调研

送书、送设备到社区

会议室

接待室

24小时自助图书馆

导、参考咨询、文献检索等方面的活动。

6、开展有规模、有影响的图书宣传活动

在全社会开展迎春月图书活动、全民读书月活动；在中小学校开展“知识工程”读书活动；广泛开展全国性的“图书馆服务宣传周”活动；扎扎实实地开展“送图书，进社区”活动。创新形式，开展其他丰富多彩的图书宣传活动。

开发文献信息资源是图书馆的重要任务。

汉阳区图书馆利用特有的职能优势，充分运用图书文献资料，开展图书宣传活动，拓展图书服务领域，努力推动汉阳区经济建设和精神文明建设的发展取得一定成效。

作为武汉市十件实事之一的24小时自助图书馆在我区已建立四座，成为引导市民多读书、读好书，随处可见读书人的一道最美风景线；公共图书馆通借通还工程已全面完成并推广使用，读者服务将全面升级，市民可以享受到汉阳图书馆提供的多渠道、更便捷、更人性化的服务；24路公交车上首创全市移动的迷你图书馆，近一年来，10米车厢飘书香，汉阳区图书馆每季度为20辆24路公交车更换期刊杂志，累计更新千余册，为数万乘客提供了流动阅读服务；2012年，湖北省首家艺术家足球沙龙在汉阳区图书馆成立，其总体目标是以先进文化感染群众、影响群众、鼓舞群众。我馆借艺术家足球沙龙为平台，开展了多项画展、艺术展览等活动，创造了一个桥梁和通道，将汉阳打造成为引领城区文化发展的特色名片；举办了第二十五届图书馆服务宣传周，扩大了图书馆知名度和影响力；开展了“知识工程”少儿读书系列活动，培养了一大批新世纪人才；建立了“汉阳区读者协会”，引导读者读好书形成全社会良好的读书氛围；组织了丰富多采、形式多样的“送书上门”、“灯谜会猜”、“军民共建”、“征文比赛”、“书画表演”、“板报宣传”、“书评演讲”、“故事朗诵”等活动，充分发挥了图书馆的功效和作用。在1995、1999、2004年和2009年的四次全国图书馆评估定级工作中，我馆被评定为“国家二级图书馆”，在2013年第五次全国图书馆评估定级工作中，我馆被评定为“国家一级图书馆”。每年被评为“全省图书馆服务宣传周活动”先进集体，“武汉市少儿活动”优秀组织单位，先后被评为“市级文明单位”、“区级双文明单位”。

“发展是硬道理”。在信息飞速发展的时代，图书馆处于风口浪尖，激流搏击，不进则退，只有发展，才能前进。

领导的重视和社会的支持，共同修建起一幢全功能的图书馆大楼。

图书馆馆舍是图书馆事业及全部工作的基础，也是图书馆事业发展的关键。2010年在区委、区政府的关心支持下，在汉阳区文体局努力奋斗下，建起“三馆（文化馆、图书馆、档案馆）综合大楼”，汉阳区图书馆馆舍面积达到3377平方米，图书馆的馆藏建设就有足够的阵地，青少年也有了自己读书看报的场所，电教、鉴赏、比赛、报告、演讲等图书活动将会更加丰富多彩，吸引到“知识殿堂”的读者将会越来越多，更有条件向达到国家一级图书馆的标准迈进。

贯彻落实《湖北省公共图书馆条例》，政府财政加大对区图书馆的投入，解决区图书馆经费紧缺问题。

图书馆事业经费是图书馆生存的根本。温总理在今年的政府工作报告中指出：“加大政府投入力度，加快构建覆盖社会的公共文化服务体系。”这一论述，得到全国人大代表热烈响应，第一次出席人大代表、国家图书馆馆长詹福瑞认为，构建公共文化服务体系一定要以政府为主体，政府“买单”，才能创造一个有利于文化大发展、大繁荣的大环境。

创新图书馆服务方式，开展丰富多彩的图书宣传活动，让更多的人多读书、读好书，提高人民群众的科学文化水平。

图书馆服务方式的创新，是图书馆是否有生机和活力的体现。必须将过去传统、单一、封闭型的图书馆，向现代化、多元化、开放型的图书馆转变，才能使图书馆跟上时代前进的步伐；必须把过去的被动服务变为主动服务，多形式地开展送书上门，送信息上门活动，为政府决策当好帮手，为企业发展当好参谋。把图书宣传活动办得更具规模、更具特色，吸引更多的人知道图书馆、走进图书馆、利用图书馆，为汉阳区经济建设发展和提高人民群众的文化科学水平发挥更大的作用。

孩子们在艺术沙龙观看艺术作品展

开展“通借通还”技术培训

图书馆提供咨询，免费办理借书证

武汉市青山区图书馆

概述

青山区图书馆始建于1978年8月，地址：青山区建设九路11附24号。馆舍面积3200平方米，文献总藏量20.2万余册。内设辅导部、成人外借室、少儿外借阅览室、电子阅览室、盲人盲文阅览室、典藏室、多媒体报告厅、自习室8个服务窗口。本着“读者第一，服务至上”的服务宗旨，全年365天免费开放，采取开架借阅、预约借书、电话续借、送书上门、馆际互借、通借通还等多种服务方式，全方位为读者服务。1998年，参加第二次全国县以上公共图书馆的评估定级，首次获得一级图书馆。后连续三次获国家一级图书馆。2004年由湖北省文化信息资源共享领导小组授予文化信息资源共享区级分中心。2012年获武汉市“文明单位”称号。2004年选用自动化集成管理系统ILASⅡ2.0，从此图书馆开始全面实现了管理自动化。2009年9月23日，根据图书馆发展的需求，配合武汉市图书馆联盟建设，将自动化管理系统升级为Interlib图书馆集群管理系统。2012年12月开始筹建首座社区分馆，2013年7月28日对外开放。2012年，有阅览座席444个，计算机80台，宽带接入10兆，存储容量8TB并拥有6台各种高配置服务器，先进的自动化、网络化系统，为青山馆向数字图书馆迈进奠定了坚实的基础。

青山图书馆通过开展各种形式的读书和讲座活动，发挥了公共图书馆传播知识、服务社会的功能，常年开办各类公益讲座，举办“知识工程”读书系列活动，开展图书馆服务宣传周、优秀电影放映、各类展览及培训活动。与武汉图书馆开通“通借通还”、“一证通用”服务并建立分馆1个，馆外服务点27个，辖区居民可就近享受公共文化资源。

业务建设

截止2012年12月31日，青山区图书馆文献总藏量204261（册、件），电子文献藏量为2174种。其中图书年入藏量为5413种（9568册）、报刊年入藏量为1150册、视听文献入藏量117件。2011年，新增各类文献12509册，其中图书11233册，报刊1180册，视听文献126件。2010年，新增各类文献15450册（件），其中图书14213册，报刊1083册，视听文献154件。

2009年9月，将自动化管理系统升级为Interlib图书馆集群管理系统并积极参与市图书馆、兄弟馆的馆际互借、联合编目、讲座联盟和展览工作。2012年5月28日与武汉图书馆通借通还工作在正式开通，2013年4月，启动RFID智能借还功能工程建设工作。实现馆内WIFI无线网络覆盖。

读者服务工作

根据文化部、财政部《关于推进全国美术馆、公共图书馆、文化馆(站)免费开放工作的意见》精神，青山区图书馆从2011年12月1日全部向公众免费开放，实现无障碍、零门槛进入，所提供的公共空间设施场地和基本服务项目全部免费。坚持全开架、全天候、全免费的“三全”服务理念，充分发挥图书馆信息资源的作用。每天开放不闭馆，每周开放63小时，节假日照常开放。除工具室外，所有图书和报刊对读者开架借阅，达到80%以上，2012年，青山区图书馆书刊年外借册次142899册。流通人次为158356人次，持证读者数为10325个。

2012年以来，青山区图书馆协助武汉市文化新闻出版广电局、武汉图书馆，新建4台“24小时自助图书馆”分别在青山少年宫、青山公园、118街中商平价和123街中百仓储为广大读者提供“无休”的借阅服务。

青山区图书馆网站于2005年建成并对外访问，2009年进行了第一次改版，使网页设计更加美观，新增了书目检索、网

24小时自助图书馆宣传

成人外借处工作台

对武警图书室业务辅导

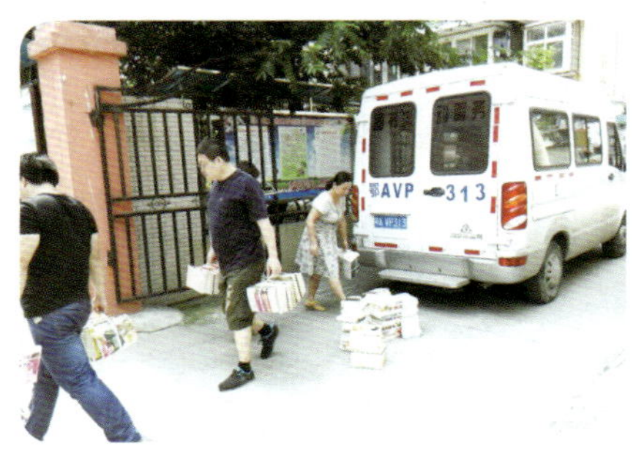

流动图书车送书进社区

青山课堂社区行

举办天下为公展览活动

少儿暑期电脑培训

暑期少儿活动——动漫播放

工作人员在向青少年读者介绍新书

上续借、网上数据库查询等功能。并根据全国文化共享工程的基本要求增加了数字资源服务，包括全国文化共享工程网站链接、地方文献、文化共享视频点播、非物质文化遗产等栏目。为读者提供信息检索、参考咨询、数字资源阅览等服务。

2009—2012年，结合武汉市建设“读书之城”五年行动计划，青山区图书馆在全区范围内开展全民阅读推广活动，共举办讲座、展览、培训、有奖猜谜、知识竞赛、读书征文、演讲比赛等活动100多场次，参与人数10万人次。以区图书馆为承办单位的“知识工程”少儿读书系列比赛活动，在全区范围内开展，是青山区图书馆阅读推广工作的特色品牌。

业务研究、辅导、协作协调

2009—2012年，青山区图书馆职工公开在全国专业刊物上发表论文7篇，获省、市级学会论文奖的有18篇。

从2011年起，青山区图书馆以文化信息资源共享工程VPN专网为依托，与市图书馆签订了《文献资源共建共享协作网协议书》、《武汉展览资源共建共享交流合作条例》，与基层图书馆（室）签署了《青山区基层流动图书室服务协议书》。在全区范围内开展流通服务、地方文献征集、阅读推广与讲座展览、业务培训等服务。截止2012年底，建立基层服务点84个。举办服务站点管理员培训班8期，培训1000人次。

管理工作

2011—2012年，制定了馆内岗位责任制和目标及工作人员考勤制度，定期抽查文献排架，年终进行严格的考核和奖惩，健全了财务制度、学习制度、卫生制度、物质管理制度，实行科学化、制度化管理。公开了服务承诺和服务标准，接受读者监督。

表彰、奖励情况

从2009年至2012年，青山馆获国家、省、市级以上的奖共计19项。其中：获国家级3项，省级1项，市级14项、区级1项。并多次荣获“知识工程”优秀组织奖，“图书馆服务宣传周”先进集体。

馆领导介绍

涂建武，男，1958年7月生，大专学历，中共党员，现任现任青山区图书馆馆长。

邓凤芝，女，1968年8月生，本科学历，中共党员，现任青山区图书馆支部书记。

吴红勤，女，1966年12月生，本科学历，现任青山区图书副馆长。

未来展望

青山区图书馆历经34年的建设与发展，现已成为初具现代化规模的图书馆。2014年，在青山区委、区政府的关心和支持下，图书馆新馆建设工作已经开始。未来两年，在和平大道将建一座建筑面积7500平方米的中型馆舍。全面建成后青山区图书馆在不断强化自身综合实力的同时，通过在硬件设施的完善、服务功能的增强、业务工作的创新三个方面继续努力，奋力拼搏，遵循“科学、创新、服务、发展”的原则，坚持以“读者至上，服务第一”的宗旨，为青山区文化建设和全民阅读方面将发挥更加重要的作用。

联系方式

地　址：武汉市青山区图书馆
邮　编：430080
联系人：吴红勤

为残疾人送书上门

我馆志愿者在夹订报刊

武汉市东西湖区图书馆

概述

东西湖区图书馆始建于1988年4月25日，1989年9月竣工，1990年元月8日正式对外开放。是东西湖区最早成立的区级公共图书馆。馆址位于东西湖区吴家山街吴祁路13号。占地1.7061亩，建筑面积2109平方米，设计藏书容量15万册，可容纳读者座位300个。1997年7月，成立"湖北作家文献中心"特色馆。当月，图书馆自动化建设项目立项，选用自动化集成管理系统ILAS5.0编目、流通2个子系统。1999年12月，该项目荣获东西湖区"星火计划"科研项目成果。2006年升级为ILASⅡ2.0，全面实现图书馆管理自动化。1998年，参加第二次全国县以上公共图书馆的评估定级，首次获得一级图书馆。后连续三次获国家一级图书馆。2002年，区图书馆电子阅览室建立。2008年5月，启动流动图书馆进校园活动。同年12月8日，盲人盲文电子阅览室揭牌。2010年2月8日，被全国文化信息资源共享工程湖北省中心选定为湖北省第一批实施"县级数字图书馆推广计划"图书馆之一。4月23日，成立"武汉市青少年素质教育陶宏开工作室东西湖工作站"。2012年10月，筹建东西湖区图书馆青少年分馆，2013年，东西湖区图书馆有阅览坐席410个，计算机72台，信息节点100个，宽带接入20Mbps，存储设备容量8TB。

业务建设

截止2013年底，东西湖区图书馆总藏量21万册（件），其中，纸质文献17.9840万册（件），电子图书2300册，电子报纸858种/册。

2011年，东西湖区图书馆新增藏量购置费25万元，2012年增至30万元。2013年增至72万。截止2013年底，共入藏中文图书170247册（含盲文图书386册），年订报刊448种，视听文献4534件/册，湖北作家文献1100册，其他手稿27831件。

截止2013年底，整合电子阅览室服务的优秀数字资源5.3TB。其中县级数字图书馆推广工程2508.8GB的视频资源，国家图书馆的118GB数字资源，光盘2298.6GB，自建数字资源总量4530.3GB。2013年元月，完成《东西湖区地方文献》数据库建设。

2009年9月，将自动化管理系统升级为Interlib图书馆集群管理系统，与国家图书馆编目中心和武汉图书馆编目中心签订了联合编目协议，全年下载书目数据占全年编目总量的85%以上。2013年7月，启动RFID智能借还功能工程建设工作。实现馆内WIFI无线网络覆盖。

读者服务工作

从2012年12月1日起，东西湖区图书馆实现全年365天全免费对外开放，每周开放64小时，2013年7月，引进RFID技术，实现了馆藏文献的自助借还。2013年，书刊总流动人次16.377万人次，图书外借15.65万册次。2013年12月，开通与武汉市区两级公共图书馆通借通还服务。引进电子读报机1台，新增馆外服务点2个，2013年共计流动服务点31个。其中分馆4个，武警及部队图书室4个，学校流动点7个，企业图书室2个，福利院图书室1个。馆外书刊流通总人次2.1万，书刊外借3.4万册次。

自图书馆网站建设以来，东西湖区图书馆网站访问量119937次。2012年主持完成东西湖区第一届啤酒节网站建设。截止2013年，东西湖区图书馆发布使用的数字资源总量为7727种，3TB，均可通过东西湖图书馆网站向全市公共图书馆、共享工程基层服务中心提供检索、浏览和下载服务。

2011-2013年，结合武汉市建设"读书之城"五年行动计划，东西湖区图书馆在全区范围内开展全民阅读推广活动，共举办讲座、展览、培训、有奖猜谜、知识竞赛、读书征文、演讲比赛等活动145场次，参与人数15万人次。以区图书馆为承办单位，由区馆创意的"大地书香"农家书屋读书评比活动、"4.23世界读书日"图书漂流活动、"热情八月，同享书香"少儿暑期有奖阅读推广主题活动和"知识工程"少儿读书系列比赛活动，在全区范围内开展，是东西湖区图书馆阅读推广工作的特色品牌。

业务研究、辅导、协作协调

2011-2013年，东西湖区图书馆职工发表论文19篇，获省级图书馆学会论文一等奖2篇、市级图书馆学会论文一等奖1篇，获2013年中国图书馆年会·中国图书馆展览会征文一等奖1篇。

从2011年起，东西湖图书馆以文化信息资源共享工程VPN专网为依托，与市图书馆签订了《文献资源共建共享协作网协议书》、《武汉展览资源共建共享交流合作条例》，与基层图书馆（室）和部队图书室签署了《东西湖区基层流动图书室服务协议书》、《东西湖区文献资源共建共享协作网馆际互借协议书》。在全区范围内开展流通服务、地方文献征集、阅读推广与讲座展览、业务培训等服务。截止2013年底，建立文化信息共享工程基层服务点104个。举办服务站点管理员培训班4期，培训400人次。

武汉市委宣传部部长市委常委彭丽敏调研全区资源共享工程

东西湖区分管副区长韩民春观摩知识工程少儿书画比赛

报刊阅览室

电子阅览室

大厅电子读报机

一楼大厅

一楼外借处

四楼多功能报告厅

管理工作

2011—2013年，制定了馆内各岗位职责和工作人员考勤制度，每月进行一次考核登记汇总，全年进行总体工作考核，正确使用奖惩机制，定期抽查文献排架。编写《东西湖图书馆简讯》16期，《作家与读者》期刊10期。撰写专项调研、分析报告8篇，在区政府信息网站发表馆内活动信息148篇。

表彰、奖励情况

2010—2013年，东西湖图书馆共获得各种表彰、奖励24次，其中，获得市级文明单位、市级群众满意基层站所等表彰、奖励4次，市文化部门表彰6次，其他表彰14次。

馆领导介绍

刘秀敏，女，1961年10月生，本科学历，中共党员，副研究馆员，馆长。1979年7月参加工作，历任东西湖区棉纺厂工会图书馆管理员、区图书馆采编部主任、副馆长，2011年6月任东西湖区图书馆馆长。

郭克建，男，1967年11月生，大专学历，中共党员，副馆长。1984年1月参加工作，2008年1月任东西湖区图书馆副馆长。

张洁，女，1979年10月生，研究生学历，中共党员，馆员，副馆长，支部书记。2000年7月参加工作，2005年3月到东西湖区图书馆工作，从事少儿借阅工作。2011年8月竞选为区图书馆副馆长，分管全馆业务工作。

未来展望

东西湖区图书馆历经26年的建设与发展，现已成为初具现代化规模的图书馆。2014年，在东西湖区委、区政府的支持与图书馆全体工作人员的共同努力下，图书馆新馆建设工作即将开始。未来两年，根据东西湖区人口发展状况，东西湖区图书馆将在现有馆舍的基础上，在东西湖金山大道以南另建一座建筑面积8000平方米的中型馆舍。全面建成后的东西湖区图书馆，将由区少年儿童图书馆、青少年分馆组成，总建筑面积超过1万平方米。阅览座位1200个，可容纳纸质文献60万册，数字资源设计存储能力20TB，能够提供全覆盖、不间断、无时空限制的数字文献远程和移动服务。同时，还具有支撑保障全区基层图书馆（室）服务体系良好运行的文献与技术能力，成为与全市公共图书馆实现资源共享互补的区级图书馆。展望未来，面对机遇和挑战，图书馆将坚持不懈，奋力拼搏，遵循“科学、创新、服务、发展”的原则，坚持以“读者至上，服务第一”的宗旨，在为东西湖区文化建设和全民阅读方面将发挥更加重要的作用。

联系方式

地　址：武汉市东西湖区吴家山街吴祁路13号
邮　编：430040
联系人：刘秀敏

举办道德讲堂活动

春节送文化下乡活动

送书到军营

武汉市蔡甸区图书馆

概述

蔡甸区图书馆，成立于1978年8月，其前身是汉阳县文化馆图书室。成立之初仍与文化馆合署办公，1984年4月与文化馆在行政、财务和业务上分开，正式独立。1986年12月25日图书馆新馆破土动工，1989年8月开馆。1992年9月，汉阳县撤县改区，汉阳县更名为蔡甸区，汉阳县图书馆亦改名为蔡甸区图书馆。在2009年、2013年全国公共图书馆评估定级中被评为“一级图书馆”。图书馆馆舍占地面积782平方米，几经修缮、扩建，总建筑面积达2037平方米。现有书库7个，总计946平方米；阅览室3个，总计784平方米；功能厅（室）4个，总计146平方米。2012年，拥有阅览座席334个，计算机68台，接入10M光纤宽带。2009年启用广州图创公司Interlib图书馆集群管理系统。

业务建设

截至2012年底，蔡甸区图书馆馆藏总量153136册，其中图书99025册，报刊35297册，视听文献1323册，电子及其它文献17491册。农业文献和地方文献为该馆特色文献，馆藏农业文献3000余册；地方文献1052册。2012年将地方文献加工成PDG格式全文数据库，搭建检索平台。数据库总量2TB。

2009年财政下达购书经费16万元，2010年–2012年为每年20万元。2009年–2012年共计入藏文献16075种/28242册，总金额758786.6元。其中图书13875种/19687册，报刊1470种/7389册，电子、视听文献476种/910件。2002年起，所有新增文献均开展书目数字化加工，馆藏中文文献数字化率80.5%。

读者服务工作

蔡甸区图书馆坚持开门办馆，全年开放，每周开放时间69.5小时。2012年，外借书刊147151册次，接待读者157933人次。至2012年底，馆有持证读者5970人。人均年到馆26.5次。2006年起启动馆外图书流动服务。至2012年建有馆外图书流通点24个，2009年–2012年馆外图书流通点书刊年均外借42179册次。

2008年起公示并单独存放《国务院公报》、《湖北省政府公报》、《武汉市政府公报》，提供读者内部查阅。每年为区委、区政府编印《决策参考》4期，为政府决策提供参考信息。

2012年建成馆门户网站，网址为http://www.whzylib.org.cn/。网站服务突出地方文献资源的宣传与利用。包括馆藏地方文献资源、知音文化、非物质文化遗产申报项目。（注：蔡甸区是春秋时期钟子期、俞伯牙“知音”故事发生地，区内现保留钟子期墓。“伯牙与子期的传说”已申报为国家非物质文化遗产项目。）网站下载存储共享工程数字资源，同时链接省、市图书馆开放数据库，为读者开展在线数字服务。

2012年开展读者活动45项/133场，计20万人次参加。其中开展讲座28场、展览9场、全民阅读推广活动4次。重点读者活动是服务“三农”的科教兴农活动。

业务研究、辅导、协作协调

2009年–2012年公开发表论文19篇，有19篇论文获省、市图书馆学会论文评选奖项。

接受文化共享工程国家中心、省、市分中心业务指导，完成区支中心各项工作。2010年起每年将共享工程国家中心发放光盘，广泛复制，无偿下发共享工程基层服务点。在省分中心帮助下，安装卫星接收锅，实时接收、存储国家中心发放信息数据。按照上级中心要求，指导基层服务点业务建设，协同做好网络和设备维护工作，促进基层服务点面向社会开放。

2002年，与国家图书馆联合编目中心签定协议，成为该中心成员馆，有偿使用他们的书目数据。2009年使用Interlib系统后实现全市公共图书馆联机编目。

2010年，与武汉图书馆签订《武汉市公共图书馆讲座联盟意向书》、《武汉市公共图书馆展览联盟意向书》，2011年4月起，成为武汉图书馆《名家论坛》栏目分会场，定时向区内市民在线直播讲座内容。同年起在区内开展联盟展品巡回展览活动。除在馆内展出外，还将展品送到社区、学校、广场巡展，普惠广大群众。2012年12月，加入由50个高校图书馆、公共图书馆组成的“武汉地区图书馆联盟”。

积极参与省、市“知识工程”少儿读书系列活动。与区教育局、环保局、科委等职能部门联合举办丰富多彩的读书活动，共同推进社会主义核心价值体系建设。

管理工作

实施绩效目标管理责任制，各项管理工作制度齐全、执行有力。2011年完成岗位设置。实行按需设岗、按岗聘用、竞争上岗用人机制。至2012年，全馆有在职职工19人，大专以上学历17人，占总职工人数的89%。拥有中级以上职称（包括2名副高职称）16人，占总职工人数的84.2%。建立健全考核、分配制度，年初各部门与馆委会签订绩效目标考核责任书，以百分制将各部门目标任务量化考评。职工对部门负责，部门对馆委会负责。每半年进行一次总体工作考核，年终按部门考核得分兑现职工奖励性绩效工资。

表彰、奖励情况

2009—2012年获各种表彰、奖励20次，其中省级表彰1次、市级表彰16次，区级表彰3次。2010、2012年二度荣获武汉市基层文化服务优质服务奖。

馆领导介绍

王发勇，男，1969年2月出生，本科学历。中共党员，副研究馆员，馆长。1990年7月参加工作，历任蔡甸区图书馆科技辅导部主任、馆办公室主任、副馆长等职，2009年起任蔡甸区图书馆馆长。2011年3月，获湖北省公共图书馆先进工作者荣誉称号，曾任全国图书馆学会会员、省图书馆学会会员，现为武汉市图书馆学会第三届常务理事。

刘春桥，男，1960年2月出生，大专学历。中共党员，副高职称，馆支部书记（副处级）。1971年12月参加工作，历任蔡甸区楚剧团业务股长、副团长、团长、团长兼支部书记。2012年2月起任蔡甸区图书馆支部书记。分管基层党组织建设、文明创建、人事等工作。是蔡甸区技术拔尖人才。

周涛，女，1972年10月出生，大专学历。中共党员，馆员职称，副馆长。曾任蔡甸区图书馆采编室主任，2007年起任副馆长，分管全馆业务工作。

柳雪涛，男，1976年7月出生，本科学历。中共党员，馆员职称，副馆长。历任蔡甸区图书馆科技辅导部主任、馆办公室主任，2009年起任副馆长。分管行政工作、基层文化建设与服务工作。

未来展望

蔡甸区有着深厚的文化积淀，是“俞伯牙摔琴谢知音”传说中的故事发生地。“伯牙与子期的传说”已申报成为国家非物质文化遗产项目（该项目与武汉市汉阳区共享）。区图书馆以传承“知音”文化为己任，践行“传承文明，服务社会”的办馆方针，发挥公共图书馆在文化建设与文化服务方面的龙头作用，串联街（场）、乡镇、社区、村等基层服务部门，建立多层级公共文化服务体系。在基层文化建设与服务工作中发挥了积极的作用。下一步，区图书馆将进一步创新服务方式、拓展服务内容，丰富服务手段，促进全区文化服务公益性、基本性、均等性、便利性的实现。近期目标：统一领导，加强宣传，增进市民对读书的认同和参与。推动公共文化服务阵地建设，整合现有资源，构建服务网络，丰富藏书资源，提供便利场所，方便市民借阅。组织开展读书活动，增强市民阅读兴趣，形成全民参与氛围，共同构建“读书之城”新形象。长远目标：在区委、区政府的领导和支持下，加强区、街（乡镇）、村（社区）三级图书馆（室）网络建设，指导区内各系统、行政、企事业单位图书馆（室）建设；加强馆外图书流动服务，加强24小时自助图书馆布点，形成以三级网络为主体，图书流动服务为补充的公共图书借阅服务体系。加强图书借阅服务软、硬件建设，简化借阅手续，培养一支有知识有文化有责任心的图书借阅服务青年志愿者队伍，加大24小时自助图书馆设备投放。五年内达到在全区步行三十分钟有一个图书借阅点的服务规模。实现读书活动常态化，在大型公共场所、超市、社区、车站组织经常性的群众阅读活动，展示阅读成果，分享读书心得，形成市民人人爱阅读、人人乐参与的全民阅读氛围。

联系方式

地　址：湖北省武汉市蔡甸区蔡甸街汉阳大街129号
邮　编：430100
联系人：周 涛

武汉市青少年素质教育

陶宏开工作室蔡甸工作站

武汉市少年儿童图书馆
武汉市蔡甸区图书馆
二〇一〇年三月

武汉市江夏区图书馆

概述

江夏区图书馆成立于1979年（从原区文化馆图书室单列出来），1986年搬迁至现江夏区文化艺术中心2号楼，层高5层。图书馆总使用面积为2550㎡，藏书容量184687册，可容纳读者座位310个。2004年，参加第三次全国公共图书馆评估，首次获得国家一级图书馆称号，并在2009年、2013年再次连续获得国家一级图书馆称号。2012年底，我馆拥有计算机46台，OPAC查询机4台，供读者使用的计算机31台；从2012年1月起，将接入光纤由5兆提升为10兆。专用存储设备容量6TB。2010年底，启用Interlib图书馆集群自动化管理系统，实现区域图书馆群的联合编目，从文献加工、流通到检索，均已实现自动化管理。

业务建设

截止2012年底，江夏区图书馆总藏量为184687册。其组成：线装书2000册；图书128179册；地方文献647册；合订过刊14177册；连环画33000册；电子、视听文献6044件；其它（征文、稿件）640件。

外借部98333册（包括图书91642册、地方文献647册和光盘形式的电子文献、视听文献6034件）；少儿部61925册（包括图书28915册、电子文献10件和连环画33000册）；典藏库22439册（包括线装书2000册、较旧图书7622册、合订过刊、报纸14177册、历年征文、书法、绘画比赛中的优秀作品640件）。可供读者利用的电子文献共有1071种，其中47种为购买所得，其余为调拨、捐赠和随书赠送所得。

江夏图书馆的数字资源总量达4个TB，都存放在江夏图书馆的服务器上供读者使用，主要包含有：国家图书馆推广的“县级数字图书馆推广计划”配送资源，资源总量达1TB；全国文化共享工程国家数据中心通过卫星传输网频道定期发送相应的数字资源发送接收的数字资源，数字量达500G；全国文化信息资源共享工程国家数据中心寄送的光盘；江夏图书馆自购的《百家讲坛》、《国宝档案》、《探索系列收藏集》、《国家地理杂志》、《陈安之讲座大全》等数字资源。

江夏图书馆从1997年开始实现书目数据化建设，到2010年实行Interlib图书馆集群自动化管理系统，实现联合编目，按CNMARC建立机读目录的比例为82%。2013年年初，建立江夏区图书馆地方文献数据库，将江夏区地方特色资源进行数字化，使用数字信息管理平台，实现地方文献数字化资源的高效检索和浏览，让江夏区地方特色资源能够为更多的人所了解，所使用。2013年，江夏区图书馆开展古籍普查与保护工作，收集到一批非常珍贵的古籍善本收藏信息，生成《江夏区古籍善本联合目录》57条。同时还在社区、广场、学校和乡镇进行了古籍善本普查成果展示，起到了良好的古籍善本保护宣传作用。

2013年，江夏区图书馆自动化管理系统改造升级，增加了RFID智能智能借还设备系统，其具有智能防盗系统和自助借还书功能，购买并安装无线网络设备实现馆内无线网络全覆盖，以适应江夏区图书馆服务联盟建设和服务读者的需要。

读者服务工作

从2011年12月起，江夏区图书馆所提供的公共空间设施场地和基本服务项目全部免费，免费开放项目包括：报刊阅览、书刊借阅、光盘借阅、各类数据库使用、电子阅览、办证、公益讲座、电影放映、寒暑期各类少儿活动、基层辅导等。江夏区图书馆2012年流通总人次16.2万人次，书刊外借11万册次。截止到2012年，江夏区图书馆在辖区机关、街道、社区、部队、学校建立基层图书服务点达38家，自2009年到2012年，四年共接待读者174750人次、190760册次，平均每年接待读者为43687人次、47690册次，离图书馆较远的基层人群同样得到知识享受文化熏陶。

2012年，江夏区图书馆充分发挥社会教育的职能，开展系列讲座、展览、培训、服务宣传及全民阅读等社会教育活动。举办讲座、培训等活动65场，举办各类主题展览活动5次，参加活动总人数达5.5万人。

业务研究、辅导、协作协调

2012年度，江夏区图书馆继续教育、培训总学时达1572学时，人均83学时，组织业务人员参加国家图书馆、武汉图书馆联合举办的各类业务培训班、组织全体专业技术人员参加继续教育培训等。

业务研究方面，2012年江夏区图书馆共有8篇论文分别在《十二五期间中小型公共图书馆建设与发展》和《图书馆：文化传承·阅读·服务》上公开发表，11篇论文分别获得国家、省、市级一、二、三等奖，全年撰写调查报告2篇，荣获武汉市第十七届学术论文研讨会优秀组织奖。

江夏区现有16个街镇乡（开发区），48个社区，281个行政村，版图面积2000余平方公里，占全市总面积的1/4。2012年全年江夏区图书馆开展业务辅导和培训共计18次，培训人员500余人。

自武汉图书馆流动书库建立以来，江夏区图书馆先后与武汉图书馆签订《武汉图书馆流动服务点暨汽车图书车服务协议书》，与武汉少儿馆签订《武汉市基层流动图书室服务协议书》，为江夏区内的基层图书服务点开展图书互借互阅提供资源保障，实现市、区、街道、村四级图书馆（室）的资源共享，江夏区全区市民群众都能看到需要的图书。

管理工作

江夏区图书馆每年围绕中心任务，编写年度工作计划，并将工作计划纳入年度绩效目标管理范畴，规范图书馆管理。在人事管理上，江夏区图书馆认真贯彻执行中央提出的《党政领导干部选拔任用工作条例》的精神，本着“竞争上岗、择优聘用”原则，真正把品德优秀、业绩突出、能力强的管理人才选拔出来，把图书馆中层干部队伍建设成具有凝聚力、战斗力的集体。

在志愿者管理上，江夏区图书馆从2010年7月开始对外征聘在校大学生志愿者、从少儿借阅部的2000多名小读者中甄选小小图书管理员并纳入志愿者队伍管理，并对他们进行集中培训。江夏区图书馆还与团区委、区青教办合作，组织大学生志愿者到武汉进行集中培训。志愿者队伍的壮大，不仅提升江夏区图书馆的服务质量，还有效缓解图书馆人力资源不足的现状。

江夏区图书馆的职工考核档案、参考咨询档案、课题服务档案、业务辅导档案立卷准确、装订整齐、内容齐全，每卷有目录，符合档案管理要求，且获得过区档案管理先进单位的称号。

江夏区图书馆高度重视统计工作，由采编室负责，统计内容包括人事统计、财务统计和业务统计等，并有各类统计分析报表和分析报告。在业务统计中，每年都对书刊增长情况、读者发展情况、文献借阅情况等进行统计。重点加强文献在流通领域的借阅情况的统计与分析，并形成了统计分析报告。

表彰、奖励情况

建馆以来，江夏区图书馆曾80余次受到国家、省、市、区等有关领导部门的表彰，曾荣获“全省文化系统先进集体”、“湖北省全民阅读创先争优先进单位”、“武汉市十佳图书馆”、“武汉市标杆图书馆”、“武汉市青少年教育工作先进集体”、“武汉市科教兴农先进集体”、“武汉市农村文化工作先进集体”、全市基层公共文化设施“优质服务奖”、“江夏区先进单位”、“江夏区文明单位”等称号，并创造了连续七年荣获“武汉市文化系统先进集体”的佳绩。近年来，江夏区图书馆在文化共享工程、农家书屋工程、藏书建设、读者服务、业务研究、基层辅导与调研、环境建设等领域取得突破性进展，江夏区五里界街锦绣村基层服务点被文化部授予“全国文化信息资源共享工程·公共电子阅览室示范点”，2013年五里界锦绣村与郑店街黄金村荣获武汉市“十佳农家书屋”称号。2004–2013年，四年一度的全国公共图书馆评估定级，江夏区馆连续三次被文化部授予“国家一级图书馆”荣誉称号。

馆领导介绍

熊敏，女，1968年4月生，大学学历，中共党员，馆员，馆长。1987年12月参加工作，多次被评为市、区优秀党员和先进个人，2013年获市文广新局农家书屋工作先进个人称号、第二十五届武汉市图书馆服务宣传周先进个人、武汉市第十八届学术论文研讨会三等奖。

钟云，男，1965年10月生，大学学历，中共党员，馆员，党支部书记。1982年1月参加工作，2005年被评为江夏区先进个人；2011年、2013年两次荣获江夏区优秀党务工作者；2000、2004、2008年度先后被中共江夏区委区直机关授予优秀党务工作者和优秀共产党员；2002、2003、2011年度先后被评为江夏区文体局先进工作者；先后荣获第二十、二十二、二十三、二十四届武汉市图书馆服务宣传周先进个人称号；2010年被市青教办、团市委评为全市青少年暑期托管项目先进个人。

祝和平，男，1964年8月生，大学学历，中共党员，助理馆员，副馆长。1983年5月参加工作，2006年被区委区政府评为“农村基层工作”先进个人；2011年被区委区政府评为“创建2011–2015年全国科普示范区”先进个人；2011–2012年被武汉市新闻出版局评为“武汉市农家书屋工程建设”先进个人；2013年被省新闻出版局评为“湖北省农家书屋建设管理”先进个人。

黄如意，女，1962年8月生，大学学历，中共党员，馆员，副馆长。1979年12月参加工作，先后在采编部、报刊阅览部、成人图书借阅部等部门工作，任副主任、主任等职。

未来展望

江夏区图书馆遵循“科学、效率、创新、发展”的办馆方针，围绕文化五城、文化强区和书香江夏建设，做好阵地服务工作，拓展业务服务领域，带动全区文化事业发展。江夏区图书馆新建工程即将启动，在未来的几年里，江夏区图书馆将在现代化新馆舍，提供更优、更全、更便捷、更舒适的读书环境，力争打造全国区县一流图书馆。

联系方式

地　址：江夏区纸坊兴新街269号
邮　编：430200
联系人：叶　兵

大冶市图书馆

概述

大冶图书馆创立于民国十六年春，当时大冶图书馆的牌子是时任上海大学校长于右任先生亲笔题字。馆内陈设的书报刊，有《独秀文集》《胡适文集》等，杂志有《响导》、《新青年》等，报纸有《申报》、《国民日报》、《商业报》、《大公报》等。这个小小图书馆的创立，对配合当时农民运动的深入开展，对宣传民众、宣传革命，起了很大作用。现在的大冶市图书馆成立于1976年，2004年、2009年和2013年连续三次被评为国家一级图书馆，建筑面积3890平方米，藏书15.6万册，阅览座席334个，少儿阅览座席54个，计算机58台，可供读者使用计算机30台，广域网光纤专线接入，带宽30M。目前我馆拥有大型服务器3台，存储器2台，容量6.5TB，全馆实现办公自动化、业务自动化(图书馆集群管理系统（Interlib）)。

业务建设

我馆总藏量15.6万册，电子文献藏量与湖北省图书馆链接共享2000余种，2012年入藏图书3075种，报刊年入藏量242种，视听文献年均入藏32种，地方文献设有地方文献室，有专人管理，专柜保存，建有地方文献机读目录，按照大冶市政府颁布《大冶市地方文献呈缴本制度》开展征集工作。建立各项业务管理规章制度，包括普通图书文献编目、报刊文献编目、视听文献的编目、文献的保护、五防、安全、赔偿等各项规章制度和工作细则，严格按照国家或行业标准进行文献资源的编目，图书文献、视听文献到馆20天内完成编目、期刊到馆2天内完成记到上架，报纸一天内完成上架，并保证了加工整理的质量，编目数据的规范统一，完整率达到100%。全馆文献资源实行开架借阅，有专人负责架位维护管理，确保排架正确率达到98%。从省馆共享、拷贝数字资源及自建和外购数字资源总量达到4TB，全馆文献实行计算机编目，实行机读目录MARC格式，全馆文献书目数字化达到100%。地方文献已建机读目录。

读者服务工作

书刊文献年外借11万册次，我馆自2011年底开始，对外全面实行免费开放，全馆公共空间设施场地、基本服务项目对读者全部免费开放，文献资源实行全部开架借阅，持证读者3900人，读者年流通11万人次，书刊年宣传1102种，书刊文献年外借率71%，人均年到馆次数达到28次。本馆全年无闭馆日开放，业务部门从8:00—17:30，电子阅览室从8:00—18:00，每周开馆达70小时。通过图书馆网站及开发、利用文献为政府、领导机关提供公开信息服务。为政府提供公开信息，在网站上设立政府信息专栏、读者参考咨询专栏，为政府定期提供信息服务。为读者提供文献、科技信息、咨询、定题服务。同时为特教学校的孩子们开展爱心读书活动、在多媒体报告厅为农民工上岗知识培训、为老年人举办中老年养生保健系列讲座等活动为特殊群体服务，取得了良好的社会效果。2012年度，开展以全民读书月、服务宣传周为主，在节假日、纪念日举办系列阅读推广活动达到6场次。全年讲座、培训达到19场。举办湖北省公共图书馆系统职工书画邀请展等展览5场次。并在宣传栏、网站、报社、电视台等媒体对图书馆所举办的社会教育服务活动进行宣传，扩大社会影响，提高了读者满意率，提升了图书馆形象，经调查，读者满意率达到93%。

业务研究、辅导、协作协调

2009—2012年年全馆共撰写业务论文52篇参加中国图书馆学会和湖北省图书馆学会征文，有28篇论文获奖：国家级一等奖1个，二等奖3个，三等奖6个。省级一等奖1个二等奖6个，三等奖11个。与黄石市图书馆建立地方文献联合目录。与

大冶一中图书馆建立馆际互借，受到了学校师生的一致好评。同时以大冶市图书馆为中心，在大冶本地区建立金牛镇文化馆、保安镇文化馆等14个乡镇分馆，组成全市图书馆（室）协作协调服务网络，参与服务网络的基层图书馆已完成全覆盖，服务网络内的成员单位统一与市图书馆签订辅导、培训、协作协调等服务协议，我馆按照协议，制定年度基层辅导、培训计划、定期下基层开展业务辅导、培训活动，如：图书分类和编目、加工整理、上架、入藏、流通等业务的培训、辅导，仅2012年全年达到50余次，取得良好服务效果和社会评价。收集基层图书馆（室）资料，进行分析研究，掌握基层图书馆（室）业务情况。

管理工作

大冶市图书馆通过制订岗位工作责任目标，采取馆长与副馆长、副馆长与部门主任、部门主任与岗位人员层层签订目标责任书的方式，明确岗位责任，目标完成情况与年终考核挂钩。同时建立岗位轮换机制，理论需要实践，实践得出理论，有意识对职工进行轮岗，增强职工适应不同岗位的能力，实践证明我馆轮岗操作的效果很明显，全馆干部职工都能胜任不同性质的岗位。近年来大冶市图书馆在上级领导的关心和支持下，在馆领导班子带领下，全馆上下抢前争先，开拓进取，各项工作取得显著成绩。抓管理，求实效，抓改革，促发展，不断完善管理，创新机制，干部职工整体素质不断提升，为我市文化事业建设作出杰出的贡献。

表彰、奖励情况

2009年1月被文化部评为国家一级馆；被省文化厅授予全省十佳文化信息资源共享工程支中心，荣获湖北省图书馆学会和黄石图书馆学会先进单位和学术论文组织奖，2009–2012年连续四年被评为大冶市文体系统先进单位等。

馆领导介绍

李浩一，男，1978年元月出生，中共党员，本科学历，书记。1999年11月参加工作。历任大冶市文体局办公室副主任、财务科副科长、团委书记、文体产业科长。2014年9月调入大冶市图书馆任书记。

柯小杰，男，1962年出生，大专学历，副研究馆员，馆长，1984年10月参加工作，曾任大冶市群众文化馆馆长；社会兼职：湖北师范学院硕导、湖北师范学院音乐学院教授，中国民间文艺家协会、中国民俗学会会员，黄石市民间文艺家协会主席等。黄石市有突出贡献专家。

梅爱民，女，1969年出生，本科，副馆长，馆员。2006年任现职，分管业务。大冶市政协委员。

未来展望

大冶市图书馆在做好阵地服务的同时，还积极开展延伸服务，举办公益讲座、免费培训和服务特殊群体等各类社会活动，广泛建立特色分馆和馆外图书流动点，指导全市基层图书馆（室）的业务建设。在未来几年里，大冶市图书馆将会重点推进总分馆制和数字资源建设等工作，逐步完成与黄石市图书馆以及湖北省图书馆的馆际互借和通借通还，计划实现以大冶市图书馆为总馆、以各乡镇文体站图书馆为分馆、以村图书室为基层分馆的总分馆体系，实行总分馆统一采购、统一编目的业务架构，成为带动我市图书馆事业发展的主动脉，实现全市所有馆藏文献资源共享。

联系方式

地　址：湖北省大冶市新冶大道13号
邮　编：435100
联系人：梅爱民

宜昌市夷陵区图书馆

概述

宜昌市夷陵区图书馆成立于1977年，1985年馆舍落成，现位于宜昌市夷陵区夷兴大道108号，是原宜昌县唯一的公共图书馆。馆舍建筑面积3200平方米，可容纳读者座位300个。1999年参加第二次全国公共图书馆评估，首次获得一级图书馆称号。

业务建设

截止2012年底，宜昌市夷陵区图书馆总藏量13.2万册（件），其中电子文献藏量500种。2012年，新增藏量购置费16万元，入藏各类文献资源总量2879种，其中，图书2554种，报刊245种，视听文献50种，地方文献30种。目前数字资源总量达到6TB，设立机读目录，馆藏中文献书目数字化达90%。2012年争取资金72万元对图书馆外墙进行改造，进一步美化了服务环境。根据主管局要求，完成了辖区200个农家书屋的建设任务，并担负业务指导职责。数字图书馆正在筹建中。

读者服务工作

自2008年以来，宜昌市夷陵区图书馆实现全免费开放，馆内设外借部、报刊阅览室、少儿部、盲人及盲人有声读物阅览室、柑橘特色阅览室、地方特色文献室、全国文化信息资源工程夷陵支中心等7个对外服务窗口，持证读者7000余人，实行每周7日工作制，年接待读者10万人次，图书流通12万册次。

文化信息资源共享工程夷陵支中心服务阵地200平方米，拥有10M独立电信光纤，2台独立服务器、2个独立IP，共享工程网站一个，网址http://tsg.10.gov.cn，本地数字资源4TB，液晶电脑服务终端50个，支中心对夷陵区12个乡镇街道共享工程基层中心、195个村级共享工程基层服务点实施业务员辅导，各基层服务点通过夷陵支中心获取信息资源。本馆加强区域间图书馆工作的协作协调，负责指导辖区内企事业单位、乡镇、社区图书馆（室）和行政村农家书屋按照规范标准开展借阅活动，坚持举办各类读者活动，演讲会、培训班、知识竞赛常年不断，面向不同受众编印《百业信息》（每月一期），截至2012年共印158期，受到基层群众欢迎，送图书进军营、进学校、进企业、进监狱，送科技到田间。每年一届的元宵灯谜读书会更是成为品牌活动，在夷陵城乡营造出全民阅读的良好风尚。

夷陵区图书馆是荟萃文献信息资源的宝库，是求知者的乐园，是向人民群众提供精神食粮的主动脉，是夷陵区52万人民的终身学校，在新时期的公共文化服务体系建设中发挥着日益重要的作用。

业务研究、辅导、协作协调

2009–2012年，区图书馆职工在《公共图书馆》等期刊及各类学术研讨会上发表各类论文15篇，全馆形成了爱学习、重业务、肯钻研的良好风气。

加强基层辅导。为切实发挥农家书屋在丰富基层群众文化生活方面的作用，把农家书屋建好、管好、用好，区图书馆采取了一些措施，如分期分批对乡镇农家书屋管理员进行培训，截至目前已培训60人；对利用好的农家书屋积极向上申报为“模范农家书屋”、“五星级农家书屋”、“三星级农家书屋”、“优秀管理员”等；由区图书馆对利用好的农家书屋给予图书奖励，发挥榜样的作用带动其他农家书屋的发展。

管理工作

采取多种形式加强职工培训。建立继续教育机制。通过培训、参观访问、跟上级馆相关部门实地学习进修等形式，提高图书馆员的综合素质；创新学习形式。图书馆平时按部就班，除与读者有少许交流外，与外界交流更少，长此下去不利于图书馆员的个人成长，因此急需创新学习形式，夷陵区图书馆利用每周五下午闭馆学习时间，举行业务培训、电影、音乐会欣赏、户外登山等丰富多彩的学习活动，提高了职工的艺术修养，锻炼了队伍的团队协作精神，受到职工的高度肯定和赞赏。

加强内部管理。制订各种制度，并严格执行，实施政务公开，特别是在设备采购、外墙改造等工程中严格按政府采

小记者走进图书馆

共享工程进校园

改造后的儿童阅览室内部

儿童阅览室

购程序办，经受了财政、审计等部门的严格检查，未出现问题。

表彰、奖励情况

2009年至2012年，区图书馆共获得各种表彰12次，其中省级3次，市级2次，区级7次。

馆领导介绍

高小翎，女，1962年3月出生，专科学历，中共党员，图书资料馆员，馆长。1979年10月在宜昌水泵总厂参加工作，1984年10月调入区图书馆，先后在外借、采编等部门工作，2003年任副馆长，2010年6月任夷陵区图书馆馆长，湖北省图书馆学会理事。

余国斌，男，1966年4月出生，本科学历，中共党员，图书资料副研究馆员，党支部书记，1985年8月在黄陵庙参加工作，主要从事文物保护。1990年8月调到夷陵区图书馆，从事图书资料管理工作。1994年8月任夷陵区图书馆副馆长，2011年12月获得图书资料副研究馆员，2013年换届选举当选为支部书记。

黄巍，男，1979年3月出生，本科学历，中共党员，图书资料助理馆员，副馆长。1998年6月在图书馆参加工作，2008年11月任夷陵区图书馆副馆长，分管全馆业务、安全等工作。

魏萍，女，1974年9月出生，本科学历，中共党员，图书资料馆员，工会主席。1995年在区中行参加工作，1997年1月调入区图书馆，1998年起从事图书馆财务工作，2010年11月任夷陵区图书馆工会主席，兼任财务工作。

未来展望

夷陵区图书馆将按照文化部《全国公共图书馆事业发展“十二五”规划》、《国家公共文化服务体系示范区创建标准（中部）》要求，不断完善软、硬件条件、强化自身综合实力的同时，扩大服务辐射区域，带动地区事业发展。坚持“读者至上，服务第一”，加强读者服务工作；启动总分馆模式建设，在全区12个乡镇（街办）、195个村（社区）建立区图书馆分馆，实行统一采购、统一编目、统一配送的模式，逐步实现区、乡镇、村（社区）通借通还，真正让全区读者享受阅读的乐趣。争取区政府支持，在现有图书馆的基础上，在东湖大道建设区图书馆新馆，达到《公共图书馆建设标准》相关要求，面积7500平方米，阅览座席450个，基本藏书45万册，让群众享受更优质、更现代、更便捷的文化服务。

联系方式

地　址：宜昌市夷陵区夷兴大道108号
邮　编：443100
联系人：谭　莉

夷陵区图书馆外观

远安县图书馆

概述

远安县图书馆始建于1978年，2005年远安县文体局重新规划拆旧馆建新馆，搬至远安县外国语学校内临时办公，2007年5月新馆在鸣凤镇东门路52号嫘祖广场落成，馆舍面积2500㎡。2011年获得首次一级图书馆。2012年，远安县图书馆有阅览坐席240个，计算机35台，电子计算机储存总量为16.24TB，宽带接入10M光纤，选用Ilas图书馆自动化管理系统。

馆内设采编室、借阅部、研究辅导部、电子阅览室，借阅部有少儿借阅室、社科借阅室、报刊借阅室、外借处、特藏室、过报过刊室。

业务建设

截止2012年底，远安县图书馆总藏量10.5079万册（件），其中，图书7.0099万册（件），报刊3.4632万册，电子图书视听文献348件。远安县图书馆收藏有《四部丛刊》全套342册。

2012年全年财政拨款92万元，其中购书专款10万元。2009－2012年，共入藏图书7027种，8623册，视听文献134件。

截止2012年底，远安县图书馆数字资源总量为4T，其中，自建地方共享资源0.5T。

读者服务工作

从2011年12月起，远安县图书馆全年360天天天对外免费开放，周开放56小时。2009－2012年，书刊总流通17.3175万人次，书刊外借16.6748万册次。

2012年3月，开通与当阳图图书馆、远安县第一高级中学图书室的馆际互借服务。

从2009年起免费向远安县县委常委及四大家领导提供《领导参考》阅读，编辑32期1120册，不定期编制《致富信息》小报送于农民18期2万份。

2009年－2012年远安县图书馆为“申请非物质文化遗产”提供文献资料，目前远安共有6个文化项目入选省“非遗”名录和国家“非遗”名录。

2009－2012年，远安县图书馆共举办讲座、展览、培训、阅读推广等读者活动23场次，参与人数0.65万人次。

业务研究、辅导、协作协调

2009－2012年，远安县图书馆职工发表论文调研文章5篇。

2010年远安县图书馆通过“中国红十字会农村图书捐助工程”项目为10个村送去共计12000多册图书，并进行了指导和服务，帮助他们建起了村级图书室。

2009年－2012年，远安县图书馆与航天社区、荷花镇文化服务中心、旧县村农家书屋等25家图书室达成协议，将其图书室建成图书馆馆外图书室，由图书馆为其提供书架、不定期轮换图书和培训管理人员；社区图书室使用图书馆图书借阅证，在社区图书室办理的借阅证为“通证”，在社区图书室和图书馆通用。近4年图书馆送书下乡1.0万册。

远安县图书馆开展各种活动宣传推广图书馆。

1、以“推进公共图书馆服务规范化”为主题的图书宣传周活动和有奖读书征文活动，让广大读者走进图书馆、了解图书馆，参与到图书馆的建设，感受到图书馆的变化。

2、先后多次到各中小学校开展宣传活动，发放宣传单，使来馆借书看书、网上阅览的读者增加了30%以上。

3、利用街头的橱窗、横幅和馆内的展牌等阵地媒介，坚持不懈地宣传图书馆免费读书和节假借日照常开放的特色服务。

4、利用借阅证的扉页和底页分别为国税局进行了税法、人口计生局进行了人口与计划生育法的宣传，由于宣传效果好，得到了两个单位的大力支持。

远安县图书馆依托文化资源共享工程为平台，深入社区、共享工程基层网点开展专题展播8场次1600人次，基层网点技术培训5次35人次。

2011年举办农家书屋管理培训3次，参训118人次，现场指导农家书屋分类、编目、上架图书2.5万册。

管理工作

2009年，远安县图书馆完成全员岗位聘任，本次聘任共

设12类岗位，有8人重新上岗，同时，建立了工作量化考核指标体系及图书馆管理考核责任制，全年进行总体工作考核并把考核结果作为评先、晋职的重要依据。制定有《远安县图书馆部室岗位职责》《远安县图书馆馆员工作守则并管理办法》《远安县图书馆文献保护制度》《架位维护管理制度》一系列规章制度。2009年–2012年架位维护排架3次，修补破损书籍248册。

表彰、奖励情况

2009–2012年，远安县图书馆共获得各种表彰、奖励4次，其中，文化部表彰、奖励1次，市文化局表彰1次，其它2次。

馆领导介绍

敬顺华，男，1967年10月生，大专学历，中共党员，馆长兼党支部书记。1988年7月参加工作，2005年到远安县图书馆任职。兼任宜昌市图书馆学会理事。2009年度受到宜昌市文化局“宜昌市图书馆（室）先进个人”表彰。

陈爽，男，1982年11月生，本科学历，中共党员，助理馆员，副馆长。2006年7月到远安县图书馆参加工作，先后在办公室、阅览室、电子阅览室工作，分管文化信息资源共享工程远安支中心工作。

李贤芬，女，1969年12月生，大学专科学历，中共党员，中级职称，副馆长。1989年9月到远安县图书馆参加工作，先后在采编部、报刊阅览室、研究辅导部等部门工作。2011年受到湖北省文化厅“全省公共图书馆先进个人”表彰。

未来展望

全面提升综合实力，以整合一流资源、培养一流队伍、实施一流管理、争创一流服务为重点，把远安县图书馆建设成为一流的综合性文献收藏中心、信息服务中心、书目数据中心、检索咨询中心、协作协调中心、教育培训中心，扩大服务辐射区域，带动地方事业发展。为读者提供学习、交流、休闲的平台。积极争取重视支持，促成新馆在2014年10前开工建设。新馆建筑面积4200㎡，阅览座位500个，可容纳纸质文献20万册，同时可接纳500名读者，能够提供全覆盖、不间断、无时空限制的网络服务。

兴山县图书馆

概述

兴山县图书馆的前身是兴山县文化馆内设的图书室。1980年7月县图书馆从文化馆分设，正式启用“湖北省兴山县图书馆”印章。1987年11月，县图书馆挂牌成立“兴山县医籍馆”。2002年8月随三峡库区移民整体搬迁至古夫镇昭君路10号兴山县宣传文化中心四楼，现有办公面积2114平方米。同时可容纳读者座位200个。2007年建立全国文化信息资源共享工程兴山支中心，建立以光纤为主干的千兆局域网，开通兴山县图书馆网站及文化信息资源共享工程网站，全县已建8个乡镇综合文化站基层图书室，行政村农家书屋89个，社区、居委会图书室7个，企业图书室16个，中小学图书室41个，共建基层图书室161个。各乡（镇）社区（村）图书室、农家书屋的覆盖率达到100%。2013年被文化部评定为国家一级图书馆。

业务建设

截至2013年底，兴山县图书馆现有藏书总藏量10万多册，其中图书8.9万册、期刊1.5万册，电子图书90万余册，电子期刊9000多种。数字资源总量40TB，其中，自建数字资源总量5TB。

2009—2013年，入藏中文图书册11586册，盲文书100册，视听文献1316种，电子书5万余册。2012年，地方文献入藏完整率为95%。

2011年采用Interlib图书馆自动化软件。2013年，加强基础建设，完善数字管理。装修改造电子阅览室，更新服务器，win7一体机20台64位无盘系统，更加便捷了数字图书馆资源的利用。完善数字图书馆服务平台，读者可以免费使用无线网络、电子阅览、远程访问、手机移动图书、微信公众服务平台等相关服务，充分发挥数字管理平台的效能。

读者服务工作

2011年4月，兴山县图书馆全年实施零门槛开放，全免费服务。一是图书馆设报刊阅览室、少儿阅览室、电子阅览室、文献资源借阅、检索与咨询、自修室等公共空间设施场地全免费服务。二是定期组织举办全免费公益性讲座、展览，举办《兴山讲坛》，各类书画摄影展，并制作地方特色资源，编印二次《文献摘要》《领导参考》等。三是积极组织开展各类群众喜闻乐见的读书征文演讲比赛活动。四是公益性培训及基层点业务辅导。充分利用文化共享工程电子阅览室为阵地，积极组织开展各类公益性培训、基层点业务辅导等活动。五是开展送视频、送资源到基层服务点，组织视频播放到基层50余次，为基层刻录赠送资源光盘500余张。省文化厅和财政厅配置流动图书下乡车一台，以流动图书车为载体，周密策划实施图书馆服务宣传周活动，制作宣传标语、横幅、展板，图书宣传资料，积极开展定期或不定期地为馆外的读者提供借阅服务、拓展图书馆流动点、拟建农家书屋等送书上门活动，为读者提供更加便利的图书借阅服务。

2009至2013年，书刊总流通126361人次，书刊外借329866册，开展讲座、培训230余场次，参与人数25612人次。

业务研究、辅导、协作协调

2009—2012年，兴山县图书馆职工发表论文41篇，获国家级奖项7篇，省级奖项16篇，市级奖项18篇。

2010年编辑出版发行了《图书馆理论与实践》、《润物细语》及《图书馆三十周年画册》，2012年编辑出版发行了《文三猴子——兴山机智人物故事》。

2004年至2012年，图书馆与社区、武警、消防、学校达成协议，将社区、武警、消防、学校图书室建成图书馆馆外图书室流通服务点，定期轮换图书和培训管理人员。并抽调业务骨干定期或不定期下乡，辅导县直单位、乡镇社区、文化站、村建设文化共享工程电子阅览室和图书室进行资料收集、整理、建档工作，确保图书室、农家书屋真正服务于基层、服务于农民。

管理工作

兴山县图书馆始终围绕优化服务，拓展图书馆教育和信息功能，规范管理。在工作中，通过制度建设，明确岗位责任，规范岗位行为，确保服务质量。实行岗位目标管理责任制，严格执行《湖北省事业单位工作人员考核实施办法》，从德、能、勤、绩四个方面进行民主考核。建立完整的规章制度和岗位考核制度体系，各项工作都有制度可依，各项奖惩措施均有章可查，减少了人为因素造成管理上的随意性和盲目性，从而保障了各项工作的顺利开展。

举办“书香兴山”为主题的全民阅读活动启动仪式

图书进农村

报刊、期刊阅览室

电子阅览室

图书进校园

表彰、奖励情况

2008年被文化部授予全国文化信息资源共享工程建设"示范县"称号。多次荣获湖北省文化厅、宜昌市文化局、中共兴山县委、县政府、县文化局评为双文明单位、"文化宜昌·全民阅读"活动先进单位、十佳文化单位、"争先创优"先进单位、文化工作先进单位、学习型党组织建设先进单位。2013年，全国公共图书馆评估定级被文化部评为国家一级馆。

图书进军营

馆领导介绍

向文玲，女，1969年7月生，湖北兴山人，本科学历，中共党员，馆员，图书馆党支部书记、馆长。历任南阳镇文化站站长，县歌舞剧团副团长，2000年调入图书馆从事图书管理工作，2001年任图书馆副馆长，2003年4月任图书馆党支部书记主持全面工作，同年7月任图书馆馆长至今。兼任宜昌市图书馆学会理事，兴山县民间文艺家协会副主席。

邓琼，女，1969年12月生，湖北兴山人，专科学历，中共党员，馆员，图书馆副馆长、工会主席。1988年参加工作在昭君纪念馆担任讲解员，1992年调入图书馆从事图书管理工作，2008年任图书馆副馆长，2002年4月任图书馆党支部书记、主持图书馆全面工作，2003年任图书馆副馆长，2011年任图书馆工会主席至今。

未来展望

兴山县属于三峡库区移民县，大山区县，革命老区县。县图书馆移民搬迁后，规划提出了"立足现实，因地制宜，探索不同的模式和方法，推动构建县级图书馆服务体系的实践走向普及和深入"的方向和思路，不断完善单体服务功能，扩大服务辐射区域，带动地方图书馆事业发展。在兴山县全面实现"一馆办证，多馆(室)使用，通借通还，资源共享"的公共图书馆一体化服务体系。

联系方式

地　址：湖北省古夫镇昭君路10号
邮　编：443700
联系人：向文玲

"兴山讲坛"专家讲座

爱国主义读书教育征文、演讲比赛活动

秭归县图书馆

概述

秭归县图书馆位于美丽的长江三峡西陵峡畔，三峡大坝坝上库首第一镇——茅坪镇。秭归县图书馆于1979年7月建馆，原址古城归州，1998年，因三峡工程建设需要，随县城整体东迁至茅坪镇平湖大道19号。新馆占地1192平方米，建筑总面积3100平方米。

2011年，秭归县图书馆实施服务设施改造升级工程，馆内服务环境和服务条件得到极大改善，目前共拥有阅览座席240座，计算机总数46台，建立了图书馆网站（网址：http://www.zgxtsg.com），机房专用存储设备容量6.5TB，网络带宽达到10M。县图书馆引用Interlib系统进行业务管理，馆内局域网实现所有节点互联互通，免费WIFI覆盖所有公共服务区域，基本实现无纸化办公。

业务建设

截止2012年底，秭归县图书馆共有纸质馆藏14.1万册，电子文献藏量940种。县图书馆每年有专项购书经费8万元，除每年投入3.5万元左右购置240种以上报刊外，其余5.5万元及部分专款用于购置图书、视听文献等相关资源，并开通了维普科技期刊、万方数据库等电子资源，每年新购图书2700种左右，募捐图书2000余册，视听文献年入藏超过90件，并筹建了“屈原文化暨秭归地方特色文献资源数据库”。

县图书馆现在采用全开架借阅方式，图书排架误差率低于2%。自“共享工程”秭归县支中心成立后，县图书馆就加大了数字资源建设力度，目前已经建成了自己的网站，馆内也开通了局域网，数字资源总量已达6.5TB。

读者服务

县图书馆现开设有图书外借部、报刊阅览室、少儿阅览室、电子阅览室以及多媒体影视厅等多个服务窗口。所有服务场地和服务设施全部免费开放，并为读者提供免费寄存和免费饮用水服务，各个窗口均备有便民服务箱，并有残疾人专用通道。

为更好服务读者，县图书馆一是变半开架为全开架，提升馆藏文献利用率；二是加强宣传，通过网站、宣传橱窗等多种方式向读者推荐新书，年书刊宣传不低于800种；三是坚持全年365天开放制度，每周开馆时间超过60小时；四是紧紧围绕新农村建设，花大力建好乡镇文化站图书室、村“农家书屋”和农业科技中心户图书室，并与他们达成书刊资源共享协议，此外，在消防中队、武警中队、匡通电子有限责任公司、飞鹰电子有限公司、秭归县监狱等建成了多个图书流通点，截止目前，县图书馆流动服务点达到56个。县图书馆充分发挥流动图书车作用，与图书流通点的年图书流通达到5000册次以上。近年来，馆内年均接待读者超过5万人次，读者借阅书刊年均超过10万册次。

自2006年起，县图书馆开始为县委、政府主要领导编辑《领导参考》，现已出版82期1600余份。县图书馆坚持为老年人、残疾人、留守儿童等特殊群体服务，他们为老年人和留守儿童发放“荣誉阅览证”，针对老年人举办“一帮一”学电脑活动、“夕阳红”健康知识讲座；为留守儿童开展“我和爸妈面对面”、留守儿童演讲比赛等。“留守儿童学习乐园”已成为县图书馆长期建设的服务品牌，同时，他们与团县委合作，成立“秭归县青年干部周末学院”，为县内青年干部提供学习保障。

县图书馆每年举办送科技文化下乡、农业技术讲座、屈原文化知识讲座、共享工程知识培训等活动20场次以上，举办展览活动6次以上，每年参加活动的人次均在2万人次以上。

2012年，县图书馆在中新网、省文化厅网站，市图书馆网站等发表报道31篇，在县电视台新闻报道8次。

业务研究、辅导、协作协调

秭归县图书馆十分重视与上级图书馆的协作协调工作，并以此为平台加强本馆的基础业务研究活动。近几年来，县图书馆每年参加中国图书馆学会社区乡镇战略研讨会和湖北省图书馆学会、宜昌市图书馆学会组织的各项活动，每年选送参加论文评比文章不低3篇，2009至2012年度，县图书馆职工撰写的论文3篇获中图学会社区乡镇研讨会一、二等奖，4篇获省学会三等奖。

县图书馆着力加强县、乡、村、户四级文化网络建设，曾被市文化局、市人事局联合表彰为全市文化信息协作网络建设先进单位。截止2012年底，秭归县共建成12个乡镇

2012年6月13日全国妇联儿童部副部长吴新平（左五）到秭归县图书馆调研

2012年12月上海市图书馆一行45人到秭归县图书馆考察

少儿阅览室

电子阅览室

图书馆外借部

文化站图书室，5个社区居委会图书室，186个村级农家书屋，15个农业科技中心户图书室。县图书馆每年都要对各镇、村图书室、相关单位图书室进行业务辅导，为基层图书室培训骨干，以提高全县基层图书室的管理水平。目前，秭归县乡镇图书室覆盖率达到100%，农家书屋覆盖率达到100%。

管理工作

秭归县图书馆每年年初都会结合上级精神和馆内实际情况制订切实可行的工作计划，近几年，年度计划完成率都达到100%。

馆内严格按照县财政局、主管局的规定扎实抓好财务管理工作，财务制度齐全，财务管理规范，无违规违纪情况发生。

县图书馆坚持以制度管人，不断制定和完善各项工作制度，岗位设置根据实际需要确定，实行择优聘用，加强目标考核，全馆人员都得到规范管理。

2011年，电子阅览室更新了所有电脑，并且加装了反黄软件，增设两个图文数据库，为读者营造了更为安全，更为便捷的电子阅读环境。

表彰、奖励情况

自2009年以来，秭归县图书馆先后被中宣部、文化部、国家新闻出版总署、国家广电总局联合表彰为“全国服务农民服务基层文化建设先进单位”；在文化部全国文化信息资源建设管理中心开展的“颂歌献给党——全国文化信息资源共享工程迎接建党90周年群众歌咏活动”中，由宜昌市中心和秭归县支中心联合组织拍摄的《共享工程之歌》，获文化部表彰的“优秀原创作品奖”；被省文化厅表彰为“2011年度全省文化系统优质服务窗口”；被市总工会表彰为“宜昌市女职工建功立业标兵岗”；被宜昌市文化局表彰为“全市文化工作先进单位”；秭归县委、县政府也多次授予图书馆“文明单位”、“文明机关”、“五型机关”等荣誉称号；8人次被县政府、局机关党委授予“先进工作者”、“优秀党员”、“优秀党务工作者”等称号。

馆领导介绍

郑燕，女，1962年8月生，大专学历，中共党员，副研究馆员，现任秭归县图书馆馆长。1976年12月参加工作，历任秭归县演出队队长、秭归县文化馆馆长、秭归县图书馆馆长等职，兼任宜昌市图书馆学会理事。2004年9月，郑燕组织编排的《峡江船工号子》获全国第13届群星奖，2013年被湖北省文化厅表彰为“先进文化工作者”。

许苹，女，1963年10月生，大专学历，中共党员，馆员职称，现任秭归县图书馆副馆长。1978年8月参加工作，分管全馆业务工作。

周未，男，1974年1月生，本科学历，中共党员，馆员职称，副馆长。1992年8月参加工作，历任秭归县文化馆副馆长、秭归县图书馆副馆长。分管共享工程、信息网络、对外宣传等工作，2013年被评为“秭归县优秀学术技术带头人”。

未来展望

秭归县图书馆本着“读者第一，服务至上”的宗旨，不断优化服务环境，提升服务质量，以免费开放为工作重点，以“留守儿童学习乐园”为服务品牌，以共享工程为基层服务抓手，为建设文化秭归做出了重要贡献。

在未来的几年里，县图书馆决心充分利用国家文化惠民政策，通过各种渠道争取经费，着力加强数字图书馆建设，整合文化资源，固化服务品牌，以点带面，城乡联动，建立一个功能完善，布局合理，协调发展的公共文化服务网络体系，让广大人民群众共享文化发展的成果。

联系方式

地　址：湖北省秭归县茅坪镇平湖大道19号
邮　编：443600
联系人：周 未

送书下乡

文化共享助春耕

指导村级共享工程服务点

长阳土家族自治县图书馆

概述

长阳土家族自治县图书馆始于1952年县文化馆内图书阅览室，1976年12月由县革命委员会发文成立长阳县图书馆，与县文化馆实行两块牌子，一套班子，合署办公。1984年1月，图书馆与文化馆分开，在黄龙路新建馆舍。1984年11月自治县成立后，长阳县图书馆更名为长阳土家族自治县图书馆。1993年12月由黄龙路迁址龙舟大道15号，总投资108万元，馆舍总面积2600平方米。现有在职干部职工10人，其中本科学历3人，大专学历7人，副研究馆员2人，馆员7人。内设普通阅览室、少儿阅览室、电子阅览室、多功能报告厅、报刊室、采编室、两个书库、财务室等10个服务窗口。2003年4月实行ILAS系统图书自动化管理，为读者提供全流通、开放式的服务。2004年5月，成为文化部、财政部组织实施的全国文化信息资源共享工程长阳土家族自治县支中心，挂牌正式开展工作，2009年建成百兆光纤局域网，连接全县11个乡镇154个基层服务点的基层网络，文化共享工程乡镇村覆盖率达到100%。

业务建设

长阳图书馆服务功能完备，提供外借、阅览、电子阅览、参考咨询、定题服务、读者教育、馆际互借、文献复制、文献传递等各种服务。2012年底，图书总藏量为460000册（件）。持证读者16000余人，每周63小时对外开放，馆内图书实行100%开架借阅。2012年图书流通达135000多册次，82000多人次。2000年来，图书馆依托县直机关单位、村委会、学校和武警消防中队等，创建了20个流动图书服务点。多年来，始终坚持服务“三农”、服务社区、送书下乡，举办各种形式的读书活动，编印发放科技信息资料。自2000年起长阳图书馆创办一季一期的《科技文摘》；编印《柑橘病虫害防治》、《快速养猪》、《板栗》、《长阳农村致富实用技术》和《实用种养技术小窍门》等科普资料，免费送给农民朋友。

读者服务工作

长阳图书馆全年363天对外免费开放，每周开放63小时以上，馆内图书实行100%开架借阅。2003年4月，对图书采编、图书外借、读者管理、图书查询实行了图书自动化管理（ILAS系统）。2004年5月，成立了全国文化信息资源共享工程长阳支中心。2009–2012年，书刊总流通292万人次，书刊外借360万册次。

2009年，图书馆与清江初级中学联合举办以“歌唱祖国，赞美家乡”为主题的读书征文和演讲比赛，共收到文章719篇，评选出一等奖6篇，二等奖12篇，三等奖24篇。其中20篇优秀文章参加了全省开展的“祝福祖国”的主题征文暨第六届“童之趣”杯大赛。2010年9月24日在长阳广场举行“我与图书馆”读书演讲比赛，湖北卫视综合频道、三峡电视台和县电视台对活动进行了专访和报道。2011年4月23日，图书馆在长阳广场举办以“倡导全民阅读，建设文化长阳”为主题的“4·23世界读书日”暨县图书馆全面实施免费开放宣传活动，4000余人参加了现场的活动。图书馆与县电视台合作，在县电视台《土家讲坛》和《长阳故事》两个栏目中增加了“图书馆新书介绍”，每期介绍两至三本好书推荐给读者。

2009–2012年，长阳图书馆共举办讲座、展览、培训、阅读推广等读者活动116场次，参与人数128440万人次。2009年至2012年先后在县城区及县城周边村组建立了20个流动服务点。

业务研究、辅导、协作协调

2009–2012年，长阳图书馆职工发表论文34篇，出版专著1部（《长阳文化体育志》）。其中：《论公共图书馆支持“农家书屋”建设的意义》获第九届中国社区乡镇图书馆发展战略研讨会征文三等奖；《充分发挥地方文献资源的社会价值》被评为宜昌市图书馆学会2010年学术年会“征文优秀奖”；《发挥少数民族地区公共图书馆在和谐文化建设中独特作用之我见》获第二届中国民族文化创新成果奖一等奖；《试论构建城乡一体化公共图书馆网络体系的有效途径》、《图书馆职业化研究之我见》获2010年中国图书馆学会年会征文三等奖；《关于民族地区图书馆在文化大发展大繁荣中的角色、地位、作用的调查》获第十二次全国民族地区图书馆学术研讨会征文活动二等奖。

2008年至2009年，组成农家书屋建设服务指导组，深入全县11个乡镇举办书屋管理员和共享工程操作员培训班55期，培训500人次，建成农家书屋66个，图书总数共132000册。截止2012年底，长阳农家书屋建设任务已全面完成，172个书屋的书柜、阅览桌椅、报刊架、借阅管理制度、农家书屋标识牌完全统一，书屋建设全部实现规范化。

管理工作

自2009年起，长阳图书馆实行全员岗位聘任制，颁发聘书，实行聘任制管理。年初，由馆长与每个职工分别签定工作目标责任书，每月进行工作进度检查通报，每半年进行总体工作考核，年终按责任书规定的内容和目标进行考核和评比，其结果与年终奖励和评先表彰挂钩。

同时，先后制定和完善了《借阅规则》、《报刊阅览规

则》、《地方文献管理制度》、《为弱势群体服务规定》、《消防安全工作管理制度》、《环境卫生管理办法》、《公共场所严禁吸烟管理办法》、《馆藏书刊遗失、污染赔偿规定》、《电子阅览室管理制度》、《电子阅览室读者须知》、《档案管理和借阅制度》、《书库管理制度》、《书库防火安全规范》等规章制度，在实践中不断探索和提升管理与服务水平。

表彰、奖励情况

2009–2012年，长阳图书馆多次受到上级鼓励和表彰。其中，2009年被评为全县文化工作先进单位，2010年被评为宜昌市十佳文化单位，2011年被评为宜昌市优质服务窗口，同时荣获宜昌市"我读书的故事"优秀组织奖，同年被评为全县文体工作先进单位和全县"三八"红旗集体，2012年被评为宜昌市"文化宜昌·全民阅读"活动先进集体，馆长张小燕被评为先进个人。

馆领导介绍

张晓燕，女，1959年10月出生，大专学历，中共党员，馆员，馆长。1975年12月参加工作。历任长阳文工团演员，长阳文化馆表导干部，长阳歌舞剧团编导、办公室主任，长阳图书馆副馆长、党支部书记、馆长等职。多次获得各级演出、编导等奖励。也多次被上级组织、业务等部门评选表彰为先进个人、优秀党员等称号。2012年被评为宜昌市"文化宜昌·全民阅读"活动先进个人。

彭汉洲，男，1961年9月出生，大专学历，中共党员，馆员，副馆长。1975年12月参加工作。历任长阳歌舞剧团演员、支部书记；长阳图书馆副馆长等职。工作期间曾多次获得各种奖励。

覃远菊，女，1965年5月出生，本科学历，中共党员，副研究馆员，副馆长。1984年10月参加工作。历任资丘区中溪乡人民政府团委书记、宣传干事、民政助理，资丘区五房岭乡人民政府妇联主任，长阳县黄柏山乡人民政府妇联主席、团委书记、党政综合办公室秘书、副主任、劳动人事助理、人大政协工作员，长阳县资丘镇文化站工作员，长阳县文化市场稽查队稽查员，长阳县文化体育局人事干部，长阳土家族自治县图书馆副馆长等职。2002年被授予为全县优秀共产党员光荣称号。2008、2009连续二年被评为全县文体系统先进工作者。同年被宜昌市文化局评为宜昌市图书馆（室）先进个人，宜昌市图书情报网络工作先进个人。2011年被县委宣传部、县精神文明建设委员会评为全县十佳文明服务标兵。2010、2011、2012年连续三年被评为全县文体系统优秀工作者。

未来展望

长阳图书馆秉承"读者第一、服务至上"的办馆宗旨，内强管理，外树形象，以建设现代化、数字化图书馆为发展目标，努力采集各类书报刊资料，征集开发利用长阳地方文献；积极开展流通借阅和辅导全县乡、镇图书馆、室及社区、村居、企业图书流通网点工作，做好公共文化服务延伸、深化工作服务，协调、支持全县公共图书馆、室图书资料采集、整理、保存、著录和图书资源的合理调配与共享工作；配合社教、科研的需要，积极开展文献查阅方法、图书馆利用知识的教育和辅导工作，举办各类科学文化知识培训、讲座和报告会、学术研讨会，为未成年人等社会各层面人群搭建健康的阅读学习平台；收藏图书资料信息并提供借阅参考咨询、情报服务，维护文化信息资源共享工程县级中心并指导乡镇网点技术工作；进行图书馆学、目录学和情报学理论、技术方法及图书馆现代化手段的应用研究和推广工作；做好现代图书馆自动化、网络化、数字化建设和学科研究等文化业务基础工作，为提高广大人民群众整体素质，推动长阳经济发展提供智力支持，实现科技和文化的完美结合，努力把图书馆办成知识信息中心，文化教育中心，成为重要的知识信息枢纽和三个文明建设的重要窗口。

联系方式

地　址：湖北省长阳土家族自治县龙舟坪镇龙舟大道15号
邮　编：443500
联系人：吴建中

当阳市图书馆

概述

当阳市图书馆始建于1976年，馆址几经变迁，现馆址位于环城东路32号，建筑面积4683m²，主体建筑五层，总投资2647万元，读者席位300个，计算机40台，接入10Mbps宽带，于2014年7月4号对外试运行开放。在第三次、第四次和第五次全国县以上公共图书馆评估定级中被评定为一级图书馆。全馆现有在岗人员17人，研究生学历1人，大专学历10人，中专、高中学历6人，中级以上职称8人，占职工总数的47%，初级以上职称11人，占职工总数的65%。馆领导班子6人，大专以上学历5人，其中中级职称3人。

业务建设

2014年，当阳市政府投资购买了210万元实洋的新书，至此，馆内总藏书量达23万册；电子文献实现跨越式入藏，新购电子图书50000余册安装在本馆机房，数字资源总量达到4TB，并通过与省图书馆、宜昌市图书馆以及其他文献资源平台的互联，读者可在电子阅览室阅读百余万种电子书。图书年入藏3000种6000册，报刊每年确保400种以上，视听文献年入藏30种以上。2009—2013年，图书购置经费每年为25万元，五年共入藏中外图书15000种30000册，视听文献150种。

选用Interlib图书集群管理系统，读者借还启用了RFID自助借还管理系统，馆内实现10Mbps宽带全覆盖，在公共区域部署了阅读机、读报机、查询机等高科技电子产品。

读者服务工作

图书馆开放常态持久。五年来，坚持实行全年365天“零闭馆”制度。从2011年12月起，实现公共空间设施场地及基本服务项目的免费开放，周开放时间84小时，全年外借12万册次以上，馆外流动服务点书刊借阅册次达5000册次/年，人均年到馆25次以上。年开展讲座、培训等活动18次，举办各类展览8次，利用每月新书推荐以及馆内网站对免费开放政策、热门图书、新期刊进行宣传，年书刊宣传500种以上。

读书日、宣传周活动彰显特色。每年坚持举办了“4.23”世界读书日和图书馆服务周活动，通过新闻媒体、政府公益短信平台、文化资源共享平台、张贴宣传标语、发放宣传材料多种形式向全市人民发出读书倡议，努力提高活动的知晓率和影响力，积极倡导科学、文明、健康的生活方式。五年来一共发送公益短信15000条，宣传单10000余份，开展了“好书进校园”、未成年人“绿色上网”等活动12次，举办了“春季校园图片展”、“庆祝中国共产党成立九十周年”等图片展36次。

寒暑假读书活动常抓不懈。举办了“祝福祖国”、“我与图书馆”、“我在党旗下成长”、“阳光少年热爱党”、“我与世博同行”、“我心中的图书馆”、“走进图书馆，书香永相伴”、“快乐阅读·伴我成长”等主题读书征文活动，参与人数达15万，流通图书20多万册，收到征文8000余篇，选送105篇征文参加全省评奖，共有28人获奖，其中一等奖4人、二等奖8人、三等奖16人。2009年至2011年，市图书馆连续三年受到省知识工程领导小组的表彰。

文化共享工程惠及千万家。2008年当阳市被文化部命名为“全国文化信息资源共享工程示范市”，市图书馆支中心充分利用其服务网络，共组织开展文化共享进农村、进社区、进学校、进企业、进军营，以及文化共享助春耕、优秀电影展映、情系老年人、关爱留守儿童等 活动300余场，累计放映电影、科教片等200余场，举办法律、科技、卫生知识讲座等近百次，发放《致富门径》3万余份，服务群众20多万人次。2010年12月，当阳“文化共享工程助春耕”活动展板参加了由文化部举办的全国文化信息资源共享工程“十一五”成果展。

“流动图书车”“带动”三农“脱贫致富。五年来，“流动图书车”累计下乡服务400余次，巡回里程达4万公里，帮助农村读者10万余人，流通图书10万余册，为全市农业生产、农民生活发挥了重要作用，被农民群众誉为“致富的帮手、生活的高参”。《人民日报》、中央电视台等中央、省市新闻媒体多次报道当阳“流动图书车”服务“三农”的典型事迹。

业务研究、辅导、协作协调

2009—2013年，当阳市图书馆领导班子成员均参加过业务培训班，全馆工作人员通过人事局公需课目培训、学历进修、参加论文研讨会、集中培训等形式，参加各种岗位培训，人均年继续教育学时63小时以上，共发表论文28篇。五年来，积极参与上级图书馆组织的各项业务工作，与省馆联网进行联合编目，开展了馆际互借等业务合作，建立健全了市镇村三级信息资源共享工程服务网络。2008年，当阳市财政共投入120万

读报机

图片展

电子阅览室

少儿阅览室

元，对图书馆支中心、10个镇处基层中心和155个村级服务点进行了建设，共建成图书流通点28个，现已基本形成了以市图书馆为龙头，以镇处图书分馆为桥梁，以图书流通点为基础，以"图书流通车"为纽带的图书流转服务网络，构成了资源丰富、技术先进、覆盖城乡、服务便捷的数字文化服务体系。

管理工作

近年来，当阳市图书馆结合工作实际，先后制订了一系列改革措施，取得一定效果。年初制订工作计划，实行岗位责任目标管理制度，用制度管人管事，由馆长和副馆长签订责任状，明确各自的责任，年底兑现。内部收入分配实行激励机制，能者多劳，劳者多薪，干多干少不一样，干好干坏不一样，调动了干部职工的积极性。同时，还吸收志愿者参与图书馆的服务工作。

财务管理严格，按照法律法规约束财务行为，设备、物资做到账实相符，重大物资采购实行公开招标，五年来图书馆无违纪违规、无国有资产流失现象发生；档案管理规范，被评定为国家二级档案室；统计工作严谨，各种数据真实、准确、有效；环境卫生达标，投资购买必备用品，为读者营造舒适的阅读环境，庭院达到绿化美化亮化标准，是我市"无吸烟达标单位"；消防设施齐全，保卫组织时刻警惕，无刑事犯罪、无治安案件、无意外事故发生。

表彰、奖励情况

2009−2013年，当阳市图书馆共获得各种表彰、奖励21次，其中省文化厅表彰1次，省知识工程领导小组办公室3次，宜昌市文化局2次，宜昌市纪律检查委员会、宜昌市监察局1次，宜昌市图书馆1次，当阳市委、市政府、团委6次，当阳市文化体育旅游局7次。

馆领导介绍

黄胜，男，1969年5月生，大专学历，中共党员，支部书记、馆长。1989年9月参加工作，先后在市文化局、市文化市场管理所工作，2011年7月起担任当阳市图书馆馆长。

尚燕燕，女，1973年1月生，大专学历，中共党员。1991年10月参加工作，2008年起担任当阳市图书馆工会主席，2014年5月起担任图书馆党支部副书记。

林红莲，女，1965年5月生，大专学历，馆员职称。1984年7月参加工作，1988年从啤酒厂调到图书馆后，一直从事图书采编工作，2007年起担任副馆长。

朱慧江，女，1972年4月生，大专学历，中级职称。2001年5月从歌舞剧团调到图书馆，先后在采编部、阅览部、图书借阅部等部门工作，2008年4月起担任副馆长。

未来展望

作为本市重要的知识信息枢纽和精神文明建设的阵地，当阳市图书馆围绕争宜昌前三、争全省十强的"双争"目标及"五个当阳"建设要求的城市发展定位，将实施"服务立馆、人才兴馆、科技强馆、特色亮馆"四大战略，实现跨越式发展，力争到不久的未来，以图书馆为中心，以10个镇（办事处）文化站为依托，把图书馆打造成当阳的图书流转中心、群众读书求知中心、青少年活动中心、文化科普培训中心，让市民共享文化发展的成果。纵向，建立和完善以市图书馆为龙头、乡镇图书馆为骨干、社区、企事业单位图书馆为网点的公共图书馆三级网络；横向，公共图书馆与学校、事业单位图书室等不同类型的成员实现互通互联、优势互补、资源共享、协同服务；逐步形成高水准、覆盖全市的图书馆服务网络和科学合理、富有地方特色的多级文献保障体系，达到"力求一流创新、新建一流馆舍、整合一流资源、培养一流队伍、强化一流管理、争创一流服务"的总体目标，真正使当阳市图书馆成为学习型、研究型、创意型、示范型的现代化图书馆。

联系方式

地　址：宜昌市当阳市环城东路32号
邮　编：444100
联系人：黄 胜

图书馆全貌

襄阳市襄州区图书馆

概述

1976年12月，襄州区图书馆经原襄阳县革命委员会批准筹建，1979年8月1日建成，是建国后第一家由政府投资兴建的县级公共图书馆，地址位于原襄阳县双沟镇小南门，实行对外开放。1986年4月，襄阳县人民政府拟定在新县城建设文化中心，同年在新县城金富士路10号选址征地4.32亩，建筑面积1196平方米，总投资25万元。1993年5月1日由襄阳县人民政府县长吴永明剪彩开放使用。

襄州区图书馆 内设自然科学书库、社会科学书库、报刊文献书库。共有阅览座席200个，计算机45台，电子阅览室计算机30台，宽带接入10Mbps。设有外借室、阅览室、科技辅导室、少儿阅览室、过刊室和电子阅览室等服务窗口，为读者提供外借、阅览、参考咨询、科技信息咨询等服务，每周开馆60小时以上。

2013年，襄州区图书馆参加全国公共图书馆第五次评估定级，同年10月31日，首次被文化部评为国家县级公共图书馆“一级图书馆”。

业务建设

区图书馆建成至1979年12月总藏书仅达2.6万册。1992年4月、1997年3月、1998年6月，图书馆先后在全区开展大规模的向图书馆捐书活动，共征集图书5万册。截止2000年图书馆藏书8.1万册，2012年藏书11.8万册。近几年，区图书馆在购书经费十分紧张的情况下，多方筹集资金新增各类图书80000多册，每年征订报刊近百余种，目前馆藏图书报刊文献资料现已增至20万余册。2013年6月，随着大量新书不断入藏，图书馆对原有的藏书布局进行重新调整，优化馆藏分类，实现自动化借阅，提高了藏书组织质量，增强了流通能力。

目前馆内藏有全唐文、佩文韵府、中国百科全书、册府元龟、十三经注疏、中国古今人名大词典等具有较高价值的图书和文献资料。建立了陈荒煤地方文献书库和地方文献、少儿图书等三个专柜。

读者服务工作

从2010年10月起，襄州区图书馆全年365天对外免费开放，周开放60小时，2013年，引进鼎丰金业图书借阅自动化管理系统技术，实现了馆藏文献的自助借还。区图书馆始终坚持“读者第一，服务至上”的宗旨，采取“一馆变多馆”的做法，在全区建立了6个分馆、6个图书流动站和1个家庭图书流动站，形成了以学校、机关、企事业单位、部队、乡镇文化馆(站)、社区、农家书屋为系统的网络化服务模式。

2011年9月，区图书馆投入图书资源10000多册，抽出5名专业技术人员，在湖北省强制戒毒所建成1个图书阅览室，并成功使用图书自动化借阅管理系统。

2013年8月20日，在襄州区现代农业示范区新农村建设基地池阳新村，成功开办池阳新村图书分馆。馆内涵盖政治经济、农业科技、文学、法律法规、医学卫生、工具书、音像资料、期刊等各类图书5000多册，向居民全天免费开放。

“共享工程建设”、新技术推广与科学致富

2007年湖北省图书馆确定襄州区图书馆为全国文化信息资源共享工程建设试点，授于全国文化信息资源共享工程县级支中心称号，并给区图书馆配置电脑服务器一台，投影设备一套，地面卫星接收器一套。2010年襄州区图书馆根据湖北省文化信息共享工程领导小组要求，全面启动文化信息资源工程建设。2011年建成使用，面积300平方米。配置电脑终端30台、服务器4台、存储1台；镇级服务点40个，各配置电脑终端1台；村级服务点236个，配置电脑终端各1台。ftp网络连接已覆盖全区40个镇级服务点，村级服务点覆盖30%。

通过文化服务网络及其它途径传输信息，扩大宣传面，使群众快学技术，早得实惠。目前已与我区双沟镇万丰源牲畜养殖有限公司、龙王镇养鹅专业户等多个种养殖户建立“襄州区图书馆文化共享工程惠民示范点”。针对种养殖户在种养植过程中遇到的实际问题，对症下药，从共享工程网络资源库中下载相关内容，刻录成实用光盘，免费赠送给种养植户或种养植集中连片的村组及文化中心户，使农业科技推广更具有针对性和时效性。

区级支中心成立以来，通过各种途径共刻录发放《党员先进性教育》、《温棚蔬菜、瓜果、药材种植技术》、《鱼病防治技术》、《肉牛、肉羊养殖技术》《科学应对禽流感》等280种科教、实用技术视频光盘12000余张，宣传资料6000余份。2012年共享中心电子阅览室还被评为全民阅读“十佳最佳阅读基地”。

鹿门讲坛

宣传周

表彰、奖励情况

多年来，我馆在区委区政府或上级主管部门的关心下，坚持开展多层次的读者服务活动，努力提高服务质量和业务水平，受到有关单位、领导和读者的好评。2013年获得了国家文化部“一级图书馆”的光荣称号；区级“文明单位”；被区委、区政府授予“三八红旗集体”；受到市文新局表彰为“先进单位”和“群众文化先进集体”；受到市图书馆学会表彰为“先进集体”。

馆领导介绍

赵萍丽，女，1967年6月生，大专学历，中共党员，馆员，图书馆党支部书记、馆长。1989年7月参加工作，2008年10月任襄州区图书馆馆长，兼任湖北省图书馆学会常务理事。

蔡德红，男，1974年8月生，本科学历，中共党员，助理馆员，党支部副书记、副馆长。1999年元月参加工作，曾任襄州区文化馆副馆长。

晏平安，女，1973年10月生，大专学历，中共党员，馆员，图书馆支部委员、副馆长。1995年3月参加工作，在图书馆工作至今。

刘拥涛，男，1981年6月生，大学本科学历，中共党员，助理馆员，图书馆支部委员、副馆长。1999年12月参加工作，先后在襄州区文化馆、襄州区文化旅游综合执法大队工作，于2012年11月调入襄州区图书馆工作至今。

未来展望

图书馆工作要把“以人为本”的理念集中体现为“读者第一，服务至上”。视读者为我们工作的主体，以满足读者需求，为读者创造优美与和谐的借鉴阅环境作为图书馆工作的宗旨。通过图书馆员细致入微的服务把这一宗旨具体化，成为读者看得见、摸得着，时时处处感受到的真诚关爱和满意服务。图书馆馆员要理解、关心、爱护和尊重读者，从读者的实际需要出发，优化整合图书馆的各种纸质文献和电子文献资源以及各种服务项目，形成一个以读者为中心，以读者需求为导向的新型图书馆服务体系。摆脱传统文献处理的限制，在信息的采集、加工、组织、控制、选择和传播中，建立辐射型的开放服务系统，使读者和图书馆以及图书馆藏文献资源与读者之间的关系更加亲切，使读者能在一个和谐和温馨的环境中检索和利用自己所需要的文献信息资源。以“以人为本”为出发点，强调藏、借、阅功能一体化，采用开架借阅的方式，书库兼具藏书室、借阅处、阅览室的功能，扩大书架借阅量，延长开馆时间，为读者营造舒适、宽松的人性化的借阅氛围。

2014年送书下乡活动

联系方式

地　址：湖北省襄阳市襄州区城关镇金富士路10号
邮　编：441104
联系人：赵萍丽

谷城县图书馆

概述

民国初年，杨太夫人效孟母择栖教子培养出两个留学生儿子：杨藻恕、杨藻哲。杨藻恕撰写了我国第一部《图书馆》专著，蔡元培老先生为其作序。杨太夫人去世后，兄弟二人为了纪念她，要求亲朋好友不送葬礼送图书，办起了谷城县第一个图书馆，该图书馆当时藏书达5万余册，在全国也享有一定的名气。军阀混战时被付之一炬。国民党统治时期在原址上办起了“民众教育馆”，内有图书室，但未成规模。新中国成立后，开辟了专门的图书室。1978年4月正式建立了图书馆。现有建筑面积3500平方米，设有古籍部、采访部、少儿部、外借部、辅导部、办公室、网络部、科技服务部等八个部室；藏书10万册，其中，以《金刚经》为代表的1060册善本书和2.1万册古籍，具有很高的史学研究和保护价值。2010年获国家一级馆；2011年被湖北省政府评定为首批次“全省古籍保护重点单位”，是七家入选单位中唯一的一家县级馆。“全国文化信息资源共享工程”启动后，谷城县图书馆又积极抓住这一千载难逢的机遇，高标准建成了覆盖全县的“共享工程”。

业务建设

2013年底，总藏量10.5万册（件），电子图书5.5万册；新增藏量购置费5万元；视听文献1000余册；地方文献1000余册，地方文献入藏完整率为95%，数字资源总量为3TB，充分利用文化信息资源共享工程平台，通过创办“网上农家乐”专题网页，搭建了四大板块内容：（一）乡村影院：①红色经典。提供100余部如：《地道战》、《地雷战》、《上甘岭》等红色经典电影；②农家故事。提供各个时期反映农村革命和建设的影片，如月亮湾的笑声、喜盈门、乡村爱情等；③农民风采。提供我县农民自娱自乐音像节目，如村镇文艺晚会，农民自拍的健康向上的音像短片等充分展示我县劳动人民的创造性。（二）农民阅读：1、经典名著，如中国古典四大名著、现代经典小说；2、谷城美文①谷城作家撰写的代表性作品；②反映谷城社会发展及人文风情的各种形式的代表性作品；③农民视点。由我县农民自创的反映“三农”建设各种形式的文艺作品；④政府信息，发布各个方面农村农民政府信息；（三）农家歌声：①各个时代的经典名曲100首；②反映谷城农村变化的并由谷城人自创的歌曲；③谷城地区具有代表性山歌民歌。《放花牛》、《对花》、《南河船歌》等。（四）互动平台：①接收农村文化需求的各种信息；②接收对网页制作的各种建议和意见；③及时反馈网页改建意见；④及时答复农民的各种诉求。‘网上农家乐’的创办，直接吸引了众多的读者上网阅读。

目前图书馆网站每天点击率近1000人，据调查全县有2.9万人在利用这一平台，或上网阅读、或看电影、戏曲、或浏览信息。从而更方便快捷的实现了群众足不出户便可享受文化大餐。

读者服务工作

从2011年5月开始，制定了免费开放方案，落实了免费开放项目，全方位实施免费开放。年书刊总流通14万人次，书刊外借14万册次。年新增报纸书刊72种，对外服务窗口10个，馆外服务网点40个。年组织社会教育和用户培训3000人/次，举办报告会、讲座10次。乡镇都建起了图书馆（室），村村建有农家书屋，使县、镇、村、户四级图书馆（室）网络初具规模，藏书达50万册；同时，采取“三统一”即统一配书柜、统一配200-300册书、统一配流动图书点标志牌的方式，在机关、企事业单位建流动图书点，极大的便利了广大干部群众的阅读要求。

每年的寒假和暑假，都举办至少两次的有奖征文活动，已经坚持8年；每年的中秋节或十一期间都举办有奖灯谜竞猜活动，已举办5届。

业务研究、辅导、协作协调

2010-2013年，谷城县图书馆职工发表省级论文142篇，其中有54篇获得了三等奖及以上的表彰和奖励。

与襄阳市馆签定了馆际互借协议；与乡镇图书馆(室)实现了通借通还，县、乡镇、村三级“共享工程”实现了共建共享，长期以来，始终坚持摘录各类短、平、快致富信息，采取多种形式为“三农”服务；有效地促进了农村产业结构的调整和农民的科技致富。

管理工作

谷城县图书馆坚持以改革总揽工作全局，率先实行了副职和中层干部竞聘制，职工实行定岗、定责，竞聘上岗的双向

免费送书到武警中队流动图书点并进行业务辅导

图书馆新馆外貌

送书下乡

流动图书车

选择，工资待遇与职责挂钩，实行基础工资加岗位工资、加效益工资，极大地提高了干部、职工的工作积极性，提高了工作效益。

表彰、奖励情况

谷城县图书馆是多年“文明单位”、“先进基层党组织”、“国家一级图书馆”；首批次获得“湖北省古籍保护重点单位”，是七家入选单位中唯一的一家县级馆。

获得各种表彰、奖励28次，其中，湖北省文化厅表彰、奖励4次，市委、市政府，其他表彰、奖励18次。

馆领导介绍

施贵竹，男，生于1962年1月，大学本科，中共党员，副研究员。1981年7月参加工作，历任县档案局干部、乡镇党委委员、图书馆书记、馆长。

彭金平，女，生于1972年12月，大专学历，中共党员，馆员。1992年6月参加工作，历任文化站干部、图书馆副馆长。

刘满香，女，生于1976年5月，大专学历，中共党员，助理馆员。1993年10月参加工作，历任电影公司干部，图书馆副馆长。

未来展望

新图书馆建设已纳入县政府十件实事，计划在最繁华的地段投资7000万元，建一个8000平方米的新馆，2015年底可投入使用，届时将会有效地推动图书馆的各项业务工作的提档升级。

联系方式

地　址：湖北省谷城县中华街2号
邮　编：441700
联系人：施贵竹

老河口市图书馆

概述

老河口市图书馆始建于1976年。图书馆大楼于1984年动工，1990年投入使用，总使用面积为3544平方米。其建筑和特点被62届国际图联大会编辑的《中国图书馆建筑集锦》收编。图书馆藏书建设在市委、市政府、市财政的重视与支持下，在社会各界捐书援助下，2012年，馆藏书总量已达11.3万册，设立了地方文献专架和“张光年藏书专柜”。老河口市图书馆先后被国家文化部评为“一级图书馆”和“读者最喜爱的图书馆”，被省文化厅、省人事厅和襄阳市文化新闻出版局表彰为“文化工作先进集体”，被老河口市委评为“文明单位”。2012年，老河口市图书馆有阅览坐席290个。图书馆大楼建有高标准、高质量的共享工程主机室、三级卫星接收站、多媒体视听室和电子阅览室。多媒体视听室安装空调4台，投影仪1台，按照文化部的达标验收标准，高质量的建成了综合布线系统，防静电系统，接地系统，防雷系统等，满足了图书馆自动化管控的需要。面积110平方米的电子阅览室采用先进的CPU处理器，提高了网络带宽，形成了服务器4台，终端机30台，信息点60个以及相关设备的中型局域网络。根据读者需要，又开通了视频点播（VOD）系统。

业务建设

截止2012年底，老河口市图书馆总藏量11.3万册（件），其中，电子文献入藏量达到400种以上。地方文献入藏有专柜或专架，有专门目录，有专人管理、负责征集。

图书馆加快自动化建设步伐，建起了“全国文化信息资源共享工程老河口市支中心”和全市10个乡镇，224个村“文化共享工程基层服务点”。图书馆建起了高标准的“多媒体视听室”、“学术报告厅”和“电子阅览室”。全市形成了资源丰富，技术先进、覆盖城乡，服务便捷的数字文化体系。图书馆充分发挥文化共享工程作用，坚持送科技信息，科技光碟下乡，扎实开展“共享工程助春耕”活动，推进了全市经济社会向前发展。

读者服务工作

根据文化部、财务部《关于推进全国美术馆、公共图书馆、文化馆（站）免费开放工作意见》文件要求，结合我市实际，老河口市图书馆于2012年1月1日实行了全免费开放，实现了无障碍、零门槛进入。目前免费开放的项目有：报刊阅览室、少儿阅览室、图书外借处、电子阅览室等公共空间设施场地。同时与图书馆职能相适应的基本公共文化服务项目如文献资源借阅、检索与咨询、文化成果展览、基层辅导、流动服务等也免费为广大群众提供。

近年来，扎实认真抓好基层网点建设，先后在仙人渡镇、张集镇、李楼镇、赞阳办事处、洪山咀镇、袁冲乡、光化办事处、竹林桥镇、薛集镇、孟楼镇等10个乡镇、办事处综合文化站建起了文化共享工程乡镇基层服务点。与此同时，又和市委组织部农村党员干部现代远程教育相结合，在全市224个行政村建起了文化共享工程村级基层服务点。目前，全市已形成了以市支中心为龙头，以乡镇、办事处基层服务点为桥梁，以村级基层服务点为基础的老河口市三级文化共享工程服务网点。

为了方便读者借书，我们尽量简化办证手续，做到随到随办，随时借书。年外借册次达到10万以上，年流通总人次达到12万以上。节假日、双休日不闭馆，每周开放时间达到56小时以上。另外将图书馆阅览室、报刊阅览室、少儿阅览室、图书外借处以及书库实行开架和半开架的借阅方式，从而使60%以上的图书直接与读者见面。在服务方式上，对图书阅览室、少儿阅览室、包括张光年捐赠书设专架实行免证借阅。对一些重点读者，还采取代借代还，预约借书、送书上门等形式服务于读者。

在搞好阵地服务的同时，通过兴办一系列的图书宣传活动来引导读者读书用书。一是争取本市电台、电视台、市政府网站等新闻媒体的支持配合，登载读书活动通知，联合举办征文活动等。二是在公共场所张贴海报，到学校发放读书活动通知，2010—2012年共发各种读书活动通知、张贴海报13300多份，办新书推荐专栏150期，每年宣传书刊400多种。同时举办一系列读书活动掀起读书热潮。

我馆积极为重点读者搞好重点服务，专业技术人员经常深入各乡、镇，认真搞好业务辅导和指导，我们还编辑整理最新科技信息资料三期共9000余份，免费送到李楼、洪山咀、袁冲等乡镇农民手中，与此同时，我们还积极做好共享工程助春耕科技光碟下乡服务“三农”活动。

业务研究、辅导、协作协调

我馆积极参与上级图书馆组织的协作协调工作，参与本地区图书馆联合编目，积极推进馆际互借、完善体系建设，并积极与各级、各地区图书馆开展各类业务合作活动，并取得了重大进步。

近些年，我市基层图书馆（室）的发展步伐也很快，目前全市基层图书馆（室）34个，“农家书屋”224个，已覆盖全市所有村镇、社区，建成了相互协作，统一规划管理的全市图书服务网络，本地区街道、乡镇、社区、村图书室参与服务网络建设的比例达到30%以上，共有图书5万余册。

为了使这些基层馆发挥作用，我们认真做好基层业务辅导和培训工作，经常派出专业技术人员对这些图书馆（室）、“农

送科技资料、图书到农民手中

图书馆下基层查看农家书屋

信息资源共享设备发放仪式

富有人性化的少儿阅览室

报刊阅览室

张光年藏书专柜

家书屋”进行业务和技术等方面的辅导，每年对业务人员培训120人次左右。

管理工作

在管理方面，财务、设备、物资、文书档案等严格按照上级要求进行规范管理，完善了各项管理制度。管理制度共分两类，4章，30条、90款。详细制定了工作纪律、工作量考核、奖惩办法、岗位责任、书库管理、档案管理、借阅规则、财务制度、消防安全、治安保卫等，我馆全面实现了制度化、规范化管理。

表彰、奖励情况

近几年，我馆领导班子带领全馆干部职工，以务实的精神，以踏实肯干的作风、团结创新使各项工作取得了显著成绩，获得上级多项表彰：2010年老河口市图书馆被文化部评为“国家一级图书馆”；2009–2011年连续三年图书馆被省“知识工程”领导小组评为“优秀组织奖”；2011–2012年连续两年被襄阳市文化新闻出版局评为“文化工作先进集体”；2011年获襄阳市委宣传部“建党九十周年演讲比赛团体二等奖”；2009–2012连续四年被老河口市文体旅游局评为“文化工作先进集体”。2013年，老河口市图书馆再一次被国家文化部评为“一级图书馆”。

馆领导介绍

张红琼，女，大专学历，党员，图书馆馆员，1965年11月生。1984年12月参加工作，现任老河口市图书馆党支部书记、馆长。张红琼同志连续15年在年度考核中被评为“优秀”，连续两届被选为老河口市党代表、出席全市党代会，2003年被老河口市人民政府评为全市“劳动模范”，2006年被老河口市委评为“宣传思想工作先进个人”，2007年被湖北省人事厅、文化厅表彰为“全省文化系统先进工作者”，2009年被老河口市委，市政府表彰为“全市先进工作者”，2010年被湖北省图书馆学会评为“优秀会员”，2011年被湖北省文化厅评为“全省公共图书馆先进工作者”，同年光荣出席了文化部在贵阳市召开的“全国优秀图书馆长会议”，2012年被老河口市总工会评为“全市优秀女职工”、被襄阳市文化新闻出版局评为“百名群众文化先进工作者”。张红琼同志热爱研究图书馆学，曾多次撰写并发表学术性论文，其中撰写的学术性论文《创新服务方式——认真打造图书馆文化品牌》被入选刊登在中国文化教育与发展研究中心主办的《当代文化与教育研究》国家级学术性期刊中。

赵学清，女，1968年3月出生，大专学历，中共党员。1985年3月参加工作，历任老河口市图书馆党支部组织委员，图书馆工会主席，图书馆副馆长，兼任图书馆会计、财务科科长，分管文化信息资源共享工程工作、电子阅览室和图书馆文化产业工作。2011年，被襄阳市文化旅游和新闻出版局评为“文化工作先进个人”。

叶宗学，女，1962年4月生，大专学历，中共党员，职称馆员，1985年2月参加工作，先后在图书馆采编部、外借部等多个业务部门工作，现任图书馆工会主席，分管业务工作，曾被襄阳市妇女联合会、老河口市妇女联合会、工会评为“和谐家庭标兵”称号和“先进少儿工作者”光荣称号，业务论文《图书馆在构建和谐社会中的作用》被收集出版在《图书馆知识服务与阅读推广》论文集中。

未来展望

2009–2012年，老河口市图书馆在馆藏业务建设、文化共享工程建设、职工队伍建设、设施设备更新改造提档升级等方面都取得了巨大成绩。在今后的工作中，老河口市图书馆将更加牢固的树立全心全意做好公共文化服务的理念，进一步增强改革意识、创新意识、服务意识，技术方面，老河口市图书馆将引进图书馆自动化管理软件，在读者服务和业务方面不断升级，不断开创我市图书馆事业发展的新局面，为推动我市文化大发展大繁荣，为把文化的软实力变成经济发展的硬支撑，为实现老河口的科学发展，跨越式发展做出积极的贡献。

联系方式

地　址：湖北省老河口市市府路17号
邮　编：441800
联系人：张红琼

电子工业出版捐赠价值10万余元图书

开办农业技术培训班

送科技资料、图书下乡

宜城市图书馆

概述

宜城市图书馆成立于1976年9月1日，前身为宜城县文化馆图书室。1978年4月正式与文化馆分离，划分馆舍240平方米；1984年新馆址破土动工，1987年竣工，位于宜城市鄢城北街24号的新馆并正式对外开放，馆舍面积为1384平方米。1994年至1997年扩建综合楼、改造业务楼，馆舍建筑面积增至2684平方米。2000年，宜城图书馆在全市实行“图书借阅一卡通”服务模式，实现全市各乡镇、社区、村图书馆（室）与农家书屋的图书通借通还。2003年至2008年，成立了全国文化信息资源共享工程宜城支中心，并安装了计算机自动化馆域网（ILAS）管理系统。2012年，宜城市图书馆拥有阅览座席200个，少儿阅览60个，计算机68台，其中电子阅览室计算机30台，网络对外接口采用10兆光纤接入，存储容量为1TB。2013年，参加第五次全国公共图书馆评估，首次获得县级一级图书馆。

业务建设

截止2012年底，宜城市图书馆总藏量达到13万册（件）；2009、2010年，宜城市图书馆新增藏量购置费4万元，2011年起增至8万元。2009–2012年，共入藏图书11030种，报刊1460种，视听文献118种。地方文献入藏完整率为50%；数字资源（影碟、光盘）总量达3TB，馆藏中文文献书目数字化达80%以上。

读者服务工作

自2011年12月，宜城市图书馆实行365天全天候免费开放，每天服务时间10小时以上，电子阅览室服务时间12小时以上。2009–2012年，书刊总流通57.7万人次，外借册次达37.68万册次。办理“一卡通”借阅证10200个，共举办讲座、展览、培训、阅读推广等读者活动436场次，参与人数16.198万人次，解答咨询2383次。下乡到基层图书馆（室）、农家书屋及流通点送书、送科技48次，共2万册图书，科技信息资料8万份，刻录光盘5370张。2012年，开通与襄阳市图书馆的馆际互借服务。共建立馆外流通点10个，馆外书刊流通总人次4万人次，书刊外借7.2万册。

1988年起，宜城市图书馆《科技与信息》创刊，年编发12期，至2012年累计编发《科技与信息》300期，发行45万份。2001年起，宜城市图书馆成立“信息部”，创办《决策信息》直接为宜城市决策层提供服务，累计编印658期，摘录信息8000条。

以文化共享工程平台，依托乡镇、村图书室、流通服务点，由宜城市图书馆为龙头，围绕农民致富推广主题活动，在乡镇、村图书室、流通服务点同时开展，是宜城市图书馆延伸服务工作的特色。

业务研究、辅导、协作协调

2009–2012年，宜城市图书馆馆员共发表论文17篇，参加省图书馆学会论文三等奖以上10篇。

2009年，宜城市图书馆参与襄阳市图书馆开展“流动书屋走乡村”活动，下乡送科技书籍500册、致富信息1500份，配送电脑2台，播放红色经典电影和科技教育影片2部，举办远程教育农村科技知识讲座2场。

2009年至2012年，完成宜城市179个共享工程村级基层服务点建设，实现市、镇村三级共享网络体系建设。从2009年起，宜城市图书馆依托文化共享工程网络，对村文化基层服务点的工作人员定时开展业务培训活动，共380次，760人次接受培训。并积极参加上级图书馆组织的读书活动、各种大型展览活动、业务培训活动以及世界读书日、宣传周等活动。

管理工作

2012年7月，宜城市图书馆完成全馆岗位聘任，共设18个岗位，实行聘任上岗，建立了工作量化考核指标体系，每年进行总体工作考核。2009–2012年，共抽查文献排架8次，书目数据4次。

表彰、奖励情况

2009–2012年，宜城市图书馆共获得各种表彰、奖励11次。

馆领导介绍

张燕，女，1964年1月生，高中学历，中共党员，馆员，党支部书记、馆长。1981年8月参加工作，曾任宜城市图书馆副馆长

开展送书进社区活动

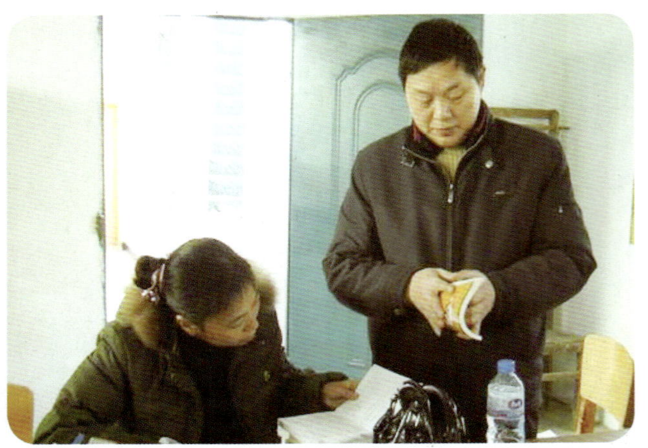

深入村组开展业务辅导工作

2012年7月31日为武警中队送书

2012九九重阳节宜城市图书馆为福利院老人送书

开展书展活动

中国民族民间文化遗产抢救系列活动

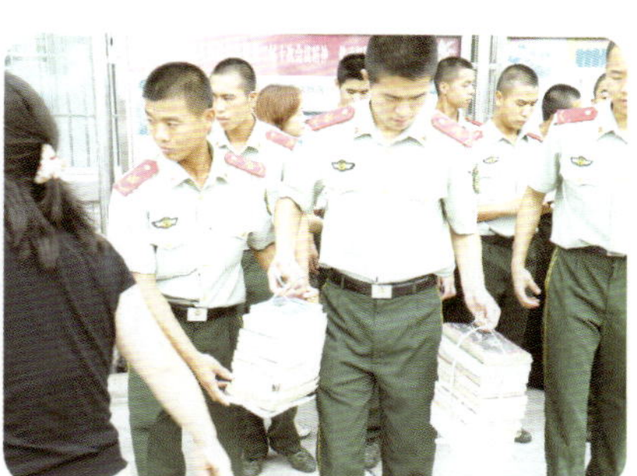

开展送书到军营活动

之职。2011年6月任宜城市图书馆馆长。

熊辉，男，1980年12月生，大学本科，中共党员，馆员，副馆长。2005年8月参加工作，2011年3月任宜城市图书馆副馆长。2011年3月，被省文化厅表彰为“先进工作者”。

杨士汉，男，1964年12月生，高中学历，中共党员，馆员，党支部委员。2011年3月任宜城市图书馆党支部委员。

文红英，女，1970年1月生，大专学历，中共党员，馆员，副馆长。1985年3月参加工作。2011年6月任宜城市图书馆副馆长。

何晓律，女，1975年11月生，大专学历，中共党员，馆员，副馆长。1994年10月参加工作。2011年6月任宜城市图书馆副馆长。

未来展望

2013年，按照宜城市委、市政府关于建立文化艺术中心的规划，“十二五”期间，拟在宜城修建全开放、多功能、建筑面积7500平方米的现代化图书馆。新馆建成并投入使用后，将是全市文献收藏、情报传递和信息服务中心，成为市民学习教育的学校、宜城地方文献的宝库和精神文明建设的重要基地，将为建设宜城经济文化强市发挥重要作用。

联系方式

地　址：湖北省宜城市鄢城办事处北街38号
邮　编：441400
联系人：张　燕，何晓律

图书馆阅览厅读者阅读情况

开展“迎新春品书读书”活动

京山县图书馆

概述

京山县图书馆1953年与文化馆、博物馆联合办公。1979年3月，图书馆正式组建领导班子，馆长1人，工作人员4人。馆舍面积80平方米，有书架20个、藏书13645册，阅览桌6个，座位24个，持证读者896人，每周开放时间40小时，财政全额拨款8000元。主要服务方式是外借、阅览和辅导。

1983年10月，新馆舍在城东烈士公园西侧的文峰塔脚下破土动工。1986年5月30日新馆舍正式落成。馆舍总建筑面积为2062.4平方米，总占地面积为3600平方米。

30多年来，图书馆事业不断发展壮大，先后于1994年、1998年、2004年、2008年被评定为国家二级图书馆，2013年被评定为国家一级图书馆，是我县群众文化、科研服务的重要阵地。

读者服务窗口设外借大厅、少儿阅览室、电子阅览室、辅助书库、自修室、古籍善本陈列室、多媒体活动中心、报纸资源库等，内设阅览座席300个。拥有计算机60台。自建网页1个、网络服务平台3个即数字图书馆网、共享工程京山支中心管理平台、中国专业图书馆网管理平台以及电子阅览室综合信息管理平台。

业务建设

藏书建设是图书馆各项服务工作的基础和前提。建馆以来，我们严格遵循藏书建设的实用性和系统性原则，从读者需要和事业发展的大局出发，合理组织馆藏，优化藏书结构，建馆以来，藏书规模不断扩大，我馆现有总藏量106532册，其中纸质图书104880册，地方文献2511册，电子图书9633册。其中古籍图书1752册，馆藏逐年稳步上升。工作中，我们除了依据正常的购入渠道外，还采取征集、交换、接受捐赠等多种形式，多渠道、多途径地增加藏量，保证了文献资源年入藏数量每年以不低于2500册的速度稳步增长。

读者服务工作

从2011年12月起，京山县图书馆全年365天对外免费开放，每周开放56小时。我们根据图书馆事业发展的要求和读者需要，科学合理地设置了采编辅导、外借大厅、少儿阅览室、电子阅览室、辅助书库、报刊资源室、多媒体报告大厅等7个服务窗口，广泛开展了图书外借、馆内阅览、读者咨询、检索服务、电子阅览、影音视频服务等。2009–2014年全馆累计免费办理有效借书证数18120个，接待读者517893人次，图书外借383370册次。

2012年本馆面向社会隆重推出了“文峰讲坛”，其宗旨是开展文化传播与文化交流，突出京山本土文化特色，兼顾社会生活各个层面，将我县文化建设与政治、经济、生态、社会建设结合起来，活跃社会文化生活，提高居民素养，打造京山文化品牌。“文峰讲坛”的内容主要由人文历史、京山名人、生态文化、网球文化、当代文艺、实用技术、康乐保健等7大系列组成。2012年–2014年举办了生态京山、聂绀弩诗词鉴赏、红色京山、绿林文化等公益性讲座活动26场，接待读者12264人。

业务研究、辅导、协作协调

2009–2014年，京山县图书馆职工发表论文55篇。

全国文化信息共享工程作为文化惠民工程，共享工程和农家书屋在我县开展建设以来，图书馆从自身功能和职责出发，不遗余力地开展了业务辅导和人员培训工作，把服务的触角延伸到了农村、延伸到了农家小院。

共享工程京山支中心于2006年建成运行，2008年，我们按照共享工程A方案进一步完善了县级支中心，同时完成了14个镇级服务点和244个村级服务点的建设，并代表湖北省六个共享工程县支中心接受了国家文化部督导组的检查验收。截止2014年，我县已形成了由一个县级支中心、14个镇级基层服务点和438个村级基层服务点组成的完善的共享工程服务体系。

为了规范基层服务点的建设、管理和服务，提高基层服务点管理员的管理和服务水平，2009–2012年，支中心共组织镇级基层服务点管理员培训12场次、村级基层服务点管理员培训69场次，达到了培训范围的全覆盖和参训人员的全覆盖。累计培训共享工程管理员2317人次，赠送科技知识光盘1450张，业务辅导资料315册，除了培训外，支中心每年还组织支中心管理

京山县图书馆外观

赠书活动

少儿阅读

外借大厅

资源加工室

员进村辅导，以提高村级基层服务点管理人员资源利用、设备操作管理和服务的水平能力。

管理工作

2003年京山县图书馆投入到人事制度的改革浪潮中，通过考试、面试，然后定编、定员、定岗，岗位优化组合，图书馆从17人精减到10人。2013年，京山县图书馆完成第二次全员岗位聘任，本次聘任共设10类岗位，同时，建立了工作量化考核指标体系，每月进行工作进度通报，每半年和全年进行总体工作考核。2009–2014年，共抽查文献排架68次，书目数据36次。

表彰、奖励情况

2009–2014年，京山县图书馆共获得各种表彰6次，其中，国家表彰1次、京山县委表彰2次、委京山县文体新系统表彰3次、其他表彰、奖励1次。

馆领导介绍

李勇，男，1979年12月生，本科学历，中共党员，中级职称，馆长。1996年11月参加工作，2001年任京山县博物馆副馆长、副书记。2010年3月任京山县图书馆馆长。1998年被评为宣传系统优秀工作者，2012年被评为文体系统先进工作者，主持单位全面工作。

黄建华，女1962年10月生，本科学历，中共党员，中级职称，党支部书记。1985年参加工作，1996年–2006年任副馆长，2007年任党支部书记至今，分管党建、综治、计生工作。

曾茹红，女1969年3月生，本科学历，中共党员，中级职称，副馆长。1990年7月年参加工作，2001年任副馆长至今。2010年被评为湖北省公共图书馆优秀馆员，分管采编、共享工程、财务、数字化建设。

付立红，女，1968年5月6日生，本科学历，中共党员，中级职称，副馆长。1983年8月参加工作，1988年底调入图书馆工作至今，先后在图书馆技术部、报刊阅览室、采编部、财务部、少儿室、对外借阅部等岗位工作。1998年、2008年度被评为宣传思想工作先进个人。2010年，被评为荆门市图书馆学会优秀会员，2011年，在全县宣传思想文化系统“争先创优”活动中，被评为“优秀文体人才”。分管免费开放工作。

未来展望

京山县图书馆遵循“科学、效率、创新、发展”的办馆方针，践行“京图发展三步走”战略，即完善单体服务功能，扩大服务辐射区域，带动乡镇社区事业发展。2015年，京山图书馆新馆工程正式启动，在温泉新区建一座占地面积10000平方米的新馆舍。全面建成后的京山县图书馆，总建筑面积7500平方米，阅览座位1000个，可容纳纸质文献50万册，年服务人次可达10万人次以上，数字资源设计存储能力200TB，能够提供全覆盖、不间断、无时空限制的数字文献远程和移动服务，数字资源年利用率50万件/次以上。同时，还具有支撑保障全县社区图书室、乡镇文体站以及农家书屋的文献与技术服务体系良实现资源共享互补的县级图书馆，主要指标位居全国县级公共图书馆前列，达到一流图书馆的基本标准。

联系方式

地　址：文峰西路6号
邮　编：431800
联系人：曾茹红

文峰讲坛——摄影讲座

未成年人读者活动

钟祥市图书馆

概述

钟祥市图书馆成立于1977年，馆舍大楼落成于1984年，位于钟祥市阳春大街5号，经过近几年的改建与扩建，实际使用面积已有2100余平方米。现有藏书12万余册，拥有持证读者近万人。建馆以来，多次受到上级部门表彰，1990年被文化部表彰为"全国公共图书馆为社会主义精神文明建设服务先进集体"，1989、1994年两度荣获国家文化部授予"全国文明图书馆"称号，2009年被文化部评定为三级图书馆。

2012年，钟祥市图书馆有阅览坐席200个，计算机47台，（其中电子阅览室26台，其它阅览室7台，采编、古籍室3台，办公用11台，为读者服务使用30余台），接入20Mbps，采用ILAS图书馆自动化管理系统。

业务建设

截止2012年底，钟祥市图书馆总藏量12.4万册（件），其中，电子文献藏量603种。

2012年财政拨款总额为140.12万元（其中购书经费19万元），购书经费由财政单列，中央与地方配套免费开放经费共20万到位。2009–2012年，共入藏中文图书11700种，24000册，中文报刊1200种，视听文献238种。在文献资料的收藏上，本着兼顾全面，突出重点的原则，尤其注重家禽文献、地方文献、中文工具书、社会热点等文献的收藏。其中家禽文献有专门的阅览室和阅览坐席，地方文献设有专柜陈列，由专人管理，现藏量在500种1000册以上。2012年，地方文献入藏完整率为95%。

截止2012年底，钟祥市图书馆数字资源总量为5TB，其中，自建数字资源总量1TB。2009–2012年，陆续完成《钟祥市长寿文化》、《钟祥市非物质文化遗产》数据库建设，实现馆内无线网络全覆盖。

读者服务工作

钟祥市图书馆已于2011年12月1日正式实施免费开放。各阅览室全部免费开放，基本服务项目健全，实现了零门槛、无障碍进入，全年365天对外开放，每周开放56小时。2009–2012年，总流通60万人次，书刊外借32万册次，相继建立了20余个馆外服务点，各馆外服务点书刊借阅册次为6000册次/年。

2009–2012年，钟祥市图书馆共举办讲座、展览、培训、阅读推广等读者活动90场次，参与人数5万人次。"乡土作家作品展"、"兰台读书月"、"青少年绿色上网"已成为钟祥市图书馆阅读推广工作的特色。

业务研究、辅导、协作协调

2009–2012年，钟祥市图书馆职工发表论文60篇，从2011年起，积极参与图书馆联盟机制建设，作为"宜荆荆"（宜昌、荆门、荆州）图书馆联盟一员，积极参与荆门市图书馆组织的协作协调工作，主动参与中国图书馆学会、湖北省图书馆学会、荆门市图书馆学会的学术交流活动。

钟祥市图书馆作为本地区的中心图书馆，积极规划基层图书馆建设，及时指导本地区各基层图书馆（室）开展业务工作，2009–2012年相继帮助学校、企业、医院、社区、警营、监狱等建立了30个图书馆（室）和全市近500余家农家书屋，参与基层图书室网络建设比例达100%。对每个图书馆（室）在业务上都要进行辅导，并对各馆（室）的工作进行详细的统计和记录，在各项工作中努力起到了组织、辅导、推动发展的核心作用。长期以来，钟祥市图书馆坚持每年举办基层图书管理员培训班，现街道、乡镇图书馆和社区、村图书室覆盖率分别达到80%和100%。

管理工作

2011年钟祥市图书馆实行了层层聘任和双向选择制。馆领导班子由上级聘任，中层干部由分管的副职聘任，部室的员工双向选择上岗。所有上岗的干部职工均与分管领导签订岗位目标责任书，人人落实岗位目标，个个承担工作任务。年终由单位考核小组对照各自的目标责任制进行工作考核。2009–2012年，共抽查文献排架16次，书目数据12次，撰写专项调研、分析报告和工作提案12篇。

表彰、奖励情况

2009–2012年，钟祥市图书馆共获得湖北省知识工程领导小组办公室各种表彰、奖励4次。

馆领导介绍

殷昌平，男，1974年7月生，专科学历，中共党员，中级职

图书馆外貌

图书借阅室

开展馆外服务活动

到市特校开展活动

送书进警营活动

称，党支部书记，馆长。1997年10月到钟祥市图书馆参加工作，2006年5月任钟祥市图书馆副馆长，2011年5月任党支部书记，馆长（副科级）。2011、2012年被评为荆门市文体系统先进个人。

张官全，男，1966年3月生，专科学历，中共党员，中级职称，副馆长。1984年10月参加工作，1984年10月至1987年11月在武警黄石市支队服役，1987年11调入钟祥市图书馆，先后在办公自动化服务部、办公室等部门工作，任主任等职。

寇江涛，男，1976年8月生，专科学历，中共党员，中级职称，副馆长。1995年8月到钟祥市图书馆参加工作，先后在办公室、采编部、业务部等部门工作，任副主任、主任等职。2009年被评为钟祥市文化体育先进工作者，2009、2010年被评为荆门市图书馆学会优秀会员。

蒋慧，女，1970年4月生，专科学历，中共党员，中级职称，工会主席。1993年9月参加工作，在钟祥市多种经营服务中心工作。1996年4月调入钟祥市图书馆，先后在业务部、航空电脑中心等部门工作，任经理等职。

开展全民阅读进校园活动

未来展望

钟祥市图书馆遵循"读者第一、服务至上"的办馆方针，在当今信息社会条件下，知识、信息已然成为社会发展最重要的资源，作为社会信息资源管理最重要的组成部分之一——钟祥市图书馆，将继续发挥其不可替代的作用，竭力保障全市基层图书室服务体系良好的运行，积极参与"宜荆荆"图书馆联盟，努力使各成员馆实现资源共享互补。积极提高区域内总分馆制管理，盘活图书馆资源，更好地服务基层群众。积极完成钟祥市图书馆新馆建设材料准备、审报工作，钟祥市图书馆新馆建成后，将打造成为该市集文化、科学、信息传播、保存文化遗产、开展社会主义教育、展示改革开放成就为一体的综合性公共图书馆，成为群众读书学习文化、科学、教育、信息、服务和交流中心，为促进本地经济建设和社会发展发挥重要作用。

联系方式

地　址：钟祥市阳春大街5号
邮　编：431900
联系人：寇江涛

为熊望台监狱送书

为武警官兵赠送借阅卡

应城市图书馆

概述

应城自古水陆通衢，商贾云集，丰富的膏盐资源促进了经济的繁荣，同时也推动了文化的发展。随着清末“新政”教育改革的出现，应城的仁人志士为了在本地“开启民智，兴办新学”，纷纷出钱出力，在清光绪三十二年（1906年）八月使具有近代意义的图书馆得以建立，馆址设于应城孔庙。1938年10月，日本侵略者铁蹄践踏，应城沦陷，民众教育馆被迫解散停办。1949年8月，应城县人民文化馆成立，文化馆内设图书室，1956年10月复建应城县图书馆，仍设于孔庙，藏书7万册。1966年的“文化大革命”和1969年夏的一场大水，让图书荡然无存。1979年10月，应城图书馆恢复建制，馆址设于振兴街文化馆院内。老馆于1989年10月对外开放，占地5亩，建筑面积1640平方米，馆舍面积2300平方米，共设读者阅览坐席242个，有效持证读者2000人。2012年6月，应城文化艺术中心动工兴建，2014年6月18日正式开园，图书馆总建筑面积8100平方米，设综合阅览厅、少儿阅览厅、期刊阅览厅、电子阅览室、蒲骚讲座教室、地方文献室、资料室、采编室、辅导部9个服务窗口。阅览坐席500个，电子阅览室新购电脑40台，信息节点60个，宽带接入50Mbps，无线WIFI全馆覆盖。

业务建设

截止2012年底，应城市图书馆总藏量88149册（件），其中，纸质文献87010册（件），电子文献1139件。年入藏量2000种，报刊入藏量125种，各种来源的视听文献30件。

2012年应城财政拨款94万元，其中，图书购置专项经费12万元。自动化管理系统ILASS系统自2002年以来一直使用至今。截止2012年底，建立地方文献数据库《应城史话》1.2GB。

读者服务工作

自2009年起，应城市图书馆全年365天实行全日制对外开放，全开架服务方式。2011年12月1日开始实施全免费开放服务。与企业、市直部门、部队、学校联合，开展各类图书活动。一是“六·一”儿童节期间，联合实验小学、育才小学、蒲阳小学开展各种形式的图书活动。活动开展次数达20次，还在2010年至2012年开展了创建“书香满蒲城”品牌读书活动，二是为特殊读者提供图书服务。2009年–2012年，图书馆为看守所提供政治、法律等针对性强的图书资料1200册。三是大力支持农家书屋建设。自开展农家书屋建设以来，每年深入乡村对农家书屋进行图书登记、分类、贴标签的指导，并对管理员进行培训。培训人员600人；四是充分利用文化信息共享资源，开展了“共享工程”进社区、进乡镇、进学校、进部队等活动。播放电影20场次，赠送资料光盘300张。利用流动图书车服务300人次。

2009年–2012年，图书馆总流通40万人次，书刊外借38万册次。2009–2012年建立馆外图书流通点13个，流通书刊25500册次。2009年–2012年，应城市图书馆共举办讲座、展览、培训、阅读推广等读者活动82场次，参与人数41357人次。

2013年年初，应城市图书馆网站正式开通。

业务研究、辅导、协作协调

2009年–2012年，全馆撰写论文15篇，其中，2009年、2010年2篇论文分别获“第八、九届中国社区乡镇图书馆发展战略研讨会”征文三等奖；2012年有2篇论文分获湖北省图书馆学会学术研讨会二、三等奖。撰写关于图书馆借阅、馆藏情况分析和农家书屋情况分析研究论文2篇。

2009年–2012年，全国文化信息资料共享工程应城支中心依托农村党员干部远程教育平台开展文化共享工程基层服务点人员培训，培训管理人员70人次，组织骨干到基层文化站指导培训5次，协助指导基层站点分类、编目、上架图书3072册，新组建了13个基层图书室。在农家书屋的建设工作中，全市乡镇图书室16个，433个行政村农家书屋达到全覆盖，共有藏书近130万册，馆舍面积近17000平方米，2009年–2012年流通书刊22.3万册（次），借阅人次达到13.4万。

2009年–2012年现有固定联系点20个，巡回辅导160次，举办农家书屋管理培训2次，参训58人次，指导并实施农家书屋图书分类、编目、上架图书5400多册。

在协作协调工作中，一方面加强与省、地图书馆之间的纵向联系，开展馆际互借、参与资源共享。省图书馆在我馆设立流通点。与孝感市图书馆签订馆际互借建设协议书，2009年–2012年孝感市馆派技术人员、业务骨干到我馆指导工作12人次，应城馆抽派业务骨干到孝感市图书馆学习业务技能、规范操作7人次，并向孝感图书馆赠送《应城县志》等地方文献20册；另一方面加强各县市图书馆之间的横向联系，开展学术交流、业务辅导工作，2009年–2012年到武汉少儿馆、孝感市（区）各馆参观学习13次。

蒲骚讲座第一讲

蒲骚讲座第二讲

报刊借阅厅

少儿借阅厅

综合借阅厅

管理工作

为了加强内部管理，提高整体素质，激发干部职工工作热情，制定了《岗位目标奖罚责任制》，实行全员竞聘上岗、优胜劣汰，完善各项岗位责任制，同时制定了财务管理、人事管理、设备物资管理、档案管理、消防安全保卫应急预案等制度。对本馆的物资设备及时登记。各项统计资料齐全，有各类统计报表和分析报告，用以指导和改进工作。2009年档案工作目标管理再次被省档案局评为“省二级”。

表彰、奖励

应城图书馆在评估定级中连续四次被评定为国家二级图书馆，2013年被评定为国家一级图书馆。2009年“书香满蒲城”读书活动获孝感市宣传战线创新活动奖；2009年–2012年，2次被应城市委、市政府评为“文明单位”，4次被应城市文体新局评为先进单位。

2011年我市荣获“湖北省农家书屋建设突出贡献奖”，2012年杨岭镇伍份村荣获“全国示范农家书屋”称号。

馆领导介绍

张勤毅，女，1963年6月生，大专学历，中共党员，馆长。1982年1月参加工作，先后在应城市电影公司、应城市文化局新闻出版局、应城市图书馆工作，2008年12月任应城市图书馆馆长职务。2011年湖北省文化厅授予“全省公共图书馆先进工作者”光荣称号，2011年孝感市授予“巾帼建功标兵”光荣称号。

艾德晴，男，1966年2月生，大专学历，中共党员，党支部书记。先后在新华书店、文化执法大队、图书馆工作。2009年6月到图书馆任支部书记。

程文波，男，1967年6月生，本科学历，中共党员，中级职称，党支部副书记，副馆长。1989年11月到应城图书馆参加工作，先后在图书馆借阅部门、文化执法大队工作。分管共享工程支中心、电子阅览室工作。

曾燕玲，女，1965年2月生，本科学历，中共党员，中级职称，副馆长。1982年9月到图书馆参加工作，1999年5月任应城市图书馆副馆长，分管全馆业务工作，2009年应城市总工会授予“劳动模范”光荣称号。

李伟，女，1963年11月生，中专学历，中共党员，副馆长。1981年10月参加工作，1992年3月进入图书馆工作，2005年3月聘任工会主席，2008年12月任应城市图书馆副馆长，分管财务工作。

范志国，男，1968年6月生，大专学历，中共党员，中级职称，工会主席。1987年3月参加工作，1992年6月进入图书馆工作，2009年5月任工会主席，分管工会、人事、办公室工作，2011年应城宣传部授予“优秀宣传思想文化工作者”荣誉称号。

未来展望

应城市图书馆本着“读者至上、服务第一”的宗旨，不断探索服务方式，扩大服务辐射区域。以武汉城市圈公共图书馆服务联盟为契机，更换自动化图书管理系统，加入基于统一系统平台的文献借阅服务。充分利用文化艺术中心的历史名人馆、蒲骚讲座这两个阵地，开办多种形式的服务活动，提升图书馆的新形象、新成就。

联系方式

地　址：应城文化艺术中心图书馆
邮　编：432400
联系人：范志国

文化广场音乐喷泉

文化艺术中心

松滋市图书馆

概述

松滋市藏书源于1869年。后于1937年在松滋老城镇（原县政府所在地）建立县通俗图书馆，1940年停办。1956年随着县政府迁移，在新江口镇重新建立县公共图书馆。

现馆位于新江口镇幸福路17号，1986年9月落成，占地4.2亩，建筑面积2200平方米，主体大楼7层，设计藏书30万册，容纳读者1000名，当时耗资48万元。仿古建筑被誉为“松滋八大特色建筑”。

1986年，松滋市图书馆作为湖北省代表出席了文化部召开的全国图书馆工作座谈会。1994年以来，四次被评为国家二级图书馆。2012年晋升国家一级图书馆。

业务建设

截止2012年，松滋图书馆总藏量16.85万册，其中古籍6483册，外文图书2693册，电子文献380种。2009-2012年，共收到社会各界地方呈缴本1367册（种），其收藏的完整率已基本达到80%。

2012年，图书馆年购书经费由5万增加到12万，当年新增中文图书5002种。

2011-2012年图书馆抽调专人，对上世纪五十年代以来馆藏报纸、期刊进行清理、包装、分类上架流通。聘请专家、志愿者等对图书馆现有古籍进行抢救性保护，分类标引、包装、防虫防灾管理。

2010年10月，图书馆引进ILAS管理系统。2012年更换为Interlib图书馆管理系统。截止2012年底，松滋图书馆数字资源总量超过1TB，在建的数据库有馆藏中文图书、报刊数据库，古籍文献和外文数据库还在进一步拟建中。

读者服务工作

进入21世纪以来，松滋图书馆全面推行零门槛、全免费开放服务。现有持证读者2300人，集体办证5个，馆外服务点15个，每周开馆时间60小时。

增设服务窗口。2009年，对服务窗口进行调整，增开电子阅览室、少儿阅览室，加上中文图书外借室、报刊阅览室、古籍地方文献阅览室、以及2011年开始的流动图书车服务，对外服务窗口达到6个。

改善阅读环境。2010年-2012年间，松滋图书馆对庭院环境进行量化绿化，阅读环境极大改善。将所有馆内木质书架更换为钢质书架，添置阅览桌席、报刊展示柜，新购古籍书柜24组、工具书柜10组，并为各个服务窗口安装空调、门禁系统、免费存包储物柜，为从广度、深度、细节上推行免费开放服务提供质量保障。

公益讲座。2011年，图书馆对原有的会议室进行改造，建成一间新型多媒体报告厅，邀请社会名流、高校讲师、省内外名家、学者对当下市民最关心、最需要、最感兴趣的话题进行公益讲座，创新服务模式，打造“乐乡讲坛”服务品牌，努力提高和充分体现公共文化服务能力。讲坛以“纯正人生、有为社会”为宗旨，以“永不止步的创新精神、严谨求实的学术精神、勇于扬弃的批判精神、捍卫真理的担当精神”为追求，为松滋的文化繁荣、经济发展、社会和谐营造人文环境、构建精神家园提供理论支撑。图书馆还在寒暑假学生读者比较集中的时段，利用多媒体室的设施设备为读者免费进行红色电影展播。到2012年底已经开展公益讲座及各种公益服务19场，2500多人次。

流动图书车服务。2011年，松滋图书馆增设流动图书车服务。流动服务首先在城区人口集中的时段试点展开，在工作中逐步对市民的需要详细了解、总结经验，到2012年底，与全市16个乡镇签订了流动图书车服务协议。

业务培训与辅导。随着新农村建设的进一步发展，基层图书室如雨后春笋般建立起来。对街道图书室和各个行政村图书室、农家书屋以及共享工程基层服务点的业务辅导和培训已经成为图书馆工作的一部分。为了基层管理员的方便，2011年起，图书馆将全市274个行政村以乡镇为单位组织开展业务辅导和培训，对有需要的个别点进行上门指导。每年16个乡镇加上全市企事业单位图书室管理员的辅导基本在350人次以上。

为弱势群体服务。2010年，松滋图书馆利用电子阅览室的有利条件，为留守老人特别是留守青少年开展绿色亲情服务，提供免费上网、视频通话。定期组织干部职工为福利院及社区行动不方便的读者免费送书上门服务。

全民读书活动。从2009年开始，松滋图书馆创新工作模式，将以往以图书馆工作为主角的全民阅读活动进一步推广、深化，改为以各个科局、乡镇为单位分散进行，图书馆在活动宣传和营造活动氛围上仍然起着积极主导的作用。2012年，全市市民通过读书征文、演讲、书画比赛、展览、书评等形式参与图书馆活动的比例基本达到1.2次/人，全市全民阅读活动在整个活动规模、活动层次特别是活动社会效益上得到了很大

2012年6月12日，馆长郑东侠在新江口镇为共享工程和农家书屋管理员进行培训

松滋籍华侨、日本樱美林大学教授任云，及所捐赠的外文图书

省教育出版社为图书馆捐书仪式

提高。图书馆年流通量达到11.966万人次17.196万册次。

业务研究、协作协调

2009–2012年，松滋图书馆职工发表论文12篇，其中8篇集结发刊。

2010年，松滋图书馆参加荆州地方文献书目的编写，加入宜荆荆图书馆联盟，实行馆际互借。到2012上半年，图书馆在本市各个行政村、社区以及京剧团、文联、作协等单位之间建立起来的本地区图书馆服务网络已经初显成效。

2007年，松滋市正式启动文化信息共享工程，成为全省29家共享工程试点县市之一。2007年8月，松滋支中心在市图书馆挂牌成立。在共享工程建设过程中，以市支中心为龙头作为工程建设的重点，以重点为中心分散指导建设，不搞“一窝蜂”建设，不重复建设，据实发展，标准作业授牌上墙。在突出重点，确保资金落实、设施设备落实、技术指导落实的前提下强化服务，充分发挥公共文化服务能力。到2012年初，全市16个乡镇共享工程覆盖率已经达到100%，274个行政村覆盖率达到90%，38个社区正在进一步建设中，到2012年底，全市共开设培训287课时，参与培训上万人次。

2011年，依托全国文化信息共享工程和国家图书馆工程，建立了松滋图书馆网站hbsztsg.com，并通过互联网对外发布工作信息。

管理工作

2012年6月，图书馆完成事业单位岗位设置聘任工作。对所有员工实行由身份管理向岗位管理、由固定用人向合同用人的转变。全馆18人首次聘任单位行政岗位八级1人，九级7人；专业中级岗位6人；工勤岗位4人。

每年单位负责人直接与在岗干部职工签订安全生产责任书；建立健全干部职工学习机制，保障员工岗位培训和继续教育人均学时不低于45小时/年。

2012年底，根据松编发[2013]11号文件，图书馆被重新认定为财政全额拨款单位，各项事业经费纳入预算保障体系。

表彰与奖励

2009–2012年，松滋图书馆分别被市委宣传部、市直机关工委评为先进基层党支部、“五创三评”工作先进单位。被授予2011–2012年度松滋“最佳文明单位”称号、省级文明城市创建工作先进单位；“乐乡讲坛”被荆州市全民读书活动领导小组评为优秀读书品牌。

馆领导介绍

郑东侠，男，1964年3月出生，大专文化，中共党员，中级馆员职称。1984年10月入伍参加对越自卫还击作战，曾荣立二等功2次、三等功3次，被中国人民解放军陆军第13集团军授予“献身国防的优秀士兵”称号。复员后，一直在宣传、文化部门工作，历任科员、副科长、电影公司副经理。2001年12月调入图书馆，任党支部书记、馆长。发表作品10余万字，代表作有《清风两袖话于谦》、《松滋的故事》等。

松滋市图书馆外貌

李云霞，女，1970年5月出生，中共党员，馆员。1991年毕业于荆州文化艺术学校图书馆专业，2004年取得长江大学行政管理专业大专学历。2002年担任图书馆副馆长，主管图书馆业务工作。

彭新梨，女，1970年10出生于湖南安乡，大专学历，中共党员，馆员。支部委员，副馆长，负责政工人事兼办公室、业务辅导工作。1991年在图书馆参加工作，先后在外借、阅览、采编、辅导等科室工作。共发表论文8篇。

未来展望

松滋市图书馆遵循“管理规范化、服务专业化、藏书系统化、队伍职业化”的建馆理念，坚持“一年一小步，三年一大步”的战略，不断强化自身综合实力的同时，带动全市公共文化图书馆事业的整体发展。

在未来的几年里，图书馆计划在做好做扎实现有阵地及延伸工作的同时在馆内安装wifi，为所有到馆及周边市民提供不间断，全覆盖网络连接服务；与北大方正签约，增设电子阅读触屏设备及电子图书、电子期刊免费下载等公共文化服务功能；建成盲人电子阅览室，为盲人提供有声读物阅读服务；争取项目，为建设一个能满足全市市民阅读需求的现代化的图书馆而努力。

联系方式

地　址：松滋市新江口镇幸福路17号
邮　编：434200
联系人：彭新梨

首批共享工程基层中心设施设备发放仪式

阅读辅导员讲课

馆大门

团风县图书馆

概述

团风县于1996年建县，县图书馆机构成立于1999年，现有干部职工10人，专科学历以上5人，中级职称5人，初级职称5人。馆址三经变迁，2010年11月18日，位于新县城区团风大道特1号的新馆建成开放。新馆与县青少年活动中心比邻，占地4.368亩，建筑面积3386平方米，设计藏书容量30万册，可容纳读者座位600个。2013年5月，首次参加第五次全国公共图书馆评估，并评定为一级公共图书馆。目前，团风县图书馆有阅览坐席408个，计算机77台，宽带接入30Mbps，使用Interlib图书馆自动化管理系统。

业务建设

截止2013年底，团风县图书馆总藏量8.56万册（件），其中，纸质文献6.2万册（件），电子图书16.228万册，电子期刊7372种/册。

2010年，团风县图书馆新增藏量购置费24万元，2011年起增至45万元。馆内设读者服务中心、文化信息共享工程县级支中心、少儿图书借阅室、电子阅览室、成人外借室、综合阅览室、采编部、多媒体报告厅、藏书室、团风文库、名人民俗展览厅、流动借阅书库等。馆内各类藏书总量45126种，另外年订阅报刊杂志180余种，馆藏电子出版物1500余种，馆外流动借阅各类图书20000余册，地方文献入藏5600种，完整率为90%。

2010年，实行了图书借阅自动化管理，以适应湖北省公共图书馆服务联盟建设的需要。2013年年初，实现了馆内无线网络全覆盖。

读者服务工作

从2011年元月起，团风县图书馆全年365天每天对外免费开放，周开放56小时。2009–2013年，书刊总流通68.692万人次，书刊外借50.38万册次。目前已拥有各类持证读者30000余人，年接待读者110000人次，在全县机关、学校、企业、社区及农村开办了22家流动图书借阅点，馆外书刊流通总人次14.12万人次，书刊外借28.16万册次。

2009–2012年，团风县图书馆共举办讲座、展览、培训、阅读推广等读者活动258场次，参与人数45149人次。以馆内“蓓蕾书香”少儿阅读推广和“法律书屋”——预防职务犯罪警示教育基地为平台，每年开展各类主题读书活动，成为团风县图书馆阅读推广工作的特色。

业务研究、辅导、协作协调

2009–2012年，团风县图书馆干部职工先后在省、市级刊物发表论文24篇，出版编辑了《领导参考》内部资料共22期。从2010年起，图书馆以文化信息资源共享工程县级支中心为依托，在全县农村、乡镇文化站建立了185个基层服务点，并在馆内设立了流通服务、地方文献征集、阅读推广与讲座展览资源服务、业务培训与技术支持等工作小组。

2012年12月，黄冈市图书馆在团风县图书馆组织举办了全市11家公共图书馆馆长年会，就新馆建设、免费开放、馆员培训和基层服务等方面进行了具体总结研讨，并达成广泛共识。

管理工作

2012年，团风县图书馆完成全员岗位二次聘任，同时，建立了《图书馆工作绩效管理考核制度》，明确了工作量化考核指标，每周向主管部门县文体局进行重点工作进度上报，每半年和全年进行总体工作考核。2009–2012年，共抽查文献排架21次，书目数据10次，撰写专项调研、分析报告和工作提案10篇。

表彰、奖励情况

新馆坚持“读者至上、服务第一”的服务理念，是我县公益文化服务和青少年参加校外学习辅导的重要场所。新馆建成开放后，国家文化部、新闻出版总署、省市县领导和各级图书馆先后多次来馆参观调研并指导服务工作。2009–2012年，团风县图书馆共获得各种表彰、奖励18次。2012年县纪委、县检察院将我馆定为党员干部廉政文化教育学习基地。近几年来，团风县图书馆先后被省、市、县表彰为先进基层党组织、十佳优质服务窗口单位、基层服务先进单位、巾帼示范岗等，2013年10月被国家文化部评定为一级公共图书馆。

馆领导介绍

李文生，男，1971年7月生，大专学历，中共党员，馆员职称，现任馆长、支部书记。1997年12月参加工作，历任县文化市场稽查队办公室主任、副队长，2009年3月任团风县图书馆馆长、支部书记。兼任湖北省图书馆学会会员、黄冈市图书馆学会理事、文化信息资源共享工程团风县支中心主任等职。

杨晓霞，女，1966年1月生，专科学历，中共党员，馆员职称。1985年8月参加工作，历任团风县图书馆馆长助理、副馆

长、县文化馆馆长等职。分管图书馆业务、精神文明建设、群团、扶贫工作等，兼任黄冈市图书馆学会会员。

倪喜珍，女，1976年9月生，专科学历，中共党员，馆员职称，现任副馆长。1997年6月参加工作，先后在成人阅览室、业务办公室、采编部工作，任流通部主任，2013年8月任副馆长，分管全馆业务工作，兼任黄冈市图书馆学会会员。

徐会之，男，研究会会员。

未来展望

团风县图书馆遵循“公益惠民，务实高效，创新发展”的办馆方针，不断完善单体服务功能，辐射公益服务区域，推动县级文化事业发展。2009–2012年，不断提高了馆员综合素质，提升了公益服务水平，图书馆事业有了长足发展。在未来的几年里，团风县图书馆将在现有馆舍的基础上，新改扩建读者服务中心1200平方米。全面建成后团风县图书馆，总建筑面积将达到4500余平方米，阅览座位1200个，可容纳纸质文献40万册，年服务人次可达20万人次以上，数字资源设计存储能力20TB，能够提供全覆盖、不间断、无时空限制的数字文献远程和移动服务，数字资源年利用率30万件/次以上。同时，还具有支撑保障读者阅览查询利用的文献与技术能力，并加入全省公共图书馆联盟，成为与省内各级图书馆、科研教育系统图书馆实现资源共享互补的中型图书馆，主要指标位居全省县级公共图书馆前列，达到国家县级公共图书馆建设和服务的基本标准。

联系方式

地　址：湖北省团风县团黄大道特1号
邮　编：438800
联系人：孙 燕

红安县图书馆

概述

红安图书馆是由原国家主席李先念题写馆名，始建于1979年6月，位于城关镇南济街12号，馆内设有图书外借处、综合阅览室、少儿阅览室、地方文献资料室、叶君健书屋、电子阅览室、资源共享机房及设备等服务窗口。其中叶君健书屋设有：名人字画室、书屋阅览室、叶君健成果展。2013年第五次评估定级验收中被文化部评为国家一级图书馆。全馆有阅览座位240个，可供读者使用的计算机45台，宽带接入20Mbps，选用Interlib图书馆自动化管理系统。2012年县委县政府斥资3.5亿元兴建涵盖图书馆在内的红安县文化中心，将于2014年建成投入使用。

业务建设

截止2013年底，全馆图书藏量达138396册，其中图书86331册、报刊33825册、叶君健书屋7074册、视听文献502册、少儿图书10664册。除多年购置的图书外，2004年由文化部、财政部联合实施的"送书下乡"工程，向红安县图书馆捐赠价值达10万元的图书。2010年国家红十字会捐赠了价值达13万5千元的图书，以及解放军军医出版社捐赠了价值20万的图书。

馆内制定了完善的文献编目制度，设有读者目录和公务目录，并分别建有分类和题名两种目录，目前编目工作实行手工与计算机相结合。图书文献到馆一周内完成编目，并上架外借，期刊、报纸文献到馆当日内完成登记，并外借。馆内数字资源达5个TB，馆藏中文献已部分数字化。

读者服务工作

红安县图书馆于2010年12月份全面实行免费开放。实行全年365天开放，各服务窗口每天开放8小时，馆内的图书实行全开架方式对外借阅，每年利用图书流动车流动图书5千册次，新书介绍以及对外宣传每年达15次。近几年，每年平均接待读者8万余人次，外借图书16万册次。

1997年图书馆筹资，建成叶君健书屋，收藏了世界著名翻译家、作家叶君健珍藏的图书、字画、手稿近万件，每年举办读书活动，全县30多所中小学在书屋挂牌成为共建教育基地。

2008年至今对全县397个村的农家书屋进行帮建及业务辅导，与各乡镇文化站图书室、部分单位图书室以及全县社区图书室建立了共建点，对他们进行业务指导，为图书室流通周转图书。

2012年，图书馆组织了红安县全民读书活动，打造"书香红安、阳光红安"阅读品牌，开展了一系列的全民读书活动。

2011年共享工程支中心在图书馆建成后，开展了多项服务活动：节假日免费播放科技、教育等影片；制作各类科技光盘，免费发放给农民群众；编辑出版了多期《领导参考》；举办农家书屋管理员培训等。

2011年起，主办"红安文将军叶君健精彩人生"讲座，"红安武将军"、"红安革命史"讲座。

多年来红安县图书馆一直在为福利院老人送书并为福利院组建了图书室、与武警中队开展读书活动并为他们送书、为看守所服刑人员送书、为农民专业户送科技资料等。

业务研究、辅导、协作协调

2011年以来，红安县图书馆10篇论文获省学术论文奖。

2009年以来，联合浠水、蕲春、英山、罗田、麻城、武穴等图书馆举办未成年人思想道德教育图片展。2010年与罗田、英山图书馆联合举办向城区中小学生赠送《未成年人成长之鉴》一书。

全县已建成以县图书馆为龙头，以乡镇综合文化站图书馆（室）为纽带，依托村农家书屋、社区图书室三级图书服务网络，进行通借通还。

协助国家信息资源共享中心、安徽省资源共享分中心和湖北省资源共享分中心拍摄红色资源。

管理工作

十几年来，图书馆每年进行工作总结，并详细制订下年度工作计划。对财务管理、人事管理、设备、物资管理、档案管理、环境与卫生安全管理等工作制订了详细的规章制度。并对人事、财务、业务等进行统计分析研究，以指导和改进下年度工作，还结合图书馆工作实绩，按需按岗竞争上岗，确立责任制考核分配激励制度。每项工作年初有计划，年终有考核。特别是安全工作有专班专人负责，制订应急预案，安装监控设备和消防器材，多年来安全无事故。

电子阅览室

阅览室

共享培训

流动图书车

免费发放光盘

表彰、奖励情况

1982年图书馆被共青团中央、文化部、中国少年报社等国家八部委联合表彰为全国“红领巾读书奖”，1994年、1998年、2004年连续三次被文化部评定为“国家二级图书馆”，2009年又被文化部评定为“国家三级图书馆”，2013年被文化部评为“国家一级图书馆”。2001年在湖北省庆祝建党八十周年诗词大赛中荣获优秀组织奖，2002年在湖北省第三届全民读书月暨第十四届图书馆服务宣传周活动中被评为先进集体。

馆领导介绍

谈国安，男，1964年2月出生，本科学历，中共党员，图书馆馆员。1983年10月参加工作，2008年4月任图书馆馆长至今。

彭家虎，男，1966年1月出生，大专学历，中共党员，图书馆馆员。1985年10月参加工作，2008年3月任图书馆党支部书记至今。

刘胜，男，1970年1月出生，大专学历，中共党员，图书馆馆员。1985年1月参加工作，2005年10月任图书馆副馆长至今。

蔡斌，男，1966年10月出生，大专学历，中共党员，图书馆馆员。1986年10月参加工作，2008年6月任图书馆副馆长至今。

张凤来，女，1973年3月出生，大专学历，中共党员，经济师。1993年7月参加工作，2008年6月任图书馆工会主席至今。

未来展望

红安县图书馆将以满足广大人民群众对文化的需求为目标，坚持“以读者为中心”不断加强藏书建设及图书馆现代化、网络化、数字化建设的力度，着力推进管理的科学化、标准化、规范化，尽快形成以培养“高素质技能型人才”为目标的保障体系，努力把图书馆建设成特色鲜明、管理科学、功能齐全、服务优良、环境文明的信息中心。同时要不断深化改革，开拓创新，力争达到现代图书馆的要求。

第一是队伍建设，要调整和改善人才结构，引进复合型人才和对现有人员进行全方位专业培训。

第二是图书馆现代化建设，要高质量、高起点做好有关的基础设施和网络化设备的建设。

第三是文献资源建设，力争在2015年前，馆藏图书由现在的14万册增至40万册，并以此为基础今后每年新增图书2万册。

联系方式

地　址：红安县图书馆
邮　编：438400
联系人：谈国安

红安县图书馆

罗田县图书馆

概述

罗田县图书馆创办于1978年，位于县城西道观冲巷95号，占地面积2000平方米，馆舍总面积2010平方米。馆内设有外借处、报刊阅览室、少儿阅览室、资料室、采编室、行政办公室、全国信息资源共享工程罗田支中心、电子阅览室，阅览坐席207个，计算机55台，宽带接入10Mbps以上，采用Interlib图书馆集群自动化管理系统。2010年被文化部评定为二级图书馆；2013年被文化部评定为一级图书馆。

罗田县图书馆自成立以来，坚持一手抓建设，一手抓服务，竭诚为读者提供优质的图书馆服务，收到良好的社会效益。罗田县图书馆还广泛争取领导和社会各界支持，不断更新升级图书馆硬件软件，美化借阅环境，开展人性化服务，使图书馆真正成为老年人的休闲学习乐园、青年人的自学课堂、少年儿童的阅读天地、农村种养殖业的致富帮友、进城务工人员的良师益友、残疾人的交心朋友、服刑人员的精神挚友，努力实现图书馆服务功能的最大化。

业务建设

截止2012年底，罗田县图书馆馆藏图书总数16.2万册、件。其中期刊报纸合订本3437册，视听文献总数596件，电子文献入藏量5000种，电子期刊200种。2012年，地方文献入藏完整率为90%。

2012年，罗田县图书馆新增购书经费12万元，免费开放经费10万元。年购置入藏图书4800种，报刊289种，视听文献113件。

罗田县图书馆数字资源总量4TB。

读者服务工作

从2012年3月起，罗田县图书馆全年365天对外免费开放，每周开放60小时，年流通总人次25.4万人次，书刊文献年外借册次19.2万册次，持证读者2.5万人。馆外流动服务点7个，年流通总人次13万人次，年流通书刊15万册次。

2007年，罗田县图书馆与县纪委联合创办了全省第一个廉政书屋。图书馆采购法律法规、廉政建设、腐败案例等理论著作、记实小说5000多册，供全县各级干部、广大党员学习借阅。当年图书馆办证5500多个，接待读者6万多人次，党员干部写心得体会3000多篇，多名党员干部在各级报刊杂志发表廉政建设文章300多篇。廉政书屋获得了湖北省纪律检查系统领导的高度评价，并向全省纪律检查系统推广。

2005年以来，罗田县图书馆每年开展一次大型主题读书活动。如2005年举办了“保持党员先进性、净化心灵强素质”主题读书活动，办证3000个；2008年开展“我为奥运添光彩”读书活动，办证9000个；2009年举办“祝福祖国”主题读书活动，办证5500个；2010年举办“讲文明、树新风”主题读书活动，办证4300个；2011年，开展“世界读书日”活动，办证1900个；2013年举办“学习十八大，争做模范党员”主题读书活动，办证3600个。通过这些主题读书活动，县图书馆主动把自己推向社会，直接面向广大读者，既宣传了图书馆的图书阅览职能，又为图书馆请来了大批读者，图书馆的阅览职能在活动中得到了充分的体现，产生了良好的社会效益。

罗田县图书馆坚持为老年人、未成年人、进城务工人员、服刑人员送书服务，年送书达3000多册。现在，县图书馆已成为老年人最愿意来的休闲学习场地，青年人的自修大学，少年儿童的第二课堂，服刑人员的精神挚友，农村种养殖业的可靠帮友，进城务工人员的学习之友，学校师生的课外助友，政府部门的信息传友。

罗田县图书馆充分利用多媒体报告厅（阅览室），开展丰富多彩的讲座培训活动，年举办讲座培训29次，展览8次。

业务研究、辅导、协作协调

2009年至2012年，罗田县图书馆干部职工发表论文27篇。

罗田县图书馆每年举办2期基层图书室管理员业务训练班，年培训图书管理员200人次以上。2010年，罗田县图书馆与街道社区、乡镇建立了服务网络。全县12个乡镇，县城5个社区参加了服务网络。2012年，全县412个行政村的农家书屋全部建成对外开放。在农家书屋的建设工作中，县图书馆承担了图书、书柜配送，图书分类编目、整理上架，培训图书管理员等全部工作。农家书屋建成之后直接纳入县图书馆服务网络之中。县图书馆服务网络内资源共享覆盖率是80%，罗田县图书馆依据有关国家标准进行编目，著录文献分类标准原则以《中国图书馆分类法》第四版为依据，采用Interlib图书馆集群自动化管理系统。

罗田县图书馆自采用Interlib图书馆集群自动化管理系统以后，与上级图书馆有联合编目；每年与黄冈市、英山县、浠水县、麻城市、蕲春县、团风县等兄弟图书馆开展业务合作、学习交流、馆际互借等工作。图书馆每年要参加省、市图书馆年会、业

务培训，派人到外地图书馆参观学习先进的办馆经验和理念。

管理工作

2010年，罗田县图书馆完成全员岗位聘任，本次聘任共设16个专业岗位，有16人重新上岗，同时，建立了工作量化考核指标体系，每月进行工作进度通报，每半年和全年进行总体工作考核。同时，县图书馆建立健全了各项管理制度。

表彰、奖励情况

2009—2012年，罗田县图书馆共获得各种表彰、奖励28次，其中，省级表彰、奖励6次，市级表彰、奖励10次，其他表彰、奖励12次。

馆领导介绍

姚翔，男，1962年9月出生，大专学历，中共党员，馆员职称。1978年1月参加工作，历任图书馆副馆长，县文化馆副馆长，书记、馆长，现任县图书馆馆长，黄冈市图书馆学会会员。

毛鹤林，男，1964年9月出生，大专学历，中共党员，工艺美术师职称。1988年10月参加工作，历任县文化馆副馆长，现任县图书馆党支部书记。

祝莉淳，女，1964年10月出生，大专学历，中共党员，馆员职称。1989年10月参加工作，现任图书馆副馆长。

毛迎春，女，1971年12月出生，大专学历，中共党员，馆员职称。1990年7月参加工作，现任图书馆副馆长。

周磊，男，1979年8月出生，本科学历，中共党员，馆员职称。2001年1月参加工作，现任县图书馆副馆长。

未来展望

2013年，罗田县委县政府作出了新建县图书馆馆舍的决定。新馆建设地点位于罗田县凤山镇饼子铺村丁家湾，占地面积3689平方米，总建筑面积3321.8平方米，框架2层，计划建成一个现代化的集收藏、借阅、交流、休闲于一体的公共图书馆：包括咨询服务、公共活动与辅助服务、业务、行政办公室、技术设备、后勤保障等；内设成人外借处、少儿阅览室、报刊阅览室、资料室、地方文献室、多媒体阅览室、视听文献阅览室、电子阅览室、会议室、罗田历代名人展厅等。可藏书50万册，阅览座椅500个，年服务读者人次可达30万以上。

联系方式

地　址：罗田县凤山镇道观冲巷95号
邮　编：438600
联系人：姚 翔

浠水县图书馆

概述

浠水县图书馆初创于民国13年，藏书1800余册，采用王云五分类法分类，以政治教育图书和小说为主，每日借阅7–8人次，是我省较早成立的县级公共图书馆之一。馆址几经变迁，1987年兴建于清泉镇城北路16号的新馆占地面积3.48亩，建筑面积2200平方米，可容纳读者座位200个。2012年，参加第五次全国公共图书馆评估，首次获得一级图书馆。2012年，浠水县图书馆有阅览坐席400个，计算机60台，信息节点112个，宽带接入10Mbps，选用Interlib图书馆自动化管理系统。

业务建设

截止2012年底，浠水县图书馆总藏量12万余册（件），其中，纸质文献11.56万册（件），电子图书约1万册，电子期刊约2000种/册。

2009、2010年，浠水县图书馆新增藏量购置费10万元。2009–2012年，共入藏中外文图书326种，7328册，中外文报刊615种，视听文献105种。2011年，地方文献入藏完整率为80%。

截止2012年底，浠水县图书馆数字资源总量为2TB，其中，自建数字资源总量0.018TB。2009–2012年，筹建浠水地方名人库和浠水县红色旅游资源库等工作。

2012年，我馆购买了Interlib图书管理系统，加入了湖北省城市圈联网集群化图书馆管理，告别了以往传统的手工借阅，实现了图书网络化借阅。

读者服务工作

我馆常年365天对外免费开放，每周开馆时间56小时，年外借11万余册次，年接待读者9万人次，图书，报刊全开架借阅。馆外设有武警中队、检察院、民政局、财政局、十月社区、四口塘社区、凤栖山社区、关口镇政府、汪新民农家书屋等9个服务点。馆外书刊流通总人次5.12万人次，书刊外借4.36万册。向县特教学校、武警中队、农家书屋、残疾人等书屋捐书近6000多册，捐书柜3乘、电脑3台。2007年起，编印《领导参考》送到县四大家领导和30多个局级单位，为领导提供决策信息。并积极利用宣传橱窗、网站、书展等形式开展书刊宣传活动，书刊宣传总数达600种以上。

2009–2012年，浠水县图书馆共举办讲座、展览、培训、阅读推广等读者活动142场次，参与人数1.64万人次。以全国文化信息资源共享工程网站为平台，2008年，清泉镇东门河村养鸡户杨代胜为解决鸡啄鸡、鸡啄蛋、鸡啄肛这一难题，在支中心阅览室的网站上查找到鸡戴眼镜能解决鸡啄肛这一难题。2009年，县支中心将张坳口村基层服务点建在郭建军的养羊基地，让他“近水楼台先得月”，使他利用共享工程网站学习不少养羊技术，了解了羊的品种习性等。现在，他养殖规模扩大到1000多只羊，使其成了远近闻名的养羊专业户，实现了致富梦想。其成功经验在全国文化信息资源共享工程网站上作为典型进行推广。

业务研究、辅导、协作协调

2009–2012年，浠水县图书馆职工发表论文7篇，蔡应朝同志撰写的《扬一多精神，做红烛传人》获文化部征文二等奖。

浠水县图书馆全力推进农家书屋、共享工程基层服务与农村党员远程教育相结合的网点建设。采取集中培训和派人下基层指导等方式，帮助进行分类、标引、上架、图书调剂等，使基层图书室、农家书屋管理日益规范，并发挥其作用。目前，全县建有农家书屋649家，拥有服务设备终端600多台套，设立13个乡镇服务点，乡镇网点覆盖率达100%；全县已建成649个村级服务点，村级网点覆盖率达100%以上。

2010年7月份，湖北省图书馆向国家文化信息资源共享工程中心推荐的浠水县共享工程支中心服务养殖户的成果由中央电视台记者来浠水拍摄了专题片，于9月中旬正式播出，以光盘、印刷品等形式发放全国各地，通过文化信息资源共享网站、卫星等途径提供各地交流。浠水县图书馆一直辅导的“汪新民农家书屋”被评为全国先进典型；开展的“廉政读书”活动，省图书馆在全省图书馆馆长会上进行宣传；2011年文化部图书馆社会科学应用技术课题调研组来我馆调研，将我馆的应用技术课件作为重点成果。

管理工作

2011年，浠水县图书馆完成第五次全员岗位聘任，本次聘任共设8类岗位，有12人重新上岗，同时，与分管馆领导签订了目标责任书，建立了工作量化考核指标体系，每半年和全年进行总体工作考核。2009–2012年，共抽查文献排架31次，书目数据6次，撰写专项调研、分析报告和工作提案7篇。

表彰、奖励情况

2009–2012年，浠水县图书馆共获得各种表彰、奖励12次，其中，省图书馆表彰1次，市图书馆奖励4次，其它奖励7次。

馆领导介绍

夏望春，男，1965年12月出生，大专学历，中共党员，图书馆员，现任浠水县图书馆馆长。1990年5月参加工作，历任大灵乡文化站站长、关口镇文化站站长、图书馆副书记、楚剧团团长，2014年11月任图书馆馆长。2009年获省百团送戏下乡先进个人。

龚杰，男，1973年10月生，大学学历，中共党员，中级职称，党支部书记兼任副馆长。1993年6月参加工作，历任浠水县文化市场管理站副站长、文化市场稽查队副队长、浠水县博物馆副馆长，多次获得市、县文化局表彰的“先进个人”称号。

何五毛，男，1961年11月出生，1981年湖北黄冈电影学校毕业，1981年12月至2005年在浠水县电影公司工作，曾任电影公司技术股长、电影公司付经理、电影公司经理等职；2007年5月调职浠水县图书馆任工会主席，2014年任副馆长，分管图书借阅业务工作、电子阅览室及文化信息资源共享工程等工作；2013年负责撰写了《浠水县图书馆2012年年鉴（2000–2012年）》。

陈柏林，男，1972年9月出生，本科学历，中共党员，图书馆员职称，现任浠水县图书馆副馆长。1990年10月参加工作，历任图书馆办公室主任、电子阅览室主任、采编部主任、会计等职，2014年任图书馆副馆长，负责采编部、文化信息资源共享工程和业务辅导工作。所撰写的论文在湖北省图书馆学会年会征文中多次被评为二、三等奖，个人在黄冈市图书馆文化信息资源共享工程选拔赛中以第一名的成绩代表黄冈市参加省馆共享工程比赛，取得优异成绩。

聂凌，女，1978年2月出生，本科学历。1997年12月在浠水县图书馆工作至今，2007年任浠水县图书馆办公室主任、采编室主任，负责图书馆办公室事项及图书采编工作；2011年兼任图书馆出纳；2014年任图书馆工会主席。曾多次被县文化局评为“先进工作者”。2012年发表的《播种希望的人》被《全国文化信息资源共享工程实施十周年纪念“文化共享十年路”共创、共建、共享—优秀服务案例选编》收录在册。

未来展望

浠水县图书馆本着“一切为了读者，为了读者一切”的办馆理念，以优质服务为主线，不断开拓创新，谱写了图书馆新篇章。2009–2012年，在不断强化办馆条件的同时，通过覆盖全县的服务网络，方便了全县广大人民群众在家就能看戏、看电影、学文化、学技术等，丰富了人民群众的业务文化生活。2012年，浠水县图书馆新馆建设工程已被县委县政府列入我县重点建设项目，并已在浠水北城新区为图书馆新建划拨土地26.35亩，建筑面积10000平方米，总投资为4685万元，规划总藏书量100万册，阅览坐席550个，将开设中外文新书阅览室、中外文期刊室、科技文献检索室、视听资料室、电子阅览室。建立少儿阅览部、科技辅导部、名人书屋、名人书画展览厅、专家讲座报告厅、多媒体放映报告厅。举办大型读书活动报告会、名人讲座等。一次可接纳1000多人，基本实现人人走进图书馆，人人享用图书馆，以满足我县百万人口读书、看报、学文化、学知识的需要，为促进浠水经济社会跨越发展提供了强大的支撑力。

联系方式

地　址：浠水县清泉镇双桥北路16号
邮　编：438200
联系人：陈柏林

蕲春县图书馆

概述

蕲春县图书馆成立于1976年，现图书馆建于1985年，占地5.8亩，主体两层，建筑面积3017平方米，内设采编部、综合借阅室、报刊借阅室、地方文献资料室、古藉保护中心、电子阅览室、少儿室等部门，图书馆现有在职职工25人，其中大专以上文化程度12人，中级职称6人，馆藏图书18.3万册，古籍2932册，其中《黄公说字》列入国家古籍保护名录，公共电子阅览室120平方米，电脑50台，电子图书500册，有固定读者35000余人，年接待读者21万人次，年均购书4000册，图书流动26万册次。已连续五次在全国图书馆评估达标中，被评为一级图书馆。

蕲春县图书馆是我省最早开办幼儿园，复印打字部、开展“以文补文”活动的图书馆。2001年5月，蕲春县图书馆以引资租赁形式开办了全省县级首家电子阅览室，2003年4月，蕲春县图书馆被国家文化部、财政部列入“送书下乡工程对口单位”。同年，湖北省图书馆学会、学术年会在蕲春召开，来自全省图书馆的专家、学者参加了年会。2004年4月，蕲春县加入湖北省文化信息资源共享工程，成立湖北文化信息资源共享工程蕲春基层中心，后改为支中心。2005年3月，全国文化信息资源共享工程蕲春基层中心网页在湖北文化信息资源共享工程中心网站发布。2006年10月文化信息共享工程蕲春基层中心被文化部、财政部定为首批100家全国文化信息资源共享工程试点县分中心，成为鄂东南地区唯一的一个进入项目之县，2007年5月，蕲春县基层中心改为共享工程蕲春县支中心。2007年12月，蕲春文化信息资源共享工程工作通过了文化部专家组验收。

业务建设

蕲春县图书馆占地面积5.8亩，建筑面积3017㎡，阅览座席240个，其中少儿阅览座席48个，并另设有少儿实验室，以满足广大少儿的求知欲望。为方便广大读者，提高工作效率，我馆较早使用Interlib系统，接入光纤10M，存储设备容量5TB，运用现代化设备，实现了科学管理。电子阅览室占地面积120㎡，配备计算机25台，此外办公及共享工程共有18台计算机，全馆计算机数量已达43台，能够充分满足读者需求。

蕲春县是文昌之乡，古籍大县，自2009年始蕲春县图书馆加大古籍保护力度，成立了古籍普查小组，拟制了《蕲春县古籍普查保护工作计划（2010年–2015年）》，还投入资金5万元，购买古籍保护专用书柜，由专人负责保管，目前，图书馆收藏古籍近3000册。

图书馆是公益性事业单位，所需经费以财政划拨为主。随着我县经济的发展，财政收入逐年上涨，财政对图书馆的拨款增长率已高于我县财政收入增长率，2012年达到930960元。数字化建设中，我馆数字资源总量3T，馆藏中文文献书目数字化达60%，地方文献建有专题数据库。

服务工作

2011年，按照文化部、财政部的要求，我馆率先在全市图书馆实行全方位免费开放，并多年坚持全年365天对外开放，2012年全馆流通人次达26万次，新增读者13026人，外借图书、报刊26万册次。同时我们举办了“书香蕲春”等阅读活动和读书征文活动、举办了图书展、图片展，开展送书到学校、企业、军营、特殊群体，并建立了蕲春数字文化网，编印了《领导参考》等。通过上述活动，增加了广大群众对图书馆工作的认可，获得了广大群众的拥护。

协作协调

蕲春县图书馆积极参与上级图书馆组织的协作协调工作，与省馆签订了“协作协调资源共享工程”协议书，参与省馆联合编目。加强对本地区图书馆服务网络建设，制定了蕲春县乡镇图书馆网络建设规划，对全县十五个乡镇（场）图书馆进行统一管理，加强对基层业务辅导，培训工作，采取集中培训，现场培训，运程培训等方式，每年培训辅导600余人次。

管理与表彰

加强内部管理，更好服务社会，是我馆一贯的工作方针，每年年初我们都制定工作计划，在内部建立了财务、人事、设备、物质、安全保卫等管理制度，签定综合治理目标责任书，通过制度管人管事，并与职工的绩效工资相挂勾，从源头上抓起，杜绝不安全事件发生，在环境上我们做到整洁、美观、安静、努力给广大读者提供温馨、和谐的读书氛围，规

电子阅览室

蕲春县图书馆

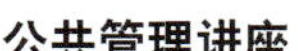

公共管理讲座

文化三下乡送科技图书到农民

举办青少年阅读推广活动

范的管理制度和优美的环境使我馆工作多次获得省、市、县各级领导部门的表彰，连续五次被文化部评为一级图书馆。同时还被文化部评为"读者喜爱的图书馆"、"全国文化信息资源共享工程示范县"称号，被省文化厅评为湖北省"十佳图书馆"。2012年省知识工程领导小组主办征文活动，获得优秀组织奖，并多次被市文化局评为古籍保护工作先进单位。蕲春县委、县政府评为优质服务满意单位和文明单位等称号。

馆领导介绍

董玲，女，1970年9月生，本科学历，中共党员，图书馆馆员。1991年7月参加工作，1995年至2002年在县文化局担任计财股副股长、股长。2003年至2005年任图书馆党支部书记，2005年起任图书馆馆长。

张翼烘，男，1967年8月生，大专学历，中共党员，图书馆馆员，图书馆党支部书记。1986年10月参加工作，1991年6月调入图书馆工作，先后在图书馆任工会主席、副馆长、书记。

张小英，女，1967年7月生，大专学历，中共党员，图书馆馆员、副馆长。1984年9月参加工作，1990年9月到蕲春县图书馆工作，先后在经营部、办公室、财务室、采编室、图书借阅部等部门工作。

余鹏，男，1965年10月生，大专学历，中共党员，图书馆馆员。1985年参加工作，2001年到县图书馆工作，先后担任图书馆工会主席、副馆长。

未来展望

"十二五"末及"十三五"是蕲春县图书馆发展的黄金期。我馆将沿承创新发展的理念，扩展服务范围，延伸服务内容，完善服务功能，带动我县社会经济、文化发展，满足广大人民群众的文化需求。

2014年，蕲春县图书馆新馆建设工程正式启动，标志着我县文化事业发展进入快车道。蕲春县图书馆新馆位于城南新城东璧大道，占地15亩，建筑面积10000平方米，阅览座位1000个，可容纳纸质文献100万册，年服务可达200万人次以上。新馆建成后，将成为一座规模适度、造型美观、设施先进、功能齐全、集文化、教育、科技、休闲和资源共享于一体的多功能现代化、智能化的标志性建筑，成为汇集各种书刊资料、地方文献和电子读物资料在内的综合性文献中心，开展基层辅导，学术交流和信息发布的活动中心，普及和维护公民终身教育，组织开展全民阅读和知识讲座的社会教育中心。为全县人民群众提供全方位文化生活，工作学习等各类信息资源共享工程县级中心。

联系方式

地　址：湖北省蕲春县漕河镇二路5号
邮　编：435300
撰稿人：余　鹏

新馆效果图

黄梅县图书馆

概述

黄梅县图书馆创建于1979年，1986年现馆舍建成并投入使用，建筑面积达2130平方米。2009年被文化部评定为国家二级图书馆，2013年被评定为全国公共图书馆县级一级图书馆。也是我县政府兴办的唯一公共图书馆。馆内设有图书外借处、综合阅览室、过刊查阅处、工具书检索室、农业科技查阅室、电子阅览室、少儿阅览室和业务辅导部等8个业务服务窗口。

业务建设

截止2012年底，黄梅县图书馆总藏量15.8万余册。图书年入藏6000余册2000余种，年订购报刊360余种。我县从2002年开始就按县人平0.15元的标准（14万元），将图书馆购书经费列入地方财政预算。2006年以来，为了满足各类读者日益增长的需求，图书馆年均新增藏书6000册、2000种以上，年征订各类报刊达360种，购买各类电子文献200种以上。2011年至今，县图书馆组建专班，先后到四祖寺、五祖寺和妙乐寺等地收集各类佛教资料2600余册，到合肥，安庆购买大量黄梅戏影音和数据光盘，向黄梅戏剧院和档案馆索赠黄梅戏资料100余册。同时专门开设了地方特藏文献室，对收集资料进行整理。目前，图书馆共收集了佛教方面书籍2600余册，黄梅戏影音及数据光盘370张，整理黄梅戏资料180册，特藏建设取得了初步成果。2012年县财政预算图书馆各项业务经费34万元，其中图书购置费14万元，共享工程运行经费5万元，流动图书车运行经费5万元，免费开放配套经费10万元。

读者服务工作

从1986年图书馆开馆以来，全天候的每天对外开放，节假日也不休息。自2012年免费开放以后，就实行全免费开放。现有持证读者5500人，临时读者年平均4.8万余人。

2011年，黄梅县图书馆网站正式开通访问量达到2.6万次。2009–2012年，黄梅县图书馆共举办讲座、培训、阅读推广等读者活动18场次，参与人数1.8万人次。

业务研究、辅导、协作协调

2009–2012年，黄梅县图书馆职工发表论文2篇。

从2010年起，黄梅县图书馆以送文化下乡为乡镇文化站提供业务辅导。

管理工作

2011年，黄梅县图书馆实采用了先进的指纹考勤系统，完善了考勤工作制度。针对以前少数职工工作纪律涣散，迟到、早退现象突出的问题。自开始在图书馆采用指纹考勤系统，对馆员的上下班进行严格的考勤考核，每月一结账，对无故迟到、早退实行警告、亮黄牌、扣发工资、停止工作的劳动管理制度。自新制度实行以来，干部职工都能按规定的时间上下班，取得了良好的效果。

表彰、奖励情况

2009–2012年，黄梅县图书馆共获得上级主管局表彰14次。

馆领导介绍

黎红艺，男，1966年12月生，大专学历，中共党员，中级职称，馆长。1978年9月参加工作，1978年到1998年在黄梅戏剧院工作，2002年任黄梅县图书馆副馆长。2011年任黄梅县图书馆馆长。黄梅县第九届政协委员。

姜胜利，男，1957年7月生，中专学历，中共党员，中级职称，支部书记。1970年11月参加工作，1970年到1993年在黄梅戏剧院工作，1993年到2001年在文化馆工作。2001年到2010年在图书馆任馆长，2011年任图书馆支部书记。分管党的工作。

张建奎，男，1965年3月生，大专学历，中共党员，中级职称，副馆长。1982年10月参加工作，1982年到1985年在58076部队服兵役，1986年到黄梅县图书馆工作任副馆长。

桂锦丽，男，1958年8月生，大专学历，中共党员，中级职称，副馆长。1981年在文物管理所工作，1984年在文物局五祖寺处工作，1987年在文物管理所工作，1989年在社会文化管理所工作，1998年到图书馆工作任副馆长。

张小娟，女，1963年1月生，高中学历，中共党员，中级职称，工会主席。1980到1988年在县第一棉纺厂工作，1989年到图书馆工作，先后任阅览室主任，工会主席。

未来展望

黄梅县图书馆新馆已于2012年5月在县城滨河新区黄梅县文化艺术活动中心破土动工，将于2015年内全面竣工交付使用。新图书馆占地面积35亩，建筑面积7763平方米，建筑总投资2242.1万元。主楼为三层框架结构，总体高度为15.3米。内设藏书区、借阅区、数字图书馆、盲人阅览室、多功能报告厅、展览厅、音乐厅等。设计藏书量100万册，各类阅览席位近2000座，日均接待读者能力可达1800人次。新馆将成为一座集文化休闲、学习阅览、信息交流为一体的信息化、智能化、现代化的图书馆。

联系方式

地　址：湖北省黄梅县人民大道537号
邮　编：435500
联系人：李　敏

麻城市图书馆

概述

麻城市图书馆始建于1978年9月，地处陵园路37号，现有职工62人，馆舍面积2300平方米，设有外借部、阅览部、少儿部、名人书屋、电子阅览室等8个服务窗口，全年365天对外服务。藏书量16万余册，其中古籍6000余册，持证读者5000余人。

业务建设

一是率先创立“乡村流动图书配送点”。为进一步延伸公共图书馆的服务范围，麻城市图书馆已建立了22个流动配送点，并对各配送点的书籍进行轮换，累计配送图书10万余册。此项工作得到了省文化厅领导的充分肯定，以“文化信息快报”的形式，报道了麻城市乡镇流动图书馆的工作，并向全省推介此项作法。

二是积极推行“你看书、我买单”读书活动。率先推行“你看书、我买单”读书活动，凡本馆持证读者，购买正版未经馆藏的单价在60元以下的图书，均可凭发票到馆报销，该书看完后归麻城图书馆所有。活动自2007年开展以来，年增读者500余人，累计新办借书证2000多个，报销图书3500余册，报销金额10万余元，达到全社会“荐书、选书、读书”的目的。

三是深入开展“送光盘、送科技、送资源”文化共享工程“三下乡”活动。自2008年以来，共享工程麻城市支中心利用可携带的电影幕布和笔记本电脑，为农民免费放映科教电影460余场，将信息资源刻录成VCD光盘800余张、印制2万余份技术资料，免费发放，提高信息利用率。

读者服务工作

一是开展阵地及流动服务情况。自免费开放以来，年接待读者18万人次，书刊借阅23万册次，接待上网查询服务9800人次，举办公益性讲座及培训18次，开展读书活动6次，主办展览6次，阅读推广活动8次，春节文化周、全民读书月、图书馆宣传周、读书征文演讲比赛活动不断；流动配送图书2.1万册，汽车图书馆下乡服务行程4000公里。

二是立足社会开展特色服务。1、每月编印期刊《领导参考》，免费送至市政府四大家领导、市直各单位主要负责人，为各级领导提供丰富的参考信息和决策依据。2、流动图书车深入学校、企业、部队、监狱、敬老院，为特殊人群服务，定期为他们送书、送电影；3、扩大网站服务功能，2006年建成麻城文化信息网站，2012年底建成了麻城市图书馆网站。

三是加强读者服务保障。1、在本馆显著位置、公告栏、网站等公示免费开放项目、时间，在窗口接待、咨询引导、资料提供等方面，创造良好的服务环境；2、充分考虑免费开放遇到的各种情况和问题，制定切实可行的免费开放工作方案和突发事件应急预案，确保公众、资源及设施设备的安全；3、充分利用电台、报纸、网站等新闻媒体进行宣传，努力提高免费开放工作社会知晓率，引导群众走进公共图书馆。

业务研究、辅导、协作协调

1、迎接共享工程国家中心的检查验收。在省、市图书馆的重视下，我馆2009年代表湖北省县级图书馆迎接共享工程国家中心的检查验收，国家中心对我市支中心、乡镇及村级基层服务点建设给予充分的肯定，验收工作取得圆满成功。

2、参加第二届“文化共享杯——全国文化信息资源共享工程知识与技能竞赛”取得较好成绩。2011年9月，麻城支中心选送的两名选手，参加黄冈地区的选拔赛，市支中心代表获该项比赛个人二等奖，市支中心获得此次竞赛活动组织奖。9月28日，麻城市支中心选手参加湖北省选拔赛。10月12日，经过省领导的综合考评，确定将麻城选手作为全省唯一的乡镇代表，选派到全国比赛现场观摩学习，进一步扩大了共享工程麻城市支中心的影响力。

4、承办“文化拜年——迎春耕·送年货活动”取得圆满成功。2012年正月初四，由湖北日报传媒集团、省图书馆主办的“文化拜年——迎春耕·送年货活动”在麻城市周家水寨村拉开帷幕，麻城图书馆利用流动图书车展出新书3000册，免费发放图书借阅卡300张，赠送农业书籍、光盘500册（张）。《湖北日报》、《黄冈日报》等大型报刊，先后以头版头条的形式，刊登了此次活动的情况，湖北省、地、市级政府网站上，也登

迎接共享工程国家中心的检查验收

组织全市职工开展读者活动

载报道了活动的相关信息。

5、接待文化部课题组的调研活动。2012年3月1日，麻城图书馆作为省级基层馆代表，接待文化部课题组关于公共图书馆科学技术应用现状调研工作。调研组由深圳市图书馆甘林副馆长带队，一行5人实地考察麻城市图书馆各业务部门以及共享工程主控机房、电子阅览室等服务窗口，并对麻城市图书馆立足本馆，开展数字资源、共享工程建设和品牌服务等工作给予了充分肯定和高度的赞扬。

6、接受湖北日报关于图书馆利用流动图书车开展活动的专题采访。2012年3月28日，湖北日报记者及省文化厅张良菊副处长一行，对我市流动图书配送工作进行了专题采访，获取了我市流动图书服务工作第一手资料，4月6号《湖北日报》第9版的文化新闻中，对麻城市图书馆开展流动图书配送工作进行了深入报道，进一步宣传和推广了麻城文化工作的亮点和先进经验。

7、辅导乡镇基层中心建设。近年来我们借助全国文化信息资源共享工程建设，在全市建立了19个基层服务中心，718个基层服务点，并参与全市农家书屋的自建，建立馆外流动图书配送服务点22个，对乡镇、街道、社区、村级图书管理员、共享工程管理员每年除网络培训以外，组织集中培训达2次以上，较好地提高了他们的业务能力和管理水平。

管理工作

每年结合本馆实际，制订年度工作计划，并与上级主管部门签订年度目标任务责任书，年底由文化局组织考核，考核成绩与班子成员工资挂钩。工作任务落实到人并公示上墙，使人人有压力。健全了人事、财务、设备物资、档案、环境卫生、安全保卫等多项规章制度，做到按需设岗，按岗聘用，竞争上岗，建立了考核分配激励机制。

表彰、奖励情况

麻城市图书馆自1994年被文化部授予“二级图书馆”以来，2013年被授予“一级图书馆”。近年来，先后被省图书馆学会授予“学术年会征文活动组织奖”；被黄冈市文化局授予“评估定级先进单位”、“读书活动先进单位”、“古籍保护工作先进单位”；被黄冈市图书馆授予“读书活动组织工作先进单位”等荣誉称号；2011年3月，被省文化厅授予“全省十佳文化信息资源共享工程支中心”；原馆长周建军同志，被省文化厅授予“全省公共图书馆先进工作者”光荣称号。

馆领导介绍

黄亚军，男，1970年12月生，大专学历，中共党员，中级职称，2004年2月至2008年3月任市文化馆馆长，2008年3月至2013年6月任文化市场综合执法大队党支部书记；2013年7月至今，任市图书馆馆长。

举办乡镇基层管理员培训

戴晓斌，男，1964年12月生，大专学历，中共党员，中级职称，1981年12月至1983年在市剧团工作，1983年调入市图书馆工作，1997年2月至今任图书馆副馆长。

周正，男，1976年8月生，中专学历，中共党员，中级职称，1996年9月在图书馆参加工作，2008年3月任市图书馆馆长助理，2012年任图书馆副馆长。

熊田静，女，1980年8月生，本科学历，中共党员，中级职称，1996年12月在图书馆参加工作，2009年元月在图书馆办公室工作，2012年3月任信息资源共享工程麻城市支中心副主任，2013年3月兼任馆长助理。

苏华仁，男，1966年3月生，大专学历，中共党员，初级职称，1984年10月应征入伍，1998年9月退伍被安置到市图书馆工作，1999年3月任办公室主任，2012年3月任馆长助理，2013年3月任工会主席。

未来展望

麻城市图书馆新馆，位于孝感乡路文化局南侧，占地面积20亩，总建筑面积7500平方米，总投资1200万元，规划藏书90万册，阅览座位1000座。按国家中型二级公共图书馆标准建设，建筑楼层为五层。按“藏、借、阅、咨”总布局，集学习研究、信息交流、文化休闲为一体，还将突出麻城人文特色，增设地方特色窗口，将成为麻城文化建设的又一亮点工程。

联系方式

地　址：湖北省麻城市陵园路37号
邮　编：438300

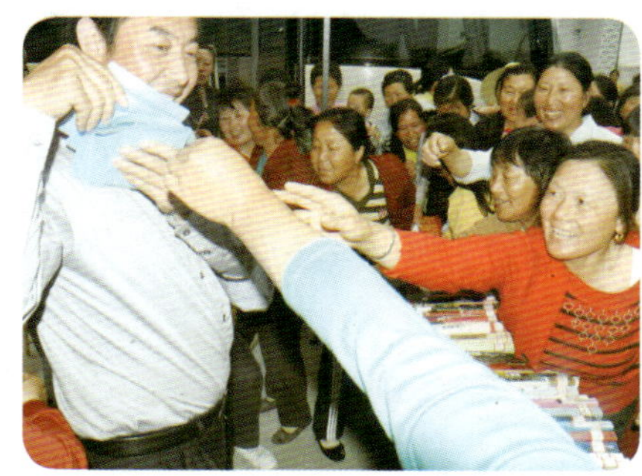

免费看书送科技光盘活动现场

少儿阅览室

送书进校园

嘉鱼县图书馆

概述

民国19年（1930年）县设图书馆，有图书1000余册，馆长由教育局长胡文蔚兼任。民国23年3月县“民众教育馆”增设“民众图书馆”，年底并入县图书馆。民国27年11月日军侵县前停办。抗战胜利后，民国35年2月将图书移入初级中学。解放后，1950年10月县文化馆设图书室。1960年与武昌合县后图书调走一批。1961年11月分县后添置，1963年有图书1400余册，1967年“文化大革命”破“四旧”，图书散失，经1970年清理，以400册图书恢复阅览活动。1979年6月，图书室从文化馆搬出，扩建为县图书馆。1984年7月省图书馆拨款8万元、县拨款2万元在鱼岳镇西正街建四层楼房一栋，建筑面积1378m²，1985年12月建成。内设书库、综合阅览室、少儿阅览室，工作人员由2名增至5名，藏书3.3万册。2006年6月，老馆年久失修，城区改造，暂借县档案馆开展阅览活动，2008年县政府投资1200万元，选址发展大道西侧，占地面积4亩，建筑面积4500m²，九层全框架结构，新建嘉鱼县图书馆。2009年，参加第四次全国公共图书馆评估，首次获得三级图书馆。2013年10月在第五次评估定级中被评为一级图书馆。

2011年11月，嘉鱼县图书馆对外免费开放，图书馆大楼共九层，分设采编室、报刊室、外借室、少儿阅览室、电子阅览室、地方文献室、多功能报告厅、读者活动室，全馆共有阅览坐席280座，电子阅览室40座，计算机60台，宽带接入20M光纤，选用Interlib图书自动化管理系统。

业务建设

截止2013年底，嘉鱼县图书馆总藏量10万册（件），2012–2013年，嘉鱼县图书馆新增藏量购置费180万元，2012–2013年共入藏中文图书81350册，中外文报刊180余种，视听文献550种，地方文献入藏450册。

截止2013年底，嘉鱼县图书馆数字资源总量4TB，其中自建数字资源1.2TB，2013年初，实现馆内wifi无线网络全覆盖。

读者服务工作

从2011年11月起，嘉鱼县图书馆全年对外免费开放，周开放70小时，2012–2013年，书刊总流通35461人次，书刊外借75000余册次。

2013年，利用流动图书车进学校、进军营、进社区、进企业送书下乡24次，馆外书刊流通1200人次，书刊外借5000册。

2012–2013年，嘉鱼县图书馆共举办讲座、培训、阅读推广等读者活动15场次，参与人数0.6万余人次。

业务研究、辅导、协作协调

2012–2013年，嘉鱼县图书馆职工发表论文16篇，在馆内下设业务培训和技术支持工作组，对农家书屋管理员培训达160人次。组织了300多人次深入基层辅导和指导基层图书馆管理员的工作，帮助8个乡镇文体服务中心图书室以及全县82家农家书屋编目、分类、上架图书10万余册，帮助文化共享基层中心刻录光盘600碟，下载整理各类科技信息资料6000余份，每年组织基层图书管理员、文化共享基层中管理员集中授课学习4次。

管理工作

2008年，嘉鱼县图书馆完成全员岗位聘任，2012年聘公益性岗位人员5人，全馆干部职工12人，建立了工作量化考核体系，每月工作进度进行通报，2012–2013年共录入图书6万余册，抽查图书、文献排架15次。

表彰、奖励情况

2008–2013年，嘉鱼县图书馆共获得各种表彰奖励27次，其中，省文化厅表彰奖励3次，市委、市政府表彰奖励6次，县委、县政府表彰奖励18次。

馆领导介绍

夏雨，男，1975年12月生，大专学历，中共党员，馆员，党支部书记。1996年10月参加工作，历任文化馆业务辅导干部，新街文化站站长。2008年10月任嘉鱼县图书馆馆长，2010年被省文化厅评为先进工作者。

培训活动

送书进军营

地方文献

“穷养富养不如有教养”讲座

罗浩，男，1970年12月生，大专学历，中共党员，馆员，1990年参加工作，历任图书馆管理员、老官镇文化站站长、图书馆副馆长。2011年、2013年被市文化体育和新闻出版局评为先进个人。

周杨静，女，1970年7月生，大专学历，中共党员，馆员，1987年参加工作，1997年调至图书馆，2005年任图书馆副馆长。2009年、2012年被市文化体育和新闻出版局评为先进个人。

刘咏，女，1970年7月生，大专学历，政协委员，馆员，1988年在图书馆参加工作，2012年3月任文化市场执法大队办公室主任。2013年12月任图书馆副馆长。

展望未来

嘉鱼县图书馆将秉承“读者第一、服务至上”的工作方针，在以后的工作中，积极开展各类社会活动，广泛建立馆外图书流动点，形成“内外结合、上下结合”的全方位流动服务体系，为发展嘉鱼县的三个文明建设做出应有的贡献。

联系方式

地　址：嘉鱼县鱼岳镇发展大道97号
邮　编：437200
联系人：夏　雨

图书馆全景图

崇阳县图书馆

概述

崇阳县图书馆始创于民国初期。图书阅览室设在县民众教育馆内，面积20平方米。1950年由政府批准成立崇阳县图书馆，并配有馆长1名、工作人员2名，馆藏书14200册，订报纸杂志26种，发放借阅证800多个，实行全天开放。1988年图书馆迁至南北大街文化巷，馆舍面积扩大至1128平方米。订杂志100多种，报纸28种，总藏量5.7万册。1996年崇阳籍台胞王秋华女士和侨居美国的王雪华女士姐妹二人，根据其父王世杰先生的遗愿，捐资400万元，在崇阳大道中段修建一座现代化的图书馆，（又名雪艇图书馆）。于1997年12月全面对社会开放。图书馆占地面积860平方米，建筑面积3400平方米，图书楼高四层，一楼有采编室、机电室、视听阅览室、休息厅、书店；二楼有报刊阅览室、电脑检索室、办公室、资料室、休息厅、少儿阅览室、演讲厅。演讲厅配有100个软座，可放映电影，承接小型会议；三楼为社科图书馆及新书阅览区，工具书查询室；四楼为科普图书阅览区，廉政书屋、电子阅览室、老年书画展、雪艇纪念室。雪艇纪念室内陈列有王世杰亲属所捐的王世杰生前收藏的珍贵书画、获奖证书、奖章、荣誉勋章及与家人、政界人士合影照片等共1100余件。图书馆馆舍宽敞明亮，藏书书架6000米，少儿阅览座席75个，普通阅览座席360个，藏书16.8万册。其中包括古籍文献1175多册，地方文献3200册，报刊278种。

1999年参加第二次全国公共图书评估，首次获国家一级图书馆，第三、四、五届均评为全国县级一级图书馆。崇阳县图书馆计算机40台，10兆光纤接入，选用Interlib图书馆自动化平台管理系统。

业务建设

根据财政部、文化部《关于推进全国美术馆、图书馆、文化馆（站）》免费开放工作的意见，崇阳县政府认真贯彻落实，在全县财政十分困难的情况下，逐年增加图书馆的财政拨款，2009年55万元，2010年60万元，2011年71万元、2012年75万元。随着免费开放经费和配套经费全部到位。崇阳县图书馆截止2012底总藏量16.8万册，其中电子图书500册，每年购置新书5200册，报刊年入藏量218种。随着政府有序推进全国信息资源共享工程、电子阅览和数字化图书馆建设，形成了图书馆现代化、网络化，实现了从ILAS系统自动化管理到采用Interlib图书集群系统的更新换代。乡、镇、村、社区均建有共享工程基层点，全县电子计算机400台，网络覆盖率达100%。

读者服务工作

崇阳县图书馆在巩固阵地服务的基础上，不断拓展服务领域，延伸服务空间，创新服务方式，扩大服务受益群体，从1997年12月起，图书馆实行全年365天对外开架服务，周开放56小时，2011年10月实现免费开放，并多方位设立服务窗口，与省图书馆联网创建了图书网络服务窗口，并用现有场地开办文化学习培训班和名人讲座，与社区和乡镇设立服务窗口14个，服务点21个，2009–2012年书刊外借62.4万册次，流通68万人次。2012年12月开通县直、学校共10个图书室的馆室互借服务，馆外流通总人次5.1320万人次，书刊外借2.6141万册。

2009–2012年与科技局和科技带头人王天才老师合办《农友》报48期，发行共19.2万份。共享工程基层支中心向各基层服务点刻录光盘800余张，提供检索、浏览和下载整理农技资料13000余份。

2009–2012年崇阳县图书馆共举办和与农业、科技、乡镇合办讲座、展览、培训、阅读推广等353场次，参加人数12.8845人次，共放映优秀影片、科技片和动画片1386场，观众10万多人次。

业务研究、辅导、协作协调

崇阳县图书馆要求干部职工加强业务学习，深入基层调查研究、辅导基层图书管理员，与县直各单位图书室协调图书服务和流通。2009–2012年崇阳县图书馆职工撰写论文15篇，发表论文4篇。

2012年11月崇阳县图书馆被列为武汉大学承办的国家公共文化政策研究实验基地，副馆长黄在祥被聘为研究员，王雅丽被聘为观察员，并按要求报送各种材料和报表30余份。

截止2012年底崇阳县图书馆已完成全县187个行政村图书室的图书编目、上架。举办培训班8期，辅导和培训246人。利用Interlib图书集群管理系统，与县直机关、学校10家图书室，实现馆室互借、资源共享、流通服务。

管理工作

崇阳县图书馆将各项管理制度汇订成册，人手一份2009-2012年实行全员岗位聘任，竞争上岗、签约上岗、一年一签约、一月一考核，周五例会制，并量化工作任务，实行按劳分配，激励分配与职工签订明确的工作奖惩责任书。2009-2012年共抽查文献排架17次，修补图书5100册，召开业务分析会15次，撰写业务分析报告10篇，下基层调研138人次。

表彰奖励情况

2009年被文化部命名“国家一级图书馆”；并授予“全国文化信息资源共享工程示范县”；2011年被湖北省文化厅授予全省“十佳图书馆”；2009年获咸宁市文化体育“先进单位”；2012年被咸宁市人民政府授予“优秀图书馆”。其他奖励表彰12次。

馆领导介绍

王洪，男，1962年8月生，大专学历，中共党员，崇阳县文化体育和广播电影电视局副局长，兼图书馆馆长，1975年7月参加工作，历任县汉剧团团长，1999年9月调任崇阳县图书馆长，支部书记，兼任湖北省图书学会理事，全国文化信息共享工程崇阳支中心主任。

马珊珊，女，1963年8月生，大专学历，中共党员副馆长，1980年3月参加工作，1983年元月调图书馆工作，先后在报刊、儿童阅览室、采编室担任组长，2002年被崇阳县文化局任命为副馆长，分管业务工作。

黄在祥，男，1956年10月生，中专学历，馆员，1976年参加工作，历任崇阳县电影公司副经理，2004年2月调任崇阳县图书馆副馆长，分管机关事务工作。

未来展望

崇阳县图书馆以打造市民的“终身学校”、“城市书房”为目标，以“读者第一”的理念，按照基本服务优质化、专题服务品牌化、服务手段智能化、服务方式多元化、重点工程深入化、业务管理标准化、内部管理规范化，打造全县知识中心、情报信息中心、文献保障中心、社会教育中心、古籍保护中心、公共数字化建设中心、公共文化休闲中心。目前，县委县政府拟在西城区建一座占地面积15亩、建筑面积1.2万平米的新馆舍，新馆舍建成后，旧馆改为崇阳县少儿图书馆，到时新馆的建成将大大提高公益文化服务的能力和水平，努力担当起公共文化建设的主体责任，为崇阳的社会建设和经济建设作出应有的贡献。

联系方式

地　址：湖北省崇阳县大道42号
邮　编：437500
联系人：郑慷敏

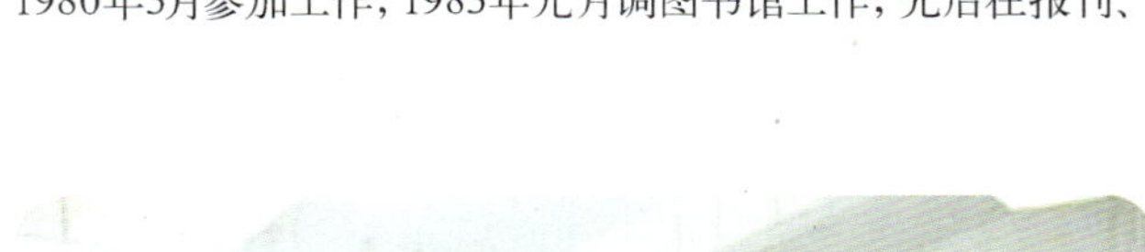

赤壁市图书馆

概述

中华人民共和国成立后，蒲圻县人民政府在城关迎薰门旁的“福音堂”设立了“蒲圻县人民文化馆”，图书阅览室属该馆的一部分。一九五八年，虽然经县人民政府批准设立了图书馆，担人员、经费、业务工作仍由文化馆统一安排。同年十月至一九六一年十一月，在蒲圻、咸宁两次合县分县期间，曾一度改名为图书室。

1976年经文化主管部门和县人民政府批准正式成立“蒲圻县图书馆”。当时馆舍面积60平方米，图书8000册。1986年在老城区金鸡山兴建“蒲圻县图书馆”，馆舍面积1300平米，藏书3万册。2008年赤壁市委市政府决定在赤壁市赤马港砂子岭路兴建赤壁市新图书馆，总建筑面积12000平方米，新馆设计藏书总量50万册，阅览坐席500个，供读者使用计算机30台，拥有独立的门户网站，馆内局域网10兆光纤接入，选用Interlib图书馆集群管理系统，并将与湖北省图书馆同步联网。新馆于2013年8月正式对外免费开放。在2013年参加全国公共图书馆第五次评估，被评为一级图书馆。

业务建设

截止2012年底，赤壁市图书馆总藏书量约14万册，2013年，在新馆的图书添置采购上，一次性新增图书10万册。2011年底，由政府专门下发文件，广泛征集地方作家作品以及地方文献，以进一步增加图书馆藏。2013年，图书馆门户网站读者点击率达到2万人次，馆内实现无线Wlan全覆盖。

读者服务工作

自2013年8月起，赤壁市图书馆全年对外免费开放，每周开放时间达56小时，每月读者流量约1600人次，书刊总流量约1450册左右。

图书馆门户网站自开通以来，点击量达到3万次。开通网上续借、办证、查询、预约借阅、电子图书浏览等一系列服务功能。

自开馆以来，在市区设立了7个流动阅览点，共举办讲座、展览、阅读推介等读者活动60余次。图书馆“流动图书车”下乡镇、进社区、到学校开展各项宣传阅读活动，还参加市里组织的春节文化赶集活动，累计流动图书6500册，成为书香赤壁文化服务品牌。

业务研究、辅导、协作协调

到2012年底我馆派出业务人员完成了对全市108家社区、乡镇、学校各基层图书馆（室）的业务辅导工作。在辅导过程中，结合各图书馆（室）实际，帮助建立、健全图书馆（室）的借阅及管理制度，对图书入藏登记、分类编目、排架、借阅等业务工作中存在的问题给予及时详细的规范指导，为建立市、镇、村三级图书网络搭建资源共享平台。

此外，在学校、社区图书馆（室）及农家书屋建立图书流动服务点，丰富了基层图书馆（室）的图书藏量，以拓展图书馆服务功能，进一步促进图书馆城乡服务一体化。

管理工作

为了更好适应图书馆现代化管理的岗位职责要求，图书馆不断加强馆员的业务学习，提高馆员的整体业务素质。同时，规范各项工作制度，建立了工作量化考核，每月召开工作例会，将各项工作进行通报，及时发现问题，及时解决问题。每半年和全年进行总体工作考核。

表彰、奖励情况

2008年度–2012年度连续被评为赤壁市文化体育和新闻出版局先进工作单位。

馆领导介绍

周敏华，男，1965年9月生，高中学历，中共党员，馆长，1979年1月参加工作。

杨金海，男，1959年9月生，高中学历，中共党员，党支部书记，1970年12月参加工作。

徐华华，女，1969年12月生，中专学历，中共党员，副馆长，1989年10月参加工作。

王阿兰，女，1970年7月生，中专学历，中共党员，副馆长，1986年3月参加工作。

未来展望

赤壁市图书馆践行“拓展服务职能，增强责任意识，创新

发展思路"的战略，本着一切为读者服务的宗旨，将通过科学化、规范化的管理手段，围绕优化服务，拓展图书馆的教育和信息功能，从服务读者、业务管理、读书活动、提高队伍素质入手，让更多的读者更好的利用图书馆，了解图书馆，也将会以严谨的工作作风、团队的合作精神，把图书馆打造成真正意义上的没有围墙的社会大学。

联系方式

地　址：赤壁市新区砂子岭路

邮　编：437300

联系人：唐　歆

利川市图书馆

概述

利川市图书馆是财政全额拨款的公益性事业单位，隶属于市文体局管理的二级单位。它于1978年2月与县文化馆分设，2012年11月搬迁至滨江路文化传媒大楼一、五、六楼，并全面对外开放。新馆面积2940平方米，内设有社科外借室、自科外借室、电子阅览室、少儿阅览室、报刊阅览室、多功能报告厅、自休室、地方文献室、业务员辅导室、办公室、采编室、财务室、档案室等多个部门。现有书架200个，过刊报架26个，电脑70台，读者阅览座席240个，少儿阅览坐席36个，宽带接入15Mbps，选用Interlib图书管理系统。近几年来被利川市人民政府授予"文明单位"称号。2013年，参加全国公共图书馆评估，被文化部评为国家一级图书馆，成为了恩施州首家晋级为一级馆的县级图书馆。

业务建设

2009年至2013年，利川市图书馆新增藏量购书经费10万元，2014年起增至20万元。年入藏图书3000余册，报刊杂志120余种，现总藏量14.3万余册，其中社科书籍6万余册，自科书籍3万余册，地方文献1360余册，影像资料400余种，电子图书5万余册。2013年投入20万余元建设数字化图书馆，购买了电子图书，还建立了图书馆门户网站，通过网站可以访问超星百万册电子图书、期刊及视频讲座资源。现已基本建成集印刷文献、电子文献、视听文献为一体，学科门类齐全、虚拟与实体馆藏相结合的文献资源保障格局，形成了以文学、历史、经济等学科为重点，以地方文献为特色的馆藏体系。

读者服务工作

利川市图书馆始终坚持"读者至上，服务第一"的办馆理念，从2011年11月份起，实行全免费开放，不仅"无门槛"入内阅读，还免费提供存包、办证、查询、茶水等基本服务，并保证全年365天对外开放，每周开放时间不少于63小时，节假日无休。2009年至2013年，平均每年接待读者114000余人次，其中阅览室及自习室接待读者40000余人次，图书外借室接待读者24000余人次，活动接待读者50000余人次。外借图书80000余册，活动使用图书50000余册。

利川市图书馆积极推行数字化服务。2013年，购买了电子书借阅机，实现了手机借阅图书功能，每天借阅量达300余册；建立了图书馆门户网站，每月点击量达2000余次；馆内开设了无线网络，无密码免费供读者使用；购买了一批电子图书，在图书馆电子阅览室可以免费查阅。

利川市图书馆积极开展各种阅读推广活动，提升图书馆人气。2009–2013年，利川市图书馆共开展新书好书推荐活动33次；深入到军营、学校、农村、社区、福利院开展送书活动190余次，建立馆外图书流通服务点28个，赠送或更换50000余册；组织开展消防安全知识讲座、健康知识讲座等讲座培训60余次，参与读者5000余人次；制作图片展板35块；开展"童之趣"征文活动5次，共收到征文1630篇；举办了"中国梦·我的梦"演讲比赛、"经典故事伴我成长"故事演讲比赛、亲子故事会、"好书伴我成长·知识成就未来"等演讲比赛14次，家长和孩子们都踊跃报名参加，活动读者达1300余人；还开展了打字王大赛、知识竞赛、朗诵比赛及书法比赛等活动50余场，接待读者6500余人次。

利川市图书馆开设了利图影院，双休及节假日下午2点30播放电影，现已成为利川市有影响力的品牌文化活动之一。2012–2013年，共播放了电影130余场次，7000余名读者参与观看。

业务研究、辅导、协作协调

利川市图书馆积极鼓励职工结合工作实际进行学术研究与探讨，2009–2013年，共发表论文5篇。如李亚萍、左嘉玲撰写的《社区乡镇图书馆服务理念研究》获第十二届中国社区乡镇图书馆发展战略研讨会学术论文三等奖。

利川市图书馆不断更新辅导方法，总结辅导经验，结合基层图书室的实际情况，对这些图书室在分类编目、排架、上架、借阅等业务工作中存在的问题给予了及时指导，对个别图书室还采取了专人蹲点的形式进行了重点辅导。2009–2013年，下乡业务辅导150余次，举办共享工程及业务知识培训20期，700余人接受培训。

利川市图书馆积极参与上级图书馆组织的协作协调工作，共同推进图书馆事业发展。配合湖北省图书馆做好地方资源的收集整理工作，协助湖北省图书馆网络部拍摄《风雨大水井》、《青石崖——鱼木寨》等纪录片；参加省图书馆主办的各类活动，如利川市图书馆每年均参与"童之趣"征文活动，并获得优秀组织奖；配合恩施州图书馆利用流动图书车开展图书进校园、乡村活动，联合开展了"第三届全国读书漫画大赛作品"展览活动等。

管理工作

利川市图书馆现有工作人员8人，正式职工5人，志愿者3

文化部人事司副司长汪志刚到利川市图书馆检查指导工作

湖北省副省长郭生练到利川市图书馆检查指导工作

湖北省文化厅厅长雷文洁在利川市市长张涛的陪同下检查指导市图书馆工作

送书进军营

中国梦–我的梦演讲比赛

健康知识讲座

人，专科学历2人，其余均为大学本科学历，其中高级职称1人，中级职称2人，初级职称2人。另外在寒暑假期间招聘大学生志愿者3–5人，加强图书馆力量配备。

制定和完善了图书馆管理制度，其中包括《岗位工作制度》、《目标管理制度》、《首问负责制》等制度，形成了科学决策、有序管理、高效服务的运作机制。还根据岗位设置、工作职责及服务范围，制定了一系列服务规范，悬挂在各业务部门墙壁明显位置。为了保障服务到位，又对馆工作人员推行了四项硬措施，一是不准无故迟到早退和擅自离开工作岗位，工作时间不准做与工作无关的事情；二是不准与读者发生争执或有粗暴行为，推行微笑服务，为人找书，为书找人。三是统一使用规范用语，杜绝禁忌用语和不当表达语气，给读者以亲切感。四是实行挂牌上岗，随时接受读者监督。

年初制定《目标考核细则》，将工作任务细化分解，责任到人，馆领导每月抽查1次，半年及年底进行全面检查，检查结果与绩效工资挂钩。

表彰、奖励工作

2009–2012年，利川市图书馆共获得各种表彰、奖励13次，其中，省图书馆表彰、奖励4次，利川市委、市政府表彰、奖励4次，市文体局表彰、奖励5次。

馆领导介绍

李亚萍，女，1962年4月出生，本科学历，中共党员，副研究馆员，馆长。1980年3月参加工作，先后在社科外借室、采编室、业务辅导室工作，1994年任图书馆党支部书记，1996年任馆长。2006年主编的《坝漆生产和使用》在中国文史出版社出版发行。1999年被利川市委宣传部评为优秀宣传思想工作者和优秀党务工作者，2000年、2002年被湖北知识工程领导小组评为第12届、14届图书馆服务宣传周和第三届全民阅读月活动先进个人，2005年被湖北省图书馆学会评为2001年至2005年度优秀会员，2000年、2006年、2008年被利川市妇女联合会评为“巾帼创业”带头人、“利川市巾帼建功标兵”。2011年被湖北省文化厅评为“全省公共图书馆先进工作者”。多年来曾多次被评为利川市文体系统先进工作者及优秀党员。

黄恩荃，男，1965年6月出生，大专学历，中共党员，馆员，党支部书记。1984年10月参加工作，先后在自科外借室、报刊阅览室工作，历任图书馆副馆长，1996年任图书馆党支部书记，分管党建工作。1991年获利川市科学技术协会“科技兴农服务队先进个人”，1991年及1992年被评为“利川市宣传战线优秀党员”，曾多次被评为利川市文体系统先进个人和优秀党员。

刘晖，男，1967年12月生，大专学历，馆员，副馆长。1989年4月到参加工作，2013年任图书馆副馆长，分管业务工作。先后在采编室、阅览室、社科外借室、电子阅览室等部门工作。2012年被评为利川市文体系统先进个人。

展望未来

多年来，利川市图书馆始终以“传承文明、传播文化、启迪民智、服务社会”为已任，以大众服务和专业服务、阵地服务和延伸服务、常规服务和网络服务三种服务体系相结合，以文化信息资源共享、古籍保护、送书下乡三大工程并举为发展战略，逐步实现了图书馆事业全面协调可持续发展。在未来几年里，利川市图书馆将积极向上争取经费及人才，进一步加强数字化建设，逐步实现业务数据自动化的升级换代及馆藏资料数字化。依托已有的数字化资源，利用本地区、本馆的特色资源，溶入全国数字化图书馆建设的大环境中，既能通过本馆网络平台分享数字化图书馆的成果，又能实现自主的信息采集、加工、整理、发布，从而实现馆际互借，资源共享，把利川市图书馆建成为现代化、多功能的公共图书馆。

联系方式

地　址：湖北省恩施州利川市滨江路传媒大厦五楼
邮　编：445400
联系人：肖水华

报刊阅览室

电子阅览室

“眼明手快”打字王大赛

仙桃市图书馆

概述

仙桃市图书馆始建于1976年，其前身是沔阳县图书馆，1986年撤县建市更名为仙桃市图书馆。1990年11月和1995年9月分别成立仙桃市少年儿童图书馆和湖北残疾人文献中心，与市图书馆实行统一领导，合署办公。2002年9月16日，位于仙桃市仙桃大道60号的新馆建成开放。新馆坐落于人口密集的市中心，与市政广场隔街相望，交通十分便利，占地面积4025平方米，楼高12层，建筑面积9685平方米，设计藏书量100万册，馆内布局合理，环境优雅，文化氛围浓厚，是仙桃市标志性文化设施之一。2008年，参加第四次全国公共图书馆评估，首次获得一级图书馆。仙桃市图书馆有对外服务窗口有12个，阅览座席380个，拥有计算机54台，信息节点150个，专用存储设备容量6TB，宽带接入20Mbps，选用ILAS图书馆自动化集成管理系统，为读者提供文献借阅、书目检索、参考咨询、讲座展览、自修学习、网上浏览、视听欣赏、辅导培训等多种公益服务。

业务建设

截止2012年底，仙桃市图书馆总藏量119000册(件)，其中，纸质文献109845册（件），电子文献3243种，古籍善本3686册。2009–2012年，共入藏中文图书年19121种（册），中文报刊1162种，电子文献1944种。

重视地方文献征集工作，并专辟“地方文献资料阅览室”，2012年，市政协文史室与地方文献资料阅览室合并，多渠道征集地方文献资料，共建共享地方文献资料数据库。全面开展古籍保护工作，专设古籍书库，配备专职工作人员进行保护整理，2012年，馆藏清乾隆红雪楼刻本《清容外集十三卷》入选第一批《湖北省珍贵古籍名录》。

仙桃市图书馆2011年度财政拨款65.69万元，其中：图书资料购置经费5万元，文化共享工程运行经费5万元，工资福利支出49.19万元，其他支出5.5万。2012年度财政拨款108.08万元，其中：图书资料购置经费增至20万元，文化共享工程运行经费5万元，新增图书馆免费开放经费10万元和古籍保护经费1万元，工资福利支出增至72.08万元，财政拨款年增长率为39.2%。

2009年，仙桃市图书馆开始入藏电子文献资源，目前拥有电子文献3243种，电子文献和视频数字资源总量达到2TB。主要由共享工程国家中心、省分中心下发和卫星下载的数字资源，市图书馆外购电子图书、电子报刊和视听文献数字资源，自建地方文献数字资源三个部分组成。

2008年，开始通过对馆藏文献回朔建库，所有馆藏中文图书、报纸期刊都采用CNMARC格式，建立机读目录，从而实现图书文献外借、归还和查询数字化。

读者服务工作

仙桃市图书馆全年365天对外开放，每周开放56小时，文献资料实行全开架借阅。2011年4月，开始实行“零门槛、无障碍”免费开放，馆内所有公共空间设施场地及服务项目全部免费。2009–2012年，书刊总流通45.5万人次，书刊外借37.33万册次。2009年，开设乡镇文化站图书室馆外流通服务点6个，至2012年底达到16个，实现全市乡镇文化站图书室馆外流通服务全覆盖，馆外流通总人次6.4万人次，书刊外借4.8万册。2010年，报刊阅览室专设政府信息公开文献资料的服务公示架，2012年，图书馆网站开通政务信息公开查询服务。2002起，为市委、市政府每季度编辑《领导参考》，提供决策参考文献服务。

2012年10月，仙桃市图书馆网站上线服务，网页设置图书馆智能服务平台，开通读者咨询、检索、查询和数字资源的在线浏览服务。

2009–2012年，仙桃市图书馆共举办讲座、展览、培训、阅读推广等读者活动48场次，参与人数38400人次。同时，开展服务新农村建设、服务进城农民工、服务特校残疾儿童等一系列社会活动，编印农科资料8000份，捐赠各类图书5800册。

业务研究、辅导、协作协调

2009–2012年，仙桃市图书馆职工发表论文8篇。其中：2010年，郭刚毅的《浅谈农家书屋的可持续发展》获第十届中国社区乡镇图书馆发展战略研讨会征文一等奖；2011年，王红艳的《公共图书馆少儿阅读推广探析》获湖北图书馆学会少年儿童图书馆业务建设研讨会征文一等奖。

2009–2012年，仙桃市图书馆积极开展基层业务辅导培训工作，针对全市18个镇（办）图书室、708个村“农家书屋”管理员和676个文化共享工程基层服务点管理员，采取实地巡回业务技能辅导和集中理论知识培训相结合，举办辅导培训班16期，接受辅导培训1426人次。

2009年5月，仙桃市图书馆与武汉城市圈的9个市级图书

仙桃市图书馆

公共电子阅览室

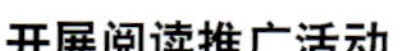
开展阅读推广活动

举行第二届“闹元宵·猜灯谜”活动

开展送书下乡活动

馆签订《武汉城市圈公共图书馆联盟承诺书》，6月起，武汉城市圈内公共图书馆的读者证实现互通阅览服务。2012年10月，仙桃、天门、潜江三市公共图书馆签署《江汉地区图书文献馆际互借协议书》，三市读者持证享受异地馆际互借服务。

2010年，仙桃市图书馆服务网络开始建设，将全市18个镇（街道办）图书室纳入市图书馆总−分馆制建设计划，所有分馆的图书均由市图书馆统一采购、统一编目、统一配送。

管理工作

仙桃市图书馆为全面增强干部职工队伍的凝聚力和战斗力，保障公共图书馆事业的健康开展和可持续发展，建立健全员工绩效考核、财务管理、人事管理、档案管理、志愿者管理、设备物质管理、统计分析管理和安全保卫管理等一系列管理制度。详细制定年度工作计划，建立了工作量化考核指标体系，半年和全年进行工作总体考核，考核结果与职工的绩效工资挂钩。2010年10月，仙桃市图书馆进行人事制度改革，实行岗位设置管理，人员实行竞聘上岗，上岗职工签订目标管理责任书。2009−2012年，共抽样检查阅览室文献排架16次，采编部书目数据8次，撰写专项调研、统计分析报告和工作建议8篇，编写各部门工作通报16篇。

表彰、奖励情况

2009−2012年，仙桃市图书馆共获得各种表彰、奖励14次。其中：省级表彰、奖励3次，2011年，荣获湖北省“十佳公共图书馆”，2012年，荣获“湖北省全民阅读创先活动先进单位”和湖北省文化系统“优质服务窗口”称号；市级表彰、奖励4次；市级部门表彰、奖励7次。

馆领导介绍

郭刚毅，男，1970年9月出生，大学本科学历，中共党员，中级职称馆员，党支部书记，馆长。1990年12月参加工作，1996年7月任仙桃市图书馆副馆长，2001年12月任仙桃市图书馆副馆长（副科级），2007年7月任仙桃市图书馆馆长（正科级）。湖北省图书馆学会理事。

王红艳，女，1967年2月出生，大学本科学历，中共党员，副研究馆员，副馆长。1987年3月参加工作，先后在仙桃市图书馆阅览室、采编部、业务部等部门工作，历任管理员、主任等职，现分管图书馆业务工作。

未来展望

仙桃市图书馆坚持为人民服务和为社会主义服务的办馆方针，本着“读者第一，服务至上”的服务宗旨，2009−2012年，以“低门槛、高质量的服务”和“低姿态、高效率的作为”，实行“全面开放、免证进馆、分层管理、一卡通行”，通过创新服务方式、深化服务层次、拓宽服务领域，为仙桃跨越发展、文化强市发挥了重要作用。展望未来，仙桃市图书馆将在现有馆舍的基础上，实行阅览室大开间的改造，形成借阅服务大开放的格局，使读者活动空间区域拓展一倍，阅览座席增至800个，年服务人次达20万人次以上；积极参与武汉城市圈图书馆联盟建设，融入圈域内图书馆总馆—分馆制服务体系，实现城市圈图书馆群读者证“一卡通”服务，共建共享数字资源，建立联机编目和联合目录，开展联合参考咨询、文献传递特色服务；不断强化自身图书馆综合实力建设，完善市、乡镇、村三级公共图书馆服务网络，延伸服务辐射区域，带动基层事业发展；引入图书馆服务新形式新技术，开通仙图微博、微信服务，搭建移动图书馆服务平台，实现图书馆的全天候服务；人民群众对公共文化的需求日溢增长，图书馆事业发展没有休止符，仙桃市图书馆服务读者的工作永远在路上。

联系方式

地　址：湖北省仙桃市仙桃大道中段60号
邮　编：433000
联系人：王红艳

阅览室

“书香溢农家”读书征文颁奖晚会

潜江市图书馆

概述

潜江市图书馆正式成立于1978年1月，1986年8月修建图书馆大楼，馆舍位于潜江市园林办事处东风路116号，共4层，建筑面积1388平方米。1987年新建曹禺著作陈列馆(图书馆特色馆)，共3层，馆舍面积400平方米。2004年12月，潜江市政府另辟新址兴建曹禺纪念馆，潜江市图书馆与潜江市曹禺纪念馆"实行"两块牌子，一套班子"的运作体制（2010年3月，曹禺纪念馆从潜江市图书馆分离）。2007年，潜江市图书馆积极争取上级有关部门重视，多方筹措资金40万元用于扩大馆舍面积和改善环境，由原来的4层增至6层，馆舍面积达到2230平方米。

成立至今，潜江市图书馆各项建设和工作均有巨大的发展和长足的进步，2009年、2013年，参加全国公共图书馆评估，被文化部评定为"县级一级图书馆"。2012年，潜江市图书馆总藏书量为12.1万册，拥有阅览座席255个，计算机53台，专用存储设备容量4TB，并接入10兆光纤，馆藏文献采用ILAS操作系统，形成了采、编、流、检的自动化管理体系。

业务建设

截止2012年底，潜江市图书馆馆藏文献12.1万册，数字资源3TB，其中电子文献539种，地方文献1476册，古籍文献1594册。2007年，潜江市图书馆年购书经费增至20万元，2008至今，年均新增图书6000册以上，期刊、报纸345种，地方文献入藏完整率为98%。2013年初，潜江市图书馆按照公共电子阅览室配置标准对电子阅览室进行了整体维修改造，实现馆内无线网络全覆盖。

读者服务工作

潜江市图书馆高度重视读者服务工作，多年来坚持全日开放制和全年开馆制，节假日不休息，每周开馆57小时。普通图书实行开架借阅，借阅实行"一卡通"服务。电子阅览室免费向读者开放，所有持证读者都可以在电子阅览室免费享受国家下发的数字资源。截止2012年，共有持证读者7000人，全年图书流通28.5万册次，接待读者15.5万人次。

常年开展送书下乡活动。与全市23个乡镇综合文化站签订图书流动点借阅协议书，建立了流动图书服务点，并以乡镇综合文化站为依托，逐步覆盖到农家书屋，覆盖率达95%。2012年，送书下乡19次，流动图书26746册。

加强对特殊、弱势群体的服务。在市第一看守所、沙洋漳湖垸监狱设立图书流动服务点，定期送书上门；2012年得到国家盲人图书馆赠送的盲文读物1000册，丰富了馆藏。

积极开展各项业务活动。除每年定期举办"图书服务宣传周"、"全民读书月"活动外，还参加全国、全省举办的各种征文、书画比赛活动；常年免费为市民播放电影，举办各种培训和辅导讲座，2012年，免费放映电影136场，举办各种培训和辅导讲座15次。

业务研究、辅导、协作协调

2009年—2012年，潜江市图书馆参与编辑出版《曹禺研究》共6辑，潜江市图书馆工作人员共发表学术论文9篇，其中翁新、王红霞撰写的《用互联网搜集几类地方文献的方法》一文获2010中国图书馆学会年会征文三等奖；刘晴、王红霞撰写的《浅谈数字化网络环境下少儿阅览室的个性化信息服务》一文获2011年中国图书馆学会未成年人图书馆学术研讨会征文三等奖，《县级公共图书馆特色品牌服务探析》一文获湖北省图书馆学会2012年学术年会征文一等奖。

2008年，共享工程潜江市支中心正式建成，至2012年，已形成了由一个支中心、23个乡镇基层服务点和395个村级基层服务点组成的共享工程服务体系。市支中心担负起了对各乡镇、村级基层服务点的业务指导和培训工作，覆盖率达100%。

2009年，潜江市图书馆与省图书馆签定《武汉城市圈公共图书馆联盟书》，正式加入武汉城市圈公共图书馆联盟。2012年，潜江市图书馆与仙桃、天门图书馆联合签订了江汉地区图书文献馆际互借协议书，加强了江汉地区图书馆之间的协作，实现了区域性图书文献资源共享。

管理工作

2012年，潜江市图书馆完成岗位设置聘任，制定了绩效工资考核发放管理办法，与干部职工签订岗位目标责任书，每月按照岗位责任书要求对工作进行逐一检查通报，全年进行总体工作考核，严格按照考核情况发放绩效工资。

送书下乡

廉者仁心图片展

电子阅览室

少儿阅览室

盲人阅览室

表彰、奖励情况

2009年–2012年，潜江市图书馆共获得各种表彰、奖励5次，其中2012年在全省全民阅读创先争优活动中，获全民阅读创先争优先进单位，2009年被潜江市文化旅游局评为先进单位，2010年–2102年被潜江市文化旅游局授予“文化信息资源建设与管理”先进单位。

馆领导介绍

王红霞，女，1964年7月生，本科学历，中共党员，馆员，馆长。1981年1月参加工作，1990年调潜江市图书馆工作，先后任潜江市图书馆（曹禺著作陈列馆）副馆长、党支部书记，2007年9月任图书馆(曹禺纪念馆)馆长。兼任湖北省图书馆学会理事。2011年获湖北省公共图书馆先进工作者荣誉称号。

李建华，男，1965年12月生，大专学历，中共党员，馆员，党支部书记。1985年10月参加工作，先后在图书馆服务部、办公室任主任、副馆长等职，2010年4月任潜江市图书馆党支部书记，分管党建、财务等工作。

胡先荣，男，1960年8月生，大专学历，中共党员，馆员，副馆长。1977年9月参加工作，1985年3月到潜江市图书馆工作，先后任图书馆会计、办公室主任等职，2002年任潜江市图书馆副馆长，分管综合外借部工作。

翁新，女，1971年4月生，本科学历，民盟成员，馆员，副馆长。1991年8月参加工作，先后任图书馆采编部、外借部、辅导部主任，2007年8月任潜江市图书馆（曹禺纪念馆）副馆长，分管全馆业务工作。

李艳红，女，1970年11月生，大专学历，馆员，副馆长。1987年12月参加工作，先后任图书馆辅导部、办公室（曹禺纪念馆）主任，2011年2月任潜江市图书馆副馆长，分管办公室工作。

未来展望

潜江市图书馆一直坚持“读者第一，服务至上”的服务理念，多年来通过读者服务、送书下乡、读书征文、文化信息资源共享工程等工作，促进了全市公共文化事业的整体发展，为丰富全市人民精神文化生活，繁荣潜江文化事业做出了积极贡献。目前，在创建湖北省公共文化服务体系示范区的工作中，潜江市图书馆新馆建设被纳入重点建设工程。潜江市图书新馆拟建在潜江市新城区，占地面积19784平方米、总建筑面积20000平方米。新馆建成后，将在充分发挥图书馆存储和传播知识信息职能的同时，完成数字图书馆建设，建成地方特色数字资源库，形成图书馆总分馆制，设立图书配送中心，通过流动图书车向乡镇、村（社区）配送图书，实现城乡图书信息资源的流动和共享，实现全市文化信息资源的共建共享，实现图书馆服务网络化。

图书馆外貌

联系方式

地　址：潜江市园林办事处东风路116号
邮　编：433199
联系人：李艳红

2013第十届童之趣征文获奖

送书到特殊教育学校

图书服务宣传周

天门市图书馆

概述

1928年，天门县民众教育馆设图书阅览室，1929年更名为县立通俗图书馆，1959年10月，天门县图书馆正式成立，馆址多次变迁。2012年9月，位于天门市状元路28号的天门市图书馆新馆建成并投入使用，新馆建筑面积7500平方米，总投资4500万元，按楼层分为综合服务区、报刊阅览区、图书外借阅览区、公共活动与辅助服务区、文化信息资源共享服务区等五个大的功能服务区，内设少儿阅览室、外借室、阅览室、文化信息资源服务中心、电子阅览室、爱心阅览室、多功能报告厅、展览室、古籍典藏室、地方文献收藏室、影像放映室、读者自修室、采编室、天门人馆、陈万林纪念馆、办公室等16个功能部室。2012年，天门市图书馆有藏书30万册，阅览座席580座、报告厅座席222个，资源共享电子阅览室电脑40台，自动化管理电脑14台，报刊杂志260余种。在2013年第五次全国公共图书馆评估定级中被评为一级馆。

馆舍建设及业务工作

2009年由天门市人民政府出资3500万，社会捐赠1000万元兴建了一座全新的图书馆，新购置了书架、阅览桌椅、办公设备，购置电脑54台，购新书达20万余册，这一系列的投入大大改善了办馆条件，"美化、亮化"了读者的阅览环境，增加了对读者的吸引力。

天门是茶圣陆羽故里，是著名的棉花之乡、内陆侨乡、文化之乡、蒸菜之乡、中国民间文化艺术之乡、中国曲艺之乡，还是中华文明起源之一石家河文化的发源地，文化资源丰富。我们制定了依托天门特色文化，打造地方特色图书馆的办馆方针，加强地方文献及数字资源建设。一是图书采购向地方文化相关文献资源倾斜，2012年采购各类相关文献2600册；二是加强地方文献资源收藏，2012年—2013年向社会各界征集地方文献3800余册，有专人管理，常年开展工作；三是加强地方数字资源建设，目前在建有陆羽茶文化、石家河文化、侨乡文化、天门花鼓戏、非物质文化遗产保护等8个地方特色数据库，为打造特色图书馆打下了坚实的基础。

天门市图书馆是湖北省8+1城市圈图书馆联盟的成员单位，也是汉江流域城市圈图书馆联盟、天、潜、沔图书馆联盟成员单位。2012年，为适应城市圈联盟馆际通借通还要求，将自动化管理系统升级改造为Interlib系统。2013年初，实现馆内无线网络全覆盖。

读者服务工作

2012年新馆建成后，天门市图书馆实行全天候免费开放，每周开放时间达到63小时，书架文献实行全开架借阅，2012年—2013年服务读者48万人次，2012年9月，与21个乡镇图书室、136个农家书屋、社区图书室签订流动图书服务协议。

2012年—2013年，天门市图书馆共举办各类公益性讲座56场，举办展览、阅读推广、培训等读者活动19次。通过多种途径宣传"4.23世界读书日"，"服务宣传周活动"，"全民读书月活动"，在馆舍内外、学校、社区、街道以大幅标语、黑板报、名人名言条幅等形式渲染气氛，并通过报社、电台、网站等媒体的协助，大力宣传图书馆系列活动，提高广大群众对图书馆服务的认识。

天门市图书馆积极为特殊人群提供服务。2012年—2013年，在送书下乡活动中为基层群众送去6000册知识性、教育性、科技性书籍。图书馆开办爱心阅览室，为视障及残疾人群提供服务。

协作协调

2012年，天门市图书馆建立健全图书馆服务网络，开展基层业务辅导。一是支持农家书屋建设；与各乡镇文化站签订了图书借阅合同，免费为乡镇加工整理图书，开展流动图书馆服务，对各乡镇农家书屋活动的开展给予了极大的支持和帮助。二是健全城区服务网络，与城区各单位、村、居委会、地方驻军签订流动图书服务合同，重点对市消防大队、陆羽居委会、天门中学、中国银行等图书室进行辅导，组织专班对老干部活动中心图书室进行了业务辅导，帮助编目7000余册，对图书室工作进行规范化管理。

2012年，由天门市文广新局、天门市就业管理局组织，天门市图书馆具体实施，对全市532名村级文化员进行了为期14天的业务辅导，主要辅导天门特色文化、文物管理、图书管理、图书分类、图书收藏等业务知识，使文化员的业务水平有了很大的提高。

管理与表彰

天门市图书馆十分重视通过制度建设明确岗位责任，规

范岗位行为，保证服务质量。图书馆的《管理制度汇编》严格界定了各部门、各岗位的工作职责。建立工作量化考核指标，每月对工作进展进行通报，每半年进行一次工作考核，全年开展部室工作考核兑现，促进了工作开展。

通过制度建设，业务规范和业务学习提高了图书馆的职业认知，激发了图书馆员的科研热情，提高了图书馆员的服务能力。连续几年参加全省"童之趣杯"征文活动都获奖，得到省、市、县文化部门领导的充分肯定和表扬。2012年–2013年，天门市图书馆都被评为全市先进文化单位，获得省级、市级各类表彰20多次。

馆领导介绍

倪兵，男，1965年6月生，大专学历，中共党员，馆长。1982年10月参加工作，1984年3月进入天门市图书馆工作。历任图书馆产业开发部主任、天门市图书馆副馆长等职，2010年5月任天门市图书馆馆长。

王德中，男，1970年1月生，大专学历，中共党员，副书记、副馆长。分管党建、办公室、纪检工作。

胡会莉，女，1962年12月生，大专学历，中共党员，副馆长。分管财务工作。

胡月雄，男，1968年1月生，大专学历，中共党员，副馆长。分管业务工作。

孙慧霞，女，1965年10月生，大专学历，中共党员，图书馆党支部支委委员，分管少儿阅览室、计生、老干工作。

联系方式

地　址：天门市状元路28号
邮　编：431700
联系人：王德中

武汉市洪山区图书馆

概述

洪山区图书馆建于1976年，80年代区划调整后，组建了洪山区图书馆。于1987年兴建了面积1559.48平方米的馆舍。在区委、区政府的关心、支持下，目前在机场三路武汉理工大学南湖校区西南角，将建设洪山区文体中心，洪山区图书馆处于中心的四楼和五楼，面积近5000平方米，拥有图书外借处、成人阅览室、少儿借阅室、电子阅览室、典藏资料室、地方文献室、报告厅等多个服务窗口，将于2014年底建成投入使用。

设计新馆有阅览座席350个，少儿阅览座席60个。拥有计算机75台，其中读者使用电脑为50台，4台用于大厅读者查询，服务器使用4台，其他位于各办公室及服务窗口使用；宽带的接入为10兆光纤；服务器的存储空间为6TB（目前数据）；我馆使用的图书馆自动化管理系统为Interlib图书馆集群管理系统，有业务管理系统及业务系统自动化程度。设有技术服务部，有专职人员对系统运行及网站运行信息更新进行维护，运行情况良好。

业务建设

截至2012年底我馆总藏量为18万册，电子文献总量为6000余种；2012年入藏图书资料1.6万册8千余种；报刊征订412种；视听文献入藏300件。对地方文献的入藏设置了专门的经费、人员、专柜、专架、目录。对于2012年入藏文献（图书、期刊、视听文献）的标引和著录，严格按照《中图法》（第5版）和《普通图书著录规则》进行，派专人进行目录组织、管理，制定了完善的文献保护规章制度和措施，新书到馆1月内全部分编上架（因搬迁过渡没有入藏报刊）。在计算机的业务管理中，购买安装了Interlib图书馆自动化集群管路系统拥有图书、期刊、视听文献、地方文献、电子文献5个文献数据库，制定购置、加工规范、文献保护制度，排架正确率达到98%，建立了地方文献数据库，建立了馆内局域网，接入了因特网。

到2012年底为止，我馆数字资源总量达4.2TB，馆藏中文文献数字化达95%以上，地方文献数据库建设及管理规范。

读者服务工作

我馆自2007年来就开始免费服务，后根据文化部及财政部的关于免费开放的文件政策执行。我馆每周开放时间为61小时，书刊开价率为32%，年外借文献11.16万册，外借率62%，人均到馆34次，书刊宣传587种；我馆的网站链接了洪山区政府网，在阅览室醒目位置摆放《政府公报》。

我馆积极为本地区政府、企事业、科研单位、辖区居民提供力所能及的服务，编辑了《领导参考》和《农科信息》等服务小册子。为特殊群体开展各种有针对性地服务，受到好评。建立了洪山区图书馆网站，有专人进行维护及更新、管理。

2012年开展讲座40场，培训7次；举办展览12次；阅读推广活动22次；每万人年平均参加活动次数228次；通过网站、报纸、等媒体宣传40余次；读者满意率为98%。

业务研究、辅导、协作协调

积极参与省市图书馆组织的图书服务宣传周、科技周活动；与国家图书馆、市图书馆开展联合编目工作；协助搞好24小时自助图书馆服务工作。我区自2003年开始就建立了区、街、社区三层图书馆服务网络，特别是近几年连续对文体站、社区图书室（农家书屋）投入了大量的投入，为他们购置图书、电脑、书架等硬件设备，并加强对基层图书室的业务辅导培训，定期召开文体站长文化工作会，倾听基层反映工作问题，及时给予解决。本地区参与街道、社区、村图书室参与服务网络建设比例达到100%。对基层辅导有计划、有总结、有业务统计分析，辅导达到48次；对文体站长、基层图书管理员采取分散、集中培训的形式，共培训管理员204人次。

管理工作

每年与文体局签订年度工作目标，图书馆与每个职工签订工作目标，并进行了年中小结，年底总结。制定了各项财务管理制度及监督机制，每年接受局财务检查及区审计局财务审计。认识管理实行了全员聘用制，因事设岗，竞争上岗，奖惩并举，效绩挂钩的原则，极大的调动了全馆职工的积极性、创造性。制定了《洪山区图书馆志愿者管理章程》等制度，对志愿者实行规范管理；对设备、物资、档案管理制定财产保管制度、档案管理制度、统计制度、消防保卫制度等规章制度，配备了必要的设施，并派专人进行管理，各部门对各自负责的工作每年撰写统计分析报告。由于我馆处于搬迁过渡阶段，我们尽可能的营造一个温馨、整洁的环境，为读者提供开水、纸笔、针线、应急药品等服务，制作统一规范的标牌，力争为读者创造一个幽雅、优美的读书环境。

表彰、奖励情况

我馆共获得市一级以上的表彰奖励16项，如武汉市“知识工程”系列读书活动优秀组织奖，武汉市文明单位等等，这是对我馆的鼓励和鞭策，我们将更加努力，争取取得更好的成绩。

联系方式

地　址：武汉市雄楚大道450号康福路15号

邮　编：430071

联系人：周　娟

武汉市江岸区少儿图书馆

概述

江岸区少年儿童图书馆的前身是江岸区图书馆儿童阅览室，创立于1984年。为顺应时代发展和读者的需求，1991年经江岸区编委发文批准，成立“江岸区少年儿童图书馆”，是武汉地区唯一独立建制的区级少儿图书馆。现有工作人员5名，与江岸区图书馆为二块牌子、一套班子。2010年在全国公共图书馆评估定级中再次被文化部评为“国家二级图书馆”。

业务建设

2012年10月迁于南京路63号金丰大厦，馆舍面积1500多平方米，现有藏书7万余册，并订有全国各类报刊杂志100余种。现以每年采购各类图书4000种、7000册新书的速度递增。馆内设有：综合阅览室、外借室、低幼玩具室、采编室、典藏室、培训室、自习室等服务窗口。实行开架借阅，计算机管理，敞开办证，随到随办，方便借阅。

未来展望

为了充分发挥少儿图书馆的教育职能作用，多年来，少儿图书馆始终坚持“读者第一，服务至上”的服务宗旨，不断扩大服务功能，发挥少儿图书馆第二课堂的作用。充分利用丰富的文献资源，通过外借阅览、参考咨询、建立图书流通点、开展读书活动、进行儿童素质培训、阅读辅导等各种形式，为广大少年儿童和儿童工作者进行全方位的优质服务。

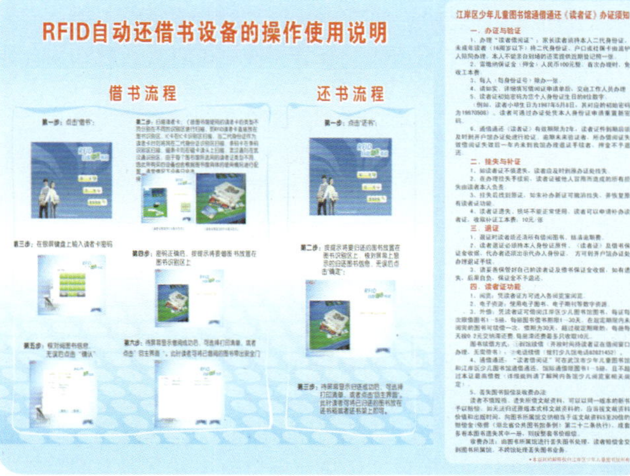

少儿馆宣传册（反面）

少儿馆宣传册（正面）

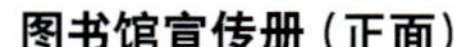
图书馆宣传册（正面）

图书馆宣传册（反面）

荆门市图书馆

概述

荆门市图书馆于1984在原荆门县图书馆和县级市图书馆基础上合并而成。2000年10月，现图书馆大楼正式开放，馆舍面积6119.07平方米，阅览席531个，其中少儿座席124个。设有图书借阅室、报刊阅览室、少儿图书借阅室、电子阅览室、地方文献借阅室、啤酒文献借阅室等10多个读者服务窗口。内设机构有六部一室二中心，即：采编部、借阅部、研究辅导部、自动化服务部、期刊部、少儿部、办公室及荆门市地方文献收藏中心、湖北啤酒文献收藏中心。此外还设立了啤酒图书馆、前沿图书馆、土门巷社区图书馆三个分馆和34个馆外流通服务点。总馆拥有各类服务器、微机、传真机、激光打印机、光盘刻录机、扫描仪、投影仪、条码阅读器等123台（套），各类计算机82台（其中提供读者使用的计算机46台），全馆实现了读者服务区域无线网络全覆盖，网络带宽接入为共享100兆，计算机中心机房存储总容量为16TB，全馆采用INTERLIB系统实现采、编、流和办公自动化管理。

业务建设

截止2012年底，文献总藏量为35余万册。其中古籍线装书4008册，地方文献14000余册，过刊合订本45000余册，各种视听文献5100件，并收藏有《四库全书》、《古本小说集成》、《古今图书集成》和《二十四史》等巨型工具书。电子文献25274件，视听文献5100种，数字资源总量8TB。全馆开通了采访、编目、典藏、期刊、流通、系统管理、特色功能、web opac八个子系统和INTERLIB opac(荆门中心图书馆网站)，2013年全面实现了业务工作及读者服务工作子系统连接和办公自动化管理以及馆内无线网络覆盖。

读者服务工作

荆门市图书馆自2008年5月1日起在部分窗口开展免费服务。文化部、财政部关于公共图书馆免费开放文件下发后，荆门市图书馆全面实行了免费开放。一是取消了办证工本费、年审费、读者存包费、自习室使用费、临时阅览费、电子阅览室上机费、数字资源检索费、文献传递费、文献检索费等收费项目，读者凭第二代身份证或其他有效证件可直接入馆免费阅览；二是收回出租门面开办综合借阅室，拓展免费服务的空间；三是免费提供数字资源检索服务。目前，馆藏数字资源特别是共享工程资源全部免费为读者提供免费检索服务；四是开展延伸服务，打造优秀服务品牌。编辑的《领导参考》、《信息之窗》等信息参考刊物实行免费发放，市委领导多次批示肯定；“象山讲坛”、“共享周周乐”、“快乐星期天”等读者服务活动已成为服务读者的知名品牌。全年365天开放，全部服务窗口均实现开架借阅。

业务研究、辅导、协作协调

2009—2012年，荆门市图书馆职工发表论文89篇，出版专著4部，承担国家级课题2项，省级课题2项，其他课题4项。

2011年11月，荆门市图书馆开办了以传承楚文化为特色的“象山讲坛”学术讲座活动，并先后举办各种讲座活动113次。2012年推出了“荆门十大文化品牌系列讲座”，从传承、弘扬荆楚文化的高度对荆门象山文化、郭店楚简文化、漳河文化等进行全方位、多维度解读。

2009年9月，宜昌、荆州、荆门三市图书馆联合成立了宜荆荆图书馆联盟。三馆共同签署了《宜荆荆图书馆联盟合作协议》。联盟成立后在资源建设、资源共享、学术研究、人才交流等方面进行了多项合作，成员馆之间实现了信息互通、资源互享、书目共建、宣传互动、人员互访、馆际互借、学术交流、共同发展，形成了长期稳定的合作模式。2011年3月，由荆门市图书馆牵头，联合京山县、钟祥市、沙洋县、东宝区、掇刀区图书馆共同组建了荆门地区公共图书馆服务网络。

管理工作

2009年5月，按照荆办发[2003]39号文《关于在市直部分事业单位进行人员聘用制改革试点的通知》精神，荆门市图书馆实行了全员聘用合同制，全部在职人员均签订了《聘用合同》。2011年11月，根据文化事业单位岗位设置方案的总体要求，制定了《事业单位岗位设置实施方案》，经过基础打分、竞职演讲、群众考评等程序完成了全馆的专业技术岗位设置工作。

地方文献展阅

服务“两会”

表彰奖励情况

2009—2012年，荆门市图书馆先后荣获省级奖励2次、市级奖励8次。先后荣获中国图书馆学会“全民阅读先进单位”、湖北省文化厅“优质服务窗口”、湖北省社科联“社科教育基地”、市级文明单位、青年文明号、巾帼文明示范岗、女职工双文明示范岗等称号。

馆领导介绍

杨传杰，男，沙洋县人，1963年11月出生，在职大学文化，1982年7月参加工作，1996年8月加入中国共产党，2002年3月任市文化体育局市场管理科科长，2003年10月任市文化体育局直属机关党委专职副书记，2005年8月至2013年5月任市文体新局办公室主任，2013年6月至今任市图书馆馆长、党支部书记。

全清娥，女，1965年6月出生，在职大学文化（2001年6月毕业于武汉大学行政管理专业），中共党员，副研究馆员。1984年12月—1987年10月在荆门市沙洋县拾桥镇岳山乡任妇联主任；1987年10月—1996年10月在荆门市纪山镇（四方铺乡）历任妇联主任、宣传委员、副乡长等职；1996年10月—1997年10月任荆门市蔡庙乡副乡长；1997年调任荆门市图书馆副馆长。

李付平，男，1975年1月出生，在职大学文化（2003.12中央党校函授法律专业毕业），中共党员，馆员职称。1997年10月—1999年4月在荆门市图书馆借阅部、办公室工作；1999年4月—2007年6月借调至荆门市文体局办公室工作。2002年8月—2007年7月任荆门市图书馆馆长助理（副科级）。2009年11月聘任荆门市图书馆副馆长。

李梅，女，1970年12月出生，在职大学文化（2000年6月毕业于武汉大学行政管理专业），中共党员，馆员职称。1991年1月—1995年5月在荆门市沙洋区政府办公室机要保密科工作；1995年5月调至荆门市图书馆工作。2007年6月任荆门市图书馆工会主席。

象山读书月启动仪式

未来展望

根据荆门市公共文化产品服务的基本现状，结合城区人口分布状况、图书馆服务半径，借鉴国内通行的总分馆模式，“十二五”期间，荆门市图书馆力争建立一个以市图书馆为中心，以东宝区图书馆、南城区（掇刀区）图书馆、东城（石化片）图书馆为纽带的城区公共图书馆服务网络，在5—8年内实现与鄂西生态文化旅游圈、武汉城市圈的图书馆文献信息资源共建共享；在坚持传统文献信息服务的同时，广开门路，扩展图书馆服务领域与范围；以《湖北省公共图书馆条例》为抓手，加大执行、宣传力度，实现依法办馆、依法治馆，满足人民大众的基本文化需求，实现图书馆事业的可持续发展。

联系方式

地　址：荆门市象山大道48号
邮　编：448000

（撰稿人：邱维民）

流动图书车进警营

语音图书馆周年庆典

监狱读书帮教活动

象山讲坛

第二届经典诵读比赛

第三届象山读书月

孝感市图书馆

概述

孝感市图书馆（原孝感地区图书馆）成立于1978年4月15日，1981年2月正式对外开放。1993年7月，孝感地区撤地建市更名为孝感市图书馆。2004年，孝感市图书馆在国家文化部组织的第三次公共图书馆评估定级中首次被评定为“二级图书馆”。2012年，孝感市图书馆共有阅览座席500个，计算机95台，信息节点100个，宽带接入100兆。图书馆采用全开架借阅，选用ILASII自动化管理服务系统。

业务建设

截至2012年底，孝感市图书馆总藏量312364册（件），其中，纸质文献279185册、盲文图书161册、视听文献1926（种）、电子图书31092种。文献购置费50万元，2009–2012年，新书入藏32583种，50181册，订报刊2206种，视听文献1220（种），地方文献230种，427册。

截至2012年底，孝感市图书馆数字资源总量为6TB，其中，自建数字资源总量1.8TB。建有孝感地方文献特色数据库及孝感名人专题数据库。

2009年3月，通过技术升级，孝感市图书馆实现了社区分馆之间的图书通借通还。2011年3月安装了全馆电子监控设备，实现了馆内无线信号全覆盖，重新购买服务器、40TB存储仪、防火墙等设备，建成了现代化的网络机房。2011年至2012年，入围文化部“数字图书馆推广工程”，并于2012年底完成孝感市图书馆数字图书馆硬件建设，重新改版设计了孝感市数字图书馆网站，购置了相当数量的数字文献，实现了网络资源的统一检索，孝感市图书馆的数字化、网络化服务从此迈上了一个新台阶。

读者服务工作

从2001年起，孝感市图书馆就实行了全年365天对外开放，2011年又实现了对社会全免费服务，周开放60小时。2009–2012年总流通178万人次，书刊外借116万册次。2009–2012年，共建立馆外流通点30个，馆外总流通305420人次，书刊总流通204230册次。2012年，设立孝感市政府公开信息服务窗，2006年起为市“两会”提供服务。

2009–2012年，孝感市图书馆网站访问量50万人次。截止2012年底，孝感市图书馆发布使用的数字资源16种。均可通过孝感市图书馆网站向全市基层图书馆、共享工程基层服务点及广大读者提供检索、浏览和下载服务。

2009–2012年，孝感市图书馆共举办讲座、展览、竞赛、培训、社会文化、阅读推广活动160场次，参与人数98000人次。影响最大的活动是万人经典朗诵活动、元宵灯谜及读书夜市活动、孝文化讲坛、著名作家董宏猷的学校巡回演讲、“你读书，我买单”、红领巾读书活动等。

业务研究、辅导、协作协调

2009年–2012年，孝感市图书馆职工发表论文16篇，完成省级课题1项。

专人负责对基层图书馆业务辅导，培训图书馆基础业务与网络自动化150人次。2009年加入武汉城市圈图书馆联盟，参与馆际互借与文献共建共享，积极参加本省各项业务工作的协作，如联合编目、8+1城市圈、图书馆联盟的馆际合作。2011–2012年，孝感市图书馆与城区所有社区街道图书馆签订了共建协议。2011年10月孝感市馆与七个县区馆共同签订了《孝感市公共图书馆资源共建共享协议书》。这期间还组织加强了公共图书馆与高校图书馆之间的纵向与横向交流学习，推动了本市图书馆事业的发展。

管理工作

2010年，孝感市图书馆实行了新一轮全员岗位聘用，进行了竞争上岗，择优聘用22人重新上岗。每年年初制定《孝感市图书馆奖惩制度》，馆长和部室主任签订《年度工作目标责任书》，每月上报工作数据，每半年一小结，全年对工作总结考核，根据任务完成情况兑现奖惩。2009–2012年，制订、修改各项业务管理、后勤管理制度20多条；抽查文献标引、著录书目数据24次，文献排架45次；撰写业务调研、分析报告8篇，编写工作简报42篇。

表彰奖励

2009–2012年，我馆受到上级表彰、奖励近20次，其中，

全民读书月

红领巾读书基地揭牌

孝文化讲座

你读书我买单

少儿绘画比赛

两次蝉联“全国文化共享工程知识与技能竞赛”湖北赛区团队第一名，获湖北省十佳文化共享工程支中心，孝感市文明单位，省图书馆学会的征文组织奖等荣誉，连续三年获孝感市文体新系统先进单位等。

馆领导介绍

吴健涛，男，1975年3月生，本科学历，中共党员，副研究馆员，馆长。1997年10月参加工作，2002年8月任孝感市图书馆副馆长，2009年11月任孝感市图书馆馆长。兼任湖北省图书馆学会理事，孝感市图书馆学会副会长。

刘艺，女，1968年10月生，本科学历，中共党员，副研究馆员，副馆长。1984年7月参加工作，1999年2月任孝感市图书馆副馆长，分管读者服务、文献资源建设等业务工作，兼任孝感市图书馆学会秘书长。

徐川川，男，1973年5月生，本科学历，中共党员，馆员，副馆长。1992年10月参加工作，1999年2月任孝感市图书馆副馆长，分管党务、人事、后勤工作。

自2007年始，我馆坚持每年在两会现场为代表委员服务

未来展望

孝感市图书馆将一如既往遵循“读者第一，服务至上”的宗旨，改善办馆条件，夯实业务基础，强化读者服务，带动地区事业发展。2009–2012年，在不断提升服务能力，提高社会服务效益的同时，通过孝感市图书馆学会工作的开展，推动了全市图书馆事业的整体发展。2012年，孝感市新馆建设正式启动，新馆位于孝感东城区文化中心建筑群内，设计建筑面积10000平方米，阅览座席1000个，可容纳纸质文献70万册，年服务80万人次以上，能提供无时空限制、检索方便、传递迅速的数字文献远程和移动服务，新馆将成为一个融学习阅读、信息交流、文化休闲等功能为一体的现代化的中等城市图书馆。

联系方式

地　址：孝感市城站路85号
邮　编：432000
联系人：刘 艺

陶宏开讲座

外景图

黄冈市图书馆

概述

黄冈市图书馆始建于1976年8月，现馆舍位于黄冈市黄州区西湖一路7号，建于1987年，1991年正式投入使用，建筑面积6200平方米，全馆现有在岗在编人员23人。1996年，参加第一次全国公共图书馆评估，首次获得二级图书馆。至2012年底，有阅览座席300个，计算机80台，宽带接入300Mbps，选用Interlib图书馆集群管理系统。

业务建设

截止2012年底，该馆现有各类藏书43万册，年购新书12000册，年订报刊500种，年征集地方文献200种，600–1000册；拥有磁盘阵列存储资源达12T，50个数据库及多个数字资源平台，盲文图书3000册，有声读物15万条，古籍线装书2万余册，珍藏有善本417册，其中《太师诚意伯刘文成公集》、《酒颠·茶董·酒颠补·茶董补》入选《国家珍贵古籍名录》，《昌黎先生集》、《千百年眼》入选《湖北省珍贵古籍名录》。经过多年的积累，黄冈市图书馆已初步形成了涵盖纸质图书、电子文献、数字资源、网络资源等多种资源类型的馆藏结构体系。

2004年，开始应用ILASⅠ图书馆集群管理系统，2007年升级至ILASⅡ，2012年初升级为Interlib图书馆集群管理系统，以适应全省图书馆服务联盟建设的需要，2012年年底，实现馆内WIFI无线网络覆盖。

读者服务工作

在长期为读者服务的过程中，该馆形成了"一馆二室三部四中心"的"1234"服务窗口架构：一馆：数字图书馆；二室：电子阅览室、地方文献阅览室；三部：综合借阅部、少儿借阅部、采编辅导部；四中心：全国文化信息资源共享工程黄冈市支中心、黄冈市古籍保护中心、政协文史资料中心、协作协调中心（黄冈市图书馆学会秘书处）。主要服务项目有：书刊借阅、参考咨询、网络服务、报告讲座、展览培训、馆际互借、读者自修、重点读者服务以及为弱势群体服务等。

在阵地服务方面，积极落实免费开放政策，现有持证读者3万余人，年均到馆读者总流通56万人次，外借总93万册次。阅览座席300多个，坚持节假日开放，每天开放10小时。落实《公共图书馆服务规范》，文明礼貌服务；建立读者咨询解答台帐；每月推出二期新书通报，不定期推出专题荐书目录；编辑出版《领导参考》，每月一期；编印《农村科技信息简报》每年四期。

在延伸服务方面，常年举办的活动有："春联大拜年"活动；元宵节系列活动；流动图书车进广场、社区免费办理借书证并借阅图书活动；"世界读书日"全民阅读宣传活动；图书馆服务宣传周活动；"你读书 我买单"活动；"东坡读书节"系列活动，"快乐六一"少儿读书活动"悦读经典，收获梦想"送书捐书活动；手抄报比赛；周末少儿动漫放映活动；各种主题展览活动，如世博知识展、名人与图书馆展、数字图书馆推广展、黄冈非遗展等；"小故事 大道理"暑期讲故事比赛；"童之趣"征文比赛等。拥有市财政分馆、驻黄舟桥部队四、五营、黄州监狱、老年大学、特教学校、湖北路桥黄冈项目部、印染社区等馆外流动服务点40个。

为视障人士服务方面，已建成中国盲文图书馆黄冈市分馆，成为黄冈第一家收藏有盲文的公共图书馆，配备有声读物15万条，可通过MP3、带存储功能的各种音响下载并收听。

数字图书馆项目建设与服务方面，购置了盛大有声图书馆（15万条）、超星学术视频（1000集）、汇雅电子书（11万册）、全民阅读平台（3T）等四个本地镜像数据库；开通了心声音频馆，可为视障用户提供视听、下载服务；国家中心、省中心拷贝资源2.6T；共享工程光盘资源1.8T；搜集整理各类资源1.3T，使全馆的磁盘阵列存储资源达12T，还整合了读秀学术搜索引擎、湖北省图书馆数字资源服务平台、中华连环画数字阅览室、乐儿科普动漫数字资源平台等网络资源。与湖北省图书馆协作建立了《黄冈红色名人》多媒体数据库数字资源库。建设任务总量：文字40万字、图片50幅、视频10小时。内容为黄冈籍红色人物的生平、事件、图片、口述、传说、音视频资料等。建成后的资源可利用多种服务渠道和方式，在湖北省图书馆、省内共享工程的各级支中心和基层服务点传播使用。数字资源的积聚，跨越式的提升了网络信息服务能力。持续更新数字图书馆网站内容，为公众提供图书馆服务讯息，为用户提供在线视频、展览服务和下载服务。黄冈数字图书馆网站年访问已达30000余人次。

国家中心专家在我馆古籍书库现场指导工作

送书进军营

阅览室一角

为馆外服务点送书上架

古籍书库

业务研究、辅导、协作协调

2010年2月成立黄冈市图书馆学会，同年4月学会会刊《领导参考》创刊，制定了《黄冈区域文献资源共建共享协作协调网馆际互借与文献传递办法》，全市参与服务网络的县市区公共图书馆的比例达100%；实行以会代训与专题培训相结合，2009—2012年，在每年召开的全市公共图书馆馆长会和学会年会上，分别以文献资源共建共享、Interlib系统图书与期刊编目著录，古籍常识等为主题对参会人员进行了培训，累计举办各类培训班14期，226课时，283人次接受培训。同时还深入各县市区公共图书馆、学校图书馆进行业务辅导；2009—2012年黄冈市图书馆职工发表论文及获中图学会、湖北省学会征文奖47篇，出版专著1部。与黄冈师范学院、黄冈职业技术学院图书馆合作进行的《地方高校馆与公共馆文献资源共建共享的可行性研究报告》研究项目列入2010年湖北省高校图工委基金项目。

管理工作

建立和完善了《财务管理制度》、《黄冈市图书馆考勤制度》、《黄冈市图书馆奖惩制度》、岗位目标责任制和工作量化考核指标体系，每半年和全年进行全面工作考核。

严格按照“政治合格、作风过硬、纪律严明、业务精良”的选人用人标准，从育人、选人、用人、管人四个方面入手，努力打造既讲政治、又懂业务的复合型图书馆干部队伍。

表彰、奖励情况

2009—2012年，黄冈市图书馆共获得各种表彰、奖励21次，其中，省级以上表彰、奖励7次，地市级表彰、奖励14次。

馆领导介绍

郑俊峰，男，1978年出生，大专学历，中共党员，馆员，书记、馆长。1998年参加工作，历任黄冈市群众艺术馆党支部副书记兼办公室主任，2008年任黄冈市图书馆书记、馆长。兼任湖北省图书馆学会理事，黄冈市图书馆学会会长、学会会刊《领导参考》主编，文化信息资源共享工程黄冈市支中心主任、黄冈市古籍保护中心主任等职。2009年被黄冈市委、市政府表彰为“七艺节先进个人”，2010年被湖北省总工会评为“优秀职工书屋建设者”，2011年被湖北省文化厅评为“全省图书馆先进工作者”，2014年被黄冈市直机关工委评为“优秀共产党员”。

刘红波，男，1970年1月生，大学本科学历，中共党员，中级职称，党支部副书记。1991年7月到黄冈市图书馆参加工作，先后在少儿借阅览部、综合借阅部、共享工程黄冈市支中心和馆办公室等部门工作，历任副主任、主任等职。

未来展望

该馆始终坚持“读者第一、服务至上”的办馆理念，不断延伸图书馆服务功能；以“倡导全民读书，建设阅读社会”为己任，深入推进全民阅读，推动学习型社会、学习型组织、学习型家庭的建设；以完善自身服务功能为基础，扩大服务辐射范围，带动区域事业发展。至2012年底，新馆建设项目已完成立项、可行性研究报告编制、申报国家项目库、方案设计等，下一步将进行征地、环评、图纸设计、建筑单位招标、争取国家专项资金等工作。新馆建筑面积15000平方米，设计藏书120万册，阅览座位1000个，年服务人次可达100万人次以上，数字资源设计存储能力30TB，能提供数字文献远程和移动服务，数字资源年利用率10万件/次以上。建成后的黄冈市图书馆新馆将成为地市级国家一级图书馆，成为省内外有影响力和竞争力的地市级文献收藏中心、信息传播中心、社会教育中心、古籍保护中心、学术研究中心、图书馆业务辅导协调中心和市民文化休闲中心。

联系方式

地　址：湖北省黄冈市黄州区西湖一路七号
邮　编：438000
联系人：王胜祥

全民阅读活动启动仪式

书香进校园

元宵节猜灯谜活动

随州市图书馆

概述

随州市图书馆始建于1978年，是年10月，于1950年4月建立的随县文化馆办的一个小型公共图书室被独立出来，成为随县图书馆。1980年9月，随着县、市分设，随州市（县级）图书馆开始组建起来。1983年8月，县、市行政机构合并，县、市两馆也相应合并为随州市图书馆（县级）。1984年，随州市政府决定在现沿河大道115号兴建新馆，历经八年于1991年6月建成，建筑面积4000平方米。2000年12月升格为地级随州市图书馆。2008年8月位于老城区中心位置、建筑面积2500平方米的随州图书馆神农分馆建成开放。2012年，随州图书馆馆舍总面积为6500平方米，设有职能工作部门12个，对读者服务的直接窗口9个，阅览座席538个，计算机90台，宽带接入20Mbps，选用ILASII图书馆自动化管理系统。作为县级馆，在全国开展的公共图书馆评估定级中，曾先后于1994年和1999年被评为“三级图书馆”和“二级图书馆”；作为新兴的中等城市图书馆，2009年被评为“二级图书馆”。

业务建设

2009–2012年，随州图书馆新增藏量购置费50.56万元，共入藏中文图书12540种，25091册，报刊530种，视听文献212种。

截止2012年底，随州市图书馆总藏量20.0381万册（件），其中，纸质文献19.6371万册（件），电子图书0.4010万册；数字资源总量为5.05TB，其中，自建数字资源总量2.01TB；在建的数据库有《地方文献与地方特色》库；地方文献入藏完整率为85%。

读者服务工作

自2011年12月1日起，随州图书馆实现无障碍、零门槛进入，全年向社会公众免费开放，周开放6天70小时。2009–2012年，书刊总流通28.3万人次，书刊外借56.8万册次。2010年4月，开通与市内8个基层图书馆的馆际互借服务。2009–2012年，建成6个图书服务网点，10个流动服务车服务点，馆外书刊流通总人次10.2万人次，书刊外借21.3万册；举办新书通报和推荐图书共187期，宣传图书7480种；解答咨询2240条；举办社会教育活动32次，参加人数为8.5万人次；举办各类讲座、培训、展览12次。2010年起，为地方“两会”提供服务。

业务研究、辅导、协作协调

2009–2012年，随州市图书馆职工共向中国图书馆学会和湖北省图书馆学会投寄46篇学术论文，其中获国家图书馆学会征文一等奖1个、二等奖2个、三等奖9个；获省图书馆学会征文二等奖2个、三等奖8个。完成基层图书馆调查报告和情况分析3次。

2003年起，随州市图书馆积极参入了湖北地区文献资源共建共享协作网馆际互借和联合编目工作。加强对基层图书馆的业务指导和技术培训工作。截止2012年底，随州市图书馆共组织举办业务培训4期，160培训基层课时，127人次接受培训。对6个基层图书馆进行图书馆自动化管理应用改造和升级，实现了ILAS系统管理。每年下基层对图书馆调研和业务指导不少于20次。

管理工作

2011年，随州图书馆圆满完成了岗位设置管理和全员岗位聘任工作，修订完善了各项管理（规章）制度，建立了工作量化考核指标体系，实行了分配激励机制。2009–2012年，共抽查文献排架16次，书目数据8次，编写《随州市图书馆简报》9期，撰写专项调研、分析报告和工作提案6篇。

表彰、奖励情况

2009年–2012年，随州市图书馆共获得各种表彰、奖励八次，其中，省厅级表彰、奖励3次，市委、市政府表彰、奖励2次，市文体局表彰、奖励1次，其他表彰、奖励2次。

馆领导介绍

王成学，男，1967年4月出生，大学本科学历，中共党员，党支部书记，馆长。1986年11月入伍，1990年4月军转安置在随州市电影公司保卫科工作，1992年后历任曾都区文化市场稽查队队长、随州市文化市场稽查队支队长，2011年8月任随州市图书馆党支部书记、馆长，兼任湖北省图书馆学会理事。2012年被评为随州市未成年人思想道德先进个人，同年获得随州市“中华魂”主题教育读书征文青年组一等奖；撰写的论文中有两篇分获中国图书馆学会论文三等奖和湖北省图书馆学会征文二等奖。

刘梅，女，1970年3月出生，大学本科学历，中共党员，中级职称，副馆长。1988年参加工作，先后在随州市博物馆、随州市文化体育新闻出版局任职，2009年10月任随州市图书馆副馆长。2011年荣获全省新闻出版系统先进工作者，2014年获得随州市“科学人才观之我见”征文二等奖。

未来展望

2007年初，随州图书馆确立了走总分馆制、打造特色图书馆的发展思路。2011年，新馆建设工程被列入随州市“十二五”规划蓝图，并被省发改委和国家发改委列入2012年建设项目。至2012年底，新馆建设规划、论证、申报、选址等前期准备工作均已完成。项目规划占地面积22.5亩，建筑面积1.2万平方米，藏书90万册，阅览座位500座，总投资6千万元。项目建设工期3年。该项目建成后，随州图书馆将由城南新区总馆、青沿分馆、神农分馆、市民中心分馆、文峰塔分馆等5个部分组成，实现在随州市区有1个主馆和至少4个分馆组成的立体图书馆服务网络；在业务上通过总馆指导（领导）各区（县、市）馆并通过各区（县、市）馆指导（领导）其所属的社区、乡镇分馆，从而形成布局合理、贴近居民、方便读者利用、具有随州特色的图书馆服务体系。

联系方式

地　址：随州市曾都区烈山大道乌龙巷7号
邮　编：441300
联系人：王章顺

武汉市汉南区图书馆

概述

汉南区图书馆创建于1978年7月，馆舍位于汉南大道626号，面积2008平方米，馆内设电子阅览室、报刊阅览室、综合外借部、少儿外借部、盲人阅览室、多功能厅、采编部、辅导部和现代技术部等多个业务服务部门。2012年，有藏书10万余册，持证读者2600人，配备流动图书服务车1辆。阅览坐席245个，计算机45台，10M光纤接入，选用Interlib图书馆自动化管理系统。是国家二级图书馆。

汉南区图书馆，始终坚持"以人为本，服务至上"的工作理念。实行藏、借、阅、检、咨一体化服务模式，免费办证，全年每天对外开放。同时我馆坚持五大惠民工程并举的战备部署（文化信息资源共享工程、数字图书馆推广工程、公共电子阅览室计划、古籍保护工程和武汉市公共图书馆通借通还工程）。在新形势下改变创新管理模式，在改革中求发展，已初步形成较为完善的服务网络，服务范围逐步扩大，服务项目逐步增多，服务质量逐步提高，实现了图书馆事业的全面协调与可持续发展。

汉南区图书馆曾多次荣获"市级文明单位"、"武汉市十佳图书馆"、"武汉市社会文化工作先进集体"、"武汉市青少年教育工作先进集体"、"武汉市'知识工程'优秀组织奖"、"武汉市图书馆学会优秀组织奖"，荣获区"服务宣传周"优秀组织奖"、"区文体新广局先进党支部"等荣誉称号。

业务建设

截止2012年底，汉南区图书馆总藏量101880册（件），其中，纸质文献99530册（件），电子图书2200余册，报刊年入藏量150余种，视听文献年入藏量30余种，数字资源总量为3TB。

2013年，我馆完成公共图书馆通借通还工程及24小时自助图书馆建设任务，引进RFID技术，实现了馆藏文献的自助借还，彻底打破图书馆受时间和地点限制的缺陷，在全市范围内实现资源共享。

读者服务工作

根据文化部和财政部文件精神要求，我馆已全面实现全方位免费开放。根据汉南区情在积极开展正常业务服务工作的基础上，我馆采取送书上门服务，馆外汽车流动服务网点，基层图书馆（室）业务辅导，科技参考咨询，科技信息服务，科技跟踪服务等，通过举办各类讲座、展览和举办独生子女"金色年华杯"、"科技杯"书画大赛、"楚童杯"读书征文大赛、"城管杯"故事大王演讲等"知识工程"少儿读书系列活动在全区收到很好社会效益。常年定期面向市民开展"科技服务周"、"图书馆服务宣传周"等各种形式的服务。积极利用信息技术、网络技术，拓展信息服务空间、丰富信息服务形式以及深化信息服务内容。同时，我馆流动图书车把服务的触角延伸至社区、农村、学校、驻军，建立馆外流动服务点23个，形成以汉南区图书馆为中心，流动车为纽带，以服务点为终端的辐射状网络。

以2012年为例，馆藏书刊文献年外借率达80%，书刊文献外借85000册次，流动服务点书刊借阅册次31000册。开展科普知识讲座，心理辅导，文化员培训等各类讲座、培训达到20次。开展图书、文献展览活动等各类展览8次。举办各类全民阅读推广活动8次。开展各级各类培训、讲座、展览、阅读活动达万余人。

业务研究、辅导、协作协调

图书馆常年开展业务研究工作，不断提高自己的理论水平和业务水平，2009–2012年，汉南区图书馆职工在市级以上刊物发表论文20余篇。

参与地区图书馆联盟框架协议、武汉市公共图书馆联合编目和馆际互借体系建设并与省、市图书馆联合举办读书系列活动。在全区贴近基层、走进社区、踏进军营，建立三级图书馆网络。共建街道和社区图书室54个，形成了区图书馆和街道、社区图书共享、资源共享。对4个街8个社区图书室图书管理人员进行业务辅导工作。举办"共享工程基层服务点管理员培训班"、"街道（社区）图书管理员培训班"等。

管理工作

2012年，汉南区图书馆对全馆职工进行了岗位聘任，本次聘任共设9类岗位，有9人重新上岗，同时，建立了工作量化考核指标体系，每年进行工作考核。2009–2012年，共抽查文献排架44次，书目数据10次，编写《图书馆简讯》56期，撰写专项调研、分析报告6篇。

表彰、奖励情况

2012年，我馆较好的完成了全年工作，全年共获得市级以上各项表彰17次。

馆领导介绍

戴炜，男，1967年11月生，大学学历，中共党员，馆员，党支部书记、馆长。1989年8月参加工作，历任汉南区文化馆副馆长，文体局社文科科长，局办公室主任，2013年，任图书馆支部书记、馆长。

芦宽军，女，1968年6月生，本科学历，中共党员，馆员，图书馆副馆长。1985年6月参加工作，2009年–2012年在市级以上刊物发表论文12余篇，2009年任图书馆副馆长（正科级），分管全馆业务工作，每年被市图书馆评为先进个人。

未来展望

进一步深化图书馆改革，坚持把"读者至上"为民服务的理念放在第一位，真抓实干，勇于创新。努力探索图书馆管理新模式，推行一体化和专业化管理，整合区、街、村三级资源，实现体系内资源共享和服务互动互联。

联系方式

地　址：武汉市汉南区纱帽街汉南大道626号
邮　编：430090
联系人：戴　炜

科技三下乡现场

武汉市武昌区图书馆

概述

武昌区图书馆建于1978年。馆址几经变迁，1987年，位于武昌区三道街114号的新馆建成开放。新馆建筑面积1500平方米，2009年，参加第四次全国公共图书馆评估，获得二级图书馆。2012年，武昌区图书馆有阅览坐席180个，计算机32台，宽带接入10Mbps，选用图创图书馆自动化管理系统。

业务建设

截止2012年底，武昌区图书馆数字资源总量为4TB。存储于馆服务器上，为读者提供在线服务。在网站服务方面，一是突出地方文献资源的宣传与利用。包括馆藏地方文献资源、非物质文化遗产申报项目，凸显地方特色，宣传地方文化品牌亮点。让网民全方位走进武昌、了解武昌。还将馆藏地方文献资源委托专业公司加工成pdg格式的全文图像扫描数据，让馆藏珍贵文献通过网站进一步推广使用。二是突出数字资源利用。整合了地方文献、“名家论坛”讲座、文化信息资源共享工程、湖北省图书馆和武汉图书馆的数字资源，通过本馆网站向网民提供一站式链接服务，适应了网民及到馆读者的在线需求。

读者服务工作

从2011年5月起，武昌区图书馆全年365天天天对外免费开放，周开放60.5小时，2009–2012年，书刊总流通40.32万人次，书刊外借46.82万册次。

2009年–2012年，武昌区图书馆共举办讲座、展览、培训、阅读推广等读者活动200场次，参与人数8万人次。由武昌区文体局、武昌区教育局联合举办的武昌区红领巾读书节是武昌区读书活动的特色。

业务研究、辅导、协作协调

从2009年起截止2012年，为全区街道社区图书室配备图书60个，图书12万余册。构建起武昌区公共图书馆服务三级网络。举办街道社区管理人员培训工作达50次。

2012年，武昌区图书馆参加了武汉行政区域内的科研院所图书馆、高等院校图书馆、中小学图书馆、企业图书馆和公共图书馆等各类型图书馆自愿联合发起成立跨行业、跨地区的“武汉地区图书馆联盟”。次联盟将在市委、市政府指导下，为市民提供和更加便捷优质的图书馆服务，发挥规模优势推动文化惠民。

2009年，武昌区图书馆加入武汉市公共图书馆联合编目中心（第三代）。截止2012年，共享工程基层服务点60个，基层网覆盖率已达30%，各分馆共享服务，共享资源，共享读者，既体现个性化服务有体现规模效应。

管理工作

2010年，武昌区图书馆完成全员岗位聘任，本次聘任共设12个岗位，其中：管理岗位2个，专业技术岗位9个，工勤技能岗位1个，同时，建立了工作量化考核指标体系，每月进行工作进度通报，每半年和全年进行总体工作考核。

表彰、奖励情况

2009–2012年，武昌区图书馆共获得各种表彰、奖励62次，其中，省文化厅表彰1次，武汉市表彰、奖励61次。

馆领导介绍

陈晓艳，女，1967年7月生，大专学历，中共党员，馆员，副馆长。1988年8月参加工作，2011年，获得武昌区委、武昌区政府颁发的纪念辛亥革命.武昌首义100周年工作先进个人称号。2011年获得湖北省文化厅颁发湖北省公共图书馆先进工作者称号。

未来展望

武昌区图书馆遵循“科学、效率、创新、发展”的办馆方针，完善单体服务功能，扩大服务辐射区域，带动地区事业发展。2009年–2012年，在不断强化自身综合实力的同时，通过创建武昌区公共图书馆服务网，带动了全区公共图书馆事业的整体发展。武昌区政府2008年起将充实社区图书室纳入武昌区政府为民办实事之一，每年拨付专款用于购买图书。我馆作为此项工作的实施单位，全馆在武昌区文体局的领导下，在武汉市图书馆的直接指导下，认真谋划，团结一心，克服困难，已基本搭建起以区馆为中心，以街道文体站为抓手，各社区图书室为基本服务点的三级服务网络。目前，我区文体局为更好的指导各街文体站图书室工作，将图书馆业务考核纳入街道文体站考核细则中，这将极大推动我区公共图书馆三级网络建设，最大限度地为辖区市民服务。同时，区文体局将我区通借通还市、区、街（社区）的对接工作列入我局重点绩效目标。

联系方式

地　址：武昌区三道街106#
邮　编：430061
联系人：陈晓艳

电子阅览室

报告厅内讲座

在汉街文华书城宣讲利用图书馆

阳新县图书馆

概述

阳新县图书馆成立于1978年8月，现馆舍建成于1987年10月，座落于兴国大道114号，占地面积2.6亩，总建筑面积2460㎡。阅览室总面积500平方米，书库面积150平方米，阅览座位190个；少儿阅览室面积120平方米，现有图书10000余册，期刊50余种，阅览座席50个；电子阅览室面积100平方米，电脑、桌、椅40套。2011年我馆启用了Interlib计算机自动化管理系统，馆内各部门办公电脑14台，其中采编辅导部备配有电脑2台，书目检索电脑2台。于2010年建成阳新县图书馆网站（http://www.yxtsg.net）。图书馆新馆于2013年12月在城东新区顺利建成，高4层，8000㎡，以便满足我县城乡居民的阅读需求。

业务建设

图书馆现有藏书8.7万册，少儿图书1万余册，期刊5000余册，视听文献450种；2012年，图书馆财政总拨款124万元，其中购书费4万元，共享工程运行经费5万元，免费开放专项经费10万元。免费开放工作逐步走上正规，读者日益增多，现有持证读者4500人，年流通人次10.8万，册次12.6万，2012年新购图书2000册，省馆赠送图书1000册，4兆光纤接入，电子阅览室年接待读者1万余人。

读者服务工作

2012年围绕主题，开展“书香富川，文化阳新”读书活动，图书馆认真履行服务职能，大力开展各类读书活动，1月份联合亿达学校组织开展“迎新春，读书乐”活动；3月7日联合省图书馆在阳新烈士陵园开展了“书香进万家，送书常下乡”暨“书香富川，文化阳新”全民阅读系列活动拉开帷幕；3月24日利用富池“三月三”庙会之机在富池“三月三”庙会暨阳新首届民俗文化节现场开展读书活动；4月23日在县人民广场开展世界读书日读书活动；5月31日开展了第二十四图书服务宣传周图书展及“六一”亲子阅读活动；本年度参加读者活动共有4800人次。通过活动的开展，提高了图书馆知名度，让更多读者了解图书馆，走进图书馆，充分发挥图书馆职能。

业务研究、辅导、协作协调

组织职工积极撰写专业论文，加强人才队伍建设，组织职工参加各类培训；我馆经常组织业务骨干下基层辅导建设基层图书室，对基层图书室管理员进行培训；为了方便读者，让馆藏得到充分利用，建成了29个馆外流通点，定时更换流通点图书；Interlib系统共享联合目录，与黄石馆共同组织图书宣传周活动。

管理工作

实行人事改革制度，定岗、定责、定员，推行全员竞争上岗；严格上班纪律，实行签到制度；执行年度考核制度。

表彰奖励情况

在上级业务主管部门的指导下，在县委、县政府和文体局党委的正确领导下，我馆获得省文化厅表彰1次、省图书馆学会表彰2次、黄石市文化局表彰1次、黄石市图书馆学会表彰1次、阳新县委表彰4次、阳新县文体局表彰12次。

馆领导介绍

陶红，女，1966年6月出生，大专学历，中共党员，馆员职称，1986年参加工作，1988年调入图书馆工作，2005年任图书馆馆长，支书，湖北省图书馆学会会员，黄石市图书馆学会副会长。主管图书馆和共享工程等全面工作。

夏朝霞，女，1969年9月生，大学学历，中共党员，馆员职称，1986年参加图书馆工作，2001年任图书馆副馆长，湖北省图书馆学会会员，黄石市图书馆学会会员。分管图书馆业务工作。

石军，男，1974年7月生，大专学历，中共党员，助理馆员，1990年9月参加图书馆工作，2005年任图书馆副馆长，黄石市图书馆学会会员。分管图书馆共享工程和机关工作。

李倩，1972年2月生，大专学历，馆员职称，1989年11月参加图书馆工作，2009年任图书馆工会主席，湖北省图书馆学会会员，黄石市图书馆学会会员。分管图书馆工会和关心下一代工作。

未来展望

阳新县图书馆新馆已建成，于2014年12月投入使用，配备了图书流动车，新馆功能齐全，服务范围广，真正打造成数字化、自动化、网络化、人性化的现代图书馆；在纸质图书的基础上，加强数字化、网络化建设，成为百姓家中的图书馆，利用图书流动车送书进学校、进社区下基层，让广大市民享受到免费开放这一惠民工程。根据设施、设备的完善，将在下一次评估晋级县一级图书馆。

省领导视察

三月三庙会

基层图书室培训

武汉市黄陂区图书馆

概述

黄陂区图书馆（原黄陂县图书馆），成立于1978年，由孝感地区行署批准，与原黄陂县文化馆合署办公，1983年10月单独成立黄陂区（县）图书馆。1994年被评为"国家三级图书馆"，1988年被文化部评为"二级图书馆"。2004年、2009年、2013年分别通过全国图书馆评估验收。图书馆占地近3000平方米，馆舍主体建筑面积1700平方米。现有阅览座席276个（其中，少儿阅览坐席56个），计算机数量总计40台。

业务建设

到2013年底，馆藏文献14万余册，图书12万册，报刊藏量2.27万册，视听文献510件/册，电子文献总藏量970件/种，地方文献资料294种，904册。现年财政经费达200余万元（其中年购书款20万元），2003年图书馆开始利用Ilas图书馆管理系统软件，实行"一卡通"服务，实现图书馆自动化管理，到2010年升级为互联网自动化管理，几经更新换代，全面实现自动化管理。2013年底实现全市图书馆通借通还。建立了馆内局域网：购置了各种电脑、复印机、打印机、扫描仪、传真机等办公自动化设备，馆内各部门均可通过内部局域网实现文件的共享传阅和打印。制订加工整理的操作规范，书标、登录号、馆藏章等都按照规范的要求做到统一、整齐、美观。随着计算机技术与网络技术的发展，黄陂区图书馆文献资料实现书目数据化，并开通网上书目查询，为读者提供更多的文献检索途径，包括题名、著者、分类、主题等。目录有专人管理并能及时维护保养、指导读者查找目录。

武汉市黄陂区图书馆对外服务窗口一年365天坚持对外开放，每周工作56小时，节假日不休息。2011年8月，开始实行免费办理阅览证、免收补证费、资料查询费，在报刊阅览厅、电子阅览室、少儿借阅厅、盲人电子阅览室、文献资料室等服务窗口实施无障碍、零门槛进入。2011年12月1日起，实行全免费开放。2006年开始开展汽车图书流动服务工作，到2014年先后建立近60个流动服务点，每年送换图书10000余册次，开展业务辅导、参考咨询和信息咨询服务，为政府机关、企业等编纂专题信息剪报和刊物。

从2008年开始，在全区范围内建立"农家书屋和文化信息资源共享工程基层服务点，到2012年底，共建立了629个农家书屋和634个共享工程基层服务点。每年组织专业人员进行培训、辅导。

每年组织召开读者座谈会、专题报告会。对定向跟踪服务的科技专业户进行上门服务，送去最新的科技信息资料，为他们的经济生产提供帮助。举办农村科技信息服务、咨询赶集会等。

社会教育活动方面，利用图书馆阵地、宣传版报、图片展览、播放影片等各种形式，宣传党的方针政策、开展思想道德教育、传播科学文化知识，引导市民走进图书馆、利用图书馆。以培训和讲座的形式宣传消防知识、健康教育等。积极组织开展"知识工程"少儿读书系列活动，活动内容主要有：书法、绘画、演讲，英语、诗歌朗诵，知识竞赛等系列读书活动，"文化信息资源共享工程区级支中心"，提供检索、浏览和下载服务。图书馆年举办讲座、展览、培训、阅读推广等读者活动50余场次，参与人数1万余人次。

业务研究、辅导、协作协调

2009—2013年，图书馆职工发表论文41篇，多人次获全国、省市级图书馆学会论文研讨奖项。

武汉市黄陂区图书馆积极参加与省、市图书馆一系列的协作、协调工作，签订图书馆联盟的各项工作协议，通过与上级图书馆之间沟通与合作，推进与其他公共图书馆之间的资源共建共享。如：与武汉市图书馆签订《文献资源共建共享协作网协议书》、《武汉展览资源共建共享交流合作条例》，基层图书馆（室）和单位图书室签署的《黄陂区基层流动图书室服务协议书》等。

服务网络建设方面，武汉市黄陂区图书馆配合区委、区政府政府和行政主管部门，制定全区公共图书馆服务网络的发展规划，建立三级服务网络体系，以多种服务方法并存形式，对基层图书馆（室）及流动服务点开展服务，通过ILAS操作系统，以分配馆藏地点的方式向基层点流动配送图书。共

建各级各类服务网点50个，覆盖全区19个街道、乡镇，开展基层图书室的巡回辅导工作，每年帮建基层图书室3—5个，每年举办全区"农家书屋"、"文化信息资源共享工程"管理员培训班，组织开展基层图书管理员和热心读者读书征文、演讲等活动。

管理工作

从2011年开始图书馆实行全员岗位聘任，签订全员聘用合同，每月或每季度进行工作进度通报，年底进行绩效工作和业务工作考核。文献排架每周进行1次，每年编写《领导与决策》4期。

表彰、奖励情况

2009—2013年，图书馆单位和个人共获得各种表彰、奖励20次，其中，湖北省文化厅表彰、奖励1次，省市文化厅（局）、新闻出版局表彰、奖励15次，区文体系统先进单位4次。

馆领导介绍

朱华安，男，1962年5月出生，本科学历，中共党员，馆员，馆长。1981年1月参加工作，历任黄陂区文化馆副馆长、黄陂区图书馆代理馆长，2005年5月任黄陂区图书馆馆长。现为中国图书馆学会、湖北省图书馆学会会员，武汉市图书馆学会理事、黄陂区"二程"研究会委员，等职。2011年被选举为黄陂区第四届党员代表大会代表，2008年获武汉市社科联先进个人称号。

李小华，男，1963年11月出生，本科学历，中共党员，党支部书记。1975年参加工作，历任黄陂区楚剧团常务副团长、黄陂区图书馆副馆长、黄陂区文化馆副馆长、黄陂区楚剧团支部书记等职。2014年2月调任图书馆支部书记。

邓香生，男，1973年3月出生，大专学历，中共党员，助理馆员，副馆长。1998年2月参加工作，2008年5月到黄陂区图书馆工作。

冯梅，女，1977年12月出生，大专学历，中共党员，助理馆员，副馆长。2003年到黄陂区图书馆参加工作，先后在辅导部、图书借阅部等部门工作，任副主任、主任等职。2013年4月任黄陂区图书馆副馆长。

左哲学，男，1965年6月出生，大专学历，中共党员，工会主席、办公室主任。1983年10月参加工作，历任黄陂区演出公司副经理、黄陂区楚剧团副团长等职。2007年1月到图书馆工作。2011年获湖北省文化厅先进个人称号。

未来展望

根据黄陂区建设文化中心的规划，按照2008年11月文化部主编、国家住建部、国家发改委批准的图书馆建设标准要求，从2014年开始，在5年的时间内建成黄陂区新图书馆。按规划要求建筑面积为13500平方米，服务人口100—150万人。建筑等级：一级。防火等级、耐久年限、抗震设防烈度和环保节能等指标均达到国家有关规范和规定。功能定位：开放性、综合性、服务性、现代化、人文化。同时，大幅增加图书馆藏量和服务功能，增设数字资源，能够提供数字文献远程和移动服务。

联系方式

地　址：武汉市黄陂区前川街板桥大道216号
邮　编：430300
联系人：左哲学

武汉市新洲区图书馆

概述

武汉市新洲区图书馆位于繁华的新洲大街。始建于1960年5月，前身是原新洲县文化馆阅览室。1985年9月馆办公大楼落成，几经扩建后馆舍面积1732平方米，藏书10万余册。现有干部职工28人，2013年国拨经费12万元。曾因少儿工作成绩突出，获到国家文化部奖励。取得国家二级图书馆认证。

内设办公室、采编部、辅导部、外借部、报刊阅览部、少儿阅览部、电子信息部、流通部等部门。馆内读者服务窗口7个、2个24小时自助图书馆。书架总长度1300多米，阅览座席312个，配有电脑57台，实现自动化管理。

业务建设

藏书种类齐全，注重地方文献收集和整理，对新洲籍人士作品收录齐全，形成新洲区特色数据库。2010年开始对管理系统进行升级、设备进行提档，完成由Interlib图书馆集群管理系统代替原来的ILAS小型版、并建有中央机房和多功能演播厅。

读者服务

每周开放7天，60个小时免费开放，发放借书证3000余个，年接待读者10万余人次。开通武汉市公共图书馆的通借通还、加入全市讲座联盟和展览联盟。重视基层服务，建有32个基层服务点，定期为基层图书室送书和开展读者活动。重视个性化服务，热心为残疾人、留守儿童、空巢老人等特殊群体提供服务。

注重传统服务活动与创新活动相结合，长年开展的读者服务活动有：元宵有奖猜谜会、旧街花朝节科技下乡、五月服务宣传周、少儿“知识工程”读书活动、阳光电子阅览室、军民共建、青少年维权等。重视基层辅导和跟踪服务，长年坚持走在田间地头、乡村小巷，为广大边远地区群众送去精神食粮和致富信息。

送书到武警中队

管理工作

武汉市新洲区图书馆实行聘任制，并按《目标责任管理制度》进行内部管理，对每个部门签订目标责任书，对工作任务和质量进行量化，成立目标验收专班，年终对每个部门进行验收。

表彰情况

上世纪七十年代，新洲区图书馆曾因少儿工作突出而受到文化部表彰，馆长程书珍曾受到周总理等中央领导人接见。2009–2013年，新洲区图书馆曾获湖北省表彰3次、武汉市表彰16次、新洲区表彰21次。

主要领导

胡晓斌，男，1968年6月出生，本科学历，中共党员，馆长。1992年参加工作，历任武汉市新洲区楚剧团副书记、区文化体育局办公室主任，2004年5月任新洲区图书馆馆长。武汉图书馆学会理事。2012年被湖北省文化厅评为图书馆百佳先进工作者，2013年被评为新洲区劳动模范。

陈勇，男，1966年4月出生，大学文化，中共党员，书记。1984年参加工作，曾任新洲区文化体育局文化稽查大队队长，2012年调任新洲区图书馆书记。

陈文娣，女，1970年11月出生，本科学历，中共党员，中级职称，副馆长。1988年参加工作，历任图书馆团支部书记、工会主席，2000年任图书馆副馆长，被评为武汉市十佳优秀辅导员、论文《“农家书屋”管理浅议》在湖北省图书馆学会论文研讨会上获一等奖；《区（县）图书馆为未成年读者服务浅议》在武汉市图书馆学会论文研讨会上获二等奖。

陶敏，男，1972年9月出生，大专学历，中共党员，副馆长。曾任武汉市新洲区博物馆副馆长，2012年调任新洲区图书馆副馆长。

展望未来

新洲区图书馆新馆选址工作已经完成，设计已具规模，新馆计划投资6000万、建筑面积初步拟定13500平方米，有望在下一个五年计划内完成。

联系方式

地　址：武汉市新洲区新洲大道53号

邮　编：430400

读书交流会现场

旧街花朝节信息服务活动

马良杯绘画比赛

郧西县图书馆

概述

郧西县图书馆位于郧西县城城关镇郧西大道75号，始建于1983年11月。图书馆占地面积2205㎡，馆舍大楼始建于1983年11月，建筑面积2560㎡。2009年3月，郧西县文体局搬迁新址后将原有办公场所整体划转给图书馆，馆舍面积增加到3310㎡。2009年，参加第四次全国公共图书馆评估，评定为国家二级图书馆，2009年5月起，正式对外免费开放。2012年，郧西县图书馆内设6个服务窗口，阅览座位260个，计算机42台，20兆光纤接入。

全馆编制7人，本科学历1人，大专以上学历3人，中级职称3人，初级职称2人；建立党支部1个，党员8人（含退休4人）。

业务建设

截止2012年底，郧西县图书馆总藏量100000册，其中：纸质文献84000册，视听文献700件，报刊150种，古籍203册。

2009年，郧西县图书馆图书购置费1万元，2010年，图书购置费3万元，2011年起增至5万元，年入藏图书1500种，另外通过建立县级政务报刊阅览室保证报刊年入藏150种。

读者服务工作

2009年起，郧西县图书馆全年360天，天天对外免费开放。除古籍外，全面实行了免费开架借阅，开架借阅率达到95%。2012年，总流通达到41600人次，其中，书刊文献外借达到47200册次。2009年3月，郧西县图书馆自筹资金3.8万元购置流动图书车一辆，深入乡镇和村进行免费开放服务，举办图书展览和送书下乡活动。2009年10月，郧西县图书馆启动郧西县文化信息资源共享工程县级支中心建设。总投资68万元。2010年7月，郧西县支中心正式对外免费开放。截止2012年底，免费接待读者3.9万人次。2009–2012年，郧西县图书馆下乡镇举办展览、培训、讲座、阅读推广等读者活动50场次；参与人数4.2万人次；郧西县图书馆在大型节庆期间，在县城文化广场举办大型图书展览活动24次，参与人数5.76万人次。

2010年6月，郧西县图书馆紧紧围绕"旅游立县，文化为魂"战略，建成中国（天河）七夕文献中心，将县内涉及文化遗产和文物保护等方面视听、照片等资料全部集中收集。截止2012年底，收集七夕文献资料1200册（份）。

业务研究、辅导、协作协调

从2010年起，郧西县图书馆援建并参与管理的农家书屋流通服务点11个，由业务辅导人员亲自撰写辅导材料，举办农家书屋管理员培训班6期，150课时，240人次接受培训。还与各基层服务点签订了集体互借协议，根据协议要求，基层服务点可以随时到郧西县图书馆挑选200册以内的图书，截止2012年底，互借图书120次，1.296册。2009–2012年，郧西县图书馆、十堰市图书馆互换地方文献147种，201册。2012年5月，郧西县图书馆、十堰市图书馆、湖北汽车工业学院图书馆在县景阳乡举行"共建图书室"揭牌仪式。2012年12月，武汉市江夏区图书馆向郧西县图书馆捐赠5万元现金和1000册图书。

管理工作

在人事管理方面，我馆按省市政府、人事部门的文件要求，实行岗位设置管理，建立财务管理制度，严格财务管理，坚持原则有监督机制，并按国资局国有资产管理的规定办理，档案管理统计工作，环境管理、消防、保卫等工作规范。

表彰、奖励

2009–2012年，郧西县图书馆共获得各类表彰、奖励14次，其中，文化部表彰、奖励2次，省知识工程领导小组表彰、奖励1次，省文化厅表彰、奖励1次，十堰市总工会表彰、奖励1次，郧西县委、县政府表彰、奖励1次，郧西县文化体育局表彰、奖励8次。

馆领导介绍

黄永田，男，1974年2月生，党员，大学学历，馆员，2004年调入郧西县图书馆工作，2008年起任馆长。

张国英，女，1957年8月生，党员，高中学历，助理会计师，党支书记。1977年参加工作。

黄玉平，女，1961年7月生，大专学历，馆员、副馆长。2004年调入郧西县图书馆工作。

未来展望

郧西县图书馆在多次全国公共图书馆评估定级中，虽然在上级业务主管部门的指导和县委、县政府、县文体局领导的重视支持下，通过全馆人员团结一心、克难奋进、牢固树立"读者第一、服务至上"的服务理念，取得了一定的成绩，各项建设和工作指标基本达到国家县级公共图书馆二级馆标准，但是与上级要求和人民需要还有一定差距。2012年，郧西县图书馆新馆建设项目正式起动。新建郧西县图书馆位于位县城天河文体广场北边，占地1600平方米，建筑面积3200平方米，总投资1000万元。积极争取流动图书车项目，做好图书馆延伸服务工作；完善图书馆网站建设，安装数字化办公系统，实现馆际互借，充分发挥资源利用效益。

联系方式

地　址：郧西县郧西大道75号
邮　编：442600
联系人：徐向改

免费办理借阅证

宣传展板

外借厅一角

郧县图书馆

概述

图书馆建立于1956年，原址位于郧阳老城江西会馆旧址，是县文化馆的图书阅览室。现馆建成于1987年8月，建筑面积1972㎡，业务用房1550㎡，设计藏书容量20万册。2010年10月建成电子阅览室，2012年6月少儿阅览室建成开放，2014年8月，流动图书服务车装配到位。现有读者席位124个，计算机45台，建有图书馆网站，宽带接入25M，应用Interlibrary图书馆自动化管理系统。在2013年第五次全国公共图书馆评估定级中评定为二级图书馆。图书馆现有干部职工9人，大专学历以上占90%，中级职称五人，初级三人，工作人员总体素质较高。

业务建设

郧县图书馆共设六个固定服务窗口，即：电子阅览、外借室、期刊阅览室、地方文献室、少儿阅览室，多功能报告厅，一个流动服务窗口，五个共建机关图书室，20个基层服务网点。开架书刊达到了总藏量的60%，采用传统和自助服务结合方式。持证读者4766人。

目前，郧县图书馆总藏量13.7万册（件），其中，电子、视听文献7000余种、资源总量5.8T，地方文献736种，古籍1147种、4474册。年图书购置经费7万元。

读者服务工作

从2010年10月起，郧县图书馆全年365天对外免费开放，每周工作56小时，节假日不休。为读者提供图书借阅、资料查询、咨询服务，为基层开展业务指导和技能培训。年外借图书册次29800册，年流通人次118200人（次）。

"出门找读者"，提高馆藏图书的利用率是近年来郧县图书馆的重要服务方式。一是开展机关图书室建设，二是开展乡镇图书服务网点建设，三是开展送文化乡和图书进校园、进社区、企业活动。年均开展馆外活动12场（次），举办讲座6次，服务馆外者超过30000人（次）。

业务研究、辅导、协作协调

2011–2013年图书馆开展共享工程基层技术人员培训两期，培训人员78人，帮助基层服务点完成共享工程设备安装调试，指导其开展读者服务工作，文化共享工程网络全面完成。

2010年以来，郧县图书馆积极参加国家、省、市图书馆学会组织的相关活动，完成调研性论文4篇。

2011年开始，郧县图书馆与十堰市图书馆、郧西县图书馆开展地方文献馆际联藏和互借业务。

管理工作

2010年，郧县图书馆完成第三次全员岗位聘任，本次聘任共设9岗位，同时，建立了工作量化考核指标体系，每半年和全年进行总体工作考核。

表彰、奖励情况

2009–2012年，郧县图书馆连续三年获郧县宣教系统工作先进单位，副馆长赵凤梅获2010年湖北省文化工作先进个人。

馆领导介绍

徐正隆，男，1971年1月生，大专学历，中共党员，馆员，馆长。历任郧县日报社记者、郧县文化体育局办公室主任，2009年12月任郧县图书馆馆长。

未来展望

郧县图书馆新馆建设已列入郧县经济和社会发展"十二五"发展规划，目前已完成规划选址，计划总投资2500万元。新馆建成后，郧图书馆将进入数字化建设和发展时代。

联系方式

地　址：湖北省十堰市郧县城关民族路文化西巷7号
邮　编：442500
联系人：徐正隆

国家图书馆馆长同和平在郧县图书馆指导工作

文化进社区活动

阅览室一角

与县消防大队警民共建图书室挂牌

宜都市图书馆

概述

宜都市图书馆成立于上世纪60年代初，同时兼有群众文化辅导工作职责，1976年8月独立建馆，馆址：宜都市陆城街办清江大道39号，2013年的全国第五次公共图书馆评估定级中，被评为二级馆。

宜都市图书馆馆舍占地面积2339平方米，建筑面积1662平方米。馆内设有外借处、报刊综合阅览室、少儿阅览室、电子阅览室、地方文献与古籍阅览室、多功能厅等多个免费对外服务窗口，面向社会群众免费办理借阅卡。馆内设有阅览座位343个，藏书设计容量24万册。截至2012年底，全馆总藏量120791册（件），其中报刊16811册，古籍线装书1608册，视听文献314种472件，电子文献214种325件。现有持证读者8000余人，年外借11万册次，年流通12.5万人次。宽带接入100Mbps，使用Interlib图书馆集群管理系统。

业务建设

截至2012年底，全馆总藏量120791册（件），其中报刊16811册，古籍线装书1608册，视听文献314种472件，电子文献214种，325件。

2013年，将Illass自动化管理系统升级改造为Interlib图书馆集群管理系统，将全市128个农家书屋纳入集群系统建设，以适应公共图书馆集群建设的需要，并于当年完成了首批10个中心书屋和18个农家书屋的试点建设，该项目计划2015年底前全面完成。2014年1月3日，《光明日报》以《宜都市把图书馆送到农民家中》为题，报道宜都加强城乡公共阅读体系建设的举措和经验。

2014年1月，宜都市图书馆开通了微信公众订阅号，4月，“宜图电子书”自助借阅终端正式上线面向读者提供下载服务。规划建设的宜都市图书馆门户网站、地方特色库、电子书资源库，“掌上宜图”移动图书馆等项目，正在积极建设中。

读者服务工作

从2010年11月起，宜都市图书馆实行对外免费开放，年开放362天，周开放56小时。

2012年，书刊总流通12.19万人次，书刊外借11.46万册次。2013年11月，开通了与本市28家农家书屋的互借互还服务。2014年1月，宜都市图书馆开通微信公众订阅号，于每周一、三、五定期发送新书荐读、活动宣传、读书分享等相关内容消息，且每一期信息条数不低于5条。6月，微信平台开通功能模块，实现微信内检索、查询以及自助续借等读者服务功能。

2014年4月，宜都市图书馆推出电子书自助借阅服务，两台宜图电子书自助借阅机分别在本馆外借处和市政府行政服务中心大厅为读者提供电子书阅读服务，每月定期上架200册新书，目前已有各类电子书籍近3000册。2009–2012年，宜都市图书馆共举办讲座、展览、培训、阅读推广等读者活动72场次，参与人数3.62万人次。

特色活动

自2007年以来，我们坚持不懈地每年举办一届农民读书节，大力实施文化惠农工程，服务新农村建设，取得了显著成效。三峡日报以头版头条对宜都市全民阅读活动进行了专题报道，《“书香荆楚·文化湖北”全民阅读活动简报》第75期刊发了以《乡村处处闻书香——宜都市农民读书节巡礼》为题的宜都市全民阅读活动专版，省委机关刊物《政策》杂志登载了介绍宜都农民读书活动的署名文章。

农民读书节活动以10个乡镇综合文化站、123个村级农家书屋、5个农村社区农家书屋为网络，辐射全市所有农户。截止目前，累计参与读书活动的农民近30万人次，举办读书演讲、知识竞赛、有奖问答、读书讲座、学一技用一技等各类单场活动400多场次，收到农民撰写的读书体会文章600余篇，表彰学习型农民150人，命名表彰“书香农家”50户，培训农家书屋管理员、农村读书用书科技兴农带头人500余人。

业务研究、辅导、协作协调

宜都市图书馆多年来一直承担对基层农家书屋的业务辅导培训工作，每年举办农家书屋管理员培训不少于2期，到书屋面对面辅导培训不低于15次。

2014年，宜都市图书馆加入国家图书馆联合编目中心。

表彰、奖励情况

2009–2013年，宜都市图书馆共获得各种表彰、奖励5次，其中，宜昌市级表彰、奖励2次，本地政府表彰、奖励3次。

馆领导介绍

曹凤林，男，1965年9月生，大学文化，中共党员，馆长。1979年参加工作，历任宜都市音像发行放映公司经理、宜都剧场经理、宜都市歌舞剧团团长、宜都市文化市场综合执法大队大队长、宜都市文化馆党支部书记。2014年3月任宜都市图书馆馆长、书记。

未来展望

宜都市图书馆遵循“读者第一、服务至上”的办馆理念，紧跟信息时代步伐，完善单体服务功能，扩大服务辐射区域，带动地区事业发展。2013年，在不断强化自身综合实力的同时，建立起宜都市公共图书馆集群，带动了全市公共图书馆（室）的整体发展。今年，将纳入50家农家书屋进入图书馆集群建设，2–3年内，我们将完成全市农家书屋集群网络全覆盖，并将服务领域扩展至机关、企事业、学校书屋。

宜都市图书馆人将继续发挥优势、乘势而上，认真贯彻文化惠民政策，切实抓好各项工作任务，全面提升图书馆工作质量和服务水平。

联系方式

地　址：宜都市陆城清江大道39号
邮　编：443300
联系人：曹凤林

五峰土家族自治县图书馆

概述

本馆总建筑面积1501平方米；文献总藏6万册；总经费68万元；在编人员8人（4男4女）；拥有一整套现代化高新技术手段和一个标准化电子阅览室（40台机位）及视听设备，初步具备数字资源的采集、加工、存储、上传和推介功能；顺利通过全国第五次公共图书馆评估定级。2013年，文化部正式命名我馆为“二级图书馆”。

业务建设

年均入藏图书文献1500种，入藏报刊180种以上；视听文献年入藏量不低于30种；地方文献入藏年均达到20种。依据《中图法》第五版分类体系类分标引加工图书；普通中文图书分类准确，编目规范。藏书组织与管理注重规范、统一、整齐、美观；全部馆藏实行开架借阅，文献排架正确率不低于96%，专人负责维护与管理；建立健全了文献典藏保管制度，防火设施配备齐全，库房干净整洁，防盗防潮防尘防光等措施到位。

读者服务工作

从2011年度开始实施免费开放服务。报刊阅览室、书刊外借室、电子阅览室、地方文献室、茶叶特色文献室等服务窗口均免费向读者开放，并对特殊人群如残疾人、老年人、少儿及自谋职业者、农民工等社会弱势群体提供人性化服务，做到每周开放56小时，节假日照常开放；馆藏文献流通人次年均达6万册以上。

业务研究、辅导、协作协调

搜集整理五峰重大茶史事件图片及史料；为五峰茶叶局申报“宜红茶”国家地理标志提供了关键性材料和佐证；为《宜昌茶讯》贡献土家族茶文化论文6篇；为五峰茶品牌策划与宣传提供了一系列有价值的参考文献；为五峰魔芋产业开发提供了深层次服务，免费发放本馆编辑印刷的《魔芋丰产要点及病害防治》手册200多本，帮助魔芋种植大户及时控制300多亩魔芋病害蔓延，从而帮助魔芋精粉加工企业老板卢万平获得纯利50多万元。2012年，由三峡职院刘伟华副教授牵头、本馆尹杰等人积极参与的《宜昌地区土家茶歌文化魅力研究》课题，被宜昌市社科联列为2012年度重点研究项目。作为该课题的系列成果——茶文化专著《土家茶民歌撷萃》即将由民族出版社出版；由胡德生主笔撰稿的《文艺民俗·民间艺术》（近3万字）书稿，被入选《中国民俗志·五峰卷》，即将由国家正式出版。我馆累计提交各种论文和调研报告40余篇，其中专业论文16篇，茶文化、旅游及民俗学论文9篇，有多篇获国家级、省级论文一等奖。

管理工作

自上届评估四年来，图书馆管理水平与能力不断得到提升，年度计划切实可行，执行起来有条不紊；财务管理日趋规范；人事管理得到创新，顺利推进岗位设置、评聘和绩效考核；物质、设备管理账实相符，确保财产安全增值；档案管理明显改观，混乱缺失得到基本捋顺，落实专人负责；统计工作准确翔实，为全盘业务提供决策参考；环境清新，舒适整洁；安全保卫制度严密，预案措施到位。

表彰、奖励

2010年3月，本馆获宜昌市文化局、市图书馆学会“全市图书馆情报协作网先进单位”称号；尹杰、尹红二位同志被评为“全市协作网先进个人”；6月，本馆尹杰、胡德生被县人民政府首次授予“德艺双馨文艺人才”荣誉称号；同年，尹杰被县委宣传部、县文化体育旅游局、县文联表彰为“全县先进文化工作者”称号；同年10月，尹杰被省图书馆学会授予“优秀会员”称号；2011年3月，尹杰被省文化厅表彰为“全省公共图书馆系统先进工作者”称号；同年11月，尹杰被县委、县人民政府表彰为“全县第七批专业技术拔尖人才”；2012年12月，本馆文化共享工程县支中心获国家文化部“全国文化信息资源共享工程·电子阅览室示范点”荣誉称号。除此，本馆连续四年两届获县文明办“县级文明单位”称号。

馆领导介绍

尹杰，男，1959年4月生，大学学历，中共党员，副研究馆员，馆长。1973年12月参加工作，1989年2月至1994年12月任五峰图书馆副馆长，1995年元月至今任五峰图书馆馆长。

邓继琼，女，1974年6月生，大学学历，馆员，副馆长。1994年8月参加工作，2014年3月从事图书馆工作。

尹红，女，1969年9月生，大专学历，中共党员，馆员，副馆长。1986年5月参加工作，2014年元月任五峰图书馆副馆长。

未来展望

完成新馆建设，初步形成县、乡、村三级公共图书馆网络，朝着总分馆制的方向迈进；利用“文化共享工程”、“汽车图书馆”等现代高新技术和先进服务手段，面向读者、面向基层、面向农村，扎实抓好免费开放和各项文化惠民服务；“十二五”期末或更长一段时间内，实现馆舍面积、馆藏总量、流通借阅人次册次翻一番的目标；建成一支年龄文化结构合理、专业技能过硬、理念创新、服务高效的专业技术人才队伍；争创县级“一级图书馆”。

联系方式

地　址：宜昌市五峰土家族自治县五峰镇沿河东路3号
邮　编：443400
联系人：邓继琼

三峡大学学生来馆查阅地方民族文献

首届全民阅读活动启动仪式及书展现场

综合阅览室

枣阳市图书馆

概述

1951年，枣阳县文化馆设图书室，配专职图书管理员，1976年10月，成立枣阳县图书馆，1985年9月竣工，图书馆由枣阳县大东街迁入新馆址，1985年12月30日新馆建成开放。枣阳市图书馆位于枣阳市光武路60号，占地面积3217m²，办公楼使用面积2887m²。枣阳市图书馆现有藏书11.9万多册，可容纳读者座位500多个。1994年，参加全国公共图书馆评估，首次获得二级图书馆，2009年全国文化资源共享工程枣阳支中心成立，配备可提供读者使用的服务终端30台。宽带接入12兆光纤，选用Interlib第三代图书馆集群自动化管理系统。

业务建设

截止2014年枣阳市图书馆总藏书量11.9万多册，2010年购书经费由5万元新增到12万元。年增新书5000多册，年定报刊300多种，图书年入藏量3000多种，图书以文学、期刊、科普等书籍为重点，多品种少复本为原则的藏书结构。地方文献搜集齐全，馆藏书常用工具书400多册。2014年，选用Interlib第三代图书馆集群自动化管理系统，以适应湖北省公共图书馆服务联盟建设的需要。2014年实现馆内无线网络覆盖。

读者服务工作

枣阳市图书馆全年365天，天天对外免费开放，每周开放56小时，书刊总流通9万人次，书刊外借92011册次。服务方式有馆内借阅、送书下乡、集体外借、跟踪服务等，成人阅览席位280多个，少儿阅览座位220多个，对外服务窗口4个，年新增读者3000多个，年到馆读者9万人次，开架比例96%以上，年宣传图书目录1000多种。

业务研究、辅导、协作协调

枣阳市图书馆年参加书评读者3000人以上，年解答咨询1500多条，对市直机关、学校、企业等单位图书室和乡镇图书站进行业务辅导。枣阳市图书馆馆藏图书资料面向社会大众，因枣阳是农业大县，农业人口占总人口的80%，因此，在采购图书资料时，适当的向种植、养殖方面倾斜。在服务工作上，采取社会调查方式，即对枣阳市所属地域，以行政村为单位进行走访调查，对种植、养殖大户记录在案，实行跟踪服务，在服务中寻求科委、畜牧等单位的技术支持，最大限度的满足广大农村读者的需求。期间，举办联合编目等联盟培训班15期，120课时，300人次接受培训。2013年枣阳市图书馆为方便广大农村读者借阅，在吴店文化站、北城东园社区、西城靳庄社区、七方镇套楼村等地设立流动图书室，每站配备300册图书，每三个月轮换一次，每年开展送书下乡40次。

枣阳市图书馆每年举办图书宣传周、全民阅读月，承办读者征文比赛、全民阅读演讲比赛等活动30场次。2012年在全市举办了枣阳市“书香帝乡”全民阅读活动、喜迎十八大“金叶”杯演讲比赛分别在襄阳晚报、枣阳新闻报道。2014年分别举办的“六一”优秀少儿图书展、“阅读新主张·身心正能量”为主题的活动、2014年7月参加襄阳市“书香溢襄阳”全民阅读之“智都杯.我爱图书馆”2014年全国演讲大赛襄阳选拔赛。分别在襄阳市政府网、襄阳市文化新闻出版局、枣阳市人民政府网报道。

管理工作

枣阳市图书馆现有工作人员35人，在职25人，其中大专以上24人，中专2人，中级职称8人，初级职称22人，离休2人，退休8人。全馆职工每年初集体业务学习、培训后实行岗位竞聘上岗。建立了工作量化考核指标体系，每月进行工作进度通报，每半年和全年进行总体工作考核。2014年，共抽查文献排架30多次，书目数据27次。枣阳市图书馆职工发表论文30多篇。

表彰、奖励情况

2009—2014年，枣阳市图书馆共获得各种表彰、奖励30多次，其中，省级表彰、奖励5次，襄阳市表彰、奖励10多次，枣阳奖励20多次。

馆领导介绍

付建华，女，1969年5月生，本科学历，中共党员，图书馆员，党支部书记、馆长。1985年12月参加工作，2008年至今担任图书馆党支部书记、馆长。主抓馆的全面工作，兼任襄阳市图书馆学会理事。2010年至2011年论文《县级公共图书馆“十二五”发展浅见》分别襄阳市图书馆学会、青年与社会中旬刊发表。2011年3月被省文化厅评为全省公共图书馆先进工作者、全省十佳图书馆，2008年至今多次被襄阳市、枣阳市文化旅游和新闻出版局评为先进集体和先进工作者、“三八”红旗手、先进党支部书记等。

王亚峰，男，1966年1月生，专科学历，中共党员，助理馆员、副馆长。1984年6月参加工作，分管图书馆业务、办公室工作。

高艳，女，1968年9月生，本科学历，中共党员，研究馆员，副馆长。1986年12月参加工作，1996年1月到枣阳市图书馆工作，分管图书馆工、青、妇工作。

未来展望

枣阳市图书馆遵循“科学、效率、创新、发展”的办馆方针，即完善单体服务功能，扩大服务辐射区域，带动地区文化事业发展。2014年，枣阳市图书馆新馆建设工程即将启动，在未来的几年里，全面建成后的枣阳市图书馆，总建筑面积8000平方米，充分发挥公共图书馆在地方文化建设中的作用，使其成为一个地区的文化中心、信息中心、市民的终身学校。

联系方式

地　址：枣阳市光武路60号
邮　编：441200
联系人：付建华，唐天红

保康县图书馆

概述

保康县图书馆初创于1949年10月，（保康县文化馆在当时县政府所在地——歇马建立，同时设立了图书室），之后随同县政府迁移到现保康县政府所在地——城关镇。1976年7月，图书室与县文化馆分离，保康县图书馆正式建立，同年八月正式对外开放。1976年建馆时，仅有馆舍220平方米，1984年8月在原馆址开始兴建保康县图书馆综合大楼，新馆占地面积1140平方米，馆舍建筑总面积2109平方米，1985年投入使用。藏书总量24700余册，1999年，保康县图书馆在文化部组织的图书馆评估工作中被定级为三级图书馆。2013年在全国第五次图书馆评估定级工作中被中华人民共和国文化部定级为二级图书馆，图书馆有阅览坐席170个，其中少儿阅览坐席40，计算机45台，宽带接入10兆。

业务建设

目前保康县图书馆总藏量8.9万册（件），图书年入藏量2000余册（种），报刊年入藏量100余种，电子文献年入藏500余册，视听文献年入藏数量30余种，收集地方文献1000余册，目录设置有公共目录、读者目录（设分类目录和题名目录）四种。

2009年，保康县图书馆利用国家先后配套资金60多万元对馆舍进行了全面改造，并建立了电子阅览室、多媒体报告厅、主控机房、资源加工室等设施，配有投影机1台、音响设备1套、已接入因特网。于2009年底全部投入使用。

读者服务工作

图书馆实行全日制开馆，节假日不休，每周开馆时间长达56小时，图书馆设有外借室、报刊阅览室、少儿阅览室、电子阅览室、地方文献室等5个服务窗口，年外借册次8万册，年流通人次12万次，年解答咨询1000余条，开展读者活动12次，举办健康知识讲座11次/年，开展读者活动参加人次10000多人次（世界读书日、暑假、寒假学生读书活动、3.8妇女节读书活动、5.4青年节读书活动、9.9重阳节读者活动、农家书屋读书活动），积极开展全民 读书月活动 和图书馆服务宣传周活动以及读书培训活动。

关注弱势群体和特殊群体的文化生活，定期送书到福利院、驻地官兵，为老人和武警中队的驻地官兵服务，开展图书文献资源共享活动，与乡镇文化站建立图书共享服务站，由乡镇不定期来县图书馆集体借阅图书。

业务研究、辅导、协作协调

保康县图书馆把提高干部职工理论和业务素质为重点，强化学习理论和业务培训，使干部职工素质不但提高自2010年以来保康县图书馆职工在省级刊物发表专业学术论文4篇。

2010年以来，保康县建立村及社区图书室280个，保康县图书馆以文化信息资源共享工程为载体，坚持每年向乡镇、村、社区、单位举办图书业务班2次。2012年3月12月举办乡镇文化干部及农家书屋管理员培训班业务辅导7期，参训人数200余人次，同年4月12日举办"新农村建设"农家书屋管理员培训班1次培训人员60多人次，在全省率先实现村和社区农家书屋全覆盖。保康县图书馆积极参与 其他部门和同行业的之间的协作与协调，建立互动平台使图书馆的工作上了新台阶。

管理工作

保康县图书馆按照人事制度改革要求，实行了全员聘用合同制，按岗聘用竞争上岗，实行岗位目标管理建立了一套完备的奖惩制度。2012年，保康县图书馆全员岗位聘任，本次聘任共设6类岗位，有6人重新上岗，同时，建立了工作量化考核指标体系，每月进行工作进度通报，每半年和全年进行总体工作考核。

表彰、奖励情况

2010年以来，保康县图书馆共获得各种表彰、奖励15次，其中，省文化厅表彰、奖励2次，其他表彰、奖励13次。

馆领导介绍

张维军，男，1963年11月生，大学学历，中共党员，馆长（兼）1980年参加工作，现任保康县文化体育和新闻出版局综合执法大队队长（副科级）。

马俊亭，男，1967年6月生，大专学历，1985年9月参加工作，现任图书馆副馆长，有工勤技能（技师二级）。

孙莉，女，1970年1月生，大学学历，1992年8月参加工作，现任图书馆副馆长，有专业技术（中十级）。

未来展望

保康县图书馆馆舍兴建于80年代，随着社会的发展已满足不了人民群众日益增长的精神文化需求，建设一个功能完善、设施齐全的图书馆是新时期文化大发展、大繁荣需求。为此，保康县委、县政府决定重兴建设保康县图书馆。2013年4月正式启动保康县图书馆新馆建设工作。新馆建设地点位于城关镇牌坊湾新区楚城内，规划总占地面积10亩，总建筑面积4572平方米，总投资1710万元，主体工程为五层业务区和藏书区，一层为借阅区，二层为藏书区，三层为公共活动及辅助服务区，四层为业务区，五层为行政办公区。建筑周围、道路两旁为绿化带，绿化率达到40%，新馆将在2014年9月开工建设工期为12个月2015年年底投入使用。新馆建好后将大大提升图书馆服务功能，为保康县经济建设和社会事业的发展做出更大的贡献。

联系方式

地　址：保康县城关镇光纤北路214号
邮　编：441600
联系人：张维军

云梦县图书馆

概述

云梦县图书馆前身是组建于1979年10月的文化馆图书组，1983年8月正式独立建馆，馆址几经变迁，于2009年5月搬迁于现址——东城新区青少年活动中心，现有馆舍面积2050平方米，设计藏书容量5万册，可容纳读者坐席300个。2012年，该馆有阅览坐席200个，计算机30台，2M光纤固定的IP上网，选用Interlib图书馆集群管理系统。1994年、1998年、2009年均被文化部评为三级图书馆。

业务建设

截止2012年底，该馆总藏量27513册（件），其中，图书23050册，报刊合订本4463册，图书购置费8万元。2009–2012年，共入藏图书2749种，3552册。2012年，地方文献藏量200册，入藏完整率为96%。

读者服务工作

从2009年10月起，云梦县图书馆实行免费对外开放，每周开放时间56小时以上。2009–2012年，书刊总流通26920人次，书刊外借19808册次；建立馆外图书共建点5个，重点对12个乡镇图书室和农家书屋给予扶持，馆外书刊流通总量36000余人次，书刊外借27624册次；共举办展览、培训、阅读推广等读者活动17场次，参与人数5000多人次。

业务研究、辅导、协作协调

本着“资源共享、互惠互利、共同发展、服务读者”的原则，2011年，云梦县图书馆与孝感市图书馆签订了资源共建共享协议。为加强馆员业务技能培训和继续教育，该馆多次派人参加由湖北省图书馆、孝感市图书馆组织的各种培训学习，如计算机知识、图书馆自动化管理系统知识培训等。2009–2012年，共组织赴各地参观学习36人次。2012年，在孝感市图书馆学会学术交流活动中，该馆2篇论文入选并分别荣获二、三等奖，在业务研究上取得突破。

在发挥主阵地作用的同时，该馆还将服务延伸到社区、农村、军营。2009–2012年，为胡金店财政所、吴铺镇小学，老年大学、武警中队等图书室及各乡镇农家书屋达标建设进行业务辅导，培训人数64人次。

管理工作

2011年完成全员岗位设置聘任。本次聘任共设17个岗位，每个人都有具体的岗位，同时，制定工作人员年度考核等次备案表，建立工作人员年度考核管理制度，每年年底进行工作考核。2009–2012年，认真落实局机关年度目标考核工作要求，每年制定工作计划，并严格按照国家规定制定财务管理制度、人事管理制度、档案管理制度；还结合本馆的实际情况制订了职业道德规范、业务管理制度、志愿者招募办法等制度和规定。

表彰、奖励情况

2009–2012年，云梦县图书馆共获得各种表彰、奖励12次，其中：县委、县政府表彰、奖励5次，县文体新局表彰、奖励3次，其它表彰、奖励4次。

馆领导介绍

余迪林，男，1961年5月生，大专学历，中共党员，中级职称，馆长兼图文支部书记。1979年11月退伍分配到县图书馆工作，先后在外借阅览室、采编部工作，1995年任副馆长，2010年担任图书馆馆长兼图书馆、文化馆联合支部书记。

李雪梅，女，1976年3月生，大学专科学历，中级职称，副馆长。1993年10月到图书馆参加工作，先后在报刊室、档案室、办公室工作，2011年任副馆长至今。

余友云，女，1972年3月生，中专学历，中级职称，副馆长。1992年9月到县图书馆参加工作，先后阅览室、财务室工作，2011年任副馆长至今。

未来展望

在未来的几年里，云梦县图书馆将在东城新区规划建设一座建筑面积5000多平方米的新馆舍，计划阅览座位600个，可容纳纸质文献10万册，年服务人次可达万人次以上，数字资源设计存储能力TB，能够提供全覆盖、不间断、无时空限制的数字文献远程和移动服务，数字资源年利用率件/次以上，达到县级一流图书馆的基本标准。

联系方式

地　址：湖北省云梦县城关镇建设东路16号

邮　编：432500

联系人：徐汉云

荆门市掇刀区图书馆

概述

荆门市掇刀区图书馆落成于2005年7月，位于掇刀区长坂坡路南端，占地700平方米，建筑面积3650平方米。2013年被评为湖北省二级图书馆。目前，图书馆藏书10万余册，计算机45台，选用Ilass图书馆自动化管理系统。

业务建设

截止2012年底，掇刀区图书馆馆藏纸介图书10.5338万册（件），电子图书2万册，杂志和报刊入藏量181种，视听文献200件，电子文献年入藏量5022件，图书年入藏数1500种，网上资源年外借42千册，年流通人次18千人，开架率100%。

读者服务工作

掇刀区图书馆以"读者第一、服务至上"为宗旨，本着人性化服务的理念，坚持优质服务、便民服务、惠民服务，处处为读者着想，事事以读者为先，不断提升图书馆在读者心中的认知度和美誉度，充分利用馆藏资源，努力提高服务水平。2013年为机关、社区干部群众和中小学生新办理借阅证6000余个，拥有成人、少儿持证读者12000余人，接待读者4.5万人次，外借图书6.8万册次。

业务研究、辅导、协作协调

一是注重图书馆图书藏量的增加。2006年图书馆正式开馆时，馆藏图书仅8万余册，报刊50种。近年来，区财政每年都安排一定的资金购置书刊和图书。

二是注重了地方文献收藏、保护和上架借阅。近年来，图书馆先后收集了地方文献100多种。对于收藏的资料，均按要求进行标引、著录、登记、建账建卡、上架排列，按要求开放借阅。

三是重视古版书籍的保护。对现存的古版书籍进行防腐、防虫处理，制作简易函套，设立专柜收藏，专账登记，专人保管。

四是突出载体，实现文化信息资源共享。2009年，信息资源共享工程掇刀支中心按国家标准建成并投入使用，实现了信息化建设跨越式发展，服务能力也得到了极大提高。

管理工作

掇刀区图书馆把干好本职工作、促进事业发展、服务社会大众作为重要任务，在管理上求规范，气氛上求和谐，工作上求垂范，服务上求实效。一是在人事管理上和每位职工签订聘用协议，实行岗位绩效责酬挂钩。二是建立健全学习制度、考勤制度、服务准则和绩效考核等规章制度。三是聘用保安人员，购置安防设施，加强安全管理。四是规范工作行为，优化工作环境。

表彰、奖励情况

2013年被荆门市掇刀区文化体育和广播电影电视局评为2012年度全区文化体育和新闻出版系统优胜单位。

馆领导介绍

龙华，女，1971年4月生，大学本科，中共党员，党支部书记、馆长。1991年7月参加工作，历任掇刀石中学团委书记、体卫艺主任，掇刀区图书馆副主任。兼任荆门市图书馆协会理事。

邓卫华，男，1968年6月生，大学本科，中共党员，副馆长。1985年7月参加工作。

未来展望

掇刀区图书馆将继续遵循"科学、效率、创新、发展"的办馆方针，认真履行知识殿堂，文化名片，文明窗口传统责任，着力构建"要从现阶段经济发展水平出发，以实现和保障公民基本文化权益、满足广大人民群众基本文化需求为目标，坚持公共服务普遍均等原则，兼顾城乡、地区之间的协调发展。统筹规划，合理安排，形成实用、便捷、高效的公共文化服务网络"的"两个基本"服务平台，切实担负起实现和保障公民基本文化权益，满足广大人民群众基本文化需求的神圣使命。将积极争取各级领导大力支持，加大资金投入力度，努力完善图书馆基础设施建设，不断强化内部管理，力争三年内达到湖北省一等图书馆基本建设标准。

联系方式

地　址：湖北省荆门市掇刀区长坂坡路南端
邮　编：448124
联系人：邓卫华

（撰稿人：邓卫华）

送书下乡活动图片

图书馆外观图

汉川市图书馆

概述

汉川市图书馆于1978年2月建立，1986年在仙女山北麓建成新馆。由于馆址偏僻，远离城区，读者看书困难，工作也极不方便，经县委、县政府同意于1993年9月将图书馆搬迁至西街21号。1993年8月，经省文化厅与县政府批准，成立了“湖北淡水养殖文献中心”（即汉川淡水养殖图书馆）。2004年7月成立省文化信息资源共享工程县级分中心。现有在编干部职工累计15人，副研究馆员1人，馆员12人，助馆2人，大专毕业生14人（其中本科3人，专科11人）。目前拥有各类藏书9.4万册，每年发展新读者5000多名。馆内设有社（自）科借阅室、报刊借阅室、少儿借阅室、电子阅览室、视听室、典藏室、古籍文献室、水产文献室。建立馆外图书流通点20个。

业务建设

文献资源建设。2009年加入武汉城市圈图书馆联盟后，实现了文献资源共享，年文献入藏量3000种以上。自动化设施建设。于1998年10月正式实行了图书分编电脑管理，2000年10月又实行了外借自动化管理，自动化管理居全省县(市)图书馆前列。馆舍建设与布局。汉川市图书馆已于2011年9月向省馆填报了“十二五”期间建设项目申报基本情况表（含材料）。项目名称：汉川市图书馆，建设性质：新建。三部门联合行文已完成，可研批复已完成，规划选址意见已完成，用地预审意见已完成，环评已完成，项目实施方案已完成。地方政府承诺建设经费2800万元，运行经费44万元，建成后可服务人口108万。

读者服务工作

读者读书活动。多年以来，在长期的工作实践中，市图书馆在城区和乡镇组织了有重大影响的读者读书活动。一是春节期间组织开展“迎新春读书知识”灯谜活动；二是与学校联合举办“教师优秀诗文知识竞赛”，提高他们的文化素质；三是图书馆服务宣传周期间举办读书征文、演讲活动；四是每年开展全市中小学生“童之趣”征文活动；五是开展公益影片展播；六是举办公益讲座。四送下乡。以市政协组织的“四送下乡”为契机，到全市各乡镇开展送图书、送科技下乡活动，每年送图书5000册，科技资料10000份。

业务研究、辅导、协作协调

建立馆外图书流通点。截止2014年，已与企业、部队、学校、社区共建馆外图书流通点20个，每年流通图书20000册。辅导基层图书室。每年开展两次基层图书室工作人员业务培训。不定期对各基层图书室进行业务指导。学术年会、研讨会（2000–2012年）。积极组织专业技术人员参加全国、省、市各级学会举行的年会和研讨会，全体会员认真撰写论文，先后多次获奖。

管理工作

一是通过推进图书馆自动化管理，极大地丰富了各类馆藏，建立健全了电脑分编系统，实行了便捷的服务模式；二是在各类读者需求和资源共享的基础上，开通了网站，确保了社会读者群进一步了解图书馆，全面认识图书馆，积极走进图书馆；三是全方位提供优质服务和人性化服务；四是2005–2012年先后三次投入150万元对馆舍进行翻新改造。

表彰、奖励情况

2011年3月荣获汉川市主管部门“汉川市2010年度文体新工作先进单位”、2010年11月荣获省知识工程领导小组办公室主办的第七届“童之趣”杯大赛征文优秀组织工作奖、2012年10月荣获孝感市图书馆学会学术研讨会征文活动优秀组织奖。

馆领导介绍

段震，男，1974年8月出生，专科学历，中共党员，馆员，馆长，1998年11月参加工作，历任市影剧院副经理、经理、市文体新局办公室主任。

张丽霞，女，1971年9月出生，专科学历，中共党员，馆员，副馆长，1988年2月参加工作至今。

潘斌烈，男，1970年4月出生，本科学历，中共党员，馆员，副馆长，1994年9月参加工作至今。

许德鹏，男，1966年3月出生，专科学历，中共党员，馆员，副馆长，1983年10月参加工作至今。

肖平，女，1962年1月出生，专科学历，中共党员，馆员，工会主席，1980年5月参加工作至今。

马杏，女，1975年4月出生，本科学历，中共党员，馆员，市农家书屋管理办公室主任，1994年9月参加工作至今。

未来展望

汉川市图书馆努力遵循“科学、效率、创新、发展”的办馆方针，践行科学发展、全面发展和深入发展，在不断强化自身综合实力的同时，通过先后多次作风整训、积极学习、讨论、传达、贯彻、落实各级党委群众路线教育实践活动，带动了公共图书馆事业的整体发展。在未来的几年里，本馆将在新馆的业务建设基础上有一个质的飞跃，同时，还具有支撑保障全市公共图书馆服务体系良好运行的文献与技术能力，成为与乡镇村、各类企事业单位图书馆（室）实现资源共享互补的大型图书馆，达到领导放心、群众满意的基本标准。

联系方式

地　址：湖北省汉川市图书馆
邮　编：431600
联系人：张丽霞

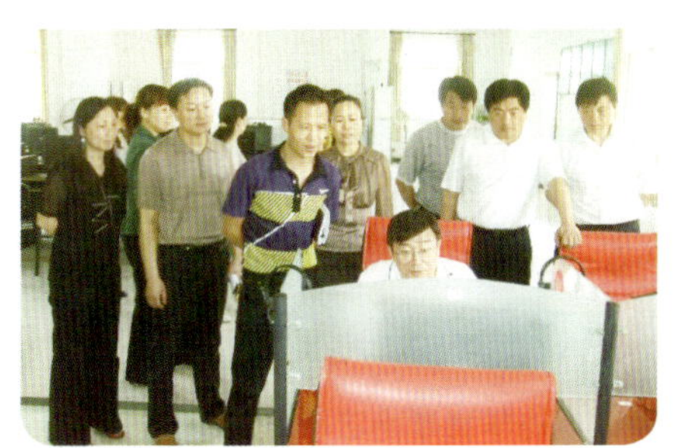

孝感市孝南区图书馆

概述

孝南区图书馆20年代初期为孝感县通俗教育馆，馆藏一批古籍，以阅览为主；1956年10月孝感县图书馆正式成立并对外开放，函请时任中科院院长的郭沫若为图书馆题写馆名，藏书8490册，馆舍面积200平方米；1980年图书馆对馆舍进行改建，面积617㎡；1983年10月，孝感县改市，改称“孝感市图书馆”，藏书80980册；1993年10月，孝感撤地建市，改称“孝感市孝南区图书馆”。馆址几经变迁，1995年12月，位于孝感市交通大道333号新馆落成对外开放。现馆占地5.99亩，建筑面积2650平方米。内设12个部室，9个对外服务窗口；供读者阅览坐席400个，少儿阅览坐席80个；在编干部职工36人；馆藏文献资料155608册。在读者服务区安装了彩色红外线日夜全监控设备。中控室、机房采用10兆光缆接入因特网，专用存储设备容量10TB，选用Interlib图书馆自动化管理系统。1997年，首次参加第二次全国公共图书馆评估，获得二级图书馆；2009、2013年参加第四、五次全国公共图书馆评估，获得二级图书馆。

业务建设

截止2012年底，孝南区图书馆馆藏文献资料155608册。古籍8361册，电子文献517件，年图书入藏量2000余种。在地方文献管理上做到了有专柜、有专门目录、有专职人员管理，制定有征集工作方案和征集工作总结。藏书质量方面，注重文献采选的重点性、连续性以及对读者需求的针对性，控制复本数为2本。

2009–2012年，孝南区图书馆藏量购置费10万元，共入藏图书7569种，1.5139册，视听文献227种。

读者服务工作

从2010年12月起，孝南区图书馆全年365天对外免费开放，每周开放56小时。2009–2012年，书刊总流通37.1万人次，书刊外借23.55万册次（其中：20个馆外图书流动服务点，书刊流通总人次9.198万人次，书刊外借5.419万册）；共举办讲座、培训72次，展览21次，阅读推广25场次，参与人数3.07万人次。

业务研究、辅导、协作协调

2009–2012年，孝南区图书馆职工共撰写论文56篇，其中8篇获得中国图书馆学会、湖北省图书馆学会征文二等奖、13篇获得三等奖，10余篇获得孝感市图书馆学会征文二、三等奖。孝南区图书馆与湖北省图书馆、武汉市少年儿童图书馆、孝感市图书馆分别签订了《馆外图书流通服务点协议书》，与孝感市图书馆签订了联合编目、馆际互借的建设协议，负责对乡镇、街道、社区、村图书馆业务辅导、培训工作。

管理工作

2011年，孝南区图书馆实行全员竞聘上岗的绩效工资制，制定了《岗位目标奖罚责任制》，制定财务、人事、设备物资、档案、消防安全等管理制度。每一年对馆藏进行一次清点。各部室均设有消防器材，水、电设有总闸，机房电路独立安装。馆内环境整洁、卫生、美观、安静，在显要位置都有温馨提示。对人员、藏书、数据及网络安全制定有切实可行的应急预案。

表彰、奖励情况

2009年被定为全国文化信息资源共享工程孝南区支中心；2011年被湖北省图书馆学会授予学术征文活动“组织奖”；2010年被孝感市图书馆学会授予学术征文活动“组织奖”；2010–2012年，连续3次被中共孝南区委宣传部评为“春节文化活动先进单位”；2009年–2011年，连续3年被孝南区文体新局授予“综合考评先进单位”；2011年，被孝南区文体新局评为“中心工作先进单位”；2010年，被孝南区文体新局评为“党风廉政建设先进单位”；2010年，孝南区图书馆参加孝南区文体新局组织的第一届“文兴杯”系列比赛获得了第一名；2011年，孝南区图书馆参加孝南区文体新局组织的第二届“文兴杯”系列比赛荣获第二名。

馆领导介绍

邵晓丽，女，1965年12月生，本科学历，中共党员，馆员，馆长（兼书记）。1984年12月在图书馆工作至今。历任孝南区图书馆外借部主任、办公室主任、副馆长、团总支书记等职。2008年4月任孝南区图书馆馆长。2010年任孝感市图书馆学会理事。2011年，被湖北省文化厅授予“全省公共图书馆先进工作者”称号。

刘曙华，女，1975年9月生，本科学历，中共党员，馆员，副

省图书馆馆长汤旭岩到孝南图书馆调研

省文化厅副厅长李耀华到孝南区图书馆调研

孝南区区长刘刚参观孝南区图书馆举办雕花剪纸展览

省、市图书馆领导到孝南图书馆调研

馆外流通点服务

农家书屋服务

文化共享工程宣传活动

馆长。1994年3月在孝南区图书馆工作至今，2006年任副馆长，曾任孝南区文体新局团总支书记，2012年被共青团孝南区委授予孝南区“模范团干部”荣誉称号。

陈学波，男，1969年5月生，专科学历，馆员，副馆长。1994年3月到图书馆工作，先后在采编、阅览、古籍特藏等部门工作，2010年任副馆长。

朱红军，男，1971年3月生，专科学历，中共党员，副馆长。1989年3月至1992年11月在部队服役，1993年5月安排在孝南区图书馆工作，2008年12月调入孝南区文化市场稽查队任副队长，2013年8月组织交流到孝南区图书馆工作，任副馆长。

魏珊宏，女，1975年12月生，专科学历，副馆长。1994年7月在孝南区博物馆工作，2012年组织交流到孝南区图书馆工作，任副馆长。

未来展望

孝南区图书馆秉承“服务社会、方便读者、倡导和谐、传播知识”的办馆宗旨，坚持“读者第一，服务至上”的服务理念，创新服务模式，强化自身工作，继续开展免费开放和创建“图书馆和谐家庭”及各项读者服务活动。孝南区图书馆将以“1+8”武汉城市圈为契机，真抓实干，抢抓机遇，在本级财政为投资主体的情况下，积极争取国家、省级财政和文化、发改委等部门的大力支持，争取在孝感市南城新区建设8000平方米的新馆舍，为民众提供更加优雅、舒适、安静的阅读学习场所，使孝南区图书馆真正成为孝南区文献收藏和利用的中心。

联系方式

地　址：孝感市交通大道333号
邮　编：432100
联系人：邵晓丽

（撰稿人：邵晓丽）

免费开放的电子阅览室

少儿借阅部

古籍特藏室一角

安陆市图书馆

概述

1978年7月25日安陆县革命委员会研究决定建立安陆县图书馆。1979年5月1日，图书馆与文化馆正式分建，建馆面积250平方米。1986年6月地处河西新馆建成开放，占地5亩，总建筑面积2760平方米。1994年，参加全国公共图书馆评估，首次被评定为二级图书馆。1995年8月德安中路再建新馆，馆舍面积2240平方米，占地面积360平方米。2002年10月，根据文化部有关文件规定，建立电子阅览室。同年11月图书馆电子阅览室正式建立并对读者开放。2004年4月8日安陆市图书馆正式成为全国文化信息资源共享工程县级支中心，同年，开始使用ILASS图书馆自动化集成管理软件进行业务工作及读者服务管理。2006年11月安陆市成为全国文化信息资源共享工程试点县之一。2008年安陆被批准成为全国文化信息资源共享工程示范县，并颁发了标牌。2012年，安陆市图书馆有阅览坐席170个，计算机43台。

业务建设

截止2012年底，安陆市图书馆总藏量12.2113万册（件），其中，纸质文献10.1113万册（件），电子图书2.1000万册（件），电子期刊0.0015万种/册，其中古籍线装书6073册，上报中央的善本55种计515册。图书馆数字资源总量为2.45TB，其中，自建数字资源总量1.25TB。2009–2012年，安陆市图书馆新增藏量年购置5万元。2009–2012年，共入藏中外文图书8136种，10408册，中外文报刊127种，视听文献16种。

读者服务工作

从2009年，安陆市图书馆全年365天对外免费开放，每周开放63小时。2009–2012年，书刊总流通31.4000万人次，书刊外借32.6000万册次。图书馆服务点流通站为7个，2009–2012年书刊借阅共计8221册。截止2012年，已建成支中心基层服务点387个，其中，县级支中心1个，乡镇基层中心16个，村级基层服务点370个，初步形成了覆盖全市的服务网络。每年向各基层服务点配发书刊文献共计1000余册次。

2009–2012年，安陆市图书馆共举办讲座、展览、阅读推广等活动93场次，参与人数12.3549万人次，馆内馆外书刊宣传46次。2009年，安陆市图书馆拥有一批特殊读者，专为他们的研究课题采购图书，订阅报刊。作家赵金禾写有一篇文章《长成我的树，绿了我的荫》，文章中说："是图书馆营养了我的思想，营养了我的写作》。"

业务研究、辅导、协作协调

2009–2012年，安陆市图书馆职工撰写业务论文共65篇，其中8篇论文在湖北省图书馆学术理论研讨会上交流。10篇论文入选湖北省图书馆学会年会论文集，3篇论文获湖北图书馆学会二、三等奖，1篇论文被黑龙江省《图书馆杂志》收录。

2009–2012年，就地和派出参加业务培训人员达22人次。在加强自身员工业务培训的同时，也注重对城乡各基层图书馆（室）业务人员的培训。在方法上采取集中学习和上门辅导两种形式，帮助他们提高业务水平。

2010年6月文化信息资源共享工程安陆支中心与市党员远程教育中心合作，购置电脑设备115套，在太白广场举行仪式，下发到各乡、镇、村组服务点，其中5个样板村另外配备投影设备和移动媒体播放器各一套。

管理工作

2011年，安陆市图书馆完成第一次全员岗位设置，本次岗位共设16个岗位，16人进行绩效竞争上岗，同时，建立工作绩效考核体系，每月进行工作考核，每半年和全年进行工作总量考核。2009–2012年，共抽查文献排架24次，书目数据8次，编写各部门工作计划、工作总结32篇。

表彰、奖励情况

2009–2012年，安陆市图书馆共获得各种表彰、奖励12次，其中文化部表彰、奖励2次，省文化厅表彰1次，省政府奖励1次，其他奖励8次。

馆领导介绍

方正洪，男，1965年1月生，大专学历，中共党员，中级职称，馆长。1983年1月参加工作，2005年3月任安陆市图书馆馆长。

胡慧云，女，1972年1月生，大专学历，中共党员，中级职称，副馆长。1991年8月参加工作，2002年3月任图书馆副馆长，分管全馆业务工作。先后在采编部、阅览室工作。

张磊，男，1977年5月生，大专学历，中共党员，中级职称，副馆长。1997年1月参加工作，2008年4月任安陆市图书馆副馆长。先后在采编部、阅览室任主任等职。2011年9月获得"文化共享杯——第二届全国文化信息资源共享工程知识技能大赛"个人一等奖。

未来展望

安陆市图书馆坚持"读者第一、服务至上"宗旨，以"创新务实，高效管理，优质服务，读者满意"为办馆方针，严抓管理，提升服务质量。2009–2012年，图书馆注重人才队伍建设，不断加强职工素质的培养。随着安陆市提出"书香涢城、文化安陆"的发展战略，安陆市图书馆将继续提供图书、报刊借阅，多媒体阅览，信息咨询，读者活动等服务，并推出移动图书馆项目，实现图书馆馆藏查询、图书续借；期刊、论文等学术资源的一站式检索和全文获取。同时，实施数字图书馆推广工程，其目的是搭建以国家图书馆为核心，以省、市、县各级图书馆为节点的虚拟网，帮助各乡、镇图书馆（室）建立数字资源服务网络，从而全面提升乡、镇图书馆（室）的服务能力和服务水平，在其基础上形成覆盖全市的数字图书服务体系，使数字图书馆真正成为社会公众身边的便捷、高效、不可或缺的信息获取平台。

联系方式

地　址：安陆市德安中路22号
邮　编：432600
联系人：操咏梅

咸宁市咸安区图书馆

概述

咸安区图书馆成立于1980年1月。馆址几经变迁，1984年现图书馆综合楼建成开放，位于咸安区永安大道125号（南山三角洲），建筑面积2500平方米。内设办公室、报刊阅览室、少儿阅览室、采编室、地方文献室、电子阅览室、多媒体室、香城讲坛报告厅和书库。1994年参加全国公共图书馆评估定级，首次获得二级馆。2008年全国文化信息资源共享工程县级分中心正式成立，接入10兆光纤，2012年采用Interlib图书馆自动化管理系统，实现图书业务自动化。2014年8月新装修的少儿阅览室、香城报告厅对外开放，图书馆阅览坐席增加到160个。

业务建设

截止2013年底，馆藏拥有各类图书6.8523万册，财政年拨经费61.56万元，其中购书经费6.7万元，文化信息资源共享工程设备维护运行经费5万元，全免费开放地方配套经费10万元。2011年完成了《千桥流水桂花香》数据库建设。2014年订阅杂志102种，报刊40种。2005–2013年，共入藏视听文献1285种。至2013年底，共收藏地方文献450册。

读者服务工作

2012年1月，图书馆实行365天对外免费开放。并采用Interlib图书馆业务软件，实现了馆藏文献计算机管理。2013年，书刊总流通8.33万人次，书刊外借13.92万册次。2002年3月创办了书吧和碟吧；2003年7月开办了少儿美术培训班和少儿舞蹈培训班；2006年联办了廉政书（音像）屋。目前全区共建乡镇图书室14家、农村书屋128家、社区图书室30家，累计入藏各类图书16.1286万册。建有文化信息资源共享工程区支中心1家，乡镇基层服务点14家，村级基层服务点128家。2012年，建成咸安区图书馆网站。2013年，图书馆共举办讲座、展览、培训、阅读推广等读者活动58场次，参与人数4万人次。

业务研究、辅导、协作协调

现已建成社区电子阅览室25家，争取中央财政专项资金15万元，首批对温泉、永安15家社区电子阅览室添置电脑60台。指导支持乡镇、村基层服务点建设。共举办乡镇电子阅览室管理员培训班2次，下乡镇、村基层服务点指导22人次。以4月23日“世界读书日”为契机，开展图书服务宣传周活动。2013年12月，咸安区图书馆组织举办青少年网络知识竞赛；利用图书流动车送书下乡进广场6次；咸安区图书馆完成全员岗位聘任，本次聘任共设10类岗位，建立了工作量化考核指标体系，每月进行工作进度通报，每半年和全年进行总体工作考核。

表彰、奖励情况

2009–2013年，咸安区图书馆共获各级各类表彰、奖励8次。2006–2013年组织开展由湖北省知识工程领导小组主办的童之趣杯主题征文活动，共获二等奖12名，三等奖15名。2009–2013年，图书馆职工发表专业论文3篇，获得省级二等奖二篇，三等奖一篇。

馆领导简介

胡光，男，1966年7月生，大学学历，中共党员，馆员，馆长，咸安区政协委员，民协副主席。1989年3月参加工作，曾任咸安区文体局办公室主任，2002年10月任咸安区图书馆馆长。多次获得咸宁市、咸安区文化体育和新闻出版先进工作者。

孟晚霞，女，1967年10月生，大专学历，中共党员，馆员，副馆长，咸安区民协秘书长。1989年11月参加工作，先后在采编室、图书借阅室等部门工作。

李俊，女，1962年4月生，中专学历，中共党员，馆员，副馆长。1979年1月参加工作，先后在采编室、图书借阅室等部门工作。

张彩云，女，1968年5月生，大专学历，中共党员，工会主席，先后在阅览室、图书借阅室等部门工作。

未来展望

咸安区图书馆以图书馆网站、香城讲坛为平台，宣传咸安经济、政治、文化、社会、生态为主线，以香城泉都乃至中华优秀历史文化为重点，围绕区委区政府中心工作，关注社会焦点热点问题。为读者提供学习、交流、休闲服务，同时，还将推出特色讲座活动，进行乡土教育、爱国主义教育，以此弘扬优秀传统文化，满足广大读者的文化需求。在今后的工作中，将与时俱进，不断完善检索系统，加强参考咨询服务，整合特色资源，拓展服务领域，最大限度地发掘和利用图书馆各类资源，逐步形成具有地方特色的服务模式和服务品牌。

联系方式

地　址：湖北省咸宁市咸安区永安大道125号
邮　编：4370000
联系人：张彩云

古籍培训现场

为桂花镇石城小学捐赠图书

香城诗坛开展“经典阅读”活动

荆州市荆州区图书馆

概述

荆州区图书馆前身为1949年10月所设江陵县文化馆图书室，设采编、借阅、辅导三部。1956年6月10日江陵县图书馆单列。1962年根据文化部调整文化事业和精简人员的指示，撤销县图书馆建制，并入江陵县文化馆图书室。1976年9月22日图书馆恢复建制，馆址在荆州城大十字街口文化馆内，隶属县文化局，定编5人，由县文化馆副馆长、党支部委员负责图书馆工作，文化馆图书室财产交县图书馆。1981年3月县图书馆独立建帐，财务与文化馆脱钩。1984年4月，县调配正、副馆长各一人，工作人员6人。1985年由省、县财政拨款及自筹资金43万元，在荆州古城三国公园东南角征地0.592亩，动工兴建具有民族风格的框架结构式新馆。1987年8月14日，县图书馆新馆落成典礼，荆州地委、江陵县政府领导参加典礼仪式。江陵县图书馆迁现址荆北路200号，馆舍建筑面积1500m²，编制13人，工作人员12人，藏书4万册。1994年荆州地区与沙市市合并江陵撤县建区以后，江陵县图书馆更名为荆州区图书馆。在第五次全国公共图书馆评估定级中由三级图书馆晋升为二级。该馆连续5年被评为荆州区文明单位。

业务建设

荆州区图书馆2011年财政拨款99万元，2012年财政拨款72万元，2012年新增图书购置费4万元，文化信息资源共享工程年运行费5万元，免费开放配套经费10万元。截止2012年底，图书总藏量7万册，其中，古籍2460册，著作馆13599册。设阅览席40个，电子阅览室电脑及服务器25台，存储量5TB，10M光纤宽带接入，读者服务区无线网络覆盖，2010年引入图书馆管理集成系统Interlib管理书刊采编和读者借阅。同年共享工程荆州区支中心建成。

1995年3月，荆州区委、区政府决定筹建“荆楚名人著作馆”，成立了筹建工作领导小组，聘请欧阳山等一批荆州籍名人为筹建工作领导小组顾问。同年荆沙市计委下发文件，同意“荆楚名人著作馆”立项，批准在区图书馆新建荆楚名人著作馆。截至2012年底，“荆楚名人著作馆”入藏荆楚当代荆楚名人捐赠或藏书13599册。2008年10月至12月，“荆楚名人著作馆”改扩建。2008年12月25日，荆州区隆重举办欧阳山诞辰100周年纪念活动暨荆楚名人著作馆揭牌仪式。市、区主要领导、欧阳山家属及其生前好友参加纪念活动并讲话。

读者服务工作

新世纪以来，荆州区图书馆坚持“服务为本，读者至上”的办馆宗旨，2001年在李埠镇牵头创办了农村科技文化信息推广工程实验基地，为该镇的农村经济建设提供文化科技信息服务。2004年开始创办每月一期的《信息决策参考》，为区领导提供参考信息服务。

每周开馆时间56小时，全年365天开放，2008年4月图书外借部、报刊外借部、电子阅览室、荆楚名人著作馆四个窗口全部免费开放，每年为读者推荐新书3000余册，年流量总人次2.8万人，持证读者800人次，举办各类讲座、培训班10余次。全国文化信息资源共享工程荆州区支中心重点服务基层，繁荣农村文化事业，培育农村文化市场，普及、更新农业科技信息。2009年12月参加湖北省古籍保护中心的培训，制定《荆州区古籍文献保护实施方案》。

业务研究辅导、协作协调

2009—2012年，荆州区图书馆馆员发表论文4篇。2010年，论文《县级图书馆在文化共享工程建设中的作用与服务方式》荣获中国图书馆学会征文二等奖、湖北省图书馆学会征文二等奖，应邀参加第三届百县馆长论坛，并在湖北科学技术出版社《图书馆服务与资源共享》上发表；2011年，论文《公共图书馆服务服刑人员弱势群体之我见》荣获湖北省图书馆学会2011年学术年会征文评选一等奖，并发表于湖北科学技术出版社《图书馆创新服务与可持续发展》。从2010年起，荆州区图书馆以文化信息资源共享工程县级支中心为依托，在全区范围组建区、镇、村三级共享工程服务网络，利用现有设施设备发展惠农服务，并对共享工程基层服务点管理人员进行业务培训，指导和设备维护维修，截止2012年底，共建成9个乡镇基层中心，125个村基层服务点，并将相关数据上报到荆州区财政局和区文体局。

管理工作

2010年荆州区图书馆完成全员岗位聘任。图书馆现有编

馆藏文献

荆楚名人馆揭牌

联手帮教

名人手稿

送农技下乡

制13人，领导职数一正两副，馆长兼书记1名，副馆长1名，工会主席1名，现有工作人员18人，其中退休6人，在职12人，在职人员管理岗位1人，专业技术岗位9人（其中中级8人，初级1人），工勤2人。

表彰、奖励情况

2009年–2012年，荆州区图书馆共获各种表彰5次，其中省图书馆学会2次，荆州区政府1次，荆州区文体局2次。

馆领导介绍

杨阿妹，女，1972年10月生，大专学历，中共党员。1989年10月参加工作至今，2006年7月任图书馆馆长，2008年7月任书记。湖北省图书馆学会会员，荆州市图书馆学会理事。2012年获荆州区杰出人物"凤鼎奖"。

夏媛，女，1969年6月生，大专学历，中共党员。1985年12月参加工作，在荆州区文化馆从事艺术教育工作，1989年12月到图书馆工作至今，2006年任副馆长，分管办公室及财务工作。

郑梅，女，1970年元月生，高中学历。1988年12月参加工作至今，2008年任图书馆工会主席，分管工会及外借部工作。

未来展望

荆州区图书馆本着"一切为读者服务"的宗旨，围绕优化服务，拓展图书馆免费开放服务和文化信息资源共享工程工作的功能，坚持特色化的办馆思路，带动全区各基层的文化事业整体发展，争创县级一流公共图书馆。

联系方式

地　址：荆州区荆北路200号
邮　编：434020
联系人：夏　媛

公安县图书馆

概述

公安县图书馆成立于1981年，新馆舍位于斗湖堤镇油江路376号，1987年建成，占地1.18亩，建筑面积2009平方米。1995年被文化部评为三级图书馆，1999年起晋升二级图书馆。

图书馆现有藏书9.53万册，干部职工14人，其中大专以上学历10人，中级职称7人。馆内设有采编室、阅览室、辅导部、电子阅览室等业务部门。阅览坐席80个，其中少儿阅览室坐席35个，计算机35台。2012年度财政预算拨款84.1万元，购书经费由每年4万元增加到10万元。该馆认真履行公共文化职能，不断拓展服务内容，创新服务方式，提升服务水平，2009–2012年间，广泛开展“书香三袁故里”全民阅读活动，满足全县人民多样化的精神文化需求，受到多方肯定。

业务建设

公安图书馆现在藏书9.53万册，逐步形成体系。县人民政府2002年出台的《关于进一步完善全县地方文献呈缴本制度》。图书馆成立专门的地方文献陈列室，收集本县个人及公安籍在外人士的作品、文献资料等，申请专项经费，专人负责管理。目前，该馆收集地方文献资料973册。其中“公安三袁”文献13套91册。2012年新增图书26600多册(其中省新闻出版局捐赠25000册)，报刊89种。与全省馆共享“图书馆集群共享系统”，文献编目、检索、借阅、办证全部实行电脑化、规范化管理。

读者服务工作

公安图书馆实行免费开放服务，每周六天开馆制，每周开馆时间54小时，馆藏70%实行全方位开架借阅、开展预约借书、代借代还、送书上门、电话续借、点读服务。2009–2012年，书刊总流通13.2万人次，书刊外借19.6万册次。

2009–2012年，送书下乡、流动书服务，与县武警中队、油江社区、石桥社区、鹅港村等共建的“流动图书室”，定期轮换图书、业务辅导。利用馆藏搜集、整理资料，编印《农业实用技术资料》5000多份，送到乡间田头。加强对全县农家书屋管理员的业务培训工作，举办培训班6次，培训管理员185人次。目前全县16个乡（镇），327个村的“农家书屋”建设实现了全覆盖。

2008年开始，在全县中小学生中连续举办了四届“小太阳”读书节。在此基础上，2011年在全县自主举办了以“品读经典名著，传承三袁文化”为主题的全民阅读活动。征集读书征文13195篇，知识竞赛答题卡15万份，书法美术、摄影作品2000余件。2012年举办的第二届“书香三袁故里”全民阅读活动，读书征文活动直接参与人数5万，收到读书征文3万余篇，演讲初赛、复赛、决赛33场，参与演讲的人员1500多人，在首届全民阅读活动的基础上都有大幅增长。同时还积极参加省、市组织的“童之趣杯”读书节等活动。读书活动日趋系列化、制度化。

2009–2012年，共享工程电子阅览室免费接待读者、观众1.7万人次，放映科教片及各类影视作品近120部。

业务研究、辅导、协作协调

公安图书馆鼓励职工学业务，想问题，采取多种形式培训员工，近4年3名年轻同志通过电大自修途径的继续教育而取得了大专文凭。选派人员参加国家和省、市学会组织的短期培训班。参加荆州图书馆学会和宜荆荆图书馆联盟各项活动。辅导基层图书室、共享工程基层点业务技能培训。

管理工作

多年来，公安图书馆努力培养工作人员敬业精神、奉献精神、服务意识以及判断能力、理解能力、专业能力。一直注重制度建设，制定和完善各种借阅规定、管理办法、工作细则及财务管理等各种制度共28种，明确岗位职责范围，让各个岗位各尽其职，提高工作效率，发挥工作的积极性。

开展创“优质服务窗口”、“文明用语、礼貌服务”等活动，制定读者服务工作规范用语、忌语，举办图书馆咨询和读者知识竞赛，定期出专栏，向读者推荐新书、好书，有力推进图书馆服务工作。

图书馆宣传周活动

送文化下乡

经典颂读晚会

电子阅览室

读书演讲比赛

表彰、奖励情况

2012年10月，公安县图书馆获全国全民阅读先进单位。2009年–2012年获省学会“童之趣”杯征文大赛优秀征文组织奖。获荆州小太阳读书节暨全民阅读活动优秀组织奖。

馆领导介绍

朱祥胜，男，1962年9月生，公安县人，馆员。1979年任孟溪、南平镇文化站长，1998任公安县博物馆馆长，2001年6月至今任县图书馆馆长。中国图书馆学会会员、湖北省图书馆学会会员，荆州市图书馆学会理事。发表有关图书馆学论文5篇。

李小梅，女，1967年2月生，公安县人，馆员。1982年在公安县药品检验所工作，1988年到图书馆工作。1989至1992年在华中师范大学图书情报学系学习。1996年任图书馆副馆长。湖北省图书馆学会会员。

蔡之豹，男，1958年1月生，湖南益阳人。1975年知识青年下放农村，1981年毕业于荆州电影放映技术学校，同年分配到公安县电影公司工作。1991年毕业于荆州电视大学行政管理专业。1996年6月至2012年任公安县图书馆党支部书记。2011年被湖北省文化厅评为“优秀工作者”。

聂娜，女，1978年10月生，公安县人，助理馆员。1996年毕业于荆州电视大学计算机专业。同年到公安县图书馆工作至今，2012年任图书馆副馆长。2003年毕业于荆州地质大学行政管理专业。

未来展望

公安图书馆以“读者第一、服务至上”为办馆宗旨，坚持面向社会、面向大众、面向基层。2011年县委、县政府的领导多次考察县图书馆工作以后，决定投资5000万元在孱陵大道新建占地15亩，建筑面积7500平方米的新图书馆，以满足全县人民读书求知的渴望。公安县图书馆以建设现代化、数字化图书馆为发展目标，利用先进的计算机技术和数字信息系统，开展各种图书服务活动，提高广大人民群众整体素质，为推动公安经济发展提供智力支持。

图书馆大门图

联系方式

地　址：湖北省公安县斗湖堤镇油江路376号
邮　编：434300
联系人：聂　娜

读书节启动

三袁故里读书节颁奖仪式

石首市图书馆

概述

1949年10月，石首县人民教育馆亦即文化馆成立，内设图书室。1973年12月，石首县革命委员会决定成立石首县图书室，经费单列，对外半开放。1984年，县政府拨款兴建图书馆大楼，1986年落成。同年石首撤县建市。1987年，石首市图书馆正式开放，原文化部部长贺敬之亲笔题写馆名。建筑面积2060平方米，主体5层。内设综合借阅室、采编辅导室、书库等。2008年12月，市图书馆搬迁至市博物馆大楼，目前正在筹建新馆。

2009年1月，图书综合借阅室实行免费借阅，实行藏、借、阅、咨询一站式服务模式，设立综合阅览室、总还书台和咨询台。配有计算机31台，宽带接入100Mbps，选用Interlib图书馆自动化集成管理系统。

业务建设

截止2012年底，石首市图书馆总藏量5.1万册（件），其中，纸质文献5万册（件），电子图书0.03万册，电子期刊0.2万种/册。

2009、2010年，石首市图书馆新增藏量购置费5万元，2011年起增至13万元。2009—2012年，共入藏中外文图书3.5万种，5.1万册，中外文报刊2.1万种，视听文献300种。2011年，地方文献入藏完整率为70%。截止2012年底，石首市图书馆数字资源总量为1.1TB，其中，自建数字资源总量0.1TB。2010年，启动了Interlib图书馆自动化集成管理系统，Interlib系统的功能模块涵盖了图书采访、编目、流通、连续出版物等所有业务范围，方便了读者和工作人员使用。

读者服务工作

从2010年1月起，石首市图书馆全年365天天天对外免费开放，周开放56小时，同年，引进Interlib技术，实现了馆藏文献的自助借还。2009—2012年，书刊总流通24万人次，书刊外借24.55万册次。2012年4月，开通与西安54所高校图书馆的馆际互借服务。2009年，为市委宣传部一日一报《舆情快报》，同时为领导决策服务，编印《领导参考》决策性刊物，分别发送市“四大家”领导及相关部门阅读参考，编辑《图书与信息》等农业科技资料，为基层群众发放。

2009—2012年，石首市图书馆共举办讲座、展览、培训、阅读推广等读者活动50场次，参与人数5.2万人次。

为青少年打造阳光电子阅览室。一是通过设置网络神警防火墙隔离网络不良信息；二是联结了维普科技期刊、方正数字图书馆、文化共享工程卫星频道等重要数据库。

多媒体放映厅现已成为公众开展科技文化传播、会议交流的重要服务场所。1、每年为社会各界及团体提供场地服务达10余次。举办了暑期少儿影片展映活动。每年为广大学生放映免费电影20场次，观看的学生5000人次以上。2、举行专家讲座。邀请荆州市图书馆馆长、研究馆员欧阳军及市内各行业专家在我馆多功能厅开展专家讲。

业务研究、辅导、协作协调

2009—2012年，石首市图书馆职工发表论文7篇，其中获得国家级论文一等奖1篇，省级一等奖1篇。

为乡镇社区服务。加速推进“农家书屋”建设工程。我市共建农家书屋有311个，组织开展“爱科学、用科学”等项读书活动及其田间实践活动，我馆业务工作组先后到各“农家书屋”组织业务培训50余次。几年来，为小河口、东升、团山寺等乡镇农家书屋分编和指导分编图书万余册。

2009—2012年，文化共享工程合作共建情况。我馆通过“易播宝”存贮农业技术专题片和电影，根据乡、镇、村服务点需求上门服务，携带刻录机现场为群众刻录所需科技资源光盘。利用投影仪、笔记本电脑、“易播宝”等设施设备，上门为基层群众放映科教片。

建立武警中队图书室。2013年，“送图书进警营”暨荆州市图书馆武警中队分馆挂牌仪式在石首武警中队举行。在荆州市图书馆和我馆负责人员的带领下，将800余册精心挑选的各类图书送到了石首武警中队。这是荆州市图书馆联合石首市图书馆新建立的一家图书服务点。

班子成员新馆留影

国防大学原校长裴怀亮上将视察石首图书馆

石首图书馆送书下乡

送文化下乡

管理工作

2011年，石首市图书馆完成第一次全员岗位聘任，本次聘任共设7类岗位，有13人上岗，同时，建立了绩效考核实施方案及指标体系，每星期四工作例会上进行工作进度通报，每半年和全年进行总体工作考核。2009–2012年，共抽查文献排架60次，书目数据21次，签订各部门绩效工作目标管理责任书。

表彰、奖励情况

2009–2012年，石首市图书馆共获得各种表彰、奖励8次，其中，文化部表彰、奖励1次，闻一多基金会表彰、奖励1次，省知识工程领导小组表彰、奖励1次，荆州市业务主管部门表彰、奖励5次。

馆领导介绍

黎和平，男，1966年3月生，本科学历，中共党员，馆员，馆长。1997年1月参加工作，历任石首市焦山河乡文化站长，市影剧院经理、市群艺馆副馆长，2003年3月任石首市图书馆馆长（副科级）兼任党支部书记，2010年兼任石首市文物局局长、石首市博物馆馆长、文物局图书馆博物馆联合党支部书记等职。2011年被湖北省文化厅授予“公共图书馆先进工作者”。

晏耀全，男，1968年3月出生，大专学历，1985年参加工作，2003年调入市图书馆工作，任副馆长、党支部副书记。2010年起任市文物局图书馆博物馆联合党支部副书记，市图书馆副馆长，分管两馆党务工作及图书馆业务工作。

丰斌，男，1969年11月生，本科学历，中共党员，馆员，副馆长。1990年11月参加工作，1997年10月到石首市图书馆工作，任副馆长。2009年荣获石首市第六届专业技术拔尖人才称号。

未来展望

在评估标准的指引下，找到自己的定位目标以及发展方向，使我馆各项指标达到一定标准做出了大量的努力，推动了发展，但是，我馆工作难免存在着诸多有待改进、加强的地方。市委、市政府高度重视图书馆工作，这次按照国家二级图书馆标准进行复查评估。评估工作的实践和结果证明，评估定级是加强图书馆管理，促进事业发展的有效手段。

联系方式

地　址：石首市南岳山大道178号
邮　编：434400
联系人：丰　斌

老馆印象

电子阅览室

学生课外活动

全国“闻一多杯”少儿书画作品征集

黄冈市黄州区图书馆

概述

黄州区图书馆位于黄冈市黄州区体育路21号龙王山东侧，与李四光纪念馆毗邻，兴建于1987年，建筑面积1580平方米。其前身为黄冈县图书馆，先后多次更换馆名，1996年5月18日，黄冈地区撤地建市，更名为黄州区图书馆。图书馆现有阅览座位240个，网络节点190个，设有文化信息资源共享工程黄州区支中心和外借室、期刊室、少儿室、东坡书屋、参考资料室、多媒体阅览室等11个服务窗口，设有34个馆外基层流动图书服务点。每周开放56个小时以上，开展图书外借、报刊阅览、参考咨询、电子阅览、视听资源流通等服务，举办公益讲座、文化图片展览、全民读书月、基层业务培训等活动。全馆有干部职工31人，在岗25人，离退休6人，其中馆长1人，副馆长2人，有本科学历2人，大专学历22人，具有中级职称18人，初级职称4人。

业务建设

黄州区图书馆有藏书9.7万册，中文报刊110种，地方资料1200册，电子共享图书5万册，视听光盘6万件，大型综合性资源数据库3个。黄州区图书馆是一个以数字化建设为基础，融合传统服务功能的县级图书馆。1994年1月1日率先在全市实行全开架借阅服务，2003年5月湖北省文化资源共享工程正式授牌，成立共享工程黄州区基层中心，2010年1月，建成全国文化信息资源共享工程黄州区支中心，2011年12月获省文化厅、财政厅免费赠送“图书流动车”一辆。2012年10月引入先进的Interlib图书管理系统，实现电脑办证、电脑借还书等功能。黄州区图书馆以人为本，坚持“读者至上、服务第一”的宗旨，以资源为载体，以网络服务、阵地服务、流动服务和联合服务为手段，为读者免费提供图书外借、报刊阅览、专题信息、文献查询等全方位服务。

读者服务工作

阵地服务：黄州区图书馆实行免费对社会开放，年均接待读者10万人次，图书流通12万册次，文化信息资源年下载量4万页，文献咨询年均达1200例，面向基层流动图书15万册次。

读书活动：以“黄州历史文化”公益讲座为平台，每年开展各种系列的公益讲座20场，邀请专家教授在区镇之间巡回讲座，把“黄州历史文化”办成了一个传播知识、开阔视野的市民课堂。每年开展一届不同主题的“读书月”系列活动，通过读书征文、演讲比赛、评选“书香家庭”、“优秀读者”等形式把读书的理念渗透到群众中去，展示图书馆缤纷文化的魅力。联合妇联、工会等组织，建立读书活动基地，以送书上门、“家庭读书”等形式推动全民读书。

宣传周活动：黄州区图书馆在每年5月的最后一周都举办图书馆服务宣传周活动，联合基层图书馆和宣传媒体互动呼应，走进社区，一月开展一次图书馆服务宣传，逐步实现了服务宣传常态化，扩大了图书馆的影响，引导了越来越多的市民走进图书馆。

送书下基层：黄州区图书馆在基层建立了34个流动图书馆服务点，按照统筹安排、资源调配、流动互补的原则，用物流化的方式，使图书资源在区、镇、村图书室之间循环流动，每年面向基层流动图书15万册次，补充了基层图书资源，为基层群众提供了更多的精神食粮。

业务研究、辅导、协作协调

黄州区图书馆非常重视对基层的延伸服务，特别是对“农家书屋”及社区图书室的业务辅导工作，指导全区4个乡镇95个“农家书屋”、4个街道办事处41个社区图书室建设，及时指导图书分类、编目、上架20多万册次。截止2012年底，全区95个村，41个社区共建有136个规范化“农家书屋”和图书室，覆盖率为100%。2009年、2010年分别举办了基层文化员及图书室管理员业务培训班，并进行基层辅导5次，培训160余人次。

管理工作

黄州区图书馆实行全员岗位聘任，同时，建立了工作量化考核指标体系，每月进行工作进度通报，每半年和全年进行总体工作考核。

表彰、奖励情况

2009年至2013年荣获黄冈市文化局“基层辅导先进单位”，2011年至2013年获市文化局颁发的“文化信息资源共享工程先进单位”，2009年至2013年被黄州区文化局授予“文化系统先进单位”等荣誉称号，2013年国家文化部授牌为“国家二级图书馆”。

2010年9月，副馆长易平的论文《黄州区图书馆以人为本的创新服务》在第九届中国社区乡镇图书馆发展研讨会上获得三等奖；2013年《流动图书车为市区一体化服务》获得湖北省论文二等奖。2010年4月《农民读书在今月，共享工程添亮色》的图片及文字报道在《湖北省文化信息资源共享工程简报》2010年第二期上得以全文刊登。2011年获省文化厅颁发的“百家图书馆先进工作者”。

陈策楼科技下乡

举办演讲比赛

少儿室亲子阅读

馆领导介绍

易平，女，1964年11月生，大学本科学历，中共党员，馆长，1981年参加工作，先后在外借处、采编室、等部门工作，任主任、副馆长等职，现为黄冈市图书馆学会常务理事，湖北省图书馆学会会员。

李静，女，1961年5月生，大专学历，中共党员，党支部书记。1971年1月在部队服兵役，1981年至今在图书馆工作。先后在阅览室、外借处等部门工作，任业务部主任、副馆长等职。

徐再利，男，1970年5月生，大专学历，中共党员，1990年参加工作，先后在外借处、阅览室、网络部等部门工作，任网络部主任、副馆长等职。

王燕，女，1974年7月生，大专学历，中共党员，副书记。1990年12月参加工作，1992年1月到黄州区图书馆工作。先后在少儿室、阅览室、外借处等部门工作，任妇委会主任、业务部主任等职。

未来展望

2014年2月黄州区图书馆新馆建设正式启动，已纳入黄冈市黄州区四个社会事业项目。新馆地址在黄州区禹王街道禹王城村，建设项目用地面积约20亩，馆舍面积为7500平方米，新图书馆大楼为五层，设计藏书量为100万册，设计座位数为1000席，图书馆采用先进的智能化电脑管理，拥有多种现代化的服务手段，让读者快捷、安全地使用图书馆电子资源，实现资源的共享。

流通车送书到武警二中队

联系方式

地　址：黄州区体育路21号
邮　编：438000
联系人：吴慧琴

黄州区图书馆全景

蕲春县少儿图书馆

概述

蕲春县少儿图书馆和蕲春李时珍中医药图书馆分别组建于1993年8月和1994年10月。其前身与蕲春县公共图书馆同宗同脉。基于关心未成年人健康成长，强化知识人才发展目标，为开发蕲春儿童智力、培养"教授县"后续人才和利用县域历史名人李时珍深远影响及医药资源优势，为配合蕲春"医药兴县"战略需要因素考量，于1998年3月从蕲春县公共图书馆离析迁出，分立而设。成为一家具有独立馆舍和独立服务体系的县属副科级财政预算全额拨款文化事业单位。占地面积900平方米，建筑面积1586平方米。馆址位于蕲阳北路16号。其中，少儿馆是全省唯一一家具有独立建制的图书馆。李时珍中医药图书馆被列入全省五大特色公共图书馆。目前，两馆实行两块牌子合署办公，一套班子统一管理。藏书总量12.36万册（件），读者座席208个，现代化技术装备61台套，互联网接口15兆。内设四部一室，基层服务网点17个。先后获省、市、县各级领导和主管部门表彰奖励90余次。在第三、五次全国公共图书馆评估定级中，县少儿图书馆被文化部授予国家二级图书馆。

业务建设

蕲春县少儿图书馆和李时珍中医药图书馆按专业特性和读者群体结构以及地理位置需要，文献购置类型大至分为医药、少儿、成人三个大类，文献来源途径主要依靠采购、征订、征集和接受捐赠获得。截止2012年底，纸质文献总量12万册、各类电子、视听文献0.36万册。事业经费51.9万元，新增藏量购置费18.5万元，免费专项经费18万元。

读者服务工作

自2009年起，平均每周开放时间为50小时。年流通总量9.8万人次。年外借14万册次。开架书刊册数占总藏书量的94.5%。为特殊少儿读者提供各种不同形式服务13次/年。评估期内年均举办各类读书活动22.5次，读者参加人次每场1500余人。开展板报、专栏、好书推介、书评活动年均19.6次。年提供各类咨询服务90余次。流动服务网点书刊借阅10.4万册次/年。读者满意率达98%。每年为医护工作人员、药材种植、工业加工、年鉴撰写等读者提供各类信息数量1500条，服务300人次。各窗口服务开架率年达90%。当年新书上架率96%，新增借书证数年办理800余份。在县级以上各媒体进行阅读推广及活动成果宣传报道90余次。

协作协调、业务研究、辅导

2009年－2012年，蕲春县少儿图书馆和蕲春李时珍中医药图书馆先后与县内不同行业和全国各地同行89家单位展开不同内容、不同方式协商、洽谈工作100回次。协调协作达成阅读推广、学术交流、信息传递、工作研讨、经验介绍、指导讲座、观摩学习，帮扶援助8大类型40个场次活动。举办课外阅读兴趣辅导21.7次/年，发表工作研讨，学术论文年均2.5篇次，合作出版专著1部。

管理工作

蕲春县少儿图书馆和蕲春李时珍中医药图书馆管理工作实行政务公开、民主决策，通过建立工作量化考核指标体系来确保各项工作的完成。年开展政治理论和时事政策学习达60个课时。组织召开党员干部生活会年平均12次，通过学习，党员干部表率带头作用得到充分发挥，为推进单位事业发展，提供了坚强的组织保证。

行政业务管理机制主要是实行馆长负责制和岗位目标责任制，通过馆委会的集体领导和民主监督体系来确保各项工作按计划目标贯彻落实。其中，行业管理立规30款，目标管理建制10大项。行政领导配置，馆长以一正两副混合任（兼）职为多。群团组织主要是工会和共青团组织。工会和共青团组织均是随两馆开馆而组建的。两组织在党支部的领导下开展工作。工会按照《工会法》贯彻实施，履行职能，共青团组织参照《中国共产主义青年团章程》贯彻实施，发挥作用。两组织年均举办各类活动2次。

表彰、奖励情况

2009－2012年，蕲春县少儿图书馆和蕲春李时珍中医药图书馆共获得各种表彰奖励34次，其中，省级表彰奖励2次，地（市）级奖励表彰5次，其他表彰奖励17次。对外开展业务服务、指导活动成果获省级奖励10次。

馆领导介绍

田晓香，女，1965年出生，大专学历，中共党员，现任蕲春李时珍中医药图书馆（少儿图书馆）馆长兼书记，主持全面工作。

朱树生，男，1959年2月出生，中共党员，高中学历，现任蕲春李时珍中医药图书馆（少儿图书馆）副书记，分管党务工作。

张泽曙，男，1967年11月出生，中共党员，专科学历，现任蕲春李时珍中医药图书馆（少儿图书馆）副馆长，负责业务工作。

吴国平，男，1963年6月出生，专科学历，现任蕲春李时珍中医药图书馆（少儿图书馆）副馆长。

方彩霞，女，1976年12月出生，本科学历，中共党员，馆员，1995年参加工作，现任蕲春李时珍中医药图书馆（少儿图书馆）工会主席工作。

未来展望

蕲春县少儿图书馆、蕲春李时珍中医药图书馆由负债建馆、坚守创业，步入馆兴人和、业绩初显发展过程，历经艰辛，来之不易。两馆将紧紧围绕"服务为民，造福地方"这一思路，采取"总体规划、分步实施、由点到面、逐步推进"16字方针。通过自身综合实力的强化、服务质量的提升以及辐射区域的扩大，来促进地方文化事业的发展和地域经济的发展。2012年，蕲春县"三馆一建"工作正式启动，在未来几年里，两馆的建筑面积将达10000平方米，阅览室座席460余人，可容纳纸质文献18万册，年服务人次28万人次以上。

联系方式

地　址：蕲春县蕲阳北路16号
邮　编：435300
联系人：田晓香

武穴市图书馆

概述

武穴市图书馆始建于1984年，其前身是广济县文化馆的图书室，随着广济县更名为武穴市，图书馆成立后由1988年以前的广济县图书馆更名为现在的武穴市图书馆。图书馆位于武穴市栖贤路，紧邻武穴市实验中学及武穴市教委。馆舍面积2787平方米，总藏书达14万余册。年购书经费10万元，新增信息共享经费14万元。2008年在黄冈市率先实现免费开放，年接待读者15万多人（次），每年开展读者座谈会征求读者意见，读者满意率达90%以上。现有工作人员10名，中专以上学历7人，中级以上职称5人。2009年通过文化部组织开展的第四次全国公共图书馆评估验收，被评为“国家二级图书馆”，是集综合书屋、名人书屋、采编室、借书室、儿童阅览室、电子阅览室、报刊资料室、工具书检索室、地方文献室、全国文化信息资源共享工程武穴中心为一体的多功能图书馆。

业务建设

截止2012年底，武穴市图书馆总藏量14.6万册，其中图书9.3万册，报刊5.2册，视听文献资料200件，其它1000册，电子文献藏量400余种。2010年起，武穴市图书馆新增藏量购置费10万元，图书年入藏量3800余种，报刊年入藏量300余种。自建和外购存储在本地的数字资源为2T。2010市文广新局投资15万元改造图书馆外部环境和设施设备，对老馆馆舍进行整体翻新改造，增置书架10个、期刊架12个、目录柜2个、阅览桌10套，并增设少儿阅览室、多功能报告厅和名人书屋服务窗口。可供读者和工作人员正常使用的计算机数量是：66台，电子阅览室供读者正常使用的计算机数量：40台，专用存储设备容量：5TB。

读者服务工作

2008年免费开放起，武穴市图书馆逐步完善基本项目，至2012年已免费开放报刊阅览室、综合书库、少儿阅览室、电子阅览室、多媒体厅及名人书屋，周开放56小时，星期六、星期天照常开馆。图书总藏量146100册件，书刊文献外借册次962000，占50%，人均年到馆192次/人。武穴市图书馆与社区共建13家馆外图书室，馆外流动服务点书刊借阅达每年5千册次。

武穴市图书馆完善日常阵地服务外，适时开展多种形式的服务。馆员上街市、下农村、走机关、进学校，与市宣传部、消防中队、实验二小、地震局等单位联合举办活动，通过“展板”、“资料目录”、“宣传单”等方式，宣传免费服务项目、内容。每年五月份在影剧院广场举办图书馆服务宣传周及新书推荐活动，现场为市民办理“借书证”，倾力满足老人、下岗工人、农民工等群体的读书与文化、科技信息需求。适时在青少年中间开展图书和“共享工程”网络推介、讲座、展览等服务。在社区开展“悦读人生，和谐家庭”的活动，利用“每周一课”“每月一坛”“每季一评”的形式开展系列活动，形成“书香家庭”文化品牌。武穴市图书馆每年举办各类讲座5次，参加人数1800人次；培训活动10次，参加培训人数1100人次；举办展览1次，参加人数800人次；读者座谈会2次，总计年参与活动为3700人次。竭力满足广大人民群众对公共图书馆多种服务的需求。

业务研究、辅导、协作协调

向上参与省市图书馆组织的各项图书馆联盟的协作协调工作，向下筹备建立西新村、螺蛳旋等13家社区图书室，2012年度组织对下属13家社区图书室管理人员进行业务培训，组织参观武穴市图书馆报刊阅览室，并打造社区特色图书室建设示范点，创建书香型社区、培养学习型居民。筹划创建书香社区网站，形成社区资源共享。

管理工作

针对2012年事业单位工资改革制度，武穴市图书馆全面调整工作管理制度，明确岗位工作职责，建立工作量化考核指标体系，细化工作成绩及考勤，打分考核年度绩效并与奖励性绩效工资挂钩。

表彰、奖励情况

2009—2012年，武穴市图书馆获市级表彰奖励4次，地级政府部门表彰1次。

馆领导介绍

王义德，男，1976年9月生，1998年7月毕业于湖北省委党校经济管理专业，大专学历，中共党员，馆长，兼任黄冈市图书馆学会常务理事。1999年6月参加工作，工作于武穴市剧团，2009年6月调至武穴市文化局，2011年10月任武穴市图书馆。

赵灿中，男，1961年11月生，中专学历，中共党员，党总支书记。1977年11月参加工作，1979年应征入伍于33746部队，1983年1月工作于武穴市文化馆，1989年在文化局从事文化市场管理工作，2002年2月任武穴市图书馆党支部书记。

段荣欣，女，1973年11月生，大专学历，中级职称，副馆长。1991年7月参加工作，2003年11月调至武穴市图书馆工作，先后在采编部、综合借阅部等部门工作。

叶文胜，男，1970年1月生，大专学历，助理馆员，馆长助理。1991年10月工作于武穴市图书馆至今，先后在文学书库、办公室、文化信息资源共享工程等部门工作。

未来展望

武穴市图书馆坚持"读者第一，服务至上"的原则，立足实际，开拓创新，始终按照国家二级馆的标准开展工作，积极发挥公共图书馆文化阵地的宣传教育作用，为我市两个文明建设做出了应有的贡献。筹备建立社区图书室并提供馆员上岗培训，规划书香社区网站建设，共享社区资源。响应省市文化共享工程建设工作，现12个乡镇文化站的150个基层服务点建设工作业已开展，陆续实现乡镇文化共享。2013年位于武穴市城东新区的新馆建设正式启动，总建筑面积10449.69平方米，规划藏书50万册，年服务人次达80万，书库面积2139.87平方米，多功能报告厅479.85平方米。阅览座位约600位，多功能报告厅265座。新馆落成预计达到国际一级图书馆的基本标准，具有足够数量的优质文献资源满足读者借阅需求；良好的网络系统支撑，实现全市及社区、乡镇读者的通借通还；提供全覆盖、不间断的数字文献远程服务实现共享工程建设要求。

联系方式

地　址：武穴市栖贤路22号
邮　编：435400
联系人：雷 音

通城县图书馆

概述

通城县图书馆始建于建国初期。1979年建现馆，建筑面积2000平方米，设计藏书容量20万册，可容纳读者座位1000个。现有从业人员17人，大专以上学历4人。内设机构有：办公室、财务室、图书阅览室、期刊报纸阅览室、电子阅览室、少儿阅览室、采编室、廉政书屋、地方文献特藏部、影视报告厅等。2013年被中央文化部评定为国家二级图书馆。

2012年，通城县图书馆有阅览坐席1210个，计算机58台，信息节点108个，宽点接入100Mbps，选用Interlind图书馆自动化管理系统。

业务建设

截止2012年底，通城县图书馆总藏量10.2346万册（件）。其中，纸质文献8.1201万册（件），电子图书2.1145万册，电子期刊0.3232万种/册。

2009年，通城县图书馆新增藏量购置费2万元，2011年起增至9万元。2009—2012年，共入藏各类图书6749种，2.8346万册，全国各类期刊500种，视听文献728种。2012年，地方文献入藏完整率为90%。

读者服务工作

从2011年元月起，通城县图书馆全年365天对外免费开放，每周开放70小时，年接待读者100000余人次。图书外借60000余册次，接待读者咨询3000余人次。

2009年4月1日，全国文化信息资源共享工程通城县支中心正式建成并免费对外开放，设立公共电子阅览室，开展网上阅读、查询、参考咨询、网上培训等服务。2010—2011年陆续建成了11个乡镇基层中心和186个基层服务点。开通了与县城六所中学、4所小学校图书室的馆际互借服务。2009—2012年，开办了武警县消防大队、武警县中队、通城县经济开发区十家大型企业合作图书室，建成11个分馆流通服务点，馆外书刊流通总人次12.3659万人次，在全县中小学校进行爱国主义教育培训10000余人次，在网上开展动漫设计、制作培训3000余人次。2010年起，每年为县委、政府提供《政务信息》10次，并为“两会”提供服务。

2009—2012年，通城县图书馆共举办讲座、展览、培训、阅读推广、送科技图书下乡、送影视下乡、开展读书征文、演讲比赛等活动326场次，参与人数12.3211万人次。以图书馆自身服务为平台，以县城个体户主为服务对象，积极开展上门送书活动，是通城县图书馆阅读推广工作的特色。2012年，通城县图书馆举办的“信合杯”《爱祖国、知通城、跟党走》全民阅读演讲电视大赛，全县108家单位，123人参加。

业务研究辅导、协作协调

2009—2012年，通城县图书馆干部职工在中国文化报、咸宁日报、省图书馆通讯等刊物上发表信息稿件24篇，个人在各项演讲比赛、书法大赛、摄影比赛中荣获二等奖1人次，三等奖2人次。

从2010年起，通城县图书馆以文化信息资源共享工程县级支中心为依托，在全县11个乡镇组建分馆服务联盟，开展流通服务，地方文献及领导著作联合征集、阅读推广与讲座展览资源服务、业务培训与技术支持等工作。举办乡镇基层中心和村级服务点技术人员培训班6期，农家书屋管理员培训班5期，132课时，203人次接受培训。

管理工作

管理是图书馆发展的内动力。2012年，针对单位经费少，人员超编实际情况，图书馆采取竞争上岗、优胜劣汰的形式，共设10个岗位，3名下海经商人员重新上岗，同时，制订了严格的内部管理制度、考勤制度、书库安全制度、阅览室、外借处工作制度，建立了工作量化考核指标，每月例会进行工作进度通报，年终进行考核，并与绩效工资挂钩，促进各项工作稳步上台阶。2009—2012年，共修补破旧图书1.02万册，更换旧书标0.82万册，抽查文献排架11次，编写图书馆免费服务项目、书目介绍、重大活动成果宣传等橱窗93期。

表彰、奖励情况

2009—2012年，通城图书馆共获得各种表彰9次，其中受咸宁市人民政府办公室表彰3次，市文化体育局表彰1次，县人民政府表彰1次，县文化体育和新闻出版局表彰4次。

馆领导介绍

李大甘，男，1967年10月生，汉族，高中学历，中共党员，支部书记、馆长。1987年11月应征入伍，在部队历任班长，副排长、代理排长等职。1999年11月转业至地方，2001年元月被

安置在县文化体育局工作，2004年担任县图书馆馆长、支部书记至今。其个人被评为湖北省公共图书馆信息协作网优秀通讯员，二次被评为咸宁市先进文化工作者，五次被通城县委员会评为优秀共产党员，一次被评为抗洪救灾先进个人。

余明芳，女，1968年6月出生，汉族，本科学历，助理馆员，现任图书馆副馆长。1987年元月参加工作，一直从事图书管理，图书馆业务骨干。2000年在全市图书馆业务理论培训期间被评为优秀学员，2010年，被评为全省公共图书馆先进工作者。

未来展望

通城县图书馆将以“科学、效率、创新、发展”的办馆方针，以“读者第一，服务至上”的服务理念，以弘扬先进文化为己任，艰苦探索、克难奋进，在有限的条件下，做到无限的为广大读者服务。坚持以人为本，高度重视图书事业的发展和馆内设施设备的建设，不断满足全县人民日益增长的精神文化需求。广泛开展各种读书和讲座活动，积极推进图书事业进村落、进社区、进楼群、进家庭，提高群众的读书兴趣，营造健康、浓郁的文化氛围。认真实施“全国文化信息资源共享工程”，积极推进全县文化信息网络建设和图书馆数字化建设，提高城区文化品位，增强图书服务功能，保护和利用好优秀民间文学和地方文献，挖掘民间文献精髓。

“十二五”期内，将争取县委、政府及各级领导重视，立争新馆建设早日动工，使图书馆早日步入现代化、数字化网络的行列，达到国家一级馆的标准。

联系方式

地　址：湖北省通城县隽水镇民主路18号
邮　编：437400
联系人：余明芳

通山县图书馆

概述

通山县图书馆于1980年5月成立，隶属通山县文教局。1986年6月，馆综合楼建成，著名作家姚雪垠参加了落成仪式。1994年11月，被国家文化部评为“国家二级图书馆”。1999年10月，设立地方文献室。2002年筹建少儿阅览室，并于6月1日向读者开放。2002年12月，启动文化信息资源共享工程。从2003年起，通山县将图书购置费纳入财政年度预算，每年给图书馆拨图书购置费4万元。同年9月，通山县图书馆设电子阅览室、多媒体室。11月25日，被授予“全国文化信息资源共享工程通山县支中心”，成为全省首批16个该项目工程基层单位之一。2003年3月，通山县图书馆筹建“电子阅览室”，省投资20万元，县财政投资26万元。同年9月，电子阅览室对外开放，开咸宁市公共图书馆先河。2004年3月，选用ILAS小型版自动化系统，实行自动化借阅。2009年，升级为Interlib自动化管理系统。至此，通山县图书馆全面实现了自动化、网络化服务，率先咸宁市县级公共图书馆。2010年3月，再次被文化部授予“国家二级图书馆”。根据文化部的统一部署，通山县图书馆从2011年12月1日起全面实行对读者免费开放服务。

通山县城镇几经建设规划，通山县图书馆位于现通羊镇九宫大道文昌路26号，馆舍面积1945平方米。2012年，内设外借室、少儿阅览室、综合阅览室、地方文献室、采编室、电子阅览室、多媒体室、报库、办公室。有阅览（公共）座席120个，少儿阅览室座席48个，电子阅览室PC机35台，办公用PC机11台，宽带接入10MB。有干部职工21人（其中退休4人），大专以上9人，中专5人；具有副高级专业职称1人，中级专业职称6人，助理专业职称8人。

业务建设

2009至2012年，通山县图书馆年图书购置费4万元，共入藏中文图书8570种，8777册，视听文献478种。截止2012年底，通山县图书馆总藏量9.3万册，年入藏图书1703册。

2009年，通山县图书馆将自动化管理系统ILAS升级为Interlib管理系统，以适应湖北省公共图书馆服务联盟建设的需要。

读者服务工作

从2011年12月1日起，通山县图书馆全年352天各室对外免费开放，每天开放8小时。2009–2012年，接待读者18.8万人次，书刊外借17.6万册次。2009–2012年，建成3个馆外图书流通点，馆外书刊流通4.8万人次，书刊外借9.6万册。

2009–2012年，通山县图书馆送文化，送科技下乡4次，服务读者560人次。增送科技兴农光盘32种，131张。

2009–2012年通山县图书馆举办培训、阅读推广等活动26次，服务读者33000人次。

业务研究、辅导、协作协调

2009–2012年，通山县图书馆职工撰写论文5篇在省级刊物发表。

2009–2012年，下乡到村组辅导农家书屋188次，协助分类图书28万册。

2010年全国少儿“辛亥革命百年纪念征文”大赛活动，由中山市图书馆承办，通山县图书馆收集征文43篇，选送20篇参赛。2011年6月26日征文活动揭晓，通山县图书馆辅导选送的，镇南中学学生谢影的《爱·革命》、阮宝玉的《桂花开了》荣获一等奖；陈灵峰的《打开门·拥抱革命》荣获二等奖。三等奖1名，优秀奖6名，优秀指导老师1名，通山县图书馆荣获积极组织奖。

2011年6月22日，湖北省图书馆学会少儿图书馆（室）业务建设研讨会在我县凤池山宾馆召开，与会的有省图书馆学会、武汉市少儿图书馆、全省各少儿图书馆、室的代表60余人，汇集一堂共同研讨新时期图书馆发展。会上，通山县图书馆馆长张钦树撰写的论文《浅谈新时期县馆开展少儿工作的探索与实践》获二等奖。

通山县图书馆地方文献室，重点收藏李自成资料。李自成遇难于湖北通山，有人想推翻郭沫若的“通山说”，在学术界引起争议，通山县图书馆利用所收集的谱牒资料为专家提供史料依据。目前，通山县图书馆收集李自成专题文献187册，学术论文91篇。

管理工作

搞好图书馆工作规范的管理制度是根本。通山县图书馆岗位责任制在我馆已实施多年，我馆采取定岗位、定量考核以及奖惩兑现等管理方式，一年一订岗位责任书，做到人人任务

张钦树馆长在图书馆业务建设研讨会上发言

图书馆门前

送科技送文化下乡

送电影进校园

在农家书屋辅导

送电影下乡

读书月活动进校园

明确有奋斗目标。此外，我馆各项规章制度完善，使各项工作有序地开展。

我馆档案工作有专人管理，装订整齐，立卷规范。建有业务档案，财务档案，各项活动均有记载，业务数据统计齐全。

表彰、奖励

几年来，我馆干部职工团结一心，努力工作，取得了一定的成绩。二0一一年被咸宁市委、市政府授予先进单位称号，二0一二年获中国图书馆学会颁发的“纪念辛亥苦命百年征文”积极组织奖。

馆领导介绍

通山县图书馆领导班子一正三副，实行馆长负责制。馆长张钦树（兼党支部书记），副馆长朱冬秀、覃兰萍、吴丽霞。

未来展望

通山县图书馆做好宣传服务工作，争取县政府支持，力争十三五期间建成新馆舍。业务上向数字化图书馆努力，在充分利用本地资源，做好馆际互借工作。

恩施市图书馆

概述

恩施县图书馆建于1978年6月，原址在恩施县城关镇六角亭魁星楼，于1984年元月更名为恩施市图书馆。1987年，新馆落成，位于恩施市航空大道39号，是年7月正式对外开放。新馆占地面积2237平方米，办公面积700平方米。恩施市图书馆总藏量10.625万册，图书、报刊年入藏量2000余种，视听文献60余件；数字资源达到3TB（含共享工程国家中心下发光盘）。地方文献、古籍有专架、有专门目录、有专人管理。

2010年12月，市图书馆文化信息资源共享工程网络中心建成。图书馆现有计算机46台，其中电子阅览室计算机32台，拥有10M宽带接入，图书馆采编、外借等业务实行自动化管理。2013年10月，恩施市图书馆在第五次公共图书馆评估定级工作中，经文化部审核，被评为国家级二级图书馆。

业务建设

恩施市图书馆现设有外借处、阅览室、电子阅览室、采编室、财务室、档案室、过刊查阅室、特藏室8个部门。共有在职职工8人，其中馆员3人，助理馆员2人，技师2人，初级工1人。全馆图书使用《中图法》（第四版）进行分类标引，图书标引误差率5%，图书著录误差率5%，加工整理质量规范、统一、整齐、美观，目录设置完整，误差3%，有专管理、辅导、维护。开架图书排架误差率50%，有文献保护规章制度，书库配备防火、防盗、防虫、防潮、防尘等设备，安排有专人打扫卫生，并对破损图书进行修补。

读者服务工作

2009—2012年，恩施市图书馆接待读者3.2075万人，书刊总流通3.1765万人次，书刊外借4.6764万册次。2011年12月1日，恩施市图书馆正式对外实行免费开放服务，取消相关费用，健全免费开放服务制度。2012年，恩施市图书馆开架书刊册数达50%，书刊宣传100多种，每周开馆时间达48小时，在社区、学校、警营、监狱等地设立了16个流通服务点；为领导机关决定与社会事业发展、为科研与经济建设、为社会大众提供信息服务。开展讲座10次以上，组织读者活动达6次，近2万人参加，利用服务宣传周、全民读书月、世界读书日等重大节日对图书馆服务工作进行宣传。

业务研究、辅导、协作协调

2009—2012年，恩施市图书馆馆长马远明所著论文《浅析图书馆多层面服务中的外部公共关系》和《现代社会公共图书馆延伸服务的认知和利用》分别在第十一届及第十二届中国社区乡镇图书馆发展战略研讨会征文中荣获三等奖。

恩施市图书馆常年下乡为基层进行业务辅导，并为基层培训业务骨干。街道、乡镇图书馆和社区、村图书馆覆盖率达50%以上，并与恩施州图书馆协作协调、资源共建共享。

管理工作

2013年初，恩施市图书馆实行第二次岗位设置，对专、兼职人员实行目标管理及岗位责任制。并建有规章、档案、财务、设备、统计、物资管理制度。

表彰、奖励情况

2010年，恩施市图书馆被评为市级文明单位。2011年获得湖北省第八届“童之趣”杯“阳光少年热爱党”主题征文活动“优秀组织工作奖”。2012年恩施市图书馆档案目标管理省一级通过验收，同时获得了优秀服务窗口称号，馆职工分别获得先进工作者、先进个人、优秀党员等称号。

馆领导介绍

马远明，男，1967年6月生，本科学历，中共党员，馆员，支部书记、馆长。1988年7月参加工作，1992年3月到恩施市图书馆工作，先后在外借处、采编室、办公室工作，2005年7月被恩施市文化体育局任命为恩施市图书馆副馆长。2011年3月被恩施市文化体育局任命为恩施市图书馆馆长。

何勇，男，1977年8月生，本科学历，中共党员，馆员，副馆长。1997年12月参加工作。先后在档案室、采编室、财务室工作。2005年7月被恩施市文化体育局任命为恩施市图书馆副馆长。2011年被湖北省文化厅评为全省公共图书馆先进工作者。

未来展望

2009—2012年，恩施市图书馆坚持全心全意为读者服务的宗旨，致力于文献资源的建设、开发和利用，坚持开展“送书下乡”、“送科技下乡”、“图书宣传周”、流动服务、公益性讲座和展览、基层业务辅导等活动，为全市三个文明建设做出贡

2012年7月25日，“图书流通服务点”的授牌仪式

举办“基层图书室业务知识、技能培训班”活动

全民阅读暨世界读书日活动启动仪式现场读者浏览图书

州、市全民阅读暨世界读书日活动启动仪式现场

献。恩施市图书馆现正在筹备数字图书馆建设，预计于2014年10月建成。随着社会的发展，恩施市城区现常驻人口约23万人，根据《公共图书馆建设标准》（建标108–2008）计算，恩施市图书馆馆舍建筑面积应达到5000平方米，未来几年，在国家政策的支持下，恩施市图书馆将建立一个具有一定规模的中型公共图书馆，拥有一栋独立的综合大楼，建筑面积5000平方米，建筑占地面积830平方米，预设藏书区、借阅区、咨询服务区、公共活动与辅助服务区、业务区、行政办公区、技术设备区、后勤保障区等。恩施市图书馆将努力探索图书馆事业发展的新途径，新举措、全力推动管理方式与服务方式的转变，达到国家公共图书馆中型馆要求。

联系方式

地　址：恩施市航空路39号
邮　编：445000
联系人：马远明

恩施市图书馆在恩施市逸夫小学举办漫画展

开展“阳光少年热爱党”主题征文及演讲大赛

电子阅览室

送书进特校图书捐赠仪式

英山县图书馆

概述

英山县图书馆建于1976年，馆址几经变迁，2004年建成新馆，位于温泉镇金石路68号，建设面积1341平方米，占地面积1200平方米，内设外借室、采编室、报刊阅览室、少儿阅览室、电子阅览室、辅导室、资料室、多媒体报告厅等多个服务窗口，拥有阅览座席200个，计算机50台，基层网点312个，1996年首次获得"二级图书馆"，2004年参加第三次全国公共图书馆评估，由于建设新馆，硬件条件不达标，被降为三级图书馆，2013年参加第五次全国公共图书馆评估再次获得"二级图书馆"。

业务建设

2004年以来，英山馆十分注重业务建设，全面开展业务活动，尤其是免费开放启动后，英山馆公共文化设施设备，包括上网、阅览、外借、报告厅的培训、讲座使用等等，面向社会全部免费开放，并大幅度增加了图书藏量，2009年前英山馆总藏量10.6万册，现已达到13万册，并先后藏地方文献230种，10000余册，收集古籍书2000余册，读者服务工作在开展业务活动中。2009–2013年，英山馆开展各类读书活动5次，参加活动人数3000人，开展专题读书活动4次，参加活动人数800余人，举办各类讲座5场，参听1000余人，举办农家书屋、信息资源共享工程基层网点培训5次，参训1000余人，开展送书下乡、送书进校园、送书进军营、送书进社区活动30次，捐书10000余册。

业务研究、辅导、协作协调

近年来，英山馆十分注重业务的研究、辅导以及业务协作协调，2009–2013年，英山馆对全县文化信息资源共享工作和免费开放工作进行了广泛调研，在调研过程中，进村58次，对基层工作进行了业务辅导、培训，乡村图书室、基层服务点业务骨干320多名，同时，建立了基层图书室、基层服务点名录，摸清了基层图书室、基层服务点家底，至目前，全县乡镇图书室11个，农家书屋309个，社区、中小学校和其它图书室300多个，基层服务点322个。

管理工作

英山馆在职干部职工14人，其中电脑操作员3名，图书管理名6名，兼职采编室、办公室2名，兼职会计2名，管理人员1名，党务工作者1名，大专以上学历8名，中专学历6名，中级职称7人，初级职称6人，通过职能调查摸底，公开聘用、竞争上岗，英山馆与每1名职工签订了聘用协议，并建立了学习制度、工作制度、政绩考核制度和服务准则，每月进行工作进度通报，每半年和全年进行总体工作考核。

表彰奖励情况

2009–2013年，英山馆共获各种表彰、奖励16次，其中黄冈市文化局10次，黄冈市老龄工作委员会1次，县委、县政府4次，县委宣传部1次。

馆领导介绍

涂兴国，男，1961年10月生，中专学历，中共党员，馆长。1981年1月参加工作，历任县电影公司经理，县图书馆书记。

石兵，男，1962年2月生，高中学历，中共党员，中级职称，1979年1月参加工作，书记，曾任副馆长。

陈雅玲，女，1966年4月生，大专学历，中共党员，中级职称，1986年参加工作，副馆长。

王静，女，1963年3月生，大专学历，中共党员，中级职称，1981年参加工作，副书记。

程秀梅，女，1963年2月生，大专学历，中共党员，中级职称，1980年参加工作，工会主席。

未来展望

在未来的几年里，按照新时期对图书馆的需求，英山图书馆将在现有的馆舍基础上，按国家图书馆标准，另建一座四层现代化图书馆，建筑面积4500平方米左右，占地15亩左右，馆址温泉北路。

丹江口市图书馆

概述

丹江口市图书馆原为均县文化馆的图书室，1978年12月正式独立为均县图书馆，1983年撤县建市，更名为丹江口市图书馆。馆舍楼于1987年3月建成并对外开放。建筑面积1078平方米，书库面积150平方米，阅览室面积650平方米。馆藏各类文献总量12.43万册，阅览坐席172个，计算机35台，2007年4月在陵园路购买门面房186.6平方米（经改造装修为上下两层，实际面积为373.2平方米），设立分馆，扩大了阅览面积、改善了阅读环境。

业务建设

截止2013年底，丹江口市图书馆总藏量12.43万册，其中，纸质图书11.43万册，电子图书8000册，报刊102种。

丹江口市图书馆每年新增藏量购置费5万元，2009—2013年，共入藏图书19233册，6621种，报刊368种，视听文藏188种。地方文献入藏完整率为90%。

截止2013年底，丹江口市图书馆数字资源总量为4.6TB（含省馆提供共享的清华科技期刊、方正电子书等数字资源）。

读者服务工作

从2011年12月起，丹江口市图书馆所有公共实施场地全面实行了免费开放，如：图书期刊借阅、电子阅览室上网服务、普通参考咨询等服务。全年书刊文献外借册数次为4.3万册，借阅人次为4.1万次人次，有效借书证1630个。丹江口市图书馆建有单位、社区、村部等22个图书流通点，利用省配发图书流动车开展阅读、展览、推广等活动，2013年年借阅册数次达10.1千册次。

整体鸟瞰图

业务研究、辅导、协作协调

为南水北调移民提供迁入点查询服务，结合人口普查提供人口普查工作人员培训、统计培训、利用《共享工程助春耕》系列等光盘服务农村春耕、生产、设立农村科技信息查询专用电脑服务农业生产等。对室内乡镇、社区、村级图书室进行业务辅导，帮建行政事业单位图书室、乡镇文化站图书室、村级图书室。积极参与十堰地区图书馆联合编目、馆际互借、地方文献交换等。

管理工作

馆内设采编部、业务辅导部、图书外借处、报刊阅览室、少儿阅览室、电子阅览室六个业务部室。在编人员9人，其中具有大专及以上学历8人，高级职称2人，中级职称6人。按照继续教育要求，每年职工都要参加岗位培训，并完成继续教育学时，有培训计划、培训总结。积极鼓励职工开展业务研究，撰写专业论文参与国家、省、地方的业务研究和交流。

表彰、奖励情况

2013年，在第五次全国公共图书馆评估定级工作中被评为国家三级图书馆。2009年至2013年均获市文体局“先进单位称号”。

馆领导介绍

邓亚虎，男，出生于1974年9月29日，中共党员，大专学历，馆长，馆员职称，湖北省丹江口市人。1992年参加工作，1998年入党，2014年任馆长。

李荣英，女，出生于1965年11月2日，中共党员，大学学历，副馆长职务，副研究馆员职称，湖北省丹江口市凉水河镇人，现住丹江口市均州路办事处。1987年1月参加工作，1997年3月加入中国共产党，2010年12月再次任市图书馆党支部组织委员，1989年9月从市三中调入丹江口市图书馆工作，1995年1月任副馆长至今。

未来展望

2014年图书馆新馆建设项目已完成选址（右岸新城区水都大道西端南侧“市民中心”）、用地测量（占地面积7.09亩）、征地补偿及方案设计（地上六层、地下一层，总建筑面积7680.12平方米）等工作，地勘、场平、方案修改、通水通电等也正在加紧落实当中。在未来几年新馆建立后，容纳藏书50万册数。数字资源设计能够提供全覆盖、不间断、无时空限制的数字文献远程和移动服务。

丹江口市支中心

分馆照片

消防大队流通点

恩施州图书馆

概述

恩施州图书馆是湖北省唯一的地、市（州）级民族公共图书馆。其前身系抗战时期从武昌迁往鄂西山区的中华民国湖北省立图书馆。1946年元月8日，在湖北省立图书馆迁回武昌后，恩施州图书馆在原址基础上正式成立。

恩施州图书馆属全额拨款事业单位，全馆现有职工34人，在职20人，退休职工14人。其中，本科大学毕业生9人、大专毕业生9人。图书馆系列高级职称3人，图书馆系列中级职称10人，1980年至2008年全馆职工在学术研究中取得了优异的成果，共有58篇论文在省级学术刊物和省级学术会发表和交流。还编辑出版了《恩施州图书馆学会学术论文集》（一）、（二）辑。2008年至今共有20篇论文在省级学术刊物和省级学术会发表和交流。

恩施州图书馆实行科学管理，内设机构有：办公室、采编部、辅导部、社科借阅部、自科借阅部、网络部及电子阅览室、少儿阅览室、特藏文献（含地方文献）部和财务室9个部门。读者到馆后，根据需求可向有关服务部门咨询，方能获得详细、周到、热情的服务。

1994年，被国家文化部授予"国家二级图书馆"。1999年复查仍然被国家文化部授予"国家二级图书馆"。2002年评估未定级，2008年被国家文化部授予"国家三级图书馆"。2013年被国家文化部授予"国家三级图书馆"。

业务建设

数十年来，在各级政府关怀下，在几代图书馆同仁共同努力下，恩施州图书馆有了很大的发展。现有馆舍面积3010㎡，7层书库、4个阅览大厅、2个外借处和会议室办公室。现有藏书67.22万余册，可同时接待300名读者借书、阅览。

恩施州属于国家级贫困地区，2011年免费开放经费到位以前总体业务费仅8万元，后来在争取地方领导的重视下才增加到2009年的13万元，图书馆始终没有购书专款，再加上国家文化部、财政部文化"三下乡"送书工程，也未把我馆列入其中。因此，我馆藏书情况距离标准要求相差甚远。但是，恩施州图书馆藏书建设注重史料文献、地方文献、民族文献和农业科技适用文献，并以此为特色和发展方向。经过多年的整理，我馆抗战时期遗留的2万册古籍图书（其中有56部，国家级善本1173册善本），4万册民国时期平装书刊，达到了规范化、标准化管理的要求，2010年在全国古籍整理工作中，恩施州政府于2010年发文公布了第一批州级珍贵古籍名录，全州有55种366册珍贵古籍入选，受到省馆专家好评。还向州财政申请专款增补了《申报》、《民国日报》、《晨报》、《晨钟报》、《新华日报》和部分古籍地方志的残缺本。为社会提供了较好的服务。

共享工程的延伸服务。共享工程建设以来，除了抓好日常开放工作，我馆还十分重视拓宽服务领域，延伸服务对象。一是定期举办网络培训班，特别配合政府扶贫办联合开办乡、村支部书记培训班。先后在8个县（市）开展了多次讲座，共为600名村支部书记、村主任进行了讲座、培训，受到了社会的好评。二是为县（市）、乡（镇）村开展网络资料查询服务。每年通过共享工程查询资料达200多人次。三是送信息到基层，通过共享工程，先后在部队、学校、企业等单位每年送去共享工程网络资料1500多条。

读者服务工作

恩施州图书馆坚持"读者第一，服务至上"的服务宗旨，对广大读者开展敞开办证，邮寄借书，预约借书，送书上门，代查代编，馆际互借和跟踪、定题等服务活动。从2011年10月我馆按照国家的规定全面实现了免费开放。现有持证读者3600多个。

在开展送书下乡进基层活动中，我馆利用流动图书车广泛、定期开展送书下乡，送书到各个图书流动服务点(包括军营、机关、企业、学校、社区、乡镇文化站、村文化室)。针对特殊人群极弱势群体（农民、农民工、劳教人员、残疾人、老人等），开展农技、卫生、教育、养生等特殊图书服务和上门服务。通过在火车站、机场、社区等人群集中地区建立便民阅读点、设立便民书架，方便群众借书、读书。

业务研究、辅导、协作协调

基层图书馆（室）的业务辅导工作长抓不懈，多年来我馆长期坚持为基层图书馆（室）进行业务辅导，只要基层有要求，我们就上门进行辅导，辅导的单位有州职院图书馆、恩施市特殊学校图书室、州委政研室图书室、州武警支队图书室、六角办事处文化体育服务中心图书室和许多街道图书室等，特别是在2008年以来"农家书屋"工程建设时期，我馆积极主动的参与这项工作，受到了省州领导及州业务主管部门的高度评价。

恩施州图书馆业务楼

湖北省第五次评估定级小组在恩施州图书馆评估

为恩施市特殊教育学校残障学生送书活动

在学校开展《读书漫画作品展》展览

流动图书车为乡村学校孩子送书

恩施州图书馆与湖北民院图书馆文献信息资源流通共享。秉承资源共享理念，为加强恩施州图书馆与湖北民院图书馆合作关系，实现各自资源的外延扩张以及借阅的广泛性、便利性，使文献资源更好地发挥其功能，2012年6月11日下午，湖北民院图书馆在恩施州图书馆设立"图书流通服务点"，恩施州图书馆与湖北民院图书馆依据各自读者特点就文献信息资源合作共享签订协议书，制定相关借阅规则，为双方读者提供借阅服务。

管理工作

恩施州图书馆建馆至今，之所以每次都能较好地完成了各项工作任务。是因为图书馆认真落实工作目标责任制，狠抓制度建设，制度是工作顺利开展的保证，因此图书馆完善了各种管理制度，在制度面前人人平等。现有的制度：恩施州图书馆工作制度、恩施州图书馆考勤制度、恩施州图书馆财务管理制度、恩施州图书馆档案管理制度、恩施州图书馆安全保卫制度、恩施州图书馆计划生育管理制度、恩施州图书馆社会治安综合治理管理制度、恩施州图书馆卫生管理制度、阅览室工作责任制、外借处工作责任制、采编工作责任制、辅导工作责任制、办公室主任责任制、副馆长责任制、馆长责任制。

表彰、奖励情况

2008年–2012年，连续五届在省知识工程领导小组举办的"童之趣杯"征文活动中获优秀组织奖。

2012年度全省全民阅读创先争优活动中，我馆获"全民阅读示范基地"称号；向长明馆长获"十佳阅读推广人"称号。

2011年馆长向长明同志被省文化厅评为"全省公共图书馆先进工作者"。

2010年馆长向长明同志被省图书馆学会评为优秀会员。

馆领导介绍

刘刈，男，1964年2月出生，大学本科学历，农工党党员，副研究馆员，馆长。1987年7月参加工作，长期从事土家族民族文化研究工作，对恩施州地方文献有广泛的涉猎。现任恩施州第七届政协常委，恩施州非物质文化遗产保护工作专家委员会主任委员。

袁少如，1959年7月出生，中共党员，图书馆学专业大专学历，副研究馆员，1991年任副馆长。武大图书馆学系全国高校图书馆师资培训班结业。湖北省文化厅图书馆事业发展奖励基金会辅导工作奖获得者。有数十篇图书馆专业论文在省级以上专业期刊发表，获得中国图书馆学会论文二等奖、三等奖；湖北省图书馆学会论文三等奖。分管业务工作。

陈利平，女，1972年6月出生，本科学历，中共党员，馆员，党支部书记兼副馆长。1992年1月参加工作，主要分管图书馆党务工作、馆风建设、读者服务推广工作以及行政后勤工作等。

未来展望

恩施州图书馆遵循"科学、效率、创新、发展"的办馆方针，恩施州图书馆新馆建设项目已于2013年9月由恩施州发改委立项，总占地面积25亩，建筑面积13500平方米；2014年4月州城规划委员会通过恩施州图书馆新馆建设项目选址、规划、建设方案。未来的新馆阅览坐席达到1000个，未来恩施州图书馆将建设成融传统文献、电子文献、现代信息为一体；传统化服务和现代技术齐一身的复合型公共图书馆。

联系方式

地　址：湖北省恩施市舞阳大街71号恩施州图书馆
邮　编：445000
联系人：袁少如

社区图书室辅导

读书演讲比赛

竹山县图书馆

概述

竹山县图书馆始建于1980年1月，现馆址落成于1993年6月，占地850平方米。馆舍建筑面积500平方米，其中书库面积240平方米，阅览室面积240平方米。馆内设外借阅览室、电子阅览室、廉政书屋、特藏室、书库资料室5个服务窗口。阅览室座席100个，其中少儿阅览室座席40个。计算机37台，其中：可供读者使用的计算机共计30台，工作用计算机有7台。2012年12月，接受湖北省文化厅配置“流动图书车”一台。截止2012年，在编人员9人，其中具有大专以上学历的7人，中级职称6人，初级职称2人。总藏量8.2万册，其中古籍6595册，图书购置费4万元、共享工程运行费5万元。可容纳读者座位130人，全年总流通人次为5万人次，五次参加了全国公共图书馆评估均获“三级图书馆”。

业务建设

竹山县图书馆古籍文献、地方文献成为两大特色。1994年即建立特藏书库，整理古籍线装书0.67万册，其中善本43种，多数为刻本、抄本、铜版本。珍贵的文献有《华阳国志》、《古今图书集成》、《竹山县志》、《康熙字典》等。其中《华阳国志》是目前发现最完善的反映晋朝襄阳境内的一部历史志书；《古今图书集成》是光绪23年出版的石印本，现馆存100套、838册。目前，竹山县图书馆被列入湖北省13个古籍收藏单位之一。地方文献已初具规模，建立了地方文献专架，包括各类行业志书、《竹山年鉴》、文学艺术作品以及家谱等，共计750种。其中清刻本《竹山县志》、记载有女娲在竹山炼石补天的《康熙字典》等，既是古籍也是地方文献。

竹山县通过大力实施“健康、文化、生态、信用、扶贫、平安”六大工程，先后建起37个村级文化活动室，培植1100多户农村文化中心户，对农村政治经济和社会的全面发展起到了积极的推动作用，特别是“十一五”期间国家向贫困山区实施的送书下乡工程，使竹山县的农民得到了真正的实惠。但已建起的村级图书室大多都存在图书稀缺的问题。为此，县委县政府发起了为农民朋友捐书的倡议，得到全县各单位的积极响应。2006年7月，由竹山县委县政府发起，县委宣传部、县文体局联合倡议，县图书馆负责组织实施，向农村图书室开展图书捐赠活动。捐赠仪式在县图书馆举行，县四大家领导出席了仪式，县直各单位进行现场捐书，共捐书6100册。县图书馆将这批书进行加工、整理，及时充实到农村图书馆。

自2005至2012年，每年参加竹山县“科技周宣传周”活动，用馆藏资源进行二次文献开发，编辑《科技文摘》，以“贴进生活、贴进实际、关注民生”为着眼点，积极配合县域经济发展和基层文化建设。

2006年10月，在县图书馆成立了“廉政书屋”。全县副科级以上420名党员干部成为廉政书屋持证读者。

2008年度文化共享工程县级支中心建设的试点，获得国家和省级补助的68万元设备和海量数字信息资源，2009年5月建成高标准的文化共享工程中心机房和电子阅览室，可同时为30余名读者提供数字化信息服务。中心机房和电子阅览室建成开放后，经常性地开展网络培训，为农民工传授打工技能，培训体彩从业人员和农村电影放映人员，为全县党员干部“武当数字化学习”提供平台，为青少年学习软件提供免费点播，假期为少年儿童开展动漫和红色电影放映，文化信息资源共享工程《科技信息开发项目》，2010年，通过专家评定，竹山县文化共享工程支中心建设与服务被竹山县人民政府授予竹山县“科技进步三等奖”。这是此次38个奖项中唯一的一个文化奖项，填补了竹山历年来文化类科技进步奖的的空白。

加强了“农家书屋”管理，自2008年以来，竹山县在各乡村、社区建立了333个农家书屋基层网点。2010年，竹山县图书馆通过全国农家书屋工程网上管理平台，建立了全县农家书屋网上信息管理系统，将书屋的房屋、人员、招牌、图书、书柜等信息，及时上传到湖北省农家书屋工程信息管理系统，使该县农家书屋的档案管理规范有序，为上级提供了可靠的依据。

读者服务工作

竹山县图书馆实行“一卡通”式借阅模式，全年365天对外免费开放，周开放56小时。全年接待读者5万人次。

利用普通阅览室和电子阅览室为农民、青少年和老年等特殊人群服务，并组织了2000册适合农民阅览的书刊，设立了“农民工阅览专架”。

关注基层群众读书活动，经常走进机关、社区、乡、村书

对农家书屋图书管理员进行业务指导

培植基层网点图书馆工作人员在图书室上书

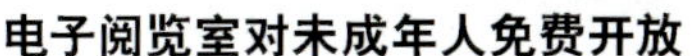

电子阅览室对未成年人免费开放

对老年读者进行上网培训

科技致富三万

屋进行业务辅导，从图书分编、排架、借阅登记、共享工程的网上利用等方面，对管理员进行现场培训。2010年2月，组织全县"农家书屋"管理员演讲比赛，5名选手进入全市决赛。最后，两名选手参加了湖北省"我的书屋·我的家"农家书屋阅读演讲总决赛，分别获得全省一等奖、二等奖。

2005年起每年在图书宣传月和科技周期间，参加全县的科技宣传周活动。编印《科技文摘》免费向城乡群众发放，成为竹山县科技传播会员单位。

2005–2010年，参加湖北省图"童之趣"征文大赛，18件作品分别荣获一、二、三等奖，图书馆2次荣获优秀组织奖。

业务研究、辅导、协作协调

2010年–2012年竹山县图书馆发表论文9篇，论文《浅谈地方文献的收集与利用》，在湖北省2011年学术年会中荣获三等奖，并在《湖北文化》"工作手记"栏目中刊登，收录在中国图书馆学会社区乡镇图书馆专业委员会、湖北省图书馆学会编辑的《图书馆服务与资源共享》论文集中。论文《倡导全民阅读·构建和谐社会》，荣获2012年第十一届中国社区与乡镇图书馆发展战略研讨会征文"二等奖"；收录在《图书馆：文化传承·阅读·服务》之中。并在《湖北文化》中以"经验交流"刊用。

竹山图书馆2009年9月起，在城区开展文化六进活动，在机关、社区、军营等建立了15个基层图书室。

管理工作

2006年起实行岗位和工作目标管理责任制，年初制定工作目标量化制度，使每项工作量化到岗到人，按照因岗设人，因人设岗，各尽其才，签订合同，按照绩效考核的管理方法进行人员管理。

加大馆藏图书保护力度，搞好安全防范。消防安全工作层层签订责任状，做到安全工作，人人有责，注重平时经常性地整改安全隐患，并每年派员参加安全消防培训，确保图书馆的平安。

表彰、奖励情况

竹山县图书馆2006年以来，荣获各种表彰12次，其中国家级学会1次、省级学会和专业奖励5次、市级2次、县级政府奖励4次。

馆领导介绍

付克荣，女，1961年9月生，大专学历，馆员职称，馆长。1978年10月参加工作，1978年至1984年在竹山县宝丰镇文化分馆从事群众文化工作；1985至2003年在竹山县文化馆从事群众文化工作2003年至今在竹山县图书馆从事管理工作。湖北省摄影家协会会员。专业论文4次分别荣获国家、省级奖励；2次获得湖北省文化厅表彰、3次荣获竹山县委、政府表彰。

李红，女，1967年12月生，大专学历，中共党员，馆员职称，党支部书记。1984年12月参加工作。多次荣获市级、县级表彰。

展望未来

竹山县图书馆将努力打造为广大群众提供更便捷地阅读学习平台，打造"书香竹山"、引导"全民阅读"提供更好地服务，正在规划建设4500平方的新馆，全面建成后是集休闲、娱乐、求知为一体的公共文化服务，功能分音乐厅、休闲厅、影视厅、阅读室。人群分老人活动室、少儿活动室、科研室、残疾人活动室等服务功能。它将会成为竹山人民休闲娱乐的最好的公共空间。

联系方式

地　址：竹山县城关镇明清大道1号
邮　编：442200
联系人：付克荣

开展科技下乡

编印《弟子规》解读向农村学生发放

图书馆开展健康知识讲座

竹溪县图书馆

概述

竹溪县图书馆创建于1978年，经过艰苦努力，2005年被文化部授予“国家三级馆”称号。为进一步推动我县图书馆事业发展，近年来，我们坚持以“保三(级馆)争二(级馆)”为目标，努力改善工作条件，不断改进图书馆各项工作，不断提高服务水平，图书馆业务工作全面有序开展，为本县的三个文明建设做出了积极贡献。竹溪县图书馆建筑面积900平方米，占地面积2300平方米，为三层砖混结构，内设：图书报刊阅览室、电子阅览室、少儿阅览室、古籍库房、办公室、采编室等；图书馆现有馆藏图书6万余册，其中：古籍图书10086册；图书报刊阅览室座席100个；少儿阅览室座席40个；计算机35台。竹溪县图书馆现有在岗职工5人，中共党员5人。馆长1名，副馆长2名，本科1人，大专学历3人，中专1人，中级职称3人，初级职称2人。近年赴省参加公共文化管理干部培训班1人、参加第四期、五期全国古籍普查管理人员培训班3人。

业务建设情况

为确保图书馆事业健康发展，我们在争取主管局和上级业务部门支持的同时，积极争取县委、县政府对图书馆事业的重视和支持，坚持每年向县委、政府汇报一次工作。县委政府将图书馆事业纳入了全县经济社会发展总体规划，统筹考虑，将图书馆新馆建设项目纳入竹溪县政府十件实事之一，按照二级馆的建设标准进行了规划设计，目前正在做地勘工作。县文体局主要领导经常过问图书馆事业发展情况，分管领导经常深入图书馆现场办公，帮助解决实际问题和具体困难，我县图书馆事业得到了县委政府的高度重视和社会各界的大力支持，工作环境逐步得到改善。近年来，结合文化信息资源共享工程在我县的全面实施，改造完成了80余平米的电子阅览室，配备电脑设备30台，安装了电视、投影等培训设施设备；克服困难，完成了古籍书库的维修改造工程，添置了安防设施设备，增加了消防和监控设备，加强了防虫鼠等保护措施，逐步完善了馆舍的阵地服务功能。图书馆作为公益性文化事业单位，多年来得到了国家、省、市、县各级的大力扶持，经费逐年增加。2012年财政下拨各项经费近60万元，其中：县财政预算人员经费32万、购书经费2万元、文化信息资源共享工程运行经费2元、解困资金3万元、省下拨古籍库房维修改造专项资金20万元；免费开放经费全额拨付到位。尤其在县财政十分困难的情况下，把购书经费和文化信息资源共享工程运行经费纳入了预算，并明确规定，图书馆购书经费随经济发展逐年适当增加，图书馆每年新增图书稳定在1000册左右。经过积极努力，图书馆现有图书19964种，6万余册，报刊杂志21430册，古藉图书675种10086册，地方文献80种200册，网点图书5205种12500册，光盘50种300盘。由于经费的逐年增加，图书馆免费开放工作全面开展，古籍保护工作更加有力，图书流通业务正常运行，提升和拓展了图书馆的服务水平和服务范围。始终以《普通图书馆著录规则》为依据，在操作上能够做到标引正确，著录、排集有序，手续齐全，并设置4套目录，向读者提供索引馆藏，方便查找。2012年我馆把县文化馆收藏的3000册古籍图书进行了归集合并整理，全面完成了拼部、分类、著录、挂签、上架等工作。目前，我馆已将馆藏1万余册古籍图书进行清理，整理出古籍缮本图书2235册，普通古籍7851册，建立了古籍普查平台。

读者服务及业务辅导

我馆虽然人员少，但能利用现有的条件全面开展阵地服务。馆内设有图书外借室、报刊阅览室、少儿阅览室和电子阅览室等固定窗口，每周确保58小时开馆时间，近年接待读者近4万人次，外借书刊3.5万册次，解答咨询250余条，宣传书刊百余种，坚持做好一年一度的图书宣传服务周活动。为了积极响应全民阅读活动倡议，发挥图书馆教育阵地作用，县图书馆与县国税局结对开展图书服务活动，接待读者240余人，派员到县一中、消防中队、水坪镇黄龙村等辅导图书服务活动8期（次）。从2011年12月1日起县图书馆图书借阅室、少年儿童阅览室、多媒体阅览室（电子阅览室）、培训室、综合活动室等公共空间设施场地实现了免费开放，文献资源借阅、检索与咨询、公益性讲座和展览、基层辅导、流动服务等基本文化服务项目实现了免费提供，办证、验证及存包等实现了全部免费。2012年全年借阅19372册，23489人次。多媒体电子阅览室流量已达到8千人次，发布各类信息40余条。在电子阅览室为读者免费提供了十八大盛况，观看人数300余人次，免费举办文化信息共享工程、无纸化办公和图书管理培训班7期，培训人员350余人次。免费完成村级“农家书屋”的辅导工作，清理分编图书30000余册。积极配合完成上级部门安排的送书送科技下乡活动任务，免费为县河镇中心寨村、丰溪镇丰溪村、城关镇新胜村送科技图书2000余册，发放农用科技宣传资料1000余份，受众人数3000余人次为服务地方经济建设，县图书馆组织人员从馆藏文献中收集、整理农民易懂、易学、投资小、见效快的科技知识，实用技术，通过加工整理，编印《信息园地》发往农村200份。采取“为人找书、为书找人”的

到县国税局指导创建职工图书室

举办“无纸化”办公培训班

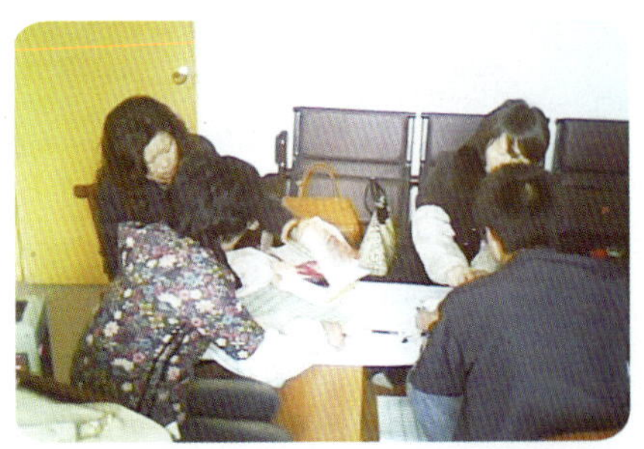
到水坪镇黄龙村建图书室

举办文化信息共享工程培训班

“书画笔会”迎中秋

利用网络平台开展警示教育

方法，为县气象局、科技局、魔芋办等单位选送他们急需的图书资料100余册，使相关单位借鉴书本知识和技术少走弯道，节省时间，降低成本。协助主管局在全县行政村、农特场建设农家书屋324个，为本馆的信息传递搭起了桥梁，解决了流通渠道不畅通的问题。县图书馆先后组建了县河镇大路沟村图书室、汇湾乡四友村图书室、新洲乡五台图书室、丰溪镇图书室，给农民朋友送去图书、书架、座椅，并帮助整理上架，缓解了农民看书难，扩大了本馆在农村的图书流通。这些图书室的建成极大丰富了农民群众的精神文化生活，为广大农民学习农业科技带来了方便，最大限度地发挥为农民输送精神大餐的作用。即是适用技术的教育中心，更是先进文化的传播中心。坚持跟踪服务和指导协作，主要利用职称评定组织城区各图书管理员学习图书管理业务知识，举办了全县中小学图书业务培训班，定期到基层图书室检查、指导工作。近几年来，指导文化馆、文化站、学校、国税等十余个单位整理图书近3万余册。

管理工作

根据新形势的发展要求，针对在工作中的管理不规范、责任不明确、制度不健全的问题，在广泛调研的基础上，重新修订了岗位职责、借阅管理办法、阅览规则、工作人员守则、文明读者守则等多项规章制度，并把主要规章制度都装框上墙。制定了安全保卫制度，与各工作人员签订了安全防火责任书，馆领导及图书馆工作人员经常在节假日、晚上进行巡查、值班，确保了安全。实行了“首问负责制”，要求最先接受读者咨询的工作人员作为第一责任人，必须认真解答读者提出的问题或指引读者查找相关书籍、解释有关借阅制度，直到读者感到满意为止。通过推行这些制度，深化了文明服务的内容，初步形成了较为规范的管理体系。为了便于管理，确保图书的正常借阅，我们专门集中周4时间对所有的图书、资料进行了归类、整理，建立了图书登记册，对图书馆的馆藏、设备进行了全面清点，弄清了图书馆实际藏书的总量。为了增加图书储量，尽可能满足不同读者的需求，在县局的大力支持下，我馆积极筹措资金2万元，围绕读者最急需、最适用、最新颖的图书，购置添加新书1000册，有效保证了正常借阅。为充分发挥好图书馆的职能作用，更好地服务于读者，服务于社会。我们在对图书进行整理、添置的基础上，积极作好前期各项准备工作。并按读者的要求，为广大读者办理了图书借阅证，调整了开馆时间，采用轮班制度，周六、周日全天借阅图书。

表彰奖励

二00九被县委县政府授予文明单位称号，李东艳同志二0一一年三月被评为全省公共图书馆先进工作者。程从琴被中共中央党校函授学院湖北省分院评为二00五届优秀函授学员。

馆领导介绍

李东艳，女，48岁，馆长，中级职称，大专学历，中共党员。

程从琴，女，49岁，副馆长，中级职称，大专学历，中共党员。

黄珺，女，40，副馆长，中级职称，本科学历，中共党员。

展望未来

虽然近几年我县公共图书馆事业有了较快发展，但对照评估标准，仍然存在着很多问题：一是馆舍面积不足，制约了图书馆服务功能作用的发挥；二是经费投入偏低，新书购置、设施设备购置和更新困难，下基层开展服务活动、群众文化辅导活动在深度和广度上无法进一步拓展；三是馆藏图书比例失调，纸质图书与电子图书比例相差悬殊较大；四是专业人员严重缺乏。图书馆管理信息自动化系统、文化信息资源共享工程和古籍图书修复等技术工作无法按要求完成等。开展评估定级工作是对公共图书馆事业发展的一次全面检阅，评估不仅让我们看到了我县公共图书馆各个方面的差距和不足，也让我们从中看到了公共图书馆事业发展的空间和美好前景。通过评估，我们要把评估标准始终作为日常工作规范和努力方向，创新服务方式，提高服务效率，开展丰富多彩的文化活动，扩大公共图书馆影响力、凝聚力，吸引更多的读者走进图书馆，共享改革开放带来的文化发展成果。新馆投资7千万，占地50亩的两馆一中心（图书馆，文化绾，体育中心）主体已建成，新建的竹溪县图书馆，将从崭新的靓姿展现在世人面前。

联系方式

地　址：竹溪县图书馆

联系人：李东艳

竹溪县图书馆全貌

沙洋县图书馆

概述

沙洋县图书馆座落于沙洋城区风景秀丽的荷花大道14号，占地面积3357平方米，设计建设面积2660平方米。始建于2006年，2007年第一期工程2400平方米建成投入使用。现有藏书8万余册，期刊杂志100多种，电脑40多台。图书馆由华中科技大学建筑设计院设计，采用框架群楼天井式结构，整幢建筑大气磅礴又不失幽静典雅，特别是中央天井可以让阳光直射馆内，既节约能源又充分利用自然光，是一座充满思想性和艺术性的独特建筑，是我县集读书借阅、电子阅览，信息发布、文化展览、学术研究于一体的多功能图书馆。

图书馆一楼是电子阅览室，期刊杂志阅览室，二楼是自然科学、农业技术、文学艺术、少儿读物藏书室和办证处、共享工程中控机房以及多媒体演示厅，三楼是地方文献室，外文阅览室，音像部，辅导部，县图书馆是全县人民群众享受基本文化权益，提高公民鉴赏能力和文化素质，促进社会和谐的重要场所。吸引广大群众走进图书馆，享受政府提供的免费公共文化服务是我们的职责。

设施、设备、人员

1、设施

沙洋县图书馆设计建筑面积2660平方米，现已建成2400平方米，共分为三层：其中一层为电子阅览室；二层为藏书室及期刊阅览室；三层为藏书室及少儿阅览室。

目前读者服务窗口设外借部、期刊阅览室、少儿阅览室、电子阅览室等。

2、设备

图书馆是共享工程县级支中心所在地，我们建成后极大地改善图书馆的技术装备，目前电子阅览计算机台数已达40多台，基本满足阅览需求。与国家文化资源共享工程信息中心采用地面卫星方式接收资源。采用广电网络10兆光纤接入。

3、人员

我馆现有在职职工10人，其中大专以上学历人数4人，高中级职称3人。

一直以来，图书馆十分重视干部职工队伍的建设，通过多种渠道、不同方式不断提高干部职工的思想素质和专业水平。具体做法：一是紧紧围绕县委县政府理论学习目标和要求，积极组织全馆干部职工学习讨论，坚持用理论武装头脑，用理论指导实践。二是鼓励并积极支持干部职工参加函授学习和自学考试，以拓展知识，提高文化素养，目前所有在职职工都具有大专、大学学历。三是密切联系本馆工作实际，将理论、业务学习纳入年度工作规划。四是以满足实际工作需要，提高干部职工业务技能，拓展理论知识为目的，积极组织参与各类知识、技能培训和业务研讨活动。馆长外出业务学习两次。

文献资源

1、文献入藏

藏书建设是图书馆各项服务工作的基础和前提。建馆以来，我们严格遵循藏书建设的实用性和系统性原则，从读者需要和事业发展的大局出发，合理组织馆藏，优化藏书结构，建馆以来，藏书规模不断扩大，我馆现有总藏量80000余册，其中纸质图书80000册，地方文献1100册。馆藏逐年稳步上升。

为了确保馆藏的延续性，以及及时更新图书，满足读者的阅读需求，2012年我馆新增征订报刊100多种，图书2000多册。

2、文献标引与著录

文献标引与著录的规范是我馆在业务工作中一直倍受重视的方面。我馆现有图书全部依据《中图法》进行分类标引，并依据《普通图书著录规则》进行著录。工作中，我们严格做到规范、统一、整齐、美观、提高准确率，保证了图书分编的质量。

3、目录设置、组织、管理

我馆目录系统有卡片式目录，卡片式目录分分类目录和题名目录，均可供读者正常查阅。图书馆藏书大楼改造完工后，馆内机读目录服务将更加规范，完善。

现有目录由专人管理，定期进行维护和整理，为了方便读者利用，我们还专门设了查目辅导，让读者一看就懂，一看就会，简化查阅过程，节省查阅时间。

服务工作

1、落实免费开放，完善读者服务内容

沙洋县图书馆于2011年开始对图书阅览室、多媒体、阅览

电子阅览室

多媒体演示厅

室(电子阅览室)、综合活动室、培训室等项目进行了免费开放，实行无障碍，零门槛进入，所提供的基本服务项目全部免费，包括文献资源借阅、检索与咨询、公益性讲座与展览、基层辅导培训、流动服务、文化共享工程服务等。

(1) 加大免费开放的宣传力度。县图书馆通过在沙洋广播电视台、沙洋周刊等媒体广泛开展免费开放宣传活动，扩大免费开放的社会影响。共在电视台飞播电视宣传标语15天，在沙洋周刊开辟宣传专栏6期，在沙洋城区12个主要路口和生活小区拉宣传横幅12条。

(2) 完善设施。为确保免费开放顺利进行，我们对图书馆供电系统进行了改造升级，更换了新的电源线和电表，增加了用电容量，保证共享工程电脑机房的用电安全，对存在安全隐患的插头，电线进行了维修对电子阅览室终端进行维护调试，对长期闲置导致故障的10多台电脑进行维修，将广电宽带接入共享工程机房，对前端设备进行升级改造，新增加了电脑耳机，让读者不但能看，而且能听。加强共享工程支中心的建设，为增加文化信息资源量，更好的服务全县读者，县图书馆投资2万多元安装了卫星接收系统及软件，请省馆的专家进行技术指导，与国家资源中心直接联网，每天接收大量的文化资源信息，大大增加了文化信息储量。

(3) 坚持实行免费开放。县图书馆坚持每周星期一至星期天对社会实行免费开放。2012年共接待读者36000人次。

(4) 坚持对乡镇（村）基层服务点开展指导培训。去年，共指导210个村服务点开展免费开放活动，共接纳读者60万人次。培训基层服务点管理人员300人。

(5) 坚持开展馆办科技文化艺术培训服务。去年共举办科技培训、书画展览、舞蹈培训12期，参加培训人员1280人，参观书画展览的观众5000人次。

近几年来，我们根据图书馆事业发展的要求和读者需要，科学合理地设置了外借，自然科学阅览室、少儿阅览室等4个服务窗口，广泛开展了图书外借、馆内阅览、读者咨询服务等，并将服务的质量纳入年度目标考核，以确保读者服务工作的质量。2012年全馆累计发放有效借书证数4500个（含沙中学生）。

2、开展形式多样的读者服务活动

2012年积极开展读者活动

一是与沙洋一方少儿舞蹈培训中心常年合作，开办一方少儿舞蹈培训班，目前有100多名在校学生参加培训。

二是县图书馆与沙洋县书法家协会联合举办以喜迎十八大为主题的书画作品展，展期三个月，取得很好的效果。

图书阅览室

三是开展共享工程进农家活动，向农民朋友赠送资料，光盘共计1500多张。

共享工程

充分认识实施“共享工程”的重要意义，认真组织，把有关政策落到实处，今年，支中心完善机房建设，接入10兆光纤，大大提高了网络运行速度，在大力建设县中心的同时，我们还在县局的领导下，指导全县13个镇基层服务点，按照标准进行站点建设，其中高阳、后港、沈集等服务点加大资金投入，进一步完善服务设施，努力提高服务水平，面向农村服务基层，取得了很好的效果。开展共享工程进农家活动，全年共在5个村免费发放农业科技光盘1500盘，受益农民2000多人。

管理工作

近几年，我馆先后完善了馆内的各项规章制度，如财务管理制度，财产管理制度、政治学习制度、业务学习制度、岗位目标责任制、安全保卫制度、环境卫生管理制度等等、用制度来进行管理，实现了全馆人的和谐和事业的发展。

联系方式

地　址：沙洋县荷花大道14号

邮　编：448200

联系人：胡　军

大厅

沙洋县图书馆

孝昌县图书馆

概述

1993年6月15日孝昌县成立，孝昌县图书馆和孝昌县文化馆应运而生。建县后两馆均无馆舍及设施，只有合署办公，即一套班子，两块牌子，两种职能。图书馆担负着全县人民的图书阅读、借阅和科普宣传等职责。2002年3月孝昌县文图大楼全面竣工，县图书馆和文化馆分设，办公大楼二楼和三楼划归孝昌县图书馆所有，其建筑面积480平方米。在岗干部职工12人。其中大专以上学历10人，中级职称1人，初级职称7人。内设办公室、借阅室、报刊阅览室和电子阅览室。2009年6月，参加第四次全国公共图书馆评估，首次获得三级图书馆。2012年，孝昌县图书馆有计算机40台，阅览座席100个，图书22大类、报纸23种，期刊120种，共有藏书4.28万余册，宽带接入10Mbps，选用Interlib图书馆自动化集群管理系统。

业务建设

截止2012年底，孝昌县图书馆文献总藏量4.28万册，数字资源总量8.6TB，其中自建数字资源总量5.5TB。2009年，孝昌县图书馆购买了Interlib图书馆自动化集群管理系统，对全馆图书进行数据加工，同年完成了MARC数据3.8万条，实现图书馆流通自动化管理。

2009—2012年，孝昌县图书馆新增藏量购置费为每年10万元，共入藏图书、期刊2.1万册。2012年底，全馆持有效读者证1363个。

读者服务

2009年10月，孝昌县图书馆率先在全省公共图书馆实行免费开放，全年实行全天开放、节假日照常开放，周开放时间56小时。2009年–2012年，书刊总流通量24.66万人次，书刊外借18.38万册次。截止2013年4月，孝昌县图书馆共建26个流动图书点，年均更换图书2.8万册。

2009年–2012年，孝昌县图书馆共举办讲座、展览、征文、阅读推广等读者活动60余场次，参加人数3.5万人次。孝昌县图书馆以“世界读书日”、孝昌建县20周年、“图书馆服务宣传周”为契机，连续举办了三届“中华经典”朗诵比赛，参与人数逐年增长。同时举办的“远离网吧、阅读经典”、“我读书·我快乐”有奖征文比赛和“二十年·孝昌”有奖征文活动，吸引了全县各行各业2000多名爱好者积极参加，每年征集各类参赛作品1000余篇。另外举办的广场大型读书、本地作家签名赠书活动，评选表彰“孝昌县书香之家”等读书活动，更是将全民阅读活动向纵深推展。2011年6月起，开办了一月一讲的“书·时光”公益讲坛，被称为孝昌的“百家讲坛”。

业务研究、辅导、协作协调

截止2012年底，孝昌县图书馆职工发表论文4篇，2011年，馆长汤春霞撰写的论文在湖北省图书馆学会学术年会征文活动中荣获三等奖，实现了孝昌县图书馆论文“零”的突破。2012年，馆长汤春霞撰写的论文在湖北省图书馆学会学术年会征文活动中喜获一等奖，带动了全馆职工撰写理论文章的积极性。期间，为全县乡镇图书室、农家书屋进行现场业务指导以及培训共计14次。

从2009年底，孝昌图书馆建成全国文化共享工程孝昌支中心开始，充分利用文化共享工程网上资源及下发的光盘资源为依托，通过互联网，与全县农村党员干部现代远程及教育、农村中小学现代远程教育工程、农村电影放映工程密切合作，实现镇村基层服务点设施设备、人力资源的共建共享，努力满足广大群众的多样文化需求。开设假期学生影片专场、“文化共享百部电影露天放映”、“文化共享助春耕”等一系列服务。

管理工作

2012年，孝昌县图书馆完成了事业单位岗位设置工作，本次共设置16个岗位，建立了图书馆岗位考核制度，同时，制定了工作量化考核指标，年终按照此指标评选出相应比率的优秀职工。全体干部职工，每年撰写个人工作计划以及工作总结，设定年度工作任务，严格执行岗位职责。

表彰、奖励情况

2012年2月，孝昌县图书馆主办的“书·时光”公益讲坛荣获“孝感市宣传思想工作创新奖”；2012年3月被湖北省文化厅授予“全省文化系统2011年度优质服务窗口”荣誉称号；2013年4月，孝昌县被授予“全省全民阅读先进县”。

开展“三下乡”活动

免费开放到军营

首创“书·时光”公益讲坛

成功举办第二届“中华经典”朗诵比赛活动

馆领导介绍

汤春霞，女，1970年2月生，大专学历，中共党员，馆长。1989年1月参加工作，历任孝昌县博物馆办公室主任、副馆长职务。2010年3月担任图书馆馆长。2012年被评为孝昌县先进工作者。

艾珍，女，1984年9月生，大专学历，中共党员，副馆长。2002年到孝昌县图书馆参加工作，先后在财务室、采编室、图书借阅室等部门工作。

朱玲莉，女，1979年3月生，大专学历，中共党员，工会主席。1998年参加工作，先后在财务室、采编室、图书借阅室等部门工作。

未来展望

孝昌图书馆将继续秉承“借势而为，借力而为，借活动而为”的“三为”方针，抓好服务工作。一是全力打造服务品牌。做好“中华经典”朗诵比赛，“远离网吧、阅读经典”、“我读书·我快乐”有奖征文比赛、“书·时光”公益讲坛等服务品牌的打造，在服务内容、服务方式、服务手段上不断创新。同时，建立有效的服务体系，赢得读者尊重，使之持续发展。二是提升馆员素质。全方位培养馆员尊重读者、了解读者、一切为了读者的服务理念。多途径培训馆员的业务技能，着力打造一专多能、一技多能的复合型人才。三是完善馆舍环境。积极申报新建图书馆，让新馆成为我县文化、科学、信息传播、保存文化遗产、开展社会主义教育、展示改革开放成就为一体的综合性公共图书馆，成为群众读书学习文化、科学、教育、信息、服务和交流中心，为促进孝昌经济建设和社会发展发挥重要作用。

举办第15个“4·23”世界读书日活动

联系方式

地　址：孝昌县平安大道95号
邮　编：432900
联系人：艾　珍

没有门槛的文化大课堂

将花园镇一小设置为流动图书点

大悟县图书馆

概述

1987年，大悟县革命委员会下发悟革[1978]44号文件，成立大悟县图书馆，隶属县文化局股级事业单位，馆址位于县城澴河东文化馆办公楼，面积200平方米。1986年，投资37万元新建县图书馆，建筑面积854平方米。1994年开始，县人民政府每年财政预算购书专项经费4万元。2003年，图书馆内增设采编室和少儿阅览室。2005年10月，县城长征中路新建大悟县文图综合大楼，图书馆随之搬迁至综合大楼，使用面积1400平方米，内设外借室、报刊杂志阅览室、采编室、少儿阅览室、多媒体室和书库。2009年，由中央、省两级财政拨款68万元建成大悟县共享工程支中心，增设电子阅览室，购置电脑56台。2013年，有在职馆员19名，其中大专学历10人，中级职称4人。

业务建设与管理

截止2012年底，大悟县图书馆总藏书量45800册，报刊80余种。2009年和2010县人民政府每年财政预算购书专项经费6万元，2011年和2012年增至10万元。随着社会文化事业发展，图书馆服务读者业务量增多，阅览方式的不断提高，满足不同阶层和群体的阅读需求，县图书馆建立健全各项管理制度，严格落实图书管理和外借登记制度，不断延伸图书网点建设，提升服务读者技能，优化阅读坏境，先后输送管员参加上级专业学习6人次，开展为老干部送医疗保健书籍、为公安局看守所送法律知识和普法教育书籍、为农民送农业科技书籍等活动30余次，在全县建立了20多个流动图书站，根据服务对象设立30多个门类和专业书架，引导杨焕明等人创办“双扶书屋”等农家书屋40余家。2012年和县检察院共建大悟图书馆法律分馆。

读者服务工作

从2009年图书馆借阅情况统计得出，年接待读者约6万人次。自从2011年实行免费开放以来，图书馆开放的时间也作出了相应的改变，2011年年接待读者约7万人以上，2012年增至7.5万人次，持证读者2613人。无节假日，周工作时间达56小时。同时，我们在服务态度上和服务质量上也在不断改进。各室工作人员也严格履行各自的职责，严格要求自己，做好接待服务工作，争做尽职爱岗典范。

在保证正常开放为前提的基础上，大悟县图书馆充分利用文化共享工程网上资源及全国文化信息资源建设中心下发的光盘资源开展了电影、戏曲及各类视频讲座进社区、进机关、进校园活动；举办读书活动，以丰富多彩的项目吸引读者踊跃参加，受到广大读者的热烈欢迎。因为我县是一个农业县。这几年我们协同有关单位搞了多次送书和送科技资料下乡活动，向六个乡镇图书室送书12000多册，向全县服务网点送发我馆自己摘编的《科技文摘》。大悟县图书馆还在全县建立了多个流动图书站。如我县老干部活动中心流动图书站。大悟县图书馆经过跟老干部们座谈，结合他们的需求，县图书馆就以医疗保健书籍和名人传记为主排架。大悟县公安局第一看守所流动图书站，县图书馆根据看守所领导的要求，以法律知识和普法教育的书籍为主排架。

表彰、奖励情况

2009年，县图书馆连续四届评估定级达标活动被文化部评为“三级图书馆”。2009–2012年，连续四年荣获县委县政府表彰“文明单位”。

馆领导介绍

程含华，男，1962年5月生，大专学历，中共党员，馆员，馆长。1980年12月参加工作，2004年任大悟县图书馆馆长，党支部书记。

刘仲华，男，汉族，中共党员。大专学历，副馆长。1969年5月出生，1982年9月参加工作。2003年任大悟县图书馆副馆长，分管党务机关工作。

李丽玲，女，汉族，党员，大专学历，副馆长。1967年9月出生，1985年12月参加工作，2000年任大悟县图书馆副馆长，分管计划生育工作及图书馆外借室工作。

刘长秀，女，汉族，1970年12月出生，大专学历，副馆长。1991年7月到图书馆工作，2010年任大悟县图书馆副馆长，分管业务工作。

未来展望

近几年来，大悟县图书馆抢抓国家、省市政策机遇，积极争取多方支持，突出抓好图书馆阵地建设，丰富馆藏资源，建立文化信息共享支中心，读者服务方面有了新的拓展和延伸。2010年开始，大悟县政府对建立新的文化中心作了规划和筹备工作，在未来几年里，力争把大悟文化中心打造成大悟县的文化地标。

监利县图书馆

概述

监利县图书馆成立于1960年7月，1985年修建新馆，2009年场馆维修改造，地处容城镇民主路305号，占地1200平方米，办公楼建筑面积1500平方米，可容纳读者座位180个。2011年12月起全部实行免费开放。2008年9月，文化信息资源共享工程监利支中心在县图书馆成立；2009年10月，电子阅览室及监利支中心投入运行，使用面积300平米，总投资110万元，用于服务的计算机52台（套），互联网出口带宽10兆，投影机2台（套）。1994年以来，县图书馆被文化部命名为三级图书馆。

业务建设

截止2012年底，监利县图书馆总馆藏3.5万册（件），数字资源总量为3TB。读者服务区无线网络覆盖。2009年至2012年监利县图书馆文献入藏总量为9000余册（件），2012年入藏量为500种，报刊80种；对捐赠地方文献的9名著作者颁发了《收藏证》。2009年，县财政拔购书经费5万元，2012年起增加至8万元。

读者服务工作

监利图书馆全年开放，周开放60小时。2012年外借图书近8万册次，年流通总人次10万余人次，年书刊宣传及新书推介60余种次。

2012年解答各类咨询200余条。组织各类读书活动20次以上，参加活动群众近3万人次，为全县乡镇文化站及农家书屋赠送《借书证》共1500多个。办公楼一楼搭建了残疾人通道。

2012年以来，县图书馆创新服务模式，举办信息资源共享工程进社区电影放映周活动，观众2000余人；《监利讲坛》举办各类讲座6场，参加者近千人；《领导参考》为县四大家领导决策参考，已编印105期共7000余册；创建读书品牌，“监利女子读书会”脱颖而出。

业务研究、辅导、协作协调

推进指导农家书屋和共享工程基层点建设，共建农家书屋933个，其中300个农家书屋建有电子阅览室。县图书馆采取集中培训与分别指导的方式培训基层业务骨干300余人次。2012年4月17日，组织召开监利县首届乡镇文化站长、农家书屋管理员业务培训会。12月5日，召开“福田寺镇农家书屋管理员培训会”。

2009年以来，监利县图书馆干部职工在省、市发表论文2篇。

管理工作

2011年以来，监利县图书馆实行竞聘竞岗、落实绩效考核，优化岗位设置和人员配置，制定了《监利县图书馆竞聘竞岗实施方案》、《图书馆工作人员责任目标量化考核细则》。考勤实行指纹打卡，月底综合评分兑现，其它馆务工作实行台帐管理。注重图书馆文化建设，设计馆标（LOGO）、制作馆旗，统一工作服饰、标志等。

表彰、奖励情况

监利县图书馆被荆州市全民阅读活动领导小组表彰为2012年全民阅读活动先进集体；被县委宣传部表彰为2012年“全县宣传思想工作先进集体”；被评为第三届荆州市图书馆学会先进单位。获第十三届、第十四届荆州市小太阳读书节暨全民阅读活动“优秀组织奖”。

馆领导介绍

钟武平，男，1967年3月生，大专毕业，中共党员，馆员，荆州市图书馆学会理事，中国图书馆学会会员。1988年9月参加工作，历任监利县文化局新闻出版股干事、监利县文化市场管理所副所长、支部书记，2011年7月调入县图书馆，任馆长、党支部书记至今。1996年被中共湖北省委宣传部等7部（委）、厅（局）表彰为全省“扫黄打非”集中行动先进个人；2003年被监利县委、县政府授予全县防治非典先进个人。

付小军，女，1968年12月生，本科学历，中共党员，湖北省音乐家协会会员。1984年11月参加工作，1992年任县文化局文化幼儿园园长，2001年5月调入县图书馆任副馆长至今。

刘建，男，1972年11月生，大专学历，中共党员。1996年6月在县图书馆参加工作，历任办事员、办公室主任，2004年11月任副馆长至今。

李岚，女，1968年7月生，大专学历，中共党员，助理会计师。1985年参加工作，后任县演出管理公司会计，1990年调县图书馆任会计，2008年任县图书馆工会主席至今。

未来展望

监利县图书馆将以新馆建设为重点，以数字技术为支撑，以数字图书馆、移动图书馆、自助图书馆等建设为依托，提高文献资源保障能力，全面提升图书馆的服务能力、服务水平和服务效益。

联系方式

地　址：湖北省监利县容城镇民主路305号
邮　编：433300
联系人：钟武平

图书阅览室

监利女子读书会每周五夜读

图书馆“三下乡”宣传活动

江陵县图书馆

概述

1994年，国务院批准撤销荆州地区、沙市市及江陵县，设立荆沙市(1996年12月更名为荆州市)及荆州、沙市、江陵三区，原江陵县一分为三，江陵区人民政府驻郝穴镇。1998年7月，江陵撤区置县，恢复县治。江陵县图书馆始建于2004年，馆舍建筑面积为1500㎡，总藏量2.2万册，拥有阅览座席240个，办公用计算机30台（均接入电信ADSL）。由图书期刊借阅部、采编辅导部、电子阅览室组成，内设基本书库、辅助书库、综合阅览室、多媒体报告厅等。2013年财政拨款共计50万元，财政补助中购书经费2万元单列。工作人员7人，大专以上学历占40%，全部拥有专业技术职称。

业务建设

2009年以来，江陵图书馆每年新增图书1000余种，近2万元。购置阅览桌椅设备等1万元，并引进图书管理系统Interlib，将馆藏书籍信息、读者资料全部录入电脑，初步实现借阅操作一体化、现代化。2009年建成文化信息共享工程江陵支中心，机房、电子阅览室一应俱全。开办江陵文化信息网站进行，进一步提升图书馆的影响力。数字资源总量达到2TB。

随着全国文化信息资源共享工程县级支中心的实施，特别是近两次全国公共图书馆评估定级活动开展，江陵图书馆自动化服务水平有了很大的提升，各项工作均有较大促进。2012年对馆舍进行维修及绿化，新增阅览桌椅、书柜，调整部室，还广大读者以宽敞、明亮的借阅环境。

读者服务工作

从2011年5月江陵图书馆开始推广免费服务，2009年借阅图书5000册次，接待借阅5000余人次。2012年购进图书1000余册，借阅图书2万册次，接待读者9400人次。广泛征求读者需求，满足不同读者的阅读习惯，指导购进新书好书。该馆每周除周四内部整理外，周六、周日及节假日均照常开放，每周60小时。2012年该馆结合文化下乡工作，积极了解当地群众的困难，帮助村委会建立农家书屋，提供藏书柜、阅览桌椅等，赠送大量图书，丰富农民群众文化生活。2012年的“5.28”图书宣传周期间，联合县教育局、新华书店，开展了全民读书演讲等一系列活动。

业务研究、辅导，协作协调

该馆多次组织骨干参加省市业务培训学习，参加市图书馆学会和宜荆荆图书馆联盟交流活动。派辅导部、采编部工作人员多次到城区消防中队、武警中队，组织辅导图书管理员学习图书分类、编目以及现代化管理知识。文化信息共享工程支中心坚持开展夏日电影展播月活动，常年坚持进社区、进乡镇，为社区群众、农民工流动放映娱乐电影。

管理工作

江陵图书馆与江陵文化馆合署办公，两块牌子一套班子。一班人克服人少经费少事多麻烦多困难，注重制度建设，按照千分制标准科学管理，长远规划，保证开馆以来无重大事故发生，档案、财务管理立卷准确，装订整齐，内容齐全，单位环境整洁、美观，标贴规范、标准。

表彰、奖励情况

2009—2012年，江陵县图书馆共获得各种表彰、奖励10次，其中，省市表彰3次，县级表彰7次。

馆领导介绍

贺平，男，1970年12月生，大学学历，中共党员。2001年1月江陵县文化市场管理所工作，局办公室图书馆筹建组成员，2004年起任江陵县图书馆副馆长、馆长、支部书记。荆州市图书馆学会理事。2004年获荆州市宣传文化系统先进个人奖，2006年获江陵县宣传战线先进个人奖。

段华斌，男，1969年6月生，高中学历。1990年1月江陵县文化馆郝穴分馆工作，2004年调江陵县图书馆，2012年任江陵县图书馆副馆长。2011年获第三次全国文物普查积极贡献奖，2012年获全省群众文化先进工作者。

未来展望

江陵县图书馆将依托文化共享工程，以数字图书馆建设为目标，以自动化服务为手段，以满足读者需求为出发点，以开展服务活动为重点，以传播知识和传递信息为职能，以馆藏文献为依托，努力实现全方位开放式读者服务工作，使图书馆成为该县文化、科技、传播、社会教育、信息交流的中心，为江陵经济社会建设再做新贡献。

联系方式

地　址：江陵县江陵大道75号
邮　编：434100
联系人：孙 艳

外借窗口

电子阅览室

报告厅

洪湖市图书馆

概述

1977年11月，洪湖县图书馆成立，借群艺馆馆舍统一管理。1979年2月单列开放。1987年洪湖撤县建市，8月25日，位于洪湖市新洪路69号的新图书馆大楼建成开放。新馆主楼4层，建筑面积2640平方米，设计藏书30万册。设办公室、采编部、借阅部、业务辅导部、产业开发部等。1994年、1998年一、二次全国公共图书馆评估，获得二级图书馆。2004年至2013年定为三级图书馆。2012年洪湖市政府意向决定在城西规划行政文化中心，修建7500平方米洪湖市图书馆新馆。

业务建设

截止2012年底，洪湖市图书馆阅览座席120个。电脑及服务器50台，可供读者使用电脑30台(其中少儿使用10台)，专用存储容量为5TB，10兆光纤宽带接入。读者服务区无线网的覆盖。2004年引入图书馆管理集成系统(Ilas)，2006年升级到IlasII。同年建成共享工程洪湖市支中心。至2012年更新电脑终端，打印、扫描、刻录、数码照相、摄像等设备齐全。洪湖市图书馆网(洪湖数字图书馆网)和洪湖文化网(hhwhw.com.cn)，收集大量洪湖地方特色数字信息，网站访问量5万次。

该馆以工具书、地方文献、水利文献为馆藏特色。2012年底，洪湖市图书馆总藏量为85600册(件)，其中：线装古籍1768册，地方文献1283册报刊合订本16949册.年均新增入藏量为1000册。

该馆2011年财政拨款32.5万元，2012年财政拨款34.5万元，其中购书经费5万元，共享工程运行经费5万元，国家免费开放经费10万元。1988年该馆定编18名，中级职称7名，初级7名。职工平均年龄42岁。

读者服务工作

该馆每周开馆时间56小时，全年365天开放。2010年实现书刊借阅免费开放，年外借册次为2.6万册次，2012年外借图书8.5万册次，年流通总人次6万人次，年书刊宣传400余种。借助“农家书屋”工程，在全市建立集体图书服务网点70家，各网点年均借阅6000册次，年流通总人次为42万。定期或不定期的送书上门，为新农村建设和全市市民提供检索、咨询服务。2012年代检索课题服务20余项，解答各类咨询800余条。全年组织读者活动12次，参加活动群众1.5万人次。编辑《咨政参考》为领导机关决策提供信息服务，同时为残疾人、进城务工人员、未成年人、特殊学校学生以及服刑人员等特殊群体提供文献阅读和知识传播服务。

业务研究与用户培训

近年来，该馆组织完成洪湖市20个乡镇图书室、488个农家书屋、12个社区图书室、488文化信息资源共享工程村级服务点的建设。年培训基层骨干280余人次。根据工作实际经验，撰写业务论文5篇《2012年洪湖市乡镇图书室调查报告》、《举步维艰的基层图书室工作——2012年度城区图书室工作调查报告》得到领导肯定。

管理工作

该馆不断健全完善规章制度，初步实行聘用制、岗位管理和工作目标责任制，按需设岗，竞岗聘用。并建立合理的内部收入分配激励机制。完善工作制度、财物管理制度、档案装订整齐，专柜、专人管理，坚持每年一次的统计分析工作，做到有理有据、有分析报告。

表彰、奖励情况

2009–2012年，洪湖市图书馆共获得各种表彰、奖励16次。

馆领导介绍

汤涛，男，1963年10月生，大专学历，中共党员，馆员。1982年以来先后任辅导部、采编部、外借部副主任、主任，副馆长，2007年11月任洪湖市图书馆馆长、书记。湖北省图书馆学会会员。荆州市图书馆学会理事。文化信息资源共享工程洪湖市支中心主任。湖北省水利文献中心主任。2011年获湖北省文化厅“百佳先进工作者”称号。

吴红玲，女，1963年5月生，大学专科学历，中共党员，中级职称。1980年以来先后任采编部、阅览部、图书借阅部副主任、主任，工会主席。2003年3月任洪湖市图书馆副馆长兼任工会主席。

未来展望

洪湖市图书馆将进一步宣传图书馆公益文化服务职能，积极争取各级政府财政支持，锐意改革进取，稳定壮大干部队伍，科学规划发展蓝图，以新馆建设为契机，以数字技术为支撑，提高文献资源保障能力，全面提升图书馆的服务能力、服务水平和服务效益。

联系方式

地　址：湖北省洪湖市新洪路69号
邮　编：433200
联系人：汤 涛

ILAS图书馆自动化管理系统

电子阅览室

书刊阅览厅一角

建始县图书馆

概述

建始县图书馆成立于1978年6月，其前身为县文化馆的图书馆室，1980年正式从县文化馆分列出来，同年5月7日，正式启用县图书馆公章，配备工作人员5名。搜集古旧图书6400册，藏书25616册，订购期刊242种，报纸42种，读者850人，全年经费9000元。1981年湖北省文化厅划拨16万元专款修建馆舍。1983年6月，新馆在业州镇西街奎星楼路10号建成，馆舍面积774.85平方米。设有少儿阅览室、报刊阅览室、科技阅览室、外借处、采编室、书库。2002年，共享工程建始县支中心正式成立，并设立电子阅览室；2011年，建始县古籍保护中心正式成立，并设立了古籍特藏室。现拥有藏书113668册、古籍图书6400册，持证读者1348人，图书馆现有在编人员7人。其中本科1人，大专4人，中专2人，馆员4人，助理馆员2人，专业技师1人。1998年至2012年编制调整为11人，现有工作人员7人，财政全额拨款，购书经费3万元、流动图书车运转经费5万元、免费开放经费15万元（其中，中央财政拨付10万，县财政配套5万）。1994年、1999年、2001年、2005年、2009年、2014年被国家文化部评估为“三级图书馆”。

馆藏建设

2000年至2012年，县图书馆藏书量呈下降趋势，图书入藏的主要来源是每年订购的报刊46种，年入藏图书250册，2006年至2008年，国家精神文明办每年赠送图书1500册。现拥有馆藏图书113668册。同时侧重古籍文献和本地区地方文献的收集、民族民间文化文献的收藏，逐步形成富有地域和民族特点的馆藏特色。2011年成立古籍图书特藏室，搜集古旧图书6400册，其中13部善本获《恩施州珍贵古籍名录》，馆藏《刘雪湖梅谱二卷》犹为珍贵，为明万历年23年刻本；馆藏《率祖堂丛书》一套14种均为乾隆年刻本，至今保存良好。

读者服务

县图书馆服务对象面向全社会各阶层。以阵地服务为主，辅之以成立读书小组，送书上门，送书下乡等形式。长年与十个乡镇文化服务中心、县武警中队、邺州镇等单位图书室协调协作，建立图书流通网点，定期更换图书，定期派人进行业务辅导。坚持每周开放，2000年至2012年间，共接待读者153242人次，其中持证读者1348人。借阅图书98561册。

文化资源共享工程建设

2002年，县图书馆报请县人了政府批准，成立了全国文化信息资源工享工程建始县基层中心领导小组，办公室设在县图书馆，并与省分中心签订了“全国文化信息资源工享工程湖北分中心与基层中心工作实施协议”。同年10月，县民宗局出资5万元购置PC机10台，交换机一台，22套桌椅，组建了建始县图书馆的电子阅览室。10月8日通过电信的电话线拨号上网，开启了恩施州共享工程建设的先河。

2008年，县图书馆申报全国文化“共享工程”建设项目，2009年获得中央财政批准，并按国家级贫困县标准拨给县级支中心建设经费68万元，通过政府招标，建有标准的电子阅览室（电脑40台），机房一个（交换机4台、服务器4台，一个存贮存器，容量为2T）。接入10兆光纤，投入运行。

2010年国家文化部拨给县图书馆文化“共享工程”支中心村级终端站点建设资金91万元。全面实施本县文化“共享工程”县、乡、村三级数字化网络基础设施建设。

2012年县财政拨款7万元解决基层服务点设备的维护与更新。

2013年10月，县级支中心组织全县各乡镇文化站技术骨干进行数字化网络培训。

基层图书室业务辅导

2000年—2012年，全县共有基层图书室460个，其中村级图书室378个，社区、小区图书室30个，其他图书室50个，县图书馆长年坚持业务辅导工作。2000年至2012年派员10人，下基层437次，共辅导基层图书室153个，指导图书分类、上架计26450册。

表彰奖励

2001年12月，县图书馆被省人事厅、省文化厅授予“全省文化工作先进集体”。

馆领导介绍

张继东，男，1961年3月生，大专学历，馆员，馆长。

未来展望

建始县图书馆将不断发挥知识经济时代地区信息枢纽和建始县精神文明建设基地的重要作用，成为知识信息的集散地，市民终身教育的学校，建始地方文献的宝库，高雅的文化休闲场所。未来3年内，建始县图书馆拟建4500平方米新馆，打造该县集文化、科学、信息传播、保存文化遗产、开展社会主义教育、展示改革开放成就为一体的综合性公共图书馆，成为群众读书学习文化、科学、教育、信息、服务和交流中心，为促进本地经济建设和社会发展发挥重要作用。

联系方式

地　址：建始县业州镇茨泉社区奎星楼路10号
邮　编：445300
联系人：毛联雄

巴东县图书馆

概述

巴东县图书馆成立于1980年5月，馆舍落成于1986年5月并正式对外开放，是巴东县唯一的公共图书馆。馆址因三峡库区移民搬迁，于2003年7月随迁至新县城信陵镇楚天路30号的新馆建成开放。新馆建筑面积2500平方米。2004年，参加第三次全国公共图书馆评估，获得二级图书馆。2012年巴东县图书馆有阅览坐席200个，计算机40台，宽带接入10Mbps，选用Interlib图书馆集群自动化管理系统。

业务建设

截止2012年底，巴东县图书馆总藏量6万册（件），其中，报刊杂志2万余种/册。2009年至2011年，巴东县图书馆新增藏量购置费2万元，2012年起增至4万元。2009–2012年，共入藏图书6000种，8012册，视听文献600种。地方文献入藏完整率为90%。

2009年10月，开通Interlib图书馆集群自动化管理系统，实现了文献资料的采访、编目、流通等图书馆主要业务工作计算机管理，2014年年初，实现馆内无线网络覆盖。

读者服务工作

从2009年4月起，巴东县图书馆全年365天对外免费开放，周开放56小时。2009–2012年，书刊总流通4.1万人次，书刊外借5.1万册次（含馆外流动图书室）。2013年6月，开通流动图书车服务点21个。2009–2012年，巴东县图书馆共享工程专网向所有读者、共享工程基层服务点提供检索、浏览和下载服务。

2009–2012年，巴东县图书馆共举办讲座、展览、培训、阅读推广阅读等读者活动15场次，参与人数0.8万人次。

管理工作

2009年，巴东县图书馆完成全员岗位聘任管理，聘任管理共设4类岗位，同时，建立了工作量化考核指标体系，以及各岗位目标管理制度，实行全年工作总体考核。

表彰情况

2009–2012年，巴东县图书馆共获得各种表彰、奖励10次，其中，省表彰1次，县政府表彰5次，县文体局表彰3次，其他1次。

馆领导介绍

雷爱冬，女，1966年10月生，本科学历，中共党员，馆员，馆长。巴东县图书馆、巴东县业余体校联合支部书记。1986年12月参加工作，1989年从巴东县新华书店调入巴东县图书馆工作至今，在巴东县图书馆先后从事财务、图书外借、阅览等工作，1999年11月任巴东县图书馆副馆长，2003年5月任巴东县图书馆馆长。

肖永珍，女，1969年3月生，本科学历，馆员。1987年12月参加工作，先后从事打字员、图书外借、阅览等工作，2003年5月任巴东县图书馆副馆长。

未来展望

多年来，巴东县图书馆始终坚持以"读者第一·服务至上"为宗旨，努力为广大人民群众营造集学习、阅读、休闲于一体的良好舒适的环境。2009–2012年，在不断强化自身综合服务能力的同时，巴东县图书馆长期坚持走出馆外，充分发挥图书馆的社会教育职能，开展各类读书活动。同时，利用馆藏资源，在学校、机关单位、社区设立流动图书室，在完善单体服务功能的同时，扩大图书馆服务辐射区域，带动全县事业发展。在未来的几年里，巴东县图书馆将在充分利用现有条件，为读者提供优质服务的同时，积极争取各级领导的重视与支持，扩建图书馆馆舍，增加读者坐位。加快数字图书馆建设步伐，向全县提供全覆盖、不间断、无时空限制的数字文献远程和移动服务，达到国际一级图书馆的基本标准。

联系方式

地　址：信陵镇楚天路30号
邮　编：444300
联系人：雷爱冬

馆外的流动图书室

开通Interlib图书馆集群自动化管理系统

电子阅览室

读书签名活动

宣恩县图书馆

概述

1952年，宣恩县文化馆成立，内设图书室对社会开放。1978年，由县革委会发文，在县文化馆图书室的基础上建立宣恩县图书馆，与文化馆合署办公。1980年3月，图书馆和文化馆分署办公，人员编制和经费独立，至此，图书馆独立履行图书馆职能，承延图书馆业务工作。

1983年初，在珠山镇民族路60号址新建图书馆馆舍，建筑面积1546平方米，1985年12月新馆落成，分设行政办公室、采编室、综合外借处、综合阅览室、儿童阅览室、辅导室、参考工具室共7个服务窗口；馆舍设计藏书容量10万册，阅览室坐席152个。

1994–2013年，在文化部评估定级活动中，宣恩县图书馆均被评估定级为“国家三级图书馆”。

业务建设

截止2013年底，宣恩县图书馆文献总藏量53100册，其中普通图书41249册，报刊合订本10126册，古籍图书485册，地方文献1240册。

2010–2013年，宣恩县图书馆新增藏量购置费4万元。年入藏中文普通图书1000册，订购报刊87种，报纸10种，书架单层总长度1116米。

读者服务工作

宣恩县图书馆实行每周7天对外免费开放，周开放时间56小时，全部馆藏实行开架借阅制度，至2012年止，有在册读者1065个。2000年至2012年止，宣恩县图书馆累计接待读者52301人次，累计借阅图书170212册次。

专家视查工作

2009年7月，宣恩县文化信息共享工程项目建设经过了专家调试验收并正式对外开放。在建设县级支中心的基础上，同时对乡镇和村级服务点进行了同步建设，截止2012年底，宣恩县9个乡镇文化服务中心全部建起了基层服务平台，设置了电子阅览室，配置终端电脑72台；全县279个行政村全部建成了村级服务点，配置终端电脑279台。

2009–2013年，宣恩县图书馆共举办讲座、展览、培训等读者活动15场次，参与人数4千余人次。

业务研究、辅导、协作协调

截止2012年底止，宣恩县域共有基层图书室321个，藏书70.2万册。基层图书室业务辅导工作，宣恩县图书馆采用由采编室岗位责任形式，由业务副馆长常年对基层图书室进行业务指导。

管理工作

2010年，宣恩县图书馆实行了全员岗位聘任，本次聘任共设行政办公室、电子阅览室、期刊阅览室、少儿阅览室、采编室、外借处共5个业务岗位，采用岗位目标责任制管理方式，量化责任目标，年底总体责任目标检查考核，实行责任目标与绩效工资挂钩。

馆领导介绍

牟方忠，男，1967年1月生，高中学历，中共党员，中级职称，馆长。1985年5月参加工作，历任宣恩县文工团团长，2013年4月调图书馆工作。

未来展望

宣恩县图书馆以“巩固、发展”为办馆方针，以业务标准化、数字化建设为办馆方向，以为县域经济建设服务为中心任务。加强业务队伍建设、文献资料保障建设，扩大服务辐射区域，提高服务水平，增强服务能力，带动县域图书馆事业的整体发展。

在未来的几年里，将在县文化中心新建一座建筑面积为4000平方米的图书馆业务大楼，建成后的新馆大楼，拥有300个阅览座位，可容纳纸质文献30万册，一个布局合理、功能齐全、环境优美、服务高效的图书馆将在全县人民面前展现。

联系电话

地　址：珠山镇民族路60号
邮　编：445500
联系人：牟方忠

2014年春节送书活动

培训

馆舍大门

神农架林区图书馆

概述

1981年由林区人民政府批准图书馆从文化馆图书室中分离出来，成立了图书馆，图书馆2002年落成。位于神农架林区松柏镇松柏路40号，占地736.5平方米，建筑面积980平方米。馆藏总量7.2万余册（件）。曾荣获“湖北省文化系统选进集体”、2005年、2009、2013年分别被文化部授予“三级图书馆”，2008年建立了全国文化信息资源共享工程神农架支中心，2010、2011、2012、2013年分别获得湖北省知识工程办公室举办的“童之趣”杯大赛征文活动优秀组织奖，“林区文明单位”，“林区巾帼文明示范岗”，“湖北省巾帼文明岗”。神农架林区图书馆有阅览坐席60个，计算机50台，宽带接入10Mbps，使用Interlib图书馆自动化管理系统。

业务建设

截止2012年底，神农架林区图书馆总藏量7.2万册（件），电子图书500种。

2009、2010年，神农架林区图书馆购置费3万元，2011年起增至6万元。地方文献入藏完整率为90%。

截止2013年底，完成《神农架林区地方文化资源库》（《炎帝神农传说》、《薅草锣鼓》、《黑暗传》、《下谷堂戏》、《下谷皮影戏》、《神农架龙凤鼓》、《神农架三锣鼓》）。

2012年，使用自动化管理系统Interlib。

读者服务情况

从2011年实行免费开放，全年开放365天，馆内所有的服务项目都实行了免费开放。书刊文献年外借册次2万册/年；馆外流动服务点（含流动图书车、）书刊借阅册次5千册次/年（全区74个服务点、4个流动图书室）；举办公益性展览4次/年；阅读推广活动2次/年；一年一次图书馆服务宣传周活动；与全区中小学举办一年一次的“童之趣杯”读书征文活动。

业务研究、辅导、协作协调

从2011年起，神农架林区图书馆以全国文化信息资源共享工程为依托，在全区开展了流通服务、地方文献征集、阅读推广与讲座、展览资源服务、业务培训与技术支持等服务工作。截止2013年底，举办各类培训班15期，200人次接受培训；神农架文化讲堂（讲座）10期，参加人次2500人；举办展览4期。

管理工作

实行岗位设置管理，图书馆内设办公室、财务室、采编室、借阅部、期刊借阅部、信息咨询部、自动化部等岗位，每个岗位实行竞争上岗、择优聘用。

表彰、奖励情况

2009—2013年，神农架林区图书馆共获得各种表彰、奖励18次，其中，省级表彰、奖励8次，其他表彰、奖励10次。

馆领导介绍

袁明，男，1964年4月生，大专学历，中共党员，馆长。1983年7月参加工作，历任神农架林区文化局、文体局办公室副主任、主任，2005年1月任神农架林区图书馆馆长（副科级）。兼任湖北省图书馆学会理事、全国文化信息资源共享工程神农架支中心主任、兼任神农架硬笔书法协会副主席，湖北省硬笔书法协会理事、神农架书画院副院长。2004年获湖北省文化系统先进工作者。

邹正林，男，1961年3月生，大专学历，中共党员，工程师，副馆长，1981年10月参加工作，历任神农架林区电影公司办公室主任、副经理、经理。全国文化信息资源共享工程神农架支中心副主任。2002年获湖北省文化系统先进工作者。

王炜，女，1964年6月生，本科学历，中共党员，馆员，副馆长。1981年12月参加工作。

未来展望

十二五”期间图书馆将以满足广大人民群众、党政、科研部门对文献的需求为目标，坚持“以读者为中心”不断加强藏书建设及图书馆现代化、网络化、数字化建设的力度，着力推进管理的科学化、标准化、规范化，尽快形成以培养“高素质技能型人才”为目标的文献保障体系，努力把图书馆建设成特色鲜明、管理科学、功能齐全、服务优良、环境文明，高效率服务的文献信息中心。

联系方式

地　址：湖北省神农架林区松柏镇松柏路40号
邮　编：442400
联系人：邹正林

湖北省图书馆领导全国文化信息资源共享工程神农架林区支中心建设情况

神农架林区民风民俗专家陈人麟在《神农架文化讲坛》上授课

图书馆工作人员深入基层图书室辅导业务

来凤县图书馆

概述

1931年4月，成立来凤县民众教育馆，馆藏古籍图书2400多册，图书800多册，报刊500余册，设立了阅览室，供民众阅读。1951年，建立来凤县人民文化馆，内设图书室，购置图书1千余册，报刊10余种。1959年10月，成立来凤县图书馆，有40平方米的书库1间，120平方米的阅览室，阅览座位32个。1962年，图书馆与文化馆合并，仍为文化馆的图书室。1978年10月，恢复来凤县图书馆。1979年10月列入国家正式编制，藏书48082册，报刊204种。1985年5月，在来凤县翔凤镇园林路建成2044平方米的新馆，7月投入使用，藏书7万余册，内设了儿童阅览室、社科书库、社科阅览室、自科书库、自科阅览室、采编室、辅导组、办公室。2010年建设了湖北化信息资源共享工程县级支中心，计算机50台，信息节点117个，宽带接入20Mbps。从2009年起每年平均订购报刊80余种，平均年入藏量达800余册，现藏书13.5万册。1994年，被国家文化部评估为"国家二级图书馆"。1999年被国家文化部评估为"国家二级图书馆"，2013年评估为"国家三级图书馆"。

业务建设

截止2012年底，县图书馆年均订报刊120种，年入藏量800册，含各种捐赠和地方文献收集，馆藏量138821册。馆藏古籍有《来凤同治年鉴》、《四库全书》（部分）。大型文献有《中国美术全集》、《北洋画报》、《古今图书集成》等珍贵文献。

截止2012年底，来凤县图书馆数字资源总量为2.5TB，其中，自建数字资源总量8GB。完成了《仙佛寺石窟》、《土家族语言资源库》《南剧传统折子戏精选动漫工程》数据库建设并申报国家中心。

2012年4月在县民族文化中心内、翔凤镇武汉大道蒯寨坪段，由县人民政府采取BT模式，地方财政投资2909万元、省级财政出资200万元，新建图书档案馆，馆舍建筑面积7951平方米，其中图书馆3000平方米，馆舍外是民族文化广场，馆舍由上海同建强华建筑设计有限公司中标设计，功能布局按照公共图书馆建设标准，该工程定于2014年8月完工，9月底投入使用。

读者服务工作

县图书馆从2009年8月起，每周免费开馆7天计56个小时用以方便读者来图书馆阅览。并于1986年7月在全州率先实行开架借阅服务方式，至2012年底，有各类持证读者13500余人。2009年—2012年书刊总流通67007人次，书刊外借134599册次，2012年4月，开通与恩施州、市、县图书馆的馆际互借服务。2012年省文化厅、省财政厅为我馆配置了价值19万余元的流动图书车，流动图书车的配置，方便了我馆开展送书下乡活动，2009—2012年，建成35个流动服务车服务点，馆外书刊流通总人次48537人次，书刊外借25.76278942册。2009—2012年，县图书馆共举办讲座、展览、培训、阅读推广等读者活动18场次，参与人数28432人次。以湖北省公共图书馆服务联盟为平台，以省馆创意的阅读推广活动为主题，在我县城乡范围广泛开展不同形式的阅读活动。

业务研究、辅导、协作协调

2009—2012年，来凤县图书馆职工发表论文2篇，出版专著1部，1篇论文荣获中国图书馆学会学术研究委员会、社区与乡镇图书馆专业委员会颁发的三等奖。

2009年—2012年，图书馆派出工作人员3名，下基层达150余人次，累计辅导农家书屋228家，对全县农家书书屋管理员进行了业务培训，并指导各书屋管理员完成了新书采编、上架等业务工作，全县累计采编、上架图书342000册图书。

2009年—2012年与湖南省龙山县图书馆开展了边区图书馆协作协调工作，就两县的地方文献及馆藏文献达成了互补协议，定期交换两县地方文献、举行文化信息资源共享工作协调会议，弥补两馆文献资源不足，同时我馆为了方便来、龙两县的读者，利用来凤、龙山两县的特殊地理环境，在两县图书馆实施了"一证在手，畅通两县"工程。

管理工作

2010年，来凤县图书馆完成第三次全员岗位聘任，本次聘任共设11类岗位，有11人重新上岗，同时，建立了工作量化考核指标体系，每月进行工作进度通报，每半年和全年进行总体工作考核。2009—2012年，共抽查文献排架8次，书目数据4次，编写《工作考评通报》16期，撰写专项调研、分析报告和工作建议5篇。

表彰、奖励情况

2009年–2010年、2011年–2012年被县人民政府授入文明单位，2012年、2013年连续两年被省知识工程领导小组、文化信息资源共享工程省中心评为“童之趣”杯有奖征文优秀组织奖。2011年3月图书馆一职工被省文化厅表彰为全省公共图书馆百佳先进工作者，其他奖励4人次。

馆领导介绍

利为民，男，1965年6月生，大专学历，中共党员，图书馆馆员，1981年12月参加工作，2000年4月任来凤县图书馆馆长，2011年3月被省文化厅表彰为全省公共图书馆百佳先进工作者。举持图书馆全面工作，分管图书馆业务工作。

田秀云，女，1962年7月生，高中，中共党员，图书馆助理馆员。1985年3月参加工作，1998年8月任三胡乡文化站站长，2000年4月任来凤县图书馆副馆长，分馆图书馆财务、后勤工作。

张树芬，女，1984年3月生，大学，中共党员，计算机专业助理工程师，2006年9月参加工作，2014年8月任来凤县图书馆副馆长，分管图书馆政工、人事、计划生育、文明创建工作。

未来展望

以科学发展观为指导，根据“公益性、基本性、均等性、便利性”的基本要求，按照“一年打基础，三年见成效，五年实现跨越式发展”的总体思路，力争“十二五”期末，来凤县公共图书馆馆舍面积达到3000平方米；图书馆馆藏总量；达到26万册。阅览座位总数达到1000个，图书馆年接待读者总人次达到十万人次；初步形成布局合理、发展均衡、覆盖面广、全面开放的公共图书馆服务网络，专业化的服务能力、服务质量与服务效益显著提高，来凤县公共图书馆事业进入全面、快速、协调发展的崭新时期。图书馆免费开放率达到100%，达到国家规定的县级一级图书馆评估标准。

联系方式

地　址：湖北省来凤县翔凤镇园林路5号
邮　编：445700
联系人：利为民

鹤峰县图书馆

概述

鹤峰县图书馆前身为鹤峰县文化馆图书阅览室，成立于1951年8月，内设有图书报刊阅览室，图书3600册，报刊杂志30种。1967年"文革"期间，所藏图书遭受严重损失，借阅业务被迫停止。1979年3月经省文化局批准，图书阅览室从文化馆分离出来，成立"鹤峰县图书馆"。刚成立的图书馆藏书量为6000册，报刊杂志100种。1981年开始筹建新馆，1984年10月竣工，由省文化局拨款8万元，县财政拨款3万元进行馆内建设。2005年，因县城老城改造，图书馆临时搬迁至鹤峰县连升路1号楼（新馆正在筹备之中）。目前，馆内设有图书阅览室、报刊阅览室、电子阅览室、地方文献特藏室、自然科学阅览室、社会科学阅览室、采编室、辅导室、多功能报告厅、办公室、馆长办公室。馆舍面积550平方米。藏书6万册，订阅报刊杂志400种，阅览室座位100个，书架总长500米。设定编制9人，实有工作人员7人，(其中本科学历2人、大专学历4人、中专学历1人)，中级职称1人，初级职称6人。每年购书经费4万元、文化信息资源共享经费5万元、免费开放经费16万元，人头经费财政全拨。

业务建设

2000年–2012年县图书馆年均订报刊100种，年入藏图书800册，截至2012年含各种捐赠和地方文献收集，馆藏量60000册。馆藏有《鹤峰年鉴》、《容美土司研究文集》、《恩施土家族苗族自治州民间舞蹈集》、《恩施土家族苗族自治州民间歌曲集》《恩施土家族苗族自治州民间歌谣集》《恩施土家族苗族自治州民间曲艺集》《古桃源》、《古今图书集成》等珍贵文献。

2005年5月文化信息资源共享工程国家下拨68万元建设资金用于县级支中心建设。2005年12月由省中心授牌正式成立鹤峰县支中心，截至2012年底，县支中心、乡镇、村级基层服务点累计接待读者52789人次，免费提供给基层点使用的文化资源总量达685G，其中视频教学达170G，影视作品160余部，视频讲座68余个，提供电影，戏曲、农业科技知识等硬盘拷贝资源约170GB，刻录光盘1000余张，另外，还将国家中心分配的光盘资源全部送各基层服务点进行播放，较好地缓解了城乡基层群众看书难、看戏难、看电影难、获取信息难等问题。

读者服务工作

鹤峰县图书馆常年坚持周一至周日不间断开馆接待读者，书刊文献开架率为100%，馆藏利用率为60%，书刊文献年外借为20000次，每年在公共场所坚持1至2次新书展示活动并通过网络宣传图书馆免费开放服务内容。

2009年，鹤峰图书馆建立了网站，县支中心把上级文化信息共享工程的资源整合到鹤峰县数字图书馆资源群，使共享工程和数字图书馆相互融合，文化信息资源整合到数字图书馆后，所有的持证读者只要登录我中心的数字图书馆，在家即可使用文化信息资源共享工程的资源。同样，每一个基层点在享有文化信息资源共享工程的资源外也可无偿使用我中心的所有数字资源。目前，鹤峰县图书馆网站共享了省图书馆网络和万方数据等数据库，使共享平台拥有8000多种电子期刊、40多万册电子图书、7000多部视频讲座和特色数据资源，这些资源极大丰富了文化信息资源共享工程的内容，特别是一些视频讲座受到了广大基层群众的欢迎，到目前为止共接待网上读者50000人次。

鹤峰县图书馆自2009年以来每年坚持开展讲座活动3次，培训活动10次，展览活动2次，阅读推广活动1次，年参与活动10000人次，每年坚持开展常规性的全民读书月活动、世界读书日活动、图书馆服务宣传周活动，每年就图书馆的设施设备、馆藏资源、服务内容、服务质量及员工素质等发放调查问卷200余份，读者满率达90%。

业务研究、辅导、协作协调

县鹤峰县支中心充分利用湖北省文化信息资源共享工程运行管理软件，使文化信息资源共享工程的日常管理工作步入了规范化的轨道，提高了工程的服务能力和管理水平。为了给文化信息资源共享工程建设提供人才保证，该支中心建立了管理服务人员培训工作制度，以县级为主，县、乡两级共同负责村级基层站点业务人员的培训工作，每半年举办1期"文化信息资源共享工程培训班"，2010年、2011年与鹤峰县委组织部农村党员干部现代远程教育中心联合举办的"全县农村

农家书屋管理员培训

送书进警营

2013年2月14日“庆春节、迎元宵”猜灯谜活动

2013年4月23日“世界读书日”活动

报刊阅览室

电子阅览室

书库

党员干部现代远程教育暨文化信息资源共享工程管理员培训班”，共培训管理员160余名。

管理与表彰

鹤峰县图书馆的文化信息资源共享工程实施以来，受到了上级领导的充分肯定和社会各界的广泛赞誉，2010年，鹤峰县文化信息资源共享工程在评比中被评为全州第一名、湖北省十佳共享工程支中心，鹤峰图书馆免费开放工作也受到上级领导充分肯定，2011年被评为湖北省优质服务窗口单位。

馆领导介绍

黄子宏，男，1982年8月生，本科学历，中共党员，2005年参加工作，历任鹤峰县图书馆电子阅览室管理员、办公室主任、副馆长，2013年取得图书资料助理馆员职称，2013年10月任鹤峰县图书馆馆长，2014年3月任鹤峰县图书馆党支部书记。

唐勇，男，1968年5月生，专科学历，中共党员，副馆长。高级工，1990年参加工作，2007年任鹤峰县图书馆副馆长。

联系方式

地　址：鹤峰县容美镇连升路1号
邮　编：445800
联系人：黄子宏

业余体校参观

图书馆外貌

全国公共图书馆评估

上等级图书馆全集(第五次)

第四卷

湖南 广东 广西 海南 重庆

中国图书馆学会 编

中国文史出版社

图书在版编目（CIP）数据

全国公共图书馆评估上等级图书馆全集（第五次）：全 5 册 / 中国图书馆学会编. —— 北京：中国文史出版社，2016.1

ISBN 978-7-5034-7473-6

Ⅰ. ①全… Ⅱ. ①中… Ⅲ. ①公共图书馆-图书馆评估-中国 Ⅳ. ①G259.252

中国版本图书馆 CIP 数据核字(2016)第 024761 号

责任编辑：詹红旗　梁　洁
装帧设计：童　昊　李玉琴

出版发行：中国文史出版社
网　　址：www.wenshipress.com
社　　址：北京市西城区太平桥大街 23 号　邮编：100811
电　　话：010-66173572　66168268　66192736（发行部）
传　　真：010-66192703
印　　装：廊坊市汇兴印刷有限公司
经　　销：全国新华书店
开　　本：16
印　　张：210
印　　数：1-2600
版　　次：2016 年 1 月 北京第 1 版
印　　次：2016 年 1 月 第 1 次印刷
定　　价：1980.00 元(全五册)

《全国公共图书馆评估上等级图书馆全集（第五次）》
编委会

组稿负责人（按姓氏笔画排列）

马慧艳	乌兰格日勒	王祝康
石焕发	旦增卓玛	严　真
李　茁	李盛福	陈卫东
杨岭雪	杨洪江	吴　荇
张　蕊	陆丽娜	尚　庄
金晓英	金晓明	金美丽
武巍泓	钟海珍	贺定安
段蓓虹	闻德锋	高　莹
贾　莹	徐力文	徐向东
陶嘉今	黄　俊	董　隽
雷兰芳	熊　文	

前　言

2013 年，文化部在全国开展了第五次公共图书馆评估定级工作，上等级图书馆共 2230 个。为做好本次评估工作的经验总结、成果交流和资料留存等工作，展示上等级图书馆风采，充分发挥公共图书馆在我国公共文化服务体系建设中的重要作用，中国图书馆学会编辑、出版了《全国公共图书馆评估上等级图书馆全集（第五次）》（以下简称《全集》）一书。

《全集》共设 9 个基本栏目：概述，业务建设，读者服务工作，业务研究、辅导、协作协调，管理工作，表彰、奖励情况，馆领导介绍，未来展望，联系方式。内容全面介绍了上等级图书馆的发展状况及取得的成绩。本书是近年来全国上等级图书馆发展的最新成果集萃和最高水平展示，凝聚着全国图书馆工作者的心血和汗水。

《全集》由中国图书馆学会副理事长、国家图书馆常务副馆长陈力和中国图书馆学会副理事长、文化部公共文化司原巡视员刘小琴共同担任主编，邀请中国图书馆学会、国家图书馆以及各省级图书馆学（协）会领导和相关专家共同组成编委会。《全集》编辑过程中，中国图书馆学会、各省级图书馆学（协）会和全国上等级图书馆相关人员积极配合，搜集、整理了诸多第一手素材和资料。《全集》编撰涉及面广，内容介绍详细，参考价值大，互动性佳，系统性强，这得益于上述各方的大力支持和倾力合作，才确保了本书的品质和质量。借此出版之际，也向大家表示最诚挚的感谢。

《全集》具有权威性、全面性、系统性、工具性等特点，集中收录第五次评估上等级图书馆的有关资料、照片等内容，真实、准确地记述上等级图书馆相关方面的史实，全面、客观地反映上等级图书馆的建设成就，对社会各界了解和研究上等级图书馆具有重要的参考作用。

《全集》编辑过程中，为统一版式，对部分入编单位的版面进行了调整。由于时间和水平的原因，恐有疏漏之处，诚望谅解！

《全集》编委会

图书馆：社会进步的力量

LIBRARY:

the power of social progress!

目 录

湖南省

广东省

广西壮族自治区

海南省

重庆市

湖南图书馆

概述

湖南图书馆是我国第一家以"图书馆"命名的省级公共图书馆，其前身始建于1904年3月，由湖南先贤梁焕奎等人募捐、湖南巡抚赵尔巽准令于古定王台创办的湖南图书馆兼教育博物馆。1984年12月，座落在韶山北路的现馆舍落成开放。馆舍建筑面积3.2万平方米，其中主楼服务面积为1.3万平方米，书库面积近1万平方米，阅览座位1476个；配备计算机415台，三路100M专线宽带，信息节点783个，读者服务区无线网络覆盖率达100%。连续五届获评国家一级图书馆。

业务建设

2009至2012年湖南图书馆购书经费为490万元/年，累计购置图书、光盘、期刊32万余种，59万余册（件）。2012年实际使用购书经费780万元，地方文献入藏率达到97.25%，家谱藏量居全国第三。

截至2012年底，湖南图书馆馆藏纸质文献共计397.5万册（件），其中，图书（含盲文）268万余册、古旧文献（含善本）80万余册（件），报刊46万余件，视听文献16万余件、缩微制品4500余件；拥有电子图书320万余种，电子期刊2.17万余种，采购数字资源总量101.1TB，存在本地数字资源总量35.59TB，其中自建数字资源总量15.74TB。

2009至2012年，建设了湖南地方文献书目文摘数据库、湖南地方戏剧资源库、湖南近代名人资源库、湖南非物质文化遗产资源库、湖南红色记忆多媒体资源库、湖南古村镇古民居建筑多媒体资源库等地方特色数据库。天下湖南网文献资源库等多个资源库已成为研究、了解湖湘文化的重要参考。

2012年引进RFID技术，开通24小时自助图书馆，将图书馆自动化管理系统ILASⅡ升级为Interlib图书馆集群管理系统。

读者服务工作

湖南图书馆周开放时间为98小时，2009至2012年，共计服务读者970.6万人次，外借163.4万人次，658.8万册次，新办证8.3万个。设立馆外流动服务点48家，包括部队服务点、学校服务点、农村服务点、企业服务点四大类型，总书刊外借册次19.9万。与湖南大学、中南大学、湖南省科学技术信息研究所等10余家单位开展跨系统馆际互借服务，2009至2012年共互借文献2600余册，网上传递文献19万余篇。设立专门的政府公开信息查阅室，并在网上开通了"中国政府公开信息整合服务平台湖南分站"。先后开通了"为政协委员履职服务平台"、"人大代表文献信息咨询平台"与"党政机关信息服务平台"。2012年起，进驻"两会"，共计为200余名代表、委员提供文献信息服务，发放专题资料2027份。2013年起，与中共湖南省委宣传部外宣办合作编制《外媒看湖南》，为省领导提供决策参考。

搭建天下湖南论坛、读行论坛与湘图官方微博等网络平台，开通了手机图书馆，引进了触摸式读报屏。充分利用网络、智能手机等新媒体，为读者创造便捷的全媒体阅读环境。2009至2012年，湖南图书馆网站访问量7889.58万次，数字资源访问量3452.72万次。

2009至2012年，湖南图书馆共举办讲座、展览、培训、阅读推广等读者活动1399场次，参与读者223.6万人次。湘图讲坛是湖南图书馆着力打造的服务品牌，内容涵盖传统文化、文学、历史、音乐、美术、健康、图书馆利用等诸多领域。2011年11月开创的湘图百姓课堂，已累计开设78门课程，1386课时，听课学员达2.5万人次。

业务研究、辅导、协作协调

2009至2012年，湖南图书馆职工发表论文218篇，出版专著16部，参与国家级课题2项，主持、参与省部级、厅局级课题15项，完成省部级课题4项。主办的学术刊物《图书馆》连续被评为中国图书馆学优秀期刊、全国中文核心期刊、CSSCI来源期刊、RCCSE中国核心学术期刊。

湖南图书馆与省内80余家市、县图书馆签订了《数字资源共享协议》，建立全省公共图书馆数字资源共建共享机制。与高校、科研机构等系统图书馆合作共建"湖南省文献资源共建共享协作网"，面向全省开展网上信息咨询服务。每年召开全省市（州）图书馆馆长会议，定期举办全省图书馆员业务培训班，2009年以来共举办5期培训班，培训740人次。

2009年，湖南图书馆开展了"书香湖南，悦读你我"全省图书馆界服务推广周活动，活动期间服务读者10万余人次；11月，湖南省图书馆学会与广东、贵州、四川、海南、江西、福建、澳门图书馆学（协）会联合主办"泛珠三角图书馆学（协）会2009年联合学术年会。2010年，湖南图书馆联合中国图书馆学会、北京大学信息传播研究所等机构对衡阳地区公共图书馆近年发展状况进行回访调研；11月，举办全省图书馆界服务知识与技能竞赛。2011年，湖南图书馆承办"中美图书馆员专业交流项目 湖南省图书馆馆长高级研讨班"，促成《湖南省县（市、区）公共图书馆服务公约》的出台。2012年，湖南省古籍保护中心完成全省70余家古籍收藏单位的古籍存藏与保护现状调查及古籍收藏单位普查登记工作；先后在常德、湘西、衡阳、邵阳、长沙等地开办古籍普查与登记培训班，参加单位76

古籍阅览室

学习室

电子阅览室

家，培训学员211人次；8月，湖南、湖北、江西三地省馆联合牵头，成立“湘鄂赣公共图书馆联盟”；2013年联盟增加了安徽省图书馆，成立“湘鄂赣皖公共图书馆联盟”。

管理工作

湖南图书馆实行集工作目标责任、学习、创新、宣传、合作协调五个方面于一体的考核考评机制；鼓励职工进修学习，在业务知识、修身做人、职业礼仪等多个方面对职工进行培训；多方征稿，确定馆徽、馆训、馆歌，建设团队文化。湖南图书馆自2005年始启动三年一度的岗位聘用工作，2011年全馆设置岗位270个，5位员工竞聘为一级岗，28位员工竞聘为中层管理干部，所有员工全部上岗。

表彰、奖励情况

2009至2012年，湖南图书馆共获得各种表彰、奖励55次，其中，文化部表彰、奖励2次，省委、省政府表彰、奖励4次，省文化厅表彰、奖励13次，其他表彰、奖励36次。

馆领导介绍

张勇，男，1962年9月生，硕士研究生学历，中共党员，研究馆员，馆长。1984年8月到湖南图书馆参加工作，历任湖南图书馆副馆长、党委书记。现为湖南省政协委员，同时兼任中国图书馆学会常务理事，中国图书馆学会学术委员会委员、地方文献专业委员会主任，湖南省图书馆学会理事长，文化信息资源共享工程湖南省分中心主任，湖南省古籍保护中心主任等职。2006年评为文化部优秀专家，2008年入选湖南省宣传文化系统“五个一批”人才，被文化部聘为“文化行业专家资源库”专家，2011、2012年获“湖南省优秀政协委员”称号。

李莹，女，1957年1月生，本科学历，中共党员，高级政工师，党委书记。1975年5月参加工作，1978年12月到湖南图书馆工作，2002年任湖南图书馆党委副书记，2011年任湖南图书馆党委书记。2012年评为全国文化文物系统创先争优活动优秀党务工作者。

吴平祥，男，1954年9月生，大专学历，中共党员，党委副书记（正处级）。1973年9月参加工作，1984年到湖南图书馆工作，1992年任湖南图书馆党委副书记。

伍艺，女，1965年8月生，本科学历，中共党员，副研究馆员，副馆长。1988年7月到湖南图书馆工作，先后在技术服务部、信息服务部、自动化发展部等部门工作，任副主任、主任等职务。

雷树德，男，1962年6月生，本科学历，中共党员，研究馆员，副馆长。1985年8月到湖南图书馆工作，2002至2005年曾任湖南省少年儿童图书馆副馆长。现兼任中国图书馆学会地方文献专业委员会委员兼办公室主任，湖南省古籍保护中心副主任。

湘鄂赣皖四省历史文化名人解读——曾国藩四人谈

邹序明，男，1967年10月生，本科学历，中共党员，研究馆员，副馆长。1988年7月参加工作，2003年4月到湖南图书馆工作。历任岳阳市图书馆副馆长、党支部书记。现兼任湖南省图书馆学会副理事长、秘书长。

伍涛，男，1968年2月生，本科学历，中共党员，高级政工师，副馆长。1986年7月到湖南图书馆工作，先后在组织人事科，规划财务科等部门工作，任副科长、科长、共青团湖南图书馆总支部书记等职务。

未来展望

在过去的四年里，湖南图书馆始终秉承“服务立馆、文化办馆、科研兴馆、人才强馆”的办馆理念，以全面推进国家四个重大文化工程为抓手，以提质改善办馆条件为基础，充实优化馆藏文献，努力提升服务质量，创建多元服务体系，搞好共建共享合作协调工作，加强人才队伍建设，把握机遇，积极进取，迎来了事业发展的新局面。在今后的工作中，湖南图书馆将以打造全媒体时代的“实体湘图”与“数字湘图”复合体为奋斗指向，全力推进馆舍扩改建工程，建立能满足大众型图书馆与研究型图书馆需求的资源体系和优质服务体系，形成以精细化管理为内核的科学高效的管理体系，努力成为功能完善、现代化水平高、文献信息资源丰富、人民群众满意的省级综合性公共图书馆。

联系方式

地　址：长沙市韶山北路169号
邮　编：410011
联系人：徐 志

4.23世界读书日活动

图书馆外貌

湖南省少年儿童图书馆

概述

湖南省少年儿童图书馆成立于1981年，是我国最早建制的省级少年儿童图书馆之一。馆舍面积10848平方米，开辟服务窗口十四个，阅览座席754个，计算机125台。每周开放56小时，全年开放362天，仅春节3天闭馆。

业务建设

2012年财政拨款905.4万元，比上年增加22%，其中每年用于购书的直接经费为100万元，实行单列。

截至2012年底，拥有各类文献资源89万余册（件），各类数字资源总量达到22.1TB。其中自建数据库资源量达2.1TB。图书新增藏量达到12359种，较上年增长51%。

湖南省少年儿童图书馆网站栏目有71个，建立了童话世界、故事王国、环保生活、音乐人生四个特色资源库。与国家少儿图书馆合作开发动漫项目，自主创作和制作的“小星星”系列动画片已被国家数字图书馆采用。

读者服务工作

2009年–2012年，办证30876个，年增长率超过20%。总流通人次为1989999人次，年增长率超过11%。

湖南省少年儿童图书馆一直注重分馆和流动点的建设。共建学校分馆22所，截止2012年已将2万余册书刊、设备无偿捐赠给省内多个老少边穷地区和事业发展相对落后的少儿图书馆。

与企业联合打文化牌，自2011年开始尝试与知名企业合作，与麦当劳食品有限公司签订协议，在长沙市五家连锁门店设立“麦当劳图书角”，提供书籍免费取阅。

与长沙市未成年人教养所建立了长期的帮教合作关系。与扶贫工作携手共建，联合国内知名企业“深圳华润怡宝公司”，在省文化厅的建整扶贫工作点武冈市湾头桥镇和省级贫困县桃江县高桥乡石井头村建立了流动服务点暨“华润怡宝”图书馆。分别提供价值十万元的书籍、阅览桌椅及电脑设备。

四年来专门为弱势和特殊少儿群体开展各类知识培训9期，参与人数共计436人次；捐赠图书2285册；送书上门服务覆盖人群41865人次；开展各类活动29场，4万多人参加。

“三湘读书月——全省少年儿童读书活动”由中共湖南省委宣传部、湖南省文明办、湖南省文化厅、湖南省教育厅、湖南省新闻出版广电局、共青团湖南省委、湖南省妇女联合会、湖南省关心下一代工作委员会等八部委联合发文共同组织举办，湖南省少年儿童图书馆具体承办。活动辐射全省14个市、州的120多个县、市（区），每年参加人数多达上百万。以征文、诵读、知识竞赛、故事会、才艺展示等形式来展现阅读成果，利用网络展播展示活动风采，与媒体合作推荐好书，用展演方式来表现阅读成果。2011年以来活动增设了“三湘少年儿童阅读之星”的评选，通过视频展播、网络投票等方式树立儿童阅读榜样。

2010年4月–2011年4月，由湖南省少年儿童图书馆牵头联合全国少儿图书馆、部分公共图书馆发起、策划和组织的“全国少年儿童阅读年”系列活动历时一年。全国16个省（市）35个地区公共图书馆、少儿图书馆参与，共开展各类活动100余项、3400多场次，送书、送服务到贫困偏远地区，参与人数达400多万，各级新闻媒体报道数百次。

2009年–2012年，湖南省少年儿童图书馆共举办讲座、展览、培训、阅读推广等读者活动241场，参与人数16万人次。2012年11月“亲子共读经典”公益大讲坛系列活动荣获中国图书馆学会阅读推广优秀案例和省文化厅“群星奖”项目奖。

业务研究、辅导、协作协调

2009年–2012年，全馆干部职工在专业期刊发表、各种学术会议交流的论文总数达77篇。在各级征文评选中获奖论文达28篇。完成两项国家级课题《社会文化活动机制》、《全国少年儿童阅读调查》。其它两项：文化部国家文化科技提升计划《全国少年儿童阅读推广服务平台》课题中期评审已过，文化部《公共图书馆少年儿童服务规范》课题已立项。

2009年湖南省少年儿童图书馆联合全国少儿图书馆、部分公共图书馆策划和组织了“全国少儿阅读调查”。该项调查涉及16个省35个地区的近15万名少年儿童，准确收集了少儿阅读的各类第一手数据，为今后未成年人阅读推广工作与决策提供了翔实的科学参考依据。

在2009年“全国少年儿童阅读年”活动开展之际和2012年9月湖南省少年儿童图书馆承办的“全国图书馆未成年人服务提升计划（湖南站）”巡讲活动中，特邀德国阅读推广专家来馆举办阅读推广讲座，促进了中西方文化交流。

作为未成年人图书馆服务专业委员会主任馆，2009年–2012年间，在南宁、合肥、厦门、上海、昆明、深圳等地组织召开学术交流会议，就少儿图书馆事业可持续发展以及少儿图书馆在公共文化服务体系中的地位和作用展开了广泛的学术研讨和工作交流。

湖南省少年儿童图书馆重视对本地区少儿图书馆（室）、中小学图书馆工作人员的培训工作。2012年9月，承办了“全国

“个性手工坊——我跟大师学剪纸”活动

举办“民俗知识”抢答赛

开展4·23世界读书日活动

长沙市盲聋哑学校的孩子们来馆参加阅读活动

向长沙市未成年人教养所赠送新书

"三湘读书月——2012年全省少年儿童"学习雷锋好榜样"读书活动

图书馆未成年人服务提升计划（湖南站）"巡讲活动，来自全省各市（州）、县（市）、区图书馆的200余名工作者参加了培训。

管理工作

为了适应事业发展的需求，全面推进事业单位改革与创新，于2009年进行了机构和人员调整，实行全员聘用制，采取自愿报名、资格审查、演讲答辩、民主测评、组织考察等严格的程序择优上岗。

不断完善和健全各项规章制度，用以规范和指导各项工作。严把"三公"经费关，试行部门经费管理办法，推行"扁平化管理"，工作效率得到显著提高，运行费用大幅降低，与上年同比节约和降低运行经费20%以上。

2011年，在阅览大楼增设了消防烟感系统及电子监控系统两套安全保障系统。2012年争取到了200万的专项资金用于改造低压电网，增设双电源，提高用电安全保障。截至目前未发生过一起重大安全责任事故，确保了一方平安。

表彰、奖励情况

近几年先后获得国家教委、文化部、新闻出版总署、全国总工会、中国科协、中共湖南省委宣传部、湖南省文化厅、湖南省科技厅、中国图书馆学会等单位授予的"全国一级图书馆"、"全省未成年人思想道德建设先进单位"、"全国第十五届群星奖项目奖"、"湖南省优秀科普基地"、"全民阅读先进单位"等近20项省级以上荣誉称号。2010年被评为"厅直系统优秀党总支"，2011年–2012年连续两年被评为"厅直系统先进单位"，2012年被评为"省直机关文明单位"。2010年在湖南省图书馆学会组织的湖南省图书馆界服务知识与技能竞赛中，获得团体一等奖和个人一等奖的优异成绩。

馆领导介绍

李宏斌，男，1956年6月生，中共党员，大专学历，馆长兼党总支副书记。1974年8月参加工作。兼任湖南省图书馆学会副理事长，2012年被评为"厅直系统先进个人"，2013年被中国图书馆学会授予"优秀会员"荣誉称号。

杨柳，男，1957年6月生，中共党员，本科学历，研究馆员。党总支书记兼副馆长。1975年6月参加工作。兼任中国图书馆学会未成年人图书馆服务专业委员会委员、青少年阅读推广委员会副主任，全国图书馆标准化委员会委员。2009年被评为全省宣传系统"四创四争"先进个人，2010年6月被评为文化部全国第十五届群星奖"群文之星"。

郭坚，男，1965年7月生，中共党员，本科学历，馆员，副馆长。1985年10月参加工作。2008年6月担任副馆长至今。2011年和2013年被评为"厅直系统先进个人"。

邓镰，女，1966年8月生，中共党员，本科学历，副研究馆员，副馆长。1987年7月参加工作，2008年6月担任副馆长至今。2010年被评为"厅直系统先进个人"。

薛天，女，1961年9月生，中共党员，本科学历，副研究馆员，副馆长。兼任中国图书馆学会未成年人图书馆服务专业委员会秘书长。1972年11月参加工作，2012年6月担任副馆长至今。

未来展望

湖南省少年儿童图书馆将始终坚持"一切为了孩子"的服务宗旨，以科学发展观为指导，坚持改革创新，着力基础业务工作建设，着力人才队伍建设，提升馆员的职业道德素养和业务能力，不断完善内部管理机制，丰富服务手段，提高服务水平，把少儿图书馆建成孩子们的"阅读天堂"。

综合借阅室

湖南省少年儿童图书馆外貌

株洲市图书馆

概述

株洲市图书馆始建于1960年，是由株洲市政府投资兴建的文化设施，1986年在株洲市中基洲文化园内建成新馆，馆舍面积8013平方米，馆藏书刊52.18万册，年接待读者51万人次，有阅览室座席562个，计算机102台。馆内设置了综合外借处、少儿活动中心、报刊阅览室、期刊阅览室、地方文献室、电子阅览室、神农大讲坛、办公室、采编部、合作协调部等服务窗口和业务部门，开展了自助办证、自助借还、自助查询、自助续借、代借代还、送书上门等服务项目。2003年挂牌为湖南图书馆株洲市图书馆分馆，在第五次全国公共图书馆评估定级评审后被评为国家一级图书馆。

业务建设

截止2012年底株洲市图书馆总藏量52.18万余册，电子文献藏量6210种。2009年-2012年图书入藏量共计68729种，报刊共计3599种，收集地方文献共计1960种，共采购光盘文献715件，有声读物1209件，文化共享工程专题资源762件。数字化建设方面自建和外购数字资源共16TB,馆藏中文图书书目数字化率达95%，地方文献数据库建有“株洲地方信息数据库”，录入了《株洲市志》、《株洲年鉴》、《株洲大事记》等文献供读者在网站查阅，建立了“株洲市地方文献影视光碟数据库”收藏各类光碟。

2011年株洲市图书馆在全省第一个使用第三代图书馆自动化系统INTERLIB系统，在全省第一个运用RFID（无线射频）技术，率先使用了第一台自助办证机和第一台自助借还书机，同时在湖南省第一个建立了总分馆——株洲市图书馆规划展览馆分馆，同年6月株洲市图书馆盲人阅览室正式对公众免费开放。

2012年11月启动了株洲市数字图书馆建设工程计划，预计在未来五年时间里完成株洲市数字图书馆建设的基本工程。

2012年株洲市图书馆引进了湖南省首台24小时街区自助图书馆，同年11月株洲市图书馆房产分馆挂牌对外开放。

2013年株洲市图书馆再次引进2台24小时街区自助图书馆。

读者服务工作

株洲市图书馆每周开馆72小时，从2011年3月1日起向全社会免费开放各个服务窗口，在图书馆服务宣传周、世界读书日、三湘读书月等大型活动中大力宣传国家免费开放政策，读者到馆率稳步攀升。

2012年株洲市图书馆持证读者有18567人，到馆读者有381512人，馆藏书刊文献年外借册次为33.16万册，年外借率为64%。馆外流动服务点书刊借阅册次为783.2千册次/年。株洲市图书馆从加强宣传入手，逐步扩大图书馆的影响力。通过馆厅LED显示屏和馆办网站对图书馆的各项服务及活动进行报道，及时告知读者图书馆最新书刊动态，年均书刊宣传达600种以上。同时也注重媒体宣传效应，2009年至2012年株洲市图书馆每年在各大媒体的报道都达百余次。2012年株洲市图书馆完成政务公开信息咨询36条，完成课题服务4项，一般咨询年均800余次。

株洲市图书馆成功打造了两个品牌活动：一是“你读书，我买单”活动。2010年株洲市图书馆在全国率先开展了“你读书·我买单”活动，市民在新华书店看中了书，就可以带回家阅读由图书馆来买单，此活动将选书、采书权利交给读者，在全国引起了轰动，目前活动已连续举办了七期，全国图书馆界都在效仿这种模式；二是“神农大讲坛”公益讲座。株洲市神农大讲坛创办于2007年11月1日，强调立足本土，突出湖湘文化特色，雅俗共赏，惠及全体市民，讲座每周六定期开展，2009年-2012年共开展各类讲座110余期，听众达45000余人次，深受媒体的关注和市民的喜爱。

株洲市图书馆近年来开展了“道德讲堂”、“4.23世界读书日”活动、“读书月”活动、“寒暑期少儿活动”、“图书馆宣传服务周”活动、“图书以旧换新”活动、“快乐过六一、畅享图书馆”活动、“全省少儿读书竞赛”、“送借书证进机关”、“请书回家”等系列活动，成效显著，深受广大读者和社会各界喜爱与认可。

业务研究、辅导、协作协调

2009年-2012年全馆职工在省级以上刊物或国际会议上发表论文共计65篇，撰写调研报告5篇，1个科研项目通过评审并获奖。

2009年-2012年株洲市图书馆组织员工开展继续教育学习，四年人均课时达118.30小时，培训采取“请进来送出去”的模式，同时把“人人上台讲党课”活动持续坚持下来，切实提高了干部职工的思想素质。另外株洲市图书馆每年组织五县（市）基层图书馆馆员和社区图书室管理人员进行培训，每年根据共享工程省级中心的部署安排，对文化共享工程基层

图书馆外貌

株洲市图书馆展厅

点管理人员和技术人员也进行了多次业务培训。株洲市图书馆学会组织结构完善，每年组织学术活动不少于两次，会员队伍还在不断发展壮大。我馆还积极参加地区性和全国性联合编目工作，成功编制了株洲地区公共图书馆和高校图书馆《中文科技期刊联合目录》。

株洲市图书馆在本地区建立了株洲市五县（市）公共图书馆馆长联盟和株洲市高校协作网，号召株洲地区大型企事业单位图书室、情报室加入株洲市地方文献征集信息网，开展地方文献市（县）和市校之间的互征互换，实现图书馆服务网络的资源共享。每年联合省、市、县三级图书馆开展科技下乡活动，组织地区图书馆开展学术交流活动，参与服务网络的五县（市）图书馆特殊文献借阅次数为20余次，株洲市图书馆总馆与株洲市规划展览馆分馆和株洲市房地产局分馆以及24小时街区自助图书馆实现了通借通还，2012年房产分馆文献借阅册次为740册次，规划展览馆分馆借阅册次为44332册次，24小时街区自助图书馆借阅册次为11万余册次。

管理工作

株洲市图书馆现有职工39人，副高职称6人，中级职称19人，馆领导班子成员5人。全馆实行了按需设岗、按岗聘用、竞争上岗的人事管理制度和相应的激励机制，实行按月、季度、年度考核。财务管理工作规范守纪，2011年株洲市图书馆荣获株洲市财政局颁发的部门决算工作先进单位的光荣称号。在设备、物资管理上制定了《株洲市图书馆设备物资管理制度》，建有固定资产、低值易耗品领用帐等。各项档案资料健全、详实、规范，2012年株洲市图书馆获得株洲市档案局颁发的“先进单位”称号。我馆积极吸纳志愿者参与图书馆日常工作，组建的志愿者队伍共计172人。平时我馆加强环境与安全管理建设，优化阅读学习工作环境，设施维护及时到位，消防、保卫工作达标，制定了《株洲市图书馆突发事件应急预案》等相应的安全保障措施。

表彰、奖励情况

2009年–2012年株洲市图书馆共获得各种表彰和奖励27项，其中国家级表彰、奖励1项，省级表彰、奖励13项，市级表彰、奖励1项，区局级表彰、奖励12项。

馆领导介绍

黄小平，男，本科学历，中共党员，副高职称，2009年7月担任株洲市图书馆馆长。

周永干，男，本科学历，中共党员，副高职称，2012年11月担任中共株洲市图书馆党支部书记，2013年担任中共株洲市图书馆总支委员会书记。

少儿活动—绘本故事会

姚奇志，女，本科学历，中共党员，副高职称，2001年6月担任株洲市图书馆副馆长。

邹一坚，男，1959年12月生，本科学历，中共党员，中级职称，2003年3月担任株洲市图书馆副馆长。

文媛满，女，研究生学历，副高职称，2012年11月担任株洲市图书馆副馆长。

未来展望

株洲市图书馆将按照“一切为了读者、服务读者、服务社会”的宗旨，创造性地开展各项工作，重点发挥图书馆在全民阅读和市民“第三空间”的作用，创新理念，努力开展神农大讲坛和道德讲堂等有特色的读者活动，满足广大人民群众的文化需求，今后我们将不断完善硬件设施，提高馆藏图书的入藏量和地方文献征集的力度，加快推进全国文化信息资源共享工程、数字图书馆推广工程的建设工作，预计在未来五年时间里完成株洲市数字图书馆建设的基本工程，使社会公众能够获得的数字资源总量扩大四十倍，从现在的大约5TB上升到200TB（相当于6千万册图书或18万小时视频），不断满足读者日益增长的阅读需求，成为与省内高校、科研系统图书馆实现资源共享和互补的大型市级图书馆，各项主要指标力争位居全国公共图书馆前列，达到国家一流图书馆的标准。

联系方式

地　址：湖南省株洲市芦淞区建设中路文化园内株洲市图书馆

邮　编：412000

株洲市图书馆24小时自助图书馆

株洲市图书馆阳光自助书屋

衡阳市图书馆

概述

衡阳市图书馆筹备于1917年，开馆服务于1921年1月，曾名衡阳县公立图书馆、衡阳县民众图书馆、衡阳图书馆、省立衡阳图书馆、衡阳市船山图书馆，是全省唯一成建制保留到新中国成立后的市级公共图书馆，近二十年中以全省市级馆中面积大、馆藏丰富、业务强在全省居于重要地位。馆舍屡经迁移，馆名多次变换，1966年定现名，1974年迁先锋路49号现址，2013年被评为国家一级图书馆。

现馆舍建成于1985年，2009年市政府实施图书馆维修改造，整合大楼出入口，增设两台电梯，调整功能分区，改造水电线路，内外统一装修。争取专项经费92万元，基本服务设施全面更新；年文献购置费从26万元增长至70万元，活动及办公经费每年35万元（此前没有）。

2012年底在职员工57人，馆舍建筑面积6480平方米(另有分馆1700平方米)，阅览座席526个；内设六部一室，对外服务窗口10个；藏书60万余册，其中古籍和民国图书4.2万余册、衡阳名人著作等地方文献近2万册最具价值。实行计算机自动化管理，2004年成立文化共享工程衡阳市支中心，开通图书馆网站，2006年加入湖南省公共图书馆数字资源共建共享协作网。2012年启动数字图书馆建设。

业务建设

2010年至2012年，年均订购报刊815种，入藏图书11166种12547册，平均每周有两批新书上架供读者借阅；先后6次派人参加全国、全省培训，多次对衡阳地区图书馆从业人员进行培训。截止2012年底，衡阳市图书馆总藏量60万册（件），其中，电子图书5万册，视听文献2555（件）；自建数字资源总量2TB，在建的数据库有《王船山著作联合目录与文献数据库》、《衡阳抗战文献数据库》、《衡阳古籍图书联合目录》、《衡阳历史文化数据库》、《衡阳名人·名人与衡阳数据库》、《南岳历史文化数据库》等。

2009年终止所有对外租赁和商业活动，阅览大楼全部用于读者服务，将自动化管理系统升级改造为IlasII系统；2010年扩建地方文献阅览室，设立中心机房、多媒体报告厅，现代化服务比重明显加大；2011年9月27日起实行免费开放；2012年1月实现全馆借阅一卡通，建立古籍和民国图书专项数据库，有两部古籍入选《国家珍贵古籍名录》，在全省图书馆业务评比中获古籍保护工作优秀奖；2013年宽带接入扩至20MB，实现馆内无线网络覆盖。

读者服务工作

2010—2012年，到馆读者91.3万人次，书刊外借85.6万册次。每周开放64小时，同时，在机关、部队、社区、监狱、农村等建立和巩固了13个馆外流通站，书刊外借4.8万册。开通馆际互借、电话续借、送书上门服务，设法让农民工、残疾人、服刑人员等特殊群体也能享受到图书馆服务。建立图书馆读者QQ群，及时传递新书信息。2012年引入志愿者服务机制，招募社会志愿者70余人，建立以20人为骨干的图书馆文化服务志愿者队伍。

2010—2013年，衡阳市图书馆共举办讲座、展览、培训、知识竞赛等阅读推广活动145场次，参与人次近20万。其中“雁城市民课堂”、“雁城市民展厅”和“衡阳诗歌公益日”等已初步成为服务品牌。

业务研究、辅导、协作协调

2009—2013年，衡阳市图书馆职工获国家级奖论文20篇，在《图书馆》、《图书馆建设》等专业核心期刊上发表论文4篇；调研报告5篇，获准立项的省级课题1项。

作为衡阳地区中心图书馆，注重协作协调工作，利用学会平台，开展全市各级各类图书馆学术研究和行业交流，还定期举办文体活动，促进馆界间互通与进步。2012年制定《衡阳市图书馆学会馆际协作暂行办法》，进一步规范协作行为。

全程参与国家公共文化服务体系示范项目“公共文化服务进社区”创建工作，促成市、区、街道和社区四级图书馆服务网络基本完善；在参与文化强市调研、公共图书馆法立法调研、公共文化服务保障条例立法调研、全民阅读推广立法调研、文化惠民富民调研和市政府、人大、政协组织的其他调研活动中，主动联系基层馆，反映行业共同意愿。2010年4月，与中国图书馆学会、湖南图书馆、北京大学信息传播研究所、湘潭大学知识资源管理系共同组织调研组，对衡阳市公共图书馆近五年发展情况进行回访调研。主导全市公共图书馆工作，有效地推动了事业发展。

管理工作

2010年，启动新人事制度改革，2012年确立岗位设置的基本

图书馆外貌

中文图书借阅处

框架；2013年对管理岗、专业技术岗等相关岗位比例重新审定分配，岗位职数与职称评定直接挂钩，竞聘上岗，签订新岗位职能下的全员劳动合同，建立量化考核指标体系，考核结果在奖励性绩效工资中使用；2013年绩效工资制同步正式实施，工资结构发生变化，当年预算总额调整为469万元，比2012年增长24%。

学会工作

组织机构健全，学会活动丰富，参与单位广泛，每年出版会刊《衡阳图书馆工作》四期，市学会连年被市社科联评为先进学会，2013年5月荣获“湖南省社科普及工作先进集体”称号。

表彰、奖励情况

1994年被省文化厅评为“湖南省二级图书馆”，1991年、1995年、1998年三次被省文化厅评为“湖南省文明图书馆”；1995年被文化部评为“国家二级图书馆”、“全国文明图书馆”；1999年、2005年、2013年获评为“国家一级图书馆”称号。

2009年获第三届文化部创新奖、全市文化工作目标管理先进单位、全省图书馆界服务推广活动周优秀奖。连年获得湖南省“红读”活动组织奖。2010年获全省文化共享工程少年网页设计竞赛组织奖与指导奖。2011年荣获“市直宣传战线优秀领导班子”称号。2012年荣获全市文化工作目标管理单项奖、市直文广新系统“党政好搭档”称号。2012年获湖南省社科普及工作先进集体称号。

馆领导介绍

刘忠平，男，1970年10月生，本科学历，中共党员，副研究馆员，馆长。1994年7月参加工作，2002年8月调任衡阳市图书馆副馆长、党支部副书记（主持全面工作），2004年2月任衡阳市图书馆馆长至今，撰写学术论文18篇，获国家级奖9篇，公开发表7篇。2009年入选湖南省图书馆学会中青年人才库，2010年被评为湖南省优秀中青年人才，两次荣获“中国图书馆学会优秀会员”称号，承担省级课题1项。

申国亮，男，1965年11月生，本科学历，中共党员，副研究馆员，党支部书记。1986年7月参加工作，先后在衡阳市图书馆外借部、科技部、采编部工作，1994年3月任副馆长，2004年3月任党支部书记至今。2008年在中图学会年会分会场发言，2011年6月在中图学会地方文献研讨会作《方志艺文志的开发与利用》专题发言。

刘朝辉，女，1964年1月生，本科学历，中共党员，副研究馆员，副馆长。1979年12月参加工作，1987年7月进入衡阳市图书馆工作，先后在辅导部、办公室工作，2006年9月任副馆长至今。在省、市级刊物上发表论文10余篇。

组织参加全省共享工程知识竞赛

颜素华，女，1967年5月生，本科学历，馆员，副馆长。1988年7月参加工作，先后在外借部、科技部、地方文献部、办公室、现代技术部、采编与现代技术部工作，2006年9月任副馆长至今。撰写论文11篇，获得国家级奖6篇。

罗马，男，1981年8月生，本科学历，中共党员，馆员，副馆长。2003年3月由部队退伍进入衡阳市图书馆工作，期间借调至衡阳市文化局，2010年10月任副馆长至今。撰写有《衡阳市城区公共图书馆地理位置调研报告》、《浅谈如何加强公共图书馆与高校图书馆交流》等多篇论文。

未来展望

衡阳市图书馆新馆建设已完成立项、选址、方案设计、环评等前期工作，计划于2014年7月初开工。新馆坐落在老城区中心地段，建筑面积2.3万平方米，规划馆藏图书120万册，机动车停车位184辆，阅览坐席1200座，报告厅246座，单日接待人次最多5000人次，建筑计划工期两年。新馆设计理念新颖，功能布局合理，配套设施完备，市民使用方便，体现了现代公共图书馆服务与回雁峰景区的有机结合。新馆开放后，将打造成为供市民学习和文化享受的第三空间。

联系方式

地　址：衡阳市雁峰区先锋路49号
邮　编：241001
联系人：罗　马

现刊阅览室

雁城市民课堂

岳阳市图书馆

概述

岳阳市图书馆前身是岳阳县民众图书馆，1929年成立于县教育局内，藏书8000余册。1976年岳阳市图书馆正式成立，馆舍几经搬迁，1987年与外文书店于南岳坡合建馆舍，对外开放。1990年9月27日，于南湖大道与金鹗大道交叉口东南侧的新馆落成，举行了隆重的竣工暨开馆典礼。新馆占地18亩，建筑面积0.8万平方米。设计藏书容量80万册，现有藏书36万册。2004年参加第三次全国公共图书馆评估，首次获得一级图书馆称号。岳阳市图书馆拥有阅览座席500个，计算机70台，宽带接入（Mbps）10兆，存储容量10TB，现采用Interlib图书馆自动化管理系统。设有采编部、研究辅导部、读者服务部、少儿部、信息部等业务部门。对外服务窗口有：外借处，现刊阅览室、过刊室、电子阅览室、少儿阅览室、参考咨询室、岳阳作者文库、学术报告厅、诗词馆、盲文阅览室等。被授予"湖南省文明图书馆"、"全国读者最喜爱的图书馆"称号。全馆实行开放式服务，"读者至上、服务第一"是本馆的服务宗旨。可为读者提供图书外借、报刊阅览、参考咨询、地方文献查询、少儿智力开发、基层图书馆（室）辅导等服务。已全面实现办公自动化，建有文化信息共享工程分中心，并逐步开展网上数字资源查询服务。注重搜集、整理和加工地方文献资料，已建立具有地方特色的藏书体系，经常面向读者开展各种丰富多彩的读书活动。

业务建设

截至2012年底，岳阳市图书馆文献总藏量为36万册，报刊杂志1000余种。

2009年–2012年，每年新增藏书量购置费为50万元。

2012年入藏图书1.58万册，其中报刊377种，地方文献和地方人士作品161种，采购新书8300种，接受捐款2000种，视听文献3190件。

2012年将自动化管理系统由ILAS系统改造为Interlib系统，并实现馆内无线网络覆盖。

"岳阳作者文库"是我馆精心建设的特色文献资源，经过多年采访、寻求，征集了300多位岳阳籍和长期客居岳阳人士的著述，包括专著、论著、译著、零散资料及手稿、手迹、书画、摄影作品等。

读者服务工作

2009年起，岳阳市图书馆实行对外全免费开放，每周开放70小时。2012年书刊流通总人次为45万人，书刊外借34万册次。流动服务点25个，馆外流通书刊达12506册次/年。

岳阳市图书馆网站设有导读服务、读者园地、每月新书、岳州人物等多个栏目，内容丰富。利用文化信息共享工程平台，多次开展活动，每年为读者提供下载资源服务12000条。

2009–2012年，岳阳市图书馆举办讲座、展览、培训、阅读推广活动303场，每年举办的三湘读书月活动，参与人数达15万人，为弱势群体捐建的爱心图书室40个，累积送书60052册。

"爱心图书室"与"岳州讲坛"是我馆重点打造的服务品牌。"爱心图书室"首倡于2005年，是岳阳市图书馆针对弱势群体开展的一项送书上门服务。目前已建立40家爱心图书室，共募集社会捐书60000多册，为留守儿童、残疾人、监狱服刑人员等累计送书62031册，光盘512个。"岳州讲坛"每年举办20余场专家讲座，主题丰富，听众广泛，影响深远。

业务研究、辅导、协作协调

2009年–2012年，岳阳市图书馆职工出版专著3本，发表论文14篇，论文获奖25篇（省级以上）。

岳阳市图书馆注重开展洞庭湖区图书馆协作与研究。2010年4月26日–27日，洞庭湖区图书馆工作协作委员会第八届年会在岳阳市图书馆召开，会议收集论文110篇。

每年平均下基层辅导13次，2009–2012年举办了"县市（区）馆长培训班"，《中图法》第五版、《参考咨询工作》等业务培训。组织编制了《岳阳市公共图书馆地方文献联合目录》，为省古籍保护中心编制湖南省古籍目录提供本馆古籍书目。利用文化信息共享平台，与省馆及基层馆加强互动，与省馆签订数字资源共享协议，每年上交省馆地方文献20种。

送书下乡

送书进工厂

现刊阅览室

外借处

少儿室

岳州讲坛

管理工作

2011年，岳阳市图书馆进行了人事制度改革，实行岗位责任制、实施全员岗位聘任，全馆共设岗位41个，分管理、专技、工勤等三类，所有人员通过竞聘上岗。建立了目标管理考核制度，制定了一系列考核办法，如绩效工资考核办法、考勤管理办法等等。

表彰、奖励情况

2009年–2012年，岳阳市图书馆共获得各种表彰、奖励13次，其中，省级以上奖励7次。

馆领导介绍

刘庆云，男，1956年10月生，本科学历，中共党员，高级职称，馆长，书记。1971年6月参加工作，曾任岳阳市电影公司经理，于2003年调入岳阳市图书馆担任馆长。

薛永洪，女，1968年2月生，本科学历，中共党员，副研究馆员，副馆长。1990年毕业于湘潭大学图书情报系。同年进入岳阳市图书馆工作。2003年任职副馆长。

罗慧蓉，女，1966年7月生，本科学历，民进会员，副研究馆员，副馆长。2002年调入岳阳市图书馆，2006年任副馆长，2013年任民进岳阳市委机关党支部主任兼机关三支部党委。

郭继红，女，1964年5月生，本科学历，中共党员，副研究馆员，副馆长。1988年毕业于武汉大学历史系。同年进入岳阳市图书馆工作，历任少儿部主任、参考咨询部主任、办公室主任，2008年任职副馆长。

未来展望

岳阳市图书馆将以“构建特色馆藏，打造品牌服务”为宗旨，通过软硬件建设，努力提高自身综合实力。投资上亿元的新馆建设项目已经启动。预计新馆建成后建筑总面积将达到1.35万平方米，可藏书200万册，可容纳读者坐席2000个。

两年内，岳阳市图书馆将整合全市图书馆资源，实施总分馆制。以岳阳市图书馆为总馆，各县、市、区图书馆为分馆并向乡镇、社区、企事业单位辐射，构建全市公共图书馆服务体系。利用现有文化共享信息平台，实现馆际互借，通借通还。在馆藏建设方面，加强数字图书馆的建设，着力建设具有地方特色的数字资源。在读者服务方面，将“爱心图书室”、“岳州讲坛”等打造成精品服务项目。为实现服务便捷化，计划在全市建设多个24小时自助图书馆。岳阳市图书馆将以实现服务规模化、特色化、均等化为目标，脚踏实地，努力跻身中部先进图书馆之列。

联系方式

地　址：湖南省岳阳市南湖大道548号
邮　编：414000
联系人：郭继红

“学雷锋亲子故事会”

2014服务宣传周流动服务

建立“爱心图书室”活动

常德市图书馆

概述

常德市图书馆始建于1903年（清光绪二十九年），迄今已有110年的历史，是我国最早以“图书馆”命名的地市级公共图书馆。馆舍面积8331平方米，拥有阅览坐席500多个，于1988年3月对外开放，原中共中央总书记胡耀邦同志题写了馆名。现有工作人员44人，其中大专以上文化程度者41人，高级职称5人、中级职称21人；馆内下设“二部三处四室”：合作协调部、采编部、文学借阅处、综合图书借阅处、未成年人借阅处、特种文献室、报刊阅览室、电子阅览室、办公室。

业务建设

截止2012年底，常德市图书馆总藏书量45.5万余册，其中古籍线装书12385册（最珍贵的有明清刻本3种21册），各类工具书及地方文献万余种。

2009–2012年，常德市图书馆购书经费从50万元提高到了80万元，增幅达62.5%，新书购买的种数从5000种增加到了6212种，2012年报刊入藏量为900种，视听文件入藏618件，征集到有价值的地方文献3761册，还编制了书本式《馆藏地方文献目录》和《馆藏名人名画作品推荐目录》。

截止2012年底，常德市图书馆数字资源总量为5TB，馆藏中文文献书目数字化90%以上。规划建设了“常德文物”、“常德旅游文化”等数据库，存储容量71G。

读者服务工作

常德市图书馆有15个服务窗口对外开放，对读者实行零门槛的全开架借阅，服务时间每周71.20小时。截止到2012年底，持证读者为15638个，年到馆为313635次，人均到馆20.256次。2003年全部实现了图书馆工作的自动化管理，2004年建立了图书馆网站。现建有21个图书分馆和流通站点，定期送书上门，初步形成了以常德市图书馆为中心的图书流通服务网络。

新建了“读者之家”、“职工之家”、“文学图书典藏书库”、“综合图书典藏书库”、“过刊过报室”、“读者自修室”（可容纳82人）等读者服务阵地。在馆大门口设置多个宣传橱窗，向读者展示本馆开展的各类活动情况；在主楼过道精心设计布置了一条“常德影集”走廊，收集整理常德老街巷、老手艺照片；总服务台旁设立“公告栏”，将近期上架新书、近期活动及热门书公之于众；主楼楼梯处布置“精彩一刻、阅读瞬间”摄影作品展览，分批悬挂常年征集到的读者摄影作品。2008年，领先全省实行全免费、全开放服务，撤除读者进馆“门槛”，图书外借实行全馆“一卡通”。到2010年6月，彻底取消了办证收费等一切收费项目，并逐年将到期出租房屋收回，还服务阵地于读者。通过和电信部门联合，开通读者“还书日期短信通知”免费服务平台，总服务台开通读者热线，为读者提供各种信息咨询服务。对所建立的21个图书分馆和流通站点，提供定期免费送书上门服务，达到了公益性服务的既定目标。

2011年，常德市图书馆面向社会，先后推出了“常德书友会”和图书馆“亲子读书会”两大主要服务品牌。2009–2012年，共举办讲座、展览、培训、阅读推广等读者活动百余次，仅2012年，参加活动的实际人数就达5万余人。

截至2012年底，已拥有一支近40人的志愿者队伍，组成人员为从8–45岁热心公益事业的社会各界人士，有学生、公务员、公安干警、事业单位工作人员、幼师等。

业务研究、辅导、协作协调

2009年至2010年，合作协调部、采编部、自动化技术部的专业人员多次下基层上门辅导，带动分编上架图书，解决自动化系统出现的问题，为基层图书馆开展业务培训，对工作人员进行系统培训。

常德市图书馆以政府立法、两会决策和重大科研生产项目为重点，整合人力及各类文献信息资源，利用各种方式，提供主动推送服务。每年定期编印《决策信息》四期，每期发行300余份，同时编印《“文化强市”经验谈》报纸索引等索引四种，为党政机关领导提供决策参考；围绕两会和市委、政府中心工作开展信息咨询服务。2011年，为配合政协常德市五届四次大会的召开，协助民革常德市委完成了对我市公共图书馆建设现状的调查，执笔完成并向大会提交了《关于提升我市公共图书馆服务能力的提案》（第323号），为科研生产提供信息查询、进行课题跟踪服务。建立了重点读者档案，关注他们的科研动态，提供专门服务；2009年，跟踪服务的《努力营造青少年健康成长的良好社会环境》、《在救助贫困农家先天性心脏病儿童过程中的图书馆跟踪服务》、《挖掘利用地方文献，为史志研究服务》等三项课题，在全省公共图书馆服务成果评

报刊阅览室全貌

电子阅览室全景

书友讲堂举办古诗词赏析

亲子阅读班活动

奖活动中分获省文化厅一二三等奖。参与了《全国古籍联合编目》工作，编有《常德市公共图书馆古籍线装书联合目录》。

管理工作

制定了《常德市图书馆机构、人员改革实施方案》，每隔3年在全馆范围内实行一次竞聘上岗，实行岗位目标管理责任制，全馆内设7部2室和若干工作岗位。制定《馆员手册》，年底实行严格的干部职工考核制度和奖惩制度，按德、勤、能、绩、学对各部室和人员进行考核、评比。

表彰、奖励情况

2009–2012年，常德市图书馆先后荣获了不同层次、类别的各种表彰、奖励共11项。

馆领导介绍

诸冰花，女，1960年2月生，大专学历，中共党员，中级职称，馆长，1987年调入常德市图书馆工作至今,先后在办公室、工会等部门工作。2012年被市政府评为“先进个人”，多次被评为优岗。

刘杰，男，1959年11月生，本科学历，中共党员，中级职称，书记，1986.6调入常德市图书馆工作，2003年调入常德市图书馆工作至今，先后在合作协调部等部门工作。多次被评为优岗。

郑芹，女，1980年1月生，研究生学历，中共党员，中级职称，副馆长，2004.11调入常德市图书馆至今，先后在工会等部门工作。多次被评为优岗。

涂生媛，女，1964年8月生，本科学历，中共党员，副高，副馆长，1986.7至今常德市图书馆工作，先后在参考咨询，采编等部门工作。多次被评为优岗。

梅晋宾，男，1981年8月生，本科学历，中共党员，工会主席，2011.6调入常德市图书馆工作。多次被评为优岗。

未来展望

常德市图书馆经过近几年的努力，各项工作有了明显进步，整体服务水平、服务效能也有了显著提高。但工作仍存在许多不足。我馆的硬件设施、数字化建设等方面都仍有较大的提升空间。就硬件来说，馆舍面积尚未达到《标准》上线（10000m²），计算机台数也未达到最高标准，共享工程投入不足、设备滞后，开办讲座的多媒体报告厅座席有限，每每人满为患，极少数服务场地因合同未到期尚未收回。就软件来看，地方文献数据库建设迟缓，服务网络建设之共建共享部分力度不够，数字图书馆推广工程尚未完全启动，在建设现代化的新型图书馆方面还有很长的路要走。

常德市图书馆将继续坚持科学发展，争取上级支持，形成上下齐动、整体推进的格局；继续完善对服务模式、管理模式和运行机制的改革与创新，不断开拓，与时俱进；继续强化全体员工的争先创优意识，内强素质，外树形象，全力以赴努力将我馆打造成为市民满意的图书馆。

联系方式

地　址：常德市武陵区武陵大道285号
邮　编：415000
联系人：黄　亚

长沙市天心区图书馆

概述

天心区图书馆，始建于2005年7月26日，2008年8月28日迁至长沙市天心区黄土岭路218号。图书馆总建筑面积2620平方米，馆内设综合阅览室、期刊阅览室、电子阅览室、少儿阅览室、多媒体放映厅等服务机构及场所。现有阅览座席300余个，其中少儿阅览座席60个，盲文阅览座席20个，自习区座席50个，充分满足各类读者的阅览和学习需要。图书馆现代化技术设备优良，配有46台可正常使用的计算机，其中供读者使用的达29台。2009年参加第四次全国公共图书馆评估，首次获评一级图书馆。2013年参加第五次全国公共图书馆评估，获评国家一级图书馆。天心区图书馆综合了天心一中图书馆、区电子科技图书馆、区党校图书馆的功能，是全国文化信息资源共享工程区支中心之一。2010年被文化部、国家新闻出版局等单位评为"服务农民、服务基层"全国先进基层图书馆。

业务建设

截止2012年底，天心区图书馆拥有图书总藏量20万册（件），其中，纸质文献15万册（件），电子图书5万册，报纸期刊200种/册。

区财政每年拨付图书馆购书费16万元以上。2009年起，每年购买新书3000余册，中外文报刊杂志200多种，地方文献400多种，视听文献200多种，600余册。

天心区图书馆作为全国文化信息资源共享工程区支中心，创建了电子阅览室，接入因特网，能同时容纳20人上机，有投影仪、投影屏幕、资源发布服务器、媒体点播服务器、操作系统软件、移动硬盘和多媒体演示厅。2008年投入26万元，高标准装修装饰了多媒体演示厅，充实了服务器等科技设备，增加讲台、音响等，座席增达100张。

2005年，图书馆在全面考察国内自动化管理系统的基础上，引进当时国内先进的ILAS图书管理系统，全面实现了图书管理的自动化。2013年6月，天心区图书馆正式加入长沙图书馆总分馆系统，以长沙市图书馆为总馆，各区县图书馆为分馆的制度，提高了图书馆的服务能力和水平。并且将自动化管理系统升级改造为Interlib总分馆系统，实现了总分馆资源共享。

2009年，天心区图书馆请专业团队设计，拥有了自己的网站：www.tianxinlib.com，每月由工作人员对网站进行维护和数据的更新，将每月新书推荐、新书新碟通报、读书活动信息等整理上传至网站，方便读者查询。

读者服务工作

自建馆以来，天心区图书馆全年对外开放，周开放56小时。2009−2012年，书刊总流通73.7248万人次，书刊外借57.9521万册次。2012年12月，开通与长沙市内四县五区的馆际互借服务。2014年初，采购专业流动图书车一台，全区设9个流动服务借阅点，馆外书刊流通总人次0.2万人次，书刊外借0.323万册。2014年5月，采购歌德电子书借阅机一台，每月为读者免费提供2000册电子图书下载，并每月更新100册。2009−2012年，天心区图书馆网站访问量11.2103万次。2009−2012年，天心区图书馆共举办讲座、展览、培训、阅读推广等读者活动200多场次，参与人数10.68万人次。每年在固定时间开展的元旦春节系列活动、天图讲坛、少儿讲故事比赛、建馆日读书节活动四大品牌活动是天心区图书馆阅读推广工作的特色品牌活动。

业务研究、辅导、协作协调

2009年至2013年初，天心区公共图书馆通过上门、电话、网络等方式，共为全区76个社区、村基层图书室进行了业务辅导366次，内容包括基层点建设验收工作，正确使用文化信息网上的资源以及日常工作的开展等等；天心区12个街道，及街道辖区内所有社区均建有街道、社区图书室，城区阅读服务网络实现100%的覆盖率，全区建成并投入使用13个农家书屋，实现农村阅读服务网络覆盖率100%；积极参与总分馆建设体系，天心区已成立3家社区分馆。

第四届读书节少儿电脑培训

图书阅览室

少儿阅览室

电子阅览室

讲故事比赛颁奖合影

2012年服务周期间来第一福利院送书

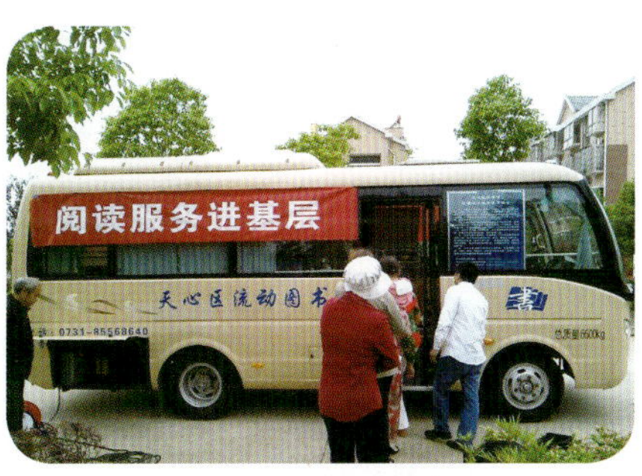

流动图书车外出服务

自建馆以来，天心区图书馆积极参与，支持配合省、市图书馆组织的文化活动。每年春节，参与以市图书馆为主要组织单位，各区、市馆联动的猜灯谜活动，市民可以按照就近原则选择参与猜灯谜活动；每年积极组织少儿活动，参加三湘读书月的评选活动，在2010年底长沙市少年儿童"迎世博迎亚运讲文明树新风"文明礼仪知识读书活动中荣获组织奖；2011年在长沙市少年儿童"纪念中国共产党成立90周年"红色经典读书活动中获银奖，在"全国文化信息资源共享工程少年网页设计竞赛"活动中荣获"优秀组织单位"；在2012年长沙市少年儿童"学习雷锋好榜样"读书活动中，荣获组织奖，选送的节目获银奖。

2009—2012年，天心区图书馆职工积极向图书馆学会递交论文5篇。

管理工作

天心区图书馆从建馆初期就极为重视规章制度建设，并在实行期间不断修订完善。到目前为止，已经建立了一套完整的规章制度体系和岗位考核制度体系，涵盖图书馆工作的方方面面。这样，就使得各项工作都有制度可依，各项奖惩措施均有章可查，减少了人为因素造成的管理上的随意性和盲目性，从而保障了各项工作的顺利开展。建立和实现按需设岗、按岗聘用制、竞争上岗、岗位责任制相结合的管理机制。建立岗位工作挂牌上岗和民主测评制度，由馆员、读者民主评议各部门各岗位的工作实绩和服务质量，作为年终考核、升职的依据，效果显著。建立详实健全的档案，包括职工考核、参考咨询、读者活动、业务辅导等项目，并均设有目录，做到归档及时。天心区图书馆设施齐全，指示标牌整齐规范，阅读环境整洁美观，并有专职保卫员24小时进行维护，为读者提供了安静舒适的阅读氛围。

表彰、奖励情况

2009—2012年，天心区图书馆共获得各种表彰、奖励12次，其中，文化部表彰、奖励1次，省委、省政府表彰、奖励3次，市级表彰、奖励8次。

馆领导介绍

毕佳，女，1975年3月出生，英语专业本科学历，民革党员，中级职称，馆长。1995年9月参加工作，先后在长沙市旅游局、长沙市环路建设发展有限公司、天心区商务和旅游局工作，2013年9月任天心区图书馆馆长。

未来展望

天心区图书馆将遵循"便民、利民"的原则，以做好阵地服务为中心，努力提升延伸服务的广度和深度。根据《长沙市公共文化服务体系提质提效三年行动计划（2014—2016）》，天心区将争取创建专业文化服务阵地，建设天心区文化中心，其中包含天心区图书馆馆舍大楼的新建。届时，天心区图书馆在软、硬件上达到国家一级馆建设标准，公益开放空间得到极大扩展，公益服务项目得到进一步提升，区图书馆的社会公共文化职能将得到更充分、有效的发挥。同时，天心区图书馆将以本馆网站为依托，大力推进图书馆信息资源数字化建设进程，创新网络服务方法，着力打造一个具备现代化水平的数字图书馆。通过为读者提供网络资源导航、虚拟参考咨询、文献索取等服务，引导读者更有效地利用网上资源，倡导经济、文明、便捷的数字阅读模式。

联系方式

地　址：长沙市天心区黄土岭路218号
邮　编：410005
联系人：周 琼

图书馆大楼外观

多媒体演示厅

长沙市岳麓区图书馆

概述

岳麓区图书馆位于极具文化氛围的麓山脚下，湘江之滨，紧临长沙主干道潇湘大道和南湖路过江隧道，北接滨湾镇中心区和滨江新城，南通岳麓山大学城和坪塘含浦片区，地理位置优势，交通便捷，已成为市民休闲、娱乐、学习的理想场所。2009年首次参加图书馆评估定级，2010年被授予国家一级馆称号，2013年参加了全国第五次公共图书馆评估定级再次被评为国家一级馆。我馆总面积3000平方米，馆内设有图书阅览大厅、少儿阅览室、电子阅览室、盲文及盲人有声读物阅览室、多媒体演示厅、活动室、过刊室，图书馆实行开架式阅览。

业务建设

通过免费开放工作的进一步落实，区级公共图书馆发挥的作用明显增强，馆内目前总藏量170558册，在藏量中开架书刊126100册、少儿阅览室藏书5000册、盲人书籍100册、电子图书6000册、报刊6810册，地方文献636册、街道（社区）分馆45000册。内容涉及社科、法律、军事、文学、历史地理等22个门类。馆内现馆藏普通中文图书100%已实现书目数字化，普通图书采、编、流已实现自动化管理，并设置了OPAC检索机方便读者查询，有专人进行辅导，每周维护；图书馆有独立网站，2012年对网站进行版面更换，有专人维护管理，目前，我馆免费开放的项目达13项。少儿阅览室将5000余册图书纳入Interlib管理系统，为小朋友读者提供了少儿书籍全免费外借服务；电子阅览室30台电脑，少儿阅览室16个书架，大阅览室阅览座位240个、开架书柜46个、电子存包柜4个，书籍查询触摸一体机1台，馆内实现免费无线网络WiFi全覆盖。2011年加入长沙市图书馆总分馆服务体系，采用联网管理，实现全市范围内通借通还，建有分馆9个、流动图书服务点7个；全区建有161个文化信息共享工程基层服务点；2012年完成了87家农家书屋建设任务。与省、市图书馆信息资源共享，每年与省馆签订《文化信息资源共享工程数字共享协议》，与省、市共享电子图书、电子期刊。

读者服务工作

我馆全部实现无障碍、“零门槛”向群众免费开放，一是服务时间上基本做到了“准时开放、连续开放、天天开放”，每周开放56个小时以上，实行全日制服务；二是服务形式上做到“借阅合一、书刊合一”以及“全天侯、全排架”，大大方便了读者借阅。三是服务方法上变被动为主动，从日常接受读者口头建议，到请读者在意见簿上留言，分发《读者需求情况调查表》，主动了解读者需要，开展“推荐我最喜爱的书籍”调查，按读者需求购置书籍，其次是积极拓展服务功能，实行“人性化”服务，努力为读者营造方便舒适的借阅环境，千方百计为读者提供优质服务，增设了“24小时还书不打烊便捷还书”窗口，方便读者还书；每月通过海报、图书馆网站等形式向读者推出畅销书籍；设立了阅读疲劳释放区，可以看风景纪录片消除疲劳，免费提供饮用水、防暑药品、全市书目查询一体机，电话续借、馆外流通，提高了图书馆使用率。

2009年—2013年到馆人流量78万人次，图书流通量24万册次，接待咨询服务6500人次，在群众知晓率和满意度上，通过制作推出500册图书馆宣传册、200份共享工程使用操作指南及1000份图书馆免费开放宣传单，设立“人文岳麓”微信账号、岳麓区图书馆活动群号、读者意见簿、读者需求调查表和发放600份读者调查问卷，群众知晓率明显提升，群众满意度为98%。

开展丰富多彩的读者活动是我馆多年来的重要服务措施。通过读者活动扩大图书馆的影响，吸引更多的读者走进图书馆，提高文献的利用率，营造良好读书氛围，提高市民素质，促进学习型城区建设。2009—2013年，开展了特色读书活动，并举办各种活动扩大幅射范围，利用各大节日以及“岳麓小小向日葵”、“人文岳麓”、“书香岳麓”、“世界读书日”、“服务宣传推广周”、“全民读书月”等举办各种读书活动135场次，参与人数达5万人次。

业务研究、辅导、协作协调

我馆结合工作实践，2012年开展参考咨询服务的文献检索专题咨询、课题服务，设置“十八大”、“文化产业”2个专题服务，为机关干部，人大、政协委员，学生等群体提供服务，经过自检、筛选，再通过电子邮箱、QQ等方式，实现读者第一手资料的获取，为政府部门制定本地的文化产业发展规划及学习“十八大”提供了及时的参考。为加强基层馆室的业务工作能力和服务水平，2009年—2013年集中培训20次，培训达700多余人次，业务辅导30次。

成人阅览室

成人阅览室书库

总分馆送书进社区

岳麓小小向日葵舞蹈培训

管理工作

我馆现有工作人员6名，其中大专以上学历人数占职工总数的100%；中级职称3人，初级职称3人，初级以上职称人数占职工总数100%；馆长获得双本科学历。6名工作人员，馆长1名，负责馆里全面工作；业务副馆长1名，负责全馆日常管理；馆员4人，分别负责馆内采编部、外借部、文化信息工程部各项业务的辅导培训等。全体人员坚持加强岗位培训和继续教育，积极开展业务研究，每年制定了具体学习制度和计划，2012年围绕本馆业务工作撰写调查研究报告5篇以上。2012年我馆业务人员参加了图书馆助理馆员全市初级专业技术职务评审，积极参加湖南省图书馆举办的业务知识培训，为提高自身素质不断“充电”。

图书馆坚持引入文化志愿服务模式，发动更为广泛的人群推广全民阅读，组建了岳麓区文化志愿者协会图书馆服务队，招募了一大批来自湖南大学、中南大学、湖南师范大学等学生作为文化志愿者，已发展文化志愿者50名，同时积极争取了岳麓区美术协会、岳麓区书法家会作为驻馆协会常年开展活动，通过协会积极组织策划美术书法创作、展览活动扩大我馆的影响力。

表彰、奖励情况

2009–2013年开展的丰富多彩的读书活动为群众营造了良好的读书环境，并在全国、省、市、区级荣获多项奖项，其中全国奖励1次、省奖励4 次、市奖励44次、区奖励20次。

馆领导介绍

杨娟，女，1979年6月生，本科学历，中共党员，馆长。1998年参加工作，2012年3月任岳麓区图书馆馆长，在“2013年长沙地区图书馆业务知识竞赛”中杨娟获得一等奖。

张婷婷，女，1984年8月生，本科学历，中共党员，副馆长，2003年参加工作，2008年在岳麓区文化馆从事群文工作，2012年12月任岳麓区图书馆副馆长。

未来展望

岳麓区图书馆遵循“免费借阅、方便读者”服务宗旨，打造富有时代精神，设施先进、方便快捷、服务优质，集现代化、信息化、数字化为一体的综合性公共图书馆。

联系方式

地　址：湖南省长沙市岳麓区潇湘中路288号
邮　编：410006
联系人：张婷婷

长沙县图书馆

概述

1964年，长沙县图书馆正式成立，设在长沙县榔梨镇下正街36号。由于县治搬迁，1996年迁至星沙镇，现办公地址为星沙街道星沙大道265号广电大厦附楼，建筑面积为0.3万平方米。2008年实行全免费开放，在2009年1月全国第四次公共图书馆评估定级中被评为县（区）级国家二级馆。2013年参加第五次评估获得一级图书馆。2012年，长沙县图书馆有阅览坐席293个，计算机46台，宽带接入100Mbps，选用Interlib图书馆自动化管理系统。

业务建设

截止2012年底，长沙县图书馆总藏量20.5万册（件），其中，电子图书0.35万册。数字资源总量为5TB。2009、2010年，长沙县图书馆新增藏量购置费10万元，2011年为15万元，2012年为20万元。每年购书经费与国民经济收入同步增长。2012年，与长沙市图书馆联合，采用Interlib自动化管理系统，以适应长沙地区公共图书馆服务联盟建设的需要，建立10个图书馆分馆。引进红外线扫描技术，实现了馆藏文献的自动化借还。2013年年初，实现馆内无线网络覆盖。

读者服务工作

从2011年10月起，长沙县图书馆全年365天天天对外免费开放，每周开馆时间冬季63小时、夏季66小时。2012年，馆藏书刊年外借10.8万册，利用率达到54%，年流通总人次5.4万人次（含分馆），人均年到馆次数26次；同时，我馆还开展流动图书服务，坚持送书下乡、送书进机关、社区、学校和拘留所，去年流动图书书刊借阅年1万册。2011年，开通长沙县图书馆网站（http://www.csxlib.com），年访问量0.7万次。可通过长沙县图书馆网站、免费数字资源为全县基层服务点提供检索、浏览和下载服务。2009–2012年，长沙县图书馆共举办讲座、展览、培训、知识竞赛等读者活动80场次，参与人数1.28万人次。我馆创办了"星沙讲堂"和进城务工人员子女免费书法班两个品牌，每年参加了长沙图书馆组织的"新春灯谜会"、"阅读之星"评选、"你读书，我买单"等读书活动。

业务研究、辅导、协作协调

业务研究：2009–2012年，长沙县图书馆职工发表3篇论文和2篇调查报告。协作协调：积极参加省、市图学组织的各项活动，参与长沙市图书馆联合编目、馆际互借。2012年建立了金井、北山青田、江背、星城国际4个分馆，按照《图书馆示范分馆建设基本标准》配备设施设备，将分馆资源纳入我馆自动化管理系统，实现联合编目、馆际互借，资源共享。同时，与市图书馆和分馆组织业务合作活动：如每年的"迎新春猜灯谜活动"，就是与市馆合作的一项长期品牌业务活动，共享市馆"橘洲讲坛"资源充实"星沙讲堂"；2012年，我馆和北山青田分馆联合开展了读书活动，与金井、江背文化站分馆开展了学习党的十八大知识阅读活动，与星城国际分馆联合开展了"幸福生活"有奖征文活动。长沙县服务网络建设已遍布全县，文化信息共享工程基层服务点292个。按照《2010–2013年乡镇基层服务点配置标准》（根据2011年湘财教指[2011]192号文修改），文化共享工程乡镇基层服务点按照5万元标准配置，电子阅览室已经覆盖所有基层服务点，服务网络建设比例达到94%。2012年实现总分馆通借通还，总分馆书刊文献外借10.8万册。业务指导：为充分发挥基层图书室和共享工程基层点的文化传播作用和社会教育功能，县图书馆每年都要对全县288个农家书屋（分馆）和23个镇、街道图书室进行辅导，在调研辅导过程中，县图书馆工作人员对不完善的图书室进行了业务上的辅导，帮助他们建立、健全图书室的借阅及管理制度。对图书室在分类、编目、排架、借阅等业务工作中存在的问题给予及时指导，规范了图书管理，方便读者借阅。图书馆还针对有文献需求的图书室建立了图书流动服务网点，定期为他们免费送书，以补充他们文献资源上的不足，满足读者的需求。在农家书屋管理上，长沙县首创了《农家书屋评星定级与摘牌淘汰办法》，为了做好评比工作，农家书屋辅导小组分别对各书屋管理员进行培训辅导，解读《办法》以充分发挥书屋实效。据统计，2012年，我馆下乡辅导18次，图书的有关知识和自动化管理培训6次。在培训过程中，图书馆工作人员讲解细致，通俗易懂，并虚心听取基层群众意见，加强在实际操作中给予指导，效果甚佳。

管理工作

通过制度建设明确岗位责任，规范岗位行为，保证服务质量。图书馆的《管理制度》严格界定了各部门、各岗位的工作职责。经过充分的行业调研，给领导提供决策建议，重新协调了各部门之间的关系，使得各部门的岗位职责、馆员的岗位职责明确，吸纳志愿者参与图书管理工作，对志愿者进行科学管理。

表彰、奖励情况

2009–2012年，长沙县图书馆共获得各种表彰、奖励23次，其中，文化部表彰、奖励3次，省委、省政府表彰、奖励3次，省文化厅表彰、奖励5次，其他奖励12次。

馆领导介绍

刘宇田，男，1973年12月生，本科学历，中共党员，助理馆员，馆长兼支部书记。1993年8月参加工作，2009年1月任长沙县图书馆馆长。荣获了2012年湖南省农家书屋工程建设先进个人，2011年度长沙县优秀党务工作者、2012年度三好文明市民标兵等多项荣誉并多次获得县政府嘉奖和县文广局先进个人称号。

杨桂湘，男，1970年3月生，本科学历，中共党员，助理馆员，副馆长。1990年8月招聘到杨开慧故居纪念馆工作，2006年调到长沙县图书馆工作。负责农村图书馆（室）业务建设辅导工作，2013年，竞聘图书馆副馆长。

刘弘旻，女，1966年7月生，本科学历，中共党员，中级职称，副馆长。1989年7月，分配到长沙县图书馆参加工作，先后在农村辅导室、采编室工作。2003年7起，担任图书馆副馆长。

未来展望

2010年6月，长沙县图书馆新馆奠基，将建成1.3万平方米的新馆舍。全面建成后的长沙县图书馆，阅览座位600多个，可容纳纸质文献100万册，年服务人次可达20万人次以上，数字资源设计存储能力20TB，能够提供全覆盖、不间断、无时空限制的数字文献远程和移动服务。建成服务县、镇（街道）、村（社区）三级图书馆网络服务体系，包含少年儿童图书馆在内的标准化、信息化、现代化的公共综合性图书馆。

联系方式

地　址：长沙县星沙街道星沙大道265号
邮　编：410100
联系人：刘弘旻

长沙市芙蓉区图书馆

概述

长沙市芙蓉区图书馆2005年在原东屯渡办事处办公楼的基础上改建而成，总建筑面积1500㎡。馆区内设有图书、报刊阅览室：阅览座位250个（临时加座206个）；少儿阅览室：阅览座位60个（临时加座24个）和多功能演播厅。在全区有13个服务点、流通站。馆内设有图书借阅室、报刊阅览室、少儿阅览室、共享工程、采编室、电子阅览室，图书馆功能齐全，每天接待读者200人左右，很好地履行了区公共图书馆的基本职能。

芙蓉区图书馆共有计算机45台，其中30台提供给读者使用，为提高网络服务质量接入了光纤存储容量5TB，图书馆全部使用自动化管理系统并能能正常运行。在2009年第四次全国公共图书馆评估定级中首次被评为区县级一级图书馆，2013年再次被区县级一级图书馆。

业务建设

芙蓉区财政给区图书馆常年拨款100万元左右，其中文献购置费为10多万元。中央和地方配套的免费开放经费全部到位。全馆总共有7名在职人员，其中正式在编人员2人，临时工作人员5人，中级以上职称的专业技术人员占在职总人数的40%，初级以上职称占在职总人数的85%，大专以上学历占临聘人员的85%。

现在全馆拥有文献藏量8万册（件）、图书年入藏量2500多种，报刊年入藏量300多种，电子文献年入藏量100多种，视听文献年入藏量100多件。馆内设有地方文献专柜，盲文读物专柜、有专门的目录，配有兼职人员负责管理，长期做好文献的征集工作以充实馆藏。建馆以来一直是依据《中图法》（第四版）进行分类标引、使用《普通图书著录规则》著录。目录组织误差率在2%以下。

读者服务工作

每周开馆60小时，在13个区属街道建立了服务点、流通站。芙蓉区图书馆全部为开架图书，开架书刊册数占总藏量80%以上，2012年元月1日至12月31日的图书外借7多万册次，年流通总量达14万人次（有资料可查），定期发放书刊、宣传单、推荐新书目有400多种以上。为了充分发挥图书馆的教育职能，芙蓉区图书馆举办了各类培训班，去年一年，区图书馆共举办讲座、报告会20多场次，组织读者活动30多次，参加活动人数3万余人。

业务研究、辅导、协作协调

为配合长沙市图书馆的总分馆建设，芙蓉区在区内建立了三个分馆，全区的各街道、乡和社区、村都建立了图书室并长期对街道社区图书室工作人员进行业务辅导培训，为了解决图书资源的不足，还设立了图书流动制度，使图书流动起来，提高图书阅读率。

芙蓉区图书馆还举办了各种有关图书馆专业知识的培训班，特别是对街道、社区图书管理员的培训，使他们也掌握了更多的图书管理知道，增强了他们为读者服务的知识面及能力。

管理工作

在人事管理方面，芙蓉区图书馆设立了岗位责任制，严格实行按需设岗、按岗聘用、竞争上岗、择优聘用的原则任用每名员工，对岗位设置、人员编制、工作定额进行测评。对基础业务，重点提高质量和效率；对读者服务，重点提高基本服务质量和提升参考咨询、信息服务的水平。每月一小评、每年一大评，对员工实行考核制，运用分配激励制度鼓励员工努力工作。

在设备、物资管理方面图书馆建立了管理制度，实行谁使用谁负责的原则进行管理保养。

表彰、奖励情况

2009–2013年，共获得文化部表彰、奖励2次，湖南省图书馆协会表彰2次，长沙市图书馆表彰5次。

馆领导介绍

黄支农，男，本科学历，副研究馆员，曾经在芙蓉区少年宫、区文化馆工作，2009年调入芙蓉区图书馆任馆长。

何媛，女，本科学历，副馆长。

未来展望

芙蓉区图书馆还存在以下问题：在学术研究方面，还需要加强规划和组织，地区性、跨系统资源共建共享和合作有待进一步加强；数字图书馆建设有待于在标准化方面下工夫；高素质人才队伍的培养和引进有待于加大力度；信息服务有待于进一步深化；受馆舍影响，满足读者需求还有一定差距，有待于争取扩大馆舍面积和增加投入。通过评估，他们将发扬优势、弥补差距，根据办馆理念和奋斗目标，进一步明确定位，扎扎实实地改进提高，把我馆的各项工作推向新的水平。

联系方式

地　址：长沙市芙蓉区人民东路67号

邮　编：410016

联系人：黄子龙

长沙市开福区图书馆

概述

长沙市开福区图书馆创建于2005年，原址长沙市北正街小学，2007年4月整体搬迁至青竹湖湘一外国语学校综合楼，使用面积2471.4平方米。现有纸质藏书9万余册，报刊244种，电子读物及视听文献千余种。馆内设备设施齐全，设有综合借阅室、精品阅览室、少儿阅览室、电子阅览室（电脑35台）、多媒体播映室、采编室及过刊室，可同时容纳422名读者。馆内图书均依照《中国图书分类法—第五版》实行了采、编、分的现代化管理，并采用Interlib借阅系统借还书籍。在2013年全国公共图书馆第五次评估定级工作中被国家文化部评定为国家一级图书馆。

业务建设

截止2012年底，开福区图书馆总藏量20.26万册（件），其中，纸质文献9.07万册（件），期刊1.92万种/册，报纸（含合订本）0.29万册，电子图书8.87万册，视听文献0.11万件。

2009—2012年，开福区图书馆平均每年新增藏量购置费16万元，平均每年入藏图书2522种，5044册，报刊242种，视听文献121种。

截止2012年底，开福区图书馆数字资源总量为3TB。在建的数据库有《开福诗联》。

2011年，将自动化管理系统由原来的ILAS(S)小型版系统升级改造为Interlib网络版系统，以适应长沙市公共图书馆服务网群建设的需要。

读者服务工作

从2011年6月起向社会全免费开放，周开放时间60小时，2009—2012年，书刊总外借41.894万册次。2011年，加入长沙市公共图书馆总分馆建设队伍，与长沙市三县六区实施馆际互借服务，在开福区内建成6个分馆，5个流动服务车服务点。

2009—2012年，开福区图书馆共举办讲座、展览、培训、阅读推广等读者活动114场次，参与人数10.7万人余次。

业务研究、辅导、协作协调

2009—2012年，开福区图书馆职工发表论文6篇，在国家级刊物发表2篇。

为了提高乡镇图书馆的工作质量和服务水平，推动社区图书室的建设，开福区图书馆配合开福区文体新局做了大量工作，建成了开福区图书馆服务网络体系。积极开展“知识工程”送书下乡活动，加大了对我区基层图书馆的赠书扶持力度。

开福区乡镇、街道图书室与发达地区比较起来办馆条件比较差，尤其是藏书陈旧，藏书量少，使图书馆的作用得不到很好的发挥。开福区图书馆针对这一情况加大了对开福区乡镇、街道图书馆的赠书扶持力度。每年赠送给各乡镇、街道图书馆图书三千余册。另外，开福区图书馆通过有效配合开福区文体新局开展乡镇、街道图书馆的各项工作，极大的促进了开福区乡镇、街道图书室的建设，并通过它们极大地满足了农村广大读者对农业科技信息的需求，对促进农民读书致富奔小康发挥了重要的作用；同时向广大群众传播了先进文化，提高了人民群众的思想道德和科学文化素质，倡导了文明健康的生活方式，有力地推进了我区农村的现代化发展进程。

开福区图书馆对本区图书室（点）的业务辅导工作已不仅局限于微观辅导方面，还加强了对基层图书馆事业发展的宏观指导工作。为了促进图书馆事业的发展，开福区图书馆主动当好政府有关部门的助手和参谋，为党政部门提供信息服务。有效的检查工作促进了各级领导发展图书事业的积极性。几年来开福区基层图书室事业发展迅速，基础业务建设、读者服务工作、科学管理水平等都有了极大的提高。

管理工作

开福区图书馆现有工作人员6名，其中硕士1名，本科4名，大专1名。长期以来，我们把提高工作人员的思想觉悟和业务能力作为图书馆发展战略的一个重要目标。经过集中培训、岗位提升、自学互助等多种形式，一支结构合理、素质优良的图书馆管理员队伍已基本形成。开福区图书馆各项制度完善，财务、人事、设备物资、档案、环境与安全均有相应健全的制度保障。

表彰、奖励情况

2009—2012年，开福区图书馆获得各种集体和个人的表彰、奖励共20次，其中，国家级表彰、奖励1次，省级表彰、奖励7次，市级表彰、奖励11次，区县级表彰、奖励1次。

期刊阅览区

借阅大厅一角

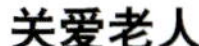
关爱老人

剪纸培训

馆领导介绍

钱阳慧，女，1965年12月生，大专学历，馆长。1984年12月参加工作，2006年9月任开福区图书馆馆长。2009年撰写的论文《让特色服务成为公共图书馆服务工作中的亮点》在由湖北科学技术出版社出版的《图书馆事业科学发展（上册）》一书中发表，并获得第八届中国社区乡镇图书馆发展战略研讨会二等奖；2010年撰写的论文《公共图书馆服务社区文化建设浅谈》被全国中小型公共图书馆联合会评为入选论文。2006年荣获长沙市优秀图书管理员，2012年荣获开福区先进个人称号。

邱栎娴，女，1987年7月生，本科学历，中共党员，副馆长。2009年9月到开福区图书馆参加工作，连续三年被评为长沙市优秀图书管理员、长沙市优秀通讯员，2010年任开福区图书馆副馆长，2012年荣获开福区先进群文工作者称号。

未来展望

在短短几年的实践和探索中，开福区图书馆在“建、配、管、用”上着力，在“为人找书，为书找人”上大做文章，已初步形成了硬件设施基本完善，制度建设日益规范，队伍素质逐步优化，图书管用初见成效的工作局面。

目前，开福区图书馆新馆新正在建设，新馆选址于浏阳河畔四方坪街道，拆迁工作已接近尾声，新馆预计2016年上半年可交付使用。新图书馆各类设施将超过国家一级图书馆标准。新馆建成后，开福区图书馆将面向社会招聘充实工作人员，优化人员编制、构成等不足之处。

联系方式

地　址：长沙市青竹湖大道旁青竹湖湘一外国语学校内
邮　编：410152
联系人：金 纬

长沙市雨花区公共图书馆

概述

长沙市雨花区公共图书馆位于雨花区香樟路8号文体活动中心大楼内，面积4000余平方米。现有工作人员6名，其中馆长1人，副馆长1名，图书管理员4人。现图书馆藏书16万册，电子图书6万册，盲文书籍100多册，中文报纸期刊200多种。馆内设有多功能文化展示中心、图书综合借阅室、少儿借阅室、电子文献阅览室、文化资源共享工程支中心。配备了31台电脑，开放式阅览坐席300余个。内设机构有办公室、采编部、业务流通部。2009年和2013年，均被评为国家一级馆。

业务建设

构筑高质量的、有本区地方特色的藏书体系是我馆藏书建设追求的目标，目前我馆文献资源总藏量达22万册（件），其中电子文献6万种。

2013年，我馆共购进图书2550余种，订购年报刊245种，购买视听文献61件。地方文献一直是我馆藏书建设的重点，制定了地方文献征集方案，每年都采集了一定量的地方文献，现有地方文献130种，并设立地方文献专架，有地方文献专门目录，由专人负责管理。

图书馆制定了图书采购工作管理条例，确定采购重点，复本数，保证文献采购的实用性和合理性，提高图书采购质量。

我馆图书严格依据《中图法》（第四版）标引，依据《普通图书著录规则机读目录著录格式》著录，制定了图书、报刊、视听文献编目细则，并对新购文献及时加工编目上架，尽快提供读者使用，图书加工整理力求做到规范、统一、整齐、美观。

纸本图书、报刊、电子文献设立机读目录实现了网上检索，视听文献设立刊名目录，有专人管理，并提供查目辅导图书馆图书实行开架借阅，有专人负责架位维护与管理，开架图书排架误差率控制在2%以下。

图书馆文献保护制度完善，措施得力，设备齐全，各书库干净整洁，破损图书能及时修复。

随着信息时代的发展，图书馆数字化建设得到了加强，图书馆现可利用的各种数字资源达21T，馆内现馆藏普通中文图书81%已实现书目数字化。图书馆还制定地文献数据库发展规划，自建了6个具有地方特色的全文数据库供读者利用，总容量达15G。

读者服务工作

读者服务工作是图书馆工作的中心。我馆秉承“读者第一，服务至上”的理念，不断调整工作思路，深化服务，最大程度地发挥图书馆的功能。如严格实行免费开放政策，图书馆公共空间，设施场地、基本开放项目全部免费向市民开放；实行全开架藏、借、阅一体的服务模式；延长开放时间，每周开放时间达64.5小时；采取各种形式加大书刊宣传力度；政府公开信息服务；针对残疾人、进城务工人员、未成年人、老年人等人员的需求开展丰富多彩，形式多样的服务活动。经过我们的努力，读者对我们的满意度得到提高，读者队伍不断壮大，图书利用率也逐年攀升，截止2012年图书馆接待读者12万多人次，流通文献15万多册次。

我馆十分注重信息服务，利用资源优势和地理优势及时为领导机关决策、为科研与经济建设和其他事业发展提供信息服务，受到领导和用户好评。

根据图书馆的实际情况，设计完成了结构合理，美观实用，内容丰富的图书馆网站，并每年更新，不断增加网站的功能和内容，为读者提供更为便捷的服务。

为履行公共图书馆的教育职能，2013年开展了一系列社会教育活动，全年共举办讲座、培训20场，举办展览5次，开展各种阅读活动6场次，通过各种教育活动的开展扩大了图书馆的影响，吸引了3万多人次市民参与，提高了图书馆的利用率和满意率，营造了良好的学习氛围，提升了市民素质，促进了和谐书香雨花的建设。

业务研究、辅导、协作协调

图书馆除做好本馆的各项业务工作外，还加强与上级图书馆组织的协作协调工作，并指导本地区图书馆服务网络的有效建设。

图书馆是全市图书馆总分馆体系的区级分馆，实现了与全市图书馆联合编目，馆际互借；与湖南省图书馆签订了数字资源共建共享服务协议及地方文献呈交递送协议，共享信息资源。

制定了雨花区图书馆服务网络建设规划，加大服务网络

外借书库一

外借书库二

建设力度，对符合条件的基层图书馆及时纳入服务网络，现服务网络覆盖率达47%，实现了望服务网络内图书馆的资源共建共享、馆际互借，弥补了文献不足，提高了文献的利用率，最大限度满足读者的文献信息需求。

图书馆每年制定了基层业务辅导和业务培训计划，并深入基层开展自动化管理等各项业务辅导工作，全年下基层辅导18天，及时解决了基层图书馆发展过程中遇到的各种业务问题。2013年图书馆组织开展了基层图书馆业务人员培训和基层共享工程服务点的业务人员培训工作，促进了基层图书馆人员的素养和服务水平的提升。

管理工作

我馆实行聘用制，实行岗位管理和工作目标管理。按需设岗、按岗聘用、竞争上岗、严格考核，并建立了内部收入分配激励机制，有严格的奖惩制度，重实绩、重贡献，在奖金的发放、学习培训等方面都注重与实绩挂钩。

我馆财务管理制度健全，并按制度严格执行，监督措施得力，还建立健全了设备、物资的保管、领取、使用等制度。

我馆吸纳志愿者参与图书馆的工作，并实行科学管理，充分发挥志愿者的作用。

我馆的各类档案立卷准确，每卷有目录，装订整齐，内容齐全；各类统计齐全，并有统计分析。

现图书馆环境整洁、安静，标牌规范、标准，设施维护良好。安全保卫工作制度健全，措施得力，消防、公安部门考核合格。

表彰、奖励情况

图书馆的各项工作有序开展，各种荣誉纷至沓来，在各级各种竞赛中也获得了一系列荣誉，如2011年–2013年，雨花区图书馆共获得各种表彰、奖励28次，其中，文化部表彰、奖励2次，省文化厅表彰、奖励8次，其他表彰、奖励18次。

馆领导介绍

董玲玲，女，1980年11月生，大本学历，中共党员，馆长。1998年8月参加工作，2013年8月任雨花区公共图书馆馆长。

未来展望

雨花区图书馆遵循“为民、便民、惠民”的办馆方针，即完善单体服务功能，扩大服务辐射区域，带动地区事业发展。在未来的几年里，雨花区图书馆将新建一座建筑面积2万平方米的新馆舍，完善馆内各项指标要求，达到一流区级图书馆的标准。

联系方式

地　址：长沙市雨花区香樟东路8号文化中心
邮　编：410014
联系人：董玲玲

学雷锋讲座

阅览室

长沙市望城区雷锋图书馆

概述

我馆始建于1984年12月。原名望城县图书馆，1993年更名为雷锋图书馆，同年12月举行开馆典礼并正式对外开放。原有馆舍建筑面积1570平方米，2011年通过扩建，目前馆舍总面积达3000平方米。我馆先后4次参加全国评估定级，均评定为二级图书馆。为争取达国家一级馆，2009年通过融资手段投入建设资金320万元，新扩建图书馆面积1304平米。2011–2012年争取政府和上级部门投入100多万元，对原馆舍进行全面维修装修改造。为做好免费开放服务，2011年我馆通过政府采购，新购全钢书架92组、阅览桌椅200余张、期刊报架30个、电脑38台等，阅读环境得到了显著改善。2012年，综合外借部实施图书自动化系统管理，并实施一卡通用，改变了20多年的原始手工借阅服务，极大地方便了读者借阅需求。2013年全国公共图书馆第五次评估获得一级图书馆。

业务建设

1、目前我馆有在职员工9人，退休3人，其中大专以上文化程度7人，占总人数的80%，中专、高中以上文化程度达100%。有中级职称馆员5人，领导班子均具备大专文化和参加过专业培训，单位职工均参加省、市图书馆专业培训和计算机培训，干部职工整体素质不断提高。在业务研究方面，我馆除开展业务学习外，干部职工还联系自身工作实际，近几年共发表业务论文14篇，活动简讯60余篇。专业素质和业务素质得到进一步提高。

2、我馆现有藏书12.13万册。其中综合外借部图书8.7万册、少儿图书2.0万册、报刊入藏和地方文献资料1.3万册，电子文献和视听文献1300件。图书年入藏6000种、报刊年入藏280种、并设立了雷锋图书专柜、地方文献专柜、工具书专柜。图书、期刊实行全开架借阅，便于读者查找，文献保护基本做到了防火防盗，防虫，确保室内卫生，对被损的图书及时修补装订。

3、数字化建设：我馆与省图书馆签订数字资源共享协议并积极配合省、市图书馆开展数字资源共建共享服务。配合市图书馆进行总分馆建设，充分利用共享工程设备和服务平台为读者提供数字资源服务。争取政府开通公众信息网，并建立了雷锋图书馆网页，电子阅览室为读者免费提供各类信息服务。

读者服务工作

1、免费开放：我馆于2012年1月对综合外借部、报刊阅览室、过刊资料查询室、电子阅览室及公共空间设施场地等均实行免费开放，基本服务项目健全，并提供优质服务。每周开放时间56小时以上，双休日和节假日，采取轮流上班服务，确保读者窗口正常开放借阅。

2、服务站点：截至目前有基层服务站点299个，其中与远教合作共建文化共享工程及远教站点150个，并对基层点进行了授牌。基层图书馆（室）和农家书屋149个，目前均能正常对外开放。其中师友图书馆2008年5月获得温家宝总理的签名赠书。2013年3月被评为全市优秀民办图书馆。

3、为特殊群体服务：积极开展送书下乡服务，近几年先后为乌山镇敬老院送书1500册、为师友图书馆送书1000册、为见翔科普图书馆赠书1000册。为武警中队送书600册，为慎家桥社区送书800册，为中华岭村赠书1000册，为乌山学校和高塘岭中心学校赠书800册。为光明村赠书1200册，同时还为该村学校贫困学生赠送了部分学习用品。在武警雷锋中队设立图书流动服务点为干部战士常年送书服务、并开展军民共建活动。

4、服务活动：为扩大图书馆社会影响，近几年我馆组织望城书画名家积极开展义务书写春联活动，每年的送春联、送书和学雷锋活动已成为我馆对外宣传的服务品牌。积极参加全市“三湘读书月”暨阅读之星评选活动和全省少年儿童“学习雷锋好榜样”读书活动，获市、省银奖和组织奖。在斑马湖广场开展“书香望城　快乐阅读”活动。现场办证借阅并解答读者咨询，发放读者宣传资料等，同时通过望城手机报每周进行新书推介。利用读者qq群与读者开展学习互动等。

5、图书服务宣传周：每年我馆积极开展了图书宣传周活动，一是将图书服务点深入街头，现场

宣传阅读；二是现场办证，解答咨询等。同时还联合应农图书馆、师友图书馆、见翔科普图书馆等开展"书香望城·悦读你我"和"读书提高素质 知识改变命运"等系列读书宣传活动，在全区掀起读书热潮。长沙新闻频道、望城电视台等均进行了专题报道。

协作协调

1、积极参与上级图书馆组织的协作协调工作：2012年3月，全市公共图书馆馆长暨全市总分馆建设工作交流会在我馆召开，我馆根据会议精神参与全市公共图书馆联合编目，参与馆际互借交流，邀请市馆专家现场指导。并组织基层馆积极参与全市公共图书馆基层分馆建设。

2、业务辅导工作：近几年，国家加大了对基层图书馆（室）和农家书屋建设的支持力度，截至目前，我区有农家书屋和图书馆（室）149家。其中有一定社会影响的基层图书馆有靖港镇应农图书馆、白沙洲街道师友图书馆、白箬铺镇见翔科普图书馆。应农图书馆目前藏书达4万册，师友图书馆现有藏书3万余册。见翔科普图书馆现有藏书1.8万册。我馆经常组织基层图书馆结合自身实际开展特色服务，并现场指导。对各乡镇村的图书室、农家书屋我们做到边发展边指导，帮助制定图书借阅制度和管理员岗位职责，全区乡镇（街道）村（社区）等图书室和农家书屋的覆盖率达95%以上。

表彰、奖励情况

2008年7月，文化部授予"全国文化共享工程示范县"荣誉称号；2008年12月，获文体系统"特殊贡献奖"；2009年，国家文化部评定为二级图书馆；2009年11月，获长沙市少年儿童"新中国60周年道德模范故事会"知识竞赛银奖、组织奖；2009年12月，获湖南省公共图书馆建设服务成果三等奖；2010年元月，获长沙市文明礼仪读书活动银奖；2011年1月，获文体广电系统目标管理二等奖；2011年10月，获长沙市红色经典读书活动银奖、组织奖；2012年9月，获长沙市少年儿童"学习雷锋好榜样"读书活动银奖；2012年11月，获全省少年儿童"学习雷锋好榜样"读书展演活动银奖、组织奖；2012年获局系统绩效考核二等奖；2012年12月，评为长沙市总分馆建设先进单位；2013年3月，获长沙市"2013网络书香过大年"组织奖。

馆领导介绍

袁健，男，1963年2月生，中共党员、大专文化。1979年入伍，1985年在长沙工艺美术学校学习，86年考入新康乡任文化专干兼站长，现任雷锋图书馆书记、馆长。长沙市书法家协会会员，中国书画家协会会员。

罗怀江，女，1969年10月生，1987年参加工作，本科学历，民盟会员，馆员，副馆长。

未来展望

在以后的工作中，我馆将根据省、市、区工作要求，围绕文化强区，不断拓宽工作思路。认真落实长沙市现代公共文化服务体系示范区建设和区委宣传工作会议精神。以打造"文化望城"为奋斗目标，狠抓干部职工思想作风建设和业务建设，树立"书香望城、快乐阅读"和雷锋家乡学雷锋服务品牌，积极扶持基层图书分馆建设，努力扩大图书馆免费开放服务的社会影响。与时俱进，为望城图书馆事业的发展再创新的业绩。

联系方式

地　址：湖南省望城区郭亮北路278号
邮　编：410200
联系人：袁 健

宁乡县图书馆

概述

宁乡公共藏书史可溯至清乾隆年间，县图书馆成立于1912年，1985年单独建馆，2012年3月，因政府城市建设需要，搬迁至宁乡县第二行政中心临时开放办公，2014年搬入县文体中心。现有在岗职工18人，离退休11人，藏书20万余册，常年持证读者5000余人，年接待读者16万多人次，先后被授予省、市两级“文明图书馆”、省级“卫生文明单位”、市、县级“优秀共产党员示范岗”、县级“群众满意窗口”等，2013年再次被评为“国家一级图书馆”。

业务建设

2013年图书馆搬迁到文体中心大楼后，馆舍面积为3512m²。

现有成人阅览座席200个，儿童阅览席200个，培训席位200个。全馆计算机共45台，其中用于服务读者的电脑30台，办公电脑15台，宽带网络100M，2012年单位列支19、8万元采购了Intetlib图书馆集群管理办公系统，使业务管理系统自动化办公，全部接通，2014年列支35万元添置一台图书流动服务车开展流动服务。2009、2010年，宁乡县图书馆新增藏量购置费8万元，2011、2012年15万元，2013年起增至20万元。全馆现有图书总藏量202986册，电子文献560种，视听文献30件，4年来的文献入藏平均值为5182册。

读者服务工作

2011年10月向社会全面实施免费开放，实现零门槛服务，读者人数大幅提升，并逐渐形成了四个服务品牌：1、两个QQ工作读者群：宁乡县图书馆读者QQ群：176626198；行政中心分馆读者QQ群：195719247；创建图书馆读者QQ群，在群内进行新书推介，读者续借、咨询等读者服务工作。2、“你读书，我买单”读书活动，每年的4月23日世界读书日期间，宁乡县图书馆都在宁乡县新华书店举办“你读书，我买单”读书活动。3、新春灯谜竞猜活动。每年新春的元宵节（农历月十五）当天，宁乡县图书馆都会精心举办“欢乐新春，幸福宁乡”为主题的灯谜竞猜活动，营造出浓浓的节日氛转和文化氛围。4、流动图书车开展流动服务，哪里有读者需要，就开往哪里，与读者面对面，零距离接触。流动服务车采用无线上网等现代技术手段与总馆互联，与图书馆的图书通借通还，开往县城广场、社区，军营、企业、全县33个乡镇等地开展流动服务。

免费开放后，读者到馆率增加，我馆延长开放时间，每周开放62小时，书刊80%以上列为开架，2012年图书馆文献外借册次为140156册次，年外借率为72%，馆外流动服务点书刊借阅4年来平均值为5036.3册次，2012年人均年到馆次数48961次，阅览24608人次，人均到馆次数为26.2%。3、为文化共享、远程教育网提供农业科技视频资源。远程教育网是县委组织部为农村党员开设的远程技术教育网，文化共享工程网络和远程教育网连在一起，资源共享，我馆定期将一些有关农业科技的视频资源上传至网络上，供全县广大群众收看。

为特殊群体提供特殊服务情况：近几年来，宁乡县图书馆为农民工、老年人、少年儿童、残疾人这些特殊群体服务，做了大量的工作，如：不用办理借书证就可以免费在图书馆阅览各类图书，不用办理借书证也可以电子阅览室免费上网，查阅各类科技信息，为老年读者提供老花镜和放大镜，使他们看书更加清晰等，这些服务让特殊人群体会到了图书馆的关爱，也使图书馆的服务得到了延伸。

图书馆网站建设与服务：图书馆2012年争得县委政府重视，列支了19、8万元采购了图书馆集群管理系统，开通了读者网上OPAC查询、预约借书等服务，网址：http://113.240.220.164。

作为社会教育的活动基地，2012年共举办讲座、培训等18次，读者参与人次16738人次。7次展览，读者参与人次6300人次。6次阅读推广活动，参与人次7410人次。2012年各类活动读者参与总人次共30448人次。

我馆利用报刊、网络、电视等媒体进行图书馆服务宣传，2012年各类媒体报道刊载共13篇，我们发放了200份读者满意率调查，满意率达到了98%以上。

业务研究、辅导、协作协调

近几年有许多同志积极参与各类业务培训，围绕本馆业务工作，撰写论文或调研报告，并且有很多同志在国家级、省级论文征文中获奖，特别有：陈利华同志撰写的《宁乡县农家书屋调研报告》获2013年全国中小型公共图书馆联合会论文征文一等奖；《百年老县馆里两个利华馆长的故事》在在全国

灯谜活动

世界读书日活动

中文核心期刊、全国优秀图书馆学核心期刊《图书与情报》2012年第三期发表；谢魁同志撰写的《他的人生就是一本感人的书》获2012年湖南省图书馆学会征文三等奖。

参与上级图书馆组织的协调工作情况：我馆与国家图书馆签订了联合编目协议，现在录入的机读目录数据，有绝大部分是和国图网站共建共享；积极配合市图书馆组织联合编目；与湖南图书馆签订了数字资源共享协议；我馆2012年开始总分馆体系建设，全力建设与县内各项发展相适应、相配套的现代图书馆服务体系。2012年，已经建成了5个图书馆分馆，即：行政中心分馆、沈家巷分馆、城北中学分馆、双凫铺分馆、玉潭分馆。

管理工作

我馆把干好本职工作、促进事业发展、服务社会大众作为重要任务，在管理上求规范，气氛上求和谐，作风上求垂范，服务上求实效，全馆上下团结拼搏，自我加压，开拓创新，出现了干实事、求实效的工作局面。我馆每年制定了年度工作计划，制定各项规章制度，同时，建立了工作量化考核指标体系，每月进行工作进度通报，每半年和全年进行总体工作考核。

表彰、奖励情况

2009－2012年，宁乡县图书馆共获得各种表彰、奖励20次，其中国家级表彰2次，省级业务部门1次，市级党委、政府表彰7次，市级业务部门2次，县级党委、政府3次，县级业务主管部门5次。

馆领导介绍

杨利华，女，1965年2月生，本科学历，中共党员，副科级干部，馆长、党支部书记。1985年参加工作，历任南田坪乡、坝塘镇等单位团委书记、妇联主席、宣传统战委员、党政办主任等职，先后分管教育、科技、文化、卫生、计划生育等工作，1998年8月调入文化局工作，1999年元月调入宁乡县图书馆担任党支部书记，2011年任馆长。2012年获全国文化信息共享工程知识竞赛一等奖，曾多次被评为省、市、县“三八”红旗手、先进党务工作者、先进个人。

陈利华，女，1971年3月生，本科学历，中共党员，馆员，副馆长。1989年7月参加工作，1995年7月到县图书馆工作，先后在采编部、流通部任主任，2009年2月担任副馆长，分管全馆基层业务辅导和财务工作。2012年县委授予三等功，2013年度长沙地区图书馆业务知识竞赛中获二等奖，2013年被评为全省优秀农家书屋工作者。

彭利芳，女，1979年8月出生，中共党员，本科学历，副馆长。1998年至今一直在宁乡县图书馆工作。历任外借室、报刊室、少儿室主任，行政中心分馆馆长、团支部书记、文体广电局办公室副主任等职，2014年元月任图书馆副馆长。多次被评为县先进个人，优秀共产党员，2011年度长沙地区优秀图书管理员，2013年度长沙地区图书馆业务知识竞赛中获三等奖。

未来展望

宁乡县图书馆遵循“科学、效率、创新、发展”的办馆方针，全力建设与县内各项发展相适应、相配套的现代图书馆服务体系（总分馆制）。即初步形成以宁乡图书馆为总馆，精选各乡镇、社区（居委会）优秀的农家书屋或乡镇文化站为分馆，吸收企业、学校等其它系统图书馆加入的县内图书馆服务群。规划三至五年内，建设好1个数字图书馆（县图书馆），分批建设33个图书馆分馆，促进全县图书馆事业的整体发展。

联系方式

地　址：湖南省宁乡县玉潭镇二环路文体中心
邮　编：410600
联系人：杨利华

浏阳市图书馆

概述

浏阳市图书馆始建于1929年11月，时称“浏阳民众图书馆”，1935年撤并民众图书馆称号，创建民众教育馆。1946年，图书馆从民众教育馆分离，改称“浏阳县中正图书馆”，馆址设奎文阁，藏书约万余册，管理员2人。解放后，政府接管并设立“浏阳县文化馆图书室”。1958年图书室扩建为“浏阳县图书馆”，藏书2万余册，1960年又撤销并入县文化馆。1976年3月，县革委会发文正式恢复重建浏阳县图书馆，藏书增至3万余册，设职员4人，曾先后在奎文阁、八角亭、新文路等场地接待读者。1982年图书馆选址城关下河街4号，兴建图书馆舍一栋，2001年，解放路图书阅览楼建成投入使用，并大量添置图书，逐渐形成集收藏社科、自科、古籍文献、地方史志和各时期报刊杂志、现代电子文献于一体的综合性公共图书馆。

图书馆现有馆舍面积3700平方米，藏书20余万册。古籍万余册。馆内设有综合外借处、阅览室、采编室、少儿室、电子阅览室、政府信息公开查阅、读书工程、共享工程、农家书屋、多媒体演示报告厅等多功能性的服务窗口。并担负全市文化信息资源共享工程基层服务和农家书屋的建设任务。

业务建设

至2012年，馆藏图书207330册，其中古籍10130册；年订报刊300余种。计算机40余台，拥有数字资源3TB，10兆专用光纤接入，阅览坐席近300座。注册读者4532人，年接待读者112580人次，书刊流通137032册（次）。文献资源构成种类齐全，文学类所占比重较大，报刊以时事政治及生活类为主。地方文献专室陈列，所涉种类较多，但数量不大。古籍单列，专室专柜专人，以普籍为主，但也不乏珍善本。文献编目均按《中国图书分类法》分类至五级类目，实施数字化管理后，包括报刊在内，全部按INTERLIB管理系统要求实施。除古籍外，所有文献，实施开架免费借阅。随着时代的发展，传统图书向数字化图书发展已成趋势，通过文化共享工程与湖南省图书馆实现数字资源直接对接。

2011年12月全面实施图书管理系统升级改造图书实行网络化、数字化管理，以INTERLIB管理系统取代原有的ILASS软件系统，实现与长沙市三县六区图书馆的资源共建共享，初步形成了图书资源服务的共建共享。

读者服务工作

浏阳馆实行一周七天开放制，电子阅览室每天开放10小时，其他部室每天开放8小时，自2011年7月起即实行全免费，馆藏文献开架比例93%以上，年外借率达70%，馆内利用报告厅、网站、宣传栏等举办各种图书推介活动，馆外与共享工程基层服务点、农家书屋、乡镇文化站等联动，实行图书交流互换，以此提高图书利用率。以演讲活动、征文活动、讲座、展览等不同方式方法开展图书服务。

全面实施免费开放以来，不但为读者营造良好地阅读环境，还强化优质服务，读者量有明显增加。年同比增长10%以上。电子阅览室以绿色网吧形式提供特色服务，有效的缓解未成年人上网的难题。图书馆的服务工作除日常的图书借阅、图书宣传、活动辅导等工作之外，比较有特色的工作还有共享工程建设、农家书屋建设和机关读书月活动。

1、读书活动：一是承办每年一届的“机关读书月”活动。活动内容包括“书香进机关”、“书香进企业”、“书香进校园”、“书香进社区（村）”、“书香进家庭”活动。二是组织参加长沙市“三湘读书月”系列活动。三是自主举办的各类读书活动。各类读书活动年参与人次均达数万人次，机关读书月活动已形成了浏阳的读书品牌。

2、农家书屋：2008年起，浏阳图书馆承担全市农家书屋建设管理任务，至2013年已建农家书屋360家。每家发放图书设备价值4余万元，并适时进行图书设备的补充更新，在全市形成了一个以图书服务网络体系为基础的文化设施阵地。有效弥补了农村文化基础设施不足、农民看书看报难的问题与缺失。

3、分馆建设：为落实长沙市图书馆总分馆建设和图书馆网络建设的需要，2013年已建设分馆5家，2014年计划再建设5家，实现与长沙市六区三县图书馆及乡镇综合文化站的资源共建共享。

4、文化信息资源共享工程：加强数字文献资源建设，将浏阳特色文化信息资源进行数字化加工和整合，馆内利用电子

图书馆外貌

综合借书处

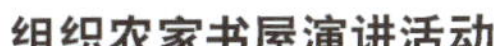
组织农家书屋演讲活动

组织图书服务宣传活动

举办红色专题教育活动

阅览室和多媒体报告厅，馆外利用远程教育现有村级服务平台、中小学生远程教育网络和电信信息服务点，将文化共享工程国家中心、湖南省中心的实用信息资源以电子图书、专题讲座等形式通过网络传输，延伸服务范围拓展服务方式，完善服务功能。

业务研究、辅导、协作协调

2009–2012年，浏阳图书馆职工发表论文8篇，调查报告5篇，其他课题5项。

在人员培训方面采取了一委培，二自学，三帮带的模式加强队伍建设：一是委派三批20人次的工作人员去省中心参加培训，并取得了相应的培训结业证书，二是组织自学，以省中心培训教材为基础，以设备操作、资源检索等实用技能练硬功，基本达到预期目的，如转星技能、设备调试与维护等我中心均能独自解决。三是组织乡、村基层服务点管理员培训，联合远教中心、文体局组织的乡镇文化专干、村管理员每年集中培训、个别培训和业务辅导，共享工程浏阳支中心初步形成了一个县、乡、村三级一体化的县级支中心，有较强服务能力的管理员队伍，通过共享工程服务也涌现了一批技术能手与致富典型，对新农村文化建设发挥着巨大的作用，客观存在蕴含的巨大生产力已开始释放，为广大基层群众带来了实惠。

表彰、奖励情况

2011年获长沙市文明单位称号。2012年获湖南省"服务农民，服务基层文化建设先进集体"称号。2012年成功申报长沙市爱国主义教育基地。2013年"机关读书月"获长沙市"优秀读书活动"。2013年在第五次全国公共图书馆评估定级中，被评为国家县（市）一级图书馆。

馆领导介绍

刘炜，男，1971年生，大专学历，1991年参加工作，中共党员。曾在部队服役四年，1996年至今一直从事图书管理员工作，助理馆员职称，历任浏阳图书馆副馆长、馆长。具有较为丰富的基层图书管理经验。

高伟鹏，男，1960年生，大学学历，1983年参加工作，中共党员，副研究馆员，党支部书记。

曾永艳，女，1974年生，本科学历，中共党员，图书馆员，副馆长。

未来展望

1、构筑一座城市书房：夯实基础，强化资源建设。加大传统图书文献入藏量，以丰富的馆藏吸引读者。改善环境，提升服务，以满意的服务留住读者。共建共享，挖掘内涵，以深厚的文化底蕴影响读者。全力加强图书馆本部建设，把图书馆建设成一座文献充实、环境优美、内涵厚重的城市书房。

2、营建一个图书服务网络：继续推进农家书屋建设，新建书屋81家，加强后续管理和横向联系，促进图书流转，确保书屋的建、管、用不流于形式。实现城乡之间书屋纵横的网络覆盖。

3、打造一张读书活动品牌：对机关读书月活动进行挖掘和延伸，通过举办系列读书活动推动书籍走近群众，营造全民阅读氛围，让阅读成为人们的自觉追求，让阅读成为悦读。具体措施：开展全民读书系列活动。依托湖南"三湘读书月"活动中图书"进机关、进学校、进企业、进农村、进社区、进家庭"的要求，打造一张"书香城市，悦读浏阳"浏阳名片。

4、整理一套地方特色图书：收集整理浏阳地方文献资料，对现有地方文献室进行充实和扩建，整理一套完整的包含浏阳历史、地理、政治、经济、风土人情的地方特色藏书。

联系方式

地　址：湖南省浏阳市解放路116号
邮　编：410300
联系人：梁 丽

浏阳图书馆帮建职工书屋

浏阳图书馆设立的书香驿站

浏阳市图书馆入口大厅

攸县图书馆

概述

攸县图书馆于1976年成立，座落在城关镇望岳西路体育场内2号，总面积2326㎡。设有综合外借处、成人阅览室、地方文献查阅室、工具书查阅室、过刊查阅室、盲人图书室、少儿图书室、电子阅览室、共享工程展播厅九个服务窗口。

现有馆藏13.7万册，主要特色是普及性、综合性和地方性。其中特藏文献4000多册、地方文献4217册。

现在在职人员12人，其中在编人员11人。具有高中以上学历的占100%；具大专以上学历的10人，中共党员11人，有中级职称的5人，初级以上职称的11人，馆委会由正副馆长、党支部书记、共享工程支中心副主任5人组成，均具大专以上学历；馆员都接受了岗位培训等继续教育，是一支爱岗敬业、懂行能干的图书馆工作队伍。

业务建设

截止2012年底，攸县图书馆总藏量13.7万册，2012年新增图书4072种7112册、报刊188种、视听文献581件。

2012年购入了1.4T容量的电子图书，同年引进了图书查询系统，将ILAS图书借还系统更换为Interlib图书管理系统。

2009年至2012年以来，县图书馆加大地方文献征集力度，采取上门征集、自愿捐赠、购买的方式征集到地方文献372种3128册。为加强地方文献管理，成立了地方文献个人专柜，制订了地方文献管理制度，安排了专人负责，常年征集。

2009年至2012年购纸质图书、数字图书共用经费188万元。

读者服务工作

自2009年实施免费开放以来，攸县图书馆全天免费开放，每周开放60小时，2009–2012年的书刊总流通量35万多人次，书刊借阅量19.67册次，县图书馆坚持节假日、周末开放，规定每周周一闭馆学习。每年与学校、社区、机关事业单位、民营企业联手，开展送图书、送科技下乡服务活动15次以上；扶持科技示范户8家以上；年援建基层图书室3家以上，在健坤外国语学校建立了特捐图书室；同时，在敬老院、监狱、特殊学校开展送书上门等服务17次。

2009年至2012年，县图书馆举办各类读书活动29次，各种知识讲座、培训21次，参与活动7.6万人次。其中最有影响力是2012年，举办了“品味文化·传承文明”文化活动周之大型图书展销活动和有奖灯谜竞猜活动，一周共销售图书10000余册，参与人数2万余人。

截止2012年建立了农家书屋496家，覆盖了全县各乡镇（街道办事处）行政村。为提高基层图书室的管理水平，每年至少举办3期以上农家书屋管理员培训班、基层图书室管理员培训班；每年派馆内业务人员主动到基层图书室和共享工程基层网点进行现场业务辅导和服务150天（次）以上。

业务研究、辅导、协作协调

2009年至2012年，攸县图书馆获国家级奖励的论文8篇，获省级奖励的论文2篇，被省、市新闻出版部门决策参考采用的调研报告2篇。

从2010年起，攸县图书馆以文化信息资源共享工程为依托，积极开展阅读推广与讲座资源服务、业务培训与技术支持等活动。截止2012年底，设立文化信息共享工程基层服务点287家。

管理工作

攸县图书馆根据单位工作岗位需求，实行公开竞聘上岗，签订聘用书，推行岗位绩酬挂钩，极大地调动了全体职工工作的积极性。建立健全了学习制度、工作制度、考勤制度、服务准则和绩酬挂钩考核办法严格规范工作行为。

表彰、奖励情况

2009年、2011、2012年均被县委、县政府评为“文明建设先进单位”，2009年被县委评为“先进基层党组织”、被县委宣传部评为“群众文化活动先进单位”，2009年至2012年获得省、市少儿读书活动金奖和优秀组织奖。在第二次、第三次、第四次全国公共图书馆评估定级中均评定为“国家二级馆”。

馆领导介绍

王晓东，男，1972年8月生，大专学历，助理馆员，中共党员，馆长，1992年参加工作。先后在攸县电影公司、文化执法大队工作过，2001年3月调入攸县图书馆任副馆长，2003年任书记，2007年任馆长至今。

周刚艺，男，1967年3月生，大专学历，中级职称，中共党

韶润书画展

韶山市文明礼仪知识竞赛

文化信息知识共享

业务研究、辅导、协作协调

2011年10月，韶山市图书馆撰写了《韶山市图书馆调研工作汇报》。2012年9月，韶山市图书馆撰写了《韶山市农家书屋后续管理调研报告》。2012年，韶山市图书馆工作人员撰写四份调查报告，馆长朱艳红《乡镇图书馆建设情况调研报告》、副馆长赵硕聘《图书馆读者服务工作情况调研》、采编室主任李路沙《县级图书馆的现状与存在问题调研报告》、阅览室毛昆勇《怎样做好图书馆服务工作调研报告》。2012年4月，参与了《湘潭历史上的清官廉吏》一书的编辑。

建馆以来，韶山市图书馆积极帮助全市各级图书馆的建设与发展，其中参与建设三个乡镇文化站"万册图书馆"；每年开展2次乡镇文化站的图书管理人员图书业务培训；每年2次与教育局联合，组织对全市各中小学校图书管理人员进行业务培训；协助韶山市妇联建立了韶山宋庆龄基金会少儿流动图书馆；还多次派业务人员帮助数所学校、乡镇文化站、机关和医院的图书馆（室）进行了图书加工整理。韶山市农家书屋工程于2012年全部开通，全市7个乡镇61个农家书屋都处于良好状态，覆盖率为100%。另外，韶山市图书馆还长期坚持开展为韶山市光荣院五保老人、残疾人、看守所、武警消防中队、农村部分种养殖专业户送书上门活动。

2008年，韶山市图书馆与湖南图书馆签订了数字资源共享合作协议，实现了资源共建共享。于2011年底加入了全国图书馆联合编目中心，成为其成员馆并开通图书检索服务。

管理工作

韶山市图书馆实行了聘任制，按需设岗。签订了个人工作目标考核责任书，年终实行了岗位考核，制订了各项激励机制和分配制度。每月进行工作进度通报，每半年和全年进行总体工作考核。2009–2012年，共抽查文献排架8次，书目数据4次，撰写专项调研、分析报告和工作提案4篇，编写各部门工作进度通报16篇。

表彰、奖励情况

1987年至今韶山图书馆多次被湘潭市和韶山市人民政府评为双文明建设先进单位。1995年被湘潭市残疾人联合会评为"扶残助残"先进单位。

2009–2012年，韶山市图书馆共获得各种表彰、奖励14次，其中，湖南省级表彰、奖励3次，湘潭市级表彰、奖励4次；其他表彰、奖励7次。

馆领导介绍

朱艳红，女，1971年9月出生，大专学历，中共党员，馆长。1994年8月参加工作，2005年6月任韶山市图书馆馆长（副科级）。

赵硕聘，男，1986年3月出生，本科学历，副馆长。2009年12月参加工作，2011年9月任韶山市图书馆副馆长。分管业务、内务及电子阅览室等工作。

未来展望

韶山市图书馆坚持"读者至上、服务第一"的宗旨和"吸引读者、方便读者、满足读者"的服务方针。在不断强化自身综合实力的同时，将服务重心向基层延伸，在全市营造出浓厚的读书氛围，为韶山市推进"文化立市战略"和创建全国文明城市发挥积极作用。

2012年5月29日，新馆正式向市民免费开放。全新的图书馆，大开间、全开放、通透明亮、美观舒适，学习与休闲一体的设计思想，充分体现了以人为本的现代图书馆的设计理念。加之新馆配备的空调、计算机管理系统、电子消防报警体系及多功能报告厅等设施，构成了新馆的现代化规模。环境得到极大改善，新馆吸引了众多读者。在此基础上，韶山市图书馆将树立服务以人为本、藏书以用为主、馆员以做知识导航员为先、工作以有为才有位为志的观念。在工作中强化服务意识、创新意识和求实意识。注重深化服务、特色服务、网络现代化服务和基层服务。开展丰富多彩的读者活动，使图书馆工作充满生机与活力。努力把韶山市图书馆建设成为全国一流的、独具特色的、具有现代化管理和服务水平的县级公共图书馆。

联系方式

地　址：韶山市遵义路（韶山市行政中心北面）
邮　编：411300
联系人：朱艳红

韶山市图书馆全貌

衡南县图书馆

概述

衡南县图书馆，始建于1977年，原座落在衡阳市中山北路224号，1998年筹建新馆，2005年被国家文化部评估定级为二级公共图书馆，2007年升格为副科级全额事业单位。2008年搬迁到云集黄金路129号，新馆总建筑面积2477.37m²，其中养浩分馆506.4m²。有阅览座席252个，其中少儿阅览室座席60个，书柜、书架、阅览桌椅、报告厅桌椅、风扇、空调等配套齐备，计算机总量46台，可供读者使用25台，10兆光纤专线接入，机房存储容量6TB以上；多媒体及报告厅投影设备完好，配套建筑面积400m²。有照相机、DV机、打印机、扫描、复印机设备及移动播放器。2009年全国公共图书馆第四次评估定级中被评为一级公共图书馆。2013年第五次评估定级再次评为一级公共图书馆。

业务建设

总藏书160676册，其中2012年底入藏图书7463册，7011种，报刊260种，电子文献642种，视听文献223件（DVD），接受捐赠280种，历年平均2510种，地方文献有专柜专架，有专门目录，专人负责管理。2012年征集书刊53种332册。省、市交流每年6至8件。

数字资源总量4TB，采访、编目、流通、检索一条龙。馆内有局域网，馆藏中文图书书目数字化达到30%以上，新购图书100%数字化。地方文献专题数据库已经建立，分为文学艺术、科技等综合选题及《湖湘文库》等。

业务管理自动化，采用ILAS系统，运行正常。

文化共享工程有领导小组和专班，经费上县财政每年列入预算运行费10万元，活动经费3万元，3人参加了省市的专业培训，多次组织全县基层点管理员及有关方面的业务培训，业务范围覆盖全县乡镇、机关和学校。结合国家重大事项及中心工作和节假日策划活动并开展服务。公共电子阅览室有桌椅30套，机房电脑全部配套，场地安全整洁，免费上网。数字资源总量达4TB，每周更新，每月更换；每天开放12小时。

古籍书库，封闭性木柜，专房，符合《图书馆古籍特藏书库基本要求》；每年经费投入2万元，有专职管理人员，全部古籍进行了有效清理和保护，并登记在册，国家有需要可提供底本。

读者服务工作

除古籍图书外，所有文献，公共空间及设施场地全部免费开放。基本服务项目健全，包含外借、综合阅览室、少儿阅览室、地方文献室、电子阅览室、多媒体室等。“衡南读书节”及“清泉沙龙”作为品牌打造。

每周开馆60小时，书刊文献年外借122179册次，年流通155077总人次。设有服务点，流通站12个，2012年不定期轮换书刊达5100册次以上。充分利用不锈钢橱窗8座、及板报、电子显示屏和网站作书刊宣传。

流动服务上：一是为县委、政府、发改局等领导机关提供信息服务；二是为县委党校、县工业园、工联村奶牛场等进行课题跟踪服务；三是为明德小学、法院、衡南县志办、文化馆等机关事业单位提供参考咨询服务。

无论在外借厅还是阅览室都设立了适合残疾人读书的残疾人座席。对重点残疾读者，为其送书上门或家中或办公室。

网页设计美观，维护更新快，提供网上服务，经常发布馆内外活动公告，新书介绍，政策法规和新闻等。

每年举办不定期讲座和培训10次以上，有计算机培训、音乐、舞蹈、演讲等。每年的红读活动由图书馆组织到省、市参赛。每年的衡南读书节以演出、书展、板面、横幅、倡议书及“清泉沙龙”等多个项目组成。读者参与量超过2万人次。图书服务宣传周、全民读书月年参与活动全县达到3万人次以上。衡阳日报及衡阳电视台等新闻媒体进行了多次报道。

业务研究、辅导、协作协调

作为省图书馆学会理事单位，市图书馆学会常务理事，每年发表、交流论文三篇以上。与省图书馆签订了数字资源共建共享合作协议，与市图书馆往来密切，与全市各县图书馆及省内有关图书馆经常开展业务交流。

吸收衡阳师院、北斗星中学及机关单位多人，参与图书馆的读者服务志愿者队伍并开展活动。

网络建设规范，全县26个乡镇已建成网络电子阅览室23个，基层点670个。2012年开展送书下乡，各乡镇图书馆就达

读书月活动启动式

图书馆服务宣传周活动

书刊咨询

送科技下乡

外借处的小读者

5739册，资料6620份，同时先后为养浩分馆、明德小学、茶市、县政府交流图书2214册次。

2012年组织召开乡镇基层图书馆管理人员培训会议两次，多次主办图书编目、电脑操作等讲座。与26个乡镇图书室建立了网络关系，巩固发展了三塘、茶市、松江、泉溪四个图书馆，协助文广新局给741个农家书屋配备书柜、书架和图书，在工联村驻点业务培训，帮助图书室整理文献书刊、分类、上架，建立和完善了各项管理制度。

泉溪基层点2012年就被评为全国示范电子阅览室。

管理工作

财务制度严谨。2012年，财政拨款总额121.27万元，比上年增长11.5%，其中：工资福利60.4万元，比上年增长1.3%，公共经费6.52万元，与上年持平，专项经费40万元（其中：购书费12万元，文化共享工程8万元，免费开放20万元。）比上年增长25%。

人事方面实行岗位目标管理，按需设岗、按岗聘用、竞争上岗，择优聘用，严格考核。现有干部职工30人，在编24人（其中大学5人，大专9人）。

衡南县图书馆独立院落，环境优美，交通方便。所有标牌规范、标准、设备全新、维护良好。有应急预案，符合消防部门规定。

表彰、奖励情况

2009–2012年，衡南县图书馆分别获得省阅读推广奖，红读优胜奖，少年网页制作奖；市红读6项金奖、组织奖，业务竞赛、网页制作等5项奖；县委、县政府目标管理先进单位三连冠；县文广新局先进单位4连冠等多项奖励。2013年被中国图书馆学会授予“全民阅读先进单位”。《衡南县图书馆的作用与作为》在中图学会获二等奖，读书故事在省获二等奖，地方文献及免费开放等论文在省市获三等奖。

馆领导介绍

甘典国，男，1958年2月出生，大学学历，中共党员，馆员、馆长兼党支部书记。1976年参加工作，历任衡南县近尾洲镇文化辅导员，栗江区、镇文化专干，泉溪镇文化站长，县花鼓戏剧团团长，1998年起任县图书馆馆长，中国图书馆学会会员，湖南省图书馆学会理事，衡阳市图书馆学会常务理事，1990年获文化部“全国先进文化站长”称号及奖章。

杨先元，男，1967年1月出生，中共党员，大专学历，衡南县图书馆副馆长。1989年参加工作，2003年任江口镇文化站站长，2005年任图书馆副馆长。

未来展望

衡南县图书馆将加大免费开放力度，以“清泉沙龙”品牌项目为主体，办好每年的衡南读书节。严格遵守公共图书馆服务规范，以更加昂扬的斗志、更加务实的作风，开拓进取，奋力打拼。一是争取县财政经费的投入，加大馆舍的提质改造。二是配套调整各项设施，完善各项管理制度。三是夯实基础，强化功能，提升服务，主要指标符合国家规定，打造群众满意图书馆。

联系方式

地　址：湖南省衡南县云集黄金路129号
邮　编：421131
联系人：甘典国

书刊宣传

衡南县图书馆外貌

张家界市永定区图书馆

概述

我馆始建于1976年，2006年按一级馆标准修建了永定区图书馆。2008年建成开馆，并于2013年通过国家一级图书馆评定及挂牌。有成人阅览室、少儿阅览室、无障碍阅览室、电子阅览室、湖湘文库、地方文献室、书法协会活动室、综合书库、密集书库等一应俱全，现代化技术条件运用合理，使用北京鼎丰金业图书馆管理软件，实现了自动化借阅。2012年全面实现了免费开放。2012年图书馆投入经费已达74.4万元，购置新书11476册，现馆藏各类图书13万余册。

我馆现有7名职工（含临聘人员1人），其中副研究馆员1人，大专学历以上5人，其他2人，通过不断学习和提高，职称、学历层次均能满足工作需要。

“十一五”以来，区委、区政府高度重视图书馆事业，把图书馆建设作为全区文化事业发展的重要内容，纳入了全区社会经济发展总体规划，和经济工作同安排、同部署、同落实、同考核，使我区图书馆工作有了长足发展。2008年新馆建成以后，各乡镇也把乡村图书室、农家书屋建设摆上重要议事日程，并在张家界地区率先实现了乡镇文化站和农家书屋在全区行政村的全覆。

业务建设

图书馆工作涉及面广，业务量大。为了满足不同层次读者的精神文化需求，我们把搜集整理、收藏和流通图书资料放在首位，贯穿于工作之中。

一是注重了图书馆图书藏量的增加。我馆现有图书13万余册，所有书刊我们都按照《中图法》有关章节的内容进行分类标引，使用《普通图书著录规则》进行著录、登记、建账建卡；对过期的图书、报刊及时清理，并建账、建卡、入库收藏。经自查，馆内图书标引误差率、图书著录误差率分别控制在了4%以内，目录组织误差率、闲架图书排架误差率、开架图书排架误差率分别控制在了5%、2%和5%以内。

二是注重了地方文献收藏、保护和上架借阅。近年来，我们先后收集地方文献21种401册。对于收藏的资料，均按要求进行标引、著录、登记、建账建卡、上架排列，按要求开放借阅。

三是重视了古版书籍的保护。对现存的1003本古版书籍进行了防腐、防虫处理，制作了简易函套，设立了专柜收藏，专账专卡登记，专人保管。

读者服务工作

服务理念：“服务至上，读者满意”。即“一切为读者服务，为一切读者服务，满足读者一切合理需求”。

借阅卡：共计发放一千余张。

创新服务：开展了预约借书、电话续借及咨询、专题服务等。

免费开放：各业务窗口实行无障碍、零门槛准入，公共空间设施场地全部免费开放，所有提供的服务项目全部免费。

服务网络：现全区学校、机关、乡镇等各类基层单位均已建成了图书室，特别是全区21个乡镇、6个街道办事处，378个村全部建成了农家书屋，图书馆网络逐渐形成。

服务弱势群体：我馆将残疾人、老年人、农民与农民工、少年儿童等弱势群体列为重点服务对象，为特殊读者群提供专门服务，全力推行人性化服务，让公益文化服务惠及民众。联系张家界市特殊学校，走进读者，了解读者需求，为他们专门设立了盲文阅览室。针对永定区看守所的特殊需求，利用活动形式宣传党的政策，用情用法来感化他们，使他们积极接受教育、配合改造，早日完成重生，重新做一个对社会、对家庭有用之人。

为丰富儿童、青少年的节日生活，与孩子们一起欢度节日，收集他们自己的作品举办展览，给他们一个更高的肯定，让孩子们看到更广阔的世界，接受更多来自学校之外的新鲜资讯。这种贴近民生的个性化服务自然收到了很好地社会效益，得到了来自社会、政府、学校、家庭的认同和好评。

2011年以来，我们把读者服务、读者活动、对外宣传、业务研究和对基层的辅导作为重中之重，狠抓了落实工作，取得了较好成绩。

一是全民读书日、图书月活动，共举办各类读者活动3次，开展专题读者活动5次。

二是利用广播、报刊、图书馆学会杂志等媒体进行了广泛宣传，去年年内共撰写各类新闻稿件3篇，被刊载和播出3篇。

从2012年起，张家界市永定区图书馆周开放79小时。书刊

总流通20.86万人次，书刊外借5.58万册次。2012年9月，与属地高校吉首大学张家界校区图书馆建立了馆际互借关系，使得我馆纸质文献、电子文献、报刊杂志等都得到了更大的补充，这也是我馆得天独厚的一项优势。馆外书刊流通总人次13.75万人次，书刊外借8.3万册。

业务辅导、协作协调

2012年至今，我馆深入区直部门、乡镇村社举办各类知识讲座3场次，听众达5000多名。同时我们下基层开展共享工程基层网点技术培训工作10次，培训基层网点信息员80人次，下基层文化站指导培训21次，协助指导基层站点分类、编目、上架图书31500多册，举办农家书屋管理培训25次，参训380人次，指导并实施农家书屋图书分类、编目、上架图书614299多册。

图书馆班子成员结合新形势下图书馆的发展和对基层工作的辅导等方面进行了大量工作。培训了乡村图书馆（室）（即农家书屋）业务骨干，建起了基层图书馆(室)名录，摸清了基层馆室的底子。并树立了以到目前，全区乡镇图书室达到21个，村、社区、农家书屋378个，城区乡镇街道个体书屋1个，共有藏书1500册，馆舍面积达到80平方米。2012年流通书刊6万册（次），借阅人次达到12万人（次）。今年上半年流通书刊3.2万（册）次，借阅人次达到6.5万人（次），四级图书网络初具规模。

规范管理、健全协调高效的工作机制

我馆把干好本职工作、促进事业发展、服务社会大众作为重要任务，在管理上求规范，气氛上求和谐，作风上求垂范，服务上求实效，全馆上下团结拼搏，自我加压，开拓创新，出现了干实事、求实效的工作局面。

一是在人事管理上通过职能调查摸底，制定了图书馆管理聘用工作实施方案，根据单位内部工作岗位需求，公开招聘，竞争上岗，和每个职工签定了聘用协议，实行岗位绩效责酬挂钩，极大的调动了全体职工工作的积极性。

二是建立健全了学习制度、工作制度、考勤制度、服务准则和绩效考核制度。

三是聘用了保安人员，购置了安防设施，加强了安全管理。

四是规范工作行为，优化工作环境。在馆内大力提倡微笑多一点、行动快一点、做事早一点、说话柔一点、理由少一点、脾气小一点、胆量大一点、质量好一点、效率高一点的十点工作法，进一步强化了服务学识。

表彰、奖励情况

2012年，永定区中心馆多次获得上级主管部门的表彰及奖励。并多次在本市、区举办的各项活动中受到好评。其中2013年10月荣获国家一级图书馆、11月全省少年儿童中国梦我的梦大型活动中荣获“组织奖”，2014文化潇湘、书香永定活动中荣获“最佳组织奖”。

馆领导介绍

赵国兵，男，1971年5月生，大专学历，中共党员，馆长。1990年12月参加工作，历任张家界阳戏剧团书记、副团长，2010–2012年任张家界市永定区图书馆书记、副馆长、张家界市图书馆协会副理事长。2012年至今任张家界市永定区图书馆馆长等职。1996年获永定区先进工作者称号，2013年被评为全省农家书屋工程建设管理先进个人。

庄宁，男1966年12月生，大专学历，副馆长。1985年10月参加工作，历任张家界市永定区文化稽查队副队长，1998年到图书馆工作，2008年11月任副馆长。

未来发展

1、争取政府支持，进一步完善办馆条件。

2、加强业务培训，提高整体素质。

3、继续拓展图书馆服务功能，立足为地方经济服务。

4、建设区域图书馆联盟，加强合作交流。

5、注重馆藏特色文献建设，树立品牌，扩大社会影响。

联系方式

地　址：张家界市永定区永定大道区治大院内
邮　编：427000
联系人：向　倩

衡东县荣桓图书馆

概述

衡东县荣桓图书馆是1966年从原衡山县图书馆搬迁析出更名而演变而来。原衡山县图书馆创建于1958年，创建初期由当时县文化馆接收旧中国遗留下来的南岳大众图书馆、中山图书馆、国师附中图书馆、伪衡山县档案馆等单位的图书汇集后，组建成立衡山县图书馆。馆址几次变迁，1970年整体搬迁到新衡东县城关文化馆院内。1980年正式与县文化馆分离脱钩，开始选址建新馆，座落于县城新衡东路100号，占地面积4.9亩，馆舍办公楼1590m²，1984年10月对外开放。同年11月，为了纪念罗荣桓元帅，当时军委主席邓小平同志亲自题额"荣桓图书馆"，衡阳市委、市政府下文正式命名为"荣桓图书馆"。在原馆舍基础升层增添办公用房面积，1985年11月正式开放。该馆现有建筑面积2018m²，对外服务窗口有：报刊阅览室、外借室、少儿借阅室、电子阅览室、地方文献及元帅资料研究室、咨询室、综合外借室、低幼益智室、报告厅等9个窗口，图书馆设有编制14个，现有在编人员9个。2004、2009年曾先后两次被全国公共图书馆评估验收为"国家一级图书馆"，2013年再次被全国公共图书馆评定为县级"国家一级图书馆"。

业务建设

2013年底止，纸质藏书12.6万多册，电子版图书50多万册，古籍线装书4471册，光盘影视文献2000件，设立9个对外服务窗口，阅览室座席300多个，计算机50多台，文化共享工程文献数据库6TB，电信光纤宽带100Mbps，馆内有40多个信息接收服务端点。馆内全部实行自动化管理无纸化办公，业务采用ILAS中小型3版自动化管理。其中电子阅览室可供读者上网使用有35台。

县财政预算拨款：2010年拨款64万元（其中购书费6万元），2011年拨款71万元(其中购书费10万元)，2012年拨款92万元(其中购书费15万元)，2013年共拨款115万元。2013年入藏纸质文献4000多册，入藏报纸、杂志共240多种，光盘影视文献100件。至2013年底止，该馆文献资源数据库数字资源总量为6TB，其中自建数字资源总量为2TB。2009至2013年底止，完成《衡东县荣桓图书馆入藏图书目录》《衡东县乡村农家书屋目录》《古籍线装书目录》《罗帅资料目录》《衡东地区地方文献目录》等文献数据的录入，同时进行了《衡东皮影》《大桥剪纸》《衡东花鼓戏词曲》等非物质文化遗产的录入保护，逐步形成了具有衡东特色的文献数据库。

读者服务工作

从2010年初开始，本馆实行对外免费开放，每周开放60小时以上，年接待读者15万人次以上，年外借书刊10万册次以上，馆藏文献80%以上对读者实行开放式借阅，读者满意率100%，在岗服务窗口全部运用ILAS读者服务端口，实行图书馆自动化管理。

2009年建起了健全的县级支中心，四年来，投入经费40多万元，现文化共享工程覆盖了全县561个行政村居委会，至2013年底止，衡东县24个乡镇561个乡村全部建立农家书屋，目前在衡东地域内共有各级各类图书馆(室)591个，县馆在乡镇基层馆设立20个流通图书服务网点，每月按时轮换书刊，全县基层图书馆实行"一卡通"借书办法，一馆多馆借还。

每年我馆主办各类讲座培训大小读书活动20多次，2013年，我馆利用强大的社会志愿者的力量，组织开展了"关注留守儿童——志愿者在行动，六一儿童节野餐活动"。从2009年至今，该馆共招募自愿者近800人，长期聘任30名志愿者开展阅读辅导志愿者行动，内容有志愿关注留守儿童扶贫助学，少儿阅读辅导、文化讲座等。另聘10名少年儿童义务图书管理员，参与图书馆读书活动管理等。

业务研究、辅导、协作协调

2009至2013年，本馆在岗员工共发表专业论文、调查报告20多篇，其中有10多篇在国家、省级学会上获奖，馆内每年都会派出论文获奖作者参加国家、省级学会年会和研讨会。与省、市图书馆签订有图书馆协作协调相关内容协议。每年派出业务骨干先后去深圳、佛山、省、市等地图书馆学习先进的图书馆管理经验。积极派员工参加省市图书馆主办的培训班活动。

管理工作

从2010年起，该馆各业务工作岗位实行全员聘任制，馆内设置10个聘任岗位，公开招聘，竞争上岗，实行岗位责任制，工作业绩与绩效工资挂钩，年终考核不合格者第二年度待岗半年，激发了员工的工作积极性，强化了工作责任心，健全和完善了岗位目标责任制。

表彰、奖励情况

2009至2012年，衡东县荣桓图书馆共获得国家、省、市、

县奖励39项，其中国家文化部奖1项，全国文化共享工程办奖1项，全国少年儿童读书奖励4项，中国图书馆学会专业论文奖3项，省文化厅奖2项，省学会、省图书馆奖励4项，市文化局、市学会、市图书馆奖励12项。

馆领导介绍

陈红艳，女，1971年生，本科学历，中共党员，馆员职称，馆长，书记。1990年参加工作，1998年调入图书馆工作。

曹湘平，男，1958年生，本科学历，中共党员，副研究馆员职称，副馆长，1975年3月下放农村参加工作，1978年3月参军服兵役，1980年6月复员安排来图书馆工作。

单兵艺，男，1977年生，大专学历，工会主席，1995年3月参军服兵役，2000年退伍安排来图书馆工作。

未来展望

党的十八大报告从中国特色社会主义总体战略布局出发，提出要努力开创文化建设新局面，全面建设社会主义核心文化，图书馆要遵循服务人民，奉献社会，读者至上服务第一的办馆宗旨，围绕以社会主义为核心的先进文化这一战略发展目标的原则，继续完善图书馆服务功能，扩大服务辐射区域，大力推进乡村图书馆事业的大繁荣大发展。未来几年，首先是图书馆必须加强对乡村社区农家书屋和文化共享工程基层服务点进行科学管理，让文化设施真正发挥服务功能作用。其次是图书馆将在现有馆舍基础上，再进行合理布局，扩大图书馆服务领域和服务范围，(1)开设汽车图书馆，将图书馆服务项目扩展到乡村、厂矿、边远山区。(2)在县域社区引进RFID技术，在人口相对集中的大乡镇设立流动图书自助服务点，实现馆藏资源自助借还，在县域范围内提供全覆盖、不间断、无时空限制的全方位服务的综合性图书馆。再次是争取政府重在河西开发区建所分馆，在金堰北街开发区建所少年儿童分馆两所分馆面积在1500㎡左右与现有图书馆形成三角形布局，建筑面积达7000㎡，阅览座席1000余个，数字资源存储能力100TB，纸质文献30万册，年服务人数达30万人次县图书馆。主要目标是学习发达地区图书馆先进办馆技术，争当县级图书馆领头雁，用一流的工作业绩，争创一流的国家一级图书馆。

联系方式

地　址：湖南衡东县城关镇兴衡东路100号

邮　编：421400

联系人：陈红艳

邵东县图书馆

概述

邵东县图书馆始建于1956年3月，1966年"文革"期间遭受浩劫，直至1974年才逐步得以恢复和发展。1987年新馆在县城文化路落成并对外开放。现馆舍面积为2610平方米，馆内设置了外借室、期刊阅览室、电子阅览室、少儿外借室、少儿阅览室、参考咨询室、信息辅导室、采编室、古籍室等部门。目前在图书采访、编目和流通部门采用Interlib系统管理，2004年建成了全国文化信息资源共享工程县级支中心。现有工作人员14名，馆员以上职称6人。两次被省文化厅授予"文明图书馆"称号。1998年、2003年和2013年三次被文化部评定为"国家一级图书馆"。

业务建设

截止2013年底，邵东图书馆图书总藏量17万册，其中古籍6000余册。2012年，邵东图书馆新增藏量购置费25万元，共入藏图书5262种，6742册，期刊207种、报纸56种，电子文献年入藏113种，视听文献年入藏32种。邵东县图书馆注重地方文献的采集和收藏，通过多种途径收集全县部门文献、个人著作、协会团体著作，并专门设立地方文献书库，实行专柜专架管理，配置专门目录，以加强对地方文献的保护。馆内拥有电脑46台，从电信局接入10兆光纤专线，其中30台电脑供读者使用。设备存储容量4TB。邵东县图书馆于1997年使用ILAS系统，2008年更换为Interlib系统。

读者服务工作

根据2011年3月文化部、财政部发文《关于推进全国美术馆、公共图书馆、文化馆（站）免费开放工作的意见》，邵东县图书馆于2011年10月1日将外借室、成人阅览室、少儿阅览室、电子阅览室、多媒体报告厅等公共空间设施场地免费开放，办证、换证等全部免费。为切实配合免费开放工作的开展，邵东县图书馆在当年11月利用争取到的经费和中央10万元免费开放专项经费，大批量的购进新书3000余册，书库添置藏书架，外借室更换开放新书架，更换了成人、少儿阅览室的桌椅，将开放科室安装了空调设备，所有楼层安装了电子监控和防盗报警系统，为读者营造一个舒适幽雅的读书环境。该馆始终坚持"读者至上，服务第一"的宗旨，不断开拓服务领域，增加服务内容，在各开放科室实行免费借阅和开架借阅的同时，节假日、双休日不休息，天天对外开放，每周开放时间达到了56个小时，深受读者欢迎，大大提高了读者到馆率和图书流通率。在书刊宣传方面，设立新书专柜，配置专门的新书目录柜，使读者能够直接、全面地了解每批新书，更方便地借到自己喜爱的新书，其次是通过馆内宣传栏向读者推介新书书目，介绍重点图书。2012年，邵东县图书馆接待读者7万余人次，外借图书6万余册次。信息服务方面，邵东县图书馆充分发挥自身的资源优势，为县委、政府及时提供有价值的文献资源，为上门求助的科研工作者实行跟踪服务，同时作为县政务服务中心的一个服务网点，该馆敞开大门为社会大众提供信息服务。

2010年以来邵东县图书馆积极开展读者活动，以宣传图书馆，扩大图书馆在社会上的影响力。先后组织开展了以"G3杯迎世博迎亚运讲文明树新风"文明礼仪知识读书活动为主题的少年儿童读书竞赛活动，以"读红色经典书，做文明邵东人"为主题的大型"红色经典"图书展读月活动，以"中国梦·我的梦"为主题的少年儿童读书征文和写书信活动，以及元宵节"文化活动进社区"免费赠书活动等，每次活动参加人数有近万人，产生了较大的社会效益。2012年邵东县图书馆和县老科协联合免费举办第两期老年电脑培训班。培训老同志70余人。2013年邵东县图书馆作为指导单位和邵东县爱心联合会组织"图书漂流活动"，首次赠书和杂志400余册，于2012年6月正式启动，每周六上午在县城广场持续举行，居民可以将自己家中的书籍拿来换书看，让"死书"变"活书"，让大家读到更多的书。2013年5月开始邵东县图书馆和邵阳市心理学会联合开办"父母学堂"免费公益讲座，每月开讲一期，由邵阳市心理学会的专家学者及教子有方的家长到馆讲座，帮助父母掌握必要的家教知识和技巧，构筑良好的亲子关系，为促进孩子健康快乐成长搭建平台。

业务研究、辅导、协作协调

在业务辅导方面，2010年以来邵东县图书馆持续对邵东一中图书馆进行业务辅导，现将该校图书馆初步建成了

期刊阅览室

读者在现场选书借书

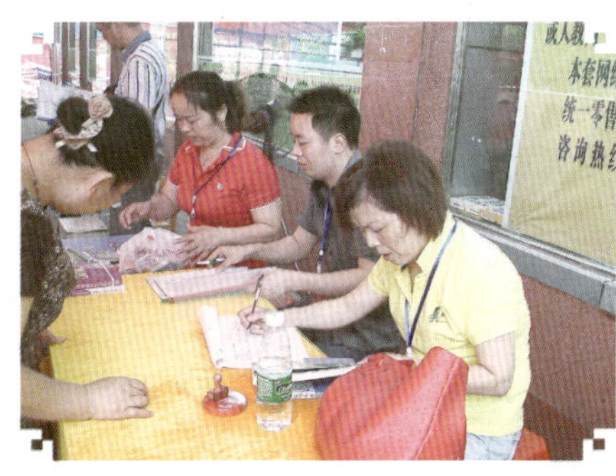

“你看书我买单”活动现场办证借书

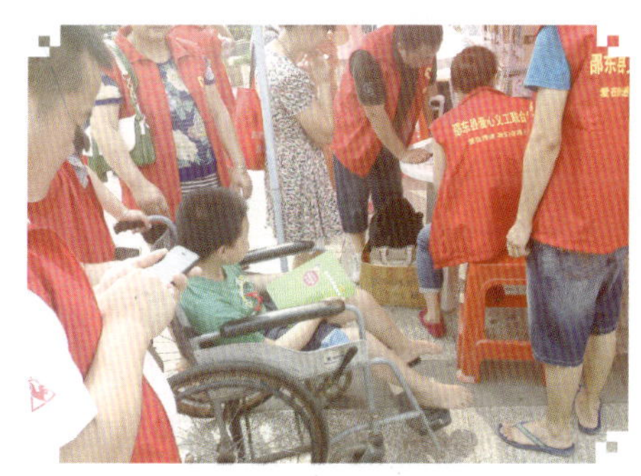

图书漂流活动现场

“图书漂流”活动

规范化的、高标准的中学图书馆。指导县属各单位组建图书室，在推进创学习型党组织活动中发挥了重要作用。指导爱心义工联合会筹建图书室，作为图书漂流的根源地，把它定为馆外流通图书服务点，不定期的送书上门开展借阅服务。邵东县图书馆还会同县文广新局举办全县90个村的“农家书屋”管理员培训班，在一定程度上提高基层图书管理员的业务水平，促进基层图书室建设规范化。并确定9个重点图书室作为该馆的业务辅导点，实行不定期的下乡服务和辅导。

在协作协调方面，邵东县图书馆与省馆合办《农村科技文摘》，每期100册，均免费送往乡村农民手中。与市馆合作送《中国书法》、《爱你》健康杂志到十家农家书屋，供村民阅读。

表彰、奖励情况

2010年以来，邵东县图书馆共获得各种表彰、奖励18次，其中，省相关部门表彰、奖励7次，市相关部门表彰、奖励5次，县里表彰、奖励6次。

馆领导介绍

姚海珊，男，1969年12月生，大专学历，中共党员，馆员，馆长。1992年7月到图书馆工作，1999年8月任邵东县图书馆副馆长，2013年12月任馆长，湖南省图书馆学会会员、邵阳市图书馆学会常务理事。

仇娟，女，1978年4月生，大专学历，助理馆员，副馆长。1997年10月参加工作，2011年5月任图书馆副馆长。邵阳市图书馆学会会员。

未来展望

邵东县图书馆将在未来几年强化与省市馆的联网工作，加强馆际协作，资源共享，让读者通过网络分享各地的信息资源。加强数字服务和网络建设，重点加强特色文献信息资源的数据库建设，比如建地方文献资源馆藏数据库、地方文献专题全文数据库、地方文献多媒体数据库等。与组织部、教育局、政府网站等各部门沟通，切实推进文化共享工程与农村党员干部现代远程教育工程、农村中小学现代教育工程的合作共建。着重加强具有地方文化特色的资源库建设。比如农业技术和务工技能方面的资源库，地方戏曲、农村新戏影视资源库以及群众思想道德素质、民主法制、法律法规方面的资源库、地方特色旅游资源数据库和非物质文化遗产数据库等。村级基层服务点建设将依托农村党员干部现代远程教育工程进行，实现设施、管理、服务、队伍、资源、技术方面的共享。同时要积极与广播电视部门合作，将文化共享工程与有线电视相结合，推进优秀文化资源进入千家万户。

努力争取邵东县图书馆整体搬迁，在县城开发区新建图书馆拟占地10亩，为多层庭院式布局，规划建筑面积为4500平方米。为建一个设施一流，功能齐全，管理科学的县级公共图书馆而努力奋斗。

联系方式

地　址：邵东县城文化路10号
邮　编：422800
联系人：姚海珊

“父母学堂”免费公益讲座

文化活动进社区活动

隆回县魏源图书馆

概述

隆回县魏源图书馆原名为隆回县图书馆，1984年成立，新馆为1991年7月动工，1992年8月竣工，1993年10月开馆并改为现名。原全国政协副主席赵朴初、中顾委常委陈丕显分别题写馆名和魏源研究资料中心室名。我馆位于隆回县桃洪镇府后街61号，馆舍面积1760平方米，主楼建筑面积2480平方米，有藏书10万余册，阅览座席240个，辟有外借室、电子综合阅览室、多媒体报告厅、魏源研究资料中心等服务窗口，现有在职干部职工14人（其中具有本科学历1人，大专学历13人）。2013年参加全国公共图书馆第五次评估获得一级图书馆。

业务建设

我馆于2004年1月1日开始外借室和阅览室免费为读者提供服务，2008年建立电子阅览室和多媒体报告厅，并将电子阅览室、外借室、报刊阅览室、地方文献室、古籍室等公共空间设施场地免费开放，办证、换证、存包等服务性项目全部免费。为更好地落实免费开放政策，配合免费开放工作的开展，更换书架单层总长度700米，更换了全部的阅览桌椅，各个科室全部配置办公电脑，将对外开放窗口安装了空调、配置茶水茶杯，所有楼层安装了电子监控和防盗报警系统。为读者营造了一个舒适的读书环境。

读者服务工作

各开放窗口实行免费和开架借阅，每周开放时间达到66小时，开架率达100%，2012年，我馆接待读者4万余人次，外借图书9万余册次（包括集体外借）。我馆流通图书服务点5个，每季度更换一次图书，每次9875册。同时，我们发挥自身的资源优势，为县委、县政府及有关部门提供有价值的文献资源，为上门求助的文化工作者、科研工作者、教育工作者实行跟踪服务，每年解答各类读者咨询300余人次。利用电子阅览室平台，为特殊群体提供服务。为更好地发挥图书馆这块社会教育阵地，我们建立了具有本馆特色的网站。

以图书馆为阵地积极开展社会教育活动和阅读推广活动，做到活动有计划、有主题、有总结，使得每次活动都产生了良好的社会影响。近年来，依托重大节日、重大纪念日开展一系列的读者活动。如：每年的世界读书日、图书宣传周、全民读书月、元宵节；建党九十周年、免费开放启动仪式等等，我馆还与科协及文联开展一系列的知识讲座，吸引了许多的读者，取得了显著的社会效益。

辅导、协作协调

随着国家不断对文化事业的重视，图书馆事业的不断发展，知识的不断更新，我馆加强与兄弟图书馆的沟通与合作，借鉴兄弟馆的管理经验和办馆理念。同时，加强对本县中小学图书馆、乡镇文化站、农家书屋、共享工程网点的业务辅导。近年来，举办了多次业务培训班，各业务骨干讲授了《图书分类》、《古籍保护》、《图书管理基础知识》、《图书馆自动化管理与应用》、《文化信息共享工程》等专业业务知识。在一定程度上提高了基层图书馆工作人员的管理水平和业务能力，促进了基层图书馆（室）的业务建设，使之不断科学化、规范化。

对重点基层图书馆的工作人员进行业务辅导和培训，在全县建立了流动图书服务点5个（隆回县财政局、隆回县房产局、智聋儿康复学校、凯宥鞋业、南方水泥），图书馆分馆2个（桃洪镇文广卫站、六都寨镇文广卫站），万册图书馆4个（建华、滩头、一中、职业中专），其中建华万册图书馆被授予国家文化系统文明单位和省市先进万册图书馆荣誉称号。

表彰、奖励情况

近年来隆回县魏源图书馆工作取得了一定的成绩，2009–2013年获省、市、县奖励35次，其中获省奖励6次、市奖励14次、县奖励15次。

馆领导介绍

唐爱琴，女，1971年5月生，大专学历，中共党员，政工师，馆长。1992年7月在隆回县魏源图书馆工作，先后在财务、阅览室、外借室等岗位工作过，2007年被隆回县宣传部任命为隆回县魏源图书馆馆长、书记。2012年被中共隆回县直属机关委员会评为优秀共产党员，被邵阳市图书馆学会评为2012、2013年度先进工作，2013年被隆回县人力资源和社会保障局嘉奖。

胡国辉，男，1974年10月生，大专学历，中共党员，助理馆员，副馆长。1992年参加工作，1997年到隆回县魏源图书馆工作，先后在阅览室、外借室等岗位工作，2008年被隆回县文化

多媒体室讲堂

综合阅览室实况

2014元宵灯谜会现场

隆回县魏源图书馆主体建筑

局任命为隆回县魏源图书馆副馆长，分管全馆业务工作，兼任隆回县魏源图书馆党支部宣传委员。2011年1月被隆回县人力资源和社会保障局嘉奖，2012年3月被中共隆回县直属机关委员会评为优秀共产党员、2012年4月被邵阳市图书馆学会评为2011年度先进工作者，2013年被隆回县宣传部评为文化先进工作者。

黄建军，男，1970年4月生，大专学历，中共党员，管理岗位，副馆长。1993年5月参加工作，1999年4月到魏源图书馆工作，先后在阅览室、办公室等岗位工作过。2002年7月至2004年4月被隆回县文化局任命担任隆回魏源图书馆副馆长，分管办公室，综治、安全等工作。2007年7月又被隆回县文化局任命为隆回县魏源图书馆副馆长，分管财务、办公室、综治、安全、组织人事并兼任隆回县魏源图书馆工会主席等工作，为中共隆回县魏源图书馆支部委员会组织委员，连续三年被评为嘉奖，记三等功一次，2012年被邵阳市图书馆学会评为先进工作者。

联系方式

地　址：隆回县桃洪镇府后街61号
邮　编：422200
联系人：胡国辉

隆回县魏源图书馆临街外景

华容县图书馆

概述

华容县图书馆成立于1976年4月，现馆舍于1993年建成，坐落在城关镇迎宾南路，建筑面积2600平方米，主楼4层，两翼3层。为进一步改善办馆条件，优化读书环境，2010年7月，县委、县政府高度重视，投入资金近200万元，对图书馆进行了维修改造。经过历年努力，1994年经评估被评为国家二级图书馆，1998年第二次评估晋升为国家一级图书馆，2004年第三次、2009第四次、2013年第五次评估又再次评为国家一级图书馆。2013年度我馆被岳阳市委市政府评为市级文明窗口。

我馆现有在岗干部职工10人，其中大专及以上文化7人，中专3人；馆员1人，助理馆员2人。

业务建设

我馆现有藏书14.6万册，设有外借处、报刊阅览室、少儿阅览室、视障阅览室、采编辅导室、古籍室、地方文献库、东海文库、过刊室、报纸库、政务信息中心、电子阅览室等11个服务窗口。常年年拥有持证读者6900余人，实行全年开放式免费服务，采用自动化集成系统数字化编目和借阅，使读者借阅更加方便快捷，极大地满足了读者的需求。

2009年以来，我馆与县远程教育办公室联合，在全县实施了文化信息资源共享工程，共建设村级站点372个，均已完成防盗设施加固、设备安装、宽带安装，进行了操作员技术培训，顺利通过了市文化局与市远程办的验收。2010年我馆又建成了文化信息资源共享工程县级支中心，并设立电子阅览室，提供10W外网联接服务，电子阅览室可提供1.2万余部电影、戏曲、农村种养殖视频资源，2万余种有声读物，105万余种电子图书，9000余种学术期刊全文，1500种文化休闲类电子杂志等数字资源的检索和阅览，大幅度提升了图书馆的服务能力。

为改变传统的手工业务操作流程，适应新形势下高效、优质服务需要，我馆业务工作进行了大幅度的改进，实现了历史性的突破。我们自主开发图书馆业务自动化系统，投入资金5000余元，更新自动化管理操作仪器；新增外借流通部，将所有外借书籍（包括少儿室全部书籍）全部电子编目，实现了外借书籍数字自动化管理和资源共享。

地方文献库是我馆特色服务窗口，1994年率先在我省创建至今，已形成了一定的规模，并收到了一定的社会效益。为巩固这一成果，全年我们安排专职人员，督导这一工作的落实，并制定了地方文献库整改维修方案，正式启动地方文献库的升级改造。

读者服务

华容县图书馆自2011年实行免费开放。

为进一步改善办馆条件，优化读书环境，近年来，华容县县图书馆在县委、县政府的关心、支持下，不断完善硬件设施，逐年增加馆藏图书，提高整体队伍素质、开展各项社会延伸服务活动，努力打造信息化、人性化、专业化的公共图书馆。

近年来，我馆在狠抓阵地优质服务的基础上组织开展了形式多样的读者活动。

业务研究、辅导、协作协调

2010—2012年，华容县图书馆职工发表论文6篇。积极参加2012年洞庭湖区图书馆协作委员会第九届年会；2012年度省图书馆学会年会；2012年度岳阳市图书馆馆长联席会议，和2012年岳阳市举办“第二届文化共享杯——文化共享工程知识与技能竞赛”知识竞赛；以及岳阳市公共图书馆地方文献联合目标编入工作。

近几年，在县直机关单位、学校中，我们着重抓了县怀乡中学、人民银行、党校、电力局等单位的业务辅导，使人民银行工会图书室获得省“百佳职工之家”称号，党校图书室藏书布局规范有序，得到上级一致好评。

我县20个乡镇，且每个乡镇都建有图书馆；我县480个村场，通过国家农家书屋工程的实施，已有372家村场有农家书屋，故参与服务网络建设的比例为42%。

2010年来，我馆积极组织开展送书下乡活动，受到群众欢迎。我们每年组织开展了送书下乡活动2次以上，共送图书下乡12500多册，同时做好相关图书室建设与辅导工作，对工商局、县委党校、人民医院等十多个县直单位图书室及乡镇村场农家书屋进行业务指导。

2013年我馆在抓好自身业务工作的同时，对实验中学、实验小学、县三中、侨联学校和县职业学校图书室进行业务指导工作；对操军等9个乡镇文化站图书室及协助做好图书室的建

科普知识展

送书下乡

上，盲人阅览室达150平方米以上，电子阅览室达到200平方米以上。新馆建成后，读书环境改善，馆舍面积扩大，馆藏资源增加，可以极大满足群众文化生活的需要，年接待读者可达40万人次，更大地发挥“全国文化信息资源共享”工程的作用，使图书馆成为全市的文化信息交流中心，努力地为“两个文明”建设服务。

联系方式

地　址：湖南省临湘市城中北路8号
邮　编：414300
联系人：易斌贝

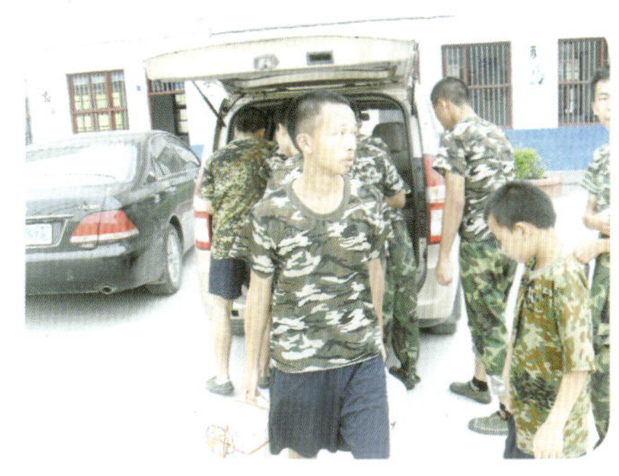

石门县图书馆

概述

石门县图书馆始建于1980年3月，择址本县城西荒顶山腰，1985年7月馆舍落成并对外开放。2000年初，县委、县政府决定，县图书馆与县一中共同开发，异地修建，实现资源共享，选址东城区黄金路。2006年9月，新馆落成，图书馆整体搬迁，并于同年11月28日正式开馆。现有建筑面积3500余平方米。设计藏书藏量100万册，可容纳读者座位350个。计算机53台，信息节点60个，宽带10M专线接入，2009年参加全国公共图书馆评估定级，获得"国家一级图书馆"荣誉称号。

业务建设

截止2012年年底，藏书总量达21万余册（件），其中纸质文献194080册，电子图书2万多册，每年图书购置费8万元，2012年入藏新书4418册（含分馆图书2416册）。年均入藏3780册；报刊入藏201种。视听文献236件，地方文献2012年入藏1757册，建有李自成归宿专题研究、石门人士书画作品、石门非物质文化遗产、姓氏族谱集成、石门茶文化、石门柑橘文化等文献专柜。数字资源现有总量为2TB。

为弥补藏书经费不足，先后接受单位捐书10200册（省图书馆3200册、省少儿馆6000册、县委宣传部500册、新华书店500册、武汉大学图书馆捐赠1949年以来《湖南日报》、《人民日报》合订本300余册）。个人捐赠图书7800册以及捐款2万余元。原国民党立法委员伍家宥先生（石门人）遗赠图书440册；哈尔滨师范大学吴朗教授（石门人，原名佘仲秋）捐赠图书1200册；全国政协委员、香港汉荣书局石汉基先生捐书2028册；石门退休老人杨剑绩捐书600册，石门书画作者捐赠书画作品60幅；浙江大学生命科学院博士生导师陈集双先生捐书330册；申悦庐后裔捐书500册；石门个体图书经营者于洋捐书2150册、石门华溢书店捐书300册、文化馆干部晏友森先生捐书240册；另有李元明将军捐书30册、新华社记者杨飞捐书170册、鲍明清先生30册、周用金先生捐书20册。香港同胞伍杏初先生（石门人）捐款15000元以及个人捐款（石门籍在外工作人士）5000余元。自1996年起，县直各单位每年在征订报刊时义务为图书馆征订一份行业报，由图书馆代为收藏和保管。

读者服务工作

报刊阅览室（含过报过刊）、综合外借室（含少儿阅览室）、地方文献室（含参考咨询、古籍珍藏、石门人士文学作品特藏）、盲人阅览室、申悦庐后裔捐书展室、伍家宥遗赠图书展室、文献采编室、全国文化信息资源共享工程支中心、电子阅览室、图书馆网站、培训·讲座·展演多功能报告厅、石门县书法家协会创作基地、石门县美术馆、石门县书法家优秀书法作品展览走廊、我的图书馆我作主"读者心声"、我的图书馆我作主"点书台"、湖南图书馆石门文库、湖南省少儿图书馆石门分馆等17个综合服务窗口和特色品牌服务全部实行免费开放。

在馆内建立免费开放宣传栏，设立服务读者监督岗，开通读者服务热线电话，取消所有收费项目，编写新刊导读、新书推荐，实行100%全开架服务。开通微信平台、设立电子显示屏、读者QQ群，提前告知图书馆活动；双休日和节假日各窗口照常开放，每周服务时间58小时。

2012年，书刊文献年外借册次为128805册，流动服务书刊借阅册次为96445册，图书外借率达到63%。

2012年开通石门县图书馆网站，设计"新书通告"、"馆际动态"等20多个栏目，链接当地政府、部门网站10多个，为读者提供多层次信息服务。建立电子阅览室，免费服务读者。

2012年举办讲座16次，培训班2次、开展大型宣传等共有8930人参加。举办展览5次，参与人数近3000人次；与县文联、县书法家协会联合组织了义务写春联活动，为城乡居民赠送春联500余幅。

自2012年开始，与县关工委、县教育局联合举办全县中小学生4.23世界读书日、图书馆服务宣传周、三湘读书月活动，每年分不同主题组织全县近6万多中小学生开展读书演讲和征文活动；组织全县700多家农家书屋开展"农家书屋伴我行"征文活动；开展送书下乡活动、每年定期对县光荣院、福利院开展送书上门。全县年参加图书馆活动人数达到15万人次。

新建盲人阅览室，购买300多册盲人图书，实行免费开放。

业务研究、辅导、协作协调

与常德市馆联合编有《古籍联合目录》，每年为省馆、市馆呈缴5种以上地方文献。全县19个乡镇有12个综合文化站建有图书室，713个村（社区）都建有农家书屋。每年有计划地开展业务辅导。2012年，分别到成都市图书馆，益阳市图书馆、

石门图书馆新馆入口

图书馆广场宣传活动

全民阅读活动

4.23世界读书日

韶山市图书馆进开展馆际交流，经常性地与本地常德鼎城、汉寿、安乡、津市和张家界市永定、慈利、桑植以及吉首大学等图书馆开展馆际交流活动。

在县委宣传部、财政局、宝峰九重天大酒店、经贸学校、实验小学、县光荣院、二都月亮村、易家渡剑桥村、白洋黄金桥村、新关九同碑村、夹山南门村、罗坪寨垭村等乡镇和学校、社区及部门联合建立了12个图书借阅室和1个流动图书服务点（政府广场）服务群众。与县远教中心合作，建立文化信息资源共享工程基层服务点台帐，定期开展对全县335个文化信息资源共享工程基层服务点进行业务辅导及培训活动，规范管理，开展服务。实现了全国文化信息资源共享工程基层服务点“村村通”。

自1996年起，每隔两年开展一次全县藏书之家、合格图书馆室、读书积极分子评选活动。2012年，撰写调研报告3篇，9人撰写论文参加洞庭湖区协作年会的评选。

组织新进人员和工作人员参加省级业务部门举办的图书馆学专业培训、共享工程以及数字图书馆建设专题讲座。开展农家书屋管理员业务知识培训活动。2010年参加中国图书馆学会第三届百县馆长论坛。

管理工作

建立完善岗位责任制、设立岗位11个，建立目标管理考评办法，每月进行一次工作通报，全年分半年、年度实行两次考核。

表彰奖励情况

2009年—2012年，该馆被评为“湖南省服务农村服务基层文化建设先进单位”、“常德市优秀基层党支部”、国家一级图书馆、石门县关心下一代工作先进单位、全县文化目标管理先进单位等。

馆领导介绍

唐月华，男，52岁，汉族，中共党员，高中学历，国家三级演员。1978年，参加工作，先后在剧团、文化局业务股、文化馆工作，现任湖南省石门县图书馆馆长。从事文化工作35年，被评为“石门县十佳优秀文化人物”。

江玲，女，50岁，汉族，中共党员，大专学历，图书馆学专业中级职称。1984年，参加工作，在石门县氮肥厂工作至1990年，同年调入石门县图书馆工作，现任石门县图书馆党支部书记。

舒永忠，男，45岁，中共党员，土家族，大学学历，图书馆学专业中级职称。1990年7月参加工作至今在石门县图书馆工作。任图书馆副馆长。

杨建华，女，46岁，中共党员，土家族，大学学历，图书馆学助理馆员职称。先后在石门县粮食局、自来水公司工作。2006年调入图书馆工作。任图书馆副馆长。

王玉，女，42岁，中共党员，土家族，大学学历，图书馆学助理馆员职称。1993年—2006年3月在石门县三江口水电管理局工作，同年调入石门县图书馆工作。任图书馆工会主席。

联系方式

地　址：石门县楚江镇东城区黄金路（新一中院内）
邮　编：415300
联系人：舒永忠

图书馆开展校园宣传活动

我是图书小小管理员体验活动

益阳市资阳区图书馆

概述

湖南省益阳市资阳区图书馆始建于1950年，1980年重建，位于湖南省益阳市资江西路437号，总建筑面积3000平方米，全馆办公用房1600平方米，设有办公室、财会室、辅导室、采编室、少儿阅览室、过刊室、共享工程信息室、多媒体室、电子阅览室、外借室、报刊阅览室等。共有座席300个，计算机35台，信息节点95个，宽带接入10Mbps，选用Interlib图书馆自动化管理系统。2013年参加第五次全国公共图书馆评估，首次获得一级图书馆。

业务建设

湖南省益阳市资阳区图书馆现有藏书13.75万余册（件），其中每年新增图书2507种，入藏报刊246种，电子文献695种，视听资料123种，年购书经费8万元，2013年止，地方文献入藏完整率为96%。

2007年我馆加入全国文化共享工程，2008年正式挂牌成为县级支中心，并通过国家发展中心验收，自建数字资源总量6TB。

2008年，将自动化管理系统引用于本馆，以适应益阳地区公共图书馆服务联盟建设的需要。

读者服务工作

从2008年1月起，我馆实施了零门槛免费开放的制度，每周开放60小时，2009–2012年，书刊总流通108.21万人次，书刊外借45.371万册次。2009–2012年，我馆设有10个流动服务点，馆外书刊流通总人次9.32万人次，书刊外借5.24万册。2010年8月止。共建立乡镇基层文化信息共享工程网点95，实现了96%的覆盖率。

2009–2012年，我馆网站访问量16719次。截止2012年，我馆发布使用的数字资源总量为7种，4.9TB，均可通过资阳区图书馆网站、湖南公共图书馆服务联盟网站、湖南省共享工程VPN专网向全省公共图书馆、共享工程基层服务中心提供检索、浏览和下载服务。

2009–2012年，我馆共举办讲座、展览、培训、阅读推广等读者活动29场次，参与人数45.6万人次。以湖南公共图书馆服务联盟为平台，参与由省馆、省少儿馆创意若干个阅读推广主题活动，并获得一定的成绩和好评。

业务研究、辅导、协作协调

2009–2012年，我馆职工发表论文12篇，获洞庭湖区图书馆协作委员会　年会一等奖一个，二等奖3个及三等奖8个。

从2008年底起，我馆利用文化信息资源共享工程VPN专网，参与全省公共图书馆服务联盟，并和南县图书馆、桃江图书馆建立了Interlib共享体系，在馆内设立工作委员会，下设联合编目、流通服务、地方文献联合征集、阅读推广与讲座展览资源服务、业务培训与技术支持等工作组。截止2012年底，成员馆发展到95家，占全区图书室总数的96%，开始了基于统一系统平台的文献检索服务，就共建共享特色文献数据库、馆员联合培训和建立联合参考咨询平台等达成广泛共识。

管理工作

2009年–2012年，我馆实施岗位聘任制，聘任共设12个岗位，同时，建立了工作量化考核指标体系，每半年和全年进行总体工作考核。2009–2012年，共抽查文献排架12次，书目数据9次，撰写专项调研、分析报告和工作提案8篇，编写各部门工作进度通报20篇。

表彰、奖励情况

2009–2012年，我馆共获得各种表彰、奖励45次，其中，全国性的奖励5次，省委、省政府表彰、奖励12次，省文化厅表彰、奖励11次，其他表彰、奖励17次。

馆领导介绍

彭育红，女，1962年12月生，大专学历，中共党员，政工师，馆长、支部书记。1978年12月参加工作，先后在文化系统中的大庆剧院、秀峰剧院、人民电影院当任经理职务，1996年10月到图书馆先后任副馆长、馆长、支部书记。

电子阅览室

多媒体演播室

湖湘文库

少儿阅览室

外借室

周理，女，1967年11月生，本科学历，中共党员，馆员，副馆长，1988年12月到资阳区图书馆参加工作，先后在采编室、阅览室、图书借阅室等部门工作任职。

舒志敏，男，1962年3月生，大学专科学历，馆员，副馆长。1980年12月到资阳区图书馆参加工作，先后在外借、阅览室工作。

未来展望

资阳区图书馆遵循"科学、效率、创新、发展"的办馆方针，践行"资图发展三步走"战略，即完善单体服务功能，扩大服务辐射区域，带动资阳区事业发展。2009-2012年，在不断强化自身综合实力的同时，通过创建资阳区基层图书馆服务联盟，带动了全区图书馆事业的整体发展。资阳区图书馆正以"低门槛、高质量的服务"和"低姿态、高效能的运作"，努力打造成设施先进、服务优质、公众满意的"市民大书房"，成为让世界了解资阳的一个窗口。

联系方式

地　址：湖南省益阳市资江西路473号
邮　编：413001
联系人：李春前

益阳市赫山区图书馆

概述

益阳市赫山区图书馆建于1977年，至今有38年创新发展史。其起源可上溯至民国十八年十一月二十六日，益阳县借修复文庙之机，设一民众图书馆。1986年10月1日，益阳县第一座独立图书馆落成开馆，原全国人大副委员长周谷城亲笔提名。1995年被文化部授予"国家三级图书馆"，1999年被文化部授予"国家二级图书馆"。2004年赫山区委、区政府决定将赫山区图书馆整体搬迁，2008年11月18日正式对外开放。新馆坐落在益阳商业步行街以北教育路88号，占地面积8亩，综合建筑面积4100平方米，设有图书外借室、综合阅览室、电子阅览室、少儿阅览室、少儿书画室、参考咨询室、劳技室、科技室、科普电化实验室、多媒体室、舞蹈室、民乐室、声乐室、地方资料室、电子音像室等16个服务窗口，馆藏图书总量22万余件（包括10万件电子文献）。2009年参加第四次全国公共图书馆评估定级，首次评定为国家县级一级图书馆。2013年参加第五次全国公共图书馆评估，再次荣获该殊荣。

业务建设

截止2013年底，益阳市赫山区图书馆总藏量22.7892万册（件），其中，中外图书11.4万册（件），电子图书9.3892万册，中英文报刊杂志460种，地方文献19540册（件）。每年区财政安排补助经费109.5万元，购置图书、更新设施设备投入25万元以上。

馆内外设施设备齐全，共有阅览坐席248个，其中少儿阅览室坐席50个，全馆现有计算机108台，提供给读者使用的计算机90台，机器人6台、汽车模拟驾驶器台、航空模拟飞机10余架。

数字化建设方面，成立了赫山区图书馆科技信息园，2009年采用北京中数创新技术有限公司文津图书馆管理系统软件。2014年新购42寸红外触摸式歌德电子书借阅机，内置2000册电子图书，每月更新200册，电信10兆光纤网络覆盖全馆并提供无线wifi供读者免费下载电子图书到手机上阅读。数字化资源总量已达80TB，馆藏中文文献书目数字化率达80%，地方文献数据库容量达20TB。

读者服务工作

益阳市赫山区图书馆开馆以来，全年360天对外免费开放，实行一站式服务，一卡通用，每周开放时间60小时。外借室馆藏书刊11.4万册，年外借册次达8万册，外借率为70%。2009年至2012年，书刊总流通26.5670万人次，开架书刊册数占全馆总藏量的90%。现有桃花仑街道南站社区、赫山街道东风岭社区、衡龙桥镇文化站、泉交河镇文化站、兰溪镇文化站五个馆外流动图书服务点，年书刊借阅近5000册次。

2012年8月，赫山区图书馆从北京中国盲文出版社订购2600册盲文书籍，建立了益阳市首家盲人图书室。2013年8月，赫山区图书馆在电子阅览室建设了"心声·音频馆"，为视障人群提供专门服务。"心声·音频馆"现有资源12000余小时，61765集。

2009年至2013年，益阳市赫山区图书馆共举办讲座、展览、培训、阅读推广等读者活动240场次，参与人数26800人次。2014年举办首次赫山区残疾人电子商务培训，参加人数147人。每年召开"重点读者座谈会"，评选"少年儿童阅读之星"和"书香家庭"，成为了益阳市赫山区图书馆与读者沟通交流、实行阅读推广的特色。

2010年以来，赫山区图书馆与区教育局每年联合举办"三独"（独唱、独奏、独舞）比赛，参加人数达2000余人次。连续五年免费对全区117所中小学校、9万余学生和部分老师进行了共15期的免费遇险自救培训。

业务研究、辅导、协作协调

业务调研方面，每年派出1–2名业务骨干去上海、云南、北京、香港等地图书馆学习交流，与江苏省昆山市图书馆签约为友好图书馆。特邀北京大学博士生导师秦铁辉、首都经贸大学教授温宏建、法国建筑设计师Sylvain和Roman来我馆交流，并成立了湖南省竞争情报示范基地。业务人员人均年参加继续教育培训达90学时以上。业务骨干到乡镇、街道、村开展调研与辅导。围绕读者群及需求等课题撰写调研报告3篇和专业论文7篇。

业务辅导方面，益阳市赫山区图书馆采取集中培训和上门巡回指导的办法来提高基层业务单位服务水平。全区现有12个乡镇文化站、4个街道办事处和40所学校建立了图书室，该馆业务人员年下基层73天，深入到各中小学校、乡镇、村开展协作协调工作，对全区80个部门单位图书室和267个农家书屋管理员进行了专业业务知识培训，参与指导加工新书45万余册，编制目录36万条。

管理工作

2010年，益阳市赫山区图书馆在人事管理方面实行了改

举办青少年和谐湖南美文诵读比赛

赫山区支中心免费培训

赫山区遇险自救免费培训现场

少儿电子阅览室

革，按需设岗，竟聘上岗，建立考核与奖励制度，共设11类岗位，24人通过竟聘上岗。建立健全了财务管理制度和设备、物质等管理制度，责任到岗到人，每季度开展检查评比。所有办公设备按需购置。设置专门的档案柜，包括职工考核档案、参考咨询档案、课题服务档案、业务辅导档案、办公室文书档案等。做好服务工作统计，各类统计均有数据分析资料。2009–2013年，共抽查文献排架48次，书目数据22次，撰写专项调研、分析报告和工作提案36篇，编写文化系统新闻稿件262篇。免费开放服务方面，赫山区严格按照中央要求实现无障碍、零门槛进入，同时开展了微笑服务之星评比活动。

表彰、奖励情况

新馆开馆以来，益阳市赫山区图书馆共获得各种表彰、奖励26次，其中文化部表彰、奖励2次，省文化厅表彰、奖励3次，市、区级奖励21次。2011年，赫山区图书馆组织学生参加“庆祝建党90周年”全国文化信息资源共享工程“阳光少年热爱党”电脑小报设计比赛，选送的三名学生的作品从全国1500余幅作品中脱颖而出，分别荣获全国小学组二等奖、中学组一等奖和中学组三等奖。同年推荐学生参加三湘读书月——全省少年儿童“纪念中国共产党成立90周年”红色经典读书活动中荣获全省“三湘少年儿童阅读优秀个人”、全市“三湘少年儿童阅读之星”。2013年参加三湘读书月全省少年儿童‘中国梦·我的梦’系列读书活动——“我有一个梦”网络征文活动荣获一等奖1个，二等奖2个，三等奖3个，优胜奖17个，优秀指导奖1个，并获第三届“三湘少年儿童阅读之星”1名。赫山区图书馆先后荣获益阳市图书馆学会先进单位、全国文化信息资源共享工程“三项活动”先进单位、全国“阳光少年热爱党”电脑小报设计比赛组织奖。

馆领导介绍

罗尚源，男，1963年9月生，大专学历，中共党员，馆员，区文广新局副局长兼馆长，党支部书记。

罗智，男，1969年10月生，大专学历，中共党员，馆员，副馆长。

何容斌，女，1980年2月生，本科学历，馆员，副馆长。

徐翔，男，1968年9月生，大专学历，中级职称，副书记。

刘可可，女，1968年8月生，大专学历，中级职称，工会主席。

未来展望

益阳市赫山区图书馆遵循“优质、高效、创新、发展”的办馆方针，坚持“读者第一、服务至上”的宗旨，近年来，在不断强化自身综合实力的同时，通过创建全区公共图书服务体系，带动了全区公共图书馆（室）事业的整体发展。随着城乡经济社会的发展，赫山区将实行图书馆扩容提质工程，充分利用现有区图书馆基础设施，把图书馆建成省内知名、全市一流的图书馆，阅览座位达到1000个，容纳纸质文献40万册，年服务人次可达50万人次以上，数字资源设计存储能力200TB，能够提供全覆盖、不间断、无时空限制的数字文献远程和移动服务，数字资源年利用率达90%以上。完善公共服务体系，提高运行技术能力，提升免费开放水平，努力把益阳市赫山区图书馆建成与省市高校、科研系统、乡镇街道、部门单位图书馆（室）实现资源共享互补的一流图书馆。

联系方式

地　址：湖南省益阳市教育路88号
邮　编：413002
联系人：何容斌

赫山区图书馆全景照

桃江县图书馆

概述

桃江县图书馆成立于1979年，1981年单独建制，桃江县图书馆位于资江河畔的桃花江镇文化路13号，占地面积3600㎡，建筑面积2007㎡，主楼四层，层高4.2米。目前，馆在职员工26人，各类藏书13万余册，设有报刊阅览、图书外借、电子阅览、少儿借阅、地方文献和过刊过报、多媒体视听等六个馆内服务窗口，有县政务服务中心、县电视台、兰秀图书馆、计算机协会、武警消防中队、全县敬老院等36个馆外流动图书馆，年平均接待读者12万余人次。在2013年文化部组织的第五次全国公共图书馆评估定级中被评定为国家一级图书馆。

业务建设

截止2013年底，桃江县图书馆总藏量20万册（件），其中，纸质文献13.6万册（件），电子文献508种739件。2009、2010年，桃江县图书馆新增藏量购置费11万元，2011年起增至20万元。2013年，共入藏图书4771种，8657册，中外文报刊207种217份。2013年，地方文献入藏完整率为98%。截止2013年底桃江县图书馆数字资源总量为6TB。

从2011年图书馆施行免费开放以来，县人民政府添置更新设备80多万元，服务窗口部门基本实现了冬暖夏凉。特别是购书经费从2010年的11万元提高到现在的20万元，对满足读者阅读需求，起到了一定的积极作用。2003年成为文化共享工程支中心以来，先后投入10万余元，购置了20台电脑、1台服务器，建起了面积近70平方米的电子阅览室和一个小型卫星接收站。2008年得到了文化部对县支中心的设备援助，投入16万余元对电路进行了改造、房屋进行了装修，高标准、高质量的建好了一个中控室。一个电子阅览室，一个多媒体视听室，并接入中国电信10M光纤网，租用了3个公网IP地址，进一步巩固和完善了县支中心阵地建设。

读者服务工作

桃江县图书馆免费开放以来每周开放6天（只有星期三为馆员政治业务学习与内务整理日，不对外开放），周开放48小时。

改善服务环境。前后投入20000多元改造了洗手间和厕所，在报刊阅览室和少儿借阅室安装了饮水机，各服务窗口全部装好了空调，尽力使阅读环境越来越好。

强化文明服务。设立了馆长信箱，认真听取读者意见，及时改进工作，所有工作人员须遵循“读者总是正确的”服务原则，严格实行首问责任制，不得与读者发生争吵。

免费开放创品牌。2012年3月份正式开展流动图书馆活动以来，建立基层服务点36个。流动图书13000多册，价值人币近30万元。

读者活动重效果。多年来充分利用馆藏文献资源组织开展多种形式的群众性读书活动，每年都组织了大规模的群众读书活动，如开展的“红领巾读书读报奖章”活动，组织读书经验交流、读书讲演、知识竞赛、征文等系列活动，全县出现“读书热”。学知识、讲科学的文化氛围逐步形成，这些活动群众乐于接受，积极参与，来图书馆看书、学习的人数明显上升。各种集体、私人开办的读书俱乐部、沙龙、集资书屋、读书社蓬勃发展，并辐射和影响到全社会，市民文化品位大大提升。近年来，我馆的少儿读书活动也日趋活跃，少儿读者人数及到馆率不断上升，图书馆成了“老师们省心、家长们放心、孩子们开心”的乐园。我馆每年都积极配合省少儿读书活动办公室开展少儿读书征文竞赛活动，每年都有不少同学获奖。

业务研究、辅导、协作协调

业务研究向纵深发展。全馆人员认真学习，人人参与对图书情报理论的研究探索。2012年，论文《图书馆免费开放的服务拓展与创新——以桃江为例》，获湖南省洞庭湖区第九届学术年会征文一等奖，湖南省图书馆学会2012年年会征文三等奖。论文《县级公共图书馆在农村留守儿童教育中的作用》，发表于《中国科技信息》2012.1。论文《文化春天花似锦·桃花江畔书香浓》发表在国家级核心期刊《图书与情报》2012.6。《谈新时期专业学位在公共图书馆人员继续教育中的作用》发表在国家核心刊物《图书馆》2012年第二期。还有5篇论文，在洞庭湖学术年会上获三篇三等奖，两篇优秀奖。

参加省馆网络直播活动

全省业务知识竞赛

业务辅导由点到面铺开。我们除对原有乡镇、街道、社区、学校图书馆（室）加强联系外，重点对近年来新建的15个基层图书馆（室）和农家书屋进行了业务辅导，派专人上门，从规章制度的建立，到业务流程的具体操作，一一手把手现场培训，直到他们熟练掌握为止。

管理工作

加强班子建设。现任图书馆班子全部具有大专以上学历，100%具有中级职称，业务副馆长多次参加图书馆学的系统培训。

强化管理触角。我们根据文化体制改革的有关方针，遵循“按需设岗、竞争上岗、民主测评、择优聘任”的原则，对全馆服务窗口部室主任在个人自荐、行政能力测试、民主推荐的基础上实行了统一调整，部室工作人员实行双向选择，由过去按资历吃大锅饭逐步向凭本事、看能力、重实绩、重贡献，绩效工资向优秀人才和关键岗位倾斜。制定了《图书馆工作规程》，为加强制度化建设，深入规范化管理奠定了民本基础。

提高整体素质。围绕创建“学习型、节约型、和谐型”图书馆，在提高整体素质，打造优秀团队上下工夫。①坚持集中政治业务学习不动摇。每周三组织政治业务的集中学习，学习文化政策，传达会议精神，深入开展讨论，或总结前段工作布置后段重点工作，或请专家、学者和本馆骨干讲座业务知识。②坚持博采众长不动摇。每年都由工会组织了外出学习考察交流，到兄弟省、市、县图书馆参观文献信息服务、自动化管理、读者服务工作等。③坚持个人自学不动摇。规定全馆工作人员每年至少自学10篇专业学术论文，做好学习笔记和心得，每年撰写一篇学术论文或专题调研报告，还鼓励精读5本以上中外经典著作。

表彰奖励情况

国家级表彰3次（1、桃江县图书馆在第四次公共图书馆评估定级工作中被评为二级图书馆；2、《桃江图书馆“12345”工程开拓免费服务新天地》在中国图书馆学会第四届百县馆长论坛案例征集活动中获优秀奖；3、《论现代图书馆人本管理新理念》获2011年中国图书馆学会征文三等奖）。

省级业务主管部门表彰：获2009年度全省文化共享工程工作优秀单位；全省两个文明服务成果申报三等奖；2012年度3次（1、洞庭湖区第八届学术年会获奖论文7篇；2、洞庭湖第九届学术年会获奖论文6篇；3、湖南省图书馆学会年会征文活动中提交的《图书馆免费开放的服务拓展与创新》获三等奖）。

市级业务主管部门表彰多次（2009–2012每年度被评为益阳市图书馆学会先进单位及个人）；县级业务主管部门表彰多次。

馆领导介绍

高玉辉，男，1965年10月出生，本科学历，县政协委员，民建会员，副研究馆员，馆长。1984年7月参加工作，历任桃江县灰山港镇成人学校教务主任（代理校长），镇联校成人教育专干，牛潭河乡中学文学社社长、总编，桃江县文化局办公室副主任，2009年8月任县公共图书馆馆长。第六、第八届县政协委员，县党外知识分子联谊会副秘书长，民建湖南省委理论研究委员会委员，民建益阳参政议政委员会副主任，民建益阳市直支部副主任等职。

薛芳，女，1974年7月出生，大专学历，1994年到图书馆工作至今，先后在图书馆各个业务窗口工作，2008年担任副馆长，分馆业务工作。

熊伟，男，1972年6月出生，本科学历，中共党员，1990年到图书馆工作至今，现任图书馆副馆长、支部副书记。

姜淑纯，女，1971年11月出生，本科学历，中共党员，馆员。1991年9月参加教育工作，1994年调入文化馆，2000年借调文化局，2002年调入图书馆，先后在各个业务窗口工作，2012年调文化馆任副馆长，县非遗保护中心主任，2014年3月回图书馆任副馆长，分管工会、计划生育、文明创建、纪律作风建设工作。

未来展望

争取在县城东区新建图书馆分馆，在现馆扩建少儿分馆，桃江流动图书馆建设达到50个，覆盖全县城镇乡镇。

“十三五”期间争取完成桃江网络图书馆建设，提高数字资源使用能力。

联系方式

地　址：湖南省桃江县桃花江镇文化路13号
邮　编：413400
联系人：薛　芳

为流动图书馆送书活动

文化共享惠泽三湘活动

永州市零陵区图书馆

概述

零陵区图书馆是永州市最大的县级公共图书馆。1956年秋，在原零陵县文化馆图书室的基础上，成立零陵县图书馆，之后名称几度变更，2005年更现名为零陵区图书馆。新馆建于1985年，1991年扩建书库，总建筑面积2624平方米，藏书24余万册。设有综合阅览室、少儿阅览室、综合外借处、过刊外借处、电子阅览室、多媒体室六个对外开放部门，有阅览坐席324个，少儿阅览坐席72个，计算机35台(其中读者使用22台)。宽带接入10兆光纤网，选用Interlib图书馆自动化管理系统。1994年在全国首次公共图书馆评估定级中，被评定为湖南省唯一的县级国家一级图书馆和全国文明图书馆，1998年、2005年、2009年、2013年再次被评定为国家一级图书馆；2000年被文化部评为全国读者最喜爱的图书馆；2001年被文化部评为全国文化工作先进集体。

业务建设

截至2012年底，零陵区图书馆现有藏量241622册，其中图书127940册，期刊（合订本）36916册，古籍26766册，电子图书5万册。数字资源总量达到了4TB，馆藏中文文献书目数字化达到了85%，地方文献建成了数据库。

2009年，将原ILAS自动化管理系统更换为Interlib系统。2013年建成了零陵区图书馆网站，读者可以登陆网站进行查阅书目、续借等工作，并实现馆内无线网络覆盖。

馆藏古籍26766册，保存至今基本完整，无论是数量还是质量均在湖南省县级图书馆中均居前列。1993年1月经湖南省图书馆古籍部专家初步整理，其中全国善本就有17部，地方善本201部，是不可多得的珍贵历史文化遗产。2007年经全馆工作人员近一年时间整理，建成古籍书目数据库。2011年，筹集资金建成了古籍保护书库。2013年又新购置了一批全樟木书柜，用于古籍的保存。

读者服务工作

从2009年5月起，零陵区图书馆全年365天免费对外开放。2009年–2012年，书刊总流通年平均20.8万人次，书刊文献外借册次年平16.8万。2012年与永州市特殊学校、七里店社区、工人文化宫等联合开办流动图书室，馆外平均年书刊流通总人次9.12万。

2008年建成了全国文化信息资源共享工程零陵县级支中心。2009–2012年，共举办了讲座、培训、展览、阅读推广等读者活动122场次，参与人数5万余人次。图书馆始终坚持“读者至上，服务第一”的原则，采取定期或不定期地召开读者座谈会、发放读者调查问卷，征求读者意见、接受广大读者的批评和建议，及时准确的了解读者阅读动向，力争最大限度地满足读者的借阅需求。

业务研究、辅导、协作协调

2009年–2012年，零陵区图书馆工作人员发表论文4篇。

1999年以来，零陵区图书馆相继与湖南职业技术学院文理学院（原零陵师范学校）、湖南职业技术学院商贸旅游学院（原零陵商业学校）、湖南职业技术学院理工学院（原永州市工商职业中专）开通了馆际互借，实现了资源共享和互通有无，极大地方便了读者借阅。

零陵区图书馆在本区图书馆服务网络建设上，制定了发展规划和管理制度。并与504个社区、乡镇、村图书室中的220个签订了图书馆网络服务协议，覆盖率达到了43%，初步实现域内资源共享。

零陵区图书馆重视对基层图书馆室的业务辅导工作，辅导工作年初有计划，事后有总结，对辅导业务进行统计分析。2012年我馆辅导工作人员先后对我区乡镇、社区60个基层图书室给予业务辅导，帮助他们分编整理各类图书近3万余册。并每年都组织乡镇文化辅导员进行图书馆（室）业务培训，2012年共举办基层业务培训班2期，有68人参加培训。

管理工作

零陵区图书馆建立了完善的人事管理、财务管理、考勤管理制度、志愿者管理、档案管理、环境管理与安全管理制度。同时，建立了工作量化考核指标体系，每月进行工作进度通报，每半年和全年进行总体工作考核。2009年–2012年，共抽查文献排架56次，书目数据17次。

表彰、奖励情况

2009–2012年，零陵区图书馆共获得各种表彰、奖励22次，其中，4次被评为全市公共图书馆先进单位，2011年获全省公共图书馆文化信息资源共享工程知识与技能竞赛团体一等奖等。

馆领导介绍

李向阳，男，1969年出生，大学学历，中共党员，馆员，馆长，党支部书记，湖南省图书馆学会理事。

田湘书，男，1956年出生，高中学历，助理馆员，副馆长。

李智，男，1979年出生，大专学历，助理馆员，副馆长。

未来展望

永州市零陵区图书馆遵循公开、平等和免费服务的原则，满足社会公众的文献信息需求，全心全意做好读者服务工作。在未来的几年里，永州市零陵区将以永州市申报国家级历史文化名城、新馆建设为契机，全面升级图书馆各项服务，建设遍科学、高效、人性化的服务网络。

联系方式

地　址：永州市零陵区黄古山中路32号

邮　编：425006

联系人：袁灵辉

涟源市图书馆

概述

涟源图书馆（作家爱心书屋中心馆），前身为涟源县文化馆图书室，1952年即对外开放图书借阅服务，1976年正式成立涟源县图书馆。1978—1999年馆址设蓝田办事处中山街。2000年搬迁至文艺北路8号新馆舍。涟源图书馆2005年、2009年、2013三届经中国文化部评定授牌为国家一级图书馆。

业务建设

涟源市图书馆，总建筑面积为4800平方米，现有藏书15万余册(其中巴金、臧克家等亲笔签名图书近万册)，开架图书占80%以上，设有采编部、图书外借处、报刊借阅部、少儿部、地方文献参考咨询部、作家签名图书珍藏库以及全国文化信息资源共享工程涟源市支中心（含电子阅览室、多媒体演示厅）等服务窗口和业务部门。全馆设阅览座位260个，全馆有计算机45台，其中供读者使用的35台。图书馆业务工作使用LIAS系统管理。

市财政拨款115万元/年，其中购书经费单列10万元，免费开放配套经费15万元。2012年度共采编新书2617种，经费支出102588元。重视数字资源的共享，涟源图书馆网站与湖南图书馆等网站进行对口链接，共享了维普中文期刊全文数据库、万方数据、超星电子图书数据库的使用。开通运行了移动图书馆，电子图书达1600多种。此外，还新建了视频资源柜，收藏视频资料235集。

读者服务工作

全力推行免费开放，优化服务环境，强化阵地服务。服务窗口每周开放时间63小时。年外借图书13万多册次，流通总人次为13万多人。阅览人次全年达10万人次，解答咨询378条。网上资源全天24小时开放，内容有新书目推荐、书目检索、图书续借等服务。目前已经建成了6个馆外服务点。数十年来已成为了传统的为残疾人送书上门服务项目仍在继续坚持。每年编制6期新书目专刊。2013年共举办、播放了系列讲座22场次，观众达4760人次，播放电影32场次，观众达3600人次。下乡播放视频资源“文化共享助春耕”活动4次。近三年来，举办和开展各种讲座、展览、报告会、联谊会、书评、演讲比赛、送书下乡等大小读书活动60多次，吸引数万人次的读者参与其中。

业务研究、辅导、协作协调

加强基层图书馆的业务辅导与培训。配备了业务辅导人员，建立考评机制，具体负责开展系统性业务辅导与培训活动，多年来，结合基层图书馆的实际情况，采取了集中辅导、巡回辅导和重点辅导等方式指导基层图书馆(室)的各项业务工作。近三年先后组织了基层图书馆（室）、文化站专干档案管理、图书分类、文献编目、计算机设备日常维护、文化信息共享工程开发利用等图书馆业务学习12次，为基层培训了一批业务骨干。

图书馆由传统模式向协作协调、藏书共建的模式转变。多年来，我们与湖南图书馆签订资源共享协议，《农村科技文摘 》我馆也是合办成员之一。同时与娄底市县市区兄弟馆建立了联合目录，开展馆际互借。

管理工作

多年来，我馆实行全员岗位责任制，强化图书馆管理机制。馆内推行民主管理，成立馆务会，重要事务由馆务会讨论决定。实行馆务公开和民主测评制度。

1、人事管理：人性化与制度化相结合的管理机制，馆长负责制与支部监督制相结合，我馆人事管理工作的制度化、规范化，保证了图书馆各项工作的顺利实施。

2、财务管理：坚持建立健全本单位财务管理制度；严格执行国家有关方针政策和财政、财务制度，保证图书馆事业健康有序地发展。

3、设备、物质管理：我馆详细完整地登记了固定资产并制定了物质设备管理制度，在行政馆长的直接领导下，实行统一领导、责任到人的目标管理方式。

4、档案管理：我馆的档案主要是指我馆在为读者服务、业务建设、学术活动、党政管理等活动中形成的对图书馆和社会有保存价值的文字、图表、实物、声像等不同形式的历史记录。坚持分级管理的原则，并严格实行档案借阅制度。

5、统计工作：制订了业务统计工作管理规定。我馆的业务统计主要包括馆藏文献统计、读者统计、借阅统计、业务活动统计及工作量统计。构建了一个全馆性的业务统计工作体系。统计工作按部就班的进行，为本单位日常工作的开展提供了方向性的指导。

6、消防、保卫工作：建立了完整的消防安全保卫制度和体系，应急处理方案，馆长与各部门签订了安全责任书，近年来无任何责任安全事故发生。

表彰、奖励情况

2010—2013年我馆获得省级团体、个人金奖、银奖、组织奖项共46个，市县级团体、个人金奖、银奖、组织奖项共68个。

馆领导介绍

颜玲瑶，女，馆长。

谭伟新，男，书记。

梁海涛，男，副馆长。

陈子君，女，副馆长。

联系方式

地　址：涟源市文艺北路8号

邮　编：417100

联系人：梁海涛

祁阳陶铸图书馆

概述

祁阳陶铸图书馆的前身是祁阳县图书馆。早期为县文化馆图书室，1979年以后，根据上级指示精神，图书馆从文化馆分列出来，1980年征地5.4亩，1982年建成祁阳县图书馆。2008年经县委、县政府批准，以陶铸同志光辉名字命名的图书馆大楼在县政府行政中心之侧动工兴建，占地面积为22亩，总建筑面积6235.57平方米（其中，图书馆的使用面积为3108平方米）；2012年4月正式投入使用。设计藏书容量约30万册，可容纳读者坐席539个，计算机51台，接入电信10Mbps光纤专线，选用Interlib图书馆集群管理系统；2013年参加第五次全国县以上公共图书馆评估，由原来的三级馆一跃成为一级图书馆。

业务建设

截止2012年底，祁阳陶铸图书馆总藏量为17.28万册（件），其中，纸质文献为11.4588万册（件），古籍文献1.238万册，民国文献1.0032万册，地方文献0.23万册，报刊合订本2.83万册，电子文献0.52万种。

财政拨款：2010年为73万元，2011年为81万元，2012年为125万元（以上财政拨款不含退休人员工资和生活补贴），图书购置经费由2010年的12万元增加到2012年的30万元。图书年入藏量为0.86万册，报刊年入藏量分别达240种以上，视听文献年入藏量为109种，地方文献收集入藏率达87%。

祁阳陶铸图书馆的数字资源总量，截止第五次全国公共图书馆评估为6TB。2013年3月自建了“陶铸图书馆网站”，网站链接了OPAC查询平台，实现了读者网上查询、续借、预约、新书推荐等功能。同期购置了“数字报刊阅读机”，该阅读机包含了一百种报纸、三百种期刊，并定期更新数字资源供读者阅览；另外，该馆还在阅读机上进行了个性化开发设计，设计有陶铸图书馆简介，读者服务指南，开展读书活动图片以及书目查询服务项目；继后，祁阳陶铸图书馆还增添了歌德电子书借阅机，该借阅机有2000种电子书供读者借阅下载，每月定期更新100种，该电子书借阅机的引进，加速推进了祁阳陶铸图书馆数字资源建设；同时该馆开通了无线网络，实现图书馆借阅的新时代。

2012年12月，祁阳陶铸图书馆与国家联合编目中心签约，成为国家联合编目成员馆。

读者服务工作

从2008年起，祁阳陶铸图书馆坚持开架式读者服务模式，充分利用图书馆的服务项目，信息资源对该馆所有的公共设施场地等实行全年365天对外免费开放，周开放时间为56小时；2012年4月起，周开放时间为60小时，馆藏文献年外借率达100%，书刊文献外借率达19万余册，人均年到馆次数达27次/人，馆外流动服务点书刊借阅册数为10.8千册次/年，为特殊群体服务52次/年，服务人次达4873人次。该馆还主动从政府部门获取信息，通过陶铸图书馆网站，搭建政府信息公开服务平台，满足读者咨询，同时较好地为政府机关决策，为重点教育、科研、企事业单位以及社会公众提供专题服务。

截止2012年底，陶铸图书馆共有4台服务器，包括文化信息资源共享工程应用系统、图书馆集群管理系统、电子阅览室管理系统及数字资源服务系统。定期对图书馆资源进行数据备份。陶铸图书馆设有电子阅览室，共有30台计算机供读者使用，还与湖南图书馆签订数字资源共享协议，开放八大数字资源供读者免费使用。

2009年—2012年，祁阳陶铸图书馆社会教育活动。开展各类讲座、培训活动达21次/年，展览活动5次/年，阅读推广活动达6次/年，年参加活动总人次为3.1万余人次。

业务研究、辅导、协作协调

2009年—2012年，祁阳陶铸图书馆职工发表论文6篇，围绕该馆业务工作开展调研活动达3次/年。

从2012年4月起，在全县范围内，以祁阳陶铸图书馆为中心，以文化信息资源共享工程为依托，以学校、乡（镇）、社区（村）图书馆（室）为合作馆的网络组织，结合当地实际制订了图书馆服务网络规划和管理办法，覆盖率达50.5%。

2012年，自祁阳陶铸图书馆加入国家联合编目中心，成为联合编目成员馆后，该馆的图书文献分类编目更为规范化、标准化、准确化，为开展本地区图书馆与学校、乡（镇）、社区（村）图书馆（室）实现馆际互借创造了条件。到目前为止，覆盖率达50.5%以上，馆际通借通还图书文献资源达到6.63万册次/年，进行基层业务辅导、业务培训达423人次/年。

图书馆服务宣传周活动

优秀图书展阅

综合借阅室

管理工作

祁阳陶铸图书馆在加强业务建设的同时，也不断加强各项管理工作和人员队伍建设工作，采取竞聘上岗的用人机制，推行定岗位、定职责、定任务，进行不定期抽查、半年检查、年终考核。2012年，在原有的祁阳陶铸图书馆规章制度的基础上加以修订，编写了《陶铸图书馆规章制度汇编》，使其成为该馆规范化管理依据。对职工进行各种培训，并安排每周二下午为政治、业务学习时间，利用省馆、市馆等组织业务培训班的机会，派他们参加专业学习，馆员参加岗位培训继续教育率达100%，人均学时达到62学时/年。

表彰、奖励情况

2009–2012年，祁阳陶铸图书馆获得省、市、县以上党委政府和业务主管部门表彰7次，县级主管部门表彰、奖励4次。

馆领导介绍

于天喜，男，1968年10月生，大专学历，中共党员，助理馆员，馆长兼党支部书记。1984年10月参加工作，2000年到祁阳陶铸图书馆工作，2008年3月任副馆长，2009年3月任馆长，2012年12月任馆长兼党支部书记。2008年–2012年被县委宣传部评为政治思想宣传“先进工作者”，2013年荣获全县“优秀党务工作者”的荣誉称号。

陶丽雅，女，1965年2月生，大专学历，馆员，中共党员，1981年参加工作，于1990年调入祁阳县图书馆，2002年竞聘为县图书馆副馆长。2009–2011年被评为县文化先进工作者。曾获得湖南省公共图书馆第六届服务成果三等奖。

谢祁满，男，1976年10月生，本科学历，馆员，中共党员，1994年6月到县图书馆参加工作，2012年9月竞聘为县图书馆副馆长，2009年–2012年被县委宣传部评为“政治思想宣传”先进工作者。

未来展望

祁阳陶铸图书馆本着遵循现代化图书馆“平等服务、知识自由、信息公平、民主政治、社会包容”的基本理念，响应和号召“中国梦”，提升和完善图书馆服务功能，带动地区文化事业的不断发展。陶铸图书馆未来将不断依托陶铸图书馆文化共享工程建设平台，实现馆际之间的信息资源的共享，朝着数字化资源方向发展。为了适应图书馆新的发展模式，进一步加强数字文化资源的建设，除了增加图书馆纸质藏书量，还将有计划地将传统图书馆的纸质文献转化为数字文献。扩大少儿图书借阅室规模，转变其服务方式，增加服务领域，打造少儿特色服务模式。随着时代的不断发展，祁阳陶铸图书馆将以崭新的姿态迎接新的挑战，将与时俱进，不断完善检索系统，加强参考咨询服务，拓展服务领域，最大限度地发掘和利用文献资源，逐步形成具有地方特色的服务模式和服务品牌，把祁阳陶铸图书馆更好地建设成为一个馆藏丰富、技术先进、功能齐全、管理科学的现代化图书馆。

联系方式

地　址：湖南省永州市祁阳陶铸图书馆
邮　编：426100
联系人：胡 娜

双峰县图书馆

概述

双峰县图书馆的前身是双峰县文化馆图书室，建于1952年12月。1976年5月13日，双峰县革委会发出<1976>52号文件“关于建立双峰县图书馆的通知”后，图书馆从县文化馆分出建制。建馆之初，仅有藏书1万余册，馆舍250平方米，工作人员3人，服务窗口2个。发展至今馆舍面积三千余平方米，阅览座席300个，工作人员15人(高级职称1人，中级职称4人，初级职称6人)，服务窗口11个，藏书17万余册，每周开放56小时，年接待读者23万余人次，年外借书12万余册次，计算机48台，光纤宽带接入20Mbps，选用Intelilb图书馆自动化管理系统。馆内全部业务工作实现电脑化管理，是全省共享工程首批30家县级支中心之一，全省首批10家数字图书馆之一。1999年参加公共图书馆评估至今连续四届被评为一级图书馆。

业务建设

为了营造一个良好的读书环境，吸引读者来馆阅读，我馆首先是注重内部整理。在面向读者开放的部门全部装上了空调和饮水机。通过多方努力，争取到康师傅控股公司100万元的设备赞助，现在馆内所有书库的书架都换成了密集型书架。并将剩余款项全部购买图书，增大了读者对图书的需求。同时，还争取到国家项目资金30万元，扩建了360平方米的少儿阅读活动中心。通过馆内环境的整治和各种设备的更新换代，不仅为读者营造了一个安静、舒适的读书环境，方便了读者在馆内开展各种阅览活动，而且提高了图书馆品味，有效地吸引各类读者来馆阅读。

文献收藏主要有五个，一是地方文献，收集本县印刷出版的各类书刊资料（包括会议资料、统计资料、个人著述等），现地方文献资料库已具规模，并获省地方文献保护利用先进单位；二是族谱，近年来共收集各姓族谱53种；三是地方志资料，近几年通过采购、征集、交换等手段，共收集各地方志资料63种；四是地方名人的书画作品，近几年共收集地方人士的书画作品近60余件，其中有：曾国藩、曾国荃、张大千、关山月等名人的亲笔字画；五是古籍线装书的收集，近几年，共收集线装书2000余册，经省博物馆专家鉴定，国家一级纸质文物二件，国家二级纸质文物2件，国家三级纸质文物5件。从这5个方面的书刊资料来看，该馆的藏书已基本形成特色，能满足不同层次、不同类型的读者需求。该馆不仅有地方文献资料室，还新设置了曾国藩研究室、蔡和森研究室、蔡畅研究室及革命老区资料陈列室，这样的专题研究室是一般县级馆所没有的，它为各类学者研究双峰的名人提供了极大的方便，产生了较好的社会效益。

读者服务工作

全馆现有部室13个，其中对读者开放的就有11个，即报刊阅览室、少儿阅读活动中心、电子阅览室、资料室、过刊室、外借室、盲文阅览室，曾国藩研究室、蔡和森研究室、蔡畅研究室和革命老区资料陈列室。在藏书层次上注重按比例配置图书，一般的娱乐性图书占入藏图书的百分之六十，一般资料性图书包括地方文献占入藏图书的百分之三十，专题研究方面的图书占入藏图书的百分之十，所有的图书资料都免费提供读者使用。在服务方式上，采取被动服务与主动服务相结合，即在搞好阵地服务的基础上，主动开展送书上门、送科技书刊下乡的活动。同时还开展了一些丰富多彩的读书活动。年接待读者23万余人次，年外借图书12万余册次。

业务研究、辅导、协作协调

除开展一些读书活动、文化活动之外，还应扩展自已的服务外延与服务内容，搭建好更大范围的服务平台，主要有三个方面：一是利用馆内过剩的设备及书刊资料，在全县偏僻的地方建立图书流通点8个；二是对全县现有的926家农家书屋开展跟踪服务，2011年下乡辅导120余个工作日，2012年下乡辅导76个工作日，2013年下乡辅导160余个工作日，并举办业务培训1次，受培训人员46人；三是对双峰县818家共享工程基层服务点开展服务，双峰的共享工程于2002年开始启动，县馆作为县级支中心，已经将共享工程方面的工作列入到馆里日常工作的重要议程，配备专职人员，严格标准，抓好服务点基础设施建设和业务技能培训。

管理工作

2012年双峰县进行了事业单位人事制度改革，根据当时县委政府的有关要求实行了按需设岗，按岗聘人，竞争上岗，择优录用及末位淘汰机制。强化了岗位责任制，责任与量化到人，使全馆干部职工行为有准则，工作有职责，考证有章程，奖罚有规则。

送书下乡活动一

送书下乡活动二

系列读书活动

表彰、奖励情况

近十年先后有两人被评为全国文化系统先进个人，一人被评为全省图书馆工作“十佳”服务员；单位连续十余年被县、局评为目标管理先进单位、文明建设先进单位、优秀基层党支部、共产党员示范岗、“创先争优”先进基层党组织，县“青年文明号”。被省文化厅授予“文明图书馆”、“全国公共文化设施管理先进单位”，被省爱卫办评为“文明卫生单位”，1999年起连续四届被文化部授予“国家一级馆”。

2009年“文化共享杯——省文化共享工程知识与技能竞赛中荣获二等奖。2009年被湖南图书馆评为“地方文献工作优秀奖”。2010年省文化信息资源共享工程少年网页设计竞赛中该馆的《快乐共享园》、《四好少年》、《文化共享少年行》分别获一、二、三等奖。2010年在全国文化信息资源共享工程少年网页设计竞赛中该馆选送的《快乐共享园》获全国二等奖。2011年在全国文化信息资源共享工程“阳光少年热爱党”电脑小报设计竞赛中该馆选送的作品荣获小学组优秀奖。2011年组织少年儿童参加全省“三湘读书活动”我县朱双宇同学获“三湘少年儿童阅读优秀个人奖”。2011年在娄底市举办的文化信息资源共享工程知识与技能竞赛活动中获个人一等奖一人，二等奖一人，三等奖二人。2011年参加“第二届文化共享杯——湖南省文化共享工程知识与技能竞赛娄底市代表队荣获团体金奖。该馆参加省图书馆学会组织的《农村科技文摘》合办单位评选活动获单位一等奖。

馆领导介绍

蔡素玮，男，1960年9月生，大学本科学历，中共党员，副高职称，馆长。1976年9月参加工作，1978年应征入伍，并参加过对越自卫还击战，1982年元月进双峰县图书馆，历任副馆长、书记、馆长等职。

王卫钢，男，1967年8月出生，大学本科学历，中级职称，1988年8月在双峰县图书馆参加工作，1997年被任命为副馆长，2003年被选举担任图书馆党支部书记至今。

罗晓兰，女，1972年11月生，大专学历，中共党员，中级职称，副馆长。1993年4月在双峰县剧院参加工作，1997年元月调入双峰县图书馆，先后在财务室、办公室工作。2002年9月任副馆长。

张志祥，男，1966年9月生，大专学历，中共党员，中级职称，副馆长，1984年参加工作，1987年进入双峰县图书馆工作。

展望未来

双峰县图书馆在加强设备设施建设，吸引读者来馆，开展丰富多彩的读书活动，尽量满足不同层次的读者需求，扩展服务外延，扩大图书馆的影响力等方面，都做出了较显著成绩，也得到了上级和社会各界的充分肯定。但我们也深知摆在面前的任务仍还很艰巨，今后，我们将本着“一心一意谋发展，抢先一步争一流”的工作思路，锐意进取，努力工作，在今后的工作中再创佳绩。

联系方式

地　址：湖南省双峰县书院路680号
邮　编：417700
联系人：罗晓兰

冷水江市图书馆

概述

冷水江市地处湖南省的能源、原材料基地，拥有“世界锑都”、“江南煤海”、“资源宝库”、“太阳城”、“旅游圣地”和“革命老区”之誉称。冷水江市图书馆成立于1976年10月，座落于市城区中心部位的锑都中路28号，曾先后被授予“国家二级图书馆”、“省文明图书馆”、“省群众文化先进单位”、“省文化工作先进集体”、“娄底市精神文明建设先进单位”等称号。

2000年，市人民政府关于老城区改造的决定，把八十年代前临街建筑的市图书馆划为拆建改造范围。同年底，由市文化局统一组织对剧院、图书馆、电影公司小放映厅一起进行就地改造。经过三年努力奋斗，五层框架结构的新馆楼于2003年8月竣工，面积3600㎡，总投资350万元。2003年10月27日新馆楼以崭新面貌向读者开放。

2009年完成全国文化信息资源共享工程冷水江支中心建设，以及16个乡镇、223个行政村的共享工程基层服务点建设，实现了文化信息资源在全市范围内的共建共享。2011年9月，少儿图书馆暨华润怡宝图书馆对外开放，建筑面积120平方米。2011年11月，全馆正式对外免费开放。

现有现有工作人员27人，其中在职人员18人，硕士研究生2人，本科6人，大专9人；高级职称3人，中级职称5人，初级职称10人，馆藏16万册，阅览坐席336个，计算机51台，宽带接入10Mbps，有线、无线联网并用，专用存储设备容量为6TB。自2007年开始使用ILAS图书馆自动化管理系统，2014年更换为INTERLIB图书馆自动化管理系统。2013年参加第五次全国公共图书馆评估，首次被文化部评为县级一级图书馆。

业务建设

2011年新建了少儿借阅室(怡宝图书馆)，填补了我馆没有少年儿童活动中心的空白；对公共电子阅览室、综合阅览室进行了改造扩容和布局调整，一至四楼安装了24小时监控系统和门禁系统；2012年在多媒体演示厅搭建读者活动舞台，6个服务窗口都安装了大功率空调；2012年建立绘本馆，服务设施和空间逐年改善，为读者提供了一个舒适、温馨的阅读环境。

截止2012年底，冷水江市图书馆总藏量16.6360万册（件），其中，包括电子图书、电子期刊236种，视听文献30件，光盘600张。

2010、2011年，冷水江市图书馆新增藏量购置费5万元，2012年起增至10万元。2009–2012年，共入藏中外文图书2.4万册，其中中外文报刊960种。其次，我们十分注重地方文献的收集与整理，有专室、专门目录、专人管理，建立了本土作家谢冰莹作品、百年锑都、梅山文化等地方文献数据库，馆藏书目数字化达到90%。

截止2012年底，数字资源总量4TB，含有关数字文化工程资源量，含自建和外购并存储在本地的数字资源量，2012年完成了冷水江市图书馆网站（http//www.lsjlib.cn）升级和冷水江市数字文化网（http//www.lsjszwh.gov.cn）项目建设，把它们作为宣传和利用文化共享工程数字资源的主阵地，并与湖南图书馆、天津市少儿馆、双峰县图书馆签订数字资源使用协议，促进文献资源共建共享。2013年7月，实现馆内无线网络覆盖。2014年6月，购进歌德电子图书借阅机，为读者提供电子图书借阅服务。

读者服务工作

2011年，根据免费开放精神，我馆9个服务窗口正式对广大市民免费开放，先后取消借书证工本费和文献扫描、复印等各种费用，免费提供饮用水、老花镜、便笺等便民措施，让读者感受到社会的温暖。4年来，我馆以推动“免费开放”、“阅读推广”、“社会参与”工作为抓手，以打造服务型图书馆为目标，探索品牌建设和阅读推广之路，精心组织策划和打造了“锑都讲坛”、“流动绘本图书馆”、“冷图影视剧场”三个服务品牌，深受读者喜爱。2012年共举办讲座、培训、展览以及其他阅读推广活动59次，参与活动的读者达3万多人。每周开放63小时，2012年共接待读者15.327万人次，书刊文献年外借册次达12.8416万册。馆藏书刊文献年外借率77.19%，读者满意率达98%。

在重大会议和纪念日期间，根据主题开展政府信息专题查阅，并组织读者集中学习会议精神，及时向百姓公示中央、省、市、县的相关文件。积极参与2012年冷水江市两会特别报道《我给两会捎句话》和《您建议·我行动》栏目的制作，深入市区、乡村了解市民心愿，调研我市各级图书馆免费开放情况以及农家书屋建设情况，及时向市委、政府反馈民情，为政府机关决策提供参考服务。针对困难群众、贫困学生、未成年

免费开放启动仪式暨华润怡宝图书馆揭牌仪式

三湘读书月书写梦想信封活动

人、残疾人、孤寡老人等特殊群体开展了“关爱特殊群体，奉献社会爱心”一系列活动。

业务研究、辅导、协作协调

2009年以来，我馆以阅读推广活动、学术交流活动为载体，主动寻求合作伙伴，初步形成了以省图书馆和先进城市兄弟馆为依托，以乡镇图书馆、中小学图书馆（室）以及分馆和流通服务点为延伸的图书馆服务网络。先后与湖南省图书馆、双峰县图书馆签订了联合编目协作用户协议书，2011年9月成为深圳华润怡宝“百所图书馆计划”第58所分馆，2012年10月与天津市少年儿童图书馆签订了“分馆”协议。2012年11月，与深圳市少年儿童图书馆联系到香港李嘉诚基金会，捐赠三尖乡一所贫困边远山区学校图书馆或物资设备。四年共开展了《文献分类学》等图书馆学专业讲座11次，并定期对基层图书馆进行业务辅导，促进了基层分馆、服务点业务标准化、人员专业化、服务现代化建设。

2009－2012年本馆员工共发表论文31篇，其中获得国家级一等奖2篇、国家级二等奖3篇、国家级三等奖3篇、省级三等奖2篇、省级核心期刊2篇、其余刊物19篇。

管理工作

为了达到科学、高效的管理目标，提升管理水平，全体馆员实行全员聘用，对部门机构进行了合理调整，科学设岗，分类管理，并制订了岗位责任制和签订了聘任合同书。做到了干部职工行为有准则，考评有原则，奖罚有规则，各种档案齐全，管理规范，无一例违法乱纪事件。同时，制定了《冷水江市图书馆志愿者管理制度》，共吸纳11名志愿者参与图书馆工作，并对其进行了科学管理，让志愿者参与监督管理。

表彰、奖励情况

2009－2012年我馆共荣获64项表彰奖励，其中国务院业务主管部门及省级党委、政府表彰奖励21次；省级业务主管部门及市级党委、政府表彰、奖励18次；市级16次；县级9次。

馆领导介绍

谢晓波，女，1971年10月生，本科学历，中共党员，副研究馆员，馆长。

马俊，男，1976年10月生，硕士研究生学历，中共党员，支部书记。

图书借阅区

何艳，女，1969年2月生，专科学历，馆员，业务副馆长。

熊再华，男，1959年12月生，本科学历，中共党员，副研究馆员，副馆长。

彭宁，男，1980年10月生，本科学历，中共党员，助理馆员，副馆长。

未来展望

按照文化部“十二五”规划，计划在2015年前率先在本地区完成“数字图书馆”和“公共电子阅览室”建设；进一步完善冷水江数字文化网项目建设和服务，完成百年锑矿和梅山傩戏数据库的建设和完善，2014年底完成INTERLIB图书馆自动管理系统更换，以此为技术基础，与全市乡镇、社区、农家书屋、乡村学校图书馆（室）分馆建立资源共享，2020年实现全市各级图书馆的分馆建设；继续推进“锑都讲坛”、“流动绘本图书馆”、“冷图影视剧场”服务品牌建设，把冷水江市图书馆打造成“市民的大书房，城市的大教室，文明的大窗口”，在公众和读者面前完成新的蜕变和重生。

联系方式

地　址：湖南省冷水江市锑都中路28号
邮　编：417500
联系人：马 俊

泸溪县图书馆

概述

泸溪县图书馆的前身是民国末年的“民众图书馆”。民国38年（1949）春，由于湘西“三·二事变”大动荡，民众图书馆的几千年册图书几乎损失殆尽，仅残留一套《万有文库》。解放后，在县文化馆内设图书室配专人管理，每年添置数百册图书，至1966年已近万余册。1976年10月正式建制泸溪县图书馆，1984年，在县城南正街新建馆舍，建筑面积1200平方米，1996年因国家重点工程五强溪电站建设需要，县图书馆随县治迁至白沙镇新县城。2003年再次新建馆舍，占地面积4.5亩，建筑面积2760平方米，总投资350万元。2008年新馆正式对外开放，总藏书量为6万余册。2012年拥有阅览座席290个，计算机45台，宽带接入20Mbps，选用GTS-IKMS图书馆自动管理系统。2013年，首次参加第五次全国公共图书馆评估定级，荣获“国家一级图书馆”。

业务建设

截止2012年底，泸溪县图书馆总藏量118936册（件）。其中，纸质文献80936册（件），电子图书2万册，电子期刊18000种/册。

2009年、2010年，泸溪县图书馆新增藏量购置费9万元，2011年起增至12万元。2009–2012年，共入藏图书33905册，其中电子文献570种，视听文献60种，报刊509种，图书5000余种。2012年，地方文献完整入藏率为95%。截止2012年底，泸溪县图书馆数字资源总量为4.15TB。2012年，将自动化管理系统升级改造为GTS-ILMS图书馆自动化管理系统，实现了从采编到流通自动化管理，以适应湖南省公共图书馆免费升级服务建设的需要。

读者服务工作

从2008年起，馆内设有：图书借阅室、报刊借阅室、电子阅览室、少儿阅览室、参考咨询室、地方文献室6个服务窗口，全年365天对外免费开放，周开放56小时。馆藏实行全部开架借阅。2009年–2012年，书刊总流量97660人次，书刊外借108000册次。建成8个分馆开展馆外流动借书服务活动，流动服务书刊借阅8424人次，20435册次。

2009–2012年，泸溪县图书馆共举办讲座、展览、培训、阅读推广等读者活动426场次，参与人数32190人次，各类读者活动开展有声有色。

业务研究、辅导、协作协调

2009–2012年，每年根据实际情况制定基层业务辅导工作计划，开展基层业务辅导50余次，及时总结基层业务辅导工作的得与失。

2009–2012年，举办农家书屋管理员培训、农业科技、卫生健康知识讲座、专业理论学习40次，接受培训或参学人员3000余人次。

2009–2013年，与湖南省公共图书馆签订资源共享协议及合编《农村科技文摘》，与国家图书馆联合编目中心签订成员馆协议书，促进联合编目事业的发展，与湘西州图书馆、吉首大学图书馆签订地方文献征集、共享协议，更加全面系统地收集、共享民族地方文献。

管理工作

2009–2012年，泸溪县图书馆实行岗位责任制，建立了工作量化考核指标体系，每月进行工作进度通报，每半年和全年进行工作总体考核。制定财务管理、人事管理、志愿者管理、设备、物资管理、档案管理、环境与安全管理等制度，规范日常各项管理工作，不定期进行抽查文献排架和书目数据，组织人员撰写论文、调查报告八篇。

表彰、奖励情况

2009–2012年，泸溪县图书馆共获得各种表彰、奖励10次，其中省委宣传部、省文化厅表彰、奖励5次，省图书馆学会表彰、奖励1次，湘西自治州委宣传部、州文化局表彰、奖励3次。湘西自治州“三湘读书月”活动领导小组表彰、奖励1次。

馆领导介绍

文劲，男，1958年12月出生，大专学历，中共党员，高级政工师，馆长。1978年11月参加工作，历任图书管理员、助理馆员、馆员、副馆长、馆长。

吴朝芳，男，1970年4月出生，本科学历，中共党员，馆员、副馆长。1990年6月参加工作，先后在业务辅导、图书采编、图书借阅、办公室、文化信息资源共享工程、农家书屋建设、财

第五次公共图书馆评估领导及专家实地查看评估资料

第五次公共图书馆评估领导及专家实地评估验收

报刊阅览室

地方文献室

少儿阅览室

电子阅览室

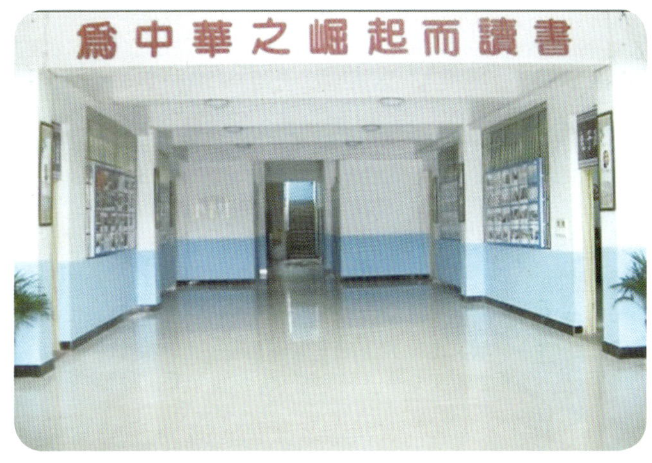

泸溪县图书馆一楼全景

务、多媒体讲座等部门工作。

杨银岩，男，1971年8月出生，大专学历，中共党员，馆员，副馆长。1996年6月参加工作，先后在图书外借室、地方文献室、采编室、电子阅览室、办公室等部门工作。

未来展望

泸溪县图书馆以“读者第一，服务至上”为基本理念，遵循“求真、务实、开拓、创新”的办馆方针，未来主要朝着以下三个方向努力：一是进一步深化免费开放。扩展服务项目，充实服务内容，强化读者工作，提高免费开放服务质量和服务水平，健全免费开放服务体系，形成县、乡、村三级图书馆服务网络，打造2–3个免费开放服务品牌；二是切实加强数字图书馆建设。充分利用“文化信息资源共享”平台，建立健全地方文献资源数据库，进一步充实网站建设内容，完善网站建设规划，全面推进数字化建设；三是严把人员进入关，建立职业资格准入制度，提高全馆人员业务素质，强化业务学习和业务培训，始终保持国家“一级图书馆”的基本标准。

联系方式

地　址：泸溪县白沙镇人民路盘瓠广场68号
邮　编：416100
联系人：吴朝芳

开展读书活动

开展少读活动

凤凰县图书馆

概述

凤凰县历史悠久，文化源远流长。修建于清光绪六年，至今仍保存完好的三潭书院，是县图书馆建设的先河。1937年，在县城众多私人书局、书铺的支持下，县图书馆的雏形"民众教育馆"应运而生，有藏书28000册。1950年后，县图书馆与文化馆合二为一。1976年凤凰县图书馆正式成立，馆址城隍庙。2004年10月，动工兴建新馆。2008年9月，位于凤凰县城中心文化广场占地1376.1平方米，建筑面积2085.6平方米的新馆建成开放。2013年，参加文化部第五次全国公共图书馆评估，获得县级一级图书馆。截止2012年底，凤凰县图书馆有阅览座席252个，计算机81台，大型服务器1台，卫星接收系统1台，存储容量6.7TB，宽带接入20Mbps。2010年起，使用Interlib图书馆集群自动化管理系统，实现了图书、期刊编目和读者流通借阅等业务工作的自动化管理。

业务建设

截止2012年底，凤凰县图书馆总藏量159744册，其中，纸质文献(含中文图书、期刊合订本、古籍)77181册，电子图书82173册，视听文献390件。18000余册古籍中有国家级善本12部，省级善本6部。

2012年，凤凰县图书馆新增藏量购置费12万元。2009-2012年，共入藏中文图书12319种，16697册，中文报刊1303种，视听文献90种。凤凰县图书馆先后制定了《中文图书采访工作细则》、《地方文献采购方案》、《中文图书分类细则》《普通图书编目细则》、《图书加工细则》等规则来规范业务工作。地方文献设有专柜专架陈列，有专门目录和专人管理，通过多种渠道及时了解出版信息，采集地方文献，并把凤凰名人沈从文文献作为采集工作的重点。

截止2012年底，凤凰县图书馆数字资源总量6.5TB。馆藏文献书目数字化率达到了82%。2012年年初，实现了图书馆内无线网络覆盖。联合吉首大学图书馆开展的地方文献、沈从文文献数据库项目正在有计划、按步骤地实施。

读者服务工作

凤凰县图书馆建立了统筹协调、密切配合、分工协作的免费开放工作机制，公示了免费开放服务项目，做出了服务承诺，做好了免费开放读者和安全管理的预案，免费开放资金实行专项管理。从2009年8月起，各业务窗口实行无障碍、零门槛准入，公共空间设施场地全部免费开放，所有提供的基本服务项目全部免费。全年365天开放，周开放70小时，除古籍以外的所有文献全部实行了开架，开架比例达到了98%；有详细的架位管理制度，乱架率不超过2%，满足了读者阅览和馆藏文献借还的需求。2009-2012年，书刊外借册次82257册，馆藏文献年外借率106%；2012年到馆人次为76800人次，持证读者数为2577人，人均年到馆30次/人。馆外流动服务点6个，流动借阅书刊23600册次。参与政府信息公开服务，将国务院公报、湖南政报等政府信息公开的报刊放在阅览室突出的位置，开辟了宣传栏，定期更换内容。为读者提供养鸡、科普知识、豆腐制作加工技术、中老年养生保健等方面的参考咨询专题服务30余次。建立了特殊读者档案，针对县城内的残疾人、农民工、少年儿童、老年人等弱势群体开展了系列服务活动。

凤凰县图书馆设立了拥有国际域名的门户网站，制定了《网站安全监管管理制度》和《网站信息安全应急预案》等管理制度。网站首页画面优美、色调和谐、结构合理、内容充实、功能齐全。网上服务的内容由读者服务、公告通告、数字资源、共享工程、在线咨询和友情链接等六大部分组成。其中读者服务包含馆藏目录查询、读者密码修改、新书新刊检索、超期催还通知、读者评价调查、热门图书排名、读者荐书、读者留言、馆长信箱、参考咨询、读者信息查询、读者预约查询等12个方面的内容，可提供各种信息查询、电子图书在线阅读等。2009-2012年，网站访问量200万次。

凤凰县图书馆开展了农家书屋管理员、文化信息共享工程基层网点服务技术、中华古籍传承与保护、音乐知识、苗族鼓舞、网络资源检索等讲座、培训；开展了养羊、果蔬栽培技术、酒店管理、计算机、沈从文作品等专题图书展览；主持开展了少年儿童"新中国60周年道德模范故事会、读书知识竞赛、送书送信息下乡、关爱留守儿童、播放儿童有声读物、给敬老院送书、阅读状况问卷调查等活动；参与了"三湘读书月"、每年的"4.23世界读书日"等系列阅读推广活动。2009-2012年，各

三湘读书月活动

送书下乡活动

类公益性讲座、展览、阅读推广、服务宣传等形式多样、内容丰富的读者活动146次，参与人数18万人次；播放文化共享资源影片120余部，观看读者4万人次以上，每逢赶集日到乡镇发放科技宣传资料12000余份。

业务研究、辅导、协作协调

2009–2012年，凤凰县图书馆职工以所学知识为理论指导，结合工作的具体情况和工作实际，写出了12份业务调研报告。参与了省级、州级的免费开放研究、沈从文数据库、古籍保护等课题和项目研究4项。

凤凰县图书馆积极参与湖南图书馆学会、湖南省图书馆和湘西自治州图书馆组织的公共图书馆联盟活动；同时也积极开拓跨地区、跨系统的协作协调工作，被中山大学图书馆和吉首大学图书馆列为重点扶持对象，在人员培训、古籍保护、地方文献联合采购等方面开展了协作。

作为县里最大的文化中心，凤凰县图书馆承担了地区图书馆服务网络建设的重任，把地区的街道、乡镇、社区、村图书室纳入到图书服务网络中来。帮助基层组建图书室，并从图书分类、编目、加工、排架、目录组织及计算机管理等方面进行了现场帮助、技术支持和全方位的辅导，促进其规范化管理。经常进行基层图书服务网点情况调研，组织召开工作研讨会，研究讨论工作中的热点、难点、发展趋势和工作思路，分享各自工作中的先进经验。截止2012年，重点跟踪了10所学校图书室、5所机关图书室，组织实施24个乡镇图书室、340个村级农家书屋、建设农村远程教育网站35个120户，每年有计划地组织较大型的不同层次、不同类别基层图书管理人员业务培训10次以上。

管理工作

凤凰县图书馆制定了财务、人事、志愿者、设备物质、档案、环境与安全等方面规章制度，用规范和制度来指导各项行政管理工作。各类档案管理规范、齐备、分门别类存放有序。严格财务制度，规范资金的管理，做好了每年的财务计划、预算、决算工作。注重各类工作统计，如对读者意见、采编工作的分析等，并及时进行统计分析，根据结果来指导和改进工作。消防安全保卫稳定工作常抓不懈，制定了志愿者管理制度，吸纳社会志愿者参与图书馆工作。深入实施内部分配制度改革，强化激励机制。2012年，凤凰县图书馆完成了全员岗位聘任，共设3类岗位，建立竞争上岗、奖惩、考勤、考核的指标体系，按照目标管理每月进行工作进度通报，每半年和全年进行工作考核。

表彰、奖励情况

2009–2012年，凤凰县图书馆先后荣获了2010年湖南省少年儿童“G3杯迎世博迎亚运讲文明树新风”文明礼仪知识读书活动、全州少年儿童“迎世博迎亚运讲文明树新风”文明礼仪知识竞赛第二名、“不朽的丰碑”读书知识竞赛铜奖、“构建和谐社会”读书演讲竞赛组织奖、“和谐湖南，我的湘西”美文诵读活动先进单位、“迎世博迎亚运讲文明树新风”文明礼仪知识竞赛先进单位、2011年度凤凰县“文明窗口”单位等省、州、县级奖励7次。凤凰县图书馆职工获得省、州、县级奖励13次。

馆领导介绍

李慧，女，1964年2月生，大专学历，中共党员，助理馆员，图书馆馆长。文化馆、图书馆和非物资文化保护中心三家联合党支部书记。1980年6月参加工作，1995年3月进入图书馆工作，先后在借阅部、办公室等部门工作。

杨洪，女，1966年11月生，大专学历，助理馆员，副馆长。1981年5月参加工作，1988年1月进入图书馆工作，分管业务辅导、精神文明建设、扶贫工作等。

凤凰县图书馆环境

未来展望

作为国家历史文化名城的凤凰，文化是其根和魂。凤凰县图书馆秉承“一切为读者服务”、“为一切读者服务”的理念，进一步创新服务方式，拓宽服务范围，丰富服务内容，提高服务效率。依托文化共享工程，以数字图书馆建设为目标，以自动化服务为手段，以满足读者需求为出发点，以开展服务活动为重点，以传播知识和传递信息为职能，以馆藏文献为依托，努力实现全方位开放式读者服务工作，使图书馆成为文化、科技、传播、社会教育、信息交流的中心，为提高全民道德素质和文化素质，努力做出新的、更大的贡献。

联系方式

地　址：湖南省凤凰县图书馆
邮　编：416200
联系人：张律叶

花垣县图书馆

概述

湖南省花垣县图书馆初创于1930年10月，原名“永绥县崇山图书馆”。几经变迁，正式落成于1976年5月，更名“花垣县图书馆”。2007年11月，位于县城中心边城公园内的新馆建成开放。新馆建设按照国家一级图书馆标准设计，占地面积9900平方米，建筑面积7080平方米，设计藏书容量20万册，可容纳读者座位1000个，计算机63台，IB存储容量6个，宽带接入70MBPS，选用LNTERLIB图书馆自动化管理系统。2010年元月花垣县图书馆首次获得国家文化部授予“国家一级图书馆”。2011年被省图书馆学会推选为“省图书馆学会理事单位”2013年再度蝉联“国家一级图书馆”称号。

业务建设

截止2013年底，花垣县图书馆总藏量8.1万册（件），其中，纸质文献8万册（件），电子图书、电子期刊1000种/册。

（1）马恩列斯毛邓图书3193册，哲学1520册；社会科学37300册；自然科学15133册；综合性图书18121册，古籍地方文献4764册。

（2）1976年至1990年共采购图书13214册，1991年至2006年采购图书1040册；订报刊2050种；捐赠乡镇村图书3000册。2006年购买沈从文系列从书600册。

（3）2011年11月获省作家协会捐赠《文艺湘军百家文库》115册；2003年5月至2007年5月获国家文化部捐赠各类图书各2000册；2012年7月罗屏老先生捐赠6万元购少儿新书5365册桌椅设备12套书架3个；省馆捐赠各类图书2300册；2008年11月购买6万元新书计10200册，2009年11月采购新书2000册，价54000元，订阅报刊230种，价3万元。2009年至2010年获省文化厅捐赠《湖湘文库》480册。2012年5—10月投入16.1万元新购图书、电子读物8720册记5630种，订阅报刊254种。

2012年投入12000元，对原有的图书馆自动化系统进行升级改造，使之更加规范标准，2013年投入2万元升级改造电子阅览室桌椅，投入10万元升级改造馆藏图书电子著录工作。我馆图书馆自动化系统现已对读者全面开放使用。2013年6月实现了馆舍区域的无线网络全覆盖和借阅电子化。2013年10月至2014年4月投入40万元，升级改造600平方米多功能综合阅览室及展厅。

读者服务工作

从2011年10月1日起，花垣县图书馆向公众免费开放，所有免费开放场馆实现规章制度健全，服务内容明确，保障机制完善。各服务窗口每周开馆时间60小时。图书、期刊、报纸全部实行开架借阅，开架比例达100%，年平均外借达80%以上。典藏的书刊文献外借，月平均3000册以上，年外借册次达10万册以上。1012年4月，开通县福利院、登高楼社区、涧水坡社区等10个馆外图书流动服务点，10个服务点书刊外借年平均达60000册次以上。本年度利用新书宣传栏、展板、图书服务宣传周和多媒体演示厅、电子阅览室等方式，开展书刊宣传种类达2237种。2009年3月起与县政府信息中心合作，联办“花园县政府信息公开查询点”向社会大众提供政府住处查询服务。到2012年底前，形成一批具备有特色的公共文化服务品牌。

2009—2012年，花垣县图书馆与县民保中心联办图书馆网站，推介花垣非物、实物文化及图书馆、农家书屋和共享工程建设。与县政府办、县民保中心、李梅公司、兴银公司、提供文献信息服务，开展的项目服务有“政府信息公开查询定点服务”、“非物资文化保护信息跟踪服务”“李梅公司种养殖业情报调研服务”以及“雪莲果栽培技术”“娃娃鱼特色养殖技术”等定题服务和跟踪服务。与县民族事务局合作，免费为残疾人员长期举办“苗绣技术培训班”目前举办3期，学员103人次。为本县未成年人举办“读书好、益心智”、“绿色上网”、“书法讲座”等活动12期，参与人员520多人次。为县福利院的老年人、孤儿创办图书室，投入资金23000元，采购书架3个，阅览桌椅12套，新书3640册，制作各类规章制度，标识牌6块。

2009—2012年，花垣县图书馆共举办讲座9次以上，参与人数782人次。展览6次以上，参与人数12740人次。培训10次以上、参与人数928人次。阅读推广10次以上，评选出阅读之星40人，阅读优秀个人240名，优秀组织奖18个。由本馆主办、协办的各类大型活动如“春节灯谜竞猜”、“文化遗产日”、“苗歌大奖赛”等，年平均参与活动次数20次以上，参与人次45000人次。深受广大群众的喜爱与好评。

业务研究、辅导、协作协调

2009—2012年，花垣县图书馆制定乡村基层服务网点，农

家书屋和图书馆业务辅导工作计划和发展规划，年终有工作总结和业务辅导统计分析报告，为决策作参考，每月下基层10次，对基层服务网点，管理人员在应对自动化管理出现的疑点难点等技术，管理方面问题进行一对一的解答和指导。年均下基层进行业务辅导和指导工作150多次，解答各种疑难技术问题253个。制定有基层业务培训工作计划、规划，年终有业务培训工作总结。年均开展各类业务培训20次以上。通过一系列的培训工作，基层管理员、农户、党员干部都得到了，培训科目上的知识进步，管理水平和服务质量上的提高，本馆也多次受到县里表扬。

从2008年起，花垣县图书馆共享工程支中心正式建立。全县共建成18个乡镇文化共享工程中心，190个村级基层服务网点，288个村级农家书屋和1个县福利院图书室，2010年至2012年我县共100个基层服务网点管理员获州、县评选为优秀管理员，4个基层农家书屋管理员获省授予优秀管理员称号，花垣县馆获省委宣传部等部委厅局授予全省文化建设先进集体和全国总工会授予“职工书屋”称号。

2009–2012年，花垣县图书馆与省图书馆、州图书馆、吉大图书馆、县老办、县党校、县档案局、县远教办合作，积极开展图书联合编目，馆际互借、远程教育、文化共享工程资源建设共享工作及体系建设规划工作，建立业务培训基地，开展各类业务合作和协调工作，以指导图书馆工作和制定发展规划。

管理工作

2010年12月，花垣县图书馆建立健全岗位责任制，目标管理责任制，奖惩激励分配制度和考核考勤制度。本馆各部门岗位均按需设岗，实行安岗聘用，竞争上岗。依据岗位责任制、目标管理、考核考勤、奖惩规定，严格执行考评和奖惩，以之达到爱岗敬业，卓有成效的目的。本次岗位设置共设13类岗位，有13人上岗。全馆大专以上学历为12人，占全馆干部职工总数99%，中级以上职称占职工人数50%，初级以上职称的占职工人数98%，5人取得图书馆学大专以上学历。

表彰、奖励情况

2011–2012年，花垣县图书馆共获得各种表彰、奖励4次，荣获国家服务成果二等奖、三等奖。2011年4月获省委宣传部授“文化建设先进集体”。2012年4月全国总工会“职工之家”。2012年12月及2013年11月年全省少儿活动金奖、少儿征文赛1等奖、优秀组织奖，州委宣传部等部门授予省少儿读书活动先进集体。目标管理二等奖。

馆领导介绍

彭进军，男，1958年5月生，大专学历，中共党员，高级政工师，馆长。1976年8月参加工作，1998年7月任花垣县图书馆馆长兼书记，2006年6月，2012年6月获中共花垣县委授予“全县优秀共产党员”称号。

李强，男，1966年5月生，大专学历，中共党员，副主任科员，党书记。1987年5月参加工作，2006年任花垣县图书馆任书记。

黄尔晖，男，1977年3月生，本科学历，中共党员，助理馆员，副馆长。1999年12月参加工作，2004年5月任花垣县图书馆副馆长。

张应晖，男，1971年12月生，大专学历，中共党员，助理馆员，副馆长。1992年2月参加工作，2014年4月任花垣县图书馆副馆长。

未来展望

花垣县图书馆遵循“开拓进取，服务之上，在发展中再创辉煌”的宗旨。积极响应国家“文化惠民”的政策，充分发挥公共图书馆在基层公共文化服务体系中的重要作用。2013年花垣县图书馆积极筹措资金40万元，创建一个全新的多功能综合借阅室及展厅，目的旨在践行党的群众路线，改善办馆条件和学习环境，贴心为广大读者服务。在经过6个多月的装修改造后，其独特别致的装修、整洁优美、设备齐全的综合借阅室及展厅已基本完工，外借处建筑面积由原来的160平方米增加到现在的600平方米，是一个集图书借阅、期刊浏览、盲人上网、网络查询、文化共享工程影视展播、文化艺术展览于一体的现代化综合借阅室。其丰富的馆藏资源，可以满足不同年龄段的读者的阅读需求。目前，整个装修改造已全面竣工并于5月28日正式免费对外开放。

我们将继续以“国家一级图书馆”和“全省服务农民服务基层文化建设先进集体”的工作要求为目标，以高昂的热情、务实的作风、踏实的工作，开拓进取，服务于广大人民群众和广大读者。我们坚信图书馆事业一定会更加美好，前途一定会更加光明。

联系方式

地　址：湖南省花垣县建设西路边城公园内
邮　编：416400
联系人：黄尔晖

衡阳市少年儿童图书馆

概述

衡阳市少年儿童图书馆于1984年6月15日成立，1984年12月开馆，为湖南省最早成立的地市级少儿图书馆。馆址几经变迁，2008年9月28日市政府市长办公会议（[2008]第16次）决定将衡阳市图书馆老书库维修改造后作为少儿图书馆。2010年7月21日少儿图书馆维修改造后实行全面开馆。馆舍面积2千平方米，位于衡阳市先锋路49号。定编12名，现有在职人员10人，退休人员5人。2005年被评定为国家二级图书馆，2013年参加全国公共图书馆第五次评估获得二级图书馆。

业务建设

截止2014年底，衡阳市少年儿童图书馆总藏量135168册（件），为纸质书刊、视听文献、资源数据库三部份，馆藏结构富有鲜明的少儿特色，建立了书目数据库，实现书目检索自动化。设读者服务中心、低幼读物借阅室、期刊借阅室、电子阅览室、自修室、综合文献借阅室、连环画阅览室、声像资料借阅室、青少年心理咨询室9个对外服务窗口，阅览坐席340个，选用ILAS小型版图书馆自动化管理系统。

读者服务工作

衡阳市少年儿童图书馆从2011年9月27日起全面对公众实行免费开放，推出了一系列文化设施、服务项目及文化活动的免费服务，每周开放时间50小时，周六、周日开放。2014年总外借册次301541册次，总流通人次103500人次。

在全市范围内设立中心馆、分馆、流通点三级服务网点，已初步形成覆盖城区的服务网络体系。截止2012年，已建成胜利山社区分馆、石鼓区文化馆分馆、市特殊学校分馆、市儿童福利院分馆4个网点及19个中小学校服务流通点。

2014年，衡阳市少年儿童图书馆共举办讲座、展览、培训、阅读推广等读者活动65场次，参与人数18500人次。每年举办大型读者活动4场。其中，市少年儿童读书活动纳入我市"全民阅读月"活动，活动每年一个主题，将未成年人思想道德教育内容融入其中，让学生们在读书中陶冶高尚的道德情操，活动范围覆盖七县五区，参加人数由2009年的136596人增至2014年181814人，增长了33%，对加强未成年人思想道德建设发挥积极作用。

免费开放以来加大服务创新力度，推出"周末快乐读书活动"公共文化服务品牌新项目。活动分为"好书推荐"、"知识讲座"、"游艺娱乐"、"志愿者行动"四大版块，每个周末开展，该服务项目获2013年度文化广电新闻出版工作创新奖，是衡阳市少年儿童图书馆阅读推广工作的特色。

2004年开通衡阳市少年儿童图书馆网站，网址为http：/www.hyst.org，截止2014年，网站总访问量达160万次，年网站访问量13万次。

2006年建立了全国文化信息资源共享工程衡阳少儿支中心。年均开展245小时资源展播活动，年均使用信息资源3300次。

业务研究、辅导、协作协调

从2009年起，每周五上午为业务学习日，组织本馆职工业务培训，有效地提高了本馆职工的业务水平，职工20多篇论文在各级论文研讨会上获奖或发表。

针对各县（区）和中小学图书馆（室）开展辅导工作累计109次，在分馆及流通点开展馆际互借等读者服务工作，提高了基层图书馆（室）的图书管理人员的业务技能和管理水平，促进基层图书馆（室）的业务发展。

与本地区公共图书馆建立了业务网络，每年定期召开公共图书馆馆长及少儿专干培训，组织参加业界学术交流活动，对少儿阅览室开展业务辅导工作。

管理工作

完善制度建设。2012年实行公共文化服务机构绩效考核办法，建立工作量化考核指标体系，规范工作人员服务行为。

强化部门职能。2009年按照岗位设置方案实行竞争上岗，双向选择，全员聘用，设置高级岗位3个，聘任2人，设置中级岗位6个，聘任5人，设置初级岗位3个，聘任3人。内设中层部门3个，明确部门权责，提升服务效率。

加强队伍建设。定期进行人员培训，职工专业培训年课时99小时，鼓励馆员进修，提高学历层次，2014年职工大专以上学历为80%，提高专业化服务水平。

表彰、奖励情况

1994年被国家文化部授予"全国文明图书馆"称号。

1998年被省妇联授予"省巾帼文明服务示范岗"称号。

1998年被中共衡阳市委、市人民政府授予"文明单位"称号。

2004年被衡阳市文化局评为目标管理优秀单位。

2011年荣获中国图书馆学会颁发《阅读推广奖》。

2012年被中共衡阳市委、市人民政府授予"文明单位"。

2012年被关工委授予"青少年教育活动基地"。

馆领导介绍

李赛虹，女，1969年生，本科学历，中共党员，馆员，馆长，湖南省少年儿童图书馆工作专业委员会副主任，衡阳市图书馆学会副理事长。

谭运国，男，1961年生，本科学历，中共党员，高级政工师，书记。

闵巧，女，1971年生，本科学历，中共党员，馆员，副馆长。

未来展望

衡阳市少年儿童图书馆将始终秉承"服务第一、读者至上"的理念，坚持"公益性"和"公平性"的办馆宗旨，最大可能地吸引大众走进图书馆，最大可能地方便读者享受图书馆提供的服务，最大可能地发挥图书馆应有的社会作用。

联系方式

地　址：衡阳市雁峰区先锋路49号

邮　编：421001

联系人：谢珂珂

邵阳市少年儿童图书馆

概述

邵阳市少年儿童图书馆成立于1993年7月，现有馆舍面积2080㎡，纸质藏书藏书13.6万册。馆内现设有综合图书借阅处、综合阅览室、中小学生阅览室、低幼活动室、电子阅览室、连环画室、亲子阅读室等7个服务窗口。2009年，参加第四次全国公共图书馆评估，评定为国家三级图书馆，2013年经评估晋升为国家二级图书馆。2012年，邵阳市少年儿童图书馆有阅览坐席309个，计算机45台，宽带接入100Mbps，选用Interlib图书馆自动化集群管理系统。

业务建设

截止2012年底，邵阳市少年儿童图书馆总藏量24.05万册（件），其中，纸质文献13.69万册（件），电子图书10.36万册。

2009、2010年，邵阳市少年儿童图书馆图书购置费10万元，2011年起增至17万元，2012年达到20万元。2009–2012年，共入藏中外文图书4.83万册，其中连环画与低幼读物在2000册以上电子图书3万册，视听文献500种。

2012年，将自动化管理系统由原来Ilass小型版升级更换为Interlib集群管理系统，以适应总分馆间互借互还建设的需要。2012年4月，实现馆内100兆无线网络覆盖。

读者服务工作

从2011年8月起，邵阳市少年儿童图书馆实现了基本服务项目、场所空间的全开放和全免费，全年365天天天对外免费开放，每周开放56小时。

2009–2012年，书刊总流通42.6万人次，书刊外借48.9万册次。

2012年1月，引进Interlib集群管理系统，实现与6个分馆间互借服务。

截至2012年年底，共建成6个分馆，26个流动服务点，并于2012年10月购置一台流动服务车，定期为分馆和流动服务点更换图书。

2009–2012年，馆外书刊流通总人次16.1万人次，书刊外借18.6万册。

2009–2012年，邵阳市少年儿童图书馆网站访问量32.7万次。2012年开通网上续借与查询服务，为所有读者开通邵阳市少年儿童图书馆藏资源和信息共享工程资源的浏览和下载服务。

2009–2012年，邵阳市少年儿童图书馆共举办讲座、展览、培训、阅读推广等读者活动267场次，参与人数18.7万人次。每年都承办由邵阳市委宣传部、文明办等八个部门共同主办的大型读书活动，范围涉及到全市12个县市区的数百所中小学校，覆盖率为100%，已成为一项文化品牌活动。

业务研究、辅导、协作协调

2009–2012年，邵阳市少年儿童图书馆职工在省级以上刊物发表论文14篇。每年与邵阳市松坡图书馆共同策划承办全市图书馆学会年会和全市公共图书馆工作交流会，组织全市少儿馆(室)同仁参加全国或全省交流活动。

2009–2012年，邵阳市少年儿童图书馆定期对分馆及流动服务点进行各种形式的业务辅导培训，同时对全市范围内的乡镇社区和学校图书馆（室）的基础业务工作进行指导规范，使他们形成了一套完整的服务体系。共举办业务培训班10期，42课时，326人次接受培训。

管理工作

邵阳市少年儿童图书馆于2012年年底完成了岗位设置和岗位聘任工作，共设13个岗位，现有工作人员全部实现重新上岗。同时，先后出台了《绩效工资实施办法》和《目标管理考核标准》，建立了各部门月度考核、馆年度考核的制度，建立了工作量化考核指标体系，每月进行工作进度通报，每半年和全年进行总体工作考核。

表彰、奖励情况

2009–2012年，邵阳市少年儿童图书馆共获得各种表彰、奖励29次，其中，省级奖11次；市级奖励16项；2012年获邵阳市“青少年维权岗”荣誉称号。

馆领导介绍

周任飞，男，1976年9月生，本科学历，中共党员，馆员，馆长。1995年7月参加工作，先后在邵阳市松坡图书馆文献部、阅览部、古籍阅览室、办公室等部门工作，2009年10月被邵阳市文化局任命为市松坡图书馆副书记（副科级），期间一直在邵阳市文化局办公室协助工作。2010年3月调入邵阳市少年儿童图书馆主持全面工作，2012年被邵阳市委宣传部任命为馆长。兼任邵阳市图书馆学会常务理事和邵阳市对外文化交流协会第一届理事会理事。2007年被评为系统优秀共产党员，2011年获系统“优秀党务工作者”称号和全市社会科学先进工作者荣誉。

姚桃，女，1975年2月生，本科学历，中共党员，馆员，党支书记。1992年7月参加工作，曾任邵阳市松坡图书馆副馆长，现任邵阳市少年儿童图书馆党支部书记。分管党的工作、精神文明建设、行政工作等，兼任邵阳市图书馆学会理事。

文海钰，女，1971年3月生，本科学历，中共党员，副馆长。1992年7月参加工作。1992年7月到邵阳市松坡图书馆工作，1995年调邵阳市少年儿童图书馆工作，先后在采编部、辅导部工作等部门工作，任辅导部主任。2007年任邵阳市少儿图书馆副馆长，分管全馆业务工作。

联系方式

地　址：湖南省邵阳市红旗路六岭公园内
邮　编：422000
联系人：周任飞

益阳市图书馆

概述

益阳市图书馆始建于1976年5月，位于益阳市桃花仑长坡路15号。现有馆舍占地面积9.56亩，建筑面积6677平方米，主楼设计为四合式楼梯三层楼房，造型美观，风格独特，是一座"藏、借、阅"一体化的开放式综合大楼，是目前我市较具特色的综合性公共图书馆。馆藏图书报刊及音像资料42.6万(件、册)，持证读者11000余人，2012年，我馆有阅览坐席504个，计算机103台，宽带接入10M，选用ILASII图书馆自动化管理系统。2003年成为湖南省首批全国文化信息资源共享工程市级支中心。馆内业务工作全部实现计算机自动化管理，连续四次被评为国家二级图书馆。

业务建设

截止2012年底，益阳市图书馆总藏量42.6万册(件)，其中，图书23.5万册，过刊5.3万册，过报2.8万册，电子图书10.1万册。

2009、2010年，益阳市图书馆新增藏量购置费30万元，2011年起增至70万元。2009–2012年，共人藏中外文图35540种，73978册，中外文报刊1808种，视听文献0.3万种。2012年，地方文献入藏完整率为96%。截止2012年底.益阳市图书馆数字资源总量为4TB.其中，自建数字资源总量3TB。2003年建立市图书馆共享工程支中心，在此基础上，建好了6个县级支中心和1698个村级基层网点。

读者服务工作

从2011年10月起，益阳市图书馆全年365天天天对外免费开放，周开放68小时。2009–2012年，书刊总流通63.5万人次，书刊外借102.4万册次，为读者提供16次馆际馆互服务，外借书刊流通总人次0.75万人次，书刊外借1.2万册。2010年7月，益阳市政府公开信息整合服务平台益阳分站上线服务。2009–2012年，益阳市图书馆网站访问5.6万次。截止2012年，益阳市图书馆发布使用的数字资源4TB，均可通过益阳市图书馆网站向全市公共图书馆、共享工程基层服务中心提供检索、浏览和下载服务。

2009–2012年，益阳市图书馆共举办讲座、展览、培训、阅读推广等读者活动102场次，参与人数25.8万人次。利用共享工程网络和资源优势走进社区、村组、学校、企业织全市各级支中心、基层服务点面向三农开展的"文化共享惠泽三湘"系列主题服务活动，近年共开展活动120多场次，服务三农2万余人次，2011年益阳市图书馆获全省"文化共享，惠泽三湘"活动一等奖。

业务研究、辅导、协作协调

益阳市图书馆在社区、学校、乡镇、企业已建立61个图书服务点，为加强馆外图书服务点服务，坚持开展送书下乡活动，每年达15次，每年到服务点安排专人开展图书分类、编目等业务辅导7次，每年组织全市公共图书馆、流动服务点的专业技术人员进行业务培训两次以上；每年召开两次以上学会理事会。2009–2012年，益阳市图书馆职工发表论文52篇，发表在国家期刊4篇，发表在省级期刊6篇，其他42篇，益阳市图书馆学会连续10年获市社会科学学会"五讲一创"先进集体；2012被评为红旗学会、湖南省社科普及先进集体。

管理工作

2010年、2012年益阳市图书馆完成两次全员岗位聘任，按需设岗，按岗聘用，执行岗位责任聘任制，共设11个岗位，有20人重新上岗，同时，建立了工作量化考核指标体系，每半年和全年进行总体工作考核。2009–2012年，共抽查文献排架20次，书目数据6次，编写《图书情报界》8期，撰写专项调研、分析报告6篇。

表彰、奖励情况

2009–2012年，益阳市图书馆共获得各种表彰、奖励28次，其中，文化部表彰、奖励2次，省文化厅、省图书馆、省少儿图书馆表彰奖励10次，其他奖励16次。

馆领导介绍

袁宁波，女，1970年10月生，大专学历，中共党员，中级职称，党支部书记、馆长。1989年9月参加工作，历任益阳市图书馆办公室主任、业务流通部主任、副馆长。2010年元月任益阳市图书馆馆长。

李琳，女，1975年8月生，大专学历，中共党员，中级职称。1994年7月参加工作，先后在图书馆综合外借室、阅览室、少儿室等部门工作，2010年元月任益阳市图书馆副馆长。

张亮，男，1976年10月生，本科学历，中共党员，中级职称，副馆长。1998年11月到益阳市图书馆工作，先后在办公室、综合阅览室、少儿室等部门工作，任办公室主任等职，2013年8月任益阳市图书馆副馆长。

未来展望

益阳市图书馆坚持"服务群众、提高文化、保存文献、促进学术"的办馆理念，依托文化信息资源共享工程和益阳市图书馆学会，强化业务合作与交流，完善图书流通服务网络，带动全市公共图书馆事业的整体发展。在未来的几年里图书馆新馆建设将纳入益阳市社会发展总体规划，努力建设一所具有现代发展水平、具有益阳地方特色的"国家一级图书馆"。与此同时我馆的馆藏资源仍然不够丰富，仍需政府加大购书经费的投入，丰富我馆的馆藏类别和数量、满足信息时代群众的读书需求，在推进图书服务现代化、信息化进程中，人才短缺成了制约我馆的发展，未来三年，我馆将完善人才引进机制，提高待遇，促进形成更合理的人才结构，同时，不断完善各项服务，努力创新工作手段，力争把图书馆建设成为全市的文献收藏中心、信息服务中心、教育培训中心，为我市的经济建设和社会发展进步提供更好的服务。

联系方式

地　址：益阳市长坡路15号
邮　编：413000
联系人：罗赛峰

郴州市图书馆

概述

郴州市图书馆前身为县级郴州市图书馆，初创于1957年10月，1995年郴州撤地建市，县级郴州市图书馆更名为北湖区图书馆。2008年，郴州市委、市政府决定整合中心城区文化资源，改造博物馆大楼，成建制上收北湖区图书馆，成立了市图书馆。2009年8月正式向市民开放。馆舍建筑面积6000平方米，阅览坐席300多个，计算机72台。信息节点30个，宽带接入100Mbps，采用Interlib图书馆自动化管理系统。2009年和2013年参加第四、第五次全国公共图书馆评估，均获得地市级二级图书馆。

业务建设

郴州市图书馆年购书经费75万，购进纸质图书3万册、订阅报刊620多种，数字图书4万种。截止2012年底，郴州市图书馆总藏量38.76万册（件），其中，纸质文献22.3万册（件），电子图书16.6万册，电子期刊0.16万种/册，视听文献3245种，地方文献入藏4000册(种)。

郴州市图书馆非常重视现代技术在图书馆的应用。自动化管理系统已升级扩容到100万册。为提高读者自助服务水平，从2011起，智能化服务中取得了长足的进步，建立了自助办证、自助借还、报刊阅读系统，率先在全省实现了所有图书的自助借阅。

读者服务工作

从2009年8月起，郴州市图书馆全年365天天天对外免费开放，周开放56小时。2011年，引进RFID技术，实现了馆藏文献的自助借还、自助办证、报刊自助阅览。积极拓展图书馆的服务空间，延伸服务职能，在社区、军营、监狱等建立12个流动服务站。2009—2012年，书刊总流通145.6万人次，书刊外借90.48万册次。

2009—2012年，郴州市图书馆网站访问量13.1万次。截止2012年，郴州市图书馆有数字资源总量2TB，依托共享工程市级服务中心提供检索、浏览和下载服务13万多人次。

郴州市图书馆认真做好文化信息共享工程资源的利用工作，做好平台的管理、维护工作，积极参加国家、省中心组织开展的各项活动，及时上报各项数据。在知识竞赛和活动中，多次获得国家、省中心的奖励。

2009—2012年，郴州市图书馆共举办讲座、展览、培训、阅读推广等读者活动620场次，参与人数15.14万人次。郴州市图书馆创建了以林邑讲坛、养生讲座等具有地方特色的品牌栏目，打造了“春苗书屋—致力于郴州少年儿童阅读推广”项目，形成了郴州市图书馆阅读推广工作的特色，多次获国家、省级奖励。

业务研究、辅导、协作协调

郴州市图书馆发挥地市级馆的作用，认真传达、贯彻上省学会的工作安排，组织本馆和县馆馆员参加国家图书馆学会、省图书馆学会组织的各种业务学习培训和科研活动，组织开展本市共享工程、业务工作、馆长培训10次。2009—2012年，郴州市图书馆职工发表论文15篇，学术成果奖励13人次。

管理工作

2012年，按人社部门的要求，郴州市图书馆完成了岗位设置，本次聘任共设20类岗位，建立了工作量化考核指标，并按要求实行岗位聘任制。

表彰、奖励情况

2009—2012年，郴州市图书馆共获得各种表彰、奖励39次，其中，中国图书馆学会表彰3次，省文明办表彰1次，省文化厅表彰1次，省图书馆学会表彰、奖励15次，其他奖励19次。

馆领导介绍

李鹏举，男，1964年9月生，大学学历，中共党员，高级政工师，馆长。1988年6月参加工作，历任郴州教育学院政教系讲师、系副主任、主任，2003年3调任郴州市文物处工作，历任副主任、支部书记。2009年3月调任郴州市图书馆馆长（正科级），兼任湖南省图书馆学会理事。

李星，女，1963年4月生，大学学历，中共党员，副研究馆员，副馆长。1981年8月参加工作，1995年起任北湖区图书馆副馆长，2009年11月任郴州市图书馆副馆长，分管业务工作。

朱红翠，女，1968年4月生，专科学历，中共党员，政工师，副馆长。1993年12月参加工作，2001年7月起历任桂阳县图书馆副馆长、馆长。2009年7月调郴州市图书馆工作，2009年11月任副馆长。

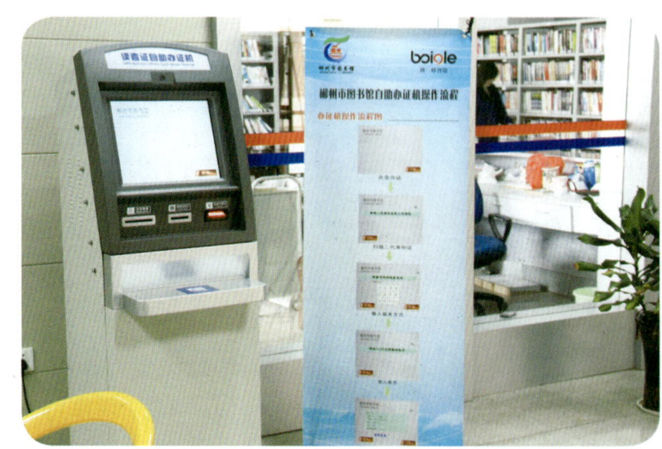

未来展望

郴州市图书馆在建设发展中，认真做好阵地服务服务工作，为市民提供优质服务，实现“零投诉”的目标。注重现代技术在图书馆的应用，加强智能化建设，提高读者自助服务水平。积极打造“春苗书屋”阅读推广项目的品牌建设，致力于未成年人的阅读推广工作，为少年儿童的健康成长做好服务工作。加大社区流动图书站的建设，完善服务功能，扩大服务辐射区域，带动本地区公共文化服务事业发展。

联系方式

地　址：湖南省郴州市博物馆路5号
邮　编：423000
联系人：张秀丽

怀化市图书馆

HUAI HUA TU SHU GUAN

概述

怀化市图书馆于2010年底建成，2011年6月27日正式开馆，位于怀化市城区湖天南路，占地25亩，建筑面积8360平方米，设计藏书容量100万册，有读者阅览座席578个，计算机102台，宽带接入40Mbps，选用清大新洋图书馆自动化管理系统。2013年设立了两个图书流动服务点，同年参加第5次全国公共图书馆评估，获得国家二级图书馆。

业务建设

2011年怀化市图书馆开馆当年的购置经费255万，2012年的购置经费为60万元，截止2012年底，怀化市图书馆总藏量40万册（其中纸质图书15万册，电子读物25万册），共入中外图书45548种，中外文报刊杂志600余种，已开放的窗口有少儿外借室、报刊阅览室、电子阅览室、综合外借室，并在2013年底实现了馆内无线网覆盖。

读者服务

从2011起，怀化市图书馆全年免费开放，周开放时间64小时，2011年至2012年，书刊总流通129945人次，书刊外借113661册次。2011至2013年，分别向怀化市县（区）乡镇小学、福利院、社区、农家书屋等完成6次送书下乡，共计图书3万册。2013年分别在怀化市武警支队鹤城区中队、怀化市武警支队教导大队开设流动书屋。

2011年7月至2013年底，怀化市图书馆共举办讲座、展览、培训、阅读推广等读者活动62场次，参与人数4.175万人次。怀化市图书馆每年参加由湖南省委宣传部、湖南文化厅、湖南省教育厅等8家单位举行的“三湘读书月”系列读书主题活动。

业务研究、辅导、协作协调

2011年7月至2013年底，怀化市图书馆每个季度对怀化全市各公共图书馆进行业务指导，每年主持召开怀化市图书馆学会工作会议。自开馆以来，怀化市图书馆每年开展基层图书馆业务骨干志愿者活动，在各公共图书馆之间开展结对帮扶活动。自2011年以来分别开展了全市图书馆业务知识培训3次及业务知识竞赛2次。2012年，怀化市图书馆对到馆读者进行了阅读问卷调查。2013年，怀化市图书馆对城区小学进行未成年人阅读问卷调查。自2011年以来，怀化市图书馆职工共发表专业论文5篇。

管理工作

2012年，怀化市图书馆实行了全员聘任上岗，并建立了工作量化考核机制，每半年和全年进行工作考核。2011－2013年以来，共完成文献排架27次，书目数据7次。

表彰、奖励情况

2011－2013年，怀化市图书馆共获得各种表彰、奖励13次，其中省级表彰6次，市级表彰、奖励5次，其他奖励2次。

馆领导介绍

孙勇，男，1966年1月出生，大专，中共党员。1986年参加工作，曾在基层文化单位、行政机关及市直文化多个部门工作过，2011年初担任怀化市图书馆馆长至今。

向巧玲，女，汉族，1964年11月生，大专文化，中共党员。1992年4月参加工作，2004年11月，担任怀化市人民影剧院副经理，2006年7月担任怀化市人民影剧院支部书记、经理，2012年调入怀化市图书馆任副馆长，2014年6月，担任市图书馆支部书记。在此期间，曾获得怀化市“巾帼”标兵，怀化市优秀共产党员，湖南省文化厅先进个人，并获二等功等荣誉称号。

姜林，男，中共党员，副研究馆员，副馆长。出生于上世纪六十年代中期，大学学历。1982年参加工作，在会同县团河供销社担任果树栽培技术员，1984年调入会同县图书馆工作，先后从事采编、辅导工作及副馆长，2011年调入怀化市图书馆工作，担任副馆长。

郭燕，女，1976年4月出生，大学学历，1996年在怀化市博物馆工作，2006年8月至2011年6月在怀化市文化局办公室工作，2011年3月调入怀化市图书馆，担任副馆长，分管宣传活动和文化共享工程等业务工作。

未来展望

怀化市图书馆遵循“科学、效率、创新、发展”的办馆方针，进一步强化自身综合实力，逐步完善服务功能，扩大服务区域，推动本地文化事业的发展。在未来的几年里，建立数字图书馆和实现馆际互借。

联系方式

地　址：湖南省怀化市湖天南路怀化市图书馆
邮　编：418000
联系人：姜　林

全民读书月主题活动

世界读书日活动

送书下乡

湘西土家族苗族自治州图书馆

概述

湘西土家族苗族自治州图书馆创建于1956年，1987年在原址撤馆重建，2009年搬迁至吉首市乾州燕子岩路。占地15亩，馆舍建筑面积10700平方米。现有员工33人。在州委、州政府和上级主管部门的关心支持下，经过几代图书馆人的艰苦奋斗，由小到大，逐步发展成为集图书、报刊、电子文献借阅、数字资源服务、特色文献馆藏为一体的全国二级公共图书馆。随着信息化建设步伐的加快，湘西州图书馆逐步实现了图书馆业务的自动化、现代化，成为拥有先进科学技术手段的全州科技文化信息中心和外界了解湘西的重要窗口。

业务建设

湘西土家族苗族自治州图书馆位于吉首市乾州新区人民南路主干线旁的燕子岩路，交通便利、环境优雅。藏书30余万册（含电子图书），报刊1000余种，业务上应用图书馆Interlib自动化管理系统，实现了采访、编目、期刊、流通的自动化管理。书库实行全面开架借阅，设有专门的阅读区域，并安装有专用电脑，让读者在书库借阅过程中，实现实体图书馆与数字图书馆图书资源同步借阅的目标。免费服务窗口设有借书一处，借书二处，综合报刊阅览室，科普阅览室，电子阅览室。业务管理部门设办公室、财务室、参考咨询部、读者服务部、采编部、计算机部、学会办、保安室等。

读者服务工作

湘西自治州图书馆实现全年对外免费开放。读者服务工作突出三个结合：一是实体馆传统服务与数字馆网络服务相结合；二是主体馆阵地优化性服务与社区分馆指导性服务相结合；三是引导式阅读与专题跟踪服务相结合。2013年，书刊总流通18100人次，书刊外借36320册次，建成5个分馆，馆外流通人次17600人次，书刊外借27512册次。共举办讲座、展览、培训、阅读推广、服务宣传等读者活动17场次。为提升免费开放社会服务效应，湘西自治州图书馆联合全州八县市开展免费开放服务品牌创建活动，共享工程基层优秀网点评比工作。不断创新和拓展湘西州图书馆读者服务工作新领域。

业务研究、辅导、协作协调

2009年搬迁至新馆后，湘西土家族苗族自治州图书馆依托现有宽敞的馆舍条件，充分利用文化信息资源共享工程的资源优势，积极开展各类业务知识讲座、培训及各类读者服务活动；积极协调各单位开展书香进学校、进军营、进社区等活动；先后与吉首市四所中小学及武警中队等社区单位合作建立分馆7个。2013年，湘西自治州图书馆共举办各类活动13次，下基层辅导16次，建立科技跟踪服务户服务档案35份。

管理工作

湘西土家族苗族自治州图书馆设有九个部室，其中有五个服务窗口部门，现有在职员工33人。建立了湘西土家族苗族自治州图书馆目标管理考核体系，同时，订立了岗位责任制度、业务规章制度、行政管理规章制度，全年进行总体工作考核。2011–2012年，共抽查文献排架23次，书目数据8次。

表彰、奖励情况

2008–2012年,湘西自治州图书馆共获得各种表彰、奖励7次，其中省文化厅5次、省图书馆1次。其它1次。

馆领导介绍

钟启和，男，1961年12月生，大专学历，中共党员，馆员。1981年7月参加工作，历任共青团泸溪县委副书记、泸溪县文化局局长，1996年4月任湘西自治州图书馆馆长。现为中国图书馆学会会员、湖南省图书馆学会常务理事、中国书法家协会会员、湖南省书法家协会理事、湖南省里耶秦简书法研究会主任。

章小萍，女，1964年3月生，本科学历，中共党员，副研究馆员，副馆长。

康朝晖，男，1968年2月生，本科学历，中共党员，中级职称，副馆长。

赖永昭，男，1975年3月生，大专学历，副馆长。

未来展望

湘西土家族苗族自治州图书馆作为全州设施最完善、功能最齐全、馆藏最丰富、环境最优雅的公共图书馆，将努力为广大人民群众提供更丰富的精神文化滋养，同时，在不断增强自身综合实力的基础上，带动全州公共图书馆事业的整体发展，为湘西经济社会的繁荣发展做出积极贡献。

联系方式

地　址：湖南省吉首市乾州燕子岩路
邮　编：416000
联系人：钟启和

馆领导班子

少儿活动

开放式书库

衡阳市雁峰区图书馆

概述

衡阳市雁峰区图书馆，位于雁峰区欧水岭55号、雁峰区青少年学生校外活动中心内。系衡阳市城区最早成立的、馆藏最丰富、设施最齐全、环境最舒适的县区级公益性图书馆。新馆于2011年年底正式对外开放，总建筑面积近1500平方米，拥有近400个阅览坐席。馆内建有一个面积近200平方米的图书借阅室、一个少儿专用阅览室以及期刊阅览室、电子阅览室、读者交流室等馆室。所有馆藏图书实行计算机自动化管理，全部实行开架式借阅服务。2013年本馆在全国第五次公共图书馆评估定级工作中被评定为县区级二级馆。

业务建设

雁峰区图书馆总藏量15.7836万册，其中纸质文献3.66万册，电子图书12.1236万册。2013、2014年，雁峰区图书馆每年新增图书购置经费10万元，每年入藏中外文图书5000余册，收藏地方文献20多种。截至目前，雁峰区图书馆拥有数字资源总量为6.05TB。

读者服务工作

雁峰区图书馆始终秉承“面向社区、服务社区”的办馆宗旨，竭诚为繁荣社区文化服务，为促进社区精神文明建设服务，为社区青少年儿童思想道德教育和健康成长服务。自新馆正式开放以来，雁峰区图书认真贯彻落实免费开放政策，并实行一周七天全免费开放服务，每周免费开放时间达63小时。自2012年开始，雁峰区图书馆完全实现了读者来馆后一卡通式的服务，每年免费发放读书卡近1000张，每年接待读者近10万人次，书刊外借4.86万册次。同时通过加强对区域内农家书屋的业务指导，提升其服务水平和服务能力，使读书服务真正走进社区，方便大众。雁峰区图书馆还依托青少年活动中心的有利资源，积极开展讲座、展览、培训、阅读推广等形式多样读者活动，2013、2014年共举办各类活动近200场次，收集优秀读者征文近1000篇。自2014年4月开始，雁峰区图书馆与雁峰区手机报合作，推出“每周一新”活动，每周向读者推荐一批新书、好书。通过活动不断扩大图书馆的影响力，在全区范围内营造深厚的读书氛围，为打造“文化雁峰”、“书香雁峰”添砖加瓦。

业务研究、辅导、协作协调

认真开展馆内的业务学习和业务研究，定期组织馆员参加知识竞赛和岗位竞赛活动，不断提升馆员的业务素养。加强与省馆、市馆的沟通与协作，积极参与省、市图书馆组织的课题研究及培训活动。认真做好地方文献的发现与收集工作并及时交市馆、省馆备存。

管理工作

加强制度建设，强化岗位职，制度上墙，管理规范。建立雁峰区图书馆员工量化绩效考评体系，实行绩效工资制度。各岗位分工明确，责任到人。

表彰、奖励情况

自2012年新馆开馆以来，雁峰区图书馆共获得各级各类表彰、奖励15次，其中，上级图书馆表彰、奖励3次，区委、省政府表彰、奖励5次，其他表彰、奖励7次。

馆领导介绍

曾森，男，181年7月生，本科学历，中共党员，中级职称，现任雁峰区图书馆馆长兼雁峰区青少年校外活动中心主任。

李艳，女，1979年12月生，本科学历，中共党员，中级职称，现任雁峰区图书馆副馆长兼雁峰区青少年学生校外活动中心副主任。

未来展望

雁峰区图书馆遵循“公益高效、创新发展”的办馆方针，在完善基本服务功能同时，不断拓展服务平台，扩大服务辐射区域，带动地区文化事业发展。2011–2014年，在不断强化自身综合实力的同时，力争实现图书资源达到20万册目标（其中数字图书15万册）；阅览座位突破600个。继续推进社区服务网点建设，到2015年，实现全区社区图书服务站点全覆盖。加快推进雁峰区图书馆数字化建设进程，利用新馆设备优势，不断充实数字资源，进一步提升雁峰区图书馆的整体服务能力和服务水平。

联系方式

地　址：衡阳市雁峰区欧水岭55号
邮　编：421007
联系人：曾　森

电子阅览室开放

少儿图书室开放

主题讲座

衡阳县图书馆

概述

衡阳县图书馆于1976年11月设立。1986年1月，位于衡阳县西渡镇中心南路12号的新馆建成开放，新馆占地1778平方米，建筑面积1416平方米，设计藏书容量15万册。2010年新增面积160平方米，现累计建筑面积1576平方米。现有干部职工25人（含退休5人）。设有采编室、外借室、阅览室、少儿室、辅导室、共享工程室、电子阅览室、多功能报告厅、办公室等业务部门。

业务建设

截止2012年底，衡阳县图书馆总藏量85603册，其中，纸质文献84935册，电子图书668册。

2009年–2013年，衡阳县图书馆共投入资金112万元，用于维修改造馆舍、添增设备，现拥有电脑42台，空调13台，阅览座席由2009年的51个增加到目前的180个座席，增幅253%。购书经费由2009年的8万元增加到2013年的20万元，增长了150%。年经费由2009年的89.9万元增加到2013年的158.9万元，增长了76.7%。2013年网速流量从4M提高到10M，所有公众任何时间都可免费享受wifi服务。

读者服务工作

衡阳县图书馆实行无间断日免费开放，全馆周开放63小时。2009年–2012年，接待到馆65.8万人次，书刊外借37.6万册次；举办讲座、展览、培训、阅读推广等免费读者活动84次，参与人数达10万余人次。2013年，“欢聚16点”活动全年举办50场次，共4400余人次参与。“阅读百村行”系为农家书屋等基层文化机构开展调研、辅导、送资源、送服务每年服务100个左右村的大型服务活动，到目前为止已辅导26个乡镇101个村，指导排架图书18万余册，受众达3.2万人。同时，已新建台源寺社区分馆1个，配送新书3000余册和书架、阅览桌椅、电脑等设备及业务用具，配备分馆管理员1名。

业务研究、辅导、协作协调

2009年–2012年，衡阳县图书馆员工获省市学会论文奖5篇，服务成果《三管齐下倾力服务新农村建设》获省文化厅金奖、市文化局一等奖，在市文化局（文广新局）举办的业务技能竞赛中该馆已连续四年荣获团体第一名、个人均获一、二等奖。

四年来该馆派出17批次106余人次对德胜村、英南村、伊山村、木田村、油溪村、栗山村、西渡中学等图书馆室协作分编整理图书超过16.3万册。新建流通点11个，四年总共流通30批次，共20089册次。举办基层图书馆室管理员培训班15期，培训710余人次。举办共享工程基层服务点操作人员培训班14期，开展下乡送资源活动405次，受众近4万人次。

管理工作

2009年–2012年，衡阳县图书馆先后修订、完善了《衡阳县图书馆员工显著业绩奖励办法》、《衡阳县图书馆勤绩能考核制度》、《衡阳县图书馆竞争上岗方案》、《衡阳县图书馆信息报送工作制度》等制度，其出勤率、月考成绩、工作业绩与工资挂钩。竞争上岗为每年一次，竞岗采用自愿报名择岗、个人述职、有关考试测评、馆长决定的办法决定岗位人选。

表彰、奖励情况

2009年–2012年，衡阳县图书馆共获得市以上奖项20个，其中，2011年，该馆获省委宣传部、省委农村工作部、省文化厅等五部门授予“全省‘服务农民、服务基层’文化建设先进集体”称号；同年该馆还被评为市图书馆学会2006–2010年“先进会员单位”。2012年被文化部评为“全国文化信息资源共享工程·公共电子阅览室示范点”。2013年该馆和支中心被中宣部、文化部等部门评为“第五届全国服务农民、服务基层文化建设先进集体”。四年来，被《湖南文化》、《衡阳日报》、《新视报》、《衡阳党政门户网》、《衡阳县手机报》、《衡阳县电视台时政频道》、《衡阳县电视台经济生活频道》等多家媒体进行宣传报道68次。

馆领导介绍

刘向阳，男，1962年7月生，大学本科学历，馆员，馆长。1979年10月参加工作，1991年5月任衡阳县图书馆馆长。系湖南省图书馆学会理事、衡阳市图书馆学会副理事长。曾任县十一届人大代表，政协衡阳市第七、八、九届委员，现任衡阳市第十四届人大代表。

易安乾，男，1974年2月生，大专学历，中共党员，三级演员，党支部书记、副馆长。1991年9月参加工作，2009年3月任衡阳县图书馆党支部书记。历任县剧团团长、县图书馆副馆长。

廖冰，女，1966年7月生，大专学历，中共党员，馆员，副馆长。1991年3月参加工作，2004年6月任衡阳县图书馆副馆长。

黄晓娟，女，1977年12月生，大专学历，中共党员，馆员，党支部副书记。1996年10月参加工作，2013年9月任衡阳县图书馆党支部副书记。

王云英，女，1975年5月生，大专学历，中共党员，馆员，副馆长。1994年8月参加工作，2013年12月任衡阳县图书馆副馆长。

熊茗，女，1969年3月生，大专学历，馆员，副馆长。1988年12月参加工作，2013年12月任衡阳县图书馆副馆长。

未来展望

衡阳县图书馆在2009年–2012年里不断强化自身综合实力，提高了服务能力。在未来的几年里，衡阳县图书馆将进行服务系统提质改造，美化优化阅读环境，实行计算机自动化管理，建立地方特色数据库（含《船山全书》、《琼瑶全集》等），继续做大做强“欢聚16点”、“阅读百村行”两大服务品牌，拟建乡镇分馆5个，实现总馆与分馆建设模式，促进城乡公益文化服务均等化。

联系方式

地　址：湖南省衡阳县西渡镇中心南路12号
邮　编：421200
联系人：刘向阳

南县图书馆

概述

南县图书馆始建于1921年，时任县长李况松在赤松亭筹建图书馆。同年，黄少谷、曾习孔、樊特连等以县驻省学友会名义，向县参议会请求成立南县图书阅览室，先设官正街，后迁老正街。1929年，南县在省教育厅资助下，成立了南县民众图书馆，正式任命高孔五为馆长。1938年，并入民众教育馆，已具规模，藏书2万余册。1943年，日寇犯境，南县沦陷，馆舍遭焚，图书、设施损失殆尽。至南县解放时，只剩藏书1200多册。建国初，县文化馆设图书室担负图书借阅工作。1956年5月，正式成立南县图书馆，并定为全省第一批重点发展的图书馆。藏书已达5万册。十年内乱中，藏书又遭洗劫。1976年，恢复南县图书馆时，仅存图书2800余册。党的十一届三中全会以后，拨乱反正，正本清源，南县图书馆焕发出勃勃生机。1979年，在南县南洲镇南洲东路新建了占地800平方米的三层新馆。1989年，修建了后栋三层书库。至此，南县图书馆走上了正规化发展道路，综合外借室、综合阅览室、少儿借阅室、书库、办公室及业务用房已配套齐全。

2008年南县图书馆成为全省第一批标准化建设的全国文化信息资源共享工程县级支中心，新增多媒体室、中心机房、电子阅览室，拥有电脑30多台，全面使用图书馆自动化管理系统，2011年建成南县图书馆网站，开展网上服务，使南县图书馆步入了现代化、网络化、信息化管理时代。1994年经国家文化部考评，定为国家三级图书馆。2009年、2013年评定为国家二级图书馆。连续多年被评为全省“红读活动”先进单位，省“三湘读书月”活动优秀组织单位。

业务建设

截至2013年止，南县图书馆已拥有藏书近8万册，数字资源1.5TB，工作人员10人，每周开放7天，实行开架全免费借阅，累计发放借书证近万个。年均接待读者5万多人次，外借书刊4万多册次，接待咨询300多人次。

2009年起用Interlib图书馆集群管理系统。2011年建成南县图书馆网站，2012年，实现馆内免费无线网络覆盖。

读者服务工作

自2011年起南县图书馆对外免费服务，免费开放的服务窗口有综合外借室、综合阅览室、少儿借阅室、地方资料室、电子阅览室、多媒体室，每周开放56小时。开架书刊为总藏量90%以上。2012年全年外借文献57800册次。

2012年全年开展书刊宣传达400种以上。每年编印《致富信息》1–2期，为了给广大读者提供国家有关政策信息、行业信息、市场信息，2012年全年开展各类咨询328人次。

业务研究、辅导、协作协调

近年来南县图书馆积极开展协作协调，资源共建共享，每年向省、市馆提供南县地方资料10多种，与省馆年年签订了资源共享协议。先后与省馆签订《湖南省图书馆文献联合编目协作协议书》，与周边地区馆签订了《益阳地区图书馆Interlib文献联合编目协作协议书》。积极参加洞庭湖区协作年会，多篇论文获奖。

2012年结合农家书屋建设编制了《南县图书馆服务网络建设规划》，至2012年底全县80%以上的街道、乡镇、社区、村建立了图书室，其中100%的村、乡镇建立了图书室，50%的街道、社区建立了图书室。

近年来，南县图书馆结合农家书屋建设，有计划的开展业务辅导工作，每年对全县重点农家书屋进行了上门辅导，结合基层文化站建设，每年开展2次集中业务培训。

管理工作

南县作为全省文化体制改革试点县，根据中央、省、市、县各级领导指示的要求，全面开展南县图书馆内部用人制度、收入分配制度和社会保障制度改革试点。2010年进行了全馆定员定岗，实行了全员聘用制。完善了各项管理制度。

表彰、奖励情况

近几年来，南县图书馆得到了省、市、县各项表彰、奖励。连续多年被市、县局评为目标管理考核先进单位、优秀党支部、先进单位。多次参加省市各类活动并多次获个人奖项和省市组织奖。

馆领导介绍

蒋学军，男，1969年7月生，本科学历，中共党员，图书馆馆员，馆长。1987年10月参加工作，历任南县文化旅游局办公室主任，2009年10月起任南县图书馆馆长兼党支部书记。

石新田，男，1962年7月生，大专学历，中共党员，馆员，副馆长。1980年10月参加工作，2006年10月起任南县图书馆副馆长。

段德意，男，1972年10月生，大专学历，中共党员，馆员，副馆长。1990年6月参加工作，2010年10月任图书馆副馆长。

未来展望

南县图书馆作为公益性的文化事业单位，本着坚持为社会主义服务，为人民服务的方向，遵奉“读者至上、服务第一”的原则，积极开展书刊外借、阅览、参考咨询、文献检索、专题服务、系列讲座、社会教育等多种形式的免费服务，为全县人民提供精神食粮，成为广大读者喜爱的获取知识信息、阅读休闲的理想场所。

2014年，南县文化活动中心工程即将启动，在未来的几年里，南县图书馆将在县城城南路南县文化活动中心按高标准的新建一座新馆舍。主要指标达到国家一级图书馆的基本标准。

联系方式

地　址：湖南省南县南洲镇南洲东路343号
邮　编：413200
联系人：蒋学军

衡山县图书馆

概述

衡山县图书馆座落于环境优雅、风景秀美、人杰地灵的先农小区内，创建于民国11年夏，历史悠久、雄厚的文化底蕴，奠定了图书馆事业光辉灿烂的未来。2005年，衡山县图书馆在县委和政府的高度重视下，选址县城先农小区建成新馆，总面积为1811平方米，可容纳读者座位750个，计算机50台，专线接入光纤10兆，服务器存储容量6以上；2007年衡山图书馆成为全国文化信息资源共享试点单位，按照文化部、财政部[2011]5号文件，《文化部 财政部关于推进全国美术馆、公共图书馆、文化馆（站）免费开放的工作意见》的精神，2011年10月向全体公众实行免费开放。2013年参加全国公共图书馆第五次评估，获得国家二级图书馆称号，于本年10月正式授牌。

业务建设

1、截止2013年底，衡山图书馆现有总藏书107674册，其中少儿文献18200册，过期合订本9071册，古籍线装图书2633册，对外开架84932册。

2、馆内与省图书馆签订了数字资源共享协议，电子阅览室可提供海量数字资源供读者查找资料，每年接受国图赠送数字资源200余份，2012—2013年购置电子图书650册，馆内现藏电子资源1600件。

3、2013年购书经费10万元，入藏图书3700余册、2900余种，合人民币8.6万元，报刊年入藏85种、杂志79种，视听文献年入藏量320余种，地方文献入藏完整率95%。

读者服务工作

1、馆内每周开馆时间56小时以上，书刊文献开价比率80%以上，馆藏利用率为75%，馆藏书刊文献年外借率为70%，书刊文献年外借册次10万册以上；馆外流动服务点5个，2012—2013年总流通18.8379万人次，书刊外借19.8735万册次，人均年到馆次数20次以上。

2、参考咨询服务，近几年，为县电视台《深入基层大走访》栏目提供地方资料服务、为史志办编辑《衡山县志》提供资料、为衡山县文化馆申报世界文化遗产提供了大量的地方文献资料；为衡全县科技示范户提供各种图文、视听科技信息资料；为社会公众提供数字资源服务。

3、2012—2013年举办科普知识讲座15次、展览活动3次、阅读推广活动6次，利用4.23世界读书日、图书馆服务宣传周、全民读书月积极开展形式多样的读书活动，共计接得4.5万人次。从2012年起，为本县“两会”提供服务，为社会大众提供了大量的政务信息服务，根据馆内读者问卷调查，读者满意率达96%以上。衡山县图书馆共享工程分支中心，面向广大读者、市民朋友免费提供检索、浏览、视频点播、下载等服务。

业务研究、辅导、协作性调

2012年指导衡山二中图书馆、白果镇群英图书室、萱洲图书室分类编目、排架等业务工作，对全县17个乡镇325家农家书屋进行了业务指导；参与福田乡白云村、岭坡、开云镇等社区图书室的建设，并进行现场业务指导，截止2013年底馆员共计下乡290人次，目前已在全县建立了以衡山县图书馆为中心的乡镇、社区、村、各中小学为一体的协作协调网络，实行馆际互借，各社区图书室实行网点式服务。2011—2013年对农家书屋及各中小学校业务辅导26次，主办农家书屋管理员业务培训6期，195课时，576人次接受培训。

管理工作

2011—2012年，衡山县图书馆就实行岗位设置管理，按需设岗、竞争上岗、有16人通过考核，一线服务窗口设立岗位责任制，并建立量化考核指标体系，由一名班子成员负责窗口日常主要工作。财务管理方面，设有会计岗位，有由助师职称的专业人员担任，馆内设有总账、明细分类账、往来账、现金账、银行帐，做到了账账相符，账务相符，及时准确地搞好馆内的财务清理和核算工作；馆内设备、物资管理有制度、有档案，做到账、卡相符；设施维护良好；馆内有消防、保卫制度，并装有灭火器、防盗门窗、监控等保卫设施。2013年共计抽查文献排架12次。

表彰、奖励情况

2010年荣获衡阳市少年儿童“迎世博、迎亚运、讲文明、树新风”文明礼仪知识竞赛三等奖；2011年荣获衡阳市少儿红色经典读书活动组织奖，选送节目《少年英雄王二小》获金奖；2012获衡山县《政风行风》建设示范窗口，征文荣获中图学会三等奖；2013年荣获全省少年儿童“中国梦·我的梦”系列读书活动“阅读活动奖”，多次获衡山县宣传系统先进单位。

馆领导介绍

谭长青，女，1969年11月生，大专学历，中共党员，中级职称，馆长。1995年4月参加工作，1995年—1996年任衡山新场市文化专干、文化站长。1997年—2003年任永和乡文化站站长；2004年调衡山县图书馆工作，任副馆长；先后在采编室、地方文献室工作，2011年5月任衡山图书馆馆长，主持全面工作至今。1996年荣获衡山县宣传系统“优秀文化专干”，先后6次获衡山县人民政府嘉奖；2013年荣获衡山县“勤廉榜样”光荣称号。

廖俊琦，男，1971年9月生，大专学历，中共党员，现任图书馆支部书记。1989年3月参加工作，2002年—2004年任新桥镇文化站长，2005年—2012年3月在文广新局工作，2012年3月至今在衡山县图书馆工作。2004年荣获衡山县人民政府“先进个人”光荣称号，4次获衡山县人民政府嘉奖，2010年获宣传系统“先进工作者”光荣称号。

未来展望

今后，衡山图书馆将继续认真贯彻党的十八大会议精神，积极落实县委县政府的各项指示，在县文广新局直接领导下，将我馆建设成为与本地区经济社会协同发展的城市图书馆，使图书馆的职能不再局限于基本的借还工作，指导读者检索，教导读者掌握寻找和搜集资料的基本技能，使读者具有利用文献资源的能力，成为图书馆新的职能所在；我馆还将为读者提供视听服务，使读者利用图书馆资源的方式更加丰富。另外，衡山图书馆一向以发挥社会职能见长，将通过各种读者活动，讲座，培训，吸引更多的读者，为市民提供更加丰富、便捷、优质的文化服务，以服务社会为宗旨，以资源建设为保障，以改革创新为动力，加快图书馆数字化、网络化、现代化建设进程，为我县文化事业的繁荣添砖加瓦。

祁东县图书馆

概述

祁东县图书馆初创于1976年3月，当时租借县文化馆的办公楼办公，1986年10月1日，位于祁东县洪桥镇沿江东路111号的新馆建成开放。新馆占地面积848平方米，建筑面积1672.5平方米，设计藏书容量为50万册，可容纳读者座位500个。1998年参加第二次全国公共图书馆评估，首次获得国家二级图书馆。2013年，第五次全国公共图书馆评估，继续获得国家二级图书馆。图书馆现有阅览坐席240个，计算机35台，专线接入Mbps10兆的局域网，存储容量达6TB。我馆还与深圳市科图自动化新技术应用公司签订协议，购买了8个服务端口，使用ILass图书馆业务自动化管理系统。

业务建设

截止2013年年底，祁东县图书馆总藏书量为16.5万余册，其中纸质文献15.5万余册，电子文献1万余册。2009年购书经费为10万元，2010年、2011年为15万元，2012年、2013年为18万元。2013年入藏图书4000种、5000余册，报刊230种，视听文献30件，电子图书6000种，收集地方文献45种、60册，完整率为97%。

2012年，更换了图书馆藏书库的所有书架、阅览室里的桌椅板凳、电子阅览室里的桌椅和职工的办公桌椅。安装了8个视频监控点，对全馆实施了电子监控系统。收回了所有的出租场地，增加了图书馆的使用空间。2012年5月份圆满完成了图书数字化系统升级工作，启用新型感应式IC卡借阅证，实行了借阅服务一卡通管理。

读者服务工作

从2011年1月起，祁东县图书馆实行全免费开放，每周全七天开放，周开放时间56小时以上。书刊文献60%以上全开架，馆藏文献外借率达70%，持证读者每年人均外借10册以上，馆外流动服务点书刊每年借阅达2000册次。读者每年每人到馆至少25次。2009年—2013年，祁东县图书馆共举办讲座、展览、培训、阅读推广等读者活动100多场次，参与人数达6万余人。我馆为特殊群体服务工作做得很有特色，每年为残疾读者赠送借阅证，并根据他们需要送书上门。对进城务工人员进行登记造册，为他们购买所需图书。多次开展“小书包·大爱心——关爱留守儿童”活动。

业务研究、辅导、协作协调工作

2009—2013年，全县街道、乡镇、社区、村图书馆室达40%以上参与了服务网络建设。现有正常基层馆室198个，总藏书109.9万余册；厂矿、机关、社区16个，藏书12.7万余册。自2009年以来，全县新建馆室53个，藏书14.4万余册，借阅人次32.2万人次、66.5万册次。其中，农村新建43个，藏书10.1万余册；机关3个，藏书8千余册；学校7个，藏书34.9万余册。农家书屋总计876个，其中2012年256个。

2009—2013年，全馆职工在省级和国家级刊物上发表并获奖的文章有12篇，其中邹勤俭同志《一次奇特的办证经历》获2012年省图书馆学会征文竞赛一等奖，并在省图书馆年会上作典型发言。他的论文《基层图书馆关爱农村留守妇女初探》获中图学会二等奖。

从2009年起，祁东县图书馆组织举办业务培训10次，为学校、机关、社区、农村文化专干和管理员培训共计250人次。

管理与表彰

2009年起，祁东县图书馆每年重新修订和健全馆内各项目标管理岗位责任制和各项规章制度，实行岗位聘用制，签订职工岗位责任状，年终进行认真考核，并奖惩兑现。在馆内开展敬业守法、文明服务的职业道德教育活动，建立岗位“阳光台”等监督机制。2012年，我馆开展了志愿者管理活动，吸纳志愿者参与图书馆工作，并对他们进行科学的管理。

自2009年以来，我馆共获得国家、省、市级各类奖励106个，其中获得国家级8个、省级28个，市级70个。

馆领导简介

肖艳丽，女，1969年10月生，大专学历，中共党员，馆员，馆长兼支部书记。1988年12月参加工作，在河洲镇文化站任文化辅导员，1993年7月调入县图书馆。2004年3月任图书馆副馆长，主管业务工作。2009年3月至现在任图书馆馆长、支部书记。2012年当选为中共祁东县委党代表。

李康，男，1968年6月生，大专学历，中共党员，馆员，副馆长。1989年1月参加工作，任白里市镇文化站文化辅导员。1991年9月调入县图书馆。2006年3月任图书馆工会主席，2009年3月任图书馆副馆长，主管业务和财政工作。

李向东，男，1965年2月生，中专学历，中共党员，馆员，副馆长。1986年8月参加工作，任新桥头乡文化站文化专干。1995年—2013年7月任金桥镇文化站站长，2013年8月调入图书馆任副馆长，主管政工工作。

周小科，男，1980年12月生，大学学历，中共党员，馆员，工会主席。1999年9月参加工作，在双桥镇育英完小任教师。2004年10月—2006年7月借调于白地市镇党政办公室任文秘人员。2006年10月调入县图书馆。2009年3月任工会主席。

未来展望

祁东县图书馆遵循“读者至上，服务第一”的服务宗旨，在不断强化自身综合实力的同时，更要加大与省市县公共图书馆及高校馆的联系与交流，力争在资源共建共享、协作协调上形成良好的合作互补关系。2013年，祁东县已规划了新馆建设方案，将在县开发区新建一座占地面积15亩的新馆舍，建成后的县图书馆要达到国家一级图书馆的标准。

联系方式

地　址：祁东县洪桥镇沿江东路111号
邮　编：421600
联系人：肖艳丽

邵阳市松坡图书馆

概述

邵阳市松坡图书馆始建于上世纪三十年代，当时是为纪念先贤蔡锷（字松坡）先生，激励后人的爱国热情，由邵阳各界知名人士募捐而建的一座民办图书馆，为当时湖南三大民办图书馆（中山、船山、松坡）之一。在海内外享有很高声誉。当时中国有一南一北两个松坡图书馆，南松坡图书馆即现在的邵阳市松坡图书馆而北松坡图书馆逐演变为国家图书馆。早在1951年毛泽东主席曾亲笔批示："特仿邵阳松坡图书馆列为一等图书馆"，后因种种原因一直没有落实到位，而邵阳松坡图书馆因特殊原因曾闭馆多年。党的十一届三中全会以后，海内外名流及社会各界纷纷上书中央有关部门要求恢复松坡图书馆。1986年中共湖南省委、省人民政府、湖南省军区共同行文报请中共中央、国务院和中央军委批准，恢复了松坡图书馆，并将原邵阳市图书馆与松坡图书馆合并定名为邵阳市松坡图书馆。1995年中央和省、市财政共同出资，新建了松坡图书馆阅览藏书楼。新楼后面的松坡图书馆旧址被确定为市级文物保护单位，仍为图书馆管理，并设立了松坡纪念馆和国防教育展览馆，做为邵阳市爱国主义教育基地。2013年参加第五次全国公共图书馆评估获得二级图书馆。

业务建设

2012年财政拨款较上年度大幅增加。邵阳市松坡图书馆购书专项经费34万元，在财政预算中属单列项目，保证了专款专用。

截止2012年底，邵阳市松坡图书馆总藏量为41.1858万册，其中，古籍41254册，电子文献藏量538种，2012年新增藏量4120种，5285册，期刊248种，报纸168种，视听文献入藏236种。该馆非常重视具有本土特色地方文献的采集和收藏，有专人管理和专门的部门，每年安排一定经费。目前有地方文献2743种，3886册。

在数字化建设方面，邵阳市松坡图书馆现有的中文图书和地方文献采编编目、期刊管理、流通管理全部使用Interlib系统，基本建成馆内局域网和文献数据库。

读者服务工作

从2011年10月起，实行全年365天，天天对外免费开放，每周开放时间达到70小时。读者可以直接到书库挑选图书，开架率达100%，2012年接待读者10万余人次，外借图书20万余册次，解答各类咨询200余人次。截止2012年底，建立流通服务点8个，每半年更换一次图书，每次800册。

近年来，松坡图书馆依托重大节日、纪念日开展一系列的读者活动。如：每年的世界读书日、图书宣传周、全民读书月、元宵灯谜会、建党九十周年、免费开放启动仪式等等，并与"美大心理咨询"开展每月一次的心理讲座，都吸引了许多读者，取得了显著的社会效益。读者满意率在95%以上，并大力加强美术宣传推广活动，搜集美术作品千余件。

业务研究、辅导、协作协调

2009−2012年邵阳市松坡图书馆共编印《邵阳图书馆工作》16期，职工发表论文5篇，李洁同志参与了《魏源故里乡土文化丛谈》一书的编辑工作。

加强与发达地区兄弟图书馆的沟通与合作，加强对本地区公共图书馆、中小学图书馆、乡镇文化站、农家书屋的业务辅导。近年来，举办了多次业务培训班，在一定程度上提高了基层图书馆工作人员的管理水平和业务能力，促进了基层图书馆（室）的业务建设。2010年以来，邵阳市松坡图书馆组织召开了3次邵阳市图书馆学会会议，共同研讨邵阳图书馆的发展大计。与各高校图书馆开展了数字化图书馆建设的课题研究，以此来推动公共图书馆数字化建设步伐。

管理工作

邵阳市松坡图书馆在硬件设施不断改善的基础上，狠抓馆里的日常管理工作。制定了《图书馆岗位目标管理工作细则》、《图书馆发展规划》等一系列规章制度。并以此来规范服务行为，达到"人人有责任，事事有程序"的工作标准。

表彰、奖励情况

2009−2012年，邵阳市松坡图书馆连续三年被市文化系统评为"目标管理先进单位"、有两人被市社科联评为先进个人、有两人次被市文化系统评为优秀党员、五人次被评学会先进个人和优秀学会工作者。

馆领导介绍

金国辉，男，1972年6月生，本科学历，馆员，馆长。

夏建华，男，1965年4月生，本科学历，中共党员，政工师，党支部书记。

李洁，女，1970年11月生，本科学历，中共党员，副研究馆员，副馆长。

伍伟伟，1978年7月生，本科学历，中共党员，馆员，副馆长。

未来展望

邵阳市松坡图书馆历史悠久，古籍和地方文献藏书是本馆的一大特色。古籍特藏室有明、清以来的古籍线装书近四万册，其中有二十五种（共二百多册）列为国家级善本，有的还是海内外孤本。本馆还藏有具有较高史料价值的地方文献上千种。

未来的几年里，邵阳市松坡图书馆会在现有的馆舍基础上，在位于邵阳大道上的文化大院内新建一座面积为8000平米的馆舍。全面建成后，邵阳市松坡图书馆将由市区红旗路的老馆舍、文化大院的新馆舍两部分组成，总面积将达到1万2千平米，能够提供全覆盖、不间断、无时空限制的数字文献远程和移动服务，能够支撑保障邵阳地区公共图书馆服务体系良好运行的文献与技术能力。

邵阳市松坡图书馆坚持为社会主义服务，为人民服务的方向。遵奉"读者第一"，"服务至上"的宗旨。努力为社会主义精神文明和物质文明建设作贡献。

联系方式

地　址：湖南省邵阳市红旗路256号
邮　编：422000
联系人：伍伟伟

邵阳市双清区图书馆

概述

双清区图书馆于1998年创区以来正式成立，近年来，双清区区委、区政府高度重视图书馆事业，把图书馆建设作为区域文化事业发展的重要内容，2009年双清区区委、区政府将原塔北小学划拨给区文体局做为双清区文化馆、图书馆建设用地，解决了图书馆无馆舍的问题。随着区域经济的快速发展，双清区财政对图书馆事业建设的投入达120余万元。2011年图书馆搬迁到原塔北小学后，馆舍面积增加到2217平方米。其中包括办公室、图书室、图书阅览室、电子阅览室、主控机房、多媒体室、会议室、保安室、美术书法室等。现有成人阅览座席64个，儿童阅览席24个。用于服务读者的电脑25台，办公电脑6台，摄像机、照相机、电视机、投影仪各一台（件），宽带网络全部接通，双清区图书馆选用文津图书馆自动化管理系统，它包括采编、编目、典藏、流通、期刊、读者检索等自动化管理。

业务建设

截止2012年底，双清区图书馆总藏量2万余册（件），其中，纸质文献2万册（件），电子图书1000册，每年购买报刊种类60余种。图书馆工作涉及面广，业务量大。为了满足不同层次读者的精神文化需求，双清区图书馆把搜集整理、收藏和流通图书资料放在首位，贯穿于工作之中。2011年新馆落成后，区财政在非常困难的情况下，每年都安排一定的资金购置书刊和图书，每年新增图书3000余册。书刊进馆后，双清区图书馆都按照《中图法》有关章节的内容进行分类标引，使用《普通图书著录规则》进行著录、登记、建账建卡。经自查，馆内图书标引误差率、图书著录误差率分别控制在了3%以内，目录组织误差率、闭架图书排架误差率、开架图书排架误差率均控制在3%以内。

读者服务工作

双清区图书馆始终把读者服务、读者活动、对外宣传、业务研究和对基层的辅导作为重中之重，狠抓了落实工作，取得了较好成绩。一是全民读书日、图书月活动，每年举办各类读者活动5–8次，开展专题读者活动3–5次。二是双清区图书馆心系读者，站在读者立场上，实行全年免费开放、开架自助借阅、免费上网、取消办证工本费等便民服务。利用网络开展图书推介和宣传，定期推荐好书、新碟以及专题书目，创新图书馆导读和服务的方式；向读者推荐新书并做好预借、续借、导读工作；自2011年10月起，双清区图书馆全年365天天天对外免费开放，周开放79小时，方便读者阅读图书，查阅资料等。2009–2012年，书刊总流通8万人次，书刊外借7.6万册次。近年来，双清区图书馆建起了卫星地面接收设备；建办起了24个席位的电子阅览室。在运行过程中，双清区图书馆力求做到规范管理，免费为读者提供服务。

管理工作

双清区图书馆把干好本职工作、促进事业发展、服务社会大众作为重要任务，在管理上求规范，气氛上求和谐，作风上求垂范，服务上求实效，全馆上下团结拼搏，自我加压，开拓创新，出现了干实事、求实效的工作局面。一是在人事管理上通过职能调查摸底，制定了图书馆管理聘用工作实施方案，根据单位内部工作岗位需求，公开招聘，竞争上岗，和每个职工签定了聘用协议，实行岗位绩效责酬挂钩，极大的调动了全体职工工作的积极性。二是建立健全了学习制度、工作制度、考勤制度、服务准则和绩效考核制度。三是聘用了保安人员，购置了安防设施，加强了安全管理。四是规范工作行为，优化工作环境。在馆内大力提倡微笑多一点、行动快一点、做事早一点、说话柔一点、理由少一点、脾气小一点、胆量大一点、质量好一点、效率高一点的十点工作法，进一步强化了服务学识。

馆领导介绍

刘人铭，女，1987年9月生，大学本科学历，馆长。

姚秋实，男，1983年11月生，大学本科学历，中共党员，副馆长。

未来展望

随着新馆的投入使用，双清区图书馆将以崭新的姿态迎接新的挑战。在今后的工作中，将与时俱进，不断完善检索系统，加强参考咨询服务，整合特色资源，拓展服务领域，最大限度地发掘和利用文献资源，逐步形成具有地方特色的服务模式和服务品牌。今后，双清区图书馆还将推出特色讲座活动，进行乡土教育、爱国主义教育，以此弘扬优秀传统文化，满足广大读者的文化需求。

联系方式

地　址：邵阳市双清区塔北路双清区图书馆
邮　编：422000
联系人：刘人铭

全民读书月活动

免费开放书画交流

双清区图书馆外景

邵阳市大祥区图书馆

概述

邵阳市大祥区图书馆成立于2009年，属大祥区文化体育局的二级事业机构，定编5人，属全额财政拨款事业单位。馆舍正式建成于2010年8月，2011年11月正式对外免费开放。馆舍建筑面积1500平方米，设计藏书容量15万册，阅览坐席300多座，其中少儿阅览室坐席30座，计算机共80台。设有电子阅览室、综合外借室、书报刊阅览室、古籍室、多功能培训室、办公室。现电子阅览室拥有计算机74台，宽带接入10兆。图书馆2013年首次参加第五次全国公共图书馆评估定级，评为二级图书馆。

业务建设

大祥区是1997年区划调整时建立的新区，因条件有限，区内没有图书馆，也没有图书管理机构。后经各方努力，区政府常务会于2010年8月6日研究决定：划拨大祥区青少年活动中心四、五层给区图书馆使用。2010年11月，价值60多万元的文化共享设备在图书馆安装并调试完成，同时开通了10兆光纤。截至2014年7月，区图书馆总藏书量为10万余册，其中盲文图书1000册，视听文献2900件，报纸期刊150种以上。现已编目，登记在册，并有专人管理。2013年购买Interlib区域图书馆集群自动化管理系统V2.0，实现了管理自动化。

读者服务工作

根据文财务发〔2011〕5号件《文化部财政部关于推进全国美术馆、公共图书馆、文化馆（站）免费开放工作实施意见》和省、市公共图书馆、文化馆（站）免费开放的工作要求，我区图书馆于2011年11月22日启动了“二馆一站”免费开放仪式，正式对外免费开放。区图书馆免费开放场地有书刊借阅服务、信息查询服务、上网服务、基层业务辅导，延伸性服务功能有：公益性讲座、公益性电影、送书上门、辅助性服务等。图书馆自免费开放以来，共接待电子阅览人员近2万人，举办各类讲座和培训36次，放映周末公益电影120多场次。

区图书馆免费开放以来，每周一至周五的工作时间都正常开馆，周六、周日上午从8点–12点为开馆时间。书刊文献开架达80%以上，对外借书3.6万余册，馆外流动点的借阅约2万余册。我馆经常开展各种宣传活动，为政府机关决策服务，为本地区重点教育、科研和企事业单位服务，为特殊群体服务，以及社会公众提供专题服务等。我馆网站建设与服务到位，每年举办多次讲座、培训、图书展览、全民读书、宣传等活动12次，参加活动人数达3万人以上，受到广大群众的好评。

业务研究、辅导、协作协调

为了充分发挥基层图书室和文化共享工程基层点的文化传播和社会教育功能，区图书馆开展了基层文化业务的培训工作，对全区14个乡镇、街道办事处图书室及79个村和机关、学校进行了深入调研，了解各个图书室的基本概况。在调研辅导过程中，区图书馆工作人员对不完善的图书室进行了业务上的指导，帮助他们建立、健全图书室的借阅及管理制度；对图书室在分类、编目、排架、借阅等业务工作中存在的问题给予及时指导，规范了图书管理，方便读者借阅。图书馆针对中小学校图书不齐全的现状，与12所中小学校结对子，开展红旗流动图书点活动，与学校签订免费借书协议，将中小学生喜爱的图书定期送到中小学校图书室，让图书馆的书流动起来，满足广大中小学生的需求。同时以此为契机，向社区图书室及村农家书屋推广，打造区域图书借阅系统，可在大祥区内已加入区域图书借阅系统的所有社区、村、中小学校图书室免费借阅。

为了加强和规范乡镇综合文化站和基层文化基础建设，提升农家书屋管理水平，区图书馆工作人员深入各乡镇及街道办事处文化站，对乡镇、街道文化站图书室分编及流通工作业务进行辅导，帮助建设规范图书室93个，培训基层图书管理员112名。

管理工作

区图书馆用制度来管理人、约束人。实行制度上墙，做到了岗位到人，责任到人，奖惩到人。我馆建有岗位责任制度、财务管理制度、人事管理制度、安全保卫制度等。

馆领导介绍

张昊，女，1978年12月生，大专文化。1996年参加工作，区文体局副局长兼区图书馆馆长。

未来展望

图书馆遵循“科学、创新、发展”的办馆方针，将继续做好图书馆免费开放工作，加大地方文献投入，狠抓地方文献收集工作，完善区域图书借阅系统，充分发挥图书服务育人的积极作用，使图书馆更好地服务于教育，服务于社会，服务于广大民众。

联系方式

地　址：邵阳市大祥区马蹄路20号
邮　编：422000
联系人：张曌昊

报纸期刊借阅室

电子阅览室

多功能培训室

邵阳市北塔区图书馆

概述

邵阳市北塔区图书馆成立于2010年，属北塔区文化体育局的二级事业机构，原设址在区教育局的青少年活动中心二楼，2014年7月搬迁至“北塔区文化艺术中心”办公。图书馆现占地8亩，建筑面积2000平方米，设计藏书量10万册，可容纳读者座位170个，设有图书阅览室，电子阅览室，图书藏书室和办公室。现电子阅览室拥有计算机30台，宽带接入10兆。2013年首次参加第五次全国公共图书馆评估定级，评为二级图书馆。

业务建设

北塔区是1997年区划调整时建立的新区，因条件有限，区内没有图书馆，也没有图书管理机构。后经各方努力，区政府常务会于2010年8月30日研究决定：1、划拨青少年活动中心二楼给区文体局做图书馆使用；2、图书馆定编2名，由区文化馆调剂，区编办再办理有关手续。

2010年11月，价值60多万元的设备在图书馆安装并调试完成，同时开通了10兆光纤。截至2014年7月，区图书馆总藏书量为3.5万余册，其中电子文献为100种以上。现已编目，登记在册，并有专人管理。

读者服务工作

根据文财务发〔2011〕5号件《文化部财政部关于推进全国美术馆、公共图书馆、文化馆（站）免费开放工作实施意见》和省、市公共图书馆、文化馆（站）免费开放的工作要求，我区图书馆于2011年9月20日启动了“二馆一站”免费开放仪式，正式对外免费开放。免费开放场地有电子阅览室、图书阅览室，免费开放的项目有免费办理借书证、电子阅览证和寄存包服务，免费享受区图书馆举办的各类知识讲座和培训。图书馆自免费开放以来，共接待电子阅览人员近2万人，举办各类讲座和培训20次。

区图书馆免费开放以来，每周一至周五的工作时间都正常开馆，周六、周日上午从8点–12点为开馆时间。书刊文献开架达70%以上，对外借书3万余册，借书率达50%，馆外流动点的借阅约1万余册。我馆经常开展各种宣传活动，为政府机关决策服务、为本地区重点教育、科研和企事业单位服务，为特殊群体服务，以及社会公众提供专题服务等。我馆网站建设与服务到位，每年举办多次讲座、培训、图书展览、全民读书、宣传等活动，参加活动人数达2万人以上，受到广大群众的好评。

业务研究、辅导、协作协调

区图书馆员工2010–2013年共撰写各类调研文章五篇，并开展基层文化业务的培训工作，对全区20个社区、36个村和三个工区、机关、学校进行了深入调研，了解各个图书室的基本概况，并加以业务培训。

在调研辅导过程中，区图书馆工作人员对不完善的图书室进行了业务上的指导，帮助他们建立、健全图书室的借阅及管理制度；对图书室在分类、编目、排架、借阅等业务工作中存在的问题给予及时指导，规范了图书管理，方便读者借阅。图书馆还针对有文献需求的图书室建立了图书流动服务网点，定期为他们免费送书，以补充他们文献资源上的不足，满足读者的需求。

为了加强和规范乡镇综合文化站和基层文化基础建设，提升农家书屋管理水平，配合创建国家公共文化服务示范区，区图书馆工作人员深入基层，先后到陈家桥乡、茶元头乡、田江乡等基层农家书屋针对分编及流通工作业务进行辅导，帮助建设规范图书室10个，培训基层图书管理员10名。

“农家书屋”工程自2009年实施以来，图书馆工作人员辅导培训规范图书室建设共计48余次，帮助建立规范图书室48个，配备图书、期刊8万余册次，在全区掀起“以书正风、以书育人、以书致富、以书寻道”的良好阅读风气，有效地解决了我区农村群众“买书难、看书难、用书难”问题。农家书屋的建设和完善，为全面提高农民群众学习科学文化知识，满足群众精神文化需求，巩固农村文化阵地发挥了积极作用。

北塔区图书馆积极处理与上级图书馆的关系，在业务上得到了上级图书馆的大力支持。积极参加邵阳市图书馆举办的各类培训和活动。我区共56个基层单位，已建成49个农家书屋，7个社区图书室。

管理工作

区图书馆用制度来管理人，用制度来约束人。实行制度上墙，做到了岗位到人，责任到人，奖惩到人。我馆建有岗位责任制度、财务管理制度、人事管理制度、安全保卫制度等。

表彰、奖励情况

建馆以来，我区图书馆组织的校园读书活动每年获得了全省读书活动的先进单位。

馆领导介绍

肖燕妮，女，1968年8月生，大专文化，中共党员，馆长。1991年参加工作，历任乡文化专干、区文化馆馆长、区文体局纪检组长，现兼任区文化馆馆长。

未来展望

图书馆历来被称为知识和理想的“第二课堂”，对于我区人民的身心健康、兴趣爱好、学识的增进大有好处，也有利于他们各项素质的均衡发展和全面提高。根据北塔区十二五文化发展规划，结合我区图书馆实际情况，我馆将继续做好图书馆免费开放工作，完成上级布置的各项工作任务，加大地方文献投入，狠抓地方文献收集工作，并定期开展大型的读书活动，充分发挥图书服务育人的积极作用，使图书馆更好地服务于教育，服务于社会，服务于广大民众，切实完成各项工作目标。

联系方式

地　址：北塔区资新社区“文化艺术中心”内
邮　编：422000
联系人：肖燕妮

新邵县图书馆

概述

新邵县图书馆于1954年在县文化馆内建图书室，1979年3月建图书馆，寄居于文化馆内。1982年4月，经省文化厅批准建制。1988年10月新建馆舍竣工，共4层，1380平方米，杨成武上将题写馆名。现有职工12人，其中本科3人，大专6人，中专3人。中级3人，初级3人，技工6人。1994年参加全国公共图书馆评估为国家"二级图书馆"。1999年、2005年、2009年、2013年评估中继续获"二级图书馆"称号。

业务建设

馆内藏书180000册，报纸74种，杂志64种，设采编、参考、咨询、外借、少儿阅览、综合阅览、电子阅览、报纸资料、期刊资料、农村辅导等8个室。年平均借书读者35000余次，来馆阅览者年约45000人，县馆流通在乡镇的书籍经常保持在40000册左右。

读者服务工作

从2010年10月起，新邵县图书馆全年365天天天对外免费开放，周开放79小时。2009–2012年，书刊总流通89.6万人次，书刊外借81.3万册次。有15个流动服务点，馆外书刊流通总人次9.12万人次，书刊外借8.6万册。

2009–2012年，新邵县图书馆共举办讲座、展览、培训、阅读推广等读者活动30余场次，参与人数20000余人次。

管理工作

新邵县图书馆每五年完成一次全员岗位聘任，同时，建立了工作量化考核指标体系，每个月进行工作进度通报，每半年和全年进行总体工作考核。

表彰、奖励情况

本馆自1984年–1995年分别获得省颁"创建文明图书馆优质服务"、"红读知识竞赛先进集体"、"文化知识优胜"等多项奖状、锦旗。

馆领导介绍

张鹏，男，1973年3月生，本科学历，中共党员，研究馆员，馆长。1988年12月参加工作，连续七八年被县人民政府评选为先进工作个人。

何湘莲，女，1975年11月生，大专学历，副馆长。1991年9月参加工作，连续七八年被县人民政府评选为先进工作个人。

未来展望

新邵县图书馆遵循"科学、效率、创新、发展"的办馆方针，不断强化自身综合实力，以后的工作中将保持良好的服务体系与技术能力，努力成为新形式下的高标准图书馆。

联系方式

地　址：湖南省新邵县新阳路5号
邮　编：4229020
联系人：张　鹏

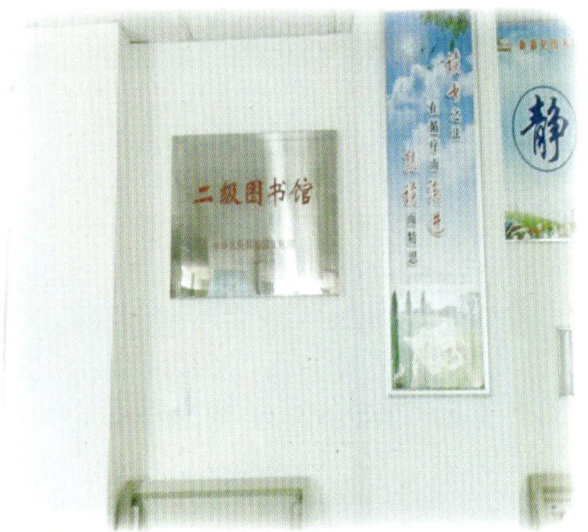

邵阳县图书馆

概述

邵阳县图书馆的前身是邵阳县文化馆的图书室。始建于1952年3月，地址先后在县文化馆、县新华书店、县委大礼堂前楼等地。1965年省文化厅、县政府拨款两万元在塘渡口沿河街建成170平方米的馆舍，1966年改为图书馆，当时有图书2万余册，1984年拨款18万元，在原地重建新馆，于1986年5月10日开馆，馆名为“邵阳县图书馆”。目前，馆舍面积为1606平方米，馆内设置了外借室，采编室、期刊阅览室、成人阅览室、少儿阅览室、参考咨询室、集体外借室等部门。2012年，邵阳县图书馆有阅览坐席280个，计算机40台，选用Interlib图书馆自动化管理系统。现有工作人员15名，其中大专以上学历的有12人，中级职称9人。2013年参加第五次全国公共图书馆评估获得“国家二级图书馆”。

业务建设

到2012年底，邵阳县图书馆藏书12万册，电子文献藏量103种，共购进图书3360种，4520册，订购报刊251种。对于地方文献的采集和收藏，我们非常重视，一方面从有限的经费中挤出一部分作为专项采集资金，每年持续购进《湖南年鉴》、《邵阳年鉴》、《邵阳市志》等，一方面以索赠的方式收集全县部门文献，个人著作，协会团体著作等，并专门设立地方文献书库，以加强对地方文献的保护，设立专柜专架，配置专门目录，由资金室工作人员负责管理。2011年，地方文献入藏完整率为86%。

在图书采编工作中，我们依据《中图法》（五版）和《普通图书著录规则》，标引误差率和著录误差率控制在2‰以内。闭架书排架误差率不超过0.5%，开架书排架误差率不超过2‰。

读者服务工作

从2010年7月起，邵阳县图书馆全年365天对外免费开放，在各开放科室都实行免费借阅和开架借阅，节假日、双休日不休息，天天对外开放，每周开放时间达到了60个小时，深受读者欢迎，大大提高了读者到馆率和图书流通率。2012年9月与新宁县图书馆开通馆际互借服务。在书刊宣传方面，2012年我们共介绍新书390种，接待读者10万余人次，外借图书10万册次。信息服务方面，我们充分发挥自身的资源优势，在县委、县政府及时提供有价值的文献资源，为上门求助的科研工作者实行跟踪服务，为监狱送去了各类法制书刊，为我县农村农民送去了科技文摘、科学养殖、科普读物，为我县种植养殖户杨兴东予以帮扶，在图书馆经费困难的情况下，每年会拿出2000元钱买化肥，订科技学习资料。为广大读者提供信息服务，2009–2012年共解答各项咨询765条目。

业务研究、辅导、协作协调

这几年我们通过业务学习，结合本馆工作和自身体会，一些同志积极撰写论文和调查报告。

在业务辅导方面，持续对邵阳一中图书馆、县中心完小图书室进行业务辅导，初步建成了规范化的，高标准的中小学图书馆；我们还组织了专门力量对白仓镇图书馆万册图书进行了全面的整建，从图书分类编目到书刊排架，从科室设置到整章制度，我们进行了大量细致具体的工作，在最短的时间内，完成了艰巨的工作任务，并赠新书1500册，旧书2000余册，省双文明领导小组领导亲临白仓镇检查时，给予高度表扬和好评。

近年来的我馆帮助白羊铺、长阳铺、双江口村、白仓镇、金称市乡组织图书室，并赠2000余册，同时，举办了35个村的“农家书屋”管理员培训班，并确定了10个重点图书室为我馆的业务辅导点，实行不定期的下乡服务和辅导。与省馆合办《农村科技文摘》，每期800册，均免费送往乡村农民手中，为农村科技兴农，种植养殖提供了宝贵科技资。我馆与县委组织部党员干部远程教育中心加强合作，真正实行共建共享。依托党员远程教育网在全县23个乡镇场建立由电脑、机顶盒、宽带网络等组成的乡镇基层中心。

管理工作

我们认真遵循《图书馆岗位目标管理工作细则》、《图书馆五年发展规则》、《图书馆年度工作计划》等一系列规章制度，建立相应的考核制度和奖励措施，年终依据工作情况进行考评奖惩。财务管理开源节流，严格制度，合理理财，规范档案管理，分人立档、归类立档，做到了立卷齐全，准确，装订整齐。成立了综合治理领导小组，细抓严管消防安全和保卫工作，出台了具体的安全保卫制度和消防措施，配置消防器材，安装防盗窗，防盗门，“五防”措施以岗位责任制的方式落实到人，并不定期的进行检查督促。

馆领导介绍

陈金亮，男，现年59岁，生于1954年12月14日，中共党员，本科，现任县图书馆馆长兼党支部书记，曾历任县祁剧团团长，县演出管理站经理，1996年4月调县图书馆主持领导工作至今。

刘春，女，1971年4月出生，本科学历，中共党员，馆员、副馆长，1987年9月参加工作，先后在采编部、阅览部、图书借书室等部门工作，曾多次评为先进工作者。

王美凤，女，1979年12月出生，大学专科学历，中共党员，工会主席，1999年7月到邵阳县图书馆参加工作，先后在采编部、阅览部、图书借阅部等部门工作，2009年–2012年连续三年评为先进工作者。

未来展望

馆舍建设日渐壮阔，馆舍建设是衡量县级图书馆发展状况的一个至关重要的硬件条件，同时也是我们确定县级图书馆发展前景的一个重要目标。近年来县级图书馆在不断发展壮大，积极吸纳了更多的高素质的人才。因此，县级图书馆在馆舍建设方面日益壮阔资金来源的多元化趋向，人才队伍的日益壮大以及数字化平台的处于完善等等，使得我们完全有理由相信，县级图书馆的功能和作用会得到更加充分和更大程度的发挥，前景越来越美好。

联系方式

地　址：湖南省邵阳县塘渡口镇沿河街
邮　编：422100
联系人：刘 春

洞口县图书馆

概述

洞口县图书馆成立于1982年8月，当时在县文化馆内办公和对外开放。1985年开始筹建新馆，1986年正式落成。占地面积约2亩，馆舍总面积1960平方米。2003年起多次对原馆舍进行维修改造与扩建，现馆舍面积已有2060平方米。

洞口县图书馆历年来为洞口县经济文化的发展与繁荣做出了很大的贡献，1994、1999、2005、2013年共四届被评为国家二级图书馆（县级）。现藏书9万余册，并收藏有50年代以来的各种报刊杂志500余种。开设有少儿阅览室、成人阅览室、参考咨询室、工具书查阅室、图书外借室、地方文献室、电子阅览室等服务窗口，所有窗口都已免费开放。现有电脑近40余台，光纤10MB接入，图书自动化管理采用ILASS系统，在职工作人员15人。

业务建设

近几年，洞口县图书馆藏书建书成效显著，图书总入藏量达九万余册（包括报刊杂志及电子文献），其中电子文献约320余册。

洞口县图书馆现在每年入藏图书约1500余种；报刊入藏量约120余种；视听文献入年藏量在30以种以上。对于地方文献，洞口县图书馆通过各种手段收集本地文献，现累计收有地方文献2300余册，设有地方文献专柜，编有书名目录和分类目录，有专人管理。

洞口县图书馆自2006年开始，已全面实现计算机管理。图书编目采用国内通用的ILASS系统。并设有独立的读者检索工作站，供读者查书找书。

为方便读者，便于管理，洞口县图书馆外借室、少儿阅览室、成人阅览室、参考资询室等图书室实行开架和半开架服务，开闭架书刊整齐有序，归还图书能及时上架。

数字资源建设方面，洞口县图书馆收集的各类数字资源已达到2TB以上，主要是影视和科技方面的资料。

在地方文献数据库建设方面，洞口县图书馆近几年除大力收集各种文献外，另专门做了一个洞口籍作家书籍库建设专题，几年来，已收到本土作家出版的各类书籍约200余册。

读者服务工作

洞口县图书馆2011年开始，就实现了全面免费开放。馆内所有空间设施场地、所有服务项目全面免费开放，不再收取任何费用。

洞口县图书馆现在每周开放七天，每天8小时，每周56小时。除国家法定长假，小长假外，天天开放。书刊文献除地方文献、工具书库外，其它均实行开架管理。开架比例达到80%以上。

洞口县图书馆为了方便读者，经常开展送书上门，流动图书车、图书赶集、集体外借等服务，每年通过此类活动借出书刊达2000册次以上。

洞口县图书馆除正常读者到馆办证外，还通过各种宣传栏、“你看书，我买单”等活动，宣传图书馆及各种书刊，鼓励市民办借书证，去图书馆借书看书。近几年来，年人均到馆次数均在10次以上。

在咨询服务方面，洞口县图书馆一是为县作协、美协成员提供了大量的资源，鼓励他们创作；二是为农村种养专业户提供了大量的科技资料，帮助农民发家致富。

在每年的图书服务宣传周、全民读书月等时间段，洞口县图书馆都要举办各种活动，并联系县电视台、县报社、网站做了宣传报导，取得了良好的社会效果。

业务研究、辅导、协作协调

洞口县图书馆多来以来，一直积极参与省市图书馆组织的各类活动，如省馆组织的业务学习，市馆组织的“你读书，我买单”、市少儿馆组织的少年读书活动等。

在做好上级图书馆组织的工作的同时，洞口县图书馆也积极组织参与本地区图书馆服务网络的建设与规划。近几年以来，洞口县565个村中，已全部建成村级图书室。

在基层业务辅导工作方面，洞口县图书馆派出多名业务骨干全程参与村级图书室（农家书屋）建设，将图书送到了每一个村，并对村图书管理员进行了现场业务辅导。建成后，又以乡镇为单位，开展了多次村级图书管理员业务培训，提高图书管理水平。同时，洞口县图书馆还对全县乡镇文化站工作人员进行了一次图书管理业务培训。

在日常工作方面，洞口县图书馆安排有专人经常走访各村级图书室，一方面是检查督促村级图书管理员认真开展工作，另一方面是对其进行必要的业务辅导，以便更好的为村民服务。

管理工作

近些年来，洞口县图书馆一直狠抓内部管理工作，使各项工作规范化，制度化。近几年来，洞口县图书馆先后修订了包括决策管理、行政管理、业务管理和人员管理的26项内部管理制度。使全馆形成了按制度办事，按制度管人的好规矩。全面促进了各项业务工作制度化、规范化、标准化建设。

表彰、奖励情况

近几年来，洞口县图书馆每次参加邵阳市少儿馆组织的少儿读书活动，都获得了不错的名次，2009、2010、2012年均获得了银奖，2011年获得了金奖，同时还获得了省文化厅颁发的组织奖。

馆领导介绍

林目清，男，1964年出生，国家二级作家，书记、馆长。

尹泉水，男，1962年出生，中级职称，副馆长。

申春平，男，1973年出生，中级职称，副馆长。

杨秋艳，女，1967年出生，中级职称，副馆长。

未来展望

文化是实行中国梦的强大载体，随着国家对文化工作的越来越重视，图书馆的未来将会更加美好。洞口县人民政府在下一个五年规划当中，提出了要建设县文化中心（其中，包括了图书馆），建成之后，洞口县图书将彻底改变场地狭小的局面，将增加更多的图书文献及阅览座位，更好的为全县人民服务。

联系方式

地　址：洞口县洞口镇大会场9号

邮　编：422300

联系人：林目清

武冈市图书馆

概述

我馆始建于1927年，前身为都梁图书馆和民众图书馆，1958年8月合并为武冈县图书馆，1994年4月28日，更名为武冈市图书馆。1998年被评为三级图书馆。2013年被评为二级图书馆。2004年因文庙大成殿维修开发，我馆整体搬迁至富田路13号(原老法院内)临时办公。我馆现有干部职工14人（其中退休人员6人），8名在职人员中，具有大专以上学历的4人，馆员2人，助理馆员3人，管理员3人。现有馆舍面积2100平方米，内设外借室、成人少儿阅览室、电子阅览室、地方文献收藏室、参考咨询室、古籍室、基层业务辅导室等基础业务部门。2009年建成文化信息共享工程中心机房和多媒体报告厅等。我馆现有阅览室座席228个，其中成人阅览室100个，少儿借阅室40个、电子阅览室40个、多媒体报告厅48个。计算机53台（其中电子阅览室41台，各服务窗口和办公室12台），向各级党政机关、企事业单位及个体读者提供文献借阅和复制、参考咨询、业务辅导、课题服务、多媒体阅览等各项服务。

业务建设

武冈市图书馆现有藏书14万余册，其中古籍25747册，地方文献6500册，逐步形成了以农业和科技书籍为主的藏书体系。除古籍外基本上实现了开架借阅，并设立了地方文献专室和湖湘文库专柜。所有图书均依据《中国图书馆分类法》（第五版）标引，均依据《普通图书著录规则》著录，开始逐步实现自动化、网络化管理。2009–2013年争取社会捐赠图书价值20余万元，购书订报刊26万余元。入藏视听文献63种，电子文献87种，收集地方文献2860册（件），其中本土作家书画作品100件。现有阅览室座席228个，其中成人阅览室100个，少儿借阅室40个、电子阅览室40个、多媒体报告厅48个。计算机53台（其中电子阅览室41台，各服务窗口和办公室12台），向各级党政机关、企事业单位及个体读者提供文献借阅和复制、参考咨询、业务辅导、课题服务、多媒体阅览等各项服务。同时，还自筹资金15万元，购买办公电脑24台、打印机4台。与武冈电信局签订了合同，专线接入10M光纤的网络，网络信息覆盖全馆，文化信息共享资源覆盖到开通网络的各企事业单位、基层网点。馆内采用了Interlib图书管理系统，基本实现自动化。

读者服务工作

我馆在原有的基础上，对读者服务工作提出了新的要求，努力改善服务手段，提高服务质量。2009–2013我馆实行向读者免费开放，每天从上午9点到下午6点开放，每周开放时间60小时以上。并延伸服务触角、送科技书刊800余册，农村科技文摘500余份，积极开展为领导机关决策提供信息服务，为科研与经济建设提供服务、为其他事业发展提供信息服务。关注弱势群体、制定并实施了一系列为弱势群体服务措施，如设立残疾读者和老年读者专座、送书上门，在弱势人群集中地设立图书流通点等。到敬老院，为老人们送去精神食粮。

业务研究、辅导、协作协调

武冈市图书馆员工在国家级刊物上发表论文1篇，在省级刊物上发表论文1篇，省级刊物上发表简讯报道10件，邵阳市级14件，武冈市级30件。将对基层图书馆（室）的业务辅导作为全馆工作的重点，安排能吃苦，业务能力强的同志担任基层图书（室）业务辅导工作。根据基层（室）的实际，制定可行性的辅导计划，筛选辅导重点，重点进行辅导。举办岗位培训班、电脑应用技术培训班、图书专业知识培训班、鼓励在职学历教育等方式，提高了本馆工作人员的自身素质和服务水平。2010年–2013年，我馆每年都要派遣人员参加国家图书馆、省图书馆、省少儿图书馆、邵阳市松坡图书馆的继续教育培训和各种业务培训20人次。

管理工作

我们制定和完善了馆务会议制度、学习制度、考勤制度、综合、消防、保卫制度、设备物质管理制度、财务管理制度等各项规章制度，馆内各项事务严格按有关制度处理。书库管理制度健全，内容包括文献保护、书库的防火、防盗、防虫、防潮、防尘、图书修补等措施。我馆内部管理比较规范，档案齐全，有职工考核档案、参考咨询档案、课题服务档案、业务辅导档案；统计工作认真，有人事管理统计、财务统计、业务工作统计、开展了业务统计数据分析研究，重视综治、消防、保卫工作。

表彰、奖励情况

2010年–2013年共获得省级奖励9项，邵阳市级奖35项。

馆领导介绍

何国平，男，1976年6月生，大学专科学历，中共党员，馆员，馆长，1997年5月在武冈市图书馆工作，先后在外借室，阅览室，采编室等部门工作，任主任，副馆长等职。

未来展望

争取图书馆新馆立项建设，改善办公阅览环境。强化服务意识，真正做到让读者高兴而来，满意而归。

联系方式

地　址：湖南省武冈市富田路13号
邮　编：422400
联系人：何国平

图书馆大楼

阅览室

为读者查资料

常德市鼎城区图书馆

概述

常德市鼎城区图书馆即原常德县图书馆（1988年改名）。现有馆舍于1985年建成开放，2009年进行了整体改造。建筑面积约2000平方米，在职工作人员15人。自1994年开展全国公共图书馆评估定级工作以来，历次均被评定为二级图书馆。

业务建设

截止至2012年止，鼎城区图书馆总藏量9万余册。购书经费从2004年起按全区总人口人均0.1元单列拨给7.2万元，文化资源共享工程经费从2010年起每年拨给5万元。

设有开放窗口图书外借室、报刊阅览室、少儿阅览室、过刊阅览室、电子阅览室、多功能活动室。按照创建全国文明城市的要求，2011年又设立了盲文阅览室，总计阅览座席近200个。

业务工作自动化采用ILAS小型扩展版，2009年扩充了网络检索功能，实现了业务工作各环节的自动化管理。文化共享工程支中心的设备全部由湖南省文化厅于2009年配送，符合县级支中心的要求，专用存储容量超过5TB。宽带接入采用联合网通公司10M光纤专线。

读者服务工作

鼎城区图书馆从2011年10月1日期实行全面免费开放，采取简便的办证方式，实行一证通用，实现了大部分书刊的开架借阅。重视图书宣传工作，每年举办服务宣传周、全民读书月、世界读书日等宣传活动，举办丰富多彩的青少年读书活动和群众文化娱乐活动，取得了较好的效果。积极利用馆藏资源和现代化技术设备为社会公众提供信息服务和专题服务。同时还利用报纸、电视等媒体对重大活动和服务举措进行宣传，扩大了社会影响。

业务研究、辅导、协作协调

鼎城区图书馆积极参与上级图书馆组织的协作协调工作，开展本区图书馆服务网络建设的规划与管理。开展分馆建设和图书流动服务，发展了一批基层服务点。对本区乡镇村、社区图书室的建设情况进行了全面调查，每年都开展了送书下乡活动，为基层图书室建设提供业务辅导，对基层文化工作者进行图书馆业务培训。

管理与表彰

鼎城区图书馆注重提高办馆效益，积极开展职业道德教育，努力提高全馆人员的综合素质。实行岗位目标管理责任制，制定了严格的责任目标管理制度。建立奖惩激励机制，制定了严格的劳动纪律和奖惩制度。强化安全保卫工作，制定有《公共事件应急预案》。注重环境管理，常年保持室内干净整洁，户外美观宜人，为读者提供良好的学习与阅读环境。在全馆工作人员的共同努力下，图书馆的工作成绩取得了上级部门的肯定，单位和个人曾多次获得上级政府和业务主管部门的表彰。

馆领导介绍

莫克球，男，1967年8月生，1984年8月参加工作，2010年调入鼎城区图书馆任馆长。

朱敏，1973年7月生，本科学历，馆员，支部书记。1991年7月参加工作。

杨超群，女，1972年8月生，本科学历，馆员，副馆长。2000年6月参加工作。

夏海峡，女，1979年3月生，本科学历，中级职称，副馆长。1999年9月参加工作。

未来展望

鼎城区图书馆将努力拓宽服务范围，完善服务网络，充分发挥公共图书馆的社会职能，将图书馆打造成群众喜闻乐见的文化休闲场所和雅致贴心的学习乐园。

联系方式

地　址：常德市鼎城区武陵镇隆阳路134号
邮　编：415101
联系人：朱 敏

安乡县图书馆

概述

安乡县图书馆始创于1978年5月。1980年独立建馆在城关澧陵西路临街面，坐南朝北，上下四层，建筑面积750平方米。1986年经县委、县人民政府批准，该馆转让给县人民银行，另在澧陵东路划地重建县图书馆，建筑面积1570平方米。1994、1998、2004年三次参加全国公共图书馆评估，均评为国家三级图书馆。经二十年后，终因馆舍陈旧破烂，馆舍面积与设施设备已远跟不上时代发展和需求，于是县委、县政府于2009年9月立项，拆除旧馆，在原址进行新建。至2011年末新馆落成，2012年元月全面对外免费开放。新馆总占地面积3.8亩。北边临街空留三分之二占地为广场和绿化带，南头新馆舍建筑面积3224平方米。总投资863万元。主体建筑7层，配备有自动电梯，中央空调。新馆舍拥有读者阅览坐席300个，计算机33台，所有阅览陈列和藏书架柜均为全钢制材料。底层设为少儿室、成人阅览室、电子阅览室、中心机房、文化信息资源共享县级支中心。二层为外借室、古籍室、过报过刊室。三层为采编室和各种功能的大小活动室。四层为中心书库，五层为采编，六层会议室，七层为大型展台及电教场所。全宽带入接20M。图书采编，流通均为自动化管理。2013年参加全国公共图书馆第五次评估获得二级图书馆。

业务建设

截止2012年底，安乡县图书馆总藏量8.5347册。其中，纸质文献5万余册，电子图书3.5万册，其中古旧线装书5540册。珍藏善本书籍有明版《扶轮集》，清初朱印本《玲珑帘词》2套，有《潘子全集》、《古今图书集成》等比较珍贵古籍。地方文献资料收集率已达62%。收藏各种地方出版物和本地作家出版个人专著1400余册，书架单层总长度3270米。2011年以前，安乡图书馆年购置经费共3.5万元，2012年增至6万元。2009—2012年，共新增图书6062种，15360册，电子图书3.5万册，视听文献456种，年均订报刊126种。

截止2012年底，安乡县图书馆数字资源总量12G，建立安乡县图书馆网站，有安乡县文物情况及图片介绍及安乡著名作家、书画名人简介等。安乡县图书馆使用北京文津图书馆管理系统软件。

读者服务工作

安乡县图书馆长期以来一直坚持免费开放工作。2012年新馆开放后，每周开放60小时，并为读者配备了常用药品、茶水、老花眼镜。读者年均到馆总数6.8万人次。外借书刊4.8万余册。在学校、社区、乡镇设立13个流动服务点，外借书刊1.8万册次。2012年起为政府部门提供公开信息服务，编印了"工业安乡、生态安乡、和谐安乡"参考文摘4期。2009年—2012年，三湘少儿读书活动成绩突出，多次被评为组织先进单位。2012年为老科协、老年大学举办各种讲座6次，利用暑假举办科普展览，十八大精神图片展览共7次。2012年—2013年举办正月十五闹元宵灯谜竞猜活动，每年制作灯谜500余条，参加人数达500多人。

业务辅导、研究、协作协调

2009年—2012年，安乡县图书馆职工发表提交研讨会交流论文10篇。其中1篇获省三等奖，1篇获优秀奖。

2009年—2012年安乡县图书馆在国家政策支持下，帮助各乡镇新建农家书屋256家，覆盖全县所有的行政村。2009年—2012年，下基层辅导业务83人次。2012—2013年举办2期图书馆管理员培训班，108人受训。

管理工作

2001年，全县事业单位改革。安乡县图书馆定编8人，设置专业技术岗位7个，管理岗位1个。该馆建立了工作服务制度、责任考评制度、财经制度、奖惩制度，半年一小结，年底进行工作总考评。

表彰、奖励情况

2009年—2012年，安乡县图书馆获得各种表彰，奖励12次。其中省文化厅表彰奖励2次，常德市文广新局表彰4次，县委、县宣传部表彰4次。

领导介绍

张生鸿，男，1963年7月生，大专学历，中共党员，馆长，中级职称，1979年参加工作。在剧院担任副经理，经理；在文化市场管理稽查站担任党支部书记；2008年调图书馆任馆长。

聂安红，女，1966年生，大专学历，中级职称，党支部书记。1982年参加工作，先后在图书馆外借室、少儿阅览室、采编室、古籍室等部门工作。

晏学萍，女，1967年生，工会主席。1988年参加工作，1994年调入图书馆工作，先后在外借室、阅览室工作。2011年担任工会主席。

未来展望

安乡县图书馆将始终遵循"以人为本，服务至上，读者第一，创新发展"的办馆方针，不断努力和强化自身的综合能力，完善和延伸各种服务功能，扩大服务区域，创建全县图书馆服务联盟，带动全县城乡图书事业的整体发展。力争地方文献完整入藏率达90%；同时完善图书馆自动化管理应用，实现县、乡、村业务管理计算机化；通过各种途径，使馆藏图书达全县人均1.5册，年人均新增书刊0.03册，馆藏图书年外借率达72%以上；电子阅览室可使用的终端数达33台。坚持定期为读者举办形式多样、社会反映良好的各种活动。力争各项业务指标接近国家一级图书馆水平。

联系方式

地　址：湖南省常德市安乡县深柳镇澧陵东路516号
邮　编：415600
联系人：聂安红

汉寿县图书馆

概述

汉寿县公共图书馆建立于20世纪20年代初期。民国十一年（1922）七月。由汉寿县知名人士易家钺在县城南门街敬惜堂创办汉寿县民众教育馆。1949年，中华人民共和国成立后，汉寿县人民政府接收了原民众教育馆的藏书，并沿用旧名。1951年才更名为"汉寿县文化馆图书室"，隶属县文化馆。1980年1月，湖南省文化局正式批准筹建"汉寿县图书馆"，同年5月正式与县文化馆分署办公。这些年来，由于藏书大楼年久失修，大楼基础下沉。2007年中共汉寿县委、汉寿县人民政府决定重建汉寿县图书馆。2009年10月，一座建筑面积为3050m²，设计新颖、具有时代气息的图书馆藏书大楼座落在汉寿县龙阳镇银水路。

目前，汉寿县图书馆有阅览座席272个，计算机45台，光纤接入流量20M，图书购置费每年9万元，工作人员7人。

业务建设

汉寿县图书馆拥有91860册，其中图书72685册，期刊15000册，报纸7000册，电子文献989种，地方文献资料1597册。

在数字化建设上，本馆所有的图书、报纸、期刊、视听文献均运用图书馆自动化办公系统，按CNMARC格式建立机读目录，比例达90%。文献存储系统由Sataii75GB7.2k×7和Sataii1.0TB7.2k×1共计八块硬盘组成的磁盘模块存储系统，总计6TB存储容量。2010年，使用图书馆大型版ILAS自动化管理系统，图书采编、图书流通程序、典藏管理、公共查询、期刊管理都实施了自动化办公。

读者服务工作

从2010年4月份，将我馆所有对外服务窗口一律实行免费服务，开放的服务窗口有：综合图书外借室、综合报刊阅览室、少儿图书外借室、少儿报刊阅览室、电子阅览室、多媒体演示厅，除此外还建立：过刊过报书库、基层网点交流书库、特藏书库、地方文献资料室。

2010年：书刊文献年外借册次达15800册；2011年：书刊文献年外借册次达30000册；2012年：书刊文献年外借册次达41930册；2010年我馆接待读者23300人，人均年到馆次数为10次/人；2011年我馆接待读者27220人，人均年到馆次数为15次/人；2012年我馆接待读者62753人，人均年到馆次数为20次/人。

2010年至2012年主办各类展览、讲座46场次。2009年至2012年主办各类读书活动26次。

业务研究、辅导、协作协调

在业务研究上，2009年–2012年汉寿图书馆职工撰写论文38篇。2012年，张戟、覃汉军撰写的《利用社会资源，扶持公益事业》一文获中国图书馆学会第四届百县馆长论坛二等奖。

在基层业务辅导上，一是从2010年起，我馆制定了全县基层图书室业务辅导工作计划与《汉寿县农家书屋建设规划》。从2009–2012年建成农家书屋557个；二是制定了《汉寿县乡镇文化站图书室现状及建议规划》，着重对全县29个乡镇文化站图书室的建设情况进行业务辅导与就地培训基层图书管理员。2009年–2012年下基层业务辅导98天，共计126人次。

在协作协调上，2009年3月与湖南省图书馆达成协议，建立了"汉寿县图书馆湖南省图书馆文库"。2010年12月，我馆与省图书馆签订了"湖南省公共图书馆数字资源共享协议书"，并以此为龙头，建立了以本馆网站为中心，各乡镇文化站信息资源共享工程为服务点，各村级远教接收室为面的三级图书馆服务网络体系。

管理工作

自2010年汉寿县图书馆全面对外开放来，我馆着眼长远的发展规划，制订了《汉寿县图书馆岗位责任制》、《汉寿县图书馆岗位考核制》、《汉寿县图书馆奖励制》以及《汉寿县图书馆财务管理制度》、《财务主管岗位责任制》、《汉寿县图书馆固定资产管理规定》、《人事资料归档制度》。新的管理方式，新的工作方式、新的办公服务设施、新的服务手段，都已全面渗透到现代化图书馆的工作程序上。

表彰、奖励情况

2009年–2012年汉寿县图书馆共获各种表彰、奖励14次，其中集体获省级表彰、奖励3次，个人获省级奖励7次，集体获市、县奖励4次。

馆领导介绍

张戟，男，1969年12月出生，本科学历，舞台技师职称，馆长，主持汉寿县图书馆全面工作，负责政工、人事、财务审批。

覃汉军，男，1960年3月出生，本科学历，馆员职称，副馆长，主管汉寿县图书馆业务工作，负责综合治理、地方文献征集，财务审核工作。

郭建军，女，1964年11月出生，大专学历，助理馆员职称，副馆长，主管汉寿县图书馆工会工作，分管文献分编工作、计划生育、财务工作。

未来展望

在未来几年里，一是建立健全以县图书馆为中心的乡村三级公共文化服务体系；二是与湖南省少年儿童图书馆合作，建成"湖南省少年儿童图书馆汉寿分馆"；三是增加读者公共服务区域与阅览座席，改善服务环境；四是引进专业技术人才与在职人员业务培训；五是购置电子文献阅读平台与设施，方便读者及时、准确获取文献资源。

对照〈公共图书馆评估标准〉，汉寿县图书馆将认真规划长远发展目标，做到四个提升，即：提升优质服务水准；提升馆藏文献数量与质量；提升馆员素质；提升管理理念。全力打造与社会发展同步的现代化县一级图书馆。

联系方式

地　址：湖南省汉寿县龙阳镇银水路13号
邮　编：415900
联系人：覃汉军

澧县图书馆

概述

澧县图书馆创建于1958年8月，馆舍设在县工会俱乐部（今县交通局内），1960年11月县图书馆并入县文化馆。1984年6月，新馆在县城文化街文庙西侧建成并对公众开放。2001年12月，澧县图书馆综合大楼落成，占地2.1亩，总建筑面积2382.6平方米。2013年澧县图书馆在第五次全国公共图书馆评估定级时被评为二级图书馆。

业务建设

截至2012年底，澧县图书馆总藏量119200册（件），其中，古籍6910册，纸质文献5万多册，电子文献22063种，各类报刊36945册（件）。2009年至2012年澧县图书馆财政拨款627万元，共入藏图书9137册，报刊190种，视听文献100种，地方文献1421册。2012年止澧县图书馆有阅览坐席220个，计算机56台，宽带接入10M，存储容量5TB。

2009年启动中华古籍保护计划，4年县财政共安排古籍保护经费12万元，用于改建书库和购置设备。2009年成立澧县文化信息资源共享工程建设领导小组，至2012年共投入20万元，下基层辅导613次，每年对基层网点培训3次以上。2011年数字资源整合工作起步，2012年将10万册电子图书资源加工，上传至县支中心机房的视频点播服务器，全县数字资源总量3TB，馆藏中文文献书目数字化达90%。2003年使用LIAS小型版图书馆管理系统，2008年将自动化管理系统升级为Interlib系统，同时增加了读者书目查询台。

读者服务工作

澧县图书馆自2008年3月实行免费开放服务，分别推出了普通服务：即每周开馆56小时、书刊开架比例90%以上、设置馆外流通服务点、开展书刊宣传、政府公开信息。2009—2012年书刊总流通24.2万人次，书刊外借32.4万册次，建立馆外流通服务点5个；参考咨询服务：自2005年以来，订有《领导决策信息》，不定时为县级领导提供决策信息。2010—2012年，为澧县福民水产养殖专业合作社南美白对虾养殖科研项目提供文献服务。2009年3月建立澧县图书馆网站，2012年投资改版设计；特殊群体服务：包括为未成年人、老年人、残疾人提供读书服务，2012年新建残障阅览室，总投资48.5万元，2013年3月投入使用；社会教育服务：2009—2012年澧县图书馆共举办讲座、展览、培训、阅读推广等读者活动79场，参与人数37916人次。2011年根据免费开放的文件精神，澧县图书馆收回了出租场地，为提高服务质量，改善阅读环境，在所有公共阅览区添置了空调，更换了阅览桌椅，2012年添置了电子包裹寄存柜、雨伞架、除湿机等设备，购置新书架、报架150组，对外借室、少儿室、参考咨询室的木书架全部更换，所有图书全部重新倒架上架。当年争取县财政资金16.5万元购置图书下乡服务车一台。

业务研究、辅导、协作协调

2009—2012年，澧县图书馆职工撰写专业论文11篇，其中5篇获湖南省洞庭湖区图书馆工作协作委员会第八、九届年会二、三等奖。针对国家实施的免费开放政策撰写的《澧县图书馆免费开放调研报告》，受到上级领导的重视。2011年向县科技局申报的软科学项目《古籍保护实用技术研究与应用实验课题》，两年共获科学经费5万元。

2009年，澧县图书馆以文化共享工程为重点，建立县支中心和220个文化共享工程基层服务点，到2012年止，全县建成文化共享工程基层服务点478个，村覆盖率达100%。每年对全县的基层服务点操作员进行电脑技术培训达620人次。2009—2011年完成全县478个农家书屋选址、设备、书籍配送、图书管理员辅导培训工作。四年来，澧县图书馆利用各种活动为基层站点共捐书7790册，参加省市县业务培训5次共12人。2012年澧县图书馆与安乡图书馆签订了馆际互借协议。

管理工作

2009年，澧县图书馆对全馆人员实行优化组合，双向选择上岗。年度工作进行绩效考核，人员工资与绩效奖励挂钩。2009—2012年，共抽查文献排架25次，书目数据12次。

古籍保护工作

馆长黄振华向省文化厅厅长朱建纲一行介绍残障阅览室情况

图书服务宣传周

小小记者来我馆采访

表彰、奖励情况

2009–2012年，澧县图书馆共获得各种表彰、奖励20次，其中国家级表彰、奖励4次，省级表彰、奖励9次，市级表彰、奖励7次。

馆领导介绍

黄振华，男，1962年8月生，高中学历，中共党员，馆长。1979年4月在县水电局参加工作，1997年调入文广新局，2007年调入澧县图书馆任副馆长，2008年任馆长、党支部书记。2009–2012年，连续三年被县政府授予三等功；2009年，被评为常德市农家书屋工程建设先进个人；2011年，获全县“优秀共产党员”荣誉称号；2012年，获全县文化工作先进工作者、常德市图书馆学会“优秀学会工作者”、常德市“创先争优优秀共产党员”称号。

钟广霞，女，1962年12月生，大专学历，中共党员，馆员，副馆长。1980年5月参加工作，曾在澧县大堰垱镇文化站任文化辅导员，1984年5月调入澧县文化馆，1996年9月调入澧县图书馆，2000年2月担任澧县图书馆副馆长。

鲁卫军，女，1968年4月生，大专学历，馆员，副馆长。1985年8月参加工作，曾在澧县纺织厂、澧县经委、澧县政府办、县委宣传部工作，1992年调入澧县图书馆，先后在外借室、古籍室、采编室工作，2011年2月由澧县文广新局任命为澧县图书馆副馆长，分管全馆业务工作兼工会主席。2011–2012年在三湘读书月全省少年儿童读书活动中被省委宣传部等部门评为优秀辅导员。

未来展望

澧县图书馆在未来的几年里，紧紧围绕“十二五”规划，牢牢把握文化大发展、大繁荣的特大机遇，以夯基础、抓服务、提效率为中心，突破发展瓶颈，扩展服务功能，提升城市品质，力争实施新馆建设项目，新建一座规划占地25亩，建筑面积6400平方米，总投资4100万元的现代化图书馆。同时，继续为新农村建设服务，积极推广全民阅读，加大对全县文化共享工程基层服务点和农家书屋及特殊群体培训辅导服务工作的力度，让全县人民群众充分享受文化发展成果，使澧县图书馆事业更上一层楼。

联系方式

地　址：湖南省澧县澧阳镇文化街105号
邮　编：415500
联系人：鲁卫军

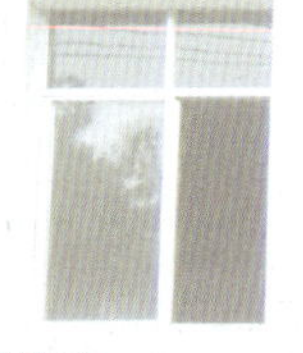

临澧县图书馆

概述

临澧县图书馆是一座现代化的综合性公共图书馆，馆始建于1976年，1989年10月迁址县城关镇朝阳东街，占地6亩，建筑面积3050平方米。设有文献采编室、图书外借处、报刊阅览室、多媒体电子阅览室、黄细亚少儿图书馆、综合资料室、名人文库、特藏书室、雪竹楼书圃、资料开发部等10个窗口。

自2012年以来，该馆先后投资近30多万元，将主体楼屋面进行了防漏处理，门窗进行了更换，楼梯护栏进行了加固，对多媒体电子阅览室、雪竹楼书圃、古籍室、过刊过报储藏室进行了升级改造，新购钢质书架24组，新增读者阅览座组20组。

全国文化信息资源共享工程临澧支中心设在馆内，由中心机房和电子阅览室组成，电子阅览室面积120平方米，其中提供给读者使用的计算机有40台，采取10兆光纤接入互联网，能保障读者快速查询。选用Interlib图书馆自动化管理系统。

2013年参加全国公共图书馆第五次评估获得二级图书馆。

业务建设

截止2012年，该馆藏图书量为11.7万册，年定制报刊杂志245种，年图书流通9.8万册次，藏有古籍9600册，每年年均入藏书籍3000多册，年均报刊订阅260余种。名人文库新增图书、刊物2500多册，珍贵文献资料在400册（件）以上。特别是“雪竹楼书圃”文献资料的补充，得到了中国科学院、中国工程院“两院”院士黄宏嘉及整个家族的鼎力支持，先后捐赠图书2500册（件），其中极具收藏价值的文献资料达100册（件）。除此以外，临澧县图书馆还设有地方文献板块，分地方史志、地方人物、地方戏曲、地方书刊、传统文化等读者服务工作。

读者服务工作

该馆全年365天对外免费开放，星期六、星期天照常开放，周开放时间60小时以上。除报刊以外，全部实行开架借阅。书刊文献开架比例为80%，其中名人文库、特藏室为半开架，馆藏书刊文献外借率为70%，书刊文献外借册次为6.9万册，馆外流动服务点书刊借阅册次每年为2000册次。

馆数字图书馆服务平台可静态链接全国文化共享工程数字资源网、湖南图书馆和政务网，为读者提供电子图书、视频点播、电子期刊阅读和音频、文献检索、政务信息查询等服务。

临澧县图书馆每年都开展阅读推广和社会教育活动，教育培训以及读书征文、演讲比赛、读书有奖等各类读者活动四次以上，还有联合送戏下乡等活动，平均每年下乡12次以上，每次送各类书籍500册、资料1200余份。

业务研究、辅导、协作协调

坚定为基层服务的信念，强化辅导服务意识。每年定期培训基层服务点管理员4期，同时，每年平均召开6次以上、人员在20人左右的读者座谈会、交流会，广纳良策，广泛征求图书馆发展大计。业务辅导和业务研讨是该馆工作的重头戏，并把其纳入业务工作的范畴。每年在要求自学的基础上，至少举办4–5次的全馆集中培训。凡是上级组织的培训、学习都及时派员参加。近几年，参加省、市举办的图书馆专业知识培训和共享工程业务培训多达20多人次，撰写了论文、调研文章15篇。其次抓基层馆（室）、农家书屋的业务辅导培训。近几年来，该馆有针对性、有重点地对学校图书馆和乡镇图书馆、350个村级图书馆管理员进行统一培训，每次平均45人次，集中学习“地方文献的收集、整理”以及“图书分类与编目的基本方法”等，大大提高了基层馆（室）管理人员的业务水平。

管理工作

针对图书馆工作性质和工作结构特点，特制定了“岗位责任制”，任务分解到人、到岗，坚持“岗选人、人选岗”竞争机制；在财务管理上，一是坚持民主理财、一支笔审批的原则。二是坚持“四不”制度。三是坚持“两基本、一平衡、还老帐”的目标。

表彰、奖励情况

近年来，获全省地方文献工作优秀奖，获常德市“巾帼文明岗”荣誉称号，获全市公共图书馆评估定级工作先进单位，1篇论文获湖南省图书馆第十届学术成果三等奖。2010年，在洞庭湖区第八届年会上论文评奖活动中，1篇论文获三等奖，3篇论文获优秀奖。2012年副馆长严怀林获全省少年儿童“学习雷锋好榜样”读书活动个人优秀指导奖，临澧县图书馆获全市少年儿童“学习雷锋好榜样”读书活动组织工作先进单位奖，选送的论文在洞庭湖区图书馆协作委员会第九届会评比中获二等奖1篇、优秀奖1篇。此外，2011年–2012年，连续两年获常德市文广新局表彰的图书馆工作先进单位，县文广新局表彰的目标管理先进单位。馆长张明同时获得县人民政府嘉奖。

馆领导介绍

馆长：张民，男，1973年生，大专学历，中共党员。

支部书记：蓝晖，男，1968年生，大学学历，中共党员，助理馆员。

副馆长：严怀林，男，1970年生，大专学历，中共党员，馆员。

未来展望

临澧县图书馆将在巩固现有工作基础上，继续充实和完善基本服务项目，不断扩展服务功能，加大馆藏的补充更新力度，特别是加大地方文献搜集、整合力度，使具有浓郁地方特色的典籍资源真正发挥咨史资政的作用。充分发挥“雪竹楼书圃”休闲式阅读功能，使之成为现代人们培养阅读习惯的场所。同时，进一步提高多媒体电子阅览室的开放水准，发挥网上图书馆、数字图书馆功能，继续深入开展送书下乡、流动服务、送辅导上门等活动，把图书馆公共服务功能推向一个新水平。

联系方式

地　址：湖南省临澧县朝阳东街45号

邮　编：415200

联系人：徐艳艳

慈利县图书馆

概述

湖南省慈利县图书馆创建于1976年10月，位于县城文化路5号，占地3227平方米，总建筑面积2116平方米。2010年，图书馆整体搬迁至全民健身大楼，建筑面积增加为2270平方米，新馆设计总藏书量30万册，可容纳读者座席500个。1994年首次被国家文化部授予“三级图书馆”光荣称号，2013年参加第五次全国公共图书馆评估达标工作，被国家文化部评为“二级图书馆”。目前，我馆在职职工12人，其中本科学历4人，大专学历8人。有外借、少儿阅览、成人阅览、电子阅览、内藏书库、采编、基层业务辅导等七个部门，文化共享工程基层网点31个，农家书屋681个。2011年10月28日，在慈利县人民广场举办了慈利县图书馆、天津市少儿馆慈利分馆免费开放仪式，实现了全面的对外开放。

业务建设

截止2012年底，慈利县图书馆总藏量105391册（件），其中，纸质文献古籍76册，104750册，期刊、报纸合订本11460件，视听文献517种。其中文艺小约占总数的三分之一，有地方文献资料近3000册，大型工具书、蹇先任赠书等专架，党史资料收藏丰富，二十四史等史书收藏齐全。

从2002年首次拨发购书经费3万元，到2012年增至6万元。2002—2112年，共入藏图书38561册，视听文献517中，地方文献入藏完整率为90%。截止2012年底，慈利县图书馆数字总量为4TB，其中自建数字资源总量1TB。2012年，首次引进ILAS系统，并实现馆内无线网络覆盖。

读者服务

从2011年10月起，慈利县图书馆实现全年免费开放，周开放7天，达56小时。2011—2012年，书刊总流通20508人次，书刊外借42311册次，解答读者咨询188条，建立特殊读者档案12个，制定了文化资源建设与服务方案。连续多年参加了湖南省少儿馆举办的“三湘读书月”少儿读书活动、“书香机关”活动，取得了优异的成绩，并以此为契机，大力推广特色主题阅读活动。利用寒暑假招募“小小读书管理员”，让少儿读者自己当家作主，爱护图书，管理图书，推荐图书，让更多的读者走进图书馆。

2009—2012年，慈利县图书馆在全县31个乡镇建立了689个“农家书屋”，利用4年的时间，将所有的图书分类上架，对所有的“农家书屋”管理者进行了业务培训，将优质的图书送入田间地头。在专业书籍的指导下，很多农民在种植业、养殖业上依靠先进技术，发家致富。

业务研究、辅导、协作协调

自建馆以来，慈利县图书馆共在报刊杂志、网站上发表文章60余篇，其中发表在省级以上刊物的有41篇。先后派多人参加了“全国图书馆未成年人服务提升计划”湖南站培训，湖南省文化信息资源共享工程2007年度县支中心建设培训，数字图书馆推广工程理念普及培训等专业培训与学习。鉴于天津市少儿图书馆慈利分馆的成功，2012年慈利县图书馆与国家图书馆少儿图书馆取得联系，目前，国家少儿馆慈利分馆的筹备工作正在进行中。2012年加入张家界市图书馆学会，同年被评为“先进单位”。在第五次全国公共图书馆达标工作中，得到了学会的大力支持和帮助。2012年，在全县681个“农家书屋”发放了调查问卷，集中统计了最基层的服务对象所反映的问题和需要。慈利县图书馆为他们制定了统一的管理制度，编发了辅导材料，先后举办了7次集中培训和学习，使得全县952名农家书屋管理员得到了专业的辅导。

管理工作

2011年，慈利县图书馆完成第一次全员岗位聘任，将所有的工作人员定职定岗，制定严格的考核制度和激励机制。每月有工作小结，每半年和全年有工作总结和年终考核，对优秀的员工予以奖励，对工作不积极主动的予以鞭策。

表彰、奖励情况

历年来，慈利县图书馆共获得各种表彰、奖励18次，其中，省级表彰、奖励8次，市级表彰、奖励6次，县级表彰、奖励4次。

馆领导介绍

冉利群，女，1964年生，本科学历，中共党员，馆员，馆长。1981年6月参加工作，兼任张家界图书馆学会副理事长。

金玲，女，1972年生，本科学历，中共党员，政工师，副馆长。1990年9月参加工作，分管采编、基层业务辅导工作。

王莉，女，1975年生，本科学历，助理馆员，副馆长。1997年7月参加工作，分管办公室、少儿辅导工作，兼任张家界图书馆学会理事。

未来展望

慈利县图书馆遵循“务实、创新、利民、惠民”的办馆方针，紧跟“文化强县”的发展步伐，不断完善服务功能，扩大服务辐射区域，带动地区经济文化发展。通过天津市少儿图书馆的联盟，不断加强自身综合实力，通过图书馆学会的联盟，不断推动公共图书馆的整体发展，通过与社会各界文化力量的联盟，不断扩大图书馆服务的影响力。随着社会经济的飞速发展，慈利县图书馆也将在文化大发展、大繁荣的整体部署下，迎来更加美好的明天。

联系方式

地　址：湖南省慈利县全民健身大楼
邮　编：427200
联系人：冉利群

桑植县图书馆

概述

湖南省桑植县图书馆隶属县文化广电新闻出版局所管辖的二级机构，全额事业单位，现有定编6人，其中本科学历1人，大专学历5人，担负着文化为社会服务，文化为群众服务的主要职能。

湖南省桑植县图书馆1979年1月独立建制，之前为县文化馆的图书室，当时房屋简陋，其面积只有120㎡，八十年代末期仅藏书量为2万册。几十年来，全馆人员坚持开展“勤俭办馆、以文补文”的经营活动，通过不断努力，寻求发展，1997年县政府投资88万元，重建图书馆馆址，占地400㎡，馆舍建筑面积达到1000㎡，通过“上级支持，政府扶持，社会捐赠”等方式，藏书得以增加3万多册，图书管理与借阅工作逐步形成规范化，2010年国家推进“文化惠民、免费开放”工作，图书馆成为全新的公益性文化服务机构；近几年来，县图书馆坚持团结奋进，克服困难，无私奉献，开拓进取，同时得到了国家知识产权局及社会各界人士的鼎力支援，经整理后，目前藏书量达到7万余册。2013年参加全国公共图书馆第五次评估获得“二级图书馆”。

业务建设

截止2013年，湖南省桑植县图书馆总藏量20.851万册（件），其中，古籍2016册（件），纸质图书图书16.0824万册，期刊1.1317万册，报纸2.3125万册，小册子220册，光盘349种/册。电子期刊4800种/册。

截止2013年，湖南省桑植县图书馆数字资源总量为2TB。

2013年，将人工图书登记入册、借还手续全部更换成电脑自动化管理系统，以适应桑植县公共图书馆服务建设的需要。

读者服务工作

从2012年起，湖南省桑植县图书馆全年365天对外免费开放，每周开放79小时。年接待流量6000多人次，外借图书流量1万余册，截止2013年，书刊外借6万册次。并陆续开通与全县各校图书馆的馆际互借服务。2009—2012年，引进街区自助图书馆1台，有3个流动服务车服务点，2012年，湖南省桑植县图书馆开通图书馆网站。开通桑植县图书馆微博、QQ讨论群。广大读者均可通过湖南省桑植县图书馆网站检索、浏览和下载服务。

开展了多种形式的读书活动，如“三湘读书月”比赛、暑假“少儿辅导班”、“正月十五猜灯迷”，还与学校联姻，在中小学生中开展“读书知识抢答赛”等有益活动，截止2012年，桑植县图书馆每年平均举办讲座、展览、培训、阅读推广等读者活动共计30余场次，参与人数3万人次。以湖南省桑植县公共图书馆为平台，创意若干个阅读推广主题活动，在全县同时进行，年底进行多项优秀读者项奖评选，是湖南省桑植县图书馆阅读推广工作的特色。

业务研究、辅导、协作协调

从2011年起，湖南省桑植县图书馆以文化信息资源共享工程为依托，在全县范围内发起组建公共图书馆服务联盟，并在馆内设立联盟工作委员会，下设联合编目、流通服务、地方文献联合征集、阅读推广与讲座展览资源服务、业务培训与技术支持等工作组。

2012年11月下旬，为进一步加强农家书屋管理，提高农家书屋管理员服务质量和业务水平，建立农家书屋长期管理机制，充分发挥农家书屋功能作用，培训以新闻出版总署、省新闻出版局新版的《农家书屋管理员培训教材》为依据，参照市局编印的课程讲义组织教学。

管理工作

为规范工作环境、保证工作效率、制定了桑植县图书馆财务管理、财务监督管理制度、奖惩制度、廉政建设管理制度、安全事件应急预案、各项工作岗位制度、志愿者管理制度、设备物资管理规定、信息资源工程服务店管理工程等等一系列规章制度。并建立了工作量化考核指标体系，每月进行工作进度通报，每半年和全年进行总体工作考核。

馆领导介绍

向书兵，男，1966年9月生，大专学历，科级干部，中共党

馆长、副馆长亲力亲为、给馆里搬运新书籍

馆内工作人员合影

电子阅览室

少儿阅读区

流通部一角

澧源镇中学志愿者参观图书馆

小学生读者在临时少儿区阅读

举办电脑知识讲座

员，馆长。1988年1月至1996年4月，在五道水乡人民政府任团委书记、司法所长、公安助理、纪委书记。1996年至1998年，在五道水政府组织人事部任副部长。1998年9月至2006年在龙潭坪人民政府任党委书记、镇长。2006年2月至2010年，在芭茅溪人民政府任工会主席、党委委员、2010年至2011年8月，在瑞塔铺人民政府任职。

顾庆军，男，1974年7月生，大专学历，中共党员，副馆长。1993年12月至2005年12月，参加中国人民解放军，2006年至今在文广新局桑植县图书馆任副馆长。

未来展望

湖南省桑植县图书馆遵循“科学、效率、创新、发展”的办馆方针，即完善单体服务功能，扩大服务辐射区域。重点抓基础建设，补缺补漏。加大地方文献征集力度。加强开展系列知识讲座，发挥图书馆的阅读引导作用。拓展图书馆职能，发挥图书馆的教育职能。通过创建学习型组织的形式来提高图书馆员的素质，建立起一支能提供优良服务的队伍，进一步规范图书馆管理工作，创新机制，营造全馆良好的学术工作氛围。在不断强化自身综合实力的同时，在未来的几年里，湖南省桑植县图书馆将在现有的基础上，在全县加大宣传图书阅读力度、提高服务质量。达到全县一流图书馆的基本标准。

联系方式

地　址：湖南省张家界市桑植县
邮　编：427100
联系人：向书兵

元宵节与全县人民进行闹元宵活动

志愿者帮助馆内整理旧书库

安化县图书馆

概述

安化县图书馆成立于1977年2月，与县文化馆合署办公。1982年7月，新馆舍建成后迁入现有馆舍，当时在全省县级公共图书馆中，馆舍规模处于领先地位。1994年我馆参加首次县级公共图书馆评估定级，评为"国家三级图书馆"。1998年晋升为"国家二级图书馆"。2004、2009、2013年三次参加全国公共图书馆评估定级，均获"国家二级图书馆"。安化县图书馆是全国文化共享工程支中心之一。

业务建设

现有馆舍建筑面积2530平方米，主楼1572平方米，其中书库面积720平方米，可藏书25万册。馆内设有外借室、综合阅览室、电子阅览室、多媒体活动室、少儿室、咨询室、地方文献室。共有阅览席242个，有电脑35台，其中：服务器4台，电子阅览室计算机25台，其他办公室、服务窗口共10台。拥有10M光纤专线接入，馆内有有线局域网和无线局域网络。2012年年补助经费97万元，其中县财政补助收入80.6万元，国有资产租赁收入16万元，较2011年财补收入67万元，增长了31%。每年列入县财政预算的专项购书经费13万元，免费开放经费5万元。2012年，新增加图书2550册，2050种，其中自购1050种，接收捐献950种，期刊合订本556册，报纸合订203册，光盘等视听文献入藏50件。地方文献收集28册。2010年共享工程设备到位，2012年图书馆管理系统Interlib已投入使用，初步实现了图书管理自动化。

读者服务工作

安化县图书馆始终秉承"一切为了读者"的服务理念，所有服务窗口全实行免费开放：免费阅览、免费外借、免收读者办证工本费，并免费开展丰富多彩的读者服务活动。每周开放时间为58小时，电子阅览室、多媒体室，咨询室每周开放16小时。所有服务窗口实行全开架阅览，是安化县政府信息公开查阅点。每年举办各类读者活动4—6次，如宣传4.23世界读书日，服务宣传周，征文，书法展，讲座等。在馆外设有流通服务点、流通站15个：即平口文化馆图书室，武警中队图书室，柘溪，马路文化站等图书室。2012年到各个服务点送书达2千册。

业务研究、辅导、协作协调

2010年在省、县、市内刊交流报上发表通讯报道16篇，2011年9篇，2012年12篇。每年向省、市馆提供安化县地方资料10多册。与省馆每年签订数字资源共享协议。安化县图书馆与大学图书馆加强联系，2010年受赠益阳市城市学院图书馆图书1216册，1757种。

2010年，在湖南省洞庭湖区第八届学术交流会上论文"浅析网络时代基层图书馆建设建立学习型图书馆"荣获优秀奖，2013年第九届洞庭湖区学术交流论文"发挥图书馆公共文化服务职能，推进学习型社会建设"荣获二等奖，"关于构建服务型图书馆的思考"荣获三等奖，"新形势下公共图书馆未成年人服务研究"荣获优秀奖。2012年编印的《农家之友》已印发到各个乡镇文化站、"农家书屋"网点。

安化县图书馆对全县各乡镇、学校图书室作了调查，重点对羊角塘镇文化体育站图书室、柘溪镇文化站图书室、东坪完小图书室、平口文化馆图书室、梅城文化馆图书室等15家图书室多次上门进行图书分类、编目等业务辅导。

管理工作

安化县图书馆现有工作人员14人，退休人员6人。在编人员大专以上文化程度的12人占85%；高中以上文化程度2人，占15%；有馆员职称的8人占57%，助理馆员以上6人，占职工总数的43%。全员实行绩效考核，竞聘上岗。建立健全财务会审制度，严格资金管理。维护管理好设施设备，作好财产清理登记。建立健全学习、工作制度，责任到人，奖罚严明，极大的调动了全馆干职工的积极性。

表彰、奖励情况

2009—2012年，各项工作多次得到上级部门的充分肯定，获表彰奖励20多次。其中，2009年获得湖南省少年儿童"和谐湖南"美文诵读比赛活动决赛金奖；2012年湖南省劳动竞赛"争创工人先锋号，争当五一先锋奖"先进单位；2009年至2012年每年都被评为益阳市图书馆学会先进单位等。

馆领导介绍

吉亦军，男，1971年5月生，本科学历，中共党员，中级职称，馆长。

王安群，女，1971年10月生，大专学历，中级职称，副馆长、工会主席。

未来展望

安化县图书馆将在今后的工作中按照省、市有关要求，进一步寻找差距，狠抓落实，争取政府加大投入，改善馆舍条件，引进高素质人才，解决人员严重老化的实际现象，充分利用信息共享工程和图书馆自动化建设，丰富馆藏，满足广大读者的需要，知难而进，团结拼搏百竿一尺，更上一层楼！

联系方式

地　址：安化县东坪镇建设路28号
邮　编：413500
联系人：吉亦军

沅江市图书馆

概述

沅江市图书馆始建于1958年，迄今已有50多年的历史，由于馆舍陈旧，1995年，在原址上筹建新馆，1997年新馆落成开馆服务读者。新馆建筑面积2787平方米，现有工作人员24人，其中离退休7人，借调局机关2人，大专以上学历19人，中级职称12人，初级职称4人。在1998年、2004年、2009年、2013年四次全国公共图书馆评估定级中被评为"二级图书馆"。藏书160915册，年订报刊300余种，可容纳读者座位220个，开设了报刊综合阅览室、综合图书外借室、少儿借阅室、参考咨询室、电子阅览室、国图文库、多媒体室、便民阅报室等8个服务窗口，所有服务窗口均对外实行免费开放，免费为读者提供办证、咨询、借阅等服务，现拥有常年持证读者5000余人，年接待读者10万余人次，年外借图10万册次左右。

业务建设

截止2012年底，总藏量达到160915册，其中成人书106400册，少儿书16599册，古籍18787册，过刊15235册，过报1347本，地方文献2000册，电子文献、视听文献547种等。图书年入藏2100种以上，报刊年入藏量215种；2010年起单列购书经费由5万元增至10万元，新增藏量购置费10万。

2010年共享工程设备到位后，按标准建成电子阅览室、多媒体视听室、中心机房，成立信息资源部，配备专职工作人员，建立文化信息资源共享工程沅江市支中心，挂牌成立"沅江市政府信息公开查询点"，电子阅览室实行全天候、全免费开放制度。

读者服务工作

1、沅江市图书馆每周开放58个小时以上，便民阅报室开放时间115小时。年外借册次10万以上，年流通总人次12万人次左右，实行全开架服务。

2、为地方经济提供信息服务，编辑了专题书目索引和二次文献，年免费发放1000份以上，年解答咨询量500条以上。为特殊群体提供服务，通过开展活动、预约借书和送书上门等服务加大了对老年读者、少儿读者及残疾人读者的关注和关爱；设立了图书服务点6个，已挂牌3个，一百九十多个行政村基本上村村建有农家书屋，沅江市图书馆定期对农家书屋管理员进行走访，提供必须的图书用品，每年举办1–2次管理员培训班。

3、2009–2012年，沅江市图书馆共举办讲座、展览、培训、阅读推广等读者活动100场次，参与人数10万人次以上。每年各类读书活动至少10次以上，特色活动如少儿书画比赛已连续坚持了21年。

业务研究、辅导、协作协调

2010年，在洞庭湖片区图书馆协会第八届年会上，沅江市图书馆组织推荐了优秀参评论文3篇，其中荣获三等奖二篇、优秀奖一篇；2012年，在洞庭湖片区图书馆协会第九届年会上，沅江市图书馆组织推荐了优秀参评论文3篇，其中荣获一等奖一篇、三等奖一篇。

搞好基层馆室建设，通过捐书、捐柜、辅导、培训，2009年–2012年先后扶持建设基层图书馆室10多个。组织业务培训年4次以上，参加培训200多人次，不定期地组织业务骨干深入各基层馆室进行业务摸底、调查、辅导，及时掌握情况，对有困难的基层馆室及时提供力所能及的帮助。

开展协作协调，实现资源共享。沅江市图书馆以自身为中心辐射二条线，即（1）学会线，通过加强学会组织建设，联合各学校、厂矿、部门的图书馆（室），有计划、有目的地开展一系列活动，加强横向联系，做到以点带线，以线盖面，形成共同发展的良好趋势。（2）基层线，随着农家书屋建设工程的快速发展，基层图书室的覆盖面增大，通过开展送书下乡，科技版面展览，科技资料发放等等，纵向联系越来越密切，形成市、乡、村图书馆协作网络，从而实现资源共享。

管理工作

沅江市图书馆按需设岗，由馆领导指派各部门负责人组合人员上岗，无人组合的通过学习后再竞聘上岗。制定制度，定岗定量，业务指标落实到人；全年两次考核，考核数据作为年终评优评先的重要依据。严明财务纪律，坚持财务会审制度，坚持一支笔审批单据，财产什物一律登记造册，责任到人，每年进行一次清点，开源节流，勤俭办馆。

表彰、奖励情况

2009年获得湖南省图书馆学会"图书馆服务推广周活动优秀奖"、沅江市"三八红旗集体"、"先进基层党组织"、"科普工作先进单位"的光荣称号；2010年被评为沅江市绩效考核市直独立二级机构先进单位；2010、2011、2012连续三年被评为沅江市文广新系统绩效考核先进集体；2011年沅江市图书馆选送的参赛作品获得了全国"阳光少年热爱党"电脑小报设计比赛小学组一等奖及小学组优秀奖；2011年组织的少儿红读活动获得了中共湖南省委宣传部、湖南省文化厅、湖南省教育厅共同颁发的红色经典读书活动组织奖；2012年获得益阳市"巾帼文明岗"光荣称号；2013年获得湖南省"巾帼文明岗"光荣称号。

馆领导介绍

晏毅刚，女，1969年10月生，大专学历，中共党员，馆员，馆长兼支书，1988年参加工作，主持全馆工作。

邓晓慧，女，1971年3月生，大专学历，中共党员，馆员，副馆长，1988年参加工作，分管党务、业务工作。

徐艳，女，1973年生，大专学历，馆员，副馆长，1999年参加工作，分管工会、计生、后勤工作。

符红，男，1968年生，大专学历，中共党员，馆员，副馆长，1986年参加工作，分管办公室、综治、创卫工作。

未来展望

沅江市图书馆始终秉承"以人为本、读者第一"的服务理念，不断改进服务方式、加强藏书建设、提高人员素质、深化服务层次，尽可能地满足读者的阅读需求，最大限度地为读者提供最优质的服务。几年来虽取得了一定的成绩，但与县市级一级馆相比，仍存在一定的差距，未来任重而道远。对于存在的问题，沅江市图书馆将尽快进行各项整改工作，尽最大能力争取当地政府和财政的政策扶持、经费扶持，并将按照省市主管部门相关要求，狠抓落实，进一步缩小差距，改善办馆条件，提升服务质量，确保二级馆成功达标的同时，创造条件为迈入一级馆的行列作好充分的准备。

联系方式

地　址：沅江市中山街路27号
邮　编：413100
联系人：符　红

嘉禾县图书馆

概述

嘉禾县图书馆前身为“学海图书馆”，初建于民国17年（公元1928年）3月。由原县教育局长李崇本倡导发起创办，其个人藏书941卷，计2478册，为嘉禾县公共图书馆之始。次年更名为嘉禾县图书馆。1936年省教育厅分发给嘉禾图书馆《万有文库》第一、二集共3440册，并改设为“县民众图书馆”，1940年9月撤消“县民众图书馆”，成立县“民众教育馆”，内设“图书室”，有藏书6050册。后因管理不善，战事纷繁，阅览者甚少，使该馆时停时办，一直延续到1949年。1950年11月，经县人民政府批准成立“县人民教育馆”（即现在的县文化馆），内设“图书室”，共有藏书1.3万册，直到1983年10月27日，经上级批准成立“嘉禾县图书馆”，接收原县文化馆图书室图书1.3万册。1984年3月，投资20万元新建馆舍。由开国上将肖克将军题写“嘉禾县图书馆”馆名。馆址位于嘉禾县珠泉镇人民北路28号，占地1998平方米。根据形势发展的需要，1994年12月立项动工，投资50万元在临街新建一栋框架结构的四层阅览综合大楼，1996年5月竣工交付使用。现共有业务用房1570平方米。2013年参加全国公共图书馆第五次评估获得二级图书馆。

业务建设

截至2013年底，嘉禾县图书馆总藏量达22万册（件），其中纸质文献10万册（件），电子图书12万册。嘉禾县图书馆购书经费由原2000年的一万元增至目前的10万元。现每年新增藏量1200种4000册，订阅报刊130余种，杂志期刊120余种，2006年投入5万元建起了图书管理内部局域网，购买了ILAS小型版图书管理软件。2011年国家投入68万元建起了文化信息资源共享县级分中心，同年投入6万元开办了流量为20兆的光纤网电子阅览室。2012年又投入8万元建起了多功能室，图书馆按照国家和上级的规定，于2012年初对全民实行免费开放，馆内设有综合外借处、报刊阅览室、少儿图书阅览室、过刊查询室、文化共享工程嘉禾分中心、电子阅览室、多功能室、采编室，肖克将军赠书专藏室，各界人士赠书专柜特藏室，老年大学电脑培训基地等服务窗口。

读者服务工作

从2012年开始，嘉禾县图书馆每周免费开放7天，56小时。现每年接待各类读者达11.5万人次，其中内阅达4.5万余人次，外借各类图书文献5万余册次，电子阅览室接待4.8万人次，现在共有持证读者达1560余人。

2011年—2013年嘉禾县图书馆共举办讲座、展览、培训、阅读推广、读书竞赛、读书征文等活动38次，参与人数达5.8万人次。2011年—2013年间本馆的读书竞赛活动分别在省、市获得一等奖一次、二等奖四次、三等奖八次。

业务研究、辅导、协助协调

2011年—2013年，嘉禾县图书馆干部、职工报送发表论文达12篇，其中获一等奖3篇，二等奖3篇，三等奖4篇，优秀奖2篇，该馆的《科技读者群带来丰硕的经济成果》和《走出馆门、服务社会》分获湖南省共公图书馆为两个文明建设服务成果评选一等奖和二等奖，《发挥馆藏优势，服务企业创品牌》等6个项目获省级三等奖。

嘉禾县图书馆还经常开展送科技图书和科技信息下乡活动，现常年联系的科技重点读者达45户。

2009年—2013年，嘉禾县图书馆承担对全县252家农村、社区农家书屋的布点、创建，上架分编，业务辅导与培训，免费开放和具体业务指导工作。由于该馆的大力支持和积极工作，嘉禾县连续三年荣获省、市“农家书屋”建设工作先进集体和先进单位。2013年又协助县委老年委、关工委创建242家农村老年人及留守儿童读书屋，由于工作出色，被市老年委和关工委评为先进单位及先进个人。从2010年开始，嘉禾县图书馆还负责对全县农村、社区242个文化共享工程基层服务点的建设，布局开通和业务辅导，操作人员培训和日常技术维护工作。

管理工作

2010年以来，嘉禾县图书馆建立了一整套切实可行，又便于操作的各项规章制度，进一步规范了日常工作，做到有章可循，有规可依，为了调动干部职工的工作积极性和主动性，分别于2010年和2014年进行了窗口、岗位和中

图书馆服务宣传活动掠影

庆元宵灯谜竞猜活动

嘉禾图书馆电子阅览室

层骨干的竞聘上岗活动。建立了各岗位工作量化考核体系，每月进行工作通报，每半年和全年进行工作总结和考核，并把考核结果应用到年终评先评优和奖金发放工作之中。

表彰、奖励情况

从1983年建馆至今，嘉禾县图书馆先后被评为“湖南省文化系统先进单位”，“湖南省文明图书馆”、“湖南省文化工作先进集体”、“湖南省文明卫生单位”、“郴州市文明建设先进单位”、“郴州市园林式单位”，前后18次被市评为图书馆工作目标管理先进单位，“嘉禾县文明标兵单位”，“嘉禾县红旗党支部”。1998年和2003年被国家文化部评定为“国家三级图书馆”，2009年和2013年被国家文化部评为“国家二级图书馆”。

馆领导介绍

郭友生，男，1958年5月出生，大专文化、馆员、政工师，中共党员，馆长（党支部书记），1976年2月参加工作。1996年12月调入嘉禾县图书馆工作，任副馆长。2000年经竞聘，任馆长兼党支部书记，先后13次被县政府授予嘉奖，8次被县委评为优秀共产党员，一次被县政府荣立三等功。前后二次被省人事厅、文化厅荣立二等功，2003年被县委、县政府评为“优秀知识分子工作者”，2012年被县委、县政府评为“十佳复员退伍军人”。

黄艳芳，女，1971年10月出生，大专学历，中共党员，馆员，副馆长。1990年7月参加工作，1995年12月调入嘉禾县图书馆。先后在外借室、阅览室、采编室工作，2007年任副馆长。先后7次被县政府评为嘉奖，8次被县文广新局评为先进个人。

未来展望

嘉禾县图书馆“秉承读者第一，服务至上”的服务宗旨，潜心为读者服务，为嘉禾的三个文明建设服务，为建设“生态嘉禾、文化嘉禾、幸福嘉禾”服务。将充分利用馆藏资源，科技信息，现代服务手段，为广大读者服务，引导读者学知识、学科学、用科学，走科技致富的道路，积极开展各种读书竞赛，阅读与推广活动，吸引更多的读者走进图书馆，了解图书馆，应用图书馆，真正把图书馆办成了没有围墙的大学。在加强硬件建设的同时，还应抓好软件服务，要突出品牌和亮点，抓好基础和特色服务，力争用几年时间，争创并达到国家“一级图书馆”的目标。

联系方式

地　址：湖南省郴州市嘉禾县珠泉镇人民北路28号
邮　编：424500
联系人：郭友生

嘉禾图书馆一角

临武县图书馆

概述

临武县图书馆早在清朝同治年间已初具雏形，民国十九年（1930年）创建了县民众图书馆，民国二十七年（1938年）县民众教育馆成立，图书馆与之合并。新中国成立后，图书馆设在县文化馆内，一九八一年八月二十一日临武县图书馆正式挂牌成立。一九八七年在武水河南岸东塔路旁征地4.1亩建了馆舍。随着社会经济的不断发展，原馆舍已不能适应新时期的发展要求和广大读者的需求，于二00三年重新改建成了现在的图书馆综合大楼，二00八年又兴建了“文化信息资源共享工程”综合楼。二0一0年被国家文化部定级为“国家三级图书馆”，二0一三年定级为“国家二级图书馆”，目前馆藏图书7万多册，涵盖社会科学、自然科学、工农商学各门类学科以及小朋友喜欢的少儿读物等，设有综合外借室、报刊阅览室、多功能报告厅、综合书库、电子阅览室等服务窗口。自二0一一年十月一日起全面向社会实行免费开放。

业务建设

截止2013年，临武县图书馆总藏量74863册（件），其中，纸质文献55263册，各种电子图书17800多册，影像资料（光碟）1800多张。馆舍面积2560.4平方米，2010年建成文化信息资源共享工程临武支中心，电子阅览室，50兆光纤流量接入，目前有计算机35台，可供读者使用计算机30台，电子阅览室运行经费每年8万元，图书购置费10万元，2012年建成了临武县图书馆网站和图书馆自动化管理系统。

读者服务工作

近年来，临武图书馆根据中央关于公共图书馆免费开放的相关文件精神和要求，结合本图书馆实际情况，制定了图书馆免费开放工作实施方案和相关措施，修改了办理借书证程序和办法，完善了图书借阅的管理制度，服务窗口实行全周制向社会实行免费开放服务，周开放56小时，方便和满足了广大学生读者、工作人员、外来从业人员和农民的读书需求，免费开放服务工作成效明显凸现。2009-2012年，书刊总流通208257人次，书刊外借152605册次。建成了6个基层流动图书服务点。2009-2012年，共举办讲座、展览、培训、阅读推广等读者活动51场次，参与人数36657人次。为临武县精神文明建设工作和地方经济、文化建设作出了贡献。

业务研究、辅导、协作协调

从2010年起，临武县图书馆以文化信息资源共享工程为平台，充分利用文化信息资源经常开展送科技图书和科技信息下乡活动，充分利用馆藏图书资料和科技信息为读者服务，积极引导读者学以致用，走科技致富的道路，现常年联系的临武鸭养殖、朝天辣椒、红心桃、香芋种植等农业科技重点读者达18户。近年来，对全县文化信息资源共享工程的网络覆盖建设及农家书屋、社区、基层图书室的布点和图书分编、上架、借阅管理等业务开展了多次不同程度和不同形式的免费辅导与培训工作。2009年-2012年为“临武傩戏”成功申报为国家级非物质文化遗产保护项目提供和查询了大量的历史文献信息资料。

管理工作

2009年以来，建立健全了一整套切实可行的各个岗位管理制度，进一步规范了日常工作，进行了窗口岗位的竞聘上岗活动，内部岗位实行一年一聘制，人事管理实行三年一聘制，建立了各岗位工作量化考核体系，并根据不同情况不断完善，每年进行小幅度调整，每月进行工作通报，每季度抽查文献排架1次，每半年进行工作小结，全年进行总结和考核，并把考核结果与年终评先评优等工作相结合。

表彰、奖励情况

2009-2012年，临武县图书馆共获得各种表彰、奖励17次，其中，省级表彰、奖励4次，市级8次，其他奖励5次。

2013年被授予临武县文明单位，郴州市文明卫生单位。

馆领导介绍

王贤珍，男，1965年6月生，中共党员，大专学历，馆员职称，馆长。

李玉玲，女，1962年4月生，中共党员，大专学历，副馆长。

未来展望

临武县图书馆秉承“读者至上，竭诚服务”的服务宗旨，坚持“资源、管理、服务”三位一体的发展思路，进一步完善服务功能，扩大服务辐射区域，带动全县图书事业发展。2012年，临武县文化中心建设正式启动，内设一座4000平方米的图书馆新馆，今年底将交付使用，我们将以最新的建设理念，科学合理布局其服务功能，以数字化、网络化建设为契机，实现纸质资源与数字资源的无缝对接与服务，全面提升服务层次，把临武县图书馆建设成资源配置合理、馆藏布局科学、服务功能完善、技术保障有力、员工素质全面、管理工作有序、阅览环境优美的图书馆，力争用几年时间，争创达到国家“一级图书馆”的建设目标。

联系方式

地　址：临武大道37号
邮　编：424300
联系人：王贤珍

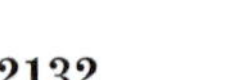

资兴市图书馆

概述

资兴市图书馆的前身可追塑至清朝嘉庆年间的"尊经阁"有藏书90余种，共计图书2400余册。民国二十四（1935）年资兴县成立民众图书馆，1949年资兴民众教育馆与资兴民众图书馆改为资兴县人民文化馆，内设图书室，对外开放。1983年12月7日资兴县图书馆正式成立。1985年资兴撤县建市，资兴县图书馆更名为资兴市图书馆。现馆舍座落于资兴市晋宁路与大全路交汇处(资兴市唐洞街道办事处大全路68号)，始建于1992年，1998年正式建成开放，占地6.35亩，总投资254万元，总建筑面积3065平方米。设计藏书容量80万册，可容纳读者座位500个。2004年，参加第三次全国公共图书馆评估，首次获得二级图书馆。2013年参加全国公共图书馆第五次评估获得二级图书馆。

业务建设

截止2012年底，资兴图书馆总藏量116702册（件），其中，纸质文献96702万册（件），电子图书2.5万册。

2010年，资兴市图书馆新增购置费10万元，2011年新增31万元，2012年增至40万元。2010–2012年，共入藏图书20552册，报刊361种，电子图书2.5万，书架20组。

2010年5月12日，全国文化信息资源共享工程资兴支中心正式启用，建有电子阅览室、多媒体会议室和中心机房。截止2012年底，资兴市图书馆数字资源总量为3.6TB，其中，自建数字资源总量0.2TB。2012年，完成《白薇文献资源》数据库建设。

读者服务工作

资兴市图书馆全年365天天天对外免费开放，周开放73.5小时。2010–2012年，书刊总流通30.1626万人次，书刊外借20.13806万册次。自从使用图书馆自动化集成系统以来，全部馆藏以开架方式对外借阅，开架率达100%，并且对图书架位有专门人员维护管理。架位的正确率在96%以上。2012年共办图书借阅证1003个，目前拥有读者4216人，接待读者139516人次，外借图书102322册次，内阅41530人次，78246册次，电子阅览室接待读者16618人次，完成一般咨询736条，代读者检索课题32次，预约借书81册，电话续借105人次，邮寄借书11次。

2012年11月，与文化服务自愿者建成10个"春苗书屋"，举办"春苗书屋"读书活动12次，服务人数达3000人。

资兴市图书馆发布使用的数字资源总量为22种，0.3TB，可通过资兴市图书馆网站提供检索、浏览和下载服务。

2010–2012年，资兴市图书馆共举办讲座、展览、培训、阅读推广等读者活动79场次，参与人数8万人次。

业务研究、辅导、协作协调

2010–2012年，资兴市图书馆职工发表论文1篇，出版专著1部。

自2007年资兴市建设农家书屋以来，资兴市图书馆对全市农家书屋管理员进行业务培训、指导96次，培训人数500多人次。资兴市图书馆先后派人到唐洞社区、晋宁社区举办实用科技技术讲座、就业培训讲座等；到资兴市一完小、二完小图书室指导学生做好读书卡片；辅导资兴市委党校、东江湖摄影艺术馆、东江街道办事处星红村建设图书室。截止2012年底，资兴市图书馆派出业务骨干共43人次，协助、辅导30个单位。

白薇，原名黄彰、黄鹂，别名黄素如，1894年2月出生于湖南省资兴市，是三十年代著名女作家，资兴市图书馆组织相关专家编撰《白薇文集》，编撰工作从2012年5月11日正式启动。期间，资兴市图书馆多次组织人员远赴北京、上海、长沙等地，收集白薇生前散落的手稿等作品。2014年3月，历时两年的辛苦编撰，《白薇文集》（共四卷）终于由湖南人民出版社正式出版。

管理工作

资兴市图书馆把干好本职工作、促进事业发展、服务社会大众作为重要任务，在管理上求规范，气氛上求和谐，作风上求垂范，服务上求实效，全馆上下团结拼搏，自我加压，开拓创新，出现了干实事、求实效的工作局面。一是坚持"以人为本"，把思想政治工作与奖惩措施结合起来，重实绩、重贡献，收入分配向优秀人才和关键岗位倾斜。二是建立健全了学习制度、工作制度、考勤制度、服务准则和绩效考核制度，做到管理有章可循。三是做好办公室工作、职工考核、参考咨询、课题服务、业务辅导等资料立卷装订存档。四是做好消防、保卫、综合治理工作，全面排查消防和安全保卫措施，确保免费开放后的公众、设施安全。五是规范工作行为，优化工作环境。

表彰、奖励情况

截止2013年，资兴市图书馆共获得表彰、奖励27次，其中，省级5次，郴州9次，资兴13次。

馆领导介绍

黄仕华，男，1977年4月生，大学文化，中共党员，馆长。1997年9月参加工作。

石宏，男，1968年11月生，大学文化，中级职称，副馆长。1990年12月参加工作。

何洪海，男，1983年2月生，大学文化，办公室主任，2010年7月参加工作。

展望未来

资兴市图书馆将坚持以读者为中心，全力做好读者服务工作，积极争取财政支持，进一步完善阅读环境及扩充馆藏量；以资兴市图书馆为中心，以全市306家农家书屋、100家休闲读书吧为网点，努力打造覆盖全市的免费读书网络化格局，为资兴文化兴市夯实基础，助推资兴文化大发展、大繁荣。

联系方式

地　址：湖南省资兴市大全路68号
邮　编：423400
联系人：黄仕华

双牌县图书馆

概述

双牌县图书馆初创于1973年，时名为双牌县文化馆下设图书室。1976年3月，正式成立双牌县图书馆。2010因原馆舍建造简单，已老化属危房，2012年1月搬迁至位于林峰路的新建馆舍，新馆址占地2.9亩，总面积2100平方米，建筑面积1350平方米，设计藏书容量10万余册，可容纳读者座位450个。2005年12月，获得全国文化信息资源共享工程赠送的电脑及卫星接收设备1套。2010年12月，获赠文化部全国文化信息资源共享工程电脑30台，建立全国文化信息资源共享工程县级支中心，接入10M光纤专线、信息节点一个，机房配备4台服务器，内、外置存储容量共7.5TB。2010年选用文津图书馆自动化管理系统。2012年底，全馆共有供读者和工作人员使用的电脑63台，从1996年至2009年连续四届被评为三级图书馆，2013年被评为二级图书馆。

业务建设

截止2012年底双牌县图书馆总藏量14.75万余册，其中纸质图书8.5万余册、视听文献3500（件）、电子图书1.0万余册、报刊4.7万余册（种）、地方文献890种，1200余册。2007至2013年共接收省政府赠送湖湘文库图书一套计750册。

2012年财政拨款71.4万元。2012年图书入藏11189种订阅报刊120余种，视听文献80种，征集地方文献10种40余册。文献整理按照《中国图书馆分类法》标引文献，使用《普通图书著录规则》著录图书。馆内设有公务分类目录、公务题名目录、读者分类目录和读者题名目录等4套检索目录，建立了比较完整的传统馆藏目录体系。

读者服务工作

自1990年1月以来，双牌县图书馆实行所有服务窗口全年开放（节假日不闭馆），每周开放56小时。2010年1月1日起，提前实行全面免费开放。同年8月，通过在全县15个乡镇的195个行政村195家书屋设立服务点、流通站并加强对机关、企事业、学校、乡镇图书室的协作协调，扩大读者阅读系列活动。2012年年外借册次达70830万册次，年流通总人次达82630万人次。

2010年起，双牌县图书馆注重为县委、县政府领导决策和社会事业发展，以及为科学研究与经济建设提供信息服务，多次被表彰为年度工作和信息服务先进单位。

2012年，双牌县图书馆先后举办讲座、报告会和培训班28场次，培训内容涉及老年电脑培训、地方文化、民俗摄影、膳食营养、城市建设、古典文化、种植养殖、科普知识等方面，参与人数1360人次。

业务研究、辅导、协作协调

2010年，盘德荣撰写的论文《农家书屋工程建设的问题分析》发表于当年《湖南图书馆通讯》第五期；2011年胡燕萍撰写的论文《基层图书馆的尴尬与自身作为》发表于当年《湖南科技资讯》第33期等论文。

双牌县图书馆针对本县基层图书室和农家书屋现状就业务辅导工作首先定位于微观辅导方面，给予具体的业务帮助和指导，并开展图书馆志愿者服务活动。

为打造城乡一体化文化服务体系，双牌县图书馆以本馆为龙头，以乡镇文化站图书室为纽带，依托农家书屋，建立起遍布城乡的县、乡、村三级图书服务网络。并在其内起到承上启下的协作协调作用。

管理工作

2009年1月以来，双牌县图书馆实行竞争上岗和全员聘任制，注重“以人为本，制度管人”的原则，制定一系列规章制度和工作量化考核体系，每月进行工作统计和通报，每半年和全年进行总体工作考核。

表彰、奖励情况

至2012年止，双牌县图书馆荣获各种表彰、奖励26次，其中获省级奖项2次，市级奖项5次，县级奖项19次。

领导介绍

盘德荣，男，1958年5月生，高中文化，中共党员，馆长。1990年参加工作，1995年5月曾任本县理家坪乡政府副乡长，1998年8月任本县上梧江瑶族乡政府副乡长，2004年1月任双牌县图书馆馆长。

卢秋凤，女，1966年7月生，高中文化，图书馆副馆长。1990年4月参加工作，1991年曾任本县尚仁里乡文化站长，2002年9月调图书馆，2009年任图书馆副馆长。分管财政、内务、办公室工作。

胡燕萍，女，1972年6月生，自考本科文化，中共党员，中级职称，副馆长。1995年8月参加工作，2009年任图书馆副馆长。分管业务、图书采编、地方文献和农家书屋工作。

未来展望

跨入21世纪的双牌县图书馆将以建设现代化、数字化图书馆为发展目标，利用先进的计算机技术和数字信息查询系统，开展各种图书服务系列活动，丰富农村精神文化生活，提高广大人民群众整体素质，为推动双牌经济又好又快发展提供智力支持，实现科技和文化的完美结合，努力把双牌县图书馆办成知识信息中心和文化休闲教育中心，成为全县重要的知识信息枢纽和四个文明建设的重要阵地。我们相信在党的十七届六中全会和十八届三中全会精神和文化部、财政部关于全面推进免费开放政策的指引下，这对于正在探索中前进的双牌县图书馆人来说是一个巨大的精神鼓舞，更是明确的政策指南。“长风波浪正当时，直挂云帆济沧海”双牌县图书馆的文化之舟一定能激发出强劲动力。我们要高举科学发展的风帆，沿着全面建成小康的社会主义文化的航向，驶向文化事业和文化产业比翼齐飞的新天地，双牌县图书馆的明天会更加美好！

联系方式

地　址：湖南双牌县林峰西路
邮　编：425200
联系人：盘德荣

宁远县图书馆

概述

宁远县图书馆的前身是民国五年(1916年)创立的宁远县通俗图书馆。民国十八年(1929年)十二月十七日，更名为宁远县民众图书馆。1965年5月，正式名为宁远县图书馆。1968年，县图书馆被撤销。1974年，恢复宁远县图书馆建制。馆址几经变迁，1988年7月，位于县城九嶷南路的新馆舍建成开放。新馆址占地4.1亩，建筑面积1563平方米，设3个藏书库，11间业务用房。1999年临街扩建馆舍273平方米，2000年竣工。现馆舍总面积1836平方米，馆藏总量12万余册，工作人员21人，其中副研究馆员1人，馆员5人，助理馆员7人。2003年3月始购置电脑2台、打印机2台，用于图书分编。2005年12月，获得全国文化信息资源共享工程赠送的电脑及卫星接收设备1套。2008年12月，获赠文化部全国文化信息资源共享工程电脑28台，接入10M光纤专线、5个动态IP地址，机房配备4台服务器，建立全国文化信息资源共享工程县级支中心，其内、外置存储容量共6TB。2009年选用Interlib图书馆自动化管理系统。2013年4月，购置触摸屏电子读报刊机一台。至同年底，全馆共有供读者和工作人员使用的电脑50台。1994年至2009年连续四届被评为三级图书馆，2013年被评为二级图书馆。

业务建设

截止2012年底宁远县图书馆总藏量12万余册，其中纸质图书6万余册、电子图书4万余册、报刊2.7万余册（种）、线装古籍3千余册、地方文献406种，685册。2007至2013年共接收省政府赠送湖湘文库图书一套计700册。

2012年财政拨款106.2万元，2013年财政拨款110.6万元。2012年图书入藏15189种订阅报刊180余种，视听文献30种，征集地方文献20种70余册。文献整理按照《中国图书馆分类法》标引文献，使用《普通图书著录规则》著录图书。馆内设有公务分类目录、公务题名目录、读者分类目录和读者题名目录等4套检索目录，建立了比较完整的传统馆藏目录体系。

读者服务工作

自1990年1月以来，宁远县图书馆实行所有服务窗口全年开放，每周开放56小时。2011年5月1日起，提前实行全面免费开放。同年8月，购置流动图书车一辆，通过在14个乡镇和2家农家书屋设立服务点、流通站并加强与学校、乡镇图书室的协作协调，扩大读者群。2012年年外借册次达80920万册次，年流通总人次达90240万人次。2010年起，宁远县图书馆注重为县委、县政府领导决策和社会事业发展，以及为科学研究与经济建设提供信息服务，多次被表彰为年度信息服务先进单位。

2012年，宁远县图书馆先后举办讲座、报告会和培训班26场次，内容涉及老年电脑培训、地方文化、民俗摄影、膳食营养、城市建设和古典文化常识等方面，参与人数1570人次。

业务研究、辅导、协作协调

2011年，黄光群撰写的论文《农家书屋工程建设的问题分析与出路探究》发表于当年《图书馆》第五期；2012年，黄光群、黄春梅参加湖南省图书馆学会论文评比，分别获三等奖和一等奖；同年《图书馆》第四期发表黄光群的调查报告《永州市公共图书馆建设的现状分析与基本思路》。

宁远县图书馆针对本县基层图书室现状就业务辅导工作首先定位于微观辅导方面，给予具体的业务帮助和指导，并开展图书馆志愿者服务活动。

为打造城乡一体化文化服务体系，宁远县图书馆以本馆为龙头，以乡镇文化站图书室为纽带，依托农家书屋，建立起遍布城乡的县、乡、村三级图书服务网络。并在其内起到承上启下的协作协调作用。

管理工作

2011年10月，宁远县图书馆实行竞争上岗和全员聘任制，注重“以人为本，制度管人”的原则，制定一系列规章制度和工作量化考核体系，每月进行工作统计和通报，每半年和全年进行总体工作考核。

表彰、奖励情况

至2012年止，宁远县图书馆荣获各种表彰、奖励41次，其中获省级奖项9次，市级奖项15次，县级奖项17次。

领导介绍

黄光群，男，1965年8月生，本科文化，中共党员，副研究馆员，支部副书记、馆长。1985年参加工作，曾任县文化局办公室副主任、人事股长、财会股长，2002年9月任宁远县图书馆馆长。2003年4月至今为湖南省图书馆学会会员、永州市图书馆学会常务理事。

欧阳艳芳，女，1969年4月生，本科文化，中共党员，馆员，支部书记。1988年10月参加工作，历任宁远县图书馆副馆长、支部书记。

李晓文，男，1976年11月生，自考本科文化，中共党员，馆员，支部委员、副馆长。1994年12月参加工作，先后在图书外借处、办公室、古籍室和地方文献室工作。系中华诗词学会会员、湖南省诗词学会理事。

欧利红，女，1971年6月生，本科文化，中共党员，馆员，副馆长。1990年7月参加工作，2003年调入图书馆工作，先后在图书外借处和阅览室工作。

郑雁，女，1975年11月生，本科文化，馆员，副馆长。1993年9月参加工作，先后在图书外借处、阅览室和采编室工作。

左格樱，女，1968年12月生，大专文化，助理馆员，中共党员，副馆长。1990年7月参加工作，2010年3月入图书馆，曾在电子阅览室工作。

黄松英，女，1971年9月生，本科文化，图书馆员，工会主席。1990年7月参加工作，先后在图书外借处、阅览室、采编室和电子阅览室工作，曾任副馆长。

未来展望

跨入21世纪的宁远图书馆将以建设现代化、数字化图书馆为发展目标，利用先进的计算机技术和数字信息查询系统，开展各种图书服务活动，提高广大人民群众整体素质，为推动宁远经济又好又快发展提供智力支持，实现科技和文化的完美结合，努力把宁远图书馆办成知识信息中心，舜德文化的宝库和文化休闲教育中心，成为全县重要的知识信息枢纽和三个文明建设的重要阵地。

联系方式

地　址：湖南宁远县舜陵镇九嶷中路33号
邮　编：425600
联系人：李晓文

怀化市鹤城区图书馆

概述

怀化市鹤城区图书馆始建于1975年，几经历史沿革及馆址变迁，于1998年由原来的怀化市图书馆正式更名为怀化市鹤城区图书馆，位于怀化市人民南路277号，馆舍面积1574平方米，读者阅览及活动座椅180个。2004、2009、2013年连续三次参加全国公共图书馆评估，均获得二级图书馆。2006年已建成本馆数据库，2010年被命名为全国文化信息资源共享工程怀化鹤城支中心，拥有4台服务器、45台终端、20TB的存储容量、10兆高速宽带网络光纤的电子阅览室和多媒体现代化的报告厅，以及几万余种的电子数字资源。选用ILAS图书馆自动化管理系统。

业务建设

截止2012年底，鹤城区图书馆现已拥有藏书总量25.12万余册，其中本馆12.21万余册，本馆所辖乡镇、街道、社区的分支机构总计12.94万余册；报刊年入藏量（种）736种，视听文献年入藏量（件）446件，地方文献104种186册（已建地方文献数据库）。

本馆数字资源总量达到4TB，并每年与湖南省图书馆签订数字资源共享协议。

读者服务工作

鹤城区图书馆全年对外免费开放，周开放56小时，截止2012年底，书刊总流通30余万人次，书刊外借54万册次；已建成社区流动图书点17个，共享工程基层服务网点96个，乡镇农家书屋75个，馆外书刊流通总人次8余万人次，书刊外借15万余册。

截止2012年，鹤城区图书馆共举办讲座、展览、培训、阅读推广等读者活动148场次，参与人数3.5万人次。其中，2009年在全省阅读推广活动评比中，我馆荣获全省阅读推广先进奖。

业务研究、辅导、协作协调

2009—2012年，鹤城区图书馆职工发表论文13篇，获奖3篇，省级刊物发表2篇。职工参与全省业务培训班6次，12人。

协助省馆、市馆举办业务培训班和读书日活动，与省馆合编《农村科技文摘》等。并协助区委组织部远教中心、社区、乡镇等单位开展各类相关培训。本馆每年定期举办中老年读者免费电脑学习班。

对全区图书馆服务基层网点（共享工程、农家书屋、乡镇街道、社区等）进行定期下乡、下基层业务辅导。

管理工作

2012年，鹤城区图书馆进行全员岗位重新聘任，本次聘任共设18类岗位，有18人重新上岗，同时，建立了工作量化考核指标体系，每半年和全年进行总体工作考核。

表彰、奖励情况

2009—2012年，鹤城区图书馆共获得各种表彰、奖励14次，其中，省政府奖励4次，省文化厅表彰、奖励2次，其他表彰、奖励8次。

馆领导介绍

肖守华，女，1962年3月生，大专学历、中共党员，馆员，馆长，1975年12月参加工作，曾任鹤城区图书馆副馆长，鹤城区少年儿童图书馆副馆长，2005年任鹤城区图书馆馆长，2009年获全区文化工作先进个人，2010年获全区文化系统优秀共产党员，2011年全区组织管理能手称号。

颜淑娟，女，1969年4月生，本科，中共党员，馆员，党支部书记，副馆长，1992年6月参加工作，分管党务、业务工作，2011年获政府嘉奖，2012年获全区文化系统优秀共产党员。

谭宋艳，女，1980年10月生，本科，中共党员，馆员，副馆长，1996年9月参加工作，分管业务工作。

曹君，女，1962年10月生，大专，馆员，副馆长，1980年10月参加工作，分管行政后勤工作。

未来展望

鹤城区图书馆一直以来遵循“读者第一，服务至上”的服务宗旨，2009—2012年，不断强化自身综合实力，在占好阵地服务的同时，努力开拓新的服务领域，创新服务手段，打造以服务社区、服务基层为文化品牌的优质服务，为建设怀化首善区，和谐人文精神做出应有的贡献。

联系方式

地　址：湖南省怀化市人民南路235号
邮　编：418000
联系人：颜淑娟

怀化市鹤城区图书馆书库

综合外借处

中老年免费电脑培训班

沅陵县图书馆

概述

沅陵县图书馆始建于1962年12月，馆舍设福音教堂内，1986年11月，位于沅陵新城辰州中街56号的新馆建成开放，馆舍面积1500平方米，2003年9月又于原馆舍前临街门新增建一栋高4层，面积1260平方米的综合图书大楼。可容纳藏书40万册，读者座位300个，沅陵县图书馆多年来一直坚持为农服务，并取得了较好成绩。2011年被评为全省“服务农民服务基层”，文化建设先进单位，八九十年代至今沅陵县图书馆已先后获全国文明图书馆，全省文明图书馆等荣称。目前，沅陵县图书馆设有外借、阅览、少儿外借、少儿阅览、电子阅览室、参考咨询、自修室，文献资料8个对外服务窗口，有阅览坐席300个，计算机45台，在乡镇设一个分馆，在社区及单位设有5个流通服务点。实现了宽带接入，选用(ILAS)小型版图书馆自动化管理系统。2006年7月成立沅陵县文化信息资源共享工程分中心。2013年参加全国公共图书馆第五次评估获得二级图书馆。

业务建设

截止2012年底，沅陵县图书馆总藏量21万册，电子文献800多科，视听文献30件，古籍2400册，地方文献2500种，7500册。有地方文献专门目录，专人管理，并按要求进行文献标引、著录、进行现代化规范管理，建立了地方文献数据库。

自2009年11月开始沅陵县图书馆每年新增图书购置费和文化共享工程工作运行经费达15万元。2012掉财政拨款总数达97万元以上。

读者服务工作

沅陵县图书馆自开馆以来，坚持每天开放节假日不闭馆，每周开放时间达63个小时，实行免费开放以来，沅陵县图书馆有图书外借室、报刊阅览室、少儿外借室、少儿阅览室、电子阅览室、自修室共6个窗口，实行对外免费服务。2009–2012年，书刊总流通115200万人次，书刊外借100800万册次。

沅陵县图书馆早在90年代就建成1个分馆，5个流动服务点，2009年以来馆外书刊流通总人数82000人次，书刊外借73000册次。沅陵县图书馆坚持20年为农服务，为县域经济建设服务，编印《农科信息》各类《专题书目索引》，2009年以来共编印《农科信息》及《专题书目索引》共20期。编印种、养植专题资料2009年–2012年沅陵县图书馆共举办讲座、展览、培训读者座谈会阅读推广等，读者活动48场，参与人数2.5万人次。利用馆藏文献，把搜集到的各种种养植专业资料到制成光盘赠送给专业户。2009–2012年共制作光盘12种。

业务研究辅导协作协调

近几年来，沅陵县图书馆职工发展论文共10篇，获湖南省学术成果奖2篇。2009–2012年举办8次农家书屋管理员培训。沅陵县乡镇基层图书馆(室)管理员培训4次，为更好服务县域经济，开展定题服务，跟踪服务，参考咨询服务，读者调研，教育与培训等服务。

2004年沅陵县图书馆首次采取全员竞聘上岗，实行绩效考核。

表彰、奖励情况

2009–2012年沅陵县图书馆获各种表彰、奖励8次，省文化厅奖励6次。

馆领导简介

张晓文，男，1958年生，大专学历，中共党员，馆长，助理馆员，副科级干部，1976年下放农村，1983年当兵复员，安排沅陵县图书馆工作，94年任图书馆馆长，2007年兼任湖南省图书馆学会理事，1993年获湖南省为两个文明建设服务成果一等奖。

张绍玲，女，1963年10月生，本科文化，中共党员，副研究馆员，书记，1982年参加工作，1989年任副馆长，2004年任书记，2003年6月获湖南省图书馆学会学术成果一等奖和三等奖。

未来展望

沅陵县图书馆多年来致力于以建设社会主义新农村为目标，面向农村、面向基层，经过几年的实践已探出了一条新路子，并取得较好成效。在未来几年，沅陵县图书馆将根据当地实际出发，构建农村公共图书馆服务体系。逐步在乡镇村建立图书分馆及图书流通站，转移服务对象和服务重点，多层次、多方向地满足农村居民的文化信息诉求，获取学习资源，享受文化娱乐等方面要求。县馆与各分馆及村流通站之间实行书刊配送，预约流转服务方式，为培育造就出社会主义新型农民，建设社会主义新农村发挥更大作用。

联系方式

地　址：湖南省沅陵县辰州中街56号
邮　编：419600
联系人：张绍玲

开展送书下乡活动

你读书，我买单

“讲文明、树新风”文明礼仪知识活动

辰溪县图书馆

概述

辰溪，位于湘西“五蛮之地”，南通云贵，北抵中原，是五溪流域的咽喉要晒，素有“云贵锁钥”之称。早在1925年，辰溪就建立了民众图书馆，馆址设在奎星阁。图书数量很少，到1974年，藏书亦不过3千册，只有管理员1人，只进行图书租借和报刊阅览的服务。新中国成立以后，县里建立了文化馆，文化馆内设立文博组，安排1–2人管理图书，维持了相当长的时间。1961年图书馆曾经从文化馆分离出来，建立县图书馆。1964年又与文化馆合并，成为文化馆的图书室。1983年，成立了辰溪县图书馆。1992年，位于新城先锋路175号的新馆建成开放。新馆占地面积3亩，建筑面积1500平方米。2012年，开设了综合外借室、一般阅览室，少年儿童借阅室、电子阅览室、古籍书库、地方文献室、多媒体报告厅、过刊室、参考咨询室等服务窗口。有成人坐席60个、少儿坐席48个、电子阅览室坐席25个、培训坐席50个。用于服务读者的电脑25台、办公电脑13台，接通了10M的宽带网和政务外网，选用了中数“文津”图书馆自动化管理系统。

业务建设

截止2012年底，辰溪县图书馆总藏量6.5万册（件）。2010、2011年，辰溪县图书馆新增藏书量购置费3万元，2012、2013年增至5万元，2014年增至7万元。2010–2012年共入藏图书7187册，报刊318种，视听文献423件，地方文献入藏量为83种211册。

读者服务工作

从2011年10月起，辰溪县图书馆实行免费开放，周开放时间达60个小时，应用“文津”图书馆自动化系统完成图书的借还手续。2010–2012年，书刊总流通108787人次，书刊外借130167册次。有流通服务点5个，馆外流通总人次53549人次，书刊外借38806册次。2011、2012年利用县电视台的《辰河书香》进行好书推荐、书评等读书活动，每周通过《辰溪手机报》推荐一本好书，建立飞信业务，每月进行三次手机短信新书宣传。

2010底，启动了共享工程辰溪县支中心，建立电子阅览室并实施了免费开放。

2010–2012年，辰溪县图书馆共举办了讲座、展览、培训、阅读推广活动57场次，参与人数52198人次。

业务辅导

2010–2012年，对全县个中小学校图书馆进行业务指导，对全县“农家书屋”进行业务辅导，举办6期图书管理员培训班，38课时，423人次接受培训。

管理工作

辰溪县图书馆把干好本职工作，促进事业发展、服务社会大众作为重要任务，在管理上求规范、气氛上求和谐、作风上求垂范、服务上求实效，全馆上下团结拼搏，自我加压，开拓创新，出现了干实事、求实效的工作局面。一是在认识管理上通过职能调查摸底，制定图书馆管理聘用工作实施方案，给据馆内工作岗位去求，竞争上岗，实行岗位绩效责酬挂钩，极大的调动了职工工作积极性。二是建立健全学习制度、工作制度、考核制度、服务准则和绩效考核制度。三是购置了安全设施，加强了安全管理。四是规范工作行为，优化工作环境，在管理大力提倡微笑多、说话柔、质量好、效率高的服务意识。

表彰、奖励情况

2010–2012年，辰溪县图书馆共获得各种表彰、奖励7次，其中省文化厅表彰1次、市级表彰4次、县级2次。

馆领导介绍

田红，女，1965年11月生，大专学历，馆员，馆长，1984年12月参加工作，2001年任辰溪县图书馆副馆长。

张丽芬，女，1979年4月生，大专学历，馆员，副馆长，1995年11月参加工作。

罗芳，女，1978年3月生，大专学历，助理馆员，副馆长，2006年8月参加工作。

未来展望

辰溪县图书馆遵循“一切为了读者、为了一切读者”的办馆宗旨，扩大服务辐射区域，带动本地区的事业发展。2015年，辰溪县图书馆将迁至刘晓公园内的“辰阳楼”，4层楼，总建筑面积为3500平方米，主要目标是达到县级一级图书馆。

联系方式

地　址：辰溪县先锋路
邮　编：419500
联系人：罗 芳

开展街头服务宣传

流动图书服务点

送书进军营

溆浦县图书馆

概述

溆浦县图书馆前身为溆浦县公立图书馆，建于1930年，首任馆长武绍程先生曾任湖南一师校长，是毛泽东同志的老师。新中国成立后，于1964年正式成立溆浦县图书馆，1980年搬迁到现馆址，现馆舍建筑面积2000平方米。2013年，参加第五次全国公共图书馆评估，被评定为国家二级图书馆。馆内共设有阅览坐席300个，计算机46台，宽带接入20Mbps，使用ILAS图书馆自动化管理系统。

业务建设

截止2012年底，溆浦县图书馆藏书总藏量18.5364万册（件），其中，古籍图书22833册，古籍善本3047册。2009–2012年，溆浦县图书馆年新增藏量购置费10万元。2009–2012年，共入藏中外文图书10074种18572册，报刊514种，视听文献12000册。建有地方文献专架，馆藏地方文献3500多册。

2008年完成了全馆包括古籍在内的图书馆书目数据库建设，建有《溆浦辰河目连戏》、《花瑶挑花》等六个溆浦县非遗保护项目的地方文献数据库。

读者服务工作

溆浦县图书馆自2011年9月1日起全部实行免费开放，服务窗口节假日不休息，全馆每周开放时间56小时。工作人员实行挂牌上岗服务，为方便读者，提高图书利用率，外借书刊全部实行全开架借阅。现有办证读者3500多人，2012年接待读者16万人次，外借书刊17万册次，电子阅览室接待读者1.2万人次。

每年举办图书馆服务宣传周、少儿读书竞赛、广场文化等活动。联合学校开展征文竞赛、演讲比赛、知识竞赛等形式多样的少儿读书活动。少儿读书活动多次在省、市获奖。每年开展送图书下乡活动，为群众免费赠送科技图书6000多册、科技资料20000多份和科技光盘2000多张。

业务研究、辅导、协作协调

2009–2012年，溆浦县图书馆职工发表论文4篇，积极开展县域内图书馆之间的协作协调，建成了以县图书馆为中心馆，学校、机关、企事业单位等多个图书馆（室）、乡镇（街道）图书馆（室）、村（社区）图书室（农家书屋）的图书馆三级服务网络。2012年底全面完成我县的农家书屋建设任务。每年深入到各学校进行业务辅导，每年举办1次以上基层图书馆室管理员业务培训，鼓励各级图书馆从业人员参加各类继续教育。加强与省市及兄弟县市图书馆的合作和协调。

管理工作

2010年，溆浦县图书馆完成第一次岗位设置，本次共设置岗位15个，实行了全员聘任。建立了一套切实可行的科学管理制度。培养图书馆人“敬业爱岗、无私奉献”的良好道德风尚，推行每月考勤与津补贴挂钩的办法，年终按照“德、能、勤、绩”四个方面来综合考核评定，奖勤罚懒。实行按需设岗、双向选择、择优上岗、竞争上岗。在用人机制上，全面推行全员聘用制。

表彰、奖励情况

2009–2012年，溆浦县图书馆共获得各种表彰、奖励18次。

馆领导介绍

张小武，男，1973年4月生，本科学历，中共党员，中级职称，馆长。

陶金，男，1959年12月生，本科学历，中共党员，中级职称，党支部书记。

邓军，男，1968年5月生，大专学历，中共党员，中级职称，副馆长。

舒晓康，男，1971年10月生，大学专科学历，中级职称，副馆长。

未来展望

溆浦县图书馆将逐步实现全县图书馆服务网络的资源共享，充分发挥地区中心图书馆的作用。将进一步构建资源优质丰富、技术先进实用、传播高效互动、服务便捷贴近、管理科学规范、体系完整可控的公共数字文化传播服务体系，使文化共享工程真正成为城乡群众参与文化娱乐、获取科普信息、接受教育培训、享受惠民服务的重要平台。

联系方式

地　址：湖南省溆浦县卢峰镇胜利街文艺路227号
邮　编：419300
联系人：邓 军

关爱留守儿童读书活动

送图书送科技下乡活动

综合阅览室

会同县图书馆

概述

1981年前，会同县没有公共图书馆，只在县文化馆内设有图书室，分设外借、阅览两个部门，一名工作人员。1982年，成立会同县图书馆，9月正式对外开放。馆址几经变迁，2006年图书馆搬迁到县城西区后馆舍面积由原来的300㎡增加到3000㎡。现有馆藏4万余册。分设外借、阅览、采编、业务辅导、青少年活动、宣传五个部门。现有多媒体报告厅1个，展览厅2个，电子阅览室1个，综合阅览室1个，外借室1个，触摸查询室1个，过刊书库2个，文艺创作研究室1个，普通存包处16个，过刊书库1个。现有成人阅览座席196个，青少年阅览席52个，培训席位88个。用于服务读者的电脑36台，办公电脑7台，手提电脑2台，摄像机1台、照相机2台、投影仪2台，10兆宽带网络全部接通，WiFi无线网络全馆覆盖。

2013年，参加第五次全国公共图书馆评估，荣获国家公共图书馆二级馆。

业务建设

在设施与设备建设上我馆可以说是功能上齐全，各项配置多样，内部环境设计合理、实用，实现了集藏、借、阅与休闲一体化。读者在这里读书和查找各种资料非常方便，从物品存放到资料复印等要求在图书馆内基本都能满足。

截止2012年底，会同县图书馆总藏量8万册（件），其中，纸质文献34479册（件），电子图书总量2.5TB，共计45521种/册。

截止2012年底，会同县图书馆数字资源总量为2.5TB，其中，自建数字资源总量2TB。2009–2012年，在建的数据库有《会同非物质文化遗产》之人物库和事件库。2012年年初，实现馆内无线网络覆盖。

读者服务工作

从2009年8月起，会同县图书馆全年365天全星期免费开放制，基本上做到了“人休馆不休”。周开放56小时。2009–2012年，书刊总流通36481人次，书刊外借81633册次。2007年起，为“粟裕诞辰100周年”提供服务。

2009–2012年，会同县图书馆共举办讲座、展览、培训、阅读推广等读者活动48场次，参与人数6582人次。会同县图书馆的“名家讲坛”是会同县图书馆阅读推广工作的特色。

业务研究、辅导、协作协调

从2010年起，会同县图书馆以文化信息资源共享工程电信网为依托，在全县范围内组织乡镇文化站、农家书屋管理培训，培训内容包含流通服务、地方文献联合征集、阅读推广与讲座展览资源服务、业务培训与技术支持等工作组。期间，举办图书馆管理及电脑培训班3期，16课时，220人次接受培训。

管理工作

会同县图书馆现有工作人员7人。2009年，会同县图书馆完成第一次全员岗位聘任，本次聘任共设3类岗位，有6人重新上岗，同时，建立了工作量化考核指标体系，每月进行工作进度通报，每半年和全年进行总体工作考核。2009–2012年，共抽查文献排架71次，书目数据27次。

表彰、奖励情况

2009–2012年，会同县图书馆共获得各种表彰、奖励21次，其中，省委、省政府表彰、奖励3次，省文化厅表彰、奖励5次，其他表彰、奖励13次。

馆领导介绍

粟志强，男，1961年6月生，大专学历，馆员，馆长。1978年8月参加工作，历任湖南省美术家协会会员、会同国画院院长、美术家协会名誉主席、县政协常委、县文联副主席、图书馆馆长、京东画院特聘画家等职务。2010年10月任会同县图书馆馆长。文化信息资源共享工程会同县支中心主任、会同县古籍保护中心主任等职。

黄海娟，女，1967年10月生，大专学历，中共党员，馆员。1989年12月参加工作，会同县图书馆副馆长职务。分管党的工作、精神文明建设、财务工作、历史文献部工作、扶贫工作等。

李毅，男，1976年11月生，本科学历，助理馆员，副馆长。1992年12月参加工作，2012年3月到会同县图书馆工作，分管采编部、活动部、电子阅览室、业务部等业务工作。

未来展望

会同县图书馆遵循“科学、效率、创新、发展”的办馆方针，践行“会同文化发展三步走”战略，即完善单体服务功能，扩大服务辐射区域，带动地区文化事业发展。2011–2013年，在不断强化自身综合实力的同时，通过成立会同县文化志愿者服务队，带动了全县公共图书馆事业的整体发展。在未来的几年里，会同县图书馆将在现有馆舍的基础上，更加完善自身办馆理念、增加馆藏、加大阅读服务的延伸服务体系，从而达到国家一级图书馆的基本标准。

联系方式

地　址：湖南怀化会同县林城镇西区林城大道旁
邮　编：418399
联系人：李　毅

通道侗族自治县公共图书馆

概述

通道县图书馆最初始于清康熙二十三年（1684），在老县城（今县溪镇），后随县城迁址双江，与当时文化馆（图书室）联合办公，1984年8月，经县委、县政府研究决定，正式成立"通道侗族自治县图书馆"，独立建制办公，属文化局二级机构，县财政全额拨款事业单位，定编5人。又经过了1994年12月与文物管理所合并、实行两块牌子一套人员合署办公，1998年12月恢复独立建制办公，于2006年在双江镇背后坡卧龙巷建成新馆，新馆占地面积300平方米，建筑面积1576平方米。截止2012年底，馆内工作人员12人，各类藏书约15万册。内设办公室、采编室、阅览室、少儿图书室、参考咨询辅导室、地方文献室、电子阅览室、多媒体报告厅8个对外服务窗口和1个共享工程机房中控中心。分别于1998年、2007年、2013年参加全国公共图书馆评估定级，2013年第五次全面公共图书馆评估定级，被文化部授予"国家二级图书馆"。

业务建设

截止2012年底，通道县图书馆总藏书量151808册（件）。其中，纸档图书65283册，报刊15516件，光盘580盒，视听文献853件（套），电子图书100156种。

2009年–2012年图书报刊视听文献年均入藏量（采购、接受捐赠或调拨等）约45283册/件、1521种/册。

2007年建成数字资源中心，采用中国电信（通道县电信分公司）光纤专线接入互联网宽带10M，3个独立公网IP地址。建有中心机房、电子阅览室和多媒体演示厅，工作电脑33台，全馆图书借阅采编采用Interlib图书馆自动化管理系统。经过5年建设，现馆内可用总存储容量7.07TB，截止2012年底包括自建、外购并存储在本地的数字资源量达3.1TB。2009年建成通道县图书馆门户网站（网址：http://www.tdxtsg.com）和4个局域网。

读者服务工作

通道县图书馆服务窗口全年免费对外开放，周开放时间达56小时以上，满足读者借阅需求。2009年至2012年底，总流通人次40073人次。其中：书刊文献外借人次39042人次，书刊文献外借册次40018册次，有效借书证数1521个，组织各类讲座、培训、展览28场次、参加人次25230人次。

业务研究、辅导、协作协调

自2009年起，县图书馆与县远教中心联合在全县范围内开展行政村文化共享工程基层网点的设备安装和挂牌工作，截止2012年底已经全面完成21个乡镇243个行政村的文化共享工程基层网点，网点可以接收到相关的文化共享信息，实现了全县243个行政村农家书屋全覆盖。县图书馆指派工作人员每年不定期到各基层网点、农家书屋指导、督查相关工作，开展业务培训工作。

全馆职工积极参与图书业务研究与学习，2009年至2012年底，馆内职工在各级网站、报刊发表论文、新闻稿件85篇。

管理工作

通道县图书馆现在职干部职工12人，均签订了聘用协议，实行岗位绩效责酬挂钩，为提高馆员业务素质每年均有指派馆员参与省、市举办的业务培训。馆内图书资料管理工作严格按照相关图书档案管理条例和图书编目法执行，借阅服务工作中坚持微笑多一点、行动快一点、做事早一点、说话柔一点、理由少一点、脾气小一点、胆量大一点、质量好一点、效率高一点的十点工作法。

表彰、奖励情况

2009年，荣获湖南省文化厅第七届全省公共图书馆服务成果《扎根乡村·服务农民·构建"农家书屋"民心工程》三等奖；湖南省图书馆学会、湖南图书馆颁发的"2008–2009年度湖南省协调辅导工作优秀奖"。全省公共图书馆服务成果奖、图书馆学会学术成果论文奖。

2010年少年儿童"迎世博迎亚运讲文明树新风"文明礼仪知识读书活动比赛获怀化市市单项一等奖励，文明礼仪知识读书活动组织奖。2011年获怀化市少年儿童"纪念中国共产党成立90周年"红色经典阅读活动，荣获怀化市一等奖和组织奖。2012年获怀化市少年儿童"学习雷锋好榜样"读书活动荣获市组织奖、二等奖，湖南省第二届"三湘少年儿童阅读之星"个人优秀奖。

馆领导介绍

杨少权，馆长，高级技工职称，大学本科，主持图书馆全面工作，分管文化信息资源共享工程工作。

向京，副馆长，副高职称，大学本科，分管图书业务工作，参考咨询辅导、远教、农家书屋和地方文献工作。

王霞，副馆长，大学本科，协助馆长工作、分管办公室、农家书屋、创卫及财务等工作。

展望未来

通道县图书馆自1984年正式成立至今已有30年，由最初小图书室发展到今天的国家二级图书馆，成为丰富侗家人精神文化生活的重要领地。尤其是近些年来得到各方面的重视，稳步的带动了全县各乡镇图书文化事业的发展，我们有理由相信在不久的未来，通道县图书馆事业将会进入一个全新的发展阶段，公共文化事业会让更多的侗乡人民受惠。

联系方式

地　址：湖南省通道侗族自治县卧龙巷
邮　编：418500
联系人：杨少权

龙山县图书馆

概述

龙山县图书馆的前身“从云书院”始建于嘉庆二十年(1815)，民国十八年(1929)成立民众图书馆，迄今已有80余年。历经几代图书馆人的艰苦创业，现已建成为馆藏丰富、设施齐备、环境优雅的国家二级图书馆，是湖南西北边陲辐射湘、鄂、渝、黔的文明窗口馆。图书馆位于县城新建路64号，老馆始建于1958年，于2005年我馆在原址上进行重新扩建，2007年初开馆，现馆舍位于县城新建路中段64号，馆舍面积2017平方米。现有在编人员16人，藏书总量12万余册，阅览席260个，计算机46台。馆内设有文化信息资源共享县级支中心、图书外借处、报刊阅览室、过刊阅览室、少儿借阅室、参考资询室、电子阅览室、地方文献古籍室、办公室等多个服务窗口。宽带接入10Mbps，选用ILMS图书管理系统。

业务建设

2012年我馆书刊借阅共计总59400人次，书刊借阅计总册次101832册次，开展各种讲座21次，累计参与人数4200人，举办各种培训班5次，培训人数2700人。

在文化信息共享工程建设方面，目前我县文化共享工程建立县级支中心一个和乡镇服务点22个，村级基层服务点434个。我县文化共享工程系统现拥有专兼职工作人员22人，活跃在资源建设、技术保障、开展服务等各项工作中。目前，我县共享工程服务已延伸到乡镇、社区、文化站、村的基层服务点，逐步形成了城市帮助农村、中心带动基层、区域协同发展的良好态势，文化信息资源共享工程得到极大的发展，文化共享工程的公益性服务得到广大基层群众的热烈欢迎。

在农家书屋建设工程建设方面，我县自2007年农家书屋工程实施以来截止2012年底，全县共建成434家农家书屋，覆盖全县34个乡镇，覆盖率达100%。书屋设备齐全，开放时间正常，书屋均配有专门的管理人员为广大群众阅读提供更好的服务。

读者服务工作

在读者服务方面，我馆积极开展形式多样，内容丰富的为民服务活动，在加速全县两个文明建设的进程中发挥了积极作用，曾多次受到省、州、县各级部门的表彰。1991–1996年间，在全省公共图书馆评比中被省文化厅授予“先进集体”、“文明图书馆”称号。1994年、1999年在全国县级公共图书馆评估中，被国家文化部授予“国家二级图书馆”称号。1989–1999年间，在创建文明图书馆活动中多次被州文化局授予“文明图书馆”、“先进单位”称号；1997年被省文化厅评为“以文补文先进单位”。2005年12月湖南省公共图书馆第六届服务成果(2003–2005)评奖中获三等奖。2008年在全州少年儿童“和谐湖南、我的湘西”美文诵读比赛中获先进单位。2009年，在全州少年儿童“新中国60周年道德模范故事会”读书知识竞赛中，荣获先进单位。由我馆组织选送的参赛作品《脊背·轮椅·梦》、《我的老班长》获州一等奖，图书馆获组织奖，并代表自治州参加全省举办的少年儿童“和谐湖南、我的湘西”美文诵读比赛获省银奖，图书馆获组织奖。2010年6月，组织开展了全县文化信息资源共享工程少年网页培训暨设计竞赛活动，我馆选送的参赛作品《心中的丽江》获得省三等奖，我馆获优秀组织奖。2010年10月，组织开展了全县“移动杯”少年儿童迎世博迎亚运讲文明树新风文明礼仪知识读书活动，我馆选派的第二小学杨文健、徐朋博同学的表演《吃包子》荣获全州竞赛第三名，我馆荣获先进单位。在三湘读书月—全省少年儿童“纪念中国共产党成立90周年”红色经典读书活动中，我馆组织选派的民安五小黄严逸同学在省里的比赛中，荣获“三湘少年儿童阅读优秀个人”，我馆获优秀组织奖。

业务研究、辅导、协作协调

2009–2012年，我馆职工发表论文12篇，在各级刊物、网站发表文章通讯40篇。

建立了龙山“名人文库”。“名人文库”以人物为中心开展各项工作，突出人物是“名人文库”工作的特点，因此，从书刊的征集、整理、保管到流通利用等全套工作应科学有序地进行，藏书自成体系，设专室专柜保管陈列。

与湖北省来凤县图书馆联合开展了“一证在手、两县畅通”馆际互借业务。

我馆长期开展流动服务进企业、社区、学校、军营、社区、村组、敬老院等“八进”服务活动，组织开展“文明家庭亲子读书乐”、“五月图书宣传服务周”、“春节智谜有奖竞猜”等大型特色读书活动和文化信息资源利用活动。

陈忠菊馆长(右二)和油菜坪村支书唐学芝(右一)交流工作

县文广新局、县图书馆领导检查农家书屋工作

县领导检查石羔镇农家书屋工作

农家书屋倍受农民朋友欢迎

五月图书宣传周活动工作人员现场发放科技宣传资料

开展五月图书宣传服务周活动

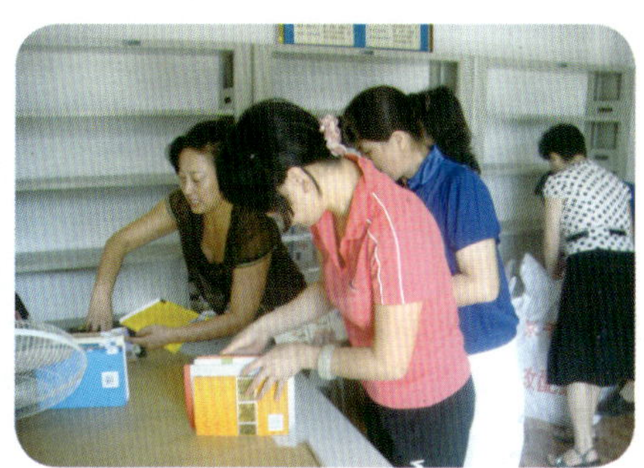
图书馆工作人员辅导农家书屋业务

管理工作

现有在职人员16人，其中大专以上学历12人，有中级职称人员4人，已聘任4人，有初级以上职称人员3人，已聘任3人，其中获得图书系列馆员职称2人，助理馆员3人，管理员8人，获得政工系列政工师职称2人。

表彰、奖励情况

2009–2012年，我馆共获得各种表彰、奖励12次，其中，省文化厅表彰4次，州文广新局表彰2次，县文广新局表彰4次，其他奖励2次。

馆领导介绍

陈忠菊，女，1961年3月出生，大专文化，馆长。1980年参加工作，历任龙山县文化经济公司经理，2007年担任龙山图书馆馆长。多次被县人民政府评为先进工作者，荣获县政府嘉奖、三等功等荣誉。

向前，男，1958年3月出生，大专文化，党支部书记。1975年3月参加工作，历任龙山县文化局副局长，龙山县文化经济公司经理，龙山县毕兹卡艺术团经理，2012年担任龙山县图书馆党支部书记、多次被县人民政府评为先进工作者。

吴桂芳，女，1970年12月出生，大专文化，副馆长。1990年到图书馆参加工作，先后在采编室、期刊室、借阅室等部门工作，2008年7月担任龙山县图书馆副馆长。多次被县人民政府评为先进工作者。

向锋，男，1977年10月出生，大专文化，中共党员，副馆长。1996年到图书馆参加工作，先后在少儿室、过刊室等部门工作，2011年8月担任龙山县图书馆副馆长。多次被县人民政府评为先进工作者，荣获县政府嘉奖、三等功等荣誉。

未来展望

龙山县图书馆秉承“读者第一、服务至上”的办馆宗旨，在图书馆与读者之间架设一座心灵的桥梁，构建一个交流的平台。2009年–2012年，在不断强化自身综合实力的同时，通过创建公共图书馆服务联盟，带动了龙山县公共图书馆事业的整体发展。“读者如鱼，书如水，图书馆则如海。”龙山县图书馆将以一流的服务回报社会。

春节智谜有奖竞猜活动热闹的活动现场

春节智谜有奖竞猜活动群众热情参与

开展共享工程服务留守儿童活动

永州市图书馆

概述

永州市图书馆是由永州职业技术学院和永州市政府共同投资建设而成，2013年5月正式挂牌，采用“两块牌子、一套人马、双重管理”的运作模式。成立后的市图书馆集高校图书馆和市公共图书馆双重责任于一身，为学校和社会读者提供文献信息服务。永州市图书馆坐落在永州职业技术学院院内，建筑面积2.1112万平方米，有阅览坐席720个，计算机63台，宽带接入100Mbps，选用ILASⅢ图书馆自动化管理系统。2013年，参加第五次全国公共图书馆评估，获得三级图书馆。

业务建设

截止2013年底，永州市图书馆总藏量107.9万册（件），其中，图书79.93万册，期刊（含合订本）10万册，电子文献藏量21.9万册。2011、2012、2013年，永州市图书馆每年新增藏量购置费均在50万元以上。

截止2013年底，永州市图书馆数字资源总量为4TB。2013年，将图书馆自动化管理系统升级为ILASⅢ，实行总分馆管理模式，总分馆之间实现通借通还、文献检索和数字资源共享服务。2013年底，总馆实现无线网络全面覆盖。

读者服务工作

从2013年5月起，永州市图书馆全面实现免费对外开放，每周开放65小时。2013年，书刊总流通15.62万人次，图书外借10.932万册次，并开通了与永州各高校图书馆的馆际互借服务。

为了让广大读者更多更好的利用数字资源，2013年永州市图书馆先后与多家电子资源开发商联系，开通了北京超星公司的“读秀学术搜索”、中国知网（CNKI）、博看人文畅销期刊数据库试用、国道数据库服务试用，图书馆数据库资源、电子资源逐年增加。

2013年，永州市图书馆共举办讲座、展览、培训、阅读推广等读者活动30场次，参与人数0.1482万人次。

业务研究、辅导、协作协调

2011–2013年，永州市图书馆职工发表论文28篇，获准立项的省级课题1项，市级课题5项。

2013年，永州市图书馆先后对全市11个县区公共图书馆给予业务辅导，指导分类、编目、整理图书以及自动化管理，全年共辅导25次。

2013年，永州市图书馆与中国高等教育文献保障系统（CALIS）管理中心签订了《CALIS服务协议》和《CALIS联合目录服务协议书》，加入CALIS共享服务体系。

2013年，永州市图书馆与永州市各县区基层图书馆签订协议，共同参加永州地区地方文献资源共建共享协作网联合编目。

管理工作

2013年，永州市图书馆实行了竞争上岗制，采取按需设岗、按岗聘用、双向选择的人事管理制度，同时，建立了工作量化考核指标体系，每月进行工作进度通报，每半年和全年进行总体工作考核。2013年，共抽查文献排架8次，书目数据6次，编写各部门工作进度通报12篇。

表彰、奖励情况

2013年，永州市图书馆共获得各种表彰、奖励5次，其中，省文化厅表彰、奖励1次，其他表彰、奖励4次。

馆领导介绍

蒋洁，男，1963年10月生，中共党员，研究生学历，教授，馆长。1986年7月参加工作，2004年任永州职业技术学院传媒技术系主任，2009年1月任永州职业技术学院艺术系主任，2012年11月任永州职业技术学院图书馆馆长，2013年5月兼任永州市图书馆馆长。多次荣获“优秀党员”、“先进教育工作者”等光荣称号。

何生风，男，1960年6月生，中共党员，本科学历，副教授，副馆长。1977年12月参加工作，分管图书馆党小组的工作、精神文明建设、读者服务工作等。

何湘零，男，1962年6月生，中共党员，本科学历，副研究馆员，副馆长。1980年12月参加工作，分管图书馆业务工作。

吴智文，男，1970年11月生，中共党员，研究生学历，副教授，副馆长。1993年7月参加工作，分管图书馆信息化、数字化工作。

未来展望

永州市图书馆始终秉承“读者第一、服务至上”的办馆宗旨，在未来的几年里，进一步加强馆内基础设施设备建设，不断完善图书馆功能，建成覆盖全市的数字图书馆，加强地方文献收集工作和数据库建设，具有支撑保障全市公共图书馆服务体系良好运行的专业技术队伍，达到国家一级图书馆的基本标准。

联系方式

地　址：湖南省永州市零陵区永州大道289号
邮　编：425000
联系人：罗正龙

市馆挂牌仪式

永州市图书馆读者

永州市图书馆宣传活动

株洲县图书馆

概述

株洲县图书馆始建于1976年，原址渌口镇伏波岭，1986年建新馆投资60万元，1990年新馆建成投入使用。2006年启动了全国信息文化工程，2007年建立了电子阅览室、株洲县图书馆网站。

全馆总建筑面积1600平方米，设综合借阅部、报刊（期刊）阅览部、少儿借阅部、国家文化信息资源共享工程株洲县支中心（电子阅览室），全馆工作人员5人。2013年度参加全国公共图书馆第五次评估获得国家三级公共图书馆。

业务建设

截止2013年底，株洲县图书馆总藏量12.34万册（件），其中，纸质文献9.17万册（件），电子图书3.17万册。

2010年起，株洲县图书馆新增藏量购置费合计20万元，电子阅览室为读者提供使用的计算机15台、视听文献55种、地方文献268册。可为读者提供图书借阅、资料查询、文化信息资源共享、电子查阅等服务。负责对全县乡镇村文化信息共享网点进行业务指导工作，同时负责乡镇村级农家书屋建设工作任务。

读者服务工作

现有持证读者2500人，图书年借阅流通量在6万册次以上，从2009年8月起，株洲县图书馆已实现全开架，免费借阅服务，周开放50小时，现有公共设施场地(包括一般阅览室、少儿阅览室、多媒体阅览室、或电子阅览室、报告厅、自修室等）全部免费开放，实现无障碍、零门槛进入。

2009–2012年，书刊总流通10万人次，书刊外借10万册次。所提供的基本服务项目(包括文献资源借阅、检索与咨询、公益性讲座和展览、基层辅导、流动服务等）全部免费，取消办证费、验证费、存包费。

业务研究、辅导、协作协调

从2010年起，株洲县图书馆以文化信息资源共享工程VPN专网为依托，在全县范围内发起组建公共图书馆服务联盟，并在馆内设立联盟工作委员会，下设联合编目、流通服务、地方文献联合征集、阅读推广与讲座展览资源服务、业务培训与技术支持等工作组。期间，举办乡镇文化专干培训班、农家书屋培训班、6期48课时，127人次接受培训。

管理工作

建立实施“两馆一站”免费开放管理办法、严格经费管理、积极开展活动、建立了工作量化考核指标体系，每月进行工作进度通报，每半年和全年进行总体工作考核。2009–2012年，共抽查文献排架7次，书目数据27次。

表彰、奖励情况

2012年，株洲县图书馆获得株洲县文化体育新闻出版局先进单位和先进个人。

馆领导介绍

曹宇云，女，1975年11月生，大专学历，中级职称、中共党员，馆长。1990年12月参加工作，1999年担任株洲县图书馆馆长至今。

未来展望

株洲县图书馆遵循“科学、效率、创新、发展”的办馆方针，完善单体服务功能，扩大服务辐射区域，为创建文明城市、促进湘渌文化建设。

联系方式

地　址：株洲县渌口镇三斗巷
邮　编：412100
联系人：张　莉

湘潭市岳塘区图书馆

概述

湘潭市岳塘区图书馆始建于2013年1月，馆址位于湘潭市岳塘区政府二院文体活动中心4楼。建筑面积2000平方米，设计藏书容量10万册。2013年，参加第五次全国公共图书馆评估，获得三级图书馆。湘潭市岳塘区图书馆共有阅览坐席150个，计算机30台，宽带接入20Mbps，选用中数文津图书馆自动化管理系统。

业务建设

截止2013年底，湘潭市岳塘区图书馆图书馆总藏量35万册，其中，纸质图书5万册，电子图书30万册，有声读物1万集。

湘潭市岳塘区图书馆建有岳塘区数字图书馆，建有自己的中心机房，下设五个平台，电子图书、视频点播、有声读物、少儿读物、文化信息。

湘潭市岳塘区图书馆数字资源总量为6TB，其中，自建数字资源总量2TB，2010–2014年，岳塘区所开展的各项文化体育活动。

读者服务工作

自开馆起，湘潭市岳塘区图书馆全年365天天天对外免费开放，周开放63小时，岳塘区数字图书馆全年365天每天24小时对外免费开放。2013年，书刊总流通12000人次，书刊外借9000册次。

湘潭市岳塘区数字图书馆网站访问量3万次。湘潭市岳塘区数字图书馆发布使用的数字资源总量为6TB，均可通过湘潭市岳塘区数字图书馆浏览。

湘潭市岳塘区数字图书馆共举办讲座、展览、培训、阅读推广等读者活动16场次，参与人数2000人次。

管理工作

湘潭市岳塘区图书馆内设有电子阅览室、少儿借阅室、成人借阅室、多媒体室，都在室内醒目位置贴有各项规章制度，并设有灭火器材，全馆人员只有3名，但要求互相协助，共同为读者做好服务。

未来展望

上世纪90年代以来，计算机技术、网络技术和信息处理技术迅猛发展，网络作为一种新的信息交流和通讯工具，成为人们获取信息的重要来源，深刻地改变了人们的学习方式、工作方式、生活方式和思维方式。数字图书馆将是网络环境和数字环境下图书馆新的发展形态。岳塘区图书馆将紧跟时代潮流，将加大力度建设、发展好岳塘区数字图书馆。

联系方式

地　址：湘潭市岳塘区政府二院
邮　编：411102
联系人：张 光

少儿书画展

在多媒体室举办培训班

少儿借阅室

成人借阅室

电子阅览室

多媒体室

衡阳市珠晖区图书馆

概述

衡阳市珠晖区图书馆前身是珠晖区文化馆图书室，建立于1975年10月，1989年经湖南省文化厅、衡阳市文化局领导研究批准，同意江东区成立全省第一家城区（县）级公共图书馆。1994年被文化部授予“国家二级公共图书馆”称号。曾名江东区图书馆，现更名为珠晖区图书馆。2008年6月，经区委区政府同意，图书馆开始筹备馆舍搬迁，通过改扩建，将图书馆迁移至珠晖区车站坪路213号，占地面积300平方米，使用面积1000平方米，可容纳读者座位290个，计算机36台，宽带接入10Mbps，选用佼佼者图书自动化管理系统。2013年参加第五次全国公共图书馆评估获得三级图书馆称号。现有在职职工6人。中级职称2人，助馆1人。中国图书馆学会会员、市图书馆学会理事1人。大中专文凭占馆内100%。

业务建设

截止2013年底止，图书馆总藏量6万册，其中，纸质文献1.5万册，电子图书4.5万册。

2009–2013年，图书馆经费总投入200万元。2009年–2013年新入藏图书3.5万册，添置一套图书馆管理系统，所有图书借阅实行自动化管理。图书馆数字资源总量2TB，自建数字资源总量1TB。馆内实现无线网络覆盖。

读者服务工作

自2010年11月起，珠晖区图书馆实行免费开放。2010年至2013年书刊总流通3.5万人次，书刊外借2.7万册次。图书馆始终坚持“读者至上，服务至上”办馆宗旨，提出便捷服务，主动服务，满意服务几项准则，把读者服务，读者活动，对外宣传，业务研究和基层辅导作为重中之重。树立“以人为本”的服务理念，为读者提供人性化服务并聘请社会各层次读者对馆员服务监督，增强服务意识。2012年来馆读者量大幅增加，接待阅览读者约1.2万人次，外借图书约1万册次。建立全国文化信息资源共享工程珠晖区分中心，向社会公众提供数字化、网络化的文献信息资源服务。

业务研究、辅导、协作协调

2010–2013年，继中国图书馆学会志愿者行动之后，区图书馆连续在区内开展基层图书馆志愿者服务行动。开展图书馆与基层公共图书室结对帮扶活动，送书下乡，业务辅导等。2013年举办各级各项读书活动8次，培训11次，下基层文化站指导培训3次，举办农家书屋管理培训2期。近年来，随着社会的进步和发展，计算机技术和网络的普及，图书馆充分利用网络环境，依托全国文化资源共享工程的优秀信息资源，使文化共享工程与图书馆建设结合起来，拓展图书馆延伸服务，开辟一条服务社区、服务农村的服务模式，使文化信息真正普及到全区范围。

管理工作

图书馆实行全员岗位聘任制，共设6个岗位，明确岗位职责，同时，建立了工作量化考核指标体系，每月进行工作进度通报，每半年和全年进行总体工作考核，并与年底评先挂钩。2010年到2013年共抽查文献排架9次，书目数据5次，编写《图书馆工作简报》38期，撰写调研报告、工作提案8篇。

表彰、奖励情况

珠晖区图书馆作为公共文化服务窗口，为地方“三个文明”建设发挥了重要作用，多项服务成果获国省、市级奖励，2009年，获湖南省少年儿童“新中国成立六十周年道德模范故事会”读书竞赛金奖。2011年获衡阳市少年儿童“纪念中国共产党成立90周年”红色经典读书活动组织奖。2012年，区图书馆在“三湘读书月——全省少年儿童学习雷锋好榜样”读书系列活动中获市组织奖，馆内读者邓云轩被评为省“阅读之星”。2012年农家书屋建设名列城区第一。2013年在三湘读书月——全省少年儿童“中国梦·我的梦”系列读书活动中获市组织奖。读者农紫瑜被评为省优秀阅读个人，市阅读之星。

馆领导介绍

王利华，女，1975年9月生，本科学历，中共党员，馆长。1992年7月参加工作，历任珠晖区新民小学校长。2012年8月任珠晖区图书馆馆长。中国图书馆学会会员、市图书馆学会理事。

未来展望

图书馆坚持“科学发展、开拓创新”的发展战略，开辟与全市其它公共图书馆馆际互借渠道，参与市图书馆“总分馆”建设，不断完善自身的服务功能，增强自身综合实力，提升图书馆服务水平。

联系方式

地　址：湖南省衡阳市珠晖区车站坪213号
邮　编：421001
联系人：王利华

多功能室

少儿阅览室

藏书室

衡阳市石鼓区图书馆

概述

石鼓区图书馆于2011年3月正式揭牌成立。馆舍占地面积1316平方米，区财政投入资金290万元，按县级图书馆标准配备和装修各室、购置设施设备，并拨付专项经费20万元用于添置图书。现有馆藏图书3万余册，电子文献150种，设立图书借阅室、采编室、少儿阅览室、合作协调室、电子阅览室、文体活动室、报告厅、自习室、书画室、文化共享工程机房等，共有阅览座席305个，其中少儿阅览室座席240个，计算机数量35台，宽带接入100M，存储容量4TB，选用Interlib区域图书馆集群自动化管理系统，图书馆所有馆室全部向公众免费开放。2013年，参加第五次全国公共图书馆评估，获得三级图书馆。

业务建设

截止2012年底，石鼓区图书馆总藏量35000册（件），其中，纸质文献31000册（件），电子图书3500册，电子期刊500册。

购书费已由每年10万元增至20万元，增幅100%；免费开放专项经费中央到位10万元，区财政拨款8.5万元。

读者服务工作

从2011年3月起，石鼓区图书馆全年365天天天对外免费开放，周开放56小时，2011—2012年，书刊总流通1.83万人次，书刊外借1.8121万册次。2012年6月，开通与石鼓区30家农家书屋的馆际互借服务。馆外书刊流通总人次0.53万人次，书刊外借0.33万册。

2011—2012年，石鼓区图书馆共举办讲座、展览、培训、阅读推广等读者活动35场次，参与人数1.28万人次。创意若干个阅读推广主题活动，深受读者喜爱。

馆办乒乓球室、书画室可供读者打球健身和写字画画，丰富了群众的业余文化生活。2012年11月6日，开展“同心同行·百名专家情动衡州”文化进社区活动。

业务研究、辅导、协作协调

为使全体馆员熟练掌握图书馆采编、借阅、文化共享工程等业务，我馆多次组织馆员到市图书馆、少儿馆、兄弟县级图书馆参观学习，并派业务人员参加省文化厅举办的文化共享工程县级支中心技术人员培训班、省古籍培训普查与编目培训班及全市公共图书馆服务规范培训班。

全区所有乡、街道、社区、行政村100%参与了服务网络建设，社区图书室、农家书屋与区图书馆实现了资源共享、通借通还。为提高基层图书室工作人员的业务水平，区图书馆每月定期到各基层图书室进行业务指导，还特地举办了几期包括中小学图书室及社区图书室、农家书屋在内的图书管理员业务辅导培训班，邀请市图书馆专家现场授课。

我区的共享工程依托现有的文化设施网点，与基层文化设施网点建设、党员远程教育网、社区教育网、中小学远程教育网、图书馆网络化、数字化建设相结合，为辖区读者提供全国文化信息资源网的信息资源，实现地区文化信息资源的共管、共建、共享。

管理工作

我馆建立了工作量化考核指标体系，每月进行工作进度通报，每半年和全年进行总体工作考核，并制定了一系列规章制度和岗位职责，经员工讨论、领导审核后将制度制作上墙，敦促大家严格遵照执行。同时，作为人员流动量大的社会服务性窗口，为确保免费开放后的公众安全以及资源、设施设备安全，我馆制定了《消防、治安等突发事件应急预案》，完善应急处置机制，全面排查消防和安全保卫措施，定期检查运行情况。

表彰、奖励情况

本届评估期内，我馆荣获全市少年儿童“学习雷锋好榜样”读书活动组织奖，诗朗诵《雷锋，雷锋》及舞蹈《学习雷锋好榜样》喜获银奖，1人获“衡阳市少年儿童阅读之星”奖、4人荣获“衡阳市少年儿童阅读优秀个人”奖。我区两名农家书屋管理员朱宏弼、李友兰被湖南省新闻出版局授予2012年省级农家书屋“优秀管理员”光荣称号。图书馆2012年被区教育督导室评为先进单位。

馆领导介绍

莫亚虹，女，1985年3月生，本科学历，馆长。

彭超慧，女，1978年3月生，本科学历，副馆长。

未来展望

作为一个新建成的区级公共图书馆，我们在各级各部门的关心与支持下，通过自身的不断努力，已经完成了从无到有、从有到优的蜕变，为全区的公共文化体系建设作出了应有的贡献。下一步，我们将以这次评估定级为契机，找差距、学经验、上台阶，在经费上积极争取各级财政投入，逐步完善硬件设施设备；在业务上不断学习仔细钻研，争取成为市图书馆的石鼓区分馆，让我馆业务与服务水平在各位专家的引导下迅速成长，实现凤凰涅槃，成为全市公共图书馆中的一颗新星。

联系方式

地　址：衡阳市石鼓区石鼓路66号

邮　编：421001

联系人：莫亚虹

衡阳市南岳区图书馆

概述

南岳区图书馆成立于1986年，1989年元月对外开放。馆舍历经5次搬迁，于2006年迁现址。现有职工6人；馆舍开放面积1000多平方米；服务窗口6个；藏书10万册。馆内除《四库全书》和地方文献供读者查阅外，所有书刊实行开架、免费借阅。2009年底，建立了全国文化信息资源共享工程南岳支中心。2013年在全国文化部第五次评估中荣获“国家三级图书馆”称号。

业务建设

截止2012年底，馆内有藏书10万册，其中重点藏书3000册，地方文献2000册，基础藏书7.3万册；报纸合订本1.2万册、期刊合订本3000册、视听资料7000多份。在数字化建设方面，馆内数字文化工程资源量为4TB，与省图书馆签订了数字资源共享协议，开通了读秀平台，电子阅览室提供数字资源查询、下载，视频点播等服务；建立了地方文献数据库，方便了读者查询。

读者服务工作

从2011年9月起在馆内实行免费开放，其空间设施场地及基本服务项目健全对社会公众一律免费开放。馆内每周开馆时间56小时以上，馆外流动服务点2个。每年利用世界读书日、图书馆服务宣传周、全民读书月在馆内、馆外开展了书刊宣传活动；在馆内设立了政府公开信息服务专柜，为社会大众提供了大量的政务信息服务。

2009年至2012年，为中央电视台《走遍中国》栏目多次提供地方资料服务；为纪念《南岳游干培训班》成立75年，多次提供资料服务，并制作专题纪录片《南岳游干班》数字资源播放；为建区30周年展览提供图片资料服务；为南岳申报世界文化遗产提供了大量的地方文献资料；为南岳区抗战文化研究提供了文献资料；为社会公众提供数字资源服务。

馆内长年为特殊人群残疾人进行上门送书服务；给全区老干及老年大学老人免费送证；在电子阅览室长年免费为老人举办培训班。

2009年至2012年底，共举办讲座培训活动120次；展览活动35次；阅读推广大型活动10次；总参加图书馆活动4.2万人次；每年利用世界读书日、图书馆服务宣传周、全民读书月对图书馆进行了宣传，提高了图书馆的社会形象和地位。

业务研究、辅导、协作协调

2009年至2012年，对全区30家农家书屋进行了业务指导；对区一中图书馆、党校图书馆、龙凤乡小学图书室进行了分类编目及自动化指导；对大善寺等寺庙图书馆进行了业务指导。参与了白云、岳庙、祝融等社区图书室的建设，并进行业务指导。目前已在全区建立了以图书馆为中心的乡镇、社区、村、寺庙、各中小学为一体的协作协调网络，实行馆际互借，各社区图书室实行网点式服务。业务辅导有计划总结。2012年，对农家书屋及各中小学校业务辅导8次、培训农家书屋管理人员4次。使他们业务走上了规范化、标准化。

2009年至2012年，馆内职工获中图学会论文征文三等奖1人。

管理工作

我馆实行岗位设置管理，建立分配激励制度，按需设岗、竞争上岗、年底进行考核；建立职工考核档案、参考咨询档案、课题服务档案、业务辅导档案。2012年，吸纳志愿者参与图书馆工作，对其进行科学管理。

表彰、奖励情况

2009年—2012年，荣获国家三级图书馆称号；图书馆服务成果荣获省政府颁发的三等奖；少儿读书活动在省、市获金奖，图书馆在省市获组织奖；征文荣获中图学会三等奖；多次获区文化局系统先进单位。

馆领导介绍

周华平，女，1971年3月生，助理馆员。1989年参加工作，1998年任图书馆馆长。2012年现为南岳区政协委员。

未来展望

争取在5年之内恢复中正图书馆。可开辟以下特色馆室和中心。如：蒋介石祝寿献书陈列展览室；中正祝寿堂，借蒋氏祝寿之名人效应，结合当地民俗，开展民间祝寿仪式表演，或可接受民间寿星的祝寿活动；抗战文化展览室，把该景点与南岳抗战文化旅游串联起来；中正图书馆康和声馆长纪念室；《四库全书》专室；地方文献室；南岳旅游图书室等。另外可开辟三个中心：南岳文化艺术创作培训中心、文化名人接待交流中心、南岳文化艺术展览中心。

联系方式

地　址：衡阳市南岳区芙蓉路267号
邮　编：421900
联系人：周华平

图书馆书库

书香进校园

春节文化惠民活动

新宁县图书馆

概述

新宁县图书馆始创于1931，馆址设文昌阁，有图书2000余册。1942年该馆并入县民众教育馆。1944年日军侵入县城，图书馆遭到破坏，被迫停止工作。刘坤一1893年主修的《新宁县志》被日军劫回日本。新中国成立前夕，国民党溃军过境，图书大多数散去。和平解放后，县文化站（文化馆前身）附设图书室，增添新书，对外借阅，并逐年增加新书刊。1980年冬，成立新宁县图书馆定编，5人，以县实物展览厅后两座平房（计500平方米）做馆舍。1992年改扩建馆舍，但因基建费短缺，第一楼尚未倒制楼面便被迫停工4年，后因要参加全国公共图书馆评估，由县文化局主持加盖了楼面，仓促进行评估准备工作，但终因馆舍面积太少等原因，评估总分为全省倒数第一，是全市唯一未达标的县级图书馆。为此，县委宣传部、文化局调整了馆领导班子。在全馆10名干部职工，仅有36464元经费（包括5000元购书费）的极其困难的情况下，老馆长李荣彪提出了"卧薪偿胆，艰苦创业，争创一流"的理念和目标，带领全馆所有人员集资建馆舍。这种精神得到了上级的称赞和支持。经过一年的艰苦努力，他们争取到上级拨款40多万元，建成了1500平方米的馆舍，并在全市率先开办了电子阅览室，及以文补文项目文艺幼儿园、金桂书店。全馆经费逐年增加，图书、报刊费也随之增加，设备全部进行了更新。三年多的时间，该馆各项工作已进入全省县级馆前列。2004年参加全国公共图书馆评估，被评定为三级图书馆。全县共475个行政村都建立了标准的农家书屋。湖南卫视两次来基层采访播放，主管副省长文选德做了电视讲话，肯定了该馆的工作，要求全省县级图书馆学习新宁县图书馆的经验，搞好农家书屋的标准化建设和普及工作。为了收集整理传播本县优秀文化，该馆还创办了已具影响的《新宁发现》报和《新宁发现》网络版。人员编制增至12人，在职人员13人，其中本科学历2人，专科学历7人，高中学历4人；中级职称5人。

业务建设

截止2012年底，新宁县图书馆总藏书量96705册（件），其中图书87090册（件）珍贵古籍资料4270册（件），地方文献4350册（件）。

专项经费逐年增加，1999年全馆仅有购书费5000元，2012年增加到53万元。其中：购书费8万元，共享工程经费6万元，古籍保护及普查登记专项经费4万元，自动化达标计算机专用软件及专用卡片、标签、防盗码购置费6万元，读书工程经费4万元，送书下乡经费2万元，办公设备购置费2万元，中心机房运行经费10万元，《农家书屋》建设工作经费2万元，中心机房值班费3万元，免费开放经费3万元，县级配套3万元。极大的改善了办馆条件。

读者服务工作

新宁县图书馆有阅览座席100个。从2000年7月份起，坚持天天开放，周开放49小数，实行了免费开放式借阅，借阅人数逐年增加。2009年至2012年，共接待读者210414人次，借阅书刊219359册次。2010年推出"你看书，我买单"新的读书服务项目，受到广泛欢迎。设立了科技情报室，开展送科技图书到基层，到种养示范户中的活动，帮助他们解决缺少科技知识的问题。

2009年以来，每年一次的全县读书比赛活动已成为全县"山风"文化系列活动的一个有影响、有成果的专有项目。4年来，该馆共为全县477个农家书屋及社区图书室送书950次，共计114000册次。发展读书协会会员5400个，极大地提高了馆藏文献的流通量和利用率。

表彰奖励情况

"读书工程"的成功实施，在全县形成了良好的读书新风，得到了广大读者的好评和各级领导的称赞。几年内共获得省级科技服务成果二等奖一项，三等奖一项。获得省级读书活动一等奖2项，三等奖3项，四等奖4项，市一等奖11项，二等奖13项，三等奖26项。获得省组织奖3项，市组织奖5项，市金奖一项，市先进单位一项，团体二等奖一项。《湖南日报》、《邵阳日报》、《邵阳晚报》、《中国新闻出版报》、《中国花卉报》，及湖南卫视、市、县电视台先后对新宁县图书馆的工作做了专项宣传报道。

未来展望

新宁县图书馆的工作已全面展开，有了一定的发展基础。但基础设施还是太差，馆舍面积仅1500平方米，占地只有1300平方米。已远不能适应经济、社会的发展需要。我们期待政府解决公益性划拨建设用地，实现馆舍的整体搬迁。

城步苗族自治县图书馆

概述

城步苗族自治县图书馆座落在儒林镇人民路与青年路十字路口，地处县城经济文化中心。该馆成立于一九八二年五月，一九八六年十月建成新馆舍，2006年又扩建新库房。主体屋面为琉璃瓦盖，楼廊翘檐，颇具民族建筑特色。拥有馆舍总面积1600平方米，书刊总藏量近80000册。内设综合外借室、成人阅览室、少儿阅览室、参考咨询室、过刊资料室和电子阅览室等六个正常开放窗口。有经常性读者约5000人，年借阅3万人次左右，各项业务和各类活动全面开展。1994年、1999年两次被国家文化部评定为三级图书馆，2004、2013年获得二级图书馆。

县图书馆成立近30年来，在各级党委、政府和文化主

管部门的高度重视和大力支持下，遵循“全心全意为读者服务”的根本宗旨和“读者至上，服务第一”的基本职业道德原则，加强科学管理，狠抓基本建设，各项工作都取得了长足的发展。特别是近几年来，城步图书馆以“科学发展观”总揽全馆工作，重点落在读者服务上。团结务实、艰苦创业、开拓创新，与时俱进，使窗口服务不断优化，馆舍环境不断改善，服务质量稳步提高，服务领域不断拓宽，职工队伍不断壮大和人员素质不断提高。为苗乡人民提供了足够的精神动力和智力支持，为促进我县两个文明建设做出了应有的贡献。

从2011年7月起，城步县图书馆全年365天天天对外免费开放，一周开放79小时，真正实现了对外免费开放。

未来展望

新世纪给内地县级图书馆带来了机遇和挑战，县级馆只有抓住机遇，改善办馆条件，提高服务效益，才有生存和发展有希望。县级图书馆要转变观念，共享信息资源，实现网上服务，走出自我封闭的小天地，积极促成与相关部门的合作，积极收集地方文献，形成自己的特色，为科技兴农服务。新形势下，城步图书馆在党的十七大精神正确指引下，紧紧围绕“读者”，深化、优化服务，全面提高整体服务水平，把服务工作做到读者的心坎上。使越来越多的人们认识图书馆，走进图书馆，利用图书馆，喜爱图书馆，为营造我县最佳读书学习环境而努力奋斗。

联系方式

地　址：城步苗族自治县儒林镇青年路
邮　编：422500
联系人：杨焕月

岳阳市君山区图书馆

概述

岳阳市君山区图书馆成立于1996年，是君山区唯一一个场馆，图书馆建筑面积3000平方米，设计藏书容量15万册，可容纳读者座位240个，其中少儿阅览室坐席有48个。2013年，参加第全国公共图书馆评估，首次获得三级图书馆。与此同时，为了进一步扩大图书馆的构架，更好的服务于百姓，2014年君山区将君山区图书馆的改扩建纳入实事办理项目，图书馆的建设将更加完善。

业务建设

截止2013年底，君山区图书馆总藏量2.5万册（件），其中，纸质文献1.8万册（件），电子图书0.5万册，电子期刊0.2万种/册。

计算机数量达到55台，其中提供给读者使用的计算机数量达到40台，宽带接入达到12M。2013年，地方文献入藏完整率为60%。

截止2013年底，君山区图书馆数字资源总量为10TB。且在2011年，将自动化管理系统建设为有业务管理系统业务系统自动化程度。同时，2013年年初，实现馆内wifi无线网络覆盖。

读者服务工作

从2011年8月起，君山图书馆全年365天天天对外免费开放，周开放65小时，书刊文献开架比例达到80%，2012、2013年馆藏书刊文献年外借率达到70%，人均到馆次数25次每人。2011–2013年，引进街区自助图书馆1台，有15个流动服务车服务点，馆外书刊流通总人次5000人次。

2013年，君山区开通微博，引入手机图书馆。君山区图书馆平均每年共举办讲座、培训活动达到20次，展览每年平均达到5次，阅读推广活动达到每年6次，参与人数5万人次。读者的满意程度达到96%。

业务研究、辅导、协作协调

君山图书馆积极参与上级图书馆组织协调工作，并获得上级领导的肯定和支持。在本地区图书馆服务建设网络中，各街道、乡镇、社区、村图书馆参与服务网络建设的比例达到50%，资源共享参与了全市公共图书馆联盟，有联合编目、流通服务、地方文献联合征集、阅读推广与讲座展览资源服务、业务培训与技术支持等工作人员。基层业务辅导工作和基层业务培训工作都得到了很好的发展。

管理工作

君山区图书馆建立了工作量化考核指标体系，每月进行工作进度通报，每半年和全年进行总体工作考核。至2013年底，共抽查文献排架26次，书目数据10次，编写各成员工作进度通报12篇。

馆领导介绍

李曼婕，女，1981年出生，本科学历，民建会员，馆长，1998年8月参加工作，历任中小学音乐教师，文物所所长、文化馆长，2011年3月任图书馆馆长。

未来展望

君山区图书馆遵循“科学、效率、创新、发展”的办馆方针，即完善单体服务功能，扩大服务辐射区域，带动地区事业发展。2014年，君山区图书馆改扩建工程正式启动，全面建成后的君山图书馆将更好更全面的服务于大众。

联系方式

邮　编：414005
联系人：王　静

岳阳市屈原管理区图书馆

概述

岳阳市屈原管理区屈原图书馆成立于2010年3月，由原屈原影剧院的一楼前厅、二楼、三楼全部面积改建而成，2013年参加全国公共图书馆评估，并被评选为三级图书馆。屈原图书馆工作人员5人，其中大专以上文化程度5人，占本馆职工总人数的100%，中级职称2人，初级职称3人。2013年，屈原图书馆有阅览坐席286个，用于服务读者的电脑40台，办公电脑10台，宽带网络全部接通。

业务建设

截止2013年底，屈原图书馆总藏书量22.5万册，电子文献藏量达500多种，图书年入藏量达2500多种，报刊年入藏量达240余种，视听文献年入藏量达30件。2012年以来，地方政府总投入达238.75万元，其中购书经费30万元。

截止2013年底，屈原图书馆数字资源总量为1TB，馆藏中文文献书目数字化达20%。

读者服务工作

从2012年起，屈原图书馆全年365天每天都对外免费开放，读者实行全开架借阅，每周对外服务时间60小时。2012年–2013年，书刊总流通106540人次，书刊文献外借33100册次，馆藏书刊文献年外借率达70%，馆外流动服务点书刊年借阅册次达5千册次。屈原图书馆建有72个农家书屋和7个图书流通点，定期送书上门，初步形成以本馆为中心的图书流通服务网络。

2012年–2013年，屈原图书馆共举办讲座、展览、培训、阅读推广等读者活动13次，参与人数4万人次。

市局领导在屈原管理区图书馆检查指导工作

业务研究、辅导、协作协调

农家书屋工程是中央实施的文化惠民工程，也是我馆工作的重点。主要抓好72个农家书屋配套物资的到位工作，及物资管理和服务；并且要组织指导多种形式的农民读书活动。

继中国图书馆学会志愿者行动之后，屈原图书馆多次开展了图书馆志愿者行动。

管理工作

根据上级有关档案的工作，及时提供屈原图书馆的有关资料，包括：年度统计报表、计划、总结、各项规章制度、本馆图书情报工作委员会议纪要、研究成果等等。

表彰、奖励情况

开馆期间，屈原图书馆获得岳阳市表彰3次、区管委表彰1次，其他表彰、奖励若干次。

馆领导介绍

冯守著，男，汉族，1968年12月出生，毕业于湖南师大体育系，中共党员，屈原图书馆馆长。1984年参加工作，先后担任过中学教师、党校理论教员，现任屈原文广新局工会常务副主席，影剧院经理，电影站站长，社管、文艺、新闻出版股股长。

展望未来

屈原图书馆工作人员将坚持以人为本的服务理念，热情、耐心、细致地做好图书借阅、读者咨询等工作，提供优质服务。

进一步做好图书馆免费开放服务，购置业务自动化管理软件，实现业务自动化管理。搞好回朔建库工作，为图书馆搬迁做好准备。

建立完善、切实可行的制度，选好与时代同步、与业务相适应的学习内容，保证充足的学习时间，形成良好的学习习惯和学习风气，创建学习型单位，切实提高全体职工的思想素质和业务技能，使每个职工通过自身学习和单位培训，能熟练地运用现代科技服务人民，服务社会。

联系方式

地　址：岳阳市屈原管理区文化艺术中心
邮　编：414418
联系人：冯守著

文化下乡惠民活动深受群众欢迎

屈原管理区图书馆一角

组织志愿者开展送书下乡活动

岳阳市岳阳楼区图书馆

概述

岳阳楼区图书馆于2012年4月在城陵矶（原港务局小学）正式挂牌成立，馆舍面积1830平方米，设有综合阅览室2个，阅览座席272位；报刊阅览室1个，阅览座席80位；多媒体演示厅一个，座位152个，电子阅览室一个，计算机30台，图书馆现有工作人员9名，其中管理人员3名，专业技术人员6名，具有初级职称岗位4人，中级职称岗位4人，技能岗位1人，具有本科学历的2人，大专学历的3人。

业务建设

图书馆经费来源实行财政全额拨款，2012年财政拨款总额70万元，其中人员经费35.2万元，公务费0.8万元，图书购置费9万元，物业管理费3万元，文化信息资源共享建设资金与运行费20万元，同时区政府常务会决定从2013年起，每年在财政预算中给图书馆列支图书购置经费5万元，进一步支持图书馆事业发展。我们还积极走出去请求社会各界支援，募捐各类书刊8400余册，现有图书总藏量7.2万册，期刊2万册，光盘300碟；宽带网络全部接通，所有书刊按照《中图法》有关章节的内容进行分类标引。我们先后收集地方文献63种182册。同时，加强古版书籍的保护工作。对现存的132本古版书籍进行了防腐、防虫处理，制作了简易函套，设立了专柜收藏，专账专卡登记，专人保管。

读者服务工作

我们把读者服务、读者活动、业务研究和对基层农家书屋的辅导作为工作重点，狠抓落实，取得了显著成效。

（一）是利用全民读书日、图书月活动，举办各类读者活动5次，开展专题讲座4次。

（二）是利用电视、报刊等媒体进行广泛宣传，撰写各类新闻稿件、调研报告共计30篇，被刊载和播出12篇。

（三）是发挥图书馆社会教育职能与场地效益深入区直各部门、乡、街、社区举办各类知识讲座21场次，听众达1200多人。下基层开展共享工程基层网点技术培训工作4次，培训基层网点信息员27人次，下乡街文化站指导培训4次，举办农家书屋管理员培训2次，参训125人，指导并实施农家书屋图书分类、编目、上架图书65300多册。

业务研究、辅导、协作协调

农家书屋工程是中央实施的文化惠民工程，也是我馆工作的重点。图书馆全体成员结合新形势下图书馆的发展管理与基层农家书屋的建设等问题进行广泛调研，撰写了对基层图书管理工作有指导意义的调研文章4篇。在调研中，培训了乡村图书馆（室）业务骨干，建起了基层图书馆（室）名录，摸清了基层馆室的底子。到目前，全区十六个乡街办事处已建农家书屋135家，藏书54万册，馆舍面积14350平方米，在全市率先实现了农家书屋全覆盖。

继中国图书馆学会志愿者行动之后，楼区图书馆多次开展了图书馆志愿者行动。

管理工作

根据上级有关档案的工作，及时提供楼区图书馆的有关资料，包括：年度统计报表、计划、总结、各项规章制度、本馆图书情报工作委员会议纪要、研究成果等等。

表彰、奖励情况

开馆期间，楼区图书馆获得岳阳市馆表彰多次、区委表彰1次，其他表彰、奖励若干次。

馆领导介绍

曹琼，男，汉族，1977年12月出生，毕业于国防科大，中共党员，楼区图书馆馆长。

张魁俊，男，汉族，1962年3月出生，毕业于湖南省电大，民革党员，楼区图书馆副馆长。

展望未来

楼区图书馆工作人员将坚持以人为本的服务理念，热情、耐心、细致地做好图书借阅、读者咨询等工作，提供优质服务。

进一步做好图书馆免费开放服务，购置业务自动化管理软件，实现业务自动化管理。搞好回朔建库工作，为图书馆搬迁做好准备。

建立完善、切实可行的制度，选好与时代同步、与业务相适应的学习内容，保证充足的学习时间，形成良好的学习习惯和学习风气，创建学习型单位，切实提高全体职工的思想素质和业务技能，使每个职工通过自身学习和单位培训，能熟练地运用现代科技服务人民，服务社会。

联系方式

地　址：岳阳市岳阳楼区文化体育新闻出版局区
邮　编：414000
联系人：曹　琼

湘阴县图书馆

概述

湘阴图书馆建于1979年，1982年正式对外开放。现有干部职工26人，在职21人，退休5人。连续五次被文化部评估定级为三级公共图书馆。

业务建设

湘阴县图书馆现有馆舍面积1500平方米，馆藏书籍8.6万多册，现开放设有，外借室、阅览室、少儿阅览室、少儿外借室、电子阅览室、咨询室、地方文献室、采编室、过刊室。湘阴县图书馆始终把政治思想、业务学习工作作为主要工作来抓，认真落实公共图书馆免费开放工作。

我们通过宣传，经过我们大量调研，我们采取了增购图书、增订报刊、阅览室免费开放等措施，吸引了大量读者前来我馆办证借书、阅览。与同期相比，读者到馆人数增加20%、外借人次增加40%、读者到馆率也增加了30%，切实解决了读者阅读的需求。

读者服务工作

从2009年起，湘阴县图书馆正式对外免费开放，每周开放56小时。2010年湘阴县图书馆引进图书文津管理系统，取消原图书馆传统的借还书模式，通过计算机文津图书管理系统借还，大大的提高了图书借阅率和工作效率。2009—2012年总流通26600人次，书刊外借18000多册，增加电子图书13000本。

图书馆开展读者服务活动，“世界读书日”“图书馆服务宣传周”“三湘读书月”“全民读书月”开展丰富读书活动，充分宣传图书馆资源，让更多的人走进图书馆，受益图书馆。

业务研究辅导

2009年—2012年对全县乡镇农家书屋管理员、基层文化共享工程服务点管理员进行了培训学习。

我馆是全国文化信息资源共享工程县级中心，已建成县级支中心1个，343个村级基层服务点，36个乡镇服务中心实现了县、乡、村三级公共服务网络体系。全县建成456个行政村级农家书屋，使农家书屋切实服务“三农”方便农民，真正成为农村的“文化大课堂”。

管理工作

2009—2012年湘阴县图书馆以管理出成绩、出效益。领导干部带头遵守馆里各项规章制度，办公室严格各项考评管理，职责分明，强调大局意识，强调服务效率。加强图书馆的内部管理，做到图书馆阅览借书环境整洁，图书馆工作人员勤业敬业，从解决读者“借书难、查找难”着手，对管理人员明确了职责，进行了合理组合调配，对书库进行重新清理，并把上架新书放在显眼位置给读者提示，使读者对文献的利用一目了然。

馆领导介绍

吴健，男，1974年8月生，大学本科学历，中共党员，科员、馆长。1993年参加工作，历任湘剧院经理，2006年调任图书馆任馆长职务至今，2009年被湘阴县人民政府记“三等功”一次，2012年被湘阴县文体局党组评为“优秀共产党员”。

罗国华，男，1962年9月生，中共党员，图书馆支部书记。1980年参加工作，在湘阴县电影公司任经理。2006年调任图书馆任馆长，2007年任支部书记至今。2009—2012年被县政府“优秀工作者”。

刘艳，女，1968年5月生，大学专科，中共党员，馆员，副馆长。1987年参加工作，分管图书馆业务工作，多次获得县政府“优秀工作者”。

未来展望

根据湘阴府阅[2011]23号《关于状元桥旧城改造项目建设有关问题的会议纪要》决定，根据县人民政府“关于县图书馆整体搬迁等有关问题的会议纪要”（湘阴府阅[2012]52号）的会议决定，县图书馆整体搬迁选址于市民文体广场（县四大家正对面）。县图书馆整体搬迁是县委、县政府推进文化强县建设的重点工程，是加快我县文化事业发展的现实需要，也是加快三井头旧城改造项目建设的迫切需要。新图书馆的建设标准5000多平方米，县一级公共图书馆。湘阴新建图书馆是湘阴十大民生实事工程，标准更高，规模更大，环境更优，将成为县城新亮点、新名片，更好的服务全县的读者。

联系方式

地　址：湖南省湘阴县江东中路
邮　编：414600
联系人：杨进文

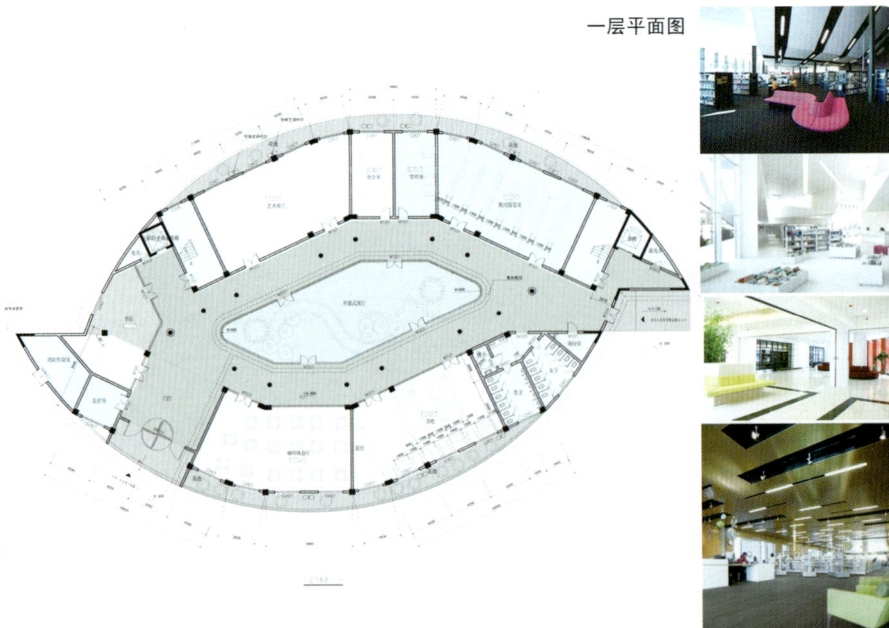
一层平面图

桃源县图书馆

概述

桃源县图书馆1959年2月成立。1978年底，在省、地、县各级党组织的重视和关怀下，决定修建桃源县图书馆馆舍和宿舍，1979年11月动工，总投入11000元，1981年6月落成，馆舍建筑面积734m²。

1985年桃源县图书馆被常德地区文化局授予“文明图书馆”，1994年被文化部授予“国家二级图书馆”的光荣称号。1998年由于馆舍达不到“国家二级图书馆”的标准，桃源图书馆由国家二级图书馆降为三级图书馆。2004、2009、2013年均保留国家三级图书馆。

业务建设

该馆现有的老馆舍建筑面积为734m²，2009年扩建了一个100m²的报刊借阅室，2012年将原少儿室扩修了300m²的少儿馆，加上附属建筑200m²，馆舍总面积共有1334m²。有阅览座席240个。

该馆共有计算机60台，另有现代化办公一体机1台。有电脑专业技术人员3名。

桃源县“共享工程”2006年起步，2012年基本建成，建有县级支中心1个，中心机房1个，多媒体演示厅2个，基层服务网点625个。设备设施总投入120万元，其完全符合“共享工程”的设备标准。

读者服务工作

桃源县图书馆2010年9月30日正式启动免费开放工作。服务窗口实行全周开放，周六、周日不休息。主要服务窗口有图书借阅室、报刊借阅室、电子阅览室、少儿馆、多媒体演示厅、地方特色文献室；内容有文献借阅、检索与咨询，公益性讲座和展览、基层辅导、流动服务和网络服务，为保障基本职能实施，该馆也做了一些辅助性的免费服务，如办证、饮水、寄件等全部免费。

2009年5月建成桃源县图书馆网站，开展网上咨询、网上办证、和网上宣传服务活动。

三年来，除开展专题讲座、现场指导培训外，每年的4.23世界读书日，图书馆宣传周、重大节日和三湘读书月均开展阅读推广活动。每年开展阅读推广活动达到4次以上。年活动人次5408人次。

业务研究、辅导、协作协调

2010—2012年全馆人员共撰写论文12篇。李继光、邵雄斌《桃源县农家书屋调研报告》、吴芳《基于共建共享的县级公共图书馆服务职工拓展》在2012年湖南省图书馆学会第十一届学术成果评奖活动中，分别获二、三等奖。

基层业务辅导工作。能做到有计划，有总结，开展了一系列业务辅导活动，收到了较好的效果。

与省图书馆每年签定了《湖南省公共图书馆数字资源共享协议》，给省、市馆呈缴地方特色文献每年分别均在10册以上。与本馆各服务点建立了文献协作协调关系，每年送一至两次文献，然后各服务点互相开展文献交流活动，还经常下基层开展专业和技术辅导。

管理工作

建立健全了《岗位责任制考核制度》，实行“按需设岗，按岗聘用，竞争上岗”用人制度，做到岗位明确，责职分明，考核到位。

财务管理账目清楚，没有违规违纪现象发生。建立健全了“设备物资管理”、“档案管理”、“统计工作”、“环境与安全管理”、“安全保卫”工作管理机制。

表彰、奖励情况

2009—2012年，桃源县图书馆共获得表彰、奖励11次，其中省业务主管部门表彰、奖励6次，市级表彰、奖励2次，其他奖励3次。

馆领导介绍

李继光，男，汉族，1959年11月出生，中共党员，本科学历，副研究馆员，馆长。1982年2月进入图书馆，1988年12月任副馆长，1993年2月任馆长至今。在国家、省、市专业学术刊物上发表或获奖论文20余篇。

未来与展望

桃源县图书馆已被列入县“十二五”建设规划。图书馆的新建已被列入“桃源县文化体育中心”的整体建设工程中，该项工程已于2013年7月29日举行了奠基仪式。如果计划能顺利地实施，建设一个高标准、高规格、高品位的新馆舍，基本能达到《国家公共图书馆建设标准》的要求，桃源县图书馆事业将会有一个大的改观，出现第二次飞跃。让全县人民都能充分利用国家、省、市、县文化信息资源，让每个网民都能在家进入图书馆网站获取所需的文献信息资源。

联系方式

地　址：湖南省桃源县漳江镇文昌中路014号
邮　编：415700
联系人：李继光

郴州市苏仙区图书馆

概述

苏仙区图书馆的前身为郴县图书馆，于1913年成立。1939年，郴县图书馆并入郴县民众教育馆；1956年，郴县图书馆重建，地址在现在的郴州市人民东路，馆藏图书万余册，设外借室、阅览室；1957年，在文化路兴建一栋两层楼的房子作为新馆，馆舍面积扩为1016平方米；次年，郴县图书馆划归老郴州市管辖；1981年10月，郴县图书馆从老郴州市独立出来，恢复郴县图书馆名称，馆址在郴县文化馆院内，馆舍面积120平方米，馆内设书库和阅览室，工作人员2名；到1983年，馆内图书、杂志逐步增加，藏书4124册；1988年，筹资20万元在高山背路22号新建图书馆馆舍，1990年10月竣工并对外开放，馆舍面积1095平方米，购置电脑一套，工作人员增加到4人；因为1994年12月撤县设区，郴县图书馆随后更名为苏仙区图书馆。2003年以土地置换开发的方式，投资150万元在原址兴建馆舍，2006年竣工对外开放，新馆面积1067平方米，设有宣传辅导室、采编室、外借室、综合阅览室、参考咨询室和办公室，阅览座位100个。

目前，全馆工作人员文化综合素质大幅提升，在编工作人员增加到6人，其中大专以上文化程度4人，中专、高中以上文化程度2人。2013年参加全国公共图书馆第五次评估获得三级图书馆。

业务建设

现馆内藏书4万册，其中普通中文图书37520册，过刊2480册，中文现刊108种，报纸54种，参考工具书260种。

从1982年起，开始采用《中国图书馆分类法》标引文献，并按《县图书馆规范》加工整理文献。重视文献地方特色建设。在收藏的地方文献中，有地方重大会议文献、地方名人、名事刊物；在馆藏图书中，社科类占80%，农业、科技、医药卫生和地方文献典藏占20%。

2009年，共完成4万多元的文献购置专项资金采购工作，其中，书刊杂志近2万余元。

读者服务工作

2009年以来，苏仙区图书馆把读者服务、读者活动、对外宣传、业务研究、对基层的辅导作为重要工作，狠抓落实，取得较好成绩。共举办各类读书活动15次，开展专题读书活动31次；发挥图书馆社会教育职能，深入区直部门、乡镇村社举办知识讲座8场，听众2000多名；下基层开展共享工程基层网点技术指导，协助指导基层站点分类、编目、上架图书20万册，举办农家书屋管理培训5次，参加人员600人次，指导实施农家书屋图书分类、编目、上架图书34万册。

业务研究、辅导、协作协调

结合新形势下图书馆的发展要求，对基层辅导进行了广泛调研，培训了乡村图书馆（室）业务骨干，建立了基层图书馆（室）名录，摸清了基层馆室的底子。

到目前，全区乡镇图书室达179个。村、社区、农家书屋21个，共藏书34万册，馆舍面积5700平方米；2010年流通书刊10万册，借阅人次6万人次；2011年流通书刊2.3万册，借阅人次1.1万人次；2012年流通书刊3.8万册，借阅人次17万人次。

管理工作

建立健全了管理制度，制定了财务管理制度、人事管理制度、工作制度、考勤制度；在人事管理上通过职能调查摸底，制定了图书馆管理聘用工作实施方案，公开招聘，竞争上岗、和每位职工签定了聘用协议，极大地调动了全体职工工作积极性；规范工作行为，优化工作环境；注重安全管理，加强安防设施，签订了《安全生产责任状》。

表彰、奖励情况

在全省青少年儿童读书征文活动中，2002–2013年苏仙区代表队获得市里的奖，2002年–2013年苏仙区图书馆获得市里、省里的组织奖。2009年获省图书馆的组织奖（郴州市唯一一个组织奖）。2010至2012年读书活动在省、市获组织奖，每年推荐的儿童获得省里的“三湘阅读之星”。

馆领导介绍

周慧芬，女，1961年11月生，本科学历，中共党员，馆员，馆长。

余苏娥，女，1965年8月生，专科学历，科员，副馆长。

李建军，女，1980年8月生，专科学历，助理馆员，副馆长。

未来展望

为促进全区图书馆事业发展，以实现和保障人民群众利用图书馆的权利，满足人民群众基本的知识、信息和文化需求，坚持“以读者需求为中心”和文化办馆的服务理念，按照国家的评估标准，在城东新区建议建一个（县市区）二级图书馆，建筑面积2300平方米以上，其中藏书区、借阅区占总面积55%，公共活动和辅助服务区占15%，咨询服务区占5%，业务区占10%，行政办公区占5%，技术设备区占4%，后勤保障区占6%。图书馆建筑设计应适应现代图书馆服务方式的变化，必须分区明确、布局合理、人流通畅、朝向和通风良好。

联系方式

地　址：郴州市苏仙区高山背路22号
邮　编：423000
联系人：李建军

桂阳县图书馆

概述

桂阳县图书馆于1981年3月，经湖南省文化厅批复正式成立。桂阳县图书馆位于城东的体育馆路（原蓉城路），对面是体育馆、桂阳商业步行街及蔡伦文体休闲广场。2002年改建后图书馆共占地1868平方米，馆舍面积1095平方米；全馆现有编制10个，在职在岗职工12人，大专以上学历11人，具有中级以上职称者5人。馆内设办公室、采编室、“文化共享工程”桂阳支中心暨电子阅览室、少儿阅览室、多媒体报告厅、成人阅览室、综合外借室、咨询室等八个部门；其中综合外借室、成人阅览室、多媒体报告厅、文化共享工程桂阳支中心暨电子阅览室、少儿阅览室、咨询室是对外服务窗口。其中藏书8万余册，报刊合订本1万余册，电子图书1万余种。

业务建设

截止2012年底，桂阳县图书馆总藏量8万余册（件），其中，纸质文献6万余册（件），电子图书1.5万册，过刊合订本1.1万余册。

2012年起购书经费增至23万元。2009年至2012年共入藏图书2万余种，45000册，年均订报刊160种。每年收集地方文献35种。

读者服务工作

从2011年起，桂阳县图书馆全面实行免费开放，周开放时间56小时，2009—2012年，书刊总流通252000人次，书刊外借165000册次。建立了3个流动图书服务点，馆外书刊流通总人次15000人次，书刊外借32000册。

2009—2012年，桂阳县图书馆共举办讲座、展览、培训、阅读推广等读者活动100场次，参与人数78000人次。

业务研究、辅导、协作协调

2009—2012年，桂阳县图书馆职工发表论文5篇。参与本地区图书馆联合编目、馆际互借、总分馆体系建设以及其他各类业务合作活动，参与本地区服务网络建设的规划、管理和基层图书馆自动化管理的指导。

管理工作

2012年，桂阳县图书馆完成首次全员岗位聘任，本次聘任共设3类岗位，有12人重新上岗，同时，建立了工作量化考核指标体系，每月进行工作进度通报，每半年和全年进行总体工作考核。2009—2012年，共抽查文献排架12次，书目数据12次，编写分析报告和工作提案4篇，编写工作进度通报48篇。

表彰、奖励情况

2009—2012年，桂阳县图书馆共获得各种表彰、奖励18次，其中，省级表彰、奖励4次，其他表彰、奖励14次。

馆领导介绍

吴威，男，1971年9月生，本科学历，中共党员，馆长、党支部书记。

谢艳芸，女，1970年4月生，大专学历，馆员，副馆长。

雷松儒，男，1971年1月生，大专学历，副馆长，工会主席。

未来展望

进一步完善服务功能，扩大服务辐射区域，带动全县图书事业发展。2012年，桂阳县文化园建设正式启动，将建设一座4800平方米的图书馆新馆，阅览座位1000个，可容纳纸质文献100万册，年服务人次可达30万人次以上，数字资源设计存储能力300TB，能够提供全覆盖、不间断、无时空限制的数字文献远程和移动服务，数字资源年利用率100万件/次以上。

联系方式

地　址：湖南省桂阳县图书馆
邮　编：424400
联系人：谢艳芸

服务宣传周活动

“送春联、送祝福”活动

宜章县图书馆

概述

民国15年（1926年），宜章县教育局建立了图书馆，馆内藏有《万有文库》、《四部丛刊》以及当时流行的许多书籍，对教育系统和社会公众开放。民国19年（1930年），专设民众图书馆。民国27年（1938年），建立宜章民众教育馆。1951年，宜章县人民文化馆成立，馆内设有图书室、阅览室、外借室，面积约有50平方米。同时还设有10多个流动图书箱。总藏书约1万册。1956年，文化馆将图书箱分给各个公社文化站，由文化站建立图书室，文化站辅导员兼管图书借阅工作。"文化大革命"中，图书室即停止了活动，仅残留1000余册毛泽东著作等政治方面的图书。

1977年，恢复文化馆内的图书室。藏书始增至1万余册，5月，县图书馆从文化馆分出，接收了文化馆图书3700余册，于同年6月1日正式开馆，年底藏书增加到1.2万册，1984年省文化厅、省财政厅和人民政府各拨款10万元，开始在县城东隅林家拗兴建宜章县图书馆。于1987年5月建成，图书馆占地面积5035.2平方米，建筑面积1700平方米，公用活动面积1270平方米，分设书库、外借室、综合阅览室、科技阅览室、少儿阅览室、资料咨询室。自学室、讲座室、目录室、采编室及宣传辅导室。2013年4月，参加第五次全国公共图书馆评估，荣获县级三级图书馆。

业务建设

2012年，宜章县图书馆有阅览坐席245个，计算机33台，宽带接入10Mbps，财存储量5TB，选用文津系统，现办公及业务流程已实行自动化管理。

截止2013年底，宜章县图书馆总藏量80356册（件），其中，纸质文献80356册（件）。读者达30480人次。总流通读者38538人次。2011–2013年，宜章县图书馆新增藏量购置费13.5万元，2014年起增至5万元。2011–2013年，共入藏中外文图书80356册（件），中外文报刊62种，视听文献16种。2013年，地方文献入藏完整率为95%。

读者服务工作

从2011年11月起，宜章县图书馆坚持常年对外免费开放，周开放56小时，同年，上级业务部门配发文津系统技术，实现了馆藏文献的电脑录入借还。2011–2014年上半年，书刊总流通10.5万人次，书刊外借17.5万册次。馆外书刊流通总人次6.5万人次，书刊外借2.5万册。2014年6月与宜章县武警中队共建军民流动服务图书室1个。2013–2014年，宜章县图书馆网站访问量1.5万次。2014年引入歌德电子借阅机，提供了移动阅读平台。而且还可通过宜章县图书馆网站、共享工程基层服务中心提供检索、浏览和下载服务。2013年图书馆共举办各类讲座、展览、培训、阅读推广等读者活动12场次，参与人数26500人次。

业务研究、辅导、协作协调

我馆按照上级主管部门的要求积极开展图书馆联合编目及馆际互借活动，目前我馆与县内近百家农家书屋开展了图书互动、馆际互借、活动联合办等合作活动。

从2011年起，宜章县图书馆以文化信息资源共享工程中心为平台，与乡镇文化站，部分行政村文化活动室、农家书屋和学校图书室、部分行业图书室建立网络平台。

目前我馆已经跟50%以上的村文化室以及农家书屋及县内所有的行业内图书室建立了服务网络。网络中数据库的覆盖率达100%。

我馆每年都制定了基层业务辅导的年初计划，2011年对沙坪中心小学、曹排村小学、县六中、农家书屋开展了专题的业务指导。2012年对县委党校、县物价局、县一中图书室开展了专题业务指导，被指导单位都在当年评比中过关。

我馆每年对乡镇文化站及农家书屋定期开展业务培训，2011年培训3次，2012年培训6次，培训内容集中在图书分类、编目、上架、制度建设等方面，培训效果反馈良好。

管理工作

2012年，宜章县图书馆按照人社部门的文件精神，对所有工作岗位实行聘任制。本次聘任共有6人重新上岗，同时，建立了工作规范制度，每月进行工作进度通报，每半年和全年进行全面的工作考核。2012–2014年，共抽查文献排架6次，书目数据12次，为市图书馆工作动态提供信息3次。

表彰、奖励情况

2012–2013年连续被郴州市图书馆评为全市图书馆服务工作优胜单位。

截至2013年底，宜章县图书馆共获得各种表彰、奖励48次，其中，文化部被评为三级图书馆1次，省图书馆组织的八部委开展三湘读书月活动表彰、奖励2次，市图书馆表彰、奖励2次，其他表彰、奖励43人次。

馆领导介绍

姚传寿，男，1964年10月生，大专学历，中共党员，馆长。1982年12月–1987年6月在部队工作，1987年7月–2012年6月在文化馆工作，任文化馆副馆长。2012年7月调入县图书馆主持全面工作，2013年7月任宜章县图书馆馆长。

刘湘明，女，1976年8月生，大专学历，副馆长，1997年11月到宜章县图书馆工作，先后在财务室、办公室、综合阅览室工作。2013年被任命为宜章县图书馆副馆长，分管全馆业务工作。

未来展望

宜章县图书馆坚持文化大发展，大繁荣和"读者第一，服务至上"的办馆宗旨，以文明优质的服务使图书馆成为传播先进文化的阵地，在传播知识和传播文明、提高公民科学文化素质、培养社会有用人才、推动社会进步发展等方面发挥了积极作用。在宜章县未来的几年里，宜章县图书馆将在现有馆舍的基础上，规划在玉溪镇罗家山一带另建一座建筑面积3000平方米、服务功能齐全、设计一流的现代化图书馆。同时，还具有支撑保障全县公共图书馆服务体系良好运行的文献与技术能力，成为与县内各单位、乡镇、学校等图书馆（室）实现资源共享互补的县级三级图书馆，主要指标位居全县公共图书馆前列，达到国家评审的县级三级图书馆的基本要求。

联系方式

地　址：湖南省宜章县玉溪镇东村13号
邮　编：424200
联系人：姚传寿

永兴县图书馆

概述

永兴县图书事业发端于近现代。清光绪九年（1883年）知县洗宝干，捐廉购书建立“安陵书院”，光绪二十九年（1903）县令赵维诚奉谕兴学，改书院为学堂，内增“阅报所”。1940年永兴县立民众教育馆成立，内设图书室，配有专职管理人员，定期对广大民众开放借阅，利用进步书刊，教育组织群众投入革命洪流，造就黄克诚大将等一批无产阶级革命家。1951年，永兴县人民文化馆成立，馆址设在文庙内。1981年7月，永兴县图书馆从县文化馆中分离出来，馆址位于县烈士陵园。2010年10月25日县老图书馆由烈士陵园搬迁至县人民公园后山之巅“天秀阁”，于2002年投资500多万元建成，建筑面积3200平方米。2010年，县委投资150多万元将县图书馆搬入，将其建设成为党员干部学习阵地和群众读书健身的乐园。现设有电子阅览室、综合阅览室、报刊阅览室、少儿阅览室、中心机房、文化信息资源共享工程永兴县支中心、多媒体报告厅、学术研讨室，另设外借处、采编室、参考咨询室、藏书室、地方文献收藏室。全馆共有干部职工及保安共9人，现有持证读者12000多人。

业务建设

截止2013年底，永兴县图书馆总藏量15万多册（件），其中，纸质文献6.9万册（件），报刊220多种，各类期刊260多种，电子图书10万多册。计算机29台。

2009、2010年，永兴县图书馆新增藏量购置费16万元，2011年起增至22万元。2009–2012年，共入藏中外文图书1万册，中外文报刊968种，视听文献360种。2011年，地方文献入藏完整率为95%。

读者服务工作

从2009年8月起，永兴县图书馆全年365天天天对外免费开放，周开放56小时，同年，引进RFID技术，实现了馆藏文献的自助借还。2009–2012年，书刊总流通31.128万人次，书刊外借41.5278万册次。2009–2012年，永兴县图书馆共举办讲座、展览、培训、阅读推广等读者活动421场次，参与人数2万人次。

业务研究、辅导、协作协调

发挥公共图书馆的中心作用，开展业务辅导工作。我馆深入农家书屋开展业务辅导共190次，每年举办了农家书屋管理员培训，每次培训人数达100余人次。全年我馆对农家书屋管理员进行了多次全面辅导工作。

图书馆在共享工程管理员的培养上实现了制度化和常态化。根据图书馆工作要求，每年对县共享工程管理员进行2期的集中培训，2008年以来一共举办各类培训班8期，参加轮训的各级管理员达300人次。

管理工作

2010年，永兴县图书馆完成全员岗位聘任，本次聘任共设20类岗位，有10人重新上岗，同时，建立了工作量化考核指标体系，每月进行工作进度通报，每半年和全年进行总体工作考核。2009–2012年，共抽查文献排架15次，书目数据12次。

表彰、奖励情况

自从建立文化信息资源共享工程平台以来，在领导的重视下，我馆干部职工的共同努力，图书馆在文化信息资源共享事业中取得了较好的成绩。

1、湖南省文化共享工程知识与技能竞赛：永兴参赛者以全省第二名的成绩获得团体金奖及个人三等奖。

2、湖南省文化信息资源共享工程少年网页设计竞赛永兴参赛者曹志磊的作品取得一等奖。

3、湖南省文化信息资源共享工程三湘读书月我馆荣获全市少年儿童三等奖及组织奖。

馆领导介绍

刘涤障，男，1963年3月生，大专学历，中共党员，行政管理，馆长。1979年12月参加工作，中级职称。

陈立亮，男，1963年6月生，大专学历，副馆长。

黄　河，男，1979年2月生，大学文化，副馆长。

未来展望

永兴县文化资源共享工程已走过10个年头，从昨天的几个点到今天的272个行政村全覆盖，从单一的资源接收到今天的编辑分发和群众广泛认知，广泛参与，文化资源共享工程在永兴已经成为永兴人民文化生活的一大支柱，成为繁荣永兴文化，丰富永兴人民精神生活，推动永兴人文科技进步的强大动力源泉。今后永兴支中心希望在国家中心，湖南分中心大力支持下为永兴共享工程建设一支专业化的服务队伍，建立一个国家、市、区三级知识网络联动的即时问答服务体制和服务形式更加多样，服务网点更加宽广，参与群众更加广泛的共享工程文化带动体系，为建设科技永兴，为永兴社会发展做出贡献。

联系方式

地　址：永兴县人民公园内天秀阁
邮　编：423300
联系人：李　茜

汝城县图书馆

概述

汝城县图书馆于1986年6月筹建，是从县文化馆图书室分离出来的，是汝城县唯一一家县级公共图书馆。1989年6月，总投资27万余元，建筑面积1250平方米的新馆舍落成并正式对外开放。新馆舍坐落在县城西郊虎头寨烈士公园内。全馆现有职员7人，其中本科文化程度3人，大专文化程度4人；具有初级以上技术职称4人，其中馆员1人。

业务建设

1998年起，县政府在财力相当紧张的情况下，将图书馆单列购书经费，由建馆以来的每年0.6万元，增加到每年6万元。总藏书量8万余册；图书年入藏数量平均2000册左右；报刊年入藏数量170种左右；视听文献自1998年起，平均每年入藏60件；地方文献入藏自建馆开始启动，利用我县各姓氏修纂族谱的机会，动员理事人员向图书馆捐赠族谱，地方文献收集有了质和量的突破，并设专架，专人负责，编设专门目录。拥有图书外借处、少儿借阅（益智）室、报刊（过刊）借阅室、参考咨询、采编室、公共电子阅览室、多媒体报告厅等8个服务窗口；阅览坐席240个，其中少儿阅览室坐席60个；电脑30台(其中电子阅览室23台)；添置了彩电、VCD影碟、投影仪等音像设施。

2000年引进4用户计算机管理（ILAS）系统软件。配置4台电脑，开始设立机读目录，加强目录管理，编目工作、流通工作、书目检索业务计算机管理。2000年建设馆内局域网，2003年接入因特网，实现宽带连接，服务工作实现现代化管理。并成为全省首批文化信息资源共享工程基层支中心。

读者服务工作

1999年起，图书馆实现“无闭馆日”，坚持每周开放60小时，并随季节调整上、下班时间，使窗口开放时间最大限度地方便上班族和读书族。随着本馆服务水平的提高，读者满意率不断攀升，读者群不断扩大。每年新增读者1000余人，流通近10万余人次；年外借12万余册次；全部实行开架借阅。坚持开辟“新书介绍”、“图书馆带您步入知识的海洋”等专栏，每年向读者推介图书2000余册。每年精选200余本农技、法律书籍到相关乡镇展阅，并利用馆藏优势，翻印编制二次文献数千份，无偿发放到赶集农民手中，受到广大农民的欢迎。

业务研究、辅导、协作协调

目前，全县已建成农家书屋309家，配备图书总量达50余万册。机关学校图书馆（室）馆藏量也得以不断增大。其中规模较大的有一中图书馆，总藏量达5万册。

表彰、奖励情况

汝城县图书馆先后被县委、县政府授予四星级文明单位。郴州市三创一争先进单位，郴州市“芙蓉标兵岗”、湖南省巾帼文明岗、湖南省文化工作先进集体、湖南省未成年人思想道德先进教育基地、“服务农民，服务基层”文化建设先进集体、文化共享长征行暨湖南红色之旅宣传服务活动先进单位等称号。

未来展望

汝城县图书馆坚持以文化为先导、以读者为中心、以资源为核心的立馆理念，积极做好“传统图书馆、数字图书馆、特色图书馆”的建设，并争取建成一级图书馆。在未来几年，将继续宣传继承传统文化，丰富馆藏书籍，提高图书馆公共文化服务能力和水平；积极拓展数字资源，推行网络阅读、手机阅读等数字化阅读方式；根据地方经济建设的发展需求，打造一至两个特色服务品牌，增加吸引力和影响力。

联系方式

地　址：湖南省郴州市汝城县卢阳镇卢阳大道212号
邮　编：424100
联系人：方 芳

电子阅览室

阅览室

安仁县图书馆

概述

安仁县图书馆的前身是民国19年（1930年）5月县创办的民众图书馆。当时该馆图书数量甚少，未对外开放。民国28年（1939年）图书馆并入民众教育馆，1944年在日本侵略军践踏安仁之后，馆藏图书散失殆尽，教育馆之图书馆，名存实亡。1949年9月7日，成立县人民教育馆，1951年更名为县文化馆，内设图书外借、内阅两个服务窗口，藏书2000余册。1966年至1971间，由于“文革”的影响，借阅工作中断达6年之久。1984年10月，图书馆独立建制，正式成立。藏书增至7000余册。

1996年6月，新建成的馆舍是一座拥有1241.5平方米颇具现代特色的图书馆，外观古朴典雅，内室宽敞明亮，设有100个座位的综合阅览室，60个座位的少儿阅览室，可收藏8万册图书的书库，可容纳200名听众的报告厅。

业务建设

截止2013年底，安仁县图书馆总藏量8.56万册（件），其中纸质文献8.03万册（件），电子图书0.51万册（件），电子期刊0.02万册（件）2011年，安仁县图书馆新增藏书量购置费6万元。2010年，使用文津系统图书自动化管理系统，实行了智能借还功能。

图书馆进校园活动

读者服务工作

从2011年起，安仁县图书馆全年365天免费开放，周开放56小时。2008–2013年，书刊总流通3.9869万人次。书刊外借5.0661万次。

2014年6月，安仁县图书馆建设、开通图书馆网站。网站访问量1.32万次。

业务研究、辅导、协作协调

2008–2012年，安仁县图书馆职工发表论文3篇。

2008年参与建设农家书屋223个，文化信息资源服务点乡镇级站21个。举办业务辅导、培训、阅读推广等读者活动444场次，参与人数654人次。2011年–2013年期间在省级“三湘读书月——少年儿童阅读之星”活动中连续3年获阅读之星荣誉称号。2012年开展“安仁县图书馆小蜢子图书流动服务”系列活动。截止2014年6月，成功举办567场次，服务人数3.47万人次。

管理工作

2013年，安仁县图书馆共有从业人员6名。共向市民免费开放窗口4个（含报刊阅览室、外借室、电子阅览室、多媒体报告厅）。

表彰、奖励情况

2009年–2013年，安仁县图书馆共获得各种表彰、奖励20次，其中国家级表彰1次，省级表彰、奖励7次，市级表彰、奖励12次。

未来展望

近年来，图书馆不断强化自身综合能力，扩大服务空间，创新服务内容，联合各路力量服务社会，让人们走进图书馆，了解图书馆，利用图书馆。

2014年，安仁县图书馆进行了提质改造，改造后的图书馆整体更为整体宏伟大气，更能适用广大读者日益增长的服务要求，同时拥有更好的条件去服务社会大众，去收藏、整理、组织、存储和提供利用信息。

联系方式

地　址：安仁县状元洲街242号
邮　编：423600
联系人：周 恒

报刊杂志阅览室

电子阅览室

借阅室

桂东县图书馆

概述

桂东县图书馆始源于清朝末年的濂溪、培英等书院。1940年（民国29年）图书馆并入民众教育馆。1949年7月，桂东县人民政府成立，接管民众教育馆，直至1954年县文化馆成立，由文化馆负责开展图书业务工作。1984年10月，县编委下文成立"桂东图书馆"。1986年元月，桂东县图书馆正式成为文化局下属的一独立核算单位。同年6月，在原中央书记处书记邓力群同志的亲切关怀下，在沤江镇汝桂路20号动工兴建图书馆馆舍，馆舍投资80万元，总建筑面积2371平方米。2009年，参加第四次全国公共图书馆评估，首次获得三级图书馆。2013年参加第五次评估，再次获得三级图书馆。2014年，桂东县图书馆有计算机35台，宽带接入10Mbps，选用Interlib图书馆自动化管理系统。

基础设施建设

截止2013年底，桂东县图书馆总藏量45675册（件），其中，纸质文献35675册（件），电子图书10000种。2013年我馆财政拨款数为54万元，其中购书经费5万元（即由过去的2万增加到5万），共享工程运行经费4万元。为确保免费开放工作的顺利进行，我馆先后投入20余万元，对办公室、少儿阅览室、图书馆大厅进行了维修，添置了电脑、书架、办公桌椅、阅览桌椅等。同时，按照我县创省级文明卫生县城、园林县城的工作目标要求，对图书馆院坪进行整修和水泥硬化，对破损墙面进行修补粉刷，制作了亮化、戒烟字牌，对馆内、院内进行了全面绿化。

读者服务工作

2012年，我馆自购电子文献10000种，自购图书1704余册，争取省馆捐赠图书1000余册，订购报刊120余种，收藏经典电影、学习类视听文献50余种。收集《桂东红色歌谣》、《灵韵桂东》、《摄影桂东》、《桂东客家采茶调》、《桂东玲珑茶制作工艺》、《桂东非物质文化遗产普查成果汇编》、《官险》、《色险》、《商险》等地方特色文献160余册，同时还收集了我县"文革"遗留下来的89本古籍，全年共新增藏书13123余册。

馆藏文献全部依据《中图法》（第五版），严格按照采编程序进行，图书加工规范、统一、整齐、美观。馆内图书除万有文库、古籍文献专柜外，全部图书、期刊为开架借阅阅览，开架率达96%。采取个人外借、预约借书、资料代查、上网服务、图书展览、送书下乡等服务形式，年书刊外借阅览册次2.8万，年流通人次5.7万；年接待来电来访读者200余次，解答读者咨询600余次。

"4·23"世界读书日、图书馆服务宣传周、全民读书月活动频繁，内容丰富。印发新书推荐、图书馆免费开放宣传资料、农村种植养殖科技资料，开展送图书、送科技下乡活动。馆内开设新书推荐专柜、新书推荐宣传栏、同时利用桂东县图书馆网推荐新书、宣传免费开放、推介我馆。近年来我馆在送图书、送科技下乡活动中。收集打印厚朴、楠竹种植技术，养牛养羊、土鸡养殖技术等科技资料10000余份，农村科技文摘4000余本，科普书籍、手册1000余册发放到农民朋友手中。同时在每次馆外宣传活动中除印发当地种养殖资料外，还打印有图书馆免费开放、健康、计生、安全等信息资料分发到广大读者手中，有效地为广大读者提供了生产、生活、健康等方面的信息服务。

业务辅导工作

每年制定业务辅导计划并严格按照计划的时间、步骤予以实施。迄今为止，设立服务点、流通站21个；完成了我县18个乡镇图书室、156个行政村农家书屋的建设；举办了四期农家书屋管理员培训班；帮助指导县党校、武警中队、县法院、县审计局等单位组建图书室，并与各图书室之间进行图书流通，资源共享；适时组织业务培训和下基层进行业务辅导，帮助各基层图书室培训业务骨干，使基层图书室管理员可以更好的为广大读者服务。

我馆先后投入15万多元，逐渐完善了我县"文化共享"新型文化服务网络，有效服务读者。"共享工程"启动以来，我们一是先后免费举办了少年儿童、中老年电脑培训班，与县远教办一起举办了文化共享工程基层网点管理员培训班，以满足广大中老年人、少年儿童、基层网点管理员学习电脑知识的迫切需求。同时组织少年儿童制作电脑小报多次参加全国文化共享工程网站竞赛，获二等奖一次。二是开展"文化共享，惠泽三湘"活动，并利用节假日（如六一儿童节、中秋节等）组织农民工和留守儿童到电子阅览室网上视频，进行"亲情互动"活动。三是利用共享工程资源复制种植、养殖方面的光盘送到农民手中，为农民科技致富、脱贫致富提供技术信息保证。四是组织全馆人员参加"公共电子阅览室建设网络培训"、参加"全国公共电子阅览室建设计划"百题知识竞赛、省业务知识竞赛，并取得优异成绩。

通过多年来全体干部职工的共同努力，我馆多次获得中央、省、市、县级的奖励。2009年被文化部授予"国家三级馆"、获湖南省公共图书馆第七届服务成果二等奖、参加市读书活动竞赛获银奖、获桂东县文化工作目标管理考核二等奖；2010年参加市读书活动获金奖和组织奖、参加市文化信息共享工程网页设计竞赛获二等奖、获桂东县文化工作目标管理考核一等奖；2011年获湖南省图书馆合办《农村科技文摘》三等奖、参加市读书活动竞赛获金奖和组织奖、获桂东县文化工作目标管理考核一等奖；2012年参加市读书活动获银奖、获全市

桂东图书馆

开展读者活动

开展少儿读书活动

公共图书馆目标管理考核优胜单位、获全县文化工作目标管理考核三等奖；2013郴州业务知识竞赛一等奖、省个人优秀奖。

馆领导介绍

黄招平，女，1964年3月生，大专学历，中共党员，馆长，主持图书馆全面工作。

扶群，男，1973年元月生，本科学历，副馆长，分馆财务，协助馆长搞好本单位的其他的工作。

郭丽涛，女，1971年11月生，专科学历，中共党员，研究馆员，副馆长，分管全馆业务工作，协助馆长搞好本单位的其他的工作。

未来展望

一是按照县创建省级文明卫生县城的规划，积极向上级争取，多方筹措资金，加强馆内环境设施建设。二是积极主动向县政府争取文化信息资源共享工程及免费开放的配套资金，加强图书馆基础设施及文化共享工程数字资源建设。改善免费开放的服务环境，并与各乡镇图书室、农家书屋建立文化信息资源共享工程分中心，以点带面，使更多的读者可以零距离、第一时间掌握文化信息。三是鼓励名人名企捐赠图书，设立名人名企专柜，鼓励读者捐书或低价购买读者本馆没采购的过刊图书。四是采取民意调查和设立意见征求簿等，广泛听取读者的意见，从读者角度购买实惠、实用的图书；五是多方联系进书的渠道，不盲目采购，从质量好、价位低的经营商处采购图书。五是广泛收集我县的地方文献，力争每年馆内藏书按10%增长。

联系方式

地　址：湖南省桂东县沤江镇汝桂路20号

邮　编：423500

联系人：黄招平

江永县图书馆

概述

江永县图书馆建于1984年，1988年投入使用，馆舍面积1000平方米，内设阅览室4间，书库2间，报刊厅1间，参考咨询室1间，采编室1间，过刊室1间，其他办公用房5间，现在已开放阅览室2间，座位200个，少儿阅览室1间，座位60个，外借书库2间，图书总量6万册，2014年流通人次16400次，年外借册次27000册，我们采取免费办证开架接待读者，基本满足全县读者借阅需求。

我馆现有职工7人，其中本科2名，大专3名，占总人数57%，中专1名，高中1名，副高职称1名，中级职称1名，初级职称3名，占总人数的50%。我馆共有计算机30台，其中25台供读者使用，光纤上网，10兆网速。文化共享工程的惠及，我馆基础设施设备得到了较大的改善，营造了一个环境优美、舒适、典雅的读书学习场所。

业务建设

1、文献入藏：完善基础业务，更好地为读者服务是图书馆一切工作的中心。多年来，为了搞好馆藏建设，我们形成多类型文献资源互补，馆藏量丰富的文献资源体系，为读者服务。通过多渠道筹措资金，争取县委、县政府领导的重视和支持，保证购书经费的及时到位。在馆藏建设中，我馆还十分注重形成具有地方特色的藏书体系，为了更系统地征集和利用地方文献资料，我馆征集到江永“女书”原件手写本一套，共50册，毛氏族谱全集（原件已被省图书馆收藏）等。我馆地方文献设有专架，专职人员负责，且有专门目录。

2、文献表音著录：我馆采用的是《中图法》进行分类标引，由于时间久远，目录卡片破损，差距率较高，11、12年我馆抽出业务能力强，工作负责的业务人员，对馆内公务目录，读者目录进行了全面的清点和整理，做到卡书相符，对其中的破旧目录进行更换，做到图书标引误差率和图书著录差率控制在1%以下，且按照要求规范、统一、整齐、美观整理好书标、登记号、馆藏章。

3、目录设置、组织、管理：江永县图书馆根据本馆的性质开展各项业务工作，建馆以来一直使用《中国图书馆图书资料分类法》设置了公务目录，读者目录第二套，读者目录设分类目录和书名目录，分类目录按《中图法》分类号和图书种次号相结合的序号组织排列；书名目录按四角号码取号法，由专人管理，且及时维护保养，查目辅导。

读者服务工作

江永县图书馆读者服务的宗旨是“以人为本，读者之上”的服务理念，本着这思想，我们不断加强工作人员的岗位作风建设和管理水平，改善服务质量。为了方便读者，我们以优质的服务水平对我馆的服务窗口均实行免证、免费开架为读者服务，深受广大读者的好评。读者满意率达95%以上。

业务研究、辅导、协作协调

举办了乡镇、寸、学校图书室管理人员的辅导学习班，通过培训，使乡镇、寸、校图书室业务骨干管理人员基本掌握图书馆的基本知识，图书馆还帮助组建乡镇村图书室7个，街道乡镇覆盖率达80%，社区、村覆盖率达到70%，并与江永一中、潇浦一小开展协作协调，参与资源共享。

管理工作

我馆实行岗位管理责任制度，建立分配激励制度，按需设岗、按岗聘用、竞争上岗，明确工作目标和岗位职责，量化工作任务，馆领导每月对各科室工作检查监督，按“百分制”逐项计分考核，并存入年中个人考核档案，在一定程度上治理了过去的“做好做坏一个样，做多做少一个样”的弊端。

未来展望

为了不断完善公共图书馆职能，提高公共图书馆的工作水平，我们通过制度建设、业务规范、业务学习等途径，打造一支服务意识强，服务水平高、爱岗敬业的服务团队，为读者服务。在今后的工作中，抓住机遇，大胆创新，把我馆的工作推向一个新的台阶，为加快图书馆现代化建设作出新的贡献。

联系方式

地　址：湖南省永州市江永县五一北路007号

邮　编：425400

联系人：刘 耕

永州市冷水滩区图书馆

概述

永州市冷水滩区图书馆成立于1984年9月，当时撤销零陵县将冷水滩镇从零陵县划分出来，成立冷水滩市，初名冷水滩市图书馆；1996年零陵地区改为永州市，原冷水滩市改为冷水滩区，冷水滩市图书馆更名为冷水滩区图书馆。馆舍大楼建于1992年，几经曲折馆舍大楼于1998年6月落成开放，本馆位于永州市中心城区的冷水滩区梅湾路586号，占地面积2350㎡，建筑面积2537㎡。现有阅览坐席246个，计算机32台，属国家三级公共图书馆，是永州市首府之地的精神文明窗口。

业务建设

截止2013年底，永州市冷水滩区图书馆总藏量6.12万册（件），其中，纸质文献4.85万册（件），电子图书1.21万册，电子期刊0.06万种/册。2013年，图书年入藏量2527种，报刊年入藏242种，视听文献年入藏305种。截止2013年底，我馆数字资源总量2.12（TB）。2013年底，实现馆内无线网络全覆盖。

读者服务工作

永州市冷水滩区图书馆全年365天天天对外免费开放，周开放56小时。2013年，书刊总流通5.72万人次，书刊外借2.69万册次。2010年4月，开通与永州市职业技术学院图书馆的馆际互借服务。

2013年，永州市冷水滩区图书馆共举办讲座、展览、培训、阅读推广等读者活动22场次，参与人数2.18万人次。

业务研究、辅导、协作协调

2009–2013年，永州市冷水滩区图书馆职工发表论文21篇，组织课题项目2次。

从2011年起，永州市冷水滩区图书馆加强服务网络建设，本地区街道、乡镇、社区、村图书馆参与服务网络建设的比例占40%，全区图书馆服网络内的资源实行共建共享。

长期以来，我馆注重对基层图书馆（室）的业务辅导工作，我区13个乡镇，312个行政村，已建镇文化站图书室13个，覆盖率100%，社区和村图书室234个覆盖率74%，帮助他们加工整理分类图书6万余册。

2013年，举办基层业务培训班7次，429人，参加培训人员是全区各乡（镇）、办事处文化站文化专干和社区图书室的业务骨干。

管理工作

永州市冷水滩区图书馆制定了严格的岗位责任制，建立了工作量化考核指标体系，实行竞争上岗，按需设岗，按岗聘用，实行奖罚管理。对于各类公有物资，实行管理上责任到人，做到账物相符，使用合理，维护及时。

表彰、奖励情况

2011–2013年，永州市冷水滩区图书馆共获得各种表彰、奖励10次，其中获国家图书馆学会年会征文三等奖1次，获省图书馆学会第十一届学术成果奖2次，获2012省图书馆学会年会征文三等奖1次，获2013省图书馆学会年会征文三等奖2次，获省图书馆学会服务推广周活动组织奖1次，获永州市文广新局表彰3次。

馆领导介绍

张玉花，女，1963年11月生，大专学历，中共党员，中级职称，馆长。在省级刊物发表论文5篇，组织课题研究项目1次。

唐勋民，男，1966年4月生，大专学历，中共党员，中级职称，党支部书记。在国家级和省级刊物发表论文8篇，组织课题研究项目2次。

未来展望

永州市冷水滩区图书馆遵奉“读者至上、服务第一”的宗旨，努力为社会主义精神文明、政治文明和物质文明建设服务。

永州市冷水滩区图书馆存在藏书量严重不足、新书少、没有休闲和寄存处等情况，硬件建设明显不足，办馆条件还很不完善，远远满足不了广大读者的基本需求。须继续加大硬件及自身功能建设，大力推进文化共享工程建设，充分利用丰富的阅读资源为群众服务。

展望未来，永州市冷水滩区图书馆紧紧围绕国家、省、市文化强国的工作部署，积极争取运程资金，大力拓展公共文化服务项目，实现好、发展好、维护好人民群众的基本文化权益。引进专业人才，加强培训，建设一支高技术、高素质的专业人员队伍。构建资源优质丰富、技术先进实用、传播高效互动、服务便捷贴近、管理科学规范、体系完整可控的公共数字文化传播服务体系，使公共图书馆真正成为城乡群众参与文化娱乐、获取科普信息、接受教育培训、享受惠民服务的重要平台。

联系方式

地　址：湖南省永州市冷水滩区梅湾路586号
邮　编：425000
联系人：唐勋民

东安县图书馆

概述

湖南省东安县图书馆成立于1976年12月，位于县城白牙市镇沿河路130号-A，是该县唯一的综合性公共图书馆，全国文化信息资源共享工程东安县支中心，2013年参加全国公共图书馆评估获得国家三级图书馆.开设了综合阅览室、少儿借阅览室、多媒体视听室、电子阅览室、采编室、业务辅导室、外借室、地方文献室、期刊室等服务窗口，拥有阅览坐席120个，选用ELAS系统图书馆自动化管理系统。2011年7月开始全面向社会免费开放。

业务建设

2012年，各级财政拨款总额为96万元，并新增馆藏购置费6万元。截至2012年底，该馆拥有总藏量81600册，其中图书62190册、报刊14580册，电子文献401件（套）。2010年以来，我馆图书年平均入藏量达2500种以上，报刊年入藏量达120种以上。

读者服务工作

该馆认真贯彻落实《文化部、财政部关于推进全国美术馆、公共图书馆、文化馆（站）免费开放工作的意见》文件精神，于2011年7月1日开始正式对外实行了免费开放，主要服务窗口每周开放时间达到56个小时，书刊文献开架比例达60%以上，馆藏书刊文献外借率达36%以上，图书、期刊年流通册次达10万册次以上，合作建设了县武警中队等3个县图书馆分馆及10个馆外图书流通点。

2010年以来，该馆积极与县老年大学、中小学校等合作开办老年人、残疾人电脑免费培训班及各种讲座36次。结合“图书馆服务宣传周”等活动，每年开展阅读推广活动2次以上，并到全县各乡镇免费赠送科技书刊资料。《永州日报》、东安县电视台等媒体作了多次宣传报道。

业务研究、辅导、协作协调

截止2012年底，该馆协助各级各部门共建设乡镇文化站图书室15个，社区图书室3个，村图书室493个，全县已基本构成县、乡（社区）、村三级服务网络，覆盖率达90%以上。该馆与县武警中队、县委党校等单位图书馆签订了馆际互借协议，初步实现了资源共享，也极大地方便了读者借阅。

该馆历来重视对基层图书馆（室）的业务辅导工作，2010年以来先后对县武警中队、县委党校、县人民医院、县地税局、茶亭社区、紫水社区及全县农家书屋给予了业务辅导，辅导整理各类图书近50万册。还会同县文广新局，每年都组织乡镇文化辅导员和村图书室管理人员进行图书馆（室）业务培训。

管理与表彰

2012年，东安县图书馆开始全员岗位聘任，同时建立了工作量化考核指标体系，每年制订了详细的年度工作计划。为更好地做好免费开放及读者服务工作，还吸纳了16名志愿者参与图书馆工作。

2010年以来，该馆先后荣获国家三级馆、永州市公共图书馆先进单位、县巾帼文明岗、永州市第二届“三湘读书月”活动“书香机关”、全省合办《农技科技文摘》三等奖、全省少年儿童“G3杯迎世博迎亚运进文明树新风”——永州市分赛场选拔赛组织奖，荣干香等3人获全省农家书屋优秀管理员荣誉称号。

馆领导介绍

雷建林，男，1970年2月出生，汉族，毕业于湘潭大学，本科文化，副研究馆员，馆长，民革党员，县人大代表。1988年7月参加工作，历任县图书馆副馆长、县文物所所长、县文化局办公室主任，2012年任县图书馆馆长。

周军忠，男，1970年2月出生，汉族，中专文化，支书兼副馆长，1990年3月参加工作，先后在县文物所、县文化局工作。

陈勇，男，1975年12月出生，汉族，高中文化，副馆长，1992年12月参加工作。

未来展望

2014年，东安县委、县政府高度重视县图书馆新馆建设，在县城新区划拨土地10亩。在未来的几年里，东安县图书馆将在现有的基础上，在县城新区另建一座建筑面积约0.6万平方米的新馆舍，致力于为全县广大群众营造一个舒适、便捷的学习、交流和休闲空间，为促进全县公共文化服务体系建设，建设和谐东安、幸福东安发挥积极作用。

联系方式

地　址：湖南省永州市东安县白牙市镇沿河路130号
邮　编：425900
联系人：雷建林

县图书馆电子阅览室

东安监狱分馆揭牌仪式

武警中队分馆揭牌仪式

道县图书馆

概述

道县图书馆成立于1981年7月1日，其前身是道县文化馆图书室，1981年7月1日，经有关主管部门批准单独建制。1984年在文化路16号新建图书馆大楼一栋，占地2.7亩，建筑面积1200平方米。馆址几经变迁，1990年搬迁至文化路16号的新馆开放。现本馆共有阅览座席175个（综合阅览座席15个，儿童阅览席35个，多媒体报告厅100个，电子阅览室25个），用于服务读者的电脑25台，办公电脑10台，打印机、复印机、摄像机、照相机、电视机、音像、投影仪各一台（件），宽带网络全部接通。

业务建设

截止2012年底，图书总藏量达到5万多册（件），电子文献藏量300种，报刊年入藏量80种，视听文献年入藏量30件。

县财政每年拨专项购书费4万元，文化共享工程专项资金6万元，我馆每年都安排一定的资金购置书刊和图书：特别是2011、2012年这两年，新增图书5百多种，报刊90种213册，电子文献300种，视听文献30件，各类儿童读物158种403册。为实现文化信息资源共享更好更快地建设好我县的县级分中心，我馆成立了领导小组，建起了卫星地面接收设备，在运行过程中，我们力求做到了规范管理，免费为读者提供服务。同时为特殊群体免费培训、讲座，社会反响很好。

注重地方文献的收集，对于我县每年的党的重要会议文献和人大政协会议的文献我们都有特意地收藏，我们还收集了各个科局的史志资料。设有专柜，并有专门的目录，由采编人员专门管理。

读者服务工作

道县图书馆按《文化部财政部关于推进全国美术馆公共图书馆文化馆（站）免费开放工作的意见》精神以来，全年365天免费开放。在2012年的全民读书月、世界读书日、图书馆服务宣传周活动，共举办各类读者活动3次，开展专题读者活动12次，举办专题展览3次，共参与人数1万多人次。2012年县为馆外流动服务点送书刊5千多册。2012年基层图书室书刊文献外借52.3万册次，借阅人次达到38.3万多人次。县馆2012年书刊文献外借28986册次，借阅23039人次，人均年到馆是6人次。

业务研究、辅导、协作协调

一是调研工作扎实认真。从2010年以来，图书馆班子成员结合新形势下图书馆的发展和对基层工作的辅导等方面进行了广泛调研，撰写对基层图书工作有指导意义的调研文章2篇。在调研中，培训了乡村图书馆（室）业务骨干，建起了基层图书馆(室)名录，摸清了基层馆（室）的底子。我县共有26个乡镇，583个行政村，都已建村（社区）、农家书屋图书室，在2012年建立了2个分馆即拘留所图书室和老年大学图书室。全县基层图书馆（室）、农家书屋图书室共有藏书90万册，馆舍面积达到1.2万多平方米。

二是发挥图书馆社会教育职能，深入县直部门、乡镇村社举办各类知识讲座17场次，听众达1330名，为馆外流动服务点每年送书5千册，并协助指导分类、编目、上架；举办农家书屋管理培训2次，参训96人次，指导并实施农家书屋图书分类、编目、上架图书636000多册。

管理工作

我馆共设了7个岗位，对每个岗位的人员聘用，采取个人与岗位双向选择的方式择优聘用；建立了工作量化考核指标体系，每月进行工作进度通报，每半年和全年进行总体工作考核。2012年抽查文献排架12次，书目数据3次，结合本馆2012年来开展的工作和举行的各种活动，发表了15条信息。

馆领导介绍

黄进文，男，1969年8月生，本科学历，中共党员，馆员，馆长。1988年7月参加工作，历任本馆党支部书记。

于莲菊，女，1971年1月生，本科学历，中共党员，馆员，党支部书记。1987年12月参加工作，历任本馆的副馆长。

陈智明，男，1970年9月生，大专学历，助理馆员。1988年7月参加工作，先后在图书借阅室、阅览室、馆长办公室等部门工作。

未来展望

道县图书馆坚持“以人为本，服务至上”的办馆理念，将依托文化共享工程，以数字图书馆建设为目标，以自动化服务为手段，以满足读者需求为出发点，以开展服务活动为重点，以传播知识和传递信息为职能，以馆藏文献为依托，努力实现全方位开放式读者服务工作，使图书馆成为文化、科技、传播、社会教育、信息交流的中心，为丰富群众文化生活，提高全民文化素质，构建城市文化建设，做出新的、更大的贡献。

联系方式

地　址：湖南省道县图书馆文化路16号
邮　编：425300
联系人：高　义

津市市图书馆

概述

津市市图书馆始建于1958年10月，属全省首批建立的20个县（市）公共图书馆之一。馆址几经变迁，1979年10月，位于津市北大路（现车胤大道）366号新馆对外开放，馆舍建筑面积784平方米，设6个业务部门。1991年，湖南省文化厅拨款20万元，经市人民政府批准，将与图书馆合建的市科委图书馆及办公楼购买，建筑面积增至2100平方米，新增3个业务部门，规划藏书容量30万册，可容纳读者座位180个。1994、1998年两次参加全国公共图书馆评估，连续被评定二级图书馆。2005年6月，津市市人民政府统一规划进行旧城改造，馆舍拆除，整体搬迁至市凤凰路57号，馆舍面积1400平方米。2010年，津市图书馆新设电子阅览室，有计算机45台，宽带接入30Mbps。2013年9月，市政府加大对公共文化服务体系建设，决定津市图书馆迁至原湖南机电学院图书馆内，现已完成改造装修，即将实施再次整体搬迁。2013年全国公共图书馆第五次评估获得三级图书馆。

业务建设

截止2012年底，津市市图书馆拥有藏书17.8万册，其中纸质文献15.8万册，电子图书2万册。有近10万册图书实行开架借阅，占馆藏总量的56%，排架正确率达96%以上。2009–2011年，津市市图书馆年藏量购置费3万元，2012年增至10万元。2009–2012年，共新增图书3067种，6030册；视听文献181种；地方文献120种，608册；年订报刊96种。截止2012年底，津市市图书馆数字资源总量为2TB，其中自建数字资源总量0.5TB，收录了《津市市地方文化活动视频》、《津市市非物质文化遗产保护视频》，建立了图书馆网站。2005年，从深圳购进ILAS小型版软件系统。

读者服务工作

津市市图书馆长期坚持对外免费开放，自2009年起，每周开放58小时。2009–2012年，读者年均到馆总数36503人次，外借书刊48135册次。2011–2012年，在城区学校、机关设立了5个馆外图书流动服务点，年接待读者10673人次，外借书刊28527册次。2011年起，为政府部门提供公开信息服务，2012年编印了《公共文化服务体系建设相关政策汇编》专题资料。

2009–2012年，少儿读书活动成绩突出。2009年，自编节目《抗震小英雄林浩》、《自古英雄出少年》代表常德市赴省参赛获银奖、组织奖。2010年，参加全省"四好少年"网页设计竞赛活动，作品获省优秀奖。2011年，参赛选手获全省三湘少年儿童阅读之星奖。2012年，自编节目《雷锋之歌》代表常德市赴省展演获金奖。

2010–2013年，连续四年举办正月十五闹元宵灯谜竞猜广场活动，制作灯谜1万余条，参加人数达5万余人次。

业务研究、辅导、协作协调

2009–2012年，津市市图书馆职工发表或学术研讨会交流论文12篇，其中1篇获省二等奖，4篇获省三等奖。

2009–2012年，津市市图书馆在国家政策支持下，帮助各乡镇新建农家书屋99家，配送图书15.85万册，音像制品12870张，实现了全市所有行政村的无逢覆盖。2012年，新建社区图书室9个，配送图书10800册，电脑12台，打印机9台。2009–2012年，下基层辅导业务126人次，举办三期图书室管理员培训班，67人受训。2012年完成馆内古籍图书联合编目工作。

管理工作

2009年，完成第四次全员岗位聘任。2011–2012年进行首次岗位设置，共设置岗位10个，其中管理岗位1个，专业技术岗位9个，有10人重新聘任上岗。建立了分配激励制度，奖优罚劣，年底进行工作总考评。

表彰、奖励情况

2009–2012年，津市市图书馆共获得各种表彰、奖励19次，其中省文化厅表彰、奖励5次，常德市文广新局表彰、奖励6次，其他表彰、奖励8次。

馆领导介绍

唐禹，女，1979年10月生，本科学历，民盟盟员，中级职称，馆长。2004年9月参加工作，2006年1月任津市市青年艺术团副团长，2012年任津市市非物质文化遗产保护传承中心副主任，2014年1月调入津市图书馆任馆长。

陈玉华，男，1956年5月生，大专学历，中共党员，馆员，党支部书记。1979年11月参加工作，1980年10月调入津市图书馆工作，先后在外借室、少儿借阅室、采编室等部门工作，1991年5月任副馆长，2003年1月任党支部书记。

唐惠，女，1969年3月生，大专学历，馆员，副馆长。1988年12月参加工作，1990年7月调入津市图书馆工作，先后在阅览室、少儿借阅室、外借室等部门工作，2010年3月任副馆长。

未来展望

津市市图书馆实行"科学发展、创新服务、读者满意"的办馆方针，认真谋划与推进事业发展。在较短时期内，完善ILAS图书馆自动化管理的应用，实现业务管理计算机化；馆藏图书达全市人均1.5册以上，年人均增新书0.03册以上；城区建立5个分馆，配备一台图书流动服务车，采用一馆办证、多馆借书，一馆借书、多馆还书；馆藏图书年外借率达70%以上，各项指标力争达到国家一级图书馆评估规定的基本标准。

联系方式

地　址：津市市孟姜女大道
邮　编：415400
联系人：陈玉华

新田县图书馆

概述

民国19年（1930），新田县政府在文庙斜对面，办起了通俗教育馆。并在通俗教育馆内设立民众图书馆，开展借阅活动。民国27年（1938），通俗教育馆改为民众教育馆，迁往文庙大院内。解放后到1976年，图书借阅由县文化馆图书室负责。1953年，县文化馆设在万寿宫（即豫章小学）。图书阅览室设在一间教室内，1963年3月，县文化馆由北达学校迁往文庙。图书阅览室的藏书逐年增多。“文化大革命”中，藏书全部封存，停止借阅。大部分文献被焚、遗失。1976年4月，图书馆从文化馆分出。采编、借阅、辅导等项业务工作逐步走向正轨。1986年，省、县两级拨款20万，在现在的滨河西路33号兴建县图书馆。占地面积五亩，建筑面积884.3平方米。1987年3月破土动工，现已初具规模。三层楼房，共有六个阅览室。2013年参加全国公共图书馆第五次评估获得三级图书馆。

业务建设

截止2012年底，新田县图书馆总藏量81500册（件），其中，纸质文献74600册（件），书架单层总长度952米。2012年，新田县图书馆有阅览坐席250个，计算机35台，宽带接入10Mbps，选用三联图书馆自动化管理系统。

2009至2012年，新田县图书馆图书购置费，由4万元增至7万元。2009–2012年，共入藏各类图书5578种，12560册，报刊杂志6770件，视听文献130种。地方文献230册，111种。

在现代化技术条件方面，2010年底，我馆在中央、省、市的支持下，县文化资源共享工程支中心建成，其中电子阅览室拥有计算机35台，可供读者使用的计算机30台，并与电信签订了10M宽带接入的合同书，主机存储容量6TB以上。

读者服务工作

我馆于2011年10月1日前对现有公共空间设施场地全部免费开放，基本服务项目有综合图书外借室、少儿图书外借室、报刊杂志室、地方文献室、电子阅览室。周六和周日不闭馆，每周开馆时间在56小时以上。

我馆利用多种方式在馆内外开展书刊宣传活动，如利用黑板报出新书通报、发放资料，特别是通过开展“世界读书日”、“图书馆服务宣传周”活动来进行书刊宣传。每年组织开展送图书下乡活动。近年来我馆平均每年举办各种讲座、培训9次以上。每年发放宣传资料2000多份、《农村科技文摘》等书籍2000多册。

业务辅导、协作协调

在上级图书馆组织的协作协调工作中我馆积极参与，如参与省馆组织的《农村科技文摘》合办工作，2011年还被评为先进单位，并积极为省馆收集《统计年鉴》、《新田文史》等书籍。

本县图书馆服务网络建设从2009年第一批农家书屋的建成到如今全县379个行政村已全部建有农家书屋，在县文广新局的管理和本馆的业务指导下，40%以上图书室参与其中，已基本形成了一个覆盖全县的服务网络。

在基层业务辅导工作上，从2008年开始，我馆除对16个乡镇的文化辅导员进行培训外，还对逐步建成的村图书馆管理员进行了业务培训。

管理工作

在人事管理上，我馆根据上级关于文化体制改革的有关精神，实行了竞争上岗制，采取按需设岗、按岗聘用、双向选择的人事管理制度，并注重“以人为本，用制度管人”的原则，制定了一系列的人事管理考核制度，并与工作性津贴挂钩。

建立了严格的财务管理制度，特别是对各级财政拨给的“免费开放”专项资金，全部实行专账管理。对于国有资产及馆属各种设施设备、各类公有物质，管理上实行责任到人，做到账物相符。各类档案有专人管理、有专柜，立卷准确，装订整齐，内容齐全。

表彰、奖励情况

在表彰方面，2009年我馆被评为永州市工作先进单位。2011年被省图书馆评为《农村科技文摘》合办图书馆先进单位。

馆领导介绍

李琳，男，1973年3月生，大学学历，中共党员，馆员，馆长。1993年9月参加工作，2004年10月从文化局办公室主任岗位调任县图书馆馆长，兼任县图书馆党支部书记。2008年被县委评为优秀党务工作者，2009年被县委评为“宣传思想工作先进个人”。

胡祁飞，男，1975年3月生，中专学历，副馆长。1994年12月退伍到本馆工作。先后负责外借室、采编室、电子阅览室工作。

何立忠，男，1972年5月生，大专学历，中共党员，助理馆员，副馆长。1990年12月退伍到本馆工作。

未来展望

新田县图书馆遵循“科学、效率、创新、发展”的办馆方针。2009–2012年，通过不断完善基础设施、改进服务方式，办馆条件得到了极大改善、服务质量也得到了大幅提升。目前新田县图书馆虽然还是三级馆，但基本服务项目和服务形式已逐步得到群众广泛认知、广泛参与，新田图书馆将逐步成为新田人民文化生活的一大支柱，成为繁荣新田文化，丰富新田人民精神生活、推动新田人文科技进步的强大动力源泉。

联系方式

地　址：新田县滨河西路33号
邮　编：425700
联系人：李　琳

蓝山县图书馆

概述

蓝山县图书馆成立于1982年4月，1985年10月建新馆位于塔峰镇塔峰路17号，毗邻塔下寺风景区，建筑面积1100平方米，内设办公室、采编室、借阅室、少儿阅览室、报刊阅览室、电子阅览室、多媒体演示厅、藏书楼。可容纳读者座位160个，2011年开始实行365天无节假日免费开放。

业务建设

蓝山县图书馆现有总藏量65500册（件）、刊98件、视听文献378种、电子图书10万册、计算机33台。2013年书刊总流通23258人次、书刊外借52321册次；建成4个馆外图书流动服务点，在服务上采取多样化，主动服务的方式，满足读者需求，开展街头宣传和下乡宣传，为馆外流通点送书上门，扶持多家种植户等服务。

表彰、奖励情况

2009年参加全国公共图书馆评估获得三级图书馆，2013年在三湘读书活动中获省阅读奖、市先进工作单位。

馆领导介绍

贺志红馆长，1971年10月出生，中专学历，中共党员，1988年参加工作，1992年10月调入蓝山县图书馆工作。

陈裕荣副馆长，1969年12月出生，高中学历，1991年参加工作。

王英副馆长，1975年9月出生，大专学历，1994年参加工作，2004年调入蓝山县图书馆。

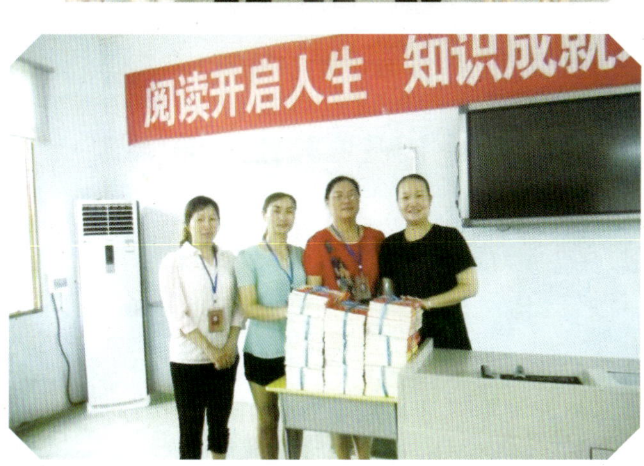

怀化市洪江区图书馆

概述

洪江区图书馆的前身为洪江儿童图书馆，成立于1941年（民国30年），馆址设立在洪江市新民路歌诗坡，民国33年（1944）改名为洪江民众教育馆，但在洪江大桥头东增设报刊阅览室。洪江解放后，人民政府十分重视公共图书馆事业，1952年6月接管了洪江民众教育馆，并改名为洪江市人民文化馆图书室。1966年7月–1975年8月因文化大革命图书馆没有开放。1975年9月重新开放文化馆图书室。1979年12月，经洪江市政府批准，图书室从文化馆分离出来，设立了洪江市图书馆筹备办。1982年，经省文化厅批准，更名为洪江市图书馆，馆址幸福西路6号。1987年，在省文化厅的支助下，建成1540平方米的新馆，1998年因县市合并，洪江市图书馆更名为洪江市雄溪图书馆。人员、财产没有变动。1999年县市分制，洪江市雄溪图书馆更名为洪江区图书馆。

现拥有馆舍建筑面积1540平方米，2010年、2013年被评为国家三级图书馆。

业务建设

馆藏文献入藏量：其中图书入藏数量为1200种（含自购和湖湘文库配送书籍）；报刊年入藏量为55种；视听文献入藏量，共有工作人员5人。其中5人都有大专以上学历占100%。副研究员1名，中级职称以上人数为1人，初级以上职称3人。

馆内设置较为齐全，有：文化共享工程电子阅览室、多媒体报告厅、报刊阅览室、综合外借室、少儿阅览室、过刊室、资料室、特藏室、现代化办公室等，共有计算机31台。其中提供给读者25台，工作人员6台。

世界读书日

共有阅览坐席155个，其中电子阅览室25个，多媒体报告厅90个，一般阅览室40个。少儿阅览室坐席24个。

读者服务工作

建馆以来，实行阅览全开架、借阅半开架，每周开放56小时，每月接待读者8000多人次，年接待读者9.7万人次以上。建馆初月平均约有2000余读者（成人、儿童各半）。建国初月平均约有4000余读者（成人、儿童各半）。1966年，月平均约有6000余读者（成人、儿童各半）。1977年，借书10210人次，成人儿童月阅览7000人次。1990年，发放借书证1620个，为读者解答咨询260余人次。月接待读者7500人次以上。2006年、发放借书证3820个，为读者解答咨询320余人次，月接待读者8000人次以上。

业务研究、辅导、协作协调

为培养图书馆中级人才，1995年起，送专业人员参加湖南省图书馆与武汉大学举办的大专业函授班学习。从1987年开始，公共图书馆进行图书馆专业技术职称评定工作。到1990年，全市公共图书馆评定中级职称3人。公共图书馆工作人员的文化水平也有高。

在为农村服务方面，我们采取了重点培养、全程跟踪、逐步推广的办法，走村串户为农村用户送技术、资金和信息。与区文物所编印了42期《洪江古商城》二次文献，同时开办《洪江古商城》知识培训班，培训了古商城讲解员。在为服务方面，通过几年的努力，我馆支农工作两届（第五、第六届）报送的科技成果均获省三等奖、市二等奖。

管理工作

全馆实行专业人员聘任制和岗位责任制，全馆人员一律挂牌上岗，修订了文明服务公约，要求使用文明用语。

表彰、奖励情况

自2009–2013年，洪江区图书馆共获得各种表彰、奖励6次，其中文化部表彰、奖励1次，省级表彰、奖励1次，市和区级表彰、奖励4次。

馆领导介绍

杨雅婷，女，本科学历，中级职称，馆长。

联系方式

地　址：湖南省怀化市洪江区
邮　编：418200
联系人：杨雅婷

读书活动暨文明读者颁奖仪式

图书馆工作人员指导

业务辅导

江华瑶族自治县图书馆

概述

江华瑶族自治县位于湖南省最南端，分别与广东、广西两省（区）接壤，是湖南省唯一的瑶族自治县，全国12%的瑶族人口聚集这里，被誉为“神州瑶都”。民国十八年（1929年）十二月二日，始建县民众图书馆，民国二十七年（1938年）改名为县民众教育馆，并对外开放。

1984年经湖南省文化厅批准成立江华瑶族自治县图书馆，1991年政府出资兴建图书馆大楼，选址沱江镇寿域路，1996年正式投入使用，1999年、2005年、2009年、2013年被国家文化部评为“三级图书馆”。

业务建设

目前，江华瑶族自治县图书馆藏书62000余册（其中古籍3300册）。门类齐全，开设了综合外借室、综合阅览室、少年儿童阅览室，参考咨询室，业务辅导室等对外服务窗口。2010年建立共享工程江华支中心并运行工作，年均下乡播放科普、宣传电影22场，收集整理地方文献信息资料1GB，建立电子阅览室，并对外开放。

2014年3月，分析图书馆网站需求，撰写设计文档，开始建设县图书馆网站，2014年9月正式投入使用。同时，安装无线路由器，实现馆内无线网络覆盖，为读者提供更多元化的数字阅读形式。

读者服务工作

江华瑶族自治县图书馆已根据文化部要求，对社会公众实行免费开放，秉承“免费、平等、包容”的公共图书馆理念，做好读者服务工作。现有持证读者6100人，2009年至2013年外借图书60万册次，阅览50万册次，解决咨询课题1350个，馆外服务点轮换借阅书10万册次，节假日开放电子阅览室，平均年接待读者5000人次。每年积极开展“三湘读书月”相关读书活动，倡导全民阅读，让全民阅读进机关、进学校、进企业、进村组、进社区、进家庭、进军营，培养民众阅读兴趣、阅读习惯。除举办图书馆服务宣传周外，每年还举办读者座谈会及写作、演讲、征文、知识竞赛等活动，2009年至2013年共举办活动50多场次，参加活动35000余人次。坚持每年开展送书、送科技下乡活动，每年举办科普讲座20余期，向公众推广科普知识，组织3000余册图书送乡镇村图书室。编印《致富信息》12期送往乡镇文化站，发放到农户手中，指导农民朋友科技致富。还联系种养专业户跟踪服务，定期送去科技书籍，联系科技人员上门服务。

业务辅导、协作、协调

图书馆同时担负着对全县基层图书室（农家书屋）的业务辅导工作，年均到基层图书室（农家书屋）辅导200余人次，办培训班2至3期。

地方文献古籍是当地的瑰宝，为做好地方文献的收集、整理与保护工作，图书馆年均出动60余人次走遍全县大多数乡镇，对文献古籍现状进行摸底、登记，向有文献、古籍的民众传授保护文献古籍的相关知识，并宣讲国家相关法律政策。2009年至2013年收集家谱50余套，古籍100余册，地方文献作品1000余册。

馆领导介绍

黎忠泽，男，瑶族，1969年7月生，大学学历，中共党员，馆员，馆长，党支部书记。1989年7月参加工作，1998年6月任江华瑶族自治县图书馆副馆长，2001年1月任馆长至今（其中2002年12月兼任党支部书记）。

赵金秀，女，瑶族，1968年3月生，中专学历，副馆长。1990年参加工作，2008年10月任江华瑶族自治县图书馆副馆长至今。

未来展望

江华瑶族自治县图书馆秉承“读者第一，服务至上”的办馆宗旨，全体馆员认真组织政治理论学习和业务学习，完善读者服务功能，扩大读者服务群体，带动全民阅读。同时，加强对乡镇图书室的业务辅助工作，并且抓好对地方文献古籍的收集整理保护工作，鼓励馆内员工在工作之余下乡镇，对文献古籍现状进行摸底、登记。此外，图书馆网站2014年9月投入使用，将继续努力收集更多数字资源，促使更多的读者在家中便能进行阅读，并且网站将开设电子版报刊、期刊供读者阅览，提供更多的数字化资源供读者阅读。

联系方式

地　址：湖南省江华瑶族自治县沱江镇寿域路
邮　编：425500
联系人：黄 敏

送书下乡到小圩镇新寨村活动

馆外武警中队图书室揭牌仪式

中方县图书馆

概述

中方县于1998年建县，被称为当时全国最年轻的县。中方县图书馆于2005年以“两馆建设”（即图书馆、文化馆）立项动工建设，位于中方县城玫瑰路1号（后又改为21号），历经三年于2008年基本完工。占地约5亩，建筑面积3000平方米，馆舍建成后，因没有解决人员编制问题。便没有正式挂牌成立。因此，文化局、广电局便搬到馆内办公占用了一部分面积，2012年6月中方县图书馆解决了人员编制四人，于同年8月正式建馆并对外免费开放。馆藏图书2万册，馆内使用面积约1000平方米（会议室、多功能厅与文化馆公用）。可容纳读者座位200个，少儿读者座位60个。计算机30台，宽带接入5Mbps，选用图书馆自动化管理系统（文津中数）。2013年4月参加第五次全国图书馆评估定级，首次获得三级图书馆。

业务建设

截止2014年6月底，中方县图书馆已有馆藏纸质图书3.2万册（件）；与省馆共享电子图书230万种（件）；报刊杂志30余种。

2013年底，中方县图书馆新增图书购置费为43万元，入藏纸质图书3.2万册，中外报刊40余种，与省馆共享数字资源电子图书为230余万种。

读者服务

从2013年8月起，中方县图书馆全天候对外免费开放，书刊流通总量5万人次，书刊外借2万册次，2014年4月与省馆签订了数字资源共享协议，开通了与省馆共享电子图书及视听文献230万种，大大丰富了入藏内容，2014年7月建成了中方县消防大队流动图书借阅服务点，中方县土地主生态农庄流动图书服务点两个。

业务研究、辅导、协作协调

2013年8月–2014年7月共举办讲座、展览、培训、阅读推广等活动20余次，参加人数达10000人次。给山区留守儿童送书送温暖活动三次，特别是图书馆举办的“作家与读者面对面”、“书香中方·阅读点燃梦想”猜谜语、“爱我中国·书香中方”知识抢答赛等活动受到广大读者欢迎。

管理工作

各项管理制度健全，2014年实行了全员岗位聘任制，建立了工作量化考核指标体系，绩效工资发放制度，实行上班指纹签到制度，严格按照图书馆考勤制度执行处理。很好规范了工作人员上下班行为。馆长带头积极参加省、市馆举办的各种业务学习及培训，快速提高图书馆管理人员业务人员素质。

表彰、奖励情况

2013年中方县图书馆荣获宣传系统“先进单位”，馆长潘菊英被中方县总工会评为2013年度“芙蓉百岗明星”称号。

馆领导介绍

潘菊英，女，1963年8月出生，大专学历，1988年参加工作，历任炉亭坳乡文化站站长，牌楼镇文化站站长，文化馆副馆长，2013年7月调中方县图书馆任馆长，为中方县图书馆第一任馆长。2014年获中方县“芙蓉百岗明星”称号。

杨海蓉，女，1986年1月出生，本科学历，助理馆员，副馆长，历任中方县文化馆办公室主任，2013年7月调中方县图书馆任副馆长，曾获得2013年度“文物工作先进个人”。

未来展望

随着怀化市委、政府，鹤、中、洪、芷一条线的战略方案，中方县旺市融城工作的不断推进，将会带动中方县图书馆事业的整体发展。中方县委、政府规划将在河西职教城建一座新的图书馆，预计占地面积6亩，建筑面积3500平方米，可适用于20–150万人口的城市。并将设计有文献信息中心服务功能、学习培训功能、多元文化窗口服务功能、休闲娱乐功能等多功能图书馆，可容纸质文献20万册以上。成为县内高校，科学研究，信息服务等资源共享的综合性大型图书馆。

联系方式

地　址：中方县生态城21号
邮　编：418000
联系人：潘菊英

4.23读书日活动

中方县图书馆送书进军营

怀化市鹤城区少儿图书馆

概述

怀化市鹤城区少儿图书馆前身为怀化市图书馆少儿分馆。1988年4月1日，怀化市少年儿童图书馆正式成立，单独建制，馆址设人民南路文化山东侧。建馆初，定编3人，总建筑面积459.26平方米。1998年1月，怀化撤地设市，怀化市少年儿童图书馆更名为怀化市鹤城区少儿图书馆，并于1999年11月1日搬迁至人民南路260号新馆综合大楼办公。该楼建筑面积共1000平方米。2010年，经与天津市少年儿童图书馆沟通协调，怀化市鹤城区少儿图书馆并挂牌为天津市少年儿童图书馆怀化市鹤城区分馆。2013年，参加第五次全国公共图书馆评估，被评定为国家三级图书馆。

业务建设

截止2012年底，怀化市鹤城区少儿图书馆馆藏图书47007册，期刊2422册，报纸81种，馆藏文献数据于2008年均已进入Ilass系统管理。2009年，新增藏量购置费2万元，2012年增至6万元。2009至2012年，共入藏图书14086册，报刊427种。

读者服务工作

怀化市鹤城区少儿图书馆自2011年5月1日起全部实行免费开放，服务窗口节假日不休息，每周开放56小时。读者服务窗口均实行全开架借阅，现有办证读者1400人，2012年接待读者64266人次，外借文献48963册次。

2009年至2012年，怀化市鹤城区少儿图书馆共举办讲座、展览、培训、阅读推广、征文、演讲、书画、竞赛等读者活动110场次，参与人数71792人次。

业务研究、辅导、协作协调

2009年至2012年，怀化市鹤城区少儿图书馆职工发表论文2篇。在开展丰富多彩的少儿读书活动中，怀化市鹤城区少儿图书馆经常与区教育局、各中小学密切联系，通过经常下基层对区内各中小学校图书馆（室）进行业务辅导，及时有效地促进各中小学图书馆（室）工作，从而带动为教育教学发挥积极作用。并与湖南省少年儿童图书馆、天津市少年儿童图书馆、深圳市少年儿童图书馆、重庆市少年儿童图书馆、合肥市少年儿童图书馆、湖南省邵阳市少年儿童图书馆建立了横向联系。

管理工作

2011年，怀化市鹤城区少儿图书馆完成第一次岗位设置，共设置岗位15个，实行了全员聘任。通过建立岗位管理制度和人员聘用制度，创新管理体制，转换用人机制，整合人才资源，凝聚优秀人才，实现由身份管理向岗位管理的转变，由固定用人向合同用人转变，调动单位各类人员的积极性和创造性，促进少儿图书馆事业的发展。

表彰、奖励情况

2009年至2012年，怀化市鹤城区少儿图书馆共获得各种表彰、奖励11次，其中省级表彰、奖励6次，市级表彰、奖励5次。

馆领导介绍

彭英霞，女，1963年11月生，大专学历，中共党员，中级职称，馆长。

罗光安，男，1972年11月生，本科学历，中共党员，中级职称，党支部书记，副馆长。

丁香珍，女，1966年10月生，大专学历，中级职称，副馆长。

黄春兰，女，1962年5月生，大专学历，中共党员，政工师职称，副馆长。

未来展望

怀化市鹤城区少儿图书馆将不断丰富馆藏文献，加强数字资源建设，创新服务理念和新技术，充分发挥少儿图书馆作为知识信息的集散地、公益性的社会文化教育机构，顺势成为启迪民智的第二课堂，在提高全民族文明素质，尤其是提高少年儿童素质、促进少年儿童学习成长方面发挥更重要的作用。

联系方式

地　址：湖南省怀化市人民南路260号
邮　编：418000
联系人：罗光安

借阅室

组织“4·23世界读书日”活动

进社区

新晃侗族自治县图书馆

概述

新晃侗族自治县是湖南省西大门，1956年经国务院批准成立侗族自治县，是全国较早的侗族自治县之一。1984年被定为国家级贫困县，现为省级扶贫开发工作重点县、比照实施西部大开发政策县和省定革命老区县。

新晃侗族自治县图书馆编建于1980年元月，1982年经省文化厅验收发展为公共图书馆，馆舍占地一亩，建筑面积1014㎡。2013年全国公共图书馆第五次评估获得国家三级图书馆。

业务建设

截止到2012年底，图书馆总藏书量为59224册，其中图书35571册、古籍8931册、报刊9695件、视听文献27件、电子图书300种。

读者服务工作

我们始终坚持"读者至上、服务第一"的宗旨，全心全意为读者服务。从2011年10月起，新晃县图书馆全年365天每天都对外免费开放，周开放60小时。2009–2012年，书刊总流通15.6万人次，书刊外借13.3万册次。2009–2012年，新晃县图书馆共举办讲座、展览、培训、阅读推广等读者活动40场次，参与人数4.5万人次。

业务研究、辅导、协作协调

2009–2012年，新晃县图书馆职工发表论文2篇，辅导基层图书室3个，农家书屋296个，在全县296个农家书屋推行"书生管书"新模式。

管理工作

长期以来，我们在管理工作方面注重思想教育和职业道德教育，提倡"制度要完善，执行靠自觉"，树立"馆兴我荣，馆荣我荣"的主人翁思想。干部职工队伍思想稳定，工作积极主动。执行制度自学性提高，各项工作都开展得有声有色，经常受到上级主管部门的表扬。

表彰、奖励情况

①2009年12月《19万头湘西黄牛标准化养殖及加工产业化》项目第七届全市公共图书馆服务成果评奖中荣获二等奖。

②2011年9月吴晓利同志在2010年度考核中获县人民政府嘉奖奖励。

③2011年11月在2010年度全县部门决算评比中荣获三等奖。

④2011年12月在2011年全市少年儿童"纪念中国共产党成立90周年"红色经典读书活动中荣获二等奖。

⑤2012年5月全国文化信息资源共享工程2012年"像雷锋那样…"全国中小学生电脑小报设计比赛，荣获中学组三等奖。

⑥2012年11月三湘读书月–2012年全省少年儿童"学习雷锋好榜样"读书展演活动中荣获湖南省优秀奖。

⑦2012年11月吴金桃、杨长沛同志在2011年度考核中获县人民政府嘉奖奖励。

⑧2012年12月2012年怀化市少年儿童"学习雷锋好榜样"读书活动荣获组织奖。

⑨2012年12月2012年怀化市少年儿童"学习雷锋好榜样"读书活动荣获一等奖。

⑩2012年12月杨长沛、吴晓利、吴金桃3人参加2012年中国图书馆学会举行的全国少年儿童图书馆青年论坛征文活动，荣获三等奖。

⑪吴晓利同志在2012年农家书屋工程建设工作中评为全省先进个人。

馆领导介绍

吴晓利，男，1974年8月生，大专学历，中共党员，馆员，馆长。1995年1月参加工作，1998年任新晃县碧朗乡赶溪村建整扶贫工作队队长，2001年任新晃县图书馆副馆长，2003年任新晃县图书馆馆长，怀化市图书馆学会会员。2013年兼任县文广新局综合党支部书记。2010年度考核中获县人民政府嘉奖奖励，2012年农家书屋工程建设工作中评为湖南省先进个人。

吴金桃，女，1973年7月生，大专学历，馆员，副馆长。2012年12月任新晃县图书馆副馆长，怀化市图书馆学会会员。2011年度考核中获县人民政府嘉奖奖励。

未来展望

图书馆未来将会建成为一个集现代化和休闲于一体的数字化图书馆。未来我们将进一步完善硬件设施的配备。通过向兄弟单位的学习，通过调查了解，我们将会把图书馆建成一个人人都想来，人人都爱来的休闲式图书馆。我们将会充分利用图书馆的场地和一切资源，更好的为广大市民、广大读者朋友服务。

联系方式

地　址：怀化市新晃侗族自治县太阳坪路16号
邮　编：419200
联系人：吴晓利

2010年读者活动

为农民送书下乡活动

麻阳苗族自治县图书馆

概述

麻阳苗族自治县图书馆1981年3月独立建馆，1983年7月，在县城大桥路建新馆舍，2010年9月搬迁至城东新建的图书馆综合大楼，建筑面积为2331㎡。馆内现设外借室、报刊阅览室、少儿室、电子阅览室、特藏室及多媒体室等对外服务窗口，共拥有席位283个。

计算机数量为70台，其中提供给读者使用的计算机有55台，电子阅览室10M宽带专线接入，大楼另有政务网10M宽带专线接入。为改善办馆条件，2010年更新了书架、报刊架、阅览桌椅、办公家具等全套图书馆装备。

业务建设

截止2012年，有纸质图书、视听文献、电子图书等共计20.073万册（件）。2012年图书入藏量2500种，报刊入藏量125种。2011年，建立图书馆自动化管理系统，2012年5月创建了麻阳数字图书馆平台，图书、报纸完成MARC数据录入。地方文献除建有馆藏地方文献MARC书目数据外，还在麻阳数字图书馆中设有地方文献板块，分地方史志、地方人物、地方戏曲、地方书刊、传统文化等。

读者服务工作

全年365天开放，每周开放时间56小时以上。除过刊外，全部实行开架借阅。馆藏书刊文献年外借率30%以上，年均流通46000人次。

麻阳数字图书馆服务平台可静态链接龙源电子期刊、全国文化共享工程数字资源网、湖南图书馆网和政务网。为读者提供电子图书、电子期刊阅读和音频、视频点播、文献检索、政务信息查询等服务。

麻阳县图书馆实行经常性与阶段性相结合、大型活动与小型活动相结合的原则，开展阅读推广和社会教育活动，举办公益性讲座、教育培训以及读书征文、演讲比赛等各类读者活动；开展送书下乡和流动点送书服务；到光荣院、敬老院为老年人放映革命历史电影等。2012年开展各类讲座、培训12次。

在参考咨询工作方面，近年来先后为麻阳苗族文化长廊工程、麻阳盘瓠祭、麻阳花灯、编写《麻阳教育志》等项目提供文献代检和书目服务。

业务研究、辅导、协作协调

2012年以来共派出5人次分别参加了省市举办的图书馆专业知识培训和共享工程业务培训，撰写了论文、调研文章4篇。

在辅导与协作方面，经常与基层的图书室保持联系，为他们提供图书用品，帮助组建图书室，到农家书屋进行现场指导。2012年以来举办乡镇文化辅导员培训班1期，农家书屋管理员培训班3期、到乡镇为农家书屋管理员培训1次。与3个基层图书室建立合作关系，设立了流动服务点，图书、期刊实行轮换借阅。

管理工作

在财务管理上，实行财务公开，并制定了财务管理制度和财务人员岗位职责；在人事管理上，按工作需要设置岗位，制订了岗位说明书，对岗位职责、工作要求、任职条件做了详细的规定，全馆工作人员实行聘用上岗；在设备、物资管理上所有设备、物资建有台账，根据制度规定办理设备、物资领用、移交等手续。

表彰、奖励情况

近年来被省图书馆学会授予公共图书馆宣传服务推广活动组织奖和少儿读书活动组织奖，被评为县宣传系统优秀党支部、县文化工作先进单位。

馆领导介绍

滕辉明，1962年出生，中共党员，大专学历，讲师，馆长。1998年到图书馆工作。

陈代广，1974年出生，中共党员，本科学历，馆员，支部书记。2005年到图书馆工作。

郑阳汉，1976年出生，中共党员，大专学历，助理馆员，副馆长。1999年到图书馆工作。

未来展望

麻阳图书馆将充实和完善基本服务项目，加快文献补充更新速度，加大资源搜集、整合力度，把具有浓郁乡土气息和地方风格的资源收集起来，进行加工整合，逐步形成具有本地区特色的资源库。同时，加快现代技术特别是网络信息技术的发展步伐，通过网上图书馆、数字图书馆，建设联通网络，开展送书上门、送书下乡、流动服务等，以进一步提升图书馆的服务功能。

联系方式

地　址：湖南省麻阳苗族自治县城东新区
邮　编：419400
联系人：胡 杰

靖州苗族侗族自治县图书馆

概述

1933年靖州始建图书馆。1935年图书馆并入民教育馆，设图书馆，藏有《万有文库》等图书6000余册，开展图书借阅活动。1950年冬被靖县人民文化馆接收，到1982年底藏有各类图书万余册。1983年4月成立靖县图书馆，6月成立靖县少年儿童图书馆，与图书馆合署办公。1987年9月靖县成立靖州苗族侗族自治县（简称靖州县）。同年11月份，图书馆新建馆舍，于1989年竣工，1990年新馆正式投入使用，馆舍面积1500㎡，开放服务面积1000㎡。2013年参加全国公共图书馆第五次评估获三级图书馆。

业务建设

2006年至2010年，图书馆设办公室、采编室、读者咨询室、财务室、成人借阅室、成人借书处、电子阅览室、投影报告厅、少儿阅览室、读者活动室等。办公及服务场所配置电脑32台，机房1间，服务器4台，投影一台（套），书刊报架、阅览办公桌椅配备齐全，一次可接纳读者200余人。至2010年，靖州县图书馆总藏书6万余册（除去注销书），以地方文献为重点藏书，其中农业科技藏书占三分之一。

读者服务工作

本着以读者至上、服务第一为宗旨，以“共享文化资源、构建和谐社会”为目的，把图书流通利用放在首位，通过外借阅览、馆外流通等办法充分发挥藏书功能。

靖州县图书馆外景

图书借阅每周56小时免费开放，采取对重点读者跟踪服务，集体借阅和联合办馆等办法，扩大图书流通利用。横向联系，与县团委、妇联、科协等单位建立活动协作网。每年解答读者咨询400—500余条。印发科技信息资料500多份。开展图书馆服务宣传周、图书科技服务日活动，送科技信息到农村为农民致富，新农村建设服务，以及开展各种形式的少年儿童读书活动。

业务研究、辅导、协作协调

图书馆专业论文曾多次获得全国、省、市一、二、三等奖，并多次获省、市自然科学优秀论文等级奖项及成果奖。重点读者农民李开富撰写论文，获中国人文社会科学创新成果一等奖，创新贡献二等奖。

共享工程建设，全县149个村级基层网点及农家书屋建好，配置齐全，正常投入使用。均配备专人管理，每年图书馆对乡村图书管理人员办班培训，不断提高其服务质量和业务水平，受益于广大农民读者。

靖州县藕团乡图书馆藏书1.5万册；靖州县一中图书馆藏书11万册；二中图书馆藏书5万册；三中图书馆藏书5万册；职业中学图书馆藏书3.3万册；鹤山小学图书室藏书3.5万册；乐群小学图书室藏书4万册；飞山小学图书室藏书4万册。以上图书馆（室）均配有专职图书管理员，设有书库，借书处、阅览室，按时为读者免费开放。

表彰、奖励情况

2006年少年儿童读书活动获省级二等奖，《小溪流》一等奖，少年儿童读书活动获怀化市知识工程办组织奖，2007年，少年儿童读书活动获怀化市组织奖，参赛选手均获省、市多个一、二、三等奖，2009年“图书馆服务推广周活动”获省级组织奖。

馆领导介绍

储守华，馆长。

胡建玲，副馆长。

联系方式

地　址：湖南省怀化市靖州苗族侗族自治县鹤山路298号

邮　编：418400

联系人：杨理琼

老年大学培训班

老年电脑培训班

芷江侗族自治县图书馆

概述

芷江侗族自治县图书馆成立于1973年3月。成立之时，因无办公场所，与县文化馆合用办公场地。1984年省财政厅下拨专款在芷江镇东街烈士巷52号建办公大楼，建筑面积1700平方米。1985年竣工对外开放。1991年首次获得三级图书馆。2013年全国公共图书馆第五次评估获得三级图书馆。目前主要设置了综合阅览室、电子阅览室、多媒体演播厅、书库、图书采编、期刊、地方文献、古籍储藏及办公室等部门。

业务建设

现有藏书5.12万册（件）。2009年由省财政下拨设备和资金共计61万元，创建了文化资源共享工程芷江支中心，使用了Interlib自动化系统，同年6月对外开放。为了让读者了解和熟悉我县区域地方化信息，我们在2010年筹建“芷江文化信息网站”，网站内容涉及我县文化领域各个方面。

读者服务

从2009年起，芷江图书馆每周开放时间为48小时，2009年–2013年，书刊总流通8.23万人次，书刊外借5.1万册次。2009–2013年以县公共图书馆为服务平台，共举办讲座、培训、展览、阅读推广等读者服务活动182场次，参与人数1.1648万人次。

业务研究、辅导、协作协调

2009–2013年芷江图书馆工作人员共发表论文18篇，信息报道112篇。从2009年起，我县图书馆以文化信息资源共享工程专网为依托，开展借阅服务、阅读推广、讲座展览资、业务培训与技术支持等免费服务项目。县图书馆利用共享工程2TB数字资源平台，其中视频节目达300余部。在全民阅读活动中，从2008年开始至今连续7年参加三湘读书月全省少年儿童读书活动展演获金奖、银奖及组织奖。为拓展图书流通业务，我们与学校图书馆，民办书店实施了“联姻”协作服务。

管理工作

2012年芷江图书馆完成了岗位设置聘任工作，本次共设5类岗位，有11人重新上岗，同时建立了各岗位工作标准和要求，年底进行总体考核。在业务管理上，我们经常输送工作人员到省市业务部门进行培训。定期对乡镇，社区图书室进行业务管理。

表彰、奖励情况

2008–2013年芷江图书馆共获得各种表彰、奖励15次，其中省委宣传部、省文化厅表彰奖励8次，其它奖励7次。

馆领导介绍

刘瑛，女，1963年9月出生，大专学历，中共党员，副研究馆员，现任县图书馆馆长。2012年被授予芷江侗族自治县“三八红旗手”，建功立业优秀政协委员称号。2008年–2012年期间，辅导的少儿节目参加三湘读书月全省少年儿童读书活动展演多次获金奖、银奖及辅导奖，2013年获怀化市优秀专业技术骨干称号。1980年7月参加工作，历任县文化馆副馆长、馆长等职务。

李复桥，男，1964年8月出生，大专学历，中共党员，馆员，现任图书馆党支部书记。1982年参加工作以来，历任县文物管理所副所长，县图书馆馆长等职务。

李瑶，女，1977年8月出生，大专学历，中共党员，现任图书馆副馆长。1995年7月参加工作以来，历任乡镇文化站站长，县图书馆副馆长等职务。

补燕萍，女，1975年出生，大专学历，中共党员。现任图书馆副馆长。1995年9月参加工作以来，历任乡镇文化站站长，县文化局办公室副主任等职务。

未来展望

芷江图书馆近几年以来，始终坚持读者之上，不断创新的理念。按照县文化广电新闻出版局近五年发展规划，将修建综合文化活动中心办公大楼，图书馆的新建结构将会按照国家一级馆的标准修建。

联系方式

地　址：湖南省怀化市芷江侗族自治县芷江镇烈士巷52号
邮　编：419100
联系人：李复桥

芷江图书馆综合阅览室

涟源市作家爱心书屋

概述

作家爱心书屋位于涟源市白马镇田心坪村。1997年由时任湖南省文联主席的谭谈倡议建设，当时在全国文艺界产生了巨大的反响。1998年元月正式开馆，对外开放图书借阅服务。2013年经中国文化部评定为三级馆。

业务建设

该馆占地面积5000平方米（含爱心碑廊），建筑面积800平方米。设有采编部、报刊阅览部、图书外借部、参考咨询部和农村种养技术咨询部等服务窗口。该馆拥有阅览座席60个，藏书4万册（含巴金冰心等著名作家亲笔签名图书近1万册），期刊8000多册。全部开架借阅。1999年分别被中国作家协会、湖南省文联挂牌定为中国作家南方农村文学创作生活基地和湖南省文艺家生活创作基地。

读者服务工作

开馆十多年来，在做好文艺家体验生活创作的同时，该馆将“读者第一、读者至上”的理念融入在服务中，体现在对读者无微不至的关怀里。克服了地处高寒僻远山区的种种困难，坚持365天天天开放，每周开放时间达56小时。在2012年共接待读者135479人次，外借图书64378册，为当地农民提供种养技术咨询800多次，免费发放科技图书1600多册。该馆在2011年接入6M宽带，为当地农民种养技术咨询提供方便快捷的远程网络支持，给当地农民实现种养致富插上了腾飞的翅膀。

未来展望

立足农村，服务三农，作家爱心书屋初衷不变，始终以发展山区农村文化事业、传播先进文化为已任，为改变山区落后的经济文化面貌不遗余力。

联系方式

地　址：湖南省涟源白马镇田心坪村
邮　编：417100
联系人：谭文忠

底图：作家爱心书屋——山村里一处亮丽的风景。

作家爱心书屋记碑石书法作者简介：何满宗，1956年生，湖南常宁人。现任湖南省文联副主席，湖南省书法家协会副主席。

洪江市图书馆

概述

洪江市图书馆的前身为原黔阳图书馆，于1957年元月正式开馆，1966年5月，“文化大革命”开始后停办，1969年3月，文化馆、图书馆、电影事业管理站合并为“黔阳县毛泽东思想宣传站”。

1978年10月图书馆与文化馆分设，编制由开馆时3人，增至6人，设办公室、采编室、阅览室、外借室、辅导组、少图组。1997年国函［1997］105号批复，原洪江市和黔阳县合并成立新的洪江市。1998年2月原洪江市图书馆和原黔阳县图书馆合并成立新的洪江市图书馆，原黔阳县图书馆更名为洪江市安江图书馆。由于1999年5月洪江市和洪江市区分设，到2004年10月洪江市安江图书馆正式更名为洪江市图书馆。2005年底洪江市图书馆整体搬迁至现址（黔城株山汽车站对面文化综合大楼），全馆现有编制8人实有干部职工9人，配有馆长一人，副馆长1人。人员配备，具有大专学历的6人，获中级职称的4人。2013年在全国公共图书馆评估定级中被文化部评为国家三级公共图书馆。

业务建设

2005年底，由于市治搬迁馆址搬迁至黔城，因市治新馆建设仍在筹备中，现与市文广新局、市文化馆、市文物管理所合用一幢大楼办公，办馆条件有限，对外服务场所面积800平方米。藏书总量达9万余册，共设有成人综合外借、阅览区、少儿综合外借、阅览区、电子阅览室、多媒体多功能室、特藏书库、地方文献资源库、古籍书库等服务窗口。

读者服务工作

洪江市图书馆坚持“为人找书，为书找人”，最大限度地满足读者借阅需要。从2010年8月起，坚持全年365天天天对外免费开放，平均每周开放56小时，实现了馆藏文献的电子采编、电子借还。2010–2013年，书刊总流通14.8643万人次，书刊外借48.5748万册次。

为充分发挥图书馆藏书资源优势，洪江市图书馆积极开展“星火计划”跟踪服务活动。1990年，图书馆为“通水式自卸船”跟踪服务项目获省文化厅“星火计划”服务鼓励奖。1996年，图书馆为种植专业户提供资料信息服务项目获省文化厅1994–1996年度公共图书馆为两个文明建设服务成果三等奖。1997年图书馆为养殖专业户提供资料信息服务项目获省文化厅1997–1999年度公共图书馆为两个文明建设服务成果三等奖。

2010年–2013年洪江市图书馆根据省、地主管部门的要求，结合本地自身读者和地域特点，积极开展读者读书活动。组织开展“全市少年儿童读书活动”、“你读书·我买单”、“送书下乡”、“全民读书月”等各项读书活动32次，极大地丰富了本地广大读者的业余文化生活。

2010–2013年，洪江市图书馆共举办讲座、展览、培训、阅读推广等读者活动20场次，参与人数5863人次。

业务研究、辅导、协作协调

2010年至2013年馆共举办基层农家书屋管理员学习班8期，培训380人次。2010年为本市烟草公司组织培训管理人员2人并帮助其建成自已的内部图书室。2011年为配合全市中小学图书馆(室)达标工作，市图书馆举办了一期中小学校图书管理员学习班，培训60余人。

管理工作

2012年，洪江市图书馆完成事业单位人事制度改革工作实行全员岗位聘任，共设3类8个岗位，全员定岗定编。建立了岗位工作量化考核指标，每月进行工作进度通报，年底进行全年目标管理责任工作考核。2010–2013年，组织全员进行专项学习16次，撰写分析报告和工作总结36篇，填写各类工作汇总报表48篇。

表彰、奖励情况

2010–2013年，洪江市图书馆共获得各种表彰5次，其中，文化部表彰、奖励1次，省文化厅表彰、奖励1次，怀化地区表彰、奖励3次。

联系方式

地　址：湖南省怀化地区洪江市黔城株山汽车站对面文化综合大楼
邮　编：418116
联系人：蒋艺涵

综合外借、阅览室内部

洪江市图书馆免费培训、讲座

洪江市图书馆少儿读书活动

送书下乡活动

广东省立中山图书馆

概述

广东省立中山图书馆创建于1912年，现总馆位于广州市文明路213号，原清代广州贡院和民国中山大学旧址；文德分馆位于广州市文德北路81号，原广府学宫后殿，北倚古番山，东临翰墨池，环境清幽。2009年以来，该馆以改扩建首期工程竣工和百年馆庆为契机，先后建成全国首个惠及全省欠发达地区的服务网络—广东流动图书馆；联合全国图书馆免费开展参考咨询的服务联盟—全国图书馆参考咨询联盟；全国首个传播生态理念的专题图书馆—生态环保图书馆；全国首个省级捐赠换书中心——广东省捐赠换书中心，并以创新服务带动图书馆各项工作。2010年12月30日，广东省立中山图书馆改扩建首期工程完工并对外开放，已投入使用的馆舍建筑面积7.9万平方米。2012年，该馆阅览座席1728个，计算机595台，信息节点1575个，宽带接入200Mbps，选用Aleph500图书馆自动化管理系统。

业务建设

截止2012年底，广东省立中山图书馆总藏量896.4万册（件），其中，图书531.9万册，古籍44万册，报刊120.7万册（件），视听文献14.7万件，缩微文献1.97万件，电子文献182万种。馆藏善本先后有164部入选《国家珍贵古籍名录》，数量居广东省各大公藏单位榜首。2009—2012年，广东省立中山图书馆年均购书经费4098.55万元；中外文图书年均入藏101638种、中外报刊年均入藏9453种、外文报刊年均入藏594种、视听文献年均入藏3650种。该馆是全国最早创立地方文献专藏的公共图书馆。2012年，地方文献入藏完整率为96.71%。

截止2012年底，广东省立中山图书馆数字资源总量为53.4TB，其中，自建数字资源库15个，已建成岭南印象视频数据库、孙中山专题数据库、客家文化多媒体数据库等特色馆藏数据库。所有持证用户可通过该馆门户网站或移动图书馆免费访问使用数字资源。

2010年底，广东省立中山图书馆引入Aleph500图书馆自动化管理系统，并逐步实现与一卡通读者证系统、RFID自助借还书系统、读者自助上机系统、移动图书馆、图书馆门户网站系统、读者无线上网管理系统、自助打印复印系统、电话语音续借系统等的无缝整合应用，构建了功能全面的图书馆集成系统。

读书服务者

广东省立中山图书馆每周开放72小时，节假日照常开放。2012年流通总人次达1122万，年外借册次176万，新办读者卡6.1万张。同年，该馆与国家图书馆、湖北省图书馆、珠海市图书馆等进行了馆际互借纸本图书近200册，并与53家流动图书馆进行图书互换，更新图书共计106500册。

2010年底，广东省立中山图书馆使用触幕阅读报刊系统、3D特色馆藏资源展示系统；2012年又成功推出“移动图书馆”，并自主研发了“图书馆OPAC—微信简易版”应用平台，实现了网上服务新突破。2011年8月，广东省立中山图书馆牵头建立的“全国图书馆联合参考咨询联盟”正式运行，全国加盟的成员馆超过180家，日均解答咨询5000例左右。2012年，该馆利用此平台传递文献988553篇。

2011年，广东省立中山图书馆成立广东省捐赠换书中心，盘活社会闲置图书资源。2012年建立“乐龄俱乐部”，提升老年读者服务水平。同年12月，成立视障读者服务中心，配备盲文书刊与专用计算机，为盲人提供传统和现代的阅读服务。

2009—2012年，广东省立中山图书馆为广东省委等政府机关提供《决策内参》208期、《文化内参》96期，为广东省公安厅提供《警界参考》96期；2012年起，为省长制定舆情监测月报；2012年两会期间，为广东省政协、省人大提供两会专题服务。2012年底，该馆创建的生态环保图书馆，累计收录各类数据161146条，结合各类活动多方位宣扬环保理念。

2009年以来，广东省立中山图书馆相继创办“岭南大讲坛·文化论坛”、“中山讲堂”、“粤海听涛·绿悦读系列讲座”、“禅宗文化大讲坛”等品牌讲座，定期为读者开展免费培训、“读者一日游”等活动，致力建设“全民终身学习中心”。2012年，该馆共举办讲座、展览、培训、阅读推广等读者活动275场次，参与人数221.7万人次。

业务研究、辅导、协作协调

2009—2012年，广东省立中山图书馆职工发表论文154篇，出版专著28种，获准立项的省委级课题5项，厅局级科研项目课题5项。其中，该馆参与的“广东省公共文化服务体系的创新与实践”课题获第二届文化部创新奖特等奖。

2009年以来，广东省立中山图书馆先后建立广东省文献资源共建共享协作网、广东省图书情报继续教育网络学习中心、珠江三角洲数字图书馆联盟，并和全国图书馆参考咨询联盟平台对接，实现公共、教育、科技三大系统图书馆文献资源共建共享。2011年，广东流动图书馆工程及其延伸服务通过文化部科技创新项目验收，同年广东流动图书馆项目作为唯一的公共图书馆建设案例，入选“文化部全国文化干部教育培训教材”。截至2012年底，广东省立中山图书馆在全省欠发达地区建立76个流动分馆，占全省县级图书馆的57.14%。2009年以来，广东省立中山图书馆坚持对广东基层图书馆开展业务指导，每年下基层指导不少于12次。2009—2012年，该馆共举办全省大型培训班23次，培训学员3600余人次，多次举办泛珠三角地区及港澳地区图书馆界

2012年成立视障读者服务中心

2011年广东省捐赠换书中心成立

广东流动图书馆分布图

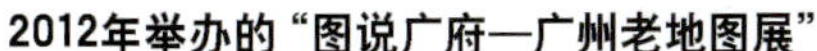

2012年举办的"图说广府—广州老地图展"

2012年百年馆庆读者活动

2012年观众使用该馆展示的数字资源

人士高峰论坛。2009–2012年，广东图书馆学会连年获得"中国图书馆学会年会征文组织奖"。2012年，广东图书馆学会策划的广东主题论坛获得中国图书馆学会年会"优秀分会场"奖。

广东省立中山图书馆建成的广东省文献编目中心，是全国图书馆联合编目中心第一家省级分中心。2009–2012年该中心上传数据7715条，下载数据177969条。2012年，该中心全省签约用户116家，参与联合编目工作的图书馆占地区图书馆总量的86.6%。

管理工作

2011年，广东省立中山图书馆馆积极开展事业单位人事制度改革，设立按需设岗、按岗聘用、竞争上岗、岗位责任制。2012年制定并实施《广东省立中山图书馆绩效工资分配方案》，建立考核、分配激励机制。每年编制《馆情通报》、《广东省立中山图书馆年报》，填报《公共图书馆基本情况年报》等，并将人事管理、财务及业务工作的动态数据汇总和分析，形成统计报告，为各项业务建设提供决策依据。

表彰、奖励情况

2009–2012年，广东省立中山图书馆共获得各种表彰、奖励20次，其中，国务院业务主管部门及省级党委、政府表彰和奖励5次，省级业务主管部门表彰、奖励15次。

馆领导介绍

刘洪辉，男，1964年出生，研究生学历，中共党员，研究馆员，党委书记、馆长。1990年参加工作后，在江西大学图书情报系任教，历任广州图书馆馆长助理兼计算机管理部主任、广州少年儿童图书馆馆长、广州图书馆馆长，2002年9月至2003年9月，美国加州州立大学访问学者，2009年6月至今，任广东省立中山图书馆馆长。兼任中国图书馆学会常务理事、中国图书馆学会学术研究委员会委员及图书馆管理委员会主任、广东图书馆学会理事长、中山大学资讯管理学院兼职硕士生导师、华南师范大学经济与管理学院兼职硕士生导师。

周国昌，男，1957年出生，大专学历，中共党员，副研究馆员，副馆长。1975年9月参加工作，历任广东省立中山图书馆阅览部主任、借阅部主任、办公室主任，兼任公共关系部主任，2002年9月任馆长助理，2004年4月至今任副馆长。

倪俊明，男，1961年出生，本科学历，中共党员，研究馆员，副馆长。1983年7月参加工作，历任广东省立中山图书馆地方文献部副主任、主任，2002年9月任馆长助理，2004年10月兼任广东省立中山图书馆文德分馆馆长。2007年12月至今任副馆长。

毛凌文，女，1974年出生，研究生学历，中共党员，研究馆员，党委副书记、副馆长。1995年7月参加工作，历任广东省立中山图书馆采编部副主任、主任，2008年任业务办公室主任、馆长助理。2009年7月至今任副馆长。

吴昊，男，1971年出生，本科学历，副研究馆员，副馆长。1994年7月参加工作，历任广东省立中山图书馆采编部副主任、网络资源部主任，2008年任馆长助理，2012年11月至今任副馆长。

李毅萍，女，1968年出生，本科学历，副研究馆员，副馆长。1990年7月参加工作，历任广东省立中山图书馆海外中文报刊资料中心副主编、中文报刊部副主任、主任，2012年11月至今任副馆长。

未来展望

伴随着改扩建二期工程的推进，广东省立中山图书馆将秉承普遍均等、惠及全民的基本理念，全面提升服务水平和社会效益，努力实现馆藏资源特色化、优势资源数字化、创新服务品牌化。未来，全面建成的广东省立中山图书馆总建筑面积将达到9.06万平方米，阅览座席4000个，可容纳纸质文献1000万册，成为广东资源保障体系建设中心馆、广东省图书馆中心馆、广东数字图书馆中心馆、广东流动图书馆建设枢纽中心、全国公共图书馆网上参考咨询合作中心、华南地区文献编目中心，广东地区展览联盟、讲座联盟中心馆，以及全省公共图书馆业务培训中心，以传承文明为己任，以发展创新为手段，为广东图书馆事业发展谱写新篇章。

联系方式

地　址：广州市文明路213号
邮　编：510110
联系人：宋　玲

广州图书馆

概述

广州图书馆于1982年1月2日在农讲所星火燎原馆正式对外开放。广州图书馆新馆2012年12月28日起开放基本服务区，2013年6月23日实现全面开放。占地2.11万平方米，总建筑面积10.04万平方米，阅览面积4.21万平方米，是世界上面积最大的城市公共图书馆之一。

2012年，广州图书馆有阅览座席2241个，计算机781台，信息节点4130个，1000Mbps带宽专线接入，共享市级互联网出口平台2800Mbps带宽，采用Interlib图书馆集群管理系统。

业务建设

截止2012年12月，广州图书馆总藏量526万册、件，其中纸质文献475万册、件。2009–2011年新增藏量购置费分别为1300万元、1100万元和2350万元，2012年增至3450万元。2009–2012年平均入藏图书80261种，报刊4579种，视听文献9940种。2012年广州图书馆地方文献、中外文多卷书、连续出版物的入藏完整率为96%。

截止2013年3月31日，广州图书馆数字资源总量为57TB，其中自建数字资源总量10.7TB。电子图书34.7万种，电子期刊10796种。建有广东历史文献书目数据库、广州人文数字图书馆等。

读者服务工作

广州图书馆每周开放72小时，节假日正常开放，逢周三提供闭馆日还书服务。2012年12月28日起公众可凭身份证或广州市社会保障卡免押金直接注册成为广州图书馆读者。2012年，书刊总流通337.57万人次，书刊外借238万册次，活跃读者16.73万人，人均年到馆次数为20次/人。2009–2012年，图书开架率达到82.3%，近期报刊100%开架借阅。

截至2012年底，广州图书馆建有分馆55个、流动图书馆服务点30个、24小时自助图书馆服务点3个。2009–2012年，馆外服务点共提供书刊借阅328.4万册次。

广州图书馆通过定期编制内部刊物提供定题服务、针对服务对象需求提供个性化的专题服务等两种形式为政府立法、决策服务，通过常态化的信息推送服务为人大政协会议服务。2008年起在馆内安装广州市政府信息查阅检索系统，截至2013年4月，共有98960条记录可供检索。

2009–2012年，广州图书馆网站访问量为1577万次，平均每年945万次。开通手持阅读器移动服务、为盲人提供读书机SD扩展卡外借服务、触摸屏导读服务、龙源及CNKI“手机图书馆”试用服务等多项新媒体服务。与豆瓣等机构启动书目信息合作。截止2012年底，共发布23个外购数据库以及9个自建共建数据库，其中27个可提供远程访问服务。2012年，广州图书馆数字资源利用量共计819.8万篇、册次。

2012年，广州图书馆组织各类讲座、展览、培训、阅读推广等读者活动2235次，参与读者85.34万人次。其中，联合全省各公共图书馆举办“书香岭南，悦读生活”摄影比赛暨获奖作品展、“绘本阅读”活动、“羊城学堂”公益讲座等是广州图书馆持续开展的阅读推广品牌活动。

业务研究、辅导、协作协调

2009–2012年，广州图书馆员工发表论文246篇，编辑出版专著10种，获准立项的省部级课题1项、厅局级课题3项、其他课题4项。

2010年，广州图书馆启动广州市公共图书馆通借通还服务。至2012年12月，全市14个公共图书馆全部实现通借通还，广州市公共图书馆城域网骨干网络基本建成。通过统一认证平台，广州图书馆向全市13个公共图书馆注册读者开通16个数据库的远程访问服务，其中12个数据库同步开通各区县馆局域网服务。2010年起，每年组织举办广佛肇图书馆学会联合年会暨学术研讨会。

2012年，广州图书馆获广州市人力资源社会保障局批准成为广州市图书馆专业继续教育基地。

2009年，广州图书馆加入全国公共图书馆讲座联盟。2010年，加入全国图书馆信息服务无障碍联盟。2011年，作为全国第一批联合目录成员馆将全部馆藏目录提交全国图书馆联合编目中心。2012年，加入全球最大图书馆合作组织OCLC。

2010年，广州图书馆组织举办“中美图书馆员专业交流项目——广东省图书馆管理人才高级研修班”。2012年，与中国图书馆学会合作举办“国际视野下的图书馆管理与服务研修班”。

管理工作

2010年，广州图书馆与中山大学合作，并经全国专家会议论证，制定并公布实施《广州图书馆2011–2015年发展规划》。

2010年，广州图书馆开展第三次机构调整和岗位设置工

广州图书馆报刊区

“雅村文化空间”文化艺术普及系列讲座

广州人文馆“岭南文脉一世家”讲座

广图真人书

少儿讲座

亲子绘本阅读馆

作，2012年12月底完成机构调整和岗位设置工作，并建立了绩效分配激励制度。

2009年7月，成立广州图书馆志愿服务队。2012年，启动中山大学博雅教育社会研习项目，超过500名博雅班志愿者服务2360志愿时。

表彰、奖励情况

2009–2012年，广州图书馆共获得各种表彰、奖励54项，其中省级党委、政府表彰奖励2项，市级业务主管部门表彰奖励6项，其余各类表彰46项。

馆领导介绍

方家忠，男，1970年10月生，中共党员，研究馆员，馆长。中国图书馆学会第八届学术研究委员会图书馆管理专业委员会委员，广东图书馆学会副理事长、广东图书馆学会阅读指导委员会主任，广州市图书馆学会理事长，中山大学资讯管理学院兼职硕士生导师。主要研究方向为中外图书馆事业比较研究、图书馆立法与体系建设、图书馆规划、图书馆多元文化服务等。

何建平，男，1961年1月生，中共党员，党委书记。主持党委全面工作，主要负责党建、干部人事、综治维稳、安全保卫、计划生育、群团工作，分管办公室（组织人事组）、物业管理与安全保卫部（安保组）、工会、团总支、妇委会。

吴翠红，女，1967年1月生，研究馆员，高级工程师，图书馆学专业管理学硕士，副馆长。广东图书馆学会理事、广东图书馆学会信息技术委员会委员，广州市图书馆学会常务理事、广州市图书馆学会学术研究委员会副主任。主要负责信息化建设与数字图书馆建设、科研、未成年人读者服务等，分管数字资源与技术保障部、研究协作部、儿童与青少年阅读部。

黄秋玲，女，1966年11月生，中共党员，副馆长。主要负责基本服务工作，分管文献流通部，协助馆长分管办公室（计划财务组）。

罗小红，女，1967年6月生，副研究馆员，副馆长。广东图书馆学会理事。主要负责数字图书馆服务、多元文化服务、文献信息建设等工作，分管采编中心、信息咨询部、社会活动推广部、网络服务部。

未来展望

广州图书馆新馆已于2013年6月23日全面开放。广州图书馆将继续围绕“建设国内一流，国际先进的国家中心城市图书馆”总体目标，以“连接世界智慧，丰富阅读生活”为愿景，“普遍开放，平等服务；服务立馆，效益办馆”为理念，定位为区域内的知识信息枢纽、终身学习空间、促进阅读主体、多元文化窗口、区域中心图书馆等五大功能。广州图书馆将以新馆为平台，进一步提升读者服务效益，全面推进服务的细化、完善和管理的精细化，切实发挥建设文化强市、培育世界文化名城的窗口作用，并将进一步发挥中心图书馆作用，推动广州市图书馆服务体系建设。

联系方式

地　址：广州市天河区珠江东路4号
邮　编：510623
联系人：杨嘉骆

广州图书馆首层大厅

广州图书馆外观

广州少年儿童图书馆

概述

广州少年儿童图书馆于1996年6月1日正式开馆，是目前广州地区唯一独立建制的少年儿童图书馆，总建筑面积8800平方米，辟有中文图书外借处、低幼儿童玩具阅览室等10多个服务窗口，阅览座位472个，报告厅2个，展厅2个。拥有千兆主干网，服务器32台、微机217台组成的信息化处理系统，采用ILASII图书馆自动化集成管理系统和图创自动化集成系统、OA办公自动化等专项应用系统，内部业务和对外信息服务全面实现计算机管理。每周开放6天共48小时，节假日照常开放，实行借阅合一，以“零距离”的开放式服务吸引越来越多的少年儿童走进图书馆、利用图书馆。

业务建设

2009—2012年，广州少年儿童图书馆新增各类馆藏14万种、110万册（件），年均入藏22万册（件）。截至2012年，馆藏总量为61万种、264万册（件），其中图书231万册，报刊（合订本）1471册，视听文献15万件（套），电子文献19万件。自建有“广州记忆（青少年版）”特色数据库、“健康运动”特色数据库、青少年健康数据库、刊物数据库、VOD视频点播库。其中“广州记忆（青少年版）”特色数据库作为重点建设的特色资源之一，目前开展了5期建设，建有动漫版、图片版和完整版三个版本，设有粤语典故、名胜古迹等十二个分主题。

广州少年儿童图书馆严格按照《中国图书馆分类法》（第五版）、《中国文献编目规则》和《新版中国机读目录格式使用手册》规范文献分类和编目工作，全面实现了馆藏书目数字化，拥有机读目录数据36万多种，提供分类、著者、书名等检索途径。

2012年，广州少年儿童图书馆成功启动了广州少儿图书文献借阅联盟网络建设，拟定广州地区公共图书馆少儿图书通借通还服务规则，至2012年底，实现了与从化分馆、增城分馆、花都分馆的通借通还服务。

为了延续少儿读者的知识分类认识，实现书目数据资源共享，2011年4月，广州少年儿童图书馆图书分类依据由《中国少年儿童文献分类主题词表》改为《中国图书分类法·第五版》。2011年底，正式启动了图书馆管理系统由ILAS图书管理系统更换为图创图书馆集群管理系统工作，更有效地实现图书馆界数字资源的共建共享以及联合服务工作。

读者服务工作

2009—2012年期间，广州少年儿童图书馆年均接待读者150万人次以上，年均外借册次在110万册次以上，网站年平均访问量超264万次。

2009—2012年期间，年均组织读者活动205场、1.8万人次参与，年均组织两场以上全市性大型少儿读书活动，打造了“羊城之夏”、“羊城少年学堂”等品牌读书活动。

2009—2012年来共为读者提供42项课题咨询服务，为2600人提供读者教育与用户培训工作。

截至2012年，形成了28间分馆、44个图书流通点、13个汽车图书馆服务点的馆外服务网络，服务辐射至广州市花都区、从化市等9区2市，为远郊区域、贫困家庭、残疾智障等弱势少儿群体提供服务。

业务研究、辅导、协作协调

2009—2012年，广州少年儿童图书馆年均发表论文29篇，开展了“开启科普之窗·畅享阅读快乐”、“服务青少年的广府文化资源建设与推广的实践研究”等5个科研课题的研究。对分馆、图书流通点进行业务辅导和自动化管理指导共76次；先后举办业务讲座、学术报告会及业务交流和考察活动共9次。

2012年，利用INTERLIB自动化集群系统，形成了以广州少年儿童图书馆为中心馆，分馆为成员馆的“少图联盟”，全市范围的少儿图书实现通借通还。

2009—2012年，广州少年儿童图书馆先后组织各区（县）图书馆开展“羊城之夏”青少年暑期系列活动、“书香岭南·魅力广州——岭南文化知识竞赛”、“4·23世界读书日”活动等。2012年，与省馆、市馆及佛山、东莞等地共20多家公共图书馆共同主办“书香岭南·悦读生活”摄影大赛。

2009—2012年，广州少年儿童图书馆先后在偏远学校建立图书流通点共10间；“广州市未成年人心理、法律咨询”、“海珠少年学堂”等多项青少年主题活动在市“关工委”、团市委、各级教育局等机构的联合协作下，活动的参与度和影响力大大增强。

2009年，广州少年儿童图书馆承办“全国少年儿童阅读年”阅读成果展示活动；2012年，参与《中国图书分类法（未成年人图书馆版）》修订稿审定（负责“J”、“N”大类审定）、向国家图书馆编制的《全国少年儿童图书馆（室）基本藏书目录（2013）》推荐出版物；参与协办“2012年全国少年儿童图书馆青年馆员论坛”；在中国图书馆学会“全国图书馆未成年人服务提升计划”案例征集和“2012年中国图书馆展览会（未成年人服务展区）”中均有案例和项目获奖及入选。

管理工作

2011年，广州少年儿童图书馆顺利完成了事业单位岗位设置工作，制定了《广州少年儿童图书馆岗位设置工作实施方案》，按需设岗，按岗聘用，建立了分配激励制度，将分配制度与工作绩效挂钩，极大地调动了员工的积极性和创造性。

为加强财务、物资等管理，广州少年儿童图书馆按照国家有关法规政策，制订了一系列相应的管理制度，以保障财务、设备、档案、消防安保等工作正常运作，从而确保业务工作的不断发展。

表彰、奖励情况

2009–2012年，广州少年儿童图书馆共获得各种级别的表彰、奖励41项，其中，国家级表彰、奖励16次，省级表彰、奖励4次，其他表彰、奖励21次。

馆领导介绍

惠德毅，男，1957年6月生，大学本科学历，中共党员，副研究馆员，党支部书记、馆长。1975年12月参加工作，历任广州图书馆副馆长、馆长，2005年5月任广州少年儿童图书馆馆长，2014年8月任广州少年儿童图书馆党支部书记。兼任中国图书馆学会理事、广东图书馆学会常务理事、阅读指导委员会副主任委员、广州市图书馆学会副理事长、常务理事等职。2007年获广州市群众文化建设先进工作者称号，2013年获全国优秀社会科学普及工作者称号。

李慧敏，女，1963年12月生，在职研究生学历，中共党员，研究馆员，副馆长。1981年12月参加工作，历任广州图书馆副馆长、广州少年儿童图书馆党支部副书记，2006年11月至今任广州少年儿童图书馆副馆长。2008年获广州市“三八”红旗手称号，2008年、2011获原广州市文化局、广州市文化广电新闻出版局“优秀党务工作者”称号。

魏文涛，男，1969年12月生，大学本科学历，中共党员，副研究馆员，副馆长。1991年8月参加工作，1996年1月到广州少年儿童图书馆工作，担任技术部主任，2013年1月任广州少年儿童图书馆副馆长。2008年获原广州市文化局“优秀党员”称号。

未来展望

从1996年开馆至今，广州少年儿童图书馆一直坚持公益性原则，认真贯彻“读者第一，服务至上”的宗旨，积极发挥自身在地区公共图书馆中少儿业务的带头作用和图书馆的社会文化教育功能，一切以少儿健康成长需求为中心，最大限度地服务于少年儿童。

目前，广州少年儿童图书馆在筹建新馆，新馆建筑面积1.7万平方米，设计藏书150万册，提供阅览座位800个，日均接待读者量为8000人次，采用自助借还、图书分检措施简化借还手续，提高借阅效率。新馆以“幸福和谐、智慧便捷、引导提升”为理念，将成为集学习阅读、互动体验、成长交流等多功能为一体的少儿学习知识、交流活动的阵地，同时具备少儿文献收藏利用中心、信息交流传播中心、知识体验提升中心、少儿服务研究示范中心四项主要功能，将为进一步促进广州地区未成年人思想道德建设发挥重要作用。

联系方式

地　址：广州市越秀区中山四路42号
邮　编：510055

深圳图书馆

概述

深圳图书馆是深圳市重点文化设施之一，是集大众化、研究型及数字化于一身的大型综合性公共图书馆，是深圳地区文献资源保障中心、文献信息服务中心、深圳市“图书馆之城”建设龙头馆和网络中心，全国文化信息资源共享工程深圳市中心，首批粤港澳文化交流合作示范点。

深圳图书馆的前身是宝安县图书馆，最早历史可追溯到1951年，1984年正式更名为“深圳图书馆”。2006年7月，位于深圳市行政文化中心区内、风景秀美的莲花山南的深圳图书馆建成开放，建筑造型独特，构思精巧，极富现代感，采用全开放、大开间、无间隔的“模数式”布局，占地29612平方米，总建筑面积49589平方米，设计藏书容量400万册，阅览座位1997个，网络信息节点2846个，日均接待读者1.2万人次。

截止2012年底，深圳图书馆建成分馆3个，图书服务站58个，城市街区自助图书馆200台。2012年，全年服务读者857.64万人次，接待到馆读者360.57万人次，完成文献外借376.03万册次，网上服务读者340.40万人次，网站访问2544.99万次；自助图书馆文献借还量达227.11万册，预借送书13.54万册。2012年，人民日报、光明日报、中国文化报等新闻媒体对深圳图书馆累计报道498篇（次）。

业务建设

截止2012年底，深圳图书馆拥有文献藏量664.98万册（件）。其中，纸质文献350.46万册，电子文献314.51万册（件）。可供读者使用的电子书约108万种。

2012年，深圳图书馆年度新增藏量购置费1600万元。2009–2012年，累计入藏中外文图书340036种、735591册，中外文报刊29492种，视听文献33148种。地方文献整体收藏率、多卷书入藏完整率、连续出版物入藏完整率分别达98%、95%和98%。

2012年底，深圳图书馆拥有数字资源总量111.752TB。自建数字资源总量66.752TB，其中自主选题建设容量23.272TB，包括《非物质文化遗产资源项目》、《城市景观雕塑数据库》、《深圳群众文化获奖作品》等21个专题库；为深圳市领导办公决策服务系统建设专题信息资源（含视频、全文、图片）43.48TB。

深圳图书馆拥有读者服务及业务使用计算机723台，网络带宽402Mbps，存储总容量224.74TB，设有信息点2846个，读者服务区实现无线网络全覆盖。深圳图书馆自主研发了“图书馆之城”中心管理系统（ULAS）、联合采编管理系统（UACN）等系统，并实施以ULAS为核心的一系列应用，覆盖图书馆业务全领域，实现了业务一体化管理，同时支撑互联网、移动、语音等多平台服务，推进馆际合作与资源共享。建立市区图书馆VPN专网，利用政府机关外网实现跨系统图书馆合作共享的总体网络布局，研发自助图书馆中心监控系统，实现资源及运行状况实时监控及自动报警，有效推进图书馆管理的智能化进程。

读者服务工作

深圳图书馆秉承“开放、平等、免费”的服务理念，实行藏借阅一体化的服务模式和“全面开放、免证进馆、分层管理、一卡通行”的服务方式，所有资源、服务均向读者免费提供，形成了集馆舍服务、分馆流通点服务、自助图书馆服务、移动图书馆服务、数字图书馆服务、微平台服务于一身的多层次服务网络。深圳图书馆实行全年不间断服务，馆舍每周开放72小时，周末及国家法定节假日照常开放，南书房经典文献区每天7:00–23:00开放、全年无休，自助图书馆、24小时馆外自助还书机、网上图书馆、移动图书馆、语音电话服务每周7×24小时服务。

2009年，深圳图书馆建立了“政府信息公开查询专区”，并连接政府信息公开网站，强化政府公开信息的征集与查询服务。长期为深圳市委办公厅、市人大、市政协、市委宣传部等机构提供专题信息服务，配合两会、高交会、文博会、读书月、大运会等重大活动，开展相关专题信息服务，为政府机关决策发挥参谋助手作用，连续多年被评为党政信息更新先进集体。同时，深圳图书馆为市政府职能部门、科研机构及企业开展定题服务及文献传递服务。

深圳图书馆注重对少儿读者、老年读者、外来务工人员及视障读者等特殊群体的服务，聘请“阅读大使”，加大宣传与互动，推广全民阅读。2012年，深圳图书馆举办展览、讲座、培训等各类读者活动432场，形成了市民学堂、深图艺苑、鹏城书话、故事小讲堂、视障公益影院、外来青工知识竞赛等一系列具有影响力的自有活动品牌。每年在4.23世界读书日、图书馆服务宣传周、深圳读书月等重要时间节点精心策划组织上百场读者活动。2012年11月，深圳图书馆成立了“深圳捐赠交换中心”，为市民搭建了思想交流及文献交换的公共服务平台。

2004年起，深圳图书馆全力推动市、区主要公共图书馆开展通借通还服务，2009年，启动了“图书馆之城”统一服务建设，努力实现全市图书馆资源的统一导航、统一检索、统一使用，为读者提供一证使用全城图书馆的便捷与高效。至2012年底，全市172家各级公共图书馆及200台城市街区自助图书馆已实现统一服务。2012年，经由统一服务平台新增持证读者15.90万人，外借文献806.59万册，语音电话服务读者4.08万人次。此外，深圳图书馆联合其他图书馆共同搭建“深圳文献港”，构建地区性数字文献信息保障与联合参考服务平台，形成了全市统一的数字资源服务网站和移动服务门户。

业务研究、辅导、协作协调

2009–2012年，深圳图书馆员工公开发表论文199篇，出版图书馆学、情报学专著6种，承担国家文化创新工程、国家文化

科技提升计划等省部级科研项目5项。

深圳图书馆作为中国图书馆学会阅读推广委员会秘书处、深圳图书情报学会秘书处、公共图书馆研究院秘书处，全力参与并推动图书馆领域业务研究与交流，通过组织学术专题讲座、阅读年会、阅读征文等主题活动，加强地方馆员的培训及阅读文化、阅读服务的研究开展。

深圳市2003年确立了“图书馆之城”建设的发展战略，深圳图书馆专设图书馆事业发展部，配备专门人员及经费，全面推进“图书馆之城”建设，并为全市统一服务建设提供全程指导与技术支持。2009–2012年，深圳图书馆共举办各项业务培训27场，开展基层业务辅导352次，有效促进了市区图书馆业务工作的科学化与规范化。

深圳图书馆全力协调并促进地区图书馆通借通还，实现资源共享。2009年，正式启动“图书馆之城”统一服务建设。至2012年底，全市172家各级公共图书馆及200台城市街区自助图书馆实现统一服务。2009年起，深圳图书馆与深圳大学城图书馆、深圳大学图书馆合作共建“深圳文献港”并不断推向深入，致力于构建起深圳地区文献资源保障共享与联合服务平台。作为首批粤港澳文化交流合作示范点，深圳图书馆注重港台文献专区建设，深入推进三地图书馆联动与资源共享，合作举办系列读者活动，开展三地图书馆馆员交流互访及网上参考咨询合作。深圳图书馆还与国家图书馆、国家科学图书馆、上海图书馆等签订合作协议，开展跨省、跨系统的馆际互借合作。

作为地方版文献联合采编协作网（CRLNet）的网络中心和深圳地区中心，深圳图书馆积极协调并参与全国性联合编目工作，本地区参与联合编目工作图书馆比例达90%以上。2009–2012年，深圳图书馆为CRLNet上载书目数据5.09万条，下载25.08万条，是下载数据最多的成员馆。此外，深圳图书馆还开发了联合采编管理系统，有效促进了深圳地区联合编目工作的高效化、规范化。

管理工作

作为深圳市首批事业单位法人治理结构改革试点单位之一，积极推进改革试点工作，于2010年12月成立了第一届深圳图书馆理事会，制定了《深圳图书馆理事会章程》及信息公开制度等四个配套制度。在探索建立以理事会为核心的法人治理结构，促进图书馆管理体制、治理结构和运行机制的改变方面取得了实效，获评全国文化体制改革工作先进单位。

2009–2012年，深圳图书馆按照省、市有关事业单位岗位设置管理工作的统一部署，积极推进机构调整与岗位设置管理工作。完成本馆内设机构设置及中层干部选拔聘任；规范构建并不断完善岗位管理体系，探索岗位管理新模式，形成了“按需设岗、按岗聘用、竞争上岗、规范考核”的岗位管理机制。

加强文献资产管理及志愿者管理。2010年，深圳图书馆完成了开架文献全面清点工作，清点采集文献逾45万册，形成了详尽的清点工作分析报告，为图书馆RFID应用绩效及文献安全评估积累了重要数据。加强图书馆志愿者的引导和管理，组建了本馆青年馆员志愿者服务团队。

表彰、奖励情况

2009–2012年，深圳图书馆共获得集体及员工个人荣誉191次。其中，获得集体表彰、奖励79次，包括获得国家第三届文化创新奖、第十五届“群星奖”等国家级表彰、奖励4次，广东省巾帼文明岗、广东省“五五”普法先进集体等省级表彰、奖励8次，深圳市精神文明建设重大成果奖、深圳市文明示范窗口、深圳市全民阅读示范项目等其他表彰、奖励67次；员工累计获得全国优秀科技工作者、广东省五一劳动奖章、广东省“三八红旗手”等个人荣誉112人次。

馆领导介绍

张岩，女，1969年8月生，研究生学历，博士学位，中共党员，副研究馆员，党委书记，副馆长（主持工作）。1994年参加工作，历任武汉大学助教、讲师、副教授，深圳市文体旅游局主任科员、副调研员、副处长，2012年2月任深圳图书馆党委书记、副馆长（主持工作）。兼任广东图书馆学会常务理事、深圳图书情报学会常务副理事长、深圳市阅读联合会理事、深圳图书馆理事会执行理事。

杜秦生，男，1964年7月生，本科学历，中共党员，副研究馆员，副馆长。1985年参加工作，历任馆长助理、读者服务中心主任等职，2007年7月任深圳图书馆副馆长，分管人事、财务工作。兼任广东图书馆学会理事、广东图书馆学会阅读指导委员会副主任委员、深圳图书情报学会理事、公共图书馆研究院秘书长。

王林，男，1963年6月生，本科学历，中共党员，研究馆员，副馆长。1985年参加工作，先后在国家图书馆、黑龙江大学图书情报学系任职，担任助教、讲师、教研室主任等职务。在深圳图书馆工作期间，先后担任计算机部副主任、系统部主任、技术中心主任、党委委员，2009年1月任深圳图书馆副馆长，分管技术、“图书馆之城”建设、数字资源建设与服务。兼任中图学会阅读推广委员会委员、中图学会阅读推广委员会网络与数字阅读委员会主任、深圳图书情报学会理事、深圳图书情报学会学术研究委员会主任委员。

王冰，男，1972年3月生，研究生学历，中共党员，副研究馆员，副馆长。1995年参加工作，历任馆长办公室主任、资源中心主任、党委副书记、工会主席、参考部主任，2013年6月任深圳图书馆副馆长，分管纸质文献建设和服务、专题参考服务与信息开发，协助分管阅读推广。兼任深圳图书情报学会科技情报委员会副主任委员、深圳图书馆理事会理事。

肖容梅，女，1969年12月生，研究生学历，中共党员，副研究馆员，党委副书记。1995年6月参加工作，历任湖北省司法厅办公室秘书科科长、副调研员，深圳图书馆参考研究服务部副主任、办公室主任、管理中心主任、典藏保障部主任，2013年9月任深圳图书馆党委副书记，分管行政部，协助处理人事部、财务部有关工作。兼任深圳图书情报学会理事、公共图书馆研究院副秘书长、深圳图书馆理事会秘书。

未来展望

深圳图书馆将继续在深圳市“文化立市”和建设“图书馆之城”战略指导下，坚持走“服务立馆、技术强馆”之路，秉承“开放、平等、免费”的服务理念，以建设智慧型公共图书馆为目标，在保障市民基本文化权益的基础上，继续夯实业务基础、创新服务手段，注重先进技术应用与实践，为读者提供免费、便捷、人性化的图书馆服务，满足市民多样化的信息和文化需求。稳步推进深圳市图书馆调剂书库项目建设和深圳市“图书馆之城”统一服务平台建设，构建更加完备的文献资源保障体系和服务体系，推动地区文献资源联合建设与服务开展，提高区域性图书馆整体文献保障能力与服务能力。继续发挥服务模式创新及科技应用创新的示范和引领作用，发挥行业学术研究及文化交流的平台窗口作用，为深圳文化事业及我国图书馆事业发展做出更大贡献。

联系方式

地　址：广东省深圳市福田区福中一路2001号
邮　编：518036
联系人：温雪芳

深圳少年儿童图书馆

概述

深圳少年儿童图书馆位于深圳市福田区红荔路1011号，是由深圳市政府在原深圳图书馆馆址上投资改建的大型现代文化设施。其占地面积2.2万平方米，建筑面积1.56万平方米，于2009年4月23日正式开馆。坐落于美丽的深圳荔枝公园旁，集秀丽的自然景观和浓郁的文化气息于一体，是深圳闹市中的一颗明珠。作为深圳特区及港澳地区目前唯一一家独立的专门为少儿、家长及教育工作者服务的文献信息中心，深圳少儿图书馆新馆设施齐全，功能完备。图书馆设有阅览区9个，读者席位1200个，计算机80台，接入宽带200Mbps，使用ILAS图书馆自动化管理系统。2009年，深圳少年儿童图书馆首次获得了“一级图书馆”称号。

业务建设

截至2013年底，深圳少年儿童图书馆总藏量近188万册（件），其中纸质文献近125万册（件），电子文献65万册（件）。

深圳少年儿童图书馆馆藏中文图书数目数字化比率为100%。目前，馆内建设的数据资源包括：兜兜数字动画馆、易趣漫画、教师助手、中小学数字图书馆、视频乐园、科普、动漫等。

深圳少年儿童图书馆采用ILASIII图书馆管理系统。2012年推出即时通讯系统“爱爱”，并着力打造成线上具有影响力的阅读交流平台，随后，逐步完成短信借阅平台与微信服务平台建设。

读者服务工作

改建后的深圳少年儿童图书馆于2009年4.23“世界读书日”正式开馆，全馆立足阵地服务，将开放时间延长为每周72小时，除周一闭馆外，每天9:00—21:00连续向市民开放，同时，自主研发首个一站式数字资源阅读平台——e读站（易读站）、爱读网等扩大服务半径，完善服务体系。2009—2013年，各项读者服务数据逐年增加。2013年，年流通总人次达123万，年外借册次约为58万册次，年读者办证量超过1万，其中，儿童证占70%以上。全年网络学习区接待读者超4万人次，官网网站点击量204225人次。

2009年，深圳少年儿童图书馆推出了“阅读积分计划”，以柔性管理取代传统的“以罚代管”模式，创新性地鼓励少儿读者通过阅读活动赚取积分，享受更多阅读权益。

2010年，深圳少儿文献资源共享“常青藤”计划正式启动，开通与深圳47所中小学校的馆际互借服务。同年，深圳少年儿童图书馆策划实施“蒲公英”劳务工子女图书馆计划，在大浪等劳务工聚集的地方建立劳务工子女图书馆；在特殊教育学校、儿童医院设立服务点，实施“康乃馨”无差别阅读计划，保障特殊群体的阅读权益。

深圳少年儿童图书馆提倡以活动引导阅读，馆内开展包括讲座、展览、培训、阅读推广等在内的多项活动。2009—2013年，年均开展活动1162场，年均参与人数145524万人次。少儿馆以各个阅览区为平台，开展多项阅读推广活动，“亲蓓蕾”早期阅读培养计划、“杜鹃”青少年经典阅读计划、喜阅“365”阅读活动、“向日葵”阅读珍藏计划、“金玫瑰”爱心传递计划等，不同的阅读推广计划针对不同年龄段的少儿读者提供阅读服务，其中多个项目获得省市乃至全国荣誉，得到业界肯定。创新是深圳少年儿童图书馆工作发展的不竭动力，其举办的多项阅读活动均为全国首创，2012年推出的“深圳童谣节”，鼓励少儿学习、创作童谣，深度发掘和传承经典。2013年推出的“图书馆之夜”首次将少儿读者邀请至图书馆，度过丰富多样的阅读狂欢夜。

业务研究、辅导、协作协调

2011年，为进一步加强图书馆之间、图书馆与出版社之间的合作交流，少儿阅读峰会于9月在深圳少年儿童图书馆召开。峰会就目前热点的阅读推广、馆社合作、数字阅读等进行专题进行了演讲、交流和讨论，取得了广泛共识。同年，深圳少年儿童图书馆应邀参加了广东南国书香节暨书房博览会，“e读站”和“阅读生日会”项目广受好评，并获得了“创意创新优秀奖”。2012年，深圳少年儿童图书馆应邀参加了在广东东莞举办的中国图书馆年会·中国图书馆展览会，与深圳图书馆、深圳市福田区图书馆共同承办了“深圳图书馆之城”展区。

深圳少年儿童图书馆还完成《中国图书馆图书分类法——未成年人图书馆版》的部分类目的修订，编制出版《中国少年儿童文献分类主题词表》，这些成果为儿童图书馆系

深圳少年儿童图书馆

图书馆之夜

故事人研习班

故事爸爸妈妈

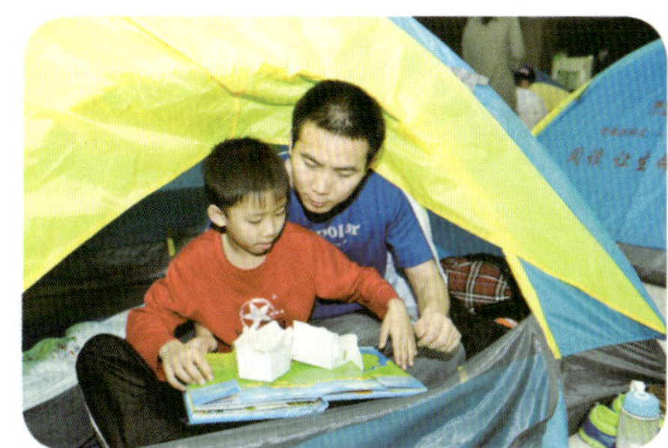
亲子绘本阅读

统实现文献分类工作的标准化，方便儿童读者检索文献资料，实现公共少年儿童图书馆、少年宫图书馆、中小学图书馆间协作协调，为其网络化、自动化打下了坚实的基础。与此同时，由深圳少儿图书馆牵头完成，国家文化部的重点文化科研课题“中国少年儿童信息大世界——网上图书馆”的设计、组织和建设，被中国数字图书馆授权为“中国数字图书馆少年儿童中心馆”，深少图致力于中国少年儿童信息数字资源的网络信息共享工程建设，为本地区、全国乃至全球的少年儿童、少儿工作者以及相关组织机构提供丰富的中文少儿信息资源。

管理工作

典藏方面，每年及时检验新购各类书籍、音像制品的书目、价钱及数量的准确性，及时剔旧、上架；物资保管方面，每月对库存资产进行一次盘点，登记台帐、明细帐，及时发现问题，提出合理化建议；人事方面，2009年–2013年，完成全馆47名职员、20名雇员的聘任工作；档案方面，完善档案管理细则，2012年，深圳少年儿童图书馆被授予了省特级综合档案管理单位。

表彰、奖励情况

2009–2013年，深圳少年儿童图书馆共获得各种表彰、奖励56次，其中，文化部表彰奖励1次，省级2次，市级53次。

馆领导介绍

宋卫，男，1969年8月出生，中共党员，副研究馆员，先后工作于深圳图书馆和深圳少年儿童图书馆，现任深圳少年儿童图书馆馆长，党支部书记。兼任深圳图书情报学会副理事长、中国数字图书馆少年儿童中心馆馆长、中国图书馆学会未成年图书馆服务专业委员会委员。被评为深圳市精神文明建设先进工作者，深圳市劳动模范，并入选广东省“十百千人才工程”的省百名学科带头人。

蔡启明，男，1963年12月20日出生，中共党员，副研究馆员，现任深圳少年儿童图书馆副馆长。

胡戬，男，1973年10月17日出生，中共党员，副研究馆员，现任深圳少年儿童图书馆副馆长，党支部副书记，兼任深圳图书情报学会少儿馆中小学图书馆主任委员。

未来展望

展望未来，我馆将继续深化优质服务，以读者服务为中心，以读者需求为导向，以服务创新为驱动，以阵地服务为基础，以读者活动为纽带，不断开拓创新，开辟音像馆、青少年成长参考咨询阅览区等新的阅览区域，同时努力打造品牌文化活动，目前本馆正在策划办第一份由图书馆办给读者的、专门指导家长和老师如何指导青少年阅读的专业媒体；中国第一个由图书馆发起、读者广泛参与的中国第一个民间童书奖；以“声光电”多种手段、音乐舞蹈绘画影像等多种艺术手段、数千人共同欣赏的现场阅读活动等。深圳少年儿童图书馆将以积极创意和不懈努力，推进全民阅读。

联系方式

地　址：深圳市红荔路1011号
邮　编：518027
联系人：周　知

幼儿借阅区

《海的女儿》决赛表演场景

孩子们集体办证

一楼休息厅

珠海市图书馆

概述

1966年3月，珠海县图书馆正式建制。1979年3月5日，珠海改县为市，珠海县图书馆相应改名市图书馆，位于香洲凤凰南路，烈士陵园侧，建筑面积1400平方米，楼高四层。

2008年7月12日，位于新香洲迎宾北路3061号珠海市图书馆新馆及少儿馆（位于香洲凤凰南路）正式全面免费对外开放。新馆占地3万平方米，建筑面积1.6万平方米，图书馆设计藏书量200万册（件），读者席位1500个，网络信息点位800个。2009年，参加第四次全国公共图书馆评估定级首次获得国家一级馆。2012年，珠海市图书馆有阅览坐席1067个，电脑150台，宽带接入70Mbps，选用Interlib图书馆管理系统。

珠海市图书馆根据图书馆业务的需要业务部门分为1室9部：办公室、采编部、借阅部、少儿部、展览部、辅导部、技术部（共享工程服务部）、特藏与信息服务部（古籍工作部）。

业务建设

截止2014年底，珠海市图书馆总藏量199.6万册（件），其中纸质文献99.6万册（件），电子图书100万册/种，电子期刊：CNKI中国知网11978376篇，全球样品库2944731件，维普会议论文1705832篇，维普期刊34729907篇。

2012年，珠海市图书馆新增藏量购置费为545万元。2009年至2012年共入藏中文图书142776种，431143册，外文图书1903种，2073册；报刊年均（2010—2012）入藏量1385种；视听文献3121件；2010—2013年3月共征集地方文献3667种，7978册（件）。

截止2012年底，珠海市图书馆数字资源总量为42T，含自建和外购，但不包括正在建库中的“珠海历史名人多媒体数据库”、“珠海名胜古迹”、“珠海地方特色视频”等珠海地方特色数据库。

2014年6月，珠海市图书馆更新了图书馆管理系统，选用Interlib管理系统，以适应珠海市公共图书馆总分馆服务的需要。2014年读者服务区无线网覆盖范围达100%。

读者服务

珠海市图书馆每周开放72小时，2014年共计有效读者卡52479人，年流通量为108.3万人次，馆藏书刊文献外借152.86万册次，共接待读者112.4万人次，书刊借阅153万册次。2011年开通中山市图书馆、江门市五邑图书馆、广东科学技术职业学院、珠海城市职业学院及珠海市委党校图书馆等馆际互借服务。2009—2012年间，引进街区自助图书馆1台，建成4个分馆。2014年底，共建有流动服务点60个，接待读者17.16万人次，流通册次2.86万册次/年。珠海市图书馆长期为市人大、政协、政府提供《决策内参》，并在馆内及网站为读者提供政府公开信息。

2009—2012年珠海市图书馆网站访问量288万次，网上注册读者已逾2.1万人。开通手机图书馆及短信平台。截止2014年，珠海市图书馆数字资源总量为56TB，均可通过珠海市图书馆网站和珠海数字文化网向全市公共图书馆、共享工程基层站点提供检索、浏览和下载服务。

“珠海文化大讲堂”是我馆自2008年全面开放以来创办和坚持的一个文化品牌，讲座以传承文明、弘扬优秀文化为宗旨，以海纳百川、百花齐放为理念，历邀国内众多学者专家、文坛巨擘、名家名嘴临台论道，6年间举办2247多场讲座，直接听众达16.8万人次；讲座场场座无虚席，深受市民的追捧，树立了全民乐道的好口碑。它的出现，打造了珠海城市精神文化的高品位，成为了珠海城市文化的新名片。

2009—2012年，珠海市图书馆共举办讲座、展览、培训、阅读推广等读者活动868场次，参与人数42.231万人次。

业务研究、辅导、协作协调

2009—2013年6月，珠海市图书馆员工在省级以上期刊或专业会议上发表的论文共42篇，专著1册。

2011年开通中山市图书馆、江门市五邑图书馆、广东科学技术职业学院、珠海城市职业技术学院及珠海市委党校图书馆等馆际互借服务，2011—2012年，馆际互借144册，文献传递2322册（篇），文献联采3000册。

2012年，举办图书馆业务培训班5次，参加人数270人次。通过培训，基层图书馆管理人员提高了图书馆业务知识，提升了业务技能和服务水平，能满足读者的需求，在图书馆工作总

中文图书借阅厅

电子阅览室

地方文献阅览室

自学室

少儿阅览室

结起到业务骨干的作用，同时有效地推动基层图书馆业务管理自动化、标准化和规范化的建设。

珠海市图书馆为全国联合编目中心和广东省立中山图书馆、深圳图书馆编目中心成员馆。2009年7月至2012年12月止，我馆编目人员从全国联合编目中心和广东省编目中心下载数据共5167条。

管理工作

珠海市图书馆对本馆的财务、人事、档案、设备、统计、安全等各方面制定了一系列业务和行政管理制度，使图书馆的管理工作规范化、制度化。2011年7月至2012年5月，为了顺利完成事业单位机构分类改革的任务，促进图书馆事业快速健康发展，我馆先后制定《珠海市图书馆岗位设置方案》、《珠海市图书馆岗位设置实施方案》，按需设岗、按岗聘用，采取岗位责任制的形式，全员签订聘用合同。

与团市委、香洲区团委、香洲义工联等单位建立了志愿者工作的合作关系，组建“图书馆义工服务队”，志愿者参与馆内各项服务工作。截止2013年5月志愿者来我馆参与了读者服务工作近8万人次。

表彰、奖励情况

2009—2012年，珠海市图书馆共获各种表彰15次，其中：文化部表彰奖励1个、中国图书馆学会表彰奖励3个、广东图书馆学会、广东省中心图书馆委员会等表彰奖励4个、珠海市政府及相关部门表彰奖励7个。

领导介绍

目前，珠海市图书馆有正副馆长三位：馆长：尚元正、副馆长：刘楚珊、黄海明。

未来展望

珠海市图书馆在上级主管部门的指导下，通过不懈的努力，事业发展已上一个新台阶，但与周边城市图书馆相比，仍存在着一定的差距和许多不足。对这些存在的问题和差距，我们将在今后的工作中积极争取政府的大力支持，采取措施，努力改进，对内增强服务意识、强化管理措施、改进工作作风、提高服务水平；对外加强基层服务，发挥公共图书馆主阵地的作用，使珠海市图书馆的各项工作迈向更高更的台阶。

珠海图书馆外观

联系方式

地　址：珠海市香洲迎宾北路3061号
邮　编：519000
联系人：吕 珩

精品展厅

新报新刊阅览室

中文图书借阅厅—书架

汕头市图书馆

概述

汕头市图书馆创建于1921年3月29日，初名为“汕头市立通俗图书馆”，1946年10月改名为“汕头市中正图书馆”，解放后定名为“汕头市图书馆”。汕头市图书馆始建初期，馆址设在商业街尾一间狭小的民房楼下，后曾数次搬迁。1979年5月汕头市外马路125号市图书馆馆舍动工，1981年2月4日建成开放。馆舍占地3600平方米，建筑面积2650平方米，主楼高四层。1995年6月18日汕头市新馆奠基，1997年10月完成新馆主体建设工程。2002年，香港潮籍知名企业家林百欣先生捐资4314万元，市政府投入2000万元完成装修配套图书馆新馆。新馆于2006年12月16日落成开馆，投资总额12580万元。

新馆位于长平路十一街区，占地14.415亩，总建筑面积2.87万平方米。主楼14层，地上13层，地下1层。是一座集阅读、研究、活动、休闲于一体的文化活动场所。新馆采用现代化管理模式，借、阅、藏于一体，突出潮汕地方特色，实现多功能、多载体、网络化、智能化。力争成为汕头文献资源中心、信息服务中心、社会教育中心和图书馆事业中心。

业务建设

新馆设计藏书量150万册，至2012年底馆藏文献达70万册（件），其中潮汕地方文献2万多册，古籍线装书2万多册，11部古籍入选第一批广东省珍贵古籍名录，馆藏文献资源基本形成了以潮汕地方为特色的藏书体系。

汕头市图书馆是国家一级图书馆，广东省古籍重点保护单位，汕头市文明示范窗口，设置了20多个读者服务窗口，免费开放。包括中文图书借阅室、共享图书室、视障阅览室、报刊阅览室、少年儿童图书借阅室、少年儿童漫画图书借阅室、潮汕文献多媒体阅览室、潮汕民俗文化阅览室、茶文化阅览室、线装古籍阅览室、信息咨询、电子阅览室、休闲服务区等，开展外借、阅览、联合参考咨询、全国文化信息资源共享工程、数字图书馆推广工程等服务。设阅览座位2800席，信息节点1000个，每天能接待读者4000人次，每周开放64小时，并通过宽带网向读者提供24小时不间断服务。

新馆还设置了550平方米的展览厅、260座的报告厅、共享工程影视展播室以及多功能厅、大小会议室、培训教室、自修室等，举办讲座、培训、展览、学术交流、影视展播等活动。使读者到馆学习、研究、活动、休闲各得其所。

完成“数字图书馆推广工程”项目硬件基础平台系统及应用系统平台的项目建设。该项目的建成，将更好的为读者提供各类公共文化服务，极大提升市图书馆文献保障水平和信息服务能力。

将图书馆自动化管理系统升级更换为Interlib系统。新的图书馆自动化管理系统提高了图书馆业务处理能力、服务水平和工作效率，为以后实现图书馆通借通还、实行图书馆际互借提供技术支撑。

改版升级汕头市图书馆网站，新的网站将是集数据集成、服务集成及应用集成为一体的数字图书馆门户，为各类读者提供综合性文献信息服务。

参与“全国图书馆参考咨询联盟服务”成绩突出，汕头市图书馆作为最早加盟馆之一，积极开展网上参考咨询和文献传递服务，读者满意度为99%。

做好古籍普查保护工作，按照《古籍普查规范》和定级标准，完成普查登记报表、书影制作，古籍文献登记，并将数据导入全国古籍普查平台。加强古籍保护人才培养，创建古籍修复室，填补了我馆古籍修复专业技术空白。对馆藏解放前报纸加强保护和整理，对老报纸进行数字化，汇编《汕头市图书馆馆藏解放前报纸目录》。

读者服务工作

年均接待读者100多万人次，书刊文献年外借34万册次，馆藏书刊文献年外借率40%。在部队、学校、机关、企业等建立联合图书馆和图书流通站点15个，将图书馆服务延伸到读者身边。连续举办“4·23世界阅读日”读书征文比赛活动。连续举办暑假电脑作文比赛，丰富广大学生的暑假生活。坚持举办学生灯谜沙龙活动，既丰富小读者的课余生活，又弘扬我市优秀传统文化。开设视障阅览室、少年儿童漫画图书借阅室，满足特殊人群众阅读需求。建立共享图书室，为群众提供免费换书服务。坚持开展文化共享工程服务，配套建设“共享工程影视展播室”，逢周六日及节假日为读者播放经典影片及讲座。坚持每月最后一个星期五晚上为企业放电影。自修室成为学生、考试人员学习、备考的好去处，年均20多万人次使用自修室。建立图书馆志愿者服务队，为学生提供社会实践

援建乡村图书室

市领导察看古籍保护情况

少儿漫画室

排队等候学习的读者

视障阅览室

平台。开展“想书”活动，由读者推荐好书新书，推动服务创新。定期编辑出版《海外汕头舆情观察》、《信息摘编》和《文化内参》供党政机关领导决策参考。组织开展“廉洁读书月活动”，充实、更新廉洁图书资源，为广大读者提供廉政书籍，开展廉洁图书读后感征文活动。

业务研究、辅导、协作协调

2011年，本馆与广东省文献编目中心签订《广东省文献编目中心机读书目数据服务协议书》，实现全省公共图书馆采编信息共享。同时，建立了全市公共图书馆馆际通阅互借网络，与省、市、区县7个图书馆馆际互借协议。帮助基层图书馆（室）、农家书屋、电子阅览室进行业务培训辅导。

管理工作

制定并完善了一整套规章制度，并汇编成册——《汕头图书馆员工手册》，使各项工作有章可循，有制可依。对岗位职责做出了更加明确的规定和要求。加强了日常工作的规范化管理，增强了职工的岗位意识，保证各项工作的正常开展。

2012年，为深化人事制度改革，建立健全岗位管理制度和人员聘用制度，实现单位人事管理的科学化、规范化和制度化。根据有关文件精神，结合单位实际情况，制定了《汕头市图书馆岗位设置实施方案》、《汕头市图书馆岗位说明书》和《汕头市图书馆专业技术岗位竞聘方案》，完成了专业技术人员竞争上岗。实现由身份管理向岗位管理，由固定用人向合同用人的转变。

表彰、奖励情况

2012年全国图书馆参考咨询联盟管理中心授予本馆“全国联合参考咨询先进单位”；2010年本馆荣获“广东省文献资源共建共享服务贡献奖”二等奖；2011年本馆获“广东省文献资源共建共享服务贡献奖”二等奖，2011年本馆获“广东省古籍重点保护单位”；2010年参加广东省图书馆学会举办“图书馆书车舞艺术表演比赛”获三等奖；2010年中共汕头市委、汕头市人民政府、汕头警备区授予本馆“军民共建社会主义精神文明先进单位”；2010年汕头市文明办授予本馆“文明示范窗口”单位，2009—2012年汕头市文化系统创建好班子活动本馆评为“好班子”并获创建好班子活动先进单位。

馆领导介绍

郑良光，男，1962年8月出生，本科学历，中共党员，副研究馆员，馆长。1980年参加工作，2006年任馆长至今，主持图书馆全面工作。

王缨缨，女，1962年6月出生，大专学历，中共党员，研究馆员，副馆长。1979年参加工作，2006年任副馆长至今。

陈扬帆，男，1979年6月出生，本科学历，中共党员，馆员，副馆长。1998年参加工作，2009年任副馆长至今。

吴海龙，男，1977年2月出生，本科学历，中共党员，馆员，副馆长。1999年参加工作，2014年11月任副馆长。

未来展望

汕头市图书馆将始终坚持“读者第一、服务至上”的宗旨，加强文献资源建设和数字资源建设，推动服务创新，提高服务效率，开展丰富多彩的文化活动。适应人们对信息需求的变化，对图书馆服务需求的变化，更好地服务群众、服务社会、服务于汕头“文化强市”的建设。

联系方式

地　址：汕头市长平路十一街区时代广场内
邮　编：515041
联系人：陈扬帆

人大副主任余建明

汕头图书馆外景

佛山市图书馆

概述

佛山市图书馆成立于1957年9月15日。馆址几经变迁，现馆舍于1993年1月8日落成开放，楼高七层，建筑面积近1.8万平方米，读者阅览座位数为894个，其中供少年读者使用的座位为224个。计算机数量为196台，有多个存储阵列设备，总存储容量为35.65TB，WLAN无线信息覆盖范围达到全馆80%，采用的是5U联合图书馆自动化管理系统。

业务建设

到2012年底，全馆各类文献藏量达109万册（包括图书、期刊、报纸、视听文献、古籍、电子图书等）。2012年新增藏量购置费456万元。2009至2012年，平均年入藏图书36470种，报刊2009种，视听文献2130件。2009年至2012年共收集各类地方文献2374种6286册，同时设置了族谱专柜及地方志、康有为文献资料、年鉴等专架。

佛山市图书馆全馆馆藏普通中文图书、报刊全部实现书目数字化，目前拥有各类数字资源总量超过100TB，其中购买商业数据库18个。同时利用本馆特色馆藏资源，建立了佛山地方文献全文数据库、馆藏宗谱、佛山市经济社会发展综合数据库等10个特色数据库。

在自动化管理中，从2005年开始使用5U联合图书馆业务管理系统，对图书馆的采访、编目、流通、期刊等业务实施自动化管理。2012年创建了智能图书馆模式，将智能图书馆管理系统与“5U联合图书馆系统”通过SIP2接口对接，实现了数据的统一管理，丰富了公共图书馆对市民的服务形式。

读者服务工作

佛山市图书馆每周开放时间为68个小时，周六、日正常开放。其中，自助图书馆全年无休，每天24小时开放。2011年10月25日，佛山市图书馆联合28家成员馆推出“二代身份证”免押金书刊借阅服务，读者办证和借阅文献数量不断创新高，2012年办证7.1万个，是2011年的3.7倍，是2010年的7.9倍。佛山市图书馆2012年外借册次98万册，是2011年的1.8倍，是2010年的2.7倍。

拓展公共文化服务覆盖面，利用多种形式开展流动服务。2012年汽车图书馆正式投入运行，当年，汽车图书馆行程1万多公里，服务近40个单位，上门服务142次，服务读者近4600人次。2012年底，智能图书馆发展至5家，2012年办证3.6万个，借还5.5万册。2009—2012年共集体外借图书6.3万册。

为佛山市党政领导机关提供决策参考服务、定题服务，研发了《新参考》、《领导动态》、《文化参考》、《境内外媒体看佛山》等信息刊物。提供各类舆情信息服务，连续多年获得市舆情信息工作单位。2010年底起开展“两会”信息服务。2009至2012年，共接受各类咨询2940人次，提供专题、定题服务，编辑二三次文献293个专题。2009年至2012年底已累计解答国内外读者的网上参考咨询31525篇次。

佛山市图书馆建设佛山市图书馆网站、佛山市联合图书馆网站、采灵蜂少儿网站等网站，同时进行数字图书馆资源共建共享平台建设，并且拓展数字图书馆新媒体服务，开展基于手机、数字电视等新媒体应用的服务。

2012年举办讲座、展览等各类阅读推广活动566次，参与活动人数达12万多人次。打造了“南风讲坛”、“蜂蜂故事会”、“阅读温暖——视障人士关爱行动”、“南风学堂”等多个公共文化活动品牌。

业务研究、辅导、协作协调

2009年—2012年，全馆在省级以上刊物上发表专业论文35篇，编撰7部专著，完成5份调查研究报告，7项科研课题入选佛山市社科规划项目并通过结项。

至2012年底，佛山市联合图书馆有各类成员达45家，全部实现了通借通还，并通过智能图书馆、汽车图书馆等多种模式进一步发展图书馆服务网络。佛山市联合图书馆文献借阅册次稳步上升，2012年达193万册次，是2009年的2.8倍。

佛山市图书馆学会积极发挥促进全市图书馆业务协作协调、合作交流的纽带作用，实行联席会议制度，组织开展图书馆基础业务培训班和各类主题的专题培训活动，开展各类跨区域合作与交流活动。2009年—2012年共主办或参与主办6次学术研讨会，面向全市开展学术讲座9次。

佛山市图书馆积极参与全国性联合编目工作，2007年3月底，获得书目数据上传资格，成为全国首家获得该资格的地（市）级图书馆。

管理工作

佛山市图书馆2002年开始实行聘用制改革，2011年已完成第三期聘用制工作。此次竞聘在部门岗位设置、人员竞聘程序及加强聘后管理，实行岗位目标考核等方面进行了进一步的规范和强化。

佛山市图书馆完善工作制度，优化管理流程，以《公共图书馆服务规范》为标准，先后起草制订管理、消防、财务等方面的多项制度，深入开展劳动纪律和内务环境整顿工作，建立健全的考核评价与督促检查机制，读者对图书馆服务满意度不断提高。

佛山市图书馆馆藏家谱展

麦洁华副市长在自助图书馆内体验借阅图书

周国平先生两度来“南风讲坛”开讲

“佛山朗读者”开展面对面朗读和交流服务

“寻梦佛山”阅读夏令营

位于佛图一楼的“知识超市”

佛山市图书馆2011年提出了“项目立馆”的管理理念，在图书馆管理过程中引入“项目管理”，把项目管理与传统业务管理、员工工作量化、年度考核、人员聘任等相结合，进一步促进全馆的创新意识、服务意识与竞争意识，提升图书馆的运作及服务效率，以项目促进业务的革新与提升，带动图书馆事业的整体发展。

表彰、奖励情况

2009–2012年，佛山市图书馆共获得各种表彰、奖励25次，其中，文化部表彰、奖励1次，省文化厅表彰、奖励2次，其他表彰、奖励22次。

馆领导介绍

屈义华，男，汉族，湖南衡山人，1959年6月出生，1977年8月参加工作，1977年7月加入中国共产党，本科学历，湖南大学图书馆学专业毕业，文学学士，研究馆员，文化部专家组成员，中山大学、华南师范大学兼职教授。历任湖南师范大学职业技术学院办公室主任、禅城区图书馆馆长等职，现任馆长、党支部副书记，主持图书馆全面工作，分管办公室和业务管理部。1994年11月，被国家文化部授予“全国图书馆先进工作者”称号。主持部级（文化部下达）科研课题，“计算机多媒体陶瓷产品数据库”研发，获部、省、市、区多级奖励。主编《基层图书馆信息资源建设与服务实务》、《中国书文化》、《公共图书馆资源建设与服务》，参编《中国图书馆事业1988–1995》和《中国图书馆事业1996–2000》。发表论文二十余篇，英文译文多篇，近三万字，日文译文三篇，近二万字。

兰晓惠，女，汉族，广东兴宁人，1961年3月出生，1976年12月参加工作，1979年6月加入中国共产党，研究生学历，高级政工师。历任佛山市广播电视局副科长、副社长，现任佛山市图书馆党支部书记、副馆长，主持党支部全面工作，分管少儿部、服务推广部和南风讲坛办公室。兼任佛山市建设文化事业基金会会长。

黄海，男，汉族，福建永定人，1970年2月出生，1992年7月参加工作，1999年1月加入中国共产党，本科学历，理学学士学位，副研究馆员。先后担任图书馆部门主任、图书馆馆长助理，现任图书馆副馆长，分管新馆办、特藏部、报刊部、信息部和数字资源建设部。

黄百川，男，汉族，重庆涪陵人，1967年2月出生，1986年7月参加工作，2002年12月加入中国共产党，本科学历，文学学士学位，副研究馆员。历任图书馆部门主任、群众艺术馆副馆长等职，现任副馆长，分管技术部、采编部和图书借阅部。

未来展望

佛山市图书馆新馆建筑面积4.7万平方米，设计藏书300万册，阅览座位2500个，于2010年1月动工，预计2014年底开放服务。佛山市图书馆新馆建设定位于集阅读推广、社会教育、信息共享、文化休闲为一体的城市文化客厅。佛山市图书馆将以新馆建设为契机，坚持“普遍开放、平等服务、以人为本”的公共图书馆服务精神，进一步充实各项服务的文化内涵，强化品牌意识和精品意识，积极策划开展各种内涵丰厚、切实有效的阅读推广及读者交流活动，创造出更多、更高品质的精神文化产品；加大数字图书馆建设力度，提高资源共享能力，构建具有鲜明特色的复合型馆藏资源体系；以联合图书馆服务网点为阵地，以数字图书馆为平台，形成功能齐全的，实虚结合的公共图书馆服务体系；加强本地区各类型图书馆的协调与合作，实现对佛山五区的全面服务，将文化信息资源传送到城乡基层文化网点和群众身边，为城市公共文化服务体系增添新亮点。

联系方式

地　址：广东省佛山市祖庙路19号
邮　编：528000
联系人：张　萌

佛山市图书馆新馆

佛山市图书馆新馆外观

佛山市图书馆新馆外观

湛江市图书馆

概述

湛江市图书馆创建于1960年，其前身是湛江地区图书馆，1983年后改为湛江市图书馆。1996年5月1日，在市委市政府的重视下投资5500多万元兴建新馆。新馆坐落于湛江市人民大道北，占地25.1亩，建筑面积21000平方米在编人员28人。主楼高九层，四周楼宇高五层，设有各种阅览室16个，读者座位1200个，可藏书120万册。我国著名书画家关山月先生为新馆提名。

业务建设

1、图书购置经费

2009年-2013年的五年间，平均每年馆藏文献购置经费50万元人民币。其中：每年购置中文图书经费25万元，占馆藏文献购置经费的50%；中文报纸期刊12万，占馆藏购置经费的24%；数字图书馆软件13万，占馆藏文献购置经费的26%。

2、中文纸质图书期刊购置总量

至2012年12月底止，湛江市图书馆中文纸质图书购置总量按财产登录号统计为40余万册；按电脑入库数据显示为90475种，221762册。期刊：3273种，26093册。

3、电子资源

湛江市图书馆从1996年开始采用图书馆自动化管理系统。是粤西地区最早实现图书馆自动管理的公共图书馆。1998年系统升级为北京丹诚图书馆管理系统，并建立起湛江图书馆网站，在网上开通了书目查询及网上续借的功能。2008年，我馆又对管理系统进行了升级，对原来单一的图书馆管理系统进行了整合，现本馆图书馆集成系统具有以下功能：中国机读目录数据结构、图书馆集成系统各数据库之间的关系及数据流转、ISO2709格式文件与数据库之间的转换。

至2012年12月底止，湛江市图书馆购置电子图书20万种；电子期刊报纸450种。湛江市图书馆数字资源总量为4TB，其中自建数字资源总量为1TB，全文电子图书共20万种，1.5TB，视频资源1500集，共1.5TB。建设有湛江市图书馆主页及湛江数字文化网主页各一个，建有湛江特色的亚热带海洋全文数据库及标题数据库，2009年建立了湛江市超星数字图书馆，一百万的全文数字图书供本市读者阅读，湛江图书馆电子报数字资源免费向全市读者开放，读者免费阅读全国各地450种报纸的电子资源；我馆还自建了亚热带海洋经济信息网，广东雷州石狗文化多媒体数据库已通过全国文化信息资源共享工程2012年地方资源建设项目立项，现正在建设中。

读者服务工作

湛江图书馆2012年5月起实行全馆服务全免费。电子阅览室免费对读者开放，2013年初开通全馆免费无线上网WIFI，并在各部门都设有免费上网电脑供读者查询本馆各种电子资源，湛江市图书馆网站建立于1998年，到2013年底本馆网站访问量达300多万人次。2009-2012年，湛江市图书馆每年都保持采购图书1万册中文图书，套录图书数据3仟多种，自行编目图书3200多种；中文报纸93种，中文期刊506种；全年共接待读者23.2万余人次（包括各流通分馆账册统计）；全年新办证读者共计3327余人，每年共借出图书24.7万册，续借图书8万余册；接待集体少儿读者77批次，共3300余人次。

至2012年12月底前，湛江市图书馆为湛江赤坎寸金社区、沙湾社区、民主金城社区等创办3个社区流通图书室；为湛江市聋哑学校、湛江市福利院、革命老区港头小学各建立11个流动图书室；帮助廉江安铺镇、新民镇，遂溪岭北镇，徐闻曲界镇，湛江坡头区乾塘镇等文化站建立图书室共5个，为驻湛部队共建数字图书站点累计25个，赠送书架、阅览台、报纸架一批，图书约10万余册。在湛江总工会下属62个“职工书屋”推广数字图书服务网站的阅读活动。其中，确定了中海油、国联、南海西部石油公司、湛江电厂等15个工会基层点进行“职工书屋”数字图书服务网站挂牌仪式。同时，发放读秀电子阅览卡5000张等先进事例得到省委宣传部、市委宣传部、市文化广电新闻出版局领导的肯定和大力支持，从而获得广东省“书香岭南”先进单位的称号。

业务研究、辅导、协作协调

在全国性学术会议和刊物上，省级相关学术刊物和会议上，公开发表6篇。2009年7月15日湛江市图书馆与湛江骄子小学举办“湛江市第四届中小学书画展”，参加学生数千人，12月5日下午，湛江市图书馆与湛江市广播电台、碧海银沙网站合作，在图书馆大厅举办“湛江文化定位论坛”活动。

2010年1月4日，根据湛江市图书馆与湛江市总工会合作协议，为湛江市国联企业“职工书屋暨湛江市数字图书馆服务站”举行揭幕开馆仪式，赠送图书、杂志2000余册。2月27日，湛江市图书馆与湛江市社科联合办一期“知识创造价值，智慧引领未来”职业精英论坛，与会专家、学者、企业精英1500余人。2月27日，湛江市图书馆与湛江市社科联合办一期“知识创造价值，智慧引领未来”职业精英论坛，与会专家、学者、企业精英1500余人。

2011年3月5日上午，我馆参与组织了与社科联共同举办“湛江读书论坛”2011第一期“孙中山与辛亥革命”。11月与湛江市公安局共

建流动图书室和资源共享流通站。11月，我馆有两人获得全省图书馆学会的“突出服务奖”表彰，五人获得“终身荣誉奖”。2012年9月22日–9月27日湛江市政府在我馆举办了2012首届海洋图书文化节。主题为“拥抱海洋·放飞梦想”，是我市首届海洋图书文化节活动。9月23日上午题为“湛江海洋经济与海洋文化”专题讲座在湛江市图书馆二楼大厅举行。

2009年–2012年，湛江市图书馆举办各种对外服务及活动，与驻湛部队共建分馆10个，还举办各类论坛讲座、展览80多次。

管理工作

2009年至今，湛江市图书馆为了保证各项工作和制度的贯彻落实，增强图书馆各项工作的计划性和整体性，提高科学管理水平，馆内先后修订了《职工考勤制度》、《财务管理制度》、《固定资产、物资管理制度》、《消防管理制度》、《开放部分消防安全制度》、《湛江市图书馆车辆管理制度》、《安全保卫管理制度》、《湛江市图书馆党风廉政建设考核制度》、《湛江市图书馆关于撰写图书馆业务论文奖励细则》、《湛江市图书馆业务岗位职责和工作细则》、《加强对专业技术人员管理全面完善年度业务考核制度》等。其目的，就是要鼓励广大干部员工对本馆总体事业发展和业务建设、学术研究方面的积极性，形成争做贡献，树创新氛围。

表彰、奖励情况

2009–2012年，湛江市图书馆共获各种表彰、奖励12次，2009–2012年间，一人一次获得民政部双拥优秀个人表彰；两人七次获得省图书馆学会业务工作和论文奖励；四人十次获得市党政（先进支部、先进党员）、宣传系统（读书月活动先进集体、先进个人）、民政（双拥先进个人）等奖励。

馆领导介绍

吴建华，男，1957年生，大专，馆员，1994年任馆长至现今，曾一次获得民政部颁发的先进双拥工作者称号。多次获得省图书馆学会、市党政（先进支部书记、先进党员）、宣传系统（全民读书月活动）等先进个人奖励。

何力，男，1959年7月生，大学专科学历，中共党员，副研究馆员，副馆长。1981年1月到湛江市图书馆工作，曾任采编部主任、办公室主任等工作。

未来展望

湛江市图书馆遵循“科学发展，服务读者”的办馆方针，2009–2012年，每年都在不断地完善本馆的服务发展规划，从部份收费到全馆免费，免费无线WIFI覆盖全馆，全馆阅览室全部都装上空调供读者使用。现我馆大力发展数字化图书馆建设，建立了与省立中山图书馆等馆的VPN资源链接，开通了云链数据库平台、超星电子书全文数据库、超星学术视频数据库、电子报数据库等众多免费电子数据库供读者使用。正在建设中的新图书馆是湛江市的重点工程，建筑面积约3万平方米，馆内设综合服务区、少儿及视障人士借阅区、购书区、阅览区、专题文献资料阅览区、电子阅览室、典藏文献服务区、学术报告厅、智能系统。

湛江市少年儿童图书馆

概述

湛江市少年儿童图书馆前身是湛江市图书馆，创建于1957年，建筑面积749平方米。1984年更名为湛江市少年儿童图书馆，1993年在原址修建6500多平方米的新馆。现有工作人员20人，设有6个部门，457个座位。参加了第1–5次全国图书馆评估，均获得国家一级图书馆。

业务建设

截止2013年底，湛江市少年儿童图书馆总藏量422439册，其中，中文图书398983册；电子图书22279册，视听资料1177种。

1993年湛江市少年儿童图书馆新馆落成后使用自动化管理系统管理，2013年升级到ILASⅢ，网络宽带26M，无线网络覆盖范围50%。

2008年湛江市少年儿童图书馆藏量购置费35万元，2012年起增至50万元。2009–2012年共入藏中文图书27945种，55851册，中文报刊4094种，视听资料8219种，2013年地方文献入藏完整率50%。

读者服务工作

2009年7月湛江市少年儿童图书馆对外免费开放，每周开放时间54小时。2009–2013年书刊年流通156976万人次，书刊外借170151万册；2013年引进“歌德”电子图书一台，建成6分馆，流动服务点44个。2010–2013年湛江市少年儿童图书馆网站访问量160万次。

2009–2012年湛江市少年儿童图书馆共举办讲座、读者活动、送书活动平均48场次，平均约6995千人参加。

2011年2月，国家文化部、财政部关于推进全国美术馆、公共图书馆、文化馆（站）免费开放工作的意见颁布之后，湛江市少年儿童图书馆按照意见的精神要求和实施的时间，经过充分的考虑，作出了在当年7月1号较“两部”意见提前半年实施全免费服务。

湛江市少年儿童图书馆对免费开放的理解很朴素和实在：保障全体读者公平的基本的无障碍的享受公共文化服务的权利。切合全面推升，逐步完善；坚持公益，保障基本；科学设计，注重实效；扩大宣传，树立形象的“两部”意见的精神。于2011年7月份开始全馆正式启用“一证通”服务系统，打破之前到外借部和阅览部借阅必须使用两张证的局限，一证就可以同时借3本图书，3本杂志和2本过刊合订本，并且工本费全免，让人人享受文化发展所带来的实惠。免费开放半年时间，外借过刊就比去年全年激增4131册，合订本流通量月增加达6倍之多。

低幼活动室包含了玩具室和低幼阅览室，因为环境的极大改善，免费开放后很受小读者的欢迎，特别是玩具室非常热闹红火，开放时间管理人员甚至要分时段控制人流量以策安全。政府免费开放政策的成果通过图书馆人的努力和汗水给小读者和家长带来了摸得着看得到的文化惠享。

实行全免费开放之后，我馆一方面完善和提升服务项目和服务质量，另一方面将我们的免费服务拓展到县区一级图书馆和中小学校去，建立分馆，将我们书刊资源的流通范围扩大到几乎包括整个湛江的行政区域。2010年将原来遂溪八小的流通点纳入建立分馆的考察范围，并扶持帮助该校逐步达到建立分馆的要求，今年2月开始已按分馆的标准提供图书资源；2011年在麻章区的市体育学校建立分馆；2012年在坡头区麻斜中心小学建立分馆；2012年在市十二中学建立分馆；今年春节刚过帮助徐闻县图书馆建立一个少年儿童阅览室。加上原来的雷州市图书馆分馆、雷州一中图书馆分馆，几乎每天都有几万册的图书在五县四区的范围内静候读者，让有限的文化资源最大限度地发挥作用，将免费开放的政策措施普惠至中心城区之外的读者。

湛江市少年儿童图书馆传统的服务项目中，送书下学校是深受欢迎的首选，以前的做法是一天一校，学生们利用一节课的时间以班为单位轮着排队去走马观花，说实在的，这样的阅读效果是不会太好的，虽然形式上它轰轰烈烈。从2012年开始，经过辅导部同事的调研和沟通，取得教育局领导和各相关学校师生的认同和支持，湛江市少年儿童图书馆改变了这种形式，每个学期由教育局根据辖下各校的图书资源和学生阅读的实际情况作出统筹安排，每间学校送去的图书都原则上在那停留一个月供学生借阅，校际轮阅过程中灵活地监测图书的欢迎度和破损情况，及时更换新书。从收集回来的相关统计数据反馈出学校和学生都很欢迎这种“送书”形式，因为它有着实实在在的阅读效果——这也是湛江市少年儿童图书馆从实践中探索出了文化普惠的拓展之路。

网站建设也是湛江市少年儿童图书馆长期注力的服务项

目，2011年第三次版面改良，力求让点击者感受到少年的灵动活泼，经过反复的编排布局，做成了现在图文并茂动感十足的首页。2012年湛江市少年儿童图书馆网站的电子资源在原来试用的龙源、超星等电子读物的基础上购进了属于自己产权的方正电子图书5万元/7000册，极大地丰富了馆藏及为网站注入了新的活力。

免费开放之后，湛江市少年儿童图书馆的节庆活动办得非常红火。几十年来一直在坚持的节庆活动从2010年“六一”开始作了一个大改变，终止了先买票再玩游戏的收费方式，在国家免费开放政策实施之前，我馆自筹4000元资金给小朋友们提供免费游戏并提供丰富奖品的尝试。设计了运动、智力游戏、亲子游戏和知识谜语等11个游戏项目，寓教于乐，让参与者在嬉笑欢乐中感受节日的喜庆气氛。由于是免费活动，很受欢迎及肯定。本次活动有2000多人次参加。

“六一”儿童节那半天的轰动引起了湛江少图反思，从那一天起就作出了决定，以后馆里举办的儿童节和春节游艺活动都实行全免费。须知，这还是在“两部”关于公共图书馆实行全免费开放要求公布之前的尝试啊。湛江少图人的努力和创新也得到了上级极大的支持，政府也因此在每年的预算中增加了一个固定的拨款项目。

我馆每年基本固定的活动内容有八项：①书香进校园送书服务；②举办“欢乐六一”、“祥和春节”有奖智力游园活动；③小学生阅览室举办“六一”儿童新书展；④外借部少儿新书集中上架供读者借阅；⑤关爱边远地区孩子——赠书活动；⑥少年儿童“六一”里的心声专栏；⑦读者还书、刊无逾期；⑧小学生安全知识讲座进校园。

业务研究、辅导、协作协调

对二中图书馆、卫生学校图书馆、中医学校图书馆、机电学校图书馆、财贸学校图书馆等进行图书馆自动化管理的指导，协助安装软件，辅导、培训维护员及操作员。

管理工作

制定各项规章制度，充分体现公平、公正、民主的原则。将工作目标、考核办法及各岗位职责等进行细化和量化，每季度进行工作考核。

表彰、奖励情况

“闻一多杯”第二届全国少年儿童书法、绘画作品征集赛组织奖。

我馆员工蔡木润获全省终生成就奖。

第六、七、八届湛江读书月优秀组织奖。

馆领导介绍

陈文波，男，1958年出生，本科学历，中共党员，馆长，1975年参加工作。先后在办公室、阅览部工作，任副馆长，2009年任馆长。

梅炎发，男，1961年出生，本科学历，中共党员，副馆长。1981年参加工作。2000年到湛江市少年儿童图书馆，任办公室主任，2004年任副馆长。

林鸿，女，1970年出生，本科学历，中共党员，中级职称，副馆长，1990年参加工作。先后在小学生阅览室、宣传辅导部、阅览室等部门任主任等职，2009年任副馆长。

未来展望

坚持“读者至上，服务第一”的工作理念，利用馆藏资源，进一步缓解边远、困难小学看书难的现状，加强流通点和分馆的建设，拓宽外延服务工作，让更多的人享受到湛江市文化发展所带来的实惠。

做好内设机构和人员调整工作，加强业务研讨工作，提高工作服务水平。

整改报刊阅览室，满足更多读者的阅读需要。

联系方式

地　址：湛江市霞山区延安路57号
邮　编：524006
联系人：杨 红

茂名市图书馆

概述

茂名市图书馆经过40多年的发展，从最初的几百册藏书的图书室，发展成为拥有73万多册馆藏，22128平方米馆舍，集文献收藏、信息服务、学术研讨、教育和休闲为一体的现代化图书馆。2011年新馆启用以来，一直秉承"以人为本，读者第一"的服务理念，不断加强基础设施建设，努力增加馆藏资源，提高服务水平，截至2013年5月底，全馆累计发放有效读者证18200个，年流通达80万人次，书刊文献外借册次达234164册。

强化设施建设、改善基础条件

2011年3月15日，茂名市图书馆新馆全面建成并对外开放，办馆条件从此得到进一步改善，根据本馆自身条件和读者群特点，设计全新服务模式，增强服务功能，提高办馆效益。

新馆启用后，馆舍面积由原来的1670平方米增加到22128平方米；图书资源从原来的17万余册增加到43万余册，新增电子文献25万余种，报刊4万余册，视听文献近1000种；读者座位增加到近1000个，新购置计算机近100台。

多方听取省内知名图书馆专业人才的建议，对馆内布局进行了较大规模的调整，以最大限度地服务读者的原则，设置总台服务、网络资讯、外借书库、报刊借阅、少儿中心、特藏部、信息服务部、广东省流动图书馆茂名分馆等多个对外开放部门；设置采访部、编目部、服务中心、办公室等业务部门；实行藏、借、阅、查一体化的管理，优化了读者服务格局；进一步完善馆内标牌标识系统；新增设了"茂名大讲堂"、"廉政文化专区"和"税收知识知多少专区"等多个专题展区；多功能报告厅、盲人阅览室正式投入使用。

积极申请专项资金300万元用于数字自动化建设，购买了创时科技集群图书馆管理系统、图书馆办公自动化系统、特色资源建设系统、手机图书馆等软件系统，以及70台计算机、4台服务器等设备，完成新馆网络交换与安全系统以及中心机房工程的建设，并根据新馆的布置重新进行了网络布线改造，馆内实现无线网络全覆盖。

强化资源管理、夯实业务基础

基础业务建设是图书馆工作的中心环节，是图书馆开展服务的基础与保障。为此，我馆一直把基础业务建设的标准化、规范化、科学化放在首位，扎实推进，稳步发展。

类型多样，内容丰富的文献资源是开展读者服务工作的基础，我馆每年文献购置费仅有100万元，远不能满足读者文献信息多样化的需求，为此我馆一方面精打细算，对图书、报刊、电子文献、网络资源进行合理配置，使藏书组织质量有了大幅度提高。制定《茂名市图书馆文献采选条例》，对各种文献的获取和利用进行了详细的规定，确保入藏书刊的质量；加大电子文献资源配置比例和数字资源建设的投入力度，购置了上海点点动漫、超星电子图书、冼夫人数据库等共25万余种、视听文献910件。

广开渠道，争取社会力量支持，扩大馆藏来源，满足读者需求。在市委宣传部、市文广新局等部门的大力支持下连续两年开展了茂名市全民捐书活动，收到社会各界热心人士捐赠款约200万元、捐赠图书20多万册，其中南方出版传媒股份有限公司捐赠了图书16万册，广东茂名商会捐款139万元，省立中山图书馆捐赠图书2万册，馆藏数量得到大幅的提升。

收集和保存地方文献是我馆馆藏建设的重要内容之一，为进一步加强地方文献工作，每年制定相关的征集工作方案，由专人负责征集工作，并与省内及本地区各图书馆针对地方文献馆藏签订联合编目、交接协议书，初步建立起茂名地方文献资源共建共享平台，提高地方文献的利用率和入藏价值，进一步实现地方文献资源的合理布局。现有地方文献8个专架共6892册，并编写了地方文献目录进行专门管理。

在文献分类编目上，依据《中图法》（第五版）、《中国文献编目规则》（二版）进行中文书刊文献的编目，根据馆藏分类入藏情况，制定了《中文图书机读目录数据处理细则》、《茂名市图书馆中文期刊机读目录著录细则》等制度，保证书刊编目数据做到规范一致；制定了《茂名图书馆地方文献分类细则》、《茂名市图书馆电子资源处理细则》等制度对地方文献、视听文献进行数字化编目管理。经自查，馆内开架借阅图书的标引、著录误差率分别控制在了1%以内，目录组织、开架图书排架误差率分别控制在4%以内。

不断完善5U联合图书馆管理系统、电子阅览室管理系统、电子图书系统、非书资料管理系统、OPAC检索系统、特色数据库系统等，全面提升我馆业务管理自动化水平。2011年开始换用5U联合图书馆管理系统进行采访、编目、流通业务操作，使馆内中文图书和报刊书目数字化率达到90%以上；同时还开通图书馆新网站，读者可通过互联网访问图书馆网站，实现馆藏查询、预约、续借、文献荐购；设有读秀知识库、维普期刊网与书生数字图书馆等阅读平台以及《冼夫人文化》、《荔枝文化》、《石油文化》、《茂名人物》等8个数据近4000条的地方特色数据库，为广大读者提供了丰富的信息资源；财务工作与上级管理部门采用共享的财务软件；建立了馆内局域网，馆内各部门均可通过内部局域网实现文件的共享传阅和打印。现馆内计算机总数达101台，其中可供读者正常使用的65台。

强化创新、推动服务水平提高

市图书馆立足"知识信息的集散地、市民终身学校、文化休闲场所"的定位，坚持每周开放72小时，周六、日每天达13小时的开放制度，提供书刊借阅、数字资源服务、社会教育和阅读推广、参考咨询、地方文献开发与利用等多类型、多层次的公益性公共文化服务；利用多功能报告厅、展览厅和教育培训场所，开展文化展示、学术交流、学习培训活动。

简化办证手续，增加了外借册数，并推出了家庭证，实行"一证在手，全家共享"实惠读者；按照《关于推进全国美术馆公共图书馆文化馆（站）免费开放工作的意见》，落实免费开放的服务项目，实现市民到图书馆阅览"零收费，零门槛"；采用部分新书先展示后入库、增设图书宣传栏、检索机等进行图书导读；继续开展馆际互借、网上电话续借、预约等服务，为读者提供便利；设立"读者意见箱"，公开读者投诉电话，对读者反映的问题迅速做出回应，在全方位开放中提升读者满意率。

积极吸纳志愿者参与图书馆工作，联合社会团体、学校志愿者协会等多个志愿者队伍进行相关志愿服务工作，完善志愿者管理机制。组织志愿者进行各功能部门的基本图书管理工作，很大程度上缓解馆内工作人员紧张的情况；根据志愿者的职业专长开办各类型的公益培训、公益讲座，先后举行了由志愿者担任主讲的《高考应试心理调适》、《高考志愿填报技巧》等高考信息专题讲座以及一系列的少儿书法、外语、电脑方面的公益培训。截止2012年底共开展了20次有组织的图书馆志愿服务工作，使图书馆的服务范围与能力得到进一步提升，受到读者的一致好评。

新馆开馆以来，克服困难，积极整合人力进一步延长开放时间，读者服务各项业务屡创新高，全年节假日无休开放，为读者提供形式多样、内容丰富、充满关怀的人性化服务。组织读者开展“如何利用数字资源”、“如何利用电脑检索图书”等培训，通过网页演示等形式为用户讲解，教读者如何使用OPAC书目查询系统、慧科数据库、万方数据库等数字资源，使读者更好地利用图书馆文献信息资源；加强未成年人、残疾人、进城务工人员、老年人的文化关怀，开展了“少儿阅读之星”评比、诵读活动、征文比赛、图书漂流、电脑培训班等活动，在馆外设有无障碍通道并于2013年正式投入使用盲人阅读专区；通过多样化的特色服务，增强了特殊读者群体利用图书馆的几率，共享阅读的快乐。

根据读者的不同需求，深入开展专题信息简报、参考咨询等个性化服务，通过购买数字资源，收集加工网上资源、在线参考咨询等形式，拓展读者服务领域，提高服务水平。一是为市委、市政府决策提供专题信息服务。定期收集前沿或最新信息进行二次文献编制，制作成相关定题咨询册子，如《港澳台资讯》、《文化内参》，并提供了数字资源使用快捷通道。二是为科研和经济建设单位服务。最大限度地利用馆内报刊信息资源，定点、定题地对信息进行二三次编制，制作成专题文献供科研和经济建设单位查询，如为市海洋局编制的《海洋之星》简报。三是为读者提供馆藏资源检索、课题服务、文献传递等参考咨询服务。在2012年5月开通QQ在线、微博在线咨询服务，由专人及时解答读者的各种咨询。截至2012年12月31日，接受读者来馆咨询、电话咨询、网上咨询达2000多次；并围绕社会热点、养生健康等专题制作剪报供读者查阅等。四是为了提供更个性化的服务，我馆推出了“你点书，我买单”服务。只要是我馆读者，均可享受自由、免费、便捷的点书服务，由图书馆负责采购其图书，首次提供给该读者阅读。

开展公益讲座服务。2012年，在市委宣传部的全力支持与精心指导下，我馆创办了“茂名大讲堂”公益讲座品牌服务。大讲堂以“打造开放式的社会大学”为宗旨，以“听众为本”的服务理念和满足市民需求为根本目标，以图书馆多功能报告厅为常设地点，邀请省市以及国内知名专家、学者走进图书馆举办专题讲座。从创办至今，大讲堂已举办了18场，直接受益听众达10000人。根据家庭教育的发展需求、针对未成年人学习的特点，有针对性的举办了6场“幸福家园”系列公益讲座，受到家长、学生与老师的欢迎；围绕教育热点问题，连续两年针对高考考生需求举办了共计5场如《高考应试心理调适》、《高考志愿填报技巧》等高考信息专题讲座。如今到图书馆听讲座已成为市民文化生活的首选。

举办激发阅读兴趣活动。以“倡导读书，促进全民阅读”为宗旨，每年都制定详细的读者活动计划和品牌活动实施方案，依靠社会力量合力打造品牌。与当地影响力较大的媒体合作办好“图书馆服务宣传周”、“世界读书日”、“全民读书月”等系列主题活动，搭建图书馆与读者沟通的平台，以活动宣传图书馆服务的新举措，传播图书馆知识，产生了良好的社会效益。我馆长期深入开展读书征文比赛、诗歌朗诵、图书漂流、好书推荐、书友会等活动，引导读者多读书、读好书，将茂名全民阅读活动与精神文明建设结合起来，推进书香校园、书香家庭、书香军营、书香社区、书香农村的建设。

开展总分馆制服务。我馆依托计算机网络进行地区总分馆体系建设的探索，构建多层次、多类型、覆盖城乡的图书馆服务体系。制定了《茂名市图书馆分馆管理规则》对分馆工作职责，服务规范、馆际读者办证及借阅服务等做出了明确规定，并对各分馆工作人员进行系统的操作与使用的培训，保证服务的水平和质量。先后建立了建行社区分馆，茂港一中分馆、茂名市党校分馆等分馆，实行联合分编，一证通用，通借通还，资源共享，初步实现了总分馆体系建设格局，使馆藏文献得到最大范围的灵活利用，收到了良好的社会效益。

强化管理、推动图书馆事业发展

为了达到科学、高效的管理目标，我馆不断更新管理理念，提升管理水平，建立起了良性的运行机制和监督保障体系，做到人事、财务、档案、环境、消防安全等方面的工作都有“法”可依，有“章”可循，促进了图书馆事业的健康、有序发展。

对全馆各部门进行了合理的调整，科学设岗，分类管理，对每个岗位的职责范围、工作任务、岗位要求做出明确规定，制定了《岗位设置方案》、《竞聘考核相关管理细则》等一系列制度，进一步完善了我馆中层干部选拔任用制度，明确职责。建立规范协调的管理体系，促进了队伍稳定，人才成长，增强了图书馆的自我发展能力。

加强财务、设备、档案、环境、消防安全等工作的管理，为图书馆开展业务工作创造良好的保障系统。完善了财务、物资管理等制度，档案管理科学规范；重视保持良好的馆容馆貌，统一标牌，定期对馆区进行维护、整修和绿化，保持馆区内清洁、明亮、设施完好。消防安全工作方面对职工进行消防安全教育，掌握基本消防安全知识，提高突发事故的应急处理能力，馆内各楼层均设有消防栓，设置禁烟标志，畅通安全通道。

未来展望

自新馆开放以来，馆内现代化服务设施得到了更新、完善，经费投入得到了巩固和相应增加，图书馆的软硬件环境得到了极大的改善，内部业务管理和服务工作更加科学、规范。同时我们也看到了各个方面的差距和不足，需进一步规范日常工作，深化内部改革，强化特色服务、巩固基础业务、完善现代化建设，为建设文化强省，营造书香社会，学习型社会尽一份力。

联系方式

地　址：广东省茂名市高凉中路文化广场
邮　编：525000
联系人：李晓瑜

2012南国书香节暨茂名书展

践行广东精神、建设滨海茂名书画展观看

志愿服务活动

肇庆市图书馆

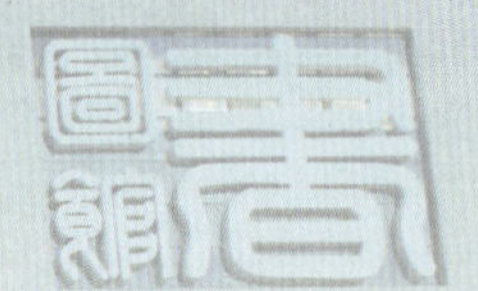

概述

肇庆市图书馆成立于2005年3月，馆舍设于市级文物保护单位、民国建筑——“翕庐”。2009年因新馆筹建未能参加全国公共图书馆第四次评估定级。在肇庆市委、市政府的大力支持下，位于城东新区、占地面积40亩的新馆于2010年2月全面动工建设，2012年12月新馆建成投入使用。新馆舍楼高5层，建筑面积16500平方米；原馆舍（翕庐分馆），建筑面积1780平方米；两馆舍合计18280平方米。新馆阅览座席1000个，翕庐分馆114个，合计1114个；其中少儿阅览座席120个。新馆硬件基础较好，全馆共有150台计算机，50M光纤接入，读者服务区无线网覆盖范围100%，中心机房存储容量38TB。肇庆市图书馆全面实行自动化智能化管理，实现RFID系统管理，应用涵盖图书馆办公、业务、安防监控等层面。

业务建设

截止2013年5月，肇庆市图书馆总藏量686025册（件），其中，其中纸质文献302327册，电子文献380934册，非书资料2764件。电子文献藏量311466种，其中电子图书308817种，电子期刊2649种72117册。

2011年财政拨款总额311万，2012年财政拨款总额409万元，2013年度财政拨款总额836万元。2012年财政拨款年增长率与当地财政收入增长率的比率是247.94%。2013年新增藏量购置费是150万元，其中书报刊购置费110万元，电子资源购置费40万元。电子资源购置费占资源购置费的比例是26.67%。省、市拨免费开放专项经费各25万元、省追加2012年文化文物设施维修及设备购置费10万元均到位。

截止2012年底，数字资源总量是12.55TB，含文化共享工程资源4TB，自建地方特色数字资源0.05TB，外购数字资源8.5TB。馆藏中文文献书目数字化100%。已建成“肇庆市图书馆特色资源库”、“肇庆地方作者著作阅读馆”、“端砚文献专题数据库”、“利玛窦文献专题数据库”等多个全文阅读及多媒体数据库。

自动化管理高度集中，系统包括：Interlib图书馆集群管理系统，RFID系统，OA系统，LED屏信息发布系统，万象网管系统，深信服AC上网优化管理系统，门禁管理系统，网站发布系统，数字资源认证平台等。共建设了7个一级域名网站和13个专题网站，并提供各类专题服务。

读者服务工作

2011年3月1日起实行免办证费，5月1日起电子阅览室实行免费开放，从此正式向社会实现全面免费开放，是全省最先实现全面免费开放的公共图书馆之一。2013年4月，推出了“二代身份证”免押金借书刊服务，5月起启用RFID图书自助借还功能，广受欢迎，吸引了众多市民进馆登记办证借阅。馆内所有公共空间设施场地如综合阅览厅、电子阅览室、视听室、少儿馆、报告厅、乐龄读者服务中心、残疾人阅读服务中心、休闲阅读区、24小时自助图书馆等均免费开放。除周一全天和周四下午闭馆外，每天8：30至21：30开放，每周开馆时间达68.5小时，周六、日和法定节假日不闭馆。2012年流通总人次是368000人次，持证读者数是12441人，人均年到馆次数是30次。现有分馆及流动服务点共22个，2009–2012年馆外流动服务点书刊借阅册次历年平均值达43991册。

开设“肇庆市政府信息公开”查阅专区，让公众可免费上网便捷获取政府公开信息；积极规划建设“中国政府公开信息整合服务平台——肇庆市级分站”。2006年1月创刊为政府领导机关决策提供信息服务的刊物《决策览要》，至今已出版了146期，共印发13105份，广受欢迎并获得高度评价。作为“全国图书馆参考咨询联盟”成员馆之一，积极开展参考咨询服务，为市领导、政府机关部门、企事业单位开展了代查文献服务，指派专人从事网上参考咨询服务，历年取得好成绩，2011年9月，荣获广东省中心图书馆委员会颁发“2010年广东省文献资源共建共享服务贡献奖”三等奖；2012年4月，本馆荣获广东省中心图书馆委员会颁发“2011年广东省文献资源共建共享服务贡献奖”二等奖，同年7月，荣获全国图书馆参考咨询联盟管理中心授予“全国图书馆联合参考咨询先进单位”称号。

2008年肇庆市政府投入150万元启动肇庆市数字图书馆建设；2012年底启动“数字图书馆推广工程”建设工作。截至2012年底，共建有7个一级网站，13个专题网站，向读者提供网上办证、借阅查询、续借、馆藏查询、预约、电子阅读下载、新书通报、活动动态等服务，网站管理完善，赢得了众多读者和用户的赞誉，其中图书馆网站的总点击次数已超过285万。自建了地方文献书目和全文数据库，承担全国文化信息资源共享工程2011年度地方资源建设项目（第一批）之岭南文化——“述绎端砚”专题片。整合文化共享工程国家中心、省中心下发的2.6TB视频资源，打

第八届读书节

肇庆市图书馆翕庐馆舍外貌

造了专题视频库，在馆网站、数字文化网等提供服务；与省立中山图书馆、省科技馆协议数字资源共享项目，与本市各公共图书馆开展“一卡通”联合服务项目，实现文献资源共建共享。

2012年，本馆举办各种培训、讲座，如星湖讲坛、认知图书馆宣讲、视频讲座、数字资源使用培训、继续教育培训等共计526次，举办各种展览16次，举办阅读推广活动68次，社会各界参与活动106812人次，每万人年均参与活动次数是1659次。本馆历年开展阅读推广活动取得较好社会效益，2011年，“肇庆读书节”活动案例和“现代人最该读什么书”主题辩论赛活动案例均获得中国图书馆学会授予“社区乡镇阅读推广活动优秀案例征集”推广奖；2012年，“暑期‘六个一’活动”案例和“认知图书馆”宣讲活动案例分别获中国图书馆学会授予“全民阅读推广活动经典、创新案例”征集活动二等奖和三等奖。

业务研究、辅导、协作协调

2009年至2013年5月，肇庆市图书馆职工在省级以上刊物或专业会议上发表论文共24篇；获准立项的省级课题5项，市级课题3项，其中“肇庆区域图书馆‘一卡通’联合服务”项目荣获广东省首届图书情报创新服务奖。

肇庆市图书馆自成立以来，积极探索跨地区、跨系统协作协调机制以及文献资源共建共享体系的建设，通过与港澳、广佛、桂梧以及北京、上海等地区各文化、教育系统的合作与交流，有效的推进了公共图书馆跨地区、跨系统协调工作。积极加入全国图书馆参考咨询联盟；与省立中山图书馆及本地区各公共图书馆有馆际互借业务；开展广佛肇文化合作项目。规划建设了总分馆服务网络，形成了以本馆作为中心馆，8个县级图书馆作为成员馆的图书馆服务网络，大力推广肇庆区域图书馆“一卡通”联合服务，实现区域内书刊通借通还。编制了肇庆图书馆联合目录，开展馆际互借业务，最大限度实现网络内文献资源共建共享。同时还开展了与省流动图书馆群的“一卡通”服务，大大方便了读者。不断建立图书流动服务点，结合文化共享工程基层服务点及农家书屋、公共电子阅览室建设，开展送书、送资源服务，取得较好的社会效益。2011年6月28日被肇庆市人力资源和社会保障局批准为“肇庆市专业技术人员继续教育基地”，积极举办文化艺术类继续教育培训班，切实履行“专业技术人员继续教育施教机构”职责。2009年以来，共开展农家书屋培训、共享工程和数字资源利用培训、公共电子阅览室培训、继续教育培训等各种形式的培训50次，累计培训4841人次。

2012年5月18日批准成立肇庆市图书馆学会，11月30日召开了肇庆市图书馆学会一届一次会员代表大会、肇庆市图书馆学会成立大会，发展了19个单位191个会员。2013年3月承办了“2012年广佛肇图书馆学会联合年会”。广佛肇图书馆学会联合年会，是由广州市图书馆学会、佛山市图书馆学会和肇庆市图书馆学会联合举办的学术性交流年会，至今已三届，致力于促进三地图书馆合作创新、共建共享，推动三地公共文化事业共同发展。

与广东省立中山图书馆签订了《广东省文献编目中心机读书目数据服务协议书》，免费使用省馆图书编目数据库；与本地区公共图书馆、企业图书馆开展联合编目工作，实现书目共建共享。

管理工作

岗位设置、考核制度完善，按需设岗，择优聘用。制定了各种财务管理制度，能严格按照执行，并与市财政局实行联网管理。制定了《肇庆市图书馆设备物资管理规定》、《肇庆市图书馆国有资产管理办法》，实行专用设备部门分配签领制，切实执行有关管理规定，确保资产安全。实行安全生产负责人制度，聘用专职保安进行保卫工作，有人员安全、数据及网络安全应急预案和现代化安防监控设施设备系统。经常开展消防保卫安全检查，举办消防知识讲座，定期进行消防演练，实现安全零事故。撰写了新馆智能化建设、物业管理调研报告等共17篇。

表彰、奖励情况

2009年以来，肇庆市图书馆共获省级以上表彰奖励23项，其中国家级表彰奖励7项，省级表彰奖励13项，市级表彰奖励3项。

馆领导介绍

范雪梅，女，1969年9月生，本科学历，中共党员，研究馆员，馆长。1990年12月参加工作，历任端州图书馆副馆长、馆长，2005年2月任肇庆市图书馆筹建处负责人，2005年5月–2007年4月，任肇庆市图书馆副馆长，2007年4月至今任肇庆市图书馆馆长。兼任肇庆市图书馆学会理事长、广东图书馆学会常务理事、广东图书馆学会学术委员会委员、中国图书馆学会青少年阅读推广委员会委员。2010年被肇庆市文广新局评为“2008–2009年度全市文广新系统先进工作者”，被广东省立中山图书馆评为“广东流动图书馆2009年度先进工作者”；2011年被中国图书馆学会评为“2009–2011年中国图书馆学会优秀会员”，被广东省社科联评为“广东省先进基层社会科学普及工作者”，获广东图书馆学会“优秀服务奖”；2013年3月被肇庆市委宣传部、肇庆市文化广电新闻出版局评为“2012年送书下乡先进个人”。

李书平，男，1960年9月生，本科学历，中共党员，群众文化馆员，馆党支部书记。1979年10月参加工作，历任肇庆市鼎湖区文化体育局副局长、局长，肇庆市群众艺术馆、肇庆市文化馆馆长等职。分管馆党支部、新馆物业管理等工作。是中国文化管理学会会员、广东省群众文化管理学会会员、理事，肇庆市民间文艺家协会副主席。

罗丽霞，女，1966年10月生，本科学历，中共党员，馆员，副馆长。1985年7月参加工作，历任肇庆市外贸幼儿园副园长、肇庆市图书馆馆长助理，2009年6月任肇庆市图书馆副馆长。兼任肇庆市图书馆学会秘书长。

未来展望

肇庆市图书馆坚持“读者第一，服务至上”的办馆宗旨，推行“爱馆、敬业、和谐、奉献”的办馆方针，顺应时代发展需求，以传播科技文化知识，提高人民群众的文化素质，推进城市和社会的全面进步，促进社会主义精神文明和物质文明建设为己任，在管理方法与服务方式上，大胆突破，不断创新，争取持续不断创造佳绩。在肇庆市委和市政府的大力支持下，肇庆市图书馆新馆的建成开放将为肇庆图书馆事业迎来更好的发展前景。为此，我们将进一步解放思想，创新服务理念，完善技术手段，加大宣传力度，加强行政管理，提升员工素质，塑造良好的整体形象，促使各项业务建设朝着更高的目标迈进。

联系方式

地　址：肇庆市城东新区96区信安路西侧
邮　编：526060
联系人：陈小梅

新馆外貌

惠州慈云图书馆

概述

惠州慈云图书馆的前身是惠州市图书馆（最初称丰湖书藏），始建于1886年，是省内少数几个拥有丰富历史传承、较多古籍书的百年老馆之一。随着社会的变革和发展，原市图书馆的馆舍面积较小，馆藏资源已远远满足不了各阶层读者的需求，为提升惠州市民的文化素质，加快创建和谐社会和文明城市的步伐，在市委市政府的高度重视下，在有关职能部门的通力协作下，在香港慈云阁董事局的大力支持下，2002年分别由惠州市人民政府出资4300万元、香港慈云阁董事局出资2500万元，合计共6800万元兴建新馆。新馆于2004年9月30日落成投入使用，是我市八项民心工程之一，又是我市创建文明城市的重点工程。

馆址位于惠州市区江北三新南路15号（市政府后面），建设用地22438平方米，建筑占地面积4545平方米，建筑面积19266平方米，楼高4层，每层高5米，地下架空1层，园林绿化面积约为13000平方米，地下架空层和室外停车场共设有120个停车位。

全馆现有在岗员工76人，退休人员12人，其中：编制人员29人，聘用人员34人。具有大专以上学历的40人，占在职总人数的53%；中级职称6人，占在职总人数的8%；初级职称11人，占在职总人数的15%；中共党员30人，占职工总人数的39%。

慈云图书馆内设办公室、图书借阅部、期刊借阅部、采编部、参考咨询部、网络数字资源中心等6个部室，馆内有19个功能厅，可设1090个阅读座位，拥有一个容纳360个座位的学术报告厅和一个展览厅。目前设有阅览室7个，自修室1个。整个馆舍内设功能布局合理、实用，通风采光良好，疏散通道宽，整个馆体呈“丙”字形结构，面朝西北，正中楼顶有本翻开的书本造型，是惠州市区一座标志性建筑。有一下属分馆——惠州少年儿童图书馆。从2004年起，惠州慈云图书馆除周一闭馆外，全年对外开放，每周开放72小时。2004年–2013年，总流通人次5000338万人次，书刊外借2557640万册次。2009年底，我馆开通流动图书服务车，截止目前，拥有17个流动点，馆外流通人次408280人次，书刊外借285560万册。

2004年–2013年，惠州慈云图书馆共举办讲座、展览、培训、阅读推广等活动463场次，参与人数95873万人次。

馆藏资源

目前馆内现有藏书50万册，其中，图书38万余册（含古藉书2万余册）。有较为完善的自动化计算机网络体系，实行自动化管理，建立了文化信息资源共享工程网络平台，门户网站已开通（网址http://www.hzlib.cn）。读者可以通过登陆我馆的网站直接链接到国家和省厅的文化资源共享工程网站，并提供新书介绍、网上续借、馆外看书和查询图书资料等服务。至目前为止，我馆共接受国家及省厅文化资源共享中心约600G的数据。

业务建设

截止2013年底，惠州慈云图书馆总藏量689261万册（件），其中纸质图书569045万册（件），古籍20032万册（件），电子图书100184万册（件），数字资源库总量8TB。

2010–2011年，惠州慈云图书馆运行经费增长至500余万元，2012年起随着市财政的加大投入增至800余万，2014年增至900余万元。

读者服务工作

图书馆是公益性文化事业单位，我们始终把读者服务放在第一位，坚持公益性与开放性相统一，在以后的日子里，我们将会继续发挥图书馆的社会职能，致力于为读者、为社会提供先进的、优质的文化服务。

读书活动：每年都举办“4·23世界读书日”征文活动，鼓

励中，小学生踊跃投稿，提高文学修养和写作水平，引导读者多读书，读好书，彰显图书馆的缤纷魅力。图书馆经常举办知识讲座、征文比赛、图片展览等读书活动，实现图书馆与读者的互动，充分展示图书馆的魅力。

宣传周活动：每年都举办图书馆服务宣传周活动，主要项目有图片展览、知识讲座、谜语竞猜、读者座谈会、送书到基层单位等活动，扩大图书馆的社会影响。

送书下乡：促进社会主义新农村建设，满足基层人民群众的求知欲，每年都开展送书下乡活动，组织大量书籍送到农村基层图书室，供基层人民群众借阅，让基层读者也能品尝到丰富的文化大餐。

学术、科研成果及获奖情况

2008年6月25日，经广东省文化厅评估审核，我馆达到国家二级馆的标准。2008年，慈云图书馆被惠州市新闻广电出版局评为先进单位。2009年，慈云图书馆被惠州市新闻广电出版局机关党委评为先进党支部。

业务研究、辅导、协作协调

2009–2013年，惠州慈云图书馆员工发表论文9篇。

2011年，惠州慈云图书馆与广东省古籍保护中心联合举办了一期广东省古籍保护培训班，针对整个惠州地区所有图书馆古籍保护人员进行业务培训。

管理工作

2012年，惠州慈云图书馆已经完成了图书馆岗位设置和全体在编人员的聘用工作，同时，建立了工作任务量化标准和绩效考核实施细则，每半年和全年进行总体工作考核。

表彰、奖励情况

2009–2013年，惠州慈云图书馆共获得各种表彰、奖励17次，其中省级表彰、奖励2次，市级表彰、奖励15次。

馆领导介绍

李志鸿，男，1962年6月生，本科学历，中共党员，馆长。1981年参军，2002年退伍专业至惠州慈云图书馆副馆长。2008年被评为市直文化系统优秀党务工作者，2009年被评为惠州市创建全国文明城市先进个人，2010年被评为优秀党支部书记。

周琼芳，女，1973年9月生，本科学历，中共党员，副馆长。1992年参加工作，1992–1994年历任龙门县图书馆采编部主任、副馆长、馆长，2004年调任惠州慈云图书馆历任图书借阅部主任、副馆长。2011年被评为古籍保护先进工作者。

钟国标，男，1964年3月生，本科学历，中共党员，副馆长。1983年参加工作，历任惠州市文化实业公司副总经理、惠州市歌舞团舞美队副队长、惠州慈云图书馆办公室主任、少儿馆馆长、副馆长。2009年被评为惠州市创建全国文明城市先进个人、优秀共产党员。

邱燚，女，1979年12月生，本科学历，中共党员，副馆长，2000年参加工作，2004年进入惠州慈云图书馆，历任采编部、流通部主任、副馆长、少儿馆馆长。2009年被评为市直文化系统先进工作者。

未来展望

惠州慈云图书馆将遵循科学发展观，完善管理机制，科学调整岗位设置，有针对性地整合功能部室，组织开展员工轮岗工作，整体提升服务能力。成立古籍普查修复工作室。针对我馆馆藏二万册古籍破损严重，不便于实物查阅，严重影响古籍普查、利用的问题，我馆结合全国古籍普查工作，拟在上级领导的指导下成立古籍普查修复工作室，邀请专家现场指导，对本馆古籍进行修复。完成数字图书馆建设：加快建设进程，完成数字图书馆建设，实现全市通借通还，图书、数字资源共建共享。在仲凯高新区十家大、中型企业设立流动图书服务点。适时开展市、县（区）图书馆联动工作，把送书下乡、下基层的服务工作做得更有特点、更扎实。

联系方式

地　址：惠州市江北三新南路15号
邮　编：516003
联系人：曾婷婷

梅州市剑英图书馆

概述

梅州市剑英图书馆前身为梅县图书馆，始建于1920年，1991年更名为梅县剑英图书馆，2002年升级为梅州市剑英图书馆，馆名由原国家主席杨尚昆题写。梅州市剑英图书馆占地15983平方米，建筑面积15240平方米。现有阅览座位663个，计算机153台，设立了15个功能服务室。我馆现有在编人员26人，大专及以上学历24人，占92.3%；本科及以上学历11人，占42.3%；研究生1人，占3.7%。其中管理岗7人，核定领导职数4人（馆长1人、副馆长3人），千人计划享受正科级待遇1人，科员2人。专业技术岗高级职称5人，中级职称14人，初级职称3人，工勤技能岗位2人（中级工2人）。

我馆采用现代化管理模式，突出客家地方特色，实现多功能、多载体、网络化、智能化，是梅州市文献资源中心、信息服务中心、社会教育中心和图书馆事业中心。我们坚持"读者至上，服务第一"、"书在人中，人在休闲"的服务理念（当你进入图书馆的时候，就进入了书的海洋，书不知不觉吸引着读者，读者不知不觉融入书中，这种人书合一的境界，会给读者带来一种平和、恬静的感觉，从而产生怡然自得、休闲舒适的快意）。目标为广大读者提供一个馆藏丰富、优美舒适、安静有序、阅读公平、优质高效服务的读书环境。

业务建设

我馆有计划、有步骤、有针对性地采购图书资料，在不断满足读者需求的同时，积极争取社会各界热心人士捐书，充实馆藏文献资源。

在充分保证纸质文献入藏的同时，合理加强电子文献资源建设。针对文献资源建设经费不足的实际，我馆尽最大努力争取财政支持，逐年解决和增加购书经费，由2009年的23万元逐步增加至2013年的100万元，为我馆文献资源建设提供了资金保障，使馆藏文献总量增长迅速。目前，我馆累计藏书60.3万册，其中纸质文献总量415905册（含古籍40683册，普通图书294055册，报刊62370册），电子图书18.8万册。我们根据自身的条件和优势，充分利用地方文献资源，建立了地方文献数据库、客家文献书目数据库和叶剑英文献书目数据库，逐步建设成了与本地经济与发展相适应，科学结构合理、文献类型齐全、载体形式多样，颇具客家地方特色的藏书体系。其中叶剑英研究文献藏书约为1000多册，梅州地方文献约6000多册，拥有古籍2018种，40683册。

2012全年接待来馆读者约42万人次，图书流通约26万册，年外借率达到了63.7%。

读者服务工作

我们全体人员牢牢坚持"读者第一，服务至上"的工作宗旨，全心全意为读者服务。我馆于2009年5月开始取消报刊阅览室、少儿阅览室的阅览证，简化办证程序，实行"一证通行"。开通"网上续借"服务，方便读者预借、预约、续借，提高了图书馆馆藏资源的综合利用率，并于2011年5月15日起全面实现图书馆无障碍、全免费开放。在具体的工作中，我们不断的强调服务一线的馆员在服务态度方面要做到"接待热情，言谈得体，文明礼貌，落落大方"，对职责方面要做到"耐心细致、忠于职守、团结协作、优质高效"；其次创造优良的读书环境，采用现代化管理模式，设置中文图书借阅室、报刊阅览室、少年儿童借阅室、叶剑英文献资料研究室、客家地方文献资料室、古籍资料库、多媒体电子阅览室等多个读者服务窗口，开展外借、阅览、参考咨询、网络信息服务，使图书馆服务水平和质量显著提高。2012年全馆开展各类讲座培训48次，阅读推广活动12次，书画作品展览12次，为读者提供了丰富多彩的服务。

业务研究、辅导、协作协调

我馆积极加强与省市图书馆的交流与合作，从2010年起，我馆先后组织干部职工到省馆、惠州市、河源市、韶关市、中山市等图书馆学习交流。同时，每年不定期到各县区图书馆指导业务，为县区馆开展图书馆业务培训，如制订有针对性的业务辅导，对基层图书馆进行专业基础知识培训，印发了图书分类法、图书编目工作手册、图书室管理制度，使基层图书室管理人员的业务水平有了显著提高。此外，市剑英图书馆每年牵头在各县举办全市业务工作交流会议，促进了全市各级公共图书馆的沟通和交流，有利于推动梅州市公共图书馆服务。2009年9月全市农家书屋管理员培训班在我馆举行，2010年10月12至15日，由广东省图书馆学会和梅州市剑英图书馆联合主办全市图书馆业务知识培训班在梅城举行，标志着图书馆事业进入

世界读书日图书展览

2012年梅州读书节启动仪式

书法展览

少儿部一角

图书馆自习区

一个新的时期。自2011年起，梅州市剑英图书馆分别在 96169部队、梅州市蕉华工业园区、梅县程江镇扶贵村村委、广东省第三监狱等地设立了十个图书流动点，满足部队官兵、基层人民群众的文化需求，拓展图书馆的服务领域。我馆工作人员积极撰写业务论文、调查报告，2009—2012年共公开发表论文18篇。

管理工作

根据现代图书馆的模式及人才需求，逐步建设一支学科和职称结构合理、年龄梯次得当、相对稳定的人才队伍。完善人员培训体系，从整体上提高馆员的业务水平。在加强队伍建设的同时，改革内部管理机制。建立科学、规范、民主、有效的馆务管理机制，实现决策程序化、管理科学化、工作规范化、考核制度化。从2010年起，我馆逐步制定和不断完善本馆发展规划、工作计划以及各项规章制度、工作细则、岗位责任等，使馆内各项工作有章可循，有制可依；规范了工作秩序，使全馆工作人员做到了准时上、下班，杜绝了迟到、早退的现象，为树立良好的服务形象提供制度保障，确保各项工作的有序推进。2012年，我馆制定了《梅州市剑英图书馆绩效工资岗位津贴发放实施方案》，按照"多劳多得、不劳不得、优绩优酬"的原则，将岗位津贴与绩效考核挂钩，更加注重公平、公开、公正，有效地完善了我馆的管理机制，使工作更加科学规范，激发了全体同志的工作积极性、主动性和创造性，为本馆的发展提出了新的思路、新的举措。

表彰、奖励情况

2009年—2012年，梅州市剑英图书馆共获得省、市、文广系统等各种奖励表彰共15次，其中包含先进党支部、古籍普查先进单位、巾帼文明岗、梅州市非物质文化遗产保护先进集体等荣誉称号。

馆领导介绍

邬巧容，女，1969年10月生，本科学历，中共党员，副研究馆员，党支部书记，广东图书馆学会阅读指导委员会委员。1990年参加工作，曾担任梅州市大埔县图书馆馆长、梅州市档案局副局长、梅州市剑英图书馆副馆长等职务，2009年担任梅州市剑英图书馆馆长，全面主持图书馆工作。在《图书馆论坛》、《图书馆工作研究》等专业期刊上发表论文多篇，曾获"梅州市精神文明建设先进工作者"、"优秀共产党员"、梅州市"三八红旗手"等称号。

卢素珍，女，1959年3月生，大专学历，中共党员，副研究馆员。2006年6月到梅州市剑英图书馆工作，任副馆长，曾在《图书馆论坛》等刊物上发表论文多篇。

侯锦秀，女，1964年2月生，大专学历，中共党员，副研究馆员。1985年3月到梅州市剑英图书馆工作至今，现任副馆长，发表论文多篇。

李汉兴，男，1980年2月生，本科学历，中共党员，馆员。2003年到梅州市剑英图书馆工作，曾担任办公室主任，现任梅州市剑英图书馆副馆长。

梅州市剑英图书馆正门

未来展望

"路漫漫其修远兮，吾将上下而求索"，市剑英图书馆将紧紧围绕国家一级馆的标准，从七个方面改进和完善各项工作：一是争取增拨购书经费、古籍保护专项经费；二是争取增加人员编制；三是加强地方文献建设，打造客家特色资源；四是加强重点文化工程建设，争取在2014年启动数字图书馆推广工程；五是充分发挥市级公共图书馆的龙头作用，加强馆际交流，扎实抓好基层辅导工作；六是利用好国家免费开放政策，开展多元化服务；七是借鉴国内外图书馆经验，打造图书馆第三空间。

联系方式

地　址：广东省梅州市梅江区书山路1号
邮　编：514011
联系人：李梦霞

东莞图书馆

概述

东莞图书馆新馆于2005年9月28日正式开放，位于东莞市鸿福路南侧中心广场内，建筑面积44654㎡，在全国地级市位居前列，内设大陆首家漫画图书馆、全国首家自助图书馆、衣食住行图书馆、东莞书屋、台湾书屋等10个馆中馆，推出了“24小时自助服务”、“市民学堂”、“东莞学习中心”等一系列创新、便民、利民服务项目。东莞图书馆另在莞城区设有建筑面积为9000余平方米的少年儿童图书馆，是东莞图书馆直属分馆，于2011年10月试开馆对外服务。少年儿童图书馆内设玩具图书馆、亲子乐园、成长书屋、老人图书馆、自助图书馆、粤剧图书馆、阅读服务站等多个空间。2012年共有阅览坐席1322个，计算机407台，宽带接入130M，采用合作研发的“Interlib图书馆集群网络管理系统”。1999年、2005年、2010年先后荣获国家“一级图书馆”称号。

业务建设

截止2012年底，东莞图书馆总藏量2629686册（件），其中纸质文献2048986册（件），电子文献580700种。

2012年新增藏量购置费800万元，2009—2012年入藏图书217660种，报刊4975种，视听文献46526种，2012年地方文献入藏完整率95%；数字资源总量为21TB，建有东莞报道数据库、东莞企业数据库等8个地方文献数据库，读者服务区实现无线网覆盖，合作研发的“Interlib图书馆集群网络管理系统”被全国2600余家图书馆应用。

读者服务工作

一是注重培养品牌活动。自2005年起，每年举办大型综合性群众读书文化活动东莞读书节，2009—2012年共举办各类读书活动1862项，参与群众1470万人。其中“我讲书中的故事”儿童故事大王比赛形成每年数千名青少年儿童共同参与的盛事。二是举办多主题、多类型的文化展览。2009—2012年共举办展览203场，观展136万人次。三是开设系列化的讲座培训活动。2009—2012年，举办大型公益讲座“市民学堂”、小型实用生活知识公益讲座“市民空间”共计467场，参与读者12.5万人；开设公益课堂培训班469期，参与读者3.43万人人次。四是高度重视“两会服务”及面向市政府的服务工作。自2004年起通过派员驻会为人大代表、政协委员提供专题资料、课题服务、现场办证、书刊借阅、数字阅读推送等服务。五是大力开展少儿教育服务。2009—2012年，少儿服务窗口共接待少儿读者222.4万人次，开展活动563场次，参与读者12.9万人次。六是提升数字化服务水平，2010年虚实结合的市民教育平台——东莞学习中心开通使用，2012年凭借着在公共数字文化建设上较好的设施、人才队伍等基础条件，以及长期以来创新性的服务探索，被全国文化信息资源建设管理中心授予首个“国家公共数字文化体验区”。

业务研究、辅导、协作协调

东莞图书馆注重搭建科研培训平台，推进学习型单位建设。一是承担多项国家省、部级研究项目。2009—2012年，先后承担文化部公共图书馆法支撑研究之“读者权益与公共图书馆服务研究”课题、国家公共文化服务体系制度设计课题研究中的“公益性数字公共文化服务研究”课题、国家文化部“区域图书馆管理标准体系”课题、广东哲学社会科学“十二五”规划2012年度项目“公共图书馆卓越绩效管理模式研究”、国家文化科技提升计划项目“公共电子阅览室的新形态实现研究”等重大科研项目。2011年，承担的国家社会科学基金项目“区域图书馆整体协同发展模式及路径研究”顺利结项并获评优秀。二是搭建高端研究实践平台“广东省博士后创新实践基地”。2012年12月，被省人力资源与社会保障厅授予第三批“广东省博士后创新实践基地”，成为国内首个可自主招收博士后研究人员进行科研工作的地级市图书馆。三是员工科研工作稳步提升。2009—2012年，全馆员工共出版专著7部，发表论文151篇，其中核心论文78篇，员工刊发专业论文量、刊发核心论文量名列前茅；自2010年开始，先后有两人成为第一批、第二批东莞市科技领军人才。

东莞图书馆大力推行总分馆制，进行区域图书馆集群管理。截至2012年，以东莞图书馆为总馆，全市已构建起51个分馆、102个图书流动车服务站，全市32个镇街完成24小时自助借阅服务全覆盖，实现了“一馆办证，多馆借书；一馆借书，多馆还书”，实现了图书馆在时间上365天每天24小时全天候服务，在空间上覆盖全市32个镇街的体系化服务，形成了新时期公共图书馆全面创新服务的新形态。通过总分馆馆长例会制度、东莞市图书馆公共服务体系建设项目研究、总分馆联动服务等渠道强化业务联系，以图书流动车、东莞数字图书馆、东莞学习中心、新型公共阅览室等平台实现资源共享。

2010年，东莞成为文化部“公共电子阅览室建设计划”首批建设试点之一，2012年全市各镇街、村（社区）完成新型公共电子阅览室建设。

管理工作

近年来，东莞图书馆率先导入和实施国际先进的卓越绩效模式，推行卓越绩效管理。通过明确的岗位要求与主要测

东莞图书馆南门休闲阅读区

东莞学习中心自助上网服务区

新型公共电子阅览室

2012中国图书馆展览会现场

东莞读书节

东莞动漫之夏活动

量指标加强过程管理；通过开展部门月度绩效分析例会、季度业务工作分析报告、年度工作总结等措施开展绩效分析，提高岗位绩效；通过编制《东莞图书馆规范管理工作手册》加强制度建设，健全业务规范。2012年获得"东莞市政府质量奖"，成为东莞市设立"政府质量奖"以来首家获奖的公共服务类组织，也是国内第一个获得政府质量奖的公共图书馆。2012年，由于"东莞市的图书馆事业在全国处于领先地位、在国际图书馆界上有一定影响"，文化部在东莞举办图书馆界的全国盛会——2012年中国图书馆年会，成为年会引入城市承办制以来的第一个承办城市。

表彰、奖励情况

2009–2012年期间，东莞图书馆多次荣获国家、省、市级表彰。其中，先后荣获东莞市"文明标兵单位"、"东莞市文化新城建设标兵单位"、"广东省文明单位"，2011年12月，中央精神文明建设指导委员会授予"全国文明单位"。

馆领导介绍

李东来，男，1963年生，本科学历，中共党员，研究馆员，党支部书记、馆长。1984年参加工作，2002年9月任东莞图书馆馆长。北京大学兼职教授、中国图书馆学会理事、中国图书馆学会阅读推广委员会副主任委员、全国文献影像技术标准化技术委员会委员、全国图书馆技术标准化技术委员会委员、第二届国家公共文化服务体系建设专家委员会委员，曾荣获全国第十四届群星（服务）奖、全国文化系统先进工作者、2013中国图书馆榜样人物。

冯玲，女，1968年生，本科学历、硕士学位，中共党员，研究馆员，副馆长。1989年7月参加工作，2004年5月任东莞图书馆副馆长，分管业务研究、少儿服务、综合管理工作。中国图书馆学会第八届阅读推广委员会图书馆与社会阅读委员会主任、广东图书馆学会第十一届理事会理事。东莞市第五届"巾帼十杰"、广东省"三八红旗手"。

李映嫦，女，1967年生，大专学历，中共党员，副研究馆员，党支部副书记、副馆长。1989年8月参加工作，1993年任东莞图书馆副馆长，分管馆藏建设、物业管理、报刊及电子服务区等工作。中国图书馆学会第八届学术研究委员会图书馆员研究专业委员会委员。

杜燕翔，女，1965年生，本科学历，中共党员，研究馆员，副馆长。1985年7月参加工作，1988年到东莞图书馆工作，2011年9月任东莞图书馆副馆长，分管基层分馆辅导、信息技术工作。中国图书馆学会第八届编译出版委员会、图书馆数字出版与推广专业委员会委员，中国图书馆学会第八届阅读与推广委员会青少年阅读推广委员会委员。

蔡冰，女，1967年生，本科学历，中共党员，研究馆员，副馆长。1988年7月参加工作，2004年8月到东莞图书馆工作，2011年8月任东莞图书馆副馆长，分管参考咨询、图书借阅、读者服务等工作。中国图书馆学会第八届阅读推广委员会社区与乡村阅读委员会副主任。

未来展望

未来几年，东莞图书馆将立足"知识信息的集散地、市民终身教育的学校、东莞地方文献的宝库、地区图书馆（室）的中枢、高雅的文化休闲场所"的功能定位，坚持"学习成长、智慧奉献、业务创新、服务惠民"的核心价值观，秉承"知识惠东莞"的光荣使命，通过形成更加便捷、富含人性关怀的多类型读者服务体系，资源丰富、时尚新颖的全媒体现代信息技术支撑体系，高效协调、可持续发展的城市图书馆集群体系，无时不在、无处不在的现代市面上民终身学习体系以及以人为本、追求卓越的现代管理体系，适应东莞城市转型和市民素质提升的需求，为东莞公共文化服务名城建设助力、领跑，朝着建设国内一流、国际知名的现代化城市中心图书馆的愿景稳步前进。

联系方式

地　址：东莞市鸿福路南侧中心广场内
邮　编：523071
联系人：麦志杰，温慧仪

东莞图书馆外景

市民学堂

少儿分馆的希腊神话星座故事装饰大堂

中山市中山图书馆

概述

中山市中山图书馆座落于中山市的政治文化中心，其前身是成立于1935年的中山纪念图书馆，由孙中山先生的夫人、国家名誉主席宋庆龄同志于1981年为图书馆亲笔题了馆名。现址于1988年7月动工兴建，1991年7月竣工，同年11月9日正式对读者开放。图书馆建筑面积8612平方米，有阅览座席534个，计算机103台，宽带接入20Mbps，选用ILASⅢ图书馆自动化管理系统。截止2012年底，在编人员49人。2004年、2008年被国家文化部评为一级图书馆。

业务建设

截止2012年底，中山市中山图书馆文献藏量138.29万册（件），其中，纸质文献125万册（件），电子图书13.35万册，电子期刊9297种/册。2012年，中山市中山图书馆新增藏量购置费为260万元。2009–2012年，中外文图书年入藏平均45917种，中外文报刊年入藏平均1838种，视听文献年入藏平均760件。

截止2012年底，中山市中山图书馆数字资源总量为17.4TB，其中，自建数字资源总量10.114TB，搭建了P2P视频点播系统。完成22000版民国报纸、380余万页古籍及地方文献的数字化工作，在此基础上建立了7个地方特色数字库，完成67698页破损严重的古籍及珍贵地方文献修复，著录县志方志22种191册。专门设立“信息无障碍阅览区”，配备10台无障碍电脑，设立视障阅览室，提供900册盲文书籍。

2009–2012年，建立总分馆通借通还系统，实现图书在总馆、分馆之间的通借通还，2012年开通手机图书馆。读者服务区无线网覆盖范围达到100%。

读者服务工作

2006年始，中山市中山图书馆已基本实现图书馆公益服务，至2012年，馆内场地设施和服务项目全部免费开放，全部图书实行开架借阅。除周一闭馆外，其它时间均对外开放，每周最低开馆时间达68.5小时，同时设立24小时自助还书箱。2012年，流通总人次142.4万人次，书刊文献外借77.6万册次。实行多元化总分馆模式，截止2012年底，共建成10个分馆，成立83个馆外服务点，并建立“中山市图书配送中心”，实行统购、统配、统编、统一标识、统一操作系统平台及资源共享，分馆节假日及晚上均开放，每周开放时间不少于48小时。2009–2012年，馆外流动服务点书刊借阅33.12万册。为政府立法、决策服务，推出《决策参考》共48期共384篇，《文化参阅》48条共288篇。

截止2012年底，文化共享工程中山市基层服务点24镇区全覆盖，总数已达32个，全部达到相关配置标准，市中心存储容量达到60TB，各镇区基层服务点PC机均达到8台以上。

2009–2012年，中山市中山图书馆共举办讲座、展览、培训、阅读推广等读者活动714场次，参与人数18.5万人次，每年在“中山读书月”、“绿色暑假 缤纷文化”中山市青少年暑期文化活动中承办大量读书活动，同时通过多种形式走进社区、学校、军营开展活动。“香山讲坛”公益讲座在《中山日报》、《中山商报》开辟专版，2009–2012年共举办231场，100多位专家学者做客讲坛，5万多名听众参与。2009年，系列讲座获得中山市暑期文化活动组委会颁发的“突出公益贡献奖”。2009年创办“童心故事会”，并进校园进社区开展活动，截止2012年底，共举办78场，参加人数8200人次，被报纸、电视等媒体多次报道，在广东图书馆学会阅读指导委员会主办的“2012年阅读推广案例交流活动”获得优秀奖，入选中国图书馆学会2012年年会第12分会场“青少年阅读推广典型案例”。“晒书会”活动在2009–2012年共举办四届，1400人次读者参加，两次收集中山市民捐赠的5万册图书通过“图书漂流”到宁夏西海固贫困山区。2010年创办“树精灵使者团”，专门培育青少年阅读推广种子，有成员40名，至2012年底共组织活动20多场，近1.9万人次参加。2012年成立“中山市捐赠换书中心”。

2009年，我馆成为首届中国图书馆学会青少年阅读推广委员会主任馆，借助这个大平台组织策划了纪念辛亥革命100周年——“中山杯”全国青少年故事大赛、青少年阅读活动案例征集暨阅读推广点子大赛、全国少年儿童经典读物情景剧视频大赛共11项全国性青少年阅读推广活动，引领和推动全国公共图书馆开展青少年阅读活动、培养青少年阅读意识。2009–2012年，全国各地近20多万少年儿童参加各项阅读活动，近400多家次图书馆参与到阅读推广行列中来。

2009–2012年，中山市中山图书馆获得中国图书馆学会表彰的活动项目有：“树精灵使者团”阅读推广计划、童心故事会、纪念辛亥革命100周年“中山杯”全国青少年故事大赛、辛亥革命百年纪念征文、绘出心中的童谣——全国少年儿童童谣绘画创作征集大赛。2011年、2012年，中山市中山图书馆被中国图书馆学会授予全民阅读先进单位。

业务研究、辅导、协作协调

2009–2012年，中山市中山图书馆职工在省级以上刊物或国家级会议上发表论文21篇，图书馆共出版7本图书。获准立项的课题共3项。

组织并参与中山市地方文献联合编目，编制“中山市地方文献联合目录”、“馆藏中山地方文献目录”、“馆藏孙中山文献目录”。每年联合中山市中山图书馆学会对新建分馆、服务点进行借还业务、图书分类及整理等辅导培训，每年组织全

中山市图书馆长洲分馆

捐书西海固地区的贫困群众

承办2012年中国图书馆学会年会12分会场

成人书库

多媒体阅览室

现代化的综艺厅

市区镇图书馆、大中专院校、中小学、企业图书室、农家书屋、社区图书室图书资料人员开设培训班，每年召开服务点年终工作总结会议及参观交流。2009-2012年，共举办业务培训班19期，1200人次接受培训。

2012年，与广东省立中山图书馆开展馆际互借。2011年，与珠海图书馆、江门五邑图书馆签订《珠中江三市图书馆协作共享框架协议》，开展三地馆际互借。

2009年成立图书馆志愿者服务队伍，组成一支由社会人士加入，人数稳定保持约30人的队伍，另有院校学生长期来馆参加志愿者工作，高峰时注册志愿者达到300人，年服务时间共二千小时。2012年创立《播撒幸福的种子——故事妈妈》读书活动，专门招募"故事妈妈"志愿者为小朋友讲故事，仅2012年举办了21场，近700名青少年和家长参加。

管理工作

2004年，中山市中山图书馆引入ISO9001：2000质量管理体系认证，把体系与图书馆规章制度结合，在ISO体系架构注入图书馆制度内容，使图书馆管理工作制度化、规范化。2009-2012年补充完善图书文献资源、数字文献资源、地方文献资源采购制度，重大采购项目建立第三方联合验收制度。实行馆务公开，建立馆长每月工作会议制度、中层以上干部每月馆务例会制度、部门班前会议制度。2010年，重新进行岗位设置，全部人员按岗聘用，由身份管理向岗位管理转变。

表彰、奖励情况

2009-2012年，中山市中山图书馆共获得省级、市级、主管业务部门等单位表彰近26次，2009年被中共广东省委、广东省人民政府授予"广东省文明单位"荣誉称号，多次获得中山市文广新系统先进单位、先进党支部。

未来展望

中山市中山图书馆秉承对全社会开放及最大化实现公益服务的理念，坚持"普遍开放、平等服务、以人为本、公益办馆"办馆原则，在夯实基础业务、延伸服务辐射范围、拓展服务功能、保障公民平等阅读权益等方面努力实践，走出一条发展创新的路子。

中山市中山图书馆新馆建设被纳入中山市"十二五"规划重点建设项目，将在原址重建，并沿用"中山纪念图书馆"馆名。新馆建筑面积56300平方米，藏量320万册，日均接待读者能力8000人次。在设计上遵循"人文、科技、绿色、便民"的建筑理念，在服务方面强调一区多功能阅读模式；功能定位上提出青少年阅读及实践中心、第三空间、孙中山文献资源及研究中心等特色功能。通过新馆建设提升中山公共文化服务能力，构建更完善的公共图书馆服务体系，实现图书馆公共服务全覆盖，打造阅读之城，让图书馆成为市民喜爱的"大书房"。

馆领导介绍

吕梅，女，1963年3月生，本科学历，中共党员，研究馆员，党支部书记，馆长。1985年10月参加工作，历任中山市少儿图书馆副馆长、中山市中山图书馆副馆长，2004年5月任中山市中山图书馆馆长。兼任中国图书馆学会青少年阅读推广委员会主任、广东省图书馆学会常务理事、广东省图书馆学会阅读指导委员会副主任、中山市图书馆学会理事长等职。多次当选中山市党代表、政协委员，2014年获得中华书局、光明日报、中国阅读研究会等单位联合颁发的首届"伯鸿书香人物奖"。

陈文尤，女，1960年3月生，本科学历，中共党员，副研究馆员，副馆长。1978年至1999年在湖北省黄石市文化局工作，任党办主任。1999年至今在中山市中山图书馆工作任副馆长。1992年获得图书资料专业中级馆员职称；2009年获得图书资料专业副高级馆员职称。曾多次获评中山市文广新系统先进工作者、优秀党员。

蔡菲，女，1966年11月生，本科学历，中共党员，副研究馆员，副馆长。1989.7至今，于中山市中山图书馆工作，2002年起任副馆长。1990.12获得图书资料专业助理馆员资格；1997.11获得图书资料专业中级馆员资格；2003.12获得图书资料专业副研究员馆员资格。多次获得中山市文广新系统先进工作者。

联系方式

地　址：中山市东区起湾道南华凯花园华晖阁中山市图书馆华凯分馆
邮　编：528400
联系人：杨 婵

汽车流动图书馆

图书馆志愿者协助图书上架

流动图书馆深入偏远地区

广州市荔湾区图书馆

概述

荔湾区图书馆于1986年8月创立，馆址最初位于上下九步行街荔湾区文化艺术中心大楼内。1993年，荔湾区图书馆迁至现址中山八路周门南路29号。2006年因广州地区行政区划调整，广州市荔湾区与广州市芳村区合并，荔湾区图书馆更名为荔湾区图书馆一馆；芳村区图书馆更名为荔湾区图书馆二馆。2007年底，荔湾区图书馆一馆与荔湾区图书馆二馆合并为荔湾区图书馆。现荔湾区图书馆含周门分馆（周门南路29号）与芳村分馆(芳村大道西芳雅苑15号)，共面积为8000平方米，总藏量50.73万册（件）。1998年，参加第二次全国公共图书馆评估，首次获得一级图书馆。之后陆续参加了2004年、2009年、2013年的复评，均保持一级图书馆称号。荔湾区图书馆有阅览坐席543个，计算机110台，采用图书馆Interlib集群管理系统，与广州市其它公共图书馆实现了图书通借通还。

业务建设

截止2013年底，荔湾区图书馆总藏量为51.5万册（件），其中纸质文献49.7万册（件），电子图书1.5万册。

2011年至2013年，荔湾区图书馆新增藏量购置费60万元，2014年起增至100万元。2011年至2013年，共入藏中文图书29287种，79325册。2013年，地方文献入藏完整率为88%。

截止2013年底，荔湾区图书馆数字资源总量为50TB，建有“荔湾地方文献数据库”。

近年来，荔湾区图书馆相继开辟了读者电话自助服务、读者上网自助服务、读者微信自助服务等服务创新平台，馆内无线网络覆盖率达到100%。

读者服务工作

一直以来，荔湾区图书馆坚持“读者至上，服务第一”的服务理念，认真做好各项读者服务工作。

为落实文化部、财政部《关于推进全国美术馆公共图书馆文化馆（站）免费开放工作的意见》（文财务发[2011]5号）文件精神，荔湾区图书馆自2011年9月1日起，实行全面免费开放，一周开放时间达64小时，周六、日及公众假期均对读者开放。

2011年至2013年荔湾区图书馆年外借册次平均为24.03万册次，达到国家一级图书馆标准。

此外，荔湾区图书馆围绕创建文明城市等各年度专项主题工作，狠抓管理、开展了“文明优质服务”、“微笑服务”等活动，进一步树立、增强了工作人员的服务意识，提升了服务水平。

业务研究、辅导、协作协调

荔湾区图书馆在业务研究方面，结合区情，十分注重地方特色文献的挖掘与整理。荔湾地区有着深厚的历史文化底蕴，地方文献资源丰富。荔湾区图书馆专门开设了地方文献室，用于收藏、整理丰富的地方特色文献资源。近年来，共入藏地方文献书籍2911种，8737册。

在征集地方文献的基础上，荔湾区图书馆还积极组织馆内专业力量对部分文献进行深入地整理与研究，2010年，在对历史名人撰写的有关荔湾地区的历史文献进行整理的基础上，编辑出版了《荔湾九章》一书；2011–2012年，在对荔湾地区的老街古巷资源进行深入挖掘与调研的基础上，编撰出版了《荔湾老街》一书，这两本书的整理编写既是对荔湾地区文献资源的一次全面搜集过程，也是对地方文献内涵的一次挖掘提炼过程，这对于荔湾区图书馆进一步完善特色馆藏体系，开展文献资源专题化和深入性研究有着十分重要的推动作用。

荔湾区图书馆十分重视业务辅导工作，自2011年起，荔湾区图书馆选址区内机关事业单位、企业、部队、学校和街道社区，共建立了100多家图书漂流驿站，我馆定期对驿站藏书进行更新并通过通过举办专业知识讲座、对各驿站管理人员进行业务辅导，使全区图书漂流驿站服务网络规范运作，发挥效益。2011年至2013年，荔湾区图书馆更新各图书漂流驿站图书数量达到近10万册次。

在协作协调工作方面，自2010年起，荔湾区图书馆陆续与广州市其它公共图书馆实现通借通还（馆际互借），

荔湾区图书馆（芳村馆）正门

荔湾区图书馆（芳村馆）报刊阅览室

武警荔湾大队中山六中队赠送锦旗

著名书法家曾国胜举办书法讲座

通借通还（馆际互借）文献流通册次年均达到5万多册次。

管理工作

2012年，荔湾区图书馆完成全员岗位聘任，每年进行工作考核。激发了全体干部职工奋发向上、开拓进取的精神。

馆领导介绍

马楠，女，1976年10月生，本科学历，中共党员，馆员，馆长。

邹琦，男，1975年11月生，本科学历，副研究馆员，副馆长。

彭稚萍，女，1974年8月生，本科学历，馆员，副馆长。

未来展望

坚持"读者第一，服务至上"的服务宗旨，彰显公益性，以国家一级图书馆的各项业务指标为标准，以服务创新为中心，以队伍建设为关键，以文献信息资源建设为重点，建立与荔湾区人民群众日益增长的阅读文化需求相适应的、纸质文献与电子文献互为补充的文献资源保障体系，把荔湾区图书馆建设成为管理科学、业务规范、功能完备、环境优美、服务一流的国家一级公共图书馆。

联系方式

地　址：周门南路29号
邮　编：510176
联系人：邹 琦

荔湾区图书馆（周门馆）正门

广州市越秀区图书馆

概述

广州市越秀区图书馆创于1989年。2005年，广州市行政区划调整后，越秀区委、区政府投入了2000多万元将原东山区机关办公大楼改造成区图书馆新馆。2007年3月12日，越秀区图书馆新馆正式对外开放，首创“平民大书吧”办馆理念。馆舍建筑面积为11590.85平方米，阅览座位1000多个，提供100多台电脑给读者使用。2010年，被评为国家一级图书馆。2013年，再次获得国家一级图书馆称号。

业务建设

截止至2012年底，总藏书为50.8万册（件），报刊824种，电子图书40万册，电子期刊7500种。

越秀区委、区政府非常重视区图书馆建设，近几年每年财政拨款均超过千万元。2009–2012年年均财政拨款1036.8万元，平均购书经费为78.5万元，2013年购书经费达到109万元，图书新增藏量年均10000多种，全面对公众免费开放，年均外借册次为49万多册次。

2009–2012年，越秀区委、区政府投入444.22445万元专项资金用于文化共享工程越秀区支中心。截止2013年底，已建成以越秀区图书馆为中心，辐射到93所学校、290个基层服务点、1个军营服务点的文化共享工程服务网络，达到社区全覆盖。馆内建成成人、少儿、视障人士、教育类电子资源阅览室等多个电子阅览室，电子阅览室座位达112个，为读者提供40多万册电子图书、中国期刊全文数据库、电子动漫书、文化共享工程视频资源等一系列数字资源服务。

2013年馆内储存文化共享工程视频资源达3TB。每年馆内文化共享工程视频资源点播1万多人次，电子图书阅读下载量1万多册次，读者访问电子报刊系统10万多次，下载阅读报刊文献10万多篇次。

读者服务工作

越秀区图书馆是越秀区政府设立并向社会开放的公益性文化机构，每周开放时间达到72小时，这里的服务都是全面免费的：免费办证、免费阅览、免费讲座、免费展览、免费电影、免费上网、免费培训、免费自学、免费检索馆藏数字资源等服务，是真正的“零门槛”公共图书馆。

越秀区图书馆开拓创新，以丰富多元优质的活动打造服务品牌和服务亮点。2009–2012年，越秀区图书馆共举办讲座、展览、培训、阅读推广等读者活动940场次，参加人数186万多人次。

品牌亮点之一：创办“广府学堂”讲座品牌，打造“广府文化宣传基地”，大力开展多场公益讲座活动，让群众和专家学者面对面交流。品牌亮点之二：打造“永不落幕的展览”，成功承办多场国际性展览。如德国国情展——“初识德国”多媒体展览展出8天接待人次达3万多人次，仅开幕式当天就吸引了4000多人参观。通过“艺韵悠然”——网上展览厅展出展览作品，让群众能够24小时欣赏“永不落幕”的展览。品牌亮点之三：关爱弱势群众，“视障人士服务”给盲人“家”一般的温暖。如坚持为困难家庭子女、外来务工人员子女提供免费培训，举办系列阅读活动；为盲人举办插花培训、盲人象棋比赛等活动。品牌亮点之四：每年结合“世界读书日”、“图书馆服务宣传周”等主题活动举办全民阅读活动，年均吸引30多万人次群众参与。品牌亮点之五：越图“童心坊”系列活动全国获奖，深受欢迎。即通过推荐好书、讲故事、玩游戏、做手工、播放动画片、角色扮演、评选“阅读小明星”、有奖问答等生动形式，引导小读者从小热爱阅读、富有爱心、知孝懂礼等。品牌亮点之六：为群众提供免费培训，打造“快乐学习基地”品牌，如举办老年人计算机知识免费培训班、暑假青少年素质教育免费培训班。品牌亮点之七：创新服务手段，为群众提供“24小时自助图书馆”服务，具有自助办证、借书、还书、续借、书目查询、预约等功能。品牌亮点之八：为广大青少年学生和市民群众提供志愿服务平台，倡导学习雷锋，树立文明风尚。

业务研究、辅导、协作协调

2007–2013年，越秀区图书馆职工撰写调查研究报告8篇，在省以上刊物、图书发表论文62篇，数篇论文获得全国一等奖。同时，积极参与和支持省、市图书馆学会工作，共同举办学术研讨活动，其中有5名工作人员加入中国图书馆学会，13名工作人员加入省图书馆学会，32名工作人员加入市图书馆学会。

越秀区图书馆从基层图书馆的建设和管理、文化共享工程基层服务点的建设、业务辅导、读者活动、业务调研等方面指导基层业务工作。曾深入到街道文化站、社区文化室调研、分馆、流通点、社区书屋等，采取多种形式不断加大对基层业务辅导的力度，有集中培训、上门辅导、专家讲课、外出参观学习等形式。

2010年，越秀区图书馆研究项目《广州基层公共图书馆服务模式的探讨——以“平民大书吧”为例》（编号

越秀区庆祝第30届国际盲人节活动

教育讲座暨关爱留守（流动）儿童活动

爱书小馆员培训

前往武警广东省总队修理所送书

10SKLY35）通过广州市社会科学联合会的课题立项。2011年，该课题顺利通过验收。我馆还发动工作人员结合工作实际撰写论文，将工作人员的课题研究成果及优秀论文、工作感悟等结集成《基层公共图书馆服务模式的探讨——以"平民大书吧"为例》一书公开出版。

管理工作

2011年4月完成岗位设置工作，33名在编在职人员参与到岗位设置工作中来，走上重新设置的岗位；同时，完善了工作考核规章制度，每月进行月度考核，每年进行年度考核。

表彰、奖励情况

2009—2012年，越秀区图书馆共获得各种表彰、奖励46次。其中，文化部表彰、奖励1次，广东省委、省政府表彰1次，广东省文化厅表彰、奖励1次，其他奖励42次。

曾获得文化部颁发的"全国文化信息资源共享工程·公共电子阅览室示范点"称号，两次获得全国"全民阅读"先进单位奖。此外，还获得全民阅读示范基地、全国巾帼文明岗、广东省先进集体、广东省基层宣传文化工作先进单位、广东省三八红旗集体、广东省巾帼文明岗、广东省青年文明号、广东省人文社科普及基地、广州市军警民共建先进单位、广州市文化共享工程优秀支中心等荣誉称号。越图"童心坊"少儿阅读推广活动、盲人插花活动方案等获得全国性奖项。

馆领导介绍

钟少薇，女，1967年6月生，本科学历，学士，中共党员，副研究馆员，党支部书记，馆长。1989年6月参加工作。2008年5月任越秀区图书馆副馆长，主持区图书馆全面工作（法人代表）。2009年1月至今任越秀区图书馆馆长。曾获得全国优秀社会科学普及工作者、广州市公共文化服务体系建设突出贡献个人、广州市三八红旗手等荣誉称号。曾被聘为广州市中级专业技术资格评审委员会评审库入库委员、广东省文化厅公共图书馆评估专家组成员，现任广州市图书馆学会副理事长。为中共广州市第十次代表大会代表、广州市妇女第十二次代表大会代表、越秀区文学艺术界联合会第八次代表大会代表。

谢洁华，女，本科学历，学士，民盟，馆员，副馆长。1990年5月参加工作，2006年被广州市越秀区文化广电新闻出版局任命为副馆长，分管采编部、流通部、技术部。兼任民盟广州市越秀区机关综合支部主委和署前路小学少先队校外辅导员。2010年被中共广州市委宣传部评为"第三届广州市宣传思想战线优秀人才（专门技术中青年专家）"。获得2006—2008年"越秀区创建全国文明城市工作先进个人；2009—2010年度越秀区推动科技进步先进个人；越秀区创建全国文明城市优秀个人；第33届羊城之夏活动积极分子；第六届在"阅读中成长——广州市青少年十年阅读系列活动"之绘本故事讲述大赛先进个人等荣誉称号。

何雪妍，女，本科学历，学士，中共党员，馆员，副馆长。2001年7月参加工作，2013年被广州市越秀区文化广电新闻出版局任命为副馆长，分管综合部、策划部、信息部。曾获得广州市第25届"羊城之夏"青少年学生暑期系列活动积极分子、广州市第27届"羊城之夏"青少年学生暑期系列活动积极分子称号。

未来展望

2007—2013年，越秀区图书馆在不断的强化自身综合实力的同时，通过创建"平民大书吧"扩大服务辐射区域，带动了全区公共图书馆事业的整体发展，推进文化惠民。在未来的几年里，越秀区图书馆将继续坚持"创新、开放、休闲"的办馆理念，"专业、规范、先进"的管理模式，"平等、便利、温馨"的服务方式，全心全意为群众服务。在现有馆舍的基础上，不断开拓创新，建立新的服务点，每年计划增加购置文献约8000种，可望年服务人次约100万人次左右，数字资源年利用率达50000次以上。综合水平力争在全市区级图书馆中名列前茅。

联系方式

地　址：广州市署前路8号
邮　编：510080
联系人：陈雪珍

越秀区图书馆馆貌

广州市海珠区图书馆

概述

海珠区图书馆始建于1992年，是我市较早成立的区级公共图书馆之一。馆址几经变迁，现坐落于海珠区宝岗路39号四楼。馆舍面积5000平方米，阅览座位500多个。内设外借处、报刊室、少儿室、多媒体阅览室、自学室、多功能厅等多个服务窗口。

业务建设

截止2012年底，海珠区图书馆总藏量30万册（件），其中，纸质图书28万册（件），报刊2万册，电子图书2万种/册。

2013年，海珠区图书馆新增藏量购置费90万元。截止至2012年，总藏量已达30万册，年均图书入藏量达7007种，报刊年均入藏量629种，视听文献年均入藏量945件。并于2008年启动海珠区地方文献征集工作，收编地方文献2000多件。多卷书、连续出版物入藏完整率达95%。

截止2012年底，海珠区图书馆加入广州市图书馆联合数字资源建设项目，数字资源总量为4TB。不断加强数字化建设，馆藏中文图书书目数字化为100%。

海珠区图书馆已加入市公共图书馆Interlib图书馆集群管理系统，实行自动化管理。拥有计算机93台，其中供读者使用的有70台，读者服务区WIFI无线网络覆盖范围达80%，接入因特网总计带宽50兆。

读者服务工作

从2009年8月起，海珠区图书馆实行全面免费对外开放，开放时间每周84小时。此外，还免除了读者新办借书证工本费。2009–2014年，读者到馆超过200万人次，书刊外借超过65万册次。

2011年完成了“广州地区公共图书馆通借通还项目”在海珠区的实施工作，实现与市图书馆及其直属分馆、市其他区县图书馆的通借通还服务，并积极指导区内各街道图书分馆开展工作，实现了区图书馆总馆、分馆与市属各公共图书馆的通借通还服务。

2011年新购置了3台触摸屏报刊阅读机，为读者提供全国各地200种报纸、1000种杂志的在线浏览服务，也是全市首个设置触摸屏报刊阅读机的区级图书馆，满足了读者日益增长的资讯需求。

2009–2012年，海珠区图书馆网站访问量5万次。2011年初，开通了科普信息服务平台，为读者提供短信服务超过12万条。开通了海珠区图书馆官方微博，拥有1200多名粉丝，发布资讯900多条。通过新媒体平台，提高信息服务效率，提升服务效能。

2009–2012年，海珠区图书馆共举办讲座、展览、培训、阅读推广等读者活动100场次，参与人数2万人次。其中，每月举办一期公益讲座的“海珠街坊讲坛”、亲子互动平台“亲子活动坊”、形式新颖的“4.23世界读书日”活动等已成为海珠区图书馆阅读推广工作中的特色活动，初步树立起图书馆读者活动品牌。其他阅读活动，如魔方大赛、“影视论坛”、各种征文和演讲比赛等，形式多样，内容丰富。

业务研究、辅导、协作协调

2009–2012年，海珠区图书馆职工共发表论文12篇。

截止2012年底，海珠区图书馆共有10所分馆，进一步完善了海珠区公共图书服务网络。其中，区直属机关智能图书室采用RFID技术，实现了图书室24小时自助阅览，成为全市首个机关自助图书室，也是区内首个无人值守智能图书室。

同时，做好基层辅导工作，加强对基层图书馆管理员的培训和指导。坚持每季度为各图书分馆送书，三年来共为文化站、分馆、社区书屋、武警支队等配置图书4.1万多册。2010年完成了化州市扶贫开发“双到”中的文化扶贫工作，为化州市同庆镇丰告村两所小学配置了3000多册图书、阅读桌椅和电脑设备一批。

2012年10月，在全市区级图书馆中，首次推出图书专递服务。在区内共设置了9个服务点，开展图书专递服务，读者提前在网上预订自己要借阅的书籍，然后凭读者证在服务点取书。图书专递服务，使读者就近即可享受到图书馆的服务，真正实现“阅读就在家门口”，使图书馆服务理念得到升华。

管理工作

自2005年推行全员聘用制度以来，通过竞争上岗选拔优秀人才，同时通过公开招考录用优秀青年干部进入图书馆专业队伍中来。通过定期开展评优活动，认真做好中级职称人员竞聘工作。加强藏书组织管理工作，统一标准加工书刊，每天安排专人负责顺架工作，开架图书排架误差率保持在4%以内。

获得“一级图书馆”、“文明图书馆”等称号

报刊607种

共享公共图书馆700多万册图书资源

外借处

兴仁书院分馆一角

少儿阅览室

表彰、奖励情况

1993年以来，海珠区图书馆连续五次被国家文化部评为"一级图书馆"和"文明图书馆"；两次被广东省文化厅授予"文明图书馆"；连续多年被市、区授予"文明单位"、"青年文明号"、"文化先进单位"等称号。

馆领导介绍

罗湘君，女，1968年6月生，本科学历，中共党员，馆长。1989年6月参加工作，历任海珠博物馆馆长等职。

郭应佳，男，1971年12月生，本科学历，中级馆员资格，副馆长。1992年7月参加工作。

未来展望

海珠区图书馆将继往开来，再接再厉，全面落实科学发展观，为建设先进文化、提高全民族文明素质，努力打造一个资源充裕、流动充分、互补共享、辐射全区的公共图书馆服务体系，使我区公共文化事业更上一个新的台阶。

联系方式

地　址：广州市海珠区宝岗路39号四楼
邮　编：510240
联系人：郭应佳

2013年4.23世界读书日

老师与小朋友分享绘本故事

海珠区图书馆

2012年5月10日社科普及讲座现场

广州市天河区图书馆

概述

天河区图书馆是广州市天河区政府投资兴建的公共图书馆，直属天河区文化广电新闻出版局领导。主要为天河区政治、经济、文化建设及社会各界人士提供文献借阅及信息咨询等服务。天河区图书馆始建于1992年2月，现由龙口西总馆和华港分馆两部分组成。总馆位于天河区龙口西路80号，楼高7层，建筑面积3198平方米，阅览座位507个。分馆位于天河区东方二路华港花园，建筑面积2000平方米，馆阅览座位300个。总分馆建筑面积合计5198平方米，阅览座位807个。2004年，参加第三次全国公共图书馆评估，首次获得一级图书馆。2012年，广州市天河区图书馆拥有计算机103台，宽带接入100Mbps，选用"Interlib图书馆集群管理系统"作为图书馆自动化管理系统。

业务建设

截止2012年底，广州市天河区图书馆总藏量211002册，其中图书197314册（件），古籍636册，报刊997册，视听文献2466件（套），电子图书9589册。并藏有约几百册的地方文献。

截止2012年底，广州市天河区图书馆数字资源总量为12TB。其中，在数据资源建设方面具有一定的规模，传统的"教学资源"、"少年儿童教育资源"、"科技资源"、"科普讲座"等已经具有一定的储备。在"南粤文化"、"名师讲堂"、"智慧党建"等特色资源的建设方面也初见成效。

截止目前，已经在全区范围内实现了通区通还的工作，全馆实现了WiFi无线网络覆盖。

读者服务工作

从2001年开始，广州市天河区图书馆实行免费对外开放，逢周三闭馆，每周开放64小时。2012年，书刊外借147461人次，书刊文献外借298295册次。现在已经与天河区辖下21个街道的文化站图书室实现通借通还服务。2009年–2012年，建成分馆1个，有4个流动服务点。馆外书刊文献外借册次达到298295次。

2009年–2012年，广州市天河区图书馆网站访问量为960000次。开通了天河区图书馆微博，引入了"手机数字图书馆"，建成了"云学习中心"。截止2012年，广州市天河区图书馆使用的数字资源数据库合共有5个，其中自建数据库1种，购买数据库4种。馆内的共享资源均可通过天河区图书馆网站、天河区公共图书馆服务联盟网站、广东省共享工程VPN专网向全区文化站、共享工程基层服务中心提供检索、浏览和下载服务。

2009年–2012年，广州市天河区图书馆共举办讲座、展览、培训、阅读推广等读者活动210场次，参与人数36000人次。以天河区公共图书馆服务联盟为平台，其中"4.23"天河读书节已经成为区图书馆年度品牌特色活动。

2009年–2012年期间，广州市天河区图书馆在"农家书屋"（又称"社区书屋"）的建设方面投入了大量的人力物力。通过逐年下拨的经费，累计购置图书花费30万元，报刊采购花费10万余元，音像制品采购花费10万余元，所有购买的图书视听文献都用于填充天河区辖下各个街道社区书屋的资源配置。

业务研究、辅导、协作协调

天河区图书馆十分重视基层辅导工作，多年来一直做到有计划，抓落实，出成效，2012年共组织图书馆专业培训活动4次，组织辖区范围内公共图书馆从业人员参与各类培训72人次，排除专业技术人员到基层开展业务辅导及技术支持工作13次，24人次，并对全区公共图书馆进行了全面的业务调查和统计，编制了统计分析表，为今后工作的开展提供数据支持。

天河区图书馆通过政府采购确定了每年图书采购的供应商，其中对供应商的要求是必须与国家联合编目中心签订相关合作协议，同时天河区图书馆与市图书馆签订了《广州地区公共图书馆联合编目中心协议书》，积极参与地区性和全国性联合编目工作。

从2009年起，广州市天河区图书馆以文化信息共享工程VPN专网为依托，在全区范围内发起了组建公共图书馆服务联盟，在联合编目、流通服务、地方文献联合征集、阅读推广与讲座展览资源服务、业务培训与技术支持等方面做到互相协作，相互支持。

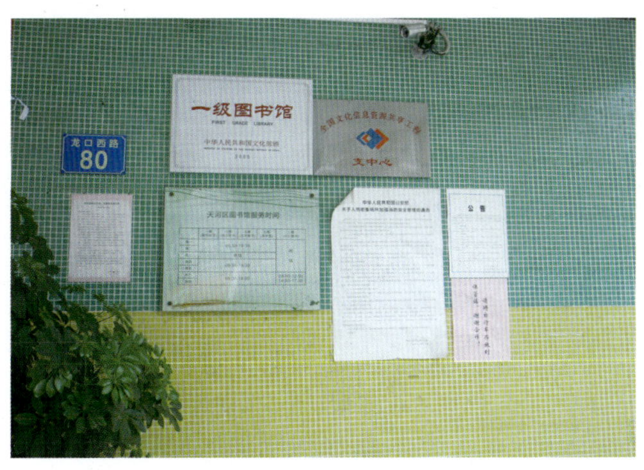

随着移动计算技术、大数据、云计算等新兴信息化技术的兴起，信息化、智能化、移动化技术日益渗透到我们的日常生活中。图书行业同样不例外，随着互联网技术的发展，电子书在某些领域有追赶上、甚至超越传统纸质图书的趋势。有鉴于此，天河区图书馆在做好日常的各项基本对外服务的基础上，大力投入图书现代化、自动化、数字化、网络化、移动化、小型化的技术研究中来。

已经开发成型的有“手机数字图书馆”与“云学习中心”，其中“手机数字图书馆”是一款基于互联网云计算技术的结合手机应用的集智能性、便捷性、大数据于一体的手机应用程式。读者只要用过免费开通的读者证账号就可以顺利登入系统，免费下载获取里面的所有的海量、正版的电子数据资源。在使用这两个系统的过程中，读者不需要额外支付任何的费用即可获取数据的完整版本。此项业务的推广将大大有利于读者的日常工作学习以及数据资料的查找。

管理工作

2009年至2012年三年期间，广州市天河区图书馆实行全员聘用制，目前全馆共有13名在岗工作人员。同时，建立了工作量化指标考核体系，在岗人员每周定期进行工作进度通报，每半年和全年进行工作总结。

2012年，天河区图书馆在天河区内开设了华港分馆。通过分馆的开设，极大方便地了区内居民读者的阅读需求，为辖区内居民群众的阅读学习又提供了一个广阔的场所。

表彰、奖励情况

2009年–2012年，广州市天河区图书馆共获得各种表彰、奖励21项。其中获国务院业务主管部门表彰、奖励3项；或地市级业务主管部门表彰、奖励15项；获得其他表彰、奖励3项。

馆领导介绍

馆长：刘驰，男，1971年生，本科学历，理学士学位，从事图书馆管理工作七年。

副馆长：刘瑞雪，女，1970年生，本科学历，长期从事图书馆工作。

未来展望

天河区图书馆在“读者至上，服务第一”的服务理念指引下，尊崇“以人为本，精诚服务”的宗旨，实行借、阅、藏、查一站式服务。作为城市最基本的文化设施，天河区图书馆将一方面作为市民终身教育的知识殿堂，另一方面也是城市文化内涵和文化品位的重要象征。

天河区图书馆这座“知识宝库”将与时俱进、开拓创新，顺应时代的发展，充分利用现代信息技术搜集、整理、储存、传播文献信息资源，更好地为全区的经济文化建设和科学研究服务。为提高大众文化素质，实现公共文化的公平配置服务，为天河区公共文化设施建设的均衡发展提供切实保障，从而使居民群众普享“文化福利”，切实保障了大众的文化权益。

今后，区图书馆将以十八界三中全会精神为指引，以建设社区文化为着力点，让群众广泛享有免费基本公共文化服务，培养兼顾传统、面向世界、面向未来的多元文化体系，为推动社会主义文化大发展大繁荣而努力。

联系方式

地　址：广州市天河区龙口西路80号
邮　编：510670
联系人：简志坚

广州市白云区图书馆

概述

广州市白云区图书馆坐落于白云区机场路1035号白云区文化活动中心院内。白云区图书馆创办于1956年，前身是郊区图书室，隶属于郊区文化馆；1974年4月郊区图书室对外改称为郊区图书馆。1983年9月迁至广州市先烈东路137号。1987年郊区图书馆正式更名为白云区图书馆。1988年7月白云区图书馆正式单独建制，2005年迁至现址。目前，白云区图书馆面积8388平方米，馆藏量63万册，阅读座位583多个，计算机114台，采用图创Interlib图书集群管理系统。

业务建设

目前，白云区图书馆面积8388平方米，馆藏量63万册，其中图书文献37万册，本地电子文献25.8万册；白云区图书馆已购买远程包库使用的数字资源有超星读秀知识库、超星百万电子图书资源库、超星学术视频；订购的报刊、杂志共800多种。至2013年，白云区图书馆的数字资源总量为3.5TB，视听文献2400余件，地方文献目录实现100%数字化。

2005年，白云区图书馆开始采用ILAS2.0作为图书业务管理系统，实现了计算机化的管理。2010年8月份，白云区图书馆开始安装并采用图创的INTERLIB图书馆集群管理系统，并开展全市范围的图书通借通还服务。

目前，白云区图书馆网络出口总带宽为114MB，服务器存储总容量15TB，共享存储容量48TB。2012年，通过实施“白云无线城市”项目，白云区图书馆已实现了馆舍无线信号的100%覆盖。

读者服务工作

白云区图书馆作为公益性文化事业单位，始终把保障公共文化服务放在工作的首位，除周一闭馆外，周末及法定节假日均正常开放。从2011年开始，白云区图书馆针对不同读者群的需求，对各库室开放时间进行调整，延长了开放时间，周开放时间超过70小时。2012年白云区图书馆年服务人次首次突破了50万，达56万，外借图书32.5万册，新办理借书证2837个，均位于历年较高水平。

2010年9月27日，白云区图书馆与广州图书馆通借通还正式开通，成为全市第一家实行通借通还的区级图书馆。为进一步推进通借通还服务向基层延伸，白云区图书馆在本辖区内大力推进与镇、街图书馆之间的通借通还分馆建设工作。先后完成了永平街、京溪街、三元里街等11个分馆的通借通还工作，街镇公共图书馆通借通还服务覆盖率已经超过了50%。同时，至2012年底，白云区图书馆已建成镇（街）级共享工程基层服务点18个、社区（村）共享工程基层服务点366个，实现了共享工程服务网络全覆盖。

“4.23世界阅读日”活动、图书馆服务宣传周、“羊城之夏”青少年暑期活动、书香白云、科技活动周等一系列读者活动是白云区图书馆每年都定期举办的大型活动。此外，白云区图书馆还围绕不同主题开展形式丰富的特色活动，如2010举办的迎亚运大型活动。2009–2012年，白云区图书馆共举办各种大型活动50多项、培训讲座130多场，服务总人次176万人次。

2011年，白云区图书馆在原来免费开放的基础上，进一步取消办证工本费和验证费，实现全面免费开放。与此同时，白云区图书馆开始推行IC读者卡，持旧借阅证的读者可免费更换IC读者卡，并开通了网络和电话自助自助借阅查询、续借、证挂失、修改密码等服务。2012年，为了满足读者的多元文化需求，白云区图书馆建立了移动数字阅览区，配备30台易博士移动数字阅读器供读者使用。2009–2012年，白云区图书馆还编制了《科研与经济建设》8期、《领导决策参与》8期，为白云区的社会建设提供决策信息支持，得到了有关部门的好评。

业务研究、辅导、协作协调

2009年至2012年，白云区图书馆员工在省级以上刊物发表论文共6篇，发表针对本地区的公共图书馆事业建设调查研究报告4篇，获省级科研项目立项2项。

白云区图书馆在区内18个街镇已建立49个流通服务点，其中基层图书室36个，分馆13个。在全区18个街镇图书馆（室）中，参与服务网络的街镇级图书馆比例达到100%，实现通借通还的覆盖率达到38.9%。白云区图书馆定期面向共享工程基层管理人员开展技术培训班，同时还通过网络、面授等方式提供即时业务指导。2009至2012年累计开展各种培训班及业务辅导100多次，共计培训582人次。

白云区图书馆通过积极开展协作协调工作，不断拓展服

务内容。2010年白云区图书馆与广州图书馆的合作，成为了全市第一个实现通借通还的区级图书馆；2010年白云区图书馆联合广州城市职业学院成立国学教育基地及建立社区联合图书馆，共同开展国学推广及社区文化建设；2011年开始，与广州市社科联合作建立社科普基地，定期举办科普知识讲座及宣传活动；2011、2012年白云区图书馆与区科协合作，编制《健康生活小常识》科普宣传手册共计1万余册；2011年开始，白云区图书馆与广东省狮子会、启智青年志愿服务队合作，长期开展各种志愿文化活动。

白云区图书馆是广州市图书馆学会的会员单位，积极参与学会各项工作。同时，白云区图书馆2009年加入广州地区公共图书馆联合编目中心。此外，白云区图书馆还积极协调和支持辖区内基层图书室的规划和建设工作。

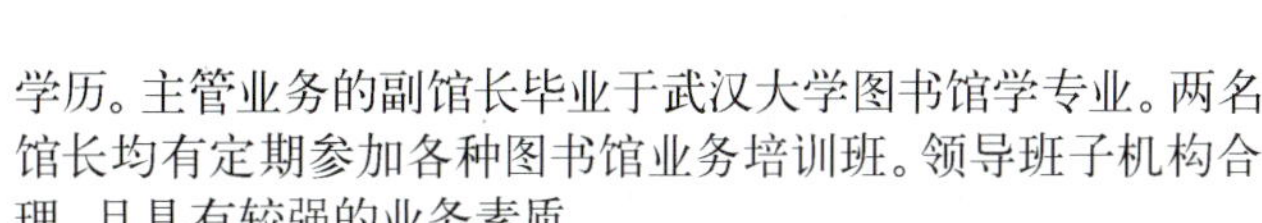

管理与表彰

白云区图书馆已实行岗位聘任制，所有岗位均实行竞争上岗，并有严格的考核制度，每年均由上级主管单位对员工进行考核。此外，白云区图书馆制定了完备的财务、设备物资、档案、安全保卫、业务管理制度，并定期对各项制度进行评估及修订。

2009–2012年，白云区图书馆共获上级表彰14次，其中省部级以上表彰5次，市级9次。

领导介绍

白云区图书馆现有正、副馆长各1人，两名馆长均为本科学历。主管业务的副馆长毕业于武汉大学图书馆学专业。两名馆长均有定期参加各种图书馆业务培训班。领导班子机构合理，且具有较强的业务素质。

刘黎明，女，1959年10月生，中共党员，馆员，馆长。1977年参加工作，2009年任白云区图书馆馆长。

孙懿雯，女，1964年3月生，中共党员，馆员，副馆长。1982年参加工作，2007年任白云区图书馆副馆长。

未来展望

白云区图书馆始终坚持"优质服务、读者至上"的宗旨，未来将努力找出自身差距，明确定位，寻找新的突破。展望未来，白云区图书馆将继续加强自身综合服务能力的建设，同时，努力推进基层公共文化服务网络建设。白云区图书馆将以建成特色鲜明、管理科学、服务优良的现代化图书馆为目标，为构建幸福白云、为广州文化建设大发展大繁荣作出应有的贡献。

联系方式

地　址：广东省广州市机场路1035号
邮　编：510410
联系人：陈天瑞

广州市黄埔区图书馆

概述

黄埔图书馆成立于1991年，2006年5月新馆正式对外开放。新馆建筑面积12070平方米，设计藏书量为80万册，设有中文书库、少儿馆、多功能报告厅、报刊阅览区、电子阅览区、工具书室、港澳台书库及地方文献书室等功能区域，现有阅览座席950个，计算机159台，宽带接入200Mbps，使用Interlib图书馆自动化管理系统。1999年，参加第二次全国公共图书馆评估首次获评"国家一级图书馆"，2004年、2009、2013年均顺利通过国家一级馆复评。2012年1月，加入广州市公共图书馆通借通还系统。2013年1月，黄埔区图书馆少儿馆启用，藏书近3万册，动漫电子书达5千多种。

业务建设

截至2013年7月，黄埔区图书馆总藏量50.07万册，其中图书44万册，电子图书及视听文献约6万册，报刊800多种。2012年度购书经费达98万元。

2012年，购置CNKI、点点书库等数字资源。与广州图书馆签订"数字图书馆推广工程"战略框架协议，共享17个数字资源数据库，总存储量达47.386TB，包括CNKI、万方、龙源期刊等。

读者服务工作

黄埔区图书馆全面实行免费开放：文献资源借阅、检索与咨询、讲座、培训、展览等文化服务项目全部免费向读者提供，电子阅览室、WIFI服务免费对外开放。2013年，新增3台自助借还书机，每周服务时间达84小时。

2012年，书刊总流通人次为57.87万，书刊文献外借册次为22.3万。截至2013年7月，在街道、社区、部队建成分馆9个，有10个流动图书车服务点。

2012年，黄埔区图书馆组织举办各类讲座和培训班31场次、展览12场次、阅读推广活动12场次，转播羊城学堂49场次，参与人数总计5.8935万人次。

业务研究、辅导、协作协调

2009至2012年期间，共有9篇员工论文在国家级、省级期刊发表。2011年，向黄埔区科信局成功申请"区图书馆少儿动漫体验室建设"、"自助借还书系统"2个科研项目的立项。

2009至2012年，向街道、社区、部队、学校等基层发放过刊杂志1.3万册，开展基层工作人员共享工程培训班9次，培训人员150人。建立了全区首个共享工程社区服务点——穗东街南湾分馆。

管理工作

截至2013年7月，黄埔区图书馆共有工作人员27名，副馆长2人。其中正式编制工作人员13人，大专以上学历11人，中级以上职称5人。黄埔区图书馆以营造团结协作、积极上进的工作氛围为内部管理目标，逐步打造一支政治素质好、业务能力强、工作效率高的人才队伍。

表彰、奖励情况

2009年至2012年，共获得上级表彰20项，其中国家级表彰1项，省级表彰1项，市级表彰18项。

馆领导介绍

刘艳，女，1974年7月生，本科学历，副馆长。1996年7月参加工作，2003年2月到黄埔区图书馆工作，先后在外借部、采编部、办公室工作。

姚蕾，女，1981年10月25日生，本科学历，馆员，副馆长。2004年9月参加工作，2007年1月到广州少年儿童图书馆工作，先后在借阅部、办公室工作，后于2011年11月调至黄埔区图书馆工作。

未来展望

黄埔区图书馆将依托通借通还服务体系，积极开展基层分馆通借通还服务建设，打造四级文化服务网络，推动基层文化服务均等化，努力建成设施完善、服务优质、群众满意的区级公共图书馆。

联系方式

地　址：广州市黄埔区大沙北路301号
邮　编：510700
联系人：李　苗

丰富的藏书

电子阅览室

六一文艺汇演活动

精彩纷呈的少儿活动

趣味手工坊——面具制作活动

流动书车服务

环境优美的黄埔区图书馆

广州市番禺区图书馆

概述

番禺区图书馆是广州地区公共图书馆中较早使用计算机管理和全开架借阅方式的图书馆之一，成立于1973年5月，现有馆舍1987年6月建成并对外开放，占地1282平方米，建筑面积4200平方米，坐落于市桥清河西路56号，毗邻新广场、青少宫、市桥文化中心及仲元中学、南阳里小学等学校，交通方便，环境优雅。2013年，番禺区图书馆在沙头街建设分馆，建筑面积为4598平方米。同时，区委区政府努力推进番禺区图书馆新馆的建设，目前正在选址中。

业务建设

截至2012年12月，番禺区图书馆图书总藏量57.9万册、数字资源7.5TB,各类电子资源共80余万册。其中2012年共接待读者约48万人次，书刊外借册次约32.9万册次。

近年来，番禺区图书馆新购存储设备一批，并续购了“人民网数据库”、“中宏数据库”、“人物通平台”、“CNKI”部分数字资源，新购了“少儿多媒体图书馆”数字资源。目前，番禺区图书馆拥有专业服务器6台，资源存储系统达7.5TB，各类电子资源共计80余万册。数字化信息资源内容丰富，形式多样，有电子图书、全文期刊数据库、各类专题数据库、特色数据库等多类型数字资源。其中电子图书47万种；中文学术期刊、科技电子期刊10000余种；外文原版电子期刊16000多种；并拥有《人民网数据库》、《国研网报告数据库》、《中宏产业数据库》、《网上报告厅》等综合数据库及《珠宝首饰信息资源库》等特色数据库、专题数据库共30余个。每年新增电子图书约8万种，同时保持中外文期刊全文数据库、人民网数据库的动态更新及主要数据库的年度更新，为番禺区党政机关、公共图书馆、教育和科研等单位提供全方位、多元化的数字资源信息服务。

读者服务工作

番禺区图书馆从2011年10月1日实行全免费开放，每周开放7天，部分部室开放81小时，全年无闭馆日，节假日照常开放，服务效果良好。免费开放的服务窗口有：图书借阅室、报刊借阅室、少年儿童阅览室、参考资料阅览室、电子阅览室、盲人有声读物阅览室、老人残疾人阅览室、自学室、展厅、报告厅；向读者提供全免费项目包括：书刊借阅、办证、培训、讲座、上网、数字资源下载等。

目前，番禺区公共图书馆服务体系由总馆、分馆（镇街图书室）、图书服务网点（流通点）和24小时自助图书馆组成，服务触角延伸至各镇街、村、社区。据统计，番禺区图书馆在全区的部分社区、农村、企业、机关建立了图书服务网点（流通点）52个；在石楼国学广场、广州碧桂园社区等人流集中、交通便利的地段设置了自助图书馆12个。

2012年初番禺区图书馆推出“团借”特色服务，深入企业宣传图书馆、办理集体借阅证，在广东好太太科技发展有限公司、中国人民解放军九五一三七部队、石基家庭综合服务中心等企业、部队、机关及部分社区建起集体外借点15个，共团借图书14000多册，期刊3000多册。

自2012年5月份起，番禺区图书馆在全区范围内逐步开展“百万市民齐捐书”活动，在康乐社区、康裕北苑、华侨城、广州碧桂园和南区公园等地开展“书香羊城——百万市民齐捐书”活动，共收到捐赠书籍约1800多册。

据统计，2009年至2012年，番禺区图书馆共开展了20场的大型讲座，累计人数有2万人参与。2011年11月，番禺区图书馆推出了“活色书香三人行”讲座，邀请番禺本地的艺术家作为主讲嘉宾，以“真人图书馆”的方式在我区举办大型读书活动。每年的7月份至10月份，番禺区图书馆积极开展“羊城之夏”活动，内容主要以读书讲座、书画展览为主。2012年，番禺区图书馆在辖区内11所中小学校开展“好书漂流”活动，共2万多学生参与，漂流书籍约8000册。番禺区图书馆针对未成年人开展了一系列的亲子活动，活动包括：图书阅读、艺术培训、折纸、手绘本等亲子活动。2011年至今，共开展丰富多彩的活动35场，吸引超过700名读者参与。其中，2012年，番禺区图书馆与区职业技术学院“有情泉”义工团联合开展“创意坊”系列亲子读书活动，已举办了10场次，共100多个家庭参与。

业务研究、辅导、协作协调

自2007年5月份起，番禺区图书馆在区内的行政村（社区）建立了“农家书屋”的试点。截止2011年12月，共建成“农家书屋”“社区书屋”共339间。番禺区图书馆成立了“农家书屋”管理员培训小组，对“农家书屋”管理员进行了知识培训与现场实操。每个镇街每年不少于2次的业务技能培训和1次的实地指导，全年下基层指导培训20多场次，参加人次多达600人次以上。

番禺区图书馆于2012年5月开通“通借通还”业务。目前，番禺区图书馆已实现与广州图书馆、白云区图书馆、荔湾区图书馆、海珠区图书馆、南沙区图书馆、天河区图书馆、萝岗区图书馆、黄埔区图书馆、增城市图书馆、从化市图书馆、花都区图书馆、越秀区图书馆等馆之间的中文图书“通借通还”。

番禺区图书馆与番禺区义工中心、番禺职业技术学院“有情泉”义工团、番禺区雅居乐地产公司以及辖区内各大、中、小学达成长期的合作关系，在寒暑假、周末及节假日期间派出志愿者参与图书管理服务工作，效果显著。2012年7月份至8月份，一共有100多名学生报名参加志愿服务活动。2012年全年，番禺区义工中心及其他志愿参与图书管理工作的志愿者共300多名进行了志愿服务工作。

管理工作

番禺区图书馆内设7个部室，分别为办公室、财务部、采编部、图书借阅部、报刊借阅部、技术部、读者服务部，分工明确，员工定期培训与轮岗，形成良好的工作制度。现有员工41人，其中在编员工19人，空编2名，聘用制合同工20人；现有管理岗4名，专业技术岗17名，其中获得中级职称人员10人，初级职称5人。

表彰、奖励情况

番禺区图书馆在1994年全国首次开展的公共图书馆评

估定级和1998年、2004年、2009年文化部组织的复评活动中，均获得了“国家一级图书馆”称号。先后被评为第31、32、33届“羊城之夏”先进集体和获得优秀组织奖，第六届“在阅读中成长——广州市青少年十年阅读系列活动”绘本故事讲述大赛优秀组织奖、第九届中国艺术节“岭南文化知识竞赛”优秀组织奖以及2011第七届星海艺术节艺术创新奖等荣誉称号。

馆领导介绍

詹景海（笔名詹海林），男，1966年3月生，本科学历，中共党员，国家三级作家，馆长。1991年参加工作，历任文化站站长、文化馆副馆长，1997年6月任广州市番禺区图书馆馆长。中国作家协会会员，广州市美术家协会会员。

苏晓敏，女，1965年1月生，本科学历，中共党员，馆员职称，副馆长。1980年参加工作，任图书馆采编部主任，1997年任广州市番禺区图书馆副馆长。2011年4月，被中共广州市番禺区委员会、广州市番禺区人民政府评为2010年度番禺区创建全国文明城市工作先进工作者，2013年11月，被广州市文广新局评为第三十四届“羊城之夏”青少年暑假系列活动积极分子。

未来展望

番禺区图书馆在建设和发展上，牢固树立“以人为本”的理念，始终坚持与时代同步、与广大读者的知识需求发展同行。番禺图书馆将不断完善图书馆服务体系，充分发挥总馆、分馆、图书流通点和24小时自助图书馆的作用，将服务触角延伸至各镇街、村、社区，大力拓展公共图书馆服务网点建设，最大限度地扩大图书馆服务的覆盖面或影响面。

番禺区图书新馆的建设定位为大型（国家一级）图书馆。其中地上建筑面积29000平方米，可藏书240万册，配置1800个阅览座位以及一个报告厅（400个座位）、一个多功能厅（200个座位）和一个面积为1000平方米的特色展览厅。地下建设用地不少于10000平方米，用于人防工程、汽车停车位、部分后勤保障用房等。下一阶段，番禺区图书馆将工作重心放在新馆筹建上，按照高起点、高标准和适度超前的要求，积极推进区图书馆新馆建设，为广大市民提供一个“求知、交流、休闲”公共活动空间。

联系方式

地　址：广州市番禺区清河西路56号
邮　编：511400
联系人：萧东辉

广州市花都区图书馆

概述

花都区图书馆于1962年建馆，原名为花县图书馆，1993年花县撤县建市后更名为花都图书馆。1992年8月在当地政府的重视和大力支持下兴建新馆，并于1998年5月正式对外开放。现花都区图书馆位于花都区新华街宝华路38号，占地面积17.41亩，建筑面积8630.3平方米，馆舍宽敞明亮，馆内环境舒适，是花都区重要的文化设施之一，已连续三次被评为国家一级图书馆。

业务建设

截止2013年，图书总藏量114万多册（件），其中实体文献49万册（件），数字图书65万种，订阅报刊2000多种（其中电子报刊1200多种），阅览座席1650个。

花都区图书馆的发展纳入政府经济和社会发展的总体规划，列入政府年度财政预算。2009年，政府投入300多万元对馆内环境进行了升级改造，全面安装了空调、扩大了藏书面积、增加了阅览座位；2012年财政拨款总额748.9万元。

2012年3月完成了与广州市属多间公共图书馆的图书通借通还。12月少年儿童实行免费办理借书证；2013年3月实行全馆免费办理借书证，并将每证馆内借阅册数由原来的两册增至五册，增加馆际借阅五册。得到读者的喜爱和支持，图书借阅量与日俱增。2013年全馆外借量达50多万册（件）。

花都已建成的数字图书馆包括：65万种电子书的全文检索、在线阅读、下载借阅服务；500种全国各级各类报纸现报数据的全文检索和在线浏览服务；1500种年鉴条目及全文的在线浏览和检索服务；1800种工具书条目及全文的在线浏览和检索服务。所有的电子资源采用CEBX格式，能够实现跨平台的阅读，支持手持阅读器、手机、平板电脑、U盘等多种终端设备。

截止到2013年3月，花都区图书馆实现了无线网络全覆盖，读者服务区域的无线网络覆盖率100%。馆内使用图创图书馆集成系统对图书的采购、编目、流通等实现自动化管理。以30兆光纤宽带与Internet高速互联，读者可以通过本馆网站检索书目数据，进行网上信息查询及阅读服务。

2013年3月，花都区图书馆购入一台智能化流动图书车并投入使用。车内藏书2500多册，配备与馆同步的网络检索、借还书设备，方便广大读者现场办证、阅读、借还书，具有独特灵活、快捷、方便、主动等特点。

读者服务工作

花都区图书馆每周免费开放64小时，设有图书借阅区、数字图书馆、地方文献区、自学区、视障人士阅览区、多媒体阅览区、报告厅、展览厅、独立区域的少年儿童图书馆等多个向读者开放的服务窗口。集学习阅读、信息交流、展览讲座、文献存储等综合功能和传统文献借阅、数字化网络服务为一体的公益性公共图书馆。年图书外借量30多万册，接待读者70多万人次，集体阅览80多场次，举办阅读推广活动100多场次，长期开展“你选书·我掏钱”便民活动，每年为此采购图书3000多册，价值10多万元，惠及读者1000多人次。

定期读书活动有：播放“羊城学堂”视频讲座；播放3D少儿电影；少儿读书推广活动和“文化花都”学堂讲座；“4·23”世界读书日、公共图书馆服务宣传周活动等。不定期读书活动有：花都区青少年道德讲堂、专题展览、书画征文比赛、摄影比赛、猜谜、知识讲座等。这些读书活动深受读者欢迎，营造了浓厚的读书氛围。

2010年–2013年，共举办讲座、展览、培训、阅读推广等活动680多场次，参与人数11.53多万人次。年出版《信息参考》4期、《信息摘编》4期，为政府领导机关提供信息参考，为企事业单位提供科技文献参考。同时，将基层群众最需要的科技、文化信息资源汇编成册，及时传送到群众手中，特别是相对偏远的农村地区。

业务研究、辅导、协作协调

截止到2013年3月，完成区内七间公共图书馆的图书通借通

书库

还工作。读者只需登陆花都区图书馆网站就可查询到图书所在的具体位置，再到相应的地点办理图书借阅手续，并且可以将所借图书归还到七间分馆中的任意一家。

花都区图书馆经常深入部队、学校、建筑工地、企业开展送书活动。在馆内日常服务中，为残疾人和老年读者开通“绿色通道”服务、便利服务、电话续借服务和专门服务。

管理工作

2011年，花都区图书馆根据国家和省有关人事制度改革的文件精神，制定了《花都区图书馆岗位设置实施方案》等，完成了花都区图书馆的岗位设置以及聘用工作。严格执行考核制度，将平时考核与年度考核结合起来，根据岗位职责及其完成情况确定考核等级。着重培养馆员的创新能力、现代化技能、信息开发潜能，鼓励员工积极参加各类培训。

表彰、奖励情况

2010年–2013年，花都区图书共获得各种表彰、奖励共26次。其中，获省级以上表彰2次；市级以上表彰18次。

馆领导介绍

刘恩良，男，1956年4月生，大专学历，中共党员，副研究馆员，馆长。1974年10月参加工作，曾任花都区文化馆馆长，2008年10月至今在花都区图书馆任馆长。

王丽军，女，1962年3月生，大专学历，中共党员，副研究馆员，副馆长。1981年7月参加工作，1987年8月至今在花都区图书馆工作。

冯美华，女，1963年5月出生，大专学历，中共党员，馆员，副馆长。1980年12月至今在花都区图书馆工作。

集体阅览

未来展望

花都区图书馆秉承“读者第一，服务至上”的服务宗旨，将开拓创新、积极进取，不断提高服务质量，拓展服务范围，丰富服务内涵，为更好地发挥公共图书馆的文化教育功能，营造花都区全民阅读氛围而不懈努力。

联系方式

地　址：广州市花都区宝华路38号

邮　编：510800

联系人：彭炼新

花都图书馆外貌

广州市南沙区图书馆

概述

南沙区图书馆位于南沙区金蕉大道，是整合蕉门河社区文化活动中心场地资源而建成。2008年底起对外试运行，2009年6月底正式对外开放，2010年参加第四次全国公共图书馆评估，首次获得国家一级图书馆。2012年，南沙区图书馆建筑面积6200平方米，阅览座席510个，其中少儿座席140个，文献总藏量22.5万册（件），10M光纤接入，读者专用的计算机65台，馆内读者服务区无线WIFI覆盖80%以上，2011年开通了广州区域的通借通还服务，使用Interlib第三代图书馆自动化管理系统。

南沙图书馆新馆将于2014年开工建设，并于2016年6月竣工，总建筑面积合计25000平方米，藏书规模100万册，阅览席规模为1000座。

业务建设

作为我区重点公共文化基础设施，区图书馆的建设与发展得到区委、区政府的高度重视及南沙区各界人士的关心和支持。

一是将群众文化事业发展纳入政府经济和社会发展的总体规范，统筹规划，同步发展。

二是经费投入逐年增长。2012年、2013年区政府拨给图书馆文化事业经费分别为541.3万元、671.4万元，2012年财政拨款年增长率与当地财政收入增长率的比率达453%，呈较大增长趋势。

三是基础设施建设投入不断加大。区财政专门投入超过258万元整合资源建设区图书馆。此外，2012年投入20万元建设广州少年儿童图书馆南沙分馆，投入120万元购置3台24小时自助图书馆设备，为公共图书馆事业的稳步发展打下牢固的基础。

读者服务工作

图书馆工作涉及面广，业务量大，为了满足不同层次读者的精神文化需求，我们本着一切为读者服务的宗旨，围绕优化服务、拓展图书馆教育和信息的功能，不断开拓创新，在工作中为读者提供多方位的务实服务，取得良好效果。

1、服务外包，实现公共图书馆常态化运作

为更好地发挥区图书馆功能，为社会提供优质的公共文化服务，2011年10月，经过招投标，以合约的方式委托外部服务商对书目数据库建设、报刊装订、流通服务等工作进行服务外包。另外，两馆（区图书馆、文化馆）后勤物管也在2012年5月实现服务外包。通过服务外包方式，图书馆的公共文化阵地实现了常态化运作，更好地为社会提供了优质的公共文化服务，有效地推进我馆规范发展，获得良好的社会反响。

2、优化整合，提升公共图书馆文化服务水平

2012年以来，我馆结合图书馆的场地布局，遵循“动静分区、因地制宜”的原则，进行统筹整合，逐步优化场馆内部功能设置，整合完善各功能场室。实现了图书馆各功能场室全面向读者正常开放。同时，结合南沙实际，我馆对开馆时间和服务内容作了调整和完善，不仅延长了开馆时间，还实现了图书馆在晚间向读者开放。截至2012年底，有效读者证近4000张，书刊文献年外借册次达20.7万册，年流通总人次近38万，固定读者群的培养已见成效。

3、拓宽思路，加大公共图书馆服务普及面

2012年起，针对我区地域广阔、人口分布比较分散、交通网络尚未完善等实际，我馆积极拓宽工作思路，构建以流动图书服务网点为平台的读书网络体系，以发挥馆藏资源的最大效能，在区内设立区图书馆固定流通服务点、24小时自助图书馆服务点等，为所有读者提供无差别服务。

2012年以来，我馆把读者服务、读者活动、宣传推广和基层辅导作为重中之重，狠抓了落实工作，取得了较好成绩。截止2012年12月，我馆共举办基层图书管理员技能和业务培训及共享工程培训60次，讲座12次，各式展览12次，阅读推广活动13次，读者参与活动人数近7000人次，极大地满足了广大人民群众的基本文化需求。

业务研究、辅导、协作协调

开展协作协调工作是现今信息共享社会的要求，我馆向来注重参与本省、本市的协作协调工作，发展特色服务。主要体现在以下方面：

1、通借通还服务工作。我馆自2011年4月份加入开通了广州地区各公共馆之间的“通借通还”服务。2012年全年，我馆读者从市图书馆及各区图书馆借阅图书667册，归还图书624

二楼借阅室

少儿阅览室

阅览室

六一活动

小书虫故事会

册；而市图书馆及其它区读者到我馆借阅图书2387册，归还图书1028册。(以上数据均不含我馆图书的借、还量)。从以上数据可以得出，通借通还服务不受地理位置限制实现了跨地域的借还书功能，从而最大效能利用文献资源，方便读者的阅读。

数字资源的共享扩大了通借通还工作的内涵和外延，2012年12月起，我馆注册读者可远程访问市馆共享的中国知网（CNKI）、库克数字音乐图书馆等十几个数字资源库。

2、积极参与市"羊城之夏"阅读系统活动。我馆积极参加历届的"羊城之夏"青少年暑期读书系列活动，并取得可喜的成绩：在第31、32、33届我馆被授予"先进集体"和"优秀组织奖"的称号。第32届"纪念辛亥 振兴中华——童心爱广州英雄故事"演讲比赛中双双获得小学组和初中组第一名。

3、积极开展基层辅导和培训工作。2012年全年，依托图书馆的技术力量，对各镇街文化站、各村（社区）定期开展了基础业务知识馆外辅导活动和文化共享工程馆外辅导活动，共计28次，参与人数达560人次。活动受到各基层管理人员的欢迎，并掌握了相关的知识和操作技能，为其进一步开展工作提供理论和实践基础。

4、建设镇（街）、社区固定流通服务网络。南沙区图书馆在2012年开始逐步在本区内设立固定流通服务点，采取多样的服务模式，让图书服务的触角延伸到镇、街道、基层单位、企业、社区等。至今，我馆已建立15个馆外固定流通服务点，并不定期在各服务点举行"阅读快车进社区"活动。这方便了市民阅读，扩大了我馆的服务范围，提高了馆藏利用率。截止2012年，固定流通服务点借阅总量达到37752册次。

管理工作

我馆在管理上求规范，服务上求实效，气氛上求和谐，全馆上下团结拼搏，自我加压，呈现干实事、求实效的工作局面。

1、提升人员素质。建馆以来，我馆特别注重对干部职工的思想教育和业务素质的提高，强调文化干部必须具备过硬的政治思想和业务素质，建立了政治业务学习制度，有计划的组织广大干部认真学习党的政治方针、文化政策、法规、业务信息等，并多次选派业务干部到省内先进馆、市内兄弟馆学习，以全面提升干部职工自身的综合素质。

2、狠抓制度管理。我馆一贯注重制度建设。近年来，不断完善区图书馆的规章制度建设。目前，各项规章制度执行情况良好。另外，区图书馆还认真制订了切实可行的工作计划，并及时回顾和总结。图书馆的器材、书籍账册齐全。文献管理均采用计算机管理，并定期进行系统维护、数据备份及做好相关记录等。

3、加强队伍培训。基层辅导工作是图书馆开展基层服务工作的重点之一。2012年，为提高基层图书室工作人员的业务素质和服务水平，我馆充分利用馆内及各镇（街）、村（居委会）一级图书室（农家书屋）的资源，积极举办一系列的图书管理技能和业务培训活动，调动基层工作积极性，让辖区的居民群众在家门口就能享受到图书馆的高品质的服务。

表彰、奖励情况

2009年–2012年间，我单位积极参与广州市文广新局、广州市图书馆等单位举办的活动，单位和个人获得市级以上的各类证书、奖状共计20次。

馆领导介绍

黄兵，男，本科学历，中共党员，广州市南沙区文化发展中心主任（文化馆、图书馆馆长），群众文化专业馆员。

陈丽云，女，本科（教育硕士），中共党员，广州市南沙区文化发展中心副主任（文化馆、图书馆副馆长），中学高级。

未来展望

南沙区是继上海浦东新区、天津滨海新区等之后的第六个国家级新区，南沙区将以高规格谋划新馆的建设，使之与国家级新区建设目标相称、相适应，并成为新区建设的有力支撑、新区文化机制与服务创新的重要载体。

联系方式

地　址：广州市南沙区丰泽东路
联系人：王红雨
邮　编：511458

报纸登记工作

广州市萝岗区图书馆

概述

广州市萝岗区图书馆位于广州市萝岗区青年路东园六街5号，前身为广州经济技术开发区图书资料中心，2002年更名为广州开发区图书馆，2006年6月正式更名为广州市萝岗区图书馆。2007年广州市萝岗区图书馆实行馆舍改扩建，扩建后馆舍面积达4080平方米。2009年，第四次全国公共图书馆评估，首次获得"一级图书馆"称号。2013年广州市萝岗区区委、区政府通过场地划拨方式，提高服务使用空间，馆舍总建筑面积达到8330平方米。目前有阅览座位550个，开设开架综合图书阅览室、报刊阅览室、电子阅览室、培训室、工具参考室、自修室、少儿阅览室、展览室及视障阅览室服务场所。常年开展图书外借、阅览、参考咨询、电子阅览、视听、讲座、培训、展览、学术交流、读者沙龙及电子移动阅读等免费服务活动。

此外，在萝岗区区委、区政府的高度重视下，于2012年3月启动新馆建设。新馆设在萝岗中心区，建筑总面积为15684平方米，设计总藏书量为100万册、1200个阅读座位。预计2015年底投入使用。

业务建设

随着广州市萝岗区的经济与社会不断发展，政府加大了投资力度，萝岗区图书馆的办馆条件日臻完善。2012年财政投入了558.36万元，2013年财政投入819.11万元，其中新增购书经费265万元。截止2013年6月，萝岗区图书馆总藏量50万册。其中纸质图书26万册，电子文献资源24万册，图书年入藏量7652种，报刊年均入藏量1202种，视听文献资料的数量为2600多件。数字资源总量为58.896TB，其中自建数字资源总量15TB。电脑设备台数为100台。提供读者使用的计算机65台，其中电子阅览室51台，书目查询（OPAC）专用计算机3台，供盲人使用2台，供少儿读者使用9台。提供给馆外读者24小时自助图书电脑2台。

截止2012年底，萝岗区图书馆接入网络宽带3条。一是与萝岗区行政服务中心互联光纤接入带宽共享100兆，二是电信专线接入10兆，三是联通宽带接入10兆。读者服务区域无线WIFI覆盖范围达100%。

读者服务工作

从2008年起，萝岗区图书馆率先实行读者服务项目全部免费开放。这是广州市地区最早实行全免费开放的公共图书馆。2011年5月，萝岗区图书馆开通全广州市公共图书馆馆际"通借通还"服务。每周开放68个小时，年均读者接待量约36万人次。图书书刊文献年外借20.1037万册次。

2011年9月，购置24小时自助图书馆2台并开通馆际互借服务。截2012年底萝岗区图书馆建成流动图书馆：五街一镇53个，企业园区38个，学校10个，医院1个，部队3个，ATM机2个，共计107家。完成萝岗区地方领导信息决策参考及地方时政新闻汇编工作，为地方政府资政提供参考服务。

2009—2012年，萝岗区图书馆建设企业各类培训讲座资源及数字期刊资源一批。制作《"四进社区"群众文化活动》、《禾雀闹春·萝岗祥和》、《创造美好生活·建设幸福萝岗》、《巾帼健身展风采·姹紫嫣红竞风流》等萝岗地方文献多媒体资源上传到广州数字文化网。并通过全国共享文化资源、市数字文化网、市图的"羊城学堂"及市、区馆际互借共享，为萝岗区读者提供了丰富数字和视听资源以及图书文献借阅服务。

2009—2012年，萝岗区图书馆共举办讲座、展览、阅读推广、送文化进基层等服务活动，累计252场次。每年与萝岗区教育局共同举办青少年读书活动和寒暑"快乐阅读"系列活动。如青少年阅读书目推介活动、"我最喜爱的书"——手抄报比赛活动、"科普就在我身边"——科普电影展映周活动、"体验让我快乐"——图书馆"义务小馆员"活动、绘本故事大赛、"图书馆开放周"活动、"学会读书"大课间活动、"我爱读书"作品征集活动、"中华经典诵读"活动、"经典美文讲演大赛"、"我读、我写、我成长"——读书笔记展评活动、"智慧碰撞，亲子读书"——家校读书沙龙活动、"看我的"——读书展览、"与名人对话，与经典同行"——讲故事或表演大赛等活动，这些活动已成为萝岗区图书馆向青少年阅读推广的服务特色。

自2011年起，萝岗区图书馆与萝岗区创业导报合作在创业导报的精神家园栏目开设了"新书、好书"推荐专栏。读者能更快、更好、更及时了解新书、好书的咨询服务，累计推出新书专栏112期。

2012年引入"易博士"移动数字阅读设备，建立移动数字图书馆分馆专柜，移动设备进分馆的数量达到了250台。

2009—2012年，萝岗区图书馆根据不同街道、村居的硬件条件建立形式多样的基层服务网点，开展了街道文化站、共享工程基层服务点以及社区文化共享活动。还利用五街一镇文化站、家庭服务中心等网点优势，大力推进"绿色网园"建设。完善社区文化共享工程建设，为群众提供多样化、个性化的服务，满足群众的基本文化需求。

业务研究、辅导、协作协调

萝岗区图书馆有在编人员11人。其中，本科学历7人，大专学历4人，大专以上学历比率为100%；具有副高职称1人，中级

开架阅览

电子阅览室

萝岗区图书馆一角

读书活动分会场

萝岗区流动图书分馆移动阅览室

现代化的综艺厅

职称5人，初级职称5人。

2009−2012年，萝岗区图书馆全体人员积极参加广州市图书学会的专业培训，馆员学习培训年均达到73学时。职工发表论文2篇。撰写调查报告5篇，参与地区性联合编目和广州地区公共图书馆通借通还技术合作。每年举办100个流动图书馆管理员业务培训。到社区、企业图书室开展业务和技术辅导服务。协助市全国文化信息资源共享工程中心做好萝岗区支中心的建设，以基层群众喜闻乐见的讲座、电影、文化娱乐节目等形式，将各种优质文化资源延伸到居民群众中。

管理工作

2010年萝岗区图书馆完成第二次岗位设置工作，实行“岗位责任制”。每月按完成工作质量进行考核，每半年全员小结，年终实行全员工作年度考核。萝岗区图书馆还通过参观学习、专家指导、专题讲座、个体培训等多种方式对全体工作人员开展业务技能培训，让全体馆员明确职责，熟悉业务，掌握必备的服务技能，更好地为读者服务。

表彰、奖励情况

2009−2012年，萝岗区图书馆共获得广东省级集体荣誉1项，广州市级集体荣誉20项。萝岗区图书馆成为了全国文化信息资源共享工程区级支中心、广东省社会科学普及基地、广州市社会科学普及基地、萝岗区青少年教育基地、萝岗区青少年科普教育基地、易博士移动数字图书馆的服务点。图书馆公共服务工作得到地方社会各界人士的好评和肯定。

馆领导介绍

孔玉华，女，1971年11出生，本科学历，中共党员，中学高级职称，馆长，党支部书记。1992年7月参加工作。2010年9月到广州市萝岗区图书馆工作。

刘波，女，1972年2月出生，大学专科学历，中共党员，初级职称，副馆长，1990年10月到广州经济技术开发区图书资料中心参加工作，先后在借阅部、报刊室、电子阅览室、采编部等部门工作。

科普知识图片在萝岗区少年宫巡展

未来展望

广州市萝岗区图书馆将继续以“读者至上，服务第一”的服务宗旨贯穿图书馆的服务工作中。进一步加快推进新馆建设，启动“萝岗区文化数字学习中心”建设；规划完善萝岗区公共服务体系，构建一个以新馆为总服务核心，服务范围全面幅射辖区范围内各机关团体、事业单位、五街一镇以及企业园区等，具有网络服务特色的体系管理模式；完善图书馆专业队伍建设和专业知识结构，引进图书情报学、信息技术以及综合学科等方面的人才，增强图书馆公共服务的综合实力。加快萝岗区公共图书馆事业的可持续发展，为把萝岗区建成“转型升级先行区、科学发展示范区”做出新的更大贡献。

联系方式

地　址：广东省广州市萝岗区青年路东园六街5号
邮　编：510730
联系人：周充花

新馆大楼效果图

图书馆正门照片

综合借阅室

增城市图书馆

概述

增城市图书馆于1983年建馆，旧馆位于增城市荔城街中山路。2007年3月9日新馆奠基，坐落在增城市荔城街府佑路100号，于2009年11月2日正式竣工并向市民开放，新馆总建筑面积32891平方米，设计藏书总量为80万册，座位1280个。2005年，参加第三次全国公共图书馆评估，获得国家一级图书馆，之后两次复评均获国家一级图书馆称号。2012年，增城市图书馆有阅览座席1626个，计算机229台，宽带接入20Mbps，WiFi无线网络覆盖全馆，选用Interlib图创自动化管理系统。

业务建设

截止2012年底，增城市图书馆总藏量62万册（件），其中，纸质文献30万册，电子图书33万册。

2012年财政拨款总额为969万元，其中投入完善图书馆整体功能建设488万元、购书经费60万元、免费开放经费12.3万元。较2011年增长124.8%。2012年实际财政拨款年增长率与当地财政收入增长率的比率为826.10%。图书年均入藏量12690种，报刊年均入藏量361种，视听文献年均入藏5676.5件。

截止2012年底，自建和外购增城地方数字资源4TB。共享广州图书馆数字资源约50TB，馆藏中文文献书目数字化达99%。

2011年，使用Interlib自动化管理系统，与广州地区公共图书馆实行通借通还。2012年底，开始筹备安装RFID自助借还管理系统。

读者服务工作

2012年底，增城市图书馆有持证读者2万多个，每周开馆时间为61小时，实行全免费开放。2009–2012年增城市图书馆共接待读者100万人次，外借图书76万册次，建立6个馆外流动服务点，文献借阅11万余册次。深化参考咨询服务，编辑《增城资料剪报》和《信息摘编》为政府机关决策、重点科教、企事业单位和大众服务。

增城市图书馆充分利用数字图书馆网站资源、短信平台、推广数字化服务。2009–2012年，网站点击率约200万人次，为读者提供数字化信息资源服务、发布馆内动态、读书活动信息，共享广图等数字资源。

2009–2012年，增城市图书馆举办讲座、培训、展览、阅读推广等读者活动127次，读者参与量超过8万人次。增城市图书馆一直努力创新服务形式，打造特色品牌，开展阅读求知进校园、悦读沙龙等活动。

业务研究、辅导、协作协调

2009–2012年，增城市图书馆员工公开发表论文11篇，参与科研项目1个，围绕本馆业务工作撰写调查研究报告8项。

全馆员工总人数29人，2009–2012年岗位培训、继续教育年均3516学时，人均121学时/年。为提升工作人员的整体素质，更好地为读者服务，增城市图书馆坚持组织业务学习，积极参加省市图书馆组织的各项工作研讨活动，开展业务交流与研究。先后组织工作人员到省市馆、深圳、东莞、从化、花都、越秀、黄埔、海珠等图书馆学习交流，取长补短，促进增城图书馆的发展。

采用广州图创图书馆集群管理系统，采访、编目、流通及书目检索都实行了自动化管理。馆内各子系统均通过互联网宽带连接；2011年、2012年相继与广州图书馆、广州少儿图书馆联网并实行了广州地区公共图书馆系统的通借通还业务。完成120个“农家书屋”和60个“绿色网园”的建设，每个书屋配送书籍1500册，每个“绿色网园”配送4台电脑。同时，图书馆承担对基层服务点进行业务的规划、指导、协调等工作，建立统一的技术平台、检索平台和服务标准。

管理工作

2009–2012年期间，制定了《增城图书馆人才队伍建设五年规划》、《图书馆工作人员管理制度》、《图书馆工作人员考勤制度》、《工作人员年度考核办法》以及各工作岗位的岗位职责、分配激励制度等管理制度。

表彰、奖励情况

2009–2012年，增城市图书馆在增城市公共文化服务

阅读求知进校园活动

悦读沙龙活动

青少年儿童阅览室

体系建设方面做出较大贡献，社会效益显著，同时也获得了相应的荣誉。增城市图书馆2009–2012年先后获得国家级奖项3项，省级奖项1项，广州市级奖项8项，增城市级奖项8项；个人获得广州市级奖项22项、增城市级奖项34项。

馆领导介绍

王志文，男，1972年12月生，本科学历，中共党员，馆员，馆长。1995年8月参加工作，2004年9月任增城市图书馆副馆长，2009年11月主持图书馆全面工作，2013年2月任馆长。

卞育聪，女，1967年4月生，大专学历，中共党员，中级职称，副馆长。1983年3月参加工作，2000年6月任文化馆副馆长，2003年2月任图书馆副馆长。

未来展望

增城市图书馆围绕推进新型城市化发展、建设高品质广州城市副中心、实现“生态、休闲、智慧、幸福的增城梦”的公共文化服务体系总目标，积极探索、与时俱进，不断拓展服务领域，提升服务质量。未来几年完善整体功能布局建设、流动书车和RFID自助借还系统。继续开拓创新，努力建设成为集文化休闲、学习阅读、信息交流于一体的信息化、网络化、智能化、现代化图书馆，为广大市民打造一个舒适的、高品位的阅读天堂。

联系方式

地　址：增城市荔城街府佑路100号
邮　编：511300
联系人：王志文

增城市图书馆

从化市图书馆

概述

从化市图书馆前身为建于1929年的从化县立中山图书馆，1953年5月更名为"从化县图书馆"。馆址历经6次变迁，2010年2月10日，位于从化市区河滨北路的新馆（一期）建成开放。新馆占地面积2.4万平方米，总建筑面积2.6万平方米，其中一期建筑面积1.1万平方米，二期建筑面积1.5万平方米。二期定位为少年儿童图书馆，2014年5月已完成封顶，预计2015年投入使用。新馆设计藏书容量100万册，可容纳读者座位2000个。从化市图书馆工程是从化地区首例按照国家三星绿色建筑评价标准设计的公共建筑。2009年，参加第三次全国公共图书馆评估，首次获得一级图书馆。已投入使用的一期有阅览座席550个，计算机59台，信息节点200个，宽带接入100Mbps，选用ILASII图书馆自动化管理系统。

业务建设

从化图书馆设有青少年综合阅览区、青少年文学艺术专题区、亲子阅读区、青少年动漫区、报刊阅览室、综合文献借阅区、音像资料中心、文化信息共享支中心、图书馆信息共享空间（IC）、地方文献及工具书阅览室等。此外，从化图书馆还提供研讨室、报告厅、培训室的预约服务，免费供读者使用。

截至2014年6月，从化图书馆藏书41万册（件）。其中图书35万册，期刊（合订本）5万册，报纸合计本1万册。特色馆藏资源有"李高松先生赠书（艺术资料）"以及电影胶片等。2009–2012年，从化图书馆建成了"从化文史资料数据库"、"媒体看从化剪报资料（1970–2012）数据库"。

2012年3月，从化图书馆并入广州地区通借通还管理系统，统一使用广州图书馆的图创图书馆自动化管理系统；同年12月，少儿图书实现与广州少年儿童图书馆通借通还。2012年底，实现馆内无线网络覆盖。

截至2014年6月，从化图书馆在编人员25人，其中设馆长1人，副馆长3人；有本科以上学历20人，大专学历3人，大专以上学历占职工人数92%；具有副高职称3人，中级职称15人，初级职称7人。

读者服务工作

从化图书馆全年无闭馆日免费开放，周开放75小时。读者凭身份证、市民卡均可免押金外借图书。2009–2012年，图书馆共接待入馆读者105万人次，外借书刊80多万册次。从化图书馆形成常态化且为市民所熟知的品牌活动包括："书香从化全民阅读月活动"、"'我们的节日'——家庭经典美文诵读"、"经典伴我成长'故事大王'比赛"、从城讲堂（周六）、"绘本智慧乐园、小手变变变"（周六）、"公益音乐会"（周六）、"相声培训"（周日）、"欢乐影院"（周日）。2009–2012年，从化图书馆举办各类读者活动共计350场，参与人数5万多人次。

截至2013年，从化图书馆有馆外服务点21个，所有服务点（分馆、合作馆、流通点）都与总馆实现了通借通还。2009–2012年，从化图书馆流动图书车累计下乡430天（次），借还图书11万册次，服务对象主要为农村未成年人。2012年，从化市图书馆"岭南流动书香车实践活动案例"被广东省图书馆学会评为"阅读推广案例交流活动'优秀案例'"；2013年，该案例获评中国图书馆学会"2013年社区乡镇阅读推广活动优秀案例征集活动'推广奖'"。

业务研究、辅导、协作协调

2009–2012年，从化图书馆员工发表论文18篇，其中在省级以上刊物发表16篇。2012年，从化图书馆与从化地区8所高校图书馆建立了"从化地区图书馆联盟"，实现资源共享。2009–2012年，从化图书馆协助市文广新局建立农家书屋221间、社区书屋45间，创建省级农家书屋示范点1间，广州市级农家书屋示范点5间，培训基层图书室管理人员273人。

管理工作

2009年从化市图书馆完成了首次事业单位全员岗位聘任，本次聘任共设专业技术岗位22个、管理岗位4个。2013年，从化市图书馆作为从化市第一家事业单位法人治理结构试点单位，组建了第一届理事会，通过了《从化市图书馆章程》，并顺利通过了上级部门的试点验收。

表彰、获奖情况

2009–2012年，从化市图书馆获得了各级表彰、奖励共25次，其中获广东省委宣传部、广东省文化厅级1次，广州市级业务主管部门表彰、奖励13次，从化市委、市政府表彰3次，从化市文广新局表彰、奖励2次。

书香进校园活动

"经典诵读"活动

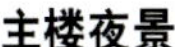

主楼夜景

图书馆主楼及主入口

馆领导介绍

邱跃，男，1970年2月生，本科学历，中共党员，副研究馆员，馆长。1988年8月参加工作，历任从化县图书馆采编辅导部主任、从化县图书馆副馆长、从化市文化局团总支书记、从化市文化广电新闻出版局办公室主任、从化市委办主任助理。1998年10月任从化市图书馆支部书记、副馆长，1999年1月起任从化市图书馆馆长。兼任广州市图书馆学会第六届理事会副理事长、从化市图书馆第一届理事会副理事长，2008年获从化市“优秀共产党员”称号，2013年获从化市“创建文明城市积极参与个人奖”。

胡荣生，男，1964年1月生，本科学历，中共党员，工程师，副馆长。1985年8月参加工作，历任中国有色金属工业总公司第四建设计划处技术员、从化市人民政府广州从化酒店（从化市政府驻广州办事处）总经理、从化市旅游局党总支委员、从化市旅游发展总公司副总经理。2005年5月调入图书馆，任图书馆副馆长。2008年荣获从化市文化工作先进个人。

傅敏丹，女，1963年5月生，中专学历，助理馆员，副馆长。1982年12月参加工作，1990年10月调入从化图书馆，历任从化图书馆采编部主任、馆长助理，2007年12月任从化图书馆副馆长。政协从化第八、九届委员。

徐杰飞，男，1979年6月生，研究生学历，硕士学位，中共党员，副研究馆员，副馆长。2000年7月参加工作，历任从化市图书馆技术部主任、从化市文化广电新闻出版局团总支书记，2009年10月任从化市图书馆副馆长，挂任从化市文化广电新闻出版局办公室主任。2006年度获广州市青年岗位能手称号。

未来展望

从化图书馆新馆植入了“骑楼庭院”、“冷巷天井”、“屋顶花园”等岭南建筑元素，着力打造一座环保节能型的具有现代建筑风格的国家绿色二星级示范建筑。图书馆将以其丰富的文献资源，畅通无阻的信息网络，朴素真诚的服务情怀，真正成为一座“市民大书房”。在免费、均等、共享服务原则下，源源不断地吸引从化市民走进图书馆、利用图书馆、喜欢图书馆。

联系方式

地　址：广东省从化市河滨北路
邮　编：510900
联系人：郭翠红

“科普图书漂流进校园”活动

绘本故事活动

周六“手工活动”

深圳市罗湖区图书馆

概述

深圳市罗湖区图书馆始建于1985年。现馆舍位于怡景路和黄贝路交汇处，于1994年由政府斥资2200万元建设，1998年9月全面向社会开放。馆舍建筑面积8014平方米，设计藏书容量30万册，可容纳读者座位1000个。1998年、2004年、2009年、2013年连续四次参加全国公共图书馆评估，均被评为"一级图书馆"。2010年底，加入深圳"图书馆之城"统一技术平台，与全市公共图书馆共同打造"全城一个图书馆"，为读者提供便捷、高效、无差别的一站式图书馆服务。2014年，罗湖区图书馆共有阅览座席900个，计算机137台，提供电子阅览、数据库查询和互联网服务，实现wifi全覆盖。

资源建设

截止2014年底，罗湖区图书馆总藏量达114.88万册（件）。其中，纸质文献54.07万册（件），电子图书40.13万册，电子期刊18.91万册，视听文献1.77万件。

2009－2013年年度新增藏量购置费180万元，2014年年度新增藏量购置费240.73万元。2009－2014年，共入藏中外文图书11.25万种，22.28万册；中外文报刊2959种，9448册；视听文献1.7万件。

截止2014年底，罗湖区图书馆数字资源总量为37.3TB，其中，自建数字资源总量4.5TB。2009－2014年，重点建设了地方文献全文数据库、黄金珠宝多媒体数据库、罗湖区区情数据库。

读者服务工作

自2006年起，罗湖区图书馆在本馆建立多个特色主题馆，如：金融·珠宝图书馆、国学·参考图书馆、千手涂涂绘本图书馆、少儿图书馆、24小时自助图书馆、尚修学苑生活馆等等，实现全年365天对外免费开放。2009－2014年，书刊总流通58.13万人次，书刊外借176.33万册次。其中，2014年，全馆共接待读者145.69万人次；书刊外借33.51万册次。至2014年底，全区建有区级图书馆1个，街道图书馆5个，社区图书馆91家，馆外流动服务站34个，城市街区自助图书馆25个，馆外流动服务站书刊外借年均0.8万册次。自2008年5月起，通过设置政府信息查阅专柜、查阅终端、网站等多种形式提供政府公开信息服务。

2011年11月，开通移动图书馆服务。2014年，罗湖区图书馆网站访问量13.17万人次。同年，罗湖移动数字图书馆访问量50.8万余人次。馆藏电子书刊及全文型、视频型数据库22种，均可通过罗湖区图书馆网站、图书馆之城统一服务平台、移动图书馆向读者和共享工程基层服务点提供检索、浏览和下载服务。

2010年，采用RFID智能化管理系统，馆藏纸质图书全部完成加贴RFID标签工作，实现了办证、查询、借还等的自助服务。

罗湖区图书馆应用各种现代化技术手段为读者提供服务，建立有业务管理自动化系统、智能化借阅系统、报刊电子阅读系统、公共信息电子发布系统、少儿多媒体服务系统、数字图书馆服务系统、移动图书馆服务系统等。

罗湖区图书馆大力开展阅读推广活动，面对不同的读者群体，有针对性地开创多个系列立意独特的阅读推广活动，活动常规化、品牌化，亮点纷呈，如在全国公共图书馆界率先开展"真人图书馆"活动；设立以女性读者为主的"尚修学苑"活动；设立作者和读者共同品读的"罗图品书"活动；在罗湖区图书馆各个悠·图书馆开展丰富多彩的"悠阅生活"活动，丰富社区居民的文化生活；设有"读书驿站"54个，以"分享、信任、传播"为主题开展图书漂流活动；开办"说文解字"活动，邀请深广穗三地著名专家学者，以吟诵、吟唱、朗诵、音乐、戏曲等方式讲授中华古诗文名篇；以家庭为单位设立30家"家庭图书馆"，通过馆藏定制、活动定制、集体外借、资源支持等方式鼓励藏书家庭面向社区邻里、亲朋好友开展借阅服务，并承办罗湖区图书馆的读书沙龙活动，让优秀阅读家庭将藏书和读书文化纳入公共图书馆服务体系；为少年儿童设立"书香留痕·童年缤纷"、"青苹果手工教室"、"我的书，我的馆"等活动；为喜爱曲艺的读者设立"百味书声"活动；"都市讲坛"品牌活动包括"名家现场讲座"、"快乐周末视频讲座"和"流动讲座社区行"三个系列子品牌项目，将活动立体化。此外，还经常举办展览、演讲比赛、读书沙龙、小型音乐会与教育培训等活动，罗湖区图书馆举办的全部活动均为公益性的，目的是引导社区老百姓通过阅读获取知识，培育良好的阅读习惯，推动全民素质整体进步，构建和谐社会。2009－2014年，年均主办、承办、协办各类读者活动200次以上，2014年举办读者活动454场次，参与活动的读者达67045人次。

业务研究、辅导、协作协调

2009－2014年，罗湖区图书馆职工发表论文8篇，参与国家级科研项目2项，承担市级科研项目1项，其他课题3项。

以"中华传统女德文化解读"为主题的《尚修学苑》活动

以"职业"为主题的《真人图书馆》活动

移动图书馆读者体验活动

电子阅览室

国学·参考馆

少儿图书馆

截至2014年底，罗湖区图书馆加入国家、省市、地区的协调协调协作网共10个，实现资源共享、电子文献原文传递服务，开展联合编目、联机检索、联合数字参考咨询等工作，为全市读者提供阅览文献、借还文献、查阅数字资源等服务。

截至2014年底，已建成以区图书馆为核心，以街道分馆、社区分馆为基层服务网点，以馆外流动服务站、家庭图书馆为补充，覆盖全区的文化信息资源共享的服务网络。在区图书馆（中心馆）的管理与指导下，开展通借通还、馆际互借、网上预借、资源共享、读书交流、阅读推广等内容的联合服务。区图书馆（中心馆）和各基层图书馆同时作为全国文化信息资源共享工程基层分中心和服务站，通过互联网、镜像资源和光盘等形式，为读者提供数字文化信息服务。

2009—2014年，罗湖区图书馆工作人员下基层开展业务辅导3012次。举办基层图书馆全体工作人员业务培训10次，参加培训的基层馆员共1512人。

管理工作

截至2014年底，罗湖区图书馆有事业编制人员9人。管理制度健全，对全馆议事规则、工作程序作明确规定，保证了工作的有章可循和有序开展。建立员工继续教育机制，通过各种业务考核与业务培训，不断提高员工的知识水平、专业技能和实际工作能力。每年进行总体工作考核。2009—2014年，撰写业务调研报告7篇。

表彰、奖励情况

2009—2014年，罗湖区图书馆共获得各种表彰奖励36项。其中，国家级表彰、奖励14项，市政府表彰、奖励14项，业务主管部门表彰8项。

馆领导介绍

师丽梅，女，1962年2月出生，大学本科学历，中共党员，研究馆员，馆长。1984年参加工作，曾任黑龙江省图书馆副馆长，2007年5月任深圳市罗湖区图书馆馆长。兼任广东省图书馆学会常务理事、深圳图书情报学会学术委员会副主任、宣传与推广分委员会主任等职。

未来展望

罗湖区图书馆遵循“平等、开放、公益”的服务理念，以构建本区完善的公共文化服务体系为总体目标，在不断完善本馆服务的同时，带动全区公共图书馆事业的整体发展。在未来几年里，罗湖区图书馆将着力以下建设：第一，致力于打造集文化、教育、休闲娱乐与交流中心于一体的文化综合体，并加强与市馆、其他区馆的横向联合，增强本馆服务能力，提升服务质量。第二，健全全区公共图书馆服务体系，提供无所不在的图书馆服务，提高图书馆服务的群众普及率、图书馆建设的群众参与率与图书馆文化的享受率。第三，创建图书馆品牌的行销策略，以社会效益为本，做好成本管理，使图书馆的成本效益达到最大化。第四，制定符合本区特点的相关标准，包括本区公共图书馆服务体系的基本服务标准、图书馆的管理体制、服务原则、基本标准等，建立健全评估指标体系，实现图书馆服务的标准化、特色化、多元化和智能化。

联系方式

地　址：深圳市怡景路1014号
邮　编：518021
联系人：苏锦姬

2012年，深圳市图书馆原馆长吴晞为基层图书馆员作培训

2013年，与深圳市图书情报学会联合举办“深圳市公共图书馆业务培训班”，邀请深圳市图书馆馆长张岩为基层图书馆员作培训

深圳市福田区图书馆

概述

福田区图书馆筹建于1999年7月，原址位于福田区委大院内，2001年12月对外开放。2008年4月迁入景田路图书馆大厦，同年8月8日正式对外开放。新馆建筑面积10260平方米，设计馆藏量40万册，拥有各种计算机设154台，信息节点570个，网络带宽40M，存储容量30TB，阅览座位1000个。自2003年始，福田区图书馆已在全区范围内建起10个街道分馆、4个直属主题分馆、90个社区图书馆服务点，总分馆之间实施"五统一"管理模式，即"统一拨款、统一采购、统一编目、统一配置、统一服务"。2003年、2009年、2013年三次在全国县以上公共图书馆评估中获得地市级一级图书馆称号。

业务建设

截至2012年底，福田区图书馆总分馆总藏量240万册，其中区总馆纸质藏书40万册、视听资料6万件、电子图书60万册，街道、社区分馆纸质藏书120万册、视听资料14万件。

2009年–2012年，福田区图书馆行政事业经费及文献购置费总量（不含人员工资）分别为981万元、1044万元、1040万元、1154万元，每年的文献资源购置费为400万元、数字资源购置费为80万元，每年新入藏纸质图书均在12万册左右。截至2012年底，福田数字图书馆资源总量为10TB。

读者服务工作

福田区图书馆总馆每周开放72小时，各街道分馆每周开放时间均在60小时以上，各社区图书馆每周开放时间均在54小时以上。2009–2012年，福田总分馆接待读者总量达2025万人次（其中区图书馆总馆接待读者445万人次，书刊总外借量达285万册次（其中区图书馆总馆外借122万册次），各项读者服务数据每年均保持稳中有升态势。截至2012年底，福田数字图书馆已拥有CNKI学术期刊、超星电子图书、龙源电子期刊、维普考试题库、新东方多媒体学习库等大型数据库，并建立了馆外统一认证服务平台。2009–2012年，福田区图书馆网站访问量累计166万人次，数字图书馆电子书刊下载量累计1.5TB。

2009–2012年，福田区图书馆共举办讲座、展览、培训等各种阅读推广活动4420场次（其中区图书馆总馆举办960场），参与活动人次累计43万人次（其中区图书馆总馆参与活动人次累计25万人次）。福田区图书馆自2006年始持续稳定地开展"大家讲坛"品牌活动的基础上，并陆续推出"大家讲坛社区行"、"大家讲坛健康系列讲座"等系列主题活动，2008年推出"共享电影"、"星期天视频讲座"，2012年又推出"读书沙龙"等新的活动品牌，"爱乐画"、手工制作等少儿活动也常年开展。

业务研究、辅导、协作协调

2009–2012年，福田区图书馆职工发表论文15篇，撰写各种业务调研报告17篇，参与文化部及深圳市科研课题6项。

在总分馆管理模式下，福田区图书馆对全区百家基层服务网点的文献资源及办馆设备设施进行统采统编、统一配置，定期召开基层分馆"馆长联席会议"，并有专职部门负责对街道、社区图书馆进行巡查管理、业务指导和监督。2008年6月，福田区图书馆采用Interlib图书馆集群管理系统，实现总分馆业务集中管理与统一服务，全区范围内的文献借阅服务全面实现了"一卡通用"、"通借通还"；2011年区图书馆实施总分馆RFID应用与技术升级，实现自助办证与自助借还服务；2012年2月总分馆百家网点一次性并入深圳"图书馆之城"统一服务平台，将"一卡通用"、"通借通还"服务范围扩展到全市所有联网的公共图书馆。

管理工作

福田区图书馆工作人员依照事业单位人事制度和相关政策实行全员聘用制，按需设岗，竞争上岗，新进人员由政府统一招考，在岗人员定期考核，同时引入义工服务机制，成立了福田区文化义工大队图书馆分队。财务管理严格执行年度预算计划，并由福田区会计核算中心统一审核报账。

表彰、奖励情况

2009–2012年，福田区图书馆获得各种表彰、奖励12项，其中文化部、广东省文化厅、中国图书馆学会各1项，市、区级表彰奖励9项。

大家讲坛活动现场

读书沙龙活动现场

全区基层图书馆管理员业务培训

创意少儿绘画展

每年举办的读书月活动

励读计划活动办理现场

馆领导介绍

林蓝，女，1958年11月生，研究生学历，中共党员，研究馆员，馆长。

宇叶红，女，1965年12月生，1985年10月参加工作，在职研究生，中国民主同盟盟员，副研究馆员，副馆长。

肖焕忠，男，1967年12月生，本科学历，中共党员，研究馆员，副馆长；1988年6月参加工作，曾就职于湖北省图书馆、东莞图书馆，参与文化部及深圳市文体旅游局课题多项。

未来展望

本着"求实、求精、求新"的精神，坚持"开放、平等、免费"的原则，福田区图书馆以服务为导向，以开拓求发展，以建设"图书馆之城"、打造"阅读功能区"为目标，坚持不懈地努力提升全区公共图书馆服务能力，逐步深化数字图书馆服务、推出手机APP服务，陆续开辟创意生活空间、少儿绘本工厂等新的服务空间，全面整合社区图书馆资源，探索总分馆理事会项目管理，开放免押金办证借阅服务，取消图书馆服务门槛，切实保障辖区民众的书刊借阅等基本公共文化服务。

联系方式

地　址：广东省深圳市景田路70号
邮　编：518034
联系人：肖焕忠

趣少儿阅览区

四楼社科阅览区

福田区图书馆开放

总服务台

深圳南山图书馆

概述

南山图书馆是南山区政府投资建设的公共图书馆。为区委宣传部、区文体局下属全额拨款事业单位。占地面积13700平方米，建筑面积16400平方米。1997年建成开放，为地下一层、地上四层的圆形建筑。2009年5月加层改造，经过1年零8个月的施工，于2010年12月交付使用。新增第5层，馆舍面积扩大至18770平方米。自开馆以来，坚持“读者第一、服务为本”的理念，以多元化服务吸引读者，以文明服务创造效益，通过1家总馆，8家分馆，32家集体外借服务点，构建覆盖全区的公共图书馆服务体系，为市民提供阅读及相关服务。2012年，南山图书馆有阅览坐席1708个，计算机429台，使用深圳市统一服务平台系统，实现全自动化业务管理。

业务建设

截止2012年底，南山图书馆总藏量140.1670万册（件），其中，纸质文献107.3591万，电子图书及视频文献20.8079万册（件），电子期刊12万册。

2009年图书馆财政拨款：1630万元，2010年图书馆财政拨款：1587万元，2011年图书馆财政拨款：1607万元，2012年图书馆财政拨款：2385万元，年增长率：48.42%。2012年新增馆藏购置费达597.2万元。2009年至2012年四年的图书年入藏量四年平均值83600种，视听文献年入藏量四年平均值619件，现有北大方正电子书91677种，维普中文科技期刊数据34729907条。

截止2012年底，南山图书馆数字资源总量共计22.7TB。地方文献中文普通图书书目数字化达100%。建有《南山人文信息多媒体数据库》，实现全文检索，书目100%数字化，并有文摘与全文和各种多媒体资料。截止2012年，共有107096条记录。建有《南山图库》数据库，已收集有南山的各个历史时期的图片1072张，目录、图片100%数字化。

读者服务工作

南山图书馆全年365天对外免费开放，周开放时间为68.5小时。通过优化布局、设立24小时自助服务区、拓展集体外借点、开展读书之星评选等活动，提高读者入馆率和书刊借阅率。至2010年共建成8个分馆。2009–2012年，南山图书馆及8个建成分馆共接待读者703.7740万人次，书刊借阅148.7423万人次，书刊借阅329.0315万册次。

2009–2012年，南山图书馆共举办各类讲座、展览、专题咨询、大众电影、阅读推广等读者活动1857场，参与人数为24.0701万人次。形成博士论坛、百姓健康讲坛、“家庭读书竞赛”、法律咨询、心理咨询等品牌活动。2009年至2012年，共举办博士论坛41场、受众人数8640；百姓健康讲坛和百姓生活活动共63场，受众9628人次(2010年加层改造停办)；法律咨询187期，咨询3888人次；心理咨询共开办186期，咨询2670人次。每周五晚为市民免费放电影的大众电影活动从2004年开办以来，持续至今，至2012年底，总、分馆共放映1096场，观看人数达168953人。

南山图书馆建立了完整的儿童阅读推广体系，推出了一系列少儿阅读品牌，在低幼儿童阅读推广领域，“我爱阅读”儿童读书会扩容，每月两场，并形成“我阅读我成长”、“故事时光”两个系列。2009–2012年共举办少儿活动314场，参与人次29019。同时，成人读书沙龙也吸引越来越多的读者参与。英语沙龙、心理沙龙、读书沙龙，每周定期定时举办。2012年举办了沙龙52场次、受众2771人次。

为较偏僻的企事业单位、解放军、武警、消防部队等办理集体证。2012年已建成32个点，共49个集体证。2009–2012年共为这些单位借出54004册图书。

业务研究、辅导、协作协调

2009–2012年，南山图书馆职工在省级以上刊物发表论文34篇。中国图书馆学会专项资金项目1项，深圳市图书情报研究课题结项5项，公共图书馆事业建设的综合性报告7篇。

1994年南山图书馆加入深圳图书馆采编中心。2001年加入深圳市公共图书馆地方文献协作网。2011年11月加入深圳统一服务平台，全市图书馆通借通还服务。8个分馆全部加入全市通借通还服务。

管理工作

至2012年，南山图书馆共有43个全额拨款事业编制。目前拥有正式员工27名、通过派遣方式临时聘用的员工73名。物业管理招标外聘，约30人。27名在编员工中，在聘正高职称的2人，副高职称的6人，中级职称的7人。现设1室7部：办公室、书刊服务部、特色服务部、公共交流部、采编中心、信息技术部、基层辅导部、读者服务部。

社区科普讲堂

广场咨询

读书沙龙活动

儿童阅读推广计划

南山图书馆制定了一系列的规章制度，编印成《深圳南山图书馆规章制度汇编》，内含《馆员守则》、《文明服务公约》、《文明礼貌用语》、《文明服务忌语》等一系列服务规范。馆领导及各部门负责人组成的管理班子不定期召开馆务会，通报近期重大工作，安排下一步计划。每月由各部门提供月度服务情况和服务数据，汇编为《馆情通报》，馆刊《南图时空》供职工进行学术交流及工作总结，每季度出版。重视职工培训，制订新员工培训计划，系统地组织"图书馆专业知识"、"职业操守"、"计算机应用"、"摄影"、"礼仪"等培训；不定期聘请图书馆学专家来馆讲学；开展"馆员沙龙"活动，鼓励员工开展学术研究，撰写学术论文。所有员工，凡论文入选中图学会及省学会年会，皆可代表图书馆参会。

表彰、奖励

2009年–2012年南山图书馆获得表彰共17项，其中中央、部级表彰2项；省级业务主管部门表彰及奖励1项；地、市级党委政府表彰、奖励8项；地市级业务主管部门表彰7项。

馆领导介绍

余子牛，男，1961年7月生，本科学历，研究馆员，馆长。

毕九江，男，1965年3月生，硕士学历，研究馆员，副馆长。

谌缨，男，1962年10月生，本科学历，中共党员，副研究馆员，副馆长兼办公室主任。

未来展望

通过优化人员结构，开展优质服务，打造读书活动品牌，不断提升服务效益，以标准化规范化管理，实现可持续平稳发展。

联系方式

地　址：深圳市南山区常兴路176号

邮　编：518052

联系人：王利贞

深圳市宝安区图书馆

概述

宝安区图书馆建于1983年。1993年7月16日现图书馆大楼启用。馆舍建筑面积8119平方米，阅览座位720个，电脑232台（其中在对外区域可供读者正常使用94台），34M宽带接入，大楼无线网络覆盖75%。馆内设有自修、少儿、报刊、过刊、文学社科、自然科学、参考阅览、报告厅、自助图书馆等10个阅览室及对外开放区域和2个培训课室。专用设备存储容量25.6T。所有业务均实行电脑自助化管理，使用“图书馆之城中心管理系统”。

业务建设

截至2012年底，宝安区图书馆总藏量69.3万册件（其中本馆纸质藏书54.5万册，电子图书9.7万册），订购报纸192种，期刊1445种，专题数据库20个，电子期刊11146种。2009年至2012年，年度平均图书入藏量53494.25册，报刊年入藏量1668种，视听文献入藏量17041件。地方文献征集与开发工作取得突出成绩。地方文献入藏量3039种4962册，有专门目录、阅览专区和专人管理，并出版地方文献专著3本，有自建地方文献数据库3个。文献采选规范，制订了宝安区图书馆文献采选方针，多卷书、连续出版物入藏完整率99%。文献编目规范，图书加工整理规范。所有图书开架阅览，图书排架误差率小于2%。数字化建设规范，数字资源总量6.02TB，馆藏所有中文文献书目全部数字化。

截至2012年底，宝安区已建成区图书馆1家、区图书馆直属分馆6家、社区阅读中心30家，达标社区图书馆96家。在全区街道、社区及工业园区共设立流动图书服务点103个，配送流动图书48万册，图书流动16.4万册次。全区公共图书馆总藏量375.21万册件，接待读者238.94万人次，外借图书64.05万册次。基本形成了以区图书馆为龙头，以街道图书馆为骨干，以直属分馆、社区阅读中心和社区图书馆为节点的区、街道、社区（工业园区）三级公共图书馆服务网络。

读者服务工作

宝安区图书馆所有对外区域均免费开放，为市民提供文献借阅、电子阅览、视频服务、定题检索、公益讲座、读者自修等基本服务，所有服务项目免费。每周开馆时间64小时，自修室每天7:30至22:00开放，自助图书馆每天24小时提供自助服务。2009–2012年馆藏书刊外借累计59.1万人次、166.3万册次，累计接待读者484.2万人次。宝安区图书馆自1995年起编辑二次文献资料《信息参考》（半月刊），18年以来紧跟时事热点，围绕区委区政府中心工作，以收集整理、转载汇编各方信息为重点，坚持编印该刊400余期，为区及各部委办局领导提供了及时、准确、丰富、全面的信息，成为领导决策的有利参考。

2009–2012年，宝安区图书馆网站量143.3万次。开通官方新浪微博、腾讯微博。截至2012年，宝安区图书馆拥有中国知网CNKI、中国强制性国家标准数据库、人大复印报刊资料，全国报刊索引、中国法治法典总库等11个专题数据库使用权，自建宝安报道全文库、城市雕塑图片库、信息参考全文库等3个地方文献全文专题数据库，宝图讲座等1个地方文献多媒体数据库。拥有电子图书9.7万余种，电子期刊1万余种，已经形成了集书刊报、专题数据库为一体的数字图书馆馆藏体系。并推出数字资源跨库检索平台，方便读者对本馆所有数字图书馆资源进行一站式检索。

宝安区图书馆自2004年在全市公共图书馆中率先独立主办公益性讲座活动，成功打造了“宝图星期讲座”、“宝图英语沙龙”等享誉全市的公益性文化品牌活动。出席过“宝图星期讲座”的嘉宾包括外交大使沈国放；文化学者文怀沙、葛剑雄、姚淦铭、格非；文化传媒人梁文道，历史学者阎崇年、刘申宁，哲学教授江晓原、刘兵、吴国盛；社会学家郑也夫；作家余华、白桦、王跃文、林清玄，作家兼编剧陆天明；国防专家胡思远、台湾保健专家吴清忠；相声表演艺术大师姜昆、粤剧表演艺术家卓佩丽、音乐家姚峰、姜本中；奥运冠军陈小敏、前中国女足助理教练高荣明等。2009–2012年共举办读者活动899场次，近10.9万人次参与其中。

业务研究、辅导、协作协调

宝安区图书馆十分注重馆员岗位培训和继续教育工作，年人均学时数为80学时。馆员业务研究能力不断提升，员工年

深圳市宝安区图书馆外貌

新馆外观

度人均在省级以上刊物或专业会议上发表论文数为0.41篇。2009年至2012年出版专著《宝安雕塑地理志》1本，撰写调查研究报告7篇，承担各级科研项目或科题共7个。

宝安区图书馆积极参与跨地区、跨系统协作协调工作，加强与其它深圳市其它区域图书馆的合作与交流。2012年宝安区图书馆及区内其它41家公共图书馆已成功加入深圳市“图书馆之城”统一服务平台，与统一服务平台其它成员馆实现互通互联、资源共享和一证通行、通借通还。

管理工作

2012年度，宝安区图书馆本馆及直属分馆共有员工92人（其中直属分馆22人），其中在编正式职员21人，雇员5人，临聘人员66人。本科以上学历占职工总数42.4%，大专以上学历占职工总数78.3%；高级职称人数占业务人员总人数的27.3%，中级职称人数占业务人员总人数的36.4%。馆领导班子“一正两副”，全部本科及以上学历，均受过系统的图书馆学培训。宝安区图书馆建立了完善的管制制度，财务管理、人事管理、设备物资管理、档案管理、环境管理、安全管理规范，统计工作规范，数据齐全，并根据数据进行深入分析，撰写分析研究报告。

表彰奖励

2009年至2012年，宝安区图书馆荣获国务院业务主管部门及党委政府表彰、奖励2个；省级业务主管部门、地级党委、政府表彰12次；地市级业务主管部门表彰、奖励6次。

馆领导介绍

周英雄，男，1964年12月生，中共党员，研究馆员，在职研究生毕业，法学博士，宝安区图书馆馆长。1985年7月参加工作，1985年至1993年在湖北省图书馆工作。1993年7月调入深圳市宝安区图书馆工作。1994年任宝安区图书馆信息服务部主任。1999年12月至2003年8月任深圳市安区文化局人秘科(办公室)文秘人事干部，期间代理局团委书记（2000.5–2001.4）、兼任局团委书记（2001.5–2004.5）。2003年12月任深圳市宝安区图书馆负责人(主持工作)，2004年3月任馆长至今。2008年荣获深圳市“优秀图书馆馆长”。2011年中共深圳市宝安区委组织部“民族精神代代传”系列教育活动先进个人2012年深圳市宝安区建区20周年50名优秀人物提名。

熊军，男，1971年8月生，中共党员，副研究馆员，大学本科，宝安区图书馆副馆长。1995年6月参加工作，1998年7月加入宝安区图书馆，先后从事或负责图书编目、信息技术、参考咨询、文献信息开发、“图书馆之城”建设、共享工程建设、馆藏建设、读者活动、宣传推广、业务培训等工作。2005年7月起任宝安区图书馆副馆长，分管图书借阅部、报刊少儿部、信息服务部、技术部、事业发展部、工青妇工作。

郑萌，男，1977年7月生，中共党员，大学本科，宝安区图书馆副馆长。2001年7月参加工作，2007年3月加入宝安区图书馆，任副馆长。分管业务办公室、后勤部、采编部、公共交流部。

未来展望

宝安区图书馆新馆（宝安中心区图书馆）已于2013年底建成部分开放，并将采用逐步开放的方式完成全面开馆。新馆馆舍为图书、博物、展览“三馆合一”设计，项目总投资6.15亿元，占地31854平方米，建筑面积48000平方米，其中图书馆面积37270平方米。设计藏书量150万册（其中纸质图书120万册、电子图书30万册），阅览座位2000个，日接待读者能力10000人次。新馆将以深圳市第二大中心区域图书馆为建议目标，向社会公众、企事业单位和政府部门提供信息、知识服务，同时也将打造成为全区公共图书馆网络的技术中心、文献中心和培训辅导中心。

联系方式

地　址：深圳市宝安区新安二路72号
邮　编：518101
联系人：周英雄

图书检索机

讲座嘉宾李杨（北大教授）

自助阅报机

深圳市龙岗区图书馆

概述

1994年5月，龙岗图书馆作为区政府机关阅览室为机关干部提供借阅服务。2005年7月，新图书馆建成并正式对外开放。新馆建筑面积2.4万平方米，实际使用1.6万平方米，采用大开间、全开放、自然分区的格局，藏、借、阅空间合一，是一个高标准、高规格、多功能的现代化图书馆。目前，龙岗图书馆藏书124万册（其中总馆64万册，分馆60万册），阅览座位1206个，网络带宽100M，可供读者使用的电脑301台，服务全区191万人。2008年，龙岗图书馆引进RFID技术，全面实现馆藏文献自助借还。2009年，首次参加全国公共图书馆评估，获得一级图书馆。

业务建设

截至2012年底，龙岗图书馆拥有纸质文献124万册（含分馆），电子文献3.9万种7.7万册，报刊年入藏数量为1400种，视听文献入藏量3055件。设置“特色文献服务区”，藏有龙岗地方文献、客家文献、古籍文献合计1004种，2023册（件）。数字资源存储空间32T，现有数据存储15T，提供网络服务、数据库资源借阅查询、视听资料借阅、VOD点播、无线网络、手机图书馆等服务。

2012年，龙岗图书馆新增藏量购置费600万元，其中图书480万元，报刊70万元，电子资源50万元。

2008年，龙岗图书馆引进RFID技术，全面实现馆藏文献自助借还。2010年，率先与深圳图书馆合并书目数据库和读者库，实现统一服务。2013年，实现馆内无线网络全覆盖。

读者服务工作

龙岗图书馆坚持以读者为关注焦点，承诺“三个一”文明服务，即一个微笑、一杯饮水、一句温馨用语，提出“真诚、宽容、便捷”的服务理念，全部馆藏图书开架借阅，所有资源免费向广大读者提供，任何人不需任何证件均可到馆阅览，网络服务区免费提供数字化资源服务，给广大读者提供平等阅读的机会。龙岗图书馆全年365天开放，普通阅览区域每周开放75小时，“24小时自助图书馆”全天候开放。2012年，龙岗图书馆拥有有效持证读者7.1万人，年接待读者量260万人次，外借图书86万册次（其中总馆71万册次）。2009–2012年，设置城市街区24小时自助图书馆服务机（35台），设置“龙岗区政府信息查询站”，提供四台电脑给读者自助查询政府公开信息。

2012年，龙岗图书馆接待读者上网23万时次，数据库访问量65万人次，手机阅读访问量2.6万人次。建设成为全国文化信息共享工程区级分中心，充分利用全国文化信息共享工程的数字资源，在总分馆开通共享工程网上专题资源服务，组织共享工程视频服务。

龙岗图书馆坚持打造公共服务品牌，在落实民生净福利指标，努力构建公共文化服务体系方面，不断推出特色服务项目和创新举措，竭力保障广大读者的基本文化权益，让公共文化切实惠及广大人民群众，实现多项领先。提出“提供阅读、引导阅读、宣传阅读”的使命，实施“励读计划”，提供“二代身份证免押金”借阅服务，倡导诚信借书，提升正能量。

强化图书馆自助服务。2008年，龙岗图书馆建成无人值守、自助借还的“24小时自助图书馆”，藏书4.5万册，年外借量15万册次。2012年建成深圳第一个社区24小时开放的自助图书馆——南岭村自助分馆，藏书1.5万册，年外借量约1.6万册次。

创办“龙岗大讲堂”公益讲座项目，成为龙岗区特色文化服务品牌，截至2012年底，累计举办专家讲座140场，周末视频讲座369场，收益市民超过8万人次。成立龙岗读书会（品书会），组织系列阅读活动，打造“品书时间”、“品书空间”、“图书漂流”、“书香工业园”及“亲子阅读”五大特色活动，被评为“深圳市全民阅读示范项目”。

业务研究、辅导、协作协调

2009–2012年，龙岗图书馆员工在核心期刊发表论文10篇；撰写调研报告10篇，主持完成深圳市文体旅游局课题“深圳市劳务工图书馆体制研究”；参与完成“深圳市图书馆之城建设情况调查研究”、“深圳市公共图书馆电子阅览室管理办法”等。

2007年以来，龙岗图书馆积极推进总分馆建设。全区已建成20个分馆，其中街道分馆7个，社区分馆2个，劳务工分馆11个，还在小型企业和居民区设立25个馆外流通点。2011年制定《龙岗区公共图书馆建设指标测评体系》五年规划，提出完善总分馆管理体制，2012年提出构建“结构合理、发展平衡、运行高效、惠及全民”的全区公共图书馆统一服务体系。目前总分馆已初步实现统一服务，包括：统一书目数据库、统一读者库、统一流通业务。

管理工作

龙岗图书馆员工总数66人，职员编制8个（在职7人），雇员编制15个（在职12人），其余都是临聘人员。在职员工中，图书馆专业人员4人，计算机专业人员6人。2012年，平均每位员工每年服务读者2.57万人次（不含分馆），服务外借量1.07万册次（不含分馆），人员不足，业务量大，严重影响图书馆事业发展。

在无法增加编制的前提下，龙岗图书馆采取多项措施，努

阅读成就中国梦

读书宝贝秀

对话文学名家

龙岗大讲堂

24小时自助图书馆揭牌

联创分馆正式揭牌

力解决这一问题：一是实行劳务派遣，解决临聘员工招聘问题；二是实行购买服务，如图书编目、图书上架整架等；三是联合团区委推出"书香义工"项目，吸纳志愿者参加读者服务工作，制定《图书馆书香义工服务手册》进行管理，2008年以来，每年3000多人次来馆参加志愿服务，服务时长超过1.5万时次；四是建立和维护各种伙伴关系，吸引社会力量参与图书馆服务，如与彩虹花公益小书房、三叶草故事家族合作开展亲子阅读活动，与"邻居你好"网站合作书香工业园活动，与区政协、社区教育中心等合作开展公益讲座活动等。

2010年3月，龙岗区图书馆导入欧洲通用评估框架，实施卓越绩效管理模式，提升服务绩效。三年来，从读者服务着手，努力提高图书馆利用率，降低读者服务成本，图书外借量从34万册次/年增加到71万册次/年，接待读者量从190万人次/年增加到260万人次/年，常住人口人均图书馆访问量从1.01次/年增加到1.37次/年。2013年初，荣获第二届"区长公共服务质量奖"（全区仅有两家）。

龙岗区图书馆3号门外景

表彰、奖励情况

2009–2012年，龙岗区图书馆共获的各种表彰、奖励17次，其中，文化部表彰、奖励1次，市级党政部门表彰、奖励8次，区级党政部门表彰奖励8次。

馆领导介绍

张军营，男，1973年3月出生，本科学历，中共党员，研究馆员，馆长。1995年参加工作，历任龙岗区图书馆负责人、副馆长、馆长，兼任全国中小型公共图书馆联合会常务理事、深圳市群众文化学会理论研究专业委员会副主任、深圳图书情报学会常务理事、深圳市阅读联合会理事、龙岗区政协委员等。

卢向东，男，1970年5月生，研究生学历，中共党员，副研究馆员，副馆长。2005年6月来到深圳市龙岗区图书馆，先后任推广活动部主任、副馆长。

未来展望

在深圳"图书馆之城"大框架内，市、区图书馆应根据各自情况，差异化发展。龙岗图书馆将继续围绕"提供阅读、引导阅读、宣传阅读"的使命，努力打造一个受市民欢迎的公共文化空间，所有业务、所有设施、所有服务，都是为适应读者需求而设，坚持服务立馆、质量强馆，为所有市民（包括外来劳务工）提供普遍均等的图书馆服务。龙岗图书馆的愿景是：建成国内领先的现代化图书馆，构建"结构合理、发展平衡、运行高效、惠及全民"的全区公共图书馆统一服务体系。为此，将继续秉承"结果导向、使命驱动、以人为本、持续创新"的理念，通过标杆管理，不断学习兄弟区图书馆的成功经验，持续提升图书馆公共服务水平。

联系方式

地　址：深圳市龙岗区中心城文化中心D区图书馆
邮　编：518172
联系人：房惠萍

百龙墨宝阅览室

专心看报的市民

中庭"随园"

深圳市盐田区图书馆

概述

盐田区地处深圳经济特区东部，西傍梧桐山，东临大鹏湾，是深圳市海滨旅游胜地和重要港口所在地。盐田区图书馆作为盐田区唯一的区属图书馆，成立于2001年10月，2003年3月建成并交付使用，2003年8月12日正式对读者开放。

盐田区图书馆按市级公共图书馆标准建设，建筑面积10192平方米。馆内有成人图书借阅室、少儿图书借阅室、玩具图书馆、少儿多媒体阅览室、少儿礼仪培训室、报刊阅览室、视障阅览室、成人电子阅览室、地方文献室、海洋文献馆、电脑培训室、读者自修室和古籍普及室等13个读者服务窗口，阅览座位642个，计算机162台，宽带接入100Mbps，无线网络全面覆盖读者服务区。图书馆采用ILAS II图书馆自动化管理系统和深圳图书馆之城中心管理系统。盐田区图书馆于2004年和2009年连续两次被文化部评定为一级图书馆。

业务建设

截至2013年3月底，盐田区图书馆拥有藏书67.3287万册，其中，纸质文献51.6244万册，电子图书15.2410万册，音像资料4583件，古籍文献50册。

2009年至2012年期间，文献年均入藏量15584.5种/件，其中中文图书入藏量13927种，报刊订阅1010种，视听文献入藏量647.5件。

盐田区图书馆收集各类数字资源，已拥有电子图书1.6TB，国家标准库0.1TB、报刊论文13.1TB，图文影视综合数字资源0.9TB、地方特色视频资源0.01TB、中外古代海洋电子地图0.5TB，资源总量达到16.12TB。馆藏中文文献书目数字化达到100%。盐田区图书馆结合盐田区的文化历史建设了地方文献及海洋特色数据库，如：家人婚俗、鱼灯舞、天后宝诞、盐田山歌等。

盐田区图书馆自2003年开馆至今一直使用由深圳图书馆研发的ILAS（图书馆自动化管理系统），流通管理、阅览管理、文献传递管理、财经管理、典藏管理、OPAC查询使用的是Browser/Server模式的深圳图书馆之城中心管理系统，采访管理、编目管理、连续出版物管理使用Client/Server模式的ILASII系统。当前，盐田区图书馆业务工作全面实现了计算机管理。

2011年9月，盐田区图书馆在深圳公共图书馆界率先启动手机读者证服务方式，用手机直接代替读者借书证借书，使盐田区图书馆的自助化服务水平有了大幅度的提升。

读者服务工作

盐田区图书馆每周开放70小时，全年365天均对读者开放。2012年全区流通总人次68.5041万人次，累计有效读者证14337个，人均年到馆47人次。2012年盐田区图书馆馆藏书刊文献年外借量20.0936万册次，外借率为57%。截至2012年12月，馆外流动服务点共计40个（18个自助图书馆，22个图书流动站），2009年至2012年书刊借阅平均每年65755册次。2003年4月，开通与深圳图书馆的馆际互借，2010年7月开通与全市公共图书馆文献借阅大流通，目前已与全市175个图书馆实现互借。2009年–2012年，全馆通过馆际互借共借出50078册次，还回16849册次。

2012年盐田区图书馆组织各类讲座及培训71场次，参与活动3274人次；海图展览及普通图书展览16场次，参与活动22418人次；世界图书与版权日、服务宣传周、全民读书月等多项阅读推广活动12场次，参与活动19970人次。

从2007年开始，盐田区图书馆就把“海洋文化系列活动”作为自己的特色文化品牌打造。2009年7月，首次将展于室内的古代海图展移步深圳人流最旺的深圳书城中心城，历时13天，接待读者观众2万多人次。2010年7月，首次走出深圳在福建泉州参加了第六届“中国航海日”大型海洋文化宣传活动。2011年7月，中外海图展再次受邀参加浙江舟山第七届“中国航海日”活动。2012年11月，“鸦片战争海战图”展览在南京市静海寺纪念馆亮相，此次展览为全国首展，得到南京各界首肯。盐田区图书馆在每年的11月“深圳读书月”期间举办重点品牌——“海洋文化论坛”，现已连续举办6届。

多年来，为盐建设者免费提供电脑培训和学英语活动，2009年—2012年共举办此类活动90场次。图书馆每年推出新书通报12期144种，各类书展活动3场次以上1000种。

盐田区图书馆以电子阅览室为依托，建立起文化信息资源共享工程盐田区支中心，并负责指导辖区街道和社区图书馆建立基层服务点。2009年–2012年文化共享工程累计投入经费520万元，2012年服务达33470人次。盐田区图书馆开设有专门网站（http：//www.szytlib.cn），通过网站可浏览访问数字资源和共享工程数据资源。

图书馆服务台工作人员每天即时解答读者的各类咨询，从2009年至2012年解答咨询69287人次；为科研与经济建设提供信息服务239条。利用报刊资源的大量信息进行选择和汇编，每年为领导机关提供12期《剪报》参考。

业务研究、辅导、协作协调

2009年至2012年，盐田区图书馆员工在省级以上刊物上发表论文8篇，撰写专著1部、调研报告6篇、科研项目研究报告1篇，获得中国图书馆学会论文二等奖2个、深圳图书情报学会优秀奖3个。

第三届海洋文化论坛

2010年海洋里的世界观：中外古代海图展

2009年古代世界海图展

少儿图书借阅室

少儿玩具馆

海洋故事坊

2007年盐田区图书馆全面实施区、街道、社区三级图书馆总分馆制建设，全区已形成了由1个总馆（区图书馆）、5个分馆（4个街道分馆、1个企业分馆）、17个社区图书室、18个城市街区24小时自助图书馆，以及22个分布在驻盐部队、企业总部、工人生活所、社会福利院的图书流动服务室（站）组成的“10分钟公共图书馆服务圈”格局。目前参与服务网络建设的基层图书馆占本地区县级以上公共图书馆的100%，通借通还的覆盖率100%，文献借还94411册次。

盐田区图书馆每年制订针对基层图书馆工作人员的培训计划，并由专人负责对基层图书馆进行巡查指导和监督管理，2012年辅导图书馆自动化管理13次，业务辅导活动32次，本馆发表综合性报告6篇。

2003年4月29日与国家图书馆联合编目中心签署协议，成为该中心成员馆。2009年至2012年共下载地方版文献联合采编协作网深圳网络中心书目数据21173条。

管理工作

盐田区图书馆实行全员聘用制，公开考核，择优录用，全馆在职正式员工5人，临聘员工21人。在人事、财务、志愿者、设备、物资、档案、统计工作的管理上均建立了完善的管理制度。盐田区图书馆严格按照《盐田区图书馆文献采选方针》进行藏书建设工作，馆内的多卷书、连续出版物入藏完整率达到98%。依据《中国图书馆图书分类法》的分类体系定期进行排架，自评正确率为98%。

表彰、奖励情况

2009年至2012年盐田区图书馆连续四年获深圳读书月组委会颁发的“深圳读书月优秀组织奖”，海洋文化系列活动获得四届深圳读书月“最佳活动奖”和“最佳创新奖”；2010年11月“图书馆之城统一服务平台建设”项目获深圳市文体旅游局颁发的文化创新二等奖。2010年获评文化部一级图书馆。2010年至2012年获三届深圳市外来青工文体节读书知识竞赛组织奖等。

馆领导介绍

尹丽棠，女，1963年11月生，本科学历，中共党员，副研究馆员，馆长。1984年7月参加工作，2002年到盐田区图书馆工作，先后历任办公室主任、副馆长，2012年起担任馆长一职。2009年—2012年，主持策划的“海洋文化论坛”和“古代海图展”等海洋文化系列活动连续获得深圳市读书月“创新活动奖”、“最佳活动奖”和“优秀组织奖”等称号，连续两届个人获“优秀联络员”称号。

未来展望

为高标准、高效率实施《深圳市盐田区文化发展第十二个五年规划》，盐田区委区政府决定投资兴建一座新的现代化的图书馆。目前，新馆主体工程已完工，正在进行室内装修，全面建成的新馆将是一座集现代化、数字化、特色化于一身的中型公共图书馆。盐田区图书馆继续以科学发展观和“十八大”精神为指导，加强科学化管理，完善图书馆各项规章制度。借新馆即将开张的大好契机，发扬以往的优势和工作热情，改进不足，尤其是在推行“文化惠民工程”，完善盐田区“10分钟公共图书馆服务圈”等方面再下功夫。利用滨海城区的地域优势和资源优势建设海洋文献特色图书馆，突出海洋文献品牌，培养和凝练“以海为师，吞吐潮汐”的辖区文化，奠就与其他城区不一样的文化特色。盐田区图书馆将积极推进全民阅读，使全区公共图书馆总体服务水平有一个全新的提升。

联系方式

地　址：深圳市盐田区深盐路2086号盐田文化中心
邮　编：518081
联系人：尹丽棠

图书馆外观

海洋文献馆

汕头市龙湖区图书馆

概述

汕头市龙湖区图书馆创建于1984年，馆址和名称几经变迁，1994年迁入现址龙湖区大北山路翰苑楼二楼，馆舍面积1500平方米，编制11人，阅览坐席325个，计算机60台，信息节点85个，宽带接入104M，馆内实现Wifi无线覆盖，使用Interlib图书馆集群管理系统，2013年第五次全国公共图书馆评估获一级图书馆。

业务建设

截止2012年底，龙湖区图书馆总藏量11.1万册，其中，纸质文献11万册，电子图书510种，电子期刊220种，数字资源总量8T，建有龙湖区图书馆网站。

区财政2010－2012年投入分别为65万元、78万元、87万元，年均新增馆藏购置费8万元。2009－2012四年新购图书均增3468种，征订报刊122种，注重少儿图书资源建设和潮汕地方文献征集，馆藏98%以上开架借阅。建成办公室、采编部、流通阅览大厅、少儿阅览室、广东流动图书馆龙湖分馆、共享工程龙湖支中心（电子阅览室）、主控机房、潮汕地方文献室、工具书库、资料库、自修室、电脑维修室。现在区内街道镇、企业、学校、机关、部队建有流动图书站10个。

在职在岗人员10名，其中管理人员2名，图书馆专业技术人员5名，普工3名。其中副研究馆员1人，馆员4人，助理馆员1人，管理员1人。

读者服务工作

每周免费开放56小时，实现全免费第二代身份证借阅馆藏，读者共享省立中山图书馆提供的超海量数字资源。2009－2012年，书刊流通年均9.7万人次、书刊外借年均8.2万册次、流动站馆外借阅年均5500册次。2009－2012年，举办讲座、展览、培训、阅读推广等读者活动年均34场次，参加人数年均5020人次。围绕世界读书日、图书馆服务宣传周，配合区纪委、宣传部、文广新局、教育局等部门，深入社区、村居、学校举办阅读推广、种书乡间、读书创作等系列活动，关注改善未成年人的阅读环境，完善文化服务网络体系建设，提升文化惠民水平。在电视、报刊、网络等媒体对活动宣传，共发通讯稿件18篇。2011年、2012为区委中心组学习、龙湖区人民法院等机关和汕头市区多家企事业部门信息服务各13次。

业务研究、辅导、协作协调

2009－2012年，年均发表论文4篇，撰写调研报告25篇。

2012年下基层开展共享工程基层网点技术培训5次，培训基层信息员32人次；下基层文化站指导培训3次，举办农家书屋管理培训2次，参训118人次。

与市馆和其他区县馆协作，开展全市通借通还，实现文献、数据库、“共享工程”资源的共建共享。

2012年我馆与市图书馆联合主办汕头市“图书馆服务宣传周”活动。2013年，广东省图书馆馆长年会在我区举办，我馆作为会务参与者积极协助市文广新局做好组织工作。

加强区内服务网络化建设，对具备计算机等条件较好的50个图书站（室）推送“共享工程”资源，为龙湖区人民法院图书馆等采用自动化管理的图书室赠送我馆统一图书编目。本地区街道、乡镇、社区、村图书馆参与服务网络建设的比例达42%。

在基层流动站定期流通图书2万册，通过网络、QQ在线和服务热线实现通借通还。

管理工作

2012年结合区事业单位首次岗位设置和人员聘用工作规定，按照按需设岗、竞聘上岗、按岗聘用的原则，确定具体工作岗位，明确岗位等级，聘用工作人员，签订聘用合同。建立健全了学习制度、工作制度、考勤制度、服务准则和绩效考核制度，有独立的财务管理体系。建立了较为完备的内部档案管理系统。每年做好各项任务的统计和分析工作。在馆内大力提倡遵守文明服务公约和图书馆馆员职业道德准则，进一步强化服务意识。

表彰、奖励情况

2013年参加第五次全国公共图书馆评估获一级图书馆。

省厅市区领导调研我馆

征集潮汕地方文献

培训基层图书室管理员

电子阅览室

借阅大厅

馆领导介绍

陈维坚，女，馆员，馆长。

黄卫东，男，副研究馆员，副馆长。

未来展望

龙湖区图书馆将不断创新服务方式，打造文化品牌，拓展数字资源和现代化服务技术，发挥地区信息枢纽和精神文明建设基地的重要作用，完善全区公共文化服务体系建设，推进与汕头市图书馆和区县图书馆合作，实现资源共享互补，文化惠民。使龙湖区图书馆成为知识信息的集散地、全民阅读和终身教育的学校、潮汕地方文献的宝库、优雅的文化休闲场所，为龙湖区创建全国先进文化区提供动力保障。

联系方式

地　址：汕头市龙湖区大北山路翰苑楼二楼

邮　编：515041

联系人：郑小红

宣传周活动

举办女职工读书活动月

龙湖图书馆外景

参考工具书库

汕头市澄海区图书馆

概述

澄海区位广东省东部，全区人口75万人，城区人口25万人。拥有独特地理位置，历来是粤东、闽西南和赣南一带的重要交通枢纽，素有“粤东门户”之美称。文化底蕴丰厚，文化资源丰富，素有“海滨邹鲁”之誉，为“全国文化先进区”。澄海区图书馆位于汕头市澄海区新区泰然路，占地4亩，建筑面积2718.5平方米，分五层楼。1999年1月正式开馆服务。

澄海区图书馆的定位是以数字图书馆为基础，体现知识交互理念、融合传统图书馆功能的现代城区中心图书馆。采用灵活的藏、借、阅、查、展一体的新型服务模式，除了特定或特殊的文献外，藏书全部对读者开放。

图书馆现有在编人员16人，其中设馆长1人，副馆长1人；有本科学历2人，大专学历6人，大专以上学历者占职工人数50%；具有初级职称10人。

图书馆现有阅览座位300个，网络节点70个，设有文化信息资源共享工程澄海区支中心、广东流动图书馆澄海分馆、外借室、报刊阅览室、电子阅览室、多媒体室、少儿室、典藏室、视听室、澄籍海内外作家作者作品展厅、艺术培训中心等服务窗口11个，每周开放56小时，开展外借、阅览、参考咨询、专题、电子信息、视听等服务，举办讲座、培训、展览、学术交流、读者沙龙等活动。2004年至2013年年均外借13.84万册次，年均流通21.34万人次。

馆藏资源

现有藏书13万多册，其中古籍4500册，藏有民国二年出版《大藏经》一套。图书馆能做到以人为本，坚持“公益性”、“服务性”的办馆方针和“读者至上，服务第一”的宗旨，为读者提供图书馆外借、报刊阅览、资料咨询、信息导航等全方位的优质服务。

在地方政府的重视下，我馆购书经费已由每年2万元增加到现在的5万元，初步丰富了馆藏的数量质量；另一方面，针对馆藏匮乏的问题，我们积极多方面争取澄海籍在外侨胞及社会热心人士大力支持，增加新书藏量，2008年，争取旅泰侨胞陈耀群、朱岳秋、陈国光等多位先生的支持，一次就认捐图书1.2万册，价值人民币17万元；自设立流动分馆以来，广东省立中山图书馆每年给予调剂图书1.5千册；此外还有众多热心人士，如广州购书中心、邱卓常先生、吴勤生同志生、林伦伦同志等，多次捐赠图书。图书馆在乡贤赠书厅设有专栏，专门介绍海内外热心人士捐款、赠书事迹，以表彰他们的奉献，图书馆今后还将继续加强这方面的工作，争取多方面投入，使图书馆建设更具现代化水平。

图书馆按照“资源共享、优势互补、互利互惠”的原则开展协作共建，与澄海区党史办公室、澄海电视台、澄海区旅游局、澄海科技局等单位以及文广新局下属文化单位及全区各镇、街道签订了资源共享协议书，为基层图书点提供流动图书近20000册，同时无偿搜集其特色的信息资源。截止2012年11月，图书馆与省中心、基层点共享信息资源500余种。对内加大资源的采集力度，将我区从创刊至停刊的《澄海报》全文扫描成PDF文件，并采集了局具地方特色的“动物舞蹈”，其中的“蜈蚣舞”于2008年6月入选国家级非物质文化遗产名录，为我馆特色数据库的建立做好了丰富的信息储备。

读者服务工作

读书活动：每年都举办形式多样的知识讲座，邀请知名人士主讲，以优秀的作品塑造人、以生动的事迹感染人。每年都举办“4.23世界读书日”活动，通过读书征文、竞赛等形式，鼓励中、小学生踊跃参加，提高他们的文学修养和写作水平。不定期举办读书演讲比赛，引导读者多读书、读好书。读书活动，彰显图书馆的缤纷魅力。图书馆经常举办形式多样的读书活动，实现图书馆与读者互动，充分展示图书馆的魅力。为了能更好的与读者进行交流，方便他们对我馆的工作提出意见和建议，我馆还在图书馆网站不定期公布馆的业务情况，并设立意见箱和馆长信箱，积极吸纳有益的建议并对不足的工作进行改进；同时充分利用图书馆网站、澄海数字文化网等为读者办实事，如设立“澄海要闻”栏目，每天都转载本地有关澄海的新闻，及时报道澄海经济、政治、文化情况，至今已收录有10000余条；进行新书推介、办理网上书籍续借、业务咨询等，收到了一定的社会效益。

宣传周活动：每年都举办图书馆服务宣传周活动，主要项

王建宇馆长在揭牌仪式上讲话

刘洪辉馆长视察骅威分馆

王建宇馆长在向客人介绍图书馆情况

捐赠溪南镇党员义工社图书

2011年举办全市藏书票比赛

书馆举办灯谜活动

目有图片展览、知识讲座、亲子教育、发放宣传资料、送书到基层图书馆（室）等活动，扩大了图书馆的社会影响。

送书下乡：这促进社会主义新农村建设，满足基层人民群众的求知欲，每年都开展送书、送知识下乡活动，组织图书、讲座视频送到基层图书馆（室），让基层读者也能品尝到丰富的文化大餐。

流动图书点：积极建立馆外服务点—流动图书点，把服务延伸到农村、工厂、部队、监狱、学校和社区，尽最大努力满足读者阅读需要。2007年与广东骅威玩具（工艺）集团有限公司合作，设立首家公共图书馆与企业合办的图书馆—澄海图书馆骅威分馆，2008年我们又与汕头市锐科电子有限公司合作，建立了"澄海图书馆锐科分馆"，2010年设立"澄海图书馆飞轮分馆"，2011年设立"澄海图书馆雅威分馆"，2012年设立"澄海图书馆小白龙分馆"，2014年设立"广东流动图书馆澄海中学分馆"、"澄海图书馆东方锆业分馆"等6家企业分馆及1家学校分馆，对完善图书馆公共服务体系进行积极探索。

图书馆艺术培训中心：坚持以公益性办学为宗旨，多形式开展阅读、美术、写作、扬琴、古筝等文化艺术培训，2002年以来为中华人民共和国解放军艺术学院、中央音乐学校、星海艺术学院等各类院校输送艺术苗子30多人，中心学员在省、市、区举办的器乐比赛中屡获大奖。

学术、科研成果及获奖情况

2002年，图书馆艺术培训中心被中国音乐家协会、中国扬琴家协会授权为"中国扬琴培训基地"；2003年，图书馆被澄海市人民政府授予"科普教育基地"；2004年，图书馆被文化部评定为国家一级图书馆；2008年，图书馆荣获汕头市澄海区经济建设和文明建设"文明窗口"奖；2011年被广东省委宣传部授予广东省基层宣传文化工作先进单位；自2004年第三次全国公共图书馆评估工作被文化部评定为国家一级图书馆以来，连续三次被评定为一级图书馆。

未来展望

在当今信息社会的条件下，澄海区图书馆一定会在知识经济时代发挥重要的地区信息枢纽和澄海区精神文明建设基地的重要作用，成为知识信息的集散地，市民终身教育的学校，澄海地方文献的宝库，高雅的文化休闲场所。成为开展社会主义教育、展示改革开放成就为一体的综合性公共图书馆。成为澄海区群众读书学习的文化、科技、教育、信息、服务和交流中心，为澄海经济建设和社会发展发挥重要的作用。

联系方式

地　址：广东省汕头市澄海区新区泰然路
邮　编：515800

走进西社

看守所在押人员在阅读图书

佛山市禅城区图书馆

概述

禅城区图书馆，原石湾区图书馆(因香港苏李秀英女士捐赠一百万元港币兴建，又名苏李秀英图书馆)，于1992年10月18日开馆。属禅城区委宣传部（区文体旅游局）下属全额拨款公益一类事业单位，经费由区财政核拨。自开馆以来，先后五次获评“国家一级图书馆”，两次获评“广东省文明图书馆”称号；并先后获得“佛山市文明窗口单位”、“佛山市爱国主义教育基地”和“广东省基层宣传文化工作先进单位”等称号。2013年11月被中宣部、文化部、国家新闻出版广电总局授予“第五届全国服务农民服务基层文化建设先进集体”光荣称号。

体系建设

自2003年开始，禅城区图书馆着手建设国内第一个“总分馆”服务体系。在区委区政府的高度重视与正确领导下，在各镇街的积极配合和参与下，通过十多年的建设与发展，到目前为止，禅城区联合图书馆的建设已初具规模，形成了主馆一个（禅城区图书馆）、分馆五个（少年儿童图书馆、澜石金属图书馆、环市童装图书馆、张槎图书馆、张槎中心小学图书馆）、成员馆八个（南庄图书馆、河滘村图书室、奇槎村图书室、沙岗村图书室、大富村图书室、城南小学图书馆、同安社区图书室、警营书屋）的图书馆服务体系，在国内图书馆业界产生较大影响。

禅城区联合图书馆是一个总分馆制的图书馆服务体系。它是根据禅城区人口分布状况、各街道（镇）产业特点，分别建立的一批布局合理、深入社区、贴近市民的中小型公共图书馆群，在满足各街道（镇）产业发展对专业文献和信息需求的基础上，提供社区图书馆服务。

在禅城区联合图书馆建设过程中，我们探索出了一条政府主导、多级投资的全新办馆模式，即由街道方面提供馆舍和装修，馆舍所有权归属街道办；管理权由禅城区图书馆全权负责，街道只能协助、不能干预；分馆的运作经费由区政府直接下拨，实行所有权与管理权的完全分离。这种全新的办馆理念打破了我国一直以来实施的“一级政府负责一级图书馆”的分级财政的建设体制，进一步完善了我区公共文化服务体系的建设。

业务建设

2013年禅城区图书馆财政拨款总额696.1万元，其中购书专项经费70万元。截止2013年底，禅城区图书馆文献总藏量56.2万多册，其中纸质文献30.6万多册，中文报刊1113种。该馆自主开发的数据库有陶瓷产品数据库、童装数据库、金属数据库。其中自主研发的“计算机多媒体陶瓷产品数据库”，获得文化部表彰和省、市、区科技进步奖。

为领导决策和地方经济、文化建设提供及时、有效的信息服务是禅城区图书馆开创特色化服务的亮点之一。创办于1996年的《禅城参考》（原《参谋》），通过十几年来的建设和完善，无论是印刷装订、栏目设计、主题内容都有了很大的调整和进步，为各级领导决策提供全面、准确、最新的信息服务，得到各界关注和赞赏。

禅城区图书馆各专业分馆根据所属镇街的产业特色，不断整合、开发特色数字资源，提供专业信息服务。定期举办公益性专业讲座（行业信息交流会），为广大企业和从业人员提供交流平台；开展“点对点”专业服务，与专业读者建立长期联系；提供行业信息推送、专业图书代购服务等，在专业服务方面做出了一定的成绩。

同时，该馆各部门还积极编印馆报馆刊，如澜石金属分馆的《金图资讯》、张槎分馆的《小亭》、张槎中心小学分馆的《七彩读书报》、环市童装分馆的《E裳》服装电子期刊。通过馆刊馆报开展服务，提高了图书馆信息资源的利用率，充分发挥了图书馆文化信息载体的功能。

2012年底禅城区图书馆与时俱进，建设完成禅城区数字图书馆，数字图书馆包含了信息资源丰富、支持一站式检索的24小时数字图书馆；读者自主阅读、自助服务、无人值守的自助图书馆；支持通过手机等移动终端访问和获取图书馆资源的移动图书馆；支持报刊触屏阅读和回溯检索的电子阅报栏；后台硬件支撑系统等五大主要内容。禅城区数字图书馆根据当地居民的实际需求，有针对性的、随时随地的、免费的提供学术资源、电子书报刊、视频等资源的阅览及下载服务，同时还提供国家数字图书馆、共享工程等资源的阅览及下载服务。禅城区数字图书馆的服务极大地提升了禅城区图书馆的文化服务能力和文化服务水平，让市民能够在网络环境下享受均等的公共文化权益。

读者服务工作

禅城区图书馆自2003年开展联合图书馆建设以来，无论是馆舍面积还是各项基础业务指标都有了大幅的增长，取得了令人瞩目的成绩。分散布局与联合服务的主分馆模式带来了远超过馆舍面积增长速度的服务效益，随着越来越多的市民走进图书馆、认识图书馆、利用图书馆，联合图书馆走近市民、服务大众的社会效益得到了显著提高。

近几年来，为了更好地服务基层、服务群众，禅城区图书馆陆续开拓出一系列的服务活动品牌，例如：文化下基层，书香沁万家——“四送四进”全民阅读推广活动，针对广大外来务工人员每月定期开展的各种兴趣小组，禅城区少儿读书节，禅城区少儿阅

澜石金属分馆

环市童装分馆

张槎分馆

张槎中心小学分馆

少年儿童分馆

自助图书馆

读冬令营等一系列读者服务活动品牌。在广大读者群众当中树立了一个良好的服务形象，形成了禅城区图书馆独特的服务特色。

管理工作

禅城区图书馆现有工作人员35人，其中事业编制9人，政府聘员15人，临时工作人员11人。全馆工作人员平均年龄35岁。目前馆领导3人，均为图书馆学专业大学本科毕业，其中馆长1人，副研究馆员职称；副馆长2人，一人为副研究馆员职称，一人为馆员职称。

为了加强中层干部队伍建设，完善内部激励机制，禅城区图书馆面向全馆职工每两年开展一次中层干部竞聘上岗工作。同时实行绩效考核管理，调动职工的积极性和创造性，增强服务意识、法制意识和效率意识，转变工作作风，提高为人民服务的质量和水平。

馆领导介绍

田碧，女，1970年6月生，本科学历，中共党员，副研究馆员，馆长。1994年初到禅城区图书馆工作，2011年8月任禅城区图书馆馆长、法人代表、党支部书记。现任中国图书馆学会、广东省图书馆学会会员，佛山市图书馆学会副理事长兼信息技术委员会主任。佛山市第十一届、第十四届人民代表大会代表、中国共产党佛山市禅城区第二次代表大会代表，2011－2012年度禅城区“三八红旗手”，2013年度佛山市“三八红旗手”。

万文晴，女，1973年12月生，本科学历，中共党员，副研究馆员，副馆长。现任中国图书馆学会、广东省图书馆学会会员，佛山市图书馆学会理事。

董保瑞，男，1980年9月生，本科学历，中共党员，馆员，副馆长，广东省图书馆学会会员。

联系方式

地　址：广东省佛山市禅城区石湾榴苑四街四座
邮　编：528031
联系人：董保瑞

禅城区图书馆正面

禅城区数字图书馆网站

禅城区少儿读书节

阅读冬令营

佛山市南海区图书馆

概述

佛山市南海区图书馆在1979年独立建制，馆址设在南海县机关饭堂。1983年独立建馆。后几经变迁，现馆位于佛山市南海区桂城天佑三路106号，1990年12月建设，1998年扩建，1992年9月南海撤县改市更名为南海市图书馆，2002年南海撤市改区更名为佛山市南海区图书馆。现馆舍面积达6600平方米，2012年，佛山市南海区图书馆有阅览坐席300个，计算机106台，信息节点200个，宽带接入20Mbps，选用Symphony图书馆自动化管理系统。在历次全国公共图书馆评估中均获得一级图书馆。

业务建设

截止2012年底，佛山市南海区图书馆总藏量65万册（件），中文报刊665种，电子图书6万多种，电子期刊400种/册，视听光盘6.69万件。

2009、2011、2012年，佛山市南海区图书馆新增藏量购置费50万元，2010年为40万元。2009–2012年，共入藏中文图书83539册，中文报刊700种，视听文献6602件，地方文献920种。

截止2012年底，佛山市南海区图书馆数字资源总量为10TB，其中，自建数字资源总量2TB。2012年，完成《南海区图书馆地方资料数据库》建设工作。

2008年1月，由佛山市南海区图书馆研制的"乡镇图书馆电脑管理系统"停用，统一使用佛山市联合图书馆业务管理系统和服务系统，与佛山市各区联合图书馆成员馆实现"一卡通"通借通还。2012年12月，建立自助图书馆。

读者服务工作

从2008年起，佛山市南海区图书馆全年365天对外免费开放，周开放60小时。2009–2012年，年书刊总流通50万人次，书刊年外借45万册次。2011年7月，建设区级联合图书馆框架，开通与南海区八个镇街图书馆的馆际通借通还服务。2009–2012年，建成13个分馆，有35个流动服务点，面向基层年流动书刊10多万册次。2006年始编辑的"新视点"，每年编辑6期。2012年3月，编辑发行"媒体看南海"专题信息刊物，面向区委区政府领导和46个职能局及镇街基层职能领导提供专题参考信息服务，年发行量1500份。并率先取消图书馆过期还书罚款，实行"以捐代罚"，建立读者"扶困助学"平台，扶助受困读者。

2009–2012年，佛山市南海区图书馆网站访问量24万次。2011年8月开通"书香南海"微博，还实施了"移动阅读服务"工程，将"读秀"资源与图书馆数字资源整合，实现了手机移动阅读服务。截止2012年，佛山市南海区图书馆发布使用的数字资源总量为8种，5TB，馆外馆内读者均可通过身份认证系统进行检索、浏览、下载资源。2012年下载量达75万页。

2009–2012年，佛山市南海区图书馆共举办讲座、展览、培训、阅读推广等读者活动1024场次，参与人数250多万人次。"有为讲坛"公益讲座向镇街延伸，设立4个基层分讲坛。

业务研究、辅导、协作协调

2009–2012年，佛山市南海区图书馆编辑出版《南海学堂——"有为讲坛"讲座文集》第一、第二辑、《人生美德——未成年人思想道德教育读本》，图书馆职工发表论文10篇，业务调研报告2篇。

佛山市南海区图书馆积极参与佛山市联合图书馆建设、资源共享工程建设，建立了南海区联合图书馆总分馆制，实现了联合编目、馆际互借、"一卡通"服务，以及联合开展读书节、阅读推广、服务宣传等读书活动。区镇两级图书馆和部分社区图书馆已经实现通借通还与资源共享，初步形成了区、镇、村三级图书馆服务网络，为全区公共图书馆服务体系的建设打下坚实的基础。还专门设立了基层业务辅导部，采取网络手段，开通业务技术辅导热线，开展网上辅导；每年还举办1期基层业务培圳班，培养基层业务骨干；并且制订了"乡镇图书馆评估定级标准"，对乡镇图书馆工作进行两年一度的检查评估和总结表彰。

志愿者服务和管理是本馆特色，公益讲座、少儿室管理、辅助书库长期设有志愿者岗位，并与全区义工联、社区志愿者组织建立了良好的互动机制，每年志愿者活动达到150多人次，本馆成为志愿者活动的基地。

管理工作

2012年，佛山市南海区图书馆实行了三轮聘任制深化改革，按照"定岗、定编、定标准、定薪酬"原则，实行了按需设岗，竞争上岗、择优聘用、年度考核的用人办法，建立了岗位责任和奖励机制。还实行了项目管理办法，把员工被动接受工作安排转变成积极主动申请工作、创新工作，进一步激活队伍，强化管理，提高效率。

表彰、奖励情况

2010年被文化部评为国家一级图书馆；2012年电子阅览室被文化部评为全国文化信息资源共享工程公共电子阅览室示范点；2011年被佛山市南海区区委、区政府评为南海区文明窗口单位。

报刊借阅厅

少儿借阅厅

图书借阅厅

理、统一服务、一卡通用、通借通还等。由顺德图书馆定期配送图书至基层图书馆（室），并提供业务培训、技术指导、业务咨询等服务，指导其进行规范管理。服务点中的勒流街道龙眼农家书屋和扶闾农家书屋获得了2011年广东省优秀农家书屋称号，龙眼农家书屋还获得了2012年全国示范农家书屋称号，是镇（街）和村居较有代表性的基层图书馆（室）。2012年底，顺德图书馆着手开展公共图书馆服务进校园项目，计划将全区240多间中小学逐步纳入顺德公共图书馆集群领域。

管理工作

顺德图书馆共有员工113人，其中硕士研究生学历6人，本科学历87人，大专学历13人，高中学历4人，大专及以上学历占总人数93.81%，中专或高中以上学历占总人数97.35%；高级职称1人，中级职称39人，初级职称51人。

顺德图书馆对员工实行绩效考核激励机制，每个服务窗口均制定相关的工作守则及指引；财务工作中严格按照区财政部门的规定，执行“收支两条线”原则，款项帐实相符；制定多项设备、物资管理规定，落实馆内财产的登记分配管理。

表彰、奖励情况

2009–2012年，顺德图书馆共获得各种表彰、奖励17次。其中，国家级表彰奖励4次，省级业务主管部门及市级党委、政府表彰奖励6次，市级业务主管部门及县级党委、政府表彰奖励2次，县级业务主管部门表彰奖励5次。

馆领导介绍

马曼宁，男，1955年3月出生，大专学历，中共党员，群众文化专业副研究馆员。1978年参加工作，历任顺德文体局人秘科科长、顺德文化馆馆长、党支部书记，2010年起任顺德图书馆馆长，兼任顺德区社会工作咨询委员会委员。1991年编辑《中国民间文学三套集成广东卷.顺德县资料本》获全国艺术科学规划领导小组、中国民间文艺家协会、中国民间文学集成全国编委会颁发“全国先进工作者”称号；1992年获佛山市文联、刘传艺术基金会“文艺创作一等奖”；1997年获佛山市政府群众文化先进劳动者称号。

萧志华，男，1973年8月出生，本科学历，中共党员，中级职称，副馆长。1993年到顺德图书馆参加工作，先后任电脑技术部主任、馆长助理，2004年起任顺德图书馆副馆长。

周曦宏，男，1973年2月出生，本科学历，中共党员，中级职称，副馆长。1993年参加工作，1997年起到顺德图书馆，先后任特藏部主任、基层服务部主任，2011年12月起任副馆长。

未来展望

今后，顺德图书馆继续以“服务”为中心，以“立足大良，辐射全区；面向大众，服务基层”为宗旨，采取“走出去、引进来”的策略，即致力构建顺德区图书馆集群平台，为全区市民打造“家门口的图书馆”，促进公共服务均等化，推行“区域一体化建设”；通过全公益免费服务，将群众吸引到图书馆来。

顺德图书馆计划将新馆首层部分区域及东翼二、三层改造成专门为12岁以下儿童及家长服务的专题少儿图书馆，提供少儿文献资源、亲子阅读服务、少儿阅读活动推广、少儿数字阅读体验和课外阅读辅助。同时，将会推出自助图书馆，其浓缩了传统图书馆的基本功能，兼具数字图书馆服务与文化信息发布的功能，为读者提供每周7天的不间断服务。

展望未来，顺德图书馆将顺应时代发展趋势，与时俱进、开拓创新，在整合信息资源和弘扬地方文化、更好地为顺德的政治、经济建设和科学研究服务。

联系方式

地　址：佛山市顺德图书馆
邮　编：528000

顺德图书馆

青少年阅读夏令营

亲子阅读系列活动

佛山市三水区图书馆

概述

三水图书馆创建于1951年2月，原为三水文化馆的一个图书室，1978年经政府批准成立三水县图书馆。现馆舍位于三水西南街道文锋东路，左邻与公园连成一体，环境优雅。占地面积3800平方米，建筑面积2100平方米，1985年7月落成并全面对外开放。1993年5月更名为三水市图书馆，2003年1月再次更名为佛山市三水区图书馆。现有阅览座位311个，设阅报厅、期刊阅览室、视障阅读区、少儿阅览室、图书外借处、资料参考室、电子阅览室、自学室等多个阅览功能室，藏书31万册，读者计算机42台。在过去四次公共图书馆评估定级中，三水图书馆均被评为国家一级馆。现有在编人员15人，编外人员4人。大专以上学历17人，中级职称10人，初级职称9人。

业务建设

截止至2013年，三水图书馆有各类藏书31.7万册（件）。其中：中文图书约27万册，电子图书3.2万多种，报刊569种，年新增藏量1.6万多册。

截止至2013年，三水图书馆有电子图书32619种，主要为《中华连环画数字阅览室》和《点点书库》等电子文献。并租用CNKI《中国学术期刊网络出版总库》、《中国经济社会发展统计数据库》、《党政领导决策参考信息库》3大数据库，容量达14T。

2012年，三水图书馆中文图书年入藏为4214种16158册，期刊512种、报纸57种、视听文献100件、地方文献11种（套）。2010年、2011年中文图书年入藏量分别为4277种和6203种。2010—2012年3年平均值为4898种。

2012年三水图书馆期刊年入藏量为512种、报纸57种。2010年、2011年报刊年入藏量分别为571、579种。2010—2012年3年平均值为569种。

读者服务工作

【基础服务工作】三水图书馆2010年加入佛山市联合图书馆，全面实行免费开放服务，每周对外开放66小时。在开通“二代身份证”书刊借阅服务后，读者人数猛增，2010年有效书证3000个，2011年5000个，2012年15000个，目前借书证数量达到20000多个，增长迅速；2011年借出图书约12万册次，2012年借出书刊20万册次，流动图书5万册次。

【“科技兴农”活动】2009年至2012年，开展“科技兴农”信息咨询活动40多次，平均每年接待群众5000人次，每年借出科技书刊3000多册，每年免费派发信息资料20000多份。

【流动服务站】为解决外来务工人员的借书难、读书难问题，三水图书馆先后在驻军、部队、学校、社区、村委、企业等建立“流动图书服务站”40多个，借出图书8万多册，年借阅4万多册次、接待读者5万多人次。

【阳光校园】2012年，“阳光校园”计划正式启动。三水图书馆先后在白坭中心小学、芦苞实验小学、西南中心小学、西南第四小学、西南第十小学等校园设立联合图书馆借阅服务点，借出少儿新书8000多册。

【森森讲坛】2012年启动三水图书馆“森森讲坛”，截止至2013年，共成功举办14场，内容丰富、形式多样，受到了广大群众的欢迎。

【阅读关怀】关爱视障人士，在馆内开辟了“视障阅读区”，购置盲文书籍和“一键式阅读器”；通过招聘文化志愿者，为视障人士举办“听电影”、“阅读分享会”等活动；录制有声读物，制作有声图书，亲自送到视障读者家中。“助残日”到启智学校进行慰问，“六一”节送书到业余体校、边远地区小学。定期举办老年人上网培训班。针对不同群体的阅读需求而开展的这种温馨的服务方式，深得读者喜爱和社会认同。

【青少年活动】2009年至2013年，三水图书馆携手区内小学、幼儿园举办“迎新春少儿绘画比赛”、“悦读总动员”、“六一小学生手抄报比赛”等，对于吸引青少年走进图书馆、利用图书馆，从小养成良好阅读习惯起到了积极作用。

业务研究、辅导、协作协调

三水图书馆自2010年加入佛山市联合图书馆后，稳步推进镇街联合图书馆的建设工作，打造一个以三水馆为主干，镇级馆为支撑的图书馆服务网络阵地；使三水区的图书馆（室）形成一个整体，实现“同城生活，同城共享”。2011年，三水7个镇街公共图书馆中已有5个成功加入佛山市联合图书馆服务，实现通借通还、资源共享。到目前，又有2个社区、4间学校成功加入佛山市联合图书馆服务，使三水区的联合网络服务初步形成。

协助基层图书馆实现标准化、规范化建设，利用流动图书的方式充实其馆藏，并将其加入到佛山市联合图书馆服务。目前，三水图书馆在区内镇（街）、村委、社区，建立了34个图书馆场室，借出流动图书8万多册。

积极建设“全国文化信息资源共享工程”，目前共建立“共享工程”基层服务点50多个，遍及镇街、社区、村居、部队以及机关、企业、学校。

培训现场

“听电影”活动

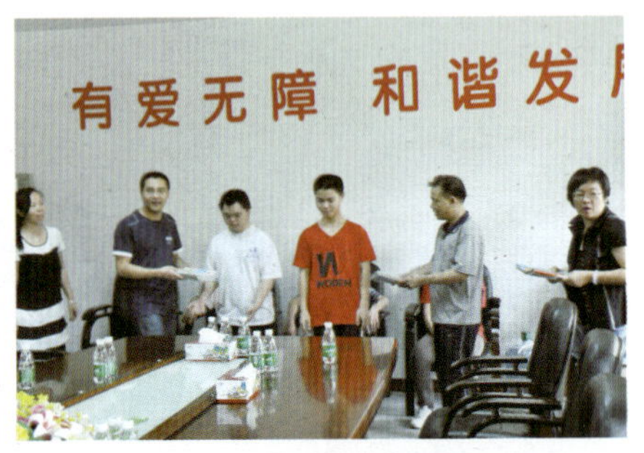

三水图书馆副馆长钱彦君（左二）、办公室主任钟耀球（左五）向学生赠书

期刊室

自习室

电脑培训

管理工作

三水图书馆按照上级有关部门的要求，于2009年重新对人员进行了核定和岗位设置。中层岗位实行竞聘，选拔了一批优秀干部走上部门领导岗位，使图书馆的人才队伍建设得到进一步充实，形成激励机制。为增强员工的自律和服务意识，通过开展“服务之星”评选等活动，每月由读者根据工作人员的言行、仪表、业务技能、服务态度等方面进行评选和监督，以此来提高工作人员的服务意识和业务素质，并与年度考核挂钩。2012年2月，三水图书馆成立了图书馆工作委员会。汇聚社会精英，邀请了行业专家、知名画家、三水藏书家、小学校长、电台主持、媒体记者、老师等文化志愿者，加入了三水“图工委”,共同参与图书馆的管理工作。面向社会招募了一批热心热情的文化志愿者，这些志愿者都有一定的文化特长，为更好地开展服务活动储备了人才和力量。现在志愿队伍人数达到50多人。

表彰、奖励情况

2009年三水图书馆被“全国文化信息资源共享工程”广东省分中心授予“广东省县级支中心培训班团体优胜奖”；2010年1月，被国家文化部授予“国家一级图书馆”称号；2011年5月“共享工程”迎接建党90周年群众歌咏活动三水队荣获广东省优胜奖。

馆领导介绍

蔡宝云，男，1977年6月生，本科学历，中共党员，馆长。2000年参加工作，现任佛山市图书馆学会副理事长，三水区委宣传部“三馆”党支部书记。

董小燕，女，1974年7月生，本科学历，中共党员，馆员。1996年参加工作，现任图书馆副馆长，分管人事、财政业务。

钱彦君，男，1977年6月生，本科学历，馆员。2001年参加工作，现任图书馆副馆长，分管技术、流通业务。

未来展望

2009—2012年，三水图书馆创新性地开展了工作，营造良好的环境和氛围，积极倡导全民阅读活动，取得了良好的社会效益。三水图书馆作为区级图书馆，目前的馆舍建筑面积、阅览场所、服务设备等与群众日益增加的文化活动需求存在很大差距，因此选取合理的地域，进行新的图书馆建设规划，是三水群众的美好愿望，同时也是政府重点民心工程。此外，政府倡导和鼓励企业、团体、个人对文化事业进行扶持也是一个好办法。通过社会共同努力，群策群力，文化事业尤其是图书馆业务可以有更多的发展途径和空间。

联系方式

地　址：佛山市三水区西南街道文锋东路21巷
邮　编：528100
联系人：钟耀球

图为三水图书馆馆长蔡宝云（左二）、办公室主任钟耀球左一）与教养所工作人员合影

科技兴农活动

参加巡游人员合影

佛山市高明区图书馆

概述

高明1981年12月恢复建制后，于1982年成立高明图书馆，馆舍暂设三洲镇政府大院内。1984年7月，高明图书馆迁至沧江路文化巷，1989年1月迁至文昌路56号。2004年4月高明图书馆完成馆舍扩建工程，新馆建筑面积3680多平方米，内设网络信息阅览室、图书外借室、报刊阅览室、少年儿童阅览室、自修室、地方文献资料室、学术报告厅等。2005年首次被文化部授予"国家一级图书馆"称号，在2009年的第四次和2013年的第五次全国公共图书馆评估定级中均获得"国家一级图书馆"殊荣。

业务建设

据2012年年底统计，高明区图书馆总藏书量31.2万册，2012年入藏新书8000余册，其中报刊691种，视听文献500种。年平均接待读者30万人次，免费办理借阅证1.6万个，年平均外借图书24.6万册次；每周开馆时间61小时。

截止2012年高明区图书馆共购买了读秀学术搜索网、慧科报刊数据库等4个数据库，开发了《今日媒体看高明》等信息产品。通过佛山市联合图书馆数字资源共享平台，高明图书馆的读者可以使用到其它佛山市联合图书馆成员馆30多个数字资源库。

高明图书馆于2009年10月加入佛山市联合图书馆，2011年10月实行"二代身份证"免押金借阅服务，实行全免费开放。2012年12月高明织梦自助图书馆正式开放。

读者服务工作

高明图书馆一向把读者服务工作放在首位，每周开放时间61小时，高明织梦自助图书馆全年365天每天24小时全天候开放。高明图书馆自2009年10月加入佛山市联合图书馆后，实现了成员馆之间的通借通还。2012年高明图书馆书刊外借18万多册次，流通人次超过36万。

2012年高明图书馆网站访问量24万次。2012年举办讲座25次，参与人数4000人次，汽车图书馆服务人群达2万多人。由高明图书馆发起的"高明读书节"已成为高明区的品牌活动，曾获得"书香岭南"全民阅读活动优秀项目。至2012年已成功举办七届读书节。

业务研究、辅导、协作协调

高明图书馆职工发表和撰写30多篇论文、研究报告。从2010年起，高明图书馆积极推动各镇街图书馆加入联合馆，先后举办10期业务培训班，达到120课时，共有40人次参加培训。高明图书馆派遣200多人次业务骨干到各乡镇图书馆辅导，帮助解决各类问题。高明区积极配合上级部门先后完成72个农家书屋、15家综合文化室、12家社区书屋和5家园区书屋的建设。

管理工作

2010年，高明图书馆完成全员岗位聘任。2012年开始实施绩效工资，建立了工作量化考核指标体系，全面实行岗位责任制和目标管理责任制，纳入竞争机制和激励机制，实施馆、部（室）分级管理：图书馆领导与区文体旅游局签订三年领导任期目标责任制，促使图书馆发展规划与文广新局总体目标相结合，强化领导意识和责任意识，履行领导职责；各部（室）根据自身的工作性质和特点，制订岗位责任制，明确规定每位员工的岗位职责，实现责、权、利相统一；制定《职工考核评比细则》，从德、能、勤、绩四个方面对职工实行考核，通过考核评比，肯定成绩，改进缺点，弥补不足。

表彰、奖励情况

2009–2012年，高明图书馆共获得各种表彰、奖励10余次，其中，文化部表彰、奖励2次，省总工会表彰、奖励1次，市政府表彰、奖励1次，区委宣传部表彰、奖励4次。

馆领导介绍

刘山涛，男，1971年10月生，本科学历，中共党员，馆员，馆长。

彭婉玲，女，1962年11月生，大专学历，中共党员，馆员，党支部书记。

图书馆馆貌

儿童阅览室

阅读夏令营活动

彩虹故事会

高明讲坛

阅读银行存折交受仪式

谭志清，女，1967年5月生，大专学历，中共党员，馆员，副馆长。

何敏霞，女，1976年12月生，本科学历，中共党员，馆员，副馆长。

未来展望

高明图书馆不断加强区域内文献资源共享建设，努力提高业务水平，不断扩展服务范围和对象，最终达到读者人数占全区人口总数20%以上的目标。高明区图书馆将进行智能化建设，引进先进的RFID技术实现全馆的自助借还，为智慧文化的建设贡献自己的力量。

联系方式

地　址：佛山市高明区文昌路56号
邮　编：528500
联系人：冯子平

视障人士流动服务站

汽车图书馆到崇步小学办证

江门市五邑图书馆

概述

江门市五邑图书馆港口路总馆面积8971平方米，2011年投入使用的范罗岗少儿分馆面积1095平方米，馆舍面积合计10036平方米。此外五邑图书社区分馆和馆外流动服务点达56个（2013年新增社区分馆4个）。五邑图书馆阅览座席478个（其中儿童阅览座席188个），计算机215台（其中提供给读者使用的计算机172台）专用服务器6台，存储容量合计52.3T，港口路总馆和范罗岗少儿分馆分别通过50M、20M光纤接入互联网，读者服务区无线网络覆盖达到90%以上。目前五邑图书馆采用"5U联合图书馆管理系统"，采编、流通、期刊、地方文献等业务全部实现自动化管理，已经实现港口路总馆、范罗岗少儿分馆及部分社区图书馆的通借通还，并为江门地区各类型联合图书馆提供了"一卡通"系统平台。

业务建设。

截止2013年底五邑图书馆文献总藏量为91万（其中纸质文献67万，电子文献藏量24万），五邑图书馆设立地方文献部负责江门五邑地区地方文献的收集整理工作，经过多年来的努力共收集2万多件地方文献，古籍5000多册，地方文献的书目也已经完成数字化，部分地方文献及古籍全文实现数字化，并自建包括《陈白沙数据库》、《梁启超数据库》等多个可供全文检索的地方特色数据库，2013年完成的《五邑华侨华人多媒体资源库》是《全国文化信息资源共享工程2011年地方资源建设项目：岭南文化多媒体资源库》子数据库。

五邑图书馆作为"全国文化信息资源共享工程"地市级支中心，承担本地区"全国文化信息资源共享工程"有关工作的组织实施，图书馆门户网站"江门五邑数字文化网"整合包括电子图书、电子期刊、音视频资料等各种优秀的文化信息资源，平均每天点击超过15000人次。2012年4月"五邑图书馆手机图书馆"项目正式启动，广大读者可以利用手机、IPAD等手持移动终端设备在平台上检索阅读135万种图书、9000多万篇报刊资料。

读者服务工作

五邑图书馆坚持"读者第一，服务至上"的宗旨，根据国家关于公共图书馆免费开放的文件精神，取消了借书证工本费、上网费等收费，真正实行了图书馆免费开放。五邑图书馆克服人员编制不足的困难，延长窗口部门开放时间，周六日及节假日坚持开放，每周开馆时间超过70小时。

五邑图书馆通过与各类型机关企事业单位合作的形式，组织举办了一系列覆盖面广、群众参与度高、形式丰富内容多样的群众性读书活动，2013年五邑图书馆、各社区分馆以及流动服务点共举办各类讲座180场，读书活动250场，展览46场。五邑图书馆通过"送文化下企业"、"文化信息农村行"、"文化进社区"等系列服务活动，深入企业、农村、社区、学校、兵营等，为广大的外来务工人员、乡村群众、社区居民未成年人、官兵战士提供服务。

五邑图书馆信息服务经济效益和社会效益明显，以共享工程及本馆文献资源为依托并借助联合参考咨询网平台，向本地和全国各地读者提供了免费的网上实时参考咨询和文献远程传递服务，2011–2013连续三年获得"广东省文献资源共建共享服务贡献奖"、"江门市共享工程农业信息资源建设及服务项目"被广东省经济和信息化委员会评为"广东省农村信息化建设优秀成果项目"。

业务研究、辅导、协作协调

2010年以来五邑图书馆工作人员省级以上期刊发表论文10篇，完成完成高质量调研究报告5篇，获准立项并已经完成文化部课题一项，其它课题一项。

五邑图书馆作为本地区最大的公共图书馆，积极促进本地区图书馆事业发展，加强对基层图书馆提供技术指导和业务辅导，采用集中培训与个别辅导相结合的方式，为基层图书馆（室）培训大量专业人员，促进基层图书馆业务工作的规范化和标准化。

五邑图书馆先后与省立中山图书馆、珠海和中山两市公共图书馆、江门地区"四市三区"公共图书馆及高校系统图书馆建立协作协调关系，开展文献资源共享以及地区性图书馆服务网络建设工作。2013年5月五邑图书馆江门市图书馆学会正式成立，江门市图书馆学会挂靠在五邑图书馆，学会的成立将大大加强江门五邑地区图书馆从业人员的学术交流和业务联系，促进我市图书馆学研究和图书馆事业的繁荣和发展。

管理工作

五邑图书馆2013年进一步深化人事制度改革，落实岗位设

置和人员聘用工作，严格按照《五邑图书馆岗位说明书》和《五邑图书馆岗位设置实施方案》民主推荐选聘专业技术岗位人员，实行按需设岗、按岗聘用、竞争上岗、择优聘用。2013年下半年制定《五邑图书馆奖励性绩效工作分配方案》以及配套的考核方法，按照岗位责任制进行考核，并根据考核结果对工作人员进行奖惩，充分调动全馆工作人员的积极性，提高各部门的工作效率和服务水平。我馆还根据本馆工作需要和岗位空缺情况，采用公开招聘与调动相结合的人才引进模式，引入工作经验丰富、业务能力强人员，不断优化工作人员队伍素质。

表彰、奖励

2010年到2013年五邑图书馆受到主要表彰和奖励包括：

(1) 第五次全国公共图书馆评估定级活动中获“国家一级图书馆”称号。

(2) 2010年至2012年连续三年获广东省文献资源共建共享服务贡献奖。

(3) 2012年1月“五邑图书馆社区网络服务”获“广东省首届图书情报创新服务奖”。

(4) “江门市共享工程农业信息资源建设及服务项目”被广东省经济和信息化委员会评为“广东省农村信息化建设优秀成果项目”。

馆领导介绍

胡尚明，男，本科学历，中共党员，馆长，研究馆员，广东图书馆学会理事，江门市图书馆学会理事长。

梁敏琴，女，本科学历，中共党员，副馆长，副研究馆员，江门市图书馆学会副理事长。

麦旭辉，男，本科学历，中共党员，副馆长，副研究馆员，江门市图书馆学会秘书长。

未来展望

2014年江门市五邑图书馆改扩建项目正式启动，项目完成后馆舍面积将超过20000平方米，设计藏书量超过180万册。五邑图书馆的服务空间和服务环境将进一步得到优化。五邑图书馆将加大文献资源建设的资金投入，逐步形成以纸质文献为基础、电子文献为补充、网上专家咨询系统数据库为辅助、地方文献为特色的文献保障体系。此外五邑图书馆将继续加强社区分馆和流动服务点的建设，使社区分馆、馆外图书服务点与五邑图书馆总馆共同构成布局合理、优势互补的城市公共图书服务网络，建立馆内服务和馆外服务并驾齐驱、相互依存、相为补充的服务模式。

江门市新会区景堂图书馆

概述

新会景堂图书馆由新会旅港乡亲冯平山先生创建，1925年开放，为纪念其父冯景堂先生而命名。1986年，其子冯秉芬、冯秉芹先生捐资扩建景堂图书馆。2012年，区政府将相邻的原区检察院办公楼划拨本馆扩建，经旅港乡亲霍宗杰先生资助，于2013年1月建成霍宗杰阅览室。目前，全馆总面积6510平方米。馆内设施齐全，环境优雅。图书馆坚持“读者至上，服务第一”为宗旨，努力为市民服务，先后被评为全国文明图书馆、广东省文明图书馆、县市文明图书馆，多次被评定为国家一级图书馆。至2012年底，拥有阅览座席545个，计算机74台，宽带接入100Mbps，选用图通管理系统。维护运行景堂图书馆网站（HTTP://WWW.JTLIB.NET）和文化信息资源共享工程新会支中心(HTTP://GC.JTLLIB.COM）。

业务建设

截止2012年底，景堂图书馆总藏量96万册（件），其中，纸质文献44万册（含古籍1214种13755册），电子图书52万册。2009、2010、2011年，景堂图书馆新增藏量购置费10万元，2012年增至30万元。2009–2012年，共入藏图书36973册，报刊2230种。截止2012年底，景堂图书馆数字资源总量为6TB，购置了读秀知识库，配置了3台触摸屏读报机。2012、2013先后购入汇雅电子图书共52万册。古籍保护方面，2010年，馆藏明嘉靖四十三年刻本《大学衍义通略三十卷》入选第三批《国家珍贵古籍名录》。2011年，入选广东省第一批古籍重点保护单位。2012年，馆藏《古琴谱》等16种古籍入选第一批《广东省珍贵古籍名录》。2013年加入广东省第一批古籍修复室建设计划。地方文献是景堂图书馆的特色馆藏，建有《新会区地方文献呈缴制度》作保障，开展地方文献数字化工作，2009年至2012年，完成馆藏族谱数字化，完成扫描和处理解放前报纸等资料170G。目前我馆自建有新会新闻、新会名人、新会杂记、新会名胜等4个专题数据库。

读者服务工作

自2008年5月27日起，景堂图书馆全免费服务。历来全年除中秋和除夕外，天天对外免费开放，每周开放87.5小时。2009–2012年，图书馆流通总人次1933239人次，书刊外借277861册，完成专题咨询6337次，举办展览97场，举办“新会大众讲坛”18场，播放电影31场。2010年，景堂图书馆制定阅读推广计划，其中第一项是举办“爱心树故事会”，以亲子阅读、讲故事、阅读讲座等形式，至2013年年底已举行了160多期。同时，本馆围绕建设“文化强国”的指导思想，举办众多主题丰富，活动精彩的世界读书日活动、图书馆服务宣传周活动和暑假系列活动，吸引读者进入图书馆，开展阅读。景堂图书馆的诵读经典活动、英语才艺表演赛历经多年举办，已经成为活动品牌。

积极推动企业社区乡镇图书馆联合办馆服务，2009年至2012年，共协助建成10家图书馆（室）。

景堂图书馆网站以提供活动信息、数字资源、书目查询为主要功能，2009–2012年浏览量163427人次。

业务研究、辅导、协作协调

景堂图书馆每年制定员工培训计划，培训内容主要有文献编目著录、文献开发、古籍保护、亲子阅读、数字资源建设、服务礼仪等方面。积极派员参与省馆举办的各类培训学习，特别是古籍保护、共享工程方面的培训班。

承担本地区图书馆（室）业务辅导职责，2009年至2012年，指导乡镇、学校企事业图书馆（室）和农家书屋建设共计84次。

管理工作

2009年，景堂图书馆完成第二次全员岗位聘任，建立了明确的岗位职责制度，要求严格按照岗位职责进行工作。各部门制定有工作手册，指导各项工作规范化进行。建有岗位奖惩制度，每年根据工作量化进行工作考核，每月各部门进行工作进度汇报。每年制定年度预算，严格遵守财政、会计法律法规。

表彰、奖励情况

2011年获得新会区先进基层党支部。2012年成为广东省古籍重点保护单位。

馆领导介绍

袁梅梅，女，1969年2月生，本科学历，中共党员，馆员，馆长。1989年7月参加工作。江门市人大代表。2012年被评为广东省古籍保护先进个人。

谭红霞，女，1977年9月生，本科学历，中共党员，馆员，副

图书馆外貌

展览厅

图书借阅室内读者座无虚席

霍宗杰室

古籍修复室

绘本室

电子读书机

馆长。2001年7月参加工作。分管全馆业务、党务政工。

梁庚明，男，1977年9月生，本科学历，中共党员，馆员，副馆长。2000年8月参加工作。分管信息技术、数字资源工作。

未来展望

在全国进行文化大繁荣大发展的建设高潮中，景堂图书馆抓紧机遇，时刻以“文化惠民”为指导思想，从馆容建设、馆藏建设、读者服务等多方面努力拼搏，不断改善服务手段，开拓服务项目，提高服务质量，从做好本馆服务外，积极扩大服务辐射区域，带动地区事业发展。

根据馆藏特色，努力做好古籍和民国文献保护，打造成为五邑地区的古籍文献中心；从文献、音像、口述等方面搜集整理地方文献，加大地方文献开发，更好发挥新会地方文献“中心”的作用。

积极推进阅读推广计划，将“爱心树故事会”、“周五PK赛”、“书香进校园”、“阅读乐园”、诵读经典等活动项目坚持做下去，做得更好，建立集群联盟，共同推进阅读工作。

目前的馆舍已经满足不了广大读者和藏书的需要，需要争取建设新馆舍。继续努力建设一支专业的高素质的人才队伍，带领业务积极向前发展。

联系方式

地　址：广东省江门市新会区会城仁寿路16号
邮　编：529100
联系人：谭红霞

爱心树故事会

新会大众讲坛讲座

台山市图书馆

概述

广东省台山市图书馆的前身是台山县立图书馆，于民国二十二年七月（公元1933年）由台山县政府决定组建的。新中国成立后，台山市图书馆1958年建馆。1986年得伍舜德先生捐资兴建南座，黄乾亨、黄乾利先生昆仲捐资兴建东座的新馆舍。2007年1月1日，位于台城环北大道142号的新馆建成开放。新馆占地面积15096平方米，总建筑面积5785平方米。设计藏书容量40万册，可容纳读者座位800个。1994年，参加第一次全国公共图书馆评估，首次获得国家一级图书馆，连续五次获得国家一级图书馆。2013年，广东省台山市图书馆有阅览座位812个，计算机54台，宽带接入20Mbps，选用图通通用图书馆自动化管理系统。

业务建设

截止2013年底，广东省台山市图书馆总藏量30万册（件），其中纸质文献25万册，电子图书5万册。

2008年，广东省台山市图书馆新增藏量购置费86万元，2012年增至150万。

2013年，广东省台山市图书馆图书入藏量4008种，报刊入藏量309种，视听文献的入藏量99种。广东省台山市是中国第一侨乡，侨刊特别多，收集整理这些地方文献，专设特藏资料阅览室，有专门目录，并有专人管理。在文献标引与著录方面，使用《中图法》（第五版）进行分类，使用《普通图书馆著录规则》进行著录，书标、登录号和馆藏章等均做到规范、统一、整齐、美观。在目录设置、组织和管理方面，对普通图书、报刊设立题名目录，从1999年起已编制机读目录，各项目录有专人管理并及时维护，还辅导读者查找目录。在藏书组织管理方面，采取开架和闭架相结合的形式进行。对书库放置灭火器、安装防盗网、投放防虫剂和吸湿剂，每天打扫卫生，书库卫生情况良好，对破损图书及时修补，还制订了文献保护规章制度。

广东省台山市图书馆全面实施自动化管理。采访工作、编目工作、流通工作和书目检索都通过电子计算机进行，馆内已建成局域网并开展各项工作，参加了江门地区联网服务。不断加强数据库建设，制订数据库建设规划，已将1949年以来的馆藏的95%的中文普通图书按CNMARC格式做成机读目录。

读者服务工作

广东省台山市图书馆全年365天对读者免费开放，每周开放56.5小时，97%以上的图书、报刊采取开架免费借阅，年外借达15.4万册次，年流通达16万人次，先后在社区、校园和部队建设图书馆流动服务点13个，开展图书进社区、进校园、进军营活动。

在图书馆运作过程中，做好读者辅导工作，通过介绍、宣传馆藏设施和文献资源，帮助读者掌握信息检索和学习的技巧，引导读者利用多媒体电子阅览室和利用数字图书馆进行学习，增强读者利用文献信息资源解决实际问题的能力。2012年举办讲座及培训等活动18次，举办读者活动6次，其中于年初举办迎春游园活动、在“4.23世界读书日”期间与部分幼儿园联合举办以培养少年儿童利用图书馆为主题的读书活动、“勤读书、好读书”全民读者月活动和图书馆服务宣传周等活动。对宣传周一直非常重视，每年都把宣传周列为一项重点工作来抓，采取多种形式开展宣传，如利用报纸、电视等媒体进行宣传；在街头设点和发宣传单等进行宣传。活动内容丰富，利用文化信息资源共享工程会场在节假日及周末为读者免费放映电影，利用视频举办文艺、医疗保健等方面讲座。还为读者提供代查资料、参考咨询、资料复印和集体借书等多种服务。组织举办英语培训班、电脑培训和会计培训班等社会教育，充分发挥了图书馆的职能作用。

业务研究、辅导、协作协调

广东省台山市图书馆每年组织各类图书馆及相关专业知识培训，指导业务人员开展各种形式的学习和研究，多层次、多形式、多渠道地提高专业技术人员的专业水平和技能，加强图书馆工作人员队伍建设。专业技术人员结合自己的工作实践，开展学术研究，撰写了2篇调查研究报告。

广东省台山市图书馆实施由专人负责的基层辅导制度，落实基层图书馆的辅导工作，帮助基层组建图书室，近年建有水步镇文化站图书室、大江镇文化站图书室、四九镇文化站图书室、冲蒌镇文化站图书室、斗山镇文化站图书室、广海镇文化站图书室、北陡镇文化站图书室、海侨文化站图书室、海侨五丰村图书室、台城富城社区图书室、台城消防中队图书室、市武警中队图书室、台山一中图书馆、台师高级中学图书馆、台山侨中图书馆等，还有农家书屋277间。我馆经常派人到基层图书室进行业务辅导，指导他们开展工作，并组织管理员举办培训班，辅导他们学习图书馆业务知识，提高他们的业务水平。

广东省台山市图书馆开展图书馆与社会共建工作，对提高图书馆的社会知名度十分重要。我馆先后与市消防中队、市工业幼儿园、市武警中队等单位开展共建工

作，免费办理借书证和开办集体借书证，实行集体借书，大大方便了读者。2012年共送图书1000多册给基层图书室，丰富了基层图书室馆藏。还开展流动图书车送书下乡20次。

广东省台山市图书馆参加江门五邑地区图书馆协作协调、馆际互借及文献资源共建共享工作。建立文化信息资源共享工程基层中心。

广东省台山市图书馆非常重视本地区图书馆服务网络的建设，加强管理，街道、乡镇、社区、村图书馆参与服务网络建设，实现本地区图书馆服务网络内资源共享。

管理工作

2006年初，广东省台山市图书馆开展事业单位人事改革根据人事部门的部署，实行岗位设置管理，重点突出"按需要设岗"的原则，在全馆干部职工中全面实施岗位聘用制，进行择优聘用，竞争上岗。实行这一举措，打破"铁饭碗"聘人的观念，按岗位设编聘用人员，定人定责，分层包干管理，应聘人员与单位签订合同书，并进行年终考核。通过采取一系列措施，大大提高了员工的工作积极性和主动性。

广东省台山市图书馆在抓好人事管理的同时，还抓好其他方面的管理。我馆制定了《财务管理制度》、《设备、物资管理制度》、《卫生管理制度》、《安全保卫制度》及《消防守则》等规章制度来加强管理，依照制度的内容严格执行，收到了良好效果。抓好消防、保卫工作，没有发生过责任事故，通过公安、消防部门的考核，公安、消防部门还提供消防合格材料，保障了图书馆财产及读者的人身安全。

表彰、奖励情况

2009-2012年，广东省台山市图书馆共获得各种表彰、奖励20次，先后被评为"江门市文化系统先进单位"、"台山市文明单位"和"台山市文广新系统文明单位"等。

馆领导介绍

雷振辉，男，1967年6月生，大专学历，中共党员，中级职称，馆长。1988年到广东省台山市图书馆参加工作，先后在采编部、馆长办公室工作。

关伟灵，男，1962年12月生，高中学历，中共党员，初级职称，副馆长。1978年参加工作，1984年到广东省台山市图书馆工作，先后在报刊部、馆长办公室工作。

陈荣卓，男，1966年10月生，大专学历，中共党员，中级职称，副馆长。1988年广东省台山市图书馆参加工作，先后在采编部、馆长办公室工作。

未来展望

广东省台山市图书馆遵循"科学、效率、创新、发展"的办馆方针，完善单位服务功能，扩大服务辐射区域，带动本地区图书馆事业的士发展。2009-2012年，在不断强化自身综合实力的同时，通过本地区图书馆服务网络，推动了全市公共图书馆事业的整体发展。在未来的几年里，广东省台山市图书馆将在现有馆舍的基础上，在新南区另建一座新馆舍。新馆舍全面建成后，能够提供全覆盖、不间断、无时空限制的数字文献远程和移动服务。同时，还具有支撑保障全市公共图书馆服务体系良好运行的文献与技术能力，成为本地区高校、科研系统图书馆实现资源共享互补的图书馆，主要指标位居全国县级公共图书馆前列，达到国家一级图书馆的基本标准。

联系方式

地　址：广东省台山市台城环北大道142号
邮　编：529200
联系人：陈荣卓

开平市图书馆

概述

广东省开平市图书馆，又名开平市伟伦图书馆。位于开平市三埠街道办事处祥龙北路，1989年11月，我市旅港名贤利国伟博士偕夫人易海伦女士的伟伦基金有限公司捐资港币250万元，在市府的鼎力支持下建成，占地面积4680平方米，建筑面积4800平方米。1990年11月正式开馆服务。

至2013年底止，在编人员10人，其中设馆长1人，副馆长1人；本科学历4人，大专学历4人，大专以上学历占职工人数80%，另招收临时工5人。

馆藏建设

至去年12月止，全馆总藏量23.6万册，其中纸质图书18.5万册，电子图书51666册，视听文献502种，盲文图书463册，报刊年入藏量374种，视听文献入藏量2974种，地方文献有专门阅览室收藏和开放，并有目的地收集适合开平水暖卫浴和纺织工业等生产方面的书籍。普通图书、期刊、视听文献按照中图法进行编目，数字资源总量4TB由本馆网站收藏，馆藏文献目录数字化达80%以上，并建有开平名人荟萃等文献数据库。

读者服务工作

本馆于2010年1月开始所有服务项目全部免费对读者开放，图书馆全年无闭馆日开放，每周开馆时间59.5小时，95%以上书刊文献开架借阅。馆内有阅览座位395个（其中少儿阅览室座席175个），计算机51台，其中33台供读者使用，宽带接入30Mbps光纤，全面使用图书馆自动化管理系统。设有文化信息资源共享工程开平县级支中心网站、电子阅览室、阅览外借综合室、少儿阅览影视室、盲文及盲人有声读物阅览室、参考资料室、地方文献资料室、展览厅、学术报告厅等9个服务窗口。少年儿童阅览影视室在星期六、星期日及节日下午各播放一场少儿电影供少年儿童观看。本馆坚持以“读者至上，服务第一”的办馆宗旨，恪守“主动、热情、精诚、团结”的工作原则，为读者提供图书外借、报刊阅览、参考咨询、电子信息、网上阅览、音像视听等服务，举办讲座、培训、展览、学术交流等活动。2000年，开平市图书馆和江门市五邑地区图书馆签订了馆际互借协议，自此开展了各类业务合作活动。2009年年底，市政府投入资金，完成了15个镇（街）、268个社区（村）级党员远程教育网和文化信息资源共享工程基层服务点建设。全馆90%的图书资源为基层共享。

获奖情况

自2010年以来，连续4年被评为市文化系统安全生产先进单位，还被评为2012年度江门市文化系统“图书进市区”服务先进单位、并获江门市“全民读书”优秀组织奖，2012年度获“开平市标兵文明单位”称号，2013年10月被文化部评为国家一级图书馆。

馆领导简介

馆长、党支部书记：关基顺，男，1963年出生，广东省开平市人。

副馆长：周德念，男，1963年出生，广东省开平市人。

联系方式

地　址：广东省开平市三埠街道办事处祥龙北路
邮　编：529300

参考资料室

电子阅览室

儿童室

外借阅览室

读书作文比赛

科普展

开平市图书馆全貌

鹤山市图书馆

概述

鹤山图书馆正式成立于1979年12月，前身为鹤山市文化馆图书室。现图书馆大楼落成于1986年，位于鹤山市中心城区中山路32号。大楼楼高4层，总建筑面积2000平方米，拥有阅览座席240个，设置有独立少年儿童阅览室，拥有48个阅览座席。共有计算机63台。其中可供读者使用的计算机42台。电子阅览室通过电信10兆光纤接入互联网。存储容量为6TB，使用图通图书管理系统。

业务建设

截止2012年底，鹤山市图书馆总藏量：20.7379万册（件），电子图书5.1979万册（件）。

2009–2012年，鹤山市图书馆新增藏量购置费为30万元。2009–2012年，共入藏中外文图书4.2543万册，中外文报刊1281种。

截止2012年，鹤山市图书馆数字资源总量为3.6TB，其中自建数字资源为54.3GB。自建数字库资源包含《鹤山市地方名人数据库》、《鹤山市地方族谱数据库》、《鹤山市地方著作数据库》等。

读者服务工作

从2010年10月1日起，实现全馆范围的免费开放。每周开馆时间为62小时，周六和周日不闭馆。书刊文献开架比例为99%。2012年，我馆馆藏书刊文献年外借率为55%，书刊文献年外借册次11.5万册。馆外流动服务点书刊借阅册次为22.9千册次/年。2012年，我馆总流通人次人次为18.7万人次，年度有效借书证数为4522个，人均年到馆次数41次/人。书刊宣传方面，在馆内设立新书推荐栏；利用液晶电视播放新书推荐专题PPT；本馆网站开设“阅读推荐”和“少儿图书推荐”栏目；利用鹤山市政府网站和地方出版物，不定期发布新书信息和书刊宣传。政府公开信息服务：积极搜集政府主动公开的文件，对其进行系统收藏，并面向全体读者提供相关信息免费参考咨询；在报刊室设置专架，公开摆放《鹤山工作》、《鹤山乡讯》等政府公开出版物供市民免费查询；电子阅览室各工作站操作平台设置本地政府信息公开信息网站链接图标，本馆网站也对这些网站进行友情链接。

2011年，我馆委托鹤山市骏升电脑有限公司进行我馆网站的构建工作，2011年年底，网站初步建成。经过一段时间调试和充足，我馆网站（www.heshanlib.com）于2012年初正式对外使用并开展相关服务。截止2012年12月31日，我馆网站总浏览量为28732人次，成为我馆对外宣传和服务的另一扇窗口。

针对不同的特殊群体，开展有针对性的免费特殊服务。残疾人可以通过电话或者本馆网站预约到馆，到馆可以接受工作人员或志愿者的一对一帮扶服务。针对进城务工人员，提供无差别、全免费的服务，并针对需求，采购有针对性的书籍和举办各类讲座和活动，播放资源文化共享工程电影，丰富其业务文化生活。未成年人服务方面，我馆设置独立少年儿童阅览室，举办内容丰富的各类活动，例如六一专题活动，寒、暑假活动等，努力将我馆打造成少儿读者的第二课堂。60岁以上老年人读者在我馆享有送书上门服务及到馆优先服务的权利，针对老年读者阅读需求，专门采购一定比例的适合他们阅读的书刊，例如养生、保健、历史等内容。联合市中医院举办专题保健讲座。

2012年度，我馆共举办讲座、培训19次：《图书检索方法专题讲座》、《农家书屋管理专题培训》、《源子玲博士伉俪座谈会》、《鹤山市数字文化信息资源共享平台使用讲座》、《少儿网络知识普及活动》、《保健知识讲座》等。举办展览7次：《惠风和畅统战书画展》、《沙坪街道学生书画展》、《‘腾飞中国，文化强国’图片展》、《心灵·符号：第七届广艺师生美术作品展》、《‘庆祝十八大胜利闭幕’图片展》等。举办阅读推广活动6次：《‘以读书为了，以鹤山为家，以进步为荣’全市外来工演讲比赛》、《书香校园·快乐成长——鹤山市好书漂流活动》、《任溶溶作品阅读季》等；根据鹤山市地方统计鹤山市中人口数为365065人，2012年我馆活动参加总人数为36000人次，每万人年平均参与活动次数为9.8次/万人。每年，我馆都围绕主题，开展服务宣传周和全民读书月活动，并取得很好的效果。

业务研究、辅导、协作协调

鹤山市图书馆参与了由五邑图书馆牵头的五邑地区图书馆馆际合作，开展了联合编目、馆际互借等各类业务合作活动。目前，鹤山市图书馆已经建立起沙坪街道、乡镇、社区、村三级图书馆服务网络，目前参与该图书馆服务网络的三级图书有138家，参与比例为60%。服务网络内部分服务点实现通借通还，覆盖率为3%。2012年各馆外流动点的借阅册次为22961册次。业务辅导方面，一直以来我馆都大力支持基层图书馆(室)建设，通过下乡、开办培训班等多种形式、渠道，努力为基层图书馆（室）培养业务骨干。每年都不定期派遣业务骨干下基层。2012年，我馆协助新建基层图书馆（室）9家，

基层培训

图书展览

未成年人教育活动

图书下乡活动

文化信息资源共享工程基层服务点揭幕仪式

再版古籍图书

走访了基层图书馆近20家。另外我馆还通过赠送图书、设备等方式，完善基层图书馆（室）建设。据不完全统计，第三次评估至今，鹤山市图书馆共向基层图书馆（室）捐献图书13073册，设备8批次。2012年，面对基层图书馆（室）和基层服务点开展了《农家书屋管理专题培训》、《鹤山市数字文化信息资源共享平台使用讲座》、《鹤山市基层图书馆（室）管理员培训》、《鹤山市文化信息资源共享工程基层服务点工作人员业务培训》等培训。

管理与表彰

2011年，鹤山市图书馆根据鹤山市人力资源和社会保障局相关通知要求按部就班，完成了岗位设置工作，所有人员竞争重新上岗，每年根据绩效管理的目标对全体员工进行绩效考核。

完善志愿者的吸纳工作，管理制定了《鹤山市图书馆志愿者规章制度条例》。并将志愿者活动开展与我馆未成年德育教育基地建设相结合，每逢寒、暑假为在校学生提供一个社会实践的平台。

自第四次评估至今，鹤山市图书馆共取得相关表彰11次，其中：江门市文广新局表彰2次，鹤山市市委、人民政府表彰1次，鹤山市文广新局表彰8次。

重点文化工程

文化共享工程：2009年，鹤山市图书馆积极加入省文化厅县级支中心建设的帮扶计划，成为省扶持50个县（区）图书馆之一。2010年鹤山市图书馆全国文化信息资源共享工程县级支中心正式建成并投入使用。自我馆文化共享工程县级支中心建成以来，该中心积极开展各项相关服务及活动，譬如共享电影播放、送技术下乡等。我馆县级支中心开发了文化共享工程服务平台，举办了我市文化共享工程基层服务点培训班，并与市信息局合作，依托党员干部现代远程教育网络及设备开展基层服务点建设。建设期间，我馆全程派出技术工作人员协助实施。2011年年底，我市10个镇（街）基本完成了全国文化信息资源工程基层服务点建设，镇级基层服务点覆盖率达100%。

公共电子阅览室建设计划：鹤山市图书馆电子阅览室自2011年10月1日起，提供免费上网服务。目前数字资源总量为：3.3TB，其中包括600G电子图书。电子阅览室数字资源每周进行更新。目前我馆电子阅览室与市信息局就党员干部远程教育网络及我市文化共享工程基层网络进行共建共享项目，并取得一定成效。目前，电子阅览室采用摇钱树管理平台进行信息安全管理，建立了资源传输调配体系，有效地将本地数字资源服务于公共电子阅览室，各服务终端拥有资源导航界面，能有效采集拥护使用信息。制定了完善的电子阅览室管理制度和统计制度。该室每日开放11小时。并开展有针对性的服务内容。自该室免费开放至今，共提供免费上网时段44975小时，接待读者43420人次。

中华古籍保护计划：2012年，鹤山市图书馆就古籍保护方面，进行了全市范围内的古籍普查工作。本次古籍普查工作由市文广新局牵头，我馆负责具体实施并汇总。一开始我馆制定出详细的古籍普查工作方案，并联合市文广新局通过政府网文件交换系统发文至各镇街，联合各街镇文化站对本辖区的地区进行摸底调查并填写反馈表。另一方面，对我馆自身的古籍进行登记整理，并加强收藏管理。

馆领导介绍

施劲锵，男，本科学历，中共党员，馆长。

郭晃平，男，初中学历，中共党员，副馆长。

鹤山市图书馆外貌

未来展望

鹤山市图书馆将秉承“读者至上，服务第一”的宗旨，以科学发展观为指导，不断完善自身服务功能，辐射服务范围，为推动鹤山市的经济文化建设贡献应有的力量。目前，鹤山市市委、市政府在新的行政中心区规划了一座新图书馆。未来的几年里，鹤山市图书馆将以新馆的建成为契机，努力迈进！

联系方式

地　址：鹤山市沙坪镇中山路32号
邮　编：529700
联系人：王巧羡

恩平市图书馆

概述

恩平市图书馆的前身是“恩平县公立图书馆”，馆址几经变迁，新馆于1990年建成投入使用，坐落于恩平市区沿江路锦江河畔，占地面积1600多平方米，建筑面积2741平方米。2002年，增设郑锦波图书馆。2006年，设立广东流动图书馆恩平分馆。2010年，建成文化信息资源共享工程恩平市支中心。2013年，参加第五次全国公共图书馆评估，首次获得一级图书馆。2012年，恩平市图书馆有阅览座席266个，计算机45台，提供读者使用的36台，宽带接入20M，全部实现自动化管理，使用省立中山图书馆的图书管理系统，实行全开放免费服务。

业务建设

截止2012年底，恩平市图书馆总藏书量200594册，其中，电子图书共55376册，纸质文献145218册。

恩平市图书馆的财拨图书设备购置经费由2009年的11.2万元增长到现在的每年37万元。2012年，发动政协委员和热心人士捐款76万多元购买图书近4万册赠送给恩平市图书馆，新增图书入藏数量20000多种，报刊入藏300多种。

2009年以来，投入100多万元购置图书及配套设备，新增了图书6万多册，更新了书架和阅览桌椅，完善了服务配套设施。2010年建成的电子阅览室不断完善，新建了恩平市图书馆网站，并成功争取市财政每年安排专款6.3万元用于图书馆信息资源共享服务维护经费。使用省馆的“Interlib图书馆网络集群管理系统”，实现“广东省流动图书馆”总分馆之间实时的互联互通和一体化管理，使恩平市图书馆读者可以共享省馆的电子文献信息资源。馆内无线WiFi网络全覆盖。

读者服务工作

恩平市图书馆以人为本，坚持“读者至上，服务第一”的宗旨，为读者提供全方位的优质的服务。新建了恩平市图书馆的网站，方便读者上网看电子图书，查阅资料，进馆看书学习的读者大幅增加，年流通人数增长到20万多人次。设有21个流动服务点，响应：“便民、利民、为民”的服务和“实施知识工程，送文化下基层”的指示精神，加大了送书服务的力度，把流通点扩大到偏远农村学校和军营等有特殊需要的单位。送书的同时，还组织读书联谊活动。例如辅导学生读书、推荐好书、介绍写读书笔记的方法、讲故事、猜谜语、读书知识竞赛等，让基层读者充分享受公共文化服务。积极组织开展形式多样的主题读书活动，倡导、推动和引领全民阅读活动，利用邮件、微博、网站、报纸等多种途径发布信息，主动宣传图书馆资源，让广大人民群众充分享受文化发展成果，更好地满足广大人民群众的精神文化需求。每年举办“4.23世界读书日”、图书馆服务宣传周活动。不定期举办讲座、展览、故事会、征文比赛、有奖猜谜、演讲比赛、图书推介和读者选书等活动，吸引了广大读者走进图书馆、利用图书馆。

业务研究、辅导、协作协调

2009—2012，恩平市图书馆有3人在省级以上刊物发表论文8篇。近几年来，恩平市图书馆加强对工作人员的培训，努力打造一支思想好、业务精的员工队伍。每年都派干部职工参加省馆、江门馆举办的业务培训。大力发展基层流动图书室，先后在农村、社区、校园、企业和军营设立了20多个流动图书室，每年定期轮换和调配图书，坚持派出业务骨干协助和指导基层图书室开展工作，并不定期组织基层图书馆室管理人员进行业务培训，支持和帮助基层做好图书管理和服务工作。此外，通过开展古籍普查工作，及时掌握现存古籍状况，指导恩平一中图书馆做好古籍保护工作。认真履行信息资源支中心职责，积极协助各镇（街）推进文化信息资源基层服务点建设和服务。

管理工作

在人事管理方面，馆领导班子实行了聘用制，工作人员实行了岗位管理和工作目标管理责任制，并建立了规章制度，按章办事。在财务、人事、物资、设备管理等方面建

恩平市政协赠书仪式

全民读书活动启动仪式赠送借书证

少儿阅览室

流动图书馆

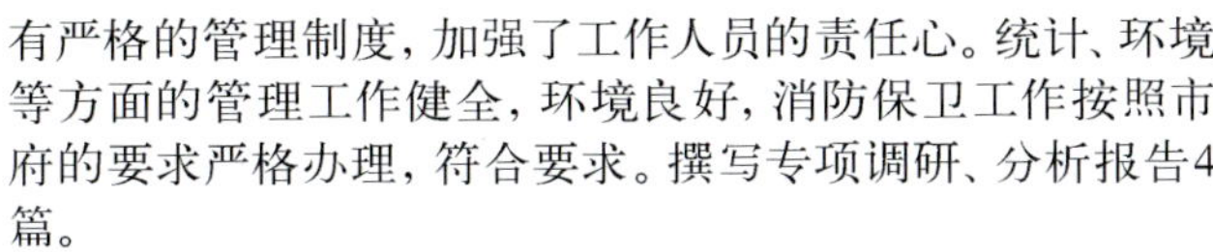

有严格的管理制度，加强了工作人员的责任心。统计、环境等方面的管理工作健全，环境良好，消防保卫工作按照市府的要求严格办理，符合要求。撰写专项调研、分析报告4篇。

表彰、奖励情况

2009–2012年，恩平市图书馆先后获得江门市第二届、第三届成长计划杯征文优秀组织奖，江门市文化系统先进单位，江门市全民读书活动优秀组织奖，江门市人文社会科学普及基地，江门市巾帼文明岗，恩平市巾帼文明岗、文明单位、文明窗口以及先进基层党组织等殊荣。

馆领导介绍

馆长：吴振梅，女，中共党员，1974年出生，广东省恩平市人，馆员。1994年8月到恩平市图书馆参加工作，先后在外借室、资料室、流动馆工作。

党支部书记：吴根华，男，中共党员，1951年出生，广东省恩平市人，管理员。

未来展望

面对全球信息产业化和文化产业的迅猛发展，图书馆迎来了新机遇与挑战。恩平市图书馆将继续发挥传承人类文化、开展社会教育、传递科学情报、开发智力资源等职能，应用现代技术，强化服务观念、服务内容和服务创新，为广大读者获取新知识、新信息创造便利条件，成为读者文化休闲的理想场所。

联系方式

地　址：广东省恩平市沿江路8号
邮　编：529400
联系人：吴振梅（恩平市图书馆馆长）

图书馆馆貌

读书活动

送书下乡

高州市图书馆

概述

高州市图书馆（原名“秀川图书馆”），由高州籍邓龙光先生1945年捐资修建，1946年建成开放服务。1949年11月更名为“茂名县人民图书馆”，1959年10月改名为“高州县图书馆”，1989年恢复“秀川图书馆”，1993年因高州撤县建市而改为“高州市图书馆”。原馆面积1369平方米，藏书16万册，1992年遭遇火灾。1993年12月新馆奠基，1998年10月建成。1999年12月28日开放服务，建筑总面积7776平方米。

高州市图书馆设有阅览座位415个，内部设有全国文化信息资源共享工程高州支中心、广东流动图书馆高州分馆、展览厅、报纸阅览室和电子阅览室、外借处、儿童阅览室、期刊阅览室、专题阅览室、交换书中心等服务窗口。每周开放服务60小时，开展图书借阅、信息咨询、资料代查、信息检索等服务，举办培训、讲座、各类展览等读者活动。

业务建设

高州市图书馆于1999年在茂名地区公共图书馆中率先实现计算机自动化管理，全开架借阅。除部分工具书和古籍外，所有藏书均对读者开放。截止2013年底，高州市图书馆藏量达23.1万多册（件），其中中文平装图书19.3万多册，古籍线装书1500多册，中文期刊519种，中文报纸102种，地方文献3000多册，各类工具书2500多册。

数字资源建设方面，除全国文化信息资源共享工程下发资源外，我馆于2009年7月，自建了冼夫人专题数据库，开通了冼夫人信息网。2013年5月与超星公司合作开通了数字图书馆，拥有数字图书25000册，视频100集。

2012年10月–2013年5月，将图书馆自动化系统升级改造为Interlib图书馆集成管理系统，实现了广东流动图书馆与高州市图书馆一卡通借阅，在方便了读者的同时，也为区域图书馆的联合共建、实现资源共享打下了基础。

读者服务工作

从2009年12月起，高州图书馆对外免费开放服务，每周开放61小时。在做好基础服务的基础上不断拓展服务内容和服务方式，不断提升图书馆的服务功能体系。据统计，高州市图书馆年进馆读者50多万人次，外借图书7万多册次。

注重与读者的沟通和意见反馈。除设立读者意见箱外，还经常举办读者座谈会，发放问卷调查，虚心听取读者的意见和建议，不断改进服务工作。此外，还在读者中招募志愿者，让读者也可以参与到图书馆的工作中来，让志愿者成为图书馆与读者之间沟通的桥梁，在读者和图书馆之间形成融洽、和谐的氛围。

开展丰富的读者活动。如：读书征文、新书推介、亲子阅读和阅读推广等。得到了广大的读者的热烈响应，并积极参与。在2012年我馆举办的“我身边的雷锋”读者征文活动中，还收到了多件省外读者的作品。通过开展活动，加强了读者与图书馆之间的互动，取得了良好的社会效果。

利用资源优势充分发挥图书馆的社会教育职能。开办书法、美术、舞蹈等培训班，还免费举办各种讲座和展览，在丰富读者的业余文化生活的同时也增添了图书馆的艺术氛围。我馆年均举办讲座和报告会13场次，各种展览8场次。

业务研究、辅导、协作协调

高州市图书馆现有在职人员23人，具有大专以上学历者19人，占职工总数的82.6%；具有中级职称7人，初级职称11人。高州市图书馆积极鼓励员工不断学习和深造，鼓励科研创新。馆内职工累计发表论文30篇，参与上级组织的科研项目1项，自主科研项目1项。

高州市图书馆作为基层公共图书馆，支持、辅导基层乡镇图书馆（室）的建设一项重要工作内容。对基层图书（馆）室的业务辅导和培训，主要是采取集中培训和上门辅导相结合的方式，以上门辅导、培训为主。先后与高州市辖区内的30多个基层图书馆（室）建立了业务辅导关系，并设立了服务点，每年不定期的开展上门业务辅导和赠送图书活动。

流动图书馆

亲子阅读

读者阅读

读者读报学习

高州市图书馆还积极参与茂名地区公共图书馆服务网络的建设，积极开展文献资源共享和协调建设、联合编目、联合目录服务，构建区域图书馆联合服务体系。

管理工作

高州市图书馆提出了“热情、干练、儒雅、创新”的八字馆训，提出了“积极工作、高效工作、愉快工作”的十二字工作方针，并以此为中心，狠抓工作作风建设。采取“三定”（即定岗、定工作量和定工作人员）的原则，使各项工作落实到位，责任到人，保证图书馆各项工作顺利开展。同时，鼓励干部职工注重学历、职称的晋升和科研创新，不断提高自身素质和修养。此外，通过每月两次的例会解决一段时间内馆内的工作问题以及干部职工的个人的思想问题，加强了干部职工间的沟通交流，使馆内形成温馨、和谐的工作氛围。

表彰、奖励情况

2009年–2012年共获得各种表彰、奖励11次，其中，文化部表彰奖励2次，省文化厅表彰、奖励3次，其他表彰、奖励6次。

馆领导介绍

梁以坚，男，1960年生，中共党员，馆长。

梁艺明，男，1962年生，馆员，副馆长。

潘小清，男，1963年生，助理馆员，副馆长。

冯亚虹，女，1965年生，馆员，副馆长，广东省图书馆学会会员。

未来展望

在知识经济飞速发展的今天，高州市图书馆面临着机遇和挑战。该馆借广东省建设文化强省的东风，开拓思路，积极进取，努力把图书馆建设成为高州市精神文明建设的基地，信息传播的中心，地方文献的宝库，市民终身教育的学校，文化休闲的场所，为高州市经济建设和社会发展发挥重要的作用。

联系方式

地　址：广东省高州市文明路6号
邮　编：525200
联系人：周振锋

图书馆外景

肇庆市端州图书馆

概述

肇庆市端州图书馆是一所端州区属综合性公共图书馆，其前身是高要县立图书馆，创建于1956年。1998年起更名为肇庆市端州图书馆。现馆址于1987年7月建成，座落在肇庆市八大景点之一——“宝月荷香”之畔，占地面积1579平方米，建筑面积3450平方米，为曲尺型五层半框架结构楼房。自1998年以来，在历次评估中均被文化部评定为国家一级图书馆（县级标准）。秉承“读者至上，服务第一”的宗旨，通过馆内阅览、外借；网络咨询、资源共享；基层流动图书馆分区布局等方式向社会提供多渠道、多层次的服务。馆内设有流动图书馆、图书外借处、综合阅览室、少儿阅览室、参考资料室等九个读者服务部门，提供500个阅览座位，各阅览室均实行全开架借阅。

业务建设

端州图书馆从1996年开始使用数字化管理，2006年依托广东省立中山图书馆提供的“Interlib图书馆集群管理系统”平台，对数字化管理进行了更新换代，实现了通借通还、信息资源共建共享的自动化管理模式。2010年建立“全国文化信息资源共享工程端州支中心”，公共电子阅览室设有30个阅览座席，宽带接入20Mbps；自建的地方文献书目、古籍原文、端砚文献等数据库可通过端州图书馆门户网站检索阅读；端州支中心为社会提供免费网络参考咨询和文献远程传递服务。2000年迄今，以馆藏资源为基础，先后与村镇、学校、军营、企业和社区签约共建了67个基层“流动图书馆”，各馆定期更换图书，解决了基层读者特别是边远地区读者借阅图书的困难，延伸了图书馆的服务。

截止2013年底，端州图书馆总藏量30.18万册（件），其中线装书近万册，藏有万历《肇庆府志》、《鼎湖山志》、《端溪砚史》等珍本；地方文献3000多种，全面反映了肇庆的历史风貌；尤其是形成了具有地方特色的“端砚文献”库，较系统、全方位地揭示了端砚的发展历史及文化内涵。2011年开始利用“全国古籍普查平台”进行古籍数据录入管理。

2002年9月端州图书馆网站开通，2010年网站改版升级，由此打开了数字图书馆建设的新局面。目前数字资源总量为8TB，其中自建数字资源总量3.6TB。2010年“端砚文献数据库”建成上线使用，主要为馆藏端砚专题资料的电子化，包括书籍、期刊、报纸、图册、视频各种体裁资源共38.3G；“古籍数据库”主要为本馆古籍的电子化，读者登录后可在网站上浏览古籍1608册，共56.1G。

读者服务工作

从2011年5月起，端州图书馆实施全免费开放，每周开放79.5小时，节假日照常开放。2013年，书刊流通28.63万人次，书刊外借9.57万册次。基层流动图书室图书更新1.5万册。在1992年和2002年，开始利用馆藏进行二、三次文献开发，编辑印发《科技通讯资料》和《决策参考信息》，2009–2013年共编印《决策参考信息》60期2281份；《科技资料通讯》214期8242份。其参考价值受到了广大用户和有关决策机构的欢迎和肯定。

积极开展讲座、展览、阅读推广、服务宣传工作。2013年，端州图书馆共举办各项活动74场次，参与人数16.5万人次。每年的迎春猜谜活动、4.23世界读书日征文比赛、图书馆服务宣传周已成为端州城区的品牌群众文化服务项目。作为社会文化教育机构、青少年爱国主义教育基地，端州图书馆一直致力于青少年志愿者社会实践活动的组织工作。2009年至今，先后与各中、小学及大学联合开展假期实践活动，年均参与600多人次。2013年启用志愿时系统，更科学、完善地记录了志愿者服务情况。

业务研究、辅导、协作协调

2009年–2013年端州图书馆职工在省级以上刊物或专业会议上共发表论文12篇。撰写调查研究报告5篇、论文9篇。

本着加强基层业务辅导，提升基层服务水平的出发点，端州图书馆定期举办学校、社区流动图书馆管理员培训班，讲授图书馆基础业务知识。并根据实际情况选派专业人员不定期对书屋管理人员进行面对面辅导。2009–2013年，共接待到馆和深入基层辅导269人次、培训446人次。

2003年加入全国参考咨询联盟，实现了网络资源共建共享及远程传递服务；2004年始，与香港中央图书馆进行业务合作，促进了两地文化的交流；2011年与广东省文献编目中心签订联合建设协议，实现了书目数据的共建共享；2012年与肇庆市图书馆签订“肇庆区域图书馆一卡通联合服务”，在全市范围内实现通借通还服务；利用自身资源在端州城区建立了较为完善的图书馆服务网络，覆盖率达76%。

管理工作

2011年，端州图书馆制定了《肇庆市端州图书馆岗位设置方案》，方案中共设“三类岗位”总量20个。2012年进行了岗位

综合阅览室

休闲阅读区

少儿阅览室

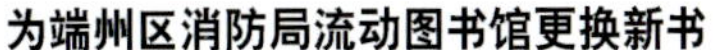
为端州区消防局流动图书馆更换新书

每年初一举办的迎春猜谜有奖活动

世界读书日征文摄影比赛获奖作品展

设置管理和人员聘用工作，20人重新聘用上岗，在岗位设置管理中建立了工作量化考核指标体系，每月进行工作进度通报，按季度、年度进行工作业绩考核。执行读者监管制度，开设政务公开栏，公布各岗位人员基本情况和职责，通过读者的监督参与，提升服务质量。

表彰、奖励情况

2009–2013年，端州图书馆共获得各类表彰、奖励21项。其中，文化部表彰2项；省级表彰、奖励10项；市、区级表彰、奖励9项。

馆领导介绍

苏庆扬，女，馆员，馆长。
邓小荃，女，馆员，副馆长。
陈岳峰，男，助理馆员，副馆长。

未来展望

以强化自身综合实力为目标，结合事业单位改革的契机，调整岗位结构，吸纳优秀人才；在原有基础上扩建藏书库，把封闭的基础书库扩展成为全开架、休闲、人性化的藏阅一体化空间；完善地方特色文献数据库的建设，并通过省级分中心和国家中心的平台宣传地方历史文化，推动地方经济文化的繁荣发展。向特色、精品型图书馆方向发展，通过改变传统服务方式、借助现代化服务设施、强化特色资源建设、环保理念在建设中的应用等元素综合体现。

联系方式

地　址：肇庆市端州区宝月路30号
邮　编：526040
联系人：伍翠霞

电子书制作培训班

肇庆市端州图书馆大楼外景

接待学生参观图书馆

广宁县图书馆

概述

广宁县图书馆初创于民国十七年（1928年），设名为广宁县通俗图书馆，馆址设在县城“安和当铺”，规模较小，藏书百余册。到1980年6月，广宁县图书馆正式成立，馆址设在文化广场楼上，面积为100多平方。到1982年12月1日，新建图书馆大楼（含文化局办公楼）落成启用，建筑面积为1100平方米。共4层的图书馆大楼，设有儿童阅览室、报刊室、图书外借室等功能室，馆藏图书20000多册。馆址几经变迁，随着改革开放山区文化事业的不断发展，2001年，县政府投资300多万在县城车背垌兴建了一幢建筑面积3180平方米的图书馆大楼，2002年1月落成投入使用。采用开放灵活的集藏、借、阅、查于一体的服务模式，全面实行免费开放。馆内设有阅览座席246个，计算机36台，信息节点190个，宽带接入30Mbps，选用Interlib图书馆集群管理系统。

业务建设

截至2012年底，广宁县图书馆总藏量20万册（件），其中，纸质文献19.9万册，电子图书500种，1000多册。

2009、2010、2011年，广宁县图书馆新增藏量购置费10万元，2012起增至16万元。2009—2012年，共入藏中文图书131800种，151751册；中文期刊5000种，27517册；报纸3000种，21600册，视听文献60种，60件；电子文献1000种，1000册。

截至2012年底，广宁县图书馆数字资源总量达4TB。

人员经费

广宁县图书馆编制10个，现有9人。中级职称1人，初级职称4人，普工3人，办事员1人。其中，本科学历3人，大专学历5人，高中学历1人。大专以上学历人员，占职工人员总数比率的90%；中专、高中以上学历，占职工人员总数的比率为100%。

广宁县图书馆2009年财政拨款总额45万元，2010年财政财政拨款总额47万元，2011年财政拨款总额67万元，2012年财政拨款总额增至92万元，2012年较2011年相比，财政拨款增长率达37%。

读者服务工作

从2011年1月起，广宁县图书馆对外实行免费开放，一是公共空间设施场地免费开放；二是与职能相适应的基本公共文化服务项目健全并免费向群众提供服务。每年开放时间不少于300天，坚持全年开放，每周开放时间为60小时，节假日正常开放。广宁县图书馆，到2012年底止，书刊总藏量为201981册，其中开架图书为164457册，闭架图书为39483册，书刊文献开架比例80%。2009—2012年，书刊总流通36万人次，书刊外借24万册次。2009—2012年馆外流动服务点36个，馆外流通总人次12万人次，书刊外借8万册次。

2009—2012年，广宁县图书馆在馆内馆外围绕老年人、残障人士、留守儿童、外来务工人员等特殊群体开展活动36次。

广宁县图书馆于2009年建立网站并开通使用，拥有电子文献1000多种。

2009—2012年，广宁县图书馆举办讲座、展览、培训、阅读推广等活动118场次，参与人数6万人次，收到良好的社会效应。

业务研究、辅导、协作协调

2009—2012年，广宁县图书馆职工发表论文2篇。

从2009年4月23日起使用“肇庆区域图书馆”一卡通，开展“肇庆区域图书馆”一卡通联合服务，实现全市通借通还服务，建立了开放、平等、互利、互惠的文献资源保障体系，还积极利用省立中山图书馆、肇庆市图书馆资源开发服务，实现资源共享。利用共享工程省级中心资源开展在线讲座活动，利用省立中山图书馆开放的数字资源为读者服务。还积极参与省立中山图书馆、肇庆市图馆的各种读者活动和业务培训。为方便读者借阅，广宁县图书馆从2010年起，总馆分馆制，实行一卡通通借通还服务。一卡通读者通过统一认证平台阅读电子资源，电子阅览室通过VPN通道共享省馆数字资源。2012年共接待读者人数14.7万人次，外借图书10万册次，广东流动图书馆广宁分馆集群借还图书4000册次，图书活动服务点共接待读者18万人次。

对于基层的业务辅导工作，广宁县图书馆平均每年开展业

助残送书座谈会

鲁迅生平事迹图片展览

为武警中队流动点置换图书

送书下乡

务辅导活动12次，参与人数2400人，效果显著。

重点文化工程

广宁县于2009年9月建立了文化信息资源共享工程县级支中心。投资了68万元配置了专业机房，电脑30台，服务器4台存储量达4TB，网络宽带30M，初步架设了我县文化共享工程网站，实现了图书自动化管理，建立了数字图书馆，有数字资源1TB。

管理工作

加强对干部职工的学习，全方位提升馆员的综合素质。广泛创建服务平台。为了切实抓好"农家书屋"这项惠民工程，广宁县图书馆2008年至今，建立了190家"农家书屋"，不定期对管理人员进行业务培训。

不断强化读者服务工作，实现社会效益最大化。广宁县图书馆在每年的"4.23世界阅读日"为读者举办各种益智活动。就2012年的"4.23世界阅读日"举办的书签制作比赛、现场命题作文大赛、百科知识竞赛、"我爱读书"万人签名活动、少年儿童书法、绘画大赛、助残送书活动、写作知识讲座、趣味百科知识、广宁知识竞赛、红色经典诵读、手机摄影、科普展、"和谐文化基层行——送书下乡活动"等，参加人次达30000多人次。

表彰、奖励情况

2009－2012年，广宁县图书馆共获得各种表彰、奖励14次。其中，获省表彰、奖励3次，市表彰、奖励4次，其他表彰、奖励7次。

领导介绍

欧祖辉，男，1988年10月生，本科学历，中共党员，普工，馆长。2007年1月参加工作，曾任广宁县横山镇文化站长，2012年8月调入广宁县图书馆工作，现任馆长。

江彩霞，女，1972年1月生，本科学历，中共党员，助理馆员，党支部书记，1992年4月参加工作，现任党支部书记。

江天新，男，1972年9月生，本科学历，中共党员，普工，副馆长。1999年7月参加工作，曾任电影公司副经理职务。2012年6月调入广宁县图书馆工作，现任副馆长。

图书馆大楼

未来展望

广宁县图书馆将进一步落实科学发展观，贯彻十七届六中全会精神，促进文化大发展大繁荣，以增强全民素质为已任，坚持特色、创新、科学、发展的办馆宗旨。努力使山区图书馆成为集文化、科技、信息传播、保存地方特色文献、保存文化遗产、开展社会教育为一体的综合性公共图书馆。

联系方式

地　址：广东省广宁县车背垌强信路20号
邮　编：526300
联系人：欧祖辉

怀集县图书馆

概述

怀集县图书馆始建于1935年（民国24年），馆址几经变迁，现馆位于登云路二巷1号，楼高8层，占地448㎡，建筑面积2524㎡，可供300多名读者在室内阅读。馆内设有外借室、儿童阅览室、报纸阅览室、杂志阅览室、地方文献室、采编室、文化共享工程县级分中心、广东流动图书馆怀集分馆、线装书库、报纸库、刊物库等。

业务建设

截止2012年底，怀集县图书馆总藏量122009万册（其中古籍482册、线装书10134册，还有马寅初、白崇禧等名人题字32幅）。图书馆年藏量购置费15万元，2009–2012年，共购买中外文图书16707册，接受捐赠10017册，中外文报刊1720种；征集地方文献共838种，地方文献入藏完整率为90%。

2011年底，怀集县图书馆开通"肇庆区域图书馆"一卡通联合服务，实现肇庆区域图书馆互借互还。2012年初，实现馆内802.11N无线网络覆盖。

读者服务工作

从2005年1月起，怀集县图书馆每周6天对外免费开放，周开放时间60小时，广东流动图书馆怀集分馆坚持一周6天四晚接待读者。2009–2012年，书刊总流通285023人次，书刊外借227406册次。2009–2012年，在全县建成15个流动图书服务点，馆外书刊流通总人次28358人次，书刊外借20389册。2012年，怀集县图书馆网站访问量3105人次。数字资源总量为86种，2TB，共享工程分中心电子阅览室提供检索、浏览和下载服务。

2009–2012年，怀集县图书馆共举办讲座、展览、培训、阅读推广等读者活动90场次，参与人数45万多人次。每年举办的春节游园活动、"4.23世界读书日"有奖征文比赛活动，"你点书，我买单"读者点购图书活动，深受市民、学生青睐，是怀集县图书馆服务工作的特色。

业务研究、辅导、协作协调

2009–2012年，怀集县图书馆7人加入广东省图书馆学会，5人加入肇庆市图书馆学会，派员参加广东省立中山图书馆、肇庆市图书馆举办的学术研讨学习、培训班学习，职工发表论文2篇。怀集县图书馆通过使用省馆"Interlib图书馆网络集群管理系统"及市"一卡通"联合服务。利用省馆提供的500种以上数字化电子文献资源等多种服务，使读者真正实现了全省文献信息资源共享。2009–2012年，怀集县图书馆共举办8期农家书屋管理员培训班，图书管理知识业务辅导83次，全县322个行政村实现了农家书屋全覆盖，文化信息共享工程基层点64个。

管理工作

2012年，怀集县图书馆完成全员岗位聘任，建立了工作量化考核指标体系，半年进行一次工作考核。2009–2012年，共抽查文献排架32次，书目数据13次。

表彰、奖励情况

2009–2012年，怀集县图书馆共获得各种表彰、奖励4次，其中，2011年被中共广东省委宣传部、省文化厅、省广电局、省新闻出版局授予"广东省基层宣传文化工作先进单位"称号；被县委县府授予"文明窗口"称号；其他表彰、奖励2次。

馆领导介绍

陈曙锋，女，1966年8月生，大专学历，中共党员，助理馆员，馆长。1984年12月参加工作，先后在采编室、图书借阅室等部门工作，1997年2月任怀集县图书馆副馆长，2008年4月任怀集县图书馆馆长，2012年兼任肇庆市图书馆学会理事。2010–2012年度被县委评为创先争优优秀共产党员和2011年被县委宣传部机关党委评为优秀共产党员。

何子文，男，1966年5月生，中专学历，中共党员，助理馆员，副馆长。1986年3月参加工作，先后在流动分馆、电子阅览室等部门工作。

怀集县图书馆

文化共享工程怀集分中心电子阅览室

广东流动图书馆怀集分馆

怀集县梁村镇何屋村“农家书屋”

周剑梅，女，1971年1月生，中专学历，馆员，副馆长。1992年3月在怀集图书馆工作，先后在采编室、图书借阅室、流动分馆部等部门工作，2011年被省文化厅授予“广东流动图书馆先进工作者”、2012年被中共肇庆市委宣传部、市文广新局授予文化“三下乡”先进个人。

未来展望

以创建文化先进县为契机，带动全县公共图书馆事业的整体发展。怀集县图书馆在不断强化自身综合实力的同时，坚持“读者至上，服务第一”的宗旨，强化服务意识，提高服务质量，更好地为读者服务。

联系方式

地　址：广东省肇庆市怀集县怀城镇登云路二巷1号
邮　编：526400
联系人：陈曙锋

道德讲堂活动

举办春节游园活动

送书到怀集县凤岗镇石湾村小学

文化共享工程怀集县闸岗镇陈连村基层点

在怀集县消防大队流动图书服务点整理藏书

高要市图书馆

概述

高要市图书馆，又名黎汉光图书馆，位于广东省高要市南岸城区南兴二路3号，前身是高要县图书馆，始建于1926年，几经变迁，1961年高要与肇庆分治后划归肇庆管辖，1984年高要县重新恢复图书馆建制，旧馆址设在肇庆市正东路42号“高要学宫”内。1992年由高要籍旅港同胞黎汉光先生个人捐资一百多万元和高要市政府投资三百多万元在南岸城区兴建新馆舍，在1994年10月28日落成开馆，馆名称为“黎汉光图书馆”，新馆占地面积5000平方米，馆舍建筑面积4000平方米，设计藏书容量50万册，可容纳读者座位500多个。馆舍建筑采用中国传统建筑风格，园林绿化别致，环境清幽、功能室设置完备。新馆建成后，连续在1999年、2005年、2009年三次全国公共图书馆评估定级中被评为二级图书馆，2011年被广东省授予重点古籍保护单位，在2013年第五次全国公共图书馆评估定级中被评为国家一级图书馆。2012年，高要市图书馆有在编员工14人，拥有阅览座席300多个，计算机49台，光纤宽带接入10Mbps，选用广州图创Interlib图书馆集群管理系统。

业务建设

截止2012年底，高要市图书馆文献总藏量10.2万册（件），其中，纸质文献10万册（件），电子文献500多种，建设有全国文化信息资源共享工程高要支中心，为读者提供各类文化教育信息视频资源5000多个，电子图书1万多种，电子报刊100多种，图片库10个，地方特色资源10个，各类数字资源入藏总量4.5TB。

2012年高要市图书馆新增藏量购置费为8.2万元，2009–2012年，共入藏各类图书1万多种，报纸、期刊近290多种，视听文献186件，2012年地方文献入藏率为93%。

截止2012年底，高要市图书馆古籍普查工作进度完成92%，馆藏古籍1.07万册，古籍藏量居肇庆地区的首位，是全省首批15个重点古籍保护单位之一，这些古籍是肇庆地区非常珍贵的文献资料和历史文化遗产，通过普查共发掘出有重点保护价值的50多种，其中珍贵“善本”清乾隆三年（1738）武英殿刻朱墨套印本《朱批谕旨》在2012年入选广东省第一批省级珍贵古籍名录。

2012年底，实现馆内802.11N无线网络全覆盖，为读者提供便捷的WiFi网络接入服务，图书管理系统使用广州图创Interlib图书馆集群管理系统，实现本馆业务系统、肇庆区域图书馆一卡通业务系统与省流动图书馆业务系统无缝接轨，方便跨区跨馆借阅图书。

读者服务工作

高要市图书馆自2008年9月开始实行免费对外开放，天天坚持开放，周六日不闭馆，每周累计开馆时间达到60小时以上。2012年外借文献10.3万册次，接待读者13万人次。馆内设有广东流动图书馆高要分馆，拥有1.1万多册优质图书、计算机2台、电子防盗系统等设备一批，设有阅览座席80个，集借、阅、藏一体化，为读者提供外借和馆内免费阅读服务。2009–2012年间，建成基层流动服务点12个，馆外流通总人次达6万，书刊借阅2.2万册次。

自2009年开始建有www.gylibrary.com门户网站，年访问量达1万多次，为读者提供便捷的网上咨询、借阅和信息查阅服务，使读者能及时了解图书馆的动态。

加快文化共享工程基层服务点（公共电子阅览室）建设，建设有镇级基层服务点2个，村级服务点41个，实现镇文化站、村级文化室（农家书屋）由传统服务到数字化服务的转型，让农村基层也能享受到数字文化资源服务，促进农村精神文明建设的发展。

2009–2012年，高要市图书馆共举办各类讲座、展览、培训、阅读推广等读者活动98次，参与群众9万人次。

2009–2012年，在不断加强馆内基础服务建设的同时，积极拓展馆外服务，开展送书下乡活动，惠及基层群众，组建以市图书馆、17个乡镇综合文化站、347间农家书屋（社区书屋）为核心的全市公共图书馆三级服务网络，推动地区图书馆事业的发展。

业务研究、辅导、协作协调

2009–2012年，高要市图书馆职工在国内正规刊物发表论文报告2篇，撰写本馆业务调研报告4篇，开展对镇、村等基层等各类业务辅导培训班16次，下乡指导文化站、文化室、农家书屋业务工作60多次，参与广东省流动图书馆体系建设，建有高要分馆为读者提供优质服务，参与肇庆地区联合编目、实现肇庆区域“一卡通”馆际借阅联合服务。

管理工作

高要市图书馆设有完善的规章管理制度，实施情况良好。馆内环境舒适、设施配套完善，安全保卫、防火防盗措施健全。2009–2012期间，高要市图书馆完成了10人岗位续聘，新

省文化厅副厅长陈杭到我馆调研

古籍书库

图书馆大楼外貌

开展读者猜谜活动

举办全市少儿诗歌朗诵大赛

送书下乡

增事业编制岗位人员4名，设置管理岗位3个，专业技术岗位9个，工勤技能岗位2个，建立起岗位工作量化考核制度，每年进行岗位责任制工作考核。

表彰、奖励情况

2009–2012年，获得上级表彰有如下：1、省级：2012年省古籍保护中心授予本馆曾凤英同志古籍普查工作先进个人；2、市级：①高要市图书馆被中共肇庆市纪委、肇庆市文广新局授予2012年肇庆市“廉洁图书读后感”有奖征文“优秀组织奖”，②2012年度赵桂红同志被肇庆市文广新局授予肇庆市文化“三下乡”先进个人；3、县级：市文广新局、文体旅游局表彰奖励7次先进个人，先进单位3次。

馆领导介绍

黄志扬，男，1976年1月出生，本科学历，中共党员，馆长。1997年7月参加工作，历任高要市蚬岗镇人民政府农经审计站站长、高要市文化广电新闻出版局版权综合股副股长、高要市图书馆副馆长，2012年3月任高要市图书馆馆长，主管图书馆全面工作。在各岗位工作期间，多次获得上级组织和所在单位授予优秀工作者、先进个人、优秀党员等表彰称号。

赵桂红，女，1966年10月出生，本科学历，中共党员，副馆长，馆员职称。1985年10月参加工作，1997年12月任高要市图书馆副馆长至今，分管全馆业务工作，多次获得上级文化部门和本系统授予先进个人、优秀工作者等表彰，2012年度被肇庆市文广新局授予肇庆市文化“三下乡”先进个人。

曾凤英，女，1963年12月出生，中专学历，副馆长，助理馆员职称。1983年1月参加工作，2008年10月任高要市图书馆副馆长至今，分管古籍保护和安全生产工作，历任高要市小湘镇脉源小学教师、小湘镇政府文化站站长，多次获得上级部门和本系统授予先进个人、优秀工作者等表彰，2012年获广东省古籍保护中心授予全省古籍普查工作先进个人。

未来展望

高要市图书馆以“平等、服务、发展”为办馆方针，以“同心、同向、同步”为指导思想，坚持“以人为本、读者至上”的原则，践行党的群众路线，巩固基础服务、加强业务建设，提高服务水平，扩大服务辐射区域，带动地区图书馆事业的发展。在未来的几年里，高要市图书馆将进一步发展全市图书馆事业，努力探索图书馆事业发展的新模式、新路子，提高服务水平，加大资金投入力度，丰富馆藏文献资源，加强对馆藏古籍的保护和利用，完善基础服务设施建设，加强本地区图书馆服务网络建设，推进重点文化工程建设，加强对镇文化站、农家书屋等基础服务点指导和服务工作，使广大群众共享全市公共图书馆资源服务，促进文化强市的建设与发展。未来重点做好以下几个方面工作：1、重新规划整栋大楼的功能室和场地布局，增配服务设备设施，扩大服务场所面积，优化美化阅读环境，为读者提供更优质和完善的服务，把图书馆打造成为本地区的文化地标，成为群众进行学习与交流文化的中心；2、加强与社会各类文化教育机构的合作，发展多元化服务，提供更多的各类讲座、展览和学习培训等社会教育服务，举办丰富多彩的读者活动，吸引更多的读者利用图书馆资源；3、建设移动数字图书馆，通过电脑互联网和移动互联网向读者的智能手机推送文化共享工程和电子图书服务，方便群众通过移动终端设备随时随地阅读；4、开展馆藏古籍数字化工作，出版一本介绍馆藏古籍的图书，把这批肇庆地区珍贵的历史文化遗产切实保护好和利用好，让广大读者能够有机会学习和研究，共享古籍文化典藏，充分发挥这批馆藏古籍的价值和作用。

联系方式

地　址：广东省高要市南兴二路3号
邮　编：526100
联系人：黄志扬

指导农家书屋周末辅导员活动

广东流动图书馆高要分馆

悦读生活图片展

四会市图书馆

概述

四会市位于广东省中部偏西，是岭南四大古县之一，具有二千多年的悠久历史，文化底蕴深厚，拥有着中国柑桔之乡、中国玉器之城的美誉。四会市图书馆始办于1928年，原名“四会通俗图书馆”，1977年5月，四会县图书馆正式成立，馆址设在中山公园内。几经变迁，新馆于2013年3月向社会免费开放服务。新馆占地面积6000平方米，建筑面积5200平方米，服务窗口17个，座席400个，藏书容量60万册，在2013年第五次全国公共图书馆评估中，被评为“国家一级图书馆”。环境优美、书香人和的新图书馆已成为市民群众读书学习、增长知识的主要阵地，是地方公共文化服务名片。

业务建设

近年，在上级部门、四会市委、市政府以及社会热心人士的关心支持下，四会市图书馆事业取得了长足的发展，成为引领地方公共文化服务提升的新标杆。

截止2012年底，四会市图书馆总藏量29.8万册（件），其中，纸质文献239756册（件），电子图书57744册，电子期刊320种/册，视听文献180种。开架图书202503册，闭架图书37253册，书刊文献开架比例为83%。

2012年，四会市图书馆年度财政拨款227万元，其中业务经费是48.6万元，包括：购书经费为16万元，活动经费4.8万元，免费开放地方配套经费13万元，网络运行经费6.4万元，人员培训经费2万元，日常运作经费6.4万元。社会捐资11.6万元。

截止2012年底，四会市图书馆拥有计算机55台以及电子书刊导读机、投影仪、摄录机、磁盘阵列、不间断电源、彩色扫描仪等先进设备，全馆实行智能化管理，使用Interlib自动化管理系统，20兆光纤提供服务，WIFI信号全馆覆盖。在数字资源建设方面，资源总量为4.2322TB，其中自建数字资源总量402G。2010年建立了《四会市图书馆网站》，2012年建设《四会市地方文化资源数据库》和《四会数字文化网》，其中特色资源数据库包括《玉器文化数据库》、《四会文化遗产数据库》、《四会民俗风情数据库》、《四会六祖文化数据库》、《四会图书馆珍藏书籍数据库》、《四会地方文献数据库》，计划2013年底开通使用。

读者服务工作

近年，在各级部门和社会热心人士的共同支持，在四会市图书馆人的共同努力下，四会市图书馆服务水平得到了一定的提升，服务工作得到了市民群众的广泛认可，取得了显著的服务成效。

开放时间：2011年9月，四会市图书馆实行免费开放服务，每周开放75小时。

借阅人数：2011年9月至2012年12月，办理书证3653张，外借书刊9.7万册次，进馆读者26.4万人次。

基层建设：2009–2012年，共建立图书基层服务点、公共电子阅览室和农家书屋198间，其中图书服务点20间、农家书屋134间、共享工程基层服务点25间、公共电子阅览室19间。各服务点共接待读者41.8万人次，书刊借阅28.5万册次。

信息服务：2010–2012年，购置电子书刊以及电子文献58244种，为读者提供局域网服务，本馆网站访问量3.4万次。

活动开展：2009–2012年，举办讲座、展览、培训、阅读推广、新春游园活动、元宵花灯会、中秋灯谜会等读者和社会教育活动95次，参与人数8.9万人次。

业务研究、辅导、协作协调

为进一步提升干部职工的业务技能，近年，我馆馆员积极参加业务研究学习和开展业务辅导服务，参与各种协作协调工作。

业务研究：2010至2012年，我馆馆员参加各种业务培训和继教学习67次，每年人均学习87课时。期间，发表专业论文2篇，围绕本馆业务工作撰写调查报告7篇。

业务辅导：2009年–2012年，我馆采取举办培训班或下基层辅导形式免费开展业务辅导15次，参加辅导人数1250人，培训内容包括：“图书馆业务知识”、“图书馆服务”、“数字图书馆建设”、“图书馆借阅系统应用”、“四会市农家书屋管理员业务培训”等。

协作协调：为加强协作，2009年至2012年，我馆采取多种形式开展馆际合作服务，包括：整合广东流动馆四会分馆

图书馆全景

社会捐赠

图书馆外借处

古籍书室

苏世杰藏书室

与本馆资源，启用流动图书馆与本馆“一卡通”服务；加入肇庆地区公共图书馆“一卡通”服务，实现肇庆地区各公共图书馆馆际互借；利用广东省立中山图书馆、上海图书馆、青海省图书馆、肇庆市图书馆等资源举办展览和在线讲座活动39次；利用联合参考咨询网为读者提供参考文献106篇。

管理工作

为提高管理水平，加强制度建设，我馆狠抓管理工作，各项业务和服务工作有条不紊地开展。

读者管理：制定《读者需知》、《办证需知》、《借阅服务管理》、《四会市图书馆免费开放服务管理》等制度，在显著位置公示，使读者自觉遵守本馆各项规章制度。

服务管理：采取“一卡通通借通还”服务模式。

岗位管理：实行人员岗位聘任制，制定《四会市图书馆岗位设置方案》，设定专业技术岗位高、中、初级1：3：6的比例，根据《方案》内容对每位干部职工的工作任务完成情况进行季度考核，结果列入年度考核内。

人事管理：制定《四会市图书馆人事管理制度》，由图书馆与干部职工签订《事业单位聘用合同》，每两年签定一次。

财务管理：制订《图书馆财务管理制度》，规范财务管理，严格执行财经审计和本馆财务审核制度。

志愿团队管理：制定《四会市图书馆志愿者管理章程》，建立通过民政注册登记的社会团体，组建团队管理人员，建立“四会市图书馆志愿服务队”QQ和微信平台，建立激励机制，如颁发证书、表彰奖励、推荐用人等。

表彰、奖励情况

获得“国家一级馆”、“广东省巾帼文明岗”、“肇庆市精神文明建设先进单位”、“肇庆市青年文明号”、“广东流动图书馆先进集体”、“肇庆三下乡服务先进集体”、“四会市文化系统先进集体”等称号。

馆领导介绍

周晓华，女，1970年7月生，本科学历，中共党员，中级职称，馆长、党支部书记。1993年8月参加工作，2002年12月任四会市图书馆馆长，负责全面工作。获“广东省基层文化工作先进工作者”、“广东流动图书馆先进工作者”。

杨柳，女，1962年3月生，大专学历，中共党员，中级职称。1980年6月参加工作，2000年8月任四会市图书馆副馆长，分管采编、借阅、基层服务等工作。获“广东流动图书馆先进工作者”称号，被广东图书馆学会授予“终身荣誉奖”。

曾志闯，男，1976年10月生，本科学历，中共党员，助理馆员，副馆长。2000年9月参加工作，2013年3月任四会市图书馆副馆长，分管技术和安全保卫工作，获“肇庆市三下乡先进个人”称号。

欧丽婷，女，1979年7月生，大专学历，中共党员，助理馆员，党支部副书记、办公室主任。2002年8月参加工作，2013年5月任图书馆党支部副书记，分管党务、办公室、人事、财务、工青妇、志愿者服务等工作。获“广东流动图书馆先进工作者”称号。

未来展望

今后，我们将继续秉承“免费开放，均等服务”的宗旨，以保障市民群众基本文化权益为己任，在优化服务环境、加强馆藏建设、推动全民阅读、充实人员队伍等方面继续下工夫，形成“四会道德讲堂”、“四会文化讲坛”、“四会历人名人专题馆”等特色和品牌服务，努力把新四图建设成为一个环境优雅、书香人和的公共文化场所。

联系方式

地　址：广东省四会市广场北路
邮　编：526200
联系人：欧丽婷

举办青少年“暑期电影放映”活动

开展新书展览活动

2012年4月举办家庭教育讲座

惠州市惠阳区图书馆

概述

惠州市惠阳区图书馆成立于1971年10月，原馆在惠州市惠城区中山东路21号，建筑面积420平方米。新馆始建于2000年底，占地面积11000多平方米，建筑面积9648平方米，可藏书60万册，总投资额1998万元，于2002年6月竣工，2002年7月1日落成开馆。是集学习、教育、阅览、展览等多功能于一体的全开放式、现代综合性公共图书馆。

馆内设有图书借阅室（一）、图书借阅室（二）（含地方文献阅览室）、报刊阅览室、少儿阅览室、视障阅览角、自修室、电子阅览室及展览大厅、多功能报告厅。现有藏书20余万册，视听文献1700件，每年征订报纸130种，期刊近500种，过刊28599册。共有阅览座位574个，持证读者17233人次。2011年8月1日起实行全馆免费开放服务。每周开放时间达84个小时，实行全年开放。2004年被国家文化部评为“一级图书馆”，2009年复评卫冕该光荣称号。

惠州市惠阳区图书馆为副科级建制，现有在职干部职工32人（不含临工）。其中硕士学历1人、本科学历7人、大专学历11人，大专以上学历占总人数59%；中专、高中学历13人。具有图书馆资料专业职称30人，占总人数的94%；中级职称14人，占总人数44%；初级职称16人，占总人数50%。

业务建设

截止2012年底，惠州市惠阳区图书馆总藏量20余万册，其中电子文献5981种，视听文献1700件，过刊28599册。

新入藏图书：2009年10000册，5000种；2010年6540册，3270种；2011年12736册，6368种；2012年9000册，4500种。每年征订报纸130种，期刊近500种。

2009至2012年引入免费数字资源，供读者使用。2011-2012年网站点击量达27741人次。2010至2012年底，文化信息资源共享工程接收上级资源约2T，刻录下发基层服务点光盘1710张。

读者服务工作

从2011年8月1日起，惠州市惠阳区图书馆实行免费开放服务，全面开放所有公共空间设施场地和服务，每周开放时间84个小时。截止2013年6月持证读者17233人次。仅2012年接待读者289923人次，借书54788人次92730册次，办证2000人次，采编11044册，举办展览6场，读者活动3场，讲座10场，总参观30197人次，新增图书流动点2个。2012年，为单位及个人提供参考咨询服务365人次，社会效益良好。2009年以来，惠州市惠阳区图书馆积极参与政府文化宣传工作，先后承担惠阳区客家文化、叶挺将军史料、非物质文化遗产、申报历史文化名城等专题信息服务。

电子阅览室每天开放时间12小时，实现每周开放84小时。配备有计算机44台，接入互联网带宽10M。开展形式多样的服务活动如：互联网（电子阅览室）服务、视频播放服务、专题讲座等，定期播放国家中心下发的多媒体数据。

馆内设有惠州市首个视障阅览角，配备有视障人士专用电脑4台，盲文图书100本及有声读物一批；在报刊阅览室配备放大镜、老花眼镜等方便老年读者阅览报纸杂志；馆内经常为农民工举办普法讲座活动。

业务研究、辅导、协作协调

2008年以来惠州市惠阳区图书馆干部职工共公开发表论文30多篇。目前有3人通过奖学办法取得图书管理专业本科毕业证，成为业务骨干。2012年11月引进图书馆信息管理专业硕士研究生1人，充实了技术力量。

惠州市惠阳区图书馆积极开展基层业务辅导和培训工作，2013年惠阳区135个街道、乡镇、社区、行政村中已建基层文化站和图书流动点共20个，服务网络建设比例高达100%；基层书刊文献借阅10800册次；基层业务辅导9次；培训240人次，进一步推进基本公共服务到乡镇、到社区、到企业、到边防、到农村，增强服务辐射能力，扩大服务覆盖面，提高公共文化服务能力。

管理工作

惠州市惠阳区图书馆制定了《员工文明行为规范》、《文献保护制度》、《采编部工作条例》、《工具书地方文献室职责》、《技术部岗位责任》、《电子阅览室工作人员工作细则》

非物质文化遗产成果展

廉洁读书月廉洁公益广告巡回展

第四届我读书我快乐颁奖典礼

格灵威杯

等各种规章制度，用来规范图书馆的管理。目前全部工作人员实行岗位聘用制，同时还建立了绩效考核制度，每月进行工作考核，全年进行总体工作考核。

档案管理进行了科学化管理，按照档案规范立卷归档，实现档案材料收集、归档的规范化，检索和查阅利用计算机提高了工作质量。

表彰、奖励情况

2009—2013年，惠州市惠阳区图书馆多次获得各种表彰和奖励。2009年卫冕“一级图书馆”光荣称号，2009年至2012年连续四年被惠阳区文化广电新闻出版局评为“先进单位”；薛密苏同志、李燕琼同志先后被惠州市授予“先进个人”的荣誉称号。2013年荣获由惠州市妇女联合会评选的2013年度惠州市“三八红旗集体”称号。

馆领导介绍

黄燕，女，1983年10月生，本科学历，中共党员，馆员，馆长。2002年9月参加工作，历任惠阳区图书馆流通部部长、图书馆副馆长。

郭抒然，女，1973年4月生，本科学历，中共党员，馆员，副馆长。1992年8月参加工作，历任惠阳县物业集团实业发展公司会计、惠阳区图书馆技术部技术员、信息交流部部长、图书馆副馆长。中共惠州市惠阳区第四次党代会党代表。分管本馆图书业务管理、读者服务、基层图书业务辅导、网络技术、文化信息资源共享工程等。

魏石光，男，1967年10月生，大专学历，中共党员，副馆长。1988年7月参加工作，历任惠阳县横沥中学教师、惠阳县经济开发总公司办公室主任、惠阳区文广新局办公室副主任、主任。

未来展望

惠州市惠阳区图书馆遵循以人为本，全心全意为读者提供优质、文明服务的宗旨，不断完善馆藏建设，开展形式多样的读者活动，在惠州市数字图书馆项目规划建设后，将实现惠州市内公共图书馆资源共享，馆际互借，通借通还，进一步扩大服务辐射区域，带动地区文化事业的发展。

联系方式

地　址：广东省惠州市惠阳区金惠大道7号
邮　编：516211
联系人：黄小燕

少儿阅览室

图书馆大门

博罗县图书馆

概述

博罗县图书馆成立于1974年4月，原址设在博罗县城广场一号，2012年7月22日，占地12000平方米，建筑面积8565平方米的博罗县图书馆新馆落成，向市民全面开放。博罗县图书馆位于博罗县罗阳镇罗阳一路301号，楼高3层，设计藏书量80万册，馆内有阅览座席536个，计算机52台，接入因特网带宽10兆，业务管理使用Interlib管理系统。2013年，参加全国公共图书馆第五次评估定级荣获一级图书馆称号业务建设。

全馆拥有文献藏量30万册（件）、电子文献藏量30万册、数字化信息资源7TB。馆藏古籍605册，2012年收集地方文献85种，较有代表性的有反映解放战争时期文献《罗浮烽火》、《中国共产党博罗县地方史》等。

读者服务工作

从2011年10月1日起，博罗县图书馆借阅、办证、公益展览、讲座等基本服务项目和自习室、停车场等馆内公共空间设施场地，均免费对外开放，每周开馆60小时，周六、日正常开放。

2012年到馆借书的读者达27844人次，办理借书证450个，书刊外借80981册次，暑假期间报刊借阅室和工具书阅览室共接待读者28163人次，电子阅览室接待读者4837人次，全年共接待读者100886人次。

2007年－2012年，先后在麻陂镇塘尾村、县公安消防大队、罗阳镇寨头移民新村、福田镇文化服务中心，横河镇河肚村、杨侨镇文化服务中心、杨村镇文化服务中心、龙溪镇结窝村、罗阳镇鸡麻地村第九村民小组等，建立基层流动图书室，各流动图书室藏书量均达1000册以上。2012年馆外基层流动图书室流通总人次36416人次，书刊外借23916册。在开展流动服务过程中，图书馆积极与基层学校、工厂企业、老年人活动中心取得联系，根据他们的阅读特点和需要，定期送去书刊，同时加大对农民工子女、留守儿童的服务力度，受到广大基层读者的一致好评和欢迎。

为丰富群众的文化生活，开拓群众的文化视野，我馆充分利用展览厅的场地资源，举办内容丰富的书画、图片展。2012年，先后与县纪委、县检察院联合举办《反腐警示图片展览》，共展出图片86幅；与县委宣传部举办《大美罗浮、幸福博罗》摄影作品展览，共展出作品73幅；与县委宣传部、县人民武装部联合举办《曾树松油画作品展览》，共展出作品65幅。三个展览展出期间，到馆参观展览有13620人次。举办讲座培训、阅读推广读者活动等13场次，参与人数26798人次。

为了向基层延伸服务触角、积极打造“农村十里文化圈”，博罗县图书馆充分盘活馆藏，积极开展图书流动服务和送书下乡服务，2007－2012年，在县内各基层图书室流通图书30000多册，送书下乡50000多册，解决了社区、乡村群众看书难问题，收到了良好的社会效益。

业务研究、辅导、协作协调

根据《全国文化信息资源共享工程培训工作规划（2008年－2010年）》文件精神，2012年博罗县图书馆就以《全国文化信息资源共享工程概述》、《管理与组织培训》、《基层服务培训》、《技术与标准培训》、《图书馆业务管理系统使用》课题作了培训辅导，使各基层服务点管理员充分了解了图书馆文化共享工程的意义，而且对在新时期文化建设与发展中的管理、经营、群众文化的策划、组织实施、辅导的理念有了更清晰、更坚定的思路，认识到工作的重要性和必要性以及文化信息资源的可用性。结合我县的文化发展现状实际，对今后如何开展好我县的文化建设有了新的认识，使大家感到这次学习再次得以“充电”和“升华，加强之间的协作，工作经验交流，博罗县图书馆还对17个乡镇文化站、农家书屋管理员进行公共图书馆业务基础知识培训辅导。同时，与全市县区公共图书馆签订图书馆馆际互借协议。

管理工作

2012年，为深化人事制度改革，建立健全岗位管理制度和人员聘用制度，实现单位人事管理的科学化、规范化和制度化。根据有关文件精神，结合本单位实际情况，制度了《博罗县图书馆岗位设置实施方案》和《博罗县图书馆岗位职责条例》。对岗位职责做出更加明确的规定和要求，实行由身份

管理向岗位管理，调动员工的积极性和创造性，实行月考核、年考核；按照岗位责任制度考核得分给予奖励。同时，加强安全、财务、设备、档案、环境等方面工作的管理，为图书馆业务工作创造良好的保障系统。

表彰、奖励情况

2006年度广东流动图书馆博罗分馆被省文化厅评为先进单位，时任馆长林建月被省文化厅评为2006、2007年度先进工作者，黄小兰被省文化厅评为2010年度先进工作者。

馆领导介绍

黄小兰，女，1976年10月生，本科学历，馆长。

徐振华，男，1962年5月生，中专学历，副馆长。

未来展望

博罗县图书馆新馆是博罗文化标志性建筑设施之一。新馆的定位是建设与博罗城市发展相适应，力争成为博罗文献资源中心、信息服务中心、社会教育中心和图书馆事业中心。同时，将以"数字图书馆推广工程"为契机，以实现数字化信息资源共享为目标，加强图书数字化和网络化的工作，将图书馆馆藏信息实现数字化，以计算机网络为基础向读者提供全位的信息服务，如电子邮件服务、电子文献传递、情报检索服务等，达到满足群众求知需求、实现群众文化权利、提升城市文明素质。

联系方式

地　址：博罗县罗阳镇罗阳一路301号

邮　编：516100

联系人：徐振华

惠东县图书馆

概述

惠东县图书馆成立于1974年1月，原址位于平山镇老文化广场边，是惠东县唯一的县级公共图书馆。2007年8月，图书馆新馆舍选址在县城华侨城新区新文化广场边动工建设，于2010年2月建成，2011年8月全面免费对外开放。新馆舍占地面积10000平方米，建筑面积6500平方米，是一座集学习、教育、阅览、展览等多功能于一体的现代化公益性公共图书馆，设计藏书量100万册。全馆实行网络自动化管理，内设采编室、图书借阅室、报刊阅览室、儿童阅览室、学术报告厅、展览厅、市民道德讲堂、工具书阅览室、党务公开阅览室、地方文献阅览室、自修室、视障人阅览室、电子阅览室、文化信息资源共享工程惠东县支中心、广东流动图书馆惠东分馆等15个功能室，共有阅览座席700余个，其中有少儿阅览坐席49个。馆内有计算机54台，其中供读者使用的有30台，使用20兆专线光纤网络。在2013年第五次全国公共图书馆评估中获评一级图书馆。

截止2014年6月，惠东县图书馆在编人员18人，其中设馆长1人，副馆长2人；其中大专学历2人，本科学历9人，大专以上学历者占在编职工人数的72.2%；具有中级职称7人，初级职称6人。

业务建设

2012年，惠东县图书馆在上级各级财政的支持下，加快图书馆文献资源建设，投入图书购置费用80万元，丰富馆藏资源，总藏书量（含电子图书）达23.52万册。2013年加大图书购置经费新购置了24335册纸质图书，新购置1万册电子图书馆。截止至2014年6月，惠东县图书馆现有各类藏书26.67万册，其中纸质图书15.9万册（件），电子图书10万册（件），电子文献藏量5000种，报纸106种、期刊杂志318种。同时为确保文化共享工程信息资源的及时更新，广东省共享工程惠东县支中心积极接收上级发送的各类数字资源，到目前为止，已接收各类数字资源共约4TB，收到国家管理中心和省级分中心配送的光盘300余张。

读者服务工作

惠东县图书馆不断完善图书馆制度和提升读者服务质量，从2012年8月开始，每周开放67小时，坚持双休日、节假日及晚上正常免费开放。2011年8月至2014年6月，惠东县图书馆总流通46.05万人次，书刊外借23.53万册次。

2013年3月，惠东县图书馆网站上线，开通读者网上图书查询与续借服务；同年5月，开通新浪微博，给广大读者提供了一个快速获取图书馆信息的平台。2014年5月，惠东县图书馆微信公众平台订阅号和服务号正式启用，提供手机微信查询图书和微信续借功能，定期发布讲座和图书信息。

2011年–2014年，惠东县图书馆共举办讲座、展览、培训、阅读宣传等读者活动102场次，具有代表性的活动有“惠东文化讲堂”、“暑期英语角”和“少儿周末故事会”。

业务研究、辅导、协作、协调

为充分发挥县级图书馆在整个图书馆体系建设中的作用，更好地为广大人民群众服务，惠东县图书馆积极参与上级图书馆组织的协作协调工作，采用和广东省馆一致的第三代图书馆自动化系统Interlib图书馆集群管理系统，方便资源共享，并建立了广东省立中山图书馆惠东分馆，按照省馆要求进行管理和服务。

随着惠东县经济的发展，为加强新形势下有效开展业务辅导工作，惠东县图书馆积极构建服务网络。目前，惠东县图书馆与全县16个乡镇文化站签订图书借阅服务协议，开展送书下乡，送辅导下乡工作；与县武警中队、县看守所、县公安消防中队、惠东中学、平山第一小学建立流动图书点，定期更换图书。各乡镇图书室、农家书屋及流动图书点图书年外借册次达到6万册次。

为提高基层图书馆工作人员业务水平和业务技能，更好地为广大农民群众服务，惠东县图书馆制定详细的基层业务辅导计划、基层业务培训工作计划，并按照计划落实各项辅导工作、培训工作。2012–2014年举办6期面向广大基层馆室工作人员的培训班，共培训学员400余人，推动了基层文化队伍建设。

表彰、奖励情况

2013年10月，被文化部评为国家一级图书馆。

2014年1月，被惠州市精神文明建设委员会办公室评为“文明窗口单位”。

2014年1月，被中共惠东县委员会、惠东县人民政府评为“文明窗口单位”。

馆领导介绍

钟月辉，男，大专学历，中共党员，馆员，馆长。1984年9月参加，从1994年调入图书馆工作以来，先后历任副馆长、馆长职务。在2005、2009、2010年被评为“惠州市基层文化工作先进个人”，2008–2009年度被评为“惠东县精神文明创建积极分子”，2011年被评为“创建教育强县先进个人”。

徐向红，女，大专学历，中共党员，中级职称，副馆长。1992年到惠东县图书馆参加工作，先后在报刊室、图书借阅室、采编室等部门任职，于2003年任副馆长。

惠东县图书馆大厅

惠东县图书馆少儿室

惠东县图书馆外借室

暑期英语角邀请外国友人参与

举行六一游园活动

母亲节手工制作康乃馨纸花

广东流动图书馆惠东分馆

惠东文化讲堂邀请高校教师主讲

李继红，女，中专学历，中级职称，副馆长。1989年参加工作，1991年到惠东县图书馆任职。1993年－1995年在广东省文化艺术中心成人中专学校脱产学习图书馆学，并取得毕业证书。先后在图书借阅室，采编室等部门工作。

未来展望

随着新馆的建成与投入使用，惠东县图书馆以崭新的姿态开始迎接新的挑战。在今后的工作中，将与时俱进，不断完善检索系统，加强参考咨询服务，整合特色资源，拓展服务领域，最大限度地发掘和利用特藏文献资源，逐步形成具有地方特色的服务模式和服务品牌。

在当今信息社会的条件下，惠东县图书馆一定会在知识经济时代发挥重要的地区信息枢纽和南海精神文明建设基地的重要作用，成为知识信息的集散地，市民终身教育的学校，惠东县图书服务中枢，市民的高雅文化休闲场所。随着地方经济的发展，惠东县图书馆将建设功能更完善、技术更先进、服务更好的新图书馆，成为该县集文化、科技、信息传播、保存文化遗产、开展社会教育、展示改革开放成就为一体的综合性公共图书馆，为建设文明、和谐、幸福的新惠东作出应有的努力。

联系方式

地　址：广东省惠州市惠东县平山街道侨胜南路6号图书馆
邮　编：516300
联系人：张 玲

惠东县图书馆正面

惠东县图书馆花园

梅州市梅县区图书馆

概述

梅州市梅县区图书馆前身为剑英图书馆，始建于1920年，1935年馆址设在金山顶，2001年梅县剑英图书馆升格为市级馆。因此，同年10月，梅县县委县政府在新城文化中心大楼侧重建梅县图书馆，占地2000平方米，建筑面积5159平方米，2002年12月竣工，新馆于2004年5月1日正式对外免费开放。2013年12月，根据国务院《关于同意广东省调整梅州市部分行政区划的批复》，国务院同意撤县设区。因此，梅县图书馆更名为梅州市梅县区图书馆。2013年，荣获国家文化部授予"国家一级馆"荣誉。

业务建设

截止2013年底，梅州市梅县区图书馆总藏量22.5万册（件），其中纸质文献11万册（件），电子图书11.5万册。数字资源总量为4T。

2004年8月7日，梅州市梅县区图书馆成为广东省流动图书馆的第八间分馆。2005年6月，根据国家文化部、广东省文化厅关于建立文化信息资源共享工程基层中心的工作部署，梅州市梅县区图书馆争取上级主管部门的重视和支持，建立了20台电脑的电子阅览室，成为国家文化信息资源共享工程县级支中心。

2005年，梅州市梅县区图书馆开始自建图书馆网站，并不断完善。2009年，梅州市梅县区图书馆继续完善电子阅览室，由原来20台电脑增至50台电脑，推动了梅州市梅县区图书馆数字化、网络化的进程。

2013年，梅州市梅县区图书馆自建数字图书馆1个，率先在梅州市实现图书馆数字化服务，并在馆内安装全覆盖Wifi。

读者服务工作

从2004年5月1日起，梅州市梅县区图书馆全年对外免费开放。图书馆自开馆以来，始终把"读者至上、服务第一"的理念作为工作的中心，把从"学习实践科学发展观"上获得的认识贯穿于日常的各项工作中。继续发挥传统服务优势，做好基本读者服务工作。坚持传统服务优势，尽量延长开放时间，以提高书刊利用率，全年保持外借处、少儿室、综合阅览室、程贤章捐书阅览室、流动图书室、电子阅览室和期刊库等七个阅览室每周开放时间达56小时以上，极大地方便读者利用图书馆开展科研活动。经过全馆职工的共同努力，图书馆全年外借图书100118册/次，流通人次总计达152215人/次。

自开馆以来，梅州市梅县区图书馆每年利用节假日、重大节日、"4·23世界读书日"、廉洁读书月、服务宣传周等开展图片展、书展、书法比赛、征文比赛、讲座、签名赠书、"你看书我买单"、电影展播等形式多样的读者活动，丰富读者文化生活。

梅州市梅县区图书馆自建图书馆网站以来，利用建立起文化共享工程基础网络和服务平台，上传了大量关于农耕的视频知识，极大的方便了广大农村老百姓了解更多的农耕知识，为他们带来了实实在在的好处。此外，开展"共享工程"帮助农民工网上订购火车票，让他们顺利实现网络购票，在春运期间为没有网络条件或不会在网络上购买火车票的农民工提供购买火车票服务，免费提供电脑等设备，还配备了专门服务人员协助完成网上订购火车票。利用这个平台，更好地发挥图书馆多功能作用，完善文化信息共享工程，方便读者查阅资料。

业务研究、辅导、协作协调

近几年来，我馆职工每年撰写学术论文6–7篇。积极参与馆际之间的学术交流，2013年，我馆积极参与学术研究，承担两项省级以上的科研课题，其中一项国家级《乡镇图书馆管理规范》，一项省级《客家文化》；三篇学术论文获省级以上奖励，这些学术成果，进一步推动了我区图书馆事业的发展。

梅州市梅县区图书馆自2010年起，以每年建设3–4个流动站的速度，在梅县区各乡镇、社区、企业、部队建立流动图书站，为广大群众提供了方便快捷的馆外图书文献服务，深受广大群众欢迎。截止2013年，梅州市梅县区图书馆已自建13个流动图书站，与农家书屋合建371间村级流动站，基层延伸服务达到全覆盖。

2013年4月梅州市梅县区图书馆成立志愿者服务队。服务队成员以本系统各单位职工为核心，社会各界代表、学生、企业员工、家长、退休人员等构成。让全社会参与图书馆工作，同时提高图书馆影响力。

2014年，梅州市梅县区图书馆与广东省立中山图书馆签订《广东流动图书馆二期提升服务效能合作协议》，将图书馆自动化管理系统与广东省立中山图书馆的Interlib系统并轨，使用二代身份证阅读器借阅服务，并实现全馆读者一卡通。

2014年5月，经梅州市梅县区人力资源和社会保障局批准为广东省梅州市梅县区专业技术人员继续教育培训基地，负责梅州市梅县区全区图书、群文、文博、艺术系列专业技术人员继续教育，承担广东省人力资源和社会保障厅和主管部门颁发的专业技术人员继续教育年度专业科目学习培训任务，为梅州市梅县区基层文化工作者提供了良好的学习交流机会。

广东省流动图书馆梅县区分馆

广东流动图书馆讲座

文化共享工程和公共电子阅览室全图

岭南民俗摄影作品展

馆领导与少儿和家长们一起制作手工画

2014年4.23世界读书日作家签名赠书活动

管理工作

梅州市梅县区图书馆把干好本职工作、促进事业发展、服务社会大众作为重要任务，在管理上求规范，气氛上求和谐，作风上求垂范，服务上求实效，全馆上下团结拼搏，自我加压，开拓创新，出现了干实事、求实效的工作局面。一是在人事管理上通过职能调查摸底，制定了图书馆管理聘用工作实施方案，根据单位内部工作岗位需求，实行岗位绩效，极大的调动了全体职工工作的积极性。二是建立健全了学习制度、工作制度、考勤制度、服务准则和绩效考核制度。三是聘用了保安人员，购置了安防设施，加强了安全管理。四是规范工作行为，优化工作环境。在馆内大力提倡微笑多一点、行动快一点、做事早一点、说话柔一点、理由少一点、脾气小一点、胆量大一点、质量好一点、效率高一点的十点工作法，进一步强化了服务学识。

表彰、奖励情况

截止2013年，梅州市梅县区图书馆共获得各种表彰、奖励31次，其中，国家级表彰、奖励3次，省级表彰、奖励6次，其他奖励、表彰22次。

馆领导介绍

李带玉，女，1970年11月生，在职研究生，中共党员，馆员，馆长，广东省图书馆学会会员。1990年10月参加工作，2003年7月担任梅州市梅县区图书馆副馆长，2005年5月起任梅州市梅县区图书馆馆长，负责主持全面工作。2013年7月参与广东省立中山图书馆《岭南文化系列——客家文化多媒体资源库（二期）》课题开发。2013年8月被广东省立中山图书馆选定为《乡镇图书馆（室）管理规范》课题组成员。2010年荣获广东省文化厅通报表扬，2013年7月荣获中国科学发展与人文社会科学优秀创新成果一等奖，2013年9月荣获中国图书馆学会学术研究委员会论文征文三等奖，2013年11月荣获广东省图书馆学会授予“优秀服务奖”。

谢陆勤，女，1971年2月生，大专学历，中共党员，馆员，副馆长。1989年12月参加工作，2002年9月起在梅州市梅县区图书馆工作，2005年12月起担任梅州市梅县区图书馆副馆长，分管图书馆电子阅览室、程贤章捐书阅览室、流动馆、地方文献特藏库、古籍库、期刊库。

卢利芳，女，1970年8月生，大专学历，中共党员，管理员，副馆长。1988年9月参加工作，2002年7月起在梅州市梅县区图书馆工作，先后在阅览室、外借处等部门工作。2005年12月起担任梅州市梅县区副馆长，分管图书馆外借处、少儿室、综合阅览厅、采编组。

未来展望

梅州市梅县区图书馆遵循“科学、效率、创新、发展”的办馆方针，不断完善服务功能，扩大服务辐射区域，带动地区事业发展。在未来几年，梅州市梅县区图书馆将继续发挥传统服务优势，做好基本读者服务工作，进一步加强数字图书馆建设，围绕馆藏特色、地方特色，进一步丰富馆藏数字资源，建立梅县客家文化数据库，通过系统的数字化采集与整理，可让梅县的客家史志、档案等客家文献进行系统的数字化采集与整理，可以更直观地了解客家族群历史、文化发展轨迹，对研究客家文化、开发旅游资源，为客家文化交流与合作提供一个新的平台。

联系方式

地　址：广东省梅州市梅县区新城行政区府东二路七号
邮　箱：514700
联系人：程艳梅

馆长李带玉（右二）参加广东图书馆学会“2013年学术年会暨学会成立五十周年纪念活动”中荣获“优秀服务奖”

图书馆全貌图

蕉岭县图书馆

概述

蕉岭县图书馆建立于1981年9月。继而由省文化厅和地方财政拨款于1984年兴建了一座建筑面积为1500平方米的两层图书馆。2000年为了进一步扩大图书馆的服务功能，旧馆拆迁筹建新馆，由蕉岭县政府筹集资金200多万元在城区镇山公园新建一座环境优美，集休闲、娱乐一体的三层独立馆舍—蕉岭县图书馆（黄桂清图书馆）。新馆占地面积2668平方米，建筑面积3000平方米，于2001年9月落成，同年10月开馆服务。2004年，参加第三次全国公共图书馆评估，首次获得一级图书馆。2005年6月，广东流动图书馆蕉岭分馆设立并正式对外开放。2012年，蕉岭县图书馆有阅览坐席336个，计算机50台；与中国电信股份有限公司蕉岭分公司签订了专线上网服务协议，使用其提供的10Mbit/s端口速率的光纤线路；共享广东省立中山图书馆Interlib集成自动化管理系统；内设流动室、本地借阅室、报刊阅览室、少儿阅览室、多媒体室、地方资料室、采编室、书库、报告厅、书画展厅八室两厅一库。

业务建设

截止2012年底，蕉岭县图书馆已逐步完善各项业务建设，具体如下：馆内总藏书量15.1091万册，其中，纸质文献15万册（件），电子文献1091种（件），数字资源总量为6TB；2009年，与广东省立中山图书馆签订了Interlib图书馆自动化系统平台使用协议，建立了本地外借数据库、广东省流动图书馆蕉岭分馆数据库、地方资料数据库和古籍数据库等；2012年底，实现馆内无线网络全覆盖。

读者服务工作

自2012年1月1日起，蕉岭县图书馆对外全免费开放，具体如下：①公共空间设施场地免费开放：一般阅览室（本地借阅室、蕉岭流动图书室）、少儿阅览室、多媒体电子阅览室、报告厅、书画展厅等；②基本文化服务项目健全并免费开放：文献资源借阅、检索与咨询、公益性讲座和展览、基层辅导、流动服务等；③保障基本职能实现的一些辅助性服务免费开放：办证、验证及存包等。周六日及节假日正常上班，周开放时间63小时，并实现了全馆一卡通服务。2009—2012年，书刊文献开架比例98%，书刊总流通87.678万人次，书刊外借48.526万册次，年外借率高达160%，读者满意率100%。

2008年8月蕉岭县图书馆网站正式启用，2009—2012年期间，网站访问量达102.4516万次。内容涵括本馆简介、流动图书馆、重点文化工程、热心人士、馆藏资源免费开放、合作交流栏目，首页显示蕉岭风情、本馆动态、最新公告、读者指南、书评天地、阅读推荐、全国文化信息资源共享工程、网海导航以及友情链接。建立健全的网站管理体制，安排专人负责，及时更新网站内容，从而让更多的读者从这个平台了解图书馆，真正走进图书馆。

2009—2012年，蕉岭县图书馆共举办讲座、展览、培训、阅读推广等读者活动81场次，参与人数28.6435万人次。截止2012年底，蕉岭县图书馆在蕉岭县武警中队、消防大队、人民小学分别设立了基层流动图书站并开展了挂牌仪式，蕉岭分馆参照广东流动图书馆管理模式与其三个服务点签订了借书协议，馆外流通服务点书刊借阅共2.0384万册次。同时以免费开放为契机，转变图书馆员服务理念，重视特殊群体、弱势群体如残疾人、进城务工人员、未成年人、老年人，并针对其制订了一系列的服务方案，扩大了对这一特定群体的宣传服务，开展系列专题服务活动，取得了良好的社会效益，赢得了较高的社会声誉。

业务研究、辅导、协作协调

2009—2012年，蕉岭县图书馆职工发表论文8篇，参与省级课题一项。

截止2012年底，蕉岭县图书馆组织每年至少一次题为“办好乡镇图书馆、农家书屋”的培训班，内容围绕乡镇图书馆、农家书屋的概念、特点、地位、作用及办馆形式进行培训，针对全县各阶层图书馆的具体业务有所侧重的进行辅导，如帮助某乡镇图书馆设计借书证、制定借阅制度、《中图法第五版》专业基础知识培训、图书分类、编目、排架等。

2006年蕉岭县被国家文化部和省文化厅确定为全国、全省文化信息资源共享工程试点县，截止2012年年底，蕉岭县文化信息资源共享工程县、镇、村三级服务网络健全，县支中心设立在县图书馆，有8个镇级、97个村级服务网点。县中心设置率达到100%，配套设施齐全，有专职人员负责管理相关运行并做好年度总结及计划工作，对县、镇、村各级工作人员定期进行业务培训，包括网络培训和集中培训两种形式。

图书馆全貌

国际自然医学会会长、科学认证委员会主席森下敬一博士等专家学者和蕉岭县有关领导来馆参观长寿文化展

市馆及馆内领导在蕉岭县武警中队流动图书站进行业务辅导

一楼大厅进行现场书画展

《中国梦》图片展

2013年3月，与广东省文献编目中心、梅州市剑英图书馆分别签订了机读书目数据服务协议，开通与梅州市剑英图书馆的馆际互借服务。

管理工作

截止2012年底，蕉岭县图书馆依据《广东流动图书馆管理条例》并结合我馆的实际相应制订了一系列规章制度，如《蕉岭县图书馆岗位责任制》、《财务管理制度》、《排架工作规则》、《工作人员守则》、《编目工作细则》、《志愿者管理制度》、《考勤制度》等。成立了由正副馆长负责的督查小组，不定期对图书馆各个岗位进行检查，按月对职工进行考核，对服务态度好，完成工作任务好的同志给予适当的奖励，对工作中存在的问题限期整改。做到工作有指标、考核有依据，评估有标准。

表彰、奖励情况

2009–2012年，蕉岭县图书馆共获得各类表彰、奖励10次，其中文化部表彰奖励1次，省委、省政府表彰、奖励1次，省文化厅表彰、奖励4次，其他表彰、奖励4次。

管领导介绍

李淑华，女，1964年10月生，大专学历，中共党员，中级职称，馆长。1981年10月参加工作，先后在本地借阅室、采编室、财会室等工作，2004年8月任蕉岭县图书馆副馆长，2013年6月任蕉岭县图书馆馆长。

李瑜，女，1987年11月生，本科学历，九级职员，副馆长。2009年12月参加工作，先后在流动图书馆、多媒体、财会等室工作，2013年7月任蕉岭县图书馆副馆长。

未来展望

蕉岭县图书馆本着“优质服务，读者至上”的办馆宗旨，求真务实，开拓创新，努力提升公共文化服务水平。特别是在信息技术迅猛发展的今天，为加强全馆的“危机意识，市场竞争意识以及服务意识”，蕉岭县图书馆将全面提升全体干部职工的思想认识，全面提升服务水平，创建山区图书馆公共文化服务运营新机制，打造社会主义核心价值观，在未来几年里，将进一步致力于增强县级图书馆服务功能，延伸服务区域，走进社区、企业、乡镇等，扩大服务人群，重视特殊及弱势群体，发展传统图书馆资源的同时，加大对数字图书的投入力度，如开通移动阅读平台，发展数字文化服务。蕉岭县图书馆一定会在知识经济时代发挥重要的地区信息枢纽和蕉岭县精神文明建设基地的重要作用，成为知识信息的集散地，市民终身教育的学校，蕉岭地方文献的宝库，县图书馆的中枢，高雅的文化休闲场所。蕉岭县图书馆新馆建成并投入使用后，将是该县集文化、科技、信息传播、保存文化遗产、开展社会主义教育、展示改革开放成就为一体的综合性公共图书馆。成为该县群众读书学习的文化、科技、教育、信息、服务和交流中心，为该县经济建设和社会发展发挥十分重要的作用。

联系方式

地　址：蕉岭县蕉城镇环城公路（镇山公园侧）
邮　编：514100
联系人：李　瑜

（撰稿人：李　瑜）

报刊阅览室

流动图书馆

少儿阅览室

兴宁市图书馆

概述

兴宁市图书馆成立于1956年冬（前身为私立载璋图书馆），旧址在兴城司前街。1987年7月，由广东省文化厅、兴宁县人民政府拨款，以及旅港知名人士刘宇新先生、罗焕昌先生捐资共建新馆舍。新图书馆位于兴城公园路与侨港街结合处，占地面积2603平方米，建筑面积2650平方米，整体风格为仿明建筑，两翼分别为三层、四层。结构特点表现为“功能区域明确、空间组合紧凑、三条流线畅通”，体现了“藏、借、阅”三者的有机结合。功能齐全，设有外借书库、采编室、综合阅览室、电子阅览室、广东省流动图书馆分馆、古籍地方文献室、少儿阅览室等。

业务建设

兴宁市图书馆现有藏书15万多册，排价3000多米，其中普通图书7万多册，古籍1.4万册，善本44册134卷，中文工具书3500多册，地方文献共收集了：《祝枝山手写兴宁县志稿本》（复印件、明代）、清代科举试卷5份、清代地契60多份、八股文范文200多份、《客家流源考》、《客家名人录》，及其它乡贤著作、兴宁各姓氏族谱共3000册，为馆内藏书增添了一大特色。2013年被评估为“一级图书馆”。

2004年5月成立了广东流动图书馆兴宁分馆，新增1.2万册高质量的图书，共享省立中山图书馆相同量的数字化文献资源。2010年建成全国文化信息资源共享工程县级支中心，支中心由中心机房和多媒体室两部分组成，中心机房有专门用于提供全国文化信息资源收集、下载、信息加工等服务器，多媒体室有微机30台，可同时容纳30名读者查阅资料，方便读者高速访问全国文化信息资源共享中心等网站，快速查询获取所需文化信息。

读者服务

本着求真务实的工作作风，以“读者至上、服务第一”为工作指导，严格实施免费开放，结合馆情积极开展读者服务工作。在重大节假日期间，开展丰富多彩的活动。在春节、元宵举行图书展读、猜谜等活动为读者提供全方位的优质服务；积极开展“世界读书日”和“图书馆服务宣传周”活动；充分利用岭南流动书香车，到社区、广场、农村等地开展阅读、送书等文化惠民服务；及时对基层流动图书室进行图书更换工作。据统计：每年接待读者达38万多人次，持有效借书证读者6000多人。

业务研究、辅导、协作协调

积极参与省、市图书馆开展的全民阅读活动和全民阅读月活动；参与省、市上级图书馆组织的图书馆业务研究、交流协作活动。配合省、市共享工程支中心做好共享工程资源服务工作，及时将省、市共享工程支中心配发的资料进行整理，并服务读者。协助做好驻兴部队、各镇（村）农家书屋、图书室的建设。组织基层业务辅导和业务培训工作，实现资源共享。

管理工作

根据本馆性质和任务，制定发展规划、工作计划及各项规章制度、工作细则、岗位责任等管理制度，使之各项工作均有章可依，严格执行。同时，为读者制定了相应管理和办法，确保各项工作有序推进。

表彰、奖励情况

集体荣誉：兴宁市图书馆今年荣获广东省文化厅、广东省立中山图书馆“地球与我——2014年4·23世界阅读日粤港创作比赛”优秀组织奖；兴宁市流动分馆在二00七年被广东立中山图书馆评为“广东省流动图书馆2007年先进集体”奖；二00八年被广东省文化厅评为“广东省流动图书馆2007年先进集体”奖。

个人荣誉：刘峰在二00七年被广东立中山图书馆评为“2007年度广东省流动图书馆先进工作者”奖；曾梅在二00八年被广东省文化厅评为“2008度广东省流动图书馆先进工作者”奖；廖群峰在二00九年被广东立中山图书馆评为“2009度广东省流动图书馆先进工作者”奖；饶冬民在二0一0年被广东立中山图书馆评为“2010度广东省流动图书馆表扬工作者”奖；廖群峰在二0一一年被广东省文化厅评为“2011度广东省流动图书馆先进工作者”奖；黄红亮在

二〇一一年被广东立中山图书馆评为“2011度广东省流动图书馆表扬工作者”奖。

未来展望

按照上级部署，加快公共文化设施建设步伐，积极争取各级、各方支持，想方设法提升设施设备、阅览环境等问题。建设有特色的图书馆和兴宁市文献数据库，使之成为弘扬客家优秀文化和人文精神的宝库。兴宁市图书馆将不断强化自身综合实力，为公共图书馆事业发展贡献力量。

馆领导介绍

黄红亮馆长，男，1963年12月生，中专学历，中共党员，中级职称，1983年8月参加工作，2010年5月到兴宁市图书馆工作。

刘峰副馆长，男，1968年12月生，大专学历，中共党员，助理馆员职称，1990年10月到兴宁市图书馆工作。

廖群峰副馆长，男，1965年8月生，大专学历，中共党员，助理馆员职称，1981年5月参加工作，1987年5月到兴宁市图书馆工作。

罗爱萍副馆长，女，1978年7月生，大专学历，中共党员，助理馆员职称，1997年9月参加工作，2012年9月到兴宁市图书馆工作。

联系方式

地　址：广东省兴宁市兴城镇公园路46号
邮　编：514500
联系人：黄红亮

英德市图书馆

概述

英德市图书馆前身是建于1952年旧城新街的文化馆内设图书室，1958年正式设立设置挂牌为“英德县图书馆”，1960年搬迁至旧城文化街，建筑面积约350平方米。历经时代发展，1984年5月本馆搬迁到新城和平中路，馆舍楼高四层，总建筑面积1520平方米，1994年英德撤县建市，图书馆更名为“英德市图书馆”。

2011年1月，位于英城和平北路金子山旁的新馆大楼建成开放，新馆楼高三层，总建筑面积7382平方米，馆藏总量15万册（件），馆舍服务功能室设置有20多间，阅览座席800个，计算机95台，其中提供读者使用的计算机83台，设置机房服务器5台，20兆光纤宽带网络接入，选用Interlib图书馆集群自动化管理系统，2013年10月，参加第五次全国公共图书馆评估定级，获得一级图书馆。

业务建设

截止2013年5月，英德市图书馆总藏量17万册（件），其中，电子文献1万多种、视听文献1200件、地方文献1500册、盲文书籍691册。

图书馆经费从原年财政拨款总额72万元，增加到年120万元，单列专项购书经费，从原年5万元，增加到年16万元，地方财政先后增拨购书经费合共50万元，中央以及省财政补助购书经费合共50万元。年平均图书入藏量5000种、报纸30种、期刊230种、视听文献150件。

对Interlib图书馆集群自动化管理系统进行升级改造，实现了与广东省立中山图书馆联合编目的需求，文献编目按照国家和行业标准实行，藏书组织管理按行业要求规范完善，自建数字资源数据库，实行微机自动化管理和服务，建立英德市图书馆网站，馆内实现无线网络覆盖。

根据《全国文化信息资源共享工程》的文件精神和要求，在馆内建设30多平方米的主机房和140多平方米的电子阅览室，并完善配套设施设备，由计算机专业人员管理开放服务。在第三次全国文物普查期间，本馆进社区、进镇村进行古籍保护宣传和搜集，做好古籍宣传普查工作，印制横额和宣传单张，向社会广大群众进行广泛宣传，推动和提高本地区群众对古籍保护意识。

读者服务工作

英德市图书馆实行对外免费开放服务，每周开放时间63小时，书刊文献开架比例为95%，馆藏书刊文献年外借4.2万册次，以点带面流动图书服务点9个，流动服务书刊借阅4.8万册次，年接待读者10.2万人次，年平均书刊借阅1.2万册次，书刊文献年外借率75%，并开通与清远市图书馆的馆际互借服务。本馆为特殊群众设立有“残疾人及盲人阅读室”、“少儿图书借阅室”、“中文图书借阅室”、“报刊阅览室”、“电子阅览室”等，并向有需要的读者提供微机检索、浏览和下载服务，一律免费提供服务。

2011年起已对图书馆公共空间设施场地、基本辅助服务项目、书刊文献阅读、借阅、讲座、培训、宣传活动等，提供便民服务措施，开通服务热线电话，并印制环保宣传袋进行免费派发。先后开展和协办各种讲座和培训班16次，每逢周二周四下午，为小学生开展阅读推广活动。在图书馆服务宣传周、全民读书日、世界读书日等，开展各种阅读推广宣传服务活动，使用“岭南流动书香车”开展形式多样的文化惠民，进社区、进军营、进镇村、进校园等读书宣传服务活动，开展馆外活动场次合共70多次，服务民众约13万人次。

业务研究、辅导、协作协调

英德市图书馆在岗馆员继续教育，年人均学时为50以上，馆员在《图书馆工作论丛》一书中，发表论文2篇，并参与英德市政协文史委出版《英德历史文化普及读本》一书编辑工作。

2012年2月29日，建立“广东省流动图书馆英德分馆”，并与广东省立中山图书馆签订图书馆联合编目协议，与清远市图书馆签订互借业务，与消防大队签订警民共建协议。近年来，本馆大力协作全市农家书屋工程建设，利用“流动书香车”到基层现场参与书屋建设和业务辅导、培训，并提供部分书刊文献资源，全市街、村建立农家书屋共有256间，占全市镇街、社区、村的建设比例为83.59%。还帮助9个流动图书服务点建立图书室，并现场业务辅导、培训及图书上架排序，定期提供图书刊物。先后协助各单位部门建设图书室，如：英德监狱、人

省流动馆英德分馆挂牌仪式

岭南流动书香车百车下乡惠民活动

文化惠民·幸福英德进军营活动

文化惠民进社区活动

文化惠民进校园活动

民银行、白石窑水电厂、老干活动中心、市第一中学、沙口镇中心小学及文化站、文化站、望埠镇中心小学、部队等，并进行业务辅导和培训。

管理工作

财务、人事、志愿者、设备、物资、档案、统计等，由英德市文广局设立股室专人统一管理，馆内聘请有1名保洁员、2名保安员，现有在编馆员10人，大专以上学历占60%，中专、高中以上占40%，中级以上职称占20%，初级以上职称占80%。本馆实行工作量化绩效工资考核制度，每半年和全年进行总体工作考核，定时抽查文献建库、排架、数目数据、读者服务情况等，并撰写各岗位工作总结。

表彰、奖励情况

1997年，英德市图书馆荣获"清远市文明图书馆"；1998年，参加第二次全国公共图书馆评估定级，获得三级图书馆，少儿部被广东省文化厅评为"先进集体"，被英德市文化局评为"先进集体"；2004年第三次和2009年第四次全国公共图书馆评估定级，获得三级图书馆；在2012年"第九届广东流动图书馆工作会议"，馆长年度会议上，本馆作工作经验交流发言；2013年，参加第五次全国公共图书馆评估定级，获得一级图书馆。

馆领导介绍

刘京波，男，1962年6月生，大专学历，中共党员，助理馆员，馆长。1979年9月参加工作，先后在图书馆业务办公室、活动宣传辅导、阅览室、地方文献室等工作。1987年兼任文化局团总支书记；1990年兼任宣传战线团委宣传委员；2002年任英德市图书馆副馆长；2006年任英德市图书馆馆长、文化信息资源共享工程英德支中心主任、广东省流动图书馆英德分馆馆长；2011年度被英德市委评为科普工作先进工作者。

曾小萍，女，1963年2月生，大专学历，中共党员，中级职称，副馆长。1981年月到英德县图书馆参加工作，先后在采编部、少儿阅览室、残疾人借阅室等工作，2005年8月任英德市图书馆副馆长。1993年被评为清远市公共图书馆先进工作者；1998年被评为广东省公共图书馆先进工作者；2009年7月被中共英德市委评为优秀共产党员。

黄　健，男，1979年10月生，本科学历，中共党员，助理馆员，副馆长。2003年10月到英德县图书馆参加工作，先后在采编部、少儿阅览室、文化信息资源共享英德支中心等工作，2011年任英德市图书馆副馆长。2011年6月被中共英德市委评为优秀共产党员；2011年12月被清远市评为第三次全国文物普查先进个人。

图书馆全貌图

未来展望

英德市图书馆以"加快发展步伐，建设幸福英德"的理念，积极进取，开拓创新，充分开发馆藏文献资源，并着力挖掘地方文献，向社会提供多元化的信息服务。

与珠三角图书馆进行业务联系和交流学习，开拓视野，改进思路，引入先进办馆理念，提高图书馆文化元素和品位，同时改进图书馆传统单一阵地服务模式，综合服务一体化的管理方式，开创多样化服务体系，提高便民服务能力，充分发挥图书馆功能作用，适应现代图书馆发展要求，促进和提升读者服务效能。

进一步完善图书馆网站建设，实现联机采访、联机编目和联机检索，资源与信息网上共享，使图书馆真正成为知识信息的检索中心和咨询中心。

英德市图书馆在不断更新技术装备的同时，更要积极引进和培养计算机网络方面的人才，对本馆的工作人员进行知识的更新和充电以及相关培训，使图书馆的工作人员成为能够驾驭计算机及网络技术等先进信息加工处理技术，对信息能够进行加工、开发、维护的复合型人才。

联系方式

地　址：广东省英德市英城和平北路金子山旁
邮　编：513000
联系人：周京彩

连州市图书馆

概述

连州市图书馆历史悠久，在清雍正十一年（1733）知州陶德寿就创建了图书馆。中华民国十五年（1926）正式设立公共图书馆，初名为连县中山图书馆，中华民国十八年（1929）改称通俗图书馆。1952年秋作为文化馆的构成部分实行专人管理，定时对外开放借阅。1958年底与工会图书馆合并，从而丰富了藏书，至文革期间停办。1972年恢复图书馆，重新购置新书对外开放。1976年正式成立连县图书馆；1994年6月改为连州市图书馆。现在的馆舍建于2003年，2005年12月正式投入使用，新馆按照广东省三类地区一级馆标准建设，四层建筑面积共6046平方米，全馆共有阅览席350个；电子计算机50台；光纤接入的带宽为10兆；2006年使用深圳图书馆赠送的ILASI图书馆管理系统，图书编目、典藏、流通、书目检索实行自动化管理。

业务建设

截止2012年12月，本馆藏书12.3万册，其中中文图书11.1781万册；中文期刊200多种，8561册（合订本）；中文报纸70多种，1325册（合订本）；视听文献589件。

2009–2012年新增藏量购置费每年10万元。2009–2012共入藏图书1.1083万种，1.3236万册，报刊833种，地方文献932册。

截止2012年12月，数字资源总量为3TB，2013年初完成《连州传统村落》数据库的建设。

读者服务工作

全面落实做好免费开放各项工作，每周开放时间56小时以上，近年来连州图书馆得到了当地政府和社会各界热心人士的大力支持，通过政府采购的形式和社会捐赠，馆藏文献资源逐年增加，吸引了越来越多的读者到馆借阅图书，2012年流通总人次21.3894万人次，书刊外借6.8951万册次。为做好公共图书馆的延伸服务工作，2010年开始利用流动书香车送书下乡，2012年在本市的瑶安乡、西江镇、公安消防大队等建立了流动服务点，定期为他们送去图书，受到当地村民和部队官兵好评。

在馆内开设的宣传栏进行新书推荐、新书展借等形式开展书刊宣传活动。几年来，连州图书馆多次在各借阅室设置各种专架宣传书刊以及在廉洁读书月活动期间开设廉洁图书专架进行书刊宣传；2009–2012年连州市图书馆为“非物质文化遗产”办公室提供《连县志》《连州文史资料》《星子志》等资料，为连州市志办编纂《连州市志》提供相关文史资料；在馆内的电子阅览室设置了政府信息公开查阅点，并安排工作人员提供专门的管理和服务。

为构建和谐社会，进一步体现人文关怀，更好地发挥公共图书馆的职能作用，连州市图书馆为特殊群体开展一系列有针对性的服务。一是为残疾人设置轮椅通道，方便残疾人进出，并在各借阅室提供提取书刊服务；二是根据老年人的心理特点和爱好，在每年征订报刊、采购图书计划时，有针对性地订购适合老年人阅读的书刊，尤其是养生保健类、文史传记类等，同时提供贴心服务，改进、改善服务设施，如为老年人提供放大镜、老花镜、纸笔等，受到老年人的欢迎。

开展多种形式的社会教育活动。充分利用讲座、宣传栏、展览、播放影片等多种形式向市民群众宣传党的方针政策、开展思想道德教育、传播科学文化知识。举办健康讲座、各种知识竞赛、开展廉洁读书月活动、在馆内举办迎新春摄影群展、连州国际摄影年展等；2012年举办讲座、培训班、展览、阅读推广活动24场次，参加活动人数3.9万人次。

每年在公共图书馆服务宣传周、世界读书日我们按照上级的指示精神，制定活动方案围绕主题开展一系列的读书活动：积极开展全民阅读活动，组织学校的学生到馆参加各种读书活动；利用电子阅览室网络资源，向读者推介相关阅读网站；2009年活动周，向读者提供一批庆祝新中国成立六十周年相关的图书、影视专题片等优秀数字资源；2011年建党90周年，在本馆宣传栏进行建党90周年图片展览，吸引了众多的群众参观；2012年围绕宣传周的主题，大力宣传《公共图书馆服务规范》的内容，使广大公众更好地享受公共图书馆的服务。

业务研究、辅导、协作协调

专业技术人员为努力提高自身业务水平，发表论文1篇。连州市图书馆积极开展基层业务辅导、培训工作。制定对基层图书室、流动图书服务点、农家书屋业务培训辅导计划、开展工作有总结。业务培训辅导工作其方式有来馆或实地辅导、现场参观实习等。连州市图书馆与瑶安乡碧梧村、西江镇铁坑村、公安消防大队流动服务点签定协议书，定期进行更换新书，常年开展图书借阅服务，实现以点带面的效益，发挥了协作协调、资源共建共享的作用。积极参与上级图书馆各项业务工作，如广东流动图书馆连州分馆的设立，至今办证1366个，外借图书4.1082万册次，进馆读者42.3330万人次，阅览图书63.4390万册次，咨询总件数3294，上网查询2813人次。

管理工作

连州市图书馆2010年按上级人事部门的文件要求，实行

报刊阅览室官兵阅读

连州市图书馆基层业务指导

流动图书服务点挂牌

春节有奖猜猜谜活动

流动书香车活动

少儿室读书活动

了岗位设置管理，并制定各岗位的工作职责；设备、物资管理有制度，按国资局国有资产管理的规定办理；档案实行专柜保存，专人管理，设有本馆业务档案、财务档案等。资料归档及时、装订整齐，每卷有目录，检索方便。

为了给读者营造一个安全、舒适的读书环境，我们一是建立图书馆安全管理制度和应急预案，二是设置安全标识，如防滑、防摔标识等，在值班室悬挂门卫值班人员岗位职责；三是数据安全，本馆管理系统的数据做到一个月备份一次，一年一次把数据刻录入光盘；四是网络安全，使用了广东省公安厅指定的网监备案产品企智通，确保我馆网络安全；五是不断加强环境的改进，如种植花卉，美化环境，实施卫生保洁，使图书馆环境优雅、洁净。

连州市图书馆馆容馆貌之一

表彰、奖励情况

2009年–2012年，我馆一人受到省立中山图书馆通报表扬1次，单位集体受连州市文体旅游局表彰3次。

馆领导介绍

杨小萍，女，1961年3生，高中，中共党员，助理馆员，馆长。1985年7月参加工作，1993年6月到连州图书馆工作，先后在外借室、少儿室任管理员，2003年任连州市图书馆副馆长。

吴伟斌，男，1982年9月生，大专学历，中共党员，助理馆员，副馆长。2006年9月到连州市图书馆参加工作，先后在外借室、采编室工作。

未来展望

连州市图书馆围绕“读者至上，服务第一”的办馆宗旨，正在由传统型的图书馆向现代化图书馆转变；服务单一型向多功能多元化转变；常规服务向网络服务转变。在未来的几年里，在上级文化部门和连州市委市政府的重视支持下，加大资金投入和人才投入力度，把连州市图书馆建设成为能满足各层次读者需求的现代化图书馆，以现代技术和科学管理为手段，进一步加强图书馆自动化、网络化、数字化建设，着力向管理科学化、标准化、规范化推进。使连州市图书馆成为连州市知识传播、文化交流的重要阵地，为连州市的经济建设和文化建设作出更大贡献。

联系方式

地　址：广东省连州市图书馆（文化广场内）
邮　编：513400
联系人：杨小萍

连州市图书馆馆容馆貌之二

连州市图书馆馆容馆貌之三

中山火炬高技术产业开发区图书馆

概述

火炬开发区图书馆诞生于1991年，当时是社会贤达人士捐建的一所书屋。2009年搬迁新址，正式成立火炬开发区图书馆。2011年为打造适宜居住、适宜创业、适宜创新的幸福和美开发区，经火炬开发区管委会统一整合全区图书资源，打造联合图书馆。火炬开发区图书馆全区服务面积16295平方米。总馆的服务面积占4320平方米。分馆总面积11975平方米，并分成32个图书馆分馆遍布火炬开发区每个角落。在各服务馆分别分为外借、阅览、专题馆、电子阅览、行政办公、报告展览、文化艺术等多个功能区域。其中，位于火炬开发区科技新城的主馆空间布局流线合理、块面清晰、分合有致，宽带接入10M光纤、6M宽带。采用ILASII III图书管理系统实现联合馆管理。

业务建设

2011年，整合全区图书资源，打造联合图书馆。以总分馆服务模式建立32个火炬开发区图书馆分馆服务全区。2012年文献资源总藏量105.8万册，其中文献报刊50.8万册，电子图书55万册.计算机226台，数字资源总量6.84TB。馆藏中文文献书目数字化达90%。2013年初，为完善总分馆的联合服务模式，实现总分馆通借通还，升级图书管理系统为ILASII III图书管理系统。

读者服务工作

火炬开发区图书馆重视读者服务、读书推广、社会教育业务的开展，总馆作了整体VI形象设计，装设自动上落扶手电梯，全馆加装空调，各个功能区设有休息座位和免费饮用水，以及音乐欣赏角，营造出轻松愉悦的借阅环境。火炬开发区图书馆积极践行“公益、平等、开放”的服务理念，保障读者服务权益。从2009年起全馆实现免费开放服务，每周开放65小时，节假日正常开放，办理各种借阅证全免工本费，查阅文献免证。平均年接待66万人次。2012年外借总量30.8万册。

建立“图书漂流站”，弥补文化服务的盲点，适时解决了部分企业员工、遍远人员借书难、读书难的问题。为了让服务与需求更好对接，根据企业性质，群体知识结构，提供专业读物，协助企业提升劳动者素质。2012年–2013年全区“图书漂流站”13个，送图书服务达26万册。

开发区图书馆致力于消除弱势群体利用图书馆的困难，专门建有残疾人通道和残疾人卫生设施，在多媒体阅览室开辟“信息无障碍阅读区”，如盲文书籍、视障电脑、音乐专区。并提供辅助阅读服务。

近年来，开发区图书馆紧紧围绕建设学习型社会的宏伟目标，创新服务内容，以市民终身教育作为读者活动的努力方向，树立品牌，突出特色，阅读推广活动积累了丰富经验，探索出了一套符合火炬开发区图书馆特色的活动模式。致力打造活动品牌，以创建知名文化活动品牌为核心开展各类阅读推广活动，为市民提供多元化的公益服务。开办“开发区图书馆修身学堂”，广邀社会积极分子、高校教授、十杰市民、道德模范、文化义工等组成专业宣讲队伍，为听众送上可听可学可论的新型课堂。建立开发区青少年校外教育辅导站，开设特色公益艺术课程，丰富区内少年儿童业余兴趣的培养。同时，开发区图书馆每年以《绿色暑假˜开卷有益》、《世界读书》两大主题活动为特色阅读活动，开展全区读书推广活动，读者踊跃参加，受到广泛欢迎。2012年主办、承办的读书推广活动、少儿活动、文化艺术展览达100余次，公益讲座21次。

业务研究、辅导、协作协调

2009年至2012年，开发区图书馆中员工发表论文15篇，参与各类科研项目5个。

为实现资源共享、优势互补、共同发展的目标，建联合图书馆，2011年，开发区管委会实施《关于加强中山火炬开发区图书资源整合管理方案》，将全区7个社区文化室、火炬职院图书室行等图书资源进行了整合，划入开发区图书馆统一管理，并把资源数据库建在火炬职院图书馆，不但提高了数据库的专业建设水平，还有效提高了数据库存的利用率。实现链接功能，数字资源与31个分馆共享。为开发区经济转型升级、产业集群发展提供智力支撑。

与火炬职院图书馆、社区书屋进行图书资源整合的同时加强了基层服务点的建设和技术培训，每年组织业务骨干多次下基层落实培训，加强文化共享工程的宣传与辅导，促进了文化共享工程的广泛覆盖与充分利用。

开发区图书馆坚持“贴近社会、贴近基层、贴近农民”的原则，采取内外结合、上下联动、分工协助、讲求实效的作法，保障了各项活动顺利开展，取得了较好的社会服务效益。每项活动事前有计划、事中有记录、事后有总结。通过不断分析问题、查找不足、总结经验，进一步提高图书馆社会服务的成效。

管理工作

为实现资源共享、优势互补、共同发展的目标，开发区图书馆与火炬职院图书馆建联合图书馆。通过共建共享，开发区图书馆在专业人才及配套资源上得到飞速发展，现在专职人员22人，其中高级职称2人，中级职称5人，正着力打造一支图书馆事业强队。建立员工岗位责任制和年度考核分配激励制度，每年进行总体工作考核。

表彰、奖励情况

2009－2012年，开发区图书馆共获各种表彰奖励12次。其中国家级1次，市级政府1次，市主管部门及县级政府6次，县级主管业务部门4次。

馆领导介绍

李慧，男，1979年6月生，硕士，软件工程专业，中共党员，任中山火炬高技术产业开发区宣传文体服务中心主任。

吴娉婷，女，1980年11月生，本科学历，法学专业，民主促进会会员，任中山火炬高技术产业开发区宣传文体服务中心图书馆常务副馆长。

吕刚，男，1965年10月生，本科、学士学历，图书馆学专业，中共党员，任火炬职院图书馆馆长。

未来展望

随着时代的发展，社会对图书馆服务提出了更高的要求，建立图书馆公共服务体系是城市图书馆发展的趋势和要求，是落实保障每一位公民平等享受阅读权利的重要举措。数字图书馆也将是开发区图书馆发展的方向。在图书馆事业发展模式、服务职能悄然发生蝉变之时，开发区图书馆将捕捉机遇，以建特色资源数据库，加强地区文献资源共享的建设，进一步整合区内资源扩建联合图书馆的成员，组建数据建设人才，提高数据库的建设水平，打造火炬开发区信息资源中心。并以公共服务理念指导工作思路，以现代技术为依托，以读者活动为载体，积极开拓，创新务实，成为推动火炬区经济文化发展的重要智力工程。

联系方式

地　址：中山火炬开发区世纪大道群英华庭C幢开发区图书馆
邮　编：528400
联系人：吴娉婷

揭阳市榕城区图书馆

概述

揭阳市榕城区图书馆在揭阳建市前是揭阳县图书馆，1992年初揭阳建市时改为现名。老馆舍位于韩祠路，面积295平方米。1995年3月于榕城区东湖路中段动工兴建新馆舍，2000年1月完成装修并向社会开放。

新馆主楼分六层，总建筑面积6800平方米。设有文化信息资源共享工程揭阳市榕城区支中心及社会科学借阅室、自然科学借阅室、少年儿童借阅室、报刊借阅室、地方文献和参考咨询阅览室、电子多媒体阅览室、盲人和盲文阅览室、展厅、学术报告厅等9个大型厅室，共有阅览座位600个，所有阅览室办成分科式、全开架、藏书借书读书、查询"四位一体"的管理模式。除周一全馆闭馆外，每周开放六天，每天开放11小时，每周达66小时，并坚持节假日照常开放。

截至2013年12月，共有正式职工29人。其中设馆长1人，副馆长2人；有副高职称2人，中级职称15人，初级职称11人；大专以上学历17人。

馆藏资源

截至2013年12月，该馆藏书已达30万册，电子、视听文献已累计达到1500多种，地方文献8000多册，每年订阅报刊达400多种。较有价值的藏书有：《四库全书》、《古今图书集成》、《图书集成初编》、《委宛别藏》、《孔子文化大成》、《三希堂法帖》等。该馆还藏有揭阳籍近现代书画名家作品近200件。

读者服务工作

搞好每年一次的服务宣传周活动，做到有计划、有行动、有总结；每月举办1–2次公益讲座或报告会；不定期举办征文比赛、图片展览、灯谜竞猜、诗文朗读等活动；做好咨询工作，为大众提供信息服务。

帮助基层建立了一定数量的村（社区）图书室。该馆充分利用图书馆设施和人员、资源优势，举办业务培训班，深入各网点现场指导，经常组织送书下乡等。

学术、科研成果情况

一、潮汕文献数据库。该馆于1999年经国家文化部立项，承建文化部科技项目《潮汕文献数据库》，并于2004年8月通过文化部的评审鉴定。该数据库自行设计体例，研制开发系统软件，是榕城区图书馆数字化建设的一大亮点。经过多年来的不断充实和完善，现已建全文或摘要、书目等数据25793条。其中全文数据8997条，多媒体130部，提要摘要2500条。内容包括地理、历史、民族和宗教、政治、军事、经济、教育、教学、文化、卫生、体育、语言、文艺、地方报刊等方面。文化部鉴定认为：《潮汕文献数据库》是国内大型地方文献数据库，数据库体例尚属首创，达到国内同类数据库的先进水平，在全面了解、研究、弘扬潮汕文化，加强潮汕地区与国内外的信息交流方面，将发挥作用。

二、榕城区文化信息资源共享中心。榕城区图书馆于2004年4月份成立了全国文化信息资源共享工程榕城区基层分中心，购置了投影仪1台，电脑4台，配设了10M光纤专线，购买了1500多种电子图书和400多种电子期刊。并建成了"榕城数字文化网"。网址：http://www.rclib.com.cn/gx。起初设置了新书推介、新人新作、企业文化、文化动态、文化社团等栏目。"榕城数字文化网"在网上运行后得到读者的好评，并于2004年5月受省共享工程领导小组的表彰，为全省十三个受表彰单位之一。2005年底，根据读者反馈意见，决定对"榕城数字文化网"的网页和内容进行全面的更新，使之更具地方特色，更能弘扬地方先进文化。现设置了潮汕文献数据库、民风民俗、名胜风光、戏曲欣赏、民间艺术、书画长廊、名家介绍、非物质文化遗产等栏目，从页面到内容都较好地体现了榕城作为历史文化名城的特色，内容包括地理、历史、政治、科学、文化、文艺等方面，图文并茂，有声有色，深受读者欢迎。

获奖情况

1999年、2005年、2010、2014年连续四次被国家文化部评为"国家一级图书馆"；2004年5月被广东省文化厅评为"省文化信息资源共享工程先进单位"；2004年12月被广东省委宣传部、省人事厅、省文化厅评为"广东省基层文化工作

少年儿童借阅室

报告厅

围棋赛

揭阳特色文化图片展

揭阳市榕城区图书馆

先进集体”；连续十年被中共揭阳市榕城区委、区人民政府评为“文明窗口”；2007年被中共揭阳市榕城区委评为“先进基层党组织”；2006年至2014年连续被中共揭阳市委、市人民政府评为“文明窗口”；2010年被揭阳市总工会评为“工人先锋号”。

馆领导介绍

馆　长：郑沛佳，男，任职时间自2004年至现在。
副馆长：林俊斌，男，任职时间自2008年至现在。
谢少玉，女，任职时间自2008年至现在。

联系方式

地　址：揭阳市榕城区东湖路中段
邮　编：522000
联系人：杨怀生

少儿馆

图书馆全貌

普宁市图书馆

概述

普宁市图书馆的前身可追溯到1932年设立的普宁县民众教育馆图书室，1950年改为普宁县人民文化教育馆附属图书室，1958年称为普宁县图书馆，但仍隶属于普宁县文化馆。1959年7月–1973年，馆址几经变迁，人员变动，业务停顿，图书资料丢失、剪残、霉烂25000多册（件）。1978年5月，普宁县图书馆独立建制。1984年10月1日，由普籍华侨杨扣先生捐建的新馆建成开放。新馆位于普宁市流沙广场北侧，占地1346平方米，总建筑面积3018平方米。新馆大楼主楼五层，附属楼七层，设计藏书容量50万册，可容纳阅览座位250个，报告座位400个。1995年开始实行计算机网络化管理，1997年设立电子阅览室，2003年9月设立全国文化信息资源共享工程普宁市支中心，2006年5月建立广东流动图书馆普宁分馆，2008年1月采用广州图创公司开发的第三代图书馆现代化管理系统（Interlib），2009年启动建设数字图书馆。2012年底，共有计算机150台，其中电子阅览室终端134台，读者专用OPAC查询机2台。1999年、2005年两次被评为一级图书馆。

业务建设

截止2012年底，普宁市图书馆总藏量48万册（件），其中纸质文献21万册（件），电子图书27万种，科技期刊论文320万篇，讲座视频6000集，光盘资料3000张。

2009年以来，普宁市图书馆每年投入购书（纸质）款38万元，4年共入藏新书9195种，27586册，杂志320种，报纸80种；投入资金50多万元，采购和加工数字文献资源。4年来，地方文献共入藏697册。

截止2012年底，普宁市图书馆数字资源总量为10TB，其中，自建资源总量1TB。2011年，对地方文献中的史志和民俗类文献进行数字化，已经数字化文献100多种763册；对普宁资讯进行搜集引用，建设“普图资讯”数据库，已经搜集引用信息2650条；对文化共享工程下拨的视频文献进行整理，设立VOD视频点播平台，共上传视频文献6000集。2009年启动建设普宁市数字图书馆，同时开展联机公共目录查询系统（OPAC）服务。

读者服务工作

从2011年6月起，普宁市图书馆实行全面免费开放，每周开放56小时。2009–2012年，书刊总流通124.9668万人次，书刊外借83.5804万册次。“图书流动服务站”，累计送书下乡47464册。

2009–2012年，普宁市数字图书馆网站访问量64.0988万次。通过利用普宁市数字图书馆、省馆数字图书馆、文化信息资源共享工程的海量数字化文献资源，为乡镇基层服务点和广大读者提供电子图书检阅、参考咨询、视频点播、政府信息公开、资料浏览和传递等服务。

2009–2012年，普宁市图书馆共举办讲座、培训、阅读推广等读者活动201场次，参与人数4.9848万人次。

业务研究、辅导、协作协调

2009–2012年，普宁市图书馆共有16人次参加中图学会、广东图书馆学会学术年会或征文活动，有14篇论文在省级以上学术研讨会上宣读或报刊上发表，有1篇论文获得中国图书馆学会征文二等奖，有3篇论文获得广东图书馆学会学术年会征文三等奖。2011年罗少波馆长再次当选为广东图书馆学会常务理事。

2009–2012年，普宁市图书馆共指导农家书屋518家，流动服务点11个，共辅导基层管理人员638人次；共组织举办5期家农书屋管理员培训班，培训90课时，参加培训518人；举办文化信息资源共享工程基管理人员培训班20场次，参加培训2112人次。

2009–2012年，普宁市图书馆以文化信息资源共享工程为依托，充分发挥普宁市支中心、省分中心和国家中心以及基层服务点资源的作用，积极为广大群众提供电子图书和电子期刊在线阅读、网上信息查询、专题培训（讲座）视频播放、参考咨询、政府公开信息查询等服务，共服务群众41.1368万人次。

2004年开始，普宁市图书馆和香港中央图书馆建立图书交换协议，2009–2012年，共交换地方文4批，82册。

2006年5月20日，广东流动图书馆在普宁市图书馆设立第38个分馆。2009–2012年，普宁分馆累计接待读者45.9648万人次，累计办理借书证2733张，累计借阅图书15.3984万册次，网查询信息2.8896万人次。

2008年开始，普宁市图书馆在基层设立“图书流动服务站”，与基层建立图书利用和地方文征集合用协议。至2012年底，已经设立服务点11个，累计送书下乡47464册，指导服务点管理人员132人次，征集地方文献8种12册。

读者座谈会

专题讲座

报刊阅览室

电子阅览室

外借书库

管理工作

随着图书馆事业的发展和免费开放政策的实施，普宁市图书馆及时制订（修订）完善各种管理规章制度，努力推进各项管理工作的规范化和制度化。利用每月的业务学习时间，组织员工对相关制度进行学习讨论，加深对各种制度的理解，提高认识。普宁市图书馆实行班子成员值日和各部门值日轮班制，成立了社会治安综合治理委员会，成立了24小时保卫组和安全生产领导小组等。馆与各部门负责人签订责任书，把安全生产责任落实到人。同时，由保卫小组对各部门的执行情况进行督查。

2012年6月，普宁市图书馆重新进行定岗定编，所有岗位重新进行聘任，总共聘任员工41人，其中副研究员2人，馆员26人，助理馆员11人，管理员2人。

表彰、奖励情况

2009-2012年，广东流动图书馆普宁分馆杨志伟、张喜群、黄佩兰3位同志先后被省文化厅通报表彰。2010年，罗少波馆长被评为“广东流动图书馆先进工作者”。2010年，广东流动图书馆普宁分馆被省文化厅评为“先进集体”；2011年，罗少波馆长被中共普宁市委评为“优秀党员”。

馆领导介绍

罗少波，男，1957年9月出生，大专毕业，中共党员，副研究馆员，馆长。1974年9月参加工作，历任普宁县潮剧二团施鼓、副团长，普宁市潮剧团办公室主任，1993年11月，任普宁市图书馆副馆长（主持全面工作），1995年11月任馆长。兼任广东图书馆学会常务理事。1994年被揭阳市文化局评为先进工作者，1998年被广东省文化厅评为图书馆先进工作者，1998年被普宁市委、市政府评为扶贫先进工作者，2001年被揭阳市委市政府评为先进工作者，2002年被广东图书馆学会授予“优秀服务奖”，2010年被评为“广东流动图书馆先进工作者”，2012年被中共普宁市委评为优秀共产党员。

王晓芹，女，1971年2月出生，大专毕业，中共党员，馆员，副馆长。1988年12月参加工作，历任普宁市图书馆采编部主任。2003年5月任副馆长。2004年被中共普宁市委宣传部评为“宣传系统先进妇女工作者”，2009年被普宁市妇女联合会评为“三八红旗手”。

杨志伟，男，1973年1月出生，本科毕业，中共党员，馆员，副馆长。1992年3月参加工作，历任普宁市图书馆外借部副主任、主任。2003年5月任副馆长。1997年获广东省公共图书馆业务知识竞赛初级组三等奖，1998年被评为普宁市文化系统先进工作者，2006、2007、2010年受到广东省文化厅通报表彰。

王乐群，男，1971年8月出生，大专毕业，中共党员，副研究馆员，副馆长。1995年9月参加工作，历任普宁市图书馆多媒体阅览室主任、技术资讯部主任兼文化信息资源共享工程普宁市支中心主任。2008年3月任副馆长。2004年被中共普宁市直委评为“优秀共产党员”，2006年、2013年被广东图书馆学会授予“优秀服务奖”，2010年被中共普宁市委组织部等评为“关心下一代先进工作者”。

未来展望

根据普宁市图书馆发展规划，普宁市图书馆将启动无障碍WIFI接入、与广东流动图书馆实行借还书“一卡通”、设置触控书报阅读机、建设移动阅读平台等现代化项目；根据市区面积快速扩大，公共图书馆服务相对集中的实际，力争在市区东西两翼和重点乡镇设立分馆，不断延伸服务触角；加强与乡镇、村图书馆（室）和文化共享工程基层服务点的协作，促进普宁市图书馆服务网络的形成。

联系方式

地　址：广东省普宁市流沙大广场北侧图书馆大楼
邮　编：515300
联系人：王乐群

送书进警营

图书馆全貌图

新兴县图书馆

概述

新兴县图书馆创建于1985年1月，新馆于1994年1月落成，位于县城中山公园内。建筑面积2200平方米（其中县图书馆1750平方米，六祖分馆450平方米），总藏量23万多册，读者阅览座位382个。2003年，建立广东省流动图书馆首家分馆新兴分馆；2007年建成全省首家外资企业援建的镇级少儿图书馆。2010年建成藏书达10000多册的社区图书馆——翔顺文化驿站。2013年，被评为国家一级图书馆。近年来，县图书馆坚持一手抓建设，一手抓服务，竭诚为各行各业、各类读者提供图书馆服务。建立基层服务点，美化借阅环境，每年举办主题读书活动，开展人性化多样化服务，使图书馆真正成为老年人的学习乐园、青年人的自学课堂、少年儿童的阅读天地、农村种养殖业的致富帮手、进城务工人员的良师益友、弱势群体的交心朋友，为建设文化强县、幸福新兴做出应有的贡献。

业务建设

2007年，建成全省首家外资企业援建的镇级少儿图书馆，2010年成为广东省流动图书馆在新兴县图书馆建立的第二间分馆六祖分馆，为新兴少年儿童提供3万多册少儿图书阅读和外借。

2009—2012年，新兴县图书馆新增藏量购置费10万元增至17万元。入藏图书12619种，报刊980种，视听文献139件。引用Interlib图书馆集群管理系统，使馆内的图书采购、编目、流通、检索等实现了计算机自动化管理。截止2012年底，新兴县图书馆总藏量20万多册（件）。其中，纸质文献18万多册（件），电子图书2.1万册，电子报刊700种。建成新兴县图书馆网站，全馆实行借阅一卡通服务。建成全国首个六祖惠能专题数据资源网站——新兴六祖惠能数据库，收集超1000张图片，超200万文字，超10小时视频，大于30GB容量。截止2012年底，馆内数字资源总量为7TB，其中，自建数字资源总量5TB。

读者服务工作

2004年起，新兴县图书馆积极推进基层服务点建设，将图书服务向边远镇村延伸。截止2012年底，送书下乡7万多册，在全县建立81个基层服务点，覆盖群众39万多人，实现了“十公里图书服务圈”。

从2008年起与新城镇中心小学、州背小学等学校开展“阅读课”活动；为惠能中学、新兴一中等多间学校免费办证，让学生在校上网检索电子图书资源，提供省馆的馆藏文献和数字化电子文献资源等多种服务。

从2009年开始，实行每周六天六晚开放、寒暑假全周开放制度，每天开放时间13小时。2012年，重新更换了课室、自修室的桌椅，重新布置了少年儿童阅览室，为少年儿童创造良好的学习环境和阅读氛围。购置九星时代报刊阅读器，安装在一楼大厅，为读者提供全国700多份报刊的实时网上阅览。

2010年起，为读者提供上网直接进入新兴政务信息平台，浏览查询新兴政务要闻、政府各部门办事指南等。在阅览室摆放《中华人民共和国国务院公报》《广东省人民政府公报》《新兴县人民政府公报》等资料，让读者自由查阅。

2009—2012年，新兴县图书馆共举办演讲比赛、图片展览、阅读推广等读者活动200多次，参加人数30多万人次。知识讲座、读书征文、朗诵比赛、阅读课、送书下乡、传统节日猜谜已经成为读者服务品牌活动。

业务研究、辅导、协作协调

2009—2012年，新兴县图书馆职工发表论文7篇，创新服务项目《山区县公共图书馆服务的“大服务大循环大覆盖”模式》获首届广东省图书情报创新服务奖。获准立项的省级课题1项。

2009—2012年，新兴县图书馆参与广东省立中山图书馆建设广东流动图书馆、馆际互借业务、征集广东地方文献资料、广东省文献编目中心机读书目数据服务等业务工作。与六祖分馆、翔顺社区开通了馆际互借业务。

2009—2012年，新兴县图书馆经常组织技术人员下乡进行业务辅导，传授图书分类、编目、排架等业务知识，还通过上门、电话等多种形式对基层服务点的日常业务工作及自动化建设提供专业指导。四年来下乡辅导1000多人次，提高基层服务点管理员的业务质素。

管理工作

2010年，新兴县图书馆进行了人事制度改革，实行岗位聘任，共设3类岗位，有10人重新上岗，同时，建立工作量化考核体系，每月进行工作进度通报，每年进行总体工作考核。2009年，建立了《新兴县图书馆文明服务公约》，从服务意识、礼仪礼貌、服务技巧、岗位操作规范等方面规范馆员的操作和言行，向读者作出优质文明服务承诺。

青年农业技术知识讲座

开展读者座谈会现场

少年儿童读者座谈会

诗歌朗诵比赛

“感恩的心”诗歌朗诵比赛

庆“六一”游园活动

课外阅读推广活动现场会

为留守儿童举办生日阅读活动

表彰、奖励情况

2009–2012年，新兴县图书馆共获各种表彰、奖励14次，其中，中共中央宣传部、文化部、国家广电总局、新闻出版总署表彰、奖励2次。省表彰、奖励6次，市表彰、奖励4次，县表彰、奖励2次。

馆领导介绍

杨琪先，女，1963年10月生，大专学历，中共党员，馆员，馆长、党支部书记。1993年9月参加工作，2005年至今任新兴县图书馆馆长，2007年兼任六祖分馆馆长。2006、2008、2010年获广东流动图书馆先进工作者；2012年获广州市满天星青少年公益发展中心“特别贡献奖”；2013年获广东最美图书馆员；2014年获广东省基层宣传文化工作先进工作者。

练炳连，女，1963年2月生，大专学历，中共党员，助理馆员，副馆长、党支部委员。1984年1月参加工作，1999–2004年任新兴县博物馆副馆长，2004年至今任新兴县图书馆副馆长。

未来展望

新兴县图书馆将贯彻《国家“十二五”时期文化改革发展规划纲要》及《全国公共图书馆事业发展“十二五”规划》，发挥地区中心图书馆的作用，推进基层服务点建设，努力提高图书文献利用率，扩大社会服务范围。加强对新兴六祖惠数据库的建设和宣传，努力挖掘和搜集六祖文献资料，抢救和保护地方文化遗产。建立数字信息系统，实现科技和文化的完美结合，努力把新兴县图书馆办成知识信息中心，文化教育中心，把图书馆建成新兴县重要的知识信息枢纽和两个文明建设的重要阵地，提高新兴县整体素质，推动新兴县经济发展。

联系方式

地　址：广东省云浮市新兴县新城镇中山路72号
邮　编：527400
联系人：苏玉玲

新兴分馆开展阅读课现场

利用共享工程在全县开展活动

六祖分馆举办故事会活动

罗定市图书馆

概述

罗定市图书馆是由罗定市政府投资兴建的公共图书馆，新馆于1993年12月投入使用，占地面积3300平方米，馆舍面积4200平方米，总藏量20多万册。馆内设有外借书库、报纸阅览室、杂志阅览室、儿童阅览室、电子阅览室、广东流动图书馆罗定分馆、科技图书室、采编宣传室、会议室、展览厅、古籍特藏室、藏书库等，有阅览席250个，儿童阅览座50个，计算机46台，宽带接入20Mbps，采用INTERLIB图书馆集群管理系统。下设文化信息资源共享工程基层服务点50个，流动图书室50个，平均每年开展活动20多次，参加者均超2万多人次。1994年，参加第一次全国公共图书馆评估定级，被评为一级图书馆。2005年设立广东流动图书馆罗定分馆、2007年建立全国文化信息资源共享工程罗定支中心。人员编制21名，至2012年末，实有在编干部职工共20人，事业编制干部13人，职工7人，设馆长1人，副馆长2人。本科学历3人，大专学历13人，大专以上学历者占在编职工人数的80%；具有中级职称4人，初级职称11人。

业务建设

截止2012年底，罗定市图书馆总藏量20多万册（件），其中，纸质文献19万多册（件），电子图书5005册（种）。2009年至2012年底，罗定市图书馆新增购置费共41万元，2009–2012年，共入藏中文图书26168册，电子图书5005种，视听文献566种。地方文献入藏完整率为98%。截止2012年底，罗定市图书馆数字资源总量为5.247TB。

读者服务工作

罗定市图书馆建立了自己的网站，2009–2012年访问量达4.3万次，并开通了读者网上图书查询与QQ即时续借和交流服务；每周开放60小时，坚持双休日、节假日及晚上正常开放。2011年4月23日起实行免费开放。2009–2012年，总流通123万人次，书刊外借220423册次。至2012年12月，建立基层流动图书室50个，平均每年开展活动13次，参加者均超1万多人次，流动图书近5万册，年均外借册次5.0963千册次/年，服务群众28多万人。截止2012年共发布数字资源5.247TB，通过罗定数字文化网提供检索、浏览和下载服务。

2009年免费开办全市幼儿教师“电脑初级职业培训”，受惠老师70多人。

2012年举办《罗定市摄影家协会会员作品年展》，此次共展出120多幅作品，整个展出活动约吸引3000多名市民参观。

2012年举办海洋生物展，此次展览活动约有25000人参观本次展览。

2009–2012年，共举办讲座、展览、培训、阅读推广等读者活动116场次，参与人数12.33万人次。

业务研究、辅导、协作协调

2009–2012年，罗定市图书馆干部职工发表省级以上论文5篇。

为提高图书馆工作人员业务水平和业务技能，更好地为广大读者服务，罗定市图书馆坚持每年举行职工技能大赛。

对学校图书馆、基层流动图书室、农家书屋进行业务辅导；与50个流动服务点及50个基层图书室签订图书借阅服务协议，定期更换图书，开展送书下乡，送辅导下乡工作。

开展培训工作，由图书管理专业技术人员主讲“共享工程”资源利用、流动图书室的管理，讲授图书管理、基本服务及管理人员必备的业务知识，不定期对流动图书室管理人员进行面对面辅导。

2009年–2012年，罗定图书馆共举办讲座、展览、培训、阅读宣传等活动116场次，几年来共接待到馆培训和到基层辅导近4000多人次。

管理工作

罗定市图书馆实行全员岗位聘任制度，聘任设领导岗位、专技岗位、工勤岗位类岗位。同时，建立了工作量化考核指标体系，每年进行总体工作考核。2009–2012年，共抽查文献排架62次，书目数据23次，编写《罗定市图书馆资料》16期，编写分析报告和工作提案23篇。

世界读书日活动启动仪式

书法展

流动书乡车百车下乡惠民活动　　广东流动图书馆罗定分馆读者　　计算机技术培训班

表彰、奖励情况

2009年在第四次全国公共图书馆评估定级工作中被评为一级图书馆。

2009年被广东省立中山图书馆评为广东省流动图书馆先进集体。

2010年被广东省文化厅评为广东流动图书馆先进集体。

2011年被广东省立中山图书馆评为广东流动图书馆先进集体。

领导介绍

梁辉荣，馆长，男，1969年出生，本科学历，中共党员，馆员。1989年7月参加工作，先后在市宣传部、市文化馆工作，任罗定市文化馆馆长；2005年9月调入罗定市图书馆任馆长及图书馆党支部书记。

吴光锐，副馆长，男，1969年出生，本科学历，中共党员。1992年7月参加工作，1997年9月调入图书馆工作，先后在报刊室、图书借阅室，采编室等部门工作；2000年任图书馆副馆长。

吴桂坚，副馆长，女，1968年出生，大专学历，中共党员，馆员。1988年7月参加工作，2003年4月调入罗定市图书馆工作，先后在报刊室、图书借阅室、儿童室、采编室等部门工作；2008年3月任办公室主任，同年12月任副馆长兼办公室主任。

未来展望

梦想在前方，我们的脚步没有停息。在今后工作中，罗定市图书馆将在继续发挥传播先进文化、保存人类文化遗产、开发智力资源、开展社会教育等社会职能作用基础上不断往基层延伸服务触角，使群众享受均等的文化权利；不断提高图书馆自动化、数字化建设，进一步规范化、科学化现代管理模式；不断拓宽领域，创新服务，使图书馆集文化、娱乐、信息、教育于一体，成为发展和振兴文化事业交流中心的综合性公共图书馆，最大限度地发掘和利用特藏文献资源，逐步形成具有地方特色的服务模式和服务品牌，为建设美丽罗定，建设文化强市发挥积极作用，提升文化软实力作出新的贡献，焕发出更灿烂的光彩。

联系方式

地　址：广东省罗定市罗城镇园前路85号
邮　编：527200
联系人：吴桂坚

图书馆外景

韶关市图书馆

概述

韶关市图书馆现馆舍于1986年建成投入使用，位于市区浈江河畔，与韶关市标志性建筑风采楼相邻。主体大楼高八层，建筑面积4560平方米，设有成人外借室、少儿借阅室、报刊借阅室、公共电子阅览室、广东流动分馆韶关分馆、参考咨询室、地方文献阅览室、报告厅、展览厅等服务窗口，共有阅览座席500余个，计算机80台。读者服务区无线覆盖范围80%以上。宽带接入10Mbps，网络节点80个，使用“丹诚”Datatrans—1000图书集成管理系统。

业务建设

截止2012年底，韶关市图书馆总藏量56万册（件），其中纸质文献36万册（件），电子图书200828种。

2011、2012年，韶关市图书馆新增藏量购置费428万元，两年共入藏图书40981种，112639册，报刊994种，视听文献309种，还有相当数量粤北地方文献。

韶关市图书馆数字资源总量为8T以上。包含数字文化工程资源量、自建和外购数字资源等。地方文献数据库在建库方面，书目数字化达100%，规划合理，读者可检索书目，目前部分可进行全文检索。

读者服务工作

从2011年3月1日起，韶关市图书馆实行全面免费开放工作，周开放60小时，普通图书、报刊实行开架借阅。2012年，总接待流通198668万人次，书刊外借151126万册次。2012年与广东省立中山图书馆签订馆际互借协议。截止2012年，建成16个流动分馆（服务网点），馆外总流通人次13600万人次，书刊外借12600万册次。2012年通过宣传栏、网站推介、电子屏宣传推荐书刊2280种。在图书馆主页上与“政府信息公开”网站的超链接，在图书馆内开辟场所，设置政府信息公开查阅点，供读者查阅政府出版的文献。

《决策参考》是韶关市图书馆编办的一份信息刊物，每月一期，每刊3.6万字。做到定期出版、按时发行，为党、政机关领导提供决策信息参考服务。同时不定期出版专题资料汇编，整理、整合了专题资料“申报非物质遗产粤北采茶戏资料汇编”申报书，为市史志办编撰《孙中山北伐革命与实践》书稿，提供文献参考20余种，共百余篇论文，为配合地方媒体宣传，先后为韶关电视台、韶关日报等新闻媒体，提供参考咨询文献服务数十种，并先后参与“非物质文化遗产”、“朱德在粤北”等节目制作。

2012年共组织文化共享“优秀影视展播”少儿专场30多场次，观看人数达800多人次。组织共享工程业务培训活动9场次。在资源建设方面，先后新建地方旅游“丹霞山”、“南华禅寺”数据库资源网络浏览平台2个，新增、新建专题数据库2个，此外，新购（订）专题数字资源“尔雅学术视频”、超星电子图书达300（G），均可通过韶关市图书馆网站及粤北数字文化网向大众提供检索、浏览服务；开展公共电子阅览室服务的优秀数字资源、远程、本地及光盘达到20TB。重点建设一批未成年人喜爱的动漫故事、益智类游戏、进城务工人员实用技能、地方特色资源等。设置了盲人专用电脑设备，为视障人士在网上漫游、欣赏电影、阅读文件、查找资料、交流信息提供了方便；开发“粤北古籍普查平台”，围绕地方古籍的收藏，一边对本地古籍展开普查，一边选派馆员参加全国古籍普查培训。普查过程中，对我市各县区图书馆馆藏的古籍文献按照古籍普查要求，登记录入《韶关市古籍文献普查目录》数据库。

2012年手机图书馆开通使用，读者可以通过接入网络的手机、平板电脑等移动终端享用移动数字图书馆带来的便捷体验。

2009—2012年，开展迎新春系列活动、“世界读书日”、“图书馆服务宣传周”主题活动，举办讲座、展览、培训和阅读推广活动90多场次，参与人数94600万人次。

业务研究、辅导、协作协调

为了促进图书馆协作协调工作的发展，加强文献资源的共建共享，韶关市图书馆加入了“国家图书馆联合编目中心”、“广东省文献编目中心”。与教育系统的韶关大学图书馆有科研科目上的合作。制定了《韶关市文献资源保障共享合作协议》、《韶关市资源保障共建共享协作网章程》。

韶关市图书馆建立有16个流动图书馆网点，每建设一个点，辅导人员都会深入到基层，为他们做开馆前的辅导，内容包括日常的图书管理、读者的服务工作、如何提高图书的利用率等，关注读者的阅读倾向，提高服务质量等，培训效果优良。

韶关市图书馆颁奖现场

到基层进行图书馆自动化业务辅导

共享工程影视活动

韶关市图书馆向启智学校赠送图书

展出景德镇陶瓷艺术当代名家作品

韶关市图书馆馆貌

依照本地区基层图书馆业务人员队伍的变化和需要，每年有针对性地组织专业人员开展业务培训。每期历时一周，开设专业课程4门。

管理工作

近年来，韶关市图书馆完成事业单位岗位设置、人员聘用和绩效工资改革工作；已实行岗位责任制和工作奖励考核工作；实行季度激励机制，建立健全岗位设置人员聘任管理制度。同时完善各种规章制度，规范图书馆管理，提升员工的工作积极性。

表彰、奖励情况

韶关市图书馆连续多年被广东省文化厅、韶关市委、市政府授予省“文明图书馆”、“文明单位”称号，2014年再次被国家文化部评定为“国家二级图书馆”。

馆领导介绍

王保鼎，男，1959年生，本科学历，中共党员，馆长，党支部书记。

张小蓉，女，1963年生，本科学历，中共党员，馆员，副馆长。

赖敏强，男，1976年生，本科学历，中共党员，馆员，副馆长。

展望未来

2012年12月28日，韶关市图书馆新馆建设项目在芙蓉新城奠基，由此拉开了韶关市图书馆新馆建设帷幕。新馆将按国家一级馆标准建设，建设面积为16300万平方米，藏书100万册的现代化新馆。

韶关市图书馆将通过采用新技术、新手段，以更高的标准来强化开展社会教育、传递科学情报、开发智力资源等职能，为韶关市精神文明建设发挥重要作用，成为知识信息的集成中心，韶关地方文献的宝库。积极推进新馆建设，建成拥有浓厚地域特色的现代化建筑、丰富的服务内容、先进的服务手段和科学的管理方法的综合性公共图书馆，使之成为市民喜爱的文化殿堂。

联系方式

地　址：广东省韶关市浈江区东堤南路7号
邮　编：512000
联系人：张小蓉

少儿阅览室

学会培训

阳江市图书馆

概述

广东省阳江市图书馆于1917年5月5日创办，是我市仅有的一间私人图书馆。开始，取名"阳江图书馆"。梁孝则先生逝世后，他的儿子为纪念他的功绩，将馆名改为"孝则图书馆"，私办公用，面向社会开放。1959年7月至1961年8月设两阳县图书馆；1978年10月成立县图书馆；1988年7月1日成立市图书馆。馆址几经变迁，2008年12月28日，位于市区新江北路文化艺术中心大楼的新馆建成开放。馆舍楼高六层，建筑面积10300平方米。2009年，参加第四次全国公共图书馆评估，首次获得二级图书馆。2012年，阳江市图书馆有阅览坐席687个，计算机146台，宽带接入10M光纤，选用丹诚图书馆自动化集成系统。

业务建设

2012年底，藏书总量47万册（件），可借阅的普通图书25万册。各类专业工具书和资料书籍5万多册。

2010、2011年，阳江市图书馆新增藏量购置70万元，2012年起增至80万元。年购图书1万种共2.47万册，中文期刊年订637种，验收装订报刊500余种共4000余册（合订本），中文报纸年订174种，电子文献5千余种。至2012年，地方文献入藏完整率为96%。

至2012年底，阳江市图书馆数字资源总量为30TB，以文化信息资源共享工程为基础搭建的网络服务平台覆盖率80%。古籍书目数据库、地方文献书目数据库、族谱数据库建设完善运行正常。2013年年初，实现馆内802.11N无线网络覆盖率100%。

从2002年起，阳江市图书馆网站正式开通，随着数字图书馆服务延伸，我馆对网站进行更新，构建了阳江数字文化网和阳江市图书馆网站。

读者服务工作

从2009年起，阳江市图书馆全年365天全天对外免费开放，周开放63小时。2009年至2012年，书刊总流通量66万人次，书刊外借56万册次。截止2012年底，建成48个图书流动服务点，书刊年流通总量2.2万人次，书刊年外借1.2万册次。2005年起，为市委宣传部、市文化广电新闻出版局、编纂二次文献《决策内参》。

2009年至2012年，阳江市图书馆共举办讲座、展览、培训、阅读推广等读者活动83场次，参与人数66400人次。

业务研究、辅导、协作协调

2009年至2012年，阳江市图书馆职工发表论文16篇，出版其他著作1部，获准立项的市级其他课题1项。

从2003年起，以省级图书馆为平台，以基层图书馆、文化馆、乡镇文化站、村文化室（文化中心）网络为依托，实行统一的服务管理。并为市（县）级分中心和基层中心，做好业务指导与支持。

2009年至2012年，阳江市图书馆注重培养基层图书馆（室）的业务人员，每年不定期派业务骨干到阳春、阳西、阳东图书馆帮助其学习《中国图书分类法》第五版的使用和一般的业务知识，到各个流动图书服务点进行联系和业务辅导，接纳有关单位图书管理人员到馆接受业务辅导。截至2012年12月举办50期培训班，参加辅导的基层图书室人员230人次。

管理工作

2009–2012年，阳江市图书馆实行职称聘用制度，严格依照《阳江市图书馆各部室及正副主任岗位职责》，每年对职工进行业务考试和年度考核。考核合格才能上岗及聘用；并设立各种岗位，明确分工，各尽职责，建立健全的规章制度及工作量化考核指标体系，规定馆长、副馆长、主任及管理员的职责范围，实行严格的考勤制度，各项工作有章可循，确保图书各项业务的顺利进行。

表彰、奖励情况

2009–2012年，阳江市图书馆共获得各种表彰、奖励2次，其中，省委宣传部表彰、奖励1次，市委宣传部表彰、奖励1次。

馆领导介绍

曾岳，男，1971年6月生，摄影研究生学历，中共党员，中级职称，负责人。1990年参加工作，阳江市文化馆摄影部主任、

省文化厅领导到我馆古籍部指导工作

送书到阳东南龙小学

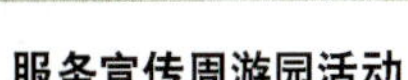
服务宣传周游园活动

送书进校园

读者在少儿部阅览

2009年任阳江画报社负责人、总编辑；2011年7月，任阳江市文化馆馆副馆长、分管阳江市美术馆、阳江市非物质文化遗产展示馆；2014年2月，调任阳江市图书馆负责人。是中国艺术摄影学会会员、中国民俗摄影协会永久会员、广东省摄影家协会会员，阳江市摄影家协会副主席。有多幅摄影作品在省级以上各类影展、影赛中入选、获奖。其中2006年《醒狮贺船祝生财》获“广东民族民间文化”摄影、DV大赛金奖；2007年《庆开渔》获“今日中国”第二届全国摄影艺术精品大赛三等奖；2008年《海角听涛》获文化部群文系统书法美术摄影大展铜奖；2008年《夕阳归帆》获全国第四届“群艺杯”摄影展铜奖等。2014年3月《繁荣群众文化事业的实践与思考》获中国社会经济文化发展研究院“科学发展·成就辉煌”优秀理论成果特等奖。

许世欢，男，1981年11月生，本科学历，中共党员，副馆长。2002年1月参加工作，2002年1月至2004年6月，先后在阳江市文化馆音乐部工作，任副主任、主任等职。2006年3月进入阳江市图书馆工作。

谭雪花，女，1978年11月生，本科学历，中共党员，副科级干部。1997年7月参加工作，1998年1月至2002年5月，在阳江市图书馆任团支部副书记；2002年6月至2005年10月，先后在行政办公室、技术服务部等部门工作，任副主任、主任、副馆长等职。

未来展望

阳江市图书馆遵循“读者第一、服务至上”的办馆宗旨，为配合实施阳江市未来发展蓝图制定了图书馆2016年展望。明确地提出阳江市未来图书馆应该是通过图书馆及文献中心的国家网络提高整个国民的知识水平，为国民提供服务及学习机会，以促进阳江市的进步纳入新元素。即完善单体服务功能，扩大服务辐射区域，带动地区事业发展。2009年—2012年，在不断强化自身综合的同时，通过创建粤西地区公共图书馆服务联盟，带动阳江地区图书馆事业的整体发展。

阳江市图书馆大楼

2013年初，阳江市数字图书馆推广工程正式启动，在未来几年里，阳江市图书馆将在现有的资源基础上加工、整理转为数字资源，发布到文化信息资源共享工程的网上参考咨询导航系统。致力于为不同类型，不同层次，不同领域的用户提供优质的服务，从而赢得更多的用户，形成良性发展。

联系方式

地　址：广东省阳江市新江北路文化艺术中心C区
邮　编：529500
联系人：钟劲松

图书流动服务点辅导

阳江市图书馆业务学习

青年志愿者整理图书

云浮市图书馆

概述

云浮市图书馆位于云浮市府前路行政中心广场内，2004年9月28日正式动工兴建，2009年1月21日开馆服务。该馆占地面积15426平方米，建筑面积4000平方米，设计藏书量50万册，可容纳读者座位500个。2009年，参加第四次全国公共图书馆评估，首次获得二级图书馆。该馆采用开放灵活的藏、借、阅、查、展、售一体的新型服务模式，除了特定或特殊的文献外，藏书全部对读者开放。截止2013年，云浮市图书馆有阅览座席550个，计算机70台，信息节点500个，宽带接入100Mbps，选用Lib图书馆自动化管理系统。

业务建设

截止2013年12月，在编人员14人，其中设馆长1人，副馆长1人；有本科学历5人，大专学历6人，大专以上学历者占职工人数73%；具有副高职称0人，中级职称6人，初级职称6人。云浮市图书馆设文化共享工程市级支中心、流动图书馆、外借室、期刊室、少儿室、资料室等服务窗口近10个，每周开放57小时，开展外借、阅览、参考咨询、专题、电子信息、视听等服务，举办讲座、培训、展览、学术交流、读者沙龙等活动。截止目前，该馆藏书25万多册。其中中文平装新旧图书23万册，线装图书5000册，外文图书1万多册，中文期刊500种，1万多册(合订本)，中文报纸100种，5000多册(合订本)。以人为本，提供全方位的优质服务。图书馆要做到以人为本，坚持“读者至上，服务第一”的宗旨，为读者提供图书外借、报刊阅览、资料咨询、信息导航等全方位的优质服务。

读者服务工作

读书活动：每年都举办文学、历史、科学、艺术等知识讲座，邀请知名学者任主讲嘉宾，以优秀的作品塑造人。每年都举办“4·23世界读书日”征文活动，鼓励中、小学生踊跃投稿，提高文学修养和写作水平。不定期举办读书演讲比赛，引导读者多读书、读好书，提高演讲水平。不定期举办评选优秀读者活动。让读者自己投票，选出好学上进的读者。

宣传周活动：每年都举办图书馆服务宣传周活动，主要项目有图片展览、知识讲座、谜语竞猜、读者座谈会、送书到基层单位等活动，吸引广大群众践踏参加，扩大了图书馆的社会影响。

送书下乡：为促进社会主义新农村建设，满足基层人民群众的求知欲，每年都开展送书下乡活动，组织近1000册图书送到农村基层图书室，供基层人民群众借阅，让基层读者也能品偿到丰富的文化大餐。

业务研究、辅导、协作协调

2010年至今，云浮市图书馆已有6人在《图书馆》、《图书馆论坛》、《神州民俗》等省级专业刊物上发表文章共12篇，取得了较好的成绩。

2010年3—5月，云浮市图书馆陈杰军馆长一行5人前往云安县图书馆，指导该馆的各项业务建设，协助该馆整理图书3万多册。2012年7月，云浮市图书馆派出宣传辅导部谢莹主任等3名工作人员分别到云城区高峰街张屋村农家书屋、河口街道扶卓村农家书屋、都杨镇仙菊村农家书屋，协助农家书屋整理图书5000多册，促进了该市农家书屋的业务建设。

2012年，为进一步实现文献资源共建共享、提高馆藏文献利用率，该馆与广东省立中山图书馆签订了《馆际互借协议书》。自签订该协议书后，持有广东省立中山图书馆或云浮市图书馆借书证的读者，都可以在两家图书馆借书，为读者提供了更充足的文献资源服务。

管理工作

为加强图书馆内务管理，使每个工作人员在考核评比中都有章可循，达到奖勤罚懒，调动工作积极性的目的，云浮市图书馆制定了《干部职工考勤制度》。为鼓励工作人员的积极性，促进图书馆事业的发展，表彰奖励为图书馆业务建设作出重大贡献的本馆人员，制定了《关于设立特殊贡献奖的规定》。另外，该馆还针对图书馆的各项业务管理和建设，陆续制定了一系列业务和行政管理制度，使各项管理实现规范化、制度化。

云浮市图书馆送书到市戒毒所，设立流动图书服务点

云浮市图书馆深入基层农村，开展“我们的中国梦”文化进万家读书活动

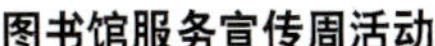

图书馆服务宣传周活动

云浮市图书馆认真做好免费开放工作，满足人民群众日益增长的文化需求

表彰、奖励情况

2011年2月21日，云浮市图书馆被市妇联授予云浮市“巾帼文明岗”称号；2011年3月2日，云浮市图书馆被市委宣传部、市文广新局评为2010年度公共文化服务体系建设先进集体；2012年3月1日，云浮市图书馆被市委宣传部、市文广新局评为2011年度公共文化服务体系建设先进集体；2013年3月，云浮市图书馆被广东省妇联授予广东省“巾帼文明岗”称号。

馆领导介绍

陈杰军，男，1957年出生，大专学历，中共党员，助理馆员，馆长。1977年12月参加工作，历任云浮市图书馆副馆长、馆长。

万惠玲，女，1972年出生，本科学历，馆员，副馆长。1991年8月参加工作，历任云浮市图书馆副馆长。

未来展望

在当今信息社会的条件下，云浮市图书馆一定会在知识经济时代发挥重要的地区信息枢纽和云浮市精神文明建设基地的重要作用，成为知识信息的集散地，市民终身教育的学校，云浮地方文献的宝库，地区图书馆的中枢，高雅的文化休闲场所。云浮市图书馆新馆建成并投入使用后，将是该市集文化、科技、信息传播、保存文化遗产、开展社会主义教育、展示改革开放成就为一体的综合性公共图书馆。成为该市群众读书学习的文化、科技、教育、信息、服务和交流中心，为该市经济建设和社会发展发挥十分重要的作用。

联系方式

地　址：广东省云浮市府前路
邮　编：527300
联系人：陈靖东

云浮市图书馆全貌

韶关市曲江区图书馆

概述

韶关市曲江区图书馆原位于韶关市曲江区马坝镇府前南路，成立于1956年，2004年8月撤县划区改为曲江区图书馆。2011年1月，曲江区图书馆新馆搬迁至鞍山路“两馆三中心”综合大楼的三、四楼内，建筑面积5000平方米，设有文化信息资源共享工程曲江分中心、未成年人思想辅导中心、展览厅、多功能厅、多媒体室、流动图书馆，完善了外借部、少儿部，期刊部、休闲书吧、读者活动室，增设了张九龄研究曲江分会、禅宗文化书画室，盲人图书室等，设施设备和功能日臻完善。现藏书12万册，可容纳读者座位400个。2009年，参加第四次全国公共图书馆评估，首次获得二级图书馆。

业务建设

截止到2012年12月，我馆图书总藏量12万册，报刊240种，视听文献240件。收集各类型地方文献杂志上架1309册，古籍书225册、未采编1660册、种类810种。文献保护有规章制度，书库有防火、防虫、防潮、防尘等措施。中文普通图书、报刊等文献资料CNMARC格式建立机读目录的比例为80%。数据库建设有：超星张九龄、南华寺特色库、点点动漫电子书库等特色电子图书500MB。

读者服务工作

2011年7月开始实行免费开放。据不完全统计，2012年，我馆每周开馆66小时，曲江区图书馆全年接待入馆读者约20多万人次，书刊文献外借册次8.6万册，书刊文献开架比例100%，馆外流动服务点5千册，各类型读者活动25场，流动书香车送书下乡200场，并做好基层图书室、文化站、农家书屋业务指导工作，彰显了社会效益，获得了各上级部门的表彰及群众的认可。

积极坚持开展各类的读者活动，如春节游园活动、大型的4.23世界读书日活动，各类型的书画、摄影展等。开展送书进企业、部队、农村、学校、社区，农家书屋覆盖了全区各行政村，让人人享有公共文化服务，同时区委宣传部号召全区机关单位全体人员到图书馆阅读学习，从而掀起了曲江全民阅读热潮。为加强未成年人思想道德建设工作，并在区图书馆设立了韶关市公共图书馆首个未成年人心理健康辅导中心，全区近90个咨询辅导师需无偿参与服务。

充分发挥公共图书馆作为公益性、服务性、社会教育性机构的作用，积极探索有效途径，创造条件，尽可能地为残疾人、进城务工人员、未成年人、老年人等特殊群体提供多种形式、更为方便的书刊阅读和知识咨询服务，如免费阅览、开展预约、续借及送书上门服务等；不断完善服务特殊群体的设施设备以及醒目提示，体现更多的人文关怀。设置少儿阅览室、盲人图书室，醒目的标示、标牌等，订阅少儿、老年人等人群喜爱的报刊。建立完善的特殊群体服务制度，以制度促服务。有计划的举办面向特殊群体的讲座、培训、展览等活动，使特殊群体均等享受公共文化资源。积极探索延伸服务方式，创造条件为特殊群体提供信息咨询、送书到白土工业园区和举办联欢活动上门为外来工提供精神食粮。2012年举办社会教育活动讲座培训18场；举办各类展览14场；举办阅读推广活动8场，参与活动总人次2万人次。

业务研究、辅导、协作协调

2012年，接收省文广新局设备，在枫湾镇、乌石镇、罗坑镇等9个文化站或村委建立了文化资源共享工程基层服务点，每个点配专职管理人员一名，已对外开展社会服务活动，如免费上网查询科技资料、学习十八大会议精神等。利用图书馆送书下乡的时间派工作人员到基层服务点对器材的使用进行指导，并于2012年到全区9个乡镇招集各村委管理员与2013年组织全区各镇文化站与村委管理人员到曲江区图书馆进行了二次大型图书业务培训与共享工程人员、设备管理制度培训，培训的总人次和覆盖率达100%。图书馆工作人员也通过网络视频学习专业的业务知识，并邀请韶关市业务专职人员到我馆进行人员指导培训，为我区基层服务点全覆盖打下坚实的基础。

管理工作

2010年，曲江区图书馆完成全员岗位聘任，同时建立了工作量化考核指标体系，2012年实行绩效考核。截止到2012年12

2013年党的十八大知识竞赛活动

档案信息资源共享讲座

图书馆服务宣传周活动

月，在岗人员28人，其中设馆长1人，副馆长2人，大专学历15人，大专以上学历者占职工人数67%，具有中级职称10人，初级职称12人。

表彰、奖励情况

2009年至2012年曲江区图书馆连续被广东省文化厅、广东省流动图书馆连续四年授予"先进集体"；2009年6月，曲江区图书馆被曲江区直属党委授予"2009年度先进基层党组织"荣誉称号；2009年11月曲江区图书馆被韶关市人事局、韶关市妇联授予"三八红旗集体"荣誉称号；2011年被韶关市委授予"先进基层党组织"；2012年3月，被广东省妇委授予"广东省三八红旗集体"荣誉称号；2012年6月27日，荣获"广东省创先争优'南粤先锋'先进基层党组织"荣誉称号；2012年6月30日，我馆荣获"全国创先争优先进基层党组织"称号。

馆领导介绍

馆长：肖美红，女，1965年生，湖南常宁人，中共党员，助理馆员。

副馆长：邓艳琼，女，1962年生，广东乳源人，助理馆员。

副馆长：侯文锋，男，1968年生，广东曲江人，馆员。

未来展望

在当今信息社会的条件下，曲江区图书馆一定会在知识经济时代发挥重要的作用，成为我区精神文明建设的主阵地，成为知识信息的集散地、市民终身教育的学校。曲江区图书馆新馆建成投入使用，将建立张九龄、禅宗文化（南华寺）、本土文化数据库、动漫图书数据库，集文化、科技、信息传播、保护文化遗产、开展社会主义教育、展示改革开放成就等为一体的综合性公共图书馆。我馆将努力做先进文化的建设者和保持者，解放思想、振奋精神，保持锐意进取、奋发有为的精神状态，以全心全意为读者服务为宗旨，树立科学的发展观，与时俱进，改善工作中的不足，巩固和发展文化信息资源共享工程工作，完善运行机制，做好乡镇共享服务点技术辅导和信息交流，以提高全民素质，共享人类资源，使我区广大基层群众能够普遍享受到数字文化服务，向数字化图书馆迈进，促进社会的协调发展，为构建和谐社会，做出应有的努力和贡献。

联系方式

地　址：韶关市曲江区鞍山路
邮　编：512100
联系人：肖美红

韶关市曲江区图书馆

乳源瑶族自治县图书馆

概述

乳源瑶族自治县图书馆成立于1979年3月，馆址几经变迁，2013年10月位于乳城镇南环西路的新图书馆大楼建成开放，新图书馆用地面积5367平方米，建筑主体为二层半框架结构，首期建筑面积2756平方米，绿化面积3000平方米，绿化率56%。新图书馆建筑按照《公共图书馆建设标准》建设，设置主要功能室有：外借室、儿童阅览室、报刊阅览室、文化信息资源共享工程支中心（电子阅览室）、采编室、地方文献室、图书库，报刊库、流动图书馆、自学室、办公室、会议室、展厅等。设有阅览座席260个，少儿阅览室坐席70个，供读者和工作人员使用的计算机共46台，宽带接入100Mbps，选用省流动图书馆管理系统。

业务建设

截止2013年底，乳源瑶族自治县图书馆有藏书7万册，年订阅报刊300多种，实现了馆内无线网络覆盖。

2007年，由国家投入300多万元，建起了以县图书馆为支中心，9个乡镇基层中心、131个基层服务点的全县文化信息资源共享工程服务体系。县级支中心配置2套服务器和存储器，通过移动硬盘，定期为县“村村通电视互动平台”和农村电影放映2131工程提供文化共享工程影视节目；县级支中心电子阅览室，设64个阅览座位，配备投影仪1台。每个基层点配电脑一台，投影仪、投影布幕、移动播放器一套，供读者访问互联网、获取与下载相关信息资源。支中心建有远程卫星接收系统和“中国南岭瑶乡文化网”，支中心联合农村党员远程教育网、山区信息网、廉政网、人事网、政府公众信息网等进行共建共享，整合资源，对广大基层干部群众、信息员进行多方面的培训和业务指导，年服务人次3万人次以上。

读者服务工作

乳源瑶族自治县图书馆每周开放56小时，年平均接待读者7万人次，书刊文献年外借4万册次。

利用春节、寒暑假期、图书馆服务周等节假日开办游园活动、中小学生读书兴趣班、读书会、讲座、“南粤幸福周”送书下乡图片展活动、“南岭流动书香车下乡惠民活动”、“瑶族十月朝”旅游文化节群众读书系列文化活动等。年均组织讲座12次、阅读推广活动7次，图片展览3次，年参与活动总人次3万多人次。

2004年9月，省文化厅、省立中山图书馆投入近30多万元的设施设备，设立广东流动图书馆乳源分馆，乳源分馆又分别在全县9个乡镇文化站、部分村委会、社区建立了21个流动图书室。

2008年至2011年，全县分三批完成了102间农家书屋建设，为山区群众提供了更为便利的读书场所。乳源县图书馆负责培训农家书屋管理员、图书分类和管理工作，同时为乡镇文化站图书室送去图书，丰富图书室藏量的同时，也增加了图书馆的外借率，延伸了图书馆的服务。

近年来，为丰富图书馆和基层流动图书室藏书，乳源图书馆通过各种渠道，近年共接收省立中山图书馆、深圳图书馆等各单位捐赠图书53543册；2012年“4.23世界读书日”活动期间，我馆积极配合县委、县政府教育创强工作，发动组织全县广大干部群众，积极为我县城乡中小学图书室捐赠图书共计23000册，促进了我县图书教育事业的发展。

业务研究、编导、协作协调

鼓励、支持馆内干部、职工通过函授、自学、参加业务培训等多种形式提高自身的水平，积极引导他们进行业务研究，提高实际工作能力，2013年共发表论文和通讯15篇。

在开展基层图书馆（室）、农家书屋、文化共享工程建设中，我们每年都选派出业务骨干深入基层，帮助基层图书馆（室）进行业务辅导，年均开展各类型业务培训班10次。2013年10月，承办了广东省流动图书馆（粤西、北片）业务培训班。

管理工作

2013年，乳源瑶族自治县图书馆有在职工作人员9人，在编人员6人，大专以上学历6人，中级职称4人。

2010年，乳源瑶族自治县图书馆设立了岗位考核制度，每月制定工作计划和进行工作小结，每半年和全年进行总体工作考核。

表彰、奖励情况

2008年，乳源瑶族自治县被评为“全国文化信息资源共享工程示范县”。2012年，被县委县政府评为“乳源瑶族自治县文明单位”。2013年通过第五次公共图书馆评估，被评为二级图书馆。2013年11月被广东省图书馆学会评为“全省十大最美图书馆建筑”。

方健宏厅长视察乳源县图书馆

市、县领导为新图书馆开馆仪式揭幕

2013年7月5日，乳源县图书馆搬入新馆

2014年春节游园活动

乳源县图书馆开展廉洁读书月活动

讲座现场

专题讲座

基层培训

馆领导介绍

刘丽霞，女，1965年10月生，大专学历，中共党员，中级职称，馆长，1984年12月参加工作。曾被评为“广东流动图书馆2007年度先进工作者；2008年被授予韶关市精神文明建设先进工作者；2013年被评为乳源瑶族自治县尊师重教先进个人。

张明远，男，1978年11月生，1998年7月参加工作，大专学历，中共党员，副馆长。

未来展望

乳源瑶族自治县图书馆本着认真务实、科学发展的工作态度和理念，以服务百姓为宗旨，精益求精，扎实推进图书馆建设，努力提高业务服务能力和水平，努力推动我县图书馆事业又快又好的发展。未来几年，乳源县图书馆将积极争取县委、县政府加大对图书经费的投入力度，以及上级业务部门和社会各界的工作支持，逐步提高馆藏图书总量，加强图书馆管理和服务水平，并拓宽宣传渠道，努力营造全民全社会读书的良好氛围，全面加强和改善图书馆各项建设。争取馆舍二期工程的开工建设，二期工程建成后，图书馆馆舍面积将达到4730平方米，阅览席位500个，服务人口20万人，将达到一级图书馆的基本标准。

联系方式

地　址：广东省乳源瑶族自治县乳城镇南环西路
邮　编：512700
联系人：张明远

乳源县图书馆全貌

乐昌市图书馆

概述

乐昌市图书馆位于乐昌城西竹林公园内，占地面积5400平方米，建筑面积2126平方米，是一座园林式图书馆。馆舍于1984年7月正式动工兴建，1986年4月建成并向社会开放。图书馆四周竹木环抱，空气清新，是人们理想的学习场所。

根据事业单位分类改革精神，乐昌市图书馆为市文化广电新闻出版局管理的公益一类事业单位，正股级。本馆编制14名，现有工作人员9人，其中馆长1人，副馆长2人，有本科学历2人，大专学历3人，中专高中3人。大专以上学历占职工人员63%。具有副高职称2人，初级职称5人。

乐昌市图书馆有阅览座位260个，设有文化信息资源共享工程乐昌支中心，流动图书馆，采编部，外借处，期刊部，少儿阅览室，地方文献室等内设机构7个，每周开放时间57小时，提供外借，阅览，参考咨询，视听等服务，举办讲座，培训，展览，读书等活动。

业务建设、研究工作

截止2013年6月，乐昌市图书馆藏书10万余册，有中文期刊215种，中文报纸53种，英文报纸1种，分类编目做数据加工图书33449册，征集地方文献282册，出宣传栏23期，协助建设“农家书屋”192间。

2009年12月9日，罗启良同志参加“韶关市图书档案文博专业馆员资格评审委员会”初、中级职称的评审工作。12月16日，黄锦良同志经广东省图书资料专业高级专业资格第一评审委员会评审，获得图书资料专业副研究馆员任职资格。

2010年1月29日，乐昌市图书馆被文化部评定为“三级图书馆”。8月21日，全国文化信息资源共享工程乐昌市支中心（乐昌市图书馆电子阅览室）试行向读者开放。

2012年6月，黄锦良论文“县级公共图书馆如何开展为弱势群体服务”被韶关市政府评为韶关市首届哲学社会科学优秀成果三等奖。

读者服务、辅导、协作协调工作

2009—2013年6月，乐昌市图书馆图书流通量为360203人次，办理外借37607册次。举办讲座、展览、培训等读者活动47场次，参与人数6.974万人次。举办流动书香车送书下乡活动10次，送书30000册次。每年都举办扶贫送温暖春联下乡、“图书馆服务宣传周”和“世界阅读日‘中小学生读书征文比赛’”等读者活动。

2010年5月13日，乐昌市图书馆派干部参加乐昌峡水利枢纽工程坪石镇征地移民安置对口挂扶工作。

2010—2011年期间，乐昌市图书馆举办乐昌市“农家书屋管理员”培训班4期，230人次接受培训。

2011年5月25日，乐昌市图书馆与市摄影协会在图书馆联会举为“摄影知识讲座”，邀请中国摄影家协会会员陈碧信先生授课，乐昌市委常委、常务副市长龚水石同志，市委常委、市总工会主席周素岚同志等60多人参加了听课。

管理工作

2012年4月，经本市机构编制委员会批准《乐昌市图书馆机构编制方案》（乐机编委[2012]34号），图书馆事业编制14名。其中：馆长1名、副馆长2名。9月，根据粤人社发〔2008〕275号和韶人社〔2010〕69号文件精神，乐昌市图书馆首次将空缺岗位进行竞争上岗。2013年1月制定《乐昌市图书馆绩效考核办法及奖励性绩效工资分配方案》，并执行实施。

2009—2013年6月，共抽查文献排架72次，撰写学术论文3篇，年、馆志2篇，编写工作报告22篇，编印书法大赛作品集3册。

表彰、奖励情况

2009—2013年6月期间，乐昌市图书馆共获得各种表彰、奖励9次，其中，省表彰、奖励4次，市表彰、奖励2次，其他表彰、奖励3次。

馆领导介绍

罗启良（馆长）

罗启良，男，1963年7月生，本科学历，中共党员，副研究馆员，馆长。1988年10月到乐昌县图书馆工作，

书香车惠民活动

税务杯书法大赛颁奖大会

综合阅览室

1992年8月被乐昌县文化局聘任乐昌县图书馆副馆长，2002年5月被乐昌市文化局聘任为乐昌市图书馆馆长（股级）。2008年10月入选“韶关市图书档案文博专业馆员资格评审委员会”评委库。11月在韶关市图书馆学会换届暨2008年学术研论会上当选学会理事。2012年3月，被省文化厅评为“2011年度广东流动图书馆先进工作者”。

黄锦良，男，1953年8月生，中专学历，中共党员，副研究馆员，副馆长。1972年12月在部队服役，1988年4月到乐昌县图书馆工作，1991年10月被乐昌县文化局聘任为乐昌县图书馆副馆长（副股级），分管宣传、图书馆学会、地方文献收集工作。2008年10月入选“韶关市图书档案文博专业馆员资格评审委员会”评委库。11月在韶关市图书馆学会换届暨2008年学术研论会上当选学会理事。

林斌，男，1981年11月生，本科学历，民建会员，助理工程师，副馆长。2003年9月到文化局参加工作，工勤人员，2007年11月通过公开招考到图书馆工作，2012年6月被乐昌市文化广电新闻出版局聘任为乐昌市图书馆副馆长（副股级），分管阅览、外借、送书下乡工作。

未来展望

在未来的几年里，乐昌市图书馆根据形势发展要求和工作实际，将新建一幢6层楼建筑，底层为读者活动空间，2-4层为书库，5-6层为阅览室，总建筑面积3800平方米的阅读活动中心，把乐昌市图书馆打造成为广大读者的精神家园和共享空间，成为人们学习、休闲、体验、约会、交流的市民广场，成为文献流、信息流、知识流、人才流、思想流的汇聚地，成为各类文化教育活动为一体的活动中心。

联系方式

地　址：广东省乐昌市广福路119号
邮　编：512200
联系人：林　斌

乐昌市图书馆科普展

南雄市图书馆

概述

南雄市图书馆建制于1979年。原址在永康路南雄市博物馆内，1996年搬迁到林荫西路，独立馆舍，占地面积1500平方米，建筑面积2388平方米，共五层楼。现有馆藏书籍8万多册，馆内所有服务项目实行无障碍、零门槛、全免费，有阅览坐席280个，计算机40部，接入光纤，采用Interlib图书馆集群管理系统。

1999年，首次参加全国公共图书馆评估，首获国家三级图书馆；2013年，参加全国公共图书馆第五次评估，首获国家二级图书馆。

业务建设

1998年9月成立了广州市少年儿童图书馆南雄分馆，增加了1万册图书。2004年7月，在广东省立中山图书馆的支持下，设立广东流动图书馆南雄分馆，利用省馆的海量资源，弥补馆藏资料的不足。2010年7月，建成全国文化信息资源共享工程县级支中心，支中心接入光纤，由中心机房和多媒体室两部分组成，中心机房有专门用于提供全国文化信息资源收集、下载、信息加工等服务器，多媒体室有计算机25台，该中心从2012年元旦起向广大读者免费提供网上资料查阅等服务。2011年5月，开始使用广东省立中山图书馆集成管理系统，实现读者查询、借阅、管理自动化。

馆内服务功能较完善，设有图书外借室、少儿图书借阅室、报刊阅览室、地方文献资料室、全国文化信息资源共享工程南雄支中心、广东流动图书馆南雄分馆等服务窗口。截止2012年底，共有馆藏书籍8万多册（件），电子资源5TB。

读者服务工作

南雄市图书馆认真执行免费开放，馆内所有空间全部用于公共文化服务。长年坚持节假日、周末开放，每星期开放时间不少于56小时。

在搞好阵地服务工作的同时，将工作范围向乡镇、农村、学校延伸，使文化惠民工程下乡活动常规化。各类读书活动精彩纷呈，如：在春节、元宵举办有奖猜谜活动、游园会等活动；积极开展“世界读书日”和“图书馆服务宣传周”活动；充分利用岭南流动书香车，到社区、乡镇、墟场开展“送农技知识下乡，有奖猜谜活动”、到边远农村学校设立基层图书室等。并及时对基层流动图书室进行图书更换。

举办有奖猜谜、到基层开展形式多样的阅读推广、为特殊群体服务活动等文化惠民服务，成为法定节假日文体娱乐活动不可或缺的主要活动，是多年来的亮点工作之一。受到有关部门的肯定，在广东省文化厅公众服务网、韶关日报、南雄电视台等均进行过新闻报道。

2009–2012年书刊总流通10.84万人次，书刊外借18.34万册次；举办讲座、展览、培训、阅读推广、读书活动、电影展播共85场（次）；建立基层图书室8家（间）。

业务研究、辅导、协作协调

南雄市图书馆注重安排馆员参加省市各级业务主管部门组织的各类业务培训。积极参加本地区图书馆联合编目及粤北数字文化网的共建共享工作，积极提供当地的素材、图片与内容。利用省馆海量的数字化资源，为党政机关、企事业单位、社会团体及广大读者服务水平得到进一步提高。2011年起，使用韶关图书馆分配的VPN帐号，通过共享工程渠道，真正实现数字化文献资源的共建共享。

为共建书香南雄，争取把农家书屋建到村上。目前，南雄已建成农家书屋208家，已实现18个乡镇（街道）208个行政村全覆盖，图书馆已在镇村建基层流通点12个，经统计，仅基层图书馆流通点每年外借1.5万册次以上。

针对农家书屋管理员学历较低，业务不精的情况，组织馆长带头的业务骨干下基层、下社区、下乡村进行手把手的业务培训、业务辅导，每年仅农家书屋培训（辅导）达5次以上。

管理工作

南雄市图书馆的人事、财务、设备、物资管理方面都能按有关政策法规制订出相应规章制度并能严格贯彻执行，同时，能借鉴先进馆的经验，如：实行聘任制、实行岗位管理、激励机制等。通过规范的管理，形成较为行之有效的激励机制，进而达到激励先进，促进后进的目的，充分调动职工积极性。环境管理，消防、保卫等比较到位；档案管理、统计工作制订有相关制度并能认真执行，同时，吸纳志愿者参与图书馆服务工作，为图书馆的发展出谋献策。

表彰、奖励情况

2004–2012年度南雄市图书馆被广东省立中山图书馆评为“先进集体”，蝉联“八连冠”殊荣；黄文燕、杨志丽等多次获广东省文化厅优秀个人奖；陈丽娟、陈晓萍等多次受到广东省文化厅通报表扬。2009–2012年，南雄市图书馆共获得各级表彰、奖励4次，其中省文化厅表彰、奖励3人次，其它表彰、奖励1次。

馆领导介绍

陈丽娟，女，1979年10月生，本科学历，中共党员，中级职

地文文献资料室

中文图书外借室

周末的流动分馆

2009送书进校园

2010年春节猜谜活动现场

2011年新春猜谜读书活动

2012春节流动书香车进社区

2012年廉政文化读书下到乌迳镇

称，馆长；1997年7月参加工作至今，在南雄市图书馆工作。

廖南城，男，1958年12月生，大专学历，中级职称，副馆长；1984年3月至今在南雄市图书馆工作。

张二妹，女，1978年10月生，本科学历，中共党员，中级职称，副馆长；1997年7月参加工作至今，在南雄市图书馆工作。

未来展望

按照上级部署，加快公共文化设施建设步伐，积极争取各级、各方支持，想方设法提升设施设备、阅览环境等问题。建设有特色的图书馆，使之成为弘扬岭南优秀文化和人文精神的宝库。南雄市图书馆将不断强化自身综合实力，为公共图书馆事业发展贡献力量，为人民群众提供高效、优质服务。

联系方式

地　址：广东省南雄市林荫西路12号
邮　编：512400
联系人：张二妹

图书馆大楼

读者观看十八大开幕式

馆员在油山镇延村建立农家书屋

流动书香车下到黄坑镇

珠海市斗门区图书馆

概述

斗门区图书馆建于1974年，原名为斗门县图书馆，原馆舍建筑面积1210平方米，为县级“三级馆”；2013年斗门区图书馆新馆落成，建筑面积达3081平方米，旧馆保留为“分馆”使用。新、旧馆舍面积合计4291平方米。2013年7月，参加第五次全国公共图书馆评估，获得“二级图书馆”。新馆设有各类阅览坐席370个，计算机50台，选用Interlib图书馆集群自动化管理系统。

业务建设

截止2012年底，斗门区图书馆各种类型书刊的总藏量（含电子图书）合共287290（种）册，其中：普通图书89170册，报刊合订本17886册，视听文献234件，读秀知识库电子图书藏量18万种。

2009–2012年，共入藏图书11123种，报刊958种，图书年平均入藏量2781种，报刊年平均入藏量240种。

斗门区图书馆重视地方文献收集工作。近年来，先后收集到馆的有单位、团体或个人等名誉编写的有关本地区政治、经济、文化等不同学科、不同题材内容的地方文献281种，共291册，并对收藏到的地方文献资料设专架展示供借阅。

新馆设置有专用的共享工程斗门支中心机房，机房24小时恒温恒湿，安装有10M光纤上网专线，配置有新型号服务器和防火墙，磁盘阵列存储空间增加到9TB，安装正版杀毒软件，为提升业务和管理现代化水平奠定了基础。

读者服务工作

全面实施免费开放。开展图书推介和宣传，定期推荐好书及专题书目；向读者推荐新书并做好预借、续借、导读工作；电子阅览室免费向读者开放。

2009–2012年，书刊文献年外借册次5.4万册。2012年共开展“流动图书馆”入厂进村服务活动17次，服务群众5500人次，阅览与外借书刊7000多册。随着该服务活动的不断完善和影响力的不断扩大，已成为我馆创新服务的品牌项目。通过与新青工业园、富山工业园等工业园的企业合作，把“流动图书馆”服务列入园区企业的年度文化活动计划，定期送书到厂区，既提高了图书利用率，又为远离城区的群众解决了借书难、买书难问题，充分发挥了图书馆的社会效益，深得厂区员工的欢迎和好评。

业务研究、辅导、协作协调

2009–2012年，斗门区图书馆职工理论与实践相结合，撰写了有参考价值的调查研究报告3篇。

2012年，斗门区图书馆深入到镇、村、社区免费举办共享工程基层网点技术培训工作5次，培训基层网点管理员32人次；到镇文化站图书室开展业务培训3次，协助指导分类、编目、上架图书3000多册；按照区文广新局的工作安排，做好“农家书屋”管理员的培训工作，组织村举办农家书屋管理培训班2次，参加培训118人次；指导并实施农家书屋图书分类、编目、上架图书73400多册。

通过与区科技局合作开展“整合科技文化信息资源，提高斗门农村互联网普及率”项目，挑选13条村作为科技文化下乡试验点，为试验点配置电脑、进行管理人员培训等，提高基层服务软硬件水平。

管理工作

斗门区图书馆在人事管理上，根据单位内部管理工作岗位的需求，按岗位设人，为实行岗位绩效责酬挂钩做好准备；建立健全各项规章制度、工作管理制度、考勤制度、服务准则和年度考核制度，以强化制度管理；另外加强学习，提高馆员业务素质，定期组织全馆人员和基层管理员开展文化信息资源共享工程等业务培训，提高了本区公共图书馆（室）工作人员的业务素质。

馆领导介绍

梅成安，男，1977年6月生，本科学历，中共党员，馆长。

陈德长，男，1956年2月生，大专学历，中共党员，副馆长。

张慕洁，女，1973年4月生，本科学历，中共党员，副馆长。

未来展望

随着区政府不断加大对文化事业的投入，斗门区图书馆将以新馆开放为契机，在已获得“二级图书馆”的基础上，按照国家“一级图书馆”评估标准扎实开展基础业务工作，不断创新服务方式，通过举办讲座、培训、展览、读书会等丰富的读者活动，把斗门区图书馆建设成为一个融合了休闲、交互和求知理念、集多种功能一身的现代化城区图书馆。

联系方式

地　址：珠海市斗门区井岸镇江湾中路2号文化艺术中心南楼
邮　编：519100

斗门区图书馆开展流动图书服务活动

2014年到新青工业园开展优秀儿童绘本阅读推介

珠海市金湾区图书馆

概述

珠海市金湾区图书馆于2003年筹建，2005年正式开馆。馆址现位于金湾区红旗镇文化广场，采取的是“一馆多室，分级管理”运作模式，即区图书馆与农家漂流书屋一体化管理、馆内服务与馆外服务相结合。图书馆面积1500平方米，纳入区图书馆管理的书屋22家，总面积为1026平方米。区图书馆阅览坐席266个，计算机82台，计算机存储容量达到10TB。2010年参加国家文化部第四次全国公共图书馆评估，获评国家三级图书馆；2013年通过全国第五次公共图书馆评估定级，获评国家二级图书馆。

业务建设

截止到2013年底，金湾区图书馆总藏量104916册，其中图书73754册，期刊29927册，报纸合订本580本。电子文献655种，近3年年均新入库图书16618种，年均期刊入藏量262种，视听文献年均入藏量33件。征集地方文献500多种2000多册。

读者服务工作

金湾区图书馆自2005年起，全天及假日免费开放，每周开放时间61个小时。2007年至2011年共建立22家农家书屋，每周共开放640.5小时，平均每个书屋每周开放29小时，双休日及节假日正常开放，图书、期刊、报纸等文献全部开架借阅。金湾区图书馆馆藏书刊文献外借率为61.6%，年均借阅量达8万人次。图书馆及书屋设立“图书馆信息”、“漂流书屋信息”宣传栏，且每周更换1次，为读者提供“新书推介”、“读者之声”等栏目。

2010年至2013年四年间，金湾区图书馆为加强区域内交流学习，为政府机关和企事业单位人员、社会公众提供定题服务、信息咨询服务203人次，解答满足咨询服务率达95%以上。

2010年到2013年，金湾区图书馆共举办讲座、展览、培训、阅读推广、有奖征文、移动图书巡展等读者服务活动共41场次。

截至2013年承办了十届金湾读书节、多次开展服务宣传周、珠海市读书月、读书交流会、读者座谈会、漂流书屋建设管理经验交流会等丰富多彩的服务宣传活动。

2012年金湾区图书馆与珠海市图书馆签订《珠海市“协作图书馆”办馆协议》，本着“协作共建、资源共享、服务读者、共同发展”的的原则，达到联合编目“一卡通”服务等，并在本馆设立珠海市图书馆图书专架。

业务研究、辅导

2005年至2013年，金湾区全馆职工共发表论文5篇；2010年至2011年，完成了《建立金湾区农家书屋管理长效机制》课题1项。

2012年，金湾区图书馆与珠海市图书馆及本区内高校图书馆共同研讨、协商，共同建立了“公共阅读服务平台”。探索公共资源整合利用的途径。

2010年到2013年，共为全区书屋管理员培训18次350人次。

管理工作

金湾区图书馆在2006年制定、2012年修订了《金湾区图书馆规范化管理实施要点》，明确、严格控制了财务管理制度，公开透明，定期上报资金收入及支出情况。根据人员及岗位情况，按需设岗，一人多责，并按岗定责。建立了各岗位量化考核指标体系，每月进行一次馆务会，汇报工作情况、通报工作进度，指出存在不足，半年及年底进行总体工作考核，评优评先。

表彰及奖励情况

2010年到2013年金湾区图书馆共获各种表彰11次，其中文化部表彰1次，国家新闻出版总局表彰1次，广东省新闻出版局表彰2次，珠海市表彰2次，金湾区委区政府表彰5次。

馆领导介绍

苏琳，女，1979年出生，本科学历，中共党员，副馆长，2002参加工作，历任金湾区新闻中心专题主任及中心副主任，获奖省、市、区各级奖励。

未来发展

金湾区图书馆本着“稳步打基础，创新求发展”的宗旨，克服金湾区“有区无城”、居民分散，没有配套完善的文化设施，没有图书馆的历史基础，馆舍少，人员编制不足等困难，在立足现有条件，稳步抓好馆本部软硬件和人才建设的基础上，继续探索图书馆与书屋一体化服务模式。在服务上，积极探索面向基层，注重实效服务方式。2013年，金湾区图书馆扩建工程正式启动。

联系方式

地　址：珠海市金湾区红旗镇文化广场
邮　编：519090
联系人：罗懿菡

珠海市金湾区图书馆座谈会

读书节活动

书屋活动

汕头市金平区图书馆

概述

汕头市金平区图书馆成立于2003年3月，馆址位于汕头市东厦北路82号金平区体育文化活动中心四楼。2013年参加第五次全国公共图书馆评估，被评为国家二级图书馆。现有面积1500平方米，电子计算机48台。阅读坐席150个，40个少儿阅读坐席。宽带接入光纤20M，流动分馆和本馆全部实行省馆的Interlib系统。2008年12月22日建成了广东流动图书馆金平分馆。2011年全国文化信息资源共享工程金平支中心在本馆建成并对外开放。

业务建设

截至2012年12月底，我馆藏书近5万册，开通了博看畅销期刊数据库试用版，购置了一台42寸的多媒体自助终端机和2台歌德电子书借阅机用于电子阅览。市民还可以凭借身份证到金平区图书馆免费注册，登陆m.5read.com免费下载移动图书馆，享受掌上图书馆服务。

我馆图书馆年入藏量平均是2000种，报刊订阅量是30种。数字资源总量共6TB。馆藏中文文献书目数字化达到了20%，建设了潮汕历史文献专柜和香港中央图书馆赠书专柜，常年坚持开展潮汕文献征集工作。视听文献2012年接受了国家共享中心下发的有关光盘数据33件。我馆还创办了图书馆官方网站（www.stjplib.com）。

2012年我馆财政拨款达76万元，2013年购书经费5万元，积极争取上级资金支持，购置了一台皮卡汽车专门用于送书下乡，按照上级要求，于2011年12月开始图书馆实行免费开放，2011年、2012年免费开放资金中央补助和广东省补助已到位。2009—2012年，我馆陈振康副馆长发表论文一篇，《服务老年读者，发展区级图书馆事业》在2011年文化部艺术服务中心和《文化研究论坛》编委会联合组织的征文比赛中获得一等奖，作品入选了2011年《文化研究论坛》。该文的节选版还刊登在《汕头日报》理论与实践版，论文名改为《发展区级图书馆事业，服务老年读者》。我馆重视提高人员素质，组织人员学习图书馆专业知识和实际操作技能，参加省、市图书馆学会业务学习和学术交流，提高了人员业务水平，同时利用馆藏资源，为领导、科研、经济决策提供信息咨询服务，受到好评。

我馆设立了文化共享工程金平分中心和公共电子阅览室，共有30台电脑供读者使用，内置了6TB的信息资源供读者访问，并且整合了共享工程、本馆数据库和网络资源。每周更新一次。每天开放10小时，针对青少年、老年人、农民工，进行专门上网辅导。

读者服务工作

我馆按照文化部、财政部的要求，自2011年底开始实行免费开放，阅览室、电子阅览室、报告厅、自修室等公共空间设施场地免费开放；文献资源借阅、检索与咨询、公益性讲座、周末电影和展览、基层辅导、流动服务等基本文化服务项目健全并免费提供；为保障基本职能实现的一些辅助性服务，如办证、验证、读者借书超期滞纳金及存包费全部免费，免费提供饮用水和便民医药箱。每周开馆60小时，周六及每天中午均开馆，书刊采用全开架管理，开架比例达100%。我馆在共建有两个企业联合图书馆，一个社区联合图书馆，文献外借率达80%，外借册次达6万册，流动书香车外借册次达5千册次，人均到馆人次达25人次，我馆为区委中心组、教育局等单位提供参考咨询服务，为残疾人、外来工、未成年人、老年人提供普遍服务。2012年举办了10次讲座、2次培训。展览5次，阅读推广活动2次，年参加活动总人次达1万人次，积极组织宣传服务周活动、全民读书月征文活动、世界图书与版权日宣传活动。读者满意率达100%。

业务研究、辅导、协作协调

我馆积极参加汕头市图书馆馆际互借活动，潮汕地方文献联合征集活动。与香港中央图书馆共建书刊交流计划，实现资源共享。在做好送书下乡、进校园、入机关、进社区活动的基础上，我馆与企业共建“联合图书馆(流通站)”，选送了新书到企业用于流通，指导并培训图书管理员，通过共建图书馆，使图书馆的服务不断的延伸。共做了2次基层业务辅导和培训工作。积极吸纳图书馆志愿者来协助我们采编图书、打扫卫生。我馆还免费举办老年人电脑培训、少儿美术培训，每逢周六还举办免费电影播放活动。

管理工作

我馆内部管理正规，有年度计划、年度总结。认真落实岗位责任制，制定图书馆管理过程，建立人事、财务、统计、业务、设备档案管理，争取政府重视投入，配套消防器材，做好消防防火工作，从环境、安全、保卫都落到实处。

表彰、奖励情况

2014年获得中共金平区委、区人民政府“文明窗口”的荣誉称号。

馆领导介绍

章惠璇，女，1968年6月生，本科学历，无党派，工艺美术师，馆长。1986年参加工作，历任金园区图书馆副馆长，2004年7月任金平区图书馆馆长。

陈振康，男，1976年12月生，本科学历，中共预备党员，助理会计师，副馆长。1997年8月参加工作，历任金平区文化稽查队队长，2009年7月任金平区图书馆副馆长（正股级）。分管业务工作。

未来展望

积极争取上级部门的大力扶持，开拓创新，做好图书馆工作。

联系方式

地　址：汕头市东厦路82号金平区体育文化活动中心四楼
邮　编：515041
联系人：章惠璇

汕头市潮阳区图书馆

概述

潮阳区图书馆创建于1958年10月1日，位于汕头市潮阳区文光街道文光塔广场对面元亨轩住宅区C梯四楼，总面积约1200平方米。馆内设有全国文化信息资源共享工程潮阳支中心、广东流动图书馆潮阳分馆、特藏图书室、图书外借厅、报刊阅览厅、少年儿童阅览室、地方文献资料室等7个服务窗口，实行图书全开架借阅和电子免费阅览。长期开展外借、阅览、参考咨询、送书下乡、地方文献征集、农村基层图书馆（室）业务辅导等服务，举办讲座、读书征文、演讲比赛等活动。

潮阳区图书馆原为三级图书馆，2014年10月份被国家文化部评定晋升为二级图书馆。目前，馆藏图书总藏量11万册，分别为外借图书、参考工具书、期刊、报纸、地方文献等资料等，全面向广大读者免费借阅。双休、节假日正常开放。

多年来，潮阳区图书馆积极开展业务工作，始终坚持“读者至上，服务第一”的宗旨，努力满足读者的阅读需求，以传播先进文化为己任，重视搞好读者和宣传工作，热情为广大读者服务，每年除认真办好“4.23世界读书日”、“服务宣传周”之外，还结合本馆实际，因地制宜开展了读书征文、演讲比赛、送书下乡等活动，更好扩大了图书馆的社会影响。

未来展望

潮阳区图书馆，本着服务于读者、逐步完善，助推潮阳文化事业发展的宗旨，不断强化自身文化建设的同时，如今的潮阳区图书馆在选址方面更加科学化、合理化，馆址落户在城区的中心区域。这样就可以保证给四面八方的读者一个便捷的交通环境，因而解决了一些读者难免会因为路途遥远而放弃每天光顾图书馆。相比以往，如今的图书馆大力利用馆舍占地面积，一方面可以吸纳更多的读者前来，另一方面，将会有更大的空间来藏书以及进行更广泛领域更多功能的建设和服务。在未来，县级图书馆服务大众、服务读者的功能会得到更大限度和更加人性化的拓展。使我们完全有理由相信，县级图书馆的功能和作用会得到更加充分和更大程度的发挥，前景越来越美好！

读者服务工作

潮阳区图书馆无论是服务于读者还是馆内工作人员，都是保证该图书馆人气的重要因素。现今，我们更加认识到了对读者的人性化服务也是极为重要的，同时也关注馆内工作人员的心情是否愉悦、馆内工作环境是否清静幽雅、在层级布局上也进行了合理的规划。我们可以看到，现在的图书馆在设置是根据不同的读者类型来合理安排划分不同的功能区，大大方便了不同年龄、不同层次、不同需求的读者。其次，考虑到了有些读者对图书馆藏书、环境、功能区等的不熟悉、不了解，对自己需要的文献所在的位置并不是十分明确，因而会在显眼的地方标明各个区域图书的类型以及借阅流程等，这样读者就可以很轻松、快捷地找到自己所需的图书、报刊等文献资料。

管理培训

近年来潮阳区图书馆在不断积极地培训了更多的高素质的人才。相比以前来说，高学历专业人才在整个人员队伍中一年比一年加大，他们在积极认真接受培训以及与外部图书馆先进理念的交流中起到了奠基作用；同时，对于懂数字化技术的高效技工人员的逐步吸纳借鉴市级图书馆在建立馆际合作与交流系统平台。更重要的是图书馆人员的整体素质提高了。特别是工作人员的服务意识明显增强，更新自己的服务理念，做到“心中有读者”。强化服务意识，就是要把“读者第一”变成实实在在的行动，而不是一句口号，把它落实到图书馆的各项具体事务中。

联系方式

地　址：汕头市潮阳区图书馆

邮　编：515100

联系人：李振声

馆长：李振声

遂溪县图书馆

概述

广东省遂溪县图书馆于1979年从县文化馆分设独立建馆，位于遂溪县遂城镇新华街1号，占地面积1105平方米，建筑面积2500平方米，设有阅览座位230个，有供读者使用的计算机65台，宽带接入速率为10Mbps，采用Interlib图书馆集群管理系统。设有借书室、报刊阅览室、少儿阅览室、电子阅览室、科技图书室（林培杰图书室）、流动分馆、讲座厅等服务窗口。

业务建设

截止2012年底，藏书13万册，其中，视听文献120种；2009–2011年图书购置费为5万元，2012年为6万元。

2012年底，拥有数字资源为5TB，主要为国家文化信息中心调拨的资源。实现馆内无线网络覆盖。

读者服务工作

遂溪县图书馆免费对外开放，馆藏全开架借阅，每周开放6天（星期一闭馆），周开放56小时，全年的法定节假日照常开放，年进馆人数达9万多人次，图书（期刊）借阅4万多册次（包括服务点和共建单位）。

每年春节都坚持开展“读书猜谜”迎春活动；在“4·23世界读书日”、“图书馆服务宣传周”、“六·一”儿童节、“全民读书月”等都开展有关的读书、征文等宣传活动。建有黄略镇、杨柑镇等流动服务点，与武警遂溪中队共建图书室，定期做好图书流动工作，利用“书香车”定点下乡开展服务。

充分利用共享资源在讲座厅开展科学知识讲座、播放影片等，每年进行各种讲座和播放影片15场次。

管理工作

遂溪县图书馆已实现全员岗位聘任，同时，建立各项规章制度，并建立了各项工作量化考核体系。

未来展望

遂溪县图书馆遵循“创新发展，服务市民”的办馆方针，完善服务功能，在做好传统服务的基础上，依靠省馆建立的流动图书馆资源平台和现代管理技术，充分利用省馆资源，开展创新服务；扩大服务区域，要发挥县馆的龙头作用，充分利用“流动图书馆”的模式，进一步开展下乡服务活动。促进本地图书馆事业的发展。

馆领导介绍

全志强，男，1960年1月生，本科学历，中共党员，馆员，馆长，主持全面工作。1975年10月参加工作。

黄海英，女，1961年8月生，大专学历，中共党员，馆员，副馆长，主管办公室和财务工作。1977年9月参加工作。

梁芊，男，1970年10月生，本科学历，中共党员，助理馆员，副馆长，主管图书馆业务工作。1992年5月参加工作。

电子阅览室

遂溪县图书馆分馆

遂溪县图书馆

学生参观

德庆县图书馆

概述

德庆县图书馆成立于1978年，全馆建筑面积2556平方米，藏书量13.2万册，阅览座席416个，全馆在编人员12人。馆内设有外借室、报刊阅览室、少儿阅览室、文化共享工程县级支中心、广东流动图书馆德庆分馆等10个功能室。2004年被评为国家二级图书馆，2009和2013年两次通过国家二级图书馆复评。

业务建设

截止2012年底，广东省德庆县图书馆总藏量13.21万册（件），其中，图书11.99万册，报刊1.22万册（件）。

2009年至2012年，广东省德庆县图书馆每年新增藏量购置费5万元，共入藏量1.38万册（件）。

2009年与肇庆市图书馆合作，采用了图书馆集群管理系统，并开通了“肇庆市区域图书馆”一卡通服务，实现了馆际互借。

德庆县资源共享支中心工作于2007年8月正式运行，是广东省第一批“文化共享工程”试点县，由中心机房和电子阅览室两部分组成，电子阅览室配置微机30台供读者使用。

读者服务工作

从2011年12月起，德庆县图书馆对外免费开放，每周开放60小时。2009–2012年，书刊总流通42万人次。馆外设有15个流动服务点，2009–2012年底书刊流通8.4万人次，书刊外借0.78万册。设立信息公开栏并在德庆数字文化网、德庆县图书馆网站公开。

2009–2012年德庆县图书馆举办讲座、展览、培训、阅读推广等读者活动124场次，参与人数9.2万人次。

2009–2012年获国家级表彰1次；省级业务主管部门表彰2次；市级业务主管部门表彰3次。

未来展望

德庆县图书馆本着“以人为本、读者至上”的办馆理念，借助广佛肇“一卡通”服务联盟，不断扩大服务辐射区域，带动全县图书馆（室）事业的整体发展。在未来的3–5年里，将建成包括图书馆在内的“四馆合一”新文化中心，建筑面积达到市一级图书馆的建设标准要求，图书馆功能趋于多样化，文献资源趋于数字化，图书馆服务趋于自助化。

馆领导介绍

谢雄鹰，男，1962年8月生，大专学历，副主任科员，党员，馆长。1984年5月参加工作，曾担任过企业厂长、镇宣传委员、文化广播电视新闻出版局文化市场综合执法队队长等职务。

傅竹，女，1967年12月生，大专学历，专业馆员，副馆长。1992年7月参加工作，1992–2004年从事中学英语教学工作，2005年3月到德庆县图书馆工作，2012年被推选为肇庆市第十二届人大代表。

龙丽业，男，1974年11月生，大专学历，中共党员，中级职称，党支部书记，副馆长。1995年在图书馆参加工作，先后在读者服务部、采编室、全国文化信息资源共享工程县级支中心等部门工作。

联系方式

地　址：广东省德庆县朝阳中路67号
邮　编：526600
联系人：傅　竹

廉江市图书馆

概述

廉江市图书馆成立于一九七九年，现为国家二级图书馆。馆舍面积五层共2100平方米。图书馆设有借书处、广东流动图书馆廉江分馆、报刊阅览室、少儿借阅室、全国文化信息资源共享廉江支中心、多媒体电子阅览室、视听室、参考咨询室等主要服务窗口；设立了“图书漂流港”作为读者图书交流平台；设有了3个讲座室、2个自学室为开展社会教育服务场所。

廉江市图书馆现有正式职工11人。大专以上学历7人；中级职称以上人员3人，初级职称以上4个。正副馆长各一名，均为大专以上学历，2名中级职称。近年我馆先后选送4名职工参加电大大专班学习外，还积极派员参加省市级主管部门举办的继续教育培训班学习。

业务建设

图书馆藏书总量118600册，其中图书总量114480册，报刊3400册，视听文献720件。每年订购期刊267份，报纸52份。在藏量中，开架书刊113000册，其中少儿图书13000册，书架总长度为21000米。

图书馆共有成人及少年阅览座位300多个。共有计算机52台，其中多媒体电子阅览室共44台。

图书馆使用《中国法》第四版采访图书资料，并依据《普通图书著录规则》来著录图书，共设卡片目录四套，机读目录、报刊题名目录、地方文献目录、数字化资料目录各设一套。近年图书馆自动化、网络化建设有较快的发展：

自2001年起，采用深圳图书馆开发的ILAS 系统管理图书，至今，图书的采访、分编、借阅室的流通工作和书目检索，已全面实现计算机管理；2005年1月起，使用广州图创计算机软件开发有限公司开发的3RDAutoSystem Interlib图书馆管理系统。

图书馆已建立馆内局域网和接入因特网，在开展参考咨询工作和课题服务中，为读者(用户)提供更快捷、更准确、更大量的情报信息。

“知识入农民家”送书下乡活动

2011年安装wifi无线路由器，实行全馆服务楼无线网络全复盖，读者携带手机、平板电脑、手提电脑等进馆可免费享用网络资源服务。

建立图书馆服务网站（www.ljlib.com)。通过网站可查询馆概况、服务指南、最新动态、藏书目录、新书简介及廉江市文化相关的信息。

利用全国文化资源共享工程广东省分中心下发的1000G数字资源，及馆藏电子书、数字视听资料，充实市支中心机房与各乡镇基层服务点资源库存。

电子阅览室，利用“珠江三角洲数字图书馆联盟”、“超星数字图书馆”等海量网络资源，为读者进行参考咨询服务。2013年，电子阅览室，共接待读者12000多人次。设置视听室，全天免费播放读者喜爱的视频节目。

廉江市图书馆送书下乡活动

读者服务工作

图书馆的读者服务工作有较大发展，每周普通借阅开放为63小时，电子阅览室为42小时。图书年外借为8.3万册次；年流通总人次为12.5万。除工具书等部分贵重图书外，基本上所有图书向读者开架借阅，开架借阅图书占总藏量90%以上。定期出版新书简介6期，共宣传320多种图书。2013年度，代检索课题25条；解答咨询4000多条。多次为各级政府提供信息服务。

图书馆每年都举行多种形式的读者活动，组织小书法家参加国内书法比赛等，举办农科讲座等，及举办绘画、英语、书法等知识学习班。每年图书馆宣传周都有新的做法，取得新的成效。2013年到馆参加读者活动共6000多人次；参加本馆举办的英语学习班10期，共400多人次；书画班11期共200多人次。

业务研究、辅导、协作协调

2013年，图书馆在各级报刊发表论文多篇。对镇村图书馆（室）建设和近年我市读者量变等问题

进行了探讨。2013年，多次派员到各镇文化站指导图书馆(室)建设，送二万多册图书。举办一届镇村图书馆(室)业务干学习班。

管理工作

廉江市图书馆馆近年不断完善岗位责任制等管理制度，2010年开始实行了聘用制。2014年起，图书馆实施事业单位绩效工资奖励实施办法，有较完整的各类档案。近年来，特别注意馆容馆貌的建设，形造整洁、安静、深受读者欢迎的借阅环境。

表彰、奖励情况

2001年，图书馆在廉江市创建全国文化先进市的过程中，成绩显著，获得中共廉江市委、市政府的通报表彰和奖励。2004年被评为廉江市文化系统先进单位。

由于广东流动图书馆廉江分馆成绩显著，于2005年、2007年、2010年、2011年分别被广东省文化厅、广东省立中山图书馆评为先进单位。

兄弟县市同行到廉江市图书馆参观交流一

馆领导介绍

全中德，男，1963年11月生，本科学历，中共党员，1983年1月参加工作，1984年1月至1994年11月在广东省廉江市良垌镇政府工作，历任镇文化站站长；1995年至2014年4月在广东省廉江市博物馆工作，历任馆长、党支部书记；2014年5月起在廉江市图书馆工作，任馆长。广东省博物馆学会会员。2011年被国务院第三次全国文物普查领导小组办公室授予“为第三次全国文物普查工作作出积极贡献”荣誉；2011年被中共广东省委宣传部、广东省文化厅授予“广东省基层先进宣传文化工作者”称号；2012年被广东省第三次全国文物普查领导小组授予“广东省第三次全国文物普查工作先进个人“称号；2012年被广东省文物局授予“为广东省文化遗产保护作出积极贡献”荣誉；2012年被中共廉江市委、廉江市人民政府授予“精神文明建设先进工作者”称号；2010年被中共廉江市委宣传部授予“廉江市宣传思想工作先进个人”荣誉称号。

兄弟县市同行到廉江市图书馆参观交流二

庞霞，女，副馆长。1963年2月生，大专学历，中共党员，中级馆员，广东省图书馆会会员。1981年3月参加工作，1995年任廉江市图书馆副馆长。

环境舒适的少儿阅览室

未来展望

过去十年，是中国图书馆事业快速发展的时代。随着社会网络化、信息化的迅猛发展，县市级公共图书馆面临着生存与发展的重大挑战。信息化、数字化的服务模式是县市级公共图书馆发展方向的必然选择。图书馆加强必须管理人员的基本素质，转变服务方式，营造舒适、安全、优雅的借阅环境，创造县级图书馆的特色、特点，让市民和读者满意。

联系方式

地　址：广东省廉江市文化路1号
邮　编：524400
联系人：刘 伟

雷州市图书馆

概述

雷州市图书馆，座落在雷州市雷城曲街01号。1978年11月创建，1998年1月扩建后重新开放。占地面积760平方米，建筑面积2040平方米。内设图书借阅厅、报刊阅览厅、儿童阅览厅、参考阅览厅、电子阅览厅、全国文化信息资源共享工程雷州支中心、广东流动图书馆雷州分馆和湛江市少年儿童图书馆雷州分馆，外设服务点有文化馆分馆、武装部分馆、麻亭分馆。有藏书11万册、订阅报刊232种、阅览座位266席、服务器2台、投影机1台、电脑50台、监控设备1套，宽带接入10Mbps，选用“图创Interlib”管理系统。现有在编人员9人，其中中级职称3人，初级职称6人。在2013年7月“第五次全国县以上公共图书馆评估定级活动”中，被文化部评为“二级图书馆”。这是1998年以来，连续四次获“二级图书馆”称号。

业务建设

2004年6月5日，经过积极努力的争取，广东流动图书馆雷州分馆隆重揭幕。开馆以来，年年更换流动的新书，有1200种中外经典电子图书光盘阅读；50万种电子图书、1200万篇期刊论文联机检索和原文提供；12万篇博士硕士学位论文，16万篇学术会议论文联机检索和原文提供；1.4万种外文期刊的数字化资源库检索；30个事实型数据库检索等。

雷州市图书馆根据实际，想方设法，仿照流动图书馆运作模式，创新服务机制，主动联系并取得湛江市少年儿童图书馆的支持，决定共建“湛江市少年儿童图书馆雷州分馆”。湛江市少年儿童图书馆负责每年更换流动5000至10000册少儿读物，雷州市图书馆负责管理和服务。这样，利用湛江市少年儿童图书馆丰富的图书资源，弥补了雷州图书馆的不足，为雷州市广大少儿读者献上了一份丰盛的精神食粮。

为适应形势需要，雷州市图书馆根据上级要求，相应组建了共享工程雷州支中心，并在原来电子阅览室的基础上，对原有设备进行了升级，并添置了一批新电脑，目前提供读者使用的电脑有35台，还增设了2台服务器，设置了10M专线。同时，调整和重新布置了电子阅览室，具备了县级支中心电子阅览室的要求，于2009年9月20日重新向读者开放。

2009年，雷州市图书馆将自动化管理系统改造为广东省流动馆的自动化管理系统Interlib，以适应图书馆发展的需要。图创管理系统Interlib的使用，使雷州市图书馆的图书管理更加科学化。

读者服务工作

坚持“读者至上”、“服务第一”为宗旨，实行全免费开放，每周开放56小时。2009—2012年，雷州市图书馆书刊总流通达678572人次，书刊外借达349025人次、396428册次。

2009—2012年，雷州市图书馆共举办讲座、展览、培训、阅读推广等读者活动435场次，参加人数达42144人次。

雷州市图书馆还为雷州市各级领导发放了一批借书证，指导他们使用省立中山图书馆的免费电子资源，为他们提供省立中山图书馆上传的“文化内参”等。雷州市图书馆还为各类学校的教师提供方便，允许他们集体进行“批借阅”，尽可能地满足他们的教学需求。

业务研究、辅导、协作协调

2010—2013年，雷州市图书馆职工发表了论文4篇。

积极协助文化行政管理部门对本地区图书馆服务网络的建设。本地区农村图书馆覆盖率已达67.7%，雷州市图书馆对基层图书室的业务辅导工作全面负责，对目前已建的17个文化站和300个村委会图书室都进行过业务辅导。

积极参与省馆编目数据、广东流动图书馆Interlib自动化管理系统联盟，与湛江市少年儿童图书馆协调设立分馆并实行馆际互借。

管理工作

在人事、财务、环境、安全、统计、档案管理工作上，逐步规范；建立了各个部门的工作台帐体系，每月进行工作量统计，每月月初向广东省流动馆上报各项数据。

表彰、奖励情况

雷州市图书馆几年来获得了雷州市委市政府的多次表扬，其中2010年12月还被评为“第七届湛江读书月活动先进集体”。

共享工程一角

图书借阅厅

流动分馆

少儿图书馆雷州分馆

广东流动馆雷州分馆

馆领导介绍

邱素娟，女，1967年10月生，大专学历，中共党员，馆员职称，馆长。1987年3月参加工作，历任雷州市图书馆采编部主任、副馆长、馆长。1997年参加湛江图书馆学会业务知识竞赛荣获个人二等奖。

张兴安，男，1970年11月生，大专学历，馆员职称，副馆长。1987年参加工作，历任雷州市杨家镇文化站站长、雷州市图书馆副馆长。2011年获第三次全国文物普查工作荣誉纪念证书及获广东省第三次全国文物普查工作优秀联络员称号。

未来展望

雷州市图书馆准备充分利用并挖掘资源，启动地方文献特别是雷州府志、海康县志等的电子文本建库工作；在广东省流动图书馆所提供的网页模板的基础上建立雷州市图书馆网站，并在资金许可的情况下对国家级历史文化名城——雷州的古文物：石狗文化等进行建库；同时还准备建立总分馆制：以雷州市图书馆为区域总龙头，向下影射各乡镇文化站，带动雷州市文化事业的整体发展。

联系方式

地　址：广东省雷州市雷城曲街01号

邮　编：524200

联系人：邱素娟

信宜市图书馆

概述

广东省信宜市图书馆成立于1978年，前身是信宜文化馆的阅览室，1981年批准独立建制，1982年在信宜人民广场口建馆舍，1994年因市政建设的需要，馆舍搬迁到城区大木垌江滨路22号临时办公，1999年12月在市迎宾大道旁建成新信宜市图书馆，刘军先生捐资200多万元兴建，为答谢刘军先生，以其母亲罗绍秀名字命名，所以又名信宜市绍秀图书馆。图书馆占地面积2800平方米，办公楼高5层半，建筑面积6069平方米，总造价800多万元。最大馆藏量达40万册，可同时容纳读者2000人使用。2013年参加全国公共图书馆第五次评估定级，获得国家二级图书馆。图书馆现有阅览坐席423个，计算机42台，光仟10兆，宽带接入100兆，数字资源总量为5TB，选用广东省立中山图书馆自动化管理系统。

业务建设

截止2012年底，广东省信宜市图书馆总藏量103260册（件），其中中文纸质文献99997册，古籍3248册，视听文献15套。

2009、2010年，广东省信宜市图书馆藏量购置费为13万元，2011年起增至16万元。2009至2012年，共入藏中文图书共29862册。2013年定期开展“信宜百家讲堂”，并开始自动化整理录入。

读者服务工作

信宜市图书馆坚持全年《除星期一（图书馆闭馆日）外》对外开放，周开放60小时，2009–2012年，接待读者1024135人次，图书总流通236626册次。

2011年4月26日，省政府召开了全省“三馆”免费开放电视电话会议，要求县级馆2011年12月底前实现免费开放。我馆结合全民读书活动一起宣传，8月1日起推行免费开放服务，比省要求提早4个月实现免费开放。

2009–2012年，信宜市图书馆共举办讲座、展览、培训、阅读推广等读者活动共40场次，参与人数达272463人次。

2011年下半年开始，在各功能室和各层走廊分别安装了矿泉水冷热饮水机共10多台，配备一次性饮水杯，方便读者饮水；每逢星期六、日及节假日免费提供点心、糖果、饼干给读者品尝或充饥；三楼中厅创建悠闲阅读区，创办精神饱满、物质享受、悠闲学习的图书馆。

业务研究、辅导、协作协调

为了全面提高我馆干部职工的业务水平，馆领导结合实际，精心制定学习计划：1、选送业务骨干和年轻同志参加上级举办的各种业务培训班；2、馆内学习，以自学图书馆继续教育丛书为主，人手一套。集中学习以《图书馆工作与研究》、《图书馆论坛》、《图书馆服务规范》为主要科目，精选适合的部份内容，学习图书馆行业的新思想、新概念、新成果、新做法；3、交流学习，主要是到其他图书馆参观交流学习。业务学习中，每位同志都认真学习，并做好读书笔记，无论在学习过程中，还是在工作中，要求做到理论联系实际，把学习到的业务理论运用到工作中去，并有定期考评和实践检查评比，使业务知识和操作技能都得到了提高。组织馆际交流，相互学习，共同提高。

管理工作

图书馆工作主要是对外开放服务，是信宜市公益性的文化窗口，为此，图书馆工作必须规范化、制度化。我馆把坚持不懈地抓各项规章制度的落实作为做好馆日常工作的前提。对岗位责任制、考勤制度、学习日制度、请休假制度等，有专人登记，专人检查，做到分工明确，责任到人，形成责任明确，按章操作的管理模式，有力地促进各项工作的顺利开展，对增强同志们的责任感、紧迫感、调动同志们的积极性等方面起到积极的推动作用。

表彰、奖励情况

2009年、2011年分别被信宜市文化广电新闻出版局评为先进集体称号。

馆领导介绍

谭光儒，男，1967年10月出生，本科学历，中共党员，馆长。1990年7月参加工作，2000年9月到图书馆工作，2000年10月任馆长。2013年5月任图书馆党支部书记。

梁汉霞，女，1960年5月出生，大专学历，中共党员，馆员职称，副馆长。1975年5月参加工作，1987年5月到图书馆工作，2000

图书馆大楼

电子阅览室

颁奖

户外推广

全民捐书活动

宽敞的图书馆

市委书记（左一）参观作品

信宜百家讲堂现场

年10月任副馆长。2001年3月至2013年4月任图书馆党支部书记。

杨茂珍，女，1967年12月出生，中专学历，中共党员，馆员职称，副馆长。1987年5月到图书馆参加工作，2008年9月任副馆长。

钱群燕，女，1974年7月出生，中专学历，中共党员，馆员职称，副馆长。1995年7月到图书馆参加工作，2008年9月任副馆长。

未来展望

广东省信宜市图书馆遵循“读者第一，服务至上”的服务宗旨。保持原有的特色服务，完成自动化管理，建好特色数据库，开办数字图书馆，为读者提供优质、高效、专业的知识与信息服务。服务充分体现人文关怀，提供人性化、便利化服务，物质、精神两服务。以公益服务为基本原则，以读者贴心服务为工作的出发点，致力打造成为有自己特色服务的国家一级图书馆。

联系方式

地　址：广东省信宜市迎宾大道信宜市图书馆
邮　编：525300
联系人：韦国生

信宜市领导和信宜、东莞长安两地摄影家合影留念

封开县图书馆

概述

封开县图书馆于1979成立并正式对外开放，现新馆于2011年10月落成并免费服务读者。封开县图书馆新馆位于县城新城区府前路封开县文化中心大楼2层和5层，总建筑面积1903平方米，馆内设有机构15个，服务窗口8个，报刊阅览室、流动图书馆、电子阅览室、多功能影视室、资料室、儿童室共有坐席220个，图书总藏量达到14.14万多册。同时具有优越现代化技术条件，全馆现有计算机61台，其中用于服务读者的电脑有48台。

业务建设

截止2012年底，封开县图书馆总藏量14.14万册。电子文献藏量300种以上，图书年入藏量2500种（包括接受捐赠），报刊年入藏量125种（包括捐赠），视听文献年入藏30件以上，注重地方文献征集、整理、入藏，有专门目录，专柜专架，专人管理。

2013年前年购书经费2万元、报刊杂志费1.5万元，从2013年起购书经费增至5万元、报刊杂志费1.5万元。

图书文献采选结构合理，连续、完整，具有针对性。

读者服务工作

从2009年起，封开县图书馆全年实行免费开放，节假日也不休息，每周开放时间57小时，方便读者借阅图书、上网获取信息。

封开县图书馆牢固树立“读者第一、服务至上”的工作理念，特别是各种生动活泼的少儿活动和具有浓厚节日特色的“猜谜”已成为图书馆的品牌，向公众传播社会主义先进文化，目前已开展活动135场，开设公益讲座200多讲。丰富多彩的活动吸引着全县的老少读者来到图书馆接受文化熏陶。

同时坚持“面向农村，服务农民”的宗旨，积极启动流动书香车送书下乡，为农民营造阅读氛围，及时把农业科技种养资料送到农民手中，并跟踪服务。

业务研究、辅导、协作协助

在省立中山图书馆的高度重视和大力支持下，我县成立了广东省流动图书馆封开分馆，实现了全省范围内的分馆与分馆之间协作协调、资源共享。同时，封开县图书馆积极参与肇庆市图书馆的联网一卡通借还体系，实现了肇庆区域“一卡通”联合服务，联合编目，馆际通借通还，网站建设，与兄弟馆互动，相互借鉴经验做法，提高服务质量。

封开县级公共图书馆只有一间，封开县图书馆充分发挥中心图书馆的主导作用，把基层图书馆业务辅导工作作为封开县图书馆的一项重要工作来抓。我县有16个乡镇，每个镇设有文化中心图书室，还有210家农家书屋，县城各中小学校、县广播电视大学、社区文化室、驻军部队图书室等239个点都有丰富的藏书。目前已建立文化信息资源共享工程服务点218个，行政村（社区）覆盖率达到100%。有168个行政村、社区建立了电子阅览室，完善行政村和社区电子阅览室建设84%。封开县图书馆在做好本职工作的同时，组织业务骨干小组积极协助基层图书馆（室）的业务建设，使基层图书馆的业务标准化、规范化。

管理工作

在管理方面，封开县图书馆着重抓好以下几个方面：

1、抓好岗位设置与聘用工作，按照本馆的需要和上级有关规定设置岗位，按岗聘用，竞争上岗，合理配置人员。

2、抓好各项制度建设，建立和健全行政管理制度、廉政建设制度、业务管理制度和内部借书制度、财务管理制度和物资管理制度、图书保护制度和档案管理制度、考勤制度、消防保卫制度、清洁卫生制度等。

3、抓好美化环境和安全环境的管理。要求各部门，特别是服务窗口，室内整洁、美观、安静，标牌规范。各楼层通道，藏书主要部门都设有消防设施，馆内馆外设有视频监控，消防、保卫合格。

4、年初有计划，年终有总结，各项工作落实到位。开展工作有计划，有总结，有制度约束，保证了图书馆各项工作的顺利开展，管理水平和服务质量有较大的提高。

表彰、奖励情况

2009年至2013年间，封开县图书馆获得的荣誉有：2009年至2012年获县群众文化建设工作先进单位；2011年、2012年在

纪念“4·23世界读书日”读书征文活动中被县文广新局评为优秀组织奖；2012年获“肇庆区域图书馆‘一卡通’联合服务”市先进单位；2013年获县（区）级国家二级图书馆。

馆领导介绍

许志明，男，1965年10月生，大专学历，中共党员，中级职称，馆长。1987年到封开县图书馆参加工作，先后在阅览室、采编室、馆长办公室工作。

李程斌，女，1961年08月生，大专学历，中共党员，中级职称，图书馆支部书记。1988年到封开县图书馆参加工作，先后在阅览室、馆长办公室工作。

曾小珍，女，1959年01月生，大专学历，中共党员，助级职称，副馆长。1993年到封开县图书馆参加工作，先后在阅览室、馆长办公室工作。

未来展望

在信息社会的今天封开县图书馆将依托文化共享工程，以数字图书馆建设为目标，以自动化服务为手段，以满足读者需求为出发点，以开展服务活动为重点，以传播知识和传递信息为职能，以馆藏文献为依托，努力实现全方位开放式读者服务工作，使图书馆成为文化、科技、传播、社会教育、信息交流的中心，为丰富群众文化生活，提高全民文化素质，构建城市文化建设，做出新的、更大的贡献。

联系方式

地　址：广东省肇庆市封开县江口镇府前路封开县文化中心

邮　编：526500

联系人：许志明

梅州市梅江区图书馆

概述

梅江区图书馆位于梅城江北民主路井头街5号梅江区余陈梅冰文化中心大院内。在区委区政府、各级主管部门的关心重视下，于2007年成立。馆舍建筑面积约1030平方米，内设流动馆、采编室、外借室、综合阅览室、少儿阅览室、地方文献室、过刊室、多媒体电子阅览室等，开展免费开放、借阅、参考咨询服务、数字资源等服务。

业务建设

2008年6月，由广东省立中山图书馆主办的广东流动图书馆梅江分馆正式挂牌成立，为梅江读书活动提供了丰富的图书资源。2009年7月采用省馆提供的图书馆自动化管理系统（Interlib），梅江区图书馆实现了采、编、流主要业务自动化管理。2010年11月开始，参与全国文化信息资源共享工程，建立全国文化信息资源共享工程梅江支中心。2013年10月，在文化部举办的全国第五次县以上公共图书馆评估定级工作中，梅江区图书馆荣获"二级图书馆"称号。目前，馆内纸质藏书达13万余册，电子图书2万册，设立基层流动服务点19个。

读者服务工作

开馆以来，梅江区图书馆全年365天均免费开放，周免费开放时间达60小时。

至2013年上半年止，在梅江区各镇（街道）、村（社区）、家庭、军营等设立19个流动服务点。年接待读者人次，图书年外借册次，年举办读者活动次数，年举办各类讲座、展览次数、馆藏文献利用率等均大幅提高。

积极收集、整理地方文献等资源，开展参考咨询服务。配合市、区政府，相关部门、企业、读者开展古城保护利用、历史文化街区申报、江南新区建设、芹洋半岛建设的文化古迹普查、调研等工作，撰写资料、拍摄照片、音像，得到社会各界和读者的广泛认可。

充分利用岭南流动书香车，到社区、广场、农村等地开展阅读、送书等文化惠民服务。为进城务工人员、未成年人、老年人、市特殊教育学校学生等为特殊群体提供上门服务。充分利用馆内外场地、媒体、网络平台等，宣传、开展图书馆服务宣传周、全民读书月、4.23世界读书日等活动，不断扩大群众参与度。

业务研究、辅导、协作协调

梅江区图书馆充分利用地处梅州城区中心的地理优势，积极参与省、市图书馆开展的全民阅读活动和全民阅读月活动；参与省、市上级图书馆组织的全市各系统图书馆之间的业务研究、交流协作活动。配合省、市共享工程支中心做好共享工程资源服务工作，及时将省、市共享工程支中心配发的资料进行整理，并服务读者。在梅江区辖区范围设立多个流动服务点，协助做好全区各镇（街道），村（社区）农家书屋、图书室的建设。组织基层业务辅导和业务培训工作，实现资源共享。

管理工作

根据本馆性质和任务，梅江区图书馆制定馆发展规划、工作计划及各项规章制度、工作细则、岗位责任等管理制度。图书馆财务管理、人事管理、志愿者管理、设备物资管理、档案管理、统计工作、安保管理等各项工作均有章可依，严格执行。同时，为读者制定了相应管理措施和办法，确保各项工作有序推进。

表彰、奖励情况

2011年至2013年上半年，梅江区图书馆职工个人共获得国家、省、区多项表彰、奖励12次，2012年梅江区图书馆被区文广局评为"2011–2012文明窗口"称号。

馆领导介绍

古云辉，男，1966年1月生，大专学历，中共党员，馆长。2007年11月到梅江区图书馆参加工作。2011年荣获"广东省基层先进宣传文化工作者"称号。

曾珣曲，女，1977年2月生，本科学历，中共党员，中级职称，副馆长。2008年7月到梅江区图书馆参加工作，分管办公室、采编室、综合阅览室、地方文献等业务工作。2011年，作品《党在心中》荣获梅江区"风清气正杨·梅江党旗红"主体征文活动评选三等奖。2011年获得国务院第三次全国文物普查

外借室

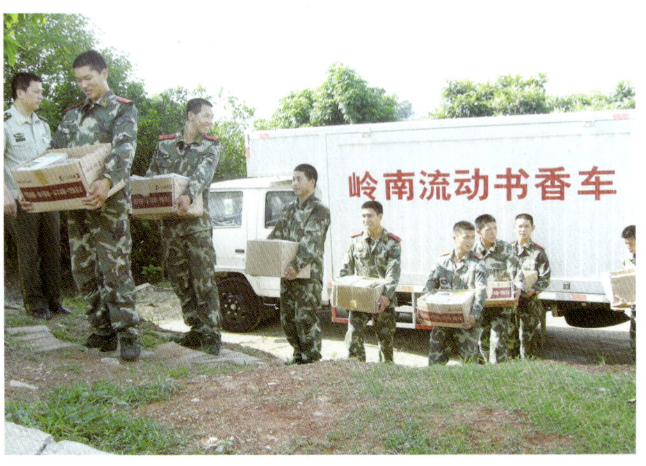

流动书籍到军营活动

少儿阅览室

多媒体电子阅览室

乡村学校阅读活动

送书到农村活动

助残日活动

馆内阅读

领导小组办公室颁发“为第三次全国文物普查工作作出积极贡献的荣誉纪念证书”。2012年被评为梅江区2010－2011年度精神文明建设先进工作者。2012年获广东省文化厅通报表扬。2012年，作品《流动书籍到军营》荣获广东省第二届“书香岭南·阅读生活”摄影大赛成人组三等奖。2012年被评为梅江区2001－2012年优秀共产党员等。

吴佩玲，女，1983年11月生，本科学历，中共党员，副馆长。2007年11月到梅江区图书馆参加工作，分管流动馆、外借室、多媒体电子阅览室等业务工作。2011年获广东省文化厅通报表扬。2011年获得国务院第三次全国文物普查领导小组办公室颁发“为第三次全国文物普查工作作出积极贡献的荣誉纪念证书”。

未来展望

按照上级部署，加快公共文化设施建设步伐，积极争取各级、各方支持，想方设法提升现有图书馆馆舍面积、设备设施、阅读环境等问题。重点突出弘扬客家文化、打造具有客家文化特色的图书馆，以收藏客家历史文献、客家风情书籍、客家名人名作、客属海外侨胞有关书籍及其他具有客家元素书籍入手，建设有特色的图书馆和梅江区客家文献数据库，使之成为弘扬客家优秀文化和人文精神的宝库。梅江区图书馆将不断强化自身综合实力，为公共图书馆事业发展贡献力量。

联系方式

地　址：梅州市梅江区民主路井头街5号

邮　编：514000

联系人：古云辉

图书馆大楼

大埔县图书馆

概述

大埔县图书馆前身为大埔县通俗图书馆，始创于1928年，馆址设茶阳镇育善街。1961年县城迁入湖寮。1978年9月，经广东省文化厅核准为独立馆，渐用县总工会展厅作为图书馆开展图书服务活动的场所。1983年11月动工兴建大埔县图书馆，位于县城繁华的虎山路，馆舍面积为1800平方米。

目前，图书馆在编人员15人，其中：馆长兼书记1人，副馆长4人，大专以上学历6人，占总人数的73%，助理职称5人，占总人数的33%。干部队伍素质好、业务水平高、工作能力强。

大埔县图书馆以服务为根本，以“读者第一，服务至上”为服务理念，坚持“开拓创新、爱岗敬业、优质服务”的治馆方针，为读者提供图书外借、报刊阅览、资料查询，信息导航等优质服务，具有藏、借、阅、查、展等传统图书馆功能。

大埔县图书馆现有阅览座位近300个，设有广东省流动图书馆大埔分馆、文化信息资源共享工程大埔县支中心、外借室、阅览室、文献资料、古书籍展示室、儿童阅览室、新加坡图书室等服务窗口近10个，每周开放56个小时，开展外借、阅览、参考咨询、电子信息等服务，常年举办讲座、培训、展览、交流和读者活动等。

馆藏资源

至2013年底，馆藏图书11万多册。其中中文平装新旧图书10.5万册，线装图书300册，外文图书100多册，中文期刊100种，3500多册，中文报纸50种，1000多册。

读者服务

读书活动：每年利用文化信息资源共享工程的资源为读者举办文学、法律、农业、艺术等知识讲座。每年“4.23世界读书日”期间联合学校举办征文活动，鼓励中小学生踊跃投稿，培养学生们的文学修养和写作水平。经常举办“亲近图书”为主题的幼儿认知课堂，百名学生读书活动，幼儿绘画比赛，科普教育展及客家谚语猜谜会等各类型的读者活动，实现图书馆和读者的互动，充分利用了图书馆的资源。

宣传周活动：每年都举办图书馆服务宣传周活动，主要开展图片展览，知识讲座、谜语竞猜等活动，扩大了图书馆的社会影响。

送书下乡：为满足和丰富基层人民群众的文化生活，每年都开展送书下乡活动，把一万多册的书刊送到了乡镇、学校、农家书屋、军营，为当地群众送去了丰富的精神文化食粮，同时也发挥了图书馆的功能作用，让图书资源得到更好地利用和共享。

基层文化：图书馆在乡镇、街道社区和单位，共建有16个图书流动室，100多个农家书屋。这些基层图书流动室和农家书屋在公共文化服务中担负着全县群众文化活动。

古籍室

学术、科研成果及获奖情况

2005年，大埔县图书馆被大埔县委宣传部评为宣传思想工作先进集体；2009年，被大埔县文化广电新闻出版局评为表扬单位；2008年，大埔县图书馆被文化部评定为三级图书馆；2010年，广东省流动图书馆大埔分馆被评为省流动分馆先进集体；2011年大埔县图书馆被广东省文化厅评为省流动分馆先进集体等荣誉称号；2013年大埔县图书馆被文化部评定为二级图书馆。

未来展望

在当今信息社会飞速发展的年代，作为城市最基本的文化设施，大埔县图书馆发挥重要的地区信息枢纽和精神文明建设基地的重要作用，成为知识信息的集散地、市民终身教育的知识殿堂，当地地方文献的宝库和市民文化休闲场所。随着图书馆事业的不断发展，今后图书馆将是全县集文化、科技、信息传播、保存文化遗产、开展社会主义教育、展示改革开放成就为一体的综合性图书馆。成为全县群众读书学习的交流中心，担负服务人民群众和为地方经济建设提供智力支持的重任，同时为地方政府制定政策提供咨询服务，为构建和谐社会提供文化支持。

馆领导及馆属部门负责人介绍

馆长：谢雪飞，女，中共党员，广东省大埔县人，助理馆员。

副馆长：罗意亮，男，中共党员，广东省大埔县人，馆员。

范少伟，男，中共党员，广东省大埔县人，馆员。

郑玉金，女，广东省大埔县人，馆员。

饶海燕，女，中共党员，广东省大埔县人，助理馆员。

联系方式

地　址：广东省大埔县城虎中路18号
邮　编：514200

图书馆工作人员送书到农家书屋

多媒体阅览室

猜灯谜

少儿室举办亲子手工活动

丰顺县图书馆

概述

丰顺县图书馆成立于1978年。旧馆址位于丰顺县汤坑镇东园路，2007年由于城市规划需要搬迁新馆址，新馆址位于县城风景秀丽的坚真公园内坚真纪念馆大楼一楼，使用面积约1300平方米。部门设置有采编组、综合外借室、多媒体电子阅览室、报刊阅览厅、典藏室、广东流动图书馆丰顺分馆、少儿阅览室等。

业务建设

2007年12月成立了广东流动图书馆丰顺分馆，新增1.2万册高质量的图书，共享省立中山图书馆相同量的数字化文献资源。2011年建成全国文化信息资源共享工程县级支中心，分中心由中心机房和多媒体室两部分组成，中心机房有专门用于提供全国文化信息资源收集、下载、信息加工等服务器，多媒体室有微机30台，可同时容纳30名读者查阅资料，使读者高速访问全国文化信息资源共享中心等网站，快速查询获取所需文化信息。2012年10月丰顺县图书馆被县编制办作为事业单位法人治理结构建设试点单位，成立了丰顺县图书馆理事会机构，选举产生了理事会成员。2013年10月，在全国第五次县以上公共图书馆评估定级工作中，评为二级图书馆。目前馆内藏书达9万余册，古籍2500册，设立流动图书室4个。

读者服务

本着求真务实的工作作风，以“读者至上、服务第一”为工作指导，严格实施免费开放，结合馆情积极开展读者服务工作。在重大节假日期间，开展丰富多彩的活动。在春节、元宵举行图书展读、猜谜等活动为读者提供全方位的优质服务；积极开展“世界读书日”和“图书馆服务宣传周”活动；充分利用岭南流动书香车，到社区、广场、农村等地开展阅读、送书等文化惠民服务；及时对基层流动图书室进行图书更换工作。

业务研究、辅导、协作协调

积极参与省、市图书馆开展的全民阅读活动和全民阅读月活动；参与省、市上级图书馆组织的图书馆业务研究、交流协作活动。配合省、市共享工程支中心做好共享工程资源服务工作，及时将省、市共享工程支中心配发的资料进行整理，并服务读者。协助做好全县各镇（村）农家书屋、图书室的建设。组织基层业务辅导和业务培训工作，实现资源共享。

管理工作

根据本馆性质和任务，制定发展规划、工作计划及各项规章制度、工作细则、岗位责任等管理制度，使之各项工作均有章可依，严格执行。同时，为读者制定了相应管理措和办法，确保各项工作有序推进。

未来展望

按照上级部署，加快公共文化设施建设步伐，积极争取各级、各方支持，想方设法提升设施设备、阅览环境等问题。建设有特色的图书馆和丰顺县客潮文献数据库，使之成为弘扬客潮优秀文化和人文精神的宝库。丰顺县图书馆将不断强化自身综合实力，为公共图书馆事业发展贡献力量。

馆领导介绍

林冬梅，女，1968年5月生，大专学历，馆长、理事长；1990年5月参加工作，2004年6月到丰顺县图书馆工作。

张伟泉，男，1977年6月生，大专学历，中共党员，助理馆员职称，副馆长、理事；1997年8月到丰顺县图书馆工作。

黄丽珍，女，1981年8月生，大专学历，中级职称，副馆长、理事；2001年11月到丰顺县图书馆工作。

刘金凤，女，1978年1月生，本科学历，中共党员，助理馆员职称，副馆长、理事；1997年9月参加工作，2007年7月到丰顺县图书馆工作。

黄小辉，男，1979年6月生，大专学历，中共党员，助理馆员职称，理事；2003年8月参加工作，2005年4月到丰顺县图书馆工作。

联系方式

地　址：广东省丰顺县汤坑镇坚真公园内坚真纪念馆一楼
邮　编：514300
联系人：林冬梅

镇村图书管理员业务培训1

镇村图书管理员业务培训2

读者座谈会

世界读书日活动

猜谜活动

馆务动态宣传栏

图片展览

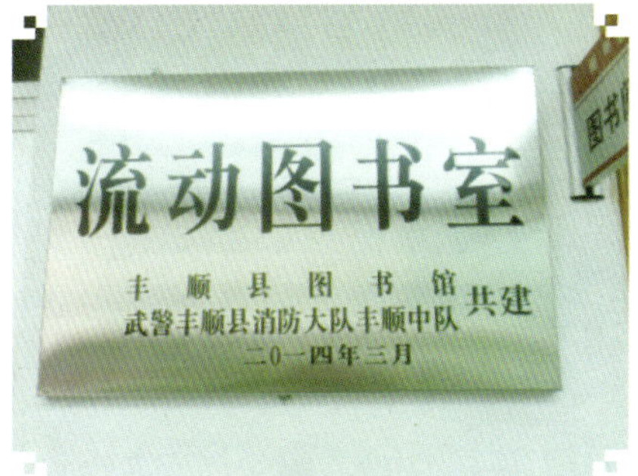

流动图书室

世界读书日活动2

世界读书日活动3

流动图书室2

流动书香车下乡活动

紫金县图书馆

概述

民国18年(1929年)，紫金县创办中山图书馆，藏书1万多册。抗日战争时期，由于敌机空袭，造成馆藏图书失散，到建国前夕，馆藏图书所剩无几。1953年，县文化馆设立图书阅览室，保存图书得与读者见面。1973年11月，成立紫金县图书馆，馆址迁至县城东风路43号。1997年10月，在原馆址拆建的新馆落成，建筑面积1500平方米，图书馆兼挂香港著名书画家周世聪画院牌子。2003年11月，被广东省文化厅定为“广东流动图书馆”全省三个试点馆之一。2004年、2009年全国公共图书馆评估定级评为二级图书馆。2012年，紫金县图书馆有阅览座席340个，计算机55台，宽带接入10Mbps，使用广东省立中山图书馆的图书馆集群管理系统。

业务建设

截止2012年，紫金县图书馆总藏量100562册（件），其中，纸质文献99865册（件），视听文献697件。

2009—2012年，紫金县图书馆年拨事业经费70万元左右，年新增藏量购置费8万元，其中，购书费5万元、报刊费3万元，年购新书2500种、订报刊200种以上。

2009—2012年，紫金县财政拨给广东流动图书馆紫金分馆图书馆交换经费3.5万元；全国文化共享工程县级支中心运行维护经费7万元；岭南流动书香车经费8万元。

2010年7月，广东省政府调拨安装文化共享工程设备，紫金县图书馆全国文化共享工程县级支中心全面启用。

读者服务工作

紫金县图书馆秉承“读者至上，服务第一”的宗旨，周开放60小时，法定节假日、双休日照常开馆。2009—2012年，总流通824594人次，外借图书180746册。借阅室均实行全开架借阅，2012年止，有效借书证3365个。2009—2012年，挑选馆内藏书图书6876册，在镇、村开设图书服务点15个。

2009—2012年，多媒体电子阅览室上网查询资料达46567人次，打印复印资料1000多份。

2009—2012年，紫金县图书馆共举办展览、讲座、培训、阅读推广、知识竞赛等读者活动56次，参与人数32459人次。

2009—2012年，结合图书馆送书下乡，岭南流动书香车送书下乡惠民活动115次。

业务研究、辅导、协作协调

2009—2012年，紫金县图书馆职工撰写并在省级刊物上发表论文12篇。

2010年，联合河源市职业技术学院在紫金县偏远山村开设首家图书信息服务站。

2009—2012年，举办文化站长培训班2期，参加人数56人次。农家书屋管理人员培训班2期，接受培训153人次。

管理工作

图书馆管理制度健全，档案资料详实，环境整洁、美观，馆内标牌规范，阅览台、书架按标准设置。2012年止，有工作人员13个（在编8人、临工5人），其中，大专以上文化程度占50%，中级职称5人，初级职称1人。

表彰、奖励情况

2009年、2010年，广东流动图书馆紫金分馆被广东省文化厅、广东省立中山图书馆评为“先进集体”。2010年，紫金县图书馆被紫金县委、县政府授予“文明窗口”单位。

馆领导介绍

陈晓东，男，1974年4月生，大专学历，中共党员、中级职称，馆长。1993年5月参加工作，2012年12月任紫金县图书馆馆长。

叶兰样，男，1955年6月生，大专学历，中共党员、副馆长。1975年5月参加工作。

杨妙霞，女，1963年7月生，大专学历，中共党员、中级职称，副馆长。1984年8月参加工作。

王锐夫，男，1975年3月生，本科学历，中共党员、中级职称，副馆长。1993年11月参加工作。

未来展望

2009—2012年，紫金县图书馆服务功能和设备配置得到改善，服务质量和办馆水平进一步提高。全馆人员求真务实、爱岗敬业，以“认真负责，着重效益，服务读者”为原则，以“全力以赴，做到更好，超越突破”为工作目标，取得了显著的社会效益。为紫金县的文化事业发展，推动精神文明

报刊阅览室

广东流动图书馆紫金分馆

少儿阅览室

图书馆外貌图

图书外借室

建设和构建和谐社会作出了积极的贡献。根据《紫金县公共文化设施建设规划（2012–2015）》任务，利用县博物馆迁建后的建筑用地改造为图书馆馆舍，实现紫金县图书馆3000平方米的建筑面积，争取各项指标达到一级图书馆水平。

联系方式

地　址：紫金县城东风路43号
邮　编：517400
联系人：陈晓东

多媒体阅览室视频讲座

图书服务点分布图

中国诗词风格诵读比赛

紫金县岭南流动书香车百车下乡惠民活动

和平县图书馆

概述

和平县图书馆位于和平县阳明镇中山二路001号，于1963年正式成立，1986年12月新馆落成，1997年续建，馆舍面积2000平方米。现有在职人员12人。1993年参加第一次公共图书馆评估，首获国家二级馆荣誉，2009年参加第四次公共图书馆评估，获国家三级馆，2013年参加第五次公共图书馆评估，再获国家二级馆荣誉。

业务建设

至2014年统计，目前和平县图书馆藏书达117621多册。馆内设有办公室、外借室、少儿阅览室、综合阅览室、采编室、展览室、全国文化信息资源共享工程和平分中心和广东流动图书馆和平分馆，读者座位250个，每年订报刊150种，工作电脑10台。年购书经费10万，藏书量按全县人口比例为每人0.23册。2007年全馆完成自动化系统管理。

读者服务工作

我馆在读者服务工作上，充分体现"以人为本，服务第一"的宗旨，免费开放工作做到零收费，每周开放时间为58小时，节假日照常开放。充分利用图书资源，主动走出馆门，送书下乡，积极开展惠民文化工程活动。认真做好每年"4.23世界读书日""图书馆服务宣传周"活动，为方便读者更好了解图书馆资源，我馆购置了书目检索机，方便读者查阅书目。各室提示标语充分体现人性化，放置了花草，使读者阅览环境更人性化，更温馨。

业务研究、辅导、协作协调

随着时代发展，我馆根据读者不同年代的需求，先后出版了《信息短波》、《决策参考》、《生活小百科》、《健康小知识》等刊物、专辑，深受广大读者的欢迎。同时，我馆利用图书资源，先后开辟县工业园、武警中队、看守所、下车镇文化站、合水丰洋村、阳明镇福东社区、残联及东水镇强新村小学8个基层流动图书室，并不定期地下基层进行业务辅导。也承接着对"农家书屋"的各个驻村点的图书分编及排架工作，并给予一定的业务辅导。

管理工作

本馆实行岗位责任制，每年年终进行一次岗位考核，半年进行一次读者对工作人员考核。两年进行一次岗位轮岗制度。

表彰奖励情况

1991年被评为全省"文化系统先进集体"，1993年被评为全省"文明图书馆"，先后被市、县评为"文明单位"5次，2012年在本市"4.23世界读书日"征文比赛活动中，我馆获得大赛组织奖。

领导情况

李小巧，女，1965年11月出生，1982年进入县文广新局工作，1990年调入县图书馆至今，1993年毕业于韶关市中等艺术学校图书馆班，1997年任副馆长，2002年任正馆长。

谢小武，男，1972年11月出生，1992年5月开始在图书馆工作，1996年毕业于省成年文化艺校图书馆学班，1997年任副馆长至今。

魏红曼，女，1970年8月出生，1988年进入和平县图书馆，1991年毕业于韶关市中等艺术学校图书馆学班，一直担任采编工作，于2013年12月任副馆长。

联系方式

地　址：和平县阳明镇中山二路001号
邮　编：517200

永远做党和人民的忠诚卫士

“我们的中国梦”文化进万家 图书馆

渊深者修诸己

书是人类进步的阶梯

和平县“4·23世界读书日”征文比赛
颁奖仪式

阳春市图书馆

概述

阳春市图书馆始建于1978年，馆址几经变迁，2010年10月，位于阳春市东湖广场益民路的图书馆综合楼建成投入使用。图书馆综合楼建设用地面积1289平方米，建筑面积约9000平方米，楼高8层，1-4层为图书馆，馆舍建筑面积4500平方米。现有在职人员16人，其中大学本科1人、大专学历10人，中专、高中文化程度5人，有11人获得初级技术职称。馆内开设有外借部、资料典藏部、流动图书馆阳春分馆、少儿部、报刊部、读者自习室、文化信息资源共享工程部（多媒体览室）、多功能培训室、采编部和特藏与地方文献部等共10个服务窗口，阅览坐席350多个。馆藏图书12万余册，其中实体图书10万册、电子图书2.7万多册，读者上网和工作人员用电脑54台；并建立有域名为www.ycggtsg.com阳春市图书馆网站，为读者提供网上信息服务。近年来，图书馆每年接待读者约6.5万多人次，年外借图书6.4万多册，有效持证读者4300多人。2013年，参加第五次全国公共图书馆评估，被评为二级图书馆。

读者特色服务

1、从2011年1月起，阳春市图书馆全面对外免费开放，每周开放54小时，节假日不闭馆。为更好地服务广大读者，制定了多种便民措施，在图书馆每层楼的电梯出口处都放置了读者物品存放柜，方便读者存放随身携带的物品；为便于读者查找图书，还在每层楼上都安装了读者检索专用电脑，并自主开发了读者专用书目检索系统，该检索系统除了可以让读者检索到图书馆及流动馆已有的图书（及电子图书）外，还为读者提供荐书功能。读者首先在书目检索机触摸屏上输入欲查找的图书书名，若在馆藏书目中没有发现此书，即可点击“我要荐书”按钮荐书。让读者在馆藏图书采购上“当家作主”。

2、全民阅读推广活动从少年儿童抓起，已成为图书馆人的一致共识。每年的4月23日，图书馆都会和附近的小学联合举办国际读书日活动，为学校营造良好的读书环境和社会氛围。从2014年起，图书馆还每个月定期举办一次以“阅读·放飞梦想”为主题的少儿百科知识有奖问答活动，以从小培养青少年良好的阅读习惯，促进全民阅读活动的广泛、深入、持久开展。

3、印发《一卡在你手，书山任你游》宣传单张加大对省立中山图书馆数字信息资源推广力度，通过向市政府部门领导派送流动图书馆借书卡、联合市总工会发动市直各大中型企事业单位、学校集体上门办证等多种举措拓宽读者群。

4、近年来，图书馆以岭南流动书香车为载体，和阳春市电影公司合作，把流动书香车作为农村公益电影放映的交通工具，并送去农民急需的实用技术书籍、技能教材和生产信息，利用电影放映前的几个小时，打开书香车，让群众看书看报，有效地解决了山区农村看书难的问题。

5、为残障人员、进城务工人员、老年读者提供服务也是图书馆服务工作的重要内容。图书馆每年都会累计安排约一个月的时间把流动书香车开到这些特殊群体较为集中的工厂、建筑工地、公园和敬老院等地，为老年人、残疾人士和进城务工者 提供图书阅览和办证服务。

6、以文化信息资源共享工程多媒体览室为服务平台，面向青少年和中、老年读者普及电脑网络知识和培训服务。培训课程主要以全国文化资源共享工程视频资料《“跟我学”大众生活百科学苑》和《大众科普（少儿版）》等科普光盘为主，由读者自行组织，每满10人就可预约观看。

共享工程

为充分利用图书馆馆藏资源，逐步在全市范围内实现图书资源共享。至目前止，图书馆已分别和10个社区居委、农

少儿百科知识有奖问答活动现场

多功能培训室培训活动现场

暑期大学生志愿者活动合影

家书屋、学校等图书室签订《阳春市图书馆基层服务网点建设协议书》，共同开设图书馆服务网点，并向各个服务网点配送适合当地群众、学生阅读的图书2000多册。图书馆每年还可根据服务网点的需要和实际情况对全市各个服务网点的图书进行调换，实现资源共享。

基层业务辅导和培训工作

图书馆十分注重基层图书室业务人员的业务培训工作。近年来，主要是配合市文化体育广电新闻出版局新闻出版股开展的农家书屋建设工作。2010年以来，图书馆共派出380多人次随同局新闻出版股人员为247间农家书屋进行图书分类、编目、上架等工作，并对其图书管理人员作图书管理培训。至目前止，已举办业务培训班12期，参加学习的基层图书室人员200多人次。

馆领导介绍

廖永海，男，1971年7月出生，大专学历，馆长。1990年8月参加工作，2007年10月调到阳春市图书馆工作，2013年6月任命为阳春市图书馆馆长。

李劲秋，男，1962年9月出生，大专学历，中共党员，副馆长（兼任党支部书记）。1979年12月参加工作，1991年11月调到阳春市文化馆从事群众文化工作，2008年6月调到阳春市图书馆任副馆长至今。

陈志，男，1959年9月出生，高中学历，中共党员，助理馆员，副馆长。1975年参加工作，1990年调到阳春市图书馆，1999年10月任图书馆副馆长至今，负责业务工作，2004年12月取得助理馆员资格。

发展前景

投资150万元、设有阅览座席132个的数字图书馆正在图书馆二楼密锣紧鼓地筹建中，预计到2015年上半年即可投入使用。届时，将为读者提供比传统图书馆更为广泛、更为先进、更为方便的服务。

此外，建筑面积达600平方米的图书馆一楼多功能综合展览厅建设工程也与数字图书馆工程同时进行。建成后将成为目前阳春市建筑面积最大的展览厅，将为用户提供多功能展览服务。

联系方式

地　址：广东省阳春市东湖广场益民路图书馆综合楼
邮　编：529600
联系人：李劲秋

阳春市图书馆

清远市清城区图书馆

概述

清远清城区图书馆成立于1998年，2000年7月份正式开馆。现有馆舍面积2500平方米，藏书10万册，年订有报刊164种，年接待读者12万人次。馆内设有综合成人阅览室、少儿阅览室、报刊阅览室、多媒体阅览室等，并设有省流动图书馆分馆。此外，还有展览厅、讲座厅、多功能室等设施。读者阅览座位200个，实行全开架借阅服务。有各种电脑45台，外接电信10M光纤网络连通互联网。建馆初期已经实现电脑化管理，目前使用图创区域集成图书管理系统。2013年参加全国公共图书馆评估定级，首次获得二级馆。

业务建设

截止2013年底，清远市清城区图书馆总藏量10万册。

2011年新增藏量购置费10万元，2012年新增藏量购置费30万元，2013年新增藏量购置费55万元。2011–2013年图书入藏量5万多册。

2013年进行馆舍改造，增加馆舍面积1500平方米。并将造化管理系统升级为图创区域集成图书管理系统。

2009年建立全国文化信息资源共享工程清城支中心。同时建立电子阅览室，内置电脑20台。2013年扩建电子阅览室，电脑70台。2010年开始，实现馆内802.11N无线网络覆盖。

读者服务工作

从2000年开始，清远市清城区图书馆每周对外开放不小于60个小时。2010–1013年，每年到馆人数12万人次，年书刊总流通量4万人次。馆外建立流动服务点2个。每年举行巡回送书下乡活动，巡回下乡点14个。

2011年开始免费开放服务，取消办证费用。2013年11月开始，采用居民第二代身份证代替借书证免押金服务，深受群众欢迎。

2010–2013年，清远市清城区图书馆共举办讲座、展览、培训、阅读推广等读者活动60场次，参加人数1万多人。

业务研究、辅导、协作协调

2010–2013年，清远市清城区图书馆职工撰写论文30多篇。

2010–2013年，参加省级培训15人次；自办业务培训班3期。

2010–2013年，到镇、街、村、社区图书室辅导12次，举办图书室管理员培训班3期，参加培训人数250人。

2013年开始，筹建总分馆网络平台，与各街镇文化站图书馆室联网，实现统一平台，通借通还服务，将公共图书馆的服务功能延伸到基层。

与区武装部、区总工会协作，共建图书室。

管理工作

2011年起，清远市清城区图书馆开始实行全员岗位聘任，2012年馆长实行竞岗聘任，基本完成人事改革工作。

馆领导介绍

李敦平，男，1961年3月出生，大专学历，中共党员，助理馆员，馆长。1979年参加工作。历任清远市清城区文化体育局文化市场股副股长、办公室副主任、负责人、文化股股长。2000年任清远市清城区图书馆馆长，2003–2013年兼任清远市清城区博物馆馆长、文物普查队队长。2011年被评为省文物普查先进工作者。

未来展望

清远市清城区图书馆遵循“均等、效率、科学、创新”的方针，践行建设文化强省的战略，完善服务设施，扩展服务功能，将公共图书馆服务延伸到基层社区，让更多的人享受文化的均等服务。采用现代网络技术，与各基层社

读书活动

送书下乡

电子阅览室

培训班会场

区图书馆联成网络，统一平台，通借通还，实现图书和服务向社区流动。同时，加强管理，提升服务效能，积极开展读书推广活动，发动更多人读书，形成全民读书的良好氛围，促进民族素质的不断提升。

联系方式

地　址：广东省清远市清城区先锋西路西湖花园
邮　编：511500
联系人：李敦平

清城区图书馆

饶平县图书馆

概述

饶平县图书馆成立于1982年6月，馆址在广东省饶平县黄冈镇石埕前4号，面积约200多平方米。1991年9月饶平县图书馆新馆大楼落成剪彩，新馆馆址在广东省饶平县黄冈镇小公园内，大楼占地1000平方米，建筑面积2315平方米，工程总投资1423028.76元。1992年2月图书馆正式搬迁新馆开放，图书馆实际使用面积1502平方米，2003年6月设立了文化资源共享工程饶平县支中心，2005年7月8日广东流动图书馆饶平分馆正式挂牌，阅览厅面积230平方米。2004年、2009年两次被文化部评为三级图书馆，2013年被文化部评为二级图书馆。

业务建设

截止2012年饶平县图书馆图书总藏量84397册，电子文献藏量200种，2012年入藏图书5553册，其中接受赠送图书3326，报刊入藏量122种。财政拨款年68万，新增藏量购置费5万元。文化资源共享工程饶平县支中心与广东省立中山图书馆实行资源共享，电子图书库装有电子图书约2万册。饶平县图书馆全面实现全开架服务，2009年7月饶平县图书馆在广东省立中山图书馆的支持下利用广东流动图书馆Interlib图书集成群自动化管理系统进行资源整合，实现了自动化管理。

2010年饶平县图书馆藏书与广东流动图书馆饶平分馆藏书实现一证通借。饶平县图书馆有阅览座席228个，全馆有计算机53台，触摸屏1台，图书监测仪2台，复印机1台，传真机1台，打印机4台，文化资源共享工程饶平县支中心有服务器4台，网络接入100M，存储6.6TB，读者专用电脑35台以及配备了10KS的后备电源，确保断电一天全馆仍能正常提供对读者服务。馆内全面安装了监控系统。设有基层流动图书室5个。

读者服务工作

从2012年起，饶平县图书馆全面实行免费开放。2009–2012年新办借书证5679份，累计总办借书证8376份，县城办证率为4.6%。2009–2012年共接待读者约171多万人次，读者阅览图书计358多万册次，读者外借图书计33.7万多册次，接待读者咨询18018人次，接待读者免费上网约15多万人次。2011–2012年与饶平县纪委、饶平县监察局、饶平县文广新局共同举办二届读书思廉活动，接待读者阅览廉洁图书约5500人次，借出廉洁图书1115册，本馆收到征文21篇。国庆期间组织有关中共党史及人物的图书200册于流动分馆阅览大厅开展《迎庆十八大胜利召开专题阅览》，参加阅览读者计2537人次，外借2512册次。2009–2012年每年开展服务宣传周活动，开展送书下乡活动。2012年为基层图书室更新图书计5750册。2012年开展有关阅读红色经典，爱国主义为主题的读者活动，参加阅览约2400人次。

业务研究、辅导、协作协调

饶平县图书馆职工在省级刊物发表论文4篇。2009–2012年每年暑假期间为活跃大中学生暑期文化生活和普及图书馆自动化专业知识，举办大中学生及图书馆机读目录知识培训班。招收大中学生志愿者从事图书馆管理工作。

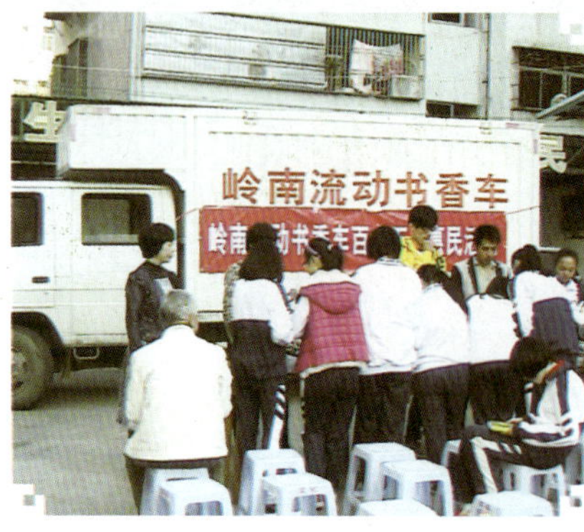

管理工作

饶平县图书馆人事管理按需设岗、按岗聘用、竞争上岗、岗位责任制、考核、分配激励制度。管理档案健全，资料详实，归档及时，立卷准确，装订整齐，内容齐全，每卷有目录，方便检索。饶平县图书馆环境整洁、美观、安静，全面监控。

表彰、奖励情况

饶平流动分馆2009年被广东省文化厅评为先进集体，2010年被广东省立中山图书馆评为先进集体，2011年被广东省文化厅评为先进集体，饶平县图书馆2010年被中共饶平县委、县政府评为文明窗口单位，饶平县图书馆党支部2011年被中共饶平县委评为先进基层党组织。

馆领导介绍

余一帆，男，1953年10月生，大专学历，中共党员，图书资料馆员，馆长。1983年6月起在饶平县图书馆工作，1990年11月至1994年10月任饶平县图书馆副馆长，1994年11月起任饶平县图书馆馆长，1998年9月起兼任饶平县图书馆党支部书记，2013年10月退休。

罗小红，女，1964年6月生，本科学历，中共党员，助理馆员，馆长。1979年12月起在饶平县图书馆工作，2012年8月起任饶平县图书馆副馆长，2013年10月起任饶平县图书馆馆长，兼饶平县图书馆党支部书记。

林壁辉，女，1964年9月生，本科学历，中共党员，图书资料馆员，副馆长。1979年9月参加工作，1985年8月起在饶平县图书馆工作，2013年10月起任饶平县图书馆副馆长。

未来展望

根据饶平县县城文化发展现状规划（2013–2030年）设定目标：

2013–2017年目标为，完成后楼扩建工程，实现图书外借处与期刊室分离，广东流动图书馆饶平分馆与报刊阅览室、自带书刊阅览室分离。文化部第五次评估定级晋升为一级图书馆。计划资金投入为150万元。

2018–2021年目标为，进行步完善各项服务功能，首层设立24小时自助服务的图书室，实现读者阅览、图书借还自助服务。计划设施资金投入为200万元。

2022–2025年目标为，县城21个村委会、11个居委会和一个村级场全部设置一个24小时自助服务，藏书量5000册的自助图书借阅柜。计划设施资金投入为3300万元。

2026–2030年目标为，全县22个乡镇场全部设立一个饶平县图书馆分馆，饶平县图书馆实现总分馆制服务。计划设施资金投入为4400万元。

联系方式

地　址：广东饶平县黄冈镇小公园内

邮　编：515700

揭阳市揭东区图书馆

概述

揭阳市揭东区图书馆的前身是揭东县图书馆，成立于1997年8月，1998年元旦对外开放，旧馆址位于揭东县城西片文化大厦西楼，建筑面积1500平方米。新馆于2010年10月建成投入使用，2011年元旦对外开放。新馆地址位于揭东城区中心片揭东人民广场文化中心西楼，建筑面积2500平方米。2009年参加第四次公共图书馆评估定级被评为国家三级图书馆，2013年参加第五次公共图书馆评估定级被评为国家二级图书馆。截止2012年底，揭东区图书馆现有馆藏图书8.05万多册，阅览坐席230个，编制6人，现有人员8人，中级职称5人，大专以上学历7人。

业务建设

2009、2010年揭东区图书馆新增藏量购置费6万元，2011年起增至8万元。2009—2012年，共入藏图书1.03万种，2.71万多册，地方文献455种，867册，视听文献180种，电子文献藏量500种。截止2012年底，揭东区图书馆数字资源总量3.57TB，宽带接入为10兆光纤，提供读者使用的计算机40台，图书的采编、借阅及办证等工作实现自动化管理，2012年实现馆内无线网络覆盖。

读者服务工作

从2011年12月起，揭东区图书馆实现全面免费对外开放，每周开放时间56小时。2009—2012年，读者总流通38.51万多人次，书刊借阅20.25万多册次，办证读者5569人。2009—2012年，组织开展4·23世界读书日、图书馆服务宣传周、廉洁读书月、纪律教育学习月等活动，共举办讲座、展览、培训、征文、阅读推广等读者活动76场次，参与人数2.55万人次。2009年建成文化信息资源共享工程揭东支中心，为广大公众免费提供网上阅览、资料查询及影视节目点播等服务。2011年建成揭东数字文化网，链接全国各级文化信息资源共享工程中心网站和揭阳市、揭东区政府等门户网站，为读者提供政府公开信息服务。

业务研究、辅导、协作协调

2009—2012年，揭东区图书馆职工发表论文和工作研究文章18篇，撰写各类新闻稿件32篇，被刊载和播出24篇。参加省、市、县文化、人社部门及图书馆学会等单位举办的研讨会、业务培训班、继续教育等共86次。

2009—2012年，开展送书下乡活动20次，共赠送基层文化站、图书馆（室）等单位图书5500多册，指导基层文化站业务工作43次，协助基层文化站、图书室等单位分类、整理、上架图书3.5万多册，指导全县200多个农家书屋的业务建设，深入县直部门、学校、镇、村等单位举办各类讲座25场次，听众6500多人。

管理工作

2011年揭东区图书馆完成人员岗位设置和聘用工作，实行人员绩效考核和岗位责任管理，建立工作量化考核指标体系。

表彰、奖励情况

2009—2012年，连续四年被评为揭东县文化广电新闻出版系统先进单位，2012年被揭东县委、县政府评为“文明窗口”单位，被揭阳市妇女联合会评为“巾帼文明岗”单位。

馆领导介绍

郑由锋，男，1970年10月生，本科学历，中共党员，中级职称，馆长。1992年8月参加工作，1997年11月调入揭东县图书馆工作，广东图书馆学会会员。

林少勉，女，1968年3月生，大专学历，中共党员，中级职称，副馆长。1991年8月参加工作，1997年11月调入揭东县图书馆工作。

未来展望

揭东区图书馆始终坚持“读者至上，服务第一”的宗旨，秉承“免费开放，服务全民”的办馆理念，优化场馆布局，整合馆内资源，完善服务功能，扩大服务区域，争取广东省立中山图书馆协助安装图创图书馆集群管理系统（Interlib系统），实现系统并轨一卡通服务，提升图书馆的服务效能，更好地为广大公众服务。

联系方式

地　址：广东省揭阳市揭东区揭东人民广场
文化中心西楼
邮　编：515500
联系人：郑由锋

热烈欢迎广东作家到揭东县图书馆

图 书 馆

揭西县图书馆

概述

揭西县图书馆创建于1986年，位于河婆县城农化路，面积为1238平方米，是揭西县唯一的公共图书馆。由于旧馆服务的配套设备陈旧以及馆舍面积等原因。2010年5月新馆建在县城好日子广场，面积为3200平方米。图书馆有阅览坐席478个，计算机68台，安装了6兆的电信宽带，专用存储设备容量4（TB），安装了图书外借电子系统，有业务管理系统录入了流动图书馆、揭西籍作家协会编目数据。实行馆内一卡通服务，各阅览室实行借、藏、阅合一的开放式服务模式。

业务建设

2009年至2011年，揭西县图书馆的图书购置费2万元，2012年起增至3万元，用于购置增加少儿阅览室与报刊室的文献。

截至2012年止，揭西县图书馆现有总藏量105750册，其中外借室21700册、流动图书室10000册、基层流动服务点共55200册、个人赠书5799册、杂志3653册、报纸4550册、电子文献数量480张，图书年入藏量7579册，报刊年入藏量66种，揭岭、北山文艺、乡情等400多种、1900多册。珍藏图书有《二十四史》、《史记》、《资治通鉴》、《潮州志》、《揭阳县志》等，设立地方文献、政府公开信息、族谱、个人及团体捐赠专柜或专架、有专门目录、有专人管理、征集工作开展符合要求。

2009年1月，广东流动图书馆揭西分馆在揭西县图书馆举行挂牌仪式，给图书馆带来了1万册新书，提高了办证的数量和借阅册次，并开始使用广东省立图书馆的Interlib自动化管理系统，业务管理和读者服务工作实现了自动化管理模式。2012年12月，实现了馆内的无线网络覆盖。

2011年7月，揭西县图书馆启动数字图书馆建立项目，近年来，通过共建共享、整合文化共享工程资源等方式，数字文献信息不断丰富。目前视听文献总量达4TB，主要是共享工程下拨服务器视频4TB和下拨光盘视频488件。

2011年9月，揭西县图书馆“揭西籍作家专室——爱心书屋”正式成立，专门收集揭西籍作家的著作，有90多位揭西籍作家捐赠文献2000册，形成揭西县图书馆有特色的宣传品牌。

读者服务工作

2009年使用省馆的Interlib自动化管理系统后，揭西县图书馆每周开放时间60小时，书刊文献总流通32000人次，书刊文献总外借48000册次，有22个基层流动服务点，乡镇基层服务点书刊文献总外借44400册次。

2009年–2012年，揭西县图书馆共举办讲座、展览、培训、阅览推广等宣传活动38场次，其中组织培训29场次，展览3场次，阅读推广活动6场次，参与人数14326人次。揭西县通过举办推广宣传活动等服务项目，加深了对图书馆的认识，并进一步的提高了图书馆的服务功能。

2012年7月，为了提升图书馆的服务项目，开通揭西县图书馆网站，提供广大读者开辟一个自由、平等、免费，文献信息资源比较丰富的网上服务窗口。网站访问次数达7392次。

业务研究、辅导、协作协调

2009年–2012年，揭西县图书馆积极组织业务骨干参加省图书馆举办的各项业务培训，进一步提升业务技能和服务水平。

2011年，揭西县图书馆启动“读书流动服务项目”对建立22个基层服务点的专职管理员进行一系列的图书管理业务辅导和技能培训，使他们能够独立开展管理和服务工作。

2012年，揭西县组织举办“廉洁读书月”活动，组织各党政机关等工作人员举行读书研讨会并一同观看学习纪录片。设立“廉洁读书”专柜，提供读者借阅的需求。“北京财富心智学苑”团体组织社会爱心人士到揭西县图书馆举行捐书活动，共捐赠图书1000多册。

管理工作

2011年，揭西县图书馆完成了岗位聘用设置，本次聘用管理人员2名，专业技术人员11名。并每年对总体工作进行工作考核。对22个基层服务网点进行系统的培训管理，并派专人负责此项工作。

表彰、奖励情况

2009年–2012年揭西县图书馆获得县委表彰、奖励4次，获得文广新局表彰、奖励4次。

馆领导介绍

邓绿柳，女，1963年8月生，高中学历，中共党员，九级职员，馆长。1979年12月参加工作，1994年10月任揭西县宾馆经理，2002年到揭西县图书馆工作，任副馆长，2014年任揭西县图书馆馆长。

李淑丽，女，1971年8月生，大专学历，中共党员，助理馆员，副馆长。1996年11月参加工作，先后在采编室，副馆长办公室工作。

未来展望

按照公共图书馆免费开放的要求和坚持"传播知识，传承文明"的宗旨，秉承"读者第一，服务至上"的服务理念，面向广大读者，全面实施免费开放。我们将不断优化馆藏结构、完善馆内服务设备扩宽服务内容和范围，增加服务项目，继续开展送书下乡、下军营活动，大力实施"全民阅读"工程，在每月15日利用"岭南流动书香车"开展"揭西县岭南流动书香车百车下乡惠民活动"。继续大力支持基层书室建设，帮助基层书室完善管理，发挥基础书室作用，扩大图书平台服务范围和影响力，是揭西县图书馆未来的主要工作目标，按照二级图书馆的服务标准服务广大读者，努力跟上新时代图书馆的步伐。

联系方式

地　址：揭西县河婆镇好日子广场
邮　编：515400
联系人：邓绿柳

惠来县图书馆

概述

惠来县图书馆成立于一九八一年，一九八四年正式成为独立建制，原馆舍位于惠来县惠城镇人民广场南侧一幢钢筋水泥结构三层楼房，总建筑面积九百多平方米。二00七年该馆迁往惠城镇慈云文化广场内新建的文化综合大楼，该馆位于文化综合大楼的一、二层，总建筑面积二千五百平方米。该馆现有藏书15万多册(其中包括电子图书5万多册)，现职工作人员44人，其中具备中级职称的10人、助理馆员24人，2013年该馆再次被评为县级二级图书馆。

业务建设

惠来县图书馆现设有：图书外借厅、流动图书馆、综合阅览厅、少儿阅览室、多媒体电子阅览室、参考室、多功能报告厅、藏书库等对外服务机构；馆内设有：办公室、借阅部、业务部、采编室、财务室等业务机构。多媒体电子阅览室配备读者用的电脑40套，馆内设置局域网，全馆所有业务室都配上工作电脑，打印机、复印机、数码像机、投影仪等设备基本配套齐全。该馆在业务建设上，除做好本馆阵地建设外，还注重做好地方文献的征集工作，设立“地方文献专柜”；同时致力于农村基层网点和图书室的组建、扶持工作，对基层网点和图书室采取赠送图书、书架、阅览桌椅，并配套部分电脑设备；另外，还配合地方党政的中心任务，开展各项业务工作。

读者服务工作

在开展读者服务工作方面，惠来县图书馆始终贯彻“读者第一，服务至上”的原则，在馆内开展微笑服务，认真热情回答读者各种咨询，引导各层次读者正确利用图书馆，并于2011年7月1日正式实施全免费开放。在每年的“图书馆服务宣传周”和“4·23世界读书日”中为读者提供各种健康、有益的图书资料，举办各种读书活动，有效推动全民爱读书读好书热潮的逐步形成；同时，每年都举办若干次“公益性讲座”、“专题报告会”、“读书心得会”，该馆还利用每年的寒、暑假、六·一节、国庆节等有利时机，与各中小学校、机关、企业，联合开展各种读者活动，有效地拓展了图书馆的服务职能，收到良好的社会效益。

业务研究、辅导、协作协调

惠来县图书馆在做好读者服务工作的基础上，还注重于本馆的人才队伍建设，开展业务研究和业辅导，每年除派员参加省举办的业务培训班学习以外，该馆还自主每月在馆内开展一次业务辅导，组织全体员工利用图书馆的有利资源，开展跟踪学习，随时掌握图书馆专业的新知识、新技术，有效提高全馆人员的业务水平和业务素质，提高实际操作技能。与此同时，该馆还每年组织一至二次农村基层图书室管理员业务培训，逐步提高基层图书室管理员的业务水平。

管理工作

在图书馆管理工作上，惠来县图书馆从业务管理、财务管理、安全生产管理、文献采集等共制订各项管理规章制度十七个，上下班实行打卡制度，每周开放六天，每天开放十小时，同时，建立完整的档案制度，注意收集保存相关的资料和数据，该馆从领导班子到各部主任以及各室负责人，做到各施其责，层层落实责任，确保全馆各部门工作正常运转。

表彰、奖励情况

惠来县图书馆成立至今已三十多年，三十多年来，图书馆在当地党政的正确领导下，在上级文化主管部门的大力支持、帮助下，从无到有、从小到大得到不断发展，目前，惠来县图书馆已初具规模，并于1991年被广东省文化厅评为“全省文化系统先进单位”；1989年被汕头市文化局评为“文化系统先进单位”；1993和1994年被揭阳市文化局评为“文化系统先进单位”；1990、1992、1996、1997、1999、2002、2004、2005、2008、2009年度分别被中共惠来县委、惠来县人民政府评为“文明单位”；2005年和2013年被中共惠来县直属机关工作委员会评为“先进基层党组织”。

馆领导介绍

朱惠宁，男，1959年2月出生，中共党员，中级专业职称，馆长。1975年知识青年上山下乡，1978年应征入伍，1981年参加

图书馆工作，历任副馆长，1997年调任惠来县文化局市场股长、文化稽查队长、社文办副主任、扫黄办副主任，2002年任惠来县图书馆馆长。

陈焕丰，男，1954年8月出生，副馆长。历任靖海镇文化站长、惠来县文化馆馆长，2000年调任惠来县图书馆副馆长。

林葵玲，女，1967年12月出生，中共党员，中级专业职称，副馆长，1985年参加图书馆工作，先后在科技参考室、采编室工作。

联系方式

地　址：广东省惠来县惠城镇南环一路14号慈云文化广场内
邮　编：515200
联系人：朱惠宁

郁南县图书馆

概述

郁南县图书馆位于县城都城镇河堤东路20号，独立建馆于上世纪七十年代。现办公大楼占地600平方米，建筑面积2000平方米，建筑总投入350万元，1987年兴建，1991年投入使用，楼高六层：一楼为图书推介展示厅、读者停车场，二楼为报刊杂志阅览室和藏书室，三楼为图书外借室和报刊杂志储藏室，四楼为省流动图书馆和儿童阅览室，五楼为文化信息资源共享支中心和培训讲座室，六楼为办公室、采编室和古籍藏书室。

馆情及人员结构：郁南县图书馆是经文化部评估授予的二级图书馆，现有编制10人，在职8人；领导职数设置一正两副；助理馆员职称5人，管理员3人；事业干部3人，职工5人；本科学历1人，大专学历6人，中专学历1人。

业务建设

1、图书馆现有藏书21万册（包括省流动图书馆1.35万册），其中电子类书籍5.5万册，文学类书籍7.5万册，社会科学类书籍1.5万册，外文图书类2000册，工具书2200册，政治类书籍600册，古籍线装本2000册，地方文献350册，《四库全书》一套1500册，《中文大辞典》、《晨报》、《华商报》等各一套，杂志合订本6.97万册，每年订阅期刊300份、报刊50份。

2、县财政2012年拨款76万元（包括人员工资、福利和办公经费），全年购书经费5万元（其中征订报刊杂志约3万元）。

读者服务工作

1、图书馆每周开放60小时，节假日开放，晚上开放时间是7时–9时。本馆藏书从2011年7月份开始，全部免费对外开放借阅。

2012年累计接待读者15万人次，外借书刊10万册次，阅览报刊1.6万份，出版墙报每月一期。

2、图书馆外设有流动图书室22个：每个图书室有图书500至2000册，每年流动1至2次。图书馆还负责全县177个行政村，194间的农家书屋的管理、培训和技术指导工作。

3、图书馆每年都开展多项读书活动：①有迎新春读书有奖猜谜活动。②“岭南书香车”送书下乡活动。③举办“4.23世界读书日”活动。④“践行雷锋精神”到民政福安院开展爱心捐书活动。⑤“图书馆服务宣传周”活动。⑥“图书飘香”进校园、进军营、进农村、进社区服务活动。⑦廉政读书有奖征文活动。还有多个读书座谈会：读者座谈会，读者联谊会和农家书屋培训班，农村种养培训班、青少年网络知识培训班、图书馆知识培训班等。累计2012年图书馆送去各类图书11000多册。

业务研究、辅导、协作协调

开展读书活动，丰富群众精神文化生活

1、利用传统节日，举办群众喜闻乐见的读书活动，例如：迎新春读书有奖猜谜活动，春节期间我们在县文化广场，县大王山森林公园举办该项活动，办得有声有色，参加的群众万人以上，在欢乐的节日中又能学到知识，收到很好的效果。

2、到全县15个镇177个行政村进行“岭南书香车”送书活动，我们每到一个村都受到村民们的热烈欢迎，不论老幼，他们拿到书都认真地阅读，特别是科技种养的书籍，看到他们如此渴求知识，我们觉得辛苦点都是值得的，累计2012年岭南书香车送书下乡30多次，送去图书逾10万册次。

3、举办“4.23世界读书日”活动，2012年我们全馆到乡镇中小学校送书活动，此项活动每年我们都举办。我们预先写好谜语，准备适合中小学生看的图书3000册、谜语5000条、奖品4000份，活动当天我们在校门前拉挂横标，学校师生们个个踊跃参加，场面非常活跃，有效地激发了学生们爱读书、读好书的热潮，师生们还要求我们以后多举办些这类读书活动。

4、“践行雷锋精神，推动惠民服务”，图书馆到县民政福安院开展爱心捐书活动，每年6月我馆联同文化馆到福安院为老人孤儿们送去一些适合他们的书籍、玩具和水果饼糖，联合文化馆一齐搞惠民活动，使老人家们在行动不便的情况下都能看到我馆的书籍，文化馆的同行们也表演了多个节目，使他们在院内都享受文化娱乐大餐，类似这样的活动我馆每年搞几次，例如：年初我馆联同文化馆到特殊学校送书、送书包文具等，同时还教他们画画、做游戏、唱歌、跳舞，令每个残疾儿童都得到温暖。

积极开展“图书馆服务宣传周”活动，服务全县乡镇科技种养。

每年的“服务宣传周”期间，我馆利用本馆馆藏资源和网

图书馆大楼

郁南图书馆儿童阅览室

读书有奖猜谜活动

4.23世界读书日活动

上搜集了种植、养殖、农业科技、致富信息，卫生保健知识、生活小常识等200多种通俗易懂，实用性较强的资料，编印成《科普知识》和宣传资料3万多份，联合我县科技局，农业局等多个单位到各乡镇基层开展图书馆服务宣传周活动，服务内容有图片展览、宣传资料发放和图书馆职能和服务等内容，宣传周期间，我们通过县电台、电视台每晚播送有关图书馆的活动情况，新书介绍等，受益群众遍及全县15个镇、村。

“图书飘香进校园、社区、军营”活动持续开展

“图书飘香进校园、进军营、进农村、进社区”活动是我馆从2008年开始的一项向学校社区乡村的一种图书馆服务的延伸，此项活动到目前为止，已经开展到社区和乡村，我馆现有流动图书室22间，很好地把图书馆和学校、社区乡村之间互动起来。

我馆借鉴省流动图书馆的经验，整合我馆资源，按照“全员参与，以校为点，辐射家长的思路”开展的一项读书活动，目的是通过促进培养学生阅读习惯，提高学生的阅读能力，引导学生、老师家长共同参与，促进学生素质教育和智力发展，倡导全民阅读。

积极配合文广新局搞好农家书屋建设

我县到2012年底建有农家书屋194家，我馆积极配合文广新局的统筹安排，捐书、捐书架等，全县194间农家书屋，全部由我馆工作人员负责书架安装、图书上架、分类、管理人员辅导等。

文化信息资源共享工程，惠及全县各镇村

2010年文化信息资源共享工程县级支中心在我馆建成投入使用，并免费对外开放。该中心的建成标志着我县的文化建设跃上了一个新台阶，与党员远程教育联手，在全县177个行政村开通了基层的服务点，实现了文化信息资源共享共建的目标，收到较好的效果，利用共享工程的设备，开展知识培训，对基层共享工程服务点进行有效的管理和辅导、培训，使其掌握资源更新和运用我馆对文化信息的资源进行数字化的加工整合，联合县组织部，通过党员远程教育村村通网络，最大限度地为我县各乡镇公众享用我馆的文化信息资源。

管理工作

2010年以来，按照全馆干部职工不同工作岗位、任务特点和要求，制定落实图书馆岗位职责，坚持奖励性绩效工资分配方案，全馆每月考核结果公开透明，以实行聘任制和岗位管理为重点，建立科学规范的奖励性绩效分配机制。每月进行工作进度通报，每半年和全年进行总体工作考核，不定期抽查文献、排架和书目数据，建立工作台帐，年终编写各岗位工作进度通报，以数据为年度考核评选的标准。

表彰、奖励情况

我馆从2010年至2013年被广东省委宣传部评定为“全省宣传文化先进单位”，云浮市“农家书屋”先进单位，郁南县先进文化先进单位。

馆领导介绍

李鸣凤，女，1959年生，大专学历，馆长，助理馆员。

岑雪芬，女，1978年生，大专学历，中共党员，副馆长，助理馆员。

梁海萍，女，1978年生，大专学历，副馆长，助理馆员。

郁南图书馆开展服务宣传周科技下乡活动

郁南图书馆开展青少年健康网络知识讲座

五华县图书馆

概述

五华县图书馆成立于1964年，馆舍建成于1982年，1997年扩建，主楼四层，总建筑面积2293平方米。有干部职工13人，其中中级职称8人，初级职称5人。内设采编室、外借室、报刊阅览室、少儿阅览室、地方文献室（古籍典藏室）、科技咨询室、多媒体阅览室、流动图书馆、馆长办公室(兼复印打字室)以及报刊典藏室等。现有藏书131117册，其中线装古籍4323册。近几年来年均新增藏书4000多册。发放有效借书证4千多个，年均接待读者10多万人次。每周工作6天、56小时。自1994年参加第一次评估定级以来，五华县图书馆历经全国五届评估和定级，以评促建，为创建二级图书馆，我们争取上级支持，进行了馆舍装修和设备更新，使读者的读书环境焕然一新，随着政府对文化工作加大力度的投入，我馆得到了县委、县政府的重视，加强了图书馆建设，在取得支持的同时，也顺利通过了国家文化部的验收，获得了“国家二级图书馆”荣誉称号。

2007年7月省馆在我馆成立了广东省流动馆五华分馆，从而促进了我县图书馆事业的一大进步；暨流动馆的建立，2010年我馆在上级领导的重视支持下，建立了全国文化信息资源共享工程支中心，缓解了我县图书馆长期以来购书经费紧缺的矛盾。我们大力推进信息化进程中图书馆的数字资源建设，充分借助省馆软件和古籍普查平台完成了古籍普查工作，此项工作也得到了省古籍保护中心的大力支持，为我馆提供了技术上的支持，并为我馆陆续配备了一批古籍普查工具书及一批保护器械；同时，我馆还利用计算机技术和图书馆管理软件来提升图书馆各项业务工作，对本馆藏书全面清理和数据加工，此项工作已全面完成。目前，我馆已实现图书采编、流通、检索自动化管理，图书馆的各项内务统计都已实现电脑操作、有序化管理。并从2013年10月1日起开通“一卡通”服务，实现图书馆从传统服务向现代化服务的转变。

图书馆以“外树形象，内抓服务”为指导，一直以来，我们恪守“读者第一，服务至上”的办馆宗旨，努力改善办馆条件和加强业务建设，致力于提高读者服务工作水平和服务质量，充分发挥图书馆的公益性，利用馆藏资源，为读者举办各种读书活动，立足于构建覆盖全社会、惠及全县人民的公共图书馆服务。在馆内营造业务研究氛围，进行职业道德教育，强化队伍素质建设，努力提高全体干部队伍的管理水平。以“创新务实，高效管理，优质服务，读者满意”为方针，不断扩大服务范围，积极开展送书上门、送书下乡服务活动，把图书馆服务延伸到乡镇、农村、社区、军营、企业和弱势群体中。以公共图书馆“服务宣传周”、“全民读书月”、“4.23世界读书日”等为契机，开展内容丰富、形式多样的群众性读书和展览活动，让图书馆成为了市民读书、学习、研究和休闲娱乐的中心。

联系方式

地　址：广东省五华县水寨镇文化街43号
馆　长：蔡仕芳
副馆长：曾秀霞

始兴县图书馆

概述

始兴县图书馆始建于民国十九年（1930年），成立初始称中山图书馆，地址中山公园城隍庙，由北伐名将张发奎捐赠图书《四部丛刊》、《万有文库》各一套，时价一千现大洋。图书馆算是正式开馆了，但场地狭小、设施简陋，藏书亦有限，百姓少有问津。1938年图书馆改名为民众教育馆，当时民众教育馆由进步人士聂欠标等主持，抗战之初，国共两党合作，政治言论比较民主，进步书刊出版如雨后春笋，因而馆藏进步书籍颇多，由此吸引了大量进步人士光顾。1945年日寇入侵始兴县后读者工作基本瘫痪，图书馆名存实亡。

新中国成立后设县文化馆，兼管图书工作。1979年10月，图书馆获得独立编制。1987年，图书馆大楼在原文化局、文化馆、图书馆、文工团等单位原址上落成。图书馆大楼当时是始兴县最时尚的地标性建筑，也是始兴人民文化娱乐休闲的主要场所。现新馆坐落于丹凤山麓下永安大道中79号，2013年8月正式启用，大楼建筑为5层客家围屋式方形结构，建筑面积3700平方米，总投资850万。是当今始兴县最具代表性的地标建筑之一。

业务建设

现我馆馆藏图书10万余册，报纸20000余张，视听资料近400件，数字资源约2TB。年购书经费人民币10万元，2013年购书近人民币30万元新购图书近1万册。并开设图书馆服务微信平台。

读者服务工作

2011年以来，我馆实行全免费对外开放，每周对外开放50多小时。其中周一闭馆，周二开阅览室、自学室。其他时间为各业务室正常班、夜班（开馆时间为上午8:15—12:15，下午2:30—5:30，晚上7:00—9:30）。馆内除了特定文献、古籍外，其余馆内藏书全部对读者开放。2013年有效书证2366证，外借图书27919册次，进馆流通人次127832人次。

业务辅导、协作协调

送书下乡、图书流动点、图书漂流以及农村农家书屋的辅导和建设是我馆多年来辅导和业务拓展的重点；近年来与县纪委的“廉政读者月”活动及县委宣传部“全民阅读”等活动的合作又是我馆协作协调的一个成功典范。此外，每年都要举办各种读书宣传及有奖征文等活动。

管理工作

现有在岗人员7人，3男4女。其中只有3人助理馆员职称，人员素质严重偏低。由于受人员和人才的局限，我馆目前采用Interlib图书馆集群管理系统，为我馆图书采访、图书编目及图书借阅、图书馆藏等工作带来极太的方便，亦是山区小型图书馆未来发展的不二选择。

表彰、奖励情况

我馆自2005年第三次全国公共图书馆评估定级以来连续三次被评定为国家三级图书馆。1989年全市公共图书馆业务竞赛中取得第三名。先后多次取得县先进、文明单位等多种荣誉称号。

馆领导介绍

邓华浩，男，1964年11月生，大专学历，中共党员，助理馆员，馆长。1984年参加工作，先后担任县人民医院办事员、县图书馆馆长、县文化馆馆长等职务。并曾获得过多次各种表彰、奖励。

钟俊雄，男，1961年5月生，中专学历，助理馆员，副馆长。1981年参加工作，先后任图书馆管理员、采编、副馆长等职。并曾获得过多次各种表彰、奖励。

未来展望

我馆坚持走地方特色办馆方针，侧重收集始兴地方文献资料；并坚持以人为本、兼顾图书馆全方位发展，始终恪守“读者第一，服务至上”的宗旨。同时为始兴的地方政府部门、领导机关和经济建设提供信息情报及决策服务。为拓展图书馆服务范围，我们计划到2020年在全县范围内建3～5个区域性图书服务网点，以点带面覆盖全县所有居民点。

汕尾市图书馆

概述

汕尾市图书馆创建于1989年，图书馆大楼2005年建成，2006年正式对外开放。馆址位于汕尾市区红海东路慈云山公园内，建筑面积4000多平方米，设计藏书量50万册，可容纳读者座位600个，拥有计算机60多台，10M光纤专线接入，全馆采用广东流动图书管理系统，2013年第五次全国公共图书馆评估中，被评为三级图书馆。

业务建设

截止2012年底，汕尾市图书馆总藏书量11万册，年均购书经费20万元。2009年至2012年，年均入藏图书6000多种、报刊120多种。2011年，地方文献入藏率90%；截止2012年底，全馆数字资源总量8TB。2011年，汕尾图书馆实现了全馆无线网络覆盖，2012年，全馆采用广东流动图书管理系统，提高自动化管理水平。

读者服务工作

2011年5月起，全馆全面实现免费开放，每周开放时间60小时。2009年–2012年，书刊外借6万多册次；成立流动分馆3个，2012年设立中国政府信息公开专柜、廉洁图书专柜。

2009年至2012年，汕尾市图书馆共举办讲座、展览、培训、推广阅读等活动203次，参加人数110万人次。

业务研究、辅导、协调

2012年，开通了一卡通，实现通借通还。汕尾市图书馆长期坚持对县区图书馆自动化管理进指导，2009至2012年，累计对基层图书馆的辅导15次。2009至2012年，累计配合市委、市政府做好各展览、讲座、培训35次。

管理工作

2011年，汕尾市图书馆完成了全体人员的岗位聘任，共设岗位九个，实行竞聘上岗。建设量化考核评分机制，每季度进行通报，半年、全年进行整体工作的考核。2009年至2012年，累计抽查文献排架50次、书目数据11次。

馆领导介绍

陈仲宜，男1971年出生，本科学历，中共党员，馆长。1992年参加工作，历任汕尾市华侨农场经贸局办公室负责人、人秘股股长、华侨农场计划生育办公室统计股负责人、华侨农场经贸局副局长、华侨区招商办副主任、中共华侨区委宣传部副部长（主持全面工作），2006年3月起兼任华侨区文化广电新闻出版局局长，2011年3月，任汕尾市图书馆馆长。

莫建生，男1983年出生，大专学历，中共党员，副馆长，2002年参加工作，历任汕尾市图书馆办公室主任，2011年8月，任汕尾市图书馆副馆长。

未来展望

汕尾市图书馆坚持遵循“读者第一，服务至上”的办馆方针，积极完善服务体系建设，以促进汕尾市公共图书馆的发展。2010，汕尾市图书馆扩建工程列入汕尾市文化强市建设八大工程之一。全面扩建后的汕尾市图书馆，总建筑面积将达到8000平方米，阅览座位1500个，可容纳文献万册，年均接纳读者60万人次。汕尾市数字图图书馆项目建设工程完工后，数字资源总量将达40TB，未来几年，汕尾市图书馆力争主要指标达到市级馆的前列。

联系方式

地　址：汕尾市区红海东路慈云山公园内
邮　编：516600
联系人：莫建生

潮州市图书馆

概述

潮州市图书馆新馆正在建设中，2013年参与评估定级的是潮州市图书馆第一分馆——谢慧如图书馆。该馆前身是潮安县图书馆，于1961年独立建制，1992年春天重新建成，座落于潮州文化古城的市中心。由潮州市政府拔款兴建第一期工程，旅泰侨领谢慧如先生捐资续建第二期工程。为彰誉谢慧如先生爱国爱乡的义举，市政府决定以“谢慧如图书馆”命名。该馆的建筑面积4800平方米，藏书34万册，阅览座位381个，少儿阅览席80个，计算机108台，宽带接入50Mbps，使用ILASⅡ管理系统。

业务建设

截止2012年底，潮州市图书馆总藏量34.1339万册（件），共中，纸质文献31.1292万册（件），电子文献30047种。年均新增图书藏量5435种，报刊586种，视听文献407件。地方文献11488种，16640册，规划建成9个数据库：中国瓷都数据库、荣誉市民数据库、名城景点数据库、花灯数据库、名人作品数据库、潮州音乐数据库、族谱数据库、潮剧数据库和潮绣数据库。

读者服务工作

自2011年底实现全面免费开放，每周开放57小时，节假日照常对读者服务。普通图书、报刊实行开架借阅，少儿现刊全面开架外借，在粤东地区中走在前列。

潮州市图书馆新馆正在建设中，谢慧如图书馆位于老城区，交通不便，流动图书车定期定点到社区、工厂、武警、消防等流动服务点为市民、工人、官兵服务；与武警4个中队、消防局两个中队建立流通站，定期更换图书，提高借阅率。

参加党代会、民主党派活动；在公众地方设置触摸屏，为政府信息公开提供服务；承办各个部门的读书活动，每年在全市范围开展不同主题的征文比赛；与图书馆附近的小学联合举办读书活动，开展图书馆利用讲座，让小学生了解图书馆，利用图书馆；与韩山师范学院合作，开设“潮汕文化选修课”，由韩师的老师负责讲授，充分发挥地方文献资源的价值。

业务研究、辅导、协作协调

2009—2012年，潮州市图书馆在编22人，在省级以上刊物发表论文6篇，探讨图书馆工作的理论和见解，获准立项课题3个。

潮州市图书馆积极参加中国图书馆学会和广东图书馆学会的活动，加入粤东图书馆联盟，参与跨地区、跨系统的业务交流。

作为地市级图书馆，负有辅导基层馆的职责。每年下基层指导县、区图书馆业务工作，并为他们提出因地制宜改善服务条件的意见和建议；加强对文化站、农家书屋管理员、文体协管员的培训，构建本地区的服务网络，使各基层图书馆参与到服务网络中来，为下一步的资源共享打好基础。

管理工作

2010—2011年，潮州市图书馆完成全员岗位设置和聘任。馆编制数量少，为保障全员专业能力，不设辅系列，管理岗位需兼任技术岗位。

暑期是公共图书馆最繁忙的季节，潮州市图书馆每年暑期大力招募志愿者，培训其参与图书馆基础业务工作，既发挥了志愿者精神，又缓解服务窗口人力不足的实际困难。

表彰、奖励情况

2009—2012年，潮州市图书馆共获得各种表彰、奖励9次，其中市委、市政府等部门表彰5次，个人获得奖励4次。

馆领导介绍

许锐琪，男，1963年11月生，大专学历，中共党员，馆员，党支部书记，馆长。1980年12月参加工作。

黄雁湘，女，1975年9月生，本科学历，中共党员，副研究馆员，副馆长。1994年8月到潮州市图书馆参加工作，先后在少儿阅览厅、采编部工作。

未来展望

2013年在省和市相关部门的支持下，潮州市图书馆数字图书馆建设迈上新的台阶，在未来的几年里，将努力拓展数字图书馆服务方式及服务范围。

潮州市图书馆新馆主体结构已经建成，争取尽快搬迁新馆，尽早发挥新馆的服务效益。

联系方式

地　址：潮州市西马路191号

邮　编：521000

联系人：许锐琪

清远市图书馆

概述

清远市图书馆是一所地市级综合性公共图书馆，馆址位于新城银泉路图书博物大楼和旧城学宫街左一巷8座，工作人员21人，馆内实用面积3869平方米（新城市馆2358m²，旧城学宫街馆1511m²）。2馆服务窗口设：综合图书借阅室、少儿借阅室、多媒体电子阅览室、捐赠换书中心、报刊阅览室、参考咨询室、多功能展厅等。在公共图书馆第五次评估定级工作中，被评为三级馆。

业务建设

截止至2013年，馆内图书总藏量30.7万册，全年订报纸90多份，纸质期刊700多种，电子期刊500多种，自建地方特色数据库4个、外购电子资源数据库2个，年入藏图书6000种以上。

在财政资金投入方面，专项购书经费由2009年的35万增加到45万元；2012年财政拨款总额460万元，拨款总额比2011年增长了3倍以上。

2013更换了图书馆自动化管理系统，完成了数字图书馆推广工程平台建设，无线网络全馆覆盖。

读者服务工作

2012年1月起实行全免费开放，每周开放时间60小时。截止2012年12月数字统计，持证读者11879人，外借书刊15.72万册次，接待读者20万人次。

2009年至2012年间，图书馆在做好馆内基础工作的同时，积极开展业务，拓展图书馆服务空间：设专门的参考咨询辅导室，为清远市科研项目和重点单位提供数字资源使用快捷通道；送书到敬老院、儿童福利中心、聋儿活动中心，为特殊人群服务；为方便读者借阅，在学校、部队、看守所、企业设流动图书点5个，其中电创电力工程安装有限公司的企业流动图书室，被清远市总工会评为清远市“十大书香企业”称号，同年还被全国总工会评定为“职工书屋”示范点。

在组织开展活动方面：定期组织图书交换活动；举办“新春趣味游艺”“清远市阅读之星评选”、“4.23世界读书日”、“图书馆文化志愿者”、“图书馆服务宣传周”等活动；并且每年还不定期举办各种类型的征文比赛、大型广场读书活动等。

业务研究、辅导、协作协调

2012年，清远市图书馆面向社会举办各类培训班4次，接受培训人数500人次；举办科普讲座2场，参加人次400多人；每年对本市六县两区的图书馆、农家书屋、社区图书室、工厂企业的图书室进行业务培训及管理业务辅导6次；2012年与省立中山图书馆共同举办的《全省粤北片图书馆业务培训班》，受到同行的赞赏。

管理工作

在人事管理上，根据单位内部工作岗位需求，实行公开招聘、竞争上岗制度，和每个职工签定聘用协议，实行岗位绩效挂勾。制定图书馆管理聘用工作实施方案、学习制度、工作制度、考勤制度、服务准则和绩效考核制度。

馆领导介绍

黄桂然，女，1965年6月出生，大专，中共党员，助理馆员，馆长，1983年1月参加工作。历任清远市图书馆借阅部主任、清远市图书馆副馆长等职，2005年11月任清远市图书馆馆长。

张粤闽，女，1963年8月出生，大专，中共党员，馆员，副馆长，1981年12月参加工作。历任英德县图书馆工作、1996年任英德市图书馆副馆长、清远市图书馆辅导部主任，2002年开始担任清远市图书系列初级评委，2005年6月任清远市图书馆副馆长。

朱小敏，女，1964年11月出生，全日制中专，中共党员，助理馆员，副馆长，1982年3月参加工作。历任清远市图书馆借阅部副主任、清远市图书馆公共关系部主任等职，2005年6月任清远市图书馆副馆长。

未来展望

清远市图书馆继续秉承“平等、免费、无障碍”的服务理念，坚持将提高图书馆建设水平、加快图书馆发展速度作为工作重心，不断完善图书馆基础设施建设，深化读者服务，提升信息服务水平，拓展图书馆业务范围。2013年，清远市图书馆新馆建设项目启动，新馆坐落于清远市燕湖新城中心区，是清远新城市中轴线上五大标志性文化艺术建筑之一，是清远的文献资源中心、社会教育中心、文化休闲娱乐中心和信息资源交换平台。

联系方式

地　址：广东省清远市清城区新城银泉北路图书博物大楼五楼
邮　编：511518
联系人：朱小敏

少儿借阅室一角

翁源县图书馆

概述

翁源县图书馆成立于1977年2月，馆址经过多次迁徙，新馆于2007年7月建成开放，现座落于风光秀丽的翁江河畔。馆舍建筑面积1700多平方米，内设有外借室、期刊阅览室、少儿阅览室、地方文献室、广东流动图书馆翁源分馆、文化信息资源共享支中心（电子阅览室）等。2013年7月，通过了全国公共图书馆评估定级，获得三级级图书馆。现图书馆有工作人员10人，其中大专学历5人，高中及中专学历3人，中级馆员职称2人，助理馆员职称4人。

业务建设

截止2013年底，翁源县图书馆总藏量9.6万册（件），其中，纸质文献8.1万册（件），电子图书1.5万册。

2013年，翁源县图书馆新增藏量购置费5万元，现总购书经费共10万元。在各级政府的关心支持下，翁源县图书馆把少儿阅览室从合并在原来的期刊阅览室中，独立设置为一间阅览室，并购置了一批新设备，增加了48个少儿阅览座位。现全馆共有阅览座位200个，计算机50台，并充分利用广东省立中山图书馆的图书管理系统，于2013年8月实行自动化借阅管理。

读者服务工作

翁源县图书馆于2011年10月1日起实行全面免费对外开放，每周开放时间为56小时。馆藏图书有80%以上开架供读者借阅，年外借书刊4.3万多册次。每年春节定期组织读书游园活动，吸引了10000多名群众的热情参与。在“4.23”世界读书日、图书馆宣传服务周活动中，免费为读者提供各种咨询服务，利用“流动书香车”到各乡镇开展巡回借阅，向群众发放各种普法和科普书籍资料2000多册。每年与县纪委组织举办廉洁读书月活动，共接待参与的党员干部10000多人次。

业务研究、辅导、协作协调

2011年–2013年，翁源县图书馆干部职工共发表论文6篇。积极参与省市及学院图书馆组织的各种学术交流和业务培训活动。每年不定期组织1–2次到乡镇文化站及农家书屋，对工作人员进行业务培训，帮助各乡镇文化站及农家书屋做好图书的分类、采编和上架等业务工作。

管理工作和表彰、奖励情况

翁源县图书馆实行岗位聘任制，按岗设人，制定了各项相关的规章制度，年终实行岗位考核。2012年和2013年被上级主管部门评为普法先进单位和工作先进单位。

馆领导介绍

陈德胜，男，1967年9月生，大专学历，中共党员，助理馆员，馆长。1985年11月参加工作，1995年–2001年任翁源县采茶剧团团长，2011年至今任翁源县图书馆馆长。

林军燕，女，1970年3月生，大专学历，中共党员，中级馆员，副馆长。1990年7月在图书馆参加工作，2012年10月任翁源县图书馆副馆长。

何建新，男，1971年2月生，中专学历，助理馆员。1989年10月–1993年12月在翁源县采茶剧团工作，1994年1月–2012年10月在翁源县博物馆工作，2013年10月任翁源县图书馆副馆长。

联系方式

地　址：广东省韶关市翁源县县城文体广场
邮　编：512600
联系人：陈德胜

图书馆大楼

4.23世界读书日活动

廉洁读书月活动

图书馆宣传服务周活动

仁化县图书馆

概述

仁化县位于广东省的北部，东接江西省崇义县，北邻湖南省汝城县，南距韶关50公里。全县辖10个镇和1个街道办事处，109个村委员会，总人口22.75万，其中农业人口16.8万，占总人口的74%，是一个八山一水一分田的山区县。

仁化县图书馆成立于1975年，旧址在老市场仁化县文艺宣传队旁的两间100多平方砖瓦房。1982年在县城的仁桥北路一号重建，占地1500多平方米，室内面积1880多平方米的三层楼房，2000年在原来的基础上投入40万元举行扩建室内使用面积增加300多平方米。县馆内设有成人阅览室、少儿阅览室、外借室、采编室、电子阅览室、广东省流动馆、培训室等图书馆服务场所。在1994年、1998年、2002年、2006年、2010年历经初评、复评被确定为国家三级图书馆。到2014年7月止在全县文化站、部队、工厂、农村建有9个仁化县流动图书馆。

县政府加大了对图书馆经费的投入，特别是2013年计划外增加拨款27万元购买书架一批，新书10000余册，以及电脑和摄像机等办公设备改善了办馆条件。每年还拨出专项经费购买仁化县地方特色文献资料，向社会各界征集符合本县特点的地方文献30余种，拨出专项资金收集私人古籍文献。在全省县级公共图书馆内首次建立《仁化县古籍保护工作室》，有专人管理，常年开展工作，馆内还增设了地方文献专柜，供读者查阅，为领导决策提供地方各种文献资料，成为读者了解仁化县的一个窗口，满足了读者的需求。

提高业务水平追求服务质量

几年来我们抢抓业务培训，受得了明显效果。每年派出馆员参加韶关图书馆情报协会举办公共图书馆业务培训班，参加广东省公共图书馆公共电子阅览室业务培训、广东省古籍书抢救和保护业务培训、参加广东省流动图书馆的业务培训。根据文化部全国文化信息资源建设管理中心培训指导处函件，通过文化共享工程网站“网络电视”的“实用讲座”栏目，我馆组织全体干部职工学习了文化发展 规划先行：《文化部“十二五”时期文化改革发展规划》解读，使大家对《规划》有了基本的了解。为了做好《公共图书馆服务规范》的实施、宣传和推广工作，我馆组织全体干部职工业务培训和学习，目的是为了强化图书馆的基本服务效能，提高专业素质，在日常读者服务工作中更好地贯彻《规范》精神和内容。

注重特色，开展形式多样读书和送书下乡活动

我县图书馆在《4.23世界读书日》活动中，在县城文化广场开展广东流动图书馆宣传咨询暨法律和房屋征收拆迁等咨询活动；发放各种彩印宣传资料5000多份，期间联合仁化县教育局在丹霞中心小学开展世界读书日宣传活动，举办“学雷锋，见行动”作文比赛活动，从而弘扬了雷锋精神，推动了学生读书的积极性。联合石塘双峰寨中学举办《党在我心中》读书征文比赛活动，从小培养学生爱国爱党跟党走的思想意识。为歌颂伟大的祖国和中国共产党，在党的“十八大”会议期间，联合仁化县书画家协会在图书馆展览厅举办《喜迎十八大美术书画作品》展览。2013年4月世界读书日期间，联合仁化县第一中学高中部举办“学化学，爱科学”读书有奖知识竞赛活动，激发了学生对化学课的学习兴趣。与县纪委联合举办廉洁读书月活动，活动的目的就是适应推进廉洁文化建设的形势要求和构建学习型社会的时代需要，发挥图书馆的资源优势和阵地优势，向读者提供题材广泛、内容丰富、可读性强的廉洁书籍。努力形成全党、全社会读廉洁图书的良好风气，促使广大党员干部和人民群众树立廉洁从政、廉洁从业理念，营造风清气正的社会氛围。在5月份的“图书服务宣传周”开展送书活动25场次，发放各种科学种养技术资料8000多份和VCD光碟200多盘，接待读者10000多人次。

城乡一体的公共图书服务“网络”基本形成

1、为了更多的市民受益图书馆，达到资源共享的目的，我们从2011年复制广东省立中山图书馆的成功经验，开始建设仁化县流动图书馆。目前2014年止，已经建成的仁化县流动图书馆有：城口分馆；红山分馆；丹霞街道办老城区分馆；石塘分馆；大桥分馆；长江分馆；武警中队分馆；董塘镇凡口社区分馆；丹霞仁家（福宝农家乐）分馆等9个流动图书馆，共投入经费50多万元。通过上门和下乡服务的手段，提高图书服务质量。读者人数不断增加；拓展了我们图书馆服务人群，取得了良好的社会效益。从而扩大图书馆免费服务的空间和业务，改变过去图书资源不合理的现状，计划在2016年之前完成全县13–15个流动图书馆的建设任务。

我读书，我快乐有奖征文比赛

不断开展服务创新活动

文化资源共享工程仁化县支中心从2006年成立以来，根据粤北山区的地方特点，以山区群众需求为导向，积极探索如何做好文化惠民工作，引导农民在信息化、网络化高速发展的时期，为了如何利用网络和信息发展地方经济，为地方经济和政治提供优质的文化服务。仁化县支中心根据农民工的需要，在2011年，与仁化县总工会联合举办《仁化县创业青年与农民工免费电脑培训班》，免费为培训的学员提供教材和每人每天伙食补贴30元，参加培训的农民工90多人。在2009年我馆成立一支仁化县共享工程移动播放服务队，每年利用文化资源共享工程设备深入县城12

个山区镇的自然村，为当地的留守儿童和妇女、老人播放电影和视频新闻故事专题片24场次，为边远农村播放农业科学种养技术视频25场次。每年深入边缘农村举办多场《果树种植培训》、《养鸡养鸭养猪技术培训》，邀请专家上课培训，参加培训种植户2000多人次，为山区农民致富技能培训服务深受农民欢迎，同时得到地方政府的好评。

2012年春节期间，文化信息资源共享工程仁化县分中心的电脑设备免费为外地的农民工开设网络订购火车票和飞机票服务窗口，2014年举办“仁化县农民工计算机阅读与应用技能比赛”活动，举办“国学经典与家庭教育”公益讲座。在多媒体电子阅览室举办了3场古典音乐欣赏会。

《国学经典与家庭教育》公益讲座

表彰、奖励情况

我馆在创建韶关市“巾帼文明岗”工作中，认真开展创建“巾帼文明岗”工作，2013年3月，我馆被韶关市“巾帼建功竞赛活动领导小组”评为“巾帼文明岗”单位。

馆领导介绍

馆长：卢家赋。

副馆长：饶惠莲。

未来展望

我们全体馆员满怀信心，借建设文化强国之契机，加快仁化县图书馆二级新馆建设步伐，积极争取省市县三级人民政府的资金投入，力争2016年完成6000平方米（四层圆柱形）仁化县图书馆馆舍设施建设任务。为读者提供一流的阅读环境；为读者提供一流的图书馆服务水平；为当地政府发展经济提供服务。

联系方式

地　址：广东省仁化县新城东路一号

邮　编：512300

联系人：卢家赋

仁化县图书馆

新丰县图书馆

概述

新丰县图书馆始建于1983年2月，位于广东省新丰县公园内3号（原文化局一楼），只有约60平方米。现馆于1989年建成并投入使用，位于新丰县丰城镇人民东路63号，建筑面积1640平方米。共四层，内设外借室、报刊阅览室、少儿阅览室、广东流动图书馆新丰分馆、全国文化信息资源共享工程县级分中心5个服务窗口，工作人员9人，中级职称2人，初级职称2人。2013年第五次全国公共图书馆评估评为三级图书馆。馆长罗耀辉，副馆长陈海兵。

业务建设

新丰县图书馆2009年以前，总共藏书不足五万册，无专项购书经费，只每年通过请拔报告的形式，批拔二、三万的报刊杂志费。图书来源主要是通过个人、单位和社会团体的捐献，不仅藏书量无法增加，旧图书偏多。新书也难以补充，读者流通量极低，多数来馆借阅的都是报刊杂志类。自2008年开办广东流动图书馆新丰分馆，县里十分重视，在县财政还是较为困难的情况下，从2009年起批拔每年五万元的购书经费，并将此专项经费列入县的每年财政预算。从此馆里每年都有新书补充，藏书量逐年增加，通过流动图书馆带动本馆的图书事业的发展，读者量直线上升，现我馆藏书85000多册。2010年还争取到了专项资金，对我馆的室内进行了一次装修，使我馆环境更加宽敞明亮，馆容馆貌也发生了巨大的变化，为读者营造了一个良好的舒适阅读环境。

读者服务

新丰县图书馆以“读者至上，服务第一”为宗旨，服务广大读者，通过广场咨询办证、送书下乡、送书进军营、有奖征文比赛和各项读书活动等宣传形式来吸引读者。

新丰县图书馆于2012年3月起对外实行全免费开放，至今共接待读者95636人次，办证4104个，外借33242册次。并在县消防大队设立了县图书馆流动专柜和在县看守所设立了县图书馆流动图书室。以流动馆为平台，大力开展读书活动，读书宣传。在管理上，注重干部职工的业务素质的培养，积极组织专业技术人员参加由省市县的业务培训工作。使得本馆员工的业务素质和服务质量等方面都有所提高。2013年实现了借阅图书一卡通业务，极大地方便了读者，读者人数有较大的增加。又通过流动书香车进行送书下乡活动、以及开展各种展览、公益讲座、和附近的学校一起开展各类读书活动来宣传图书馆，让更多的市民、学生了解图书馆、走进图书馆。同时，新丰县图书馆积极参与上级部门组织的各项工作和活动，认真完成各项工作和任务，与本县的农家书屋保持联系，及时为其提供必要技术和业务指导，工作培训等。2012年被新丰县文明办评为文明单位。

未来展望

随着国家和地方越来越注重文化的发展，新丰县图书馆的新馆已被新丰县政府列入十二个五年规划之中，届时，新丰县图书馆不仅有更加合理的新馆舍，经费也会增加，人员结构更加科学，也会让纸质图书和数字图书的共同发展，同时将会实现城乡图书一卡通，为当地的社会主义精神文明建设作出贡献。

联系方式

地　址：广东省新丰县人中东路63号
邮　编：511100
联系人：陈海兵

汕头市濠江区图书馆

概述

广东省汕头市濠江区图书馆成立于1997年8月（原名汕头市达濠区图书馆），2001年1月开馆运作，馆址位于汕头市濠江区达濠海旁路国诚园A幢，馆舍面积1200平方米，阅览坐位120个，设有采编部、流通部、广东流动图书馆濠江分馆、文化工享工程濠江支中心（信息部），馆内有书库，书刊阅览室、电子阅览室、多媒体室，现有微机35台，其中供读者使用微机32台，10Mbps宽带接入，流通、管理自动化，2013年参加第五次全国公共图书馆评估，获得三级图书馆。

业务建设

濠江区图书馆目前总藏量52000册，中文图书50000册，其中2012年入藏图书5000种，增加图书30500册，报刊年入藏量92种，同时也注重收集地方文献和古籍普查工作，数字资源容量6TB，2008年8月广东流动图书馆在濠江区图书馆设立分馆，2009年广东省文化厅配套了濠江区图书馆文化共享工程专用设备，濠江区政府随后投入30万元建设资金，建设了文化共享工程濠江区支中心，与濠江区公共图书馆自动化、网络化建设紧密结合。

读者服务

濠江区图书馆严格按照文化部、财政部《关于推进全国美术馆、公共图书馆、文化馆（站）免费开放工作的意见》及财政部《关于加强美术馆、公共图书馆、文化馆（站）免费开放经费保障工作的通知》等文件精神，全面落实免费开放，书刊开架比例达80%，年进馆67500人次，阅览101250册次，年外借36000册次，每周开放56小时，设立"濠江区青少年读书中心"等流动服务点8个，同时积极开展各项读书活动，举办宣传服务周、讲座、培训、读书活动月等的活动次数年均12次，年参加活动总人数13000人次，受到广大读者的好评，读者满意率达到96%。

业务研究、辅导、协作协调

至目前濠江区图书馆职工共发表论文三篇，参加汕头市图书馆研究课题一个，每年都选派业务骨干深入基层，对濠江区内基层图书馆(室)、文化站、"农家书屋"的管理人员进行业务辅导，开展各类型培训并赠送相关的业务书籍，2009年8受濠江区文广新局的委托举办了"濠江区农家书屋管理人员培训班"，由副馆长谢震宇主讲，通俗易懂，参加达120多人，通过这次的培训，参加学习的学员都掌握了操作流程，取得了良好效果。

管理工作

濠江区图书馆在人事、财务、设备、物资管理方面都按有关政策法规制订出相应规章制度并严格贯彻执行，实行聘任制、岗位管理和工作目标管理责任制、内部收入分配、激励机制等。在环境管理、消防、保卫等工作都到位，档案管理、统计工作等都制订相关制度并认真执行。

表彰、奖励情况

从2001年开馆至2012年，濠江区图书馆共获得各类表彰、表扬共13次，曾被汕头市精神文明建设委员会授予"汕头市全民读书月先进单位"。

馆领导介绍

陈才坤，男，1956年2月出生，中共党员，馆长，大专学历，1997年7月调入濠江区图书馆，曾在中共汕头市达濠委宣传部历任人秘股股长。

谢震宇，男，1960年8月出生，馆员，副馆长，大专学历，1998年8月调入濠江区图书馆，曾在汕头特区广澳管理局，汕头市达濠进出口总公司工作。

未来展望

濠江区图书馆遵循"科学、效率、创新、发展"的办馆方针，逐步完善服务功能，扩大服务辐射区域，带动地区事业发展，根据濠江区属沿海海岛区的特点，目前工作重点在于研究开发利用信息资源来为地方经济服务，以及探索研究利用数字资源，为远离图书馆从事渔业、养殖业的读者提供数字化服务、流动服务和特色服务，带动全区公共文化事业的整体发展。

联系方式

地　址：广东省汕头市濠江区达濠海旁路国诚园A幢
邮　编：515071
联系人：谢震宇

南澳县图书馆

概述

南澳县图书馆是我县唯一的综合性公共图书馆，建制于1984年，全县人口约7万人，县城3万。南澳由于特殊的地理一直被作为军事设防岛，实行半封闭式管理，交通不便，信息闭塞，经济单一，地方财政经济十分困难，对文化事业投入少。2003年2月新馆落成，新馆面积2150平方米，2004年3月成为广东流动图书馆南澳分馆。2009年设立广东文化信息资源共享工程县级支中心。2013年9月晋升为“国家三级图书馆”。

图书馆现有工作人员4人，2人大专学历，2人高中以上学历。助理馆员职称2人，管理员1人。

图书馆现有各类藏书近6万册，并藏有部分地文资料。馆内开设了外借、地方文献资料室、少儿借阅室、阅览室、电子阅览室、广东省流动图书馆等服务窗口，实行全开架服务。每周为读者开放服务60小时，并且晚上对部分室也实行开放。每年到馆的读者达10多万人次。

省馆刘洪辉馆长到我馆调研

为了丰富读书内容，每年都开展形式多样的读书活动，如“告别游戏机室，走进图书馆”、“百书育新人”、“享受阅读乐趣，争做文明岛民”、“书香飘万家”、“书香飘军营”等，吸引、鼓励人们多读书、读好书、好读书。利用节假日走进社区开展读书知识有奖活动。结合各种主题举行演讲赛，开展科技兴农活动，送科枝图书与科枝信息下乡，在原有流动图书室的基础上，还与武警南澳中队、驻岛部队共建文明单位，解决了武警官兵在海岛上看书难的实际问题。共建流动服务网点5个，其中农村2个，部队2个，学校1个。

多年来，我县图书馆在传播科学信息、开展社会教育、保存文化遗产、丰富群众的文化生活等方面发挥了很大的作用，取得了良好的社会效益。2009年南澳县图书馆被广东省文化厅评为先进集体。广东流动图书馆南澳分馆在为广大岛民提供丰富文化服务方面成效显著，2004年–2009年连续6年被广东省省立中山图书馆评为广东流动图书馆先进集体、先进个人、通报表扬等称号，2008年被县直工委评为“共产党员先锋岗”先进单位。2013年在参加市全民阅读活动中，我馆获得了优秀项目奖。

馆领导介绍

吴文奇，男，1962年10月28日出生，1983年7月从部队复员到图书馆工作至今，1997年任副馆长、2007年任馆长。

章东武，男，1971年2月5日出生，2000年从影剧院调配到图书馆工作至今，2010年2月任副馆长。

联系方式

地　址：南澳县后宅镇中兴路北侧

邮　编：515900

评估定级汇报会

到地方税务局举行赠书仪式

在驻岛部队营部设立图书流动站

到武警部队举行赠书活动

举行"征文获奖"暨评选"书香家庭"表彰会

征文表彰会

吴川市图书馆

概述

吴川市图书馆原名吴川县图书馆，成立于1982年7月，其前身是吴川县文化馆的图书室。1994年5月，随吴川撤县建市改为现名。馆址位于吴川市梅录街道沿塘路34号，建筑面积1376平方米，图书馆楼高3层，1993年2月竣工，同年3月5日对读者开放。2003年底至2004年5月对馆进行了改建装修，经改建装修后，图书馆的外观更亮丽，室内环境舒适。2012年吴川市图书馆有阅览座席245个，计算机35台，宽带接入20Mbps，使用Interlib图书馆集群管理系统。

业务建设

截止2012年底，吴川市图书馆总藏量6.55万册（件），本馆读者还可以通过广东流动图书馆的网络平台，利用广东省立中山图书馆电子文献资源：1200种中外经典电子图书光盘阅读；50万种电子图书、1200万篇期刊论文联机检索和原文提供；12万篇博士硕士学位论文，16万篇学术会议论文联机检索和原文提供；1.4万种外文期刊的数字化资源库检索；30个事实型数据库检索。

吴川市图书馆每年新增藏量购置费5万元，报刊年入藏量242种，2010、2012年共接受省馆赠书15000册。

读者服务工作

从2010年10月起，吴川市图书馆实现无障碍、零门槛进入，公共空间设施场地全部免费开放，所提供的基本服务项目全部免费。每周开放7天，58小时。年均接待读者30万人次，书刊文献年外借2.72万册次，馆藏书刊文献年外借率41.6%。

2009–2012年，吴川市图书馆共举办讲座、展览、培训、阅读推广等读者活动76场次，参与人数3.6万人次。

业务研究、辅导、协作协调

2009–2012年，吴川市图书馆职员发表论文2篇。开展业务辅导，通过举办培训班、到基层面授等形式，培训基层业务骨干68人次。与广东省立中山图书馆合作，设立广东流动图书馆吴川分馆，利用省馆的资源开展业务工作。

管理工作

2010年，吴川市图书馆完成全员岗位聘任，本次聘任共设5类岗位，有11人受聘上岗。同时，按岗位责任制进行考核。

表彰、奖励情况

2009–2012年，吴川市图书馆有3人次受到广东省文化厅表扬。

馆领导介绍

黎湛，男，1960年9月生，大专学历，助理馆员，馆长。1977年9月，上山下乡当知青。1983年1月调到图书馆工作，2004年5月任吴川市图书馆馆长。

陈梦莹，女，1974年11月生，本科学历，中共党员，副馆长。1999年12月参加工作，2004年5月任吴川市图书馆副馆长。

黄玉玲，女，1964年9月生，大专学历，中共党员，馆员，副馆长。1983年6月参加工作，2004年5月任吴川市图书馆副馆长。

展望未来

根据《全国公共图书馆事业发展“十二五”规划》提出的公共图书馆事业发展指导思想，吴川市图书馆将以一级馆的标准，加强基础设施建设，不断提升服务效能。依循“保基本、强基层、建机制、重实效”的基本思路，建设以镇（街道）为重点，逐步向村（社区）拓展的公共图书馆服务网络，使之成为一个广覆盖、多层次、具有张力和活力的组织体系。最大限度地发挥图书馆在保护文献典籍、传承中华文化、建设学习型社会、培养公民高度的文化自觉和文化自信、提高全民族文明素质、建设社会主义文化强国等方面的重要作用，推动吴川市图书馆事业更好更快地发展。

联系方式

地　址：吴川市沿塘路34号
邮　编：524500
联系人：黎　湛

世界读书日举办书法作品展

有奖猜谜活动

广东省文化厅厅长方健宏（左二）到吴川市图书馆调研，与湛江市副市长梁志鹏（右二）、吴川市委书记曹兴（右一）、吴川市图书馆馆长黎湛（左一）亲切交谈

少年儿童阅览室

公共电子阅览室

电白县图书馆

概述

电白县图书馆于1979年9月经广东省文化厅批准为独立馆，其前身为电白县文化馆阅览室（内部阅览，不办外借）。1981年由省文化厅和县地方财政共拨款9万元建馆，馆址位于电白县水东镇澄波街160号，占地面积320平方米，建筑面积1032平方米。新馆于2011年8月正式投入使用，馆址位于水东镇海滨大道19号，建筑面积2000平方米，设计藏书容量40万册，可容纳读者座位200个。2013年第一次参加全国公共图书馆评估，获得县三级公共图书馆称号。

业务建设

2011年8月图书馆搬迁到新馆后，实现了我馆从传统的手工卡片检索到网络化、数字化的智能管理，使我馆能以优质的服务满足于读者的需求。新馆设有办公区，采编室，借阅室，省流动图书馆，儿童阅览室，电子阅览室（全国文化资源共享工程电白支中心），藏书室。现有阅览座席140个，其中儿童阅览坐席48个，电子阅览室座席34个，借阅室坐席59个，流动馆坐席21个。我馆共有计算机39台，其中用于服务读者的计算机26台，摄像机、照相机、电视机、投影仪各一台（件）。馆内现有各类图书架50个，密封书柜5个，报架3组，图书总藏量达到10万册（件），其中，纸质文献8.5万册（件），电子图书1.5万册。

读者服务

自建馆以来，我馆坚持以“读者为本”、“服务第一”的理念进行管理，为了方便读者，提高藏书的利用率，我馆所有书刊实行开架借阅。目前已开设期刊、报纸、图书、少儿阅览、精品书屋等服务窗口。每年接待读者5万人次，充分发挥了我馆作为县级公共图书馆的社会职能，受到上级领导及社会的表扬，多次荣获县先进集体称号。

我馆每周向读者开放58小时，自从2011年以来，我馆所有对外开放的基本服务项目及公共设施都实行免费开放。实行免费开放后来我馆借阅的读者明显增加，读者满意率达到95%。馆藏书刊文献年外借率70%，书刊文献开架比例80%，书刊文献年外借册次8万册，并不定期的开展各种各样的文化活动以及送书下乡活动。

我馆充分发挥图书馆社会教育职能，积极开展各类教育活动，其中讲座、培训活动9次/年，展览5次/年，阅读推广活动4次/年，每年都开展服务宣传周、全民读书月、世界图书与版权日、媒体宣传等工作。深入乡镇村社举办各类知识讲座，每年下基层开展共享工程基层网点技术培训工作2次，举办农家书屋管理培训3次，指导并实施农家书屋图书分类、编目、上架2万多册。

馆领导介绍

简义训，男，1979年8月生，大专学历，中共党员，馆长。2002年毕业于韶关大学美术专业，同年在电白县林头中学任教，2003年至2011年任电白书画院宣传室主任，2011年至2013年任电白县文化馆副馆长，2013年至今任电白县图书馆馆长。

廖日珍，女，1968年9月生，大专学历，中共党员，助理馆员。1998年2月调入电白县图书馆任副馆长，负责图书馆业务、计生等工作。

联系方式

地　址：广东省电白县水东镇海滨大道19号图书馆
邮　编：525400
联系人：简义训

图书馆书库

图书馆阅览区

广东省流动图书馆电白分馆

2014年送书下乡

全国信息资源共享工程电白支中心

图书巡展活动

龙门县图书馆

概述

龙门县图书馆是国家三级图书馆，于1973年正式成立，1987年12月现图书馆大楼竣工开馆，占地面积550平方米，共5层，用地面积1500平方米。龙门县图书馆内设功能室有：报刊室、花旗龙门少儿图书室、电子阅览室（全国文化信息资源共享工程龙门支中心）、自习室、外借室、采编室、地方文献室及书库。

业务建设及服务工作

自2010年起，龙门县图书馆每年的免费开放经费提升至20万元，全国文化信息共享工程支中心运行经费5万元，图书购置费5万元。2009年起，文献平均年入藏4501种，报刊平均年入藏86种，视听文献平均年入藏143件。截至2013年底，馆内藏书10.7万余册，中外文期刊报纸300多种，以及相当数量的非书资料，自建数字资源总量为5TB，2013年新增置一台博看触摸阅报机，能为读者提供约300种电子报刊进行查阅，并实现了全馆无线网络覆盖。龙门县图书馆有座席200个，计算机38台，宽带接入5Mbps，选用广东省图书馆集群管理系统、摇钱树电子阅览室管理系统等自动化管理系统。

龙门县图书馆每天开放8小时，节假日坚持免费对外开放。2009年至2013年内，年均到馆人次约为7.5万人，年均馆藏书刊文献年外借率为25%，2013年1月正式推广使用的全国文化信息共享工程龙门支中心网站访问人次约2000次。龙门县图书馆积极开展各种丰富多彩的读者活动，如在学校办学期间坚持每个月到乡镇学校开展送书下乡活动、多种形式文艺创作或棋艺比赛、书画展览等，年均举办讲座、培训、展览等活动20次，年均参与活动人次4000人。

业务研究、辅导、协助协调，业务管理及表彰情况

龙门县图书馆实行竞聘上岗的岗位聘任制，分设管理、专业技术和工勤三类岗位，共有职工12人，每月进行工作进度通报，每年进行年度考核。龙门县图书馆积极鼓励馆内员工参加省、市图书馆开设的业务培训班，2009年到2013年间，龙门县图书馆职工共发表论文7篇。此外，还以"文化共享工程数字学习港"网站平台为依托，组织本馆及下属图书室、农家书屋的职工进行学习培训，或派专技人员到乡镇辅导图书工作者开展业务。龙门县图书馆及馆内职工自09年以来共获得省文化厅表彰1次，市文广新局表彰2次，市图书馆表彰1次，县级相关部门表彰4次，县文广新局表彰2次。

馆领导介绍

张日宏，男，1974年9月出生，本科学历，中共党员，中级馆员，馆长。1996年参加工作，1998年进入本单位，2003年任职副馆长，2007年任馆长。2014年1月调岗离任。

邓小仪，女，1969年1月出生，大专学历，中共党员。1986年10月参加工作，2011年任龙门县文化馆馆长，2007年任龙门县文化广电新闻出版局艺术股股长，2014年1月任龙门县图书馆馆长。

郭伟静，女，1965年2月出生，高中学历，中共党员。1981年参加工作，1998年12月进入本单位，2007年任龙门县图书馆副馆长。

未来展望

近年来，国家文化部门采用更为多样与全面的方法来评估图书馆这一"服务角色"给社会带来的影响和效益，使图书馆开放的各项服务更为精确化和效能化，在国家构建"公共文化服务体系"大时代背景下，龙门县图书馆馆内设施不断完善，未来发展也充满希望。

根据龙门县相关工作规划方案精神中的"实现公共文化设施全面覆盖"项目，要求到2015年建成全国统一的公共文化设施网络。在未来几年里，龙门县城新区将另建一座建筑面积4500至7500平方米的新馆舍，馆内各功能室、室内设施和资源设备均按照国家一级图书馆的要求进行配备，并全面实现现代化管理和数字化服务，以求最大限度发挥图书馆在社会公益服务中的作用。

花旗志愿活动

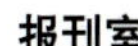

报刊室

外借室

花旗少儿阅览室

化州市图书馆

概述

化州市图书馆，成立于1977年8月，现有干部职工26人。旧馆位于化州市民主路80号文化宫大楼北翼二楼，现有馆舍使用面积2720平方米（含5个分馆），阅览坐席240个，计算机52台。新建设的华伟图书馆占地面积10666平方米，建筑面积11820平方米，即将投入使用。新馆设计藏书容量30万册，可容纳读者座位500个。1994年起参与全国公共图书馆评估，历次被评为全国三级图书馆。

业务建设

截止2012年底，化州市图书馆现有藏书101668册，每年订阅报刊300多种。馆内设有综合书库、儿童阅览区、期刊室、报纸阅览室、广东流动图书馆化州分馆、全国文化信息资源共享化州支中心等多个服务窗口，并成立了城区分馆2个，镇级分馆3个，开展外借、阅览、信息咨询、文献检索、送书下乡、展览等服务。自2009年始，通过广东省立中山图书馆的流动图书馆项目使用了Interlib图书馆自动化管理系统。

读者服务工作

从2009年9月起，化州市图书馆实行免费开放，每周开放58小时。同年，实现了各分馆通借通还。2012年，总流通人次21万人次，书刊文献外借15万册次。截至2012年，共建成分馆5个、乡镇图书室8个；向化州市人民法院赠书2000册，以支持成立该院职工书屋；有8个固定流动服务点，每年到23个乡镇开展送书下乡服务，流动服务书刊阅览总人次6.5万人次，书刊外借7200册。2012年，化州市图书馆共举办展览、讲座、培训、阅读推广等读者活动11场次，参与人数5750人次。

业务研究、辅导、协作协调

2009–2012年，化州市图书馆职工发表论文4篇，出版个人专著1部。每年组织全体干部职工参加化州市人事局继续教育培训和茂名市图书馆的业务培训；每年派2–4人参加广东省立中山图书馆的业务培训以及省联合编目中心的培训。2010年7月，成立全国文化信息资源共享化州支中心，获得省补助38万元设备以及补助设备的安装调试，同时，地方财政配套30万元资金。2010年起，开展对基层服务点的图书馆基础业务知识普及活动。2009年采用中国机读目录格式开展联机编目，2011年成为广东省联编中心用户，可以享受免费的联机数据下载和在线技术支持服务。

管理工作

2010年，化州市图书馆对岗位进行重新核定：共设管理岗位7个，专业技术岗位19个，工勤岗位1个。同年，实行奖励性绩效工资，以调动广大干部职工的工作热情和积极性。

表彰、奖励情况

2009–2012年，化州市图书馆共获得4次省级表彰，其中2009年、2010年、2011年三次被广东省文化厅、广东省立中山图书馆评为广东流动图书馆先进集体；2011年被广东省委宣传部、广东省文化厅评为广东省基层宣传文化工作先进单位。

馆领导介绍

馆长：朱栋亮，男，1967年7月生，大专学历，中共党员，馆员，馆长，广东省图书馆学会会员。1987年7月参加工作，2002年10月任化州市图书馆馆长，负责馆全面工作。

副馆长：翁笃拓，男，1965年11月生，大专学历，助理馆员，副馆长。1983年11月参加工作，2002年10月任化州市图书馆副馆长。分馆防火安全、水电、车辆、设备管理和维护等工作。

副馆长：罗伟莲，女，1976年9月生，大专学历，中共党员，馆员，副馆长，广东省图书馆学会会员。1995年9月参加工作，2003年11月任化州市图书馆副馆长，分管流动馆、地方文献、图书采购、办公室等工作。

副馆长：梁小英，女，1968年4月生，大专学历，中共党

东方分馆成立

流动馆接待读者

期刊室

外借处

员，馆员，副馆长。1986年12月参加工作，2003年11月任化州市图书馆副馆长。分管杂志室、采编、计生、信息咨询等工作。

未来展望

化州市图书馆继续本着为读者服务的宗旨，积极推进免费开放、加快共享工程建设和文献资源开发利用，求创新求发展，以服务促效益，使各项业务得到持续、稳定、健康发展。

联系方式

地　址：广东省化州市民主路80号
邮　编：525100
联系人：陈飞红

化州馆下乡中垌小读者爱读书

送书下乡杨梅服务点

4.23赠书活动

奥运图片展

化州市华伟图书馆（新馆）

肇庆市鼎湖区图书馆

概述

鼎湖区图书馆成立于2007年6月，开始借助肇庆市图书馆丰富资源，联办市图书馆鼎湖分馆，由市图书馆提供了15000多册图书和相关管理技术支持，开展对外服务，结束了鼎湖区没有图书馆的历史。2009年底，我馆按县（区）二级馆的标准，利用新华书店六层办公楼，投入150多万元资金进行升级建设改造，2010年4月投入使用，现有馆舍面积1800平方米。馆内配备有先进的现代化设备和网络管理系统，设有中心机房、电子阅览室、多媒体室、少年儿童阅览室、图书报刊阅览室、展览厅、综合活动室等功能室。2010年12月9日广东流动图书馆鼎湖分馆正式开馆，同时“全国文化信息资源共享工程鼎湖支中心”成立，鼎湖图书馆电子阅览室免费对外开放。广东省立中山图书馆为广东流动图书馆鼎湖分馆配备1.2万册新书馆内借阅，有几十万种电子图书供网上阅读。目前已形成了鼎湖区图书馆、肇庆市图书馆鼎湖分馆、广东流动图书馆鼎湖分馆三馆合一、资源共享和“一卡通”的格局。三馆共有馆藏图书近6万多册，杂志期刊86种，报纸32份，全部开架免费阅读。

业务建设

截止2012年底，鼎湖区图书馆总藏量17009册，加上省流动馆和市分馆的图书达到6万多册，电子图书123198册。

2010年接受苏东霖捐赠10万港台元购买新书5000多册，投入近2万元征订期刊86种，报纸32份。2011年投入5万元，新购图书2000多册，投入近2万元征订期刊86种，报纸32份。2012年投入5万元，新购图书2000多册。投入近2万元征订期刊86种，报纸32份。接受本地作者和读者捐赠，积极收集、征集地方文献100多种320多册。

截止2012年底，鼎湖区图书馆数字资源总量为2TB，其中，共享工程电影1.95TB、电子书0.035TB、讲座0.15TB。

目前，鼎湖区图书馆使用20兆光纤和全新的第三代图书馆Interlib自动化管理系统，存储容量为4TB。2013年年初，实现馆内无线传输速率高达450Mbps网络覆盖。

读者服务工作

从2009年开始鼎湖区图书馆全面实行免费对外开放，周六、日不闭馆。同时，做好读者服务，坚持“读者至上，服务第一”的宗旨，2012年持证读者960人，进馆阅览55535人次，文献借还1980人次，文献借还9287册次。每年举办主题讲座、专业培训、各种优秀展览、主题系列活动，参与人数10万人次。

业务研究、辅导、协作协调

2013年期间，鼎湖区图书馆邓沛元馆长发表专业论文两篇，分别在《经营管理者》的2013年5月发表《关于新时期基层公共图书馆管理与服务模式的研究》以及在《时代财富》的2013年3月发表《电子阅览室服务问题与对策》。

管理工作

实行《岗位责任制》，建立了工作量化考核指标体系，每半年和全年进行总体工作考核。

表彰、奖励情况

2011—2013年期间，鼎湖区图书馆共获得各种表彰、奖励12次，其中，建设工作表彰1次、服务工作表彰1次、市级活动比赛组织表彰2次、选送代表参加全国活动比赛表彰、奖励8次。

馆领导介绍

邓沛元，男，1959年09月生，本科学历，中共党员，馆员职称，馆长。1982年8月参加工作，历任肇庆市鼎湖区城乡规划局副局长、肇庆市鼎湖区村镇规划服务中心副主任、肇庆市鼎湖区新华书店经理、肇庆市鼎湖区文化服务中心主任，2008年8月任肇庆市鼎湖区图书馆馆长。2011年获肇庆市鼎湖区精神文明建设先进工作者。

张菲妹，女，1986年01月生，大学专科学历，助理馆员职称，副馆长。2010年到肇庆市鼎湖区图书馆参加工作，先后在采编部、图书借阅部等部门工作。

未来展望

为进一步实现公共图书馆“全免费、无障碍”的目标，推进我区公共文化体系建设，让更多的民众走进图书馆，平等地使用公共文化资源，享受便捷的阅读与文化服务，保障市民的文化权益，满足市民的文化需求，使公共图书馆这一公共文化设施效益最大化。鼎湖区图书馆在不断强化自身综合实力的同时，通过广东省立中心图书馆以及肇庆市图书馆的帮助，逐步规范、逐步全面发展，使其职能落实到位。

联系方式

地　址：广东省肇庆市鼎湖区坑口民乐大道北
邮　编：526070
联系人：张菲妹

鼎湖图书馆
广东流动图书馆鼎湖分馆挂牌揭幕

梅州市梅县区松口图书馆

概述

松口图书馆，为梅县最早兴办乡镇图书馆，1934年10月在中山公园北面奠基兴建，占地面积3880平方米，建筑面积472平方米。其前身系1905年的孙中山同盟会读报所，1912年，丘哲·梁呜九·谢良牧等为纪念松口同盟会员参加辛亥革命的功绩，发挥社会教育作用，将“松口公裕源米店”改设“松口通俗图书馆”，1958年全国大跃进在“大办钢铁”运动中破坏，于“文革”期间停办，1987年10月重新开放。

1991年，香港裕华国货有限公司捐资30万港币兴建图书馆新楼两栋，建筑面积770平方米。2012年，主管局领导积极争取省文化厅，省财政厅的重视支持，拨给80万元用于两栋大楼的维修资金，并于2012年12月全面竣工投入使用，目前两栋大楼面貌焕然一新，馆设施设备进一步完善，一栋大楼内设藏书库·外借室·阅览室，另一栋大楼内设少儿阅览室·电子阅览室，可供读者上网查阅资料。

业务建设

截止2013年底，松口图书馆总藏量5万册(件)，每年购书费1万元，2013年购置少儿阅览卓凳一批(34座)，购置计算机15台，可供读者查阅资料。松口图书馆设施设备进一步完善，为松口广大人民群众提供了一个良好的学习场地。

读者服务工作

松口图书馆从2008年12月起所有服务窗口免费对外开放，每周开放时间56小时。2013年流通人次4万人次，书刊外借册次2万册次，2012年梅县图书馆在松口图书馆设立流通服务站。为了进一步提高服务质量，对读者实行主动服务，定题服务，跟踪服务，通过宣传向读者推介优秀的文学作品，对青少年读者进行引导，读者来有所得，学有所获，高兴而来，满意而归，推动了图书馆的文明服务和读者的文明阅览。

业务研究、辅导、协作协调

公共图书馆的宣传是将图书馆各方面情况向读者宣传和介绍出去，引导读者积极有效地利用图书馆。阅读活动的指导和辅导来优化读者的政治素质和知识结构，陶冶青少年读者情操，以适应新形势的需要。注意收集读者反馈信息，了解读者对图书馆的意见和建议。图书馆工作环节多，分工细，每个岗位都有各自的职责，又相互协作，得到全馆上下以及读者的理解，支持和参与并通力合作。

2013年“4·23世界读书日”举办赠书活动，倡导全民阅读，参加群众达500人。定点服务大塘村，镇郊村，松郊村，定期培训各村文化活动中心图书管理人员。

管理工作

加强全馆工作人员的“危机意识”以及“服务意识”，全面提升全体工作人员的思想认识，全面提升我馆的服务水平，创建山区图书馆公共文化服务运常新机制。2012年投入15万元购置新书架，阅览卓凳，计算机等设施设备，健全规章制度，完善机制，明确提升公共文化服务整体各项内容的责任人，制定相关工作计划，同时建立提升公共文化服务整体考核评价和激励工作，增加图书馆阅读推广活动，加强资源宣传与推介，吸引读者来图书馆，提高图书馆社会吸引力。

馆领导介绍

梁夏生，男，52岁，1963年主，助理馆员，2009年9月任馆长，大专学历。

末来展望

增加图书馆藏书和基础硬件设备建设，补充新书要遵循办馆方针和藏书建设原则，结合本镇生产实际和读者类型，知识层次等状况，有计划有目的地补充馆藏，不断从外界购入图书，再向社会输出图书，以适应读者从不同角度，不同途径查找图书的需要，加强阅读推广，增加服务窗口，促进全民阅读向深度和广度发展。发挥公共图书馆的宣传作用，促进沟通增强互动，服务学术与业的发展。加强信息整合与分析，加强图书管理和地方文献的搜集整理。

联系方式

地　址：广东省梅州市梅县区松口镇公园路
邮　编：514755
联系人：梁夏生

平远县图书馆

概述

平远县图书馆成立于1974年10月。1979年10月1日，平远县图书馆正式启用，位于平城中路烈士亭园内，占地面积1000平方米，建筑面积800平方米；1996年扩建一幢四层办公大楼，面积1100平方米。建筑总面积1900平方米，建筑总投资一百万。馆内有阅览座位372个，设有文化信息资源共享工程平远县支中心、流动图书馆、外借室、报刊阅览室、少儿室、地方文献室、电子阅览室等服务窗口，每周开放56小时。常年举办讲座、培训班等活动。

截止2013年12月，在编人员10人，其中设馆长一人，副馆长两人；有本科学历1人，大专学历5人，大专以上学历占职工人数55%。其中级职称4人，初级职称3人。

馆藏资源

我馆非常重视馆藏建设，利用多种渠道丰富馆藏，以满足各类型读者需求。现有馆藏12万册，比上次评估增加3万册，年入藏图书2500种，年入藏报刊120多种，视听文献600多件。积极收集地方文献资料，尤其重视族谱的收藏，想方设法弥补藏书不足。目前全馆有地文文献1500册，并设有专室，有专人管理。自2006年使用图书馆集群管理后，实现了采访、编目、流动工作的自动化管理。我馆按中图法第五版对图书进行分类编目，保证编目数据规范统一。健全文献保护制度，做好书库八防措施。

读者服务工作

2006年设立了广东流动图书馆平远分馆，每年有1.2万册图书流动。外借室、报刊阅览室、少儿室、地方资料室等进行全部免费开放服务，每周开放时间56小时，星期六、日和节假日照常开馆，年外借册次2.9万册次，年进馆人次21万人次，利用各种形式举办读者活动，自上次评估以来共举办读者活动40多次，参加人次2000多人次。多年来我们的读者服务工作，得到社会各界的肯定和好评，读者满意率达95%以上。每年举办“4.23世界读书日”征文活动，鼓励附城居民和中小学生踊跃投稿，为陶冶情操，滋润心灵，培养全民自觉读书的良好意识打下基础。在每年的图书馆宣传周活动中，积极开展各种形式的宣传活动，举办知识讲座，征文比赛等，扩大图书馆的社会影响，通过多种渠道吸引读者走进图书馆利用图书馆喜欢图书馆。

业务研究、辅导、协作协调

积极开展了馆际间的协作协调。辅助基层乡镇、机关、部队、学校建立图书室。2009–2013年设立了12个不同类型的图书流动服务点，流动图书三万多册，免费向读者提供服务。帮助组建了村及学校图书室30多个，举办了基层业务培训班，培训管理员25名。送书下乡，与乡镇中小心学、五指石山泉水公司协办流动图书阅览室，丰富乡村学生和公司职工的业余文化生活。对基层图书室的建立和健全给予帮助和业务指导。

管理工作

我馆健全各项管理管制度，坚持有章可循，按章办事，有条不紊的管理方法，制度治馆。有年度计划，总结、人事管理等，制订了岗位责任制、财务管理制度、考勤制度等确保图书资料的严格管理，对进馆图书的数量、价值做到账目清楚，数字准确。各室制订规则严格管理。落实“五防”，确保安全，从未发生违章、违纪、失盗事故。管理不放松，效果在其中，健全的规章制度是图书馆管理工作中一个重要环节。

表彰、奖励情况

2009年，平远县图书馆被广东省立中山图书馆评为全省流动图书馆先进集体；2010年被梅州市妇联评为“三八红旗集体”；2012年被梅州市妇联评为“巾帼文明岗”；2013年被广东省妇联评为“巾帼文明岗”。

馆领导介绍

馆长：姚冬萍，女，1964年12月生，中共党员，馆员。办公室电话：0753–8831930。

副馆长：姚秋英，女，1971年9月生，中共党员，馆员。办公室电话：0753–8831930。

副馆长：姚文远，男，1963年2月生，中共党员。

未来展望

继续加强流动图书馆和共享工程的宣传工作，注重地方文献的收集整理工作，创建有特色的地方宝库。充分利用本馆资源，发挥图书馆信息中心和精神文明建设基地的重要作用，打造服务品牌，广泛开展少儿阅读推广活动，为本县实施生态经济县、文化先进县、安康和谐县“三大发展”战略，建设“生态绿洲、创业福地”作出贡献。

联系方式

地　址：广东省平远县平城中路三巷六号
邮　编：514600
联系人：范碧兰

河源市源城区图书馆

概述

我馆建于2006年，2008年1月7日正式开馆，馆舍面积2000多平方米。在2013年第五次公共图书馆评估定级中被评为"三级图书馆"。阅览座席249个，少儿阅览座席44个；计算机38台，提供读者使用的计算机数量25台，光纤接入100M，存储容量6TB，图书馆有自动化管理系统。

业务建设

2012年财政拨款总额125万元，财政拨款增长率25.5%，当地财政收入增长率：21.5%，比率：118.6%，2012年和2013年企业共捐赠10万元购书经费，2012年"中央下拨"免费开放专项资金：4万；现总藏书量4万多册；电子文献藏量10000种；图书年增入藏量达2500多种，报刊年入藏量200多种，视听文献年入藏量30件，地方文献有专柜、有专门目录、有专人管理。

读者服务工作

读者至上，服务第一"是我们办馆的宗旨。近几年来，我馆通过学习"三个代表"重要思想和贯彻落实科学发展观活动，查、摆存在问题，进一步端正了服务思想，提高了全馆员工的服务意识。读者满意率逐年提高。为了提高服务质量，我馆制订了服务制度：一是保证开放时间，每周开馆56个小时以上，节假日照常开馆；二是上班员工做到为读者排忧解难，帮助读者查找资料、上网查询信息，打印、复印资料；三是建立读者留言薄，及时反馈读者的需求和意见，不断改进服务方法。这些措施明确了管理目标和服务方向，调动了员工的工作积极性，使我馆的服务水平逐年提高，在2011年6月我馆实施全面免费开放；馆藏书刊文献年外借10411册，年外借率25%，人均到馆次数5.7万人次，书刊宣传6次，2012年为特殊群众服务4次；图书馆网站有专人管理网页美化、维护、更新、网上服务项目等；年举办讲座、培训活动5次以上；展览1次，阅读推广活动9次，每万人平均参与活动0.8万人次，图书馆服务宣传5次；读者满意率95%以上。

业务研究、辅导、协作协调

源城图书馆与河源市职业技术学院合作联合编目，馆际互借，联合举办各种宣传活动等；至2012年止，源城区图书馆采取送书下乡和送书架等形式，提供辅导资料，派出业务骨干，帮助文化站（室）源城区共59个文化站，图书室59个，农家书屋59个，其中，已建成的图书室10个，筹建中图书室10个，我馆对已建文化站（室）进行每月业务培训4次，为各阶层提供科学的信息和决策参考，受到广大读者的好评。

管理工作

实行岗位管理和工作目标管理责任制，即按需设岗、严格考核，建立内部激励机制，重实绩、重贡献、奖励优秀人才；财务管理做到公开化和制度化；设备、物资管理做到有专人负责、有登记、有奖、罚制度；档案管理有职工考核档案，参考咨

询档案、课题服务档案和业务辅导档案；各类统计齐全，有统计分析；馆容馆貌和阅览条件好，环境整洁、美观、安静，标牌规范、标准，设施维护良好；消防设施配套，性能良好；无发生安全事故，管理到位。

表彰、奖励情况

2010年被评为源城区创建广东省《南粤锦绣工程》文化先进区先进图书馆；2011年被评为广东省基层宣传文化工作先进单位；2011年被评为区文广新局系统优秀单位。

馆领导介绍

李凤霞，女，1964年3月生，大专学历，中共党员，馆长。2007年12月到源城区图书馆工作。

陈丽晴，女，1976年6月生，大专学历，中共党员，副馆长。2007年12月到图书馆工作。

李国新，男，1958年8月生，中专学历，中共党员，中级职称，副馆长。2007年12月到图书馆工作。

未来展望

源城区图书馆遵循“科学、效率、创新、发展”的方针，践行“源城馆发展三步走”战略。2014年，源城区图书馆扩建工程正式启动，全面建成后的源城区图书馆，阅览座位将更多，可容纳纸质文献更多，年服务人次也大大的提高。

联系方式

地　址：河源市源城区公园路41号

邮　编：517000

联系人：苏露芳

连平县图书馆

概述

连平县图书馆成立于1978年10月，是在县文化馆图书室的基础上成立连平县图书馆的独立建制，面积520平方米，分设有藏书编目室、办公室、外借室、综合阅览室等。1981年，增设少年儿童阅览室。1983年筹建新馆，1984年5月动工，1986年6月建成开馆。新馆座落在县人民公园内西侧，占地面积731平方米，主楼3层，建筑面积1260平方米。2002年9月开始扩建加层装修，2003年1月底竣工，总建筑面积达1680平方米。馆舍布局合理，采光好，环境优美，具有读书氛围。馆内设有采编室、借书室、阅览室、自学室、少儿阅览室、资料室、复印室、报刊典藏室、报告厅和宣传走廊。2006年11月9日，设立了广东流动图书馆连平分馆。2009年9月设立电子阅览室，启动了全国文化信息资源共享工程。2013年，连平县图书馆有阅览座位200个，计算机40台，宽带接入100Mbps，选用广东省立中山图书馆自动化管理系统。

业务建设

截止2013年底，该馆藏书有9.8万册（件）。其中中文平装新旧图书5万多册，线装图书100册，港澳台图书3000册，地方史志1000册（收藏有24个姓氏族谱），电子读物2000件，报刊合订本3.5万册，全县人均藏书达0.24册。全年订阅报刊262种、279份。

注重收集本地书籍和图片史料，丰富馆内特色收藏，通过各种渠道和深入基层调查，发动群众收集。一是收集本地的各姓族谱，去年收集隆街镇河源天用公分谱《赖氏族谱》、内莞镇分支的《翁源李氏族谱》、隆街镇的《季氏族谱》等地方文献，现有24个姓氏族谱；二是收集各乡镇的具有代表性的建筑图片资料以及风土人情，县内举行的各种大型活动图片资料。

利用现有的图书报刊，汇集全国各地的文化科技信息，进行编印二次文献。办有《领导参考》、《科技信息摘编》两种刊物，不定期的有《家政服务》、《农村致富集锦》、《卫生保健集萃》、《农村信息汇编》等等，积极开展信息咨询服务，为县各级领导、有关单位、农村专业户及广大读者提供信息资料。

读者服务工作

1、从2011年12月起，连平县图书馆实现无障碍、零门槛进入，全部免费对外开放服务。2013年，全年开放340天，共接待读者139334人次，其中流动分馆接待读者84727人次。电子阅览室接待读者13146人次。外借书籍28404册；上网咨询958人次。

2、编印二次文献《领导参考》12期600份。另一种是搜集最新科技信息汇编成的《科技信息摘编》，编印6期360份，422条信息，并免费邮寄到各乡镇专业户手中，让农民朋友及时了解最新信息，帮助广大农民群众丰富农业科技知识，提高生产技能，促进农业增产增收。提供其它咨询352人次。

3、每年开展8次以上大型图片展览，通过展览吸引了众多读者。并在宣传橱窗展出了《人生旅途感悟》、《生命是一场聚散》的系列文章及新书推介等。

4、针对乡镇的农家书屋管理员对业务管理不熟悉、分类排架不懂、借阅手续等存在的问题，我馆与镇文化站专门举办了《图书管理知识讲座》，使农家书屋管理员能利用书刊资料，为当地的乡镇企业、科技兴农、脱贫致富、振兴地方经济等方面服务。

业务研究、辅导、协作协调

2009年–2013年间，连平县图书馆共有15人次参加了由省馆举办的各类业务培训班，并获得培训合格证书。同时本馆每年进行岗位培训不低于72学时，目前我馆初级助理馆员以上职称人数增至12名，占全馆人员总数的92%。

表彰、奖励情况

2011年，被县评为精神文明建设工作“文明窗口”单位；2011年，被县评为连平县“公路杯廉洁读书月活动”组织奖；2012年，荣获年度县文化系统“先进集体”。

馆领导介绍

李沛年，男，1962年11月生，大专学历，中共党员，助理馆

电子阅览室

少儿阅览室

4·23赠书活动

读书有奖活动

员，馆长。1984年9月参加工作，1994参加县第二期农村基层组织建设工作，被评为先进队员，1996–1997在年度考核连续二年被评为优秀，1999年2月在开展创建文明图书馆活动中，由于成绩显著，被省文化厅评为全省公共图书馆先进工作者。

未来展望

创造条件，积极争取上级主管部门及县委县政府的支持。向上级说明主要成绩及不足之处，提出工作设想和具体要求，力争领导的最大支持和财政经费的投入。加强服务宗旨教育，端正服务主体。以读者为中心，以社会需要为导向，让"一切为了读者"的口号体现在馆员的行动之中。积极开展在职人员的继续教育培训，尤其是自动化管理系统方面的技能，采取不同的教育培训方式，制定切实可行的学习方案，使在职人员的知识结构不断更新，以此不断提高馆员的专业技能。继续拓宽服务范围，深化各项服务内容，并与服务宗旨、服务理念相结合，形成独具特色的文化服务。力争各项工作更上一个新台阶。

联系方式

地　址：连平县元善镇公园5号
邮　编：517100
联系人：李沛年

宣传走廊

连平县图书馆馆貌

老年读者正在聚精会神地阅览该馆的工具书

阳东县图书馆

概述

阳东县图书馆大楼楼高四层，位于阳东县城升平路，附近有体育馆、文化馆、阳东一中，总建筑面积3000平方米，内设功能室有：省流动图书馆阳东分馆、文化共享工程阳东支中心、外借部、采编部、少儿部、期刊部、地方文献部、和古籍部。现有总藏书8万册。设有阅览座席250多个，参加第五次全国公共图书馆工作评估，阳东图书馆获得三级图书馆。

业务建设

截止2014年6月，阳东县图书馆总藏量8万多册，2011年新馆开放时，阳东图书馆总藏量只有2万多册，4年间逐渐增加，平均一年增加图书1万册。

全馆共有计算机42台，电子阅览室供读者使用的计算机25台，供读者检索专用计算机3台，10M光纤接入，有固定IP。本馆采用省流动图书馆的数据编目进行数据录入，按CNMARC格式将书目数字化。办公及业务电脑配备齐全，实行办公自动化管理。

阳东图书馆2011–2014年采选的图书都是复本2本，采购图书主要以读者需求的为主，平时采用征集意见的形式重点考虑读者的需要和本馆的实际情况来采选图书。图书编目采用《中图法》的规范标准进行编目，编目数据规范一致。图书实行全开架借阅，以《开架理论与实践》为理论依据，严格按照既定的规章制度上架、排架。当班有固定巡架人员，并对当班人员实行责任监督，每周三、五上午集中全面整架。开架书库环境整洁，并做好防潮、防尘工作。

读者服务工作

我馆以“读者第一、服务至上”为服务宗旨，不断提高服务质量。工作人员挂工作牌上岗，实行电脑管理，普通图书、报刊全开架借阅，每周56小时全面对外开放，节假日不闭馆。为更好地服务广大读者，我馆制定多种服务措施，新书到馆即时推介、读者意见箱等，积极开展各种图书宣传活动，得到广大读者群众的好评，新馆自从2011年12月开放到现在，统计外借册次4万多册；进馆总人数达10万多人；流通总人次60085人次。现有图书流动点4个；开架书刊为7万多册，达到书刊文献开架书刊80%的比例。

读者活动

2011年至2014年，阳东图书馆共举办图片展览18次，对乡镇图书室管理员培训4次等。每年的读书日、5月读书活动周、六一儿童节，阳东图书馆积极开展宣传图书馆、宣传优秀图书的主题活动和儿童游园活动，也积极配合省馆举办的读者活动并发动本地读者踊跃参加，充分发挥图书馆作为读书活动基地的作用，发动全市青少年儿童、群众读者积极参与读书活动，从而进一步推动全社会热爱读书学习的风尚。每次活动都得到当地媒体宣传和广大读者群众积极参与，收到了很好的社会效益。

协作协调

协助阳东县文广新局建好乡镇电子阅览室有合山、北惯、雅韶、大沟、东平、大八6个；在本馆内，服务网络也建设完成，一证通用，通借通还，实行馆（文化馆、体育馆）、校（一中、二中、一小等）资源共享，尽量利用好本地文化资源。对乡镇的业务辅导也培训，我们也不定期举行。也帮助周边单位如县财政局组建图书室，进行图书分类、编目、上架等工作。

管理工作

人事管理：阳东县图书馆是一类公益部门，人员实行聘用制度，每年对职工进行业务考试和年度考核。考核合格才能上岗及聘用；并设立各种岗位，明确分工，各尽职责，建立健全的规章制度，规定馆长、副馆长、主任及管理员的职责范围，实行严格的考勤制度，各项工作有章可循，确保各项业务顺利进行。

财务管理：我馆的财务账务设在县机关事务管理处，馆内设报账员，负责馆内的设备采购、日常账务开支等，日常严格执行财会制度。

馆领导介绍

梁丽娜，女，1975年8月生，大学学历，中共党员，助理馆员，馆长，1995年参加工作，先后在阳东图书馆任办公室主任、副馆长、馆长等职。

陈燕飞，女，1974年5月生，大专学历，中共党员，助理馆员，副馆长，1995年参加工作，先后在阳东图书馆任采编主任、副馆长等职。

图书馆大厅

少儿部

外借部

6月1日儿童节

作文现场比赛

发展方向

阳东图书馆从2011年开馆到现在，遵循“读者至上，服务第一”的服务方针，承诺以最好的服务为读者服务，同时，为更好地服务读者，不断地加强馆的建设，提高服务质量，美化馆内环境，补充馆藏，增加对外开放功能室，为跟上全省图书馆建设的步伐，阳东图书馆积极配合省文化厅的建设方针，做好数据资源、读者服务等工作。未来几年，阳东图书馆将建成以县馆为中心，以镇、乡为支点，实行通借通还、数字资源共享的县级图书馆服务体系。并争取下一次的全国公共图书馆评估达到一级馆的标准.

联系方式

地　址：阳东县城升平路
邮　编：529900
联系人：苏培尖

幼儿诗歌朗诵比赛

佛冈县图书馆

概述

佛冈县图书馆，于1972年5月正式成立，馆内藏书7000多册，馆舍面积有95.52平方米，设读者座席48个。1983年，在县城文化公园内，兴建了五层楼高的图书馆大楼，于1985年2月落成，总面积达716.95平方米，馆内藏书4万多册。2004年2月在青松东路文化广场兴建的新馆正式投入使用，并于“五一节”对读者开放，新的图书馆楼高四层，总面积2868平方米，馆内共设书库外借室、报刊阅览室、少儿阅览室、儿童书库、报告厅和共享工程电子阅览室等功能室，设有可供读者使用的座席300多个，计算机37台，宽带接入20M。94年、98年、2004年和2008年，在文化部对全国县以上公共图书馆进行评估定级中，都被评定为“三级图书馆”。

业务建设、读者服务工作

截止2012年底，佛冈县图书馆总藏量10万册（件），其中中文图书85000册，报刊14250件，视听文献750件300种。2009年至2012年图书年入藏数量（包括赠书、调拨、购买）的平均值是3002种，报刊年入藏数量平均值为148种，馆藏中文文献书目数字化为60.4%。

2010年11月安装了图书馆自动化管理系统，实现了图书馆业务管理自动化。2010年12月完成了文化信息资源共享县级支中心的建设，并于2011年初向读者免费开放。2012年1月1日开始，图书馆实行全免费开放服务。坚持周六、日及节假日开放，每周开放时间达到54小时。为方便读者，采取多种多样服务方式：如代借代还、预约借书、电话、QQ续借等。2009–2012年总流通人次215710人次，书刊外借136159册次。举办讲座、展览、阅读推广等活动15次，参与人数7500人次。

业务研究、辅导、协作协调

2010至2012年，佛冈县图书馆职工共撰写了论文及调研报告5篇。

延伸服务范围，2012年底止，佛冈县图书馆在基层建立了5个流动图书室，8个固定流动服务网点。利用书香流动车，进行“百车下乡送书、送知识惠民活动”，精心组织一批书籍送到基层，供群众借阅，让基层读者也能品偿到丰富的文化大餐，深受基层群众及学生的欢迎和好评。几年来坚持“三下乡”活动，协助做好农家书屋的各项业务工作，先后组织本馆业务骨干到企业、社区、文化站及农家书屋进行图书馆管理的业务辅导及管理人员的培训工作。2009–2012年共赠送了4000多册书籍给村文化室。

管理工作

2010年12月，佛冈县图书馆完成了首次的全员岗位聘任工作，岗位共设管理岗位和专业技术岗位两大类，编制10名，设管理岗位2个，专业技术岗位8个。

健全各项规章制度，建立岗位考核制度，每季度检查一次，年终进行量化测评考核评定；建立财务管理制度，实行严格的财务监督，对馆所有的财产必须逐项登记，履行好保管交接工作制度；制订安全防火、防盗制度，成立图书馆消防安全小组，并制定图书馆安全事件应急处理方案。

2013年佛冈县图书馆活动图片展

县委常委宣传部长卢少锋在“流动书香车百车下乡”活动开启时讲话。

“百车下乡”活动现场吸引了大批小学生读者。

“送书下乡”活动现场兴高采烈的小读者们。

“流动书香车”下乡受到龙山镇读者的欢迎。

送书下乡到基层深受学生们的欢迎。

我馆馆长何伟东同志在游园活动现场接受采访。

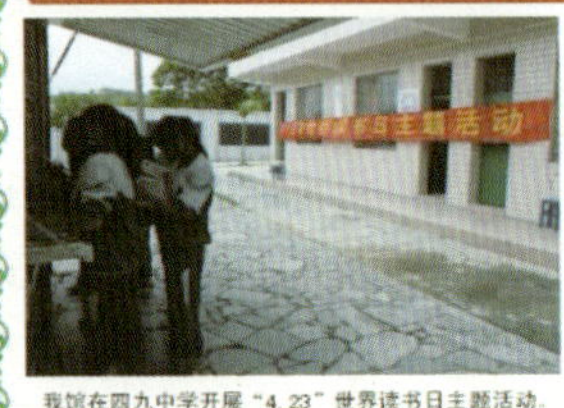

我馆在四九中学开展“4.23”世界读书日主题活动。

我馆流动图书室落户四九中学。

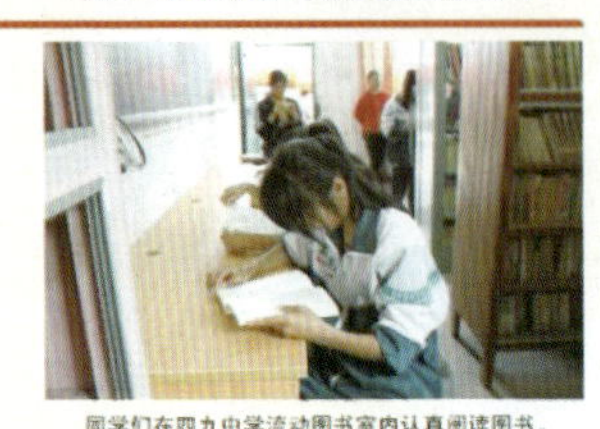

同学们在四九中学流动图书室内认真阅读图书。

馆领导介绍

何伟东，男，1968年8月生，本科学历，中共党员，馆长、党支部书记。1993年10月到佛冈县图书馆参加工作，先后要少儿阅览室、采编室、办公室等部门工作。

刘小红，女，1966年3月生，大专学历，中共党员，中级职称，副馆长。1983年12月参加工作，1986年12月到佛冈县图书馆工作，先后在少儿阅览室、书库外借室、采编室工作。

未来展望

通过对照文化部有关评估定级的标准和要求，我们进行全面系统的检查总结，找出了差距，努力整改，以评促建，努力改进各项业务工作。今后我馆将加倍努力，进一步优化服务，提高效能：一是充分运

用好免费开放经费，积极开展阅读推广活动，创造阅读品牌；二是从少儿入手，打造亲子阅读、绘画、手工制作等亲子平台品牌；三是取消使用两个借书证的做法，实行一卡通服务；四是利用书香流动车送书、送知识到基层，让广大群众更加便捷享受文化乐趣。

联系方式

地　址：广东省清远市佛冈县石角镇青松东路文化广场

邮　编：511600

联系人：何伟东

2013年佛冈县图书馆活动图片展
"图书宣传周"活动现场人满为患。

什么叫"一鼓作气"？真的是气鼓鼓啊！！！

我馆工作人员在鸿兴社区流动图书室布置整理书籍。
2012年6月5日，佛冈县图书馆免费赠送2000册图书给龙山镇上岳村农家书屋。

2012年6月5日，龙山镇上岳村村民在该村农家书屋借阅岭南书香车的图书。

2011年7月6日，石角镇泰康新村社区大人、小孩在佛冈县岭南书香车书架查找图书。

我馆开展"六一"游园活动，图为小朋友玩挟玻珠游戏。

"六一"游园活动中的"盲人打鼓"游戏。

图为"六一"游园活动兑奖现场。

连山县图书馆

概述

连山壮族瑶族自治县图书馆成立于1978年9月8日，位于广东省清远市连山壮瑶族自治县吉田镇勤政路2号。新办公楼于1985年2月落成并对外开放。大楼主楼五层，副楼四层，馆舍面积1722平方米，内设外借书库、工具书库、成人阅览室、儿童阅览室、采编室、报刊收藏室、全国文化信息资源共享工程支中心电子阅览、广东省流动图书馆连山分馆，总藏书73021册书，阅览座位200个，计算机36台，连续五次参加全国公共图书馆评估，均获得三级图书馆。

业务建设

截止2012年底，连山壮族瑶族自治县图书馆总藏书71417万册（件），其中：中文图书61206册，报纸552种，期刊9565种，视听资料94种。数字资源为4TB。

读者服务工作

从2012年起，图书馆各室实行免费开放，保证一周7天天天都按时免费开放。2009–2012年，共接待读者10万人，外借图书6万册。

2009–2012年为丰富农村文化生活，推动农村两个文明建设，送出6000多册图书到各镇群众手中；另外出版“图书宣传”专栏15期，宣传图书知识，开展图书评价和好书推荐活动；为进一步做好图书馆服务工作，积极配合全国图书服务宣传周和开展“4.23世界读书日”活动，每年举办“六·一”少年儿童读书征文比赛。2009–2012年不定期编印《图书信息摘编》20期，为农村种殖和养殖专业户提供科技资料，特别是关于生姜栽培和生姜病虫害防治的信息，受到了广大农民群众的欢迎，收到了一定的社会效益。充分体现和发挥了图书馆在两个文明建设中所处的角色、地位和作用。

2009–2012年，连山县图书馆共举办讲座、展览、培训、阅读推广等读者活动68场次，参加人数3万人次。

业务研究、辅导、协作协调

2009–2012年，连山县图书馆干部职工发表论文9篇。

2009–2012年，开展业务辅导25次。连山图书馆针对各中小学校、农家书屋、镇文化站管理人员，缺乏图书管理知识的情况，图书馆主动联系并派出业务人员对他们进行业务辅导，帮助管理人员解决实际困难，使他们得以顺利开展业务工作。

2012年，成立广东流动图书馆连山分馆，实现文献资源共建共享，与清远市图书馆开展馆际互借业务。

管理工作

2010年，连山县图书馆人事管理实行按需设岗，按岗聘用，完成了事业单位岗位设置和人员聘用，并签订了聘用合同工作，每年进行工作考核，评出先进，奖励先进；各岗位制定岗位责任制，使单位的面貌发生了显著的变化。财务制度按规定执行，由上级主管局及财政局监督。

表彰、奖励情况

连山壮族瑶族自治县图书馆在全馆员工的共同努力下，收到了可喜的成果。连续五次参加全国公共图书馆评估，均获得三级图书馆。2009–2012年，受广东省文化厅表彰、奖励1次，连山县奖励5次。

馆领导简介

莫春生，男，1954年11月生，高中学历，中共党员，助理馆员，馆长。1972年11月参加工作。2011年获广东省基层先进宣传文化工作者称号。

胡晓霞，女，1966年10月生，大专学历，中共党员，馆员，副馆长。1986年9月参加工作。

未来展望

全馆人员经过多年的不懈努力，图书馆的环境面貌发生了巨大的变化。馆舍条件极大改善，图书资料的流通方式实行全开架借阅，馆藏图书期刊得以充分利用，实行文献信息资源共享。但是，随着知识经济的来临，知识信息生产量的不断增长，综观连山壮族瑶族自治县图书馆的目前状况，已经很不适应民族山区人民因生存与发展的竞争而对知识信息的需求。因此，需要加快图书馆自动化、数字化和网络化的建设力度，推动图书馆事业进一步发展。希望各级党委、政府以及社会各界关注和支持。

联系方式

地　址：连山壮族瑶族自治县吉田镇勤政路2号
邮　编：513200
联系人：胡晓霞

连山图书馆借书处

图书馆阅览室

帮助农家书屋建设

全国信息资源共享工程连山支中心

流动书香车

向各镇文化站赠书仪式

向元珠村文化室赠书

图书馆外貌

连南县图书馆

概述

连南瑶族自治县图书馆于1980年成立，1987年建成并投入使用。自2010年起，在上级部门的关心下，我馆开始维修馆舍电路、粉刷外墙、重置内部设施。2011年至2012年通过整合原县民族博物馆、文化馆旧馆舍等不断扩充馆舍利用面积，并在省中山图书馆及上级领导部门的帮助下，于2011年新增加了文化信息资源共享工程（即电子阅览室）；2012年12月底，新设立了广东流动图书馆，内藏新版图书10200册，光碟582张。目前，馆舍整体面积1500平方米，藏书量59112册，订有杂志报刊73种。馆内设有图书借阅室、报刊阅览室、少儿阅览室、文献参考资料室、采编室、广东省流动图书馆、全国文化信息资源共享工程连南支中心。全馆共有读者座位170多个，计算机共36台（电子阅览室读者用机30台）。

业务建设

于2011年新增加了文化信息资源共享工程（即电子阅览室）；2012年12月底，新设立了广东流动图书馆，内藏新版图书10200册，光碟582张。截止2012年底，连南县图书馆总藏量59112万册（件），订有杂志报刊73种。

读者服务工作

推进优质服务，提升服务水平。坚持“读者第一，服务至上”的工作态度，牢固树立全心全意为人民服务的宗旨。为了方便读者借阅书籍，我馆除规定的上班时间外，坚持双休日全天开放，全周开放时间不少于56小时。此外，阅览室免证阅览，借书证办理手续简化、随办随借，服务窗口提供人工咨询服务、预约借书等便民服务。优质的服务使我馆赢得了众多读者的青睐：平均每年接待群众4万多人次，阅览人数3万多人次；借阅人数1万多人次，借阅书刊1万多册；发放借书证787册。

组织多彩活动，扩大阵地影响。认真开展图书馆服务宣传周、全民读书月、世界图书与版权日、媒体宣传等活动。举办春节元宵游园喜乐会，有奖猜灯谜竞猜活动；在流感高发期间，发放图书馆自己印制的预防流感医疗小知识；“六一”儿童节开展宣传系统青少年活动日，人人争当图书馆员活动；到县武警中队、武装部、消防队、各乡镇图书室业务辅导；赠送图书给乡镇图书室；世界读书日，利用文化信息共享工程（即电子阅览室），连续多晚给观众、儿童播放影片；举行了流动图书馆免费办证活动。形式多样的活动，拉近了图书馆与众多读者的距离，进一步扩大了图书馆的影响。

深入部门乡村，开展便民活动。积极开展送书下乡等为民服务活动。编写了科技种养信息报无偿发送给农民、科技专业户等，为群众脱贫致富提供了大量的科技信息，为读者查找资料提供信息咨询650条。多年来，图书馆一直坚持把科技养殖报寄送到各乡镇政府、养殖户的手中，力求用知识帮助广大群众脱贫致富、安居乐业。几年来坚持开展送书下乡活动，岭南流动书香车的足迹踏遍了瑶山各镇，受到了当地群众的欢迎。近年来，还给武装部、武警中队、镇文化站送去图书共3183册，为基层图书室增加藏书量，丰富了各种科技书。

业务研究、辅导、协作协调

从2009年起，我馆协助局推进“农家书屋”建设，安排5人按照“农家书屋”建设要求，轮流帮助各乡镇“农家书屋”按顺序分类排架整理图书、确定图书分类的级次、目录的建立和借阅的规则，对书屋的管理人员进行业务辅导。此外，还帮助大麦山镇白芒村委建立一间图书室，并送去书架4个、阅览台4张、报纸架1个、凳子20张、图书548册。

每年举办英语、作文、数学、画画学习班，累计共有230人次参加，发挥了图书馆社会教育职能和辅导功能。在上级部门的支持下，我馆重新配置了新的书桌，添置了新的照明设施，力求为学生课后学习创造一个安全、舒适的读书环境。

管理工作

以开展民主评议正风行风工作为契机，成立正风行风工作领导小组，明确职责，将工作任务分解到各功能室、责任到个人。制定了2012年县图书馆政风行风评议工作方案，修改完善了图书馆干部职工岗位规章制度，明确各自工作职责，推动我馆工作平稳有序开展。

馆领导介绍

唐　芳，女，1984年4生，本科，中共党员，助理馆员，馆长。2003年9月参加工作，2012年1月到连南图书馆工作。

罗玉婷，女，1972年6生，大专，中共党员，助理馆员，副馆长。1991年10月参加工作，1997年11月到连南图书馆工作，先后

电子阅览室

儿童阅览室

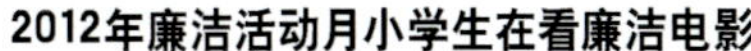
2012年廉洁活动月小学生在看廉洁电影

芳芳姐姐讲故事

在外借室、采编室工作。

张倩慧，女，1983年12月生，本科，助理馆员，副馆长，2009年9月参加工作，2010年11月到连南图书馆工作，先后在办公室、电子阅览室、流动图书馆工作。

未来展望

连南图书馆围绕“读者至上，服务第一”的办馆宗旨，准备由传统型的图书馆向现代化图书馆转变；服务单一型向多元化转变。在未来的几年里，在上级文化部门和连南县委县政府的重视支持下，加大资金投入和人才投入力度，争取建个3000平方米的新馆舍，利用现代化的采编技术、电脑检索、防盗设备为读者提供阅览、外借、检索、采编等服务，使图书馆的业务管理更系统更科学，从而延伸向外扩大服务面，使连南县图书馆成为知识传播、文化交流的重要阵地，为连南的文化建设作出更大贡献。

联系方式

地　址：清远市连南县朝阳路115号
邮　编：513300
联系人：唐　芳

猜灯迷

流动书香车

流动图书馆

阳山县图书馆

概述

阳山县图书馆是阳山县唯一的国办图书馆。民国时期，阳山县署内设图书室，供官员、职员阅览。建国后，1953年阳山县文化馆内设图书室，1981年县图书室改名为县图书馆，原馆舍建成于1984年，位于阳城大街19号，1994年被文化部评为三级图书馆。2006年6月，市政规划建设需要，将原县图书馆搬迁到县文化馆，图书馆在一、二楼办公，现实为两馆共用一幢楼开展业务工作，2013年评为国家三级图书馆。由于此楼面积仅有1400平方米，距离中型图书馆建筑面积的标准要求甚远，致使两馆都无法正常开展各项业务。为适应现代化社会发展的需要，保障人民群众共享文化信息基本权利及推动县群众文化公益事业的进一步发展，该县党政班子会议研究决定在南阳中学与原党校路口之间的三角地带兴建一幢具有县城标志性建筑的文化气息浓厚的中型图书馆。新阳山县图书馆，位于县城思贤路（南阳中学与原党校路口之间的三角地带），建筑面积10880平方米，用地面积6060.65平方米，框架结构，楼高八层，室内设计按照新型图书馆标准配备功能区，预计2014年底可以投入使用。

业务建设

阳山县图书馆现有藏书7.9万册，馆内设有成人阅览室、少儿外借阅览室、成人外借室、资料室、外借书库、报刊书库。2011年8月，全国文化信息共享工程阳山县支中心在县图书馆建成，该中心拥有服务电脑25台，业务电脑5台，并配备了等离子电视、打印机、扫描仪、投影仪等现代化办工服务设备，该中心的建成为图书馆提供形式丰富多样的读者服务打下了良好基础。

读者服务工作

2012年起，阳山县图书馆实现对外免费开放，周开放56小时，2012–2013年，书刊总流通2.3万人次，书刊外借3万册次；利用流动书香车进行送书下乡惠民活动16场次；通过举办讲座、展览、培训、阅读推广等读者活动吸引了一大批阅读爱好者。

业务研究、辅导、协作

2010年，全县建成159间农家书屋，书屋的建成为农村经济发展提供了一个良好的平台。县图书馆有效利用这一资源进行阅读推广，并对农家书屋提供全方位的技术支持和对农家书屋管理人员进行业务培训。

管理工作

2013年，阳山县图书馆在职人员8人，大专学历8人，有专业技术职称的助理馆员7人。

表彰、奖励情况

1984年10月，被评为省、市公共图书馆先进单位。

馆领导介绍

欧志光，男，1973年9月生，大专学历，中共党员，助理馆员，馆长。

王伟荣，男，1971年7月生，大专学历，中共党员，助理馆员，副馆长。

未来展望

2014年，阳山县图书馆新馆将正式启用，届时新馆的功能区配备将更加合理，图书馆功能趋于多样化，利用与校区毗邻的区域优势，把图书馆文化辐射向青少年人群，更好地向少年儿童和家长进行阅读推广、培养少年儿童的阅读兴趣；随着图书馆的自动化、网络化、数字化水平的大幅提高，馆内设备配置的不断完善，管理制度进一步规范；阳山县图书馆不断完善服务功能，努力提高服务质量和办馆水平，扩大服务辐射区域，争取达到国家一级图书馆的基本标准。

联系方式

地　址：阳山县沿江二路

邮　编：513100

清远市清新区图书馆

概述

清远市清新区图书馆1997年10月正式挂牌成立，位于清新区太和镇府前路3号A座，占地面积2300平方米，建筑用地520平方米，建筑面积1800平方米，建筑总投资160万元。1999年12月13日动工兴建成，2001年2月1日开馆服务。

2009年8月，清新区在深入开展学习实践科学发展观活动中，本着把行政服务区域与公共服务区域划分的理念，把原在府前路3号的区图书馆调整到明霞路12号新馆。位于明霞大道的新馆是清新区城镇的人流密集地。新馆由原教育局大楼重新改造装修，馆容馆貌整洁美观，馆内面积1500平方米，2009年9月在新馆开馆服务。

清新区图书馆的定位是以数字图书馆为基础，结合传统图书馆功能。利用馆藏文献资源为本区的文化、科研、政治经济建设服务的区级综合性公共图书馆。采用灵活的典藏、借、阅、查、找、展、等多种多样的服务方式。藏书全部开架借阅。

截止2014年5月，在编人员4人，其中设馆长1人，副馆长1人，有本科学历1人，大专学历1人，中专1人，高中1人。中级职称1人，初级职称2人。

清新区图书馆有阅览座位200个，网络接点40个，设有文化信息资源共享工程清新区级支中心、广东流动图书馆清新分馆、清新区科技兴农工程(清新区图书馆信息体验中心)、外借室、报刊阅览室、电子阅览室、资料室等服务窗口。坚持常年全周及节假日照常开放。每周开放56小时，开展外借、组织青少年学生轮流到图书馆集体阅读，举办知识讲座、知识培训班、展览、读者座谈会等活动。

馆藏资源

截止2014年5月，我馆藏书5万册，其中中文平装新旧图书4.8万册，中文期刊2千册(合订本)。中文期刊100种、中文报纸40种、中文电子图书(光盘)380件。我馆坚持“读者至上，服务第一”服务的宗旨，充分地利用馆藏资源，为读者提供外借、新书推荐、免费阅读、信息资料咨询等优质服务。

读者服务工作

读书活动：每年开展廉洁读书月活动，经常组织青少年在校学生轮流到图书馆集体阅读，送书到清远市监狱开展“读书帮教”活运。每年举办知识讲座、英语、数学、美术、等知识培训班。每年举办“4·23世界读书日”活动，每年召开读者座谈会，虚心听取读者的意见和建议，从而不断完善和提高读者服务工作的质量。

宣传周活动：每年举办图书馆服务宣传周活动，利用图书馆服务宣传周活动，大力宣传图书馆的最新动态，开展新书推荐，展览宣传等活动推动群众的学习兴趣。组织在校学生轮流到图书馆集体阅读。通过活动，增加了群众的读书意识，扩大了图书馆的影响力。

送书下乡：基层文化建设是我区文化建设的一个重要组成部分。为促进社会主义新农村建设，满足基层人民群众日益增长文化需要，每年坚持送书下乡活动，每年送图书2000至2500多册到基层图书室和乡村的农家书屋，供基层人民群众借阅。

学术、科研成果及获奖情况

2001年，清新区图书馆被清新区文化体育局评为先进单位。

2010年2月13日，馆长在《科技资讯》期刊上发表《浅析图书馆的管理创新》学术论文。2010年4月11日，馆长在《科技创新导报》期刊上发表《论现代图书馆的管理方向》学术论文。2005年，清新区图书馆被文化部评定为国家三级图书馆。2010年，清新区图书馆被文化部评定为国家三级图书馆，2013年，清新区图书馆被文化部评定为国家三级图书馆。

未来展望

随着广东省委十届七次全会审议通过文化强省建设规划纲要，我省文化建设的强劲东风再度起帆。完善公共文化基础设施建设，现清新区图书馆馆舍重新建设已纳入全县“十二五”规划，作为2014年清新区十大民生工程，拟建设不低于2000平方米，功能齐全的新型图书馆。未来展望，我们充满信心，我们要利用图书馆海量图书资源，切实为广大读者提供优质的精神食粮，识极开展“读书帮教”的文化活动，充分利用现代化信息技术，实施全国文化信息资源共享工程。赠书惠农，努力推进“农家书屋”工程。为我区经济建设和社会发展做出更大的贡献。

馆领导介绍

馆长：林昭荣，男，1956年出生，广东省清远市清新区人，中共党员，中级馆员。

副馆长：冯俏玲，女，1967年出生，广东省清远市清城区人。

联系方式

地　址：广东省清远市清新区中山33号

邮　编：511800

联系人：冯俏玲

潮州市潮安区图书馆

概述

潮安区图书馆于2003年设立，是潮安区唯一一所公益型公共图书馆，为全额财政拨款，非营利性单位，为广大读者群众提供无偿的文化资源服务。潮安区图书馆座落于潮安县城开发区潮安区文化中心三楼，馆舍面积1200平方米，设有外借厅，广东流动图书馆，报刊阅览室，电子图书阅览室和办公室5个部门。同时潮安区图书馆也是我区的文化信息资源共享的设点单位。我馆现拥有馆藏5.2万多册，报刊种类总计30种；拥有阅览座席80个。

业务建设

截至到2014年，潮安区图书馆总藏书量5.2万册（件），报刊种类总计30种。我馆现有阅览席位80个，其中少儿席位20个。计算机30台，其中工作人员使用5台，供读者使用25台。宽带接入光纤10兆，全馆实现无线网覆盖。

读者服务工作

从2012年1月1日起，潮安区图书馆实行对外免费开放服务以来，周开放57小时，周六、周日和节假日照常对读者开放，网络资源全天候开放。2012–2014年，共接待读者13万多人，办理借书证2030块，书刊总流通9万人次，书刊外借10万册次。截止到2014年，潮安区图书馆共设立图书流动点八个。WEB网站也及时更新消息，为读者提供办证指南、开放时间、新书推荐等信息。同时还为读者开通了QQ、电话续借服务。

管理工作

潮安区图书馆人员的岗位培训和继续教育，人均学时高于72学时，每年进行总体工作考核。

表彰、奖励情况

2012–2014年，潮安区图书馆共获的各种表彰、奖励3次，其中文化部表彰、奖励1次，其他表彰、奖励2次。

馆领导介绍

郑妙莹，女，1975年08月生，本科学历，中共党员，馆长。1997年10月参加工作，历任潮安区业余体校副校长，2007年1月任潮安区图书馆副馆长，2011年09月任潮安区图书馆馆长。2002年获潮州市劳动模范称号，2005年获潮州市优秀教练员称号，2008年获优秀中共共产党员称号，2011年任潮州市十四届人大代表，2012年获得广东省图书馆全省通报表扬。

张静华，女，1980年12月生，本科学历，中共党员，助理馆员，副馆长。2003年11月到潮安区图书馆参加工作，2012年任潮安区图书馆副馆长。2004年获得广东省图书馆全省通报表扬，2012年获优秀中共共产党员称号。

未来展望

未来潮安区图书馆将继续加大宣传力度，提高图书馆的知名度，完善免费开放各项工作，使公益型公共图书馆更加惠民、便民；全力筹备新的图书流动点，以便更好地传播文化知识，提高群众文化素质；继续组织员工参加业务培训，提高人员的从业水平，从而更好地开展工作，提高服务水平和服务质量；利用现代快捷便利的网络信息，打造图书馆的网络新时代，传播优质的文化资源；利用网络信息，传播优质文化资源；积极开展各种读书活动，发挥图书馆的文化阵地作用。

联系方式

地　址：潮安县城开发区南片潮安区文化中心三楼
邮　编：515600
联系人：林逸瑶

云安县图书馆

概述

云安图书馆于2003年建成，2005年12月30日正式投入使用，建筑面积1386.99平方米，馆内设成人外借室、视听室、电子阅览室、采编室、资料室、馆长室、馆办公室八个功能厅室。目前，馆内藏书5万多册，电子阅览室配置电脑25台。现有在编人员8名：馆长1名，副馆长1名，办公室主任1名，管理人员5名。其中本科学历2名，大专学历5名。2009参加全国公共图书馆第四次评估，首次获得三级图书馆，2013年全国公共图书馆第五次评估再次获得三级图书馆。2011年4月，少儿图书馆建成开放，馆舍面积170平方米，藏书总量15000多册。

业务建设

图书馆每年投入5万元购书经费购置书刊和图书，并积极号召社会力量为图书馆捐款捐书。2012年底，县文广新局联合县委宣传部向全县各单位和广大干部职工发出捐书倡议，共收到捐书6000多册。截止2014年5月，云安县图书总图书总藏量达到了5.3万多册。2009年以来，图书馆共投入资金20多万元，购买了扫描仪、摄像机、投影仪等现代化设备一批，电脑由原来的25台增至为30台。2010年8月，总投资68万元的云安县信息资源共享工程支中心建成。

读者服务建设

自2010年3月起，云安县图书馆开始免费对外开放，并积极开展外借、阅览、送书下乡、参考咨询、专题、电子信息、电子阅览、馆藏书目信息查询、好书阅览、新书推介、外借书籍排行榜等服务，想方设法吸引群众走进图书馆。2010–2013年共计举办各种阅读推广活动25次，服务读者3500多人次；开展读书知识竞赛和读书有奖征文15次，接待读者3200多人次，收到征文500多篇；利用流动书香车走遍了全县8个乡镇，共计送书下乡65次，服务群众达37500多人次；共接待读者30.5万人次，外借书刊23万多册次，阅览书刊逾35万册次，解答读者咨询2000多条，电子阅览室接待读者2.5人次。

业务研究、辅导、协作协调

2012–2013年，云安图书馆分别举办了农家书屋管理员培训班、农村科技培训班、龙眼种植培训班等培训活动12场次，共计2860多人次参加。2013年6月，云安图书馆还成立讲座中心，组成“宣讲团”，充分利用各镇分馆举办各类讲座8场，参加人数1200多人次。2013年10月，云安县图书馆共举办《传统文化与人生》各类讲座共5场，服务群众800多人次。

2012年10月开始，云安县图书馆先后在8个乡镇的文化站设立了分馆，积极开展各类培训活动，大力实施文化惠民工程。

管理工作

2009年以来，云安县图书馆不断健全和完善图书馆的各项管理制度，每年有年度工作计划，月度有工作要点，季度有工作督导，年末有工作总结考核，尤其是强化了外借室的管理，包括图书分类、主题标引和编目；馆藏书目录、联合目录；馆外借室图书的外借、发证、换证、补证；报刊杂志的整理签收、书刊上架、以及修补损坏的书刊，对本馆所订的报纸杂志进行装钉、收藏等一系列工作，强化了图书馆的管理，通过管理促进服务质量的不断提升。

馆领导介绍

杨剑标，男，1974年10月9日出生，1994年8月参加工作，本科学历，中共党员，馆长。

叶　伟，男，1967年2月17日出生，1982年3月参加工作，大专学历，中共党员，副馆长。

何祖澎，男，1984年3月12日出生，2004年8月参加工作，本科学历，中共预备党员，副馆长。

未来展望

目前，云安县图书馆已经成为云安人民文化生活的一大支柱，成为繁荣云安文化，丰富云安人民精神生活，推动云安人文科技进步的强大动力源泉。下一步，随着云浮市行政区域规划调整，云安图书馆将迁往都杨新区，届时争取上级按照国家一级图书馆标准建设，完善图书馆服务功能，努力提升图书馆在新时期服务人民群众文化生活的水平。

联系方式

地　址：云浮市云安县白沙塘行政区
邮　编：527525
联系人：杨剑标

市领导崔逢池、肖向荣到图书馆指导工作

图书馆外貌

广西壮族自治区图书馆

概述

广西壮族自治区图书馆是创建于1931年的省级公共图书馆，是广西图书文献收藏和利用的重要场所，是全国文化信息资源共享工程广西分中心和广西古籍保护中心所在地，是国家和自治区古籍重点保护单位。馆舍经历两次新建、一次改扩建。2002年馆舍改扩建后，图书馆建筑面积为33376平方米，分为民族大道主馆和人民公园分馆两部分。2009年，广西壮族自治区图书馆参加第四次全国公共图书馆评估，首次获得一级公共图书馆。2013年参加第五次公共图书馆评估再次获得一级公共图书馆。2012年，设有阅览座位1551个，计算机390台，信息节点2125个，宽带接入700Mbps，选用文华集群数字图书馆管理系统。

业务建设

截止2012年底，广西壮族自治区图书馆总藏量5316015万册（件），其中，纸质文献2533585万册（件），电子图书272.8930万册（种），电子期刊5.35万种/册。

2008年，广西壮族自治区图书馆新增藏量购置费为592.37万元，2009年为667.41万元，2011年为800万元，到2012年增加到1000万元。2009–2012年，共入藏中外文图书22.4499万种，54.7187万册，中外文报刊1.7623万种，视听文献1.0683万种。2012年，地方文献入藏完整率为96.62%。

截止2012年底，广西壮族自治区图书馆数字资源总量为51.213TB，其中自建数字资源总量5.051TB。完成数据库《广西戏剧专题多媒体资源库一期》和《广西惠农实用技术专题资源》的建设工作。

2012年，广西壮族自治区图书馆更新升级使用集群数字图书馆系统（DLibS）进行图书馆业务的自动化管理；建立RFID图书借还管理系统；搭建了全区书目数据联合编目平台；建立了全区公共图书馆虚拟专用网（VPN）；搭建了以数字图书馆为框架，基于OAI–PMH协议的广西文化信息资源共享平台；建立了基于P2P+CDN技术的视频点播系统和网络直播系统；结合“三网融合”的发展趋势，开设了手机图书馆，与广电部门和党员远程教育网合作，在数字电视和IP电视中设立图书馆和文化共享工程服务频道。设立了21个通信带宽为300Mbps的无线接入点，可以满足1000个并发用户的无线上网需求，读者阅览区达到100%无线覆盖。

读者服务工作

2009年，广西壮族自治区图书馆成为区内第一个实行免费开放的图书馆，全年免费开放，每周开放90个小时。2009–2012年，总流通712.6219万人次，书刊阅览717.4013万人次，书刊外借477.6104万册次。先后与区内10家图书馆建立了馆际互借关系，2012年还通过馆际互借将部分馆藏提供给国家图书馆数字化。2009–2012年，建立馆外流动服务点47个，书刊总借阅32.9425万册。2009年，设立了政府信息公开查阅点。2012年，建立了基于RFID无线射频图书借还管理系统，实现了图书自助借还。2012年，制订了《广西图书馆为自治区人大、政协会议提供信息服务方案》，准备开始为“两会”服务。

2011–2012年，广西壮族自治区图书馆网站访问量1118.3128万次。2011年，开始提供“移动广图—手机图书馆”服务。2010年开始，通过高清互动电视平台提供“八桂书苑”、“八桂讲坛”、“亲子乐园”等免费的视频点播服务。截止2012年，发布使用的数字资源库为50个，资源总量为46.162TB。2009–2012年，数据库访问4908.0205万人次，检索412.9879万次，浏览872.0707万次，下载190.9704万次。

2012年，广西壮族自治区图书馆共举办讲座、展览、培训、阅读推广、播放电影等读者活动169场次，参与人数58.8986万人次。组织开展的“八桂讲坛”、“广图展览”、“光影榭”等读者活动作为公益性服务品牌，深受社会的赞誉。

业务研究、辅导、协作协调

2009–2012年，广西壮族自治区图书馆职工发表论文183篇，主编专著12种、参编2种，已完成省部级课题3项、厅局级课题2项，获准立项在省部级课题3项。2009–2012年，课题获奖科研成果3项，其中获得省部级奖项2个，获得厅局级奖项1个。

2012年，广西壮族自治区图书馆安排24名业务人员到全区基础图书馆辅导24次121天，安排专业技术人员远程技术指导53天。举办业务培训班13个，网络培训12次，培训学员4189人次。

2009年广西壮族自治区图书馆主办“中美图书馆员专业交流项目——全区图书馆馆长管理和服务理念创新研讨班”，2011年主办“全国图书馆志愿者行动——广西公共图书馆科学管理与服务创新高级研修班”，2012年主办“全区公共图书馆馆长高级研修班”。2009–2012年，举办了两届全区图书馆采访工作研讨会。2009–2012年，连续四年召开了全区自治区、市级公共图书馆馆长联席会。

2012年，配合开展“春雨工程”之“全国文化志愿者边疆行”活动，广西壮族自治区图书馆组建3个共享工程志愿者小组分赴边境5县开展共享工程设备维护、软件安装、技术咨询与培训等志愿服务。2010年，广西壮族自治区图书馆建立广西

图书馆采编中心

到社区开展服务活动

开展讲座活动

公共图书馆地方文献资源建设协作网，2012年共接收赠送地方文献163种270册，向其他馆赠送800余册。2012年，建成广西联合编目中心网，全区参与馆有90家。

管理工作

2012年，广西壮族自治区图书馆通过了中层干部的续聘和竞争上岗，现任中层干部的平均年龄由原42岁调整到40岁，研究生学历3人，中层干部也首次出现80后的干部。同时，图书馆制定了工作任务，并量化考核指标体系，每半年和全年进行总体工作考核。2009–2012年，完成文化工作情况统计48次，图书馆业务报表统计4次，公共图书馆基本情况统计4次，编写统计分析报告12篇。

表彰、奖励情况

2009–2012年，广西壮族自治区图书馆共获得各种表彰、奖励29项，其中部级奖励2项，省级4项，市厅级19项，处级（城区）4项。

馆领导介绍

徐欣禄，男，1955年10月生。大学本科，中共党员，研究馆员，馆长。1980年开始从事图书馆工作，曾任广西壮族自治区桂林图书馆副馆长、馆长等职，2005年4月调广西壮族自治区图书馆任馆长。兼任广西壮族自治区图书馆学会理事长、中国图书馆学会常务理事、广西科协常务委员、全国文化信息资源共享工程专家咨询委员会委员、广西文化信息资源共享工程专家咨询委员会主任委员等职。2009年获得文化部授予的"文化部优秀专家"称号等。

黄艳，女，1968年11月生。大学本科，中共党员，副研究馆员，党总支书记、副馆长。1990年7月到广西壮族自治区图书馆工作，先后在办公室、借阅部工作，担任副主任、主任等职，2006年2月担任馆长助理，2009年3月担任副馆长，2012年9月，任命为党总支书记。

黄胜珠，男，1962年5月生，大专学历，中共党员，会计师，副馆长。2002年7月到广西壮族自治区图书馆财务科工作，担任副科长、科长等职，2009年1月担任馆长助理，2010年9月任命为副馆长。

黄河，男，1974年7月生，大学本科，中共党员，党总支副书记。1997年参加工作，历任广西壮族自治区文化厅副主任科员、主任科员。2011年3月调广西壮族自治区图书馆任副馆长，2012年9月任命为党总支副书记。

秦小燕，女，1970年3月生，大学本科，中共党员，研究馆员，副馆长。1992年，先后在柳州市图书馆采编部、网络部担任主任，2003年调广西壮族自治区图书馆，分别在办公室、研究辅导部工作，历任研究辅导部副主任、主任等职。2012年9月，任命为副馆长。

曾红辉，女，1973年7月生，大学本科，中共党员，副研究馆员，副馆长。1997年到广西壮族自治区图书馆采编中心、借阅部工作，担任副主任、主任等职。2010年12月，担任馆长助理。2012年9月，任命为副馆长。

广西壮族自治区图书馆全景

未来展望

广西壮族自治区图书馆从发展先进文化的战略高度出发，审时度势，着眼未来，按照现代图书馆发展要求，加强基础业务建设；以现代图书馆发展理念，利用资源优势和现代信息技术手段，建立面向社会发展、面向经济建设，适应党政机关决策、知识创新、科技创新和社会公众需求的多层次、全方位的服务体系，促进图书馆公共文化服务职能的不断完善；将文化共享工程与数字图书馆推广工程建设相结合，提高该图书馆信息化水平，拓展信息服务的深度和广度，推动文献信息资源的共建共享，构筑全区性的文献信息保障系统；开展科学研究，提高创新能力和学术研究水平，建设知识结构合理、具有创新意识和敬业精神、适应现代化图书馆发展要求的专业技术队伍；深化改革，加强科学管理，建立规范高效的服务管理机制。发挥省馆示范、引导和带动作用，促进全区图书馆事业的发展。

2013年，广西壮族自治区图书馆将正式启动广西地方民族文献中心的建设，新建图书馆建筑面积2.3万平方米。建成后广西图书馆总建筑面积将达到5.4万多平方米。该馆的馆舍读者服务功能和文献典藏功能将进一步完善，通过努力将广西图书馆打造成一个自治区地方文献收藏中心、书目数据服务中心、古籍保护工作中心、图书馆信息网络中心，实现建成西部一流图书馆的目标。发挥省馆示范、引导和带动作用，促进全区图书馆事业的发展。

联系方式

地　址：南宁市民族大道61号
邮　编：530022
联系人：李　臻

（撰稿：李　臻，张鹤明　审核：徐欣禄）

图书馆中心机房

电子阅览室

少儿图书借阅室

南宁市图书馆

概述

南宁市图书馆筹建于1924年（民国13年），时称“兴化图书馆”，后改为“南宁图书馆”。1926年，于南宁市青云街魁星楼旧址建馆舍大楼。馆址几经变迁，1998年6月26日，位于南宁市星光大道6号的新馆建成并对外开放。新馆占地面积9.07亩，馆舍楼高6层，建筑面积11735.74平方米。

2004年，参加第三次全国公共图书馆评估，首次获得一级图书馆。2012年，共有市民阅读中心、文学借阅室、特色文献阅览室、参考文献阅览室、社会科学借阅室、自然科学借阅室、综合借阅室、过报过刊阅览、电子阅览室以及静阅阁等各类借阅室、自修室等19个开放窗口，阅览座席1101个，计算机144台，信息节点13个，宽带接入120Mbps，选用Interlib图书馆集群管理系统。

业务建设

截止2012年底，南宁市图书馆总藏量88.2207万册（件）。其中，纸质文献56.7961万册（件），电子图书31.4246万册。由于我馆订购的清华同方电子期刊是包库的，未列入总藏量的统计中。

新增藏量购置费方面，2009年为151.85万元，2010年为120.31万元，2011年为113万元，2012年158.71万元。2009–2012年，共入藏中外文图书58861种，118167册，中外文报刊4236种，视听文献2593种。2012年，多卷书入藏完整率为91%，报期刊入藏完整率为93%。

截止2012年底，数字资源总量为5.88TB。其中，自建的数字资源总量为0.25TB。在建的数据库有《南宁民歌艺术节》、《南宁印象》、《南宁非物质文化遗产》、《邕城旧影》、《八桂原创音乐》等。

2012年7月，为适应“城乡一体化联合图书馆”项目需要，方便开展区域间图书馆集群管理，南宁市图书馆将图书馆自动化管理系统更换为“Interlib图书馆集群管理系统”。同年，实现馆内读者服务区无线网络100%覆盖。

读者服务工作

2011年7月25日，南宁市图书馆正式实施全年对外免费开放，每周正常开放72小时。2012年元旦，建成“24小时自助图书馆”，为市民打造集借阅、自习、阅览于一体的“永不关闭的大书房”，实现文献自助借还。

2009–2012年，共接待到馆读者472.9235万人次，书刊外借116.2512万册次；2012年，共与广西图书馆、南宁市12家县（区）公共图书馆、以及3家高校图书馆签订了馆际互借协议。

截止2012年底，共建有馆外图书流通站53家，覆盖全市六县六城区及部分乡镇、社区、村（坡），进驻部队、部分机关和企事业单位，馆外流动书籍8万多册。2009–2012年，馆外书刊总借阅9.2万册次。

作为南宁市政府信息公开窗口服务单位，充分发挥阅览场所的优势，设立政府信息公开检索点，向社会各界及广大人民群众提供政府信息的网上电子服务和纸质文献服务。2012年，信息公开检索点共接待公众查询410人次。

同时，利用馆藏资源和网络资源开展为领导机关决策信息服务。服务方式主要有：1、编制《领导决策参考》，为南宁市各级领导开展决策工作和相关党政领导机关调研社情民意提供参考信息；2、协助开展定题服务。2010–2012年间，先后为南宁市政府”南宁地铁沿线站点24小时自助图书馆建设”、南宁市博物馆“邕垣风华——历史名人与南宁图片展”、南宁市政协文史委“非物文化遗产保护”、南宁市财政局“公共文化服务免费开放后财政保障”课题、南宁古镇杨美村非物质文化遗产调研、江南区三江坡（原宋村）历史文化遗产调查等项目提供定题服务。

2009–2012年，南宁市图书馆网站访问量350余万人次。其中，2011年实施了网站改版，新版网站方便读者查询、续借、预约南宁市图书馆、南宁市各城区图书馆的文献，下载新书目录表，并突出本馆“绿城讲坛“文化品牌、南宁市地方文化特色以及东盟十国的概况和艺术风貌。

2009–2012年，南宁市图书馆共开展讲座、展览、文艺展演、培训、阅读推广等读者活动592场次，参与人数70.9689万人次，媒体报道867条/464次，成功打响“绿城讲坛”公益讲座、“绿城展廊”、“绿城舞台”三个专题活动品牌以及“绿城书香·相约邕图”阅读推广活动品牌。与机关单位、文学团体、社会团体以及“城乡一体化联合图书馆“成员馆携手合作，把传统的图书资源流动转变为图书资源与读者活动资源的联动，深入工地、学校、社区、乡村等开展读者活动，成为南宁市图书馆读者活动的一大特色。

业务研究、辅导、协作协调

在本地区图书馆服务网络建设中，南宁市图书馆作为本地区中心馆，目前主要承担“南宁市城乡一体化联合图书馆”、“南宁市公共图书馆文献采购协作网”、“南宁市图书馆馆际互借协作网”和“南宁市图书馆馆外流通服务点”等四项工

服务宣传活动

423世界读书日“阅读与人生”讲座

参加“农民工文化艺术节”活动

作。截止2012年，本地区共有14家公共图书馆参与服务网络建设，占全市公共图书馆总数的100%。

2009–2012年间，南宁市图书馆共开展业务辅导87次，共计532人，建立“市馆指导县馆、县馆指导农家书屋”的培训链，帮助马山县、隆安县、邕宁区、上林县、宾阳县图书馆实现了计算机管理零的突破；并以汽车图书馆为载体，实施图书配送及交换。

2009–2012年间，组织开展业务培训52场，参加培训12430人次，其中，针对“南宁市城乡一体化联合图书馆“项目举办培训班4场，全体成员馆的馆长和技术人员共计28人参加了培训，加强了大家对项目系统的操作和日常管理维护的掌握。

2009年，南宁市图书馆与广西图书馆签订联合编目协议书，成为广西文献采编中心联合编目合作馆。2012年6月20日，经广西图书馆采编中心推荐，与国家图书馆全国图书馆联合编目中心签订“协议书”，成为全国图书馆联合编目中心的成员馆。同时，做为地区中心图书馆，也积极推荐我市六县六城区图书馆与国家图书馆全国图书馆联合编目中心签定协议，规范本地区书目数据建设。

截止2012年底，南宁市图书馆学会共有会员300余名。南宁市图书馆网站“学会园地”栏目、“邕城图书馆”QQ群以及学会季刊《邕图通讯》为广大会员搭建了解学会动向的信息平台；2009–2012年间，学会共征集会员论文92篇，3次荣获南宁市科协“先进学会”；2010年，荣获广西图书馆学会“征文活动组织奖”。

2009–2012年，先后组织学会成员申报科研课题7项，包括自治区级（省级）项目2项，市级项目1项，馆级项目5项。其中1项获“全区图书馆服务效果评选”二等奖，1项获三等奖，1项获广西教育厅课题优秀奖，1项获南宁市社科研究成果三等奖。2011年，创新项目《南宁市城乡一体化联合图书馆建设》为业务实践类科研项目，并获得2011年自治区信息化投资项目专项投资经费33万元；市级项目《南宁市公共图书馆服务网络建设——南宁市图书馆总分制建设思路》荣获南宁市第十一次社会科学研究优秀成果三等奖；馆级科研项目均与近年来公共图书馆发展热点紧密结合，具有较强的实践意义。

管理工作

2012年2月完成了首次岗位聘任，聘任职工总人数为63人。依据岗位说明、岗位目标管理及考核工作要求，在月度考勤、绩效考核及年度考核等基础上实现对本馆在职在编人员的岗位目标管理及工作考核。

根据南宁市图书馆《物资财产管理制度》，每年对各种设备、物资进行一次盘点清查，核对帐卡、帐物，做到帐卡、帐物相符，发现问题及时上报、及时解决。

表彰、奖励情况

2009–2012年间，南宁市图书馆共获各类奖项、表彰16项，其中，部级奖励2项，省级奖励6项，地级奖励8项。

馆领导介绍

贺南潮，男，1963年生，本科学历，中共党员，党支部书记、馆长。1981年参加工作，曾任南宁市少年儿童图书馆馆长、南宁市博物馆馆长、支部书记，2010年1月任南宁市图书馆书记、馆长，兼任南宁市图书馆学会理事长。2004年荣获南宁市先进生产（工作）者，2005年荣获2003–2005年度广西文化信息共享工程先进个人，2007年荣获南宁市先进生产（工作）者，2013年荣获广西壮族自治区文化工作个人二等功。

李霞，女，1963年生，本科学历，副研究馆员、副馆长。1989年7月起从事图书馆工作，曾任南宁市少年儿童图书馆阅览部主任、副馆长，2006年8月任南宁市图书馆副馆长，分管读者活动、外借部、采编部、业务辅导部等部门工作，兼任南宁市图书馆学会理副事长。2000年荣获全区文化系统先进工作者。

陆庆，男，1968年生，本科学历，副馆长。1990年参加工作，曾任南宁市少年儿童图书馆副馆长，2011年12月任南宁市图书馆副馆长，分管技术部、信息部、期刊部的工作。2005年荣获南宁市先进工作者。

未来展望

南宁市图书馆将紧紧围绕南宁市大力实施“文化兴市、文化强市”的发展战略和中心任务，秉承“人才兴馆、业务强馆、项目立馆、管理树馆、创新擎馆”的工作思路，全面实施“南宁市城乡一体化联合图书馆”项目建设，吸纳高校、企业、机关等其他系统图书室加入体系，努力建成覆盖全市、功能完善、资源共享、管理规范的公共图书馆服务体系；大力开展面向城市、面向社区、面向农村、面向基层的“流动书香”馆外文化服务，积极引入新技术应用成果，为市民提供24小时自助图书馆、手机图书馆、触摸屏读报机、微阅读公众互动平台、数字图书馆、电子图书、盲人听书机、LED展播平台等服务项目，进一步提升服务质量和办馆水平，为建设书香绿城、文化南宁做出积极贡献。

同时，结合南宁市城市建设总体规划，充分准备，积极配合南宁市中心图书馆项目建设，争取项目早日建成并正式开放。

联系方式

地　址：南宁市星光大道6号
邮　编：530031
联系人：杨粒彬

南宁市图书馆外景

“静阅阁”自习区

“启智书苑”少年儿童阅览室内景

南宁市少年儿童图书馆

概述

南宁市少年儿童图书馆成立于1988年6月1日，建筑总面积4789平方米，其中，读者用房3543平方米，低幼儿童玩具室403平方米，是一座具有民族特色和园林风格的四层建筑。内设有多个藏、借、阅一体化的未成年人阅读中心、教学参考室、益智科普乐园和电子阅览室等多个读者服务窗口。馆内共有阅览坐席724个。目前，馆内接入10兆宽带光纤，各服务窗口采用全开放式、自动化管理，供读者使用的计算机40台。选用Interlib图书馆自动化集成管理系统。

业务建设

截止2012年12月，我馆总藏量为356880册，其中图书321553（册）、报刊9996（册），电子图书12000（册），视听文献11031（件）。

据统计，2009年至2012年我馆平均年入藏图书6523种，报刊616种，视听文献512种。其中，2012年，图书年度分编入藏文献7813种，其中纸质图书6512种、报刊合订本698种、视听文献603种。

在南宁市委、市政府的关心支持下，南宁市少年儿童图书馆2009年至2012年平均每年财政拨款378万元。其中，2011年财政数263万元，2012年财政拨款数701万元，2012年比2011年增加了438万元，财政拨款年增长率为177%；当地财政收入增长率为23.31%，财政拨款年增长率/当地财政收入增长率为759.33%。平均每年新增藏量购置费68万元，其中，2012年新增藏量购置费85.48万元。

为推进南宁市城乡一体化联合图书馆项目建设，2012年底，完成了自动化管理系统升级改造为Interlib图书馆自动化集成管理系统。

读者服务工作

南宁市少年儿童图书馆每周开放50小时，平均每年接待读者60万人次，每年外借册次17万册次以上（含馆外流通站），所有阅览室实行全开放式管理。2011年4月1日开始实行全面免费开放。目前本馆馆藏图书100%实现书目数据化；坚持10个工作日以内上一批新书；每年组织残疾儿童、农民工子弟等特殊少儿读者走进本馆开展读书活动，或是为特殊少儿读者送去图书、益智玩具等，为重点、特殊少儿读者提供了专题服务。

社会教育服务

南宁市少年儿童图书馆作为南宁市爱国主义教育基地、优秀青少年维权岗和广西青少年科普教育基地，时刻关注未成年人思想道德建设，引领少年儿童健康成长。多年来，始终把对少年儿童普及科学文化知识、进行爱国主义教育作为自己的首要任务，蒲公英讲坛、蒲公英舞台、童心看南宁等活动品牌，像磁铁般深深吸引了成千上万的小读者；一个个内容丰富，构思独特的少儿读书活动，一次次活泼生动的阅读指导与推广活动，一版版优秀少儿新书推荐版报，使孩子轻松愉快学到各种科普和文化知识，少儿图书馆真正成为孩子们喜欢的知识乐园，成为未成年人思想道德建设的重要阵地，提高了少儿图书馆的知名度，吸引了广大未成年人走进图书馆，利用图书馆，取得了良好的社会效益。平均每年举办读者活动45场/次，16544人次参加活动。其中，2009年至2012年共举办大型读者活动28场/次，平均每年7场/次。参加活动的区（县）点本地区总数的92%以上。书刊宣传、阅读指导活动每季度最少一期，推荐的优秀读物每期最少30册。每年的阅读兴趣辅导活动都是与培训机构合作的方式进行，平均每年共举办37班次。并做到每场/次活动有计划、方案、总结等文档资料归档。

延伸服务（汽车图书馆）

除搞好阵地服务外，南宁市少年儿童图书馆还注重加强延伸服务，多年来，在市县区各中小学校、县（区）图书馆、乡镇文化站、社区、工地和部队建立了48个图书流通点，利用图书流通车开展送书上门服务和丰富多彩的读书活动，深受到广大未成年人、部队官兵和农民的热情赞扬。48个图书馆流通站在2009年至2012年四年平均每年共借阅156117人次，书刊借阅184428册次。

业务研究、辅导、协作协调

多年来，我馆注重对南宁市各中小学校图书馆开展业务辅导工作，配备有专门的辅导人员，拨出一定的经费用于业务辅导工作，并与南宁市各中小学图书馆建立了协作网关系，

南宁少图外貌

未成年人阅读中心

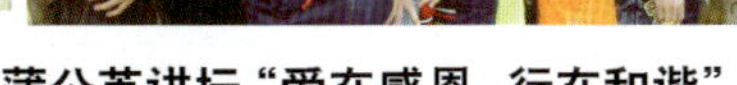

蒲公英讲坛“爱在感恩，行在和谐”

图书流通站

少儿阅览室

二十多年如一日地定期为南宁市中小学图书馆进行业务培训和辅导，开展多种形式的学术研究活动，提高了中小学图书馆人员的业务素质，有力地促进了南宁市中小学图书馆事业的发展，我馆也因此成为全市的少儿工作协作网中心馆。2009至2012年，平均每年培训南宁市中小校图书馆共有114个。2012年，共培训全区中小学校图书馆管理员2255人，下校指导30次，培训的南宁市中小校图书馆共有143个，收到良好的效果。

管理工作

南宁市少年儿童图书馆于2012年10月实行了首次岗位设置管理，并与职工签订了岗位聘用合同，2013年3月，制定了《南宁市少年儿童图书馆绩效考核及奖励性绩效工资分配办法》，建立了分配激励制度，效果显著。

表彰、奖励

2009–2012年，南宁市少年儿童图书馆共获得各种表彰、奖励18次，其中，国家级表彰、奖励1次，部级表彰、奖励5次，省级表彰、奖励4次，地市级表彰、奖励8次。其中，2012年2月，被中央精神文明建设指导委员会评委“全国未成年人思想道德建设工作先进单位”。

馆领导介绍

刘斌，男，1969年12月生，中共党员，馆员，馆长。1996年12月调入南宁市图书馆工作，历任南宁市图书馆系统维护员、技术部副主任、技术部主任、副馆长，2007年9月，调任南宁市少年儿童图书馆馆长。广西图书馆学会常务理事、南宁市图书馆学会副理事长。2013年获2011–2012年度南宁市实施全民科学素质工作先进个人。

徐志红，女，1962年3月生，中共党员，馆员，书记。1988年6月调入南宁市少年儿童图书馆工作，曾任阅览部主任、辅导部工作人员，2003年10月任南宁市少年儿童图书馆副馆长，2011年11月任南宁市少年儿童图书馆书记。2010年5月，被广西壮族自治区文化厅评为先进个人。

周明，女，1977年1月生，中共党员，本科，现是广西大学在职硕士研究生，馆员，副馆长。1999年6月参加工作，历任南宁市图书馆系统维护员，技术部第一副主任、技术部主任。2011年11月调任南宁市少年儿童图书馆副馆长。2012年3月，被中共南宁市委宣传部评为2011年度南宁市网络宣传工作先进个人。

未来展望

南宁市少年儿童图书馆将继续遵循“优质服务，以书育人”的办馆方针，按照《南宁市城乡一体化联合图书馆建设方案》要求，加快与以南宁市、县区公共图书馆总分馆服务体系建设，争取行业行为向政府转变，充分发挥区域分中心的作用，建设和管理中、小学图书馆总分馆服务体系；不断加强图书馆内部管理，更新服务设施，改进服务措施，提升少儿图书馆公共文化服务的能力；加强阅读推广工作研究和推广，发挥少儿图书馆在引导未成年良好阅读习惯的作用。

联系方式

地　址：广西南宁市教育路11号
邮　编：530022
联系人：周 明

柳州市图书馆

概述

柳州市图书馆前身是1928年建成的柳江图书馆，馆址几经变迁，1992年11月在柳州市柳北区三中路77号建成新馆对外开放，成为当时广西文化标志性建筑。新馆建筑面积12269平方米，裙楼3层，主楼8层，造型寓意为“知识航船”，环境优雅，交通便利。设计藏书容量100万册，现拥有阅览座位626个，其中少儿图书阅览室座位120个，计算机100台，其中供读者使用65台，同时配置有盲人专用的上网软件和阅览设备。1994年，参加第一次全国公共图书馆评估，获得一级图书馆，连续五次参加全国公共图书馆评估，并一直保持一级图书馆称号。1996年正式选用ILAS图书馆自动化管理系统，于2006年5月完成图书馆自动化管理系统升级换代。进一步完善馆内局域网，新增了高性能服务器、网络设备、磁盘阵列、防火墙和多媒体资源采集设备等。10兆光纤接入，实现无线网络（WiFi）覆盖，范围达到90%，方便读者使用。由于外墙脱落严重，2012年7月，经市政府审批决定对柳州市图书馆进行维修改造。

业务建设

截止2012年底，柳州市图书馆总藏量97.5675万册；其中图书62.5079万册，期刊12.8187万册，报纸2.2357万册，视听文献1.3812万件，古籍5.0403万册，其他1.9530万册，电子图书11.3533万册，电子期刊0.2774万册。

2009年新增藏量购置费75.21万元，2010年新增藏量购置费84.66万元；2011年新增藏量购置费92.46万元；2012年新增藏量购置费105.45万元。新增实体文献购置费90.05万元，占购置费总额的85.40%，其中新购书67.65万元，新购报刊16.88万元，新购视听文献5.52万元。新增数字资源购置费15.4万元，占购置费总额的14.60%。

2009—2012年，共入藏中文图书36，179种，69020册，中外文报刊887种，视听文献691件。地方文献入藏，图书1314种1918册，报刊23种1633册，光盘116种144碟，书画作品7种7件，名人手稿3种。已有《资治通鉴纲目》五十九卷/（宋）朱熹撰/元刻本，《皇明世法录》九十二卷/（明）陈仁锡撰/明崇祯刻本等7种187册入选国家珍贵古籍名录。

截止2012年底，柳州市图书馆数字资源总量为10TB。建成了柳州民间山歌、三江农民画、石文化、柳州地方传统戏剧及柳州老照片等地方文献数字资源库。2006年，完成ILAS图书馆自动化管理系统升级；10兆光纤接入，2013年实现无线网络（WiFi）覆盖，范围达到90%。

读者服务工作

2011年5月1日起，逐步推行免费开放。周开放时间为77小时，图书开架率达到72.69%，2009—2012年，书刊总流通203.0767万人次，书刊外借123.918万册次。2009—2012年，建成2个分馆，有15个流动服务点，仅2012年书刊外借12.846千册。2010年12月政府信息公开查阅中心建成并上线服务。

从2003年开始为柳州市委宣传部搜集、整理全国各地报纸资源有关柳州的相关报道，辑成《全国各级报纸有关柳州报道辑录》（每月1册）二次文献、2012年开始为市委宣传部整理编制《2012年“两会”柳州市外宣报道专辑》，为市党政机关单位提供丰富的信息资源；为柳州工业博物馆“工业历史馆”、“柳州文庙”布展提供文献保障，并编成《从桂中商埠到工业名城——柳州工业发展史话》；为柳州政协文史委建“柳州政协网文史资料库”提供柳州市四城区、六县文史资料多个专题的扫描件1037条等。

2009—2012年，柳州市图书馆网站访问量111690次。截止2012年，柳州市图书馆发布使用的数字资源总量为340万种，10TB，均可通过柳州市图书馆网站、共享工程基层服务中心提供检索、浏览和下载服务。

2009—2012年，柳州市图书馆共举办讲座、展览、培训、阅读推广等读者活动143场次，参与人数48621人次。长期举办贴近群众贴近老百姓的知识讲座“文惠讲坛”，利用节假日开展系列别具特色的读者活动，如结合传统民间节日为主题的系列少儿活动。在2011年广西“快乐暑期大行动”系列活动竞赛中脱颖而出，并荣获特色项目奖，成为全区地市级公共图书馆唯一获此荣誉的单位。《“红五月为外来务工者子弟服务”系列读书活动》、《流动图书进校园 优秀文化润童心》分别获柳州市第四届未成年人思想道德建设工作创新案例二等奖、三等奖。

业务研究、辅导、协作协调

2009—2012年，柳州市图书馆职工共发表论文64篇。

柳州市图书馆全景

“巧手绘童书”大型活动颁奖现场

文学图书阅览室

公共电子阅览室

少儿阅览室

2009—2012年，柳州市图书馆学会有48个基层图书馆参与业务辅导协作工作。学会2012年共开展业务辅导活动481次，辅导学员152人；举办各种业务培训班5期、970人接受培训。

1998—2012年，柳州市图书馆设立馆外服务点17个，通过不定期交换图书的方式为读者提供借阅服务。2009年起，先后设立柳州市图书馆鱼峰分馆、柳州市图书馆柳南分馆，并通过VPN技术，开展通借通还服务。

2008年开始，柳州市图书馆与所辖6个县级图书馆建立文献资源采购协作网。2011年，柳州市图书馆与所辖6个县级图书馆、3个城区图书馆建立地方文献征集协作网。

管理工作

2010年12月圆满完成了首次岗位竞聘工作，本次聘任共设57类岗位，有74人重新上岗，图书馆员工根据自已的意愿及能力选择了适合了自己的岗位工作，并与单位签定了聘用合同。同时，制定了各部门、各岗位工作责任，建立了工作量化考核指标体系，每月进行工作进度通报，每半年和全年进行总体工作考核，并按完成岗位责任的工作量化考核年度工作，给予奖惩。全馆实行每周一次文献排架抽查，每批书目数据都进行抽查，确保文献数据的正确性，便于读者利用。

表彰、奖励情况

2009年至2012年，柳州市图书馆共获得各种表彰、奖励共26项，其中，文化部表彰、奖励3项，自治区委、自治区政府表彰、奖励3项，自治区文化厅表彰、奖励3项，其他表彰、奖励17项。

馆领导介绍

李知辛，男，1961年10月生，大学本科学历，中共党员，高级政工师，馆长。1984年7月参加工作，历任中共柳州市委宣传部办公室主任、宣传科科长，2003年5月任柳州市图书馆馆长（副处级），兼任广西区图书馆学会常务理事、柳州市图书馆学会理事长。

杨伟芬，女，1963年4月生，在职研究生学历，中共党员，馆员，党支部书记。1984年7月参加工作，历任柳州市柳江县人事局科员、柳州市柳江县人大常委会机关科员、柳州市歌舞团办公室主任、柳州市群众艺术馆办公室主任、党支部副书记，2012年9月任柳州市图书馆党支部书记（副处级）。

江世忠，男，1965年10月生，大学本科学历，中共党员，副研究馆员，副馆长。1988年7月参加工作，历任柳州市教育资料中心主任、柳州市委宣传部理论科副主任科员、柳州市文化局人事教育科副科长，2001年12月任柳州市图书馆副馆长，兼任广西区图书馆学会理事、柳州市图书馆学会秘书长。

黄毓，男，1965年5月生，大学本科学历，中共党员，馆员，副馆长。1988年7月参加工作，历任柳州市造纸厂团委书记、柳州市图书馆办公室主任、中共柳州市委宣传部宣传科副科长、柳州市文化局办公室副主任，2005年12月任柳州市图书馆副馆长。

黄让辉，男，1972年12月生，工程硕士学位，中共党员，副研究馆员，副馆长。1995年7月参加工作，历任柳州市复印技术应用中心技术员、柳州市图书馆图书馆网络技术部主任，2012年12月任柳州市图书馆副馆长。

谢玲，女，1971年7月生，大学本科学历，中共党员，文博副研究馆员，党支部副书记。1993年7月参加工作，历任柳州市博物馆办公室主任、文物保管部副主任，2013年3月任柳州市图书馆党支部副书记。

未来展望

柳州市图书馆坚持“读者至上，以人为本”服务理念，不断的完善服务手段，扩大服务辐射区域，带动地区图书馆事业发展。展望图书馆的发展，在未来的几年里，柳州市图书馆在现有馆舍的基础上，努力增加纸质文献达100万册，数字资源存储总量提高到30TB，做到全覆盖、不间断、无时空限制的数字文献远程和移动服务，成为地区网上资源利用中心或称为地区网上信息服务中心；实现“在随心所欲的地点，随心所欲的时间，获得随心所欲的信息”。努力实现图书馆纸质图书24小时不间断服务，图书馆一卡通卡号与身份证号就能免费享用，争取完成系统自动化服务手段，如自助办证、自助借还书服务，更多的方便读者利用，做人人喜爱的图书馆。

联系方式

地　址：广西柳州市柳北区三中路77号
邮　编：545001
联系人：苏　磊

“书香经典对对碰”活动现场

北海市少年儿童图书馆

概述

北海市少年儿童图书馆兴建于1987年底，1991年10月16日落成开馆。馆址位于北海市北京路80号，占地4680㎡，原建筑面积为2500㎡，2012年维修扩建后建筑面积为2650.11㎡，整体建筑为二层回廊式园林结构。2011年，北海市少年儿童图书馆全面实施了免费开放服务。2013年，被文化部评为国家一级图书馆。现有读者用房面积1724㎡，占总面积66%，共有阅览座席370个，计算机54台，选用图创集群自动化管理系统。

业务建设

截止到2012年底，北海市少年儿童图书馆总藏量18.5万册，其中纸质文献117201（册/件），电子图书67289册，电子期刊250种/册。

2009—2012年，北海市少年儿童图书馆新增藏量购置费平均值为30.25万元/年，图书新增藏量6238种/年，报刊305种，视听文献515种。2009—2012年，北海市少年儿童图书馆根据《全国少年儿童图书馆（室）基本藏书目录》认真采购所需图书，入藏率达90%。

截止2012年底，北海市少年儿童图书馆数字资源总量为1.2TB。

自2001年起，北海市少年儿童图书馆已应用计算机进行采访、编目和读者检索，建立起馆藏书目数据库；2012年8月起更换为图创集群自动化管理系统，并开通了网上书目检索。

读者服务工作

北海市少年儿童图书馆一贯秉承"以读者为本"的服务理念，365天实行全天候开放，节假日不闭馆，每周开放时间为51小时。2009—2012年，年流通15万人次，书刊文献年外借17.2万册次。2009—2012年，北海市少年儿童图书馆建成的流动服务点（含2009年以前的）共计28个，年书刊借阅3.1万人次、6.1万册次。

2009—2012年，北海市少年儿童图书馆网站年访点击数为12万次。2012年初，建立全国文化信息资源共享工程北海少儿分中心，利用共享工程进行免费在线阅览服务，开展网络知识培训。并建设了一个集传统文献资源和现代网络资源为一体的特色数字阅览室——悦读e乐园，专设了区域：移动阅读专区、创e工坊、少儿数字学习馆、动漫∝绘本点点书屋，打造了广西首家DIY电子书创作工作坊。

北海市少年儿童图书馆为提升少年儿童的阅读兴趣和能力，常年开展"图书馆日"、"传递书香志愿者"、"小小图书管理员"、小海螺故事会、亲子阅读等活动，定期举办内容丰富的讲座、展览、阅读推广活动等。2009—2012年，举办各类读者活动共182场次，参与人数46万人次。"五彩童年，与爱成长"小海螺阅读拓展系列活动是北海少年儿童图书馆根据少年儿童阅读的特点，创意出的若干阅读推广主题活动之一，是该馆阅读推广工作的特色。

业务研究、辅导、协作协调

北海少年儿童图书馆为了激发少年儿童的阅读热情，致力于研究如何更好地推广和引导未成年人正确阅读，2009—2012年，北海市少年儿童图书馆职工发表论文共14篇。

2009—2012年，北海少年儿童图书馆辅导本地区少儿图书馆（室）工作人员培训45次，参加辅导人员156人次，一县三区覆盖率达100%。

2009—2012年，北海少年儿童图书馆与合浦县图书馆、北海市图书馆经常性地开展经验交流及协作活动，共同促进本地区图书馆事业的发展，2012年，与合浦县图书馆、北海市图书馆联合成立"北海市地方文献资源建设协作网"，共同做好地方文献的征集、整理、收藏和利用工作，更好地为当地经济建设服务。通过与社会的通力合作，在北海市铁山港区营盘镇彬塘小学建成了"爱心·圆梦"图书室——彬塘小学图书室。

2009—2012年，北海少年儿童图书馆与南宁市少年儿童图书馆、广西壮族自治区图书馆、湖南省少年儿童图书馆、天津少年儿童图书馆、国家图书馆，国家少年儿童图书馆开展各种交流学习与结对子帮扶活动。2012年，为加强书目数据库建设，促进文献资源共享，与南宁市年儿童图书馆签订了书目数据库共享服务合作协议，顺利实现书目数据库共享合作。

管理工作

北海少年儿童图书馆一直以来都遵循以制度治馆，知人

图书馆职工全家福

开展世界读书日活动

读画世界

学生在图书流通点看书

工作人员向读者演示操作

善用，科学管理，职责明确，奖罚分明。2010年12月，该馆结合本单位的实际情况，制定了《北海市少年儿童图书馆岗位设置方案》。2012年10月，制定了《北海市少年儿童图书馆绩效工资分配方案》，建立了标准科学、体系完善的绩效考核评价制度和科学合理的薪酬分配机制，每半年进行一次量化考核。定期检查馆内的安全生产情况，并及时整改，保证大事不出，小事少出，防患于未然，为职工和读者们提供了一个舒适和安全的工作阅读环境。

表彰、奖励情况

2009—2012年，北海市少年儿童图书馆共获各种表彰、奖励8次，荣获自治区公共图书馆先进集体、“全民阅读示范基地”称号。被自治区人力资源和社会保障厅、自治区文化厅记为全区文化系统集体二等功。

馆领导介绍

姚小玲，女，1971年7月生，大学专科学历，中共党员，馆员，馆长兼支部副书记，广西图书馆学会理事会理事。

麦伟琼，女，1959年8月生，大学专科学历，中共党员，副研究馆员，党支部书记兼副馆长。

林潇，女，1975年12月生，大学本科学历，中共党员，馆员，副馆长。参与北海历史文化名城申报文本的编撰，多篇学术论文获奖并收录入论文集。

未来展望

北海市少年儿童图书馆将进一步加强对未成年人的素质教育工作，积极推进少儿数字图书馆的建设，不断完善基础设施，继续优化服务环境，提升服务水平，加强公共文化服务，加大免费开放的工作力度，打造品牌活动，让少年儿童图书馆真正成为传播文化，启迪智慧的育才苗圃和阅读乐园。

开展科普活动宣传及送书活动

联系方式

地　址：北海市北京路80号
邮　编：536000
联系人：林 潇

贵港市图书馆

概述

贵港市图书馆前身为贵县图书馆，成立于1931年。解放后的馆址位于贵港市公园路（原广场路）7号，馆舍建筑面积1536平方米。2008年，贵港市委、市政府作出贵港市图书馆新馆建设规划，并将新馆建设列入全市重点建设项目、“三百工程”之一。新馆选址贵港市民主路，占地面积10亩，正面（东边）临城市主干道民主路，南侧面临城市支路文华街。2010年4月，新馆正式开工建设，2012年12月18日建成开馆。馆舍共6层，其中地下室1层为停车和设备用房，地上5层为图书馆业务用房，总建筑面积为11149平方米，建筑投资（不含征地）3250万元。

馆内设有办证咨询处、少年儿童阅览室、自然科学图书借阅室、社会科学图书借阅室、过刊借阅室、电子阅览室、报刊阅览室、地方文献和工具书阅览室、政府信息公开阅览室等服务窗口。服务项目主要有咨询、阅览、图书借还、公益讲座、展览、视频欣赏、培训、基层业务辅导等，此外还开展馆外免费流动服务。现有阅览座位504个，读者用机65台，信息节点72个，宽带接入20Mbps，选用图创图书馆自动化管理系统。2012年，我馆开始实施国家数字图书馆推广工程，被列入广西市级图书馆第一批数字图书馆建设单位。

业务建设

截止2012年底，贵港市图书馆藏书总量60万册。其中图书43万多册，期刊报纸(合订本)12万多册，电子期刊3万多册。

2009—2012年，每年新增藏量购置费分别为15万元、10万元、12万元、185万元，共入藏中文图书13万余册，中文报刊4560册，电子文献藏量500种。

2012年，贵港市图书馆得到中央财政拨款120万元和地方配套资金30万元共150万元实施国家数字图书馆推广工程。截止2012年底，贵港市图书馆数字资源总量为15TB。

读者服务工作

从2011年5月起，贵港市图书馆全年对外免费开放，周开放68小时。2009年开始使用图书馆自动化管理系统。2009—2012年，书刊总流通70.6万人次，书刊外借105.3万册次。2012年7月，开通与港北区、港南区图书馆的馆际互借服务。2009—2012年，建有馆外流动服务点5个，书刊外借51013册次。

2009—2012年，贵港市图书馆共举办讲座、展览、培训、阅读推广等活动380场次，参与人数116086人次。

业务研究、辅导、协作协调

2009—2012年，贵港市图书馆职工在省级以上刊物、专业会议上共发表论文4篇。

2009—2012年，我馆业务辅导人员对全市机关、企事业单位、社区、乡(镇)图书馆(室)、农家书屋进行业务辅导共96次，协助指导基层站点分类、编目、上架图书153009册。举办农家书屋管理员培训班、“文化致富工程”培训班等各种业务培训班16期，参加人员共2437人次。

2009—2012年，开展共享工程技术培训工作48次，培训基层网点信息员5818人次。

管理工作

2010年，贵港市图书馆完成全馆岗位聘任，同时，建立了工作量化考核指标体系，全年进行总体工作考核。修订了《贵港市图书馆人员考勤实施细则》，逐步完善各项规章制度，加强对人员管理。同时，加强人员队伍建设，每年有计划地选送干部职工参加图书馆业务学习，进一步提高干部职工的业务技能和服务素质，有效提高了工作效率和服务质量。2009—2012年，共抽查文献排架24次，撰写专项调研、分析报告和工作提案12篇，发布工作动态信息160篇。

表彰、奖励情况

2009—2012年，贵港市图书馆获得自治区表彰1次。

馆领导介绍

刘敏，女，1981年12月生，在职本科学历，民进会员，中级职称，副馆长（代理馆长主持全面工作）。1999年7月参加工作，2009年—2012年任贵港市歌舞剧团副团长；2012年12月因文化体制改革分流到贵港市图书馆，曾在图书借阅室工作，2013年9月开始任贵港市图书馆副馆长。

张满，男，1982年11月生，本科学历，中共党员，副馆长。2007年4月进入贵港市图书馆工作，先后在电子阅览室、信息技术部工作，任副主任等职。

庆祝建党91周年文艺晚会暨演讲比赛

中华经典朗诵比赛暨庆祝“六一”节

电子阅览室

少儿阅览室

自然科学图书借阅室

未来展望

2009–2012年，我馆坚持“读者第一，服务至上”的宗旨，全馆干部职工不辞劳苦，甘于奉献，在新馆未建成之前，在条件艰难的情况下，克服重重困难，仍然开展了丰富多彩的读者活动，取得了良好的社会效果。作为精神文明建设的窗口单位，在提高全民文化素质，提升城市文化品位等方面发挥了重要作用。在今后的工作中，我馆将以“一级图书馆”揭牌为新的起点，增强责任感和使命感，更新服务观念，创新服务模式，进一步提升管理和服务水平，经常性举办各种贴近市民群众需求的文化活动，抓好品牌服务，不断丰富馆藏资源，提高资源利用率，加快图书馆自动化、网络化、数字化建设进程，努力把图书馆建设成全市的文献资源中心、信息服务中心、社会教育中心，充分宣传发挥图书馆精神文明建设阵地和社会服务教育作用，保障市民群众的基本文化权益，为建设富裕和谐文明的新贵港作出应有贡献。

敬老节文艺晚会

联系方式

地　址：广西贵港市民主路与文华街交汇处
邮　编：537100
联系人：韦柳园

玉林市图书馆

概述

玉林市图书馆历史悠久，其前身是建于清乾隆年间的鬱林州紫泉书院藏书楼，1928年由县知名人士蒋子鳌等二百多人募款筹建为玉林县图书馆，后经多次更名和馆址变迁。1983年10月，因设立玉林市（县级）更名为玉林市图书馆。1997年因撤地设市，上划为地市级图书馆。玉林市图书馆位于玉林市教育中路553号，占地9.23亩，馆舍总面积8000平方米，主楼高六层，建筑面积4529平方米，1991年5月投入使用。玉林市图书馆于1994年获“全国文明图书馆”、“全国一级图书馆”（县市级）称号，2010年1月，国家文化部授予玉林市图书馆全国一级图书馆称号，2013年10月被国家文化部评定为“一级图书馆”。截止2012年底，玉林市图书馆有在职在编人员52人，财政拨款620.89827万元，新增藏量购置费60万元，有418个阅览座位，计算机107台，宽带接入共28Mbps。其中：中国电信20Mbps，广电网络8Mbps；有存储设备1个，存储总容量为87.6TB；使用深圳图书馆开发的ILASⅡ管理系统。

业务建设

截止2012年底止，玉林市图书馆总藏量60.6114万册。其中，纸质文献513446册，电子图书46500册。电子文献总量106500种，总容量10.238TB。

玉林市图书馆2009至2012年图书年均入藏量7481种，报刊年均入藏量1032种，年均视听文献入藏量677种；玉林市图书馆现有馆藏中文图书191723种383446册，馆藏中文报刊1200种13万册。馆藏书目数字化率81.6%；馆内设有地方文献室，地方文献数据库现有地方文艺和地方书画两个资源库，总容量为18789MB。

读者服务工作

玉林市图书馆实行每天对外免费开放，每周开放时间70小时。2012年，总流通人次为446319人次，书刊文献外借315372册次。与各县（市）图书馆、玉林师范学院图书馆、玉林市卫校图书馆、玉林市一中等12个单位签定了馆际互借协议，共设立有25个馆外流动服务点。馆外流动服务点四年来平均年书刊借阅册次为16.685千册。其中：2009年15.06千册次；2010年15.93千册次；2011年16.31千册次；2012年19.44千册。开展政务公开信息和文献信息服务，为玉林市领导机关决策、玉林师院桂东南研究所、广西烹饪餐饮行业协会等科研单位以及社会大众等提供了文献信息支持和保障。

玉林市图书馆自2006年3月开始进行玉林市图书馆网站建设，并办理了网站的域名申请，06年10月开通网站运行（网址：http://www.yllib.org.cn）。开设的网上服务项目主要有网上预约、网上续借、网上咨询、网上参考咨询等等。玉林市图书馆于2012年12月正式向读者开通移动阅读服务，全市读者在任何地点、任何时间，无需下载任何软件，都能通过手机、Ipad、笔记本电脑等设备，在线阅读玉林市图书馆的3万多册epud格式电子书、8000万种电子报纸资源。玉林市图书馆在全馆范围开通无线上网服务并实现馆内所有区域全覆盖，读者通过手机、笔记本电脑或平板电脑等移动设备，在图书馆公共区域内不但可以享受免费无线上网的乐趣，还可使用玉林市图书馆知识文化服务平台，体验到更加完善和人性化的服务。玉林市图书馆在2012年启动数字图书馆建设，制定了数字图书馆推广工程建设工作计划，完善了人员、设备物资等各种管理制度，各种服务、活动档案齐全。玉林市图书馆数字图书馆推广工程专项资金120万元已于2012年8月到位，同年10月开始着手进行硬件设备采购，并于2013年5月份进行国内公开招标，2013年6月份完成数字图书馆的硬件平台建设。

2009–2012年，玉林市图书馆共举办讲座、展览、培训、阅读推广等读者活动320场次，参与人数246000人次。其中：2012年共举办讲座、培训、展览等读者活动108次，参与人数达81169人。

业务研究、辅导、协作协调

2009–2012年，玉林市图书馆职工在省级以上刊物或专业会议上发表论文共8篇，调查研究报告2篇。2009–2012年，玉林市图书馆员工撰写调查研究报告4篇，参与科研项目3项，项目名称分别为：《分布式异构文化资源智能定位与收割平台研究》（省部级）；《玉林古代文献名录》（馆级立项）、《玉林市少年儿童阅读调查报告》（馆级立项）。

玉林市图书馆与广西图书馆签订了《广西壮族自治区图书馆文献采购协作协调协议》，组织开展采购协调工作，与玉林各县（市）公共图书馆共同制定了图书采购协调的规则、图书采购综合选题计划并成立工作机构，与各县（市）公共图书馆签订了《馆际互借协议》。在以玉林市图书馆为龙头，各县（市）图书馆为节点，具体到街道、乡镇、村图书馆的网络架构下，建设了高效、共享、通借通还的图书馆服务网络。玉林市图书馆与全市5个县级图书馆通过VPN连接，与119个乡镇综合文化站实现资源共享，与全市乡镇、村图书馆通过实体书传递服务，实行了通借通还等服务，实行市、县、乡三级公共图书馆资源共享。

玉林市图书馆馆积极开展业务辅导工作，帮助基层图书馆（室）解决各类难题。2009–2012年，玉林市图书馆到各县

4.23开展“阅读进农家”活动

成立图书流动点

交通文化书画展

（市）区、镇、村开展业务辅导1000多次，其中自动化管理工作指导95次。如2010年11月至2011年2月期间，我馆谢朝容、陈克、李俊、邓亦君同志在玉林市教育局主办的玉林市中小学图书管理员培训班担任授课老师，共培训全市中小学实验教师和图书管理员500多人。2012年，举办了玉林市第二期古籍普查登记工作培训班和公共图书馆基础业务培训班，共培训人员60多人。

玉林市图书馆参与了国家图书馆联合编目网络、广西联合编目中心、上海图书馆联合编目网络等编目工作，与玉林市各县（市）公共图书馆联合成立了玉林市图书馆文献编目中心。

管理工作

近年来，玉林市图书馆根据中央、自治区和玉林市委、政府的有关要求，大力推进事业单位人事制度改革工作，结合实际情况制订了《玉林市图书馆岗位设置方案》、《玉林市图书馆岗位设置管理首次聘用方案》、《玉林市图书馆岗位设置首次竞聘综合考核评分方法》等一系列方案，按要求做好了本单位人事制度改革和岗位设置的有关工作，并报市人事局、市文化局备案。实行岗位管理和工作目标管理责任制，坚持年度考核制度，现有人员均实行聘任制，中层干部竞争上岗，择优聘用。馆领导任命由市委宣传部审批。2010年，玉林市图书馆完成首次岗位竞聘工作。首次竞聘总岗位45个，首次聘用39人。2009年至2012年，新增人员18人，其中：调入16人（文艺院团改革分流调入15人，随军家属安置调入1人），公开招聘录用2人。

表彰、奖励情况

2009—2012年，玉林市图书馆先后获部级奖励1次（国家文化部授予"全国一级图书馆"荣誉称号）；获广西公共文化服务体系建设先进集体、第十四批自治区军（警）民共建精神文明先进单位等省级业务主管部门奖励6次；获玉林市基层文化工作先进集体等市级业务主管部门奖励11次。

馆领导介绍

谢朝容，女，1967年6月生，大学本科学历，中共党员，副研究馆员，馆长、党支部书记。1989年7月参加工作，2004年任玉林市图书馆副馆长，2008年1月任玉林市图书馆馆长、党支部书记，玉林市文化局党委委员，广西图书馆学会常务理事，2011年9月当选玉林市第四届人民代表大会代表。2005年被广西文化厅授予"2003—2005年度广西文化信息资源共享工程先进个人"荣誉称号，2008年获广西区文化厅"广西群众文化服务先进工作者"奖励，2010年获广西区文化厅"广西公共图书馆先进个人"荣誉称号。

卢业昇，男，1956年2月生，大专学历，中共党员，馆员，1976年12月参加工作，2009年5月任玉林市图书馆副馆长。历任容县县底乡副书记、乡长，容县乡镇企业委党组副书记、副主任，容县经贸局党组成员、副局长，玉林市演出公司经理，玉林市文化局党委办主任。

图书馆大楼内观

陈克，男，1955年12月生，大专学历，中共党员，副研究馆员，副馆长。1973年7月参加工作。

李俊，女，1969年9月生，大学本科学历，中共党员，馆员，副馆长、工会主席。1991年8月参加工作，先后在采编部、流通部等部门工作，任主任、馆长助理等职。

覃祖敏，男，1971年10月生，大专学历，中共党员，三级演员，副馆长。1995年12月参加工作，曾挂任北流市六麻镇上合村第一书记。

未来展望

玉林市图书馆新馆项目已经玉林市发改委批准立项并顺利通过可行性研究批复，新馆用地位于玉林市玉东新区玉东大道北侧，项目规划用地红线面积为11127.54平方米（合16.69亩），新馆拟建建筑面积13980平方米，拟建地下一层，地上五层。新馆建设的前期工作已基本完成，拟于2014年年底动工兴建。今后几年，玉林市图书馆将以玉林市创建国家公共文化服务体系示范区为契机，以新馆建设为突破口，以数字图书馆建设和数字阅读推广为重点，大力推进总分馆体系和自助图书馆建设，不断完善城乡阅读平台建设，实现图书馆在服务时间、空间和地域、资源、网络等功能上的延伸，推动玉林市公共图书馆系统服务标准的整体确立，促进图书馆服务的创新和服务效能、服务素质的提升。

联系方式

地　址：广西玉林市教育中路553号
邮　编：537000
联系人：庞晓春

共享工程知识竞赛

送书下乡活动

党员志愿者为民服务

隆安县图书馆

概述

隆安县图书馆前身是1931年成立的县立图书馆，1932年，县立图书馆划归民众教育馆统辖。县城解放前夕，图书馆藏书全部失散，1952年县文化馆设立图书馆阅览室并兼理至1978年，1978年9月成立隆安县图书馆，1984年11月，区文化厅、财政厅划拨16万元，县财政拨出专款19万元，共计35万元兴建图书馆业务大楼，于1991年11月竣工1992年3月向公众开放，馆址位于隆安县文化街13号。2008年底，隆安县人民政府开展县城第三期旧城改造，新馆在原检察院旧址上与“金地华府”商住楼合建，回建面积2600平方米，新馆主体工程等总投入838万元，于2012年4月18日正式对外开放。隆安县图书馆内设办公室、采编室、电子阅览室、借阅室、报刊阅览区、少儿阅览区、休闲区、自修室、多媒体室等，并附带多个展厅、培训室。其中提供给读者的阅览室7个，面积920平方米，阅览坐席共373个，少儿阅览座席80个；电脑数量达到80台，其中向公众开放的电脑数量61台，宽带接入为10Mbps，存储容量6.4TB。

业务建设

截止2012年底馆藏总量为417730，其中纸质文献58129册，电子书刊359601册，数字资源总量为5TB。

2012年6月投入9.5万元购买Interlib集群自动化管理系统，成为了以南宁市图书馆为中心的“南宁市城乡一体化联合图书馆”的成员馆，与南宁市县、区级以上公共图书馆的文献资源实现共享。

读者服务工作

从2012年4月隆安县图书馆新馆正式对外开放起，每周开放时间为63个小时，节假日照常开放。2009–2012年，书刊总流通137055万人次，书刊外借158970万册次。2012年8月，开通与南宁市图书馆、南宁市少儿图书馆的馆际互借服务。隆安县图书馆在抓馆内阵地建设和文献资源建设的同时，还开展了馆外基层服务网络建设，尽可能地、更便利的把文献送到读者手中。从建立农村社区图书流通点，开始构建一种新的图书馆服务网络模式——县级图书馆直接服务于乡村、社区的图书流通点。截止2012年底共在全县10个乡（镇），103个行政村，33个图书流通点。覆盖全县三分之二以上的行政村。2012年全年讲座、培训18次；展览5次；阅读推广活动6次；累计参加活动人次为30650。

业务研究、辅导、协作协调

为努力提高图书管理人员的业务水平，针对各乡镇、村图书室在图书分类上架，业务统计上存在一些不足的情况，我馆于每年9月–10月期间组织业务人员到各乡镇，村级图书室进行业务辅导。2009年至2012年，我馆人员下乡辅导共58次。以及为了适应新时期新岗位的需要，2009年至2012年我馆组织基层管理员参加业务培训，举办培训班10次，累计参加人数398人，学员们经过在听课、实习，系统地学习图书馆业务知识，业务水平和工作能力大大提高，收到了良好的效果。

此外我馆重视工作人员的专业学习及业务能力提升，每年都会派人参加区、市举办的各种培训，并采用专题讲座、参加学术研讨会、组建学习小组等形式进行员工培训，提高员工业务技能和职业素养。2012年全馆人员业务培训、继续教育658学时，人均82.3学时，员工专业技能得到提高，极大促进我馆各项业务的开展。

目前我馆已经实现与南宁市县、区级以上公共图书馆的联合编目、文献资源共享，此外我馆人员每年都积极参加图书馆学会举办的年会和理事会。

管理工作

截止2012年12月底，全馆共有在编人员8人。其中，大专以上学历5人，占总人数的62.5%；中专、高中以上学历8人，占总人数的100%。我馆业务人员8人。其中，中级职称4人，占业务人员总数的50%；初级以上职称8人，占业务人员总数的100%。目前我馆共有领导班子3人，其中，大专以上学历2人，占66.7%；中专学历一人。领导班子均受过系统的图书馆学培训继续教育培训。2012年，领导班子人均参加继续教育47.25学时。

我馆馆内的各项规章制度健全，在人事管理方面我馆设置有按岗聘用、竞争上岗、岗位责任制、考核、分配激励制度。

表彰、奖励情况

（1）全国“服务农民、服务基层”文化建设先进集体。

(2) 2009年-2012年获得南宁市图书馆学会先进单位称号。

(3) 2009-2011年度南宁市科学技术普及工作先进集体。

(4) 隆安县创建南宁市第七轮（2009-2011年度）文明县活动先进单位。

(5) 2008-2010年度隆安县未成年人思想道德建设工作先进单位。

(6) 2012年度"未成年人思想道德教育"先进单位。

(7) 2012年度"读者活动"先进单位。

(8) 2012年度"图书馆服务宣传周"先进单位。

(9) 2011年度"全民阅读"先进单位。

(10) 2012年度"学会活动"先进单位。

未来展望

在信息社会的今天，隆安县图书馆将依托文化共享工程，以数字图书馆建设为目标，以自动化服务为手段，以满足读者需求为出发点，以开展服务活动为重点，以传播知识和传递信息为职能，以馆藏文献为依托，努力实现全方位开放式读者服务工作，使图书馆成为文化、科技、传播、社会教育、信息交流的中心，利用先进的计算机技术和数字信息系统，开展各种图书服务活动，提高广大人民群众整体素质，为推动隆安经济发展提供智力支持，实现科技和文化的完美结合，努力把图书馆办成知识信息中心，文化教育中心，成为重要的知识信息枢纽和三个文明建设的重要窗口。为丰富群众文化生活，提高全民文化素质，构建城市文化建设，做出新的、更大的贡献。

联系方式

地　址：广西省南宁市隆安县金地华府商业街隆安县图书馆

邮　编：532799

联系人：廖思登

宾阳县图书馆

概述

宾阳县图书馆，是县人民政府举办的集政治、科学、文化、教育于一体的县级财政全额拨款的公共性事业机构。馆址坐落于宾阳县现宾州镇临浦街1号，始建于1978年9月。1990年止馆舍建筑面积434.13平方米，1991年由县人民政府和自治区先后拨款58万元在原址扩建建筑面积为1400平方米的六层图书馆大楼，该楼于1993年2月竣工，同年4月5日剪彩向读者开放，馆舍总面积增加到1830平方米。1999年由县人民政府下文搬迁宾阳县文化馆，该馆原用的房屋全部交由县图书馆管理使用，至此，宾阳县图书馆全部馆舍建筑面积增至2640平方米，2013年由上级拨款在原馆址增加了200平方米读者用房，至2013年年底止全馆建筑面增加到2840平方米。至今，馆舍面积一直保持2840平方米。

2008年8月由国家文化部、财政部和县人民政府共同投资68万元兴建的“全国化信息资源共享工程宾阳县级支中心”在宾阳县图书馆建成，9月向读者开放。宾阳县图书馆至2013年止拥有现代化设备：电脑72台（其中：66台为读者服务工作机，6台为办公用机）、电脑打印机3台、多功能电脑打印机1台。宾阳县图书馆至2013年底止阅览座位294个，分布于各个借阅窗口，其中占座位数较多的是少年儿童阅览座位106个、综合阅览室93个。这是满足读者需求的一个工作举措。

财政拨入购书经费稳步增长：2009至2011年财政拨入购书经费保持7万元，2012年8万元，2013、2014年增至9万元。年进新书2500多种，年订报刊410多种。

宾阳县图书馆2014年止有人员编制14个，在职工作人员12人。其中研究生学历1人，本科生学历2人，大专学历8人，中专学历2人，高中学历1人；职称构成：中级职称1人，初级以上职称11人。

宾阳县图书馆藏书组织管理做到：图书加工有工作程序，目录设置有卡片式目录和机读目录，并且设置有查目辅导；全馆书刊全部实行开架借阅管理；书库做到有分工负责，文献坚持做好“防火、防盗、防虫、防潮、防晒、防尘”等工作。

业务建设

宾阳县图书馆至2012年底止已建图书数据25114条（其中地方文献数据214条）、杂志数据2284条，占馆藏总数的31.8%。在认真做好宣传工作的前提下，发挥电脑作用，从2013年元月开始实行了“一卡通”的电子借阅服务方式，实行了现代化的管理方式。

读者服务工作

宾阳县图书馆从2011年起认真执行中央（文财务发[2011]5号）文件精神，在馆内全面推行免费开放服务，所有书刊全部实行开架借阅，开架率达到100%；周六、周日正常开馆。每周开放时间为66.5小时，即各个借阅室每天上午8点–12点，下午2点30分–6点；展览厅每天晚上8点–10点开放。2009–2012年持证读者、书刊流通情况为：2009年持证读者2510个，书刊总流通服务150011人次，书刊文献外借50020人次75000册次；2010年持证读者2499个，书刊总流通服务116157人次，书刊文献外借40043人次69960册次；2011年持证读者2510个，书刊总流通服务171340人次，书刊文献外借40001人次79368册次；2012年持证读者3001个，书刊总流通服务300595人次，书刊文献外借40228人次80312册次；2013年持证读者2917个，书刊总流通170027人次290377册次，其中图书外借79919册次。至2013年止累计建立书刊流通服务点（站）12个。

加强品牌工作建设取得较好成绩。2013年我馆继续严格执行国家有关公共图书馆、文化馆“免费开放”政策要求，落实财政部、文化部《关于推进全国美术馆公共图书馆文化馆（站）免费开放工作的意见》（文财务发〔2011〕5号）精神，在县文化广播影视和体育局的大力支持下，充分发挥宾阳县图书馆艺术展览厅的作用，努力打造学习和读书活动品牌——“翰墨凝香笔生辉·中小学生书法普及教育免费培训活动”公共文化服务品牌，长期举办免费书法学习班和书法展览，为读者创建了一个学习书法、传承中国文化和文化艺术公共交流的平台，展示了宾阳县的文化艺术活动成果作出一定的贡献。据统计，利用“宾阳县图书馆艺术展览厅”，举办免费书法学习班13班，举办书法展览7期，展出书画作品230幅。同时利用回收县昆仑公司出租的铺面设立了一个读者服务部，为读者搭建了一个公共交流的文化艺术平台。

宾阳县图书馆书刊宣传主要采取了以下六种方式进行：一是板墙报宣传，二是折页单宣传，三是网站宣传，四是报纸

国家一级公共图书馆表彰活动

中国梦·小学生读书演讲比赛活动

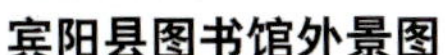

宾阳县图书馆外景图

业务培训

业务辅导活动

宣传，五是电视宣传，六是利用编制《科技服务》进行宣传。同时社会教育活动常抓不懈，利用多媒体读者报告厅举办讲座、培训、展览、阅读推广、图书馆服务宣传等。

业务研究、辅导、协作协调

宾阳县图书馆积极参与上级的各项协作协调活动，参与了全国图书馆联合编目和南宁市图书馆馆际互借、图书采购协作以及一体化联合图书馆业务活动。同时加强了本地区公共图书馆服务网络建设活动工作。本地区公共图书馆服务网络共有县、镇、村三级，即1个县级图书馆，16个镇级图书馆，202家村级图书室（农家书屋）。县级图书馆对这些公共网络经常开展业务辅导活动。同时组织干部职工积极开展业务研讨活动，多篇专业论文入选参加区内外学术研讨会。

管理工作

宾阳县图书馆管理工作采用制度管人的工作方式进行管理。由馆长管理全面工作，副馆长管理业务工作兼管党支部全面工作。馆内设置“图书采编”“参考咨询”“自动化发展”“书刊借阅”“科技服务”“读者活动”“财务、办公室”等工作小组，在统一管理的情况下，各负其责，实施奖勤罚懒。

其次是年度工作在管理制度的约束下，工作做到有计划，有量化管理目标，有工作小结，年终有工作总结。安全保卫有专职人员，有应急预案，书库设置有管道消防系统和干粉消防设备。

表彰、奖励情况

由于各项工作管理到位且比较规范，成为了宾阳县文广体局的示范。由于工作成绩突出，1991年以来曾多次被授予“南宁地区文化系统先进集体”、“南宁市文化系统先进集体”、“南宁市图书馆学会先进集体”、“自治区‘知识工程’先进单位”、“先进读者活动组织奖”、“自治区读者喜爱的图书馆”等光荣称号。由于成绩可嘉，仅2012年就获集体表彰12项，其中：市级9项、县级3项；1994年分别被自治区、国家文化部授予“三级图书馆”，1999年至2012年被国家文化部授予“国家二级公共图书馆”，2013年在全国县以上公共图书馆第五次评估中被国家文化部授予“国家一级公共图书馆”的光荣称号，为宾阳县确保“全区文化先进县”，争创“全国文化先进县”奠定了扎实的基础，为“三个文明”建设的和谐发展做出了较大的贡献。

馆领导介绍

宾阳县图书馆设置馆长1人、副馆长2人在岗1人。馆长为研究生学历，职称助理记者；副馆长为大专学历，职称馆员，广西壮族自治区图书馆学会理事、南宁市图书馆学会理事、宾阳县摄影家协会副主席、理事，多篇学术论文参加了中国图书馆学会、中国中小型图书馆学会、中南五省（区）图书馆学会、中西部地区市、地、州图书馆学会、广西壮族自治区图书馆学会、南宁市图书馆学会学术研讨会并获二、三等奖，其中《县级公共图书馆开展免费服务活动的探讨》获《当代文化与教育研究》入选发表，《县级公共图书馆在履行图书馆职能的前提下开展免费服务活动的探讨》被“全国中小型公共图书馆联合会”入选为“2013年研讨会”论文并作为全国中小型公共图书馆联合会《新时期、新理念、新课题——“十二五”时期中小型公共图书馆的建设与发展》刊物出版。副馆长由于业务精通，工作成绩突出，1990年被评为“宾阳县先进宣传工作者”，1996年、1997年连续2年被评为“南宁地区‘知识工程’先进个人”，2003年被评为“广西‘知识工程’先进个人”，1993年、1999年被评为“南宁地区文化系统先进个人”，2010年被评为“全区公共图书馆先进个人”，2011年被评为“全区公共文化服务体系建设先进个人”，多次被评为“南市图书馆学会先进工作者”、“优秀通讯员”，2012年成为了宾阳县第一批的“先锋示范岗”人物。

全接受过图书馆学培训等继续教育，副馆长曾多次经过业务提高培训。

公共文化服务品牌建设—“翰墨凝香笔生辉”中小学生书法培训活动

书刊采编室

开展书画展览活动

横县图书馆

概述

横县图书馆初创于民国时期，馆址设在原国民党县党部（今横州镇一中内），解放后，横县图书馆并入县文化馆。1979年2月份，根据国家文化部文件精神，由横县人民政府下文把县图书馆从文化馆中分离出来，正式成立横县图书馆。横县图书馆2005年年底搬迁至横州镇城司北路，新馆于2006年元旦正式对外开放。新馆一期工程建筑面积3350平方米，2008年开工建设二期工程，2009年底全面建成投入使用，总投资700多万元，建筑面积达到5000平方米。自建新馆至今，乡贤广西壮族自治区政府原副主席、广东广西商会会长雷宇先生及其亲属，热心家乡建设，先后为横县图书馆建设捐赠300多万元的资金和设备：其中价值16万元的《四库全书》一套，图书流动车一辆，电脑、空调等设备一批，为纪念乡贤雷端书先生，县委、县政府决定将横县图书馆同时冠名为"端书图书馆"。目前，横县图书馆馆内设有综合阅览中心、公共电子阅览室、综合外借部、少儿借阅部、读者活动中心、报告厅、多媒体厅、学术研究中心、展览厅等服务窗口，阅览座席640个，计算机72台，信息节点72个，宽带接入10Mbps，选用Interlib图书馆集群系统。2009、2013年横县图书馆连续两次通过国家"一级图书馆"评估定级，2010年获得"全国服务农民、服务基层文化建设先进集体"荣誉称号，2012年获得南宁市"文明单位"荣誉称号。

业务建设

截止2012年底，横县图书馆总藏量20.2124万册（件），其中，纸质文献19.9124万册（件），电子图书3000册。2011年起，横县图书馆每年新增藏量购置费30万元，2009–2012年，共入藏中外文图书1.8573万种（册），报刊1.2101万种，视听文献419种。2012年，文献资源标准化编目著录50%，图书馆数字资源总量为4TB。2012年底，横县图书馆顺利加入南宁市城乡一体化联合图书馆行列，实现馆内802.11N无线网络覆盖。

读者服务

从2006年12月起，横县图书馆全年对外开放，周开放时间64小时。2009–2012年，读者总流通22.4818万人次，书刊外借57.1339万册次，新办借书卡3003张。2013年起，实现南宁市城乡一体化联合图书馆图书流通，开通与南宁市联合图书馆各成员馆的馆际互借服务。2009–2012年，有10个图书流通服务点，馆外书刊流通借阅3.548万册次，总流通近10万人次。2012年，横县图书馆在总结政府信息公开服务工作三年实践经验的基础上，进一步完善了管理和服务机制，共接收横县政府信息公开文件1000件，其中：行政许可类280件，县政府文件240件，职能机构480件。横县图书馆在地方文献检索点、公共电子阅览室信息咨询部检索点配备了检索专用的计算机、打印机、扫描仪、复印机等设备，设有专人负责政府公开信息的检索、咨询、打印、复印等服务，设置有公共查阅平台，共接待检索咨询340余人次。2012年，横县图书馆举办公益性讲座、端书讲坛、横县"道德讲堂"——总堂、培训、阅读推广等读者活动45场次，参与人数1.555万人次。其中，"端书讲坛"成为南宁市文化新闻出版局创建公共文化服务"一馆一品"群众文化服务品牌。

业务研究

2009–2012年，图书馆职工发表论文10篇。

横县图书馆以全国文化信息资源共享工程网络资源服务平台为依托，在全县范围内开展计算机网络基础操作技术应用知识培训，联合各单位组织公益性计算机操作培训，对基层共享工程服务点进行有效的管理和辅导、培训，2012年新增共享工程服务点6个，累计24个。并在馆内设立地方文献征集工作管理小组专门对地方文献进行征集及管理工作。在馆内进行阅读推广、展览、业务培训与技术支持等服务工作。横县图书馆与广西区图书馆"八桂讲坛"，广西南宁市图书馆"绿城讲坛"，广西南宁市少年儿童图书馆"蒲公英讲坛"紧密合作，成功打造重点面向县内未成年人的"端书讲坛"。2012年横县图书馆作为南宁市少年儿童图书馆分馆加入南宁市城乡联合图书馆。横县图书馆一直重视与上级图书馆组织的协调协作，2008年10

新馆全景图

春节文娱活动

端书讲坛会场

公共电子阅览室

综合阅览室阅读盛况

月获得由区图书馆转交的国家图书馆为县级提供电子图书服务。2011年9月与南宁市图书馆签订馆际互借协议，2012年与南宁市图书馆签订了南宁市图书馆文献采购协作协调协议。

业务管理

2013年，横县图书馆现有人事编制17人，在册职工15人，本科学历10人，大专学历5人，副高级职称1人，中级职称5人，初级职称9人。横县图书馆已经开展岗位设置，实行全员竞聘上岗，绩效激励机制，进行平时考核，季度考核与年终考核相结合，每年进行总体工作考核一次。

表彰奖励

2009—2012年，横县图书馆共获得各种表彰、奖励9次，其中：中共中央宣传部、文化部、国家广电总局新闻出版总署表彰1次，国家文化部表彰1次，省级主管部门表彰1次，市县级表彰、奖励共6次。

领导简介

黄晓冬，女，1961年12月生，大专学历，馆长，副研究馆员。1980年12月至今一直从事图书馆工作，先后任副馆长、馆长职务(其间1987年9月至1999年6月在区党校函授大专政治管理专业学习)。2011年当选为南宁市第十三届人大代表、政协横县第九届委员。

李承太，男，1956年12月生，高中学历，中共党员，馆员，党支部书记。1977年3月参加工作，1992年5月至1997年5月在横县文化局工作，任办公室主任。1997年到横县图书馆工作，2000年1月至2011年9月，图书馆任副馆长。

王遇璐，男，1979年10月生，研究生学历，馆员，副馆长。2007年1月到横县图书馆工作，2012年9月起，任图书馆副馆长。

未来展望

横县图书馆遵循“读者第一，服务至上”的宗旨，完善读者服务功能，扩大服务辐射区域，带动基层公共图书馆事业发展。2009—2012年，在不断强化自身综合实力的同时，通过打造广西一流、全国先进公共图书馆，推动公共文化服务体系的发展。在未来的几年里，横县图书馆三期工程将在现有馆舍的基础上，另建一座建筑面积3600平方米的少年儿童图书馆，实行一套人马，两个牌子的运行方式开展业务，这将是广西首个县级少年儿童图书馆，设计阅览座席300个，可容纳纸质文献50万册，年服务人次可达30万人次以上，数字资源设计存储能力10TB结合现有设施设备资源将提供全覆盖、不间断、无时空限制的数字文献远程和移动服务，数字资源年利用率10万件/次以上。横县图书馆在各级政府大力支持下，多级投入，资源共建共享，基本建立了普遍均等的公共图书馆服务体系，具有支持全县公共图书馆服务体系正常运转的文献与技术能力，成为了与全县乡镇图书室、农家书屋实现资源共享互补的县级图书馆。

联系方式

地　址：广西横县横州镇城司北路
邮　编：530300

文化下乡

共享工程培训项目

灵川县图书馆

概述

灵川县位于广西壮族自治区桂林市北部，东、西、北三面环抱全国历史文化旅游名城桂林市，全县总面积2301平方公里，辖7镇5乡，总人口38万。灵川县图书馆前身是始建于1953年10月的文化馆图书室，著名画家、金石篆刻家李骆公先生于1969年—1979年下放到灵川县，是该馆第一批图书管理员。1978年5月县委下文正式成立灵川县图书馆，人员编制7名。1983年在县城灵北路5号建成三层共990平方米的图书馆楼并对外开放，1994年续建一栋1016平方米的三层书库楼。灵川县图书馆现有馆舍总面积2006平方米，设有图书外借处、报刊阅览室、少儿阅览室、电子阅览室及报刊资料文献室5个服务窗口，阅览坐席183个，藏书总量13.8万册，计算机60台，数字资源6TB，宽带接入30MB，使用图创Interlib图书馆自动化管理系统。现有工作人员10名，其中在编人员5名，聘请人员5名，中级职称4名。2004年3月，时任文化部部长孙家正、副部长周和平先后来馆指导文化共享工程工作；2012年11月，时任国家图书馆馆长的周和平第二次到我馆调研公共文化服务工作。

业务建设

灵川县图书馆从2007年起，县财政每年拨付文化共享工程运行费等业务经费6万元；购书经费从2009年的6万元，2010年10万元，2011年15万元，2012年18.1万元，2013年购书经费增加到20万元；免费开放经费全额及时到位。

截止2013年底，灵川县图书馆总藏量138168册，其中，纸质文献136617册，电子文献1551册。2010—2013年，共新增藏量17168册。2013年购买报刊302种。数字资源3.2TB。灵川图书馆从2010年开始收集县内的碑文石刻，至2013年底已收集石刻拓本72幅，并数字化收藏。

灵川县图书馆自全国文化信息资源共享工程试点县验收以来，共建成1个县级支中心、12个乡镇基层分中心及133个村级服务点。以文化共享工程为平台成立了灵川县未成年人活动中心。

2011年以前，灵川县图书馆使用GLIS图书管理软件，2011年12月，加入了广西桂林图书馆的Interlib图书馆集群自动化管理系统，作为首个加入广西桂林图书馆集群的成员馆，成为其服务网中的一员，在网络环境下，我县办证读者可在任何时间、地点，阅读桂林图书馆内的各种全文的电子图书、期刊、音乐、视频等海量数字资源等。

读者服务工作

从2011年6月起，灵川县图书馆全年365天均对外免费开放，每周开放时间64小时，书刊文献开架比例85%，馆藏书刊文献年外借率52%，2013年接待读者9.7万人次，馆藏书刊文献年外借6.8万册次。设有馆外流动服务点8个，年平均书刊借阅达5100册次。

2013年元月，灵川县图书馆正式每月出版内刊《诗意灵川》，主要注重推荐地方特色和本地作家作品，展现桂林深厚的历史文化，在由中图学会阅读与推广委员会举办的第一届阅读推广类十佳内刊内报评选中，获得提名奖。2013年，添置电子读报读刊一体机和查询机各一台，满足读者对数字化信息的需求。同年，开通灵川县图书馆网站，为读者提供预约借书等个性化服务空间。2013年底，引入移动（手机）图书馆服务，提供桂林图书馆集群内的3万多种电子图书及2万余集手机视频等数字资源供读者下载浏览，使数字化服务更全面、更便捷。

2010—2013年，灵川县图书馆共计招募文化志愿者128名，共举办讲座、展览、培训、阅读推广等读者活动92场次，参与人数9.6万多人次。

业务研究、辅导、协作协调

2010—2013年，灵川县图书馆职工发表论文6篇，获中图学会等各级学术论文奖8篇，提交服务案例2篇并获奖。

灵川县图书馆重视到乡镇文化站、农家书屋、文化共享工程服务点以及学校、驻军等地开展业务辅导工作；与县委宣传部、科技局、教育局等部门及文化志愿者组织开展社会文化活动。2010—2013年共计开办培训班15期，业务辅导68次，下乡开展活动73次。

2011年12月加入桂林图书馆集群，通过Interlib系统中的联合编目功能，实现了图书馆编目资源的共建共享，减少了重复劳动，提高了编目工作效率。

周和平同志来我馆视察工作

在乡镇文化站辅导业务

领导关怀

给文化志愿者颁奖

送农业资料到乡下

管理工作

灵川县图书馆每年都制定详细的工作计划，年终进行总结，以指导第二年工作的开展。在财务管理方面，严格执行《会计法》《固定资产管理办法》等有关规定。在人事管理中，根据《岗位细则与工作标准》，以合理化的组织架构、科学化的岗位设制，通过按需设岗、按岗聘用、竞争上岗等手段，激发职工的积极性和创造性。制定了固定资产管理办法，保证所有设备、物质管理有序，物尽其用。有安全事故应急预案，保障生命与财产安全。所有档案资料详实、装订整齐、归档及时、目录完整、查询方便。结合档案材料和业务工作，开展了各项业务的统计分析工作，通过分析研究指导改进工作。

表彰、奖励情况

2009–2012年，灵川县图书馆共获得各种表彰奖励15次。其中，2012年灵川县灵田镇基层服务点被文化部命名为“全国文化信息资源共享工程·公共电子阅览室示范点”。2009年、2011年两次获得“桂北地区文化信息资源共享工程知识与技能竞赛”二等奖；2010年获得广西公共图书馆先进集体；2010年被自治区文明办评为未成年人思想道德建设工作先进单位；2011年获得“全区图书馆服务效果评选”三等奖；2011年获得桂北地区“颂歌献给党”全国文化信息资源共享工程歌咏活动优秀奖；2012年获得“文化共享在基层——专题片拍摄竞赛”三等奖；2012年河边村农家书屋被自治区新闻出版局授予“2012年全区示范农家书屋”称号等自治区级表彰奖励8次。市政府、市文化局及其他表彰、奖励6次。

馆领导介绍

文晓云，女，1969年6月生，本科学历，中共党员，馆员职称，馆长。1991年1月参加工作。1991年1月–2000年5月在灵川县委宣传部工作，任党教股股长，2000年5月起任灵川县图书馆馆长。兼任广西壮族自治区图书馆学会理事，桂林市图书馆学会常务理事，灵川县文学协会秘书长等职。先后被广西壮族自治区文化厅评为文化共享工程先进个人、获“知识工程”先进个人；荣获桂林市未成年人思想道德建设先进个人、两次被桂林市委宣传部评为宣传思想战线先进个人。

毛向群，男，1974年2月生，本科学历，中共党员，馆员职称，副馆长。1991年12月参加工作，2003年任灵川县图书馆副馆长。分管文化共享工程、宣传、安全、后勤工作。被广西壮族自治区文化厅评为全区公共文化服务体系建设先进工作者、被桂林市精神文明委评为未成年人道德建设工作先进个人。

唐涛，男，1973年7月生，本科学历，中共党员，助理馆员职称，副馆长、支部书记。1993年11月参加工作，2012年任灵川县图书馆副馆长。分管政治思想、基础业务、农家书屋工作。荣获桂北地区文化共享工程知识与技能竞赛鼓励奖。

未来展望

灵川县图书馆以做好“市民的大书房”为服务理念，以优质管理、创新服务为中心，着重文献信息资源的建设、利用及数字化图书馆发展。在文献资源建设方面，重点针对地方文献及摩崖石刻拓片的收集与整理，建成桂林北部地区特色馆藏库；在数字化建设方面，自建桂北地区文学艺术、农业、旅游及非物质文化遗产等专题数字资源；作为桂林图书馆集群成员馆之一，加强与各集群图书馆间的共建共享，实现集群各成员馆间的通借通还；在县城、龙头岭新区及八里街社区新建24小时自助图书馆，实现图书馆县城、新区全覆盖。在新馆建设方面，紧跟县城文化广场建设步伐，新建一个建筑面积6600平方米、可藏图书40万册、阅览座位500个、年服务人次可达15万人次以上的图书馆。新馆的起用，将是设施完善、资源丰富、队伍精干、服务优质的有特色、现代化的新型图书馆。

联系方式

地　址：桂林市灵川县灵北路5号
邮　编：541299
联系人：毛向群

馆刊《诗意灵川》

送书进军营

文化共享工程下乡

灵山县图书馆

概述

灵山县图书馆始建于1979年3月，为适应时代发展的需要，1986年，县委、县政府多方筹集资金，在风景秀丽的六峰山下兴建了一座既有现代气派，又有地方民族特色的新馆舍。新馆呈塔形布局，1989年10月建成开放，建筑面积二千八百多平方米。

2004年，在全国第三次公共图书馆评估定级，获得三级图书馆；2008年在全国第四次公共图书馆评估定级，获得二级图书馆，2013年在全国第五次公共图书馆评估定级，首次获得一级图书馆。

业务建设

截止2012年底，馆内开设有外借处、儿童室、报纸阅览室、杂志阅览室、多媒体室、电子阅览室、资料室等服务窗口。年流通人次为6万多人次，外借册次2万多册次，有服务器、卫星接收器、摄像机、投影仪、扫描仪各一台，电脑70台。

截止2012年底，县馆有干部职工12人，年经费94.6万元，购书经费4万元，藏书14.2万册。

读者服务工作

从2009年8月起，灵山县图书馆全年365日对外免费开放，2009年–2012年，书刊总流通28万人次，书刊外借9.8万册次。

2009–2012年，该馆先后对18个基层文化站、社区、单位图书室以及中小学图书室进行业务辅导，接受辅导人数多达千余人次，送书五千多种。

2008年5月电子阅览室建成正式对外开放。2010年多媒体室建成并投入使用，面积160平方米，可容纳人数130人。通过在电子阅览室每周推介优秀栏目、名家讲座、生活常识、电影及优秀地方剧目，每月开展一次共享工程利用知识培训；利用星期天节假日针对未成年人播放百部爱国主义教育影片，科普类等影片，举办思想道德建设方面的讲座、名著赏析等，引导未成年人多读书，深受广大群众的欢迎。

2009–2012年，灵山县图书馆建设完成了18个基层服务点，通过深入调查，根据农民的需求，下载家禽饲养、苗木、花卉栽培等相关信息达8万多字，并印成资料分发到村民手中。送科技下乡是实施“共享工程”又一具体举措，结合我县的实际情况，我们有选择的提供科技知识，让广大农民不断感受到先进科学和现代文明，有效地缓解了农民“买书难、借书难、看书难”的问题，助推农民致富。

2009–2012年，灵山县图书馆在社区服务上，开展了“优秀影片展播”活动。利用电子阅览室，为居民播放戏曲和电影，这个活动的开展，成了社区文化中一道亮丽的风景线。在送数字资源到农村进社区的同时，还根据农村社区需求，大力开展送流动图书到基层活动，在基层建立了23个流动图书服务点，为每个流动图书服务点铺垫流动图书300余册，每3个月更新流动一次，使基层图书室保持图书常新状态。全年更新流动图书达到10000余册次。

2009–2012年，灵山县图书馆为加强未成年人思想道德建设工作，除了在馆内针对未成年人开展的活动以外，还与学校联合，深入到中小学校开展活动，利用图书馆的投影仪到教室播放优秀影片和礼仪知识讲座，开展爱国主义教育活动。从而利用共享工程开展思想道德建设，切实将加强和改进未成年人思想道德建设工作落到了实处。

2009–2012年，灵山县图书馆坚持“贴近生活、贴近实际、贴近群众”的三贴近原则，对老年大学、敬老院等开展了资源服务。我们始终坚持贴近生活这一原则，根据老年人平时生活的诸多习惯特点，上网下载了《营养与健康》、《科学保健》、《晚年的幸福生活》等系列视频资料和战争题材的故事片、名著欣赏讲座等前往放映。使他们获得了精神的强健与文化的关爱。

表彰、奖励情况

2009–2012年，灵山县图书馆获得各种表彰、奖励12次，其中区级表彰、奖励1次，市级表彰、奖励3次，县级表彰、奖励8次。

未来展望

灵山县图书馆将继续扎实推进图书馆的职能、信息资源共享、读者服务管理等管理工作的规范化、科学化建设，不断扩大服务覆盖面，丰富服务内容与方式，为广大群众提供多样化、个性化服务，不断延伸图书馆服务的广度与深度。

联系方式

地　址：广西钦州市灵山县灵城镇六峰路58号
邮　编：535400
联系人：上官冬梅

到十里小学举办活动

读书日宣传活动

热爱书籍讲座

博白县图书馆

概述

博白县图书馆始建于民国13年（1924年），原称为博白县立图书馆。1978年由自治区文化厅和县人民政府联合拨款新建图书馆大楼，于1981年5月1日落成正式开馆。全馆总占地面积4109.39平方米，图书馆大楼建筑面积2256平方米。2013年参加第五次全国公共图书馆评估，获得一级图书馆。

业务建设

图书馆藏书到2012年12月止，总藏书量26.3万多册（件），古旧图书5万余册，普通图书13多册，报刊杂志6.8万余册，文学类占40%，科技图书占40%，其他占20%。有阅览坐席263个，计算机45台，宽带接入10M，采用文津自动化管理系统。年各项经费逐年有所增加，2012年财政拨款104.24万元，其中年购书经费达50000元，图书馆藏书数量年达2910多种，其中图书2645多种，报刊、杂志267多种。另电子文献4000多种，视听文献40多种。

读者服务工作

从2009年起，博白县图书馆全年365日天天对外免费开放，周开放时间60小时，开通与市、各县图书馆的馆际互借服务。读者借阅书刊已实行电脑管理，告别“手工服务”时代。2012年有效借书证2855个，全馆实行“一证”通借通还，全年到馆读者111000人次。图书外借63000人次，图书外借78000册次，年开展各种读者活动30多场次，参加活动读者9400多人次。建立馆外流通服务点5个。

业务研究、辅导

业务研究、辅导、协作协调工作成绩可喜，年度工作做到有计划有总结，每月工作有重点。专业论文在区内外均有发表5篇。2012年，博白县图书馆制订业务辅导工作计划，组织业务骨干下乡开展辅导工作50多天，协助农家书屋建设113家。全县28个乡镇和320多个行政村的图书管理员，分5个片区进行基础业务培训和辅导。

管理工作

博白县图书馆年初制定年度工作计划，按计划开展工作。制订财务管理制度；人事管理方面，按需设岗、按岗聘用、竞争上岗，量化考核、绩效管理。各项档案做到及时归档，由办公室保存。文化共享工程建设与政府公开信息同步发展；专用设备达到标准要求；规章制度健全、上墙。设施维护良好，环境整洁、美观，管理工作比较规范。

获奖情况

2009荣获玉林市“共享工程先进集体”称号；2010年荣获玉林市第一届未成年人思想道德建设工作创新案例奖；2011年荣获广西自治区文明办开展的“快乐暑期大行动特色活动项目奖”；2009–2012年连续4年评为县文化系统先进单位。

馆领导介绍

邹才玉，男，1966年10月生，大专学历，中共党员，馆员，馆长、党支书。1985年5月参加工作，1998年1月–2009年11月任博白县图书馆副馆长；2009年12月任博白县图书馆馆长。

吴盛，男，1974年11月生，大专学历，中共党员，助理馆员，副馆长。1992年10月参加工作，2009年12月任博白县图书馆副馆长。

邓燕，女，1964年2月17日生，大专学历，馆员，1982年7月，2009年12月任博白县图书馆副馆长。

未来展望

在当今信息社会条件下，博白县图书馆坚持“两为”方针，不断发挥馆藏资源优势和未成年人教育活动中心的重要作用，充分利用文化共享工程平台开展各项读者活动，同时带动乡镇村的图书馆（室）事业发展，使全县图书馆事业再上一个新台阶，为促进本地经济建设和社会发展发挥重要枢纽作用。

联系方式

地　址：广西博白县博白镇公园路005号
邮　编：537600
联系人：吴 盛

北流市图书馆

概述

北流市图书馆最早建于民国十六年（公元一九二七年），时称北流县通俗图书阅报所。民国三十三年（公元一九四四年），县府拔国币2万元，购买图书，创办广西省北流县县立图书馆，馆址即现在公园旧馆舍（设图书馆前称北流县民众教育馆）。由于历史的变迁，1951年后多次合并与县文化馆或独立建馆，1976年复设独立机构，称为北流县图书馆。1987年4月后图书馆搬入田螺岭馆址办公，报刊阅览室仍设在旧馆舍。

在北流市委、市政府的重视和关怀下，1996年底搬入新馆址，占地面积6000平方米，楼高九层，使用建筑面积3970平方米，绿化面积1000多平方米。现有职工21人，大专以上文化占90%以上。2005、2009、2013年在全国第三、四、五次公共图书馆评估中获“一级图书馆”。

业务建设

截止2013年底，北流市图书馆总藏量321518册，其中纸质文献201518册，电子图书120000册。2013年，北流市图书馆新增藏量购置费为10万元，新增藏量6861册。截止2013年底，北流市图书馆数字资源总量为1TB，其中自建数字资源总量0.5TB。2014年1月投入资金7万多元，将图书管理系统更换为图创图书集成管理系统，以适应公共图书馆现代化发展需要。2011年底，实现馆内无线网络全覆盖。

读者服务工作

北流市图书馆每周开放56小时以上，2013年12月，投入资金45万元，率先在广西县（市）级图书馆建成24小时室外自助图书馆。2013年总流通人次216500人，书刊外借135765册次，书刊文献外借103470人次。办理有效借书证4990个。2010-2013年建成馆外流通服务点8个，馆外流通服务点书刊流通51690人次，书刊外借70018册。2013年，北流市图书馆网站访问量6100人次，全年举办各类讲座6次，参加人数450人。举办各种展览4次，参观人次3780人。举办电脑书法培训班6期，培训学员790人。

业务研究、辅导、协作协调

2012-2013年度，北流市图书馆职工发表在省、国家级核心刊物上论文2篇。

北流市图书馆是全国文化信息资源共享工程县级支中心单位，成立几年来，依托共享工程平台，上与省（区）、市级中心，下至乡镇网点，建立广泛的文献资源服务联系。2013年，北流市图书馆与全市22个乡镇文化站电子阅览室签订业务合同，它们通过连接可与本馆网站连通，可直接利用我馆文献资源，为乡镇基层读者服务。

北流市图书馆重视职工培训，不断提高员工素质。2013年共派出23人次出席全国、省级公共图书馆业务研讨会议，各种专业培训班，吸取先进地区服务经验。

北流市图书馆与国家图书馆、广西区图书馆签定有联合采访，共享书目资源协议，与南宁市图书馆、玉林市图书馆及周边4个县级公共图书馆签订了协议，达到了馆际互借，资源共享目的。通过互联网，快捷而准确地进行数据上传下载，高效率地利用数字资源，为广大读者服务。

管理工作

至2013年12月，北流市图书馆完成第三次岗位聘任制，按需设岗，按岗聘用，合同管理，同时建立工作目标量化考核。

表彰、奖励情况

2005年、2009年、2013年北流市图书馆在全国第三次、四次、第五次公共图书馆评估中被评为“一级图书馆”。2011年被广西文化厅评为全区公共图书馆先进集体。

馆领导介绍

尤镇定，男，1958年1月生，中专学历，中共党员，馆员，馆长，党支部书记。1997年7月参加工作，2000年4月至今任馆长。

陈桂海，男，1962年9月生，大专学历，中共党员，助理馆员。2002年6月至今任第一副馆长。

蔡晋强，男，1963年5月生，本科学历，中共党员，馆员。1994年7月至今任副馆长。

十大书法家作品展

24小时自助图书馆开幕仪式

电子阅览室

儿童阅览室

外借部书库

义写春联活动

地方文献展

黄燕丽，女，1982年5月生，大专学历，四级演员，2013年11月至今任副馆长。

未来展望

北流市图书馆多年来致力建设“现代化数字图书馆”，利用北流市创建国家公共文化服务体系示范区之契机，利用现代的网络技术和先进的图书馆管理系统，构建市、镇、村、农户四级图书馆（室）服务网络。逐步在市区公共场所，街区、车站、居民小区建设24小时自助图书馆，不断完善和加强馆外流通服务点和数字资源建设，进一步推动北流文化事业大发展大繁荣。

联系方式

地　址：广西北流市城东一路0057号
邮　编：537400
联系人：梁 伟

大楼外景

电子图书馆开幕式

象州县图书馆

概述

1929年，象县民众图书馆成立，是象州县图书馆的前身。1933年，象州县图书馆正式建立，时称“象县图书馆”，馆址在县城旧西门外江边新建的西式楼房（望江楼）。购置有《万有书库》等图书，并订有报刊供读者阅览。后随形势的变化，几经磨难和变迁，直至1978年11月，图书馆才恢复独立建制。馆名为“象州县图书馆”。1980年建成“图书·文化”综合大楼，馆址在县城建新路，使用面积达556平方米。1988年动工兴建图书馆新馆舍，面积为886平方米，位于象州镇温泉大道烈士公园内，1990年竣工，同年9月25日向广大读者开放。2009年，图书馆改造扩建工程启动，在旧楼背面，另建一座建筑面积1300平方米的少儿阅览室大楼。馆舍建筑面积增加到2186平方米。参加第五次全国公共图书馆评估，首次荣获国家一级图书馆称号。本馆拥有阅览坐席268个，计算机68台，宽带光纤接入10Mbps，选用丹诚图书馆自动化管理系统。

业务建设

截止2012年底，象州县图书馆总藏量121372册（件），其中，纸质文献116170册（件），电子图书5002册，电子期刊200种/册。

2009、2010、2011年，象州县图书馆新增藏量购置费4万元，2012年起增至8万元。2009—2012年，共入藏中外文图书8207种，9383册，中文报刊540种，视听文献509种。截止2012年底，地方文献入藏量为1355册。古籍137册。并建立了本馆书目数据库。

读者服务工作

象州县图书馆本着“读者第一，服务至上”的原则，采取轮休不闭馆的服务方式，坚持开展无闭馆日服务，常年为读者免费开放。即便节假日、休息日和晚上也坚持开放（晚上开放至21：30），每周向读者免费开放达67小时。

2009—2012年，书刊总流通64万人次，书刊外借110万册次。发展有16个流动服务点，馆外书刊流通总人次13180人次，书刊外借26338册。网站访问量10619次。截止2012年，象州县图书馆自身发布使用的数字资源总量3.2TB；参与广西虚拟网络数字图书馆建设，共享10多TB的优秀数字资源，这些资源均可通过县图书馆网站为广大基层群众服务。

2009年以来，特别是实施免费开放服务和参与来宾市创建公共文化体系示范工作后，象州县图书馆把业务建设、读者活动、业务研究和对基层的辅导作为工作重点，开展“一请五送”（邀请中小学生参观图书馆；文化共享下农村、优秀图书送学校，送警营，送部队，送社区、送企业）阅读推广服务活动，切实把图书“推销”出去，让图书馆里的书“活”起来，使读者可以便捷地在知识的海洋里翱翔，极大地提高读者的借阅率，提升社会影响力，促进了图书馆事业的蓬勃发展。这一举措，成为象州县图书馆阅读推广工作的特色。据统计，2009—2012年，本馆开展的送科技下乡、优秀图书进校园进警营、优秀电影进企业、书画展览、电脑、书法培训、电脑小报制作比赛、楹联征集比赛、摄影比赛、专题讲座等内容丰富、形式多样的系列活动累计115场次，参加群众达114981人次。

2009年，象州县图书馆获得县财政拨入14万元建设启动资金，用于文化共享工程主机房的装修及网络服务前期准备工作经费开支。随后获得文化信息资源共享工程价值54万元的设备及总量为1TB的数字资源，至此，文化共享工程在我县得到全面实施。在运行过程中，力求做到管理规范，并利用共享设备和资源为读者提供免费服务。电子阅览室被国家文化部定为示范点。

业务研究、辅导、协作协调

2012年6月，象州县图书馆参与上级图书馆开展的联合编目工作，获得全国图书馆联合编目中心上传资格。成为国家图书馆联合编目中心成员馆，免费享受联合编目中心书目数据。1999年与广西图书馆文献采编中心签订《图书馆文献采编中心成员馆协议书》，成为广西图书馆的成员馆。两馆按照协议，开展了采编业务合作工作。

2009—2012年，与桂林图书馆、金秀县图书馆合作，相互交换文献资料，开展馆际互借业务工作。

2009—2012年，象州县图书馆鼓励馆员钻研业务知识，公开发表论文达7篇，围绕本馆业务工作撰写基层服务调研报告1篇。输送馆员参加全国基层文化队伍示范性培训以及广西图

象州县图书馆

象州县图书馆远景

少儿借阅室

为留守儿童视频团圆

农民工岗前技能培训

书馆、桂林图书馆举办的各种业务培训学习，让馆员了解文化新动态，行业新规划，掌握新技能，吸引好经验，提高全馆人员的综合素质。

2009−2012年，象州县图书馆把基层服务点工作人员作为培训辅导的重点对象，采取请进来和走出去的方式，积极组织开展各类业务人员辅导培训工作。在本馆举办以图书管理的基本知识、共享工程基层服务点计算机管理技术工作、古籍普查与保护工作知识等为内容的基层图书馆管理员培训班。下到基层对本县11个乡镇图书馆及121个农家书屋管理员进行图书管理基本知识、文化信息资源共享工程与现代化图书馆建设等业务方面的现场辅导和培训。开展的培训及辅导活动总共103次，培训辅导人员754人次。

管理工作

2009年，象州县图书馆把干好本职工作，促进事业发展、服务社会大众作为主要任务，开创了在管理上求规范，氛围上求和谐，作风上求垂范，服务上求实效，形成全馆上下团结拼搏的工作局面。在规章制度上，根据各科室职能要求制定了一系列管理制度，建立健全了学习制度，工作制度，考勤制度、服务制度、服务准则和绩效考核制度等，规范了工作行为。在人事管理上，制定了图书馆管理聘用工作实施方案，根据单位内部工作岗位需求，竞争上岗，与每个职工签订了聘用协议，实行岗位与绩效工资挂钩，完成了第一次全员岗位聘任，本次聘任共设10类岗位，有13人重新竞聘上岗。加强安全管理，实行24小时值班。优化工作环境，大力提倡微笑服务，文明服务，优质服务，进一步强化了服务意识。

表彰、奖励情况

2009−2012年，象州县图书馆共获得各种表彰10次，其中，中宣部、文化部表彰1次；广西区文化厅表彰1次，广西区精神文明建设委员会办公室表彰2次；广西文化共享工程领导小组办公室表彰1次；其他表彰5次。

未来展望

象州县图书馆是本县的藏书中心、信息中心。遵循“服务立馆、创新发展”的办馆理念，进一步完善单体服务功能，扩大服务辐射区域，带动县域图书馆事业发展。在未来的几年里，规划将建设三馆合一的文化艺术中心，全面建成后的象州县图书馆，总建筑面积可达5186平方米。在当今信息社会的条件下，象州县图书馆将以数字图书馆为前景，体现知识交互理念，融合传统与现代化相结合的功能，成为知识信息的集散地，人民群众终身教育的学校，象州地方文献的宝库，高雅的文化休闲场所；成为本县集文化、科技、信息传播、保存文化遗产、开展社会主义教育、展示改革开放成就为一体的综合性公共图书馆。为本县经济建设和社会发展发挥重要作用。

馆领导介绍

梁环春，女，1963年4月生，大专学历，中共党员，副研究馆员，馆长。1983年3月参加工作。1991年9月到象州县图书馆工作，先后从事报刊、少儿借阅及采编工作。2004年5月担任馆长职务至今。2010年获得“推动广西公共图书馆事业发展”先进个人称号；2012年被评为全区公共文化服务体系建设先进工作者；2013年获得“全区文化系统个人记二等功”奖励。

吴彩春，女，1968年12月生，大专学历，助理馆员，副馆长。1990年参加工作，2001年5月到象州县图书馆工作。

陈爱莲，女，1972年11月生，大专学历，助理馆员，副馆长。1997年至今在象州图书馆工作。

联系方式

地　址：广西来宾市象州县象州镇温泉大道烈士公园内
邮　编：545899
联系人：梁环春

把共享资源送到乡村学校

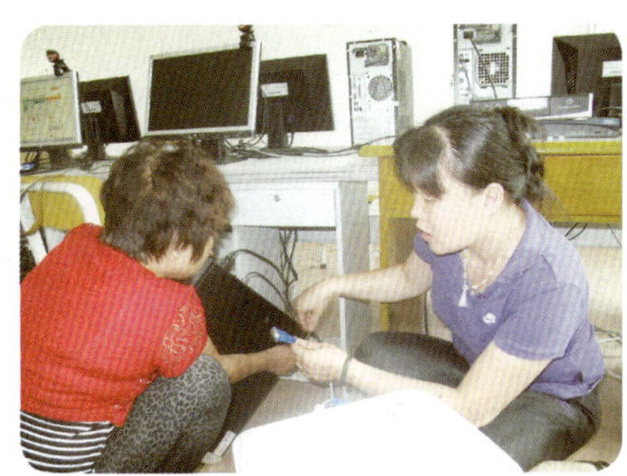

工作人员辅导基层管理员

开展送书活动

来宾市兴宾区图书馆

概述

来宾市兴宾区图书馆初创于1978年，位于来宾市柳来路63号，占地1100㎡，建筑面积2106㎡，藏书容量约25万册，可容纳读者座位330个。兴宾区图书馆秉承以人为本，读者第一，服务至上，开放资源，零门槛进入，零距离服务的理念，为读者提供方便、快捷、满意的服务。2013年，参加全国第五次公共图书馆评估，获得一级图书馆。

目前兴宾区图书馆提供给读者使用的计算机50台，宽带接入12Mbps。2003年开始使用丹诚图书馆集成系统进行自动化管理，直到2013年，将自动化管理系统升级改造为图创图书馆管理系统，以适应来宾市各个公共图书馆服务联盟建设的需要；同时，加强数字化图书馆的建设，实现了馆内无线网络全覆盖。

国家文化部蔡武部长曾到兴宾区图书馆进行调研指导工作，对图书馆的免费开放工作、工作思路、服务态度等给予了肯定，激励图书馆在工作中充分发挥其优势，更好的提升服务水平，让广大群众共享优秀文化成果。

业务建设

截止2013年底，兴宾区图书馆总藏量约13万册。其中，实体文献12.4万册，电子图书6000册，电子期刊200种。

2012年，兴宾区图书馆新增藏量购置费28万元，共入藏中文图书3569种，10896册，中文报刊187种，地方文献入藏完整率为37%，图书馆数字资源总量为4TB。

读者服务工作

从2011年年底，兴宾区图书馆实行免费对外开放服务，每周开放73小时。2013年，图书馆文献借阅流通人次5.6万，书刊外借9.12万册次；共有8个流动服务车服务点，馆外书刊流通总人次5640人次，书刊外借1.1万册。

2013年，兴宾区图书馆网站访问量1.82万次，发布使用的数字资源总量为4TB，均可通过兴宾区图书馆网站以及依托共享工程VPN专网向兴宾区各乡镇共享工程基层服务中心点提供浏览、下载服务。

以免费开放工作为契机，开展形式多样的活动吸引更多读者，2009-2013年，兴宾区图书馆共举办讲座、展览、培训、阅读推广等活动112场次，参与人数36528人次。如举行图书阅读、有奖征文比赛，网络书香过大年、猜灯谜、少数民族古籍保护成果展、老年人书画作品展、“共享大讲堂”传统文化讲座系列展播等活动。

同时还积极开展针对特殊人群的服务活动，例如：举办老年人电脑基础知识培训班，农民工技能培训班，暑期少儿拼音、英语、书法、绘画免费培训班；开展“老少携手，绿色上网”活动，以“关爱明天，普法先行”为主题的助残日活动以及少儿绘本讲读比赛；同时还举办丰富多彩的知识讲座，如科普讲座，种养知识讲座，素质教育讲座，老年健康保健知识讲座等，并走村进户播放适合农村的种养知识专题片，给农民朋友带来丰富的精神食粮，不断延伸图书馆的服务半径。

兴宾区图书馆通过馆校间的无缝对接，开展“图书进校、学生进馆”的馆校联动系列活动，与各中小学校紧密合作，一个月安排两三个班的学生走进图书馆，分批分期轮流到馆借阅图书；并走进各中小学，将图书馆优秀书籍推荐给学生读者。通过这些活动使学生从了解图书馆，到走进图书馆，从而更好的利用图书馆，营造“传承文明，共享书香”的良好氛围，共建和谐校园。

业务研究、辅导、协作协调

加强职工的业务学习。2013年，选派职工到省级图书馆参加学习7次，共18人次；还利用业务时间开展业务知识培训学习，请有关专家到馆指导数据库工作，详细传授建库、流通、局域网建设知识，加快图书馆自动化管理建设步伐。

同时，兴宾区图书馆参加广西“三区”人才支持计划，加入此项计划，由桂林图书馆牵头，通过业务工作指导、项目服务、脱产培训等方式，对图书馆的职工进行业务上的指导培训，大大提高职工的整体素质和业务技能，提升图书馆的服务效益，进一步加强公共文化服务体系建设。

加强共享工程基层服务点管理员的培训工作。以各级乡镇、村基层服务点工作人员为培训重点，通过展示文化共享工程资源、推介开展服务的基本方法、宣传典型经验等，使其熟悉文化共享工程资源，掌握开展服务技能，提升服务的主动性、创造性，提高他们掌握现代信息技术与数字资源建设的能力，从而提高服务质量。

加强农家书屋管理员辅导，对管理员进行图书管理的基本业务知识培训；开展村级共享工程基层点指导培训工作，派出

文化部蔡武部长到兴宾区图书馆调研

中老年电脑培训班

送书进特殊教育学校

开展“老少携手，绿色上网”活动

六一儿童节猜谜活动

“共享大讲堂”传统文化讲座展播活动

儿童阅览室

少儿绘画免费培训班

业务骨干对兴宾区49个村级共享工程基层点进行现场传授设备使用知识，指导管理员如何利用共享工程资源服务村民。

2013年，兴宾区图书馆职工发表论文2篇。

管理工作

2013年，兴宾区图书馆完成第一次全员岗位聘任，本次聘任共设6类岗位，有11人重新上岗。同时，建立了工作量化考核指标体系，每月进行工作进度通报，每半年和全年进行总体工作考核。

表彰、奖励情况

2010—2013年，兴宾区图书馆共荣获各种表彰、奖励5次，其中自治区文化厅表彰、奖励1次，其他奖励4次。

馆领导介绍

罗秀京，女，大专学历，中共党员，馆员，馆长。1985年7月参加工作。

梁骏桥，男，大专学历，中共党员，副研究馆员，副馆长。1979年6月参加工作。

未来展望

来宾市兴宾区图书馆以图书为载体，充分发挥自身优势，不断强化社会教育职能和以书育人职能，创造良好的文化氛围和社会环境，为创建全民学习，终身学习提供良好的平台。同时，兴宾区图书馆城南区新馆即将投付使用，新馆占地面积为3400m²，建筑面积6800m²，阅览座位可达1500个，可容纳纸质图书约70万册。随着兴宾区图书馆新馆的启用，新增电子书借阅机等一批数字化先进设备，图书馆的功能设施不断完善，将使图书馆向数字化的现代图书馆迈进，管理服务将得到一个质的飞跃！

联系方式

地　址：广西来宾市柳来路63号
邮　编：546100

兴宾区图书馆老馆

兴宾区图书馆新馆

北海市图书馆

概述

北海市图书馆是广西现代化的综合性公共图书馆之一，国家二级图书馆，座落于北海市北海大道。北海市图书馆始建于1966年，1967年5月1日正式对外开放。现有馆舍于1999年9月30日建成开馆，占地面积17亩，建筑面积18719平方米，楼高8层(含地下室)，设计藏书80万册。

北海市图书馆现有各类文献25.5万册。拥有阅览座位950个。全馆工作人员39人，其中高级职称4人。对外开放窗口有：社会科学借阅处、自然科学借阅处、报刊阅览室、电子阅览室、文献参考咨询室、视障阅览室、自学室、影视报告厅、展览厅、自助图书馆等，并建设了数字图书馆、移动图书馆和一批馆外流通网点。

业务建设

经过40多年的建设，北海市图书馆形成了种类齐全的馆藏，现有总藏量25.5万册。北海市图书馆重视地方文献的收集整理，比较系统地收藏有3000多册地方文献，涵盖北海政治、经济、文化、历史、地理、人文风情等方面的资料。

北海市图书馆新增藏量购置费逐年增加，2009–2012年分别为：15万元、23万元、25万元、30万元，2013年35万元。2013年入藏图书7018种，11023册，报刊649种。

北海市图书馆现有计算机90台。使用Interlib图书馆集群自动化管理系统。2013年实现了馆内无线网络覆盖。宽带接入24Mbps。自建有文化共享工程项目《北部湾海洋养殖数据库》等。

读者服务工作

北海市图书馆秉承“开放、平等、免费”的服务宗旨，实行免费开放和全面开架借阅，馆内阵地服务、馆外流通服务、网络数字服务三管齐下，为读者提供公益性的文化信息服务。

北海市图书馆于2011年全面实行免费开放，办证、借阅书刊、上机上网、参考咨询、检索、自修、培训、流动服务、数字阅读等基本服务项目全部免费提供，满足读者多方面的文化需求，有效提高了读者到馆率。年书刊外借近20万册次。

北海市图书馆于2013年9月1日建成开放自助图书馆，全天候开放，实现了读者随时到馆随时办证、借书，体现了以人为本的服务理念，办证量成倍增加，取得了非常好的社会效益。

2013年建成开放了数字图书馆、移动图书馆，为读者提供方便快捷、内容丰富的数字文化服务，以满足读者日益增长的数字阅读、移动阅读的需要。

北海市图书馆建立了30个馆外图书流通点，常年开展送书进乡村、进社区、进学校、进军营、进工业园区、进敬老院等，使服务有效地延伸到城乡群众身边。北海市图书馆作为北海市唯一的“文化拥军基地”，常年送书进军营，流通网点覆盖陆、海、空及武警部队，为北海市夺得“全国双拥模范城”三连冠做出了积极贡献，被誉为“文化拥军的典范”，成为北海市双拥工作中的一张名片。

北海市图书馆注重加强社会教育职能，面向读者、学校、社会开展大量的读书及宣传服务活动，组织开展形式多样、内容丰富的全民阅读活动，举办各种公益性的讲座、展览、报告会等，丰富群众文化生活，不断拓展和深化图书馆的社会功能。北海市图书馆每年主办、承办、协办的各种讲座、报告会、展览、演出达到60多场次，参与人数达6万人次。

业务研究、辅导、协作协调

北海市图书馆重视业务研究工作，积极鼓励职工撰写学术论文。近年来每年都有10篇左右的论文在省级和全国刊物、专业会议上发表，多次获得全国征文的一、二、三等奖。其中《危机与亮点并存——深刻变化中的社会阅读与公共图书馆的对策》等论文在图书馆学核心刊物上发表。

北海市图书馆通过举办基层图书馆业务培训班、上门指导、网上在线指导等多种形式，对基层图书管理员进行系统地辅导和培训，有效提高了从业人员的业务水平。

北海市图书馆从2005年开始参加广西图书馆联合编目中

北海市图书馆外观正面

国家文化部副部长赵维绥视察北海市图书馆

北海市图书馆影视报告厅

报刊阅览室

送书进军营

心的联合编目工作。2012年4月与全国图书馆联合编目中心签订合作协议。通过这些合作，有效保证了编目质量，提高了编目工作效率。

北海市图书馆与北海市志办、北海市委党史研究室、合浦县图书馆、合浦县志办联合成立“北海市地方文献资源建设协作网”，协作开展地方文献资源建设工作。

北海市图书馆与广西图书馆、北航北海学院图书馆、北海市少年儿童图书馆、合浦县图书馆等签订协议，开展馆际互借工作。

北海市图书馆与广西图书馆实现了文化共享工程VPN互联，共享数字资源，有效增强了数字文化服务的能力。

管理工作

北海市图书馆制定了财务监督制度和财务管理制度，开展人事制度改革，通过机构设置的调整，分配制度的改革，实现了岗位管理和工作目标管理责任制。开展岗位设置、岗位竞聘、考核、分配激励制度等。

表彰、奖励情况

1999年北海市图书馆荣获全区“知识工程”先进单位、全区知识工程“电脑网络建设奖”；2001年荣获广西“读者喜爱的图书馆”称号；2005年荣获全区图书馆服务效果评选二等奖；2007年荣获全区“关注阅读，图书馆服务与利用摄影大赛”组织奖；2010年荣获“全区图书馆服务效果评选”一等奖；2011年荣获中国图书馆学会颁发的“全民阅读先进单位奖”，荣获广西文化信息资源共享工程知识与技能竞赛团体优胜奖。

馆领导介绍

陈言启，男，1971年生，研究生学历，中共党员，北海市文化局党委委员、副局长，2011年6月至2013年5月期间任北海市图书馆代理馆长职务。

王喜福，男，1963年生，本科学历，中共党员，中级职称，2011年6月至2013年5月期间任北海市图书馆党支部书记、副馆长职务。

宣泽文，男，1968年生，本科学历，中共党员，副研究馆员职称，2007年12月至2013年5月期间任北海市图书馆副馆长职务，荣获2009－2011年度中国图书馆学会优秀会员称号。

未来展望

为了更好地满足信息时代的读者需求，北海市图书馆在不断强化传统阵地服务的前提下，要大力加强网络化、数字化建设，大力开展延伸服务，坚持馆内阵地服务、馆外流通服务、网络数字服务一起抓，努力建设成为广西领先的市级公共图书馆，充分发挥图书馆的社会职能，为促进北海文化的大发展、大繁荣作贡献，为广西北部湾经济区的腾飞作贡献。

联系方式

地　址：广西北海市北海大道
邮　编：536000
联系人：陈宗雁

公益展览

免费开放启动仪式

南宁市兴宁区图书馆

概述

南宁市兴宁区图书馆于2003年开始筹建，2005年南宁市兴宁区委、区政府在经济社会全面发展的形势下，在政府办公用房极其紧张的情况下，毅然决定腾出原政府办公楼（解放路54号）作为兴宁区图书馆建馆用房，并且投入170多万元，将其改建成为一个达到国家三级馆的图书馆，并于2005年8月正式对公众开放。南宁市兴宁区图书馆馆舍面积1983.5平方米，2009年，参加全国第四次公共图书馆评估，被国家文化部评为三级图书馆，2013年，参加全国第五次公共图书馆评估，被国家文化部评为三级图书馆。2012年，南宁市兴宁区图书馆有阅览坐席418个，计算机68台，信息节点3个，宽带接入4Mbps数字光纤，选用Interlib图书馆自动化集群管理系统。

业务建设

截止2012年底，南宁市图书馆总藏量69665册（件），其中，纸质文献39665册（件），电子图书30000册。2012年南宁市兴宁区图书馆新增藏量购置费10万元。截止2012年底，南宁市兴宁区图书馆数字资源总量为5TB。

读者服务工作

从2011年5月起，南宁市兴宁区图书馆全方位对外免费开放，周开放60小时。2009–2012年，书刊总流通15.965万人次，书刊外借10.05万册次。2009–2012年，建有10个馆外图书流通服务点，馆外书刊流通总人次3.12万人次，书刊外借1.96万册。2009–2012年，南宁市兴宁区图书馆共举办讲座、展览、培训、阅读推广等读者活动63场次，参与人数2.8万人次。

辅导、协作协调

2009–2012年，南宁市兴宁区图书馆先后50多次深入到基层图书馆进行业务指导，给他们制订管理制度，并具体进行业务指导，手把手地教他们上架、借还书刊，完善服务网点的管理制度，开展送书上门服务，组织读者活动。

管理工作

在管理方面，南宁市兴宁区图书馆对全馆的业务工作实行量化管理，把业务工作分解，落实到每个工作岗位，实行岗位责任制。2012年，根据工作实践和业务发展的需要，全面修订了各项管理制度，对图书、期刊、声像资料、参考咨询、专题资源库、读者服务等的业务管理工作进一步理顺，修订了分类标引、数据著录、管理工作流程、读者服务规范等业务规章制度。南宁市兴宁图书馆的工作从小到大，从自发地开展工作到自觉地寻求发展道路，科学规范化的管理起到了较好的作用。

表彰情况

2009–2012年，南宁市兴宁区图书馆共获得各种表彰、奖励13次。

未来展望

南宁市兴宁区图书馆积极开展个性化服务，切实贯彻“以人为本”的服务理念，深层次开发网络信息资源，实现资源共享，提高馆员的综合素质；认真落实工作目标责任制，深入贯彻落实党的十八大会议精神，积极探索公共图书馆的发展路子，加强图书馆工作人员业务培训学习，提高服务质量，坚持服务育人理念，优化服务环境，充分发挥图书馆在科研活动中的文献信息保障职能的作用；坚持读者第一的服务宗旨，积极探索管理服务新方式，采取多种形式对广大读者开展外借、阅览宣传推荐工作，力争在服务手段和服务方式上不断创新，利用现代化技术条件，拓宽读者服务途径。

联系方式

地　址：南宁市解放路54号
邮　编：530012
联系人：陆登高

南宁市兴宁区图书馆正门

世界读书日活动

老街讲坛

期刊室一角

钦州市图书馆

概述

1950年10月在钦县文化馆内设图书室，1979年建成二马路图书馆后，成立钦州市（县级）图书馆，核定人员编制为14名。1994年钦州地区"撤地设市"后改为市级图书馆，核定编制不变。2005年6月因图书馆主楼被鉴定为危房，停止使用，于该年11月，租用钦州市永福西大街18号三楼开展活动。市图书馆现有开放面积约2620平方米，自2011年以来，采用深圳文华数图自动化服务软件管理，全部项目实现免费开放。2013年参加第五次全国公共图书馆评估，获市级馆"国家二级馆"称号。

业务建设

至2013年底，钦州市图书馆共有藏书2655237册，电子图书240万种/册，建成市、县、镇、村四级文化信息资源共享工程，实现城乡覆盖。全馆有计算机90台，电子阅览室和供读者查询的计算机62台，宽带接入达100兆，存储容量48TB。拥有7台服务器和1台非编采访系统等数字化设备，建有包括24小时自助图书馆在内的馆外服务点5个。2011年起对外服务和业务操作管理实现了自动化。拥有馆内局域网和本馆网站，可以网上阅读电子资源网上续借及查询服务。

读者服务工作

2011年以来，钦州市图书馆全面实行免费开放，全年365天免费开放，周六、日以及节假日也正常免费开放。开放时间从早上9：00—晚上21：00，每周达84小时。所有藏书、期刊、报纸、电子资源都免费提供给读者阅读、利用。市图书还馆为老年人、低幼儿童提供便利服务，设置残疾人专用电梯、盲文读物专柜等，为青少年提供网上知识查询，给进城务工人员提供送书上门服务。

2009—2012年，书刊总流通量为42.0010万人次，书刊外借57.5730万册次，持证读者由2009年的465人增至2013年的3031人。

市图书馆2013年举办讲座90次，展览12次，观众参加人数共157400人次。整合共享工程资源，有计划的，分主题的在市图书馆、钦州湾广场播放录像，内容涉及养生、保健知识，生活常识，种养种植技术等，共播放录像70场，惠民10万多人次。

业务研究、辅导、协作协调、表彰获奖情况

钦州图书馆把建立学习型单位作为提高职工素质的主要途径，坚持每周一次政治业务学习，由馆内职工轮流主持学习和业务辅导，使职工政治素质和专业素质不断提高。

加强与各县、区图书馆的协作、辅导，每季度指导基层单位建设了33个基层图书室，与市财政局等单位合作共建了5个图书室共建点，建成浦北县北通镇等4个基层市、县图书馆分馆。

近年获各级表彰奖励32项（次），其中获文化部表彰1人（次）、自治区文化厅表彰1人（次），市局级表彰10多人次，公开发表论文14篇。

人员及工作

钦州图书馆核定人员编制14个，2013年底有在职在岗干部职工12人。其中，本科学历5人。副高职称1人，中级职称5人。公益岗位9人，临时聘用人员7人。

全馆共制定有各项管理制度20多种，利用绩效考评加强管理，提高工作效率效益。

未来展望

钦州市图书馆将继续扎实推进图书馆的职能、信息资源共享、读者服务管理、文献检索、情报信息收集等管理工作的规范化、科学化建设，不断扩大服务覆盖面，丰富服务内容与方式，为广大群众提供多样化、个性化服务，不断延伸图书馆服务的广度与深度。

联系方式

地　址：广西钦州市永福西大街18号三楼
邮　编：535000
联系人：曾庆勇

南宁市青秀区图书馆

概述

青秀区图书馆前身是青秀区文化馆图书室。2005年5月，青秀区图书馆正式成立，馆址位于南宁市竹溪大道7号。图书馆馆舍面积1500平方米，总藏量10万册，设有6个服务窗口，阅览座位300个（特设有残疾人及老年人专用座席）。

业务建设

截止2013年5月，图书馆总藏量30多万册（含电子图书23万册，盲文图书1000册），年图书入藏量达到5000册以上，报刊入藏量达到500册左右。2005年，城区政府拨出专项经费100万元，成立了青秀区图书馆。往后每年投入经费保持在100万元以上，其中每年新增文献藏量购置费20万元以上，2012、2013年突破60万元。2010年，中央、区市和城区共投入经费68万元，建设文化信息资源共享工程青秀支中心。2011年开始，国家每年投入20万元，用于图书馆免费开放工作。2011年，我馆对自动化管理系统进行升级改造，加入南宁市图书馆集群管理系统，以适应南宁市图书馆服务联盟建设的需要，并于2013年建成南宁市青秀区图书馆网站。

读者服务工作

图书馆每周开放60小时，实现全年365天开放。开架书刊达到总藏量的100%，文献年外借率约为70%。截止2012年底有效借书证830个，年外借书刊3万多册次，年流通总人次超过4万。

我馆在乡镇、社区、学校、机关和工地建立10个流通点，常年送书上门，指导开展业务工作。2012年汽车图书馆送书下乡达3000册次，同时在仙葫学校、柳沙社区、南阳镇雄会村等地举办“十八大精神”、“学用政策”等主题讲座活动，协助流通点开展各类读者活动。全年开展各种读者活动30多次，参加人数达一万多人次，打造出“万人读书活动”、“图书漂流”等服务品牌。

业务研究、辅导、协作协调

2009年以来，全馆职工参加各种形式的培训达100多人次，人均150学时。2009–2012年，青秀区图书馆职工共撰写及发表论文15篇。

我馆与南宁市市图书馆签订文献采购协作协调协议，遵守并执行双方在图书采购、图书联合编目、地方文献收藏和文献互换等方面的规定。2011年，引进图书馆集群管理系统，加入南宁市公共图书馆群资源共建共享和服务平台，同时与南宁市图书馆、少儿馆和其他城区馆签订馆际互借协议。

截止2012年底，完善了四个镇文化站和55家农家书屋（社区图书室）图书配套，全部作为图书馆流通点。2012全年深入到基层图书室进行业务指导15次，指导开展各类读者活动30多场次。

管理工作

全馆在编职工5人，100%具有大专以上文化水平；中级职称2人，占40%；初级职称3人，占60%。2013年3月，青秀区图书馆完成了第1次全员岗位聘任，共设4类岗位。同时，建立了工作绩效考核指标体系，每半年和全年进行工作考核。

建馆以来，我们先后制定出《南宁市青秀区图书馆岗位职责》、《南宁市青秀区图书馆财务管理制度》，并全面修订了各项管理制度，对图书、期刊、声像资料等业务管理工作进一步理顺，修订了管理工作流程、读者服务规范等业务规章制度。2009–2012年，撰写工作调研、分析报告10篇，编写工作简报15篇。

表彰、奖励情况

自2005年建馆以来，单位和个人受到省级业务主管部门表彰5次，市级业务主管部门表彰15次，县级表彰23次。2012年，我馆获得南宁市图书馆协会“阅读推广先进单位”、城区“文体工作先进单位”、南宁市“知识工程先进单位”等荣誉称号。

馆领导介绍

韦昌本，男，1965年11月生，大专学历，中共党员，助理工程师，馆长。1989年7月参加工作，历任青秀区图书馆副馆长、馆长。兼任南宁市图书馆学会理事。

免费开放活动进社区

青秀区农家书屋读书演讲比赛

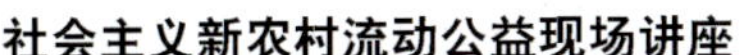
社会主义新农村流动公益现场讲座

“书香青秀”活动月广场宣传活动

荣誉证书

南宁市青秀区图书馆:

在2010年“全区图书馆服务效果评选”活动中“唤醒‘沉睡’的资源，创新图书馆服务理念”项目荣获优秀奖，特发此证，以资鼓励。

自治区“知识工程”办公室
二〇一一年三月

“全区图书馆服务效果评选”优秀奖

未来展望

青秀区图书馆遵循“走出去·引进来”的服务方针，践行建设青秀区“学习型城区”的发展战略，完善单一的服务功能，扩大服务辐射区域，带动“广西第一强区”文化事业的发展。一是政策资金要争取。争取各级党委政府在图书馆事业建设资金上加以倾斜，逐年增加对图书馆事业的投入，用于基础设施建设、馆藏图书、自动化建设等等。二是图书馆工作要与城区的文化事业发展相结合，在图书馆事业发展策划上下功夫。通过各种活动的开展，让各级领导和社会公众真正了解图书馆、认识图书馆，更好地支持图书馆。三是在强化自身综合实力的同时，加入图书馆联盟，以促进图书馆事业大发展。建馆之初，我馆已加入南宁市图书馆联盟；2011年，在实行全免费开放的同时，加入南宁市公共图书馆群资源共建共享和服务平台。

未来几年，我馆将继续推进青秀区文化服务中心项目工作，打破制约图书馆事业发展的瓶颈。如今我馆是南宁市城区图书馆中文献藏量丰富、文献更新最快的公共图书馆，下一步，我们将加快发展步伐，争取建设一级图书馆（县级），使图书馆成为青秀区公益性文化的形象代表、精神文明建设的重要阵地。

联系方式

地　址：南宁市竹溪大道7号
邮　编：530021
联系人：韦昌本

南宁市江南区图书馆

概述

江南区图书馆成立于2003年12月，位于南宁市五一东路23号，馆舍总面积1220平方米，图书总藏量达到25万余册，可容纳读者座位约280个，其中儿童阅览席75个。用于服务读者的电脑30台，办公电脑6台，摄像机、照相机各2台、电视机、投影仪各1台，宽带网络12M（其中政务外网2M，互联网10M）。2013年，参加第五次全国公共图书馆评估，首次获得二级图书馆称号。

业务建设

2014年，江南区图书馆总藏量达到25万余册，其中，纸质图书2万多册，电子图书23万多册；另有各类光盘（磁带）5900多片（盘），期刊、报纸共120多种。馆舍总面积1220平方米，其中：图书借阅室1间140平方米；少儿借阅室1间70平方米；电子阅览室1间80平方米；青少年活动室1间60平方米；培训室3间160平方米；馆藏室1间30平方米；读者活动室2间60平方米；图书馆办公室3间共90平方米；多功能厅2间100平方米；会议室1间50平方米；辅导室3间90平方米；“江南读书人”图书阅览室1间80平方米。馆内现有标准图书架60多组，期刊柜10个，报柜15个。

2011年，图书馆申请6万元用于购置图书；申请8000元“江南读书人”活动经费；64000元建设“江南读书人”图书阅览室。2012年，图书馆申请购书经费16万，购入新书204865册；申请“江南读书人”活动经费1万元；设备、图书购置5万元；图书馆维修经费26500元，农家书屋购置经费3万元；2014年，申请“江南读书人”活动经费3万元图书馆购书经费5.2万元，使图书馆的服务功能进一步提升。

注重地方文献收藏、保护和上架借阅，先后收集地方文献25种37册。

读者服务工作

开馆时间每周达60小时。2007年10月起江南区图书馆和市图、各城区馆之间实现了“一卡通”，并完善了ILASⅡ流通子系统，实现了对江南区图书管理的现代化；2012年江南区图书馆对原有的系统软件进行提升，建设“南宁市城乡一体化联合图书馆”通借通还服务，2012年—2014年到馆总流通人数261390人次，书刊外借114780册次，举办活动106场次，活动参与人数62600人次。持证读者600多人。完成对2011、2012、2013年过报、过刊的整理、装订、分编共900多册。

配有25台电脑的多媒体电子阅览室，读者通过互联网利用图书馆的各种文献资源。

加强对服务窗口开放式管理。只设置一个借阅区，实行藏、借、阅一体化全开放式借阅室，提供各类文献资源的借阅服务。开放时间自上午8点30分至下午6点不间断开馆。

以本馆和市图书馆多功能厅为阵地，积极拓展“江南读书人”活动，推出了“五个一”（推荐一本好书、举办一场讲座、组织一次沙龙、开展一次实践、举办一次培训）和“四个进”（图书服务进学校、进社区、进工厂企业和建筑工地）活动。举办“品味国粹·康复养生”和“养生先养骨”健康知识讲座、“白领快速美妆”主题讲座、“诗与生活”讲座、“迎世锦·讲文明·树新风，礼仪形象”知识讲座、“中国民俗音乐”专题讲座、“城市·警察·作家”专题讲座、“紧急救护安全卫生”专题讲座、“培育和践行社会主义核心价格观”专题讲座、“江南读书人”快乐小读者·亲子阅读大赛活动、“江南区第二届青少年书法普及培训班”3期、“限制与超越——我的写作生活动”主题讲座、“家居花艺”走进富士康沙井园区主题讲座。举办图书服务进学校、进社区、进工厂企业和建筑工地等活动。全年共举办各种讲座、活动、培训等36场次，受惠人群达2.5万多人次。

重视读者教育与培训。一是利用各种机会进行读者培训与教育，2012年、2013年、2014年累计开办专题培训、讲座100余次，参加人数近30000人；二是利用图书月、宣传周、宣传日开展专题宣传，2012年、2013年、2014年累计出宣传条幅35条，宣传板报15期。三是充分利用电子阅览室对读者进行图书馆信息资源与服务导览培训。四是对读者进行图书馆电子资源和文献传递、书目查询培训。五是

图书馆大楼

城区领导为“江南读书人”阅览室揭牌

富士康员工聚精会神听讲座

科普知识讲座进华南城工地

健康知识进社区

电子阅览室

青少年书法培训走进乡镇中小学

外国画家讲绘画

通过举办展览推介宣传江南文化新风貌等，2012年、2013年、2014年共举办专题展览8次，参观展览人数约24000多人。

业务辅导

一是对所有行政村、社区的农家书屋管理员100多人进行培训。二是在乡镇、村新建图书流通站1个，目前有图书流通站3个，城区图书馆为他们提供1000册交流图书，对他们进行业务、建设指导。三是江南区图书馆作为全国文化信息资源共享工程区级分中心，对乡镇级的共享工程进行业务、技术指导，计算机终端由4台增至10台。

管理工作

图书馆十分重视图书管理工作，一是以岗位设置规范岗位行为，制定完善了“员工岗位责任量化考核细则”；二是以业务规范增强质量意识，制定一系列规章制度，对数据质量、书刊排架质量逐月检查；三是以业务学习提高服务能力，每周五全体职工进行业务学习已形成制度，组织本馆馆员到区、市图书馆参加学术研讨会及业务培训。

表彰、奖励情况

2011年以来，图书馆工作人员撰写论文4篇，其中3篇获得南宁市图书馆学会论文二等奖；1篇获得三等奖。2011、2012、2013年获南宁市图书馆学会先进集体。

联系方式

地　址：南宁市五一东路23号
邮　编：530031
联系人：黄增灿

书法鉴赏弘扬艺术魅力

领导视察

南宁市西乡塘区图书馆

概述

西乡塘区图书馆于2005年3月由原永新区图书馆和原城北区图书馆合并而成，位于新阳路87号文化活动中心的三、四、五、六楼，馆舍面积1563平方米，设计藏书容量5万册，可容纳读者300个，计算机35台，其中电子阅览室25台，宽带专线光纤接入10Mbps，选用Interlib图书馆集群管理系统。2013年，参加国家文化部第五次全国公共图书馆评估，首次获得二级图书馆。

业务建设

截止2012年底，南宁市西乡塘区图书馆现有藏书8.76万册，其中：纸质图书2.76万册，电子图书6万册，征订报刊120种，设置9个藏、借、阅一体化的外借书库、报刊阅览室、少儿阅览室、读者活动室、自修室及多媒体电子阅览室。

2012年南宁市西乡塘区图书馆年入藏量2500册，视听文献年入藏量达177种，地方文献藏量为377种。

2010、2011年南宁市西乡塘区图书馆新增购置费5万元，2012年增至7万元。

2012年，将自动化管理系统升级为联合图书馆集群管理系统，成为南宁市城乡一体化联合图书馆的一员，实现了南宁市六城区公共图书馆资源共享。

2010–2012年期间，南宁市西乡塘区图书馆作为文化信息资源共享的一个县区级支中心，积极贯彻落实文化信息共享工程各种要求，免费保证广大读者真正地阅读查询到文化信息资源和国家政务外网信息。并对各镇及办事处的文化信息工程进行指导，真正实现和普及了文化信息共享工程，提升信息服务水平。建设符合国家县级图书馆电子阅览室建设标准的电子阅览室，并免费向读者开放。

读者服务工作

2011年7月起，南宁市西乡塘区图书馆全年对外免费开放，周开放达49小时。读者服务是图书馆的主要业务工作，一直坚持“以人为本，读者第一，服务至上，管理创新”的宗旨，近几年来，读者呈上升趋势，入馆读者量达12万人（次），办证1800余人，年外借8万余册。

2012年，在读者活动方面，南宁市西乡塘区图书馆以贴近群众、贴近现实、贴近生活为主题，开展了读书活动。全年共举办活动32次，分别为讲座、培训18次、展览5次、阅读推广活动9次，参加读者达31350人次。主要活动有：(1) 贯彻落实全国工程知识办关于开展“读书活动月”通知，倡导“多读书、读好书”的文明风尚，西乡塘区图书馆组织开展了一系列全民阅读活动，送书进机关、进校园。(2) 为改善农民朋友和弱势群体的阅读条件，3次对辖区的广大干部群众发出捐献书刊倡议，共收集到各届捐献的书刊5000余册，推动了读书活动的开展。同时组织馆员送书进机关3次，共送书1000余册。(3) 送书下乡宣传科普知道，为农民发家致富提供帮助。(4) 送书进社区，根据社区居民的要求和特点，主要送一些健康、法制方面的书籍给居民阅览，提高他们的法制意识。(5)举办“西图·金太阳杯作文比赛”，激发小学生爱祖国、爱人民的高尚品德，培养他们爱读书、爱写作的良好兴趣和习惯。(6) 与志愿者一起开展“亲情相伴促成长”亲子系列暑假读者服务活动，为农民工和他们的子女提供安全教育、推荐新书等服务。(7) 通过一批优秀的社科、文学类和宣传反映“和谐社会”、“和谐家庭”的新书，举行了新书推介活动，让社区居民在家门口也能翻阅新书，从中获得知识，获得乐趣。(8) 参加“科普大行动”活动，提供了大批科普书籍现场阅读。(9) 举办了“未成年人读书周”活动，进行了一场名为“我读书、我快乐、我智慧——创建自主学习型家庭知识讲座”。

协作协调

南宁市西乡塘区图书馆积极参与上级图书馆组织的协作协调工作，在南宁市图书馆的组织下参与建设南宁市联合图书馆，并与城区兄弟馆开展广泛的业务联系和交流，对基层图书馆进行业务上的辅导和培训。

管理与表彰

2010–2012年期间，南宁市西乡塘区图书馆不断健全各项规章制度，优化管理环境，完善建立了读者服务制度、消防制度、建立了统计制度等，规范管理，且各项制度上墙，提高为广大读者服务功能。

读者活动

讲座

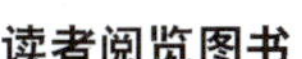

读者阅览图书

活动

培训

培训室

期刊室

阅览室

荣获2010–2012年西乡塘区文体系统先进单位、“知识工程”先进单位、党建“结一联五”工作先进单位、“城乡清洁工程”先进单位、科学普及工作先进单位、关心下一代工作先进单位、志愿者工作先进单位，其它奖励4次。

馆领导介绍

杨秋华，男，1977年10月生，研究生学历，中共党员，中级职称，副馆长。

张群力，男，1968年5月生，大学本科学历，中国民主同盟盟员，中级职称，副馆长。

未来展望

南宁市西乡塘区图书馆本着一切为读者服务的宗旨，围绕优化服务、拓展图书馆教育和信息的功能，从读者服务、业务管理、读书活动、提高人员素质入手，实现资源共享，提高馆员的综合素质；完善读者服务制度，对保证市民来馆借阅服务提供保障；坚持读者第一的服务宗旨，积极探索管理服务新方式，采取多种形式对广大读者开展外借、阅览、宣传推荐工作，力争在服务手段和服务方式上不断创新，利用计算机网络，拓宽读者服务途径；不断完善公共图书馆服务体系良好运行的文献和服务能力，达到国家一级图书馆的基本标准。

联系方式

地　址：广西壮族自治区南宁市新阳路87号三楼图书馆
邮　编：530011
联系人：杨秋华

南宁市良庆区图书馆

概述

良庆区图书馆位于南宁市银海大道975号，建于2005年11月，其前身是南宁市沿海经济开发区管委会建设的南宁玉洞图书馆。馆舍总面积1100平方米，阅览座席259个，其中儿童阅览席49个。服务读者的电脑40台，办公电脑6台，宽带网络6M。馆内现有标准图书架108组，期刊柜10个，报柜10个，图书总藏量达到58222册。其中纸质图书37653册，电子图书2万种；另有各类光盘（磁带）569片（盘），期刊、报纸共165种。

2011年，良庆区图书馆用中央财政下拨的50万专项补助资金进行维修改造，购置设备，使图书馆的硬件软件更上一个台阶。2012年，城区政府为图书馆解决了公务用车一台，新增购书经费10万，购入新书3942册。2011年11月，图书馆又获得广西昕涛文化发展有限公司捐赠价值10万元的图书。

业务建设

2005年11月开馆以来，在管理模式上，实行便于读者利用的全开放式管理；开馆时间每周达60小时。2007年10月起良庆区图书馆和市图、各城区馆之间实现了一卡通，并完善了ILASⅡ流通子系统，实现了对良庆区图书管理的现代化。2012年良庆区图书馆对原有的系统软件进行提升，进一步实现城乡一体化联合图书馆的建设。2012年到馆读者95517人次，过报、过刊入藏908册。

2010年，城区投入13.6万元建设全国文化信息资源共享工程县（区）支中心。配有40台电脑的多媒体电子阅览室，读者通过互联网利用图书馆的各类文献资源；图书馆在电子阅览室开展文献检索，培训读者文献检索能力。

注重地方文献收藏、保护和上架借阅。先后收集地方文献63种，182册，按要求开放借阅。

读者服务工作

良庆区图书馆只设置一个借阅区，实行藏、借、阅一体化全开放式借阅室，提供各类文献资源的借阅服务。开放时间自上午8点30分至下午6点不间断开馆；节假日、双休日也照常开馆。

2011年4月起实行免费开放工作。多年来开展各种形式的读书活动，依托南宁市开展的“全民阅读”活动，大力宣传、推进公共图书馆免费开放，开展“图书文化进社区”、“图书送给农民工”、“图书馆服务宣传周”、庆“六一”游艺、“七一”建党电影专场、迎“国庆”、庆“十八大”专题板报宣传、“读书沙龙”、推介热点书籍、播放热门影片，读书知识问答等活动。2012年八月在图书馆建立了未成年人心理辅导站。每年参加城区举办的“科技、文化、卫生”三下乡活动3次以上。

开办各种培训讲座。2012年图书馆根据读者需求，在暑假期间举办“电脑基础知识培训班”、“图书阅读兴趣培训班”共10期，和市图书馆联合举办“走进城区图书馆、感恩教育专题讲座”等，全年累计开办专题培训、讲座31次，参加人数3610人。二是利用图书月、宣传周、宣传日开展专题宣传，全年累计出宣传条幅6条，宣传板报15期。三是充分电子阅览室对读者进行图书馆信息资源与服务导览培训。四是对读者进行图书馆电子资源和文献传递、书目查询培训。五是通过举办展览推介宣传良庆文化新风貌等，2012年举办专题展览5次，据不完全统计参观展览人数有14200人。

业务研究、协作协调、基层服务、辅导

2009—2012年图书馆工作人员撰写调研报告10篇。每年组织本馆职工到市图书馆参加每年南宁市图书馆学会年会暨学术研讨会，开拓视野，学习经验，规范图书馆的业务管理。派人参加上级举办的各种培训、学习班。

2009—2012年，协助城区文体局完成73个农家书屋的建设任务。2012对所有行政村、社区的农家书屋管理员106人进行培训，使书屋的管理和利用更规范更科学。二是在辖区域内积极宣传，发动，建设和扶持乡镇、村建立图书馆流通站，2012年新建图书流通站11个，目前我城区共有图书流通站18个，城区图书馆为他们提供8500册交流图书。此外，还深入到乡镇、村级图书馆，对他们进行业务、建设指导。

良庆区图书馆作为全国文化信息资源共享工程区级分中

良庆区图书馆馆舍外观

举办农家书屋管理员培训班

举办电脑基础知识培训班

藏书借阅区一角

心，在做好支中心基础、服务工作外还担负起对乡镇、村一级的共享工程业务、技术指导。在2012年10月我馆协助城区文体局完成了5个乡镇的共享工程设备安装调试。

管理工作

2011年12月，通过岗位设置，明确岗位责任、规范岗位行为，保证服务质量。制定完善了“员工岗位责任量化考核细则”，量化考核图书馆员履行岗位情况，使本馆的读者服务工作质量得到较大的提高，杜绝了服务工作中不和谐现象的发生。图书馆制定一系列规章制度，对数据质量、书刊排架质量逐月检查，保证了图书馆的服务水平。注意提高本馆职工的理论和业务水平，每周五全体职工进行业务学习已形成制度。

表彰、奖励情况

在第四次全国公共图书馆评估中获国家三级图书馆称号。2009年图书馆被评为2008年南宁市先进集体，2009、2010、2011、2012年南宁市图书馆学会先进集体、历年被评为良庆区文化系统先进集体。

馆领导介绍

石杰清，女1970年12月生，大学学历，中共党员，图书馆员。1992年9月参加工作，先后在邕宁县图书馆、良庆区图书馆从事图书借阅、少儿阅览、报纸阅览等工作。2005年9月任良庆区图书馆馆长。2008年荣获南宁市先进工作者称号，获南宁市社会主义新农村建设优秀指导员称号。2009年获良庆区先进工作者称号。

李文松，男，1970年10月生，中专学历，助理馆员。1990年2月参加工作，先后在邕宁县图书馆、良庆区图书馆从事图书借阅、图书宣传等工作。2008年5月任良庆区图书馆副馆长。

未来展望

良庆区图书馆在今后将进一步完善城乡一体化联合图书馆建设，践行免费开放精神。2013年5月良庆区图书馆拆迁，在新馆没有起好的几年，工作重点往镇、村倾斜，加强对农家书屋业务辅导，加快对图书流通站图书的更新，满足农民文化需求。向城区政府争取尽快启动新馆的建设，建设面积达3000平方米，各项主要指标能满足辖区内群众的阅读需求以及辖区内乡镇、村一级图书室、共享工程的业务技术支撑。

联系方式

地　址：南宁市五象大道104号
邮　编：530219
联系人：石杰清

下乡举办活动

在馆内举办“感恩教育”专题讲座

南宁市邕宁区图书馆

概述

清光绪十六年（公元1890年），广西巡抚乌丕瑶，颁发图书于各府，时宣化知县陈凤楼乃于南宁蔚南书院建藏书楼一座，将颁发的数万卷图书储藏于内，供人阅读。这是宣化县（即原来的邕宁县）创设图书馆之初。馆址几经变迁，1987年10月，经邕宁县人民政府批准决定兴建新的邕宁图书馆大楼，并于当年正式破土动工建设。1990年3月11日建成正式对外开放，新馆背向邕江，占地面积2100平方米，建筑面积3297平方米，楼高四层。新的邕宁图书馆大楼的建成，得到了各级领导和知名学者及各界群众的欢迎，时任全国人大副委员长、民盟主席费孝通为邕宁图书馆亲笔题写馆名。2012年，邕宁区图书馆有阅览坐席284个，计算机60台，宽带接入6M，使用Interlib2.0图书馆集群管理系统。2013年，参加第五次全国公共图书馆评估，获得国家二级图书馆。

业务建设

截止2012年底，邕宁区图书馆总藏量154297册，其中，纸质文献153297册，电子图书1000册。2010年以前，邕宁区图书馆新增藏量购置费4万元，2011年起增至10万元。截止2012年底，邕宁区图书馆数字资源总量为5TB，其中，自建数字资源总量1TB。2012年，由传统的手工借还时代进入计算机管理时代，投入使用Interlib2.0图书馆集群管理系统，以适应南宁市公共图书馆服务联盟建设的需要。

读者服务工作

从2011年7月起，邕宁区图书馆对外免费开放，每周开馆60小时以上。2009—2012年，总流通85655人次，书刊文献外借45358册次。2012年，是南宁市首家公共图书馆引进Interlib2.0图书馆集群管理系统，为实现与南宁市图书馆、南宁市少儿图书馆、六县六城区馆际互借服务奠定了技术基础。2009—2012年，在城市社区，设有红星社区、新兴社区、蒲津社区和那元社区4个图书阅览室。在农村，设有农家书屋72个，其中蒲庙镇17个，百济镇14个，新江镇9个，中和乡8个，那楼镇24个。馆外书刊流通5310人次，书刊借阅8540册。2011年起，为城区政府决策提供信息服务。2012年，邕宁区图书馆新建成网站，每天访问量200多人次。截止2012年，邕宁区图书馆使用的数字资源5TB，均可通过邕宁区图书馆网站进行检索、浏览和下载服务。2009—2012年，邕宁区图书馆共举办讲座、展览、培训、阅读推广等读者活动27场次，参与人数3740人次。

业务研究、辅导、协作协调

2009—2012年，邕宁区图书馆馆员刘婷发表论文1篇，出版专著1部，并在南宁市图书馆学会第24次学术研讨会交流论文中获得“优秀论文”称号。从2011年起，为实现文献信息资源共建共享，加强馆藏资源建设，提高图书馆服务效益，邕宁区图书馆与南宁市图书馆签订文献采购协作协调协议，遵守并执行双方在图书采购、图书联合编目、地方文献收藏和文献互换等方面的规定。每年不定期，参加南宁市图书馆举办的各种业务知识培训班。2009—2012年，邕宁区图书馆在馆内、馆外开展基层图书馆业务骨干志愿者行动。每年针对“农家书屋”管理员的业务知识更新，不定期对管理员进行培训、辅导。

管理工作

2010年，邕宁区图书馆实行竞争上岗，实现岗位责任制。同时，建立了分配激励制度，实现各项工作的目标化、制度化、规范化管理，每半年和全年进行工作考核。2009—2012年，共抽查文献排架46次，书目数据18次，撰写专项调研、分析报告和工作提案10篇。

表彰、奖励情况

2009—2012年，邕宁区图书馆共获得各种表彰、奖励12次，其中，文化部表彰、奖励1次，市委、市政府表彰、奖励1次，城区政府表彰、奖励6次，其他表彰、奖励4次。

馆领导介绍

雷升，男，1954年3月生，中级馆员9级，馆长，2014年4月退休。

甘琳，女，1958年12月生，中级馆员10级，副馆长，2013年12月退休。

未来展望

2009—2012年，在不断强化自身综合实力的同时，邕宁区图书馆引进了Interlib图书馆集群管理系统，带动了全馆各项业务的整体发展。在未来的几年里，邕宁区图书馆将把握技术进步给图书馆发展带来的重要契机，以数字图书馆建设为目标，读者的服务理念从“以书为本”向“以人为本”转移，增加阅读坐席，改善阅读环境，给读者创造一个舒适、安静的助读环境。全馆实现无线网络全覆盖，使得读者在馆内不同地方都能实现无线上网浏览资讯。同时，还将开通微信公众平台，通过该平台，读者可以获得借还书实时提醒、过期图书催还提醒等服务，用文字、图片、语音与读者全方位沟通和互动，努力打造一个学习型和交互式的信息共用空间。

联系方式

地　址：广西南宁市邕宁区蒲津路108号
邮　编：530299

读者心得交流会

图书漂流

图书馆大楼外部

武鸣县图书馆

概述

武鸣县图书馆始创于民国24年（1935年），当时，县政府设立县图书馆，主要是供官员及受训民团官兵阅览，中学生也可以借阅。馆址在县城灵水湖畔，馆舍为1间40多平方米的平房。上个世纪40年代，因日军入侵县境，该馆关闭，图书失散。解放后，1951年，武鸣县文化馆在县城解放街成立，设图书室，1966年，因历史原因停止借阅，图书不知所终。1971年，成立武鸣县文化宣传站，恢复图书室。1975年文化宣传站改为文化馆，继管图书室。1978年1月，图书室与县文化馆分开，独立建制成立武鸣县图书馆，馆址位于县城建设街（县人民政府对面现址），馆舍面积共74平方米。1984年8月，县文化馆原房子并归县图书馆使用，面积共750平方米。1985年，拆除旧馆重建新馆。1988年9月，武鸣县图书馆新馆大楼竣工使用，建筑总面积1670平方米。此后，武鸣县图书馆得到持续的发展。2013年，参加第五次全国公共图书馆评估，获得二级图书馆。

业务建设

截止2012年底，武鸣县图书馆总藏量14.5万册（件）；另外，电子图书数量1.2万种，电子期刊3.12万种，视听文献1000种。每年订购报纸杂志400种。数字资源总量为6.2TB。

2007年8月，全国文化共享工程武鸣县级支中心建成，外接8Mbps光纤网带，武鸣县图书馆完成计算机网络布局，建立了以1千M网络交换机为核心，企业级服务器为支撑，8TB磁盘阵列为资源存贮空间，星型结构的局域网。局域网主干通讯达到1千M，另有卫星接收和党员远程教育系统。建有40台计算机的电子阅览室；拥有由计算机、扫描仪、非线性编辑系统、摄像机、数码照相机等设备，并组建了数据制作工作室。2009年，武鸣县图书馆实现自动化管理。

编制人员10人，其中中级职称8人，初级职称2人。内设机构有：办公室、读者服务部、现代技术和采编部；服务窗口设有：电子阅览室、外借处、综合阅览室、少儿阅览室、文献参考室、多功能视听室、科普展厅、展览厅等。

读者服务工作

武鸣县图书馆拥有阅览座席266个，计算机56台（阅览终端40台），执行每周56个小时免费开放。2009–2012年，书刊总流通36.6万人次，书刊外借24.5万册次。每年举办各种讲座15期，受听读者700多人。建立13个馆外图书流通服务点，年流通量3000册以上。每年开展读者活动20多次，参与群众3万人次以上。

馆领导介绍

李旭鲜，男，1956年12月生，大专学历，中共党员，馆员，馆长，支部书记。1979年12月参加工作，1994年6月任武鸣县图书馆副馆长，2003年3月任馆长。兼任南宁市图书馆学会理事、武鸣县美术家协会副主席，政协武鸣县第六、第七届委员。

阮忠宁，男，1965年9月生，本科学历，中共党员，馆员，副馆长。1988年12月参加工作，2012年11月任武鸣县图书馆副馆长。

杨尚旻，男，1965年10月生，大专学历，中共党员，馆员，副馆长。1993年2月参加工作，2012年11月任武鸣县图书馆副馆长。

未来展望

武鸣县图书馆遵循"科学高效，创新发展"的办馆方针，践行稳步发展战略，即整合现有资源，提高效率，延伸农村基层服务；建设新馆，提高功能，发挥县域骨干公共馆作用；加入南宁市城乡一体化联合图书馆，进一步实现资源共建共享。2012年，武鸣县图书馆新馆建设规划工作正式启动，2013年得到立项并落实建设用地。建设新馆舍，将致力于图书馆信息技术应用并发挥效能作用，彰显出图书馆公共文化服务新的更大的优势。

联系方式

地　址：广西壮族自治区武鸣县兴武大道248号
邮　编：530199

武鸣县图书馆外貌

送书到陆斡镇板荷屯

开展"世界读书日"活动

送书到军营

马山县图书馆

概述

马山县图书馆成立于1965年，原址位于县人民广场南侧，2010年7月迁移至县体育馆广场新建（县体育馆大院内）。图书馆新楼建筑面积1522平方米，2009年7月破土动工，2010年4月竣工，2010年10月30日正式开馆对外服务。馆内现有在编在职工作人员9人，至2012年12月，馆藏书刊文献11万多册，固定阅览座位240多个，馆内现有计算机共35台，宽带接入10Mbps，使用Interlib2.0图书馆集群自动化管理系统，加入南宁市城乡一体化联合图书馆体系，设有报刊阅览室、多功能厅、文学书库、综合书库、特藏室、电子少儿阅览室、过报过刊室等对外服务窗，设有信息技术部、业务辅导部、读者活动部等工作部门，免费为广大读者提供图书文献借阅、专题参考咨询、专题培训讲座、影视观赏、阅读辅导、宣传教育等服务活动。

业务建设

2012年底，全馆图书报刊总藏量为116496册，其中图书93465册，期刊22944册。2012年，图书入藏2034种，2009年以来年年平均入藏652册。报刊入藏量180种共501册，4年来年平均入藏246册。各类光盘入藏185张，4年年平均入藏103张，地方文献文献资料97种。

服务工作

（一）借阅服务：每天开放8小时，国家法定节假日、双休日照常开放。馆内除文献储藏室外，实行全开架借阅，开架比例达90%以上。2012年图书外借达4.5多万册次(含馆外流通点借阅册次)，外借率为40%。在“书香绿城”读书周宣传活动和图书馆服务宣传周活动期间，开展图书推介活动，不失时机地宣传馆藏资源，使读者对本馆的藏书结构有了更进一步了解。据初步计算，2012年，读者人均到馆次数达每人50次以上。

（二）专题服务：一是本馆与县政务中心在馆内设立了政府公开信息查询点，帮助群众了解国家政策和政府 各职能部门的职责、服务内容。二是提供专题参考咨询。年内为5家农村种养专业户提供了实用技术资料，为广西林业厅的同志提供了科研材料，为县委宣传部提供了全县农村阅读阵地建设方面的情况材料。三是开展为特殊群体服务活动。年内开展为残疾人送书，为进城务工人员提供信息咨询，为老年读者送书活动各1次，开展未成年人专项服务2次。

（三）社会教育服务活动：年内举办农家书屋管理员、文化共享工程村级服务点人员培训班，文化法规知识讲座，学习十八大精神讲座等培训讲座共12次，举办、协办的展览如非物质文化遗产保护成果展览、个人书法展、美术展等展览活动3次。据初步统计，2012年，参与本馆活动的人数达到1.6万多人。

协作协调

2012年，加入南宁市图书馆馆际互借、文献采购协作体系，并响应号召，完善管理系统加入南宁市城乡一体化联合图书馆群。制定有本地图书馆服务网络十二五建设规划，把本馆协助建成的所有145个行政村农家书屋纳入本地图书馆服务网络，使全县基层图书室参与网络建设的比例达到总数的95%以上。在馆藏资源有限的情况下，还为馆外流通服务点送去图书4千册，实现文献资源共享。重视农村基阅读阵地的的达标建设，年内深入基层图书室开展现场业务辅导9次，开展基层服务队伍人员集中培训活动2次。

管理工作

2010年，设置8个专技岗位，竞聘上岗，制定岗位考评标准，对工作人员实行绩效考评，并通过制度的办法，激发职工工作热情。

表彰

2012年，自录自编的《文化共享在基层》专题片参加自治区比赛获得三等奖。2011年、2012年分别被市图书馆学会评为先进单位和“阅读推广活动先进单位”。

展望未来

在未来几年内，加快图书馆的自动化建设，建立门户网站和资源传输系统，加快数据库规划和建设，提高图书馆的数字化、信息化程度。创立特色服务品牌，提高图书馆的服务质量和社会贡献率。

馆领导介绍

罗瑞金，男，1968年1月生，大学文化，中共党员，助理馆员，馆长。2007年被评为南宁市先进工作者，2008年以来，被评为南宁市图书馆学会先进个人。

覃向东，男，1964年5月生，中共党员，助理馆员，副馆长。历年来被评为南宁市图书馆学会先进个人。

联系方式

地　址：广西壮族自治区马山县体育馆大院
邮　编：530600
联系人：何春卫

马山县图书馆消防培训

免费开放和读书知识有奖竞答活动

马山县图书馆大门

融水苗族自治县图书馆

概述

融水苗族自治县位于广西北部，距柳州108公里、桂林163公里、南宁341公里，海拔多在1000–1500米，中部元宝山主峰海拔2086米，为华南第三高峰。融水现辖4镇16乡，全县总面积4638平方公里，为广西面积第二大县，其中山地面积3988平方公里，水田仅22万多亩，是一个典型的"九山半水半分田"山区县，尚属国家扶贫开发工作重点县。

融水县图书馆于1976年10月成立，馆址几经变迁，2011年5月18日，位于融水县会展中心四楼的新馆建成对外开放。新馆建筑面积2500平方米，设计藏书量40万册。内设报刊阅览室、综合阅览室、过刊阅览室、少儿阅览室、电子阅览室、地方文献室、多媒体报告厅等厅室，阅览室全部实行开架管理；有阅览坐席480个，计算机43台，宽带接入10Mbps，选用文津图书馆自动化管理系统。

业务建设

截止2012年底，融水县图书馆总藏量7.5万册（件），其中，纸质文献万册7.4万册（件），电子图书10.5万册，电子期刊0.8万种/册。

2010年，融水县图书馆新增藏量购置费48万元，2011年新增藏量购置费28万元，2012年新增藏量购置费28万元。2010年至2012年，共入藏中外文图书4.9万种，6.4万册，中外文报刊0.4万种，视听文献325种。2012年，地方文献入藏完整率为90%。

截止2012年底，融水县图书馆数字资源总量为1TB，其中，自建数字资源总量500GB，建有融水苗族系列坡会群、大苗山藏石、罗汉松、大苗山文化记忆等具有融水地方特色的数据库。

读者服务工作

从2011年5月起，融水县图书馆星期一至星期日天天对外免费开放。2011年5月–2012年，书刊总流通4万人次，书刊外借7万册次。2010–2012年，在武警中队、旅游点、学校、村屯建有15个图书馆馆外服务点，书刊外借12万册次，在245个村屯建有农家书屋，在205个行政村建有共享工程村级服务点，建成融水县图书馆网站。

2011–2012年，融水县图书馆共举办讲座、展览、培训、阅读推广等读者活动64场次，参与人数2万人次，将党员远程教育、共享工程及农家书屋管理员培训班合办到乡镇是融水图书馆培训工作的特色。

业务研究、辅导、协作协调

2012年，融水县图书馆职工发表论文1篇。

2010–2012年，图书馆每年选派业务人员到10个馆外服务点、11个乡镇文化站、30多个农家书屋及15个共享工程村服务点对管理人员进行业务辅导，维护设备，指导管理员如何利用资源开展活动。

积极参与上级图书馆组织的各种活动，如与柳州市图书馆文献资源采购协作协调，馆际互借，地方文献共建共享；与桂林市图书馆征集地方特色数字资源等。

管理工作

2012年，融水县图书馆完成岗位设置、组织岗位聘用并签订聘用合同。

表彰、奖励情况

2009–2012年，融水县图书馆共获得各种表彰、奖励21次，其中，自治区文化厅表彰1次。

馆领导介绍

黄洪，男，1971年1月生，大学学历，中共党员，助理馆员，馆长。1990年1月参加工作，2003年3月任融水县图书馆馆长。2011年获广西壮族自治区文化厅"全区公共文化服务体系建设先进工作者"。

黄晓宁，男，1959年11月生，大专学历，中共党员，助理馆员，副馆长。1976年7月参加工作。

未来展望

融水县图书馆遵循"以人为本、服务读者、服务社会"的办馆理念，努力构件一个"资源优化、管理规范、服务便捷"的创新型、现代化的亲民图书馆，争取在未来的几年里，达到县级一级馆的标准。

联系方式

地　址：广西壮族自治区融水苗族自治县会展中心四楼
邮　编：545300
联系人：黄 洪

图书馆把培训班办到乡镇

开展世界读书日活动

融水县图书馆外观

上林县图书馆

概述

上林县图书馆建于民国21年（1932年），由于历史原因，馆址几经变迁。1988年3月24日，位于上林县大丰镇丰岭路150号的新馆开建，1990年10月1日正式对外开放，馆建面积1190平方米。随着读者阅读需求的不断提高及各级政府对图书馆的加大投入，上林县图书馆的藏书场地及阅读空间已满足不了读者的阅读需求。2008年12月县政府投入32万在县城城东三区内建起了上林县图书馆大丰分馆，馆建面积330平方米，2011年4月投入使用。1999年，上林县图书馆参加第二次全国公共图书馆评估，首次获得三级图书馆并在后面的两次评估中连续保级。2014年参加第五次全国公共图书馆评估，获得二级图书馆。

2011年5月起上林县图书馆逐步推行免费开放，11月底前已实现无障碍、零门槛进入，公共空间设施场地全部免费开放，所提供的基本服务项目全部免费，为广大读者利用图书馆提供了更多的方便。

2012年，上林县图书馆有阅览坐席223个，计算机36台，信息节点45个，宽带接入20兆DDN专线，选用文津自动化管理系统。由于我馆一直以来对图书管理系统维护良好，现在管理系统运转正常。到目前止，上林县图书馆的现刊、地方文献、过刊、综合书库1已实现自动化管理，做好的数据20039条。

到2012年止，上林县图书馆核编11人，在职在岗10人。大专学历8人，占职工人数的80%；中专、高中以上学历10人，占职工人数的100%。中级职称5人，占职工人数的50%；初级以上职称10人，占职工人数的100%。

业务建设

截止2012年底，2012年上林县图书馆总藏量95424册（件），电子文献藏量500种，含购买、呈缴、征集、交换、赠送等。2012年入藏总量是2970种，其中图书2750种、期刊120种、报纸50种、视听文献50种。年平均入藏总量为2624种。

2009、2010年，上林县图书馆年新增藏量购置费4万元，2012年起增至6万元。

2009–2012年，共入藏中文图书9702种，10986册，中文报刊635种，视听文献172种。2012年，地方文献入藏完整率为84%。

截止2012年底，上林县图书馆数字资源总量为1.03TB，其中，自建数字资源总量0.03TB。

读者服务工作

上林县图书馆实行全周开放，电子阅览室开放时间为：8:00–20：00；其他开放时间为上午8：00–12：00，下午2:00–5:30全周开放时间为84小时。

2009–2012年，书刊总流通889.692万人次。2012年年外借119806册，馆藏书刊文献年外借率125%。到2012年止，上林县图书馆共设有21个馆外流动服务点，2009年至2012年馆外流动服务点年平均外借书刊5.73千册/年。2012年上林县图书馆把被动服务变为主动服务，主动向读者解答一般咨询319人次。

为了引导读者更好地利用馆藏资源，上林心图书馆结合党和国家、区域中心任务及时事、教育、社会阅读热点，积极开展专题书刊推荐。通过设立新书刊架、宣传栏等方式，按月、季度提供书刊宣传、新书书目通报。2012年共为读者推荐新书书目402种以上、专题图书和新刊宣传206种以上，2012年上林县图书馆举办各种读者活动57次，参加人数71562人次。其中：讲座、培训共27场次，参加人数为22084人次；其他活动共29次，参加人次为30884人次；展览7次，52天，参加人数18594人次；阅读推广活动6次。

业务研究、辅导、协作协调

2009–2012年，上林县图书馆职工在正式刊物发表论文2篇。

2009–2012年，上林县图书馆分别到各农家书屋、乡镇图书馆、学校图书室进行业务辅导，年均辅导67人次。通过我们业务骨干精心指导，基层图书馆（室）的图书管理员们已经能够很好的开展借还等业务工作。在做好业务辅导的同时，我们还开展了馆际互借，在全县建立起了12个上林县图书流动点。

管理工作

2012年，上林县图书馆完成第一次全员岗位聘任，本次聘任共设7类岗位，有11人。

重新上岗，同时，建立了工作目标责任考核指标体系，每月进行工作进度通报，每半年和全年进行总体工作考核。

2009–2012年，共抽查文献排架11次，书目数据8次，撰写专项调研、分析报告和工作提案12篇，编写各部门工作进度通报8篇。

共享工程

2012年上林县支中心各基层网点的覆盖率已达到98%，然而各基层网点却难已利用现有的资源开展工作，很多设备处于静置状态，为了使各基层网点能够顺利的开展工作，4月26日上林县支中心在电子阅览室举办了“明亮镇村级干部电脑、网络知识培训”。明亮镇各基层网点的工作人员由村级干部组成，此次参加培训人员为共32人，通过举行这次电脑、网络知识培训，村级干部已经能很好的掌握了计算机的初步知识，为工作开展提供了有力的保障。

2012年上林县支中心还在电子阅览室免费为广大青少年播放爱国教育影片12场次，观看电影人数达489人。得到了家长们的好评。开展“文化信息资源服务农民工”等系列活动，利用全国文化信息资源共享工程资源下载各种资料3000多份，刻录光盘300张，光盘内容包括农业实用技术、人口健康教育、少数民族汇演、农村读物–电子图书光盘、农业知识仓库–电子期刊光盘版等。免费发放到农民工的手中，大大地丰富了农民工的文化生活，填补他们对于技术培训的需求。

表彰、奖励情况

2009–2012年，上林县图书馆共获得各种表彰、奖励7次，其中，文化部表彰、奖励1次，市上级部门表彰、奖励4次，县上级部门表彰、奖励2次。

馆领导介绍

李江英，女，1970年12月生，大专学历，中共党员，馆员，馆长、党支部书记。1991年6月参加工作，2002年任上林县图书馆副馆长，2009年任上林县图书馆馆长。兼任广西南宁市图书馆学会理事、广西图书馆学会理事等职。由于工作出色，个人曾获省级以上表彰奖励2次，省级7次，市级5次，县级12次。

周海峰，男，1987年8月生，大专学历，中共党员，助理馆员。2005年11月参加工作，2009年5月任上林县图书馆副馆长、分管图书馆业务工作。

周凤莲，女，1961年3月生，大专学历，中共党员，馆员，党支部副书记。1970年6月参加工作，1998年2月任上林县图书馆党支部书记。

未来展望

上林县图书馆这几年来在县委、县政府及上级主管部门的大力支持下，各项工作开展得有声有色。下一步，上林县图书馆将进行图书馆大楼的立面改造并建起一间六十多平方米的少儿室及读者停车场，解决读者停车难的问题，为我县的读者提供一个更舒悦的阅读环境。

联系方式

地　址：广西南宁市上林县大丰镇丰岭路150号

邮　编：530500

联系人：李江英

柳江县图书馆

概述

柳江县图书馆1958年独立建制，其前身是柳江县文化馆图书室。1962年与县文化馆合并，1977年10月再恢复独立建制，馆址在拉堡镇柳西路43号文化宫内，旧馆馆舍面积约1100平方米。2007年7月，柳江县图书馆整体搬迁到拉堡镇农贸南大街145号，新馆共五层，总建筑面积为2600平方米。设有儿童阅览室、综合阅览室、电子阅览室、自习室、多媒体视听室等，2012年有阅览坐席共250个。2012年，柳江县图书馆有计算机56台，其中可借读者使用44台；宽带接入10M；服务器存储容量6TB，采用中数公司的CDI自动化管理系统。

业务建设

截止2012年底，柳江县图书馆文献总藏量128765册。电子文献1.0008万册。2009年至2012年平均图书入藏1078.75册/年、报刊入藏262种/年、视听文献入藏69.75种/年。

2011年财政拨款数68.6万元；2012年财政拨款数103.79万元。2012年比2011年增加了51.3万元，财政拨年增长率与当地财政收入增长率比率344.3%。2011年新增藏量购置费6万元，2012年11.085万元，全部用于购买实体文献。

文化共享工程柳江县支中心建于2007年，县政府成立了文化共享工程建设工作领导小组，领导小组办公室设在县文化和体育局。

柳江县图书馆公共电子阅览室建于2003年底，有40台计算机，宽带接入10M。电子阅览室于2011年11月实行免费开放，服务环境安全整洁。我馆电子阅览室资源总量为1TB。电子阅览室采用“万象2004”管理系统，终端有资源导航界面。对公共电子阅览室的资产、人员、服务等，采用管理制度以及管理系统进行管理。电子阅览室每天开放时间为10小时，对青少年、老年人、农民工等特殊群体专门制订了服务方案，并按方案开展针对性服务。

柳江县图书馆数字资源总量1TB，馆藏中文文献书目数字化21.8%，建有地方文献数据库。

读者服务工作

柳江县图书馆公共空间设施场地及基本服务项目实行免费开放，每周开馆59小时，图书借阅室、儿童阅览室、期刊借阅室实行全开架借阅，书刊文献开架比例达89.7%；馆藏书刊年外借率57.26%，年外借68000册次，开展馆外流动服务5次，人均年到馆41次，开展书刊宣传活动5次。

柳江县图书馆积极配合有关部门做好政府公开信息服务，为社会公众提供咨询服务和开展特殊群体服务。

柳江县图书馆网站开设了“馆情介绍、读者指南、信息动态、论坛、地方文献、古籍保护、书评天地、新书上架、共享工程”等栏目。

2012年，柳江县图书馆举办讲座、培训12次，展览5次，阅读推广活动6次，年参与活动总66558人；举办图书馆服务宣传周、全民读书活动月、基层图书管理员及读者培训、图片展览、征文比赛等读者活动。

业务研究、辅导、协作协调

2009年至2012年，柳江县图书馆职工在省级以上刊物发表了2篇论文，撰写业务分析报告4篇。

柳江县图书馆2012年与国家图书馆、全国图书馆签订了联合编目中心项目，和柳州市图书馆签订了柳州公共图书馆地方文献共建共享合作协议、文献资源采购协调协议书、图书馆馆际互借协议书，和柳州市图书馆实现地方文献共建共享。2012年，我馆与全县12个乡镇图书馆、74家农家书屋签订了关于馆际互借、资源共建共享、开展群众服务及培训等方面内容的协议书，建成以县图书馆为中心馆，乡镇图书室为分馆，村（社区）图书室（农家书屋）为服务点的公共图书馆三级服务网络，覆盖率达48%，并按协议书内容开展了农家书屋、文化共享工程管理员培训和群众服务活动。

2012年，柳江县图书馆对乡镇图书馆、农家书屋的建设进行了业务辅导，并对乡镇图书馆的业务开展情况进行统计分析。2012年，柳江县图书馆针对基层业务开展了5次培训工作。

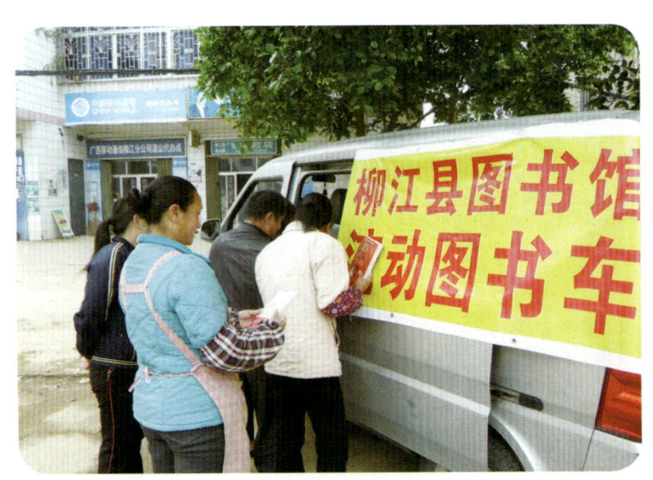

流动图书车

世界读书日

儿童阅览室

公共电子阅览室

综合阅览室

管理工作

柳江县图书馆建立长效工作机制，每年年初均制订有本年度工作计划，年底有工作总结；严格实行财务管理制度；人员管理实行按需设岗，制订岗位责任制和考核办法。柳江县图书馆档案分为人事档案、业务档案和工程项目档案等进行管理，人事管理统计、财务统计、业务工作统计齐全，每年都进行统计分析。

表彰、奖励情况

柳江县图书馆2010年获得文化部授予“三级图书馆”称号；2011年组织全县中小学生参加中国图书馆学会、辛亥革命史研究会举办的“辛亥革命百年纪念征文”活动，获得积极组织奖；被柳州市图书馆学会评为“2008–2009年度图书馆学会先进集体”、“2010–2011年度图书馆学会工作先进集体”；2011年被中共柳江县精神文明建设委员会评为“2009–2011年度柳江县未成年人思想道德建设工作先进集体”。

馆领导介绍

黎香石，女，1974年5月生，本科学历，馆长。1995年7月参加工作，2006年3月任柳江县流山镇副镇长，2011年9月任柳江县图书馆馆长，兼任柳州市图书馆学会理事。

覃庆华，女，1970年10月生，本科学历，中共党员，馆员，副馆长。1990年7月参加工作，2003年12月任柳江县图书馆副馆长，2008年获“广西群众文化服务先进工作者”称号。

未来展望

柳江县图书馆遵循“读者至上，服务第一”的宗旨，在未来几年里，不断完善服务功能，扩大服务领域，努力打造工作亮点，着力打造服务品牌，争创一级图书馆。

联系方式

地　址：广西柳江县拉堡镇农贸南大街145号
邮　编：545100
联系人：覃庆华

柳城县图书馆

概述

柳城县图书馆始建于1940年，馆址在县城（今凤山镇）四穿楼，后迁至南门楼。据史料记载，当时有阅览室三处，一在县城，一在大埔镇（现县城），一在古寨乡牛岭圩。日本侵略者入侵时期，藏书一部分被迁往古寨牛岭圩，一部分因情势所迫，投入柳江河中。解放时，该图书馆藏书未见保存下来。建国后，于1950年在县文化馆内设图书阅览室，馆址在大埔镇胜利东路。1978年11月柳城县图书馆正式成立，当时馆舍使用面积约为620㎡。2007年4月自治区与县政府共同投资兴建位于广场东侧湾塘路的图书馆大楼落成并投入使用。高五层，建筑面积2003㎡。新馆落成后添置了阅览室书架、桌椅等常规设备，成人外借室安装了数字检测仪，建立了电子阅览室，图书馆的馆舍得到一定完善。

图书馆下设有少儿外借阅览室、报刊阅览室、成人外借室、电子阅览室、采编室、地方文献与工具书室、辅导室、信息咨询室、少儿俱乐部等业务部门；馆内有干部职工16人，其中副科级干部1人、副研究馆员1人、馆员1人、助理馆员11人、管理员2人。

业务建设

截止2012年底，柳城县图书馆总藏量9.0764万册（件），其中纸质实体文献8.5063万册，电子文献0.5205万册（件），其他例如报纸和部分视听文献资料没有录入在册，所以暂且不列入总藏量。

2009年至2012年新增藏量购置费分别为19.7万元、5万元、12.6万元、12.6万元；2009年至2012年分别入藏新书465册、3523册、1582册和1270册；2009年至2012年分别入藏报刊201种、197种、190种和218种；2012年还入藏视听文献288种。

截止到2012年底，柳城县图书馆数字资源总量约2.6TB；馆藏中文文献书目数字化约5万册（其中：图书4.5万册，期刊0.5万册），占总藏量的50%；做了地方文献数据库建设整体规划，但地方文献数据库尚未建设。

2012年，开始启用中数公司生产的创新图书馆自动化管理系统，与周边公共图书馆建立联合编目协作网、地方文献资源建设协作网、网上参考咨询、馆际互借、通借通还、馆个流通服务点等。

读者服务工作

柳城县图书馆自2009年，就逐步实行免费开放。各阅览室包括电子阅览室等公共空间设施场地免费向群众开放，每周开放时间61小时。2009年–2012年，书刊总流通26.0302万人次，书刊外借33.1325万册次。设立馆外服务点13个，其中12个点是乡镇图书馆，另有一个是县武警中队图书室，每年都以轮换的方式向13个服务点送书。

柳城县图书馆已拟定了“图书馆网站建设规划”，网站正在筹建当中，尚未建成。

2009–2012年，柳城县图书馆共举办讲座、展览、培训、阅读推广等读者活动约600多场次，参与人数约14.8万人次。创建少儿俱乐部，以免费培训和少儿活动为契机，举办丰富多彩的读者宣传活动和阅读推广活动是柳城县图书馆的服务特色。

业务研究、辅导、协作协调

2009–2012年，柳城县图书馆职工发表论文5篇，撰写并发表服务案例2篇，服务案例视频制作并获奖2个。

积极参与上级业务部门组织的协作协调工作，与本县各乡镇图书馆建立了服务网络；拟定了本县服务网络建设规划，并按照服务规划开展服务工作；与各乡镇图书馆签定了馆际互借协议，实行本县图书馆服务网络内的资源共享。负责对本地区基层图书馆管理员进行业务辅导，对基层图书馆自动化管理的指导和辅导进行跟踪，每年组织相应培训或派员下到基层开展现场辅导。

管理工作

柳城县图书馆属副科级事业单位，2009–2012年，柳城县图书馆实行岗位设置管理和工作目标管理责任制，执行按需设岗、严格考核，建立合理的分配制度，每年经年度绩效考核和民主评议选出分数高且各方面工作突出的同志作为年度优秀个人以资鼓励。

为武警战士送书

全民读书活动

群众电脑免费培训

摄影展

阅读宣传活动

表彰、奖励情况

2009–2012年，柳城县图书馆共获得各种表彰、奖励46次。其中：文化部表彰4次、区级表彰30次、市级表彰10次、县级表彰2次。

馆领导介绍

韦柳英，女，1977年7月生，本科学历，中共党员，副科，馆长。1997年7月参加工作，历任柳城县图书馆副馆长、柳城县文物管理所所长、柳城县图书馆馆长， 兼任柳州市图书馆学会理事。

何艳柳，女，1980年4月生，本科学历，中共党员，助理馆员，副馆长。2000年12月参加工作，曾在柳城县太平镇综合文化站担任图书管理员，借调到柳城县文体局社文股工作5年，2012年担任柳城县图书馆副馆长。

何震军，男，1975年3月生，本科学历，英语学士学位，馆员，副馆长。历任柳城县太平镇中学教导主任，柳城县图书馆信息技术部主任，柳城县图书馆副馆长。

未来展望

柳城县图书馆遵循“读者第一，服务至上”的办馆理念，充分利用现有资源最大限度地满足最基层群众的求知欲望；通过各种途径，努力将业务与科技结合于一体，创建书目库、具有地方特色的地方文献数据库，逐步实现自动化、网络化、信息化，从而构建网络图书馆、数字图书馆、移动图书馆，实现从“藏用并蓄”向“信息传递”功能延伸；让最基层的群众不出家门就能享受到图书馆带来的实惠；从而不断提高群众、特别是青少年的阅读兴趣。

联系方式

地　址：广西柳州市柳城县大埔镇湾塘路36号
邮　编：545200
联系人：曾凤莲

鹿寨县图书馆

概述

鹿寨县图书馆始建于1975年，地处广西柳州市鹿寨县广场路1号，占地561平方米，建筑面积2450平方米。设有阅览大厅、借阅大厅、少儿图书借阅大厅、多媒体展示厅、公共电子阅览室、地方特色文献室、多功能大会议室等各类阅览室7个，阅览面积达1800余平方米，成人阅读席250余个、少儿阅览席50余个。2010年以来，县图书馆以信息共享工程设施为基础，以CID图书馆自动化管理系统为平台，馆内藏书实现了数字化处理，实现了图书采访、编目、报刊管理、公共检索查询和流通管理。

为了进一步改善阅读环境，满足读者需求，县委、县政府于2011年已经立项新建6000平方米的符合国家一级标准的现代化图书馆，截止2012年年底，该项目已经落实用地，设计方案已经通过县规委会审核，预计2013年10月初动工兴建，2015年投入使用。

业务建设

截止2012年底，馆藏图书18万余册，报刊、杂志200多种。视频、电子文献2000余种；收藏古籍及民国文献600余册，此外广西各地方有关年鉴50余册，本土史书及名人墨客捐赠图书200余册；2010年投入18万元，2011年投入27万元，2012年投入30万元。比县财政年增长率高出20%。2011年起，年新增藏量购置费5万元正式列入县财政预算，购书经费的成陪增长，必将大大缓解新书供应不足状况，进一步满足社会需求；拥有计算机48台，其中电子阅览室计算机30台，各功能厅室办公计算机7台，中心机房专用计算机3台。馆内与互联网连接计算机45台，10M接入光纤，专用存储设备容量4.5TB，基本满足服务需求。

读者服务工作

实行全周免费开放，免费办理成人、少儿阅览证、借书证4000余张，年外借图书8万多册次。举办读书推广活动12期，推荐新书300余册，举办各项活动，如“亲子读书”、“图书阅读周”、“图书馆我成长的家园活动演讲比赛”、“童心画画大赛”以及结合传统节日举办的读书活动共50余期，吸引读者达40000余人次。开展讲座80余期，免费发放图书3000余册，发放相关资料1万余份，培训达5000余人次。

关心弱势群体，这他们办实事，2009—2012年共送出图书5000余册，推荐新书好书300余种。开展读书活动1次，到县特殊学校办理借阅卡1次，共送出有关图书500余册。每年与县老年大学联合开展文化讲座1期。

业务研究、辅导、协作协调

2009—2012年，图书馆工作人员撰写论文30余篇，区级刊物上发表论文2篇。根据图书馆承担业务情况，制定“图书馆基础业务与读者服务工作培训”、“地方文献学习”、“文化信息共享工程管理员培训”、“农家书屋管理员培训”等培训计划，开展了50余期培训班，培训2000人次以上。

2009—2012年，年均向区、市图书馆派送干部20人次以上进行培训。

2009年挂牌增设为柳州市图书馆鹿寨分馆，截止2013年底，各乡镇文化站图书室均挂牌鹿寨县图书馆乡镇流动图书服务站（9个），各乡镇优秀村屯农家书屋挂牌鹿寨县图书馆村屯流动图书服务点（12个）；此外，参照柳州市图书馆分馆管理模式，县图书馆与县幼、县小、镇一中、县实验中学、县职教中心等五所学校签订协议，县幼、县小、镇一中、县实验中学、县职教中心等五所学校挂牌鹿寨县图书馆分馆，县图书馆已经开展对各分馆管理员进行业务培训，目前对“通借通还”设备的调试安装。

自2009年建成信息共享工程鹿寨县支中心以来，已经搭建县支中心一个，乡镇中心节点9个（2010年建成4个，2012年建成5个），村屯（社区）服务点48个。每年组织乡镇共享工程管理员开展培训1期，下乡辅导2期，四年来共送出光盘500余张，容量达1TB。2012年起，各乡镇文化站均安装宽带接入，初步实现了网络资源共建共享。

管理工作

近年来，图书馆人才不断配备，2011年图书馆新进3人。2012年聘用4人。截止2012年底，图书馆职工12人，其中在职研究生1人，大学本科学历4人，大专5人；中级职称5人，助理职称3人。

鹿寨县图书馆外貌

信息共享工程培训班

春节写汉字活动

父亲节活动

母亲节活动

书法培训班

文化志愿者整理图书

我的成长乐园演讲比赛

馆领导简介

谢科喜，男，1980年8月，本科学历，中共党员，助理馆员，馆长。2005年7月参加工作，任鹿寨县职业教育中心教师；2010年10月任鹿寨县图书馆网络管理员；2011年担任鹿寨县文化和体育局秘书，2012年担任鹿寨县文化和体育局办公室副主任；2013年起兼任柳州市图书馆学会理事。

温柳艳，女，1964年4月，中专学历，馆员，副馆长。1988年4月参加工作，历任图书馆管理员，图书馆办公室主任，图书馆副馆长。

廖晓春，女，1975年4月，本科学历，馆员，副馆长。1993年7月参加工作，任鹿寨县直机关幼儿园教师，2005年获幼儿园高级教师职称，同年任幼儿园业务副园长。2011年6月任图书馆副馆长分管读者读书活动工作，工作至今。

未来展望

“十二五”期间，逐步建立覆盖城乡、结构合理、功能健全、实用高效的服务网络，进一步增强活力，提高效能，服务能力、服务水平与服务效益明显提升。加强与上级图书馆的共建共享，带动我县图书馆事业发展，从而使图书馆在我县构建公共文化服务体系和公共数字文化建设中发挥引领作用，使图书馆成为满足人民群众基本文化需求的重要阵地，为提高群众素质，全面建成小康社会做出应有的贡献。

联系方式

地　址：广西柳州市鹿寨县广场路1号
邮　编：545600
联系人：谢科喜

春节猜谜语活动

重阳节活动

临桂县图书馆

概述

临桂县图书馆始源可追溯到清代以前，1927年五通镇（原义宁县治）设有平民图书馆，政府拨有固定经费。后几经变迁，1996年10月29日，临桂县新图书馆大楼正式动工兴建，1997年12月26日，县图书馆由桂林搬至位于临桂县人民大道154号的新馆，建筑面积1511平方米。临桂县图书馆设有报刊阅览室、少儿阅览区、新书阅览区、电子阅览室、多功能厅等各类阅览室，阅览室总面积415平方米。2012年，阅览坐席共179个，计算机41台，宽带接入10M，选用Interlib图书馆自动化集群管理系统。

业务建设

截止2012年底，临桂县图书馆总藏量10.2万册。其中图书87410册；期刊合订本12340多册；报纸合订本1907册；视听文献565件。2009至2012年，临桂县图书馆年新增藏量购置费为8万元。全馆共有41台计算机供读者和工作人员使用，其中读者用机为28台。2010年6月，与中国电信签订《光纤接入互联网协议》，将带宽增加至10M。现图书馆专用存储设备容量为4T。2012年引进“INTERLIB”图书馆集群系统，读者可网上续借，电脑查询，图书馆可实现联盟化管理。

读者服务工作

2012年我县正式启动图书馆免费开放。从优化借阅环境开始，增加免费存包、饮水，有偿复印等服务项目；对电子阅览室实行全面免费开放；各楼层设电脑查阅点。我馆每周开馆时间为66.5小时，书刊文献统计开架率为80%以上。2009-2012年，开展阅读推广服务活动，如科技文化卫生“三下乡”活动、世界读书日活动、图书图片展及培训讲座。2012年，共举办免费培训班21期，460人次；举办展览、讲座9次，组织开展公益性活动10次。开展特殊群体服务活动，如老年人、进城务工人员、残疾人及未成年人。其中，以未成年人服务为主，2012年共举办8次未成年人服务活动，参与人数2650人次。2012年图书馆组织的讲座培训共12次，参加人次359人，其中5次为农家书屋基础知识培训，2次为安全防火知识培训，一次乡镇文化站图书室建设讲座以及电脑、书法等。建立图书馆网站，在网上及时公布我馆工作动态及政务公开等信息，办理预约、续借服务，提供书目查询及书刊阅览服务。设立政府公开信息服务查阅点，专柜2个，专用电脑2台，2012年，共接待各类查询52件。

业务研究、辅导、协作协调

参与上级图书馆组织的培训学习。积极参加中国图书馆学会及广西图书馆学会组织的年会、学术研讨会、讲座。积极

参与桂林图书馆联合编目、馆际互借以及其他各类业务合作活动。服务网络建设方面，本馆目前的工作重点放在基层文化站和乡镇图书室、社区图书室，从2009年开始按步骤，有计划的开展服务网络建设，到2012年止我们以乡镇文化站为联络点，依托农家书屋的平台开展辅导和培训，社区共建点2个，服务范围逐年扩大。2009年-2012年共开办基层业务培训班11期，培训对象主要针对农家书屋管理员。培训内容主要是图书分类法、图书编目及图书借阅管理等。培训人数达465人次。

管理工作

按工作计划安排好相关工作，年终按计划作出自评，并与本馆绩效考核挂钩。建立财务制度，严格按照财务制度规定做好工作，我馆无财务人员，配有一名报账员，由文体局承担我馆的会计和出纳工作，我馆为深化单位人事制度改革，加快推进聘用制度和岗位管理制度，实现单位人事管理的科学化、规范化和制度化，制定了岗位设置方案，2011年，严格按照文体局的竞争上岗的方案和部署，新任馆长一名，副馆长1名；同时按照我县制定的岗位定级方案，合理设置职称、评定级别，促进了图书馆的人员优化和工作积极性。

表彰、奖励情况

2009年被评为桂林市图书馆学会2009年学会工作先进单位。2010年被评为桂林市图书馆学会2010年学会工作先进单位。2011年，选送《四渡赤水出奇兵》视频作品，荣获桂北地区“颂歌献给党”——全国文化信息资源共享工程音节建档90周年群众歌咏活动一等奖及最佳拍摄制作奖；我馆职工凭摄影作品《新芽》参加全国共享工程2011年度摄影比赛荣获二等奖；推荐摄影作品《建设者之歌》在临桂县庆祝中国共产党成立90周年摄影比赛活动中荣获三等奖；2012年，全国文化信息资源共享工程2011年桂北地区“文化共享在基层”视频作品比赛活动中临桂县级支中心推荐摄影作品《在路上》荣获二等奖。

馆领导介绍

陀宇志，男，1978年4月生，大专学历，中共党员，助理馆员，馆长。2002年11月参加工作，历任临桂县文体局办公室副主任，2011年任临桂县图书馆副馆长，2012年任临桂县图书馆馆长。

阳志琼，女，1976年1月生，本科学历，中共党员，馆员，副馆长。1998年1月参加工作，2003年任临桂县图书馆副馆长。

李玉洁，女，1979年2月生，大专学历，中共党员，馆员，副馆长。1998年10月参加工作，2012年任临桂县图书馆副馆长。

未来展望

临桂县2013年通过中央审批成为桂林市的一个新区，也是今后桂林市经济、文化的中心。县改区必将导致图书馆发展战略、工作方式、思维观念的一系列变化。首先要做好图书馆自身改革和建设，以此为基础发展社区图书馆，继续指导和完善乡镇文化工作，利用好自身优势，努力构成“一体两翼”的图书馆事业发展新格局。

联系方式

地　址：广西桂林市临桂县人民路154号
邮　编：541199
联系人：陀宇志

兴安县图书馆

概述

兴安县图书馆位于兴安县兴安镇三台路42号，建筑面积1673平方米。

兴安县图书馆的定位是以传统图书馆功能为基础，以现代信息技术为支撑，坚持公益共享、服务均等的理念，发挥县级公共图书馆信息资源服务中心作用，面向全社会免费开放。

截止2013年底，在编人员7人，设馆长1人，副馆长2人；有本科学历1人，大专学历4人，中专学历2人；中级职称3人，初级职称3人。

兴安县图书馆有阅览座位150个，馆外流通点8个，设全国文化信息资源共享工程兴安县级支中心、图书外借处、报刊阅览室、少儿阅览室、电子阅览室、科技参考咨询室，每周开放64小时。

馆藏资源

截止2013年底，我馆藏书共计122136册。其中中文期刊合订本24968册，中文图书97168册，设有地方文献专柜。

读者服务工作

读书活动：实行灵活多样的服务方式，不断拓展服务领域，创新服务手段，努力提高服务能力，竭力满足不同读者群体对文献信息需求。开展各类延伸服务；每年开展影视展播、图片展览、征文活动、谜语竞猜、阅读倡议、优秀图书推荐、建馆外流通点、关爱留守贫困儿童、关爱孤寡老人、各类培训班等丰富多彩的社会服务活动，吸引广大市民走进图书馆；收集、出版地方文献资料。

下乡活动：收集、整理、编印适合本地种植、养殖方面的科技知识，赠送给广大农民群众；加强对农家书屋管理人员的业务培训，促进社会主义新农村建设；军民共建图书室，并定期置换图书；到机关事业单位建职工图书室，活跃职工业余文化生活。

未成年人服务活动：每年开展有奖作文比赛、优秀少儿图书推荐、书法培训、绿色上网；关爱留守贫困儿童，到边远山区学校建馆外流通点，为少年儿童提供优秀少儿读物养成良好的阅读习惯，培养高尚品德。

学术、科研成果及获奖情况

2013年，获中华人民共和国文化部颁发的“二级图书馆”；2011年“颂歌献给党”活动中，我馆的作品获文化部全国文化信息资源共享优秀原创作品奖、广西自治区省中心最佳创意奖；2012年百县馆长论坛我馆提交的案例荣获三等奖；2013年第一届未成年人服务论坛，我馆提交的案例荣获二等奖；2014年“川吉苏冀桂第十四届学术研讨会”我馆的论文荣获二等奖。

未来展望

在文化大发展、大繁荣，科技信息突飞猛进的社会背景下，积极推动公共文化服务体系建设，加大文献资源购置力度，特别是地方文献的收集整理工作，努力构建可持续发展和协调发展的生态文化环境，以公共文化服务机制为核心、以免费开放为契机，促进城乡文化协调发展，为兴安县构建文化名县、文化大县做出更大贡献。

馆负责人简介

馆长：陆锡群，女，江苏省海门市人，馆员。

副馆长：李晟，男，广西兴安县人，助理馆员。

副馆长：李春荣，女，广西兴安县人。

联系方式

地　址：广西桂林市兴安县三台路42号
邮　编：541399

（撰稿人：陆锡群）

建部队图书室

倡导读书风尚签名活动

谜语竞猜

学校图书室管理人员业务培训班

合浦县图书馆

概述

合浦县图书馆有着悠久的历史，据民国版《合浦县志·卷五·前事记》记载，清代宣统二年，廉州府"知府李经野改修考栅后园欣赏楼为廉州府图书馆"于府城廉州镇，这是北部湾地区最早的官办图书馆，但辛亥革命爆发后废置。在1927年陈铭枢将军捐款捐物建立"合浦图书馆"亦即今北海中学图书馆。1994年版《合浦县志》记载，1929年，民国合浦县政府将县城城隍庙改建为"合浦平民图书馆"；1930年，主政广东的军阀"南天王"陈济棠拨款在合浦建立"中山图书馆"亦即今合浦师范学校图书馆；1935年，建立"合浦民众教育馆"图书阅览室，亦即今合浦县图书馆前身，解放后，其为合浦县人民政府文教科接管并改称现名，许瑞棠（甘谱）先生任合浦县图书馆首任馆长。建国后，合浦县人民政府于1956年7月拨款，在廉州镇中山公园重建"合浦县人民图书馆"，于1956年12月5日对外开放。后几经迁移，在1979年1月，在合浦县中山公园内重建"合浦县图书馆"，于1980年竣工，1982年5月正式对外开放。我馆原有建筑面积1262平方米，后因藏书无法存放，经政府批准，在原图书馆右侧加建一栋建筑面积240平方米的三层临时楼房。不能列入图书馆房产，有施工图纸。现合浦县图书馆实有建筑面积1502平方米。阅览室座席121个，计算机51台，因特网接入带宽光纤10Mbps。合浦县图书馆自动化管理系统是从2004年采用丹诚公司开发的data Trans-1000图书馆管理系统。2012年，参加第五次全国公共图书馆评估，获得二级图书馆。

业务建设

截止2012年底，合浦县图书馆总藏书19万册，其中：纸质图书109653册、古籍6585册、杂志52202册、报纸21569册、视听文献712件。2009-2012年，合浦县图书馆新增藏量购置费28.7万，共入藏图书4854种，14037册，视听文献524种。地方文献入藏完整率为60%。截止2012年底，合浦县图书馆数字资源总量为4TB。

读者服务工作

从2012年1月1日起，合浦县图书馆全年365天，天天对外实行免费开放，每周开放时间70小时。2009-2012年，书刊总流通17万人次，书刊文献年外借册次26.9万册。馆外流通服务点6个，2009-2012每年平均借出书刊2287册次。我馆政府公开信息服务是从2010年1月1日成立并对外开放，并建立政府信息公开查阅管理办法，查询登记等。

2009-2012年，合浦县图书馆共举办讲座、展览、培训、阅读推广等读者活动53场次，参与人数2.2万多人次。

业务研究、辅导、协作协调

2009-2012年，合浦县图书馆职工发表论文6篇。

参与上级图书馆组织的协作协调工作：与国家图书馆签订协议，加入全国图书馆联合编目中心，与北海图书馆签订馆际互借协议。与11个乡镇图书馆签订了地方文献资源建设协作网协议，本县15个乡镇图书馆参与服务网络建设的比例是73%。多次深入到乡镇图书馆、村图书室、单位进行业务辅导。举办了两期基层业务培训班。

管理工作

制定了财务监督制度和财务管理制度。人事制度改革，通过机构设置的调整，分配制度的改革，实现了岗位管理和工作目标管理责任制。开展岗位设置、岗位竞聘、考核、分配激励制度。

表彰、奖励情况

2009-2012年，合浦县图书馆获得各种表彰、奖励3次，其中文化厅1次，市、县各1次。

馆领导介绍

邓李剑，男，1970年1月生，大专学历，中共党员，副馆长。1992年6月参加工作，任合浦县文化体育新闻出版局市场股股长，2009年6月，文章《促进文化先进县文化市场发展》参加"中国文化市场三十年"征文比赛获全国优秀奖，2011年4月，文章《推进政务服务工作向前发展》，在《文化发展论坛网》发表，于2014年3月兼合浦县图书馆副馆长管全面。

陈江，女，1960年9月出生，1980年12月参加工作，1997年

举办乡镇图书馆管理员电脑培训

文化资源共享工程走进村委

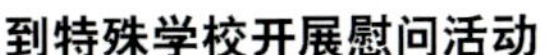

到特殊学校开展慰问活动

文化惠民下乡巡演

综合阅览室

7月获得大专学历，1998年2月担任合浦县图书馆副馆长职务，2010年12月获得馆员中级职称。

李天安，男，1961年6月出生，1980年8月参加工作。1980年8月至1984年7月在北海市铁山港南康糖厂工作，1984年7月至现在，在合浦县图书馆工作。高中学历，2010年3月担任合浦县图书馆副馆长职务，1993年9月获得助理馆员初级职称。

卢思平，女，1962年2月生，高中毕业，助理馆员。1980年9月参加工作，1981年9月调到图书馆工作，2003年9月任合浦县图书馆副馆长。

未来展望

合浦县图书馆秉承“读者第一、服务至上”的办馆宗旨，在图书馆与读者之间架设一座心灵的桥梁，构建一个交流的平台。合浦县图书馆未来展望，重新兴建一座具有沿海特色，具有休闲功能、生产功能、展示功能等设备，具备馆舍景点化，设备现代化、多样化，阅读服务与文化图书经营服务为一体的图书馆综合大楼。同时，把握技术进步给图书馆发展带来的重要契机，形成若干占据制高点的技术应用项目，打造图书馆高新技术应用示范项目，以技术创新促进管理和服务创新。

联系方式

地　址：广西壮族自治区合浦县廉州镇中山路4—19号

邮　编：536100

联系人：陈　江

合浦县图书馆外貌

浦北县图书馆

概述

浦北县图书馆成立于1979年5月，1982年10月建成独立馆舍，2007年7月，因为旧馆馆舍老化、残旧，馆室的功能设施不能满足现代图书馆的需要，在县委、县政府的关怀支持下，对县图书馆进行拆旧建新，新的县图书馆于2009年5月落成并投入使用。浦北县图书馆长期以来，坚持"以人为本，读者至上"的工作理念，不断丰富馆藏，优化人员素质，开拓服务，充分发挥了文化主阵地的作用。2005年、2009年被国家文化部评为国家三级馆，2013年被评为国家二级馆。

浦北县图书馆现有在职职工15人，大专以上学历的11人，中级以上职称4人。共有建筑面积1561平方米，馆内设少儿阅览室、（自科、社科）阅览室、外借、多媒体教室等，读者阅览桌位200个，少儿60个，馆内拥有较为先进的现代化设备，计算机55台，供读者使用的计算机33台，使用ADSL网络对外接口，建成馆内局域网，有红外线、摄像监控防盗系统。

业务建设

浦北县图书馆一直以来都十分重视基础业务建设。浦北馆从79年建馆开放至今总藏量为17册/件；到2012年，书、刊共入藏135374万册；视听文献年入藏60种；地方文献共307种，362册，有独立的书库，有专人管理。藏书做到查重、查漏、查缺。保证了文献采购的连续性、完整性，工作程序较为规范。书、刊编目使用《中国文献编目规则》规范著录，并按《新版机读目录格式使用手册》编制规范数据，依照《中图法》进行分类标引，并制定的相关编目规则，保证了编目数据规范一致。图书文献到馆1个月内完成编目，期刊、报纸文献到馆2–7个工作日内完成记到，视听文献到馆15天内完成编目。书、刊上的书标、登录号、馆藏章、条形码等都统一、美观、规范；外借书库排架误差率控制4%，综合阅览室，报刊库等误差率力争控制在2%。书库有专人管理，有防虫、防盗、防潮、防尘措施，定期实行防虫、防尘的处理，书库卫生良好，并及时装订修补破损图书。数字资源总量3TB。

读者服务工作

浦北县图书馆长期坚持"读者至上"的服务工作理念，认真、积极做好读者服务工作，得到了广大读者的满意和肯定。经过30多年的积累，浦北县图书馆已拥有相当规模的文献资源。该馆按照为人找书、为书找人的工作思路，努力开发和利用馆藏文献。当地各阶层，无论职业、文化层次、不同年龄段的读者都是其服务对象，具有很大的开放性和读者面。该馆坚持每周开馆时间达70（小时），双休日及节假日从不闭馆；所有书刊文献全部实行开架借、阅；馆藏书刊文献年外借率达30%；在馆内外举办各种讲座、报告会、培训、书画展、朗诵比赛、"今天你读书了吗"、"老少读者一帮一"等活动。世界读书日、服务宣传周、全民读书月期间、科普宣传月、农民读书月期间在县内多地开展宣传活动，内容有投影、书刊、宣传资料、现场免费办证、阅读推广等多种服务活动。

协作协调

除与钦州、区馆、国家馆联编外，浦北县图书馆还推行总分馆模式作业。目前建有镇级分馆一个，村级一个，并在农村、学校、看守所等开设图书流通服务点23个，并经常书刊更新、业务辅导、开展活动等服务。在总分馆体系建设的工作模式下开展各类业务合作活动。

浦北图书馆有计划地加强对基层业务培训的力度。2012年共培训了447人，举办了"2010–2011年度农家书屋管理员培训班"、"北通镇2012年图书管理员培训班"，并对全县基层文化骨干进行《文化信息资源共享工程基层服务点建设》、《图书管理业务基础知识》等业务知识的培训班等，在很大程度上提高了业务人员素质。

管理工作

浦北县图书馆有计划地准备每一年的工作，并在实施中不断完善不断创新；从读者中吸纳志愿者参与图书馆工作，对其进行科学管理；在财务、设备、物资、人事、档案管理方面，都按有关规定管理；馆内外整体环境整洁、美观、安静，馆内各功能室标牌规范；馆内有防盗门窗，有消防设备，有红外防盗、摄像监控等安全设备；局域网内有防火墙，并有不停电等装置，同时加强数据备份，网络安全有保障；人手一份应急预案。

馆领导及各部门介绍

龙嫦羽，支部书记兼副馆长（负责全面工作），馆员。

冯　娟，副馆长，馆员。

符勇强，办公室主任，科员。

彭春洪，采编部负责人，助理馆员。

宋清华，共享工程负责人，助理馆员。

谢廷安，外借、阅览室负责人，正科。

未来展望

图书馆的基本职能，向来被公认为是保存人类文化遗产、开展社会教育、传递科学情报、开发智力资源等。未来的浦北图书馆，其功能也随着社会文明的发展而逐步拓展。浦北县图书馆计划建成数字图书馆，建成本县知识信息的集成中心，同时借助图书馆特有幽雅静谧的环境，浓厚的人文气息，给读者一个可以满足听觉、视觉和触觉的各类活动空间，让种种人群只要想到或来到图书馆，都能找到心灵的归属感。

钦州市钦北区图书馆

概述

钦北区图书馆馆舍建筑面积1150㎡，藏书量22大类共217000册，报刊杂志260种，外借率达31.8%。计算机302台，其中少儿电子阅览室电脑202台，专线接入光纤100兆，年补助经费127.5万元，其中，全馆职工15人，其中大学本科学历5人，占职工总人数的33%，大专学历10人，占职工总数的66%，初级职称1人，馆领导班子具有2大专以上学历，在业务方面接受过系统的图书馆学培训，馆内职工参加过多次继续教育培训，每年人均学时85个小时。

业务建设

2013年，钦北区图书馆建设取得了重要进展，设立了钦北区图书馆机构，组建钦北区图书馆班子；完成了钦北区图书馆新馆项目的立项，完成了建设用地规划意见和建设用地意见。以小董、青塘、平吉和城区5所小学的图书馆、大寺少年宫为分馆，总面积1150平方米，藏书217000册。2013年，钦北区图书馆共筹集资金65万元，分别购置13万元共5800多册图书作为钦北区图书馆中心馆的图书；购置25万元共11500册图书和27万元另购置60台电脑、24组书架分别配送给小董、平吉、青塘、那蒙4个镇图书分馆，进一步完善了区图书馆的硬件建设和管理系统建设。

读者服务工作

实行全日制开馆，每天开放时间从上午8点至12点，下午2:30至17:30（周六、周日全天开放）一周共计56小时。图书馆设有4个服务窗口电子阅览室，年开展群众文化活动50多次，举办文化知识讲座3次/年，积极开展科技文化卫生三下乡活动。

关注弱势群体和特殊群体的文化生活，定期送戏到农村，为全区农民群众开展送戏下村服务，开展文化信息资源共享活动，与乡镇文化站建立文化信息共享服务站。

业务研究、辅导、协作协调

钦北区图书馆把建立学习型单位作为提高职工素质的主要途径，每周五下午政治业务学习，由馆内职工轮流主持学习和业务辅导，使职工政治素质和专业素质不断提高。设馆外服务站19个（乡镇11个、社区6个），村级图书室165个。坚持每年面向乡镇、村图书管理员业务培训班22班次，共培训人员达500多人次，2013年4月举办区农村文化体育大培训1次，参训人数470人次，指导11个乡镇、街道办3个。

文化信息资源共享工程建设

2010年我区被自治区文化厅确定为全国文化信息资源共享支中心，成立了专门的机构，明确了职责，保障了我区文化信息资源共享工程建设工作的顺利实施。区财政先后投入资金20多万元建立的电子阅览室，现已全部投入使用。我区制定了文化信息资源共享工程钦北区支中心建设实施方案，技术员刘春强、裴建雄等多次参加自治区、市共享工程培训，区级支中心积极开展活动，利用周六到11个乡镇放映电影11次/年，深受广大人民群众的喜爱和赞赏。

管理工作

钦北区图书馆按照人事制度改革要求，实行了全员聘用合同制，按岗聘用竞争上岗，实行岗位、工作目标管理，建立了一套完备的奖惩制度，制定了《科研奖励办法》、《职工培训学习》、《考勤制度》等，通过一系列制度建设，建立了内部激励机制，重实绩、重贡献、收入分配向关键岗位和优秀人才倾斜。

未来发展

继续向上级申请，争取新图书馆项目选址、规划、建设，打造县级一流图书馆。拟在2015年末，建成钦北区图书馆网站，并实现区镇联网，所有数字资源统一检索，为城乡不同区域的读者提供了更高质量更方便的服务。加强专业人员队伍建设。加强专业人员队伍建设，不定期地举办学习培训，特别对专业人员进行培训工作，按照合理的结构比例，有计划地聘任专业人员参与图书馆的管理工作。继续加大对区图书的投入，不断增加馆藏图书量，以满足不同读者的需求。2014年底，钦北区图书馆继续采购20万元图书，增加馆藏图书量。目前已制定了图书采购计划，下一步就要开展图书采购的招投标工作。随着馆藏图书量的增加，必将提高区图书馆对读者服务的质量。

联系方式

地　址：钦州市钦北区行政信息中心粮食大厦附楼二楼
邮　编：535000
联系人：林成武

农家书屋建设工程管理暨管理员培训

钦北区图书馆一角

农家书屋一角

桂平市图书馆

概述

清光绪十六年（1890年），广西巡抚马丕瑶、浔洲知府王森倡建浔阳书院藏书楼，供书院士子阅读。抗日战争期间，县民众教育馆先于城厢府学坪中山纪念亭中开设图书阅览室。不久，县府教育科在庆祝街开设城区图书馆，各街道也开办了几间书报刊阅览室。1942年，佛教界人士在西山李公祠藏经阁开办五明图书馆，收藏佛教经书及其他珍贵典籍甚丰。1944年春太平天国纪念堂建成，内设图书馆阅览室，惜不久即毁于战火。

解放后，县图书馆成立于1952年，隶属于县文化馆。1978年3月起从文化馆分出，单独设馆，隶属于文化局。1985年12月该馆新建大楼落成，翌年1月起迁至西山路新馆舍开展业务活动。

新馆占地面积2500平方米，主建筑为图书阅览大楼。大楼主楼5层，总面积1930平方米，现设有文化信息资源共享工程桂平市支中心、外借室、期刊室、少儿室、资料室等服务窗口。现有阅览座位480个，计算机45台，每周开放60小时。2012年，参加第五次全国公共图书馆评估，获得二级图书馆。

业务建设

截止2012年底。桂平市图书馆藏书总量34万多册。其中图书24万多册，古籍3679册，期刊报纸66020多册(合订本)。开架书刊册数占80%。

2009–2012年，每年新增藏量购置费5万元，共入藏中文图书3141种，143712册，中文报刊3209种，视听文献7514件。电子文献藏量200种读者服务工作。

从2010年1月起，桂平市图书馆全年对外免费开放，每周开放60小时，同年，使用图书馆自动化管理系统。年借阅人数86249人次，到馆读者17万人次，年外借86219册次。

2009–2012年，桂平市图书馆共举办展览、培训、全民读者日、图书服务周等活动活动1500场次，参与人数20万人次。

业务研究、辅导、协作协调

2009–2012年，桂平市图书馆职工发表论文5篇，其中专业论文3篇。

2009–2012年，我馆业务辅导人员先后对全市机关、企事业单位、社区、乡(镇)图书馆(室)进行业务辅导共45次，协助指导基层站点分类、编目、上架图书3000多册。2009年在市教育局举办了全市各学校图书馆管理员学习班，我馆派出人员授课共16课时。

2009–2012年，全市411个行政村级农家书屋正常开放。这期间举办12期农家书屋管理员培训班，参加人员共432人次，指导并实施农家书屋图书分类，编目、上架图书648000册。

2009–2012年，开展共享工程技术培训工作50次，培训基层网点信息员432人次。

管理工作

2012年，桂平市图书馆完成全馆岗位聘任，同时，建立了工作工作量化考核指标体系。2009–2012年，共抽查文献排架10次。

表彰、奖励情况

2009–2012年，桂平市图书馆共获得各种表彰、奖励8次，获广西文化厅表彰、奖励2次；其他表彰、奖励5次。

馆领导介绍

李罗平，女，1968年8月生，大专学历，中共党员，馆员，馆长。1988年12月至今在桂平市图书馆工作。2002年7月任桂平市图书馆副馆长，2012年9月任桂平市图书馆馆长。2009–2012年获得贵港市新闻出版局农家书屋先进个人奖，2011年获得广西文化厅先进个人奖。

陈嘉文，男，1976年11月生，职高学历，中共党员，助理馆员，副馆长。1996年参加工作，2002年8月任桂平市歌舞团副团长，2012年9月调至桂平市图书馆任副馆长，2010年获贵港市文化局颁发的“文化先进个人”奖。

未来展望

历经28年的建设与发展，现已成为初具现代化规模的图书馆，是我市宣传党的方针政策的服务窗口，是我市知识和精神食粮的储备库。我馆本着“以人为本，服务至上”的严谨态度，为我市渴望知识的广大读者提供全方面的免费服务。展望未来，面对机遇和挑战，图书馆在为我市的精神文明建设及多方面领域将发挥更加重要的作用。

联系方式

地　址：广西壮族自治区桂平市人民西路38号
邮　编：537200
联系人：李罗平

主楼及大门

六一广场活动

视频网络培训

平南县图书馆

概述

平南县图书馆创建于1928年7月，馆址设在状元街文昌宫（即今平南县中学外）。1950年，该馆并入县文化馆，成为文化馆的图书室。1979年10月，图书馆从文化馆分出，成为单独建制的县级图书馆。平南县图书馆几经易址，新址位于平南镇大敬塘开发区，该馆于2000年动工兴建，2003年9月建成开放，新馆占地面积2500平方米，建筑面积2860平方米。

业务建设

平南县图书馆设有文化信息资源共享工程平南县支中心、外借室、阅览室、少儿阅览室、资料室、自修室、盲文电子阅览等服务窗口及藏书库三间，目前拥有读者座位350个。截止2013年底，馆藏图书15.5万余册，电子文献4.5万册，视听文献450册。平南县文化信息资源共享工程支中心于2006年正式启动并拨款筹建，并于当年正式对外开放。2010年至今，图书馆配置了自动化管理系统、卫星接收系统和监控系统，阅览室、多功能室、少儿室、办公室等场所均安装了空调，增添了书库书架、阅览室桌椅、多功能室的设备设施，大大地改善了读者来馆阅览环境和工作人员办公环境。为了切实保障图书馆免费开放环境下公共文化服务的公益性、基本性、均等性、便利性，我馆坚持“读者至上、服务第一”的理念，坚持优质服务、便民服务、惠民服务。我馆充分利用现有的馆藏资源，按免费开放工作要求为读者开展各项服务工作。文化信息资源共享工程支中心面积近300多平方米，总投资累计达100多万元。到2013年全县21个乡镇文化站的共享工程均已按照上级规定的时间和要求发放，由图书馆计算机专业人员对乡镇文化站、农家书屋共享工程基层点的设备进行调试和培训，目前使用正常。

读者服务工作

从2011年底起，平南县图书馆实行全年不分节假日免费对读者开放，实行办理借阅一卡通，持证读者近700人，每周开放不少于60小时，每年接纳读者5-7万人次，外借书刊3-4万册次。电子阅览室开通10M光纤专线，提供检索、浏览、下载服务，共有电脑48台，年上网读者近2万人次。为了丰富读者的精神文化娱乐生活，提高图书馆的知名度，吸引读者来馆阅览，2010-2013年，平南县图书馆共举办了讲座（百家讲坛、健康养生等）、培训（消防安全培训、书法和电脑培训等）、展览（读者活动图片、书法作品等）、服务宣传周活动（到偏远乡镇小学开展图书进校园活动）、座谈会、娱乐活动、智障人群送温暖活动等共130场次，参与人数1.2万人次。

业务辅导

为基层做好农家书屋、共享工程的业务辅导工作，图书馆积极协助文体局做好20多个乡镇文化站、270多个农家书屋的书籍配送、分类、上架等。举办农家书屋管理员、文化站业务骨干培训班，编写辅导材料300多份，200多人参加了培训。在乡镇农家书屋共举办了20多期管理员培训班，分类并上架了近3万册书。

管理工作

为了更好地适应信息时代发展的要求，加强人员队伍建设、提高职工业务技能和服务素质，提高图书馆服务素质，平南县图书馆按照免费开放的具体内容和要求，严格执行各项规章制度，转变工作作风，每年有计划地选送职员去区图书馆学习加强业务知识，增长见识，找出差距。

表彰奖励

1999年10月被文化部评定为三级图书馆；2005年6月被文化部评定为三级图书馆；2010年1月被文化部评定为三级图书馆；2011年获广西文化信息共享工程知识与技能一等奖（林俊廷、梁慧珍）；2010年度郑国荣荣获文化厅农家书屋先进个人；2012年度梁晶莹荣获市农家书屋先进个人；2013年10月被文化部评定为二级图书馆。

馆领导介绍

林俊廷，男，1974年12月出生，大学专科学历，中共党员，高级技工，副馆长（代理馆长主持全面工作），1998年从广东省消防部队退伍后到平南县图书馆工作，2009年平南县委、县政府选派到大鹏镇农福村委担任新农村建设指导员，先后在图书外借室、电子阅览室、办公室工作。

梁晶莹，女，1970年11月出生，大学专科学历，助理馆员，副馆长，1990年进入平南县图书馆工作，先后在采编室、图书外借室、办公室工作。

未来展望

读者的数量取决于自然环境、书源的多少以及服务质量的好坏等因素，而政府对图书馆购书经费的投入起主导作用。在未来的几年里，平南县图书馆坚持政府指导，加大投入力度，对旧书籍进行修缮，对10万余册旧书录入电脑，方便读者使用电脑检索目录、外借。推进重点惠民工程，为共享工程基层点、农家书屋做好辅导、培训工作。充分发挥图书馆精神文明建设阵地和社会服务教育作用，使广大读者享受公益、均等、便利的文化服务，保障读者基本文化权益。

联系方式

地　址：广西贵港市平南县燕塘路32号
邮　编：537300
联系人：林俊廷

助残日系列活动

图书阅览室

举办“五一劳动节”知识问答有奖活动

昭平县图书馆

概述

昭平县图书馆建于1927年，原馆在昭平县城外文庙，时有图书500册，是我国较早成立的县级公共图书馆之一。1951年被合并到昭平县文化馆，1978年3月8日正式成立昭平县图书馆，馆址几经变迁，2008年10月30日，位于昭平县文化广场的新馆建成开放。新馆建筑面积2152.5平方米，藏书为145828册，读者座位155个。2013年，参加第五次全国公共图书馆评估，首次获得二级图书馆。宽带接入15Mbps，选用中数图书馆自动化管理系统。

截止2013年底，在编10人，其中馆长1人，本科学历1人，大专学历6人，中专学历3人，有馆员4人，助理馆员4人，高级工1人。

业务建设

截止2013年底，昭平县图书馆总藏量145828册（件），其中，纸质文献134853册（件），电子图书册、电子期刊、视听文献10975种/册。2013年，昭平县图书馆新增藏量购置费10万元，订购各类报纸、杂志365种，共入藏图书1304种，2608册，视听文献60种。地方文献入藏完整率为85%。截止2013年底，昭平县图书馆数字资源总量为1TB。

读者服务工作

从2011年起，昭平县图书馆图书馆全年365天天天对外免费开放，周开放56小时，2009–2012年，书刊总流通17.12万人次，年书刊外借42145册次。2011–2013年，建成8个馆外服务点，馆外服务点书刊流通总人次1.5万人次，书刊外借2万册。2011–2013年，昭平县图书馆共举办讲座、展览、培训、阅读推广等读者活动158场次，参与人数12.3万人次。

业务研究、辅导、协作协调

2010–2013年，昭平县图书馆职工发表论文4篇，参加立项的市级课题1项。2010–2013年，对12个乡镇图书馆管理人员进行业务培训，举办各种培训班8期，128课时，162人次接受培训。并深入农村对全县152个村农家书屋管理员进行培训。利用图书馆馆藏资源，在农村、学校和单位合作，建立了8个馆外服务点。

管理工作

按照有关政策和文件精神，结合我馆工作实际情况，进一步健全了馆内的各项规章制度，努力提高图书馆工作的规范化、制度化管理水平。一是制度上墙，让读者知道本馆要求，并遵守读者守则；让工作人员履行工作职责。二是每天签到，做到按时上下班。三是每天进行工作记录，提高职工的工作热情，提高了职工的纪律性，增强了职工的职业道德。

表彰、奖励情况

2009–2013年，昭平县图书馆共获得各种表彰、奖励5次，其中，文化共享工程广西分中心表彰、奖励2次，其他奖励3次。在第五次全国公共图书馆评估等级中被文化部评为国家二级图书馆。

馆领导介绍

书记、副馆长：胡作健，男，1960年生，大专学历，中共党员。

副馆长：邱少芬，女，1963年生，馆员，中专学历。

副馆长：张树荣，男，1967年生，助理馆员，中专学历，中共党员。

未来展望

未来昭平县图书馆将围绕昭平县全力打造“生态昭平、长寿茶乡、养生之都”，创建广西特色旅游名县和创文化先进城的工作思路，以公共文化服务机制、服务设施、服务机构、和队伍建设为核心，建立结构合理、发展平衡、网络健全、营运高效、服务优质的覆盖全社会的公共文化服务体系，并以免费开放为契机，促进城乡文化协调发展，力争公共图书馆事业走进广西先进行列。

联系方式

地　址：广西昭平县竹园一街149号

邮　编：546800

综合阅览室

国学讲座

科技培训班

忻城县图书馆

概述

广西壮族自治区来宾市忻城县图书馆创建于1979年，原馆址位于莫氏土司衙署内，其前身是忻城县文化馆内设的图书室。1984年6月，位于忻城县城关镇翠屏北路102号的新馆舍建成并正式投入使用，新馆舍占地3.5亩，馆舍建筑面积1610平方米。历经30年的发展过程，现工作已步入正规化、科学化的管理轨道。目前忻城县图书馆有阅览坐席300个，计算机59台，宽带接入10Mbps，选用Interlib图书馆自动化管理系统。

馆内设有外借处、综合阅览室、少儿阅览室、过刊过报综合资料室、多媒体教室、电子阅览室、自修室、展览厅8个对外免费服务窗口，现已建成全国文化信息共享工程县级支中心。2012年被文化部评为“国家二级馆”。

业务建设

截止2012年底，忻城县图书馆图书总藏量60600册，其中中文图书52600册，报刊合订本7500册，视听文献500件。2013年起，图书年购置经费由原来的4万元增至10万元，图书年入藏量3800册。设立地方文献专柜，专人管理制度，2012年止，地方文献收藏量1000余册；数字化管理逐步完善，选用Interlib图书馆自动化管理系统，馆内数字资源藏量2BT。

读者服务工作

忻城县图书馆从2010年1月起，实行全年365天免费对外开放，每周开馆时间累计66小时以上。建立了较为完善的图书馆网络系统，成立了自己的网站、书目数据库、读者数据库。2009–2012年书刊总流通147500人次，书刊外借125000册次。建立了“地方文献专柜”，定期走访当地名人作家，收集地方文献，丰富馆藏，突出地方特色，以特色建设满足不同读者的需求。2009–2012年共开展图书文献展览、爱国电影展播、读书征文、演讲、公益讲座、读者联谊等读书宣传活动152场次，参加人数25000人。2012年底止在全县建立图书馆服务网点10个，119个农家书屋，馆外书刊流通总人次20800人次；书刊外借14500册。2012年6月，正式成立政府公开信息服务平台。

业务研究、辅导、协作协调

2009–2012年，忻城县图书馆职工发表论文5篇。

2009–2012利用馆藏资源在馆内以及到各基层服务点、乡镇图书馆（室）举办图书馆业务知识培训班、计算机知识讲座32期，1400人次接受培训。2012年3月与国家图书馆联合编目中心签订协议，正式加入全国图书馆联合编目中心，成为中心成员馆。

管理工作

2011年忻城县图书馆完成第一次全员岗位聘任，本次聘任共设2类岗位，参聘职工5人，实现全员上岗，同时建立了严格的干部职工考勤、考核制度。制定了合理的量化工作管理方案，实行干部职工年终考核制。建立完善的岗位职责、工作人员守则、图书借阅管理办法、阅览规则等，形成了较为规范的管理体系。

馆领导介绍

刘树艳，女，1962年5月生，大专文凭，中共党员，图书馆员，馆长。1979年12月参加工作。2011年度获来宾市文化工作先进个人；2012年获2010–2012年来宾市创先优优秀共产党员；2012年获得来宾市国家公共文化服务体系先进工作者。

韦世金，女，1962年5月生，大专学历，图书馆员。1979年12月参加工作。

未来展望

忻城县图书馆自建馆以来，坚持“服务读者、服务社会”的办馆宗旨，不断扩大服务区域，力求让图书走进千家万户。在为全县12个基层服务点提供信息传递和文化建设的同时，逐步建立并完善城乡一体化公共图书馆服务结构；在未来几年力争改造图书馆的运行机制，逐步加快实现以县馆为中心，覆盖全县各乡、镇、村的公共图书馆服务体系。随着公共图书馆事业的战略地位的不断提升，忻城县图书馆在发展传统图书馆资源的同时，将加大对数字化图书建设的投入力度，发展数字文化服务。忻城县图书馆以建设现代化、数字化图书馆为发展目标，利用先进的计算机技术和数字信息系统，开展各种图书服务活动，提高广大人民群众整体素质，为推动忻城经济发展提供知识动力，实现科技和文化的完美结合，努力把图书馆办成知识信息中心，文化教育中心，在未来的几年，忻城县图书馆将在县城城南新区另建一座占地15亩，建筑面积1.5万平方米的新馆舍，建成后的新馆，将可同时容纳3000人到馆借阅，设计藏书容量80万册，阅览坐席3000个，年接待读者可达100万人次以上。未来的忻城县图书馆将以崭新的姿态迎接更新一轮的挑战，让更多的人了解图书馆，认识图书馆，吸引更多的社会公众利用图书馆。

联系方式

地　址：忻城县城关镇翠屏北路102号
邮　编：546200
联系人：刘树艳

开展业务培训活动

免费发放科技图书活动

开展服务周系列活动

靖西县图书馆

概述

靖西县图书馆于1929年正式建馆，初名为“靖西县民众图书馆”，其前身是清光绪初年创建的“藏经楼”（后改名为“益友书斋”），时有各类图书2355册，工作人员2人。1949年中华人民共和国成立靖西县解放，县人民政府接管本馆，更名为靖西县图书馆。靖西县图书馆位于县城文化休闲广场北边，占地面积2836平方米，建筑面积1697平方米。

靖西县图书馆的定位是以数字图书馆为基础，体现知识交互理念，融合传统图书馆功能的县级图书馆。采用开放灵活的藏、借、阅、查、展等服务模式，除了特定或特殊的文献外，藏书全部对读者开放。

截止2012年，在编人员9人，本科学历1人，大专学历5人，大专以上学历者占职工人数66%；具有中级职称3人，初级职称6人。靖西县图书馆有阅览座位171个，设有文化信息资源共享工程靖西县支中心；电子阅览室、外借室、综合阅览室、少儿阅览室、过刊室、老龄参考工具室、多媒体室等7个服务窗口。开展外借、阅览、参考咨询、电子信息、视听等服务，举办讲座、培训、展览、读者活动等。

业务建设

截止2012年底，馆藏图书21.3995万册；其中纸质文献19.2995万册，电子图书21000册；坚持“读者至上，服务第一”的宗旨，为读者提供图书外借、报刊阅览、资料咨询、信息导航等全方位的优质服务。

读者服务工作。

该馆坚持节假日正常开放，每周开放时间56个小时，年接待读者总人数7.6万人，外借册次15.32万。

积极开展形式多样的图书宣传活动，2009年以来该馆举办讲座、报告会共36次；举办春节猜谜游园活动、图书服务宣传周、农民读书活动周、全民读书月、网页制作和知识趣味竞赛等宣传活动共21次；让更多的公民以及未成年人分享到图书馆的平等服务，形成多读书，读好书，用好书的良好氛围。

加强图书流通工作，注重在军（警）营和边境乡镇开展特色服务工作，给部队官兵办理一证两用借书证，深受部队官兵的欢迎；建立县、乡镇、村级三级图书馆服务体系，在19个乡镇、学校、县看守所、边防部队等建立“流动图书室”52个，与武警边防大队共建警营图书室6个，2009年以来累计送书下乡3.5万册次，为乡镇文化站、部队、学校、村级图书室赠送图书共1.2万册；提高了公共图书馆服务质量和社会影响力，不断拓展和延伸图书馆的社会教育、文化传播职能。

坚持“惠及全民，普遍均等”的原则，为特殊弱势群体服务。在馆内设老龄阅览室、电子阅览室未成年人区；同时还指定专人开展为残疾人及行动不便老人开办图书代借代还，送书上门服务。

业务研究、辅导、协作协调

加强馆员业务培训和研究工作，不断提高馆员业务素质和理论水平。2009年以来该馆共有4位馆员撰写《浅议县级图书馆在非物质文化遗产中的角色定位》、《探讨信息时代下图书馆古籍的保存利用》、《创建“农家书屋”提高农民素质为社会主义新农村建设打造新的活动平台——关于我县开展创建“农家书屋”活动的调查》、《简谈沟通技巧在图书馆外借室的应用》等4篇调查研究报告，并在省级刊物发表，为该县图书馆建设工作提供了一定的理论依据和工作参考。

该馆还担负全县19个乡镇、基层工会、学校、部队和村级图书馆（室）的业务辅导任务，经常深入乡镇图书馆、边防部队图书室了解和掌握基层馆（室）工作动态，有针对性进行业务培训，2009年以来举办业务培训班12期，参加培训人员367人，经培训学习，全面提高了基层图书管理员的业务技能和管理水平。

表彰、奖励情况

2012年我馆被文化部评为全国文化信息资源共享工程公共电子阅览室示范点和荣获文化厅授予全区文化系统集体二等功荣誉称号；2013年被文化部评为“二级图书馆”。

馆领导介绍

邱志刚，男，1952年生，中专学历，馆员，馆长。

郭华玲，女，1964年生，大学专科学历，助理馆员，副馆长。

吴建宇，男，1972年生，助理馆员，副馆长。

开展“农家书屋”建设工作

送书进校园

举办迎春游园活动

图书馆服务宣传周

为学生播放优秀国产影视

举办“共享工程”管理员培训班

阅览室一角

深入哨所，了解部队官兵需求

未来展望

完善硬件设施建设，争取立项建设5000平方米功能较齐全的新型图书馆。加强队伍建设，按照图书馆所需专业技术，配备相应的专业技术人才。在当今信息社会的条件下，靖西县图书馆一定会在知识经济时代发挥重要的地区信息枢纽和靖西县精神文明建设基地的重要作用，将成为靖西县文化、科技、信息传播、保存文化遗产、开展社会主义教育展示改革开放成就为一体的公共图书馆，成为知识信息的集散地和靖西县群众读书学习的文化、科技、教育、信息、服务交流中心，在靖西县经济建设和社会发展发挥重要作用。

联系方式

地　址：广西靖西县新靖镇灵泉街528号
邮　编：533899
联系人：卢敏叶

金秀瑶族自治县图书馆

概述

金秀瑶族自治县图书馆始创于1979年，位于金秀县金秀镇解放路58号，馆舍面积1853.6平方米，共有藏书7万余册，阅览座席280个。2013年，参加全国公共图书馆评估，获得国家县级图书馆二级馆。

业务建设

截止2013年，金秀瑶族自治县图书馆总藏量7.1万册，其中报刊9317册，地方文献950册，视听文献420件。

2012年、2013年，金秀瑶族自治县图书馆，新增购书经费12万元，共入藏中文图书6.14万种，6.25万册，视听文献420件。拥有计算机60台，接入10兆光纤网络和拥有4TB的存储容量。2002年安装了北京丹诚图书馆自动管理系统，免费供读者查阅使用，为社会各界人士理论学习和研究服务提供了有效保障。

读者服务工作

从2011年11月起，金秀瑶族自治县图书馆全年365天，全天候对外免费开放，每周开放时间63小时。2011年–2013年，书刊总流通量10.85万人次、书刊外借9.87万册次。馆外流动服务点12个，馆外书刊流动总人次1.42万人次，书刊外借册次1万册次。

2011年–2013年，金秀瑶族自治县图书馆举办讲座、展览、培训、阅读推广等读者活动105场次，参与人数达14万人次。以县图书馆为主要服务龙头，与各个学校开展各种阅读推广主题活动，深受学校师生的欢迎和好评。馆校联动是金秀瑶族自治县图书馆读者服务工作的亮点和特色。

业务研究、辅导、协作协调

2011年–2013年，金秀瑶族自治县图书馆职工发表论文11篇。举办了阅读推广与展览、讲座、业务培训等业务，对全县各基层图书馆进行业务辅导。2012年12月，金秀瑶族自治县图书馆参与上级图书馆开展的联合编目工作，获得全国联合编目中心上传资格，成为国家图书馆联合编目中心成员馆，免费享受联合编目中心书目数据。2009年–2013年，与象州县图书馆合作，相互交换文献资料，开展馆际互借服务工作。

管理工作

2013年，金秀瑶族自治县图书馆完成第2次全员岗位聘任，本次聘任共设6类岗位，有6人重新上岗，同时建立了工作量化考核指标体系，每年进行总体工作考核。

领导介绍

苏铭，女，1960年10月生，中专学历，中共党员，助理馆员，馆长。1979年参加工作，1991年到图书馆工作，先后在报刊阅览室、采编室工作。2011年、2013年获来宾市先进工作者。

苏夔，男，1969年11月生，大专学历，中共党员，助理馆员，副馆长。1991年9月参加工作，先后在报刊阅览、电子阅览室工作。

展望未来

图书馆是科学知识、人类智慧的宝库。在现代化信息迅速发展的今天，金秀瑶族自治县图书馆，将以满足读者需求为出发点，以开展读者服务活动为重点，以传播科学知识为职能，以馆藏文献为依托，努力实现全方位开放式读者服务工作，使图书馆成为文化、科技、传播、社会教育、信息交流的中心。为丰富群众文化生活，提高全民文化素质，做出新的、更大的贡献。

举办农家书屋培训班

到农村开展送书活动

在敬老院开展图书漂流活动

到村小开展送书活动

开展读书日活动

开展主题书展活动

凭祥市图书馆

概述

凭祥市图书馆坐落在凭祥市中心，馆舍依山傍水，绿树环绕，其前身是市文化馆的图书室，1978年经上级批准，正式成立图书馆。1982年10月对外开放。图书馆馆舍面积1670平方米，总藏量6万册，设有4个服务窗口，阅览座位172个（含2个残疾人及老年人专用座席）。

业务建设

截止2013年5月，图书馆总藏量6万多册，2010年起每年的图书购置费达到了5.6万元，保证年图书入藏量达到1500册以上，年报刊杂志订阅量149种左右，满足了我市部分读者的借阅需求。2009年争取到国家、自治区和地方财政的支持，共计投入资金68万，建成了中心机房和电子阅览室，电子阅览室面积60平方米，工作机24台。2010年5月，我馆利用自治区财政厅划拨的67万专款完成了图书馆改造及设备购置，大大改善了图书馆硬件软件设施设备，优化了读者阅读环境，提高了图书馆服务质量。从2011年起国家每年投入20万元，用于图书馆免费开放工作。2011年5月我馆实现了自动化管理系统的流通，从手工借阅转变为流通领域的自动化，提高了图书馆的服务效率。

读者服务工作

图书馆每周开放57小时，实现全周开放。开架书刊达到总藏量的100%，文献年外借率约为60%。截止2012年底有效借书证500张，年外借书刊3.3万人次册次，年流通总2.8人次。

我馆在乡镇、学校和机关单位建立了10个流通点，常年送书上门，指导开展业务工作。2012年图书馆送书下乡500多册光，碟120张。同时在市休闲广场举办“防震减灾知识宣传”、“感恩教育”等主题视频讲座活动，受到市民的好评，拓展和提升了图书馆的服务范围和质量。全年开展各种读者活动21次，参加人数达8000多人次。

业务研究、辅导、协作协调

2009年以来，全馆职工参加各种岗位培训、理论学习、继续教育总学时达人均251学时。

我馆与国家图书馆签订联合编目协议书，遵守并执行双方在图图书联合编目方面的规定。

2012全年深入到四个乡镇基层图书室进行业务指导10次。

管理工作

全馆在编职工5人，大专以上占3人，占职工总数60%；中级职称1人，占25%；初级职称3人，占60%。2013年1月，凭祥市图书馆完成了第1次全员岗位聘任，共设3类岗位。同时，建立了工作绩效考核指标体系，每半年和全年进行工作考核。

建馆以来，我们先后制定出《凭祥市图书馆财务管理制度》、《凭祥市图书馆工作管理制度》等，并全面修订了各项管理制度，对图书、期刊、声像资料等业务管理工作进一步理顺，修订了管理工作流程、读者服务规范等业务规章制度。

表彰、奖励情况

1990年荣获凭祥市人民政府授予的凭祥市文明单位称号；1996年荣获凭祥市人民政府授予的凭祥市拥军优属工作先进单位称号；1997年与金鸡山雷达站一起荣获凭祥市人民政府授予的凭祥市军民共建先进共建点称号；1997年荣获中共中央宣传部、解放军总政治部授予的军民共建社会主义精神文明先进单位称号。

馆领导介绍

农晓玲，女，1981年5月生，大专学历，2001年9月参加工作，凭祥市政协委员，2014年5月任馆长。主持图书馆全面工作。

未来展望

凭祥市图书馆实现了自动化管理系统的流通，这是图书馆服务趋于自助化方向的一个过程，今后我们将着眼于增强自身能动性，以主动服务取代被动服务。读者服务方式则转向服务自动化方向。不断的研究并根据我馆的实际情况采用新技术、新手段以更高的标准来强化图书馆的职能职责。人才队伍的建设方面，我们将完善队伍的结构，建立一支能适应新型图书馆发展的人才队伍。在新时代背景下，把凭祥市图书馆建设成为有边疆特色的现代化综合性图书馆，进一步发挥它在物质文明和精神文明建设中的作用。

联系方式

地　址：凭祥市北大路31号
邮　编：532600
联系人：农晓玲

馆领导与上级领导合影

广场宣传服务活动

送书进校园活动

南丹县图书馆

概述

南丹县图书馆始建于1965年，1979年独立建制，1986年启用独立馆舍，面积800平方米；1999年搬迁至新城区馆舍，面积1700平方米；2001年10月馆舍被检测认定为C级危房，图书馆闭馆暂停开放；2005年2月搬迁至县体育场现址，使用的面积1628平方米。2010年4月开工建设新馆，占地面积10亩，建筑面积6627.19平方米。新馆计划于2014年10月启用。

南丹县图书馆现有职工12人，馆藏图书8万余册；电子文献1.2万余册，设有5个服务窗口和14个馆外流动服务点，主要业务部门：采编部、图书借阅部、报刊阅览室、少儿阅览室、业务辅导部、科技信息部，分别负责书刊采编、流通、业务辅导、参考咨询、网络信息服务等工作。

多年来，县图书馆坚持“读者第一，服务至上”的宗旨，为读者开展外借、阅览、咨询、定题服务，每年接待读者20000多人次；引进计算机等现代技术设备和业务软件，推进图书馆自动化建设；开发馆藏文献资源，不定期编印二次文献《农村信息窗》；送书、送“致富信息”下乡，为科技兴农服务；支持乡镇图书馆（室）业务建设，举办业务培训班，指导乡镇馆业务建设，培养基层业务骨干；2012年2月被评为广西公共文化服务体系先进集体，受区文化厅表彰；2013年参加全国第五次公共图书馆评估，被评定为“二级图书馆”。

业务建设

南丹县图书馆设有报刊阅览室、少儿阅览室、电子阅览室和多媒体视听室等阅览服务窗口。阅览室总面积512平方米，阅览座席共211个。计算机38台，其中供读者使用的计算机25台，工作用机13台（笔记本电脑3台）；宽带接入10兆（10Mbps），接入方式为光纤接入；专用存储设备为华三H3C EX1000磁盘陈列（H3CNeoceanEX1000），磁盘数量16个，总存储容量为12TB；自动化管理使用北京丹诚图书馆集成系统（DataTrans-1000）。

文献资源：本馆收藏图书、报纸、期刊合订本、视听文献等数量之和为87339册。大部分图书是购买来的，有部分是广大读者捐赠。收藏的电子文献1.2万余册。藏书质量：根据读者构成比例，均衡学科图书比例，保证新书增长率，年入藏图书超过1500种，入藏方式为采购、广大读者捐赠、上级调拨等。报纸、期刊，达到272种，视听文献21种，地方文献资料390种。正常开展征集工作，制定有地方文献征集工作方案，专门安排人员到各部门和单位收集地方文献资料，保证地方文献资料的连续性、完整性。

社会服务

2011年5月1日起全面实施免费开放。馆内报刊阅览室、少儿阅览室、过刊外借室、图书外借室、电子阅览室、报告厅（多媒体视听室）等公共场所、设施全部免费开放；读者办证免收工本费；馆内普通书刊借阅服务、文献检索及普通参考咨询、政府信息公开咨询、基层业务辅导、读者培训、公益讲座、展览、影视展播等全部免费；读者寄包免费。2012年接待读者20040人次，持证读者405人，外借书刊45919册，人均年到馆次数49.48人次。

坚持服务至上，一切为了读者的服务宗旨，耐心解答来访者的问题，指导读者查找报刊文献。结合地方实际，定期为各乡镇的服务点提供农业方面的参考信息，为政府和部门提供核桃种植管理的文献资料，编制二次文献《农村信息窗》分发给各村农家书屋、县内种养专业户等。

开展各类型的讲座、展览。举办了迎春诗词楹联大赛、中老年人电脑培训班，小学生硬笔书法培训班、优秀图书展、小学生硬笔书法作品展，诗词楹联展等。这些活动展示了我国优秀传统文化，扩大县图书馆的社会影响，较好地发挥图书馆的社会教育职能。2012年举办了讲座20场，听众达1600人次，开班举办各种培训18次，培训人次530人。

共享工程建设

我县共享工程支中心2008年12月建成开放，投资70万元。2010至2012年完成11个乡镇共享工程服务点、125个村级基层服务点建设。

开展共享工程服务。电子阅览室正常开放，视听室播放视频节目（文化娱乐、科技知识、惠民政策、法律常识、医疗卫生等）、开展专题讲座、学习观摩会，座谈会，信息发布会以及

图书借阅服务

网上学习

馆内出版读物

电子阅览室

视听室

共享工程下乡服务等。文化下乡，开展共享工程助春耕等科教片视频播放活动；此外，播放优秀数字影视片、丰富农村群众文化生活。

乡镇图书馆和农家书屋建设

我馆抓好11个乡镇图书馆业务辅导，协助主管局完成了全县125个农家书屋建设，把部分农家书屋列为我馆的流动服务点，帮助建立农家书屋借阅、管理制度，规范图书管理。

2011–2012年举办南丹县基层文化服务培训班4期，培训我县125名农家书屋管理员和共享工程基层服务点管理员。为乡镇图书馆安装图书馆自动化软件，指导编目人员进行图书编目，通过对基层图书馆管理员的业务辅导，提高了他们的业务技能和管理水平，为逐步形成县、乡、村图书馆服务一体化、业务管理规范化、标准化打下基础。

管理与受表彰情况

加强图书馆内部管理，建立有涵盖人事、财务、业务等多方面的规章制度26个；遵守规章，抓好落实。取得了显著的成绩，体现在荣誉上，我馆2009–2012年四年来获各种获奖项14项，其中获自治区先进集体1次、先进个人2人次。

馆领导简介

馆长：蒋可煜，男，1963年出生，广西南丹县人，图书馆学本科毕业，副研究馆员。

副馆长：黄卫芬，女，1964年出生，广西平乐县人，行政管理大专毕业，助理馆员。

副馆长：龙娜，女，1977年出生，广西南丹县人，图书馆学本科毕业，馆员。

副馆长：黎承健，男，1968年出生，广西南丹县人，图书馆学大专毕业，助理馆员。

联系方式

地　址：广西南丹县城关镇体育路
邮　编：547299

钟山县图书馆

概述

钟山县图书馆始建于1976年，首建馆舍200平方米于钟山镇东乐街十字路口旁；继而于1978年重选馆址，1979年，由县人民政府拨款在县城南路14号兴建一座总面积1200平方米的文化大楼，县文化馆、县文物队、县图书馆在此联合办公。此后，文化馆、博物馆先后新建馆舍搬迁别处，留下图书馆单独使用；2002年，因城市建设需要，原县图书馆办公场所拆迁，图书馆暂搬迁至博物馆内开展业务，使用权面积900平方米。2005年重选馆址，位于县城兴钟南路21-1号新建馆舍1503平方米，面积比馆初期增加了75倍，2008年4月投入使用。2011年，钟山县图书馆有阅览坐席258个，计算机35台，信息节点32个，宽带接入10Mbps，选用文津图书馆自动化管理系统。2008年，获得文化部评为国家三级图书馆。

业务建设

截止2012年底，钟山县图书馆总藏量15.3656万册（件），纸质文献15.3656万册（件），其中，图书9.6553万册，报刊5.333万册，电子图书0.505万册，视听文献0.224件。古旧图书0.3549册，其中善本2种0.0007万册，普通古籍21种0.0087万册，民国文献85种0.3455册。历年来，地方文献入藏基本完整。

2005—2012年，钟山县图书馆新增藏量购置费5万元，2013年起增至10万元。

2009年10月，文化资源共享工程钟山县支中心成立，2009—2012年，公共电子阅览室接待读者9.7272万人次。截止2012年底，我县建立了12个乡镇文化资源共享工程乡镇基层点和113个村级服务点。

读者服务工作

从2011年10月起，钟山县图书馆全年365天天天对外免费开放，周开放70小时。2009—2012年，书刊总流通16.4143万人次，书刊外借23.1719万册次，馆际互借服务26次。2009—2012年，建成12个流动服务点，馆外书刊流通总人次0.4515万人次，书刊外借0.903万册。2010年7月，建设政府公开信息查阅点。

2009—2012年，钟山县图书馆共举办讲座、展览、培训、阅读推广等读者活动94场次，参与人数5.3486万人次。普及广大群众科学文化知识，引导群众科学致富，以“走出去、请进来”的服务理念，聘请了科技专家，技术员对新老种养、加工户科技信息跟踪免费服务，并与个体户、乡镇综合文化站、科技人员志愿者、图书馆建立“四点一线”信息服务网络，更好及时地方便为他们解决生产工作中疑难问题，是钟山县图书馆读者服务工作的特色。

业务研究、辅导、协作协调

2009—2012年，钟山县图书馆职工发表论文2篇。

积极参加县、市、省馆业务培训、馆长例会，促进交流和合作；钟山县图书馆与本市图书馆、三县一区图书馆协作，共同开展展览活动、地方文献征集、文化共享工程建设，并与国家图书馆、各省、市、县级图书馆馆际互借，学习她们的先进经验，为促进我馆各项工作取得了良好的成效；不定期举办基层图书馆（室）、农家书屋业务培训和现场辅导，手把手地教图书登记、分类、书标粘贴、上架等业务工作，保证基层图书馆（室）、农家书屋正常的开放，持续发展。

管理工作

钟山县图书馆制定了考勤、奖罚、岗位责任制、财务、设备、安全生产等健全的管理制度，调动干部职工的积极性，保证了工作有序开展。做好月、季度、半年、年度业务统计分析，及时发现和解决实际工作中存在困难和问题，更好地服务于读者，服务于社会。以加强和提高干部职工政治思想、业务素质、社会公德、职业道德、家庭美德为重点，以爱岗敬业、奉献社会、全心全意为人民服务为宗旨，以树立图书馆良好形象、争做人民满意的工作人员为主题，以争创先进、创建“文明单位”为目标，按照创建设县级文明单位的要求，制定了创建县级文明单位活动实施方案，从加强思想政治工作，加强领导班子建设、加强党风廉政建设、加强民族团结、重视法制和综合治理，积极开展学雷锋宣传教育等主题创建文明活动。

表彰、奖励情况

2009—2012年，钟山县图书馆共获得各种表彰、奖励7次，其中，文化部表彰、奖励1次，其他表彰、奖励6次。

农家书屋培训

送书下乡

春节猜谜有奖活动

儿童阅览室

馆领导介绍

董仕定，男，1960年10月生，大专学历，美术师，馆长。1982年10月参加工作，历任钟山县文化馆副馆长、钟山县文化和体育局文化市场稽查大队队长，2011年5月兼任馆长。

李国庆，男，1967年10月生，大专学历，助理馆员，副馆长。1988年12月参加工作，从事图书馆工作25年，历任钟山县文化和体育局办公室副主任、文化市场稽查大队副队长。主管全面业务工作。

未来展望

钟山县图书馆坚持“二为、双百”的办馆方针，坚持“读者至上”服务宗旨。2009–2012年，在不断强化自身综合实力的同时，通过县馆为中心，创建钟山公共图书馆服务联盟，带动了全县公共图书馆事业的整体发展。加快贺州地区Interlib集成群自动化管理建设。充分发挥县级支中心在文化信息资源共享工程中重要作用，搜集各类文化信息资源，进行数字化加工和整合，以乡镇馆为纽带，村图书馆（室）为基础，加快农村精神文明建设的步伐，实现信息资源共享。在未来的两年里，钟山图书馆将在现有馆舍三层的基础上，将扩建一层面积500平方米的新楼层。扩建成后总建筑面积2003平方米，增设读者自修室，展览厅、报告厅面积将扩大一倍。宽敞、整洁、优雅、舒适为读者创造更良好学习、阅读环境。

联系方式

地　址：广西钟山县兴钟南路21–1号
邮　编：542699
联系人：董仕定

环江县图书馆

概述

广西环江毛南族自治县图书馆始建于1984年，馆址位于环江县思恩镇新安路83号，馆地面积1020平方米。2009年县政府投入资金450万元在城西开发区新建图书馆总馆，2012年建成并投入使用，此后"旧馆"改称为"新安分馆"。总馆建筑面积约3029平方米，总藏量为7.1万册，可容纳读者座位500个，服务于读者的电脑40台，宽带网络全部接通，存储容量为5TB，全馆启动自动化管理系统。2013年参加第五次全国公共图书馆评估，被评为二级图书馆。

业务建设

政府重视，加大投入，不断完善公共服务设施。县政府将图书购置费列入每年的财政预算，并逐年提高。图书馆业务经费的财政拨款增长率远超出财政拨款年增长率，解决了图书馆办公、购书经费困难等问题。2011—2013年用于"免费开放"的中央财政及地方配套经费都能按时到位，款额均为20万元。

截止2013年底，环江县图书馆总藏量7.1万册（件），其中，电子文献为5000种，图书年入藏数量平均为2500册，报刊年入藏量为180种，视听文献年入藏量为40件，地方文献入藏有专柜专架、有专门目录和专人管理，并定时定量开展征集工作。所有书刊进馆后，按照《中图法》有关章节的内容进行分类标引，使用《普通图书著录规则》进行著录、登记、建账建卡；对过期的图书、报刊及时清理，并建账、建卡、入库收藏。注重地方文献收藏、保护和上架借阅。对于收藏的资料，均按要求进行标引、著录、登记，建账建卡，上架排列，按要求开放借阅。重视古版书籍的保护。对现存的古版书籍进行了防腐、防虫处理，制作了简易函套，设立了专柜收藏，专账专卡登记，专人保管。

读者服务工作

自2011年实行免费开放以来，每年接待群众近3.8万人次，免费借阅书刊约4.2万册次，免费办理借阅卡300多个。图书馆近年来，本着为读者服务的宗旨，克服"重藏轻用"的思想，开放时间里，实行全开架借阅制度，书刊文献开架比例为50%，馆藏书刊文献年外借为50%，馆外流动服务点为每年1000册次。此外，坚持组织开展各种读书活动、讲座和报告会，坚持深入农村开展业务培训、辅导、调研，每年至少举办两期基层图书室业务培训班，举办读者活动不少于12次/年。为了满足广大读者的需求，积极举办了多项公益性活动，如："世界读书日"宣传活动、赠书活动、网页制作培训等等，效果显著。活动结束后，利用广播、报刊等媒体进行了广泛宣传，读者满意率为90%。

新安分馆因位于人流量较大的繁闹集市上，每年都会不定期的利用资源共享工程设备及数字资源，播放电影、科教片和知识讲座等优秀视频，观众人数为每年2000人；常于集日利用文化信息资源共享工程设备和资源为农民提供种养、病虫害防治、供求信息等农业技术信息，每年为250条，深受农民读者的欢迎。

业务研究、辅导、协作协调

为确保各项工作有序开展，图书馆根据实际，按照"政治强、业务精、纪律严、作风正"的总体要求，不断加强政治、业务理论学习，并组织全馆职工撰写学习心得。黄慧诺馆长撰写的文章于2013年9月24日荣获"网络书香·数字阅读推广活动——我与数字图书馆"征文比赛组织奖；管理员岑春回撰写的论文《浅谈民族地区公共图书馆的创新服务与特色服务》发表在《广西文化》2012年第7、8期；覃艳肖同志撰写的文章《少数民族地区图书馆服务创新探索》发表在《河池日报》2013年6月27日第二版"时政要闻"。目前，全馆职工热情高，干劲足，得到了社会各界的高度赞扬。

管理工作

图书馆一直以来加强督查，强化效果。实行免费办证，降低门槛，馆藏资源向读者全面免费开放；合理调整藏书布局，扩大开放文献量。在日常工作中，始终把公共文化服务体系建设作为日常考核检查工作的基本内容：建立了领导巡岗制度，每天馆领导必到各部门巡视，主要检查职工工作态度、环境卫生等方面的情况；进一步完善工作督促检查制度，将各部门的工作进展和工作作风的情况定期进行公布和通报，对违反馆风馆纪的现象进行及时批评和处理。

干部职工业务培训

送"福"、送春联惠民服务活动

少儿阅览室

书报刊阅览室

分馆外景图

表彰、奖励情况

2013年6月，图书馆积极组织推荐活动，经过层层筛选，环江县一中教师周窕"阅读家庭"脱颖而出，荣获首届广西百名"书香之家"荣誉称号。

2013年9月24日荣获"网络书香·数字阅读推广活动——我与数字图书馆"征文比赛组织奖。

2013年10月31日实现了达标升级的目标，经文化部审查和公示，荣获"二级图书馆"称号。

馆领导介绍

黄慧诺，男，1963年1月出生，大专学历，中共党员，助理馆员，馆长。1984年9月参加工作，2003年4月任环江县图书馆馆长，系中国图书馆学会会员。2013年荣获全区公共文化服务体系建设先进个人。

未来展望

图书馆坚持"以人为本"，坚持"读者至上、服务第一"的宗旨。随着地方经济的发展，环江县图书馆将建设成为规模更大、功能更完善、技术更先进、服务更好的图书馆，成为集文化、科技、信息传播、保存文化遗产、开展社会教育、展示改革开放成就为一体的综合性公共图书馆，为全县经济建设和社会发展发挥更重要的作用。

联系方式

地　址：广西环江县思恩镇民族路城西开发区文体中心
邮　编：547100
联系人：覃艳肖

宜州市图书馆

概述

宜州市图书馆创建于1956年8月，初名为宜山县图书馆。1966年并入宜山县文化馆。1977年9月县图书馆重新独立建制，馆舍为砖木结构楼房，面积600平方米。1980年在文化大院原馆址修建文化馆和图书馆合用大楼（文图大楼），图书馆使用面积1200平方米。1988年11月，县图书馆新馆动工兴建，1990年9月，位于县文化大院内的新馆建成开放，建筑面积1100平方米，同时继续使用文图大楼馆舍340平方米，2011年新扩建电子阅览室62平方米，馆舍总面积合计1502平方米。1993年9月宜山县撤县设市后宜山县图书馆更名为宜州市图书馆。2012年宜州市图书馆有阅览座位172个，计算机35台，宽带接入10M光纤，选用丹诚软件DT1000网络版图书馆自动化管理系统。2004年，参加第三次全国公共图书馆评估，首次获得二级图书馆。

业务建设

截止2012年底，宜州市图书馆总藏量12.43万册（件），其中中文图书8.46万册，中文纸质报刊2.8万册，古籍410册，地方文献1.16万册，工具书360种，电子文献300多种。2012年，图书馆新增藏量购置费6万元，中文图书入藏量1520种（含赠送），中文报刊入藏量182种（含赠送），视听文献33件。自科书以收藏种桑养蚕、种蔗等农业科技书籍为主，地方文献注重收藏“刘三姐”地方特色文化书刊。本馆已于2003年起采用“丹诚”自动化管理软件，图书采访、编目、流通业务工作及读者书目检索已实现自动化，至2012年底，馆藏中文图书报刊书目已全部数字化。

读者服务工作

自2011年12月开始实行免费开放。每周开馆58个小时，周六、周日和节假日照常开馆。2012年书刊总流通3.52万人次，书刊外借3.65万册次。2009—2012年，建成12个图书流动服务点，馆外书刊年流通4270人次，年外借5200册次。

2012年举办讲座、培训、视频播放等活动13次，举办展览5次，阅读推广活动6次，年参加活动总人次达1.2万人次。深入学校、军营、乡村开展图书馆服务宣传周活动，送书下乡，送致富信息到农民手中，跟踪服务。组织开展为残疾人为未成年人为老年人服务活动。

定期出版新书推荐，经常到中小学和乡村开展书刊宣传活动。在电子阅览室设置政务服务政务公开政府信息公开查询处，读者可免费上网查询政府公开信息和市直单位及乡镇政务信息。

业务研究、辅导、协作协调

2009—2012年，宜州市图书馆干部职工发表论文6篇。每年派馆员参加广西图书馆和桂林图书馆学会举办的科学讨论会和业务培训。协助有关部门做好本市乡镇、社区、村屯图书馆（室）服务网络建设和共建共享工作。每年下乡镇、村屯基层图书馆（室）辅导30天。至2012年协助主管局组建街道、社区和村屯“农家书屋”共182个。于2010年5月举办一期文化共享工程乡镇、村基层点技术人员培训班，28个基层点管理人员参加培训，2010年至2012年每年举办一期乡镇（村）图书馆（室）及农家书屋管理员业务培训班，208人次接受培训。

管理工作

2010年，宜州市图书馆完成首次全员岗位设置和聘任，本次聘任共设7个岗位，7人全部竞聘上岗。人事管理方面，实行岗位管理和工作目标管理责任制；财务管理方面，做好经费预决算，专款专用；档案管理方面，职工考核档案、业务统计档案内容齐全；环境管理方面，馆内外环境优雅，各活动室整洁美观，设施维护良好；消防安全保卫工作方面，馆内安装有消防设施和防盗门窗。

表彰、奖励情况

2009—2012年，宜州市图书馆及馆员共获得各种表彰、奖励8次，其中，广西文化厅表彰、奖励1次，宜州市人民政府表彰、奖励1次，其他表彰、奖励6次。

馆领导介绍

韦丽玲，女，1962年5月生，本科学历，中共党员，馆员，馆长。1988年12月参加工作，1999年6月任宜州市图书馆馆长（副科级），2010年被广西文化厅评为广西公共图书馆先进个人。

宜州市图书馆大门

春节开展迎春游园游艺活动

举办4期少儿书法免费培训班

电子阅览室

深入学校开展读书讲座活动

韦耀福，男，1958年2月生，大专学历，中共党员，馆员，副馆长。1977年3月参加工作，1998年4月任宜州市图书馆副馆长，分管阅览部、图书借阅部、报刊资料库等业务工作。

未来展望

宜州市图书馆工作坚持为人民服务，为社会服务的方向，履行教育职能、情报职能和服务职能，其活动以社会效益为最高准则，以公益性为基本原则，以读者至上服务第一为根本宗旨，开展图书馆学理论和技术方法学习和研究，对基层图书馆（室）进行业务辅导，推动市图书馆与乡镇图书馆、村屯图书室、农家书屋间的协作协调，实现文献资源共享。2012年，宜州市图书馆新馆建设工程正式启动，总建筑面积7000平方米。新馆建成后，阅览座位280个，可容纳纸质文献120万册，年服务人次可达25万人次以上，数字资源设计存储能力100TB。同时，还具有支撑保障全市乡镇、村屯公共图书馆（室）服务体系良好运行的文献与技术能力。宜州市图书馆将集外借、阅览、参考咨询、信息服务、继续教育、读书活动于一体，完善服务功能，扩大服务辐射区域，带动全市公共图书馆事业整体发展。

联系方式

地　址：宜州市城中中路175号
邮　编：546300
联系人：韦丽玲

武宣县图书馆

概述

武宣县图书馆历史悠久，其前身是1928年县长唐熙年将文庙后殿架楼铺设书橱建成图书馆，1978年4月，武宣县图书馆正式成立，取名为武宣县图书馆。当时馆址在县文化馆内，成员共3人，藏书六千余册。1982年，迁至县文化大楼内，图书馆设立在大楼第一层，馆舍使用面积共495平方米。现馆2002年11月8日全面建成投入使用，位于武宣县城北路中段，楼高四层，建筑面积2000㎡，环境优雅，交通便利。2009年和2012年政府投入资金对县图书馆大楼进行维修改造，内设有图书借阅室、报纸借阅览室、期刊借阅阅览室、少儿借阅览室、采编室、地方文献室、电子阅览室、多媒体教室等对外服务窗口，完至2012年底，县图书馆各类文献藏量达7万多册，阅览座位225个，计算机79台，宽带接入10Mbps，选用图创图书馆自动化管理系统。武宣县图书馆坚持“读者至上，以人为本”服务理念，全馆每周平均开放60小时以上，年均接待读者30932多人次，每年多次举办各类读者活动及培训。

业务建设

截止2012年底，武宣县图书馆总藏量7.53万册（件），其中，纸质文献7.3万册（件），电子图书0.12万册，电子期刊0.2163万种/册。2009、2010年，武宣县图书馆新增藏量购置费6万元，2011年起增至8万元。2011年，地方文献入藏完整率为96%。

截止2012年底，武宣县图书馆数字资源总量为15.05TB，其中，自建数字资源总量0.38TB。2009年，启用自动化管理系统，以适应公共图书馆服务联盟建设的需要。

读者服务工作

从2009年8月起，武宣县图书馆全年365天天天对外免费开放，周开放60小时以上，2011年3月，开通与县城2所小学图书室的馆际互借服务。2011—2012年，有5个流动服务点，馆外书刊流通总人次0.6万人次，书刊外借1.0624万册。2010年7月，政府公开信息整合服务平台在我馆上线服务。2012年，武宣县图书馆网站访问量0.5102万次。截止2012年，武宣县图书馆发布使用的数字资源总量为21种，5.00TB，均可通过武宣县图书馆网站、武宣县共享工程VPN专网向全县共享工程基层服务中心提供检索、浏览和下载服务。2009—2012年，武宣县图书馆共举办讲座、展览、培训、阅读推广等读者活动596场次，参与人数12356人次。

业务研究、辅导、协作协调

从2010年起，武宣县图书馆以文化信息资源共享工程VPN专网为依托，在全县范围内组建图书馆流动服务，下设流通服务、地方文献联合征集、阅读推广与讲座展览资源服务、业务培训与技术支持等工作组。截止2012年底，举办流动服务培训班32期，129课时，1370人次接受培训。

2012年6月，武宣县图书馆参与上级图书馆开展的联合编目工作，获得全国图书馆联合编目中心上传资格。成为国家图书馆联合编目中心成员馆，免费享受联合编目中心书目数据。

2009—2012年，武宣县图书馆鼓励馆员钻研业务知识，输送馆员参加全国基层文化队伍示范性培训以及广西图书馆、桂林图书馆举办的各种业务培训学习，让馆员了解文化新动态，行业新规划，掌握新技能，吸引好经验，提高全馆人员的综合素质。

2009—2012年，武宣县图书馆把基层服务点工作人员作为培训辅导的重点对象，采取请进来和走出去的方式，积极组织开展各类业务人员辅导培训工作。在本馆举办以图书管理的基本知识、共享工程基层服务点计算机管理技术工作知识等为内容的基层图书馆管理员培训班。对本县13个乡镇图书室及142个农家书屋的管理员进行图书管理基本知识、文化信息资源共享工程等方面的辅导和培训。开展的培训及辅导活动总共22期，培训辅导人员1475人。

管理工作

2010年，武宣县图书馆完成第三次全员岗位聘任，本次聘任共设2类岗位，有6人重新上岗。

表彰、奖励情况

2009—2012年，武宣县图书馆共获得各种表彰、奖励21次，其中，文化部表彰、奖励1次，省委、省政府表彰、奖励4次，其他表彰、奖励16次。

武宣县图书馆大楼

上网查阅资料

老年人计算机基础知识培训班

图书馆儿童书法培训班

举办学习雷锋图书宣传活动

报纸阅览室

地方文献室

多媒体教室

馆领导介绍

黎玲，女，1975年2月生，本科学历，中共党员，助理馆员，原馆长（2013年7月调任来宾市图书馆任馆长助理）。1996年9月参加工作，先后从事报刊、少儿借阅及采编等工作。历任武宣县图书馆副馆长、馆长；2008年起连续5年县年度考核中被评为“优秀”等次。2011年县直工委评为优秀共产党员，被评为来宾市文化工作先进个人，2011年和2012年两年被评为县文化系统先进个人。2013年被评为来宾市国家公共文化服务体系先进工作者。

黄恩阳，男，1976年9月生，本科学历，中共党员，馆长。1999年7月参加工作，历任武宣县三里镇文化广播电视站站长、三里镇党政办公室主任、武宣县文体广电局办公室副主任等职。

廖凤柏，男，1964年5月生，中专学历，中共党员，副馆长。1992年9月参加工作，1997年调入图书馆工作至今。

未来展望

武宣县图书馆是本县的藏书中心、信息中心，遵循“开放、方便、平等、创新、满意”的办馆方针，坚持“读者至上，以人为本”服务理念，完善单体服务功能，扩大服务辐射区域，成为人民群众终身教育的学校，为本县经济建设和社会发展发挥重要作用。

联系方式

地　址：来宾市武宣县城北路163号
邮　编：545999
联系人：黄恩阳

图书馆自动化管理培训班

农家书屋业务辅导

大新县图书馆

概述

大新县图书馆初建于民国年间，1934年广西省府拨给雷平县《丛书集成》、《万有文库》各一部和各类图书挂图，成立民众教育馆（后改为图书馆），向广大民众开放阅览。不久这些书拨给简易师范，国民中学接管。当时订多种报纸供民众阅览，新中国成立后，图书馆工作由文化馆管理，文化馆内设图书室。1978年图书馆从文化馆分出，1979年独立建制，建立了"大新县图书馆"。1983年，图书馆在桃城伦那路建新馆址，1988年10月正式落成开馆。经过20多年不断的扩建，图书馆馆址现有建筑面积1595m²，业务机构设置有：办公室、采编室、特藏室、报纸资料室，综合阅览室、少儿阅览室，图书全开架外借室，电子阅览室（配有电脑35台），多媒体报名厅等9个服务窗口，中国电信带宽接入光纤10兆，年财政拨款总额93万元。

业务建设

截止2013年，大新县图书馆总藏量9.6万册，图书馆供读者使用座位218座，其中少儿阅览室座位48个，综合阅览室74个，电子阅览室座位34个，多媒体电教室座位62个，图书馆自动化管理方面分别有北京中数公司的文律系统和吉胜科技公司的万象网管系统。2008年以来，地方财政投入90多万元对图书馆专用设备改造和馆容馆貌全面维修改造。其中2008年革命老区建设专项基金30万元、2009年县财政拨款转移专项基金40万元、2011年–2012年下拨20万元专项设备基金，维修改造使图书馆旧貌换新颜。

读者服务工作

从2011年起，大新县图书馆全年365天对外免费开放，周开放时间达60个小时，其中周一至周五每天开放8个小时，星期六、星期天全天开放。每年征定党报刊85种，各类期刊212种类，年入藏新书3000册。书刊文献年外借40730册，电子阅览室读者上机浏览查询年达3万多人次，同时利用和发挥文化信息共享工程这一大优势，打造绿色网络环境，免费为中小学生提供科技信息服务和查询课外阅读等多层次服务方式。在实施农家书屋工程建设中，积极配合当地政府职能部门，推进农家书屋建设工程123个基层点，并负责对14个文化广播站长及农家书屋图书管理员进行培训，开展送书下乡、送书到驻地武警中队、消防中队等图书阅读等文化娱乐活动。几年来，每年开展图书馆服务宣传周活动和农民读书活动周以及少儿阅读和儿少书画培训等群众喜闻乐见的文化娱乐活动，丰富了当地不同层次读者的文化娱乐活动。2009年–2012年，大新县图书馆共举办讲座、展览、培训、送书下乡、送书到驻地武警中队、组织读者阅读推广等读者活动38场次，参与人数4万多人次。

业务研究、辅导、协调管理工作

2009–2013年，大新县图书馆员工参与各级图书馆学术论文研究活动10次，入选论文4篇，荣获一等奖一篇，出版专著1部，合著1部。开展农家书屋建设工程辅导和协调管理25次，撰写专项调研、分析报告3篇。

表彰、奖励情况

2008年–2013年，大新县图书馆共获各类表彰、奖励5次，其中文化部表彰2次，2013年荣获国家二级公共图书馆、2013年获广西壮族自治区文化厅先进集体表彰1次，其他奖励3次。

馆领导介绍

阮甘铎，男，1956年9月出生，大专学历，中共党员，副高级研究员职称。1976年参加工作，历任文化站长，文化馆音乐、书法创作辅导员，2000年10月任县图书馆馆长，兼任广西图书馆学会理事、中国书法、美术家协会理事、广西书法家协会会员等职，2010年荣获广西公共图书馆先进个人奖。

黄东，男，1978年出生，本科学历，中共党员，群文馆员，1997年参加工作，2014年11月调入图书馆任副馆长。

张忠勇，男，1966年出生，大专学历，中共党员，图书馆员，1983年参加工作，2000年10月任图书馆副馆长，2014年11月调往博物馆任馆长。

未来展望

大新县图书馆以"读者至上，服务第一"为宗旨，在知识经济时代发挥信息枢纽和精神文明建设基地的重要作用，为广大读者营造终身学习、终身教育的一所没有围墙的大学校。

联系方式

地　址：广西崇左市大新县图书馆（伦那路106–1号）
邮　编：532300
联系人：王　东

（撰稿人：阮甘铎）

农家书屋培训

送书到武警中队

送书到消防大队

宁明县图书馆

概述

宁明县图书馆始建于1933年，原馆舍坐落于宁明县城中镇麟胜街（今邮电局所在地），由广西省政府拨给《古今图书集成》约500册，至日寇陷境失散，图书馆废。建国后，1951年设县文化馆，内设图书阅览组。1978年底，图书阅览组从文化馆中分出，成立县图书馆。馆址初于兴远街，1984年迁址中华街，占地面积约5000平方米，馆舍面积718平方米。2007年3月23日，在宁明县城中镇德华街文化中心动工兴建新图书馆，新图书馆占地面积2000平方米，建筑面积1526平方米，建筑总投资150万元。2009年4月，图书馆迁至新馆。2010年10月19日正式对外开馆服务。

业务建设

截至2012年12月，宁明县图书馆馆藏图书图书103500万册（件）。其中中文平装图书62390册；收藏有自20世纪50年代以来的各种期刊和报纸，其中：中文期刊157种，合订本19293册；报纸44种，报纸合订本8459册。除了印刷型图书外，还收藏有共享工程配送的电子文献5200种及其他非书资料等，能够较好地满足读者的需求。其中，花山崖画故事及宁明地方志为馆藏特色。2009-2012年，宁明县图书馆新增藏量购置费共21万元。2009-2012年，共入藏图书12509种，报刊706种，视听文献738种。至2012年底，地方文献入藏数336类（种）。2012年，宁明县图书馆依托文化信息资源共享工程，加大数字资源建设工作力度。

读者服务工作

宁明县图书馆除春节以外，全年正常开馆，实施免费开放，双休日不闭馆，每天开放时间：8：00-18：00，满足了广大社会公众的需求。宁明县图书馆设有有阅览座位279个，其中电子阅览室座位28个。设有全国文化信息资源共享工程电子阅览室、流动图书馆、综合图书借阅室、报刊阅览室、期刊资料室、报纸资料室、少儿书刊借览室、特藏室等服务窗口近10个，开展外借、阅览、参考咨询、专题、视听等服务。2009-2012年，宁明县图书馆共开展读者活动120次，参与群众50188人次；利用文化共享工程设备，举办公益讲座、报告75场，受益群众3166人；举办社会教育培训班、用户培训班20期，其中为基层图书室农家书屋培养业务人员112人；播放优秀影片14场；举办图书展8次，图片展、知识展、宁明民族服饰展等18次；开展文化调研10次，搜集到地方文献《目连》、《大道之书》、《三朝科》等3部，《目连》已初步完成翻译；建立图书流通站6个；协助文体局建设农家书屋112个，开展业务辅导和送书下乡等52次，送书下乡20593册；发放免费开放宣传资料8000份。接待读者累计98387人次，图书流通8.36万册。

业务研究、辅导、协作协调

2009年-2012年，宁明县图书馆职工共发表论文5篇，撰写调查研究报告3篇。2009年-2012年，宁明县图书馆员工参加岗位培训继续教育36人次，培训率100%。2009年10月，宁明县图书馆成为文化共享工程县级支中心，拥有天网、地网接收（卫星和宽带接收）、存储、发布、索取以及办公自动化等功能，建设有标准的机房和一个拥有28台计算机的电子阅览室及一个多功能室；辐射13个乡镇基层服务点及161个村级基层服务点。2012年，宁明县图书馆依托文化信息资源共享工程，加大数字资源建设工作力度。加工完成了近30000条图书数据，自建了图书总库、少儿图书库、地方文献库、期刊库、图书编目库等数据资源库，使我馆由手工管理向计算机管理迈进奠定了必要条件；7月份，安装了图书馆管理系统软件，8月1日，正式启动自动化管理，该馆成为当时崇左市第二个全面实现图书馆计算机管理的县级馆。

管理工作

2012年底，宁明县图书馆在编人员9人，其中设馆长1人；有本科学历1人，大专学历4人，大专以上学历者占职工人数56%；具有中级职称2人，初级职称3人。建立了工作量化考核指标，每季度进行工作通报，每半年和全年进行总体工作考核。截止2012年，该馆图书总藏量103500册，开架书库分有三个室，分别是：期刊资料室开架图书137种19293册，图书借阅室开架图书20226种25514册，过报资料室开架图书36种8459册。合计开架图书20399种53266册，书刊文献开架比率51.4%。

表彰、奖励情况

2009年，参加“广西文化信息资源共享工程网络知识竞赛”，获三等奖；2010年，参加“全区图书馆服务效果评选活动”，获优秀奖。

馆领导介绍

陆小霞，女，1970年12月生，本科学历，中共党员，行政副科，馆长。1990年7月参加工作，1990年7月至1993年8月先后为广西宁明县桐棉小学、宁明县幼儿园教师，1993年9月到宁明县图书馆工作，1999年11月，任宁明县图书馆馆长。

未来展望

在多元文化并存的信息时代，努力完善藏书体系，突显当地特色文化，以不断满足广大读者的阅读要求。不断改进服务方式，改善馆内设施，提高服务质量，充分发挥图书馆教育阵地的作用，使图书馆成为没有围墙的大学，成为人民群众的精神家园，成为本县精神文明建设的重要基地，促进当地社会、经济的共同发展。

联系方式

地　址：广西壮族自治区宁明县城中镇德华街文化中心大院
邮　编：532500
联系人：何海营

梧州市图书馆

概述

梧州市图书馆建于1956年6月1日，位于梧州市万秀区建设路法院里48号。原建筑面积4082平方米，2004年因政府拆迁，建筑面积减至3232.16平方米；馆内设办公室、辅导部、采编部、技术部、电子阅览室、报刊阅览部、外借部、少儿部。文化共享工程梧州市支中心设在馆内。现有阅览座席300个，计算机92台，宽带接入20Mbps，选用丹诚DT1000图书馆自动化管理系统。

业务建设

截止2012年底，梧州市图书馆的馆藏总量为56.1305万册（件），其中实体文献总藏量54.1383万册；电子文献总藏量为2.0871万册。2007年–2012年，梧州市图书馆的新增藏量购置费30万元，2012年，图书入藏量是4344种，8776册；报刊474种，合订本1998册；地方文献40种，114册。截止2012年底，梧州市图书馆数字资源总量达8.5775TB。其中自建资源达1615.35GB。馆藏中文文献书目数字化达92%。

读者服务工作

从2011年7月开始，梧州市图书馆实行对外免费开放，每周开放时间达65小时，周六、日不闭馆，中文图书和现报现刊实行全开架借阅，2009–2012年，书刊总流通334857万人次，书刊外借416710册次，先后与梧州学院图书馆、苍梧县图书馆、藤县图书馆、岑溪市图书馆、电子科技学校图书馆等开展馆际互借服务，2012年共借书约17万册；截止2012年底建设馆外服务网点11个，并定期开展送书上门服务，2012年共送书18次，图书流通总人次25703人次。开展政府公开信息服务，通过纸质文献查询和网络咨询平台查询，为市民读者提供网络信息检索服务。编辑《信息参考》围绕“西江经济”、“区域经济”、“社会管理创新”、“文化产业”、“文化视野”等内容，为梧州党政机关领导决策、地方政治经济发展提供信息服务，每月出版一期。2012年12月，梧州市图书馆正式开通图书馆网站，网络发布使用的数字资源8种，5.8TB2009–2012年，梧州市图书馆共举办讲座、展览、培训、阅读推广活动等292场次，参与人数108063人次。

业务研究、辅导、协作协调

2009–2012年，梧州市图书馆职工共发表论文17篇。2009–2012年，梧州市图书馆与市妇联、总工会、武警梧州市支队、银行系统、教育系统等单位协作开展“鸳江讲坛”讲座活动，与教育局、万秀区青少年活动中心协作举办各类中小学生阅读活动，2012全年通过协作协调参与跨系统服务活动共14次。

2009年–2012年举办业务培训班7期，680人次接受培训。

管理工作

梧州市图书馆2012年在编人员28人，副高职称4人，中级职称13人。2010年完成全员岗位聘任。制定《梧州市图书馆2011–2015年业务建设规划》、年度免费开放工作计划、建全各项管理制度，每年按照工作计划实施开展工作，每星期、每月进行工作进度通报，每年进行总体工作考核。

表彰、奖励情况

2009年至2012年梧州市图书馆获省级以上业务主管部门、政府表彰及奖励11次；市级主管部门表彰及奖励20次。

馆领导介绍

卢文英，女，1962年7月出生，大专学历，民盟盟员，副研究馆员，馆长。1975年12月参加工作，2011年12月任梧州市图书馆馆长。兼任广西图书馆学会常务理事，梧州市图书馆学会理事长，2012年度荣获梧州市文化新闻出版工作成果奖一等奖，2012年、2014年分别获广西文化厅全区公共文化服务体系建设先进工作者奖。

莫健钦，男，1958年11月出生，大专学历，中共党员，党支部书记。1978年12月参加工作，2011年12月担任梧州市图书馆党支部书记，历任中共梧州市委宣传部精神文明办公室副主任，文化稽查支队代支队长。分管：党支部工作、装订组工作。

汪雁，女，1975年3月出生，在职研究生学历，中共党员，馆员，副馆长。1993年8月到梧州市图书馆工作，先后在少儿部、外借部、采编部、技术部、辅导部工作，2011年12月任梧州市图书馆副馆长。分管全馆业务工作，兼梧州市图书馆学会秘书长。

黄兴武，男，1974年1月出生，本科学历，中共党员，馆员，副馆长，1995年1月到梧州市图书馆工作，在财务部工作，2012.年4月担任梧州市图书馆副馆长，分管办公室。

未来展望

梧州市图书馆秉承“读者第一，服务至上”的办馆宗旨，以“提高图书馆服务效益、服务质量、办馆水平”为目标，不断完善本馆的服务体系，扩大服务的覆盖面，带动本地区图书馆事业的发展。2010年10月梧州市图书馆新馆进行实质性施工。该项目位于梧州市红岭新区站前大道中段西侧，占地19.36亩，建筑面积10976.9平方米。项目总投资5983.35万元，2012年，梧州市图书馆新馆主体工程已完成，目前进入二次装修及配套工程实施阶段，全面建成后的新馆可容纳纸质文献100万册，阅览座位达1000多个，借新馆建成的契机，梧州市图书馆将建设本地区总分馆体系，在改善自身硬件及软件的条件下，加快总分馆体系的建设，促进本地区图书馆事业的整体发展，努力建成全国地市级一级图书馆。

旧图书馆

职工书屋培训班

“鸳江讲坛”讲座活动

苍梧县图书馆

概述

苍梧县图书馆成立于1963年，是财政全额拨款的事业单位，核定编制数12人，截止2012年12月，共有在职人员10人，其中，大学本科学历1人，大专学历5人，中专学历2人。中级职称4人，初级职称4人。按照苍梧县人民政府旧城改造的要求，2009年苍梧县图书馆拆除改造，改造期间，开发商临时租用场地安置图书馆开展业务。图书馆有阅览席80个，计算机36台，其中电子阅览室配置有微机27台和高性能服务器，开通5M光纤LAN宽带，图书馆自动化管理系统采用丹诚软件DataTrans-1000集成系统。并拥有摄像机、照相机、投影仪、复印打字一体机、卫星接收机等现代化设备。

业务建设

截止2012年底苍梧县图书馆总藏量10.1366万册（件），其中纸质文献10.1126万册（件），视听文献228件，其他12册。藏书中较突出书籍有《中国大百科全书》74卷、《汉语大词典》13卷、《中文大辞典》40卷（台湾版）、《二十四史》、《全宋词》等，还有《苍梧县志》（清同治13年刊本）、《梧州府志》（明崇祯4年本）、《广西通志》（清朝嘉庆年修的点校本）等一批地方文献。

2009–2011年苍梧县图书馆每年新增藏量购置费6.0万元，2012年起增至10万元。2009–2012年，共入藏图书9090册，报刊1148种，电子图书8534（册、件），视听文献121件，其他9册。地方文献入藏182册。

读者服务工作

每天开馆10小时，每周开馆70小时，周六、周日、法定节假日均对外开馆。2011年12月起图书馆的基本服务免费开放。2012年统计全年办理借书证1124只，全年书报阅览人数约14054人次，书报阅览约64072册，接待读者人数52345人次，图书外借69263册次。入藏图书3269种，3407册，订报纸57种，杂志209种。2012年全年设立三个流动服务点借。馆藏书刊文献年外借率76.87%，书刊文献年外借77917册次，馆外流动服务点外借图书966册，借阅8654人次，人均年到馆次数32.2。为残疾人上网提供服务，为进城务工人员播放投影讲座、投影电影，为未成年人举办书法、网页培训班，为中老年人举办电脑培训班。每年推出成人、儿童新书推介。举办讲座、展览，服务宣传周，全民读书月等活动。

协作协调业务研究、辅导

2009–2012年苍梧县图书馆发表论文1编，内部出版专著7部。与国家图书馆全国图书馆联合编目中心实行信息资源共建共享，与梧州市图书馆开展馆际互借和互助合作等活动。积极组织学生参加广西壮族自治区“知识工程”办公室、广西壮族自治区科普工作联席会议办公室组织的《广西中小学生网页制作大赛》和文化部全国文化信息资源建设管理中心开展的《全国中小学生电脑小报设计比赛》。与梧州市图书馆、龙圩文化站、城东社区合作举办了《高血压脑出血》免费专题讲座，不定期派出人员到镇、村（社区）进行业务辅导、培训等工作。

管理工作

每年与主管部门签订工作目标管理责任书，年初做计划、年末总结。2010年完成第一次全员岗位聘任，本次聘任共设管理岗位2个、专业技术岗位10个，12人重新上岗，每半年和全年进行总体工作考核。吸纳志愿者参与图书管理和服务。设备、物资管理有规章制度。电子阅览室每天记值班日记，上网登记。报刊阅览室和电子阅览室安装了视频监控。

表彰、奖励情况

2009–2012年苍梧县图书馆共获得表彰、奖励7次，其中，广西宣传部1次，区文化厅2次，县文体局4次。

馆领导介绍

李永新，男，1960年2月生，大专学历，馆员，馆长。1979年7月参加工作。

莫萍，女1972年7月生，本科学历，馆员，副馆长。1992年8月参加工作。

未来展望

苍梧县图书馆实行“读者第一，服务至上”办馆理念，由于开发商回建馆舍至今还未落实，对于开展读者服务工作存在很大困难，因此首要任务是落实馆舍的回迁。另外争取新的苍梧县图书馆综合大楼建设项目立项建设。

联系方式

地　址：广西苍梧县龙圩镇峡顶街93号
邮　编：543199
联系人：李永新

河池市民族图书馆

概述

河池市民族图书馆坐落于河池市百旺路河池市人民政府旁，是一所地市级综合性公共图书馆，占地面积6180平方米，建筑面积14216平方米。其前身为县级河池市图书馆，2002年金城江撤地设市后，正式更名为河池市民族图书馆。现址于2003年搬迁重建，2007年3月竣工并正式对外开放。馆内设有阅览室4个、书库4个、展览厅2个、报告厅1个；拥有阅览座位400多个，日均可接待读者2000人次；读者用电脑30台，宽带接入10M；选用丹诚软件自动化管理图书业务系统。2007年，参加第三次全国公共图书馆评估，首次获得三级图书馆。

业务建设

截止2012年底，河池市民族图书馆图书总藏量249140册，其中图书143380册，报、刊合订本16380册，视听文献820件；电子文献量4800册，其中电子图书4800册，电子期刊1592351件。年新增藏量购置费50万元，2012年共入藏中外文图书10870种12719册，报纸73种224册，期刊142种565册。

读者服务

从2012年1月起，河池市民族图书馆全年365天免费开放，周开放66小时。进馆借阅的读者逐年上升。2012年，该馆全年接待读者达44318人次，外借图书达21600册次，发放借书证480本，其中接待咨询、查阅资料460人次，预约借书232册；图书馆网站访问量达25000次。

2010年起，馆内先后设立河池市政府信息公开查阅点、小学生社会实践基地、河池市离退休干部学习教育基地、河池市社会科学普及基地等服务基地。2012年，共举办讲座、展览、培训、阅读推广等读者活动22场次，参与人数达1万多人次。

其中，2011年河池民族图书馆联合多方共同打造河池市公益讲座文化品牌——“红水河讲坛”。截至2012年底，“红水河讲坛”已成功举办19期，足迹遍布河池市各县区，讲座内容涉及哲学、文学、心理辅导、地方经济发展等领域，参与人数达15000人次，具有广泛的社会影响力。

业务研究、辅导、协作协调

2009至2012年间，组织职工参加各级各类业务提高班的培训，累计达1312学时，人均87.4学时，指导职工撰写论文发表在省级以上刊物的达10篇。开展送书送文化下乡30多次，送书达2780多册，并以“三下乡”活动为契机，对各县、乡镇、村屯图书室进行业务辅导21次，累计辅导培训40多人次。

管理工作

以贯彻落实河池市委市府关于实施执行力提升的工程为契机，加强图书馆作风建设，建立了《阅览室工作人员岗位职责》《外借工作人员岗位职责》《图书借阅规则》等一系列的规章制度，推行阳光操作“五公开”、承诺服务“五个好”、行业自律“五不要”、问责管理“五制度”等措施，明确要求，规范管理，馆风馆貌得到不断改善。

表彰、奖励情况

2008年，获广西中小学生“拥抱奥运”网页制作大赛组织奖。

2010年，评为全区公共图书馆先进集体。

2011年、2012年，连续被中国图书馆学会评为“全民阅读”先进单位。

2013年，评为全区公共文化服务体系建设先进集体。

馆领导介绍

谭荣玲，女，1978年5月出生，大学本科学历，中共党员，馆长。1997年9月参加工作，从事图书馆管理工作17年，2012年任河池市民族图书馆馆长。兼任广西图书馆学会理事等职。

潘建华，男，1971年6月出生，大学本科学历，中共党员，副馆长。1990年7月参加工作，2005年任河池市民族图书馆副馆长。

未来展望

河池市民族图书馆将坚持“创新务实，高效管理，优质服务，满意读者”的办馆方针，在不断完善服务设施，提高服务质量，拓展服务领域的基础上，逐步将图书馆推向数字化的方向发展，并开展地方特色文献馆藏工作，打造出具有地方特色的服务模式和服务品牌。

联系方式

地　址：河池市百旺路13号
邮　编：547000

河池市民族图书馆外观

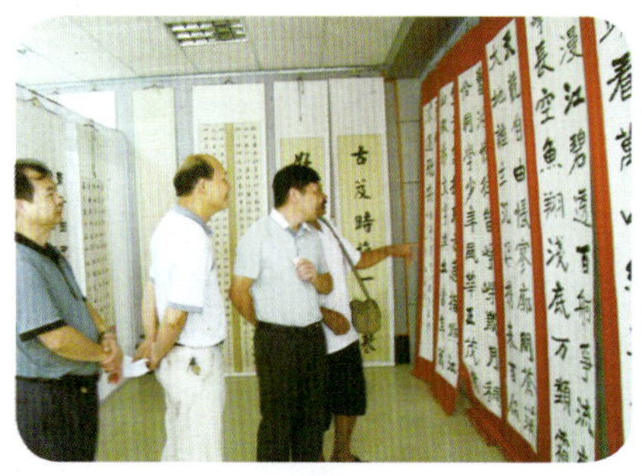
书画展

红水河讲坛

贺州市图书馆

概述

贺州市图书馆的前身是贺县图书馆，始建于1932年，建馆初期藏书2041册。抗日时期图书馆被日机轰炸，部分图书受损，迫不得已分散隐藏到贺县鹅塘乡卢岗村等地。解放后，1964年1月贺县人民政府下文成立贺县图书馆，图书馆恢复正常的读者服务及馆藏管理。馆址几经变迁之后，1986年建新馆，总投资76万元，占地1900平方米，建筑面积2435平方米，馆舍位于贺县体育路67号。1990年8月12日新馆建成接待读者。1997年5月，贺县撤县设市，更名为贺州市图书馆（县级），1998年8月参加第二次评估，达到国家二级图书馆。2003年1月县级贺州市图书馆上划为地级市贺州市图书馆。现在阅览室可同时容纳600名读者，阅览席座位481个，计算机81台（读者用机60台），宽带接入6Mbps，选用GLS通用图书馆集成系统。

业务建设

截止2012年底，贺州市图书馆总藏量20万册（件），其中，纸质文献19.6万册（件），电子图书0.6万册。2009–2012年，共入藏书刊14154种、37993册，其中：图书20957册，报刊17036册，视听文献5700种。截止2012年底，贺州市图书馆数字资源总量为4.8TB，其中，自建数字资源总量0.8TB。2009年，利用共享工程试点县下拨的自动化管理设备，实现图书馆业务自动化，2014年年初，实现馆内无线网络覆盖。

读者服务工作

2009–2012年，贺州市图书馆全年对外开放每年364天，周开放72.5小时，2010年底实行免费开放。2009–2012年，有效持证读者20800个，书刊总流通92万人次，书刊外借83万册次。2009–2012年，馆外流动服务点书刊借阅5个服务点，馆外书刊流通总人次233人次，书刊外借380册。2009–2012年，贺州市图书馆共举办讲座、展览、培训、阅读推广等读者活动30场次，参与人数2.2万人次。阅读推广工作同时进行，最具影响力的2012年首届贺州市图书馆黄金屋诗歌节”和“2013年贺州市图书馆黄金屋读书节”，达5千人次。

业务研究、辅导、协作协调

2009–2012年，贺州市图书馆职工发表论文9篇，获二等奖二篇，三等奖三篇，优秀奖4篇。2009–2012年期间，发挥桥梁纽带作用与县、区馆开展文化信息资源共享工程服务惠民活动、工作经验交流活动、地方文献征集、阅读推广与讲座展览资源服务、自动化业务培训、共享工程设备技术培训等工作。2009–2012年，学术研究是图书馆的业务职能之一，为推动我市公共图书馆学术研究工作上新的台阶，特制订并实施《贺州市公共图书馆学术研究成果奖励办法》。

管理工作

2011年，贺州市图书馆完成全员岗位聘任，本次聘任共设10类岗位，有20人重新上岗，同时，建立了《贺州市图书馆奖励性绩效工资分配比例及方案》，公平合理，按劳分配，优劳优酬，责重酬高。制定月考勤奖、履行职责奖、月完成任务奖，全年进行总体年度考核评议。2009–2012年，共抽查文献排架15次，书目数据10次，利用历会对全员进行业务培训11次，发现问题不定期现场技术培训，新书目推荐介绍出版12期。

表彰、奖励情况

2009–2012年，贺州市图书馆共获得各种表彰、奖励5次，其中，省文化厅奖励3次，省知识工程、科普工作联席会奖励2次。

馆领导介绍

陈泳达，男，1958年4月生，本科学历，中共党员，副研究馆员，馆长。1975年5月参加工作，历任贺州市昭平县中学教师、2006年9月任贺州市图书馆副馆长、2010年10月任贺州市图书馆馆长等职。2009年作品《信念》获广西第十五届八桂群星奖，2010年、2012年被评为优秀共产党员，2013年被评为贺州市创建文化先进城先进个人。

黄玉莲，女，1961年12月生，大专学历，馆员，副馆长。1978年8月参加工作，1996年前在贺州市百货公司收发档案室，1996年6月调入贺州市图书馆办公室兼采编部，2005年任信息部主任兼管电子阅览室，2011年4月任副馆长等职。分管流通部、信息部、电子阅览室、自动化建设的工作。

未来展望

贺州市图书馆遵循“科学、效率、创新、发展”的办馆方针，践行社会主义核心价值观，完善阵地服务，拓展服务空间，扩大服务辐射区域，助力我市文化事业大发展大繁荣。2009–2012年，在不断增强自身综合实力的同时，通过创办首届贺州市诗歌节，黄金屋读书节等大型读者活动，极大的提高了图书馆的影响力。在未来的几年里，贺州市图书馆将进一步提升现代化水平，一是带动县区实现图书馆自动化管理，网速提至30M，实现馆内无线网络覆盖；二是调增电子资源采购，丰富馆藏资源；三是建设13500万平方米新馆，达到地级市一级馆的标准。

联系方式

地　址：广西贺州市体育路67号
邮　编：542899
联系人：黄玉莲

每年举办工作经验交流会议

贺州市支中心露天活动阵地

少儿、老年免费书法培训班

融安县图书馆

概述

融安县图书馆最初位于长安镇和平街，1976年搬迁至建设街85号，1989年4月搬迁至和平街331号，当时全馆使用面积1188平方米。1990年评为全区创建文明图书馆二级馆；1992年继续保持二级馆荣誉；2005年获文化部评为国家三级馆。2010年元月从和平街331号搬到文体中心图书馆大楼，新馆为4层主体工程，建筑面积2322.4平方米。融安县图书馆有计算机45台，10M宽带接入，选用文津图书馆自动化管理系统，有阅览坐席329个。

业务建设

2012年底，融安县图书馆总藏量纸质文献、报刊66984册（件）注：不包括地方文献、电子视听、电子图书、电子期，其中，纸质文献48379册，报刊资料18605册，地方文献935（编）册，电子（视听）46（种）648（册），电子图书5000种，电子期刊200种。数字资源总量达1TB，从2009至2012年共录制有本地方视频资源200个小时，《地方政府信息》采集并整合了截至2012年的各级政府公报和政府公开信息。

2009年至2012年每年购书经费8万元。

读者服务工作

融安县图书馆共设6个服务窗口，分别为报刊阅览室、少儿阅览室、电子阅览室、图书外借厅、地方文献室、多功能展厅，从有图书馆到2011年止除法定节假日外，我馆都对外开放。2012年初实行365天开放，每天开放9个小时。2009–2012年，书刊总流通125800人次，书刊外借102500册次。有4个流动服务点，馆外书刊流通总人次15000人次，书刊外借8518册。2009–2012年，融安县图书馆共举办讲座、展览、培训、阅读推广活动、演讲比赛共46场次，参与人数8620人次。

业务研究、辅导、协作协调

2009–2012年对全融安县文广站站长，168家“农家书屋”管理员进行图书业务培训和指导、技能比赛8期，1280人次接受培训。协助、辅导全县168家“农家书室”图书编类、登记、上架等工作。

2009–2012年，融安县图书馆职工在省级以上刊物发表的论文4篇，调研文章3篇，金点子20篇。

管理工作

融安县图书馆每五年都要进行一次全员岗位聘，并每年进行职效考核，按考核结果进行年终奖励和评优。各厅、室每月进行小结和工作进度通报，季度上报主管部门。

表彰、奖励情况

2009–2012年，融安县图书馆共获得各种表彰、奖励10次，其中省文化厅表彰1次，其他都是市级表彰9次。

馆领导介绍

吴家俊，男，1962年09月生，高中，馆长。1983年参加工作。2000年任融安县文化馆副馆长，2010年任融安县文化馆馆长，2012年调任融安县图书馆馆长。兼任柳州市图书馆学会理事。

罗志强，男，1963年11月生，大专，中共党员，副馆长。

奉丹丹，女，1970年1月生，大专，副馆长。

未来展望

融安县图书馆坚持以人为本，创新思路转变办馆理念，提高服务档次，推动全馆持续发展。按照县委县政府提出“书香桔乡，文化融安”精神，在未来 构建城乡一体化图书服务体系，为我县新农村建设提供强有力的智力、精神支撑，从而促进城乡一体化格局的顺利实现。不断摸索一条适合农村村级和社区文化服务的新思路新模式，有效地在村、社区、学校、机关、军营建立分馆，初步建成以县图书馆为中心，覆盖全县的图书服务体系。加强未成年人服务工作，抓住契机，争取未成年人服务工作得到明显的改善和提升。

联系方式

地　址：融安县长安镇新兴路文体中心

邮　编：545400

联系人：吴家俊

首届农家书屋讲演比赛颁奖

期刊阅览室

少儿书法培训班

柳州市鱼峰区图书馆

概述

鱼峰区图书馆位于柳州市柳石路332号。于2010年4月22日正式开馆，并进行隆重的开馆仪式，是柳州市四城区中率先对读者开放的图书馆。图书馆现有藏书9000余册，订有报纸22种，期刊111种，其中少儿期刊25种，全部以《中图法》分类，按国家标准进行编目。文化信息资源共享工程鱼峰区支中心配套设备已经按照相关要求全部安装调试符合技术要求。图书馆面积1043平方米，各馆室分布于办公大楼二至五层内。建起了书库、成人阅览室、少儿阅览室、电子阅览室、读者活动室、采编室、多媒体培训教室、办公室等，进一步巩固完善了基层文化中心阵地建设。

业务建设

2010年开馆以来，图书馆利用现代化技术装备配备网上流通系统VPN设备，以虚拟专用网络，实现与柳州市图书馆之间的宽带连接，实现全市公共图书馆资源的统一检索和借阅。读者凭全市统一的借书证，可以在市馆、区馆免费借还图书或通过网络查阅资料，实现了“通借通还”，成为真正意义上的资源共享图书馆。共享了市图书馆40000册书，以及电子报刊中国期刊全文数26321695篇，中国期刊全文数据库(世纪期刊)共5406835篇，中国重要报纸全文数据库共8151439篇。广大群众能便捷地获取和分享全国各地的文化信息与资源。鱼峰区图书馆和市图书馆的合作，让鱼峰区图书馆实现了小馆藏大容量以及资源共享的功能，更加给辖区广大人民群众增添了获取知识的平台。

2012年，鱼峰区图书馆发挥公益性服务的效益，继续开展与市图书馆的“通借通还”业务，图书馆各项数据统计均创新高。期间，为读者免费办理借阅证117本；馆内图书年流通借出数6362册，为2011年借出数的6倍；馆内图书年流通还回数5329册；全年内阅人数达1.3万余人。寒暑假期间，积极利用区图书馆辅导室对社区、未成年人开展读者培训班等活动。

截止2013年，图书馆各项数据统计均创新高。期间，内阅人数全年1万余人。

读者服务工作

2010年6月3日，鱼峰区图书馆在鱼峰区政府一楼大厅举办了现场办理图书借阅证的活动。市图书馆也派出专人协助办证，并为前来咨询的人答疑解惑。7月29日上午，“柳江之夏·文惠讲坛”活动在鱼峰区区图书馆举行了题为“社区活动与社会教育的产业运作”的讲演。近50余名社区干部聆听了专家的讲座，受到了社区干部的欢迎。

2012年4月20日，鱼峰区图书馆联合区关工委、区教育局等七部门在箭盘山书市举行“最是书香能致远”暨鱼峰区第二届“4·23”世界读书日活动。活动现场，辖区的近200名中小学生们现场互相分享读书的喜悦，家长代表上台畅谈亲子阅读的收货；30多名中小学生进行励志书法创作比赛，由柳州市硬笔书法家协会的书法家对学生作品现场点评，并讲授书法鉴赏常识；《中国少年报》驻柳州办事处为到场学生赠送书籍1000余册。

2013年鱼峰区区图书馆组织服务基层图书室和读书活动4次。1月13日，鱼峰区图书馆与柳州市图书馆在南亚社区联合开展流动图书大篷车活动，为社区居民提供了2000余册的图书；1月31日，鱼峰区图书馆参加鱼峰区“迎新春”科技、文体、法律、卫生、计生“五进”社区志愿服务活动，为居民现场送春联；4月19日，鱼峰区文化和体育局与鱼峰区教育局、计生局等部门联合在水南路小学举办以“关爱女孩·快乐成长”为主题的2013年“世界读书日”活动；参加柳州市纪念“7·11”世界人口日宣传暨鱼峰区“生殖健康教育进校园”活动启动仪式，为辖区中小学青少年捐赠了600多册健康教育书籍。

管理工作

现有工作人员8名，其中在编人员4名，2010年建立了办证须知、鱼峰区图书馆阅览室借阅规则、电子阅览室管理规定、少儿阅览室借阅规则等一套系统的管理制度。

表彰、奖励情况

鱼峰区图书馆2013年11月被国家文化部授予了“国家三级图书馆”称号。

未来展望

本馆将继续围绕文化大发展大繁荣的要求，在开展好基础业务的同时，创新服务思维，更新服务方式，为图书馆事业进一步发展作出努力。

联系方式

地　址：柳州市柳石路332号
邮　编：545005
联系人：张 华

分馆开馆仪式

读书日活动

在南亚社区联合开展流动图书大篷车活动

柳州市城中区图书馆

概述

城中区图书馆座落在柳州市东台路44号。该馆地理位置优越，毗邻柳侯祠，北接东门城楼，南朝美丽的柳江沿岸，周边聚集着柳州市多个专业文艺团体、多所重点中、小学校和居民小区，是柳州市人口最为密集的区域。图书馆的投入和使用最大限度地实现了辖区文化资源、教育资源、社会资源的合理共享。城中区图书馆恪守“服务第一、读者至上”的服务宗旨，立足于良好的资源优势和优质的服务质量来满足广大公众的需求，将这座“便民、乐民、惠民”的文化园地打造提升为一个集“文化、教育、科技、信息”于一体的综合性文化活动阵地。城中区图书馆馆舍占地面积为3000多平方米，其中室内使用面积1300多平方米，设有主机房、电子阅览室、报刊阅览室、少儿阅览室、学生阅览室、采编室、书库和多媒体活动室，阅览坐席共计170多个，可同时接待读者300人。

业务建设

截止2012年底，我馆书籍总藏量达12万多册，电子文献500多种，购书经费逐年增长，平均年新增图书2500种，报刊80种，视听文献30种，并有专业的图书管理人员对书籍进行统一、规范、整齐、美观的编目与维护。

建馆初期，柳州市电信分公司在充分分析了我馆的实际需求后，提出了采用光纤宽带互联网接入技术实现用户的网络互联需求，通过汇聚交换机汇聚后光纤互联到龙城中学校园网房，信息共享平台部署在此，提供统一的互联网出口。目前，我馆共有35台计算机，其中可供读者使用的计算机台数为25台，与电信分公司签署了租用10M光纤宽带的协议，存储容量7TB，为读者提供了良好的网络环境。

读者服务工作

我区图书馆自2010年12月底正式开放以来，始终坚持免费向市民群众开放，提供借阅和各类公益性培训服务。2012年，我馆每周开放58小时以上，实行节假日不间断免费开放，每月接待读者达3000多人次，书刊文献开架率90%以上。我们更是积极组织开展了以“文化关爱下基层”为主题的“欢乐城中·快乐寒（暑）假”天天活动、“书香溢城中”等系列公益性文化活动，我们每年举办养生讲座、业务培训、武术指导、声乐、舞蹈、美术、书法、英语、围棋等各种培训班及科技文化讲座30多期，参加培训人数1000多人。此外，图书馆除了提供图书借阅之外，针对不同的用户，我们还开办了非常丰富的项目，获得了市民朋友们的一致好评。比如针对老年人开设有养生讲座；针对未成年人开设有书法、声乐、舞蹈等一系列主题公益性培训活动；针对进城务工人员开设有公益性数字电影观赏，并播放有计生、安全生产、普法等宣传短片，提高外来务工人员的保障权益意识。

管理工作

按照文化部、财政部《关于推进全国美术馆公共图书馆文化馆》（站）免费开放工作的意见》要求，第一时间成立城中区为民办实事公共文化基础设施场所免费开放项目工作协调协调小组，健全公共文化服务设施的规章制度，按时按要求将图书馆免费开放经费20万元（其中中央财政补助16万元、地方财政补助3.2万元，本级财政补助0.8万元）。我馆每年年底都会根据本年度业务开展情况做好工作总结并制定出下一年度的工作计划和方案，确保图书馆的正常运行。由专人负责设备、档案的整理和归档工作，配有专门的保安人员和卫生清洁员，时刻为读者朋友们提供一个安全、干净的读书环境。目前，图书馆配置了3名工作人员，定期参加由自治区、市级组织的各种业务培训，学成后下到基层书屋对基层管理员进行培训，提高我区书屋管理的业务能力。确保市民正常的使用公共文化基础设施场所。

表彰、奖励情况

在全市文化系统重点工作考评中，涉及的我馆的考评指标完成优秀，是唯一一个连续六年获得文化考评特等奖的城区；“全国文化信息资源共享工程——城中区图书馆建设”作为2011年我区上报到市里的“为民办实事”考评中也被评为了优秀。

馆领导介绍

韦晓，女，1971年9月生，大学学历，中共党员，城中区文化和体育局局长、城中区图书馆馆长。1991年12月参加工作，2013年10月任城中区图书馆馆长。

城中区图书馆大门

图书馆院内景

电子阅览室

图书馆阅览室

未来展望

城中区图书馆要打造城区一体化公共文化服务体系，在区政府的领导下，区图书馆积极规划城区、街道、社区、农村四级一体的图书服务网络建设工作。我区以图书馆为龙头，以社区图书室为纽带，依托农家书屋以及社区文化活动中心，规划建立遍布城区、街道、社区、村屯的四级图书服务网络。并由区分管领导亲手抓、区文体局、区图书馆为具体责任人和责任单位，通过强化组织领导、协调，结合送书下乡和开展公益性系列活动等工作，分别为社区书屋、村农家书屋进行图书配送，在符合条件的社区和村屯建立起城区图书馆分馆、图书馆流动服务点和农民读书点，依托辖区优越的文化优势和高科技手段，打破"条块分割"、"各自为阵"等落后的发展模式和管理体制，加快图书馆事业的发展和资源共享初步实现城中区动静结合的图书馆总分馆形态，建设服务网络，争取所设总馆与分馆凭城中区图书馆借阅一卡通实现全区范围内的通借通还服务，方便市民的借阅，充分发挥公共文化服务阵地的作用。利用共享工程资源建立"天网（卫星）、地网（互联网）、人网（馆内局域网）"三合一的多媒体网络数字体系，满足全市人民不同年龄、不同层次的学习需求，包括科普知识、法律知识、生活礼仪、农业科技、卫生保健、文化艺术灯各类百科知识，让师生和居民可随时随地到图书馆和中心上网学习。

"三下乡"活动

联系方式

地　址：广西柳州市东台路44号
邮　编：545001
联系人：熊柳旋

农村书屋及社区书屋管理员培训班

财务软件培训班

三江侗族自治县图书馆

概述

三江侗族自治县图书馆始建于民国二十五年（1936年），1954年，县图书馆改为文化馆的图书室，1978年7月与文化馆分开，单独成立三江侗族自治县图书馆，在文化馆的旧址办公。1985年，由自治区文化厅和县财政拨款17万元，兴建三江侗族自治县图书馆综合大楼，建筑面积853.44平方米，1987年5月正式投入使用，馆址在三江侗族自治县古宜镇江峰街9号。2005年，三江侗族自治县图书馆通过多方的努力，积极向上争取资金，得到自治区文化厅和县财政拨款15万元，完成了图书馆历时多年的加层封顶建设工程（由于当时资金不足，原设计四层只能建三层，尚未封顶），建筑面积增加到1138.44平方米。2012年，三江侗族自治县图书馆有阅览坐席245个，计算机35台，宽带接入10M，服务器存储容量6TB。

业务建设

截止2012年底，三江侗族自治县图书馆文献总藏量10.37万册(件)，其中纸质图书8.99万册(件)，期刊0.97万册(件)，报纸0.36万册(件)，视听文献0.05万种。2012年，图书入藏6550种，报刊入藏243种，视听文献入藏34种，地方文献入藏15种。

2009年—2010年，全国文化信息资源共享工程三江县级支中心由中央财政投入54.4万元和县财政配套投入13.6万元，在三江侗族自治县图书馆挂牌成立。由中央财政投入171.6万元，分别建成乡镇基层服务点15个，村级服务点161个。

2010年底，三江侗族自治县图书馆公共电子阅览室建成，有25台计算机，宽带接入10M。电子阅览室每天开放时间为10小时，采用"万象2008"管理系统，终端有电子阅览室导航系统，对青少年、老年人、农民工等特殊群体专门制订了服务方案，并按方案开展针对性服务。

三江侗族自治县图书馆普通图书、期刊文献均依据有关国家标准和行业标准进行编目著录。本馆有相关的编目细则，视听文献按入藏时间编目。图书加工规范、统一、整齐、美观，开架图书按《三江侗族自治县图书馆图书排架制度》和《三江侗族自治县图书馆图书架位管理制度》进行排架管理。地方文献设有专架，有专门目录，有专人管理。

读者服务工作

从2011年5月开始，三江侗族自治县图书馆公共空间设施场地及基本服务项目实行免费开放，实现无障碍、零门槛进入。每周开馆63小时，图书外借室和报刊、儿童阅览室实行全开架借阅，书刊文献开架比例达82.74%。2009年—2012年，书刊总流通16.4万人次，书刊外借11.9万册次。2009年—2012年，建有馆外流动服务点9个，馆外书刊总流通人次2.68万人次。

2009年—2012年，三江侗族自治县图书馆共举办讲座、展览、培训、阅读推广活动等读者活动124场次，参与人数23993人次。

2009年—2012年，三江县级支中心充分利用文化共享工程资源在馆内外为广大读者开展服务活动52次，免费为农民群众印发农科资料9986份，免费举办视频知识讲座32期，播放电影、小品小戏等优秀影片153场次，服务人数60756人次。在乡（镇）、村（屯）开展服务活动中，所到之处，群众欢迎，乡、村领导满意。

2009年—2012年，三江侗族自治县图书馆配合有关部门做好政府公开信息查阅服务工作，主动公开信息数6779条，查阅人数1507人次，政府网站中政府信息公开专栏页面访问量25021人次；积极为社会公众提供咨询服务，特别是特殊群体服务，服务人数2876人次。

业务研究、辅导、协作协调

从2010年起，三江侗族自治县图书馆与柳州市图书馆签订协作协议书，并参与了柳州市图书馆学会活动和柳州市图书馆开展三下乡活动。

2009年—2012年，三江侗族自治县图书馆与15个乡镇图书馆、52家农家书屋签订了关于馆际互借、资源共建共享、开展群众服务及辅导、培训等方面内容的协议书，建成以县图书馆为中心馆，乡镇图书馆为分馆，村（社区）图书室（农家书屋）为服务点的公共图书馆三级服务网络，覆盖率达41.6%，并按协议书内容开展了农家书屋、文化共享工程管理员培训和群众服务活动。

2009年—2012年，三江侗族自治县图书馆对15个乡镇图书馆、181个行政村农家书屋的图书管理员进行了业务辅导196次，辅导人数563人次，并对乡镇图书馆的业务开展情况进行统计分析。

举办共享工程乡镇基层服务点管理员培训班

开展4·23世界读书日演讲比赛活动

报刊阅览室

电子阅览室

少儿阅览室

2009年–2012年，三江侗族自治县图书馆组织免费举办基层图书馆（室）管理员培训班18期，受训人数558人次。

管理工作

2009–2012年，三江侗族自治县图书馆建立有长效工作机制，每年年初均制订有本年度工作计划，年底有工作总结；人员管理实行按需设岗，制订岗位责任制和考核办法，2012年6月完成首次全员岗位聘任；财务管理严格实行财务管理制度；设备及物资管理均按制度进行管理；档案管理分为人事档案、业务档案和工程项目档案等。三江侗族自治县图书馆环境整洁、美观，馆内标牌规范，制订有环境管理规章制度，图书馆数据、网络安全制度及应急预案。

表彰、奖励情况

2009年，三江侗族自治县图书馆参加县级以上公共图书馆第四次评估定级工作，获得文化部授予"三级图书馆"荣誉称号。2009年–2012年度被评为柳州市图书馆学会先进集体荣誉称号3次，获得三江县文体系统重点工作目标管理年度考评一等奖1次、二等奖2次、三等奖1次。

馆领导介绍

谢顺春，男，1964年7月出生，大专学历，中共党员，馆员，馆长。1985年参加工作，2002年2月任三江侗族自治县图书馆副馆长职务，2006年3月任三江侗族自治县图书馆馆长。兼任柳州市图书馆学会理事、三江侗族自治县图书馆学会理事长、文化信息资源共享工程三江县级支中心副主任。2009年–2012年获得柳州市图书馆学会先进个人奖。

王世良，男，1957年10月出生，高中学历，助理馆员，副馆长。1977年11月参加工作，1984年10月到三江侗族自治县图书馆工作，2006年3月任三江侗族自治县图书馆副馆长。兼任三江侗族自治县图书馆学会副理事长。

未来展望

三江侗族自治县图书馆坚持为社会主义服务，为人民服务的方向，遵奉"读者至上，服务第一"的原则，努力为社会主义精神文明、政治文明和物质文明建设服务。根据办馆方向和任务，努力转变服务观念，深化服务意识，针对不同层次读者的不同需要，通过馆内阅览、馆外借阅、送书下乡、上门服务、图书宣传推荐、阅读辅导、编制书目索引、解答读者咨询以及开展少年儿童读者活动等服务方式，尽可能为广大读者提供更多、更好的服务，使图书资料在群众中广泛流通，普及科学文化知识，为建设社会主义新农村和构建和谐社会作出应有的贡献。在十二·五规划中，计划在县城河西老区现有馆舍的基础上，在县城河东开发区另建一座2500平方米的三江侗族自治县图书馆第二图书馆，建成后的三江侗族自治县图书馆，将由县城河西第一馆区和河东第二馆区组成，总建筑面积3638.44 平方米，阅览座位780个，可容纳纸质文献36万册，年服务人次可达13万人次以上。通过以县级公共图书馆为中心馆，乡（镇）图书馆为分馆，村（社区）图书室（农家书屋）为服务点的公共图书馆三级服务网络，实现全县公共图书馆与高、初级中学图书馆（室）通借通还，带动全县公共图书馆事业的整体发展。

联系方式

地　址：广西三江侗族自治县古宜镇江峰街9号
邮　编：545500
联系人：谢顺春

免费举办农民实用技术培训班

举办乡镇文化站和学校图书管理员培训班

全州县图书馆

概述

全州县图书馆1956年4月1日始建于全州镇桂黄路天主教堂内（现全州二中内），经过四十多年的风风雨雨，全州县图书馆先后五次搬迁，最后于1988年11月在全州镇常青路1号修建新馆（县中心广场北面）。我馆绿树掩映，环境优雅，馆舍占地面积1980平方米，建筑面积1860平方米。馆内设有，报刊杂志阅览室、少儿阅览室、电子阅览室、宣传、采编室、借书处、地方文献室、办公室等多个服务窗口。每周开馆60小时以上，馆内藏书有17万余册（包括二十二大类书籍和报刊、杂志）。并收藏有整套县志、全州文史及全州历史文化丛书、二十四史、各种姓氏族谱等珍贵书籍。2009年建成全州县信息资源共享工程基层中心，并进行馆藏数据库建设。

业务建设

截止2013年底，全州县图书馆总藏量17.1863万册（件），其中，纸质文献17.1863万册（件）。

近几年，我馆藏书年入藏数共1500余册，其中报刊年入藏138种，视听文献年入藏量为30种，1000余个视频；另外在2012年，收集电子文献500余种，电子图书、期刊3万余本。地方文献有专柜、专架，并由刘忠华副馆长专职负责管理，拥有一套专门的分类目录，每年向各部门、各单位和族系征集地方文献资料。

馆藏图书文献数字化编目30%左右，数字资源有国家数字图书馆资源1TB，以及自建收集的电子版图书，视音频资源2TB以上，存储于专用服务器硬盘，另外收集有560张以上的DVD视音频高品质光盘。

我馆接入两条互联网专线宽带共16M，专用服务器硬盘存储容量9TB，普通服务器存储硬盘容量2TB；开设有图书馆网站，为读者提供WIFI网络服务；我馆自动化管理系统运营正常，可以提供读者查询馆内电子书刊，音视频等。

读者服务工作

我馆每周开馆时间60小时（周六、周日照常开馆）以上。年外借册次5.28万余册，年流通总人次为12.4万余人，年内持借书证到馆借阅人次4750余个，人均年到馆26余次，书刊宣传400余种。在馆内设立服务场所4个，年解答读者咨询4000余次。为领导机关决策、为科研与经济建设等提供了较完整、较详细的信息服务、反馈的效果较好。提供政府公开信息服务，建立了公开查阅点。建立了残疾人进馆通道。订阅了专为未成年人、青年创业、老人健康、妇女服务、农机服务等各种报刊杂志，有效地、广泛地为各类读者提供服务。

我馆每年开展形式多样的读者活动20次左右，形式有科技讲座、“文化下乡”、农家书屋培训、共享工程培训等，通过活动的广泛开展，丰富了全县人民的文化生活。阅读推广活动有广场“赠书”活动、下乡赠书活动，并举办了“图书馆服务宣传周”和“全民读书月”活动，全年参加读者活动3.08万人次。我馆还积极参与社会各项活动，其中有两年一度的湘山文化节，我馆一方面采集文化资源信息，另一方面宣传文化特色，尤其是广场活动，图书馆特别制作了各种易拉宝展架进行展览宣传，产生了较好的社会效益。

业务研究、辅导、协作协调

我馆充分利用馆藏和文献信息资源开展全方位的协调参与资源共享，分别与县武警中队、县直属单位、乡镇图书室开展馆际互借。同时与灵川县、兴安县图书馆签定了协作与资源共享协议，从而实现了与部分兄弟馆馆藏资源共享。

我馆加大了对乡镇文化图书室、村级图书室、农家书屋的辅导工作，派出业务能力较强的同志下乡，全年共达106人次，送书18780册，为科技兴农、为农村产业结构的调整、为县委各项中心工作做了自己应有的贡献，丰富了广大农民的文化生活，促进了农村经济的发展。近几年共组建村级图书室累计273个，举办农家书屋培训班6期培训980余人次；开办村屯文化共享工程管理人员培训班10期，培训1400余人次，通过辅导，加强了基层图书室规范化管理。

管理工作

全馆现有在职工作人员7人，大专以上学历6人，占人员总数的90%，中专、高中以上的文凭占人员总数的100%，全部拥有技术职称，其中中级以上职称5人。我馆领导岗位人员4人，结构合理，其中4位拥有中级职称和大专学历，主管业务的俸

广西壮族自治区图书馆领导来我馆调研

收集全州县第二届政务公开日政府信息

电子阅览室免费开放

开展美术讲座

消防安全操作培训

艳春同志是图书馆学专业毕业，受过专业系统的图书馆学教育，领导班子每年参加文化系统培训班学习；全馆工作人员都进行过岗位培训、继续教育人均70学时，不同程度上加强了专业知识：图书馆自动化管理及办公培训、中图法第五版培训、普通话等级培训、普法知识、消防知识学习等。我馆刘忠华同志撰写的地方志《南王殉国蓑衣渡》入选广西政协文史丛书《历史名人在广西》。

我馆实行聘任制，按需设岗，按岗聘用，每个职工只有被聘任后才能上岗工作，制定了严格岗位管理和工作目标管理责任制，并在年终进行人员考核。建立内部分配激励机制，对做出实际成绩，有贡献的人员进行奖励。

馆领导介绍

蒋仕杨（扬），汉族，男，1972年5月生，中共党员，馆长。毕业于广西教育学院美术专业系。从事专业绘画。现为中华书画学会副主席，中国翰林书画艺术院副院长，艺术注册一级美术师，中国少数民族美术促进会会员，桂林市美术家协会会员等。

如：人民日报出社出版的《纪念邓小平同志诞辰一百周年书画展获奖作品集》，中国文史出版社出版的《丹青墨韵黄河口》、《美术界》杂志社出版的《中国水墨画日本展优秀作品集》、《当代著名书画家精品年展集》等等。亚欧杯国际书画艺术大赛获金星奖；国际博览杯书画艺术大赛金奖；中、日、韩国际博览艺术展国际巡展艺术奖；共建绿色家园构建和谐社会国家优秀奖；纪念中国共产党成立八十五周年全国绘画大赛铜奖；全国性“荆浩杯”中国书画名家精品大赛特别金奖；中国台北市和日本大阪举办“2003”当代著名书画家精品年展获银奖；2004年广西“八桂群星奖”获文化厅优秀奖；《当代著名书画家精品年展》获一等奖；“首届中国书画小精品创作大奖赛”银奖；第二届“光彩杯”书画展获桂林市委宣传部三等奖；纪念邓小平同志诞辰一百周年书画展获入展奖；第五届、第六届中国各民族百花奖作品入展奖；《中日友好书画交流展》作品展览收藏；第一届“爱我中华”中国画油画大展作品展览收藏；丹青墨韵黄河口全国诗书画大赛作品入展。

联系方式

地　址：全州县常青路1号
邮　编：541500
联系人：王小瑜

全州县图书馆新貌

灌阳县图书馆

概述

灌阳县图书馆始建于民国二十二年（1933年），馆址由演武厅改成，馆舍面积约250平方米，藏书2000册，大部份是接收原文昌阁的藏书，配馆长和管理员1人。此至解放，图书馆馆址及工作人员不断的搬迁和更换。民国二十六年十二月图书馆搬至县女子小学，图书增至4000册，民国二十九年藏书增至7000多册。民国三十三年九月，日寇侵犯灌阳，县政府疏散，图书大量丢失，藏书只有2000册，移交给县国民中学代管，民国三十八年，图书增至8000册。一九四九年十一月二十日灌阳解放，国民党政府撤离时，图书又一次严重失散，只有藏书3400册，多为《万有文库》丛书、财产由县人民政府接管，馆址改为灌阳县公安局。1952年由县文化馆接管，成立文化馆图书阅览室，配备管理人员2人。1980年5月恢复成立灌阳县图书馆，馆舍面积125平方米，配副馆长1人，管理人员2人。1982年与文化馆合建新馆舍，面积增至520平方米。1990年新建馆舍落成使用，面积520平方米，配有馆长1副馆长1人，工作人员5人。2007年增加到8人，本科文化4人，大专4人；副高1人，中级职称4人，配备专业计算机人才1人。图书馆业务经费逐年增多，从1979年1.5万元到2012年增至5.8万元。到2013年，图书上架入库85600册，其中普通藏书65892册，古籍2668册，地方文献1500册；期刊11533册，报纸87份，电子文献71986册。图书馆是我县集、整理、存贮、传播全县政治、经济、文化等信息的科学文化教育中心，是国家兴办的综合性公共图书馆，公益性文化事业单位。

业务建设

建立了全国文化信息资源共享工程广西桂林市灌阳县支中心为便利的台。实现全国文化信息资源共享工程是我馆的梦想，我馆在先出租装门面、干部职工筹资，购置计算机20台，初步建立起电子阅览室，同时积极向上级汇报争取，分别获得区和国家文化资源共享工程项目，建立了全国文化资源共享灌阳县分中心，目前我馆已解决了无机房、无光纤、无宽带和经常断电的实际问题。争取县政府和电信的支持，架设了专用光纤，开通了10MB政府外网和10MB宽带网和使我县图书馆网络，灌阳县支中心目前有电子阅览室100平方米，电脑台，专用机房15平方米，配置高级防震、USP、防火墙、高级路由器、中心服务器、卫星接收、等设备；争取电力部门支持，中心已架设了三相五线供电线路，解决了过去经常断电不足的问题，安装了防盗网、并配备了监控录像和报警设备，实现了与公安共防。支中心配备管理人员3人，管理人员中有中级职称2人，助理级1人，计算机专业技术人员1人。

我中心目前已实现了与全国文化信息资源共享，自治区文化资源共享，区图书馆网，林图书馆网，少年网。主要网页有电子图书，政府外网，农村市场行情，农村科普，和种养植技术，综合知识，网上农村书刊，共享工程风景线，视频会议，卫星直播，农村党员远程教育。初步形成了全国文化图书共享和本馆资源外借服务模式，为人民群众，领导决策，政府机关，企事业单位及科研单位，提供各类信息服务，具备了对知识信息物质载体进行收集、整理，选择，加工，存储，控制，转化，传递的能力，为全面推动我县农村政治，经济，文化，社会建设和党的建设发挥了重要作用。开辟了县级数子图书推广计划阅览区，为广大读者提供丰富多彩的电子阅览服务。服务方式利用计算机，通讯，网络设备为读者提供电子文献阅读。本中心除了通过宽带网给读者提供阅读外，特别注重本馆服务器的数子资源建设。一是加大本中心电子图书资源建设。近年，除把国家配送的《共享知识和谐万家》、《童心向党快乐成长》、《文化共享春耕（一）》《文化共享心向党庆祝中国共产党成立90周年》<文化共享工程夏日电影展播>等电子图书，下载机房服务器上外‘还购置了《二十一世纪电子图书》（41000册）《百年战争——百年兵器》《环球华夏（珍藏版）》《环球经典图书馆》《环球国家地理》《有声数子图书馆（10万册）》、〈舞蹈〉〈人民日报电子工版〉以及教育部关于关心下一代工作委员会编写的〈青少年成长校园图书馆〉（21000）册，科教光盘500多册，资源共享图片1000幅分别收藏于服务器。二是特别注重有本地特色数子资源建设。征集、选取、编辑了有灌阳行家洞瑶族文化研究、灌阳文艺、灌阳文学、灌阳旅游、灌阳家谱、灌阳县志、灌阳风情风俗等多种地方特色题材资源1TB。县级数子图书资源总量达3TB。三是加强基层网点建设。在县委、政府的大力支持下，全县投资600多万元，新建乡镇文化站6个，农家书屋138个，县乡村都配置了投影仪，初步形成了县、乡、村三级文化网络。四是搞好阵地服务。共享工程是阵地的窗口，中心电子阅览室有电脑50台，日均接待读者100人/次，在中心可享受“好戏下乡”，农村科普，种植养殖，光盘免费欣赏，卫星直播服务，读者可以在这里办理“共享工程”读书卡。为广大青少年构建网上课堂，免费放映一系列红色经典影片，在农村开展保持共产党员先进性教育，利用远程教育在农村建立了“文化资源共享工程服务”进一步扩大了共享工程的影响。五是服务基层。得用中心资源互联网，农家书屋，送资料，光盘等多种渠道，把下载，整合，购买的资源传输到乡村，到基层利用共享工程分期分批进行培训，组织观看农业、科教片，传递种植，养殖信息，编印种类

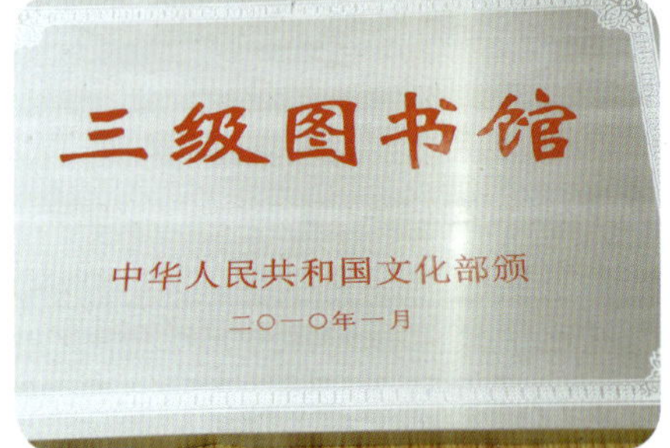

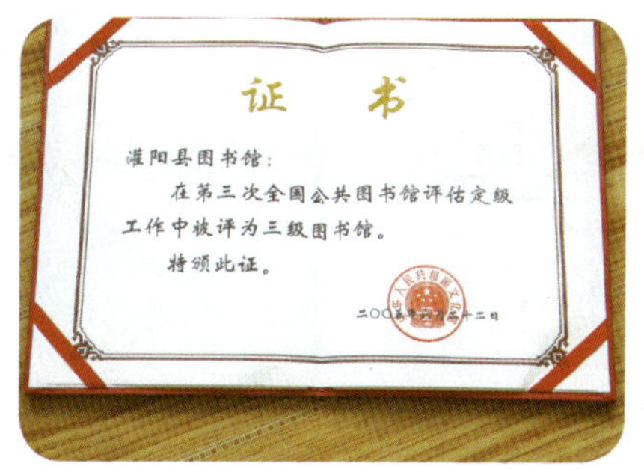
证　书

灌阳县图书馆：

在第三次全国公共图书馆评估定级工作中被评为三级图书馆。

特颁此证。

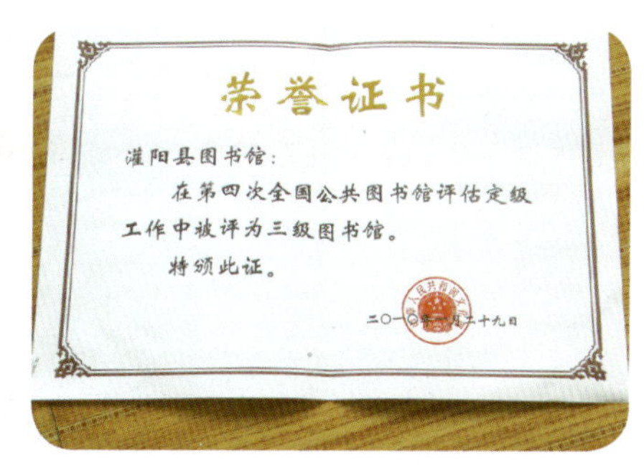
荣誉证书

灌阳县图书馆：

在第四次全国公共图书馆评估定级工作中被评为三级图书馆。

特颁此证。

科技资料为广大农户服务，农民朋友说得好：又听、又看、又学技术，资源共享工程真是富民工程。六是丰富群众文化生活。利用本馆设备和资源为广大民群众放映优秀影片，节日期间开展丰富多彩的文化活动，如“春节”“元霄”有奖灯谜活动，有奖征联、书法美术展览、种类专题讲座等，极大地丰富了人民群众的文化生活。

全面实行免费开放，图书馆窗口服务功能逐步完美。本馆严格按照文化部、财政部《关于推进全国美术馆、公共图书馆、文化馆（站）免费开放工作意见》及财政部《关于加强美术馆、公共图书馆、文化馆（站）免费开放经费保障工作意见的通知》等文件的规定，全面实行免费开放，如电子阅览室、图书外借处。报刊阅览，少阅览室等公共设施、场地全部免费开放；文献借阅，检索与咨询、公益讲座和展览、基层辅导、流动服务等基本公共文化服务项目健全并实行提供免费开放；只保留图书“押金”，读者只持身份证交50元押金就可办理借书证，退证时押金同时退回。图书外借，少年阅览室，坚持每周向读者开放60小时，年办借书证1000个，图书借阅49210册/次；借阅64188人/次；阅览526559人/次。电子阅览48519次，解答咨询11300条。

实行奖勤罚懒，劣者下能者上制度，引入竞争机制。制定加强单位工作目标管理责任制，做到以制度管理人，制定了《灌阳县单位工作目标管理责任制》、《灌阳县图书馆工作目标管理责任评分细则》、《灌阳县图书馆报刊杂志阅览室管理规定》、《灌阳县图书馆党政管理一览表》、《图书馆外借处管理规定》、〈全国文化资源共享工程灌阳县分中心管理人员工作规定〉〈灌阳县图书馆各部门管理制度〉等各种措施和制度。同时加强对全馆人员的各种技能培训，提高图书馆员的业务水平和管理能力。每年我馆要聘请专家来我馆对全馆人员进行业务培训和派员到区、市进行业务培训，不断提高馆员们的文化素质、业务水平和管理能力。

表彰、奖励

2009年以来，灌阳县图书馆，为调动大家积极性，我馆制定了专项奖励制度，开展了一系列业务比赛，论文、艺术比赛，如2010年我馆在东南五省（区）图书馆学会第十二届学术研讨会论文比赛中，我馆刘世伟同志的《农村文化建设的现状及图书馆建设的设想》荣获一等奖；罗娟《认识、提高、创新——浅谈县级图书馆标准化管理》荣获二等奖；王冬玲、周小凤同志在各项比赛中也取得了较好的成绩。2009年荣获桂林图书馆先进集体；2010年荣获中华人民共和国文化部三级图书馆；2010年荣获自治区“图书馆服务效果评选”“科技下乡活动”项目三等奖；2011年荣获广西文化信息资源共享工程《红军过灌阳》视频作品最佳创意奖。

阅读推广活动开展得有声有色。为贯彻执行中共灌阳县委、人民政府关于开展文化科技卫生“三下乡”活动的通知精神，结合我县实际，图书馆每年举行一系列图书、科技下乡和各类文体活动，同时利用本馆资源优势，协助县委组织部、县委党校、妇联、残联、文化馆、县文工团等单位进行机关干部、农村党员等科技培训、讲座20次以上，展览6次以上，阅读推广活动6次以上，文艺演出活动6次以上，每年参加馆内外活动5次以上，参与活动5多万人/次。

未来展望

一是重点抓好创国家二级馆工作。积极向上级争取资金，大量增加图书，争取每年购新书5000–10000册。力争在十二五期间修建4500–7000平方米县图书馆，达到国家二级馆的目标。二是争取县委政府重视，聘用1–2名图书专业大学生，充实到图书管理队伍中来。三是更新设备。为读者提供更优质服务。总之，我馆一定要以此次图书馆评估为契机，要严格对照评估标准的要求，寻找差距，努力整改，以评促建，积极争取改善办馆条件，努力改进各项业务工作，提高管理和服务水平，促进各项工作迈向新台阶。

联系方式

地　址：广西桂林灌阳县图书馆
联系人：刘世伟

龙胜各族自治县图书馆

概述

龙胜各族自治县图书馆前身为始建于1934年的“民众教育馆”。后定名为“龙胜县国立图书馆”。1951年设立文化馆时并入文化馆，为图书室，1958年在文化馆图书室基础上成立“龙胜各族自治县图书馆”，1980年从文化馆分割出来独立建制。1986年中央财政部拨款建新馆，位于龙胜县东园路2号，1987年正式使用，2009年中央财政部拨款35万进行维修，现图书馆建筑面积900平方米，服务窗口6个，读者坐席220个，计算机36台，连续五次参加国家文化部全国公共图书馆评估获三级图书馆，宽带接入10M，选用Interlib图书馆集群管理系统。

业务建设

截止2013年，龙胜各族自治县图书馆现有藏书111053册（含报刊合订本）。新增馆藏的购书经费4万元，年订报刊193种，其中报纸49种，期刊144种，新增图书约1332种（含捐赠图书），地方文献馆藏形成特色，入藏完整率90%，视听文献511种，数字资源总量为1TB（含有关数字文化工程资源量，自建和外购并存储本地资源总量）。

2014年，将自动化管理系统升级为Interlib图书集群管理系统，以桂林省级中心馆为主体的集群管理，实现数字资源共享，方便了读者。馆内全覆盖无线网络，图书馆实现了网络化、数字化现代技术的基础应用。

读者服务工作

服务工作是图书馆的重要工作，公益性开放是县级图书馆长期的办馆原则，特别是免费开放及共享工程服务平台开放以来我馆坚持每周开放60小时以上。2009年以来年均总流通人次为78800人，文献处借年均为44630册次，提供信息服务307条，利用乡镇传统会期送科技图书下乡10次，进行科技图书宣传，展出图书300多种，阅览人次约5100人次，送书及资料1500份，利用农家书屋点进行图书流动15次，约3千册图书开展馆际互借，互赠活动；为县政务信息公开提供查询服务共有520人次，查询信息600多条，网络建设逐步得到完善，共享工程数字资源得到广泛应用，基层服务建设逐步完善，利用共享工程数字资源提供检索浏览和下载服务。

2009–2012年龙胜各族自治县图书馆共举办讲座、展览、阅读推扩等读者活动82场次，参与人数2万多人次，免费举办各种社会教育培训班35期，如共享工程电脑培训、暑期毛笔、硬笔书法、农家书屋管理员培训等，共1750人参加，阅读推扩活动“以传承少数民族语言，讲少数民族故事”，活动新颖非常有特色得到同行的赞扬。

业务研究、辅导、协作协调

2009–2012年，龙胜县图书馆职工共发表论文5篇，评上中级职称2人，2012年参加继续教育培训约64学时，选派业务人员外出学习、参观拓宽视野，促进文化交流，对全县各乡镇文化站每年定期下乡进行业务辅导，全县乡镇文化站管理员集中业务培训一次，每年带出去参观学习别处先进经验一次。对全县125个农家书屋点管理人员进行集中培训，不定期下乡辅导业务工作。共享工程基层网络建设全覆盖，定期维护并开展辅导工作。协助省馆、市馆、邻县馆开展馆际互借，及地方文献馆藏互捐赠活动。协调农家书屋及县内图书流动点，流动图书2千多册。

管理工作

2013年全馆人员全部完成岗位聘任，本次聘任全是技术类岗位，共10个岗位全部上岗，对工作进行量化指标年底进行考核。每半年对其工作进行评定，要求岗位工作人员撰写业务分析报告。

表彰、奖励、情况

2009–2012年龙胜各族自治县图书馆共获得各种表彰、奖励11次，其中文化部奖励1次，文化厅、区图书馆奖励2次，桂林图书馆奖励4次，县级4次。

馆领导介绍

韦喜媛，女，1967年6月出生，大专学历，中共党员，馆员，馆长。1987年7月参加工作以来一直在龙胜各族自治县图书馆工作，2001年担任龙胜各族自治县图书馆副馆长，2004年担任正馆长至今。2010年获广西壮族自治区文化厅“推动广西免费图书馆事业发展先进个人”，2009年度桂林图书馆学会先进个人，县级优秀工作者及优秀党员等。

龙胜县泗水乡细门村农家书屋室内陈列

馆大厅

服务宣传周活动

暑期少年儿童在阅览室看书看报

阅读推广活动

韦世梅，女，1973年5月出生，大专学历，中共党员，馆员，副馆长，1994年12月参加工作以来一直在龙胜各族自治县图书馆工作，先后在报刊阅览室、借书处等岗位工作，2004年担任龙胜各族自治县图书馆副馆长，2007年至2012年连续6年荣获县级优秀工作者。

白惠木，男，1977年12月出生，大专学历，中共党员，馆员，副馆长，1997年12月参加工作以来一直在龙胜各族自治县图书馆工作，2011年担任龙胜各族自治县图书馆副馆长，先后在报刊阅览室、资料室、电子阅览室等岗位工作。2008年至2012年连续5年获得先进工作者。

未来展望

龙胜各族自治县是少数民族地区县，经验发展较落后，但我馆坚持"读者至上，服务第一"的服务宗旨，连续5次在全国公共图书馆评估定级中获"三级图书馆"，图书馆各项业务工作基础扎实，办馆理念明确，馆风工作作风很好，一直受上级图书馆的表扬。目前我馆硬件建设不达标，软件建设有待加强。公共文化服务逐步得到重视，"三区人才"项目的扶持，都是龙胜各族自治县图书馆将来的希望。

联系方式

地　址：广西省桂林市龙胜各族自治县图书馆东园路2号

联系人：韦世梅

蒙山县图书馆

概述

蒙山县图书馆始建于1977年5月，现有图书馆馆舍建于1989年6月，坐落于广西蒙山县蒙山镇永安街长墙巷6号，占地面积220平方米，建筑面积880平方米，馆总藏量94704册，现有在编人员5人，编外人员3人（其中2人为临时工），退休人员7人。馆内设有7个对外服务窗口，3个对内窗口，各项工作正常开展，文化信息共享工程县级支中心运行正常。

蒙山县图书馆年共有阅览座席140个。其中少儿阅览室座席36个，阅览室座席40个，电子阅览室座席26个，多媒体视听室座席28个，过期书库阅览座席10个。计算机36台，其中读者用机25台，工作管理用机11台，宽带接入10Mbps，馆内使用丹诚图书馆集成系统，主要用于采编及电子著录，业务系统自动化尚在建设当中。

业务建设

蒙山县图书馆现有文献馆藏量共90855册。图书年均入藏数量939种。报刊年均入藏量186种。视听文献年均入藏量118种。有地方文献专柜1只，专门目录1本，兼职管理人员1人。文化信息资源共享3.5TB。馆藏机读目录记录数13383条，占馆藏图书种数38097的35%。

读者服务工作

蒙山县图书馆现有公共空间设施场地全部免费开放，包括电子阅览室，期刊阅览室、图书阅览室、少儿阅览室、少儿阅览室、大厅等公共场所。读者办证免收工本费，凭证免费上机、免费借阅，政府信息公开咨询、馆内文献检索及普通参考咨询免费，基层业务辅导和读者培训免费，公益讲座、展览、影视展播等全部免费。

蒙山县图书馆每周正常开放时间为周六到周三，开放时间为上午8:00—12:00，下午2：00—6：00。开架及半开架书刊文献数量80740，占书刊文献总量的88.8%。书刊文献外借41200册，占馆藏总量的45.3%。年流通总人数15010人次，持证读者数402人，人均年到馆次数为41次。蒙山县图书馆每年共举办宣传活动9次。各类讲座培训15次。举办展览1次。举办阅读推广活动4次。每万人年平均参与活动次数0.3次。

业务研究、辅导 协作协调

蒙山县共有10个地区街道乡镇图书馆，参与服务网络建设3个，比例为30%。蒙山县图书馆共建立3个服务网络点，分别为甘棠村服务点、北楼服务点、大塘服务点。共对基层三个服务网点进行14次业务辅导，举办各种养殖班专业技术辅导班，在基层农民群众中取得了良好反响，不足的是自动化管理方面，三个网络服务点均未能实现自动化管理。

管理工作

蒙山县图书馆环境整洁、美观、安静，馆内标牌规范合理，节能减排工作开展到位，制度健全，严格按照管理制度进行管理。每年按照工作计划实施开展工作。

馆领导介绍

黄玉梅，女，1978年8月出生，本科学历，助理馆员职称。1997年7月参加工作，曾工作于蒙山县旅游局、蒙山县文化馆，于2013年1月调任蒙山县图书馆，负责全馆业务工作。

未来展望

在未来几年，蒙山县图书馆将努力增强图书馆服务能力和管理水平，健全完善服务项目，延伸服务内容，坚持全面推进、逐步完善、保障基本公益、科学设计、注重实效的原则，免费向群众提供开放服务，充分发挥图书馆在构建和谐文化过程中的积极作用，推动我县文化事业大繁荣、大发展，使各项工作不断迈上新台阶，特制订目标如下：积极配合县文体广电旅游局各项工作；做好新书整理工作，并将图书全部采编上架；免费开放图书馆公共空间设施，免费为读者服务；充分利用多种节假日，开展丰富多彩的读者活动，充分宣传图书馆资源，发掘图书馆教育职能，让更多的人走进图书馆、受益图书馆；力争完成剩余“农家书屋”、“社区活动室”惠民工程建设工作措施，做好基础服务工作。继续贯彻服务育人与管理育人并重的原则，培养工作人员的规范服务意识，自觉接受读者监督，服务工作要做到“热心、细心、耐心、虚心”树立窗口服务意识，开展全方位、多层次服务，主动向读者介绍新书，征求读者意见，真正贯彻“读者第一、服务至上”的服务理念。及时掌握各出版社发行信息，不失时机采集文献，合理补充馆藏，满足读者阅读需求。加大文化信息资源共享工程服务力度。为全面贯彻中共中央办公厅关于《加强文化服务体系建设的若干意见》精神，进一步加强农村文化建设，不断满足广大农民群众多方面文化需求的需要，使我馆充分发挥文化资源共享县级支中心的辅导作用。按照上级下达的目标管理要求，努力完成各项工作任务，积极宣传，同时加强对外交流与合作，和周围县市同部门保持联系，学习他们的先进经验，办好我县图书馆。

联系方式

地　址：广西蒙山县蒙山镇永安街长墙巷6号
邮　编：546700
联系人：黄玉梅

春节惠民活动

读者服务宣传周活动

青少年读者活动

永福县图书馆

概述

永福县图书馆成立于1978年，1989年新馆建成正式对外开放，馆舍建筑面积2163平方米。有阅览坐席221个，计算机30台，宽带接入10M，选用小型ILAS图书馆自动化管理系统。

业务建设

截止2012年底，永福县图书馆图书总藏量105719册（件），2011年以前，图书馆新增藏量购置费2万元，2013年增至5万元。截止2012年底，永福县图书馆数字资源总量为1057300MB。

读者服务工作

从2012年2月起，永福县图书馆全年365天对外免费开放，周开放60小时。2012年，书刊总流通12000人次，书刊外借6650册次；共举办讲座、展览、培训、阅读推广等读者活动12场次，参与人数860人次。

业务研究、辅导、协作协调

永福县图书馆充分利用共享工程资源为县福寿节、福寿文化讲坛、彩调艺术节、县妇联等提供信息服务；协助桂林图书馆到永福县开展文化、科技、卫生三下乡活动；2009–2012年，永福县图书馆职工发表论文2篇，其中一篇获得国家图书馆“数字图书馆建设与服务推广研讨会”征文三等奖。

管理工作

2010年，永福县图书馆完成第三次全员岗位聘任，本次聘任共设3类岗位，2009–2012年，共抽查文献排架1次。

表彰、奖励情况

2009年永福县图书馆获国家三级馆称号，同年荣获桂林市图书馆学会先进集体，2011年5月荣获桂北地区“颂歌献给党”全国文化部信息资源共享工程迎接建党90周年群众歌咏活动最佳组织奖，2011年9月在桂北地区第二届文化共享杯全国文化信息资源共享知识与技能竞赛中荣获团体三等奖。2012年于江同志在国家图书馆“数字图书馆建设与服务推广研讨会”征文中《县级图书馆在数字环境下创新服务与推广中应思考的几个问题》一文三等奖。

馆领导介绍

馆长：刘艳萍，女，1963年11月生，中专学历，中共党员，助理馆员。副馆长黄爱祯，女，1963年12月出生，大专学历，助理馆员。

未来展望

永福县图书馆遵循“科学、效率、创新、发展”的办馆方针，完善单体服务功能，扩大服务辐射区域，带动地区事业发展。

1、进一步推进图书馆现代化建设。2014–2015年全面完成自动化借阅平台建设，建设我馆独立网站。

2、争取县人民政府支持：(1) 增加购书经费，采购更多的精品图书，增加库藏量。(2) 加强地方文献收集力度，建成我馆地方文献数据库。

3、加强阅读推广，开展“走进图书馆”亲子阅读推广活动，做出精品，树立服务品牌。

4、进一步加强数字图书馆建设，让县乡群众充分享受现代化科学成果和国家文化惠民政策。

5、扬长补短，力争第六次全国公共图书馆评估时达到国家二级馆标准。

上思县图书馆

概述

上思县图书馆位于上思县思阳镇更生路50号，现馆舍建于1985年，一栋三层楼，占地面积815平方米，建筑面积1027平方米。2009年该馆对馆舍进行了全面维修。自1994年起，在历次的全国公共图书馆评估定级中，该馆连续被文化部评定为国家三级图书馆。目前，该馆在编人员8人，其中馆长1人，副馆长1人，本科学历3人，大专学历4人，大专以上学历者占职工人数87.5%；具有中级职称4人，初级职称3人。该馆现有阅览座位110个，网络节点35个，设有图书外借处、期刊室、少儿室、电子阅览室、资料室等服务窗口5个，每周开放56小时，所有服务窗口都向读者免费开放。

业务建设

截止2013年底，该馆藏书7万多册。其中纸质文献69500册，电子文献2150册。已建数字资源总量35GB，包括重要地方文献、当地文艺演出视频等。2011年启用图书馆自动化管理系统，图书编目、流通、查询全部实现自动化管理。该系统还实现与自治区图书馆进行编目数据上传、下载的功能。2013年利用“共享工程”支中心设备创办“上思县文化网”（www.ssxwhw.com），该网站内容涵盖了全县文化系统各方面的工作，及时登载上思县的文化动态，为当地的特色文化提供了一个展示平台，体现了“文化信息共享”的宗旨。

读者服务工作

自2011年图书馆实行免费开放以来，该馆通过多种方式宣传免费开放政策，到馆读者人数大幅增加。定期邀请读者参加评选优秀读物活动，了解读者的需求，有针对性地为读者服务。

该馆聘请知名作家、教师到各中小学举办读书讲座，和中小学校联合举办读书征文活动和演讲比赛，举办形式多样的读者活动；聘请农业技术人员到村屯举办种植、养殖技术讲座，发挥了图书馆的社会教育职能。

业务辅导

在上思县的农家书屋建设中，该馆采取下乡指导和集中培训等方式，提高农家书屋管理员的业务水平，使农家书屋能够正常开放，方便当地群众借阅图书。每年定期举办“共享工程”业务培训班，对乡镇和村基层点的管理人员进行培训，提高“共享工程”设备的使用效率。

管理工作

为保证免费开放后，在读者大幅增加的情况下，不降低服务质量，该馆根据各窗口读者流量和特点，重新制定工作制度。采取延长工作时间、控制阅览室未成年人上网时限、加强对读者使用自动化查询系统的辅导等措施，保证免费开放政策的顺利实施。

学术、科研成果及获奖情况

2010年该馆被自治区文化厅评为全区公共图书馆先进集体；2012年被自治区文化厅评为全区公共文化服务体系建设先进集体。

馆领导及馆属部门负责人简介

馆长：岳志武，男，1968年生，广西上思县人，馆员。

副馆长：林海，女，1962年生，广西上思县人，馆员。

采编部主任：农钧芳，女，1964年生，广西大新县人，馆员。

未来展望

为充分发挥图书馆在公共文化服务体系建设中的作用，上思县图书馆将继续执行免费开放政策，加大宣传力度，开展多种形式的读者活动，吸引更多的读者到图书馆来。同时，加强内部管理，提高业务水平，力争各项业务指标达到“二级馆”标准。加强“上思县文化网”的建设，促进“共享工程”县级支中心和各乡镇、村基层点的信息交流，构建“大文化”的信息平台，更好地实现文化信息资源共享。

联系方式

地　址：广西壮族自治区上思县思阳镇更生路50号
邮　编：535599
联系人：岳志武

举办农家书屋管理员培训班

送书到瑶乡小学

举办读书演讲比赛

岑溪市图书馆

概述

岑溪市位于广西桂东南，洛堪铁路纵贯境内；国道线324、207线贯穿市境，东邻广东罗定市，南靠广东信宜市，西连玉林市，北接梧州市，是大西南与珠三角大区域的结合部，是大西南通往粤港澳的交通要道有利条件，地理位置处于天时地利，并受到东部产业转移和岭南文化的影响，作为广西较早改革开放县（市）之一，有着悠久的历史文化，是“全国牛娘戏民间艺术之乡”，“全国文化和体育先进市”。

岑溪市图书馆位于广西岑溪市区工农路文化公园旁边，占地面积700平方米，建筑面积1250平方米，藏书13万册。1984年1月将原来旧馆拆除兴建新馆，1985年10月1日新馆落成对外开放。图书馆在市委、市政府和上级文化部门的领导下，发挥了图书馆职能作用，为市民提供了良好的阅读氛围。岑溪市图书馆曾获得“国家二级图书馆”，并首批被文化部授予“全国文明图书馆”，区“‘知识工程’先进单位”等荣誉称号。

截止2014年7月，在编人员19人，其中设馆长1人，副馆长2人；有本科学历3人，大专学历8人，大专以上学历占职工人数58%，具有中级职称6人，初级职称12人。

岑溪市图书馆有阅览座位350个，设有文化信息资源共享工程岑溪市支中心、少儿阅览室、电子阅览视听室、报刊综合阅览室、外借室、地方文献专藏室等服务窗口近10个，每周开放60小时，以优质、高效的服务接待读者，实行全免费服务。

读者服务工作

免费开放：岑溪市图书馆按照中央文化部、财政部《关于推进全国美术馆、公共图书馆、文化馆（站）免费开放意见》，增加了两个服务窗口，满足广大群众文化需求，实行了阅览、借书、上网、查询资料、文化讲座、影视播放等活动全部实行免费开放。

读书活动：建立图书馆阅读网点，与社区、学校、军营、厂矿企业等单位开展读书活动，如“文化共享工程”校园图书流通站、军民共建图书流通站、校园读书节、农民工读书征文活动，中小学书法普及教育活动等，为读者提供多样化服务，在社会营造良好的读书氛围，扩大对图书馆的影响。与《今日岑溪》报社联系举办了“读书伴我行”有奖征文活动，深受广大市民欢迎和积极参与。

文化共享工程服务：利用文化信息资源共享工程这个信息平台，全市建立了14个乡镇服务点和255个村级服务点，同时利用共享工程的资源设备，为各乡镇学校播放优秀爱国影片，观看人数达10万多人，更为深入地宣传了全国文化资源共享工程惠及于民的深远意义。

科技兴农：积极配合市政府“科技兴农”服务活动，在每年“世界读书日”和“图书馆服务宣传周”期间，在市区及乡镇街道举办“知识工程”一条街服务活动，开展科普图片展、科技图书集市，科技现场咨询等服务；利用文化信息共享工程网上资源，通过下载并制作一批光盘发到全市各农业专业户手中；每月出版一期《农村新技术》专刊，印发3000多份，发放到全市270个村，收到良好的社会成效。

地方文献保护：实行专人负责地方文献保护工作，在民间收集一批非物质文化遗产——牛娘戏剧本，各种姓氏族谱50多部，晚清古籍50多册，这对研究我市历史文化有较大价值。

馆领导及馆部门负责人简介

代馆长（党支部书记）：廖演光，男，广西岑溪市人，馆员。

副馆长：罗方松，男，广西岑溪市人，馆员。

副馆长：林凤鸣，女，广西岑溪市人，助理馆员。

未来展望

在二十一世纪，岑溪市图书馆借助独特的地理位置，充分发挥图书馆的社会作用，把保护文化遗产和传播科学文化知识融为一体。现图书馆新馆建设已纳入岑溪市“十二五”发展规划，拟建设8000平方米，现已进入前期征地、规划、地质堪探工作。集文化、科技、信息传播、保护文化遗产、展示改革开放成就为一体的综合性公共图书馆，以更好地为广大市民创造优美读书环境，体现岑溪市精神文明建设的重要作用，展现岑溪市文化大发展大繁荣的风采。

联系方式

地　址：广西岑溪市工农路46号
邮　编：543200
代馆长（党支部书记）：廖演光
联系人：刘美秀（岑溪市图书馆文化共享工程技术服务部主任）

广西文化厅领导到岑溪市图书馆检查

深入开展党的群众路线实践活动

校园读书节活动

容县图书馆

概述

容县图书馆始建于1921年，旧馆址为现容县中学教务处办公楼。现馆址在容州镇东外街58号（2014年6月27日已拆除）。馆舍面积1556平方米，重建于1950年，建筑面积389平方米，1986年扩建藏书楼，建筑面积699平方米，1992年扩建最新阅览楼共468.5平方米，是国家三级公共图书馆，图书总藏量18.5万册，其中古籍2.2万册，年订报刊250余种。开设有图书流通室，电子阅览室，少儿阅览室，报刊阅览室，地方文献室等多个服务窗口，馆内设置了采编辅导组、古籍修补室、宣传组、办公室等业务功能室。各窗口均实行全开架免费借阅服务，设有阅览坐席170个，计算机52台，光纤接入600M，选用中数创新图书馆自动化管理系统。

业务建设

截止2012年底，容县图书馆总藏量18.5829万册（件），容县图书馆每年购书经费只有5万元，由于购书经费短缺，每年新增图书馆入藏少，限于2万元，其中3万元用来订阅了报刊。2009–2012年入库图书为1298种4956册，2012年报刊仅订得475种，视听文献78册，地方文献征集538种，入藏完整率为100%。2013年9月已完成1912年之前古籍图书的全国古籍平台普查，并上传数据346条，共6706册。数字资源总量2260MB，共建成拥有5000多册的电子图书和2600多种的电子期刊，有500部DVD电影视频资料。

2008年共享工程容县支中心成立，2009年9月，容县图书馆开始使用图书馆自动化管理系统。于2014年5月中旬开设容县图书馆网站：www.rxlib.org.cn，并实现馆内WIFI无线网络覆盖。

读者服务工作

2009年8月成立电子阅览室，对外开放为社会公众提供免费上网服务，每周开放54小时，设有政府信息公开专栏并提供查询服务。

2009–2012年全馆共接待读者261334人次，借阅人次187385万人，外借书刊205254万册次，拥有持证读者2450人。全年接受捐赠的地方文献共120册。2009–2012年，容县图书馆共举办讲座、展览、培训、阅读推广等读者活动113场次，参与人数21456人次。

业务研究、辅导、协作协调

截止2012年底，容县图书馆职工发表论文6篇，从2009年9月起，我馆以文化信息资源共享上传下载国家中心联合编目数据、流通服务、地方文献联合征集、阅读推广与讲座展览资源服务、业务培训与技术支持等工作组。2012年8月，我县共享工程容县支中心在肖燕组长的带领下奔赴全县15个乡镇检查验收文化信息资源共享工程设备安装及开放工作。分派采编部到各乡镇图书室开设图书分编入册，分类排架等辅导。

管理工作

制定了各种规章制度规范工作程序，岗位按需设配置，人员实行双向选岗，制定了明确的岗位目标和职责，推行先进室和先进个人评比和表彰，实行挂牌上岗接受读者监督。划分清洁区，明确负责人和范围，常年保持图书馆的整洁美观。认真做好馆内的消防工作，定期进行消防演练，提高员工们的防火意识，制订了相关的消防安全制度，定期进行消防安全排查确保事故为零。

表彰、资励情况

2009–2012年，容县图书馆共获得各种表彰、奖励10次。

馆领导介绍

冯良壬，1968年12月生，大专学历，音乐教育专业，馆长，馆员职称。负责全面工作。

彭莲萍，1963年12月生，中专学历，图书情报专业，副馆长，馆员职称。负责外借部工作。

未来展望

在未来几年里，2014年6月24日，根据县委、县政府真武阁二期开发规划，容县图书馆原馆（推倒重建）已拆迁至老年大学二楼临时办公。容县县委、政府计划给5亩地重建新馆，我县将要撤县建市的需求来看，我县新建的图书馆都按照国家一级馆的标准来重新建设。图书馆是一个城市文化品味的体现，又应该成为一个城市的标志性建筑物。按照国家级一级馆的建设标准的馆舍建筑面积3000平方米，阅览座位1000个，可容纳纸质文献50万册。我馆以“读者第一，服务之上”为宗旨，本着人性化服务的理念，坚持优质服务、便民服务、惠民服务，处处为读者着想，事事以读者为先。我管充分利用馆藏资源，努力提高服务水平优化服务，促进图书馆公共事业健康发展。

容县图书馆

三下乡活动

即席书法比赛

东兴图书馆

概述

东兴图书馆是在东兴市文体广电局下属的一个业务机构，是财政全额拨款的文化事业单位，在职人员5人，其中女5人，占人数100%；大学本科学历2人；大专学历3人；其中初级职称2人占40%；另外管理员2人、中级技工1人。并配备了图书馆馆长。

图书馆配置

近年来，东兴图书馆根据改革与发展需要，加大以发展先进文化为目标，提升群众文化为前提，不断加大人才队伍建设力度，着力培训提高职工图书管理水平打好基础。

图书馆设在文化局三楼，现有藏书室600平方米；其中书库210平方米；阅览室190平米；综合阅览一间160平方米；座席50个。2013年财政拔款购置书刊金额为32.7164万元；作业务费开支。现图书馆藏书数量29600册；10多年来，业务员走出去或请进来借阅方法为读者服务，公开为群众开放借阅。

每年书刊文献外借册次为1100册；重点文化工程中曾与东兴实校、市幼儿园联合举办《开笔礼》、《儿童歌舞文艺演唱会》，有效地密切图书馆与学校、幼儿园联系，得分为应分；在日常借阅图书服务中，管理员态度和谐亲切，为读者服务做到热情、周到，尽量满读者需求。

展望未来

从我市图书馆开设十多年来，专业图书管理知识人员少，配备的干部职工都从行政、事业单位调来，因而在管理编目上需然设有很大差错，但也存在缺陷，1、购书刊文献选购数量低于20万册，按上级要求有一是差距。2、业务人员走出去联系单位，学校次数少；3、组织学习业务，提高技术管理水平力度不够。

为把我市图书业务工作更上一层楼，计划用走出去，请进来办法，促进学习成效。

一、今年组织业务到《广西区图书馆》、《南宁图书馆》、《防城区图书馆》、《防城港市图书馆》参观学习，让大家开阔视野，找差距，制定2015年工作方案。

二、对图书管理员进行业务培训，训练办法：

1、常规工作培训，学习图书馆的规章制度。

2、了解图书管理要求、规则。

3、开展图书馆藏书籍的工作及分类、编码知识考核。

4、进一步了解借阅状况，更进一步熟悉馆内读者借阅图书的要求和步骤。

5、进一步排查书架上的各类书籍是否有编目失误现象，力求按区图书馆要求摆放。

6、图书管理员要做到手勤、脚勤，搞好图书架卫生外，还要搞好周边环境卫生，让大家有一个优雅、抒适优美工作环境。让读者安静地的环境中阅读图书。

阅读指导

1、图书与图书馆知识介绍。

2、图书的选择和阅读方法。

3、读书的卫生知识。

4、根据我市双休日、节假日到馆阅读和借书人数情况和特点，培训管理人员如何指导不同人群的阅览和需求。

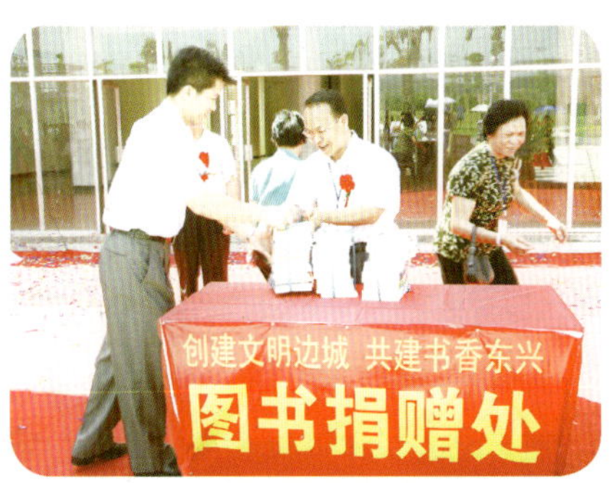

东兴市捐书活动

举办画画比赛

举办的艺术周比赛颁奖

举办书法比赛

举办艺术周比赛作品展示

联合各幼儿园举办六一文艺晚会

田东县图书馆

概述

田东县图书馆原是县文化馆的一个图书室，1978年10月独立建馆。1990年4月新建的图书馆竣工使用，2009年馆内外进行过装修，建筑总面积为1282平方米。馆藏书刊144133册，人员编制5人，其中大专学历3人，中专学历2人，有专业技术中级职称1人。馆内设有办公室、采编室、馆藏图书室（1）（2）、成人报刊阅览室、少儿书刊借阅室、留守儿童书刊阅览室、参考工具室、电子阅览室、过刊借阅室、过报查阅室、盲人阅览室、政府信息公开查阅点等12个对外服务窗口。

历年来，我馆在上级行政主管部门的正确领导下，始终坚持"读者第一，服务至上"的办馆理念，坚持全心全意为读者服务的宗旨，扎实而认真地开展图书馆各项业务，在狠抓思想建设的同时，加强业务建设工作，积极有效地开展书刊外借、资料信息提供、读者咨询服务、图书进校园、兴趣班培训、下乡辅导和"知识工程"等服务活动，与县残联共建盲人阅览室，开展一系列的助残活动。这些活动的开展都取得了较好的社会效益，为我县两个文明建设贡献自己的力量。

业务建设

截止2014年底，田东县图书馆总藏量14.4133册。2009年至2012年，田东县图书馆新增购置费4万，2011年起新增4万元电子阅览室维护费。2009至2012年平均增加藏量600多种。全馆实现无线网络覆盖。

读者服务工作

田东县图书馆从2011年11月30日起，免费向公众，全年（双休日不闭馆）开馆向读者服务，周开馆56小时，年总流通人次8.97万，书刊外借4.8万册。

2011年，县政府在图书馆设立政府服务信息公开查阅中心，图书馆提供两种查询方式，一是纸质文件查询，二是电子上网查阅。

2009年至2014年，田东县图书馆工举办讲座、展览、培训、阅读活动等读者活动268场次，参与人数8万余人次。

业务辅导

从2009至2014年底，每人每年下乡业务辅导不少于20天，县馆每个季度举办各种培训班不少于4次，共培训各类人员2688人。

管理工作

2011年，田东县图书馆完成全员岗位聘任，建立了工作量化考核指标体系，一年进行一次考核。

表彰与奖励

我馆多次获得上级的表彰。如自治区"知识工程"先进县、"百色市先进集体"、"田东县宣传系统先进集体"、"田东县文体系统先进集体"等。在历次的全国公共图书馆评估中，我馆均被评定为全国公共图书馆"三级图书馆"。

领导班子介绍

馆长：黄炳云，男，1965年3月出生，大学专科学历，1985年7月参加工作，图书资料馆员职称，广西图书馆学会会员，自治区"知识工程"先进个人，2013年2月至3月参加第十二届全国"两会"民族语文翻译组工作，现任田东县图书馆馆长。

副馆长：黄美芬，女，1969年9月出生，中专学历，1989年10月参加工作，现任副馆长。

副馆长：黄莹，女，1982年10月出生，大专学历，2003年1月参加工作，现任副馆长。

未来发展

田东县图书馆遵循"一切为了读者"服务宗旨，建设数字图书馆是未来发展方向。

联系方式

地　址：田东县人民路81号
邮　编：531599
联系人：黄 莹

兴业县图书馆

概述

兴业县图书馆1997年成立，2008年建成建筑面积1000平方米的图书馆楼。馆内设有全国文化信息资源共享工程兴业县支中心、图书外借、报刊阅览室、电子阅览室等对外服务窗口，目前有阅览座席80个，馆藏图书、文献资料3万册。资源共享电子阅览室电脑25台，自动化管理电脑5台，报刊杂志35种。

业务建设

截止2012年底，兴业县图书馆总藏量3万册。实体文献藏量2.5万册，电子文献藏量0.5万册。每年购书经费2万元，报刊杂志费1万元。数字资源总量1TB。兴业县图书馆有计算机30台，其中电子阅览室计算机25台，可同时容纳25名读者查阅资料。电子阅览室采用6兆光纤接入互联网，读者能快速查询资料，获取所需信息。

我馆专用存储设备容量6TB，图书馆实行自动化管理系统。

读者服务工作

兴业县图书馆每周对外免费开放56小时，全年365天为读者服务。2012年书刊年外借册6000册次，年流通8500人次。举办讲座、展览、培训、阅读推广等读者活动33次，参与人数3900人次。

兴业县图书馆面向社会提供免费的政府信息公开查阅服务。在政府信息公开查阅服务工作中，制定了政府信息公开查阅管理办法、政府信息公开查阅指南。提供3台计算机免费为群众上网查找政府信息，热情接待查阅政府信息的群众，并做好查询登记的工作。

2012年兴业县图书馆依托本馆的文献信息资源，积极为领导机关决策与社会事业发展提供信息服务，共完成课题2项。

兴业县图书馆为特殊群体服务主要是针对进城务工人员、未成年人和老年人。2012年举办少年儿童读者活动16次，为老年人举办了3期电脑知识培训班和1期健康知识讲座。针对进城务工人员开展6期电脑培训班。

协作协调

兴业县图书馆与玉林市图书馆建立了馆际互借关系，同13个乡镇图书馆建立了馆际互借关系。

兴业县图书馆基层业务辅导工作主要是针对农家书屋开展业务辅导及文化信息资源共享工程镇、村基层服务点知识培训。

馆领导介绍

罗雪，女，1978年3月出生，本科学历，中共党员，馆员，馆长。1999年7月到兴业县图书馆参加工作。

未来展望

在未来几年，兴业县图书馆将继续改善办馆条件，努力改进各项业务工作，提高管理和服务水平，促进各项工作迈上新台阶，争创二级馆，把兴业县图书馆办成读者满意的公共图书馆。

联系方式

地　址：广西兴业县石南镇文塔路4号
邮　编：537899
联系人：梁海福

田阳县图书馆

概述

田阳县图书馆成立于1978年10月1日，馆舍面积1200平方米，总藏量10万多册，三层业务大楼：一楼设有电子阅览室、少儿阅览室、党员学习俱乐部、党员活动室、图书馆业务培训室。二楼设有外借处、采编室、综合阅览室、书库。三楼设有报纸资料库、宣传辅导室、财务室、办公室等十三个库室，其中阅览座席120个，书架174个，总长2000米，计算机台数总35台，其中电子阅览室26台，办公用电脑9台，全部能连接宽带上网。2005获得第三次全国公共图书馆评估二级馆。2013年参加第五次全国公共图书馆评估，获得三级图书馆。从2012年1月1日起实现了无障碍、零门槛进入，公共空间设施场地全部免费开放，所提供的基本服务项目全部免费。

业务建设

截止2013年底，田阳县图书馆总藏量10.172万册（件），其中，纸质文献10.09万册（件），视听文献820套（件）。2009、2010年，田阳县图书馆新增藏量购置费4万元，2011年起增至6.8万元。2009年底，建成全国文化信息资源共享工程田阳县支中心，按建设标准配备有服务器1台，核心交换机1台，卫星接收系统1套，可供读者使用的计算机26台。

读者服务工作

田阳县图书馆为大众提供的服务方式主要有：馆内阅览、图书外借、查阅资料、复印资料、互联网信息查寻、检索、浏览和下载服务，跟踪服务、送书上门、电话查询、解答咨询、业务辅导和开展读者活动等。2012年1月起，全免费向社会公众开放，全年开馆向读者服务，周开放56小时。2010–2013年，书刊总流通18.1329万人次，书刊外借19.8705万册次。2012年1月，开通与百色市各县图书馆的馆际互借服务。2010–2013年，在全县各乡镇建立16个服务点。2010–2013年，共举办讲座、展览、培训、阅读推广等读者活动46场次，参与人数达36385人次。2010–2013年，开展文化集市宣传资料下乡、科技图片展阅活动，共开展输送流通图书下乡14次，进学校、社区、厂矿开展科技图片展6次，共展出科技图片80多幅，有4800多人次浏览。

业务研究、辅导工作

2010–2013年，田阳县图书馆职工发表论文2篇。2010–2013年，先后派送8人次参加自治区图书馆举办的各种业务培训班学习。2010–2013年田阳县图书馆数年来如一日，坚持义务为机关、学校、部队、农村输送流通图书5万多册，深受广大群众欢迎。2010–2013年在形式和内容上加大力度对基层图书室开展业务辅导。举办了所辖乡镇（街道）文化站、农家书屋管理人员业务培训班5期，共培训基层管理人员160多人次。帮助全县10个乡镇图书室154个农家书屋进行建设规划和业务指导，资料统计的收集，建立图书馆网络，提供现代化网络技术上的支持，促进资源共享。

2013年参加第五次评估

管理工作

2012年，田阳县图书馆完成第一次全员岗位聘任，有8人聘任上岗，同时，建立了工作量化考核指标体系，每月进行工作进度通报，每半年和全年进行总体工作考核。

表彰、奖励情况

2006年6月，田阳县图书馆被评为2004–2005年度军警民共建先进单位。2009年12月，田阳县图书馆被评为2007–2009年度拥军优属先进单位。2009年12月，田阳县图书馆被评为2007–2009年度军民共建先进单位。2010年12月，田阳县图书馆荣获2010年度田阳县文化和体育局先进集体奖。2011年12月，田阳县图书馆荣获2011年度田阳县文化和体育局创先争优工作先进集体奖。2012年12月，田阳县图书馆荣获2012年度田阳县文化和体育局创建文化名县工作先进集体奖。

馆领导介绍

陈海英，女，1965年4月生，大专学历，馆员，馆长。1988年12月参加工作。全面主持图书馆工作。

李美色，女，1977年2月生，本科学历，中共党员，助理馆员，副馆长，1998年7月参加工作。2010年11月调到田阳县图书馆工作，先后在外借处、办公室、采编部工作。

罗柳江，女，1976年3月生，本科学历，中共党员，副馆长。1998年9月参加工作，2011年3月调到田阳县图书馆工作。

未来展望

田阳县图书馆坚持以“读者为本，服务第一”的理念进行管理，为了方便读者，提高藏书的利用率，馆内的书刊实行开架借阅，目前已开设图书外借处、期刊外借处、报纸阅览室、综合阅览室、电子阅览室党员学习室、等服务窗口，为读者提供优质服务。近年来县图书馆除了阵地窗口服务工作外，还把服务工作触角延伸到乡镇、社区、学校和驻军部队，丰富了城乡居民和未成年人的精神文化生活，使更多的市民能够利用图书馆、受益于图书馆，为构建和谐社会和学习型社会做出图书馆应有的贡献。未来的田阳县图书馆将以建设现代化、数字化图书馆为发展目标，利用先进的计算机技术和数字信息系统，开展各种图书服务活动，提高广大人民群众整体素质，为推动田阳县经济发展提供智力支持，实现科技和文化的完美结合，努力把图书馆办成知识信息中心，文化教育中心，成为重要的知识信息枢纽和三个文明建设的重要窗口。

联系方式

地　址：广西百色田阳县田州镇常安路4号
邮　编：533600
联系人：李美色

百色市右江区图书馆

概述

百色市右江区图书馆创建于1956年春，其前身为百色县图书馆，1982年与百色镇图书馆合并而成的县级百色市图书馆。馆址在百色市升平巷36号，占地面积360平方米，与市文化馆、市文联在一栋楼办公。1992年8月，搬迁至中山二路13号新建图书馆大楼，1996年9月竣工验收，1997年3月正式对外开放。新馆占地7.39亩（4926.67平方米），建筑面积2037平方米，设置服务窗口八个：流通部、科技阅览室（梁全泰图书室）、社科阅览室、少儿阅览室、读者自修室、期刊库、报纸库、电子阅览室。全馆共有阅览座席350个，供读者使用的计算机45台，互联网宽带接入10Mbps，目前使用丹诚图书集成管理系统，2006年开通了图书自动化借阅业务，是百色市首家实现图书自动化借阅管理的公共图书馆。2013年元月更名为百色市右江区图书馆。

人员结构

全馆编制10人，现有在职在编人员8名，配备馆长1名，副馆长2名。所有工作人员均已取得图书馆专业职称，现有副高职称1人，中级职称（馆员）3人，初级职称（助理馆员）4人，大学本科学历3人（2人为图书馆学专业学历），大学专科学历3人，高中学历2人。

业务建设

截止2013年底，本馆拥有藏书16万多册，其收藏特点有：一是珍藏部分革命文献。如《左右江革命史料汇编》、《百色起义和龙州起义》。二是收藏方志和地方文献。藏有《百色厅志》、《百色组织史》、《右江日报》、《百色市报》，这些方志如实地反映了百色市各个历史时期国民经济发展状况、风土人情，展现了百色老区人民精神风貌，对于研究百色政治、经济、文化等诸方面的历史和现状具有较高的参考价值。三是典藏部分善本古籍432部共3477册。四是收藏一定的科技工具图书。

2007年底，建成全国文化信息资源共享工程百色市右江区支中心，总投资68万元，按建设标准配备有服务4台，摄像机1台，核心交换机1台，卫星接收系统1套，8TB磁盘阵列1台，防火墙1台，可供读者使的计算机45台，电子图书2万多册，接收存储各种文化共享数字资源3TB。

读者服务

服务方式主要有：馆内阅览、图书外借、查阅资料、复印资料、互联网信息查寻、检索、浏览和下载服务，跟踪服务、送书上门、电话查询、解答咨询、业务辅导和开展读者活动等。

2011年5月起，全免费向社会公众开放，全年（双休日不闭馆）开馆向读者服务，周开放56小时，2013年接待各类读者19156人次，借阅书刊99100册次。

2011—2013年，共举办讲座、展览、培训、阅读推广等读者活动68场次，参与人数3800多人次。

2012—2013年，开展文化集市送书下乡、科技图片展阅活动，共开展送书下乡3次，为基层送去15000多册图书，进学校、社区、厂矿开展科技图片展8次，共展出科技图片120多幅，有3600多人次浏览。

业务研究与辅导

2011—2013年，先后派送25人次参加自治区图书馆举办的各种业务培训班学习，举办了所辖乡镇（街道）文化站、农家书屋管理人员业务培训班5期，共培训基层管理人员120多人次。

乐业县图书馆

概述

乐业县图书馆于1978年成立，它的前身是县文化馆的一个图书室。馆址几经变迁，2009年10月1日，位于中心文化广场北面新馆建成开放。新馆是一栋文化艺术中心综合楼，占地约1142平方米，建筑总面积3312平方米，目前图书馆可用面积2000平方米，读者座位378个，计算机50台，宽带接入12M，2013年参加第五次全国公共图书馆评估，首次获得三级图书馆。

业务建设

截止2012年底，乐业县图书馆总藏量77235册（件）。

2009年，乐业县图书馆新增购置费5万元，2010年增至8万元，2011年新增购置费7万元，2012年新增购置费9万元。

2009–2012年，共入藏中文图书2640种，5280册，中文报刊1131种，视听文献382种。2012年，地方文献入藏完整率为70%。2011年电子阅览室建成并免费对外开放，可供读者使用的计算机有50台。

读者服务工作

从2011年1月起，乐业县图书馆全年350天对外免费开放，每周开放56小时，2009–2012年，书刊总流通4.2万人次，书刊外借6.1万册次。2012年1月，与凌云图书馆开展地方文献资料互借服务。2011年共享工程服务中心提供检索、浏览和下载服务。

2009–2012年，乐业县图书馆共举办讲座、展览、培训、阅读推广等读者活动171场次，参与人数97627人次。

业务研究、辅导、协作协调

2009–2012年，乐业县图书馆职工发表论文2篇。从2011年起，乐业县图书馆以文化信息资源共享工程为依托，开展阅读推广与讲座、展览资源服务、各种培训服务。2011–2012年，连续二年在县内各乡镇开展基层图书室业务骨干巡回业务辅导。2012年举办《中图法》第五版基层图书室业务骨干业务培训班。

管理工作

2010年，乐业县图书馆完成全员岗位设置和首次岗位聘用，本次聘任共设10岗位，有10人重新上岗，同时，建立了工作量化考核指标体系，每半年和年终进行总体工作考核。2009–2012年，共抽查文献排架8次，书目卡片7次。

表彰、奖励情况

2009–2012年，乐业县图书馆共获得各种表彰、奖励3次，其中2009年获区文化厅表彰、奖励1次；2011年获广西共享工程支中心表彰、奖励1次；2012年获县文体局表彰、奖励1次。

馆领导介绍

龙　鸣，女，1962年12月生，大专学历，中共党员，中级职称，馆长。1980年12月参加工作，1999年1月到乐业县图书馆工作，任副馆长，2000年1月任馆长。

黄志文，男，1956年9月生，高中学历，初级职称，副馆长。1974年9月参加工作，1996年6月到乐业县图书馆工作，先后在外借处、综合阅览室、宣传室、采编室工作，分管全馆纪律方面工作。

李科酉，男，1962年10月生，中专学历，初级职称，副馆长。1980年12月参加工作，1987年6月到乐业县图书馆工作，先后在外借处、综合阅览室、采编室工作，分管全馆业务工作。

未来展望

乐业县图书馆遵循“科学、效率、创新、发展”的办馆方针，完善单体服务功能，扩大服务辐射区域，带动全县事业发展。在未来的几年里，乐业县图书馆逐步完善自动化管理系统；争取建立地方文献人物库和事件库即乐业县获广西壮族自治区四项非物质文化遗产名录之《乐业唱灯》、《把吉造纸》等；购买一台歌德电子书借阅机；努力打造县级图书馆特色品牌；加强业务研究、辅导、协作协调工作；以县级二级馆评估指标为基本标准。

联系方式

地　址：乐业县同乐镇三乐街006号（乐业县文化艺术中心）
邮　编：533200
联系人：龙 鸣

凌云县图书馆

概述

凌云县图书馆始建于1934年，在凌云县泗城镇东风街开设民众阅览室。室内设有报刊供民众阅览。1940年由民众阅览室改称为凌云县图书馆，馆址设于县旧政府大门前的中大街，1946年县图书馆迁至中山纪念堂对面一幢三间砖木房，新中国建立后，1951年县政府在中大街建立图书馆。1979年区文化厅拨款八万元和文化馆在体育场左侧合建一幢840平方米的三层综合大楼，图书馆使用一楼两间和全部二楼，总面积211平方米，1990年文化馆与图书馆分开，图书馆独立在原旧大楼，总面积840平方米，2004年参加第三次全国公共图书馆评估，获得三级图书馆。2009年4月新图书馆大楼竣工，为二层楼综合楼，建筑面积2257平方米，5月图书馆搬迁新馆大楼，6月10日向读者开放，馆内设有杂志阅览室、报纸杂志阅览室、儿童阅览室、电子阅览室、期刊外借室、图书外借室、电教视听室、信息查询室、培训室九个对外服务窗口，报纸库一间、杂志库一间、图书书库两间、典藏库一间，除典藏库外其他书库都开架向读者开放。现馆内设有阅览坐席254个，机房设备一套，计算机35台，宽带接入12M。

业务建设

截止2012年底，凌云县图书馆图书总藏量102676册，图书52454册，期刊38340册，报纸11422册，视听文献460种；馆内订有杂志340种、报纸42种。2009年至2012年，凌云县图书馆新增藏量购置费22.3万元，其中图书6.72万元，报刊15万元，视听文献0.58万元。凌云县图书馆CNMARC数据库成立于2010年4月，设有中文文献数据库，期刊数据库，数字化书目，占总藏量30%以上，数字化文化工程资源和自建数字化资源量6TB以上，建有地方文献书目数据库，有专人管理。

读者服务工作

自2009年6月起，凌云县图书馆全年365天对外免费开放，每周开放60小时。2009年–2012年，书刊总流通188640人次，书刊外借85493册。与县城5个社区图书室、全县8个乡镇文化站图书室、县武警中队、消防大队图书室和乐业县图书馆建立馆际互借服务。2009年–2012年，凌云县图书馆共举办讲座、展览、培训、阅读推广等读者活动76次，参与人数30258人次。

业务辅导、协作协调

凌云县图书馆在做好阵地工作的同时，积极开展基层辅导工作，开展联合目录，通借通还，馆际互借工作，有力推进凌云县基层图书馆（室）的协调发展。2009–2012年我馆把农家书屋建设作为全馆工作重点，组织馆内业务骨干抓好农家书屋建设，工作人员下村128次563人次，为农家书屋图书分类上架95012册，在乡村举办农家书屋管理人员培训63次，培训农家书屋管理人员378人次。举办5期全县各中小学校图书室和机关图书室管理人员培训班，集中受训人次达136人次。培训内容：围绕图书馆的职业精神、阅读与推广、图书馆信息技术应用趋势和服务理念等专题进行系统性的业务培训。2010年与县武警中队建立“凌云县图书馆武警中队共建共建图书室”，2012年与县消防大队建立“凌云县图书馆消防大队流动图书室”。每年为武警中队和消防大队送书上门服务12次，流动送书2400册。

管理工作

凌云县机构编制委员会下达凌云县图书馆编制9人，馆内实有人数8人，2010年凌云县图书馆完成全员岗位聘任，制定了职工考核管理制度、岗位工作制度，明确工作目标。

表彰、奖励情况

2009–2012年，凌云县图书馆获得县文化和体育局表彰、奖励4次。

馆领导介绍

韦仲英，男，1962年12月生，中专学历，助理管员，副馆长（主持全面工作）。1987年7月参加工作，1997年4月到凌云县图书馆工作，任图书馆副馆长。

未来展望

进一步做好图书馆免费开放服务，着力推动流动图书馆、自助图书馆、数字图书馆建设，借助电子化、数字化、网络化的优势拓展图书馆服务方式和服务范围，为读者提供联合目录查询、电子文献阅读、数据库资源检索、电子文献原文传递等深层次的资源服务，通过业务自动化管理软件，实现读者自助借阅，24小时读者自助还书、快速馆藏资料清点，购置触屏报纸查阅设备，采用触摸屏作为阅读载体，使读者体验到原汁原味的尽可能贴近纸报的报纸阅读乐趣，给读者提供一种阅读报纸的全新方式，从而进入数字图书馆时代，形成资源总量丰富、资源更新及时、服务方式便捷、服务手段多样的数字图书馆服务体系。

联系方式

地　址：凌云县图书馆
邮　编：533100
联系人：韦仲英

开展图书宣传活动

图书馆与县消防大队共建图书室

图书下乡活动

隆林各族自治县图书馆

概述

民国22年（1933年），西隆县设报刊阅览处，1959年，县图书馆成立，时藏书2000册，次年并入文化馆，1978年恢复设立自治县图书馆；1994新建县图书馆，占地面积432平方米，建筑面积1251平方米，有阅览座席250个，1998年、2004年、2013年参加全国公共图书馆评估获三级图书馆，目前有计算机32台，宽带接入6兆，采用文津图书馆自动化管理系统。

业务建设

截止2012年底，本馆总藏量为97398册（件），其中电子文献017册（件）。2009至2011年新增购置费5万元，2012年起增7万元，年平均入藏量1800种。

截至2012年底，隆林图书馆自建数字资源总量为4TB，建有中文图书数据库，期刊数据库、地方特色数据库，全馆实现无线网络覆盖。

读者工作

隆林图书馆每周开馆56小时，年接待读者人数5700人次，书刊外借流通40210册次，馆外服务点10个。

2011年3月，县政府在图书馆设立政府信息公开查阅中心，隆林图书馆提供两种查询方式，一是纸质文件查阅，二是电子上网查阅。

2009年至2012年，隆林图书馆共举办讲座、展览、培训、阅读活动等读者活动292场次。参与人数8万余人次。

业务研究、辅导、协作协调

2009至2012年隆林图书馆职工发表论文4篇。

2009至2012年隆林图书馆基层培训8期，受训人数278人次。

管理工作

2011年，隆林图书馆完成全员岗位聘任，建立了工作量化考核指标体系，一年进行一次考核。

表彰与奖励

2009至2012年获各种表彰4次，其中区文化厅表彰1次，县文体局表彰3次。

馆领导班子介绍

馆长：杨秋，女，1968年9月出生，大专学历，中共党员，1986年9月参加工作，助理馆员，现任图书馆党支部书记、馆长、广西区图书馆学会第九届理事。

副馆长：张文春，男，1973年1月出生，大专学历，中共党员，高工，1989年7月参加工作，现任副馆长。

副馆长：杨姣，女，1975年2月出生，大专学历，中共党员，馆员，1994年9月参加工作，现任副馆长。

未来发展

隆林图书馆遵循“一切为了读者”服务宗旨，建设数字图书馆是未来发展方向。

联系方式

地　址：隆林各族自治县新州镇民生街225号
邮　编：533499
联系人：杨　秋

隆林图书馆全貌

隆林图书馆大门

综合阅览室

第十九个世界读书日活动

服务宣传周活动

暑期少儿美术免费培训班

西林县图书馆

概述

西林县图书馆，1978年8月成立，人员编制4人，建馆初期没有馆舍，借用县文化馆二楼约50平方米旧房做书库和阅览室来开展业务工作，1979年文化馆折旧房从建，县图书馆又搬到县新华书店租地自搭油毡棚作临时馆舍，1980年至1981年文化馆新馆建成后，县图书馆又在文化馆借用一楼200平方米做馆舍，从那时起，才能正常开展业务工作。1988年，在县委、县人民政府关心和支持下，下达给县图书馆的基建计划。给县图书馆建新馆，馆舍面积1000平方米，投资建馆28万元。1989年1月选定了馆址，在县政府招待所对面，1990年1月建成4层楼交付使用。内设综合阅览室、综合图书外借室、电子阅览室、多功能厅、藏书室、资料室、采编室、报刊室等。读者座位288个。2004年，参加第三次全国公共图书馆评估，获得三级图书馆。计算机31台，宽带接入10M，县图书馆实现数字化管理。

业务建设

2012年，西林县图书馆总藏书量78131册。2009年–2012年，县图书馆新增藏量购置费：245000元。2009年–2012年，入藏78131册，报刊47种，杂志203种，新增文献增长率67.45%。2009年–2012年县图书馆数字资源总量为4TB，自建数字资源总量1654条。2012年，实现馆内无线网络覆盖。

读者服务工作

从2009年起，县图书馆天天对外免费开放，每周开放56个小时，2009年–2012年建立5个服务点（八达镇土黄村、古障镇渭归村、普合苗族乡新丰村、那劳镇那来屯、八达镇城北社区），书刊总流通93523人次，书刊外借106623册次。2012年为政府信息公开服务提供服务平台。2009年–2012年，县图书馆共举办各类讲座活动15次，参加活动4057人次。以西林县图书馆服务信息共享为平台，以阅读推广为主题活动，在图书馆工作人员中，以年度考核评优，是西林县图书馆阅读推广特色的工作。

业务研究、辅导、协作协调

2009年–2012年，西林县图书馆职工发表论文1篇。从2009年–2012年起，西林县图书馆以文化信息资源共享工程专网为依托。在县支中心范围内发挥公共图书馆服务平台，以阅读和讲座展览资源服务、业务培训等工作，2012年，举办培班2期，参与培训人66人。

管理工作

2009年–2012年，西林县图书馆工作人员，按制度定岗，按年度工作考核评优。

表彰、奖励情况

2009年–2012年，西林县图书馆共获得县级表彰4次。

馆领导介绍

陆泽兴，女，1981年9月出生，本科学历，中共党员，馆长。1998年10月–1999年7月在西林县那劳计生服务站工作，1999年10月至2011年4月在西林民族歌舞团工作2006年任团长，2011年4月–2015年1月在体育股担任副股长，2015年1月至今在县图书馆工作。

唐秋，女，1964年10月生，大专学历，副馆长，1980年参加工作，1980年–1992年在县歌舞团工作，1993年–2003年7月在文化馆工作，2003年至今在县图书馆工作。

陆艳萍，女，1973年4月出生，本科学历，中共党员，副馆长。1995年12月至2005年9月任西林县西平乡文化站站长，2005年10月至2006年11月任西林民族歌舞团团长助理，2006年12月至2007年12月在西林县文体局办公室工作，任秘书，2008年1月至2010年6月任文体局办公室副主任，2010年7月至2015年2月任文体局办公室主任，2015年3月至今在县图书馆工作。

展望未来

西林县图书馆在县委、县政府和社会各界人士的直接领导和关心支持下，始终坚持“读者第一，服务至上”的宗旨，继续发挥图书馆作为读者的自修大学、精神家园、未成年人“第二课堂”的宣传平台作用，为广大人民群众服务，倾力打造全市先进、全区先进的现代化公共图书馆。

举办乡镇图书室业务培训班

综合阅览室

电子阅览室

田林县图书馆

概述

田林县图书馆成立于是1978年，前身是田林县文化馆图书室。当时藏书不足二万，全馆人员三人，都没有图书工作经验。馆舍和文化馆共用一栋建于六十年代的两层楼房。图书馆居底层，书库兼图书外借处三开间不足100平方米。一间阅览室30多平方米，另一间办公室兼采编室只有30多平方米。馆里除了藏书，没有其他任何设施、财产。经过三十年的发展，现已建有新、旧两栋馆楼，总建筑面积2100平方米，设有采编室、综合阅览室、少年儿童阅览室、宣传辅导室、图书外借处、工具书及地方文献资料室、读者活动室、报刊资料室、电子阅览室和多媒体室等10个服务窗口。

截止2012年底，田林县图书馆现有职工7人，在编5人，超编2人，其中设馆长1人，副馆长1人。在职本科学历2人，在职大专学历5人，其中中级职称2人，初级职称4人，四级演员1人。

业务建设

截止2012年底，馆藏图书总藏量77783册，其中中文图书55793册，期刊102种，报刊32份，报刊合订本21990册。其中综合阅览室设有60个座位，少年儿童阅览室同样有70个座位，电子阅览室设25个座位。书库有书架102个，报纸架36个。全馆有电脑31台，投影仪2台，录音机1台，档案柜2个，总价值为100万。

读者服务工作

截止2012年底，我馆坚持以“读者至上，服务第一”的理念，全心全意为广大读者服务。馆内所设各个服务窗口大都向读者开放。每周开放时间56小时，坚持做到每周天天对外免费开放。开架图书6万多册，在各个窗口都设有咨询服务，为读者释疑解难。电子阅览室也以免费向读者开放。还开设代借代还图书、预约借书、送书上门等服务项目。对离退休人员、军人、残疾人士、科研人员等都免证阅览。

几年来图书外借共58004册次。流通总数50436人次。其中综合阅览室8520人次，少儿阅览室10095人次，读者活动室12100人次。

1、积极开展文化科技“三下乡”活动，我馆深入到八桂乡等5个乡镇开展文化科技“三下乡”活动，把党和政府的温暖送到农村，把农业科技信息送到千家万户。我们共免费赠送了农村实用科普资料24000多份，免费发放农业种养科技书籍约1200种（册），吸引了上千人次前来阅读、学习。2、开展图书服务宣传周、送书下乡、读者知识竞赛、读者座谈会。还举办乡镇村的图书管理人员培训班10次，还为读者解答咨询360条以上，跟踪服务25项，受到广大读者的欢迎，取得了明显的社会效益和经济效益。

业务研究、辅导、协作协调

截止2012年底，图书馆职工发表论文3篇。

（一）业务研究：我馆坚持以自学和函授学习作为提高业务人员文化水平和业务能力的重要途径，全馆人员都自觉努力，文化水平和业务工作能力都有很大提高。举办业务培训21期，1304学时，26人次接受培训。

（二）加强对乡镇图书馆（室）的业务辅导。我馆坚持对全县14个乡镇图书馆（室）和中小学校图书馆管理人员进行业务辅导，并作为本馆的业务联系点。进行业务培训将近80人次，其中在馆内办班7天60人，下到乡镇学校辅导29天，73人次。通过培训和辅导，乡镇、学校图书馆管理人员业务管理水平有很大提高。

管理工作

怎样才能把图书馆的管理工作做好。而要把图书馆的管理做到合理、科学、有效，充分发挥图书馆的应有功能，提高职工队伍的综合能力是关键。为此，本馆除了自身努力带头学习外，先后选派馆里的工作人员15人次外出学习、交流经验，在本馆内开展老中青传帮带活动。通过各种途径学习培训和帮教活动，现在馆里的工作人员整体素质得到了明显提高，业务骨干年轻化、知识化大趋势已经形成，工作效率显著提高。

此外，馆长带领本馆几位业务骨干下到14个乡镇文化站、28个农家书屋手把手教会管理员们如何进行图书分类、著录、贴签、上架。

人事管理：我们参照图书馆的各项工作任务、职责，制定各项规章制度，实行科学管理。根据各人的业务专长和水平、

举办乡镇文化站业务培训

下乡辅导农家书屋

开展文化科技三下乡活动

少儿阅览室

读者座谈会

能力制定岗位责任，对每个工作人员进行严格的业务考勤、考核制度，做到任务明确，职责分明，保证正常的工作秩序。

表彰、奖励情况

2010年，田林县图书馆被文化部评定为国家“三级图书馆”。2013年4月在第五次全国公共图书馆评估定级工作中被文化部评定为“三级图书馆”。授到县级表彰5次，2011年获得文化共享工程分中心颁发的“文化共享在田林专题片”三等奖。

馆领导介绍

黄海燕，女，1961年生，大专学历，中级职称，馆长。1980年1月参加工作，历任田林县定安镇文化站站长，2000年任图书馆副馆长，2009年任图书馆馆长。

黄爱清，女，1966年生，大专学历，助理馆员，2011年任副馆长。

未来展望

田林县图书馆以建设现代化、数字化图书馆为发展目标，利用先进的计算机技术和数字信息系统，开展各种图书服务活动，提高广大人民群众整体素质，为推动田林经济发展提供智力支持，实现科技和文化的完美结合，努力把图书馆办成知识信息中心，文化教育中心，成为重要的知识信息枢纽和三个文明建设的重要窗口。

联系方式

地　址：广西省百色市田林县乐里镇新安街14号

邮　编：533300

联系人：黄海燕

凤山县图书馆

概述

凤山县图书馆于1953年与该县文化馆合并成立，1978年从文化馆分离出来，成为现今的凤山县图书馆。馆舍面积840平米，可以容纳170个读者座位，馆内共有35电脑均链接宽带，引入丹诚内务管理系统。凤山县是广西西北部“老少边山穷”地区的国家级贫困县，凤山县图书馆是该县唯一的一家图书馆，编制4人，它承载着全县21万原籍人口和约五万流动人口的阅读需求，经过几代图书人的不懈努力，2005年、2010年两度被文化部定为国家三级图书馆。

业务建设

馆藏文献7.5万册，种类繁多，包罗万象。其中纸质文献6.2册，电子图书1.3万册。内设中文图书借阅室、期刊借阅室、综合阅览室、电子阅览室、少儿阅览室、报纸收藏查阅室、多媒体室、流动图书服务室等8个对外服务窗口。从2007年以来地方财政一直保持每年4万元的新购书经费，保持以每年报纸68种、期刊130种的速度逐年递增和地方文献的征集。馆内配有计算机、打印机等设备，连接互联网，建立有馆内图书管理数据库。2004年开始启动文化信息资源共享工程，建立了电子阅览室。2005年1月正式成立全国文化信息资源共享工程广西河池市凤山县支中心，并于2011年5月1日开始免费开放。

读者服务工作

从2011年5月1日起天天免费开放，每周开放56小时，每年馆外书刊流1860人次，图书外借3720册次，除了保证的免费开放开馆时间以外，坚持一年一度“世界读书日”、“全民读书月”、“图书馆服务宣传周”、“农民读书活动展示周”等一系列的图书下乡活动和免费开放系列阅读推广活动，通过这些活动，为农民提供信息资料，为乡村级图书室、山区学校、武警战士、消防官兵及看守所的在押人员捐赠书籍和提供大量丰富的文化精神食粮，让广大读者更进一步了解图书馆，让更多的人走进图书馆、关注图书馆，让大家都来感受阅读的快乐，从而使图书馆能更好的发挥其职能作用，更好的服务于大众。

业务研究、辅导、协作协调

为谋求图书事业的可持续发展出路，该馆经常组织开展图书业务课题研究尝试，馆编职工几乎每人都持有相当数量的课题研究资料或写了学术论文。2005年以来依托“共享”平台开展对乡镇文化站工作人员进行业务辅导和在基层采集文化信息资源、为基层群众播放声像读物等业务辅导工作。在协作协调方面，特别从2011年5月1日该馆实施免费开放以来，与该县各个部门协调协作开展了系列专题讲座，例如，预防艾滋病预防知识、洞穴探险知识、禁毒知识、抗震知识等等，此外，还协同共青团县委、县妇联、县教育局、武警中队等等单位和团体开展了内容丰富、形式多样的阅读推广活动，收到了极好的业务效应和社会效应。

管理工作

在管理上首先强化思想政治建设，加强服务意识的学习，把图书馆建设提高到经济建设的高度加以重视和实施，努力提高全体馆员的爱岗敬业精神。在思路上，抓服务意识的转变，由过去“为人找书”转变为“为书找人”相结合。在手段上主要是尽量引进现代成熟的图书管理先进技术，建设具有现代科技含量的图书馆。业务纪律上，建章立制，量化考核指标，严格执行考勤制度和责任追究制度。

表彰与奖励情况

2003–2005年，我馆获“广西文化信息资源共享工程”先进集体，2005年，首次被文化部评定为国家三级图书馆，2009年获“桂北地区文化信息资源共享工程知识与技能竞赛三等奖，2010年第二次被文化部定为国家三级图书馆。

馆领导介绍

班子机构为一正两副，馆长（副科级别）是由县人民政府任命，副馆长（无级别）是由县委宣传部任命。

馆长：张冬慧，女，1964年出生，大专学历，广西河池凤山县人，中共党员，国家三级演员。

副馆长：黄凤娥，女，1960年出生，大专学历，广西河池凤山县人，助理馆员。

副馆长：龙锦秀，女，1962年出生，大专学历，广西河池凤山县人，馆员。

未来展望

在十八大的精神引领下，凤山县图书馆将继续坚持“科学、效率、创新、发展”的方针“为人找书、为书找人”为读者提供全方位的优质服务。争取在较短时间内，实现各种硬件设施、文献藏量、文献流通量等各项指标大幅度提升，通过构建并逐步完善电子文献信息资源馆藏系统等现代科技手段，实现图书馆上档进位，使图书事业更好的为凤山的各项事业服务、为凤山这一方的人民服务。

联系方式

地　址：广西凤山县凤城镇凤阳街44号（图书馆）
邮　编：547600
联系人：龙锦秀

4.23世界读书日举办校园禁毒知识宣传活动

中小学生书法普及硬笔书法培训班

“心之翼·梦之旅”有奖问答校园文艺演出活动

天峨县图书馆

概述

天峨县图书馆位于天峨县文化中心广场，前身是文化图书室，始建于1972年2月，1990年2月投资79万元动工重新兴建，1993年10月正式对读者开放。目前馆舍占地面积253平方米，建筑面积1105平方米共四层，第一层为报刊阅览室及政务公开查询中心，第二层为电子阅览室，第三层为图书外借处及图书采编室，第四层为过刊文献资料库，共设读书阅览座位120个，读者专用计算机38台，宽带接入40M，选用丹诚图书馆自动化管理系统。2009年参加第四次公共图书馆评估，首次获得三级图书馆。

业务建设

截止2012年底，天峨县图书馆图书总藏量58000册，其中中文平装新旧图书40000册，中文期刊300多种12950册（合订本），中文报纸86种7000多册（合订本），视听文献102种。

2009至2012年，天峨县图书馆新增藏量购置费共17.5万元，共入藏中外文图书3060种8700册，中外文报刊178种3000册，视听文献372种。

读者服务工作

天峨县图书馆从2009年8月份以来实行全年天天对外免费开放，周开放63小时。2009–2012年，书刊总流通34516人次，书刊外借71123册次。截止2012年12月，共建有图书外借流通服务点12个馆外书刊流通总人次20600人次，书刊外借13200册次。

2009–2012年，天峨县图书馆共举办讲座、展览、培训、阅读推广等读者活动176场次，参与人数17120人次。

业务研究、辅导、协调工作

去年以来，图书馆班子成员结合新形式下图书馆的发展和对基层工作辅导等方面进行了广泛调研。在调研中，培训了乡村图书馆（室）业务骨干，建起了乡镇图书馆室名录，摸清了村级图书馆（室）的底子。到目前，全县乡镇图书馆达到9个，村、社区农家书屋97个，全县中小学图书室22个。发挥图书馆社会教育职能，深入乡镇、村社、学校、企业等举办种类活动20多次，参加活动群众读者达3000多人次。同时还不定期下到基层开展文化共享工程基层网点技术培训工作3次，培训基层网点信息员12人次；举办农家书屋管理员培训2次，参训人员共118人次，指导并实施农家书屋图书分类、编目、上架图书50000多册。

管理工作

2012年，天峨县图书馆完成了岗位聘任。此次岗位聘任共设置6个岗位，并制定了相关的岗位责任制度。

表彰、奖励情况

2009–2012年共获得各种表彰、奖励6次，其中中国艺术摄影协会表彰1次，省文化厅表彰、奖励2次，市主管部门表彰、奖励3次。

馆领导简介

韦红卫，男，1970年11月生，广西艺术学院毕业，中共党员，助理馆员。1990年参加工作，2012年5月任图书馆馆长。

罗世兰，女，1974年8月生，大专学历，中共党员，助理馆员，副馆长。1994年10月参加工作，自参加工作以来一直在图书馆任图书采编及图书外借工作。

联系方式

地　址：广西天峨县六排镇新民街013号
邮　编：547300
联系人：罗世兰

天峨县图书馆全景

丰富多彩的文化活动

领导关心

送书下乡

罗城仫佬族自治县图书馆

概述

罗城仫佬族自治县图书馆前身是罗城县民众教育馆，1934年更名为县立图书馆，当时馆藏近万册。1944年日寇入侵罗城，馆内所有文献资料失散，馆务工作停止，机构消失。1950年罗城解放后，重新成立图书馆，并纳入县文化馆管理范筹，更名为图书室。1978年7月，成立罗城县图书馆，属县文体局的二层单位。1984年11月更名为罗城仫佬族自治县图书馆。1987年建成1684平方米图书馆大楼。曾两次通次通过国家评估验收，国家三级图书馆。2007年9月建成文化共享工程罗城支中心。设有综合阅览室、少儿阅览室、图书外借室、图书采编室、总书库、电子阅览室、廉政图书室、全县党员廉政教育活动多功能室等，共有阅览坐席240个，电子计算机41台，其中供读者使用30台，已建成以千M交换机为核心，IP-SAN磁盘阵列为资源存贮空间，馆内局域网10光纤接入互联网的网络系统。服务器存储容量2T，图书馆业务管理系统运行正常。

业务建设

截止2013年底，罗城图书馆总藏量8.9万册（件），其中，纸质文献8.4万册（件），电子图书0.5万册，2011年起，罗城图书馆年新增藏量购置费9万元，年新进量图书3400种3800册；地方文献共2500册，开架图书排架正确率100%，书库有防火、防盗、防虫、防尘等措施；数字资源总量2T，采访、编目工作已实现自动化，馆内建成局域网并开展工作。

读者服务工作

从2012年1月1起，罗城图书馆全年365天天天对外免费开放，周开放7天56小时。免费开放内容符合上级要求。外借室、报刊室、少儿阅览室实施全开架式借阅，同时采用“一卡通”的模式方便读者随意到各个阅览室进行借阅图书、报刊、上网浏览电子文献等。2012年书刊流通总人次15909人次，外借书刊29141册次，报刊阅览读者14204人次，解答咨询586人次。2013年刊流通总人次14988人次，外借书刊31201册次，报刊阅览读者16318人次，解答咨询645人次。

读者活动。每年都能结合本馆实际开展形式多样的读者活动。如中小学生讲故事比赛、我爱的一本书、书法书写比赛、流动图书进军营、进学校、进社区活动等。

培训工作。2012-2013年，每年举办中小学生书法普及教育活动免费培训班4期，免费举办了中小学生绘画辅导班1期，与文化馆举联合举办文学、美术讲座。与县组织部、县纪委、共青团、妇联等部门举办各种培训班提供场地8场次。

农家书屋工作。2009-2013年，共完成149个农家书屋建设工作任务，配合县新华书店配送22.8万册新图书到各个农家书屋，深入各乡镇行政村、自然屯农家书屋举办农家书屋管理员业务培训班53场次，受训人员达1769人次。完成123个共享工程村级基层服务点业务培训。

业务研究、辅导、协作协调

加入区图书馆、桂林图书馆集群，提高了采编的工作效率。规范全县11个乡镇文化站免费开放管理工作，指导全县149个农家书屋实施免费借阅，定期对乡镇文化站图书管理员、村级农家书屋管理员、共享工程村级基层服务管理员进行业务培训与辅导。

管理工作

罗城图书馆1978年核定编制数6人，目前在编6人，在岗5人，有1人抽调到县文体局上班。根据本馆实际，采取以下措施。一是年初根据上级部门的要求和本馆实际制定科学严谨的工作计划；二是制定图书馆人员分工方案，量化标准；三是建立健全学习制度、工作制度、请假制度、设备设施管理制度和财务管理制度等，并严格执行；四六是规范工作行为，优化工作环境。

表彰、奖励情况

2010年5月我获自治区级“先进集体”，2012年7月，我馆拍摄的《文化共享在基层——罗城支中心纪略》作品荣获全区二等奖；2012、2013年连续两年获县级先进单位。

馆领导介绍

韦善严，男，1969年7月生，本科学历，中共党员，馆员，馆长。1989年7月参加工作。

梁福花，女，1965年1月生，大专学历，中共党员，馆员，副馆长，1987年8月参加工作。

刘毅，男，1979年6月生，本科学历，中共党员，助理馆员，副馆长。1998年12月参加工作。

未来展望

罗城图书馆以“共享文化、惠及民群”服务理念，全力推进图书馆免费开放工作，创设良好阅览环境，树立服务品牌，争创国家二级图书馆为目标，有效地指导乡镇文化站、农家书屋实施免费开放工作，为仫佬族文化事业作出图书馆人应有的贡献。

开展送图书、设备下乡活动

流动图书进军营活动

举办农家书屋管理员业务培训班

东兰县图书馆

概述

东兰县地处桂西北，云贵高原南缘，红水河中游；东傍金城江区，西界凤山县，南傍大化、巴马县，北邻南丹、天峨县，离自治区首府南宁市308公里，距河池市金城江镇130公里。全县总人口30万人，城区人口达2万多人，辖14个乡镇，共有149个行政村（含2个社区）。

东兰县图书馆成立于1978年，当时地址位于东兰县曲江路41号，是东兰县唯一的公共图书馆。2009年，参加第四次全国公共图书馆评估，首次获得三级图书馆。2009年元月，位于陵园街65号的新馆建成开放，馆舍面积1942.54平方米，可容纳读者坐席120个，内设：电子阅览室、少儿阅览室、综合阅览室（报刊阅览室）、期刊外借部、图书外借部、期刊库房、采编室等。目前，东兰县图书馆编制5人，在职5人，其中本科1人，大专3人，高中1人，中级职称2人，初级职称3人。

业务建设

截止2012年底，东兰县图书馆总藏量7.3万册（件），其中，中文图书5.2万册（件），报刊4.1万册（件），无电子图书和电子期刊。2009年–2011年东兰县图书馆新增藏量购置费2万元，2012年为7万元。2009年–2012年，共入藏图书3287册，报刊107种，963册，地方文献67册。视听文献85种。2010年11月，"文化信息资源共享工程"东兰支中心建成，拥有计算机35台，宽带接入10M光纤，选用文津图书馆自动化管理系统。

读者服务

从2009年元月起，东兰县图书馆全年免费开放300天以上，周开放56个小时，双休日正常对外开放。2009年–2012年，书刊总流通3.7万人/次，书刊外借5.26册/次。2012年，建成馆外图书流动服务点5个，年外借图书0.55万册。每年还分别开展"4·23世界读书日"、"图书服务宣传周"、"全民读书月"等活动。2009年–2012年，东兰县图书馆举办讲座、展览、培训、图书宣传、推广活动58场次，参与人数达4.85万人次。

业务研究、辅导、协作协调

2009年–2012年，东兰县图书馆举办书法、电脑等各类辅导班24期，参训人数达960人。2009年起，还负责全县14个乡镇文化站（图书室）、111个"农家书屋"的业务辅导工作。自2011年–2012年以来，东兰县图书馆共参加由广西图书馆学会、桂林图书馆、河池市新闻出版局、河池市民族图书馆等上级业务主管部门组织举办的各类业务培训班13人/次。

管理工作

目前，东兰县图书馆设置岗位5个，采用岗位责任制管理模式。每个部门都有明确的部门制度和岗位责任制度。同时，建立工作量化考核指标体系，全年进行总体工作考核。

表彰、奖励情况

2009–2012年，东兰县图书馆共获得各表彰、奖励3次，其中，文化部表彰、奖励1次（2010年东兰县图书馆被国家文化部评为"三级图书馆"），县委、县府表彰、奖励2次。

馆领导介绍

黄举纲，男，1973年9月生，大专学历，初级职称，馆长。1992年7月参加工作。

韦丽娜，女，1972年6月生，大专学历，中级职称，副馆长。1990年3月参加工作。

未来展望

东兰县图书馆一直遵循"读者至上，服务第一"的办馆理念，在上级业务主管部门领导的关怀支持下，虽然工作取得了一定成绩，但不容忽视的是，在基础设施建设、经费投入、业务人员配备、服务水平上，与其他县市相比，还有很大差距。东兰县图书馆将继续虚心学习，以争先创优为契机，以更加饱满的热情投入到工作之中，迎接更大的挑战，努力取得更大的成绩。

联系方式

地　址：广西河池市东兰县陵园街65号（体育馆旁）

邮　编：547400

联系人：韦丽娜

图书服务宣传活动现场

免费办证现场

电子阅览室

藤县图书馆

概述

藤县图书馆是一座历史悠久、古籍文献较为丰富的县级公共图书馆。据史料记载，藤县图书馆的前身为“民众图书馆”，始建于1931年（民国二十年），时用县城迎恩门城楼上的房子为馆舍，1940年馆址迁至县城关帝庙，易名“民众教育馆”。1944年秋，日寇入侵，县城沦陷，民众教育馆被迫转移到本县金鸡镇黄华口平寻村，抗战结束后迁回县城时，图书散失殆尽。1948年，“民众教育馆”恢复，馆长由县参议会副议长陈长兼任，另设工作人员1人。1950年12月，县文化馆成立，兼办借书阅览业务。1960年图书馆独立建制。“文革”其间，图书馆建制撤消，其业务并入县宣传站。1977年6月，图书馆恢复独立建制。1987年3月，经县人民政府批准，在县城龙颈（地名）新建图书馆独立馆舍，1990年3月新馆建成并投入使用，馆舍建筑面积1800平方米。现有藏书12.7万册。1994年12月被文化部评为国家二级图书馆；1999后被文化部评为国家三级图书馆，在以后的评估中一直维持为国家三级图书馆。

馆藏资源和业务建设

截止2012年年底，藤县图书馆总藏量14万册。其中地方文献（包括视听资料）收藏8000多册，并初步建成地方文献专柜：家谱类、牛歌戏类、舞狮技艺专柜、袁崇焕文献专柜、地方志类等。藤县图书馆图书入藏坚持“以用为本、藏用结合”和以本地社会发展需要为原则，并重视地方文献的收集。其中特色馆藏有清同治六年修、光绪三十四年重刊《藤县志》，宋“三元及第”者冯京，“明教大师”佛教高僧契嵩，明末著名军事人物、兵部尚书袁崇焕，李秀成、陈玉成等太平天国后期将领”，解放军琼崖纵队副司令员李振亚将军、原国民党陆军中将石云飞等藤县历史名人史料以及现（当）代名人著作、评述，L国家级非物质文化遗产——藤县舞狮技艺，本县重点姓氏的家（族）谱等文献。

读者服务和基层辅导工作

馆内设少儿阅览室、电子阅览室、综合阅览室、图书外借室、地方文献室、参考咨询室等服务窗口6个。按照县级图书馆的基本要求进行全面免费开放，每周开放60小时，年到馆读者138000人次，持证读者2250人，年借阅90927册次，年举办展览、培训、阅读推广等读者活动60多场次。

馆里除开展正常的阵地开放活动外，每年都能到全县各乡镇指导镇村图书馆（室）业务工作25次，到村屯举办送书乡、辅导读书、科技助农等读者活动50多次，发放科普读物15750册次。

表彰、奖励情况、

近年来，藤县图书馆获省级以上业务奖励12人次，单位获省级以上奖励3次，馆员发表论文16篇。

馆领导班子

黎霞，副馆长（主持工作）、党支部副书记。

何锦奋，党支部书记、副馆长。

展望未来

藤县图书馆将始终坚持“为民、务实”的服务理念，不断创新，不断发展，加快并不断完善数字图书馆的建设；加快整理完善地方文献专柜，提高其有效利用率；加大特色馆藏建设。力求为读者营造一个舒适、高雅的文化氛围，充分发挥图书馆的公共文化服务效能，真正实现“文化惠民”。

联系方式

地　址：广西藤县藤州镇登俊路49号
邮　编：543300
联系人：何锦奋

平乐县图书馆

概述

平乐县图书馆始建于民国20年(1931年)，馆址在平乐县城中山公园内，藏书约4000册，馆舍面积约300平方米。采取政府拨款、城厢镇收摊台附捐和民间乐捐等方式建立。1956年10月列为广西第一批建立的十多个县(市)图书馆之一，馆址在县城半边街47号，三层砖木楼，面积120平方米。1958年迁至县城大街56号“粤东会馆”处，业务用房420平方米，当时藏书10000余册。“文化大革命”期间，1968年与县文化馆合并，所有图书借阅业务基本停止，但图书采购入藏仍继续。1982年该馆被评为自治区先进图书馆。

1990年投资49万元建立现在的图书馆大楼，占地面积300多平方米，建筑面积1500平方米。读者座席300多个，计算机30台，宽带接入10M。

业务建设

本馆截止至2012年底总藏书量149000册(件)，其中图书114600册(件)，视听文献300多册，古籍文献6138册。同时不断收集入藏地方文献。

读者服务工作

本馆一贯坚持读者致上的服务原则，每周开放56小时。2009–2012年总流通人次达19.2万人。外借图书25.1万册。还举办各类讲座、展览、培训等读者活动36场次，参加人数达2.8万人次。

业务辅导

平乐县图书馆不定期对本县内中小学校图书馆(室)进行业务人员培训辅导，对全县134个行政村“农家书屋”管理人员进行管理技能培训，有时直接派业务骨干到村帮助整理图书，使之更好地让群众得到阅读。

合山市图书馆

概述

合山市图书馆于1985年2月由合山市人民政府下文成立。

合山市图书馆老馆舍位于合山市人民南路63号，面积有853㎡，1991年12月28日正式开馆，对社会公众开放，设有外借处、采编室，报刊阅览室；2001年3月，增设自修室。2002年5月，增设少儿阅览室。2007年10月，自治区信息共享中心批准我市图书馆成立信息共享支中心。2008年12月公共电子阅览室正式对公众开放。

2011年10月18日合山市图书馆与岭南镇、北泗乡、河里乡三个文化站签订总分馆协议，共同探索总分馆的建设。

2012年6月2日合山市图书馆的市乡村三级光纤服务网络基本建成，接入单位包括合山市委组织部、全部乡镇政府、全部社区、全部乡镇文化站、部分村以及合山市电视台、文化馆、水泥厂、汽车总站、体育馆、影剧院、奇石馆等二十余家单位。

2012年，合山市人民政府无偿划拨八二路西段的合山市青少年活动中心七楼及东副楼共2253.76㎡的面积给合山市图书馆作为新馆舍。

截止2013年底，合山市图书馆书架总长1870米，阅览坐席306个，其中少儿阅览坐席56个，计算机60台，各种服务设施比较齐备。

业务建设

2011年之前藏书量38840册（件），2011年新购图书21000册，总藏书量达到59840册，至2013年底，藏书总量达67640册，其中大中小型以上工具书500余册，设有地方文献专柜，收集有地方文献300余册。

读者服务工作

合山市图书馆从建成开放以来，各功能室一直对公众免费开放，每周开放时间为49小时。

2010年10月起，每周开放不少于56小时。

2012年12月，合山市图书馆新馆投入使用，各功能室全部免费开放，每天开馆时间达12小时。

书刊文献开架比例为83.34%；馆藏书刊文献年外借率为82.06%；书刊文献外借册次4.2万；馆外流动服务点3.53千册次/年；人均到馆次数25.08次/人；通过宣传栏、标语、馆外流动点等形式开展书刊宣传活动；提供优质的政府公开信息服务；通过流动服务、主动下基层为群众提供咨询服务。为残疾人、进城务工人员、未成年人、老年人等特殊群体685人提供服务；建设有图书馆网站，网页美化、维护、更新管理规范，网上服务项目齐全；开展讲座、培训等活动19次；举办书法、绘画、摄影等展览等5次，参与群众达8400人次；开展阅读推广活动7次；每万人年平均参加活动578次；开展服务宣传周、文化志愿者新书推介、世界图书日宣传等活动20次。为驻地部队办理集体借阅，并送到部队的图书室。深受部队欢迎。积极参与科技三下乡活动，送书、送知识、送电影到基层，积极为基层群众办借书证鼓励基层群众入馆阅读。增加了电子阅览的服务满足了不同层次读者的需求。

业务研究、辅导、协作协调

2009年–2012年，合山市图书馆积极参与上级图书馆组织的协作协调工作，利用“共享工程”市级支中心平台和全国图书馆联合编目中心共建客户端共享国家图书馆提供的县级数字图书馆资源；本地区街道、乡镇、社区图书馆参与服务网络建设的比例达100%；分馆书刊文献借阅5700册次；开展基层业务辅导25期，辅导基层业务人员607人次；开展基层业务培训13期，培训基层业务人员615人次。

管理工作

合山市图书馆年初有计划，工作有行动，年终有总结。严格执行财务管理制度，做到专款专用。制定岗位目标责任制、专业技术职务聘任制、绩效考核暂行办法以及业绩奖励项目管理办法。年终时经过全体馆员的评选，对工作成绩显著的进行表彰。积极吸纳文化志愿者参与图书馆工作，并对其进行科学管理。制定完善的设备物资管理制度、档案管理制度、统计工作制度、环境与安全管理制度。馆内设置安全通道、安全标识、防火器材，出台消防安全应急预案，建立值班制度，落实专人负责，至今馆内无安全事故发生，各项业务工作正常开展。

表彰、奖励情况

1999年，荣获柳州地区授予的“知识工程”一等奖。

馆领导介绍

范雷，男，1982年7月生，全日制硕士研究生，讲师职称，中共党员，馆长。2005年7月参加工作，曾获来宾市创建公共文化服务体系示范区先进个人。

谭曙光，男，1979年9月生，本科学历，中共党员，助理馆员，2013年就任合山市图书馆副馆长，主持图书馆业务工作。

未来展望

合山市图书馆为适应环境和读者需求的变化，将以最快的速度将图书馆从过去“以馆藏为中心”的服务模式转向“以读者需求为中心”的服务模式，正在积极筹建百年老矿文化数据库、合山市非物质文化遗产数据库、合山市旅游数据库、合山市名人数据库等自建的地方特色数据库。在强化自身综合实力的同时，通过总分馆的形式，带动全市图书馆事业的发展。

未来几年，合山市图书馆将在旧馆舍原址重建一座适应当今形式发展需要的现代化新馆舍，使用面积达3000多平米，为全面建设“数字合山”打好基础。

联系方式

地　址：合山市青少年活动中心
邮　编：546500
联系人：陈有珍

天等县图书馆

概述

天等县图书馆于1978年7月成立正式开放，位于天等镇太平街66号。占地816.14平方米，建筑面积1030平方米，可容纳读者座位300个。2004年，参加第三次全国公共图书馆评估，首次获得三级图书馆。现有计算机38台，光纤专线接入10M，选用文津图书馆自动化管理系统，多功能流动图书车1台。

业务建设

截止2014年底，天等县图书馆总藏量10.5万册（件），其中，纸质文献10.38万册（件），视听文献120种。

读者服务工作

从2011年11月起，天等县图书馆按照免费开放工作要求，每天对外免费开放工作，每周开放60小时，馆内设有流通书库、电子阅览室、综合阅览室、少儿阅览室、政府信息公开查询点等5个服务窗口、1个多功能厅。年书刊总流通1.5万人次，书刊外借3.2万册次。

2009–2012年，天等县图书馆共举办讲座、展览、培训、阅读推广等读者活动60场次，参与人数1.8万人次。

业务研究、辅导、协作协调

作为县级公共图书馆，天等县图书馆积极参加国家、自治区图书馆学会以及市图书馆举办有关学术会议和培训班，提高自身的能力。此外，还担负着全县13个乡镇和124个农家书屋的业务辅导、应邀对县内学校、机关的图书馆（室）进行业务辅导。2009–2013年，天等县图书馆职工发表论文3篇。

管理工作

2013年，天等县图书馆完成全员岗位聘任，馆内共设10个岗位。同时，建立了工作量化考核指标体系，每月进行工作进度通报，每半年和全年进行总体工作考核。2012–2013年，共抽查文献排架4次，书目数据2次，撰写专项调研、分析报告和工作提案5篇。

馆领导介绍

黄超，男，1970年10月生，大专学历，中共党员，副科级，馆长、党支部书记。1992年10月参加工作，2011年调入天等县图书馆工作。

苏日卫，男，1966年12月生，大专学历，馆员，副馆长。1990年7月参加工作，1990年7月分配在天等县图书馆工作，先后在流通书库、采编室等工作。

未来展望

数字化与网络时代对县级图书馆提出了更高的要求，天等县图书馆除了加强自身队伍建设，提高工作人员的素质之外，力争实现全网络、全数字化。建立一体式的数字化平台，除了可以检索、查找资料外，还可以实现对数字资源的下载应用，使得地方数字资源得到了充分的运用。争取实现信息资源的共享，加强与市、自治区、国家图书馆的联系，和其他跨地区的县级图书馆之间建立联系，实现文献信息资源共建共享，为读者提供最优质的服务。

联系方式

地　址：广西崇左市天等县天等镇太平街66号
邮　编：532800
联系人：农宣军

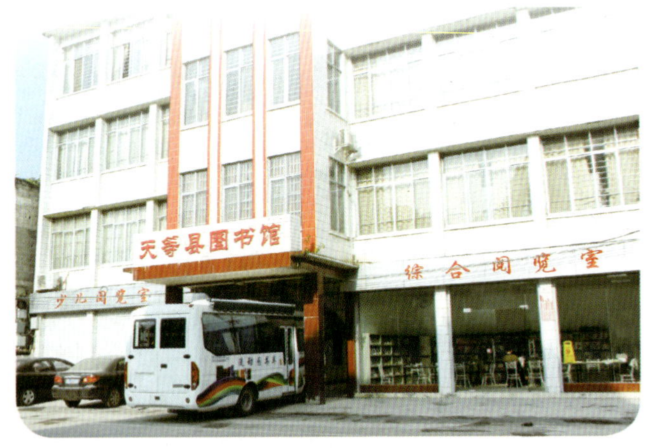

巴马县图书馆

概述

巴马瑶族自治县图书馆成立于1978年，原位于寿乡大道中段县电影院对面。2005年，因县城建规划需要，将旧馆拆除，地皮拍卖，然后在城东体育广场与县宣传文化中心合建“巴马县宣传文化中心”大楼，大楼共四层，一楼为宣传文化中心使用，二楼以上为图书馆使用，新图书馆使用面积1400多平方米。2004年被自治区文化厅评估为国家“三级图书馆”，2013年再次评估定为国家“三级图书馆”。

业务建设

馆藏：到2014年，县图书馆藏书10万余册，每年连续性订阅报纸40份、连续性订阅杂志120份。

内设科室：县图书馆设有报纸阅览室、报纸收藏库、杂志阅览室、杂志收藏库、图书外借室、图书收藏库、儿童阅览室、文化共享工程县级支中心机房、电子阅览室、馆办公室、文印室等科室。

设施设备：到2014年，县图书馆所有书架、阅览台全部更新，废除原来的木木制设备，全部换成钢制书架和阅览台。所有科室和办公室均配备有电脑、空调扇等先进的办公设备。

读者服务情况

采编馆藏：每年利用政府财政部门下拨的购书经费采购、编目、收藏、保管所有图书。

为读者免费提供外借、阅览、查询、上网、下载、打印资料等服务，全年365天开馆，为读者提供方便。寒暑假期间，举办丰富多彩的有奖读书活动吸引读者，自2011年实施免费开放以来，每年寒暑假期间举行硬笔、毛笔书法培训班，为巴马这个中国书法之乡培养后备人才。每年图书馆安排一定时间对乡镇图书馆和农家书屋进行业务培训和指导，送书下乡，赠送科普书籍，开展科技种养知识竞赛等活动。

全国文化信息资源共享工程是新形势下繁荣社会主义先进文化、构建我国公共文化服务体系、惠及千家万户的一项重要文化基础工程，它采用现代化信息技术手段，对中华优秀文化信息资源进行数字化加工和处理，利用覆盖全国的网络化管理和服务体系，实现文化信息资源在全国范围内的共建共享。

到2013年底，我县图书馆建成全国文化共享工程县级支中心一个，地点在县图书馆电子阅览室，由国家财政部投入55万元，地方财政投入13万元建成拥有中心机房、大型服务器、5台工作机、25台终端电脑、一整套投影设备的电子阅览室一个。全县10个乡镇文化站图书馆相继建成拥有5台电脑、一整套投影设备总价值5万元设备的乡级基层服务点。为全县90个行政村争取到每个站点3万元的共享工程村级基层点的物资设备发放到村，陆续安装使用。

农家书屋是为满足农民文化需要，在行政村建立的、农民自己管理的、能提供农民实用的书报刊和音像电子产品阅读视听条件的公益性文化服务设施。2007年开始，自治区新闻出版局每年配给每个书屋1500册书籍，县财政拨给每个书屋5000元的配套建设资金用于购置书架、阅览桌凳、标志牌、上墙制度等设施。到2013年底全县共建成125个农家书屋。

表彰、奖励情况

1、2004年巴马县图书馆通过自治区文化厅评估定为“国家三级图书馆”；2013年再次通过评估继续保持“国家三级图书馆”。

2、1996年、1997年、2000年、2001年2006年、2008年荣获全县文化工作先进集体。

3、2001年韦礼华同志获全国文化先进工作者，享受地方厅级先进工作者和劳动模范待遇。

4、1997年、2003年韦礼华同志获广西壮族自治区“知识工程”先进个人。

5、2001年韦礼华同志的论文《浅述21世纪乡镇图书馆模式》获21世纪中国沿海地区乡镇图书馆发展战略研讨会一等奖。

6、2005年韦礼华同志的论文《图书馆李文化快餐现象的思考》发表在中共中央办公厅西苑出版社（国家一级出版社）出版的《新世纪科学发展优秀论文》一书上。

7、2005年韦礼华同志的论文《浅述县级图书馆的服务对象与服务方式》获国家图书馆学会二等奖。

8、韦礼华同志的论文《创新图书馆服务理念，巩固“普九”教育成果》获第九次全国民族地区图书馆学术研讨会优秀奖。

馆领导介绍

吴桂坪，女，1965年出生，大专学历，中共党员，馆员，馆长。1983年参加工作，1983年至1997年，任小学、中学老师；1998年至2006年任巴马县文化市场管理办公室副主任、主任；2006年至2014年任巴马县图书馆馆长。2002年荣获广西壮族自治区文化市场管理先进个人；2005年荣获河池市“扫黄打非”先进个人；2005年老区建设大会战河池市先进个人、巴马县先进个人；2008年度巴马县直机关优秀党员；2008年度全县先进文化工作者；2009至2010年度县直属机关优秀共产党员。

黄兰珍，女，1972年出生，大专学历，助理馆员，副馆长。2004年从教师队伍调入图书馆，2013年任图书馆副馆长。

联系方式

地　址：广西河池市巴马县城东体育广场
邮　编：547500
联系人：吴桂坪

（撰稿人：吴桂坪）

大化瑶族自治县图书馆

概述

大化瑶族自治县图书馆筹建于1989年，1995年前一直租用民房办公，1996年在上级有关部门及各界人士大力支持下，建造了一栋面积为680平方米的二层办公楼，图书馆有了固定的办公场所。2012年12月，图书馆楼由县人民政府拍卖，图书馆被置换到青少年文化活动中心楼一楼，与县文体局、歌舞团、文化馆、文物所、业余体校、县团委、县直属工委、县发展改革局、物价局、县妇联等十一个单位共一幢楼。大化县图书馆可使用的建筑面积约为1050平方米，设有综合阅览室、电子阅览室、少儿借阅室、采编室、培训室、自修室、政府信息公开查阅室、外借室、书库、过刊室、共享工程办公室等机构。阅览室面积568平方米，阅览坐席共250个，其中少儿阅览室坐席50个。

业务建设

2009年大化县图书馆图书总藏量3.79万册，2010年图书总藏量4.162万册，2011年图书总藏量4.5万册，2012图书总藏量5.32万册。

2009年大化县图书馆图书入藏量1390册，2010年图书入藏量1800册，2011年图书入藏量930册，2012图书入藏量7300册，平均年图书入藏量2855册，报刊平均年入藏量153种。视听文献入藏年入藏量35件。

大化县图书馆特别重视地方文献的征集工作，制定了《地方文献征集工作方案》，并由专人负责征集工作。目前征集到的地方文献149册（件），有专柜，有专门目录，有专人管理。

大化县图书馆数字资源总量2.6T，主要是文化工程资源量，来自于国家文化共享工程下发的视频文件。目前完成馆内所中文图书的数字化建设。大化县图书馆自动化管理系统是由北京中数创新科技有限公司开发的专业图书馆管理系统，该套系统可以实现：1、图书馆业务的自动化管理，轻松完成繁重的数据建工作；2、能够生成高标准支持MARC的机读目录格式书目数据；3、人性化的设计，加强对读者的服务，提高整体业务工作效率；4、满足读者对数据信息实时快速的查询和定位；5、高效快捷的数据、工作量和相关的业务规范统计工作。

到目前为止，大化县图书馆已完成馆藏中文图书编目工作，全体职工能够使用该系统实现图书编目、图书查询、外借管理等自动化办公。

读者服务工作

读者服务工作是图书馆永恒的主题，是图书馆工作的重心。2009年以来，大化县图书馆把读者服务、读者活动、对外宣传、业务研究和对基层的辅导作为重要工作来抓。

建全各项基本服务项目，提高免费开放、平等服务程度。努力践行以人为本的服务理念，围绕普及、平等的服务原则，在现有条件下，克服人员少的困难，尽量延长开放时间，每周开馆64个小时，不断扩大免费开放程度，基本实现了图书馆所有公共空间设施场地全部免费开放，和基本服务项目免费提供。

为了让读者更直观查找图书，方便读者借阅，近三年的普通图书实行开架借阅，馆内所有的报刊实行开架借阅。馆藏书刊文献年外借率达45%，书刊文献年外借册次2.38万册，人均年到馆次数107次/人。为了让读者就近借书，建立了馆外流动服务点10个。此外，强化特殊群体服务。为留守少年儿童、老年人、服役人员等提供送书上门报务，保障公平获得信息的权利，满足这些人群精神文化生活。

支中心利用电子阅览室开办了“中老年电脑知识培训”和“小学生百科知识搜索比赛”，利用共享资源开展了“快乐阅读专题讲座”、“迎新年电影展播”等活动；根据大化县外出打工多，留守儿童多得特点，在学生的寒暑假期间，县支中心举办了“彩虹梦想英语”辅导班、中小学生书法和网页制作培训班等各种兴趣辅导班；在“六一”儿童节，走进乡村，为留守儿童送图书、播放红色经典影片，丰富孩子的节日生活；在双休日、节假日，利用文化共享工程优秀数字资源播放电影及讲座活动，丰富了广大读者节日和文化生活；为了充实中小学生的知识，开拓学生的视野，联合举办了海洋生物科普展、动物科普展。

开展了共享工程进社区、进军营、进村弄活动。切实为基层群众文化活动提供平台，丰富了驻队官兵的业余文化生活，特别是在提高农村信息化水平，缩小城乡文化发展差距，为基层提供农村种植、养殖科技信息，帮助当地农村发展生产等方面发挥了积极作用。

馆内外通过新书目推介，举办优秀图书展览和阅读推广活动进行书刊宣传；通过各种活动和多种渠道宣传图书馆、宣传共享工程。利用文化下乡、服务宣传周、全民读书月、世界图书日等时机，制作宣传板报，通过媒体宣传，深入基层为群众播放共享宣传片、科技信息和娱乐影视，发放宣传资料，让民众了解图书馆，认识共享工程。2012年大化县图书馆举办的各类读者服务活动内容撰写的新闻稿件在大化电视台、《广西日报》、《河池日报》被刊载和播出4篇。

业务研究、辅导、协作协调

大化图书馆本着提高业务水平，强化理论知识的原则，对人员明确分工，做到参加培训有针对性、实用性。2009年县支共享

工程建成以来，各个岗位职工均能参加桂林市图书馆、河池市图书馆举办的各种培训班，此外，我们还邀请专家到现场指导培训和参加国家共享工程网络培训。通过走出去，请进来，多元化的培训模式，全馆人员继续教育与培训取得较好的成效，到目前止，参加培训人员共5人，继续教育与培训年达12天人次。

大化县图书馆积极参与上级图书馆组织的协调工作，与国家图书馆签订了《全国图书馆联全编目协议书》，与河池市图书馆、都安县图书馆签订了，《服务网协作方案》、河池市《图书馆服务网协议书》协议书约定了双方合作协作的条款和信息资源共建共享的服务。

建成以大化县图书馆为中心馆，乡镇文化站，村（社区）图书室（农家书屋）为服务点的公共图书馆三级服务网络。其中，县图书馆作为全县公共图书馆服务网络的中心馆，承担对全县公共图书馆业务的规划、指导、协调等工作，加强与学校共建共享的服务网络建设。通过努力，大化县公共文化共享资源相互关联，资源互交，为市民群众提供便捷的公共图书馆服务。

注重职工队伍在职培训教育工作和读者培训教育工作。2009年至今大化图书馆对乡镇图书馆（室）管理员、站点技术员进行了6期集中培训，免费举办各种读者（用户）培训班17期，参加培训人员达800人次。

管理工作

先后制定了《职工上下班制度》《设备管理制度》《电子阅览室管理员制度》《读者上机制度》等，这些制度在实际运用中也不断得到丰富和完善。自开放以来，我馆严格执行各种规章制度，发现问题及时汇报和处理，为共享工程顺利开展各项文化惠民政策提供了强大的制度保障，在社会上得到好评，树立了良好形象。

表彰、奖励情况

我中心创作的《文化共享　乐在瑶山》荣获广西2011“文化共享在基层——专题片拍摄竞赛”三等奖。

馆领导介绍

领导班子成员3名，均为大专以上学历。

蓝凤桃，女，1968年8月生，大学本科学历，馆长。1989年7月参加工作。

张艳，女，1969年9月生，大专学历，副馆长。1992年12月参加工作。

韦干飞，男，1983年1月生，大学本科学历，副馆长。2003年1月参加工作。

未来展望

公共图书馆的发展要走规范化、法制化道路，离不开法律的完善。图书馆工作人员越来越清醒看到图书馆立法的重要性，希望国家能尽快出台《图书馆法》，使图书馆事业发展有法可依，同时也期盼当地政府能从长远发展的战略高度看待图书馆事业，认真落实现有相关政策，推进我县图书馆的建设和发展。

图书馆要想取得更大的发展空间，从领导班子成员到普通的干部职工，都必须不断加强专业技术知识的学习，有计划、有步骤地把员工派到区图书馆进修，学习先进的业务技术及管理模式，逐步提高工作人员的业务素质和工作能力。一方面要让思想业务更精，通过学习、思考，疏通职工思想，注重理念转换。另一方面要让岗位业务更精，要在岗位责任书要基础上精益求精。以科技武装头脑，调动职工主观能动性，努力提高管理水平，拓宽服务领域，延伸图书服务，扩大读者范围，做到物尽其用，人尽其才。再一方面，把握好图书馆人员入口关，引进一些复合型人才，给图书馆注入新的活力。同时，还应在馆内增设馆藏电子文献和视听读物外借室。实现服务载体的多样化。另外，继续抓好文化共享工程县级支中心及村级基层服务点的建设工作，加快本馆数字资源的建设步伐，加强对乡镇、村级文化共享工程的督查工作。

联系方式

地　址：河池市大化县新化西路文化活动中心（一楼）
邮　编：530800
联系人：蓝凤桃

都安县图书馆

概述

都安县立图书馆于民国28年6月5日（公元1939年）成立，馆址附设于县干校同学会，藏有图书6252册，杂志17种78册。民国30年（公元1941年）县干校撤销，图书馆馆务交国民党县党部筹备处兼办。民国32年馆务从县党部分出，馆址移至忠烈祠内（现文化广场），有馆长、干事各1人。民国33年（公元1944年）秋，日军侵入广西，所有图书移交都安县立中学收存。民国35年5月（公元1946年），图书馆恢复业务，馆址改设在镇安街周氏宗祠内，后因解放战争，业务停办。

解放后，1950年县人民文化总站成立，1951年易名文化馆，馆内设图书室。1965年6月图书室从文化馆分出，单独建立县图书馆，设馆长、管理员各1人，馆址设于安阳镇迎晖街330号。1971年搬到迎晖街230号新华书店门面瓦房，1977年自治区文化厅拨款五万元，在永济桥上建新馆，1980年元月竣工使用，建筑面积为774平方米。因建在古桥之上，下为澄江清水，被誉为“水上图书馆”，新华社、广西日报、文汇报、光明日报、百花洲杂志、民族书林等广为介绍。1983年区文化厅拨款四万元，在迎晖街原儿童阅览室瓦房处建三层钢筋混凝土建筑，面积为340平方米，后两间旧瓦房140平方米原样保留，儿童阅览室改为儿童分馆。图书馆桥上馆舍和儿童分馆馆舍面积共1254平方米，其中书库450平方米，阅览室280平方米，阅览座席170个，书架单层长度2200米。因恢复县级文物保护单位永济桥原貌，县图书馆于2003年4月被拆除，至今因县财政困难一直没能建起新的独立馆舍，目前分别在儿童分馆和宣传文化中心一楼办公。

都安县图书馆馆舍建筑面积998平方米，分为儿童分馆（主要办公场地，内设综合借阅室、少儿借阅室等，位于都安县安阳镇迎晖街230号）和都安宣传文化中心大楼一楼（与县文体局、文工团、文化馆共一幢楼。内设电子阅览室、书库，位于屏山南路）两部分。其中，儿童分馆建筑面积676平方米，宣传文化中心大楼一楼建筑面积322平方米。都安县图书馆设有综合阅览室、少儿阅览室、电子阅览室三个，阅览室总面积为361平方米，阅览坐席共160个，其中少儿阅览室坐席40个。

随着县域经济的快速发展，县财政对图书馆事业建设的投入也在不断增加。2010年5月底，全国文化信息资源共享工程都安支中心暨都安县图书馆电子阅览室在宣传文化中心大楼一楼正式对外免费开放，加上原先位于宣传文化中心大楼一楼的书库，都安馆的馆舍面积由原来的676㎡增加到998㎡。

目前都安县图书馆用于服务读者的电脑有25台（电子阅览室），办公电脑11台，照相机、投影仪各一台（件），音响设备一套，宽带网络全部接通（电子阅览室为10兆，儿童分馆为4兆）。馆内现有各类图书架120个，资料柜15个，报刊收藏架20组，各类阅览架5组，阅览柜8组，报架2个。

2009年都安县图书馆参加第四次公共图书馆评估，获得三级图书馆称号。

业务建设

截止2012年底，都安县图书馆图书总藏量110751册，（其中普通图书82313册，报纸合订册4183册，杂志合订本24255册。

2009至2012年，都安县图书馆新增藏量购置费共24.9万元，共入藏图书5657册，报刊3176册。

读者服务工作

都安县图书馆从2011年12月份开始对外免费开放，每周开放60小时。2009—2012年，书刊总流通54330人次，书刊外借72612册次。截止2012年12月，共建有图书外借流通服务点1个，馆外书刊流通总人次16263人次，书刊外借22972册次。

2009—2012年，都安县图书馆共举办讲座、展览、培训、阅读推广等读者活动38场次，参与人数达一万多人次。

业务研究、辅导、协调工作

在业务辅导方面，为推动整个地区各类型图书馆（室），加强对图书馆、中小学图书馆（室）、社区图书馆、乡镇文化站图书室、部队图书室的辅导，并采取基层图书馆（室）来馆跟班辅导，下基层指导等方式培养基层图书管理人员。2009年至2012年，本馆举办乡镇图书管理员培训及举办农家书屋管理员培训8次，参训人员共256人次，指导并实施农家书屋图书分类、编目、上架图书6万多册。我馆同时还把图书馆学会作为图书馆工作的一部分，积极开展学术活动、发展会员配合馆中心活动等。

管理工作

2012年，都安县图书室县图书馆完成了岗位聘任。此次岗位聘任共设置9个岗位，并制定了相关的岗位责任制度。

表彰、奖励情况

2009—2012年获得主管部门各种表彰、奖励共2次。

馆领导简介

梁燕，女，1971年9月生，广西广播电视大学毕业，中共党员，馆员。1991年8月参加工作，2003年6月任图书馆馆长。

陈一葵，女，1961年12月生，大专学历，助理馆员，副馆长。1980年10月参加工作，自参加工作以来一直在图书馆任图书采编及图书外借工作。

未来展望

目前都安县图书馆的馆舍建设亟待解决，没有一个稳定舒适的办公场所，图书馆的发展只能是一句空话，因此我馆首先从我县的实际出发，做好图书馆建设规划，把图书馆的选址，建设规模以及配套设施争取列入我县近期的总体规划统筹考虑，馆舍力争做到环境优美、宽敞舒心、布局合理、设施先进、功能齐全。其次要尽快落实好建馆资金和业务经费，希望国家能把西部贫困县级图书馆建设列为西部文化扶贫工程，筹集专项经费，帮助西部贫困县修建图书馆，而地方政府也应负责部分配套资金，以加大支持力度，最后还要加强图书馆自动化、数字化建设，提高图书馆工作效率和服务水平，为今后图书馆网络化建设打下坚实的基础。

都安县图书馆要创新和发展，必须不断解放思想，禀弃过去因循守旧的观念，在管理方式上求活，在工作方法上求新，在效果上求好，深入地开展调查研究，及时实现制约图书馆发展的思想障碍和体制机制障碍，提出解决问题的方法和推动发展的新思路、新对策，推动图书馆事业不断地向前发展。

联系方式

地　址：广西都安县安阳镇迎晖街230号
邮　编：530700
联系人：梁 燕

龙州县图书馆

概述

龙州图书馆成立于清光绪16年（1890年），创始人为时任广西巡抚马丕瑶。历任主管有广西边防督办郑孝胥、庄蕴宽等。馆址原在衙署左侧的暨南书院（即现在的都兴街新华小学）内，是我国最早的公办图书馆。一百多年来，馆址几经变迁，曾迁到班夫人庙、兴龙路48号。目前在兴龙路19号，是1991年1月1日建成投入使用，占地300平方米，建筑面积845平方米。服务窗口有图书流通处、综合阅览室、未成年人阅览室、电子阅览室。工作人员10人。有纸质图书8万册，有供读者网上数字阅读平台，电脑25台；有供学者的读者交流的平台多媒体室一个。纸质文献、电子文献、多媒体文献等公共服务构架已经基本完成构建。2013年参加全国公共图书馆评估获得三级图书馆。

业务建设

截止2012年底龙州县图书馆总藏量88521册（件）其中纸质文献88521册（件），数字文献68000MB,视听文献683件。

2012年龙州图书馆新增藏量购置费5万元。

读者活动与服务

2012年，向读者发放借书证282本，阅览证127本。接待读者23520人次，借阅量17520本，读者数量和去年相比基本相同。全年征订报纸50份，期刊151种。大型的活动有:元旦春节文化大餐惠边民活动、五月图书馆宣传服务、九月份农民读书服务活动。同时到村屯协助建立村图书室、农家书屋等活动。图书进校园、进军营，在校园开展书法普及推广活动等。送出科技种养书籍1800册，学生课外读物及字帖、字典800册，接受群众咨询1000多人次，发放有关宣传资料8000份。全年共在城乡开展读者服务活动13次，参与读者68850人次；图书宣传、阅读推广活动8次，展出、推介图书8925种。通过宣传、送书、活动，使社会各界对图书馆的职能、更好地利用图书馆资源。

在地方文献收集整理方面取得了突破性进展，两年来，征集了壮族古籍《字学纂要》、《侵南傻》、《塘佛》等重要孤本，完善了本地文献资料增藏了清代的《龙州纪略》、民国时期的《龙州县志》、《龙津县志》、《龙州土语》等重要龙州地方文献，为读者了解地方文献提供资源。现在正着手将龙州的歌谣、故事、谚语等本地民间文学整理出版，使龙州的重要文献得以传承。

资源共享工程建设

投入68万的龙州信息资源共享龙州支中心建成于2010年5月，其中国家投入54万元，县政府配套14万元。经过半年多的建设，中心正常运转。电子阅览室免费对读者开放。接待数字读者25000人次。共计复制《共享工程助春耕》、《欢乐过大年》等系列光盘500张，到各边境乡镇开展支边支农活动。

馆领导介绍

馆领导有3人。

馆长：农毅，负责馆的全面工作。分管地方文献及古籍收集整理、保护。

副馆长：招媛丽，分管办公室、文献采编及流通服务。

余春，分管共享工程、电子文献服务。

黄贵美，分管阅览及未成年人服务。

未来展望

龙州县图书馆不断强化自身功能的同时，扩大辐射区域，通过社区、乡镇等图书服务联盟带动整个服务水平的整体发展和提高。2014年龙州图书馆新馆建设已经展开，成为龙州县委、县政府的一项文化惠民工程。目前已经落实了地址，在龙州起义纪念馆广场和天琴休闲公园里面。建筑面积为5000平方米。拟在2014年下半年动工建设，2016年新馆投入使用。使其成为龙州的文献中心、阅读中心、公共文化服务平台。

联系方式

地　址：广西崇左市龙州县城兴龙路19号
邮　编：532400

文化惠民服务

服务边境留守儿童

古壮字宣传

开展服务规范讲座

恭城瑶族自治县图书馆

概述

恭城瑶族自治县图书馆成立于1978年5月，1988年在恭城镇茶南路拱辰街21号建成新馆，建筑面积为448平方米。1994年被评为三级馆。2000年1月因县城改造搬迁到现址（兴隆街24号，原财政局办公楼），一楼为车库；二楼为电子阅览室、配电房、少儿阅览室；三楼为外借部、办公室；四楼为阅览室、采编部、装订室；五楼为书库。使用面积1500平方米。2011年4月起免费对外开放。2012年藏书容量7.7万册，可容纳读者座位120个，有计算机35台。

业务建设

2012年，购置书刊和图书2379种，2400多册。新增报刊期刊137种。截至2012年底，恭城图书馆馆藏量7.7万册，电子文献300多种，地方文献3种。数字资源总量为7.38（TB）。

新书入馆后，按照《中图法》（第五版）进行分类标引。同时也使用《普通图书著录规则》和《中国分类主题词表》进行分类、著录、建卡、入库收藏。根据“分类—书次”法，严格按照分类体系次序、种次排架，馆内图书标引误差率控制在4%以内；文献、期刊、报刊实行开架管理；有文献保护规章制度，书库有防虫、防盗等措施，卫生状况良好，破损图书能及时修补。

读者服务工作

恭城图书馆坚持公益性、开放性的办馆原则，本着现代化、人性化的办馆方针，积极探索新的服务模式，开展丰富多彩的读者活动，为各层次的读者提供优质、高效的服务。2011年4月起，开始实行免费开放，对未成年人、老年人等读者实行免费办证服务。全年365天开馆，每周开馆60小时。图书、期刊、报刊开架率100%。截至2012年底，全县人均到馆次数30次。

2012年，开展送书下乡活动10多次，配送图书1000多册，至年底共发展基层服务点就有11家。

2012年，利用全民读书日、图书日、4.23世界读书日活动，在县城中心广场以展报的形式开展图书宣传，11月–12月连续在县图书馆内开展了2次图书宣传活动，并开展了政府公开信息服务。经常开展为留守儿童放电影，免费为老年人开办电脑培训班等为特殊群体服务的活动。

业务辅导、协作协调

2012年，开展社区、乡镇、厂矿、学校、农家书屋等基层图书馆（室）业务辅导20多次，指导基层图书管理员100多人次，帮助进行图书分类、编目上架13380余册。举办各类展览5次，阅读推广3次。

先后与县看守所、茶南社区、茶西社区、茶东社区等单位建立了馆借关系。开展了“2012年新春音乐晚会”、“红红火火过大年”广场文艺、“宣传十八大，构建和谐恭城”各乡镇文艺巡回演出等活动。

依靠本地组织部门的硬件资源，建立了党员远程教育体系，2012年举办各种网络培训班20余次，参加人数104人次。

管理工作

制定了《恭城县图书馆规章制度汇编》，建立和完善了图书馆的岗位设置、管理规则、服务标准等，提高了服务水平。开展了文献采购，资源建设，文献借阅，读者咨询等各类业务的统计分析工作。科学配置各种载体类型的文献，促进县、乡、镇、村的协作与共享。2011年，投入10万元用于公共设施和环境整改，为广大读者提供了更完善和安全的环境。

表彰、奖励情况

2012年，恭城图书馆获桂北地区“歌献给党”——全国文化信息资源共享工程迎接建党90周年群众歌咏活动优秀奖；2010年桂林图书馆学会工作先进单位。

馆领导介绍

廖艳秋，女，1963年9月生。大专学历，中共党员，助理馆员，馆长。1980年10月参加工作，历任县文工团团长、县文化馆馆长、县图书馆馆长。

罗菊，女，1971年10月生。大专学历，助理馆员，副馆长。1991年2月参加工作，分管全馆业务工作。

未来展望

恭城县图书馆的未来展望就是在2020年以前建成一个达标的县级民族图书馆；在2015年以前，在全县范围内实施“数字图书馆推广工程”；充分发挥公共图书馆的社会教育职能，大力开展培训、讲座、展览、读书等各种丰富多彩的活动，加强图书馆人才队伍的建设，提高业务骨干的业务素质，注重图书馆优秀人才的培养。

联系方式

地　址：恭城瑶族自治县图书馆
邮　编：542500
联系人：廖艳秋

荔浦县图书馆

概述

荔浦县图书馆最早建于民国十四年（1925年），馆址设在接引寺内（今荔城派出所），初时称“民众图书馆”。民国二六年六月（1937年），成立荔浦中区图书馆，属县办图书馆，馆址在城东街55号。1949年因故停办。

1979年1月，图书馆在中山公园重新开放，2009年5月搬迁至县党校校舍办公。馆舍面积480平方米。

图书馆设有报刊阅览室、过刊库、文化信息资源共享工程荔浦支中心（电子阅览室）、图书外借室、少儿阅览室、多媒体教室、采编室、参考咨询室7个服务窗口。

截止2012年底，图书馆编制11人，现有工作人员7人，大专以上学历2人，高中以上4人，初中1人。

业务建设

2012年荔浦县图书馆新增藏量购置费10万元，其中购图书5万元，报刊4万元，电子书（库）1万元。2009—2012年新增图书5410册。截止2012年底，图书总藏量9.3061万册。

2009—2012年更换了办公桌椅，新增书架60列、300米，过刊架20列100米，档案柜20个，阅览桌16张，2012年购置樟木书柜30个，用于收藏古籍书和工具书。

读者服务工作

2009年后，荔浦县图书馆实行免费对外开放，周开放49小时，2009—2012图书流通11万人次，图书外借7.2万册次。

荔浦县图书馆利用法定节假日、每月中下旬开展图书馆服务宣传活动，活动内容主要有文化知识有奖问答、图片展览、谜语竞猜、培训、阅读推广等活动，扩大图书馆社会影响力。

积极开展送书下乡活动，共送书20000多册图书到乡镇文化馆、农家书屋等，满足了基层人民的读书学习欲望，促进了社会主义新农村建设发展。

业务研究、辅导、协作协调

2009—2012年，荔浦县图书馆职工积极参与上级图书馆组织的各类业务研究活动。

认真开展实施本地区图书馆服务网络建设，利用共享工程资源与县委组织部党员远程教育中心合作共建服务点133个，为农村党员、群众提供文化信息资源服务。

积极开展对基层图书馆（室）管理人员业务培训工作，采取集体和分教培训方法，2009—2012年培训600人次。

管理与表彰

2010年，图书馆完成了全员岗位聘任，本次聘任共设7个岗位。按需设岗，按岗聘用，竞争上岗，并和每个职工签订聘用协议。建立健全学习制度、工作制度、考勤制度、服务准则、绩效考核制度，撰写专项调研、分析报告2篇。

馆领导介绍

黄建国，男，1964年2月，本科学历，中共党员，助理馆员，馆长。1983年7月参加工作，1991年元月调荔浦县图书馆工作，1998年8月任图书馆副馆长主持工作，1999年8月任馆长。

高宽荔，男，1971年5月，本科学历，中共党员，经济员，副馆长。1996年10月参加工作，2007年10月任图书馆副馆长。

未来展望

荔浦县图书馆遵循“科学、效率、创新、发展”的办馆方针，积极筹建图书馆新馆舍，力争将荔浦县图书馆打造成一个集文化教育、科学普及、信息服务、文化遗产保护和精神文明建设为一体的综合性公共图书馆，成为群众读书学习、文化休闲娱乐的公共场所，为促进本地区社会、经济发展做出贡献。

联系方式

地　址：荔浦县图书馆

邮　编：546600

荔浦县图书馆馆舍

开展下乡送书活动

开展儿童节书法绘画比赛

开展农村书画文比赛

昌江黎族自治县图书馆

概述

昌江黎族自治县图书馆前身为广东省昌江县文化馆图书室，创建于1961年8月。1978年10月，县图书馆从文化馆划分出来正式成立广东省昌江县图书馆。1988年建省后称为昌江黎族自治县图书馆。1995年1月1日，位于石碌镇东风路的新馆落成开放。新馆总面积2100平方米。1999、2005、2010年，参加第二、第三、第四次全国公共图书馆评估，连续三次获得二级图书馆。2013年，参加第五次全国公共图书馆评估，首次获得一级图书馆。2012年，昌江县图书馆有普通阅览席位271个，电脑阅览席位35个，计算机55台，接入宽带有海南省图书馆有线专网10兆，电信光纤10兆。

业务建设

截止2012年底，昌江黎族自治县图书馆总藏量17.5万册（件），其中，纸质文献12.5万册（件）、声像资源822件、电子图书49830种。

2009、2010年，新增藏量购置费为8万元、10万元，2012年起增至15万元。2009–2012年，共入藏图书11378册。2011年，地方文献入藏量完整率为95%。

截止2012年底，昌江黎族自治县图书馆数字资源总量为0.6TB。

2012年，将ILAS系统改为INTERLIB系统。

读者服务工作

2013年1月，昌江县图书馆推出“每周无闭馆日”的新举措，每周开放57小时。2009–2012年，书刊总流通36.6万人次，书刊外借25.3万册。2012年，全馆流通总人次8.1万余人次，书刊外借6万余册次。2009–2013年4月底，分别在驻县军营、警营、工厂建成4个“流动图书室”，馆外流通总人次3.4891万人次，书刊外借1.7万册。2013年3月，与海南昌江电信公司开通“协同通信”手机短信业务。还率先在全省县级公共图书馆中第一个建设开通“政府信息公开查询服务平台（触摸显示屏）”。同年4月，建设开通“昌江黎族自治县图书馆网站”，网站访问量8.8万次。

2009–2012年，昌江黎族自治县图书馆共举办讲座、展览、培训、阅读推广等读者活动153场次，参与人数11.6万人次。还与昌江边防机动中队建立“警民共建文明图书馆”，不定期地开展“共建和谐警营”座谈会。

业务研究、辅导、协作协调

2009–2012年，昌江黎族自治县图书馆业务人员发表论文6篇。其中，参加中国图书馆学会组织的各类学术研讨会，获得三等奖3篇、二等奖2篇，获准立项并经审核准予结项的省级课题2项。

从2010起，昌江黎族自治县图书馆依托文化信息资源共享工程平台，采取组织“业务小组”的方法，不定期地下到各“流动图书室”和农家书屋，开展流动服务、现场辅导、地方文献征集、阅读推广与图片展、名家讲座视频展播资源服务、业务培训与技术支持等活动，还针对基层图书馆（室）在管理与建设中存在的问题，有针对性地组织举办“基层图书馆（室）培训班”。三年来，共有250人次接受培训。

2012年，昌江黎族自治县图书馆采取“走出去、请进来”的方式，与县广播电视台建立资源共享合作伙伴，通过整合各自的资源，利用网络和各种载体，定期或不定期地在县广播电视台“本地节目”频道中播放文化共享工程资源。送给县广播电视台在“本地节目”频道中播放爱国主义影片、百家讲坛、科普知识、军事和法律知识等多种主题的文化信息资源光盘达100余张。

管理工作

2009年起，昌江黎族自治县图书馆根据业务工作性质、工作类别进行岗位划分的管理模式，先后制定了《昌江黎族自治县图书馆考勤奖罚制度》、《昌江黎族自治县图书馆考勤奖罚制度及考核计分奖罚规定》、《昌江黎族自治县图书馆岗位设置实施工作方案》、《昌江黎族自治县图书馆奖励性绩效工资分配方案》。

为提高读者服务质量，先后制定了《昌江图书馆员工职业行为基本要求》、《昌江图书馆员工职业行为言行标准》等制度，并对全馆员工提出“百问不厌、百问不倒”的要求，积极开展“四声”服务用语（即读者来了有“迎”声，服务当中有“请”声，不周之处有“道歉”声，读者走了有“送”声），做到声声有情，步步有礼，使读者高兴而来，满意而归，从而提高该馆的借阅率和流通率。

公共电子阅览室

少儿阅览室

猜灯谜活动

开展送书下乡活动

表彰、奖励情况

2009–2012年，昌江黎族自治县图书馆共获得各类表彰、奖励3次。其中，中国图书馆学会表彰、奖励1次，文化部1次，省图书馆1次。

馆领导介绍

郭玉光，男，1963年12月生，本科学历，中共党员，馆员，馆长。1980年10月参加工作，2002年1月，任昌江黎族自治县图书馆馆长。系中国图书馆学会会员，兼任海南省图书馆协会副会长、海南省图书馆协会公共图书馆分会主任、昌江黎族自治县文化广电出版体育局党支部纪检委员、昌江黎族自治县作家协会副秘书长、昌江黎族自治县摄影家协会常务理事、文化信息资源共享工程昌江黎族自治县支中心主任等职。2007年获文化部“全国第十四届群星（服务）奖”、2010年获文化部、人劳部“全国文化系统先进工作者”。

吴淑英，女，1961年8月生，大专学历，助理馆员、副馆长。1976年7月参加工作，历任县文艺宣传队舞蹈演员、县文化局打字员，1985年11月到昌江黎族自治县图书馆工作，先后在图书外借室、报刊阅览室、采编室工作。

郭教科，男，1976年9月生，中专学历，助理馆员、副馆长。1995年7月参加工作，历任县文体局干事，1996年3月到昌江黎族自治县图书馆工作，先后在图书外借室、采编室工作。

未来展望

昌江黎族自治县图书馆坚持“以人为本、服务至上”的理念，实行“外借、阅览、咨询一体化”和“书报刊一体化”的管理模式。在“十二五”期间，新建一座5000平方米以上的“昌江黎族自治县图书馆”，努力将该馆建设成为昌江标志性文化设施。运用全新的服务理念，准确把握时代发展潮流，本着勤俭节约的原则，利用上报2014年中央补助地方文化传媒专项资金，配备3部“歌德电子书借阅机”24小时自助借阅，不仅加速推进图书馆数字资源建设，而且拓展了民众阅读空间，开启图书借阅新时代，让图书馆跟你走！

随着社会的进步和发展，通过建立和完善公共文化服务体系，提升公共图书馆文献信息资源服务能力和水平。昌江黎族自治县图书馆将不断完善服务手段，整合文献资源，继续打造特色服务。一是走进军营、警营。围绕“知识强军”主题在军营、警营中开展系列读书、放映活动，着力加强“书香军营”文化建设。二是走进特殊人群。围绕“学习改造、走向新生”主题开展系列读书、放映活动，打造“书香劳教场所”文化建设基地。三是走进乡村。以文化共享工程基层服务点、农家书屋为阵地，围绕“和谐温馨、共建家园”主题开展读书、放映活动，培养读书、科技致富带头人，营造农村人人“多读书、读好书”的书香氛围。四是走进校园。围绕“多读书、读好书”主题开展读书、放映活动，开展《“读书·让生活更美好”——第三届昌江县读书征文有奖活动”》，积极引导未成年人认识图书馆、走进图书馆、利用图书馆，增强未成年人对图书馆的认识，吸引更多读者养成良好的学习风气。五是全民阅读常态化。围绕“沐浴书香，伴我成长”主题，以该馆户外全彩LED显示屏为阵地，继续推动欣赏“墙上大舞台，想看你就来”，每周向社会各界播放2部以上爱国主义影片、名家视频讲座展播。并滚动播出《全民阅读倡议书》，倡导社会公众多读书、读好书的良好风气，提升他们的知识水平，培养他们的阅读兴趣，让读书成为他们终身追求的“时尚”。

联系方式

地　址：海南省昌江黎族自治县石碌镇东风路18号
邮　编：572700
联系人：郭玉光

为部队官兵播放电影

海南省图书馆

概述

海南省图书馆位于海口市国兴大道文化公园内，于2003年12月13日动工兴建，2005年12月7日竣工，2007年2月2日正式挂牌，4月25日开通“网上远程服务”，10月28日正式免费对外开放，是全国最年轻的省级公共图书馆。馆舍建筑由南楼、北楼、主楼和角亭组成，面积2.78万平方米。在北楼东侧墙面上刻有“海南省图书馆参建民工名录”。馆舍建筑，除初建工程外，还有几次大的维修改造工程。2011年，进行少儿部功能拓展改造、公共电子阅览室改造。2012年，进行地方文献与古籍部改造、无线射频技术（RFID）及配套大型维修改造、数据中心机房维修改造等。改造后的图书馆环境温馨、典雅。有阅览坐席1702个，少儿阅览坐席225个，计算机351台，有1532个信息接入点，有两条独享100M互联网宽带光纤接入，选用Interlib图书馆自动化管理系统。2013年，首次参加全国公共图书馆评估定级，获得省级馆二级馆。

业务建设

截止2012年底，海南省图书馆总藏量483.9万册（件），其中，纸质文献87.5万册（件），电子图书394.3万种，电子期刊1.2万种。

2012年，海南省图书馆新增藏量购置费1347.5万元。

2009–2012年，共入藏图书14.17万种，报刊1.5万种，视听文献1万多种。2012年，地方文献入藏完整率为99%。

截止2012年底，海南省图书馆数字资源总量为73.81TB，其中，自建数字资源总量5.15TB。

2009–2011年，完成《走进海南》、《黎族文化专题资源库》、《热带资源专题数据库》、《琼剧专题资源库》等专题库建设，并通过国家发展中心验收。在建的数据库有《博鳌亚洲论坛数据库》。

2009年12月，将ILASⅡ系统更换成Interlib系统。2012年增加了RFID智能借还功能。2010年，实现馆内无线网络全覆盖。

读者服务工作

海南省图书馆周开放72小时，周末、节假日正常开放。2010年10月，24小时自助图书馆正式开放。2012年，采用RFID技术进行业务管理与服务，实现了馆藏文献的自助借还和精确定位等功能。同时，还为读者提供24小时自助还书服务。2012年，书刊文献外借65.23万册次，接待读者165万多人次。2010年4月，开通与省内22家图书馆和文献收藏单位的馆际互借服务。2009–2012年，建有11个流动站，馆外书刊流通总人次41.3万人次，书刊外借26.5万册次。2011–2012年，进行馆舍空间维修改造，增设了政府信息公开查询中心、少儿电子阅览室、少儿艺术培训教室、少儿活动教室、文学沙龙室、古籍阅览室、书画创作室等读者服务功能区。2010年起，为党政机关编印《资讯参考》、《海图舆情参考》。2011年起，为省“两会”提供服务。

2009–2012年，海南省图书馆网站访问量1655.91万次。开通手机短信服务。截止2012年，海南省图书馆发布使用的数字资源总量为73.81TB，其中36.81TB的数字资源均可通过海南省图书馆网站、海南省文化共享工程有线专网和联通3G网络向全省市县图书馆、乡镇综合文化站提供检索、浏览和下载服务。

2012年，海南省图书馆共举办讲座、展览、培训、阅读推广等读者活动421场次，参与人次33.5万人次。

民工影剧场现场

少儿才艺表演活动

举办“九一八”图片展

电子阅览室

古籍阅览室

书画创作室

业务研究、辅导、协作协调

2009–2012年，海南省图书馆员工发表论文49篇，出版专著2部，参加或主持的科研项目4项，其中国家级课题1项，省部级课题3项。

2010年，海南省图书馆组建了海南省文献资源共建共享协作协调工作网，参与单位有海南省档案局（馆）、海南大学图书馆、海口党史研究室以及全省市县区公共图书馆等22家图书馆和文献收藏单位。2012年，海南省图书馆依托海南省文化共享工程有线专网和联通3G网络，在全省19个市县（区）公共图书馆和204个乡镇综合文化站建立了全省数据专网，实现数字资源共建共享。

2009–2010年，海南省图书馆组织开展了较大规模的图书馆业务知识培训班9期，2000余人次接受培训。

2010年，海南省图书馆和上海图书馆签署了《文化信息资源共建共享协议》，联合举办了“读书乐”、“走进世博会”等讲座、展览。

2010年，海南省图书馆获得全国图书馆联合编目中心上传资格。2012年12月，全国图书馆联合编目中心海南省分中心在海南省图书馆建成。

管理工作

2009年，海南省图书馆实行竞聘上岗，本次竞聘共设2个岗位，有2人通过竞聘重新上岗。每周馆务会议进行工作进度通报，每全年进行总体工作考核。

表彰、奖励情况

2009–2012年，海南省图书馆共获得各种表彰、奖励8次。

馆领导介绍

李彤，女，1967年2月生，本科学历，中共党员，副研究馆员，党支部书记，馆长。1988年7月参加工作，历任三亚市图书馆副馆长，临高县副县长，五指山市委常委、宣传部长，海南省文化广电出版体育厅审批办主任，2013年6月任海南省图书馆馆长。兼任海南省图书馆协会会长、文化信息资源共享工程海南省分中心主任、海南省古籍保护中心主任。

王书印，男，1957年9月生，中共党员，副馆长。1976年12月参加工作，历任中国人民解放军海军38010部队副团职，海南省博物馆副馆长，2013年11月任海南省图书馆副馆长。分管行政工作。兼任海南省图书馆协会副会长。

元宵猜灯谜活动

张蕊，女，1964年5月生，本科学历，副研究馆员，副馆长。1983年8月参加工作。2006年1月到海南省图书馆工作，先后任报刊部主任、借阅部主任、采编部主任。2014年2月任海南省图书馆副馆长。分管业务工作。兼任海南省图书馆协会秘书长。

未来展望

海南省图书馆按照“打基础，上质量，赶先进”的发展思路，以打造资源、技术、服务的新型图书馆为目标，依托现代信息技术，以馆员队伍建设为核心，优化完善办馆质量、服务水平和服务功能，充分利用有利的社会环境，拓展社会服务的广度和深度，在全省实现以省馆为中心的文化资源共建共享，推动全省公共图书馆事业整体发展。

联系方式

地　址：海南省海口市国兴大道36号
邮　编：570203
联系人：文一叶

图书馆正门广场

澄迈县图书馆

概述

澄迈县图书馆始建于1936年，历史悠久，随着时代变迁，馆址几经迁移。2009年7月9日，位于澄迈县城金江镇文化广场的图书馆新馆建成开放。新馆占地面积5600平方米，总建筑面积4800平方米，设计藏书容量60万册，可容纳读者坐席650个。2009年，参加第四次全国公共图书馆评估定级，获得县级馆三级馆。2013年，参加第五次全国公共图书馆评估定级，获得县级馆二级馆。2012年，澄迈县图书馆有读者坐席360个，计算机102台，信息节点120个，宽带接入24Mbps，另一条是省图书馆有线专网10兆。采用Interlib图书馆集群管理系统。

业务建设

截止2012年底，澄迈县图书馆总藏量33.6万册，其中，纸质文献17.6万册（件），电子图书16万种。

2012年，澄迈县图书馆新增藏量购置费100万元。2012年，图书入藏47643册，中文报刊314种，视听文献658件，地方文献1760册。澄迈县图书馆数字资源总量12TB。

2009年引进纯JAVA技术研发的Interlib图书馆自动管理系统，采用B/S模式的多层体系架构的模式，搭建起了符合澄迈特色的总分馆服务体系平台，即安全，且高效。为以后澄迈的总分馆建设打下了坚实的基础。

读者服务工作

从2012年起，澄迈县图书馆每周开放56小时，周末正常开放。2010年，采用Interlib系统，实现馆藏文献自动化借还管理。2012年，总流通71012人次，图书外借71827册。有基层服务点11个，流动图书服务点182个，馆外流动服务点图书借阅182000册次。

2012年5月，澄迈县图书馆网站开通，截止年底访问量13257人次。截止2012年，澄迈县图书馆发布使用数字资源总量12TB，均可通过澄迈县图书馆网站检索、浏览和下载服务。政府公开信息服务主要以图书馆网站链接的形式和政府行政部门递交的纸质资料查阅服务。

2009–2012年，澄迈县图书馆举办讲座、展览、培训、阅读推广等各类读者活动28场次，其中专题讲座4次，培训5次，展览5次，参与人数25705人次。每周六、日晚在馆前广场为进城务工人员放映专题片电影等。组织少年儿童到馆观看儿童电影电视片、集体课外阅读活动。

业务研究、辅导、协作协调

2009–2012年，澄迈县图书馆业务研究报告有：《澄迈县图书馆总分馆制规划方案（草案）》、《建设新型公共电子阅览室，实现澄迈县公共文化体系全覆盖》、《构建全覆盖的澄迈县公共文化服务体系——公共电子阅览室服务体系部分》。不定期举办《中国图书馆分类法》馆内员工辅导，基层服务点培训。协作协调共享工程海南省分中心在澄迈县举办"全国文化信息资源共享工程海南省分中心技术培训班"，"海南省图书馆纪念海南解放60周年图片巡回展"，海南省图书馆有线专网链接。

澄迈县图书馆服务网络建设有镇图书馆11个，农村基层服务点182个，占全县公共图书馆总数的100%。

管理工作

依据《海南省关于事业单位岗位设置管理的实施意见》完成竞争上岗，制订岗位责任制度，岗位聘任，岗位责任到人，岗位量化考核，每月工作进度通报，形成绩效机制，各部门年终总体考核评比。人事管理档案、设备设施、物资管理、统计工作依有关规定执行。

表彰、奖励情况

截止2012年省全国文化信息共享工程海南省分中心奖励3次。

澄迈县市民观看展览

馆领导介绍

吴清健，男，1962年7月生，本科学历，助理馆员，馆长。兼任中国书法家协会会员。

潘在润，男，1953年4月生，大专学历，中共党员，助理馆员，副馆长。分管业务工作。

未来展望

随着科学技术的突飞猛进，澄迈县图书馆应利用馆藏资源，以移动图书馆的形式，不断拓宽服务的深度和广度，让读者享受到更为方便、快捷的服务。建设总分馆制图书馆，建立覆盖全县的分馆、基层图书室、流动图书服务点三级服务网络，提供文献与技术保障，实现图书馆与分馆资源共享互补。

联系方式

地　址：海南省澄迈县金江镇文化广场
邮　编：571900
联系人：吴清健

澄迈县图书馆送春联活动

澄迈县图书馆全貌

琼中黎族苗族自治县图书馆

概述

琼中黎族苗族自治县图书馆的前身为广东省琼中县图书馆，创建于1976年。2009年，位于琼中县营根路宣传文化中心大楼的新馆建成开放。新馆建筑面积达1500多平方米。琼中黎族苗族自治县图书馆有计算机53台，其中有39台电脑可供读者使用。宽带接入省图书馆有线专网10兆。采用Interlib图书馆集群管理系统。2013年，参加第五次全国公共图书馆评估定级，获得县级馆二级馆。

业务建设

截止2012年底，琼中黎族苗族自治县图书馆总藏量为10.06万册（件），其中纸质图书4.23万册（件），电子图书3.2万种（册）。

2009至2011年，琼中黎族苗族自治县图书馆新增藏量购置费为7万元，2012年起增至12.5万元，2009年至2012年，共入藏纸质图书1.2万种，1.95万册，电子图书3.2万种，报刊767种，视听文献3300件，地方文献入藏完整率为95%。

截止2012年底，琼中黎族苗族自治县图书馆数字资源总量为4TB。2010年，安装了Interlib图书馆集群管理系统。

读者服务工作

从2009年开始，琼中黎族苗族自治县图书馆周开放56小时，周末正常开放。2009年至2012年，书刊总流通32.6万人次，书刊外借16.8万册次。2009年至2012年建成了3个流动图书室，馆外书刊流通总人次4.2万余人次，馆外书刊外借2.4万余册次。

自2012年7月起，琼中黎族苗族自治县图书馆在二楼图书阅览室开辟了“政府信息公开查询区”，开设政府信息公开专柜，增设了3台政府电子信息公开查询计算机，并在琼中县图书馆网站首页增设了政府信息公开栏，同时还在网站上做“琼中人民政府网”链接，此外还把“琼中人民政府网”在本馆公共电子阅览室的30台电脑桌面上设置了快捷方式，使广大读者和各界人士到图书馆查阅电子文献信息资源的同时也可以查阅到政府信息。

2013年3月底，开通了琼中县图书馆网站。

2009年至2012年，琼中黎族苗族自治县图书馆共举办讲座、展览、培训、阅读推广等读者活动168场次，2.5万人次。

业务研究、辅导、协作协调

2009年至2012年，琼中黎族苗族自治县图书馆职工发表论文15篇，其中获奖论文5篇。

2009年以来，琼中黎族苗族自治县图书馆组织举办“基层图书馆（室）培训班”等，采取组织“业务小组”的方法，不定期到各“流动图书室”和农家书屋进行现场辅导。

2012年1月，与省图书馆文献资源共建共享协作协调。2012年12月，与昌江县图书馆进行“地方文献资源共建共享协网联合编目”。

2009年以来，琼中黎族苗族自治县图书馆组织开展本地区图书馆网络建设，资源共建共享等协调工作。与部队、看守所建立“流动图书室”。与琼中县广播电视台、科协等单位建立“资源共享”机制。

2009年以来，琼中县10个乡镇文化站、108个村（居）委会农家书屋均参与服务网络建设。

管理工作

2009年以来，为扎实推进图书馆建设，本馆根据县文体局的工作部署，结合本馆的实际情况，每年都制定工作计划和各种管理制度，使图书馆的各项工作有条不紊，落到实处。

表彰、奖励情况

本馆2009至2013年共获得国家级集体荣誉2项，省级1项，个人荣誉7项。

文化共享工程设备资源送电影到学校

与县消防中队共建流动图书馆室

未来展望

1、借力“书香童年”，助推“全民阅读”。一是借力省文体厅、教育厅“关于开展2014年海南省‘书香童年’阅读活动通知”精神，推动“全民阅读”常态化。二是充分利用每年县财政局给我馆预算项目购书资金，购置适合少年儿童阅读的优秀少儿读物，开展“书香童年”阅读活动。三是利用免费服务专项资金开展一些知识性、趣味性的亲子阅读、兴趣游戏、阅读演讲、经典诵读、读书征文等课外阅读活动，引导少年儿童健康阅读，在琼中县逐步形成“爱读书、读好书、善读书”的良好阅读风气。

2、创新模式，打造流动图书服务品牌。因地制宜，整合资源，充分利用现有乡镇文化站（室）及农家书屋建立“县/乡镇/村”二级总分馆模式，以琼中县10个乡镇文化站为琼中黎族苗族自治县图书馆分馆，全县108家农家书屋为琼中黎族苗族自治县图书馆的服务网点，实施二级总分馆制，打造流动图书服务品牌。

3、加大力度，继续深入开展“全民阅读”活动。一是继续开展全民阅读进军营、警营、监狱、学校、企业、农村、社区等。开展阅读推广活动，围绕主题为“阅读，请到图书馆”的读书活动，积极引导公众认识图书馆、走进图书馆、利用图书馆，吸引更多读者参与图书馆举办的各种文化教育活动，促进社会和谐发展。

4、加强公共电子阅览室的监督与管理工作。继续做好网络文化的宣传服务工作和“推进公共图书馆免费开放”工作，积极为未成年人提供健康有益的绿色网上空间，使未成年人在学习娱乐中受到先进文化思想的熏陶。

联系方式

地　址：海南省琼中黎族苗族自治县营根路宣传文化中心大楼
邮　编：572900
联系人：沈新银

琼中县图书馆大楼

保亭黎族苗族自治县图书馆

概述

保亭黎族苗族自治县图书馆设立于1953年，隶属文化馆。1973年正式面向社会开放。1981年9月，县图书馆独立建制，隶属文化局。馆舍几经变迁。2012年10月10日，位于保亭县文化路的新馆落成开馆。新馆总建筑面积4873平方米。在1990年和2010年的图书馆评估中获得三级图书馆，在2013年参加第五次图书馆评估获得二级图书馆。保亭县图书馆有7个服务窗口，共有380个阅览座席，其中少儿阅览室有50个座席。电脑63台，可共读者使用的50台。宽带10M，另一条是省图书馆有线专网10M。存储容量12T。

业务建设

截止2012年底，保亭黎族苗族自治县图书馆纸质图书7.5万册，48178种，其中地方文献543册，电子图书18.6万种。2012年订购期刊229种，报纸93份。视听文献521种。从2012年起，保亭黎族苗族自治县图书馆以海南省文化信息资源共享工程专线网络为依托，上传地方特色文献资源，利用公共电子阅览室专线为读者提供万方、中国知网、维普、CNKI等数据库资源。

2012年，保亭黎族苗族自治县图书馆将ILAS图书馆集群管理系统更换为INTERLIB图书馆集群管理系统，同时购置了文化“E”管家管理系统对公共电子阅览室进行业务管理。

读者服务工作

2009年起，保亭图书馆的开放时间从原来的每周40小时增加至每周56小时，零门槛免费开放，实行“一卡通”借阅，图书开架率达100%。2009–2012年，建设图书流动服务站2个，共享工程基层服务点69个，总服务次数125260，书刊外借83507人次。截止2012年底，保亭黎族苗族自治县图书馆公共电子阅览室共服务读者92160人次。2009–2012年，保亭黎族苗族自治县图书馆共举办阅读推广活动、讲座、展览及共享工程视频联播105场次，服务人数29830人次。2009–2012年，保亭黎族苗族自治县图书馆为69个共享工程基层服务点开展服务活动，提供技术指导及活动视频资源保障，同时为69家农家书屋整理分编图书10万册。四年间开展送书下乡活动5次，送书2350册。

业务研究、辅导、协作协调

2009–2012年，保亭黎族苗族自治县图书馆职工发表论文2篇。

2009–2012年，保亭黎族苗族自治县图书馆完成对69个基层图书室及共享工程基层服务点的阅读推广、业务培训、技术指导等工作。举办基层管理员业务培训班8期，348人次参加培训。

管理工作

截至2012年，保亭黎族苗族自治县文体局加快了文化体制改革步伐，实行保亭黎族苗族自治县图书馆经济独立核算制度改革。保亭黎族苗族自治县图书馆在完成了新馆搬迁工作后，修订和补充了新的图书馆管理工作制度，制定了馆员工作月考核及年度总体考核制度。2012年共编制保亭黎族苗族自治县图书馆业务活动工作信息12期。

六一少儿活动

表彰、奖励情况

2009–2012年共获表彰、奖励5次，其中，文化部奖励1次，省文体厅、省图书馆奖励2次，保亭黎族苗族自治县委、县政府表彰2次。

馆领导介绍

梁惜文，女，1964年9月出生，大专学历，中共党员，中级职称，馆长。1985年到保亭黎族苗族自治县图书馆参加工作，曾在图书馆采编室工作。1995年任副馆长，2008年任馆长。

符贞超，男，1969年9月出生，大专学历，中共党员，副馆长。1995年9月，在保亭黎族苗族自治县博物馆工作。2000年在保亭黎族苗族自治县文化稽查大队工作。2013年任保亭黎族苗族自治县图书馆副馆长。

未来展望

保亭黎族苗族自治县图书馆将坚持以为读者提供快速、高效、优质的服务为出发点，通过新技术、新手段、高标准强化图书馆工作职能，加强自身业务建设，通过整合图书馆资源，延伸图书馆服务，实现图书馆社会效益的最大化。

2013年，保亭黎族苗族自治县被列为第二批国家公共文化服务示范区创建区，到2015年底保亭黎族苗族自治县将建设成“覆盖城乡、结构合理、功能健全、实用高效”的县、乡（镇）、村三级公共文化服务设施网络体系、公共数字文化服务网络体系和公共文化流动服务体系。保亭黎族苗族自治县图书馆将抓住这个契机，按照结构合理、发展均衡、网络健全、运行有效、惠及全民的原则，构建以县级图书馆为中心，以图书馆乡镇分馆为纽带，以村（社区）图书室和图书流动车为基础，覆盖全县、城乡一体、功能完善、资源共享、管理规范的新型公共图书馆总分馆服务体系，全面提升保亭黎族苗族自治县图书馆的公共文化服务能力和水平。

联系方式

地　址：海南省保亭县文化路图书馆
邮　编：572300
联系人：梁惜文

期刊阅览室

三亚市图书馆

概述

三亚市图书馆前身为崖县图书馆，始建于1964年。1964年8月，崖县图书馆独立建制。1970年，崖县图书馆与崖县文化馆合并，名称为崖县文化图书馆。1975年9月，崖县图书馆与崖县文化馆分开。1988年海南建省，三亚由县级市升格为地级市，崖县图书馆也升格为地市级图书馆，改名为三亚市图书馆。2002年5月8日，位于三亚市凤凰路101号的新馆落成开馆。新馆占地面积24亩，总建筑面积10400平方米。2013年，参加第五次全国公共图书馆评估，获得地市级二级图书馆。

基础业务建设

截止2013年底，三亚市图书馆总藏量约57万（册）件，其中纸质书刊约43万册（件），电子资源：万方数字期刊1000种，超星电子图书12.5万册，爱迪科森少儿视频共5000篇，爱迪科森就业培训库156个类别、482门课、15000课时，约850G资源量。报刊杂志4万册，电子图书12.5万种，视听文献5000种，电子期刊2000种。图书的年均入藏量为15260种，报刊年均入藏量为978种。

2007年，三亚市图书馆引进TRS数据库软件，利用该软件制作了《三亚景区诗词赏析》收录数据150条、《三亚景点介绍数据库》收录数据120条，目前正在制作《海南少数民族研究》数据库。

2011年1月，将ILASII系统更换为Interlib系统。2002年，建立了馆内局域网。2006年，在互联网注册建立图书馆网站。

读者服务工作

三亚市图书馆每周开放时间为60小时，周末正常开放。2011–2014年，建了2个分馆，19个24小时自助图书馆。2011年12月，三亚市图书馆实行免押金上门办证服务。2012年，重新装修改造后的三亚市图书馆，在总服务台和流通书库均设立六台读者检索机。此外还义务对读者进行书目查询的培训。

2002–2013年，三亚市图书馆每年深入基层开展“图书馆宣传周”、“图书馆服务月”、“读书进社区”活动计有百余次。举办少儿英语培训班9期，奥数培训班12期，举办少年美术培训班2期。先后举办过“伊朗文化艺术展”，“雷锋精神永恒”大型图片展览，著名书法家沈鹏、吴东民书法作品联展，旅美华侨李昌柏油画展，美籍华人梁鉴澄摄影作品展，三亚撤县设市30周年成就图片展等，举办其他美术、书法、摄影作品展览21期，英雄人物事迹展览2期，盆景根雕艺术作品展览1期，海洋生物科普展览3次，黎族文物用品服饰展览1期，早教知识讲座3次，涉外展览1次，承办“天涯讲坛”3期，共接待来宾观众30万余人次。

三亚市图书馆在每年5月份的读者服务月通过编辑版报，向读者宣传图书馆的功能动态、传播科学文化知识；通过举办书展、评选读书达人、猜谜、读者征文、推荐新书好书等活动吸引大批读者进入图书馆利用图书馆。

业务研究、辅导、协作协调

2009–2012年，三亚市图书馆员工在省级以上刊物和学术会议上发表了20余篇论文。

2009年以来，陆续为三亚市两区六镇及93个行政村安装了共享工程配套设备，在社区、乡镇、农村、海岛、舰艇和驻地军警部队营区建立“流动图书站”30个，向海岛渔村、扶贫点、周边乡镇、希望小学、生态文明村、双拥共建单位、驻地军警部队及监狱等39个基层单位，赠送图书36000余册，将优秀的图书文化信息资源送到群众身边，实现优秀文化资源的共建共享。此外，还帮助基层单位、学校建立图书室、文化室13个，并对管理员进行业务培训，28人参加培训。

2010–2011年，三亚市图书馆举办了两期图书馆业务培训班。

管理工作

2010年，三亚市图书馆将读者服务管理规章制度、图书馆人员岗位职责、业务操作流程规范汇编成册，印制发布执行。

表彰、奖励情况

2009年，三亚市图书馆受文化部表彰1次。

馆领导介绍

王昌华，男，1963年7月出生，本科学历，中共党员，馆长，中级职称。1986年6月参加工作，历任三亚市教师进修学校讲师、三亚市群众艺术馆副馆长（馆长），2012年4月任三亚市图书馆馆长。2011年被海南省文体厅授予“非遗”保护工作先进个人，2012年被三亚市委宣传部评为先进个人，2013年被三亚市直属机关工作委员会评为优秀共产党员。

蔡勃，男，1959年6月出生，大专学历，中共党员，副馆长，初级职称。1976年12月参加工作，1980年10月到三亚市图书馆工作。2001年至2003年被评为三亚市文体系统优秀共产党员。

杨蝶，女，1961年12月出生，大专学历，副馆长，中级职称。1978年10月参加工作，1988年12月到三亚市图书馆工作，2005年任三亚市图书馆副馆长，分管全馆业务工作。

未来展望

三亚市图书馆秉承“服务第一、读者至上”的宗旨，坚持“以人为本”的管理思想，注重人才资源的开发，注重员工的整体素质提高，多次派出专业技术人员到省内外知名图书馆参加业务培训学习。采用现代科学技术，不断丰富馆藏图书资源，努力实现图书馆的自动化、现代化、网络化、信息化建设。坚持三亚市图书馆的事业发展与三亚国际性热带滨海旅游城市的定位相适应，以丰富的服务内容、先进的服务手段和科学的管理方法，逐步实现建成全国地市级先进公共图书馆的目标，努力建设成海南省南部最大的文献、信息、网络资源服务中心。

联系方式

地　址：海南省三亚市凤凰路101号
邮　编：572000
联系人：周 翔

东方市图书馆

概述

东方市图书馆于1960年10月建立，馆址几经变迁，1996年8月，位于东方市八所镇解放西路29号的新馆建成开放。馆址建筑面积1500平方米，设计藏书容量20万册，可容纳读者200个。2004年，参加第三次全国公共图书馆评估，获得三级图书馆。2013年，第五次全国公共图书馆评估，获得三级图书馆。东方市图书馆有阅览座席160个，计算机50台，信息节点40个，宽带接入10Mbps，选用广州图创Interlib自动化管理系统。

业务建设

截止2012年底，东方市图书馆总藏书量116250册。其中，纸质文献633841册（件），电子图书5万册，视听文献825件。

2011年起，东方市图书馆新增藏书量购置费10万元，每年购买新书2500册，征订报刊150种（份）。

截止2012年底，东方市图书馆数字资源存量为3TB。

读者服务工作

从2011年10月起，东方市图书馆实行对外免费开放，每周开放56小时，周末正常开放。2009–2012年，书刊总流通246281人次，书刊外借165235册次。2012年，设立“政府信息公开查询处”，为公众提供免费查询政府公开信息。提供电子书借阅机一台，存有2600册电子图书。2012年，在馆前安装10LED全彩显示屏，免费为群众播放电影、琼剧、农业科普等视频节目，年播放96场次，观众近8000人次。有3个图书流动服务点，馆外流通总人数16375人次，外借图书12896册次。

2011年，接入海南省图书馆有线专网10兆，与省图书馆数据库对接，读者通过网络可检索、浏览和下载省图书馆的电子文献资源。2012年，东方市图书馆电子阅览室的电脑由原来的25台增加到40台。2009–2012年，电子阅览室接待读者68412人次。

2009–2012年，东方市图书馆每年都开展“图书馆服务宣传周”、“送书下乡、下社区、下军营”等服务活动，共举办讲座、展览、培训、阅读推广等读者活动85场次，参与人数25625人次。

业务研究、辅导、协作协调

东方市图书馆每年撰写专题调研，分析报告和建议15篇。

2011年，东方市图书馆以文化共享工程平台为依托，通过有线网络接通海南省分中心文献数据库，实现电子文献资源共享。2009–2012年，东方市图书馆对全市10个乡镇和181个行政村的文化共享工程基层服务点、农家书屋的管理员进行技术指导和业务培训，举办各类业务培训30期，105课时，230人次接受培训。不定时给基层服务点拷贝数字资源。

从2009年起，东方市图书馆系统收集地方文献。

2010–2012年，东方市图书馆分别与全国图书联合编目中心和海南省图书馆达成协议，免费下载其提供的书目数据，使文献加工标准化、规范化。

2010年，协助海南省图书馆举办《纪念海南省解放60周年》图片巡展。

2012年6月，协助海南省联通公司完成本市10个乡镇3G无线网络的安装调试工作。

管理工作

东方市图书馆坚持按制度管人管事。每年都进行年终考核。每月统计进馆读者借阅人次，每季检查文献排架，以减少排架误差率。

表彰、奖励情况

2009–2012年，东方市图书馆共获得各种表彰，奖励8次，其中文化部表彰奖励1次，省文体厅表彰2次，其他奖励5次。

馆领导介绍

张华中，男，1955年1月出生，本科学历，中共党员，助理馆员。1972年11月参加工作，1998年8月任东方市图书馆馆长至今。

文以民，男，1956年6月出生，中共党员，助理馆员。1975年参加工作，1982年任东方市图书馆副馆长至今。

展望未来

东方市图书馆遵循“读者至上，服务第一，真诚便捷，创新发展”的办馆理念，通过内强素质，外塑形象，不断提升服务质量和办馆条件。2012年，东方市政府已重新规划建设一座全新的图书馆，建筑面积不少于3500平方米，阅览座位400个，可容纳纸质文献50万册，年服务人次可达20万人次以上，数据资源设计存储能力30TB。届时，东方市图书馆将成为设备设施一流、服务功能齐全、服务环境舒适、服务效能显著的新型公共图书馆。

联系方式

地　址：海南省东方市八所镇解放路17号
邮　编：572600
联系人：张华中

阅览室

文化共享工程

琼海市图书馆

概述

1952年，琼海县文化馆设立图书阅览室。1964年，图书阅览室从文化馆划出，设立琼海县图书馆。1992年4月2日，由海外华侨、港澳台同胞和乡贤捐资兴建的琼海华侨图书馆落成开放。1992年，琼海市图书馆和琼海华侨图书馆合并，新馆位于琼海市富海路55号，占地面积5408平方米，总建筑面积3000平方米。藏书达10万余册。1994年，参加第一次全国公共图书馆评估，获得二级图书馆；1999年，参加第二次全国公共图书馆评估，获得一级图书馆；2013年，参加第五次全国公共图书评估，获得二级图书馆。琼海市图书馆有阅览座席360个，计算机34台，笔记本电脑2台，10兆宽带接入因特网，另一条是省图书馆有线专网10兆。专用存储设备容量5TB。采用Interlib图书馆自动化管理系统。

业务建设

截止2013年底，琼海市图书馆总藏书量15.3万册（件），其中，纸质文献14.6万册（件），电子图书7万余册。

2008、2009年，琼海市图书馆新增藏量购置费3万元，2010、2011年新增藏量购置费6万元，2012年购书经费为10万元。

读者服务工作

2010年1月，琼海市图书馆取消读者办证工本费，所有阅览室以及公共空间场所全部免费向读者开放。每周开放时间56个小时，节假日照常开放。2012年，年流通总人次2万多人次，外借图书8万册次，期刊24万册次。琼海市图书馆积极利用宣传橱窗、网站、书展等形式开展书刊宣传活动，并在社区、学校、部队等开设流动图书室，经常开展送书上门、送书下乡等服务，举办图书馆服务宣传周活动。

业务研究、辅导、协作协调

从2012年开始，琼海市图书馆每年举办两期基层服务点技术人员培训班。在图书馆服务宣传周期间，举办各种阅读推广与专题讲座活动。开展业务培训与技术培训，深受读者和工作人员的喜爱。另外我馆还利用本市各类宣传媒体在图书馆服务宣传周及世界读书日对广大群众宣传图书馆。市图书馆积极参与国家图书馆、省馆组织的联合编目协作工作以及其他业务合作，与省图书馆开展书目数据的协作协调工作。采取跟班辅导、下基层指导等方式，对中小学图书馆（室）、社区图书室、乡村文化站图书室、部队流动图书室的人员进行培训辅导。

表彰、奖励情况

2009–2013年，琼海市图书馆获得各种表彰奖励8次，其中文化部表彰、奖励2次，省文体厅表彰、奖励3次，市委、市政府表彰、奖励3次。

馆领导介绍

王书通，男，1985年12月生，大专学历，中共党员，助理馆员，馆长。2008年9月参加工作，历任琼海市文化馆副馆长，2014年3月调任琼海市图书馆馆长，党支部书记。

陈川美，女，1962年4月生，大专学历，中共党员，馆员，副馆长。1981年9月参加工作，1982年进入琼海市图书馆工作，2001年担任琼海市图书馆副馆长。

未来展望

琼海市图书馆遵循“科学、效率、创新、发展”的办馆方针，追求图书馆多样化服务功能，要求不断地研究并采用新技术、新手段，以更高的标准强化服务职能。2014年8月份以后，琼海市图书馆在文体局的指导下，将对馆舍外围进行扩建改造，并筹措资金重新规划建设少儿室。改建后的琼海市图书馆将以崭新的面貌服务于琼海市公众。

联系方式

地　址：海南省琼海市富海路55号
邮　编：571400
联系人：王书通

讲故事比赛活动

流动图书室揭牌仪式

五指山市图书馆

概述

五指山市是县级市，地处海南岛中南部，海南黎族苗族聚居地，乡镇7个、村委会59、村民小组310个，全市人口10.8万多人，市区人口5万多人。五指山市图书馆前身建制于1979年12月成立的海南黎族苗族自治州图书馆（地级馆）。1987年6月，更名为通什市图书馆（县级馆）。2001年8月，更名为五指山市图书馆。2013年五指山市图书馆在职员14人。建筑面积1500平方米，藏书6.8万册，读者座位150个，计算机55台，使用INTERLIB图书馆自动化集群管理系统。2007年被中国图书馆学会评为全国"全民阅读"先进单位。2009年，参加第四次全国公共图书馆评估，获得三级图书馆。2014年，评定为三级图书馆。

业务建设

截止2013年底，五指山市图书馆总藏量119106册（件），其中：图书5.55万册，报刊1.25万册，视听文献1106件（套），电子图书5万册。年新增藏量购置费15万元，图书入藏数量2200种，2013年度报刊入藏量248种。2012年7月，五指山市图书馆设立政府公开信息查询点，提供纸质文件和电脑文件电子版查阅。2012年8月建立五指山市图书馆网站，实现馆内WIFI无线网络覆盖，进入图书馆手机上网。2007年建立文化共享工程信息资源数据库，现有磁盘阵列4500GB和散设硬盘14000GB，总容量15.5TB，至2013年12月，数字资源总量为8300GB。网络专线接入带宽10MB。

读者服务工作

自2009年以来，五指山市图书馆全年对外免费开放，周开放38小时。普通图书开架借阅比例100%，2013年书刊总流通12800人次，书刊外借9300册次。在乡村、学校、企业、部队共建图书流动服务站15个，图书流动服务站书刊借阅3800册次。五指山市文化共享工程乡村基层服务点共66个，2010–2013年，五指山市支中心开展各种服务工作。支中心服务小组开展乡村基层服务点业务技术指导工作250次；为支持基层服务点开展影视片展播活动，支中心提供借阅光盘2500个次；为基层服务点检修电脑台机、DVD播放机、音响等设备共110件，为此支付维修设备费用3万多元。

业务研究、辅导、协作协调

2010–2013年，参与五指山市文物普查研究保护工作，利用五指山市图书馆现有的地方文献，查阅、整理和研究五指山地区历史以来的重要文物项目及相关内容资料，并根据文物普查保护的标准要求，起草五指山市文物普查保护目录清单，以作为组织文物开展普查保护工作的项目目标；2012–2013年，由琼州学院、海南省民族研究基地编辑的黎学新论文丛《黎族哲学初探》、《黎族传统音乐与舞蹈》、《黎族民俗与民间工艺美术》、《黎族织锦与文身研究》和《黎族文学》等已出版，五指山市图书馆馆长李树林是《黎学新论文丛》编委会成员，参与编辑研究工作。为五指山市每年举办"三月三"节活动，提供相关的黎族苗族历史文化资料；支持五指山市史志办编辑《五指山市志》（2001年至2010年），协助编辑和提供图片资料。五指山市图书馆职工发表论文18篇。

发挥图书馆社会教育职能作用，开展社会教育服务宣传活动。为驻地大中专院校学生，机关、企事单位的干部职工和部队官兵提供阅借服务，开展读书活动10次。把提高青少年的科学文化知识，丰富群众文化生活作为服务工作的延伸。设未成年人读书服务"窗口"，向少年儿童介绍书刊。

管理工作

完善各项管理制度，严格执行制度。2009年，五指山市图书馆根据《海南省事业单位岗位设置管理的实施意见》，实施单位岗位设置管理工作，完成部门、岗位、名称、等级、职责、任务、标准等方面设置。同年实施岗位聘任制，完成全员岗位聘任，工作量化考核管理，年终进行工作考核，评比绩效工资。

馆领导介绍

李树林，男，1963年3月生，大专学历，中共党员，馆员，馆长，党支部书记。1983年6月参加图书馆工作，一直以来在五指山民族地区从事公共图书馆工作。多年来参与地方黎族苗族民间文化艺术的挖掘收集整理工作，进行课题调研，发表多篇论文。系中国摄影家协会会员、海南省摄影家协会理事、五指山市摄影家协会主席，五指山市作家协会理事，五指山市侨联副主席、（兼）秘书长。

未来展望

积极探索现代公共图书馆社会服务宣传多样化的发展新模式，在传统服务形式上，通过展览、画册、网络以及影视展播等新型快捷方式，为广大读者提供服务。加强馆藏建设，突出五指山民族文化特色，注重收集本地文献，充分利用图书馆数据库资源，设计以"贴近实际、贴近生活、贴近群众"为主题内容的摄影图片展览，开展服务宣传活动。立足基层，面向大众，积极开展送书下基层，到乡村、学校、工厂、驻军警部队等进行服务活动。积极推进文化信息资源共享工程建设和图书馆现代电脑自动化管理建设。

联系方式

地　址：海南省五指山市红旗路
邮　编：572299
联系人：朱 旭

屯昌县图书馆

概述

屯昌县图书馆是1978年从屯昌县文化馆分编出来的股级公益文化事业单位。2011年1月，屯昌县图书馆搬入新建的文化综合楼，位于文化路文体公园内，占有面积约2000平方米。屯昌县图书馆设有图书外借室、报刊阅览室、少年儿童阅览室、电子阅览室、工具书阅览室、展厅、多媒体阅览室。有阅览座席178个，计算机共42台，宽带接入10兆光纤，另一条是省图书馆有线专网10兆。2013年，参加第五次全国公共图书馆评估定级，获得县级馆三级馆。

业务建设

2011年，屯昌县图书馆图书采购经费50万元，1.6万册。

2011年，8个乡镇文化站馆舍和119个行政村“农家书屋”建成，藏书量均为2000册，光盘约100个。

截止2013年底，屯昌县图书馆藏书总量6.2万册，图书馆每年订阅杂志175种，报纸76份，电子图书30万种。

读者服务工作

从2010年5月1日起，屯昌县图书馆实行全年365天免费开放，每周开放56小时。

取消办理读者借阅卡、电子阅览卡的工本费；为读者提供免费上网；取消读者借书超期滞纳金；书报刊免证阅览；增设文献复印室与读者咨询服务；举办书画与摄影艺术展览；为读者播放电影；为读者提供饮用水、雨具；为老龄读者提供老花镜等服务。

至2013年，馆藏文献开架率达98%。年到馆人数为56800余人次；总办证人数为282人，借阅图书12260册次；馆外图书流动服务站点5个，阅览册次为11523册次；读者咨询服务人次为500多次。屯昌县图书馆积极开展服务宣传周活动，送电影、送科技、送图书到村镇、学校；并踊跃开展各类讲座活动、竞赛活动、海洋生态文化展活动、读者读书与学生书画比赛等活动。

业务研究、辅导、协作协调

屯昌县图书馆职工发表论文共3篇。

2011年，建立以县图书馆为中心馆，各乡镇图书室为分馆，村图书室为服务点的公共图书馆三级服务网络。建立统一的技术平台、检索平台和服务标准。对乡镇图书室、农家书屋和文化共享工程基层服务点的管理员进行业务培训，期间举办的培训共45个课时，518人次接受培训。

管理工作

屯昌县图书馆建立工作量化考核指标体系，每年进行一次总体工作考核。

馆领导介绍

王坚，男，1972年生，本科，中共党员，馆长。中华书画研究会会员；全国青少年书法段级评审委员会委员；海南省书法家协会会员；海南省硬笔书法协会理事；海南省青年书法家协会会员；屯昌县书法协会副主席兼秘书长；海南省摄影家协会会员；海南省纪实摄影协会会员；屯昌县摄影协会会长。

林晓芬，女，1960年生，中技，中共党员，副馆长。1976年7月到屯昌县图书馆工作，先后在采编部、图书借阅部等部门工作。

未来展望

屯昌县图书馆按照“读者至上，服务第一”的服务准则，努力改善图书馆的服务条件，以适应日益增长的读者需求和本地区经济文化与社会事业发展需要。继续做好各类创建工作、维护管理工作；通过扩大读者自习区，增加流动图书站点，增加电子报刊阅读机以及建设自助图书馆，使图书馆成为广大群众欢迎的大书房。

联系方式

地　址：海南省屯昌县文体路文体公园内综合楼

邮　编：571600

联系人：王　坚

屯昌县图书馆大楼

2014年屯昌县共享工程骨干培训班

借阅厅一角

图书宣传周活动

定安县图书馆

概述

1979年经广东省文化局批准，成立县图书馆，初时同文化馆为一套班子，两块招牌。1983年1月图书馆从文化馆分设，实行独立核算，馆址在原文化馆图书阅览室，面积窄小，设施简陋。是年12月，省、区、县、县共拨新图书馆建设专置40万元、1986年3月破土动工，经一年多的建设，定安县图书馆大楼在定城镇人员南路建成。建筑面积2200平方米，设有报刊阅览室、少儿阅览室、科技阅览室、声像资料室、读者自学室、参考资料室、图书外借处，还有1间80个座位的多功能报告厅以及4间供办公、业务工作用室等。全馆读者座位300个，馆藏量15万册，全馆干部职工14人，馆舍布局合理，宽敞明亮，环境幽雅，设备完善，是一座具有适应现代化功能要求的县级公共图书馆，1988年春节正式开放。

2007年12月，馆址又迁到定安县塔岭开发区塔北路文化中心大楼二楼。馆舍面积为1500平方米，读者座位200个，各种业务室8个。2008年建起了电子阅览室，拥有了计算机25台，2008年12月，开始使用IlasII系统，实现馆藏文献借阅等自动化管理。

业务建设

截止至2014年10月，定安县图书馆总图书藏量23.4万册（种）含电子图书，报刊300种。2010年前，新增藏量购置费只有2–3万（元），2011年起，增至5–8万（元），藏书量从一千左右本增加到三千多本。2013年，为了与省馆及各市县的图书自动化系统同步，又改选用Interlib管理系统，宽带接入10兆。

读者服务工作

从2011起，定安县图书馆全年365天每天对外免费开放，实现了馆藏文献的自动化管理，每周开放56个小时。在阅读推广服务工作中，我馆积极通过地方报、电视台、墙上电子显示屏，利用图书服务宣传周送书下乡，举办征文比赛、演讲比赛等大力宣传图书馆。创造清静优雅的阅读环境，为读者提供免费阅读、免费借阅、免费上网服务。至2014止，共建立了6个文明流动图书点，把文化送到社区、学校、军营、敬老院等，让他们便利的享受到图书馆的免费开放服务。

业务辅导、协助协调

从2011年到2014年，定安县图书馆举办共享工程基层服务点业务培训班8期，中老年人电脑培训班3期，征文比赛、演讲比赛等活动7次，科技送书下乡6次，共送图书1.8万册。定期到或不定期的到农家书屋做业务辅导工作，特别是2014年，我县创先设立农家书屋村邮站，全省当试点并在全省铺开推行。我馆积极配合组织人员到各个农家书屋示范点进行辅导，帮助示范点把图书全部编目、上架。

管理工作

全馆开设8个业务室，领导岗位2个，专业技术人员岗位10个，各室职责任务明确，各室规章制度上墙，建立工作量化考核，半年小结，年终总结。全年进行总体工作考核。2014年执行按指纹上下班考勤管理制度。

表彰、奖励情况

1991年，被国家文化部评选为全国图书管理先进单位。馆长吴平清，陈沫驳，先后被国家文化部评为先进工作者，1994年被文化部评为二级图书馆。

领导介绍

吴平清，男，1935年12月出生，大专学历，中共党员，馆长。1951年参加工作，历任海南省澄迈县图书馆馆长、定安县文化局副局长。1991年被国家文化部评为先进工作者。

陈沫驳，1949年7月出生，大专学历，中共党员，馆长。1967年7月参加工作，1994年被国家文化部评为先进工作者。

王召权，男，1954年12月出生，大专学历，中共党员，馆长。1972年8月参加工作，副科待遇。

王海花，女，1967年9月出生，大专学历，中共党员，馆长。1987年7月参加工作。

儋州市图书馆

概述

解放初至1984年6月，是儋县文化馆内设的一个阅览室。此外，工人俱乐部也设有阅览室。2处阅览室共300多平方米，可借阅期刊800多种，图书6500多册。主要对象为中小学生。1984年秋，兴建文化馆大楼，次年竣工，并专辟一层为图书馆。该馆建筑面积613平方米，其中书库153平方米，阅览室250平方米，办公室47平方米。

1984年7月成立儋县图书馆，属股级事业单位。馆内设采编、阅览、图书宣传和行政财务4个组。1990年有工作人员10名。

建馆以来，除了正常开馆阅览和处借之外，还举办故事讲座会，读书演讲会等图书活动赛。此外，定期搞好报刊宣传和农村流动图书箱等工作，给农村提供农业生产技术和经济发展信息。

由于刚从县文化馆分出来，经费不足，设施简陋，但藏书量逐年增多：1985年藏书6936册，读者4000人次；次年藏书10930册，读者9050人次；1987年藏书13110册，读者14000人次；1988年藏书14136册（不含期刊），读者15600人次；1989年藏书16415册（不含期刊），读者16790人次，图书流通18615册，外借书籍1800册次；1990年藏书18179册，读者20520人次，图书流通21240册次。此外，博物馆展品326种。

图书馆发展

2007年从旧址迁驻新建图书馆大楼，座落于风景秀丽的市委新区发源路，环抱在松涛水渠岸边，占地26亩，建筑面积6200平方米。整体建筑体现现代风格，大钟楼，造型独特，富有地方特色，环境优美，内部功能现代化的公益性文化设施。藏书97000余册（件）；读者席位600个；服务网点遍布各镇。2007年至2013年前后两次被评为国家三级图书馆。

儋州市图书馆

馆领导介绍

羊雄宝，男，1964年7月生，大专学历，中共党员，馆长。1983年4月参加工作。兼任海南省图书馆学会理事。

许二玲，男，1968年5月生，大专学历，中共党员，副馆长。1983年6月参加工作，分管全馆业务工作。

黎乃琼，男，1983年1月生，大学学历，自动化部主任。2013年4月到儋州市图书馆参加工作，先后在采编部、阅览部、图书借阅部、报刊部等部门工作。

展望未来

2014年儋州市图书馆管理者创新务实，邀请海南大学图书馆、海南医学院图书馆、海口经济学院图书馆、海南政法学院图书馆，琼台高等专科学院图书馆等专家到馆指导工作并论证图书馆功能改造，根据图书馆实际情况和听取专家建议意见，并于当年7月份分别对二楼数字服务区、少儿服务区、中心机房、三楼综合服务区进行环境改造升级，现馆内开设有综合服务区、社科阅览室、科技阅览室，过刊过报阅览室，现刊阅览室，少儿服务区，数字服务区，地方文献研究阅览室、工具书库、政府信息公开、自学室等传统服务区，同时设有多功能报告厅、电子阅览厅、文化信息资源共享工程展播室、音像视听室、手机阅览休闲区、培训室、演示厅等自动化服务区。馆内无线网络覆盖，是一座集信息化、智能化、多功能于一体的现代化图书馆。改造升级后阅览座位800个，可容纳纸质文献12万册，年服务人次可达3万人次以上，数字资源设计存储能力24TB，现藏有纸质图书113000余册（件），共享电子图书12TB，读者计算机60台，馆内布有信息点150个。

儋州图书馆秉承“用心服务，读者至上”的办馆宗旨，通过图书借阅、资料查询、文献检索、馆际互借、网上浏览、讲座展览、教育培训、免费开放服务手段常年为社会提供多方面、多样化、多层次的文化服务。儋州图书馆将以崭新的姿态，以多角度、全方位的方式为广大读者提供高质量、高水平的信息资源服务，成为儋州市的知识资源集散中心、市民终身学习教育和文化休闲的理想场所。

联系方式

地　址：儋州市发源路
邮　编：571700
联系人：黎乃琼

农家书屋管理培训班

读者服务中心

全国文化信息资源共享工程儋州市支中心

重庆图书馆

概述

重庆图书馆前身是国民政府为纪念在世界反法西斯战争中作出重大贡献的美国总统罗斯福，于1947年设立的“国立罗斯福图书馆”，是当时中国仅有的五个国立图书馆之一。新中国成立后，先后更名为“国立西南人民图书馆”、“重庆市图书馆”，最后于1987年定名为“重庆图书馆”。2007年6月，重庆图书馆新馆建成并对读者开放。新馆位于重庆市沙坪坝区凤天大道106号，占地面积3.4万平方米，建筑面积5万余平方米。2012年重庆图书馆拥有阅览座位1869个，计算机839台，信息点1717个，320Mbps宽带接入，无线网络全覆盖。采用Aleph500与Dlibs并行运行的图书馆业务管理系统。

业务建设

截至2012年底，重庆图书馆总藏量460.8万册（件），其中纸质文献309万册（件），电子图书151.8万种，电子期刊2.3596万种。

2009—2012年，重庆图书馆新增藏量购置费800万元，图书平均年入藏6.4万种、中外报刊平均年入藏5052种、视听文献平均年入藏1574种，2012年重庆地方文献入藏完整率均达99.76%。

截至2012年底，重庆图书馆数字资源总量为61.48TB，其中，自建特色数字资源17.62TB。自建数据库和合作共建《重庆抗战文化》、《重庆优秀地方文艺》、《重庆红岩精神》等视频专题数据库19个，数据库内容充分突出馆藏特色文献、结合重庆实际，深度发掘具有重庆地方特色的史料。

2012年重庆主城区图书馆正式启动“一卡通通借通还服务”，为了更好的方便读者“一卡通通借通还服务”采用的B/S架构的Dlibs集群数字图书馆管理系统，重庆图书馆延续使用Aleph500图书馆集成管理系统处理本馆基础业务工作。

读者服务工作

2009年10月1日，重庆图书馆取消了多项收费，降低了图书馆的门槛。2010年5月29日，重庆图书馆电子阅览室未成年人专区免费开放，2011年“4.23世界读书日”之际，重庆图书馆率先在西南地区取消了电子阅览室成人专区的收费，实现了基本服务项目的全部免费开放。重庆图书馆新馆坚持全年365天开放，每周合计开放时间84小时。2012年重庆图书馆到馆人次突破260万。

2012年5月，重庆图书馆与重庆主城九区公共图书馆正式开通“一卡通”系统，实现了各图书馆间的图书通借通还。此外，与国家图书馆、南京图书馆等国内其他公共图书馆签订了文献馆际互借协议。开通24小时自助图书馆2台，建有流动服务点47个。2012年5月购进国内先进的流动图书车，形成了固定流通点和流动图书车相结合的覆盖机关、厂矿、公租房小区、农民工公寓、涉外游轮、军营的全市图书馆流动服务网络。四年来，馆外流通点借阅图书202475册次，年均50619册次。

2009—2012年共编辑《重庆市领导干部推荐书目》24期，市领导通过书目借阅图书2193册。2010年开始“两会”专题服务，连续3年入驻两会现场，编辑《重庆两会》专题资料，多次受到市级领导的充分肯定。

重庆图书馆网站于2009年改版升级，年平均访问量758万次。陆续开放云阅读体验室、手机图书馆；建成短信提示服务平台；开通图书馆微博；利用微电影和读者活动网络QQ群加强图书馆宣传；购置新型触摸媒体设备对馆藏资源整合揭示。重庆图书馆数字资源存储容量达61.48TB，正式运行的数字资源数据库63个，其中地方文献数据库21个。自建数据库和合作共建数据库19个。

品牌活动重图讲座形成8大板块、12个系列，2009—2012年共举办420场，听众10万人次。重图展览165场，观展人数达100万人次并实现了七省巡展。日常阅读推广活动在常规化和品牌化，定期举办的“毛毛虫欢乐沙龙”、“少儿英语角”、“许愿树成长信箱”“英语沙龙”等已深入市民生活之中，成为市民与图书馆良好互动的一个平台。每年阅读推广活动均在100场以上，2012年开展活动达到147场。

业务研究、辅导、协作协调

2009年至2012年，全馆职工人均在省级以上公开刊物发表论文0.42篇，出版专著14部，获批准立项的省部级科研项目11项，其中省部级重点委托科研项目4项。

主持召开了“首届全国直辖市图书馆2011高峰论坛”，是四个直辖市首次就学术研究、信息交流、地方文献合作等方面召开的学术论坛。成立渝黔网上参考咨询和馆际互借联盟，达到整合两地资源，共享双方文献、探索创新机制的目的。从2010年开始先后在泰国、英国等5个国家设立了“重庆之窗——中国图书角”。

参与国际学术项目的协作协调。与英国牛津大学和西南大学签署了战略合作协议，全面推进重庆图书馆抗战文献的研发，与英国国家档案馆、美国国会图书馆、美国罗斯福图书馆合作，赴英、美两国搜集二战文献，以充实馆藏民国文献资源。

构建了全市讲座、展览联盟和农民工服务联盟；组建了全市公共图书馆服务联合体，实现了主城九区“一卡通”通借通还业务；成立重庆市图书馆文献联合编目中心。参与重庆地区服务网络建设的县级以上公共图书馆占全市县级以上（含县级）公共图书馆总数的比例为100%，各成员馆之间资源实现了

阅览坐席

阅览大厅

电子阅览室

第898期白先勇《父亲的身影》

百万市民阅读大行动

丰富多彩的少儿读书活动

共建共享。2012年举办培训班12期，培训人员1181人次。

学会组织机构健全，工作稳步发展，刊物《重庆图情研究》办刊水准不断提高。与中外图书馆的协作协调不断加强，举办了“2010年中美图书馆员专业交流项目——重庆市图书馆员高级研修班”、“重庆市图书馆界第六届学术研讨会”等，学术活动每年6次以上，被重庆市社科联授予“重庆市2008–2010年度社会科学先进社团”、“重庆市社科界第二届学术年活动先进集体”，被中国图书馆学会授予“2011年年会征文活动组织奖”。

管理工作

实行全员竞聘和双向选择，建立健全考核评价体系，完善岗位设置和职责。积极推进法人治理结构改革和事业单位分类改革。建立日报、月报、年报统计工作制度，每月编辑《重庆图书馆简报》、《重庆图书馆工作动态》、《重图质量服务月报》，每年对业务工作进行年度综合统计和分析，2009–2012年，共编写各类统计调研报告、分析报告42篇。

表彰、奖励情况

2009年以来，重庆图书馆获得各类表彰和奖励22项（不含个人奖项）。其中国务院业务主管部门及省级党委、政府表彰和奖励2项，省级业务主管部门及其他部门表彰和奖励20项。

馆领导介绍

任竞，男，1968年12月生，文学学士、研究生，研究馆员，党委书记、馆长。1990年起在文化系统工作，先后在重庆市群众艺术馆，重庆市话剧团，重庆市少年儿童图书馆，重庆图书馆担任领导职务。为“文化部优秀专家”，重庆市宣传文化“五个一批”人才，中国图书馆学会第八届理事会常务理事，重庆图书馆学会理事长。重庆市古籍保护中心主任、重庆市政协学习及文史委员会委员、重庆市科委软科学项目专家评审委员会委员、重庆市社会科学界联合会第三届委员会委员、重庆市地方史研究会副会长。

林滨，男，1957年10月生，硕士研究生，研究馆员、副馆长。1984年到重庆图书馆工作，先后在科技部、行政科等部门工作。

张冰梅，女，1967年12月生，本科学历，中共党员，副研究馆员，党委副书记、副馆长，兼任重庆市图书馆学会副理事长。历任重庆市江北区图书馆馆长、重庆市少年儿童图书馆办公室主任等职务，2009年到重庆图书馆工作。

张波，男，1976年10月生，本科学历，中共党员，副研究馆员、副馆长。2000年7月，进入重庆图书馆工作，先后任自动化部副主任、采访编目部主任、馆长助理等职。

未来展望

今后，重庆图书馆将以“夯实基础、改革创新、提升品牌”的战略思路，争取在服务网络建设、文献信息保障能力、公共数字文化建设与服务、民国文献建设、人才建设、内部体制机制改革等方面取得重大突破。进一步推进公共数字文化建设与服务，培育基于新媒体的新型图书馆服务业态；进一步推进传统文化典籍的保存与保护，建设优秀传统文化传承体系；进一步推进图书馆公共文化产品供给力度，全面提升服务水平和服务能力；进一步推进国内外交流合作，提升图书馆影响力；努力构建普遍均等、惠及全民的公共图书馆服务网络，着力推进公共图书馆服务的“全域覆盖”，引领和带动全市公共图书馆的整体进步与发展。以塑造“五个一流”一流的馆舍、一流的设施、一流的服务、一流的管理、一流的读者为宗旨，全面进入“西部领先、全国一流”图书馆行列。

联系方式

地　址：重庆市沙坪坝区凤天大道106号
邮　编：400037
联系人：宋　微

高峰论坛

两会服务

重庆市少年儿童图书馆

概述

重庆市少年儿童图书馆前身是罗斯福图书馆更名的西南人民图书馆儿童阅览室，1964年6月1日改建为独立建制并对外开放，是西南地区唯一独立建制省（直辖市）级少年儿童图书馆。由于城市规模逐渐扩大，历经几次搬迁，于2008年6月迁至罗斯福图书馆原址即重庆市渝中区长江一路11号。2009年文化部第四次公共图书馆评估定级中，重庆市少年儿童图书馆被评为国家一级图书馆。目前馆舍建筑面积7535平方米，读者服务窗口12个，阅览坐席527个，电脑156台，信息节点525个，宽带接入170Mbps，选用Interlib图书馆自动化管理系统。

业务建设

截止2013年5月31日，重庆少儿图书馆藏书86.5255万册，视听文献1.6336万种、2.8073万册，电子文献3.7105万种/册。

2009—2011年，重庆市少儿图书馆新增藏量购置费85万元，2012年增至为170万元。2009—2012年，共入藏图书8.2847万种、31.2608万册，报刊5262种、5.9279万册，视听文献3223种、1.0653万册，电子文献2.8448万册。

截止2013年5月31日，重庆少儿图书馆数字资源总量达到12.2TB，自建特色数字资源达3TB。2009—2012年，组织建设了一批针对重庆市少儿阅读需求的高质量自建特色数据库，如：重庆市农村留守儿童信息资源数据库、特藏连环画库，《少图学苑》、《少儿文摘》数字期刊库，讲座活动视频库、红岩历史记忆多媒体资源库等。

2011年5月，引入Interlib系统替换原有的ILASII系统，实现了在采访、编目、流通、书目检索等业务工作的集成化管理。2012年7月，新增通借通还服务器。2013年2月，新增图书催还短信服务。目前有自助借还设备9台，触摸屏电子报阅读系统2台，无线WIFI接入。

读者服务工作

2009年，重庆市少儿图书馆推出"服务对象全免费、开放时间全年候、文献资源全开架、服务模式全方位"的"四全服务"。每周开放56小时。2013年，实现了馆藏文献的自助借还。2009—2012年，书刊总流通168.1796万人次，书刊外借211.6818万册次。2012年，开展了"重庆市公共图书馆通借通还一卡通"服务，与重庆主城9个区的11个图书馆实行了馆际互借。截止2013年5月31日，在重庆市24个区县建有14个分馆、58个流通点。2009年—2012年，馆外流通人次为90.9662万人次，书刊外借为167.8842万册次。2009—2012年，网站访问量为325万次。截止2012年，重庆市少儿图书馆发布使用的数字资源总量为10种，12.2TB，均可通过图书馆网站向全市各公共图书馆、共享工程基层服务中心提供检索、浏览和下载服务。

2009—2012年，重庆市少儿图书馆共举办讲座、展览、培训、阅读推广等读者活动314场次，参与人数9.2513万人次。2010年，将阵地活动打造为"七色花"少儿系列读书活动品牌，其中"'雨露'少儿知识讲座"、"亲亲悦读会"、"小小义工真能干"、"图书淘宝我快乐"等已经成为读者热衷参与的品牌活动。

业务研究、辅导、协作协调

2009年至2012年，重庆市少儿图书馆职工发表论文95篇。2013年编辑出版了《理论拓展，实践创新——2009—2012年重庆市少年儿童图书馆职工论文集》。2009—2012年，申报并完成文化部部级科技创新项目1项，市级科研项目2项，局级科研项目2项，参与部级1项，其中《构筑城乡统筹儿童与青少年课外教育联盟研究——以重庆市为例》和《重庆市少儿图书馆免费开放与公益性服务案例研究》两个项目在2012年文化部组织召开的"国家公共文化制度设计研究课题评审验收会议"上获良好等次。

2009—2012年对重庆市公共图书馆少儿服务馆员和少儿图书馆馆员进行培训达11场次，培训人员1062人。组织了重庆市第六届、第七届少儿图书馆服务工作学术研讨会。

2009年—2012年，重庆市少儿图书馆联合本地区图书馆广泛参与的由中共重庆市委宣传部、团市委、市精神文明办、市教委、市文化广电局、市新闻出版局、市少工委七家单位共同主办的重庆市"红岩少年"系列读书活动，每年参与区县平均为36个。组织开展的重庆市"少年儿童爱心图书接力"服务活动，每年均有22个区县、23个图书馆参加。该活动于2010年获全国第十五届群星奖。2010年中秋节来临前，组织三个区县公共图书馆联合开展了以共享工程为平台，服务留守儿童的大型活动，使68名留守儿童通过文化信息资源共享工程首次实现了与远在北京、天津、深圳等地打工的父母的远程视频通话。成

图书馆大楼

文字书借阅厅

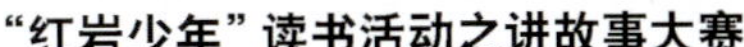
"红岩少年"读书活动之讲故事大赛

少儿阅读活动

三下乡服务

为了文化共享工程惠民服务的成功案例。

2009年，重庆市少儿图书馆承办了"全国少年儿童阅读年——'康宝莱杯'少儿阅读讲故事大赛"和"少儿科普作品成果暨建国六十年优秀少儿科普图书展"两项主旨活动，有来自20多个省市的图书馆、少儿图书馆组队参加。2009年–2012年，与全国其他地区少儿图书馆共同开展全国少儿阅读活动13项。

管理工作

2012年，重庆市少儿图书馆对全馆的各项行政和业务规章制度进行了全面修订和补充。在95个制度（业务规章53个，行政规章41个）中，修订了80个，新增了15个，形成了新的《重庆市少年儿童图书馆管理制度汇编》。

表彰、奖励

2009–2012年，重庆市少儿图书馆获中央级、部级奖励表彰5项；省级奖励表彰14项。

馆领导介绍

刘红，女，1962年12月生，研究生学历，图书资料副研究馆员，馆长。1978年1月参加工作，历任重庆市玉屏文化中心主任、副书记，重庆市艺术学校书记、副校长，2009年任重庆市少年儿童图书馆馆长、书记。任中国图书馆学会阅读推广委员会主任委员；中国图书馆学会阅读推广委员会青少年阅读推广委员会副主任；中国图书馆学会学术研究委员会未成年人图书馆服务专业委员会委员；重庆市图书馆学会副理事长、常务理事；重庆市图书资料中级职称评审委员会委员；重庆市青少年社会教育协会副会长、常务理事。2010年3月被全国妇联评为"全国维护妇女儿童权益先进个人"。

王娟，女，1970年4月生，大学文化，中共党员，副高职称，2012年到重庆市少年儿童图书馆工作，现任馆党总支副书记、副馆长。

毕涛，男，1973年7月生，硕士学历，中共党员，副研究馆员，副馆长。1997年7月到重庆图书馆工作，先后在采编部、自动化部、文化共享工程重庆市分中心、网络数字中心部门工作，任副主任、主任等职。

未来展望

重庆市少儿图书馆未来展望主要体现为一个"目标"，两个"重点"，三个"中心"，四项"活动"，即以实现图书馆少儿服务领域"全国领先、全市引领"为目标，以新馆建设和创建城乡统筹的少儿校外教育联盟体系为重点，把重庆市少儿图书馆建成为全市少儿文献资源中心，服务示范中心，研究培训交流中心。继续打造"七色花"阵地读书活动、少儿"雨露"知识讲座、重庆市"红岩少年"读书活动、重庆市"少年儿童爱心图书接力服务活动"品牌。切实发挥重庆市少儿图书馆在未成年人思想道德建设阵地作用。

联系方式

地　址：重庆市渝中区两路口长江一路11号
邮　编：400014
联系人：杨 桃，刘 红

罗斯福图书馆旧址

图书流通车

"雨露"少儿知识讲座

小义工为读者服务

重庆市涪陵区图书馆

概述

重庆市涪陵区图书馆成立于1976年10月，原为四川省涪陵地区图书馆，1996年6月为四川省涪陵市（地级）图书馆。1997年7月重庆直辖后，改为重庆市涪陵区图书馆。涪陵区图书馆新馆于2000年11月建成对外开放，占地面积1500平方米，建筑面积6060平方米。2013年涪陵区图书馆拥有阅览坐席503个，计算机133台，信息点181个，100Mbps宽带接入，读者公共区域无线网络实现了全覆盖。自动化管理采用金盘GDLIS NET3.6图书馆集成管理系统。

业务建设

截止2012年底，涪陵区图书馆总藏量53.23万册（件），其中纸质文献29.29万册（件），电子图书23.94万册，电子期刊0.65万种，古籍2407册（件）。

2009年—2012年，涪陵区图书馆新增藏量购置费193.44万元，图书平均年入藏9889种，中外报刊平均年入藏803种，视听文献738件，2013年涪陵地方文献入藏457种，完整率达99.67%。

截止2012年底，涪陵区图书馆数字资源为15TB，本馆有少量部分自办资源。

2009年5月涪陵城区正式启动“一卡通通借通还”服务，为了更好的方便读者，采用金盘图书馆自动集成系统GDLISNET3.6CS/BS架构的集群图书馆管理系统，处理本馆基础业务和分馆业务工作。

读者服务工作

2008年5月1日，涪陵区图书馆率先在全市实现全免费开放服务，由于有效降低图书馆准入门槛，读者进馆率同比上升33.6%。涪陵图书馆坚持全年365天开放，每周合计开放时间为66.5小时。2012年全年读者达到24.54万人次（不含分馆借阅人次），借阅达到36.8万册次。

随着免费开放不断深入，为满足读者阅读需求。涪陵图书馆遵循“以区馆为龙头，社区乡镇为依托”发展方向，逐渐建立覆盖城区的图书馆网络覆盖服务体系，以此实现文化的便利性与均等性。为了实现资源共享，涪陵区图书馆分别与市内的北碚、长寿、渝北、合川、荣昌等10个区县图书馆签订了馆际互借协议和展览讲座联盟协议，对整合资源，推进免费开放向纵深发展，打下了坚实的基础，开创了良好的工作局面。2009年5月，涪陵区图书馆建立全市第一个社区移民图书分馆在顺江移民小区建成并对外免费开放；目前，由涪陵图书馆直接管理的社区图书分馆有5个，联合共建共管的图书分馆4个，开通了城市24小时自助图书馆1台，实现了“一卡通”管理模式；建有流动服务点28个。通过这些举措，逐渐形成了区图书馆为主阵地、社区分馆为延伸，流通点为依托相结合形成，覆盖机关、企业、社区、乡镇、军（警）营、学校的全区图书馆流动服务体系。四年来，分馆和馆外流通点借阅图书13.47万册次，年均3.36万册次。

涪陵区图书馆网站于2013年7月改版升级，年读者访问量为1.2万人次。为了深化免费开放工作，满足读者日益增长的阅读需要为着眼点，相继开通了24小时城市自助借阅、智能电子阅读机、手机移动图书馆等服务措施。

服务读者坚持品牌化和常规化为主，有“涪州讲坛”、“图书馆一日游”和服务社区移民等活动。日常阅读推广定期举办“读书伴我快乐成长”、“暑期移民留守儿童志愿者活动”、“书香伴我行”、“你选书，我买单”和“服务农民工”等活动已经深入到每一位市民之中，成为图书馆与市民良好的互动平台。每年举办阅读推广活动、讲座、送文化下乡等129场次。

业务研究、辅导、协作协调

2009年至2012年，全馆职工人均在省级以上公开刊物发表论文0.6篇。

参与区域性协作协调工作。为了加大图书馆创新服务工作，涪陵区图书馆与市内的渝北、北碚、铜梁、永川、合川等10个区县图书馆创立区县区域性图书馆服务联盟，其目的是加强合作，促进资源共享，探索创新机制，最大程度满足读者需要。

构建了市内跨区县联合编目协作工作，扩大图书资源效益最大化为目的。涪陵区图书馆与长寿、万盛、荣昌等区县建立联合编目协议，各成员馆之间实现资源实现了共建共享，市民阅读和学习的空间更加广泛，极大地促进区县图书馆之间的交流与发展。

管理工作

涪陵区图书馆严格按照事业单位改革和发展的需要，实行全员竞聘和双向选择，建立健全目标责任考核体系，完善岗位设置和职责管理。积极推进法人治理结构改革和事业单位分类改革管理。严格财务、固定资产和读者月报、年报统计工作制度。2009年至2012年，共编写各类统计分析调研报告9篇。

图书借阅室

24小时自助图书馆

建立首个监区图书分馆

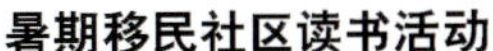
暑期移民社区读书活动

读者志愿者活动

家庭亲子阅读推广读书会

表彰、奖励情况

2009年以来，涪陵区图书馆获得各类表彰和奖励9项（不含个人奖项）。其中国家级奖励1项，重庆市级主管部门和同级党委政府奖励5项，区级主管部门及其他部门表彰和奖励3项。

馆领导介绍

刘争，男，1965年9月生，大学本科毕业，副研究馆员，中共党员，馆长。1992年11月起先后在涪陵区博物馆、涪陵区文物管理所、涪陵区少年儿童图书馆、涪陵区图书馆担任领导职务。中国图书馆学会会员、中国文物学会会员、重庆图书馆学会常务理事、涪陵历史学会副会长、涪陵社科联委员、四届涪陵区委党代表。

闫阳陵，女，1962年1月生，大学本科毕业，副研究馆员，党支部书记。历任重庆市南川区图书馆副馆长、南川区图书馆学会理事长，涪陵区少年儿童图书馆副馆长，中国图书馆学会会员。

杨丽娟，女，1963年10月生，大学本科毕业，副研究馆员，副馆长，历任涪陵区图书馆学会第四届、第五届副理事长、涪陵区政协委员、人大代表，中国图书馆学会会员。

刘杰，男，1976年7月生，大学本科毕业，馆员，中共党员，副馆长，重庆图书馆学会会员。

未来展望

今后，涪陵图书馆将持之以恒地贯彻“以区图书馆为龙头，社区乡镇为依托”的战略发展思路，力争在构建图书馆网络覆盖服务体系、地方文献资源建设、社区图书分馆建设、人才建设、内部激励机制等方面取得突破。用实际行动诠释公共文化服务体系建设的内涵，进一步加大传统典籍的保存于保护，建立新型的图书馆服务发展方向，努力提升服务读者水平和服务能力，最大程度满足市民阅读的需要。

涪陵图书馆大厦

联系方式

地　址：重庆市涪陵区人民东路2号
邮　编：408000
联系人：况继红

开展视障读者阅读活动

义务书写春联

重庆市涪陵区少年儿童图书馆

概述

重庆市涪陵区少年儿童图书馆成立于1999年5月，其前身为1926年成立的“涪陵县公立图书馆”。1940年，日本飞机首炸涪陵，图书馆被迫疏散，将所存书籍装箱，运至李渡附近瓦窑沱卢震环住宅存放而闭馆。1942年，涪陵公立图书馆董事会决定将“涪陵县公立图书馆”改为“涪陵县私立存古图书馆”。新中国成立后，先后更名为“涪陵县图书馆”、“涪陵市图书馆”，1996年撤销县级涪陵市，涪陵市图书馆改为枳城区图书馆。1998年7月，涪陵三机关归并，1999年3月由原枳城区图书馆和文化馆两馆合并，新成立涪陵区少年儿童图书馆，是目前重庆市区（县）中唯一独立建制的区级少年儿童图书馆。该馆位于涪陵区中山西路18号，占地面积约2400平方米，馆舍面积5100平方米，读者用房面积2309平方米，阅览坐席314个。全馆常年对外开放，设有流通部（下设图书借阅室、报刊阅览室、亲子阅览室）、共享工程涪陵少区支中心（电子阅览室）、特藏文献部、采编部、辅导部（下设素质教育培训一、二、三室）、读者自修室、涪陵红岩文化室、低幼儿活动室、多功能厅、涪陵明善古籍文献馆和办公室。2010年被重庆市人民政府确定为重庆市重点古籍保护单位，2010年1月29日在第四次全国公共图书馆评估定级工作中被评为“二级图书馆”，2013年在第五次全国公共图书馆评估定级工作中被文化部评定为国家“一级图书馆”。

业务建设

截止2012年底，涪陵区少年儿童图书馆总藏量21万余册（件），其中纸质文献15万余册（件），古籍图书1.2万余册，电子读物3286种。

2009–2012年，涪陵区少年儿童图书馆新增藏量购置费20万元。2013年增加为30万元，2014年增加到50万元。图书平均年入藏5276.5种，报刊平均年入藏385种，视听文献平均年入藏191.75种。

截止2012年底，涪陵区少年儿童图书馆有数字资源3286种。

读者服务工作

2011年涪陵区少年儿童图书馆在完成环境整治和功能调整的基础上，重点围绕“转观念、变形象、找差距、强管理、抓服务、树品牌”，全面实施免费开放工作。取消了多项收费，降低了图书馆的门槛。涪陵区少年儿童图书馆坚持全年365天开放，并从2012年5月1日起，每周合计开放时间70小时。2012年涪陵区少年儿童图书馆到馆人次16万余人。

2009年以来，先后开展了“为祖国喝彩——喜迎建国60周年”、“放眼世界——喜看五个重庆”建设新变化、“红岩少年热爱党”、“雷锋精神世代相传”等系列读书活动。在为特殊少儿读者服务方面还开展了“共建亲情纽带，共享文化资源——共享工程服务留守儿童亲情联线”、“关爱留守儿童，喜看家乡变化——服务农民工子女”、“走富裕路，建幸福城——服务农民工子女”等活动。围绕青少年爱国主义教育，开展了“红岩英魂”图片展、“红岩——信仰的力量‘五进’”活动等，让广大青少年通过征文、演讲、绘画、网络知识竞赛、电子书创作等形式，围绕社会发展主题，传递健康向上的时代精神和文明风尚。同时，还打造了以“班级家长会进图书馆”、“小小图书管理员”、“我的阅读我做主”社会实践活动等项目为支撑的“馆校合作”免费开放品牌。

业务研究、辅导、协作协调

2009年至2012年，全馆职工人均在省级以上公开刊物发表论文0.82篇。按照分片原则负责全区13个乡镇（街道）文化站和农家书屋的建设和业务辅导工作。先后举办了全区乡镇文化站图书管理员培训班、农家书屋管理员培训班，全区各中小学图书流通室管理员培训班，全区古籍普查工作培训班，并帮助全区20个图书流通网点建立了规范的图书室管理制度和操作流程。同时积极参加国家级、市级相关部门组织的各类系列读书活动，加大与本地区教育机构合作力度，建立校外素质教育基地，携手打造“馆校合作”平台，充分发挥少年儿童图书馆的社会教育职能。

管理工作

实行全员竞聘和双向选择，建立健全考核评价体系，完善岗位设置和职责。建立年报统计工作制度，每年对业务工作进行年度综合统计和分析，2009–2012年，共编写各类统计调研报告、分析报告4篇。

表彰、奖励情况

2009年以来，涪陵区少年儿童图书馆获得各类表彰和奖励37项（不含个人奖项）。其中获国家级表彰2项，省级党委、政府、业务主管部门表彰达10次，区级党委、政府、主管部门及其他部门表彰和奖励25项。

阅览坐席1

阅览坐席2

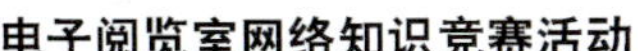
电子阅览室网络知识竞赛活动

家庭亲子阅活动

农民工新书展阅活动

馆领导介绍

代川，男，1970年9月生，本科学历，中共党员，图书资料馆员，馆长，重庆市涪陵区古籍保护中心主任。1990年8月到四川省涪陵地区图书馆工作，2007年10月到重庆市涪陵区少年儿童图书馆工作。先后担任办公室主任、副馆长等职。

周智华，男，1956年1月生，本科学历，副研究馆员、支部书记。1975年到四川省涪陵地区新华书店工作，1999年到重庆市涪陵区少年儿童图书馆工作，先后担任涪陵地区新华书店经理，涪陵区少年儿童图书馆馆长，2007年任涪陵区少年儿童图书馆支部书记。

周学南，女，1963年6月生，本科学历，中共党员，副研究馆员，副馆长。1979年到四川省涪陵地区区图书馆工作，1999年到重庆市涪陵区少年儿童图书馆工作。先后担任流通部、咨询部主任等职。

何跃，女，1973年8月生，本科学历，中共党员，图书资料馆员、副馆长。1994年到四川省涪陵市文化馆工作，1996年到涪陵市枳城区文化馆工作，1999年到涪陵区少年儿童图书馆工作，先后担任辅导部副主任、主任等职。

未来展望

涪陵区少年儿童图书馆将以建设“区域性青少年公共文化服务中心”为发展目标，争取在青少年素质教育服务、未成年人思想道德建设、社会教育网络建设、文献信息保障能力、青少年数字文化建设与服务、古籍数字化建设、特藏文献建设、人才队伍建设、内部体制机制改革等方面取得重大突破。进一步加强青少年素质教育的公共文化服务能力；进一步推进传统文化典籍的保存与保护，建设基于古籍、民国、抗战和地方文献为主的地方特色资源库；进一步推进图书馆公共文化产品供给力度，全面提升服务水平和服务能力，提升图书馆影响力；努力构建普遍均等、惠及全民的公共图书馆服务网络，着力推进公共图书馆服务的“全域覆盖”。

联系方式

地　址：重庆市涪陵区中山西路18号
邮　编：408000
联系人：何 跃

少年儿童图书馆展览

为农民咨询买票指南

学习十八大精神文化建设专题报告

现场采选读书活动

主体建筑

重庆市渝中区图书馆

概述

渝中区是重庆的母城和文化中心，资源富集、底蕴厚重。全区陆地面积18.54平方公里，辖12个街道77个社区，常住人口63万人，流动人口30余万。2010年12月，渝中区政府斥资1.2亿元，按照国家一级馆标准，在交通便利的两路口新建了重庆市渝中区图书馆。

重庆市渝中区图书馆新馆位于重庆市渝中区两路口中山三路32号，交通便捷、环境优雅、布局合理、功能完备。馆舍建筑面积10541平方米（含负一、二设备层面积），设有读者服务窗口12个、阅览座席500个，少儿阅览室面积300平方米、阅览座席100个。

从“蟾秋图书馆”、市中区图书馆到渝中区图书馆，时光冉冉，八十载悠悠岁月弹指一挥，我馆始终坚持读者第一、服务至上的理念，以优越的地理位置、人文气息浓厚的书香环境、先进的技术、丰富的活动和优质的服务，吸引了越来越多的读者。

业务建设

截止2014年底，重庆市渝中区图书馆入藏的古籍、图书、期刊、报纸合订本、录像带、光盘等文献总藏量达到692313（册或件），其中可供读者使用的电子图书215281种、视听资料7800件。现收藏的古籍109种，1632册，并制作了电子目录；完成“全国古籍普查平台”文字信息著录工作；地方文献图书3500册，报刊11500册，并对部分地方文献进行数字化加工，目前已完成12万页地方文献数字库的建设。

2009年至2014年共入藏中文图书138219种，233926册；订阅报刊共5773种；购视听资料共3680种。

重庆市渝中区图书馆采用“借、藏、阅、网”一体的管理模式，实行全开架借阅，藏书体系以社会科学、自然科学图书为重点，兼顾地方文献、盲文图书；在收藏纸质文献的同时，兼顾数字资源建设，形成了纸媒资源和电子资源互为补充的藏书体系。

读者服务工作

重庆市渝中区图书馆坚持全年365天开放，周末及节假日均不闭馆，每周开馆时间达64小时，全部书刊均实行开架借阅；7个分馆、20个图书服务站实行“通借通还”的免费借阅服务；免费开放面积达6000多平方米，向读者提供报刊阅览、书刊借阅、资料查阅、集体外借服务、基层图书室业务辅导、三峡大讲坛·渝中讲台讲座、读者活动及培训等14项免费开放基本服务项目。

免费开放工作启动以来，来馆读者数量大增，2014年服务读者36万余人次，现有效读者借书卡共1.6万余个，人均到馆达28次，外借书刊26万余册次，其中分馆外借量达3万余册次。

作为文化宣传的重要阵地，重庆市渝中区图书馆不但坚持基础借阅服务，还开辟了“三峡大讲坛·渝中讲台”，中老年人和农民工计算机免费培训班，新闻图片展、艺术家画展、少儿故事会、读者交流会、全民读书月、世界读书日、春节读者联谊等一系列特色服务活动，收到良好社会效果。

为残疾人服务：在全市区县馆率先设立了带盲道和独立卫生间的视障阅览室。

青少年读书活动：为开发和提升青少年阅读兴趣，渝中区图书馆长期举办少儿故事会和小志愿者培训班，每月设定一个主题各举办一期。目前该活动共举办66期，其中2014年举办24期，受到小读者和家长们的称赞。

阅读推广活动：长年举办世界读书日、全民读书月、图书馆服务宣传周、迎新春，送吉祥活动，积极参加重庆市“红岩少年”系列读书活动、重庆市少年儿童“爱心图书接力服务”等一系列大型活动。

业务研究、辅导、协作协调

自2009年以来，重庆市渝中区图书馆职工在公开刊物发表论文16篇，多篇论文获奖。撰写《重庆市渝中区市民阅读现状调查报告》、《渝中区社区图书室建设》、《渝中区图书馆总分馆项目建设调研报告》、《我馆部份馆藏利用的调查及建议》等4篇调查报告，起到了较好的指导实践作用。

重庆市渝中区图书馆一直把基层业务辅导作为工作重点，长期以来均采取上门辅导，开办培训班及电话和网络辅导等方式对全区基层图书室进行业务辅导，使社区文化志愿者很快掌握了图书室管理服务的基本技能，保证了社区图书室的正常开放。

举办庆祝建党九十周年专题讲座

渝中区第四届读书月活动现场

二楼图书借阅室

古籍书库

图书馆服务大厅

2012年5月重庆市渝中区图书馆加入"重庆图书馆图书通借通还服务体系"，开通了图书在重庆图书馆、重庆市少儿图书馆、江北区图书馆、沙坪坝区图书馆等11个图书馆之间的一卡通借阅服务。据统计从一卡通服务实施以来，我馆通借通还12015人次、图书借还32601册次。

管理工作

人才是事业发展的关键，重庆市渝中区图书馆现有正式职工30人，其中大学本科以上学历18人、大专学历11人，中图学会会员20人；3人具有高级职称，13人具有中级职称；3名馆领导均具有大专以上学历和中高级职称（1名高级职称，2名中级职称）。

2009年重庆市渝中区图书馆采取按岗聘用，竞争上岗的方式确定了各岗位的人员设置、职责范围和工作要求，为了充分调动员工的工作积极性，激发员工的创造力，形成争先创优的良好氛围，制定实施了《重庆市渝中区图书馆绩效考核办法》，每年开展两次绩效考核，对于遵守纪律、完成任务、工作突出的员工给予优秀的绩效奖励，使工作效率有了很大的提高。

表彰、奖励情况

在上级领导的关怀和广大读者的支持下，重庆市渝中区图书馆获得了诸多殊荣：1994、1998和2013年三次获评国家一级图书馆，2002年被国家文化部评为"读者喜爱的图书馆"之一，2001年获评"全国巾帼文明示范岗"、"重庆市文明单位"，2002年以来获得"先进集体"、"学习型单位"、"先进基层党组织"、"三八红旗集体"、"先进职工之家"、"青年文明号"等50余项区级以上荣誉。

重庆市渝中区图书馆连续多年被评为中国少年先锋队红领巾艺术团重庆活动基地、渝中区科普基地、渝中区暑期青少年教育活动优秀支持单位；在全市的读书活动中获得优秀组织工作奖多次；在文明城区创建活动中获优秀单位称号；中老年人和农民工计算机免费培训班被评为渝中区优秀青年志愿服务项目；党支部被评为渝中区"五个好"基层党组织和局优秀党组织。近年来被新华社、《人民日报》、《中国文化报》、《图书馆报》等国家级媒体和重庆电视台、重庆卫视、《重庆日报》、《重庆晨报》等市级媒体正面报道100余次，获得了社会各界的关注和认同。

馆领导介绍

龚曼，男，1953年9月生，大专学历，中共党员，高级政工师，党支部书记，1971年参加工作，2005年任图书馆馆长、党支部书记，2013年任党支部书记。

梁斌，男，1968年12月生，大专学历，中共党员，中级职称，馆长。1986年12月参加工作，先后在图书馆阅览部、办公室等部门工作，2009年任图书馆副馆长，2013年任图书馆馆长。

谭莉，女，1976年7月生，本科学历，中共党员，中级职称，副馆长。1995年8月参加工作，先后在图书馆阅览部、辅导部等部门工作，2012年任图书馆副馆长。

未来展望

2013年重庆市渝中区成为全国首批国家公共文化服务体系示范区，渝中区"10分钟公共文化服务圈"的建设藉此大幅提速，重庆市渝中区图书馆以此为契机，获得了快速发展的良好机遇，各种设施建设更为齐备，各项读者活动更为丰富多彩。随着示范区建设的深入，渝中区公共文化服务体系建设的逐步成熟，四级文化圈层的进一步完善，渝中区图书馆作为公共文化服务的主要阵地和平台之一，将获得更大更好的发展机遇，并将为保障人民群众基本文化权益、满足人民群众基本文化需求和促进社会和谐稳定发挥更加积极的作用。

联系方式

地　址：重庆市渝中区中山三路32号
邮　编：400014
联系人：马文英

基层图书室培训会

某部队图书服务站

渝中区图书馆与渝中区盲协共同举办第28届盲人节联谊活动

重庆市大渡口区图书馆

概述

大渡口图书馆始建于1988年，2010年6月1日，位于大渡口区松青路888号的新馆建成并对读者开放。新馆占地面积4123平方米，建筑面积10300平方米。图书馆设有书刊借阅、经典阅览、专题阅览、视障阅读、电子数字资源等各类阅览室及书库、培训中心等17个服务窗口，拥有阅览座位800个，计算机126台，50Mbps宽带接入，无线网络全覆盖。采用金盘与Dlibs并行运行的图书馆业务管理系统。

业务建设

截止截止2012年底底，大渡口区图书馆总藏量50万册（件），其中纸质文献42万册（件），电子图书4万种，电子期刊5000余种。

截止2012年底，大渡口区图书馆新增藏量购置费由2009年的50万元/年增加至100万元/年，图书平均年入藏量是21654种，报刊平均年入藏量1200余种，视听文献年入藏量10000件。

截止2012年底底，大渡口区图书馆数字资源总量为20TB。

读者服务工作

大渡口区图书馆自2011年6月1日全面实施免费开放，周开放时间70小时，普通图书、报刊实行全开架借阅。截止2012年底书刊文献外借31万册次，馆藏书刊文献年外借率62%，年流通总人数30万人次。

通过创建文化部“文化馆图书馆总分制”示范项目，2012年底完成了大渡区“图书馆总分馆”统一网点布局，建成了“1个总馆+8个分馆+若干服务点”的图书馆总分馆三级服务网络，实现了总馆与各分馆间的区内“一卡通”通借通还和区图书馆与重庆市主城区11家公共图书馆之间的“一卡通”通借通还服务。

通过“流动图书车”定人、定时、定点进社区、广场、军营、学校等公共场所开展循环阅读服务并先后在企业、机关、学校建设流动服务点25个，2009年-截止2012年底，馆外流通点借阅图书301982册次，年均75495册次。

2009年一截止2012年底为本地区领导机关决策、社会事业发展、学校、企业、团体、个人等提供定题服务、调研服务、网站服务，截止2012年底为区十二届人大第一次、区十二届政协第一次会议提供信息服务；为民盟重庆市委《基层公共文化服务设施免费开放问题研究》提供调研服务。

大渡口区图书馆网站于2010建成投入使用，年平均访问量35万次，开通网上查询馆藏书目、续借和预约图书服务。大渡口区图书馆可供读者使用的数字资源存储容量20TB，拥有数字资源数据库6个，读者可通过网站实现远程阅读数字资源。

大渡口区图书馆创建“义渡大讲坛”文化讲座、“义渡之窗”展览、“经典影视”周末看三项品牌服务项目，2009—截止2012年底共举办讲座113场、展览40场、播放经典影视130次，累计参与人数15万人次。每年开展‘4·23’世界读书日、“全民读书月”、“图书服馆务宣传周”、“关爱留守儿童”、“服务农民工”等读书服务宣传活动近20场，倡导全民阅读，营造良好的全民阅读氛围。

业务研究、辅导、协作协调

2009年至截止2012年底，全馆职工人均在省级以上公开刊物发表论文0.21篇。

创建第一批国家公共文化服务体系示范项目——“文化馆图书馆总分馆制”，并在国家文化部、财政部组织的全国47个项目第一阶段创建成果验收评审中，获得西部第一、全国第二的佳绩。

建成区级文化信息资源共享工程支中心1个，街镇基层服务点8个，村（社区）级基层服务点75个，实现区级、街镇、村（社区）三级共享工程服务网络全覆盖，建成标准化电子阅览室82个。数字资源由支中心进行统一管理和发布并通过互联网实现大渡口区图书馆总馆、分馆及若干服务点对数字资源的共享。充分利用文化信息资源共享工程网络平台开展为农民工提供网上订票服务、免费提供农民工电脑知识和网络知识培训，开展关爱留守儿童亲子视频互动等读者活动，每周六下午为广大老百姓免费播放经典影视、文化讲座视频1场。

大渡口区图书馆加入国家图书馆联合编目中心，成为其成员馆，加入重庆市讲座、展览联盟和农民工服务联盟，实现区内“一卡通”通借通还服务和与主城11家公共图书馆之间的“一卡通”通借通还服务。与重钢图书馆签订馆际互借合作协议，实现与企业协作。组织对镇街文化站（中心）、镇街图书馆分馆、农家书屋（社区图书室）的业务工作研讨会和培训，截止2012年底举办培训班12期，培训人员875人次。

电子阅览室

数字阅读服务区

全民阅读宣传服务活动

开展关爱留守儿童系列读书活动

管理工作

一是按照“按需设岗、公开招聘”的用人机制，实行“公平、公正、公开”、“绩效挂钩、激励先进”、“坚持区别对待、分类实施”的三大原则，加强和完善图书馆的岗位绩效评估考核，制定了“大渡口区图书馆绩效考核管理办法”及“大渡口区图书馆职工绩效考核细则”。二是打破体制限制，创新用人机制。创新了由财政常年核拨“聘用人员工资”由图书馆“自主招聘员工”的用人管理办法，获得了2011年“重庆市文化体制改革先进单位”。

建立了日报、月报、年报统计工作制度，每年对业务工作进行年度综合统计和分析，2009年至2012年底，共编写各类统计调研报告、分析报告17篇。

表彰、奖励情况

2009年以来，大渡口区图书馆获得各类表彰和奖励7项（不含个人奖项）。其中省级业务主管部门及其他部门表彰和奖励3项，区级政府表彰和奖励4项。

馆领导介绍

王艳红，女，1971年12月出生，本科学历，中共党员，副研究馆员，馆长。历任重庆市开县图书馆副馆长、2009年到大渡口区图书馆工作。中国共产党大渡口区第十一次党代会代表；中国人民政治协商会议大渡口委员会第八届委员。

杨秀强，男，1966年11月出生，本科学历，中共党员，馆员，图书馆党支部书记，1990年到大渡口区图书馆工作（2000年–2009年任大渡口区图书馆馆长）。

未来展望

大渡口区图书馆将围绕“建设、管理、服务‘一体化’”的发展思路，以创建“学习中心、信息中心、服务中心”的办馆宗旨，不断创新服务理念和服务方式，以“图书馆总分馆”建设抓手，以实现重庆市公共图书馆“一卡通”延伸到区内各分馆和数字图书馆实现全域“数字化阅读”为目标，全面开展以展览、讲座、读书活动、流动服务为主要形式的服务项目，营造良好的“全民阅读”氛围，切实保障老百姓的文化权利，为提升区域全民文化素养发挥好图书馆的社会教育和文化引领作用。

联系方式

地　址：重庆市大渡口区松青路888号
邮　编：400084
联系人：李剑波

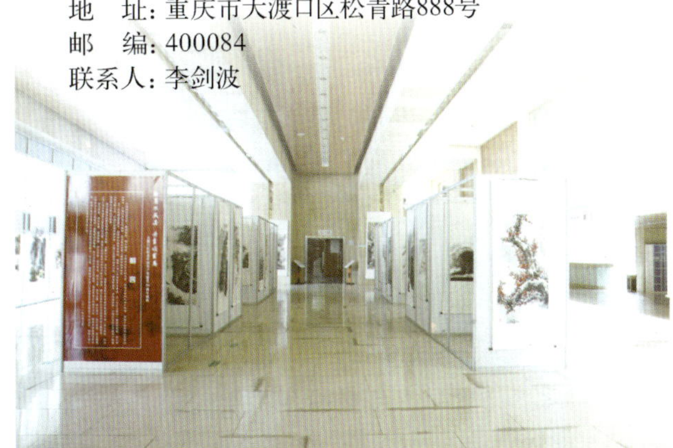

常年举办《义渡之窗》展览

在步行街商场建立首个“商场图书馆”

按月举办《义渡大讲坛》文化讲座

重庆市江北区图书馆

概述

重庆市江北区图书馆于1984年正式建馆。2012年，重庆市江北区图书馆新馆建成并对读者开放。新馆位于重庆市江北区金源路64号，建筑面积1.1万平方米。2012年重庆市江北区图书馆拥有阅览座位664个，计算机台数137台，电信光纤带宽50M接入，无线网络全覆盖。采用INTERLIB的图书馆业务管理系统。

业务建设

截止2012年底，重庆市江北区图书馆总藏量50.27万册，其中电子文献250000多种，各种刊报近3000种，试听文献2000多种。

2012年，重庆市江北区图书馆投入设施、设备建设各项经费共计1892万元，其中一次性投入700多万元用于图书的采购，年新增藏量的购置费用达到了132万元，并且投入73.8万元用于电子图书的采购，大大丰富了我区的电子资源；投入20余万元用于数据库的购买；每年用于报刊订阅的经费也达到了近20万元。为了保证免费开放的顺利进行，免费开放本地经费也按时到位。

截止2012年底，重庆市江北区图书馆数字资源总量为15.5TB。

2012年重庆主城区图书馆正式启动“一卡通通借通还服务”，为了更好的方便读者“一卡通通借通还服务”采用的B/S架构的DlibS集群数字图书馆管理系统。

读者服务工作

2012年，重庆市江北区图书馆新馆开馆以来，实现了全免费开放。综合阅览室、电子阅览室、少儿阅览室、图书借阅处、视障阅览区、特藏阅览室都实现了对读者免费开放。重庆市江北区图书馆新馆坚持全年365天开放，每周合计开放时间74小时。2012年重庆图书馆到馆人次突破24万。

2012年，重庆市江北区图书馆与重庆主城九区公共图书馆正式开通“一卡通”系统，实现了各图书馆间的图书通借通还。此外，与重庆图书馆、渝中区图书馆、大渡口区图书馆、工商大学图书馆等其他公共图书馆签订了文献馆际互借协议。2012年市局配发的国内先进的流动图书车，覆盖了江北区农村、社区、街道的全区图书馆流动服务网络。四年来，馆外流动服务点书刊借阅平均为14.1千册次。

为了给领导机关决策提供信息和参考咨询服务方面，我馆还专门编印了《信息之窗》和组织为鱼嘴、方志馆等的参考咨询服务。在我馆，有较为先进的残疾人设施，有老年人的阅览专座以及为方便视障读者的盲道和视障阅览区。

重庆市江北区图书馆网站于2012年正式建成，陆续开通手机图书馆；建成短信提示服务平台；开通图书馆读者活动网络QQ群加强图书馆宣传；购置新型触摸媒体设备。重庆市江北区图书馆专用设备存储容量达37.6TB，正式运行的数字资源数据库7个，其中地方文献数据库2个。

江北区图书馆2012年开展讲座42场次，培训31场次、举办展览12场次。日常阅读推广活动13场。

业务研究、辅导、协作协调

2009年至2012年，全馆职工人均在省级以上公开刊物发表论文0.2篇，与江北区科技计划项目立项申请《江北区数字化图书馆建设第二期研究项目》1项。

我馆与主城区的部分公共图书馆和重庆工商大学图书馆开展了馆际互借。为了加大馆藏文献的外借率，我馆主要是通过参与重庆市图书馆组织的主城九区的通借通还和与本区街镇图书馆（室）的集体外借来实现。在报刊阅览室，还专门开辟了用于政府公开信息服务的专架；为了给领导机关决策提供信息和参考咨询服务，我馆还专门编印了《信息之窗》，每月1期。

参与了江北区宣传部、区科协、鱼嘴镇等部门的部分协作工作，同时还与重庆市工商大学进行古籍电子化的协作，与地方志馆进行地方文献的电子化协作等。

我馆从向上和向下两个方向发展，向上与重庆图书馆组织的通借通还为基础，把我馆现有的图书全部纳入通借通还的系统；向下发展就是把图书馆的服务通过街镇图书馆（室）向下延伸，保证服务网络的全覆盖。

在基层辅导方面，我馆根据现有的图书室和农家书屋的现状，有针对性的开展辅导和培训工作，在对基层进行辅导过程中，我馆还总结出一套可行的辅导培训反馈检验机制，辅导人员每进行一次辅导和培训都要有反馈材料作为证明。2012

年举办各类培训班16期，培训人员317人次。我馆还积极参与图书馆学会和联合编目工作。

管理工作

以竞聘上岗为核心，绩效考核为重点，层层落实责任制，建立健全考核评价体系，完善岗位设置和职责。所有的管理工作是建立在科学的统计和分析的基础上，加强统计工作，对统计的各项数据都有分析，有报告，以详实的数据来说明取得的成绩和存在的问题。

表彰、奖励情况

2009年以来，江北区图书馆获得各类表彰和奖励24项（不含个人奖项）。其中省级业务主管部门、地级党委、政府表彰和奖励2项，地市级业务主管部门表彰和奖励22项。

馆领导介绍

冉虹，女，1968年10月生，本科学历，中共党员，党支部书记、馆长。

张胜，男，1974年6月生，本科学历，中共党员，副馆长。

曹蒨，女，1971年5月生，大专学历，中国民主促进会，馆长助理。

未来展望

今后，江北区图书馆将加强图书馆建设，由注重硬件建设向注重文化内涵建设转变；图书馆服务，由传统图书借还服务方式向提供全方位综合性服务方式转变；图书馆文献资源建设，由书本管理向知识管理，知识整合转变的发展理念。结合现实，我们应该自加压力，负重前行，把我馆建设成为本地区结构合理，优势突出，特色鲜明的一级图书馆而努力奋斗。

联系方式

地　址：重庆市江北区金源路64号

邮　编：400020

联系人：卢凌凌

重庆市沙坪坝区图书馆

概述

重庆市沙坪坝区图书馆始建于1986年，2001年元月新馆建成开放。沙坪坝区图书馆自1994年全国首次公共图书馆评估定级以来，在历次评估定级中均被评为“一级图书馆”，是“全国文明图书馆”、“全国读者喜受的图书馆”、“全国文化工作先进集体”。馆舍位于重庆市沙坪坝区渝碚路222号，馆舍面积7000平方米。2012年沙坪坝区图书馆拥有阅览座席514个，计算机103台，互联网接入20M，无线信号全覆盖，采用Dlibs图书馆业务管理系统。建有“文化信息资源共享工程分中心”，基层服务点230个。

业务建设

截止2012年底，沙坪坝区图书馆总藏量55.5万册（件），其中纸质文献32.6万册（件），电子图书15.7万种，电子期刊1200种。

2009–2012年，沙坪坝区图书馆年新增藏量购置费60万元，图书平均年入藏10000种、报刊平均年入藏800余种、视听文献平均年入藏3600余种。

截止2012年底，沙坪坝区图书馆数字资源总量为19TB，此外，还开发建设了沙坪坝区图书馆地方文献管理系统，将馆藏地方文献全文数字化。

读者服务工作

沙坪坝区图书馆常年坚持365天开放，每周开放81小时，节假日、双休日仍坚持开放，深受广大读者好评。沙坪坝区图书馆于2011年3月10日，在重庆市区县图书馆中率先实现全面免费开放服务，为读者提供12个免费开放场地与17个免费服务项目，并推出2个特色服务项目。2012年沙坪坝区图书馆接待读者25.2万人次。

2012年重庆主城区图书馆正式启动“一卡通通借通还服务”，沙坪坝区图书馆按照统一部署，于当年5月26日与主城其它九馆同步实现了图书通借通还。2012年3月配备了流动图书车，深入企业、社区、学校等地开展流动服务。

在抓好阵地服务的同时，沙坪坝区图书馆组织开展了丰富多彩的读者活动。2012年举办了各类培训117次、展览12场、讲座19场，阅读推广活动13次，每万人年均参与活动次数达186次。两大品牌项目——“星期日讲座”和“德语资料区”活动开展有声有色，在读者中树立起良好的口碑。

业务研究、辅导、协作协调

2012年，全馆职工在省级以上刊物或专业会议上发表论文8篇，人均发表论文数达0.4篇。

积极投身公共文化服务体系建设，坚持把工作重心放到基层和农村。截止2012年，在街、镇、村、部队、社区、农民工子弟学校建立了20个集体外借点，86个农家书屋，120个社区图书室。每年举行基层图书室业务人员培训，不定期开展业务咨询和辅导。

管理工作

实行全员竞聘和双向选择，建立健全考核评价体系，完善岗位设置和职责，积极推进事业单位分类改革。

表彰、奖励情况

2009年以来，沙坪坝区图书馆获得各类表彰和奖励16项（不含个人奖项）。其中国务院业务主管部门及省级党委、政府表彰和奖励1项，省级业务主管部门及其他部门表彰和奖励15项。

馆领导介绍

石仕荣，男，1962年10月生，本科学历，中共党员，副研究馆员，党支部书记、馆长，重庆图书馆学会常务理事。

喻华，女，1977年1月生，本科学历，中共党员，助理馆员，党支部副书记、副馆长。

向霓虹，女，1974年9月生，本科学历，中共党员，馆员，副馆长、工会主席。

未来展望

今后，沙坪坝区图书馆将以“功能多样化，馆藏多元化，服务自助化，管理科学化”为发展导向，秉承“读者至上，服务第一”的宗旨，发挥公共图书馆的职能。进一步改善办馆条件，为读者创造一个良好的文化休闲空间；重视数字资源的建

成人借阅部

少儿借阅部

亲子快乐阅读俱乐部

德国专题图书展

星期日讲座

设，以适应未来发展趋势；创新服务方式，朝着多样性、个性化发展；加强馆际交流合作，优势互补，资源共享；努力构建普遍均等、惠及全民的公共图书馆服务网络，提升图书馆影响力。

联系方式

地　址：重庆市沙坪坝区渝碚路222号
邮　编：400030
联系人：陈华洪

沙图全貌

重庆市九龙坡区图书馆

概述

重庆市九龙坡区图书馆，于1975年成立于现巴南区李家沱（1991年前为九龙坡区政府所在地），馆舍面积365㎡。1996年搬迁至重庆市杨家坪九龙文化楼过渡，1999年底，搬迁至高新区科园四路一街，馆舍面积3517㎡。2010年3月，在杨家坪西郊支路19号新增加面积6580㎡。经过三十八年的发展，现有图书馆馆舍面积达到10097㎡，各类文献藏书共达60万余册，为地区的政治、经济、文化和社会发展做出了积极的贡献，多次受到市区领导的赞扬和好评。2005年，被国家文化部命名为"国家（地级）二级图书馆"。2013年，被国家文化部命名为"国家（地级）一级图书馆"。有阅览坐席500多个，计算机110台，宽带接入300Mbps，选用Interlib图书馆自动化集成管理系统，建有基层图书分馆和流通服务网点25个。2004年成立了全国文化信息资源共享工程九龙坡区支中心，2012年底止，建成233个街道和社区共享工程基层服务点，在实现了全区覆盖。2009年，在区图书馆成立了九龙坡区古籍保护中心。

业务建设

截止2012年底，九龙坡区图书馆总藏量九龙坡区图书馆总藏书量达60万册，其中纸本图书27万册、电子图书33万册、视听文献1.6万册。注重地方文献的收藏，有专门的地方文献征集方案，书目数字化并设专架保存。建立了全文多媒体地方文献数据库。图书采、编、流均以读者为主的原则拓展，目录设置、组织、管理规范；目录的维护管理，文献标引，著录均按国家相关规范执行，文献书目100%按CNMARC格式编制机读目录，文献完整率达90%以上，所有馆藏文献365天实行全开架免费自动化管理和服务，每天开放9.45小时，其中电子阅览室每天开放12小时。为残疾人建有专门的通道、阅览室和专人服务，书库采用气体灭火装置、红外线监控防盗系统，安装有通风、除湿等设备。与重庆图书馆、重庆少儿图书馆及主城九区图书馆开展了馆际互借和"通借通还""一卡通"服务；每年开展流动于基层图书7万余册，年外借册次达36万。编印有《九图信息》、《信息参考》、《农技知识》、《科技小常识》等信息参考资料，为机关、乡镇、社区等提供参考咨询服务。网站功能完善，读者可在网上查询、预约/续借图书和阅览电子资源；2012年建立九龙坡区数字图书馆；2013年开通了手机图书馆、移动图书馆和电子图书借阅服务。

2012年止，通过古籍普查，完善了全区古籍保护工作，区图书馆收藏古籍251册，保护了华岩寺珍贵古籍两万余册，并建立了相关的档案。华岩寺《嘉兴大藏经》1881册、清雍正版《龙藏》1060册被列为国家级珍贵古籍善本，被评为重庆市古籍重点保护单位。《嘉兴大藏经》入选《国家级珍贵古籍名录》，其余古籍列入《重庆市古籍目录》。古籍目录全部数字化存档，并上报国家和重庆市古籍保护中心。几年来，区中心投入资金5万余元修复华岩寺珍贵古籍50余页，为传承中华优秀文化做出了应有的努力和贡献。

读者服务工作

每年为广大市民举办各类型读书活动100余次，开展讲座培训70余场，举办展览15场，举办阅读推广活动12场。特别打造了"幸福文化课堂"、"小板凳幸福成长乐园"、"'九龙喜阅'阅读课堂"及"行走的相机"等特色品牌服务活动。每年开展有服务宣传周活动、"书香九龙、品位阅读"九龙坡区全民读书月活动、世界图书与版权日活动、"红岩少年"系列读书活动、爱心图书接力活动、"四进四送"文化关爱民生活动、"六一"少儿活动等，年参加活动人数达30万人次，读者满意度达100%。2012年，投入专款112万元采购数字资源和相关运行管理软件平台，对27万册纸质图书、7700余种期刊、16200种光盘实现了书目数字化加工；采购电子图书34万册、视频2000部、报纸200种、期刊1000种，自主加工了本地"地方文献资源库"，资源总量达15.5TB。2012年起，每年投入10多万元采购"读秀"资源整合平台，为读者提供方便的统一登录和统一检索，平台涵盖了330万种图书、10亿页全文资料、240万种图书原文，且每天以数百种图书原文、数十万原文页的速度在不断增长和更新。"读秀"平台与本馆Interlib业务管理系统对接，实现了馆内数字资源与纸质图书的统一检索，实现了真正意义上的学术搜索引擎及文献服务。

2012年被重庆市文化广播电视局评为免费开放服务工作先进单位。

业务研究、辅导、协作协调

重庆市九龙坡区图书馆认真开展业务研究工作，不断探索新的服务方法和理论，积极参与中图学会和重庆图书馆学会工作，在省（市）有关刊物上发表学术论文20余篇。在学会会员中大力倡导比业务、比论文的实干精神，推进馆内各项基础业务工作的深入发展，建立与国家图书馆、重庆图书馆联合编目的合作协议，实现工作效益最大化、社会效益最优化。2012年，在农家书屋建设过程中，根据九龙坡区实际情况，图书馆专业人员实地考察研究写出《九龙坡区农家书屋管理使用现状报告》、《九龙坡区农家书屋使用情况调研报告》及《农家书屋可持续发展存在的问题与对策》，受到上级好评。

管理工作

实行全员竞聘和双向选择，建立健全绩效考核评价体系，完善岗位设置和职责。积极推进法人治理结构改革和事业单位分类改革，结合实际，按需设岗，按岗聘用，人员控制在区编委控制数内。馆内分配制度、激励机制健全，向优秀人才和关键岗位倾斜。消防、治安综合管理经常化、制度化，制定和完善各项规章制度和措施，了解和掌握消防保卫工作动态，按要求制定安全预案上报公安部门，定期对馆内安全通道、消防设施进行检查，每年评为达标单位。

表彰、奖励情况

九龙坡区图书馆2009—2012年先后获得重庆市“巾帼文明岗”和九龙坡区“巾帼文明岗”、重庆市公共文化服务免费开放服务“先进单位”、九龙坡区“文明单位”、系统“先进基层党组织”和“基层文化建设先进单位”等光荣称号。在市、区组织的各类读书活动中九龙坡区图书馆6次获得优秀组织工作奖，相关工作人员获得“先进工作者”称号。几年来，在各项工作中，先后有10余位员工均获得过各种表彰与鼓励。

馆领导介绍

胡红，女，1968年8月生，本科学历，中共党员，副研究馆员，馆长。1988年7月参加工作起一直在九龙坡区图书馆工作，历任区图书馆馆长助理、副馆长、支部书记等职，2012年4月任九龙坡区图书馆馆长，中国图书馆学会会员，重庆图书馆学会理事，九龙坡区古籍保护中心主任。2007—2009年获九龙坡区先进共产党员称号，2011年荣获三等功。

王洪江，男，1963年6月生，大专学历，中共党员，党支部书记。1996年从部队副营职转业，曾任区文化服务站站长助理、区文物管理所副所长，2012年9月任九龙坡区图书馆党支部书记。

夏咏梅，女，1969年3月生，大专学历，中共党员，馆员，副馆长。1991年参加工作起一直在九龙坡区图书馆工作，历任馆长助理，中国图书馆学会会员，重庆图书馆学会会员，2011年10月任九龙坡区图书馆副馆长。

未来展望

重庆市九龙坡区图书馆将以“夯实基础、改革创新、提升品牌”的战略思路，我们将秉承“一心一意谋发展，抢先一步争一流”的工作思路，明确以深入贯彻落实科学发展观，努力探索新的服务理念和服务模式为目标，打造“校园学习基地”建设和“幸福文化大讲坛”两大特色，抓好免费开放、资源共享和数字化阅读三大服务，提高网络化图书馆、移动图书馆、自助图书馆和数字图书馆四大服务功能。

联系方式

地　址：重庆市九龙坡区杨家坪西郊支路19号
邮　编：400050
联系人：石大林

重庆市南岸区图书馆

概述

重庆市南岸区图书馆成立于1984年，2003年10月迁至南岸文化艺术中心，2009年进行了升级改造，2010年被文化部命名为国家（地级）一级图书馆。南岸区图书馆现有馆舍建筑面积为11039平方米，馆内设置阅览座席678个，其中少儿阅览座席168个；配备计算机108台，其中供读者使用的计算机有82台；馆内读者服务区无线网络覆盖范围达到100%，宽带接入为20兆，存储容量达到55TB。2003年10月起，南岸区图书馆开始使用图书自动化管理系统，随着馆内业务需要，自动化管理系统经过了多次升级提高，采用双机备份法，保障数据的安全，确保图书馆业务系统正常运行。

业务建设

截止2012年年底，南岸区图书馆馆藏图书总量为33.4万册，其中电子文献为82009种，图书年入藏13020种，报刊年入藏810种，视听文献年入藏612件；馆内设有地方文献资料室，有专柜专架、专门目录、专人管理。

2012年南岸区财政向图书馆拨款732万元，区财政向图书馆拨款年增长率与区财政收入增长率的比率为347%。2012年新增藏量购置费96万元，其中电子资源购置费13.2万元，占资源购置费的比例为13.75%。

南岸区图书馆现有数字资源总量4.4TB，馆藏纸质文献书目数字化为97%；拟定了《南岸区地方文献特色资源库建设方案》，积极开展地方文献数据库建设。

2012年开始，我馆在南岸区部分街镇试点“社区图书馆标准化建设”，积极探索社区图书馆标准化服务，为构建南岸区“城市15分钟文化圈”探索一条以城带乡，城乡一体化发展的公共文化服务发展之路，为打造“文化强区”、“幸福南岸”夯实公共文化服务发展基础。

读者服务工作

2011年6月1日起，南岸区图书馆向社会实行免费开放。馆内报刊阅览、书刊借阅、少儿图书借阅、电子阅览等免费向公众开放，并免费提供饮用水、无线网络等服务，定期举办免费公益讲座、展览和读书活动。坚持全年365天开馆，每周开馆时间达77小时。2012年我馆馆藏书刊文献年外借率为98.95%，书刊文献年外借33万册，人均年到馆次数20次。

我馆分别与沙坪坝区图书馆、渝北区图书馆、九龙坡区图书馆等其他区县图书馆签订了馆际互借协议；利用流动图书车开展馆外流动服务点服务活动，平均每年借阅书刊15千册次。

我馆利用本馆网站、LED屏、南岸报、南岸网等多种形式和渠道开展书刊宣传活动，馆内设置政府公报专架，公开政府信息；定期制作参考书目，为领导机关决策提供信息服务；编制《南岸区图书馆信息摘要》，为大众提供参考咨询服务。

南岸区图书馆门户网站定期推出新书介绍、馆内业务活动动态等，并开通了网上借阅卡挂失、网上续借图书等业务。

作为公益性事业单位，南岸区图书馆每年举办各类讲座、培训和展览，开展图书馆服务宣传周活动，开展各种阅读推广活动。南岸区户籍常住人口60.79万人，每年参加我馆各种阅读活动的人数约1.64万人次。

近年来，南岸区图书馆积极为特殊群体读者服务，馆内设置了视障阅览室，配备了盲文图书、计算机、读屏软件、一键式智能阅读器、手持式电子助视器、放大镜台灯、远近两用台式助视器、DVD、电视机等设备，为视障读者提供阅览、上网、观看无障碍电影等服务。重阳节为敬老院的老人们送书送活动上门；为进城务工人员举办城乡心连心、亲情视频聊天、订购火车票等活动，为我区阳光公寓的进城务工人员送书上门，丰富他们的业余文化生活；每年举办少年儿童主题系列读书活动，以活动吸引更多的孩子走进图书馆。

业务研究、辅导、协作协调

南岸区图书馆积极参与跨地区、跨系统协作协调工作，分别与其他区县图书馆、区内中小学校、社区等签订了合作协议，实现了文献资源通借通还、共建共享。

我馆每年按计划开展农家书屋、社区图书室、共享工程基层服务点辅导、培训工作，推动基层文化工作开展，取得了较好成绩。

我馆积极参加中国图书馆学会、重庆图书馆学会举办的各项活动，参加了全国联合编目工作。

管理工作

实行全员竞聘和双向选择，建立健全考核评价体系，完善岗位设置和职责。南岸区图书馆每年按年度工作计划合理安排各项工作，馆内财务、人事、设备物资管理、档案管理制度严格、责任分明。职工实行全员聘用上岗，职责分明，奖惩有序。制定志愿者管理制度，招聘志愿者参与图书馆服务工作。

表彰、奖励情况

2009年以来，南岸区图书馆各项工作取得了一定成绩，多次荣获市级、区级各项奖励。2009年被评为重庆市先进图书馆，2012年荣获重庆市公共文化服务免费开放工作先进单位，

少儿馆

书刊借阅大厅

学术报告厅

“亲子阅读——最美的童年记忆”读书活动

作家王雨光临南岸区图书馆，与读者一起分享《填四川》这本书从小说到电影的幕后故事

2009–2012年，连续4年荣获重庆市“红岩少年”读书活动优秀组织奖以及被评为南岸区文化系统先进单位。2009–2012年，各类表彰和奖励共计12项（不含个人奖项）。

馆领导介绍

张晓耿，女，1969年6月生，本科学历，副研究馆员，重庆市南岸区图书馆馆长，民盟南岸区委委员。2004年到南岸区图书馆工作。

余黎萍，女，1968年4月生，本科学历，馆员，重庆市南岸区图书馆支部书记，中共党员。1990年9月到南岸区图书馆工作。

未来展望

作为南岸区标志性的公共文化设施，今后，南岸区图书馆争取在服务网络建设、文献信息保障能力、公共数字文化建设与服务、民国文献建设、人才建设、内部体制机制改革等方面取得重大突破，倡导基于新媒体的新型图书馆服务业态，进一步提升图书馆公共文化产品供给力度，推进传统文化典籍的保存与保护，建立优秀传统文化传承体系。

近年来，由于读者量连年大幅度增加，南岸区政府已经规划在茶园新城区开工建设南岸区图书馆新馆，目前新馆前期准备工作正在紧张进行中，相信在不久的将来，南岸区图书馆将以全新的面貌、完善的功能、优质的服务为市民服好务，成为公共图书馆中的楷模。

联系方式

地　址：重庆市南岸区南城大道199号
邮　编：400060
联系人：华　娜

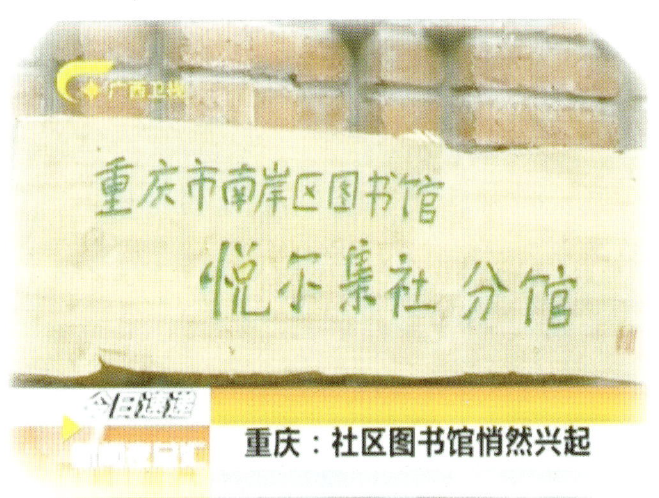

广西卫视《新闻夜总汇》栏目对南岸区“社区图书馆标准化服务示范项目”进行报道，题为“重庆：社区图书馆悄然兴起”

送书下基层活动

南岸区图书馆主体建筑

重庆市北碚图书馆

概述

北碚图书馆最初是由卢作孚于1928年5月创办的峡区图书馆。1936年4月，由嘉陵江三峡乡村建设实验区署接办，定名为北碚民众图书馆。1945年9月，经卢作孚倡议，以民生公司图书馆和北碚民众图书馆藏书为基础，并邀请藏书家寄存图书，于1945年11月13日成立北碚图书馆，由晏阳初、卢作孚等15人组成理事会，晏阳初任理事长，张从吾任馆长。1946年3月北碚图书馆迁入公园路10号红楼。1949年北泉图书馆及藏书并入北碚图书馆。1955年7月15日，市文化局将西南图书馆、重庆市图书馆、北碚图书馆合并改组为重庆市图书馆，北碚图书馆改为重庆市图书馆北碚分馆，张从吾任市图书馆副馆长兼北碚分馆馆长。1956年恢复北碚图书馆原名。1987年新建1640平方米阅览楼（以下简称B区）。2001年新建成4700平方米阅览楼（以下简称A区）。至2013年，北碚图书馆由三幢建筑主体组成，原2001年建成的阅览楼（A区），原1987年建成的阅览楼（B区），原1932年建成的红楼，建筑面积占地10055平方米，阅览坐席515个，计算机101台。

全国公共图书馆评估定级工作始于1994年，每四年开展一次。至2013年止，已开展五次。北碚图书馆除1997年修建新阅览大楼未参加外，其余四次都参加了评定工作。在历次的全国公共图书馆评估定级中，北碚图书馆均被国家文化部评为“全国（地级）一级图书馆”。

业务建设

本馆藏书体系以文史典藏为特色。经历次清理、剔旧和损耗，截止2013年，书刊总藏量为50.4538万册（件），其中，全开架书刊为15.478万册（件），古旧文史典籍30万余册（件）。另电子文献50万种，视听文献3354种。2009年新增藏量购置费19.4635万元，2010年新增藏量购置费24.9157万元，2011年新增藏量购置费32.2517万元，2012年新增藏量购置费65.6321万元，2009年至2012年共入藏中文图书4.0658万种，4.1637万册，订购报刊1218种，光盘2228种/2522盘。

2000年开始使用深圳市科图自动化新技术应用公司ILAS图书馆自动化管理系统进行图书馆业务自动化管理，2012年为适应重庆市公共图书馆服务联盟建设的需要，选用重庆图书馆免费开放文华数图DLIB图书馆自动化管理系统实现重庆市主城九区图书通借通还。2012年，作为全国首批52个数字图书馆建设单位之一，按国家图书馆硬件配置标准完成硬件平台搭建，宽带接入50Mbps，实现馆内无线网络覆盖，全新改版北碚图书馆网站，自建北碚历史文化专题数据库，通过VPN专网共享国家图书馆和重庆市图书馆数字资源。

2008年9月成立了北碚区古籍保护中心，2009年，被文化部命名为“全国古籍重点保护单位”。2012年，获全市古籍普查先进单位。至2012年，有21部/6840册古籍入选《国家珍贵古籍名录》，136部近万册古籍入选重庆市第一、二批珍贵古籍名录。2011至2012年，按照《图书馆古籍特藏书库基本要求》，对古籍特藏书库进行了改造，并按照文献分类设立了善本书库、普通古籍库、方志书库、抗战报刊库、民国文献库，历史文献书库总面积增加至1123.2平方米。2013年5月，与中华书局合作，启动编辑出版《北碚图书馆馆藏精品集》（古籍卷、艺术卷、民国文献卷）、影印出版《北碚图书馆稀见地方志丛刊》、《圣教序》（未断本）。

读者服务工作

从2012年4月起，北碚图书馆全年365天对外免费开放，周开放68小时，2009年–2012年，书刊总流通33.4867万人次，书刊外借72.3357万册次。2012年开通重庆市公共图书馆“一卡通”服务，实现了主城九区的图书馆际互借，扩大了服务领域，截止2013底，实现全区17个镇街文化服务中心图书室参与全市图书通借通还全覆盖，建成18个分馆，有1台流动服务车进行图书流动服务。2013年，引进城市街区24小时自助图书借阅机1台，馆外书刊流通3.69万人次，书刊外借5.804万册次。

采用公共电子阅览室管理信息系统标准化管理电子阅览室，通过北碚图书馆网站发布数字资源总量为50TB，为读者提供检索、浏览和下载服务。2009–2012年，北碚图书馆网站访问量75.9068万次。

2009–2012年，北碚图书馆共举办讲座、展览、培训、阅读推广等读者活动1328场次，参与人数6.772万人次，有缙云文化大讲堂、农民工数字家园培训、青少年集体阅读活动等特色品牌活动。

业务研究、辅导、协作协调

馆内目前有15人加入中国图书馆学会，2009–2012年，北碚图书馆职工发表论文18篇。2011年参与了重庆市社科规划重点课题：“重庆地方文献系统研究”，出版了《重庆地方文献目录提要》。

2008年，加入全国联合编目中心，通过分配的成员馆代码和系统密码，进行图书书目数据下载。2010年通过与区电教馆合作，将共享工程资源注入北碚区校园城域网，实现了共享工程在全区中小学校的全覆盖；2012年，依托区内17个镇、街文化站的评估定级工作，实现了共享工程镇级基层服务点标准化建设全覆盖，全区57个社区、118个行政村通过与社区公共文化服务中心、农家书屋等建设相结合，并与农村党员干部现

公共电子阅览室

期刊借阅室

少儿借阅室

亲子阅读活动

网络知识竞赛

为农民工服务

代远程教育网的整合实现了共享工程资源的全覆盖。加强特殊群体服务，在北碚区老年福利院、西山坪劳教所、西山坪劳教戒毒所建立了基层服务点。2009年至2012年，开展全区基层图书馆（室）服务人员集中业务培训8期，共计培训1280人次，馆专业技术人员下基层辅导816次。

管理工作

全馆在职职工27人，其中业务人员21名；大学本科以上学历11名，占全馆职工总数的41%；大专以上学历25名，占职工总数93%；高级职称4名，占全馆业务人员总数的15%；中级职称10名，占全馆业务人员总数的47%；领导班子4名，其中高级职称3名，中级职称1名。建立了工作量化考核指标体系，每月进行工作进度通报，每半年和全年进行总体工作考核。

表彰、奖励情况

2009北碚图书馆被文化部授予“全国古籍重点保护单位”。同年在全国第四次公共图书馆评估定级中被评为“一级图书馆”。同年被重庆市文化广播电视局评为“先进图书馆”。2012年7月被北碚区委评为“群众满意窗口”。2013年3月被重庆市文化广播电视局评为“2012年度公共文化服务免费开放工作先进单位”、“2012年度古籍普查工作先进单位”。2013年在全国第五次评估定级中被评为“一级图书馆”。

馆领导介绍

邓玉兰，女，1968年4月生，本科学历，中共党员，研究馆员，馆长。1988年12月参加工作，1999年10月到北碚图书馆工作，先后在党政办公室，流通部，古籍文献部，党支部，馆长办公室工作，任支部副书记，副馆长，书记，馆长等职。2009年任馆长，统筹图书馆全面工作，分管行政、财务、人事、采编、古籍文献部等工作。2009年被评为重庆市公共图书馆先进个人光荣称号。

梁夏夏，男，1970年7月生，本科学历，中共党员，副研究馆员，支部书记。1989年12月参加工作，1999年6月到北碚图书馆工作，先后在采编部，流通部，古籍文献部，馆长办公室，支部办公室工作，任古籍文献部主任，馆长助理，副馆长，支部书记等职。2004年任副馆长，分管业务工作；2011年6月任支部书记，负责党务工作，兼任古籍文献部主任，分管消防安保等工作。

谭玮，女，1969年8月生，本科学历，中国民主促进会会员，副研究馆员，副馆长。1990年7月参加工作，1999年10月到北碚图书馆工作，先后在采编部、流通部、行政办公室、自动化部工作，任部门主任职，2009年3月至2011年3月在北碚区文化广电新闻出版局新闻出版科先后任副科长、科长，2011年3月任北碚图书馆副馆长，分管全馆业务工作。

朱红，女，1968年3月生，大学专科学历，中共党员，馆员，副馆长。1986年12月到北碚图书馆参加工作，先后在采编部、古籍文献部等部门工作。2009年至2013年任支部副书记，2013年2月任副馆长，分管流通部和宣传工作。

未来展望

北碚图书馆在北碚区第二批国家公共文化服务体系示范区建设中将充分发挥公共文化服务龙头作用，加强总分馆制建设，加强数字图书馆建设，打造数字阅读体验厅，以阵地建设结合流动服务为市民提供公益性、基本性、均等性、便利性的免费公共文化服务。

联系方式

地　址：重庆市北碚区公园村26号
邮　编：400700
联系人：谭　玮

缙云文化大讲堂

北碚图书馆外貌

重庆市万盛经济技术开发区图书馆

概述

万盛图书馆始建于1987年，新馆于2012年4月投入使用并向读者免费开放，位于万盛经开区文体中心，占地4亩，建筑面积4200平方米。2012年万盛图书馆拥有阅览座席518个，计算机101台，信息点84个，60Mbps宽带接入，无线网络全覆盖。采用Dlibs和图腾并行运行的图书馆业务管理系统。建有万盛图书馆网站www.wslib.cn。

业务建设

截止2012年底，万盛图书馆总藏量30.1万册（件），其中纸质文献15.4万册（件），电子图书6.4万种，电子期刊8.3万种。

2009–2012年，万盛图书馆新增藏量购置费145万元，图书平均年入藏6338种，报刊平均年入藏805种，视听文献平均年入藏623件，2012年万盛地方文献入藏完整率均达92%。

截止2012年底，万盛图书馆数字资源总量为35TB，其中，自建特色数字资源0.7TB，有金桥吹打、万盛苗族踩山会、夜郎文化等内容。

读者服务工作

2011年6月，万盛图书馆实现了基本服务项目的全部免费开放，坚持365天开放，每周开放时间63小时，现开设有书刊外借室、报刊阅览室、少儿借阅室、地方文献工具书查阅室、多媒体视听室、读者自修阅览室、电子阅览室、老年阅览室、残障阅览室、展览厅、报告厅、多功能活动室、目录检索区、读者休息区、综合服务台等多个服务窗口，提供免费开放基本服务项目近20项：纸质及数字报刊阅览、期刊借阅、图书借阅、少儿借阅、报刊查阅、自修阅览、多媒体阅览、电子阅览及网上资料查阅、集体外借服务、流动服务（送书上门、送书到基层）、基层业务辅导、报告会、讲座、读者活动及培训、展览、办证、验证、存包及饮用水。2012年书刊文献外借25.2万册次，年流通总人数15万人次。有集体外借点16个，年外借3.2万册次。

2009年–2012年，万盛图书馆共举办讲座、展览、培训、阅读推广等活动328场次，参与人数达7.1万人次。为读者提供《国务院公报》、《重庆市政府公报》等公开信息服务，编纂二次文献《万图信息之窗》为领导机关决策、地方经济建设提供信息服务。开通24小时自助图书馆1台，电子阅报机2台为读者服务。利用世界阅读日、图书馆服务宣传周、科普活动周和文化赶场图书下乡等活动进行广泛宣传，发放各种相关资料，通过万盛电视台、万盛报、网络等报道万盛图书馆动态，收到了良好的宣传效果。

读者活动是我馆的常态化工作之一，丰富多彩的读书活动和灵活多样的阅读推广，吸引了广大读者的眼球，结合与社区、村、学校为延伸的工作方式，辅之与图书馆建立的品牌服务，提升了影响，成为有效进行知识传播的途径。我馆打造了三项品牌活动：一是新春灯谜展猜活动，我馆连续举办了十一届；二是"大手牵小手"亲子阅读活动，倡导亲子共读、亲子同乐；三是开展爱心图书漂流，进学校、进农村、进社区、进留守儿童之家等活动，使山区的儿童，农民，社区居民阅读到了更多、更适合的图书。

业务研究、辅导、协作协调

2009年至2012年，万盛图书馆职工发表论文8篇，馆级科研项目1个。加入了全市讲座、展览联盟和重庆市图书馆文献联合编目中心。

基层辅导按年初计划，安排资金由专人负责对基层图书馆（室）进行辅导和培训，效果良好，统计并分析相关业务数据，有综合性的调研报告，对全年工作进行总结。从2009年至2012年期间，共计到基层图书馆（室）开展辅导调研184（天）；参与辅导调研736（人次）；为基层图书馆（室）图书分类23700余册，为文化信息共享工程乡镇基层点下乡辅导24次，电话解决咨询52次。开展共享工程集中培训4次，农家书屋集中培训9次。

按照贯彻落实加强公共文化服务体系建设实施纲要的精神，为加强区县公共图书馆之间的协作协调，创新图书馆服务工作，实现文献资源和电子网络服务共建共享的目标，满足读者获取各类文献信息资源的需求，使图书馆资源服务效益最大化，达到资源共建共享互补的目的，万盛图书馆与北碚图书馆、渝北图书馆、涪陵图书馆、合川图书馆、长寿图书馆等10余家区县馆创立了服务联盟，探索创新服务新机制，最大限度满足不同读者的阅读需求。2012年完成了10余次馆际互借活动，互借达10000余册次。

万盛图书馆与我区8个乡镇、2个街道、万盛小学、和平小学、政法维稳办公室等签订了资源共建共享服务协议，更好地为当地街道、乡镇、村、社区、学校等提供服务。参与万盛地区服务网络建设的基层图书馆（室）占全区基层图书馆（室）总数的比例为100%。

管理工作

我馆根据"实事求是、竞争上岗、双向选择"的原则和"定编、定岗、定员"要求，实行全员竞聘和双向选择，建立健全考核评价体系，完善岗位设置和职责。积极推进事业单位分类改革。建立健全图书馆各种规章制度，在财务管理、人事管理、设备物资管理等方面，落实专人负责。安全保卫有专人负责，消防、治安综合管理经常化、制度化，层层落实，有专门的应急预案。建立日报、月报、年报统计工作制度，每月编辑《万盛图书馆工作动态》、《读者工作月报》，每年对业务工作进行年度综合统计和分析，2009–2012年，共编写各类统计调研报告、分析报告12篇。

表彰、奖励情况

2009年以来，万盛图书馆获得各类表彰和奖励13项。其中省级业务主管部门4项，其他部门表彰和奖励9项。

馆领导介绍

吴密，女，1970年3月生，本科学历，中共党员，助理馆员，馆长。1989年到万盛图书馆工作，先后在借阅、辅导、采编等部门工作，2003年6月任万盛图书馆副馆长主持工作，2005年7月任万盛图书馆馆长至今。

未来展望

今后，万盛图书馆将以"科学高效、创新发展、求真务实"的办馆方针，夯实基础，从图书馆内部体制机制建立健全入手，加强人才队伍、干部队伍的培育和建设，着力于图书馆文献信息资源、公共数字文化、服务网络的建设；着力于更新服务理念和创新服务方式，努力提升服务水平和服务能力，加大图书馆的开放力度；着力于传统文化典籍的保存和保护，传承和发扬中华优秀传统文化；着力于加快自动化、网络化建设步伐，扩大文献信息资源数字化规模，推进数字图书馆建设；着力于提高学术研究的水平和能力建设，加强本地区图书馆（室）的协作协调，推进市内外图书馆界的交流与合作，提升图书馆的影响力。全方位多功能的贯彻实施免费开放，加强对基层图书馆（室）的指导和辅导，实现区域性资源的共建共享，共同进步和发展，做名符其实的国家一级图书馆。

联系方式

地　址：重庆市万盛经开区文体中心
邮　编：400800
联系人：朱　霞

重庆市黔江区图书馆

概述

黔江在建国前没有单独设立图书馆，仅于民国二十六年（1937）在民众教育馆内设一图书室，民国三十三年（1944）在县儿童教育馆设置图书阅览室。1950年设置了大众阅览室，1953年在文化馆内设置图书阅览室。1960年成立了图书馆，但仍与文化馆合署办公。1979年6月17日，正式成立独立建制的“黔江县图书馆”。1985年“黔江县图书馆”改为“黔江土家族苗族自治县图书馆”，2001年改为“黔江区图书馆”。黔江图书馆几易其址、几经搬迁，不断在发展中壮大。2000年3月，黔江图书馆从最初的解放路3号迁到文汇路19号新馆，2003年6月迁到民族文化宫六楼；2010年6月搬到舟白街道职教园区并实现“零门槛、无障碍、全免费”开放。

如今的黔江图书馆占地面积3500平方米，建筑面积17184平方米。馆内设有报刊阅览室、老年与视障阅览室、少儿阅览室、电子阅览室、影音阅览室、地方文献特藏室、古籍特藏室、电影放映室、读者自修室、培训辅导室、读者服务部等10余个服务窗口。有阅览座席1463个，其中少儿阅览座席100个，电子阅览座席100个，讲座与培训座席700个。有电子阅览室2个，各种服务器6台，电脑130余台，其中可供读者使用的电脑100余台，电子报刊机1台，磁盘阵列2台，专用存储容量达30TB，采用ILASⅢ自动化管理系统，双网40兆光纤接入，读者服务区域WIFI免费全覆盖。

业务建设

截止2012年底，黔江区图书馆馆藏图书总量为66.48万件，其中纸质图书和报刊24.8万件，古籍4020件，电子文献为41.8万种。报刊年均入藏804种，视听文献年均入藏678件。现有数字资源总量15TB，包括博看期刊数据资源、黔江移动图书馆和黔江数字图书馆资源、地方文献数据、音视频资源等。馆藏纸质文献书目数字化为80%。

财政年均拨款450万元。2012年用于图书资料购置为82.5万元，其中新增电子资源购置费8.5万元，占本年购置费比例10.3%。财政拨款总额连续增长，近四年增长率与地方财政收入增长率的平均比率为270.5%。

读者服务工作

黔江区图书馆所有服务全部免费开放。免费开放的面积约10000平方米。并免费提供饮用水、存包、无线网络等服务，定期免费举办讲座、各类培训班、展览和读书活动。每周开馆时间在72小时以上。全年接待读者50万人次以上。2012年我馆馆藏书刊文献年外借率为83.3%，书刊文献年外借30.7万册，读者人均年到馆次数33.3次。

黔江区图书馆与区内各乡镇文化中心图书室，各单位、院校图书馆（室），周边县公共图书馆等70家签订了馆际互借和外借点合作协议，集体借阅每年1万册以上，馆外服务网点平均每年借阅书刊3.5万册次；馆外流动服务方面，年均向馆外投放10万元图书，每年组织送书上门、送书到基层活动10次以上；全年免费放映电影40场以上。

黔江图书馆设立了咨询研究部，专门从事参考咨询服务。重视参与政府决策和信息咨询，他们研究出版了文化类调研文集《灵秀濯水》、《山峡移民创业启示录》、《黔江民族文化知识读本》、《重庆黔江》等文献；举办多场民族文化专题讲座，长期为政府主办的会展活动提供信息服务。

黔江图书馆重视对特殊群体服务。馆内设置了视障/老年、少儿阅览室，配备了盲文图书、计算机、读屏软件、放大镜、台灯、DVD播放机、硬盘播放机、电视机等设备，为视障读者提供特别服务，在老年阅览室还增加了象棋、围棋等娱乐服务。还举办为敬老院的老人送书送上门、为特殊教育学校学生送书到校、给村校学生送字典、爱心图书传递等多种争对特殊群体的活动。每年举办少年儿童主题读书活动；为进城务工人员举办亲情视频、订购火车票、培训月嫂等活动。

黔江图书馆加入了重庆市公共图书馆讲座展览联盟，讲座、培训和展览是他们的服务亮点。品牌服务项目“黔图培训”、“黔图讲座”每年100余场次，吸引了大量区内外读者参与。他们还推出了“送讲座到基层、进机关”活动。

他们还认真设计阅读推广活动。长期坚持利用网站、馆内“阅读推荐”专栏、LED屏、《黔图信息》专刊和当地报刊等馆外媒体和渠道开展书刊宣传和阅读推广活动。全年参加图书馆活动的市民达15.6万人次万。近期的读者满意率调查显示，我馆读者平均满意率达96%。

业务研究、辅导、协作协调

黔江图书馆编职工18人。大学本科以上学历13人，占全馆职工的72.2%；专科以上学历17人，占全馆的94.4%。高级职称2人，中级职称8人。员工岗位培训和继续教育年人均达到108学时。2009–2012年，职工在省级以上刊物或专业会议上发表论文5篇，出版文化类专著3部，有调查研究报告5篇。黔江图书馆是“全国公共文化服务体系制度设计研究”案例性和运用性研究的实施单位之一，承担图书馆服务的案例性和运用性研究。

黔江图书馆积极参与跨地区、跨系统协作协调工作，分别与其他区县图书馆、区内中小学校、社区图书馆（室）签订合作

协议，开展文献资源通借通还、共建共享、联合编目等合作。三年来，与秀山、彭水、酉阳三个自治县图书馆签署了3项渝东南公共图书馆合作协议，渝东南公共图书馆联盟和公共图书馆跨地区协作协调机制基本形成。

黔江图书馆每年按计划开展农家书屋、社区图书室、共享工程基层服务点辅导、培训工作，推动基层文化工作开展，取得了较好成绩。2012年，全区30个街道镇乡中，有21个与我馆签定了馆际互借、通借通还、体集外借协议，占比达70%。我馆对基层的辅导和培训做到有计划、有总结、有专人。2011年至今，帮助组建乡镇、学校、社区图书馆（室）40个，为基层图书室培训业务骨干530余人次。2012年，我馆共对全区各乡镇巡回辅导1次；对农家书屋进行重点辅导1次，集中培训辅导1次；对单位、学院图书馆（室）辅导10余次。

黔江图书馆主导建立了渝东南片区图书馆联合编目工作。2010年，承办了重庆市图书馆学会第六届学术研讨会。2011年，承办了免费开放后全市第一个主题研讨活动——重庆市公共图书馆馆长论坛。2012年，黔江区图书馆学会正式成立。

管理和表彰、奖励情况

黔江图书馆实行全员聘用上岗。2010年，黔江图书馆规范了形象识别系统，对图书馆标志、标准字和一般设计应用进行了专业设计和确认，馆内各种标识标牌也按此规范。馆内各种设施设备运行良好，每年定期开展消防培训和消防演练，并与黔江武警消防支队签订了图书馆安全共建合作协议。

2012年荣获重庆市古籍保护先进单位；2010—2012年，连续3年荣获“红岩少年”读书活动优秀组织奖和“爱心图书传递”优秀单位；连续3次被评为黔江区文化系统特优单位和优秀单位。

馆领导介绍

馆长：陈彤，男，土家族，籍贯重庆黔江，1964年8月出生，大专毕业，群文副研究馆员。系黔江区政协委员，中国摄影家协会会员，重庆市作家协会、民间文艺家协会会员，重庆市摄影家协会常务理事，重庆市艺术摄影学会常务理事，重庆市图书馆学会常务理事。黔江区作家协会副主席、秘书长，黔江区摄影家协会名誉主席，黔江区民间文艺家协会名誉主席。2010年2月起任黔江区图书馆馆长。已出版文化类专著11部，曾受到中国文联、中国摄影家协会、国家住建部等部门表彰，曾获得“重庆十大摄影家”、“重庆十佳读书人”等称号。

副馆长：杨再清，男，土家族，籍贯重庆秀山，1963年3月出生，民建会员。2002年1月渝洲大学大专毕业，经济管理专业。群文馆员，中国民族管弦乐协会会员。2011年7月起任黔江图书馆副馆长。1999年11月获文化部“全国第九届群星奖音乐比赛”唢呐演奏金奖。

副馆长：郭彦，女，汉族，籍贯重庆长寿，1977年7月出生，1998年6月四川大学水利电力大专毕业，经济管理专业。图书资理馆员。2004起任黔江区图书馆馆员、馆长助理、副馆长。

未来展望

黔江图书馆秉承“传承文明，服务社会”的宗旨，致力于发挥区域性文献信息中心和渝东南中心图书馆的职能和作用，倡导“休闲、交流、快乐式阅读”。在未来几年间，黔江图书馆还将在黔江老城区建立分馆，并努力形成区域性图书馆服务网络，以满足市民阅读需求。

联系方式

地　址：重庆市黔江区舟白街道学苑路1号
邮　编：409000
联系人：龚建明

重庆市长寿区图书馆

概述

长寿区图书馆始建于1931年，拥有83年历史，初名为民国县立图书馆，解放后更名为长寿县图书馆，2001年再次更名为长寿区图书馆。1987年长寿区图书馆在望江路独立建馆，面积3200平方米。2007年8月，长寿区图书馆新馆建成开放。新馆位于桃花新城长寿中学旁，占地面积近4亩，建筑面积6400平米。馆内现有职工15人，其中，副研究馆员1人，馆员6人，工作人员都具有大专以上学历。馆内拥有读者坐席921席，计算机100台，全馆无线网络全覆盖。采用Ilass小型版图书馆自动化集成系统，2010年、2013年连续两次被文化部评为“国家一级图书馆”。

业务建设

截止2012年底，长寿区图书馆总藏量652771册，其中纸质图书24万册（含盲文图书2622册），古籍3300册，报刊832种，视听文献3600件（套），电子文献405039种，特色馆藏1500册《四库全书》、1800册《续修四库全书》1套。年文献购置费在60万元以上，地方文献入藏4500余种8300余册，建有长寿地方特色文献专题资源库。

读者服务工作

自免费开放以来，长寿区图书馆读者量成倍增长，在节假日经常出现爆满。馆内坚持全年365天开馆，每周开放时间70小时，开放服务窗口12个，实行免证阅览，凭证外借。馆内常年办证读者6000余人，年接待读者30余万人次，文献借阅量45万册次，年举办各类读书活动56场，参与活动人次达8.7万人。年举办各类培训24场次，辅导街（镇）、村（社区）图书室及共享工程管理员近500人次。全年为18个街镇、223个村（社区）图书流通点送书30余次，送图书2万余册。

品牌活动免费为市民提供优质精神大餐。长寿区图书馆的“1+6”亲子读书活动、作家艺术家进校园活动、周末读书会、读者沙龙公益讲座自2011年启动以来，经过精心打造，成为长寿区的重要文化活动品牌。迄今为止，长寿区图书馆已成功举办各类征文、演讲、展览、讲座、培训、报告会等活动300余场，其中“1+6”亲子读书活动获文化部“群星奖”项目申报提名，并被中国图书馆学会入选为全国亲子阅读推广月活动优秀案例。目前，长寿区图书馆的“1+6”亲子读书活动、作家艺术家进校园、周末读书会、读者沙龙、“图书馆·安邦教育培训中心”、“军地共建图书馆”、“蒲公英梦想书屋”、“厂地合作——与重钢图书馆·江南文化服务中心搭建资源共享平台已成为我区综合性文化活动，部分活动还通过电视台直播或录播多次宣传报道，活动有效扩展了图书馆的社会影响力，进一步促进了全民阅读，推动了“书香长寿”建设。

业务研究、辅导、协作协调

截止2012年底，长寿区图书馆职工发表论文16篇，有15篇获奖。作为长寿区公共图书馆（室）的龙头单位，长寿区图书馆积极加强对街镇文化服务中心的业务指导，实现对18个街镇培训指导的全覆盖，投入图书上万册，辅导培训街镇业务骨干566人次。利用图书馆资源开展城乡共建，在全区建立学校图书室10所、军营图书室3个、企业图书馆4个，全年共捐书6000余册。利用流动图书车，定期在社区、军营、机关、企业、学校、乡镇服务点开展上门服务，解决群众借书难、看书难问题。

管理工作

2007年8月，长寿区图书馆搬迁至桃花新馆后，十分注重现代化管理，严格按公共文化服务的“四性”履职，以绩效考核为杠杆，评职评优为动力，调动全体职工的主观积极性，打造了一支愿做事，能做事的图书馆工作团队，先后制定实施了各项规章管理制度，实行双向选择、竞争上岗，明确各部门、各岗位工作职责，不断提高图书馆办馆水平、服务质量。建立了日报、月报、年报统计工作制度，每年对业务工作进行年度综合统计和分析。

表彰、奖励情况

截止2013年底，长寿区图书馆各方面工作先后16次受到上级相关部门表彰奖励。其中文化部表彰奖励2次，市级表彰奖励8次，其他表彰奖励6次。2010年、2013年连续两届保持“国家一级图书馆”荣誉称号，“1+6”亲子读书活动获文化部第十届中国艺术节项目类“群星奖”。

馆领导介绍

喻平，男，1965年8月生，大学本科学历，图书资料馆员，1989年进入长寿区图书馆工作，现任党支部书记、馆长。

祖锦秀，女，1963年3月生，大专学历，图书资料馆员，副

馆长。1988年进入长寿区图书馆工作，先后任办公室主任、工会副主席等职。

李红梅，女，1971年10月生，大专学历，图书资料馆员，副馆长。1991年12月到长寿区图书馆工作，先后在读者服务部、采编部、书库、办公室工作。

徐伟，男，1969年3月生，大专学历，图书资料馆员，副馆长。1990年进入长寿区图书馆工作，先后在读者服务部、辅导部等部门工作。

未来展望

今后，长寿区图书馆将以“创新服务、高效管理、读者满意”作为办馆方针，以提高工作水平和服务质量为有效抓手，突出长寿地方特色，开发利用好特色文献资源，打造特色活动品牌，不断拓展服务外延，积极完善图书馆功能布局，进一步加快数字图书馆建设，积极推进图书通借通还、资源共建共享的公共服务体系建设，继续深化与机关企事业单位协作，推动全民阅读深入开展，深入推进免费开放服务，充分发挥公共图书馆社会服务职能，打造独具地方特色的现代化综合性图书馆。

联系方式

地　址：重庆市长寿区桃花新城文苑大道6号
邮　编：401220
联系人：胡小强

潼南县图书馆

概述

潼南县图书馆于1979年建馆，1980年洪水淹没后搬迁至县川剧团旁，1984年搬迁至书院街，新建馆舍面积约1400平方米，1998年自筹资金扩建馆舍面积约1770平方米，至此馆舍面积达到了3170平方米，其中办公用房480平方米、业务用房2690平方米；书架总长1600米，阅览桌椅600套，报告厅桌椅120套。设有读者服务部、少儿工作部、采编辅导部、自动化部、江北借阅室、综合办公室共四部二室。涵盖图书外借、书报刊阅览、党建阅览、电子阅览、少儿阅览、老年人阅览、视障阅览、红岩魂展、自修、地方文献、学术报告、社会教育培训、文化信息资源共享等十四个免费开放服务项目空间。2013年，参加第五次全国公共图书馆评估，获得国家一级图书馆。

业务建设

截止目前，藏书总量21.7万册（件），其中：书籍12.7万册、电子书9万册，常年订阅报刊种类500种以上。引进了图书借还自动化管理系统，实现了图书借阅管理服务的人性化、标准化与自动化。已建成全国文化信息资源共享工程潼南县支中心、潼南县古籍保护中心、潼南县图书馆网站。成功加入重庆市文化共享工程农民工服务联盟，重庆市少年儿童图书爱心接力联盟，重庆市图书馆展览讲座服务联盟。开办电子阅览室，可供读者使用电脑84台。新增报刊自动阅读机1台、数字图书自动借阅机2台，能够充分满足不同读者多样化的阅读需求。

读者服务工作

免费开放贴近基层，文化惠民取得实效。按照上级安排部署和标准要求，加快推进优化布局我县图书馆公共文化服务网络化建设，2011年园满完成了全县281个行政村农家书屋的建设和业务辅导，2012年新增32处报刊阅览点，2013年新设图书馆江北借阅室，以及33个图书外借点、8个爱心流动书吧、30个社区阅览室、30个文化中心户图书室、843个村级图书外借点、22个文化信息资源共享工程基层服务点及电子阅览室。目前已在全县构建起以县图书馆为中心，江北新城图书借阅室、镇文化站、街道文化服务中心、社区图书室、村农家书屋和农村文化中心户为辅助的图书免费借阅服务网络，实现一年365天全免费开放，周开放时间63小时，为广大读者提供优质服务。

坚持举办各类读者服务活动，深度挖掘本馆优势，倾力特色打造“摄影技术专题讲座”、“情暖你我他、关爱留守儿童”主题实践活动、“磨不灭的马掌铁阅读征文活动”、“爱心流动书吧”读书品牌4个，使图书馆读者服务工作迈上了一个崭新的台阶。

2011年至2014年6月底，书刊总流通209.1692万人次，书刊外借50.3808万册次，图书流通点外借书刊6万册，共举办讲座、展览、培训、阅读推广、送书下乡、进校入厂、进村入户等读者活动370余场次，参与人数34.2450余万人次。对农家书屋管理员进行日常管理及业务知识培训，累计培训人数4000人次。每天坚持为县城设立的6处报刊栏，更新张贴《人民日报》、《重庆日报》、《参考消息》等9类报刊，极大的满足了人民群众对时事政治、科技健康等信息的求知心。潼南县图书馆网站开通以来，访问量达5.3205万次。

业务研究

全馆学术研究氛围浓厚，近年职工撰写学术论文、调研报告累计108篇，公开发表56篇，参加交流52篇，获奖25篇，出版《基层公共图书馆服务与管理创新实践——潼南县图书馆职工论文集》专著1部。

以文化信息资源共享工程潼南支中心为平台，并依托农民工联盟、展览讲座联盟、“爱心流动书吧”等，常年在全县开展志愿服务、专题讲座、关爱留守儿童等主题实践服务活动100场次以上。

表彰、奖励情况

潼南县图书馆党政团结进取，创新实干，积极作为，求真务实，成效出色的文化民生工作得到了各级领导的称赞认可与高度肯定。近年组织开展的各项活动获得国家、市、县等部门奖励80余次，我馆每年均获得“县先进基层党组织”、“三八”红旗集体、建功立业标兵岗、精神文明单位荣誉称号，其中：“红岩少年”系列读书活动连续5年获得重庆市委宣传部等七部委“优秀组织奖”，2012年荣获市文广局免费开放工作先进单位，2013年绩效评价获得市文广局二等奖。

馆领导介绍

胡祖国，男，1969年4月生，大学专科学历，中共党员，馆员，馆长。1986年9月参加工作，2008年4月任潼南县图书馆副馆长，2011年4月任潼南县图书馆馆长。

尹玉学，男，1986年3月生，本科学历，中共党员，研究馆员，党支部书记、副馆长，中图学会会员、市图书馆学会理事，重庆市宣传文化第二批"巴渝新秀"青年人才。1989年7月参加工作，2004年4月任潼南县图书馆副馆长，2011年4月任潼南县图书馆党支部书记。

赖秀珍，女，1974年1月生，本科学历，中共党员，馆员，中级会计师，副馆长。1997年10月参加工作，2004年4月任潼南县图书馆副馆长。

张瑶，男，1976年9月生，本科学历，中共党员，副研究馆员，副馆长。1997年10月参加工作，2010年12月任潼南县图书馆副馆长。

廖学琼，女，1968年11月生，大学专科学历，中共党员，馆员，副馆长。1989年7月参加工作，2013年4月任潼南县图书馆副馆长。

文志刚，男，1976年7月生，大学专科学历，中共党员，助理馆员，副馆长。1996年11月参加工作，2013年4月任潼南县图书馆副馆长。

未来发展

潼南县图书馆将以更加优质的服务，全面推进公共图书馆免费开放工作再上新台阶，不断提高区域文化服务水平，千方百计满足群众文化需求，充分尊重群众的主体地位，吸引广大群众走进图书馆，使人民群众成为免费开放的重要参与者和最大受益者，共享文化大繁荣大发展的丰硕成果。

联系方式

地　址：潼南县梓潼街道办书院街18号
邮　编：402660
联系人：胡祖国

重庆市铜梁区图书馆

概述

铜梁区图书馆始建于1924年，命名为"铜梁县国立图书馆"，先后更名为"铜梁县通俗图书馆"、"铜梁县民众教育馆"、"铜梁县人民文化馆"，1984年8月定名为"铜梁县图书馆"，2014年7月更名"铜梁区图书馆"。2009年1月，铜梁图书馆建成并对读者开放，新馆位于铜梁区巴川街道办事处迎宾路148号，占地面积60余亩，建筑面积12534平方米。2012年铜梁县图书馆拥有阅览座位800个，计算机127台，15Mbps宽带接入，馆内实现了无线网络全覆盖，采用的ILASIII图书馆业务管理系统。

业务建设

截至2012年底，铜梁县图书馆总藏量23.8万册（件），其中纸质文献20.8万册（件），电子图书2万种，电子期刊1万种。

2009—2012年，铜梁图书馆新增藏量购置费20万元，图书平均年入藏1.5万种，中文报刊平均年入藏814种，视听文献年平均入藏1000种，2012年铜梁地方文献入藏完整率均达95%。

截止2012年底，铜梁图书馆数字资源总量为25TB，其中自建特色数字资源0.5TB。自建《铜梁龙》《龙乡文摘》专题数据库2个。数据库内容充分突出馆藏特色文献，结合我县实际，深度挖掘具有地域特色史料。

读者服务工作

2009年10月1日，铜梁图书馆取消了多项收费，降低了图书馆的门槛。2010年6月1日，铜梁图书馆电子阅览室未成年人专区免费开放，2011年6月1日，铜梁图书馆实现了基本服务项目全部免费开放。铜梁县图书馆新馆坚持全年365天开放，每周合计开放时间70小时。2012年铜梁图书馆到馆人次突破49万。

2012年底，与周边10个区县公共图书馆签订了文献馆际互借协议。建有基层流动服务点15个。四年来，馆外流通点借阅图书97899册次，年均28925册次。

2009年—2012年共编辑《龙乡文摘》48期，县领导及局级领导人手一份，多次受到县级领导的充分肯定。

铜梁图书馆网站于2009年建成，年平均访问量近1万次。设置数字资源交互平台，为读者提供快捷直观的服务内容和形式。

品牌活动铜图论坛，2009年—2012年共举办126场，听众8100人次。展览32场，观展人次达97000人次。日常阅读推广活动在常规化和品牌化，定期举办的"让英语走进生活"、"周末故事会"等已深入市民生活之中，成为市民与图书馆良好互动的一个平台。每年阅读推广活动均在30场以上，2012年开展活动达到36场。

业务研究、辅导、协作协调

2009年至2012年，全馆职工在省级以上公开刊物发表论文9篇。

主持召开了铜梁县图书馆2012年管理论坛，全县乡镇社区就学术研究、信息交流、地方文献收集整理等方面召开了学术研讨，对创新公共图书馆管理和服务做了有益的探索。

组建了市内15个区县公共图书馆联盟，各成员馆之间资源共建共享，构建了全县讲座、展览联盟和农民工服务联盟；成立了铜梁县图书馆文献联合编目中心。参与我县乡镇所属基层中心服务网络建设。2012年举办培训班6期，培训人员365人次。

管理工作

实行全员竞聘和双向选择，建立健全考核评价体系，完善岗位设置和职责。积极推进法人治理结构改革和事业单位分类改革。建立日报、月报、年报统计工作制度，每月编辑《龙乡文摘》、《新书推荐》，每年对业务工作进行年度综合统计和分析，2009年—2012年，共编写各类统计调研报告、分析报告8篇。

2012年铜图论坛讲座现场

铜梁图书馆报刊阅览室

铜梁图书馆基藏书库

综合服务大厅

2011年6.1儿童节活动现场

科普周活动现场

2012年暑假儿童电影专场

表彰、奖励情况

2009年至2012年，铜梁图书馆获得各类表彰和奖励6项（不含个人奖项）。由当地党委、政府表彰和奖励4项，市级业务主管部门及其他部门表彰和奖励2项。

馆领导介绍

蒲克玲，女，1972年11月生，大学本科，副研究馆员，党支部书记、馆长。1995年起在图书馆工作，先后任财务科科长、采访编目部主任、副馆长等职务。

周小林，男，1960年12月生，大专学历，计算机专业技师，办公室主任。1984年参加工作，历任县川剧团团长、龙灯文化传播公司经理，1998年调图书馆工作，先后在辅导部、办公室工作，分管馆内日常公务、对外宣传和辅导，以及后勤管理工作。

未来展望

今后，铜梁图书馆将以“夯实基础、改革创新、提升品牌”的战略思路，争取在服务网络建设、文献信息保障能力、公共数字文化建设与服务、人才建设、内部体制机制改革等方面取得重大突破。进一步推进公共数字文化建设与服务，培育基于新媒体的新型图书馆服务业态；进一步推进铜梁龙文化典籍的保存与保护，建设优秀传统文化传承体系；进一步推进图书馆公共文化产品供给力度，全面提升服务水平和服务能力；进一步推进市区县交流合作，提升图书馆影响力；努力构建普遍均等、惠及全民的公共图书馆服务网络，着力推进公共图书馆服务的“全域覆盖”。力争我区公共图书馆各项工作走在全市区级图书馆前列。

2012年农民工及子女电影专场活动

荣昌县图书馆

概述

1950年9月20日，荣昌县成立人民文化馆，新建县文化馆，设有书库、图书室。1989年12月，荣昌县图书馆建成并对读者开放。县图书馆位于荣昌县昌元街道广场路59号，占地面积462平方米，建筑面积2145平方米。1994年，县委县政府决定县城城建修编，因改建入城道和修建海螺桥，把荣昌县图书馆综合大楼切掉一部分，占用图书馆面积343.95平方米，其中馆舍面积175.32平方米。因此，荣昌县图书馆在2002年12月建成图书馆新流通大楼，馆舍面积达到3498平方米。荣昌县图书馆新流通大楼位于荣昌县昌元街道广场路52号，与原图书馆大楼隔街相望，相距50米，配套使用。2012年荣昌县图书馆拥有阅览座位260个，计算机55台，10M宽带接入和无线网络部分覆盖。1998年采用ILAS(S)图书馆自动化管理集成系统，2011年，将ILAS(S)升级为图书馆业务管理系统。

业务建设

截止2012年底，荣昌县图书馆总藏量14.5万册（件），其中纸质文献11.8万余册（件），电子图书2.5万册（种）。

2009－2012年，荣昌县图书馆平均年新增藏量购置费20万元，图书平均年入藏量2.3千种、4.6千册、视听文献平均年入藏量230件（种）、2012年荣昌县地方文献入藏完整率均达97%。

截止2012年底，荣昌县图收馆数字资源总量为3TB，其中，自建特色数字资源1TB。自建数据和合作共建《荣昌旅游》、《荣昌陶艺》、《荣昌折扇》、《荣昌夏布》、《荣昌小吃》等资源数据库，数据库内容充分突出馆藏特色文献，结合荣昌县实际与荣昌县非物质文化相结合，发掘出荣昌县特色史料。

2011年，将ILAS(S)升级为荣昌县图书馆业务管理系统，以适应荣昌县图书馆服务建设需要，同时，对外借室、阅览室和部分空间实现了馆内WIFI无线网络覆盖。

读者服务工作

2011年6月起，荣昌县图书馆全年365天对外免费开放，每周开放60小时。电子阅览室2010年6月取消收费，同时取消工本费的办证收费，实现了基本服务项目的全部免费开放，2012年荣昌县图书馆接待读者16.2万人次。

2012年编辑《信息参考》4期，其内容由“大事纵横”、“荣昌动态”、“农科知识”、“本馆简讯”四部分组成，定于每季度一期。分别赠送给分管领导、主管部门、市级图书馆、各区县图书馆和各镇街综合文化站图书室。

荣昌县图书馆常年组织开展40余次各种读书活动，如征文、书法绘画、演讲、网络知识竞赛、亲子阅读、全民阅读系列活动、红岩少年系列等活动，在每年的世界读书日和读书活动周期间不断更新活动内容，以此来丰富读者阅读生活，同时我们还编印二次文献和参加全县文化“四下乡”等宣传活动。在每年春节期间开展迎新春免费义务送春联、书谜活动、亲子阅读活动和春节前后为农民工购票活动已成为荣昌县图书馆常年性社会活动，并纳入了全县春节期间公共文化免费服务活动之一。

荣昌县图书馆在开展读书阅读推广活动中，注重阅读推广的多元化和覆盖面，采取灵活多样、点面结合的推广形式，打造品牌效益，产生一定的效果。一是义务写送春联暨文化共享工程展示活动，连续3年组织了县内20名书法家为广大市民义务写送春联，每年送出春联600余幅，平均每年2000余人参与了活动，受到市民欢迎。二是春节书谜活动，从1989年开馆以来坚持每年春节书谜活动，平均每年接待3000多人次的读者，深受读者喜爱。三是打造“爱心妈妈讲故事、亲子系列阅读”活动，该活动从2011年起开展的两年中坚持不断的为小读者们服务，在2013年全国少年儿童阅读年“亲子共读，爱的体验——全国家庭亲子阅读推广月活动”中荣获全国二等奖。

业务研究、辅导、协作协调

荣昌县图书馆于1992年与重庆市少年儿童图书馆建立了协作协调关系，在2013年2月安装系统软件，通过互联网开展远程馆际互借工作，2010年和2011年期间参与区域协作协调工作，为了加大荣昌县图书馆创新服务工作，荣昌县图书馆与涪陵、渝北、永川、北碚、万盛、璧山、铜梁、长寿等10个区县公共图书馆创立了区县区域性图书馆联盟，其目的是加强合作，促进资源共享，探索创新机制，最大程度满足读者需要。2011年9月与全国图书馆联合编目中心建立了图书馆联合编目关系。

荣昌县图书馆每年对全县21个镇街、农家书屋和学校外借点进行有规划的辅导培训。在21个镇街中有网络建设的公共图书室占40%。建立学校外借点8个，每学期为他们更换新书3800册多册和业务辅导培训2次，其中5个学校外借点有4所实行网络资源共享。同时各基层图书室和农家书屋进行业务、自动化管理，实行长期有效的辅导培训工作，从2009－2012年期间荣昌县图书馆对镇街综合文化站图书室管理员组织培训168次，对农家书屋管理员进行集中培训和到书屋实地培训441次，几年来连续得到上级部门的工作肯定与表彰。

少儿室

图书馆大厅

外借室

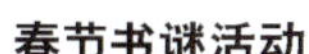
春节书谜活动

免费送春联活动

全民阅读推广活动

管理工作

荣昌县图书馆2009–2012年以来，按年初计划对本馆工作进行有序安排，全馆职工实行按需设岗、竞争上岗、按岗聘用的人事管理，建立健全考核评价制度，完善岗位设置和职责，同时建立月报、年报统计工作制度，每季度编辑《信息参考》，每年对业务工作进行年度分析统计，并做好志愿者服务管理档案。年末对人事、业务、财务工作进行统计并形成分析报告，而各阅览室、外借室和公共服务空间长期保持整洁、美观、安静的阅读学习环境，让读者始终在清新优雅环境中博览群书。

表彰、奖励情况

荣昌县图书馆2009–2012年，荣获市级表彰6次、县级表彰2次、部门表彰2次，个人获中图学会学术论文表彰9次、市级表彰7次。

馆领导介绍

杨毅，女，1967年10月生，本科学历，中共党员，馆员，党支部书记、馆长，重庆市图书馆学会理事，1989年12月到荣昌县图书馆工作。

周薇薇，女，1981年6月生，本科学历，民进会员，助理馆员，副馆长，重庆市图书馆学会成员，2008年10月进入荣昌县图书馆工作。

未来展望

荣昌县图书馆将在今后的发展过程中，县委县府将有新建荣昌县图书馆规划，争取在新图书馆建成后把网络服务建设、公共数字资源建设、人才建设、内部体制等方面取得较大的突破。在近几年中荣昌县图书馆不断努力把纸质藏书量增加达到20余万册。进一步完善图书馆服务从阵地服务走入社区服务，从纸质服务到网络服务的图书馆服务新业态。荣昌县图书馆将进一步新增电子书借阅机，把图书馆服务由阵地服务走向社区、学校及普通老百姓的身边。荣昌县图书馆在数字资源上将追求更加多元化，从提供单一的电子书到为读者提供视频、音频到更多数字化资源的过程。随着数字资源的增加，图书馆硬件设备的服务器、存储设备及相关附属设备也将不断增加并提升。

联系方式

地　址：重庆市荣昌县昌元街道广场路52号
邮　编：402460
联系人：周薇薇

亲子阅读故事会

为农家工提供免费阅读

延伸服务陶艺活动

重庆市璧山区图书馆

概述

璧山区图书馆位于璧城新生街56号，始建于1989年，成立于1992年，同年10月1日正式对外开放。旧馆馆舍建筑面积1706㎡，拥有阅览座位280个，计算机55台，20Mbps宽带接入，采用Dlibs图书馆业务管理系统。分别于1998、2004、2009年三次被文化部授予三级图书馆，2013年通过评估验收获得国家级一级图书馆称号。

璧山区图书馆新馆位于双星大道，建筑面积25100㎡，其中地上面积19045.98㎡，藏书设计63万册，拥有阅览座位1000个。新馆建成将是功能设置齐全，设施设备先进，现代化技术应用领先的国家一级图书馆。

业务建设

截止2012年底，璧山图书馆新增藏量购置费20万元，总藏量11.32万册（件），其中中文图书9.74万册（件），报刊400余种共2.5万册（件），电子图书0.68万册，盲文图书184册，视听文献300种，地方文献入藏完整率为90%。

截止2012年底，璧山图书馆数字资源总量为5TB，其中，自建数字资源总量3TB。自建全文数据库《璧山地方文献》，以保存史料为责任，目前有全文数据60GB。

璧山图书馆从1999年开始使用图书集成管理系统ILAS(s)，为实现全区范围内“总—分馆制”的建设，于2009年改换为DLibs集成管理系统，并于2011年在全县范围内启用“一卡通通借通还服务”。

读者服务工作

2010年6月1日起，开始在馆内实行“一卡通”免费借阅，比文化部、财政部要求免费开放早行一年，即免费办理借阅证，一张借阅证可以同时借阅图书、期刊或视听文献，可以免费在任意阅览室阅览（包括电子阅览室），改变了以前办证、借书、阅览等有偿服务方式。全年365天天天对外免费开放，周开放56小时。

2011年3月，依托B/S架构的Dlibs集群数字图书馆管理系统，璧山图书馆在璧山区丁家文化站建立了外借点（分馆），标志着以区图书馆为中心馆，以街镇文化服务中心（站）图书室为外借点（分馆）的服务网络体系开始形成。此外，与国家图书馆签订了文献联合编目协议。

璧山图书馆门户网站于2009年改版升级，年平均访问量万余次。建成业内动态、新书推介、地方文献等栏目；开通了读者登陆、查询、留言等服务平台；设立了重庆市内各公共图书馆、高校图书馆、文化类网站等链接，不仅方便了读者查询阅览，还加强了图书馆的宣传以及业内的互动交流。璧山图书馆数字资源存储容量达5TB，正式运行的数字资源数据库3个。

2009—2012年，璧山图书馆通过举办讲座展览、组织阅读推广、开展图书馆服务宣传等形式的读书活动，凸显了二个亮点：一是延伸阅读服务。除常规的阵地借阅外，还将图书阅读延伸到新华书店、留守儿童中，让读者实现自己选书的权利，让更多的未成年人享受文化服务；二是关注弱势群体。开展了亲子阅读、知识讲座、科普展览，引导儿童爱读书、多读书、读好书；还对区福利院、企业进行了送书服务，慰问关心了孤寡老人和农民工；共开展活动130次，参与人数9万人。

业务研究、辅导、协作协调

2009年至2012年，全馆职工在省级以上公开刊物发表论文6篇。

2009年至2012年共编印7期参考咨询资料——《报刊文

电子阅览室少儿区

报刊室

阅览室

读书心得交流会

开展“你买书，我买单”读者活动

少儿活动——为来凤镇留守儿童赠书

摘》，内容主要为政治、经济、文化、军事等方面，可为领导决策提供教参。

自2009年建成文化信息资源共享工程璧山区支中心后，璧山区图书馆以共享工程为抓手，深入基层进行了全面的工作指导、业务辅导活动，每年举办2期共享工程培训会。依托DLIBS集成管理系统，组建起了璧山区公共文化服务网络体系，发展分馆9个，统一使用“一卡通”，实现联合编目、图书通借通还等业务。期间，举办培训班5次，300人次接受培训。

管理工作

严格按照《重庆市事业单位岗位设置管理办法》及相关规定，进一步细化了岗位职责，明确了责任，严格绩效考核和兑现，以提高干部职工的工作积极性和创造性；在设备、物资管理上，严格执行政府采购程序，建立健全了资产台账，杜绝了国有资产遗失情况；在安全保卫方面，严格执行“一岗双责”，坚持上下班前自查，上班期间巡查，单位不定期组织抽查等消防安全检查制，坚持了24小时安全值班制度；在馆舍关键部位设置有监控，杜绝了安全事故的发生；在环境卫生管理上，实行包干到部门，责任到人的“承包制”，做到天天有清扫，每周有大扫除，确保环境整洁。

表彰、奖励情况

璧山图书馆各项工作成绩突出，受到社会普遍赞同，得到相关单位肯定。2009年–2012年，获得县级以上表彰26人次，其中市级3人次，县级23人次。

未来展望

在撤县设区的历史机遇下，璧山区图书馆努力做好新馆建设的同时，将继续秉承“全心全意为读者服务”的宗旨，以饱满的工作热情服务读者。随着新馆的建成，我们一定充分利用它的新设施、新技术，发挥好它的新功能、新服务，让图书馆的各种资源更好地被市民共享。让它成为璧山绿岛新区文化、信息传播、保存资源和开展社会教育为一体的综合性公共图书馆，为我区经济建设和社会发展发挥重要的作用。

新馆全景

联系方式

地　址：重庆市璧山区新生街56号
邮　编：402760
联系人：刘晓钦

成立视障阅览室

快乐六一故事会

旧馆全景

武隆县图书馆

概述

武隆县图书馆成立于1979年，位于武隆县巷口镇芙蓉中路81号，2011年6月11日对外免费开放，2013年10月被国家文化部评为一级图书馆，现馆舍建筑面积3397.01平方米，馆内现有阅览座位294个，共有计算机46台，信息节点50个，宽带接入10Mbps，存储容量6TB。采用慧尔图书管理系统。

业务建设

截止2012年底，武隆县图书馆总藏量119625册（件），其中纸质文献118596册（件），电子文献1029种。

2009—2012年，武隆图书馆新增藏量购置费34万元，图书平均年入藏2638.5种、报刊平均年入藏244种、视听文献平均年入藏78.25件，2012年武隆地方文献入藏完整率均达80.76%。

截止2012年底，武隆县图书馆数字资源总量为1TB，馆藏中文文献数字化100%。制定了地方文献数据库建设规划，并进行了登记。武隆县图书馆将结合武隆旅游特色实际，深度发掘具有武隆地方特色的史料，目前地方数据库正在建设中。

2012年武隆县图书馆与复兴社区农民工服务点和城东村基层服务点开展试点实行通借通还，计划到2015年全部推广到全县11个基层服务点。

读者服务工作

2011年6月1日，武隆县图书馆实现了基本服务项目的全部免费开放。免费开放公共空间达1800平方米，设有书刊借阅、电子阅览、少儿阅览、多媒体阅览等12个窗口，并提供免费存包、饮水等服务。坚持全年365天开放，每周合计开放时间63小时。武隆县图书馆现有11个基层服务点，年平均外借5283册次，人均年到馆67820人次，每年开展书刊宣传29次，长期开展政府公开信息服务。

武隆县图书馆长期致力于开展特殊群体服务工作，2012年为残疾人服务2次，惠及53人次，为进城务工人员服务9次，惠及4825人次，为未成年人及老年人服务4次，惠及1780人次。

武隆图书馆门户网站于2012年开通，年平均访问量5万次。数字资源存储容量达1TB，目前地方资源数据库、古籍资源数据库正在建设当中。

2009—2012年共开展讲座培训60余场，服务读者3万余人，举办展览17场，观展人数达100万人次。日常阅读推广活动实行常规化和品牌化，定期举办“一本书.温暖一座城”、“亲子阅读分享”、“新春猜字谜”等读书活动，成为市民与图书馆良好互动的一个平台。每年阅读推广活动均在20场以上，2012年开展活动达到28场。

业务研究、辅导、协作协调

2009—2012年，全馆职工在市级以上公开刊物发表论文3篇，其中武隆县图书馆支部书记冯晓兰同志发表的《浅谈农家书屋的建设》论文获中国国书馆工作者协会举办的图书馆学理论与研究优秀成果评选活动一等奖的殊荣。

2009—2012年，武隆县图书馆利用爱心图书接力服务活动，与忠县、石柱、丰都三个图书馆开展了馆际互借服务，签订馆际互借协议，各成员馆之间资源实现了共建共享。积极参与重庆市古籍保护中心联合编目工作，并配合国家古籍保护中心办公室、国家图书馆出版社联合编目了《全国古籍普查登记目录》，目前武隆县图书馆共有古籍440册，古籍善本408册。以县图书馆为中心，辐射各部门单位、乡镇文化站、村图书室、农家书屋，进行培训指导，开展了图书服务宣传周、全民读书月、送书下乡等服务活动，读者满意率达99%。街道、乡镇、社区、村图书室参与服务建设网络的比例为83%。开展图书编目、共享工程、古籍知识等方面培训20次，培训辅导900余人。

管理工作

制定岗位设置方案，职工年度考核实施办法，完善了聘用制度和岗位责任制，制定了奖励性绩效分配制度，积极推进事业单位分类改革。建立日报、月报、年报统计工作制度，对全馆的人事管理、统计、财务作了年度统计分析报告，各类报表均能按时按质的上报。编撰了《武隆图书馆简报》、《武隆图书馆工作动态》等工作信息，每年对图书业务工作进行年度综合统计和分析，2009—2012年，共撰写各类统计调研分析报告8篇。

家长带领小朋友在少儿阅览室看书

成人阅览室座椅

电子阅览室

少儿借阅室座椅

“六一”竞猜活动现场

2013年送书下乡活动

实验二小留守儿童赠书活动现场

表彰、奖励情况

2009年以来，武隆图书馆获得各类表彰和奖励13项（不含个人奖项）。其中市级业务主管部门及县委、政府表彰和奖励7项，县级业务主管部门及其他部门表彰和奖励6项。

馆领导介绍

陈旭，男，1970年11月出生，馆长，大专学历。1990年12月在文化系统工作，先后在武隆县文化局，文化稽查中队、文化市场行政执法大队工作。

唐海燕，女，1970年04月出生，副馆长，大专学历，中共党员，图书资料馆员。1992年11月至今在武隆县图书馆工作。2011—2013年度被中国图书馆协会评为优秀会员。

冯晓兰，女，1965年10月出生，支部书记，大专学历，中共党员。1987年3月至今在武隆县图书馆工作。

未来展望

回首过去，我们取得成绩；展望未来，我们信心倍增。今后，武隆县图书馆将以“一切为了读者、为了读者一切”办馆理念，以“低门槛、高质量的服务”和“低姿态、高效能的运作”的服务思路，争取在服务网络建设、公共数字文化建设与服务、地方文献建设、人才建设等方面取得重大突破。我们将进一步加强图书馆工作人员的业务培训，认真开展课题研究，长期开展馆际间交流，互相取长补短，积累图书馆管理经验，全面提升为广大读者服务的水平能力，着力推进公共图书馆服务的“全域覆盖”，努力打造设施先进、服务优质、公众满意的“市民大书房”，竭力打造图书馆成为集教育、文化、旅游及社会功能于一体的重要的文献信息中心，使之成为具有旅游特色的图书馆。

联系方式

地　址：重庆市武隆县巷口镇芙蓉中路81号
邮　编：408500
联系人：申学佳

在都市广场举办的图书宣传周活动

在人民广场举办的读书活动

农民工免费培训计算机

在人民广场举办读书活动

武隆县图书馆展览

忠县图书馆

概述

忠县图书馆位于重庆市忠县忠州镇红星梯道8号，占地面积1500平方米，建筑面积3000平方米，建筑总投资550万元。2007年4月正式动工兴建，2009年9月28日开馆服务。2010年1月被文化部评为国家三级图书馆，2013年被文化部评为国家一级图书馆。

截止2012年12月底，在编人员8人，其中馆长1人，副馆长1人；有本科学历1人，大专6人，大专以上学历者占职工人数87.5%，具有副高职称1人，中级职称2人，初级职称2人。

忠县图书馆能容纳阅览座席200人，设有文化信息资源共享工程忠县支中心、图书借阅室、报刊借阅室、少儿借阅室、地方文献资料室、电子阅览室、残障阅览室等，每周开放63小时。

业务建设

截止2012年底，我馆藏书20万册（件）。其中中文新旧纸质图书8万册，电子图书及期刊12万册（件）。常年订报纸50余种、杂志200余种。图书馆以人为本，坚持“读者第一，服务至上”的宗旨，为读者提供图书外借、报刊阅览、资料查询、信息导航等全方位的优质服务。

2012年，忠县图书馆新增藏量购置费达20万元。业务自动化采用Interlib图书馆集群自动化管理系统。配置有触摸屏电子报刊阅读机、歌德电子书阅读机。

读者服务工作

读者活动：常年定期或不定期开展知识讲座、征文比赛、图片展览、谜语竞猜、演讲比赛等读书活动，实现图书馆与读者的互动，充分展示图书馆的魅力。

宣传周活动：每年都举办图书馆服务宣传周活动，主要项目有图片展览、知识讲座、谜语竞猜、读者座谈会、送书到基层等活动，扩大了图书馆的社会影响。

爱心图书接力传递活动：我们采取的是与学校联姻，将读者引进来和爱心图书送出去的办法，配合市里，在学校开展一系列读书活动，如读书征文、讲故事比赛、知识问答等等。引导广大少年儿童树立正确的人生观、价值观和荣辱观，培养他们热爱学习、勤于思考、乐于助人、追求真理的健康人格，让他们成为“有理想、有道德、有文化、有纪律”的社会主义新人。

送书下乡：为促进新农村建设，满足基层群众的求知欲，每年都开展送书下乡活动（三下乡活动），采取送书、现场阅览和发放宣传资料的方式，为广大农村群众服务。

主要品牌活动有：一是“道德讲堂”讲座；二是“让偏远学校儿童走进图书馆”阅读体验活动；三是小小图书管理员志愿者活动。

表彰、奖励情况

2009年获重庆市少年儿童“为祖国喝彩”系列读书活动组织奖；2010年获重庆市少年儿童庆世博“放眼世界——喜看‘五个重庆’建设新变化”系列读书活动组织工作奖；2012年，获古籍普查工作和公共文化服务免费开放工作先进单位。

馆领导介绍

秦宗和，男，1964年5月生，大专学历，中共党员，副研究馆员，党支部书记、馆长。1986年到忠县图书馆工作。重庆图书馆学会理事。

艾英，女，1962年5月生，大专学历，馆员。1981年进入图书馆工作。

联系方式

地　址：重庆市忠县忠州镇红星梯道8号
邮　编：404300
联系人：秦　曦

报刊阅览室一角

外借室

春节系列服务活动

亲子阅读体验

三下乡活动

儿童阅览室一角

元宵节猜谜活动

忠县图书馆外貌

开县图书馆

概述

开县图书馆成立于1956年，馆内建筑总面积5112㎡，馆藏图书21万余册，读者座席600余个，设有报刊阅览室、图书借阅室、少儿借阅室、电子阅览室、老年阅览室、报告厅、培训室、综合活动室、自修室等多个业务窗口。有阅览座位600个，计算机108台，15Mbps宽带接入。采用Dlibs运行的图书馆业务管理系统。

多年来，开县图书馆坚持以读者为中心的服务理念，并将其落实于吸引读者，方便读者，满足读者的具体行动之中，并以丰富的文献资源和数字资源、较为完善的设施设备，开展书刊借阅、信息检索及图书馆数字化等服务，利用节假日开展留守儿童视频对话活动，常年展示全县中小学生优秀征文、书法、绘画等成果，定期和不定期地开展各种讲座、知识竞赛、文献展示等群众性读书活动，是开县集文化、科研、教育、休闲为一体的大型综合性公益机构。

业务建设

一是合理购买图书。2009–2012年，开县图书馆年购书经费20万元，图书平均年入藏2600余种、报刊平均年入藏350种、视听文献平均年入藏111种，馆内设有地方文献阅览室专架，目录完整，有专职人员负责地方文献的收藏、保存和借阅。我们每年通过县文联同本土和县外的作家联系，征集本土文献。图书文献采选有重点，有连续性，对用户的需求有针对性，购买图书复本量合理。截止2012年底，开县图书馆总藏量20.9万册（件），其中纸质文献19.5万册（件），电子图书505种。

二是丰富数字资源。截止2012年底，开县图书馆数字资源总量为6TB，为文化资源共享工程打下了坚实的基础。

读者服务工作

一是全面实行免费开放。2011年4月，开县图书馆全面对外免费开放。每周开放时间为60.5小时，双休日、节假日全部对外开放。特别是政府公报阅览室的开放，更是一个亮点，它不仅深受广大读者的欢迎，而且成为老百姓查阅政事、了解政策的一个重要途径。针对我县为农业大县的基本情况，我馆还为我县的养殖和种植大户提供咨询参考专题服务等。此外，我馆还为残疾人等特殊群体提供便捷服务，如设置残疾人专座等，为进城务工人员提供计算机等技能培训，为老年人提供老花镜等。自免费开放以来，全市多达26个区县文广新局的领导和图书馆的同仁来开县图书馆交流学习，并高度评价和充分肯定了免费开放工作。

二是建立馆外服务点。继2008年在武警中队建立了馆外流动服务点后，2009年又在安康八组团建立了馆外流动服务点，共有藏书及杂志700余册，每天上午8时到10时，下午6时到8时对外开放，让更多的小区居民在自己社区就能享受到图书馆的服务。2010年还在戒毒所建立了馆外流动服务点，现有藏书及杂志800余册，每天下午3时到晚上6时开放，让戒毒学员用知识去洗涤自己的心灵，树立正确的人生观和价值观，充分发挥了图书馆的宣传职能。截止2012年底，共建立馆外流动服务点5个。2013年在赵家街道建立了1000余的开县图书馆赵家分馆，馆藏图书2万余册，实行错时开放制度，增加晚上6：30至8：30为免费开放时间，逢赶场天不休节假日，轮流值班开放。倾力满足老人、儿童，特别是农村留守儿童、农民工群众的读书与文化、科技信息需求，日接待读者200余人次。馆外流动服务点的建立极大地丰富了各个层面人群的精神文化生活。

4月23日世界读书日读者见面会活动

开县全民阅读活动启动仪式现场

开县图书馆赵家分馆开馆

师生走进图书馆实践活动

三是开展留守儿童视频对话活动。留守儿童视频对话活动是开县图书馆的特色服务项目之一。结合开县是劳务大县，在外务工人员众多，留守儿童数量大的实际情况，为了加强留守儿童与父母的情感沟通与亲情联络，弥补留守儿童缺失的亲情，让他们寻找到更多的快乐，健康成长，开县图书馆利用文化信息资源共享工程电子阅览室设立了留守儿童视频对话室，在六一节、端午节、中秋节等节日组织留守儿童与父母视频对话活动，并常年开展，即每周六上午9时至12时开展视频对话活动。此项活动的开展受到了留守儿童及家长、老师们的广泛好评。

四是常年开展优秀征文、书法、绘画作品展。2009-2012年，开县图书馆共举办讲座、展览、培训、阅读推广活动116场次。每年组织开展庆“六一”、知识竞赛和征文比赛、演讲比赛、讲故事、百科知识竞赛、召开读者座谈会等多种形式的读者活动和讲座达18场次，展览每年5次，每年开展阅读推广活动6次。定期开展“读好书”、“全民读书月”“图书馆服务宣传周”等服务宣传活动。同时，常态化地举行中、小学生优秀书画作品展，征文比赛”等活动，给广大青少年儿童提供了一个展示自我的机会和交流、学习的平台。

业务研究、辅导、协作协调

一是多出科研成果。2009年至2012年，全馆职工在省级及以上公开刊物发表论文6篇。

二是多为读者服务。开县图书馆积极参与重庆市少儿馆组织的小学生网上知识答题、讲故事活动、爱心图书接力活动和重庆市古籍保护中心联合编目等一系列协作协调工作。

三是多到乡镇街道辅导。每年按计划派出业务骨干深入乡镇街道，深入社区、军营等基层图书室进行了业务辅导，提高基层图书管理员的业务技能，并通过多种方式对乡镇街道基层服务点的文化干部和农家书屋管理员进行培训。

开县图书馆免费开放的外借、阅报室

管理工作

一是健全管理制度。开县图书馆对每一年的工作都有着具体的安排，制定详实的计划。并建有财务管理制度，严格按照相关制度执行，并加强监督工作。同时对职工实行岗位管理和工作目标管理责任制，严格考核制度；馆内重成绩、重贡献，并设立科学合理的人事考核制度。全馆岗位设置、目标管理、职工考核等材料健全。并做好职工的在人事变动和职称变动统计工作，鼓励和安排职工参加各种业务培训。并有完善的人员安全、数据网络安全制度和应急预案。

二是重视安全工作。专门从保安公司聘请了安保人员，保卫工作实行昼夜值班，多年来没有发生任何消防事故和社会治安事件。

表彰、奖励情况

2009年以来，开县图书馆获得各类表彰和奖励14项（不含个人奖项）。其中国务院业务主管部门表彰和奖励1项，省级党委、政府、市级业务主管部门表彰和奖励7项，县级党委、政府、业务主管部门及其他部门表彰和奖励6项。

馆领导介绍

王行燕，女，1965年1月生，本科学历，中共党员，副研究馆员，党支部书记、馆长，开县人大常委会委员。

未来展望

今后，开县图书馆将秉承“免费开放为基础，服务基层为延伸，开展活动为推手”的理念，加强公共数字文化建设与服务和传统文化典籍的保存与保护，努力构建普遍均等、惠及全民的公共图书馆服务网络，助推开县文化事业更好的发展。

联系方式

地　址：重庆市开县汉丰月潭街52附2号
邮　编：405400
联系人：吴高航

云阳县图书馆

概述

清末民初，县人郭文珍、彭聚星、刘贞安等创立私人图书馆，以郭为最捐赠的图书数万册。

民国18年，教育局创立图书馆，有图书数千册，其中有彭聚星亲属捐赠的珍版图书百种。民国26年成立县立图书馆，其中藏书2万余册，1950年9月县人民文化馆内设图书室，有图书2100余册，1978年云阳县图书馆正式成立，并对外开放。馆藏图书7000余册，报纸12种，杂志80种。1985年馆藏图书资料30263余册，报纸12种，杂志60种。同年县人民政府拨专款4500元，购《古今图书集成》1套。1996年因三峡工程建设由江苏省苏州市人民政府对口支援云阳，在云阳新县城群益广场东测援建云阳县少儿图书馆，1997年云阳图书馆从云阳镇迁至云阳新县城少儿图书馆。2011年元月4日位于云阳新县城两江广场市民文化活动中心（四楼、五楼）的云阳县图书馆建设完工并实施免费开放，新馆使用面积2440平方米，2013年，参加全国公共图书馆评估，获文化部一级图书馆。

业务建设

截至2013年底云阳县图书馆藏书10万余册（其中古籍图书1854册），报纸38种，杂志180种，电子报刊3500种，电子图书10000册。设有专门的成人阅览室、政府公报阅览室、少儿阅览室、多功能厅、成人外借室、电子阅览室、古籍图书收藏室、地方文献室、休闲书吧，为读者提供优质的服务。

读者服务工作

从2011年1月实施免费开放以来，云阳县图书馆全年317年天对外免费开放，周开放时间48小时。主要开设有电子阅览室和成人阅览室、少儿阅览室、外借室、老年阅览室。书刊阅览总人次30万人次，书刊外借10余万册。同时建立了重庆古籍平台联网，完成了公共电子图书馆的网络建设和信息共享工程服务器的架设工作，从而为群众提供了一个文化信息资源共享的平台和一个公益性的上网环境。加强云阳文化网联的工作。通过与重庆图书馆和其他区县图书馆学习交流，不断改进我馆文化建设工作，开展全县乡、镇公共文化服务中心及农家书屋的业务辅导工作，对乡镇电子终端不足的地方，通过对农家书屋捐赠书籍等方式，实现文化共享，丰富基层群众的文化生活。

业务辅导、协作协调

从2011年起，云阳县图书馆以全国文化信息资源共享工程VPN专网为依托，在馆内设全国文化信息资源共享工程重庆云阳县支中心，该中心现有计算机46台，并免费为读者提供服务。

2013年云阳县图书馆加入重庆市公共图书馆讲座、展览联盟，并成为联盟成员馆。

2014年云阳县图书馆紧紧围绕重庆市公共图书馆讲座、展览联盟：一是开展了梦想课堂——云阳书香讲坛；二是开展了网络书香，数字阅读推广活动，三是开展了“少年儿童爱心图书接力服务活动”。四是开展了“畅享地球村——少儿英语明星大赛”，五是开展了“阅读新视界——视障读者健康知识讲座”；六是开展了“环球图书馆之旅”展览活动。

管理工作

一是明确云阳县图书馆图书馆馆长、党支部书记、副馆长的工作职责。

二是建立完善云阳县图书馆免费开放工作制度和图书保管借阅制度。

表彰、奖励情况

2004—2012年，云阳县图书馆共获得各种表彰、奖励12次，其中，中国文化管理学会表彰、奖励1次，重庆市委宣传部等单位联合表彰、奖励2次，重庆市文化广播电视局表彰、奖励7次，其他表彰、奖励2次。

馆领导介绍

方宗建，男，1957年1月生，大专学历，中共党员，图书馆员，馆长。1975年9月参加工作，历任云阳县新华书店副经理，2000年任云阳县图书馆馆长。

张顺，男，1971年9月生，本科学历，中共党员，文博馆员，党支部书记。1990年12月参加工作，历任云阳县文物保护管理所副所长、所长、党支部书记，云阳县博物馆馆长，2014年6月

任云阳县图书馆党支部书记。

解维成，男，1970年11月生，大专学历，图书助理馆员，副馆长。1993年12月参加工作，历任云阳县文化馆馆长，2008年任云阳县图书馆副馆长。

未来展望

云阳县图书馆将按照重庆市文化委员会的要求，在县委县政府和县文广新局的领导下，紧紧围绕重庆市公共文化网络建设平台，整合现有资源，创新形式和载体，积极开展讲座联盟，推进文化建设和信息资源共享工程建设，积极开展图书文化活动及文化共享活动。同时，进一步完善软硬件设施设备，推进馆域网建设、促进乡镇公共图书室建设、电子阅览室终端建成，努力构建内容安全、服务规范、环境良好、覆盖广泛的公益性互联网服务体系，加强宣传推广，做好培训工作，积极推进图书馆文化建设服务体系，数字文化惠民服务工程，为人民群众传递和送达更加丰富多样的数字文化信息资源，活跃基层群众文化生活，为精神文明建设注入更多的活力，为广大市民奉献更多、更好的文化盛宴。

联系方式

地　址：云阳县双江街道两江广场市民文化活动中心5楼
邮　编：404599
联系人：向 红

奉节县图书馆

概述

奉节县图书馆初创于1979年6月，与文化馆合并办公，两块牌子一套班子。1984年7月两馆正式分离后，八月正式对外开放。馆址几经变迁，2013年1月30日，位于奉节县西部新区的新馆建成。新馆占地10亩，建筑面积7747.7平方米，设计藏书容量30万册，可容纳读者座位360个。2013年，参加第五次全国公共图书馆评估，首次获得一级图书馆。2014年，奉节县图书馆有阅览坐席500个，计算机110台，宽带接入20Mbps。

业务建设

近年来，县委、县府高度重视图书馆事业投入，2012年财政拨款达91万余元。图书馆自2011年6月起实行了免费开放，免费开放经费全部到位。

全馆在职职工9名，具有大专学历，专业技术人员7名，其中，中级3人，初级2人。我馆注重职工专业技术素质教育，近几年我馆职工每年都要参加各种培训、继续教育学习，每年都有职工在省级刊物上发表论文。职工素质有很大提高。

截止2012年，图书馆藏书总量达5.945万余册（件），其中电子文献1000种。地方文献建设有专架，由专人进行管理，地方文献收集管理的各项规章制度健全，建有地方文献数据库。

我馆文献保护规章制度健全，有专门的采选方针，文献标引、著录均按国家相关规定执行，加工整理质量好，目录设置、组织、管理规范。文献编目和藏书组织管理均按规定执行。

读者服务工作

根据文化部、财政部《关于推进全国美术馆、公共图书馆、文化馆(站)免费开放工作的意见》文件精神，我馆于2011年6月1日起实行了全免费开放，服务项目齐全。2012年全馆流通总人次达3.8万人次，外借图书达5.3万册次，举办讲座、培训等活动15次以上，参加读者活动1.2万余人次。

我馆每周开放60小时，图书实行全开架服务，充分利用馆内外橱窗、展板等形式开展书刊宣传活动。在报刊阅览室配置老花镜等方式，为特殊群体服务。为充分发挥馆内各种资源，我馆在全县共建立有5个图书流通点、2个爱心图书室等。长期开展送书下乡、送科技下乡、全民读书、科技知识普及等服务活动。

业务研究、辅导、协作协调

我馆积极参与本地区图书馆的馆际互借及其他各类业务活动，在本地区图书馆服务体系建设中发挥积极作用，并与全县31个乡镇文化站建立了馆站协作协调关系。常年坚持对基层文化站图书室、图书流通点、学校、社区图书室管理人员开展业务辅导及培训工作。

管理工作

我馆建立健全各项规章制度，强化激励机制，按需设岗，按岗聘用，全体职工通过公正、公开、公平原则竞争上岗。严格落实各项管理制度。管理工作逐步规范化。2012年，奉节县图书馆完成第二次全员岗位聘任，本次聘任共设6类岗位，全员重新上岗，同时，建立了工作量化考核指标体系，每月进行工作进度通报，每半年和全年进行总体工作考核。

表彰、奖励情况

2009—2012年，奉节县图书馆共获得各种表彰、奖励5次，其中，市级表彰、奖励2次，其他表彰、奖励3次。

馆领导介绍

朱波，男，1968年10月生，大专学历，图书馆员，馆长。1986年10月参加工作至今，重庆市图书馆学会理事。

冉冬健，男，1962年12月生，大专学历，图书馆员，副馆长。1981年12月参加工作至今。

未来展望

奉节县图书馆遵循“服务大众、服务社会”的办馆方针，以一级馆的标准，不断强化自身综合实力，打造奉节

电子阅览室

乡镇文化站培训

送科技资料下乡

送书下乡活动

县以县、乡镇、社区、村为一体的公共文化服务体系，创建奉节县公共图书馆服务联盟，带动了全县公共图书馆事业的整体发展。在未来的几年里，奉节县图书馆将在全县启动5个爱心图书室、10个基层服务点的建设，争取把更多的馆藏资源扩散到社会中去，更好地服务广大人民群众。

联系方式

地　址：奉节县永安镇竹枝路341号
邮　编：404600
联系人：李　希

秀山县图书馆

概述

2013年秀山县图书馆在第五次全国公共图书馆评估中，获得国家县级一级馆。秀山县图书馆（老馆）建于1979年，位于秀山县中和街道广场路5号，建筑面积1096平方米，藏书量5万多册。内设：办公室、业务室、采编室、借书室、综合阅览室、少儿阅览室、电子阅览室。2011年3月，按照县政府的统一规划，重新修建图书馆新馆。新馆位于县城西部环境幽静的文体教育区，占地4500平方米，建筑面积8000多平方米，2012年底，主体工程已经完工。2013年，进入内部装修阶段。预计2015年年底前，可投入使用。新馆主建筑4层。设计藏书量60万册。共设20个服务窗口，5个主要功能区。

业务建设

截止2012年底，秀山县图书馆图书总藏量57615册。其中图书藏量37201册；视听文献204种；电子图书300多种。报刊17644册，少儿文献5006册。

2013年，秀山县图书馆新增藏量购置费14万元，共入藏图书2100种，报刊240种，视听文献300种，地方文献入藏438种。截止2012年底，秀山县图书馆数字资源总量为6TB，其中博看书刊容量2TB。

我馆积极开展古籍普查登录工作，2013年11月份，我馆252条古籍目录入选《全国古籍普查登记目录》，已与国家图书馆出版社签订图书出版合同。

读者服务工作

2009年以来，秀山县图书馆坚持“读者第一，服务至上”的办馆理念，不断创新服务方式，拓展服务空间，积极提高服务水平。开辟了7项免费服务项目，推行开架式借阅方式，坚持节假日不闭馆，每周开馆时间达60小时以上，到馆读者人数与往年相比有较大增长，读者的满意度达95%以上。

2009–2013年，书刊总流通13.48万人次，书刊外借12.85万册次，建立图书外借点14个。馆外书刊流通总人次7.45万人次，书刊外借8.36万册次。同时积极收集图情信息，开展二次文献加工利用，为有关部门、企业和群众提供信息参考。共编辑馆办内刊《信息服务》、《关注》50余期。

年均举办各类读者活动15次以上，开展专题读者活动不少于3次。2009–2013年，开展的“世界读书日”好书新书阅读推广宣传活动、“红岩少年”读书活动“图书馆服务宣传周”专题活动等，吸引大批读者的踊跃参与，取得了良好的社会影响。

业务研究、辅导、协作协调

2009–2013年秀山县图书馆职工在县级以上刊物或专业会议上发表论文5篇；调查研究报告3篇。

2009–2012年图书馆深入乡镇、学校、社区、企业举办各类知识讲座17场，听众达2万余人次。开展农家书屋管理培训8次，参训398人次。协助指导基层站点分类、编目、上架图书3200册，指导并实施农家书屋图书分类、编目、上架图书12400册。开展基层文化站指导培训6次，培训1126人。在做好馆内服务的同时，秀山县图书馆主动走出去，开展送图书到机关、企业、农村、学校、社区、老年公寓等服务活动，并与秀山县职教中心、秀山县特殊教育学校、东风路小学、妙泉中心学校、平凯凤栖小学等建立了馆校联建。

自2012年起，与黔江、酉阳、彭水图书馆成立渝东南图书馆联盟，并举办学术研究会2次，签订了馆际互借协议，联合编目。认真完成市图组织的各项活动，多次获得表彰。

管理工作

2009年以来，图书馆努力推行人事制度改革，按需设岗，按岗聘用，人员控制在县编委控制数内，按年开展年度工作考核评价。严格实行馆务公开，馆内分配制度、激励机制健全，分配向优秀人才和关键岗位倾斜。

秀山县图书馆新馆

电子阅览室

少儿阅览室

在广场开展“4·23”读书日活动

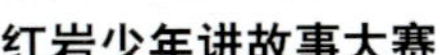
红岩少年讲故事大赛

摄影讲座培训

走进特殊教育学校

表彰、奖励情况

2009–2012年，秀山县图书馆共获得各种表彰、奖励8次，其中，市级表彰、奖励2次，职工个人获得市级表彰、奖励2人，县级表彰、奖励4人。

馆领导介绍

付红英，女，1966年6月生，大学本科学历，无党派，副研究馆员，馆长。1990年7月参加工作，1990年7月至2011年12月，在秀山文物管理所工作，任副所长；2012年至今，在秀山图书馆工作，任馆长；2000年至2011，秀山县政协第七、八届委员。2012年，为秀山知联会会员，县政协文史委员。

陈志华，男，1964年9月生，大专学历，副馆长。1999年11月到秀山图书馆参加工作，先后在秀山文化馆、原文化局办公室等单位工作。

未来展望

按照秀山县委、政府提出的“建设武陵山区经济强县和中等城市”和“文化强县”的长远规划，秀山县图书馆新馆发展的总体定位为：按照国家一级图书馆的标准，紧紧围绕“文化强县”战略，把秀山图书馆建设成为“四个中心”即秀山文献资源中心、秀山信息服务中心、秀山社会教育中心、秀山图书馆事业中心。充分发挥图书馆的功能作用，积极推进民族文化建设与发展。

为实现上述目标，以崭新的面貌为秀山市民服务，新馆的工作目标：

一、加大文献资源建设力度。注重文献的购藏，不断增加数字资源、网络资源等新型文献载体的购置比例，使馆藏文献总量从现在的5万册增加到2015年的30万件，初步形成特色化、数字化、网络化的现代文献保障体系。

二、加强基础业务建设。建立健全各项业务规范，加入联机编目体系，确保书目数据的标准与规范，扩大文献标引范围，提高标引深度，建立多种专题阅览室，加强地方文献工作和特色馆藏的数据库建设。

三、推进图书馆自动化、网络化、数字化建设。引进图书馆自动化系统和业务自动管理，充分依靠新馆智能化系统的平台，推进共享工程，启动数字图书馆建设项目，初步建成“秀山数字图书馆”，与纸质文献实现互补，实现以网络为基础的文献信息数字化的整体服务，发挥图书在建设创新型秀山中的作用。重点是开发具有秀山特色的专业数据库，引进或购买电子图书、期刊等数字资源，实施馆藏文献的数字化工程引进统一检索检索平台，提供异构数据库一站式检索服务，加强数字资源的加工与整合。

四、加强读者服务工作。坚持“服务第一，读者至上”的办馆宗旨，全面提升服务水平，大力发展读者，让更多的人走进图书馆，利用图书馆，充分发挥新馆智能化系统的作用，开展新的服务，通过广泛调研，开展公益讲座工作，开展全民阅读活动，推动学习型城市建设。

五、提高管理水平。按照新馆定位和现代化图书馆运行环境的要求，以文化体制改革为突破口，进行劳动、人事、分配制度改革，实行内部机构设置，科学设岗、业务重组，理顺组织关系，建章立制，使业务管理和行政管理逐步规范化、科学化，实现全员聘任制，岗位责任制和目标管理，优化人才结构，完善人事管理体制。

六、加强队伍建设。坚持以人为本，制定人才发展规划，建设一支专业过硬、结构合理的专业人员队伍，创造人尽其才的环境，引进高级人才和复合型人才，重视人才培养，加强与兄弟馆的交流，倡导学术研究，鼓励员工参加继续教育，培养一批优秀专业人才，实行岗位培训制度，逐步建立学科馆员制度。

联系方式

地　址：重庆市秀山县中和街道广场路5号
邮　编：409900
联系人：伍雪芳

秀山县图书馆老馆

深入农村传授古籍保护知识

召开读者座谈会

酉阳县图书馆

概述

酉阳县图书馆成立于1972年8月，属财政全额拨款公益性事业单位。原馆址位于酉阳县钟多镇和平路81号，占地面积1000平方米。2007年初，按照县政府对城市建设的统一规划，对原图书馆馆址实施拆迁开发，新馆新建在酉阳县桃花源镇桃花源北路综合文体中心六楼，现馆舍面积近3000平方米，免费开放面积为2000平方米以上。场地设施包括：报刊阅览室、书刊借阅室、少儿借阅室、老年阅览室、多媒体电子阅览室、讲座培训室、自修室、多功能阅览室、残障阅览室、资料编辑加工室、服务大厅、工具书阅览室、地方文献阅览室、古籍书库（古籍修复室）、基藏书库、采编室。2012年底，我馆有阅览坐席300个，计算机60台，20兆光纤网络接入，采用金盘图书馆自动化管理系统。

业务建设

截止2012年，酉阳县图书馆总藏量115666册。其中图书藏量107947册；视听文献320种；电子图书420种。开架书刊81600册，少儿文献34066册。

2012年，酉阳县图书馆新增藏量购置费10万元，共入藏图书2100种，报刊200种，视听文献300种，地方文献入藏241种。截止2012年底，酉阳县图书馆数字资源总量为3TB，其中博看书刊容量2TB。

读者服务工作

酉阳县图书馆自2011年10月迁入新馆后，取消了多项收费，开始对外免费开放，每周开放63小时。2009—2012年，书刊总流通24.52万人次，书刊外借28.85万册次，建立图书流动服务点12个。馆外书刊流通总人次9.85万人次，书刊外借10.26万册次。2012年，为进一步完善新馆建设，我馆积极争取资金近50万元，通过政府招投标购置了书架、阅览桌椅、报刊一体机、图书防盗系统等专业设备、办公家俱等硬件设施。同时为满足特殊读者需求，新建残障阅览室，购置价值3万元盲文图书，其中：有声读物92张，盲文图书312册。

2011年起还在重庆酉阳文化网信息服务平台公开了图书馆各阅览室服务信息，并定期编发《参考信息》、《工作简报》。

2012年举办了讲座、培训达18次，展览5次。全年参与图书馆活动人次达3.2万人。年年举办“4.23世界读书日”、“全民读书月”、“图书馆服务宣传周”、“爱心图书接力服务活动”、“亲子阅读”等读书活动。

自2009年以来，我馆持续组织开展重庆市“少年儿童爱心图书接力服务”活动，馆际之间进行多次交流，每年向服务点交换图书4次，并多次荣获市级“优秀组织奖”。同时利用暑假期间举办“亲子阅读——爱的体验”读书活动，并致力将该活动打造成我馆的品牌服务活动，为市民与图书馆良好互动搭建一个平台。

业务研究、辅导、协作协调

2009—2012年酉阳县图书馆职工在县级以上刊物或专业会议上发表论文5篇；调查研究报告3篇。

业务辅导有计划、有总结、有专人、有业务分析、有综合性报告、有培训和服务效果。派出业务能力强的同志到基层图书室提供专业技术指导。2012年举办培训班6期，培训人员360人次。帮助组建乡镇、学校、社区图书室41个，为农家书屋培训业务骨干84人次。开展爱心图书外借点结对帮扶活动，定期对外借点管理员进行培训24人次。

自2012年起，与黔江、酉阳、秀山、彭水图书馆成立渝东南图书馆联盟，并举办学术研究会2次，签订了馆际互借协议，联合编目。认真完成市图组织的各项活动，多次获得表彰。

管理工作

酉阳县图书馆建立健全考核制度，完善岗位设置和职责。同时，建立了工作量化考核指标体系，每月进行工作进度通报，每半年和全年进行总体工作考核。

表彰、奖励情况

2009—2012年，酉阳县图书馆共获得各种表彰、奖励11次，其中，市级表彰、奖励6次，职工个人获得市级表彰、奖励3人，县级表彰、奖励2人。

馆领导介绍

孙万山，男，1963年11月生，本科学历，中共党员，馆长。1982年9月参加工作，先后在成都区后勤部，酉阳县粮食局川粮车队，酉阳县文化局办公室，酉阳县文化市场稽查队，酉阳县文体局文化科，酉阳县文化馆工作和担任领导职务。

图书馆外借区

图书馆阅览区

爱心图书接力服务活动

办借阅证进校园

亲子阅读

图书馆培训

渝东南联盟学术研讨会

冉代君，女，1976年8月生，本科学历，副馆长。1998年9月到酉阳图书馆参加工作，先后在地方文献室、办公室、财务室等部门工作。

未来展望

今后，酉阳图书馆将坚持“公益性、基本性、均等性、便利性”原则，强化县级图书馆在公共图书馆服务体系中的基础地位和承上启下功能。继续加大对少数民族地区地方文献资料的收藏、利用和数字化建设，为本地区的经济文化发展服务；同时全面提高从业人员职业素养和职业技能、优化人才队伍结构，加强吸引社会人力资源以志愿者形式参与图书馆服务的制度建设，以技术创新促进管理创新、服务创新，充分发挥县级图书馆的功能和作用。

联系方式

地　址：重庆市酉阳县综合文体中心六楼
邮　编：409800
联系人：王晓燕

新春广场送书活动

图书馆新馆外观

重庆市渝北区图书馆

概述

重庆市渝北区图书馆成立于1990年12月，位于渝北区双凤支路1号，馆舍面积3050平方米。1999年，参加第二次全国公共图书馆评估，首次获得二级图书馆。2013年，桃源居图书分馆馆建成对外开放，馆舍面积800平方米。新增室外阅览室656平方米。全馆有阅览座席568个，计算机119台，宽带接入20兆，读者服务区无线网络全覆盖，业务工作自动化管理。

业务建设

1998年，引进当前较为先进的图书馆自动化管理系统ILAS系统，实现了图书馆业务自动化管理；1999年，通过国家文化部评估检查定为二级图书馆；2001年7月，建成了电子阅览室。2003年6月，建成了本馆网站；2004年，实现了图书馆自动化系统的升级换代并建成全国文化信息资源共享工程渝北示范点；2007年通过国家中心验收成立全国文化信息资源共享工程渝北支中心并挂牌；2010年12月全免费对外开放；2012年5月开通全市主城九区“一卡通”服务；2013年桃源居分馆建成对外开放。

截止2013年底，渝北区图书馆总藏量40万册（件），其中，纸质文献20.34万册（件），电子图书18.1万册，电子期刊1.56万种/册；数字资源总量30TB，其中自建《地方文献数字资源库》1GB；2013年财政总拨款356.1万元，其中专项购书经费50万元。

读者服务

2010年以来，渝北区图书馆实行免费开放，免费开放场地2100平方米以上，共开设图书借阅室、报刊阅览室、少儿借阅室、公共电子阅览室、老年阅览室、视障阅览室等12处免费服务场地，提供免费开放基本服务项目14项。实行全年365天开馆，每周开放60小时以上，馆藏书刊文献全开架服务，年借阅图书40.3万册，接待读者26.03万人次，年外借率达100%，人均年到馆人次达到47.89次/人。本馆流动图书车和图书外借点为读者提供流动图书借阅服务，全区20个镇街30基层图书服务点年均流动文献22.59万册。

2003年，实名注册“重庆市渝北区图书馆”网站，2013年进行了网站第4次改版升级，在网站上提供新闻公告、馆藏书目查询、新书推荐、互动平台等19个服务项目。网站年访问量达185714人次。

全民阅读活动开展主要围绕“三大读书日、三大赛事、三大建设、三大联盟”系列活动，即1、三大读书日：4-23全民读书日；“我读书我快乐”少儿读书日；残疾人读书日。2、三大赛事：“红岩少年”讲故事比赛；“我的书屋我的家”全民阅读演讲比赛；“好书伴我一辈子”老年人即兴阅读比赛。3、三大建设：家庭图书馆建设；书香共建；全民阅读网络服务体系建设。4、三大联盟：讲座展览联盟；重庆区域性公共图书馆联盟；家庭图书馆联盟。全年阅读活动参加人次2.7万人。

业务研究、辅导、协作协调

2003年我馆就签订协议加入全国联合编目中心，2008年，与涪陵、长寿等12个图书馆签订馆际互借协议，实现区县图书馆之间的馆际互借，2011年渝北区教委合作，建成洛碛等3所乡村少年宫，并提供图书8000册，建成大盛中心小学等8所边远小学建“爱心图书流动点”，2012年开通重庆市公共图书馆“一卡通”服务，实现了主城九区的图书馆际互借，2013年市少儿图书馆桃源居分馆挂牌成立并对外开放。

2011年-2013年，基层图书馆员到区图书馆集中培训7次，分散培训28次，培训1380人次；与农家书屋建设有机结合，对镇街农家书屋开展实地业务辅导51次。

重视图书馆学会工作，发展中图会员13人，并按期缴纳会费，定期组织学术交流。积极参加中国图书馆学会和重庆图书馆学会举办的活动，2011-2013年有18篇论文参加学术交流，其中11篇获奖并在省市级刊物发表。

管理工作

馆内事业单位编制18个，实行岗位聘任制上岗，2011年完成绩效改革，建立了工作量化考核指标体系，每季度进行工作进度通报，每半年和全年进行总体工作考核，考核结果与职工绩效挂钩，促进了工作人员的积极性、主动性和创造性，适应本单位改革总体方向。

表彰奖励

自2009年以来，先后获得国家、市级、区级表彰13次。2010年-2013年先后荣获中央宣传部、文化部等国家四部委授予的“全国服务农民服务基层文化建设”先进集体；重庆市2012年度公共文化服务免费开放工作先进单位；重庆市“红岩少年”读书活动优秀组织奖；重庆市“爱心图书接力活动”先进单位；渝北区级文明单位……

“首届残疾人”读书日活动

“我读书我快乐”六一游园活动

桃源居图书分馆建成对外开放

家庭图书馆

渝北读书会讲座

职工业务技能培训

未来展望

渝北区图书馆将以图书新馆建设为依托，加强总分馆建设；以桃园居图书分馆为模块，加快与社会力量合作，推进图书馆事业多层次多角度发展；以数字图书馆建设平台，加速图书馆现代化进程；以区图书馆为中心，实施各基层图书服务网点全面联通、借还一体工程，以家庭图书馆为特色单元，构建"图书馆+家庭"的阅读服务体系。让图书馆服务覆盖渝北广大城市乡村，使图书馆网络体系最大化形成，为老百姓读书提供更加便捷的服务，让市民阅读触手可及。

联系方式

地　址：重庆市渝北区双凤支路1号
邮　编：401120
联系人：陈 群

馆领导介绍

潘恩，男，1963年6月生，大学学历，中共党员，书记、馆长。

张雪梅，女，1970年1月生，大学学历，中共党员，副研究馆员，副馆长。

图书借阅区

阅览休闲区

重庆市巴南区图书馆

概述

重庆市巴南区图书馆（原巴县图书馆）始建于1912年，新中国成立后，原是巴县文化馆的图书室，1984年从县文化馆分离正式成立巴县图书馆。巴县政府投资150万元建新馆，于1991年9月竣工。巴南区图书馆座落在巴南区鱼洞下河路17号，占地面积3.5亩，建筑面积3326.69平方米，1993年5月1日正式对外开放，总面积4026.69平方米（其中总馆3326.69平方米，分馆700平方米）。开设有：报刊阅览室、书刊借阅室、少儿借阅室、电子阅览室、视障阅览室、老年阅览室、多媒体阅览室、报告厅、培训室、综合活动室、自修室、多功能室共12个免费开放空间，提供文献资源借阅查询、通借通还、检索与咨询、公益性讲座展览、基层辅导培训、送文化科技到基层、流动服务、电话服务、邮寄等相关业务。

业务建设

近年来，区政府逐年增加图书馆事业经费投入，2012年就投入252万元，2013年区财政投入经费300万元，目前区图书馆累计总藏量达28万余册（件），数字资源达20TB。

2007年初，区图书馆开始实施自动化管理，首先采用图书馆自动化集成系统ILASⅡ，2009年7月更换为集群数字图书馆系统(文华Dlibs)，可满足图书馆采访、编目、流通、书目检索、网站建设、网上续借工作的自动化业务管理。已建立了主干为千兆的馆内局域网，采访、编目、流通、书目查询、阅览、管理均实现了网络化、自动化。2008年建立巴南区图书馆网站，2009年根据工作实际情况，改版整理对接集群数字图书馆系统，现由现代技术部技术人员负责网页维护和后台服务管理。2012年实现与重庆市主城区通借通还“一卡通”，现中文图书已全部纳入全市大流通。试运行总分馆制，已建有分馆4个。

读者服务工作

每周开放60小时，实行全免费、全开架服务，设有视障阅览室，为残疾人设有专座和服务区域，提供1000余种当期报刊供读者免费阅读。2012年全年流通总人次达36万多人次、外借38万多册次。

总馆与分馆的图书借阅卡实行通用，区图书馆根据需要定期为分馆配送图书。在辖区内设立流通服务点15个，办理集体外借服务。坚持定期给区内部队官兵、公安干警、福利院老人、小区居民、学校师生等送书上门，送去书刊10000多册次。编印有《领导参考》、《读者之窗》、《巴图科技》等二次文献。

联合相关部门，共同举办讲座、报告会、展览、图书馆服务宣传周以及送“文化下乡”等活动，2012年读者活动达5万余人次。同时，鼓励职工积极参与撰写通讯报道工作，2012年报送的通讯报道共53篇、被重庆公共文化网、巴南报等媒体采用40余篇，达到加强自我宣传、扩大社会影响力的目的。

为下岗失业人员和农民工举办技能培训班、为中小学图书馆（室）举办业务培训班，培训人员上千人次。大力开展读书征文演讲等系列活动，认真组织选手参加重庆市全民读书月系列比赛活动，获得各种奖项。

自2009年拟定招收社会自愿者计划以来，开展假期图书管理志愿者招募活动，共接收假期志愿者（大、中、小学生）1000余人次，深受各界好评。

业务研究、辅导、协作协调

强化对分馆的业务指导、管理和监督，定期召开业务协调沟通会，分馆每月按期向总馆报送各类业务活动数据。有计划有针对性地对基层图书馆（室）进行培训、辅导和现场业务技术指导，不断提高管理员业务素质，更好地发挥基层图书（室）的作用，最大限度地实现优秀文化信息资源在全区范围的共建共享。

巴南区区图书馆作为首家被重庆图书馆选定的“一卡通”试点单位，与主城区图书馆及其他区县图书馆签订有“馆际互借协议”，开展馆际协作工作，现“通借通还”服务工作已经步入常态化。

管理工作

根据重庆市巴南区人事局关于印发《重庆市巴南区事业单位工作人员竞聘上岗暂行办法》的通知（巴人发[2008]311

二级图书馆

中华人民共和国文化部

二〇一三年十月

奖状

先进基层党组织

中共重庆市巴南区委

二〇〇八年七月

号）、《重庆市事业单位工作人员竞聘上岗暂行规定》（渝人发[2008]141号）文件要求，巴南区图书馆结合实际，按需设岗，按岗聘用。2011年至今按照区人事部门要求对职工实行绩效考核。

表彰、奖励情况

近年来全馆干部职工同心同德，开拓创新，负重自强，2009年至2012年区图书馆先后获得国家级示范支中心·公共电子阅览室示范点、市级优秀支中心、免费开放“先进集体”、区级文明单位、先进基层党组织、五一巾帼标兵岗等近10多项荣誉称号。

馆领导介绍

曾玉琴，女，1964年生，重庆市巴南区人。1983年参加工作，学历大学本科，高级政工师，中共党员，曾担任巴南区两届政协委员，现为中共巴南区党代表。巴南区图书馆有正式文件任命的第二任党支部书记和馆长。

未来展望

巴南区图书馆的成长、壮大，是图书馆人开拓进取，艰苦创业所付出的汗水和心血。巴南区图书馆将以此次图书馆评估为契机，加强职工队伍建设，加强基本设施建设，以内部文献数字化为主要内容，加强外部资源建设，加强分布式合作、纵横便捷、资源的整合、个性化及互动性，为广大读者群众提供更优质的公共文化服务，满足人民群众日益增长的精神文化需求，为实现区委“文化让巴南走得更远的”目标，为繁荣全区群众文化事业，丰富群众的文化生活做出更大的贡献。

联系方式

地　址：重庆市巴南区鱼洞下河路17号
邮　编：401320
联系人：曾玉琴，郑 君

重庆市合川区图书馆

概述

重庆市合川区图书馆始建于1956年，是原四川省第一批公共图书馆之一。1996首次被评为二级图书馆，主馆馆址历经一次变迁，由合川钟鼓楼搬至现在的交通街140号。目前本馆建筑面积4717平方米，拥有600阅览坐席，计算机83台，自助借还机1台，报刊电子阅读机2台，电子书下载机3台，容量25T的专用磁盘阵列存储设备1套，以20兆光纤接入，信息节点200个，实现了90%以上的覆盖范围。2006年全面使用ILAS自动化管理系统，2012年升级为ILASⅢ，并实现RFID智能化借还管理系统。

机构人员情况：副高级1人，中级4人，初级4人；本着“服务第一、读者至上”宗旨和“免费、公开、平等”的公共图书馆精神，以70%的开架、半开架馆藏文献资源接待每一位到馆读者。

业务建设

合川区图书馆总藏量23万余册，其中纸质文献21万余册，电子图书2万余册，电子期刊600种。其中古籍线装书6200册、地方文献3000种。2010–2013年底，本馆图书资料购置费为120万元。设备购置费150万元。

读者服务工作

合川图书馆总馆设在北城，南城设有分馆，2009年开始实行全面免费开放服务，每周开放时间68小时。2010–2013年，总流通人数89.152万人次，书刊外借58.21万册次。2010–2013年，建有25个流动服务点，馆外书刊流通总人次2.13万人次，书刊外借2.64万册。

本馆2010–2013年免费编印《时政要闻》、《适用农科技术》、《生活常识》《安全消防知识》等192期；举办讲座、报告会、社会培训、阅读推广服务活动200余次，参与人数达29.65万人次。

业务研究、辅导、协作协调

4年来在职职工在省级以上刊物或专业会议上发表论文10篇，专著、调查研究报告4篇。

科研项目立项：建立了钓鱼城文献研究中心，成为合川区软科学项目。

图书馆联盟：与北碚、渝北、永川、涪陵、长寿、铜梁、万盛、潼南、荣昌等10个公共图书馆签订了重庆市区县公共图书馆际联盟协议，并开展了馆际互借、经验交流、阅读推广、联合参考咨询、特色资源共享等活动。

与本地所有高校签订了合川地区图书馆协作协调联盟，实现了馆际网络的协作协调、联合编目和资源共享等服务。

基层辅导：2010–2013年，建成农家书屋331个；乡镇、学校、社区图书馆（室）20个，直接输出业务骨干330余人次。

管理工作

本馆2010年按照“实事求是、竞争上岗、双向选择”的原则，实行了人事制度改革，制定了一系列岗位责任制度和内部收入分配制度，与职工签订了人员聘用合同。财务管理制度、人事管理制度、设备物资管理制度健全；年年各类统计报表齐备，且档案规范。

表彰、奖励情况

2010–2013年，合川区图书馆共获得各种表彰、奖励12次，其中，文化部表彰1次；市文化委表彰、奖励3次；区委区政府表彰、奖励3次；其它表彰、奖励5次。

馆领导介绍

刘格，女，1968年7月生，本科学历，中共党员，副研究馆员，馆长兼书记。1991年1月进入合川图书馆，2002年8月任合川区图书馆馆长（正科级）。是合川区50名优秀专业技术人才之一，多次获区委区府“三八红旗手”、“文化先进个人”、“优秀共产党员”等荣誉称号。

王嘉丽，女，1977年11月生，本科学历，中共党员，助理馆员，副馆长。1999年12月参加工作，先后在读者部、采编部、办公室等部门工作，2010年7月被文广局任命合川区图书馆副馆长（副科级），分管全馆业务工作。

未来展望

合川区图书馆以“读者至上、服务第一”、“团结、诚信、奉献、文明服务”的服务理念，将进一步拓宽视野、不断进取，不足限于完成日常工作，更应该把图书情报事业向国家中心、科研单位和社区、乡镇、村级等更深、更广、更宽的领域里拓展；加强合川图书馆地方特色数据库建设，进一步完善钓鱼城文献中心数据库建设，新建包括旅游、历史、名人名作、民风民情和农村实用技术在内的合川特色资源；全面实现与各公共图书馆联盟、本地区图书馆联盟的联机检索、馆际互借、资源共建共享等，向区域性的通借通还服务工作延伸，最大程度为广大读者提供更方便、更快捷、更实际的服务；制定出一系列激励全馆职工利用业余时间进行业务研究、业务探讨的有效措施，参与更多、更丰富的学术活动。

未来两年里，合川区图书馆在现有基础上，将另建一座占地30亩，建筑面积2万平方米的新馆舍，目前已进入施工设计程序，建成后的合川区图书馆将成为拥有阅览坐席3000个、纸质文献100万册、年服务人数达100万人次以上的国家一级公共图书馆。

联系方式

地　址：重庆市合川区交通街140号
邮　编：401520
联系人：宫晓红

重庆市永川区图书馆

概述

重庆市永川区图书馆由位于老城区渝西大道中段的主馆与新城区永川文化艺术中心的分馆组成，建筑面积4400平方米，设有综合阅览室、少儿阅览室、外借室、视障阅览室、电子阅览室、资料室、多媒体室、报告厅、电脑培训室、少儿书画、舞蹈培训室等十一个服务窗口。2009年，参加第四次全国公共图书馆评估，获得国家地市二级图书馆。全馆阅览座席406个，拥有80台计算机（其中供读者使用的60台、业务使用20台），容量30T的专用存储设备1台，DLIBO集群数字图书馆系统1套，以15兆光纤和2兆ADSL办公专用的带宽及覆盖范围90%以上的免费无线WI-FI的方式，方便、快捷地为读者提供上网和查询服务。

业务建设

至2013年4月止，总藏书量为30.5万册，其中：纸质文献11.86万册（地方文献658种1257册，盲文书422册）；电子文献藏量18.64万册，其中：视听文献1457种（盲人有声读物359种），电子书7.5万册。

2012年新增藏量购置费33万元，入藏图书10575册，报刊入藏323种，电子期刊7340种(计11万册)，电子书6.7万册。

数字资源总量22T，其中自购期刊、地方志7.5T，电子书6.5T，共享工程资源6T，自建图片、视频资源2T。

读者服务工作

从2009年8月起，我馆实行全部基本服务空间、项目向社会免费开放，并在一些项目上有所延伸，实行全馆全年不闭馆，每周对外开放84小时；免费开放面积2400㎡，综合阅览室、少儿阅览室、外借室、视障阅览室、电子阅览室、资料室、多媒体室、电脑培训室等8个服务窗口免费对外开放。

2012年书刊文献外借册次23.56万册，外借率为78%；年流通总人数25.63万人次，持证人数4528个，人均到馆次数为56.6次，书刊宣传2000余种。

编印《信息服务》、《幸福永川》为区委、区府、人大、政协和各部委、相关部门提供最新政治、经济、文化信息。

积极开展为特殊群体服务，专设有盲人阅览室为残疾人提供专门服务；春运期间代农民工订购火车票，为他们排忧解难；举办少儿书画、舞蹈免费培训及展览活动，提高未成年人文化修养；开办中老年电脑免费培训班，为中老年人分享改革成果，享受丰富的文化生活创造条件。

本馆网站有建设规划、结构合理、内容丰富、及时更新。

2012年举办各类讲座10次、培训班24次、展览12次。每万人年均参与活动次数为25次/万人以上，举办“4.23世界读书日”、“全民读书月”、“图书馆服务宣传周”等活动。

积极开展特色服务：“书香漂流”活动自开展以来受到各方好评，2011年12月10日，《人民日报》以“书香漂流惠城乡”为题作了报道。由我馆自主策划、设计、制作的《中华小英雄事迹展》除在本区进行展览外，还在其它区县进行了巡展。中老年电脑免费培训已举办20期，深受读者喜爱。

业务研究、辅导、协作协调

为了整合在永院校图书馆资源，我馆与在永院校图书馆成立了“重庆职教城图书馆协作组”，开展馆际业务交流、服务宣传、活动开展等。

积极开展片区协作工作，与合川、荣昌、铜梁、北碚、潼南、渝北、璧山、长寿、涪陵、万盛等区县图书馆签订了馆际互借协议，建立可操作的借还平台，实现文献与电子资源的共享。

对基层辅导工作制定年度工作计划，根据计划实施辅导、培训、帮扶工作，利用本馆资源优势，建立有局部服务辐射能力的图书外借网点。2010年至今，帮助基层建立镇街图书室、村农家书屋232个，书香漂流点21个，培训基层业务骨干700余人次。

管理工作

我馆按照“定编、定岗、定员”要求，实行竞聘上岗，绩效考核，制定了一系列岗位责任制度。财务管理制度、设备物资管理制度健全；档案规范、齐全，各类统计报表齐备。

表彰、奖励情况

2010年以来，参加市以上活动获奖12件次，连续三年被区文广新局评为先进党支部、文化先进单位。

图书馆综合阅览室

重庆市永川区图书馆

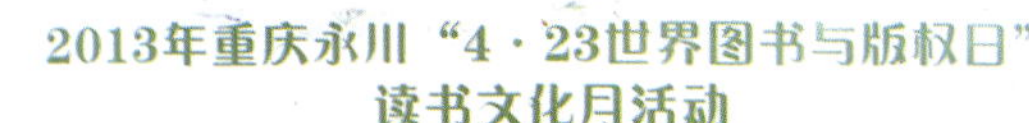

重庆市永川区图书馆演讲活动

少儿技能培训

馆领导介绍

谢洪卫，男，1964年6月生，大专学历，中共党员，馆员，馆长。1982年10月参加工作，历任重庆市永川区文物保护管理所副所长、所长，2007年7月任重庆市永川图书馆馆长。

吴成模，男，1972年10月生，本科学历，中共党员，八级职员，党支书记。1992年12月参加工作，历任郑州防空兵学院排长、副连长、参谋，2012年8月任重庆市永川区图书馆党支书记等职。分管党的工作、精神文明建设工作等。

未来展望

1、深化免费开放服务机制，增强服务意识，开展特色服务，打造服务品牌，与社区、学校、单位、厂矿、部队等建立更有实效的服务网络。

2、建立图书馆特色数据库，在地方历史、文体建设、旅游资源、名人名作、民俗文化、特色物产、农村实用技术等方面多作文章，丰富内容。

3、全面实现联机检索、网上借阅、馆际互借、资源共享，为广大读者提供更方便、更快捷、更实际的服务。

4、建立更多服务网点，扩大服务范围，为乡镇图书馆室、共享工程基层服务点提供技术支持，充分利用馆藏资源，最大限度发挥资源效益。

5、配备适应图书馆服务需求的岗位，制定激励职工提高业务素质、业务研究、业务探讨的有效机制。

联系方式

地　址：重庆市永川区木货街42号
邮　编：402160
联系人：温绪琦

“中华小英雄”展览

重庆市永川区图书馆书香漂流活动

中老年读者电脑免费培训

城口县图书馆

概述

城口县图书馆成立于2000年，馆舍于2001年动工新建，2003年竣工，2004年试运行，2009年12月正式面向社会对外开放，2010年7月市少儿馆城口分馆成立。自2011年6月1日起，城口县图书馆正式向社会实施免费开放，获得2012年度公共文化服务免费开放工作“先进单位”称号。图书馆建筑面积2100平方米，现有职工8个，在编职工6人。下设少儿阅览室、报刊阅览室、综合阅览室、电子阅览室、多功能室、自修室和报告厅等。馆藏图书有马列经典、哲学、法律、军事、经济、文学、艺术、历史、地理、医药、卫生，农业科学、工业等图书共约10万册。2013年，城口县图书馆参加全国第五次公共图书馆评估，首次获得二级图书馆。城口县图书馆现有阅览坐席250个，计算机51台；磁盘阵列1台，专用存储容量达6TB，惠尔自动化管理系统1套，10兆光纤网络接入，有专门的网站管理平台。

业务建设

截止2013年底，城口图书馆馆藏图书总量为35万件，其中纸质图书和报刊10万余件，电子文献为24.5万余种。近三年来，图书年均入藏2987种，报刊年均入藏256种，视听文献年均入藏200余件。

近年来，免费开放经费都已全部到位。2012年财政拨款92万元，年增长率超过当地财政收入增长率。2013年，我馆用于购置各类文献的经费总额为17.5万元，其中电子资源购置费约10.5万元。2013年底，实现馆内无线网络全覆盖。

读者服务工作

免费开放：为贯彻落实财政部、文化部推进全国“三馆一站”免费开放工作意见精神，城口县图书馆从2011年6月起实行全免费开放。免费开放的面积约1200平方米。并免费提供饮用水、存包、取暖等服务，定期免费举办讲座、各类培训班、展览和读书活动。周末和节假日照常开馆，每周开馆60小时。本馆全年接待读者7万人次以上，书刊文献年外借6.25万册，读者人均年到馆次数25.2次。

普通服务：我馆与各乡镇（街道）综合文化站、城区学校、社区及机关单位近30家签订了馆际互借和分馆（外借点）合作协议。全年向基层赠送图书3万余册，开展基层辅导10余次，集中性的书刊宣传4批次，设立政府公开信息专架。

领导机关服务：城口图书馆一直认真对待领导机关的信息服务需求，提供决策信息服务。在两会和多项重大会议期间，积极参与信息咨询。

网站建设与服务：本馆制定了网站建设规划书并完成了建设，其内容包括新闻公告、本馆概况、入馆须知、城口文化、馆藏资源、活动讲座、数字资源、共享工程、视频点播和读者留言等，网页美观，维护、更新与管理到位。

业务研究、辅导、协作协调

基层辅导与培训：我馆每年按计划开展农家书屋、社区图书室、学校图书室、共享工程基层服务点辅导、培训工作，推动基层文化工作开展，取得了较好成绩。全县25个乡镇（街道）中，有18个与我馆签定了馆际互借、通借通还、集体外借协议，实现了乡镇（街道）与我馆合作的全覆盖。我馆对基层的辅导和培训做到有计划、有总结、有专人。2010年至今，为基层图书室图书编目上架、文化共享的使用与维护巡回辅导4轮次，共培训业务骨干800余人次。

区域协作：我馆积极参与跨地区、跨系统协作协调工作，分别与市少儿图书馆、乡镇（街道）综合文化站图书室、城区中小学校、社区图书馆（室）、部分机关图书室签订合作协议，开展文献资源通借通还、共建共享等合作。

管理工作

管理：城口图书馆每年按年度工作计划合理安排各项工作，财务、人事、设备物资管理、档案管理制度严格，责任分明。职工实行全员聘用上岗，奖惩有序。我们还制定志愿者管理制度，招聘志愿者参与图书馆服务工作，三年来，有近二十名志愿者在我馆服务。我们努力为了给读者提供良好的阅览环境，保洁、绿化等实行了服务外包，保持馆内环境干净、整洁、美观。

表彰、奖励情况

表彰：几年来，城口县图书馆各项工作取得了一定成绩，

城口县图书馆办公大厅

少儿阅览室

书画摄影展

红岩活动

世界读书日

单位与个人多次荣获市级、县级各项表彰。2011年荣获“红岩少年”读书活动组织奖；2012年荣获“红岩少年”读书活动先进个人和电脑小报设计优秀组织奖；2012年荣获重庆市公共文化服务免费开放工作先进单位；2010–2012年；2013年荣获“红岩少年”网络知识问答个人三等奖；且连续3年荣获县文化系统工作先进单位。

馆领导介绍

涂德富，男，1976年4月生，大专学历，中共党员，中级职称，馆长。1996年7月参加工作，历任城口县龙田乡小学校长，2009年10月任城口县图书馆馆长。兼任文化文物科科长、重庆市图书馆学会理事等职。

谢中华，男，1990年11月生，本科学历，馆员，办公室主任。2012年12月参加工作，先后在采编部、阅览部、图书借阅部等部门工作，任办公室主任、重庆市图书馆学会会员等职。

未来展望

城口县图书馆全馆职工将以“心系读者终不悔，雅俗共赏甘自累”为宗旨，以热忱的态度、周到的服务为理念，为读者创造一个温馨雅致的读书、学习环境，为共建“书香城口”作出应有的贡献。

联系方式

地　址：重庆市城口县葛城街道南后街12号
邮　编：405900
联系人：谢中华

办公楼外观

孩童的乐园

送书进校园

丰都县图书馆

概述

丰都县图书馆成立于1978年3月，现有免费开放面积1500余平方米，设有报刊阅览室、书刊借阅室、少儿阅览室、电子阅览室、多媒体阅览室、综合活动室、自修室等多个免费开放服务窗口。共有图书藏量约10万册，开架流通的约4.2万册，全县人均藏量约0.11册，办卡借阅读者约5000人。2013年在全国第五次公共图书馆评估定级中被评为二级图书馆。目前，丰都图书馆电子阅览室已有各种档次计算机40余台，应用服务器2台，使用数字图书馆自动化集成管理软件进行业务工作及读者服务管理；以10Mbps光纤宽带与INTERNET高速互联，读者可通过网络检索本馆的书目数据，为读者提供网上信息查询检索服务。

业务建设

截止2012年底，丰都县图书馆总藏量20余万册（件），其中纸质文献190579万册（件），电子图书5000种，试听文献1000件。

2012年，财政年划款总额139万元，新增藏量购置费16.5万元。图书年入藏5125种，报刊年入藏273种，试听文献年入量140件。地方文献入藏有专门的书架，编设了目录，有专人专管和开展征集工作。

截止2012年底，丰都县图书馆数字资源总量5TB，其中，自建资源总量2TB。馆藏中文文献书目数字化达到80%以上。2013年初，实现了馆内无线网络覆盖。

读者服务工作

2011年6月1日起丰都县图书馆实施免费开放以来，坚持全年开放，每周开放时间56小时以上。2012年接待读者15万人次，外借书刊10万册次。常年保持8个外借点，外借文献2000余册次。定期组织送书下乡村、进学校、进军营、进福利院活动，精选农技、科技、少儿、法制、医疗保健等方面书籍，服务更多的人群；年送书到基层6次以上、3000余册，惠及10余万人。

我馆每年开展览、讲座、培训、比赛等各类读者活动约30场次，参与人数达1万余人。利用服务宣传周、全民读书月等主题开展图书馆服务宣传工作，初步调查，读者满意率99.8%。

业务研究、辅导、协作协调

2009–2012年，丰都县图书馆职工在各种刊物共发表调研文章、论文4篇。

丰都县图书馆主要针对街道、乡镇文化站、农家书屋图书管理以及文化共享工程基层建设等方面内容，每年开展基层业务辅导、培训10次以上，培训辅导300人次以上。

牵头与石柱、武隆、忠县、梁平等县共同开展“少儿爱心图书传递”活动，年均传递图书1万余册次，惠及30余万人，进一步充实了边远地区学校、农家书屋等阅读场所的少儿读物，得到社会好评，《丰都报》、《丰都电视台》专题报道相关内容。

管理工作

丰都县图书馆每年均制定了年度计划，按计划有重点开展年度工作。财务制度健全，能按有关规定严格执行财务制度。按照工作情况科学设立岗位，完善了聘用制度和岗位责任制，制定了考核分配激励制度。多渠道引进志愿者，充实图书服务队伍，扩大图书服务影响，效果明显。

表彰、奖励情况

近3年，丰都县图书馆总获得市级表彰8次、个人表彰5次；获得县级表彰7次，个人表彰5次。

馆领导介绍

蔡小华，男，1973年12月生，本科学历，中共党员，馆长。1993年7月参加工作，历任丰都县三坝中心校副校长职位，2011年2月任丰都县图书馆馆长。先后获得市、县级表彰15次。

秦娟，女，1979年11月生，本科学历，中共党员，助理馆

《成长足迹》我馆选手参加全市比赛获奖

《爱心接力》送书到外借点

2012知识竞赛

成人阅览室

未来展望

巫山县图书馆坚持"读者第一、服务至上"的管理原则，在读者服务工作方面将继续践行"一切为了读者"的工作理念开拓创新，逐步完善建立起一整套的服务管理体系。力争在未来几年内，使读者服务工作形成自己的特色，让读者的满意度达到较高水平。在基础设施建设方面也将加大投入，改善服务条件，紧紧围绕社会需要和现代化建设目标，完善配套设施，提高服务功能和文化辐射功能。造就一支素质优良、能适应新世纪图书馆事业发展需要的馆员队伍，是我馆一项重要任务。制定专业队伍建设的规划和聘用实施意见，逐步使馆员队伍的学历层次、专业层次、职称层次和数量与现代化图书馆发展相适应。经过努力，使图书馆专业队伍结构得到改进，提高专业素质，各项指标达到或超过国家文化部评估指标的要求。

2009读书日

2010培训乡镇文化站

指导三溪乡文化站

彭水自治縣圖書館

彭水县图书馆

概述

彭水县图书馆成立于1979年，属财政全额拨款公益性事业单位。原馆址位于彭水县汉葭街道山谷路12号，馆舍面积1074平方米。2013年3月，按照县政府对城市建设的统一规划，将新馆搬迁至宣传文化中心二楼，现新馆面积2000余平方米，免费开放面积为1300平方米以上。场地设施包括：报刊阅览室、书刊借阅室、少儿借阅室、老年阅览室、多媒体电子阅览室、培训室、自修室、多功能阅览室、残障阅览室、古籍室、会议室、采编室等。图书馆有阅览坐席300余个，计算机46台，20兆光纤网络接入，采用西网图书馆自动化管理系统。

业务建设

截止2012年，彭水县图书馆总藏量51600册。2013年，彭水县图书馆新增藏量购置费13万元，共入藏图书3500种，报刊200种，视听文献180种，地方文献入藏60种。截止2012年底，彭水县图书馆数字资源总量为4TB，其中博看书刊容量2TB。

读者服务工作

彭水县图书馆2011年6月起实行免费开放，每周开放60个小时。建立图书流动服务点9个。馆外书刊流通总人次5.58万人次，书刊外借6.16万册次。2013年，为进一步完善新馆建设，图书馆积极争取资金近80万元，通过政府招投标购置了图书、书架、阅览桌椅、图书软件等专业设备、办公家俱等硬件设施。

2012年举办了讲座、培训达12次，展览3次。全年参与图书馆活动人次达2.8万人。举办了“4.23世界读书日”、“全民读书月”、“图书馆服务宣传周”、“爱心图书接力服务活动”、“亲子阅读”等读书活动。

自2009年以来，图书馆组织开展重庆市“少年儿童爱心图书接力服务”活动，馆际之间进行多次交流，每年向服务点交换图书4次，并获市级“优秀组织奖”。暑假期间举办“快乐暑假——用心悦读”读书活动，成为图书馆的品牌服务活动，让全民阅读从孩子抓起。

业务研究、辅导、协作协调

2009–2012年彭水县图书馆职工在县级以上刊物或专业会议上发表论文5篇；调查研究报告2篇。

业务辅导有计划、有总结、有专人、有业务分析、有综合性报告、有培训和服务效果。派出业务能力强的同志到基层农家书屋提供专业技术指导。2012年举办培训班2期，培训人员200余人次。帮助组建乡镇、学校、社区图书室23个。常年对爱心图书外借点进行业务指导，定期对外借点管理员进行培训。

自2012年起，与黔江、酉阳、秀山图书馆成立渝东南图书馆联盟，并举办学术研究会2次，签订了馆际互借协议，联合编目。图书馆还与各乡镇、社区文化站签订了馆际互借协议，认真完成市图组织的各项活动。

管理工作

彭水县图书馆建立健全考核制度，完善岗位设置和职责。同时，建立了工作量化考核指标体系，每月进行工作进度通报，每半年和全年进行总体工作考核。

表彰、奖励情况

2009–2012年，彭水县图书馆获得市级表彰1次，县级表彰3次。

馆领导介绍

向莉，女，1972年4月生，本科学历，馆长。1992年8月参加工作，图书馆工作至今。

未来展望

今后，彭水县图书馆将坚持“公益性、基本性、均等性、便利性”原则，充分发挥县级图书馆在公共文化服务体系中的功能作用。继续加大对少数民族地区地方文献资料的收藏、利用和数字化建设，为本地区的经济文化发展服务；同时全面提高从业人员职业素养和职业技能、优化人才队伍结构，加强吸引社会人力资源以志愿者形式参与图书馆服务的制度建设，以技术创新促进管理创新、服务创新，力争早日达标国家二级图书馆。

报刊阅览室

电子阅览室

借阅室

少儿阅览室

联系方式

地　址：重庆市彭水县民族路88号
邮　编：409600
联系人：王小霞

“世界读书日”宣传活动

“迎新春”送文化下乡

关爱“留守儿童”送书进校园

图书馆“庆六一”活动

全国公共图书馆评估

上等级图书馆全集(第五次)

第五卷

四川 贵州 云南 西藏 陕西 甘肃 青海 宁夏 新疆

中国图书馆学会 编

中国文史出版社

图书在版编目（CIP）数据

全国公共图书馆评估上等级图书馆全集（第五次）：全 5 册 / 中国图书馆学会编. —— 北京：中国文史出版社，2016.1

ISBN 978-7-5034-7473-6

Ⅰ. ①全… Ⅱ. ①中… Ⅲ. ①公共图书馆-图书馆评估-中国 Ⅳ. ①G259.252

中国版本图书馆 CIP 数据核字(2016)第 024761 号

责任编辑：詹红旗　梁　洁
装帧设计：童　昊　李玉琴

出版发行：中国文史出版社
网　　址：www.wenshipress.com
社　　址：北京市西城区太平桥大街 23 号　邮编：100811
电　　话：010-66173572　66168268　66192736（发行部）
传　　真：010-66192703
印　　装：廊坊市汇兴印刷有限公司
经　　销：全国新华书店
开　　本：16
印　　张：210
印　　数：1-2600
版　　次：2016 年 1 月 北京第 1 版
印　　次：2016 年 1 月 第 1 次印刷
定　　价：1980. 00 元(全五册)

《全国公共图书馆评估上等级图书馆全集（第五次）》
编委会

组稿负责人（按姓氏笔画排列）

马慧艳	乌兰格日勒	王祝康
石焕发	旦增卓玛	严　真
李　苗	李盛福	陈卫东
杨岭雪	杨洪江	吴　荇
张　蕊	陆丽娜	尚　庄
金晓英	金晓明	金美丽
武巍泓	钟海珍	贺定安
段蓓虹	闻德锋	高　莹
贾　莹	徐力文	徐向东
陶嘉今	黄　俊	董　隽
雷兰芳	熊　文	

前 言

2013年，文化部在全国开展了第五次公共图书馆评估定级工作，上等级图书馆共2230个。为做好本次评估工作的经验总结、成果交流和资料留存等工作，展示上等级图书馆风采，充分发挥公共图书馆在我国公共文化服务体系建设中的重要作用，中国图书馆学会编辑、出版了《全国公共图书馆评估上等级图书馆全集（第五次）》（以下简称《全集》）一书。

《全集》共设9个基本栏目：概述，业务建设，读者服务工作，业务研究、辅导、协作协调，管理工作，表彰、奖励情况，馆领导介绍，未来展望，联系方式。内容全面介绍了上等级图书馆的发展状况及取得的成绩。本书是近年来全国上等级图书馆发展的最新成果集萃和最高水平展示，凝聚着全国图书馆工作者的心血和汗水。

《全集》由中国图书馆学会副理事长、国家图书馆常务副馆长陈力和中国图书馆学会副理事长、文化部公共文化司原巡视员刘小琴共同担任主编，邀请中国图书馆学会、国家图书馆以及各省级图书馆学（协）会领导和相关专家共同组成编委会。《全集》编辑过程中，中国图书馆学会、各省级图书馆学（协）会和全国上等级图书馆相关人员积极配合，搜集、整理了诸多第一手素材和资料。《全集》编撰涉及面广，内容介绍详细，参考价值大，互动性佳，系统性强，这得益于上述各方的大力支持和倾力合作，才确保了本书的品质和质量。借此出版之际，也向大家表示最诚挚的感谢。

《全集》具有权威性、全面性、系统性、工具性等特点，集中收录第五次评估上等级图书馆的有关资料、照片等内容，真实、准确地记述上等级图书馆相关方面的史实，全面、客观地反映上等级图书馆的建设成就，对社会各界了解和研究上等级图书馆具有重要的参考作用。

《全集》编辑过程中，为统一版式，对部分入编单位的版面进行了调整。由于时间和水平的原因，恐有疏漏之处，诚望谅解！

《全集》编委会

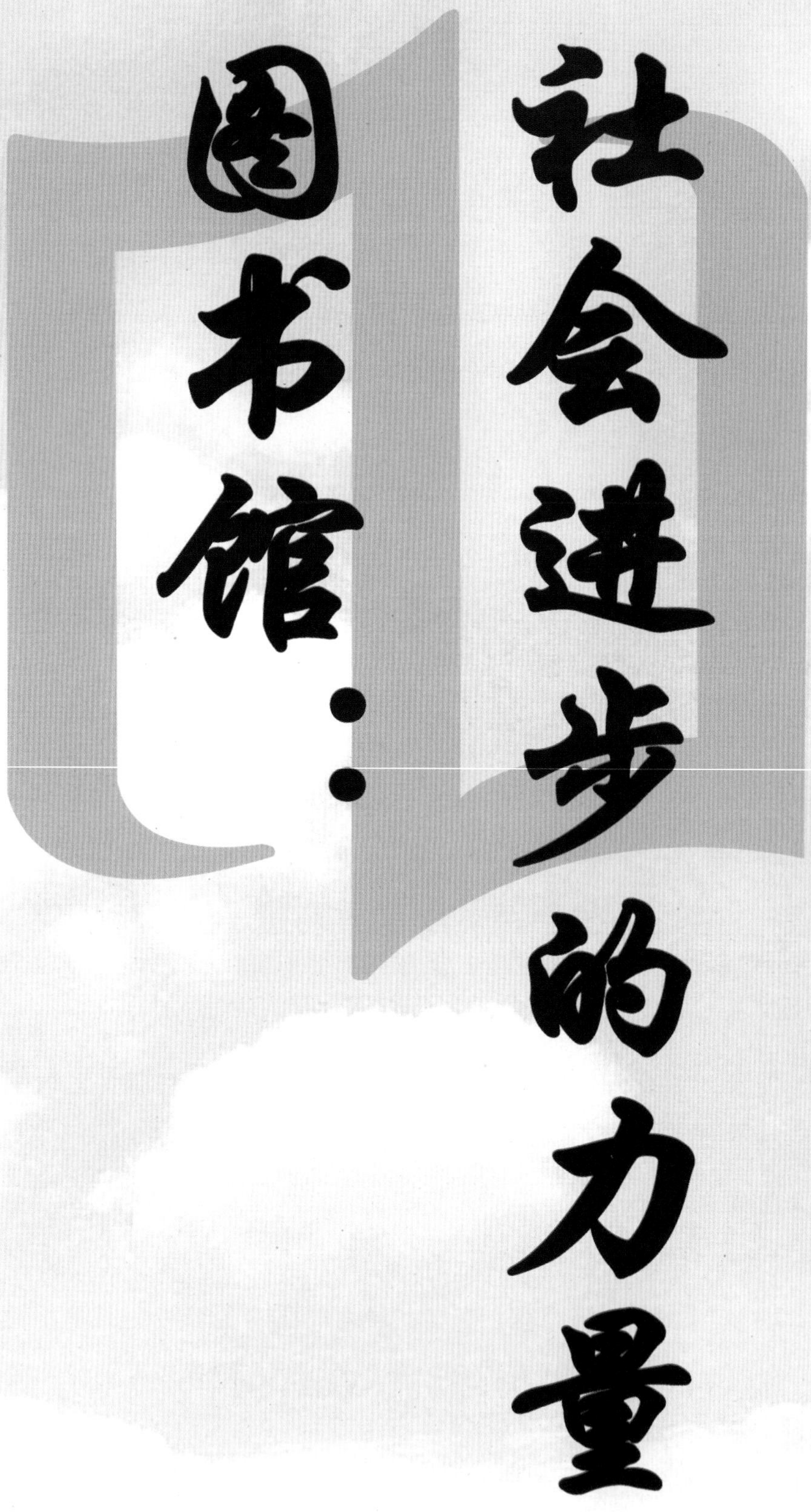

图书馆：社会进步的力量

LIBRARY:

the power of social progress!

目 录

四川省

贵州省

云南省

西藏自治区

陕西省

甘肃省

青海省

宁夏回族自治区

新疆维吾尔自治区

成都图书馆

概述

成都图书馆创建于1912年，迄今已有百年余历史。2003年在成都市中心区域建立的新馆占地10亩、建筑面积2万平方米，作为市委、市政府“为民办实事”项目建成并对外开放。成都图书馆秉承“读者第一、服务至上、公益性、人性化”办馆宗旨，以“创新与品牌”为服务理念。2008年4月23日，成都图书馆带领全市公共图书馆推出纸本和数字资源的全免费服务，真正实现了公共文化服务的“零门槛”。2009年被文化部评为一级图书馆，是全国公共文化设施管理先进单位、全国古籍重点保护单位、全民阅读示范基地、成都市首批青少年科普教育场馆、成都市青少年校外活动示范基地。截至2012年，成都图书馆共有阅览坐席1230个，计算机403台，信息节点579个，宽带接入240Mbps，全馆免费WIFI覆盖，采用Interlib图书馆信息自动化管理系统。

业务建设

截至2012年底，成都图书馆馆藏总量为392.8277万册（件），其中纸本文献251.5768万册（件），电子图书141.2509万册，视听文献22.9545万件，古籍11.0991万册。

2009年–2012年市财政投入图书馆经费分别为1071.38万元、1183.71万元、1738.66万元、2419.35万元，2012年较2009年增长125.82%。2009年–2012年共新增入藏中外文图书17.8955万种，35.3768万册，中外文报刊4198种，视听文献19139种，2009–2012年连续四年地方文献入藏完整率达到95%以上。

截至2012年底，成都图书馆数字资源总量已达到52TB，成都图书馆的读者均能通过“RAS远程访问系统”随时随地免费访问。馆内共拥有5个独立域名的网站，分别为业务主网站、共享工程成都市支中心网站、成都地方文献网站、蜀风雅韵——成都非物质文化遗产数字博物馆、第一二三届中国成都国际非物质文化遗产官方网站，形成了独具特色的既服务读者、又传承优秀地方文化的数字图书馆业务体系。在全部资源体系中，自建资源为18.2TB，约占总资源量的三分之一。由成都图书馆独立完成的“蜀风雅韵——成都非物质文化遗产数字博物馆”因创造了三个全国第一（全国第一家以非物质文化遗产保护为主题的地区性数字博物馆，全国第一家免费开放的非物质文化遗产主题网站，全国公共图书馆第一家建立非物质文化遗产地区性完整名录体系并保存大量原始数据的多媒体数据库），于2009年被评为第三届“文化部创新奖”，这也是四川省首个获此奖项的文化创新项目。

2012年底，成都图书馆将旧有的ILAS系统更换为Interlib图书馆信息自动化管理系统，以适应全域成都通借通还工作的需要。2013年正式启动了成都市公共图书馆通借通还工作，已实现了主城区7家公共图书馆的通借通还服务。同时完成了RFID图书自助借还系统和24小时街区自助图书馆项目，在此基础上还补充了电话自动语音续借系统、随书光盘云下载系统、读者短信平台和电子阅览室云终端系统。

读者服务工作

2008年4月23日，成都图书馆实现全年365天免费开放，周开放时间83小时。2009年–2012年，总流通人次540.1465万人次，书刊文献外借991.2967万册次，持证读者年到馆次数达到28.2次。实体图书馆以成都图书馆总馆和70余个分馆为服务构架，分馆2009年–2012年总流通人次167.8199万人次，书刊文献外借340.9020万册次。

2009年–2012年，成都图书馆网站访问总量为439.2211万次。所有数字资源均对读者开放，包括采购数字资源9个大类，自建资源7个大类，发布率达到了100%，局域网可使用率100%。除去地方文献数据库及锦城讲堂的部分内容因涉及知识产权仅供局域网开放外，互联网的可使用率达到了93%。

成都图书馆形成了两个重要的、市民有口皆碑的文化品牌，一是周末公益讲座，二是阳光读书系列活动。2009年–2012年，周末公益讲座连续举办300多期，发展为包括“金沙讲坛”、“锦城讲堂”、“政务讲坛”、“中国国家地理大讲坛”、“成都市民道德讲坛”等10余个系列的知名讲座品牌，被市民提名为“建设成都杰出贡献奖”，到场听众近10万人，通过电视录播收看讲座的听众超过5000万人次。

2009年–2012年，成都图书馆共举办讲座活动302期，参与人数8.2649万人次，展览84期，参与人数43.0165万人次，阅读推广活动797次，市民每万人年均参与活动次数120次。

业务研究、辅导、协作协调

2009年–2012年四年来，成都图书馆共出版各类学术专著10余部，获得国家级科研项目立项1项，厅局级科研项目立项6项，发表科研论文100余篇。

2008年，成都图书馆与成都理工大学图书馆一起申报国家社科基金项目：《城乡一体化进程中的图书馆发展模式研究——以成都地区图书馆为例》，获准立项并于2012年底顺利结题，研究成果于2013年3月由科学出版社正式出版。该项目为城乡一体环境下图书馆发展提供了可资借鉴的发展模式，也为成都市创建全国公共文化服务体系示范区奠定了基础。

2011年，由文化部副部长王文章担任学术委员会主任的“国

成都图书馆外景

古籍阅览室

残疾人服务

家文化创新工程项目”——《中国世界文化和自然遗产历史文献丛书》正式出版。成都图书馆结合中华古籍保护计划等重点文化工程，在全国率先编纂分省卷《四川省世界文化和自然遗产历史文献丛书》，于2012年11月由上海交通大学出版社正式出版。

2013年，成都图书馆启动《中国西南地理史料丛刊》编纂科研项目，该丛刊共44卷（册），于2014年正式出版。此外，由成都图书馆主持编纂的《四库》大型文献学学刊也于2013年出版了创刊号。

成都图书馆每年均举办全市公共图书馆学术年会，邀请全市公共图书馆领域专家、学者和图书馆工作人员参会研讨交流。2012年，成都图书馆组织举办了“国家公共文化服务体系示范区创建行动——全市公共图书馆馆长暨业务骨干培训班”。2009年–2012年四年间，成都图书馆累计举办各类培训、辅导159次，培训人次3950人次。

为推进本地区图书馆事业整体发展水平，成都图书馆4年来共制定完成《成都图书馆“十二·五”发展规划》、《成都市公共图书馆“通借通还”工作实施方案》、《成都市农村图书流转工作实施意见》等全域公共图书馆发展战略。同时，结合成都市创建全国公共文化服务体系示范区工作，积极带动全市公共图书馆事业整体协调发展。

作为成都地区中心图书馆，市馆借助文化共享工程、数字图书馆推广工程、公共电子阅览室建设计划、中华古籍保护工程，充分发挥中心图书馆的协作协调和指导作用。四年来，成都图书馆积极参与全国性图书馆协作协调工作，在联合编目、网上联合参考咨询、展览讲座、阅读推广等方面均与全国各大图书馆保持紧密协作关系。并与四川地区高校图书馆建立馆际互借、资源共享等协作协调机制，取得较好效果。成都市图书馆学会也在协作工作中发挥积极作用，多次成功组织跨省、市学术交流活动，带动了成都市图书馆学术活动的持续繁荣开展。

管理工作

成都图书馆现有馆员140人左右，其中在编馆员和编外馆员的比例为1:1，实行两套管理机制。在编馆员主要从事技术、科研、咨询等工作，编外馆员主要从事读者服务工作。在编馆员中级职称以上人数占业务人员总数75.5%，年人均发表论文0.37篇。成都图书馆既是文化部表彰的公共文化设施管理先进单位，也是全系统固定资产管理模范单位，成都市人民政府表彰的“消防工作红旗单位”，全市内保系统“平安示范单位”，全市文化工作突出贡献单位等，科学规范的管理机制为图书馆各项工作的顺利开展奠定了基础。

表彰、奖励情况

2009–2012年，成都图书馆共获得各种表彰、奖励43次，其中文化部表彰、奖励2次，中图学会2次，省级其他部门2次，市委、市政府4次，市文化局表彰、奖励12次，市级其他部门10次，其他奖励、表彰11次。

馆领导介绍

胡建强，男，1961年9月生，中共党员，大学本科学历。历任成都市委办公厅主任干事、副处级调研员，成都市文化局办公室、人事处、文物处、市场处（行政审批处）、社文处等岗位负责人，现任成都图书馆馆长（副局级）、副书记。政协四川省第十一届委员会委员、成都市民生工程市民代表、四川省图书馆学会常务理事、成都市图书馆学会理事长。

王利，女，1963年2月生，中共党员，研究生学历。历任成都市文化局办公室主任科员、文化部办公厅秘书一处副处长、成都市文化局办公室副主任、成都市群众艺术馆总支书记、副馆长，现任成都图书馆书记、副馆长。2004–2007年度成都市“三八红旗手”。

肖平，男，1966年9月生，中共党员，毕业于北京师范大学图书馆学系，大学本科学历。现任成都图书馆副馆长、研究馆员，长期担任四川省图书情报专业高级职称评审委员会副主任委员、成都市图书资料专业中级职称评审委员会主任委员，获得过文化部“创新奖”、四川省劳动模范、成都十大杰出青年等荣誉，出版个人专著10余部。

杜俊章，男，1964年6月生，中共党员，大学本科学历。现任成都图书馆副馆长、成都图书馆工会主席。分管业务辅导、物管保卫、文化产业、工会等工作。

未来展望

成都图书馆新馆建设，于2011年进入《成都市“十二·五”规划》，并于2013年上半年基本确定了馆址和规模。新馆位于成都天府新区（国家级新区），占地50亩，建筑面积6万㎡，预计2015年底建成并投入使用。未来成都图书馆的服务格局将转变成两馆同时运行模式：即老馆服务中心城区，新馆服务天府新区，建筑总面积超过8万㎡，两馆同时运行也为成都公共文化服务均衡布局打下了基础。

未来的成都图书馆，将多渠道集聚经济社会文化信息资源，推进专业的文献保障服务；从阅读引导、阅读推广和阅读互动三个层面开展数字阅读服务，让阅读回归阅读，充分发挥图书馆在信息碎片时代对泡沫化阅读和功利化阅读的导向作用；未来的成图是人文与技术并重和谐发展的图书馆，不仅是知识储存、传播、应用的场所，更是人际交流的场所，突破空间、时间的限制，打破阅读、咨询、研究及工作、休闲、娱乐的界线，为不同的个体、群体提供多样的服务和不同功能的空间。

联系方式

地　址：四川省成都市青羊区文翁路98号
邮　编：610041
联系人：张　轶

白岩松做客锦城讲堂

流沙河讲《诗经》

成都图书馆阳光课堂

攀枝花市图书馆

概述

攀枝花市图书馆位于攀枝花市东区人民街三十二号，于1982年正式开放，总建筑面积八千平方米，是攀枝花市最大的综合性公共图书馆，国家一级公共图书馆，以较丰富的馆藏文献资源为广大群众特别是青少年学科学、爱科学、讲科学、用科学提供了良好的活动场所。现有社会科学、自然科学等各类文献40余万册(件)，开放各种借阅室10余个。本馆以较丰富的馆藏文献资源为依托，积极应用电子计算机等现代技术，为攀西地方文献和南方丝绸之路研究性文献为馆藏特色，为全市人民提供图书、报刊的免费阅览、外借为主，兼有网上资源和电子文献阅览的各种服务。

业务建设

攀枝花市图书馆现有藏书40余万册（件），其中纸质文献326463册，电子文献99200（册，件），视听文献32922件，数字资源总量为12.2T。

攀枝花市图书馆开放各种借阅室10余个，开展外借、阅览、参考咨询、专题、电子信息、视听等服务，举办讲座、培训、展览、学术交流、书友会QQ群等活动。本馆设外借室、报刊阅览室、地方文献展阅室、电子阅览室、少儿借阅室、盲人阅览室、报告厅等共设阅览座席512个，计算机104台，九星读报机一台，供读者使用的计算机55台，宽带接入15兆光纤。自动化管理系统使用深圳图书馆开发的ILASII图书自动化集成系统。

2012年，攀枝花市图书馆图书购置费为50万元，2009–2012年共计入藏新书21354种，21498册，报刊3520种，视听文献1811种，每年收集地方文献不少于300册，已完成地方文献目录数据库1177条录入工作。

开放数据库2个，自建《攀图动态》、《农村信息参考》全文数据库，地方文献目录数据库、“攀枝花市民讲坛”视频库等数据库5个。

读者服务工作

做好阵地服务，全面实现免费开放。2011年9月8日起，攀枝花市图书馆实现了无障碍、零门槛进入，存包、文献资源借阅、电子阅览、各类展览、文献检索与咨询、公益性讲座、电影播放、基层辅导、流动服务等均免费向读者开放。我馆执行全年开放制，每周开放时间达66.5小时。并积极利用宣传橱窗、网站、书展等形式开展书刊宣传活动，书刊宣传总数达600种以上。2012年书刊文献年外借册次20万册次，接待读者25万人次。

做好信息服务，提供信息参考。攀枝花市图书馆每年定期编发《农村信息参考》6期。充分开发利用市图书馆馆藏文献信息资源，根据我市农村种植、养殖业的特点，有针对性地编辑实用的种养殖信息，无偿提供给全市农村乡镇科技干部参考利用。每年利用“科技周”、“全国科普日”等宣传日开展科普下乡活动，深入攀枝花市各乡村开展科普活动，为广大农民朋友发放科普宣传资料，赠送《农村信息参考》、农技图书、光盘等，将科普知识带到农村，为广大农民朋友更好地服务。每年编发4期《攀图动态》共300份，及时发布各级领导对学会和图书馆工作的指示精神，发布征文信息，收集全市各图书馆大事，总结业务活动中的典型经验。

做好专题服务，让读者活动丰富多彩。结合不同专题，每年开展读者活动不少于20次。利用各种节假日开展丰富多彩的阅读推广活动，如元旦春节系列活动、科普之春活动、4.23读书日活动、服务宣传周活动、书画展览、演讲比赛、读者座谈会、“六一”少儿活动、寒暑假的小小图书管理员上岗实践活动等，2012年共举办30余次读者活动，举办各类展览12次。积极宣传图书馆工作，普及图书馆学知识，提高全社会的图书馆意识。

做好延伸服务，把知识送到读者身边。我馆通过建立看守所、白马矿、平地镇、福利院、武警支队、光明社区等馆外借书点的方式，定期为借书点轮换书籍、赠送期刊、光盘、散发科普资料等，实现文献资源共享，并定期到借书点指导工作，培训工作人员，为农村、社区、厂矿、部队、特殊人群服务。截止2012年共建立14个借书点。2012年度新增大地书香新农村流动服务点10个，全年各借书点、流通站图书流通册次为18万余册次。

做好精品服务，深入打造文化品牌。“一节一卡一讲坛”是我馆多年坚持打造的文化品牌。

“一节”就是攀枝花市全民读书节。2009年10月借助建设学习型政党、学习型社会、学习型组织、学习型城市的大背景，提出筹办全民读书节的方案，到2012年已举办三届，每届读书节期间，各单位、各系统都根据各自特点和实际情况，举办了丰富多彩、精彩纷呈的读书活动，深受人民群众的喜爱和欢迎，对提高人民群众的文化素质和文明素养有较大的促进作用。通过举办读书节活动，提高广大市民读书的热情，营造人人爱读书的浓郁氛围。

“一卡”就是多功能学习卡。是我馆于2009年5月与市

攀枝花市图书馆

科技下乡活动

业务知识培训

旅游局，凉山州旅游局、云南省楚雄州旅游局共同开发的集借书、购物、旅游、餐饮、休闲、娱乐于一体的新型学习卡。不仅为读者提供了多方面的服务，而且还促进了商业、旅游、休闲、娱乐等服务业的发展，得到了领导、专家的认可和肯定。

"一讲坛"就是攀枝花讲坛。"攀枝花讲坛"由中共攀枝花市委宣传部、市文广新局主办，市图书馆承办的，以打造"学习型社会的标志项目、社会化教育的公益平台"为宗旨，以理论界、学术界有造诣的学者、专家系列讲座为主要形式，面向广大市民、群众解读攀枝花历史，弘扬传统文化，培育人文精神的公益性讲座。每周六固定一讲，自2008年7月开讲以来，截止2012年底，共举办了201期，受众2万人次，并做到了同步直播和建立网上视频数据库。得到了人民群众的欢迎和领导的认可，已成为四川省四大文化惠民品牌之一。

业务研究、辅导、协作协调

2009年至2012年，图书馆职工共发表论文24篇，调查研究报告一篇，2011年我馆承办的大地书香新农村家园工程荣获国家首批公共文化服务体系示范项目创建资格。

充分发挥图书馆教育职能，开展辅导培训工作，经常不定期地为社区、乡镇村图书室进行业务指导，为全市基层图书管理员进行培训，2011年11月，与四川省图书馆联合举办了全省图书馆员业务培训班，2012年开展了攀枝花市基层图书管理员书目数据录入培训班、农家书屋管理员培训班等5次集中培训，为提高全馆职工的业务水平，通过"请进来，走出去"的方式外派职工出去学习后培训其他职工，请知名教授到馆做专题讲座等方式让全馆职工增强业务水平，鼓励职工参加各类型继续教育，2012年人均继续教育学时为67学时。

2010年9月，组织召开《中国西部少数民族地区图书馆信息协作会暨川陕甘毗邻地区图书情报协作网第十届年会》，年会的召开增强图书馆界之间的学术交流。2009年–2012年，攀枝花市图书馆学会按照章程召开学术年会，增进会员之间的交流。

我馆承办的国家公共文化服务体系示范项目大地书香新农村家园工程实现了市乡镇村的服务网络，在创建示范点实现农村图书室运行情况分级预警和远程推送服务，统一加工书目数据，统一培训图书管理员，在示范点实现了书目数据化和管理自动化。实现了对农村图书室的远程管理和监控。

管理工作

2010年，攀枝花市图书馆完成了岗位聘任工作，建立了工作量化考核指标体系，每季度工作进度通报，每半年和全年进行总体工作考核。

表彰、奖励情况

2011年荣获中图学会"全民阅读示范基地"称号；2010年6月荣获文化部表彰的第十五届群星奖；2009–2011年，连续三年获四川省图书馆学会先进单位，2009–2012年，市图书馆学会均被市科协授予优秀学会奖，同时，市图书馆学会的多个活动项目多次受到市科协的表彰。攀枝花市图书馆工会也多次被授予工人先锋号称号。

馆领导介绍

谭发祥，男，1966年7月出生，四川丰都人，汉族，1988月7月参加工作，1991年4月加入中国共产党，本科学历，现任图书馆馆长，馆员。担任四川省图书馆学会常务理事，攀枝花市图书馆学会理事长，被授予文化部"群文之星"称号。

谢军，女，1969年8月出生，四川资中人，汉族。1990年12月参加工作，2004年12月加入中国共产党，本科学历，副馆长，副研究馆员，担任攀枝花市图书馆学会副理事长。

蔡平秋，女，1972年11月出生，四川资中人，汉族。1993年7月参加工作，2008年7月加入中国共产党，本科学历，副馆长，副研究馆员，担任攀枝花市图书馆学会副理事长。

未来展望

下一步市图书馆将继续实施免费开放，让全市读者全面享受免费服务；继续抓好文化品牌建设，办好"一节一卡一讲坛"；抓好本土文化传承工程（包括本土文化作品展阅、两月一个文化人作品研讨会、攀枝花文化进国图、本土作品数字化），做好本土文化的挖掘和保护工作；抓好国家数字图书馆建设工程，让读者享用更多的电子资源；抓好馆外借书点建设，扩大阅读的覆盖面；抓好对基层图书馆的指导，巩固国家示范项目成果；抓好内部管理和人才培养，为图书事业的发展提供强有力的人才支撑；通过这些工作的开展，努力使文化惠民、文化乐民、文化育民的政策得到落实，提高攀枝花文化影响力，提高市民素质。

攀枝花市图书馆的目标是以图书阅读、知识服务、头脑风暴为基础的文化事业、文化产业综合体；川滇黔三省交界地区两小时交通圈内的文化标志性建筑；西部地区地市级一流的文献馆藏、学术中心；本土文化传承展示研究中心；建设学习型城市、文明城市、文化惠民的有效载体。

联系方式

地　址：四川省攀枝花市东区人民街32号
邮　编：617000
联系人：蔡平秋

攀枝花市民讲坛

残疾人才艺展

妙笔画春天作品展

泸州市图书馆

概述

泸州市图书馆始建于1952年，原为川南人民图书馆，1983年泸州建省辖市，正式确定为泸州市图书馆，正科级事业单位。2002年10月，泸州市图书馆新馆竣工并投入使用，面积13000平方米。设有办公室、信息化管理科、特藏文献管理科、宣传教育科、流通服务科、少年儿童服务科等六个科室。于2006年5月实行全免费服务，是全国最早实行全免费服务的公共图书馆之一，开设了成人报刊阅览室、少年儿童借阅室、综合图书外借室、地方文献阅览室、工具书阅览室、港澳台文献专题阅览室、自学室、古籍文献查阅室、公共电子阅览室、残疾人阅览室、政府信息公开查阅点、读者俱乐部等服务窗口，有阅览座席900个。常年开展外借、阅览、参考咨询、专题服务、古籍文献查阅、网络查询、讲座、培训、展览等服务活动。现有藏书66万余册，其中有珍贵古籍文献10万册。

业务建设

截止2012年底，泸州市图书馆读者服务区无线网全覆盖。现使用中国电信30M上下行数字光纤专线为读者提供网络服务。现有高端服务器3台，可存储容量30TB以上。目前使用智慧2000管理系统，用以保障泸州地区公共图书馆（室）、社区书屋、农家书屋、学校图书馆（室）“一卡通”通借通还服务网络建设的需要。馆总藏量为664082册，图书入藏数量年均为5025种。电子文献藏量为12000种。共有视听文献1603件，年平均400.75件。馆数字资源总量为10TB，自建资源主要有馆藏普通图书书目数据库、古籍书目数据库、地方志目录及古籍省内地方志全文库、部分古籍善本全文库等，外购资源有电子报纸及人大复印报刊资料全文库、超星电子图书、维普中文科技电子期刊、读览天下中文社科期刊数据库、少儿电子绘本库、清华同方（CNKI）泸州地方资源库等。加大对红色泸州、科教生产、酒城讲坛及泸州市非物质文化遗产项目等地方电子资源的收集力度，体现地区特色，已经建有《酒城讲坛》、《泸州市非物质文化遗产》和《泸州电视资料片》数据库。

为保存泸州市的历史沿革、人物制度、风土人情、语言文学、名胜古迹、自然资源等书刊资料，我馆以征集、购买等形式，按馆藏方针，在地方文献阅览室设有地方文献专架，有专门目录，专人管理；地方文献的收集工作每年定有目标任务和征集方案，工作开展情况良好。馆藏文献全部实现了书目数字化建设，馆藏地方志和部分善本还实现了全文数字化。

文化共享工程泸州市支中心成立于2005年，是全省第一个共享工程市级分中心。同时，我市成立了泸州市文化信息资源共享工程领导小组，专门指导和督查全市共享工程建设工作，支中心现有设备为高端服务器、低端服务器、磁盘阵列（存储空间达30TB）、VPN防火墙、终端电脑、扫描仪、投影仪、数码相机、摄像机等。市支中心网站与市图书馆网站合并建设，设置有一级栏目“区县图书馆”反映各基层中心的建设及工作开展情况。同时，设置了与国家中心、省中心及区县图书馆网站的链接。

我馆于2010年起与四川省文献修复中心开展拓片修复合作，目前已累计修复拓片350幅。同时，于2011年举办了古籍修复培训班，通过培训聘用了5名学员从事馆藏古籍文献的日常修复工作，已修复普通古籍近100册。已完成古籍书目数据录入，全馆古籍有8.9万册，民国版图书9千多册，进入国家古籍普查平台有500余条；有2种古籍进入国家珍贵古籍名录，7种进入省珍贵古籍名录。积极配合国家、省古籍保护中心的工作，2009年向省中心提供7种古籍编印《四川省珍贵古籍》，2011年向省保护中心提供《妙法莲华经》原本进行善本再造。

读者服务工作

泸州市图书馆馆内所有公共场地实行了免费开放，主要服务窗口实行早九晚八开放时间，每周开放时间为77个小时，双休日、节假日常年开放，不闭馆。2005年以来，我馆所有普通图书、报刊均实现了全开架借阅，文献资源借阅（阅览免证）、文献检索与咨询、电子文献查阅、基层辅导培训、流动服务、公益讲座以及办证、验证、借阅卡遗失补办、电子阅览室上网等全部免费提供。积极扩大服务范围，在部队、社区、单位、学校等建立馆外流动服务点，常年坚持送书上门。加强与兄弟市州图书馆及全市各类型图书馆的联系，积极开展馆际互借，满足读者需求。通过文献传递方式将馆藏宜宾地区古籍地方志提供给宜宾市图书馆；利用高校图书馆数字资源丰富的优势，为读者代查相关资料等。常年设立新书推荐专架，设置了新书推荐专栏；在本馆网站上专门开辟了新书推荐版块。专门设立了“政府公开信息查阅点”，供读者网上查阅政府公开信息情况。专门订购了港澳台报刊，为全市副县级以上领导干部提供信息服务。

确立了“幸福酒城·悦读生活”和“酒城讲坛·文化大讲堂”两个主要品牌，并围绕此目标，于每年年初制定全年读者活动安排意见并予以公示，开展了以“全民阅读推广”为主线的“好书伴我行”、儿童经典颂读、演讲比赛、读书征文比赛、清明诗会、流动图书进基层等一系列活动及优秀电影展播、电脑知识培训、公益讲座等主题活动，保证了月月有活动主题，月月活动主题不同。仅2012年就开展了讲座培训97场次、专题展览16次、各类型读者活动54次，活动丰富、覆盖广泛，特别关注了农民工、留守儿童、老年人等特殊群体及乡镇社区、部队、学校、机关、企业等各界读者群众。

业务研究、辅导、协作协调

泸州市图书馆利用馆藏资源和网络资源，编制二三次文献，做好信息增值服务，先后编印了《馆藏抗战版书目》、《古籍地方志书目》、《朱德在泸藏书目录》。每年主动与10项市级科研课题作者进行联系，积极帮助他们查找相关课题资料，提供信息参考咨询，促进了泸州经济和社会的发展。

志愿者服务统一由团支部管理，组织本馆志愿者参与文明劝导、街头宣传等活动；建立志愿者档案，接待各大专院校志愿者及中小学"小义工"到图书馆开展社会实践活动，2012年，共接待来自省警察学院、市职业技术学院等学校的志愿者及小义工约150人次，参与到图书馆的日常读者服务工作之中。

我馆与省中心签订了《全国图书馆联合编目中心四川分中心协议书》，年下载书目近4000条。并积极组织本地区协作协调工作，与各县区馆签定了编目协议，并不定期下载数据；同时，作为中心图书馆，我馆与县区图书馆和各高校图书馆签定采购协调协议，分工合作。充分利用共享工程的技术和设备、资源优势，通过制作"网上读书卡"并免费向各县区图书馆、乡镇基层站、村（社区）服务点及市级有关单位发放，将我馆的书目数据和电子资源提供给基层共享。为提高基层图书馆管理人员的业务素质，我馆每年均组织开展图书馆基础业务培训班或共享工程培训班。按时制定年度基层业务辅导计划，不定期地深入各县区、乡镇、社区开展现场辅导工作，2012年到军营、校园、社区、农村等基层开展业务辅导53次，有效促进了基层图书馆的发展。

我馆承担了泸州市图书情报学会的日常管理工作，学会办公室设在宣传教育部，学会每年组织会员召开一次年会暨学术研讨会，平均每年收到学术论文40－60篇。同时学会还成立理事会，每年召开2次常务理事会，研讨本年度学会工作。我会是泸州市100余个学会中能保持经常性活动的学会之一，名列前10位，每年均受到省图书馆学会、市社科联、市民政局和市科协的表彰和奖励。

管理工作

泸州市图书馆每年均在进行全年工作总结的时候认真研究制定第二年的主要工作思路和年度工作计划，并按照工作计划拟订详细的年度目标分解方案，将工作职责和工作目标分解到每个职能部室，严格督查考核制度，确保工作进度和任务落实。

2011年实施了第四次全员竞岗工作，经民主推荐、组织考核，通过竞选，聘用各部门负责人，各部门人员实行双向选择，竞争上岗，并签订《聘用合同书》。同时，研究制订了"绩效工作考核暂行办法"，强化管理、量化目标、规范责任、奖惩逗硬。

泸州市图书馆座落于泸州市主干道旁，建馆以来，我们多次对全馆进行了调整，对各借阅室标牌和规章制度张贴进行了统一，在馆内外设立绿化带，种植了绿色植物，确保图书馆环境优雅、美观。先后增设了休息座椅、饮用水及便民台、电子存包柜、电子读报机等服务设施向群众免费提供，为了更好地满足读者的需求，提升图书馆服务功能，市图书馆不断完善设施设备，营造免费开放的良好阅读环境，对公共卫生间进行了改造，免费为读者提供卫生纸、洗手液、擦手纸等设施设备；按照有关标准进行无障碍设施改造，设立无障碍残疾人专用厕位、制作安装醒目标识，电梯和厕所通道、残疾人专用厕位均安装安全扶手。整体服务设施和条件得到了明显改善，受到广大读者的好评。

我馆是市级消防和内保重点单位，长期以来一直高度重视消防和保卫工作。馆内常设了专职保安人员，各类消防、监控设备一应俱全，单位还建立了各种规章制度，职责明确，层层落实，做好安全生产宣传教育工作，认真检查，消除隐患，多年无消防、安全事故发生。

表彰、奖励情况

多年来一直强化责任意识和服务意识，工作中积极主动，严格按照规章制度和上级要求完成各项工作，受到从中央、省市各级部门的表彰，获得诸多荣誉称号。2009－2012年表彰奖励如下：中央、部级表彰、奖励，2009年获"全国古籍重点保护单位"；国务院业务主管部门及省级党委、政府表彰、奖励，2010年获"全民阅读先进单位"；2010、2012年两次通过"四川省文明单位"复查验收；省级业务主管部门及地级党委、政府表彰、奖励，2009－2011年连续三年获"四川省社科普及基地"；地市级业务主管部门表彰、奖励，2011、2012年泸州市文化新闻出版局目标考核一等奖；2012年获"泸州市科普教育基地"。

馆领导介绍

吴原原，女，馆长、党支部书记：主持党政全面工作。分管干部人事、财经、文化体制改革以及图书情报学会工作。

彭文科，男，副馆长：负责全馆基础业务建设工作。分管信息化管理科、流通服务科。

张庆，男，副馆长：协助负责党建、党风廉政建设、双拥、群团、老龄等工作。分管少儿服务科、特藏文献管理科。

文庆勇，男，馆长助理：负责人事劳资、安全、消防、爱卫、计生等行政事务工作。分管办公室、宣传教育科。

未来展望

泸州市图书馆遵循"读者第一·服务至上"的办馆方针，按照市委、市政府"文化强市"发展战略，完善单体服务功能，扩大服务辐射区域，将是泸州地区文献收藏、情报传递和信息服务中心，成为市民终身教育的学校、泸州地方文献的宝库和精神文明建设的重要基地，充分体现公共文化服务的公益性、基本性、均等性和便捷性。带动泸州地区公共图书馆事业发展，为本地区两个文明建设建发挥积极作用。

联系方式

地　址：四川省泸州市江阳西路35号
邮　编：646000
联系人：文庆勇

绵阳市图书馆

概述

绵阳市图书馆始建于民国11年（1922年），馆址几经变迁，于解放初期正式迁入绵阳大礼堂（现人民公园内）。1985年6月，绵阳地改市建制，绵阳市图书馆升格为市直属正区级事业单位。2000年10月，绵阳市科技情报研究所整体并入市图书馆，实行两块牌子一套班子管理模式，绵阳市图书馆再次升格，确定为副县级事业单位。

1992年5月23日，位于绵阳市长虹大道中段47号的新馆建成开放，馆名由前全国人大常委会副委员长、著名社会学家费孝通亲自题写。新馆占地15亩，总建筑面积8100平方米，设计藏书容量80万册。由于“5.12”地震影响，绵阳市图书馆经过灾后加固维修，于2011年5月19日重新对外开放。

绵阳市图书馆现设有文献外借厅、报刊阅览厅、电子阅览厅、少儿借阅厅、特藏文献厅（含古籍、地方文献、地震文献、工具书）、讲座报告厅、过期报刊阅览室、盲文阅览室、盲人有声读物阅览室、多媒体教室、培训室等免费开放窗口十余个，可容纳读者座位1000个，现有计算机120台，信息节点300个，宽带接入100Mbps，局域网速度千兆。有图书馆流动服务车2台。

2004年，绵阳市图书馆参加第三次全国公共图书馆评估，首次获得一级图书馆。并于2009年、2013年继续荣获国家一级图书馆。

业务建设

绵阳市图书馆现有总藏量62万册（件），其中，纸质文献42万册（件），电子文献20万册（件）。其中，绵阳市图书馆收藏的清末红学家孙桐生手札为海内外独有，极具学术研究价值和艺术收藏价值。同时，还收藏有全套纸质《四库全书》、《四部丛刊》、《古今图书集成》、《中国地方志集成》等大型工具书。

绵阳市图书馆正着手建立数字图书馆，数字资源总容量为40TB，现已拥有数字资源量为16TB，其中，已自建数字资源《绵阳市地方文献书目数据库》、《绵阳市地震文献数据库》、《绵阳市科技成果数据库》，已建成科技创新资源平台。

绵阳市图书馆正在使用的智慧2000自动化管理系统已进行升级，通过VPN方式可以连接四川省图书馆开展相关服务。同时，在服务窗口增加了电子阅报机2台和电子图书借阅机1台，以适应读者流动电子阅读的需要。全馆已实现无线网络全覆盖。

读者服务工作

2011年5月19日绵阳市图书馆灾后全面恢复开放以来，已经实行了全年365年免费开放，周开放68.25小时，书刊年流通总人次超过50万，年外借书刊超过20万册次。

绵阳市图书馆现已建成包括95639部队、消防支队、川北监狱、武警支队、市看守所等图书馆分馆18个，与西南科技大学图书馆、绵阳师范大学图书馆、绵阳艺术学院图书馆及六县一市二区公共图书馆开通了馆际互借服务。

绵阳市图书馆网站年平均访问量超过10万次。已开通绵阳市图书馆微博和微信群，引入手机图书馆，开发移动播客平台。绵阳市图书馆发布使用的16TB数字资源均可在绵阳市图书馆电子阅览厅通过访问网站提供检索、浏览和下载服务。

绵阳市图书馆年平均举办公益性讲座30余场，图片、摄影展览20余次，阅读活动15次，培训活动20场次，送文化下乡、进社区、进军营、进监狱、开展科普活动、为留守儿童、进城务工人员特殊群体、残疾人服务20余场，参与人数超过5万人次，年提供信息咨询服务200余项。其中，绵阳市图书馆创办的公益讲座《中国科技城·绵州讲坛》已经形成绵阳地方文化特色品牌。

绵阳市科技情报研究所整体并入绵阳市图书馆实行馆所合一的管理体制后，科技情报工作成为市图书馆服务工作的重要组成部分，馆（所）经绵阳市科技局批准和委托，负责全市科技项目查新、科技成果登记与管理、科技基础条件平台建设与服务等业务工作，是市级科技项目查新中心和委托授权的市级科技成果登记中心，同时也是四川省科技信息研究所授权的省级科技查新委托服务中心。在每年完成全市科技成果登记工作的基础上，建立了《绵阳市科技成果数据库》，每年完成市级、省级以上科技查新项目80多项，建立了文献资源服务平台和科技成果信息服务台平台，是绵阳市科技工作者重要的信息咨询场所。

绵阳市图书馆服务工作职能分布具体如下：

读者服务部：图书、报纸、期刊等普通纸质文献服务，咨询电话：0816–2312211，主任：杨海滨，副主任：邓颖。

自动化部：网站、网络及电子文献服务，咨询电话：0816–2312262，主任：王智群。

情报服务部：信息咨询服务，咨询电话：0816–2311729，主任：潘莉。

特藏文献部：古籍、地方文献等特藏文献服务，咨询电话：0816–2346936，主任：胡江。

学会秘书处：服务工作协调，咨询电话：0816–2310625，主任：蒋春。

办公室：业务后勤服务，咨询电话：0816–2336395，主任：苏晋川，副主任：郭育辉。

绵阳市政协到图书馆调研

诗书画展览

“九洲”杯全民阅读征文颁奖活动

业务研究、辅导、协作协调

绵阳市图书馆职工踊跃参加中国图书馆学会、全国中小型图书馆联合会、西部少数民族地区图书情报协作网、川陕甘滇黔渝图书情报协作网、川陕甘毗邻地区图书情报协作网、四川省图书馆学会、四川省情报学会等组织的论文研讨会，2009年以来共发表论文80篇，其中获一等奖12篇。

绵阳市图书馆开展业务研究的另一个重要方面是向省文化厅、省科技厅、省社科联和市级相关部门申报立项科研项目，开展科学研究。近年来承担的省级科研项目5项，市级科研项目8项，是绵阳科技城建设中重要的科学研究机构。同时，绵阳市图书馆还编印有《绵阳市图书馆建馆九十周年图文集》，定期编印《科技经济文化信息》、《港澳台信息》和不定期编印《绵阳图书情报》内部资料性出版物供领导决策参考和行业交流。

2011年以来，绵阳市图书馆通过学会、协会定期组织古籍文献调查、地方文献征集、分类编目辅导、基层分馆培训等各类辅导培训，在全市范围内不断强化图书馆服务工作。

2011年起，绵阳市图书馆正式加入全国图书馆联合编目中心，获得全国图书馆联合编目中心数据下载资格，自此起，绵阳市图书馆全部新书数据均来自于国家图书馆书目数据。

管理工作

绵阳市图书馆现有人员编制30人，在职职工全部具有大专以上学历，其中高级职称4人。现设读者服务部、自动化部、情报服务部、特藏文献部和办公室五个部门，组织开展图书馆公益服务和科技情报查新工作。

同时，绵阳市图书馆还联合不同单位和社会团体，组织建立了绵阳市图书情报学会、绵阳市读者之友协会，学会和协会分别作为绵阳市图书情报专业技术人员之家、绵阳市市民读者之家，每年定期组织和开展读书、培训、表彰等系列活动。

绵阳市图书馆制订了竞争上岗机制，建立了工作量化绩效考核指标体系，每月进行工作进度通报，每半年和全年进行总体工作考核。

表彰、奖励情况

2009年以来，绵阳市图书馆共获得省级以上表彰、奖励9项，市级表彰11项。其中，中华全国妇女联合会授予的“巾帼文明岗”、中国图书馆学会授予的“全民阅读先进单位”、四川省社科联授予的“绵州历史文化普及基地”最有分量。

馆领导介绍

冯小平，男，1964年11月生，籍贯四川省三台县，本科学历，中共党员，馆长，中共绵阳市图书馆党总支书记。

张尔君，男，1954年3月生，籍贯四川省江油市，本科学历，中共党员，馆长级调研员，研究员。

绵阳市图书馆全貌

田林，男，1961年10月生，籍贯四川省安县，本科学历，中共党员，副馆长，农艺师。

邬伟，男，1968年2月生，籍贯四川省绵竹，本科学历，中共党员，副馆长，图书资料馆员。

未来展望

引进RFID技术，分步实施、陆续实现绵阳市图书馆馆藏文献全天24小时自助借还。引进街区自助图书馆，在人流量巨大的广场、社区建立绵阳市图书馆自助流动服务点。

在绵阳主城区和几个开发区建立5个绵阳市图书馆图书馆分馆，完善服务功能，扩大辐射区域，带动社区文化发展。

完善数字图书馆建设，提供全覆盖、不间断、无时空限制的数字文献远程和移动服务。

联合绵阳县市区9个公共图书馆和14所高校建立绵阳市图书馆联盟，整合资源，优势共享，实现通借通还，方便市民借阅文献。

完善分馆建设和服务，重点加强对军人、警察、残障人员、在押人员、学生、农民及农民工等特殊群体服务。

充分发挥科技情报工作对绵阳科技城建设的服务和智力支持作用。

联系方式

地　址：四川省绵阳市涪城区长虹大道中段47号
邮　编：621000
联系人：杨海滨
职　务：馆长助理、读者服务部主任

开展流动图书服务

纪念毛泽东同志诞辰120周年

举办网上祭英烈活动

邓小平图书馆

概述

邓小平图书馆位于邓小平同志故乡——中国·四川·广安，是全世界唯一以邓小平姓名命名的、集专业性和公共性功能于一体的现代化综合性图书馆，于2005年10月在广安市图书馆（2004年7月12日正式开馆）基础上挂牌运行，属中共广安市委管理的正县级事业单位。现有职工40名。馆舍系成都市为纪念邓小平同志100周年诞辰援建的标志性文化工程，建筑面积1.1万平方米；馆名由原国家图书馆馆长、中国著名哲学家任继愈先生亲笔题写；馆内拥有各类阅览室11个、阅览席位近600个。年接待读者30余万人次，年外借图书25万余册次。现为市州级“国家一级图书馆”。

邓小平特色文献资料征集

2004年6月28日，中央文献研究室和中央文献出版社向广安市图书馆捐赠了由中央文献研究室编辑和审定的有关毛泽东、邓小平、江泽民等党和国家主要领导人的著作、年谱、传记、画册等各类文献资料5000余册，建立了中央文献书屋暨邓小平文献资料室。为进一步凸显邓小平图书馆特色，该馆以建设世界最全面最权威的邓小平文献资料研究中心为目标，广辟渠道，主动作为，通过电话、互联网、上门联系等多种方式，全面征集邓小平文献资料，成效较为明显。截至2014年10月，该馆收藏有彝、蒙、藏、苗、维、景颇等少数民族语言和英、俄、越等外国语种有关邓小平生平业绩和理论研究的图书及多媒体资料献等特色文献资料5000余种近20000册（件），特色文献电子数据170万条，已初步建成全国较全面的“邓小平文献资料库”。同时，组织人员对有关邓小平生平业绩和理论研究文献资料进行编著索引形成《邓小平图书馆馆藏邓小平研究专题书目》。

业务建设

馆内拥有图书及多媒体资料近120万册（件），馆藏基本来自2004年全国580余家新闻出版单位捐赠。内容涉及二十二个大类中的各个学科，其中音像制品约8万件。同时，该馆还利用市财政拨付的购书经费，年新购各类新书与报刊。拥有报纸166种，包括全国各种主流报纸、中央及各省级党报、省内各市州党报以及各类专业报纸；期刊570种，含全国各种主流、专业等核心刊物。注重编目人员的培训与学习，编目人员能力与水平不断提升。主动与国内20多个先进图书馆进行交流；积极参加第72届国际图联大会和中、省图书馆学会年会；赴美国、加拿大、日本、韩国等国家的图书馆考察学习；先后选派近100人次到省内外参加各类业务交流与培训。鼓励职工钻研业务，近年来全馆职工撰写的论文共有80余篇荣获中、省图书馆学会各种等次奖。

读者服务工作

邓小平图书馆全免费对读者开放，每周开馆时间达72小时。馆内大力实施以“四个统一”（统一着装，统一讲普通话，统一文明言行，统一宣传口径）为主要内容的规范化服务和“借阅无缝隙式”服务。馆内实行全方位开架，实行藏、借、阅三合一的管理体制，既方便了广大读者，又充分发挥了馆藏文献的作用。馆内常年开放的阅览室有图书借阅室、期刊阅览室、儿童阅览室、邓小平文献资料室、电子阅览室等服务窗口。每年向读者推荐新书书目2000余种。目前持证读者近6万人。积极举办各类展览与阅读活动，吸引众多读者走进图书馆。举办了《女儿心中的父亲》——邓琳摄影作品展等各类展览60余场次，组织开展了“纪念4·23世界读书日”等丰富多彩的主题活动80余个，在全市范围营造了“全民阅读”的浓厚氛围。该馆注重拓展服务范围，扩大服务读者层面。在广安职业技术学院、广安红军小学及广安6个区市县等开办业务分馆，在机关、企业、部队、社区、学校及全市农村偏远乡镇等建立“图书服务点”100余个，初步构建起了覆盖全市城乡的图书服务网络。

自动化建设

2004年，馆内建有OA自动化办公系统，实现了办公自动化。2011年4月，该馆投入使用RFID技术的图书自助借还系统及城市街区24小时自助图书馆，实现了自助办证、借书、还书、查询、续借、智能架位搜索服务。邓小平图书馆与深圳海恒智能技术有限公司合作成功研发了图书自动分拣系统，该系统在国内图书馆界尚属首创。同时，邓小平图书馆重新购置了“智能化存包柜”；在大厅专门设置了“总服务台”；重新制作了与新设备相匹配的“邓小平图书馆读者证”。邓小平图

邓垦夫人丁华女士（二排左一）到馆指导

开展“4·23世界读书日”活动

多功能报告厅

图书借阅室一角

儿童阅览室阅读场景

书馆已基本建成全自动化图书自助服务体系。2012年4月将原使用的图书馆自动化集成系统（ILASⅡ）升级至以数字图书馆实用数据库平台和图书馆自动化管理系统为基础，即成为以数字资源建设和数字化服务为发展方向的数字图书馆应用系统ILASⅢ，使系统的科学性、完整性、开放性、实用性更为突出。大力加强文化信息资源共享工程建设，在全市建有1个市级分中心、5个县级支中心、7个基层服务站，并配合市委组织部在全市2720个村建立了“农村党员干部现代远程教育站点”，使文化信息资源惠及更多农村群众。

表彰奖励

近年来，邓小平图书馆已荣获“全国精神文明建设工作先进单位”、“国家一级图书馆”、全国第二届“全民阅读活动先进单位”、“四川省青少年校外活动示范基地”、“邓小平理论教育与实践社科普及基地”、“四川省文化信息资源共享工程先进单位”、四川省“建设‘社会主义新农村’送文化信息下乡公益活动组织奖”，以及“市级部门绩效考核一等奖”、“先进基层党组织”、“市直机关十佳党支部”、“学习型单位”、“惠民工作先进单位”、“模范职工之家”、“先进妇委会”、“优秀共青团组织”等各级荣誉60余项。

馆领导介绍

彭赟，男，1965年2月出生，大学本科学历，中共党员，馆长。1984年7月参加工作，1992年6月加入中国共产党。历任中共广安地委办公室科长、中共广安市委办公室副主任、中共华蓥市委常委、邓小平故里管理局党组成员、副局长、广安协兴生态文化旅游园区党工委副书记。2014年11月，任邓小平图书馆馆长(正处级)。

杨永亮，男，1967年5月出生，大学本科学历，中共党员，副馆长。1985年8月参加工作，1987年3月加入中国共产党。历任武胜县八一乡副乡长，武胜县华封乡党委副书记，武胜县广播电视局副局长，武胜县政协党组成员、秘书长，中共广安市委宣传部理论科科长。2009年7月，任邓小平图书馆副馆长（副处级）。

陈中生，男，1966年7月出生，大学本科学历，中共党员，工会主席。1984年10月参加工作，1988年3月加入中国共产党。历任云南省德宏军分区司令部动员科正连职参谋、副营职参谋，云南省陇川县人民武装部政工科副科长、政工科科长，云南省德宏军分区政治部宣传保卫科科长，云南省瑞丽市人民武装部政治委员（正团职）。2009年9月，任邓小平图书馆工会主席。

龙丽华，女，1963年5月出生，大学本科学历，中共党员，副馆长。1982年2月参加工作，2006年3月加入中国共产党，历任中共广安市委宣传部机关工会主席、文艺科长。2014年6月，任邓小平图书馆副馆长（副处级）。

未来展望

坚持以服务中心、服务社会、服务读者为导向，坚持资源兴馆、科技兴馆、人才兴馆、法制兴馆，加强外引外联，整合内部资源，努力实现馆舍建设、馆藏文献信息资源建设、服务能力建设、单位自身建设全面提升，努力将邓小平图书馆建设成特色突出、世界著名的伟人图书馆和功能强大、国内领先的区域性中心图书馆。

联系方式

地　址：四川省广安市广安区建安北路138号

联系人：张达刚

邓小平图书馆

电子阅览室一角

成都市锦江区图书馆

概述

成都市锦江区图书馆始建于1960年，是成都市历史最为悠久的公共图书馆之一。馆址几经变迁，2012年11月29日，位于成都市锦兴路91号，坐落在市中心繁华的盐市口商业区，紧邻天府广场的新馆面向市民正式开放，新馆建筑面积4500平方米。新馆内环境优雅、设施现代、功能齐全、无线网络全覆盖。在保持传统图书馆图书期刊借阅服务功能的基础上，另外特别开设视听文献欣赏、影视鉴赏以及数字图书、学术视频、电子期刊阅读和下载、读者休闲阅读等特色服务功能，是一个融学习、求知、交流、休闲为一体的现代复合型图书馆，是成都市区（县）功能最完善的公共图书馆之一。2009年，参加第四次全国公共图书馆评估定级，被国家文化部评为“国家一级图书馆”。截止2012年底，锦江区图书馆有阅览坐席470个，计算机62台，提供视听文献鉴赏、影视鉴赏、数字体验、休闲阅读等特殊服务。宽带接入20Mbps，选用ILAS图书馆自动化管理系统。

业务建设

截止2012年底，锦江区图书馆总藏量37.9328万册（件），其中，纸质文献27.8028万册（件），电子图书10.0000万册，学术视频500集，电子期刊0.0800万种/册。

2009—2012年，锦江区图书馆新增藏量购置费分别为70万、56万、64万、150万。2009—2012年，共入藏中外文图书42182种，84364册，中外文报刊2420种，视听文献1311种。截止2012年底，采集各类地方文献560册。

截止2012年底，锦江区图书馆专用存储设备容量为12TB，数字资源总量为4.2TB，其中，自建数字资源总量0.5TB。包含了数字文化工程资源、地方文献数字资源、电子图书、电子期刊、学术视频等数字资源。

截止2012年底，锦江区图书馆使用ILAS自动化管理系统。2012年10月，实现馆内WiFi全覆盖。

读者服务工作

从2005年1月起，锦江区图书馆坚持长年免费优质服务，全年365日天天对外免费开放，每天开放时间为9:00—21:00，每周开放84小时，是成都市开馆时间最长的公共图书馆之一。2009—2012年，书刊总流通112.3316万人次，书刊外借80.1226万册次。

2008年起，锦江区图书馆在全区16个街道文化活动中心、64个社区文化活动室建立了75个图书馆流转点，在全区试行图书流转，并按季度向流转点配送图书和期刊报纸，年均流转图书6万余册，年均馆外流动服务点书刊年均借阅9.45万册，充分发挥公共图书馆图书资源共享作用，实现图书资源在全区社区的合理配置及有效利用。同时，锦江区图书馆通过馆内阵地服务窗口、图书馆网站每月定期向读者推荐新书好书，并积极开展区中心组及区级各部门图书目录推荐、配送工作，仅2012年就为区中心组配送图书6000余册。

2009—2012年，锦江区图书馆网站访问量70.5104万次。截止2012年，锦江区图书馆发布使用的数字资源总量为5种，4.2TB，可通锦江区图书馆网站检索、浏览和下载。同时，锦江区图书馆与四川省图书馆、成都图书馆建有资源共建共享项目，可通过计算机终端进行远程检索、浏览和下载。

2009—2012年，锦江区图书馆将自身的资源优势与社会需求相结合，充分发挥为群众提供公益性文化服务的工作职能，开展丰富多彩的各类公益讲座及读书活动，共举办讲座、展览、培训、阅读推广等读者活动662场次，参与读者人数累计上12.62万人次。同时，围绕读者的多样化需求，积极创建“锦江讲堂”等服务品牌，以不同的主题开展系列形式多样的公益讲座活动，充分发挥图书馆公共文化阵地的服务功能，受到市民们的欢迎和好评，取得了良好的社会效益。

业务研究、辅导、协作协调

2009—2012年，锦江区图书馆职工发表论文7篇，获得市图书馆学会一等奖1次、二等奖3次、三等奖1次。

截止2012年底，锦江区图书馆共指导完成71个街道、社区图书室与共享工程基层服务点的建设，使其覆盖率100%。2009—2012年锦江区图书馆工作人员下基层点450余次，为基层点建设提供技术指导及设施、设备的维护，并每年定期对75个街道、社区图书室与共享工程基层服务点工作人员开展2次业务培训，总培训人次为685人次，使我区每个基层点的工作人员做到了解共享工程，利用共享工程为广大群众服务。

成都市锦江区图书馆外貌

学雷锋宣传日

休闲阅读区

图书馆借阅室

卫生救护公益讲座

为促进成都地区公共图书馆的协作协调工作，锦江区图书馆于2008年4月加入成都地区图书馆文献联合编目中心，同时成为成都地区公共图书馆协作协调工作委员会成员馆，可向中心上传和下载数据。

2009年，锦江区图书馆配合成都图书馆，在锦江区三圣街道办事处文化活动中心建立了成都图书馆馆外分馆（流通点），市图书馆向该点首次提供了2万册图书，并不定期对图书进行更换。

锦江区图书馆对全区基层图书馆（室）的业务辅导有制度、有计划、有总结，统计调查表齐全、有统计分析，在覆盖全区的71个基层街道、社区文化活动中心和活动站都建立了共享工程基层服务点，全部配备了服务器和终端机、投影仪等全套设备，并能正常使用，目前，各基层服务点各项管理制度完善、活动记录规范，工作记录和基层反馈信息齐全，并向社区居民免费开放。

管理工作

2009—2012年锦江区图书馆年度、半年、季度、月、周工作计划、总结等材料齐全。

锦江区图书馆各项管理制度齐全：1、建立了本馆财务管理制度，严格按照相关制度执行各项财务手续，并接受区财政中心和主管部门的监督与审核。2、建立了完善的固定资产管理制度，明确各部门固定资产管理人，责任到人，管理好本部门的固定资产，确保资产完好、维护。3、成立有文明劝导员小组坚持定期巡检，全面检查环境卫生，随时检查和监督管理馆内公共区域的不文明现象，对出现的安全隐患及时处理。4、建立和健全图书馆的各项消防安全制度，强化安全生产管理和监督。5、积极开展文化志愿服务活动，锦江区图书馆与成都理工大学管理科学学院青年志愿者协会联合，吸纳大学生志愿者参与图书馆的服务工作，开展丰富多彩的读书活动。6、锦江区图书馆逐步完善各项管理规章制度，按岗位招聘，实行竞争上岗机制，依照岗位责任制进行全面考核。

表彰、奖励情况

2009—2012年，锦江区图书馆共获得各种表彰、奖励11次，其中，文化部表彰、奖励2次，市委、市政府表彰、奖励9次。

馆领导介绍

李辉，男，1969年2月生，本科学历，馆员，馆长，锦江区图书馆法人代表。1990年7月到锦江区图书馆参加工作。兼任任中国图书馆学会会员、四川省图书馆学会会员、成都市图书馆学会常务理事。

未来展望

锦江区图书馆"读者服务至上"的服务宗旨，将公共图书资源免费向社会开放，竭诚为各阶层市民提供公正、平等获取知识信息的权利。2009—2012年，在不断强化自身综合实力的同时，推动了全区文化事业的发展。2013年，锦江区图书馆采用Interlib图书馆馆自动化集成管理系统，对全区的公共图书馆实现"一卡通"，在锦江区域内实现区馆与街道馆公共图书的通借通还，同时引进超高频图书识别RFID系统，采用智能化图书管理、实现自助式图书借阅、24小时自助图书馆服务。

2015年前计划逐步实现市、区、街道、社区"一卡通"，同时全面推进锦江区图书馆数字图书馆的建设及宣传，为广大读者提供全覆盖、不间断、无时空限制的数字文献远程和移动服务。按照锦江区委、区政府建设中西部最具影响力、全国一流的"文化之心"目标，锦江区图书馆将继续完善图书馆新馆各项服务功能，充分发挥图书馆公共文化阵地作用，用发展眼光建设国内现代、西部一流，一个集文化、科技、信息传播等服务功能为一体的综合性区县级公共图书馆。

联系方式

地　址：成都市锦江区锦兴路91号
邮　编：610016
联系人：王　英

农民读书月

国学系列讲座

少儿剪纸

成都市青羊区图书馆

概述

青羊区图书馆建馆于1960年，馆址曾先后位于鼓楼北三街、梓潼街，2007年12月迁入新馆至今，现址位于瑞联路139号青羊区文化艺术中心一楼，馆舍面积3000平方米。馆内设综合借阅大厅、少儿阅览室、电子阅览室、书吧、自修室、学术报告厅、读者俱乐部、特藏室等服务窗口，在编职工12人，现有馆藏30.9万册。在2009年、2013年全国公共图书馆考评定级工作中，均被授予“一级图书馆”称号。近年来，青羊区图书馆围绕“文化贴近百姓、提升服务效能”的服务宗旨，推动公共文化服务更加便民、利民、惠民，已在全区建有79个共享工程基层服务点、76个社区图书室、5个通借通还分馆、5个流转服务点，先后荣获“读书活动先进集体”、“公共图书馆服务先进单位”、“创建文明城市先进集体”、“共享工程先进单位”、“古籍保护先进单位”、“读者服务先进单位”、“宣传工作先进单位”等荣誉称号。

业务建设

青羊区图书馆藏量30.9万册，其中图书20万册，音像资料3300余件，电子文献4.7万种，图书年入藏量8千余种16000余册，报刊年入藏量430余种，电子文献资料年入藏量1000件，视听文献资料年入藏量140件。地方文献设有专柜、专架，有专门目录和专人管理。

2005年青羊区图书馆建立共享工程青羊支中心，2008年率先建成全省试点支中心。全馆数字文化工程、自建和外购存储在馆内服务器的资源总量达8TB，馆藏中文文献书目数字化80%以上，地方文献数据库建设有规划、有措施、有内容、有规模，向读者免费提供青羊文化旅游数据库、青羊非物质文化遗产、青羊地方特色数据库等专题数据库。全馆实现采编、流通、检索自动化管理，馆内局域网、图书馆网站从2009年后不断改进，运行状态稳定，并与四川省图书馆、成都市图书馆签定联网协议，实现联机编目和资源共享。

全馆拥有计算机100台，提供读者使用的计算机共78台，网络对外接口使用光纤专线接入，独享带宽20M。2012年新配置多媒体阅报机、24小时自助图书馆，更新了图书馆自动化管理系统，全面实现办公自动化、服务智能化、馆藏数字化。中控室专用存储设备（磁盘阵列）资源容量达8TB。

在文献加工整理过程中，注重书标、登录号、馆藏章的规范统一和整齐美观，全馆的INTETLIB自动化管理系统在流通服务窗口设有机读目录，提供查目辅导和检索导引，开架图书排架正确率98%以上，并制定有架位维护制度，设有专人巡查和周督促考核排架制度。全馆建立有专门的文献保护规章制度，有书库防火、防盗、防虫、防尘等措施及设备，效果显著。

古籍书库藏有1068种3495册古籍，实行分类建柜，配备专职人员开展古籍保护，每年开展古籍保护宣传6次以上，积极参加省、市举办的古籍知识培训，协调组织青羊辖区的古籍保护工作，建立古籍普查数据库，为古籍整理和数字化提供底本。近年来对馆藏古籍中濒临澌灭的《汉官旧义》、《佩文韵府》等珍贵古籍进行了抢救性修复。

读者服务工作

青羊区图书馆公共空间设施场地全部免费开放，阅览、外借、少儿阅览、电子阅览、盲文阅览、参考咨询、书吧、自修室、公益讲座等服务项目健全并免费开放，并设有免费的电子存包柜、赠阅图书漂流角等。全年节假日照常开放，借阅综合大厅每天开放时间9：00—21：00，全周开馆时间75小时以上。

全馆书刊文献开架比例60.2%以上，馆藏书刊文献年外借率58%以上，书刊文献年外借册次18万册，年流通人次17万人次，馆外流动服务点书刊借阅册次8千册次。人均到馆次数25次/人，全年开展书刊宣传12次，制作新书推荐12栏。利用电子阅览室开展政府信息服务接待读者查询300余条。

每年为区委、区政府提供决策参谋信息20条以上，编撰领导研判信息6篇，协助完成全区性课题研究4项，提供专题服务10项。面向残疾人开展文化关怀行动，赠送借书卡100张、开展送书上门服务20次，为农民工举办文化进工地活动5次，利用社区文化活动室举办技能培训30次，暑期青少年活动35场，为未成年人营造良好的成长环境，为老年人举办电脑培训班，开展培训活动10次。网站建设规划完整、结构合理、内容丰富，网页维护、更新常态化，指派专人负责、及时更新，网站项目完整，设有同步书目查询、活动公告、读者园地、馆长信箱等服务内容。

以关注民生、服务农民工、新市民、未成年人为重点，组织开展“五会”（典型报告会、读者见面会、好书推介会、经典赏析会、教育培训会）惠民行动，围绕“全民阅读”、“图书馆服务宣传周”、“暑期青少年教育”、文明创建等主题，每年组织开展读书活动150余场，受惠民众达50万人次。

2012年新创立青羊人文讲坛之五形公益讲堂，围绕传播主流价值、丰富文化生活、提升文明素养、展示成都精神，改善家庭生态环境，构建和谐的人际氛围，引导青少年健康成长，同时配置父母课堂、家长沙龙、主题研讨、智慧之旅、实践

原国家图书馆馆长周和平在青羊社区文化活动室

幸福课堂公益讲座

“书香成都，阅动青羊”主题活动

体验、道德讲堂系列活动，让“老百姓身边的文化沙龙”成为百姓喜爱的周末文化生活方式。2012年举办各类公益讲座72场，培训活动6次，举办展览5次，开展媒体宣传42篇次。

业务研究、辅导、协作协调

2009—2012年，青羊区图书馆职工发表论文30余篇，参加各级学术研讨会12余人次，在国家、省级、市级以上学术研讨会上获奖12篇次。参与国家级课题研究8项，围绕青图业务工作撰写调查研究报告8篇。其中《公共图书馆面向城乡结合部开展多元服务的实践与探索》在全国中小型图书馆学会评选中获一等奖，《试论公共图书馆联盟的作用》在“川、吉、苏、桂、冀”五省图书馆学术交流获二等奖，《公共文化设施免费之后如何提升服务质量》获成都市社科成果评选二等奖等等。参与创建的“康庄主题社区建设模式实践与推广”项目获文化部创新工程项目立项。

面向青羊辖区14个街道、76个社区均建立了图书室、79个共享工程基层服务点，定期利用文化专干会、现场辅导等形式，开展图书室、共享工程业务辅导。每年开展培训6次，参与人次300余人次，有计划、有总结、有简报、有记录、有反馈。专业技术人员每年下基层150余次，协助、指导基层服务点每月开展2次以上的活动。在对街道文化专干及社区图书室管理人员进行专题业务培训的基础上，深入机关、学校、企业图书室进行业务辅导。

为构筑总分馆体系，与全市搭建通借通还的统一平台，配置INTERLIB自动化管理系统，并在联合编目、馆际互借、业务开展等方面积极合作。

管理工作

健全人事管理制度，全馆实现了按需设岗、按岗聘用、竞争上岗、岗位责任制和绩效工资制度。2012年底再次按全市统一要求进行了岗位设置、岗位竞聘，设3类岗位12人重新上岗，建立了工作绩效考核体系。全馆人事档案、业务档案、工程项目档案、立卷规整，并建立有职工考核档案、参考咨询档案、课题服务档案和业务辅导档案等。建立了日常安全隐患排查制度，强化设备物资管理制度，2009—2012年，共抽查文献排架48次，书目数据8次，撰写专项调研、分析报告和工作提案18篇，编写简报、刊物50期次。吸纳志愿者参与图书馆流通服务工作、活动组织工作，建立了一支结构合理、充满活力的文化志愿者队伍。

表彰、奖励情况

近年来，青羊区图书馆先后荣获“读书活动先进集体”、“公共图书馆服务先进单位”、“创建文明城市先进集体”、“青教工作先进集体”等称号。习近平、李长春、刘奇葆、蔡武、蒋巨峰等中央和部省领导先后视察青羊区社区文化、非遗保护、共享工程等建设情况，并盛赞“青羊区狠抓文化信息资源共享工程基层服务点建设，狠抓基层文化繁荣发展，在加速城乡统筹、深入推进文化均衡、实现城乡公共文化满覆盖中取得了显著成效”。近年来，“青羊文化经验”多次荣登全国性论坛，青羊区先后被授予“全国文化先进单位”、“全国统筹城乡公共文化建设试验区”、“全国文化先进社区”、“中国诗歌之乡”、“中国书画之乡”、“国家级文化产业示范园区”、“全国都市旅游知名品牌示范区”等称号，青羊区图书馆均积极地参与到品牌创建及相关工作中。

馆领导介绍

康良琼，女，1972年4月出生，本科学历，中共党员，副研究馆员，馆长。1991年8月参加工作，1991年8月至2005年4月先后在万源市图书馆、万源市委宣传部、万源市文化局工作，担任副馆长等职务，2005年4月经公开招考进入青羊区图书馆工作，2005年9月担任副馆长，2007年12月担任馆长，2008年11月至2012年5月期间抽调至青羊区文体旅局党政办工作，2012年5月重返青羊区图书馆工作，2013年3月经重新竞争上岗担任馆长职务。青羊区政协第五届、第六届委员。

许攀，女，1984年2月生，本科学历，中共党员，助理馆员，副馆长。2008年到青羊区图书馆参加工作，先后在青羊区文体旅局党政办、产业发展科、青羊区文物管理所工作。2012年5月回到图书馆工作，2013年3月经竞争上岗担任副馆长职务。

张显棋，男，1972年4月生，本科学历，中共党员，主任科员，支部书记，1990年3月参加工作，2004年3月调入青羊区图书馆，先后在青羊区文体旅局广新科、执法大队工作。2011年回到图书馆工作。2012.10担任支部书记。

未来展望

青羊区图书馆将着眼于国家公共文化服务体系示范区建设的现实机遇和文化强国建设的历史使命，着眼于“全面建成小康社会”和“实现中国梦”的时代机遇，强化“办馆效益”理念，提升百姓“需求满足率”，积极发挥区域文献资源中心、公众阅读中心、社会学习中心、信息服务中心的作用，创新和深化总分馆制、图书馆联盟、公共文化服务体系建设，推动全民阅读、无障碍阅读，提升数字化服务水平，通过创新手段增强吸引力，通过强化保障增强承载力，通过挖掘内涵彰显特色化，为建设更富竞争力的文化先导区、公共文化样板区、文化之都新标杆作出更大的努力。

联系方式

地　址：成都市瑞联路139号
邮　编：610091
联系人：周湘阳

4.23读书活动

少儿阅览室

青羊区图书馆外观

成都市金牛区图书馆

概述

成都市金牛区图书馆建立于1960年，现位于成都市金牛区营门口路305号，为国家一级图书馆。是金牛区面向社会公众开放的大型公益性图书阅览、信息交流的场所。金牛区图书馆馆舍面积3000余平方米，现有馆藏文献15万余册，是金牛区读者自我教育、自学成才、借阅书刊、查询文献资料的理想场所。

业务建设

金牛区图书馆内设图书外借室、期刊外借室、期、报刊阅览室、盲人阅览室、少儿阅览室、报纸查询室、办证咨询室、文化信息资源共享工程支中心、公共电子阅览室、多功能学术报告厅等10余个对外服务窗口；设有成人阅览坐席数240个，少儿阅览坐席数50个；实行全开架借阅，全年365天开馆，每周开馆63个小时以上，年流通人次12万人以上，年流通册次10万册以上。

2008年金牛区政府投资68万元完成了“全国文化信息资源共享工程金牛支中心和公共电子阅览室”的建设，目前图书馆拥有电脑45台。宽带接入8兆，存储容量达到了6TB。使区图书馆的数字化服务水平又上了一个台阶，为数字化图书馆的发展目标奠定了坚实基础。

金牛区图书馆目前拥有藏书15万余册，涵盖政治、法律、文学、艺术、工程技术等22个大类，种类齐全。订有期刊600余、报刊60余种，电子文献7000余种，是一所集纸质图书、电子图书、电子期刊为一体的现代化图书馆。

为了方便广大读者，近年来，金牛区图书馆一直将编制馆藏目录作为工作重点，目前金牛区图书馆的图书、报纸和期刊全部完成了CNMARC格式机读目录，馆藏图书、报刊书目数字化达到100%。同时在图书馆在数字化建设中，将金牛区图书馆公益讲座视频、地方文献数据库以及自购的超星数字图书数据库等全部进行了100%数字化。

读者服务工作

近年来，金牛区图书馆坚持公益性的办馆方向，积极开展图书流转、咨询、文献查阅，深入基层图书室开展业务辅导，定期、不定期地举办各类公益性培训和公益性讲座等。目前馆外设有14个分室，金牛区图书馆作为金牛区公共文化服务的重要窗口和阵地，已融入广大读者群众的日常文化生活，成为党和政府保民生、保稳定的重要文化载体。

1、免费开放

为提高图书馆的服务质量和水平，为读者提供一个好的读书环境，金牛区图书馆一直致力于规范化服务建设，全馆人员统一着装，统一佩戴工作牌，对外公示服务流程、投诉电话等。并根据文化部、财政部《关于免费开放工作的意见》等文件精神，金牛区图书馆从2008年4月开始实行了公共空间设施场地和基本服务项目免费开放。

2、普通服务

为了更好的利用馆藏资源，充分发挥馆藏资源的作用。一直以来金牛区图书馆100%的馆藏资源实行开架为读者服务，馆藏书刊文献年外借率达到了71%，全年接待读者12万余人次，外借图书10万册次以上，图书馆的服务质量和环境得到了广大读者的拥护，读者满意率达95%以上。

3、参考咨询服务

为更好地发挥图书馆的职能作用，针对金牛区读者的实际情况，年解答读者咨询20余项。利用图书馆学情报学等知识解答咨询400条，有专人收集各方面的信息编制成《参考文献》送区有关领导，为领导机关决策，为科研与经济建设等提供信息服务，得到了有关领导的好评。

4、为特殊群体服务

进一步为特殊群体服好务，是公共图书馆任务，近年来，金牛区图书馆建立了盲文阅览室，有盲人有声读物200余件，盲人专用图书400余册，为进城务工人员举办讲座和为老年读者、未成年人放映电影、开展读书活动等。

5、图书馆网站建设与服务

金牛区图书馆至2004年就建立了图书馆自己的网站，2013年又请专业的网站制作公司高标准重新打造了图书馆网站，并建有非物质文化遗产特色数据库，网站的建立实现了读者对图书馆馆藏图书、报刊、电子文献等的检索。

6、社会教育活动

为进一步提高市民素质和辖区文明程度，金牛区图书馆充分利用图书馆自身优势，结合金牛区的实际，积极与社会各界的学术精英和人文学者联手，在区文化旅游和体育局的精

心指导和大力支持下，金牛区图书馆独家承办了“金牛社区公益大讲台”活动，每年开展公益讲座80余场，讲座内容紧扣社会热点，丰富而贴切生活的选题，准确的听众定位，坚持对社会特殊群体、弱势群体的关爱，经过探索与实践，“金牛社区公益大讲台”活动在老百姓中赢得了口碑，已成为金牛区群文活动的四大品牌活动之一。

精心组织开展主题鲜明、形式多样、读者广泛参与的读书活动。为了提高广大市民的读书热情，金牛区图书馆每年开展大小读书活动10余次，尤其是在每年的“4.23世界读书日”、“5月的服务宣传周”、“全民阅读活动”等活动，年参加活动人次达3万余人次。通过这些活动，深化了服务理念和服务内容，提升了图书馆多方面的教育和信息交流的职能，使更多的市民了解了图书馆，走进了图书馆，爱上了图书馆。图书馆已成为广大群众文化生活中必不可少的重要活动场所。

业务研究、辅导、协作协调

为了进一步搞好金牛区图书馆事业的发展，充分发挥各个图书馆馆藏优势，提高为读者服务的质量。为了满足区县图书馆广大读者的需求，我馆与成都区域内图书馆进行了馆际之间互借等资源共享工作，同时还广泛开展了图书馆之间的交流与协作。我馆共建共享了成都图书馆联合编目的报刊纸数据库，社区图书室作为区图书馆服务工作的延伸，目前金牛区街道和社区两级已全部建立了图书室，图书室覆盖面达100%。

管理工作

1、经费。历届区委、区政府、区文化旅游和体育局领导都十分关心重视图书馆事业的发展，从财力、物力上逐渐加大对图书馆的投入。做到了图书外借室和期刊外借室经常有新书上架补充，较好地满足了广大读者的需求。

2、人员。金牛区图书馆拥有一支年轻的高素质人才队伍，全馆现有工作人员11名，其中专业技术人员9人，全部拥有大专以上学历，目前有两名在读的研究生。这支年轻的队伍经过工作实践和自身的努力学习，无论是业务水平，还是工作能力都有了显著的提高，馆员们已有多篇学术论文在专业期刊和学会论文研讨中获奖发表。

为了进一步搞好我区图书馆事业的发展，图书馆馆员针对新时期图书馆的各项工作，结合我区图书馆和社区图书室实际做了认真、仔细的研究，已撰写论文7篇，调研报告4篇。

2009–2012年，金牛区图书馆共获得各种表彰、奖励26次，其中，市级表彰、奖励6次，区级表彰、奖励10次，其他表彰、奖励10次。

馆领导介绍

王茂萍，女，1960年11月生，大专学历，中共党员，馆长。

李　彧，女，1979年9月生，大学本科学历，中共党员，副馆长。

联系方式

地　址：成都市金牛区营门口路305号
邮　编：610031
联系人：李　彧

成都市武侯区图书馆

概述

成都市武侯区图书馆于2004年4月筹建，8月正式开馆，位于成都市高升桥东路一号长城金融大厦2楼，分别在2009年和2013年全国公共图书馆第四、第五次评估定级工作中被评为"国家一级图书馆"。图书馆馆内面积2500平方米，设有报刊杂志阅览区、儿童阅览区、工具书及地方文献查阅区、图书期刊外借区、电子阅览室、盲人阅览区、多功能室、三国文化展览室、国学室、专家室、自修室、休闲书吧、共享工程支中心、电子阅览室等。全馆拥有阅览座席400余个，计算机55台，宽带接入20M，储存容量5TB，使用Interlib图书自动化管理系统。

业务建设

截止2012年底，武侯区图书馆总藏量180208册，其中图书157502册，报刊合订本10234册，视听文献2408件，电子图书10064种。

2012年，武侯区图书馆财政拨款收入162.48万元，其中新增藏量购置费17.07万元，2009年–2012年，图书新增年入藏量5786种、报刊年入藏量319种、地方文献年入藏量2446册。

截止2012年底，武侯区图书馆数字资源总量5TB，馆藏中文文献书目数字化达94%，地方文献数据库建设以"三国文化数字图书馆"为主，包含三国电子图书10000册、三国视频讲座100集，同时，还可访问300万册电子图书、7000万篇电子期刊、7万集视频讲座及各种论文、标准等海量的数字资源。

读者服务工作

武侯区图书馆实行全年365天天天对外免费开放，周开放57小时，书刊文献全部开架，开架率100%。2012年共接待阅览、咨询、上网、自修等读者160710人次，馆藏书刊外借图书133932册次，外借率76%；人均年到馆次数25次。

在为特殊群体服务工作方面，我们对残疾人、进城务工人员、未成年人、老年人等提供多样化的服务。比如，我馆建有盲人阅览区，盲人可通过视听文献或盲文图书获取阅读服务，进城务工人员、未成年人以及老年人等均可以通过图书馆开展的讲座、培训等各项活动以及电影充分享受服务，同时还免费提供老花镜、轮椅、拐杖等人性化的服务。

我馆建有专门网站，为读者提供24小时全天候的图书馆咨询和书目查询服务，网站包括三国文化数字图书馆、读者活动、本馆动态、电影课、新书推荐等板块，同时开通了馆长信箱、咨询热线、书目检索、预约续借、地方文献目录索引、读者留言等在线服务。

积极开展社会教育活动，2012年开展讲座、培训、电影课阅读活动35场次，展览6场、全民阅读推广活动7次，全年参加活动总人数达3万余人次。同时，认真开展图书馆服务宣传，每年4月均承办了武侯区全民阅读启动仪式，为街道、社区、机关、学校捐赠图书；每年在全区范围内开展"读书之星"、"书香之家"、"十佳优秀图书室"、"十佳共享工程服务点"等评选活动，以此大力开展图书馆宣传活动。

2012年我馆开展3次读者满意度调查，就图书馆设施设备、馆藏资源、服务内容、服务质量以及员工素质等方面听取和征求读者的意见和建议，共发放调查表300份，满意度均在98%以上。

我馆的特色服务包括：一是电影课助推全民阅读，形式新、效果好。武侯区图书馆成功推出了"趣味电影·精彩故事·全民阅读"为主题的"电影课"系列活动，从而推动了全民阅读活动的开展，取得了显著效果。二是试点创新，打造成都首个"托管书屋"，充分发挥闲置图书的阅读价值，使它们在广大读者手中流动起来。截止2012年底共收到读者托管图书2244册，四川省原副省长何郝炬及夫人肖林也积极参与，托管马列著作等经典名著200余册，外籍朋友Susan也托管图书500余册。三是创建特色"三国文化数字图书馆"。凡拥有武侯区图书馆借阅证的读者均可通过该平台访问三国电子图书10000册、三国视频讲座100集，同时，还可访问300万册电子图书、7000万篇电子期刊、7万集视频讲座及各种论文、标准等海量的数字资源。四是开展你选书、我去买、大家读好书征集，让读者做主选购图书，共同打造属于读者自己的图书馆。图书馆按照读者推荐的书目及时采购、加工、上架，并通过短信平台告知读者。此种做法改变了以往集中采购的单一模式，很大程度上保证了读者能及时读到新书、好书，切实把读者的需求放到第一位。

业务研究、辅导、协作协调

2009–2012年，武侯区图书馆职工发表论文42篇，组织指

快乐阅读大学行

少儿活动

导街道、社区撰写论文60余篇。

武侯区图书馆在基层辅导和培训工作的开展上，从基层图书室入手，定期、不定期开展各种类型的图书管理、共享工程技术的培训、深入社区巡回辅导和开展活动，2012年共开展2次集中培训和70余次下基层辅导。逐步规范了图书室、共享工程、活动开展流程和活动记录资料。

在协作协调工作上，一是参与联合编目，直接下载数据进行编目，二是参加成都图书馆开通的联合参考咨询网服务，并注册成为其咨询馆员为读者提供参考咨询服务，三是参与市图书馆图书通借通还工程。

管理工作

武侯区图书馆在人事、管理、安全、业务等方面制定了一系列制度，使各项工作更加规范化和制度化，做到分工明确，责任到位，奖惩分明，极大地调动了全馆工作人员的积极性。

广泛吸纳志愿者参与图书馆工作，设立3个志愿者服务岗，面向社会召集、吸纳青年志愿者行进服务，共吸纳了刘全、李春等18名青年志愿者。

我馆物资设备等国有资产管理规范管理，制定了各项管理规章制度，做好账账相符、账卡相符；档案管理规范，专人管理；统计工作，人事、财务统计齐全；馆内环境整洁、安静舒适、标示标牌规范；人员安全、网络安全、消防安全等均建有应急预案，卫生、消防安全专人负责管理，定期检查，有记录。

表彰、奖励情况

2012年受到市级业务主管部门和区委区政府表彰6次。

馆领导介绍

许冰，女，1969年10月生，大专学历，馆长。

未来展望

武侯区图书馆对未来有积极的展望。

一是，武侯区图书馆新馆将于2015年正式开放服务。新馆位于九兴大道武侯区、高新区档案馆、图书馆、文化馆综合楼7–9楼，总面积7509平方米。预计设计阅览座位1200个，可容纳纸质文献40万册，年服务人次可达50万人次以上，数字资源设计存储能力20TB，能够提供全覆盖、不间断的数字文献远程和移动服务。

二是，运用现代化新技术。随着图书自动化管理系统等现代新技术的广泛运用，近年来，作为县一级的公共图书馆，为争取更多的读者，创造更大的社会效益，均不同程度的在大力推广和运用各项现代新技术，比如：手机移动图书馆新

少儿阅览区

业务模式、高端多媒体图书馆服务、手持设备的经典阅读服务等等。因此，我馆也将根据自身情况，不断探索现代新技术运用，为读者提供更加便捷的阅读条件和安全网络环境，拟将在新馆建成后创办网上实景三维图书馆，让读者通过网络，身临其境的享受图书馆服务。

三是，加大基层协作协调，探索长效管理运行机制。我馆将加大与基层的协作协调，服务下沉，联合开展形式多样的送文化进社区等活动或者探索更加完善、更加务实的长效管理运行机制，比如购买服务，委托第三方服务等模式。

四是，挖掘潜力、壮大优势。电影课、三国文化数字图书馆是近年来我馆推出的创新工作和特色工作，我们将继续挖掘更进一步完善和探索电影课教育新模式，通过各种渠道收集三国文化相关资料，力争把“三国文化数字图书馆”建成一个集三国文化的图书典藏、学术研究、文化交流以及展览展示于一体的数字资源库和基地。

五是，加大地方文献和古籍征集力度。图书馆作为地区性的资料档案库，对该地区的经济、社会、政治发展记录进行收藏和保存，我们将加大地方文献和古籍征集力度，丰富馆藏资源。

联系方式

地　址：成都市高升桥东路一号长城金融大厦2楼
邮　编：610041
联系人：徐春敏

报刊阅览区

图书馆阅览区

成都市成华区图书馆

概述

成华区图书馆于2004年7月31日建成并正式对外开放，位于成都市双林路55号成华区活动中心大楼一、二层，馆舍建筑面积约3500平方米。内设12个对外服务窗口，包括外借室、阅览室、盲人阅览室、办证咨询处、特藏文献室、地方文献室、工具书查阅室、过刊查阅室、电子阅览室、自修室、多功能学术报告厅，同时，还设有独立建制特色鲜明的少儿馆。成华区图书馆是财政全额拨款的事业单位，事业人员编制15名，实际现有23名工作人员，其中事业单位在编干部10名，聘用管理人员9名，保安2名，保洁2名。

业务建设

经过几年的建设发展，我区图书馆的购书经费由原来刚建馆的10万元增加到现在每年的100万元左右，馆藏文献数量和种类得到不断的提高，藏书由建馆时的15.4万册增加到约26万册，订报刊1000余种，电子期刊500种，电脑70台，另有复印机、打印机、扫描仪、投影仪等现代化办公设备，实现了全自动化的服务管理。馆内建有局域网，铺设信息点100个，使用图书馆通借通还管理软件INTERLIB开展读者服务和业务工作。2008年区政府拨专款按标准建成共享工程区级支中心，拥有一批先进的电子设备，接入10兆的光纤。

读者服务工作

我区图书馆实行365天全开馆，每周服务时间达到72个小时，日均接待读者500余人次，年接待读者20万人次，年外借图书10万册次以上。2011年底建成二仙分馆，分馆藏书2万册，订报刊100种，年接待读者5000余人次。区图书馆除开展传统阅览、外借、咨询服务外，还为各企事业单位提供信息检索和计算机培训，为读者定期举办公益讲座等。

成华区图书馆虽然建馆时间不长，但建设当年就参加了第三次公共图书馆评估定级，被评为区（县）一级馆，实现了区委、区政府提出的“高起点规划、高标准建设、高效能管理”的“三高”建设思路。2009年的第四次公共图书馆评估定级，又再次评为一级馆。近年来，成华区图书馆在成华区委、区政府的关怀下，在成华区文广新局的带领下，无论是基础设施建设，还是服务领域拓展，都取得了飞速的发展，已经成长为一座设施设备先进，服务功能齐全，环境优雅舒适的现代化区级图书馆，为本地区的基层图书馆服务网络建设做了大量卓有成效的工作，日益成为了本区群众文化生活中的重要场所。

业务研究、辅导、协作协调

目前，成华区图书馆已逐步建立了一套完善的管理制度。馆内分设阅览部、流通部、自动化部、综合部四个部室，各有部室主任一名，定期召开由馆长和部室主任组成的馆务会，研究决定馆内的各项事务。设有办公室对全馆的财务、固定资产、档案等进行管理，建立了定期业务统计上报制度，馆务会每月对所有服务岗位进行考核评比并公示，考核结果与员工的工资挂钩，全馆半年一次对各部室和全馆工作进行总结和表彰。

成华区图书馆拥有一支年轻的高素质人才队伍，现有的10名在编工作人员，平均年龄35岁，全部拥有本科以上学历，其中有8名是通过社会公开招考的大学生，目前有两名馆员有研究生文凭，专业职称情况是有一名副研究馆员，两名馆员，一名助理馆员。近年来，这支年轻的队伍经过工作实践和自身的努力学习，无论是业务水平，还是工作能力都有了显著的提高，馆员们已有多篇学术论文在专业期刊和学会论文研讨中获奖发表，去年还完成了四川省文化厅下达的专业课题《成都市公共文化服务体系构建中的基层图书馆建设研究》，员工彭红梅撰写的《东部经验对成都市公共图书馆服务体系构建的启示》获得成都市图书馆学会2012年学术年会一等奖。区图书馆还一直努力通过派馆员走出去培训进修，请专家来馆讲课的办法提高馆员的业务素质。馆内坚持每周组织政治学习和业务学习，除及时传达一些重要的会议精神外，重点学习了专业论文的写作知识，图书馆职业道德准则，图书分类工作等，还每年至少两次组织全馆人员参加消防知识培训。目前馆内已经拥有了一批各有专长的业务骨干，为区图书馆的发展提供了坚实的人才保障。

管理工作

为深化事业单位人事制度改革，区图书馆在2011年与所有在编员工签订了聘用合同，实现了全员聘用制，2012年又制定了正编人员的《岗位绩效考核办法》和《绩效工资分配方案》，实行科学考核、绩效挂钩、按劳分配，建立自主灵活、符合图书馆工作特点的激励分配机制，进一步扩大单位内部分配自主权、增强竞争意识，充分调动事业单位工作人员的积极

性和主动性，提高服务质量和效率，促进图书馆工作全面健康发展。

新一届的成华区委、区政府非常重视社会事业建设，现已研究决定建成华区文、图两馆新馆。新馆位于成华公园内，府南河边，面对成都建设北路，地理位置十分优越。区文广新局安排专人负责与设计单位衔接，在建设设计阶段就充分考虑图书馆的服务特点，融入现代化图书馆的服务理念，力求建成后的新馆能够最大限度的发挥效益。目前设计方案已经进入到最后修改阶段，按计划今年底将完成主体建筑的施工，明年将投入使用。

表彰、奖励

2004年—2014年，我区图书馆获得成都市文化局、成都图书馆和成华区委等各种表彰、奖励10余次。

馆领导介绍

黄静，女，1970年11月生，1992年参加工作，大学学历，中共党员，中级职称，馆长。

未来展望

成华区图书馆从建馆以来，就一直努力不懈地进行建设和发展，致力于建一座市民满意的图书馆，今天已经成长为一座功能齐全、服务完善、资源丰富的区级图书馆，每年接待大量读者，日益成为成华区老百姓生活中的良师益友。下一步，我馆将结合新馆的建设，在INTERLIB和RFID等技术服务为前提的保障下，以提高全区人民群众的文化素质和城市文明程度为目标，通过优美的环境，良好的设施，丰富的馆藏，优质的服务，努力的工作，不断满足人民群众日益增长的文化需求，以开拓进取的精神，实干敬业的态度，大胆创新，向着现代化数字图书馆目标努力。

联系方式

地　址：成都市成华区双林路55号
邮　编：610051
联系人：黄 静

成都市龙泉驿区图书馆

概述

成都市龙泉驿区图书馆是龙泉驿区唯一的区（县）级公共图书馆，始建于1976年1月10日。原址于龙泉镇东街，1994年在公园路选址建新馆，1999年建成搬至新馆（龙泉驿区龙泉镇沿山路二段84号）。建筑面积1850平方米，可容纳读者座位265个。2009年，参加第四次全国公共图书馆评估，首次被评为“一级馆”。2010年实现区、街镇乡、村（社区）三级总分馆图书借还“一卡通”全覆盖。

业务建设

截止2012年底，全区三级总分馆现有馆藏文献51.89万余册（含农家书屋），电子文献藏量15万余种。图书年均入藏16643种，其中报刊入藏452种（报纸42种，期刊410种），视听文献年入藏472种。地方文献有专柜、专门目录、专人管理，设专人不定期对本地各部门的志书、本地名人撰写的作品开展征集工作，并有专门的地方文献征集经费。

2012年财政拨款442.7万元，财政拨款年增长率与区财政收入增长率的比率大于100%。其中100万元为购书经费。12年新增馆藏购置费79.8万元，免费开放经费到位。截止2012年底，累计投入资金1300万元，建成区级支中心1个，乡镇基层服务点12个，村、社区基层服务点139个，建成覆盖率100%。

截止2012年底，图书馆实现了自动化、网络化建设并建立了图书馆机房、网站，本地存储的数字资源量达4TB以上，同时还购有远程数据库（含电子期刊、报纸、视听文献等）供广大读者使用。馆藏中文文献100%书目数字化并建立了地方文献数据库供广大读者借阅、查询用。

读者服务工作

从2008年开始，图书馆实行全免费开放（免费借阅图书、上网、办理借书证等）。每周开馆时间在60个小时以上，每天开馆时间为8：30–17:30，周六周日正常开馆。书刊开架率达85%，只有地方文献和部分工具书3474册闭架。馆藏书刊文献年外借率达82%，书刊文献年外借42万册次，馆外流动服务点书刊借阅18.39册次，人均年到馆次数每人达25次以上。

2009年安装图书馆自动化集群管理系统，实现了采访、编目、馆藏、流通、读者检索等业务全自动化，10年建成数字图书馆，数字资源达3TB以上，建有3个特色资源库：“客家数据库”、“花果数据库”、“汽车数据库”。同年，实现区、街镇乡、村（社区）三级总分馆图书借还“一卡通”全覆盖，馆外流动点借阅册次18.39万册。2012年4月13日移动图书馆正式开通，在省内率先实现移动图书馆建设。

2012年，利用三级总分馆平台开展参考咨询服务15次，举办讲座30次，培训8次，展览6次，阅读推广活动9次，全年参加活动的总人次为14.83万。区支中心年举办展览、讲座、电影放映等服务活动120场，服务群众近3万人次。

业务研究、辅导、协作协调

2009年–2012年，我馆馆员共撰写论文10篇，其中6篇论文在图书馆专业期刊上发表，4篇入选成都市图书馆学会年会论文集；同时，每年撰写业务调研报告1篇。

龙泉驿区图书馆是全国图书馆联合编目中心四川省分中心成员馆，参与省、市图书馆数字共享工程平台，实现数字资源共享服务。2009–2012年，本区内已建流动图书室157个，其中街镇乡、村社区152个，企业、残联等5个，同时完成152个文化信息共享工程服务点建设。为了加强基层业务辅导和培训工作，每季度下基层到12个街镇乡分别开展业务辅导、网络自动化培训，提高管理人员的管理能力和服务意识，每年对基层管理人员分别进行集中培训2次，同时又分别以12个街镇乡为单位组织村、社区管理人员培训1次。全年培训基层业务管理人员400余人，培训内容《读者服务及管理》、《图书分类、排架》、《流动图书室统计及归档》等。

管理工作

图书馆各部门年初编制年度工作计划，并按计划开展各项工作。在管理方面按照不同的部门制定管理制度，如：财务管理制度，人事管理制度、设备物质管理制度、档案管理制度、环境管理制度等等。并严格按制度进行管理。财务管理制度，必须严格遵守财务报帐制度，随时接受上级部门检查和群众监督；人事管理方面，按上级要求按需设岗，实行岗位聘用管理，制定岗位责任制和各室工作职责等，用制度加强约束力。

龙泉驿区图书馆外景

洛带分馆

汽车图书馆

图书清点交接场面

多馆集群自动化管理系统培训结业合影

消防、保卫工作，严格按照公安消防、保卫部门的要求，建立消防、保卫档案，并对各室签订了消防安全责任书，责任到室，落实到人，加强消防安全保卫防范意识，采取人防、物防相结合的措施，2012年我馆的消防保卫工作经相关部门考评合格。

表彰、奖励情况

2009-2012年共获得各种表彰、奖励共13次，其中，文化部及中国图书馆学会表彰、奖励5次；省文化厅表彰、奖励1次；市级业务主管部门表彰、奖励7次。同时中央1套、4套，四川电视台及多家媒体多次进行宣传报导。

馆领导介绍

陈绍红，女，1960年4月生，大专学历，副研究馆员，馆长。1976年7月参加工作，1998年12月到龙泉驿区图书馆，任图书室馆员、1999年9月被成都市龙泉驿区人民政府人事局任命为副馆长；2001年3月任命为馆长，主管图书馆全面工作。发表专业论文8篇。

周晓红，女，1967年5月出生，本科学历，副研究馆员，副馆长。1985年参加工作，1993年到龙泉驿区图书馆，历任图书室馆员兼编目、财会室出纳、办公室文秘等职，1998年12月被成都市龙泉驿区人民政府人事局任命为图书馆副馆长，分管图书馆业务、阅读推广、宣传等工作。发表专业论文8篇，6次获奖。

曾明伟，男，1969年10月生，本科学历，中共党员。1985年5月参加工作，历任成都市龙泉驿区同安镇政府党政办秘书、龙泉驿区委宣传部《龙泉开发》报社责任编辑、龙泉驿区图书馆副馆长等职。分管文化共享工程、电子阅览室、消防安全等工作。

李杨，女，1980年4月出生，本科学历。1993年参加工作，1993年8月-1996年12月任教于金牛区金泉中心小学；1997年至今，就职于龙泉驿区图书馆，并于2012年5月被龙泉驿区文旅局内聘为图书馆馆长助理。

流动图书车送书到山泉图书分馆

未来展望

龙泉驿区图书馆作为龙泉驿区公共图书馆中心馆，担负着保存文献、传递信息、开展社会教育、实施“知识工程”等重任，始终坚持“读者至上，服务第一”的工作宗旨。未来几年，将进一步完善以城乡联合共建为基础、以跨行协作共建为补充、以统筹直建为提档服务的多模式三级“总分馆制”，科学布点，稳步推进。

联系方式

地　址：成都市龙泉驿区沿山路二段84号
邮　编：610100
联系人：周晓红

图书外借室

借阅览区

报刊阅览室

成都市青白江区图书馆

概述

成都市青白江区地处成都市东北部，全区幅员面积为378.94平方公里，2013年年末总人口40万人。主城区建成区面积28.57平方公里。辖11个街道、乡镇，121个社区、村。

图书馆简介

成都市青白江区图书馆为国家一级馆，在编在岗人员13人。占地3000平方米，建筑面积2800平方米，读者座席400个，网络节点40个。区图书馆目前馆藏图书12万册，中文期刊386种，中文报纸200种。选用Interlib图书馆集群管理系统。年外借23万册次。区图书馆阅览区内所有书刊实行开架式服务。全馆分为三层服务区，一层为图书借阅区和自习室，提供中文图书的借阅服务，并开设单独的视障人阅览室；二层为中文报刊阅览外借，电子阅览、信息咨询服务等；三层为多媒体视听、少儿图书室和地方文献阅览、专题文献资源阅览等。根据青白江地区经济、社会、文化发展状况，区图书馆在馆藏建设上，以机械、商贸、物流、建材专题资源及地方文献等为特色资源。

青白江区图书馆秉承最大限度地满足读者需求的公益服务宗旨，为广大读者提供简便、快捷的服务，每周开放60小时。在服务方式上实行“全面开放、免证进馆”。

未来展望

整体规划、统一标准、联合建设、共享资源，积极构建青白江图书馆联盟。推动建立总馆、分馆模式。加大专题信息资源开发的深度和广度，与企业、学校系统等图书馆联合，在资源建设、资源利用、流程管理、人才培养等多个领域进行合作，实现文化、教育、科研系统图书馆资源的共建共享。整合文献资源，拓展数字资源服务平台的内涵，建设有特色的数据库，逐步完善网络服务的系统性和专业性，形成特色资源和良好服务相结合的电子文献阅览体系。2013年，区图书馆新馆建设启动，新馆面积1万平方米，2016年投入使用。

联系方式

地　址：青白江区华金大道二段522号
邮　编：610300
联系人：车　娟

4.23读书日活动

电脑培训

关爱留守儿童活动

少儿阅览室

报刊阅览室

图书外借室

阅览室

成都市高新区图书馆

概述

成都高新区文化指导服务中心·图书馆位于成都高新区新义西街69号，是高新区社会事业局下属公益性事业单位，于2010年建成投用，图书馆占地面积2700平米，建筑面积6900平方米。图书馆一共六层，分布着图书馆的各个功能单元。

图书馆馆藏丰富，品类齐全。馆内实现365天开馆，每周服务时间80小时以上，内设图书借阅、报刊阅览、电子阅览、影音阅览、视障阅览及自修室等功能区域，常年开展免费公益讲座、读者交流等活动。2011年，在全区6个街道设立图书分馆，率先在全市中心城区实现区域图书通借通还；2012年增设为园区企事业单位服务的南区分馆、软件园及孵化园分馆。2013年，实现与四川托普信息技术职业学院图书馆资源共建共享，为高新西区群众提供各项文化服务。

文化指导服务中心为街道图书分馆统一配备完善的硬件设施和丰富的馆藏资源，利用图书馆集群管理系统将各馆资源有效地整合，所有的图书信息都存储在中心服务器上，分馆只需要连通网络便可以进行图书查询和借还操作，通过统一管理平台、统一查询入口、统一编码规则真正实现各馆资源上的共享和互通；通过人员的统一培训、图书的统一采购、财物的统一配置实现了管理上的集约化。读者可以凭身份证、户口簿等有效证件并交纳一百元押金，在任意一个分馆办理“一卡通”。使用“一卡通”可以到任何一个分馆免费查询、借还图书。读者想要看书，可以先在家里登录高新区图书馆图书查询页面，查询到书籍的所在馆，到相应分馆借回之后可以在就近的分馆归还，同时读者也可以随时登录到个人的“读者空间”，方便地续借图书。

各分馆地址

肖家河街道分馆：高新区肖家河东一巷10号永丰社区服务中心2楼

芳草街道分馆：高新区芳草东街76号4楼

石羊街道分馆：高新区石羊场仁和东街21号新南社区办公楼2楼

桂溪街道分馆：高新区天仁北一街26号街道文化活动中心2楼

合作街道分馆：高新区合作街道清源环街181号街道文化活动中心3楼

中和街道分馆：高新区中和街道新下街106号（中和职中对面）文化活动中心3楼

南区分馆：成都市天府大道北段18号高新国际广场A座4楼

软件园分馆：成都高新区天府软件园D5负一楼

四川托普信息技术职业学院图书馆：成都高新区西区大道2000号

成都市新都区图书馆

概述

新都最早的公共藏书机构名为"尊经阁"，始建于清道光十七年（1837年），1930年10月成立新都县立图书馆，馆址设在文庙和桂湖。1951年至1985年设立新都县文化馆图书室，1986年单立新都县图书馆，1992年在新都区新都镇公园路6号独立建馆，2002年新都县撤县设区后更名成都市新都区图书馆，2013年12月新都区图书馆迁址新都区新都镇香城南路60号文广中心三楼。

成都市新都区图书馆为国家县级一级图书馆，2013年被评为四川省古籍保护单位。建筑面积4600余平方米，设立有成人阅览室、少儿阅览室、幼儿阅览室、多媒体阅览室、公共电子阅览室、阅报室、盲文阅览室、读者自修区等服务功能区，阅览坐席达300个，120台电脑，信息节点200个，宽带接入30M，采用Interlib图书馆集成管理系统，免费为公众提供文献资源借阅、检索与咨询、电子阅览、视听文献欣赏、政府信息公开查询和无线网络（WIFI）等基本服务项目，实行全年365天免费开放。

业务建设

截止2012年底，拥有文献总藏量556000余册/件（含古籍、中文普通图书、中文报刊、视听文献、电子文献等），其中，馆藏纸质图书22万余册，数字图书馆、共享工程支中心现拥有电子图书、期刊30万余册/种、视听资源2415件/套，共计约1.5TB数字资源。2012年新增馆藏图书23592册，7864种，征订报刊603种，新增电子文献10万册/件，征集入藏地方文献《新都文史》、《新都春秋》、《新都县志》（清嘉庆版重印本）等16余种。从2009年至今，年均入藏图书3843种，报、刊498种；视听文献50件。

2004年采用ILAS图书馆集成管理系统，2013年采用Interlib图书馆集成管理系统对馆藏文献资源进行了采访、编目、流通自动化管理与服务，实现了馆藏局域网网络自动化管理与服务。2008年建设了全国文化信息资源共享工程建区支中心和13个镇（街道）基层服务点，2009年完成了230个村（社区）基层服务点建设，建设了新都区图书馆网站、区支中心网站，建设了新都区数字图书馆，实现了网上图书在线阅览服务。与此同时，按照《新都区图书馆数据库建设规划》，《新都区数字图书建设规划》积极推进数字资源的建设工作，建立了地方文献数据库等数字资源，设专人对网站进行维护、信息更新、数字资源建设，现建有数字资源达1.5TB，其中，地方文献数据资源达200GB，并实现了数字图书馆、图书馆网站对外服务，2012年网站点击率达125000余次。

在推进区域公共图书馆服务网络建设方面，从2007年开始实施公共图书流转工程，2012年形成了以区图书馆为公共图书流转总馆（总库），13个镇（街道）综合文化站（活动中心）为图书流转一级分馆（中继站）；254个村（社区）综合文化活动室为公共图书流转二级分馆（流转终端）的三级公共图书流转服务网络体系，覆盖率达100%，用于图书流转服务的图书资源达9万余册。2012年全区公共图书流通达45万余册次，到馆（室）人数达24余万人次。

读者服务工作

成都市新都区图书馆2008年以来免费向公众开放，提供图书外借阅览、报刊借阅、少儿阅览、电子阅览、多媒体阅览、参考咨询、政务公开查询、地方文献查询、盲文阅览等免费基本服务项目，每周开放服务时间60小时以上。到2012年累计办理有效借阅卡4700余个，到馆阅览人次达14万余人次，书刊外借26554人次，外借流通15万余册次，书刊文献外借率达70%。2012年，专题课题服务3项，代检索、咨询服务达800条以上。积极开展社会教育活动，以区图书馆"香城书友会"、"香城讲堂"两个服务活动品牌为载体，建立以四川大学、四川师范大学教授和省市区一批专家、学者的讲座队伍，建立以地方历史文化、地方民俗文化、家庭教育、心理健康教育、科技实用技术等为主题的讲座、培训课题库，以"菜单式"服务方式把公益性讲座、培训、和阅读推广活动送到农村、学校、机关、企业和部队。开展"香城讲堂"图书馆公益性流动讲座、培训18余场次，参与人数达5000余人。以"香城书友会"为全民阅读活动平台，积极组织了"书韵香城、悦读天下"、"在阅读中快乐成长"、"少儿读书之星"、"我与好书有个约会"、"寻找一本好书"、"新都区作家协会暨香城书友会年度论坛"等11场专题阅读推广活动，参与活动达3000余人次，编辑刊印"书友会"阅读交流刊物《桂湖》12期，带动了更多的群众参与读书、热爱读书，受到广大读者的好评。

通过图书馆服务宣传周、世界读书日、全民读书月，民俗节日以及参与"文化三下乡"等活动，开展阅读推广、宣传展览等读者活动共计48次，参与社会教育活动的市民达20838余人次，省、市、区媒体对我馆服务活动进行宣传报道达12次，使更多的市民认识了新都区图书馆，进一步提升了图书馆的社会知晓率，取得了显著的社会效益。

文化三下乡

阅读推广活动

"香城讲堂"文化惠民讲座

报刊阅览室

电子阅览室

少儿阅览室

业务研究、辅导、协作协调

2009–2012年，成都市新都区图书馆职工发表论文6篇，分获全国中小型图书馆联合会2012年研讨会征文三等奖，川吉冀桂苏五省（区）图书馆学会第十三届学术研讨会征文二等奖，成都市图书馆学会2009年学术年会三等奖，成都市图书馆学会2011年学术年会二等奖，成都市图书馆学会2012年学术年会三等奖。

成都市新都区图书馆把基层业务辅导工作列入常年主要工作项目，对基层管理员队伍建设常抓不懈。2012年到基层开展业务辅导年辅导达55天，110人次；基层集中培训3次，培训达325人次，提高了基层管理员的业务水平，基层业务培训工作取得了显著成效。

积极开展馆际协作协调、资源共建共享，是成都图书馆学会成员馆。与省、市图书馆建立了联合参考咨询服务、书目数据联合编目、馆际文献传递协作等业务协作合作关系。

管理工作

成都市新都区图书馆本着“服务第一，读者至上”的办馆宗旨，先后制定了《新都区图书馆机构设置人员配置岗位职责方案》、《新都区图书馆岗位职责》、《新都区图书馆工作人员奖惩若干规定》、《新都区图书馆绩效实施方案》等规章制度，严格按照年度工作计划和工作目标执行。在人事管理上，通过按需设岗、竞争上岗、严格考核等方式，不断优化和提高职工的业务素质与业务水平；在财务、档案、统计、环境管理、设施设备管理及消防和安保工作方面都严格按照规章制度进行，并责任落实到人；成立图书馆职代会，对图书馆一切规章制度的执行情况进行有效地监督和考核。积极开展公共文化服务志愿者队伍建设，发展和培养图书馆服务志愿者，制定了《新都区图书志愿者招募方案及工作章程》、《新都区图书馆志愿管理办法》，并向社会公示，招募了一些热衷于图书馆公益事业的读者协助图书馆开展读者服务工作。

表彰、奖励情况

成都市新都区图书馆至2013年已连续四次被文化部评为县级国家一级图书馆。2009年以来获得成都市图书馆、成都市古籍保护中心、成都市支中心《2011年公共图书流转工作先进集体》、《2011年度古籍保护工作先进集体》、《2011年度全市文化信息资源共享工程先进集体》和2012年度《全民阅读先进单位》、《古籍保护工作先进单位》、《共享工程支中心建设先进单位》、《共享工程基层服务点建设先进单位》表彰；2010年至2012年获得区文体广新局“基层文化服务先进集体”；2010年至2012年获得区全民读书活动指导委员会、区文体广新局“推广全民读书活动先进单位”表彰。

馆领导介绍

朱力，男，1967年1月生，大专学历，中共党员，馆长。1986年6月参加工作，2006年11月任职图书馆副馆长主持工作，2007年5月任职图书馆党支部书记，2007年7月任职馆长至今。

未来展望

随着“北改”新都区位优势的提升，围绕“传承创新、独具魅力”的文化名区建设，新都区政府斥巨资建设的新馆于2013年投入使用。新馆地处新都新城中心，毗邻三所高等院校，地理位置优越，总建筑面积达4639平方米，服务功能将更趋完善，设施设备更加先进。新都区图书馆将迎来良好的发展机遇，成为集文化保护与传承，现代科学、文化、技术、信息资源的传播与开发利用、社会教育为一体的全区广大群众学习与信息交流中心。

联系方式

地　址：成都市新都区香城南路60号文广中心三楼
邮　编：610500

基层业务培训

新都区图书馆前厅

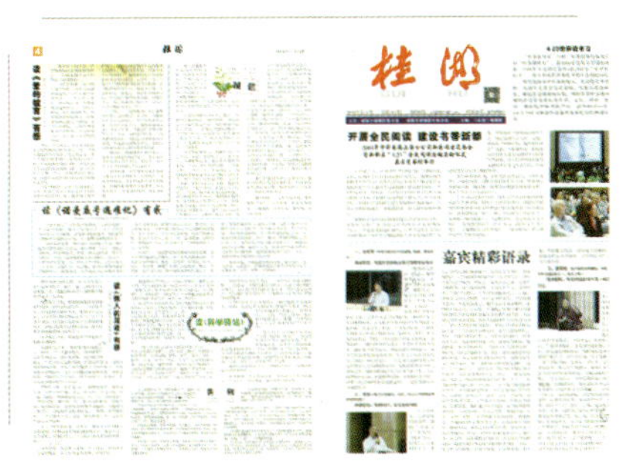
桂湖

开展全民阅读 建设书香新都

嘉宾精彩语录

馆刊《桂湖》

成都市温江区图书馆

概述

成都市温江区图书馆始建于1919年，曾先后隶属于温江县民众教育馆、温江县文化馆（1936-1949）。温江县图书馆1957年7月正式建立至今57年的历史，经历几次搬迁，温江区图书馆现位于金江大厦四至八楼，馆内面积4200平方米，藏书33万册，阅览席位450个，计算机127台，宽带接入10M，专用存储设备容量达到7个TB，可访问资源总量达到4.26TB。2008年，2010年，2013年参加全国公共图书馆评估，先后三次获得一级馆称号。

业务建设

截止2013年底，温江区图书馆总藏量33.5969万册（件），电子图书34.0057万册。2013年藏量购置费54万元，使馆藏中文图书达到313914册（包括盲文图书），电子文献340057种，古籍14154册（为四川省古籍保护单位），报刊5500种（册），视听文献2400种。书刊都实行机读目录进行分类，并进入本馆目录数据中。截止2013年底温江区图书馆数字资源总量为6.34TB，其中，自建数字资源总量2.8TB。2013年实现了馆内无限网络全覆盖。

读者服务工作

（一）强化图书馆的公益性，充分发挥图书馆公共文化设施的功能。自2009年开始，温江区图书馆全年365天对外免费开放，所有功能及配套设施存包柜、饮水机、资料查询、复印、打印都不收取费用，每周开放63小时。截止2013年底持证读者为16058个（不含村、社区），总流通人数365206/年，总流通册次338973册，年组织活动70余场，服务群众达8000余人次。

（二）坚持开展图书流转服务。坚持长年开展流动服务，积极开展送书下乡、送科技下乡，利用现有资源为全区各镇（街）、村（社区）建成114个农村图书流转点；同时深入部队、社区、学校、企业，建成学校少儿图书室3个；部队图书室7个；企业图书室2个。定期更换图书进行图书流转，方便了基层群众的阅读需求。

（三）为弱势群体做好事做实事。区图书馆组织志愿者为盲人读书，提供送书上门等服务；为福利院老人送书、读报；对村、社区留守儿童进行一对一课外辅导等。

（四）大力开展丰富多彩的读书活动。围绕“4.23”主题活动开展世界读书日系列活动；打造温江区自己的特色文化品牌——“鱼凫讲坛”、“人文温江”；举办“读书月”、“文化下乡”等活动。在全民中掀起爱读书、读好书活动，提升全民的文化品味和精神文化素质。

（五）加强新闻宣传力度，树立良好的社会影响。充分利用新闻媒体的舆论导向作用，提高图书馆的社会影响力。一方面，加强与新闻媒体的沟通与联系，对各种读书活动及时进行报道。另一方面主动加强自身宣传，切实利用图书馆网站、公示栏及时宣传报道馆情与活动安排，吸引更广泛人群参与到公益性文化活动中。

业务研究、辅导及协作协调

积极参加省、市举办的各种业务培训，积极参加成都市公共图书馆学术论文研讨会；在全体职工在搞好窗口服务工作的同时，努力学习不断提高自身素质，不断钻研业务知识，2009到2013年全馆共撰写论文20余篇。积极帮扶10个镇、街，在114个村建立了图书室；常年下乡进行业务辅导，不定期对文化站长、文化助理进行业务培训；积极联系各区市县馆，开展了协作协调、参与资源共享。

管理工作

一是各项活动开展有序有效。我馆在举办每项活动之前，组织人员进行策划论证，确定可行后，制定实施方案，活动结束后进行认真总结，特别注重活动过程的资料积累，把每一项活动资料都建立一个完整的档案。

二是内部管理扎实规范。严格按照人事管理制度搞好人事工作；做好了财务管理、档案管理和统计工作；建立健全各项规章制度，身体力行首问责任制、服务承诺制等制度，树立图书馆良好的对外服务窗口形象。全年未发生重大责任事故。

三是环境管理安全美观。为读者提供良好的学习环境，做到了整洁、美观、安静，以文明的管理，文明的服务，

4.23读书日活动

陈岳国学讲座

电子阅览室

期刊、报纸阅览室

少儿中国梦

文明的方式方法为广大读者服务；加强了防火防盗意识，做好防火防盗工作，全年未发生威胁读者生命财产安全的事件。

表彰及奖励情况

在表彰方面，图书馆多次荣获区级文明单位称号，个人先进工作者、优秀党员、五好文明家庭、区优秀提案人以及市图书馆学会每年的学术论文一、二、三等奖。

馆领导介绍

李玉，女，1963年生，四川温江区人，中共党员，馆长。

李冬梅，女，1976年生，四川温江区人，助理馆员，副馆长。

罗红，女，1966年生，四川温江区人，助理馆员，办公室主任。

谭丽沙，女，1973年生，四川温江区人，中共党员，助理馆员，外借室主任。

段波，女，1961年生，四川温江区人，副研究员，少儿、报刊阅览室主任。

张海，男，1972年生，四川温江区人，中共党员，助理馆员，电子阅览室主任。

未来展望

温江区图书馆将进一步优化服务，拓展服务，创新服务，更好为全区广大群众提供精神食粮。加强文化信息共享工程的建设，最大化扩展文化共享服务的社会服务功能。大力推进数字化建设，在完善数字化图书馆建设的同时，完善展示系统建设，强化宣传推广，扩大自助式服务范围。今年将系统全面升级，采用“Interlib区域图书馆集群自动化管理系统V2.0”，为实现区域之间、区县与成都市中心图书馆之间的联网与通借通还做好硬件准备工作。

关爱盲人——阳光阅读

联系方式

地　址：四川省成都市温江区大南街一号金江大厦六楼

邮　编：611130

图书流转

专干培训

双流县图书馆

概述

四川省双流图书馆，国家一级图书馆。坐落于风景秀美的白河湿地公园西侧，占地30余亩，建筑面积17000㎡。建筑体造型独特、构思精巧，极富现代感，是双流县重点文化设施之一，是集大众化、科普型及数字化于一身的综合性公共图书馆。

截至2012年底，四川省双流图书馆馆藏资源80万（册、件），其中：其中纸质图书45万册、电子文献35.31万种，另有电子期刊3000余种、电子中文报纸160种、电子工具书508种、儿童有声读物2000册、科普视频资源7000多集。馆内功能区划齐全，设有独立的少儿馆、电子视听资源阅览区、期刊阅览区、报纸阅览区、视障阅览区、读者休闲大厅（自修室）、学术报告厅、文化共享工程支中心等区域。馆内拥有阅览坐席近千个，网络节点500余个，另于馆外设置有4台24小时自助借还书机，是中西部地区面积最大、设施设备最先进、藏书最多的现代化县级公共图书馆之一。

四川省双流图书馆在中西部县级馆中率先采用RFID超高频图书识别技术与图创集群管理系统集成的方式，该集成系统自动化程度高、业务操作便捷，且根据实际需求，该系统还集成了总分馆及街区24小时图书馆自助借还、馆内图书查询定位等功能。另外该馆还配置有自助图书借还机、紫外线图书杀菌机、24小时移动图书馆等先进设备。

业务建设

（一）完善地区服务网络，延伸服务基础支撑

与省、市级图书馆相比，县级图书馆更加贴近基层，更易发挥图书馆对周边乡镇的辐射和带动作用。四川省双流图书馆采取建设图书分馆与镇、村图书室加入体系相结合的方式来完善地区服务网络。已建成并投入使用西航港、永安、黄龙溪等8个图书分馆，分馆地理位置优越，能基本覆盖双流县丘、坝区各镇（街道），且总分馆之间已实现通借通还，资源互享。另在县委、县政府及上级主管部门的关心和支持下，四川省双流图书馆已在全县12个镇（街道）、131个行政村（社区）、部队、企业、爱心茶园、社区理发店等基层点位全面建成图书室及共享工程基层服务点。现已形成了枝繁叶茂的延伸服务网络体系，本地区镇（街道）、村（社区）参与服务网络体系建设比例达100%。

（二）24小时自助图书服务，延伸服务新型模式

为营造全民阅读氛围，培养市民新型文化休闲方式，四川省双流图书馆推出24小时自助图书馆进街区这一延伸服务的新型模式，成功打造了“永不打烊的图书馆”。这四台街区24小时自助图书馆分别选取东升街道办事处、双流中学广场、棠湖中学广场及双流图书馆广场几个点位，具有使用便利、操作简单的特点，设备于2012年“世界读书日”当天正式投入使用。四台自助图书馆分别位于县城东南西北人流量大、文化氛围浓的地点，在纵向延伸服务时间的同时，更有效保证其辐射范围。24小时自助图书馆平台设备进街区使该馆率先在中西部地区（县级城市）实现了24小时全天候无缝服务，这标志着该馆的延伸服务又向前跨越了一大步。

（三）建设特色少儿图书馆，打造一流未成年人阅读空间

阅读是儿童学习的核心和基础，是儿童成才的低成本方式。四川省双流图书馆基于未成年人生理、心理及阅读特点，广泛吸取发达地区少儿馆建设的先进经验，于2012年启动了少儿馆改造建设工程，并于2013年4月投入运行。少儿新馆注重阅读物理情境的建设优化以及藏书体系的科学合理，环境营造方面：设有故事屋、数字空间、互动导览区、亲子互动区、特色馆藏区等功能区域，并采用悬浮触控玻璃发声、iDesk智能桌、体感互动、蛋椅定向视听等先进设备，从听觉、视觉、触觉多维刺激未成年人的阅读冲动。藏书体系方面：本着“选精取优”的原则，密切关注少儿出版物的动态及少儿读者阅读兴趣的动向，适时调整少儿馆藏书结构，建立了科学合理的藏书体系。

读者服务工作

秉承“读者至上”理念，四川省双流图书馆的公益活动办得丰富多彩，曾多次被中央电视台、人民日报等各级媒体报道。并于2012年底被四川省委宣传部评为“四川省哲学社会科学普及基地”。该馆以“活动聚集人气”为工作思路，充分利用文化阵地功能及夯实的软硬件设施设备，与西南民族大学、成都信息工程学院、成都大学等驻县高校及全县各中小学校、县级各部门、部队、企业、社会文化团体、各类培训机构等联动，并充分利用省市图书馆、省市社科联的资源优势，建立专家资源库。目前已开展公益活动、公益讲座、公益展览、公益电影等免费读者活动300余场，有效的扩大了读书人群，带动了人气聚集，取得了较好的市民反响。全年中央、省市县媒体宣传报道该馆公益服务达40余次，有效提高了图书馆社会知名度。

一是免费举办主题公益讲座。倾力打造“父母课堂及教育工作坊”自有公益讲座品牌、全力办好“金沙讲坛双流分

双流图书馆的全景

图书馆正门

读者休闲大厅

电子报纸阅读屏

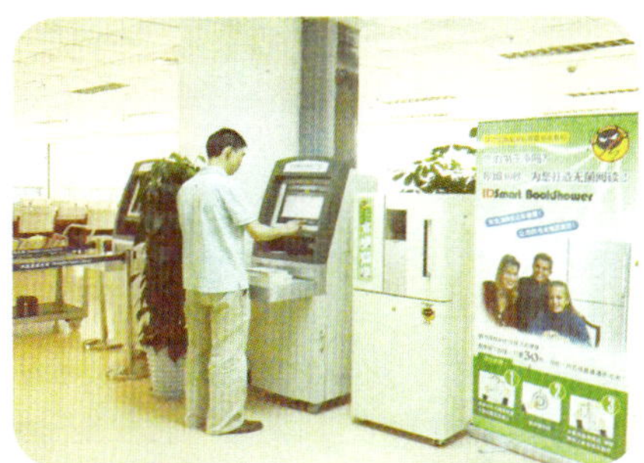
自助借还书机及图书杀菌机

视障阅览区

讲坛”系列公益讲座。自开馆以来，该馆共开办公益讲座90余场，内容涵盖心理咨询、经典国学、健康养生等诸多方面。

二是积极组织主题艺术展出。自开馆以来，四川省双流图书馆充分利用硬件设施优势，与县文化旅游局、县教育局、县妇联、县邮政局、老年大学、安康家园等县级部门、社会团体及县书法家协会、美术家协会、摄影家协会等各艺术门类学会联动，坚持每月至少举办一场艺术展出。至今为止，共举办展览60余场。

三是免费播放经典主题影片。为加强未成年人思想道德建设，弘扬主旋律，结合重大历史事件或重要节假日等，该馆坚持开展经典主题影片播放。2011年5月开馆以来共播放免费电影220余场，不仅为广大学生的周末休闲生活增加了乐趣，也对培养少年儿童树立正确的价值观及人生观起到了积极作用。

四是策划阅读推广活动。利用图书馆丰富的图书资源、一流的硬件设施和温馨的服务，为读者提供自动终端“搜书”服务、全馆免费无线网络全覆盖等人性化服务，大力倡导共建读书家庭，开馆至今该馆共举办读者活动110余场。

管理工作

四川省双流图书馆本着“服务第一、读者至上”的原则，于每年初召开专题会议研究制定年度工作计划，做到了管理分工细致、业务安排详尽、监督管理到位。各项工作的推进严格按年度计划和工作目标执行，并将执行情况作为年终考核标准和依据。另外，为保证双流县图书馆新馆正常运行，该馆先后通过公开招募及合作院校推荐的方式相结合培养图书馆服务志愿者，以缓解日常工作压力，增添读者服务活力。

表彰、奖励情况

2011年，该馆获得成都市图书馆学会工作先进集体、成都市图书流转工作突出贡献单位、成都市文化信息资源共享工程先进集体表彰。2012年，获得成都市公共图书馆先进单位（包含:全民阅读先进单位，工作服务创新先进单位，共享工程支中心建设先进单位，共享工程集成服务点建设先进单位）表彰。

馆领导介绍

在办馆条件跨越发展的同时，该馆坚持优化领导班子和专业队伍结构，特别注重知识结构与创新能力的优势互补。该馆现设正、副馆长各一名。

张燕英，女，1969年9月生，大学本科学历，无党派人士，馆长。1990年8月参加工作，2005年9月任双流县文化旅游局社会文化科科长、2013年6月任双流图书馆馆长。

毛云，男，1970年6月生，本科学历，中共党员，副馆长。1988年10月参加工作，2005年12月任双流县文物保护管理所副所长、2013年10月任双流图书馆副馆长。

未来展望

在今后的发展中，四川省双流图书馆将结合馆内实际情况，采取多种服务模式结合，提升图书馆地区影响力，在免费开放、常规服务、参考咨询、特殊群体服务、门户网站建设、社会教育活动等服务模式上狠抓落实。同时，为实现资源与服务的共建共享，要继续加强馆际协作协调，积极与其他区（县）图书馆联系，开展馆际互借业务协作，推进纵向服务网络建设。

该馆作为共享工程县级支中心，成立了以信息自动化部技术力量为支撑，办公室、业务采编部、读者服务部等各部门共同协作的文化共享工程专门机构，有完整的人员、资产管理制度，并负责基层网点的指导和培训。在今后的工作中，该馆将抓好重点文化工程，进一步完善现代化服务与管理。

联系方式

地　址：双流县新城区银河路
邮　编：610200
联系人：周 枫

木偶戏专场演出

本土书法家免费为市民写春联活动

勤读《弟子规》做人得智慧

郫县图书馆

概述

郫县图书馆始建于1988年。馆址几经变迁，2014年10月1日，位于郫县蜀信路二段2号的新馆建成，并于2015年春节向群众开放。新馆建筑面积1.054万平方米，设计藏书容量40万册，可容纳读者座位1000个，配置计算机80台，选用Interlib图书馆自动化管理系统。2013年参加第五次全国公共图书馆评估，首次获得国家一级图书馆。2013被评为第一批四川省古籍保护单位。

业务建设

截止2014年底，郫县书馆总藏量56.86万册（件），电子文献藏量为39万余册，建立了地方文献数据库，数字资源总量为4TB，2013年，将自动化管理系统升级改造为Interlib自动化系统，以适应成都公共图书馆服务联盟建设的需要。

读者服务工作

2008年，郫县早实现了全免费向读者开放，执行全年365天开馆，每周开放时间56小时以上。2014年，接待读者7万人次，年外借册次达12.6万余册，从开馆至今，普通图书、报刊实行开架借阅，开架书刊数占总数量的100%。并积极利用宣传栏、网站、新书导读等形式开展书刊宣传活动，书刊宣传总数达600种以上。在各镇建立馆外流通服务点14个，在机关、学校、社区、部队等设立馆外流通服务点14个，2014年开展图书流转工作35次，流转图书共15000册。

2012–2014年郫县图书馆举办讲座、展览、辅导、培训、阅读推广等读者活动300余场次，参与人数18万人次。

业务研究、辅导、协作协调

郫县图书馆与成都图书馆建立联合参考咨询服务、书目数据联合编目、文献传递业务等合作关系，有力地保证了读者获取信息的满足度、参考咨询服务的质量及效果。

2009年初，郫县图书馆建成了14各镇图书阅览室，196个村（社区）图书阅览室，有效延伸了公共文化服务，实现了图书馆服务网络建设全覆盖。同时常年安排辅导人员深入到基层，对其图书馆（室）工作人员进行业务辅导和自动化管理的指导，2012–2014年下基层辅导150余次，开展基层图书馆（室）业务培训18次，培训人次达600余人，为促进本地区图书馆事业的发展起到了积极的推动作用。

管理工作

郫县图书馆建立健全了相关管理制度，通过按需设岗、按岗聘用、竞争上岗、择优聘用、绩效考核等方法不断地优化和提高管理员队伍素质，在财务、档案、统计、物资管理、环境管理及安全保卫方面都严格按照制度进行执行、监督、管理，坚持平时工作与年终考核挂钩，使各项工作做到了规范化、标准化、制度化。

表彰、奖励情况

2011年–2013年，被成都市图书馆评为公共图书馆图书流转工作突出贡献单位、成都市文化信息资源共享工程先进集体、全民阅读优秀单位、工作服务创新先进单位、共享工程基层服务点建设先进单位。示范区创建及评估定级工作先进单位、古籍保护工作先进单位、公共电子阅览室建设先进单位。

馆领导介绍

王雪琴，女，1981年10月生，硕士研究学历，中共党员，馆员，馆长。2008年8月参加工作，2012年5月任郫县图书馆馆长，兼任文化信息资源共享工程郫县支中心主任、郫县志愿者协会副会长。

杨扬，男，1977年12月生，大专学历，中共党员，图书馆党支部书记。1996年12月参加工作，2012年11月任郫县图书馆党支部书记，现兼任郫县文广局计财科科长，文广局信息化办公室主任，共享工程郫县支中心副主任等职务。

未来展望

郫县图书馆秉承“科学管理、服务第一”的理念，不断创新服务模式和管理运行机制，努力加强图书馆的信息化技术资源建设，为读者营造舒适的阅读环境，提供优良书籍和信息文献。2015年郫县图书馆新馆将面向群众开放，新馆是一座以现代化信息技术为基础，融合数字图书馆与传统图书馆功能的现代化公共图书馆，采用开放灵活的藏、

借、阅、查一体的新型服务模式，充分体现智能化、网络化管理特色，凸显数字化、人性化服务。将为读者提供图书借阅、自助借还、培训辅导、公益讲座、流动文化服务、学术交流、读者沙龙、"一卡通"借阅等20余个服务项目，最大限度地满足广大读者的不同阅读需求，积极打造智能图书馆、数字图书馆和"永不闭馆的图书馆"，达到国家一流图书馆的标准。

联系方式

地　址：蜀信路二段2号
邮　编：611700
联系人：王雪琴

成都市新津图书馆

概述

新津图书馆建于2005年元月，位于县城中心五津北路141号。2008年11月馆舍扩建竣工，馆舍占地面积1786平方米，建筑面积2700平方米。设有文化信息资源共享工程新津支中心、农村图书流转中心、外借室、期刊室、少儿图书馆、电子阅览室、政府信息查询室、残疾人（盲人盲文）阅览室、阅览大厅、多功能厅、文献室等免费服务窗口。2009年，参加第四次全国公共图书馆评估，首次获得二级图书馆。2012年，新津图书馆有阅览座位450个，计算机76台，20Mbps宽带专线接入，选用金盘图书馆自动化管理系统。

业务建设

截止2012年底，馆藏资源总藏量28.9万册（件）。其中，纸质文献21.3万册（件），中文期刊280种，3000多册（合订本），中文报纸230种，2000多册合订本，数字资源7.1万册（件）。以人为本，坚持以“读者至上，服务第一”为宗旨，为读者提供图书外借、报刊阅览、报刊阅览、资料咨询、信息导航等全方位优质服务。

2009–2012年，新津图书馆年新增藏中文图书4600种，报期刊510种。

在全县12个乡镇综合文化站、106个村（社区）建图书室和全国文化信息资源共享工程基层服务点，共配置图书26.41万册，电脑713台。

读者服务工作

从2009年起，新津图书馆全年365天对外免费开放，周开放56小时以上。2009年–2012年，书刊总流通52.37万人次，书刊外借71.25万册次。2009–2012年，建成12个分馆，馆外刊刊流通总人次13.29万人次，书刊外借19.07万册。

2009–2012年，新津图书馆共举办讲座、展览、培训、阅读推广等读者活动217场次，参与人数48515人次。“市民文化大讲堂”邀请知名学者任主讲嘉宾，举办文学、历史、艺术等知识讲座，以优秀的作品塑造人；“金色年华，我爱读书”有奖征文活动鼓励中、小学生踊跃投稿，万名学生积极参与，提高了文学修养和写作水平；每年举办的“阅读宝贝”、“读者之星”、“诚信读者”等评选活动激发读者参与读书活动的积极性。图书馆服务宣传周活动开展项目有图片展、知识讲座、谜语竞猜、读者座谈会、新书推荐、送书到基层单位等活动。不定期举办评选优秀读者活动。让读者自己投票，选出好学上进的读者。读者活动，彰显图书馆的缤纷魅力。

2009–2012年，新津图书馆坚持开展“图书漂流进校园”和“馆藏图书成批借阅”活动，总共漂流图书55800册，实现了全县城乡公共图书馆（室）在服务方式上的突破，最大程度地满足了全县农村中小学的阅读需求；开展延伸服务，携手共建企业图书室8个，配置图书4000册，丰富了企业文化，优化了投资软环境；整合资源，以共享、共建的方式为部队官兵建设图书室，配置图书1800册并开展图书漂流、馆藏百种期刊成批借阅等图书借阅服务，为军民共建和谐新津提供有力的精神保障；在全县敬老院建图书室并配置图书1500册，使老年人“老有所乐，老有所学”，丰富了敬老院居家养老人员晚年的精神生活。

业务研究、辅导、协作协调

2009–2012年，新津图书馆职工发表论文13篇。

2009–2012年，组织全馆职工参加上级业务培训126人次，组织开展全馆职工业务培训65次；为各乡镇文化站、重点社区配置分类牌和书立，建立健全各项管理制度。开展现场图书整理、分类排架、借阅登记等规范管理工作，有针对性开展现场辅导389次，使各乡镇文化站、村（社区）管理人员熟悉图书的分类排架、书籍整理、借阅登记、电子阅览、共享工程设备使用等业务，提高了图书（共享工程）管理人员的业务技能、服务意识、管理水平。

管理工作

新津图书馆2012年完成全员岗位聘任，聘任设5类岗位，10人上岗，建立和健全了各项规章制度，使管理工作逐步达到制度化、规范化、科学化。截止2012年，新津图书馆在编人员10人，其中设馆长1人。根据岗位责任制，每半年和全年进行总体工作考核。

新津图书馆外观

新津图书馆全景

与企业共建企业图书室

庆“六一”诵读经典阅读宝贝评选活动

“图书漂流进校园”活动

表彰、奖励

2009–2012年，新津图书馆共获得各种表彰、奖励21次，其中市级表彰、奖励17次，县级表彰、奖励4次。

馆领导及馆属部门负责人简介

沈德琪，男，1953年生，中共党员，四川省新津县人，馆长。

郭啸，女，1975年生，大专学历，助理馆员，四川省新津县人，办公室、宣传辅导部。

刘曦，女，1971年生，本科学历，馆员，四川省新津县人，读者工作部。

张晓红，女，1966年生，大专学历，助理馆员，四川省新津县人，读者工作部。

李佳泽，男，1988年生，本科学历，助理馆员，中共党员，四川省巴中市人，网络技术部。

李素君，女，1964年生，四川省新津县人，基层文化服务部。

开展春节现场读书赠书活动

未来展望

新津图书馆历经几年的建设和发展，现已成为初具现代化规模的图书馆。图书馆公共空间设施场地、基本服务项目均免费开放。并打造了图书成批借阅和“市民文化大讲堂”2个常态化免费开放服务品牌。2009–2012年已完成全县城乡共享工程基层服务点、图书室、电子阅览室全覆盖标准化建设。展望未来，面对机遇和挑战，新津图书馆以坚持正确导向作为办馆方针，将图书馆从过去“以馆藏为中心”的服务模式转向“以读者需求为中心”的服务模式。在数字化、网络化时代发挥重要的地区信息枢纽和新津县精神文明建设基地的重要作用，成为知识信息的集散地，市民终身教育学校，新津县地方文献的宝库，农村图书流转的中枢，高雅的文化休闲场所。形成集文化、科技、信息传播、保存文化遗产、开展社会主义教育、展示改革开放成就为一体的综合性公共图书馆。成为该县群众读书学习的文化、科技、教育、信息、服务和交流中心，为该县经济建设和社会主义发展发挥重要的作用。

联系方式

地　址：四川省新津县五津北路141号
邮　编：611430
联系人：刘 敏

军民共建图书室

开展“金色年华我爱读书”有奖征文大赛

都江堰市图书馆

概述

都江堰市图书馆始建于1927年10月，前身为灌县国璋图书馆，馆址位于文庙右侧斋宿处。1935年更名为“灌县县立图书馆”。1950年2月，图书馆并入灌县民众教育馆。1950年10月，图书馆职能并入刚成立的灌县文化馆。1956年6月，四川省文化局批准成立灌县图书馆，隶属县人民政府文教科。1966年2月，图书馆、文化馆、离堆公园、文管所合并成立工农兵文化站。1977年3月29日，恢复灌县图书馆。1988年撤县建市后更名为都江堰市图书馆，并沿用至今。

都江堰市图书馆位于都江堰市壹街区玉垒路51号，坐落于壹街区颐湖旁。新馆工程于2010年3月开工建设，2010年8月5日竣工，2010年11月15日开馆运行。

都江堰市图书馆是上海市对口援建的“交钥匙工程”，该建筑由同济大学建筑设计院设计，由于其独特的“建筑再生”设计理念，成为我省灾后文化重建标志性建筑。都江堰市图书馆建筑总投资4500余万元，占地11.5亩，建筑面积5928.6㎡，新馆分为两个区，以保留的青城纸厂厂房为主体，在原厂房空间利用轻钢结构加建两层楼面，作为借书、阅览场所；与厂房主楼转折相接的是新建的报告厅副楼，两个区形成一长一短，一新一旧的“Y”字形布局。整个图书馆既保留了都江堰市的工业历史遗迹和城市记忆，又赋予了老厂房新的文化内涵，是时代性与文化性的有机融合，是上海人民和都江堰人民历史、情感、文化的见证和延续。

业务建设

截止2012年底，我馆文献资料总藏量30万册，纸质图书及报刊资料20万册，电子文献10万册。其中，电子图书10万册，电子报刊200种。2012年入藏纸质图书6万册，视听文献50种，报纸64种，期刊360种。

在文献的入藏方面，我馆特别注重地方文献资源的收藏。结合都江堰文化特色，建立了“道文化、水文化、生态旅游”为重点的特色文献收藏体系。

2010年新馆开馆，我馆引进了Interlib自动化图书管理系统。读者可以通过网络在计算机终端实现读者信息查询、书目检索、电话预约、电话续借及电子资源的免费使用和下载等。

读者服务工作

我馆坚持“服务第一，读者至上”的办馆理念，为读者提供图书外借、报刊阅览、信息咨询、信息导航等全方位的优质服务。为切实把图书馆免费开放工作做深、做细、做实，给读者提供更多、更好的公共文化产品和服务，同时应广大读者强烈要求，都江堰市馆于2012年5月，将开放时间从每日9:00至17:00，延长为每日9:00至21:00，此举受到广大读者的欢迎和好评。

2007年8月我市在崇义镇正式启动图书流转工作。2008年图书流转在全市20个乡镇展开，2008年5月建立了乡镇图书流转站20个。5.12大地震后我市房屋全面受损，图书流转工作仍未停止。目前，全市已重建了乡镇图书流转中继站20个，村级图书流转终端站187个。各图书流转站已流转图书6.5万多册，图书流转站图书藏量8万多册，每月开展一次流转活动，图书流转已接待群众10万多人次。

我馆与《都江堰报》合作，开辟了“悦读”栏目，每月向市民推荐好的书刊，为读者带去最新的阅读咨询宣传服务。

我馆与政府信息部门合作，在大厅设立都江堰市政府信息公开服务中心，提供政府信息公开服务。

为特殊群体服务，在建筑方面为残障人士设置了无障碍通道；在功能室设置上专门设立了盲文阅览室，并安装了盲文阅读器；利用文化共享工程深入农民工生活区，免费播放电影、视频讲座，开展“图书漂流”等活动；开展了“留守儿童体验图书馆”活动；开辟了绿色上网区；为了残障人士及老人不定期提供“送书上门”服务，有力保障弱势群体的阅读权益。

开展内容丰富，形式多样的读书活动。2012年，邀请名师到馆讲座12次，播放视频讲座13次，开展各类培训9次，举办展览5期，开展读书活动16次。调查显示我馆读者满意率达95%以上。

业务研究、辅导、协作协调

我馆鼓励馆员进行业务研究，2012年，我馆共有5人纂写并发表论文9篇，在提高了整体业务水平的同时，更营造了良

新建成的都江堰市图书馆

岷江讲坛

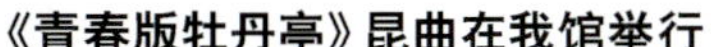

《青春版牡丹亭》昆曲在我馆举行

《弟子规》讲座走进友爱小学

读者踊跃参与图书馆签名赠书活动

好的工作、学习氛围。

2012年底，已建成20个乡镇分馆，1个部队分馆，2个拥军书屋，20个公共图书流转一级分馆（中继站），187个公共图书流转二级分馆（流转终端），实现了分馆和中心馆间通借通还，2012年，分馆书库文献借阅达9360册。

我馆加入了成都地区公共图书馆协作协调工作委员会，在协作馆范围内进行采购协调和联合服务，并通过馆际互借扩大服务领域。

管理工作

我馆为市公共文化服务的公益性事业单位，设馆长1名，党支部书记1名，副馆长2名，实施馆务会议制度。根据我馆新馆现状、业务需求及人员特质，我馆按需设岗，各岗位制定了相应的岗位职责，并实行竞争上岗、设定目标管理、落实绩效考核，让职工由“被动变为主动”，从“让我干”变成“我要干”。

在管理中，我馆坚持制度管理，2011年9月，经图书馆全体职工大会表决通过了《都江堰市图书馆内部管理制度》，制度包括：工作人员道德规范，环境规范，工作人员仪表规范，工作人员行为规范，工作人员语言规范，首问责任制等23项规定。在制度的约束下，我馆做到了班子民主、表决科学，集体研究决定工作和问题。

图书馆后勤服务实行社会化管理，由物业公司为图书馆提供安保、清洁等专业化服务。到目前为止，我馆的环境整洁、美观、安静，并得到了读者的认可。

表彰奖励情况

近年来，都江堰市图书馆多次受到上级部门的表彰，获得社会上的好评和赞许。我馆在第四次全国公共图书馆评估定级中荣获“二级图书馆”称号，也先后获得省馆“小报设计比赛优秀组织奖”，市馆“优秀单位”、“古籍保护工作先进单位”、“学会工作先进集体”，都江堰市委宣传部、市文广新局“先进集体”、“优秀党支部”、市妇联“巾帼模范岗”等。

未来展望

都江堰市图书馆始终以“特色兴馆、科技强馆、服务亮馆、和谐治馆”为办馆理念，按照“人无我有、人有我优、人优我特”的工作思路，遵循培育特色项目——做强特色文献——创办特色服务——建设特色图书馆——打造区域特色图书馆事业的发展轨迹，创立“丰富+出色”的文化品牌，建设“规范+特色”的图书馆，培养“合格+特长”的管理员，办出“优质+亮点”的服务方式。力争打造立足实际、理念先进、风格独特、特色鲜明的具有广泛社会认可度的都江堰市图书馆，形成都江堰特色文化品牌，实现图书馆事业的新跨越。

联系方式

地　址：都江堰市壹街区玉垒路51号
邮　编：611830
联系人：覃 琴

彭州市图书馆

概述

原图书馆位于彭州市东大街，基础设施简陋，面积狭小，藏书不足、服务内容传统，不能充分满足全市人民的求知欲和借阅需求。“5·12”地震后，彭州市委、市政府十分重视图书馆的发展，将新馆建设列为灾后重建项目。2009年，在中央财政和地方财政的共同支持下，新图书馆在交通便利、人口集中、面积充裕的城区西干道公园旁新建，占地面积10余亩，建筑面积5427平方米，总投资1986万元，是一个政府设立的集公益性地方文献和社会文献的信息中心整理、收集、存储、传播、研究、借阅、查询中心。为适应时代发展需要，新馆建设成了高质量、高标准的现代图书馆。新馆外形宏伟、美观，内部高雅、洁净，设有图书外借室、期刊外借室、综合阅览室、少儿阅览室、自休室、视听音乐室、电子阅览室、一氓书屋陈列室、学术报告厅、办证室、盲人阅览室、数字文化体验区、手机图书馆、馆外24小时借还自助服务、馆内自动化自助服务。图书馆新馆图书馆藏量由原来的7万册增加到20万余册，年接待读者由原来的3－4万人次增加到10余人次。

业务建设

我馆现有图书总藏量为20.3374万册，电子文献藏量共538种，数字资源总量达1TB，包括电子图书馆和数字图书馆视听频道。图书年入藏量1.048万种，报刊年入藏量726种，视听文献年入藏量为115件。2012年，将自动化管理系统升级改造为Interlib联合馆系统，以适应服务联盟建设的需要，同时，2014年增加了RFID智能加倍导航和智能借还功能。2014年年初，实现馆内30MB光纤网络覆盖。

读者服务

2013年，读者服务工作推行“微笑式、亲人式”服务，以读者满意为宗旨，狠抓服务质量，为读者提供热情、周到、优质的服务；坚持每天对归还的图书及时清理、归架，做好图书借阅登记工作，及时为读者解答疑问；完成了新书上架、流通工作，其中图书1万余册，期刊1020余种；年接待到馆读者11万余人次，其中综合阅览室接待读者3万余人次，少儿阅览室接待读者3万余人次，期刊外借室接待读者2万余人次，图书外借室接待读者3万余人次，图书流通册次10万册次。

业务研究、辅导、协作协调

采编和业务辅导工作，坚持认真、严谨的工作态度，完成1万余册图书及1万2千余册期刊的采购、验收、加工、录入工作，并及时送交读者服务部上架，供读者阅览；完成了4期《优秀书目推荐》。完成了2014年期刊的征订等工作；配合中央中国梦的宣传，举办了中国梦宣传图片展，并采买了“中国梦”部分藏书；编写了《新书通报》、《新书推介》、《少儿图书推介》各四期；我馆的业务辅导工作完成了建设17个社区书屋工作任务，完成了27个非涉农社区图书室、124个示范农家书屋图书的书籍、书架、影像制品等的采购工作；组织全馆职工参加中国图书馆学会及成都图书馆学会组织的论文比赛，上交论文共计16篇，其中有一篇文章在2013年“最值得向读者推荐的一本书”馆员书评征集活动中被中国图书馆学会阅读推广委员会评为三等奖，并被成都市图书馆《悦读》期刊采用发表，在成都市图书馆学会举办的论文比赛中，一篇论文获一等奖，一篇论文获三等奖，两篇论文获优秀奖2014年一篇论文在“川吉苏冀桂五省”图书馆学会征文比赛荣获一等奖。

管理工作

2013年，彭州市图书馆完成全员岗位聘任制度，本次聘任共设3类岗位，有2人上岗，同时，建立了工作量化考核指标体系，每月进行工作进度通报，每半年和全年进行总体工作考核。

表彰、奖励情况

2013年，在全国第五次公共图书馆评估定级中，我馆被文化部评为“国家一级公共图书馆”，被中国图书馆协会评为“全民阅读”先进单位，获得了成都市妇联颁发的“巾帼文明岗”荣誉称号，被我市市委市政府评为“三·八”红旗集体，被成都市图书馆评为2013年度“示范区创建及评估定级工作先进单位”、“古籍保护工作先进单位”、“公共电子阅览室建设先进单位”、“数字图书馆建设先进单位”，2011年、2012年连续两年被彭州市委评为“先进基础党组织”。

馆领导介绍

王代萍，女，1963年4月生，大专，中共党员，任彭州市图书馆馆长。1983年7月参加工作，曾任市文广局办公室主任，政工科科长，市图书馆馆长。曾多次被文广局评选为“先进个人”“优秀工作者”等荣誉称号。

张丽，女，1964年10月生，大学本科，中共党员，图书馆党支部书记兼副馆长，馆员，中级职称。1980年参加工作、曾经任文广局文化科副科长，现分管图书馆业务和党务工作，曾多次被文广局评选为“先进个人”“优秀工作者”等荣誉称号，2012年所撰写的论文荣获西南地区二等奖、2013年所撰写论文荣获成都市一等奖、2014年所撰写的论文在“川吉苏冀桂五省图书馆学会”荣获一等奖。

易海霞，女，1971年6月生，大专，中共党员，图书馆副馆长，八级馆员。1988年4月参加工作，曾任市文广局办公室副主任，人事科科长，图书馆副馆长，分管信息自动化管理及参考咨询业务。曾多次被文广局、图书馆评选为“先进个人”，“优秀工作者”等荣誉称号。

未来展望

在未来的工作中，我馆将再接再励，继续认真贯彻落实党的十八大会议精神，结合实际，进一步搞好馆内各项业务工作，积极做好各项准备工作：做好基础性工作，扎实基础性工作；继续开展各种全民读书活动，传播文化；制定农家书屋管理方案，对各镇、村农家书屋管理员开展业务辅导及培训；继续完善“一卡通”建设工作，完善对镇村基层服务点和镇村电子阅览室建设工作，加强基层服务点的培训工作；做好数字图书馆建设及验收工作；围绕创建国家公共文化服务体系示范区工作要求，开展各项创建工作，推动我市创建工作的顺利进行。让我馆为加快彭州建设“经济繁荣、社会和谐、生态优美、发展持续的全省一流强市”提供精神动力和文化支撑，促进我市经济科学发展。

邛崃市图书馆

概述

邛崃图书馆于1996年成立，1997年8月正式对外开放。图书馆位于临邛镇东星大道28号，占地5.4亩，建筑面积3000平方米，内设读者部（包括阅览大厅、图书外借处、少儿阅览室、盲文阅览室、自修室）、采编部、业务辅导部、参考咨询部、电子阅览室、多媒体报告厅，拥有各种阅览座席近400个。

业务建设

现有馆藏图书26万册，其中有古籍图书8000余部，地方文献400余种，每年采购新书3000种左右、期刊500种、报纸50种，目前全部地方文献以及部分珍贵古籍实现数字化并已对读者开放。

2013年，馆内自动化系统升级，采用Interlib平台，图书馆与市内各文化站分馆、图书室联网，初步实现市内图书通借通换。同时，馆内免费WiFi系统得到升级，以短信验证的方式加强对接入终端的管理和提升服务，提供公众使用的带宽达到35MB。

读者活动

自开馆以来，接待读者量逐年增加，2013年共接待各类读者约21万人次。图书馆常年开展各类读者活动及讲座，如读书有奖征文、知识讲座、演讲比赛、电子竞技比赛、送书下乡等，开展为残疾人送书上门服务，免费为部队官兵、公安民警送讲座、为市民尤其是中老年群体提供免费计算机使用及上网培训、定期免费播放各种主题电影等服务。并在驻邛77171部队、95616部队设立了图书馆分馆，与图书馆联网运行。

邛崃市图书馆于2004年在成都市区县范围内，率先实现了图书采编、流通自动化管理，并建立了文化信息资源共享工程支中心。2013年实现全市24个镇乡图书通借通还。

业务辅导及研究

2009–2013年，馆内共撰写论文32篇，其中两篇论文在省、市图书馆协会分别获二、三等奖；鼓励"走出去、请进来"，积极组织、鼓励工作人员参加省、市各种业务培训，邀请省市图书馆业务专家上门搞培训。

邛崃市图书馆每年开设4期镇乡各级管理员业务培训。

表彰及奖励

图书馆先后在1999年、2004、2009、2013年的四次评估定级中，被文化部评为"一级图书馆"。历年均被评为邛崃市精神文明单位。

馆领导介绍

刘建宏，女，1968年12月生，本科学历，中共党员，馆长。2008年任职至今。

李勇，男，1977年3月生，大专学历，中共党员，副馆长。2007年任职至今。

联系方式

地　址：邛崃市东星大道28号
邮　编：611530
联系人：曾 静

图书馆大楼

门厅屏风

送书进驻邛部队

馆藏四库全书

开架阅览

阅览大厅

米易县图书馆

概述

米易县图书馆是米易县最大的综合性公共图书馆，始建于1978年。建馆之初，馆房建筑面积130平方米；2003年新馆建成，馆房建筑面积1300平方米；随着米易县县域经济发展和人们文化生活需求不断提高，2007年米易县重新规划建设图书馆，2009年12月7日，位于米易县城北新区的新馆建成开放，占地4100平方米，建筑面积9036平方米。现有社会科学、自然科学等各类文献24万余册（件），开架书占总藏量的80%。建有全国文化信息资源共享工程米易县支中心，米易县图书馆门户网站、米易县数字图书馆。2009年参加第四次全国公共图书馆评估定级，评为二级图书馆；2013年参加第五次全国公共图书馆评估定级，评为一级图书馆。

业务建设

截止2013年底，米易县图书馆总藏量24万余册（件），其中，纸质文献203058册（件），电子图书40000册，电子报纸800种。

从2009年以来，图书年均入藏量10000种以上，年均报刊入藏量510种；视听文献年入藏量300余件；保存有地方文献169种，600余册（件）；有各类少儿书刊5000余种21000余册。2009—2013年，共入藏中外文图书165145册，视听文献1896种。

截止2013年底，米易县图书馆数字资源总量为4T，完成《米易地方文献特色数据库》、《米易非物质文化遗产数据库》建设，并不断充实完善内容。

图书馆自动化管理系统使用北京华夏网信科技有限公司开发的CSLN“网图”图书馆管理系统，具备采购、编目、典藏、流通、期刊管理、报表统计、馆藏查询等功能，实现了图书馆基本业务自动化管理。馆内建有局域网，系统运行正常。

读者服务

从2012年起免费对公众开放，基本服务、公共空间、设施、场地全部免费开放。开设的综合阅览室、师生阅览室、报刊阅览室、电子阅览室、多媒体阅览室、少儿阅览室、地方文献工具书阅览室、视障阅览区八个对外服务窗口实行全年开放，每周开放63小时。年均到馆读者流量70000余人次，借阅图书资料170000万余册次。

开设咨询、展览、送书上门、预约借书等服务。建立宣传栏，定期向公众推荐新书、好书信息，宣传时事新闻、文化动态、健康知识、法律法规、科普等信息，深受读者好评。开展参考咨询服务，咨询人员根据读者的需求、领导机关决策与社会事业发展的需要积极提供馆藏文献查询。积极推进文化“五进入”工作，建有馆外借阅点7个。

积极开展全民读书日、读书月活动，利用图书馆服务宣传周，在县文化广场、社区等人流集中地开展咨询、解答、荐书、办证等对外服务活动；2013年为读者举办各种讲座、培训活动15场次，参加人员1000余人次，举办展览20次，参观人员31000余人次。

积极参与国家公共文化服务体系示范项目《攀枝花市大地书香新农村家园工程》建设，此项工程的实施，有效地发挥了典型带动作用，示范点带动了其他基层图书室的工作，让广大农村群众享受到更优质的文化服务。截止2013年底，米易县已完成全县12个乡镇、88个行政村农家书屋、11个城镇社区书屋建设，米易县图书馆承担了全县各乡镇、村农家书屋、社区书屋业务指导、辅导、培训工作，实现县图书馆—乡镇—村（社区）图书服务网络全覆盖。通过米易县公共文化服务体系建设，米易县丙谷镇获得“四川省亿万农民健身活动先进乡镇”、“四川省农村文化建设示范培育镇”光荣称号，丙谷镇橄榄河村农家书屋被国家新闻出版总局评为“2012年全国示范农家书屋”。

业务研究、辅导、协作协调

米易县图书馆积极派员参加省、市、县举办的各类业务培训，鼓励职工自学，年岗位培训人均达50学时以上。2012年—2014年职工发表论文5篇，撰写调研报告《农家书屋工程建设思考》为米易县公共文化服务体系建设提供了依据。加强与四川省图书馆、四川省图书馆学会、攀枝花市图书馆、攀枝花市图书馆学会、米易县相关单位、部门的联系，积极、有效地开展工作。对米易县公共文化服务站点、馆外借阅点管理员进行基础业务知识培训，2013年200人次接受业务培训和辅导。

米易县图书馆馆楼

送书下乡

报刊阅览室

少儿阅览室

少儿剪纸活动

管理工作

米易县图书馆内设文献信息资源技术部、读者部、辅导部、办公室共4个职能部门。现有工作人员12人。2010年完成全员聘用制，建立健全了学习制度、工作制度、考勤制度、服务准则和绩效考核等制度，完善了米易县图书馆岗位设置管理实施方案。充分发掘员工的潜能，营造轻松和谐的工作环境。

表彰、奖励情况

2009–2013年，米易县图书馆在精神文明建设、社会治安综合治理、文明单位和卫生单位创建、安全生产、政务公开等各项工作均合格达标，在为社会公众提供文化服务和文化产品等方面不断探索和创新。在构建米易县公共文化服务体系、社会主义核心价值观建设工作中，作出了卓有成效的努力，社会满意度评价较高，取得了显著社会效益。获各级表彰奖励10次。

馆领导介绍

赵维松，男，1972年4月生，大专学历，中共党员，助理馆员，馆长。1993年7月参加工作，1999年3月任米易县图书馆馆长。

刘毅，女，1978年6月生，本科学历，中共党员，助理馆员，副馆长。2000年7月参加工作，2013年5月任米易县图书馆副馆长。

未来展望

米易县图书馆将坚持以科学发展观统揽工作全局，紧紧围绕“免费开放、资源共享、文化惠民”的服务主题，坚持打基础、利长远、求突破的发展思路，按照“读者第一、服务公众、以人为本”的办馆理念，以公共文化服务为抓手，积极拓展服务范围，创新服务手段，提高服务效率，有效满足广大群众对文化生活的需求，充分发挥米易县图书馆在构建全县公共文化服务体系、建设社会主义核心价值观、和谐文化工作中的重要作用。

农民读书活动

联系方式

地　址：攀枝花市米易县攀莲镇安宁路90号
邮　编：617200
联系人：刘 毅

讲座

征文活动

合江县图书馆

概述

合江县图书馆成立于1994年，坐落在县城中心地带，建筑面积3135平方米，现有编制5人。设有文化共享工程支中心、电子阅览室、外借室、图书报刊阅览室、地方文献室、多功能报告厅、培训中心及馆外流通站等。常年开展图书外借、文献检索、报刊阅览、电子文献查阅以及全县文化共享工程基层服务点和农家书屋的业务辅导和培训、送图书、送科技、送电影下乡等活动。99年以来，持续保持县级文明单位、综治创模先进单位、卫生先进单位、先进职工之家等荣誉称号。2005年，获省文化共享工程先进单位；2006年，获省文化厅“建设社会主义新农村送电影下乡”活动一等奖；2008年四川省图书馆学会授予省图书馆行业抗震救灾先进集体荣誉称号。同年，实现了免费阅览、外借及查询等服务；2009年，顺利通过全国第四次公共图书馆评估定级，被评为国家二级图书馆。

业务建设

截至2012年底，合江县图书馆总藏量约20万册（件），其中藏有纸质图书11.2万册，电子图书以及电子期刊报纸8.8万册。2009年以来，年均订纸质报纸、期刊共183种。

截止2013年初，合江县图书馆有文化信息数字资源5.12TB，其中包含触摸屏报刊阅读系统，系统内含电子报纸200种，电子期刊1000种。同时数字资源包含维普中文科技期刊数据库；人大资料数据库；读览天下中文社科期刊数据库；馆藏光盘数字资源；少儿电子绘本库；知网中国知识资源总库等6个大型资源库。

2011年，合江县图书馆在全市率先实现了业务自动化、网络化管理，建立了图书馆网站，采用网图专业图书馆管理系统对馆藏图书进行了数字化处理。

读者服务工作

为了满足不同层次读者的精神文化需求，合江县图书馆十分注重搜集整理、收藏和购置流通图书资料等工作。一是注重了图书的采选和管理。制定了《文献采访条例》和《文献征集方案》，做到了文献的连续性收藏，采购皆为正规渠道，杜绝盗版书籍的出现。以读者的需求和馆内购置计划相结合，对馆藏尽力做到开放式借阅，以满足读者需求。采编工作要求期刊、报纸文献到馆1个工作日内完成记到并录入四川省网图系统，并向读者提供查目辅导。普通图书和视听文献要求到馆1周内完成编目。同时不定期组织检查开架书库。

二是注重了地方文献的征集、收藏、和保护工作，尤其注重收藏文献的连续性和收藏价值。近年来，合江县图书馆先后收集有关反映合江历史、风土人情、语言文字、名胜古迹、自然资源、以及合江人撰写的文学作品等1000余册。尤其注重收藏文献的连续性和收藏价值，对于收藏的资料，均按要求进行登记、专架陈列并落实专人管理。

业务研究、辅导、协作协调

自2009年创建为国家二级图书馆以来，合江县图书馆把强化服务、读者活动、业务研究和基层辅导作为图书馆重点业务工作来抓。

一是优质高效地实施免费开放工作。合江县图书馆全年不闭馆，每周开放时间超过60小时，人均年到馆20次以上。截止2012年底，合江县图书馆书刊文献开架比例达80%，年外借8.2万册次，占总藏量的70%以上。利用送文化下乡，网站、馆内大屏幕等进行新书推荐等宣传活动，设立《国务院公报》查询点和政府信息公开查询点。

二是加强图书馆与社区、学校、单位图书室的共建活动，提升服务网络效能。先后设立焦滩伏龙村、白鹿社区、凤鸣茅山小学、武警县中队、消防大队、气象局、县城5个社区共10个馆外流通站。每年为各个流通站和共建图书室更新图书1000余册。另外，常年开展送书下乡（进社区）活动，现场发放农业科技、科普读物。

三是举办丰富多彩的读书活动，推动全民阅读，并开展好针对性服务工作。如4.23世界读书日活动、图书馆服务宣传活动、中老年电脑培训、关爱留守儿童阅读服务活动、特教学子读书活动、青少年电脑培训及视频、爱国主义电影展播、关注农民工子女成长活动、建立农民工子女校外教育“馆校合作”机制等。充分发挥好农家书屋平台作用，深入乡村，开展农民工子女“读经典，展望未来”活动和“爱国主义，普法知识”宣传图片展等。并组织志愿者为留守儿童进行心理和学习辅导，引导农民工子女健康成长。

四是每年都组织对各基层服务点的业务辅导、培训工作，

少儿绘本巡展活动

电子阅览室

会议室

外借阅览室

在书吧开展少儿绘本阅读活动

有专业辅导和培训，辅导、培训涵盖了农家书屋的业务创新以及文化共享工程管理员业务、技能知识等新颖实用的内容，其培训效果社会反应良好。

五是突出亮点，打造特色文化活动品牌——“荔城讲堂”。2012年度，合江县图书馆利用文化共享工程多媒体举办荔城讲堂28期，听众共计1960人次。专题讲座内容包含：《迎接十八大胜利召开系列——党史重大疑难问题解析》、泸州市纪检专家解答廉政准则讲座、把握“一城一区一角”政策机遇专题讲座、《生活中的礼仪知识》专题讲座、《提升领导魅力的五把钥匙》的专题辅导等课题。合江县其他系统部门还利用荔乡大讲堂这个平台举办了如全县规模种养殖、电工、爆破、农民工上岗再就业培训等。通过特色讲座的开展，荔城讲堂成为各类社会化教育活动的重要载体。也成为了合江县各个党委中心组学习的主要阵地，集中体现荔乡大地的文化风采和文化底蕴。

管理工作

合江县图书馆把干好本职工作、促进事业发展、服务社会大众作为重要任务，合江县图书馆提出的口号是：在管理上求规范，气氛上求和谐，作风上求垂范，服务上求实效。一是做到计划先行，确定当年要做的工作和达到的目标，以方便来年开展工作。二是在人事管理上实行了按需设岗，竞争上岗，按岗聘用，定岗定职，目标量化、绩效考核管理。三是认真制定各项规章制度，并落实到位，强化监督机制，确保财务管理、资产管理、档案管理、人事管理、统计工作执行到位。四是制定了各类预案，保证了图书馆的安全运行。五是规范形象管理。在读者服务工作中，坚持“创先争优”为导向，引导干部职工以优质的服务开展工作，做到衣容整洁，文明用语、微笑服务，以热忱的态度和严谨的工作作风接待每一位到馆的读者。

表彰、奖励情况

2009年至2012年，合江县图书馆先后受到表彰共9次。分别为获国家文化部颁“二级图书馆”；泸州市“庆祝建国六十周年知识竞赛”三等奖；泸州市自强杯“辛核革命”百年纪念征文活动组织奖；泸州市公共图书馆先进集体二等奖；泸州市“庆祝建党90周年唱红歌比赛”三等奖；泸州市图书馆业务考核二等奖2次；泸州市文化信息共享共承工作先进集体一等奖；泸州市图书情报学会工作一等奖。

领导介绍

王俊杰，男，1973年4月出生，大专学历，中共党员，馆长、支部书记。1997年到图书馆工作，先后任职办公室、副馆长。

未来展望

合江县图书馆遵循“科学、效率、创新、发展”的办馆方针，踏踏实实地完善图书馆的各项服务功能，拓宽服务领域，带动当地图书文化事业的发展。在未来的几年内，合江县图书馆将在现有免费开放窗口的基础上增设免费开放书吧，书吧设计将集图书阅览室、休闲水吧、电子阅览室的优点于一体，其全新的阅读概念和设计理念，在为读者提供一个放松阅读、率意思考的空间。同时在书吧内购置电子图书借阅机、电子报刊借阅机等现代化借阅设备以及相关数字资源，和书吧、借阅室的纸质图书形成“一静一动”两种形态的阅读环境，更好的服务读者。

联系方式

地　址：泸州市合江县文化街20号
邮　编：646200
联系人：王俊杰

休闲书吧

合江县图书馆大门

中江县图书馆

概述

中江县图书馆始建于1978年11月，是四川省德阳市历史悠久的公共图书馆之一，原馆址在中江县文庙前殿。2006年11月，图书馆整体搬迁至东河路下段2号。新馆占地面积1670平方米，建筑面积3360平方米。整个馆舍为庭院式建筑，风格独特，环境幽谧，是理想的读者之家。馆内设有图书外借室、电子阅览室、一般阅览室（分成人阅览区、儿童阅览区，阅览架、阅览桌、座椅均为一流设备，阅坐舒适）、音像资料室、古籍阅览室（藏古籍珍本1万6千余册），同时还设有地方文献阅览室、参考咨询室、报刊阅览室、多功能报告厅；附楼设文化资源共享工程县支中心和农家书屋管理办公室。历年来曾先后被评为国家三级图书馆、四川省二级图书馆、德阳市精神文明图书馆、文体系统先进单位和文明图书馆，于2013年10月在全国公共图书馆第五次评估定级中被国家文化部评为“国家一级图书馆”。

馆内设有阅览席位312个。（其中一般阅览室座席132个，视障阅览室座席12个，工具书阅览室座席12个，少年儿童阅览室座席96个，研究阅览室座席12个，地方文献阅览室座席12个，参考书阅览室座席12个，舆图阅览室座席12个，古籍阅览室座席12个。）现有计算机共52台（可供读者和工作人员正常使用的计算机总数）。其中电子阅览室46台，用于读者网上阅读和查询相关资源。其余6台分布于馆内各业务窗口。

业务建设

截止2012年底，中江县图书馆总藏量达17.2万册，其中纸本图书14万余册，电子图书3.2万册。为加快特色馆藏建设，我们非常重视地方文献入藏工作，在馆内设有专柜或专架，有专门目录，有专人管理；我馆从2008年起，就开始开展地方文献征集工作，制定了征集工作方案，除加强地方文献类图书的采购外，还在公开的报章杂志和网络上收集与中江县有关的内容，同时以公函的形式向县志办、档案局、教育局、卫生局等机关和企事业单位征集，还在馆内安放地方文献征集公告，向来馆读者征集。对收集到的文献资料，经挑选和加工后一部份电子文档准备放入我馆网站的地方文献网页供读者浏览、一部份纸质文件收藏在地方文献查询室供读者查阅。截止2012年底，共向省内外发出收集地方文献的函256份，已收到地方文献类图书2296册，都可提供给读者查阅。

中江县图书馆现有古籍文献15931册，存放于图书馆三楼特藏书库内。特藏书库面积达120余平方米，内有140个樟木柜用于存放古籍文献。馆内有2人专职从事古籍保护工作，对破损古籍进行修复，并购置了空调、除湿机等设备，定期对室内进行通风、防潮、防虫等处理，现已修复破损古籍500余册，使馆藏古籍得到了很好保护。2013年11月被四川省人民政府命名为第一批“四川省古籍保护单位”。

中江县图书馆已经运用“图书馆自动化集成系统ILAS软件”，以实现图书馆自动化管理，其中包括：采访、编目、流通、公共查询、期刊及网络接口软件。2013年年初，实现馆内无线网络全覆盖。

读者服务工作

中江县图书馆每天保证8小时开馆时间，每周开馆时间为56小时。全馆实行全年365天开放，为德阳地区开馆时间最长的公共图书馆之一。开架书刊12.4万册，总藏量为14万册，开架率为89%。2012年，中江县图书馆书刊文献年外借10.2万册次，馆藏总量14万册。馆藏书刊文献年外借率73%。2012年流通总人次为10.3686（万人次），有效证件为2200个，人均年到馆次数为47次/人。在中江县全县45个文化乡镇综合文化站及其所属的77个社区文化活动室共建立了62个图书流转点，按季度向流转点配送图书和期刊报纸以丰富社区图书室图书品种，馆外流动服务点书刊年均借阅为13千册次。中江县图书馆自开馆至今，坚持“读者第一”、“服务至上”的宗旨，深入开展各项文明服务，面向广大群众积极开展图书馆宣传活动，年宣传册次达600余种。在坚持阵地宣传外，我们还走上街头，深入到我县各社区、各乡镇和村，通过发放图书馆宣传单和宣传卡片等来加大宣传力度，充分发挥图书馆的社会教育职能，共计约宣传书刊500余种。

为加强政府信息公开服务工作，确保全县各类信息公开查询点规范有序运行，中江县图书馆根据省文化厅发《四川省文化厅关于加快推进全省公共图书馆政府信息公开工作的通知》精神要求，于2010年10月完成了我馆政府信息公开查询点的标准化建设，制度完善，各项设施齐全、运行状况良好，免费为社会大众提供政府信息查阅引领服务。

业务研究、辅导、协作协调

历年来，中江图书馆高度重视职工的政治理念学习和专业技术学习，不断提高干部职工的业务理论水平和文化修养，定时或不定时选派职工参加省上专业培训、进修，与此同时，还倡导全馆干部职工积极参加图书馆学术研究，撰写

读者使用计算机

部分少儿阅览区

部分阅览座位

图书馆学术论文。彭万能、邓丹、张米红、刘群英等同志在省级以上刊物或专业会议上发表论文，并分别荣获一、二等奖。

中江县图书馆重视业务人员的岗位培训和继续教育工作，定期组织相关人员参加业务培训，使业务人员能更好地完成图书编目、图书馆自动化、ILAS、共享工程、古籍修复等工作。2012年业务人员人均学时达到80小时以上。

中江县图书馆书刊文献年外借6万册次，其中：本馆内5万册次，全县街道社区图书室1万册次。实现了本馆服务网络内的资源共享，覆盖率为100%，也基本实现全县范围内的通借通还。对基层图书馆（室）的业务辅导有制度、有计划、有总结；在全县40个基层街道、社区文化活动中心和活动站都建立了共享工程基层服务点，全部配备了服务器和终端机、投影仪等全套设备，并能正常使用；积极加强对全县街道、社区图书室与共享工程基层服务点的业务辅导和指导力度，技术人员不定期下社区对社区图书室和基层服务点进行业务辅导，对各街道、社区报告的共享工程设备问题都进行了及时处理。同时，积极加强对街道、社区图书室、共享工程基层服务点管理员的业务辅导工作，每年举行集中业务培训2次以上。

管理工作

中江县图书馆根据事业单位财务制度和主管单位的要求，建立了本馆相应的财务管理制度，严格按照相关制度执行各项财务手续，并接受县财政局和主管机关的监督与审核。逐步完善了各项管理规章制度，按岗位招聘，实行竞争上岗机制，依照岗位责任制进行考核。同时，为进一步调动起员工的工作积极性，还建立有奖惩分配激励制度，奖勤罚懒，提高员工的服务质量和工作积极性，全馆员工都积极投入到争先创优中，工作效率也随之提高，搞好文明服务，充分发挥图书馆的社会教育职能。为进一步加强图书馆图书、报刊及设施设备的管理，加强固定资产的监管、维护及使用，建立了完善的固定资产管理制度，明确各部门固定资产管理人，责任到人，管理好本部门的固定资产，确保资产完好、维护。同时，每年一次固定资产盘点，以确保资产的完整性，保证账物相符。中江图书馆严格按照相关档案管理要求，做好本馆的各种档案管理工作。由办公室负责档案管理，及时收集全馆各类业务活动信息资料，做好登记归档，有效地保存各类材料，健全档案，归档及时。

始终坚持“读者第一，服务至上”的工作宗旨，积极营造安静、整洁、文明的读书环境。加强内部管理，规范图书馆各服务窗口所有的标示标牌，制定有卫生制度、文明劝导员制度上墙，成立有文明劝导员小组坚持定期巡检，全面检查环境卫生，随时检查和监督管理馆内公共区域的不文明现象，对出现的安全隐患及时处理。同时，各窗口部门的工作人员也要对各自服务区域内的大声喧哗、吸烟等举止不文明的读者进行及时劝导和制止，并正确引导读者做文明读者，以确保图书馆内安静、文明的读书环境，坚决阻止大声喧哗、吸烟等不文明现象的发生，从而确保场所干净卫生、安静文明、秩序良好，无污言秽语、嬉戏吵闹等不文明现象发生，营造一个整洁、安静、文明、秩序良好的读书环境。

表彰、奖励情况

1999年10月，中江县图书馆被国家文化部评为“国家三级图书馆”；2010年1月，被国家文化部评为“国家一级图书馆”；2013年10月，再次被国家文化部评为“国家一级图书馆”；2010年11月被文化部主管中国文化管理学会中国公共文化设施建设管理论坛组委会评为“公共文化设施管理先进单位”；2012年12月在全市图书馆开展文化共享工程建设、农家书屋建设、图书进社区和学校等工作中成绩卓著，被德阳市图书馆特别表彰；2012年12月中江县图书馆学会在组织参与学术交流活动、撰写学术论文、促进学会间相互学习了解等工作中成就突出，被德阳市图书馆学会表彰鼓励；2013年11月被四川省人民政府命名为第一批“四川省古籍保护单位”。

馆领导介绍

彭万能，男，1955年5月3日生，大专学历，中共党员，图书资料副研究馆员，现任中江县图书馆党支部书记。1974年9月参加工作，于2008年12月被四川省图书馆学会评为四川省图书馆行业抗震救灾先进个人。2009年5月在全国评选中被中国青年教师协会、中国素质教育报告编委会评为“中国素质教育先进工作者”。2009年8月1日被中国管理科学研究院经济论坛专家委员会授予专家终身成就奖。

邓丹，男，1969年1月25日生，本科学历，中共党员，图书资料助理馆员，现任中江县图书馆副馆长（主持工作），负责图书馆全面工作。1987年9月参加工作，先后在黄继光纪念馆、文物保护管理所、中江图书馆工作。2000年10月调入中江图书馆工作至今，主要从事图书外借、综合阅览、电子阅览及信息资源共享工程等工作。

张米红，男，1978年8月6日生，大专学历，中共党员，图书资料助理馆员，现任中江县图书馆副馆长，负责图书馆业务和安全工作。2001年8月在县图书馆工作至今，主要从事图书外借、综合阅览及电子阅览等工作。

未来展望

虽然我们在近年的工作中取得了一些成绩，但是仍然存在很多不足之处，比如在硬件设施上书库和流转中心面积不够；在软实力方面则是馆内业务研究能力相对薄弱、地方文献资源数据库建设规模较小等，都是我们在以后的工作中需要重点关注和解决的问题。我们相信，随着公共图书馆在社会主义精神文明建设和公共文化服务体系中显现出的作用日益增强，在全社会的进步中所有的问题都能依托发展而逐步得到改善。

联系方式

地　址：德阳市中江县凯江镇东河路下段2号
邮　编：618100
联系人：冯小宏

中江县图书馆外观

广汉市图书馆

概述

地处巴蜀文化发祥地—三星堆文化遗址侧的广汉市图书馆始建于1937年，1956年重建，系国民党元老、著名汉学家戴季陶先生捐赠文献重点收藏馆，三星堆珍贵文献收藏馆。2012年3月，由九江路老馆搬进了新建的集多功能、现代化一体的新馆。广汉市图书馆新馆建筑面积达6160平方米，于2011年底落成，2012年10月正式全面对外开放。新馆坐落于广汉市文体中心内，有较强的时代精神和建筑个性，环境优美、宁静，是理想而富有生气的读书学习环境。新馆三层楼高，一楼设期刊阅览室，少儿阅览室，展厅，书吧，采编室；二楼设开架阅览书库，地方文献室，古籍修复室，报刊书库；三楼设学术报告厅，古籍书库等。其布局合理，方便读者使用。

业务建设

广汉市图书馆目前为止文献资源总藏量已达100万册，其中纸本藏量（图书、古籍、报刊、期刊等）10万余册，电子文献90万册（其中包括共享工程数字资源；电子图书数据库85万册图书及若干讲座、视频；电子读报器每年均有200种报刊，1000种期刊电子资源不断更新）。现在除古籍文献14456册外，其余书刊均开架，包括期刊阅览室和开架书库、地方文献、报刊书库。开架比例达到82%。

我馆设古籍书库，典藏有清代图书5386册，民国图书9375册，善本书326册。现我馆古籍修复室已经修复古籍2059册，拓片50副。

我馆还设立了地方文献特藏室，设置了戴季陶先生捐赠的《四库全书》《十三经注疏》等3000余册戴季陶捐赠图书专架；著名诗人覃子豪先生（广汉人）文献专架；三星堆文献专架；地方文献专架；各界作者友情赠书专架。

新馆建成后，馆内已达到10兆光纤宽带接入，现我馆数字文化工程资源总量已达到10TB。我们使用金盘图书馆管理系统，进行书目编目、录入、管理，还可以使读者能够通过我馆网页和电子阅览室局域网快速、灵活、直观地查找到所需文化和信息。

2012年我馆建成了数字化图书馆平台，我们整合数据利用互联网，建起了广汉市图书馆主网页（www.ghlib.com），将馆藏数字资源向全国覆盖，广大群众可以通过网页直接进入广汉市图书馆免费阅读八十五万册电子图书。我馆的数字图书馆平台软件，可实现对200万种以上的中文电子图书的全文检索，可查询到1000家以上图书馆馆藏及电子资源，并能实现200个以上中外文数据库资源的文献传递。

另外我馆还有电子触摸屏读报器，每天能为读者及时更新提供200种报刊、1000种期刊资源，深受读者喜爱。

读者服务工作

广汉市图书馆每年接待读者流量较大，为方便读者，我馆每周开放达到60小时以上，节假日照常开放，做到了常年不闭馆。馆内每进一批新书都在图书馆网页最新公告里作重点推介，馆藏书刊文献年外借率达到71%，流动服务车书籍借阅达到5.3千册次/年，每年都要在乡镇、社区、学校、军营等馆外服务场所开展讲座、培训、读者活动，活动形式多样，主题丰富，参与群众广，这些活动每年均达到20次以上。

每年举办的正月十五百科知识及有奖猜谜活动参加者众多，是春节百姓文化生活不可或缺的一项重要内容；4月23日读书节也是我们宣传图书馆的一个必然活动；定期对社区及乡镇图书室的业务辅导等；不定期送书下乡；每月在学术报告厅开展各类型适合老百姓的讲座演讲、业务培训讲座等，参加者每年累计能达到每万人年平均参与活动3次以上。

几年来，我馆先后分别向各个乡镇、村基层服务点、社区、学校送书达几万余册。这些书刊资料，是我馆专业人员认真筛选出来的，时效性、实用性、可读性都很强。

为了更好的开展读者服务工作，拓展服务领域，2012年成立了“广汉市图书馆南昌路社区分馆”，它是广汉市首家社区分馆，是图书馆社区文化建设工作的一次尝试，是图书馆业务和服务工作的延伸；2013年4月3日我馆正式成为“四川省图书馆广汉市图书馆实验分馆”，它是四川省唯一一个省图分馆，意味着我馆将以更高的标准恪守自己，更好地服务读者。

业务研究、辅导、协作协调

我馆历年来重视职工的理论修养和业务素质的提高，也积极鼓励员工进行业务研究，争取每年有更多的学术论文在国家级和省级刊物上发表交流。2011年，董晓玲的2篇论文分别刊登在《兰台世界》2011年6月刊、《四川图书馆学报》2011

年第4期。11月刘丽萍《浅谈县级图书馆信息化服务与“共享工程”建设》刊登在《“中国西部地区公共图书馆协作网”第二十届年会暨学术研讨会》论文集。

管理工作

馆内现有在岗职工12人，其中本科、大专以上学历10人，占83.33%，副高职称1人，中级职称2人，初级4人，馆领导班子均本科以上学历。馆内职工90%都曾参加过国家、省、市图书馆基础理论专业岗位培训、基础图书馆馆长培训、古籍修复培训、共享工程管理培训，同时还组织职工积极参加市里举办的涉外知识培训、创新能力培训、计算机培训、普法培训和普通话培训等。为不断提高职工的政治思想素质和专业技能，创建学习型图书馆，馆内每周都坚持一次政治、业务学习。

表彰、奖励情况

广汉市图书馆2004年、2008年均被评为全国公共图书馆评县级一级馆，九年来，曾先后荣获“全国文明图书馆”、“四川省文明图书馆”、“省读者服务工作先进单位”、“四川省全民阅读活动先进单位”、“市文明单位”等光荣称号。

联系方式

地　址：广汉市汉口路东段文体中心内
邮　编：618300
联系人：曾维佳

什邡市图书馆

概述

什邡的公共藏书始于清学宫，仅供学子参阅。民国十五年于公园内荷花池左建立"中山图书馆"（民国十八年《重修什邡县志》载）。民国二十年改建为"通俗图书馆"。民国三十年并入民众教育馆。第二年将民众教育馆改称为县图书馆。解放后，图书阅览工作隶属于县文化馆。党的十一届三中全会后，党和政府十分重视文化事业和图书馆的发展，于1983年由四川省文化厅和县财政拨款三十万元，专修了什邡县图书馆（利民路），1986年7月竣工，10月1日对外开放。1995年什邡撤县设市，更名为什邡市图书馆。

图书馆担负着保存人类文化遗产，传播科学文化知识，开展社会教育，传递信息，为本市"三个文明"建设服务的职能，多年来，什邡市图书馆始终坚持"读者第一，服务至上"的办馆宗旨，积极传播科学文化知识，认真做好优质服务工作，积极为全市市民提供良好的读书和学习环境，积极指导基层图书室的建设，坚持开展"送书下乡"活动，加强馆藏资源建设，积极为当地社会的全面发展服务。

全馆有400个坐席（其中少儿坐席60个），年订购报刊339种，藏书均按《中国图书馆分类法》分类、著录和排架，主要收藏以基础学科，适合于广大读者的通俗性、实用性和综合性读物为主，重点收藏与本地区经济建设需求的科技资料以及地方文献，兼收必要的各门类工具书，全部藏书实行全开架借阅。全国文化资源共享工程已建成并投入使用、数字图书馆建设正在逐步推进。多年来，图书馆始终坚持做好优质服务工作，积极组织开展各类读书活动。坚持开展每年的图书馆服务宣传周"送书下乡"活动等。

多年来，什邡市图书馆先后被评为市级"文明单位"、"卫生先进单位"，德阳市"文化工作先进单位"、四川省"推进科技进步先进单位"。于1994年获"国家二级图书馆"称号，2004年、2013年获得"国家一级图书馆"称号。

什邡市图书馆外观

新馆建筑面积4850平方米。座落于什邡市蓥华山路南段112号（文化活动中心），总藏书量二十三万册。阅览座位400个，计算机60台，10兆宽带接入，使用金盘图书管理管理系统。

业务建设

截止2013年底，什邡市图书馆总藏量23万册（件），其中，纸质文献18万册（件），电子图书5万册。

2012年起实现图书馆借阅服务自动化。电子阅览室等免费向读者开放。实现无线网络覆盖，满足读者的上网需求。

读者服务工作

从2011年1月起，什邡市图书馆坚持周末和节假日对外免费开放，周开放48小时。在搞好图书馆内优质服务的同时，图书馆组织专人坚持"送书下乡"和"书香什邡"系列活动，为特色种养殖户赠送图书。图书馆每年有计划的组织开展读者迎春游园活动、"书香什邡"—少儿朗读比赛、"书香什邡"—好书推荐、"书香什邡"—有奖征文等系列活动，并积极指导镇、村"农家书屋"开展读书活动，以倡导全民阅读。

业务辅导

2008–2012年，什邡市图书馆负责完成了全市16个镇、124个村"农家书屋"建设工程，实现了全市镇、村级图书室的全面覆盖。

管理工作

2008年以来，什邡市图书馆按照事业单位改革要求，单位实行全员岗位聘任制，实行定岗、定员、定责。实行岗位绩效考核机制。每月进行工作进度通报，每半年和全年进行总体工作考核。

未来展望

什邡市图书馆将努力践行市委市政府的文化强市发展战略，进一步完善图书馆服务功能，加快图书馆数字化建设，创新图书馆服务模式，扩大公共文化服务覆盖面，积极引导全民读书活动，推动地区文化事业发展。

联系方式

地　址：四川省什邡市蓥华山路南段112号
邮　编：618400

读书知识竞赛

流动服务车–送书下乡

军营读书活动

崇州市图书馆

概述

崇州市图书馆始建于1928年，其前身为崇庆县立图书馆。新馆建于2009年，2011年1月正式投入使用，位于崇州市小东街246号，占地13.15亩，建筑面积6120平方米，设计藏书容量30万册，可容纳读者座位500个。崇州市图书馆属重庆市政府灾后援建工程。2013年被文化部授予“国家一级图书馆”称号。2013年，崇州市图书馆有阅览坐席500个，计算机78台，宽带接入60Mbps，选用Interlib图书馆集群管理系统。

崇州市图书馆地处崇州市文化核心区，毗邻国家级文物保护单位罨画池，建筑为汉唐书院风格，古韵悠然，清幽雅致。图书馆以数字化建设为基础，采用开放灵活的藏、借、阅、查、展一体的新型服务模式，所有资源面向市民免费开放。

崇州市图书馆为广大市民提供书刊借阅、图书业务辅导、专题讲座、教育培训等服务，初步建成一个以纸质媒介为代表的传统图书馆和以文化信息资源共享工程为代表的数字图书馆并驾齐驱的现代图书馆。

业务建设

截止2013年底，崇州市图书馆总藏量187083册（件），其中，盲文图书88册，古籍图书10523册，视听文献1423件/套，电子图书4.7万册。崇州市图书馆内设中文阅览室、中文外借室、青少年借阅室、多媒体活动室、读者自修室、地方文献室、工具书阅览室、盲人阅览室、多功能展厅、学术报告厅等10个功能室，功能齐全，免费开放，全年无休。

截止2013年底，崇州市图书馆数字资源总量为4TB（含超星电子图书409GB、与其他单位及部门资源共建共享的地方文献数据库3.7TB），购有内含200万种以上数字资源的百链云图书馆平台供读者使用。建设有图书馆官方网站，整合了共享工程、图书馆和现有的网络资源。

2013年，崇州市图书馆将自动化管理系统升级改造为Interlib图书馆集群管理系统，以适应成都市公共图书馆服务联盟建设的需要，同时，引进了目前最新的“电子书借阅机”，RFID射频识别技术，使读者实现“5秒找书”。2013年，实现馆内无线网络覆盖。

2013年市财政拨付50万元专项资金用于古籍保护。崇州市图书馆对馆藏古籍文献进行整理分类，全面完成了古籍清理、编目工作。

读者服务工作

从2012年2月开始，崇州市图书馆全年365天对外免费开放，周开放64.5小时；其中，一楼阅览室周五周六的开放时间延长至晚上8点，为读者提供更多、更合理的服务时间。2013年，引进了目前最新的“电子书借阅机”2台，自助借还书机1台。2013年9月二楼中文外借室，引进目前先进的Interlib图书馆集群管理系统和RFID射频识别技术。

崇州市图书馆建成以市馆为中心，覆盖全市25个乡镇、253个村（社区）的公共图书流转网络体系；同时，建成驻崇部队、监狱、工业区、残疾人联合会、道明花见书栈、崇阳镇良友咖啡、公安局、蜀城中学等16个分馆和图书流转点，有效推动公益性文化资源共建共享。

崇州市图书馆长期开展文献资源咨询服务，预约资料代查。政府公开信息查询服务等，与崇州市委中心学习组联合编制《中心组学习园地》，每月向市级领导推荐书目。2013年起，编制《“两会”参考》，为“两会”服务。

截止2013年，崇州市图书馆网站访问量达40万人次。

2011—2013年，崇州市图书馆举办讲座、展览、培训、阅读推广等读者活动100场次以上，参与人数15万人次，省市及崇州市媒体对我馆服务报道达30余次。

业务研究、辅导、协作协调

崇州市图书馆连续7年承办“崇州市全民阅读活动”。崇州市图书馆依托“全民阅读活动”，打造“书香崇州”品牌，丰富阅读推广形式：开展“心灵驿站——图书漂流”活动，在医院、车站、中心广场漂流图书，在馆内设立永久性的“漂流书架”，供读者免费借阅或者以书换书；“你读书我买单”元旦迎新读者活动，我们的节日——元宵游园活动，丰富传统节日内涵；罨画讲坛公益讲座，争取到了公益机构、本土讲师、文化志愿者开设专题讲座；青少年阅读推广计划、数字图书馆推广计划、文化志愿者建设等深入推进图书馆建设，新书推荐、读书沙龙等读者俱乐部活动提升了图书馆的吸引力。

管理工作

崇州市图书馆实行全员岗位聘任，共设9个部门，有29人上岗，建立了工作量化考核指标体系，每月周进行工作进度通报，每半年和全年进行总体工作考核。

表彰、奖励情况

2011—2013年，崇州市图书馆先后获得市级业务主管部门表彰6次，县级业务主管部门表彰6次，县级党委、政府表彰4次。

2013年11月，崇州市图书馆成功创建为“国家一级公共图书馆”。

馆领导介绍

方毅，女，1975年5月生，本科学历，中共党员，馆长。先后任成都市电子中专校教师，《今日崇州》记者，中共崇州市委宣传部群宣科科长，并于2008年3月下派至崇州市图书馆任馆长，2012年8月正式任命馆长。

蔡忠良，男，1969年8月生，大专学历，中共党员，党支部书记，副馆长。1997年9月，任崇州市西山乡政府副乡长。1998年11月，到崇州市图书馆任职。2008年5月，任崇州市文化局抗震救灾工作小组组长，负责街子镇灾后重建工作，获政府嘉奖。

未来展望

崇州市图书馆本着“厚德博学、开卷有益”的发展理念和“服务第一，读者至上”的办馆宗旨，将建设特色鲜明、服务专业图书馆而努力。崇州市图书馆将发挥文化服务阵地作用，打造汉唐书院式特色图书馆，丰富馆藏和服务品牌，形成一个集学习空间、交流空间、创意空间、展示空间、娱乐空间为一体的市民“第三文化空间”，努力实现图书馆服务精细化、品质化提升，提高文化服务效能，推动图书馆事业服务水平全面提升。

联系方式

地　址：崇州市崇阳镇小东街246号
邮　编：611230
联系人：吴娟娟

绵竹市图书馆

概述

绵竹市图书馆于1978年建馆，新图书馆于2002年5月30日竣工投入使用，占地面面积近10亩，建筑面积5636.64㎡，投资753万元，地处城市中心，外观宏伟，是绵竹市文化标志工程和城市建设靓点。2005年被评为国家一级图书馆。由于2008年"5.12"特大地震的降临，我馆损毁较严重，错过了全国第四次评估定级。2009年–2010年6月利用国家专项资金维修加固，于2010年8月11日重新面向社会开放。我馆是德阳市文明单位、德阳市文化工作先进单位。现有职工7人，其中中级以上专业技术人员3人（含副高2人）、初级专业技术人员4人、大学本科学历2人、大专学历5人、高中学历1人。馆内有共产党员5人，设党支部1个。

业务建设

绵竹市图书馆目前馆藏图书15万余册，内设：二楼主体为全国文化信息资源共享工程服务区，内设电子阅览室、放映厅，公益讲座报告厅。二楼电子阅览室和所有功能室共配备了54台电脑，其中供读者使用的计算机35台，接入了10M网络光纤，建立了我馆自己的网站。搭建有政府信息公开阅览电子平台。

三楼为报刊杂志阅览区、儿童阅览区、古籍阅览室、地方文献查询和参考咨询室。四楼为图书阅览区和书库。引进了图书馆数字化电子技术管理系统，各类书籍进行了整理和分类排序，归入电子系统。对期刊报纸和图书摆放比较杂乱的重新清理归类。对古籍阅览室的所有古籍进行了拍照、归类、防腐、防虫等处理，制作了简易函套，并录入到电子系统存档。地方文献资料逐年在递增，我馆又组织人员对所有文献进行了重新归类，使之更加系统化，方便读者查询。全部按要求进行了标引、著录、登记、建账建卡、上架排列和开放借阅，确保了文献资料有专设书架，有专门目录，专人管理。经自查，馆内图书标引误差率、图书著录误差率分别控制在4%以内，目录组织误差率、闲架图书排架误差率、开架图书排架误差率分别控制在5%、2%和5%以内。同时做到书标、登录号、馆藏章等规范、统一、整齐、美观，并明确专人管理，提供查目辅导。

既方便了内部管理，也使读者借阅更加便利。开馆以来，坚持服务第一、社会效益至上、全心全意为读者服务、坚持搞好免费开放工作，各项事业都上了一个新的台阶。灾后重建重新开馆以来，接待读者30余万人次受到上级有关部门的关注和肯定。

读者服务工作

在读者服务方面，始终坚持公益免费服务的原则，不断完善服务内容，提升服务功能。国家免费开放专项资金专款专用，用于我馆基础设施和图书资料的建设，不断充实馆藏。馆内服务环境安全整洁，管理制度规范，每周开放时间达60小时。并有计划、有目的地对青少年、老年人、农民工开展公益讲座，间隔一周一次，深受读者欢迎。通过送文化下基层等多种形式把馆舍介绍、服务功能、开放时间等基本信息向读者公示；深入到社区发放宣传资料，开展送书下乡活动；做好读者调查工作，通过对图书馆知晓率满意率的调查，对收集的数据进行分析研究准确把握读者需求。这种更新观念主动出击的方式拉近了与读者的距离，扩大了社会影响，从而使图书馆能够更好地为广大群众提供优质服务。12个服务窗口实行全开架免费借阅。今年共接待读者达9万余人次，流通借阅图书达12万余册。

每年开展送书下乡活动至少20次以上，我馆职工积极开展流动服务，将免费开放宣传服务到位，送书到基层，坚持搞好"4.23"世界图书日、"图书馆宣传周"的宣传活动。积极参与颇具绵竹地方特色的"绵竹年画节"、"沿山梨花节"、"沿山赏果节"、"科技文化卫生三下乡"等节庆活动之中。

业务研究、辅导、协作协调

我馆每年对乡村图书室农家书屋管理员进行业务培训，通过集中学习和个别辅导，系统地讲授图书分类、编目、排架等知识，为广大农民群众提供更好更专业的服务。我馆经常与各县级图书馆进行业务交流，从而提高业务水平。职工积极撰写论文，2009年至今，国家级刊物3篇，省级刊物15篇。

管理工作

在内务管理方面，根据图书馆工作实际，建立并逐步完善了各项规章制度，明确员工岗位职责，规范工作行为，优化工

作环境，做到规范仪表、规范用语、文明接待、有问必答、规范标示等，在馆内大力提倡微笑服务、行动快捷服务、做事提早服务、说话温柔服务、质量提升服务、效率提高服务的工作法，进一步强化了服务意识；全部实行程序化借阅。同时，还设立了盲人阅读席、寄存处、失物招领等便民服务设施，确保广大读者的生命财产安全。

表彰、奖励情况

2009年–2014年，绵竹市图书馆获得大小奖励多次。2013年被文化部评估定级为县级公益图书馆一级馆。被省古籍保护中心评为基层古籍保护单位。

馆领导介绍

李开成，男，1956年生，大专学历，中共党员，副研究馆员，馆长。

王伟，男，本科学历，中共党员，馆员，副馆长。

丁洋，男，大专学历，中共党员，助理馆员，办公室主任。

未来展望

绵竹市图书馆在“5.12”特大地震后，经过灾后重建的维修加固，硬件水平上升了一个台阶。力争在今后的时间当中，积极争取个方面的支持，建立数字图书馆，更好地为市民服务。

联系方式

地　址：四川省绵竹市图书馆（剑南镇回澜大道148号）
邮　编：618200
联系人：丁 洋

三台县图书馆

概述

三台县隶属于四川省绵阳市，人口148万，是四川首批扩权强县之一。三台西汉为郪县，隋唐为梓州，宋、元、明为潼川府，清置三台县，至今已历2200多年。古老的三台在唐朝时与成都齐名，为蜀地第二大城市，是川西北政治、经济、文化中心，享有“川北重镇、剑南名都”之美誉。诗圣杜甫流寓三台近两年，创作了《闻官军收河南河北》等百余首不朽诗篇。1938年东北大学内迁三台，传播了现代文明并留下了大批珍贵资料。三台是“全国文化先进县”，“四川省足球之乡”，“省级历史文化名城”。全县辖63个镇乡（其中镇41个、乡22个）、932个村、110个社区居委会。

三台县图书馆始建于1928年，解放后于1956年由三台县人民政府投资兴办，面向全社会开放。馆舍经历了五次搬迁，2008年5.12汶川特大地震后，澳门援建的新馆座落于三台县文体中心（琴泉路东段），亲临涪江河畔，文体中心内有图书馆、体育馆、文化馆、博物馆、梓州大剧院五幢独立建筑，占地49亩，其中图书馆占地10亩，共有三层，建筑面积4500平方米，可容纳藏书30万册，阅览坐席1000个。计算机45台，宽带接入10Mbps，2012年开始改用广州图创公司开发的Interlib网络集群化图书馆管理系统，镇乡和社区图书室纳入统一的图书馆管理平台管理。截止2013年12月，全馆在编人员11人，其中设馆长1人，副馆长1人；书记1人；有本科学历2人，大专学历7人，中级职称2人，初级职称7人。

2013年，首次获得“一级图书馆”称号，同年，获得四川省人民政府命名的“四川省古籍保护单位”称号。同时挂牌“三台县少年儿童图书馆”、“全国文化信息资源共享工程三台县支中心”、“三台县农家书屋管理中心”牌子。

业务建设

截止2013年12月，各类古籍书、近现代图书、期刊、报纸等共21万册、其中古籍1万余册，电子图书20万册，期刊报纸300种，地方文献3000种6800册。电子图书20万册，本地安装数字资源达6TB，另外还购置超星公司的读秀学术搜索远程访问系统，并计划购置万方、维普等知名数据库服务。2013年，新馆升级3台64G内存新服务器，增添核心交换机和二级交换机5台，增添安全网关和行为检测器等设施设备，机房按照标准建设。全馆三层楼无线WIFI全覆盖，免费上网。一楼增添3台歌德电子书借阅机、2台45寸大屏幕触摸屏读者自助查询检索和阅报机器。一楼办证、读者休息大厅400平方米，宽敞明亮，为读者提供图书外借、报刊阅览、资料咨询、信息导航等全方位的优质服务。一楼设综合阅览室、低幼阅览室、少儿阅览室、文学艺术、自然科技书库及阅览室，二楼设哲学、社会科学、政治经济等书库，采取开放式的布局，书库带阅览室，环境清幽雅静，电子阅览室提供崭新的电脑，舒适的桌椅，丰富的资料给读者免费享受，读者在此阅览、借阅、查阅资料、上网轻松惬意地享受读书的乐趣，堪称修身治学、文化休闲的理想场所。全馆局域网、互联网畅通，先进的电子读物“读秀搜索”支持全文检索、方便快捷、永不磨损，读者办证即可实现本馆的无纸化阅读，也可到馆无需办证免费阅读电子书、聆听有声读物和点播多媒体视频讲座等。

自动化管理系统方面，引入广东东莞图书馆的总分馆管理模式管理全县乡镇文化站图书室和农家书屋，使用广东图创软件公司开发的“Interlib”图书馆集群化管理系统，着力构建以县图书馆为中心馆、镇乡文化站图书室为分馆，社区书屋和农家书屋为馆外流通点的全县图书馆服务体系，实现全县“一卡通”通借通还。

多功能展厅随时开放、展览内容丰富、形式多样，群众喜闻乐见，社会教育影响巨大。形式多样的读书活动有声有色，教育读者开卷有益；各种培训班相继在此开设，读者在知识海洋中遨游、学习，真正进入了“没有围墙的大学”。

读者服务工作

新馆设外借室、阅览室、少儿室、幼儿室、资料室、采编部、网络部等服务窗口近10个，共享工程基层服务点1104多个，建成农家书屋932个，社区书屋110个。新馆每周开放56小时，开展外借、阅览、参考咨询、专题、电子信息、盲人视听阅览室、视听等服务，开展打印、复印、文献复制、阅读辅导、读书演讲活，举办讲座、培训、展览、学术交流、梓州讲坛等活动。此外还利用流动服务车开展馆外流动借阅、设立分馆借阅、基层图书室辅导工作。馆内设置采编部、信息网络部、办公室、流通部、参考咨询部、期刊辅导部、读者活动部、培训部等，各镇乡文化站设图书室，藏书3000册到6000册不等，乡镇图书室、社区书屋都使用本馆使用的Interlib图书馆管理系统开展借阅管理等，县图书馆利用流动服务车开展定期书籍流转。

图书馆外观

图书外借室

少儿阅览室

幼儿阅览室一角

多年来，图书馆在经费紧张的情况下，挤出经费开展“送文化下乡”、“辅导农村图书室”、“送书到军营”、“未成年人思想道德建设图片展”、“科普进社区”、“加强党的执政能力图片展”、“毛泽东、邓小平等伟人诞辰纪念图片展”、“摄影展”、“让精神世界更美好读书活动”等等重要活动，正筹划利用图书馆的海量信息资源，举办电脑培训班、软件开发培训、法律培训等多种培训班。

进入三台县图书馆网站，读者凭借书证可以开展网上阅读、网上借阅服务等等。三台县图书馆是人民的社会大学，在建设学习型社会，学习型城市的过程中发挥着市民终身学校的重要作用。

学术、科研成果及获奖情况

2013年，被文化部评定为国家一级图书馆。

2013年，被四川省人民政府命名为“四川省古籍保护单位”。

2013年，被绵阳市文化广播影视新闻出版局评为先进单位。

2013年，被绵阳市图书馆学会评为先进单位。

近年来先后有3篇论文在市级以上刊物发表。

馆领导介绍

陈茂，男，1970年生，本科学历，中共党员，馆员，馆长。1991年9月参加工作，2007年任三台县图书馆馆长。

张文革，男，1966年生，专科学历，副馆长，助理馆员。1984年11月参加工作。

康继兰，女，1966年生，专科学历，中共党员，助理馆员，党支部书记，1986年6月参加工作。

林智蓉，女，1967年生，专科学历，中共党员，网络部主任，助理馆员，1987年1月参加工作。

王勇，男，1977年生，专科学历，中共党员，助理馆员，流通部主任，1992年参加工作。

图书馆大门

未来展望

三台县图书馆遵循“创新、发展、免费”的办馆方针，加快数字化建设步伐，逐步完善公共服务体系，扩大服务领域，带动县域文化事业发展。把图书馆建设成环境优美、资源丰富、服务优良、设施先进的现代化县级公共图书馆。

联系方式

地　址：三台县北坝镇琴泉东路三台县文体中心

馆　长：陈　茂

邮　编：621100

联系人：张文革

举办元宵灯谜活动

安县图书馆

概述

安县图书馆始建于1927年，在革命前辈张秀熟、沙汀的关心和支持下集资修建而成，原址位于安昌镇西河小区。2006年，随安县县城由安昌镇迁址到花荄镇文化广场办公大楼。2008年地震后，新馆建于花荄镇恒源大道南段，占地面积1500余平方米，建筑面积4136平方米，于2010年9月建成搬入新馆，经过全体职工几个月的整理、编目、上架等准备，于2011年5月正式对外开放。安县图书馆新馆在设施、设备及功能建设上都有了很大提升，馆内设立了：综合阅览室、少儿阅览室、电子阅览室、中心机房、多功能学术报告厅、书吧、图书外借室、古籍文献库、报库、地方文献库、沙汀作品陈列室、综合书库、共享工程县级支中心等多个免费服务窗口和业务室。设有阅览座席356个，儿童阅览座席76个，学术报告厅座席100个、电子阅览室座席50个。用于服务读者的电脑55台，服务器及办公电脑20台，40兆光纤网络全部接通，无线网络全覆盖，办公设备齐全。图书总藏量达到31万余册，其中纸质图书16万余册，电子图书15万种。在参加第四次全国县级公共图书馆考评定级中，由于安县属地震极重灾区之一，因此受各种特殊条件制约，安县图书馆保留在国家三级、省二级图书馆。2013年在第五次全国县级公共图书馆考评定级中，安县图书馆跨二升一，被评定为“国家一级图书馆”。

业务建设

截止2012年底安县图书馆总藏量312178册(件)：其中图书、报刊131206册，古籍29834册，电子图书150471种，视听文献667件。2013年征订报刊222种。

2012年度安县图书馆财政拨款总额共计94.077万元，其中县级财政拨款76.477万元，中央、省级免费开放项目经费17.6万元。图书资料购置费5万元，数字图书馆电子资源更新费3万元。预算外安县图书馆还争取到50万元古书修复专项经费。

2011年底，利用四川省公共图书馆集群化管理系统，依据行业标准及安县图书馆图书分类、著录、加工细则完成了全馆普通图书、报刊、视听文献加工、电子编目、著录。于2012年购置了图书馆自动化管理系统智慧2000，实现了采访、编目、借阅、检索自动化等功能。在藏书组织管理方面，依据安县图书馆图书加工细则对图书进行了加工，每本书在书籍底部3cm处贴书标、条形码号、防盗磁条、馆藏章等，普通图书、报刊等文献资料都按CNMARC格式建立了机读目录，截止2012年底馆藏中文文献书目数字化比例达98.25%，实现了在图书馆管理系统中书目查询检索。

在数字化建设方面，安县图书馆拥有数字资源3TB，其中自建1TB，购买数字资源2TB。自建三个地方文献数据库，《“纪念5.12地震”数字文献资源库》、《“安县文艺”数字资源库》、《“魅力安县”数字资源库》。

读者服务工作

从2011年5月安县图书馆正式对外开放以来，全年365天无节假日免费开放，所有窗口、服务项目、设施场地均免费开放。2012年流通人次8.5万人次，书刊文献外借8.7万册次。免费为读者提供饮用水、雨伞、纸、笔，为老年人提供老花镜、放大镜等小物品。读者证的办理、文献资源借阅、古籍报刊查阅、检索与咨询、公益性讲座、展览、基层辅导、流动服务等基本文化服务项目健全并免费。安县图书馆专门在地方文献室设有政务信息公开区域，读者可阅览纸质政务信息、也可通过电脑网上访问。为了提倡全民阅读，安县图书馆开展了大量的活动。2012年4月23、24日开展了以“邀您一起爱阅读”为主题的系列活动，包括爱阅读签名活动、进小区免费办证、学生集体阅读、书刊宣传、电影播放、图书推荐等。7月、8月开展了“青春心向党”暑期电影、讲座展播，9–12月开展了“喜迎十八大”周末电影、讲座展播。2012年全年到农村放映电影30场次，举办展览6次，2011年到农村放映电影18场次，举办展览5次。为了让更多人喜欢阅读、读好书，2012年，安县图书馆举办阅读推广活动8次，2011年举办了5次。安县图书馆每季度更换一次新书推荐、精品导读进行书刊宣传、阅读推广，通过电影放映、新书展览、图片宣传、进小区免费办理读者证、送书进军营、团体借阅等多种方式进行书刊宣传、阅读推广、服务宣传。安县图书馆对残疾人、未成年人、老年人、进城务工人员进行针

书吧为读者营造了浓厚的阅读氛围

电子阅览室

对性服务，例如对他们进行电脑基础知识培训、为他们播放相应题材的电影、为他们布置相应的环境、提供老花镜、放大镜等物品。

在参考咨询服务方面，安县图书馆除了提供日常的文献检索、报刊查阅等基础性参考咨询服务外，还为安县大型民俗活动“中国春社·雎水踩桥”开展与申报国家级非物质文化遗产提供了参考咨询服务，为安县博物馆的布展提供参考咨询服务，为绵阳市第二届本土音乐节安县分会提供参考咨询服务。

业务研究、辅导、协作协调

安县图书馆重视职工政治思想、业务质量的提升，曾先后派出职工参加国家、省、市的业务培训，分别到深圳、上海、广东、沈阳、重庆、成都、攀枝花、自贡、绵阳等地图书馆参加业务培训和业务交流。全馆专业技术人员每年都要参加市、县人事局组织的继续教育学时在50学时以上。安县图书馆不定期举行和参加网上业务交流研讨学习、培训。安县图书馆职工在《四川省图书馆学报》发表论文1篇，撰写图书馆业务工作方面的调研报告3篇。

安县图书馆重视对农家书屋、社区书屋、乡镇文化站以及其他企事业单位图书室的业务培训与辅导工作，2012年举办培训班18场次，培训的主要内容包括：图书分类、编目、加工、上架、登记、管理、流通等业务知识，使基层图书室管理工作规范化。

安县图书馆积极参与上级图书馆协作协调工作，开展业务交流合作等。安县图书馆使用了四川省公共图书馆集群化管理系统（CLSN平台），参与了全省联合编目，参与了绵阳市地方文献联合编目，参加省馆市馆组织的各类业务培训，与北川、三台、绵阳市图书馆进行馆际互借与文献传递。以安县图书馆为总馆、建立了消防中队分馆、武警教导队分馆、以及社区书屋。在安县服务网络建设方面，2011年在调查摸底的基础上草拟了服务网络建设规划，制定了管理制度。截止2013年3月，全县已建农家书屋234家，社区书屋25家，乡镇文化站18个。均参与了服务网络建设。安县图书馆以图书互换方式进行资源共享，服务网络内的图书室可一季度或半年到安县图书馆更换一批图书，各图书室之间也可进行图书互换。在服务网络内实行编目数据共享。

管理工作

安县图书馆管理方面具有较为完善的管理制度与方法，制定了各项管理制度及业务工作制度，明确人员分工和职责，做到了年初有计划，年终有总结，在人事、财务、志愿者管理、设备物资、档案、统计、环境与安全管理上规范有序，执行情况良好，单位、个人多次受到主管部门的表彰。

表彰、奖励情况

2009−2012年，安县图书馆获省级业务主管部门表彰1次，市级业务主管部门表彰3次，县级业务主管部门表彰4次。

馆领导介绍

史荣，女，1964年10月生，大专学历，中共党员，馆员，馆长。1982年到图书馆工作，2004年任安县图书馆馆长，多次获省、市、县有关部门表彰。主持安县图书馆全面工作，在任期间，通过积极努力，多方协调争取，让安县图书馆硬件、软件设施设备有了大幅度的提升，争取经费修复了安县图书馆古籍《函海》159册及《安县志》8册。

刘勇，男，1966年7月生，中专学历，中共党员，助理馆员，副馆长。1991年到图书馆工资，2012年任安县图书馆副馆长多次获市、县有关部门表彰。

未来展望

安县图书馆本着“服务第一、读者至上”的宗旨，围绕优化服务、拓展图书馆服务方式完善服务功能，扩大服务辐射区域，带动县域图书馆事业的发展。在今后的发展中，安县图书馆将多措并举为更多的读者提供更高质量的服务，建设门户网站，将加强地方文献的收集力度，建立具有安县特色的地方文献室。安县图书馆更加注重于全民阅读工作，开展各类活动、加强宣传提倡全面阅读。未来，安县图书馆将建成集藏借一体，传统与数字并存的复合型图书馆。

联系方式

地　址：绵阳市安县花荄镇恒源大道南段安县图书馆
邮　编：622651
联系人：史 荣

安县图书馆外观

北川羌族自治县图书馆

概述

北川图书馆初创于民国15年（1926年）8月，县城(今禹里镇)始设阅览室和平民读书处。民国25年（1936年）5月，在县南街设立书报室。民国31年（1942年）隶属县政府第三科，馆址县城东门，为民众教育馆。民国38年（1949年）闭馆。1951年，县人民政府文教科下设文化馆，内设图书室。1971年，在曲山镇（今地震遗址）清真寺危家巷旁对面成立县文化馆，内设图书室。1979年8月，县文化馆新馆落成，图书馆在文化馆二楼挂牌成立。1989年8月，位于危家巷侧，建筑面积622平方米的图书馆新馆建成。2003年10月，更名为北川羌族自治县图书馆（下简称北川图书馆），隶属北川羌族自治县文化旅游局分管。2005年，北川图书馆获得三级图书馆。2005年，北川图书馆与青少年活动中心在县城新城区合资修建1250平方米的新馆，由于资金原因，新馆未投入使用。2007年，县人民政府在社会政务服务中心规划120平方米建立集少儿内阅、外借、电子阅览为一体的综合文化惠民阵地。2008年5·12汶川特大地震中，北川县城被夷为平地，北川图书馆及其设施荡然无存。2名工作人员遇难，馆长李春重伤致残。2009年12月，图书馆新馆由山东德州市投资1409.8万元、荷兰克劳斯王子基金会捐资10.5万欧元（折合人民币99.2414万元）在迁址后的新县城永昌镇开工修建，2010年10月29日，占地2500平方米，建筑面积3393平方米的图书馆建成。2011年5月11日，图书馆期刊、电子、少儿阅览室对外免费开放。2012年5月，图书外借室、地方特藏文献室对外免费开放。北川图书馆有阅览坐席501个，计算机99台，接入20兆宽带，选用智慧2000一卡通自动化管理系统。2013年10月，在全国县以上公共图书馆第五次评估定级中，北川图书馆被评为一级图书馆。

业务建设

截止2012年底，北川图书馆总藏量27.9371万册（件），其中，纸质文献15.8716万册（件），电子图书12.0420万册，电子期刊235种/册。

5·12汶川特大地震后，北川图书馆先后建立帐篷图书室、集中安置点板房图书室、永昌镇板房图书室，开展图书流动车借阅服务。争取各地捐赠图书9.8456万册，2012年，采集新书6.0050万册，共入藏中文图书15.8506万册，入藏总量8.12万种册，订阅报刊455种，视听文献20种，收集地方文献入藏完整率为90%，服务器存储容量增至8TB。2011—2012年，完成16万册图书的编目加工、整理上架等工作。2009—2012年，共建立板房图书室34个、农家书屋311个。

读者服务工作

从2011年5月起，北川图书馆全年365天对外免费开放，周开放62.18小时，同年，引进智慧2000型一卡通，实现馆藏文献网络借还服务。办理读者证4815个，书刊外借外借图书10.01万册次，书刊总流通19.5万人次。2009—2012年，北川图书馆共举办讲座、展览、培训、阅读推广、春节有奖猜谜等读者活动25场次，参与人数6.76万人次。

业务研究、辅导、协作协调

2009—2012年，北川图书馆职工发表经验文章11篇，代表四川灾区参加中国图书馆学会经验交流1次、省级经验交流1次，与成都理工大合作撰写灾后图书馆发展的课题研究2篇。2011年—2012年与中山大学博雅合作，在北川图书馆建立大学生实践基地，每年暑期开展为期40天的免费培训讲座。与绵阳市图书馆、县史志办、县档案馆等5家单位建立部门间互借关系。分片区对全县311个农家书屋管理人员进行集中培训，坚持每周一对图书馆工作人员进行相关业务培训。

管理工作

2010年，北川图书馆完成岗位聘任工作，本次聘任共设13个岗位，除4名在编人员的岗位外，另聘9名临聘人员，保证各个岗位工作顺利开展。建立QQ群，每一天上报工作量化指标并统计，每月有重点工作计划安排。2009—2012年，共抽查文献排架6次，书目数据3次，编写《北图简报》20期。

表彰、奖励情况

2009—2012年，北川图书馆共获得各种表彰、奖励7次，其中，中国文化管理学会表彰1次，四川省图书学会表彰1次，市文化局表彰4次，其他奖励1次。

中共中央政治局常委李长春（中）视察卓卓羌寨农家书屋

文化部副部长杨志今（右二）等视察永昌板房图书室

"数字图书馆推广计划"启动仪式

期刊阅览室

图书外借室

在安昌场镇开展图片展览

在新生广场举办春节文化活动

全省公共图书馆经验推广活动现场

馆领导介绍

李春，女，1964年9月生，大专学历，副研究馆员，馆长。1981年6月参加工作，先后在小学、幼儿园任教，2006年3月调入县图书馆工作，2007年1月担任县图书馆馆长。2008年5·12汶川特大地震中受伤致残，2009年6月重返工作岗位。2011年担任绵阳市政协委员。

唐成，男，1979年12月生，本科学历，中共党员，馆员，副馆长。1999年6月参加工作，2007年6月到县图书馆工作。2008年荣获四川省图书馆行业抗震救灾先进个人。

未来展望

群众广泛参与公共文化活动，是公共文化建设和发展的具体验证。北川图书馆将始终秉承"读者至上、服务第一"的办馆理念，以最大限度地满足读者需求为宗旨，全天候为读者提供高效、便捷的服务。要改变传统的狭窄、被动服务模式，主动向老百姓靠近，面向大众，以"公益性、基本性、均等性、便利性"为导向，扩大视野，创新服务模式，开展形式多样的文化服务活动，把图书馆传统服务和现代服务有机的结合起来，打造具有地方特色的文献资料库，满足不同层次读者对文化的需求，使北川图书馆成为学习、研究和交流的综合性信息服务中心，在四川省县级图书馆中起到示范作用。

联系方式

地　址：四川省绵阳市永昌大道78号
邮　编：622750
联系人：李　春

旺苍县图书馆

概述

旺苍县图书馆成立于1986年，1990年独立建馆接待读者，1994年被文化部验收为“二级图书馆”。建馆初期仅有业务用房1300平方米，藏书2万册。历经2004年“两馆”项目建设和2007年文化信息资源共享工程项目建设后，业务用房达到1530平方米，馆藏图书8.1万册，年外借书刊3万人次，流通4万册次。2008年以来，旺苍县图书馆又历经灾后重建和文化大发展两个特殊时期。根据全县整体规划和布局，位于县文体中心的新馆于2012年落成。新馆总面积2730平方米，设计藏书容量30万册，可容纳读者座位400个。新馆遵循以人为本，“读者第一，服务第一”的原则，为读者提供良好的服务设施，舒适的阅读环境为目的。在新馆充分运用新技术、新理念，有线和无线网络覆盖整个馆区，读者自带便携式电脑，可在馆内任何区域实现上网，到馆读者既可以阅读到纸质书籍，也可以上网浏览数字资源。一所功能齐全、环境优美，零门槛、零障碍，集借、阅、文化休闲为一体的现代综合图书信息中心于2013年5月正式开放，服务于全县人民，满足广大群众的文化需求。2012年，图书馆有阅览坐席338个，计算机43台，宽带接入10Mbps，选用CSLN图书馆自动化管理系统。2013年全国公共图书馆第五次评估定级，旺苍县图书馆晋级为国家一级图书馆。

业务建设

截止2012年底，旺苍县图书馆总藏量12.9万册（件），其中电子文献1650种。

2012年，旺苍县图书馆财政拨款总额110.4万元，新增藏量购置费21.4万元。图书年年入藏数量2944种，报刊入藏量186种，试听文献入藏量412种。并常年开展地方文献征集。

2010年，业务管理使用CSLN（网图）自动化管理系统。2013年5月，实现馆内有线和无线网络全覆盖。

读者服务工作

从2011年4月起，旺苍县图书馆实行免费开放，综合报刊阅览室、图书外借室、少儿阅览室、地方文献阅览室、参考资料阅览室、多媒体放映室、电子阅览室、政府信息公开阅览室、培训室、综合活动室自修室等公共空间场地和设施全部免费向公众开放，周开放56小时。2009–2012年，年均流通12.9万人次，书刊外借9.07万册次。馆内拥有一台流动服务车，6个馆外服务点，馆外书刊流通8.9千册。

旺苍县图书馆建设了网站，到目前为止访问量为169478人次。旺苍县图书馆实施了文化共享工程和电子阅览室工程，乡镇做到全覆盖。

2009–2012年，旺苍县图书馆共举办讲座、展览、培训、阅读推广等读者活动152场次，参与人数21.9万人次。旺苍县图书馆把全县35个乡镇、3个社区文化站图书室，352个村级图书室纳入县公共图书馆服务网，利用自动化管理平台统一标准，规范管理，在县域实现“一卡通”达到资源共享。2012年8月，与十个乡镇图书室开通“一卡通”管理模式，全面实现了城乡图书馆（室）的图书采购、编目、典藏管理、流通控制、期刊管理、馆藏查询等业务自动化。

辅导、协作协调

旺苍县图书馆在上级业务主管部门和文体局的领导下，以打造旺苍县域公共文化服务体系为目的，在辅导和培训工作中重点加强了乡镇、村图书室业务辅导和培训，使部分乡镇文化站图书室的管理走上了业务自动化，实现了质的飞跃。2012年万家乡西陵村农家书屋在旺苍县图书馆的业务辅导和培训下，得到了新闻出版总署表彰，取得了“全国示范农家书屋”的好成绩。

旺苍县图书馆馆自动化业务使用的是“CSLN”系统，和省内其他兄弟馆联合编目，共享书目数据，有馆际互借窗口，可馆际互借。旺苍馆积极主动参与上级馆分派的各项业务工作，比如资源的呈缴，文献联合编目，读书活动，征文活动等。每年都参与“川陕甘毗邻地区图书情报协作年会”和“西部图书馆年会”。

管理工作

馆内现有职工8人。2010年，旺苍县图书馆完成第三次全员岗位聘任。馆内建立了岗位责任制、考核制度，做到了按需设岗、按岗聘用、竞争上岗。财务管理、人事管理、设备物资管理、档案管理、统计工作、环境管理、安全保卫均建章立制，规范管理。

旺苍县图书馆有专门的自愿者管理制度，向社会广泛招纳志愿者，有长期的，也有短期的，很好地补充了图书馆馆人力资源缺乏的状况。

旺苍图书馆外貌

旺苍馆内环境

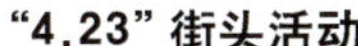
"4.23"街头活动

旺苍馆总服务台

在旺苍乡镇普及"一卡通"服务

表彰、奖励情况

旺苍县图书馆1994年被文化部验收为"二级图书馆"，1995年获"省文明图书馆"称号，1999年受国家人事部、文化部表彰，荣获"全国文化工作先进集体"，2000年度被全国知识工程活动领导小组评选为"读者喜爱的图书馆"，2007年被省图书馆学会表彰，授予"全民阅读活动先进单位"称号，2004至2013每年度均受到县人民政府表彰，获"文化工作先进集体"等称号。

馆领导介绍

杨雪君，女，1963年11月生，大学学历，中共党员，馆员，馆长。1982年6月参加工作，历任旺苍县文化局副局长，旺苍县文体局副局长，旺苍县新闻出版局局长，旺苍县图书馆馆长。

李巧，女，1969年5月生，本科学历，中共党员，馆员，副馆长。1990年6月参加工作，1998年3月到旺苍县图书馆工作。分管全馆业务工作。

徐洪斌，男，1968年9月生，高中学历，中共党员，助理馆员，党支部书记。1987年12月从事图书馆工作，分管党务、办公室、财务、精神文明建设等工作。

未来展望

争取资金，加大投入，切实加强图书馆内部建设和管理，把旺苍县图书馆打造成集借、阅、文化休闲为一体的现代化综合图书馆；继续完善"文化信息资源共享工程"、"公共电子阅览室建设计划"和"中华古籍保护计划"三大工程建设，全面启动"数字图书馆"工程；三是扎实做好免费开放工作，更好地为广大读者服务；进一步加强全县公共图书馆服务网络建设，将"一卡通"试点工作在全县推广，近期目标是在辖区内

公共图书馆（室）实现：一是一馆（室）办证，各馆（室）通用；二是一卡通借，就近还书；三是一馆（室）藏书，各馆（室）共享；四是一馆咨询，多馆服务；五是与出版机构合作，推出优惠图书，统一配送，做好特色馆（室）的馆藏建设；远期目标是：与学校、医院、机关、工厂等区域内的专业图书馆（室）建设联盟，最终达到全县境内的图书馆（室）"一卡通"；狠抓全县公共图书馆（室）人员培训工作，努力打造一支德能兼备的专业队伍。把旺苍县图书馆办成让人民满意的现代化图书馆。

联系方式

地　址：旺苍县东河镇兴旺大道文体中心
邮　编：628200
联系人：徐洪斌

旺苍馆在乡镇举办读书活动

旺苍馆在社区举办读书活动

苍溪县图书馆

概述

苍溪县图书馆成立于1992年4月，有建筑面积4447平方米。老馆建筑面积1360平方米，1993年7月1日对外开放，1994年被文化部评估定级为国家二级图书馆。新馆位于陵江镇肖家坝文广影视中心，为汶川地震灾后恢复重建项目，建筑面积3087平方米，2013年3月对外开放。在第五次全国公共图书馆评估定级活动中被评定为一级图书馆。现有藏书13.9万册，阅览座席320个，计算机52台，接入了10兆光纤，存储容量达到6.2TB，使用了网图自动化管理系统。

近年来，苍溪县委、县政府高度重视图书馆事业，把图书馆建设作为县域文化事业发展的重要内容，纳入了全县社会经济发展总体规划，与经济工作同安排、同部署、同落实、同考核。特别是苍溪县委提出"建设川北文化强县"以来，县政府分管领导以及人大、政协领导多次到图书馆现场办公，研究解决图书馆新馆舍建设、购书经费困难等问题。同时把图书馆免费开放及乡镇文化站图书室、社区书屋、农家书屋等民生工程建设列入乡镇及相关单位的年度目标进行考核，保证了县乡村图书馆室网络的正常运行和业务工作的正常开展，也使县图书馆成为了全县公共文化服务体系建设的重要组成部分。

业务建设

苍溪县图书馆现有藏书13.9万册，电子文献520种，年均入藏文献3500种，订报刊120种，年入藏视听文献30件、地方文献50件。苍溪县图书馆十分注重藏书质量，保证了文献采选的重要性、连续性。文献编目、整理、保护、数字化加工等均按照国家相关标准和本馆细则严格执行，保证了数据规范一致，加工质量统一整齐美观。

接入了10Mbps光纤，存储容量达到6.75TB，使用了文化共享工程网图自动化业务管理系统。建有《唤马剪纸》、《元坝狮舞》、《云峰锣鼓》、《雪梨文化》和《红军在苍溪》等地方文献数据库。

读者服务工作

实施了全免费开放服务。开设了图书报刊阅览和外借服务的综合阅览室、提供各类视听服务及专题讲座的多媒体阅览室、提供各类信息资料及参考咨询服务的信息咨询室等八个服务窗口。每周开放60小时以上，年流通总人次达12万人次，年书刊外借11万人次，每年开展各类社会教育活动达20余次。同时积极开展参考咨询、政务公开、特殊群体服务、图书馆网站宣传等服务工作，受到读者的一致好评，读者满意率达96%以上。

苍溪县图书馆十分注重政府信息公开工作。在综合阅览室开设了政府信息公开阅览专架，在电子阅览室开设了政府信息公开阅览专区，在图书馆网站上开设了政府信息公开阅览专栏，并每月选编一期《苍溪县图书馆政府信息公开阅览》，已连续选编28期。

苍溪县图书馆始终将"搞好文明窗口建设，全心全意为读者服务"放在工作的第一位。在抓大环境的同时，更注重"细微之处见真情"。为老年读者提供开水、放大镜、记录纸笔到延长开放时间、更换新书、帮助查找复印资料，遇下雨天提供雨伞等；为少年儿童举办"健康网络，远离网瘾"图片展览、日全食科普讲座、少儿读物推荐、寒暑假少儿专场影视放映周等；为现退役军人设置"军人阅览专座"和"国防知识图书专架"；为残疾人设置专门的残疾人阅览室和专座；为留守儿童送书和学习用品，资助贫困儿童；为进城农民工提供培训，赢得当地政府和农民工的一致好评。

建有苍溪县图书馆网站，每年进行升级，随时网页更新，切实宣传了图书馆以及公共图书馆的免费开放；还在网上进行了新书推荐、数字资源阅览等服务。

每年都将举办培训、讲座、展览、阅读推广等大型读者活动30余场次，参与读者3万人次。其中"本土人讲本土事"讲座、元宵灯谜会、4·23世界读书日、图书馆服务宣传周等活动已形成当地文化品牌。

业务辅导、协作协调

苍溪县图书馆积极参与上级馆的协作协调工作，近几年来参与省市图书馆的网上数字资源阅读推广活动、地方资源收集活动、地方文献交换活动、地方文献目录编撰活动、地震

世界读书日

元宵有奖灯谜竞猜活动

图书阅览室

有奖知识竞赛

少儿阅览室

资源收集活动、科技资料编撰活动、联合编目行动、馆际互借体系建设等。

组织实施了农家书屋工程、文化共享工程、公共电子阅览室建设计划、中华古籍保护计划等国家文化惠民工程。在全县相继建成了719个农家书屋、71个社区书屋，1个文化共享工程支中心，39个乡镇基层服务点，627个村级服务点；建成了22个硬件达标、免费服务、管理规范的公共电子阅览室；切实做好了古籍普查工作，完成中华古籍保护相关任务。

苍溪县图书馆十分注重基层业务辅导工作。每年都有计划和总结，有统计分析报告，年培训基层管理人员两次以上，100余人次参与，年下基层辅导40余人次。

管理工作

苍溪县图书馆十分重视规范化建设，实施了岗位目标管理体制，施行了事业单位全员聘用制，制定了详尽的岗位责任制和各项规章制度。每年年初都有工作计划、年终都有工作总结，每五年还要制订《发展规划纲要》；同时还出台了系列激励机制，极大地调动了职工的工作积极性；吸纳了2个长期志愿者和10个短期志愿者为该馆服务，收到良好实效；设备物资管理到位，采购、分发、保管、使用责任到人；档案健全、资料详实、归档及时、内容齐全、目录正确；各项统计工作达标，为工作计划制定和事业发展提供了依据；环境整洁美观、安静、标牌规范、指示明确，较好做到了节能减排；注重安全生产工作，实行一岗双责，逢会必讲，每天检查记录，建馆几十年来无安全事故。四川文明网、广元电视台、广元日报等多家新闻媒体对苍溪图书馆的工作进行了报道，并多次受到上级主管部门和业务部门的表彰奖励。

表彰奖励情况

2010年荣获广元市“读者服务工作先进集体”。

2011年荣获广元市“农家书屋建设先进集体”。

2012年荣获“广元市寻找优秀藏书家活动组织奖”。

近四年来荣获县文体局（文广局）“综合目标考核等次奖”，“精神文明建设先进集体”，“项目资金争取工作先进集体”等21项奖励；馆党支部连续4年被局机关党委评为“先进基层党组织”。

未来展望

评估定级工作是对公共图书馆事业发展的一次全面检阅，不仅可以使我们看到各自存在的问题和不足，更让我们看到公共图书馆事业发展的美好远景。苍溪县图书馆在评估等级活动中找到了藏书量相对较低、书籍质量相对较低，年购书经费相对较少，新书购买量相对不足；县、乡、村图书馆（室）共建共享网络还不健全，在有效的管理和使用上做得还不够；群众到馆率还不高，欠缺引导不同文化层次、不同年龄结构、不同知识需求的人群走进图书馆、喜欢图书馆的办法和措施；专业人员缺乏，亟需通过在职培训和人才引进，打造一支专业化的高素质人才队伍等问题和不足，只要他们在以后的工作中，找准努力的方向，不断创新服务方式，着力提高服务效率，大力开展丰富多彩的文化活动，切实扩大公共图书馆影响力、凝聚力，就能够短时间内把县图书馆真正建成全县的文献信息资源传播中心、老百姓休闲娱乐中心和干部群众学习中心。

馆领导介绍

陈超，男，1969年9月生，大专学历，中共党员，图书馆员，馆长。1990年7月参加工作，1992年3月作为临时负责人筹建苍溪县图书馆，1995年5月任副馆长，1998年12月任馆长至今。1991年1月加入中国共产党、1997年建立党支部任书记至今。自2000年以来，被中共苍溪县委、中共苍溪县文化广播影视新闻出版局直属机关工委8次授于“先进党务工作者”、“优秀共产党员”、“优秀党务干部”称号，2008年被四川省图书馆学会评选为“四川省图书馆系统抗震救灾先进个人”。

联系方式

地　址：四川省广元市苍溪县滨江大道1号苍溪县图书馆
邮　编：628400
联系人：陈　超

梨乡百姓大讲堂

南部县图书馆

概述

南部县图书馆创建于1939年，1979年由省政府、省文化厅出文单列，位于南部县蜀北大道36号。馆舍面积3200平方米，现拥有藏书17万余册，读者座位323个。2009年，参加第四次全国公共图书馆评估，首次获得县级国家一级图书馆（全省仅南部、中江两县）。继之，加大投入力度，夯实基础业务和设施设备建设，开展了数字化、信息化、网络化建设，先后建成了十一个免费服务窗口。建立了自己的门户网站，开通了万方资源数据库系统，引进电子文献10余万册。计算机75台，宽带接入10Mbps。2011年初向社会全面实施免费开放。2013年，参加第五次全国公共图书馆评估，再次获得县级国家一级图书馆。

业务建设

截止2012年底，南部县图书馆总藏量17万余册(件)，其中，电子文献藏量500种以上。电子期刊6.4万册。年入藏图书3000种以上，报刊240种以上，视听文献30件以上，地方文献有专柜、专人管理、专门目录、征集工作开展良好。免费开放经费到位。截止2012年底，南部县图书馆数字资源总量6TB，其中，自建数字资源总量1.08TB。2012年年初，实现馆内无线网络全覆盖。

读者服务工作

自2008年，南部县图书馆在全市率先实行4个窗口的免费开放，2011年，馆内10多个窗口全部实行免费开放。每周开馆时间60多小时。读者流通15万人次，书刊流通10余万册次。从2008年起，南部县图书馆分批购进了有保藏价值的工具书，特别是2012年购进《四库全书》精装本全套500册，满足读者自修、检索文献资料的需求。还在县城内建成了21个惠民阅报栏，坚持天天上报。南部县图书馆从2009年开始，对馆藏文献实行数字化管理，有5万余册图书已纳入全国文化信息资源共享工程，并实施网络化管理。同时该馆网络积极向基层延伸，建成了30个社区图书室，1042个农家书屋，50个乡镇综合文化站图书室。残疾人阅览室，配置有声读物和盲文图书，开辟了无障碍通道。2009–2012年，南部县图书馆举办农民工和下岗工人免费技能培训，农家书屋、社区书屋图书管理员业务培训、展览、各类讲座、阅读推广等168场次，共计10万余人次。

业务研究、辅导、协作协调

2009–2012年，南部县图书馆职工发表论文3篇。自2009年起，南部县图书馆以文化信息资源共享工程为依托，陵江在线为专网，登载工作专期简报30余期，为读者提供资源共建共享，流通服务、地方文献征集、阅读推广与讲座展览资源服务、业务培训等。

管理工作

2009年，南部县图书馆在人事管理上通过职能摸底，制定了图书馆管理聘用工作实施方案，根据单位内部工作岗位需求，公开招聘，竞争上岗，和每个职工签定了聘用协议，实行岗位绩效责酬挂钩，极大的调动了全体职工工作的积极性；建立建全了学习制度、工作制度、考勤制度、服务准则和绩效考核制度；聘用了保安人员，购置了安防设施，加强了安全管理；规范工作行为，优化工作环境。

表彰、奖励情况

自2009年以来，南部县图书馆先后获得：南充市文化新闻出版系统先进单位、农家书屋建设管理先进单位、社区图书室建设管理先进集体、四川省图书馆学会全民阅读推广活动先进奖、在第四次全国公共图书馆评估定级工作中被评为一级图书馆等荣誉称号。

馆领导介绍

任伟，男，1965年6月生，大专学历，中共党员、书记，馆长，南部县政协委员，县人大教科文委委员。毕业于四川美术学院，擅长油画、国画。他的油画作品曾荣获四川省建党七十周年美术展览一等奖。本人多次被南部县委、县政府评为“先进个人”、“先进工作者”。

姜洪英，女，1959年7月生，大专学历，中共党员，中级职称，馆员，副馆长。她的《如何发挥农家书屋在新农村建设中的作用》论文，曾获得“川陕甘毗邻地区图书情报协作网”第九届年会二等奖。

雍华伟，女，1974年10月生，大专学历，中共党员，办公室主任。1994年8月参加工作，曾任教18年，现担任图书馆办公室兼典藏室工作。

未来展望

南部县图书馆遵循“传承文明、服务社会”的办馆方针，为了充分发挥图书馆在公共文化服务体系中的重要作用，在未来的几年里，力求把建成的社区书屋全部纳入到县图书馆的分馆中，社区、乡镇电子阅览室纳入到县级支中心的调控中。南部县图书馆全体员工精诚团结，务求实效，与时俱进、敢于开拓创新！

联系方式

地　址：四川省南部县蜀北大道36号
邮　编：637300
联系人：雍华伟

南部县图书馆书吧

电子阅览室

到社区书屋指导工作

射洪县图书馆

概述

四川省射洪县图书馆建成于1980年1月，编制7个，工作人员11人。其中临园路分馆于1980年开放，馆舍面积2000平方米；2010年9月，位于射洪县洪达家鑫路上段35号的新馆建成开放，建筑面积4300多平方米，设计藏书容量100万册，可容纳读者座位500个。1996年，参加第一次全国公共图书馆评估，获得二级图书馆；2013年获评一级图书馆。有古籍10000余册，是四川省古籍保护单位。

业务建设

截止2012年底，射洪县图书馆总藏量125838册（件）。年购书费15万元，图书年入藏9000余册，报刊年征订288种；建有标准的古籍书库，规范保存古籍图书11947册；收集地方文献1000余册，以地方志和部门志以及研究陈子昂和目连文化为主。

2013年建成了金盘自动化管理系统及门禁等其他辅助设施设备，实现了图书借阅和采编等业务工作的自动化。文化信息资源共享工程射洪县支中心建成于2007年，2010年投入近20万元建成了62个座位的多媒体阅览室；铺设防静电地板使机房和公共电子阅览区更规范；2013年新购电脑34台供公共电子阅览室读者使用。

读者服务工作

射洪县图书馆周六、日和节假日照常开馆，全年对外免费开放，开馆时间为上午8：00-12:00，下午冬季2：00-6：00.夏季2:30-6:30。年接待到馆外借书刊读者30000余人次，年书刊外借11万余册次；少儿室、期刊室年接待阅览读者9万多人次；年接待阅报读者近10万人次。射洪县图书馆年举办讲座、展览、培训、阅读推广等读者活动近20场次，参与人数近3000人次。

业务研究、辅导、协作协调

每年集中对全县乡镇综合文化站主任进行农家书屋和信息共享工程管理和业务培训，分批对各乡镇农家书屋管理人员和业务人员进行图书分类和读者接待等业务辅导，并选点进行现场业务操作和指导。参加省市组织的业务研究、论文交流和协助协调工作。

管理工作

2010年，射洪县图书馆完成了全员岗位聘任，实行各岗位业务工作月报和季报制度，每半年和全年进行总体工作考核；每日考勤，编写《馆务日志》。建立健全了借阅、内部管理等规章制度。

表彰、奖励情况

2013年被文化部评为“一级图书馆”，2013年被四川省政府命名为首批“省级古籍保护单位”。

馆领导介绍

郑泽文，男，1974年1月生，大学本科学历，中共党员，图书资料副研究馆员，馆长。1993年7月参加工作，1998年到射洪县图书馆工作，历任射洪县图书馆办公室主任、副馆长，2008年3月主持工作，2009年2月任射洪县图书馆馆长。

未来展望

对临园路分馆进行更新改造，使之更现代化，给读者提供更优美舒适的读书环境；争取购书经费，充实数字文献，使共享工程发挥更大作用；对古籍图书进行更规范整理，并对部分珍贵古籍进行现代再版。

联系方式

地　址：四川省射洪县洪达家鑫路上段35号
邮　编：629200
联系人：郑泽文

射洪县图书馆外观

故事大王比赛

经典美文朗诵比赛

诗文朗诵比赛

眉山市东坡区图书馆

概述

东坡区图书馆建于1979年，2010年初馆址迁到中心城区杭州中路59号，是面向社会，服务广大民众的公益性文化事业单位。馆舍建筑面积1600多平方米，设有综合借阅室、电子阅览室、少儿借阅室、多功能厅、培训室、地方资料室等6个服务窗口，读者阅览座位近400个，无线网络全面覆盖。馆藏纸本图书4万多册，电子图书18万多册，年订购报刊近400种。每周开放时间63小时，年接待读者6万多人次，年外借图书10万多册次。2013年参加全国公共图书馆评估，获得一级图书馆称号。

业务建设

2010年启用金盘图书自动化管理系统，实现了图书馆管理自动化。截止2013年底，办理借书卡近4000个，读者借还图书250239册次，阅览131380人次。

我馆数字图书馆建设于2013年底正式启动，超星数字图书馆电子图书18.7万册，学术视频资料500多集，视频资源4T（局域网浏览），数字资源初具规模，已向广大读者免费开放。另在馆内、区政务中心、华地恒通广场还分别安置三台电子借阅机，市民轻轻一扫，即可免费将图书下载至手机进行阅读。

读者服务工作

全面贯彻落实《文化部 财政部关于推进全国美术馆、公共图书馆、文化馆（站）免费开放工作意见》的指示精神，规范服务行为，延长周开放时间，努力提高服务质量和服务水平，最大限度满足广大人民群众文化需求。公共空间设施场地，包括办证、验证、借阅、检索与咨询、讲座和展览、基层辅导、流动服务等，全部实行免费服务。采购文献信息资源及时加工整序，并尽快提供使用。报纸、期刊到馆当天上架，新书到馆后15个工作日内全部上架。实行读者点购图书、电话借还图书服务。设立读者意见簿，虚心接受读者意见建议。设置便民服务箱，为读者免费提供纸、笔、书签，特别是为老年读者免费提供老花镜、放大镜。延长开馆时间，营造阅读氛围，媒体广泛宣传。通过免费开放扎实有效的工作，走进图书馆、利用图书馆的市民越来越多。

为丰富广大市民的节日文化生活，我馆从2006年至现在，坚持每年正月初一、初二不休息，在三苏雕像广场举办“迎春灯谜”有奖竞猜活动。利用文化、科技、卫生“三下乡”、“法制宣传日”、“世界读书日”、“图书馆宣传月”等活动，走出馆舍，深入社区广场、城市农村，开展图书馆宣传、图片展览、图书推荐、现场免费办理借书证，免费发放编印的《卫生保健知识》、《农村实用技术》等资料，免费赠送少儿读物。

认真做好共享工程支中心各项工作，做好基层点指导工作。免费开放公共电子阅览室、多功能厅，利用文化信息共享工程资源，举办各种影视展播、知识讲座、技术培训、图片展览等。

业务研究、辅导、协作协调

全馆积极努力，着力打造示范农家书屋，建成国家级示范农家书屋1个，省级示范农家书屋6个，区级示范农家书屋10个。深入全区各地农家书屋进行检查并实地指导工作，及时了解农家书屋开展工作的情况，对出现的问题，尽量协助解决，完成全区农家书屋复查整改工作。采取多种方式培训全区农家书屋管理员，让农家书屋管理员基本掌握图书分类、图书采编、图书上架、图书流通以及书屋管理等方面的基本技能，更大的发挥书屋的作用。

在社区书屋建设中，多次组织相关专家、人员进行专题调研和专题会议，总结之前农家书屋建设的经验和不足，结合社区书屋自身特点，制定了严格、详细的采购方案，对采购图书和设备都做了明确的规定，在采购方案中，除了对投标人的资格、资质等方面做了严格要求，还对设备采购、安装，图书采购、加工、上架等多方面进行了严格要求，社区书屋按时、按质完成了建设，顺利通过验收，受到省、市领导、专家的肯定，我馆的招标方案还作为范本在全省推广。

“父母课堂”讲座

“送文化下乡”活动

少儿阅览室

综合借阅室

电子阅览室

依托文化信息资源共享工程传播平台，加大电子阅览室的宣传、服务力度。图书馆以电子阅览室为教育基地，利用计算机网络，拓宽读者服务途径，开展新书导读工作，新书宣传，积极引导读者读好书，激发读者的读书热情，加大了对文化共享工程的宣传力度，使广大群众认识、了解、利用文化信息资源，使群众在学习娱乐中受到先进文化的熏陶。

管理工作

我馆建立健全各项规章制度，按照图书馆业务工作规范，制定了各个岗位的工作职责和岗位职责，实行全员岗位聘任制管理。重视职工政治素养和业务能力提升，经常派出职工参加国家、省图书馆组织的各种业务培训学习，努力搞好优质服务。加强全馆安全消防工作，多次组织职工学习安全消防知识，提高安全责任意识。

表彰、奖励情况

国家“一级图书馆”，省全民阅读月活动“先进集体”，市“青少年读书基地”，市、区共产党员“示范窗口”，市、区文体系统“先进集体”，区“文明单位”、市、区“敬老文明号”服务窗口，市、区“文化社科普及基地”。

馆领导介绍

李丽红，职务：东坡区图书馆馆长、支部书记，主持全面工作。1983年7月–1984年3月，眉山县图书馆工作；1984年4月–1984年10月，眉山县党政干部理论走读班学习；1984年11月–1985年8月，眉山县图书馆工作；1985年9月–1988年7月，四川电大乐山分校图书馆学专业学习；1988年8月–2005年6月，东坡区图书馆读者部门负责人；2005年7月–2006年11月，东坡区图书馆副馆长；2006年12月至今，东坡区图书馆馆长、党支部书记。

董英，职务：眉山市东坡区图书馆副馆长，主管图书馆业务工作。1978年12月至1985年2月，四川电影洗印厂工作；1985年3月至今在东坡区图书馆工作；1985年9月–1988年7月，四川电大乐山分校图书馆学专业学习；2011年3月至今担任东坡区图书馆副馆长。

未来展望

本馆将继续坚持“读者第一、服务至上”的服务宗旨，坚持公益性原则，坚持“公共、公开、共享”的办馆方针，免费为广大读者提供简便、快捷的服务。继续开展“全民阅读月”、“送文化下乡”、“法制宣传日”、“世界读书日”、“图书馆服务宣传周”、“迎春灯谜”有奖竞猜等活动，并不断探索新的服务模式。加强全区共享工程管理指导工作、加强全区农家书屋和社区书屋管理指导工作。利用农家、社区书屋平台，举办更多的读书活动。进一步加强社区书屋、农家书屋管理，形成以区级图书馆为中心的图书馆网络，实现全区内集中采编、通借通还，发挥图书馆网络优势。

联系方式

地　址：眉山市东坡区杭州中路59号
邮　编：620010

“迎春灯谜”有奖竞猜活动

暑期少儿活动

资阳市雁江区图书馆

概述

四川省资阳市雁江区图书馆始建于1979年。为更好服务于读者，2005年实施改建，2011年底新馆正式对外开放。新馆总面积3118平方米，图书管理员22名，馆藏文献11万册，馆内设机构有四部一室一中心，即外借部，期刊阅览部（报刊书库），少儿部，采编部（特藏书库），办公室，文化信息资源共享工程支中心（中央控制室、电子阅览室、多媒体演播室）。

历年来，区图书馆始终秉承“读者第一，服务第一”的办馆宗旨，在加强业务建设、提升服务水平、转换运行机制、拓宽服务渠道、提高社会效益等方面不懈努力。馆内有阅览座席252个，其中有少儿座席53个；全馆有计算机52台，电子阅览室和供读者查询的计算机37台，专用存储设备容量达4TB，2011年，建立了ILASII图书管理系统，成功实现了传统图书管理模式向现代化服务模式的转变。同年，建立了雁江区图书馆网站，2012年底，网站点击率达2万6千人次。

雁江区图书馆是全省最早建立电子阅览室的县（区）级图书馆之一，是区政府命名的未成年人思想道德教育活动基地，多次荣获市级“文明单位”称号，曾被四川省文化厅授予“文明图书馆”称号。2013年10月，被国家文化部命名为国家一级图书馆。

业务建设

截止2012年底，雁江区图书馆总藏量达11万册，其中，电子文献藏量3万册，1000种，图书年入藏3609册，2714种，报刊年入藏201种，视听文献年入藏132件，地方文献入藏759册。2011年，我馆通过国家图书馆联合编目中心的书目数据库下载书刊著录数据，开始使用机读目录著录，同时制定了《文献著录规则》、《机读目录查询方法》及《文献架位维护管理规则》，对图书入馆后的整理、机读目录编程、降低图书排架误差率等方面做出严格规定。同年，组织全馆人员开展回溯建库，2012年底，完成率达80%，建有地方文献全文书库，地方文献目录759条。馆藏中文文献数目数字化达77%。

充足的财政经费保障了全馆各项工作的正常开展。2012年，我馆财政到位经费达187万元，财政拨付年增长率达110%，新增藏量购置费达30万元，免费开放本地经费全部到位。

读者服务工作

2011年，我馆严格按照文化部、财政部《关于推进全国美术馆、公共图书馆、文化馆（站）免费开放工作的意见》规定实行对外免费开放，并及时在大门和网站等进行宣传和公示。2012年书刊文献年外借册次达7.5万册，接待读者9.6万人次，书刊文献架比例76%，馆外年流动服务点书刊借阅册次达14.05千册次/年，利用书展、网站、展板等形式向读者推荐新书500余种。全年365天天天开放，每周开放时间达56小时。

馆外设立了5个流动服务点，延伸了图书馆的服务领域，努力为特殊群体服务。在电子阅览室、期刊阅览部及网站设立了“政府公开信息服务区”，在每个部室设立了“参考咨询服务点”，实行首问制，在网站建立了农民工、农技知识、政策导向、社会教育、生活常识等咨询服务专栏5个。2009年–2012年，举办了讲座、培训18次，包括共享工程、农家书屋业务培训及农技知识讲座等。

2012年，开展了“共享书香、全民阅读”新书展、筹建“军营图书室”等展览4次，与团区委、区教育局、区文体广新局等单位联合开展了“魅力阅读，好书伴我成长”系列读书活动7期，开展了“雷锋精神伴我成长”征文比赛、“庆六一猜灯谜”等阅读推广活动12次，开展了“读书服务宣传月”、世界读书日活动，2012年媒体宣传报道10余次。参加馆内读者活动达1150人次。每万人平均参与活动次数达10次。

2009年，我馆建立了全国文化信息资源共享工程雁江区支中心。一方面通过省中心下载数字资源，另一方面自制专题片《健康讲座》、《文化共享助春耕》、《欢乐共享过大年》等15个，在城区4个放映点免费为社会各阶层群众提供精神食粮。截止2012年，放映数字电影532场，共接待群众6.5万余人次。2012在26个乡镇、街道办事处文化站内建立了基层共享工程服务点，在每个服务点安装了远程监控软件。通过“全国文化信息资源共享工程雁江区支中心”平台实现了与国家中心、省分中心和镇乡数字资源共建共享。我馆电子阅览室免费接待读者，设有青少年绿色上网区、农民工服务区和老年人服务区等专区，通过软件控制读者限时上网、过滤不健康网站，为各类人群提供相应服务。

2011年，制定了《雁江区图书馆关于雁江区古籍普查的工作方案》，对全区机关、企事业单位和民间收藏家进行了动员普查。经普查，伍隍中学有古籍约3800册，我馆组织专门人员进行实地检查，发现古籍损毁严重，为避免二次损坏，暂时未搬离原处。

业务研究、辅导、协作协调

2009年起，馆内职工积极开展调查研究，围绕本馆业务工作先后撰写调查报告及论文7篇。我馆参加了参加国家图书馆、四川省联合编目中心和资阳市图书馆联网服务，签订了联合服务协议，开展联合编目、参考咨询和馆际互借服务。制定了《雁江区图书服务网络服务规划》及管理办法，建立了5个流动图书室，签订了服务协议，在每个流动图书室建立了“雁江区图书馆图书归还点”，实现了通借通还，资源共享。参与服务网络建设比例达88%。

基层业务辅导工作扎实开展。做到有计划、有方案、有总结、有反馈。多次到镇、村实地业务辅导，帮助分编图书，建立了479个行政村农家书屋，经上级验收全部合格，获得省文化厅厅长郑晓幸和省农家书屋办主任杨波的好评。多次开展文化站站长、图书管理员及共享工程管理员培训，每年培训达300余人次，为我区城乡文化工作的建设和发展奠定了基础。

管理工作

自2009年起，我馆各项工作天天有统计，每月有月报、半年有小结、年终有总结，全年资料及时归档，装订成册。在人事管理上，实行岗位管理和工作目标管理责任制，按需设岗、按岗聘用。2012年3月，实行了中层干部竞聘上岗，工作人员双向选择，整顿了全馆人员队伍，建立了绩效奖励分配制度，有力的激发了职工的工作热情和创造性；在志愿者管理方面，做到有章程、有组织、有记录，吸纳了23名志愿者参与图书馆工作。严格按照消防要求购置消防设备，制定了安全保卫制度，专人负责定期检查，每年组织职工开展3次以上消防培训，每年通过了区公安局和消防部门的合格验收。

表彰、奖励情况

2009年–2012年单位获得省、市、区级表彰、奖励4项，个人奖励11项。

馆领导介绍

郭茂清，男，1963年4月出生，大专学历，中共党员，党支部书记、馆长。1995年转业到资阳市雁江区文化体育新闻出版局文化市场稽查大队工作，历任大队长。2007年至今，任资阳市雁江区图书馆党支部书记、馆长。

鲁江南，女，1964年8月出生，大专学历，中共党员，中级职称，副馆长。1988年7月，毕业于四川省广播电视大学图书馆学专业，1982年12月，到资阳市雁江区图书馆工作，2009年至今，任雁江区图书馆副馆长。

未来展望

围绕雁江文化发展的战略目标，严格按照国家一级图书馆的各项标准开展建设和业务，未来几年，力争把图书馆建设发展成为管理科学、服务优质、功能先进的现代化文献信息中心。一是建立盲人阅览室，配置盲文书籍及视听设备，优化馆内整体借阅环境，让读者享受到如同回家一般的关怀。二是狠抓文献信息资源建设。加强地方文献收集和保护，完成报纸和期刊回溯建库，争取购置更多更优的文献及电子资源。三是建立分馆制，实现通借通还。在雁江城区建立1–2个分馆，充实“雁江数字文化资源服务平台”资源，建立统一的数据库，统一采购、编目及管理，健全馆际互借，实现通借通还。四是打造品牌读者活动“读者讲坛”。加强与省馆及本地社会知名人士联系，整合资源，定期开展“读者讲坛”，举办“阅读宣传月”及其他各类主题读者活动。

联系方式

地　址：四川省资阳市雁江区大东街6号
邮　编：641399
联系人：郭茂清

仁寿县图书馆

概述

仁寿县图书馆始建于1964年，几经搬迁、扩建，现位于仁寿大道延伸线文化中心。馆舍建筑面积3009平方米，内设综合借阅室、少儿阅览室、电子阅览室、政府信息公开查询室、农家书屋管理办公室、多媒体视听室、地方文献资料收集室和文化信息资源共享工程支中心等。现有在编职工9人，其中具有中级职称的4人，初级职称的5人。

业务建设

截止今年底，我馆现有藏书20.05万多册，其中图书65000册，古籍图书1200册，报刊合订本13000册，视听文献321册，电子图书105277册，期刊15352册，地方文献200册，小册子150本，电脑60台，阅览坐席近300个，安装有歌德电子书借阅机、九星时代报刊阅读机等先进电子借阅设备，每周免费开放56小时，是一座集知识性、教育性、专业性、公益性为一体的综合性公共图书馆。2013年被国家文化部评定为"国家一级图书馆"。2014年成功申报为眉山市级哲学社会科学普及基地。

读者服务工作

近年来，我馆除搞好日常阵地服务外，还适时开展了形式多样的各类延伸服务。特别是2011年7月1日实施的图书馆零门槛进入，全面免费开放以来，我们积极宣传免费开放服务项目、内容、形式及延长开放时间。不仅如此，还坚持以活动为载体，积极延伸服务触角，拓展服务形式，广泛深入开展了送书下乡、进学校、进社区、迎春灯谜游园、全民阅读、诵读比赛、"4.23世界读书日"宣传、知识讲座、"大众生活百科学苑——跟我学"等一系列文化惠民和社科知识普及宣传活动。而且还充分利用农家书屋阵地开展了"迎新春农民读书乐"、故事演讲比赛、"我爱我家有奖征文"等读书娱乐活动，丰富了全县人民精神文化生活，激发了广大群众的读书热情，为打造书香仁寿起到了积极推动作用。

表彰、奖励情况

自2009年第四次全国公共图书馆评估定级以来，我馆共获得：文化部荣誉证书奖1次，市级业务主管部门表彰奖励5次，县级党委、政府表彰3次，县级业务主管部门表彰奖励5次，个人市级先进个人2人。

馆领导介绍

陈晓宇，男，1974年5月生，本科学历，中共党员，馆长，公务员。自1999年12月参加工作以来，先后担任仁寿县元通乡党政办主任、仁寿县文广新局文化股长、办公室主任等职务。2013年12月任图书馆馆长。曾获全县优秀共产党员、文化工作先进个人等荣誉称号。

吕明军，男，1964年10月生，大专学历，中共党员，中级职称，副馆长，自1983年参加工作以来，先后担任图书管理员、出纳等职，2003年任副馆长至今。

吴玉容，女，1975年8月生，大专学历，中共党员，中级职称，副馆长。自1996年参加工作以来，先后担任图书馆办公室主任、文化稽查队副队长等职、2008年任副馆长至今。近四年来，被市、县文体局评为图书馆工作先进个人2次。

前景展望

加强数字图书馆推广工程建设，初步建成覆盖全县乡村的数字图书馆传输网络，满足基层广大群众对信息技术的需求。通过积极推广全民阅读和经典乡土文化，以及对读者满意的服务，让图书馆成为老百姓的精神家园与心灵花园，不断拓展图书馆的社会功能，为保障公民文化权益均等化、满足我县民众基本文化需求、构建和谐仁寿、全域天府新区和营造书香仁寿起积极的推动作用。

联系方式

地　址：四川省仁寿县仁寿大道延伸线文化中心图书馆
邮　编：620500
联系人：吴玉容

"4.23"世界读书日宣传活动

2014年迎春灯谜游园活动

检查、指导农家书屋开放工作

深入开展社科普及宣传活动

攀枝花市仁和区图书馆

概述

四川省攀枝花市仁和区图书馆，于2012年11月18日正式成立并对外开放，新图书馆由仁和区文化馆图书室和大河中学图书馆整合资源而成。馆址位于四川省攀枝花市仁和区攀枝花大道南段1898号，建筑面积9300余平方米，仁和区图书馆实际使用面积3000余平方米。2013年，参加第四次全国公共图书馆评估，获得二级图书馆称号。现有仁和区图书馆阅览坐席736个，计算机60台，全国文化资源共享县支中心，宽带接入10Mbps，选用北京文萱图书馆自动化管理系统。

业务建设

截止2013年底，仁和区图书馆馆藏图书22.0838万册（件），其中，纸质图书20.38万册（件），报纸藏量113种，合订成册5176本，期刊藏量381种，合订成册11811本。电子图书、报刊共享文化共享资源中心电子读物。

仁和区图书馆数字资源总量为14TB。现图书馆设有分包室，分类室，采编室，图书书库一库、二库，图书阅览室，报刊室一室、二室，报刊阅览室，电子阅览室，资料室，网管中心，学术报告厅。

读者服务工作

从2012年11月起，仁和区图书馆全年除节假日外，天天对外开放，周开放40小时。2013年11月实现计算机网络管理，免费办卡借阅。2013年，书刊总流通9.0715万人次，书刊外借7.2492万册次。报纸室为全区人民服务进行查阅。全馆不仅为大河中学全校师生上阅读课和借阅服务，也为全区人民群众服好务。

2013年，仁和区图书馆拥有专网向省公共图书馆、共享工程基层服务中心提供检索、浏览和下载服务。

2012—2013年，仁和区图书馆共举办讲座、展览、培训、阅读推广等读者活动13场次，参与人数1928人次。

业务研究、辅导、协作协调

2009—2013年，仁和区图书馆、下设图书室职工发表论文4篇，读书心得10余篇，读者爱读书征文等20余篇，逐步扩大了图书馆（室）的职能作用，体现出读者对阅览的所需。仁和区图书馆充分发挥区级的职能作用，对下属81个村、19个社区的图书室长期开展业务员的培训活动，积极参加省、市、区的业务培训，拓宽业务能力，为确保村级、社区的站（室）图书免费开放，奠定了坚实的基础。同时还整合学校和社会的资源，开展了系列的讲座、展览、观摩示范等活动，使图书馆的职能作用得到更大的发挥。

管理工作

2012年，仁和区图书馆完成岗位聘任，本次聘任共设2类2岗位，有4人上岗，同时，建立了工作量化考核指标体系，每月进行工作进度通报，每半年和全年进行总体工作考核。2012—2013年，共抽查文献排架5次，书目数据2次，编写《图书馆简报》10期。

表彰、奖励情况

2012—2013年，仁和图书馆共获得各种表彰、奖励1次。

馆领导介绍

刘汉仙，女，1970年生，中共党员，大学本科，中级职称。攀枝花市图书馆协会理事、会员。

鲍健娣，女，1978年生，中共党员，大学本科，中级待聘，攀枝花市图书馆协会会员。

未来展望

仁和区图书馆遵循“尚德、睿智、创新、发展”的办馆方针，将不断完善服务体系功能，扩大服务辐射区域，带动地区事业发展。2012年，在不断强化自身综合实力的同时，通过与大河中学校创建仁和区公共图书馆服务联盟，带动了全区公共图书馆事业的整体发展。2013年，具备了支撑保障全区公共图书馆服务体系良好运行的文献与技术能力，成为区内学校、科研系统图书馆实现资源共享互补的中型县级图书馆，仁和区图书馆将继续完善各项功能服务设施，为达到省级图书馆标准而努力奋斗。

联系方式

地　址：四川省攀枝花市仁和区攀枝花大道南段1898号
邮　编：617061
联系人：刘汉仙

自贡市图书馆

概述

自贡市图书馆起源私立高氏图书馆（1939年）和市立图书馆（1941年），是四川较早成立的市级公共图书馆之一。新中国建立后，自贡市图书馆于1956年5月6日正式成立，原址设在自贡自流井区人民公园（高氏图书馆原址）。新馆于1996年10月建成，占地12亩，建筑面积6140平方米，位于自贡市汇东路360号，设计藏书容量200多万册，可容纳读者座位500多个。2004年，参加第次全国公共图书馆评估，首次获得二级图书馆称号，2012年，自贡市图书馆有图书外借、查询、期刊阅览、少儿阅览、电子阅览室5个服务窗口。阅览座位500多个，其中少儿阅览室座位100个。计算机72台，光纤20Mbps，采用《金盘图书馆集成管理自动系统》进行管理。已全面实施采访、编目、流通、期刊、书目检索和办公自动化。

业务建设

截止2013年自贡市图书馆总藏量40.6万册。其中古籍、图书、期刊和报纸等30.6万册，视听文献资料和电子文献藏量10万册。2009年评估以来，图书入藏量逐年增长，四年共新入藏18500种，年平均入藏4593种，报刊年平均506种，电子文献2500多种，视听文献110种。地方文献有专架、专门的目录，有专职人员负责，征集工作任务下达目标，每年有近100种入藏。

数字化建设方面，外购数据资源0.5TB，自建川剧数字资源0.1TB，启动自建数据库1个，共享工程和自购数字资源共计4TB。馆藏书目数据库共有书目数据10万条，占馆藏普通中文图书的85%以上，地方文献书目数据1200多条，书目数字化达100%。

读者服务工作

自贡市图书馆于2009年实行图书外借免费开放、延时服务、延伸服务等公益活动。现增设盲人阅览室，自修室、书吧等等，满足不同读者需求。每周开馆时间63小时，期刊阅览室、电子阅览室实行周五、周六延时至晚上8点开放。图书外借、阅览（除古籍、地方文献和部分保存书刊外）实行开架借阅。馆内书刊文献年外借册次6.8万册，书刊文献年外借率为22.6%。并在社区、福利院、学校、儿童村、农村、部队等建立流动服务点50多个，不定期的为其送书上门、送书下乡。馆外流动服务点年书刊借阅册次在8.8万以上，合并年书刊外借册次15万以上，馆内持证读者数8621个，人均到馆7.9次。每年为市领导机关、科研等单位编发《决策参考》30多期。（2008年开始改发电子版），2009以来编制《农村实用信息资料》12期10000多份。年均为读者代检索课题服务12项，解答读者咨询2000条，长期开展了电话续借服务。建立了自贡市图书馆网站(http://www.zg-lib.org)。

利用专栏、通报、网站等方式宣传、推荐图书、期刊800种/年。

2009年以来有计划地组织大型读者活动20余次，创办“公众讲坛”公益讲座平台，举办讲座、报告会40余次。举办了地方文献、书画、木刻、摄影和主题书展10余次。每年牵头组织全市图书馆服务宣传周，“4.23”世界读书日，全民读书月活动和本馆相关宣传活动，读者参与人数5万余人次。

业务研究、辅导、协作协调

自2009年—2013年全馆职工在省级以上刊物或专业会议上发表论文共计40余篇，调研报告6篇。

自贡市图书馆与自贡地区高校、科研、企业等图书馆于2009年合作建设了自贡市文献信息资源共享信平台。2010年与四川理工学院图书馆合作的《自贡市文化信息资源共享平台》项目在自贡市社科联立项。

自贡市图书馆学会挂靠在本馆，有专人负责学会工作。馆长和副馆长分别任学会理事长、理事等重要职务。2009—2013年对学校、企业等基层图书室管理人员做了系统的业务辅导。帮助社区、学校、农村、部队等建立图书室（农家书屋）300个，为基层培训和辅导工作人员1000多人次。

管理工作

1、全馆现有正式职工人数22人（业务人员19人，3个工

自贡市图书馆外貌

自贡市市委书记雷洪金到图书馆与小读者亲切交谈

阅览大厅

文化三下乡宣传

送书下乡场景

勤)，本科学历7人，大专以上学历9人，高级职称的3人，中级职称的6人。其中领导班子4人，本科学历2人，大专学历2人，业务副馆长分别为图书馆学专业、汉语言文学专业毕业。本馆实行聘用制，实施按需设岗、按岗聘用、择优聘用，建立了各项规章管理制度和内部分配激励机制，实行岗位管理和目标管理责任制。

2、部门设置：办公室、采编部、期刊部、参考流通部、数字资源部、少儿部，各个部门设有部门主任一人。

馆领导介绍

刘衍河，男，1965年7月生，大专学历，中共党员，馆长。1985年参加工作，历任自贡市委办公厅科员，自贡新闻出版局办公室副主任、主任，省新华书店自贡储运公司党支部书记、副经理，自贡文化艺术学校校长、支部书记。2014年任自贡图书馆馆长。获自贡市文化工作先进个人称号。

洪勋，男，1958年12月生，大专学历，中共党员，馆员、党支部书记。1976年参加工作，历任市文化局群文科、艺术科副科长，市文化市场稽查队副大队长等职，2001年10月任自贡市图书馆党支部书记、副馆长，2006年5月任自贡市图书馆馆长、党支部书记，兼任自贡市图书馆学会理事长。2014年11月任自贡图书馆党支部书记。2006年获自贡市文化工作先进个人称号。

王毅，男，1965年4月生，本科学历，中共党员，副研究馆员 副馆长1984年参加工作，历任采编部主任、馆长助理。2003年，2005年获自贡文化系统优秀人才称号，2008年获自贡市委宣传部先进个人称号。

王东妮，女，1968年1月生，本科学历，中共党员，副研究馆员，副馆长1984年参加工作，历任网络部主任、报刊部主任2005年至2013年获自贡市文化系统优秀人才称号。

表彰、奖励情况

2009−2013年，自贡市图书馆学会获得表彰2次，其中，四川省图书馆学会表彰一次，自贡市科协表彰一次。2014年11月自贡图书馆被文化部定为国家二级图书馆。2013年11月被四川省人民政府评为四川省古籍重点保护单位。

未来展望

文化是一个民族的精神和灵魂，是国家发展和民族振兴的强大力量，要推动文化大发展大繁荣，提升国家文化软实力，坚持社会主义先进文化前进方向，提高全民族文明素质，满足人民群众不断增长的精神文化要求。随着我国经济社会发展和图书馆事业进步，自贡市图书馆仍将坚持“读者第一、服务至上”的宗旨，立足于向社会提供高质量的精神产品和优质服务。在未来的几年里，自贡市图书馆将在东部新城新建一座建筑面积1.4万平方米的馆舍，在数字图书馆建设上建立一个统一的信息资源发布平台，实现跨数据库检索。在服务模式上支持新的web2.0技术，支持RKSS等网络应用。增大数字资源总量，能够提供全覆盖、不间断、无时空限制的数字文献远程和移动服务。同时，还具有支撑保障全市公共图书馆服务体系良好运行的文献与技术能力，达到国家一级图书馆的标准。

“文化自贡·书香盐都”启动仪式

读书征文活动颁奖仪式

广元市图书馆

概述

广元市图书馆始建于1936年，其前身是民众教育馆后为广元县图书馆，1985年建市为广元市图书馆。1992年落成在东坝电子路131号的3000平方米的新馆大楼，可收藏书刊30万册，可同时接待400人看书学习。2004年，参加第三次全国公共图书馆评估，获得二级图书馆。2008年“5.12”地震发生后，虽然馆舍成为危房，为了公共安全而被迫闭馆，但广元市图书馆职工在大灾大难面前没有畏惧和退缩，他们利用文化信息共享工程的放映设备深入到受灾群众安置点为受灾群众提供数字音像服务，极大地鼓舞了受灾群众抗震救灾重建家园的信心和决心。广元市图书馆通过多种渠道争取到援助广元地震灾区的图书达二十万册，并将这些图书送到灾区组建“爱心阅览室”，为受灾群众提供了强大的精神援助和智力支持。

业务建设

截至2012年底，广元市图书馆总藏量20万册（件）。

2012年，广元市图书馆图书年购置费为20万元。

截至2012年底，广元市图书馆数字资源总量为10TB。先后自建了《广元市地方文献数据库——人物卷》《广元文化旅游资源数据库》《武则天与广元》等数据库。

读者服务工作

从2007年起，广元市图书馆全年对外免费开放，周开放时间58小时以上。原馆舍于2009年进行了拆除，广元市图书馆克服馆舍拆除等诸多不利因素，不断巩固和发展新型读者服务窗口，利用在水榭花都步行街开辟的临时报刊阅览室和廊桥阅览室（观景书吧）以及社区阅览室为读者提供优质的阅读服务和形式多样、内容丰富多彩的文化艺术交流活动和读者活动，如开展了中国蜀道文化大讲堂、藏书票展、“感恩奋进”袁海涌书法作品邀请展、接待美国学者开展蜀道文化交流活动、“世界读书日”图书漂流活动、“星星知我心”自闭症儿童绘画作品展、“悦读征文”、“优秀藏书家”颁奖暨中秋赏月诗会、首届“武则天与广元”研讨会等各类文化艺术交流和读者活动百余次，先后接待各类读者近十万人次。

2009年—2012年，广元市图书馆先后与各县区馆开展送文化下乡50余次，向社会广泛宣传图书馆的职能作用。近年又先后开办了广元武警支队、广元监狱、广元市光荣院、广元巡特警支队、军休所、上河街社区、平桥社区、石马坝社区等社区阅览室和流动服务点10余个，接待读者数万人次，借阅10多万册次。

2009年—2012年，广元市图书馆网站访问量12万次。

业务研究、辅导、协作协调

2009—2012年，广元市图书馆职工撰写论文50余篇，先后参加中图学会、省图学会、中国西部地区公共图书馆协作网、川吉苏冀桂（五省区）图书馆学会协作网组织的学术论文研讨会，多篇获奖。

广元市图书馆成立了广元市图书馆学会（广元武则天文化研究会），将全市各类图书情报部门联合起来，形成区域性网络，如广元市图书馆通过协作网络，与各县区协作将本地区的5.12地震文献和本土文学作品进行了联合编目。同时和省内外图书馆组建成了相关的跨地区图书情报协作网，以进一步加强跨地区的馆际协作。

管理工作

广元市图书馆按照国家人事制度改革精神，实施了全员岗位聘任制度，并完善了单位各项管理制度。

表彰、奖励情况

2010—2012年，广元市图书馆被广元市文广新局表彰为“群众文化工作先进集体”，广元市图书馆学会被四川省图书馆学会表彰为“学会工作先进集体”。

馆领导介绍

陈洋，男，1962年11月生，大学文化，中共党员，副研究馆员，馆长。1984年7月参加工作，2000年3月到广元市图书馆任副馆长；2001年1月任广元市图书馆馆长。

黄黎嘉，男，生于1957年10月，大学文化，中共党员，馆员，党支部书记。1975年10月参加工作，1988年3月调至广元市图书馆工作。

举办的书画展活动

开展的首届“武则天与广元”研讨会

举办藏书票展

开展中老年读者电脑培训

开展的文化交流活动剪影

张缙蓉，女，1963年5月生，大专学历，中共党员，馆员，副馆长。1979年12月到广元市图书馆参加工作，先后在少儿阅览室、财务室、办公室工作，任主任等职。

杜华，女，1972年1月生，本科学历，中共党员，馆员，副馆长。1987年到广元市图书馆参加工作，先后在少儿阅览室、特藏部、外借阅览部、信息网络中心等部门工作，任主任等职。

未来展望

5.12地震后，位于广元市利州区文化路588号（利州广场南侧）的一座建筑6373余平方米的灾后重建的广元市图书馆新馆舍已呈现在广元人民的面前，于2013年投入运行，并按照《四川省公共图书馆条例》规定的开放时间免费向读者开放，周开放时间63小时以上。广元市图书馆新馆开设对外服务窗口20个（报刊阅览室、少儿阅览室、电子阅览室、盲人阅览室、地方文献阅览室、5.12地震文献阅览室、古籍图书室、多媒体视听室、读者自修室、图书外借、过期期刊外借、工具书库、报纸库房等），能同时接待到馆读者500余人。2013年，广元市图书馆的借阅、编目等业务均已实现计算机自动化，全馆馆藏图书全部完成回溯建库。广元市图书馆数字图书馆建设已列入广元市民生工程项目，2014年将完成广元市图书馆数字图书馆建设任务。

广元市图书馆作为本地区重要的知识信息枢纽和精神文明建设基地，必将为广大市民提供更加方便、更加快捷、更加完善的服务，为不断满足读者的精神文化需求做出自己应有的贡献。

在受灾群众安置点放映爱国主义影片

联系方式

地　址：广元市利州区文化路588号
邮　编：628017
联系人：廖 华

广元市图书馆新馆效果图

德阳市图书馆

概述

德阳市图书馆于1985年成立，馆址位于德阳市文庙街123号。第一期工程少儿馆于1990年5月竣工交付使用，建筑面积为944平方米。2004年根据中共德阳市委常委会议纪要[2004]常字第7号精神，决定与四川工程职业技术学院共建共享图书馆。2007年新馆落成，位于泰山南路和沱江路交汇处，建筑面积18000平方米，其中6800平方米为德阳市图书馆旌南公共阅览区。2013年参加第五次全国公共图书馆评估定级，获得国家二级图书馆称号。德阳市图书馆新馆选址已经完成，正在进行新馆筹建准备。

业务建设

图书馆下设：采访部、编目部、流通部、阅览部、网管中心，工作人员21人，高职2人、中职6人。截至2013年底，年购书经费300万元；总藏量70万册（件）；年入藏量1.5万种，报刊征订803种；电子文献127万种，各类阅览坐席500个，其中少儿阅览坐席200个；还设立了视障阅览室，并且购置了专用设备和书籍供视障人士使用；电子阅览室拥有140个机位，无线网络覆盖全馆；馆内数据存储容量达到15TB；借阅时实现电脑查询，实现了自动化管理。

读者服务工作

从2011年5月，德阳市图书馆根据文化部、财政部《关于推进全国美术馆、公共图书馆、文化馆（站）免费开放工作的意见》制定了免费开放工作实施方案，全年365天对外免费开放，每周开放时间62.5小时。2012年外借15万册次，5万余人次。

2009年5月德阳市图书馆、绵阳市图书馆、广元市图书馆联合举办《“5·12”汶川特大地震地方文献巡回展》，收集图书、画册、手稿等2万余册，分别在德阳、绵阳、广元和省馆进行公开展览。

2007年–2009年开展送文化下乡、进社区、进军营、进学校活动。2007年为旌阳区新中镇新中学校建立了“留守学生阅览室”，捐赠书架17组，椅子30把，阅览桌5张、图书96册，杂志204册；2008年捐赠书架9个、图书1500册。

“5·12”大地震后，送去了一套文化信息资源共享工程设备。为中江县永兴镇长坪村建立乡村图书室，送书360余册，书架两组。2007年5月，帮助沙河社区建立图书室，捐赠图书300册。6月为文庙社区的居民免费办理阅览证20个。2008年6月1日，在旌湖开发区东汽厂受灾群众安置点的抗震棚内，开设了“德阳市图书馆爱心书屋”，为少年儿童提供了新书400册，报刊200种。6月18日，为丰富抗震官兵的业余文化生活，为二炮部队官兵建立了“抗震救灾官兵流动图书室”为其提供图书1万余册，期刊300余册。为旌阳区孝泉镇灾后安置点送去图书900余册，方正电脑一台。地震后，为丰富灾区的文化生活，配合“文化信息资源共享工程”的贯彻实施，市图书馆在各灾后安置点、文庙广场等群众聚集的地方，积极为广大群众放映电影10余场，观众达3000余人。为花园巷社区、秦宓社区、文庙社区帮助建立借阅规则、进行业务辅导，捐赠图书900余册。

2010年–2014年，每年4月23日，举办“世界读书日”活动，倡导尊重知识、崇尚文明的阅读理念。活动以展板和发放宣传资料、赠送图书的形式向市民宣传“世界读书日”，推广阅读文化，促进市民特别是青少年的阅读，引发市民对阅读重要性的关注，认识阅读的重要性，鼓励大家扩大阅读领域以培养多角度思考能力。

业务研究、辅导、协作协调

2009年，积极组织会员撰写论文，参加“川陕甘毗邻地区图书情报协作网第九届年会”。我市会员共提交了七篇论文，其中获“一等奖”一篇，“二等奖”三篇，“三等奖”三篇。

10月参加了由中国图书馆学会，德国歌德学院主办，四川省图书馆、广汉市图书馆承办的“儿童阅读在德国”的专题报告会。

2010年，参加“西部地区图书情报协作网第十届年会”。我市会员共提交了五篇论文，其中获“一等奖”一篇，“二等奖”两篇，“三等奖”两篇。

2011年、2012年，参加“西部少数民族地区图书信息协作网第二十届年会”和“川陕甘图情年会”。

2013年，参加“川、陕、甘、滇、黔、渝图书情报协作网第十三届年会暨学术研讨会”。

德阳市图书馆外景

德阳市图书馆

服务宣传周活动

庆“六一”广场文化活动

为旌阳区新中学校留守儿童赠书

图书馆外借部

阅览室

旌南公共阅览区阅览室

管理工作

2010年我馆购置了金盘图书馆自动化管理系统，采用IC卡借阅卡，免费向读者办理借阅证。2014年购置了“歌德”电子书借阅机，免费向市民提供电子书。全馆实现了WIFI覆盖，方便市民使用互联网。建立了各项管理规章制度和安全、消防、防暴等预案。

表彰、奖励情况

2012年共享工程德阳市支中心下辖的共享工程罗江县家和社区站点被文化部评选为“共享工程优秀基层站点”。

2013年在绵阳召开的“全国大中城市社科联第24次工作会议”，会议上，德阳市图书馆学会被授予“全国先进社科组织”称号。

2013年中国图书馆学会优秀会员评选活动中，市图书馆学会会员宋庆被评选为“中国图书馆学会优秀会员”。

馆长简介

馆长：易纲明，男，大专学历，中共党员，2007年起任现职，已在德阳市图书馆工作14年。兼任德阳市图书馆学会理事长。

书记、副馆长：田羽，男，本科学历，中共党员，馆员职称，2000年起任现职，已在德阳市图书馆工作34年。

副馆长：曲兰凌，女，本科学历，副研究馆员职称，2003年起任现职，已在德阳市图书馆工作24年。

副馆长：唐春光，男，大专学历，中共党员，主任科员；2009年起任现职，已在德阳市图书馆工作11年。

展望未来

2013年德阳市政府为我馆在旌东新区规划了新馆建设用地14.5亩。

世界读书日宣传活动

孝文化讲座

宜宾市图书馆

概述

宜宾市图书馆创建于1955年7月，于2011年6月正式对外免费开放，是我市第一个公共图书馆。馆址有一次变迁，2007年9月位于市商业街的旧馆迁至南岸蜀南大道东段文化科技中心新馆。新馆建筑面积5979平方米，另有书吧面积为230平方米。目前馆藏图书45万余册（件），有读者座位810个。计算机100余台，宽带接入30Mbps，读者服务区无线网络已实现全覆盖。2009年参加第四次全国公共图书馆评估，评定为市级二级图书馆，2013年参加第五次全国公共图书馆评估，继续评定为市级二级图书馆。

业务建设

截止2012年，我馆图书现在总藏量为45万余册。

我馆可供读者使用的电子图书、期刊等电子文献共1200件，采购CNKI非学术期刊800G，接受省图书馆赠送电子光盘60种，文化信息资源共享工程可使用电子文献126种。

图书年入藏数量为2828种。报刊年入藏量为社科期刊、科技期刊和少儿期刊共400余种，报纸43种，报刊保存入库400种。视听文献年平均入藏量为100种。地方文献1279种（册），同时还不定期地向省图书馆呈交宜宾市地方文献。

资源建设方面，我馆共享工程公共电子阅览室具有访问全国文化信息资源共享工程的所有数字资源的权限，同时自购了CNKI非学术期刊数据库，自建了21部视频动画短片，数字资源总量达1T左右。所有数字资源更新频率为及时实时更新。

我馆积极实施“数字图书馆推广工程”建设。

读者服务工作

我馆于2011年6月1日在省内率先启动免费开放。长期以来实行全日制开馆，周末和节假日从不闭馆，节假日还实行领导值班制。工作日阅览室开放时间为上午8：30—中午12：00，下午13：00—18：00，周末和节假日开放时间为上午8：30—下午18：00，中午不休息，以方便广大读者，我馆每周开馆时间达63个小时。

我馆流通工作部门（外借室、综合阅览室、少年儿童阅览室）均是实行开架借阅，开架借阅占流通图书、报刊的100%。截至2012年底，我馆持证读者6499人，书刊文献年外借册次为168186册次，年外借率为15%。报刊阅览室、综合阅览室、地方文献室和古籍文献部实行免证开放。我馆与省图书馆、各区县图书馆均开展了馆际互借，馆际互借量达到年均1000余册。2009年至2012年送流动图书数量年均为7000余册次。

我馆近几年来年流通总人次为约16万人次，持证读者数为6499，人均年到馆次数为18次/人。

我馆为市人大政协等重要会议提供文献信息服务，先后开展了“图书馆免费服务走进党代会”、“图书馆免费服务走进两会”等服务活动，为参加市党代会的代表们及参加市政协会、市人代会的委员、代表们送去图书500册进行现场免费借阅。

我馆在新馆建设过程中专门考虑了为特殊群体、弱势群体服务的服务功能，专门设立了宜宾市图书馆有声读物阅览室，设置安装有电脑语音提示软件的计算机4台，人性化阅览座椅30个，普通四人阅览桌2张，购置盲文书刊245册。同时还不定期地与宜宾市残疾人联合会、宜宾市特殊教育学校联合为盲人学生、聋哑学生提供专门服务。我馆还开展了农民工电脑培训、为特殊学校学生捐赠图书、爱心助学留守儿童等为特殊群体服务的活动，把爱心和温暖带给特殊群体。

我馆建有专门的图书馆网站，由专人管理，具有独立域名（http://www.yblib.org）。我馆网站网页设计美观，风格统一，结构合理，操作简便，除公开反映图书馆工作外，重点突出读者服务、数字资源服务，现在已开通了网上预约借书、网上调查、视频点播等特色服务。截止目前，我馆网站访问流量已达10万人次以上。

开展“图书馆免费服务走进党代会”、“图书馆免费服务走进两会”、送书到机关、进校园、进社区、“文化拥军”、“欢乐送读者新春有奖猜谜活动”、“三下乡”等活动。打造宜宾市“读喜爱的书，讲身边故事”大型系列活动和公益讲座两项品牌读书活动。

业务研究、辅导

我馆历来重视学术研究，2009年至2012年共有18篇学术论文分别入选中国西部地区市（地、州）图书馆协作网2009年年会暨学术研讨会、川、吉、苏、冀、桂五省(区)图书馆学会第十二届学术研讨会等学术会议交流或获奖并在会议会刊上发

宜宾市图书馆大楼

免费开放启动仪式

携手宜宾日报公益行动

宜宾人文讲座

宜二中家庭教育专场讲座

表，另外有2篇学术论文在国家级核心期刊上公开发表，2篇学术论文在《四川图书馆学报》上公开发表。

协作协调

我馆参与跨地区、跨系统协作协调工作。

在本地，我馆积极与宜宾学院、宜宾职业技术学院、宜宾卫校、宜宾经济校、宜宾市科技情报研究所、宜宾唐君毅研究会等单位、社团开展协作协调，实现文献资源共建共享，交流工作经验。

市、区县级公共图书馆共同形成图书馆网络，面向全市所有区县、村镇进行服务。我馆还通过设置图书馆分馆、流动图书服务点以及读书活动增加图书馆服务网络覆盖率。

我馆作为市级公共图书馆担负着对全市九个区县公共图书馆的业务辅导任务，组织区县馆参加中国图书馆学会、四川省图书馆等上级业务部门举办的各类研讨会和培训班，有力提高全市图书馆从业人员的专业技术水平。每年集中对全市各区县农家书屋管理人员进行专门培训。

管理工作

我馆各项工作年初都制订有年度计划，按照年度计划有条理、有重点开展工作。

我馆现设专业技术高级、副高级岗位4个，中级岗位11个，初级岗位11个；管理类岗位6个；工勤岗位2个。

2012年11月建立了我馆文化志愿者服务队，吸纳16名志愿者加入到宜宾文化活动和图书馆读书活动中。

上级表彰

2010—2012年，宜宾市图书馆共获得各种表彰、奖励10次，其中，文化部表彰、奖励1次，中国图书馆学会表彰、奖励1次，省图书馆学会表彰、奖励1次，其他表彰、奖励7次。

馆领导介绍

曾文，男，1960年4月生，研究生学历，中共党员，副研究馆员，馆长。1982年7月参加工作，2001年4月任市图书馆馆长，全面主持图书馆行政管理工作。分管职工培训、全市公共图书馆业务辅导。联系采编室、共享工程电子阅览室、地方文献古籍部。

任毅，男，1968年9月生，本科学历，中共党员，1990年8月参加工作，先后担任市文化干部艺术学校副校长、市青年川剧团党支部书记，2012年1月任市图书馆党支部书记，主持支部工作及党建工作，分管党风廉政建设、群团组织工作、精神文明建设、警民共建等工作。联系报刊阅览室、综合阅览室、廉政文化教育示范基地。

李叔鸿，女，1973年12月生，本科学历，中共党员，馆员，副馆长。1997年12月参加工作，2011年9月任市图书馆副馆长，负责图书馆业务管理、纪检监察工作、公车管理、组织开展图书馆免费开放活动，协助馆长做好日常行政业务管理、人事管理及办公室工作。联系办公室、少儿阅览室、外借阅览室、惠民书吧。

赵飞，女，1968年7月生，大专学历，副馆长。1988年参加工作，2011年9月任副馆长，负责财务管理、经费开支审批、政府采购；分管安全保卫、综合治理、后勤保障、工会工作、物业管理。联系财务室、残疾人阅览室。

未来展望

宜宾市图书馆遵循“科学、效率、创新、发展”的办馆方针，完善单体服务功能，扩大服务辐射区域，带动地区事业发展。2010—2012年，在不断强化自身综合实力的同时，带动了全市公共图书馆事业的整体发展。在未来的几年里，将实施数字图书阅览工程业务，能够提供全覆盖、不间断、无时空限制的数字文献远程和移动服务。

联系方式

地　址：宜宾市南岸蜀南大道东段文化科技中心
邮　编：644000
联系人：罗小琴

图书馆免费服务走进党代会

读书讲故事活动—走进春风村

“中国梦想·书香传承”专辑

遂宁市图书馆

概述

遂宁市图书馆始建于1927年，现有小北街图书信息服务中心和天上宫2处馆舍，建有分馆1个，联合图书室40余个。小北街图书信息服务中心开设了借阅大厅、电子阅览室、少儿阅览室、视障阅览室、工具书阅览室、地方文献阅览室、古籍阅览室等。市图书馆文献总藏量达23万余册，联合图书室文献藏量达7万余册，电子文献藏量35000余种，其中电子图书30000余种，电子期刊3500余种。年均图书入藏量5000余册，报刊入藏量400余种。市图书馆现有在职专业技术人员16人，其中，副研究馆员3人，图书馆员9人。在2013年全国第五次县以上公共图书馆评估定级中被评定为二级图书馆。

读者服务工作

坚持“服务第一，读者至上”服务理念，竭力为读者提供优美的环境和优质的服务，市图书馆坚持全年天天开馆，周开馆时间达70小时，年均接待读者约15万人次，年均借阅图书约15万册次。年均举办读者活动30余次。

以“阵地建设”为主体，升级改造图书信息服务平台，投入使用国内图书馆界最先进的Interlib自动化管理系统。全面推进数字图书馆建设，增添设施设备，强化资源建设，提升信息化服务水平，开通遂宁市图书馆中心门户网站平台，点击量达13万人次。

每年举办全市范围内的培训2–3次。策划《静静的遂宁——遂宁文化大讲堂系列活动》，挖掘地方历史、民俗文化，讲述遂宁自己的故事。以静静的遂宁·历史沿革及变迁、景秀山川·名胜古迹系列、群星璀璨·历史文化名人系列、红色经典·革命先贤事迹系列、民俗荟萃·丰富的“非遗”资源、金色遂州·跨越发展的遂宁大地等六个篇章为题，与省图书馆“巴蜀讲坛”、市广播电视台等联合开展系列讲座活动，并组织讲座进学校、进机关、进企业、进社区、进农村，将讲座视频通过广播电视台定期在专题栏目中播放。

深化“我学习·我收获·我快乐”阅读活动，广泛开展全民读书活动。围绕“成长之路”——优秀传统文化教育普及系列活动，“阅读之魂”——主题读书系列活动，“金秋之韵”——农民读书节系列活动和“绿色遂宁·书香有约”——阅读成果展示汇报系列活动四个篇章，坚持每年举办“农民读书活动”、“青少年读书活动”、“4·23世界读书日”活动、“全民阅读月活动”、“送图书下乡活动”、“网络阅读活动”、“图书捐赠”等活动30余项，每万人年均参与活动次数25次。

业务研究、辅导、协作协调

加强馆际交流与合作，不断提高图书馆员的专业能力。全馆年均交流专业论文14篇。以“延伸服务”为核心，拓展服务空间，延伸服务领域，深入机关、企事业单位、学校、农村、社区等建立联合图书室40余个。在市级刊物《遂宁在线》上开辟了图书情报专栏50余期，每月提供领导决策信息3–4条，新好书推荐3–4本。在遂宁《城市新报》上举办阅读与人生专栏200余期，每周推荐新书及读者交流。在遂宁广播电视台“遂宁之声”开辟新好书推荐专栏，每天向读者推荐新好书一本。印制《遂宁图情》专刊1万余册，每期推荐新好书80–100本。

管理工作

完善图书馆岗位设置，推行干部轮岗锻炼，采取绩效考核制度，每月进行考核，充分调动了干部队伍工作积极性。

表彰、奖励情况

市图书馆由于工作突出，近几年都被评为全市文广系统先进集体，2011年被评为市直文广系统信息工作先进集体，市直文广系统安全生产及社会管理综合治理工作先进集体。市图书馆共享工程市级支中心获得四川地区“像雷锋那样…”电脑小报设计比赛的优秀组织奖。市图书馆学会成为四川省图书馆学会理事成员单位和市社科联理事成员单位，同时被评为2005–2010年先进集体，两名会员分别评为2009–2011年度中国图书馆学会优秀会员。

书香家庭评选活动

公共图书馆业务培训

电子阅览室

借阅大厅

六一亲子阅读活动

馆领导介绍

杨文辉，男，1966年10月出生，汉族，四川遂宁人，大学本科学历，中共党员，图书资料副研究员。2006年7月担任市图书馆馆长，2007年5月担任市图书馆学会常务副会长。2010年5月兼任市图书馆党支部书记。

卢文菊，女，1975年7月出生，汉族，四川遂宁人，大学本科学历，中共党员，图书资料副研究员。1994年7月参加工作，2004年11月担任市图书馆副馆长。

禹艳，女，1984年11月出生，汉族，四川遂宁人，大学本科学历，中共党员，图书资料馆员。2007年8月参加工作，2009年10月担任市图书馆副馆长。

未来展望

站在新的起点，面对社会主义文化大发展大繁荣的重大机遇和挑战，市图书馆人将以"遂宁书香梦"为目标，进一步完善市、区（县）、镇（乡）、村（社区）公共图书信息服务网络，形成高效、快捷、优质的服务体系，进一步规范和完善图书信息服务中心功能，让其发挥更大的效益，扎实推进市图书馆新馆建设，力争早日实现公共图书信息惠及民生的灿烂理想！

联系方式

地　址：遂宁市小北街53号
邮　编：629000
联系人：邹 琳

元宵灯谜竞猜活动

阅读基地成果展示

为特校学生播放视频

巴蜀讲坛

作品研讨会

内江市图书馆

概述

内江市图书馆始建于1956年，其前身是内江市文化馆图书室。1956年根据专署(56)署文图字第七号文件，于4月6日成立内江市图书馆。

经过几次馆址变动，现内江市图书馆馆址在内江市中区叠象街76号。新馆于2004年12月29日正式对外开放，建筑面积6091.68平方米，占地5.8亩。2009年首次参加全国公共图书馆评估定级被评为国家二级图书馆。馆内部门设置办公室、书刊流通部、采编辅导部、少儿工作部、文化信息资源共享工程内江分中心五个部室，现有职工23名。馆内可供读者使用的座位520个，已建设内江市数字图书馆。

业务建设

截止2012年底，内江市图书馆已入藏实体文献26.9万册，电子文献40万册，总藏量66.9万册。馆内可供读者使用的计算机72台，触摸屏查阅一体机3台，电子阅报机2台，自动办证机1台。宽带接入20兆，馆内全WIF覆盖，采用ILAS图书馆自动化管理系统；使用知航网络图书馆为数字资源查询检索平台，对200万种以上的中文电子图书的进行检索提供阅读，10000多集视频讲座在线观看；开放的触摸屏电子阅报机，整合了国内300多份主流报纸资源、1000种期刊资源，供读者查询，内容涉及政治、经济、文化等多方面，所有报纸、期刊都在线自动实时更新。

内江市图书馆收集地方名人藏书、著作或编辑的连续出版物较有特色，目前建有"胡绩伟藏书室""李文馥藏书室"，对收集入藏的地方名人书籍有单独的文献收藏室。

读者服务工作

内江市图书馆全年365天向读者开放，平均每周开馆时间达84小时，馆藏文献年外借率达117%，书刊文献年外借册次达310858册次，人均年到馆次数20.7万人次。

内江市图书馆有10个对外服务窗口，全部免费向公众开放。较有特色的是亲子阅览室、残障人士阅览室，并联系辅导支持社区图书室、农村合作社图书室、部队图书室、企业图书室等。少儿活动开展有声有色，正着力打造传统节日、寒暑假系列品牌活动，在当地已形成很好的口碑，并经常开展亲子互动故事会、情景剧演出等特色活动。

从2010年内江市图书馆推出公益性讲坛"大千讲坛"以来，公益讲座的社会影响力在逐渐扩大，现已组织讲座数十期，并将讲坛成功开进驻内部队，先后邀请省内专家和全国知名人士讲课，深受读者听众喜爱。

文献流通方面开展的"你点读，我满足"、"月月读新书"、"好书推荐"、"图书漂流"等活动，使读者到馆增加明显，馆内阅览室经常座无虚席。

业务研究、辅导、协作协调

积极加强和本地图书馆，西南地区图书馆的横向联系，加入了西部公共图书馆协作网，每年都参与大型的图书馆学术交流活动。与国家图书馆编目中心、四川省图书馆文献编目中心实现资源共享，可以同时免费下载书目数据，保证了数据的准确性和规范性。

内江市图书馆在2012年编辑出版了《大千文化丛书》第一辑。该丛书共四本，将具有内江丰厚底蕴的文化资源，收集撰写形成地方性文化著作，对"大千文化"进行系统的学术研究，是内江本土文化研究的一套有价值的文化丛书。

管理工作

2009年内江市图书馆制定"岗位设置管理工作实施方案"，设置管理岗位5名、专业技术岗位18名，采用竞聘上岗的方式，实行聘用制管理，全馆23名职工进行了重新上岗。同时，细化了岗位目标责任书，年中和年底要进行止指标考核，对外服务窗口要定期进行倒架排列。鼓励职工积极撰写专业学术论文，并给予适当的奖励。

表彰、奖励情况

2009年到2012年内江市图书馆共获得国家级奖一个、省级奖三个、市级奖19个。少儿工作被市委、市政府评为"市未成年人思想道德建设工作先进单位"。

馆领导介绍

巫军，男，1968年11月出生，大专学历，三级编剧，馆长。1989年7月参加工作，历任内江市戏剧创研室三级编剧，内江市文化馆馆长助理，副馆长，现任内江市图书馆馆长，中国图书馆学会会员，内江市图书馆学会理事，

内江市戏剧家协会副秘书长，主持内江市图书馆全面工作。

刘红，女，1966年5月出生，本科学历，中共党员，副研究馆员，1983年参加工作，1986年在图书馆工作至今，1996年被任命为副馆长，先后分管采编部、读者工作部、少儿工作部、共享工程分中心等业务工作。目前兼任中共内江市图书馆支部副书记，主持党支部工作。近年来，有十多篇专业论文交流或发表。

倪昔彬，男，1970年9月出生，大专学历，中共党员，副馆长兼文化信息资源共享工程内江分中心主任，中国图书馆学会、四川省图书馆学会会员。1992年到内江图书馆工作至今，先后从事行政办公、著录、读者服务、参考咨询、共享工程与图书馆修建等业务工作。

未来展望

内江市图书馆将按照国颁公共图书馆规范服务标准和《四川省公共图书馆条例》的要求，增加馆藏文献，创新服务理念，提升服务水平，扩大服务范围，推进分馆建设，打造图书馆文化服务品牌，紧跟科技进步潮流，增强数字化服务，加强地方文化研究，把内江市图书馆建设成为有地方特色的市级现代化图书馆。

联系方式

地　址：四川省内江市叠象街76号
邮　编：641000
联系人：刘 红

乐山市图书馆

概述

乐山市图书馆成立于1956年6月，现位于乐山市市中区春华路南段273号，占地面积6633平方米，建筑面积8000平方米。截止目前，在编人员35人，其中设馆长1人，副馆长1人；具有研究生学历1人，本科学历9人，大专学历14人，大专以上学历者占职工人数69%。本馆现有各类图书、报刊及电子书刊20万余册（件）。现有阅览座席500余个，网络节点70个。设有书刊外借室、报刊阅览室、少儿阅览室、地方文献阅览室、电子阅览室、艺术阅览室、讲座报告厅、报刊查询室、参考咨询及特藏阅览室等服务窗口。有共建社会分馆2个，社会借阅点12个。

乐山市图书馆经过近60年特别是近十多年的发展，已成为服务功能齐备，馆藏特色突出，基本实现业务办公自动化和管理服务网络化的现代与传统相融并存的复合型市级公共图书馆。

业务建设

乐山市图书馆现总藏量为20万余册（件），其中古籍文献2.3万册。重要特色馆藏有：国家级古籍善本（明）嘉靖三十九年何迁刻本《临川先生文集》一百卷；赵熙、郭沫若、启功、李琼久等名家和乐山书画家书画艺术特藏品200余件；乐山市地方文献3800余种。是四川省古籍保护单位。

实现图书业务自动化和办公自动化，自主开发的《中小型图书馆网络集群管理系统》并在全市图书馆界得到推广应用，并已建成以市馆为中心馆各县区馆和部分社会机构图书馆（室）为成员馆的区域性图书馆集群管理网络；与高校馆合作共同建设并开通“乐山市文献信息服务中心”公共查询服务平台；实现全馆无线网络全覆盖。

基本构建起乐山地方特色资源数据库体系。数字资源总量为2TB，其中，自建数字资源有《地方文献数据库》、《乐山文化人物数据库》、《乐山书画人物数据库》《郭沫若研究数据库》《三苏研究数据库》《乐山人文与自然剪报数据库》的建设。现在在建的数据库有《乐山书画及嘉州画派艺术数据库》。

读者服务工作

乐山市图书馆全年365天对外开放，每周开放63小时，实行基本服务全免费（阅览免证、外借免费），办理读者借阅卡21000余张，年接待读者36万余人次。主要服务项目有：书刊借阅、少儿阅览、电子阅览、艺术阅览、代查代找、参考咨询、公益讲座、艺术展赛、读书活动等。

特色服务：“艺术阅览室”是本馆极富特色的为读者提供阅览欣赏地方书画艺术品的重要窗口，并通过各种书画展赛活动有效地收集乐山地方书画艺术作品。

“三江讲坛”公益讲座，秉持健康、增知、现实、普及的方针，坚持“公益性服务、普及性定位；需求化选题、高品质运作”的路子。“三江讲坛”是乐山市哲学社会科学普及基地，是乐山市图书馆极富特色的现代服务项目和我市重要的公益性宣传文化服务品牌。

业务研究、辅导、协作协调

乐山市图书馆是中国西部图书馆联合会（原中国西部地区市、地、州公共图书馆协作网）发起单位之一。

近15年来，相继派出200余人次参加全国及全省的各种业务研讨会和业务培训。共有103篇论文在全国、区域和省市研讨会、年会获奖或入选。其中，有2篇论文分别在2001年、2007年获中国图书馆学会征文一等奖；有2篇论文在2014年分获中共四川省委宣传部、中共四川省委农委、四川省文化厅颁发的一等奖和二等奖；有2篇论文分获2004年、2006年乐山市人民政府社科成果三等奖；有6篇论文先后在专业核心期刊上发表。承接2项省级科研项目，结题一项，在研一项。

管理工作

乐山市图书馆内部机构为四部一室，即：业务辅导部、读者服务部、文献咨询部、信息技术部、办公室。在内部管理上实行岗位设置、责任到岗、定岗定员、中层聘任、全员聘用、分级负责、目标管理的管理模式和制度。

表彰、奖励情况

2001年被命名为县级“文明单位”；2005年荣获国家人事部、文化部授予的“全国文化工作先进集体”荣誉称号；2008

三江讲坛公益讲座

艺术阅览室对外交流

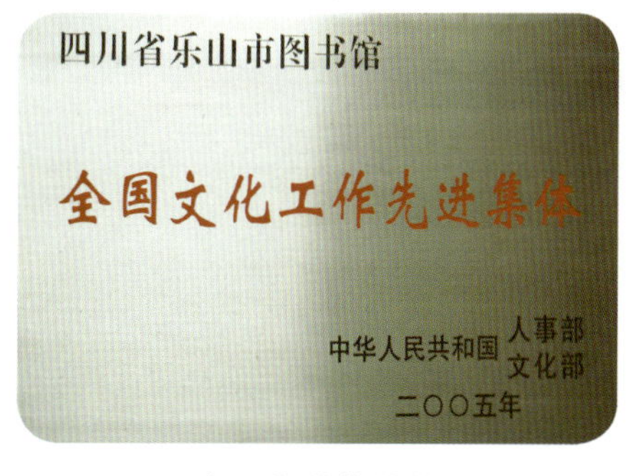

全国先进集体牌

艺术阅览室展览

业务培训

少儿阅览室

图书借阅大厅

电子阅览室

年和2013年，被国家文化部评定为“国家二级图书馆”。

未来展望

乐山市图书馆目前正全力推进“乐山数字图书馆”项目建设和乐山市图书馆改扩建工程项目建设。可以期待，这两项工程完成后，乐山市图书馆将以崭新的馆容馆貌、完善的服务功能、丰富海量的信息资源、人性化的品质服务和现代化的管理呈现在广大读者和市民面前，并将成为乐山公共文化的标志。

馆领导简介

席毅强，男，1957年8月出生，大专学历，中共党员，副研究馆员，馆长。1977年11月参加工作，历任乐山市新华书店办公室副主任、主任、经理助理、新华广告装饰公司经理、基层指导科科长，1998年4月任乐山市图书馆馆长。兼任四川省图书馆学会理事、乐山市图书馆学会常务副理事长。

万林，男，1957年1月出生，大专学历，中共党员，党支部书记兼副馆长。1972年2月参加工作，历任乐山市影剧院经理，1993年3月任乐山市图书馆副馆长，2006年1月任乐山市图书馆支部书记兼副馆长，兼任乐山市图书馆学会理事。

联系方式

地　址：四川省乐山市春华路南段273号
邮　编：614000
联系人：汤　锦

南充市图书馆

概述

南充市图书馆始建于1952年8月，前身是由胡耀邦同志命名的“川北人民图书馆”。建馆近60年来，市图书馆在传播科学文化知识，弘扬传统优秀文化等方面做出了积极的贡献。先后荣获国家文化部授予的“全民阅读优秀奖”、四川省文化信息资源共享工程领导小组授予“先进单位”和省文化厅授予的“读者服务工作先进集体”等光荣称号；连续多年被评为南充市文化系统优质服务示范单位、最佳文明单位。2009年被国务院公布为“全国古籍重点保护单位”。2011年12月5日，南充市图书馆工会被中国教科文卫体工会全国委员会授予全国教科文卫体系统先进工会组织荣誉称号。

2008年5月南充市图书馆新馆建成投入使用，老馆作为分馆继续开放，建筑面积8000平方米。共设有图书外借部、期刊阅览室，电子阅览室，少儿阅览室，读者自学室，盲文阅览室、多功能演播厅等服务窗口。现有阅览座席400个。馆藏书刊53万余册（卷）。其中：古籍线装书8.5余万册，古籍善本书74种76部1089册，还有十分珍贵的线装地方志书143种193部3744册（省内90种，省外53种）。同时，拥有4万多册保存完整的《川北日报》、《南充报》等地方报刊合订本，为了解、研究解放初至今的川北和南充本地的政治、经济文化、民俗变迁，以及探索考证朱德、张澜、胡耀邦等伟人、名人踪迹，提供了宝贵文献资料。年均接待读者40余万人（次）含网上读者，书刊流通60万册（次）。每周开放时间达70小时。

经过数十年的努力，南充市图书馆的服务领域进一步延伸，读者不仅可以免费借阅书刊资料，还可通过图书馆文化信息资源共享工程平台、图书馆电子阅览室等科技手段查询所需文献资料。同时，图书馆坚持常年开展送书下乡、流动借阅、基层业务、少儿英语、书法培训等活动。积极开展各类培养和讲座活动，打造“嘉陵江大讲堂”文化品牌。“嘉陵江大讲堂”2009年3月启动至今已成功举办了近百场讲座，现场听众6万余人次。在一定程度上提高了市民的科学文化素质。

业务建设

近年来，南充市图书馆，加快了自动化、网络化、数字化建设步伐，先后完成了图书馆自动化管理系统建设、国家信息资源共享工程平台建设、图书馆多媒体演播大厅建设、电子阅览室建设、图书馆无线局域网全覆盖建设。目前正在进行“南充市图书馆公众文化服务平台”的搭建工作。该平台已陆续加装了《人文电子期刊阅览室》、《启蒙教育数据库》、《全景动漫数字图书》、《国家经济统计数据库》、《考试系统》、《新方志数据库》、《视频讲座数据库》、《中华再造善本数据库》、《中小学数字图书馆》、《中文电子图书》等10余个数据库近30T的数字资源。在平台上将建设起南充市地方特色资源数据库。南充市图书馆还购置了流动图书车1台用于基础流动图书馆网点服务。24小时社区自助图书馆1台、期报刊阅读机10台、电子图书借阅机2台在南充市部分公共服务场所安装免费为市民服务。

读者服务工作

南充市图书馆开展“以人为本，读者至上，优质服务”活动。不断改进服务方式，深化服务层次。每天开放10小时，每天增派一名中层干部值班及时处理读者反应的问题，解决读者遇到的困难。图书馆新馆、及图书馆老馆综合阅览室、文化信息资源共享工程网站、共建图书室、流动借阅等年均读者近40万人次（含网上读者），流通书刊60万册次，办理借书证年均4000余个。

假期少儿活动丰富多彩。南充市图书馆少儿部坚持在节假日放映爱国主义者优秀影片、科普、动漫影片全年达100场以上。还利用寒暑假开展了诗歌朗诵、讲故事、知识竞赛等丰富多彩的少儿活动。

加强对基层图书馆馆、室的业务培训工作。全市共建社区、学校、农村、部队图书室48个。参与全市“农家书屋”的建设和管理任务。专人负责全市数千家“农家书屋”建设的信息管理，数据填报工作。组织专门力量对全市“农家书屋”的管理员进行了业务培训及现场指导，迄今成功举办了四期“农家书屋”管理员培训班，培训了700余名“农家书屋”管理员，提高了管理员的业务能力和管理水平。

队伍建设

图书馆现有在岗职工32人，离退休职工20人，其中党员24人。大专及大专以上学历的有27人；副研究馆员3人，馆员

南充市图书馆书记馆长胡仲良

嘉陵江大讲堂

电子阅览室

少儿阅览室

少儿阅读活动

23人；初级技术职称的4人，工人3人。图书馆下设办公室、外借部、自动化采编部、古籍典藏部、期刊部、“嘉陵江大讲堂”“农家书屋”管理、办公室等机构。

馆领导介绍

胡仲良，男，汉族，1967年3月生，中共党员，研究生学历。西南师范大学历史系毕业，历史学士学位。历任南充市电影公司党支部副书记、副经理。南充市杂技团团长。现任四川省南充市图书馆党支部书记、馆长（副县级）组织单位全面工作。

刘军，男，汉族，1964年10月生中共党员，大学文化。1980年10月至1986年5月在原南充地区轻工业局工作。1986年6月至今在南充市图书馆工作。先后担任南充市图书馆辅导部工作人员、办公室副主任、主任、副馆长、四川省图书馆学会理事、南充图书馆学会副理事长、南充市社科联理事等职务。现任南充市图书馆副研究馆员、副馆长、支部委员。分馆图书馆业务工作。先后在《图书情报工作》、《新世纪图书馆》、《四川图书馆学报》、《图书馆界》等全国和省级刊物上发表学术论文26篇。30篇论文分别获中国图书馆学会、省学会、川、吉、苏、桂、冀五省(区)图书馆学会、川陕甘毗邻地区图书情报协作网等单位组织的论文评选一、二、三等奖。

岳和平，男，汉族，1967年10月生，中共党员，大学本科学历，馆员职称。1989年–1993年4月在南充县李家中学任教；1993年5月至今在南充市图书馆工作。任现职南充市图书馆副馆长，支部委员，分管后勤、综合治理、消防安全、读者服务部和图书馆改扩建工作。

少儿部庆“六一”活动

联系方式

地　址：四川省南充市顺庆区滨江北路2段
邮　编：637000
联系人（办公室主任）：李 春

达州市图书馆

概述

达州市图书馆始建于1976年10月，位于达州市通川区朝阳东路21号，现在主要是文献典藏和生活区。2000年，迁至达州市通川区荷叶街100号至今，主要是对外服务和行政办公为主，拥有阅览座位80个，网络节点45个，2013年在第五次全国县级以上公共图书馆评估定级工作中，被评为“国家二级图书馆”，现已成为达州市文献信息服务中心。

业务建设

截止于2012年底，达州市图书馆总藏量22.8659万余册，其中，古籍线装书2.4万册，报纸期刊500多种，3万多册（份），地方文献1200多种2万多册。近年来，每年订阅报刊数量品种逐渐增多，2012年订阅期刊388种，报纸165种，报刊经费6万多元，每年新增购书经费10万元。2009年，建立了共享工程达州市支中心，截止2012年，建立了5个馆外流动图书馆。

每月举办“文化惠民在身边，巴渠大讲坛”一场，每月开展周末电影大放送2场次，每季度编辑一期《达州图情信息》。

读者服务工作

从2009年8月起，达州市图书馆全年365天对外免费开放，周开放56个小时；全年接待读者18.46万人次；书刊总流通20.59万人次。开展“巴渠大讲坛”公益讲座48场次，听众达近14000人次；到社区，农村，部队播放电影每年30场次；每月举办一场本地名人书画艺术作品展；2009年，采用金盘软件管理系统实行自动化管理。达州市图书馆读者服务项目及主要活动，一是馆内设立图书外借，现刊阅览，地方文献，书画艺术，电子阅览，少儿阅览，外文图书和中文工具书，资料查阅室十多个对外免费服务窗口；二是建立了五个馆外流动图书室；三是不定期举办本土名人书画艺术作品展；四是坚持开展“4.23”读书日，图书馆服务宣传周和全民阅读推广服务活动：五是坚持“文化，卫生，科技，法律”四下乡服务活动：六是到社区，学校，部队和农村开展文化惠民在身边“巴渠大讲坛”公益讲座；七是送电影到基层开展服务活动；八是注重地方文献的征集，收藏，开发与利用，精心编制《达州市图书馆馆藏地方文献目录》筹建地方文献数据库；九是着手建设“巴山作家群”书库。

业务研究、辅导、协作协调

2011年，承办了“四川省文献影像技术协会2011年年会暨学术研讨会；2009年至2012年，职工交流发表图书馆专业论文13篇；派专业人员到基层图书室业务辅导48人次。

管理工作

2009年，达州市图书馆完成第二次全员岗位聘任，本次聘任共设30个岗位，30人签订了聘任合同。同时，建立了工作量化考核体系，年终进行总体工作考核。

表彰、奖励情况

2019-2012年，达州市图书馆共获得各种表彰、奖励12次，均为市级表彰。

馆领导介绍

师智勇，男，1965年1月生，本科学历，中共党员，书记、馆长、学会副理事长。1981年10月参军入伍，在西藏武警总队日喀则支队服役，历任排长、副中队长、政治指导员，上尉警衔。1995年转业到达州市文化艺术干部学校，历任办公室主任、党支部书记。2007年8月任达州市图书馆党书记、馆长，达州市图书馆学会副理事长。

廖启刚，男，1959年6月生，本科学历，中共党员，馆员，副馆长，学会副理事长兼秘书长。1978年9月到达州市图书馆参加工作，先后在采编部、行政办公室等部门工作，任副主任、主任等职。

徐李桃，男，1969年12月生，本科学历，中共党员，副馆长。1991年9月参加工作，2013年5月到达州市图书馆工作。

肖俊，女，1969年12月生，本科学历，中共党员，馆员，工会主席。1993年8月到达州市图书馆参加工作，先后在流通阅览部、文献典藏部、采编部、行政办公室等部门工作，任副主任、主任等职。

未来展望

达州市图书馆坚持“特色建馆，开放活馆，人才兴馆。服务强馆”的办馆理念，充分发挥市级图书馆龙头作用，促进全市图书馆工作和事业发展。按照市委，市政府关于建立文化艺术中心的规划，新馆已于2012年9月在西外新区开工，现主体工程已竣工，拟于2014年10月装修完工，2015年10月正式对外开放。新馆总占土地面积4700㎡，总建筑面积15000㎡(地下两层约5000㎡，可停泊100辆车；地上五层约10000㎡)，按国家市级一级图书馆建造，建筑总投资8010万元。新馆建成并投入使用后，将是全市文献收藏，情报传递和信息服务中心，成为市民终身教育的学校，达州地方文献的宝库和精神文明建设的重要基地。

联系方式

地　址：达州市通川区荷叶街100号
邮　编：635000
联系人：肖 俊

送书进田家塝小学

承办四川文献影像学术研讨会

达州图书馆新馆奠基

泸州市纳溪区图书馆

概述

泸州市纳溪区图书馆原为纳溪区文化馆图书室，正式成立于1986年，1989年6月1日单独设馆，馆址位于纳溪区西林街84号（原公正街115号），2005年12月1日全国文化信息资源共享工程区级支中心落户纳溪区图书馆。2013年参加全国第五次全国公共图书馆评估，首次获得二级图书馆。现馆舍建筑面积1195平方米，编制6人。设有期刊阅览室、少儿阅览室、公共电子阅览室、盲人阅览室、外借室、地方文献室、网站等对外服务窗口，常年开展外借、阅览、参考咨询、专题服务、地方文献查阅、网络查询、讲座、展览、培训、公益电影播放等服务活动。

业务建设

自2011年开始，纳溪区图书馆实行全免费开放。图书馆现有藏书3万余册，其中地方文献470册，电子图书8000余册，电子期刊220多种。视听文献入藏总计439件。年均新增图书4000种以上。报刊年订阅量50多种。随着共享工程逐步深入，数字资源有2TB,其中共享工程视听文献年入藏量达到150件。

我馆文献均采用全开架管理，业务自动化管理采用“智慧2000”管理系统。与市馆、各县区馆、镇村三级网络覆盖的“一卡通”工程于2013年12月开通。

读者服务工作

纳溪区图书馆自2011年开始实施免费开放，365天开馆，每周开馆时间达到了60.5小时。2009-20012年，读者进馆年均3.5万人次，书刊文献年外借9万册次，流动服务点书刊借阅册次年均7.248千册，年均举办各类展览、讲座、培训20场次，阅读推广活动7次，公益电影20场。纳溪区图书馆馆建设了农民工活动室、少儿阅览室，盲人阅览室，贴心为弱势群体服务。从2012年开始，纳溪区图书馆向公众提供政务信息查阅服务。

纳溪区图书馆网站2011年建立，是读者了解纳溪文化的一扇重要窗户。网站浏览量达到300多万页次。

业务研究、辅导、协作、协调

200-2013年，全馆共写调查报告1篇，论文5篇。调查报告《打造全域图书馆 突破惠民瓶颈》获得原泸州市市委书记朱以庄亲笔签批。论文《解决三个核心问题，开创西部乡镇图书馆新局面》以泸州市纳溪区为例，对西部乡镇图书馆在建设和利用方面存在的问题及其原因进行分析，提出了解决问题的三点建议。

多年来，我馆积极参加泸州市公共图书馆馆长例会，泸州市图情学会年会。与其它公共图书馆互相学习交流工作经验。从2010年至今，我馆先后设立流动图书室点20个，方便读者就近借阅。每年对基层图书室业务人员进行培训、指导，工作检查。截止2012年，我区农家书屋100%全覆盖。通过流动图书室，基层图书室批量借书、公共电子阅览室资源共享、文化信息工程——农村远程教育网络平台等方式，我区实现了图书通借通还，资源共享。

管理工作

我馆于2003年起，开始实行人事制度改革，图书馆与员工签订了《聘用合同书》，设岗6个，建立了工作量化考核指标体系，制定了操作性很强的绩效考核方案，强化了管理。规范了责任，奖惩逗硬。与此同时，我馆加强了志愿者管理、设备、物资管理、档案管理、环境与安全管理。

表彰、奖励情况

2009至2013年，共获得各种奖励10次，其中市级奖励5次，区级奖励5次。

馆领导介绍

袁晓秋，女，1973年6生，大学学历，中共党员，初级职称，馆长。1992年参加工作，曾任中学老师，报社编辑、记者，2009年10月任纳溪区图书馆馆长。

李宇翔，女，1977年7月生，大专学历，初级职称，副馆长。1998年参加工作，曾任幼儿园、小学教师，2012年调纳溪图书馆工作，分管办公室、少儿阅读工作。

未来展望

泸州市纳溪区图书馆以“一切为读者”的服务理念，呼吁新图书馆的尽快修建，不断拓展免费开放的深度和广度，完善自身的服务功能。在未来的几年里，纳溪区图书馆将以图书“一卡通”为抓手，进一步发挥好图书服务、共享工程区级中心的作用，辐射乡镇、街道、村、社区基层图书室、共享工程基层服务点，带动本区图书事业的整体发展。

联系方式

地　址：泸州市纳溪区西林街84号
邮　编：646300
联系人：李宇翔

电子读者证发到学生手中

亲近经典街头诵读活动

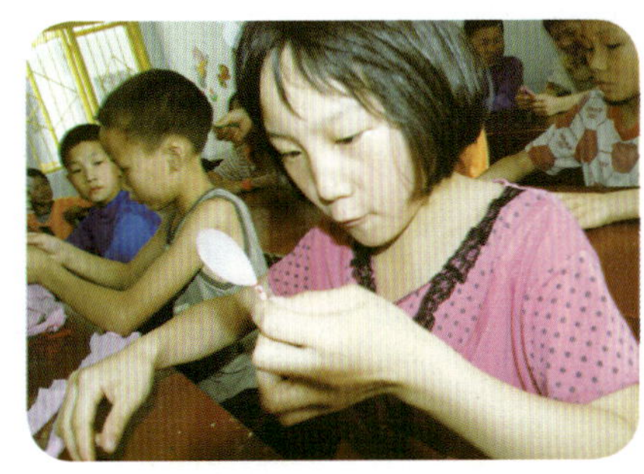

组织未成年人学习制作绢花

资阳市图书馆

概述

资阳市图书馆成立于2007年6月，馆舍位于风景秀丽的三贤文化公园内，由政府投资1000余万元，历时一年半兴建而成，2009年5月22日正式对外开放。全馆建筑面积6453平方米（其中一号楼2000平方米，二号楼4453平方米），设有少儿阅览室、期刊阅览室、图书阅览室、外借室、自习室、地方文献室、电子阅览室、有声阅览室和多媒体报告厅等，共有阅览座席526个。截止2012年12月，全馆共有在编人员10人，其中本科以上学历8人，副高级职称1人，中级职称4人。

业务建设

截止2012年12月，资阳市图书馆馆藏文献资源54.19万册（件），其中印刷型图书14.17万册（件），期刊7231册，报纸1764件，电子图书39.09万册（件），数字资源1TB。自2009年以来，图书年均新增藏量为24907种，报刊年均新增藏量为221种，视听文献年均入藏量为3732件。

馆内网络传输采用先进的FTTB方式，开通有10M光纤网络，共有计算机90台（其中供读者使用的计算机55台），专用储存设备容量达32TB。馆内安置有信号强、覆盖面广的无线路由器，读者在馆内任意角落均可享受免费上网服务。2010年购置一台大屏幕触摸式电子读报终端，集中展示全国各地电子报刊120余种，图书涉及哲学政治、经济法律、军事历史、人文地理、文学艺术等22个大类。2010年，资阳市图书馆服务网站建成，配备了30余万种数字图书、200余种CNKI工具书及一大批电子期刊，为读者搭建了一个不受地域、时空限制的数字资源平台。

馆内图书管理采用ILASII图书自动化管理软件，并于2012年11月对系统进行了升级，在内部管理、文献采访、编目、典藏、流通、查询等功能上进行计算机管理，实现了藏阅一体、开放式、自动化的管理模式，读者足不出户就可以轻松在网上进行续借、预约和阅读电子读物。馆内设置有2台自动检索机，读者可以通过联机公共目录查询系统（OPAC）在自动检索机上查询馆内文献资源情况及读者借阅记录。

读者服务工作

资阳市图书馆自开馆以来，每周免费对外开放60小时。2009–2012年，书刊总流通24.39万人次，书刊外借60.11万册次，图书馆网站访问量6.3万人次。2009年–2012年共举办大型书法、美术、摄影作品展56次，专题讲座37场，进行“4.23”世界读书日街头宣传3次，举办有奖征文比赛3次，共通报新书15000余种，撰写新书推荐50余篇，出导读专栏15期，承办大型公益音乐晚会1场。

在狠抓阵地服务的同时，资阳市图书馆注重延伸服务渠道，拓展服务空间，先后与资阳市总工会联手组建“职工书屋”，与四川大千药业有限公司、中城建二局资阳项目部、金迪飞龙集团共建“职工阅览室”，与武警资阳支队一中队共建“警民阅览室”，与共青团资阳市委合作，共建了青少年之家图书室、青少年爱国主义教育基地。每年定期不定期开展送书下乡活动，派遣业务骨干指导农村书屋建设，做到了送书和培训基层业务人员相结合，让基层读者既能获取丰富的图书资源也能享受到优质的服务。

业务研究、辅导、协作协调

2009–2012年，全馆职工累计在省级以上刊物发表论文4篇，申报市级科研项目2个。

资阳市图书馆通过召开座谈会、网络远程培训、现场集中授课等方式，对免费开放、共享工程、农家书屋管理等业务知识进行交流、座谈、辅导、培训，有效地提高了各县级馆图书管理人员的素质，推动全市基层图书馆事业健康快速发展。协调、指导各县级图书馆加入全国图书联合编目中心，成为成员单位，督促各馆落实专业人员，通过Interlib系统实施联合编目，实现了图书馆编目资源的共建共享，提高了编目工作效率。2010年，资阳市图书馆协调、指导各县级图书馆完成文化信息资源共享工程建设，实现了市、县、乡、村四级联网。

管理工作

资阳市图书馆设置有办公室、读者服务部、采编部、自动化部，分工明确，管理规范。2009年，制定了《资阳市岗位设置方案》，在馆内推行聘用制度和岗位管理制度，实现由身份管

资阳市图书馆一号楼

举办资阳·德阳美术精品展

开展4.23世界读书日街头宣传活动

与武警资阳支队共建阅览室

图书阅览室

理向岗位管理的转变，调动了工作人员的积极性、创造性。先后两次通过面向社会公开招聘的方式引进专业技术人员4名，既改善了员工的年龄和知识结构，又提高了队伍的整体素质，为事业发展奠定了人才基础。制定了《资阳市图书馆职工年度考核暂行办法》，围绕职工德、能、勤、绩、廉五个方面重点考核工作实绩，对职工坚持客观公正、民主公开、注重实绩的原则进行考核。

表彰奖励情况

2009年，被市文化局评为先进单位；2010年，被文化部评为国家二级图书馆；2012年，被市妇联授予“资阳市巾帼文明岗”称号。

馆领导介绍

韩晓瑛，女，1977年生，中共党员，本科学历，馆长。1998年参加工作，2008年7月任市图书馆读者服务部主任，2011年7月任市图书馆副馆长，2014年10月任市图书馆馆长。

曾科，男，1981年生，中共党员，本科学历，副馆长。1999年参加工作，2013年1月任市文化馆办公室主任，2013年8月任市文物管理所办公室主任，2014年5月任市图书馆副馆长。

未来展望

资阳市图书馆作为四川省第二批数字图书馆建设的试点单位，按照国家数字图书馆建设的硬件标准要求，通过政府集中采购的方式，购置了数字图书馆必备的服务器、防火墙、磁盘阵列、UPS不间断电源、交换机、VPN等设备。2012年，资阳市数字图书馆硬件平台建设顺利完工，数据资源与省中心取得对接。目前，平台中有超过30万种的数字资源供广大读者远程访问，数字图书馆已经初具雏形。在未来的几年里，资阳市图书馆将依托强大的信息服务网络，集中资源优势，提供参考咨询服务，为党委政府科学决策提供理论和数据支持，为本地企业提供科学文化服务，为广大群众提供内容广泛和富有特色的文化大餐。

联系方式

地　址：四川省资阳市图书馆（三贤文化公园内）
邮　编：641300
联系人：曾　科

资阳市图书馆二号楼

巴中市图书馆

概述

巴中市图书馆成立于1994年，是一家集图书收藏借阅、报刊阅览、文化讲座、美术展览等为一体的综合性公共图书馆。2011年9月，位于巴中市江北大道文苑街89号的新馆建成开放。新馆馆舍面积5212平方米，可藏图书100万余册。免费开放的少儿阅览室、报刊阅览室、图书外借室、电子阅览室、地方文献室、地方艺术精品展览室、青少年科普活动中心等服务窗口10个，拥有成人、儿童坐席850个，计算机115台。2013年，该馆参加第五次全国公共图书馆评估，获得二级图书馆。

业务建设

截止2012年底，巴中市图书馆总藏量58万余册（件），2万余种，报刊960余种，电子文献10000余种。

近年来，各级财政加大了对巴中市图书馆的投入力度，2011年投入114.58万元，2012年投入164.5万元，2013年投入356.3万元。其中，数据库建设投入120万元，新增图书购置费210万元。

读者服务工作

截止2012年底，巴中市图书馆已步入现代化管理的新阶段，图书资料实行计算机管理，向读者免费开架借阅、文献检索、参考咨询，极大地方便了读者。坚持全年天天开馆，周开放63小时。年接待读者18万人次以上，书刊流通保持在30万册次以上。

新馆开馆以来，巴中市图书馆努力打造以《秦巴大讲堂》为代表的公共文化服务品牌，邀请国家、省级专家学者前来授课，举行大型讲座32余场次，惠及民众5万余人次；以“4.23”世界读书日等重大节假日为契机，大力开展群众性文化活动，开展了读书活动8次，专题读书活动16次，精品图书展示活动5次，赠送图书2万余册，散发各种宣传资料6万余份；大力开展“送文化下乡”活动，定期或不定期针对未成年人、留守儿童、农民工、老人及妇女、残疾人等特殊群体、弱势群体开展关爱行动，年均开展图书进机关、进农村、进社区、进学校、进军营、进重点工程建设工地等各类活动20余场次；着力转变服务观念和服务方式，加强延伸服务，与各单位进行合作，建分馆10个，将图书馆分馆建到了企业、机关、军营、学校等地，服务方式由“被动”向“主动”转变；注重文献收藏，先后组织人员深入三县两（区）收集地方文献220种5万余册，有《雪鸿堂》、《家谱》、《史志》、《县志》等本地名流大家的诗集、散文、书画等珍本，所收集地方文献均按要求进行标引、著录、登记、进账建卡、上架排列并向公众开放借阅。

业务研究、辅导、协作协调

截止2012年底，巴中市图书馆积极搭建学术交流平台，组织承办了川陕甘毗邻地区图书情报协作网第七届年会，强化图书馆馆际交流合作；着力办好学会刊物《巴中图书情报》26期，积极鼓励员工进行业务研究，撰写经验文章累计发行36期，400余本；邀请国家、省级书画艺术家赴巴中指导工作，留下美术、书法精品100余幅。编辑成集《巴中市公共图书馆馆藏地方文献联合目录》、《四川省地方文献资料数据库·人物卷—巴中卷》；出版发行学术论文集《知识使者的呼唤》。

管理工作

巴中市图书馆现有编制42名，在职员工15名，其中，管理岗位3名，专业技术岗位10名，工勤岗位2名。大学学历13人，中专及高中学历1人。2012年底，实行了职工竞聘上岗制度，建立了工作量化考核指标体系，完善了绩效考核制度。

表彰、奖励情况

2009—2012年，巴中市图书馆共获各种表彰奖励23次。

馆领导介绍

张蓉，女，汉族，1976年8月生，大学文化，无党派人士，馆员，馆长。1992年9月参加工作；1992年9月至1996年6月在巴中市南江县当幼儿教师，1996年6月至2000年12月在南江县民政局工作；2001年1月至2002年9月在南江县文化馆工作；2002年9月至2012年9月在巴中市文化馆工作（2003年8月至2012年10月抽调到市艺术团任副团长，兼声乐小品演员；同时任文化馆、

社区赠书

到农村学校建“爱心阅览室”

巴六中学生在分馆阅读

亲子阅读活动

电子阅览室

图书馆两馆工会主席）；2012年10月至今在巴中市图书馆工作，并任该馆馆长职务。

杨翠萍，女，汉族，1957年3月生，中共党员，大专文化，研究馆员，学会理事长。1973年9月参加工作，1973年9月至1990年9月在巴中市南江县沙河镇等学校任教，1990年10月至1994年9月先后在南江县文化中心、图书馆任主任、馆长职务；1994年10月至1995年8月巴中市文体局办公室工作；1995年9月至2012年9月任巴中市图书馆馆长；2012年10月至2014年2月任巴中市图书馆支部书记；2001年3月巴中市图书馆学会成立以来，一直担任理事长职务。

赵晓华，女，汉族，1964年11月生，中共党员，大专文化，馆员，支部书记。1983年10月高中毕业后在巴中市通江县图书馆工作，1983年10月至2005年4月历任通江县图书馆助理馆员、馆员、副馆长、支部书记、馆长。2005年5月调入巴中市图书馆工作，2008年10月至2014年2月任市图书馆副馆长；2014年2月至今任支部书记。

梁群，女，汉族，1982年6月生，大学文化，馆员，副馆长。2004年6月参加工作；一直在巴中市图书馆工作，期间担任过办公室主任、市图书馆市文化馆联合工会主席；2014年2月至今任副馆长。

未来展望

巴中市图书馆以“为您服务、追求卓越”精神为指导；以建设“学习型”、“服务型”、“创新型”、“和谐型”“四型”图书馆为目标；以全面发展的办馆理念为依托；坚持“资源、服务、管理”三位一体的发展模式，让巴中市图书馆成为全民阅读的领航者，肩负起培养全社会的阅读习惯，共建书香巴中的重要职责。

联系方式

地　址：巴中市江北大道文苑街89号
邮　编：636000
联系人：郎多闻

盐边县图书馆

概述

盐边县图书馆是县（区）级综合性公共图书馆，于1989年正式开放。1997年县城南迁，在县城中心地带划拨土地800余㎡建设图书馆办公楼，现有房舍建筑面积2100㎡。图书馆现有社会科学、自然科学等各类文献5万余册（件），报纸期刊260余种。设有图书外借室、报纸期刊阅览室、少年儿童阅览室、采编室、电子阅览室、多媒体室等。以较丰富的馆藏文献资源为依托，积极应用计算机等现代技术，为全体市民提供以图书、报刊免费阅览、外借为主的各种服务。2013年被评为国家二级公共图书馆。

业务建设

文化信息资源共享工程盐边县支中心于2007年建成并投入使用，设备总投资53万元。其中：县级支中心建成电子阅览室360平方米，坐位30个，中心机房10平方，网站可容量300GB，实际容量40GB。2008年共享工程投入使用以来，坚持免费向读者开放，一年来接待读者7000余人次。

读者服务工作

盐边县图书馆明确坚持“读者为本，服务至上”的服务理念，自2007年10月以来坚持每天8小时的开放时间，每周开放时间为40小时，长期坚持为读者免费服务的公共图书馆原则，设服务点社区6个，乡镇16个，村社165个。从2003年5月至今，共接待读者42672余人次，接待资料查询200余次，图书流通18560册次，上级赠送的5000余册图书已陆续上架并每年坚持订购报刊、杂志200余种，新购图书5000余册，图书入藏量达22类，书刊、文献年外借册次达4.2万余册。

盐边县图书馆利用世界图书日、服务宣传周、送文化下乡等主题活动开展读者服务工作。开展了发宣传单，制作展版，发科普宣传资料，赠送图书，开展送书下乡等活动。随着文化进社区、进村社的开展，盐边县图书馆主动与社区、各单位等部门联系，特别是老干部。为读者定期推荐图书，开放阅览室，同时，盐边县图书馆与驻盐武警部队建立警民共建单位，为每位战士办理借书证，还帮助部队建立2个图书室，丰富了军营文化生活。为了方便广大读者看报，盐边县图书馆建立了阅览栏和宣传栏，随时向群众宣传时事新闻，文化动态及制作一些新书推荐版面等。此外，盐边县图书馆还定期对全县16个乡镇的农家书屋管理员进行业务指导。

业务研究、辅导、协作协调

2010年，盐边县图书馆职工发表《关于办好“农家书屋”，服务新农村建设》的论文，在《西部图情论丛》刊登。

管理工作

多年来，盐边县图书馆为不断提高职工业务素质，鼓励职工积极参加业务学习，建立岗位责任制，制定目标考核，与职工签订《目标责任书》。严格管理，不断完善各项规章制度。通过一系列的内部建设，提高了工作人员业务素质和服务水平，充分发挥图书馆的职能，更好地为读者服务。

馆领导介绍

沙陇，男，1973年1月生，大专学历，中共党员，1994年参加工作，现担任盐边县图书馆、盐边县文化馆、盐边县文物管理所三馆馆长。2010年6月获四川省文化厅授予省第十五届群星奖（作品）类三等奖荣誉称号。2010年11月被攀枝花市市委市政府授予四川省第十三届少数民族体育运动会承办工作“先进个人”荣誉称号。2010年12月被四川省民委授予第十三届少数民运会表演项目一等奖荣誉称号。

未来展望

随着电脑和手机的迅速普及，加上宽带、光纤网覆盖面的迅猛扩大，公众的上网率已达到较高的比例。人们猎取信息的渠道越来越多，对于信息的摄取也正在远离传统的图书借阅模式，因此，盐边县图书馆计划建设标准化、自动化、数字化图书馆，并通过提升服务、创新服务方式，运用现有资源、图书日活动和流动图书服务等方式，逐步建成读者满意的县级图书馆，向现代化图书馆迈进。

联系方式

地　址：盐边县桐子林镇中环北路6号三楼
联系人：杨　萍

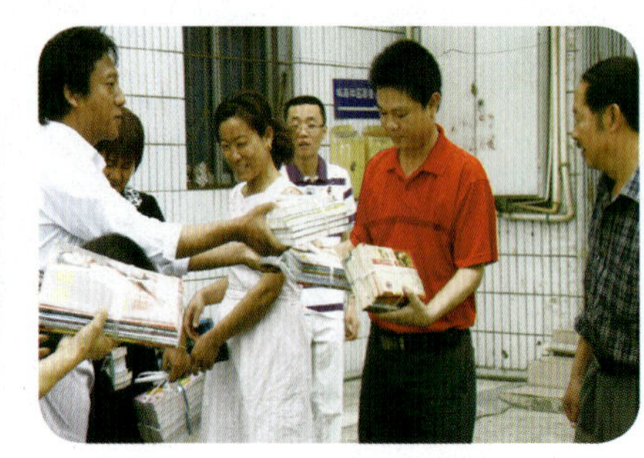

叙永县图书馆

概述

叙永县图书馆于1959年9月建馆，地处国家级文物保护单位“春秋祠”内，是泸州市建馆最早，累计藏书最多，唯一藏有古籍图书的县级公共图书馆。2010年12月新馆搬迁至叙永县叙永镇永和路88号（县宣传文化中心二楼）。宽敞明亮的阅览室可容纳300座席。2009年，参加第四次全国公共图书馆评估，获得国家三级图书馆。经过4年的不懈努力，2013年第五次全国公共图书馆评估，荣获国家二级图书馆。

业务建设

截止2013年底，叙永县图书馆累计藏书量163786册（件），其中，古籍7000册，电子图书503册，电子期刊1106种/册。数字资源总量为4TB。2010年完成全国文化信息资源县级支中心建设，电子阅览配置硬件达标，实行免费开放。2011年已完成全馆书目数据库建设工作。积极参加全市“一卡通”建设，现已完成9个基层服务点建设任务，争取早日实现全市公共图书馆、乡镇文化站图书室、农家书屋、社区书屋图书通借通还，资源共享的目标。

读者服务工作

叙永县图书馆全年365天天天对外免费开放，周开放56小时，2009–2012年，书刊总流通88000人次，书刊外借168000册次。积极开展以县图书馆为总馆，各乡镇文化站图书室和社区图书室为分馆的总分馆制的调研和试点工作，已于2013年底成功建立分馆14个，有2个流动服务车服务点，馆外借阅总人次33000人次，书刊外借21000册。

2009–2013年，叙永县图书馆共举办讲座、展览、培训、阅读推广、农民读书活动、“三下乡”活动、学雷锋志愿者活动等54场次，参与人数35000人次。每年坚持组织开展图书馆服务宣传周和4.23世界读书日系列活动，向社会宣传图书馆，让广大群众认识图书馆、走进图书馆、从而更好地利用图书馆，努力在全县形成多读书、读好书的良好社会风气。举办好以《叙永往事》为主题的丹山讲堂专题系列讲座，搞好以“梁门读书会”为亮点的儿童阅读推广活动，切实做好图书馆延伸服务工作。

业务研究、辅导、协作协调

2009–2013年，叙永县图书馆职工发表论文8篇。图书馆在抓好自身业务工作的同时还努力做好延伸服务工作。积极参与县“三下乡”活动，惠及全县25个乡镇，已累计赠送图书万余册。每年组织开展读书活动，参与活动人数近万人。坚持每年组织开展公益惠民电影进农村、进社区、进警营活动，已累计放映400场次，观众达80000余人。承担全县231个村农家书屋，28个社区书屋的业务辅导和培训工作，2011年全县农家书屋已实现全覆盖。承担对全县机关、企事业单位、学校图书室的业务辅导和培训。承担对全县25个乡镇、231个村文化共享工程基层服务站（点）的指导和技术培训。积极组织开展警民共建工作，与驻叙武警、消防部队共建图书室两个，每年定期为警民共建图书室更换新书，深受部队官兵们的欢迎。

管理工作

叙永县图书馆把干好本职工作、促进事业发展、服务社会大众作为重要任务，在管理上求规范，气氛上求和谐，作风上求垂范，服务上求实效，全馆上下团结拼搏，自我加压，开拓创新，展现出干实事、求实效的工作局面。

在人事管理上实行按需设岗，竞争上岗，按岗聘用，定岗定职，目标量化、绩效考核管理，极大地调动了全馆员工的工作积极性。建立健全各项合理的规章制度，用制度体现对图书馆各项工作的管理。聘用安保人员，购置安防设施，加强安全管理。规范服务行为，优化服务环境。在馆内大力提倡微笑多一点、行动快一点、做事早一点、说话柔一点、理由少一点、脾气小一点、胆量大一点、质量好一点、效率高一点的十点工作法，进一步强化了服务意识。

表彰、奖励情况

2009–2013年，叙永县图书馆连续五年被市图书馆、县文体广电局评为先进单位受到表彰。2012年在全市“书香润农家·我爱读经典”农民读书活动中荣获市文化新闻出版局“组织奖”。

馆领导介绍

牟建强，男，1956年1月生，中共党员，馆员，馆长。

黄英，女，1976年8月生，馆员，副馆长。

未来展望

展望未来，我们满怀信心，将以最大限度满足广大人民群众的精神文化需求为使命，向着建设“管理科学化、服务多样化、办公自动化、资源数字化、环境舒适化”的现代化数字图书馆而努力奋斗。

联系方式

地　址：叙永县永和路88号
邮　编：646400
联系人：刘 宏

电子阅览室

流动图书借阅进警营

到学校开展流动图书服务

泸州市龙马潭区图书馆

概述

泸州市龙马潭区图书馆位于泸州市龙马潭区小市新街子74号三楼（原龙马潭区政府大楼内），总面积为1500平方米。现有藏书8万余册，视听文献500余件，地方文献1600余册，年订阅报刊150多种。有阅览座席134个，设有报刊阅览室、少年儿童阅览室、盲人阅览室、图书外借室、电子阅览室、多媒体阅览室等8个服务窗口，每周开放64小时以上，双休日及法定节假日照常开馆。开展外借、阅览、参考咨询、网络查询等服务，举办讲座、集体阅读、培训、展览等活动。2007年开始实行全免费服务，是全市最早实行全免费服务的公共图书馆之一。

读者服务工作

常年开展的少儿读者活动有：(1) 儿童节读书活动；(2) 寒暑假、国庆节都开展读书活动、安全讲座、爱国影片和动画片的播放。

常年开展的成人读者活动有：(1) 举办“4.23”世界读书日活动；(2) 图书宣传周活动；(3) 进城务工职业技能培训及农民种养殖技术培训。

重点及特色工作

文化信息资源共享工程建设：文化信息资源共享工程是2002年中央提出的文化2号惠民工程，各级公共图书馆作为共享工程建设的服务平台，承担着“消除数字鸿沟、实现文化共享”的重任。该馆于2007年成立区级支中心，并争取到全省第二批共享工程示范县的政策。狠抓机遇，以乡镇综合文化站建设为依托，稳步推进乡镇基层服务点的建设，不断强化服务延伸，先后建立了12个乡镇街道基层服务点和89个村、社区基层服务点。

公共图书馆（室）一卡通建设：在2012年开始建设农家书屋与区图书馆实行一卡通借通还服务，在当年12月份实现57个农家书屋与区图书馆“一卡通”服务；并逐渐在社区书屋中推广，到2014年12月，全区乡镇街道、村社区图书室实现与全市公共图书馆（室）一卡通借通还服务。

未来展望

以《县级图书馆评估标准》为依据，以政策创新为动力，以“读者第一，服务育人”为宗旨，进一步抓好传统图书馆的资源建设和读者服务工作。不断优化藏书结构，以建设综合性图书馆为起点，逐步实现服务手段自动化、网络化、数字化，努力建成特色鲜明、布局合理、机制灵活、管理科学、设施一流、功能齐全、服务优良、环境优美、集信息收集、开发利用于一体的现代化图书馆。

联系方式

地　址：四川省泸州市龙马潭区小市新街子74号三楼图书馆
邮　编：646000

梓潼县图书馆

概述

梓潼图书馆建馆于1978年11月，三十多年来梓潼图书馆沐浴着国家改革开放的和煦阳光，抓住灾后重建和文化大发展大繁荣的历史机遇，事业得到了跨越式的发展。由建馆时建筑面积不足四百平方米，藏书仅七千余册的小型图书馆，发展到建筑面积近3400㎡，阅览座席300余个，实现自动化管理，对公众免费开放了图书外借室、期报刊阅览室、电子阅览室、读者自修室、少儿阅览室、盲人阅览室等服务窗口的具有综合功能的国家二级图书馆。

业务建设

梓潼图书馆目前馆藏文献资源10万余册，数字资源4个TB，电子文献资源500余种，图书馆与周边的社区书屋、农家书屋、梓潼中学图书馆达成了“建设协作协调机制、实现文献资源共建共享”协议，使图书馆可供读者使用的文献资源达20余万册。每年自行采购图书2000多种，根据读者需求每年新增订报刊200种，并有一定的视听文献注入。2012年开始使用ILAS自动化集成管理系统，对馆藏中文图书、报刊等文献资料按照CNMARC格式建立了机读目录，严格按照《中国图书分类法》标准进行编目著录，数据规范一致，排架有序。文化信息资源共享工程梓潼支中心建设于2008年，支中心由中控室、资源加工室、电子阅览室、多媒体报告厅组成，有专兼职工作人员2人，电子阅览室机位60个，多媒体报告厅座位80个。

读者服务工作

梓潼图书馆严格按照文化部、财政部《关于推进全国美术馆、公共图书馆、文化馆（站）免费开放工作的意见》文件精神，对图书馆所属的空间设施场地进行了全面的免费开放，对基本服务项目实行了全免费。馆藏外借文献实行全开架，年外借册次8万余册，坚持每周开馆时间56小时以上，周六和周日，节假日正常开馆，满足读者的借阅需求。设置参考咨询室，专人管理，为政府机关，科研、企事业提供专题服务。在报刊阅览室设政府信息公开栏，对公众实行政府信息公开服务。常年开展送书、送电影到建筑工地、到敬老院等活动，在馆内设少儿阅览室、残障人阅览室窗口为特殊群体服务，满足特殊群体需求。利用世界读书日，图书馆服务宣传周，全民读书月开展多种形式的宣传活动。“三八”妇女节和县妇联联合开展了“读经典著作、做魅力女性”读书倡议活动，以创建省级文明县城为契机开展“文明创建、从读书开始”为主题的宣传活动。积极参加省、市、县组织的三下乡活动，编印的科技兴农致富信息深受农村老百姓的欢迎。在重要的纪念日举行图片展，定期开展以文昌文化、红色文化、健康养生、心理疏导等公益讲座，年参与这些活动达3万余人次，延伸了图书馆的服务功能，收到良好的社会效益。

业务研究、辅导、协作协调

积极派人参加省、市图书馆学会举办的各类培训学习，在岗在编工作人员完成了每年规定的继续教育学时，王利同志撰写的《建设文献信息资源大平台 实现文献资源共建共享》在四川省图书情报2012年增刊上发表。2013年1月与周边社区书屋、农家书屋、梓潼中学图书馆签定了《建设协作协调机制，实现文献共建共享》协议，所有馆藏文献实行通借通还，实现共建共享。充分发挥专业图书馆人才优势，加强对基层图书馆的业务辅导。利用送文化下乡的机会对农家书屋，乡镇综合文化站图书室管理员进行辅导，通过办讲座等形式对学校图书室管理人员进行辅导。

管理与表彰

为了规范管理、做到有章可循，不断完善激励机制，根据岗位需求，进行了岗位设置，制定了《梓潼县图书馆岗位目标责任书》，单位负责人和各岗位责任人签订目标责任书，目标实施情况纳入职工年度考核，实行目标管理。建立了设备、物质台账，对馆属的国有资产进行严格的管理。各项档案归档规范，立卷准确，装订整齐，内容齐全，统计资料齐全。梓潼图书馆历年都被上级业务主管部门评为先进集体，2013年被主管部门综合考核为“一等奖”。

馆领导介绍

王利，男，1964年3月生，大学学历，中共党员，馆员，馆长，党支部书记。

杨鸿嵋，女，1970年12月生，大学学历，中共党员，馆员，副馆长。

未来展望

梓潼图书馆遵循“立足实际、科学发展、普遍均等、惠及全民、公益性、人性化”的办馆理念，在今后的工作中，在完善单体服务功能的同时，努力扩大服务辐射区域，带动地区事业发展。力争达到阅览座位1000个，可容纳纸质文献50万册，年服务人次20万人次以上，数字资源存储能力10TB，能够提供全覆盖、不间断、无时空限制的数字文献远程和移动服务。同时，具有支撑保障全县公共图书馆服务体系良好运行的文献与技术能力，达到国家一级图书馆的标准。

联系方式

地　址：梓潼县城北新区图书馆
邮　编：622150
联系人：赵莉华

泸县图书馆

概述

泸县图书馆始建于1973年，前身为泸县文化馆阅览室。1979年2月，阅览室从文化馆分离，单独成立泸县图书馆，开始分类编目建卡，收藏古籍和地方文献，向社会公众服务。1996年行政区划调整，泸县图书馆于2000年4月迁往新县城福集正式开馆。现有馆舍面积1628平方米。藏书8万余册，阅览坐席196个，计算机63台，宽带接入10M，存储容量6.97TB。使用"智慧2000"图书自动化管理系统，与泸州市县区公共图书馆之间开展了"一卡通"服务。

业务建设

截止2012年年底，泸县图书馆总藏量为8.13万册（件），其中电子文献550种，图书年入藏数量2983种/册，报刊年入藏量162种/册。2012年共收集地方文献108种392册，字画作品228余幅。

泸县图书馆购书经费从2009年的6万元增加到2012年的15万元，共享工程运行经费从2万元增加到10万元；免费开放地方经费全数到位。我馆的年新增藏书由过去的1000册增加到现在的2983册，视听文献从几十张增加到770多张，数字资源总藏量达2.2TB。建立了"泸县图书馆网站"，开通了网上数字资源服务通道。

读者服务工作

泸县图书馆始终坚持"读者至上，服务第一"的服务宗旨，注重抓人才队伍建设，抓服务质量的提高，抓读者活动，抓基层业务辅导与培训，抓文献的收集和开发利用。不断推出"馆校共建"、"警民共建"、"农民读书活动"等品牌系列活动。

2011年10月，泸县图书馆全面实行免费开放，每周开馆时间达58个小时；书刊文献实行全开架，馆藏书刊文献年外借率为55%。2012年，书刊文献年外借4.5万册次。在书刊宣传栏上，每月向读者推荐新书；利用图书馆宣传服务周向读者发放新书推荐宣传单，同时在泸县图书馆网站上设"新书上架"栏目，用以宣传新书到馆情况。在电子阅览室设置"政府公开信息服务区"，在所有电脑桌面上建立"政府公开信息"图标，方便读者在第一时间里查询信息资源。在各个服务窗口配备了"便民箱"，里面放了笔、便民签、胶水、小剪刀、风油精等小用品，供读者免费使用；免费为读者提供资料复印、饮用水等，让读者有"家"的温馨感觉。

业务研究、辅导、协作协调

泸县图书馆现有职工10人，均为大专学历。2011年，馆长王胜连同志撰写的论文《发挥县级公共图书馆优势，推动农家书屋工程建设》在中国西部地区公共图书馆协作网第二十届年会暨学术论文研讨会上获优秀论文奖。

为了充分发挥馆藏资源的作用，提高每本读物的使用率，我馆自2007年起在全市率先创造性地开展"馆校共建"活动，即经过馆校双方协商，图书馆将部分图书送到学校图书室内，由学校图书室免费向师生开展借阅服务，图书馆人员定期到学校检查指导借阅服务工作，指导开展读书活动。几年来，我馆与泸县工矿学校等共11个学校和机关单位结成了共建关系，建立了11个流动服务点。为了推动全民阅读的进程，我馆举办了丰富多彩的读书活动。利用"4.23"世界读书日、全民读书月、图书馆服务宣传周等，与共建单位开展读书系列活动。先后在福集镇小开展了"书香伴我成长"、"让读书成为习惯，让书香溢满校园"系列读书活动；在泸县一心学校开展了"书香溢校园，知识伴我行"系列活动；在得胜镇小学开展了"经典红书进校园"活动、在泸县宝洁员工希望小学开展了暑期农家书屋"小手牵大手，齐享读书乐"读书活动；在泸县公安局开展了"热爱阅读，与书为友"读书活动；在泸县老年公寓开展了"敬老助老·关爱老人健康"阅读活动，在福集镇小马滩村举行了"泸县农民读书活动启动仪式"，开展了"倡导全民阅读，共建书香泸县"等系列读书活动。2012年全年开展讲座和培训20次；举办展览5次；举办阅读推广活动6次。参加各种活动达2万人次。

地方文献室广泛开展参考咨询服务。为泸县打造文化旅游新县和各乡镇、机关普查文化旅游资源提供了《泸县志》、《泸县古今吟》等几十种文献资料查询；为泸州市自强学校县级课题《农村小学生健康心理培养的研究》在立项、研究、

图书馆全貌

电子阅览室

馆校共建活动

开架书库

农民工电脑培训

结题、申奖等过程中提供书目查询；为泸县文物局课题《泸州龙桥》提供《泸县志》、《巴蜀移民史》书目查询；为文化馆、文联、政协、县史志办、县档案局、县旅游局、县人大、县教育局、泸县诗联学会等单位提供地方文献资料查阅；为泸县非遗申报、文物普查等提供咨询服务。

宣教部还为特殊群体开展了各种服务工作。为泸县特殊学校送去青少年读物2000余册；接送残疾人到馆借阅图书，辅导残疾人上网；为进城务工人员开展进城务工职业技能培训，为农民工放电影；在学校开展了"送书进校园"、播放爱国主义影片、开展法律知识讲座和电脑培训等服务；在泸县老年公寓开展"敬老助老·关爱老人健康"送书刊到敬老院活动；为老年人播放养生知识讲座片，指导老年人亲情视频聊天，辅导老年人上网娱乐，到敬老院看望生病老人等。

自农家书屋建设工程在我县启动以来，我馆组织馆员先后深入全县19个镇村，举办了四期12个班次的农家书屋管理员培训班，系统培训了农家书屋政策理论、书屋管理、信息系统建设与反馈等相关业务知识，全面提高了农家书屋管理员的政策理论水平和业务管理能力。还制定了《农家书屋管理规定》、《图书借阅规定》、《农家书屋管理员职责》等一系列规章制度，为农家书屋规范运行提供制度保障。2010年在福集镇小马滩村举行了"泸县农民读书活动启动仪式"，举办了"书香润农家"大型电视访谈节目。2011年、2012年，我们在全县范围内开展了两届"十佳农家书屋管理员"、"十佳农民读书之星"的评选活动；举办了"知识改变命运、读书让我致富"和"好书送进新农村，知识照亮致富路"两届农民读书演讲比赛。还指导各镇农家书屋管理员结合本地实际，开展了"书屋进农家"、"农民读书日"、"文化大院读书竞赛"、"小手牵大手，齐享读书乐"等主题读书活动，编印了《泸县农家书屋管理员实用手册》、《泸县农家书屋读书征文集》等册子，使农家书屋的社会效益得到有力彰显。

表彰和奖励情况

泸县图书馆2011年、2012年和2013年在泸州市公共图书馆目标考核中连续三年获一等奖；2010年–2012年连续3年在文体广电局目标考核中获一等奖；连续两年被县文体广电局党委评为"先进党支部"。

馆领导介绍

王胜连，女，1966年4月生，大学本科学历，中共党员，馆长。2005年调入泸县图书馆，2007年任泸县图书馆馆长。2011年，当选为泸州市第七次党代会代表；2012年被评为"泸州市创先争优优秀共产党员"；连续三年被泸县文体广电局评为"优秀党务工作者"；撰写的论文《发挥县级公共图书馆优势，推动农家书屋工程建设》在中国西部地区公共图书馆协作网第二十届年会暨学术论文研讨会上获优秀论文奖。长期担任泸州市图书情报学会常务理事。

未来展望

展望未来，泸县图书馆将一直遵循"读者至上，创新服务，启智惠人，传承文化"的办馆理念，在各级领导的重视和关怀下，在社会各界的关心支持下，在图书馆人不断的开拓进取中，以创建国家一级图书馆为目标，促进图书馆事业的进一步发展。让图书馆成为现代化、数字化、人文文化交流的中心，成为泸县社会主义精神文明建设的重要窗口，成为建设"醉美泸县·宋韵龙城"的知识加油站，成为广大群众读书、休闲、娱乐、体验、交流的生活新空间！

联系方式

地　址：四川省泸县玉蟾街道办事处玉龙路55号
邮　编：646100
联系人：黄　艳

馆藏字画展览

文化共享工程送文化下乡

送文化进校园活动

罗江县图书馆

概述

罗江县图书馆成立于2001年6月19日，馆舍坐落于县城纹江河畔，建筑面积1500平方米。2004年，参加第三次全国公共图书馆评估，首次获得三级图书馆。2009年9月建成"资源共享工程县级支中心"。受"5.12"地震影响，罗江县图书馆被纳入了灾后重建项目，罗江县"5.12"地震灾后恢复重建委员会第十一次工作会议决定：罗江县图书馆灾后重项目与四川工业科技学院图书馆资源整合，共建共享。灾后重建资金总投资1005万元，馆舍总面积达5800平方米，阅览座席600个，其中有成人阅览坐席542个，儿童阅览席58个，培训席位100个；全馆共有计算机110台，电子阅览室和供读者查询的计算机100台，宽带接入100Mbps，无线网络覆盖全馆；馆内数据存储容量达到10TB；选用金盘图书馆自动化管理系统，借阅时实现电脑查询，全自动化管理。为解决广大城镇社区居民读书看报难的问题，2013年在县城中心的李调元纪念馆，开设了图书馆调元分馆，有藏书2万余册，报刊近200余种，设有读书长廊，外借室、电子阅览室。

业务建设

2012年县财政和四川工业科技学院都对馆藏图书加大投入力度，全年共用70余万元购书。2012年图书馆总藏量为35万余册。自2001年到2012年，图书馆图书、报刊等各种文献的年入藏量呈梯级稳步递增，其中图书的年均入藏量为2000种，报刊年均入藏量为200种。2012年，和四川工业科技学院资源整合后，全年征订报刊500种，入藏图书达32000册，馆内数据存储容量达到10TB。

读者服务工作

从2011年5月，罗江县图书馆根据文化部、财政部《关于推进全国美术馆、公共图书馆、文化馆（站）免费开放工作的意见》制定了免费开放工作实施方案，全年365天对外免费开放，每周开放时间77小时。2012年外借15万册次，5万余人次。2009年–2012年开展送文化下乡、进社区、进军营、进学校活动，累计捐赠书架30组，椅子30把，阅览桌5张、图书8000余册。2012年起，在全县范围内开始建立"留守儿童阅览室"，每个阅览室配置新书400册，书架2个。针对109个村"农家书屋"和"社区图书室"，送书上门，并派专人参与整个工作，帮助村、社区图书室进行编目、上架等工作，2012年我馆共为各镇图书室送去图书2000余册，缓解了部分群众"看书难、借书难"的问题。

2009年起，每年的"4.23"世界读书日、图书馆宣传服务周、儿童节、暑假等都会举办各类讲座、展览、培训、阅读推广等读者活动。以"书香罗江"为主题，开展各类全民阅读活动，以展板和发放宣传资料、赠送图书、经典诵读等多种形式，将全民阅读活动推广到乡镇、社区、学校、企业，掀起了全民阅读的热潮。为了发挥图书馆社会教育职能，罗江县图书馆派专人到10个基层文化站进行辅导培训，每季度对农家书屋管理培训1次，培训覆盖率达到90%以上。请专家对基层服务点的工作人员进行培训，培训覆盖率达到90%以上，确保基层服务点都能面向社区居民提供文化信息共享工程的服务。

业务研究、辅导、协作协调

2011年、2012年，参加"西部少数民族地区图书信息协作网第二十届年会"和"川陕甘图情年会"。

2013年，参加"川、陕、甘、滇、黔、渝图书情报协作网第十三届年会暨学术研讨会"。

管理工作

2011年罗江县图书馆购置了金盘图书馆自动化管理系统，采用IC卡借阅卡，免费向读者办理借阅证。购置了"歌德"电子书借阅机，免费向市民提供电子书。全馆实现了WIFI覆盖，方便市民使用互联网。建立了各项管理规章制度和安全、消防、防暴等预案。

表彰、奖励情况

2012年罗江县金山镇家和社区站点，被文化部评选为"全国文化信息资源共享工程·公共电子阅览室建设示范点"。

馆领导介绍

叶启波，女，1980年10月，本科学历，中共党员，1999年4月参加工作，2000年12月到图书馆工作，2004年起担任图书馆馆长。

汤丽莎，女，1978年1月，本科学历，副馆长。1998年10月参加工作，2000年12月到图书馆工作，先后在采编部、阅览部、图书借阅部等部门工作。

展望未来

虽然图书馆事业面临着一些不利因素，但机遇总是和挑战并存，机遇赋予我们战胜困难的条件和力量。只要我们胸怀事业，扬长避短，勤于开拓，团结一致，与时俱进，就一定会迎来图书馆事业美好的未来。

联系方式

地　址：罗江县雨村东路1号
邮　编：618500
联系人：汤丽莎

罗江县图书馆

罗江县图书馆调元分馆

"我为社区图书室捐一书"活动现场

威远县图书馆

概述

威远县图书馆位于威远县城区青龙山公园，占地3400平方米，建筑面积2600平方米。2004年3月动工修建，2006年9月正式开馆，2009年首次获得二级图书馆称号。威远县图书馆现有阅览坐席300个，计算机56台，信息节点67个，宽带接入10Mbps，选用ILAS图书馆自动化集成系统。

业务建设

截止2012年底，威远县图书馆总藏量347860册，其中，纸质文献27200册，电子图书32万册，电子期刊660种。数字资源总量为6TB。

完成《数字图书馆》数据库建设。实现了图书馆内部FTP服务，达到文件共享交流和家庭办公的要求。增加了智能导航和电子报刊阅读功能。2013年年初，实现馆内无线网络覆盖。

读者服务工作

威远县图书馆馆内拥有设施完善的少儿阅览室、图书外借室、电子阅览室、报刊阅览室、学术活动室以及报告厅、地方文献室等。采用现代化文献采访、编目、流通、书目查询等功能的计算机集成管理和服务系统。为顺应读者数字化阅读需求，相继推出馆情查阅机、电子报刊阅读机、数字图书馆电子资源远程服务等现代化数字服务新举措。

从2010年1月起，所有窗口对外免费开放，周开放49.5小时。2009—2012年，书刊总流通36万人次，书刊外借24.3万册次。建成10个流通点，馆外书刊流通总人次36.7万人次。共举办讲座、展览、培训、阅读推广等读者活动96场次，参与人数10万人次。2010年7月，威远县政府公开信息整合服务平台与威远县图书馆网站链接服务。2009—2012年，威远县图书馆网站访问量10万次。截止2012年，威远县数字图书馆发布使用的数字资源总量为32万册图书，800部电影，通过威远县图书馆网站提供检索、浏览和下载服务。

业务研究、辅导、协作协调

2009—2012年，威远县图书馆职工发表论文3篇。2011年我馆与省、市图书馆先后签定了联合编目、馆际互借、数字化资源共建共享等7项协作协议，积极参与全省馆藏文献联合目录数据库和地方文献数据库的开发建设。与各区（市）、县公共图书馆签定“文献采购”“馆际互借”协议，并据此开展有关工作。我馆注重加强基层专业人才的培养，共举办4次培训368人次接受培训。

管理工作

根据文管所、陈列馆、图书馆三块牌子的人员编制和不同的业务实际，2009年设置岗位，按照事业单位改革方向，坚持定人、定岗、定职“三定”原则，将工作岗位、职责落实到人，按照部门设置聘用部门负责人，职工根据部门或岗位设置、工作职责、任职资格、条件实行双向选择，实现单位人力、财力资源的优化配置。充分调动干部、职工的积极性、创造性，鼓励干部、职工勤奋务实。同时，建立了工作量化考核指标体系，每月进行工作进度通报，半年工作检查和全年总体工作考核。

表彰、奖励情况

2009—2012年，威远县图书馆共获得各种表彰、奖励8次，其中，省文化厅表彰、奖励1次，其他表彰、奖励7次。

馆领导介绍

赵佐良，男，1954年12月生，大专学历，中共党员，馆长，党支书记。1971年12月参加工作，历任威远县文化局文化股股长，博物馆馆长、文管所所长，2006年8月任威远县图书馆馆长。

李艳舒，女，1975年7月生，本科学历，中共党员，馆员。1998年8月参加工作，现任威远县图书馆副馆长，兼任博物馆副馆长、文管所副所长、全国文化信息共享工程威远县支中心主任。

未来展望

威远县图书馆遵循“科学、创新、发展、服务”的办馆方针，践行““热心、细心、耐心、虚心”服务意识，完善单体服务功能，扩大服务辐射区域，带动地区事业发展。加强数字图书馆建设，加大地方文献收集整理形成具有威远特色的地方资源数据库。立足基本建设分馆，实现全县通借通还。力争达到一级图书馆的基本标准。

联系方式

地　址：威远县城区青龙山
邮　编：642450
联系人：兰云舰

盐亭县图书馆

概述

盐亭县于1951年成立了文化馆，当时的图书工作，属文化馆内的一个组成部分，开辟有图书阅览室，并设有专人主管图书开放，1978年与文化馆分离，成立盐亭县图书馆，老馆地址在盐亭县云溪镇凤池街，建筑面积为1200平米。"5.12"地震后，盐亭县图书馆受到重创，被列入我县灾后重建项目，新馆于2009年10月8日正式动工兴建，2010年10月开馆服务，实行"无障碍·零门槛"免费开放，新馆位于四川省盐亭县指南新区县政府办公大楼左侧，建筑面积3568平方米，建筑总投资878万元。我馆于1999年参加第二次全国公共图书馆评估定级，首次获得二级图书馆称号保持至今。馆内现有阅览座席210个，少儿阅览座席56个，电子阅览室计算机48台，网络对外接口10兆级，现有职工10名（包括离退休人员）。其中大专以上学历人员占职工总数98%，中级职称5人，占业务人员总数的50%。

业务建设

截止2013年底，馆内藏书达到了15.3万多册，其中：中文平装新、旧图书13.5万册，线装图书4000册，中文期刊30种，8000多册(合订本)，中文报纸10余种，5000多册(合订本)。内设功能室有社会科学综合阅览室、自然科学综合阅览室、电子阅览室、少儿阅览室、古籍文献室、资料室、学生自修室等七个服务窗口，开展外借、阅览、电子信息、视听等服务，举办讲座、培训、展览、学术交流等活动，并免费提供政府信息公开查阅、咨询，反馈群众意见，搭建政府与群众之间的信息桥梁。地方文献入藏率为96%，2012年底馆内无线网络全覆盖，截止2013年底，图书馆网站主页访问量12678人次，全年共接待读者58340人次。

读者服务工作

全力开展读者服务，本着"以人为本，服务大众"的宗旨，除特定或特殊的文献外，2010年10月起，图书馆面对公众实行"无障碍、零门槛"免费开放，每周开馆时间为63个小时。坚持对老年人、残疾人、少年儿童、军人、下岗失业人员、进城务工人员等群体实行个性化服务。对市民发放读者调查表320份，回收260份，满意问卷数量258份，读者对图书馆办馆条件、环境、服务质量、服务效果满意达到了98%。图书馆坚持利用盐图网站、黑板报、展板、导读等形式进行书刊宣传，在每年的"全国图书馆服务活动宣传周"、"4.23世界读书日"、"世界图书版权日"、"三八节"慰问老读者、放坝坝电影、举办共享工程"农民工进城务工职业技能培训"，为留守儿童送本书等活动，为老弱病残等特殊人群服务，采取上门办证、上门送书的方法，满足他们的需求，图书馆在阅览室为老年读者配备老花眼镜，提供饮用水及爱心雨伞，为到馆的弱势群体提供免费午餐，尤其对一位雷锋团的老战士历年不懈创作提供大力支持，受到读者的赞誉。

业务研究、辅导、协作协调

基层图书馆辅导：近几年来，盐亭县图书馆不断加大对外共建与交流，建立起比较系统的图书馆分馆和服务点网络：云溪小学、云溪镇社区、八角社区、金孔社区、两河社区、武警中队等36个基层图书（分馆）室，建立起了全面、立体的业务辅导网络。并采取上门辅导、电话咨询辅导、利用网络平台等多种方式先后深入到各乡镇、社区、部队、学校等基层图书分馆（室）进行业务辅导，帮助基层图书馆分馆（室）建立规章制度、进行图书分编、著录、排架等相关业务工作辅导。图书馆馆每年精心挑选适合当地的农业科技书刊，到各乡镇开展"送文化下乡"活动，每到一处都受到当地党委和农民朋友的欢迎和好评。

协作协调：图书馆积极发挥协作协调作用，通过开展各种活动联系各县图书馆，进行业务交流互动，并参与市图书馆及其它县馆进行联合编目，馆际互借。

地方文献征集工作：多年来，县图书馆为收集积累盐亭地区文献作了大量工作，也得到了市人大等老领导及社会各界热心人的捐赠及大力支持，并且与县志办联合编撰盐亭县地震志。

管理工作

遵循馆章制度，明确工作目标：馆内工作人员认真遵循《图书馆岗位职责和业务工作细则》、《图书馆2012年工作计划》等一系列制度计划，并以此来规范服务行为，减少工作盲点，做到"人人有责任、事事有程序、科学化、现代化管理"的工作标准。

认真做好巡架、整架工作：为节省读者的时间，我们在提高工作效率上作文章、下功夫。一是勤整理，对读者归还的图

"播撒阅读种子·构建和谐社会"为主题的演讲比赛

国图《记忆中国》栏目组田苗主任一行为嫘祖文化做专题

管理工作

平武图书馆认真贯彻党的方针政策，严格遵守国家法律法规。根据本馆实际制定了各项管理制度及业务工作制度，明确人员分工和职责，年初有计划，年终有总结，在财务、人事、志愿者管理、设备物资、档案、统计、环境与安全管理上规范有序，执行情况良好。

表彰、奖励情况

2009–2012年，平武县图书馆共获得各种表彰、奖励12次，其中，国家级1次，省级表彰、奖励1次，市级6次，其他奖励4次。

馆领导介绍

王林，男，1974年9月生，大专学历，中共党员，馆员，馆长。1994年7月参加工作，在县文化主管部门曾经从事文化、旅游管理与执法工作、灾后重建项目工作，担任旅游管理股副股长、股长、灾后重建项目办公室主任等职。

未来展望

平武县图书馆遵循“务实、和谐、创新、奉献”的办馆理念，全力加快资源建设步伐，不断优化馆藏结构，完善阵地服务功能，扩大服务辐射区域，带动地区事业发展。在未来的几年里，平武县图书馆将在现有基础上增加阅览座位600个，可容纳纸质文献50万册，年服务人次可达10万人次以上，数字资源设计存储能力10TB，能够提供全覆盖、不间断、无时空限制的数字文献远程和移动服务。主要指标位居全国县级公共图书馆前列，达到国家一级图书馆的基本标准。

联系方式

地　址：平武县龙安镇报恩寺街49号
邮　编：622550
联系人：王 林

江油市图书馆

概述

江油市图书馆老馆位于文风街30号，始建于1978年，其前身是江油县图书馆，1988年新建落成，拆县改市后，升格为江油市图书馆，馆舍建筑面积2500平方米。2008年5月12日“汶川大地震”后，在市委、市政府的高度重视下，把图书馆建设纳入了灾后重建项目，2010年3月3日正式开工，2012年5月8日正式开馆，新馆位于江油市诗城路西段383号，建筑面积为5500平方米，占地面积为1910.98平方米，总投资2000万元，可容纳50万册藏书。2012年，江油市图书馆有阅览坐席591个，计算机91台，光纤宽带接入上下行10兆，选用天作图书馆集成自动化管理系统。目前核编10人，在职9人，编外1人，其中高中4人，大专3人，本科3人。

近年来，江油市图书馆在进行传统服务的同时，积极拓展服务领域，延伸服务触角，走出馆门，面向社会，深入开展优质服务，多次举办图片展、科普展、公益性讲座、主题教育活动、演讲比赛以及全民阅读活动和青少年读书活动。参加我市每年的“科技、卫生、文化三下乡”、“送科技文化进校园”、“科普宣传月”等公益性活动，帮扶社区、青少年宫、武警部队、乡镇、学校等建立图书室，无偿为服务点提供书籍、电脑、书架、阅览桌椅等设备，并免费培训工作人员和定期更换书籍。还利用“世界读书日”、“科技日”、“六一”等节日举办各类读书、书刊宣传和免费赠书活动，大力宣传免费开放的意义和江油市图书馆免费开放服务项目，江油市图书馆在人员少、经费不足的情况下，解决好经费有限需求无限的矛盾，想方设法满足广大读者的需求，为全市经济建设和精神文明建设做出了积极贡献，受到了各界人士的好评。先后荣获了“国家二级图书馆”、“省级文明图书馆”、“市优秀文明单位”、“四川省古籍保护单位”等称号。

业务建设

截止2012年底，江油市图书馆总藏量20.7万册（件），其中：古籍书1.2万册（件）；电子图书0.05万册；盲文图书0.036万册。目前古籍陈列室、古籍阅览室、珍藏室、休闲厅的樟木书柜、桌椅等设备正进入政府采购中。

2009–2012年江油市图书馆新增藏量购置费24万元。2010年财政拨款78万元（其中包括30万元发展专项资金）；2011年财政拨款57万元；2012年财政拨款310元（其中追加重建资金200万元，免费开放经费20万元，共享工程专项经费15万元）。

2009–2012年共入藏图书8174种，16348册，报刊750种，视听文献120种。2009–2012年，地方文献有专人收集和整理，入藏完整率为89%。

截止2012年底，江油市图书馆数字资源总量为5TB，存储容量达到8TB，同时馆内采用了无缝WLAN技术，进行了无线网络全覆盖。目前我馆数字化建设已进入政府采购招标程序，其中包括多功能学术报告厅、多媒体会议室、图书馆门户网站、共享工程支中心的设施设备更新、7万册电子图书、WIFI和监控全覆盖、电子书借阅机、盲人听书机、盲人一键式阅读机、盲人电脑、智能化广播系统等设施设备。

2012年文化信息资源共享工程江油支中心已建成，设立了电子阅览室、中控室、资源加工室，新购电子阅览室设备也安装调试完毕。分类编目从原来的传统手工操作改进到现在的计算机自动化编目，所有的馆藏图书都按照《中图法》标准录入完成，读者借阅也从原来传统的方式，改为计算机借阅。

读者服务工作

从2012年5月8日新馆开馆起，江油市图书馆新、老同时实行全年365天“无障碍、无门槛”免费开放、免费办证、免费上网，全开架自助借阅，每周开馆时间为56个小时，同年，引进天作图书集成管理系统，在新馆和老馆安装了“一卡通”借阅系统，实行通借能还，我馆也是绵阳地区公共图书馆行业中率先推行通借通还“一卡通”服务的图书馆。我馆不断创新服务模式，除已开设的阅览室、外借室、少儿阅览室、电子阅览室，还新增设了工具书阅览室、自修室、珍藏室、地方文献室、盲文及盲人有声读物阅览室等多个免费开放的服务窗口。在大厅设立了自动存包柜、饮水机、轮椅、拐杖、雨伞，在阅览室准备了放大镜和老花眼镜等便民服务设施。阅览室、休闲大厅分别

图书馆全貌

新馆休闲大厅

公益讲座

经典图书推荐活动

青少年爱阅读活动

设有政府公开信息服务专栏和新书推荐专栏，读者对图书馆办馆条件、环境卫生、服务质量、服务效果满意率达到96%以上。

2009–2012年，江油市图书馆总流通47.9839万人次，书刊外借46.3166万册次。2009–2012年，共建成26个基层服务点和分馆，馆外总流通21余万人次，书刊外借10.0682万册。

2009–2012年，江油市图书馆共举办讲座、展览、培训、阅读推广等读者活动280场次，参与人数12.5638万人次。

业务研究、辅导、协作协调

2010年，江油市图书馆职工发表论文1篇。

江油市图书馆长期参与上级图书馆组织的协作协调工作，致力于馆际之间合作，资源共建共享工作，经常与绵阳市馆以及周边图书馆进行业务交流学习。参与本市图书馆地方文献、古籍文献联合编目和馆际互借等。

2011年起，与社区、乡镇、部队、学校、机关等开展帮扶共建活动。对基层图书室长期进行资源配送、业务辅导和业务培训，使基层图书馆能够通过业务培训充分掌握技能，在服务中更好地发挥职能。

管理工作

2011年江油市图书馆完成了事业单位岗位聘用，2012年实行了绩效工资岗位考核制度。我馆年初有计划，年终有总结，工作有安排，活动有方案。建立了人事管理制度，岗位责任制度，工作纪律制度，财务管理制度，设备资产管理制度，统计工作制度，文献保护制度，书库管理制度，消防安全制度，应急预案措施等各项规章制度完善健全。

表彰、奖励情况

2009–2012年，江油市图书馆共获得各种表彰、奖励7次，其中，绵阳市文化局表彰、奖励1次，绵阳市图书馆表彰、奖励4次，江油市文广新旅局表彰、奖励2次。

馆领导介绍

邓红川，女，1969年2月出生，大专学历，中共党员，助理馆员，支部书记，馆长，中国图书馆学会会员，四川省图书馆学会会员。2012年被四川省精神文明办评为“四川好人”，同并被中央文明办推荐为“中国好人榜”敬业奉献侯选人；2012年被市委市府评为精神文明建设工作“先进个人”；2011–2013年被中国图书馆学会评为“优秀会员”；2013年被江油市委、市政府授予“文明市民”称号；2003年评为绵阳市“科普先进个人”；2009–2012年被绵阳市图书馆、图书情报协会评为“先进工作者”。撰写的多篇论文，先后在省，市学术会上获奖，并在省专业刊物上发表。

董慧，男，1974年6月生，大专学历，中共党员，助理馆员，副馆长。2012年评为绵阳市图书馆、图书情报协会“先进个人”；2012年被江油市文广新旅局评为“优秀党员”。

未来展望

江油市图书馆将紧紧围绕文化大发展、大繁荣的目标，坚持坚持“以人为本、读者至上、服务第一”的宗旨，以服务读者为已任，内抓管理，外树形象的办馆方针，以科技立馆、共享强馆、品牌亮馆、活动促馆、文明塑馆为切入点，促进图书馆各项工作的发展，力争以更高效率的工作业绩，为建设“诗意中国、李白故里、美丽江油”做出更大的贡献，在文化强市和精神文明建设发挥其重要作用。

联系方式

地　址：江油市诗城路西段383号
邮　编：621700
联系人：邓红川

江油市图书分馆赠书活动

演讲比赛活动

送文化三下乡活动

青川县图书馆

概述

青川县图书馆始建于1991年，老馆舍在“5.12”地震中整体垮塌，基础设施和基础业务建设全部被埋，毁于一旦。地震后，2009年至2011年，图书馆临时办公场地窄小，只有20平方的板房用于对外免费开放，图书馆利用捐赠图书勉强为读者提供简单的手工借阅。由于地震重建原因，读者服务工作开展十分有限，这三年里，我馆工作重心着力建设农家书屋，全县农家书屋现已全部建好。新馆是浙江省援建的，位于高家院文化中心，是为全县人民服务的一座综合型公共图书馆，馆舍总面积为5300平方米，功能齐全，设施先进，馆藏丰富，馆内藏书28万册，电子阅览室有电脑62台，建立了图书馆的门户网站，配置了电子图书4TB，7400余种，建立了地方文献数据库，地方志29部，视频50部，80个业务模快，地方文献数字平台，信息发布系统，会员管理系统多个系统。现有职工7人，采用藏、借、阅为一体的先进模式，对全县人民实行免费全开放，多方位服务，每周开放时间56个小时。新馆于2012年5月28日开馆。现代化的馆舍，一流的设施，科学的管理，优质的服务，成为图书馆的特色。

业务建设

图书馆工作涉及面广，业务量大。为了满足不同层次读者的精神文化需求，我们把收集整理、收藏和流通图书资料放在首位，贯穿于整个工作之中。

一是注重图书藏量的增加，图书馆在藏书十分丰富的情况下，2012年，仍然增加图书1000余册，新订报刊20余种，期刊50余种。对于我馆捐赠的图书和新进的图书，我馆按照《中图法》有关章节进行分类标引，使用《普通图书著录规则》进行著录、登记。对于过期的报纸、期刊进行清理，入库收藏。经自查，馆内图书标引误差率、图书著录误差率，分别控制在4%以内，目录组织误差率、闭架图书排架误差率、开架图书排架误差率分别控制在5%、2%和5%以内。

二是注重地方文献的保护、收集、上架和借阅。近几年来，我馆收集地方文献500余册，对于收集到的资料，均按要求进行登记、标引、著录、建账建卡、上架排列、按要求开放借阅。

读者服务工作

图书馆开馆以来，我们把读者服务、读者活动、对外宣传、业务研究和对基层的辅导作为重中之重，狠抓落实，取得了较好的成绩。

一是全民读书日、读书月活动，共举办各类读书活动5次，开展专题读书活动3次。

二是利用广播、报纸等媒体进行广泛宣传，提高图书馆的知名度，增加读者。

三是充分发挥图书馆的教育职能，深入我县各个机构、乡镇、村社举办各类讲座10余场，听众达1000多人。同时我们下基层举办文化信息工程工程培训1次，举办农家书屋培训1次，共培训基层农家书屋管理员100余名，指导图书分类、编目、上架8000余册。

四是调研工作扎实认真。开馆以来，图书馆领导带领全体工作对于新形势下图书馆发展和对基层业务工作的辅导进行了广泛的调研。在调研中，培训乡镇农家书屋以及文化信息资源工程业务骨干，完善了农家书屋的规范管理，摸清了乡镇的基本情况。

业务研究、辅导、协作协调

青川县图书馆积极参与本市馆际互借，与剑阁等图书馆联谊成兄弟之馆，全县建立了198个农家书屋，社区、街道图书室正在建设之中，认真组织基层业务辅导工作和培训工作。

截止2012年，我馆文化信息资源共享工程已经建立县级支中心一个，基层服务点180个，图书馆电子阅览室建成并投入使用。在运行过程中，我们力求做到管理规范，为读者免费提供使用。同时，我们注重信息采摘，与县委组织部党员远程教育中心合力共建，参与了对城乡党员的培训工作，社会反响很好。

管理与表彰

我馆财务管理、人事管理、档案管理、环境与安全管理、设备、物质管理、规范，制度齐全。

图书馆把干好本职工作，促进事业发展，服务社会大众作为首要任务，在管理上求规范，气氛上求和谐，作风上求垂范，服务上求实效，全馆上下团结拼搏，自我加压，开拓创新，出现了干实事，求实效的工作局面。

一是在人事管理上通过职能调查摸底，制定了图书馆管理聘用工作实施方案，和每个职工签订聘用协议，实行岗位绩效责酬挂钩，积极调动全体职工的工作积极性。

二是建立健全了学习制定、考勤制度、工作制定、服务准则和绩效考核制定。

三是聘请了保安人员、制定了安防措施，加强了安全管理。

四是规划工作行为，优化工作环境。在馆内大力提倡微笑多一点、行动快一点、做事早一点、说话柔一点、理由少一点、脾气小一点、胆量大一点、质量好一点、效率高一点的工作方法，进一步强化服务知识。

馆领导介绍

李天华，男，1968年6月生，大专学历，中共党员，馆长。1986年入伍，2000年7月在青川县文化馆工作，2003年5月在青川县文化旅游局工作，2008年在青川县文化广播影视新闻出版局工作，2012年在青川县图书馆任馆长。2005年7月加入中国书法家协会。曾多次受到省、市、县表彰。

未来展望

图书馆作为文化产品的消费者和种类信息的提供者，它有利于文化产业的集聚，它促成了城市社会各阶层人群的共生共存，给予了弱势群体自我提升的机会；作为城市终身教育体系的重要组成部分和知识创新体系的一大支撑力量，它营造了终身学习的良好氛围，积极推动城市创新能力的提高。

开创新的服务理念。当代图书馆的服务理念应凸显多样性。读者印象中图书馆只是借书，阅览的传统服务模式远远不能满足大众的多种需求，取而代之的应该是一个满足学习，娱乐，休闲，交流，沟通多种需求的公共空间，人们进入图书馆可以放松自我，享受对话沟通，得到心灵抚熨和自我满足。图书馆要尽其所能为读者营造一个充满人性关怀，充分尊重读者人格的，平等自由的空间，每位读者不论是普通公民或掌权者，百万富翁或失业者，正常人或者残障人，都是平等的读者，没有歧视，没有压抑，在平等的氛围中去学习新知识，使图书馆成为充满人文关怀的净土，广大公众的精神家园。作为县级图书馆，我馆正是由于一直坚持这一服务理念，才得以在困难的环境中正常运转，始终吸引一批忠实的读者。

探索新的服务方式。充分发掘潜能，借鉴各行业经验，对症下药，寻找新的读者增长点是我县图书馆创新服务工作的必由之路。加强对特殊读者的服务，图书馆读者服务是面向全社会，是为人人服务的。现在特殊读者呈现上升趋势，所谓特殊读者包括老年读者、残疾人、监狱服刑人员、病人、工作忙的人等，这部分人想看书，但客观条件使其不能到图书馆来。图书馆有义务为他们提供服务，可以借鉴保险公司、牛奶公司、快餐店等行业的服务方式，将新书目、经典藏书以送货上门、传单的方式向社会推荐，向读者、向社会公布服务承诺、服务电话，实行送书上门、还书上门，还可采取与社区、部队、企业等共建图书室的方式，使图书馆的功能得到最大限度的发挥，让整个社会人人有机会享有图书馆的服务。

研究新的管理模式。为适应新世纪数字时代新形势的变化，不断地进行战略创新，制度创新，组织创新和观念创新，把创新渗透于整个管理过程中，作为经常性的主要管理职责。

向数字图书馆迈进，争取今后达到国家一级图书馆。总体看，我县图书馆在县委、政府和省、市主管部门的领导下，通过不懈的努力，取得了好的成绩，但与高标准县级图书馆还有一定差距和不足。一是图书馆报刊、期刊年入藏量、电子文献、地方文献年入藏量还是有限。二是现存档案不完整，所有档案在"5.12"地震中全部被损，馆内只有近几年档案。三是政府下拨购书经费不足。四是馆内专业人员严重缺乏。五是社区服务、弱势群体服务、特殊服务的设备、图书、经费欠缺。以上问题，我们将按照省、市有关要求，进一步寻找差距，增强措施，创造条件，狠抓落实。同时，以这次评估定级为契机，知难而进，确保县级二级图书馆达标。

联系方式

地　址：青川县文化中心
邮　编：628100
联系人：毛桂琼

剑阁县图书馆

概述

剑阁县图书馆成立于1979年9月。“5.12”地震后，图书馆新馆在中央及黑龙江省的大力支持、在县领导的关心下，于2013年11月投入运行，并向读者开放。新馆建筑面积2200平方米，馆内开设图书外借阅览室、报刊阅览室、少儿阅览室、多媒体电子阅览室、读者自修室、政务信息公开查询室、古籍及地方文献阅览室等服务窗口。现有阅览坐席320个，计算机75台，信息节点90个，宽带接入40Mbps，馆内无线网络全覆盖，业务管理实现自动化。2013年，参加全国公共图书馆评估定级，获得“二级图书馆”称号。

业务建设

截止2013年底，剑阁县图书馆图书总藏量11万余册，其中古籍图书3200余册，地方文献2600余册，电子图书6300册，电子期刊200种。

读者服务工作

为了给读者营造良好的阅读条件，2011年起剑阁县图书馆实行全年免费对外开放，每周开放56小时，全馆职工放弃节假日休息，保障了免费开放工作的顺利开展。年接待到馆读者4.2万人次，外借图书2.8万册次，多媒体电子阅览室接待读者6400人次，接待政府信息查询120人次；建成11个分馆，2个固定图书漂流点，馆外书刊年流动6万人次，书刊外借3万册次。

剑阁县图书馆在加强阵地建设的基础上不断拓展服务领域年举办讲座、展览、培训、阅读推广等读者活动17场次，参与人数4100人次；开展送文化下乡活动，年均编印分发农业科技资料4000余份，赠送图书2000余册。

业务辅导、协作协调

常年对全县57个乡镇文化站、544个农家书屋、355个共享工程基层服务点以及11个图书馆分馆管理人员现场进行图书分类、排架、流通等业务辅导。

表彰、奖励情况

2009–2013年，剑阁县图书馆共获得各种表彰、奖励6次，其中，省文化厅表彰、奖励1次，其他表彰、奖励5次。

馆领导介绍

钟清红，男，1969年4月生，大专学历，中共党员，中级职称，馆长。

雍涛，男，1973年11月生，大专学历，中共党员，中级职称，副馆长。

联系方式

地　址：四川省广元市剑阁县下寺镇龙江大道34号
邮　编：628317

仪陇县图书馆

概述

仪陇县图书馆始建于民国十九年春（1930年），当时名为仪陇县立通俗图书馆。后与民教馆时分时合。1950年以后，又与文化馆时分时合。直到1979年方为独立建制的事业单位，位于仪陇县金城镇文化路一号。县馆馆内设有图书外借窗口，1980年增设期刊阅览室，1982年又新增设了少年儿童阅览室。截至2005年底县图书馆馆藏图书达47557册，报纸14种，2268册，杂志174种，2372册。1986年底图书馆新修馆舍总面积1130平方米，新建图书馆大楼，1988年11月竣工，向社会开放。该馆总投资26万元，藏书量约3万余册。每年订报纸、期刊70种，年购新书1000余册。现有职工8人，对外开放窗口有：综合阅览室、资料查阅室、图书外借室、儿童阅览室等4个服务窗口。馆内全年读者流通人次达2万余人次，书刊流通册次3万册次。仪陇图书馆发展成为在全市县级图书馆中功能较齐，设施设备较完善的国家二级图书馆。2005年，由于我县整体搬迁至新政镇，原金城镇图书馆经县人民政府决定，整体划拨给县保健院。我馆在新政镇宣传文化中心购置面积1000平方米作为我馆对外窗口，2013年原新政镇文化中心图书馆经县人民政府决定，整体划拨给县城管局。

新馆基本情况

“5·12”地震后，县委、县政府十分重视图书馆的发展，将新馆建设列入灾后重建项目。2009年，在中央财政和地方财政的支持下，总投资3千万元的仪陇县图书馆已于2014年1月1日向全县人民开放。新馆占地面积50亩，修建为3楼，共3000平方米。新馆实现了由传统图书馆向数字图书馆领域的转变，一楼设有综合阅览室、少年儿童阅览室、少儿绿色上网空间、残疾人阅览室，二楼设有电子阅览室、数字图书室，政府信息公开查询点等，可容纳70人的学术报告厅、工具书和地方文献查询室、资料查询室、特藏室等；三楼设有露天休闲书吧、馆长办公室、各办公室、会议室等。全馆职工共9人，新馆实行全年365天每天全免费对外开放，“零门槛”为读者服务，全年接待读者突破5万人次，外借期刊流通量8万册次。到目前为止，全县56个镇、930个村建起农家书屋，我县馆、镇、村三级图书网络形成，全县图书藏书量达150万册，能全方位服务于全县城镇、乡村的广大人民群众，为我县精神文明建设作出较大贡献。

业务建设

截止2014年底，仪陇县图书馆总藏量万册（件），其中，纸质文献万册（件），电子图书万册，电子期刊万种/册。2010-2014年，仪陇县图书馆新增藏量购置费5万元，2015年起增至8万元。2009-2014年，共入藏中文图书3.2万种，3.4万册，中文报刊160种，视听文献2045种。2014年，地方文献入藏完整率为80%。截止2014年底，仪陇县图书馆数字资源总量为2TB，在建的数据库有《仪陇县馆藏朱德元帅文献资料》、《馆藏仪陇县地方文献资料》。2009年，使用智慧2000自动化管理系统与市馆联网，以适应南充公共图书馆服务联盟建设的需要，2013年，实现馆内无线网络全覆盖。

读者服务工作

从2008年10月起，图书馆全年365天天天对外免费开放，周开放56小时，2009-2012年，书刊总流通3万人次，书刊外借5万册次。建成3个分馆，10个流动服务点，馆外书刊流通总人次2.1万人次，书刊外借2.3万册。增设了电子报刊阅览器、电子书借阅机、少儿阅读器等现代服务设备。长年坚持送书到乡、村、学校，并广泛开展形式多样的读书宣传活动10次以上。开通了仪陇县图书馆网站，实现了馆内无线网络全覆盖，为读者免费提供查询、浏览、下载服务。

业务研究、辅导、协作协调

全县56个镇、930个村建起农家书屋，完成10个文化信息共享工程服务点，我县馆、镇、村三级图书网络形成，全县图书藏书量达150万册，并担负全县农家书屋管理员的培训辅导工作，每年举办管理员培训班3次以上，能全方位服务于全县城镇、乡村的广大人民群众，为我县精神文明建设作出较大贡献。

馆领导介绍

陈莉，女，1966年11月生，本科学历，中共党员，馆员，书记、馆长。1981年11月参加图书馆工作，1998年担任图书馆副馆长（主持全面工作），2001年担任馆长至今。

梁峰，男，1964年12月生，中专学历，助理馆员，副馆长。

黄斌中，男，1969年8月生，中专学历，助理馆员，副馆长。

联系方式

地　址：仪陇县新政镇春晖路

邮　编：637676

联系人：梁 峰

大英县图书馆

概述

大英县图书馆于1998年12月成立，2005年正式开馆，馆舍3100平方米，内设办公室、采编室、全国重点文化工程大英县支中心、借阅室、电子阅览室，期刊阅览室，少儿阅览室，多媒体讲座厅。阅览座席240个，计算机45台。少儿阅览座席48个。

业务建设

2009年国家财政、省财政出资54.4万元，县财政配置13.6万元，建起了全国文化信息资源共享工程大英县支中心。

在县文广局的领导下藏书量不断地增加，目前，馆总藏量8万余册，服务点、流通站3个。其中DVD等电子文献藏量500多碟(件)，图书年入藏1520余种(4560册)，报刊年入藏248种，视听文献年入藏50余件，古籍11947册，地方文献2162册。

2013年全面实行业务自动化。新书在一个月之内完成编目上架，报刊当天登记并及时提供读者阅览，实行全开架借阅，排架正确率达到了96%以上。

读者服务工作

1、我馆实行免费开放，节假日照常开馆，365天免费为读者服务，开馆时间为夏季早晨8：00至下午6：00，冬季早晨8：30至下午6：30，每天10个小时。书刊文献实行全开架，年外借率为50%以上，年外借达到10万册次，到馆外展借每年3000册次以上，读者人均年到馆27次。

2、图书馆和特殊教育学校合作，每年3次集中组织居民到馆参观和阅读图书，并向他们赠送图书杂志多达500册；配合学校，多次迎接青少年集中到馆参观学习达10次以上，接待其他各类集体参观达9次，接受各级各类人士的资料查询工作达500次以上。12次到部分乡镇开展免费读书活动，为农民朋友送去种植、养殖、园艺、烹饪、养身等切合生活的实用的书籍。

3、在确保少儿阅览室免费开放的同时，为少儿读者准备丰富多彩的活动，先后组织了“我与书的故事”演讲比赛和“诵读经典美文，争做博学少年”的朗诵美文比赛。

4、每年在多媒体室开展讲座20余次，到乡镇培训农家书屋人员8余次；每年开展读书培训4次，读书交流活动6次，阅读推广活动40次，图书馆服务宣传周活动2次，展览5次。

5、不定期地送资源到基层，2009年发放光盘470张，2010年发放光盘303张，2011年发放光盘410张，2012年发放光盘490张。扩大文化信息资源共享工程的社会影响。另外深入社区开展“文化进社区——服务宣传月”活动服务，在全县各社区免费巡回放映优秀爱国题材电影76场次，服务人数10000余人。

业务研究、辅导、协作协调

我馆以新的理念来认识和指导工作，以新思维、新方法来开拓业务辅导和协作协调工作的新局面。协助指导文化共享工程基层服务点和农家书屋、社区书屋工作。同时给象山奶牛养殖场赠送图书1230册，2010年11月给10个社区分别送去1230册图书和1000元人民币。编印《科技信息》等资料发放，举办科技培训，进行科技帮扶和跟踪服务。每年开展一次以“新农村、新农民、新追求”，“读书使我致富”等为主题的农民读书征文活动。与县科协联合举办农民工技术培训。经常开展图书传递工作，将420本图书传送到成南高速2大队，满足了成南高速2大队职工的读书需求；将1212本图书传送到天保中学；将11类，412份报纸，30类，121份杂志传送到盛马化工股份有限公司；协助市图书馆建设市军区图书室；与四川省图书馆联合举办“巴蜀讲坛”；将孙中山系列片送往县电视台联播，50多万人受益。起到了协助和共建共享的作用。

管理工作

按照有关政策和文件精神，结合我县图书馆工作的实际情况，进一步建立健全了馆内的各项规章制度，努力提高图书馆工作的规范化、制度化管理水平。每年有计划和总结，职工严格考勤并做好《馆务日志》记载。每个室有接待读者人次和册次记录，各种制度上墙，逗硬执行，以便读者知晓本馆要求，自觉遵守读者守则。严格要求工作人员遵守员工守则，认真履行工作职责，做到尽心服务，微笑服务，优质服务。开展创先争优活动，树立优质服务的窗口典范，提高图书馆的整体服务水平。设立了读者意见簿，欢迎读者监督，坚持人性化管理，科学管理，充分调动员工积极性，以良好精神面貌迎接每一天。做好了对档案、统计、安全等的管理，档案资

读书培训活动

读者交流活动

播放视频

送资源下乡

大英县图书馆

料健全详实，归档及时，立卷准确，装订整洁，内容齐全，目录详尽。多次进行安全工作培训，做好安全疏散演练，请消防大队的同志现场培训指导，及时排查一切安全隐患，防火设备健全，各个室内均有监控，统一管理，确保人员、书籍和馆舍安全。加强环境治理，随时保持整洁和美观，书目上架整齐。坚持每天保洁，每周开展一次大扫除，室外聘请了专门保洁人员。

表彰、奖励情况

2009年陈学知的论文《浅谈基层图书馆的现状与改进》被中国图书馆工作协会评为一等奖；2009年获图书馆学理论与研究成果一等奖，2009先进个人，2009年获省文化厅创作先进工作者，2010年优秀个人，2011年获省文化厅创作先进工作者，2012年论文《图书馆的服务与创新》荣获三等奖，2012年考核优秀。2013年论文《论公共图书馆事业的现状和发展》获西部地区三等奖。

馆领导介绍

陈学知，女，1966年生。大学本科，1985年参加工作，2005年任图书馆馆长。二级文学创作，曾任巴金文学院创作员，鲁迅文学院高级班学员，书生网的签约作家。四川省作协第六届作代会代表。遂宁市第四届人大代表，遂宁市第五届、第六届政协委员。正式出版发行短篇小说集四部，长篇小说四部。时有中、短篇小说、随笔、报告文学在报刊杂志上发表。现在着手创作长篇小说《白羊》。她的作品文笔细腻，语言精妙，情感真挚，富有浓浓的生活气息，具有很强的感染力。

未来展望

做好信息资源的传递和开发工作，为社会提供科学文化教育和信息服务，开展知识培训和社会教育。面向社会各阶层免费开放，开展图书资料和数字资源借阅服务，做好流通工作和参考咨询工作。运行好共享工程，发挥支中心作用，对共享工程服务站点和基层书屋进行辅导与援助服务。开展读者交流活动，调动读书热情。举办读书培训，提高读书质量。开展图书馆学研究。做好馆际协作、协调及业务研究和文献情报交流工作。

联系方式

地　址：四川省遂宁市大英县图书馆
邮　编：629300
联系人：陈学知

资中县图书馆

概述

资中图书馆始建于1973年，位于资中县重龙镇鼓楼坝街2号楼。现有馆舍面积六楼一底1981平方米，系国家二级图书馆和全国文化信息资源共享工程县级支中心。馆内设办公室、采访编目辅导部、少儿阅览部、报刊阅览部、图书流通部、共享工程部等五部一室。设读者阅览座席280个。全馆实现20兆光纤接入，存储容量达7TB，推行ILASIII自动化管理，有计算机71台，读者使用的计算机50台。

业务建设

资中县图书馆总藏量20.0344万册（件）：纸质文献14.5985万册（件），电子图书、报纸、视听文献5.4359万种/册。馆藏量购置费12万元，2009–2012年新增入藏中文图书1.2144万册。古籍图书是资中图书馆的重要馆藏，收藏古籍图书4673册，其中明代110册、清代1130册、民国时期3433册。文革时间连环画2168册。

全国文化信息资源共享工程建设有序开展，现已建成县级支中心1个、乡镇综合文化站服务点33个、村级服务点392个。2012年投资20万元购置报刊阅读机1台，电子报纸200份、电子图书5万册、视频资源500余部。完成《县志》、丛书《古城资中》、《风流资中》、《民俗资中》、《魅力资中》、期刊《磐石》等地方文献数字化。馆内局域网互联互通，无线网络全覆盖，实现采访、编目、书目检索、流通自动化管理，书目数字化率达到49%，馆藏数字资源达到2TB。电子阅览室可提供50名读者同时上机免费阅读，年接待读者0.8万人次。

2012年文化部政策法规司原司长康式昭先生捐资5万元在馆内设立磐石阅览室，收藏其个人藏书、资中籍名人名家专著、论著和地方文献资料，收集地方文献2354册。

读者服务工作

资中图书馆全面实行周一至周日免费开放。周开放时间52小时，书刊文献开架率达到80.4%，有效持证读者3643个，年书刊文献外借达到11.3413万册次。

少儿阅览部、报刊阅览部、图书流通设置黑板、图书馆网站设置板块，每周开展新书推荐，使读者及时快捷了解新书信息。年推荐新书、期刊1500余种。

参与全县综合文化站、农家书屋、社区书屋建设，加强农家书屋与社区书屋的业务辅导，全县已建综合文化站图书室33个、农家书屋392个、社区书屋10个，实现了村级全覆盖。资中县图书馆分别与县消防中队、县武警中队、县公安局、271储备处合作建立图书室，定期为其送书、换书。

图书馆网站（www.zzlib.org）开通后，实现图书馆内外网的链接，提供5万余册电子文献资源供读者免费阅览，网站访问量35.8143万次。

2009–2012年，资中县图书馆共举办讲座、展览、培训、阅读推广等读者活动84场次，参与人数2.716万人次。图书馆每年开展未成年人校外活动4次以上，重点开展4.23世界读书日、读者服务宣传周、六一大型游园活动、馆校联姻以及与县关工委联合开展的老少读者联欢活动等。一年一度的老少读者联欢活动已经成为了资中县图书馆读者服务活动品牌。

管理工作

资中县图书馆完成第三次全员岗位聘任，全馆在岗人员19人，建立了工作量化考核指标体系。2009–2012年，共抽查文献排架8次，书目数据12次，编写《图情信息》101期，撰写专项调研、分析报告和工作提案12篇，编写各部门工作计划、总结48篇。

表彰、奖励情况

2009–2012年，获得各种表彰、奖励8次，其中，市级表彰、奖励5次，县级表彰、奖励3次。

馆领导介绍

刘忠武，男，1963年4月生，大专学历，中共党员，馆长，党支部书记。1982年8月参加工作，先后在资中县金李井镇中心校任教、资中县文化局工作任办公室副主任、政工科股长、党委委员等职。

刘常敏，女，1963年2月生，大专学历，中共党员，馆员职

图书馆门厅

图书借阅部

老少联欢会

“4.23”活动—书展

称，副馆长，党支部委员。1980年12月参加工作，先后在图书馆阅览部、财务室等部门工作，任主任等职。

朱海燕，女，1967年3月生，大专学历，馆员职称，副馆长。1983年8月参加工作，先后在资中县文化馆任主任、副馆长等职。

未来展望

县委、县政府高度重视图书馆的建设，一座建筑面积达15250平方米的资中图书馆新馆将在2015年竣工投入使用。在今后的工作中，资中县图书馆将以搬迁新馆为契机，紧紧围绕免费开放、读者服务、读者活动、站点建设与管理四个重点。加强图书馆的业务建设，实现馆藏资源较大增加；加强数字化平台建设，推动网络阅读和手机阅读，满足不同层次读者的需求；加强文化信息资源共享工程镇、村服务站点的业务管理，提升服务能力；加强对乡镇综合文化站和农家书屋的业务指导与管理，推动我县图书馆、室的城乡一体化建设，促进资中图书馆不断进步，不断发展，在新一轮的评估定级工作中向国家一级图书迈进。

联系方式

地　址：资中县重龙镇鼓楼坝街2号楼
邮　编：641200
联系人：周俊辉

报刊流通部

电子阅览室

少儿阅览部

峨眉山市图书馆

概述

峨眉山市图书馆前生为峨眉县图书馆，成立于民国18年（1929年），馆址在城北绥山公园；民国29年（1940年）馆搬迁于文庙街；民国30年（1941年）与民众教育馆合并，1949年又与民众教馆分家。解放后成为峨眉县文化馆内设图书室。1979年5月，县政府批文成立县图书馆。1980年4月正式与县文化馆分离开馆，馆址仍在文庙街，1988年撤县建市更名为峨眉山市图书馆。建筑面积约1713平方米，编制7人。藏书7.8403万册；拥有计算机、打印机、卫星接收服务器等现代化设备。

分别于2005年、2010年、2013年被文化部命名为国家级“二级图书馆(县级)”；2007年被文化部评为“全国文化信息资源共享工程试点县（市）”，2008年被文化部命名为“全国文化信息资源共享工程示范县（市）”。是四川省非物质文化遗产名录“峨眉山指画”保护单位。

馆现有在职人员7人。按学历分本科5人，大专1人，中专1人；按职称分馆员4人、助理馆员3人。

业务建设

建有雷马坪监狱和“六一”儿童园分馆，武警中队、消防中队和峨眉山景区消防中队、77156部队68分队图书室馆外服务点。

馆藏量78403万册（件），其中期刊193种，地方文献110种500册（件），电子图书50种。馆内无线网络覆盖。为四川省公共图书馆集群化管理系统。完成了图书流通数据库建设。年入藏图书2696册，入藏报刊294余种、视听文献50余件，年入藏地方文献资料10余件。数字资源存储容量达到4TB，入藏了《峨眉武术》、《峨眉山指画》等本地数据十多种。

读者服务

所有服务项目全免费。阅览室每周开馆6天，每天开放8小时，电子阅览室每周开放7天，每天开放11小时。2012年，图书总流通3.56万人次，图书外借总计4.25万册次（因2012年更换新系统，只统计2012年数据），2009–2012年，报刊阅览室接待读者6.82万人次。

2009至2012年举办讲座、展览等读者活动52次；培训班九次；举行一年的“信息资源与农民共享年”活动，为群众放了100多场电影；举办两届“读书节”；针对特殊群体开展系列活动如：“峨眉论坛”进军营；出版了《峨眉山三老诗书画集——李克雄、何志愚、林木》画册等九部地方文献，期刊十期。

2008年开始将文化信息资源共享工程与农村党员干部现代远程教育、农村中小学远程教育工程进行“三网合一”资源整合，在18个乡镇、39个学校、245个村建立了基层服务点，一站多牌，共建共享。

业务研究、辅导、协作调研

论文获国家级二等奖二篇、三等奖一篇，省级二等奖一篇，市级一等奖一篇、二等奖一篇，公开发表八篇。如林栩论文《以科学发展观促进基层图书馆全面发展》获首届“百县馆长论坛”征文比赛二等奖，在《县级图书馆生存发展启示录》上首篇发表；专著二部。

对二百多个基层服务点的业务人员不定期培训。

将全市民俗民间文化28项向县、市、省、国府进行了申报，举办了系列图片展览。获得非物质文化遗产的项目县级13个，市级12个，省级7个，国家级1个。

管理工作

2009年，根据《四川省事业单位人员聘用制度管理试行办法》的规定，完成人员重新聘任上岗，进行工作目标年度考核。对工作人员按制度考勤，并在工作人员出向栏公示。各个部门按照相关规定程序保质保量完成工作和及时处理出现的问题。

表彰、奖励情况

荣获四川省“全民阅读活动先进单位”，“‘建设社会主义新农村’万村千乡送科技、文化下乡大型公益活动一等奖”，“‘2009年文化共享杯’知识竞赛四川赛区‘一等奖’”。“峨眉山市文体工作先进单位”（连续八年），“峨眉山市文化遗产保护先进集体”，“峨眉山市文化遗产保护先进集体”。“乐山市第六届劳动模范单位”。

峨眉山市文物图片展暨保护文化遗产活动签名仪式

为老百姓放映一百场优秀电影

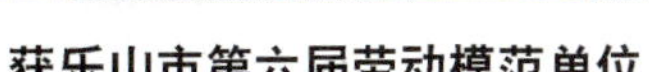
获乐山市第六届劳动模范单位

书香亲子活动

研讨会

馆领导介绍

林栩，1964年生于峨眉，本科学历，馆员，民革峨眉山市总支副主委，馆长。1981年参加工作（教师），1983年到文化馆工作，2003年到峨眉山市图书馆任馆长职务至今，是画家、作家、摄影家。

马雪萍，女，1979年生于峨眉，本科学历，馆员，馆党支部书记。2001年到图书馆工作至今。

周赛容，女，1976年生于眉山市，专科学历，助理馆员，馆长助理。1993年从事教育工作，2010年到图书馆工作至今。

未来展望

以科学发展观促进图书事业的全面发展，在保障传统业务的基础上，主动走出图书馆为各阶层服务，把人类“死”的智慧“活”起来，使文献资源转化为文献资本，最后转化为生产力的“集文、博、图为一体”的大文化图书馆建设。

读书节活动

联系方式

地　址：四川省峨眉山市绥山镇文庙街59号
邮　编：614200
联系人：周赛容

（撰稿人：林　栩）

营山县图书馆

概述

我县图书馆属国家二级公共图书馆，其前身系原国民党爱国将领邓锡侯将军20年代所建立的，仅有几间楼房的私人晋康图书馆。解放后，在党和政府的关心重视下，几经维修改造，现有馆舍面积2047.60平方米总藏书量104526册，年平均接待读者15万余人次，外借书刊10万多册次，馆内设三组：采编组、外借流通组（外借室、综合阅览室、少儿阅览室、电子阅览室）业务辅导组；三室：行政办公室、资料咨询室、安全保卫办公室，全馆职工共8人，副高级职称1人、中级职称1人、初级职称6人，大学本科1人、专科4人，高中3人。近年来，有10余篇学术论文在省、市图书馆专业刊物上发表，全县已初步建立起县、乡、村三级图书网络，为我县三个文明建设作出了积极贡献。

主要工作

一、加大了基础设施建设的力度，改善了服务环境

近年来，我馆自筹资金120余万元，对图书馆前楼进行了改扩建，总面积为2047.60平方米的图书馆综合大楼，固定资产由原有的10万余元增加到130余万元。

2013年，新购进一批书架、期刊架和阅览桌、椅等，价值人民币30万元，数量由原来的100张增加到360张。

二、启动了自动化、网络化建设

随着网络化的不断兴起和发展，我馆按照文化部《通知》精神和县委“创建国家省级文化先进县”的要求，加速了信息化、网络化建设的步伐。我们通过向财政争资、社会引资、内部筹资等形式，现已建成全国文化信息资源共享工程（内设多媒体阅览室、电子阅览室、机房）。现有40余台电脑供读者使用。

加强业务工作、规范业务管理

藏书建设

1、组织职工将70年代以来堆存杂乱的报纸、期刊和图书进行加工整理。图书类按照《中国法》（第五版）标引和《普通图书著录规则》著录；报纸、期刊类按时间顺序进行了裁边、归类、装订、上架，使馆藏书刊实现了规范、统一、整齐、美观、准确，同时，加大了地方文献的收藏、有专门经费、有专职人员负责，并有专门目录，从而提高了书刊利用率。

2、争取社会各界的支持，开展捐赠图书。我馆通过努力取得了台胞李啸风、李桧钦为我馆捐赠了价值人民币13万余元的图书。今年又获得了上级部门支持，为我馆赠送农科等书籍1200册。同时，获得了本地财政部门支持，为我馆增拨购书经费10万余元，使图书馆馆藏图书总量由原来的3万余册，增至10万余册。

读者服务工作

1、延长开馆时间，扩展服务范围。我馆职工假日和双休日从不休息，坚持为读者提供服务，每周开馆56小时以上，外借室实行全开架借书，年外借10万多册次，阅览室实行全开架服务，年平均接待读者15万余人次。同时，我馆还扩大了馆外服务，在农村、学校、街道和社区增设了10个服务点。

2、推荐新书、新信息。我馆采用办报、办专栏、设立新书柜，建立新书推荐橱窗等方式宣传、推荐新书、新报、新信息，为读者起到了良好的导向作用。同时，我馆还采取电话、口头或书面等方式，为领导机关、决策科研与经济建设等提供信息850多条，年均检索课题数量20余项。

3、开展图书馆服务宣传周活动和读者活动。我馆坚持了每年一次的图书馆服务宣传周活动，在场镇、街头设立了农业科技图书咨询服务站，解答了农民群众的疑难问题，受到群众欢迎。

我馆还不定期的组织开展读者活动，如：读书演讲比赛、读者座谈会，读者讲座，报告会等，年均15次以上。组织开展读书活动，年活动人次1.5万人次。利用共享工程平台，开展了各种大型公益活动，先后获得了省文化厅颁发的“助建社会主义新农村、万村千乡送科技文化下乡大型公益活动”一等奖，开展了各种大型网上读书征文活动，获得了市文化局、教育局颁发的组织奖，还组织参加了市委宣传部、市文化局、广电局举办的建市十周年“南充颂”演讲比赛获二等奖，配合南充市图书馆成功举办了10万人参加的“电信杯”网上读书征文活动。去年我馆承办了“我的书

屋，我的家”农民读书节系列活动，在名家大讲座活动中，我馆特聘请了中科院金融研究所研究员易宪容博士讲授《县域发展中的经济规律》专题，为县级、乡镇等机关、企事业单位和干部职工送上一堂高质量讲座。同时，我馆每周一次的“红色记忆，振兴中国”视频展播活动也深受读者好评。

业务研究、辅导等工作

1、业务研究：馆内发表专业论文5篇，其中《公共图书馆发展战略思考》、《县级图书馆改革与发展的思考》、《县级公共图书馆计算机应用的思考》、《搞好公共关系，促进图书馆发展》、《浅谈加强读者服务工作的针对性》等，分别获省、市级二等奖、三等奖和优秀奖。另撰写调查研究报告《网络现状分析》和《图书馆发展方向》等上报县政协。

2、学术活动：积极参加各种业务交流活动，先后组织参加了省地方文献培训会议，省图书馆“中图法”第五版培训，参加川陕甘学术年会及“农家书屋管理员培训”。

3、业务辅导：近年来，我县实现了657个行政村农家书屋村村全覆盖，针对农家书屋管理员新进人员多、变化大的特点，我们采取个别传授、重点深入、普遍辅导等方式，先后培训农家书屋管理员600余人次。文化信息资源共享工程专业人员200余人次，在此基础上加强农家书屋免费开放工作的指导。在全县62个乡镇宣传文化服务中心和县城11所学校；6个企业都建起图书室，其中骆市建起了图书分馆、在回龙六方村、东升锁水村、朗池纸市街等村和社区组建了图书室。

启动图书馆改扩建工程建设

围绕新馆建设做好前期准备工作，现已完成了县新图书馆建设选址、规划、土地征用等前期准备工作，有望年底破土动工。

加强管理，理顺关系

人员实行按需设岗，按岗聘用，竞争上岗，择优聘用，严格考核的岗位管理和工作目标管理责任制，同时还建立健全了办公、学习、会议、请假、财务、档案、统计、消防、安全等规章制度，实行了目标考核奖惩兑现，从而激发了职工的工作积极性。近几年来，我馆职工团结互助、和睦友爱、馆内从未出现过安全事故。我馆曾获省文化厅授予读者服务工作先进单位，县精神文明单位和人民满意单位等称号。

未来展望

公共图书馆作为读书的一个重要活动场所，一直都是人们所向往的精神圣地，图书馆的档次即反映了一个地区的形象，又标志着一个地区的文明程度，历来为党和政府所重视。近年来，财政为图书馆的基础建设给予了积极支持和帮助，购书经费逐年增加，但由于历史原因，我馆馆藏图书仍然是陈旧居多数量偏少，加之设备简陋，服务手段落后，图书吸引力不大，利用率不高，其职能作用没得到充分发挥。今后，我馆将在邓小平理论和“三个代表”重要思想的指导下，以县委、县府提出的创建国家级文化先进县为目标，以评估定级为动力，扎扎实实推进图书馆事业改革。加强内部目标管理，抓紧制订职工培训计划，深化服务意识，发展三级图书网络，理顺关系，开展馆际协作，协调实现图书资源共享，争取财政更多帮助，逐步实现图书馆数字化、网络化建设，为营山经济建设和社会发展做出贡献。

蓬安县图书馆

概述

蓬安地处四川省东北部，嘉陵江中游，属山区，幅员面积1332平方公里，辖39个乡镇，是司马相如的故乡，是川陕革命老区之一。现有总人口73万。

蓬安县图书馆成立于1977的12月，位于嘉陵中路264号，现有在职职工6人，临聘人员3人，退休3人，房屋面积1600平方米，现有藏书10万余册，古旧线装书1千余册。工作机构有办公室、采编部、图书外借室、综合阅览室、少儿阅览室、电子阅览室。共开设有图书外借、报刊阅览、馆藏文献查阅、少儿阅读、革命传统电视放映以及举办知识讲座等多个服务项目。双休日、节假日不休，年均接待读者5万余人次，流通书刊10万余册次。2013年财政拨款70万元。

读者服务工作

至20010年起，我馆实行全年365天免费开放，每周开放56小时，2012年蓬安县图书馆搬迁新址，并引进自动化先进管理制度，实行电脑登记借阅，大量借阅人工重复作业。2013–2014年，蓬安县图书馆多次组织并邀请市级专家领导深入我县学校，单位进行“嘉陵江大讲堂”的讲座。在每年的“世界读书日”前后举行演讲比赛，宣传图书活动、赠送书籍到学校和敬老院，此举受到社会各界的一致好评。

表彰、奖励情况

2009–2013年，蓬安县图书馆每年都被县级先进单位和优秀单位，得到市政府表扬2次。

馆领导介绍

戴晓霞，女，生于1964年9月，大专学历。中共党员，馆长。1983年7月参加工作，2004年任蓬安县图书馆副馆长，2006年任蓬安县图书馆馆长。多次获得“优秀个人”等荣誉。

彭刚，男，生于1979年11月，大专学历，副馆长。1997年参加工作，2012年任图书馆副馆长。

未来展望

蓬安县图书馆遵循“免费开放、民享民用、读者第一、服务至上”的办馆方针，即完善服务功能，扩大服务对象，带动全县图书事业的发展。2012年，在不断强化自身综合实力的同时，我馆还加入了全省的信息公共化推广服务，接受了新的业务扩展知识和完善了自身综合设施建设。蓬安县图书馆自搬迁新馆以来，在管理、设施、人员配置上都不断的严格要求，推求进步，并取得很好的成效。在2013年的国家二级馆评选中达到理想的成果。

电子阅览室

自习室

综合阅览室

蓬安县图书馆

外借室

邻水县图书馆

概述

邻水县图书馆成立于1977年，建筑面积1511㎡（含公共文化信息共享工程邻水支中心510㎡）。现有图书借阅室、期刊借阅室、少儿借阅室、采编室、地方文献室、电子阅览室、多媒体报告厅、特种文献资料开发室等。2012年通过向上级争取专项资金对馆内各个功能室进行了整修，环境大为改善，设施设备及时得到更换和添置。当年被国家文化部授予"全国首批公共文化信息共享工程示范点"，2013年5月顺利通过《全国第五次公共图书馆评估定级》复查验收，保持了"国家二级图书馆"称号。2012年启用了图书馆自动化管理系统IlasII，实现了图书采编自动化、报刊管理和流通自动化、检索查询自动化，办公自动化。2014年升级为IlasIII。

业务建设

截止2014年，邻水县图书馆总藏量30多万册（件），其中，纸质文献近10万余册，电子图书24万册，报刊200余种，地方文献资料200余种。

2009—2010邻水县图书馆财政总拨款73万元，2011年财政总拨款90万元，2012年财政总拨款105万元，增长率28%。

2014年，将自动化管理系统升级为IlasIII系统，以适应邻水县图书馆服务建设的需要。

读者服务工作

从2011年起，邻水县图书馆全年365天天天对外免费开放，周开放56小时。2011年，书刊外借册次100236册次，2012年，书刊外借册次112398册次。2012年，在邻水县武警中队建立流动图书室。随后又与县各乡镇及社区陆续建立47个图书服务点。

2009—2014年，邻水县图书馆共举办讲座、展览、培训、阅读推广等读者活动181场次，参与人数41630人次。

业务研究、辅导、协作协调

从2012年起，邻水县图书馆以文化信息资源共享工程示范点为依托，在全县范围内开展阅读推广与讲座展览资源服务、业务培训与技术支持等工作。期间，举办培训班16期，496课时，721人次接受培训。

从2009年到2014年，邻水县图书馆的基层业务辅导工作已逐步形成了以巡回辅导、阵地辅导为手段，理论结合实践，以业务培训为重点的工作模式。

六年来，我馆面向农家书屋，累计开展了69次业务辅导活动。为邻水县图书馆业务的规范、统一以及文献信息资源的共建共享，客观上期到了推动作用。

管理工作

一、管理人员工作制度

（一）各室管理人员按照图书编目要求，及时搞好新书分类编目上架工作，并及时做好新书推荐工作，提高图书流通率和使用率。各室归还图书、期刊及报刊应在当天完成分类上架。儿童阅览室、期刊阅览室当天完成期刊的编目，新书当月完成编目，办公室牵头不定期抽查。

（二）各室管理人员积极配合办公室，搞好资料剪辑收集工作。

（三）各室管理人员妥善安排好读者外借、阅览的时间，注意信息反馈，经常倾听读者意见，不断改进图书馆管理工作。

（四）保持馆舍整洁、通风，严格做好五防工作（防火、防尘、防潮、防蛀、防盗）。

（五）各室管理人员应在每天上班前搞好本室的清洁卫生。

表彰、奖励情况

邻水县图书馆2012年获"全国文化信息资源共享工程.公共电子阅览室示范点称号。

邻水县图书馆被评为重点单位消防安全工作达标单位。

馆领导介绍

何歆艳，女，1976年8月生，大学本科学历，馆长。1997年参加工作，省图书馆学会会员，参加各类图书馆馆长培训。全国文化共享之星。多次被文广新局评为先进个人。

张荷，女，1962年8月生，专科学历，中共党员，中级职称，副馆长，党总支书记。85−88年参加四川省电大图书馆学专业培训学习，多次被文广新局评为先进个人。

未来展望

1、积极争取上级部门的重视，争取扩大图书馆馆舍建设，以满足不断增加的图书藏书的摆放。强化文献资源建设，至2014年图书馆馆藏纸质文献资源达近10万册。为力争实现2015年争达国家一级图书馆标准，县图书馆的藏书量到2015年争取突破12万册。

2、图书馆自动化建设项目是为图书馆提供一套全方位的图书馆智能化技术服务体系的，适用于图书馆的现代化建设，到2015年，邻水县图书馆争取建成完善公共图书馆读者自助借、还系统，办公自动化系统，增强图书馆综合实力，充分发挥图书馆在知识创新体系中的基础作用，全面推进图书馆数字化、网络化建设，为实现争达国家一级图书馆的目标而奋斗。

3、积极组织实施人才资源开发战略，在全面提高馆员素质、优化队伍结构基础上，力争使职工在现有基础上有所增加。重点加强对专业人才和复合型人才的培养和适度引进，完善岗位培训制度，突出继续教育的长期性、针对性。到2015年，使邻水县图书馆工作人员业务技术水平总体提升。

联系方式

地　址：四川省邻水县鼎屏镇北街76号
邮　编：638500
联系人：张 婕

阆中市图书馆

概述

阆中市图书馆成立于1956年8月，是建国后我国较早成立的县级公共图书馆之一。占地面积1599平方米，馆舍总面积2387平方米。设计藏书容量20万册，可容纳读者座位300个。配备计算机45台，其中读者终端计算机33台，光纤专线接入，互联网出口带宽10M。1994年第一次全国公共图书馆评估定级为三级馆，1999年、2005年、2010年、2013年全国公共图书馆评估定级，连续4次评估定级为二级馆。

业务建设

截止2013年底，阆中市图书馆总藏量16.8万册（件），其中中文平装新旧图书146280册（件），古籍和民国线装书8300册，报刊13000册，视听文献420件（套）。

2009–2012年阆中市图书馆新增藏量购置费年均5万元。2009–2012年，共入藏图书6500种，8450册，报刊140种，视听文献90种。征集《红军在阆中的革命历程》等地方文献100种。

截止2012年底，阆中市图书馆数字资源总量为4TB，其中，自建数字资源总量1.2TB。在建的数据库有《阆中市文化和旅游资源》，建设内容包括风水文化、春节文化、科举文化、阆中旅游景点等。

自动化管理系统使用四川省公共图书馆集群化管理系统，文献的编目、典藏、流通、检索等业务环节均实现自动化管理。2013年年初，实现馆内无线网络覆盖。

读者服务工作

从2011年1月起，阆中市图书馆全年365天对外免费开放，每周开放56小时。2009–2012年，年均书刊流通6.5万人次，年均书刊外借5万册次。2009–2012年，建成文成镇云台场、武警中队图书室等12个流动服务点，馆外书刊流通总人次0.8万人次，书刊外借1.7万册次。

2009–2012年，阆中市图书馆网站访问量2.1万次。开通阆中市图书馆公众微信和微博。截止2012年，阆中市图书馆发布使用的数字资源总量为12种，1.2TB，均可通过阆中市图书馆网站、阆中市图书馆公众微信和阆中市共享工程专网向全省公共图书馆、共享工程基层服务点提供检索、浏览和下载服务。

2009–2012年，阆中市图书馆共举办讲座、展览、培训、阅读推广等读者活动46场次，参与人数3800人次。

业务研究、辅导、协作协调

从2011年起，阆中市图书馆使用四川省公共图书馆集群化管理系统，参与四川省图书馆联合编目活动，联合编目图书2.5万册，实现书目资源的共建共享。2012年，参与四川省《红军长征四川记忆》多媒体资源库的共建共享工作，将反映红军长征在阆中革命历程的图片、文字、视频等多媒体资源加工整理后，上缴到四川省文化共享工程分中心，实现了红色资源建设的新突破。2009–2012年，积极参加四川省文化厅、四川省图书馆等组织的业务培训、学术研讨活动13次。

阆中市图书馆已将全市农家书屋、社区书屋、文化站图书室纳入图书馆服务网络系统。全市农家书屋、社区书屋、文化站图书室建设、管理、验收全由阆中市图书馆具体负责实施。积极举办全市农家书屋、社区书屋、文化站图书室业务培训8次，培训管理员460人次。深入乡(镇)、村(社区)实地开展业务辅导活动12次，辅导管理员110人次。

管理工作

阆中市图书馆《读者须知》、《办证指南》、《馆长岗位职责》等23个管理制度健全并上墙。单位主要职能及内设机构职能、人员分工、免费开放主要内容、主要服务项目等制成公示展板，向公众公示。

2011年，阆中市图书馆完成事业单位岗位设置管理，聘任管理岗位2个，专业技术岗位10个，工勤技能岗位1个。同时，建立了工作量化考核指标体系，每月进行工作进度通报，每半年和全年进行总体工作考核。2009–2012年，共抽查文献排架16次，书目数据16次，主办新书推荐专栏16期，撰写专项调研、分析报告12篇，上报工作信息46条。

积极营造浓厚的阅读氛围。制作了毛泽东、习近平、孔子等名人有关读书、励志的名言35个，张贴在报刊阅览室、外借处等服务窗口和楼梯间；进一步美化环境，将建筑面积300平

阆中市图书馆报刊阅览室外貌

保宁办内东街社区书屋标识

报刊阅览室

地方文献阅览室

公共电子阅览室

方米的大门过道等粉饰一新，在报刊阅览室、外借处等服务窗口和综合楼大门口，摆放非洲茉莉、龙须树、幸福树、绿萝等花卉39盆。

利用电视、网站、微信、微博等媒体和LED显示屏、宣传橱窗、宣传展板等平台，切实加强宣传报道，努力扩大图书馆的社会影响，竭力充实文化内涵，营造浓厚的读书氛围。

表彰、奖励情况

2009—2012年，阆中市图书馆获得阆中市市委、市政府表彰1次，获得业务主管部门阆中市文旅局表彰、奖励4次。

馆领导介绍

谢祥，男，1963年9月生，汉族，大专学历，中共党员，馆员，支部书记。1981年9月参加工作，历任阆中市图书馆办公室主任、阆中市图书馆工会主席、阆中市图书馆副馆长等职。2014年4月被阆中市直机关工委任命为阆中市图书馆支部书记。自2013年3月起至今主持阆中市图书馆全面工作。

未来展望

阆中市图书馆将深入贯彻落实《四川省公共图书馆条例》，切实按照阆中市委“文化树标杆”的工作要求，在未来的几年里，将在七里新区新建一座建筑面积6500平方米以上的多功能现代化图书馆，完善配套相关设施设备，服务七里新区和江南新区群众。现古城馆舍作为分馆予以保留，服务古城群众。进一步加强公共图书馆的宣传报道，加强城乡公共文化服务体系建设，不断拓展图书馆现代信息服务的方式和领域，在促进全民阅读、建设和谐社会中发挥应有作用。

联系方式

地　址：四川省阆中市太平寺街30号
邮　编：637400
联系人：陈　琳

青神县图书馆

概述

1931年，青神县始建"通俗图书馆"1940年改为"民众教育馆"，1950年县人民政府建立文化馆，图书馆与文化馆合并，设图书室、阅览室，直到1989年3月与文化馆分别建制为"青神县图书馆。1995年底，县政府调整确定了图书馆馆址。1998年县委、政府把修建成图书馆列入为民办的"十件大事"之一。1999年3月图书馆综楼竣工，图书建筑使用面积1000平方米。2000年4月28日新馆正式开馆，设有综合外借室、综合阅览室、少儿借书阅览室、电子阅览室、政府信息阅览室、多媒体放映室、多功能辅导室、盲人电子阅读、特藏书刊室等。目前我馆现有藏书5万册，其中：民国时期线装书，万有文库丛书6千多册，还保存有五十年代至今的各种报刊等。2012年4月12日我省首家民办公助，公益性公共图书馆青神县图书馆汉阳分馆正式成立开馆。分馆是由中国社会科学院学部委员梁慧星教授修建，政府出资使用管理。分馆建筑使用面积800平方米，设有综合阅览大厅1个、综合外借室2个、少儿阅览室1个、藏书书库2个、多媒体室2个。汉阳图书馆现有藏书1.2万册，其中综合类图书8000多册。2008年青神县图书馆参加第四次全国公共图书馆评估，首次获得三级图书馆，2012年两馆合一参加第五次全国公共图书馆评估，获得国家二级图书馆。

业务建设

2009年我馆实现图书自动化管理，使用金盘图书馆自动化管理系统，接入10M光纤专线。截止2013年底，青神县图书馆纸质文献总藏量4.8625万册（件），视听文献312种，2012年购书经费5万元、2013年3万元、2014年购书经费增加到10万元。拥有阅览座席275个，其中：少儿座席120个，40多台电脑及多媒体现代化办公业务设备。建立县级支中心文化信息资源共享工程管理服务平台，10个基层乡镇文化信息资源共享工程基层点、76家农家书屋、13家社区书屋、1家警营书屋。

读者服务工作

从2011年8月起，严格按照国家免费开放文件要求，全年实现354天（除法定节）对外免费开放，周开放56小时，2009年至2012年书刊总流通49万人次，书刊外借23.7万册次。建成1个民办公助分馆，90个固定书屋，馆外书刊流通，年总人次52.326万人次，书刊外借27.724.万册。2010年9月，建立政府信息公开阅览室，年服务800人次，2014年设立盲人电子阅读室。2009至2012年，青神县图书馆共举办送文化下乡、讲座、展览、培训、阅读推广活动等读者活动326场次，参与人数5.4912万人次。青神县图书馆和汉阳分馆每年举办的梁慧星奖学基金发放、4.23赠书阅读推广、关爱留守儿童经典诵读活动，是我县图书馆阅读推广工作的特色。

业务研究、辅导、协作协调

积极参与上级图书馆、区县图书馆的馆际互借工作，组织开展图书业务技术培训，与新闻出版开展农家书屋、社区书屋开展业务指导。与本地区图书馆开展馆际互借工作；坚持全面共建、共管、初步实现覆盖全县公共文化建设和网络建设。充分发挥县图书馆的公益性服务功能核心作用，把握好文化共享工程、农家书屋和社区服务横向发展方向，坚持每年开展"4.23"世界读书日活动、读者服务周宣传活动和送书下乡活动，解决了农民读书难、借书难的问题，产生了广泛的社会效益。坚持抓好农家书屋、社区书屋、武警书屋、分馆建设基础业务指导工作，乡、镇文化信息资源共享共享工程网络点长期建设工作。对全县10个乡镇综合文化站、76个村级农家书屋、13个社区书屋，武警书屋、分馆建设、做到年初有计划，年底有总结，半年有业务统计分析。安排专人常年下乡指导，定期开展农家书屋、社区书屋管理人员业务培训，年终实行管理综合考评，进行表彰奖励。

管理工作

逐步完善图书馆各项规章制度，工作岗位管理制度。每年制定年度工作计划，年终目标考核完成指标，做到年初有计划，年底有落实，健全管理监督机制。本馆现有在编人员5人，按需设岗、按岗聘用、竞争上岗，实行岗位责任制、考核制、分配激励制度，各项规定监督有力、国有资产管理有序，图书馆阅读设施设备规范、整洁、安静、美观，各科室指示标牌明显。

青神县图书馆

青神县图书馆汉阳分馆

共享誉平台暑期放映活动

农家书屋建设指导

全省首家民办公助汉阳图书馆开馆

表彰、奖励情况

我馆荣获省文化信息资源共享工程建设工作“三等奖”，2010年获“全国公共文化管理实施先进单位”、2012年荣获眉山市“图书馆先进集体”，2012年荣获眉山市像雷锋那样电子小报“优秀活动组织奖”、“少儿网页设计比赛组织奖”、“眉山市小学生经典诵读活动组织奖”。近几年先后共获得县级以上精神文明建设、安全综合治理、平安小区、卫生先进等60多个各类奖项。

馆领导介绍

唐立新，男，1966年9月生，大专学历，中共党员。1983年10月参加中国人民解放军，1986年复员到地方文物保护管理所，1992年调入图书馆，2005年5月任县图书馆馆长，2012年3月兼任青神县图书馆汉阳分馆馆长。

未来展望

青神县图书馆将以“小而不卑、难而不惧，创新不已、奋斗不止”的精神，加速我县图书馆数字化、信息化、功能化服务建设，完善本馆区域服务功能，不断增强自身综合实力，扩大图书业务服务辐射范围，带动我县各项事业全面发展。力争在“十三·五”期间，扩建500平方米图书服务区，藏书量达到10万册，阅览座席达到500个，新设10个图书流动服务站，开展流动图书服务业务，力争综合指标位居全市公共图书馆前列。

联系方式

地　址：青神县南街88号
邮　编：620460
联系人：唐立新

共享平台为我县征兵工作服务

关爱留守儿童活动

送文化下乡十八大图片展

世界读书日赠书活动

举办梁慧星奖学金活动

广安市广安区图书馆

概述

广安区图书馆始建于1932年，是中国改革开放总设计师邓小平家乡的区县级公共图书馆，建国后重建并与文化馆合署办公。1989年5月单设，经费独立核算。1990年被列为宋庆龄基金会与联合国儿童基金会合作项目的流动儿童图书馆执行单位之一，1995年荣获“四川省文明图书馆”称号。1997年、2004年、2009年、2013年在由文化部组织的全国公共图书馆等级评估中，荣获“国家二级图书馆”殊荣。

区图书馆现有馆舍面积近2500平方米，阅览座席200余个；少儿阅览座席60余个。现有各类藏书25万余册（含流动网点）。现有职工7人，其中男职工4人，女职工3人，大专以上文化人员为90%，副高职称1人。中级职称4人，初级职称2人。设馆长、党支部书记1人。中图学会会员3人，四川省图书学会会员3人。馆内辟有图书外借、期刊借阅、报纸阅览、少儿借阅、电子阅览室、资料室6个对外服务窗口，设办公室、财会室、采编室等工作机构。

区图书馆年新增藏书3000种。报刊入藏量350余种。地方文献实行专款、专人、专柜管理。对书刊采用《中图法》（第五版）标引，图书依据《普通图书著录规则》著录。现有公务、读者目录各一套。

服务窗口实行轮休制，全天候、全开架借（查）阅和电话预约、送书上门等多种形式为读者服务，每周开放70小时，极大地方便了读者借阅。每年接待读者16万余人次，外借近10万册（含流动网点）。

有固定基层辅导点58个，有专职业务辅导员，并定期下乡检查、辅导基层图书室（农村书屋）业务工作。鼓励职工积极参加各类函授学习和技能培训、撰写文章。

馆内各项管理制度健全，先后制订了政治业务学习、考核、书刊管理、读者服务、财务、设备、环境管理等规章制度。

广安区图书馆多次荣获区政府及主管部门的表彰、奖励，2002年荣获区文明办颁发的“文明单位”称号和被区绿化委员会评为绿化单位。2011年、2012年连续两年被区委授予“先进基层党组织”荣誉，2011年被区委评为最佳文明单位。

业务建设

近年来，区图书馆在区委、区政府和区文广新局的领导下，认真学习实践科学发展观，为实现伟大的中国梦，去努力完成各项工作任务：

（一）重视思想政治工作，加强内部管理

长期坚持把思想政治工作放在重要位置，每周星期五上午为集中学习时间（单周为政治学习、双周为业务学习）。做到“三落实”（即规划落实、中心落实、记录落实），提高了职工的思想政治觉悟和业务技能。在强化内部管理方面，完善了规章制度，推行岗位责任制，各窗口组室人员实行目标管理和年终量化考核，奖惩兑现。通过以上措施，使馆风发生了根本性的变化。

（二）团结协作，克服困难，开拓业务工作新局面

业务工作是图书馆的重点和中心。近年来，全体职工团结协作，克服困难，打开了区图书馆业务工作的新局面。

一是解决看书难。广安区全区人口127万，区图书馆藏量仅25余万册（页），群众看书难问题十分突出。

为了解决群众看书难，广安区图书馆在上级党委领导下，群策群力，多方筹资采购书籍。首先，经多方沟通联系，于2005年初得到中国图书馆学会组织国内出版社向贫困地区图书馆捐赠库存图书万余册；其次，四川省图书馆在纪念邓小平同志诞辰110周年活动中，支援区图书馆图书11000万册，区委宣传部、文明办、团委赠书8000册；再次，由国家出版总署和四川省新闻出版局联合推出的“农家书屋”工程从2005年起累计向我区投入图书806300册，到目前为止，已在全区49个乡（镇）设立了903余个乡（镇、村）级图书室，使我区人均图书占有量达0.132册，人均购书费达0.673元，极大缓解了群众看书难的问题。

二是在文献资料收藏方面，对过期报刊及时进行了装订、分类编目和收藏，加强了对一万余册线装书、古旧书的妥善管理。为全面系统地搜集、保存广安的地方文献，积极发动和组织职工利用各种关系广泛征集，收到了满意的效果。到目前为止，已搜集到各类地方文献、部门史志、个人出版物近千件（册），极大地丰富了馆藏，提高了文献资料的接待能力。几年来，接待查阅资料共1200余人次。

三是在读者服务工作中，克服多种困难，新增购新书3000（种）册和350余种可读性强、信息量大的报刊，投入借阅，满足了广大读者的需求。努力改善服务方式，提高对外窗口服务质量，完成了上级下达的目标任务。同时，不等不靠，利用现有条件，继续做好项目工作，由专人组织各类图书万余册分送到58个乡镇的流动图书室，按期轮流交换，全区儿童受益达50%以上，对传播先进文化和丰富全区少儿文化科学知识发挥了作用。

四是在文献信息工作中，积极开展科技信息咨询。安排专人利用馆内大量的书籍报刊进行剪贴，几年来按10个专题搜集科技信息5000余条，为编印二次文献提供了一次性资料，接待解答了各类人员的咨询1000余人次。

省市领导指导图书馆建设

编目工作有序开展

广安区图书馆职工合影

五是积极做好建设网络达标覆盖率工作，努力加强电子阅览室的建设。一是争取地方党委、政府的有力支持；二是寻求社会各界的大力协助；三是诚招有意的事业合作伙伴。通过多方奔走，上争外引，目前已具雏形，年接待读者达16万人次。

“文化信息资源共享工程广安区基层服务站”于2004年建成，同年6月经省“文化共享工程”中心领导小组授牌。区基层服务站按照省中心制定的统一标准和规范，具体组织实施。

在实施工作中，依托国家图书馆、省、市“文化共享资源工程”统一的技术服务平台，接受技术服务、咨询，分级管理。在省、市“文化共享工程”分中心的指导和帮助下，对基层中心的管理、资源更新、日常技术维护、人员培训等。

“文化共享工程”主要是面向基层服务，重点是加强基层中心和基层服务点的建设。按照省中心的工作要求及设备配置，我区建立了以协兴、厚街、柑子园、中桥等为代表的乡（镇、社区）为基层分中心的服务站和以果山村、牌坊村等为代表的村级基层服务站。同时，我们正逐步通过各种方式加快区级基层中心和全区乡（镇）、村基层站点的建设，树立以基层图书室、文化站、社区文化站（室）、互联网及校园网为依托，建设遍及城乡的文化信息资源服务网络，实现真正的资源全民共享。

六是认真做好免费开放、优惠及创新服务工作。图书馆事业是一项公益事业，是为广大市民提供咨询、读书、学习的社会大学。为了极大的满足群众的精神需求，丰富文化生活，我们克服多种困难，为读者免费开放服务项目有：图书外借、报纸阅览、期刊借阅、资料检索、“共享资源”专区查检、浏览、农村文化站（社区图书室）业务辅导。

广安区图书馆的电子阅览室是文化部“文化信息资源共享工程”的一个基层服务站，它是继图书阅览室、报刊阅览室后利用新技术、新载体，通过网络最大限度地为社会公众享用的文化工程，是图书馆的重要组成部分。鉴于可允许未成年人上网的特殊性，我们严格遵守有关法律法规，加强对工作人员的教育和管理，坚决杜绝违法违规经营，积极和城乡中小学一起有组织、有秩序地引导青少年健康上网，加强网上正面宣传，唱响主旋律，让电子阅览室成为真正意义上的青少年绿色网络空间。

为了扩大图书馆在社会上的影响，使更多的群众了解图书馆，走进图书馆，我们不墨守成规，开展了一系列的创新服务，让“死”书变活宝，开展为书找人、送书下乡、进社区、学校等活动；举行读者座谈会，让读者建言献策；举办读书征文活动；不定期出版《广图剪报》，深受群众喜爱；适时更换“宣传橱窗”，把握时代脉络；即时推出新书介绍，紧紧掌握文化导向；与广安区档案局进行部分资料的目录交流，充实了馆藏目录内容，扩大了区图书馆可提供查阅资料的范围

（三）丰富馆办读者主题活动，取得较好的社会效益。

近年来，克服经费严重不足的困难，开展多种形式的馆办读者活动，出版了《广图剪报》，推出了“宣传橱窗”、“新书推介”，并配合区委、区政府的中心工作，在重要节、庆日举办了各类大型图片展览。据不完全统计，共举办各种大型图书展览10余次，大型图片展览5次，编发《广图剪报》20余期，《宣传橱窗》10余期，“新书推荐”近30期，编辑各类信息5000余条。特别是在2009年来开展了以“三网惠三农，建社会主义新农村”为主题的送电影下乡公益活动共计362场，涉及40个乡镇，占全区总数的42%，观众人数近12万。2011年至2014年连续四年中，区图书馆开展了“我阅读、我快乐”，“读好书、做好人”等丰富多彩的活动。深入乡镇、街道、社区、机关、企业、学校，受众达20多万人次。送书下乡、各种讲座培训活动有序开展。通过这些活动，扩大了图书馆在社会上的影响，使更多的群众了解和走进了图书馆，促进了图书馆事业的发展。

（四）加强职工队伍建设，深入业务研究

针对职工的实际情况，要求和鼓励职工积极参加专业技能培训和文化函授学习，订阅多种业务期刊，自编了《图书馆业务知识100问》等多种资料，供职工自学。几年来，有3名职工完成了大专学习，获得了初级技术职称，馆内形成了良好的学习氛围。几年来，职工在报刊上发表文章20余篇，开创了业务研究和写作的良好风气，一名职工2014年被评定为副研究馆员，为广安区图书馆建馆来技术职称第一次达到最高。

（五）齐心协力，创建文明单位

近年来，在上级主管部门的领导下，按照区级文明单位的条件和标准制定方案，落实措施，广泛开展了文明单位的创建活动。2002年来，被区绿化委员会评为绿化合格单位，并通过和得到了区文明办组织的文明单位验收命名和表彰。2011年被区委评为最佳文明单位。

未来展望

今后的工作重点，广安区公共图书馆要和全国的其它地方公共图书馆一样，走资源共享之路，让电子阅览室充分发挥效能，在2010年已建成一个设备齐全，设施、技术先进的县级支中心的基础上，再创佳绩，力争文化共享工程支中心走在全市前列，达到49个乡镇（街道办事处）、842个村形成文化资源共享点覆盖率达100%，努力建成全民阅读全国先进区。其次，要深化事业体制改革，促进图书馆人才的优化配置，保证图书馆公共事业的顺利发展。第三，改变服务态度，提高服务质量，变单一性为多元性，变普通服务为专业性服务，走出去、请进来，变被动服务为主动服务，以适应更多的、不同层次的读者的需求，提高公共图书馆在新时期免费开放工作的服务水平和办馆效益，更好地发挥图书馆在“三个文明”建设中的作用，为广安的跨越式发展作出应有的贡献。

联系方式

地　址：四川省广安市广安区厚街172号
邮　编：638550

阅览室读者踊跃

电子阅览室小读者勤奋学习

文化共享工程优秀影片展播

武胜县图书馆

概述

武胜图书馆于民国十五年（1926）年始创县立图书馆但直至建国前，其行政、人事、经济、业务等均属于通俗教育馆（后改称民众教育馆）内，图书馆馆长由通俗教育馆馆长兼任。当时书籍资料不多，读者稀少，图书馆历来只有一个馆员负责全面工作。1950年6月27日，县立图书馆并入人民文化馆，内设图书室，馆舍多次搬迁，图书室利用书刊资料经营流动书箱，扶持农村图书室坚持工作。至1977年为适应生产发展需要成立了武胜县图书馆，接收图书10460册，1980年购买馆舍后开辟多个服务窗口建立岗位责任制成绩突出，馆长于1982年10月20日出席了文化部组织在北京召开的全国先进少儿图书馆（室）表彰大会，受到文化部、四川省文化局的奖状和奖励，南充地区文化局于1983年初组织全区少儿图书室管理员在本馆召开先进少儿阅览室现场会。

武胜县图书馆馆舍现位于县城的城市中心地带，闹中取静建筑面积2700平方米，1997年建成，图书馆使用面积约2000平方米，上下共五层，在2013年全国第五次评估定级被评定为国家县级二级图书馆。

武胜县图书馆以数字科技为基础，融合传统图书馆功能，体现知识交互理念，采用开放灵活的藏、借、阅、查、展一体的新型服务模式，除了特定和特殊的文献外，藏书全部对读者开放。图书馆馆内设图书外借室、期刊借阅室、报纸阅览室、少儿借阅室、电子阅览室、多媒体室等6个对外服务窗口，设办公室、财会室、采编室等工作机构。利用过道等零碎空间设置长期的展厅，安装展板、橱窗、滚动LED显示屏对国家政策、科学、教育、民族节日等进行宣传。图书馆现共有各种阅览座席226个；少儿阅览座席38个。各类藏书17万余册、电脑57台、电子图书24万册，无线wifi全馆覆盖。

2012年以来，武胜县图书馆大力发展，新增藏书2000余种、新购图书3万余册、获社会捐赠图书8万余册、报刊入藏量达到180余种、新购买电脑20台、安装电子图书20万册、安装了电子阅报系统。馆内逐步更新装修，将地板更新为防滑、防静电、防火的新型材料。安装了电子监控系统、安装大功率空调，完善了安消防设施等。

图书馆服务窗口实行轮休制，全天候、全开架借（查）阅和电话预约、送书上门等。以多种形式为读者服务，每周开放达到56小时，极大地方便了读者借阅。2012年以来平均年接待读者12万余人次，外借近10万册。

武胜县图书馆为武胜人民提供了良好的读书环境，是市民休闲的首选场所，尤其受到学生、教师、老人的喜爱，但是随着宣传范围的扩大，读者增多，目前的图书馆已经无法满足读者的需求，为此图书馆致力于谋求发展，一方面加强与广安市图书馆的业务联系，2014年底成功挂牌为“广安市图书馆武胜县分馆”，即将实现一卡通借通还，将更大的方便读者异地借阅、归还图书。一方面积极筹备新馆建设，已敲定新馆的建设场地，预期建设面积将达到4500平方米，布局将更为合理，力求符合读者的需求及武胜县的城市规划。

联系方式

地　址：修改为四川省武胜县沿口镇清平街长寿巷21号
邮　编：638400

达州市达川区图书馆

概述

达川区图书馆由来，民国6年（1917），于文庙创办达县公立图书馆；民国24年，达县公立图书馆改为达县民众教育馆，达县民众教育馆设图书室；民国33年，建立达县图书馆；1950年3月，达县文化馆设图书室；1956年，建立达县图书馆；2013年7月更名为达州市达川区图书馆。馆址几经变迁，2012年12月27日，位于达川区文体中心的新馆建成开放。新馆建筑面积2096平方米，设计藏书30万册，内设阅览座位近200个，电子阅览室1个，配备电脑近50台，日均可接待读者600人次。

业务建设

截止2013年底，达川区图书馆总藏量16万册，对外流通书籍、特藏书籍、地方文献等珍贵文献已进行回溯建库。新馆众多新技术的应用，使达川区图书馆业务模式全面变革，为读者高效利用图书馆提供了技术保障；有智能化、信息化新技术，包括智能化消防系统、安保系统、温控系统和管理集成系统等功能。在阅读方式上还特别设计了多媒体、盲人有声读物阅览室，极大地满足了残疾人士在内的特殊群体的文化阅读需求，充分保障了人人享有阅读的文化权益。

读者服务工作

新馆搬迁后，达川区图书馆全年365天对外免费开放，每周开放56小时。现对外全面开放的有：外借室、期刊阅览室、少儿阅览室、电子阅览室；提供馆内查询的有：过刊室、梁上泉文献室、特藏室；多媒体室不定期举办讲座，围绕社会热点进行选题，内容涉及历史文化、文学艺术、科普教育、身心健康、时尚话题等系列；1台图书流动服务车，轮流到社区、乡镇送书上门，方便读者借阅；每年4.23世界读书日开展丰富多彩的读书活动；5月下旬开展图书宣传服务周活动；全年坚持送书下乡、送书到学校、送书到军营，扩大了图书馆的社会影响。年均借阅人次9万册次，6万人次。

业务研究、辅导、协作协调

2009–2013年，达川区图书馆职工发表论文20篇，其中刊登在省核心刊物上两篇。从2009年起，达川区图书馆以文化信息资源共享工程为基础，以乡镇文化专干为依托，联系到每个社区书屋、农家书屋，在省文化共享工程分中心和乡村基层服务点架起一座桥梁，让文化共享资源覆盖全县的每个村社。期间，举办文化专干、农家书屋管理员集中培训、网络培训10期，80课时，600余人次接受培训。

管理工作

2013年2月，达川区图书馆完善了馆内各项规章制度，定岗定位，坚持“改进作风树形象，开展阅读创佳绩”，践行“我的岗位我负责，我的岗位请放心”，建立了工作量化考核体系，每月进行工作进度通报，每半年和全年进行总体工作考核。

2013年3月，达川区图书馆建立了自己的网页，馆内各种信息及时在网上公布，实现网上政务公开，接受全社会的监督。现馆内有乡镇注册会员三十多人。

表彰、奖励情况

达川区图书馆先后被评为县级文明图书馆、“以文补文”先进集体、四川省文明图书馆、四川省二级图书馆、国家二级图书馆等殊荣。2009–2013年，达川区图书馆在川、陕、甘论文交流会上获二等奖5篇、三等奖12篇；获区政府科技文化四下乡先进个人表彰一次；所辅导农家书屋，赵家镇飞马村农家书屋获全国新闻出版总署“示范农家书屋”殊荣；管村镇高寨村、赵家镇芦陵村、百节镇三牌村、亭子镇雷力村、双庙镇二东村等5个农家书屋获四川省新闻出版署“示范农家书屋”荣誉。

馆领导介绍

王盛红，女，1973年8月生，西南大学本科，中共党员，副研究馆员；馆长、支部书记。

郑美莲，女，1966年9月生，大专学历，中共党员，馆员，副馆长。

冯霞，女，1964年12月生，大专学历，馆员，工会主席。

李政，男，1980年9月生，大专学历，中共党员，助理馆员，纪检委员。

未来展望

达川区图书馆将秉承“传承文明，服务社会”的办馆宗旨，坚持“文化达川.从阅读开始”、“悦读、宽容、便捷”的服务观念，完善自身服务功能，扩大服务辐射区域，大力弘扬优良文化传统，进一步塑造“红色文化、孝善文化、民俗文化”三大文化品牌，实现达川区文旅靓区，加快公共文化综合覆盖网络建设，全面提升文化软实力，为达川区经济建设和社会发展发挥重要作用。

联系方式

地　址：达州市达川区文体中心
邮　编：635711
联系人：王盛红

农家书屋管理员培训

送书下乡——百节三牌村

4.23世界读书日活动

宣汉县图书馆

概述

宣汉县图书馆始成立于1975年10月，位于宣汉县东乡镇项山路116号，占地面积1700平方米，建筑面积1593平方米。2008年3月在宣汉县宣传文化中心建成“宣汉县图书馆石岭分馆”，分馆建筑面积800余平方米。图书馆下设办公室、采编室、图书外借室、报刊阅览室、电子阅览室、政府信息公开阅览室、多媒体活动室、典藏室、资料室、少儿阅览室、盲人阅读室、农民工读书驿站以及流动图书馆和社区外借部等10余个服务窗口，所有窗口均免费对读者开放。

宣汉县图书馆有阅览座位120个，设有文化信息资源共享工程宣汉县支中心，拥有电脑20台，建有标准的中控室和多媒体室等。每周开放56小时，开展外借、阅览、参考咨询、专题、电子信息、视听等服务，举办讲座、培训、展览、学术交流、读者沙龙等活动。

业务建设

截止2013年底，宣汉县图书馆文献总藏量10万册。

2008年3月年宣汉县图书馆在宣汉县宣传文化中心建成石岭分馆，下设办公室、采编室、图书外借室、报刊阅览室、电子阅览室、政府信息公开阅览室、多媒体活动室、典藏室、资料室。

并于2013年增设少儿阅览室、盲人阅读室、农民工读书驿站。

2013年5月至9月，宣汉县图书馆在宣汉县新华文轩书店营业厅开展“你读书，我买单”活动，极大的丰富免费开放内涵，保障人民群众基本文化权益，丰富人民群众精神文化生活，激发广大市民读书热情。

2013年11月建成了数字图书馆，读者可利用电脑或手机通过图书馆中心门户网站，实现了对200万种以上中文电子图书的全文检索，对馆藏纸书、电子图书、期刊等馆藏资源统一检索，可第一时间阅读当天最新报纸，可远程访问电子期刊、会议论文、学位论文、专利、标准、联合目录、期刊目次库等。

读者服务工作

读书活动：每年都举办文学、历史、科学、艺术等知识讲座，邀请知名学者任主讲嘉宾，以优秀的作品塑造人。每年都举办“4·23世界读书日”征文活动，鼓励中、小学生踊跃投稿，对获奖征文编辑成册，提高文学修养和写作水平。不定期举办读书演讲比赛，引导读者多读书、读好书，提高演讲水平。不定期举办评选优秀读者活动。读书活动，彰显图书馆的缤纷魅力。图书馆要经常举办知识讲座，征文比赛、图片展览、谜语竞猜、演讲比赛等读书活动，实现图书馆与读者的互动，充分展示图书馆的魅力。

宣传周活动：每年都举办图书馆服务宣传周活动，主要项目有图片展览、知识讲座、谜语竞猜、读者座谈会、送书到基层单位等活动，扩大了图书馆的社会影响。

送书下乡：为促进社会主义新农村建设，满足基层人民群众的求知欲，每年都开展送书下乡活动，组织近1000册图书送到农村基层图书室，供基层人民群众借阅，让基层读者也能品偿到丰富的文化大餐。

视频展播：利用共享工程支中心的投影、音箱等设备和数字资源常年在馆内多媒体室和到城镇社区、乡镇、农村播放电影和知识讲座，积极开展宣传活动。

业务研究、辅导、协作协调

宣汉县图书馆积极参加学术活动，学术研究气氛浓厚，有1人被中国图书馆学会表彰为先进个人。自2005年以来，宣汉县图书馆先后有30余篇学术论文在各级学会交流，有近20篇论文在国家、省、市刊物发表。

管理工作

宣汉县图书馆在职人员9人，其中设馆长1人，副馆长2人；有本科学历2人，大专学历4人，大专以上学历者占职工人数67%；高级职称1人，中级职称4人，初级职称2人，高级工2人；退休职工8人。为更好的加强日常的工作，争做“人民满意服务员”，宣汉县图书馆建立工作量化考核指标体系，并每月月末开工作会议，在会议上进行工作进度通报，并每半年和全年对各科室进行总体工作考核。

表彰、奖励情况

宣汉县图书馆先后被县委表彰为“先进基层党组织”、被县委政府表彰为“最佳文明单位”；被市文化局、市科协表彰

为"学会工作先进单位；被省文化厅表彰为"读者服务工作先进单位"、"文明图书馆"；三次被文化部命名为国家二级图书馆。

馆领导及馆属部门负责人简介

文军，男，1967年出生，大专文化，中共党员，馆长、支部书记。1986年8月参加工作，副研究馆员，中国图书馆学会会员。论文《浅谈谭卓垣在清代图书馆学上的成就》在《兰台世界》2013年第8期发表，《高校图书馆面向社会服务可行性探析》、《以人为本构建和谐图书馆》分别在《四川省图书馆学报》2013年第5期和2008年增刊发表；论文《浅谈图书馆如何搞好社区服务》、《县乡图书馆（室）应切实为"三农"服务》分获川陕甘毗邻地区图书馆情报协作网学术年会一、二等奖。2007年3月，被宣汉县委、政府表彰为科普工作先进个人，2008年3月，被县委、政府表彰为文化工作先进个人，2009年7月，被中国图书馆学会授予2007–2009年优秀会员光荣称号。

朱柏熹，男，1972年生，大专文化，馆员，副馆长。

陈广域，男，1972年生，大专文化，助理馆员，副馆长。

牟波，女，1968年生，大专文化，馆员，办公室。

任厚云，男，1966年生，大专文化，高级工，采编室。

郑杰，男，1962年生，高中文化，助理馆员，图书外借室。

邓娟，女，1983年生，本科文化，馆员，网络技术部。

柳燕来，男，1965年生，高中文化，高级工，农民工文化驿站。

罗立，男，1987年生，本科文化，助理馆员，少儿阅览室。

未来展望

宣汉县图书馆一定会在知识经济时代发挥重要的地区信息枢纽和宣汉县精神文明建设基地的重要作用，成为知识信息的集散地，市民终身教育的学校，宣汉地方文献的宝库，高雅的文化休闲场所。依托丰富的馆藏资源和共享工程大量的信息资源及现代化的设施设备，使之成为我县集文化、科技、信息传播、保存文化遗产、开展社会主义教育、展示改革开放成就为一体的综合性公共图书馆。成为我县群众读书学习的文化、科技、教育、信息、服务和交流中心，为宣汉县经济建设和社会发展发挥十分重要的作用。

联系方式

地　址：宣汉县东乡镇项山路116号
邮　编：636150
馆　长：文　军
书　记：文　军
联系人：牟　波

（撰稿人：文　军）

大竹县图书馆

概述

大竹县图书馆成立于1977年3月，位于大竹县竹阳镇胜利街80号。占地面积2150平方米，共有阅览座席350个，其中少儿阅览座席50个，现有计算机50台，其中专供读者使用计算机40台，接入10M专用宽带。2009年参加第五次全国公共图书馆评估定级，首次获得国家二级图书馆称号。

业务建设

截止2012年大竹县图书馆共入藏图书、期刊等12.3万册（件），查重后的电子文献达2.7万种。

2012年财政拨款实际到位经费151.6万元；2008年至2012年财政拨款年增长率为7.8%。近4年来入藏图书、报刊和视听文献等共5.6万册（件），其中图书年入藏3500种，报刊年入藏318种，视听文献年入藏6750种。已收集到诸如《大竹三日刊》、《竹乡魂》、《前进中的大竹》等300余种优秀地方文献。

截止2012年底，大竹县图书馆数字资源总量为4TB。自主研发《大竹县图书馆流动图书管理系统》并投入运营。所有馆藏图书均实现数字化编目，建有大竹县图书馆地方文献数字目录。

读者服务工作

大竹县图书馆于2011年对期刊阅览室、少年儿童阅览室、多媒体阅览室、电子阅览室、外借室、地方文献室、科技室、书库、培训室、自修室等公共空间设施场地均实施免费开放政策，平均每周开放60小时。2012年度外借书刊5.8万册次，馆藏书刊文献年外借率为42.5%。

自2010年以来，大竹县图书馆共在各乡镇建立分馆78个，服务点398个，16个流动服务点实现书刊通借通还，建成覆盖全县的图书馆服务网络体系。自2009年以来，流动图书、农家（社区）书屋等馆外流动服务点书刊借阅共8.1万册次，平均每年为2万册次；高度重视信息服务工作，先后编印《信息参考》、《科技之窗》等为领导机关决策与社会事务发展提供信息服务，按《种植养殖》、《医疗卫生》、《政策法规》、《生活百科》、《时事宣传》等方面进行分类，每年印制农科、法律、卫生等信息2000余条40万份，制作光盘800张，并免费赠送给群众。

2012年，大竹县图书馆开展讲座培训和各类展览活动分别有46次和12次，参加人数分别达到1.2万人次和1.8万人次；同时采取新书推荐、现场宣传、图片展览、赠送资料等多种方式，开展形式多样的阅读推广活动，全年共开展活动18次。全县先后共有3万余人次读者参与大竹县图书馆举办的各类活动，平均每万人参加活动达283人次。

2012年，大竹县举办“幸福大竹·书香家园”系列摄影征文活动，着力打造涵盖图书图片展阅、电影讲座放映、宣传资料发放等为一体的“流动图书进万家”服务品牌，活动期间共展阅新书20000册次，传递流动图书76000册次，展出《走进2012》、《文化强国》、《雷锋精神永放光芒》、《科学发展、富国强民》等图片10套240幅40场次、利用共享工程资源播放电影、讲座42场次（参加人数1.2万人次），印制农村实用信息1000余条35万份，印制书签4万张，制作光盘1000张，并免费赠送给农民，服务群众30余万人次。

2012年4月23日至5月18日，大竹县图书馆在全县范围开展了“幸福大竹·书香家园”全民阅读大型摄影图片巡展活动，并于4月23日，在大竹县煌歌广场隆重举行“幸福大竹·书香家园”全民阅读大型摄影图片展暨纪念“4.23”世界读书日活动。

业务研究、培训、辅导

近年来大竹县图书馆职工累计发表论文28篇，获奖20多项，其中《构建基层公共文化服务体系·加强乡镇图书（馆）室建设》获文化部一等奖，另有省级一等奖2篇，二等奖2篇，市级一等奖3篇。

大竹县图书馆制定图书馆基层业务辅导计划，仅2012年按照《2012年大竹县图书馆基层业务辅导计划》，就先后对中小学、企业、驻竹部队、流动服务点等学校进行现场业务辅导28次，辅导效果显著；对各个分馆和基层服务点现状等进行调研，撰写了《流动图书进万家·文化服务惠百姓》专题调研报告。

4年来共对全县乡镇文化专干、社区书屋管理员、农家书屋

全民阅读广场活动

流动图书进万家

业务培训

百场文化下乡

管理员和文化共享工程基层站点管理员开展各种培训活动68场次，培训人员3912人次，其中2012年大竹县图书馆重点对文化共享工程基层服务点和农家书屋开展专项培训，分别开展活动23次和8次。

管理工作

围绕图书馆中心工作，明确发展目标，每年编制年度计划，切实为读者服务；严格执行国家和大竹县图书馆财务管理制度、人事管理制度、物资设备管理制度等制度；文献排架正确率在95%以上。

表彰、奖励情况

四年来，大竹县图书馆全体职工不懈努力，各方面工作取得一系列成绩，屡获上级部门表彰。其中2013年1月荣获中共达州市委"创先争优先进基层党组织"称号、2012年10月获得中共大竹县委五比党建活动"业绩之星"先进集体称号。

馆领导介绍

杨晓玲，女，1964年2月出生，大学本科学历，1981年参加工作，副研究馆员，馆长。

莫正北，男，1968年4月出生，大学学历，中共党员，大竹县图书馆兼职支部书记，大竹县文体广新局行政审批股股长。

未来展望

大竹县图书馆始终遵循"读者至上"的服务理念，践行群众路线，以文化惠民的实效，促进全县文化事业大发展大繁荣。

联系方式

地　址：四川省达州市大竹县竹阳镇胜利街80号

邮　编：635110

联系人：杨晓玲

渠县图书馆

概述

渠县图书馆建于1976年2月，经过30多年的历程，发展成为具有文献信息资源收集、整理、存储、传播、研究和服务功能的独立建制的县级公共图书馆。现有馆舍总建筑面积2023平方米，馆内设有办公室、财务室、采编辅导部、地方资料室、综合阅览室、少儿阅览室、基本书库、共享工程渠县支中心。2009年、2013年全国第四次和第五次县级公共图书馆评估定级工作中，均被授予“二级图书馆”，多次获得省、市主管部门的表彰和奖励。

业务建设

截止2013年底，渠县图书馆藏书总量12万（册、件），平均年入藏中外文、盲文图书1500多种，年征订报刊130余种，每年到馆近10万余人次。

数字图书馆存储数字资源达4TB（近13万册），能够查询320万种中文图书（包含儿童读物），7800万篇中文期刊及海量外文期刊、学术文献。建成69个乡镇和社区“公共电子阅览室”，共享工程与党员干部远程教育乡镇（社区）村级基层点共615个，2010年至2012年共培训达700余人次。

读者服务工作

从2011年6月起，渠县图书馆全面对公众免费开放和免费提供。实行借阅一体化，星期六、星期日及节假日不闭馆，开馆时间达60个小时/周。每年书刊外借4万多册，接待读者8万余人次。设立了馆外读书服务点5个，每年书刊借阅册次2000册。

渠县图书馆充分利用元旦、春节、六一、国庆、“4·23”世界读书日等节、假日，举办各类专题展览、主题征文活动大赛、优秀图书展读、经典影片展播等活动，举办传统文化、阅读论坛、素质教育等专题公益讲座，2011年以来，每年举办讲座、培训9次以上，展览5次以上、开展阅读推广活动4次，每万人年平均参与活动达3次以上。

2004年建立了渠县图书馆网站，年点击率达40000多人次。解答读者咨询达800多条。设立了“政府信息查阅中心”，共收集纸质政务信息1400余份，通过查询中心查询各类政务信息的读者年平均近4000人次。读者政务咨询达600余条。

渠县图书馆充分利用文化共享工程和公共电子阅览室覆盖城乡的公共文化服务网络体系和服务平台，广泛开展内容丰富、形式多样的辅导、咨询、培训、宣传等惠民活动。从2010年以来，先后开展各类专题惠民及宣传活动30余次，服务人次达30000余人次，同时每年结合4·23世界读书日、全民读书月及节假日、重要活动纪念日，开展专题惠民服务活动10余起，服务人次达13000余人次以上。县支中心电子阅览室免费对外开放，为广大群众、青少年学生及老年人、进城务工人员等特殊群体提供绿色上网通道，年在线阅读咨询达2.5万余人次，利用多媒体室开展各项讲座、培训、视频服务等达10次以上，服务人次近1000人。

业务研究、辅导、协作协调

近年来，单位职工撰写的图书馆业务工作相关论文近10篇，分别在在川陕甘滇黔渝图书情报协作网、川、吉、苏、冀、桂五省（区）图书馆学会、中国西部少数民族地区图书信息协作网等年会上交流并获得一、二、三等奖、优秀奖。在全国、省、市、县相关报刊、网站发表报道渠县图书馆工作信息共40篇，加强了我馆对外的业务工作交流，提高了理论研究整体水平。

渠县图书馆积极参与上级图书馆组织的各项业务和培训活动，成为全国图书馆联合编目中心、达州市图书馆联合编目成员单位，与达州市图书馆、达县图书馆、宣汉县图书馆签订了馆际互借协议，开展馆际互借服务，与邓小平图书馆、广安区图书馆、巴中市及各县图书馆、重庆北碚区图书馆开展业务交流活动。

每年寒、暑假期间，渠县图书馆均面向中、小学校招收志愿者10名担任图书管理员，对他们进行基础业务培训，安排到各部室参于图书管理工作。

管理工作

建立健全聘用制度和岗位管理制度，结合单位功能职责，制订岗位设置实施方案，实行按需设岗，竞争上岗，全员聘用的人事管理制度，渠县图书馆5个部室设岗，本次聘任18名上岗。结合单位功能职责，建立了工作目标考核体系，每半年和一年进行工作考核。

表彰、奖励情况

2010年–2012年渠县图书馆均被达州市图书馆评为县级公共图书馆目标工作先进单位一等奖和宣传信息工作先进单位，2010年、2011年均被渠县文化体育局评为绩效管理工作先进单位、党风廉政建设工作先进单位、安全生产工作先进单位、综治、维稳工作先进单位、保密工作先进单位。

馆领导介绍

黄文峰，男，1963年10月生，本科学历，中共党员，馆员，馆长。1983年7月参加工作，1995年至2009年任渠县历史博物馆馆长，2009年任渠县图书馆馆长至今，曾多次受到县委、县政府表彰优秀共产党员和先进工作者。

王安雄，女，1968年6月生，大专学历，中共党员，馆员，党支部书记、副馆长。1988年8月参加工作，先后在阅览部、采编部工作，2003年被任命为支部书记、2009年被任命为副馆长，分管党支部、采编辅导等工作。

徐蓉，女，1976年4月生，本科学历，馆员，副馆长。1997年9月参加工作，先后在阅览部、办公室工作，2008年被任命为副馆长，分管全馆业务工作。

未来展望

渠县图书馆遵循“创新、智慧、服务”的办馆宗旨，逐步建立覆盖城乡、结构合理、功能健全、实用高效的服务网络，在公共文化服务体系和公共数字文化建设中发挥主体作用。

加强渠县图书馆建设，修建渠县图书馆新馆，新馆规划占地5000平方米，建筑面积8800平方米，集图书典藏、借阅、视听、报告、展览及信息共享工程于一体的现代图书馆。

实施以县图书馆为总馆，乡镇（街道）、社区、村社图书馆（室）为分馆的总分馆制，以流动服务、数字远程服务等多种形式延伸图书馆服务。

积极推进公共数字文化服务体系建设，以县级数字图书馆为枢纽，以文化共享工程、公共电子阅览室建设计划等项目为依托，在全县形成一个资源丰富、服务快捷的数字图书馆服务网络。

建立以图书馆功能任务相适应的，涵盖纸本文献、缩微文献、数字资源等各种资源类型的文献信息资源保障体系，实现对地域性文化资源的传承与利用，主要指标力争达到县级一级馆标准。

联系方式

地　址：渠县渠江镇马家巷49号
邮　编：635200
联系人：王寒薇

万源市图书馆

概述

万源市图书馆位于太平镇裕丰街238号，是我市唯一的县级国家公共图书馆。是一个专门收集、整理、保存、传播文献并提供利用的科学、文化、教育和科研机构。民国20年（1931年）12月县政府左侧衙神庙有图书馆一座，供社会读者阅览，不久，编修《万源县志》图书馆被占用，停止开放。解放后，1950年3月，万源县文化馆成立，设报刊阅览室、借阅室，全天开放。1983年3月单独成立万源县图书馆，至今有31年馆龄。2005年6月，评为国家三级县级图书馆；2010年1月，成功评为国家二级县级图书馆；2013年6月，再次评为国家二级县级图书馆。我馆2012年5月改造后办公面积约1500平方米，功能划分为7个对外开放科室：少儿阅览室、精品书阅览室、综合阅览室、地方文献室、电子阅览室(即政府信息查询室)、盲人有声及盲文读物阅览室、多媒体室，免费提供文献资源借阅、检索与咨询、公益性讲座和展览、基层辅导、流动服务等。现有座位300余个，实现了借、阅、藏、咨为一体的对外免费开放式管理模式。全馆馆藏中外文图书10万余册，期刊、报纸150多种。

业务建设

截止2014年底，万源市图书馆总藏量12.5万册（件），其中，纸质文献9.8万册（件），电子图书及期刊280万种/册。

地方文献入藏总量是3000多册，其中志书：万源市志、年鉴、万源市各部门志、万源市各乡志共158册；万源市本土作家著书136册，其中包括周树恒著《中国式民工》、郭福星著《巴山往事》、王迪著《灰色痕迹》等；万源市各部门的文献资料2000多册；族谱、家谱8册；四川各地方文献资料500多册。

2014年，将自动化管理系统升级改造为我馆专用的“金盘”智能化管理软件系统，目前我馆已经建成了知航万源数字图书馆核移动图书馆，为读者提供了更便捷的延伸服务。

读者服务工作

从2008年起，万源市图书馆全年365天天天对外免费开放，周开放63小时。2010—2013年，全馆图书开架100%，书刊外借每年2万册次，外借率70%。馆外流动服务点（含流动图书车、自助图书馆）书刊借阅2.1千册次/年，人均年到馆次数，流通人次5万，持证人1000人，人均50次/人。

万源市图书馆从2008年开始先后对报刊阅览，阅览室、外借室、电子阅览室实行了全面免费开放服务，由于这项改革，使图书馆的读书数量不断增加。

在编人员情况

万源市图书馆现有在职职工11人，其中本科以上文化程度5人，大专文化程度4人，中师文化程度2人，评聘专业技术职务为中教一级1人，助理馆员7人，工人初级3人。同时，建立了工作量化考核指标体系，每月进行工作进度通报，每半年和全年进行总体工作考核。

硬件、软件建设情况

从2012年起，万源市图书馆为了让读者有更好的网络阅读、查询体验，本馆开通了10M光纤。以4台DELL服务器为主体，微软Microsoft Windows server 2008中文标准版、益都信息浏览监控软件、华夏业务自动化系统、卡巴斯基网络杀毒软件、ZyXEL及DELL远程设备管理软件为辅助，配合ZyXEL高端交换机和安全设备、UPS电源设备组建了共享工程万源图书馆支为中心的中控机房心脏。本馆现有办公电脑16台，读者用电脑40台，业务便携式电脑4台，监控终端电脑2台，二维码电子借阅机3台，触摸屏查询机2台。

服务理念

图书馆按照“服务立馆，以人为本”的办馆理念进行服务体系建设。完善管理服务模式，实行读者一门进出、自动查询、借还一体化，极大地方便了读者，体现了读者第一的服务理念。

图书馆为了更好地服务与读者，将不定期的举办各种活动：全民阅读、流动图书、读者沙龙、学术讲座、馆藏资源宣传、图书惠民进学校、社区、军队、企业、农家院坝等。

图书馆通过加强基础建设、文献资源、读者服务、科学管理、文化环境建设等方面的开展，建成了个性化的服务环境，为读者提供了全方位一体化的信息服务，利用现代化技术提供网络快速、方便的服务方式、开展网上查询、馆际互通、文献宣传等服务，形成了一个不受时空限制的全方位服务体系，由于图书馆人性化、高质量的服务，得到了读者和上级部门的满意及高度评价。

工作情况

胡平同志的论文《县级数字图书馆现状及发展对策》获得中国西部图书情报学术论文三等奖。

多媒体室

综合阅览室

电子阅览室

盲文阅览室

政府信息公开查询从2008年底在万源市图书馆设立以来，为广大读者提供了免费查阅服务，将工作落到实处，受到一致好评。

万源市图书馆在第五次全国县以上公共图书馆评估定级中，获得省图书馆领导高度表扬。评估定级工作进展顺利，再次被评定为国家二级图书馆。

2013年以图书馆主办——万源市首届我的地盘我做主："环保杯"少儿现场绘画大赛，绘画获奖优秀作品已经编辑成册，于2013年7月正式出版发行。

2014年胡平编著的万源市历史文化丛书之《农耕文化》已于2014年底出版发行。

古籍保护工作，为全面推进我市古籍保护工作，认真抓好文献建设，充实馆藏，万源市图书馆对52个乡镇的民间古籍文献进行了收录。内容包括：时事篇类、万源县志、幼学故事琼林、离娄孟上、告子孟下、中庸、金匮要略浅注补正、太原记等。收藏的地方文献300余册，为了解万源、研究万源提供了很好的参考文献。

图书馆利用自动化设备RFID，安装歌德电子书借阅机，实现市民自助借书，实现市民借助借书、自助查询等"全天候"24小时自动服务，同时也实现了服务领域的4种延伸，即服务时间延伸、服务地点延伸、服务资源延伸、服务窗口延伸。

表彰、奖励情况

2003—2014年，万源市图书馆共获得各种表彰、奖励48次，其中，文化部表彰、奖励3次，省委、省政府表彰、奖励2次，达州市表彰、奖励2次，市职工委表彰、奖励5次。

馆领导介绍

胡平，女，汉族，生于1978年7月，四川万源市人，大学本科美术专业毕业，先后从事教育、文化馆专职美术辅导、文化局负责办公室、文艺股工作，现在图书馆工作至今，现任万源市图书馆支部书记、馆长，万源市美术家协会主席，达州市美术家协会常务理事。作品多次参展发表获奖，编撰美术作品集《画意万源》，出版个人画集《巴山情思》，主撰写历史文化丛书之一《农耕文化》。

未来展望

万源市图书馆遵循"科学、效率、创新、发展"的办馆方针，践行"万图发展三步走"战略，即完善单体服务功能，扩大服务辐射区域，带动地区事业发展。2008—2014年，在不断强化自身综合实力的同时，实行免费读书，带动了全市群众人民的阅读量与读书的爱好。在未来的几年里，万源市图书馆将在现有图书的基础上，不断增加书籍，增加读者的可阅读量。加强阅读的宣传和引导，使更多的万源人喜爱阅读，并在阅读中培养情感，陶冶情操。不断改善图书馆环境，为广大的阅读爱好者提供良好的阅读场所，预计在2015年底在城区建成两个自助图书馆，并对52个乡镇图书室实行一体化管理。

联系方式

地　址：万源市太平镇裕丰街238号
邮　编：636350
联系人：胡　平

精品阅览室

少儿阅览室

巴中市巴州区图书馆

概述

巴州区图书馆建于1956年，位于巴中市巴州区大堂坝街魁星楼巷8号，现有馆舍面积1732平方米。设有办公室、采编部、参考咨询辅导部、业务部、信息部、后勤保障部，以及期刊阅览室、电子阅览室、盲人有声读物阅览室、多功能展厅等10余个服务窗口，所有窗口均免费对读者开放。

巴州区图书馆有阅览座位150多个，其中书刊阅览室70多个，少儿阅览室30个，盲人有声读物阅览室10个，同时设有文化信息资源共享工程巴州区支中心，拥有电脑近50台，每周开放56小时，开展外借、阅览、参考咨询、专题、电子信息、视听等服务，举办讲座、培训、展览、学术交流、读者沙龙等活动。

业务建设

截止2013年底，馆内藏书总量达15万多册(件)，有解放以来各个历史时期的各种报纸80余万份，有线装古籍珍(善)本近3000册，有电子图书、电子期刊等电子文献500种以上。年藏书达2650多种(件)，报刊年入藏数量为300多种，对地方文献做到了有专柜、专门的目录和专门的管理人员进行专项管理。

巴州区图书馆常年坚持为党政机关、科研、学校、经济建设提供决策咨询和信息服务。年检索课题15项；年解答咨询问题近500条；每年编辑《巴州图苑》12期；担负着全区500来个图书馆(室)的业务指导和辅导工作，为促进文化强区建设，保障公民均等的文化权益，加强公共文化服务体系建设和公民思想道德建设，以“倡导读书，传播知识，优质服务，推动社会文明与进步”为宗旨，全面实现365天天天免费开放。向社会公众免费开放过程中解放思想，创新机制，开拓进取，不断探索服务方式和服务领域，利用网络、流动图书车等媒体和载体，把读书活动延伸到乡镇街道、社区、机关、学校、企事业单位，充分发挥图书馆文化服务的职能和作用。

读者服务工作

1、免费开放：巴州区图书馆图书、杂志、期刊、报纸的在馆阅读及馆外借阅完全免费，现有持证读者数1000多人。馆藏书量达15万多册(件)，开架及半开架书刊文献数量达10万册，开架比例达67%以上。书刊文献年外借册次达5万册，馆藏书刊年外借率达42%以上。期刊阅览室、电子阅览室、盲人有声读物阅览室、多功能展厅均全年365天免费开放，日均接待100余人次，年均接待4万多人次。

2、读书活动：每年都举办文学、历史、科学、艺术等知识讲座，邀请知名学者任主讲嘉宾，以优秀的作品塑造人。每年都举办“4·23世界读书日”征文活动，鼓励中、小学生踊跃投稿，对获奖征文编辑成册，提高文学修养和写作水平。不定期举办读书演讲比赛，引导读者多读书、读好书，提高演讲水平。不定期举办评选优秀读者活动。读书活动，彰显图书馆的缤纷魅力。图书馆要经常举办知识讲座，征文比赛、图片展览、谜语竞猜、演讲比赛等读书活动，实现图书馆与读者的互动，充分展示图书馆的魅力。

3、送书下乡：为促进社会主义新农村建设，满足基层人民群众的求知欲，每年都开展送书下乡活动，自2009年起，先后为柳岗、甘泉等乡镇基层图书室送书6000多册。同时还在龙背、三江等10多个乡镇开展了以“传播科技知识，弘扬优秀文化”为主题的图书科普宣传活动20场次。

4、宣传周活动：每年都举办图书馆服务宣传周活动，主要项目有图片展览、知识讲座、谜语竞猜、读者座谈会、送书到基层单位等活动，扩大了图书馆的社会影响。

5、特殊服务：巴州区图书馆长期开展特色服务，如“一证多阅”、“上门服务”，给残疾人送书到家服务，为务工人员介绍新书，为下岗职工免费办证和网上阅读，向未成年人介绍励志、交际、社交礼仪、生活健康常识等方面的书籍等。

业务研究、辅导、协作协调

巴州区图书馆干职多次参加省文化厅、省图书馆、省图书馆学会和市图书馆学会等省、市举办的“公共图书馆业务知识培训”、“公共图书馆古籍文献业务培训”、“共享工程业务”等专业知识学习和培训，并聘请专家讲授业务知识。巴州区图书馆不仅注重提升干部职工的专业知识和业务水平还注重理论研究，2009年至今共发表论文30余篇，其中李长春撰写的《图书馆在新农村弘扬孝道文化的几点思考》，

服务到基层，书香飘万家

寺岭乡科普宣传月惠民活动

南江县“农民读书月”活动

武警分馆授牌仪式

元宵节有奖灯谜活动

张仕荣撰写的《再谈西部地区图书馆的科学管理》等文章在川陕甘毗邻地区图书情报协作网第七届年会暨学术研讨会上荣获一等奖；赖芹、李仁敏等同志撰写的学术论文分别获得二、三等奖；2011年李长春撰写的《图书馆精神和构建和谐图书馆研究疑问》入选中国西部少数民族地区图书馆信息协作网、川陕甘黔渝图书情报协作网第十一届年会暨云南省大理州图书馆学会第十七届学术研讨会并获奖；2012年李长春编写《再论图书馆精神与构建和谐图书馆》在《“新时期图书馆工作与研究”学术论文集》发表；2011、2012年李长春等同志在《四川科技报》、《川图导报》、《巴中日报》、《巴中广电报》、《巴中图书情报》等省市报刊上发表了加强治安、消防、内部管理、开展各种大型活动的新闻简讯文章30余篇。

管理工作

巴州区图书馆现有工作人员17人，中共党员9人，大专及以上学历7人，占职工人员总数42%；中专、高中以上人数17人，占职工人员总数100%。副高职称1人，中级以上职称人数12人，占职工人员总数76.5%；初级以上职称人数17人，占职工人员总数100%；党政工领导班子5人。为更好的加强日常的工作，争做“人民满意服务员”，建立工作量化考核指标体系，并每月月末开工作会议，在会议上进行工作进度通报，并每半年和全年对各科室进行总体工作考核。

表彰、奖励情况

巴州区图书馆先后被国家文化部、省文化厅命名为“国家二级图书馆”、“国家三级图书馆”、“省二级图书馆”、“共享共建工程先进单位”；并先后获得“四川省全民阅读先进单位”、区级“最佳文明单位”、“四川省图书馆行业抗震救灾先进单位”、“先进党支部”、“送文化下乡先进单位”等殊荣。

馆领导介绍

巴州区图书馆设支部书记、馆长1人，副馆长1人，工会主席1人，馆长助理1人，办公室主任1人。

李长春，男，1962年10月生，本科文化，中共党员，巴州区图书馆党支部书记、馆长，1982年参加工作，2002年进入本单位。

李晓芹，女，1979年6月生，大专文化，副馆长，1998年参加工作至今年终考核多次优秀等次。

裴亚民，男，1964年12月生，高中文化，中共党员，助理馆员，1984年10月参加工作至今，先后任阅览部主任、支部委员、工会主席。

张仕荣，男，1957年2月生，高中文化，中共党员，现任馆长助理。

袁军，男，1959年11月生，中专，中共党员，现任办公室主任。

未来展望

巴州区图书馆一定会在知识经济时代发挥重要的地区信息枢纽和巴州区精神文明建设基地的重要作用，成为知识信息的集散地，市民终身教育的学校，巴州区地方文献的宝库，高雅的文化休闲场所。依托丰富的馆藏资源和共享工程大量的信息资源及现代化的设施设备，使之成为巴州区集文化、科技、信息传播、保存文化遗产、开展社会主义教育、展示改革开放成就为一体的综合性公共图书馆。成为群众读书学习的文化、科技、教育、信息、服务和交流中心，为巴州区经济建设和社会发展发挥十分重要的作用。

联系方式

地　址：巴中市巴州区大堂坝街魁星楼巷8号
邮　编：636000
联系人：袁 军，徐 春

世界读书日

六中科普宣传日

梓橦庙“四下乡”活动

通江县图书馆

概述

通江县城的图书事业据志乘记载，自唐(618)至今已有一千三百余年。沿有相墨堂(宋)、明伦堂、学锦亭、藏书楼、赐书楼(清)、学锦楼、通俗书报社(民国)、通江城阅报室、县文化馆图书室等图书事业机构的史料依据。至1977年4月经通江县革命委员会报上级批准，挂牌建立通江县图书馆，到1982年5月正式开展业务工作至今。馆内目前分设采购编目、图书外借、综合阅览、辅导咨询、少儿阅读、学术报告厅，经多年努力,在保存文化遗产、推动群众性的读书活动和服务山区县三个文明建设方面做了积极的工作。1990年被评为县级文明单位和卫生先进单位。1993年被巴中地区爱国卫生运动委员会命名为“卫生单位”；1994年12月被国家文化部命名为“三级图书馆”、“文明图书馆”。2012年被国家文化部评估命名为“二级图书馆”。

业务建设

人员编制：1982年5月分馆时定编为4名，至1991年3月定编为9名。现编制定为10名。

经费：从1982年5月起，图书馆事业经费专列，图书购置费为5万元。

馆舍：1977年，县文化馆图书室只有76平方米，到1977年挂牌建立图书馆后，在省、地、县的资助下新建了一幢二楼一底的楼房712.8平方米(由图书馆和文化馆共同使用)。1986年7月两馆馆舍确权时，经县委宣传部、县文教局决定，新建楼房划归文化馆，原阅览室危房划归图书馆改建。由省文化厅、省财政厅投资20万元，改建成图书馆新馆舍1498平方米(其中阅览楼882平方米，书库225.99平方米，办公及住房540平方米。

后来实行住房改革制度，宿舍楼由图书馆职工购买，至此，馆舍面积为1105平方米，加上10个分馆，面积合计2000平方米。

1997年10月28日阅览大楼因地基不均匀沉降和木屋架及木檩条严重腐烂变形，经通江县房屋安全鉴定委员会鉴定为C级危房。

2003年3月至2014年7月，在四川省计委、四川省文化厅、通江县人民政府的资助下，先后多次投入建设资金对阅览大楼进行维修改造，力争为广大读者构建良好的阅读环境。经2014年3月再次维修后，增设了室外文化长廊等户外阅览区近300平方米，增加了歌德电子借阅机、报刊阅读机，自助存包处等服务功能。

服务工作

1、文献资源建设

1967年县文化馆图书室收藏的2万余册图书，大部分在“文革”期间被毁坏。自1982年以来，三次组织抢救、整理图书，制定突出“收藏以农、林、牧为主要特色的图书资料”的藏书建设原则。同时，补充《通江县志》、《古今图书集成》、《钦定剿平邪匪方略》等主要缺类图书6450册，设立地方文献专柜，征集各类地方文献资料3100余件，并以资料管理、外借图书、过刊书报、少儿读物等四种类型，积极购置图书，对外争取捐赠图书，加强文献资源建设。1995年中央党校出版社、中国科技文献出版社、重庆分社、四川大学出版社、成都科大出版社、华夏知识交流中心等20余家出版社，向通江县图书馆寄赠图书近3万册，丰富了馆藏，改善了设备。1998年为改变图书馆门庭冷落现状，1998年7月，四川省图书馆、通江县文体局、通江县图书馆联合举办了庆香港回归“港台书刊展”；2004年获赠国家文化部、财政部“送书下乡”工程图书5000册，2005年获赠国家文化部、财政部“送书下乡”工程图书4000册，2006年获赠国家图书馆”西部援助计划”捐赠图书5000册，由通江县人民政府下拨预算外购书经费5万元，通过政府采购图书1829册，至2014年底，馆内共有藏书6.5万册，电子图书13333册。

2、文献整序

清代通江县东皋书院藏书楼图书以经、史、子、集四部分类法收集馆藏书籍；至民国初年，随着新书著作的日渐繁多，图书分类的方法便演变为以政治、经济、军事、文化等类收藏图书，这种图书分类方法一直沿用到1977年，县图书馆建立后，统一实施《中国图书馆图书分类法》分编著录图书，为加强图书条理化管理，在抓目录建设工作中，馆内从1982年起，按业务要求，编制了读者分类目录、书名字顺目录、公务书名目录和资料工具书目录等四类目录卡片。2014年馆舍维修后，馆内图书实行全开架借阅，图书借阅办证、检索、登记全部实行无纸化办公。

通江县图书馆外景

通江县图书馆文化长廊

通江县图书馆文化品牌《壁州讲坛》

与学校结合开展阅读互动

开展流动服务进农村活动

3、读者工作

（1）阅览外借：馆内设有图书外借室、报刊阅览室、工具书阅览室、少儿阅览室。

（2）参考咨询：馆办刊物《山区信息》（原名《农业参考资料》）是1983年元月创刊的，每年刊发4—6期，每期印数120~150份，该刊物在1985年前为刻制件。1986年以后为打印件。每期内容含“决策信息”、“农业科技”、“乡镇企业”、“生活之友”、“图书馆阵地”等专题栏目。每期印成后，均分别赠送给县、区、乡做指导农业生产的信息参考资料。赠送给省内、外48个单位作信息参考，以加强横向联系，保持信息传递，并在一年一度的“送文化下乡”活动中给农民朋友散发。该刊物于2004年停刊。

为宣传图书馆工作动态，弘扬和开发本地文化资源，通江县图书馆于2012年4月创办内部刊物《翰墨书缘》，每年出刊4期，共分四个版面，每期印数2000，分寄给省内外公共图书馆。公益性讲座“壁州讲坛”于2013年创办，截止目前，已经开讲9期，《翰墨书缘》和”壁州讲坛“已经成为巴中市的知名文化服务品牌。

（3）宣传、业务辅导、少儿工作

宣传：设置艺术回廊，共有宣传橱窗9个，文化墙一组，定期公布新书预告和青少年思想道德教育为主要内容的，介绍图书馆的基本职能、工作任务、介绍本馆读者工作的方式、读书动向，评介图书和选登读者的心得体会文章。

业务辅导：馆内设专职业务辅导干部，负责县内中、小学图书室、乡（镇）文化站图书室、农村书屋、社区书屋文化大院、文化大户、机关、企（事）业单位等基层图书室业务辅导工作。

少儿工作：馆内少儿工作起步于1983年2月，当时因馆舍设备差，先在资料室设立少儿读书专柜，仅利用巷道、院坝开展少儿读书活动。1984年初，积极倡议并同县团委、县妇联、县文教局联合开展“通江县红领巾读书读报奖章”活动。有10名学生受到团中央的表彰，本馆被评为“红读”先进单位，至1989年新馆落成后，专设少儿阅览室，年度办理少儿阅览证700余份，日平均进馆小读者50余人次，少儿读物利用率达96%。2006年重设少儿阅览室，双休日免费对外开放，到馆少儿读者每周双休日达200人次。

国家重点文化工程

文化信息资源共享工程

全国文化信息资源共享工程是采用现代信息技术手段，对中华优秀文化信息资源进行数字化加工和整合，实现文化信息在全国范围内的共建共享，是新形势下构建我国公共文化服务体系、惠及千家万户的一项重要文化基础工程。

2004年9月“全国文化信息资源共享工程通江县基层服务站”正式在通江县图书馆成立。

为贯彻落实党的十六届五中全会精神《关于进一步加强农村文化建设的意见》的文件精神，按照四川省文化信息资源共享工程领导小组和省文化厅的安排部署下，通江县文化信息资源共享工程通江县基层服务站利用“共享工程”平台的数字资源，在夏季农村群众集中纳凉和农村中小学校学生放假期间，于2006年7月28日至9月8日，在全县31个行政村开展了“建设社会主义新农村”送电影下乡公益活动，以放电影的形式，送文化到基层和农村，丰富了农村群众的文化生活，受到了省文化厅的嘉奖。自2010年开始，每年开办“老年人计算机培训班”2期。

馆领导介绍

刘弘，女，生于1971年7月，本科学历，中共党员，馆员，书记、馆长。2006年5月任馆长至今。

联系方式

地　址：通江县诺江镇红府街40号

邮　编：636700

通江县图书馆全民阅读场景

通江县图书馆流动车服务

通江县图书馆分馆全民阅读场景

南江县图书馆

概述

南江县图书馆始建于1981年，位于南江县城北路67号，建筑面积673平方米，2011年6月搬迁至朝阳新区仿古文化街，建筑面积2000平方米，设计藏书容量20万册，可容纳读者座位300个。其中：办公室7间共150㎡；采编室1间30㎡；成人阅览室2间630㎡；资料室2间共280㎡；儿童阅览室1间300㎡；电子阅览室2间共350㎡；主控机房1间25㎡；培训教室1间150㎡；多功能活动室1间300㎡；地方文献精品展厅120㎡；特藏室1间60㎡。有阅览席座100个，儿童阅览席座40个，培训席位70个，服务电脑70台，办公电脑13台，摄像机、照相机、电视机各1台、投影仪4台。新增各类图书架21个，密封书柜6个，资料柜10个，报刊收藏架34个，各类阅览架45组，书架109个，报架9个。

业务建设

一是强化了图书馆藏量。2010年前县图书馆馆藏图书仅3万余册，报刊10余种。新馆落成后，县财政在非常困难的情况下，每年都安排一定的资金购置书刊和图书。特别是2010年，新增图书2万余册，2012年新增图书635种38000册，各类儿童读物158种5000册。书刊进馆后，该馆按照《中图法》有关规则进行分类标引，使用《普通图书著录规则》进行著录、登记、建账建卡；对过期的图书、报刊及时清理，并建账、建卡、入库收藏。经自查，馆内图书标引误差率、图书著录误差率分别控制在4%以内，目录组织误差率、闲架图书排查误差率、开架图书排架误差率分别控制在5%、2%和4%以内。

二是强化了地方文献收藏、保护和上架借阅。近年来，该馆先后收集地方文献269种562册。对于收藏的资料，均按要求进行标引、著录、登记、建账建卡、上架排列，按要求开放借阅。

三是加强了古籍文献的保护。对现存的742本古版书籍进行了防腐、防虫处理，制作了简易函套，设立了专柜收藏，专账专卡登记，专人保管。

四是优化了服务质量。实行挂牌上岗服务，接待读者使用文明用语，详细解答读者咨询，坚持节假日不休息，保证开馆时间每周56小时，平均每年接待读者8万多人次，流通图书12万册。加强了对全县农家书屋（社区书屋）管理员的培训，指导农家书屋图书分类、编目、上架图书780000多册。开办了少儿阅览室，为青少年免费上网提供绿色空间，为中老年朋友学习电脑免费上网提供方便。

五是实现了图书馆自动化建设。该馆多方筹措，筹集资金20多万元，建成了图书馆自动化管理系统，图书编目实现了计算机编目和上架，图书借阅实现了计算机管理，使图书馆办公及信息服务步入规范化、数字化管理。

六是强化了宣传工作。为全力服务大众，努力提升全民阅读能力，提升全民素质，南江县图书馆加强了对图书馆各项工作的宣传报道工作，该馆充分利用广播、报刊、网络等媒体形式进行了广泛宣传，2013年共撰写各类新闻稿件32篇，被刊载和播出12篇。

七是广泛开展调研。2013年撰写出指导基层图书馆工作的调研文章5篇，摸清了基层馆室的底子。目前，全县已建社区书屋52个，农家书屋522个，已全面投入使用。建成全县中小学图书室96个，共有藏书1074000册，馆舍面积达17840㎡，2012年流通书刊22.3万册（次），借阅人次达到13.3万人次。今年上半年流通书刊19.1万册，借阅人次达到14.9万人次，二级图书网络初具规模。

读者服务工作

南江县图书馆有阅览座位300个，网络节点100个，设有文化信息资源共享工程南江县支中心、流动图书馆、外借室、阅览室、特藏室、采编室、资料室、办公室、电子阅览室等服务窗口，每周开放56小时，开展外借、阅览、参考咨询、专题、电子信息、视听等服务，举办讲座、培训、展览、学术交流、读者沙龙等活动。

一是举办“世界读书日”、图书周等活动，以培养提升全民阅读能力。2013年，共举办各类读者活动35次，开展专题读者活动16次，发放宣传资料10000份。举办“道德大讲堂”，开展文明礼仪讲座，扎实推进社会主义核心价值体系建设，2013年举办各类知识讲座31场次，听众达1500余人。

二是扎实推进文化共享工程和农家书屋工程建设。该图书馆发扬艰苦朴素、吃苦耐劳、团结协作的优良作风，共建成“农家书屋”522个，“社区书屋”52个，建成“共享工程”基层服务站48个，圆满完成工程项目建设任务，并已全面投入使用。

三是每年红叶节期间，都举办了光雾山摄影、书画名家作品展；2013年元旦，成功举办《南江老照片》图片展。

四是我馆创办的《读书天地》刊物，电子版在南江县图书

开展4.23世界读书日活动

图书馆支部开展群教活动

道德讲堂在影剧院举行

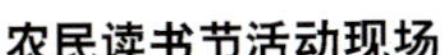
农民读书节活动现场

流动图书车进基层

公共电子览室

馆入围网站定期推出，纸质读物发放2000余册，深受社会各届读者朋友好评。

业务研究、辅导、协作协调

我馆十分重视图书馆学术理论研究，积极鼓励职工涌跃撰写图书馆学术理论研究文章并参加各级图书馆学术交流会议，学术理论研究取得一定成绩。2005年员工撰写论文9篇，在陕西宝鸡市召开的川陕甘毗邻地区图书情报协作网第五届学术年会上交流，分别获一、二、三等奖；2006年员工撰写论文篇在巴中市图书馆学会第二届会员代表大会暨学术会上获得一等奖和三等奖。2007年员工撰写论文2篇，在巴中市召开的川陕甘毗邻地区图书情报协作网第七届学术年会上分别获一等奖和二等奖，并收录年会编印的正式出版物——论文丛书《呼唤》中。2008年员工撰写论文3篇，在达州市召开的川陕甘毗邻地区图书情报协作网第八届学术年会和西部少数民族地区图书信息协作网第十七届年会上获二等奖和三等奖，并收录年会编印的正式出版物——论文丛书《论文集萃》中。2009年员工撰写论文9篇，在西部少数民族地区图书信息协作网第十八届年会上获一、二、三等奖。2010年员工撰写论文4篇，在西部少数民族地区图书信息协作网第十九届年会上，分别获一、二等奖。

管理工作

县图书馆把“干好本职工作、促进事业发展、服务社会大众”作为服务宗旨，在管理上求规范，气氛上求和谐，作风上求垂范，服务上求实效，全馆上下团结拼搏，自我加压，开拓创新，出现了干实事、求实效的工作局面。

一是加强制度建设。建立健全了学习制度、工作制度、考勤制度、农家书屋管理制度、请销假制度、服务准则和绩效考核制度，促进图书馆的科学化、规范化、制度化管理。

二是加强人员管理。制定了《图书馆人员聘用工作实施方案》，实行公开招聘、竞争上岗、绩效挂钩，极大的调动了全体职工工作的积极性和创造性。

三是加强安全管理。聘用了保安人员，实行24小时值班巡查，购置了安防设施，加强了图书馆的安全管理。

四是规范工作行为。在馆内大力提倡微笑多一点、行动快一点、做事多一点、说话柔一点、理由少一点、脾气小一点、胆量大一点、质量好一点、效率高一点、服务热情点的十点工作法，增强了服务意识。

表彰、奖励情况

从1994年到2009年，南江县图书馆连续多次被国家文化部评估定级为“三级图书馆”；2013年11月被国家文化部评估定级为“二级图书馆”。1997年被县委、县政府命名为“县级文明单位”；1999年被县委县政府命名为“县级最佳文明单位”；2012年被市精神文明办评为“市级文明单位”，2013年被市精神文明办评为“市级文明单位”；2012年被省质监局批准为省级服务标准化试点单位。

联系方式

地　址：南江县南江镇朝阳新区仿古文化街
邮　编：636600
联系人：刘 新

地方文献精品展厅一角

南江县图书馆正门

平昌县图书馆

概述

平昌县图书馆位于巴中市平昌县江口镇新华街东段平安二巷11号，馆舍面积2000余平方米，1988年正式对外开放。

我馆现有在职职工14人，其中：党员8人，大专8人，中级职称4人，初级职称8人。领导班子设馆长一人，副馆长1人。

业务建设

平昌县图书馆藏书近9万多册，含政治、哲学、社会科学、自然科学、综合性图书以及记载我县政治，经济，文化发展的历史文献资料。服务机构设置有：图书外借室、基藏书库、报刊阅览室、电子阅览室、少儿阅览室、过期刊物室、地方文献室、盲人阅览室8个服务窗口及办公室。文化信息资源共享工程建设。建设情况：2006年我县被省文化厅、省文化信息资源共享工程领导小组纳入全省试点县建设规划，2007年被确定为全国示范县纳入2008年建设规划。为确保该项目顺利实施，我县成立了“平昌县文化信息共享工程领导小组”，2008年县政府下拨经费10万元，用于文化共享工程县支中心建设。目前，县支中心已建设完成并投入使用。到目前为止，与组织部合作共建村级基层站点463个，通过我馆集中培训和“手把手”的业务辅导，使各个站点的管理人员均能熟练掌握使用各种设备，业务能力明显提高，党员、干部、村民接受教育的机会增多，广大村民素质大幅度提升。我馆年平均下基层辅导达100次以上，做到常年抓基层服务、让农民群众得实惠。人员管理：县支中心具有省级资格证书的管理人员2名，其中：负责网络维护技术人员1名、负责硬件和系统维护技术人员1名、上网服务人员2名。

读者服务工作

我馆坚持以读者为中心，以需求为导向的服务理念，拓展服务范围，深化服务内涵，更新服务模式，着力加强“三大建设”，努力构建网络覆盖、队伍精良、业务规范的服务体系。“坚持读者第一，服务至上”免费开放的宗旨，提倡优质文明服务；坚持全天开放，节假日不闭馆。年接待读者万余人次。制定了基层图书馆（室）发展辅导计划，建立重点图书馆（室）档案和分布图。迄今，已建立发展不同档次的学校、街道、机关、厂矿、乡镇宣传文化服务站、文明新村图书馆（室）160多个。目前，全县已形成县、乡、村、街道、机关、学校、厂矿等不同层次、星罗棋布的图书阅览服务网络格局。

长期以来，我馆为了充分发挥“知识宝库”和“知识喷泉”的巨大的作用，坚持“服务立馆”，利用馆藏信息资源优势，面向社会、开门办馆，积极开展活动，为全县各层次读者和县域经济、社会和谐发展提供全方位服务。一是读者座谈和讲座活动。二是组织开展主题读书活动。为认真开展好全国“知识工程”的活动，大兴勤奋学习之风，发挥图书情报在“共享文化资源，构建和谐社会”中的特殊作用。图书馆服务宣传周的开展提升了图书馆的地位，扩大了图书馆的影响，为倡导全民读书构建和谐社会做出了应有的贡献。2011年11月，我馆正式向社会宣布对外免费开放。自免费开放以来，我馆知名度大幅度提高，读者量剧增，特别是电子阅览室节假日查阅资料、看新闻的读者明显增加，受到社会广泛好评。

管理工作

为提升我馆服务质量，我们坚持“按需设岗、按岗聘用、竞争上岗”的原则，与每个员工签订岗位责任书，实行目标管理，年终逗硬考核，评出优、良、中、差四个等次，对考核不合格的实行下岗学习，单位只发基本工资，学习合格后重新聘用上岗。

表彰奖励情况

2005年被文化部评为“国家二级图书馆”，2006年在送文化下乡大型公益活动中荣获省级二等奖，连续三年荣获县局授予“先进单位”和“优秀党支部”称号，涌现各级表彰的先进个人5人。

馆领导介绍

馆长：杨晓，男，1965年生，巴中市平昌县人，中共党员，大专文化，助理馆员。

副馆长：王晓娟，女，1974年生，巴中市平昌县人，大专文化，助理馆员。

展望未来

跨入21世纪的平昌县图书馆将以建设现代化、数字化图书馆为发展目标，利用先进的计算机技术建立交互式数字信息系统和查询手段，推动我县经济发展，提高群众整体素质，实现科技和文化的完美结合，努力把图书馆办成知识信息中心，文化教育中心，把图书馆建成我县重要的知识信息枢纽和三个文明建设的重要阵地。

联系方式

地　址：巴中市平昌县江口镇新华街东段平安二巷11号
邮　编：636400
馆　长：杨 晓

茂县图书馆

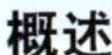

概述

茂县图书馆为茂县辖区内唯一一个公共图书馆，独立建制于1987年10月。新馆位于茂县太行路14号，2012年11月建成使用，馆舍面积3400平方米，可容纳读者座位260个，电子阅览室电脑50台，宽带接入20兆，内设电子阅览室、多媒体室、图书借阅室、报刊阅览室、少儿阅览室、地方文献室、自修室、报告厅等8个一线服务窗口，实现了图书自动化管理。2013年茂县图书馆被评为国家级二级图书馆。

业务建设

茂县图书馆新馆于2012年11月建成使用，投资1016万元，馆舍面积3400平方米，图书馆总藏量184974册（件），其中，纸质文献114974册（件），电子图书7万册，年入藏量达2500种、报刊年入藏量120种、视听文献年入藏量300件。截止2014年底，茂县图书馆数字资源总量为8TB。在建的数据库有《藏羌文化特色资源库》。图书馆全面实现自动化管理。实现馆内无线网络覆盖。

读者服务工作

从2012年11月起，茂县图书馆全年365天天天对外免费开放，周开放60小时，同年，引进RFID技术，实现了馆藏文献的自助借还。截止2014年，书刊总流通78000人次，书刊外借31200册次。引进电子图书借阅机2台。图书馆网站访问量33万次，截止2014年，通过茂县图书馆网站和电子借阅机向全县广大读者提供检索、浏览和下载服务。

2014年，茂县图书馆共举办讲座、培训、阅读推广等读者活动30场次，参与人数3950人次。2008年至2013年茂县图书馆高标准、高质量地完成了149个行政村和3个社区的“农家书屋”建设任务，实现了全县农家书屋全覆盖。

管理工作

2014年，建立了工作量化考核指标体系，每月进行工作进度通报，每半年和全年进行工作进度总结。

表彰、奖励情况

2011年，茂县图书馆获得窗口规范化管理服务工作先进单位；2012年茂县图书馆评为文化系统先进集体。

馆领导介绍

温勇，男，1969年10月生，大专学历，中共党员，研究馆员，馆长。1989年3月参加工作，2008年9月任茂县图书馆馆长。2010年获四川省图书馆先进工作者。

高晓红，女，1963年5月生，大专学历，研究馆员。1982年1月参加工作，1998年历任茂县图书馆副馆长职务。

未来展望

茂县图书馆遵循“科学、效率、创新、发展”的办馆方针，借鉴发达地区图书馆办馆经验，以建设数字化图书馆为办馆目标，通过提高人员素质、技术方法和服务手段的数字化、现代化，努力拓展服务内容，面向基层适时开展一些流动服务和延伸服务，扩大公共图书馆服务的覆盖和影响，利用特色馆藏、特色服务、特色活动、特色环境创造并形成特色服务品牌。在不断强化自身综合实力的同时，通过创建公共图书馆服务，带动全县公共图书馆事业的整体发展。

联系方式

地　址：四川省阿坝州茂县太行街14号
邮　编：623200
联系人：何 艳

茂县图书馆大厅

茂县图书馆书库

电子阅览室

西昌市图书馆

概述

西昌市图书馆始建于1928年2月(民国17年)，曾命名：文辉图书馆、宁远图书馆、西康省立图书馆，1956年改名为西昌县图书馆，1986年县市合并更名为西昌市图书馆，是凉山州建馆时间最长的公共图书馆。

西昌市图书馆现位于滨河路二段181号，馆舍占地面积1610平方米，总建筑面积1405平方米，现为“国家二级图书馆”，“全国文化信息资源共享工程·公共电子阅览室示范点”。西昌市图书馆新馆已建设完成，建筑面积近5000㎡，现进入内部装修阶段，预计2015年上半年可投入使用。

西昌市图书馆现有工作人员14人，馆内设有：1、文化信息资源共享工程支中心；2、社科图书外借处；3、历史文献室；4、期刊、报纸资料室；5、当月报、刊阅览室；6、盲人读者服务区；7、图书采编、辅导部；8、农家书屋工作办公室。8个服务窗口，每周开放60.5个小时，开展图书外借、报刊阅览、参考咨询、电子信息、视听等服务，举办讲座培训、展览，优秀电影放映、等服务。

业务建设

截止2012年底，西昌市图书馆藏书近14万册，其中线装书10769册，电子图书上万册，视听文献1352种，盲文书籍105册，专门设有盲人有声读物服务。电子阅览室有接入互联网的电脑30台，建有图书馆网站，政府信息公开阅览室，超星《读秀西昌特色数据库》，所有资源免费向读者提供服务，与文化信息资源共享工程乡镇（社区）基层点实现共享。

读者服务工作

从2010年，西昌市图书馆全年365天天天免费对外开放，每周开放60.5小时，实现馆藏文献自助借还。2009–2012年，书刊总流通5.11万人次，书刊外借4.23万册次，举办讲座、展览、培训、阅读推广等读者活动230场次，参与人数2.45万人次。

业务研究、辅导、协作协调

2009–2012年，西昌市图书馆职工发表论文3篇；对全市37个乡镇文化员，231个行政村农家书屋的图书规范管理进行系统培训3次，下乡实地业务辅导50次，培训人员568人次。

管理工作

2010年，西昌市图书馆完成第三次全员岗位聘任，本次聘任共设12类岗位，建立了工作量化考核指标体系，每季度进行工作进度通报，每半年和全年进行总体工作考核。2009–2012年，共抽查文献排架8次，书目数据8次，编写工作简报40期。

表彰、奖励情况

2009–2012年，西昌市图书馆共获得各种表彰、奖励11次，其中，文化部表彰、奖励1次，省图书馆学会表彰、奖励1次，其他表彰、奖励9次。

馆领导介绍

马海云，女，1967年11月生，大专学历，中共党员，馆员，馆长。1987年7月参加工作，在凉山州普格县一中任教师，1989年9月–1992年11月在凉山州普格县普乐区工委任团委书记，1992年12月至今任西昌市图书馆馆长。获得四川省图书馆学会2005年–2010年优秀会员；2011年“西昌市第四届劳动模范”。

李传东，男，1983年9月生，大学学历，学士，助理馆员，副馆长。2008年6月考聘到西昌市图书馆工作，2012年5月任西昌市图书馆副馆长。

未来展望

秉承“读者第一，服务至上”的原则，为读者提供全方位，多渠道，多层次的文献信息服务。2015年图书馆搬迁新馆后，建筑面积近5000㎡，阅览座位350个，可容纳纸质文献30万册，年服务人次可达10万人次以上，重点打造少儿图书馆、地方本土作家文库，加大数据资源建设，起到桥梁纽带作用，实现与省、州、乡镇（社区）之间资源共享。西昌市图书馆新馆集文化、科技、信息传播、保存文化遗产、开展社会主义教育、展示改革开放成果为一体的综合性公共图书馆，成为西昌市群众读书、学习的文化、科技、教育、信息、服务和交流中心，为西昌市经济建设发挥十分重要的作用，力争建成四川省少数民族地区一流县级图书馆。

联系方式

地　址：西昌市滨河路二段181号
邮　编：615000
馆　长：马海云
撰稿人：李传东

图书宣传活动

第二届农民读书节

农家书屋培训

阿坝藏族羌族自治州图书馆

概述

阿坝藏族羌族自治州位于四川省西北部，全州总面积8.47万平方公里，平均海拔三千米以上，是川西北高寒地区。全州辖十三个县，共85万人，每个县平均6万人。阿坝藏族羌族自治州图书馆前身为阿坝藏族羌族自治州文化馆图书室，于1954年刷经寺建立，开设两个阅览室，即：汉文阅览室（包括儿童阅览室），藏文阅览室。1958年底，阿坝藏族羌族自治州文化馆随州府迁马尔康。1974年12月，经阿坝藏族羌族自治州革命委员会同意建立阿坝藏族羌族自治州图书馆。现有馆设面积2685平方米，业务办公区面积1116平方米，其中：书库400平方米，阅览室716平方米。2005年事业机构改革后，我馆下设办公室、文献资源部、读者服务部、自动化服务部。其中读者服务部：由外借室、期刊阅览室、少儿阅览室、过刊阅览室组成。

业务建设

截止2012年底，阿坝藏族羌族自治州图书馆总藏量11.0304万册。其中，含少儿文献8930余册；工具书4000余册；地方文献1800余册，视听文献567册。

截止2012年底，阿坝藏族羌族自治州图书馆数字资源总量为23TB，其中，自建数字资源总量9TB。2009年，与西南交通大学合作建设我州的自动化管理联合馆系统，保障全州13县（业务点）业务运行所需要的图书馆后台自动化管理运行的平台。以适应阿坝藏族羌族自治州公共图书馆服务联盟建设的需要。

读者服务工作

从2009年8月起，阿坝藏族羌族自治州图书馆全年对外免费开放，周开放60小时，2009—2012年，阿坝藏族羌族自治州图书馆网站访问量19.8万次。截止2012年通过阿坝藏族羌族自治州图书馆网站、文化共享工程阿坝州支中心网站、向全州公共图书馆、共享工程基层服务中心提供检索、浏览和下载服务。

业务研究、辅导、协作协调

从2005年8月，阿坝藏族羌族自治州文化信息资源共享工程正式启动，文化信息资源共享工程阿坝藏族羌族自治州支中心正式成立。到2012年底，阿坝藏族羌族自治州支中心电子阅览室共接待读者69874人次。

2011年9月，阿坝藏族羌族自治州图书馆与四川省图书馆联合，在汶川县举办“图书馆基础业务知识”培训班。

管理工作

2010年，阿坝藏族羌族自治州图书馆完成第三次全员岗位聘任，本次聘任共设16个岗位。

表彰、奖励情况

2008年，阿坝藏族羌族自治州图书馆被四川省图书馆评为四川省图书馆行业抗震减灾先进集体。2009—2012年，阿坝藏族羌族自治州图书馆党支部多次被中共阿坝州文化局直属机关委员会评为先进基层党组织；“创先争优”活动先进基层党组织。

馆领导介绍

王文，男，1967年10月生，本科学历，中共党员，馆员，馆长。1984年6月参加工作，1999年12月1日任阿坝藏族羌族自治州图书馆副馆长（主持工作）；2004年7月任阿坝藏族羌族自治州图书馆党支部书记。2005年8月任馆长，主管阿坝藏族羌族自治州图书馆行政及业务全面工作，负责全国文化信息资源共享工程阿坝州支中心基层点建设。

黄立群，女，1962年4月生，本科科学历，副研究馆员，副馆长。1984年7月在阿坝藏族羌族自治州委党校参加工作，从事图书资料管理、分类、外借以及资料的交换工作。1992年1月调到阿坝藏族羌族自治州图书馆工作，先后在现刊室、外借室、过刊室、工具书室等部门工作任主任职。2011年7月任副馆长，分管全馆业务工作，兼计算机图书采访编目、地方文献的收集、整理及对外服务工作。

未来展望

阿坝藏族羌族自治州图书馆图书馆将在现有馆舍的基础上，另建一座建筑面积4500平方米的新馆舍。全面建成后的阿坝藏族羌族自治州图书馆，将成为公众提供信息资源，共享文化发展的重要公共文化服务基地；建成集数字资源服务、数字资源加工、文化资源绿卡、数字资源存储管理、系统开发维护、发展研究、展示与培训于一体的阿坝藏族羌族自治州数字图书馆；实现与国家数字图书馆、四川省图书馆及全省其他图书馆的系统互通互联，促进资源共享；实现高度信息化、智能化的数字图书馆馆服务，极大地拓展服务外延，为公众提供不受时空限制的全方位、多层次文化信息服务。

联系方式

地　址：马尔康县崇列街59号
邮　编：624000
联系人：江海燕

凉山彝族自治州图书馆

概述

凉山州图书馆为国办地级公共图书馆，位于西昌市三岔口东路357号，实行州图书馆和州彝文图书馆二块牌子一套班子的建制，1990年9月正式动工兴建，1992年10月峻工，1993年1月开馆服务，州彝文图书馆成立于2002年4月，全馆占地面积7758平方米，建筑面积7538平方米。2013年参加第五次全国公共图书馆评估，获得市级三级馆。

业务建设

凉山彝族自治州图书馆采用开放灵活的藏、借、阅、展一体的服务模式，图书馆读者座位300个。计算机52台，网络节点60个，宽带接入10Mbps，选用ILAS图书馆自动化系统。截止2012年底，馆藏总量162424册，其中图书85762册，报刊68929件，视听文献2109件、套，少儿文献6282册，电子图书15000册。

读者服务工作

图书馆实行全免费服务，全年365日天天开放，周开放时间为59.5小时，2009至2012年书刊流通总人次284948人次，书刊外借流通73431人次，书刊外借210315册次。

2009至2012年，凉山州图书馆共举办讲座、展览、培训、读者座谈会等读者活动120场次，参与人数35203人次。

业务研究、辅导、协作协调

我馆主要采取以下方法对各县馆做业务辅导：巡回辅导，即有计划、有步骤地派人深入基层，分期分批地对各馆依次进行业务辅导；解答业务咨询，针对我馆各部室和各基层馆提出的各种业务问题（如在图书分类工作中遇到的问题），分别予以解答；举办短期培训班，开展业务讲座。

2009年至2012年，图书馆职工发表论文8篇。

管理工作

2012年公招转正定级1人，岗位变动8人，进一步规范绩效工资手续的办理。完成2009–2012年度人事报表，职工年度考核工作，四川省事业单位岗位设置管理系统的安装升级信息填报工作。完成2012年度事业单位工作人员公开招聘的申请空编，报审招聘岗位等准备工作。2009–2012年编写《凉图简报》16期。

表彰、奖励情况

2009–2012年在西昌市东城工委、办事处“十项”目标管理工作检查评比中均获先进单位荣誉，2005–2010年获四川省图书馆学会先进集体，2010年获凉山州文明办“未成年人思想道德建设先进单位”，2009–2012年保持州级“文明单位”称号，2003–2012年获凉山州科协系统先进集体。2009年、2012年获西昌市文保系统先进集体，2013年被文化部评定为国家市级三级图书馆。

馆领导介绍

胡小平，男，1957年12月出生，大学本科，中共党员，研究馆员，馆长。1975年8月参加工作，1999年任凉山州博物馆副馆长，2003年任凉山州博物馆党支部书记，2008年10月调入凉山州图书馆任馆长、文化信息资源共享工程凉山州支中心主任、凉山州图书馆学会理事长兼秘书长。

郝庆玲，女，1963年10月出生，大学本科，中共党员，副研究馆员，书记。1981年12月参加工作，1993年调入凉山州图书馆工作，先后在采编部、辅导部任主任，2002年3月任图书馆副馆长，分管全馆业务工作，兼任凉山州图书馆学会副理事长。

未年展望

进入21世纪以来，我国的图书馆事业面对全球信息产业和文化产业迅猛发展的形势，迎来了新的发展机遇和挑战，凉山彝族自治州图书馆会继续发挥保存人类文化遗产、开展社会教育、传递科学情报、开发智力资源等职能作用；一定会像“磁场”一样，吸引广大人民群众走进图书馆，利用图书馆，让图书馆成为凉山人民的终身学校，为我州经济建设和社会发展发挥重要作用。

联系方式

地　址：四川省西昌市三岔口东路357号
邮　编：615000
联系人：张颖惠

报纸期刊阅览室

多功能艺术阅览室

开展送电影进军营活动

眉山市图书馆

概述

眉山市图书馆成立于2003年1月，于2005年9月正式对外开放，馆址位于四川省眉山市东坡区东坡大道南三段137号，馆舍面积900平方米。2012年眉山市图书馆有阅览坐席150个，服务器3台，计算机39台，宽带接入为光纤15兆，全馆无线网络覆盖达100%，存储容量约15TB。2009年5月起使用金盘图书馆自动化集成管理系统，并实现了通过互联网进行馆藏书目查询、预约、续借、借书卡挂失等功能。

业务建设

2012年眉山市图书馆新增藏量购置费为18万元。截止2012年底，中文图书总藏量25561册，中文报刊230多种，视听文献782件，地方文献1600多册。

眉山市图书馆馆内中文普通图书、期刊已100%完成了书目数据处理。2010年新增数字资源“博看期刊”2000种，2012年建成“超星数字资源门户”，向读者提供约200万种电子图书。

读者服务工作

眉山市图书馆自2011年推进免费开放以来，除延续双休日和国家法定节假日开馆外，增加夜间7–9点开馆，每周开馆时间60小时。截止2012年持证读者为3102人，2009–2012年总流通122125人次，书刊外借212732册次。2009–2012年共建立4个馆外服务点，接待读者34125人次，书刊外借40436册次。2009–2012年开展各类读书宣传活动，书刊宣传12300多种。电子阅览室设有政府信息公开查询点，并提供共享工程检索、浏览和下载服务。安排专人每月为市级主要领导提供时政期刊，并建立专门咨询QQ群，接受区县、乡镇的咨询，为读者不定期提供专题文献服务。

眉山市图书馆网站2008年1月建成使用，截止2012年网站点击量为753785人次。2009–2012年，眉山市图书馆共举办讲座、展览、培训、阅读推广等读者活动132场次，参与人数59847人次。

业务研究、辅导、协作协调

2010–2012年在省级刊物发表论文1篇，地区协作网获奖论文12篇。

2012年开展基层辅导13期，范围包括一区五县，内容包括对各区县的基础工作辅导、自动化管理指导、基层公共电子阅览室操作培训和对乡镇综合文化站（社区）的业务指导共104课时，780人次接受培训。鼓励职工积极参加学术研究，论文先后入选第十九、二十、二十一届“中国西部地区公共图书馆协作网年会”等学术会议。

管理工作

2009年，眉山市图书馆按照市人事部门的统一要求完成全员岗位聘任，同时，建立了人事管理制度、职工年度考核评优方案和年终考核指标，每月进行工作进度通报。每周进行文献排架抽查和整理，每月抽查书目数据。撰写专项调研、分析报告7篇，编写各类工作简报、信息，在《眉山日报》、眉山电视台、眉山市政府网、眉山新华网、文广新局网等媒体刊发140多篇次。

表彰、奖励情况

2009–2013年，眉山市图书馆共获得各种表彰、奖励6次，其中，中国图书馆学会1次，共享工程四川省中心1次，眉山市政府2次，眉山市文广新局2次。

馆领导介绍

赵学军，男，1964年3月生，大学学历，中共党员，馆员，馆长。1981年12月参加工作，历任眉山市东坡区图书馆副馆长、馆长，2006年任眉山市图书馆副馆长，2008年任眉山市图书馆馆长。中国图书馆学会会员，四川省图书馆学会理事。眉山市思想政治工作先进个人，眉山市关心下一代工作先进个人，眉山市第四届劳动模范。

未来展望

眉山市图书馆秉承“公共、公开、共享”的办馆方针，依托“文化立市”战略，积极推进公共图书馆服务的广覆盖和均等化，强化少儿阅读习惯的培养，倡导全民阅读之风。“十二五”期间，建筑面积1万平方米的眉山市图书馆新馆工程将开工建设，建成后的眉山市图书馆将构建业务工作自动化，馆藏资源复合化和读者服务网络化的多元图书馆服务体系，为广大公众创造一个文化欣赏、生活休闲、信息共享、交流互动的基本免费的公共空间，使城市的文化生活更加丰富多彩，让享受图书馆的服务成为老百姓的平常生活方式。

联系方式

地　址：眉山市东坡大道南三段137号
邮　编：620010
联系人：李敏如

“阅读伴我成长”演讲比赛活动

与复兴村小共建同心书屋

与青神实验幼儿园共建亲子书吧

金堂县图书馆

概述

金堂图书馆始建于1985年，位于县城赵镇银丰街15号，与电影院，文化馆相邻，现为过渡馆。建筑面积1700平方米，2008年12月正式启用，图书馆采用大开间、大流通、馆藏借阅一体化的管理模式。图书馆有功能齐备的报刊阅览室、外借室、多媒体电子阅览室、少儿阅览室、资料室，为读者提供各种完善的文献借阅和信息查询服务。

业务建设

截止2012年底，馆藏纸质文献总量为11.9778万册，其中图书74099册，期刊、报刊45679册，光盘100余盘；共拥有成人、少儿持证读者1739个，2012年接待各类读者约90264人次，外借图书达77554册次。

读者服务工作

我馆全年365天对外免费开放，周开放56小时。2009–2012年，读者总流通48.639万人次，书刊外借45.793万册次。截止2012年底，建成1个分馆，建立金堂县图书馆网站，2012年，图书馆网站访问量4.2万次。

2009–2012年，共举办展览、阅读推广等读者活动8场次，参与人数6439人次。常年通过宣传栏推荐新书好书及时和读者沟通信息。

业务辅导

我馆每年定期到乡镇农家书屋、乡镇图书室进行业务指导，帮助基层工作人员管好图书室，做好基础业务工作，2009–2012年到乡镇指导86次，开展全县公共图书业务培训6次。送农村科普读物下乡8次，累计送书1.8万余册。

管理工作

截止2012年，我馆在职职工共10人，具有初级职称2人。

馆领导介绍

高俊，男，1977年3月生，大学学历，中共党员，馆长。1997年7月参加工作，历任金堂县文体广电局图书馆副馆长、县文管所副所长、体育科科长、文化科科长、图书馆馆长。

未来展望

在未来的几年里，金堂县图书馆将另选新址修建，目前规划已经通过，新馆预计总建筑面积为6000平方米。建筑共分4层，设计阅览座位1500个，可容纳纸质文献50万册，年服务人次可达10万人次以上。

联系方式

地　址：四川省金堂县赵镇银丰街15号
邮　编：610400
联系人：高 俊

大邑县图书馆

概述

大邑县图书馆始建于1929年，县人刘湘、刘文辉、冷融、陈文炜、寥子明等捐资备材，在县城东壕沟建成一楼一底馆舍，藏书9342册，报刊杂志2565册。1950年图书馆并入大邑县文化馆改为图书室；1984年恢复图书馆建制；1991年建成图书馆大楼，大楼为二楼一底仿古建筑，总面积1035平方米。1998年3月，图书馆搬迁至县城滨河路艺术宫，馆舍面积1500平方米以上，2012年5月，迁至新艺术中心。

业务建设

截止2013年底，大邑县图书馆总藏量10万册，数字资源总量为4TB。在建数据库有《大邑地方文化》的人物库、数据库、旅游风景库。

2012年，引进Interlib图书自动化集群管理系统，以适应大邑县图书馆建设需要，同时增加报刊阅读机和电子书下载机，方便读者阅览和下载。馆内建成并开放电子阅览室，室内电脑30台，方便读者上网查询资料的需求，并且开通20兆专线光纤，到2014年初实现馆内无线网络覆盖。

读者服务工作

大邑图书馆按免费开放程序进行了相关服务，全年无休，每周开馆时间达到56小时以上。书刊总流通量3.5万人次，外借5.6万册次。建基层服务点43个。

常年开展读书沙龙、阅读进校园、阅读进军营、送书下乡、我们的节日、送春联年画、关爱特殊群体、4.23世界读书日等多种形式的阅读推广活动。

2011年-2013年，共举办讲座、展览、培训、阅读推广、送书下乡、送春联年画等读者活动共计100余场次，参与人数约35000人次。

业务研究、辅导、协作协调

2010年，论文《试论大邑县乡镇综合文化站图书室长效建设》、《浅谈县级公共图书馆地方文献的开发和利用》均获2010年川、吉、苏、冀、桂五省（区）图书馆学会第十二届学术研讨论文三等奖；2012年底，论文《浅谈大邑县乡镇综合文化站管理模式的建立与发展》被选入四川省广播电视大学数字资源库，调研文章《浅谈阅读文化与旅游产业的互动》获成都市图书馆学会年度调研作品评选优秀奖。

自2011年起设立的"惠山讲坛"受到大邑群众的欢迎，目前成功开办了20余期，主要讲解大邑地方文化，让群众现场感受大邑故事。

与新场"3+2读书荟"联合举办了多次专家讲座，邀请了多位行业名人现场讲解，涉及金融、旅游、收藏、考古、文学等方面的讲座。多次开展地方文献、钱币、书画等展览。

与各协学会联合办好"我们的节日"传统文化节日读书沙龙活动，具体是由协会自己办活动，图书馆做好牵头工作，目的是让读者更全方面地参与图书馆的阅读活动中去，更有效拓展各行业的阅读群体。

管理工作

截止2013年底，大邑县图书馆在岗15人，建立了岗位相应的工作量化考核指标体系，每季度对其考核通报，每年进行总体工作考核。

重视志愿者管理工作，在全县招募了全民阅读志愿者100余人，行业涉及有：在校大、中、小学生、退休老师、自由职业者等。参与志愿服务有馆内的图书排架、读者基础管理、志愿者讲座等方面。

表彰、奖励情况

大邑图书馆在近年来获得多次市级主管部门与县级部门的表彰，在2011年、2012年获得了成都市图书馆优秀古籍保护单位与共享工程先进单位称号，2011年大邑图书馆获得县巾帼文明岗位称号，2012年获县三八"红旗"集体称号。

馆领导介绍

馆长：钟丽珠，女，1978年生，本科学历，中共党员，图书馆支部书记。

副馆长：曹山，男，1965年生，大专学历。

副馆长：马秀梅，女1977年生，大专学历，中共党员。

未来展望

大邑县图书馆新馆的落成使用，将更好地发挥公共图书馆的社会职能和构建和谐社会的作用，作为全县公共文化服务体系的重要组成部分，将以开拓创新为动力，以繁荣图书馆事业为核心，积极探索社会公益性服务模式，主动服务，拓展渠道，用优质的公益服务回馈社会，致力于提高读者服务工作水平和服务质量。

联系方式

地　址：大邑县桃园大道2号

邮　编：611330

联系人：马秀梅

4.23世界读书日

根雕奇石展

送春联年画

蒲江县图书馆

概述

蒲江县图书馆原为蒲江县文化馆图书室，新馆建成于1999年，正式落成于2000年，同年八月正式对外开放。馆址位于蒲江县鹤山镇桫椤路上段54号。新馆占地4.5亩，建筑面积3500平方米，设计藏书容量20万册，可容纳读者座位500个。2009年，参加第四次全国公共图书馆评估，首次获得三级图书馆。2013年参加第五次全国公共图书馆评估，获得三级图书馆，蒲江县图书馆有阅览坐席485个，计算机38台，信息节点100个，宽带接入10Mbps，2003选用Ilass图书馆自动化管理系统。2014年选用Interlib图书馆自动化管理系统。

业务建设

截止2014年底，蒲江县图书馆总藏量37.4万册（件），其中，纸质文献36.3万册（件）。2011、2012年，蒲江县图书馆新增藏量购置费6万元，2013年起增至12万元。2013、2014年，共入藏中外文图书13000册，中外文报刊500种。

截止2014年底，蒲江县图书馆数字资源量为0，图书馆正在积极争取，2015年底完成数字资源总量4TB，建成蒲江地方特色数据库。2012年，蒲江县实现县、乡（镇）村（社区）共享工程全覆盖。

读者服务工作

从2000年8月起，蒲江县图书馆全年365天天天对外免费开放，周开放56小时。2012–2014年，书刊总流通40万人次，书刊外借25万册次。2012年起，共建成15个分馆，馆外书刊流通总人次40万人次，书刊外借20万册。2012–2014年，蒲江县图书馆共举办讲座、展览、培训、阅读推广等读者活动120场次，参与人数12万人次。

图书馆图书馆外景

业务研究、辅导、协作协调

2012–2014年，蒲江县图书馆职工发表论文4篇，2012年起，蒲江县图书馆以文化信息资源共享工程为依托，在全县范围内发起流通服务、地方文献联合征集、阅读推广与讲座展览资源服务、业务培训与技术支持等工作。举办培训8期，240人次接受培训。

2012年起，蒲江县图书馆积极参加成都市图书馆组织特色文献数据库建设、馆员联合培训和建立联合参考咨询平台等达成广泛共识。

管理工作

2011年，蒲江县图书馆完成全员岗位聘任，本次聘任共设2类岗位，有5人重新上岗，同时，建立了工作量化考核指标体系，每月进行工作进度通报，每半年和全年进行总体工作考核。

表彰、奖励情况

2011–2013年，蒲江县图书馆共获得各种表彰10次。

馆领导介绍

黄贵明，男，1968年5月生，大专学历，中共党员，副馆长。

未来展望

蒲江县图书馆遵循“科学、效率、创新、发展”的办馆方针，完善图书馆服务功能，扩大服务区域乡镇、村（社区）图书室（农家书屋）事业发展。积极争取上级部门协调，加强与“农村党员干部现代远程教育”和“新农村建设”等重要工程合作，建成以支中心为基础平台和框架，乡镇、村（社区）基层服务点为重点的文化信息资源共享工程网络。认真抓好支中心和乡镇、村（社区）基层服务点工作人员队伍建设，加强培训和指导。充分利用支中心平台，为广大读者提供优秀的文化信息资源；将适合本地种养殖生产需要的各类数字资源和文字资源送到农民手中；让以图书馆报告厅共享工程资源，开展形式多样的讲座；积极争取财政支持，到下一次全国公共图书馆评估定级达到二级馆。

联系方式

地　址：四川省蒲江县鹤山镇桫椤路上段54号
邮　编：611630
联系人：黄贵明

开馆现场

画展现场

图书馆夜景

荣县图书馆

概述

荣县图书馆建成于1997年12月，同年对外开放。是我县唯一的公共图书馆，2009年评定为三级图书馆。馆址位于旭阳镇健康路244号。占地面积1650平方米，馆舍建筑面积1726平方米。现有各类阅览座席274个，其中少儿阅览座席52个。现有计算机52台，其中供读者使用的计算机47台，工作用机5台。联通公司20M宽带专线接入。服务器存储容量4TB。文化共享专用仪器设备1套，投影仪3部、扫描仪1台、激光打印机1台、数码照像机2部、数码摄像机1部、DVD1台、有源音箱3对、卫星接收器1个。

业务建设

截止2012年底，拥有各类资源总藏量40817件。其中各类图书26406册、古籍13385册（其中善本16种108册）、报刊834件、视听文献192件。2009年以来平均每年图书年入藏量1040.5册，报刊杂志从2009年的48种增加到2012年的137种，视听文献平均年入藏量达到48种。地方文献有专柜存放，有专门的地方文献目录，有专人管理。

现有图书均按《中图法》第五版的要求进行分编、著录，书标、登录号、馆藏章统一、整齐、美观、规范。保证了编目数据的规范一致。图书文献到馆1个月内完成编目。期刊、报纸和视听文献制定了编目细则。设置卡片目录，有专人管理，为读者提供查目辅导。藏书实行开架借阅，文献保护制定有文献保护规章制度。

读者服务工作

按照公共图书馆免费开放的规定，包括成人图书报刊阅览室、少儿图书报刊阅览室、成人电子阅览室、少儿电子阅览室、读者自修室、少儿书画学习室、乒乓球活动室、棋类活动室等在内的公共空间设施场地免费开放，基本文献资料借阅、信息检索与咨询、公益性讲座和展览、基层辅导及流动服务等基本文化服务项目免费提供服务，为保障基本职能实现的辅助性服务如办证、验证及存包等服务全部免费，多媒体阅览室等公共空间在使用者保证公益的前提下实行免费使用，降低深度参考咨询服务、赔偿性收费等非基本服务的费用，免费提供开水，适量免费提供复印、扫描、拍照等复制服务，在保证公益的前提下，为特殊人群提供特殊查询服务。

开馆时间为每周一至周日上午8：00时至12：00时，下午2：00时至6：00时，每周服务时间达56小时以上。2012年举办了“4.23”世界读书日中学生征文活动、庆祝“六·一”儿童节文艺晚会、暑期少年儿童配乐诗朗诵、荣县第二届技能大赛公文电脑操作竞赛、《辛亥革命与荣县独立》公益讲座等各类主题活动，参与活动的人数在10000人次以上。

业务研究、辅导、协作协调

配合自贡市图书馆完成地方文献联合编目，开展了《书香盐都·文化自贡》全民阅读活动和送文化下乡活动。每年举办全国文化信息资源共享工程培训班、乡镇社区农家书屋培训班。2012年先后到旭阳镇梓桐桥村、望佳镇插旗村、河口镇桂花村、双石镇金台村、东佳镇炮房村等农家书屋，指导书屋管理人员分编图书。建立了东佳学校、河口学校、东兴学校“红领巾读书点”3个，与县公安局联办荣县图书馆公安局图书室1个。

管理工作

严格按照县属事业单位和三级图书馆的要求来管理单位，实现了按需设岗、按岗聘用、竞争上岗，订立了岗位责任制和考核分配激励机制。订立年度工作计划，年终按照计划要求进行考核。

表彰、奖励情况

2012年被县委、县政府评为荣县未成年人思想道德建设工作先进集体；刘吉红同志评为四川省未成年人思想道德建设工作先进工作者；荣县十佳道德模范；十佳思想政治工作先进工作者；文化工作先进个人；十一五敬业模范提名奖；2011年自贡市未成年人思想道德建设先进个人；自贡市文明诚信建设标兵。

馆领导介绍

钟幸，男，1970年10月生，大专学历，中共党员，馆长。1989年7月参加工作，历任荣县文物管理所工作人员、办公室主任，2012年8月任荣县图书馆馆长。

未来展望

荣县图书馆在认真实行免费开放，逐步完善图书馆基本功能的情况下，不断培育新的服务理念，积极探索新的服务方式，拓展图书馆服务范围，逐步将荣县图书馆建设成为荣县地区集纸质图书阅读、电子阅览、电影放映、公益讲座，兼具娱乐、休闲功能完善的学习活动中心，为保证广大人民群众的基本文化权利，为发展文化自贡发挥越来越重要的作用。

联系方式

地　址：荣县旭阳镇健康路244号
邮　编：643100
联系人：钟 幸

富顺县图书馆

概述

富顺县图书馆于民国11年（1922）创立。馆址设湖滨楼，有图书3000余册。民国23年迁文庙西庑至名宦祠一侧，面积约150平方米。设普通阅览室和儿童阅览室，购进图书6000多册，加上县人捐赠之图书，按五云五《中外图书统一分类法》分类编目，始初县规模。民国38年有图书3万余册。

民国23年，县立图书馆由民众教育馆兼办。民国24年分出。民国28年并入民众教育馆。

解放后，县人民政府将图书馆并入文化馆设图书室。1978年，根据中央精神，县革委会同意恢复成立"富顺县图书馆"至今。馆址仍在县文庙。

1986年因维修文庙，省、市、县拨专款建新馆。1987年12月，新馆落成于县城西湖钟秀山，总面积1155平方米，设报刊阅览室、文字图书外借室、古籍图书阅览室、资料查询室、书库、办公室、少儿室等。2008年，由于业务需要，政府在县天主堂为图书馆租赁350余平方房屋，建立县文化信息资源共享工程县级支中心，设立多媒体室、电子阅览室和中控机房。

业务建设

截止2012年底，富顺县图书馆总藏量6.5万册左右，其中古籍3万余册。其余电子图书期刊量少之又少。

从2009年起，富顺县图书馆的购书经费增至2万元，用于图书、期刊、报纸的购置。有财政拨款的10万元专款用于古籍维修维护，有2万元共享工程运行经费。

读者服务工作

1980年起，富顺县图书馆全年365天对外开放，从最初的每周42小时到现在的每周56小时。2011年，全馆实行免费开放，除借书证押金外，所有收费项目全免费。2012年，富顺县图书馆在县城的人员集中和客流量大的车站、宾馆、茶坊等设固定服务点10个，2013年又增加3个，服务效果获得好评。

2011–2012年，富顺县图书馆举办讲座、培训、阅读推广活动10多场次，参加人数2万多人次。省、市、县电视台均多次报导。

业务研究、辅导、协作协调

2008年–2013年，富顺县图书馆对县辖区内317个镇村进行了"农家书屋"的业务辅导与培训，集中分散培训20–30次，免费培训上千人次。在此期间，还对县辖区内的中小学、机关、社区图书室进行业务辅导，组织培训一批图书借阅业务骨干。

富顺县图书馆还参加了自贡市图书馆学会的联合编目。

管理工作

2006年，富顺县图书馆完成首次全员岗位聘任。建立完善了本馆规章制度和考核量化指标。2013年，经省馆考核，我馆被确定为国家三级图书馆。

表彰、奖励情况

2013年，富顺县图书馆被确定为四川省古籍重点保护单位。

馆领导介绍

郭先敏，女，1963年9月出生，大学本科（在职），中共党员，馆员，馆长。兼任四川省图书馆学会理事。

未来展望

2013年，富顺县文体中心工程正式启动，预计在两年后竣工，届时，富顺县图书馆将全馆搬迁至富顺县文体中心建筑面积约3000平方米的新馆舍。全面建成后的富顺县图书馆，设备设施、阅览座位数量、可容纳纸质文献数量、年服务人次等都将远远超过目前的水平，数字资源设计存储能力也将大大提高。争取成为国家二级图书馆。

联系方式

地　址：富顺县富世镇西湖路92号
邮　编：643200
联系人：郭先敏

古蔺县图书馆

概述

古蔺县图书馆位于古蔺县金兰大道宣传文化中心综合楼，馆舍面积约850平方米，2009年12月建成开馆。图书馆核准编制8人，现有职工6人，设有外借、报刊阅览、电子阅览三个对外免费服务窗口，常年开展图书外借、文献检索、报刊阅览、政府信息公开查询等免费服务。图书馆有阅览坐席398个，计算机50台，网络为10兆光纤接入。

古蔺县图书馆是共享工程古蔺县支中心办公室所在地。2011年完成共享工程县支中心机房建设工作。将共享工程与乡镇综合文化站、农村党员干部远程教育工作相结合，建成包括1个县级支中心、26个乡（镇）和269个村级基层服务点的县、乡（镇）、村文化共享三级服务网络。2012年9月，报县委机构编制委员会批准，在图书馆增设古蔺县农家书屋管理中心，指导、管理全县农家（社区）书屋工作。目前已实现全县269个行政村“村村有书屋”的目标，规划在全县23个社区书屋建设“社区书屋”，在边远少数民族聚居地创造性的建设“苗家书屋”。

业务建设

截止2012年底，古蔺县图书馆总藏量68072册（件），其中，纸质文献62072册（件），电子图书6000册。

2012年各级财政划拨经费93.138万元。共入藏图书2512种，3051册，中外文报刊64种。制定地方文献征集、管理制度，工作开展情况良好。

图书馆数据全部录入网图系统，实现数字化管理。2013年年初，实现馆内WIFI全覆盖。

读者服务工作

从2011年12月实行免费开放以来，古蔺县图书馆全面实行免费开放，周开放70小时。2012年书刊文献外借率为31%。图书馆积极扩大服务范围，在部队、社区、单位、学校等建立馆外流动服务点，常年坚持送书上门。据不完全统计，流动点年借阅图书约5500册，年服务约20000人次。图书馆专门设立了“政府公开信息查阅点”，供读者网上查阅政府公开信息情况，为县《领导参阅》栏目提供资料、为本地区科研和企事业单位服务，以及为社会公众提供专题服务。图书馆年举办讲座、展览、培训、阅读推广等读者活动约30场次，年参与活动人数约12000人次。

业务研究、辅导、协作协调

古蔺县图书馆与泸州市图书馆开展联合编目，与市内区县馆实现资源共享，积极探讨馆际互借，与县内各流动点形成总分馆关系。对全县范围内的书屋（室）（乡镇综合文化站、社区书屋、农家书屋等）分批次进行了服务网络建设，基本形成县、乡、村三级服务网络。

古蔺县图书馆定期或不定期开展书屋管理员培训、共享工程基层服务站点管理员培训，年平均开展培训活动10次以上，约500人次参培。

管理工作

古蔺县图书馆人事和财务归县文体广电局统一规范管理，图书馆拟定岗位职责和相关管理制度，开展竞争上岗。2012年，共抽查文献排架5次，书目数据2次。要求各业务部门每年撰写一份统计分析。

表彰、奖励情况

2011年和2012年泸州市公共图书馆业务考核中，均获二等奖。每年获局年度考核优秀奖。

馆领导介绍

税仕银，男，1976年1月生，本科学历，馆长。1996年8月参加工作，在古蔺县乌龙中学任教，2009年3月参加古蔺县事业单位人员考调进入古蔺县文化馆，2010年3月起任图书馆负责人，2011年3月县编委批复成立古蔺县图书馆后调入，正式任命为馆长，兼共享工程古蔺县支中心办公室工作。2012年11月成立古蔺县农家书屋管理中心后兼管理中心主任。

税正伟，男，1987年8月生，本科学历，中共党员，副馆长。2009年8月参加工作，在古蔺县箭竹苗族乡中心小学校任教，2012年调进入图书馆，分管财务、专业业务、安全等工作。

未来展望

古蔺县图书馆始终坚持“读者之上，服务第一”的服务宗旨，不断拓宽免费开放服务内容，为县域文化、经济、社会发展做出应有的贡献。争取上级参照文物局等事业单位改革思路，将图书馆进行升格，以提高图书馆在事业单位中地位，有利于工作开展；将积极争取上级进行新馆建设，为公众提供更好的阅读环境；争取增加购书经费以补充馆藏的不足；加大地方文献和本土资源的征集、推广力度，让更多人了解地方文化；积极开展阅读活动，形成全民阅读的氛围；强化管理、加强业务培训，塑造图书馆人的良好形象。

争取在参加下一次全国公共图书馆评估定级中能再上一个新台阶。

联系方式

地　址：古蔺县金兰大道宣传文化中心综合楼
邮　编：646500
联系人：税仕银

广元市朝天区图书馆

概述

朝天区书馆于1991年经政府批准成立，同年12月正式挂牌对外开放。建馆初期，仅有馆舍400平方米，破旧图书1万余册，职工3人，固定资产10万元。经灾后重建图书馆落户朝天镇大中坝文化中心，新馆占地面积3400平方米，馆内现有各类藏书10.76万册（件），有阅览座席240个，计算机40台，信息接点68个，宽带接入20Mbps，选用天作图书馆自动化管理系统；2013年参加第五次全国公共图书馆评估，首次获得三级图书馆。

业务建设

截止2013年底，朝天区图书馆总藏量11万册（件），其中，纸质文献10.76万册（件），电子期刊0.24万种/册。2011年，朝天区图书馆新增藏量购置费91.9万元，2012年新增藏量购置费10万元。2009–2012年，共入藏中外文图书56750种，10.76万册，中外文报刊150种，视听文献260种。2012年，地方文献入藏完整率为90%。馆藏图书丰富，每年得到补充，图书年均入藏量达2560种。

截止2012年底，朝天区图书馆数字资源总量为18TB，其中，自建数字资源总量1.5TB。2009–2012年，在建的数据库有《麻柳刺绣》之人物库和事件库续建工作。2012年，区图书馆采用INNOPAC自动化集成系统，将自动化管理系统升级改造为10用户系统，以适应朝天公共图书馆服务联盟建设的需要，目前馆内外用户均可通过互联网实现访问，管理、采访、编目、流通、期刊等全馆业务工作实现了计算机联网管理，图书馆的有关业务都实现了自动化。2012年初，实现馆内50.11N无线网络覆盖。

读者服务工作

从20012年3月起，朝天区图书馆全年365天天天对外免费开放，一周开放60小时，2009–2012年，书刊总流通16.2590万人次，书刊外借10.4870万册次。2011年3月，开通与朝天周边5所小、初、高中学校图书馆的馆际互借服务。截止2012年，朝天区图书馆发布使用的数字资源总量为8种，6.5TB，可通过朝天区共享工程VPN专网、共享工程基层服务中心提供检索、浏览和下载服务。

2009–2012年，朝天区图书馆共举办讲座、展览、培训、阅读推广等读者活动136场次，参与人数3.82万人次。图书馆还针对企业文化发展而开展的“你选书我买单”服务项目，为企业特色文化需求提供服务起了个良好的开端，协助局级机关指导建设了富有各自机关特色“图书室”和“电子阅览室”；图书进景区、进农家等活动是朝天区图书馆阅读推广工作的特色。

业务研究、辅导、协作协调

2009–2012年，朝天区图书馆职工发表论文10篇，其他课题5项。从2010年起朝天区图书馆以文化信息资源共享工程VPN专网为依托，在全区范围内发起组建公共图书室服务联盟，并在馆内设立联盟工作委员会，下设联合编目、流通服务、地方文献联合征集、阅读推广与讲座展览资源服务、业务培训与技术支持等工作组，开展基层图书室业务骨干志愿者行动，截止2012年底，举办联合编目等联盟培训班3期，96课时，235人次接受培训。

管理工作

2010年，朝天区图书馆完成第三次全员岗位聘任，同时，建立了工作量化考核指标体系，每月进行工作进度通报，每半年和全年进行总体工作考核。2009–2012年，共抽查文献排架4次，书目数据6次，编写《工作质量周报》36期，撰写专项调研、分析报告和工作提案15篇，编写各部门工作进度通报12篇。

馆领导介绍

刘桂芬，女，1972年6月生，大专学历，助理馆员，馆长。1992年3月参加工作，2004年调入朝天区图书馆工作，四川省图书馆学会会员、文化信息资源共享工程四川省分中心朝天支中心主任等职。

未来展望

朝天区图书馆遵循“科学、效率、创新、发展”的办馆方针，图书馆通过以评促建，设施设备齐全，各项功能完善，今后我们的工作重心是用好、管好图书馆现有场馆、设备，本着“读者第一、服务至上”的原则，牢固树立“为读者管理图书馆，而不是为图书馆管理读者”的理念，积极对外开展图书报刊阅览借阅、科技信息咨询、图书文献收藏、全国文化信息共享工程服务，深入挖掘地方文献资料的收集整理，开展地方文史研究工作；开展流通借阅和馆际互借业务，为读者提供图书资料、读书场所和借阅服务等业务，即完善单体服务功能，扩大服务辐射区域，带动地区事业发展；为广大读者服好务。

联系方式

地　址：广元市朝天区图书馆
邮　编：628012
联系人：刘桂芬

朝天区图书馆

儿童阅览室

朝天区图书馆报架

遂宁市船山区图书馆

概述

2003年12月遂宁市中区行政区划调整前，图书馆隶属于市中区文化体育局文化股，正式建馆时间是2011年3月，建馆选址在遂宁市育才西路77号，全称文化体育局图书馆。面积不足60平方米，藏书仅2500册，工作人员1名。2014年4月图书馆迁址凯旋路89号，政府投入200余万元，对原一所职业中学校舍进行维修改造，用作图书馆正式馆舍，馆舍建筑面积1000平方米，设计藏书容量4万册，可容纳读者座位250个。2013年，参加第五次全国公共图书馆评估，首次获得三级图书馆。目前图书馆设置功能室有：少儿阅览室、含电子阅览的综合阅览室三个区域、视听阅览室、制作室、采编室、服务前台；可利用藏书4万余册，电子文献读物及音、视频资料4.5T，年订报刊200余种；馆职人员4人，大专及以上学历4人，电子阅览室有计算机终端20台，全馆高速光纤接入，主要业务环节已经实现了计算机管理，办馆条件逐年改善。

业务建设

截止2012年底，图书馆总藏量2500册（件），期刊杂志80种/册。2013年初，图书馆新增藏量成人图书6100册、少儿图书1000册，新订期刊杂志103种。

2014年6月，政府投入资金49.5万元，以竞争性谈判方式采购成人图书1.5万册、少儿图书5000册、盲文书籍100套、电子图书1万册、盲文有声读物100套。同时完成船山数字图书馆建设工作。

读者服务工作

从2011年3月起，船山图书馆全年外免费开放，周开放不少于56小时，实现馆藏图书自助借还。2011年–2014年，书刊总流通25.3万人次，书刊外借6.12万册次。2011–2014年，协助市图书馆举办讲座、培训等活动9场次，组织参加“倡导全民阅读”、“书香家庭”等主题活动5场次。2011年正式启动了文化共享工程建设，3月建成文化信息共享工程船山区支中心，截止目前，已经完成全区4乡7镇6个办事处38个社区183个行政村基层服务点全覆盖。

业务研究、辅导、协作协调

2013年6月，图书馆以文化信息资源共享工程为依托，在全区范围内深挖地方特色文化资源，收集、甑别、整理、筛选、报送非物质文化遗产信息资源《胡氏剪纸》、民间舞蹈《桃子龙》、金钱板《胖大嫂》、清音《天天都听村村响》等十余种文献资料。

2011年–2014年参加省市图书馆协会举办培训班4期，96课时，8人次接受培训。

2013年9月24日至9月26日参加中国图书馆学会组织的“网络书香.数字图书馆推广工程”宣传推广项目四川站培训，共48学时。

管理工作

2013年3月，主管局船山区文化广播影视局推进事业单位人事制度改革，在全系统推行“竞争上岗、双向选择”用人机制，聘任图书馆馆长1人，副馆长1人，馆员2人。

图书馆结合自身实际，制定《文明服务公约》等管理制度，实行挂牌上岗，严格岗位责任制。同时，按照国务院颁发的《事业单位人事管理条例》，建立绩效考核指标体系。

表彰、奖励情况

2011–2014年，图书馆获区人民政府、区宣传部、市图书馆、区文化广播影视局先进集体表彰、奖励16次，获区人民政府、区宣传部、市图书馆、区文化广播影视局先进个人表彰8人次。

馆领导介绍

杨金，男，1967年6月生，大学学历，中共党员，事业单位八级管理员，馆长。1986年7月参加工作，长期从事教育工作，2007年7月调至船山区文化广播影视局（原区广电局）。2009年3月–2013年3月历任区文化广播影视局办公室副主任、主任等职。多次荣获区级先进个人称号。

邹君艳，女，1965年11月，大专学历，中共党员，参公管理事业单位副主任科员、副馆长，1989年7月参加工作，长期从事广电事业工作，多次荣获区级先进个人称号。

未来展望

船山区图书馆贯彻党的十八届三中全会精神，坚持坚持公益性为第一性和特色办馆方针，践行“六大兴市计划”和区委“文旅振兴计划”战略，不断完善服务功能，扩大服务辐射范围建立融读书、自修、交友、休闲、商务聚会、电子阅览、学术报告等多种服务形式为一体的现代复合型图书馆。“十二”期间，在不断强化自身综合实力的基础上，强化与市图书馆的对接沟通，按照“市区同城、借市发展”的思路，共同打造数字图书馆，努力扩大服务半径，积极建立服务流通点，以社区、街道为基点，建立4个以上流通点，采取定期轮流送期刊、书籍形式，建立船山区广义公共图书馆。推动图书馆自动化管理工作，加快馆藏书目数据库建设，做好船山特色资源库建设。对照全国公共图书馆评估条件，对各项工作进行拓展、提升，力争达到国家二级馆标准，图书馆总建筑面积将达到2000平方米以上，阅览座位480个，图书年入藏量不少于4000种，年外借不低于16万册次。

联系方式

地　址：遂宁市凯旋上路89号
邮　编：629000
联系人：梁婉茹

综合电子阅览区

学术报告厅

少儿阅览室

隆昌县图书馆

概述

隆昌县图书馆筹建于1988年3月，1990年2月对外开放。馆址几经搬迁，目前馆舍面积1041.9平方米。1994–2012年被国家文化部五次评定为国家三级图书馆。开设有图书外借室、成人报刊阅览室、少儿借阅室、政府信息公开查询室4个直接为读者服务的窗口。2012年新建成的多媒体电子阅览室、视力障碍阅览室免费对外开放。拥有成人阅览室坐席150个，少儿阅览室坐席100个，用于服务读者的电脑44台，查询机2台，电子图书借阅机2台，一键式智能阅读器1台。馆内业务均实现自动化管理，采用ILASIII图书馆管理系统，10兆光纤链接互联网，无线网络覆盖全馆。

业务建设

截止2012年底，隆昌县图书馆总藏量35万册（件）。其中：纸质文献4万册（件），电子图书30万册，电子视频1088部，地方文献576册。图书年入藏2424种/册，报刊221种/册。隆昌县图书馆购书经费从2009年的5.5万元增加到2012年的8万元。2009年起增加共享工程运行经费2万元。免费开放经费全部到位。2012年，隆昌县图书馆启动了数字图书馆的建设，自建数字资源总量1.5TB，建有"隆昌县图书馆网站"，升级图书馆管理系统，开通了网上读者服务通道。

读者服务工作

隆昌县图书馆始终以构建和谐隆昌、文化强县为目标，以"读者至上、服务第一"为服务宗旨，从优化服务、强化管理入手，以创新求发展，以服务促效益，认真抓实业务建设，通过开展"全民阅读活动"、"馆校共建"、"军民共建"等品牌活动，积极拓展图书馆的社会教育和信息传播职能。

自2011年4月起，隆昌县图书馆所有公共服务项目实行全免费，周开放56小时。2009–2012年，书刊总流通27.0575万人次，书刊外借29.1794万册次。2012年开设四个流动服务点，馆外书刊借阅2.16万人次，书刊外借1.23万册次。2012年隆昌数字图书馆接待读者14.8万人次。开通了"一卡通"业务，开设了网上读者查询、借阅系统。实现了隆昌数字图书馆和全县19个乡镇的有效链接，为共享工程基层服务中心提供数字图书馆文献检索、浏览和下载服务。2012年隆昌县图书馆利用图书馆门户网站和馆内宣传栏开设新书推荐专栏24期，每月定时向读者推荐新书；每季度推出"读者借阅排行榜"、制作"隆昌县图书馆读者指南"宣传图书馆的服务；开设"文明示范岗"、"便民服务窗口"等，切实推行微笑服务、温馨服务。2009–2012年的读者民意调查中，服务满意度均达到100%。

2009–2012年，隆昌县图书馆共举办讲座、培训、阅读推广等读者活动22场次，参与人数3.6万人。

业务研究、辅导、协作协调

隆昌县图书馆现有编制8人，在岗7人，均具有大专及以上学历，其中馆员3人，助理馆员4人。2009–2012年图书馆职工获奖论文6篇。为了在全县创造人文的读书氛围，树立大阅读的理念，隆昌县图书馆充分发挥馆藏资源优势，努力提高图书馆的利用率和应用水平。自2009年起，在全县开展图书馆服务进社区、进学校、进军营、进工厂、进农村活动。先后在社区、学校、军营、农村建立四个流动服务点，定期开展系列读书活动。

2011年共享工程隆昌支中心成立，隆昌县图书馆充分发挥支中心的作用，11–12年组织开展了进城务工人员技能培训4期，老年电脑基础知识培训4期，参加培训人员420人。举办"童心电影放映会"、"电子阅读体验"、"梦想课堂"等活动，参加人数400人次。

2012年负责全县365个农家书屋的管理工作，先后组织馆员深入全县19个乡镇进行摸底调查，采取实地辅导加集中培训的方式进行管理员业务培训，共举行集中培训2期，实地辅导43次。为隆昌县农家书屋的规范化管理打下了坚实基础。精心组织了"书香飘农家，共筑新希望"全县农家书屋读书暨演讲比赛，引导广大农民多读书，读好书。连续2年组织参加全市农家书屋管理员演讲比赛获得2个二等奖、4个三等奖。2012年，启动数字图书馆建设，建成的数字资源实现了与19个乡镇文化站的有效连接，实现了数字资源共享。2012年与国家图书馆签订联合编目协议，成为国图编目中心成员馆，使图书馆资源管理更加规范科学。

表彰和奖励

隆昌县图书馆2009–2012年，荣获隆昌县"最佳文明单位"、"卫生先进单位"称号；荣获中共隆昌县委"先进党支部"、"先进基层党组织"称号；内江市图书馆学会优秀基层组织。组织参加由国家图书馆和中国图书馆学会联合举办的"网络书香·掠美瞬间"数字图书馆推广工程摄影大赛二等奖。

馆领导介绍

王祥丽，女，1970年元月生，本科学历，中共党员，馆员，馆长。1988年毕业分配到隆昌县图书馆参与图书馆的筹建工作，历任图书馆副馆长、中国图书馆学会会员、四川省图书馆学会会员、内江市图书馆学会副理事长。历年被评为县"创先争优"优秀党员、内江市图书馆学会优秀会员、11–13年中国图书馆学会优秀会员。获奖论文5篇。

代英红，女，1967年7月生，本科学历，馆员，副馆长。1994年5月由隆昌县文化馆调入图书馆工作，县12–13届政协委员，四川省图书馆学会、内江市图书馆学会会员。

未来展望

隆昌县图书馆遵循"以人为本、传承文化、服务社会、科学发展"的办馆理念，践行"读者第一，服务至上"的服务宗旨，完善服务功能，扩大服务区域，提高自身的综合实力。自2012年起，在县委县政府的大力支持下，即将建成总建筑面积7000平方米的图书馆新馆，估算投资4500万元，新馆环境优美，功能齐全，目前，主体工程已封顶，计划2015年投入使用。隆昌县图书馆将以新馆建设为契机，努力提升图书馆的对外服务形象，大力倡导全民阅读，努力实现图书馆硬件建设和文化内涵建设同步提高。全力提升图书馆的服务功能。把图书馆作为全县信息资源和技术支持中心，增强对社区和乡镇的辐射能力，提高服务效能，做实文化惠民工程。努力推进数字图书馆建设，构建多元化的文献服务体系。将隆昌县图书馆建设成为现代化的群众喜爱的公共图书馆。

联系方式

地　址：四川省隆昌县金鹅镇兴和巷
邮　编：642150
联系人：王祥丽

乐山市沙湾区沫若图书馆

概述

乐山市沙湾区位于四川盆地西南边缘，是县级市辖区，也是世界文化名人郭沫若先生的故乡。全区幅员面积618平方公里、辖8镇5乡1办事处，总人口21万。沙湾区紧邻著名佛教胜地——峨眉山、千年摩岩石像——乐山大佛，自然和人文景观十分优美，素有“钟灵毓秀·沙岸湾环”之美誉，沙湾区沫若图书馆就坐落在这风情古镇的中心地带。

沙湾区沫若图书馆建于1993年，并于2004年重建于沙湾区锦兴步行街北端，新馆建筑面积1720平方米。属全额事业单位，编制4人，文化程度均为大专以上，现有藏书3万余册，可容纳读者座位200个。馆内有成人阅览厅一个、少儿阅览室一个、电子阅览室一个。书籍设有政治、经济、文学艺术、工业、农业、军事等各类书籍，订购300余种杂志、35种报刊读物，全面实现图书外借自动化管理，具备群众基本借阅读功能，2013年参加第三次全国公共图书馆评估，评为三级图书馆。

区沫若图书馆始终牢记公共文化服务体系的要求，让人民群众充分享受文化权益，大力倡导读书之风，从新馆建设完成开放之日起，就实现全年365天对外免费开放，周开放70小时，2009年至今，沙湾区沫若图书馆举办多期讲座、培训、阅读推广等读书活动，每年4月23日“世界读书日”我馆举办“点燃读书热情·共建书香沙湾”全民公益免费读书推广活动，深受群众和领导的高度赞誉，此活动幅员全区城乡，极大地提升了市民的知识素养和读书的良好风气。沙湾区沫若图书馆最大限度地满足基层群众读书学习的需要，拓展延伸图书馆服务功能，开展了为残疾人和进城务工人员的服务，建立了纪委、武警中队、消防中队、看守所和多个社区图书室的图书馆分馆服务，其中与区纪委共同建立了廉政文化读书基地——清风隅。

沙湾区沫若图书馆积极参加省、市、区有益的读书活动，并选送《读懂郭沫若——甲申之鉴警千秋》和《读书目的在于运用》两篇文章参加乐山市“沫若杯”全民读书活动，荣获一等奖、三等奖的好评，并于2008年与区作协共同创刊《沫若风》，此刊物受到读者的高度赞誉。

沙湾区沫若图书馆从2009年起，连续四年被乐山市图书馆学会评为先进集体。

馆领导介绍

黄福刚，男，1956年1月生，馆长。1977年7月参加工作。

联系方式

地　址：乐山市沙湾区锦兴步行待街56号
邮　编：614900
联系人：李小华

沙湾区文化活动中心

沫若图书馆大厅

读书日活动

流动书屋

电子阅览室

乐山市五通桥区图书馆

概述

五通桥区图书馆初建1995年于1996年元月正式对外开放，2004年9月整体搬迁至菩堤山下，先后五次对馆舍进行全面改造和装饰装修。

业务建设

五通桥区图书馆馆舍面积1500平方米，藏书3万余册，可容纳读者座位200个。设书刊外借室、综合阅览室、少儿阅览室、书画艺术阅览室、文化培训讲座室、公共电子阅览室。2008年，参加第四次全国公共图书馆评估，获得三级图书馆。2013年年初，实现馆内50兆无线网络覆盖。

读者服务工作

从1996年元月起，五通桥区图书馆全年365天天天对外开放，周开放56小时，并于2011年11月起全面免费对外开放。2009–2012年，书刊总流通20余万人次，书刊外借18.5万册次。2009年1月，实现了自动化管理。并建立了武警支队、消防中队、竹根派出所、老干局、涌江社区、黄桶井社区等多个社区图书室，年接待读书1.5万人次，借阅册次1.6册。在图书馆内开展“读者至上，服务第一”的核心工作，把提高读者服务质量作为工作重心，努力以“优美的环境，优良的秩序，优质的图书，优秀的服务”为读者提供全方位、多层次的服务，实现电话咨询、电话预约服务，免费提供饮用水，周末开展优秀影片签赏。

每年从4月1日起至9月30日开展青少年儿童有奖读书活动，常年开展读书之星的评选活动。2009–2012年4月23日“世界读书日”之日，在四望关广场开展“你看书，我买单”图书荐选活动。

协作协调

五通桥区图书馆积极配合地方各乡镇农村书屋的建设，对农村书屋管理员进行了图书分类、编目、上架、借阅等业务知识的培训，并定期对社区图书室、共建图书室和农村书屋管理员进行业务培训辅导，同时通过回访工作，及时调整工作方法，努力把图书馆工作做得更好。

表彰、奖励情况

2009–2012年，五通桥区图书馆共获得各种表彰、奖励12次，其中，市文广局表彰、奖励3次，区委、区政府表彰、奖励2次，市文广局表彰、奖励4次，其他表彰、奖励3次。

联系方式

地　址：竹根镇文化路722号
邮　编：614800
联系人：李明全

犍为县图书馆

概述

犍为县图书馆成立于1979年10月，初设于犍为县文化馆内。1981年正式从文化馆分离出来。馆址经过三次变迁。2013年，位于犍为县玉津镇文体中心内的新馆建成并正式投入使用。新馆建筑面积为1789.74平方米（不含公用设施面积），占地面积534.01平方米。2013年被四川省人民政府和四川省文化厅评为省古籍重点保护单位。犍为县图书馆设有少儿阅览室、综合阅览室、电子阅览室、地方文献阅览室、多媒体教室、古籍书库、报刊库等。共有阅览坐席220个，并设有专门残疾人服务区和老年人服务区，其中少儿阅览室坐席60个。电脑35台，提供读者使用的计算机20台。

业务建设

犍为县图书馆文献总藏量45353册，其中报刊50余种，地方文献有专柜收藏，古籍25078册。收藏有古籍善本《古今事文类聚》（明万历32年）、《历代名臣奏议》（明崇祯8年）、《三番纪事本末》（清康熙56年）、《南邦黎献集》（清雍正3年）等。由于犍为县图书馆古籍藏量丰富，从2009年开始，犍为县人民政府将古籍保护经费纳入财政预算，每年单列2万元用于古籍图书保护。

为提高公共文化服务能力，犍为县图书馆积极实施文化信息资源共享工程和公共电子阅览室建设。依托县图书馆、30个乡镇文化站、41个社区和347个村文化活动室，建成和完善了覆盖城乡的数字化服务体系，实现了“村村通”。

读者服务工作

犍为县图书馆全年365天对外开放，每周开放56小时，平均年流通人次30000余人。

为吸引更多读者进入图书馆，犍为县图书馆每年举办读书活动3次，讲座4次，参与人数2000多人。如2010年开展了“热爱祖国、快乐阅读”、网上读书系列活动，开设了《三江讲坛》、《百家讲坛》等专题讲座，邀请到中国著名教授钱文忠和杨雨为广大市民将解《弟子规》和《诗经》；为少年儿童播放光碟《论语》；2011年开展“迎新春精品图书展”及“热爱祖国、快乐阅读”系列活动；2012年开展迎新春“地方文献精品书展”，召开读者座谈会，并组织全县读者参加乐山市图书馆、乐山市图书馆学会和《乐山广播电视报》社2012年联合举办的乐山市首届“沫若杯”全民读书有奖征文活动，我县共有10篇征文获奖，我馆1名工作人员获优秀奖。

业务研究、辅导、协作协调

犍为县图书馆除多次派遣工作人员外出参加省馆、市馆的业务学习外，还多次与周边市县图书馆开展馆际交流，互相学习，共同提高。

犍为县图书馆积极协助主管局完成本县石溪镇、定文镇等30个乡镇文化站建设及电子阅览室电脑等设备配置安装工作，玉津社区、学府社区、罗城船型街社区等41个社区书屋和347个农家书屋建设任务，实现了本县图书馆服务网络100%。

犍为县图书馆每年组织全县乡镇文化专干和部分农家书屋管理员参加业务培训班2次，并多次组织工作人员下乡指导农家书屋工作，全县农家书屋管理规范。

管理工作

为保障馆内工作顺利开展，犍为县图书馆管理严格，每个工作人员都有明确分工，有财务人员，办公室工作人员，外借室工作人员，阅览室工作人员、电子阅览室工作人员等，大家各司其职，但又分工不分家。

表彰、奖励情况

近年来，犍为县图书馆先后被省文化厅、市文广新局、县文广新局等部门评为“读者服务工作先进集体”、“精神文明图书馆”、“先进单位”。2012年，组织人员参加乐山市图书馆、乐山市图书馆学会和《乐山广播电视报》社联合举办的乐山市首届“沫若杯”全民读书有奖征文活动，犍为县图书馆获组织奖。2014年，参加乐山市第二届“沫若杯”全民读书有奖征文活动，被乐山市文广新局评为优秀组织奖。

馆领导介绍

曾建，男，1976年12月生，本科学历，中共党员，馆长。1995年12月参加工作，2014年2月担任馆长。

龙平，男，1958年5月生，中专学历，中共党员，馆员，党支部书记。1974年12月参加工作，2014年2月担任党支部书记。

黄南柳，女，1968年生，本科学历，中共党员，馆员，副馆长，1987年12月参加工作，2003年5月担任副馆长。

未来展望

犍为县图书馆将逐步完善设备设施，举办高质量与书籍有关的各类活动，争取成功申报二级图书馆，逐步建立数字图书馆，树立古籍品牌。

联系方式

地　址：犍为县玉津镇文体中心内

邮　编：614400

联系人：沈慧莲

古籍整理及目录数据化录入

图书馆活动

图书馆阅览室

井研县图书馆

概述

井研县图书馆位于研城镇建设路47号，县文化中心综合大楼四楼。1979年8月28日建馆，由原井研县文化馆图书室改名为井研县图书馆。后历经两次迁馆，于2005年10月28日迁入县文化中心综合大楼四楼开展服务。2010年被文化部评为国家三级图书馆。

业务建设

井研县图书馆现有可利用馆舍面积1800平方米，其中阅览室面积500平方米，书画展厅500平方米。阅览座席850个。年订报刊130余种；管理人员10人，大专及以上学历者6人，中级专业技术职称2人，初级专业技术职称6人，平均年龄45岁。设有文化信息资源共享工程井研县支中心、报刊阅览室、文志阅览室、少儿阅览室、电子阅览室、外借室、古籍室（熊克武先生藏书馆）、书库、展厅、茫溪讲坛等服务窗口。文化信息资源共享工程井研县支中心有计算机终端36台，高速光纤接入。

馆内建有乐山市最大的古籍藏书馆“熊克武先生藏书馆”。这批古籍为熊克武先生重金收藏，现存线装书8736册，大部分为清朝刻本，具有重要的收藏和研究价值。

读者服务工作

井研县图书馆于2011年全面实施免费开放，外借、阅览、参考咨询、专题活动、展览、视听等服务均未收取任何费用。每周免费开放56小时以上。截止2012年，在8个中小学校、武警中队、邱金图书楼、研城镇文化站，共11个点设有服务点。办有图书借阅证1900余件，平均年外借册次4万册次，平均年流通总人次3万人次，开架书刊2万册。井研县图书馆书画展厅常年举办展览活动，年均举办4次。还先后举办《抗震救灾、众志成城》、《复兴之路——纪念改革开放三十周年》、《辛亥革命110周年》等专题图片展览，年均参观者达上万人次。2012年参加市馆承办的郭沫若诞辰120周年征文活动，与研城镇建设路社区共建科普图书室，提供科普、文化、法律等各类图书600余册。

业务研究、辅导、协作协调

全体馆员长期坚持“读者至上，服务第一”的宗旨，在加强自身建设的同时，不断改进读者服务工作。常年开展图书服务宣传活动、送书下乡活动，我馆还在乡镇文化站、农家书屋、中学图书室设立图书流通点，定期更换图书。组织实施对全县203个村农家书屋管理员的图书借阅知识技能轮训，并定期派出专人下乡辅导。

管理工作

井研县图书馆每年年初都有年度工作计划，年底有工作总结。建有财务管理制度，按财务制度严格执。实行全员岗位聘用制，进行绩效考核分配。对设备物资和档案设专人进行管理。按时上报各种统计数据。加强安保措施，制定安保预案。

表彰奖励情况

井研县图书馆多次获县主管部门表彰。2012年获郭沫若诞辰120周年征文组委会组织奖；馆领导多次获市、县主管局先进个人、先进党员等表彰。

馆领导简介

谢玉忠，男，1969年1月出生，本科学历，中共党员，馆长。1987年12月参加工作。长期从事文化工作，多次荣获县先进党支部书记、市宣传思想工作先进个人称号。

彭铁英，女，1972年生，本科学历，馆员，副馆长。主要负责图书馆业务工作，多次在全国及市级论文征文活动中获奖。

王静，女，1964年生，大学学历，馆员，副馆长。

未来展望

井研县图书馆在传统向数字化图书馆转型时期，要充分依托共享工程县级支中心的设备技术力量，带动馆内数字图书馆的建设，实现图书馆从传统向数字化的转型；加强人才队伍建设，通过培训不断提高人员的业务水平；制定数据库建设规划，建设好地方文献数据库、本馆古籍资源数据库、地方旅游文化资源数据库。

联系方式

地　址：井研县研城镇建设路47号
邮　编：613100
联系人：谢玉忠

夹江县图书馆

概述

夹江县图书馆成立于1990年12月(夹编办发[1990]76号),人员编制6个。老馆建筑面积640平方米,地址:夹江县漹城镇和平路87号。新馆建筑面积约1500平方米(与文化馆共用一栋楼),2011年9月竣工,地址:夹江县漹城镇体育路150号;2012年12月7日,新馆正式开放。现有藏书4万余册;数据资源3TB。2007年,建成《全国文化信息资源共享工程夹江县支中心》,拥有电脑35台、服务器4台、投影设备、多功能一体机等自动化设备。

2005年起被文化部评为县级公共图书馆三级馆,2007年度成为文化部第二批《全国文化信息资源共享工程》试点县。我馆已连续多年被评为县级文明单位、卫生单位、计生合格单位、综合治理达标单位、省档案三级达标单位。

本馆的办馆宗旨:“为人找书,为书找人”、“服务社会,满足需求”,真正成为我县的“文化信息服务中心”。

认真贯彻落实文化部、财政部《关于推进全国美术馆、公共图书馆、文化馆(站)免费开放工作的意见》(文财务发[2011]5号)精神,本馆业务均实行无偿服务,为方便广大读者利用图书馆,实行公开办理借书证,并坚持“双休日、节假日”开馆制度。

免费开放的设施及场地:报刊阅览室(含少儿阅览室)、电子阅览室、外借室、学术报告厅。

免费服务的基本项目:文献资源借阅、电子阅览、艺术展览阅览、文献检索与咨询、公益性讲座、基层辅导、流动服务等。

业务研究、辅导、协作协调

夹江县图书馆职工发表论文3篇;调研报告5篇。

本馆一直坚持开门办馆,充分发挥县级公共图书馆的社会职能,建馆以来坚持为基层服务,对全县的乡、村图书室、单位图书室、中小学图书馆室进行业务辅导,根据具体情况不定期地举办图书室规范化管理培训班。先后帮助建立农村图书室200余个,单位图书室10个,中小学图书室31个。

与乐山市图书馆协作,2007年实现了联机编目,参与《乐山市地方文献目录数据库》的编辑工作等。

积极参加“送文化、科技下乡活动”。随着《全国文化信息资源共享工程夹江县支中心》业务建设的不断完善,以及县、乡、村(社区、单位)三级公共文化服务体系的建成并投入正常运行后,“送文化、科技下乡活动”将日常化、制度化,把海量的先进文化和科技信息送到群众身边,丰富我县群众的文化生活,努力满足人民群众对各种信息的需求。

现职领导班子成员情况

程敦诠,馆长、书记,男,中共党员,大专学历,馆员。任职时间:1993年2月至1999年12月任副馆长,1995年任党支部副书记;2000年1月任馆长,2004年起兼任党支部书记至今。

周航,副馆长,男,中共党员,双专科学历,任职时间:2014年4月至今。

联系方式

地　址:夹江县漹城镇体育路150号
邮　编:614100
联系人:程敦诠

彭山县图书馆

概述

彭山县图书馆位于彭山县城市地标长寿广场旁，占地面积2000平方米，建筑面积1575平方米，建筑总投资180万元。1993年9月28日正式动工兴建，1997年1月16日开馆服务。2010年和2014年被文化部评为公共图书馆县级三级馆。

业务建设

2008年4月，我馆实行全免费开放，2010年我馆实现图书自动化管理，使用金盘图书馆自动化管理系统，接入20M光纤专线。截止2013年底，彭山县图书馆纸质文献总藏量2.8625万册（件），视听文献312种，2012年购书经费6万元、2013年3万元。拥有阅览座席275个，其中：少儿座席120个，48台电脑及多媒体现代化办公业务设备。建立县级支中心文化信息资源共享工程管理服务平台及县电子阅览室，13个基层乡镇文化信息资源共享工程基层点、89家农家书屋、19家社区书屋、1家职工书屋。

读者服务工作

从2008年4月23日起，严格按照国家免费开放文件要求，彭山县图书馆全年实现354天（除法定节假日）对外免费开放，周开放57小时，2009年至2013年书刊总流通49万人次，书刊外借23.7万册次。121个固定书屋，馆外书刊流通年总人次52.326万人次，书刊外借27.724万册。2010年9月，建立政府信息公开阅览室，年服务800人次。2009至2012年，彭山县图书馆共举办送文化下乡、讲座、展览、培训、阅读推广活动等读者活动326场次，参与人数12.386万人次。迎春灯谜竞猜、留守儿童暑期夏令营活动、书香未来流动图书服务、关爱留守儿童经典诵读活动，是我县图书馆阅读推广工作的特色。

业务研究、辅导、协作协调

积极参与上级图书馆、区县图书馆的馆际互借工作，组织开展图书业务技术培训，与新闻出版开展农家书屋、社区书屋业务服务。与本地区图书馆开展馆际互借工作；坚持全面共建、共管、初步实现覆盖全县公共文化建设和网络建设规划。充分发挥县图书馆的公益性服务功能核心作用，把握好农家书屋和文化共享工程两大节点，坚持每年开展“4.23”世界读书日活动、读者服务周宣传活动和送书下乡活动，解决了农民读书难、借书难的问题，产生了广泛的社会效益。坚持抓好农家书屋、社区书屋、职工书屋、分馆建设基础业务指导工作，乡、镇文化信息资源共享共享工程网络点长期建设工作。对全县13个乡镇综合文化站、89个村级农家书屋、19个社区书屋，1个职工书屋，做到年初有计划，年底有总结，半年有业务统计分析。安排专人常年下乡指导，定期开展农家书屋、社区书屋管理人员业务培训，年终实行管理综合考评，进行表彰奖励。

管理工作

逐步完善图书馆各项规章制度，工作岗位管理制度。每年制定年度工作计划，年终目标考核完成指标，做到年初有计划，年底有落实，健全管理监督机制。本馆现有在编人员6人，按需设岗、按岗聘用、竞争上岗，实行岗位责任制、考核、分配激励制度健全、建全监督有力、国有资产管理有序，学习阅读设施设备规范、整洁、安静、美观，各科室指示标牌明显。

表彰、奖励情况

我馆荣获省文化信息资源共享工程建设工作“三等奖”，2010年获“全国公共文化管理实施先进单位”、2012年荣获眉山市“图书馆先进集体”，2012年荣获眉山市像雷锋那样电子小报“优秀活动组织奖”、“少儿网页设计比赛组织奖”、“眉山市小学生经典诵读活动组织奖”。近几年先后共获得县级精神文明建设、安全综合治理、平安小区、卫生先进等先进等60多个各类奖项。

馆领导介绍

陈永强，男，1974年2月生，大专学历，中共党员。1996年9月参加图书馆工作，2006年5月任县图书馆馆长。

未来展望

彭山县图书馆将以“小而不俾、难而不惧，创新不已、奋斗不止”的精神，加速我县图书馆数字化、信息化、功能化服务建设，完善本馆区域服务功能，不断增强自身综合实力，扩大图书业务服务辐射，带动我县各项事业全面发展。力争“十三·五”期间，新建2500平方米以上的图书馆新馆，藏书量达到10万册，阅览座席达到550个，新建10个图书流动服务点，开展流动图书服务业务，力争综合指标位居全市公共图书馆前列。

联系方式

地　址：彭山县凤鸣镇中岷江路45号
邮　编：620860
联系人：王　颖

沐川县图书馆

概述

沐川县图书馆成立于1993年，编制4人，由原县文化馆图书室分离更名而成。馆址经过两次搬迁，至今位于沐溪镇卷河路248号，县文化中心A区二楼。2013年被文化部评为县级公共图书馆三级馆。

业务建设

沐川县图书馆馆舍面积1620平方米，馆藏3万余册，内设学术报告厅、借阅室、电子阅览室、多媒体阅览室、报刊（少儿）阅览室。承担全县图书馆分馆、农家书屋、文化共享工程村级基层服务点及乡镇公共电子阅览室的建设管理、业务培训指导工作。目前，已建成图书馆分馆3个，农家书屋195个、文化共享工程村级基层服务点107个、乡镇公共电子阅览室16个。2014年11月数字图书馆的建成，使我馆业务步入一个崭新的台阶。

读者服务工作

沐川县图书馆于2009年初全面实现图书借阅自动化，2011年4月起全面实施免费开放。书刊借阅、电子阅览、多媒体阅览、艺术展览、基层辅导、公益讲座、办理借阅卡等项目实行免费。每周对外开放56小时，全年节假不休。常年定期看展"竹乡人文讲坛"公益讲座、"乡土文化人才"系列培训、全民读书有奖征文、演讲等系列读者活动。

业务研究、辅导、协作协调

沐川县图书馆通过派遣馆员参加省馆市馆组织的业务学习、开展馆际交流等形式不断提升馆员素质及业务技能。长期坚持送培训到基层，不定期对全县195个农家书屋、107个共享基层服务点、16个社区书屋管理员进行培训、指导。

表彰奖励情况

2012年荣获乐山市首届"沫若杯"全民有奖征文活动组织奖。

2014年荣获乐山市第二届"沫若杯"全民有奖征文活动优秀组织奖。

馆领导简介

傅华，女，大专学历，馆长。1995年10月参加工作，2009年7月担任馆长。

联系方式

地　址：沐川县沐溪镇卷河路248号
邮　编：614599
联系人：傅　华

竹乡人文讲坛

乡镇业务培训

报刊阅览室

电子阅览室

图书外借室

高县图书馆

概述

四川省高县图书馆初建于1984年，1985年10月正式对外开放。2013年在位于原馆址新馆建成开放。新馆建筑面积2000平方米，2000年参加第三次全国公共图书馆评估，首次获得三级图书馆。馆内设有文化信息资源共享工程高县支中心、外借室、期刊室、少儿室、资料室等服务窗口近10个，阅览座席240个，少儿阅览座席60个；为读者和工作人员正常使用的计算机数量为35台，，宽带接入为10Mbps，专用存储设备容量为4TB每周开放56小时，开展外借、阅览、参考咨询、专题、等服务，举办讲座、培训、展览等活动。

业务建设

截止2012年底，高县图书馆总藏量5万册（件），图书二十二大类，其中中文平装新旧图书4.5万册，线装图书5000册，中文期刊100种、报纸20种。2009年起，高县图书馆新增藏量购置费3万元，免费开放本地经费按时到位。

读者服务工作

阵地活动：高县图书馆设有综合阅览室、电子阅览室、少儿阅览室、外借室和报刊阅览室5个服务窗口，实行全日制免费开放，周一至周日均开馆，每周开馆时间达60小时，书刊文献开架比例达80%以上；为了进一步方便读者，图书馆实行了代借代还、预约借书等服务并设有馆外服务点10个，采用轮换等服务形式定期向它们提供各种书籍，全馆每年馆藏书刊文献年外借率达70%以上，书刊文献年外借达2.5万册次，馆外服务点书刊借阅1千册/年；人均年到馆次数达25次/人；每年开展讲座、培训活动9次，展览1次，年参与活动总人次达5000人次；每年定时向读者发放调查表，对我馆办馆条件、环境、服务质量、服务效果等征求读者意见，读者满意率均在90%以上。

读者活动：高县图书馆2009-2012年每年2月春节、6月“六一”儿童节组织读者参加套圈、丢乒乓、瞎子摸象、车轮滚滚等一系列趣味游园活动；3月组织青少年儿童开展“读好书，学科学”活动；5月报刊阅览室针对未成年人设立报刊目录专栏，召开读者座谈会认真听取了读者提出的意见。5月底开展以“倡导全民阅读，构建学习型社会”、“阅读社会的家园”为主题的图书宣传服务周活动。6月少儿图书室开展了适合少儿阅读特点的新书推介、图书展览、优秀图书阅读比赛等活动；根据全国文化信息资源建设管理中心的要求，每年在多媒体放影室为广大读者播放优秀影片20场次。

送书下乡：为促进社会主义新农村建设，满足基层人民群众的求知欲，每年都开展送书下乡活动，组织近2000册图书送到农村基层图书室，供基层人民群众借阅，让基层读者也能品偿到丰富的文化大餐。

业务辅导、协作协调工作

20109-2012年辅导285个行政村建立规范化的农家书屋。每年为基层图书馆（室）培训业务骨干，举办业务培训班15次，参训500人次，指导并实施农家书屋分类、编目、上架图书7万多册。每年开展科技送书下乡活动，2009-2012年先后对19个乡镇开展了科普送书下乡活动，编印《农村实用资料》5000册，送科技图书2000册。

管理工作

2008年，图书馆一是实行了全员聘用制，本次聘任共设3类岗位，有5人上岗，实行岗位管理和工作目标管理责任制按岗聘用，对全体职工实行竞争上岗，同时，建立了工作量化考核指标体系，每半年和全年进行总体工作考核。二是制定设备、物资管理制度，对国有资产每年都及时进行清理上册并专人管理。

馆领导介绍

吴大容，女，1964年生，大专学业，中共党员，馆长。四川省图书馆学会会员。1982年参加工作，1983年到高县图书馆工作，先后在采编部、阅览部、图书借阅部等部门工作。

罗莲，女，1970年生，大专学业，中共党员，助理馆员，副馆长，四川省图书馆学会会员。先后在古籍阅览室、办公室工作。

联系方式

地　址：四川省宜宾市高县文江镇中煌路9号
邮　编：645150
馆　长：吴大容
联系人：罗　莲

服务周活动

对书屋管理员进行培训

农民读书节活动

洪雅县图书馆

概述

洪雅县图书馆成立于1991年11月，1992年6月正式对外开放。距今已有23年的历史。2006年新建图书馆活动楼，图书馆产权登记总面积1900㎡。2008年新建电子阅览室，拥有32台计算机，宽带接入10兆，硬盘、磁盘存储容量4TB，2009年正式对外开放。馆内开设社科借阅室、电子阅览室、多媒体阅览室，拥有座席150个。图书期刊分类编目、文献资源借阅均采用金盘图书馆集成管理系统。2013年参加第五次全国公共图书馆评估，被文化部评为三级图书馆。

业务建设

2009–2012年，洪雅县图书馆平均每年订购报刊152种，采购图书3255册、购买视听文献11件。截止2012年，洪雅县图书馆总藏量35799册（件），其中，古籍600册、电子文献676种，文献资源总藏量为37075册（件）。地方文献设专人管理，专柜陈列，专门目录。

2012年财政拨款60.70万元、增长37%，购书经费为6万。2012年地方财政收入为5.26亿元。增长40.5%，财政拨款年增长率与财政收入增长率的比率为90.24%。

读者服务工作

馆内公共空间设施场地免费向社会开放，每周56小时对外开放，报刊全开架图书文献开架90%文献外借率为26%，文献外借册数为9621册，人均到馆8.2次。馆外设有消防队、东岳村、孔坝村、宝坪村4个图书流通站，流转图书2400册。

馆内长期为来馆读者、单位提供地方文献、资料查询服务，为残疾人、农民工、留守儿童配送图书和光盘，为老年人送报刊放“坝坝电影”。2012年，13202名读者参加公益性讲座、展览和培训活动，阅读推广活动赠书送刊22680册（份）。

业务研究、辅导、协作协调

洪雅县图书馆职工撰写《浅谈经济欠发达地区农家书屋建设与发展》发表在《四川图书馆学报》（2009.6期）上。《浅析公共图书馆建设与基本公益服务》获中图学会年会征文三等奖，同时被评为“洪雅县2011年度哲学社会科学优秀成果”论文类二等奖。《从县级图书馆评估与建设视角探讨读者基本文化权益保障》获“五省区”图书馆学会第十三次研讨会征文二等奖。《风雨同舟三十年》参加中图学会“会员论坛”征文被刊载在“读书有感”栏目。

截止2012年底，洪雅县图书馆在全县17个社区、142个行政村建成书屋，县域读者服务网络全覆盖。图书馆工作人员以乡镇为单位轮流对农家书屋管理员集中培训，手把手辅导图书加工。馆际协作承办讲座、竞赛和电脑小报设计活动。

管理工作

洪雅县图书馆日常管理中，工作有计划有总结，人员竞争上岗考核兑现奖惩。设备物资购前报批购后进入国有资产管理。财务实报帐制，事前请示事后由局领导签批。业务数据有统计，档案管理齐全。室外绿化美化，室内做到整洁。

表彰、奖励情况

2008年全民阅读活动被中国图书馆学会授予先进集体。支部被县直机关工委评为“2009年度先进党组织”。“像雷锋那样”电脑小报设计比赛获眉山市“优秀组织奖”，2012年的免费开放被市图书馆评为“年度工作先进集体”。职工也多人多次获市县主管部门的年度工作先进个人。

馆领导介绍

李开明，男，1963年9月生，大专学历，中共党员，助理馆员，馆长。1982年11月参加工作，在文化馆图书室从事图书借阅、报刊阅览和图书采编工种。1989年任文化馆会计，1993年4月任图书馆会计，1994年4月任图书馆副馆长并主持工作，1999年4月至今任馆长。2008年获四川省图书馆行业抗震救灾先进个人，2014年4月获中国图书馆学会2011–2013年度优秀会员。

杨涛，女，1962年7月生，大专学历，馆员，副馆长。1980年11月参加工作，在文化馆图书室从事图书采编。1992年6月起在图书馆从事图书借阅、报刊阅览、图书采编等工种至今。

未来展望

洪雅县图书馆遵循“科学、效率、创新、发展”的办馆方针，践行“文化立市”战略。图书馆新馆作为“4.20”地震重建项目已列入县城“三馆一中心”建设项目将于2014年8月破土动工，建筑面积3000平方米，阅览座席、资源藏量以国家标准来建设，主要指标达到一级馆标准。

联系方式

地　址：四川省洪雅县洪川镇天池北街69号
邮　编：620360
联系人：李开明

宜宾县图书馆

概述

宜宾县图书馆创建于1988年，老馆位于柏溪镇桂花路51号，1994年首次参加全国图书馆评估定级，被评为三级图书馆。2015年6月，位于城柏新区文化中心的新馆建成并对外开放，新馆建筑面积3800平方米，设计藏书容量20万册，可容纳读者座位800个。

业务建设

截止2013年，宜宾县图书馆总藏量7万册，其中，纸质文献4.8万册（件），电子图书2.2万册，期刊400种/册（包括电子期刊220种），文化信息资源共享工程支中心电子阅览室有计算机35台，乡镇基层点26个，地方文献300册/种，盲文图书74册，视听资源1000种，实现了无线网络全覆盖。

读者服务工作

从2009年起，宜宾县图书馆全年365天天天对外免费开放，周开放56小时，近五年，共接待读者10万人次，书刊总流通15万人次，书刊外借5万册次。共建成流动图书室9个，涵盖军营、学校、民盟、社区等。

2009年以来，宜宾县图书馆共举办讲座、展览、培训、阅读推广、本土作家书籍推荐等读者活动25场次，参与人数3000人次。每年一届的“清明诗会”，年年举办的读书征文比赛，富有特色的农民工阅览活动，已经成为特色品牌活动。

新图书馆效果图（位于县文化中心三楼）

业务研究、辅导、协作协调

2009–2013年，宜宾县图书馆致力馆内人员提高业务素质，多次外派馆员到上海、苏州、山东、成都、市图书馆等地培训学习，内容涉及图书采编、古籍修复、信息技术、阅读活动推广、少儿阅读服务等业务知识。

职工先后发表论文10篇在《四川图书馆学报》《群文天地》等刊物。

宜宾县图书馆加强与市图书馆沟通协作，共同举办读书活动；同时又深入基层，每年对农家（社区）书屋管理员进行2次以上的业务指导和培训。

管理工作

2009年，宜宾县图书馆完成第一次全员岗位聘任，建立了工作目标量化考核，每月进行工作进度通报，每半年和全年进行总体工作考核。2009–2013年，编写《工作信息简报》50期，撰写专项调研、分析报告和工作提案4篇。

表彰、奖励情况

2009年至今，宜宾县图书馆共获得市县级奖5次。

馆领导介绍

舒梅，女，1971年10月出生，本科，1991年参加工作，历任初中语文教师，教研室主任，县文广体局办公室副主任。2013年1月担任宜宾县图书馆馆长。

万华，女，1965年5月出生，专科，1982年参加工作，中级馆员，办公室主任。

未来展望

宜宾县图书馆遵循“读者至上、服务第一”的理念，致力为群众提供热情周到的阅读查询服务，努力打造品牌悦读活动，引领广大群众读书爱书。2015年6月，面积3800平方米的宜宾县图书馆新馆将在城柏新区对外开放，届时，功能齐全、设施完善、服务热情的新图书馆将为市民提供优质的文化服务。

联系方式

地　址：四川省宜宾县柏溪镇桂花路51号（老馆）
四川省宜宾县城柏新区文化中心三楼（新馆）
邮　编：644600
联系人：舒　梅

服务周活动

举办第二届清明诗会

举办科普讲座

筠连县图书馆

概述

筠连县图书馆由筠连县政府主办，隶属于筠连县文化广播影视和旅游局管理的县级公共图书馆和公益性的社会文化信息服务机构。

筠连县图书馆前身是县文化馆图书室，原图书室曾设在玉壶公园（原人民公园）魁星楼旁仿古建筑内，面积约200平方米。1998年7月，正式成立筠连县图书馆，馆址与县文化馆共同设在原人民公园“抗战将士阵亡纪念碑”后，面积350平方米。2011年12月份，在县委、县政府的和上级文化主管部门的高度重视和关心支持下，座落于筠连县城南新区的新馆正式建成开放使用，新馆占地面积2000㎡，其中含办公室、采编室、综合阅览室、自习室、儿童阅览室、电子阅览室、多功能活动厅、书库、外借室、古籍室、地方文献室等。现总藏书量6万余册，书刊文献年外借册次为4万册，电子文献资源500多种，数字资源总量为2TB，计算机机60多台，宽带接入10Mbps。于2013年参加第五次全国公共图书馆评估，首次获评国家三级图书馆。

业务建设

截止2013年年底，我馆总藏量6万余册，电子文献资源500种以上。2012年图书入藏总量1500种以上报刊入仓量为80种。本馆设有地方文献室，有目录有专人管理，目前正在开展地方文献征集工作。图书文献到馆一个月内，依据中图法对本馆所有藏书进行分类采编，采取四角码Marc数据录入电脑。对图书文献统一加工，书标、登录号、馆藏章规范、整齐、美观。开架图书正确率不低于96%。数字资源总量为2TB，馆藏中文文献书目数字化50%。

读者服务工作

从2011年新馆开馆后，筠连县图书馆全年对外免费开放，我馆公共空间设施场地全部免费开放，每年20万免费开放经费全部到位并用于免费开放工作。图书馆基本服务项目全免费，具体内容包括：读者办证免收工本费，电子阅览室免费开放，馆内阅览室、外借室、自修室、多功能厅等公共场所、设施全部免费开放，读者寄包免费，馆内书刊借阅服务免费，政府信息公开咨询、馆内文献检索及参考咨询免费，基层业务辅导和读者培训免费，公益讲座、展览、影视展播等全部免费。每周开馆时间56小时，书刊文献开架比例为70%，书刊文献年外借册次为4万册，人均到馆次数为5次/年，每月进行新书推介，并利用展板、报纸、电视等媒体开展书刊宣传。建立了筠连县政府公开信息服务。

业务研究、辅导、协作协调

积极参与上级图书馆组织的协作协调工作，建立了县、乡、村三级图书服务，社区书屋正在建设中。积极为农家书屋建设提供业务辅导，2007年–2012年全力指导243个行政村农家书屋业务工作，提升服务辐射力；开展了“农家书屋”建设和管理员的培训工作，并下到基层调研，指导农家书屋建设20余次；2012年为弘扬“春风精神”，开展春风村精神文明“735示范工程”农家书屋建设、“6+1”综合体书屋建设。

管理工作

县图书馆把干好本职工作、促进事业发展、服务社会大众作为重要任务，在管理上求规范，气氛上求和谐，作风上求垂范，服务上求实效，全馆上下团结拼搏，自我加压，开拓创新，出现了干实事、求实效的工作局面。

表彰、奖励情况

2010年第四次全国公共图书馆评估定级评为三级图书馆，连续三年全县年终考评一等奖。

馆领导介绍

文婧，女，1982年11月生，本科学历，副馆长，2003年参加工作，筠连县腾达镇政府任宣传干事，2004年调入筠连广播电视台，专题部编导、新闻部记者，2014年任筠连县图书馆副馆长。

张敏，女，1979年8月生，本科学历，2003年11月至2008年9月任文化股副股长，文化馆副馆长，2009年3月至2011年12月调至宣传部《绿色煤都》编辑部，任宣传部办公室主任，2012年1月调入图书馆，任筠连县图书馆馆长。2013年10月调走。

李虹，女，1962年2月生，助理馆员，1975年毕业于四川省川剧学校，1980年10月至1989年6月筠连县文化馆工作，1998年6月至今在筠连县图书馆工作，2005年1月至2012年12月任筠连县图书馆馆长。

未来展望

筠连县图书馆根据自身特点，立足筠连，服务筠连。继续开展数字图书馆、数字博物馆规划。进一步加强地方文献的收集整理工作，建立好地方文献书籍编目数据库。完善自身单体服务功能，扩大服务辐射区域，带动地区事业发展，并争取早日评上国家二级图书馆。

联系方式

地　址：四川省筠连县学士路
邮　编：645250
联系人：文 婧

宜宾市南溪区图书馆

概述

南溪县人民政府批准建立的，当时建制未单列，与文化馆一套人员开展工作；1989年省、县财政拨款在县城文化路东段14号修建图书馆一幢三层办公楼和职工宿舍。办公楼面积620平方米，职工宿舍8套，面积600平方米，设图书外借室、报刊阅览室、藏书室和古籍保管室，仍与文化馆一套人员开展工作；2003年，为适应时代需要，加强图书馆建设，根据省、市要求，经县编委批准，县图书馆建设单列与文化馆分离。人员编制4人，其中大专学历2人，中专1人，高中1人，馆员职称1人，助理馆员职称2人，内设图书外借室、成人报刊阅览室、少儿阅览室、电子阅览室、藏书室、采编室、古籍保护室、办公室。实行全员聘用合同制岗位目标管理，常年开展送书下乡、图书馆服务宣传周、读书交流、座谈、讲座、培训等活动、帮助乡镇文化站图书室建设和业务辅导工作。

业务建设

近年来，区委、区政府高度重视图书馆事业，把图书馆建设作为区域文化事业发展的重要内容，纳入了全区社会经济发展总体规划，同经济工作同安排、同部署、同落实、同考核，使我区图书馆工作有了长足发展。特别是“十一五”以来，区委区政府更加重视，采取超常举措，在滨江新城建设南溪区文体活动中心，其中建设了3800㎡的新图书馆，预计今年年底前将正式投入使用，届时将彻底解决我馆馆舍狭小等问题。随着区域经济的快速发展，区财政对图书馆事业建设的投入也在不断增加。目前馆舍面积800㎡。阅览室座席60座；少儿阅览室座席30座；馆内现有各类图书架20个，资料柜4个，各类阅览架10组，报架6个，图书总藏量达到9万多册。图书馆现有职工4名，大专以上学历的2人，中专学历的1人，高中1人；馆员1人、助理馆员3人。图书馆实行财政全额拨款，2010年区财政拨付31.63万元，2011年预算拨付48.82万元，2012年预算拨付59.23万元，2013年预算拨款69万元，拨给专项购书费从2万元增加到6万元。从2009年开始，对馆藏线装古籍开始抢救保护，已修复古籍200多册，拓片10张，添置樟木书柜20个，在古籍线装保护方面近年来财政投入资金60多万元。

读者服务工作

2010年以来，我们把读者服务、读者活动、对外宣传、业务研究和对基层的辅导作为重中之重，狠抓了落实工作，取得了较好成绩。一是全民读书日、图书月活动，举办各类读者活动，开展专题读者活动5次。二是利用广播、报刊、宣传资料等媒体进行了广泛宣传，提高群众知晓率。三是发挥图书馆社会教育职能，深入区级部门、乡镇村社举办各类知识讲座4场次，听众达500多名。同时我们下基层开展共享工程基层网点技术培训工作5次，培训基层网点信息员20人次，下基层文化站指导培训3次，协助指导基层站点分类、编目、上架图书8000多册，举办农家书屋管理培训5次，参训318人次，指导并实施农家书屋图书分类、编目、上架图书322300多册。四是进一步办好建在县城人流集中的文化广场的固定性群众阅报栏，安排专人管理，每天定时更换，新报上栏后吸引了众多读者，每天阅报读者达500人次以上，受到社会各界好评。五是坚持全日制和双休日开馆，严格保证每周56小时对外服务，热情接待读者；开架书刊占馆藏总量80%，年外借5882册次，年流动4620人次，采取多种形式宣传推荐书刊500种以上，解答咨询400余条，年检索课题10项；设立馆外读者服务点3个，定期送书上门服务，每年开展读者活动6次以上，举办读书讲座、报告5次以上。

管理工作

区图书馆把干好本职工作、促进事业发展、服务社会大众作为重要任务，在管理上求规范，气氛上求和谐，作风上求垂范，服务上求实效，全馆上下团结拼搏，自我加压，开拓创新，出现了干实事、求实效的工作局面。

1、坚持实行全员聘用合同制管理，岗位目标、职责明确，物质、财务、文书档案、统计等比较规范，环境卫生、消防安全符合相关部门达标标准，未出现任何事故和违章违规事件。

2、积极开展三个文明建设活动，自觉结合工作实际深入开展创建活动，协调配合参与社区和全区的一系列创建活动，受到区委、区政府、主管局、社区和广大读者的好评，连续荣获区先进单位、文明单位、优秀单位等称号。

3、加强内部管理和制度建设，建立健全了学习制度、培

南溪区图书馆

图书室

4.23世界读书日宣传

服务宣传周活动

文化专干培训

6.1有奖猜谜

读书日

农家书屋培训

训制度、工作制度、考勤制度、服务准则和绩效考核制度。特别是为提高专业人员业务水平，积极参加省、市举办的图书专业技术培训和继续教育学习，在古籍线装书专业培训方面，将所学知识与馆藏古籍保护相结合，收到了较好的效果。

馆领导介绍

杨岚，女，1979年1月生，大专学历，馆长。1997年6月参加工作，历任宜宾市南溪县文体旅游局文化股股长，2007年7月任宜宾市南溪区图书馆馆长。宜宾市图书馆学会会员。

未来展望

1、充分利用迁新馆的机会，积极加强图书馆电子阅览室业务建设，走自动化、网络化发展道路，努力实现文化信息资源共享共建，充分发挥图书馆在经济建设、社会进步中的重要作用。

2、以人为本，进一步树立读者第一的服务理念，以有限的资源、无限的服务为办馆宗旨，不断创新服务方式，最大限度地发挥公共图书馆的社会功能。

3、积极争取上级支持，解决人员编制紧缺问题，保障我馆内部基本功能部门设置的到位和完善。在人员到位的前提下采取送出去、请进来的办法，培养优秀人才，为事业的发展作好人才保障。

4、加强馆际协作和学术研究，提高我馆工作人员的学术水平和工作能力，增强图书馆服务手段的科技含量，力争传统方式和高新技术的统一，努力塑造图书馆的良好形象，把图书馆办成人民群众的终身学校。

联系方式

地　址：宜宾市南溪区南溪镇文化路
邮　编：644100
联系人：李　燕

杂志阅览室

少儿图书室

开江县图书馆

概述

开江县图书馆建于民国34年，即1945年，建国后成为开江县文化馆的一部分，1977年12月从文化馆中分离出来，独立建馆。现馆址位于开江县新宁镇龙门街154号，馆舍建筑面积1087平方米，阅览室座席203座，有计算机60台，光纤接入4M，并建成图书自动化管理系统。开江县图书馆在第三次图书馆评估定级中被评为国家三级图书馆，第四次和第五次均顺利被评为国家三级图书馆。

业务建设

截止2012年底，开江省图书馆总藏量37645册（件），其中，纸质文献35830册（件），电子图书260册，书架656米长。开江县图书馆2012年订购报刊30种，订购图书约2800册。开江县图书馆内设有电子阅览室、报刊阅览室、综合阅览室、少儿阅览室、盲人阅览区、多媒体视听室和资料室等多个服务窗口。

开江县图书馆已建成全国文化信息资源共享工程县支中心一个，乡镇基层服务站7个，村级服务站20个。

开江县图书馆大力开展地方文献资料的征集工作，2009至2012年共征集地方文献140余种。积极开展古籍普查和征集工作，三年来已完成全县范围内的古籍资料普查任务，并对全部古籍资料进行登记造册、拍照留存。

读者服务工作

从2010年起，开江县图书馆已实现免费开放，全年365天每天免费开放，每周开放时间不少于56小时。2012书刊总流通63051人次，书刊外借15100册次。

2012年，开江县图书馆共举办讲座、展览、培训、阅读推广等读者活动19场次，参与人数1140人次。举办培训班2次，培训人次55。

开江县图书馆已开通政府信息公开查询服务，免费为读者提供相关信息。

业务研究、辅导、协作协调

2009—2012年，开江县图书馆职工发表论文5篇，心得感想32篇，新闻报道12篇。开江县图书馆长年开展辅导培训工作，定期为中小学校培训图书管理人员，为全县各农家书屋和社区书屋培训管理人员。开江县图书馆与国家图书馆签定有图书编目协作协议书，实行联合编目。开江县图书馆经常向四川省图书馆学习图书编目和中控室管理等技术和方法。

管理工作

2012年，开江县图书馆完成全员岗位聘任。本单位职工共10人，中级以上岗位聘任6人，初级岗位聘任4人。本单位学习风气浓厚，职工均利用业务时间主动学习，提升自己。目前本馆已取得大学本科文凭的有6人，专科文凭的4人。

表彰、奖励情况

2009—2012年，开江县图书馆共获得各种表彰、奖励10次，其中，市级表彰、奖励4次，县级表彰、奖励6次。

馆领导介绍

肖飒，女，1972年10月生，大学学历，职称馆员，馆长。1991年参加工作，曾在开江县示范幼儿园和开江县文物管理所工作，2010年任开江县图书馆副馆长，2011年任开江县图书馆馆长，全面负责图书馆工作。

未来展望

开江县图书馆将在一年内完成馆舍的维修、装修、办公设备添置和监控设备的安装工作，并启动数字图书馆的建设，正式建成并开通开江县图书馆网站。三年内建成覆盖全县的文化信息资源共享工程服务网点，含乡镇服务点20余个和村级服务点194个，实现共享工程的100%全覆盖。购置流动服务车，开展全县范围内的图书流动服务工作。五年内启动开江县图书馆的新馆建设工作，新馆将按照国家一级图书馆标准设计建设。

联系方式

地　址：开江县新宁镇龙门街154号
邮　编：636250
联系人：肖　飒

珙县图书馆

概述

珙县图书馆位于珙县中坝巡芙线，占地面积6700平方米，建筑面积2909平方米，建筑总投资520万元。2009年5月13日开馆服务。珙县图书馆的定位是以数字图书馆为基础，融合传统图书馆功能的现代城市中心图书馆。采用开放灵活的藏、借、阅、查、展一体的新型服务模式，除了特定或特殊的文献外，藏书全部对读者开放。现有工作人员6人，其中大专以上学历的5人。中级职称1人，初级职称3人，技术工人1人，职员1人。珙县图书馆有阅览座位300个，网络节点100个，设有文化信息资源共享工程珙县支中心、流动图书馆、外借室、期刊室、少儿室、资料室等服务窗口近10个，每周开放56小时以上，开展外借、阅览、参考咨询、电子信息等服务，举办讲座、培训、展览、送文化下乡等活动。

业务建设

珙县图书馆现有馆藏文献总量8.5万多册。其中，期刊1.5万册，报纸1.5万册，流通图书5.5万册，收集地方文献2000多册。馆内设有外借室、报刊阅览室、典藏室、地方文献室、少儿阅览室、信息咨询室等对外服务部门。还开展书刊外借流通、馆内阅览、电子阅览、参考咨询、培训辅导等服务，始终坚持"以人为本，读者至上，服务第一"的宗旨，为读者提供全方位的优质服务。

读者服务工作

1、强化员工内涵素质

强化员工内涵素质，这是做好读者服务的前提。在政治思想上：我馆工作人员不断的加强思想素质教育，热爱图书馆事业，有事业心、责任感和团结协作精神，坚持"读者第一、服务至上"的宗旨，树立全心全意为读者服务的思想，以主动热情的态度为读者提供优质服务。在业务技能方面：工作人员就有关新书上架和图书借阅等系列管理工作和图书加工、分类、登记、编目、上架、借阅等业务工作十分熟练。此外，图书馆的工作者还努力与其他馆积极交流，不断吸取经验，提升自己，更好的服务读者。

2、营造良好的阅读环境

2011年，珙县图书馆斥资20万元，彻底更换馆内所有旧设备，新的的钢制书架、密集架、实木阅览桌椅、古色古香的樟木书柜让馆貌焕然一新；强有力的文化软实力打造、各室内空调开放，为读者创设了良好的阅读环境。

3、提供全方位服务

珙县图书馆自2011年6月起实行"五加一"轮班工作制度。2012年从8月起，图书馆又将"五加一"提升为"五加二"，真正实现了图书馆免费开放全日制服务。自周末免费开放以来，读者人数剧增，图书馆变成了广大读者学习充电、避暑御寒、休息放松的好地方。

4、抓好活动的开展。

读书活动：每年都举办各类公益知识讲座，邀请市、县知名学者任主讲嘉宾，以寓教于乐的方式传播先进文化。每年举办"4·23世界读书日"征文、演讲等系列活动，鼓励广大读者踊跃投稿，提高文学素养和水平。不定期举办读书演讲比赛，引导读者多读书、读好书，提高演讲水平。不定期举办评选优秀读者活动。让读者自己投票，选出好学上进的读者。经常性举办各类读书活动，彰显图书馆的魅力。图书馆经常举办知识讲座，征文比赛、图片展览、谜语竞猜、演讲比赛等读书活动。还针对学生、军人平时到馆借阅不便的问题，在抓好阵地服务同时积极开展流动服务，自2011年至今，珙县图书馆与军营、学校共建流动图书室9个，并向共建单位授牌，将图书及图书管理权交给共建单位，定期更换，以此满足各层次人群的借阅需求，实现图书馆与读者的互动，充分展示图书馆的魅力。

宣传周活动：为了让更多的读者知道图书馆全日制免费开放消息，图书馆通过手机短信群发，把印有免费开放时间、内容、项目等的宣传单在公交车、学校、街道等人群集中地发放，在平面媒体、网络媒体集中宣传等多种形式，多渠道、全方位扩大群众知晓率。每年都举办图书馆服务宣传周活动，主要项目有图片展览、知识讲座、谜语竞猜、读者座谈会、送书送电影到军营、社区等基层单位等活动，扩大了图书馆的社会影响。

送书下乡：为促进社会主义新农村建设，满足基层人民群众的求知欲，每年都开展送书下乡活动，并在今年的全民阅读活动中，我馆依托县内"一馆两屋"（县图书馆，262个农家书屋、33个社区书屋）两级平台建设，大力开展系列赠书、读书活动，每年组织一万余册图书送到农村基层图书室，供基层人民群众借阅，并对书屋进行管理和业务指导，每年举办农家书屋管理员培训和演讲比赛等活动。通过系列主题读书活动、阅读征文比赛活动、社区（农家书屋）管理员培训等方式，在广大干部群众中积极倡导读书活动，培养读书习惯，营造良好读书氛围，为加快"文化名县"建设，大力推进珙县文化大繁荣、大发展，推动学习型社会建设，为实现全县经济社会又好又快发展提供精神动力和智力支持。

学术、科研成果及获奖

2001年，珙县图书馆被市图书馆评为先进位；2002年，珙县图书馆被县文化局评为先进单位；2003年，图书馆被县文化局评为先进单位。2004年，珙县图书馆被县文化局评为先进单位；2008年，珙县图书馆被宜宾市文化局评为送文化下乡先进单位；2009年珙县图书馆被国防时报西部经济周刊评为先进单位；2010年，珙县图书馆被文化部评定为国家三级图书馆。

馆领导及馆属部门负责人简介

馆长：魏昕，女，助理馆员。

副馆长：谭敏，女，助理馆员。

未来展望

在当今信息社会的条件下，珙县图书馆一定会在知识经济时代发挥重要的地区信息枢纽和精神文明建设基地的重要作用，成为知识信息的集散地，市民终身教育的学校，珙县地方文献的宝库，图书馆的中枢，高雅的文化休闲场所。待珙县图书馆新馆建成并投入使用后，将成为珙县集文化、科技、信息传播、保存文化遗产、开展社会主义核心价值观宣传教育、展示改革开放成就为一体的综合性公共图书馆，成为该县群众读书学习的文化、科技、教育、信息、服务和交流中心，为县域经济建设和社会发展发挥重要的作用。

联系方式

地　址：珙县图书馆
邮　编：644500
馆　长：魏 昕

兴文县图书馆

概述

兴文县图书馆成立于2004年7月，2005年8月正式对外开放，是我县唯一的县级公共图书馆。馆址位于兴文县古宋镇香山西路520号影视中心七楼和五楼。建筑面积大约1000平方米，藏书容10.5万册，可容纳读者座位200个。2010年，参加第四次全国公共图书馆评估，首次获得三级图书馆。其中五楼电子阅览室建筑面积200平方米，有阅览坐席24个，计算机26台，宽带接入20Mbps，于2013年7月正式对外开放。

业务建设

现有规范分类登记上架的馆藏10.5万余册（其中纸质图书65000余下册，电子书籍40000册）。订报刊杂志140余种，地方文献阅览室内有反映我县地方特色的书籍、光碟、记录等1000余份，建好并正式投入使用的文化信息资源共享工程支中心电子阅览室有电脑26台（工作用2台），能同时保证24人查找资料、观看光碟等，机房。播放光碟1000余张。多功能播放厅有一套齐全的投影播放设备（投影仪、大屏幕、音箱）、座椅35个。乡村基层点15个（每个乡镇1个）。

读者服务工作

按照各级文化部门要求，扎扎实实地做好免费开放服务工作，确保读者无障碍、零门槛进入图书馆。

一、加强馆内设备设施建设，进一步丰富馆藏。为使到馆读者有一个较好的阅读环境，我馆更新了一批办公设备，为读者查阅、复印打印资料服务。同时新购了一批图书，增订了报刊、杂志的种类和数量。

二、提高服务质量。一是采取每天打扫、每周五进行卫生大扫除的方式保证阅览室、藏书室的整洁，保持读者有一个整洁、舒适的阅读环境。每天下午整理馆藏图书，确保藏书室书架上的图书摆放规范，便于读者查找。二是在免费办理借阅卡的基础上，简化办卡程序。三是对所有到馆群众笑脸相迎，帮助其复印、查找所需资料、书籍，尽可能提供帮助。

三、抓好活动的开展。一是广泛开展宣传活动。通过在电视上打游动字幕、悬挂跨街标语等方式进行免费开放宣传。二是举办新春文化大拜年、文化年货送给您活动。去年和今年除夕前夕和大年初一那天，我馆在县城文化体育广场和县政府门口举办了设置有谜语竞猜、经典诗词接龙、二龙抢宝、心有灵犀、踩气球、团结一心、金蛇顶宝、小猫钓鱼、脑经急转弯等益智游戏项目的新春益智游园活动和现场赠送图书借阅卡、春联等活动，为传统的新年增添了更多浓浓的喜庆气氛。同时增加了图书馆与读者之间的沟通和交流，增强了图书馆的吸引力。三是举办“播撒阅读的种子服务公共文化”世界读书日主题活动。4月23日是第十七个“世界读书日”，当天上午，县图书馆在影视中心大楼前举行现场办理借阅卡、赠送图书和开展《公民道德图片展》等宣传活动，深受广大读者欢迎。活动共接待前来参观图片展的读者600余人，办理图书借阅卡100余个，赠送各类图书200多册，解答读者咨询40多条。四是配合县妇联举办“闻书识女人”主题读书活动，进一步提升全县妇女同胞的素养和品位，使其在各行各业中更好地发挥半边天的作用。五是在八一建军节选择适合官兵阅读的图书600多册送到县武警中队，通过工作人员现场对图书进行分类、编目、上架等工作，建好兴文县流动图书馆县武警中队点，进一步满足官兵阅读需求。近期还将在特殊教育学校建立流动图书馆，方便全县特殊儿童借阅图书，丰富特殊儿童精神生活。

四、在十八大胜利召开之际开展喜迎十八大系列活动。一是在十八大召开之前精心选购十万余元（五千余册）图书充实更新馆藏图书，更好地满足广大群众阅读需求。并且通过在电视上打游动字幕、在图书馆设置新书推荐和举办优秀读物展示等让广大群众知晓。二是在十八大召开之际举办喜迎十八大图片展暨优秀读物展。三是组织到馆读者集中收看十八大开幕式。四在全县深入学习贯彻十八大会议期间开展“书香石海、魅力兴文”图书进机关、企业、社区、学校、警营、乡村六进活动，该活动已经在县委办、县政府办、县人大、县政协等18个单位全面铺开，今年春节上班开始，我馆已经与各共建单位联系，做好了图书的更换。各单位也纷纷抓好图书的借阅和管理，全县逐步掀起全民阅读高潮。

参加县上组织的“四下乡”活动

2014年在百家渡广场建立广场书吧

组织农家书屋管理员培训

电子阅览室对外开放

大坝高装文化节上展出本土作家书籍

业务研究、辅导、协作协调

一、搞好培训。通过参加上级举办的培训进一步提升本馆工作；通过实地相关业务培训指导各乡镇各农家书屋的管理和开放。三月中旬派出三名同志参加了在宜宾举办的四川省公共图书馆数字化建设培训。11月中旬，带领全县15个乡镇农家书屋管理人员参加全市农家书屋管理员培训，还利用休息时间组织参会人员就书屋的开放和管理进行讨论。组织职工分别到麒麟苗族乡海纳沟村、大河苗族乡大关村等进行农家书屋业务培训。目前又派出一名同志参加省上组织的公共图书馆评估定级培训。

二、搞好文化信息资源共享工程县级支中心建设。一是搞好文化信息资源共享工程县级支中心的设计及预算，经过主管局向政府请示，解决好资金问题。二是搞好工程承建商家的遴选。三是请市图书馆相关人员到现场进行指导。四是抓好装修现场的监督、管理和验收。五是搞好空调的安装和宽带的接入，建好乡镇基层点，并和上级中心联网，实现了乡镇、县、市、省联网的大格局。现在所有工作基本完成，正在进入试运行阶段。

三、继续抓好农家书屋建设工作。一是深入乡镇村，认真对乡镇综合文化站、农家书屋基层图书室进行辅导，二是参加全省农家书屋信息核报培训，圆满完成信息核报工作。三是到大坝苗族乡、麒麟苗族乡中心文化站亲自整理农家书屋，搞好图书的分类、编目、上架等，迎接省上、市上领导对文化工作的检查。四是带领全县15个乡镇农家书屋管理员参加全市农家书屋管理员培训。五是向高书记提供系列关于农家书屋的资料上报市局。

管理工作

2009年，图书馆完成第一次全员岗位聘任，本次聘任共设6类岗位，有6人重新上岗，同时，建立了工作量化考核指标体系，每月进行工作进度通报，每半年和全年进行总体工作考核。2009–2012年，共抽查文献排架32次，书目数据6次，编写《工作信息简报》115期，撰写专项调研、分析报告和工作提案4篇，编写各部门工作进度通报4篇。

表彰、奖励情况

2009–2012年，图书馆共获得各种表彰8次。

馆领导介绍

魏明容，女，1973年2月生，大专学历，中共党员，助理馆员，馆长。1991年8月参加工作，历任兴文县仙峰小学教师、兴文县文体局办公室主任等，2005年调入图书馆工作，2013年8月任兴文县图书馆馆长。

张鹏，男，1960年10月生，专科学历，助理馆员，文化信息工程兴文县支中心主任。1978年7月参加工作，历任兴文县文教局文化股馆长、图书馆馆长等。

刘加，女，1966年7月生，专科学历，助理馆员，财务主任。1985年8月参加工作，2005年1月调到图书馆工作，先后在阅览室、办公室、财务室历工作，任副主任、主任等职。

孙露，女，1984年3月生，大学本科学历。2010年8月掉到图书馆工作，先后在阅览室、办公室等部门工作，任副主任、主任等职。

未来展望

兴文县图书馆遵循“读者至上、服务第一”的办馆方针。2014年，兴文县图书馆新建工程已经在光明新城开发区正式启动，预计2006年正式投入使用，建成后的新馆共计2000多平方米，之前这个图书馆保留不动，新馆和老馆一共3000多平方米。新馆内除了能同时容纳上千人阅读，还将特别建有盲人阅览室、苗族阅览室。

联系方式

地　址：兴文县古宋镇香山西路520号
邮　编：644400
联系人：魏明容

大力开展图书六进活动

开展流动服务

全民读书日

九寨沟县图书馆

概述

解放前南坪无图书发行业务，政府公教人员需要图书时，大多托人从外地购回。1953年南坪建县，南坪县人民政府下设文教科管理教育文化事业，南坪县文化馆建于1955年，馆址在城关镇上街楼子，占地60平方米，内设图书室。1998年6月更名为九寨沟县。

我县图书馆位于新城区九寨沟中学对面新华书店二楼，设有图书阅览室，少儿阅览室，现被定级为国家三级馆。我县图书馆健立健全了各项管理制度，借阅制度。2013年，我县的图书馆阅览室位于老城区十字街口新华书店三楼，由于位置较为隐蔽、周边人口少，全年借阅量达500人次。2014年，为了满足全县更多的群众，特将老城区十（二）公共图书馆。

建设情况

我县图书馆位于新城区九寨沟中学对面新华书店二楼，设有图书阅览室，少儿阅览室，现被定级为国家三级馆。我县图书馆健立健全了各项管理制度，借阅制度。2013年，我县的图书馆阅览室位于老城区十字街口新华书店三楼，由于位置较为隐蔽、周边人口少，全年借阅量达500人次。2014年，为了满足全县更多的群众，特将老城区十字街口的图书阅览室搬迁至新城区九寨沟县中学对面新华书店二楼。图书馆藏书量有1600余册，供全县老百姓免费阅读，借书量每年达到2000余册。2014年1月到9月我县借阅量达4500人次。十字街口的图书阅览室搬迁至新城区九寨沟县中学对面新华书店二楼。图书馆全年无节假日对外开放，每天开放时间为早上9点至下午6点，图书馆藏书量有1600余册，供全县老百姓免费阅读，借书量每年达到2000余册。2014年1月到9月我县借阅量达4500人次。

九寨沟县图书馆以建设现代化、数字化图书馆为发展目标，今后将利用先进的计算机技术和数字信息系统，开展各种图书服务活动，提高广大人民群众整体素质，为推动青阳经济发展提供智力支持，实现科技和文化的完美结合，努力把图书馆办成知识信息中心，文化教育中心，成为重要的知识信息枢纽和三个文明建设的重要窗口。

联系方式

地　址：九寨沟县政务中心8号楼
邮　编：623400
联系人：殷桂荣

汶川县图书馆

概述

2008年5.12地震发生后，汶川县图书馆遭遇重创，馆室建筑损毁严重。在各级人民政府和国内外同胞的关爱和支援下，汶川县图书馆汶川羌族图书馆由原来陈旧、老化、面积仅894.08平方米的一个小阅览室变成了一座建筑面积达2126平方米的亮丽、全新的图书馆。汶川县图书馆汶川羌族图书馆实行两块牌子，一套班子，人员编制7名，现在职职工7名，其中持大专以上文凭3人，中级职称以上4人。图书馆共两层，一楼设有多媒体阅览室、电子阅览室、书库，其中多媒体阅览室：有座位60个；电子阅览室：有座位30个；二楼设报刊杂志阅览区、休闲区、地方文献室、会议室、办公室、少儿活动室，其中成人阅览区：有座位54个；少儿阅览区：有座位60个；休闲区：有座位30个；地方文献室：有座位9个。

业务建设

截止2012年底，汶川县图书馆藏书39988册，其中电子图书1万册。2012年购买的报刊种类201种，新购藏量56种。

读者服务工作

1、满足读者需求，保障开放时间。图书馆在工作人员紧缺的情况下，努力克服一切困难，坚持保证每天开馆11.5个小时，从早上8：30到晚上8：00，全年无休，以方便读者到馆借阅。2014年共接待读者51248人次，外借书刊26584册。

2、为了发挥图书馆的公益性，发挥馆藏书刊资源的作用，汶川图书馆创新服务，策划并实施了在县城西羌文化街设置公益性书报箱，由图书馆定期进行报刊投放和调换。在县财政局国有资产管理股及羌禹投资公司的大力支持下，完成了公益书报箱的制作和安放，从4月起在2012年我馆已经定期投放书报76次，合计6518册。供当地读者和到汶川旅游的公众阅读，阅览人次约2万余人。将图书馆内的小阅览室为面向社会，面向公众服务的大阅览室，得到了广大群众的一致好评。

3、利用图书馆的教育职能，面向社会公众开展图书馆宣传教育活动。2012年共举办培训、讲座、阅读推广活动等31次，共计1830人次。

4、继续对重要馆刊《读书顾问》、《农村种植养殖技术与信息》的编辑、印发等各项工作。及时将每一期的《农村种植养殖技术与信息》发送到各乡镇的专业大户手中。一些乡镇在开展为三农服务中也利用汶川县图书馆提供的资料开展服务。

业务研究、辅导、协作协调

汶川县图书馆在2012年与全国图书馆联合编目中心（四川分中心）签订了联合编目协议，成为了国家图书馆全国图书馆联合编目中心成员馆。

每年对全县117个农家书屋进行业务辅导。

从2011年开始，汶川县图书馆接收广东中山大学志愿者到馆开展志愿者服务工作。

管理工作

汶川县图书馆人员编制7名，现在职职工7名，其中持大专以上文凭3人，中级职称以上4人。每半年和全年对职工进行综合考核。

表彰、奖励情况

从2009年—2012年，汶川县图书馆共获得各种表彰、奖励共5次。其中中央四部委表彰、奖励1次，其他表彰、奖励4次。

未来展望

在多年的免费开放工作中，汶川图书馆努力找准自己的位置，充分发挥图书馆公益服务作用，让当地群众能充分享受到国家公共文化服务的成果。在今后的工作中，将继续坚持良好的工作作风，努力提高服务及业务水平，让汶川县图书馆和汶川羌族图书馆事业更上一层楼。

联系方式

地　址：四川省阿坝州汶川县威州镇较场街
邮　编：623000
联系人：王晓岚

第五次评估定级

农家书屋业务辅导

宣传周活动

成人阅览区

宁南县图书馆

概述

宁南县图书馆于2010年1月14日建立，位于文化大楼底层，占地面积800多平方米。馆内设有藏书区、外借区、期刊报纸阅览区、少儿阅览区、普通阅览区、精品阅览区、电子阅览区及地方文献区、捐赠图书陈列区，环境温馨，书香浓郁，是宁南县唯一免费开放的综合性国家公共图书馆。2012年初图书馆实施扩建增设，新增阅览室近300平方米，同时新增了大量的设备设施，极大地满足了读者的阅读需要。

2013年初，宁南县图书馆有阅览坐席78个，计算机20台，信息节点17个，宽带接入4Mbps，拥有图书馆自动化管理系统。

自动化建设是我馆目前较薄弱的环节，由于经费原因，目前只使用了编目和图书流通两个子系统，馆内无线网络全面覆盖，无图书馆网站。我们将努力争取经费，将我馆这一空白尽快补充完善。

业务建设

截止2012年底，我馆藏书总量接近5万册，期刊报纸180种，约2160册。

目前我馆无电子文献藏量，今后会努力争取经费，将我馆这一空白尽快补充完善。

自开馆以来，县委、县政府高度重视图书馆事业，把图书馆建设作为县域文化事业发展的重要内容，纳入了全县社会经济发展总体规划，同经济工作同安排、同部署、同落实、同考核，使我县图书馆工作有了长足发展。县委书记多次带领四大班子领导到局、图书馆调研，研究解决馆舍、办公、购书经费等问题。2011年、2012年中央财政和地方配套的免费开放经费20万元都已到位，从开馆起，我馆在全州率先实现基本服务项目全部免费，实现了全面公益化。2010年，县委、县政府决定，除其它临时性拨款外，县财政每年拨款12万元用于购置图书，其中2万元用于订购期刊报纸，实行购书经费单列，财政拨款达到了119.3万元。2013年，财政已下拔15万元图书购置费。局机关也是把图书馆建设摆上重要议事日程，一把手亲自安排部署，分管领导主抓，保证了图书馆的正常运行和业务工作的正常开展。

开馆以来我馆图书年入藏量年平均2200种，报刊180种，视听文献20种。

我馆为了规范管理，确定收藏方向，制定有采访计划和图书分类编目细则，设立了图书年入库分类统计表，并设立“读者好书意见征求簿”优先采购，第一时间满足读者阅读需求。我馆属于县级公共图书馆，因而其藏书以普及型大众读物为主。由于所属少数民族地区，具有一定的地方性，因而在藏书建设中除注意收集具有综合性、普及性、实用性的大众读物外，坚持在地方文献收集、管理、利用上做了大量工作，使藏书具有一定的地方特色。对于地方文献一直有专人、专柜、专门目录管理。

我馆很重视地方文献的收集，设本土文艺刊物“《鹤舞金沙》”专区，让社会各界更好的了解宁南的发展史。

2013年年初，实现馆内802.11N无线网络覆盖。

2011年8月，宁南县图书馆被确立为凉山州县市文化资源共享信息工程支中心，2012年6月主体功能区改造完成，并购置了相应的办公设备，支中心内设中控室、资源采集室、电子阅览室，多功能多媒体室。并派专人学习了业务知识，等安装人员装备完成后，我们将第一时间为广大群众免费开放。

读者服务工作

从2010年1月14日开馆起，我馆率先实现基本服务项目全部免费，实现了全面公益化，走在了免费开放的前列。图书、期刊、报纸免费借阅；地方文献免费查询；电子阅览室免费使用；政府信息免费查询。免收图书借阅证工本费和图书逾期滞纳金，免费为读者提供摘抄纸笔、饮用水等服务。实行无障碍、零门槛进入，这一惠民举措吸引不少县民走进图书馆重拾书本。由于馆舍小，经费有限，我馆尚未建立盲人阅览室，我们将积极争取经费，不断完善设置。

在读者服务工作中，我馆长期坚持“一切为了读者”的办馆宗旨，任何来馆阅览、借阅、查文献的读者都会得到我们的热情周到的服务，全年365天除春节3天外，其余全天侯免费开放，日均接待读者200余人次，累计外借量近12万册。我馆报纸、期刊、图书实行全开架。上网查询资料实行全免费服务。

为了更好的宣传馆藏文献资源，引导大众乐于走进图书馆，利用图书馆，我馆通过多种途径宣传“4.23世界读书日”，“服务宣传周活动”，“全民读书活动”，在馆舍内外以大幅标语、展板、名人名言条幅等形式渲染气氛，向读者发放宣传单宣传优秀书刊。并通过宁南电视台、宁南公众信息网等媒体的协助，大力宣传图书馆系列活动，大大提高了广大群众对图书馆服务的认识。

图书馆正门

2013书香润人活动启动仪式

好书共享展览

精品书推荐

精品阅览区

电子阅览区

为使阅读更加方便，我馆始终坚持以人为本，免费为读者提供老花镜，为老人阅读提供了方便；免费为青少年儿童提供上网查阅资料、青少年应读书目推荐服务，让其有目的地读好书。

在做好普通服务的前提下，我馆开展了形式多样的“送书下乡”，“送科技下乡”的社会教育活动，累计送书达4690余册。我馆每年根据读者的借阅量、读书质量、反馈情况等开展四次季度“优秀读者”、“最佳借阅者”、“最佳阅览者”评选活动，并为获奖者颁发精美纪念品，获奖读者已达252名。

由于资源有限2012年总计组织各类活动6次，服务读者3500人次，今后将更加努力。

业务研究、辅导、协作协调

我馆十分重视馆际交流，学习其他先进馆科学管理方法，多次去州图书馆，西昌市图书馆学习科学管理办法，交流办馆经验。每年都对农家书屋进行业务培训和指导，对125个行政村农家书屋活动的开展给予了极大的支持和帮助。开馆以来一直坚持“送书下乡”活动，累计达4690余册。

我馆重视业务交流，及时向业务主管单位报送工作材料、反馈工作信息等。

管理工作

我馆在抓业务工作的同时，将各项工作进行了系统规范管理。健立健全了各项岗位责任制，加强了馆内文秘档案规范、财务制度执行、统计工作、设备物资、防火防盗、环境美化等工作管理；抓好劳动工资管理工作。为了适应形式的发展，更好的服务于读者，我馆十分重视图书馆员的岗位培训和继续教育工作。多年来我馆在经费紧张的情况下，每年都派出专业技术人员参加各种业务知识培训班的学习。我馆十分重视业务交流和研究近年来有2名同志多次在《川图导报》、《四川日报》、《凉山日报》发表了文章数篇。

表彰、奖励情况

我馆在安全工作中从未发生重特大事故，2010年4月荣获凉山州图书馆学会“先进集体”，激发了图书馆员的工作热情。

馆领导介绍

张静，女，1987年8月生，本科学历，中共党员，馆长。2011年8月到宁南县图书馆参加工作。2013年3月任宁南县图书馆馆长。

未来展望

宁南图书馆遵循“一切为了读者”的办馆宗旨，力求打破传统服务理念，开展创新服务，延伸服务模式，把图书馆办到老百姓的家门口，努力建设图书馆城乡一体化。2010—2012年，在不断强化自身综合实力的同时，通过建立起以县图书馆为中心，8个社区书屋、25个乡镇图书室和125个农家书屋为覆盖面的读书网，实现了县、乡、村三级读书全覆盖。由于现有繁荣图书馆馆舍狭小，根本无法满足日益增长的读者的阅读需求和人们的精神文化需要，到馆读者多馆舍面积狭小极易诱发安全问题，为此急需加强文化基础设施特别是我县图书馆建设。在未来的几年里，宁南县图书馆将在宁南县新城区另建一座建筑面积3000平方米的新馆舍。全面建成后的宁南县图书馆，将全面实行计算机管理，严格按照国家一级馆的标准进行逐步打造，并希望利用新馆打造“数字图书馆”建设，更好地发挥图书馆功能，全力向建设“国家一级图书馆”的目标奋斗。

联系方式

地　址：四川省凉山彝族自治州宁南县披砂镇南丝路北延段政务中心3幢1—2层
邮　编：615400
联系人：张　静

优秀读者颁奖活动

暑期征文颁奖现场

图书馆现场办理借阅证

贵阳市图书馆

概述

贵阳市图书馆前身为1963年10月建立的贵阳市文化局阳明祠阅览室。"文革"结束后，1978年7月经市政府批准正式建馆，1979年元旦正式对外借阅图书。1996年12月26日，贵阳市图书馆新馆建成向社会开放，新馆坐落在风景秀美的南明河畔、河滨公园对岸青云路424号。新馆建设，财政投资1700万元，建筑面积10421平方米，内设读者阅览座席570个，读者服务窗口15个、现有员工编制76人，正研究馆员2人，副研究馆员11人，馆员26人，助理馆员及其他33人。

1998年、2004年、2009年、2013年在全国公共图书馆第二、三、四、五次评估中，该馆均获评为"国家一级图书馆（地市级）"。2000年，被人事部、文化部表彰为"全国文化工作先进集体"，同年获得全国知识工程领导小组颁发的"读者喜爱的图书馆"荣誉称号。2006年，荣获"全国公共文化设施管理先进单位"。多年来保持着省、市级文明单位荣誉称号。

业务建设

截止2013年底，贵阳市图书馆总藏量179万余册（件），其中纸质文献87.6万余册（件），电子图书92万册，电子期刊9000余种，电子报纸200余种，包括贵州文史资料数据库、贵州地方志集数据库、贵阳市图书馆特色数据库元数据、特色音频视频数据等总容量达到了28TB。年文献购置费200万元，持证读者33012个，年接待读者约40余万人次。

读者服务工作

从1996年起，贵阳市图书馆全年365天对外免费开放，周开放63小时以上。1993年起，开展馆外流通服务，服务点最多时达42个，至2013年底，我馆设有分馆7个，馆外流通点19个。2009年起，该馆设置读者证卡事务及咨询一站式等服务窗口共15个。2009–2012年，书刊总流通170万余人次，书刊外借120万余册次。2011年3月1日起，实施全免费服务。2012年起，与邮政系统达成战略协作关系，为读者提供电话借书上门服务，同年在图书馆为读者开通免费wifi服务。自1993年以来，贵阳市图书馆编印有《文化信息》、《经济政策信息》、《农业科技文摘》二次文献，2009年又新增了《生态文明建设信息》，并及时将其发放到贵阳各机关企事业和广大农村，供读者阅读参考。

2000年起，贵阳市图书馆馆就开始系统地探索为特殊人群的服务：为残疾人服务。加强馆内无障碍设施建设，确保残疾人读者出入方便；设立专门的盲人及盲人有声读物借阅室，为盲人读者配备专用的电脑、盲文点显器等先进设备；与贵阳南站残联、贵阳市盲聋哑学校、贵阳市盲人按摩所、贵阳按摩医院等签订送书协议，为他们提供送书服务；与贵州省图书馆在省盲人按摩院建立首个盲文图书联合流通点。

为农民工子女服务。每年走进"四方河小学"、"俊英小学"、"晒田坝小学"等农民工子女集中的学校，为他们送去"知识大礼包"和丰富多彩的阅读推广活动，利用网络系统为留守儿童与远在外地打工的父母开展视频通话服务，同时还为农民工回家提供购票服务。

为未成年人服务。(1) 组织书画比赛、板报比赛、作文比赛、传统经典诵读比赛、少年儿童网络知识竞赛，通过比赛激起少儿读者的阅读动机，通过媒体的报道激起更多少儿的参与欲望，对获奖的作品，我馆都将其裱起来挂在通道走廊上进行展示，与悬挂的名人名言交相辉映，既增加了获奖者的荣誉感，又激励了其他少儿读者，对于所有参与者我们都有小礼品保护其参与的积极性。(2) 组织手工制作、才艺展示、情景剧表演、讲故事听故事、有奖猜谜、"书香少年"好书推荐、"书香校园"系列活动、"书香人家"评选活动、"书香伴我成长——关爱流动留守儿童"、"世界图书日"主题活动、社区儿童图书音乐节、图书跳蚤市场、观看科普电影、举办科普活动、科普展览和讲座。(3) 在馆内购置超级IPAD、体感阅读设备，让小朋友在好奇、争先恐后、不知不觉的氛围中快乐地获取了丰富有益的大量知识，同时工作人员还将IPAD等设备带到学校，让同学们体验现代技术给他们带来的阅读乐趣。该馆在"阅读与圆梦——第一届全国图书馆未成年人服务论坛"中，以少儿活动为背景拍摄的活动案例"同享蓝天，共沐书香"荣获中图学会颁发的二等奖；在"2013年社区乡镇阅读推广活动优秀案例征集"活动中，报送的活动案例"书香伴我成长——关爱流动儿童"获得最佳案例奖；在全国少年儿童阅读推广月活动中，获得中国图书馆学会颁发的优秀组织奖。

为老年人服务。引导广大老年人多读书、读好书，丰富他们的退休生活。经常举办"中老年人疾病防治"等讲座，向老年人征集书画、摄影作品，对好的作品裱起来挂在走廊上装饰并展示，免费开展"老年读者电脑培训班"等活动。

为社区居民服务。与省图书馆协作，在云岩、南明两城区设立图书馆小站，让图书、数字资源常住社区，为居民提供便利的公共文化服务。

2007年起，开展"林城读书月"活动，每年都积极参与贵阳市委宣传部主办的"林城读书月"大型活动，开展新书推荐、阅读比赛、阅读推广活动等。"市民文化讲坛"已经成为了广大市民喜爱的讲座品牌，同时利用共享工程丰富的数字资源，每天下午2：30准时为读者播放视频讲座。

在西南地区公共馆中率先开通数字图书馆、移动图书馆，创建了西南地区首家24小时自助图书阅览室，为读者打造视听体验图书馆、微图书馆。

业务研究、辅导、协作协调

2009–2012年，贵阳市图书馆职工发表论文77篇，撰写调研报告7篇，完成课题（项目）20个。

该馆全年每周二上午开展集体政治、业务学习，每年举办馆内业务培训20期以上，对区县馆业务培训5期以上，2009年起建立了贵阳地区公共图书馆QQ群，通过QQ群和电话辅导不计其数。

从2003年起，贵阳市图书馆与区县（市）馆建立了地方文献联合编目和重要文献联合采购机制以及业务培训申请响应机制，2012年起该馆与贵州师范大学、贵州民族大学、贵阳学院、毕节市图书馆以及贵阳地区7个区县（市）馆建立了纸质文献远程代借协调服务；与省图书馆联合建立了贵州省首个盲文图书流通点；在贵州省未成年教养管理所建立了省、市、县三级图书馆合作的联合图书流通点；与贵州民族大学图书馆签订《合作建立人才培养基地》协议；与新东方贵阳学校联合举办以英语四六级考试备考为主题的专题讲座；在驻筑武警、解放军部队和贵州监管系统我馆建立了数个分馆，联合举办多场读书活动；与贵阳广播电视台达成合作协议，合作举办“书香少年”节目；与贵阳市邮政局签署战略合作协议，以建设“书香贵阳”为宗旨，依托邮政网络开展“电话借书”服务。

管理工作

贵阳市图书馆特别注重发挥党支部的领导核心和战斗堡垒作用，注重党员和干部群众的政治、业务学习，重视文化建设，现已形成了广泛的十大意识：使命意识、全局意识、服务意识，问题意识、发展意识、创新意识，效能意识、技术意识、量化意识，行动意识。同时非常重视制度建设，现已实行了公开招聘制和合同聘用制，岗位分配实行竞争上岗制和绩效考核制，并适时修订各项行政和业务规章制度，对全年工作实行目标管理制，对临时出现的任务实现项目管理制。不断完善四个管理机制，分别为“三信机制”（信息—信任—信心）、PDCA工作改进机制、民主集中决策机制和绩效激励机制。此外，该馆还积极加强分散在各个部门的优势资源的横向组合，利用项目管理方法，限定时间、限定人力、限定财力完成项目任务，提高资源的利用率。

表彰、奖励情况

2009年至2012年期间，该馆集体和个人获得上级表彰共32项，其中国务院业务主管部门及省级党委、政府表彰2项，省级业务主管部门、地级党委、政府表彰10项，地市级业务主管部门表彰20项。

馆领导介绍

郭春，男，1972年3月生，大专学历，中共党员，馆员，馆长兼书记，文化信息资源共享工程贵阳市支中心主任。

谭荣，男，1956年6月生，本科学历，中共党员，研究馆员，副馆长。

张华，男，1974年7月生，本科学历，中共党员，副研究馆员，副书记。

杨鸿敏，女，1968年6月生，本科学历，中共党员，研究馆员，副馆长。

田儒会，男，1973年5月生，硕士研究生学历，中共党员，副研究馆员，专职纪检监察员。

未来展望

贵阳市图书馆仍将以科学发展观为统领，在发挥党支部坚强领导核心作用下，在做好基础业务工作的前提下，积极践行开放协作、改革创新的理念，不断调整资源结构、服务结构、渠道结构、活动结构，完善“四多四化”发展模式，即在资源建设上，坚持多媒兼收关联化；在服务上，坚持多元储备互动化；在渠道上，坚持多路连通立体化；在活动上，坚持多维并举确定化。以大力开展读者活动为切入点，变被动为主动，增加我馆的知名度和吸引力，让读者看到、想到、远程访问或来到贵阳市图书馆，在切实为社会大众和广大读者提供公益、均等、便利的基本公共文化服务保障的同时，积极提高贵阳市图书馆各项资源的利用率。

联系方式

地　址：贵阳市青云路424号
邮　编：550001
联系人：田儒会

遵义市图书馆

概述

遵义市图书馆始建于1951年，为全省最早建立的公共图书馆之一。馆址历经"江公祠"（现遵义市第一初级中学）、"天主教堂"（现红军总政治部旧址）、子尹路7号（现红花岗生态公园筹备处）、到新馆址（现遵义市人民政府对面）数度搬迁。新馆于2006年建成，2007年9月28日正式开放。新馆占地面积25000平方米，建筑面积12400平方米，设计藏书容量150册，阅览坐席1000个。拥有计算机103台，信息节点255个，宽带接入100Mbps，使用IlasⅡ图书馆自动化管理系统。建有延伸服务网点59个。现有编制60人，在册在岗52人，大专以上学历达99%，副高以上职称9人，中级职称14人，内设8个中层部室。2009年，参加第四次全国公共图书馆评估，首次获评地（市）级一级馆。

业务建设

截止2012年底，遵义市图书馆总藏量57.23万册（件），其中，纸质文献56.28万册（件），电子文献0.95万种/册。

2009年、2010年，遵义市图书馆新增藏量购置费65万元，2011年起增至100万元。2009–2012年，共入藏中外文图书23503种，70786册，报刊1093种，视听文献1208种。2012年，征集地方文献2000册（件），建有6个专柜及专架。

截止2012年底，遵义市图书馆数字资源总量为12.2TB。启动了《长征文化专题数据库》建设。

2013年初，实现馆内无线网络覆盖。

读者服务工作

从2011年3月1日起，遵义市图书馆全年天天对外免费开放，周开放时间77小时。2009–2012年，共接待读者168万人次，书刊外借91.5万册次。与遵义师院图书馆保持馆际互借协作关系。2012年，共建成延伸服务网点59个，接待读者30万人次，书刊集体流转3万册。从2009年起，增设政府信息公开查阅室，编印《遵图信息》，为"两会"及政府决策提供服务。

2010年，建成开通遵义数字图书馆网站，截止2012年底，访问量超过50万次。作为"全国数字图书馆推广工程"首批试点单位之一，2012年底，完成设备安装调试，2013年初，实现与贵州省数字图书馆VPN专网连接。

2009年–2012年，遵义市图书馆共举办讲座、展览、培训、业务推广等读者活动220场次，参与人数10万。其中"遵义名城大讲堂"共举办25期，被遵义市文体广电局列入遵义市公共文化服务五大品牌之一。

业务研究、辅导、协作协调

2009–2012年，遵义市图书馆职工发表论文48篇，参与省级以上课题3项，完成市级科研项目1项——《遵义市公共图书馆延伸服务长效体制机制研究》入选《遵义市创建国家公共文化服务体系示范区制度设计优秀课题集锦》。

2009–2012年，遵义市图书馆作为"川、滇、黔地（市、州）公共图书馆协作网"的早期成员馆之一，继续参与"中国西部地（市、州）公共图书馆协作网"活动及工作。

2011年5月，遵义市图书馆承办"全国中小型图书馆联合会2011年会"，就中小型公共图书馆的体系建设与可持续发展进行深入研讨，达成广泛共识。

2012年，遵义市图书馆先后二次承办省级业务培训会：即"贵州省2012年文化信息共享工程市、州级师资及遵义片区业务骨干培训会"，全省各市（地、州）图书馆馆长、业务骨干共56人参加了此次培训；"贵州省2012年公共图书馆馆长及业务骨干培训会"，全省地、县两级公共图书馆的馆长和业务骨干150多人参加培训。

2009–2012年，遵义市图书馆共为基层开展业务培训20次。

2009–2012年，遵义市图书馆继续与遵义师院图书馆开展期刊联合编目。

管理工作

2009年，遵义市图书馆完成岗位设置管理工作，实现全员岗位聘任。2011年，开展了新一轮中层干部竞聘上岗。健全完善管理制度，建立了与奖励性绩效工资挂钩的考核指标体系，每月进行工作进度通报，每半年和年终进行总体工作考核。2009–2012年，每月进行一次文献排架和书目抽查，年度提交工作质量报告及调研分析报告。

2009–1012年，遵义市图书馆未发生安全事故及责任事件。

表彰、奖励情况

2009–2012年，遵义市图书馆共获得各种表彰、奖励9次，其中，省级业务主管及相关部门表彰、奖励2次，地市级党委、政府表彰、奖励1次，地市级业务主管部门表彰、奖励3次，其他3次，2014年获人力资源保障部、文化部"全国文化系统先进集体"表彰。

领导介绍

吴喜文，男，1956年12月生，本科学历，中共党员，副研究馆员，馆长、党支部书记。1977年9月参加工作，历任桐梓县多所中小学校长、桐梓县教育局教研员、中共桐梓县委办公室主任、桐梓县委常委宣传部部长，2006年任遵义市图书馆馆长。

杨铭，男，1965年10月出生，本科学历，中共党员，馆员，副馆长、党支部副书记。1986年8月参加工作，1989年5月到遵义市图书馆工作，先后任采编部、技术部主任、馆长助理等职，2013年6月任副馆长。

未来展望

遵义市图书馆坚持以科学发展观为指导，立足遵义经济社会发展实际，紧跟图书馆事业发展潮流，秉承"传承文化，服务社会"的历史责任，坚持"读者第一，服务至上"的宗旨和普遍均等、以人为本的公益性原则，通过进一步加强基础设施建设和业务建设，进一步加强队伍建设，进一步破解"三大难题"（即优质馆藏建设问题、拓展服务领域问题和文化景观建设问题）的途径和措施，努力在5–10年内，做强做大图书馆，即"两强两大"——硬件强、队伍强，大功能、大服务，把遵义市图书馆建成一个集阅读、学习、教育、研究、交流、休闲为一体的开放式公益性服务平台和"社区文化中心"，用新的知识信息、新的科技手段、新的阅读方式，提供多元的人性化服务，让阅读成为一种享受，最大限度地满足市民的精神文化需求，实现服务效益最大化，为构建遵义公共文化服务体系，建设"红色遵义·书香名城"作出新的更大贡献。

联系方式

地　址：遵义市汇川区人民路
邮　编：563000
联系人：杨 伟

毕节市图书馆

概述

毕节市图书馆原为毕节地区图书馆。毕节地区图书馆始建于1992年，位于毕节市中心桂市路，占地9000平方米，建筑面积6400平方米，设计藏书80-100万册，1997年11月正式开馆。毕节市图书馆新馆位于毕节市七星关区碧阳大道，2009年11月动工，2012年10月竣工，建筑面积10675平方米，是一座集阅读、研究、活动、休闲于一体的文化活动场所，是毕节市文献信息中心和精神文明活动阵地。图书馆管理、服务工作全部实行现代化，2013年，参加第五次全国公共图书馆评估定级，评为地级一级馆图书馆。

业务建设

毕节市图书馆有在职人员45人，其中高级职称3人，中级职称24人；大专以上学历43人。设有11个部室。共有18个服务窗口，703个阅览座席，开展外借、阅览、参考咨询、课题研究等服务。现有各类藏书25万册，电子读物15.4万多种，总藏量40.39万多（册）种，拥有15.5T的数字资源；每年通过采购、接受捐赠等方式新增图书6600余种，订购期刊1093种，报纸125种。其中，《四库全书》、《四库全书存目》全套共计2700册，以及地方文献《彝族源流》、《西南彝志》、《二十一世纪中国西南苗学文库》、《中国西部苗族口碑文化资料集成》、《地方志》等是特色馆藏。新馆采用Iterlib图书馆集群管理系统，RFID流通管理系统，馆内无线网络全覆盖。

读者服务工作

毕节市图书馆立足为本地政治、经济、文化服务为目的，以藏为所用，藏有所用为目标，构建符合本地、门类齐全的藏书体系，拥有比较丰富的馆藏文献资料，提供快捷的文献信息服务。毕节市图书馆于2008年就开始实施免费开放，图书、报刊全部实行开架借阅，每周开放时间68小时，与贵州省内多个市、州图书馆签订了馆际互借协议，开展馆际互借。在馆外建立了12个图书流动服务点，流动图书10247册，并有3台24小时自助图书馆在馆外投入使用。

每年利用世界读书日、图书馆服务宣传周、百万公众网络学习工程等活动，以及"多读书、读好书"、普通话读报、猜谜等活动吸引广大读者，特别是青少年读者进入图书馆。充分利用本馆馆藏，贵州省数字图书馆、文化信息共享工程的丰富资源开展各类读者活动。2009年-2012年，举办讲座、培训、展览、阅读推广活动253次，参加人数89227人次。开展为特殊群体服务，为老年人、残疾人送书，接送视障人士到馆阅览；到工地为农民工办证，送"安全生产手册"等；为未成年人举办丰富多彩的活动，送书、学习用品等到农村小学，关爱留守儿童。

业务研究、辅导、协作协调

2009年-2012年图书馆职工共发表论文56篇，撰写调研报告17篇。每年对各区县图书馆进行图书馆基础业务、自动化管理系统，文化共享工程技术以及服务工作开展的培训辅导。2012年在全市图书馆开展联合编目，共享书目数据，成为全国联合编目中心成员馆，参与贵州省图书馆联合编目。

管理工作

2011年进行岗位设置，按需设岗，按岗聘用，合同管理。并制定了工作绩效考核办法，对工作进行绩效考核，平时考核与年度考核相结合，与绩效工资挂钩，体现多劳多得。制定了完备的财务管理、设备物资管理、档案管理、环境与安全管理等制度，使图书馆管理标准化，服务规范化。

表彰奖励

2009年-2012年，毕节图书馆获各种表彰、奖励9次，其中省级主管部门、业务部门表彰3次，市级表彰、奖励6次。

馆领导介绍

余波，男，1968年5月生，本科学历，中共党员，馆员，馆长。1992年9月参加工作，2004年5月任毕节图书馆馆长，兼任全国中小型图书馆联合会理事、贵州省图书馆学会副理事长、毕节市图书馆学会理事长。

罗军，男，1960年生，大专学历，中共党员，党支部书记。1980年参加工作，2001年11月任贵州省总工会毕节地区办事处办公室主任，2011年11月任毕节图书馆党支部书记。

曹扬，男，1968年9月生，大专学历，馆员，副馆长。1992年9月参加工作，先后担任毕节市图书馆流通部、采编部、期刊部主任等职，2004年5月任毕节图书馆副馆长。兼任毕节市图书馆学会秘书长。

图书馆内部

办证大厅

中式书房

视听阅览室

读者活动

图书下乡宣传

国学经典诵读

杨旭文，男，1977年10月生，大专学历，中共党员，馆员，副馆长。1998年参加工作，先后担任毕节图书馆办公室副主任、业务科副科长，2014年1月任毕节图书馆副馆长。

未来展望

毕节市图书馆将继续按照公益性、基本性、均等性、便利性的原则，坚持"一切为了读者"服务社会的办馆方针，以收集地方文献，特别是以彝族古籍文献为重点，建立自己的特色馆藏，依托国家、省、市数字图书馆资源，实现资源共享，使图书馆成为真正的"没有围墙的大学"。未来毕节图书馆将不断完善服务网络，充分采用现代技术服务手段，加快资源建设，实现全市图书馆通借通还，资源共建共享，目标是向资源全面数字化、信息化，服务方式、手段人性化、快捷化，服务能力本地全覆盖图书馆迈进，成为毕节市文献资源中心、信息服务中心、社会教育中心。

联系方式

地　址：毕节市七星关区碧阳大道"一院三馆"图书馆
邮　编：551700
联系人：曹　扬

社科阅览室

少儿阅览室

贵阳市乌当区图书馆

概述

乌当区图书馆始建于1982年6月，馆址经过几次变迁，现在使用的新馆位于乌当区北衙路，于2012年3月正式对外免费开放。新馆建筑面积2250平方米，可藏书15万册，可容纳读者座位240个，计算机80台，信息节点96个，宽带接入10Mbps，选用金盘图书馆自动化管理系统。单独设有少儿阅览室，现有少儿图书9000多册藏书，色彩鲜艳的少儿阅览桌9张，阅览椅60张。

业务建设

乌当区图书馆现有藏有22大类图书11.6万册，其中纸质文献10.6万册，电子1.2万册。数字资源总量1.1TB，自建数字资源总量0.48TB，每年新订报刊杂志250余种，现有电子借书机1台。2013年建立了以贵州文化为主的黔学文献库，内设书架12个，阅览桌4张，阅览椅20张。收藏了贵州省各地地方志、名人著作等地方文献资料。

读者服务

乌当区图书馆从2012年3月启用新馆后，全年360天对外免费开放，每周开放达到60小时。每年读者借阅量达到5.7万册次，我馆建立了学校、社区、企业、部队、单位等流动图书点共计65个。为了激发小读者们的阅读兴趣，从阅读中找到乐趣，我馆开展了"快乐阅读与梦想作伴"系列少儿阅读推广活动，包括"花儿姐姐故事会""春蕾杯故事大王擂台赛""周末电影沙龙""少儿电脑培训""金口才小主持人培训""我是巧巧手""科普知识""国学诵读"等少儿喜欢的免费文化活动，开展"老年人计算机基础培训""手工制作""健康讲座""黔学讲堂"等中老年读者喜爱的活动，每年活动达到320场，读者参与人次达到3万余人。乌当区图书馆成了市民享受文化的重要阵地。

业务研究、辅导、协作协调

乌当区图书馆主要以黔学文化为主要研究课题，与贵州省社科院、贵州豫章书院在本馆共同建设了黔学文献库，主要收集地方文献、地方志、名人著作等，并在乌当区开设了"黔学讲堂"，编写了《黔学读本》，主要传播地方文化及历史。2009–2013年，全馆职工发表论文5篇。2012年起，乌当区图书馆以文化信息资源共享工程VPN专网为依托，与贵州省数字图书馆签订了合作协，成为了贵州省数字图书馆的网上分馆，与贵州省师范学院、贵州豫章书院签订了协作协调、共建共享协议。每年，乌当区图书馆开展两期业务培训，主要培训辖区内从业务人员，为地方公共文化服务建设培训了大量人才。

管理工作

乌当区图书馆现有编制14个，在岗人员14名，其1个馆长、1个副高、1个中级，1个初级，四个管理岗位。我馆注册文化志愿者280人，常年参加服务工作的有50人。

表彰奖励

2011年2013年，获得各级奖励18次，2013年全国第五次公共图书馆评估定级为区市县一级馆。我馆文化志愿者获得全国优秀志愿者称呼。

馆领导介绍

彭炜，女，中共党员，本科文凭，副馆长（主持工作），连续三年被评为优秀干部。

宋秋水，女，馆长助理，民盟，硕士研究生，副高级职称。

未来展望

乌当区图书馆以传播先进文化为已任，坚持以人为本、读者至上、文明优质的服务理念，努力营造人文、舒适、休闲的读书环境，立足与少儿文化服务建设有特色的科技教育、绘本阅读、动手动脑为一体的图书馆；在现有老年文化服务品牌的基础上，拓展老年文化活动。乌当区图书馆为实现人民的终身学校的办馆目标，为构建充满活力、富裕文明、和谐稳定、山川秀美的泉城乌当贡献着自己的力量。

联系方式

地　址：贵阳市乌当区北衙路
邮　编：550018
联系人：宋秋水

老年人计算机免费培训

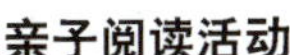

亲子阅读活动

我是巧巧手活动

黔学讲堂

电影沙龙

贵阳市白云区图书馆

概述

贵阳市白云区图书馆始建于1984年10月，1986年7月正式对外开放，是贵阳市白云区唯一一所公共图书馆。在2011年8月搬迁到七一路新馆。新馆建筑面积4500平方米，藏书量15万册，可容纳读者座位464个。计算机48台，选用Interlib图书馆集群自动化管理系统。1994年，第一次全国公共图书馆评估评为三级馆；1998年、2004年第二次、第三次全国公共图书馆评估评为二级馆；2009年第四次全国公共图书馆评估评为三级馆；2013年，参加第五次全国公共图书馆评估，首次获得一级馆。

业务建设

截止2012年底，贵阳市白云区图书馆总藏量154200册（件），其中，纸质文献153562册（件），电子图书638册。

2010年，贵阳市白云区图书馆新增藏量购置费20万元。2009—2012年，共入藏图书10865种，21730册，视听文献138种。2011年，地方文献入藏完整率为80%。

截止2012年底，贵阳市白云区图书馆数字资源总量为6TB，其中，自建数字资源总量1TB。

2011年，将自动化管理系统升级改造为Interlib图书馆集群自动化管理系统，以适应贵阳市白云区图书馆服务建设的需要。

读者服务工作

从2009年8月起，贵阳市白云区图书馆全年365天对外免费开放，周开放60小时。2009—2012年，书刊平均流通81600人次，书刊外借95980册次。2012年，开通与贵阳市图书馆的馆际互借服务。至2012年，白云区图书馆建成2个分馆，有10个图书流动服务点，馆外书刊流通总人次10000万人次，书刊外借10114万册。2009—2012年，共享工程专网向全区乡镇、社区服务中心及共享工程基层点服务中心提供检索、浏览和下载服务。

2009—2013年，白云区图书馆以打造“墨迹书香伴您行”读书系列活动为抓手，通过开展“我们的节日——春节”猜灯谜活动，弘扬中华民族优秀传统文化，丰富广大市民的节日文化生活。开展了“您心中的图书馆”问卷调查，设计了一张包含图书馆服务、环境、书刊资源、网络服务等内容的问卷调查表，在馆内各服务窗口和户外活动场所向市民进行发放，听取市民心声，提升图书馆服务水平。在“世界读书日”开展图书馆服务宣传，现场解答市民咨询，使公众进一步了解图书馆服务的内容，更好地享受公共图书馆的服务。开展现场办证，发放图书馆宣传资料等便民服务活动，对图书馆进行大力的宣传，提升公共文化服务水平。开展“我把青春献三区”诗歌朗诵比赛，讴歌白云区崭新变化新蓝图，激励在校学生积极向上的精神，展示他们对白云区建设的期望，为家乡建设奉献青春的追求。白云区图书馆利用共享工程设施设备和海量的数字资源，为白云区中老年人及外来务工人员进行电脑培训，满足其发展需要，提高其文化生活质量。白云区图书馆举办了“欢乐六一”儿童趣味活动，使参加活动的小朋友与家长一起，在欢声笑语中度过了一个快乐的“六一”儿童节。每年在暑假都举办“快乐童年”故事大王比赛，培养少年儿童阅读表达能力，做一个有知识、懂礼貌的好孩子。为方便读者就近阅读，为丰富部队官兵业余文化生活，举办了历时一个多月的“无悔的青春”读书征文比赛，体现出当代军人的精神风貌和思想状况，体现丰富多彩的军营文化生活，反映官兵之间团结互助的亲情、友情，记叙身边乐事、趣事，抒发了年轻官兵热爱祖国、热爱军营、热爱生活的高尚情操，展示他们健康积极的精神面貌和报效国家的热情。白云区图书馆充分利用共享工程的优势，将经典电影、农业科学技术资料及健身、养身等方面的资料，刻录成光盘免费送到群众手中或到人群集中地播放关于励志及红色经典的电影，把优质的服务与关怀送到需要的群众中去。为满足广大读者的阅读需求，广泛征求各类读者的意见，按读者所需调整来年图书入藏比例和订购来年报刊杂志，开展了“有您的参与更完美”您选书我付钱活动。制作征求意见表，放在各阅览室充分征求读者意见。通过开展一系列活动，切实保障人民群众基本文化权益，努力提高群众对精神文化生活的满意度和参与率，逐步把“墨迹书香伴您行”读书系列活动打造成具有白云特色、群众广泛欢迎和需要的文化活动品牌。在开展“墨迹书香伴您行”读书系列活动后，贵阳市白云区图书馆共举办讲座、展览、培训、各类文体阅读推广等读者活动近百场次，参与人数120215人次。

诗歌朗诵比赛现场

图书馆讲座

儿童阅览室

电子阅览室

报刊阅览室

白云区图书馆道德讲堂总堂，主要带头倡导和宣传我们身边的爱岗敬业、助人为乐、孝老爱亲、诚实守信、无私奉献等好人好事，弘扬中华民族传统美德，倡导诚实、守信，至今为止在道德讲堂总堂的参与下共举办了二百余场讲座。白云区图书馆道德讲堂总堂，通过道德讲堂的形式和载体，传播身边人道德故事、推动先进道德理念、彰显道德榜样力量。引导全区干部职工及市民从小节做起、从自我做起、从现在做起、从身边做起，切实做到知“礼仪”、守“诚信”、促“和睦”、扬“友善”。着力增强全区干部职工工作能力，切实铸造过硬工作作风，全面提升机关文明风气和市民品德，树立了白云区的良好形象。

业务研究、辅导、协作协调

2010–2013年，贵阳市白云区图书馆职工发表论文15篇。

从2010年起，贵阳市白云区图书馆与贵州省图书馆、贵阳市图书馆进行联结，成立了贵州省图书馆白云分馆盲人有声阅览室；与贵阳市图书馆及贵阳市辖区内图书馆进行联合编目，期间，举办联合编目等联盟培训班。

管理工作

2010年，贵阳市白云区图书馆再次进行全员岗位聘任，所设岗位实行聘用上岗，年终进行总体工作考核。

白云区图书馆加强业务管理、规范工作行为，实施“五点工作法”：微笑多一点、语气轻一点、行动快一点、态度好一点、效率高一点。

表彰、奖励情况

2009–2012年，贵阳市白云区图书馆受到各级表彰、奖励20次。

馆领导介绍

胡天燕，女，1968年7月生，大学本科学历，中共党员，馆员，馆长。1987年8月参加工作，2008年7月任贵阳市白云区图书馆馆长（股所级）。

伍艳青，女，1962年12月生，专科学历，馆员，副馆长。1979年8月参加工作，任贵阳市白云区图书馆副馆长。

未来展望

贵阳市白云区图书馆今后将更好地为满足群众日益增长的精神文化需求，充分利用图书馆资源开展百科知识竞赛、展览、征文比赛、朗诵比赛、各类读书会、专题讲座、文体比赛活动等；将采用集群化的资源共建、共享模式，将白云区图书馆服务延展至整个白云地区，实现整个地区中心图书馆的平台软件、硬件、数据、人员与技术、服务资源的共享，实现财政投入效益与社会利益最大化；建立区、街道、村图书馆自动化管理的网络体系，实现各级图书馆业务自动化管理和文献资源的通借通还；白云图书馆努力为读者阅读提供一个宽敞明亮、优雅舒适的阅读环境，极大地方便广大市民的阅读，为贵阳市白云区的精神文明建设发挥作用。

联系方式

地　址：贵阳市白云区七一路
邮　编：550014
联系人：胡天燕

道德讲堂

贵阳市白云区图书馆外景

开阳县图书馆

概述

开阳县图书馆坐落繁华的东兴大街，建筑面积2400余平方米，开阳县图书馆设有南山社区流动图书室，2013年继续新增了南江乡和楠木渡居委会两个流动图书室。图书馆服务对象广泛，包括各种职业、各种年龄和各种文化程度的读者。馆内所有的公共服务设施及服务项目均实行免费开放。

县委、县政府高度重视图书馆事业，把图书馆建设作为县域文化事业发展的重要内容，纳入了全县社会经济发展总体规划，与经济工作同安排、同部署、同落定、同考核，使我县图书馆工作有了长足发展。特别是2011年以来，县政府还召开专题会议，研究图书馆工作。相继解决了县图书馆人员、经费、编制等实际困难。并按一级馆要求匹配解决图书馆每年新增图书文献、视听文献源购置经费，逐年增加基础设施，渐进改善图书馆办馆条件。

现有藏书近6万册，每年将不断新增图书。所有馆藏图书均按照中国图书馆分类法，简称《中图法》分类，包括“马列主义、毛泽东思想，哲学，社会科学，自然科学，综合性图书五大部类，22个基本大类。另外，馆藏图书还包括盲文图书、视听文献、地方文献等。馆内设书库借阅室、报刊阅览室、少儿阅览室、全国文化共享工程电子阅览室、多媒体播放厅、展厅、紫江读书会阅读活动基地等。现有成人阅览室座席50个，儿童阅览席48个，共享多媒体播放室坐席156个，电子阅览室坐席32个，全馆供读者使用电脑36台，10兆光纤网2008年就已经安装使用。每年将征订大量的报刊、杂志充实各阅览室资源，供不同年龄层次的读者阅读。全国文化共享工程信息资源丰富，有百家讲坛、实用科技、国内外经典电影、戏曲、经典动画等大量视频资源。近年来，图书馆大力加强网络化和数字化文献资源的建设，新增了高性能服务器、网络设备、磁盘阵列、防火墙和多媒体资源采集设备等；对文献资源建设类型进行了适时调整，逐年加大对电子资源的收藏力度，并取得了明显成效。

开阳县图书馆认真贯彻科学发展观，努力构建完善的图书馆信息化网络平台。2008年已完成图书馆自动化管理系统，进一步完善馆内局域网，读者通过局域网可查询馆藏书目数据、数据库数据、读者借阅状况，并实现网上续借、网上咨询等。

公益性服务是我们图书馆的根本职能，将最简单的“借、阅、还”工作，提升到引导读者、帮助读者、服务读者的高度，为读者解答咨询，提供义务指导，服务特殊人群，使服务与被服务达到两者统一，把图书馆资源最大限度全免费提供给广大读者，并通过开展内容丰富、形式多样、广大读者朋友参与的阅读扩展活动，使图书馆的服务延伸到最基层的百姓身边，使人人都能享受到图书馆的服务。

业务建设

图书馆工作涉及面广，业务量大，为了满足不同层次读者的精神文化需求，我们把搜集整理收藏和流通图书资料放在首位，贯穿于工作之中。

一是注重了图书馆图书藏量的增加。每年都与新华书店签定新增采购合同，以及向邮局征订报刊杂志。书、报刊杂志进馆后，按照《中图法》有关章节的内容进行分类标引录入、加工、上架。对过期的图书、报刊杂志及时清理，装订、入库收藏。我馆均实行全开架免费服务，读者还可以根据我馆提供的查询机及电子阅览室内的电脑进行图书查询、续借、预借等服务。

二、是注重了地方文献收藏、保护和上架借阅。近年来，我馆与贵阳市图书馆及各个区县市馆进行了地方文献联合编目，形成联合地方文献资源。对于收藏的资源均按要求进行标引、录入、登记、上架排列、开放、借阅。

三、是古籍普查摸底调查工作，在主管局的大力支持，古籍普查工作已全面展开。

总藏量：201810册

一、总馆藏量51500册，图书50530册(盲文图书300册)，报刊240种，视听文献782张，电子图书400种。

二、一中分馆藏量150310册：图书高中部120310册，初中部30000册。

截止2013年4月开阳县图书馆新增藏量购置费155万，其中2009年20万，2010年25万，2011年30万，2012年40万，2013年40万。2008年10月开阳县图书馆建成全国文化共享工程县级支中心，财政投入，2011至2013年每年4万免费运行经费。2009年开阳县图书馆实现了图书服务网络化管理，管理系统为俊波图书管理软件（共享工程配备）。

读者服务工作

2009年以来，我们把读者服务，读者活动，对外宣传、业务研究和对基层乡镇（村）的辅导作为重点工作，狠抓落实工作，取得较好的成绩。

一是以世界读书日为载体开展活动，与“紫江读书会”联合开展了书画展，“阅读与感悟”有奖征文活动、“中秋诗会”、“全县中小学生书法大赛”等一系列活动。

二是利用县电视台、今日开阳等地方媒体进行图书馆免费开放服务宣传。

成人阅览室

电子阅览室

多媒体播放厅

三是发挥图书馆社会教育职能，深入县直学校、乡镇、以及社区服务中心举办各类知识讲座。

四是辅导培训工作扎实认真。结合新形势下图书馆的发展和对基层工作的辅导等方面开展了如下工作：定期开展培训讲座、培训乡镇、基层文化业务骨干，摸清了乡镇农家书屋的底子，并实地展开辅导帮扶工作。

从2011年1月起，开阳县图书馆实现了对外免费开放，馆藏文献全部对持证读者实行全开架服务，开架书刊册数为总藏量的100%，同时针对留守儿童、残疾人、老年人等特殊群体联合青年组织、妇女儿童组织、老年组织等开展丰富多彩的读书活动。另外利用图书馆大量的文献资料，为领导机关决策提供信息服务，为县委政府政策研究室、县史志办提供科研资料，为各级政府机构提供政务信息，为社会大群体提供信息服务等。开阳县图书馆总藏量201810，外借册次101427，借阅率达50.2%。2011年至2013年图书馆讲座培训19次，展览6次，阅读推广5次，图书馆服务宣传3次，每年参与活动总人次为4万余人。

业务研究、辅助、协作协调

开阳县图书馆与贵阳市图书馆签订了联采统编协议，最大限度提高图书的综合利用率，双方共建文献信息服务业务，在进一步实现资源共享，提高文献利用率，开发信息资源，服务广大用户方面发挥作用。与乌当区图书馆签订了公益性免费开放，馆际技术学习与服务心得交流协议。

管理工作

开阳县图书馆把干好本职工作、促进事业发展、服务社会大众作为重要任务。在管理上求规范、气氛上求和谐，作风上求垂范，服务上求实效，全馆上下团结拼搏、自我加压，开拓创新，干实事、求实效的工作局面。

一是在人事管理上通过职能调查摸底，制定了图书馆管理聘用工作实施方案，根据单位内部工作岗位需求，竞争上岗，实行岗位绩效责酬挂钩，极大地调动了全体职工的工作积极性。

二是建立健全学习制度、工作制度、考核制度、服务准则和绩效考核制度。

三是主管局聘用了安全值班人员，购置了安防设施，加强了安全管理。

四是规范工作行为，优化工作环境。

在馆内大力提倡微笑多一点，行动快一点，做事早一点，说话柔一点，理由少一点，脾气小一点，胆量大一点，质量好一点，效率高一点的十点工作法，进一步强化了服务意识。

表彰、奖励情况

2009年至2012年，单位共获5次县级表彰，3名职工分获9次国家级省、市表彰。

馆领导简介

蒋伟洪，男，1975年12月生，本科学历，中共党员，馆长。1994年9月参加工作，2009年6月任开阳县图书馆馆长，县级文化信息资源共享工程开阳支中心主任。2011年12月获国家文物局，第三次全国文物普查积极贡献荣誉纪念证书。

图书馆外景

未来展望

开阳县图书馆遵循“发展创新，服务大众”的办馆方针，完善图书馆服务体制，提高服务水平，扩大影响范围，促进地方性文化事业发展。在未来的图书馆发展中，数字图书馆将会是必然的发展趋势，开阳县图书馆将追逐科技的脚步，不断创新，在未来几年，逐渐尝试数字图书馆技术，让更多的读者更方便的获取图书、报刊、杂志，更好的为读者服务。随着网络时代的不断发展，图书馆在未来将实现文献信息资源网络化，使馆与馆之间可以共同采编书目，共同建设馆藏文献信息资源，共同利用网上的文献信息资源。图书馆可以利用网络通讯功能，为读者进行信息的快速传递服务，让读者不必到图书馆，就可以通过网络查询图书馆的文献信息，从网上得到更充分、准确的参考资料。网络化将读者、图书馆、信息服务连接起来，向读者提供良好的信息服务。开阳县图书馆还将采购两台自助图书借阅机，为读者提供自助图书借阅服务，自助化的图书借阅将会使读者获得更多的方便和满足，自助化的借阅也能让图书更好的流通，让读者获得自己想要的知识，符合知识交流手段的发展方向，在将来自助借阅会成为一种新的阅读时尚。

联系方式

地　址：贵州省贵阳市开阳县开州大道（云开广场旁）
邮　编：550300
联系人：蒋伟洪

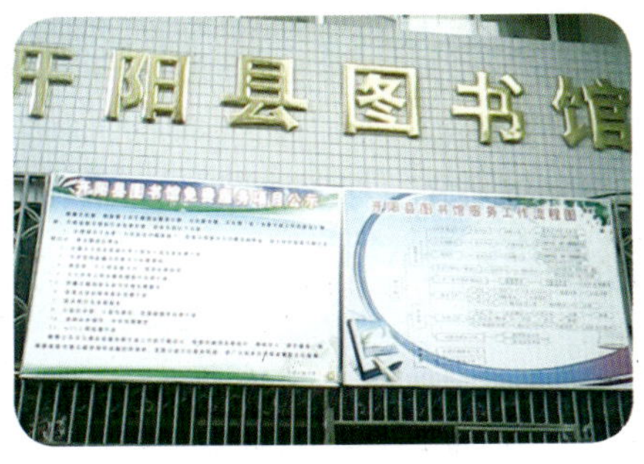

开阳县图书馆门头图

全开架书库

少儿阅览室

湄潭县图书馆

概述

湄潭县图书馆建于1983年，馆址几经变迁，2013年2月26日，迁至位于县城泽溪路的新建图书馆，5月26日，新馆正式对外开放。新馆建筑面积2020平方米，是一座集文献典藏、书刊借阅、信息服务、讲座培训、视频播放及电子文献阅览为一体的多功能馆舍。内设图书借阅室、报刊阅览室、少儿阅览室、盲人阅览室、电子阅览室、特藏室、展厅、多功能厅等，均为大开间，宽敞明亮，免费开放，无障碍、零门槛进入。现有藏书10万余册，阅览坐席260个，计算机50台，宽带接入10兆。2004–2009年，在第三次、第四次全国公共图书馆评估中，均被评为三级馆”，2013年参加第五次全国公共图书馆评估，首次获得一级图书馆。

业务建设

在文献资源建设方面，截止2012年底，湄潭县图书馆总藏量105066册（件），其中纸质文献102869册（件），电子文献及视听文献2197册（件）。2009、2010年的新增藏量购置费14万元，2011年17万元，2012年19万元。2009–2012年，共入藏图书10018种、20067册，视听文献248件，地方文献217册，每年订购报刊240余种。截止2012年底，湄潭县图书馆数字资源总量4.01TB，其中，自建数字资源总量0.3TB。2009年以来，湄潭县图书馆针对本县作为著名茶乡正着力打造“中国茶城”的实情，着手建馆藏特色服务本县主导产业，采购入藏茶文献1016册。

在自动化建设方面，湄潭县图书馆自2006年全国文化信息资源共享工程湄潭县支中心在本馆成立以来，先后采用了丹诚图书馆集成管理系统和清大新洋图书馆集成管理系统，2011年改用图创图书馆集群管理系统，以适应贵州公共图书馆服务联盟建设的需要，现已实现了文献采访、编目、流通等业务的自动化管理，并建立了湄潭县图书馆网站。

在文献分类标引工作方面，湄潭县图书馆严格按照《中国图书馆图书分类法》、本馆制定的《图书分类标引细则》及《中国文献编目规则》和《中国机读目录格式》分编文献，尽量为读者提供快速准确的检索途径。

读者服务工作

湄潭县图书馆坚持全年365天开放，每周开放56小时，实行了全开架借阅、全免费开放，并实施了“一卡通”、“您选书，我买单”等便民服务举措。在全县15个镇建立了图书分馆，在4个村及县武警中队建立了延伸服务点，2009–2012年，县馆与15个分馆及5个延伸服务点外借书刊总计达320008册次、流通人次总计达309600人次。

为充分发挥图书馆及文化共享工程的职能作用，湄潭县图书馆开展了走向广场、街头、校园等宣传活动及各种讲座、展览、培训活动，2009–2012年，举办讲座、展览、培训及阅读推广等读者活动123场次，参与人数120018人次。与此同时，坚持每月编发《信息之窗》和《文化共享工程湄潭县支中心工作简报》，适时编发《生活百科资料》送给广大市民朋友，并积极配合本县中心工作、重要工作编发专题信息资料，2009–2012年，先后编发了《茶文化与旅游》、《服务新农村建设专题资料》、《服务学习型社会建设专题资料》，竭诚为领导决策提供信息参考，为各行各业及城乡群众提供信息服务。还通过馆内集中收视、自主上网、信息查询、举办培训讲座及上门服务到农村、学校、军营、企业等办法，开展了多种形式的文化信息共享工程服务活动。

业务研究、辅导、协作协调

2009–2012年，湄潭县图书馆员工发表论文、参与各类科研项目及围绕本馆业务工作撰写调查研究报告共计8篇。其中《茶乡图书馆服务茶文化旅游与建设和谐社会》获2010年中国图书馆学会“百县馆长论坛”征文二等奖、《湄潭茶乡百姓的快乐》被选入文化部主编的《文化共享十年路——优秀服务案例选编》一书。

为了规范本县各级各类图书馆(室)的图书管理工作及镇、村文化共享工程工作，2009–2012年，湄潭县图书馆共举办了10次图书管理员培训，12次文化共享工程基层业务培训，与此同时，通过上门辅导、邀学员到馆观摩学习、实地操作等办法，加强业务辅导。

湄潭县图书馆于2012年与遵义市图书馆签订了《馆际互借》协议、于2013年与贵州省图书馆签订了《联合编目协议》，

文化共享工程业务培训

湄潭县图书馆

少儿阅览室

电子阅览室

图书借阅室

在本县建立了总分馆体系，15个分馆的书均由县馆分编加工配送。

管理工作

湄潭县图书馆现有人员7人，其中高级职称1人、中级职称2人、初级职称4人。实行全员聘任制、岗位责任制和目标管理，有年度工作目标计划与总结、半年工作计划与总结、每月工作计划与总结，并制定了《岗位责任制》、《文献分类标引细则》、《安全管理制度》等，对文献采访、分类标引、馆刊编发等重要业务工作，实行审核把关制度，还通过目标激励、关怀激励、知识激励及榜样激励等系列措施，激励员工敬业爱岗，努力工作。年终个人年度考核，在民主集中制的原则下，实行无记名民主测评。

表彰、奖励情况

2009–2012年，湄潭县图书馆先后荣获了多种表彰奖励，2009年获“贵州省文化共享工程工作先进单位”，2010年获“遵义市图书馆工作先进单位”，2011年获“贵州省文化共享工程知识与技能竞赛”二等奖，2012年获贵州文化共享工程“同赏数字文化，共享幸福生活”活动先进奖，并获2012年“遵义市文化共享工程工作一等奖”，还在全国文化共享工程2012年春节网上对春联活动中，取得了一等奖1个、二等奖4个、优秀奖3个的优异成绩，此外还多次获县委宣传部、县文体广电局“先进单位”奖。

馆领导介绍

陈桂萍，女，1962年11月生，图书馆学大专学历，中共党员，副研究馆员，馆长。1981年5月参加工作，1984年1月到湄潭县图书馆工作，先后从事图书采编、借阅、辅导等工作。2000年任副馆长，2002年任馆长，兼任文化信息共享工程湄潭县支中心主任、遵义市图书馆学会副理事长等职务。1994年获贵州省图书馆学会中青学术研讨会优秀论文奖，2000年获县“三八红旗手”称号，2002年获县1995–2001年“巾帼扶贫先进个人”称号，2009年获中国文化报社、全国文化信息资源建设管理中心组织的全国文化共享工程“好新闻”一等奖，2010年获中国图书馆学会“百县馆长论坛”征文二等奖，2012年获全国文化共享工程春节网上对春联活动一等奖，此外还多次获县人事局年度考核优秀奖及县委宣传部和县文体广电局“先进工作者”、“优秀共产党员”称号。

未来展望

湄潭县图书馆将秉承“公平、开放、文明、高效、专业、多元”的服务理念，优化阵地服务，优化开放时间，尽量方便读者利用闲暇时间到馆借阅，以优雅的环境、浓厚的文化氛围、热情的服务、丰富的内涵、精彩的活动吸引越来越多的市民走进图书馆、利用图书馆、享受图书馆，并凭借新馆藏、借、阅、询一体化的大开间布局，追求文献利用率的最大化和读者满意度的最大化，坚持常年开展“您选书，我买单”活动，努力为读者提供“满意+惊喜”的服务，从而实现图书馆社会文化价值的最大化。在做好传统文献服务的同时，不断致力于网络信息服务功能的拓展，依托文化信息资源共享工程，加强网站建设、数字资源建设和信息系统建设，让县图书馆成为全县的文献信息中心、全民学习中心、社会教育中心、学术交流中心和文化休闲中心，成为“市民大书房、百姓图书馆”；让设备先进、配套齐全、功能完备的图书流动车成为随时移动、方便读者的微型图书馆，将各种新书好书源源不断地送到农村，送到学校，送到军营，送到厂矿，送到边远山区渴求知识的读者手中，让浓浓书香飘溢湄潭城乡的每一个角落，让城乡群众共沐书香，共铸中国梦。

联系方式

地　址：贵州省湄潭县城新区泽溪路
邮　编：564100
联系人：陈桂萍

扶老上网活动

服务宣传周活动

检查指导延伸服务点工作

兴义市图书馆

概述

贵州省兴义市图书馆成立于1955年9月，是我国建国初期组建的300多个县级公共图书馆之一。原馆旧址位于兴义市沙井街南路，建筑面积约700平方米。新馆综合楼修建于1991年，位于兴义市延安路42号，占地4.68亩，三层砖混框架结构，建筑面积1541平方米，总投资100余万元，1997年8月新馆装修竣工对外开放。2013年1月成立青少年分馆和市总工会分馆并对外开放。1998年、2004年、2009年参加全国第二、三、四次公共图书馆评估被文化部评为三级图书馆，2013年参加全国第五次公共图书馆评估首次评为一级图书馆。2010年以来，先后获贵州省文化厅表彰全省文化信息资源共享工程工作先进单位，获黔西南州文广局表彰全州文化工作先进单位、全州公共图书馆工作先进单位，获兴义市委、市人民政府、市文体旅广电局表彰全市文明单位、先进单位、先进集体、先进基层党组织等荣誉。截至2013年6月，兴义市图书馆总分馆建筑面积3162平方米，馆藏图书文献20.3142万册，读者阅览坐席650个，计算机112台，电信宽带接入20Mbps，选用图创Interlib2.0图书馆集群自动化管理系统。

业务建设

兴义市图书馆2004年10月获文化部、省文化厅授牌为“全国文化信息资源共享工程贵州省兴义市基层服务点”，2007年10月成立兴义市文化共享网络图书馆，组建开放了公共电子阅览室、多媒体网络室，2008年12月获文化部、省文化厅授牌成立“全国文化共享工程贵州省兴义市县级支中心”，2010年3月被文化部、省文化厅列为“全国县级数字图书馆推广计划”试点单位。截止2013年6月，兴义市图书馆总藏量36.4712万册（件），其中纸质文献20.3142万册（件），电子图书15.405万册、电子期刊7520种/册。2011年以前兴义市图书馆每年新增藏量购置费约5–10万元，2012年增至18.016万元，2013年投入23.94万元购置中外文图书4500种15692册，订购中文报纸期刊207种，视听文献265种。2009–2013年入藏地方文献218种451册。截止2013年6月，兴义市图书馆数字资源总量4.5TB，其中自建数字资源总量1.5TB，国家数字图书馆配送资源1.0TB，国家中心和省中心配送下发资源约2.0TB。2010年协助贵州省中心完成国家级非物质文化遗产名录《布依族八音坐唱》资源数据库资料收集、专题片拍摄等工作。目前正在建设的有《黔西南布依族苗族自治州地方文献数据库》之兴义市地方文献库，同时配合黔西南州图书馆、兴义市民族师范学院图书馆收集黔西南州地方文献并进行书目数字化。2010年将俊波图书馆自动化管理系统升级为图创Interlib2.0图书馆集群自动化管理系统，以适应贵州省公共图书馆服务联盟建设的需要，增加了图创OPAC2.0书目检索系统，2013年6月实现馆内800N无线网络覆盖。

读者服务工作

从2011年6月起，兴义市图书馆全年天天对外免费开放在360天以上，每周开放68个小时以上。2009–2012年书刊总流通43.205万人次，书刊外借31.084万册次。2012年10月开通与贵州省图书馆、黔西南州图书馆、兴义民族师范学院图书馆的馆际互借服务。2012年购置图创OPAC3.0智能检索导航系统，建成27个分馆、11个流动服务点，馆外书刊流通总人次达3.5531万人次，书刊外借8.1843万册。2012年7月起设立专柜提供政府公开信息查询咨询服务，每年为“两会”代表、委员提供参考咨询、资料检索、下载等服务。

2009–2012年，兴义市图书馆网站访问量约15万次。截止2012年，兴义市图书馆提供使用的数字资源总量达4.5TB，读者可通过兴义市图书馆网站、公共电子阅览室、文化共享工程基层服务点提供检索、浏览和下载服务。2009–2012年举办专题讲座、展览、培训、阅读推广等读者活动200余场次，参与人数12.65万人次，每年开展新春图片展览、元宵灯谜晚会、世界读书日、读者宣传周、全民读书宣传月等阅读推广宣传展览活动，吸引了广大群众了解图书馆、走进图书馆，参与图书馆活动，形成了公共图书馆免费开放服务特色和亮点。

业务研究、辅导、协作协调

2009–2012年，兴义市图书馆职工发表论文15篇，参与地州级课题2项，其他课题3项。从2010年起依托全国文化共享工程与数字图书馆资源平台，在全市范围内组建公共电子阅览室县乡网络服务体系，开展数字图书馆资源流通服务、阅读推广、讲座展览、业务培训与技术支持等工作。截止2012年底，兴

贵州省文化厅党组书记、厅长许明和州市领导参观指导工作

全国政协委员、教科文卫体委员会领导参观指导工作二

开架书库

自修室读者阅览学习场景

综合楼外观正立面

义市图书馆设立分馆发展到27家，其中联合编目分馆2家，总馆和分馆利用图创自动化管理系统开展图书文献借阅服务。

2009–2012年，兴义市图书馆每年组织馆员参与中国图书馆学会、贵州省图书馆学会、黔西南州图书馆等举办的图书馆业务骨干学习培训，参与全国第六、七、八期古籍文献普查、《中图法》（第五版）、《公共图书馆服务规范》、西部片区图书馆业务骨干培训班、全国可移动文物普查等培训132人次。2011年起与黔西南州图书馆、兴义民族师范学院图书馆、乡镇文化站图书室、农家书屋、职工书屋结对帮扶，开展流动送书送资源下乡进社区服务活动。

管理工作

2010年兴义市图书馆完成第三次全员岗位聘任，本次聘任共设3类岗位，有20人重新聘任上岗，同时建立了图书馆服务工作量化考核指标体系，每月进行工作进度通报，每半年和全年进行总体工作考核。2009–2012年共抽查文献排架16次、书目数据12次，撰写专项调研、分析报告、财务报告16篇，编写工作简报42篇。

获表彰奖励情况

2009–2012年，兴义市图书馆共获得各种表彰15次，其中国家级表彰1次，省文化厅表彰奖励2次，黔西南州和兴义市级文化主管部门表彰奖励12次。

馆领导介绍

李仲元，男，1976年7月生，本科学历，中共党员，馆员，馆长。1997年8月参加工作，2004年10月调入兴义市图书馆工作，历任中学教师、机关秘书、科员、副馆长、馆长。2005年加入贵州省图书馆学会、贵州省科学技术协会，2008年兼任贵州省图书馆学会理事、全国文化共享工程兴义市支中心主任；2010年加入中国图书馆学会。2009年以来先后获贵州省文化厅表彰全省文化共享工程工作先进工作者，获黔西南州文广局表彰优秀通讯员、先进工作者，获兴义市文体旅广电局表彰先进工作者、优秀共产党员等荣誉。

邓菁，女，1960年10月生，专科学历，中共党员，管理七级职员，党支部书记。1980年8月参加工作，1983年3月调入兴义市图书馆工作，历任中学教师、助理馆员、科员、副馆长、支部书记，分管党建、工会、妇女、办公室等工作。1991年加入贵州省图书馆学会，2009年以来先后获兴义市直属机关工委表彰优秀党员，获兴义市文体旅广电局表彰先进个人、优秀党员等荣誉。

梁静，女，1967年6月生，专科学历，管理七级职员，副馆长。1984年12月参加工作，1985年9月调入兴义市图书馆工作，历任助理馆员、科员、副主任科员、副馆长，分管图书馆业务工作，1997年加入贵州省图书馆学会，2009年以来先后获获兴义市文体旅广电局表彰先进工作者、先进个人等荣誉。

未来展望

近年来，兴义市图书馆始终遵循“开放、平等、免费、热情”的办馆理念，实行“全面开放、免证进馆、免费阅览”的管理制度，本着“读者至上、热情服务”的工作原则，面向社会公众免费提供公共图书馆基本文化服务。同时认真抓好农家书屋、社区图书室、职工书屋的经常性辅导、巩固和新建工作。未来五年，兴义市图书馆力争馆藏文献资源总量达50万册（件），数字图书馆资源总量达10TB，每周开放时间在72个小时以上，年均接待社会读者20万人次以上，年流通图书文献15万册次以上，年举办专题讲座、播放电影、农民工技能与再就业、图书馆业务培训100场次以上，免费开放服务指标位居全国县级公共图书馆前列，进一步完善图书馆总分馆服务功能，扩大服务辐射区域，带动兴义市城乡公共文化事业全面发展。

联系方式

地　址：贵州省兴义市延安路42号
邮　编：562400
联系人：李仲元

公共电子阅览室免费上网看电影讲座

小读者免费上网学习交流场景

开展宣传展览参观活动

贞丰县图书馆

概述

1979年3月，贞丰县图书馆成立并在贞丰县珉谷镇解放路租用两间民房（约20㎡）为馆舍，同年5月正式对外开放，是贵州省较早设立的县级公共图书馆之一。时称“笆壁图书馆”。馆址几经变迁，1982年6月10日，位于珉谷镇解放路水井街60号的贞丰县图书馆落成开放。馆舍占地3.5亩，建筑面积236平方米，设计藏书容量8万册，可容纳读者座位100个。1997年扩建后，馆舍占地面积800平方米，设计藏书容量15万册，可容纳读者座位150个。2009年3月，成为首批开通“贵州数字图书馆”的县级公共图书馆。2010年3月，全国文化信息资源共享工程贵州省贞丰县支中心建立并向读者开放。2011年3月，实行免费开放服务。2013年1月，位于贞丰县珉谷镇新丰路中段南侧的新馆建成开放。新馆占地2.97亩，建筑面积2724.54平方米。新馆藏书能力50万册，日均可接待读者300多人次。内设图书文献流通室、报刊阅览室、少年儿童阅览室、学术报告厅、多媒体阅览室（30台电子计算机阅览室）、过刊资料室、地方文献特藏室等10余个功能室。2013年，贞丰县图书馆有阅览坐席390个，计算机51台，信息节点135个，宽带接入10Mbps，选用Interlib区域图书馆集群自动化管理系统。建立了贞丰县图书馆网站。2013年，参加第五次全国公共图书馆评估，首次获得一级图书馆。

业务建设

截止2012年12月，贞丰县图书馆文献总藏量8.57万册，电子文献藏量380种/册。2009—2012年图书年入藏数量平均值为2610种，报刊年入藏量平均值为121种，视听文献年入藏量平均值为95件。2012年新增藏量购置费为165516.68元，其中，用于购置报刊23516.68元；购置文献图书142000元。2012年，地方文献入藏完整率为85%。至2012年底，贞丰县图书馆数字资源总量为6TB，其中，采录有贞丰县4个国家级、12个省级非物质文化遗产名录项目数据库资料2TB。拷贝省分中心录制的《布依族铜鼓十二调》专题录像片资料1TB。建有贞丰县非物质文化遗产普查电子文档，国家级、省级非遗名录项目数据库，项目申报文本电子文档1TB。地方文献数据库建设选题：《北盘江流域布依族文化专题数据库》2TB。电子计算机录入书目数据占馆藏中文文献书目的35%。贞丰县图书馆结合县情，文献采选以农业科技、少儿读物、教学参考、文化娱乐为重点，文献复本量保存2册。

读者服务工作

从2011年，贞丰县图书馆实行全免费开放：图书文献流通室、多媒体阅览室（30台电子计算机阅览室）等公共空间设施场地免费开放。文献资源借阅、检索与咨询、流动服务等基本文化服务项目健全并免费提供；取消办证项目，全免费为读者建立借阅档案。每周开放60小时。书刊文献开架比例为91%。2012年，馆藏书刊文献年外借率为76%，书刊文献外借册次为6.5万册次。2009年—2012年馆外交流书刊借阅册次为5.9千册次/年。2012年人均年到馆次数为75次/人。2010年精选7篇黄金冶炼相关信息做成专题，为县政府制定《黄金冶炼发展规则》提供信息服务。2011年，为科研与经济建设提供服务5项，其中参考咨询服务4项，课题跟踪服务1项。2009年起，为全县非物质文化遗产项目申报与保护研究工作提供专题服务。2012年，与贞丰县公安消防大队开展文化共建活动，在县公安消防大队建立了一个公安消防书屋，送去图书资料2260册（件），以及阅览桌椅、书架。2013年，与贞丰县人民武装部开展文化资源共建共享活动，在县武装部正式挂牌建立了“贞丰县图书馆服务网络点——民兵书屋”，切实解决了官兵看书难的问题。为进一步推进图书馆服务网络建设，2012年12月，全县13个乡镇综合文化站、县城中小学图书室全部参与图书馆服务网络建设，占全县公共图书馆（站、室）总数的比例为100%。2013年1月，开通与黔西南州民族师范学院、黔西南州图书馆、兴义市图书馆的馆际互借服务。2009—2012年，建成183个村级农家书屋、13个文化信息资源共享工程基层服务点。馆外书刊流通总人次1.5万人次，书刊外借2.4万册。2010年起，不定期编辑适合当地种植、养殖、手工制作技艺等内容的《科普信息资料》发放到群众手中，为本县农业生产和经济建设服务。

2009—2012年，贞丰县图书馆共举办讲座、展览、培训、阅读推广等读者活动183场次，参与人数10.86万人次。以文化信息资源共享工程贞丰县支中心和13个乡镇基层服务点为平台，由县图书馆组织阅读推广主题活动，充分实现文化信息资源

贞丰县图书馆全貌

在贞丰县农商行综合服务厅建立服务流动点

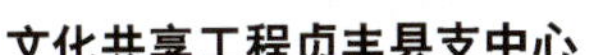
文化共享工程贞丰县支中心

2013年荣获“一级图书馆”称号

图书馆书库

共建共享的目的。

业务研究、辅导、协作协调

2009–2013年，贞丰县图书馆职工在国家级文化类核心期刊《文化月刊》发表论文2篇：《浪哨：一个民族的情感记忆》、《文化遗产保护的现在与未来》，在省级以上报刊发表论文6篇，申报省级课题2项。图书馆员工积极参加全县非物质文化遗产保护与研究工作，至2012年，收集、整理、申报列入《国家级非物质文化遗产名录》项目1个，《省级非物质文化遗产名录》项目3个，《2011–2013年度贵州省民间文化艺术之乡名单》项目1个。

截止2012年底，图书馆组织培训30期，培训县城中小学图书室管理人员900多人次，指导加工整理上架图书87000余册，使上述学校图书室顺利通过省教委组织的“两基”验收。2010年3月，组织全县首届“我的书屋，我的家”农家书屋阅读主题演讲大赛工作，扩大了农家书屋的影响。至2012年4月，组织下基层巡回培训，培训全县13个乡镇文化站图书室、183个农家书屋管理员1500多人次，指导加工整理上架图书7000多种、280000余册。2012年4月，全县农家书屋工程建设工作通过国家新闻出版总署考核验收组验收合格。

管理工作

2012年，贞丰县图书馆完成第二轮岗位设置与岗位聘任，本次聘任共设3类岗位，有11人重新上岗，同时，建立了工作量化考核目标体系，每月报告工作进度，年底进行年终考核。2009–2012年，共抽查文献排架8次，书目数据4次，编写《工作简报》48期，撰写专项调研、分析报告5篇。

表彰、奖励情况

2009–2012年，贞丰县图书馆共获得各种表彰、奖励8次，其中，获国家文物局“为第三次全国文物普查工作作出积极贡献”荣誉称号1次，省文化厅表彰、奖励1次，文化共享工程省中心表彰、奖励1次，其他表彰、奖励5次。

馆领导介绍

王国放，男，1960年3月生，大专学历，馆员，馆长。1978年12月参加工作，1981年1月到贞丰县图书馆从事采编工作，1994–2003年任贞丰县图书馆副馆长，2004年1月任馆长。

邓国城，男，1965年11月生，大专学历，副研究馆员，副馆长。1983年11月参加工作，1986年到贞丰县图书馆从事采编、图书流通、文献信息开发–非物质文化遗产保护与研究工作，任办公室主任等职。2011年6月任贞丰县图书馆副馆长，分管全馆业务工作。2009年3月，任贞丰县非物质文化遗产保护专家委员会委员。

未来展望

贞丰县图书馆遵循“以人为本，读者至上”的办馆方针，践行“文化强县”战略，不断完善农村公共文化服务体系功能，扩大服务网络辐射区域，带动北盘江少数民族地区社会经济发展。在不断完善馆内设施，达到内部设施灵活，文献保护适应，读者使用方便，读者环境舒适的基本标准。为读者提供满足其听觉、视角和触觉的文化空间。充分利用现有馆藏资源和网络信息资源，支撑和保障全县学校图书室、基层服务点、农家书屋服务体系良好运行的文献与技术能力。加强图书馆队伍建设，提升图书馆主动服务能力，使图书馆成为全县知识信息的集成中心，成为北盘江地区文化产业的重要支柱之一。

联系方式

地　址：贞丰县永丰办事处新丰路中段南侧–贞丰县图书馆
邮　编：562200
联系人：邓国城

（撰稿人：邓国城）

开展春节灯谜竞猜活动

开展传统文化知识现场答题迎春活动

在贞丰县民族中学建立延伸服务网点

仁怀市图书馆

概述

仁怀文化资源丰富，历史悠久。酒文化、长征文化、盐运文化以及多姿多彩的民族民间文化，相互交融，交相辉映，积淀深厚，为仁怀市图书馆建设和发展奠定了有利条件。早在民国二十一年(1932年)，仁怀就有了第一间图书室。新中国成立以来，历届县（市）委、政府非常重视图书馆事业建设。于1954年在茅台镇的文化馆内开设图书室，开展图书借阅工作，图书逐渐增加到4000余册。“文化大革命”开始后，图书借阅工作被迫中断。1983年7月，仁怀县图书馆正式成立。1985年县人民政府投资在城东修建仁怀县图书馆，1988年8月1日正式对外开放。2012年5月1日，位于仁怀市盐津街道大坪上的新馆建成开放，新馆建筑面积2005平方米，设计馆藏量20万册，可容纳读者座席300个。现有计算机60台，宽带接入10Mbps，选用榕树园图书自动化管理系统。

仁怀市(县)图书馆在第一次至第四次全国公共图书馆评估中均评为三级馆，在第五次评估中首次评为一级馆。

业务建设

截止2013年底，仁怀市图书馆总藏量为42.0350万册（件），其中，纸质文献15.0350万册（件），电子图书24万册。

2012、2013年，仁怀市图书馆新增藏量购置费350万元，共入藏图书55397种，148669册。报刊256种，电子图书24万册。地方文献入藏485种，1746册。

2012年实行了图书自动化管理，2013年底实行了馆内无线网络全覆盖。

读者服务工作

仁怀市图书馆从2010年起即实行全免费开放，完全按照《国家图书馆关于加强和改进公益性服务的实施方案》要求执行；共外借图书36500册次，平均每年48500册次以上；流通总人次约157000人次，平均每年24000人次以上。2009年–2012年，向外宣传图书及报刊400种以上。从2009年开始，图书馆的开馆时间为每周60小时。图书馆现有服务点、流通站共计53个，同“农家书屋”合并开设。图书馆为领导机关决策与社会事业发展提供信息服务60余次，为科研与经济建设提供信息服务30余次，为社会大众提供信息服务200余次，包含提供政务信息服务等。

图书馆共开展各种讲座、报告会、读书活动、送书活动26次，均有计划、总结和读者反馈意见，在这些活动中，读者活动人次在10万人以上，其中参加讲座、报告会、展览及其它形式的读书活动的人次在3万人次以上；图书馆共开展服务宣传周宣传活动10次，全民读书月宣传活动10次，媒体宣传23次（含电视、报纸、简报、网络视频等）；共开展社会教育与用户培训36次，均有计划、有内容，达到了应有的效果，得到了读者的好评。

业务研究、辅导、协作协调工作方面

2009–2012年，全馆职工在省级以上刊物上发表与图书馆工作相关的论文共计6篇。撰写图书馆专题调研报告2篇。开展乡镇、学校图书馆（室）辅导20次。指导基层图书馆（室）使用电脑对图书进行登记和管理5次。开展基层图书馆业务培训6次，参加人数为386人次。所有业务培训指导工作均有计划、方案和总结，使基层图书馆（室）专业知识和业务能力得到提升和加强，效果明显。

管理工作

人事管理上，2011年，仁怀市图书馆完成第一次岗位聘任，图书馆采取按需设岗、按岗聘用、竞争上岗、择优聘用的原则，在完善相关手续后实行一年一次考核，建立分配激励制度，对于不适宜在图书馆工作的人员提请局党组另行安排岗位；在财务管理上，严格按主管局的要求及相关制度执行，接受主管局的监督，用钱先汇报，用后及时报账，不私设小金库；在设备、物资管理上，对所有国有资产造册登记，统一纳入主管局国有资产管理；档案管理上，档案健全、资料详实、归档及时、装订整齐、每卷有目录，职工考核档案、参考咨询档案、课题服务档案、业务辅导档案齐全；环境管理上，做到阅读学习的设施、环境整洁、美观、安静，标牌规范、标准，设施维护良好；消防保卫上，除有专人巡查、专门的制度并严格执行外，还有专门的灭火设施、消防报警装置等。

送图书进机关

现场采购图书

送图书进看守所

送文体用品到村级学校

表彰、奖励工作

2012年遵义市文化信息共享工程工作三等奖。图书馆连续三年被文体广播电视局评为先进单位。

馆领导介绍

何群，女，1977年6月出生，大专学历，中共党员，馆长。1999年12月参加工作，历任文化馆副馆长、馆长，2012年10月任图书馆馆长。

未来展望

仁怀市图书馆将按照文化部、省、市有关要求，进一步寻找差距，增强措施，创造条件，狠抓落实。进一步解放思想，开拓思维，统筹兼顾，扩大服务范围，创新服务体系，整体推进图书馆事业的发展。一是管好并用好已建成的电子阅览室，开展正常的网上阅读，计划三年内实现图书全自动化管理；二是购置自助图书借机两台，流动服务车一台。服务街道社区、乡镇、村读者；三是及时做好各类报刊的收发、上架、整理和装订工作；完成年度图书资料的分编、入藏；四是继续加大经费投入，抓好新书添购入藏和报刊订购工作，进一步增加馆藏总量和馆藏质量。五是充分发挥图书馆的服务、教育功能，提高服务质量，努力增加在册读者人数，提高读者借阅人次，特别是对未成年人的服务工作。六是做好地方文献资料的收集、整理、入藏及本地特色资源的数字化加工、处理工作。七是建设古籍保护网站、建立古籍普查数据库，做好古籍保护工作。指导帮助乡镇、街道、村（含农家书屋）、学校图书室的规划与建设，进一步巩固基层图书室挂帮工作成果。

联系方式

地　址：仁怀市图书馆（新一中旁）
邮　编：564500
联系人：方 姝

镇远县图书馆

概述

镇远县图书馆创于1956年，馆址几经变迁于2009年搬迁至舞阳镇大菜园休闲广场处，占地面积500余平方米，建筑面积1580平方米，加分馆面积有2200平方米。本馆于2011年向社会免费开放服务，1994至2009年连续四次被文化部评为三级图书馆。2013年，参加全国公共图书馆评估，首次评为一级图书馆。

业务建设

截止2013年12月，本馆藏书6万余册。其中有线装图书212册、期刊合订本3328册、报纸合订本2169册、电子图书1万5000册，近几年每年订购报刊近300种。2013年成立了盲人阅览室，购书经费2万元购买了500 册盲人图书，100碟盲人试听光碟。全国文化信息资源共享工程下发光盘资源上百余套。2012年底我馆启动了图书电子登录系统，已经启动电子借阅对外服务。实现了馆内无线网络覆盖。

读者服务

镇远县图书馆设有座席172个，网络节点35个，电子阅览室35台电脑共读者使用，联办馆10个。设有全国文化信息资源共享工程——镇远县支中心、外借室、综合书库、地方文献书库、古籍文献书库、成人阅览室、儿童阅览室、宣传辅导室、过刊室等服务窗口。为保障基本职能实现的一些辅助性服务如办证、验证及存包等全部免费。以“读者第一、服务至上”为宗旨，充分发挥图书馆职能，弘扬我县文化事业。

2011年，本馆全面实施免费开放工作以来，利用免费开放资金聘请几个窗口的服务人员，轮流值岗上班实行每周天天开放。各方面的工作都得到了前所未有的发展，每年新增办理借书证280个，年接待读者20000多人次，图书流动及借阅60000多册。成人阅览室每年装订各种报纸期刊（合订本）500余册，全年共接待读者6000人次。儿童阅览室工作，每年接待少儿读者15000多人次，在图书馆服务宣传周和“六一”儿童节期间，精心准备了趣味性强和大量少儿优秀作品开展少儿读书阅读活动，鼓励和引导少儿走进图书馆。培养他们的学习兴趣和阅读能力，每年活动共接待少儿读者5000多人次，收到了较好的效果。电子阅览室进一步做好规范管理，努力做到网络技术系统安全、稳定运行；充分利用文化信息共享工程资源和先进技术提供公共文化服务，营造一个绿色健康的网上阅读空间，特别是对未成年人文明健康上网，在图书馆服务宣传周和“六一”儿童节期间，充分利用共享资源这一平台组织未成年人观看《中国共产党建党历史讲座》、《建国伟业》、《学习英雄楷模》等10部共123集。反映我党建党初期取得伟大胜利的影片，使广大未成年人受到了深刻的教育，全年接待读者上网12000余人次，出简报12期，完成上级的各项工作任务。

2009-2012年来本馆抓好采编及宣传辅导工作，每年开办业务培训班12次，到每个乡镇文化站进行农家书屋管理员业务培训，培训人次上千人。

2009年-2013年举办讲座、15次参加讲座的人次有800人，展览40次，参观展览的人才有5000人次。认真做好图书分编，款目著登录等基础工作；积极配合文体广电旅游局做好“农家书屋”的业务辅导和基层图书馆（室）的业务辅导工作。做好舞阳镇盘龙社区、东关社区、和平社区、西门社区、羊场镇凯言村、为青溪镇文化站等建立编辑图书上架。

管理工作

2013年我馆完成了第二次全员岗位聘任，本次聘任共设5个岗位，建立了工作量化考核指标体系，每季度进行考核，每半年和全年进行工作总体考核。

表彰奖励

2012年至2013年连续两年获得文体广电局先进单位表彰。

当然工作中也有一些不尽人意的地方，图书馆藏书少，有很多的读者在图书馆找不到需要的书籍，我馆在今后的工作中要根据读者的需要，争取县财政资金的支持，进一些群众喜闻乐见的书籍，满足大众读者的需要。做到高兴而来，满足而去，尽善尽美做好各项服务工作。

馆领导介绍

向进平，男，1965年6月生，大专学历，中共党员，馆员，馆长，1983年10参军入伍，1988年1月退伍分配在镇远县文工队

工作，历任文工队副队长，1996年调入文化馆，后任副馆长，2011年1月调入图书馆任馆长。

陈敏，女，1966年8月生，大专学历，1988年参加工作，助理馆员，副馆长。

未来展望

镇远县图书馆将根据党的十八大十八届三中全会的精神，必须深化文化体制改革，增强文化整体实力和竞争力。文化体制改革是推动文化繁荣发展的根本动力。在此本馆将积极争取地方政府在政策上、资金上、基础设施建设上给予大力的支持。同时不断强化自身的综合实力，带动全县图书馆，农家书屋整体发展，争取在未来的几年里在芽溪新县城在建设一个4500平方米的新馆，同时争取配套资金把图书馆的软硬件设施配备完善，让读者可以在舒适温馨的环境里读书阅览，甚至可以通过流动图书配送车直接进社区，进农户，让广大市民足不出户就可以得到优质的服务。

联系方式

地　址：贵州省镇远县平冒街鼎豪广场
邮　编：557700
联系人：向进平

都匀市图书馆

概述

都匀市图书馆前身为黔南州图书馆，创建于1957年9月，1958年对外开放，馆舍建筑面积490平方米。1959年下放都匀市，更名为都匀市图书馆。1997年旧馆舍拆除，新馆于2003年5月正式投入使用。新馆大楼共有5层，建筑面积1721.5平方米。2012加层扩建为2030平方米。馆内设6个服务窗口，阅览座席315个。计算机68台，供读者使用的计算机57台。电信20M光纤专线接入Internet。在第一次、第三次、第四次全国公共图书馆评估中均评为三级图书馆。在第五次全国公共图书馆评估中首次获得一级图书馆。

都匀市图书馆现有工作人员12人，大专以上学历10人，中专以上学历2人。高级职称1人，中级职称4人，初级职称5人。

业务建设

都匀市图书馆现有图书文献、电子文献43万册。平均图书每年入藏2437种，报刊入藏为255种以上，电子文献年入藏量为8万种以上，视听文献年入藏量为30种以上。2013年底，都匀市图书馆数字资源总量3TB。建有数字图书（有数字图书33万余册）。自建特色数字资源有：都匀韦帮粉《水族剪纸艺术》、张子全的《都匀毛尖茶制作技》，收录都匀的人文地理、地方特色文化等资源。经常派专人到黔南州各征集地方文献，如夜郎文化等，地方文献安排专架专人管理，并配有阅览席供读者查阅所需资料。采用Interlib集群管理系统，图书采访、编目、流通等均实现自动化管理。建有独立门户网站，读者可以通过网站自助完成注册、馆藏查询、预约、续借等操作，网站整合了馆内外数字资源，读者可以通过图书馆门户网站访问馆内数字资源。

读者服务工作

都匀市图书馆本着“以人为本，读者至上”的读者服务宗旨，不断加强工作人员的岗位作风建设和管理水平，改善服务质量，给读者提供优质的、多种形式的、高层次的服务。从2010年起，全年365天对外免费开放，周开放时间60小时。每年外借图书6万册以上，接受图书馆服务人次达十万多人，接待读者量逐年增加。

每年都举办纪念“4.23世界读书日”活动、图书服务周活动和开展监狱服刑人员读书帮教活动，与学校、部队、社区开展各种讲座、培训活动，如返乡农民工培训、农家书屋管理员培训、小学生网页制作培训，制作各种展板，向读者宣传雷锋精神，中国的文化盛事，公共图书馆规范，世界读书日的来由，向市民发放倡议书等，让构建“学习型社会”走进千家万户。

充分发挥文化共享工程作用，让文化共享工程进学校，进社区，进军营，进村寨。将每周星期三的下午定为中小学生集体阅览日，都匀市内的多所学校在这一天由老师带队，轮流到支中心电子阅览室进行集体阅览活动，活动中图书馆老师指导中小学生登录文化共享工程网站浏览、阅读、学习。利用“共享工程”网络让学生查阅《毒品的危害》、《如何注意交通安全》、观看《中小学生应注意的言行举止》等。在做好市区服务工作的同时，还指导各乡镇基层服务点利用“共享工程”的资源开展各种活动。据统计：近年来，各基层服务点克服各种困难，深入各村寨为农民群众服务，受益群众达20多万人。

都匀市图书馆在社区、乡镇、部队、监狱等设立多个图书服务站点，新书到馆后，挑选部分新书到各站点进行流动借阅再回到馆内上架，还赠送书刊给各流通点，较好地解决了部分人看书难的问题。在为特殊读者服务工作中，为残疾人设立专门阅读机位，为行动不便的老人派提供专人送书上门服务。

开展参考咨询服务方面，编制《信息参考》，撰写调研报告，为领导机关决策提供信息服务。每年编制大量的养殖业、种殖业、法律法规等方面的资料，利用“文化三下乡”和“科技赶场”活动散发给群众。

业务研究、辅导、协作协调

2013年都匀市图书馆员工参加行业论文获奖和发表论文13篇。

积极参加省、州等地组织的各种业务培训，人均年培训学时达120学时。从2008年以来，都匀市在各乡镇、行政村、社区先后建立了“农家书屋”145个和文化共享工程基层服务点21个。都匀市图书馆先后分期对管理员进行培训，同时，有计划地抽调骨干到各个“农家书屋”和文化共享工程服务点进行现场辅导，安排专业人员到各个基层服务点进行调研，成立检查组对各文化共享工程基层服务点和“农家书屋”点进行检查，对管理好的进行表彰，对差的提出整改意见，取得良好效果。

开展基层辅导工作

开展文化共享工程进军营活动

春节期间开展文化惠民服务活动

开展读书征文活动

开展农家书屋管理员培训活动

管理工作

都匀市图书馆从建馆初期就极为重视规章制度建设，严格制定了各部门、各岗位的工作职责，并在实行期间不断修订完善。到目前为止，已经实行岗位设置管理，建立了聘任制和分配激励制度，按需设岗，按岗聘任。同时，制定了每月每人目标考核表，使得各项工作都有制度可依，各项奖惩措施均有章可查，减少了人为因素造成的管理上的随意性和盲目性，从而保障了各项工作的顺利开展。

表彰、奖励情况

2009年–2012年都匀市图书馆获得各种表彰、奖励12次，其中，文化部奖励1次，省级奖励2次，州级2次，市级11次。

馆领导介绍

肖楠，女，1962年5月生，大学学历，中共党员，副研究馆员，馆长。

张舒，男，1964年4月生，大专学历，副馆长。

王文莉，女，1967年11月生，大专学历，中共党员，党支部书记。

未来展望

都匀市图书馆本着"读者第一，服务至上"的服务宗旨，继续开展"请进来，阵地服务拓新境，走出去，延伸服务开新花"等创新活动。扩大服务领域，促进地区经济发展。在未来的几年里，新规划馆舍面积将增加为3500平方米，可供读者阅读的阅览座席增加至500个，增设盲文图书室等。

联系方式

地　址：贵州省都匀市普安路123号

邮　编：558000

联系人：肖　楠

报刊阅览室

电子阅览室

地方文献室

社会科学借阅室

图书馆外貌

瓮安县图书馆

概述

瓮安县图书馆始建于1979年，新馆于2008年建成并正式向大众免费开放。新馆建筑总面积为3158.6平方米，读者阅览席座265个，计算机51台，电信10M光纤专线接入，内有纸质藏书11万余册，设有12个免费开放服务，已实现全馆无线网络覆盖。2013年，参加在第五次全国公共图书馆评估，首次获得一级图书馆。

业务建设

截止2012年底，瓮安县图书馆总藏量21万余册，其中纸质文献11万余册，电子图书10万余册，报刊247种。

2009—2013年，政府共投入500余万元用于图书馆建设，2009年，建成全国文化信息资源共享工程瓮安县支中心，其中，2013年投入评估定级及免费开放经费148万元，采购新书5万余册，馆藏数字资源总量达6TB。

2009年，图书馆采用Interlib图书馆集群管理系统以适应公共图书馆服务联盟建设需要，实现全馆通借通还。2013年年初，实现馆内WIFI全覆盖。

读者服务工作

从2009年起，瓮安县图书馆全年每天对外免费开放。每周开放56小时，2009—2012年，书刊总流通10万人次，书刊外借8万册次，建成12个延伸服务点，农家书屋255个，实现了图书馆服务对象全范围、多层次、全方位覆盖。

2013年，瓮安县图书馆网站（http://www.waxtsg.com/）建成并面向公众开放。网站整合了馆内外数字资源，读者可使用计算机或手持设备访问我馆网站，从而获得数字资源或完成预约、办证登记、书目检索、图书续借等自助操作。

我馆自建“瓮水长歌”地方特色资源库，收录有关瓮安的人文地理等方面的图片或影像等资料供读者查询使用。

2009—2012年，瓮安县图书馆共举办讲座、展览、培训、阅读推广等读者活动40余场次，参与人数4万人次。

业务研究、辅导、协作协调

2009—2012年，瓮安县图书馆职工发表论文12篇。

2009年，全国文化信息资源共享工程瓮安支中心在瓮安县图书馆建成，并加入贵州省图书馆编目中心。2012年，参加贵州省黔南州图书馆地方文献联合征集工作。2013年，联合贵州省黔南州图书馆图书馆开展Interlib图书馆集群管理系统运用培训2次，全州13个县市图书馆300人次接受培训。

主办瓮安县乡镇农家书屋管理员培训10次，800人次接受培训。主办瓮安县乡镇基层站点管理员培训10次，750人次接受培训。

2013年，参加《贵州省黔南州图书馆期刊联合编目》编制，并在联盟工作委员会指导下开展联合编目、流通服务。

管理工作

目前，全馆编制12人，在岗工作人员10人，本科以上学历9

免费为武警官兵进行电脑培训

免费为驻地官兵进行电脑培训

在报刊阅览开展听写比赛活动

电子阅览室

儿童阅览室

外借阅览室

上门为视障人员服务

为农民工开展购买火车票服务

周末在儿童阅览室开展猜谜语活动

人，大专以上学历100%；中级职称3人、初级职称3人。

2010年全馆工作人员与瓮安县文体广电旅游局签订聘任合同，并在瓮安县文体广电旅游局的领导下建立了工作量化考核指标体系，每周进行工作进度通报，每月进行小结，每半年和全年进行总体工作考核。编写《瓮安县图书馆工作简报》12期，撰写专项调研、分析报告和工作提案10篇，编写各部门工作进度通报52篇。

建立瓮安县农家书屋及乡镇基层站点管理体系，全面管理农家书屋及乡镇基层站点工作。

表彰、奖励情况

2009–2012年，瓮安县图书馆共获得各种表彰、奖励6次，其中，省文化厅表彰、奖励1次，其他奖励5次。

馆领导介绍

陈小丽，女，1969年2月生，专科学历，馆长。1991年8月到瓮安县图书馆工作，先后在采编室、阅览室、图书借阅室等部门工作。

未来展望

瓮安县图书馆始终坚持“读者第一，服务至上”的服务宗旨，开展多层次、全方位的社会化服务，发挥图书馆润物细无声的积极作用，为瓮安县经济建设和社会全面进步作出积极贡献。2013年，瓮安县图书馆新馆建设工程正式启动，新馆建设总面积3000平方米，并将于2015年10月开馆面向公众开放。全面建成后的瓮安县图书馆，将由新区馆、南东路馆两部分组成，总建筑面积6000平方米，阅览座400个，可容纳纸质文献20万册。还要继续推进图书馆延伸服务点、流动图书室及农家书屋的建设发展，逐步实现与贵州省图书馆、黔南州图书馆资源共享互补，具有地方特色的公共图书馆，力争各项主要指标达到国内一流标准，位居全省县级公共图书馆前列。

图书馆外貌

联系方式

地　址：贵州省瓮安县瓮水社区南东路
邮　编：550400
联系人：陈小丽

服务宣传周展览及散发宣传资料

送书下乡活动

大方县图书馆

概述

大方县图书馆建于1978年。此前，清朝时期有尊经阁、万松书院、文龙书院等图书收藏机构。大方县图书馆原附设在文化馆内。1986年，新馆竣工投入使用，目前馆舍面积2175平方米，3200米书架、72台电脑、400张阅览座椅、馆藏13万册、专线10兆光纤、存储容量6TB。现设服务窗口7个，馆外分设30个图书室，27个流通点。目前使用广州图创管理系统，自动化程度正在逐步完善。2008年，建成“全国文化信息资源共享工程大方县支中心”，共享工程覆盖全县34个乡镇357个基层服务点。2009年，成为首批“全国县级数字图书馆推广计划”试点单位。大方图书馆经过36年的建设和发展，实现了业务、办公自动化，基本形成现代与传统相融并存的服务模式，为繁荣地方文化起到了积极的作用。获得国家文化部“全国文明图书馆”称号，2013年，参加第五次全国公共图书馆评估，首次获得一级图书馆。获得中共中央宣传部、国家文化部及国家广电总局联合表彰的“第五届全国服务农民、服务基层文化建设先进集体”的光荣称号。

业务建设

截止目前，大方县图书馆总藏量13万册，电子文献藏量4.9万种。拥有数字资源总量3TB。

自全国数字图书馆推广计划在大方县图书馆实施以来，陆续向全县中小学生、群众推荐网络数字资源10189次，筹备自建地方数字资源数据库3个，目前正在建设中。

读者服务工作

公共空间设施场地全部免费开放，基本服务项目健全并全部免费开放。每周开放时间为63小时，馆藏书刊文献年外借率77.7%，书刊文献年外借册次6.3万册次。馆外流动服务点书刊借阅册次7000册次/年，人均年到馆次数26.6次/人。自2009年以来，以文化信息资源共享工程为依托，开展讲座、培训、展览及阅读推广活动达158次，参与人数达17.63万人次。

积极为残疾人、进城务工人员和老年人等特殊群体服务，免费为其举办各种培训班。2013年，建立了独立的图书馆网站，网上服务项目正在进一步完善。图书馆服务宣传周、全民读书月、世界图书日及各种传统佳节，开展内容形式多样的读书活动，县电视台、《贵图学刊》、共享工程国家管理中心、《图书馆报》等媒体作了相关报导，取得了很好的宣传效果。

业务研究、辅导、协作协调

2009年以来，在省级以上刊物或专业会议上发表论文13篇、简讯15篇。参加毕节市图书馆联合编目中心，是毕节市图书馆联合编目中心的成员馆。2009年以来先后对全县357个“农家书屋”及34个文化服务中心的图书管理员进行业务辅导80多次。举办业务培训班10期，培训管理员867人次，到各基层点帮助完成图书分编上架7万多册。

管理工作

现有工作人员9名，大专以上学历人数占职工人总数的100%，中级以上职称人数占职工人员总数的30%，初级以上职称人数占职工总数的100%。实行岗位责任制管理，建立了分配激励制度。设备、物资管理制度落实到人，馆内标牌规范，安全保卫工作制度健全，建馆至今，无任何消防安全事故发生。

表彰、奖励情况

2013年荣获中共中央宣传部、国家文化部及国家广电总局联合表彰的“第五届全国服务农民、服务基层文化建设先进集体”光荣称号。

未来展望

在图书馆建设方面，将不断完善软硬件设施，根据地域文化资源特色和馆藏特色，建设具有一定特色的地方专题文献数据库，形成独有的地域的特色资源。不断提高馆员的整体素质，进一步做好图书馆各项基础业务工作与读者服务工作，做到主动服务、创新服务，继续举办形式多样的读者活动吸引读者，宣传图书馆。

馆领导介绍

杜雯，女，1963年1月生，本科学历，中共党员，副研究馆员，馆长。1981年4月参加工作，1986年12月到大方县图书馆工作。

易力，男，1971年2月生，本科学历，中共党员，馆员，副馆长。1992年9月到大方县图书馆参加工作。

联系方式

地　址：贵州省大方县新民路1号

邮　编：551600

联系人：杜　雯

桐梓县图书馆

概述

桐梓县图书馆创办于1952年，原址在县城长征路中段东侧。1992年拆除后，因无场地办公，1992年旧城改造拆除后，先后在政府招待所、文化馆等地租赁场地继续对外开放，2003年5月搬进位于县城世纪广场东侧的文化艺术中心开展借阅服务工作，2004年8月，迁至位于世纪广场西北角新建的图书馆馆舍开展工作至今。目前，图书馆现有馆藏文献资料71000多册（件）。

桐梓县图书馆综合楼现有馆舍面积3300余平方米，现有的71000多册馆藏文献资料中，图书约586000册，报刊约3500册，其余为电子图书、视听资料等；图书馆现有编制15个，在岗人员14人。对外开放的窗口有八个，分别是：图书借阅部、报刊阅览室、电子阅览室、少儿阅览室、盲人及盲文有声读物阅览室、参考咨询部、活动展厅、多功能厅，年均接待读者约120000人次（含电子阅览室、盲人阅览室），外借各类书籍、报刊合订本、视听资料约4.5万册次。

职能

根据桐梓县图书馆《事业单位法人证书》的规定，我馆的职能如下：

保存和借阅图书、资料，促进社会经济文化发展；图书资料借阅采编与储藏；图书文献资料建设和开发利用；图书馆建设；图书资料网络系统和文献数字化处理（相关社会服务）；“共享工程”县级支中心的建设和组织实施。

便民措施

1、为盲人和残疾人送书(或有声读物)上门。

2、为县城所有机关单位、大型企业、学校免费办借书证并送证上门。

3、不定期编辑《好书推荐》，以橱窗的形式宣传、以折页的形式送到读者手中，供读者选择。

4、在人群集中的地方开设延伸服务点，每2–4个月更换一次图书。目前已经建成延伸服务点6个。

联系方式

名　　称：桐梓县图书馆
地　　址：贵州省桐梓县娄山关镇世纪广场内(娄山关镇凤鸣路中段)
电　　话：0852–6637395
开放时间：周一至周五　早上8:30–12:00　下午2:00–5:30
　　　　　周六、周日　11:00–17:30
乘车路线：乘1路公交车到“世纪广场”站下车即可

贵州省图书馆

概述

贵州省图书馆始建于1937年。1997年，在贵阳市北京路130号原址上开始进行改扩建，2004年12月18日投入运行。馆舍地下1层，地上17层，其中裙楼5层，塔楼12层，总建筑面积25171m²。贵州省图书馆建筑以"书山蕴灵秀，墨韵沁清香"的立意来设计修建，特别是裙楼外墙浮雕具有浓厚的贵州民族文化特征，成为贵州省标志性的文化设施。2012年，贵州省图书馆有阅览坐席1071个，计算机336台，信息节点647个，宽带接入200Mbps，选用Interlib图书馆自动化管理系统。2009年首次参加全国公共图书馆评估，获得二级图书馆。

业务建设

截止2012年底，贵州省图书馆总藏量共计466.4978万册（件），其中，纸质文献167.9967万册（件），电子图书290万册，电子期刊8.4334万册，其他677册。2012年，贵州省图书馆新增藏量购置费300万元。2009–2012年，共入藏中外文图书8.9040万种，21.312万册，中外文报刊1.2910万种，视听文献2040种。2012年，地方文献入藏完整率为96.6%。截止2012年底，贵州省图书馆数字资源总量为91.5TB，包括发布使用的数字资源总量26个，80TB，自建数字资源总量11.5TB，其中，地方文献数据库建成总数11个，共享工程自建数据库6个，有：《贵州省古籍联合目录数据库简介》、《贵州农民画数据库》、《民国图书全文数据库》、《地方志全文数据库》、《贵州地方志索引数据库》等。其中20个均可通过贵州省图书馆网站、贵州数字图书馆网站采用本地镜像或远程包库访问方式提供检索、浏览和下载服务。2013年，实现读者服务区域wifi全覆盖。

读者服务工作

从2011年5月起，贵州省图书馆实行全年365天对外免费开放，周开放72小时，2011年，引进RFID技术，实现了馆藏文献的自助借还。

2012年，书刊外借42.531万册次。与国家图书馆、广东省立中山图书馆、贵阳市图书馆、贵州师范大学图书馆等13个图书馆建立馆际互借（文献传递）关系，开展跨系统、跨区域馆际互借（文献传递）服务。2009–2012年，引进街区自助图书馆4台，有分馆和馆外图书流通点53个，馆外书刊借阅416.001千册次。2011年10月，中国政府公开信息整合服务平台贵州分站上线服务。2012年起，每年编写《信息参考》6期。2008年起，每年为"两会"提供服务。2009–2012年，贵州省图书馆网站访问量4899.6855万次。近年来开放云阅读电子阅览室、"掌上贵图"手机图书馆，建成读者短信服务平台，开通图书馆微博，利用读者QQ群加强图书馆宣传，购置多媒体电子触摸屏为读者提供政府公开信息查询服务、期刊和报纸在线阅读等。

2009–2012年，贵州省图书馆共举办讲座、展览、培训、阅读推广等读者活动628场次，参与人数249.9561万人次。从2010年开始，以贵州数字图书馆为平台，与贵州省全民科学素质工作领导小组每年组织实施"百万公众网络学习工程"活动，年参与人次上百万。

业务研究、辅导、协作协调

2009–2012年，贵州省图书馆职工发表论文130篇，参与撰写或主编的专著7部，获准立项的国家级、省部级、厅局级科研项目7项。贵州省图书馆协办2011中国图书馆年会暨中国图书馆学会年会、承办"2011中美图书馆员专业交流项目——贵州图书馆理论与实践研讨会"。2011年、2013年承担贵州省第九次、第十次哲学社会科学优秀成果评奖查新工作。截止2012年底，贵州数字图书馆实现了从省馆到市(州)各级公共图书馆数字资源服务网络全覆盖，比例达到100%。全省县级图书馆加入文化共享工程服务网络，覆盖比例达到100%。截止2013年5月，贵州省图书馆学会发展中图学会会员145人，发展省图学会会员1020人，被贵州省社科联评为"2012年贵州省社会科学宣传普及周活动"先进学会，并成为贵州省人文社会科学普及基地2013年1月，全国图书馆联合编目中心贵州省分中心正式成立，制定《贵州省图书馆联合编目分中心工作章程》，目前，成员馆已达62家，占地区图书馆总量（92家）的67.4%。

管理工作

2012年，全面推行岗位竞聘制，实行按需设岗、按岗聘用、竞争上岗。根据上级主管部门下达的年度目标任务和本馆工作计划，逐层签订目标管理责任书，责任到人。实行年度考核制，考核优秀者给予表彰奖励。近年来不断吸纳志愿者参与图书馆的各项服务工作，有"布客书屋"、寒暑假志愿者招募活动。对志愿者进行登记注册和发证书。

图书馆馆名

2014年世界读书日活动

地方文献征集活动

“书香庆六一”活动

2013年图书馆服务宣传周活动

老年电脑知识培训

表彰、奖励情况

2009—2012年，贵州省图书馆共获得各种表彰、奖励16次，其中，文化部3次，省委、省政府3次，省文化厅8次，其他2次。

馆领导介绍

罗青松，男，侗族，1966年9月生，研究生学历，理学学士，中共党员，副研究馆员，馆长，党委副书记。1989年8月参加工作，历任凤冈县双山乡政府秘书，县委宣传部宣传干事，凤冈报社编辑、记者，县委组织部组织科长，凤冈县绥阳镇镇长，凤冈县县委委员、土溪镇党委书记，花溪区旅游局副局长，天河潭风景管理处处长、总支书记，花溪区文体广电新闻出版局局长、党组书记，贵州省文化厅办公室副主任，厅文化市场管理处副处长，贵州省文物考古研究所（省文物保护研究中心）党支部书记、副所长（法人代表）。2012年4月任贵州省图书馆馆长。兼任贵州省图书馆学会理事长、文化信息资源共享工程贵州省分中心主任。

王曼，女，1962年9月生，大学本科学历，中共党员，研究馆员，党委书记。1983年7月到贵州省图书馆工作，先后在科技部、社科部、科学情报部（现信息服务部）、办公室工作，任副主任、主任、馆长助理等职，2006年9月被贵州省文化厅任命为贵州省图书馆副馆长，2008年8月转岗任贵州省图书馆党委副书记，2011年8月被贵州省文化厅任命为贵州省图书馆党委书记。

钟海珍，女，1957年6月生，大专学历，中共党员，研究馆员，副馆长。贵州省人民政府特殊津贴专家。1974年9参加工作，1977年到贵州省图书馆工作，2007年任贵州省图书馆副馆长。兼任贵州省古籍保护中心主任、贵州省古籍保护专家委员会副主任、贵州省图书馆学会秘书长、中国图书馆学会乡镇社区专业委员会委员等职。

刘梅，女，1964年6月生，本科学历，中共党员，研究馆员，副馆长。1985年8月到贵州省图书馆工作，先后在科技图书借阅部、业务办公室、技术部工作，任技术部副主任、主任等职，2008年8月起任贵州省图书馆副馆长（副处级），分管图书馆自动化、数字化、网络化建设等工作。

张少华，男，1963年7月生，本科学历，中共党员，馆员，副馆长。1983年3月到贵州省图书馆工作，先后在社科、采编、科技、典藏等部门工作，任副主任、主任等职。现分管业务办公室、人事、后勤设备、安全保卫。

未来展望

贵州省图书馆将遵循图书馆事业发展的科学规律，以“服务立馆、人才兴馆、科技强馆、开放合作”为目标， 以文化共享工程、数字图书馆建设、古籍保护、免费开放为契机，坚持解放思想，创新思维、与时俱进，继续全面深化内部机制改革，加强专业队伍建设和人才培养，强化基础业务建设，拓展服务领域，创新服务模式，打造文化服务品牌，推进公共文化服务体系建设。在贵州推进“科学发展、后发赶超、同步小康”的发展新时期，为全面提高公民道德素质、丰富人民精神文化生活、为贵州构筑“精神高地”、冲出“经济洼地”、为唱响贵州文化的主旋律发挥应有的作用。

联系方式

地　址：贵阳市北京路130号
邮　编：550004
联系人：罗 玲

内部花园

馆舍全景

六盘水市图书馆

概述

六盘水市图书馆成立于1978年，1981年5月对社会公众开放。馆舍面积2606.53㎡。供读者使用的阅览坐席近400个，其中：少儿阅览坐席62个。全馆正常使用的计算机有90台（现有26台，包括将建的电子阅览室计算机），提供给读者检索专用的有65台（现有4台，包括将建的电子阅览室计算机），服务器3台，1997年使用ILAS5.0版本，2007年升级为ILASⅡ2.0版本。馆内局域网使用电脑17台，宽带接入为15兆，并全部接入互联网。读者服务区免费使用WiFi上网。实现了图书采编自动化、报刊管理自动化、检索查询自动化、馆内各子系统、流通管理自动化、办公自动化、业务工作及读者服务工作的现代化管理。在第一、二、三、四次全国公共图书馆评估中均评为三级馆，2013年，参加第五次全国公共图书馆评估被评为国家地（市）级二级馆。

根据市机编发（2012）86号文件核定，市图书馆为财政全额预算管理的副县级事业单位，编制33名，内设机构为6个部室。现在岗人员22人，其中本科学历9人，大专10人，中专2人，其他1人。专业技术人员19人，高级职称6人。

业务建设

六盘水市现有馆藏图书21万册，主要以社会科学类图书为主，重点收藏地方文献、综合性图书，兼顾各学科门类。2012年入藏新书5000种（包括接受捐赠等），报刊800种，视听文献600种。多卷书、连续出版物入藏完整率90%以上。地方文献从无到有，初步形成了史志类、本籍人士著作等特色文献。近年来逐步加大了地方文献的征集力度，力求做到征集面宽、有特色，形成了具有本地特色的藏书体系，并设有专柜、专架、专人管理，常年向读者免费开放。1997年开始至今使用ILAS系统，馆藏中文图书、中文期刊书目数据数字化分别为90%和98%；地方文献书目数据化为100%。

读者服务工作

2010年7月实施全免费开放服务，公共空间场地免费开放，基本服务项目免费开放，免费办证，免费阅读。坚持全年开馆360天以上，节假日不休。

（一）读者外借服务

图书、近期报刊实行全开架借阅。年流通总人次（指在馆内阅览和借书、刊、视听等的读者人次，以及自习、咨询、服务点的统计数字）为120910人次，年外借册次（包括服务点）为150289册。

为了向广大群众敞开大门，大力开展图书流通工作，主动为广大人民群众服务，有效地配合各类政治活动和中心工作，采取举办图书展览、编制推荐书目、新书通报、图片展板等方式，向读者宣传优秀书刊，开展书刊宣传工作。年均宣传书刊600种以上。

（二）特殊群体服务

近4年，建立了市图书馆新兴工读学校、六盘水市戒毒所、钟山区供销联社、华栋小学、市公安局科级通讯处、六盘水市武警支队、笋芽小学、蟠龙乡院坝村、德宏社区、钟山区消防支队、化乐中心校等图书借阅服务点11个。

六盘水市图书馆本着对弱势群体优先、优质、免费的宗旨，为老年读者、未成年读者及残疾读者提供了一系列的服务。在每个阅览室长期设立适合残疾人读书的阅览座席。为老年人或残疾人免费提供送书上门服务。阅览室、外借部配备了老花镜、放大镜、雨具等用具，使弱势群体体会到社会的关爱，也使图书馆的服务得到了延伸。在儿童阅览室设立了适合儿童使用的高、中、低桌椅，以便于少年儿童选用。与市残联联合成立盲人阅览室，藏有盲文图书291册，视听资料533件，设有阅览座席18个，电脑1台。

（三）参考咨询服务

除开展的读者服务工作传统的服务项目外，还有代查服务、定点定题服务等方式。参考咨询部从各种书刊资料中加工优选信息，经过加工整理后编辑成二次文献《实用信息》，为社会大众提供信息服务。

（四）读者服务活动

经过多年的探索和实践已形成了讲座、节假日读者活动和图书服务宣传周三大系列，至今已形成规模。图书馆服务宣传周、全民读书月期间，开展了以宣传图书馆服务功能、宣传馆藏文献信息等阵地宣传活动。外借部、阅览部、参考咨询部、特藏部等在宣传周期间利用摆设外摊、宣传栏等形式进行广泛的宣传，从而使宣传范围延伸到读者服务的窗口和角落。

业务研究、辅导、协作协调

2009—2014年，六盘水市图书馆职工发表论文36篇。

多年来，六盘水市图书馆担负着六盘水市各级图书馆的业务辅导任务，对各图书服务点管理人员、各县区农家书屋管理人员进行了业务培训和业务指导。积极组织本地区市图会员参加学习交流，每两年举办一次市图学会年会，加强馆技交流和图书馆员之间的交流，积极参加中图学会、省图学会的各项培训活动。2009年9月，选派3名专业技术人员对水城县中小学图书馆管理员266人进行两周的图书馆学知识培训。2010年5月，派1名专业技术人员对水城县化乐中学图书室的管理员辅导3次，指导化乐中心校图书室规章制度的建立、业务工作的开展等。多年来，一如既往发挥地市级公共图书馆的作用，对水城县图书馆、钟山区图书馆进行不定期的业务指导。2009年–2014年7月，派专业技术人员为钟山区200余名农家书屋管理人员进行业务培训，收到较好的效果，并不定时进行业务指导。

分别在新兴工读学校、六盘水市戒毒所、华栋小学、笋芽小学、市武警支队、市公安局科技处、钟山区供销联社、蟠龙乡院坝村、蟠龙乡科技种植协会、德宏社区图书馆、钟山区消防支队、化乐中心校等地建立图书流通服务点12个，定时进行常规性业务指导。2008年起配合新闻出版局对六盘水市“农家书屋”图书的管理进行业务指导。

六盘水市图书馆学会成立于1991年10月，现已发展省图学会会员61名，中图会员13名，市图学会会员78名。在2009–2012年期间组织地区性学术活动及培训共计5次，评选论文90篇，参加培训人员260人。积极组织本级图书馆学会工作，积极参加馆际交流，长期组织职工参加西南片区图书馆协作网年会和全国中小型图书馆学会年会。

管理工作

（一）建立健全各种文献保护规章制度

建立各种规章制度、如：《库房管理制度》、《特藏文献管理制度》、《古籍保护制度》等，并要求工作人员严格执行。配置文献保护相关设施设备，避免自然原因引起的文献损坏。工作人员多年来养成了良好的习惯，使文献保护工作取得实效。

（二）规范财务档案管理

严格按市财政局的要求进行管理，档案管理健全、资料收集详实，并备有详细的财务档案，归档及时，建有档案管理工作规范。

（三）制定人事管理制度

根据人事管理实行聘用制，制定了《六盘水市图书馆人事制度改革实施方案》、《六盘水市图书馆规章制度汇编》，推行岗位管理和目标管理责任制，建立了内部收入分配激励机制，调动了职工的工作积极性。

表彰、奖励情况

2009–2012年，获得六盘水市文明服务窗口、公共文化服务先进单位、先进党支部、三八节活动优秀组织奖、先进学会、关心下一代工作先进集体、贵州省文化共享工程年度目标考核二等奖等荣誉称号。

馆领导介绍

馆长：许荣富，1964年生，毕业于贵州教育学院政教系，本科学历，2006年调任市图书馆馆长。

副馆长：王秋翔，1962年生，1992年9月调入市图书馆工作，2005年9月任副馆长。

未来展望

随着我国经济建设的发展，国家对文化事业的投入不断增长，各级政府对推动文化大发展大繁荣工作的力度不断加大、图书馆事业的发展迎来了发展的春天，展望未来，我馆将搬入凤凰山城市综合体，馆舍面积将翻一番，电子图书、电子阅览室将从无到有，服务功能不断完善，服务范围不断扩大，服务的质量不断提高、服务数量不断增加。我们将共同努力工作，把市图书馆打造成市民休闲、娱乐的场所、市民充电的充电宝，市民阅读的大书房。

联系方式

地　址：六盘水市钟山西路48号
邮　编：553001
联系人：许荣富

黔南布依族苗族自治州图书馆

概述

黔南布依族苗族自治州图书馆于1986年8月8日黔南州建州30周年之际建成并正式对外开放。现有馆舍面积6018平方米。采用开放灵活的藏、借、阅、查一体的新服务模式，藏书、数字资源、公共设施全部免费对读者开放。现有阅览坐位590个，其中少儿阅览座位100个。藏书16万册，年订报刊400余种，受赠期刊近500种。全馆拥有计算机110台，其中提供给读者使用的80台，网络对外接口20兆，存储容量50（TB），自建有网站。现采用“ILASII”图书馆集群自动化管理系统进行本馆文献信息资源管理，各项业务管理自动化程度达85%以上。

业务建设

截止2012年底，黔南州图书馆现总藏量为21万册(件)，其中，图书16万册；报刊2.6万册；特藏文献1000册；电子文献15000种；电子期刊12300种；视听文献8200种。

截止2012年底，黔南州图书馆数字资源总量为15TB。2009—2012年完成《黔南地区“三线”文化遗产数据库》、《黔南地方文献数字资源数据库》。

2011年完成本馆网站www.qnlib.com的升级改版工作。2012年实现馆内WIFI网络全覆盖，为读者提供免费服务。

2012年底完成“数字图书馆推广工程”黔南地区节点建设，于2013年初与国家及省中心联网并提供服务。

读者服务工作

不断完善读者服务工作制度，健全图书馆免费开放服务项目、服务窗口及设施场地，全年365天对外免费开放，每周61小时向公众免费开放，2012年到馆人次30万人次，书刊文献外借15227册次，馆外流动服务点书刊文献外借次46508册次。全年利用馆内新书推荐、网站书面推荐、户外宣传推广等各种形式开展书刊宣传。加强与残疾人联合会、公安监所等单位的合作，联合建立“盲人有声读物阅览室”、与监狱、看守所共建阅览室等，扎实做好对特殊群体的服务工作。

作为“全国文化信息资源共享工程黔南地区级支中心”，每年都要配合省级中心对州属12个县市的支中心及基层服务点的管理人员进行各种培训，整合各馆的数字资源，面向社会开展各种服务活动。同时依托黔南州图书馆网站结合“数字图书馆推广工程”加大网络服务力度，提供各类检索、浏览及下载服务。

在社会教育活动方面，2012年，黔南州图书馆举办各种形式讲座、培训33次，参加人次近3000余人。举办各种形式的展览13次，参观人数近80000人。举办了5次丰富多彩阅读推推广活动，有6000余人次参加。2012年，共有89000余人次参加图书馆各种活动。

每年利用服务宣传周、全民读书月、世界读书日、版权日等，广泛开展宣传服务工作。发放了大量的宣传资料，提供各种信息咨询服务。

业务研究、辅导、协作协调

2009—2012年黔南州图书馆职工在各种学术期刊上公开发表论文17篇。提交对本地公共图书馆事业建设的综合性及专题性报告4篇。承担并完成省级科研项目1项、地厅级科研项目1项。积极组织全州公共图书馆员参加各级图书馆学会研讨会。

作为地区中心馆，积极组织开展黔南州图书馆学会相关工作，定期召开全州图书馆学术研讨会，积极组织全州图书馆员参与上级图书馆、学会组织的有关业务学术交流活动，牵头组织编制了《贵州省黔南州公共图书馆期刊报纸联合目录》，与黔南州各县市图书馆签订了馆际互借协议，开展馆际业务交流活动，提升全州公共图书馆综合服务水平。

管理工作

2010年，黔南州图书馆完成第一次全员岗位聘任，机构编制数25人，目前实际在岗人数20人，专业技术人员19人，

部队外借点

馆长培训

甘塘中学主题活动

十八大宣传活动

事业管理人员1人。建立了完善的绩效考核制度。每周进行业务工作巡查，每月进行工作进度通报，每半年和全年进行总体工作考核。

表彰、奖励情况

2009—2012年，接受各种表彰、奖励10次。其中国家及奖励1次、省级奖励1次、地州级奖励8次。被评为"全民阅读先进单位"、"文明单位"等。

馆领导介绍

陈剑虹，女，1968年1月生，本科学历，中共党员，副研究馆员，馆长。1988年9月参加工作至今一直从事图书馆业务工作，先后在借阅部、地方文献部等部门工作。2005年8月担任馆长，兼任贵州省图书馆学会常务理事、黔南州图书馆学会理事长，全国文化信息资源共享工程黔南州级支中心主任等职。

李佳，男，1981年8月生，本科学历，中共党员，馆员，副馆长。2001年10参加工作至今一直从事图书馆业务工作，2011年5月担任副馆长，先后在采编室、技术部等部门工作。分管全馆业务工作，兼任黔南州图书馆学会秘书长。

未来展望

黔南州图书馆的定位是以传统文献服务为基础，数字中心图书馆为方向，体现知识交互理念、融合传统图书馆功能的现代城市中心图书馆。采用开放灵活的藏、借、阅、查、展一体的新型服务模式，除了特定或特殊文献外，藏书、数字资源、公共设施全年365天全部免费对读者开放。开展外借、阅览、参考咨询、专题、电子信息、视听等服务，举办讲座、培训、展览、学术交流、读者沙龙等活动。近一步突出地区中心馆的带动作用，继续坚持社会化、人性化服务原则，齐全功能、优化服务，为繁荣和发展地区文化事业，丰富广大人民群众的文化生活做积极贡献。

联系方式

地　址：贵州省都匀市工人路2号

邮　编：558000

联系人：韦　芳

服务宣传周

石龙小学送书

息烽县图书馆

概述

息烽县图书馆成立于1979年（借县文化馆的四间瓦房办馆），1984年，建有建筑面积1101.5平方米的馆舍。2002年因原馆舍书库地基出现裂口，成为危房而拆除。息烽县图书馆原馆舍拆除后，经县委、县政府协调暂借县宣传文化活动中心四楼办馆。2009年3月，经县委、县政府研究，决定购置新建成的虎城大厦三楼作为图书馆馆舍，新馆舍于2010年12月装修完毕，并于2011年1月1日正式对外开放。馆舍面积达2071平方米。阅览室坐席275个。用于读者服务电脑37台，用于办公室电脑4台（含4台笔记本电脑）新图书馆开设借书室、儿童阅览室、成人阅览室、电子阅览室、盲人阅览室、采编室、文化信息共享工程县级支中心、慰民律师图书室、多功能厅、展览厅等十个服务窗口；是独立核算的股所级事业单位。1994年，第一次全国公共图书馆评估被评为三级馆，2013年，参加第五次全国公共图书馆评估，评为二级馆。

业务建设

2009年，我县制定了《远程教育、文化共享工程、农家书屋资源整合工作方案》，将远程教育、文化共享工程、农家书屋资源整合；全县161个行政村，全部建立了文化共享工程村级基层点和农家书屋。2011年-2013年完成了十个乡（镇）和一个社区的文化共享工程、图书室及电子阅览室的建设。图书总藏量33万册（件）；其中：纸质图书8万余册，电子图书25万种，数字资源总量为4TB。2013年3月，建立息烽县图书馆网站。

读者服务工作

自2011年1月起，息烽县图书馆对读者实行全免费服务，每周开放56小时，并与贵阳市辖区内的公共图书馆开通馆际互借服务。2010年至2013年，来馆人数达23.5076万人次，书刊外借达18.1072万册（次）。并建立青山爱华图书馆、养龙司爱华图书馆、西山乡图书室3个馆外流动服务点，馆外书刊流通总人次3.0668万人（次），书刊外借4.5159万册（次）。2013年，息烽县图书馆网站访问量5128次。

2010至2013年，息烽县图书馆共举办讲座、展览、培训、阅读推广活动176场（次），参与人数5.5086万人次。特别是2012年4月开始，息烽县图书馆针对未成年读者举办的“每周一放”活动（即：每周星期六下午2:30播放爱国主义故事片、青春励志片、科教片或防火、防震、艺术类专题讲座、节目等），截止到2014年6月已达116场，未成年观众达8004人次。

业务研究、辅导、协作协调

2010年至2013年，息烽县图书馆与县旅游文体广电局文化科，结合新形势下图书馆（室）、农家书屋、文化共享工程的发展和对基层工作的辅导等方面进行4次调查研究。下乡（镇）辅导32次，在馆内集中培训4次，培训人员达6156人次。息烽县图书馆职工发表论文6篇，农家书屋业务辅导教案一份。

随着图书馆业务不断拓展，为了满足不同层次读者的文化生活需求，息烽县图书馆将业务工作细则的制定，业务工作的拓展放在首位，贯穿于工作之中。2010年至2013年制定完善了息烽县图书馆规章制度5个；修改、补充、完善息烽县图书馆业务工作细则19个；增加馆藏图书27万册（种）。其中：纸质图书2万多册；电子图书25万种；2012年10月，息烽县图书馆采用图创管理系统，实行业务工作的集成化管理，全面实现了包括书目查询、图书借还、网上续借、业务统计在内的多项工作的自动化和书刊编目的标准化。录入管理系统，实现馆藏图书、期刊杂志、电子文献管理自动化，并建立图书管理数据库，数字资源总量达4TB。近年，先后组织人员收集地方文献105种，928册。馆藏文献均按要求进行标引，著录、登记、上架排架。借阅实行专人专架管理，并与贵阳市图书馆实行联合编目。2010年至2013年，息烽县图书馆结合县文物管理所文物普查工作，投入经费1万余元，开展古籍的普查工作。对本馆的古籍按管理要求设立了专柜收藏、专人保管并做了防尘、防虫、防腐处理。2013年3月，还派专业人员参加贵州省图书馆举办的第二期全省古籍普查培训班。举办了古籍保护知识讲座及展板宣传。

管理工作

息烽县图书馆一直把做好本职工作，促进事业发展，服务社会大众作为根本任务，在管理上求规范，气氛上求和谐，作风上求垂范，服务上求实效。全馆上下，克服人员少、服务窗口多的困难，一人顶几岗，团结拼搏，自我加压，开拓创新，出现

“讲文明、树新风”好人好事颁奖仪式

县政协委员参观“最美阅读瞬间”比赛作品展

读者在借阅图书

读者在杂志阅览室借阅杂志

青少年在观看“每周一放”节目

了干实事，求实效的工作局面。在人事方面，我们制定了竞聘上岗工作实施方案，公开公平竞争，与职工签订了聘用合同，实行岗位绩效责酬的挂钩，极大调动职工工作积极性。在工作方面，建立健全了学习制度、工作制度、考勤制度、绩效考核制度和图书馆员职业道德准则，规范工作行为，在馆内大力提倡微笑多一点、行动快一点、做事认真一点、说话温柔一点、效率高一点的“五点”工作法，进一步强化服务意识。

表彰、奖励

2010年至2013年，获得贵州省文化信息资源共享工程分中心的表彰、奖励1次；贵州省安全管理委员会表彰、奖励1次；县委、县政府表彰、奖励4次；县旅游文体广电局表彰、奖励9次。

馆领导介绍

郑应权，男，1968年9月生，大学本科学历，中共党员、馆员、馆长。1990年参加工作，1999年12月任息烽县图书馆副馆长，2005年任图书馆馆长。2004年7月，被中共息烽县委评为2001–2003年度优秀共产党员；2005年7月，被县直属机关党委评为2002年–2004年优秀共产党员；2007年1月，被中共息烽县委、县人民政府评为2001–2006年度全县民族团结进步模范；2008年6月，被县直属机关党委评为2005–2007年度优秀共产党员；2012年5月，被中共息烽县委、县人民政府授予2009–2011年度创建省级文明城市先进个人荣誉称号。

展望未来

息烽县图书馆本着“读者第一、服务至上”的理念，遵循“团结拼搏、求真务实、开拓创新、科学发展”的办馆方针，拓

图书馆2014年第七期文明讲堂

展服务领域，努力将青山爱华图书馆、养龙司爱华图书馆、西山乡图书室建成息烽县图书馆分馆，并建设区域特色图书馆，从而以点带面推动息烽县公共图书馆事业的发展，为息烽县的经济建设提供智力支持，为息烽县社会主义文化大发展、大繁荣添砖加瓦。

联系方式

地　址：贵州省息烽县永靖镇虎城大厦三楼
邮　编：551100
联系人：郑应权

息烽县图书馆大厅

息烽县图书馆外景

六盘水市六枝特区图书馆

概述

六枝特区图书馆建成于1996年，2000年开馆，现建筑面积为1506平方米。2004年、2009年，在第三次、第四次全国公共图书馆评估中评定为三级图书馆；2013年，参加第五次全国公共图书馆评估，获得二级图书馆。六枝特区图书馆拥有阅览坐席205个，计算机52台，宽带接入10兆光纤，存储容量达11.224TB，选用ILAS图书馆自动化集成系统。

业务建设

六枝特区图书馆现总馆藏量为8万余册，电子文献藏量为5000多种，在文献入藏方面，图书每年入藏2000多种，报刊每年240多种，视听文献每年入藏40种，地方文献每年入藏30多册，并有专柜专架，独立的目录和专人管理，数字资源总量为4.704TB。

读者服务工作

六枝特区图书馆免费开放了5个服务窗口及公共场所，有报纸阅览室、期刊阅览室、中文图书阅览室、电子阅览室、少儿阅览室及免费停车场，坚持每天开放各个服务窗口，年接待各类读者4万余人，外借图书4万多册。2010—2012年，六枝特区图书馆共举办展览、培训、阅读推广等活动40场次，参与人数达20万人次。开展了征联、写春联、送春联、摄影、书画展、送文化下乡、进军营、进社区、进校园、进警监区，送出图书2万余册，定期或不定期进行更换、补充。六枝特区图书馆充分利用馆藏资源，拓展图书馆服务业务。先后在六枝特区文化路社区、团结路社区、市戒毒劳教所、公安消防大队、特区戒毒所、武警中队等单位联合建立了社区、部队图书室，为社区居民、部队官兵服务，到目前为止，开办馆外图书服务点7个，并进行定期交换图书。同时，六枝特区图书馆还与特区总工会建立了一个图书阅览中心，在阅览中心上架图书3500册，报刊杂志80种，每个月能接待各类读者千余人次。

在电子阅览室开设了政府信息公开网上查询点，方便读者到馆里查询政府信息，并为社会公众提供参考咨询和专题服务，为残疾人、进城务工人员、未成年人和老年人等特殊群体提供服务。完成全国文化信息资源共享工程国家中心和省中心下达的各项活动和任务。

业务研究、辅导、协作协调

每年积极参加全国中小型图书馆联合会和省、市图书馆学会开办的各种业务培训活动。2010—2012年，六枝特区图书馆职工发表论文4篇。六枝特区图书馆积极配合六枝特区新闻出版局开展“农家书屋”工程建设，在建设过程中肩负起了业务指导和培训的使命，对农家书屋建设的每一个点进行亲临指导和培训，把对图书的编目、登记、借阅等方法传授给他们，同时指导他们进行书架的安装和摆放。2007年开始实施“农家书屋”工程至今，共建设农家书屋223个，数字农家书屋15个，2009年建村级文化共享工程基层点197个（与远教办资源整合），建乡镇公共电子阅览室19个，按时完成了上级交给的任务。

管理工作

2011年，六枝特区图书馆完成全员岗位聘任，本次聘任共设2类岗位，分别是专业技术岗位和管理岗位。有9人重新上岗，同时，建立了工作量化考核指标体系，每年进行德、能、勤、绩考核，工作做到年初有计划，年末有总结，有经常性工作汇报。加强财务和人事管理，制定财务制度和执行方案。

表彰、奖励情况

2010—2012年，六枝特区图书馆共获得各种表彰、奖励3次，其中，贵州省文化厅表彰、奖励1次，贵州省六枝特区文体广电旅游局表彰、奖励1次，其他表彰、奖励1次。

馆领导介绍

李绍祥，男，1956年6月生，1971年参加工作，历任六枝电影公司副经理、文化市场稽查队队长，2000任六枝特区图书馆馆长。兼任贵州省第八届图学理事，2007—2011年当选为第六届六盘水市人大代表，2012年当选为第七届六盘水市人大代表及第七届市人民代表大会常务委员会委员。

未来展望

在未来的几年里，六枝特区图书馆将本着一切为读者服务的宗旨，认真开展各项工作。通过不断探索服务范围、领域和创新服务方式，积极拓展图书馆的业务，学习其他图书馆先进的管理经验，不断完善自我。根据读者和广大人民群众的需要，调整图书资源采购结构，对新购买的图书及时进行分类编目与管理，尽量合理化、科学化、规范化地采编图书，从而真正做到全心全意为人民服务。六枝特区图书馆要不断学习现代化管理技术，深入了解广大读者和人民群众的学习需求，不断提高服务质量，努力把六枝特区图书馆建设成为更加让人民满意的图书馆。

联系方式

地　址：六枝特区平寨镇那平路58号
邮　编：553400
联系人：李绍祥

送书进武警中队

期刊阅览室

上机培训

道真图书馆

概述

道真图书馆1983年选址新建于县城中心城区复兴路玉溪广场，于2003年建设完工，总投资119万。三层楼建筑，馆舍建筑面积1505平方米。规划功能为藏书室、图书阅览室、少儿阅览室、多功能厅、地方文献室、老年活动室、办公业务用房，以及文化广场、露天舞台户外活动场所，建筑面积10000平方米。本馆总藏量：105015册、阅览室座席144个(阅览室24个、电子阅览室46个、多功能厅52个、报刊杂志22个)。自2008年电子阅览室开放以来，光纤接入每年6兆，2013年10兆，电子阅览室存储容量3TB、图书馆自动化管理系统运行正常。

业务建设

地方文献建设工作开展情况第一个阶段为1982—1984年。

第二阶段为1984年。20余年来，在县委政府的大力支持和民族文化工作者的努力下，截至目前，已搜集整理田野笔录资料达80余万字，录音、录相50余盒，拓印木刻、石刻资料300余件，拍摄有关图片10余万幅，征集、复制傩面具70余面，古代服饰70余种，花窗、雕匾、刻板40余块，征集、修裱宗教画案30余幅，征集（摄录）古刻本1000余册（其中巫傩古籍700余册，约400余万字），搜集近现代及当代地方性著述有《正安州志》、《道真仡佬族苗族自治县志》等2000余册(件)。其中大部分现保存于傩文化博物馆，并编有《中国仡佬族历史文化资料目录索引·文献部分》（第一辑）。编辑出版（含参编、协编）图书，有《歌谣选》、《仡佬族文学资料汇编·劳动歌集》、《仡佬族文学资料汇编·传说集》、《道真仡佬族苗族自治县概况》（1987年版）、《道真诗选》、《道真小说散文选》、《中国民间故事集成·道真仡佬族苗族自治县卷》、《哭嫁歌》、《道真仡佬族苗族自治县民族志》、《道真在外人名录》、《濡水园诗词》、《芙蓉古度》（道真民族民间历史文化集刊。2000年第一辑。30万字）、《仡佬故土风》、《道真仡佬族苗族自治县概况》（2007年修订版）等，取得了不少民族文化方面的实质性成果，扩大了道真民族文化的在外影响。

服务工作

馆外流动服务点（14个乡镇图书室和88家农家书屋）14个乡镇图书室和88家农家书屋年借阅册次：2011年48千册次；

2012年为68.3千册次。平均每年借阅5.5千册次。

图书馆全景

图书阅览室一角

地方文献（古籍）室

少儿阅览室

送书进学校

盘县图书馆

概述

盘县图书馆始建于1958年，位于城关镇解放南路，建筑面积359平方米。1991年由县政府拨款30万元，112名旅台同胞捐资7.5万美元共同建成思源图书馆，馆址位于城关镇思源路，建筑面积1500平方米。2008年由县政府总投资290万元建成盘县图书馆，位于红果凤鸣中路156号，建筑面积2384平方米。馆内设有借书处、报刊阅览室、儿童阅览室、文化信息资源共享工程盘县支中心、地方文献资料室等5个服务窗口，有阅览座位392个，全免费对外开放。1994—2009年在全国公共图书馆的四次评估定级中均被评为三级图书馆。2013年，参加第五次全国公共图书馆评估，获得二级图书馆。

截止2013年底，馆内在编人员9人，设有馆长1人，副馆长1人，现有本科学历4人，大专学历3人；具有副高职称1人，中级职称3人，初级职称2人。

业务建设

2008年建有全国文化信息资源共享工程盘县支中心1个，共有计算机46台，供读者使用的30台，宽带接入10M，红果图书馆采用了图书自动化管理系统。2013年馆内藏书11.9万册，其中地方文献3500余册。电子文献500种，光盘560张，每年征订报刊269种（326份）。建有文化信息资源共享工程乡镇基层服务点37个，各点有电脑11台；村级服务点359个；乡镇图书室37个，各藏书量3000余册。建有农家书屋453个，各藏书量近2000册、影像光碟100多件、报刊杂志20种。建有数字农家书屋35个和“数字图书进农家”3户。

读者服务工作

2009年盘县图书馆开始实行读者“一卡通”免费开放，每周开放时间56小时。书刊文献开架比例90%。馆藏书刊文献年外借率60.69%，书刊文献年外借7.06万册次。馆外37个乡镇图书室书刊借阅约5.34千册次/年，年人均到馆次数约53.37人次。

盘县图书馆结合自身优势和服务特色，利用“读书宣传”活动，通过悬挂宣传横幅、设立宣传咨询台、为广大群众发放宣传单、现场为读者办理借书卡。极力宣传盘县图书馆的社会服务功能和免费开放政策，让广大公众特别是青少年、进城务工人员等群体充分了解公共图书馆功能，充分利用公共图书馆的资源。

2012年召集了盘县地方文学爱好者“盘县本土作家捐书仪式暨座谈会”，全县40多位本土作者参加了捐书，共收集地方文献资料约3000余册。在小广场、县七中、县八中、县职校开展了以“弘扬雷锋精神、开展志愿服务”为主题的“读书宣传”系列活动。即“心系志愿服务、共享图书资源”送书上门借阅活动，“快乐成长，共享书香”六一慰问活动，举办了以“弘扬雷锋精神、开展志愿服务”和“爱读书、爱生活”为主题征文活动。邀请新中国60年百名优秀出版企业家、云南省文化产业界联合会副会长、新知集团董事长李勇先生为同学开展“读书、创业与人生”的专题讲座。

2013年，联合盘县美术家协会、盘县书法家协会举办迎新春“盘县书画家走进县图书馆”笔会活动；参加活动的书画协会会员和书法爱好者将创作的作品赠送给县图书馆。

2010年以来，图书馆联合大学生联谊会、新知集团红果书城开展节日走访慰问孤儿、留守儿童和敬老院、学校等活动。共赠送图书2549册，分别赠送给四格乡中学、柏果镇、松河乡、响水镇、大山镇、珠东乡、马依镇的孤儿和珠东乡、马依镇的留守儿童。2013年为滑石乡岩脚村图书室捐赠文学类、法律类、社科类、农业种植、养殖类、医药卫生类等图书1029册。

业务研究、辅导、协作协调

2010—2012年全馆工作人员发表论文共9篇。其中《试论县级图书馆的生存与发展》、《盘县基层图书流通站的建设与研究》被中国图书馆学会“百县馆长论坛”分别评为二等奖、三等奖。

2010—2012年共举办盘县基层文化工作人员培训班和农家书屋管理员培训班共16次，参加人员4000余人。配合贵州省图书馆在盘县举办“贵州省数字图书馆和掌上贵图的运用和推广”培训班，200余人参加了培训。盘县图书馆与37个乡镇建立了业务辅导关系，对图书室工作人员开展业务培训班与现场培训指导相结合。

2010年10月六盘水市图书馆学会学术年会在盘县图书馆召开。此次学术年会主要是以论文交流为主，共征收论文23篇。

盘县支中心电子阅览室

为特殊群体送书上门服务

2013送书下乡活动

2013年共享书香同筑梦想活动颁奖

2011年农家书屋第二期培训班

管理工作

人事管理由县文体广电旅游局统一实行了按需设岗、按岗聘用、竞争上岗的管理办法，建立了激励机制。财务由文体广电旅游局统一管理。本馆的档案齐全，资料详实，归档及时，装订整齐，每卷有目录。

表彰、奖励情况

盘县支中心获得2009年度全省“先进支中心”的荣誉称号。

2011年盘县图书馆代表队在贵州省文化厅主办的“贵州省文化信息资源共享工程知识与技能竞赛”活动中荣获一等奖。

红果镇舍勒村农家书屋被国家新闻出版总署授予“2012年全国示范农家书屋称号”。红果镇舍勒村农家书屋管理员吴鹏被国家新闻出版总署授予“2012年全国优秀农家书屋管理员称号”。

2011—2013年连续被我局评为先进集体。

馆领导介绍

汤柳，女，1978年10月生，本科学历，中共党员，馆员，馆长。2003年毕业于贵州大学中文系新闻学专业，2004年参加工作，2008年任盘县文化馆副馆长，2010年任盘县图书馆馆长。

许英，女，1971年8月生，大专学历，中共党员，馆员，副馆长，1993年7月毕业于贵州大学图情系图书馆学专业，1993年8月至今，在盘县图书馆工作，2010年任盘县图书馆副馆长。

未来展望

盘县图书馆以建设“市民的书房，学生的课堂，心灵的广场”的办馆理念，从服务体系构建和服务设施上打造一个新型公益性图书馆，开辟一条在开放中创新、在服务中发展的新路，实现从传统向现代化公共图书馆的转变。以“读者第一、服务至上”为宗旨，以县级馆建设、文化信息资源共享工程、农家书屋建设为重点，以加快延伸服务、拓展图书馆功能为突破，进一步整合各种可利用的资源，提高图书馆的服务质量，大力推进公益化、免费型服务，完善图书馆公共文化服务体系，逐步完善县、乡、村三级图书建设网络，围绕构建县、乡镇、村三级图书网络目标，与各图书室形成县馆图书资源共享，全力搭建图书馆公益型、人性化、开放式的服务平台，为广大读者提供丰厚的精神食粮。

联系方式

地　址：盘县红果凤鸣中路156号
邮　编：553537
联系人：汤　柳

红果图书馆特藏室

红果图书馆外貌

绥阳县图书馆

概述

绥阳县初建于1989年，经过2次搬迁于2008年9月在县城洋川镇乐天路青少年活动中心旁新馆建成开放。新馆建筑面积1163平方米，2013年扩建馆舍面积1000平方米至现在的2163平方米。馆内设：电子阅览室、成人阅览室、儿童阅览室、外借室、古籍室、地方文献室、自修室、旧书刊阅览室、资料室等9个免费开放服务窗口。全馆现有藏书7.3万册，可容纳读者座位400个。2009年文化共享工程支中心在图书馆成立，支中心共有读者计算机25台，宽带接入10Mbps。在第一次、第三次、第四次五次全国公共图书馆评估中均评为三级馆。2013年，参加第五次全国公共图书馆评估，首次评为二级图书馆。

业务建设

截止2013年底，绥阳县图书馆总藏量76856册，其中电子文献98种3309件，报刊26种，期刊42种。

2009年–2012年，建成农家书屋110个，覆盖全县各乡镇。流动图书室4个，服务网络建设比例达39.7%。2011年，绥阳县图书馆依托全县乡镇文化活动中心建立了村级共享工程基层服务网点，为网点选配电脑、移动硬盘、播放器、投影仪等设备，初步形成了能覆盖全县80%行政村的基层服务网络，为努力实现“数字化村村通”的战略目标打下了基础。

读者服务工作

绥阳县图书馆于2011年元月1日起实行免费开放，平均每月接待读者2800人次，图书、报刊、期刊借阅量为年均2.8万余册次，青少年电子阅览室每月平均接待各类上网学习和查阅资料的人数1500余人次。

绥阳县图书馆自2009年以来，共开展各类文化服务活动68次。借助文化共享工程进行放映活动，用先进的文化占领农村阵地，解决农民看电影难也成为我馆经常性开展的工作之一。每年5月18日，我馆与文化馆、文管所的人员一起走向街头开展大型宣传活动增加了群众对图书馆的了解，扩大了影响力。为更好更切实的把全国文化信息共享工程这一民心工程做好、做完善，将先进的文化及时送到千家万户、送到农民朋友手中，绥阳县图书馆文化共享工程支中心还与县科协联合制定方案，每季度针对不同需要，每年春耕生产期间免费刻录以春耕生产、农业实用技术、防病治病常识为主的光盘发放到农民手中，广受农民朋友好评。每年8月1日我馆开展送书籍、送文化、送电影进军营和军民联欢活动，是军民关系更近一步。春节期间，我馆开展的大型读者文化活动以成为春节期间读者的喜爱，在为春节期间增添喜悦的同时也增添了文化的内涵。

业务研究、辅导、协作协调

2009–2013年，绥阳县图书馆职工针对中小型公共图书馆延伸服务、县级公共图书馆建设与服务方式等方向进行研究，共发表论文7篇，其中2篇为国家级刊物发表。

从2009年起，绥阳县图书馆以文化信息资源共享工程为依托，坚持对基层图书室、农家书屋的各类业务辅导及培训工作，并对全县各乡镇和村及社区图书室管理人员进行培训，大大提高了管理人员的业务技能。

绥阳县图书馆积极参与本地区图书馆的馆际互借及其他各类业务活动，在本地区图书馆网络服务建设中发挥积极左右。

管理工作

2013年，绥阳县图书馆编制15名，在编职工8名，大学专科以上人员7名。全馆职工通过演讲公开竞争上岗，考核严格，择优录用。馆内分配制度、激励机制健全，分配向优秀人才和关键岗位倾斜。严格实行馆务公开，建有相关管理制度。档案管理规范化，各类统计齐全。环境及消防、治安综合管理经常化、制度化。

表彰、奖励情况

2012年绥阳县图书馆获遵义市共享工程年度考核二等奖。同年，图书馆获县文体广电局年度考核先进单位称号。

馆领导介绍

杨彩虹，女，1968年4月生，本科学历，中共党员，支中心副主任，副馆长、主持工作。1991年8月参加工作，先后在在绥阳县电视台任播音员、记者。在文管所任副所长，在文体广电局办公室任负责人。2008年3月调至图书馆任副馆长主持工作至今。

未来展望

绥阳县图书馆始终践行为读者服务，最大发挥图书馆在构建和谐社会过程中的重要作用，在未来3年将努力建设以读者阅读中心，学术交流中心，信息发布中心，知识共享平台为主的公共服务平台，通过不断加强业务技能的提高带动全民阅读，丰富全县人民业余生活，提高生活质量。

联系方式

地　址：绥阳县洋川镇乐天路1号
邮　编：563300
联系人：杨彩虹

赤水市图书馆

概述

1928年（民国17年）赤水县图书馆在“孔圣庙”正式成立。1940年因抗日紧张阶段关闭，馆藏图书主要由馆长负责保管。1979年2月，赤水县图书馆恢复成立。馆址位于现文博馆（又名万寿宫）内。馆舍面积150平方米，藏书2万余册。

赤水县图书馆随着1990年撤县设市后更名为现今的赤水市图书馆。现馆址于1996年竣工，1997年3月搬迁开馆，馆舍面积1537.94平方米，座落在市中心香樟林公园旁边，环境优雅，地理条件优越。

赤水市图书馆现有藏书14万余册（件），开设服务窗口5个，读者座席250余个。有计算机35台，专用光纤接入10Mbps，选用图创图书自动化管理系统。

赤水市图书馆分别于1999年、2004年和2009年连续三次被国家文化部评为三级图书馆。2013年在第五次评估中，被文化部评定为二级图书馆。

业务建设

2010年至2013年，赤水市图书馆新增藏书6万余册。至2013年底，赤水市图书馆藏书总量14万余册（件）。

2009年至2013年，赤水市图书馆完成了文化信息共享工程乡、镇基层网点建设110个。

2009年至2010年，协助完成赤水市78个“农家书屋”点的建设工作。

2012年，赤水市图书馆完成自动化管理系统建设。馆内业务由原来的全手工到现在采用自动化系统管理，2012至2013年录入新书量15000余册。

2013至2014年5月，赤水市图书馆完成古籍的普查、上传数据和古籍书库的建设工作。

读者服务工作

赤水市图书馆从2010年起对读者实行全免费开放服务。开放时间周一至周日全天开放，每周60小时以上。馆内共开设了5个服务窗口（阅览室、电子阅览室、儿童阅览室、资料室），年接待读者达2.5万余人次，外借图书1万余册次。

赤水市图书馆以“读者为中心，服务读者，让读者满意”为宗旨。开展了读者解答咨询、新书宣传推荐、读书活动、送书活动等工作。2013年，共解答读者咨询300余条次，推荐新书10000余册。读书活动、送书活动接待、服务读者8000余人次，赠送图书5000余册。

业务研究、辅导、协作协调

2010年至2012年，图书馆职工在省级以上刊物发表论文共计7篇。赤水市图书馆坚持深入基层，开展业务辅导工作，2013年，开展军营图书室、学校图书馆（室）、乡镇图书室和“农家书屋”业务辅导60余次，指导、培训乡镇文化共享工程网点负责人正确运用网络资源10次。保证了基层图书室和共享工程工作的正常开展。

管理工作

赤水市图书馆现有编制15名，在岗人员8人，其中，中级职称3人，初级职称5人。图书馆严格人事管理制度，采取按需设岗，择优聘用的原则，年终考核基本合格以下者需学习培训合格后方能上岗。业务管理上，加强业务知识和业务技能的培训，检查。财务管理上，坚持财经制度，不私设小金库；在设备、物资管理上，对所有国有资产造册登记，并定期清产核资，档案管理上，健全人事档案和业务档案，安全管理上，做好安全检查和记录工作，发现问题及时反映、解决。

表彰奖励工作

2009年2012年赤水市图书馆共获得各级奖励13次，其中单位集体5次，个人8次。

馆领导介绍

杜文平，男，1977年8月生，大学专科，中级职称，现就读于中央广播电视大学工商管理专业本科，2012年7月任图书馆副馆长主持工作。

未来展望

赤水市图书馆将严格按照文化部对公共图书馆的要求开展工作，加强职工业务技能培训，增加责任意识、创新服务体系，进一步加强图书馆自身的宣传力度，开展特色服务，吸引更多读者走进图书馆；争取在5年内，扩大图书馆舍建设，增设服务窗口，吸纳更多的读者到馆阅读；在未来3年内，全面完成图书馆自动化管理建设；加强基层图书室业务辅导，深入乡镇、“农家书屋”点开展工作，积极发挥图书馆的社会作用，为赤水文化市场的繁荣，为赤水社会经济的发展起积极的促进作用。

联系方式

地　址：赤水市图书馆
邮　编：564799
联系人：李天梅

（撰稿人：赤水市图书馆杜文平）

正安县图书馆

概述

正安县图书馆初建于1984年，馆址经变迁，2008年9月，位于凤仪镇和平街的新馆建成开放。新馆建筑面积2153平方米，设计藏书容量20万册，可容纳读者座位500个。2009年，借共享工程平台，图书馆有计算机45台，宽带接入10Mbps。2013年，第五次全国公共图书馆评估，首次获得二级图书馆。采用广州图创图书馆自动化管理系统。

业务建设

截止2012年底，正安县图书馆馆藏总量105015册，其中电子文献653种，报刊36种，期刊28种。

2009年–2012年，建成农家书屋19个，覆盖全县各乡镇。建成共享工程成果转换基地2个。

读者服务工作

正安县图书馆于2010年6月1日实行免费开放，平均每月接待读者2500人次左右，图书、报刊、期刊借阅量为4200余册期本次，青少年电子阅览室每月平均接待各类上网学习和查阅资料的人数1500余人次。

正安县图书馆免费开放以来，共开展各类文化服务活动136次。2009年8月1日开展送书籍、送文化、送电影进军营和军民联欢活动，2010年4.23世界读书日在看守所开展“积极改造获自由，亲人团聚享天伦”共享工程读书感化活动，2012年1月与驻正武警、消防开展“立志军营苦练本领，奉献正安建功立业”文化共享杯读书演讲活动，2012年7月举办“我的书屋、我的家”文化信息资源共享工程杯演讲比赛，2012年9月开展“金桂飘香迎中秋，文化共享贺国庆”系列活动等。

业务研究、辅导、协作协调

2009–2013年，正安县图书馆职工针对中小型公共图书馆延伸服务、县级公共图书馆建设与服务方式等方向进行研究，共发表论文12篇。

从2009年起，正安县图书馆以文化信息资源共享工程为依托，坚持对基层图书室、农家书屋的各类业务辅导及培训工作，并对全县各乡镇和村及社区图书室管理人员进行培训，大大提高了管理人员的业务技能。

正安县图书馆积极参与本地区图书馆的馆际互借及其他各类业务活动，在本地区图书馆网络服务建设中发挥积极作用。

管理工作

2013年，正安县图书馆在编职工15名，全部具有大专以上学历。全馆职工通过演讲公开竞争上岗，考核严格，择优录用。馆内分配制度、激励机制健全，分配向优秀人才和关键岗位倾斜。严格实行馆务公开，建有相关管理制度。档案管理规范化，各类统计齐全。环境及消防、治安综合管理经常化、制度化。

表彰、奖励情况

2010年1月，正安县图书馆被遵义市文化局、遵义支中心评为先进单位。2011年正安县图书馆年终考核获县文体广电旅游局“先进集体”。2012年正安县图书馆共享工程县支中心获遵义市支中心年度考核一等奖。2012年度考核获正安县人民政府先进集体。

馆领导介绍

冯康，男，1977年5月生，大专学历，中共党员，支中心主任，馆长。1997年12月参加工作，在重庆消防部队服务，曾任文书、班长；2001年–2003年，历任正安县农技站工作员、管委会副主任、管委会主任；2003年–2009年历任文广站站长、电视台外宣办副主任；2009年4月至今，正安县文体广电旅游局图书馆馆长兼共享工程支中心主任。

2013年获中国图书馆榜样人物；2010年获贵州省文化信息资源共享工程工作“先进工作者”；2010年7月，获正安县委宣传部2007–2009年对外宣传工作“优秀通讯员”称号；2009年，采写电视新闻《“生猪公寓”里的笑声》获遵义市电视奖二等奖、《“留守房”何时还耕》电视新闻评论获遵义市电视奖一等奖、《“农家书屋”岂能“锁长”当家》广播专题获遵义市电视奖一等奖、《莫让“农家书屋”成摆设》电视新闻获遵义市电视奖二等奖；2008年1月采写电视社教类《农村娃求学路·同在蓝天下·手拉手成长》获遵义市电视奖二等奖；2005年12月，获遵义市“村村通”先进个人。

未来展望

正安县图书馆始终践行“三中心一平台”战略，即读者阅读中心，学术交流中心，信息发布中心，知识共享平台。在不断强化自身综合实力的同时，通过结合“三送五进一上”活动，推动全民阅读，丰富全县人民业余生活，丰富全县人民精神生活。2014年已规划新馆地址及规模，全面建成后的正安图书

馆，总建筑面积4000平方米，阅览座位1000个，可容纳纸质文献100万册，年服务人次可达10万人次以上，数字资源设计存储能力50TB，能够提供全覆盖、不间断、无时空限制的数字文献远程和移动服务。同时，还具有支撑保障全县公共图书馆及各农家书屋服务体系良好运行的文献与技术能力，成为与市内各县、市、高校图书馆实现资源共享互补的大型县级图书馆。

联系方式

地　址：正安县凤仪镇和平街
邮　编：563400
联系人：冯 康

凤冈县图书馆

概述

凤冈县图书馆是1951年在凤冈县文化馆原"民众教育馆"的基础上组建起来的。1979年，为落实省委、省政府在"六五期间县县要建图书馆"的指示，经凤冈县委、政府决定，在县文化馆图书室的基础上，组建凤冈县图书馆。由文化馆移交图书1000余册，抽调原图书室专职管理人员2人，县里调入1名干部负责领导工作，借用原文化馆共39平方米旧木房两间，同年7月正式挂牌成立了凤冈县有史以来第一个公共图书馆——凤冈县图书馆。现今凤冈县图书馆于1994年6月正式启动，1997年初修建竣工，1997年5月18日搬迁完毕，1997年5月20日正式对外开放。馆舍占地面积585.5平方米，建筑总面1500平方米，计划总藏书量为15万册，可容纳读者近300人，2003年首次参加评估定级，并被评为"三级图书馆"，在2009全国公共图书馆第四次评估定级中，因馆舍面积原因再次定格于"三级图书馆"，2013年参加全国公共图书馆第五次评估定级，被评为"二级图书馆"。2006年，凤冈县作为贵州省首批全国文化信息资源共享工程试点县，2007年2月全国文化信息资源共享工程凤冈支中心在图书馆正式挂牌成立，于2007年5月1正式向读者开放。凤冈县图书馆有阅览座桌63张，阅览椅243个，电脑54台，开通10MI光纤，采用广州图创计算机软件有限公司开发的图创管理自动化管理系统Interlib，所有藏书全部采用CNMARC数据管理。

业务建设

到2012年底，凤冈县图书馆总藏量为65640册，其中，中文图书64301册，期刊853种，报纸246种，视听文献240种，电子图书172种，电子期刊68种。

2010年，凤冈县图书馆藏书购置费为4万元，2011年、2012年凤冈县图书馆依次递增图书购置费1万元；分别为5万、6万元。

到2012年底，凤冈县图书馆数字资源总量为4.3TB，主要来源为数字图书馆推广硬盘存储，双百人物，阿帕比电子图书，卫星接收文化部转播资源，全国文化信息资源共享工程国家中心下发/拷贝或省中心下发/拷贝至服务器，下载刻录或加工整理刻录。

2012年8月，为适应现代管理的需要，凤冈县图书馆正式启用自动化管理系统（广州图创计算机软件有限公司开发的图创管理自动化管理系统Interlib），随着数据录入工作的推进，将逐步实现图书通借通还全自动化。

读者工作

2012年1月1日，凤冈县图书馆正式对所有读者实行免费开放，每周开放56小时以上，所有图书都实行开架阅读，人均年到馆26次，年均图书外借册书4万册，书刊利用率达70%，近几年，凤冈县图书馆利用新书推荐、主题展览、读书活动、讲座培训等方式加大宣传，引导人们认识图书馆、利用图书馆、喜欢图书馆，举办各种活动上百次，服务群众上万，其中包括对特殊群体提供服务，同时与各机关、企事业单位开展了长期的馆外流通服务，每年各流通服务点与凤冈县图书馆进行图书流通近万册，极大的增加了图书利用率，方便了广大读者。

为提升凤冈县图书馆的服务水平和服务质量，拓宽与读者的沟通渠道，凤冈县图书馆于2011年5月正式开通了自己的网站，网站标题和网址为：凤冈县图书馆http://www.fgxtsg.com。网站每年访问量达上万人次。

业务研究、辅导、协作协调

2009年–2012年，凤冈县图书馆职工撰写论文20多篇，其中发表论文5篇，撰写可行性研究报告5篇，可行性调查报告4篇。

凤冈县图书馆本着"立馆为重、服务第一、业务至上"的理念，积极参加本地区及上级业务部门举办的各种培训学习，同时向书本学习，向先进地区及典型学习，积极思考，主动出击，经常在本馆内举办各种培训及业务研究讨论，还先后派出4位同志到先进或典型地区调研，通过调研对比，学员们回来后写出了4篇可行性的调查报告。

管理工作

图书馆现有正式编制15人，在编10人，2014年拟招考3人，设有办公室、财务室、报刊阅览室、少儿阅览室、图书阅览室、资料查询室、过刊阅览室、地方文献阅览室、共享工程支中心、电子阅览室等服务窗口，凤冈县图书馆在以编定岗、按需设岗、按岗聘用、按岗取酬的原则指引下，全馆职工竞聘上岗。同时，为加强馆图书馆的管理，逐渐完善了相应岗位的管理制度，每月进行一次德、能、勤、绩量化考核，每半年进行一次包括各窗口业务在内的综合考核。

表彰、奖励

2009–2012年，凤冈县图书馆获得各种表彰2次，其中，市级表彰1次，县级表彰1次。

4.23活动读书活动

电子阅览室庆"六一"活动

三八节主题书展

图书馆大厅

少儿阅览室

书库一角

馆领导介绍

馆长：熊英，女，汉族，本科学历，助理馆员，1978年出生于遵义市凤冈县，2007年调入图书馆工作。自2013年4月主持图书馆全面工作以来，重宣传、抓服务、促发展，出色完成了当年全国公共图书馆第五次评估定级达标工作，图书馆由原来的“三级图书馆”晋升为“二级图书馆”；2013年7月，为改善图书馆设备设施老化、陈旧的现状，积极主动地向当地政府和主管部门寻求资金支持，通过凤冈县人民政府、凤冈县文体广电旅游局分别拨付的10万和5万元的设备购置经费，更换了图书馆的部分书架及阅览桌椅，改善了图书馆的阅读条件；2014年，争取到蔚蓝基金会价值10万码洋价赠书。工作之余撰写并在省级刊物发表论文《对图书馆藏书建设有效对策的研究》、《关于图书馆如何做好读者服务的有效思考》。

未来展望

凤冈县图书馆在2020年期间，将努力达到“一级馆”标准，馆舍面积将从现有2000平方米扩大到3000平方米，电子计算机从现有的54台增加到75台，以便最大限度实现“资源共享”，使图书馆情报资料尽大可能发挥效率，年购书经费争取逐年增加，努力实现全县人均拥有图书数为1册，随着电子网络等现代化技术在图书馆的广泛应用，图书馆的人员必须懂得计算机的软硬件技术、联机搜索及数据处理，至2020年内馆内中级技术职称人数达到50%以上，紧抓文化信息资源共享工程建设，为真正实现图书的数字化而努力。

联系方式

地　址：贵州省凤冈县龙泉镇水巷路22号
邮　编：564200
联系人：熊 英

图书馆全景

余庆县图书馆

概述

余庆县图书馆，前身是民国二十年（公元1931年）开设县城阅览室，阅览室始设民众教育馆，图书供阅业务由民众教育馆承办。1984年余庆县图书馆成立。1989年8月搬入兴隆路新馆舍，图书借阅工作得以顺利开展。2004年5月，由中央拨款100万元，省拨款30万元、市拨款36万元、县匹配资金120万元，在县体育广场旁新建成文图大楼，2006年底新馆交付使用，建设用地面积2150平方米。2012年启用广州图创图书馆自动化管理系统。2013年，参加第五次全国公共图书馆评估，首次获得二级图书馆荣誉。

业务建设

设有电子阅览室、多功能厅、图书借阅室、文献室、少儿阅览室、报刊期刊阅览室、过刊室和图书借阅室。馆藏图书40800册；报刊杂志240多种，文献资料1300余种，视频光盘800多种，电子书100多种，延伸服务图书室有图书30万余册，其中农家书屋图书18万余册；学校图书室图书100万余册。极大的丰富和推动了文化活动的开展。

余庆县图书馆是贵州省文化共享工程10个创建点建设县之一。2007年建成县级支中心。2009年建立49个村级服务点，2010年建立10个乡镇基层中心。

读者服务工作

余庆县图书馆将文化共享工程与远程教育结合，建立起了图书馆、室对群众立体式的服务，深受群众的欢迎。一是将图书室建立在农村和学校，将图书直接送到基层，直接为群众提供服务，方便群众阅读。二是将基层图书室作为县图书馆的延伸服务网络，进行业务指导，对图书管理员进行培训，定期或不定期把图书在学校图书室和乡村图书室之间进行交换，提高图书利用率。“农家书屋”的图书由县图书馆进行编目上架和服务管理。三是充分利用文化共享工程，丰富服务内容。县支中心接待读者年均5000多人次，每周开放56小时，全方位服务群众。根据广大群众的实际需要，利用共享工程网络资源内容新、实用性强、信息量大、数据传输快捷方便的优势，搜集、下载适用于当地群众的政策法规、先进性教育、农业科技、文化体育、防疫保健、科普知识等文献信息，刻录成VCD光盘或宣传资料，通过县、镇、村文化服务网络及其它途径传输给用户。信息，同时，文化共享工作人员还经常走进贫困山区学校、走进监狱、走进敬老院，为这些最需要社会关爱的特殊群体服务，给他样送去健康的精神食粮。四是以活动开展为载体，吸引群众读好书、好读书。依托“农家书屋”和村、校图书室，举办了县、乡读书演讲比赛和征文比赛。通过层层筛选的方式，共组织演讲比赛、读书活动10余场，参加人员达1000余人，收到读书征文100余篇。松烟、大乌江等镇还将演讲比赛会场直接搬到新农村建设点上，进一步营造农村农民学科技、增知识、讲礼仪的良好气氛。同时，组织读书座谈会，畅谈读书心得。集中村的老年人、学生到图书室阅览和查阅资料，并写出自身学习心得让大家参考。五是强化业务培训，提升馆员素质。一方面抓政治理论学习，牢固树立为读者服务，为社会服务的思想观念。另一方面狠抓业务知识培训，建设一支业务精、素质高的服务队伍。要求本馆馆员计算机水平必须达到初级以上，并能熟练操作，维护现代技术设备，能对各乡镇基层中心、村级基层进行指导和培训。

业务研究、辅导、协作协调

2008—2013年以来，余庆县图书馆职工积极地参与省、市组织的业务培训。

自2007年起，余庆县图书馆以文化信息资源共享工程县级支中心为依托，对各乡镇文化站、农家书屋和村级图书室管理人员进行培训，极力提升管理人员的业务技能。

2013年，在遵义市图书馆的支持和指导下顺利完成对图书馆新书的编目上架工作。

管理工作

自2006年搬迁新馆以来，图书馆人员短缺问题就一直制约着图书馆的发展，图书馆本着以人为本，读者至上的原则努力调整工作方式，严格执行人事管理制度，落实岗位管理条例，全面认真开展着图书馆各项业务工作。2013年余庆县图书馆向主管局，人事、编办积极申请，依照《遵义市创建国家公共文化服务体系示范区》文件精神，要求将图书馆人员增编至15人，积极争取人员到岗，使图书馆业务工作常态化、管理工作制度化。

表彰、奖励情况

2009年评为遵义市文化共享工程年度工作先进单位，2011年评为全县消防安全社会目标考核先进单位，2012年评为遵义市文化信息资源共享工程年度工作三等奖。

馆领导介绍

毛多良，男，1976年5月出生，大专学历，馆长。1997年8月参加工作，2008年取得助理馆员职称，2009年代理馆长职务，

2011年9月正式任命为图书馆馆长。2008、2009、2010、2012、2013年均被评为年度优秀工作者。

未来展望

进一步做好图书馆基础服务工作，做好图书借阅工作的推广、宣传工作，不断提高服务质量，努力增加在册读者人数，提高读者借阅人次。组织协调各单位、社会团体、协会用好已建成的多功能厅、电子阅览室，举办多层面的讲座，开放健康、文明的网上阅读工作，切实为青少年、老人等广大读者服务。抓好新书入藏和报刊订购工作，进一步增加馆藏总量和馆藏质量。增强对乡镇文化站、基层建设点技术培训；加大乡镇文化站街道、村（含农家书屋）、学校图书室的规划与建设。

2014年年底，规划在新城区建成余庆县新馆，总建筑面积4000余平方米，阅览座位300多个，可容纳纸质文献10万册，年服务人次可达5万人次以上，数字资源设计存储能力15TB。同时按照县委县政府全县小康建设要求新建乡镇20个集文化、体育、图书于一体的社区文化活动室，将为每个活动室匹配1000册图书，2个书架和阅览桌椅1套。

联系方式

地　址：余庆县白泥镇文化路
邮　编：564400
联系人：毛多良

习水县图书馆

概述

习水县图书馆成立于1982年1月，图书馆原址位于县府西路138号，1982年至2003年一直利用县文化馆办公楼约100平方米的两间房屋开展业务。

2005年批准立项在县城西城区修建新馆，工程总投资120万，2006年9月竣工，总面积2100多平方米。2007年5月正式开馆服务，设有综合阅览室、自修室、老年阅览室、儿童阅览室、报刊阅览室、多功能会议室、电子阅览室、藏书室、地方文献室、中心学习室等十多间功能齐备的大、小阅览室。目前有各类书籍共145000多册，电脑30多台，对外实行图书免费阅览，凭卡借阅、上网等多项服务。同年建立文化信息共享习水县支中心。2013年，参加第五次全国公共图书馆评估，首次评为二级馆。

业务建设

截止2013年1月，习水县图书馆总藏量17.1万册（件），其中，纸质文献7万册（件），电子图书9.3万册，电子期刊0.8万册。

2012、2013年，习水县图书馆新增馆藏购置费50万元，2011至2013年共入藏中外图书20000种，40000册，中外文报刊77种，视听文献400种。数字资源库总量为15TB，其中自建7TB。协助县政协、县文物管理所完成《习水县志》、《习水县非物质文化遗产图集》、《习水县文物图集》、《习水县文史资料汇编》等。

读者服务工作

从2011年12月起，习水县图书馆全年365天对外免费开放，周开放时间为58小时，2012年4月实现图书馆馆藏自动化管理，2011-2013年，书刊总流通14万人次，外借8.3万册次。

截止2013年1月，建成馆外服务点30个，其中乡镇24个，县城区域6个，2012年4月图书馆独立网站开始投入使用，年均访问量达到3万次，2014年图书馆公众微信平台、微博投入使用，年发布公共信息365条。2011至2013年，共开展培训、流动服务、电影放映等112场次，参与人数3.2万人次。

业务研究

2009至2013年，习水县图书馆职工发表论文4篇，撰写研究性论文6篇，参加省、市组织培训活动17次。2014年6月，贵州省民族大学设定为图书情报学专业定点实习基地。

管理工作

全馆编制15人，现有工作人员8名，其中本科学历5人，大专学历3人，2012年11月，习水县图书馆完成岗位聘任，建立了工作量化年终考核制度，每月进行计划与小结制度，每季度进行工作总结，全年进行工作考核。

表彰、奖励情况

2008年至2013年，习水县图书馆共获市、县表彰、奖励9次，其中市级1次，县级8次。

领导简介

黄增平，男，1982年8月生，本科学历，中共党员，副馆长。2005年参加工作，2005至2011年7月在习水县良村镇任教，2011年8月调入习水县文体广电旅游局广播电视村村通业务技术站工作，2012年4月进入习水县图书馆。

未来展望

为了满足习水广大人民群众的文化需求，提升我馆的综合服务水平，打造一流的县级图书馆。2014年，我馆将在老馆旁设计规划修建近1200㎡的新型阅览室（三层），我馆将在新楼的外观、内装、环境、氛围上下功夫，努力为广大人民群众营造一个集阅读、休闲、交流的公共文化场所。新的阅览室建成以后，我馆将会对老新整个馆群服务区进行认真规划，把成人区档次提高并提供有偿服务，把少儿区扩大并单独设立幼儿区，把盲人区扩大增加服务内容，将电子阅览区进行合理分化。力争到2015年底前，增加纸质书籍与精品藏书、阅览坐席、数字资源等。同时，我馆还将加大与省、市图书馆的联系，加强学习交流，积极与高校馆合作，将民大的图书管理专业实习基地建设好，为图书馆事业培训更多的优秀人才，为下一次评估上一级馆打下坚实的基础。

联系方式

地　址：习水县西城区红一路
邮　编：564600
联系人：黄增平
电　话：0851-22731503
邮　箱：11958611@qq.com

爱国主义主题活动

综合阅览室

志愿者服务

石阡县图书馆

概述

石阡县图书馆始建于1979年，起初由县文化馆图书室移交图书给图书馆开展相关业务工作。1985年1月，因民主街失火，图书馆房屋全部被焚，造成大量图书损失，后迁至县大礼堂门厅办公，设书库于大礼堂开展外借工作，并在县工会开展阅览工作。1988年3月，由省文化厅、地区文化局和县财政局共拨款18万，建成一楼一底砖混结构馆舍，面积800㎡。2005年8月，根据城市建设规划，馆舍拆除，图书馆搬迁到县级文保单位东岳庙继续开展工作。2009年7月，新馆开工建设，建筑面积3005㎡。至今石阡县图书馆经过33年的变迁和发展，历经四次辗转搬迁，新馆于2012年落成并交付使用。

图书馆现有可利用馆舍面积2006㎡，阅览室面积650㎡，分别设有图书借阅室、电子阅览室、期刊室、少儿阅览室、采编室、地方文献室、古籍文献室、多功能活动厅等。全馆拥有阅览座席240个，馆藏图书报刊总量24万余册（含电子图书），电子文献读物及音、视频资料4TB，年报刊200余种。

业务建设

石阡县图书馆成立以来，一直以服务读者为宗旨，制定了社会服务承诺制度，认真开展阵地工作，为广大读者提供了一个学习场所，满足了大多数读者的借阅要求。2008年至今，石阡县图书馆充分发挥图书馆辅导职能，帮助133个农家书屋建设点完成了建设任务，并完成了所有建设点管理人员的业务培训工作；协助完成87个村、5个社区文化信息资源共享工程服务点共82个建设任务。完成了5个数字农家书屋的建设任务及流动图书车建设。

读者服务工作

到2012年3月，实现零门槛进入，公共空间设施场地全部免费开放，所提供的基本服务项目全部免费。通过探索多种读者服务模式，积极开展各类读者活动，开展面向残疾人、老年人等特殊人群的服务，来提升公共文化服务的能力。进一步创新公共文化服务内容和形式，做到“免费但不降低服务质量”，形成一流的硬件设施、管理水平和服务质量；通过增加文化服务项目，使免费开放工作更加贴近实际、贴近生活、贴近群众。多次举办读书宣传活动，开展读书有奖征文等活动，扩大了图书馆的影响力。

业务研究、辅导、协作协调

石阡县图书馆积极开展与上级部门及馆际之间的协作协调，加快了数字图书馆建设，促进了石阡县公共图书馆事业发展，取得了明显的成效。

一是开展了与外省有关图书馆之间文献资源建设的协调工作，组织和推动馆际互借与交换，调剂剔旧图书，编制联合目录，逐步实现资源共享；二是每年开展图书馆工作有关课题的学术研究活动，提高图书馆工作人员的素质和学术水平；三是开展了图书馆及其有关组织之间的联系，交流图书馆工作经验，交换信息，促进石阡县图书馆适应改革开放的形势，不断提高工作质量；四是每年组织图书馆在职工作人员业务培训，提高其思想水平和业务能力；五是开展对图书馆工作的评估，交流图书馆发挥教育和情报职能作用的经验。从2009年到2013年，每年都在做好“联合目录”、“馆际互借”工作。这几年馆际互借工作取得了较大成绩，先后与各县的图书馆完成了49次互借活动，极大地提升了我县图书馆服务社会的能力。

管理工作

我县图书馆隶属于石阡县文体广电旅游局。1989年5月，县编委会对图书馆下达单位定编人数为7人，2008年又调整为6人。目前在编人员7人，其中助理馆员3人，管理员1人，知识结构本科学历2人，大专学历3人，中专学历1人，初中学历1人。图书馆馆工作纳入全局考核指标体系，做到年初有计划，半年、全年有总结，年终进行总体工作考核。

表彰、奖励情况

2009年至今，每年获得县委县政府表彰的先进文明单位、最佳文明单位。

馆领导介绍

王禹新，1963年生，中共党员，大专文化，馆长。

未来展望

一直以来，我们恪守“读者第一，服务至上”的办馆宗旨，努力改善办馆条件和加强基层业务建设。致力于提高读者服务工作水平和服务质量，进行职业道德教育，强化队伍素质建设，努力提高全体馆员的管理水平，努力打造成设施先进、服务优质、公众满意的“市民大书房”，成为让世界了解石阡的一个窗口。

联系方式

地　址：贵州省石阡县汤山镇佛顶山大道100号
邮　编：555100
联系人：马小艳

普定县图书馆

概述

普定县图书馆创建于1979年，原馆位于普定县城关镇光明路场坝上，建筑面积220平方米。1994年，普定县人民政府独立投资65万元建设新馆，1999年11月竣工，新馆占地面积1859.6平方米，建筑面积1640平方米。可藏图书20万册，读者座位350个。2008年建成文化信息资源共享工程普定支中心，接入20兆宽带，电子阅览室电脑30台。2011年10月，对读者实行全免费服务。2013年普定县图书馆参加第五次全国公共图书馆评估定级，被评为县级二级馆。

业务建设

截止到2013年底，普定县图书馆总藏量8.5万册（件）其中纸质文献8万册，电子图书0.5万册。

2009–2010年，普定县图书馆新增藏量购置费为5万元。2011起增至12万元，2009–2013年，新增藏量5万册（件）。视听文献500种，地方文献1000册。

截止到2013年底，普定县图书馆数字资源总量为90G，自建资源有《普定花灯》、《地戏》、《苗族古歌》、《穿洞古人类遗址》、《苗族服饰》等内容。

读者服务

普定县图书馆从2011年10月1日起正式向读者免费开放，每周免费开放时间为70小时，80%的书刊全开架借阅，外借率50%以上，年外借书刊4.8万册。普定县图书馆每年要进行6次以上的书刊阅读推广和宣传，与各乡（镇）学校、部门进行广泛联系，依托文化信息资源共享工程优势，提供信息服务。

普定县图书馆与普定县残联达成协议，在馆内建立了残疾人档案，制作了5000多个残疾人服务卡，根据情况散发给相应的特殊读者。普定县图书馆网站于2009年初建成，网站分为9个板块，即："普定首页、本馆简介、资讯中心、读者服务、图片展示、视听中心、共享工程、古籍保护、下载中心"。全县读者可以在普定县图书馆网站进行自助借还书业务。

2009年至2012年，普定县图书馆共举办展览，讲座、培训、阅读推广等读者活动120场次，参加人数608人次。为书找读者是普定县图书馆长期践行的一项读者服务举措，除举办各种阅读推广活动外，根据全县各乡（镇）村的读者需求，及时将到馆新书送到读者手里。

业务研究、辅导、协作协调

2009–2012年普定县图书馆将业务研究、辅导、协作协调作为馆的一项重要工作来抓，要求每个员工对读者进行深入广泛调研，每年要有2–3篇调研文章。业务辅导是推进全县农家书屋工程建设的基础，普定县图书馆长期对建成的10个图书流动点，4个分馆，317个行政村农家书屋进行业务培训、辅导。为全面实现全县农家书屋工程建设夯实基础。普定县图书馆为加强业务建设，长期采取请进来，送出去的方式加强职工业务培训，为此，邀请安顺市图书馆老师到普定讲课11次，多次与关岭县、大方县图书馆进行交流与协作，与全县11个乡（镇），图书室都建立了良好协作关系。

管理工作

2010年，普定县图书馆实行全员岗位聘任，馆内制定了管理制度21项，建立了工作量化指标考核体系，每月进行工作通报，每年要进行总体工作考核。2009年至2012年抽查文献排架6次。撰写调研报告和工作简报40篇。

表彰奖励

2009年至2012年，普定县图书馆获得各种表彰奖励11次，其中省文化厅2次，市局3次，县级表彰6次。

领导介绍

刘祥贵，男，1967年2月生，大专学历，中共党员，助理管员。1985年10月参加工作，1985年10月至1999年8月在空军航空兵第三十六师第一0八团机务大队质量控制室。1999年8月至今在普定县图书馆。2014年负责普定县图书馆工作至今，贵州省图书馆学会理事。

未来展望

以县情为基础，以地区经济、文化发展为支撑，以政府投入为切入点，加强对纸质、电子出版物等资源的整合，开发和有效利用，逐步在全县实现由单一型向复合型和数字型图书馆发展。进一步增强地方文献、民间艺术精品等非物质文化遗产的收集、整理和保护，全面实现数字化、网络化、信息化环境下公共文化服务的公益性、基本性、均等性、便利性，更好地满足全县人民日益增长的文化需求，在下一次评估定级工作中力争达到县级一级图书馆。

联系方式

地　址：贵州省普定县塔山路
邮　编：562100
联系人：刘祥贵

爱国主义主题活动

综合阅览室

志愿者服务

黔西县图书馆

概述

黔西县图书馆成立于1958年9月，贵州省拨款在城关三小外修建，由文化馆馆长兼任图书馆馆长。由于历史原因1968年5月，黔西县图书馆名称被废。1972年恢复建制，1981年从文化馆独立，建馆于大虎坝五小湾。现在图书馆座落于美丽的东山脚下，建筑面积2000余平方米，有阅览坐席242个，计算机39台，10M光纤接入，选用图创图书馆自动化管理系统。

业务建设

截止2012年底黔西县图书馆总藏量208587册（件），其中，图书195100册（件），报刊13320册，光盘167张。2010–2012年，黔西县图书入藏量达到32800种。报刊入藏167种，视听文献144种，注重对地方文献的收藏。自2011年，图书馆开始使用图创图书馆自动化管理，同时还实现了无线网络覆盖。

读者服务工作

自从2010年以来，黔西县图书馆严格按照文化部、财政部联合下发的《关于推进全国美术馆、公共图书馆、文化馆（站）免费开放工作的意见》要求，制定了免费开放实施方案，实行零门槛进入，所有阅览室均实行免费开放，免办证费等一切费用。全年周开放56小时以上。2012年“光华公益书海工程”向黔西县图书馆捐赠送了一批图书，为了这批图书更大的发挥作用，图书馆将大部分图书作为流动图书放到各个农家书屋点开架借阅，依托各个农家书屋，解决了农民群众“买书难、借书难、看书难”的问题，也使图书利用率都得到较大的提高。截止2012年，年流通总量达20568人次，年文献外借量达40000多册。与毕节市七星关区图书馆、黔西一中图书馆等签订了《馆际互借协议书》，探索推行馆际互借与合作，尽量方便读者，提升资源利用率。

依托贵州数字图书馆的电子资源，向读者提供浏览、检索、下载等服务。此外，图书馆还向社会提供各种参考咨询、情报调研等服务。

2010–2012年，黔西县图书馆共举办讲座、展览、培训、阅读推广等读者活动94场次，每年参与活动人次达3万余人。

业务研究、辅导、协作协调

2009–2012年，黔西县图书馆职工发表论文4篇，调研报告3篇，培训学习心得体会5篇。为加强“农家书屋”管理人员的业务能力和管理水平，黔西县图书馆采取集中培训和现场培训的方式，举办培训达62场次。

2012年，黔西县图书馆还分别与贵州省图书馆和毕节市图书馆签订了《联合编目协议》和《成员馆协议书》，促进了编目工作改善，实现了资源共享。黔西县图书馆还与相关部门密切合作，加大地方文献征集工作。2012年，黔西县图书馆在读者中招募了一些优秀的志愿者，参与黔西县图书馆的日常工作。

管理工作

2009年，黔西县图书馆完成全员岗位设置，本次设置岗位总量7个，其中：管理岗位2个，专业岗位5个。遵循竞聘上岗、按岗聘用、合同管理的原则，按照规定程序，聘用工作人员，签订聘用合同。

根据图书馆各部门的特点，制定各项规章制度，工作人员严格按照规章制度执行，以制度管人。最大程度地调动工作人员的积极性。

表彰、奖励情况

2010年–2012年，黔西县图书馆共获得各种表彰、奖励7次。其中县级政府表彰2次，行政主管部门表彰5次。

馆领导介绍

李薇，女。1972年出生，大专学历，负责人。

未来展望

黔西县图书馆坚持以“读者至上”为原则，因地制宜，科学办馆，使黔西县图书馆事业得到了一定的发展。2014年底，黔西县图书馆新馆将全面竣工。新馆建筑面积达4000多平方米，届时将依托新馆建设，加强自动化建设，加大人才队伍建设，不断提高工作人员的业务能力和管理能力。联合相关单位，积极举办形式多样的阅读推广活动，让更多的公众参与其中。加强地方文献数据库的建设，将黔西县图书馆建成一个现代化、自动化、人性化的新型图书馆，重铸图书馆的辉煌，使黔西县图书馆事业达到一个较高的水平。

联系方式

地　址：贵州省黔西县东山路
邮　编：551500
联系人：李　薇

李显祥副局长带领图书馆工作人员送书到社会福利院

云志中学图书馆老师到黔西县图书馆交流学习

“农家书屋”管理员培训会

关岭自治县图书馆

概述

关岭自治县图书馆成立于1983年6月。1988年，建有800平方米馆舍。2012年新建关岭自治县图书馆1500平方米。2013年，首次参加第五次全国公共图书馆评估，获得二级图书馆，新馆地址位于大岩新区，新馆建筑面积1500平方米。现有计算机35台，宽带接入30Mbps，选用Aolong图书自动化管理系统。

业务建设

截止2013年底，关岭自治县图书馆总藏量为5万余册（件），其中，纸质文献3.9万册（件）其他1万余册。

2013年，关岭自治县图书馆新增藏量购置费10万元，共入藏图书17643种，25352册。报刊310种，地方文献人藏25种，53册。

2013年实行了图书自动化管理，建好县图书馆网站（http://www.gltsg.com)。2014年底将宽带从10Mbps升级为30Mbps，实行了馆内无线网络全覆盖。

读者服务工作

2010年关岭县图书馆因新馆建设未开展工作，2011年图书馆借体育馆场地，实行全免费开放。平均每年8300册次以上；流通总人次约200000人次，平均每年63000人次以上。2010年—2013年，向外宣传图书及报刊310种以上。2010年至2012年，图书馆的开馆时间为：周一至周五为每天8小时，每周合计开馆时间为40小时；2013年开馆时间改为：周一至周日为每天7小时，每周共计49小时。

图书馆共开展各种讲座、读书活动、送书活动26次，均有计划、总结和读者反馈意见，参加读者活动人次在2000人以上。开展社会教育与用户培训12次，均有计划、有内容，达到了应有的效果，得到了读者的好评。

关岭自治县图书馆在全县范围内组织开展“全国少年儿童数字阅读推广月”活动暨全国少年儿童网络知识竞赛，以“数字阅读 学海之舟”为活动主题，积极引导广大青少年儿童“多读书、读好书”。在开展活动期间，组织业务人员到活动乡（镇）进行指导和督促，确保活动取得工作成效，全县有1000余人参与竞赛。

关岭自治县图书馆组织“亲子阅读、共享知识、共建和谐”家庭读书活动启动仪式。在启动仪式上，关岭自治县图书馆捐赠150册小学生必读的世界名著图书。

关岭自治县图书馆举办首届“图书漂流”活动。在活动中，工作人员精心挑选小学生、中学生及成年人必读的图书，把广大的读书爱好者紧密地联系在一起，采取每位读者登记后发放一册漂流图书，共发放600余册图书。

关岭自治县图书馆在岗乌镇中心小学开展“关爱留守儿童”献爱心活动，为农村留守儿童送去精美图书、少儿期刊200余册、购买1000多元学生学习用具等，以满足学生阅读和学习需求。

业务研究、辅导、协作协调工作方面

关岭自治县图书馆与安顺市图书馆、普定县图书馆、平坝县图书馆领导开展协作协调工作，通过联合编目、馆际互借、体系建设及其他各类业务合作活动等，开展工作交流，总结经验，取长补短，做到有计划、有组织、有步骤地开展工作。

管理工作

2012年，关岭自治县图书馆通过面向社会招考引进1名技术人员，通过向乡镇遴选1名管理人员，图书馆采取按需设岗、按岗聘用、竞争上岗、择优聘用的原则，在完善相关手续后实行一年一次考核，建立分配激励制度，对于不适宜在图书馆工作的人员提请局党组另行安排岗位。

表彰奖励工作

关岭自治县图书馆指导的7个行政村农家书屋连续三年代表安顺市农家书屋建设工程规范化、制度化、标准化示范点，接受国家新闻出版总署督察验收，被评为优秀，其中上关镇新店村农家书屋被国家新闻总署评为2012年全国性示范农家书屋。

2013年关岭自治县图书馆组织参与“全国青少年数字读书月活动”并获得优秀组织奖。

平坝县图书馆到我馆签馆际互借协议

我馆秦吉平副馆长与安顺市馆隆馆长签定馆际互借协议

馆领导介绍

段映华，女，1962年12月出生，大专学历，中共党员，副馆长。1981年1月参加工作，2000年任图书馆副馆长至今。

秦吉平，男，1975年11月出生，本科学历，中共党员，副馆长，2000年9月参加工作，历任关岭自治县新铺镇文化站站长，2012年任图书馆副馆长（正股级）并主持全面工作。

未来展望

关岭自治县图书馆在县政府的高度重视下，将本着一切为读者服务的宗旨，围绕优化服务、拓展图书馆教育和信息的功能，从读者服务、业务管理、提高人员素质等入手，进一步寻找差距，增强措施，创造条件，狠抓落实。进一步解放思想，开拓思维，统筹兼顾，扩大服务范围，创新服务体系，整体推进图书馆事业的发展，继续争取政府加大经费投入，抓好新书入藏和报刊订购工作，进一步增加馆藏总量和馆藏质量。充分发挥图书馆的服务、教育功能，提高服务质量，努力增加读者办证人数，提高读者借阅册次，加强未成年人的服务工作。做好地方文献资料的收集、整理、入藏及本地特色资源的数字化加工、处理工作。继续开展各种读书活动，指导帮助乡镇、街道、村（含农家书屋）、学校图书室的规划与建设。

联系方式

地　址：关岭自治县大岩新区
邮　编：561300
联系人：段映华

江口县图书馆

概述

江口县图书馆始建于1979年3月。建馆初期，与文化馆合署办公，直到1985年2月迁至香山红庙的图书馆新舍。2004—2007年，由中央、省、地、县共同投资100多万元新建了现江口县图书馆新馆舍，馆舍地处江口县城双江镇梵净山中路，占地面积1684平方米，建筑面积1005平方米，是一座仿古园林庭院式建筑，馆内环境优美，2008年9月正式投入使用，现已成为江口县一个重要的标志性公共文化场所。

图书馆新馆投入开放后，2009年首次参加全国公共图书馆评估，获得三级图书馆。2012年底，为拓展图书馆服务功能，经县人民政府批准，将原体育服务中心办公场所划归为图书馆读者活动中心使用，建筑面积1760平方米。2012年，图书馆有阅览坐席170多个，计算机42台，接入了10M网络光纤连接互联网，配有广州图创Interlib图书馆集群自动化管理系统。

业务建设

为增强图书馆文献资源建设，满足不同层次读者的文化需求，在江口县委、政府及相关部门的重视和帮助下，2009—2012年县馆除每年增加图书、报刊购置外，还通过各种途径，增加馆内文献资源。2010年争取到香港慈恩基金会捐赠1万册少儿图书，建立了铜仁市首家慈恩基金少儿图书馆。2012年争取到国家图书馆捐赠的图书及期刊15954册，图书馆馆藏资源得到很大改善。截止2012年底，馆藏图书57509册，其中：中文图书45019册，报刊合订本11498册，视听文献992件，地方文献藏书493件。每年订阅各类报刊近170种，馆内藏书主要以综合性、普及性、教育性、休闲娱乐和实用相结合。

在数字资源建设方面，图书馆于2012年8月筹建开通网址为：http://www.jklib.com的江口县图书馆网站，设有9个一级栏目，使其能够更好地为读者提供网络信息服务。2012年底，图书馆已建有馆藏地方文献书目数据库1个，全文数据库1个。2013年初，馆内开通了无线网络，极大地方便了读者对信息资源的利用。

读者服务工作

2012年江口县图书馆有服务窗口7个，一直以来，县图书馆始终坚持“读者第一，服务至上”的办馆宗旨，为读者提供全免费开放服务，每周开馆时间达到66小时，全年365天开馆。馆内读者服务工作除开展外借、馆内阅览、电子阅览、资料查询等服务工作外，还采取预约借书、代借代还、送书上门等灵活多样的方式开展工作。2012年接待读者48934人次，外借书刊43670册。为拓展图书馆服务范围，壮大读者队伍，先后在社区、学校、警营、看守所、拘留所、福利院等设立了10多个服务点和流通站，并常年为未成年人、残疾人、老年人、进城务工人员提供个性化服务，保障了特殊群体、弱势人群平等享有公共文化服务的权力。每年组织开展形式多样的读者活动，举办读者座谈会，学生诗歌、散文朗读、讲故事等活动，通过图书宣传、新书展览、张贴宣传标语，制作宣传展板等形式倡导全民读书，提高图书馆的影响，增强读者利用图书馆的意识。为推进新农村文化建设，每年坚持开展送科技、送图书下乡活动，利用馆藏资源编印《农村致富文摘》送到各乡镇农民手中，向农民传递致富奔小康的科技信息。同时借助文化共享工程平台，大力开展文化共享“六进”服务宣传活动，通过文化共享网络讲座，爱国影片展等文化共享惠民宣传服务活动丰富了广大群众的文化生活，扩大了文化共享工程的社会影响力，社会效果较为显著。

2012年，江口县图书馆举办各种讲座、培训18次，各类展览3次，开展阅读推广活动6次，年参与各类活动2万多人次。

业务研究、辅导、协作协调

2009—2012年度，为加强馆际协作，充分实现文献资源的共享，提高图书馆文献服务能力，更好地满足读者的文献资源共享服务，江口县图书馆积极参与本省、市图书馆成员馆建设工作，先后与贵州省图书馆、铜仁市、县10多个图书馆开展馆际互借，并建立长期友好合作。2010年底为铜仁学院2010年院级科研项目《铜仁地区地方文献联合目录》编辑工作提供江口县地方文献目录。在业务辅导方面，每年对本县各乡镇“农家书屋”服务点、学校、社区、机关等图书馆延伸点开展业务辅导工作。

管理工作

近几年来，为促进图书馆各项工作及馆员队伍建设，江口县图书馆严格内部管理，逐步完善图书馆各项规章制度，明确各部门岗位职责。全馆设备、物资管理井然有序。年年实现目

2011年6月文化部张永新副司长、省文化厅黎盛翔副厅长到图书馆调研

2011年10月国家图书馆馆长周和平视察江口县图书馆

铜仁市县图书馆同仁来馆交流学习

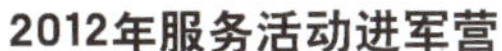

2012年服务活动进军营

电子阅览室读者活动

江口县图书馆第五次评估现场

标责任制，量化考核，强化全馆职工的事业心和责任感，提高服务效能，同时坚持在职人员的继续教育，提高全馆人员的整体素质。

表彰、奖励情况

2009年以来，江口县图书馆先后得到各种表彰、奖励11次。2010年被文化部评为国家“三级图书馆”，2009年获贵州省文化共享工程先进支中心，2009年获县关心下一代工作先进单位，2011年-2012年连续两年获县“精神文明建设先进集体”，2011年获江口县“文明示范窗口”荣誉，2009-2012年连续四年获“县文体广电局先进集体”，馆长曾素萍在2009年贵州省“文化共享杯”知识竞赛中获二等奖。

馆领导介绍

曾素萍，女，1965年10月生，大专学历，馆长兼文化信息资源共享工程江口县支中心主任，1985年9月参加工作，1989年10月到江口县图书馆工作，先后在流通书库、采编室工作。2005年12月任图书馆副馆长，2008年5月主持图书馆工作。

未来展望

21世纪是信息技术发展的高科技时代，为充分发挥图书馆“精神文明建设基地”和“信息枢纽”的职能作用，江口县图书馆在现有馆舍的基础上，将进一步加强基础设施建设，完善图书馆服务功能，同时加大图书馆文献资源建设，图书馆数字化、自动化管理建设。建设一支综合素质较强的管理队伍，打造本地区特色的文化服务品牌，为本地区的繁荣与发展发挥重要的作用。

图书馆馆舍正门

联系方式

地　址：贵州省江口县双江镇梵净山中路
（嫩寨检察院斜对面）
邮　编：554400
联系人：曾素萍

文化部全国公共文化发展中心副主任李建军一行到江口县图书馆进行重点文化工程督导

2012年江口县图书馆服务宣传周活动现场

思南县图书馆

概述

思南县图书馆成立于1979年4月，历经四次搬迁，2009年3月搬迁到思南县思唐镇文化社区府后街乌江文澜苑内，新馆舍面积2092平方米，内设盲文及盲人有声读物阅览室、电子阅览室、多媒体教室、报刊阅览室、少儿阅览室、借书处、多功能厅、采编室、行政办公室、地方文献及古籍书库、读者和职工俱乐部等办公业务用房。全馆现有在编在岗职工10人，其中具有副高职称1人，中级职称3人，初级职称5人。有阅览坐席242个，计算机48台，宽带接入10Mbps。1994年、2009年，参加第一次、第四次全国公共图书馆评估，评为二级图书馆，2013年参加第五次全国公共图书馆评估，评为二级图书馆。

业务建设

截止2013年4月，思南县图书馆总藏量46.5万册（件），其中纸质文献6.5万册（件），电子图书40万册，4TB数字资源。2008年起筹建地方文献库，入藏地方文献资料2000余册，古籍173册。

读者服务

从2009年3月，馆藏资源全部对读者免费开放，每周开放时间56小时，周末和节假日（春节除外）开馆。累计接待读者52.09万人次，借阅91.19万册次，举办读者书评活动5次；2009—2012年，共举办讲座、展览、培训、春节灯谜、阅读推广等读者活动126场次，参与人数近10万人次。设立“军民共建图书室”、“警民共建图书室”和“流动图书服务点”积极为读者提供咨询服务和阅读参考服务。

业务研究、辅导、协作协调

2009—2013年，思南县图书馆职工共发表文章26篇，获准立项省级课题1项，获中国图书馆学会奖8篇。

每年利用“三下乡”、“六进村”、党建帮扶等活动，对全县机关、学校、企事业单位、乡（镇）文化站图书室、对已建的489个农家书屋点和文化共享村级服务点进行业务指导，规范图书编目上架流程，完善书刊借阅制度。

管理工作

从2009年开始，思南县图书馆实行绩效考核管理制度，根据岗位的差别制定不同的管理制度，每半年进行绩效评定。每月不定期抽查文献排架、书目数据等业务工作。

表彰、奖励情况

2009—2012年共获省级奖励1次，县级表彰3次。

馆领导介绍

陶明智，男，1965年12月生，大学本科学历，馆员，馆长，县政协委员。1989年参加工作，先后在思南县文管所、图书馆、文化局办公室工作，2009年任图书馆馆长。

展望未来

思南县图书馆于2009年率先在铜仁地区公共图书馆中实现免费开放，实现了馆内所有公共空间实施及服务项目全部免费开放，实现无障碍、零门槛进入。今后将充分利用馆藏资源和共享工程平台，竭诚为广大读者和社会各界提供优质的服务。始终秉承为社会服务、为读者服务的宗旨，依托现代科技传媒手段，体现人类知识交互理念，融合传统图书馆功能体系，实行开放灵活的藏、借、阅、展、咨一体的新型服务模式。

联系方式

地　址：贵州省思南县思唐镇府后街
邮　编：565100
联系人：田 勇

2012年全国“知识工程”思南县图书馆服务宣传周活动、“文化强国—图书馆的责任与使命”主旨报告及培训会

贵州民族大学图书馆馆长卢云辉教授来我馆开展主旨报告

工作人员指导盲人读者上网

免费提供咨询服务

免费开放的电子阅览室

锦屏县图书馆

概述

锦屏县图书馆正式成立于1959年，是我省较早成立的县级公共图书馆之一。馆址几经变迁，2005年，县里争取到国家“两馆”建设资金60万元，省匹配20万元，县匹配35万元共计115万元新建锦屏县图书馆。新馆于2006年开工建设，2007年12月竣工，2008年5月位于赤溪坪社区，紧靠县职业中学、县委党校、锦屏中学的新馆建成开放。新馆占地234平方米，建筑面积1395平方米，2012年，锦屏县图书馆有阅览座位172个，计算机47台，宽带接入10Mbps，选用图创图书馆自动化管理系统。

业务建设

截止2012年底，锦屏县图书馆总藏量为84673册（件），其中，纸质文献83920册（件）。该馆藏书67560余册。

2011年，锦屏县图书馆新增藏量购置费40余万元，2013年年初，新增藏量购置费15万元。

2009—2013年年初，共入藏中文图书11581种，36725册，报刊96种，视听文献753种。

读者服务工作

从2009年9月开始，锦屏县图书馆全年365天除国家法定节假日外天天对外开放，周开放60小时，2009—2012年，书刊总流通25.125万人次，书刊外借16.484万册次。2009—2012年建成2个流动图书服务点，馆外书刊流通总人次5468人次，书刊外借4214册。2013年4月初开通锦屏县图书馆网站。

2009—2012年，锦屏县图书馆共举办讲座、展览、培训阅读推广等读者活动82场次，参与人数3.24万人次。

业务研究、辅导、协作协调

2009—2012年锦屏县图书馆职工发表论文6篇。馆内设有流动图书馆、书库、少儿阅览室、电子阅览室、杂志期刊阅览室、业务室等服务窗口。期间举办乡镇图书室和农家书屋管理人员培训3期，124人接受培训。贵州流动图书馆锦屏分馆在锦屏县图书馆建成。

管理工作

2010年，锦屏县图书馆完成第一次全员岗位聘任，此次聘任共设7个岗位，我馆共有6人，全部聘任上岗，并建立了工作量化考核体系，每年进行总体工作考核，2009—2012年，全面检查文献排架3次，撰写调研、分析报告3篇。

表彰、奖励情况

2009—2012年，锦屏县图书馆共获得各种表彰、奖励4次，其中，文化部表彰、奖励1次，省文化厅表彰、奖励1次，其他表彰、奖励2次。

馆领导介绍

吴君全，男，1969年11月生，本科学历，中共党员，馆员，馆长。1992年8月到锦屏县图书馆参加工作，1998年9月任锦屏县图书馆副馆长，2003年9月任锦屏县图书馆馆长。

未来展望

在当今信息社会的条件下，锦屏县图书馆一定会在知识经济时代发挥重要的地区信息枢纽和精神文明建设基地的重要作用，成为知识信息的集散地，成为广大读者终身教育的学校，锦屏地方文献的宝库，地区图书馆的中枢，将是该县文化、科技、信息传播、保存文化遗产、开展社会主义教育、展示改革开放成就为一体的综合性公共图书馆。成为该县群众读书学习的文化、科技、教育、信息、服务和交流中心，为该县经济建设和社会发展发挥十分重要的作用。

联系方式

地　址：贵州省锦屏县赤溪坪社区
邮　编：556700
联系人：吴君全

印江县图书馆

概述

印江自治县图书馆创建于民国26年，1937年中共地下党员严竞成（严钝）受党组织派遣回印江以教育为掩护，从事地下革命活动，开办了第一个图书馆，即"印江县立图书馆"。1981年12月，印江县人民政府在县文化馆图书室的基础上，明确成立"印江县图书馆"。1987年，位于县城解放路215号新馆建成开放。新馆占地2.52亩，建筑面积800平方米。2008年，建立贵州省文化信息资源共享支中心，办起了32个座席的电子阅览室。2013年改扩建后，业务用房增加到1617平方米，其中有八十个座席的报告厅。2010年1月，被文化部评为"国家三级图书馆"。2013年12月，被文化部评为"国家二级图书馆"。

业务建设

截止2013年8月，印江县图书馆总藏书量28.4万册（件），其中，纸质文献8.4万册，电子图书20万册。馆内设办公室、采编室、外借室（两间）、普通阅览室、少儿阅览室、电子阅览室、地方文献室、资料室、报告厅和自修室等。实现馆内无线网络覆盖，并选用榕树园图书馆自动化管理系统。

图书馆现有事业编制7人，在岗12人。其中：大专以上学历10人（含继续教育），中专及高中学历1人，初中1人；副研究馆员1人、中级（馆员）1人，初级（助馆）10人；自愿者2人。

2013年8月，心声·音频馆在县图书馆开通，音频资源量共有12000余小时、61765集，分为评书曲苑、相声小品、名曲赏析、影视同声、传奇故事、心声励志、健康新生、文学素养、欢乐少儿等九个方面。

2014年8月，在县图书馆设代秉国同志赠书专馆，并正式向外免费开放，馆藏图书19类1618种1715册，音响制品137张，内容丰富，涉及政治、经济、军事、科技、文学、戏剧、世界博览等，是戴秉国同志从事外交工作中积累的知识大观，是我们求知求学的良好教材，更是我县一笔宝贵的精神财富。

读者服务工作

从2009年8月起，印江县图书馆全年365天对外开放，周开放61小时，2013年8月实现馆藏资源的自动化借还。2012年–2013年馆内共计接待读者12.8万人次。2012年–2013年设有21个（乡镇17个、城区4个）流动图书服务点，实现馆内外资源共享，共计接待读者1.2万人次。

2012年–2013年，印江县图书馆共举办讲座、培训、阅读推广等读者活动32场次，参与人数0.85万人次。

业务研究、辅导、协作协调

从2010年–2013年，印江县图书馆职工发表论文21篇，分别在国家、省、市县学术论著刊物发表，出版专著3本。

从2009年起，印江县图书馆以文化资源共享工程为依托，开展地方文献征集、阅读推广与讲座展览资源服务、业务培训与技术支持等工作。为印江党政、企事业单位和个人提供查询、咨询、复印等免费服务。先后征集《田氏族谱》、《戴氏族谱》、《李氏族谱》等古籍七十多册影印本。征集《征蛮实录》、《田氏土司承袭文书宗枝图册》、《兴旺村古契约》等六十多份文献资料影印本。

从2010年–2013年，印江县图书馆在做好本馆各项工作的同时还负责指导全县乡镇图书室（17个），农家书屋（365个）的图书业务辅导工作，期间，为乡镇、社区共计培训人员到2000人次。

管理工作

2013年，印江县图书馆建立了目标考核管理办法，每月进行工作进度通报，全年进行总体工作考核。并坚持每月读一本好书，做学习笔记，写学习心得，撰写学术论文。多次在国家、省、市、县学术论著刊物发表。2008年以来，完成《文化广播电视新闻出版志》、《印江文物志》、《印江文物·画册》、《印江土家族风情·花灯专辑》、《印江花灯小戏剧本集》、《印江民族文化》、《黔东记忆》等约80多万字。

表彰、奖励情况

1989年–2013年，县图书馆共获得各种表彰、奖励10次。其中，1989年11月，印江县图书馆在创建文明图书馆活动中荣获省文化厅颁发"优质服务成绩显著图书馆"，铜仁地区文化局授予印江县图书馆"先进公共图书馆"称号。2010年至2013年被县人民政府表彰"文化工作先进单位"，被县文体广电局表彰为"先进基层单位"。

图书馆外貌

武警中队流动图书点

2013年6月少年儿童书画展

电子阅览室

放映活动

雷锋活动

外借处

馆领导介绍

任光军，男，1978年4月生，大专学历，中共党员，馆员，负责人。2012年12月–2004年4月到杉树乡文广站工作，2004年5月–至今任杉树乡文广站站长，2012年2月借调县文化市场综合执法大队任办公室主任，2013年6月借调县图书馆负责人。

刘晓玲，女，1963年6月生，专科学历，中级职称，副馆长。1991年11月到印江图书馆工作，先后到少儿阅览室、成人阅览室、外借处、采编室、馆长办公室等部门工作。

未来展望

印江县图书馆秉承"读者至上、服务育人"的办馆宗旨，紧密围绕"一切为了读者，一切为了利用，一切为了发展"的工作方针，以"学习促提高、学习促发展、学习促动力"为目标，即完善单体服务功能，扩大服务辐射区域，形成以县图书馆为中心，覆盖乡（镇）、社区（村）的三级图书服务网络体系，带动全县图书事业发展。

联系方式

地　址：印江县解放路215号
邮　编：555200
联系人：任光军

文化年货带回家活动

书法培训活动

兴仁县图书馆

概述

兴仁县历史悠久，县境春秋是时属牂柯国，战国、秦、汉属夜郎国，正式建县于清朝末年，在很长一段时间内曾经是黔西南政治、经济、文化的中心。兴仁县图书馆建于1977年10月，借用原文化馆的办公室开展借阅活动，后租用民房开展相关工作，当时仅有图书1500多册。1986年，上级拨款修建830平方米的图书馆于剑平池畔，极大的改善了县图书馆的办公条件，藏书从1977年建馆时的1500册增至现在的18万余册，开设了图书借阅和报纸、杂志、及少儿读物阅览等业务。兴仁县图书馆2009年被列为全国文化信息资源共享工程建设点，同时将新建成的综合体育馆二楼作为支中心电子阅览室，工程面积1620平方米，有一个运行维护中心，30个电子阅览终端。

业务建设

兴仁县图书馆，现有剑平池馆舍面积830㎡，体育运动中心电子阅览室1620㎡。目前剑平池馆设有图书借阅室、杂志阅览室、报纸阅览室、少儿阅览室、采编室、办公室共6个室。建在剑平池公园内，阅览环境便捷、整洁、舒适、明亮，现有座席220个，加上电子阅览室座席35个，共有座席255个，办公电脑6台、检索器一台，已接入宽带；图书馆还与兴仁一中建立了馆际互借关系，将兴仁一中图书馆确立为县图书馆的分馆，图书、刊物馆藏量总数达到14万余册。

2012年新增图书5419册，报刊373种。使用金盘图书馆集成系。地方文献设有专架专职人员负责，有专门目录。馆内藏书及上架书刊都统一按标准贴有书标、磁条、馆藏章，做到了整齐、美观。开架图书排架严格按顺序排架，一目了然。误差低于2%。图书馆设置了基本的防火、防尘、防湿等保护措施，确保藏书安全，破损图书及时修复。

兴仁县图书馆本着“读者至上，服务第一，勤奋求实，开拓进取”的办馆理念，加强文献资源建设，深入读者服务工作，开展馆际协作协调，加快建设步伐，取得了很好的成绩，在1998年全国公共图书馆第二次评估工作中被评为三级图书馆，在2013年全国公共图书馆第五次评估工作中被评为二级图书馆。

读者服务工作

2012年图书馆内设机构：期刊室、少儿阅览室、办公室、采编室、流通室、报纸阅览室、文化信息资源共享工程支中心电子阅览室。服务面向社会公众全免费、零门槛开放。提供文献借阅、查询、阅读指导、参考咨询，教育培训，讲座、展览及网上信息导航等基本服务。利用文化共享工程数字资源和设备开展数字文化服务，提供政府信息公开查询服务。年累计发放借书证7086个，接待读者142678万人次，外借书刊141717万册，讲座、培训52次，举办展览4次，阅读推广活动3次，建立馆际互借馆9个。2012年全县共建立了10个图书流通站，累计配置图书6万册，充分利用图书站点，宣传图书馆，发展读者，使馆内服务得到有效的延伸。

馆内阅览室全部免费开放。图书借阅、报纸、期刊、少儿图书实行全开架借阅。图书馆每购置一批新书都向读者推荐部份优秀书籍，每周开馆时间在56小时以上。不定期为特殊群体、弱势人群提供最基本的服务方式。认真为领导机关提供力所能及的查询有关信息服务。2012年在县供电局联合设立职工图书阅览室和电子阅览室，极大方便了供电职工的借阅和浏览，丰富了职工业余文化生活，也进一步拓宽了图书馆的服务渠道。

业务研究、辅导、协作协调工作方面

参与了黔西南州图书馆、兴义民族师范学院图书馆组织的《黔西南州文献资源共享平台建设》课题，起到参与、组织、协调和建设作用。

2012年12月与兴仁一中图书馆建立了馆借互借协议，并在二馆之间对读者实行通借通还。

管理工作

近年来，建立健全了各种管理规章制度，全馆内各部门有明确的岗位职责和规章制度，有工作质量与数量的具体要求，有严格的考核制度。财务、统计、馆内物资、夜间值守等均明确专人负责。进出图书馆的读者也能很好的遵守秩序，阅读环境便捷、桌椅整洁、标牌规范、标准、设施维护良，工作人员服务态度和蔼，全心全意为读者创造一个良好的、浓厚的读书、学习环境。成为兴仁县剑平池公园一道亮丽的风景。

基层业务辅导

读书演讲活动

读书宣传活动

图书馆人员技术培训

表彰奖励工作

图书馆连续三年被文体旅广局评为为先进单位。

馆领导介绍

岑丽娅，女，1966年10月出生，大专学历，馆长1983年8月参加工作。

未来展望

兴仁县图书馆在县委、县政府大力支持下，不断加大财政投入，仅2012年就下拨资金134万元。2013年全县正如火如荼开展“六创工作”，以此为契机，县财政还将增拨200万元用于图书馆软硬件建设，增加书籍、报刊征订数量，提高免费开放的服务质量，逐步满足广大读者的阅读需求，为创建“先进文化县”提供积极的政策和资金保障。

在今后工作中，兴仁县图书馆将积极争取上级支持，改善设施建设。硬件方面，增设阅览坐席，增加图书馆藏数量，增加供读者使用的计算机数量，为残疾人设置专用通道、专用设施、专用阅览室等等。软件方面，进一步完善图书管理制度、借阅制度等相关制度建设；增强图书报刊信息宣传力度，为领导机关决策与社会事业发展提供信息服务，为科研与经济建设提供信息服务，为社会大众提供信息服务。而且还将进一步完善网络图书的现代化建设。

联系方式

地　址：兴仁县成南街道办事处剑平池公园内
邮　编：562300
联系人：岑丽娅

安龙县图书馆

概述

安龙县图书馆的早期始于清代，藏书集于书院，供士子阅览。民国初年，经地方人士倡导，于诚内设一阅览室，购置时新书报供人阅览，以启迪民智。民教馆成立后，订有报刊杂志20余种，并向地方各界及省外本籍人士征募，得中外文书籍杂志千余册，辟一图书阅报室，定时开放阅览，并组织巡回书库到各乡村。

1979年8月，安龙县图书馆正式建立，仍借文化馆房舍开展工作。馆址几经变迁，2013年8月8日，位于安龙县栖凤街道办金荷名都（人民会场旁）的新馆建成开放。新馆占地4.5亩，建筑面积2045.32平方米，设计藏书容量15万册，可容纳读者座位400个。2013年，参加第五次全国公共图书馆评估，首次获得二级图书馆。计算机45台，宽带接入10M，选用金盘图书馆自动化管理系统。

安龙县图书馆编制10名，大专9人，高级职称1人，中级职称3人，初级职称3人，工勤（高级工）2人。

业务建设

截止2012年底，安龙县图书馆总藏量382191册（件），其中县图书馆67039册（件），纸质文献64732册（件），光盘2154个，磁带6个，电子文献147件。

2009年，安龙县图书馆新增藏量购置费4万元，2010年新增藏量购置费5万元，2011年新增藏量购置费8万元，2012年新增藏量购置费10万元。2009–2012年，共入藏中外文图书6348种，12696册，中外文报刊196种，视听文献133种。2012年，地方文献入藏完整率为15%。

读者服务工作

从2010年10起，安龙县图书馆全年365天对外免费开放，周开放63小时，同年，公共电子阅览室正式对外免费开放。2009年–2012年，到馆人次达165131人次，书刊总流通81057人次，书刊外借150565册次。2010年起，为县“两会”提供服务。

2009–2012年，安龙县图书馆共举办讲座、展览、培训、阅读推广等读者活动32场次，参与人数达1600余人次。

业务研究、辅导、协作协调

2009–2012年，安龙县图书馆职工共发表论文6篇，撰写调研报告3份。

从2010年起，安龙县图书馆以文化信息资源共享工程专网为依托，在全县16个乡镇建起公共电子阅览室，187个农家书屋。期间，举办农家书屋管理员培训班2期，公共电子阅览室管理员业务培训班1期，18课时，126人次接受培训。到16个乡镇文化服务中心及农家书屋进行业务指导58次，接受辅导人员154人次。

2012年4月，安龙县图书馆为实现资源共享，方便读者借阅书刊，与16个乡镇及县城10所中小学签订合作协议，实行一证通，实现馆际互借，费用由图书馆承担。

管理工作

2011年，安龙县图书馆完成第二次全员岗位聘任，本次聘任共设4类岗位，有10人重新上岗，同时，建立了工作量化考核指标体系，每季度进行工作进度通报，每半年和全年进行总体工作考核。2009–2012年共建立健全各项规章制度21项。

表彰、奖励情况

2009–2012年，安龙县图书馆共获得各种表彰、奖励13次，其中，黔西南州文化和广播电影电视局2次，县人民政府表彰、奖励3次，县文体旅广局8次，其他奖励16次。

馆领导介绍

朱贵然，男，1959年9月生，大专学历，中共党员，副研究馆员，馆长。1981年8月参加工作，历任安龙县兴隆区小学副校长、校长，安龙县文物管理所所长，1992年2月任安龙县图书馆馆长。

王礼华，男，1966年9月生，大专学历，馆员职称，馆长助理。1988年8月参加工作，2011年5月任安龙县图书馆馆长助理。

马贞春，女，1977年8月生，大专学历，馆员职称，馆长助理。1996年12月参加工作，2011年5月任安龙县图书馆馆长助理。

未来展望

安龙县图书馆遵循“科学、效率、创新、发展”的办馆方针，践行“读者第一，服务至上”的服务理念，安龙县图书馆将不断发挥知识经济时代地区信息枢纽和安龙县精神文明建设基地的重要作用，成为知识信息的集散地，市民终身教育的学校，安龙地方文献的宝库，高雅的文化休闲场所。将安龙图书馆打造成为该县集文化、科学、信息传播、保存文化遗产、开展社会主义教育、展示改革开放成就为一体的综合性公共图书馆，成为群众读书学习文化、科学、教育、信息、服务和交流中心，为促进本地经济建设和社会发展发挥重要作用。

龙里县图书馆

概述

龙里县图书馆成立于1982年，新馆于2003年建成，2004年正式对外开放，位于龙里县冠山街道办事处大十字龙发商贸城四楼。建筑面积1600平方米，设计藏书容量50万册。图书馆内设有综合借阅室、少儿阅览室、期刊室、书画展览室、电子阅览室等，可容纳读者座位214个。2013年，参加第五次全国公共图书馆评估，首次获得二级图书馆。用于服务读者的计算机30台，宽带接入10Mbps，选用善思图书馆自动化管理系统。

业务建设

截止2012年底，龙里县图书馆总藏量12.7万册，其中纸质文献3.1万册，电子文献9.6万册。2010–2013年，共入藏纸质图书6816种，13632册，视听文献132种。

截止2012年底，龙里县图书馆数字资源为3TB，其中，自建数字资源总量2TB。2010年初，实现馆内802.11N无线网络覆盖。2013年5月，选用了善思图书馆自动化管理系统，实现了图书馆自动化管理。

读者服务工作

龙里县图书馆馆舍改善后，不断增加图书藏量，坚持周一至周日免费开放，每周开放64小时，2009–2012年，书刊总流通65880万人次，书刊外借48532万册次。期间分别在政府大楼、武警中队建设了图书流动服务点，2个流动服务点书刊流通总人次23214万人次，书刊外借20810万册。每年在寒暑假，我馆充分利用共享工程支中心电子阅览室，免费为老年人、少年儿童、外来务工人员，定期开展电脑基础知识培训，免费为留守儿童开展书画培训，每年下基层到平坡村开展平坡农民画传承人培训，积极为各类人群提供服务。

龙里县图书馆每年利用图书馆服务宣传周、全民读书月、世界读书日、节庆日广泛开展阅读推广活动，发放大量的科普宣传资料和提供各类信息咨询服务。还开设了平坡农民画展览室，为龙里县非物质文化遗产提供向外展示和展览的平台空间。2009–2013年，龙里县图书馆共举办各类讲座、展览、培训、阅读推广等读者活动14场次，参与人数2.3万人次。2009–2012年，龙里县图书馆网站访问量10.1723万次。

业务研究、辅导、协作协调

2009–2012年，龙里县图书馆职工发表论文2篇。积极参加各级图书馆学会研讨会，并在州级学术研讨会上荣获1个二等、一个优秀奖。

从2010年起，龙里县图书馆依托文化信息资源共享工程，在全县范围内发起联合编目、流通服务、地方文献联合征集、阅读推广与讲座展览资源服务、业务培训与技术支持等工作。加强图书馆服务网络建设，在全县共建成了14个乡镇、社区、企业、军队图书室，167个农家书屋，全面实现了网络资源共享，2012年，深入各个基层图书室开展业务辅导16次，参训人数达2156人次。

管理工作

定期抽查文献排架和书目数据情况，编写《工作质量简报》，撰写专项调研、分析报告和工作提案等。

表彰、奖励情况

2013–2014年，龙里县图书馆共获得各种表彰、奖励3次。其中受州图书馆表彰1次，受县委、县政府表彰1次，县文体广电局表彰1次。

馆领导介绍

邓红红，女，1980年12月生，大专学历，馆长。2001年11月参加工作，2012年06月任龙里县图书馆馆长。

姚鸿，男，1982年12月生，本科学历，2008年参加工作，助理馆员，2014年6月任共享工程县级支中心主任。

未来展望

龙里县图书馆始终坚持“读者第一、服务至上”服务宗旨，坚持公益性原则，坚持“公共、公开、共享”的办馆方针，免费为广大读者提供简便、快捷的服务。在未来的几年里，龙里县图书馆将在现有馆舍的基础上，重新改造馆内布局，充分利用馆内空间。增设盲人阅览室，增加阅览座位200个，每年增加纸质文献的采购量，争取年服务人次达3.25万人次以上，数字资源存储能力增加50TB，能够提供覆盖、不间断、无时空限制的数字文献远程和移动服务，数字资源年利用率5万件/年以上。通过几年的努力，争取能达到一流县级图书馆的基本标准。

联系方式

地　址：龙里县正大街
邮　编：551200
联系人：姚 鸿

共享工程组织青少年网络学习

中央美术学院教授胡寿荣和瑞士学者鲁道夫到图书馆指导平坡农民画

为外来务工及留守儿童免费开展绘画培训班

威宁彝族回族苗族自治县图书馆

概述

威宁县图书馆建于1981年11月，位于威宁县草海镇解放路50号。2012年7月，因城区改造搬迁至威宁县会展中心，馆舍总面积约3000平方米。2006年列为"全国文化共享工程试点县"。2007年，成立全国文化共享工程贵州省威宁县级支中心。1998年，第二次全国公共图书馆评估，评为三级图书馆。2013年，全国公共第五次图书馆评估，评为二级图书馆。

业务建设

目前，威宁县图书馆馆藏总藏量为100142册（件）。自2009年以来图书年均入藏量2000 种；报刊年入藏量240 种；视听文献年入藏量64.2件。收集有各种地方文献资源。借阅率达90%以上书刊破损率30%，修复率达100%。在古籍保护工作中，明确有管理人员，制定有各种制度，彝族《苏巨黎咪》申报国家珍贵古籍名录。

2012年9月，与贵州省图书馆联合拍摄"撮泰吉"专题片，并拷贝保存于本馆数字资源库。自建有各类地方资源的文字及图片资料数据库。与省馆共建共享资源1TB、自建资源6.5TB。

2002年以来与多个乡镇及单位共建共享12个"流动图书室"。2009年开展数字资源整合工作，至2012年底通过数字资源整合，有效缩短了城乡数字信息差距。截止2012年12月，全县35个乡镇已有30个乡镇完成了文化站建设工作，实现了文化资源共享，所占比例为85.7%。完成了对612个村、141所学校文化共享设备资源的整合工作，整合比例达65%。公共电子阅览室硬件设施、环境建设各方面均达到文化部《公共电子阅览室设备配置标准》，服务环境安全整洁，实行免费上网，每周开放时间达56小。

读者服务工作

威宁县图书馆设有6个服务窗口，共有阅览座席338个。

从2011年2月起，威宁县图书馆实现了零门槛，服务项目全免费开放。每周累计开馆时间达81小时；书刊文献开架比例达95.2%；馆藏书刊年总流通人次达5万人；馆藏书刊文献年外借率达95.2%；年外借册次达40000册；馆外流动服务点书刊借阅册次达58.037千册次/年；人均年到馆次数达167次/人。

图书馆充分利用电子阅览室为社会各界提供政府公开信息服务。并向县有关部门提供"撮泰吉"文字资料，为威宁县申报成功"撮泰吉"为世界非物质文化遗产作出了积极有效的贡献。

开展各类地方文化及文物图片展，以及爱国主义教育、全民读书月等社会服务活动。注重对特殊群体的服务工作，到老年公寓开展为老年人服务，向留守儿童捐赠430册图书，为进城务工人员开展宣传教育活动。向县特殊学校捐赠适应聋哑儿童阅读的图书500册，并建立了流动图书室。

业务研究、辅导、协作协调

2009年至2012年，威宁县图书馆员工来共发表业务调研报告、论文共4篇。2012年，与文化共享工程贵州省分中心召开彝族"撮泰吉"——文化共享工程资源建设威宁县专家研讨会。与毕节图书馆、毕节市七星关区图书馆、威宁县一小图书室等签订馆际互借协议。

2009年以来，共举办46次各类讲座、培训班。2012年1月，成为毕节市图书馆联合编目中心工作的成员馆，实现书目数据共享。

2009—2012年，与学校、消防等多家单位合作开展"流动书屋"工作。

管理工作

威宁县图书馆现有编制6人，在职人员6人，临聘计算机专业人员2人。其中：管理岗位1人；专业技术4人（中级职称3人、初级职称1人）；工勤中级人员1人，大专以上学历8人。实际按需设岗，按岗聘用，签订聘用合同。在物资、设备管理，安全保卫等方面建立完善各项相关制度。

2011年开展服务网络建设工作，制定并实施各项方案及制度。

表彰、奖励情况

威宁县图书馆2009—2013年获省级单位及个人表彰2次、市级表彰1次。

农家书屋业务现场培训

乡镇农家书屋业务培训

图书馆大厅

中文自修区

多媒体视听区

馆领导介绍

孔勇，男，1967年11月生，大专学历，中共党员，馆员，1986年参加工作，2001年任副馆长，文化信息资源共享工程威宁支中心主任，2014年任馆长，贵州省图书馆学会理事，贵州省毕节市图书馆学会理事，2009年受贵州省文化厅表彰为“先进个人”。

未来展望

威宁县图书馆成立以来，一贯遵循“科学、效率、创新、发展”的办馆方针，逐步完善了服务功能，扩散了服务区域，利用网络平台实现了与全县50%以上乡镇及村文化资源共享。展望未来，威宁县图书馆将利用中央支持西部大开发建设的有利政策，完成建筑面积约3000平方米新馆建设工作，并不断加强自身综合实力的建设，增加馆藏量，整合资源，加强图书信息化建设，逐步将图书馆建设成为现代化的一流图书馆。

联系方式

地　址：贵州省威宁彝族回族苗族自治县会展中心
邮　编：553100
联系人：孔 勇

福泉市图书馆

概述

福泉市图书馆建于1978年。现有馆舍2007年建成并对外开放，面积1642平方米。采用开放灵活的藏、借、阅、查一体的新服务模式，藏书、数字资源、公共设施全部免费对读者开放。现有阅览座位261个。全馆拥有计算机54台，其中供读者使用的38台，网络对外接口10兆，存储容量4（TB），现采用“图创”图书馆集群自动化管理系统进行本馆文献信息资源管理，业务管理自动化程度达85%以上。

业务建设

截止2012年底，福泉市图书馆现总藏书为148500册(件)，其中，图书39089册，电子文献97205种，电子期刊200种，视听文献878件。图书年入藏数量2500余种，报纸年入藏量25种，杂志年入藏量100余种。

全国文化信息资源共享工程福泉市县级支中心成立以来，建立健全支中心各种规章制度，整合馆内各种数字资源，面向社会开展各种服务活动。每年对57个基层服务点的管理人员进行各种培训，福泉市财政每年拨4万元经费专用于文化信息资源共享工程，确保了福泉市县级支中心的正常运转。

读者服务工作

不断完善读者服务工作制度，健全图书馆免费开放服务项目、服务窗口及设施场地向公众免费开放，每周开放61小时。2012年，书刊文献外借人次7545人，实际到馆人次88275人，书刊文献外借册次41749册，馆外流动服务点书刊文献外借册次43299册。利用各种形式开展书刊宣传，全年书刊宣传400种以上。强化与政务中心的合作，联合建立“电子文献及政务信息公开查阅室”，扎实做好对特殊群体的服务工作。

2012年，福泉市图书馆举办各种形式讲座、培训26次，有5220人参加；举办各种形式的展览11次，参观人数61300人；举办了21次丰富多彩阅读推广活动，有5312人次参加；2012年，共有85312人次参加图书馆各种活动。

每年利用服务宣传周、全民读书月、世界读书日、版权日等，广泛开展宣传服务工作。发放了大量的宣传资料，提供了无数的咨询服务。

业务研究、辅导、协作协调

2009—2012年，福泉市图书馆职工在各种学术期刊上公开发表论文9篇。参加各级图书馆学会研讨会，交流论文5篇。

参与《贵州省黔南州公共图书馆期刊报纸联合目录》编制。与黔南州各个图书馆签订了馆际互借协议，开展馆际业务交流活动。

加强图书馆服务网络建设，全市共建成了19个乡镇、社区、企业、军队图书室，56个村级图书室，76个农家书屋，全面实现了网络资源共享，2012年，共计深入各个基层图书室开展业务辅导24次，举办各类培训17期次，参训人数达2380人次。

深入农家书屋培训

共享工程村级服务点设备维护

与军队共建图书室

读书活动进学校

送书下乡活动

开展的免费亲情视频聊天活动

管理工作

福泉市图书馆是市文体广电旅游局举办的、由市财政全额拨款的股级事业单位，机构编制数8人，目前实际在岗人数5人，其中专业技术人员4人，工勤技术人员1人。设采编室、少儿阅览室、报刊期刊阅览室、综合外借部、咨询辅导部、共享工程管理中心、地方文献管理室、基层图书室辅导管理室八个岗位。

表彰、奖励情况

2009−2012年受各种表彰、奖励10余次。2012年，黔南州精神文明建设指导委员会授予"文明单位"称号，黔南州文化局综合考核中获一等奖，市政府评为"文明窗口"。

馆领导介绍

帅文艳，女，1962年7月生，大专学历，中共党员，副研究馆员，馆长。1981年1月参加工作，1982年8月至今一直从事图书馆业务工作。1993年7月担任馆长，黔南州图书馆学会常务理事。

睿华，女，1970年8月生，本科学历，中级职称，副馆长。1992年10参加工作，1999年7月从事图书馆工作，2012年3月担任副馆长，先后在采编室、阅览室、借阅室等部门工作。

未来展望

福泉市图书馆在今后的工作中继续坚持社会化、人性化服务原则，强化"以人为本、服务全局"的理念，探索科学创新的服务方式，不断提高图书馆员的文化素质、业务素质及开拓进取的创新精神，明确图书馆的各种社会责任与社会职能，加大图书馆宣传力度，继续深入把公共图书馆的触角向企业、机关、学校、社区、农村延伸，从而吸引更多的读者利用图书馆，实现图书馆的资源价值。抓住国家重点文化工程建设项目、文献资源数字化建设等新机遇，争取更多的经费投入和人员支持，加强基础设施建设，增添和改进服务设备，重新整合馆有资源并优化配置，齐全功能，优化服务，全面改革，加快发展，创造更大的社会服务效益。

阅读推广活动

榕江县图书馆

概述

榕江县位于贵州省黔东南苗族侗族自治州东南部，面积3315.8平方公里，总人口35万。榕江县是侗、汉、苗、水瑶等多民族杂居地区，在中华人民共和国成立，特别是改革开放后，人民政府十分重视教育文化事业的发展，各级各类学校遍及全县各乡（镇）村，文化服务机构逐年增多，这为提高我县各民族文化水平奠定了坚实的基础。

榕江县图书馆始建于1958年4月，属于群众文化事业单位。榕江县图书馆原建在下河街广庆宾馆内，1990年搬迁到现址，新馆场地得到扩大，2010年又在原来基础上加升一层及配备各种设施设备，规模得到进一步改善。新馆位于榕江县古州镇古州南路北侧，占地面积1488平方米，建筑面积1746.28平方米。如时新馆占地面积2300平方米，馆设有报刊阅览室、期刊借阅室、儿童借阅室、图书借阅室、资料咨询室、电子阅览室及多媒体室8个服务窗口。在1994年、2010年、2005年全国公共图书馆评估，三年连续获得全国公共图书馆三级馆，2013年第五次评估获得一级馆。我馆先后共配置计算机6台，打印机2台以及电视一体机、电视接收机、扫描仪、数码相机、摄像机等设备。办公自动化提高了工作效率。在纸质板阅读的基础上，结合现代技术的逐渐普及，于2011年5月新增了免费电子阅览方式。现有计算机31台，使用者多为学生及年轻人群，使用率月平均达100%。到馆阅览人员的不断增长，新馆的阅览坐席也随着增加，共有阅览坐席122个。少儿读者在所在进馆人员中占有重要的比例，特别是配置现代技术阅览设备后，比例逐年增大。现共有少儿阅览坐席52个。2013年自国家文化部实施资源共享工程以后，我馆宽带接入10M，其速度和效果属中上等水平。我馆自动化管理系统为图创管理系统，在运行中提升了我馆的自动化管理水平，存储容量为6TB。我馆于2013年2月建成了贵州省榕江县图书馆网站，正在着手进入开发利用阶段。

业务建设

截止2012年底图书藏量8万多册、报刊116种、少儿读物76种。其中，纸质文献藏量674册，古籍书12册。截止2013年榕江县图书馆数字资源总量1642册。视听文献年入藏数量87件。2005、2013年榕江县图书馆新增图书金费21.5万。我馆经费财政年（2012年）总拨款84.6万元。其中中央补助免开经费22万元，县级匹配4万元，报刊杂志订购费6.5万元，职工工资47万元（包括退休人员工资）、县财政匹配住房公积金1.9万元、人头办公经费2.5万元，其他费用0.7万元。助免开经费22万元，县级匹配4万元，报刊杂志订购费6.5万元，职工工资47万元（包括退休人员工资）、县财政匹配住房公积金1.9万元、人头办公经费2.5万元，其他费用0.7万元。与2011年相比较，2012年财政拨款比2011年增长17%，与我县财政收入增长率为90%。2011年报刊杂志款购置4万元，2012年报刊杂志购置6.5万元，新增购置款2.5万元，新增62.5%。

读者服务工作

从2011年5月起，榕江县图书馆全年365天对外免费开放，周开放60小时，同年，引进读者近4.32万人次，借阅册次3.8万册。2010–2013图书年入藏数量（种）平均年有图书入藏1742种，其种类及数量逐年入藏比例上升。书刊总流通23.4310万人次，书刊外借7.6920万册次。2013年，开通与榕江县3个高校图书室的互借服务。人均年到馆次数（次/人）人均年到馆7.8次/人。2012年春节我馆与县文联及县文物管理所开展“迎春猜灯迷、书画展”，出灯迷400条，展出书画作品200余幅；同年6月10日，与县文物管理所、县文化馆利用周日赶场天，在陈列馆大门前开展“中国第七个文化遗产日”活动，发放宣传单、折页3000余份，接待群众咨询200余人次；2012年10月，为了帮助残疾人，我馆到榕江县特校赠送图书活动，一共赠送《应急手册》20册、《小学生优秀作文》18册、《漫话世界》25册等。截止2012年底止，榕江县已建成农家书屋268家，为提高图书管理人员的服务水平，我馆举办有76个农家书屋人员参加的培训班会。同年，利用农历九月初九老年节，向35位老年朋友汇报我馆的变化及成果，我馆有很多有关老年保健的书籍，为进城务工人员送书：农民工是一个很大的群体，为了能帮助他们提高知识文化及有关技术水平，2012年3月为进城搞建筑的工赠送法律书籍和有关建筑中的技术书籍26本。

2010–2013年，榕江县图书馆共举办讲座、展览、培训、阅读推广等读者活动36场次，参与13413人次。

业务研究、辅导、协作协调

我县从2007年6月份建立农村及社区图书流通点，开始构建一种新的图书馆服务网络模式——县级图书馆直接服务于乡村和社区的图书流通点。通过近6年的努力，截止2012年底全县19个乡（镇）、268个行政村（社区）、建立270个图书流通点，覆盖了全县。每个图书流通点都有我馆送下去的共1643种、1702册图书。另外，县消防队、县共青

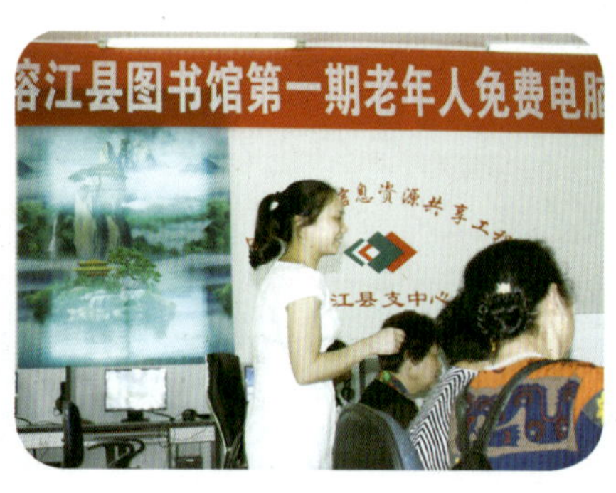

团、乐里镇大寨村，我馆分别送了5500册、6800册和2680册，作为他们的基本藏书。

为了做好本县的文献资源共建共享，与邻县从江图书馆协作，签订了《榕江、从江两县文献资源共建共享协作联合编目协议书》、《榕江县图书馆与从江图书馆馆际互借协议》与黎平县图书馆签订《榕江县图书馆与黎平县图书馆馆际互借协议》。

为了充分利用网际优势，加强本县两所中学图书室签订互借协议，即《榕江县图书馆与榕江一中图书室互借协议》、《榕江县图书馆与榕江县民族中学图书室互借协议》。

管理工作

我馆每年工作都按上年计划进行。在总结当年的工作中，根据上级的部署作好下年的工作安排，除特殊情况外，不折不扣地执行已定的计划。如此，每年工作都有新意和亮点。

人事管理在机构改革中，榕江县图书馆隶属于榕江文体广播旅游局，根据榕江县人力资源和社会保障局榕人社局复[2012]46号批复单位机构编制规定，县图书馆编制5名，设馆长1名、副馆长1名。岗位等级设置，县图书馆设5个岗位，其中初级专业技术岗位2个，其中中级岗位3个。

表彰、奖励情况

杨爱桃馆长接任后，集中精力抓本馆工作，她在2009、2010、2012三年均获得县局评为个人先进工作者。在创作上，杨定莲的侗族曲艺剧本《侗乡巧乡娘》2012年6月代表贵州省参加全国第七届中国牡丹奖荣提名奖、2012年10月参加贵州省第五届文艺奖评选荣获第五届贵州文艺三等奖。杨定莲的侗族廉政曲艺剧本《情系侗乡》参加贵州省廉政曲艺大赛荣获三等奖。

领导介绍

杨爱桃，女，1973年10月生，大专学历，中共党员，县图书馆党支部书记，技术职称馆员，主持榕江县图书馆全馆工作。从事图书馆领导工作7年，受过系统的图书馆学习培训，在继续教育中努力学习获得大专学历。从2009年来，历年考核均为优秀、称职，能胜任本项工作。

未来展望

榕江县图书馆以建设现代化、数字化图书馆为发展目标，利用先进的计算机技术和数字信息系统，开展各种图书服务活动，提高广大人民群众整体素质，为推动榕江经济发展提供智力支持，实现科技和文化的完美结合，努力把图书馆办成知识信息中心，文化教育中心，成为重要的知识信息枢纽和三个文明建设的重要窗口。

从江县民族图书馆

概述

从江县民族图书馆成立于1984年11月，图书馆成立之初，借用县文化馆一楼作书库、阅览室和办公室开展工作。之后馆址又几经搬迁。2012年1月位于县城江东南路的新馆建成开放。新馆建筑面积1500平方米，2013年参加第五次全国公共图书馆评估，首次获得二级图书馆。从江县图书馆有阅览坐席148个，计算机40台，宽带接入10Mbps，选用Interlib图书馆自动化管理系统。

从江县民族图书馆设有少儿阅览室、报刊借阅室、图书借阅室等服务窗口。现有在职人员4人，均为大专以上学历，其中中级职称3人，初级职称1人。县财政每年拨给购书经费5万元，文化共享工程支中心业务运转经费4万元。

2008年－2012年，共完成367个"农家书屋"和15个数字图书进农家的建设工作。

业务建设

截止2012年第，从江县民族图书馆总藏量4.1万册，电子图书1500册。本馆图书、报刊实行开架借阅。藏书主要以社会科学图书为主，重点收藏地方文献、兼顾各学科门类。

读者服务工作

从2012年1月起，实行对外免费开放，每周开放56小时。2009年－2012年，书刊总流通8.7468万人次，书刊外借8.2240万册次。图书馆是精神文明建设的重要阵地，加强对弱势群体的文化关怀是图书馆应尽的社会义务。为此本馆制定了《从江县图书馆为残疾人服务方案》、《从江县为老年人服务方案》、《从江县图书馆为青少年服务方案》。

2009－2012年，从江县民族图书馆共举办了讲座、培训、展览等读者活动20场次，参与人数2106人次。

业务研究、辅导

2009－2012年，从江县民族图书馆职工发表论文6篇。多年来，本馆承担着全县乡镇文化站和农家书屋的业务辅导任务。2009年－2012年，对文化站专干和农家书屋管理员进行图书分类、编目、共享工程业务知识培训辅导3次，对全县中小学图书管理员进行图书馆业务培训1次。

管理工作

从江县民族图书馆人事管理实行聘用制，推行岗位管理和目标管理责任制；财务管理严格按县财政局的要求进行；图书馆档案健全，归档及时，建有档案管理工作规范。

表彰和奖励情况

2009－2012年，在上级主管部门的领导和支持下，在全体职工的共同努力下，认真履行岗位职责，连续4年获得"先进集体"荣誉称号。

馆领导介绍

刘敏，男，1965年1月生，大专学历，助理馆员，馆长，1983年10月参加工作。

未来展望

图书馆是一个重要的文化、科学和社会教育机构，它在保存人类文化遗产、传播科学文化知识、开展社会教育、传递文献信息等方面具有重要的作用。从江县民族图书馆将坚持"服务第一，服务育人"的办馆宗旨，完善服务功能，扩大图书馆的服务区域，加强文献资源建设，加快网络化、自动化建设，建立图书馆网络服务平台，加强从江县文化共享工程支中心民族特色数字资源建设。加强馆际协作交流，乡镇文化站业务辅导与培训，充分发挥县级公共图书馆的职能，为从江县经济发展和社会建设作出新贡献。

联系方式

地　址：从江县丙妹镇江东南路
邮　编：557400
联系人：罗安坤

铜仁市碧江区图书馆

概述

碧江区图书馆的始建于1956年，是贵州省第一批县级公共图书馆，现馆舍修建于2006年。馆舍总面积2500平方米，阅览座位200席。2009年2013年在第四、五次全国公共图书馆评估中，被文化部定级为二级图书馆。图书馆下设办公室、采编组、报刊阅览组、盲人阅览组、图书借阅览组、儿童借阅室、文化资源信息中心组、古籍和地方文献组、农家书屋辅导部。

业务建设

图书馆现有馆藏文献13万余册，其中纸质图书12万册，古籍和地方文献6000余册；光盘500件；中外文期刊、报纸300余种。图书馆现有各类阅览室3个、图书借阅区3个、文献检索室1个；在管理模式上，实行便于读者利用的全开放式管理；图书馆每周开馆7天时间达56个小时。

图书馆采用ILAS图书馆集成管理系统，该系统共有采编管理、典藏管理、流通管理、公共查询、期刊管理五个模块，能够满足图书馆业务管理与服务工作的需要。馆内有独立的服务器5台，服务器7×24小时服务。馆内设电子图书借阅机，读者可24小时借阅电子图书。

深圳市科图自动化新技术应用公司（ILAS总部）授权在碧江区图书馆建立推广站，负责ILAS图书馆集成管理系统在铜仁周边地区的宣传、培训和推广工作。据该公司介绍，碧江区图书馆是全国唯一的县级ILAS图书管理培训中心推广站。

读者服务工作

碧江区图书馆位于锦江广场，附近人流量较大，尤其是周末或节假日期间。为充分利用这个地理优势，图书馆的展厅长期免费向社会开放。从2007年建馆以来，图书馆和其它部门共举办了“铜仁地区迎奥运、庆祝改革开放30周年全区书画展”、“铜仁地区检查机关恢复重建30周年大型书画展”、“名城铜仁”油画画展、“海洋生物科普展”“野生动物展”等展览。共接待观众四万多人次，取得了良好的社会效益，为碧江区的精神文明建设作出了一定贡献。2010年，碧江区图书馆与残联在修建残疾人无障碍通道、推行残疾人免费借阅服务的同时，增开了盲文阅览室。该阅览室拥有各类图书500余册，盲人有声读物600件，盲人专用电脑5台，专用上网软件1套。在这里盲人不仅可以“看”书，还可以上网浏览。

图书馆于2009年4年来，为了更好的宣传馆藏文献资源，为读者营造良好的阅读环境，引导读者乐于走进图书馆这个终身学习的第二课堂，图书馆坚持举办“铜仁读书月”和“读书节”活动，通过有奖征文、读者座谈会、图书馆基本知识竞赛、“作家谈读书讲座”、举办“老铜仁图片展”等活动，拉近了读者与图书馆的距离，特别是成功的举办了“第一届铜仁读书月”活动，使广大读者更加了解图书馆，热爱图书馆。

业务研究、辅导、协作协调

铜仁市图书馆一直未能建设落成，碧江区图书馆充分发挥自己在本市公共图书馆业务优势，对周边的县级图书馆如万山、玉屏、江口、印江、松桃等公共图书馆进行业务指导和交流。从2012年初开始，帮助万山区图书馆实现了图书馆自动化。2013年对松桃县图书馆进行业务辅导。和本市其它县的进行公共图书馆的业务沟通和学术交流。既提高了本馆工作人员的业务素质，又促进了本市公共图书馆事业的发展。

碧江区图书馆负责全区92个“农家书屋”的业务指导工作。自2008年以来碧江区图书馆共举办四次“农家书屋”业务培训班，共培训“农家书屋”管理员200余人次。图书馆在建设“农家书屋”工程中，派出专业人员深入到每个农家书屋，边教边做示范，在指导过程中从不流于形式敷衍了事。通过数年的辛勤工作，陆续完成了各村农家书屋的建设，农家书屋点普及率已达100%，大部分运转情况较好，极大的丰富了农民朋友的业余文化精神生活。我区茅溪村农家书屋被推荐为全国农家书屋示范点。

馆领导介绍

田晓东，男，1965年6月生，大学专科，中共党员，馆员职称，馆长。1988年9月参加工作，历任铜仁市（碧江区）图书馆副馆长、铜仁市（碧江区）文物局副局长、铜仁市图书馆（碧江区）馆长、碧江区图书馆馆长。贵州省图书馆学会理事，中国图书馆学会会员。2013年荣获贵州省第三次文物普查先进个人。

张颖，男，1979年5月生，大学本科，中共党员，馆员职称，副馆长。2001年12月参加工作，负责文化资源信息共享工程铜仁支中心工作。

未来展望

近年来，图书馆在各项工作中的作用正在发生重大变化：服务手段的改变、服务方式的创新、服务理念的变化，都为图书馆的发展提供了很多的机遇和挑战。今后碧江区图书馆将结合实际情况，不断完善馆内的硬件设施，把图书馆的功能进一步多样化。做到阅读、休闲、展示功能的合一。同时，把图书馆的资源进一步数字化，信息资源数字化、信息存取网络化是人们最基本的共识，因而我馆要把馆内的特色地方文献资源数字化，方便读者使用和文献资料信息共享。

图书馆共享大厅

报刊阅览室

开展送书下基层活动

麻江县图书馆

概述

麻江县图书馆成立于1984年8月，初期与县文化馆合署办公。1986年麻江县图书馆修建占地面积1000多平方米的图书馆。2007年麻江县图书馆对馆舍进行扩建装修和设备更新，2009年9月新馆舍全面竣工交付使用，图书馆使用面积达到1800个平方。2009年10月麻江县图书馆获得国家文化资源共享工程68万元设备，从而全面实现了麻江县图书馆的自动化管理，可容纳读者座位220个，计算机35台，安装宽带10Mbps，磁盘阵列存储能力为6TB，使用图创管理自动化管理系统，于2013年2月建成了贵州省麻江县图书馆网站。1998年参加第二次全国公共图书馆评估，获得三级图书馆；2013年，参加第五次全国公共图书馆评估，获得二级图书馆。目前，麻江县图书馆现有在编人员2人，临聘人员3人，其中文化程度是本科4人，大专1人；初级职称2人。

业务建设

图书馆工作涉及面广，业务量大。为了满足不同层次读者的精神文化需求，麻江县图书馆把搜集整理、收藏和流通图书资料放在首位，贯穿于工作之中。一是注重了图书馆图书藏量的增加。截止2014年底，麻江县图书馆总藏量60500册。二是注重地方文献收藏、保护和上架借阅。近年来，我们先后收集地方文献1000册。

读者服务工作

麻江县图书馆每周开馆时间在58小时以上，服务对象即社会各界人士和中、小学生。

2009年–2013年开展的读者活动如下：

一是到馆流通量达66800人次，图书借阅册次20600册次，期刊借阅册次12800册次；二是充分发挥图书馆的功能和作用，让服务得到延伸，我县图书馆利用科普活动和赶集日积极主动为农村种养殖户读者送资料信息，发放资料10000份；三是充分发挥图书馆的教育引导功能，开展送图书进乡镇、进军营、进校园服务。每年选择10所小学开展图书展阅活动，共有师生上万人次受益；开展流动图书馆进绿色军营活动，帮助广大官兵无用走出军营，就能博览群书，学习文化知识；四是有计划对“农家书屋”管理员进行辅导培训，共举办培训班4期，培训“农家书屋”管理员近200人次；五是开展了丰富多彩的文化活动。利用文化资源共享设备为农村技术骨干、中小学生、老年读者、军营官兵和农民工等举办电脑知识培训班10期；为机关干部职工、妇女举办各种知识讲座10期；开展图片、图册展活动8次；开展读书征文活动1次；读书演讲比赛1次。

业务研究、辅导、协作协调

2009–2013年，麻江县图书馆职工共发表论文4篇。从2007年起共建立农村、军营及社区图书流通点84个。为了做好本县的文献资源共建共享，与黔东南州图书馆协作，签订了《麻江县图书馆与黔东南州图书馆馆际互借协议》。

管理工作

2010年，麻江县图书馆完成全员岗位聘任，本次聘任共设3个岗位，实行聘任上岗，和每个职工签定了聘用协议，实

报刊阅览室

采编室

电子阅览室

开展社区中老年人文艺培训

农民工电脑培训

文化工作人员视频培训

农民工子女培训

迎国庆图片展

下乡发送资料

行岗位绩效责酬挂钩，极大的调动了全体职工工作的积极性。建立健全了学习制度、工作制度、考勤制度、服务准则和绩效考核制度。在管理上求规范，气氛上求和谐，作风上求垂范，服务上求实效，在馆内大力提倡微笑多一点、理由少一点、脾气小一点、质量好一点、效率高一点的五点工作法，进一步强化了服务工作。

表彰、奖励情况

2010年麻江县图书馆被中宣部、国家文化部、国家新闻总署、国家广电总局评为"服务农民、服务基层先进集体"；2010年在文化"三下乡"活动中被麻江县人民政府评为"先进单位"；2011年在"服务基层"活动中被县人民政府评为"先进集体"；2012年12月被国家文化部评为"全国公共电子阅览室示范点"；2012年10月被麻江县委评为爱老敬老"先进集体"；2012年在全县文化系统工作评比活动中被麻江县委宣传部评为"先进单位"；在2009、2011、2012年度工作中，连续被麻江县文体广电旅游局评为"先进股室"和"优秀组织奖"；2013年8月被麻江县委评为爱老敬老"先进集体"。

馆领导介绍

张水梅，女，1972年8月生，本科学历，馆长。1990年8月参加工作，1997年调入麻江县图书馆工作，先后在采编室、阅览室等部门工作。

未来展望

麻江县图书馆以建设现代化、数字化图书馆为发展目标，利用先进的计算机技术和数字信息系统，开展各种图书服务活动，提高广大人民群众整体素质，为推动麻江经济发展提供作出更大贡献，将图书馆事业发展推向新高度。

整理图书流通点图书

联系方式

地　址：贵州省黔东南州麻江县杏山镇五星路39号
邮　编：557600
联系人：张水梅

送图书进军营

图片展

荔波县民族图书馆

概述

荔波县图书馆始建于1982年3月，1990年8月16日根据县政府办公室批复，“荔波县图书馆”更名为“荔波县民族图书馆”。馆址几经变迁，2013年年底新馆建设完毕，位于玉屏街道办事处恩铭大道100号，新馆总面积为1500平方米，阅览坐席150个，其中少儿座席30个，内设开架书库、期刊阅览室、儿童阅览室、电子阅览室、地方文献室、参考咨询室、采编室、多功能报告厅、自修室、展览厅、陈列室等免费开放功能室。全馆拥有计算机36台，其中提供给读者使用的30台，网络对外接口30兆，存储容量8（TB），现选用“善思”图书馆自动化管理系统。

业务建设

截止2013年，荔波县民族图书馆图书总藏量为8.1万余册，其中纸质图书3.8万册，电子图书4.3万册。

近几年来，图书馆图书年入藏数量2300种左右，报刊年入藏量约120种，视听文献年入藏量约54张100余种。

截止2013年底，荔波县民族图书馆数字资源总量为6TB，其中自建地方特色数字资源总量2TB。

2014年，将自动化管理系统升级为善思图书管理系统，以适应图书馆自动化建设的需要，实现了全馆无线网络覆盖。

读者服务工作

荔波县民族图书馆倡导以“读者为本”的服务理念，不断提高服务质量，满足读者需求。一是为读者提供优雅舒适的阅读环境，让广大读者心情舒畅，高兴而来、满意而归；二是尊重读者方便读者，以读者自身利益和需求为出发点，减少管理中间环节，为读者提供人性化服务。

近年来，荔波县民族图书馆90%以上藏书实行开架服务、免费服务，平均每年外借图书2万册次，年流通量近万人次，馆藏外借率达65.5%，人均年到馆次数约为25人次。为吸引读者，图书馆不定期制作新书推荐、政府公开信息服务等，力所能及地为读者、机关单位、社会大众提供信息服务。图书馆每周开馆7天，每周开馆时间60小时以上。

图书馆的参考咨询服务方式主要有：到馆现场咨询、在线咨询、电话咨询等，均为免费服务项目。针对特殊群体，荔波县民族图书馆从各方面为他们提供不同的免费服务。为做好宣传工作，图书馆开设了网站，结合图书宣传周、送书下乡等活动，多种形式进行宣传，方便了读者。为扎实开展好社会教育活动，2012年度图书馆开展培训活动18次，参加活动人数约为620人次；开展展览活动4次，参加活动人数约为6000人次；开展阅读推广活动4次，参加活动人数约为3500人次。2012年度参加活动总人数约为10120人次。

为了提高图书馆服务质量和水平，满足读者的需求，2012年4月以来，图书馆向全县广大群众，干部职工，发放了“读者调查表”共250份，收回207份，此项活动得到了广大读者的支持。这次调查主要针对图书馆馆舍环境与设备、服务、文献和信息资源三项做调查，经统计，读者对荔波县民族图书馆的设备、服务等满意率达到96%。

业务研究、辅导、协作协调

近几年来，荔波县民族图书馆十分注重业务研究，积极参加各级图书馆学会研讨会，撰写论文《关于文化资源共享工程村级服务点工作运行的调研报告》、《基于ASP.net技术的图书馆网站的构建》。

为开展好图书馆免费服务工作，进一步提高工作质量，荔波县民族图书馆参与上级图书馆组织的协作协调工作，与州馆、周边县馆、基层馆分别签订了馆际互借协议并开展好图书互借活动。为抓好本地区图书馆服务网络建设工作，荔波县民族图书馆拟定了服务网络建设规划，在全县17个乡镇建立图书流动服务点，并按照规划逐步开展好工作。2012年集体外借图书为3320册次，对辖区内图书室赠送图书2988册，本地区街道、乡镇、社区、村图书室参与服务网络建设所占全县总数的比例为42%。

2012年荔波县民族图书馆根据年初制定的基层辅导计划，对全县乡镇、村（社区）图书室开展了业务辅导工作。截止12月底，共开展基层业务辅导活动26次，并取得了一定成效。

管理工作

荔波县民族图书馆是荔波县文体广播电视局下属股级事业单位，机构编制数4人，目前实际在岗人数4人，专业技术人员4人。制定了图书馆管理工作实施方案，实行岗位绩效责酬挂钩。荔波县民族图书馆每年都制定年度工作计划，并围绕计划开展好各项工作。馆内未单独设立财务，财务管理由县文体广播电视局统一管理。全馆人事、志愿者、设备物质、档案等各项制度健全。设备、物资管理由馆长负总责，各岗位人员相应做好该室内设备、物资管理，档案管理工作由馆长兼任。

送书下乡活动

图书进军营活动

数字图书进农家

开展春节灯谜竞猜活动

开展少儿读书活动

图书馆宣传周开展阅读推广活动

认真做好各类业务统计分析，并通过统计分析进行改进，努力提高服务质量，做好免费开放工作。

安全管理，预防为主，警钟长鸣，馆加强防火防盗防潮的监管力度，每年至少开展一次防火技能演练，确保万无一失。

表彰、奖励情况

2009–2012年，受到了上级部门和局领导的高度评价及充分肯定。受到州馆表彰1次，局表彰3次。

馆领导介绍

韦宏毅，男，1985年2月生，本科学历，馆长，2011年1月参加工作，2012年6月至今一直从事图书馆业务工作。在全面完成管理工作的同时，主持图书馆读者服务工作，开展各类讲座、培训、展览等活动，拓展延伸服务，馆际协调，参考咨询，基层图书室管理、辅导等；主持图书馆自动化建设工作，全面负责电子阅览室、图书馆网站的规划建设。

未来展望

图书馆是政府举办的公益性文化事业单位，是开展公共文化服务的重要场所，是保障人民群众基本文化权益的重要阵地。推动图书馆免费开放是党的十八大关于社会主义文化大发展大繁荣的具体实践，是加强社会主义核心价值体系建设和公民思想道德建设的有效手段，是进一步提高政府为全社会提供公共文化服务水平的重要举措，是实现和保障人民群众基本文化权益的积极行动。对于提高广大人民群众思想道德和科学文化素质，保障广大人民群众基本权益，促进社会和谐稳定具有重要意义。荔波县名族图书馆将以良好的服务环境，优质的服务态度，全面的服务项目成为广大读者的求知园地，成为信息传递知识传播的精神文明阵地，同时始终坚持“读者第一、服务至上”的宗旨，开展多层次、全方位的社会化服务，发挥图书馆积极作用，为荔波县经济建设和社会全面进步作出积极贡献。

阅读推广活动

联系方式

地　址：贵州省黔南州荔波县玉屏街道办事处恩铭大道100号
邮　编：558400
联系人：韦宏毅

开展文享工程培训

农家书屋及文享工程培训会

惠水县图书馆

概述

惠水县图书馆位于和平镇栖凤路96号，面积约1580平米，内设电子阅览室、书库、报刊杂志阅览室，流动图书室，书库藏书6万余册，可供借阅图书5万余册，订阅各类报纸30余份、杂志120余种。

目前我馆建筑面积1580个平方米；可供阅览座席185个（其中报刊阅览室40个流动图书室55个少儿阅览室35个电子阅览室35个地方文献20个）计算机数量45台（电子阅览室35台、流动图书室2台、书库3台、文献室2台、办公室3台）可供读者使用的计算机40台，（电子阅览室35台、借阅处2台，书库1台、查询检索2台）；为提高网速，方便广大读者，由电信部门为我馆迁入10兆的宽带；服务器现有存储容量4TB，另有3个1T移动硬盘和各种专用存储设备；馆内建有善思图书业务管理系统，读者可自主在检索触摸屏办理查询和借阅。为保证读者安全和馆内设施安全，我馆还设有消防自动感应报警和防盗系统，并有红外线监控系统和8个摄像头。

业务建设

根据图书馆免费开放要求，我馆认真组织全馆同志学习相关文件，吃透、熟悉、把握图书馆免费开放标准，并对照标准进行自查，对窗口服务和业务建设方面发现的问题和漏洞及时纠正、补缺，现将2013年度图书馆免费开放情况及存在的问题汇报如下：

目前我馆建筑面积1580个平方米；可供阅览座席185个（其中报刊阅览室40个流动图书室55个少儿阅览室35个电子阅览室35个地方文献20个）计算机数量45台（电子阅览室35台、流动图书室2台、书库3台、文献室2台、办公室3台）可供读者使用的计算机40台，（电子阅览室35台、借阅处2台，书库1台、查询检索2台）；为提高网速，方便广大读者，由电信部门为我馆迁入10兆的宽带；服务器现有存储容量4TB，另有3个1T移动硬盘和各种专用存储设备；馆内建有善思图书业务管理系统，读者可自主在检索触摸屏办理查询和借阅。为保证读者安全和馆内设施安全，我馆还设有消防自动感应报警和防盗系统，并有红外线监控系统和8个摄像头。

2013年，县财政按年拔付各项经费总计96.22万元，财政拨款年增长率与当地财政收入增长率相比增长90%。为保证和发挥图书馆职能作用，每年用于新增图书藏量经费9万元，县财政局负责保证每年免费开放经费到位。目前我馆在职人员9人，其中，大专以上学历7人，占职工总数的50%以上，中专高中以上8人，占职工总数85%，中级职称3人，初级以上职称5人，目前我馆设馆长1人，副馆长1人（现已具备图书馆专业中级职称）。为提高职工综合素质，我馆对在职职工年培训在50个小时以上。在业务研究上，韦兴和杨仕萍同志分别围绕图书馆工作，结合实际在《贵图学刊》（2013第1期）撰写了《农家书屋须改变“不在农家”的现状》和《浅谈县级图书馆的发展》，《如何发展农村图书室》等三篇调研文章。

目前，我馆各类图书总藏量57064册（含图书、期刊报纸合计本、光盘及各种电子文献资料）。电子文献藏量556种、图书年入藏量2000种、报刊年入藏量120余种、视听文献年入藏量20余件、地方文献入藏方面，设有专门的地方文献专柜，有专门目录，设专人管理，并做到征集地方文献经常化，所涉内容较为全面，特别对我县少数民族文化有关方面的资料进行收藏，及时对已损坏的藏书进行修复。

在对普通图书、期刊报纸和视听文献编目上，都按照相关要求进行规范分类上架，保证加工整理做到书标、登录号、馆藏章等规范、统一，整齐有序。在藏书目录上，分别设立卡片目录和电子检索目录，做到专人专管。在开架图书排架情况上，制定各类相关工作制度，排架正确率高于96%以上，并做好图书架位维护和防火防盗防潮防虫工作。在文献保护工作上，制订了相关规章制度，有2名职工负责书库的安全维护和破损图书的修补工作。我县数字资源总量涵盖全县地方电子文献、各类光盘、非物质文化中心、电视台、文物管理所、旅游中心资料等，达4TB。目前馆藏中文文献书目数字化达80%以上。地方文献数据库建设情况：联合县委宣传部、电视台、非物质中心、文管所、民宗局等建立地方数据库，联办《惠水在线》栏目，宣传地方民族特色如好花红品牌、布依族苗族山歌、农民画等。

服务工作情况

为发挥职能作用，提升广大群众阅读兴趣，我馆根据实际情况，除对公共空间设施场地全年进行免费开放外，还提供业务咨询，免费办理图书借阅等，方便了广大群众。在基本设施上，对前来阅读的读者提供各类免费服务，如茶水、存包、老花镜、常用药品，并免费提供咨询和有关扫描复印等业务，每周开馆时间在58小时以上，书刊文献年外借量达2万余

册，外借率达50%，馆外流动服务点书刊借阅达2000册，人均年到馆次数11.4次。为加强宣传，提升服务，我馆定期上报宣传活动资料和图片，设有政府政务宣传栏和社保宣传栏。一年来，我馆针对不同的群体着重做了以下几项工作：开办中小学生电脑知识培训3期、为中学生举办纪念12·9运动免费赠书活动，播放红色经典影片、为外出农民工子女提供网络视频活动、举办中老年电脑培训班等。在讲座、培训活动中，每年不低于12次。在图书推广活动中，分别在教师节开展读书赠书活动、图书进社区活动图书进军营活动和喜迎十八大资料阅读活动。通过上述活动开展以及不断加强馆内软硬件设施，通过调查，读者满意率为90%，并连续三年获我县文明窗口称号。

协作协调工作

参与上级图书馆的协作协调工作方面，积极参与黔南州各县图书馆联合编目，馆际互借，与周边兄弟单位如都匀，长顺、罗甸等图书馆开展馆际互借电子文献资源共享等业务合作。目前我县建有农家书屋201个，社区图书室4个，乡镇文化站图书室12个，省图书馆设有流动图书馆1个。为更好地确保书屋、图书室发挥作用，我馆图书业务人员定期对基层图书室进行业务培训，并到基层点辅导图书编目贴标上架工作。现阶段，我县图书馆参与服务网络建设的比例达40%以上，全县各社区，乡镇文化站图书室，农家书屋，除少部分厂矿，企业的自建图书室外，都积极参与图书公共服务网络建设。

管理与表彰情况

根据工作要求，我馆每年年初均制定年度工作计划，各项工作根据计划要求和安排稳步推进。在县局的统一领导下，加强设备物资管理和人事管理，规范经费使用，对工作和纪律加强考核，确保各项工作有序进行。为提高社会公众参与度，我馆还对外聘请了6名志愿者服务者积极参与图书馆公共服务。在设备物资管理上，按照要求对各类财产物资进行登记保管，规范管理。及时对图书馆的环境进行完善和维护，制订突发事件应急预案，大到书库、机房的防火防盗，小到图书馆数据资料备份等，确保为广大读者提供一个安全舒适、整洁安静的阅读环境。

由于工作认真负责，成绩突出，我馆先后于2010、2011和2012年获县局先进集体表彰，韦兴、杨仕萍同志分获优秀个人和先进个人奖励，并在州图书馆举办的图书馆业务知识竞赛中获三等奖。

重点文化工程开展情况

我馆开展的一项重点文化工程—惠水县文化信息资源工享工程，现设有专项人员2名，支中心的设备主要由省文化厅配发，每年县财政有专门的经费4万投入并专项使用。全年制订有年度工作计划、培训工作方案，各项规章制度均按照要求上墙，积极按照上级管理部门要求及时上报各类数据和报表。在资源建设上，建有地方电子文献库（与非物中心、文物管理所、旅游股、体育股共建）。加强各类数据资源整合，数字资源共享总量为2TB。电子阅览室终端设有贵州省数字图书馆和全国文化信息资源共享主页。结合图书馆各项工作，积极为广大群众和特殊群体开展服务。建立乡镇文化站电子阅览室。加强对外开放和宣传力度，电子阅览室实行免费上网，每天保证对外开放8小时。

未来展望

从目前的免费开放工作开展情况来看，我馆各项工作平稳运行，但也还存在一定的困难和不足，主要表现在：一是由于我馆职工队伍年龄结构偏大，平均年龄48岁，制约了队伍总体综合素质的提高，在一定程度上限制了图书馆作用的有效发挥；二是由于我馆基础硬件设施以及专业人才支撑有限，目前仅能尽最大努力提供和发挥图书馆最基本的日常功能，要真正使图书馆朝多元化方向发展，还有待我们进一步摸索和探讨。

总之，促进图书馆事业发展是目的。在今后的工作中，我们将本着实际、实在、实效的原则，不断加强各方面建设，努力发挥图书馆职能作用，确保图书馆免费开放工作再上新台阶！

安顺市图书馆

概述

贵州省安顺图书馆创建于1929年，是贵州省最早实行对外开放服务的公共图书馆。馆址几经变迁，现在的馆舍位于安顺市东山路6号，1991年建成，面积3588平方米，原属县级图书馆。2002年安顺撤地设市后上划为市级图书馆，级别为正科级，编制19人，设馆长1名、副馆长2名。2004年参加第三次全国公共图书馆评估，首次获得由文化部颁发的"三级图书馆"。2012年，安顺市图书馆设有阅览座席402个，电信20兆宽带接入计算机40台。

业务建设

截止2012年底，安顺市图书馆总藏量253542册（件），其中，图书189138册（件），古籍和地方文献10214册，报刊48198件，视听文献1316件。

2009年、2010年，安顺市图书馆新增藏量购置费5万元，2011年起增至10万元。2009—2012年，共入藏中外图书9053种25002册，报刊1279种。

读者服务工作

安顺市图书馆全年365天对外免费开放，周开放70小时。2009—2012年，书刊总流通81.361万人次，书刊外借36.518万册。

2012年，开通安顺市图书馆工作博客。

作为全市地方文献收藏中心，安顺市图书馆收藏了自清代以来的各种地方文献，为全市经济建设，科研生产和科学决策提供决策依据。如：协助安顺市人民政府地方志办公室出版发行《续修安顺府志辑稿》。

安顺市图书馆先后在工厂、监狱、部队、社区等多地设立图书流动点，同时，图书馆积极参加"卫生、科技、文化三下乡"活动，为基层农村、企业、厂矿、社区、军营等送去精神食粮。

在做好基础性工作的同时，安顺市图书馆还创新性开展各种活动，进一步拓宽图书馆公共服务的范围。一是成立残疾人视听体验室，为盲人读者提供电影原声体验、有声读物音频格式免费转换服务，每年的助残日，体验室进入到学校、社区进行科普宣传活动；二是建立音乐阅览视听室，举办"聆听图书"活动，音乐讲座系列活动等公益性培训活动；三是与文联联合举办"双阅读"和"黔中书友会：阅读与城市文明"系列活动；四是与新华书店联合举办"安顺市图书馆服务宣传周·图书展销活动"；五是开展"爱家乡·画家乡"少儿绘画比赛活动；六是开展《安顺市文物简论》讲座；七是在每年的假期，开展儿童快乐阅读活动；八是在每年的"八一建军节"期间，开展"图书送军营读书慰问"活动；九是开展"数字图书馆技术培训"活动；十是开展"喜迎十八大，推动文化大发展：莫言获奖——汉语言文学的创作与阅读座谈会"活动，同时，图书馆还积极通过本市举办的黄果树瀑布节、龙宫油菜花旅游节、孔子文化节、百万市民学礼仪等群众集中时机，广泛开展阅读活动。

为了更好地展示安顺优秀的本土文化，拓展公共图书服务领域，新建了文化艺术图书室，该室面积220平方米，重点收藏和展示反映安顺厚重历史、特色文化等的实物及相关文史资料。

业务研究、辅导、协作协调

2009—2012年，安顺市图书馆职工发表论文19篇。

截至2012年10月，安顺市图书馆按照国家和省古籍保护中心的要求，完成了3000余册古籍的普查、上报工作。

管理工作

2010年，安顺市图书馆完成全员岗位聘任，本次聘任共设13类岗位，有15人重新上岗，同时，建立了工作量化考核指标体系，每半年和全年进行总体工作考核。

表彰、奖励情况

2009—2012年，安顺市图书馆共获得各种表彰、奖励26次，其中，市级奖励21次、其他奖励5次。

馆领导介绍

隆潮霞，女，1969年6月生，本科学历，中共党员，副馆长。1980年12月参加工作，历任安顺市文化经济发展中心副主任、安顺市图书馆副馆长（副科级）职务。

王有林，男，1967年4月生，本科学历，中共党员，馆员，党

送书进军营

黔中书友会

地方文化特色室

儿童阅览室

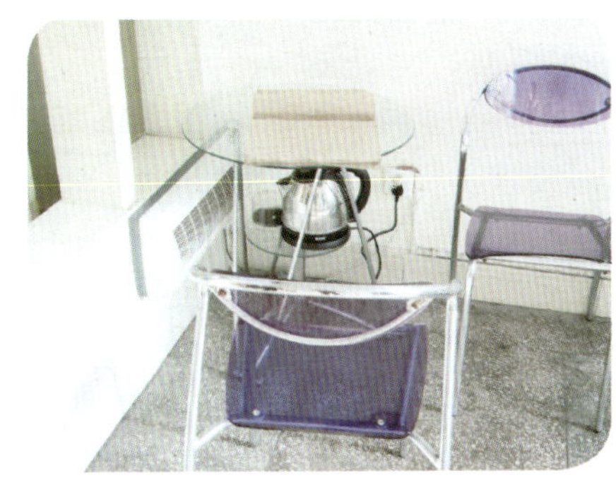
残疾人视听体验室残疾人专座

支部书记。1989年8月参加工作，先后在图书馆业务部、古籍部工作，历任安顺市图书馆副馆长、党支部书记，兼任贵州省图书馆学会理事。

胡有益，男，1961年8月生，大专学历，中共党员，工会主席。1982年8月参加工作，从教10年，历任安顺市蔡官镇中心完小教务主任、安顺市图书馆采编部主任、流通服务部主任等职务。

未来展望

安顺市图书馆本着建馆之初衷，继续为人民群众提供平等、良好的阅读服务。在未来几年里，安顺市图书馆将按照国家标准拟建一座建筑面积为20000㎡、藏书量为50万册、座席量为1100个，年服务人次可达180万人次以上。建设全国文化信息资源共享工程安顺市支中心、数字图书馆、网站、电子阅览室、图书馆自动化管理系统、24小时自动借还书系统等项目。加强对中华传统文化典籍的整理和保护工作，按照国家和贵州省古籍保护中心的要求提供电子数据到全国古籍普查平台，同时完善古籍和地方文献保护措施，扩大书库和读者阅览室面积，为读者提供更加优质的服务。此外，还具有支撑保障全市公共图书馆服务体系良好运行的文献和技术能力。

联系方式

地　址：安顺市东山路6号
邮　编：561000
联系人：余玉红

馆容馆貌

黔东南苗族侗族自治州图书馆

概述

黔东南苗族侗族自治州图书馆于1956年7月23日在贵州省镇远县成立，是贵州省少数民族地区最早建立的地（州）级公共图书馆。1958年由镇远县迁址凯里，在州大礼堂办公，同年10月1日向读者开放。1963年由州大礼堂迁到凯里市北京东路9号。1964年7月因在为农村服务工作方面成绩突出，受到《民族画报》报道，被评为贵州省文化系统"先进集体"。"文革"期间，州图书馆工作处于瘫痪状态。1982年在州委、州政府的直接领导关怀下，于凯里市中心苹果山脚重新修建图书馆馆舍。新馆舍建筑面积4580平方米，比旧馆舍扩大近九倍，书库可藏书50万册；设有社科、科技、报刊、少儿和民族资料等七个阅览室，共有600多个阅览座位。1986年6月13日举行开馆典礼，正式向读者开放。

黔东南州图书馆藏书20余万册。1990年3月，黔东南州图书馆学会成立，现有会员143名。1993年开设"人才书屋"，专门收集黔东南籍、在黔东南工作的专家学者著作、稿件等资料，以及反应黔东南地方民族、文化方面的文献。现已收录5000多册（件）。2003年3月成立技术部，次年开始图书馆自动化建设。2004年6月10日启动全国文化信息资源共享工程黔东南基层分中心建设。

2008年5月22日，根据凯里市城市规划建设需要，按照州政府的安排，图书馆拆迁。2009年，州人民政府投入前期经费50万元，2011年，将新建黔东南州图书馆列入重点工程，相关部门对新建州图书馆选址工作进行规划，选址在凯里市新大十字南路。目前主体工程完成，建设工程推进中。

业务建设

黔东南州图书馆按照市级公共图书馆的基本要求，开设了图书采编、图书流通、期刊借阅、少儿阅览、工具书借阅、地方文献借阅、业务辅导，文化共享工程服务等10部门。长期坚持"读者第一，用户至上"宗旨，开展"阅读推广"工作。

读者服务工作

黔东南州图书馆坚持热情、主动、便捷为读者服务，主要以书刊借阅、报刊借阅服务读者。开展以送书下乡、播放多媒体等方式，长期为学校、农村、特殊重点人群服务。拓展服务内容。近年来，积极开展以文化信息资源共享工程为新型服务服务内容的方式，到军营、学校、社区开展服务。受到广大群众好评。

业务研究、辅导、协作协调

1990年，黔东南州图书馆学会成立。多年以来，学会组织广大会员积极开展学术研究，撰写学术论文，参加省内外学术研讨会。坚持参与中图少数民族图书馆学术研讨会、全国中小型图书馆年会以及西部地区图书馆学术年会活动。学习省内外先进经验。黔东南州图书馆注重业务培训和协调工作，对黔东南州内县图书馆进行业务指导及辅导。坚持图书馆评估前，对基层图书馆辅导，在全国第4次和第5次评估中，取得好成绩。加强与各县、市图书馆业务配合，开展联合编目，文献交换，与省内各地图书馆开展业务协作。

管理工作

黔东南州图书馆根据州编办批准编制数额43名，现有在职职工35人，高级职称3人，中级职称18人，初级职称7人，职员1人，技术工2人。

黔东南州图书馆在业务管理工作中，坚持科学、标准、规范管理，从文献采集到书刊注销各个环节，严格标准和规范，统一管理。在对员工和管理中，按照现事业单位管理要求，加强职工思想教育工作。坚持国家对事业单位管理标准。实行全员聘用管理。对行政事务及档案进行规范管理。

表彰、奖励情况

2008年，2009年，文化共享工程黔东南支中心两次被贵州省文化厅表彰。

馆领导介绍

肖伟，男，汉族，1966年7月生。馆长，大专学历。1987年参加工作，同年，到黔东南州图书馆采编室工作，1997年到2002年，任黔东南州图书馆副馆，2002年至今，任黔东南州图书馆馆长。

黄勇，男，苗族，1972年8月生，党支书记，大专学历，本科在读。1993年10参加工作。2012年任职至今。

欧阳佩瑾，女，1961年12月生，副馆长，研究馆员，大专学历。1997年任副馆长至今。

未来展望

黔东南州图书馆新馆工程已完成了主体工程施工。在黔东南州州委及州人民政府的关心下。一个集文献信息管理管理服务，供广大读者学习、休闲、娱乐，具有现代、苗族侗族特色，传统服务和现代数字化服务为一体的美丽的民族图书馆将于2015年7月建成使用。

联系方式

地　址：贵州省凯里市环城北路54号
邮　编：556000
联系人：肖　伟

贵州省2013年图书馆服务宣传周启动仪式

到凯里监狱开展社会帮教

文化共享工程贵州榕江县忠诚镇活动

平坝县图书馆

概述

平坝县图书馆前身系平坝民教馆，建于民国二三年八月一日（1934年）。1982年10月通过相关人士努力争取，县政府同意建立平坝县图书馆，图书馆由文化馆图书室分离出来。现馆舍占地面积1800平方米，建筑面积889.5平方米，在全国第一次、第四次、第五次评估定级中均获三级馆。2008年11月，平坝县文化共享工程支中心建成投入使用，电子阅览室安装30台电脑，完成380伏电源的安装，开通10M光纤互联网接口，达到文化信息资源共享的要求。支中心还承担着全县各乡、镇、社区的文化信息资源共享工程资源建设、日常管理、资源保障、技术支撑等工作。

业务建设

2013年为止，平坝县图书馆现藏有图书28530册，过刊5720册，每年新订阅报刊237种，资源共享工程配发各种光碟大约1千张。目前，借阅工作还是传统的纯手工操作，为了实现方便、快捷的借阅管理工作，计划在2015年实行图书自动化管理。

读者服务

按照文财务发[2011]5号文件的精神，平坝县图书馆从2011年起，实行零门槛开放服务。2010–2013年以来，共外借图书和期刊22048册，到馆的总人次29478人次，平均每年的外借册次5512和平均每年到馆人次7370人次。

2009年5月，我们完成185个共享工程村级基层服务点的建设。自平坝文化共享支中心建成以来，截止2013年底我馆电子阅览室，接待了上网学习和查阅资料的读者15950人。到电子阅览室来的读者都是带着问题来，抱着希望归的，甚至，有小部分读者还写了上网心得。

2009–2011年，平坝县图书馆在全县完成193个农家书屋服务点的建设，结合农家书屋的实际，我馆承担着193个书屋的业务辅导和书屋管理工作的培训工作。

2011–2013年，图书馆开展各种读书活动11次、讲座4次、送书14次、送书进校园进社区活动10次，以上各种活动的开展服务人次大约12万人左右，每次活动结束后，都要进行总结分析，为今后的活动总结经验。

业务研究、辅导、协作协调

2010–2012年，图书馆职工在省级刊物上发表论文共计15篇，整理《农村致富技术精选》1–25期，在全县范围内推广养殖、种植技术；为县烟办提供烤烟栽培，病虫害防治，烘烟，分级扎把等技术资料；为齐伯乡提供生姜栽培管理技术资料共500余条。服务效果良好，受到县、乡、村各级领导地好评。对乡镇文化站的辅导2次，对全县9乡镇基层书屋业务辅导20多次。与学校联合举办读书活动2次，与妇联联合举办猜灯谜活动，到文联、农业局等单位收集地方文献资料，到贵阳白云图书馆和普定图书馆去参观学习。

管理工作

平坝县图书馆现有编制9个，在编人员5个，在岗人员4人。职工岗位设有一个副高、三个中级，四个初级，一个管理岗位。

表彰奖励

2008年度被省文化厅评为“共享工程文化资源工作先进单位”，2012年2月被平坝县人民政府评为“县文明示范窗口”，2013年10月被安顺市文明委评为“市文明示范窗口”，2013年全国第五次公共图书馆评估定级为县三级馆。

未来展望

平坝县图书馆以传播科学信息、开展社会教育、丰富群众文化生活为宗旨，首先，坚持以人为本、树立“读者就是上帝”，“管理就是服务”，“细节决定成败”的服务意识，努力营造人文、舒适、休闲的读书环境。其次，延伸流动服务，利用流动图书车，定期或不定期地深入基层居民点，有针对性地配备图书，送书上门，为比较偏远的、不便于利用图书馆的读者和用户提供文献信息服务。再次，每年争取举办讲座1–2次，利用讲座这种形式，把大众所喜闻乐见的知识信息，以通俗易懂的语言传播给基层民众。

联系方式

地　址：平坝县图书馆
邮　编：561100
联系人：陈　丹

到社区图书室做业务辅导

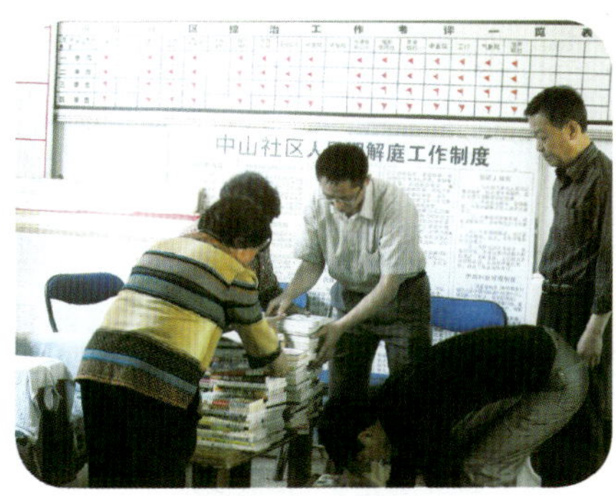

送书进中山社区

送科普知识进校园

修文县图书馆

概述

修文县图书馆成立于1979年。2002年搬至文广大楼，其中一楼、二楼为图书馆办公、馆藏及阅览区域，馆舍总面积达1500平方米。阅览坐席180余个，其中未成年人阅览坐席35个，多媒体室坐席92个，各室分别专设了残疾人阅览坐席。用于读者服务电脑35台，用于办公电脑5台。设有办公室、图书采编室、王阳明书屋、特藏室、图书外借处、成人阅览室，未成年人阅览室、盲人阅览室、电子阅览区、书画室、自习室、多媒体及会议室等。修文县图书馆于1994年、2003年、2009年及2013年参加全国公共图书馆评估定级，均被评为三级馆。

业务建设

2010年，根据国家文化部、省文化厅、市文广局对公共电子阅览室建设的相关工作安排，完成了全县11个文化共享工程基层服务点的建设任务，并将公共电子阅览室与文化信息共享工程进行合理整合。现有总藏量7.6万册（件）；其中：纸质图书6.6万余册，电子图书1万种，每年新定报刊杂志155种，数字资源总量为4TB。

读者服务

自2010年起，修文县图书馆对读者实行全免费开放服务，每周开放56小时。并与贵阳市辖区内的公共图书馆开通馆际互借服务。2010年至2013年，来馆人数达95800人次，图书流通38000册次。修文县图书馆一贯秉承“一切为了读者、一切方便读者、一切服务读者”的服务宗旨。为充分发挥公共图书馆公民素质教育基地的作用，推进全民读书的社会氛围，坚持经常开展读者互动，每年举行服务宣传周、全民读书月等活动，多次举办基层读者培训班、展览、讲座、阅读推广、赠送图书、为特殊群体、老年人、农民工服务、春节系列读者活动等。2010至2013年，修文县图书馆共举办讲座、展览、培训、阅读推广活动98场（次），参加人数2万余人次。

业务研究、辅导、协作协调

随着图书馆业务不断拓展，为了满足不同层次读者的阅读需求，修文县图书馆将制度建设、业务工作拓展放在首位，贯穿于工作之中。2010年至2013年制定完善了修文县图书馆规章制度4个；修改、补充、完善修文县图书馆业务工作细则16个；2013年1月，修文县图书馆开始使用ILAS自动化管理系统。近年，先后组织人员收集地方文献共256册，实行专人专架管理。馆藏文献均按相关标准进行标引，著录、登记、排架。并与贵阳市图书馆实行联合编目。2010年至2013年，修文县图书馆结合县文物管理所文物普查工作，投入经费1万余元，开展古籍的普查工作及古籍保护知识宣传。2013年3月，还派专业人员参加贵州省图书馆举办的第二期全省古籍普查培训班。

2010年至2013年，修文县图书馆结合全县新形势下图书馆（室）、农家书屋、文化共享工程的发展状况，与县旅游文体广电局文化科一同到基层进行调查研究2次。到乡镇文化站、农家书屋等辅导126次，集中到馆内培训2次。

管理工作

修文县图书馆现有编制6个，在岗人员3个，其中1个专业职称岗位，5个管理岗位。

表彰奖励

2013年全国第五次公共图书馆评估定级为区市县三级馆。

馆领导介绍

冉雪芬，女，本科文凭，副馆长，2007年参加工作，2011年8月至今任修文县图书馆副馆长。

未来展望

修文县图书馆以传播先进文化为己任，坚持以人为本、读者至上、文明优质的服务理念，努力营造人文、舒适、休闲的读书环境，为构建知行合一、富裕文明、和谐稳定、山川秀美的修文贡献着自己的力量。

联系方式

地　址：贵阳市修文县龙场镇河滨路2号文广大楼
邮　编：550200
联系人：孙 进

铜仁市万山区图书馆

概述

万山区图书馆始建于1987年，坐落于万山区解放街。最初，图书馆仅50个平方米，后几经扩展，到现在已有800余平方米。2013年，参加五次全国公共图书馆评估，评为三级图书馆。

业务建设

截止2013年底，万山区图书馆文献总量53000册，其中图书34910册，视听文献152件，电子文献2100册，期刊、报纸11760册，地方文献4078册。现采用“图书馆自动化集成系统ILASS(扩展板)”软件，实现了自动化管理。

读者服务工作

万山区图书馆在竭力落实免费开放政策的同时积极健全基本服务项目，努力开展好读者服务工作，为到馆读者提供一站式方便快捷的借阅方式。针对集体借阅的单位、群体提供相应的上门送书服务。为增强馆际互动，加大图书共享力度，开设了馆际互借这一项目。对弱势群体、单位、企业提供优质的上门服务。开设了咨询解答窗口，对到馆者提供咨询解答服务。为落实免费开放服务工作，特提供资料代查窗口，由馆内专业人员进行一对一式服务。定期开展相应的知识讲座，普及相关知识，拓展读者的知识面。开设了数字图书馆服务，扩大了图书馆服务面，提高了图书馆服务层次。

业务研究、辅导、协作协调

开展办理通用借阅、馆际互借等读者服务工作。多次组织了与碧江区、玉屏侗族自治县、江口县等图书馆的交流活动，吸取各地区先进的管理模式，开展与各县级图书馆业务与合作。

管理工作

万山区图书馆工作人员共6名，除了做好日常借阅工作外，我馆还着重于馆员的管理、教育、培训工作，不断提高馆内成员整体素质。同时，针对各岗位制订了相关的管理规章制度和岗位职责。

表彰、奖励情况

2010年至2013年，万山区图书馆共获得各种表彰、奖励14次。其中，铜仁市文体广电局4次，铜仁市万山区委、区政府3次，万山区文体广电旅游局7次（包含个人3次）。

馆领导介绍

林华，女，1963年出生，大专学历，中共党员。1979年参加工作，2004年至今任图书馆馆长。

未来展望

万山区图书馆始终坚持“读者第一，服务至上”的办馆宗旨，为读者提供学习、交流、休闲的平台。今后，还将推出特色讲座活动，以此弘扬优秀传统文化，满足广大读者的文化需求。展望未来，将不断拓展服务功能，提高服务水平，为人民提供更多更好的精神食粮，用文化的力量引领风尚，教育人民群众，让文化软实力推动万山进步与发展。

联系方式

地　址：贵州省铜仁市万山区解放街
邮　编：524300
联系人：韦嘉罗

庆“八一”流动图书车进军营活动

2014年　图书馆服务宣传周活动

4.23世界读书日新书推介活动

电子阅览室

图书馆借阅室

杂志借阅室

沿河土家族自治县图书馆

概述

沿河土家族自治县图书馆始建于1984年，馆舍展转租用多年。2010年12月迁入现馆，位于县城和平镇解放北路79号，占地400平方米，建筑面积3000平方米。馆藏文献总量6.6054万册。拥有阅览坐席219个，计算机36台，存储器容量6TB。2013年，参加第五次全国公共图书馆评估，首次获得三级图书馆。

业务建设

截止2012年底，沿河土家族自治县图书馆总藏量6.6054万册（件）。其中，纸质文献6.3671万册（件），电子图书2210册，电子期刊173种。

2009年–2012年新书入藏量1447种，10088册。报刊入藏量157种，1718册。视听文献60件。地方文献完整入藏率为91%。沿河土家族自治县图书馆的特色馆藏是土家山歌。

读者服务

从2009年10月起，沿河土家族自治县图书馆全年365天对外免费开放，每周开放70小时。2009年–2012年，书刊总流通3.7827万册。2012年总流通人次为5.3432万人。共举办讲座、培训、阅读推广等读者活动124场次，参加人数达5.208万人。建有流通服务点11个，共借阅1.031万册次。

业务研究、辅导、协作协调

2009–2012年，沿河土家族自治县图书馆充分利用馆藏优势，为机关、学校、酒店等举办土家山歌培训达100多场次，共发放歌谱1万余份。编辑了《大雨落来细雨飘》沿河土家族民歌CD集。为县民族小学主编了校本教材《土家民歌》。为县民族中学编辑了校本教材《土家山歌》。为县群力中学校本教材《思想道德教育在歌声中充盈》曲集改稿。发表专业论文1篇。

管理工作

沿河土家族自治县图书馆实行的是全员聘任制，每次聘期三年，每半年和全年进行总体考核，连续三年考核不合格者不得续聘。

表彰、奖励情况

2009–2012年，厅级表彰1次，地（市）级表彰2次，县级表彰2次。

馆领导介绍

石强，男，1961年2月生，大专学历，中共党员，副研究馆员，馆长。1978年8月参加工作。教过书，任过县文化馆副馆长。中国教育学会音乐专业委员会会员、中国音乐文学学会会员、中国儿童音乐学会会员、贵州省音乐家协会会员、沿河土家族自治县音协主席。

王芳，女，1975年8月生，大专学历，助理馆员，副馆长。1997年参加工作。

展望未来

沿河土家族自治县图书馆，以服务为主导，力求创新、科学化管理，不断向前发展，紧跟时代节拍。让图书馆成为山区县城的大学校，成为县域物质文明、精神文明的助推器，力争在下一次评估定级中评为为一级馆。

联系方式

地　址：贵州省沿河土家族自治县和平镇丁字口解放北路79号
邮　编：565300
联系人：石　强

金沙县图书馆

概述

金沙县图书馆始建于1979年，位于城关镇鼓韵广场，建筑面积1071平方米。2005年根据县委、政府城市建设规划，馆舍拆除，图书馆搬迁至文化馆开馆。2013年2月，金沙县图书馆搬迁至在美丽的偏岩河畔。在第五次全国公共图书馆评估中，评为三级图书馆。馆内共有计算机45台，接入10兆光纤，服务器可存储6.5TB数据。设有服务窗口7个。建有金沙县图书馆官方网站，网址www.jsxtsg.com，全年访客量达10万余人次。使用Interlib图书管理系统进行管理。

业务建设

截止2013年底，金沙县图书馆馆内藏书约10万余册，电子文献藏量500余册，视听文献30多件，报刊年入藏量241种，地方文献目前已收集82种。

财政拨款年增长率与当地财政收入增长率的比例为608%。

读者服务工作

2012年2月起，金沙县图书馆实现全年365天免费开放，为读者免费提供复印、存包、饮水等便民服务。

2009年至2013年图书馆开展了包括阅读推广、图书展览、计算机培训、为特殊群体服务等51次各种类型的读者活动，在传承原有活动的基础上，通过对读者的走访调查，采取集思广益的政策，不断创新，开展了“老年人养生保健讲座”、幼儿优秀图书展览、与家长携手进行图书推广活动、“喜迎端午——猜谜语活动”、关爱留守儿童图书展览及爱心送书活动、带领未成年人进入健康的网络环境培训活动。

业务辅导、协作协调

2009年–2012年金沙县图书馆每年对乡镇文化站、街道图书室工作人员进行两次业务培训工作，每年下乡送书2次，到乡镇图书室、社区图书室进行业务辅导30余次。通过对图书室工作人员的专业培训，传递现代图书馆的先进办馆理念和服务理念，传授基层图书馆资源建设与服务的基本技能，提高全县图书室的服务水平。2012年成为毕节市图书馆联合编目成员，实现了书目数据共享。与毕节市图书馆、黔西县图书馆等签订了馆际互借协议，初步实现资源共享。

管理工作

金沙县图书馆现有编制13人，实际在编职工9人，本科学历3人、大专学历4人。中级职称4人，初级职称3人。2010年10月图书馆完成第一轮聘岗工作，2013年底图书馆完成第二轮聘岗工作，设岗5部室共13个岗位。

建立健全设备、物资管理制度，档案管理制度，统计制度等，工作人员文明服务，年终进行综合考核。

馆领导介绍

陈忠梦，女，1980年生人，汉族，馆员，馆长。毕业于贵州大学图书馆学专业，2004年12月底分配到图书馆工作，2012年任馆长。

未来展望

中国公共图书馆事业发展的春天已经到来，随着地方经济实力的逐年增长，及文化共享工程、免费开放政策的实施，金沙县图书馆的办馆条件已经有了很大的变化。金沙县县委、政府对我县文化事业非常重视，预计2年内金沙县图书馆搬入新城区内的新馆舍，届时金沙人民将会看到一个现代化，设施更加完善的图书馆。金沙县图书馆全体员工将一如既往的努力工作，让全县人民有一个好的阅读环境，为我县的文化事业作出应有的贡献。

册亨县图书馆

概述

册亨县图书馆根据本县的性质、任务、读者的对象，发展方向和本地特点。在经费紧张的情况下，注重藏书建设，2012年政府拨款1.5万元作为报刊杂志费的订购，已订购杂志123种类、报纸11种。由于近几年国家对西部地区的文化事业关心和重视，从2005年到至今每年国家文化部和财政部送书下乡工程都在进行中。其中我馆也得到大量增送图书共8378册，价值1723490.4万元。图书藏书量不断增加。满足了读者过去看书难的问题。

业务建设

册亨县图书馆于2008年4月获得国家文化部授牌为“全国文化信息共享工程“贵州省册亨县级支中心”。在县委、政府和局党委领导和支持下，2008年由县财拨款2.8万元，在县图书馆搭建了文化信息共享工程服务平台。新增电子阅览室、数字化服务窗口，主要为读者提供文化共享网络资源、专题数据库、影视点播，电子报刊检索、电子图书阅览等文化服务。国家文化部、财政部增送微机35台、头影液、服务器等各种设备共68万元资金建立了文化信息共享工程、册亨县级支中心。2009年评为国家三级图书馆。

从2007年以来，我县扎实推进农家书屋建设工作采取积极措施，认真落实建设任务。目前，全县已建成高标准的农家书屋123个（其中，2007年1个、2008年31个、2009年40个、2010年51个）。并且农家书屋用房、书架、阅览桌椅以及图书已全部落实到位并开放使用。

机构设置

目前册亨县图书馆设有8个科室，其中有采编室、社科室、儿童阅览室、报刊阅览室、资料室、电子阅览室、多功能室、保卫室。有5个科室全天免费对外开放，每周开放时间为三十九个小时。现有藏书38687册，儿童读物6681册，杂志合订本子6872册，报纸合订本1685册，全部实行免费对外开放。

机构职能

（1）开展馆内藏书、文献资料、报刊的采编与储藏。

（2）接待读者对图书资料的借阅、查询。

（3）搞好图书资料网络系统（文化信息资源共享工程 ）的维护及管理。

（4）开展图书馆学的研究。

（5）抓好“农家书屋”建设和指导管理。

赫章县图书馆

概述

赫章县图书馆建于1984年。现有馆舍占地面积2100平方米，建筑面积1580平方米，建于1987年，1988年竣工投入使用至今。全馆共有阅览坐席176个。馆内共有计算机38台，用于读者阅览31台，用于业务办公5台，多媒体使用2台。提供读者服务的电脑全部连接互联网，宽带和地面卫星双通道接入，实行网络服务，存储容量达到4TB，采用Interlib自动化集群管理系统。

业务建设

现有藏书12万6千余册（含期刊、报纸、光盘、试听文献）；内设图书阅览室、少儿阅览室、报刊杂志室、多媒体教室、自修室、休闲区等服务场所。拥有室内阅览、少儿阅览、电子阅览、自修室、多媒体教室等坐席176个；年征订报刊30余种；杂志100余种，少儿读物90余种。馆内全年免费开放，节假日不休。赫章县图书馆现有人员7名，其中本科1人、大专以上文化程度5人，取得初级职称的6人。

读者服务工作

赫章县图书馆于2010年1月1日起实行免费开放并面向全县公示，每周开放时间为60小时。实行全馆全开架管理模式，书刊年外借率75%以上，文献年外借册次4万册，年流通人次约50000人次。赫章县图书馆常年坚持新书推荐服务和科技信息报送服务，内容包括有：最新科技信息动态，种植、养殖、农业科技等，通过“读书月”“三下乡”等活动，2009年–2012年每年向社会各阶层发放宣传资料3000份。

专注于未成年人，关爱其成长，消除阅读障碍，单独设置少儿阅览室，专门围绕未成年人提供阅读空间。同时，针对老龄读书群体，开设老年人专座，对年老读者开启特殊通道，提供查询、推荐、送书上门等服务。

业务研究、辅导、协作协调

赫章县图书馆坚持以人为本的办馆方针，全面发展图书馆事业，让文献资源真正的为社会、为群众提供服务。依托信息资源共享平台，图书馆网络建设已经初具规模，通过县支中心和村级点资源互动，广大群众可以很方便地看到图书，学习到最新的科学知识和技术，文献资源基本达到共享。

2009年–2012年对全县27个乡镇，456个农家书屋进行培训、业务辅导45次，与毕节市图书馆、毕节市七星关区图书馆等馆开展馆际互借业务。县支中心与各基层点均可实现互联，图书资源可以实现共享。

管理工作

赫章县图书馆属于财政全额拨款单位，有专门财务人员，有规范管理制度。建立有设备物资管理责任制度，设专人管理，所有设备全部登记入账。

在职人员实行岗位责任聘任制度。按需设岗，竞争上岗，按岗聘用，年终实行绩效考核制度。注重加强环境管理理念，实行人文环境管理和卫生环境管理相结合。工作人员实行挂牌服务，礼仪上岗，积极为广大读者创造幽雅、整洁、安静的阅读环境。

自2010年起，在少儿阅览室实施“赫章县图书馆志愿者”活动，先后与赫章县一小、赫章县三小、赫章县二中等学校合作，四年来，吸纳了20名品学兼优的三好学生，来到图书馆担任“赫章县图书馆志愿者”，这些志愿者逢周六周日到馆协助图书管理员工作，并在实践中了解图书馆的业务流程，接受图书馆业务基础知识培训，体验图书加工、上架、借还书等流程。

严格执行国家消防及安全保卫管理条例，按要求安装消防灭火器，专人负责保安工作。防火、防灾、防盗应急案完备。

表彰、奖励情况

赫章县图书馆认真履职，用心服务，努力构建公益文化服务平台，多次获得县文体广播电视旅游局嘉奖。

馆领导介绍

陈晶晶，女，1983年2月生，本科学历，中共党员，助理馆员，馆长。2009年9月参加工作，2011年任职赫章县图书馆馆长。

联系方式

地　址：赫章县新区新党校一栋二楼
邮　编：553200
联系人：陈晶晶

织金县图书馆

概述

1982年12月，织金县政府正式批准成立织金县图书馆，1983年调进6名工作员到图书馆工作，并于4月1日正式开馆。图书馆的建立，除了一个60平方米的少儿阅览室，其余房舍均属外借，1985年，县政府把图书馆修建纳入“七五”期间的基本项目建设规划。直到1990年11月，图书馆才正式峻工投入使用。建筑总面积1426平方米。2008年，因县城开发建设，图书馆再次被迫拆迁，新馆预计2015年交付投入使用。2013年，参加全国第五次公共图书馆评估定级工作，被评为县级三级馆。

业务工作

截止2012年底，织金县图书馆藏书有53000余册，其中，纸质文献47000多册。2010年建成全国文化资源共享工程织金县支中心，现有计算机32台，宽带接入10Mbps，图书馆依托共享工程的资源，充分利用图书馆的信息资源优势，开展了丰富多彩的文化服务。目前，正在启动自动化管理系统建设。

读者服务工作

2010年，织金县图书馆实现零门槛、全免费开放。周开放时间60小时。2009年至2012年书刊年外借达3.3万册，开展讲座培训活动18次，展览6次，阅读推广6次，年参与活动3.5万人次，为残疾人、务工人员、未成年人、老年人提供优质服务，送书上门。帮助织金县看守所建立图书室。为农家书屋和乡镇小学提供基层图书馆捐赠图书并提供培训指导服务。

业务研究、辅导、协作协调

2009年至2012年，织金县图书馆共发表国家级论文5篇。为进一步推进图书馆资源的共享共建，将公共图书馆事业纳入区域发展规划，织金县图书馆与各个农家书屋达成馆屋互借、资源共享协议，据不完全统计，仅2012年，全县农家书屋外借图书30多万册次，织金县图书馆分馆点官寨乡蓝月亮图书馆外借图书6560人次。

与毕节市图书馆、毕节市七星关图书馆签订馆际互借、联合编目协议，参与毕节市图书馆组织的专业培训和毕节市市图书馆学会的各项活动，积极配合毕节市图书馆在织金县珠藏镇石鼓寨的图书馆建设。

织金县图书馆积极规划城乡一体的图书服务网络建设工作。以县图书馆为龙头，乡镇文化站图书室为纽带，依托村农家书屋以及数字图书进农家，规划建立遍布城乡的县、乡、村三级图书服务网络。通过强化组织领导，结合送书下乡、指导培训等工作，分别为乡镇文化站、村农家书屋进行图书配送，在符合条件的乡镇文化站、村农家书屋建立起县图书馆乡镇分馆、图书馆流动服务点和农民读书点，工作取得了实效，农家书屋管理员通过培训指导下逐渐成为群众发家致富的好助手。

管理工作

织金县图书馆编制10人，在职人员5人，其中，大专学历4人，高中文化1人，中级职称2人，中级技工1人，初级技工1人，管理人员1人。

表彰及奖励情况

2009年至2012年，织金县图书馆分别获得县、局级各种表彰10次。

馆领导概况

李磊，男，1974年4月生，中共党员，大学本科。2001年参加工作，2001至2011年在织金县电视台负责新闻采编工作，其采写新闻稿件多次获得省、市一、二、三等奖30多次，2011年7月调入织金县图书馆任馆长。

未来展望

织金县是一座历史文化古城，织金县图书馆是这座文化古城的重要设施之一。今后一是运用古老的馆藏资源和现代化科技打造出一个科学和谐的图书馆。二是合理利用图书馆的功能，充分发挥图书馆的职能，最大限度地服务读者。三是以最好的管理和服务推动政府资金投入。四是创新图书馆的管理和服务理念，有效地为地方政府服务。五是以最快的速度向一级馆标准靠拢，争取在下一次评估中获得一级馆。

联系方式

地　址：织金县山禾源
邮　编：552100
联系人：李　磊

积极指导培训农家书屋工作

分馆点官寨乡蓝月亮图书馆火热借阅

图书馆外观

剑河县图书馆

概述

剑河县图书馆于1984年，成立时有藏书8千余册，是将原文化馆图书室藏书作为固定资产划拨给图书馆。1987至1988老馆拆除，在原址基础上修建新馆。

2007年剑河县城整体搬迁，图书馆随之搬迁至革东镇，由于图书馆业务用房未开工建设，县文体广播电视局安排3间办公室作为图书馆临时过渡用房，在办公条件有限的情况下，图书馆开展了基本的报刊阅览和杂志及部分图书借阅工作。

2008年7月图书馆业务用房开工建设，建筑面积600多平方米，2009年10月新馆整体建设完成，同年11月文化信息资源共享工程剑河支中心开始建设。2010年5月新馆正式开馆投入使用，设有电子阅览室、书库、期刊阅览室、少儿阅览室、报刊室、特藏室（地方文献室）、过刊室、多媒体室。馆藏图书3万余册，地方文献约2000余册，并保存有《四库全书》一套。

从1989年至今，县财政每年都安排一定的报刊、杂志订阅经费，确保了图书馆工作的正常开展。现按《中图分类法》四版简本22大类分类上架。成人期刊83种，少儿期刊45种，报纸26种。电子阅览室有30台电脑可供读者上网查阅资料。按照财政部《关于推进全国美术馆、公共图书馆、文化馆（站）免费开放工作的意见》（文财务发〔2011〕5号）精神，我馆于2011实行免费开放，零门槛进入图书馆，开放一切可开放空间。

现有编制5人，实有人数5人，其中中级职称人员2人，初级职称人员3人，本科学历5人。馆长1人，副馆长一人。

剑河县图书馆位于行政中心广场旁，地理条件优越，每天到馆阅览人次达120人次，其中学生占80%。

工作开展情况

图书馆自2008年—2012年建设完成全县12个乡镇301个行政村“农家书屋”建设工作。并多次开展“农家书屋”图书管理员培训工作，到各个乡镇“农家书屋”建设点指导其管理和活动的开展。

在2009年将文化信息资源共享工程村级服务点配备设备301套送到乡镇，并组织乡镇文化站负责人参加设备使用和管理培训。同年剑河县文化信息资源共享工程支中心建设完成。县人民政府为确保支中心工作的顺利开展，每年拨付4万元作为运转金费。图书馆每年适时开展各项活动，来丰富读者文化生活。

2010年1月图书馆搬迁至新馆，并购置钢质新书架、书柜、阅览桌椅等设施设备。图书馆所有工作人员历时5个月整理馆藏三万余册图书重新上架。5月5日剑河县图书馆正式对外开放。

2011年—2014年剑河县图书馆开展读者活动20余次，并利用每年“仰阿莎文化节”期间开展一次书画摄影作品展览。在2013年组织全县城关地区小学生进行一次“读书作文竞赛”，得到家长与学习的大力支持和好评。在这三年中，每年开展老年象棋、围棋大赛，为老年人组织健康知识讲座等活动。以及组织各乡镇综合文化站开展“农家书屋”活动10余次。

2013年书画摄影展

2014年剑河县老年象棋比赛

2014年绘画作品展

2013年全县小学生读书作文竞赛活动

电子阅览室

图书馆外貌

黄平县图书馆

概述

黄平县图书馆成立于1982年，因社会历史原因曾经过多次搬迁。2005年国家文化部、财政部和黄平县委、县人民政府为适应新形势发展的需要，满足广大读者日益增长的文化需求，加快黄平文化大县的建设步伐，在黄平县飞云大道文化广场旁新建图书馆（即现今使用的黄平县图书馆），馆舍于2007年竣工。黄平县图书馆建筑使用面积为3000平方米。在2013年的全国第五次公共图书馆评估定级工作中评为三级馆。

业务建设

截止2013年，黄平县图书馆现有藏书4万册，每年订阅中文报刊40多种，期刊100多种，收集地方文献60种。图书馆在国家财政部、文化部和上级文化部门的大力支持下，配备了整套共享工程硬件设施，能24小时接收全国文化信息资源共享工程发布的文化信息，并成功保存这些信息资源，同时保障电子阅览室30台电脑能正常运行，不仅能较快地浏览和使用共享工程文化资源，还能连接外网，扩展了文化信息的获取面，完成对全县14个乡镇，227个行政村的村级资源共享工程建设。

图书馆大楼

读者服务工作

2011年3月21日，黄平县图书馆支中心实现无障碍、“零门槛”全面向人民群众免费开放，是全州、全省率先实施对外免费开放的图书馆之一。自实施免费开放以来，各项工作稳步推进，社会效益良好。2009年读者流量1200余人次，图书借阅300余册，杂志1650余册，报纸600余份；2010至2013年，年均人流量达35000人次。

黄平县图书馆不断增强公共文化服务能力和管理水平，增强向群众提供公共文化服务的能力。图书馆利用春节、民族集会、学生节假日等机会，积极开展阅读推广活动。与社区、学校、机关联合开展各类培训工作。

业务研究、辅导、协作协调

全面完成了14个乡镇“农家书屋”的辅导协助工作；认真组织工作人员参加2012年全国第一次网络培训。

管理工作

2013年，黄平县图书馆完成了全员岗位聘任，现在编在岗工作人员4名，聘用人员4名，同时，实行定岗定人定职责，分工协作，建立了工作岗位职责和相关工作制度。

馆领导介绍

邬维芬，女，普米族，本科学历，1968年10月生，1986年3月参加工作，曾任黄平县文化馆副馆长，现任黄平县图书馆馆长。

未来展望

黄平县图书馆将继续坚持“以人为本，公益优先”的管理服务理念，切实保障公民对图书馆的基本文化权益。抓机遇求发展，讲创新促成效，认真开展各项工作。加快对剩余旧图书的修补和编目工作，根据省、州要求，以评估达标为契机，以打造“文化强县”为奋斗目标，切实加强内部建设和业务建设，努力扩大图书馆社会影响力，加强人才培训和对专业技术人才的引进，与时俱进，为黄平县图书馆事业的发展再创新的业绩。

联系方式

地　址：黄平县飞云大道
邮　编：556100
联系人：邬维芬

电子图书阅览室

多功能媒体培训室

期刊室

晴隆县图书馆

概述

晴隆县图书馆于1979年5月成立，原定名为《晴隆县图书馆》，后因我县少数民族为全县总人口的54.8%，于1989年更名为《晴隆县民族图书馆》。成立初由于没有自己的房子，在城北租两间民房开展图书借阅工作。1982年、经各级政府投入16.5万元在连城北背街“牧马上”顶修建馆舍，馆舍占地2231平方米，建筑面积1630平方米，可藏书30多万册，容纳读者座位260个，1999年，晴隆县民族图书馆参加第二次全国公共图书馆评估顶级中，被评为国家级三级图书馆，曾多次获得省州文明称号。2009年–2012年晴隆县民族图书馆拥有阅览席坐240个，其中综合阅览室50个、儿童阅览室50个、电子阅览室30个、综合书库20个、多媒体室90个。计算机45台，提供读者使用的32台。本馆宽带接入10Mbps。选用北京金盘图书馆自动化集成管理系统。

业务建设

2012年晴隆县民族图书馆总藏量15.4万册，其中民中分管8多万册、消防大队分管1千多册、看守所5百多册各乡镇图书室2万多册，2009–2012年新增中外文图书4520种，5428册，报刊965种，视听文献100多种。地方文献入藏完成率为80%。

2009–2012年晴隆县图书馆民族图书馆数字资源总量4.4TB，拥有四个普通服务器，自建晴隆图书馆网站一个。

读者服务工作

从2010年5月，晴隆县民族图书馆所有的阅览室及综合书库实行全免费开放，不收取借阅费用，免费办证、存包等一切费用，我馆设有少儿服务区，老年阅览室、为老年人配置老花镜、放大镜、雨伞以及茶水等服务。每周星期日为留守儿童播放优秀影片。晴隆县民族图书馆对外开放时间每周56小时，同年引进金盘图书自动化管理系统技术，实现了图书录入数字库及图书借还的管理工作。2009–2012年，书刊总流通12.5710万人次，书刊外借册次82540万册，2012年图书馆网站访问量13540万人次，全国文化信息资源共享工程、晴隆县级支中心向全县14个乡镇综合文化站及县城服务中心提供检索、浏览和下载服务。

2009–2012年，晴隆县民族图书馆共举办展览、培训、阅读推广、图书服务周、“三下乡”活动等读者活动60场次，参加人数31806万人次。

业务研究、辅导、协作协调

2009年–2012年，晴隆县民族图书馆职工发表论文5篇，在贵州民族报出版1篇。

2012年，晴隆县民族图书馆以文化信息资源共享工程VPN专网为依托，与贵州省数字图书馆达成协商，共同合作、成了贵州省数字图书馆网的下设的一个馆，同年我馆共同建设了全州图书馆建设文献信息资源共享平台项目，其主要是收集地方文献、地方志、名人著作。

2013年6月晴隆县民族图书馆为了更好地文献建设事业的发展，最大化实现资源共建共享，同贵州省图书馆全国图书馆联合编目中心贵州省分中心共同合作联合编目协作，并与全国图书馆联合编目中心签订了成员馆协议书。2009年–2012年，晴隆县民族图书馆每年开展两期业务培训，主要培训人员是乡镇综合文化站的站长及业务骨干以及全县文艺工作人员，每期参加人数70多人，培训内容主要是农家书屋分类管理及公共文化建设服务。

管理工作

2009年–2013年晴隆县民族图书馆在岗职工7人，馆长一人、助理馆员6人，常年为我馆服务志愿者5人，同时，建立了工作化的绩效考核管理制度，年底统计总体工作考核。

表彰奖励

2009年–2013年，晴隆县民族图书馆获得各级奖励3次，2013年去昂第五次公共图书馆评估定级为县级三级图书馆。

馆领导介绍

罗华松，女，大专文凭，馆长。1982年参加工作，在2004年–2007年连续三年被县文化系统评为优秀干部，2008年参加县政协第四届委员。

未来展望

晴隆县民族图书馆以资源建设、数字图书馆和自身文献资源为优势，充分发挥好图书馆的职能，开展各种图书宣传服务活动，提高广大群众的整体素质，把图书馆建设成社会知识、信息中心和文化服务中心的重要服务阵地，让全县了解晴隆的一个服务窗口，并将全县文化事业繁荣发展做出积极贡献。

少儿知识有奖问答

综合文化站业务培训

公益性讲座

三穗县图书馆

概述

三穗县图书馆座落于三穗中学斜对面，是一所面向广大社会公众免费开放的国家三级图书馆。馆舍总建筑面积1000平方米，总占地面积1240平方米，目前拥有6.2万余册藏书，年借阅人数5万余人，图书年流通量4.5万余册。图书馆免费办证（只需提供身份证复印件，学生提供学生证复印件），大众阅览室（自修室）有62个座席，少儿阅览室和活动室有49个座席，电子阅览室有32个座席（内有空调），放映厅（多功能厅）有66个座席，都对外免费开放，各开放窗口都有饮水机等优质服务。有自己专门网站，只要在百度上输入"三穗县图书馆"，便可进入网站查阅相关的信息。馆内环境舒适安静，"润物细无声"，是社会公众读书、看报、查阅资料和学习、自修、陶冶情操的好去处。

业务建设

1951年开始创建三穗图书馆，1998年11月，三穗县图书馆有自己的馆舍，延用至今。当时馆内有期刊室、阅览室、书库、办公室等，办公室内设有计算机、复印机、条码机等办公设备。

2008年10月，省文化厅拨款72万元建成"全国文化信息资源共享工程三穗县支中心"，并在县图书馆挂牌成立。

2009年开始对外免费开放，另单独设立了外借处、报刊阅览室、地方文献室等服务窗口。

2013年3月，开通了"三穗县图书馆网站"，并对外免费开放，只要在百度上输入"三穗县图书馆"，便可进入网站查阅相关的信息，拓宽了图书馆的宣传和服务渠道。

2013年，利用文化信息资源共享工程开展"夕阳红"老年人电脑基础知识培训，开展老年人与电脑、视频与制作、读书与怡情等各类讲座，开展"苗学研究与传承"、"探讨草根文学"等论坛。

2014年，三穗县图书馆更新服务理念，拓宽服务功能，利用各乡镇综合文化站电子阅览室，从4月份开始，开展对全县九个乡镇村干电脑基础知识与技能提升培训。

2014年，共收集到黔东南内地方文献60余种，不断增加了地方文献的馆藏，为社会公众查阅资料提供了便利。

读者服务工作

三穗县图书馆尽可能地为全县的社会公众提供优质服务，尽可能地为读者奉上丰盛的文化大餐。免费办证。2013年1月以来，订阅了248种报刊杂志，有少儿类、成人类。成人类报刊杂志内容涵盖文学、务工、农民、妇女等，不断增加和更新图书，尽可能地满足广大社会公众的阅读需求。提供电子阅览室以免费提供读者学习电脑、查阅信息；提供多功能厅免费提供各种培训、讲座，免费看电影等。充分发挥各乡镇综合文化站电子阅览室资源，免费开展村干电脑培训、农民种养殖等培训。开展送书下乡活动和读书活动。

业务研究、辅导、协作协调

积极思考业务拓展和服务领域，开展馆内服务和馆外开展活动。馆内主要开展常规业务窗口免费开放和各种培训、讲座等；馆处开展农家书屋管理员业务辅导，利用各乡镇综合文化站电子阅览室开展各种培训。在黔东南州图书馆的指导下，建立了古籍互借业务，与州内各县馆经常保持联系，经常交流协作，互通有无，互送有无，如各县地方文献等。

管理工作

在县文体广电局的主管和省、州图书馆业务指导下，三穗县图书馆努力探索管理模式，不断更新理念，创新服务渠道。馆长主持全馆工作，主要负责行政管理，思考管理和服务理念，与日俱进，科学发展；副馆长主抓常规业务。相互协作，共同为实现小康社会，为地方文化发展与繁荣提供优质服务，做出应有贡献。

表彰、奖励情况

三穗县图书馆于2009年、2013年分别参加国家县级图书馆第四次、第五次评估，均被评为"三级图书馆"。馆长万文才同志分别于2012年、2013年被三穗县文体广电局评为"先进个人"，2014年8月被推荐为党的第二批群众路线教育实践活动"先进典范"候选人参加全县评选。辅导苗族

馆长：万文才

副馆长：易长云

剪纸传承人万岩妹剪纸《寨头剪纸系列》获州、省一等奖。

馆领导介绍

万文才，馆长，男，苗族，1976年10月生。1996年6月加入中国共产党，同年8月参加工作，在职大学本科学历，汉语言文字专业毕业。历任三穗县长吉中学办公室主任、校刊主编，三穗县广播电视台办公室主任，三穗县图书馆馆长，贵州省图书馆学会理事。多次参加省、州图书馆组织的管理与服务培训与交流活动，具有一定的公共图书馆管理水平和业务素质。热心于社会事务，兼任三穗县写作学会秘书长，三穗县苗学会副秘书长，组织参加其内部刊物编辑。有多篇作品在国内刊物上发表。利用社会兼职的优势，积极收集地方文献，2013年至2014年，收集到地方文献100余种。

易长云，副馆长，女，苗族，1966年2月生，1981年12月参加工作，在职北京人文函大法律系毕业。在三穗县图书馆33年如一日，毕生青春和力量献给了图书馆事业，真正的图书馆人。

未来展望

正在馆内增设“三穗县作品阅读与交流中室”，挂牌“三穗县作品阅读与交流中心”。正在筹划三穗县图书馆新馆建设，按县级公共图书馆一级标准规划建设，努力改变目前馆舍面积小，服务功能不发达，专业人才紧缺等现状，为实现图书馆现代化、自动化、数字化而不懈努力。

联系方式

地　址：三穗县图书馆
馆　长：万文才

（撰稿人：万文才 ）

黎平县图书馆

概述

贵州省黎平县图书馆初成立于1957年九月，馆址几经变迁，1987年8月，位于黎平县德凤镇福寿街53号、县城中心休闲广场的新馆建成开放。新馆占地0.67亩，五层砖混框架结构，建筑面积1282平方米。馆内现设有阅览座席155个，计算机45台，网络对外接口为中国电信光纤宽带专线接入10M，目前尚未建成图书馆自动化管理系统。1994年、1999年、2009年、2014年参加全国公共图书馆评估，均被评为三级图书馆。

业务建设

截止2012年底，黎平县图书馆纸质图书总藏量为7.0789万册，其中普通图书43428册、古籍5000册、连环画3000册、杂志16628册、画报2633册。数字资源文献储存量为2TB(约30万册电子图书)。

读者服务工作

从2008年12起，黎平县图书馆开始全面免费对外开放，每周开放56小时。2009年–2012年，每年平均图书总流通2.8万人次，图书外借3.2万册次。每年平均开展培训、阅读推广活动5次。

业务研究、辅导

2009–2012年，黎平县图书馆职工发表论文3篇，有专职人员经常下乡镇文化站图书室及村农家书屋进行业务辅导工作。

管理工作

黎平县图书馆现有编制4人，实际在岗5人。每个岗位均设岗位管理制度，并进行工作量化考核。

表彰、奖励情况

2009–2012年，分别受上级管理部门表彰共8次。

馆领导介绍

马康武，男，1972年生，大专学历，中共党员，馆长。

唐源，男，1971年生，大专学历，副馆长。

未来展望

黎平县图书馆将按照省州有关要求，进一步寻找差距，增强措施，创造条件，狠抓落实。做好三件工作：一是加大资金投入，完善馆内软硬件设施，增加馆藏图书数量，丰富图书内容。二是加强管理人员业务知识学习与培训，进一步增强理论知识和业务技能，提高服务水平。三是拓宽融资渠道，通过招商引资、银行贷款、社会融资等方式，尽快完成新图书馆建设，改善办公环境。

联系方式

地　址：黎平县德凤镇福寿街53号
邮　编：557300
联系人：唐 源

平塘县图书馆

概述

平塘县图书馆初建于民国二十年（1931年）平舟县图书室。民国二十八年（1939年）建立平舟县民众教育馆，图书借阅在县民众教育馆设的图书室开展阅览活动，但藏书极少，借阅时断时续。1952年，建立平塘县文化馆，在文化馆内设图书阅览室。1978年，从文化馆分离，正式建立平塘县图书馆。1986年，在县平湖镇新平路修建二楼一底砖混结构的图书馆用房，建筑面积714平方米。

2012年，平塘县图书馆有阅览坐席80个，计算机42台，宽带接入10Mbps，选用图创图书馆自动化管理系统。

业务建设

截止2012年底，平塘县图书馆总藏量5万册（件），其中，纸质文献1.75万册，电子文献35207种，视听文献517件；年订报刊120余种。2009、2010年，新增藏量购置费1万元，2011年起增至4万元。2009–2012年，共入藏中外文图书2325册，视听文献420种。2011年，馆内无线网络覆盖。

读者服务工作

从2009年1月起，平塘县图书馆全年365天对外免费开放，周开放58小时。2009–2012年，总流通8.45万人次，书刊外借2.38万册次。2011年，开通与黔南州图书馆和黔南州12县市图书馆的馆际互借服务。2009–2012年，有8个流动服务点，馆外书刊流通总人次1.61万人次，书刊外借1.15万册。

2009–2012年，平塘县图书馆共举办讲座、展览、培训、阅读推广等读者活动85场次，参与人数14.35万人次。2010年，我县图书馆举办了平湖镇小学生征文比赛，2011年举办首届“信合杯”全县中小学生征文大赛，2012年10月举办了“喜迎十八大·幸福进万家”红色经典诗文朗诵大赛。在做好常规工作开展的同时，积极借助全民读书月、图书馆服务宣传周等时间，与周边及贫困地区学校举办各种类型的小型阅读推广活动。

业务研究、辅导、协作协调

2009–2012年，平塘县图书馆职工发表论文5篇。举办农家书屋管理培训班8期，48课时，325人次接受培训。

管理工作

2011年，平塘县图书馆完成第一次全员岗位聘任，本次聘任共设5类岗位，有5人重新上岗，同时，建立《平塘县图书馆年度读者服务与业务辅导培训工作任务分解与考核奖励办法》，每年进行总体工作考核。

馆领导介绍

代传富，男，1966年10月生，大专学历，中共党员，馆员，馆长。1984年8月参加工作，历任平塘县新塘小学副教导主任、副校长、县委宣传部科员、通讯科长，2002年12月任平塘县图书馆馆长。黔南州摄影家协会理事、平塘县摄影协会主席。2011年获平塘县优秀专业技术人才奖。中共平塘县第十一次代表大会代表，中共黔南州第十次代表大会代表。

未来展望

平塘县图书馆作为公益性事业单位，将继续坚持社会化、人性化服务原则，强化“以人为本、服务全局”的理念，探索新的服务方式，不断提高图书馆员的文化、业务素质及开拓进取的创新精神，加大图书馆宣传力度，继续深入把公共图书馆的触角向企业、机关、学校、社区、农村延伸，从而吸引更多的读者利用图书馆，实现图书馆的资源价值。

联系方式

地　址：平塘县平舟镇新平路35号
邮　编：558300
联系人：李广华

承办的大型活动

电子阅览室

阅览室

阅读推广活动

长顺县图书馆

概述

贵州省长顺县图书馆建立于1984年12月，1987年10月12日正式对外开放，馆址几经变迁，2012年11月，位于长顺县城南新区的新馆建成开放。新馆建筑面积1021平方米，内设综合阅览室、少儿阅览室、电子阅览室、图书外借室、多功能活动室等。现有藏书3.0648万册，读者座位160个。2013年，参加第五次全国公共图书馆评估，首次获得三级图书馆。馆内现有计算机37台，宽带接入10Mbps，选用善思图书馆自动化管理系统。

业务建设

截止2012年底，长顺县图书馆总藏量3.0648万册（件），2009—2012年，长顺县图书馆共入藏中外文图书1.212万册，报刊336种，视听文献145种。

2013年初选用了善思图书馆自动化管理系统进行编目、流通等业务管理，70%以上的中文文献书目进行数字化。

对地方文献有征集工作方案，设有专架。

2009年长顺县图书馆新增藏量购置费2.5万元，2010、2011年各4万元，2012年增至8.5万元。

读者服务工作

从2011年11月起，长顺县图书馆综合阅览室、少儿阅览室、电子阅览室、图书外借室、多功能活动室（兼培训室、活动室、自修室）等公共设施场地全年对外免费开放，每周开放56小时，2009—2012年，书刊总流通8.2万人次，书刊外借5.85万册次。2009—2012年，长顺县图书馆共举办讲座、展览、培训、阅读推广等读者活动32场次，参与人数27400人次。

业务研究、辅导、协作协调

2010—2012年，长顺县图书馆以文化信息资源共享工程为依托，开展共享工程基层网点技术培训工作3次，共培训乡村干部100余名。举办农家书屋管理员培训7次，参训148人次，指导并实施农家书屋图书分类、编目、上架图书2.34万多册。2012年长顺县摆所镇评上村“农家书屋”管理员陈剑同志得到国家新闻总署授予优秀“农家书屋”管理员称号。参加黔南州公共图书馆期刊报纸联合编目，并同黔南州所属的部分县级图书馆签署了馆际互借及业务合作等协议书，实现馆际资源共享。2009—2012年编写《图书馆信息》136期。

管理工作

2011年，长顺县图书馆完成岗位聘任，同时，建立了工作量化考核制度，每月向长顺县文体广电旅游局汇报工作进度，每半年和全年进行由长顺县文体广电旅游局对图书馆工作进行考核。对开架图书每季度进行一次排架抽查。

表彰、奖励情况

2009—2012年，长顺县图书馆获得各种表彰、奖励3次。

馆领导介绍

李莉萍，女，1965年11月生，大专学历，助理馆员，馆长。1982年12月参加工作。

未来展望

在未来的几年里长顺县图书馆将作逐步扩大图书馆馆藏规模，加大购书经费的投入。使藏书总量达6万册，其中印刷型图书5万册，电子图书1万册，中文期刊每年征订达到200余种以上，报纸50余份，为图书馆阵地服务和延伸服务提供必要的物质保证。做好基础服务工作，培养工作人员的规范服务意识，切实加强“读者第一、服务至上”的服务理念。继续推进免费开放工作，增强图书馆的吸引力。实现图书馆集成管理系统的升级换代，在原有的编目、流通等业务管理基础上，增加订购管理、馆际互借、读者网上查询等功能，以满足图书馆发展要求。积极开展读者服务活动，充分利用“世界读书日”，“图书馆服务宣传周”，开展丰富多彩的读者活动，让更多的人走进图书馆、受益图书馆。加大文化信息资源共享工程服务力度。进一步加强农村文化建设，不断满足广大农民群众多方面文化需求的需要加强对基层图书室，“农家书屋”的业务辅导工作，促进长顺县公共图书馆事业的发展。

联系方式

地　址：贵州省长顺县城南新区老干活动中心大院
邮　编：550700
联系人：李莉萍

送书下乡活动

暑期培训活动

图书馆阅览室

雷山县图书馆

概述

雷山县图书馆始建于民国25年（1934年），为丹江县民众教育馆，民国33年（1944年）改称雷山设民众教育馆，1953年改为文化站，兼图书阅览工作，1954年将文化站扩建为文化馆，至今已有76年的发展历程，2000年前是在文化馆下设的图书室，直至2001–2009年设有图书馆，一直在县广电大楼，馆场面积180㎡左右。设有阅览室、办公室，有书柜2个，书桌1张，藏书2623册，人员编制有1人，2007年开始新建图书馆（与文体活动中心合修），于2009年竣工，2010年5月搬到新馆。新馆坐落在县城羊场坝，人口相对集中的文化体育中心，馆内外环境优雅，整洁优美，和谐统一，文化氛围浓厚。总占地面积4024㎡，建筑占地面积1295.91㎡，总建筑面积3887.73㎡。编制2名，现正式职工1名、谦职2名、临聘3名，均为业务人员，大专2人，高中2人，初中1人。馆场设有：成人、少儿、视障人、报刊、书刊等阅览室、共享电子阅览室，并设有五个藏书室以及接待室、休息室、书库、馆长室、档案室、监控室等等，藏书架60余架（三层），馆藏内外设有监控。阅览室面积380㎡，228个阅览席，共享电子阅览室有计算机30台。

业务建设

截止2014年11月底，雷山县图书馆藏书量为4.8万余册。馆藏纸质期刊109种以及报纸30种。2010年政府采购图书1869册，2012年贵州省新闻出版局赠送图书3542册。此外，还加强地方文献的征集力度，积极主动到县志办、县政协等有关单位收集地方文献2580册。同时到雷中、二中、丹小等学校征集有关学生学习方面的图书7950册，进一步丰富馆藏图书。

2010年至2012年，雷山县图书馆建成文化信息资源共享工作县级支中心，设有电子阅览室，计算机30台，幻灯机，电视和摄像机以及空调设备，为读者提供良好的阅读环境。全县9个乡镇设有综合文化站图书室，157个行政村均设立有共享工程服务网点并于2010年6月底全部投入使用。2014年，开始搭建图书馆自动化管理平台，使用Interlib图书馆集群自动化管理系统。2014年10月底，实现馆内免费450M无线网络覆盖。

读者服务工作

从2010年5月起，雷山县图书馆全年免费对外开放，每周开放48小时。2011年至2014年，每年平均接待读者6926人（次），图书外借3040册（次）。2010年至2014年，雷山县图书馆共举办培训、讲座、阅读推广等活动120场次。

业务研究、辅导、协作协调

2007年至2012年农家书屋建设工作。2007年建成“农家书屋”1个，2008年建成“农家书屋”15个，2009年建成“农家书屋”25个，2010年建成“农家书屋”10个，2011年建成“农家书屋”30个，2012年建成“农家书屋”74个。国家新闻出版总署为每个“农家书屋”配送2400余册图书，“农家书屋”一般设立在当地村委办公楼内，每个“农家书屋”均配有一名图书管理员。到2012年底止，全县157个行政村已全部建完。形成了县、乡、村三级公共图书服务网络。

表彰、奖励情况

雷山图书馆在2012年开展公共图书馆免费开放工作中，成绩显著，被评为“先进单位”；在2013年5月接受国家文化部开展第五次县级以上公共图书馆的评估，被评为“三级图书馆”称号。

馆领导介绍

龙世忠，男，1957年10月生，高中学历，馆长。（文化馆研究馆员、州管专家，2010年被文化部评为“群文之星”称号）。

游青青，女，1974年10月生，1974年10月参加工作，副馆长，大专学历，助理馆员。

未来展望

雷山县图书馆结合雷山县社会经济发展情况，重点加强农业、教育、旅游、地方文献、民族文化、种养殖图书的收藏，逐步形成了适合雷山县地方经济和社会发展需求的藏书体系，满足读者的借阅需求。2014年，雷山县图书馆开始搭建图书馆自动化管理平台，该平台将会使雷山县图书馆的图书管理更加规范化，将给广大读者带来更快、更便利、更优质的服务。

联系方式

地　址：贵州省雷山县丹江镇老场坝100号附1号
邮　编：557100
联系人：游青青

开展农家书屋培训

免费书写春联赠送给老百姓

两馆利用赶场天宣传免费开放

开展赠书活动

送书下乡

图书馆人员合影

云南省图书馆

概述

云南省图书馆始建于1909年，坐落于风景优美、高等学府林立、人文气息浓郁的昆明市翠湖之畔。馆史沧桑悠久，人文积淀淳厚，馆藏资源丰富璀璨，在云南文化发展史上占有十分重要的地位。2004年1月6日，总投资1.5亿元，按照现代化图书馆理念设计建设的新馆正式开馆。馆舍建筑面积32629平方米，现设有20个阅览室和报告厅、多功能厅、展厅、培训教室等多种公共服务设施，配备有先进的自动化、数字化硬件和防火、防盗、安保系统，共有阅览座席1410个，计算机411台，信息节点2410个。宽带接入电信100Mbps，联通150Mbps，合计250Mbps。专用存储设备存储容量达178TB。采用"ILAS图书馆自动化集成系统"进行业务管理。

业务建设

截止2012年年底，云南省图书馆总藏量为331.88（万册、件），其中，电子图书藏量为268358（种），电子期刊藏量为13200种。

2009年至2012年，图书年入藏数量平均值为3.59万种/年；报刊年入藏数量平均值为5054种/年；视听文献年入藏数量平均值为1534种/年。通过专项经费购置、呈缴、征捐、交换等多种方式收集地方文献，地方文献入藏完整率达97%。

云南省图书馆按照数字图书馆建设方案和资源建设目标，以购买、自建、共建等多种方式，系统地整合特色鲜明、适用性强的数字资源，现有数字资源总量共计63.9TB，其中，自建数字资源为5TB，95%以上的自建资源都是独具云南地方特色的资源，如云南独有少数民族多媒体资源库、云南古籍地方文献数据库（电子书）、《云南地方志专题数据库》、《云南历代名人史料》、《明清云南进士名录》、《云南历代书院沿革》数据库等。

云南省图书馆馆藏珍贵古籍文献达到了59万册。特别是成立了由世传古籍修复专家牵头组成的古籍修复小组，抢救修复了一大批珍贵古籍文献，被国家文物局确定为全国首批唯一具有二级可移动文物修复资质的图书馆，被文化部命名为全国首批12家国家级古籍修复中心之一，成为我国西部地区唯一获此殊荣的单位。

读者服务工作

从2011年11月16日起，全馆所有阅览室向读者免费开放；坚持全年365天天天开放，每周开放服务时间为74小时。

2012年书刊外借册次达66.96万册次，比2011年增长了15.4%；2012年，接待读者233.28万人次，比2011年增长了22.1%。

2012年4月，建成24小时自助图书馆，为读者提供无障碍自助服务。加强馆外流通网络建设，馆外流通点书刊借阅册次逐年增加，2012年达170748册次。

2012年，数字资源的总访问量为77万人次，总检索量为160万次，总下载量为61万次。进一步加强网站建设，"云南文化信息资源网"共设有12个专题库、44个栏目，总内容5万多篇（条），网站访问量超100万人次。

2012年共举办各类讲座98次，吸引了2.4万人次读者前来听讲；举办各类展览26次，免费接待各界群众35万人次，实现了"云图天天有展览，日日有活动"的目标。

2012年全省各级文化共享工程分、支中心和农文网培学校累计培训基层文化工作人员8206期、53.8万人次，开展农村实用人才培训2.2万期、107.9万人次，开展农民工培训2591期、24.2万人次，为我省公共文化服务体系建设奠定了坚实的人才基础。

业务研究、辅导、协作协调

2009年至2012年，全馆在职员工在省级以上刊物发表与图书馆学、情报学、文献学等学科相关的论文共计167篇，员工人均在省级以上刊物上发表论文数量四年平均值为0.22；发表各类学术论文的员工有77人，占全部员工的40%；本馆员工以个人或集体名义参与撰写或主编的相关学科专著有9种；科研项目立项有4项，其中省部级1项，厅局级3项；科研成果获奖2项，2011年2月，获云南省委宣传部、云南省科学技术厅、云南省科学技术协会颁发的云南省"十一五"科普工作先进集体，2011年5月，《云南省图书馆馆藏善本书录》获云南省人民政府颁发的云南省第十四次哲学社会科学优秀成果（专著）三等奖。

与国家图书馆签订了协议书，是全国图书馆联合编目中心云南省分中心。向全国图书馆联合编目中心上传馆藏目录并及

省图书馆到鲁布革乡送书下乡活动

开展服务宣传周活动

时更新，已提交馆藏书目数据共计433022条；2009年至2012年下载全国图书馆联合编目中心数据共计156018条。

云南省图书馆联合编目中心负责组织本省联合编目工作，有联合编目专门机构，设在本馆文献采编中心；有详细工作章程，与成员馆签订协议书，约定双方的权利和责任；使用UACN–UC联合编目系统；参与云南省图书馆联合编目中心的州（市）图书馆有16个，占全省州（市）图书馆总量的100%。

与上海图书馆、广东省立中山图书馆及我省16个州（市）图书馆、云南大学公共管理学院、云南省科技情报所等单位开展跨地区、跨系统的馆际互借和文献传递服务。

与云南省社科院图书馆、南亚研究所、东南亚研究所联合搭建了“桥头堡课题情报保障平台”，为共青团云南省委提供了报纸媒体监测服务。

牵头组建了全省公共图书馆展览联盟和讲座联盟，开展馆际互借和文献传递服务，加强与各级公共图书馆、各类院校及专业图书馆的协作协调，搭建图书馆资源共建共享的平台，积极构建全省图书馆服务网络，切实推动全省图书馆事业的大发展大繁荣。

加强对基层的业务培训，分别于2012年9月、10月举办了滇西片区、滇东片区县级公共图书馆馆长培训班，专门就免费开放、文化共享工程、数字图书馆推广工程、公共电子阅览室建设计划等内容，对全省129个县级图书馆馆长及业务骨干进行了业务培训；还编制了《云南省公共图书馆工作有关文件汇编》，印发给全省各级文化局局长和公共图书馆馆长学习参考。同时，抓住重点，以集中培训、网络培训、远程培训、深入基层面对面辅导相结合，紧紧围绕免费开放、文化共享工程农文网培学校建设、公共电子阅览室建设、数字图书馆推广工程、古籍保护工作等重点工作开展业务培训，全年共举办各类培训44期，培训基层图书馆（含文化站）工作人员5951人次。

管理工作

全馆实行按需设岗、按岗聘用，中层干部实行竞争上岗择优聘用，全馆职工实行双向选择，并由馆长与各部门主任签订任期目标责任制，实行季度考核、年度考核。对分配制度进行改革，建立了分配激励制度，制定了《云南省图书馆奖励性绩效工资分配办法》、《云南省图书馆绩效考核办法》，并按制度执行。

制定了《云南省图书馆固定资产管理制度》，由财务科负责对固定资产进行建帐登记。

成立了志愿者服务工作站，吸纳社会各界志愿者积极参与图书馆管理和服务。

设立了档案室，制定了《云南省图书馆档案管理试行办法》，配备档案专业管理人员，加强档案管理。

加强安全管理，进一步修改完善了免费开放安保方案和应急处置预案，积极打造安全防控体系，确保了免费开放后的人员安全、文献资源安全和设施设备安全，荣获“昆明市平安单位”荣誉称号。

表彰、奖励情况

2009年至2012年，云南省图书馆先后荣获“国家级古籍修复中心”、“一级图书馆”、“全国人文社会科学普及基地”、“全民阅读示范基地”、“云南省未成年人思想道德建设工作先进单位”、“云南省‘十一五’科普工作先进集体”、“云南省三八红旗集体荣誉称号”等省部级表彰13项，以及省文化厅、省公安厅、省新闻出版局、省社科联等省级业务主管部门表彰奖励27项。特别值得一提的是，云南省图书馆业务第一党支部被评为全国文化文物系统创先争优活动先进基层党组织。

馆领导介绍

王水乔，男，1965年3月生，博士研究生，中共党员，研究馆员，副馆长、馆长。1986年7月到云南省图书馆工作，2001年7月任云南省图书馆馆长助理，2002年12月任云南省图书馆副馆长，2012年2月担任副馆长主持工作、全国文化信息资源共享工程云南省分中心主任、云南省古籍保护中心主任、云南省图书馆学会常务副理事长，2013年6月担任馆长。

李友仁，男，1958年10月生，本科学历，中共党员，副研究馆员，馆长、党总支书记。1981年参加工作，2003年10月担任云南省图书馆馆长、全国文化信息资源共享工程云南省分中心主任、云南省古籍保护中心主任、中国图书馆学会理事、云南省图书馆学会理事长。2009年8月任党总支书记。2012年2月调离云南省图书馆。

马云川，男，1962年8月生，本科学历，中共党员，副研究馆员，副馆长、党总支书记。1984年1月到云南省图书馆工作，2001年10任副馆长，2010年12月任党总支副书记，2012年2月任党总支书记。2013年6月调离云南省图书馆。

肖贵中，男，1960年8月生，大专学历，中共党员，副研究馆员，副馆长。2009年8月至今，任云南省图书馆副馆长。

未来展望

云南省图书馆按照2012年全省文化工作会议的要求，明确了在云南省图书馆实施“公共电子阅览室、古籍文献陈列室、经典影像视听室、文化知识讲堂、流动图书站”等“三室一堂一站”建设的工作思路，努力将云南省图书馆建成“知识文献的宝库、知识信息的中心、知识服务的平台、知识教育的课堂”。

联系方式

地　址：云南省昆明市翠湖南路141号

邮　编：650031

联系人：金美丽

举办青少年演讲比赛

为务工人员举办公益讲座

在云南师范大学幼儿园举办赠书入园活动

昆明市图书馆

概述

昆明市图书馆始建于1926年，1958年重建，1987年在东华小区建成新馆，2006年昆明市政府共投资1千多万元对昆明市图书馆进行装修改造及设备更换，装修改造后的新馆占地面积10亩，建筑面积8000平方米。读者活动场地占全馆面积的80%。1998年，参加第二次全国公共图书馆评估，首次评为一级图书馆。昆明市图书馆拥有阅览坐席773个，少儿阅览坐席100个，计算机252台（其中提供读者使用的计算机125台）。

业务建设

截至2012年底，昆明市图书馆总藏量达77.34万册，其中，电子文献藏量8万种。图书年平均入藏量15872种，报刊年平均入藏量1463种，视听文献年平均入藏量1514件，多卷书、连续出版物入藏完整率达90%以上。

在经费投入方面，2012年昆明市财政对昆明市图书馆拨款1183.28万元，财政拨款年增长率与当地财政收入增长率的比率为34.7%，2012年新增藏量购置费为250万元，其中，电子资源购置费为99万元，占年新增藏量购置费比例为39.6%，免费开放中央财政下拨40万元，地方配套经费130万元。

截止2012年底，昆明市图书馆数字资源总量为22.97TB，其中，自建本馆数字资源（含讲座、影片、舞台艺术、云南非物质文化遗产、电子文献等）1.01TB，数字资源涵盖了中文电子图书、电子期刊、电子报纸、地方志、舞台艺术、非物质文化遗产、电影、电视剧、文化讲座、精品文化专题库、少儿动漫、连环画、农业技术、科普、医疗卫生、法律法规、生活百科等方面的形式和内容。

2007年接入100兆宽带，2012年增加了RFID自助借还功能。2013年年初，馆内实现802.11N无线网络覆盖。专用存储容量达到112TB。

读者服务工作

从2007年2月起，昆明市图书馆全年365天天天对外免费开放，周开放64.5小时，2012年，引进RFID技术，实现了馆藏文献的自助借还、24小时自助服务。2009–2012年，借阅总人数1659962人次，书刊总流通4928839册次，书刊外借1294166册次，馆藏书刊文献年外借率达221%。2012年2月，开通与昆明市6个公共图书馆通借通还服务，与10个分馆实行馆际互借服务。2009–2012年，引进街区自助图书馆1台，建成6个分馆，21个馆外流通点，馆外流通点年书刊借阅册次达4.75万册次。2004年起，为领导机关决策参考提供二次文献《文化快报》、《信息参考》，得到市委、市政府高度评价。

2009–2012年，昆明市图书馆网站访问量22.7万人次。开通昆图微博，截止2012年，昆明市图书馆发布使用的数字资源总量为5种，22.97TB。《清华同方》数据库提供持证读者通过本馆网站查询访问，《龙源期刊》数据库提供全市基层图书馆共享。

2009–2012年，昆明市图书馆共举办讲座、展览、培训、阅读推广等读者活动350场次，参与人数17.85万人次。公益讲座——“春秋十讲”自2000年开讲十三年来，举办讲坛、讲座数百讲，邀请各领域专家、学者进行演讲，已成为省内知名讲座品牌，受到广大市民、读者的青睐。

业务研究、辅导、协作协调

2009年昆明市图书馆选派两名工作人员到国家财政部图书馆进行为期一年的学习。与佛山图书馆建立了长期合作交流的友好关系。按30%比例投资15万元与云南省图书馆共同购买龙源电子期刊网，并由昆明市图书馆辐射全市十四个县（市）区图书馆免费共享；2011年，昆明市图书馆与上海图书馆在资源、技术、人才、管理和项目上达成了合作意向。上海图书馆提供名家讲座光盘，昆明图书馆免费向读者播放，并与昆明市14县（市）区公共图书馆共享。通过“走出去”“请进来”模式，上海图书馆派出专家、学者到昆明巡讲，昆明市图书馆也向上海图书馆输送专家，进行面对面的文化交流。2012年昆明市图书馆制作《昆明市图书馆地方文献书目提要》与云南省普洱市图书馆实现书目资源共享。

2011年–2012年对全市各县(市)区图书馆及乡镇、社区图书馆(室)、农家书屋工作人员及文化共享工程管理服务人员进行技术培训，共集中培训476期，网络培训328期，培训人员达17022人次；组织十四县（市）区公共图书馆馆长赴深圳、东莞、厦门考察公共电子阅览室建设情况；每年召开全市公共图书馆馆长联席会四次以上，分别就业务工作进行培训和传达；在开展“农家书屋工程”建设工作的同时，开展基层图书室业务指导培训；对开通“通借通还”服务的公共图书馆工作人员进行技术指导和培训。

2009–2012年，昆明市图书馆职工在省级以上刊物发表论文15篇，出版专著1部，昆明市图书馆学会获得全国社科联、云

市领导视察图书馆

与上图共同举办讲座

六一活动

三下乡活动

举办书香昆明专题讲座

南省图书馆学会、昆明市社科联的表彰。

管理工作

通过公开竞聘产生馆领导及中层管理干部，建立馆领导分工负责和部主任分层负责的机制；结合实际实行岗位设置管理；逐步完善全体职工岗位说明书，按需设岗，按岗聘用，于2012年与全馆职工签定劳动合同，实行岗位责任制；进行“阳光工资”改革，完善监督、考核机制，实行绩效工资制度。

表彰、奖励情况

2009—2012年，昆明市图书馆共获得各种表彰、奖励16次，其中，中图学会表彰、奖励1次，省委、省政府相关单位表彰、奖励3次，市委、市政府相关单位表彰、奖励8次，其他奖励4次。

馆领导介绍

郭春莲，女，1968年11月出生，中共党员，大学本科学历，副研究馆员，馆长兼书记。兼任云南省图书馆学会副理事长，昆明市图书馆学会理事长，中国图书馆学会评估与评价专业学术委员会委员，昆明市图书馆学会公共文化服务体系发展研究委员会主任，昆明市盘龙区第八届政协委员，云南省古籍保护中心昆明市分中心主任，曾获中国图书馆学会、云南省图书馆学会优秀工作者。

杨毅敏，男，1956年3月生，大专学历，副研究馆员，副馆长。兼任昆明市图书馆学会副理事长，昆明市图书馆学会基层图书馆(室)发展委员会主任。历任昆明市文化局团委书记、昆明市艺术研究室编辑，昆明民族电视剧制作部副导演、主任职务，昆明市第十一届、十二届政协委员，曾获云南省图书馆学会优秀工作者。

刘志芳，女，1968年10月生，大学本科学历，文学学士学位，中共党员，副研究馆员，副馆长。1991年参加工作，先后在昆明市图书馆办公室、外借部、采编部、信息开发中心工作，曾任信息开发中心主任，昆明市图书馆学会信息技术发展研究委员会委员。

沈吟涛，女，1982年5月生，大学本科学历，中共党员，馆员，副馆长。先后在昆明民族电视剧制作部、昆明市文化局艺术处、昆明少年儿童图书馆，昆明市图书馆，从事电视编辑、配音，文献参考工作，担任过昆明少年儿童图书馆馆长助理职务，昆明市图书馆学会公共文化服务体系发展研究委员会委员。

未来展望

昆明市图书馆始终秉承“平等、开放、免费”的办馆理念，满足不同层次的读者需求。在新技术不断发展、读者需求不断增长的新形势下，在今后的工作中，将不断完善各项工作，探索云服务、移动服务等新技术在图书馆服务中的运用，在服务和建设上采用更加标准化和规范化的技术路线，加强地方数字资源的收集、整理、加工和发布，创新参考咨询服务，将经济情报、科技情报的分析和应用与普通老百姓的需求结合起来，加大人才培养力度，加强理论和技术研究，努力出成果、出人才，使图书馆管理从文献管理逐渐向知识与内容管理转变，更好地展现出省会城市龙头馆的专业技术优势和社会服务形象，为“文化昆明”建设、为我省公共文化服务体系建设作出更大的贡献。

联系方式

地　址：昆明市环城东路663号
　　　　昆明市东华小区知春街115号
邮　编：650041
联系人：张燕青

图书馆大厅

图书馆外貌

玉溪市图书馆

概述

玉溪市图书馆于1979年1月成立，2008年5月26日另命名为"玉溪市聂耳图书馆"，实行两块牌子，一个工作班子的管理模式。1983年在玉溪市红塔区文化路8号建盖场馆，馆舍面积3216平方米。为适应社会发展，于2007年在红塔区棋阳路延长线聂耳音乐广场建盖新馆，2009年5月入迁，新图书馆又称玉溪市聂耳图书馆，该建筑是聂耳纪念中心建筑群（聂耳图书馆、聂耳纪念馆、聂耳大剧院）之一，聂耳纪念中心建筑群占地总面积133383.10平方米，聂耳图书馆建筑面积14484.7平方米，设计为五层楼和一层地下书库。2004年，参加了第三次全国公共图书馆评估，评为三级图书馆，2009年因新馆在建中，未参加评估，2013年参加评估，评为一级图书馆。2012年，玉溪市图书馆有阅览坐席513个，计算机143台，信息节点482个，宽带接入宽100Mbps，选用Interlib图书馆集群自动化管理系统。

业务建设

截止2012年底，玉溪市图书馆总藏量51.30万册，其中：纸质文献41.1537万册，电子文献图书10.1509万种。2009－2012年新增藏量购置费每年80万元，共入藏图书3.2123万种，8.0957万册，视听文献0.1683万种。订购各种报刊0.4764万种，2011年，地方文献入藏完整率为95%。

截止2012年底，玉溪市图书馆数字资源总量为15TB，其中，自建数字资源总量20GB。2009－2012年，完成《聂耳书目文献》数据库建设。

自1995年开始，玉溪市图书馆采用了ILASⅡ业务管理系统软件，为了适应玉溪市公共图书馆服务联盟建设的需要，2012年底采用Interlib图书馆集群自动化管理系统。2012年，实现馆内802.11N无线网络覆盖。

读者服务工作

从2009年开始，玉溪市图书馆实行全年365天对外免费开放，开放时间8：00至20：30，每周开放时间为78小时。2012书刊总流通47.4611万人次，书刊外借20.6128万册次。

从1988年开始，玉溪市图书馆开展汽车图书流通服务工作，已建成2个分馆，25个汽车图书流动服务点，2009至2012年，书刊外借达40.9854万余册次。2009－2012年，建成了玉溪市图书馆网站，反问量8021次。开通了玉溪市图书馆微博。

从1990年开始，玉溪市图书馆开展了科技跟踪咨询服务。根据本地经济建设和科学研究的实际需要对有关重点研究课题、项目的科研人员进行深层次的、个性化的信息跟踪服务，2012年，对25个跟踪服务对象发放了参考咨询借书证。

2009年至2012年开展了"科技图书进少数民族村寨"、"科普、环保进校园"活动，举办科普讲座、科普展、赠送科技资料等。举办了"青少年成长"、"正心读书"、"云岭大讲堂玉溪讲坛"等系列公益讲座；举办了"走进聂耳图书馆"少年儿童读书培训活动，"寒、署假少年儿童计算机培训"，"书香阅读·第二课堂"幼儿亲子阅读，绘本演绎，"免费影视放映"等少年儿童读书活动；举办各类书画展览及读者沙龙交流活动。2009年至2012年共组织讲座、培训、展览、各类读书活动541次，读者参与18.8869万人。

业务研究、辅导、协作协调

2009－2012年，玉溪市图书馆职工发表论文29篇，出版《人民日报上的聂耳》图书1部，参与了社会科学课题"聂耳图书馆数字化建设"、"聂耳文献研究"、"彝族文献收集保护与开发研究"等市级立项的课题3项。

我馆多年来与国家、省、西部地区地（市）图书馆之间保持协作协调关系，积极参加中国图书馆学会举办的年会暨论文交流，参加了"中国西部地区公共图书馆协作网"。于2009年10月26日－28日，承办了"中国西部地区市（地、州）图书馆协作网2009年年会暨第19届学术研讨会"。

2010年5月11日，举行了全市图书馆协作网络会议，2011年制定了《玉溪市图书馆服务网络建设规划》，8县1区的公共图书馆，各乡镇文化站都参与了本地区服务网络建设，网络成员可以享受到共享工程的业务指导、图书馆业务辅导、玉溪市图书馆资源的共享等。8县1区的各县图书馆的纸质资源，通过全区流通证在各县区可互借共享。还与玉溪师院图书馆签订了资源共享协议，开展资源互借活动。

从2000年开始，以玉溪市图书馆学会为平台，加强全市各行业的图书馆（室）联系和交流，在各县、区图书馆、专业图书馆、文化中心(站)中，每年组织一次征文和学术交流活动。不定期的开展业务培训和业务辅导工作。

管理工作

2011年，玉溪市图书馆完成第二次全员岗位聘任，本次聘任共设21类岗位，有56人重新上岗，同时，建立了工作量化考核指标体系，每月进行工作进度通报，每半年和全年进行总体工作考核。2011－2012年，共抽查文献排架15次，书目数据13次，编写《工作质量月报》36期，撰写专项调研、分析报告和工作提案15篇，编写各部门工作进度通报12篇。

表彰、奖励情况

2009年至2012年玉溪市图书馆获得各种表彰、奖励15次，分别是国家图书馆学会表彰2次，省文化厅表彰1次，省图书馆学会表彰2次，市级表彰10次。

少儿阅览区

社科图书阅览区

世界读书日举办讲座

云南省人民政府授予玉溪市图书馆云南省科普教育基地

举办书画展及交流活动

基层图书流通点

开展"走进聂耳图书馆"读书活动

农民工、下岗工人电脑培训

馆领导介绍

马永明，男，汉族，1961年10月01日生。1982年毕业于云南农业大学，中共党员，副研究馆员，党支书记，馆长。1982年8月参加工作，1988年9月调入玉溪市图书馆。先后从事农业科技咨询、图书外借、图书馆业务辅导和办公室等工作。1999年10月担任副馆长。2002年4月担任馆长。云南省图书馆学会第五届常务理事。玉溪市图书馆学会副理事长兼秘书长。玉溪市社会科学界联合会常委。

何流，女，白族，1962年1月生。大学本科学历，中共党员，副研究馆员，副馆长。1979年参加工作，1987年3月到玉溪市图书馆工作，先后在文献流通部、文献资料室、参考咨询部、期刊阅览部、采编部工作，任副主任、主任等职。2002年4月任玉溪市图书馆副馆长。

施秀琼，女，彝族，1963年4月生。大学本科学历，中共党员，副研究馆员，副馆长。1980年12月参加工作，1991年任峨山县图书馆馆长，1987年6月调玉溪市图书馆工作，先后从事报刊阅览、档案整理、藏书建库、宣传辅导等工作，曾任报刊阅览部、宣传辅导部副主任等职。2002年4月任玉溪市图书馆副馆长，2000年任玉溪市图书馆学会副秘书长，2001年任玉溪市书法家协会常务理事。

未来展望

玉溪市图书馆将继续坚持"读者至上，服务第一"的宗旨，抓文献保护和收藏工作，提高馆藏质量；加强数字图书馆和全国文化信息共享工程建设，共享丰富的数字资源；加强内部管理，充分调动职工的积极性；加强图书馆间的协作协调，不断开展学术研究和交流，业务培训和辅导，不断提高图书馆人员素质；创新服务方式，拓宽服务范围，争取社会力量，开展内容丰富、形式多样的读者活动，坚持送书下乡，开展科技咨询服务，不断提高服务质量，提高广大市民的科学文化素质，取得更好的社会效益。

联系方式

地　址：玉溪市红塔区棋阳路延长线聂耳图书馆
邮　编：653100
联系人：施秀琼

"正心读书"公益系列讲座

环保科普进校园活动

文化信息资源共享工程

楚雄彝族自治州图书馆

概述

楚雄彝族自治州图书馆始成立于1962年，于1987年建新馆，总面积为6779平方米，位于楚雄市鹿城东路素有“楚雄客厅”之称的市中心广场桃源湖畔。截止2013年单位编制40人，在职职工40人，其中设馆长1人，书记1人，副馆长1人；专业技术人员30人，技术工人5人，工勤人员5人。现我馆已获得大专以上学历的39人，占职工总数的97%以上。

楚雄彝族自治州图书馆馆内设6个部室，10个服务窗口（全国文化信息资源共享工程楚雄州支中心、外借室、少儿室、现刊室、过刊室、中国·楚雄彝族文献资料信息查阅中心、古籍室、参考学习室等）。实行全年天天免费开馆，服务窗口对外开放时间每周最长达79小时。

楚雄彝族自治州图书馆始终坚持“读者第一、服务至上”的办馆宗旨。围绕“服务环境优美化、服务手段自动化、服务管理科学化、服务工作规范化、服务内涵人性化和树彝族文献品牌”的工作思路来开展。

业务建设

楚雄彝族自治州图书馆馆藏资源包括图书、期刊、报纸、古籍、特藏专藏、工具书、年鉴、视听资料，截止2013，有总藏书405114余册，其中彝族文献有8126多种23115余册，彝文古籍100多卷，形成类型多、数量大、组合优、品位高的特点。成为楚雄彝族自治州图书馆的一个亮点，一个精品，一个服务品牌，为彝州图书馆开辟了一个新的天地，为特色建馆奠定了基础。

全国文化信息资源共享工程楚雄州支中心把国家中心、省分支中心和本地特色资源统一整合，截止2013年，信息资源库有150TB的数据量，其中自建数据约83G。庞大的数据资源和文献资源为楚雄州（九县一市）10个共享工程县支中心和108个基层服务点提供了丰富的资源。其中禄丰县的和平镇和仁兴镇的服务点成为云南省的示范点。

国家数字图书馆推广工程建成开通，通过数字图书馆虚拟网，可在本馆电子阅览室查阅、共享国家图书馆数字资源建设成果和一批优秀的普适性商业数字资源。内容包括100余万册中外文图书、700余种中外文期刊、7万余个教学课件、1万余种图片、18万余档案全文及3000余种讲座和地方戏等视频资源，资源总量超过120TB。虚拟网也成为楚雄州图书馆连接图书馆资源、服务与读者之间的桥梁，展示和利用馆藏资源和信息服务的重要平台。

读者服务工作

楚雄彝族自治州图书馆以“读者第一，服务至上”的理念。年免费接待读者服务24多人次”。2011年实现了“无障碍、零门槛”全免费开放，图书、报刊做到两个全：全开架，全免费。2012年7月，楚雄州图书馆门户网站正式开通，网站月均读者访问量达2万余人（次）。

我馆坚持利用每年图书馆服务宣传周，结合主题，根据各部室工作的特点，以图书馆馆藏资源为载体，举办一系列活动，先后在全州建立23个图书流动点，定时送书下乡。同时借助“楚雄日报”、“楚雄电视台”等媒体进行读书活动宣传，让更多的读者了解图书馆、认识图书馆、走进图书馆。让更多的读者参与到图书馆举行的各项活动中，努力实现图书馆教育的平等性。

为进一步推进文献资源利用，同时能更好的为领导机关决策与社会事业提供信息服务，2004年以来，我馆编印出版《让历史告知未来》系列丛书两部。结合我州经济、旅游、文化建设、决策信息、民族节庆风情资料等所编制的《楚雄彝族自治州彝族文献书目提要》近40万字第一、二卷已出版发行。支中心每月定期汇编简讯发往全州103个乡镇文化站。

业务研究、辅导、协作协调

随着图书馆事业的发展，馆与馆之间的协作协调尤其重要，州图书馆对做好协调辅导工作十分重视，每年举行一次全州图书馆馆长及业务骨干培训会议，并组织相关人员到各县市图书馆业务辅导。州图书馆学会工作正常开展，每年编辑《彝州图书馆》1期，同时组织好学会各项活动。楚雄州图书馆非常重视科研工作，科学研究蔚然成风，已形成了良好学术氛围。每年选送20人参加各地举办的学术研讨会，通过加强学术研究，提高了广大工作人员的业务素质和服务水平，充分地发挥图书馆的职能，更好地为彝州的经济、文化服务。特别是近4年来，科研成果喜获丰收，在公开学术期刊上共发表论文60余篇，其中发表在省级以上刊物上32多篇。

管理工作

楚雄州图书馆从建馆初期就极为重视规章制度建立，并在实行期间不断修订完善。到目前为止，已经建立了一套完整

馆长姜荣文

书记黎建宾

关爱残疾儿童联谊会

阅读从儿童做起

延伸服务

颁奖

的规章制度体系和岗位考核制度体系，涵盖到图书馆工作的方方面面。这样，就使得各项工作都有制度可依，各项奖惩措施均有章可查，减少了人为因素造成的管理上的随意性和盲目性，从而保障了各项工作的顺利开展。从2006年开始，我馆率先进行内部制度改革，每2年中层干部竞争上岗一次，职称评聘分开，人员择优聘用等工作。财务、设备、物资、消防、档案有专人管理，有章可依，层层管理。

学术、科研成果及获奖情况

1994年12月被国家文化部命名为“文明图书馆”；2000年被文化部评为“读者最喜爱的图书馆”；2003年12月被云南省委、省政府命名为“文明单位”；2004年5月获州级“青年文明号”创建单位称号；2005年5月被国家文化部命名为“国家一级图书馆”；2008年我馆获得中国图书馆学会颁发的“2008年读书活动组织奖”，成为云南省获得此奖唯一一家；2005年文化部在全国开展的第三次县以上公共图书馆评估定级以来楚雄彝族自治州图书馆连续3年被评为“国家一级图书馆”。2009被云南省人民政府命为“云南省科学普及教育基地”；2012年创建“中国·楚雄彝族文献资料信息查阅中心”项目获“云南省文化改革发展创新奖”。

未来展望

楚雄是全国唯一两个彝族自治州之一，她具有浓厚的民族文化底蕴。楚雄彝族自治州图书馆将把“彝族文献查阅室”申报命名“中国·楚雄彝族文献资料信息查阅中心”并建成全省乃至全国唯一的彝族文献信息中心，最终将提升为“中国彝族文献图书馆”，达到全世界唯一彝族特色图书馆。

馆领导简介

馆长：姜荣文，男，1958年9月出生，云南省楚雄州大姚县人，中共党员，副研究馆员。当过兵，任过县文化局局长，发表过数篇散文、小说，编著出版多部专著，创立“中国·楚雄彝族文献图书馆”。

书记：黎建宾，男，1969年12月出生，云南省楚雄州大姚县人，中共党员，主任科员。曾任乡镇书记、乡长、县文化体育局局长。

副馆长：龙玮，女，1966年12月出生，重庆市万州人，中共党员，州级优秀共产党员，主任科员。

联系方式

地　址：云南省楚雄市鹿城东路55号

邮　编：675000

联系人：普家清

（撰稿人：普家清）

彝文文献

图书馆外貌

大理白族自治州图书馆

概述

大理白族自治州图书馆座落于云南省大理市下关苍山路53号，1956年自治州成立时建馆，新馆于1986年11月落成，总占地面积为32.03亩，建筑面积为6273平方米，是集江南园林建筑特色和白族建筑风格为一体的仿古建筑，突出“园中有馆，馆中有园”的布局，是大理州建州30周年的献礼工程，馆名由原全国人大常委会副委员长、著名书法家楚图南先生题写。现藏书40万册，以南诏、大理国文献为收藏重点和特色。人员编制40人，现有白、汉、回、彝、纳西等不同民族工作人员39人。其中，研究馆员1人，副研究馆员7人、馆员17人，大专学历以上人员37人。设借阅部、采编部、期刊部、参考咨询部、信息资源部、南诏大理文献资料中心和办公室，有阅览座席560个，是全国文化信息资源共享工程的州级支中心，配置有12台服务器，139台计算机。现应用“网图”集群管理系统进行自动化管理与服务。在1999年、2003年、2009年、2013年文化部实施的公共图书馆第二、三、四、五次评估定级中均被评定为一级图书馆。

业务建设

截止2012年底，大理州图书馆拥有纸质藏书40万册，电子文献6744册。2009–2011年，财政拨款分别为243.1万元、274.5万元和430.6万元，2012年财政拨款总额为492万元，财政拨款增长率与当地财政收入增长率的比率为86%。新增藏书购置费51万元，电子资源购置费为10万元，图书年入藏量6008种，报刊年入藏量900种，视听资料年入藏量753种，地方文献入藏完整率为85%。

自2000年起大理州图书馆投入专人专款完善地方文献数据库建设，建立了“南诏大理地方文献数据库”和“南诏大理文献专题数据库”，选题结合馆藏实际，有特色，有针对性，项目实施多年，已形成一定规模，并已初见成效。

截止2012年底，大理州图书馆数字资源总量为10.05TB，馆藏中文文献书目数字化达到96.33%，并实现馆内无线网络全覆盖。

读者服务工作

大理州图书馆全体干部职工牢固树立“以馆为家，馆兴我荣”的思想，积极倡导“以人为本”的服务理念，始终奉行“辛苦我一人，服务众读者”的敬业精神。率先在全省图书馆系统实行365天开馆服务，每周开馆时间84小时。在认真做好阵地服务的同时，不断创新服务形式，积极拓宽服务领域，坚持送书下乡、科技扶贫服务；深入持久地开展军民共建、警民共建、城乡共建等活动，共建网点达到20多个；设有“特殊群体阅览专区”，并长期开展为特殊群体免费送书服务。坚持举办展览、讲座、免费放映电影等公益性活动，逐步实现年入藏图书近1万册。2009年–2012年馆内共接待读者77万人次，流通图书149万册次，流通网点流通量达到270478人次，270478册次。自2011年公共图书馆实施免费开放以来，读者人数不断增加，特别是无线网络全覆盖后，年轻人也越来越多地学会利用图书馆，读者结构从原来的老年读者为主发展到老年人和年轻人各占一半。

自2008年起，大理州政府公开信息整合服务平台上线服务，大理州图书馆依托文献信息资源优势，每年组织专人针对州委、州人大、州政府等部门的实际需求，提供信息咨询和反馈，为领导机关决策提供服务，年均提供服务10余次。

2011年，为发挥“文化共享工程”州级支中心的平台作用，大理州图书馆开通了免费的“绿色网吧”，年接待读者2万多人次，同时在大厅安装了电子显示屏，滚动播放政务公开信息、新书通告、讲座、展览及电影预告等信息。

2009–2012年，大理州图书馆网站访问量为8.2万人次。

截止2012年底，大理州图书馆年平均举办讲座、培训105次，展览2次，阅读推广活动15次，参与活动人数112万人次，并免费放映电影90多场，观看人数年平均1.2万人次。

大理州图书馆曾被文化部命名为文明单位、全国文化工作先进集体；被全国“知识工程”领导小组授予“读者喜爱的图书馆”；六次被云南省委、省政府表彰为“文明单位”；荣获全省“拥军优属模范单位”等荣誉称号。原全国政协主席李瑞环、全国政协副主席孙家正、国家图书馆馆长周和平等领导也视察过大理州图书馆并给予了高度的评价。

业务研究、辅导、协作协调

2009–2012年，大理州图书馆职工共发表论文38篇，出版专著4本，在各级学会上获奖论文47篇。

2010年，组织各县图书馆馆长进行文化资源共享工程业务培训。

非物质文化遗产

期刊阅览室

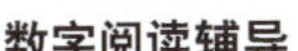
数字阅读辅导

4.23世界图书日读者活动

视频服务到乡村

2011年，承办中国西部少数民族地区图书馆信息协作网、川陕甘滇黔渝图书情报协作网第十一届年会，共同研讨交流，积极推动西部地区图书馆的建设和发展。

2012年，与大理学院图书馆合作，开展馆藏南诏大理古籍文献的全文数字化制作，共完成115种、395册。

2012年，组织12县市馆长和100多个文化站进行免费开放实施有关细则及图书馆业务知识培训。

管理工作

2009年，大理州图书馆完成第二次全员岗位聘任，共设3类岗位，7个部室，39人重新上岗，建立工作量化考核指标体系，人事制度实行岗位设置管理，按需设岗、择优聘用，每年进行总体考核。定期抽查各部室的文献排架、书目数据分编及期刊分编、开架管理等情况。每年都有年度工作计划和年度工作总结，财务制度健全；设备物资管理有制度，有台账，分工明确，责任到人，政务公开；档案有专人管理，档案健全；统计齐全。

表彰、奖励情况

2009–2012年，大理州图书馆共获得各种表彰、奖励8次，其中省级6次，州级2次。

馆领导介绍

孙沁南，男，汉族，1955年4月生，大专学历，中共党员，馆长，副研究馆员。毕业于北京大学艺术学系文化艺术管理专业，1985年从事图书馆工作至今。现为云南省图书馆学会副理事长，大理州图书馆学会常务副理事长，云南省摄影家协会常务理事，大理州摄影家会主席，大理州文联委员。

刘丽，女，白族，1966年3月生，大学学历，文学士，中共党员，馆长助理，副研究馆员。毕业于云南民族大学历史系历史专业，长期从事民族地方文献研究工作。

未来展望

大理州图书馆始终以“一切为读者服务”为宗旨，扎实有序地推进藏书建设，阵地服务与延伸服务举头并进，特别是近几年在文化共享工程、政府信息公开服务、免费开放服务以及非物质文化遗产传承人代表性作品实物文献的收集保护等方面做了大量工作，受到社会各界的赞赏和好评，引起地方各级政府对图书馆事业更多的关注和重视。2009–2012年，随着财政投入的加大，馆内条件及外围环境不断改善，今年，大理州政府把新建大理州图书馆数字图书馆及少儿图书馆列入规划，并已正式批复准予开工，预计今年年底动工，2016年11月完工，建筑面积4千平方米，投入资金预计2810万元；另外，近几年大理州图书馆把大理州非物质文化遗产传承人代表性作品的收集作为工作重点，不断加大保护力度，组建了“大理州非物质文化遗产资料库”。今后，我们将进一步加强非物质文化遗产数据库建设，并在实物文献收集的基础上，搜集、制作民族歌舞的录音录像，确保非物质文化遗产的传承延续；同时，大理州图书馆还将加大力度搞好各项讲座、培训和展览，突出宣传重点，以大文化的形式吸引更多的读者利用图书馆；在现代技术方面，大理州图书馆也投入了大量的资金购买电子数据，读者可以直接用手机下载电子数据，随时随地享受、利用图书资源。大理州图书馆将一如既往地服务读者、服务社会，以更高的标准迎接下一轮的评估。

联系方式

地　址：云南省大理州大理市下关苍山路53号
邮　编：671000
联系人：李　燕

儿童阅览室

图书馆主楼

昆明少年儿童图书馆

概述

昆明少年儿童图书馆是在昆明市盘龙区图书馆基础上改建而成的、云南省唯一独立建制的少年儿童图书馆，2008年1月正式挂牌并对外开放。

2006年，中共昆明市盘龙区委、区政府针对昆明市尚无专门的少年儿童图书馆的现状，整合资源，着手建设昆明少年儿童图书馆。在2000年盘龙区图书馆建设投资2500余万元的基础上，2007年又投资400余万元用于昆明少年儿童图书馆的改造、装修及设备配置。2009年、2013年，昆明少年儿童图书馆先后在全国县以上公共图书馆第四次、第五次评估定级工作中被文化部评定为“一级图书馆”。先后被评为全国未成年人思想道德建设先进单位、全国巾帼文明示范岗、“十一五”云南文化建设先进单位等。

2013年，昆明少年儿童图书馆有使用面积5000平方米，学习、阅览座席800余个，计算机174台。配有电子防盗监测系统、自动防火报警系统、计算机管理系统（含未成年人绿色上网专区管理系统）、书目查询系统和全彩LED电子显示大屏，选用由深圳图书馆组织开发的图书馆自动化集成系统（ILAS）。馆内共划分为少儿借阅、综合借阅、电子技术、教育培训及会展四大服务区域，设有服务窗口14个和教室4间、会议室1间、少儿数字影厅（多功能厅）2个。室内大开间的平面设计，良好的通风采光条件，科学、合理的布局，简洁、明快的装修风格，为读者营造了一个优美、舒适的读书、学习环境。

业务建设

昆明少年儿童图书馆致力于构建结构合理、特色鲜明的藏书体系，馆藏资源以少儿读物为重点，同时兼顾成年人读物及地方文献。截止2012年底，昆明少年儿童图书馆总藏量21.57万册（件），其中，纸质文献20.5434万册（件），视听文献1.027万碟（册）。

2009—2011年，昆明少年儿童图书馆新增藏量购置费为20万元，2012年增至25万元。2009—2012年，新增藏量年平均值：图书3056种/年，9569册/年；报刊427种/年，视听文献587件/年。

截止2012年底，昆明少年儿童图书馆数字资源总量为1.5TB，为文化共享工程国家中心、云南省分中心、昆明市支中心下发的数字资源。2013年宽带接入20Mbps，2014年宽带接入50Mbps。建有昆明少年儿童图书馆网站，开展网络服务。

读者服务工作

昆明少年儿童图书馆通过图书馆传统手段与现代手段的结合，为广大读者和少年儿童提供多形式、全方位、高品质的服务。自2011年6月1日起，设施场地和基本服务项目向读者免费开放。坚持全年天天开馆，每周开馆时间达到48.5小时。2009—2012年，实行书刊开架借阅，开架率达到83%，有持卡读者1万余人，年流通22.4万人次，年接待读者31.8万人次，年外借书刊17.187万册次，读者满意率达到98%。

2009—2012年，昆明少年儿童图书馆在学校、社区、农村、企业、机关、部队、监狱等建立分馆及图书流通点15个、“书香昆明”公共阅读服务点1个、基层数字影院2个，初步形成了流动服务网络。流动网点（含分馆）书刊借阅1.3万人次/年，6674册次/年。参与昆明市公共图书馆馆际互联通借通还业务，开通“中华连环画数字阅览室”。开展社会教育服务，进行阅读指导与推广，举办讲座、展览、培训班和读书活动等各类活动179场次/年，参与读者2.4万人次/年。

截止至2012年底，昆明少年儿童图书馆实施全国文化信息资源共享工程、公共电子阅览室计划和农家书屋建设等重点文化工程，共在昆明市盘龙区辖区内建成文化信息资源共享工程支中心1个、基层服务点60个，公共电子阅览室13个，农家书屋97个，农民（居民）文化素质教育网络培训学校多所。派遣社区文化指导员深入社区开展工作，参与国家公共文化服务体系示范项目创建及社区文化沟通机制建设。常年坚持将公益电影送进社区、农村和学校，每年放映达70余场次。

2009—2013年，昆明少年儿童图书馆致力于开展特色服务，推动创新发展，打造文化品牌。建成全省首个未成年人绿色上网专区、首个少儿数字影院及片源库。开设连环画展阅专区、科普环保借阅专区、少数民族青少年阅读专区和青少年科技创新实验室。在馆内持续展出“历代诗人咏昆明”书画作品，推出“野性中国——奚志农野生动物摄影作品展”，定期播放科普、环保、红色经典影片及动画片。举办特色少儿英语、中小学生作文、小主持人培训班，培育和扶持少儿素质教育品牌项目。与中共盘龙区委宣传部合办公益讲座“盘龙社区讲坛”、“盘龙区道德讲堂”，半月一讲。打造优质少儿服务活动品牌，以“小桔灯”系列服务活动为龙头，带动其他读者及读书活动的开展。在“小桔灯”少儿系列服务活动中，尤以“小桔灯”文化经典阅评活动最具代表性。与春城晚报、昆明新知集团联手开展的“小桔灯”文化经典阅评和少儿借阅活动，影响广泛，已逐渐成为引领全市少年儿童阅读的“风向标”。

电子阅览室

综合借阅大厅

少儿借阅大厅

中华经典诵读

送讲座进社区

少儿电影院接待小观众

业务研究、辅导、协作协调

2009–2012年，昆明少年儿童图书馆职工在省、市级以上刊物发表论文（包括在省、市级以上学会获奖的论文）20篇（其中，国家级5篇、省级5篇、市级10篇）。为昆明市盘龙区辖区内的文化信息资源共享工程基层服务点、公共电子阅览室、农家书屋、农民（居民）文化素质教育网络培训学校、街道文化站（室）及分馆（流通点）举办各类业务培训班6期/年，193人次/年接受培训。共主办、承办市级以上各种会议、活动、比赛10次，其中，承办国家级会议1次，承办省级比赛2次，主办、承办市级活动、会议、比赛7次。

2013年，昆明少年儿童图书馆参与昆明市公共图书馆馆际互联通借通还业务。

管理工作

2011年，昆明少年儿童图书馆完成事业单位岗位聘用工作，严格实行岗位设置管理，建立分配激励制度和工作量化考核办法。

2009–2012年，共编印《工作简报》18期，撰写工作简讯212篇。

表彰、奖励情况

2009–2012年，昆明少年儿童图书馆共获得各种表彰、奖励14次，其中，国家级表彰、奖励1次，文化部表彰、奖励1次，省级表彰、奖励3次，市级表彰、奖励7次，区级表彰、奖励2次。

馆领导介绍

尤国庆，男，1963年10月生，大专学历，中共党员，图书资料专业副研究馆员，馆长。1981年11月参加工作，历任国家建材局昆明建材地质职工中专学校干部、昆明市盘龙区图书馆副馆长、昆明市盘龙区文化局办公室主任、昆明市盘龙区文物管理所副所长等职，2011年2月任昆明少年儿童图书馆（昆明市盘龙区图书馆）馆长，同时兼任中共昆明市盘龙区文化体育旅游局总支副书记、文体馆所联合支部书记。系云南省政府采购项目评审专家、云南省作家协会会员、云南传统蒙学研究会理事、云南省图书馆学会理事、昆明市图书馆学会常务理事。曾多次获得国家、省、市级表彰、奖励。

李金胜，男，苗族，1976年12月生，大专学历，中共党员，图书资料专业馆员，副馆长。2000年11月至今，在昆明少年儿童图书馆（昆明市盘龙区图书馆）工作，2008年2月任副馆长。先后被评为云南省基层文化工作先进个人、云南省“十一五”广播电视村村通工作先进个人。

陆艳姬，女，1977年12月生，大专学历，图书资料专业助理馆员，副馆长。1996年7月参加工作，在昆明市盘龙小学任教。2007年调至昆明少年儿童图书馆（昆明市盘龙区图书馆）工作，2011年2月任副馆长。曾多次获得省、市级表彰、奖励，论文曾获国家级优秀论文奖，曾受邀参加云南省特级教师讲学团赴思茅、楚雄讲学。2012年当选为盘龙区第十五届人大代表。

未来展望

昆明少年儿童图书馆将遵循“读者至上，服务第一”的宗旨，秉承“平等、公益、优质、高效”的办馆理念，践行“爱心、责任、奉献”的服务精神，以人为本，求真务实，开拓创新，为公共文化服务体系建设和文化事业大发展大繁荣作出新的贡献。

联系方式

地　址：昆明市北京路616号（交三桥昆明海关旁）
邮　编：650051

部分荣誉牌

图书馆大楼外景

昆明市五华区图书馆

概述

五华区图书馆前身为五华区文化馆图书室，1979年1月12日经云南省文化厅批准，从文化馆脱离，成为全额拨款的公益性事业单位，于1993年、1998年被文化部评定为全国县区级公共图书馆三级馆。2002年11月16日，由五华区政府投资建设的现用馆舍，在昆明市东寺街114号竣工落成，投入使用。该馆舍占地面积6.5亩，总建筑面积11127.78㎡（图书馆使用面积9400㎡）设计饱和藏书容量50万册、可容纳500个阅读座席。经过多年的努力，在2004和2010年的全国公共图书馆评估定级工作中，先后两次被文化部评为一级图书馆。截止到2012年底，五华区图书馆总藏量258613册、计算机104台，信息节点200个，互联网带宽为100Mbps，完成了第二代图书馆集成自动化管理向第三代区域图书馆集群自动化管理系统的内部转换。

业务建设

到2012年底，五华区图书馆藏书总量为258613册，电子文献4237碟，电子图书1000种。其中，在2009年至2012年间，五华区图书馆购书经费累计为166万元，入藏图书43028种，91193册；实现了外文、视听及地方文献入藏率为占同期图书入藏量分别为0.6%、10%和2.5%。完善古籍阅览室规章制度，编制《五华区图书馆馆藏古籍文献目录提要汇编》目录一本。

在数资源建设方面，截止2012年底五华区图书馆数字资源总量为20.05TB，其中，自建数字资源总量4.5TB，完成了《五华讲坛音像资料特色资源库》、《VOD高清影像资料特色资源库》的建设，完成了供读者网上查阅本馆珍贵古籍的全文数据化，及60%的《五华文史资料特色库》、《古籍特色库》全文数据库建设，实现了馆内802.11N无线网络覆盖。并且，为适应五华区图书馆“三级服务网络体系”建设的需要，完成了图书馆自动化管理系统的全面更换，增加了RFID智能借还功能和手机短信互动平台。

读者服务工作

五华区图书馆自2011年3月起，全年365天对外免费开放，每周开放60小时。在2009—2012年间，书刊流通总量41万人次，书刊外借29万册次。建立了10个分馆，15个流动服务点，馆外书刊流通总人次12万人次，书刊外借9万册次。自2012年9月引进了RFID技术后，实现了馆藏文献的自助借还。在此此基础上，利用图书馆集群管理系统平台Interlib的优势，在全省范围内率先进行将公共图书馆采选图书种类权利交给读者，开展“你挑书，我买单”活动，改变以往读者到图书馆借阅选择图书时的被动局面，激发广大读者多读书、读自己喜欢的书，体现公共图书馆以民为本的服务理念。

在数字化服务方向上，五华区图书馆发布使用的数字资源总量为8种，20.05TB供读者检。索、浏览和下载。2009—2012年间，网站访问量32万次。利用B/S网络构架下Interlib系统，在全省率先实现了网络集群化管理的总分馆制公共图书馆。并在2012年底开通了五华区图书馆官方微信、微博，实现了与读者的互动，为广大读者提供更便捷、更人性化、更个性的服务。

“五华讲坛”是五华区图书馆开展了多年的一个亮点工程，讲坛分为综合系列、家庭教育主题系列、健康生活主题系列，2009—2012年共举办讲座150次，听众12000人次。内容涉及到政治、经济、文化、历史、教育、健康、生活等方方面面，是广大人民群众获取知识和智慧的平台。4年间五华区图书馆共举办各类讲座、展览、培训、阅读推广等读者活动300余场次，参与人数3万人次。

业务研究、辅导、协作协调

2009—2012年间，五华区图书馆职工向相关刊物和权威杂志投稿31篇。其中，5篇入选国家级刊物，3篇获国家级奖，7篇获省级奖、一篇获市级奖。发表论文6篇，出版专著2部。4年间，共对所区属街道办事处文化专干和社区业务骨干进行了16次1600人次的业务培训。建立了基层公共文化服务均等化服务指导员工作手册，进行跟踪管理，定期辅导，使基层图书管理工作稳步推进，水平逐年提高。

2012年为充分发挥图书馆情报检索和信息咨询的作用，依据区委、政府的战略部署，整合内外资源进行调研，完成了《2008—2012年度昆明市五华区经济竞争力报告》和《云南省生物资源保护与利用重点实验室发表论文分析报告》为我区的区域经济可持续发展及战略决策贡献了力量，受到了区委、政府的高度称赞。

展厅西侧

五华图书馆外貌

参观画展的观众

三下乡活动

为参加活动的小读者服务

管理工作

2009年根据事业单位人事制度改革相关文件精神，五华区图书馆实行馆长公推公选制度，实行岗位设置，全员聘用制度。本次聘任共设3类岗位，有18人重新上岗，签订了岗位责任书，同时建立了工作量化考核指标体系，每半年和全年进行总体工作考核。2009–2012年，共抽查文献排架48次，书目数据16次，撰写专项调研、分析报告和工作提案16篇，报送工作简报及简讯192篇。

表彰、奖励情况

2009–2012年，图书馆共获得各种表彰、奖励10次，其中，文化部表彰、奖励1次，省级部门表彰、奖励1次，市级部门表彰、奖励1次，其他表彰、奖励7次。

2010年科研项目：《外来务工人员家长学校办学研究》荣获“2008–2009年昆明市五华区科学技术进步奖三等奖”。

2010年被五华区评为“消防安全工作先进集体”。

2012年评五华区评为“安全生产、社会管理综合治理工作先进集体”。

2009年被文化部评定为全国县区级公共图书馆一级馆。

2008–2012年为昆明市文明单位。

2012年云南省图书学会先进集体。

馆领导介绍

王怡，本科学历，中共党员，副研究馆员，1976年10月参加工作，1999年任图书馆副馆长，2004年任图书馆馆长，曾任五华区文化体育旅游局党支部宣传委员、组织委员、党支部副书记等职务，第十二届昆明市人大代表。

周赤东，男，1980年5月生，大学学历，中共党员，助理馆员，馆长。1998年12月参加工作，先后在读者服务部、信息技术保障部、宣传辅导部（任主任职务）等部门工作。2011年任图书馆副馆长。

未来展望

五华区图书馆坚持“平等、开放、公益”的公共服务理念，创新公共图书馆发展模式，树立“人文化”办馆理念，以实现图书馆现代化管理和优质服务为目标，营造学习型社会，构建和谐社会。2009–2012年，在不断强化自身综合实力的同时，深化服务内容，拓展服务功能，提供高服务质量，推动了地区文化事业的发展。在未来几年里，五华区图书馆将根据自身的定位，确保重点，突出特色，严格把好进书、选书关，提升馆藏文献质量。充实和完善电子资源，到2017年电子阅室座席增加到150个，增加音像视听文献达到10万种，增设音像视听设备、视听文献库房。充分利用现代信息技术，改变服务手段，创新服务方式。依托区图书馆现有的自动化网络集群管理系统，将全区的图书资源和文化资源进行整合，提升图书馆服务工作的技术含量，逐步实现足不出户便可阅读区图书馆的馆藏，方便不同层次读者的需求。加强古籍、地方文献室建设，实现藏、阅、展览一体化，加大对古籍地方文献的宣传利用，力争做到2017年建成古籍、地方文献等特色数据库。加强干部队伍建设，积极争取政策支持，多途径、多层次、有计划地配备人才，到2017年争取扩充人员编制10人，在原有基础上达到30人。强化区图书馆在我区文化服务体系建设中的龙头作用，积极推进我区总分馆制建设进程，到2017年，力争将区属的所有文化站（室）图书纳入到区图书馆总分馆制管理范畴，在全区实现文献资源的统一采购、编目、分类、标引、加工和联合借阅服务。根据区委、区政府的部署，争取在未来的几年里在本辖区内再建新馆，总建筑面积2.2万平方米，阅览座位2000个，可容纳纸质文献300万册，年服务人次可达30万人次以上，数字资源设计存储能力200TB，能够提供全覆盖、不间断、无时空限制的数字文献远程和移动服务，数字资源年利用率200万件/次以上，同时，还具有支撑保障全区公共图书馆服务体系良好运行的文献与技术能力，成为与区内高校、科研系统图书馆实现资源共享互补的主城区图书馆，主要指标位居全省区县公共图书馆前列，达到全国区县级一流图书馆的标准。

联系方式

地　址：昆明市东寺街114号
邮　编：650032
联系人：周赤东

古籍扫描

双拥活动

图书馆会议室

昆明市官渡区图书馆

概述

官渡区图书馆成立于1979年7月14日。现馆舍于2009年10月建成投入使用，位于官渡古镇旁云秀书院内，建筑面积5860平方米，阅览坐席446个，计算机118台，宽带接入100Mbps，使用ILASIII图书馆自动化管理系统。1998年首次获得“一级图书馆”称号。

馆内设有办公室、外借部、阅览部、宣传辅导部、采编部、计算机网络中心6个部室，部室下设有：报刊阅览室、少儿阅览室、参考资料阅览室、电子阅览室、自带书阅览室，社会科学图书外借处、自然科学图书外借处、少儿图书外借处等服务窗口。

截至2012年底全馆有职工24人，其中大专以上学历23人（2013年1月退休一人后，大专以上学历职工达到100%）。职工中副研究馆员5人，馆员10人，助理馆员5人，其他4人。

业务建设

截止2012年底，文献总藏量为362280册（件），其中纸质文献235656册，电子书12.6万册，视听资料4531种。

2010年以来，新书以每年近万册的速度增加。2012年新增藏量购置费60万，入藏新书42475册（件），含30000种电子书，150种视听文献，订购报刊735种。2012年与2011年的拨款年增长率为23.1%。

截至2012年底馆内有文化共享工程视频资源2TB，电子书数据1TB，电子报刊数据4TB，此外采购有“百链云图书馆”、“读秀知识库”，提供《人民日报》全文数据查阅等服务。

搬迁新馆后2010年将ILAS从5.0版升级到ILASIII版本，提供互联网书目检索服务。

读者服务工作

搬迁新馆后，365天开馆，每周开放时间达到60小时，双休日、节假日等坚持开馆服务读者。2012年总流通76288人次，书刊文献外借124535册次；馆外流通20000人次，馆外流通图书约35000册次。

2012年开通新浪微博、腾讯微博，定期发布图书馆工作动态，12月底建成图书馆网站，整合馆内的资源，读者可在电子阅览室使用，也可在家中登录网站，输入借书证号及密码，即可使用这些数字化资源。网站不仅发布工作动态信息，还向读者提供学术论文阅读、下载，把图书馆的服务延长到每天24小时，让更多的读者共享文献信息资源，为地区政治、经济、社会的发展提供更好的服务。

2012年举办“公益讲座在身边”系列活动，同部队、学校、社区等单位联合举办“云秀讲坛”公益讲座10期，每一期都有超百人甚至四、五百人的读者参加听课。此外还举办其它内容的培训活动36期次、举办展览7次，有“我爱图书馆”亲子朗诵活动、“我与图书馆”有奖征文活动、“心灵脚印，我的书签”少儿书签设计比赛，以及元旦、春节“三下乡”、“世界阅读日”、“图书馆服务宣传周”期间，多次到社区、学校等地举行系列阅读推广活动。系列活动中，既有向社区的送书，也有进社区开展的宣传，还有针对外来务工人员子女开展的图书展阅、科普知识竞答等图书进校园系列活动。开展茅盾文学奖获奖作品及作家系列书展、诺贝尔文学奖获奖作家及作品系列书展、民国云南历史专题书展、馆员推荐书展、读者推荐书展等多个书刊宣传活动。把读者活动、阅读宣传引向深入化、专题化、特色化。

重视参考咨询服务。为研究型读者提供文献代查、复印等服务，尤其是官渡区地方文献，发挥了很大的作用，为吴井、官渡、大板桥等地和本区多个党政部门撰写有关志书提供了扎实、准确、完善的文献支持。通过长期提供文献支持，我馆一位读者完成两本戏剧学专著的撰写。2013年1月，其中一本专著荣获第八届全国戏剧文化奖“戏剧理论专著金奖”。向民革云南省委会理论研究与学习委员会专家提供多个课题研究所需的电子文献150余篇。为一位退休职工完成国家医学科技攻关项目课题提供文献服务。向官渡区政府相关委办局提供集体文献服务。

截至2012年底建有分馆3个，馆外流通点11个。馆外流通点配备的图书总量15000多册，年书刊借阅超过35000册次。

业务研究、辅导、协作协调

官渡区建立了完善的区、街道、社区三级图书馆服务网络，各级图书馆参与服务网络建设的比例接近100%。截至2012年，文化室建设率为100%；农家书屋建设率为96%，总面积达4724平方米，图书145552册；期刊11408种；光盘9025种，总价值为2121184.26元。

采取集中培训与到街道、社区开展驻点培训的方式定期到街道和社区开展辅导，2012年共计下乡158天，下乡人数356人次，辅导142次。全年集中培训街道及社区文化室、共享工程管理人员、文化骨干5次，开展网络培训12次。指导，帮助锦

锦苑花园分馆图书阅览室

流动书进社区活动

大门全景

业务培训

云秀讲坛

展览

苑花园小区文化室、新亚洲体育城文化室圆满完成基层公共文化服务示范点建设；指导、帮助新亚洲体育城文化室完成沟通协会建设工作，已通过省级验收。

官渡区政府高度重视文化共享工程的开展，组织健全，管理规范，资金到位，舍得投入，成效显著。截止2012年底，全区建成：1个支中心，9个街道文化站和90个文化信息资源共享工程基层服务点，并相应建成"市民素质教育网络培训学校"。各"农（市）文网培学校"结合本地特点，运用共享工程配发设备与其他部门合作，开展了一系列针对性强、群众受益的培训活动。文化共享工程暨公共电子阅览室建设率为92%。区支中心公共电子阅览室配备电脑92套；9个街道基层服务点的公共电子阅览室配备电脑89套；90个社区基层服务点公共电子阅览室配备电脑151套。

2012年，顺利完成新建、扩建的7个街道级公共电子阅览室和10个社区级公共电子阅览室，每个公共电子阅览室都新配发5套计算机设备。7个街道公共电子阅览室拥有计算机11套，全部公共电子阅览室均向读者提供免费服务。

完善年终考核制度，鼓励职工及时总结工作经验，开展学术研究，形成学中用，用中学，在岗自学，终身学习的良好氛围。年终考核中，业务研究单独立项，并制定了学术研究考核的细则。2010年以来向昆明图书馆学会提交40篇学术论文。2010年以来，在《春城图书馆》发表论文10篇，《云南图书馆》发表论文1篇。

管理工作

秉承"纪律就是战斗力、纪律就是凝集力"的管理思想，坚持"三公开"制度，建立和完善各项管理规章制度，坚持涉及人事、大项财务收支、款物分配、固定资产购置等，均通过领导班子和中层干部集体研究决定，严格执行涉及重大事项的公示制度，主动接受上级主管部门和群众的监督。财务、人事、档案工作制度化、规范化，各类统计齐全、统计分析到位。坚持安全重于泰山，防患于未然的安全管理理念。坚持每年开展消防培训，演练消防应急措施，建立并完善各应急处理预案。

表彰、奖励情况

2009－2012年受到上级有关部门的表彰、奖励20多次。

馆领导介绍

姚琳，女，1973年9月生，本科学历，中共党员，馆员，馆长。1991年7月参加工作。全国中小学图书馆学会理事。2009年任馆长以来，带领全馆职工开拓进取，把官渡区图书馆打造成为一个纸质文献与数字文献协调保藏，数字图书馆服务逐步增加，具有较强数字化服务能力的现代型图书馆。

王贵明，女，1967年1月生，本科学历，副研究馆员，副馆长。1988年1月参加工作，长期从事采编工作。

刘涛，男，1978年4月生，本科学历，助理馆员，副馆长。2000年3月参加工作。

周华，女，1972年1月生，本科学历，中共党员，副研究馆员，党支部副书记。1994年8月参加工作。长期从事外借、采编部门工作。

未来展望

以"图书馆是读者和馆员共同的家园"的理念，坚持以读者为中心，为读者提供更贴心优质的服务，持续提升数字化服务水平，让数字图书馆服务为企业、机关事业单位、中小学校和普通读者的科研创新提供更加便捷、高效的服务。在努力提高职工服务质量的同时，更加注重听取读者的意见，创造条件让更多读者参与到图书馆的建设和发展中。加强馆外流通点的建设、管理，进一步完善区、街道、社区三级图书馆（室）服务网络，扩大服务范围，提高各类型文献资源利用率。

联系方式

地　址：昆明市官渡区云秀路云秀书院内
邮　编：650214
联系人：姚 琳

少儿读者活动（讲故事）

少儿阅览室

书签设计比赛颁奖

昆明市西山区图书馆

概述

昆明市西山区图书馆是1956年西山区成立时建西山区文化图书室，1957年成立西山区文化馆图书室，截止1965年共有藏书11954册。1979年3月8日，经中共昆明市西山区委[西党组复字(79)第6号文件]批准，西山区文化馆图书室从文化馆中分出，成立西山区图书馆，属财政全额拨款单位，编制4人(实有3人)，隶属西山区文教局，地址在马街中路文化馆石棉瓦房子二楼，面积156平方米，时年藏书21300册。1986年7月，西山区政府为解决西山区教师住宿问题，将此地征做西山区教师宿舍用地，图书馆因此搬迁到马街中路西山区工人俱乐部二楼，借地办公，设有外借室兼书库，阅览室，采编室、办公室和财会室共三间，总面积300平方米，座位50个，藏书36586册，1996年编制增加到8人。1999年10月，为盘活马街片区，西山区政府综合办公楼从马街东移至梁源小区秀苑路188号，西山区图书馆阅览室随区政府搬迁到政府综合办公大楼1楼101号，面积300平方米，合订报刊搬到马街综合大楼4楼5楼，外借室和书库原地保留。2000年10月，由于区政府整合马街片区资源，西山区工人俱乐部大楼被昆明云安公司收购，西山区图书馆整体搬到政府综合大楼2楼208号（政府会议室）暂用，外借室、书库、采编室、办公室合为一体，总面积300平方米，座位87个，总藏量46787册。

2005年11月25日，图书馆正式迁入碧鸡文化广场旁西山区图书馆大楼，总面积3800平方米。大楼一楼为老年大学，二楼为图书馆综合阅览室、办公室、采编室、辅导室、报告厅，三楼为图书馆电子阅览室、自习室，四楼为图书馆外借室兼书库。五楼为图书馆馆长室和西山区文化馆。总藏量65789册。2008年，因业务扩大需要，经区政府批准，吸纳劳务派遣制用工5人，使图书馆工作人员数增加到了13人。2009年12月14日，为整合资源，使图书馆真正独立，实现资源共享，经西山区第十四届人民政府25次常务会议研究决定，根据（西政复[2010]65号）文件精神，把区图书馆迁入北京师范大学昆明附中图书馆，使图书馆真正独立，又增加临时用工4人，增加劳务派遣人员共10人，共有工作人员22人，2010年3月31日，图书馆完成搬迁工作，总面积4500平方米，设有图书借阅室兼书库、电子阅览室、报刊借阅室、少年儿童阅览室、自习室五个对外服务窗口实行免费开放，有阅览坐席544个（图书借阅室78个，报刊借阅室182个，电子阅览室192个，少儿借阅室52个，自习区40个），电子阅览室有供读者使用的计算机65台，信息节点228个，接入电信宽带100兆。使用图书馆自动化集成系统ILASII管理。配备14TB华为V1800磁盘存储阵列一套。

业务建设

截止2012年底，西山区图书馆总藏量154010册（件），其中，纸质文献453053册（件），电子图书电子文献957种册。

2009、2010年，西山区图书馆年藏量购置费25万元，2012年起增至29万元。

2010—2012年，共入藏中外文图书11559种，23139册，平均每年新增图书3853种；报刊1117种，平均每年入藏372种；视听文献957种。

2009年，建自动化管理系统ILASII，2013年起，实现馆内无线网络覆盖。

共享工程工作

2010年8月建成文化共享工程西山区支中心，电子阅览室面积540平米，配备电脑65台（其中40台为我馆电子阅览室原有设备）、投影设备及14TB华为V1800磁盘存储阵列一套，支中心电子阅览室采用100兆光纤接入，年网络使用费15万元，年运行费6万元，共享工程设备达到支中心建设标准。服务器内及专题光盘资源存储有科普、农业、文化教育、医疗保健、综艺等各类视频资源总量约3TB。电子阅览室常年免费为读者提供上机服务，通过投影设备和视频点播等方式，利用共享工程资源开展视频展播、讲座等服务，免费为学校、社区发放资源刻录光盘。同时，做好基层站点建设工作，每年均对本地区基层站点人员开展集中培训及下基层现场业务指导，培训范围覆盖全区10个街道文化站和98个社区文化室，为基层站点开展设备调试、维护、维修，网络布线等服务。

读者服务工作

从2010年3月起，图书馆全年免费对外开放，周开放56小时。2009—2012年，书刊总流通39.6万人次，书刊外借45.3万册次。2012年4月，开通与昆明市四区图书馆馆际互借服务。

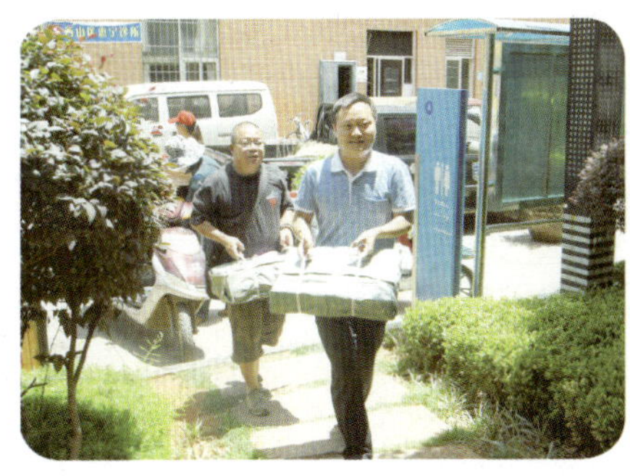

2009–2012年，建成23个图书流动服务点，馆外书刊流通总人次3.43万人次，书刊外借1.82万册。

2009–2012年，图书馆到机关、学校、部队、社区、广场开展阅读推广主题活动，共举办讲座、展览、培训等读者活动53场次，参与人数2.3万人次。

业务研究、辅导、协作协调

2009–2012年，西山区图书馆职工发表论文5篇。

从2010年起，图书馆以文化信息资源共享工程为依托，多次在全区范围内开展共享工程基层站点业务培训班、联合各办事处举办以农业知识和技术为主要内容的农文网培训班，以及农家书屋管理员业务培训班；到全区10个办事处、98个社区进行业务指导。

管理工作

2010年12月，西山区图书馆完成全员岗位聘任，本次聘任由西山区文化旅游体育局组织，重新设置上岗8名，轮换上岗，同时，建立了工作量化考核指标体系，每季度进行工作目标考核，并进行进度通报，每半年和全年进行总体工作考核。2009–2012年，共抽查文献排架12次，书目数据12次，编写《工作简报》15期，撰写专项调研、分析报告和工作提案5篇，编写各部门工作进度通报9篇。

表彰、奖励情况

2009–2012年，西山区图书馆共获得市级表彰5次，其中，文化部门表彰3次，其他奖励5次。

馆领导介绍

苟闻芝，女，1962年9月生，大本学历，中共党员，副研究馆员，馆长。1979年12月参加工作，历任昆明市西山区图书馆馆长，2007年11月任西山区文物管理所长。昆明市图书馆学会常务理事、2008年获文化部“全国群星服务奖”。

梁雷，男，1967年12月生，专科学历，助理馆员。副馆长。1986年8月参加工作。

张洪，男，1976年4月生，本科学历，中共党员，馆员，副馆长。1998年参加工作。

未来展望

图书馆遵循“科学、效率、创新、发展”的办馆方针，完善单体服务功能，扩大服务辐射区域，通过深入开展全民阅读活动，推动我区图书馆事业的不断发展。

联系方式

地　址：昆明市西山区兴苑路1089号
邮　编：650118
联系人：苟闻芝

安宁市图书馆

概述

安宁市图书馆于1978年11月独立建制，前身是安宁县文化馆图书室，老馆于1979年建成，建筑面积607平方米，藏书1万余册。1991年原县委、县政府划地12.8亩、拨款504万元，建盖了现位于安宁市湖滨路5幢、建筑面积6898平方米的新馆舍。1992年底落成，1993年6月正式向读者开放，1995年经国务院批准，安宁撤县建市，“安宁县图书馆”更名为“安宁市图书馆”。2002年建立了馆藏图书书目数据库，馆内所有书刊均实现了计算机管理；2010年9月建成全国文化信息资源共享工程安宁市支中心；2013年5月在全国公共图书馆第五次评估定级中被评定为一级图书馆。

业务建设

作为一级图书馆，截止2012年底，我馆总藏量223762册，其中：纸质图书157287册，报刊合订本8346册，电子文献55000册，视听文献2541种，地方文献2519册（安宁地方文献860册、云南省地方文献1228册、昆明市地方文献431册）。2002年3月建成图书书目数据库，4月正式启用，管理系统为ILAS5.0版，2006年升级为ILAS-II16用户。馆内所有藏书均严格按照《中图法》进行分类标引，并按照《机读目录著录规则》进行著录，馆藏图书分为书库藏书和外借图书。书库藏书系外借室下架图书，为有需要的读者提供开架借阅；资料室图书原则上不对外借阅，供读者在馆内查询；外借服务窗口（图书外借室、过刊外借室、视障读者阅览室、少儿借阅室）提供外借服务，所有藏书按《中图法》22个大类排架，实行开架借阅。馆内设有阅览坐席400个，设有办公室、宣传辅导部、采编部、外借阅览部、参考咨询信息技术部等5个工作部门以及成人报刊阅览室、视障读者阅览室、成人借书室、过刊外借室、少儿借阅室、七彩童心园活动室、公共电子阅览室、多媒体播放室等8个对外服务窗口。开通了与昆明地区城区公共图书馆的馆际互借业务。馆内已接入独立电信光纤10兆，所有电脑已接通互联网，可无限时上网查询各类信息资料。

读者服务工作

安宁市图书馆每周开放时间57小时，除认真做好馆内外借阅服务工作，还积极为市民组织开展公益性讲座、书画作品展、每周公益视频节目展播；在寒暑假期间免费为未成年读者和老年读者分别开办“少儿美术培训班”、“少儿电脑培训班”、“老年电脑培训班”。2012年全年共举办5次作品展、6次讲座、7次阅读推广活动和9次培训，共有一万余人参加了活动。

“七彩童心园”活动室和馆外流通点是安宁市图书馆在创新服务方式、积极拓展服务领域方面开展的特色服务。“七彩童心园”活动室是安宁市图书馆专为低幼儿读者打造的充满童趣的娱乐学习空间，每月举办一期主题活动，让孩子们玩中有学、学中能玩，结识更多伙伴、体验诸多快乐。

馆外流通点作为安宁市图书馆的馆外延伸服务，通过建立流通点，将馆藏优秀书刊流通到馆外有需求的读者中，既满足了读者的借阅需求，也充分发挥了书刊的自身价值，同时让读者共享了阅读的快乐。截止2012年底，共建有馆外流通点13个。

业务研究、辅导、协作协调

为加强对基层图书馆(室)的业务辅导，安宁市图书馆专门安排采编部负责此项工作，年初制定出辅导计划，年终有工作总结，便于及时总结辅导中出现的问题。针对各街道文化站人员不足，大多身兼数职，且管理人员文化程度、工作能力参差不齐等情况，图书馆结合实际，根据各街道文化站不同情况，采取集中培训辅导与个别辅导的形式，以保证管理人员能接受和消化培训内容。通过培训和辅导，提高了基层管理人员的业务水平和业务能力，为基层图书馆（室）的规范化建设奠定了基础。

管理工作

安宁市图书馆2003年被安宁市人事局列为事业单位人事制度改革试点单位，从2003年开始，实施全员聘用制，实行了专业技术人员“结构比”管理，高职低聘，不同岗位遵守不同岗位责任要求，年底对照岗位职责进行绩效量化考核。2012年11月，完成了第5次专业技术人员竞聘上岗工作。专业技术人员每年末除完成履职考核外，还需对照岗位目标进行量化考核，在个人自检的基础上，再由馆考核小组进行考核，得出最后考核分。

表彰、奖励情况

安宁市图书馆2012年获中国图书馆学会“绘出心中最美

成人阅览室

暑期小主人读书活动

"七彩童心园"活动室

暑假少儿美术培训

2013庆六一有奖知识竞答

的童谣"作品征集"优秀组织奖"，2人获"优秀指导教师奖"；2010、2011年两次荣获云南省图书馆学会"先进集体"；2009-2011年共有3人荣获云南省图书馆学会"优秀会员"称号；1人被评为云南省农家书屋建设先进个人；2012年被昆明市图书馆学会授予为"先进集体一等奖"；2010年被安宁市人民政府授予为"2009年度文化体育旅游工作先进集体"；2011年被安宁市人民政府授予为"安宁市承办昆明市第四届运动会先进集体"；2012年被安宁市人民政府授予"安宁市承办第七届云南省城市运动会先进集体"。

馆领导介绍

刘红，女，1962年5月生，本科学历，中共党员，副研究馆员，馆长。1979年12月到四川西昌师专图书馆工作，1992年10月调入安宁市图书馆采编部工作，担任采编部主任，1997年4月被中共安宁市委宣传部任命为副馆长，1997年10月至2003年5月任安宁市文化局党总支委员，1997年10月至2000年10月兼任图书馆党支部书记，1998年10月负责主持图书馆工作，1999年10月被安宁市文化局党总支委员会任命为馆长。兼任文化信息资源共享工程安宁市支中心主任。

阎琼英，女，1963年5月出生，本科学历，中共党员，副研究馆员，2004年4月担任图书馆党支部书记、1999年10月至2014年5月担任副馆长。1981年7月参加工作在安宁市禄脿中学任数学教师。1993年2月调入安宁市图书馆工作，先后从事过外借部（主任）、采编部、图书书目数据库建库、ILAS图书馆管理系统维护、文化共享工程、基层辅导及参考咨询信息技术部等工作。

未来展望

安宁市图书馆将继续以"创新、发展"的办馆思路，"以人为本"的管理理念，不断拓展服务领域，积极开展公共文化服务工作，通过创新服务内容，延伸服务领域及建立馆外书刊流通点等多种服务模式构建完善的公共文化服务体系，把文化惠民工程扎实有效地落实、开展好，进一步夯实公共图书馆这一文化阵地。

联系方式

地　址：安宁市湖滨路5幢
邮　编：650300
联系人：高春丽

图书馆外貌

公益讲座

共享工程培训

曲靖市麒麟区图书馆

概述

云南省曲靖市麒麟区图书馆前身为曲靖县图书馆，始建于1956年，当时隶属于县文化馆，为文化馆下设的图书室。1983年7月26日正式批准成立曲靖县图书馆。馆址几经变迁，2010年7月新馆落成投入使用。新的麒麟区图书馆位于曲靖市麒麟区南片开发区银屯路，总建筑面积达2380平方米。2013年，首次参加第五次全国公共图书馆评估，获得一级图书馆。麒麟区图书馆有阅览座席360个，电脑85台，20MB光纤接入。选用CSLN.net图书馆自动化管理系统。

业务建设

截止到2013年5月，麒麟区图书馆总藏量215825册（件），其中纸质文献106560册，电子图书100000册，电子期刊2000种，古籍文献4315册。视听资料2950件。

2009—2013年，麒麟区图书馆新增藏量购置费每年15万元，2013年3月当年追加经费20万元（其中：图书购置费5万元、古籍修复10万元、服务功能补助经费5万元）。自2009—2013年共入藏中文图书38408册，中文报刊465种。视听资料2950件。

截止2013年初麒麟区图书馆数字资源总量为5.2648TB。其中，自建资源1.3658TB。

读者服务工作

一是公共空间设施场地全部免费开放；二是普通服务正常开展并不断完善，每周开放六天，开放时间60小时。三是设立了专门的参考咨询辅导室，为重点单位提供资源开辟了便捷通道。四是功能室建设不断完善，图书馆开设有共享工程成人电子阅览室、少儿绿色网络阅览室、综合阅览室、开架阅览室、少儿图书室、多功能室、外借室、过刊、视听等室，服务项目齐全，环境优美，能较好的满足读者的需要；五是积极为特殊人群服务。利用文化共享工程设备和资源，在电子阅览室专门设置了8台盲人专用计算机，并存储了1TB专用资源，能很好的满足特殊读者的需要。通过自建网站开辟了“员工之家”，为进城务工人员提供生活、生产等方面资源查询服务，定期进行计算机知识等技能培训。为未成年人设置了24台电脑的少儿绿色网络阅览室和64个坐席的少儿图书借阅室。结合中老年人对保健知识的需求，在综合阅览室专门设置了一个中老年人期刊专柜，为中老年人的健康需求提供了文献资源保障。以上工作开展以来累计接待各类残疾人、进城务工人员、未成年人、中老年人读者2.5万余人次。六是网站建设，实现了电子期刊、电子图书、馆藏图书检索等在线阅览和查询，并拓展到各乡镇（街道）基层站点，有效的扩大了服务范围。七是图书数字化建设。自2009年以来，开始进行图书数字化建设工作，麒麟区图书馆馆藏文献总计215825册（件），其中已实现书目数字化的图书186585册，正在数字化录入的有26290册，完成率为88%。古籍、报纸合订本、连环画等书目数字化建设正在进行之中。八是加强图书流通点建设，麒麟区图书馆和全区乡镇文化站签订了图书长期流通协议，在为多家农家书屋、社区图书室、学校及监狱等提供业务指导外还建立了图书流通点，年图书流通量达到50000余册次。九是基层服务工作全面开展。结合文化共享工程、农家书屋工程及图书馆资讯和辅导的职能，几年来开展结合群众生活、生产相关的讲座、培训80余次，培训群众6000余人。开展了20余次的全民读书日宣传和送书下乡推广等活动。利用文体局展览资源优势，几年来联合文化馆、文馆所等单位举办各类书画、摄影、文物等展览16场次，接待观展群众近50000人次。

2009年以来馆内书刊总流通为113404册次，馆外书刊总流通为近217288万册次。

业务研究、辅导、协作协调

2009年以来，全馆职工发表了一定的论文和信息，其中在县级以上刊物发表论文6篇，省政府采用信息1篇，市政府采用信息1篇，在市图书馆学会上发表业务文章、信息13篇。

为提高基层文化队伍业务能力和整体素质，麒麟区图书馆结合实际开展对基层文化站长、文化共享工程、农家书屋管理员进行计算机技能、图书编目加工等多种内容和形式的基层业务辅导、培训，并及时就培训效果对基层工作人员进行实名问卷调查，了解基层需求，以便更好地服务基层。2010年以来累计组织培训38次，培训课时304小时，培训基层管理人员1800余人次。

2010年与云南省图书馆联合编目中心签订了联合编目协议书，成为云南省图书馆联合编目中心的成员馆，与市图书馆签订馆际互借协议，进一步开展馆际协作。全馆工作人员都积

极加入市图书馆学会，在市图书馆学会举办的《工作通讯》上积极踊跃地发表各类工作简讯。

积极加强与各馆之间的业务合作与交流学习，与市图书馆联合举办“世界读书日”等活动；在市图书馆的帮助下建立了“麒麟区图书馆古籍数据库”网页；到曲靖市陆良图书馆、曲靖师院图书馆参观学习；迎接师宗图书馆、会泽图书馆到我馆共同学习探讨数据库建设的高效、快捷模式。麒麟区图书馆积极发挥服务网络和资源优势，建立了图书馆网络，实现了一定范围的资源共享。在制定了“麒麟区城乡图书服务网络建设规划”的基础上，与全区十个乡镇、街道文化站图书室分别签订了“曲靖市麒麟区图书馆馆际互借管理规定”协议。同时，利用基层站点共享工程电子阅览室终端机开辟了麒麟区图书馆馆藏文献查询、电子期刊网、电子图书等网络共享连接，对基层读者需要的文献资料，由各文化站第一时间反馈到我馆，我馆及时安排图书派送服务。目前该服务网络已覆盖了我区11个乡（镇）街道文体中心和基层站点，此项服务正借助“农家书屋”的平台向社区、村一级延伸。

管理工作

2009年以来，麒麟区图书馆实行年岗位聘任制，制定了图书馆管理聘用工作实施方案，根据单位内部工作岗位需求和每个职工签定了聘用协议，实行岗位绩效责酬挂钩，聘任共设8类工作岗位，全员聘任上岗。同时，建立了工作量化考核指标体系，每月进行工作进度通报，每年进行总体工作考核。共抽查文献排架8次，书目数据20次。进行定期或不定期的部门工作进度通报。

表彰、奖励情况

2009年以来，麒麟区图书馆共获得各种表彰、奖励9次，其中，文化部表彰、奖励1次，省文化厅表彰、奖励1次，其他奖励7次。

馆领导介绍

张清，女，1963年生，本科学历，中共党员，副研究馆员，馆长。1980年参加工作。毕业于电大“图书馆学”专业，从事图书馆工作三十余年。先后在图书馆采编部，古籍文献部等部门工作，1995年任麒麟区图书馆副馆长，分管全馆业务工作，现任麒麟区图书馆馆长。

周妍锦，女，1978年8月出生，本科学历，中级职称，副馆长。1999年参加工作，2010年到麒麟区图书馆工作，先后在文化共享工程麒麟区支中心、电子阅览室、采编室任职。

未来展望

根据评估标准要求和办馆层次的定位，以《县市级图书馆评估标准》为标准，建立与教学、科研和学科建设发展相适应、纸质文献与电子文献互为补充的文献资源保障体系。争取专项资金支持，大力发展电子资源，适应数字图书馆和数字化、网络化教学的发展。通过建设知识型图书馆门户网站，实现一站式检索；通过“手机图书馆”建设，实现各项服务的全能化；建立全方位、多层次立体安全的防御系统。进一步规范和健全图书馆机构设置，完善图书馆各项规章制度，落实专业岗位职责要求。增强管理的透明度，提高决策的科学性。强化图书馆信息服务功能，提高图书馆管理水平，优化馆员队伍结构。具有支撑保障全区公共图书馆（室）服务体系良好运行的文献与技术能力。最终把麒麟区图书馆打造成麒麟区“文献资源职能与情报信息职能兼顾的文献信息中心”。

联系方式

地　址：云南省曲靖市银屯路麒麟区图书馆
邮　编：655000
联系人：张　清

陆良县图书馆

概述

陆良县图书馆是1985年3月从始建于1953年的陆良县文化馆分离出来的公益性文化事业单位。图书馆大楼始建于1987年11月，占地面积3133平方米，馆舍面积2232.09平方米。馆内设有图书外借室（含书库）、综合阅览室、少儿阅览室、地方党史资料室、过刊外借室、电子阅览室、多媒体阅览室、过报室、特藏室、采编室10个服务窗口，设置座席270个，计算机50台。全馆职工11人，其中：本科4人，专科6人，中专1人；副高2人，中职5人，助职4人。参加2013年全国第五次公共图书馆评估，获得一级图书馆称号。

业务建设

截止2013年底，陆良县图书馆总藏量207920册（件），其中，纸质文献58376册、连环画734册、期刊合订本9301册、报刊合订本6319册、电子图书129870册、电子期刊2000种、视听文献1320件、现刊187种。

2012年至2013年，陆良县图书馆购买电子图书3.2万元，电子期刊4000元，地方文献1.6万元，视听文献5000元，纸质图书21.3万元，入藏完整率达100%。

截止2013年底，陆良县图书馆数字资源总量为5.963TB，包含：国家免费下发资源3.81TB，外购资源2.15TB，自建资源0.003TB。在建的数据库有《陆良县地方文献数据库》见：http://www.lltsg.cn:81。

自2011年11月，陆良县图书馆利用csln专业图书馆自动化管理系统将馆藏图书全部进行了数据录入并全面实现电子一卡通借阅流通。

读者服务工作

从2011年1月1日起，陆良县图书馆对外全免费开放，周开放时间60小时。2012年至2013年，图书总流通121610人次，书刊外借150211册次。建立了11家图书流通点，平均每年流动图书五千册以上。将十个乡镇图书室建成陆良图书馆分馆，达成馆际互借协议。与县史志办联合建立陆良史志馆，大大增加了馆藏地方文献的数量，也为读者查阅、研究地方文献提供了便利。

2011年–2013年底，陆良县图书馆网站访问量33456次。开通了陆良图书馆微博、微信公众服务号、短信群发等。不定期为读者发布馆务动态、活动信息、新闻简讯等内容。

2012年，陆良县图书馆开展讲座、展览、培训、阅读推广等活动52次，覆盖全县十个乡镇124个行政村。累计参加人数达20749人次。据调查，全年读者服务工作读者满意率达95.83%。

业务研究、辅导、协作协调

截止2013年，陆良县图书馆职工发表论文和调查报告共20余篇，其中国家级刊物上发表5篇、省市级12篇、县级3篇；在省市图书馆业内期刊、网站上发布业务简讯50余条。

从2009年实施全国信息资源共享工程建设以来，陆良县图书馆成立共享工程县级支中心，以文化信息资源共享工程为依托，在全县十个乡镇、139个行政村建立了共享工程基层服务点，对基层服务点网络架接、电子阅览室管理、资源接收、资源建设、资源服务等工作展开了业务培训和技术支持。期间，实地辅导33次，举办集中培训4次，376人次接受培训。

陆良县现有农家书屋村级服务点142家，2011至2012年，陆良县图书馆多次深入服务点对书屋布置、新书上架、图书编目、流通借阅工作讲解培训，注重实际操作，现场交流，累计辅导252人次。举办集中培训10次，426人次接受培训。

为强化网络资源平台建设，实现共建共享，陆良县图书馆积极参与曲靖市图书馆组织实施的武汉鼎森世纪科技有限公司定制的博看期刊电子期刊征订工作，实现了在线可读期刊2000余种，为读者提供了多形式的阅读方式。与曲靖师院共同编著《滇东北馆藏地方文献目录汇编》。与曲靖市图书馆联合编目中心签订了馆际互借协议，为实现本地区书目数据资源的共建共享奠定了基础。与县史志办共同开设地方史志馆，建立了陆良县林业局分馆，可实现馆际互借，加工上架图书1700余册。

管理工作

为强化管理，图书馆先后建立实施了聘任合同制、合同管理制，建立和完善了各项管理制度及岗位职责，制定了岗位设置方案和岗位竞聘方案及实施办法并通过人事部门和主管部门的验收，全面完成了图书馆内部改革工作，建立了收入分配制度，对全馆所有人员实行了30%绩效工资考核。每年与主管部门签订工作目标责任书。根据单位实际作出当年的工作计划，年终做好总结。为做好安全管理，制定了图书馆安全管理制度、信息安全管理制度、突发事件应急预案等。对人事档案、业务档案、服务档案等进行分类管理，专人负责，各项档案管理健全，资料详实，立卷准确，装订整齐，内容齐全，每卷都设有目录。每年对开展的各项工作进行统计，并对统计情况进行分析，为来年制定工作计划提供科学依据。

电子阅览室

少儿阅览室

老年人免费电脑培训

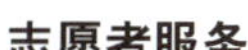

志愿者服务

指导残疾人读者使用电脑

春节猜谜语活动

表彰、奖励情况

2009–2012年，陆良县图书馆荣获省、市、县各类表彰15项。其中，文化部表彰2次、省文化厅表彰1次、省委宣传部表彰1次、省新闻出版局表彰1次、共享工程省分中心表彰3次、其他表彰奖励7次。

馆领导介绍

杨叶琳，女，1962年7月出生，大专学历，中共党员，副研究馆员，支部书记、馆长。1980年11月参加工作，1996年9月担任馆长至今。从事图书馆工作三十余年，相继参加过省、市各级、各类专业培训。2010年1月，被云南省人社厅、文化厅评为云南省基层文化工作先进个人。2012年4月获曲靖市“五一巾帼标兵”称号。

刘亭，女，1983年4月出生，本科学历，馆员，副馆长。2001年10月参加工作，2008年6月调任图书馆副馆长至今。从事文化、图书馆工作十余年，参加过“云南省公共图书馆馆长培训班”、“云南省文化信息资源共享工程支中心技术骨干培训班”等省、市各级、各类专业培训。曾两次代表共享工程云南省中心参加全国知识与技能竞赛，2009年10月荣获文化部授予的优秀选手奖。荣获国家、省、市级表彰奖励9项。

未来展望

在未来的发展中，陆良县图书馆将继续遵循图书馆文明服务承诺，以最周到细致的服务为各类读者提供服务，提升服务功能，提高馆藏文献数量、质量，加强文献资源尤其是地方文献建设和数字资源建设，把陆良县图书馆建设成为全县文献信息资源中心。以共享工程、农家书屋、农文网培学校等工作为抓手，打造新型农民的“加油站”。继续开展丰富多样的读者活动，让图书馆成为读者朋友的“悦读港”，最大限度的发挥公共图书馆的阵地作用，为倡导全民阅读、服务全民阅读做出自己应有的贡献。

联系方式

地　址：陆良县春光路161号
邮　编：655600
联系人：刘　亭

师宗县图书馆

概述

师宗县图书馆自1988年恢复独立建制后正式建立，自建馆以来始终坚持“读者第一、服务至上”的立馆方针，把读者满意作为服务的重心。至今馆址已几经变迁，新馆于2009年9月开工建设，2011年5月竣工并投入使用，占地面积12000余平方米，建筑面积3200平方米，总投资860余万元，位于师宗县丹溪大道东段文化中心院内。设有流通服务部、文献采编部、宣传辅导部、综合办公室、共享工程支中心五个内设机构。2012年，拥有阅览坐席256个，其中少儿阅览坐席60个，可用于服务读书使用计算机数量达49台，办公室计算机7台。接入20MB光纤宽带，总存储量达11.3TB，业务处理采用CSLN“网图”图书馆管理系统。

业务建设

2012年馆总藏量为28.5万册，其中纸质文献8.5万余册，电子图书20万册，地方文献藏量3000余种1万多册。年新增藏量购置费为10万元，目前馆内共入藏中外图书5620余种，10724册，报刊文献170余种，视听文献300余种（件）。年地方文献入藏率达97%以上。截止2012年，馆内除普通服务器、计算机硬盘容量外，数字资源总量达9.8TB，其中自建数字资源总量为1.5TB。

读者服务工作

师宗县图书馆自2011年5月新馆开馆以来，全年均对外实施免费开放，每周平均开放60.5小时。2012年读者流通人次达45000余人次，书刊外借63000余册次，并与省财经学院、曲靖师范学院、曲靖市图书馆等单位开通馆际互借和资源加工业务合作，现已建有13个馆外图书服务流动点，馆外图书借阅达36000册次。自2009年以来先后被上级主管部门以及县委县政府、县委宣传部等部门评为先进单位、宣传思想文化先进集体、十佳服务单位等。多年来积极为全县各级各部门提供历史研究、考证、史料查询和服务。每年积极组织开展“元宵灯谜活动”、“征文活动”、“演讲比赛”、《弟子规》诵读比赛、游园活动、知识讲座、展览、培训以及阅读推广活动达20余场次，活动参与人数达58000余人次。

业务研究、辅导、协作协调

2009年–2012年我县图书馆干部职工共发表论文、研究报告、业务总结等10余篇，部份论文曾在省、市图书馆期刊、季刊上发表。每年我县图书馆均对各基层的培训、业务辅导工作进行分析，并制定当年培训、辅导工作计划，年终对工作完成情况进行总结和绩效考核。并对统计数据进行分析，起草分析报告，从分析报告中查找不足，积极寻找改进方案。2012年开展基层辅导近20余场次，开展业务培训16场次，为我县基层业务的开展奠定坚实的基础。

2009年–2012年，本馆积极参与省、市图书馆开展业务体系建设，并与高校图书馆开展馆际交流活动，其中2009年参与滇东北馆地方文献目录联合汇编工作；2012年与昆明理工大学、曲靖师范学院等高校图书馆联合开展地方文献编目电子数据库建设工作，现已完成3000余册地方文献数据库加工。

管理工作

2009年–2012年师宗县图书馆对职工、志愿者以及单位的物资、设备、财务、活动档案等进行严格的考核和规范管理，并根据工作需要实行按需设岗、按岗聘用、竞争上岗，建设岗位责任制、考核分配激励制和工作量化考核指标体系，每月或每季度不定期进行工作进度通报，每季度进行工作小结，半年和年终进行总体工作考核。

表彰、奖励情况

2009年–2012年，我县图书馆先后获得上级表彰、奖励4次，其中省图书馆（图书馆学会）1次，曲靖市文体局1次，县委县政府2次。

馆领导介绍

王畯，男，1971年10月出生，大专学历，中共党员，馆长，科员。

黄小九，男，1983年6月出生，大专学历，综合办主任，馆员。

业务交流

分馆建设

少儿阅览室

共享工程多媒体培训室

书库一角

电子阅览室

展览室

业务培训

未来展望

师宗县图书馆自建馆以来，始终坚持“读者第一、服务社会”的立馆方针，在今后的工作中将不断提高服务质量和办馆水平，进一步发挥图书馆在提高公民素质，促进社会主义物质文明、精神文明和政治文明建设中起到积极作用。采取以工作岗位实践和定期业务培训相结合，共同学习、共同进步，逐步提高整体业务水平。积极争取国家、省、市项目和县委政府的支持，多渠道加大设施配套建设力度，完善馆功能设施建设，提高馆藏资源。并通过不断开展各类丰富多彩、形式多样的读者阅读推广活动逐步提高广大人民群众的阅读和学习兴趣。加快图书馆数字化和自动化建设进程，提高数字资源存诸能力，并最终实现能够提供全覆盖、不间断、无时空限制的数字文献远程服务和移动服务的公共图书馆。

联系方式

地　址：云南省曲靖市师宗县丹溪大道文化中心
邮　编：655700
联系人：黄小九

罗平县图书馆

概述

罗平县图书馆成立于1983年7月，馆址几经变迁。2009年，罗平县图书馆响应县委、政府行政中心南迁的号召，新馆于当年10月在县城南片区文化公园内破土动工，2011年4月，新馆顺利竣工并投入使用。罗平县图书馆占地面积近8亩，建筑面积3120平方米，投入资金600余万。图书馆为全框架结构，一共三层，白墙青瓦，庄重典雅，颇有民族风范。图书馆室内环境干净明亮，能同时容纳600余人在里面学习、借阅书刊；室外绿树成荫，鸟声啁啾，与公园环境融为一体；室外广场上设有健身活动器材一套，每天吸引着广大市民前来锻炼身体。投入使用近2年来，图书馆声誉鹊起，前来借阅书刊、浏览信息、锻炼身体者络绎不绝，成为广大人民群众学习、健身、休闲的好地方。1999年，参加第二次全国公共图书馆评估，首次获得二级图书馆。2013年，参加第五次全国公共图书馆评估，获得一级图书馆。

业务建设

罗平县图书馆共设有7个服务窗口，包含少儿阅览室、电子阅览室、期刊外借室、图书外借室、综合阅览室、资料室、采编室、多媒体报告厅等。图书馆现有藏书12万余册（含4万余册电子图书），每年购书经费10万元，订购图书2000余册，报刊近200种。文化共享工程建设工作投入近100万元，目前电子阅览室内供读者使用电脑100台，每天接待读者200余人次。2009年，全国文化信息资源共享工程建设工作全面启动，罗平县图书馆采用中国专业图书馆网“网图”自动化管理系统对所有图书、报刊进行业务管理，极大地方便了读者开展各类查询服务和回溯建库工作。

读者服务工作

自2011年以来，图书馆双休日正常对外开放，电子阅览室、综合阅览室、图书外借室更是天天开放。图书馆内各服务窗口均实行零门槛进入，对待所有读者均实现免费开放。2013年，电子阅览室内投入近4万元，采购电子图书4万余册，采购“博看”电子期刊2000余种（包含全国各核心期刊），采购电影视频1000余部（约3TB容量），并定期更新，一时之间，电子阅览室内读者爆满，尤其是周末，吸引着广大市民，特别是青少年读者前来上网学习、浏览新闻等。图书馆投入使用近2年来，每年均接待读者8万余人次，借阅图书4万余册次，举办各种社会文化活动6次，举办各种培训7次，辅导文化共享工程基层服务点180人次，辅导农家书屋及全县各中小学图书室人员近200人次。2009年以来，罗平县图书馆为社区图书室、部队及全县12个乡镇文化中心图书室提供业务辅导外还建立了11个图书流通点，馆外书刊流通人次每年均达到11000余人次，书刊外借册次每年均达到18800余册次。图书馆每年摘编小报《农家科技之窗》3－4期，内容包含政策宣传、科普教育、法律、卫生知识等，内容有针对性，信息量大。

业务研究、辅导、协作协调

多年来，图书馆职工在完成好本职工作以外，利用业余时间研究图书馆专业的现实状况，工作动态，发展前景，并发表了大量论文和信息，其中，2010年度，在《云南省图书馆》发表论文2篇，作为编委之一，参与出版《滇东北公共图书馆地方文献目录汇编》一书，2012年度，撰写《罗平县域公共图书馆（室）现状分析》调研报告1篇。

图书馆针对业务培训工作，年初订立培训计划，培训完毕及时进行总结，2009－2012年度培训62次，利用视频远程培训各乡镇农文网培学校人员10次，培训农家书屋人员30次，培训中小学图书室人员2次，集中培训各乡镇文化站站长（文化共享工程）4次，总计培训服务点人员200余人次，至2012年，对全县12个乡镇文化站和155个农家书屋从业人员业务辅导35次，各中小学图书室从业人员业务辅导2次，基本教会他们文化共享工程数字资源的选择、下载、加工、图书分类、编目、上架、借阅等。

为强化网络资源平台建设，实现共建共享，积极参与市图书馆组织实施的武汉鼎森世纪科技有限公司定制的“博看”期刊电子期刊征订工作，实现了在线可读期刊2000余种，为读者提供了多形式的阅读方式。与曲靖师院共同编著《滇东北馆藏地方文献目录汇编》一书。与曲靖市图书馆联合编目中心签订了馆际互借协议，为实现本地区书目数据资源的共建共享奠定了基础。罗平县图书馆书刊信息数据库目前正在建设中，全县12个乡镇文化站均建有图书室，155个行政村均建有农家书屋，达到资源共建共享，全面实现馆际互借，全县文化共享工程建有县支中心1个，乡镇基层服务点12个，村

级服务点89个。目前图书馆服务网络县乡基本实现全覆盖，村级实现80%，且服务工作均能正常开展。图书馆与乡镇文化站签订了联合编目协议书，联合编目工作已启动，并开展了通借通还，实现本地区书目数据资源的共建共享，通还通借覆盖率达100%。我馆现有流动图书点11个，2012年书刊借阅达2万3千余册次。农家书屋基层服务点155个，全年接待读者达11万余人次。目前服务网络已覆盖了我县12个乡（镇）和155个行政村基层站点。

表彰、奖励情况

自2009年以来，图书馆业务工作成绩优秀，受上级业务部门表彰20余次。其中，农家书屋建设工作受县文化局、县文体广局表彰4次；文化共享工程建设工作受县文化局、文体广局表彰1次；农文网培学校建设工作受县文化局、文体广局表彰2次；图书馆服务宣传周活动受县文化局、文体广局表彰3次；组织演讲比赛活动受县文化局、文体广局表彰2次；开展春节谜语竞猜活动受县文化局、文体广局表彰4次；组织开展其他文化活动等受表彰4次。图书馆党支部被评为文体广局优秀党支部；刘斌被评为文体广局优秀党务工作者。

馆领导介绍

刘斌，男，汉族，1971年7月生，大学学历，中共党员，副研究馆员，馆长。1995年7月参加工作，1999年10月主持图书馆工作，2001年5月任罗平县图书馆馆长。云南省图书馆学会会员，曲靖市图书馆学会理事。2002年被罗平县委、政府表彰为“文化工作先进个人”。

陈柏琼，女，1975年12月生，汉族，大学学历，中共党员，馆员，副馆长。1991年参加工作，2003年12月从县民族文工团调入罗平县图书馆工作至今，并担任图书馆副馆长。云南省图书馆学会学员。2012年被罗平县政协评为“优秀政协委员”。

联系方式

地　址：云南省曲靖市罗平县图书馆
邮　编：655800
联系人：刘 斌

宣威市图书馆

概述

宣威市图书馆始建于1979年11月1日，基础是1952年底成立的县人民文化馆的图书阅览室。1985年，政府投资并选址在市区城双路41号建图书馆，馆舍建筑面积为1118平方米，1989年5月6日新馆正式对外开放。2000年，地方政府又投入25万余元增建了385平方米的书库，使馆舍总面积达1503平方米。宣威市图书馆按照职能职责，全面开展了各项文化服务活动，成绩较佳，但由于硬件设施等因素不足，至2010年，虽历经全国公共图书馆评估四次，仍停留在县（市）级三级馆层面。随着国家对文化工作的日益重视，宣威市积极整合文化资源，于2010年9月又投资1.2亿多元启动了位于振兴街南段（虹桥街道对面）的市文化艺术中心（含图书馆在内）建设，2012年5月正式投入使用，新馆建筑面积为4254平方米，藏书容量约35万册，可同时接待各类读者245人，有计算机49台，信息点60个，宽带接入电信光纤10Mbps。各类服务功能齐全，为广大读者提供了一个宽敞、明亮、舒适的读书环境，各项业务工作也因此而上新阶，2013年，参加全国第五次公共图书馆评估，获得了国家县（市）级一级图书馆称号。

业务建设

截止2012年底，宣威市图书馆文献总藏量为13.3538万册（件）。其中，纸质文献92820册，电子图书4万册，视听文献718件。

2009–2012年，宣威市图书馆购书经费列入地方财政预算，每年拨款15万元采购图书报刊；新馆建成后，2012年地方财政一次性拨款65万元用于购置书架、期刊架、阅览桌椅等。

截止2012年底，宣威市图书馆采购的电子图书和电子期刊数字资源总量为4.5TB。

2009年起，宣威市图书馆使用中国专业图书馆网（CSLN.net）作为业务管理系统，所有图书、过刊的书目数据库建设正在进行中。古籍普查使用“全国古籍普查平台”来录入。

读者服务工作

宣威市图书馆自2009年元月起实行全年365天均对外免费开放，周开放56小时。自2012年迁入新馆后，作息时间有所调整。对外服务窗口（除电子阅览室）每周开馆60.5小时，电子阅览室每周开馆84小时，节假日不休。

2009–2012年，宣威市图书馆共接待各类读者443676人次，书刊外借576910册次。馆外设有10个流动服务点，共流通44508册次。

2009–2012年，宣威市图书馆共建立完成26个跟踪服务项目，针对一些读者特定的长期课题需求，为他们提供文献信息资源服务。馆办小报《小康之窗》针对政策时事、农工商、医疗保健等内容安排专版为政府决策提供参考，为企事业单位和广大市民提供文化信息服务。

2009–2012年，宣威市图书馆共举办讲座、展览、阅读推广等读者活动41场次，参与人数3.2万人次。每年的元宵灯谜活动、阅读推广活动、展览、培训、讲座等是图书馆着力打造的特色活动。

业务研究、辅导、协作协调

2009–2012年，宣威市图书馆职工在各类省级专业刊物上发表论文6篇，地级刊物上发表调查报告1篇。

市图书馆对各乡（镇、街道）文化站业务工作负有辅导之责，2009–2012年，辅导8家乡（镇、街道）文化站图书室建立起规范化管理系统，辅导建立村级农家书屋76个。

协作协调方面，宣威市图书馆于2011年12月与曲靖市图书馆签订合作协议，实现了与曲靖市图书馆和曲靖地区其它8家县级公共图书馆的馆际互借。2012年，又组织了本市区的协作协调工作，和全市26个乡（镇、街道）文化站签订通借通还协议，开展馆际互借。

管理工作

2004年，宣威市图书馆进行了人事制度改革，自此，全馆员工一律实行聘用合同制用工，每次聘用均采取个人自愿报岗，竞争上岗的办法，同时，建立了一套目标管理考核

图书馆正门厅

图书馆展厅

图书馆服务宣传活动

幼儿园小朋友参观少儿室

体系，包括：各项管理规章制度，岗位职责目标，绩效工资分配实施办法等。严格实行工作表现、工作业绩与收入分配挂钩。每季度进行一次工作进度总结通报，每年终均进行一次全面的工作检查，并依据检查落实情况进行总体考核。

表彰、奖励情况

2009—2012年，宣威市图书馆受到曲靖市文化局表彰1次，县级文化主管部门表彰8次。

馆领导介绍

朱祯贤，男，1959年1月生，大专学历，中共党员，副研究馆员，馆长兼书记。1979年7月参加工作，从事教育工作11年，1990年8月调入宣威市图书馆，曾从事报刊借阅、参考咨询、办公室等工作。2000年2月任宣威市图书馆馆长兼党支部书记至今。曾多次获“优秀共产党员”称号，2005年获云南省曲靖市先进工作者称号。

陈丽田，女，1977年1月生，图书馆学专业本科学历，中共党员，副研究馆员，副馆长。1998年9月参加工作，一直从事采编室工作并担任采编部主任，2012年6月任命为宣威市图书馆副馆长。曾多次受到市文化局表彰。

赵丽芬，女，1975年8月生，本科学历，中共党员，馆员，副馆长。1997年7月参加工作，先后从事图书报刊借阅、电子阅览室等工作，2012年6月任命为宣威市图书馆副馆长，曾多次受到市文化局表彰。

未来展望

宣威市图书馆遵循“团结、务实、创新、发展”的办馆理念，坚持“藏为用”的原则，坚持“读者至上”的宗旨，努力做好内部管理，不断丰富馆藏，认真开展“把读者请进来，让书刊走出去”的各项服务活动，让广大读者能就近、方便、快捷、愉快地接受各种文化服务，同时，发挥好市文献集散中心和文化共享工程中心的作用，积极开展乡村文化工作者的培训辅导，帮助他们做好乡村图书室和文化共享工程基层服务点工作，在2015年前努力建成市乡村图书报刊上下联动体系，实现全市图书报刊借阅一证（卡）通，让资源共享最大化实现。

联系方式

地　址：宣威市振兴南路文化艺术中心
邮　编：655400
联系人：陈丽田

“全民阅读”活动

图书馆举办培训班

玉溪市红塔区图书馆

概述

红塔区图书馆始建于1956年，属国家公益性全额拨款事业单位。在近60年的发展中，馆址几经变迁。1987年，位于玉溪市东风中路40号的新馆建成开放，建筑面积2455平方米，可容纳读者坐席250个，设计藏书容量22万册。

根据人事部门下达的编制，红塔区图书馆设编制16个，现有在职在编职工15人，其中职称情况：副研究馆员2人、馆员6人、助理馆员6人、工人1人；学历构成：本科10人、专科3人、中专1人、高中1人。内部机构设置为：办公室、自动化业务部、采编室、阵地流通组、科技情报室（含参考咨询室、业务辅导组），馆内设有综合阅览室、全开架外室借、电子阅览室、资料室、流通书库、报刊库、讲座厅、无障碍信息室等免费开放服务窗口。

2004年和2009年，参加第三次、第四次全国公共图书馆评估，均获得“国家一级图书馆”称号。截止2012年，红塔区图书馆有阅览坐席247个，计算机43台，光纤接入10Mbps，选用深圳ILASII2.0图书馆自动化管理系统。

业务建设

截止2012年底，红塔区图书馆总藏量19.3254万册（件），其中，纸质文献18.9092万册（件），视听文献1111册，电子图书3051册。

2009至2012年，红塔区图书馆新增藏量购置费72万元，共入藏中文图书16223种，24935册，视听文献887种，电子图书2411册。2012年，地方文献书目数据录入100%。截止2012年底，红塔区图书馆数字资源总量为4.5TB，其中，自建数字资源总量0.5TB，2012年，馆内实现802.11N无线网络覆盖。

随着文化信息资源共享工程、农家书屋工程等惠民工程的实施，红塔区图书馆设施设备得到较好改善，在免费开放专项资金的保障下，图书馆服务内容越来越丰富。从2009年开始，“周末电影”、“青少年计算机培训班”、“农民工电脑培训”及“书法绘画培训班”等免费项目成为新的服务内容。“服务重心下移，服务农村，服务基层，构建红塔区公共文化服务体系”成为红塔区图书馆的重点工作，科技信息跟踪服务、三级图书馆流通网络建设、农文网校建设成为了图书馆与基层文化建设的纽带。2009年至2012年，红塔区图书馆指导、辅导全区完成114个农家书屋建设任务，通过不断丰富的服务手段和服务内容，让“文化乐民、文化育民、文化富民”成为红塔区图书馆开展基层文化建设的目标和标准。

读者服务工作

多年来，红塔区图书馆坚持“以人为本、读者至上、服务第一”的宗旨，利用各种手段开发文献信息资源，为读者提供外借、阅览、参考咨询等服务，最大限度地满足读者对书刊资料的需要，并在农村、部队建立图书流通网点，通过送书下乡，把服务延伸到广大农村、基层和部队。从2011年7月起，红塔区图书馆实行天天对外免费开放，每周开放61小时。2009—2012年，书刊总流通27.2968万人次，书刊外借84.2554万册次，有馆外流通点26个，馆外书刊流通总人次4.5174万人次，书刊外借7.529万册次，全馆有效借书证6025个。2012年，红塔区图书馆网站建设完成，当年访问量1万人次。

2009—2012年，红塔区图书馆共举办讲座、展览、培训、阅读推广等读者活动112场次，参与人数12.964万人次。

业务研究、辅导、协作协调

2009—2012年，我馆职工共发表过论文9篇、调查报告2篇、专题培训课件15个，参与红塔区各类科研跟踪服务项目8个，与红塔区科协联合编辑发行《红塔科普》报24期30000份。

2009年以来，我馆共参加省中心培训5次11人次，市支中心培训1次2人次，计算机业务培训1期3人次；组织全区文化站基层站点、村级站点、农文网培学校工作人员培训4次162人次。全区支中心、乡镇基层站点、村级服务点管理人员均参加过我馆的文化共享工程管理员业务培训。4年来，下乡辅导农家书屋、居民书屋、文化共享工程基层站点及农文网培学校建设和业务工作共632次864人次。

在馆际协作方面，2009年以来，红塔区图书馆先后与通海县图书馆联合开展图书馆管理自动系统使用培训与辅导，联合峨山县、元江县、新平县、澄江县等图书馆开展文化共享工程基层站点管理员及农家书屋管理员培训辅导及业务研究活动，有效地提升了玉溪市图书馆新增业务服务水平和基层图书室的管理能力。

管理工作

一直以来，红塔区图书馆都坚持以制度管人，以岗位责任定工作量，每年均制定本年度的《工作岗位责任制》，并结合当年的重点工作，实行科学化、制度化管理。2012年，红塔区图书馆完成第三次全员岗位聘任及绩效工资改革，本次聘任共设7类岗位，有15人重新上岗。同时，建立了工作量化考核指标体系，每月进行工作进度通报，每半年进行绩效工作考核。2009–2012年，共抽查文献排架19次，书目数据14次，修改各项规章制度11项，撰写专项调研、分析报告和工作提案26篇，编写各项工作进度通报或简讯57篇。

表彰、奖励情况

2009–2012年红塔区图书馆共获得省委省政府表彰2次，区委区政府表彰2次，省新闻出版局表彰1次，市政府表彰1次，区委表彰1次，2011年被文化部授予"公共电子阅览室示范点"。

馆领导介绍

左云黔，男，1971年1月生，图书馆学专业本科学历，副研究馆员，馆长。1993年8月毕业分配到红塔区图书馆工作，从事图书馆工作21年。先后担任玉溪市第三届、第四届人大代表，红塔区第三届政协委员、第四届政协常委。

张建萍，女，1968年5月生，园艺蔬菜专业本科学历，中共党员，副研究馆员，党支部书记，副馆长。1989年7月参加工作，1993年9月调入红塔区图书馆工作，从事图书馆工作21年。

未来展望

红塔区图书馆将继续坚持"双百方针"和"二为方向"的办馆宗旨，以"国家一级图书馆"评估标准为要求，加快图书馆自动化和网络化进程，努力打造现代化图书馆。在文化共享工程、公共电子阅览室建设、免费开放政策等文化惠民措施的支持下，抢抓机遇，积极创新服务内容和服务方式，提高免费开放服务水平，以读者满意为目标，让更多的群众参与到文化活动、文化建设中来。同时，在深化事业单位改革的大背景下，积极推进人才队伍建设，合理构建人才管理机制，使图书馆成为学习型社会的典范和倡导者。同时，丰富服务功能，扩大服务辐射区域，以红塔区三级图书流通网络为桥梁，通过文化站、农家书屋等基层图书室点面结合的建设，带动全红塔区图书馆事业发展，达到国内一流图书馆的基本标准。

联系方式

地　址：云南省玉溪市东风中路40号
邮　编：653100
联系人：左云黔

易门县图书馆

概述

清朝年间，易门县“文昌书院”、“聚奎书院”、“桂香书院”有图书收藏和阅读活动。民国时期，建立过“民众教育馆”，这些院、馆均是人们读书识字学文化的场所。1951年，县文化馆成立时，文化馆内就专门设置了图书室，先后在二会街、财神楼、许家庙、武庙等地开展图书借阅活动，这个图书室就是县图书馆的前身。

1981年，图书室从文化馆分出，成立易门县图书馆。当时，馆址在闸楼巷洞经庙的南湘耳房，耳房分为上下两层，面积约90平方米，藏书16420册，订阅期刊25种、报纸15份，年借阅15000人次。1987年，在新建街14号建新馆，建筑面积1358平方米，藏书55046册，订阅期刊184种、报纸51份，年借阅49871人次。2008年，易门县龙泉河治理二期工程重点项目“两馆大楼”在易兴路454号建成，建筑面积5100平方米，由文化馆、图书馆共同管理、使用。图书馆馆舍建筑面积2550平方米。

2014年，易门县图书馆有阅览坐席240个，少儿阅览席座50个，计算机30台，信息节点240个，宽带接入广电网络20Mbps光纤，和广电、电信4Mbps拨号上网各一条，选用CSLN“网图”图书馆管理系统。2013年，参加第五次全国公共图书馆评估，首次获得“一级图书馆”。

业务建设

截止2014年底，易门县图书馆总藏量20.3673万册（件），其中，纸质文献10.3173万册（件），电子图书10万册，电子期刊0.05万种/册。除部分流通率低、破损图书外，已经全部完成书目数据录入，达到90%以上。

2009年易门县图书馆每年购书经费4万元，2010−2012年每年10万元，2013年起增至20万元。2009−2012年，共入藏中文图书3.3419万册。年订阅中文报刊295种，视听文献500种。2012年，入藏地方文献108种。

截止2014年底，易门县图书馆数字资源总量为4.5TB，存储容量6.3TB。2013年年初，实现馆内802.11N无线网络覆盖。全县共建成62家农家书屋，配发图书99932册，期刊1254种，音像制品6297种，价值1377678.10元；建成文化共享工程县支中心1个，农文网培学校7所，分校56所（含远程教育6个点），总投资达133.6万元。至此，实现了农家书屋和文化共享工程县、乡、村三级全覆盖。

与烟草公司、科技局、畜牧兽医局合办《易门咨询》小报，每年印4期，每期印量5000份，合计20000份。通过县政府文件交换中心、图书馆服务台、街天农贸市场分发等方式，分发到各行政、企事业单位、图书馆读者、种（养）殖户手中，服务我县农村经济发展。

读者服务工作

易门县图书馆全年365天对外免费开放，周开放57小时，全部书刊文献均对读者开放，全开架率为100%。应用CSLN“网图”图书馆管理系统，通过外网登录网站（http://易门县图书馆.公益.cn），实现了图书（期刊）的读者网络自助续借、查看等功能。2009−2014年，书刊总流通40.6523万人次，书刊外借89.2642万册次。2009年，在电子阅览室建成政府公开信息服务查询点。

截止2014年，文化共享工程县支中心提供数据资源18.43TB，可通过电子阅览室和共享工程基层服务站点提供检索、浏览和下载服务。

2009−2014年，共举办讲座、展览、培训、阅读推广等读者活动89场次，参与人数13.9638万余人次。

2012年，为贯彻落实中央决策和部署，保障广大人民群众基本文化权益，促进基本公共文化服务均等化。根据文化部、财政部《关于推进全国美术馆、公共图书馆、文化馆（站）免费开放工作的意见》，和相关文件、会议精神，实现了图书馆免费开放工作。免费项目有：免费办理借书证、电子阅览证、退换证手续；免费提供存包、室内饮用纯净水、上厕所等便民服务；免费开放外借室、少儿阅览室、期刊阅览室、报刊室、资料室、过刊室、多媒体室、电子阅览室（文化共享工程县支中心）等公共空间设施场地。开展文化进社区、厂矿、学校、乡村、活动。截止2014年12月止，我馆利用国家图书馆中心下发的资源，免费放映电影71场，观看人数2.8720万人次，受到广大群众欢迎，取得良好的社会效益。

早些前的图书室

易门县农文网培分校设备配送仪式

共享工程室

全开架外借室

易门县第一届文明单位

业务研究、辅导、协作协调

易门县图书馆职工岗位培训、继续教育人均每年56学时，2009–2012年，发表论文12篇，参与上级图书馆组织的协作与协调工作，建立了图书馆、文化站、农家书屋三级图书流通网络，并使用"网图"管理软件，街道、乡镇、社区、村图书室参与服务网络建设比例为100%，图书馆服务网络内的资源全部共享。每年对基层文化共享工程站点、农家书屋管理员进行集中培训，年终进行工作考核，并评出等次。

管理工作

2011年，易门县图书馆完成首次岗位设置，共设5类岗位，有8人竞聘上岗，同时，建立了工作量化考核指标体系，每月进行工作进度通报，每半年和全年进行总体工作考核。2009–2014年，共抽查文献排架24次，书目数据库的录入、检索等9次。每天有专人进行巡查排架，排架正确率97%，有专人维护。

表彰、奖励情况

被评为易门县第一届文明单位，2012–2014年，在玉溪市"我读书，我快乐"、"给父母的一封信"征文活动中，获组织奖2次。2012年、2013年，党支部评为优秀党支部。职工获论文奖12次，获优秀共产党员称号4人次。市文化先进个人2人次。

馆领导介绍

李春荣，男，1959年11月生，中专学历，中共党员，馆员，馆长。1980年7月参加工作，历任易门县绿汁镇小学校长、绿汁镇文化站站长、易门县文化馆馆员，2001年，任易门县图书馆馆长至今。

未来展望

易门县图书馆遵循"服务第一、读者至上"的办馆方针。以阵地服务为基础，推动图书馆持续有效发展；以社会活动为中心，丰富群众精神文化生活；以文化共享工程为支撑，促进业务和管理水平提升；以人才培养为保障，加强图书馆员素质建设。将继续以以高昂的热情、务实的作风，把握机遇、开拓创新，为建设学习型社会做出应有的贡献，提供一流图书馆服务。

联系方式

地　址：云南省玉溪市易门县易兴路454号
邮　编：651100
联系人：李春荣

2008年建成的图书馆

腾冲县图书馆

概述

腾冲县图书馆始建于1929年，藏书达十万卷以上，为“滇西收藏第一”。1942年5月，腾冲沦陷，馆藏图书全部散失。新中国成立后，改称腾冲县人民图书馆，设有图书阅览室，并负责全县图书馆事业。1979年3月，改名腾冲县图书馆，设书报阅览室，常年开放借阅。2002年县图书馆新馆竣工投入使用，馆舍建筑面积2676.11平方米。新馆位于腾越文化广场东侧，地处来凤山下腾越河畔，四周青山环列，中有碧水长流，自然风光秀美；中国传统式建筑，文化品位超群出众。腾冲县图书馆馆史沧桑悠久，人文积淀厚重，馆藏资源丰富，在腾冲文明发展史中占有十分重要的地位。

县图书馆编制9人（在岗10人）。设有一室三部一中心：即办公室、采编部、特藏文献部、外借阅览部、共享工程支中心。开设7个服务窗口（报刊阅览室、外借室、电子阅览室、过刊室、儿童阅览室、资料查阅室、综合展室）；提供自学区、报告厅等多个公共服务场所，为专家学者开设古籍室、张之龙文库等学习研究室。

县图书馆拥有10万余册（件）各类文献，其中古籍地方文献最具特色，如腾冲著名金石家邓竹修收集割裱成册的古碑石拓本、大者如六朝摩崖泰山金刚经十三巨册，北魏郑道昭书白驹谷摩崖一巨册，均二尺见方，每页一字，每册重约十斤，堪称榜书之祖。地方文献主要有：方志十余种；先贤李根源、寸开泰、刘楚湘等人的著作手稿六十余种，其内容涉及咸同回民起义、辛亥腾越起义、腾冲抗日战争等重大历史事件；还有民国时期的地方报刊、各姓氏家谱数十种。此外，作为“全国文化信息资源共享工程”腾冲县支中心，同时还是数字图书馆试点县，收藏有电子文献（书刊8647种，视听946种），建有13个地方特色数据库。馆内公共电子阅览室为青少年提供信息服务和绿色上网空间。加强馆际协作，共享国家中心资源、上图讲座。打破传统服务模式，建成了腾冲县图书馆网站（www.tcxtsg.com）开展24小时移动数字阅读、网上书目查询、参考咨询等。腾冲县图书馆有阅览坐席256个，计算机37台，2012年，参加第五次全国公共图书馆评估，首次获得一级图书馆。

业务建设

截止2012年底，腾冲县图书馆总藏量100775册；电子文献有8647种，其中全国公共文化发展中心下发数字图书馆中含电子文献5000种，本馆藏电子文献光盘118件，3647种。

前几年，腾冲县图书馆财政拨款新增藏量购置费仅为4万元，腾冲县图书馆通过多方筹措，广开渠道，争取社会力量的支持和捐赠，2009年–2012年，争取到张之龙先生捐款、李希泌子女赠书、蔚蓝图书馆赠书等，确保平均年入藏图书2607种，每年订购及受赠报刊208种，视听文献平均年入藏量200件。近年来县图书馆不断提升业务能力和拓展服务领域也得到财政的重视，财政加大了新增藏量购置费的投入，目前新增藏量购置费为22万元。

截止2012年底，腾冲县图书馆数字资源总量为4T，其中包括：数字文化工程资源量、自建和外购资源。建成特色视频资源6G，与腾冲县电视台合作共建的地方特色资源如《火山奇观》、《热海神韵》等8个专题已被云南省共享工程分中心采用，并全国共享，对宣传腾冲起到了极大的作用。

2009年起，腾冲县图书馆利用“中国图书馆网”网络平台，建立业务自动化管理系统，实现了图书采、编、典及期刊管理、流通控制、馆藏查询、报表与统计等基本功能。2012年初，馆内接入20M光纤，2013年底馆内无线网络全覆盖。

读者服务工作

一直以来，腾冲县图书馆秉承“服务第一，读者至上”的理念，实行免费开放，全年365天天天对外开放，每周借阅窗口开放时间达79小时，电子阅览室每周开放时间达60小时，读者借阅率大幅提高。2009–2012年总采编新书10728册，每年征订报刊200余种。到馆读者30余万人次，流通书刊20余万册次。

2009–2012年，腾冲县图书馆创新服务方式，丰富服务内容，采取“三进一下”（进学校、进军营、进社区、下农村）服务模式开展活动及培训，做到月月有培训，季季有活动；关注特殊群体及弱势群体，把服务的触角延伸到社会的各个角落。利用“学习雷锋活动”、“世界读书日”、“青年节”、“图书馆服务宣传周”、“科技周”、“儿童节”、“全国科普日”、“国庆节”、“三下乡”活动等节假日及热点事件，集中开展多种形式的主题阅读活动，举办系列讲座、主题展览及优秀影视播放，发放信息资料。广泛推荐经典阅读书目，定期搞好好书推荐。积极参与文化共享工程管理中心组织的各种网络活动及培训，如在2010年文化部国家中心组织的“党旗飞扬，文化共享”党史知识竞赛中，腾冲县支中心组织在校学生2315名参与了网上竞答，以总分及人气第一的成绩获全国组织奖，另有7名学生获个人奖；在2009年“文化共享工程全国青少年网页设计比赛”活动中，举办培训2次，培训学生百余人次，300多个学时，其中4名学生的作品被推荐参加全国比赛。重点增强对未成年人、老年人、农民工等特殊群体的服务。利用网络及有声数字资源开展残疾人读书活动，在阅览室设置语音地图，为残疾人服务。深入农民工密集区开展优秀影视展播活动，为进城务工人员服务。以儿童阅览室、电子阅览室为依托，开展形式多样、内容丰富的青少年阅读推广活动，为未成年人服务。在敬老院

及社区服务点定期为老年人开展影视播放及知识讲座服务，2012年，举办讲座、报告会21次，利用“春雨工程”、“三下乡”活动等举办展览5次，在世界读书日、读书周及读书月期间进行阅读推广活动6次，年参与活动3.1万人次。为方便读者就近借读，先后在工商银行腾越所，法律援助工作站、政务中心、敬老院、看守所等人群密集区，建立了图书流通点8个，重点增强对未成年人、老年人、农民工等特殊群体的服务，书刊借阅每年均在5千册次以上。我馆利用馆内、外各种方式开展的宣传活动，2002年，宣传书刊79期400种以上。

为政府公开信息服务，在馆内分别设政府公开信息专柜、廉政文化专区，并通过电子阅览室开展网上查询服务。坚持为政府机关决策服务、为本地区重点教育、科研和企事业单位服务，以及为社会公众提供专题服务等。如：对云南大学的研究生课题组提供了大量的专题数据；为龙陵县出版县志提供民国《龙陵县志》稿电子版；为民族学院教授、美国访问学者提供腾冲民国华侨史资料；为景东县举办全国土司文化节研究组专家提供资料等，专题服务23起。

吸纳志愿者参与图书馆工作，充分发挥志愿者专长，深入基层开展阅读推广活动与讲座。先后到界头界明、中牌等村开展法律知识讲座，开展群众服务工作。

业务研究、辅导、协作协调

利用文化共享工程“专业图书馆网”建成了腾冲县图书馆网站，网站点击127357人次，通过网络解答咨询117次。

基层业务辅导工作有计划、有总结，通过制定培训方案，确定培训内容，采用现场与网络辅导相结合的形式，2012年中组织乡镇文化站业务骨干进行集中业务培训2次，并组织基层通过网络参与文化共享工程管理中心网络培训10余次。通过培训，初步实现了基层业务的规范化管理，提高了管理人员的管理业务水平及服务效能。

参与上级图书馆组织的协作协调工作，如参与《中华古籍总目·云南卷》的编纂工作及省古籍保护中心古籍书目平台搭建工作。

与科协合作共建“三农网络书屋”，向全县培训、推广使用，其中有7000余种期刊、500多种报纸、10000余种图书、7000余种音像资料为群众提供服务。同时，建成自动化服务平台，初步实现全县（含十八个乡镇）图书管理自动化。

管理工作

为了使图书馆的组织机构与内外环境变化相适应，根据单位的社会功能、职责任务、工作性质和人员结构等因素，建立对外有适应性、灵活性，对内有决策力、协调力的组织功能。加强全馆职工的法律法规学习和培训，增强职工学法、懂法、守法的意识，强化职工廉洁自律，爱岗敬业优质服务的理念。严格请销假制度，做到年有计划，月有总结，读者服务有统计有分析。强化岗位职责，通过签订目标责任书，分工明确、责任到人，有效地促进规范化管理，确保各项工作取得实质性成效。环境优化，设备物资管理到位，严格执行财务管理各项制度。2009—2012年期间，腾冲县图书馆职工参加业务培训国家级培训9次，省级培训11次，网络培训21次，极大的提高了工作人员的服务水平。

表彰、奖励情况

在2009—2012年期间，腾冲县图书馆多次被国家、省、市、县各级部门授予荣誉称号。分别获全国“服务农民，服务基层”先进集体、“党旗飞扬，文化共享”党史知识竞赛获全国组织奖、云南省文化厅等授予“先进单位”荣誉称号、保山市政府授予“先进集体”荣誉称号。保山市精神文明建设指导委员会授予“文明服务示范窗口”，另外，单位职工多次受到表彰，如：保山市人民政府授予“优秀文化工作者”，腾冲县人民政府授予“城市巾帼工程”先进个人分，腾冲县文化广播电视体育局分别授予“优秀共产党员”“优秀党务工作者”等荣誉。

馆领导介绍

胡晓梅，女，1962年12月生，籍贯云南昆明，汉族，1980年7月腾冲一中高中毕业参加全县中小学教师招考，1980年10月至1985年8月在中和中心小学任教，1985年9月考入云南电大汉语文学专业，带薪全脱产两年（1985年9月至1987年8月）就读，大专学历。1987年9月至1989年9月中和中学任语文教师。1989年9月调入县图书馆工作，1995年12月任县图书馆副馆长，1998年加入中国共产党，1999年主持县图书馆工作，2000年7月任县图书馆馆长至今，2004年11月取得副研究馆员职称。多次受到市、县的表彰，被保山市人民政府授予“优秀文化工作者”，腾冲县人民政府授予“城市巾帼工程”先进个人分，腾冲县文化广播电视体育局分别授予“优秀共产党员”“优秀党务工作者”等荣誉。

李叶，女，1977年3月生，籍贯云南腾冲，汉族，1995年7月腾冲第一职业中学旅游班毕业，1996年11月至1999年在腾冲宾馆工作，1999年1月至2003年1月在五洲旅行社工作，1999年至2002年在职读云南省委党校经济管理专业，大专学历。2003年1月调入县图书馆工作，2008年任县图书馆副馆长至今，2006年11月取得助理馆员职称。2013年11月取得馆员职称。

未来展望

腾冲县图书馆遵循“读者第一，服务至上”的办馆理念，践行“三进一下”服务模式，以邓小平理论和“三个代表”重要思想和科学发展观为指导，深入贯彻落实党的十八大精神，坚持开拓创新、与时俱进，坚持为人民服务、为社会主义服务的方向，突出公益性。围绕公共文化服务体系的基础工程——三大公共数字文化惠民工程（文化共享工程、数字图书馆推广计划、公共电子阅览室建设计划）和中华古籍保护计划的工作要求，按照公共图书馆服务规范，以“有利于腾冲人民得实惠，有利于腾冲经济社会得发展，有利于基层政权得巩固”为原则，以建设富裕腾冲、民主腾冲、文明腾冲、和谐腾冲、美丽腾冲为目标，不断拓展服务功能，提高服务水平，为人民提供更多更好的精神食粮，用文化的力量引领风尚，教育人民，让文化软实力推动腾冲社会的进步与发展。

昌宁县图书馆

概述

昌宁县图书馆初创于民国36年（1947年），经当时县人民政府批准，成立昌宁县立图书馆。1950年昌宁解放后，图书馆解散，一部分图书交县教育局文教科保管，一部分图书移交昌宁一中图书馆。1953年昌宁县文化馆成立，下设图书室，开始了图书管理、借阅工作。1985年元旦，经县人民政府批准，图书室从县文化馆析出，正式挂牌成立昌宁县图书馆，在县文化馆一楼办公，馆舍面积为330平方米。1999年6月，位于昌宁县新城路24号（现新华书店）的图书馆新馆建成投入使用，投资180万，占地3.9亩，建筑面积1798平方米。2005年被国家文化部评定为三级图书馆。由于城市发展的需要，图书馆需要再次搬迁重建。2011年12月，再次启动了新馆的建设，2013年1月竣工投入使用，新馆占地5416平方米，建筑面积4057平方米，设计藏书容量50万册，可容纳读者座位600个。计算机60台，宽带接入20兆，选用Csln中国图书馆自动化管理系统。

业务建设

截止2012年底，昌宁县图书馆总藏量10万册（件），其中，纸质文献9万册（件），电子图书1万册。

2009–2011年，昌宁县图书馆新增藏量购置费15万元，2012年增至17万元，县财政另拨付设备购置费36万元。2009–2012年年均入藏图书2704种，2012年县纪委在图书馆建立廉政书房，投入了8万元的图书。地方文献入藏完整率为99%。

截止2012年底，昌宁县图书馆数字资源总量为6TB，其中，自建数字资源总量4TB。初步建立起了以《千年茶乡——昌宁》为核心内容的地方文化信息资源特色数据库。

2012年底，图书馆全面实现了图书借阅、管理自动化，2013年年初，实现馆内公共场所无线网络全覆盖。

读者服务工作

从2009年起，昌宁县图书馆全年365天天天对外免费开放，周开放60小时以上。2009–2012年，书刊总流通20万人次，书刊外借32万册次。2012年4月，昌宁县图书馆首个分馆——小寨分馆建成，同年6月县看守所分馆成立，举行了盛大开馆仪式，市、县公安、政法、文化等部门主要领导参加了开馆仪式。此后职校分馆、公安分馆等相继成立，读者借阅量和图书流通量稳步上升。馆外书刊流通总人次，书刊外借册次占到总流通人次的一半。2012年10月，昌宁县图书馆主编的《昌宁农村实用科技信息》季刊创刊，定时向全县13乡镇、125个村农家书屋及相关部门寄送。

2012年底，昌宁县图书馆网站建成并投入使用，栏目设置包含了传统服务、在线点播、特色资源、农家书屋、农文网培学校、文化信息资源共享工程、读者园地等。传播媒介有文字、图片、音频、视频等多种形式，方便读者需求。

2009–2012年，昌宁县图书馆共举办讲座、展览、培训、阅读推广等读者活动40多场次，参与人数10000多人次。特别是“昌宁县全民阅读活动”更是办出了特色，倍受各界关注。2009年，昌宁县人民政府将每年的9月定为“昌宁县全民阅读”，号召全县人民开展阅读，每年对评选出来的优秀读书心得体会文章给予奖励。同时开展“模范农家书屋”，“模范农家书屋管理员”，“阅读之星”等多种形式的活动，促进全民阅读。

业务研究、辅导、协作协调

2009–2012年，昌宁县图书馆职工发表论文6篇，出版著作1部。从2009年起，昌宁县图书馆密切与县新华书店、县残疾人联合会、县供销合作社、县教育局、县文联等单位合作，共同举办读书活动、供销社理事长培训、残疾人阅读、中学生书法比赛等各类活动，活动类型丰富多彩，有长期延续性活动，也有一次性特色活动。

2009–2012年，昌宁县图书馆对基层文化信息资源共享工程服务点、农家书屋、农文网培学校管理员进行了12次以上专题培训。培训分多种方式进行。一是集中培训，就是将全县基层管理员集中到县图书馆进行集中培训。二是分散培训，将各乡镇划片区开展培训。三是直接深入各乡村上门辅导，解决基层管理员在实际操作中出现的问题。

管理工作

2009年，昌宁县图书馆完成第二次全员岗位聘任，本次聘任共设8类岗位，有8人重新上岗，同时，建立了工作量化考核指标体系，每月进行工作进度通报，每半年和全年进行总体工作考核。2009–2012年，共抽查文献排架8次，书目数据8次（每半年抽查1次），撰写专项调研、分析报告和工作提案4篇，编写各部门工作进度通报8篇。

表彰、奖励情况

2009–2012年，昌宁县图书馆共获得各种表彰、奖励6次，其中，省文化厅、省新闻出版局表彰、奖励1次，县级奖励5次。

馆领导介绍

李贵阳，男，1974年12月生，大专学历，馆员，馆长。1994年7月参加工作，1997年3月调入昌宁县图书馆。2005年3月任昌宁县图书馆副馆长，2007年4月任馆长，文化信息资源共享工程

报刊阅览室

电子阅览室

多功能报告大厅

多功能展厅

古籍陈列室

古籍普查

看守所分馆开馆仪式

农家书屋管理员培训

云南省文化厅黄俊厅长在看图书馆自动化服务演示

昌宁县支中心主任。2011年获得了云南省文化厅、云南省新闻出版局农家书屋建设工作先进个人荣誉称号。

未来展望

昌宁县图书馆遵循"平等、免费、高效、创新"的办馆方针，实行"一馆多点"的发展思路，即以县级图书馆为中心，辐射城区建设分馆。结合乡镇文化站图书室，村农家书屋为服务点，形成全县的网状结构，扩大服务辐射区域，带动地区事业发展。2009–2012年，在不断强化自身综合实力的同时，通过总-分馆制度建设，带动了全县公共图书馆事业的整体发展。在做好硬件建设的同时，通过不断创新服务方式，拓展服务范围，积极加强与县直各相关单位密切合作，多渠道开展丰富多彩的读书活动、展览、讲座、培训等。带动图书馆事业全面健康发展。

联系方式

地　址：云南省昌宁县图书馆
邮　编：678100
联系人：李贵阳

玉龙县图书馆

概述

玉龙纳西族自治县图书馆，是原丽江纳西族自治县图书馆的传续。它继承了丽江纳西族近千年的“窥中原文脉，纳百川之精”，“天雨流芳”等治学、好学的古训。

玉龙县图书馆于2003年由原丽江县图书馆分馆成立，2009年3月，由原址黑龙潭解脱林搬迁至玉龙新县城，2009年5月正式对广大读者开放，根据国家相关惠民政策，2011年11月开始对外免费开放。2013年参加第五次全国公共图书馆评估，首次获得县级一级图书馆。

玉龙县图书馆占地面积5000平方米，建筑面积3000平方米，绿化面积2000平方米。总投资875万元，设有办公室、图书外借室、采编室、辅导室、全国文化信息资源共享工程玉龙县级支中心、报刊阅览室、电子阅览室、少儿阅览室、盲人阅览室（共有阅览座位242个）、古籍典藏室、过刊室、多媒体会议室（150个座位）、书库。新馆开馆后，不断添加设施，配置现代装备。投资24万元购买书架、期刊架、阅览桌椅等设施。目前我馆电子阅览室拥有电子计算机45台，接入10兆宽带，为读者提供便利。我馆还进一步配备了摄影机、数码照相机、扫描仪、手提电脑、大型投影仪等现代化设备。

业务建设

目前，我馆拥有藏书10余万册，其中东巴古籍4000余册，东巴画卷200多幅；民国书籍10050册；期刊合订本32882册。每年我馆接待读者2万多人次，流通书籍60000余册。每年购书经费5万元，共享工程前期经费投入12万元，每年维护经费为5万元。为了搞好图书馆免费开放工作，提高图书馆自动化、数字化服务水平，2012年10月玉龙县图书馆实现了“一卡通”读者免费服务工作，新办图书借阅卡3000多张。2012年共接待读者20000人次。

新馆开馆后，不断添加设施，配置现代装备。投资24万元购买书架、期刊架、阅览桌椅等设施。目前我馆电子阅览室拥有电子计算机45台，接入10兆宽带，为读者提供便利。我馆还进一步配备了摄影机、数码照相机、扫描仪、手提电脑、大型投影仪等。

读者服务工作

（一）积极开展文化资源信息共享工程

为了能够充分利用“共享工程”资源，真正实现文化信息资源共享，更好的为广大农民服务，我馆按照资源共享、网络健全、运行有效、惠及农民的原则，以提高农民思想道德素质、科学文化素质为目标，以文化信息资源共享工程为平台，以各乡文化站为依托，以文化教育资源整合为手段，以多媒体教学为方式，全馆工作人员在各级党委政府的关心支持及各乡文化站协调配合下，努力开展“农民素质教育网络培训学校”活动，为社会主义新农村建设培养具有一定科学文化素质和某项专门技能的新型农民。目前，已有16个乡镇挂牌“农民素质教育网络培训学校”，并开展了马铃薯种植、中药材培育、烟草种植技术等网络教育培训活动。每年举办文化共享工程“农文网培学校”培训班。特邀请市图书馆副馆长王松涛等具有丰富经验的老师授课。培训采用讲授、学员现场提问、上机操作、实地考察、结业考试等方式进行。通过培训，有效提高了来自全县16个乡镇的基层文化工作者的专业水平和服务能力。

（二）开展“世界读书日”宣传活动

每年4月23日，玉龙县图书馆根据相关文件要求，积极准备，在玉龙新县城开展世界读书日宣传活动。图书馆全体职工向玉龙县广大人民群众发放宣传单，推广“一卡通”读书卡，推荐新书，还请玉龙县电视台做了相关宣传报道，在玉龙县营造良好的读书学习的氛围。

（三）积极配合“文化大篷车”，开展送书下乡活动

玉龙县图书馆积极配合“文化大篷车”，在玉龙县16个乡镇开展了送书下乡活动，推广了玉龙县图书馆各项惠民服务，进行了“书香玉龙，阅读引领未来”等内容的宣传活动，把知识带到了边远山区，得到了老百姓的欢迎和支持。

（四）开展创建卫生城市活动

玉龙县图书馆根据创建卫生城市文件的要求，努力开展“创卫”活动。多次组织全体职工学习相关卫生文件，了解创卫相关知识以及与每个职工的密切联系，制作“创卫”宣传栏广泛对读者进行宣传教育，制定严格的环境卫生制度，并严格执行，使图书馆的环境卫生更加清新宜人。实施防治“四害”措施，努力消灭病虫害。整理归类相关文字材料。通过活动加强了职工和读者的环境卫生意识。养成良好的个人卫生习惯。

（五）努力打造“东巴文化大讲堂”品牌

东巴文化大讲堂是玉龙县图书馆的一个特色服务项目，是一张含金量很高的名片。2013年年初，东巴大讲堂正式开讲，到现在已开讲十多期，邀请宣科、木丽春、杨国清、李之典等丽江知名文化人来开讲，内容包括东巴文化，纳西族历史文化的许多重点、难点、热点问题。为了打造好这个品牌，我馆

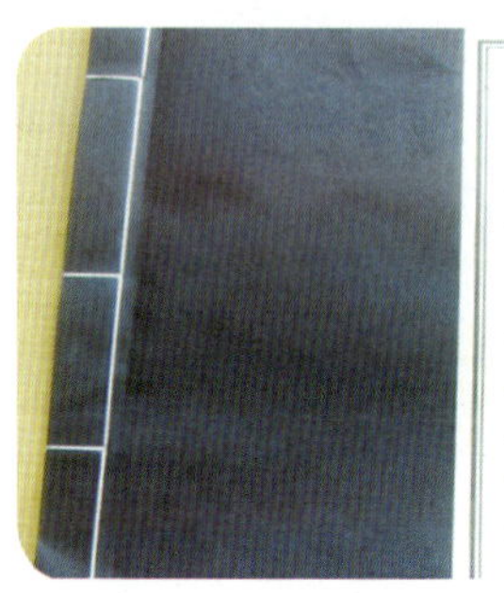

古籍名录

古籍阅览室

下乡放映影片

职工共同努力，做好台前幕后各项服务协调组织工作，打扫讲坛卫生，调试音响设备、灯光效果，准备茶水，每个职工都在这个品牌的可持续发展献计献策，贡献力量。在上级领导的指导、社会各界关心支持和全体职工的共同努力下，“东巴文化大讲堂”越办越好，社会影响力越来越大，对提高职工文化素质，普及纳西族传统文化起到了良好的作用。

（六）开展“三型三用”学习实践活动

按照要求，图书馆积极准备，召开动员大会，制定实施方案，组织专题学习，召开专题民主生活会。按照要求全馆职工深入学习杨善洲精神，并在具体工作中贯彻落实。积极创建服务型基层党组织，优质服务为读者。全面推行调研制度，查找问题解决实际困难。深入开展民情、了解读者对图书馆的各项意见和建议，广开言路聚集民智。深入推广“插甸经验”，通过干部职工挂钩联系制度，新农村指导员制度走进基层，联系群众，特别是通过共享工程农文网培、文化大篷车三下乡等活动来到边远山区，为经济文化落后、信息相对封闭的贫困地区开展一些惠民服务。推广各项要求积极开展学习实践活动。加强组织领导，努力开展工作，取得了阶段性成果。

（七）保护、整理、参展东巴古籍

玉龙县图书馆根据东巴古籍保护的特殊性、必要性，加强了对东巴古籍保护和整理力度，多方争取资金购置保护器材和设备。组织人员培训，学习古籍整理保护的知识。同时还积极参展，实行东巴古籍走出去战略。

业务研究、辅导、协作协调

为了加强对基层单位的协作协调，发挥县级中心馆的作用。作为县市级公共图书馆，根据省文化厅、省图书馆以及市文体局的各项工作要求，及时指导本县各文化站图书室、及共享工程信息技术业务工作，在各项工作中努力起组织、辅导、推动的核心作用。组织文化站工作人员到我馆进行业务培训。每年我馆人员到乡镇文化站进行共享工程设备的安装、调试及维护工作，得到了当地文化站的肯定。开展每年一次的“图书下乡”活动，共送图书10000多册，期刊6000多册。

管理工作

1、业务管理井然有序。图书按《中图法》第四版分类标引，按《中国分类主题词表》主题标引，期刊按《中图法期刊分类表》标引，按《连续出版物著录规则》著录，标引误差率、图书著录误差率在3%以下。坚持每月一次的业务检查，促进业务管理规范化。同时做到书标、馆藏章等规范、统一、整齐、美观。

根据《书库管理细则》、《关于赔偿、罚款的规定》等规章制度开展书库管理，并配备了防火、防盗等管理措施，对破损图书及时修补，及时分类上架读者归还的图书，开架图书排架误差率在3%以下（新书架按大类号排）。

2、制度齐全，有章可循。从大处着眼，小处着手，把完善管理制度、规范行为作为一项重要的内容来抓。我馆制定了《玉龙县图书馆免费开放制度》、《玉龙县图书馆考勤制度》、《玉龙县图书馆财务制度》及各科室各项规章管理制度等，明确了岗位职责，做到全馆设备、物资管理井然有序。年年实行目标责任制，量化考核，动态管理，强化了全馆干部职工的事业心和责任感，不断提高服务质量，效果显著。

表彰、奖励情况

2003年玉龙县图书馆被评为“纳西东巴文献申报世界文化记忆遗产”先进单位；2009年至今，东巴经书《祭拉姆道场·祭茨早吉姆道场尼瓦血湖池边迎接拉姆经》、《延寿道场·镇压仇人经》、《延寿道场·请天神降临经》、《延寿道场·祭胜利神献饭》分别入选第二、三、四批国家珍贵古籍名录，其中《祭拉姆道场·祭茨早吉姆道场尼瓦血湖池边迎接拉姆经》、《延寿道场·请天神降临经》、《延寿道场·祭胜利神献饭》入选参加在北京举行的第二、三、四期国家珍贵古籍特展。玉龙县图书馆是全国唯一一家三次入选全国珍贵古籍名录及参加特展的县级图书馆。

馆领导介绍

李瑞山，男，1968年3月生，大专学历，中共党员，馆员，馆长。1985年3月参加工作，2003年4月任玉龙县图书馆馆长。

未来展望

通过近十年的检查总结回顾，玉龙县图书馆未来需要在以下几个方面努力发展：

玉龙县图书馆计划建立东巴古籍数据库，建立东巴古籍独立网站。最重要的工作计划是准备在省图书馆举办东巴文化古籍珍品展，出版一本东巴文化古籍珍品画册。举办国际性东巴文化古籍学术研讨会。到省外开展东巴文化古籍巡回展。通过这些一系列计划的开展使玉龙县图书馆更好的开发利用东巴古籍这个优势和特色，打造“镇馆之宝”吸引四方来客，并且实现玉龙县图书馆走出去的战略目标，开展展览和各种学习交流活动，扩大知名度和影响力。同时学习先进图书馆的经验，弥补自身缺点和不足。其他方面，继续开展16个乡镇农文网培、共享工程建设的建设，开办培训班与下乡指导相结合。免费开放、一卡通服务等方面要及时总结经验教训从而更好的为读者服务。

联系方式

地　址：玉龙县和风路157号
邮　编：674100
联系人：李瑞山

玉龙县图书馆院景

临沧市临翔区图书馆

概述

临沧市临翔区图书馆始于1924年建立的缅宁县（后改临沧县、今称临翔区）图书馆，为临沧市最早创建的公立图书馆。1932年缅宁县成立民众教育馆，图书馆划归民众教育馆，开设图书阅览室。新中国成立后，1950年缅宁县改称临沧县，民众教育馆改称临沧县文化馆，图书仍包含其中。随着全国经济、社会、文化事业的发展，1987年，图书与文化馆分离，成立临沧县图书馆，为国家共益性文化事业单位。2004年11月临沧撤地设市，临沧县改称临翔区，图书馆改称临翔区图书馆。2006年11月临翔区图书馆新馆竣工，投入使用至今。

业务建设

临翔区图书馆现有职工8人，其中馆员5人，助理馆员2人，管理员1人，具有本科学历人员6人，大专学历1人，中专学历1人。全馆建筑面积1844平方米。图书馆设有采编部、报刊阅览室、儿童阅览室、电子阅览室、地方文献和古籍室、多功能报告厅、书库等业务部室。现有印刷图书10万多册，电子文献300多种，视听文献460件。随着国家对文化事业的重视并加大经费投入，图书馆馆购置经费也明显增加，由原年购置费4万元，增加至12万元。经费投入的增加，既丰富了图书馆的馆藏容量，又拓展了图书馆为社会服务的范围和内容。2011年1月，“临沧市古籍保护中心临翔区分中心”成立，办公地点就设在图书馆内。

九十年来，临翔区图书馆由一个只有几百册图书、仅提供单一的图书借阅服务的小馆，发展为具有图书查询、借阅、收藏；电子阅览；文化信息共享；古籍文献收藏等多功能、数字化、全方位为群众提供服务的综合馆。

图书是知识的源泉，智慧的宝库。临翔区图书馆从优化馆内环境，营造书香氛围，加强制度建设，增添馆内资源，充分发挥图书馆满足读者需求的工作目标出发，自2012年起，年均购买图书4200多册、电子文献300多件，订阅期刊170多种、报纸20多种，以适应不同年龄结构，不同文化层次读者的阅读需求。积极开展效能建设、环境打造等活动，切实提升服务质量和服务水平，读者到馆率明显提高。

读者服务工作

读者年均总流通量达6万多人次，书刊文献外借达7万多册次。多年来，临翔区图书馆十分重视地方文献的搜集和收藏，年平均收集地方文献80多种140多册，现馆藏地方文献1413册。

临翔区图书馆在抓好馆内阵地服务的同时，不断拓宽服务渠道，创新服务形式，克服人员少等实际困难，建立流动图书服务点，以满足群众的精神文化需求。截至2013年底止，已建立图书流动服务点9个，每个流动图书服务点配送各类图书1000册，每三个月彻底更换一次图书，初步建立起面向各族群众的“供书、读书、用书”的长效机制。为了不断扩大流动服务的影响力，图书馆利用世界读书日、全民阅读活动、图书进校园、全国科普日等活动开展图书流动服务。全年流动服务书刊借阅3.5万册次，流动服务书刊年借阅3.9万人次。通过流动图书服务点建设，活跃和丰富了群众文化生活，对改善地区文化环境，提高群众整体素质和地区文明程度等方面都发挥了积极的作用。

此外，图书馆努力开拓读书服务活动的群众参与面，一直以来，每逢春节先后到临翔区青华村等12个村级活动场所开展义务写春联活动，送出对联6000多对。到蚂蚁堆乡、凤翔街道、邦东乡、圈内乡、章驮乡等5个乡镇开展送书下乡工程，送出图书3000多册。同时，为加大宣传，扩大图书馆的影响力，开展了“世界读书日”、“图书服务宣传周”、“临沧首幅百米集锦长卷展”、“十八大书画展”、“地方文献成就展”、“古籍文献展”、“全国科普日”、“讲座”等读书宣传活动39场次，受益2.3万多人次。编印《科普知识》21期，年发放科普资料6000多份。利用图书馆有利条件，免费为社会团体提供服务，先后为临沧诗词协会、临沧书画协会、企业等单位提供讲座和培训活动场地、开展各种活动等78次，参与人数达2.26万人次。

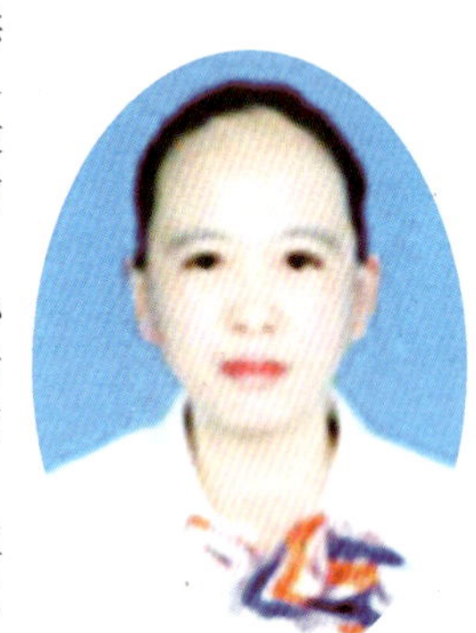

馆长王星宇

2008年在临翔区图书馆成立“文化信息资源共享工程临翔区支中心”，图书馆把文化共享工程建设与服务作为馆内重要工作之一，认真抓落实。目前，区支中心运行正

常，并建成了临翔区文化网。电子阅览室实行免费对外开放，文化信息向社会公开。电子阅览室数字资源总量3TB，与滇西开发网实现了资源共建共享。截止2012年12月底止，图书馆网站访问量达12800多人次，更新信息420多条。临翔区10个乡镇（街道）文化站文化信息资源共享工程基层服务点建设已全部完成，并完成了93个村基层服务点的建设。图书馆派出人员对全区乡镇（街道）、村基层服务点进行指导，建立健全服务体系和服务制度，切实让这一惠民工程落到实处。文化信息资源共享工程既改善了乡镇文化站和村文化室的硬件设施，也实现了文化站、文化室由传统服务到数字化服务的转型。

扎实抓好农家书屋工程建设，是中央实施文化惠民工程的重要决策，也是图书馆工作的重点。2008年以来，图书馆完成了102个农家书屋工程项目的建设，实现了全区行政村农家书屋全覆盖。为加快“共享工程”和“农家书屋”的规范化建设，图书馆除组织乡镇、村人员集中到图书馆培训外，还派专人下基层辅导、培训43场次，参培人员1100多人次。使“共享工程”和“农家书屋”真正成为服务“三农”、方便农民的农村“文化大课堂”。

古籍是一个地方历史和风土人情的记载和写照。临翔区图书馆自2008年以来，就着手当地古籍的普查登记工作。为保证古籍普查工作的顺利开展，举办了乡镇（街道）文化站站长古籍普查培训班。并根据各方面提供和掌握的信息，先后深入到各乡镇、区教育局、区志办、民宗局、茶办、档案局、寺庙等单位和有藏书的私人家中进行普查登记，初步完成对临翔区古籍文献的普查登记工作，共普查登记1912年以前的古籍文献345册，馆藏古籍304册，并制定了保护方案和措施。目前，临翔区图书馆馆藏年代最早的图书为1885年的《资治通鉴》和1887年的《宋本十三经注疏附校刊记》；最早的报纸为1953年7月的《人民日报》。

业务研究、辅导

为切实提高全体职工的思想素质和业务技能，使每个职工通过自身学习和单位培训，能熟练地运用现代科技服务人民，服务社会，图书馆除在馆内组织集中学习外，还组织职工到南京图书馆、上海图书馆、杭州图书馆、普洱图书馆、云南省图书馆、泸西县图书馆、德宏州图书馆、石屏县图书馆等单位进行学习培训共20多人次，提高了职工的业务水平和管理能力，目前，图书馆有数篇业务论文先后在省、市级刊物上发表。

管理工作

完善内部管理机制，提高职工业务和思想素质是做好图书馆工作的前提。为完善机制，确保效能建设各项制度的落实，图书馆制订了《临翔区图书馆工作职责》，分工明确，责任到人，极力激发职工工作积极性和主动性。强化效能问责，严格按制度办事。

表彰、奖励情况

近几年来，图书馆工作越来越受到各级党委和政府的重视，将其作为宣传和建设中国特色社会主义文化的重要阵地给予了极大地关注和支持，并对图书馆工作所取得的成绩给予了充分地肯定。图书馆多次受到上级部门的表彰奖励，其中受市级文化主管部门表彰2次、受临翔区人民政府表彰4次，受临翔区文体广电旅游局表彰4次。2009年临翔区图书馆被评为“国家三级图书馆”，2013年被评为“国家一级图书馆”。

馆领导介绍

王星宇，女，1970年5月生，大专学历，中共党员，馆员，馆长。1991年参加工作，2007年1月调入临翔区图书馆，2011年任图书馆馆长。

未来展望

本馆在今后的工作中，将始终坚持科学发展观，以人为本，统筹兼顾，认真贯彻执行党的基本路线和各项方针、政策，在政治上、思想上、行动上要和党始终保持高度一致，坚持把加强学习摆在重要位置，提高图书馆工作人员的综合素质，不断增强自我发展的能力，充分利用馆内现有文献资源优势，全面地发挥好图书馆的各项功能和作用，深度大规模开发和利用馆藏文献信息资源，为读者服务，努力适应新形势、新任务对图书馆的要求，使图书馆满足读者的需求，让更多的人走进图书馆，利用图书馆。

在人们眼中，图书馆工作是一项极其平凡的工作。然而，就在这平凡岗位上从事图书工作的人，深感自己在服务经济社会发展，提高国民素质，普及科技知识，传播先进文化，促进精神文明建设等方面之责任重大。

九十年辛勤耕耘，九十年发展创新。面对未来，“而今迈步从头越”。平凡而充满生机的图书馆事业必将蒸蒸日上，迎来更加光辉灿烂的明天。我们充满信心。

联系方式

地　址：临沧市临翔区图书馆
邮　编：677000
联系人：王星宇

大姚县图书馆

概述

大姚县图书馆始建于1983年3月，它几经风霜，从与文化馆合建，到有独立建制，最后发展成为馆内具有功能齐备的免费服务窗口，馆外建有涵盖全县乡镇图书流通网点的“国家一级公共图书馆”。图书馆旧址位于县城新大街，占地面积1503.67平方米。2011年，新馆竣工投入使用，占地5.5亩，总建筑面积为2507.49平方米，活动场所建设面积（含绿化带）1230平方米。图书馆大楼坐北朝南，两楼一底。一楼设有目录大厅、外借室、支中心电子阅览室、多功能培训教室（报告厅）、采编室、农村图书流通与业务辅导室、读者自修区域、免费开放存包柜、免费开放公告栏及标识牌、值班室。二楼设有书库、过期报刊室、电教展厅、馆办公室、档案室、会议室、计算机信息资源加工室。三楼设有馆长办公室、成人科技阅览室、儿童阅览室、地方文献室、《科技文摘信息》编辑室。馆内设有十二个业务室（其中九个服务窗口，主要是通过图书外借、馆内阅览、咨询解答、资料查询等方式为广大读者免费服务），有阅览座席207个，阅览桌42张，书架、书柜35组，电脑33台，服务器4台。有工作人员8名：主任科员1人，馆员3人，助馆3人，高技工1人。3人本科学历，5人大专学历。

业务建设

大姚县图书馆经过长期在采购、收集、加工、贮存图书文献，丰富馆藏方面不懈的努力，基本上形成了具有一定特色的本馆藏书体系，普通图书二十二大类俱全，根据读者的需求，具有学科范围广、综合性能强的特点。到2013年底馆内藏书72825册，其中入藏地方文献60种，5820册，收藏古籍文献1242册，含有部分善本，收藏了从1960年至2013年的93种报刊，共15322册。馆藏图书依据《中图法》第五版分类，普通图书严格按《中文普通图书著录规则》著录，设有目录4套，目录种类为书名目录、分类目录和著者目录三种，其中地方文献、期刊设专门目录。县财政每年预算专项购书经费从3万元增加到2013年的5万元，年均征订各种报刊杂志150种。

读者服务工作

从2011年6月起，大姚县图书馆免费开放工作全面展开，馆内实现全年天天向社会免费开放服务，每周开放70小时。图书馆工作人员始终以“读者至上、服务第一”的主旨，做好馆内、馆外各项服务工作，年均馆内、馆外服务读者126700人次、131380册次。其中年均外借66820人次，阅览39988人次，县支中心年均服务读者19892人次；年均建立图书流通站、服务点6个；年均为特殊群体、弱势人群免费送书上门服务10次，年均开展读者活动15次，每年到县级部门、乡镇文化站、社区、学校图书室进行业务辅导33次。每年举办的“世界读书日”、“服务宣传周”活动内容丰富，形式多样。经常组织儿童读书活动，设参考咨询无偿服务，跟踪服务15个点。同时为满足基层读者对科技信息的需求，图书馆结合县情，积极收集整理各类科普知识，自1995年起坚持编印创办、免费发放大姚县《科技文摘信息》资料，每年四期共1000份。送往县四班子领导、县级各委办局及全县各乡镇综合办、文化站、科协、农科站、林业站、各村委会，为“三农”服务，深受好评。

2013年5月建立了大姚县图书馆网站。网站主栏目包括：图书馆概况、县图书馆（乡镇文化站）工作动态、地方文献、文化共享工程、馆藏资源、图书全文检索、推荐阅读、大姚风光、农家书屋、读者服务10个，下设29个子栏目，内容丰富详实，目前网站的访问量达到16万次。

业务研究及获奖情况

1992年－2012年，大姚县图书馆职工发表论文35篇，2013年编印出版图文并茂的《云南省大姚县图书馆》一书和《大姚县图书馆善本书名录及导读》稿本。

1993年12月被云南省文化厅评为“先进图书馆”；1994年12月被楚雄州文化局评为“先进图书馆”；1996年12月荣获楚雄州文化局“图书馆服务宣传周”活动先进集体；同年被中共大姚县委评为“先进党组织”；1997年3月中共大姚县委、县人民政府授予“文明单位”称号；1999年1月荣获楚雄州文化局“图书馆服务宣传周”、“送书下乡”活动先进单位；2003年4月被楚雄州文化局评为公共图书馆工作“先进单位”，7月被中共大姚县委、县人民政府评为文化工作“先进集体”；2007年1月被县文体局评为“先进集体”；2009年1月被国家文化部评定为国家“二级公共图书馆”，2013年被国家文化部评定为国家“一级公共图书馆”。

管理工作

大姚县图书馆以“培养人才、留住人才、用好人才”为指导思想，在管理上逐步深化，向着制度化、规范化、科学化的方向发展。在工作中，按岗位要求，取人之长，用好人才，发挥其特长。县图书馆从1988年到1996年有4人编制，1997年至2010年6人编制，2011年至今有8人编制。几年来，在人员管理方面实行了以馆内结构工资制为主体的改革，为适应文化改革和发展的需要，进一步深化县图书馆内部管理，推行了按需设

馆长吴竹林

云南省图书馆王水乔馆长检查指导古籍工作

县委常委宣传部部长肖燕到图书馆外借室调研

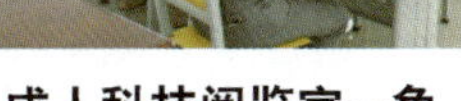
成人科技阅览室一角

电子阅览室一角

馆外图书流通网点

岗、竞争上岗和绩效工资奖惩的机制，实行全员合同制、岗位责任制聘任管理，一方面严格执行各项规章制度，将责任落实到个人，逐步提升打造免费开放服务工作；另一方面合理设置岗位，对原有业务岗位进行了调整，聘任相应人员的工作岗位，不能胜任者，送出去培训或馆内培训，职工中互帮、互教、互学、互信、互爱。

馆领导介绍

吴竹林，男，1958年10月出生，大专学历，中共党员，享受正科级干部待遇，馆长。1977年6月参加工作，担任过大姚县文体局副局长，1999年被楚雄州委、州人民政府评为“突出贡献专业技术人才”享受政府特贴，在国家、省、州、县级报刊上发表过数篇论文。

赵海燕，女，1977年9月出生，大专学历，馆员，副馆长。1997年12月毕业分配到县图书馆工作。

未来展望

大姚图书馆以《全国公共图书馆事业发展“十二五”规划》为发展蓝图，进一步增强活力，提高效能，加强我们图书馆与其他图书馆的知识共建共享，把图书馆建设成为真正能满足人民群众文化需求的重要阵地。今后的图书馆：设施网络覆盖城乡、服务网络惠及全民、数字图书馆建设与服务加快推进、文献资源保障能力不断提高、人才队伍建设有效加强、法制保障体系日益健全、管理体制机制改革创新。服务理念以人为本、开拓创新、迎难而上、与时俱进，将大力推行“人才兴馆”、“服务立馆”、“业务强馆”、“科技擎馆”、“管理树馆”五大战略，深入实施“文化信息资源共享工程”、“古籍保护工程”、“农家书屋工程”、“数字图书馆推广工程”四大工程，以文化乐民——服务农村，文化育民——服务农民，文化富民——服务农业的办馆理念，逐步向网络化、数字化、自动化发展，为打造“文化旅游名县”提高全民族文化素质，为全面建成小康社会做出图书馆人应有的贡献！

联系方式

地　址：云南省楚雄州大姚县金碧镇龙祥路
邮　编：675400
联系人：吴竹林

禄丰县图书馆

概述

禄丰县图书馆始建于1979年，老馆建筑面积649平方米，县委、县人民政府为改善我县图书馆与社会经济发展不相适应的落后面貌，于2006年新建禄丰县图书馆。为广大人民群众提供一个良好的学习环境，2010年投入使用，新馆建筑面积2038平方米。

县图书馆现有干部职工5人，本科文化的2人，大专文化的3人，取得副高级职称1人、中级职称的4人。内设综合阅览室、外借室、采编室、农村图书流动辅导室、地方文献室、少儿阅览室、电子阅览室、多媒体教室、历史文献资料室、过刊、报库资料室、共享工程县级支中心和办公室等11个窗口为群众服务。图书馆服务实现网络化管理服务。

业务建设

到2013年底有馆藏资料9.6万册。藏有古籍文献资料393册，《四库书全书》一套，馆藏报刊最早收藏的有1963年的报党刊，视频资料1173件，电子图书期刊257件。阅览座席280个，电子阅览室为读者提供上网查阅的计算机46台。2013年，参加第五次全国公共图书馆评估，首次获得一级图书馆。

读者服务工作

1、拓展服务内容，提升服务水平

自2009年云南省在全国首创文化信息资源共享工程农民素质教育网络培训学校以来，禄丰县已建成县级支中心1个，14个乡镇综合文化站建立起“农文网培学校”，157个村委会建立起分校。通过整合乡镇综合文化站、村文化室的设施、设备、人员、信息等资源，根据当地的实际和农民的需求，建立直接服务“三农”的农民学校。禄丰县“农文网培学校”很好地整合了全国文化信息资源共享工程和农村公共文化服务的设备设施、人员和信息等多项资源，不仅为当地村民学习知识和现代生产技能提供了场所，还为村民学习历史文化、传习传统文化提供了条件，创新了全国文化信息资源共享工程基层服务点的运行方式，增强了服务群众的能力，较好地体现了“文化乐民、文化育民、文化惠民”，取得显著成效，形成先进办学经验和模式。云南省楚雄州“农文网培学校”已被文化部列为公共文化服务体系的示范项目2013年4月初通过文化部验收。

2、组织开展好读书宣传活动

在“图书馆服务宣传周”、“公民道德宣传日”、“科普宣传日”、“全民读书月”等节日组织开展读书活动和图书宣传。如：组织开展“历届茅盾文学奖获奖图书推荐”“红色经典图书推荐”、“三读活动图书推荐”等阅读推广活动。利用大厅电子显示屏、和新书推荐宣传单等形式及向读者推荐介绍新书好书，在电子阅览室开展“电子图书阅读”活动。利用电子屏幕滚动宣传，发放宣传单1600多份。使广大读者随时了解图书馆，利用图书馆，多读书、读好书起到了一定的推介作用。开展的活动情况及时编辑信息上报宣传。文化共享工程禄丰县级支中心，在每个周末、节假日期间积极组织视频资源开展知识讲座、电影、动画片展播活动等。这些活动的开展，极大的丰富了群众的文化生活。

3、做好特殊群体服务工作

电子阅览室为青少年朋友提供绿色上网空间，为农民工服务年平均接待读者1.6万多人，阅览室年平均接待老年读者7200人次。1997年至今，与县武警中队、看守所、县消防大队、结为警民共建单位，在丰富警营文化生活的同时，协助他们做好犯罪嫌疑人的思想工作，10年来，坚持送书为高墙内的特殊读者服务。流通图书7000多册，服务35000多人。与县残联在惠民路，共建残疾人书屋一个为弱势群体服务。

县图书馆天天为读者开放，每周开放时间在62.5小时以上。新办图书借阅证1048个、年增加图书1538册，订阅报纸杂志合计为255种。年平均年接待读者8万人次，图书外借、期刊阅览105688册次；历史文献室、地方文室为群众提供咨询63人次，243册次；电子阅览室为未成年人服务12382人次，为进城务工人员提供服务2400人次；多媒体教室为为群众播放科教片、讲座、电影、动画片等56次，14648人次，举办培训班2期，培训人员90人次。辅导乡镇、村图书室16次，42人；组织开展送书下乡12次。为乡镇、村农文网培学校配送光盘资源896张，2604GB。编辑二次文献资料《小戏小品》3期，发放到业余文队120册。编辑《共享工程信息》、《农家书屋建设》工作信息40期。

业务研究辅导

1、指导乡镇文化站开展好工作。图书馆对乡镇文化站的图书室、农文网络培训学校、农家书屋建设工作有指导和辅导的任务。年平均辅导乡镇图书室、村级文化室、社区图书室开工作28次，培训人员140人次；组织举办培训乡镇文化站长和基层管理员培训班2期，使乡镇、村图书室建设形成规范化管理，提高书刊的利用率，为农村群众提供丰富的学习资料。

2、是积极参加业务研究。在加强政治学习的同时，重视职工的业务学习，每季度组织一次业务学习交流。鼓励职工参加本系统的业务研究。2009年以来，全馆干部职工注重业务知识的学习实践。积极参加省、州业务主管部门组织的学习培训，不断提自身政治素质和专业业务能力，撰写的论文在州级以上刊物发表专业论文共10篇。

管理工作

为确保服务质量，禄丰县图书馆根据工作实际，不断改善服务条件，一是建立健全各项规章制度。制定了消防、治安等突发事件应急预案，完善应急处置机制，全面排查消防和安全保卫措施，定期检查运行情况，确保免费开放后的公众安全，资源安全设施设备安全。二是增加图书和设备。积极争取各方的大力支持，增加了部分图书和设备，如：LED显示屏、存包柜、休息桌椅、下班配乐温馨提示等，为人民群众提供了舒适、温馨的服务，提升了免费开放服务质量。三是提升图书馆数据库建设。禄丰县图书馆全体工作人员根据工作需求，加强学习，不断更新业务知识，现已熟练按标准分编、录入书目数据，熟练使用图书馆业务自动化系统进行图书采购、编目、典藏、流通借阅、期刊管理、馆藏查询、报表统计等业务自动化管理服务。光纤接入10兆，图书馆实现自动化管理，选用中国图书馆网自动化管理系统。

表彰奖励

全馆干部职工团结干事，努力工作，取得了较好成绩。2010年，陈丽燕被省文化厅评为“云南省基层文化工作先进个人”，胡桂芬被云南省新闻出版局评为“云南省农家书屋建设先进个人”，图书馆荣获“楚雄州农家书屋阅读演讲活动优秀组织奖”。2012年，县图书馆被县委评为“创先争优先进党组织”和“学习型党组织先进集体”。县委表彰的先进个人2人；受到县委宣传部和主管局表彰的集体和个人奖15个。

馆领导介绍

胡桂芬，女，1963年10月生，大专文化，中共党员，副研究馆员，馆长。1983.8参加工作，2000年任图书馆馆长至今，多次参加图书馆专业知识培训，发表的图书馆工作研究论文共7篇。2006年，参加“全国文化信息资源共享工程试点县工作”研究，2010年，参加国家公共文化体系建设“农民素质教育网络培训学校示范项目建设”工作研究。两个项目顺利通过国家文化部检查验收。

陈丽燕，1970年1月出生，1988年12月参加工作，中共党员，本科学历，馆员。2000年4月至今任禄丰县图书馆副馆长。多次参加图书馆专业知识培训，发表的图书馆工作研究论文共4篇。2006年，参加“全国文化信息资源共享工程试点县工作”研究，2010年，参加国家公共文化体系建设“农民素质教育网络培训学校示范项目建设”工作研究。两个项目顺利通过国家文化部检查验收。

联系方式

邮　编：651200

联系人：胡桂芬

个旧市锡都图书馆

概述

锡都图书馆原名个旧市图书馆，始建于1956年8月，馆址几经变迁，2009年，位于个旧市金湖文化广场的新馆竣工。新馆建成后，更名为锡都图书馆，建筑面积5800平方米，设计藏书容量40万册，可容纳读者座位600个。2010年5月，新馆正式免费对外开放。2012年，锡都图书馆有读者座位471个，计算机67台，信息节点412个，宽带接入10Mbps，选用ILAS（Ⅲ）图书自动化管理系统。1994年，参加第一次全国公共图书馆评估，获得一级图书馆。

业务建设

截止2012年底，锡都图书馆总藏量30.8万册（件），其中，纸质文献30.7412万册，电子文献588种。

2010年、2011年锡都图书馆新增藏量购置费10万元，2012年增至20万元。2009—2012年，共入藏中文图书15063种、17900册，视听文献270件。2012年，入藏中文报刊360种，地方文献入藏完整率为90%。

截止2012年底，锡都图书馆数字资源总量为7TB。

2010年，选用ILAS（Ⅲ）图书自动化管理系统，以适应图书馆服务联盟建设的需要。

读者服务工作

从2010年5月起，锡都图书馆全年365天对外免费开放，每周开放60小时。2010—2012年，书刊总流通45.5045万人次，书刊外借20.7487万册次。2010年11月，开通与红河学院图书馆馆际互借服务。2010—2012年，在个旧市乡镇、社区建成5个分馆，馆外书刊流通总人次0.251万人次，书刊外借0.574万册次。2012年，为州委、州政府主办期刊《红河》“好书推荐”栏目推荐新书60种。

锡都图书馆在做好常规服务的同时，针对不同群体开展特殊服务。在有关部室配置残疾人电脑和盲文图书，开展残疾人阅读活动；在少儿馆针对未成年人成长特点，开辟独立空间作为素质教育基地；作为个旧市廉政教育基地，先后设立廉政视听室、廉政书屋，为政府部门党风廉政建设工作提供教育信息平台。

2012年，锡都图书馆开通官方网站，网站访问量达到1.231万次。

2011—2012年，锡都图书馆共举办讲座、展览、培训、阅读推广活动54场次，参与活动人数达2.35万人次。锡都图书馆利用文化共享工程平台，开展文化惠民活动，每周五晚面向市民免费播放影片，是锡都图书馆阅读推广工作的特色。

业务研究、辅导、协作协调

2009—2012年，锡都图书馆职工发表论文8篇。

2010年，与云南省图书馆签订联合编目协议，实现了书目数据资源的共建共享。

从2009年起，锡都图书馆依托“文化信息资源共享工程”，构建了以锡都图书馆县支中心为龙头，乡镇文化站（社区）基层站点、村服务点为纽带的市、乡、村服务网络。截至2012年底，服务网络覆盖全市26个社区、9个乡镇、75个村委会、2个部队分馆。读者只要登录图书馆网站，就可以浏览、查阅图书馆信息。

锡都图书馆每年充分利用“三下乡”、“文化共享工程”、“农家书屋”、“农民网培学校”等活动，不定期到乡镇文化站开展业务指导辅导工作。2009—2012年，到个旧市9个乡镇、社区开展共享工程业务检查指导56次，辅导840人次。

2009—2012年，锡都图书馆面向基层乡镇社区文化站、农家书屋从业人员举办全国文化信息资源共享工程、古籍普查与保护、图书资料管理、电子阅览室管理与使用等方面业务培训共4次，培训人员567人次。

管理工作

2009年，锡都图书馆制定《锡都图书馆岗位设置实施办法》、《岗位说明书》，聘任专业技术岗位13人，工勤岗位2人，管理岗位1人。同时，出台《锡都图书馆岗位设置量化考核制度》，并与各部室签订目标责任书，每年进行工作量化考核。2009—2012年，共抽查文献排架4次，书目数据4次，撰写专项调研、分析报告和工作提案6篇。

表彰、奖励情况

2009—2012年，锡都图书馆共获得各种表彰、奖励22次。其中省级表彰、奖励2次，州级表彰、奖励2次；市级表彰、奖励15次；其他表彰、奖励3次。

二楼少儿馆一角

负一楼多媒体室

党风廉政教育学习

共享工程进校园

馆领导介绍

胡浩宇，男，1966年5月生，大专学历，副研究馆员，馆长。1988年1月到个旧市图书馆参加工作，先后在期刊部、典阅部、古籍部等部门工作，任主任、副馆长等职。2006年任馆长，分管全馆行政业务工作。兼任红河州图书馆学会常务理事。

钱俊，女，1963年10月生，本科学历，副研究馆员，党支部书记。1990年6月参加工作。1998年到个旧市图书馆工作，任党支部书记，分管党务工作。

张苑欢，女，1980年11月生，本科学历，馆员，副馆长。2003年1月到个旧市图书馆参加工作，先后在典阅部、采编部、技术部工作，任主任等职。

赵淑芳，女，1977年12月生，本科学历，助理馆员，副馆长。1997年12月服役于云南省军区，2002年12月到个旧市图书馆工作，先后在典阅部、少儿馆、期刊部、办公室、文化共享工程部等部门工作，任主任等职。

未来展望

锡都图书馆遵循“读者至上，服务第一”的办馆方针，未来将着手从以下几个方面推进工作，一是加快信息时代图书馆现代化、数字化建设步伐，培养数字资源建设型人才；二是拓宽公共图书馆服务渠道，扩大辐射带动范围。依托文化共享工程，继续完善流通点、分馆各项服务功能；三是加强软硬件建设，推陈出新，保障公众基本文化权益，不断巩固夯实一级馆根基。

联系方式

地　址：个旧市金湖东路金湖文化广场旁
邮　编：661000
联系人：李宗元

开远市图书馆

概述

开远市图书馆始建于1979年。现馆位于市灵泉东路188号，于1992年建成投入使用，占地面积6887.16平方米，馆舍面积4167平方米，书库为软硬层构建，共六层，设计藏书容量60万册。1994年，参加第一次全国公共图书馆评估，获得二级图书馆。2012年，开远市图书馆有阅览座位244席，计算机43台，信息节点134个，宽带接入10Mbps，选用CSLN中国专业图书馆网自动化管理系统。2013年，参加第五次全国公共图书馆评估，首次获得一级图书馆。

业务建设

截止2012年底，开远市图书馆总藏量149540册（件），其中，纸质文献138532册，电子图书10008册，视听文献1000件。

2011年，开远市图书馆新增藏量购置费6万元，2012年增至17万元。2009—2012年，共入藏中文图书11681种，19456册，中文报刊236种，视听文献351件。2009—2012年，入藏地方文献图书47种，61册，报纸合订本4种，48册，报纸电子文献1种。

截止2012年底，开远市图书馆数字资源总量为6.23TB，其中，文化信息资源共享工程数字资源总量为1.07TB，外购数字资源总量为5.16TB。

2010年，通过CSLN中国专业图书馆网自动化管理系统，启动实施开远市图书馆总分馆建设。2013年，馆内实现无线网络全覆盖。

读者服务工作

从2011年4月起，开远市图书馆全面实施“免费开放”服务，对社会承诺全年无休，每周开放63小时。实现“藏、借、阅、询、查、管”多元一体化服务，最大程度对读者开放馆藏资源，满足读者需求。2009—2012年，书刊总流通389248人次，书刊外借266492册次。2010年，利用CSLN中国专业图书馆网自动化管理系统搭建馆际互借平台，与选用同一系统的图书馆开展馆际互借工作。2009—2012年，建立2个分馆，4个流通服务点，馆外书刊流通总人次34631人次，书刊外借29812册次。

2009—2012年，开远市图书馆网站访问量1032023次。

2009—2012年，开远市图书馆共举办讲座、展览、培训、阅读推广等读者活动316次，参与人数179520人次。以《开远市讯》手机报为平台，每周一期“好书分享”的阅读推广活动，是开远市图书馆阅读推广工作的特色。

业务研究、辅导、协作协调

2009—2012年，开远市图书馆职工发表论文10表，撰写调研报告2篇。

为保证基层图书馆更好的发挥职能作用，2009—2012年，下基层图书馆（室）辅导107次，428人次；举办业务培训班16次，96课时，326人参与培训。

管理工作

2009年，开远市图书馆完成了第二次全员岗位聘任，设立11个岗位，明晰了岗位责任，理顺了岗位级次。同时，出台相应的考核制度，每半年进行一次业务工作考核，年终对图书馆全年工作进行综合考核，考核成绩与全馆奖励性绩效工资挂钩。2009—2012年，检查书目数据13次，抽查图书排架22次，撰写工作提案、分析报告4篇，编写各部室业务通报8篇。

表彰、奖励情况

2009—2012年，开远市图书馆共获得各种表彰、奖励20次，其中，州级表彰、奖励4次，市级表彰、奖励7次，其他表彰、奖励9次。

馆领导介绍

牟建昆，男，1969年12月生，大学学历，中共党员，馆长。1991年7月参加工作，历任开远市广播电视局副局长、文化体育和广播电视局副局长，2011年兼任开远市图书馆馆长。

李蓓，女，1968年6月生，大专学历，中共党员，副研究馆员，党支部书记、副馆长。1988年12月到开远市图书馆参加工作，先后在流通部、参考咨询部、办公室、采编部等部门工作，任主任等职。2011年任开远市图书馆副馆长，分馆党务和全馆业务工作。

展望未来

作为一个县级公共图书馆，“开放、平等、免费”是开远市图书馆一直秉持的服务理念。2009—2012年，履行公共文化服务职能的开远市图书馆，为了真正体现文化关怀、文化享有、文化均等原则，不断摸索出一条适合本地乡镇、社区、企业文化服务的模式，建立了两个城乡分馆，五个流通服务点。

在今后的工作中，一是进一步完善服务功能，扩大服务辐射区域，更有效地在乡村、社区、机关、学校、军营、监区建立分馆，建成以市图书馆为中心，覆盖全市的图书馆服务网络，构建起开远市城乡一体化公共图书馆服务体

报刊阅览室

电子阅览室

展览厅

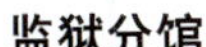

监狱分馆

报告厅

有声经典放映活动

系。使每一位社会成员都具备自由、平等、免费地获取和利用知识信息的权利，实现知识信息的公平分配。二是依托滇东南工业中心城市这一平台，主动嫁接社会资源，联合文化公司，创办“儿童绘本主题馆”，开展绘本展示、语言教育、儿童阅读指导、亲子共读和故事会等阅读活动。通过绘本来打开孩子的阅读之门，从低幼儿开始培养读者群体，让阅读融入孩子的每个成长阶段。使阅读活动从社会公众被动接受向主动参与转变，活动载体从馆内资源向社会资源延伸，活动的影响也从亮点出彩向经常化、正常化提升，以此提高开远市图书馆的社会影响力和感召力，走出一条“公司搭台，文化唱戏”的公共图书馆服务新模式，并将其打造成为本馆独具特色的文化品牌活动，真正做到服务立馆。

联系方式

地　址：云南省红河州开远市灵泉东路188号
邮　编：661600
联系人：黄 杰

文化墙

石屏县图书馆

概述

石屏县图书馆创立于民国元年（1912年），由先贤袁嘉谷先生倡议，始设于南门公米店西楼上，称“石屏图书馆”。1950年，成立“石屏县人民图书馆”，后并入石屏县文化馆，称“石屏县文化馆图书室”，1980年，更名为“石屏县图书馆”。1987年，在古城文庙东侧独立建盖了面积为975平方米的藏书楼，挂牌称“云南省石屏县图书馆”。1994年，参加第一次全国公共图书馆评估，获得三级图书馆。2007年7月，位于县城文化公园湖滨路1号的新馆建成开放。新馆占地1282平方米，建筑面积3328平方米，设计藏书容量40万册，可容纳读者座位800个，根据现代图书馆发展趋势，新馆与现代化管理接轨，全部业务采用计算机系统管理。2009年，参加第四次全国公共图书馆评估，首次获得一级图书馆。2012年，为适应读者阅读需求，改建多媒体教室、多功能会议室80平方米；改建读者交流书吧40平方米。2012年，有阅览坐席286个，计算机59台，信息节点110个，宽带接入10Mbps，选用CSLN中国专业图书馆网自动化管理系统。

业务建设

截止2012年底，石屏县图书馆总藏量22.915万册（件），其中，纸质文献22.8913万册（件），电子图书237册。

2009—2012年，石屏县图书馆新增藏量购置费共56万元。共入藏中文图书8600种、2.0285万册，视听文献136种。2012年，入藏中文报刊345种。2011年，地方文献入藏完整率为96%。

截止2012年底，石屏县图书馆数字资源总量为6TB，其中，自建数字资源总量14GB。2009年建成“走进花腰彝”专网。2012年自建《石屏地方文献数据库》。2009年，选用CSLN中国专业图书馆网自动化管理系统实现了总分馆建设。2012年，实现馆内10M光纤无线网络覆盖。

读者服务工作

从2010年1月起，石屏县图书馆全年365天对外免费开放，每周开放66.5小时。2009—2012年，书刊总流通94.2万人次，书刊外借26.4万册次。2009年，建成9个分馆。2009—2012年，有2个部队、3个自然村图书流动服务点、115个村委会“民兵之家图书室”，每个服务点图书室配备图书400册，以定期流动的方式开展部队、农村图书借阅服务。2009—2012年，馆外书刊流通总人次2.7万人次，书刊外借6.3万册次。

2009—2012年，石屏县图书馆网站访问量229.76万次。2012年，开通石屏县图书馆微博，开发移动博客平台。截止2012年底，石屏县图书馆发布使用的数字资源总量为152种，14GB，可通过石屏县图书馆网站检索、浏览。

截止2012年底，共建成“文化共享工程”县级支中心1个、基层站点9个、村级服务站点113个、农文网培学校9个，并指导基层站点开办民族文化夜校，开展农民素质教育培训。

石屏县图书馆在满足一般读者需求的基础上，重视社会弱势群体平等获取文献信息的权利，为未成年人、老年人、残疾人开展文献借阅、主题活动、讲座等特殊服务。并在做好馆内服务的同时，着力开拓馆外服务，走出馆门，深入基层，积极开展送书进校园、进军营、进特色农业种植村活动。为弘扬读书风尚，促进读者综合素质的提高，吸引读者充分利用图书馆各种文献信息资源，每年评选“读者之星”，给予表彰奖励并举办颁奖晚会。

2009—2012年，石屏县图书馆共举办各种讲座、展览、培训、阅读推广等读者活动206场次，参与人数8.4万人次。

业务研究、辅导、协作协调

2009—2012年，石屏县图书馆职工发表论文8篇，出版专著1部。设计并发行石屏县图书馆百年馆庆《七彩瓷韵》茶具一套。

从2009年起，石屏县图书馆依托CSLN中国专业图书馆网自动化管理系统，在全县9个乡镇综合文化站实施总分馆制，所有分馆开始了基于统一系统平台的文献借阅服务，在全县范围内实现“一卡通”通借通还和信息资源的共享。期间，举办培训班2期，培训人员20人次。

2009年—2012年，石屏县图书馆以“文化共享工程”为依托，组织开展乡镇基层站点、农民网络培训学校、村级服务站点的业务培训16期，培训人员650人次。

管理工作

为保证图书馆各项业务工作的顺利展开，石屏县图书馆制定了岗位职责、管理制度、上岗条件、服务规则等各项规章制度，使各项工作有章可依，保证了内部管理的有序。对11个工作岗位实施每年一聘制度，合理调整工作岗位，同时，建立了工作量化考核指标体系，每月进行工作进度通报，每半年和全年进行总体工作考核。2009—2012年，共抽查文献排架16次，书目数据8次，撰写专项调研、分析报告和工作提案8篇，编写各部门工作信息36篇。

图书馆综合阅览室

图书馆少儿室

图书馆大厅

哨冲分馆图书阅览室

举办“牵手夕阳，情暖空巢”活动

与异龙分馆组织基层农文网培分校校长培训

表彰、奖励情况

2009–2012年，石屏县图书馆共获得各种表彰、奖励19次，其中，文化部表彰、奖励3次，州委、政府表彰奖励6次，县委、政府表彰、奖励9次，其他表彰、奖励1次。

馆领导介绍

孙艳萍，女，1962年3月生，大学专科学历，副研究馆员，馆长。1982年参加工作，1988年到石屏县图书馆工作，2003年任图书馆馆长。2011年，兼任红河州图书馆学会副理事长。

杨柳，女，1964年11月生，中专学历，高级工，副馆长，1978年参加工作，2000年到石屏县图书馆工作，2012年任图书馆副馆长。

未来展望

石屏县图书馆秉承“汇集四面信息，服务八方之众”的办馆理念，在新的挑战与机遇面前，确立了新的战略目标。2009–2012年，在不断强化自身综合实力的同时，通过总分馆制建设，形成总馆、分馆、流通服务点和“民兵之家图书室”的石屏县图书馆集群网络服务体系，推动了全县公共图书馆事业的整体发展。2013年，对图书馆一楼阅览大厅进行提升改造，更加完善了图书馆的服务功能，阅览座位增至336个，年服务人次达32万人次以上，数字资源设计存储能力10TB，能够为读者提供方便、快捷的信息服务。2014年开通移动图书馆、有声图书馆服务。2015年将在图书馆门口建设105平方米的科普文化长廊；在三楼扩建300平方米的科普知识展室。未来的石屏县图书馆将紧跟时代步伐，根据国家一级图书馆的标准，不断完善馆内软硬件设施建设和数字化图书馆建设，使之成为资源更丰富、设施更先进、环境更优良、服务更到位的一流县级图书馆。

联系方式

地　址：云南省红河州石屏县异龙镇湖滨路1号
邮　编：662200
联系人：孙艳萍

图书馆外貌

弥勒市图书馆

概述

弥勒图书馆成立于1980年1月，1987-1989年，投资94.5万元在髯翁公园西侧兴建一幢占地4000平方米、三楼一底共四层的“弥勒图书馆”大楼。1990年5月，图书馆迁入新馆，馆舍面积2475平方米，设计藏书容量35万册，可容纳读者座席320个。2004年，参加第三次全国公共图书馆评估定级，首次荣获“国家一级图书馆”。2000-2012年，经几次改扩建，馆舍面积3119.2平方米。2012年，有读者座席400个，计算机71台，信息节点130个，宽带接入10Mbps，选用CSLN中国专业图书馆网自动化管理系统。2013年，弥勒县撤县设市，弥勒县图书馆变更为弥勒市图书馆。

业务建设

截至2012年底，弥勒图书馆总藏量117982册（件），其中，纸质文献116052册，视听文献1280件，电子图书650种。

2009年，新增藏量购置费10万元，2010年增至13万元，2011年增至15万元，2012年增至20万元。

2009-2012年，共入藏中文图书15036种，26072册，中文报刊350种，视听文献181件，地方文献835种，1974册。

截止2012年底，弥勒图书馆数字资源总量5TB。其中：数字文化共享工程资源4.5TB，自购资源和收集地方资源0.5TB。在建数据库《弥勒市地方文献数据库》。

2009年，将图书馆自动化管理系统ILAS小型版改为CSLN中国专业图书馆网自动化管理系统，以适应总分馆建设服务的需要。2012年馆藏中文书刊书目数字化达100%。

读者服务工作

2011年1月，弥勒图书馆所有服务项目，服务场地全部免费对外开放，所有藏书全部开架借阅，每周开馆时间63小时，实行天天开门服务。

2009-2012年，弥勒图书馆书刊总流通234000人次，书刊外借218000册次，图书馆网站访问量593998人次。采取黑板报、每月新书目录、馆员推荐新书宣传栏等方式宣传推荐图书3248种、4589册。为老年人、智障儿童、未成年人、农民工等特殊群体开展不同形式的服务活动11次。2012年，开通了与庆来学校图书馆等13个学校、企业图书馆（室）的馆际互借服务。2011年以来，组织实施了“图书馆总分馆制”，率先在西一、西二、西三、弥阳、朋普、虹溪等乡镇分别建立了以“弥勒图书馆”为总馆的图书馆分馆8个，农村图书流通网点5个，配置基层和农村流动图书7085册，馆外图书流通总人次22000人次，图书外借46000册次。

2009-2012年，先后举办各种讲座、展览、培训、阅读推广等读者活动61场次，参与人数41330人。

业务研究、辅导、协作协调

2009-2012年，弥勒图书馆职工撰写图书馆论文、调研报告等共22篇，其中在省级以上刊物和专业会议上发表论文13篇，获奖论文6篇。

2009年，采取“以会代训”的形式举办了为期三天的“文化共享工程基层服务网点业务培训班”，有全市12个乡镇文化站站长和专业技术人员共24人参加。2010年以来，采取“传、帮、带”的形式先后为弥阳、东山、西一、西二、西三、巡检、竹元、五山等12个乡镇文化站图书室、农文网培学校、农村文化室等图书管理员进行业务辅导61次，参加人数187人。其间，帮助扶持129个村委会、1个社区、部份农村小学建立了农家书屋137个，培训并指导管理人员开展图书借阅服务。

管理工作

2009年，弥勒图书馆结合“按需设岗，按岗聘用”、“竞争上岗，择优聘用，严格考核”的要求，制定并实施了“图书馆全员考核聘用制”，共聘任图书馆管理岗位1个，专业技术岗位9个。同时，签订了《图书馆各部室岗位目标责任书》，每年进行工作量化考核。2009-2012年，健全完善文献编目规则、加工处理规定、保护、维护等18项制度。抽查文献排架48次，书目数据48次，安全检查96次，撰写图书馆业务活动信息160篇，经验总结材料15篇。

表彰、奖励情况

2009-2012年，弥勒图书馆共获得各种表彰奖励21次，其中文化部表彰、奖励1次，红河州文化局表彰、奖励1次，弥勒县委县人民政府表彰、奖励4次，县文化体育和广播电视局表彰、奖励13次、其他表彰、奖励2次。

馆领导介绍

李学琼，女，汉族，1970年9月生，本科学历，中共党员，副研究馆员，馆长兼党支部书记。1991年8月参加工作，1992年12月到弥勒图书馆工作，历任图书馆副馆长、党支部书记。

张永康，男，汉族，1972年4月生，本科学历，馆员，副馆长。1992年7月参加工作，2000年8月到弥勒图书馆工作，历任图书馆办公室主任。

未来展望

弥勒市图书馆秉承“读者第一，服务至上”的办馆理念，

部队流通点

文化惠民活动

举办专题知识讲座

报刊阅览室

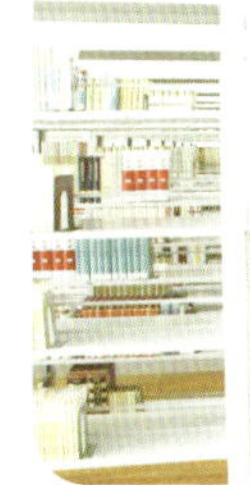

地方文献室

电子阅览室

践行“总分馆制”的服务模式，积极拓展服务内容，以举办各种讲座、展览、培训、阅读推广等读者活动，不断地创新图书馆的服务方式。2011年，扩大服务辐射区域，在厂矿、学校、乡镇建立分馆，实现总分馆“一卡通”通借通还服务。通过创建弥勒市图书馆基层服务体系，实现体系内各级图书馆（室）资源共享与服务互补，推动了全市图书馆事业的整体发展。2014年，弥勒市图书馆改扩建工程正式启动，投资150多万元，将图书馆改造成自由、开放式的现代化图书馆，改扩建后图书馆建筑面积3259.2平方米，阅览座位450个，年服务人次可达7万人次以上，数字资源设计存储能力20TB，数字资源年利用率1万件/次以上。在未来的几年，我馆职工团结一心，不断加强图书馆和相关业务知识的学习，努力提升为读者服务的专业化水平，以“民众需要”为核心，创新服务理念，用营销的策略来做好图书馆宣传推广和阅读促进，让图书馆的资源和服务成为民众的一种生活需求，实现图书馆价值最大化。

弥勒四中分馆

联系方式

地　址：云南省红河州弥勒市髯翁西路88号
邮　编：652300
联系人：李学琼

图书馆外观

泸西县图书馆

概述

泸西县图书馆成立于民国2年（1913年），馆址几经变迁，2010年2月1日，位于泸西县阿庐文化中心的新馆建成开放。新馆建筑面积3670.4平方米。2012年，泸西县图书馆有阅览坐席466个，计算机72台，信息节点120个，宽带接入10Mbps，选用ILAS(小型版8用户)图书馆自动化管理系统。2009年，参加第四次全国公共图书馆评估，首次获得一级图书馆。

业务建设

截止2012年底，泸西县图书馆总藏量21.5555万册（件），其中，纸质文献11.0782万册（件），电子文献10.4773万册。

2009、2010年泸西县图书馆年新增藏量购置费55万元，2011年起增至110万元。2009–2012年，共入藏中外文图书56852种，59888册，中外文报刊650种，视听文献306种。2009–2012年，共征集地方文献288种，711册。

截止2012年底，泸西县图书馆数字资源总量为4.34TB，其中，自建资源0.003TB。2010年12月，自建“泸西县文化信息资源网”。2011年10月，自建“泸西地方文献数据库”。

2009年，将ILAS(小型版4用户)图书馆自动化管理系统升级至8用户。

从2010年起，泸西县图书馆依托“文化共享工程”，在全县范围内组建公共图书馆服务网络，以文化共享工程“县支中心”为中心、8个“农文网培学校”、82个“农文网培分校”为服务网点的服务网络，形成了一个覆盖县、乡、村三级的服务网络体系。

读者服务工作

从2011年1月起，泸西县图书馆全年365天对外免费开放，每周开馆时间63小时。2009–2012年，书刊总流通10.3315万人次，书刊外借16.412万册次。2009–2012年，在全县建立了6个分馆和21个流通点，每年向各个分馆和流通点轮换图书1000册、期刊500册、报纸20份，馆外书刊流通总人次4.2万人次，书刊外借4.7万册次。

泸西县图书馆秉承“读者第一，服务至上”的宗旨，不断深化服务内容，针对不同读者群的需要和特点提供特色化服务。为弱势群体开展上机辅导、电脑操作培训、绿色上网等服务；利用图书馆的职能和阵地优势在馆内设立“廉政文化”专柜，在“农家书屋”加挂“廉政书屋”标牌，使全县广大党员干部在阅读中潜移默化地受到廉政教育；开展文化信息资源进学校、进军营、进社区、进农村、进厂矿“五进”活动，送政策、送科技、送法律、送文化进基层等特色服务。

2009–2012年，泸西县图书馆网站访问量29.4754万次。截止2012年底，“泸西文化信息资源网”发布涵盖本地图书、文化、旅游、艺术、文物、农业、物产等地方特色资源1629篇，照片1860余张，音视频50余部等数字资源，可通过泸西县图书馆网站检索、浏览。

2009–2012年，泸西县图书馆共举办讲座、展览、培训、阅读推广等读者活动303场次，参与人数11.727万人次。

业务研究、辅导、协作协调

2009–2012年，泸西县图书馆职工共发表论文10篇。

2012年10月，与云南省图书馆签订联合编目合作协议，有效地促进本馆文献联合编目工作。

2009–2012年，泸西县图书馆通过实地培训和集中授课的方式对各基层服务点工作人员进行了农文网培学校、农家书屋等方面的业务培训达222次，培训人员923人次。

管理工作

2009年，泸西县图书馆根据中共泸西县委组织部、泸西县人事局关于对文化馆等六家事业单位岗位设置方案的核准意见（泸人字[2009]82号），完成图书馆全体职工岗位聘任，本次聘任共设15个岗位，有15人上岗，同时，建立了工作量化考核指标体系，每年进行职工工作量化考核。2009–2012年，文献排架抽查48次，书目数据抽查20次。

表彰、奖励情况

2009–2012年，泸西县图书馆共获得各种表彰、奖励6次。其中，文化部表彰、奖励2次，省新闻出版局表彰、奖励1次，其他表彰、奖励3次。

馆领导介绍

龚丽琼，女，1963年2月生，本科学历，中共党员，馆长。1984年12月参加工作，2008年9月到泸西县图书馆工作，任图

视频播放室

成人期刊借阅室

管理员培训

开展4·23世界读书日宣传活动

书馆支部书记，2009年3月任泸西县图书馆副馆长，2010年4月任泸西县图书馆馆长、兼任红河州图书馆学会理事。2011年“十一五”期间获红河州人社局和州文体局红河州文化工作先进个人；2012年获云南省图书馆学会“2011年度优秀会员”。

未来展望

面向信息时代的泸西县图书馆发展建设，将以“国内一流县级图书馆”为目标，加快数字图书馆建设步伐，引进Interlib集群自动化管理系统—数字图书馆实用数据库平台和图书馆自动化管理系统，构建泸西县公共图书馆计算机信息服务网络，实现全县范围内图书通借通还和信息资源的共享；继续加大“泸西文化信息资源网”和“泸西地方文献数据库”的建设力度，实现“数字泸西”的目标；利用服务网络平台，举办丰富多彩的阅读推广活动，尤其是做好经典阅读的导读、宣传、推广工作，让经典阅读成为大众阅读的主旋律；继续加强图书馆阅读环境和阅读空间的建设，尽力为读者营造一种阅读的氛围；继续扩充图书流动服务点，使全县人民享受到均等的文化信息资源。

泸西县图书馆将以改革创新为动力，以提升公共文化服务水平为核心，不断强化自身综合实力，通过构建多层次、多元化、全方位的服务体系，推动全县公共图书馆事业的整体发展，为建设美丽泸西、幸福泸西、实力泸西做出应有的贡献。

联系方式

地　址：云南省红河州泸西县阿庐文化中心
邮　编：652499
联系人：王　莉

楚雄市图书馆

概述

楚雄市图书馆位于云南省楚雄市中大街315号，建筑面积2015平方米。全馆阅览坐席302个，少儿阅览室坐席50个，计算机50台，宽带接入20Mbps。采用ILASS图书馆自动化管理软件，实现采、编、流自动化管理。楚雄市图书馆始终坚持公益性的原则，全年为读者提供免费的成人阅览、少儿阅览、上网、图书、期刊的借阅等基础服务。每年接待读者约10-12.5万人次。馆内实行全年无休息日免费开放，每天开馆10小时，每周开馆70小时。

业务建设

市图书馆目前藏书13.5万册，报刊合订本其中8100多册，古籍2千多册，现有电子图书500册，2012年图书入藏数量为2003种，4131册，2013年图书入藏数量为2297种，7202册。馆藏中文文献书目数字化达90%。

读者服务工作

从2011年9月1日起，楚雄市图书馆全年365天天天对外免费开放，结合本馆实际，制定了《楚雄市图书馆免费开放实施方案》、《免费开放管理制度》、《免费开放读者需知》、《免费开放项目公示》，并向广大读者公示。开放时间每周70小时，节假日不休。书刊文献开架比例达90%，馆藏利率60%，书刊文献外借率为65%，2013年外借册次为8.5万册。

在广大农村开展图书流通工作是图书馆长期坚持的一个重要的工作项目，在农村开展以文化中心（站）、合作社、团小组为依托建立图书流通网点，定期送书下乡。本馆2.3万册图书在21个乡镇文化站、社区、村文化室流通。图书馆定期进行新书推介宣传，自办《鹿城书简》向广大读者发放。

图书馆免费为社会成员提供资料检索、参考咨询服务，工作人员耐心地为群众解决各种疑难问题。积极为各级政府部门、科研部门提供各种信息服务。并将服务公约上墙，接受广大读者的监督。长年坚持为老弱病残读者提供上门服务，服务内容包括书刊借阅，辅导空巢老人定期和千里之外的亲人视频，力所能及帮组解决老弱病残读者生活中遇到的困难等。图书馆作为文化共享工程市级支中心，常年下发文化资源到各乡镇农文网培学校，组织开展失地农民再就业培训，共享工程实施后，楚雄市图书馆现建有独立网站，为更好宣传图书馆，扩大图书馆社会影响，市图书馆派专人定时更新、丰富网站内容，及时将图书馆动态发布在网站上。2013年楚雄市图书馆共举办各种培训、讲座25期，举展览6次，阅读推广活动6次。认真开展“图书馆服务宣传周”“世界图书与版权日”宣传活动。2013年发放读者调查表，读者满意率为96%。

业务研究、辅导、协作协调

市图书馆参与上级图书馆组织的协作协调工作，依托文化信息资源共享工程建设，与省、州图书馆建立联盟，签订有联盟协议，开展联合编目、服务等工作。楚雄市内确立了以市图书馆为支中心，各乡镇、村和街道、社区文化站（室）为全市文化共享工程基层点的网络构架。目前14个农文网培学校和1个社区文化活动中心、5个社区文化活动室、128个“农文网培学校分校”，21个公共电子阅览室全部建成投入使用，全市乡镇覆盖率达100%。定期进行基层业务培训业务辅导。

管理工作

每年制定年度工作计划、工作项目分解表，责任到人，有完善的财务制度，在人事管理上严格执行按需设岗、按岗聘用、竞争上岗、岗位责任制、考核、分配激励制度。有健全的档案管理制度，主要有公务档案、业务档案、财务档案，资料详实，认真开展各项统计工作，在馆内环境与安全上下功夫，2009年正式挂牌为无烟单位，注重馆内阅读环境打造，标识明显，方便读者，按要求配备消防器材，对员工进行消防知识培训，建立健全应急预案。

表彰、奖励情况

2009年-2012年分别被授予“楚雄州示范图书馆”“楚雄州三八红旗集体”“先进基层党组织”“楚雄市基层党建示范点”“优秀党支部”等荣誉称号。2013年被楚雄市政府授予“农民文化素质教育网络培训学校创建工作”一等奖，楚雄市优秀“巾帼文明岗”荣誉称号。2013年第五次公共图书馆评估中被评为县市级“一级图书馆”。

馆领导介绍

刘云久，女，1969年3月生，本科学历，中共党员，中级职称，馆长。

支笑平，女，1964年10月生，本科学历，中共党员，副高级职称，支部书记。

未来展望

扎实推进免费开放工作，全面完成常规工作任务，完成好各项临时性任务。坚持办《农科信息园地》，为经济建设服务，积极组织开展各类公益讲座、读者活动，满足我市广大人民群众不断提高的精神生活需求。以文化信息资源共享和农家书屋文化惠民工程为抓手，引导农民、社区居民学习科技文化知识，为科技兴农服务，推动两个文明建设发展。围绕建立学习型社会，探索县级图书馆工作新任务。

联系方式

地　址：云南省楚雄市中大街315号
邮　编：675000
联系人：刘云久

新平彝族傣族自治县民族图书馆

概述

民国十九（1930）年，在县城文庙内建立的新平通俗图书馆，开创了新平县公共图书馆事业的先河。1982年12月，在文化馆图书阅览室的基础上，正式成立了新平彝族傣族自治县图书馆。1988年10月，民族图书馆破土兴建。1992年10月1日，新平彝族傣族自治县图书馆更名为新平彝族傣族自治县民族图书馆。馆址位于县城拓新路67号，新馆占地面积4174.5平方米，建筑面积1540平方米，设计藏书容量12万册，可容纳读者座位200个。2013年全国第五次评估定级，新平彝族傣族自治县民族图书馆再次获得二级图书馆。图书馆现有阅览坐席162个，计算机30台，光纤宽带接入10Mbps，专用存储设备容量4TB。

业务建设

2009年至2012年，对陈旧过时、复本过多、流通率低、破旧不堪、自然失效的图书进行了清点，剔旧失效图书18035册。同时，为加强地方文献资料的征集工作，图书馆拟定的《关于征集地方文献资料的报告》，由县委宣传部转发县属各单位、各乡镇。所收集到的地方文献资料，有些复本分别呈送省、地图书馆珍藏。从广西日报社补购1969－1974年《云南日报》合订本153册，《云南日报》是新平彝族傣族自治县民族图书馆收藏最为完整的报纸。

2012年，图书馆组织彝文古籍普查人员先后走访了新化、老厂、平甸、扬武四个乡镇的部分彝文古籍传承、收藏者。初步了解新平县民间彝文古籍收藏的分布情况，掌握散存在民间的539册彝文古籍文献，同时征集彝文古籍36册。

截止2012年3月，共有藏书50051册（件），其中：报刊、杂志、电子图书等11868种/册。

读者服务工作

从2009年8月起，新平彝族傣族自治县民族图书馆实行对外免费开放，周开放58小时，书刊总流通47303册次，馆藏书刊文献年外借率达87.9%。2009－2012年，馆外设有12个流动服务点，书刊年流通率达12610册次，占馆藏的25.19%；举办讲座、展览、培训、阅读推广等读者活动达96场次，参与人数11520人次。

业务研究、辅导、协作协调

2009－2012年，新平彝族傣族自治县民族图书馆职工发表论文7篇。与市图书馆进行联合编目，流通服务、地方文献联合征集，拓展阅读推广与讲座展览资源服务、业务培训与技术支持等业务活动，县属参与服务网络建设占全县公共图书馆80%。深入街道、乡镇、社区、学校图书馆（室）和农家书屋进行业务辅导341人次。同时与玉溪市图书馆协调，在扬武镇文化站设立分馆，在漠沙、水塘镇文化站设立市图书馆流通点。县民族图书馆充分利用市、县两馆的图书文献资源流，经常巡回穿梭于市、县、乡村的流通网点之间。

管理工作

2010年，新平彝族傣族自治县民族图书馆实行全员岗位聘任，本着岗位自选、竞争上岗、择优聘用的原则，一年进行一次全面的考核，并将勤、绩记入个人档案，作为晋升、奖惩、续聘的依据。提高了专业技术人员的职业道德水平，增强了各个职能岗位专业技术人员的责任感；形成了客观管理的科学制度，避免人情矛盾；提高了工作效率和服务效益。

表彰、奖励情况

2009－2012年，新平彝族傣族自治县民族图书馆共获得各种表彰、奖励14次。其中，获省、市表彰7次、获县、局表彰、奖励8次。

馆领导介绍

李艳艳，女，1974年7月生，彝族，大学本科学历，中共党员，技术职称馆员。1993年11月，分配到图书馆工作，2008年至今，任新平县民族图书馆馆长、党支部书记。

沐玉华，女，1966年9月生，回族，大学专科，中共党员。1985年12月参加工作，2001年9月从事图书馆工作。2010年5月至今，任新平县民族图书馆副馆长。

未来展望

以西部大开发为契机，以文化部对西部文化建设提出的《意见》为指导，针对一个农业人口占全县人口的99.87%的农业县，充分开发馆藏信息资源，为“社会主义新农村”扶贫扶智提供支持。对未来的发展坚持实事求是，立足当前，考虑长远，力求把近期的建设任务与长远的发展目标结合起来。既要有较快的发展速度和较高的标准，也要避免走弯路和重复建设，用较快速度和较高的标准跨跃式发展，实现多功能、网络化、智能化的目标。

联系方式

地　址：新平彝族傣族自治县拓新路67号
邮　编：653400

图书下乡

新平·烟盒舞之乡—（彝族）读者

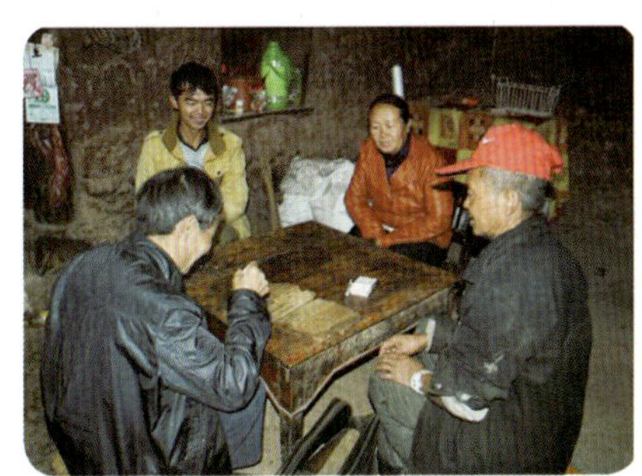

彝文古籍普查

普洱市图书馆

概述

云南省普洱市图书馆为地（市）级综合性公共图书馆，成立于1979年。馆址位于普洱市思茅区北部滨河路文化中心，2011年10月迁至后正式开馆。馆舍建筑面积为6728.14平方米。馆内设有办公室、采编部、研究辅导部、自动化管理部、科技服务部、综合借阅部五部一室；服务窗口设置：综合借阅服务总台、外借室、少儿阅览室、盲文阅览室、科技信息部、报刊阅览室、过刊阅览室、电子阅览室、辅导部等。现有职工29人，其中，副高级职称6人，中级职称14人。图书馆数字化建设方面已基本完成设备硬件建设，计算机127台，宽带接入20Mbps，无线网覆盖率达90%以上，选用金盘图书馆集成管理系统。图书文献流通服务工作已经形成网络化和常态化，馆内设有阅览坐席510个，在社区、学校、农村、部队、监狱等设立了图书流动服务网点33个，分馆2个。

业务建设

截止2012年底，普洱市图书馆藏书总量为21.6917万册（件），其中，纸质文献17.6579万册（件），电子文献4.0338万册。

2012年，普洱市图书馆购书经费为75万元，比上一年度增加了25万元。2009–2012年，共入藏中外文图书48788册，报刊1994种，视听文献41767种。其中入藏地方文献2914册。

普洱市图书馆已经完成图书馆数字化建设硬件设施，存储设备的系统盘柜设置为两组，存储总量为22TB，具体为：共享工程配置盘柜10TB，图书馆数字化系统盘柜12TB。截止2012年底，自建数字资源总量为2TB。

2009年自动化管理系统升级改造为金盘图书馆集成管理系统，以适应普洱市公共图书馆服务联盟建设的需要。2013年为了方便读者手机下载图书阅览，增设了歌德电子借阅机。

读者服务工作

普洱市图书馆历来坚持节假日对外开放，全年365天不闭馆，每周开馆80小时以上。在馆内公共区域设置有免费休闲空间，为读者提供了优良的阅读环境。2009年以来实施图书馆书库图书全开架借阅。2009年搭建了与全市九县一区的公共图书馆自动化管理平台，与市内多家学校开通了馆际互借等文献信息交流，与思茅区图书馆（普洱市图书馆分馆）通过网络，实现了馆际间的图书资料通借通还功能。2009–2012年，馆外流动服务点书刊借阅平均值为16千册次每年；人均年到馆次数为50.18人次；年均开展馆内、馆外书刊宣传活动25次，宣传书刊2万余种。自2005年创刊编辑发行《信息参考》，每年6期；《科技文摘》，每年6期。为领导机关决策和农村文化站提供了二次文献服务，同时为政府公开信息服务做了大量工作。每年有计划地为残疾人、进城务工人员、未成年人、老年人开展服务工作。组织开展专题讲座和读书活动，培训30次以上，图书宣传或专题展览12次，开展阅读推广活动12次以上。

业务研究、辅导、协作协调

普洱市图书馆与国家图书馆签订了全国图书馆联合编目中心协议；与昆明市图书馆签订了地方文献联合编目共建共享协议；与本市九县一区分别签订了《普洱市图书馆联合编目协作书目数据（含地方文献、古籍文献）共享协议书》；与云南省图书馆签订讲座联盟；与昆明市图书馆建立共享合作，与本市十县区公共图书馆签订共建共享协议、跨系统协作单位目前有23家。已经建立并实现了全市公共图书馆文献数据交流平台，通过VPN技术建成全市统一的图书馆网络，书目MARC数据库互联互通。通过金盘操作系统，VPN技术平台运用等技术分步进行数字化建设，目前全市各县区公共图书馆均与市馆签订合作共建协议，比例达到100%。普洱市图书馆历年来开展了大量基层辅导工作，效果显著。内容包括图书馆业务培训、农民网络培训学校建设、自动化和数字化建设等方面，工作有计划、有总结，人员、经费到位，并且取得了很好地效果。

2009–2012年，普洱市图书馆学会工作成绩显著，有计划，有总结，组织机构完善，积极组织开展了各类学术活动，学会会员逐年增加，目前有会员87人，学会的组织工作和历年开展的活动得到上级部门和社会各界认可，多次获得“先进学会”“先进集体”等荣誉称号。

管理工作

根据文化体制改革要求按需设岗，按岗聘用，竞争上岗，岗位责任制明确，制定有考核、激励制度，共设岗29个。目前吸纳了社会各界志愿者15名参与图书馆服务工作。本馆人事管理、财务、业务工作统计齐全，并通过每年统计分析对下一年度各项工作进行指导和改进。制定有《普洱市图书馆设备物资管理制度》《普洱市图书馆图书室藏书及资料管理规则》《普洱市图书馆图书清点、剔旧和处理办法》《图书馆档案管理办法》等管理制度，按制度开展各项工作。

别具一格的少儿阅览室

茶文化文献专柜

开架综合借阅书库

表彰、奖励情况

2008年被中共普洱市委市直机关工委评为"先进基层党组织"；2009年被普洱市妇女联合会授予"三八红旗集体"荣誉称号；2010年被普洱市人事局、普洱市文化局评为"普洱市基层文化工作先进单位"；2010—2011年度，馆党支部被市委市直机关工委评为"先进基层党组织"；2010年普洱市图书馆学会被普洱市科学技术协会授予"2009年度科普活动与素质行动奖"；2011年，被云南省图书馆学会评为"2010年度先进集体"；2012年，被云南省教育厅命名为"云南省生命 生存 生活教育实践基地"；2012年被中共普洱市委市直机关工委评为"十强支部"；2012年被中共普洱市思茅区委、普洱市思茅区人民政府授予"花园式单位"荣誉称号；2012年被全国社会科学普及工作经验交流会组委会授予"全国人文社会科学普及基地"称号；2012年被云南省委、省政府评为"省级文明单位"；2012年被中共普洱市委评为"百强支部"。

资料书库

馆领导班子介绍

李光泽，男，1976年10月生，本科学历，党员，馆员，馆长，兼任普洱市图书馆学会理事长。1994年12月参加工作，曾担任普洱市图书馆办公室副主任、副馆长，普洱市图书馆学会理事。领导并主持图书馆全面工作，分管办公室、采编部。

李青倬，女，1963年10月生，本科学历，党员，副研究馆员，党支部书记，兼任普洱市图书馆学会秘书长。1979年10月参加工作，曾先后担任普洱市图书馆采编部主任、副馆长兼任辅导部主任。配合馆长工作，负责党建、工青妇、精神文明建设等工作，分管科技信息部。

杨红娟，女，1970年5月生，本科学历，党员，馆员，副馆长，兼任普洱市图书馆学会副理事长。1990年1月参加工作，曾在办公室工作，担任办公室副主任。协助馆长工作，负责消防安全、社会治安综合治理、安全生产及办刊工作，分管自动化管理部、财务室。

姜冬莲，女，1979年12月生，本科学历，馆员，副馆长，兼任普洱市图书馆学会副秘书长、研究辅导部主任，2002年10月参加工作，曾先后在自动化管理部、综合阅览部、办公室、采编部工作。协助馆长工作，负责图书馆业务培训、指导、辅导与管理工作，分管研究辅导部、综合借阅部及协助馆长管理采编部。

展望未来

普洱市图书馆建馆34年来，出门热情接待读者，精心指导耐心帮助；入库细心整理归类，翻阅图书熟悉业务。通过长期的实践，普洱市图书馆遵循"全心全意为人民服务"的理念，心系读者，走进基层，服务群众，已在业内形成了一种独特的品牌魅力——"普洱市图书馆精神"。在2009年全国第四次评估工作中，评定为三级馆后，市馆提出并制定了未来几年发展的三大工作目标。第一个目标是推动精神文明建设，在原市级文明单位的基础上争创省级文明单位，这一目标于2012年已实现。第二目标是依托上级资金支持，五年内完成数字化图书馆建设。2009年运用金盘图书馆集成管理系统建立了本馆数据库，开始录入本馆各种文献数据，2012年底实现了馆内数字化图书馆硬件设备建设投入运行，完成了此项目标。第三个目标是力争在2013年第五次全国公共图书馆评估定级中达到国家二级馆，这一目标通过全馆的拼搏努力也已经实现。成绩属于过去，展望未来，普洱市图书馆结合本馆实际又提出了未来几年的工作目标。第一是争创国家级文明单位；第二是实现数字图书馆建设，实现纸质及数字文献并轨服务；第三是力争创建国家一级公共图书馆。

联系方式

地　址：云南省普洱市北部滨河路文化中心
邮　编：665000
联系人：姜冬莲

图书馆内景

图书馆外观

文山州图书馆

概述

文山州图书馆成立于1979年8月，馆址经历了两次变迁，两次馆舍建设都作为文山州的标志性文化工程，30多年来给文山人民留下了极深刻的印象。位于文山市凤凰路28号的新馆于2008年7月19日建成开放。新馆占地25亩，建筑面积10545平方米，设计藏书容量为100万册，可容纳读者座位1000个。2009年，参加第四次全国公共图书馆评估，首次获得三级图书馆。2012年，文山州图书馆有阅览坐席593个，计算机73台，信息节点150个，宽带接入100Mbps，选用金盘图书馆自动化管理系统。

业务建设

截止2012年底，文山州图书馆总藏量72.6152万册(件)，其中纸质文献20.6152万册，电子图书52万册。

2009年、2012年，文山州图书馆新增藏量购置费25.75万元，共入藏中外文图书17788种，中外文报刊567种，视听文献200种。2012年，地方文献入藏完整率为90%。

截止2012年底，文山州图书馆数字资源总量为15TB，其中，自建数字资源总量2TB。

2009—2012年，完成1946—2013年《人民日报上的文山》数据库建设。完成“文山铜鼓”多媒体演示系统和“文山州图书馆地方文献管理服务系统”，建有地方文献全文库和全文检索功能。在建的数据库有《解放军报上的老山·者阴山》。

读者服务工作

从2011年4月起，文山州图书馆全年365天天天对外免费开放，周开放65.5小时，2009—2012年，书刊总流通132568人次，书刊外借17.468万册次。2012年4月，有10个流动图书服务点，馆外书刊流通总人次480352册次，年平均册次达到了12千册次。

2009—2012年，文山州图书馆为州农科院、州经作站、州三七研究院等科研院所提供科技查新、课题检索服务；通过发送《文图信息》为文山的科研与经济建设提供适用信息，接待咨询读者2129人次，资料查询12069册次。

2009—2012年，文山州图书馆共举办讲座、展览、培训、阅读推广等读者活动55场次，参与人数5.2万人次。

业务研究、辅导、协作协调

2009—2012年，文山州图书馆职工在云南省图书馆期刊发表论文7篇，调查研究报告4篇。

2009年以来，文山州图书馆帮助文山市各学校图书馆及各共建单位组建图书室，培训管理人员。2011年9月，文山州图书馆举办了文山州第五届公共图书馆业务培训和业务竞赛，全州基层图书管理员70多人参加了培训。2010年10月，受文山市教育局委托，文山州图书馆举办了文山市中小学图书馆管理人员业务培训。

文山州图书馆加入了西部少数民族地区公共图书馆协作网、云南省公共图书馆地方文献工作协作网，与云南省图书馆签订了馆际互借与文献传递服务协议及公共图书馆讲座联盟协议，与县市图书馆实现了地方文献资源书目共享，与文山农校、文山技工学校、文山市一中等签订资源共享协议，开展馆际互借。2012年，文山州图书馆与国家图书馆联合编目中心签订了联合编目协议。

管理工作

2009年，文山州图书馆作为文山州事业单位岗位设置管理的试点单位，制定了《文山州图书馆岗位设置管理方案》和《文山州图书馆岗位设置与管理实施办法》。完成全员岗位聘任，本次聘任共设8类岗位，有26人重新上岗，同年，建立了工作量化考核指标体系，每半年和全年进行总体工作考核。2009—2012年，共抽查文献排架29次，书目数据22次，开架书排架正确率达到了96%。

表彰、奖励情况

2009—2012年，文山州图书馆共获得各种表彰、奖励31次，其中，云南省文化厅表彰、奖励1次，州委、州人民政府表彰、奖励4次，州文化局表彰、奖励17次，其他表彰、奖励9次。

国家文化部公共文化司副司长周广莲一行4人，在省文化厅副厅长黄玲，州委常委、副州长杨林兴，等相关领导陪同下，到文山州图书馆调研

云南省文化厅党组书记、厅长黄俊到文山州图书馆调研

馆领导介绍

杨容莨，男，1964年12月生，大专学历，中共党员，党支部书记、馆长。1983年10月参加工作，1994年5月从部队转业历任文山州文化局文化市场稽查队长、市场科长、政治处主任，2003年6月任文山州图书馆馆长（正科级）。兼任云南省图书馆学会理事、文化信息资源共享工程文山州支中心主任。

王芳，女，1971年5月生，本科学历，中共党员，副研究馆员，副馆长。1991年9月到文山州图书馆参加工作，先后在典藏部、图书流通部、信息部等部门任主任等职，2003年6月任文山州图书馆副馆长。

欧阳龙，男，1968年10月生，专科学历，馆员，副馆长。1990年9月到文山州图书馆工作，先后在采编部、典藏部、图书流通部、信息技术部等部门任主任等职，2005年9月任文山州图书馆副馆长。

沈扬，男，1970年12月生，专科学历，中共党员，馆员，党支部副书记。1992年7月到文山州图书馆参加工作，先后在采编部、阅览部、图书流通部、信息技术部等部门工作。

文山州图书馆

未来展望

长风破浪正当时，继往开来创新篇。文山州图书馆以改革创新为动力，以业务工作为重点，以提供更丰富、更优质的公共图书馆服务为核心，不断提升创新力、竞争力和发展力，形成“一馆一中心”的建设格局（一馆：文山州图书馆暨文山州数字图书馆推广工程；一中心：全国文化信息资源共享工程文山州支中心），全面完成“创新荣馆”、“人才兴馆”、“业务强馆”、“服务立馆”、“科技擎馆”、“管理树馆”六大战略目标，以及地方文献数据库各项建设任务，充分利用文化信息资源共享工程、数字图书馆推广工程资源服务好社会，引领文山州图书馆事业实现共同科学发展。为开创21世纪图书馆事业新局面，全体员工正满怀热情、敬业爱岗，团结务实，以人为本，服务社会，坚持科学发展观，努力达到一级图书馆的基本标准。

联系方式

地　址：文山市凤凰路28号
邮　编：663000
联系人：杨容莨

通海县图书馆

概述

云南省通海县图书馆于1979年6月独立建馆，1997年建成占地2300平方米，建筑面积2200.72平方米的图书馆大楼，设计藏书容量20万册，读者座席300个，位于通海县秀山街道延龄路19号。经过30多年的建设和发展，图书馆软硬件都具备一定规模。全馆职工10人，大专以上7人，中级以上职称人员3人。馆内设有11个对外服务窗口，有阅览座席245个（少儿座席34个），电子阅览座席30个，计算机35台，光纤接入30Mbps，存储容量6TB以上，选用中国专业图书馆网自动化管理系统。365天天天对外免费开放。

业务建设

截止2012年底，云南省通海县图书馆总藏量75782册，其中，图书56732册，报纸合订本10461册，过刊合订本8089册，电子文献500种。

2009年–2011年，每年购书经费3万元，2012年，新增藏量购置费8万元。2012年入藏图书1000余种，订阅报刊341种，视听文献年入藏量为30件。设地方文献专柜，兼职人员负责，有专门经费，适时进行征集。文献采选针对读者需求，有重点，保持连续性，合理确定复本量。图书报刊文献分编著录，均依据《中图法》、《普通图书著录规则》、《连续出版物著录规则》和本馆的规则进行分编著录，分编著录数据科学、规范。图书馆普通图书设有公务目录和读者目录。读者目录设分类目录、题名目录和著者目录，设机读目录。报刊设题名目录。文献保护规章制度完善，书库五防措施可行，实施效果好。

截止2012年底，数字资源总量1TB以上，其中自建数字资源总量约为1TB，建有地方文献专题数据库，馆藏中文图书书目数字化达80%以上。

2006年，通海县图书馆引入“中国专业图书馆网”自动化管理系统，改变了服务方式，极大的提高了工作效率。现全馆业务实现计算机管理。

读者服务工作

从2002年起，通海县图书馆实行全年365天天天对外开放，自2011年12月起，正式实施免费开放，每周开放63小时。外借室等11个对外服务窗口免费开放，全部实现了免费服务，文献资源借阅等基本文化服务项目健全并免费提供服务。

宣传周组织新书投入流通，组织科技书刊到乡镇集市展借，举办少儿读书猜谜活动。全民读书月、世界图书与版权日设立专题书柜提供读者借阅，举办征文活动。宣传栏每月出一期，宣传国家方针政策，介绍图书馆及相关知识。

重大节日、纪念日组织相关书刊文献设立专柜；常设科技实用性书刊专柜；通过图书陈列、网络，设各类书刊专柜，编辑科技书刊及报刊目录等，向读者推介宣传书刊；通过电子阅览室为读者提供政府公开信息查阅服务；利用馆藏书刊文献，对县域内机关、重点科研、企事业单位服务，为社会公众提供专题服务；设残疾人阅览室、少儿室、举办老年人养生讲座为特殊群体、弱势人群和进城务工人员服务；图书馆建有网站，通过网络开展读者服务工作，利用QQ、短信、电子邮箱、电话为读者服务等。

半开架、开架书刊文献占总藏量的80%以上，馆藏书刊文献年外借率70%以上。2009年–2012年，书刊总流通44.8480万人次，书刊外借16.0025万人次。2012持证读者2984人，新增读者225人次，人年均到馆36次。全年总流通109778人次，其中书刊外借39669人次，阅览54052人次；总流通309929册次，其中外借39669册次，阅览270260册次。2012年底全县有流动图书服务点15个，借阅5千册次以上。

2009年–2012年，云南省通海县图书馆共举办讲座、展览、培训、阅读推广等读者活动91场次，参与人数2.7585万人次。2012年，举办读者活动6期、各类培训10余期、读书征文展3期、摄影展1期、馆藏名著及到馆新书展4期。每周（周五周六）放两场电影，放映前播放半小时左右的视频讲座，内容主要是中国传统文化。编辑书刊资料目录发放单位、学校，每年6次以上，利用QQ、网络、电话等适时开展阅读推广。

业务研究、辅导、协作协调

2012年，收集整理县域内民间故事43篇，提供《中国民间故事集成》（通海卷）编撰使用，编辑《玉溪明清进士录》，《民间俗语辑录》；围绕本馆业务工作撰写有两篇调查研究报告。

截止2012年底支中心已建成覆盖县、乡、村的三级服务网络，下设全部九个乡镇基层点，涵盖45个村及社区服务点，覆盖率达65%。本地区街道、乡镇、社区、村图书室参与服务网络建设比例达40%以上；适时开展业务辅导，促进基层图书室巩固发展，加强对基层自动化管理的指导；每年以会代训培训所有乡村图书室管理人员，个别辅导每个室有一两次，平时随叫随到。

管理工作

实施岗位设置，全员岗位聘任管理，建立分配激励制度，

报刊阅览

电子阅览室

期刊阅览

培训会

下乡辅导

按需设岗、按岗聘用、竞争上岗、择优聘用、严格考核，相继制定和完善了《通海县图书馆人事制度改革方案》、《通海县图书馆受聘人员考核办法》等一系列规章制度；健全完善财务、设备、物资管理制度，严格遵守《免费开放资金管理办法》等相关财务管理制度，并进行有效监督；吸纳志愿者参与图书馆工作；图书馆档案健全，资料详实。

表彰、奖励情况

受市级政府表彰2次。

馆领导介绍

黄朝安，男，1957年9月出生，本科学历，副研究馆员，馆长。1976年6月参加工作，1979年10年到云南省通海县图书馆工作，先后负责借阅、业务辅导、采编等工作，1995年5月任通海县图书馆馆长。承担参考资料室和业务辅导等具体工作。兼任玉溪市图书馆学会常务理事。

李虹，女，1964年5月出生，大学专科学历，中共党员，馆员，副馆长。1985年7月参加工作，1996年8月调入通海县图书馆，先后在流通部、采编部工作，并兼任档案室、财务室、办公室工作，2007年9月任通海县图书馆副馆长。

未来展望

通海县图书馆以保障人民群众基本文化权益为己任，始终贯彻“为人民服务、为社会主义服务”的方针，遵循“为人找书，为书找人”的服务宗旨，不断满足人民大众日益增长的文化需求。2009年–2012年，着力于标准化、数字化建设，图书馆全面实现计算机管理，读者不用到馆即可查询馆藏图书文献信息。未来将立足于现有设施设备和资源，强化文献资源建设，丰富馆藏，依托于现代先进技术，逐步完善管理和服务体系，通过调整服务模式和创新服务方式，不断括宽服务领域，进一步扩大服务辐射区域，创造条件增设图书馆流动服务点、创建流动图书馆，推出特色服务；不断完善图书馆服务网络，整合资源，构筑网络服务平台，强化信息服务功能，努力创造条件实现县域内各类文化信息资源的及时共享；加强协调合作、推进图书馆间资源的共建共享，加快城乡一体化文化服务体系建设；大力推进图书馆标准化、数字化进程，传统与数字并举，使图书馆能够提供全覆盖、不间断、无时空限制的数字文献远程和移动服务，将读者家中的电脑和手中的手机变成图书馆的借阅终端，读者足不出户即可享受图书馆的服务。同时，还具有支撑保障县域公共图书馆服务体系良好运行的文献与技术能力，主要指标位居全国县级公共图书馆前茅，努力创建一流的县级公共图书馆。

联系方式

地　址：云南省玉溪市通海县秀山街道延龄路19号
邮　编：652700
联系人：黄朝安

六·一猜谜

图书馆外观

石林县民族图书馆

概述

据《路南州志》记载，石林县的图书馆事业可追溯到清乾隆四十八年（1783）建立的仅以藏书为主的南阳书院。民国十八年（1929）建置县立图书馆。民国二十三（1934）建立民众教育馆。

1983年，成立路南县图书馆。逐步建立图书分类、采编、著录、流通等规范化制度。单独设立史书、辞书、万有文库、丛书集成、地方文献等专柜。

1992年，投资130多万元、占地面积435.5平方米、建筑面积1680平方米、可藏书20万册，集传统式建筑与现代建筑风格为一体的新馆正式建成投入使用。已故全国人大常委会副委员长楚图南题写了"路南民族图书馆"的馆名。

人员编制为11人，在编12人。其中少数民族7人，妇女职工7人；大学本科学历1人，大专11人；副高3人，中级职称8人，初级1人。

全馆设有5个部门12个室，阅览座席284个（含少儿室），书架总长度2689米，服务窗口7个，馆外流通点15个。设公务目录和读者目录10套，计算机总数48台，图书管理软件2套等。

第一、第二、第三次全国公共图书馆评估定级为二级图书馆，第四次评估定级为三级图书馆，第五次评估定级为二级图书馆。

业务建设

截止2012年底，石林县民族图书馆总藏量15.4685万册（其中：纸质图书107313册，电子、视听文献47072册）。

2009年至2012年，新增藏量购置费40万元，共入藏图书6656种11957册，报刊996种，视听文献218种。地方文献入藏完整率为95%。

本馆于2003年起，使用ILAS自动化管理系统。按照《中国图书馆分类法》（第四版〕、（第五版）进行图书分类编目，设分类目录、著者目录、书名目录并建立数据库。共建设了58737册，占107314的54.5%。业务系统自动化程度达54.5%。

2008年，馆藏清代彝文手抄本《指路经》成功申报为第一批《国家珍贵古籍名录》。2013年启动馆藏古籍《纳多库瑟》申报第五批国家珍贵古籍名录工作。

读者服务工作

2011年1月起，实行免费开放服务，周开馆时间57.5小时，实行两班制。所有馆藏书刊文献实行开架借阅，开架率达100%。2009年–2012年书刊流通55.6929万册次，接待读者51.9582万人次。馆外流通点15个，接待读者2.21万人次，流通1.82万册次。援建1个残疾人农家书屋和1个自然村农家书屋示范点。协助县委宣传部做好"书香昆明"阅览点、图书漂流等工作。

2009年–2012年，石林县民族图书馆共举办讲座、展览培训、阅读推广等读者活动162场次，参与人数2.1万人次。

业务研究、辅导、协作协调

石林县民族图书馆十分重视业务研究工作，动员全体职工结合本职工作撰写专业论文，近四年来，职工在各类刊物上发表论文34篇。

积极开展对全县文化共享工程、公共电子阅览室、农家书屋、乡镇图书馆（室）等基层辅导工作，每年至少举办10期基层业务培训班，参训人数逐年增加。

管理工作

石林县民族图书馆2003年实施全员聘用制改革，2009年完成岗位设置，按照岗位聘用12人。制定和完善岗位绩效考核制度，建立日常工作测评、季度量化考核和年终综合考核相结合的激励考核机制，有效调动全体职工的积极性和创造性。

表彰奖励

2009年–2012年，石林县民族图书馆共获得各类表彰10次，其中，省农家书屋工程建设领导小组表彰1次，昆明市文广体局表彰2次，县委、县人民政府表彰2次，其他表彰奖励5次。

馆领导介绍

金路，男，1964年1月生，大专学历，副研究馆员，馆长。1983年3月参加工作，历任石林县阿诗玛艺术团团长、石林县文化馆馆长，1999年1月任石林县民族图书馆馆长。兼任文化信息资源共享工程石林县支中心主任等职。2009年–2012年荣获云

国家中心催副主任视察石林县文化共享工程

县委书记、县长调研文化共享工程石林县中心

开展全民读书活动

少儿阅览室

文化共享工程网点开通仪式

南省、昆明市农家书屋管理工程建设先进个人、石林县优秀专业技术人员、云南省图书馆学会优秀会员、昆明市图书馆学会优秀会员等称号。

王德林，男，1964年9月生，大专学历，中共党员，馆员，党支部书记，工会主席。1982年10月，历任石林县文化局团委副书记、石林县民族图书馆副馆长等职。2012年、2013年主管局委派担任鹿阜街道办龙溪村委会“四群”工作队长、常务书记第一书记。期间，被昆明市委组织部评为优秀常务书记。

李红芳，女，1968年9月生，大学学历，副研究馆员，副馆长。1990年7月参加工作。先后在打字复印室、外借室、采编室、办公室等部门工作。2009年、2010–2011年被昆明市图书馆学会评为“优秀会员”。

李燕，女，1979年1月生，大专学历，馆员，副馆长。1997年8月参加工作，先后在社科借阅室、报刊阅览室、采编室、少儿阅览室等部门工作。2001–2011年被昆明市图书馆学会评为“优秀会员”。

未来展望

石林县民族图书馆遵循“特色突出、协作共享、创新发展”的办馆方针，恪守《中国图书馆职业道德准则（试行）》、《图书馆职业道德规范》、《图书馆工作人员服务公约》，致力于馆藏特色化的打造、服务内容的改革创新和服务领域的探索延伸，积极参与昆明市公共图书馆的馆际协作、资源共享工程建设，立足石林县开展为“三农”服务工作，积极推行图书馆工作人员联系片区制度，全力抓好基层服务和辅导工作。逐步形成县级图书馆、乡镇（街道）图书馆（室）、行政村农家书屋等三级基层服务网络，为建设“文化石林”提供文献信息资源支撑。

联系方式

地　址：云南省昆明市石林彝族自治县环城东路83–93号
邮　编：652200
联系人：金 路

富源县图书馆

概述

富源县图书馆成立于1981年，是从县文化馆的图书阅览室分离出来的。起初只有3人的编制，办公面积只有几十平方米，藏书几千册，每年县财政只能安排几千元的购书经费，发展十分艰难、缓慢。1984年县财政拨款建盖了新馆，馆舍面积1500平方米，藏书增加到2万余册。尤其至“九五”计划期间，富源县图书馆得到了快速、健康发展，截至“十一五”末，富源县图书馆事业发展走在全市的前列。1994年，富源县图书馆被文化部评定为“国家二级馆”，同时被命名为“百家期刊阅览室”、1999年又被文化部表彰为“全国文明图书馆”、“全国读者喜爱的图书馆”，2001年荣获“曲靖市文明单位”、“曲靖市科普工作先进单位”等荣誉。2006年，为加强文化基础设施建设，县财政投资400多万元再次建盖新馆，占地1500余平方米，建筑面积达3000余平方米，人员编制也增加到10人，馆藏图书达19万册，其中纸图书12万余册，电子图书7万余册，每年新增图书2000余册，年征订各种报刊600余种，阅览席位334余个，年借阅18万册次以上，读者流量达12万人次以上。2007年建成电子阅览室，有计算机65台，10兆光纤接入。2010年建成图书目录计算机查询系统，选用ILAS（小型版）图书馆自动化管理系统。

业务建设

截止2012年底，富源县图书馆总藏量19万册（件），其中，纸质文献12万册（件），电子图书7万册，电子期刊120种/册。

2009至2012年，富源县图书馆图书购置费8万元，每年新增入藏中文图书2000余册，中文报刊669种，视听文献32种。地方文献入藏完整率为90%，有专柜，有专门目录，有专人管理，有征集工作方案。

截止2012年底，富源县图书馆数字资源总量为4TB，其中，自建数字资源总量2.3TB。在建的数据库有《富源县风物志》之人物库和事件库，同时进行《富源县水族文化》的续建工作。

2009年，建成自动化管理图书目录查询系统，大提升了读者查询效率。

读者服务工作

从2009年8月起，富源县图书馆全年365天天天对外免费开放，周开放58小时，同年，建成并开通书目检索自动化系统，实现了图书馆采编、编目、流通、书目检索计算机自动化管理。2009–2012年，书刊年流通9.6万人次，书刊外借18万册次。2012年4月，开通与市图书馆的馆际互借服务。2012年，建成1个图书流动服务点，馆外书刊流通总人次3万人次，书刊外借12万册次。2012年7月，在我馆设置了政务公开信息整合服务平，年接待查询服务4000人次。2009年11月，富源县图书馆网站建成开通，访问量3万余次。截止2012年，富源县图书馆发布使用的数字资源总量为20种，4TB，均可通过富源县图书馆网站向社会提供检索、浏览和下载服务。

2009–2012年，富源县图书馆共举办讲座、展览、培训、阅读推广等读者活动25场次，参与人数7万人次。

业务研究、辅导、协作协调

多年来，职工在完成好本职工作以外，利用业余时间研究图书馆专业的现实状况、工作动态、发展前景，并发表了大量论文和信息，其中在省、市图书馆学会刊物上发表信息6篇。管理工作。

2010年，富源县图书馆完成第三次全员岗位聘任，本次聘任，本馆的所有职工均按照《富源县事业单位人员管理办法》（试行）进行管理。严格实行按需设岗，按岗聘用，竞争上岗，双向选择，自主择业，并严格按照岗位责任制进行考核、分配激励。共设15类岗位，10人上岗，同时，建立了工作量化考核指标体系，每月进行工作进度通报，每半年和全年进行总体工作考核。2009–2012年，共抽查文献排架8次，书目数据27次，编写《书海拾贝小报》48期，撰写专项调研、分析报告5篇。

表彰、奖励情况

2009–2012年，本馆受市业务主管部门表彰一次，县级业务主管部门表彰四次。

省图书馆领导莅临我馆指导

省文化厅领导莅临我馆指导

半开书架

过刊室书架

电子阅览室

馆领导介绍

田俊，现任富源县图书馆馆长，1965年12月出生，汉族，大专文化。馆员。1986年7月毕业于昆明冶金工业学校，同年7月被分配到云南省煤矿基本建设公司第二工程处工作，担任工程技术员。1989年11月调入富源县文化工作，负责阵地宣传工作。1992年获助理馆员职称，1994年被抽调到富源县焦化制气厂工作，时任工程建设指挥部办公室主任。1999年底回县文化馆工作，2001月被借到县文化体育局工作，担任局办公室主任，同年获馆员职称。2005年7月于云南省委党校行政管理专业，获大专文凭。2006年调入县图书馆工作，时任副馆长，2008年7月任代理馆长，2009年3月任馆长至今。

吴钢，男，1966年11月4日出生，1986年11月20日参加工作，中共党员，大专学历，1993年11月5日调入富源县图书馆工作，高技工，现任富源县图书馆党支部书记、副馆长。先后参加过曲靖师范专科学校图书馆举办的图书资料专业基础理论培训、云南省文化厅职工大学举办的图书馆业务岗位培训等图书馆业务专业学习，现从事图书馆图书采编工作。

郭波，现任富源县图书馆副馆长，1974年3月出生，汉族，大学本科。馆员。2001年7月毕业于云南农业大学经贸学院计算机经济信息管理（本科）专业，获理学学士学位，同年12月被分配到富源县图书馆工作，2007年8月获馆员职称。2008年7月任副馆长至今。

富源县图书馆主楼

未来展望

通过这次评估工作，既肯定了我馆起得的成绩和特色，也看到了我们的不足。2009至2012年，富源县图书馆事业有了长足的发展，图书馆的管理和服务工作都取得了一定成绩，得到了上级的肯定，也受到社会及广大读者的广泛赞誉，为富源的经济建设和精神文明建设发挥了积极作用。尤其在努力改善办馆条件、加强基础业务建设、搞好读者服务、强化管理和实施文化共享工程建设和免费开放工作方面做了大量而扎实的工作，取得了明显的社会效果。在肯定成绩的同时，我们也清醒地看到我们的不足，在今后的工作中，富源县图书馆将继续坚持“甘为人梯，读者至上”的服务理念，践行“文明服务、高效服务、争创一流”的工作目标，不断完善单体服务功能，努力扩大服务辐射区域，带动地区事业发展。加强业务研究、辅导、协作协调等方面的工作，争取更多的荣誉。向着创建国家一级的方向目标而努力奋斗。

联系方式

地　址：富源县中安街279号
邮　编：655500
联系人：田　俊

采编室

辅导儿童上网

共享工程中控室

江川县图书馆

概述

江川县图书馆座落在县城湖滨路中段7号。1981年1月，经江川县人民政府批准，从县文化馆划分出来，设置独立建制，成立江川县图书馆。当时仅有藏书1.5万册，馆舍借用县文化馆不到190平方米的旧式平房，有工作人员2名。1981年征地3.6亩，1982年至1984年曾先后拨款22万多元，新建了图书馆，建筑面积2129.49平方米，1985年8月竣工正式对外开放。设计藏书容量15万册，可容纳读者座位230个。馆内分别设有外借室、综合阅览室、资料查阅室、少儿室、过刊外借室、采编室、农村书库、自学室、讲座室、办公室、培训室、宣传室等。在前四次全国公共图书馆评估定级中，三次获得三级图书馆，一次获得二级图书馆。我馆有计算机35台，采用设计理念先进的CSLN“网图”图书馆管理系统，对日常业务进行处理。已将一部分图书数据录入使用，系统运行正常。

业务建设

截止2014年底，江川县图书馆总藏量9.1万册（件），其中，纸质文献9.09万册（件），电子图书0.01万册。

2014年江川县图书馆新增藏量购置费11.5万元，新购图书3017册1535种，征订报纸38种，杂志130种，视听文献32种。多年来我馆对地方文献收集征集工作都相当重视，设专柜书架，由参考资料室负责人兼职管理。图书的加工整理，我馆一直坚持严格执行采编室的工序流程，每个工序环节都必须检查上一道工序的加工质量，标引登号、馆藏章规范、统一、整齐美观。我馆共有公务目录和读者目录及备用目录5套。其中公务目录2套，即：（书名目录和分类目录）读者目录2套，即：（书名目录和分类目录），报刊设题名目录。目录有专人管理，并能及时维护保养，并配备专人查目咨询辅导人员。

读者服务工作

从2011年起，江川县图书馆所有公共空间设施场地和图书文献、报刊资料实行全免费为读者服务，每周开放63小时。持证读者5704人，为多方面方便读者和充分发挥图书效率，每年在馆内书刊宣传580种，在全县8个文化站、机关、厂矿、部队建立了32个图书流通服务点，74个农家书屋，还有37各专业户、重点户的跟踪服务。书刊借阅每年50千册次。我馆每年都会发放读者满意调查表，就图书馆设施、馆藏资源、服务内容、服务质量及馆员素质等情况征求读者意见及建议，并及时协调处理问题，其中满意率均为95%左右。信息资源共享工程支中心每天正常为读者开放，利用文化信息资源共享工程技术和设备为科研与经济建设提供信息服务，以文献资源为用户提供农业科技、烤烟栽培与管理、水产养殖、花卉栽培、仔猪养殖等方面的信息资料。为残疾人服务，若残疾人、老年人、边远山区的读者到馆借书，每次可宽到借阅图书2–4册，并延长借阅时间。每年图书馆都举办各种讲座、培训等，计约15次左右。例如，曾与县文化联联合举办过付云龙个人雕塑作品展览、与县文化馆联合举办过书画展、馆内自行举办各类读者推广活动等。每年图书馆都会利用“图书馆服务宣传周”、4月23日“世界读书日”和“全民读书月”等特殊日子深入到机关、厂矿、社区、学校等地为群众举办形式多样、内容丰富的读者活动，宣传读书与爱书的优良风尚。

业务研究、辅导、协作协调

图书馆与各乡镇开展业务活动，共同举办各类培训；与街道、乡镇、社区、村图书室参与服务网络建设，比例为72%。我馆网站资源面对大众开放，通过本站可以链接到云南文化信息资源网，充分实现资源共建共享。对8个文化站及一些机关、学校、厂矿、医院、部队、74个农家书屋、农村团支部等经常有计划地进行业务辅导、培训工作，并对其进行总结、分析，使各乡镇文化站图书室和农家书屋管理基本走向规范化。每年图书馆均会举办文化信息资源共享工程基层服务点培训班，主要培训电脑方面基础知识、汉字书写等，对各农家书屋管理员进行培训，以提高服务质量。图书馆职工在工作同时，还努力学习，专研业务知识，不断提高自身建设，2009–2014年间，职工共发表论文4篇，并获优秀论文2篇。

管理工作

我馆每年都有年度工作计划，实行聘用制、实行岗位管理和工作目标管理责任制。按照人事部门和文旅广体局的要求，我馆根据实际情况，采取了设岗、聘用、竞争上岗、择优聘用、

图书介绍

图书馆外貌

春节读者活动

六一儿童节活动

农家书屋建设

严格考核的方式，推行全员聘用制度，建立内部收入分配激励机制。全馆推行全员聘用制后，按工作岗位难、易程度和业务能力实绩、贡献大小，在分配上实行多劳多得，向关键岗位倾斜。建立健全职工考核档案、藏书档案、参考咨询档案、课题服务档案、业务辅导档案等，立卷准确、内容齐全，有目录。在馆藏、读者、借阅、设备等各项工作均有统计健全，日有记录，季有报表，年有统计分析。

表彰、奖励情况

2010年3月被江川县委县政府表彰为“文明单位”；2011年12月被玉溪市委市政府表彰为农家书屋工程“先进集体”。

馆领导介绍

卢艳兰，女，1964年10月出生，本科学历，中共党员，馆员，馆长。1986年3月参加工作，2002年9月担任江川县图书馆副馆长，2012年3月担任江川县图书馆馆长。

未来展望

我馆由于受经费、人员、馆舍等诸多方面因素限制，在免开工作中还存在着一定的不足。在今后的工作中，将依据县级图书馆搜集、整理、流通和收集图书资料职能来定位，利用现有图书文献开展工作，更好的为人民群众服务，保障其基本文化权益；积极发挥馆藏优势，利用文化信息共享工程的辐射作用，带动发挥好32各图书流通服务点、74个农家书屋服务功能；利用国家免开经费，创造性的开展工作，把经费用在刀刃上，积极开展读书活动、读书心得体会交流、读书沙龙、阅读赏析、评书、书画展览、演讲比赛、培训等，让文化真正的惠民；积极向上级争取经费，扩充藏书书库面积（80平方米）和完善基础设施建设，把传统手工借阅变为微机管理，让图书馆更好的为民服务。预计到2020年藏书量将达到15万册，容纳读者座位300多个，馆外图书、期刊流通10万人次。通过逐步完善各项服务功能，从而提高图书馆的服务水平，继续保持“国家二级馆”的荣誉，向“国家一级馆”的目标迈进。

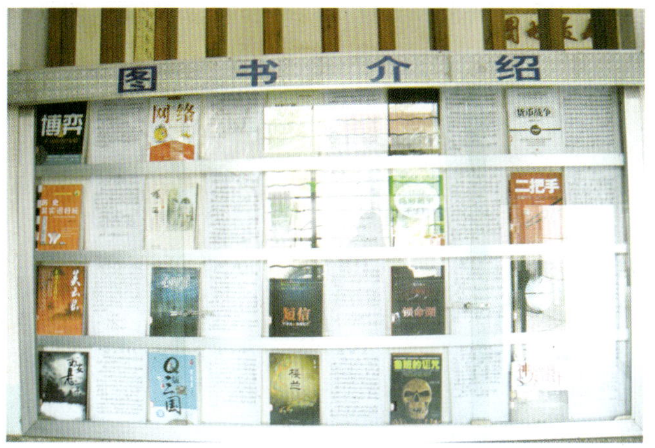

图书介绍

联系方式

地　址：江川县湖滨路中段7号
邮　编：652600
联系人：卢艳兰

综合阅览室

外借室

澄江县图书馆

概述

澄江县图书馆成立于1979年2月，馆址几经变迁，1987年12月20日新馆破土动工，1989年1月31日新馆建成投入使用，新馆位于澄江县凤麓镇环城北路8号，新馆占地4.5亩，建筑面积1503平方米，设计藏书容量15万册，可容纳读者座位200个。2004年参加第三次全国公共图书馆评估，首次获得二级图书馆，2003年参加第五次评估，确定为二级图书馆，2014年，澄江县图书馆有阅览坐席210个，计算机47台，宽带接入100兆，选用中国专业图书馆网自动化管理系统。

业务建设

截止2014年6月，澄江县图书馆总藏9.2万册（件），其中，纸质文献9万册（件），电子图书2千册。古籍文献1255册，古籍善本书8册。澄江县图书馆全部藏书按《中国法》第四版和第五版分类，采用中国专业图书馆网自动化管理系统管理。

2012年年购书经费增至7万元。2012年购书2953册，2510种。

读者服务工作

澄江县图书馆全年365天对外免费开放，周开放56小时，现有一个期刊阅览室，一个图书馆外借室，一个少儿阅览室，一个公共电子阅览室，一个参考资料室，一个业务辅导室，每年年均接待读者外借4.6万人次，4.8万册次，阅览4.9万人次，总流通9.5万人次，图书馆总流通21.5万册次，澄江县图书馆以2010年起实现对读者实行全部免费开放服务。

业务研究、辅导、协作协调

澄江县图书馆注重业务研究工作，职工论文曾经获得过中国图书馆学会论文二等奖1篇，西南四省学会优秀奖1篇，玉溪市图书馆学会优秀奖2篇，澄江县图书馆担负着对全县机关、学校、文化站、农家书屋图书室（馆）的业务辅导任务，每年都举办业务辅导培训班，下基层开展业务辅导工作，同时与全市8县公共图书馆开展业务协作协调，馆际互借工作。

管理工作

2009年，澄江县图书馆实行全员岗位聘任制，首次聘任岗位设5类岗位，参加竞岗人员7人，全部出任于专业技术岗位，同时，建立了工作量化考核指标体系，每月进行工作进度通报，馆内制定了各种管理制度，每半年和全年进行总体工作考核，按考核进行奖罚。

表彰、奖励情况

2011年12月澄江县图书馆获得中共玉溪市委、玉溪市人民政府关于玉溪市农家书屋建设工程“先进集体”一次。

馆领导介绍

崔月涛，男，1962年3月生，大学本科学历，馆员，馆长。1979年参加工作，1984年6月调到澄江县图书馆工作，历任澄江县图书馆副馆长，2001年任馆长，兼任玉溪市图书馆学会理事，澄江县文化信息资源共享工程县级支中心主任。

邵国蓉，女，1968年5月生，大学专科学历，馆员，1986年7月参加工作，中共党员，副馆长，先后在采编室、财务室工作。

未来展望

澄江县图书馆遵循“读者第一，服务至上”的办馆方针，践行“科学、效率、开拓、发展”的方向，认真履行全心全意为人民服务的宗旨，努力把县图书馆建成全县人民的精神文明的家园，全县人民文化生活的乐园，为我县的精神文明和物质文明的建设做出自己应有的作为。

联系方式

地　址：云南省玉溪市澄江县环城北路8号
邮　编：652599
联系人：崔月涛

绥江县图书馆

概述

绥江县图书馆始建于1980年，建馆至今风风雨雨走过34年历程，馆址几经变迁，2012年7月，搬迁至绥江县城C区，龙腾大道4号。图书馆综合楼规划占地面积854.31平方米，建筑面积为4458.85平方米，估算投资约810万元，设计藏书容量100万册，可容纳读者座位2000个。2004年，参加第五次全国公共图书馆评估，首次获得二级图书馆。绥江县图书馆有阅览坐席500个，计算机50台，宽带接入10兆光纤，选用中国网图自动化管理系统。

业务建设

截止2014年底，绥江县图书馆总藏量6万余册。每年免费开放资金20万元，县政府划拨购书经费5万元。

业务建设创新工作

除做好我馆本职工作外，我馆于2014年6月19日成立读书会，并于每月第一个星期六举行读书活动，每人分享一篇自己喜爱的文章，通过分享的东西丰富自己陶冶自己，同时感染他人。真正做到和读者“心连心”强化群众路线。

利用宣传展板深入群众，为加强图书馆服务的宣传力度、深入开展群众路线教育实践活动，让群众更好的利用图书馆资源了解身边的大事小事，图书馆经过认真组织，结合实际情况制作了内容丰富的系列宣传展板。以每周更新一次的方式展出，以供读者阅读。于2014年年初，实现馆内无线网络全覆盖。

读者服务工作

从2009年8月起，绥江县图书馆全年365天天天对外免费开放，周开放56小时，2009—2014年，书刊总流通2万人次，书刊外借2.5万册次。

2009—2012年，绥江县图书馆共享工程共享工程有30台电脑，宽带接入10兆，基层服务中心提供检索、浏览和下载服务。

2014年3月26日起，为进一步深化免费开放服务工作，我馆整合服务窗口人员力量，调整工作时间，起取消双休日和节假日的闭馆时间，实现全年“零闭馆”对外免费开放。为使白天忙于工作的群众也能走进图书馆，我馆还特别增设了晚上7:00—8:30的开放时间。

我馆开放时间为全年早上8:30—11:30，下午2:30—5:30，晚上7:00—8:30。

业务研究、辅导、协作协调

2009—2014年，绥江图书馆共举办讲座、展览、培训、阅读推广等读者活动32场次，参与人数1万余人次。

于2013年起，为落实“两馆一站”免费开放工作，提高幼儿动手能力和语言组织能力，我馆实行免费开放培训班，内容包括：幼儿绘画、手工、语言能力培养。

每年组织农家书屋管理员进行业务知识培训。

从2013年8月起启动首届“雅言传承文化·经典浸润人生”大型诵读活动。以后将于每年8月份举办该活动。

管理工作

2010年，我馆进行了定岗定员竞聘，本次聘任大家重新上岗，同时，建立了工作量化考核指标体系，年底进行总体工作考核。

馆领导介绍

杨芳，女，1983年12月出生，2010年3月，从教师队伍调入至绥江县文体局，2009至2014的六年间，在绥江县文体局多部门工作。2009年—2012年10月，在局办公室任办公室副主任，负责阳光政府信息网站、政府信息公开门户网站以及电子政务等的工作。2012年11月调入图书馆工作，任命为图书馆馆长，主持全馆工作。

未来展望

1、绥江县图书馆遵循“科学、效率、创新、发展”的办馆方针，完善服务功能，扩大服务辐射区域。在不断强化自身综合实力的同时，通过创新业务，带动各农家书屋的整体发展。

2、加强业务学习，多和广大读者交流，做好新书推荐工作，让读者们快速找的自己想要的书籍。加大宣传力度，让更多的人走进图书馆。

3、开展好各类培训、比赛、展览活动，更好的为人民群众服务。多向各县区的图书馆学习，引进他们好的东西，发挥我们的长处。加大图书馆的宣传力度，做好免费开放工作，力求把工作做得更好，做好图书馆的带头人。

联系方式

地　址：龙腾大道东段4号
邮　编：657700
联系人：杨 芳

电子阅览室

书库

2013年首届朗诵比赛

峨山县图书馆

概述

峨山县图书馆始建于1979年，在原文化馆阅览室的基础上建立，工作人员一人，藏书一万册，属于云南省最早建立的县级公共图书馆之一。

1990年7月，新建了具有彝族风格特色的民族图书馆，位于县练江南路8号，建筑面积1500平方米，设计藏书容量20万册。参加四次评估定级获得中华人民共和国文化部颁发的“三级图书馆”称号，2013年参加第五次全国公共图书馆评估，首次获得二级图书馆。2012年，峨山县图书馆有阅览坐席172个，计算机35台，存储设备容量达6TB，宽带接入30Mbps，采用设计理念先进的CSLN“网图”图书管理系统。

业务建设

截止2012年底，峨山县图书馆总藏量87311册，2009年，新书购置经费为3万元，2010年起增至5万元。2009年–2012年，共入藏图书10222册，报刊65种，视听文献145件，2012年，地方文献入藏量完整率为96%。

截止2012年底，峨山县图书馆数字资源总量为6TB，2012年10月，峨山县图书馆开始使用CSLN“网图”图书馆管理系统，开始运用计算机录入图书文献，截止2012年底图书文献录入已经完成40%。

读者服务工作

从2011年4月起，峨山县图书馆全年365天天天对外免费开放，周开放时间56个小时，2009年至2012年，书刊总流通22.6329万人次，书刊外借34.5849万册次。全县共有基层图书服务点11个，书刊外借册次达2万册。

2012年5月峨山县图书馆建立了本馆网站，网站访问量1749次。共享工程支中心提供检索、浏览、下载免费服务。

2009年至2012年，峨山县图书馆共举办讲座、展览、培训、阅读推广等读者活动60场次，参与人数3万人次。

业务研究、辅导、协作协调

2009年至2012年，峨山县图书馆职工发表论文3篇。2009年，全县建立了76个农家书屋，峨山县图书馆做好对农家书屋的业务辅导、培训工作以及对8个乡镇文化站的业务辅导、培训工作。

2009年至2012年，峨山县图书馆与乡镇、科协协作协调，利用信息资源共享工程这个平台，联合举办科技讲座。2012年共培训7次，培训人员200人次。

管理工作

峨山县图书馆实行岗位责任制，建立了全面的考核制度和各项检查措施。按需设岗，按岗聘用，竞争上岗，年终严格考核。按照绩效优先，兼顾公正公平的原则，进一步做好内部分配的制度。2012年，聘任共设4类岗位，有10人竞争上岗。同时，建立了工作量化考核指标体系。2009年至2012年，共抽查文献排架10次，工作提案8篇。

表彰、奖励情况

2009年至2012年，峨山县图书馆分别获玉溪市政府、玉溪市新闻出版局颁发的“读书活动先进集体奖”和“年度农家书屋建设工程先进集体奖”。

馆领导介绍

柏会红，女，1969年8月生，本科学历，中共党员，助理馆员，馆长。1989年10月参加工作，1997年11月调入峨山县图书馆工作，先后在外借室、报刊阅览室、资料室、电子阅览室、儿童阅览室、财务室工作，2008年8月任副馆长，分管全馆业务工作。2012年9月任馆长，主持图书馆全面工作。2009年被考核为优秀。2011年荣获“玉溪市农家书屋工程建设中成绩突出先进个人”和“峨山县60周年县庆先进个人”称号。

王旭波，女，1974年4月出生，大专学历，助理馆员，副馆长。1989年12月工作，2003年5月调入图书馆工作，先后在外借室、报刊阅览室、资料室、电子阅览室、财务室、办公室工作，任办公室主任等职。2012年9月任副馆长，分管图书馆业务、档案、办公室工作。2010年被考核为优秀，2012年荣获“玉溪市农家书屋工程建设中成绩突出先进个人”称号。

未来展望

峨山县图书馆遵循“科学、效率、创新、发展”的办馆方针，秉承“读者第一，服务至上”的宗旨，免费为读者服务，扩大服务辐射区域，带动地区事业发展。在未来的几年，除了

开展好现有的服务窗口外，将进一步发挥图书馆功能的多样化：

1、休闲功能

利用图书馆地处中心、人流较多、环境优雅、人文气息浓厚等特点，为读者营造一个工作之余缓解精神紧张，调节身心健康的休闲场所。

2、宣传功能

充分利用和依托共享工程资源中心这个平台，通过网络和我馆主页，把本地特色资源和风土人情及图书馆开展的各项工作上传到互联网，使更多的人了解峨山了解我馆。

3、展示功能

进一步扩大各类展览、培训（如具有本民族特色的彝文古籍、彝绣等）的规模及场次，通过各类展览、培训的展示，发掘更多具有本土特色和本土知名创作者。

4、大力发展和图书馆数字化及自助化进程

随着社会不断进步，读者素质和需求的提高，我馆将进一步把数字化图书馆的完善和自助化图书馆的建设作为工作首要，以便更好为读者服务。

联系方式

地　址：玉溪市峨山县练江南路8号

邮　编：653200

联系人：柏会红

保山市隆阳区图书馆

概述

云南省保山市隆阳区图书馆是隆阳区人民政府主办，区文化局主管的公益性文化事业单位，其主要职责是整理各种文献资料，为广大人民群众的生产、生活服务，旨在宣传党的路线、方针、政策、提高全民的科学文化水平。2010年以来，隆阳区图书馆不断完善建设内容、功能布局和设备配置，逐步加强馆内图书资料的收集整理，规范管理制度，服务质量和办馆水平得到逐年年高。在2013年全国公共图书馆评估中评定为国家二级图书馆。

业务建设

截止2014年，馆舍建筑面积达4682平方米（隆阳区图书馆馆舍面积1864平方米，分馆面积2818平方米）；阅览坐席一共335个（其中阅览室内供读者使用的座位数72个，多媒体报告厅180个、电子阅览室28个；少儿阅览室25个；读者沙龙30个）；计算机数量达36台，提供读者使用的计算机数量为28台，宽带接入10兆光纤，图书馆自动化管理系统采用专业图书馆网（CSLN.NET）作为业务管理系统，目前采编、流通、管理80%实现自动化且正常运行。

最大限度延伸服务触角，积极走出馆门开展服务，目前，已建成大堡子村分馆、白纸房村分馆、职业学校分馆、消防大队分馆、看守所分馆、实验小学分馆等7个分馆及隆阳区组织部流通服务点1个。同时对农家书屋图书资源进行整合，初步建起包含区、乡、村三级以上及各行业在内的流动服和体系，使全区图书馆人均占有藏书量达6册以上，平均每册藏书年流通量达0.5次以上，人均年增新书量达0.02册以上，人均到馆次数达0.2次以上。

读者服务工作

目前，全区在册图书60万余册（含7个分馆及309个农家书屋），数字图书馆推广计划提供了近6000种图书、期刊的入藏，并通过公共电子阅览室向公众开放。2014年新购图书1248册，报刊入藏174种，建有专门的地方文献专柜，有专人负责并配有专门目录，有专项经费进行收集。图书馆设置了专门区域提供免费寄存服务、每个窗口都有专人接待、场所引导清晰、资料简介免费索取，并设有咨询解答室、便民服务箱，为读者免费提供老花镜、放大镜等物品，设有盲人阅览室和障碍通道为特殊人群服务。

根据文化部、财政部文件实施免费开放，公共空间设施场地免费开放，基本服务项目健全并免费开放，图书馆基本服务窗口每周对个开放时间达60个小时，书刊文献开架比例达80%，馆藏书刊文献年外借率通过建设分馆、整合农家书屋的方式达到30%，书刊文献年外借30万册以上，近年来建成7个馆外流动服务点书刊借阅册次达2千册次/年，人均年到馆次数5次以上，利用手机报开展书刊宣传活动达20次以上，充分利用各种方式为残疾人服务、为进城务工人员服务、为未成年人服务、为老年人服务，除隆阳区图书馆网外，还建有隆阳区图书馆业务服务网同时为读者开展服务，讲座、培训平均每年举办19次，展览1次，阅读推广活动5次以上，每万人年平均参与活动3次以上，经常性开展图书馆服务宣传工作，读者满意率达90%以上。

隆阳区图书馆在区文广局的统一组织下，创新服务模式，流动服务车进社区送知识，丰富社区居民文化生活；利用手机报定期推出“好书推荐”栏目，读者既可以掌握好书的主要内容和精神主旨，又吸引了众多的读者走进图书馆，得到了社会的广泛好评；为进一步方便读者，给读者提供更人性化、更便捷的服务，在临街的阅读花园设立了免费自助阅读书柜，为读者打开方便之门。

业务研究、辅导、协作协调

积极落实信息资源共享工程，提升基层服务功能。建成“文化共享工程”县级支中心一个，乡镇级基层服务点18个，村级基层服务点270个。我馆通过与党员远程教育共建共享，开展文化信息服务及农民素质教育网络培训等活动。

由隆阳区文化广播电视体育局、隆阳区供销社共同组织，启动了农文网培学校开展定向服务农民专业合作社活动。隆阳区图书馆先后组织农韵飘香农家乐旅游专业合作社、水生蔬菜专业合作社等农民专业合作社共3156人，不定斯和乡镇文化站协同进行了“农家书屋管理”、“文化信息共

享工程平台使用"、"现代化办公设备使用"及"农村应用文写作"等专题培训，让专业合作社农民朋友、文化助理员们初步掌握了文化信息共享工程平台的应用、现代办公设备的使用方法和农村基础应用文写作，为适应新农村的发展奠定了基础。

管理工作

截止2014年隆阳区图书馆在编在岗人员达14人，近几年的免费开放经费已全部到位。14人中，大专以上学历人数占95%，中专、高中以上人数占100%，中级以上职称人数占38%，初级以上职称人数占92%，隆阳区图书馆2名，其中馆长1名，支部书记兼副馆长1名，均为大学本科学历。主管业务的副馆长受过系统的图书馆学培训，馆长多次参加馆长岗位培训班。馆领导每年接受继续教育时间不低于100学时，业务人员岗位培训、继续教育每年平均50学时以上。注重业务研究，年均发表论文5篇以上。

表彰、奖励情况

2009年被隆阳区妇女儿童工作委员会表彰为"妇女儿童工作先进集体"。2011年被保山市人民政府表彰为"保山市文化工作先进集体"。2011年被中共隆阳区委表彰为"先进基层党组织"。2012年被中共隆阳区委、区人民政府表彰为"宣传思想工作先进集体"。

馆领导介绍

苏启华，男，汉族，大学本科学历，1978年9月出生，中共党员，馆员，馆长。在图书馆管理工作中，狠抓思想政治和业务学习，不断强化服务意识，不断深化管理工作。在开展免费开放服务工作中，不断加强管理，把干好本职本作、促进事业发展、服务社会大众作为重要任务。在管理上求规范，气氛上求和谐，作风上求垂范，服务是求实效，使全馆上下逐步形成团结拼搏，自我加压，开拓创新，干实事、求实效的工作局面。经过探索，定出了"责任团队协作，服务创新发展"的图书馆精神，先后制定出台了《图书馆员工守则》、《图书馆员工十点自勉》、《图书馆员工健康心态》，进一步规范了部室工作制度，启用了《部室工作日志》，让管理进一步规范化、常态化。在国家级、省级、市级刊物先后发表学术论文3篇，2013年被中共隆阳区委表彰为"优秀共产党员"。

刘明华，女，汉族，1969年3月出生。云南省保山市隆阳区人，1988年参加工作，2010年入党，图书馆学专业本科学历，1988年至1991年在隆阳区瓦渡乡农科站工作，1992年至今在隆阳区图书馆工作。2006年3月任隆阳区图书馆副馆长。2013年6月任隆阳区图书馆党支部书记。多年来一直从事图书馆各项业务工作。

未来展望

面对取得的成绩，隆图人没有满足，在新的征程中我们正按照市、区有关要求，巩固好公共文化体系示范区创建成果，进一步寻找差距，与时俱进、开拓进取、增强措施，创造条件，狠抓落实，扎实推进免费开放各项工作，力争各项工作再上新台阶。

联系方式

地　址：保山市隆阳区正阳北路121号
邮　编：678000
联系人：王树红

永善县图书馆

概述

1984年初，永善县图书馆从文化馆中分立出来后，正式成立永善县公共图书馆，藏书2万册，为读者设立了外借室、报刊阅览室、少儿阅览室共三个服务窗口。1987年省、市、县共同投资15万元，修建了建筑面积为848㎡的馆舍，年接待读者2万人次。1999年通过省、市投资及自筹的方式共投资153万元，修建了新馆舍，总建筑面积为2011㎡，位于永善县溪洛渡镇永清街。现有藏书5万余册，为读者设立了外借室、少儿阅览室、成人报刊室、电子阅览室、过刊阅览室、地方文献室、多媒体放映室共7个服务窗口，年接待读者5万余人次。坚持每周7天开馆，节假日不休息，全馆工作人员采用轮休（即人休岗位不休）的方式接待读者。

我馆设有办公室，外借室、少儿阅览室、采编室、电子阅览室、报刊阅览室、过刊阅览室、地方文献室、多媒体放映室、农村图书流通室。年订报40余种，刊200余种，公共电子阅览室有计算机33台，年接待量15000人次；过刊阅览室、地方文献室和资料室，接待读者1000余人次；多媒体放映室，有40个座位，放映的内容为种植业、养殖业、文化娱乐、亲子交流、文艺片、农民教育等方面的影片，每年放映220场以上（包括网络培训），每年召开一次读者座谈会、充分听取读者对图书馆免费开放服务的意见和建议。开展防艾知识图片展等宣传活动，编辑《学习园地》，每年两期，重点摘录了相关科技知识和文学艺术，并将《学习园地》发到县级各相关单位、15乡（镇）文化站、十县一区图书馆、市图书馆和市文体局。

2009年在我馆建了文化信息资源共享工程县级支中心，每年对十五乡（镇）文化站工作人员进行图书借阅、分类编目和农家书屋的管理，文化共享工程业务培训。现有15个乡（镇）建有文化信息资源共享工程农民素质教育网络培训学校，76个村级服务点。

每年组织各乡（镇）文化站和部分农家书屋管理人员集中培训2-3次。馆内每年不定期派业务人员深入各乡（镇）开展业务辅导。

我馆有在职在编职工6人，其中：中级职称2人，初级职称4人，大专及以上学历6人。1991年-2008年四次评估中名列全市前列，先后受到文化部和文化厅表彰奖励，被文化部评定为国家三级图书馆。2013年，我馆在全国公共图书馆第五次评估中，被文化部评为“国家二级图书馆”。

馆属部门负责人

赵秀清，馆长，男，1962年出生，1981年参加工作，图书馆大专毕业，馆员，负责图书分类编目。

李盛明，副馆长，女，1982年出生，2003年参加工作，大专毕业，馆员，主要负责图书借阅工作。

廖树梅，女，1985年出生，2010年参加工作，大学本科毕业，助理馆员，负责《知识园地》编辑，兼办公室。

徐荣美，女，1986年出生，2011年参加工作，大专毕业，助理馆员，主要负责文化共享工程、成人阅览室兼多媒体放映。

张安玲，女，1985年出生，2010年参加工作，大学本科毕业，管理员，主要负责少儿阅览室工作。

陈顺琴，女，1989年出生，2012年参加工作，大专毕业，管理员，主要负责资料室、地方文献收集工作。

善县文化信息资源共享工程及农家书屋业务培训会

姚安县图书馆

概述

姚安县图书馆是一家综合性的县级二级公共图书馆，是姚安县教育、科学、文化事业的重要组织部份，是为公众服务的公益性公共文化与社会教育机构，以纸质文献、音像制品、数字资源等各类知识信息记录的收集、整理和存储为基础，提供资源借阅与流通、信息咨询、展览讲座、艺术鉴赏、文化展示和数字化网络服务及公众学习、研究、交流空间，开展社会阅读推广活动。

姚安县图书馆位于栋川镇宝城路16号，成立于1978年，2000年因地震成为危房，2001年筹资140多万新建，2003年9月投入使用。新馆占地面积1600多平方米，建筑面积1555.5平方米。现有事业编制人员4人，副研究馆员1人，中级职称2人，助理馆员1人。本科学历1人，大专学历3人。

姚安县图书馆现有馆藏图书11万余册，音像资料40多种近1780张光碟。每年征订报纸20多种、期刊140多种、年新增图书6000多册。内设综合阅览室、儿童阅览室、电子阅览室、外借室、古籍书库、地方文献室、资料查阅书库等多个服务窗口，全方位地为读者服务。有阅览座席300多个，少儿阅览座席50个，每周开放时间66个小时，节假日照常开放。实行开放式借书、阅览、上网一体化服务，为读者提供了良好的阅读和学习环境，最大限度地为广大读者服务。

联系方式

详细地址：姚安县栋川镇宝成路16号

联系电话：13908784507

（一楼：电子阅览室）

（二楼：综合阅览室、资料查阅室）

（三楼：图书外借室）

开放时间

周一至周五：上午：8：00—11：30
下午：14：30—17：30
晚上：18：00—21：30
（每星期一上午政治业务学习）

周六至周日：上午：8：00—11：30
下午：14：30—17：30
晚上：18：00—21：30
（节假日不休）

乘车路线：沿蛉荷大道进入姚安县城后，在梅葛文化广场李贽铜像正对面的丁字路口左转驶入环城南路，300米后交通红绿灯处右转进入宝成路，宝成路中段约800米

靠右进入姚安县文体广电旅游局院内即到。

丽江市古城区图书馆

概述

2003年原丽江县区县分设，成立古城区图书馆，人员8人，在玉泉公园内解脱林办公，建筑面积1823.42㎡，馆内设有综合阅览室、外借室、采编室等。由于地处偏僻阴坡，给图书的管理带来不利因素，并且地处公园，读者进出不方便。因此，2008年1月，古城区图书馆搬迁至古城，新馆舍建筑面积512.6㎡，对外开放外借室、综合阅览室及电子阅览室，年度接待读者4000人次，外借图书7000册，2013年国家文化部授予本馆"国家二级公共图书馆"称号。

2003年区县分设时，图书馆共有藏书四万八千册，古籍善本二万余册，经过历年的购置，现有图书七万余册，古籍善本二万余册。

业务建设

目前，我馆拥有藏书七万余册，其中古籍善本二万余册。每年我馆接待读者4000多人次，流通书籍7000余册。每年购书经费5万元。为了搞好图书馆免费开放工作，提高图书馆自动化、数字化服务水平，2012年10月我馆与玉龙县图书馆实现了"一卡通"读者免费服务工作。

目前我馆电子阅览室拥有电子计算机25台，接入10兆宽带，为读者提供便利。我馆还进一步配备了摄影机、数码照相机、扫描仪、手提电脑、大型投影仪等。

读者服务工作

1、加大投入、强化硬件建设

2008年年初，古城区图书馆由原玉泉公园内的办公地点搬迁至现在的丽江古城内。于2009年年初投资100万元对原先的老房屋和一些基础设施进行了加固、装修。现在古城区图书馆新馆的使用面积达到了500平方米、老馆使用面积达到1500平方米，含有藏书库、阅览室、图书外借室、采编室、办公室、电子阅览室等。到2013年为止，古城区图书馆共有图书8万册、报刊种类为100种以上，能容纳600－720册图书的标准书架40个、还有文件柜、目录柜、报刊架多个。馆内有良好的通风、换气、采光照明、防火、防盗等保护措施。2009年4月份，文化信息共享工程省分中心给我馆配置了25台联想电脑和4台服务器，规划了电子阅览室，另外还配置了复印机、装订机等。

2、规范管理、提高管理水平

(1) 管理人员专业化。要管理出效益，关键在于提高图书馆管理人员的素质，为了加强和充实管理队伍，我馆充分利用各种机会去省图书馆参加古籍专业培训、信息共享工程培训等，我馆现有工作人员9人，其中研究生1人，本科生2人，专科生5人，大专以上学历占89%。其中中级3人，初职4人。多年来我馆一直非常重视自身队伍的建设。首先，在进人方面严格把关，对调进人员的学历、业务素质、道德水平等进行严格考察。其次，为提高职工的素质，在业务上分层次对职工进行培训，鼓励在职人员进行学历教育。

(2) 在管理上，我馆从建馆初期就极为重视规章制度建设，并在实行期间不断修订完善。到目前为止，已经建立了一套完整的规章制度体系和岗位考核制度体系，涵盖图书馆工作的方方面面。这样，就使得各项工作都有制度可依，各项奖惩措施均有章可查，减少了人为因素造成的管理上的随意性和盲目性，从而保障了各项工作的顺利开展和充分发挥了书刊的使用效率，大大提高了图书的流通率。

3、与区内多家单位合作，发挥书刊作用

为进一步提高古城区图书馆的公共服务能力，保障基层民众的基本文化权益，更广泛地引起社会各界对图书馆的关注与认识，同时加强区图书馆与各单位之间的合作与交流，共同利用现代技术和服务创新促进全区信息资源的共建共享，图书馆与多家单位合作共建多个图书室。

(1) 与武警古城消防支队合作开展警民共建图书室的活动。由图书馆提供书籍和专人帮助驻区部队建成图书室，制定完善图书借阅管理制度，对部队图书管理人员进行业务培训，使其能基本掌握图书分类、借阅管理等知识。此图书室的开放使武警战士们多读书，读好书，在读书中陶冶情操，在工作中磨练意志，在奉献中铸就人生的辉煌。

(2) 与丽江监狱合作共建图书室。由监狱提供场所和人员，图书馆提供图书，创建"特殊图书馆室"，此图书室的建立，丰富了犯人的文化生活，开启了罪犯们封闭的天窗，使枯竭的心灵得以复苏，让健康向上的文化净化他们心灵，陶冶他们的情操，使他们在劳教的同时，掌握更多的科技知识，找回自我，重新做人，回报社会。

(3) 图书馆送书下乡活动。古城区共有下辖乡镇9个，图书馆逐步向各个乡镇文化站提供对当地村民。

4、图书馆开展的部分活动

(1) 每年的世界读书日期间都在人员相对密集的场所举办了以读书为主题的宣传活动，我馆制作了免费开放内容的宣传横幅和展板，向读者公示区图书馆设施分布图；图书馆的服务范围、服务内容、服务时间服务公约、读者须知、办证方法、借阅规则、便民措施、服务承诺等规章制度及各类服务信息。切实让更多群众知晓公共图书馆免费开放了，许多读者纷纷表示要走进图书馆，尽情享受国家提供的公共文化服务权益。

(2) 青少年上网一直是家长和社会比较重视的问题，为了培养青少年良好的上网习惯，图书馆在馆内的电子阅览室开办了“青少年暑假电脑培训班”，培训的主要内容是电脑基础知识、电脑基本应用、word的基本应用、excel的基本使用、电脑网络知识等。我馆把社会教育与学校教育有机地结合起来，相互补充，最大限度地发挥了公共图书馆的社会教育职能，给青少年提供更多的学习空间，让他们通过轻松的阅读拓展知识面，陶冶情操。

(3) 在古城书画院协助下，丽江知名的周孚定、王国均等书画家在图书馆阅览室进行现场书画以及对前来观摩的书画爱好者进行辅导，最后到场的书画家都将其现场作画的作品捐赠给了图书馆进行收藏。

(4) 为了提高农家书屋以及乡镇信息共享工程管理人员的业务水平，图书馆负责图书分类、上架的工作人员和信息共享工程工作人员每周去一个乡镇，对前来培训的乡镇、街道农家书屋管理员及信息共享工程管理员进行图书分类、上架、电脑日常维护等知识的培训。

业务研究、辅导、协作协调

为了加强对基层单位的协作协调，发挥县级中心馆的作用。作为县市级公共图书馆，根据省文化厅、省图书馆以及市文体局的各项工作要求，及时指导本县各文化站图书室、及共享工程信息技术业务工作，在各项工作中努力起组织、辅导、推动的核心作用。组织文化站工作人员到我馆进行业务培训。每年我馆人员到乡镇文化站进行共享工程设备的安装、调试及维护工作，得到了当地文化站的肯定。

管理工作

1、业务管理井然有序。图书按《中图法》第四版分类标引，按《中国分类主题词表》主题标引，期刊按《中图法期刊分类表》标引，按《连续出版物著录规则》著录，标引误差率、图书著录误差率在3%以下。坚持每月一次的业务检查，促进业务管理规范化。同时做到书标、馆藏章等规范、统一、整齐、美观。

根据《书库管理细则》、《关于赔偿、罚款的规定》等规章制度开展书库管理，并配备了防火、防盗等管理措施，对破损图书及时修补，及时分类上架读者归还的图书，开架图书排架误差率在3%以下（新书架按大类号排）。

2、制度齐全，有章可循。从大处着眼，小处着手，把完善管理制度、规范行为作为一项重要的内容来抓。我馆制定了《古城区图书馆免费开放制度》、《古城区图书馆考勤制度》、《古城区图书馆财务制度》及各科室各项规章管理制度等，明确了岗位职责，做到全馆设备、物资管理井然有序。年年实行目标责任制，量化考核，动态管理，强化了全馆干部职工的事业心和责任感，不断提高服务质量，效果显著。

表彰、奖励情况

2003年古城区图书馆被评为“纳西东巴文献申报世界文化记忆遗产”先进单位。

馆领导介绍

和铁生，男，1964年4月生，大专学历，馆员，馆长。1983年7月参加工作，2003年4月任古城区图书馆馆长。

未来展望

今后的图书馆建设，将面临着信息化、网络化、数字化的挑战，我们将以实际、实在、实效为出发点，以高起点、高品位、高标准为目标，做到管理人员专业化、藏书布局合理化、管理手段现代化、图书分类精准化、服务工作细致化，特别要起好传、帮、带的作用，培养年轻同志。今后我们将需加强数字图书馆和图书资源中心的规划建设，充分发挥已有资源的作用，尽快实现联合共建，优势互补和资源共享，把图书馆建成信息时代的“导航站”。

联系方式

地　址：丽江市古城区光义街金星巷19号
邮　编：674100
联系人：和铁生

景东彝族自治县图书馆

概述

景东彝族自治县图书馆，其前身为1935年赵祥生先生创办的景东县图书馆，1954年收归文化机构管理成为县文化馆的图书室，1983年4月1日独立建制。至2012年，建筑面积1852㎡，占地1922㎡，馆藏总量9万余册(件)，年订阅报刊300余种，阅览座席176个(其中电子阅览室25个)，计算机45台，存储容量16TB，宽带接入10Mbps，使用中国专业图书馆网图书馆自动化管理系统。第二至四次参加全国公共图书馆评估获三级图书馆，2012年第五次全国公共图书馆评估获二级图书馆。

业务建设

截止2012年底，景东县图书馆总藏量93738册（件），其中，纸质文献88738册（件），电子图书5000册。2009至2010年，景东县图书馆新增藏量购置费3万元，2011至2013年4万元，2014年增至6.48万元。2009—2012年，共入藏中外图书7269册（其中景东地方文献602册），中外文报刊735种，视听文献361件。截止2012年底，景东县图书馆数字资源总量为4.3TB，其中，自建数字资源总量0.3TB。2012年开始，与景东县电视台、景东县文联等单位签订地方文献共建共享合作协议，收集景东地方文献数字资源，建设景东地方文献数据库，包含景东旅游资源图片、景东电视新闻、景东县图书馆读者工作、景东文学作品等地方文献资源专题库。

2009年起，使用中国专业图书馆网图书馆自动化管理系统进行文献采编、借阅管理。

读者服务工作

2011年6月1日起，景东县图书馆全面实施免费开放，全年365天开放，每周开放56小时。馆内设外借室、报刊阅览室、少儿阅览室、流通图书室、过刊室、参考咨询室、地方文献室、电子阅览室等8个读者服务窗口，开展书刊借阅、信息查询、参考咨询、上网服务，组织公益性讲座、培训、展览、视频播放、送书下乡下基层进校园等延伸性服务。现有服务项目全部实行免费，到馆读者在馆内阅读报纸书刊、检索资料，只需在读者阅览、检索登记表上进行登记即可；读者借出书刊到馆外阅读，只需凭身份证等有效证件登记相关信息即可免费办理借书证；成年读者进入我馆电子阅览室内，凭身份证等有效证件登记后免费上机，未满18岁的未成年人上机须免费办理本馆电子阅览证。

2009—2012年，年均书刊总流通11万人次、书刊外借9万册次，馆外流通服务点书刊流通年均2.24万册次，年均举办书刊宣传活动15次，2011年开始年均举办公益讲座、培训35次。

2013年1月开始，进一步加强对未成年人服务，为景东县小学、景东县民族小学共3000余名在校学生免收押金发放借书证。

业务研究、辅导、协作协调

对全县乡镇、村图书室、文化共享工程建设基层服务点进行调查研究，提供全县公共文化服务体系建设做参考；每年组织开展对基层单位、乡镇、村图书馆（室）及文化共享工程基层服务点的业务培训和辅导。2009—2012年，积极参与云南省地方文献联合编目，参与普洱市图书馆联合编目合作及书目数据共享。

管理工作

景东县图书馆在职人员13人，编制9人。2011年，景东县图书馆完成全员岗位聘任，岗位聘用9人，超岗聘用4人。制定目标管理责任制、考勤制度、绩效工资实施办法等制度进行人员管理、考核；制定各种工作制度进行政、业务工作管理。

表彰、奖励情况

2009—2012年，景东县图书馆共获得各种表彰、奖励10次，其中2010年受普洱市人事局、普洱市文化局表彰为全市基层文化工作先进单位，2011年受普洱市委、市人民政府表彰为文明单位；2012年受普洱市图书馆学会表彰为先进集体。

馆领导介绍

黄映瑶，女，1968年12月生，大学学历，历史学学士学位，中共党员，副研究馆员，馆长。1990年8月参加工作，1996年10月任景东县图书馆馆长，2009年6月兼任文化信息资源共享工程景东县支中心主任。

张红，女，1960年6月生，大专学历，中共党员，馆员，馆长。1974年12月参加工作，1996年10月任副馆长。

李梦洁，女，1976年9月生，本科学历，助理馆员，副馆长。1996年8月参加工作，2012年3月任副馆长兼文化信息资源共享工程景东县支中心副主任。

未来展望

进一步提升文献信息保障能力，争取财政和社会力量，不断增加文献藏量，调整馆藏资源结构，建设适应读者需要的馆藏体系；参加全国数字图书馆推广工作，开展好数字资源服务；全面推进图书馆自动化管理，做好数据库建设；建设景东数字文化网，建设景东地方文献数据库；建设乡镇分馆和学校少儿分馆；加强队伍建设，培养适应现代图书馆建设的馆员。

联系方式

地　址：云南省景东县锦屏镇文化街17号
邮　编：676299
联系人：黄映瑶

建水县图书馆

概述

建水县图书馆，前身为民国28年旅居上海经商的徐仲铭先生捐资创办的私立仲铭图书馆。1950年原仲铭图书馆藏书移交给县文化馆图书室，1979年图书室从文化馆分离出来，正式成立建水县图书馆。馆址几经变迁，1989年，位于临安镇城南小西庄40号的新馆建成开放。新馆占地面积2000平方米、建筑面积2408平方米。1998年，参加第二次全国公共图书馆评估，首次获得二级图书馆。2012年，馆内有阅览坐席260个，计算机46台，信息节点56个，宽带接入10Mbps，选用CSLN中国专业图书馆网自动化管理系统。2013年，参加第五次全国公共图书馆评估，再次获得二级图书馆。

业务建设

截止2012年底，建水县图书馆总藏量120369册（件），其中，纸质文献120229册（件），视听文献140件。

2009年，建水县图书馆新增藏量购置费3万元，2012年增至4.78万元。2009—2012年，共入藏中文图书7266种、7774册，中文报刊123种，视听文献190种，地方文献112种、124册。

截止2012年底，建水县图书馆数字资源总量为2.11TB。

2010年，依托文化资源共享工程，通过CSLN中国专业图书馆网自动化管理系统平台启动实施建水县图书馆服务联盟建设。

读者服务工作

从2011年12月起，建水县图书馆实行免费开放服务，全年无闭馆日，每周开放时间61小时。2009—2012年，书刊总流通124000人次，书刊外借121964册次。图书馆网站点击率585214次。2012年，开通了建水县图书馆读者Q群。与建水一中、石屏图书馆开通了馆际互借服务。建成北山分馆1个，与总馆实现了“一卡通”通借通还服务。2009—2012年，有4个流动读书点、7个全民阅读服务点，馆外书刊流通总人次为60178人次。

2009—2012年，建水县图书馆共举办讲座、展览、培训、阅读推广等读者活动103场次，参与人数28260人次。在全县范围内开展形式多样的“书香建水、全民阅读”活动是建水县图书馆阅读推广工作的特色。

业务研究、辅导、协作协调

2009—2012年，建水县图书馆职工发表论文2篇。2012年，派出业务骨干先后到各乡镇文化站、农家书屋和乡村小学图书室开展业务培训，受训人数达60余人次。截止2012年底，共建成文化共享工程县级支中心1个，基层服务站点（农文网培学校）14个，烟农学校1个，行政村服务点（农文网培学校分校）142个，形成了以县图书馆为中心，以乡镇文化站为中转站、以社区村委会为基础的文化共享工程服务体系。期间，在全县范围内举办了2期共享工程业务培训，各乡镇分管文化的副乡（镇）长及文化站站长参加了培训，培训人员56人次。

管理工作

2011年，建水县图书馆完成奖励性绩效工资分配方案，实行岗位设置管理，建立分配激励制度，11名工作人员重新竞争上岗。同时，进一步健全完善馆内人事、财务、统计等各项规章制度，每月对各部室的工作及卫生做不定期检查考核，每季度进行一次安全生产检查。2009—2012年，共抽查文献排架8次，书目数据8次，编写信息报道17篇。

表彰、奖励情况

2009—2012年，建水县图书馆共获得各种表彰、奖励6次。其中，县委，县人民政府表彰、奖励1次，县文化体育和广播电视局表彰、奖励1次，其他表彰、奖励4次。

馆领导介绍

唐春妮，女，生于1978年8月，本科学历，中共党员，馆长。1998参加工作，历任面甸镇政府团委书记、县文体广局办公室副主任，2010年7月，任县图书馆馆长。

马秀锦，女，生于1968年11月，专科学历，馆员，副馆长。1987年参加工作，2007年7月到建水县图书馆工作，2011年7月任副馆长。

未来展望

建水县图书馆一直遵循“读者至上，服务第一”的服务宗旨，以传播先进文化，改善阅读环境，提高服务质量为己任。今后，将从三个方面加强图书馆建设：一是抓住县内城古城风貌改造的机遇，对图书馆外貌进行明清风格的改造，内部进行庭院式花园建造，努力营造文化氛围浓郁而又令读者感到轻松、愉悦的阅读环境，使图书馆真正建成市民的“第二起居室”；二是打造“全民免费阅读”和“中华经典诵读”服务基地，把图书馆免费开放服务延伸到全县各个角落；三是建成与时代同步的数字图书馆。

联系方式

地　址：云南省红河州建水县临安镇城南小西庄40号
邮　编：654399
联系人：马秀锦

电子阅览室

图书馆展览大厅

北山分馆

永仁县图书馆

概述

民国13年（1924年）成立县通俗图书馆，民国20年（1931年）更名为县民众教育馆，附设图书借阅、报刊阅览室，有各类藏书4000册（含《万有文库》）。1956年成立县文化馆，设图书室，固定专人管理图书借阅及报刊阅览。1958年部分经、史、古籍图书并入大姚县文化馆。1961年图书室迁往县委大礼堂前楼开展业务，“文革”初期图书室被造反派强占为派报《争朝夕》编辑室，致使部分图书遗失，借阅中断。到1971年恢复图书借阅、阅览。1984年1月，图书馆单独建制，成立永仁县公共图书馆。同时，从县委大礼堂前楼迁回原址老楼，定编5人，实有3人，开展图书借阅、采编、宣传、辅导、图书流动及文献收藏工作。2004年3月，因建盖图书馆大楼而迁到永仁一中租房开展业务；2005年7月，永仁县图书馆竣工投入使用，建筑面积为1510平方米。2012年财政累计拨款70万元，改善了读者的阅览条件和环境。2013年在第五次全国图书馆评估等级中评定为二级图书馆。目前，宽带接入10Mbps，设有25台计算机。

业务建设

永仁县图书馆，年均购置图书2500册，2012年末馆藏文献6.2万册，内设成人阅览室、儿童阅览室、外借室、资料室、电子阅览室5个服务窗口和办公室、采编室、流通室3个业务机构。

读者服务工作

随着基本条件的进一步改善，县图书馆实行365天开放，每天开放时间为10小时，年实际接待读者2.5万人。在做好阵地服务的同时，主要读者工作重点向学校、社区等开拓服务渠道，如开展“少儿读书活动”常抓不懈，已成为县图书馆的服务品牌。

业务研究、辅导、协作协调

随着农家书屋、县、乡、村文化共享工程的全面建成，我馆在主管局的统一领导下，做到每个季度对乡镇综合文化站图书阅览室、文化信息资源共享工程乡镇服务站和部分村级服务点以及农家书屋的工作督查、辅导一次；每个季度为乡镇综合文化站进行一次业务培训；每年为全县文化室管理员和文化站工作人员进行一次集中综合培训。同时，建立“乡村流动图书箱”，定期将分编好的图书在村组中交换流通，先后在辖区内建立30流动服务点；帮助辅导所属学校、社区图书（室）的文明创建工作。

管理工作

2012年，永仁县图书馆现有人员编制5人，在职5人，其中：大专学历4人、中专学历1人，初职3人、中职2人。永仁县图书馆实行岗位聘任，同时，建立了工作量化考核指标体系，每月进行工作进度通报，每半年和全年进行总体工作考核。

馆领导介绍

罗光会，女，1971年8月生，大专学历，中共党员，馆员，馆长。1992年7月参加工作，1992年7月至1997年6月在莲池乡政府工作，1997年7月至今在永仁县图书馆工作。2013年5月任永仁县图书馆馆长。

未来展望

永仁县图书馆不断创新工作理念，提升服务水平。以“传统化、现代化”为运作模式；以“发扬传统、开拓创新、打造品牌”为办馆思路；以“一切为了读者、为了一切读者、以创新谋发展、以服务求生存”为服务宗旨；确立了“环境洁雅、优质高效、养德育才、促进文明”为服务目标；始终用“以人为本、读者至上、服务第一、争创一流”的馆训严格要求干部职工，在作好书籍传统借阅的基础上，着力发展现代化的运作模式，取得了良好的社会效益和经济效益。结合创建国家公共文化服务体系示范区，图书馆在服务工作中时刻想读者之所想，急读者之所急，在任何细微的地方都体现以读者为先，为读者着想，为读者提供便利、快捷、准确的服务，满足他们对文献信息的需求。

从细节出发，提供细致周到的服务，是图书馆在创建国家公共文化服务体系示范区中最重要的抓手。工作中始终坚持服务第一的理念，着力作好以下几个方面：一是管理科学规范，各项规章制度健全，党的建设和思想政治工作常抓不懈，对职工抓培训严要求促提高，以“抓建设、抓管理、抓服务”和“提升竞争能力、提升管理水平、提升服务理念、提升读者满意度”的“三抓四提升”管理模式从严、从新、从优治馆。二是馆内藏书严格分类、认真录入数据、分别排架，使基础业务知识扎实有效。积极开展基层服务工作，每年开展乡镇、村级图

州图书馆馆长姜荣文指导图书管理工作

外借室

儿童阅览室

图书馆阅览现场

视察图书馆

多功能厅开展阅读活动

新书推介会

书室人员电脑网络培训3期。现已建立农家书屋65家，文化信息资源共享工程服务站点56个，使图书馆服务范围不断扩展，服务水平不断提高。三是在2013年文化部图书馆第五次评估定级中，永仁县图书馆被评定为二级图书馆。四是认真实施文化共享工程，具体工作中始终坚持“五个注重”，即注重基础设施建设、注重资源利用、注重面向基层、注重人员培训、注重长远规划。

联系方式

地　址：云南省楚雄彝族自治州永仁县建设路28号
邮　编：651499
联系人：殷必聪

马关县图书馆

概述

马关县图书馆独立建制于1979年，是我县唯一的公共图书馆。初建时，没有自己的馆址，借用文化馆一楼开展图书馆服务工作。1996年6月28日，位于马白镇石兴路的新馆一期工程建成开放。新馆一期工程建筑面积1000平方米（2层），设读者座位80个。2004年10月，图书馆二期工程竣工投入使用，建筑面积增至1500平方米。2008年，新建文化信息资源共享工程电子阅览室，2009年4月正式对外开放，配置服务客户端24台。2012年，对全馆书架、桌椅进行更换，馆内阅览座席增至124个，计算机31台，接入10兆光纤网络，2011年6月开始进行书目数据回溯建库工作，2013年参加第五次公共图书馆评估定级，首次获得二级图书馆，2014年1月1日，全馆启用CSLN图书馆自动化管理系统。

业务建设

截止2012年底，马关县图书馆总藏量58522册。

2011年，马关县图书馆购书经费增至10万元，2012年起增至20万元。2009–2012年，共入藏图书10089册，地方文献入藏完整率为80%。现藏有马关壮族侗经间乐、马关农民版画等独具地方特色的文献130余册。

读者服务工作

马关县图书馆一直实行全年天天开馆制，从2005年1月起，增设了晚班开放时间，周开放60小时。2009–2012年，书刊总流通208174人次，书刊外借379032册次。2010年4月，在马关一中新建流动书箱，定期对其图书进行更换，每次600册，2011年，在驻马五营的都龙连队、小坝子连队新建立流动书箱，2012年在县消防大队、县中队新建立流动书箱。2009–2012年，馆外书刊流通总人次18800人次，书刊外借30000册次。2011年获“十一五云南文化建设先进单位”。

2009–2012年，马关县图书馆共举办讲座、展览、培训、阅读推广等读者活动120场次，参与人数25000人次。

业务研究、辅导、协作协调

2009–2012年，马关县图书馆职工发表论文8篇。

从2011年起，马关县图书馆以文化信息资源共享工程平台CSLN管理系统为依托，参照管理系统内联合目录开始本馆的书目回溯建库工作。2011年11月在馆内举办了“2011年度文化信息资源共享工程农文网培学校培训班”，2012年3月，图书馆举办了“马关县中小学图书室管理员培训班”，40学时，180人次接受培训。2012年7月，举办了“马关县乡镇图书室管理员培训班”，授课48学时，培训人次39人次。

2009年9月，马关县图书馆参加“文山州第四届图书馆业务竞赛”，组织人员参与了《文献分类》、《机读目录》、《报刊装订》三个科目的比赛，获团体一等奖。2011年，组织人员参加“文山州第五届图书馆业务竞赛”，又获团体一等奖。

管理工作

2011年，马关县图书馆完成岗位聘任工作，按照人事部门规定，马关县图书馆编制数7人，设岗位7个，分为专业技术岗位和工勤技能岗位，根据按需设岗、按岗聘用、实行竞争上岗、择优聘用制、年终考核的原则设置专业技术岗位6个，工勤技能岗位1个，馆内对每一个岗位建立了工作量化考核指标体系，每月进行工作进度通报，年底进行全年总体工作考核，定期对文献排架等工作进行抽查。

表彰、奖励情况

2009–2012年，马关县图书馆共获得各种表彰、奖励5次，其中，云南省文化厅表彰、奖励1次，州工会表彰、奖励1次，州文化局表彰、奖励2次，县委、政府奖励1次。

馆领导介绍

李云梅，女，1962年6月生，大专学历，中共党员，副研究馆员，馆长。1980年12月参加工作，1986年由县文化馆调入图书馆工作，1999年任马关县图书馆副馆长，2010年12月起任马关县图书馆馆长。

覃家荣，女，1977年9月生，本科学历，中共党员，馆员。1996年4月参加工作，2003年10月调入马关县图书馆工作，2009年任马关县图书馆办公室主任，2010年12月起任马关县图书馆副馆长兼办公室主任。

县委副书记谢瑞彪到图书馆调研

州文化局领导到马关图书馆视察工作

期刊阅览室

少儿阅览室

图书外借室

未来展望

马关县图书馆遵循“科学、效率、创新、发展”的办馆方针，围绕“全面加强内涵建设，全面提高服务质量”的服务宗旨，尽力完善图书馆服务功能，扩大、延伸服务辐射区域，带动地区事业发展。2009–2012年，在不断强化自身综合实力的同时，完成了全县133个农家书屋建设工作，文化信息资源县级支中心及13个基层站点的建设工作，实现了农家书屋覆盖全县的村委会，为地方的经济、文化发展起到一定的促进作用。在未来的几年里，马关县图书馆将在现有馆舍的基础上，改扩建图书馆三期工程，把馆舍面积增至2500平方米，增设多媒体活动室、基藏书库，增设阅览座席，增大图书馆的入藏量，增加图书馆的服务项目，比如电子书借阅等服务，创建自己的网站，大力提升图书馆服务能力，争取早日获得一级图书馆。

县委副书记陈子品到图书馆调研

联系方式

地　址：马关县马白镇园中路小区36号
邮　编：663700
联系人：李云梅

广南县图书馆

概述

广南县图书馆始建于民国18年（1929年），历经了民众教育馆时期、文化馆设图书室时期。1979年9月1日恢复正式建立广南县图书馆，馆址曾设于莲湖亭和"昊天阁"。1984年，由县财政投资50万，在西效宾田新建1780平方米的图书馆业务楼，并于1987年迁入使用。2012年，再次调拨30万经费对业务楼进行改造。目前，馆舍总面积为2180平方米，其中：主体阅览建筑面积1780平方米、办公区建筑400平方米；阅览坐席共计240个；计算机35台；宽带接入为10兆。

业务建设

2008年，广南县成立了文化共享工程广南县支中心，设有专职管理人员1人。

2009年使用了金盘专业管理系统，实现了业务系统自动化。

2012年开始为残障人士提供盲人上网、盲文图书借阅服务。

截至2012年底，图书馆总藏量7.75万册，其中电子文献藏量总数为591种，2009年至2012年图书年入藏量为3759种，报刊年平均入藏量337种；视听文献入藏量共入藏591件；古籍文献998册。

建党90周年歌咏比赛现场

读者服务工作

从2011年起，广南县图书馆对外免费开放。图书外借室、报刊流通室、儿童报刊流通室、地方文献室、多媒体教室、公共电子阅览室及公共场所均对读者免费开放，免费提供咨询、办证等服务功能，全年无节假日，周开放60小时。

定期举办展览、培训、读者活动阵地服务，及开展图书进校、图书进村、图书进军营等延伸服务。如2011年，组织了19支业余文艺队共598人参加云南省举办的"颂歌献给党——全国文化信息资源共享工程迎接建党90周年群众歌咏活动"，广南县莲城镇-歌唱党的好政策、号广南县莲城镇-彝家歌唱共产党、号广南县莲城镇-壮家热爱共产党，分别获二等奖和优秀原创作品奖。2012年，全国中小学生雷锋那样……"电脑小报设计比赛活动中，广南县民族职业中学梁恩贤同学荣获中学组优秀奖。

截止2012年，广南县图书馆先后在县城区三小建立校外学习基地，在县城区一学及县强制戒毒所设立分馆，在县委办、龙井社区、莲湖社区、阿用中心校、落松地小学等单位设置流动图书室，在莲城镇大革假村、向阳村等建立科技示范点，共计12家。

业务研究、辅导、协作协调

广南县图书馆加强对基层图书馆和农家书屋、文化共享工程管理员业务辅导及培训，协助指导基层站点农家书屋图书分类、编目、上架，及文化共享工程维护等工作的开展。

截止2012年，开展共享工程基层网点技术培训工作2次，培训基层网点信息员32人次，下基层文化站指导培训5次，协助指导基层站点分类、编目、上架图书3000多册，举办农家书屋管理培训3次，参118人次。

表彰情况

图书馆先后被表彰为荣获"省级文明单位"等荣誉称号、被评选为"省先进图书馆"；荣获"州级文明单位"、文化系统"先进集体"；广南县文化广播电视系统"先进集体"、荣获"县级文明单位"；在第二、三、四次全州县级公共图书馆评估定级工作中，图书馆各项工作评估考核成绩均保持全州第一；在2005年全国公共图书馆评估定级工作中被认定为三级公共图书馆；2010年全国公共图书馆第四次评估定级被评为二级县级图书馆。

馆领导介绍

林易，女，1979年11月生，大专学历，馆员，馆长。2008年

阅览室一角

图书阅览室

书架

武警中队到馆学习

农村实用技术培训会

到广南县图书馆参加工作，先后在全国文化信息资源共享工程广南县支中心、图书外借室、办公室工作。

石凡，男，1970年9月生，大专学历，助理馆员，副馆长。2008年到广南县图书馆参加工作，负责全国文化信息资源共享工程广南县之中心工作。

唐霏，女，1972年7月生，本科学历，馆员，支部书记。1992年9月工作，先后做过会计、副馆长等工作。

未来展望

广南县图书馆一直坚持以“读者第一，服务至上”为宗旨，完善服务制度及服务设施，不断加大工作人员业务培训，主要采取送出去和请进来的方式，提升能力和服务水平，努力为读者提供一个舒适的读书环境。今后工作中广南县图书馆将秉承宗旨，建设覆盖全县的数字化图书馆，让图书走进生活，让阅读成为习惯。以此带动本地文化生活，提高人们素质整体发展，成为传播先进文化知识的阵地。

联系方式

地　址：广南县莲城西路177号

邮　编：663300

大理市图书馆

概述

大理市图书馆成立于1979年，图书馆大楼于1985年建成，计划藏书规模为25万册，馆舍面积为1638m²。先后多次被评为省、州、市文明单位，并于2004年、2009年先后正式被国家文化部评定为国家县级二级图书馆。图书馆设有综合阅览室、外借部、儿童阅览室、过刊查阅室、地方文献室、电子阅览室等服务窗口。设阅览座席252个，计算机共计45台。宽带接入流量为10Mpb。存储容量达8900GB≈8.7TB，2009年开始使用CSLN“网图”图书馆管理系统，实现了业务的自动化管理。

业务建设

截止2013年底，馆藏总量为113026册，其中图书69682册，报刊14145册，古籍28732册，视听文献资料视听467件。自2009年以来，图书年入藏量为1614种。报刊年入藏量达234种。视听文献年入藏量为59件。新征集地方文献262种。借助全国古籍普查平台，大理市图书馆已完成170部1700多册古籍文献编目及普查工作，同时完成了《南诏野史》、《东晋湖志》两部善本古籍《国家珍贵古籍名录》的申报工作。2012年，大理市图书馆应大理学院要求，提供馆藏古籍文献，配合协助大理学院图书馆进行了“南诏大理文献专题数据库”的数字化加工工作。

2012年，大理市图书馆新增藏量购置费达98054.56元，其中图书购置费59989.44元，报刊订阅费38065.12元。

到2013年止，大理市图书馆有数字资源总量为1TB，2009年开始实现了业务的自动化管理。

读者服务工作

大理市图书馆一直以来坚持“无星期天工作制”，每周开馆时间超过56个小时。2012年流通总人次为37852人次，固定持证读者838人，人均年到馆次数为45次/人。年平均接待各类读者3.7万人次，外借书刊12万册。大理市图书馆在城郊中学、大理一小、大理消防支队、湾桥云峰农民文化大院、挖色农民文化大院、银桥马久邑农民文化大院等6个图书室设立流动服务点，书刊年借阅册次累计超过5千册次。

因地制宜，设立盲人读物专柜，特殊群体提供服务，提供一个阅读的平台。

免费开放电子阅览室，举办青少年电脑培训班，服务未成年人读者，利用电子阅览室为一所专门收留孤儿、贫困家庭少年的藏族学校——森吉梅朵学校提供计算机教学场地。

开展各种馆内外读者活动。如迎新春少儿读书活动、文化三下乡、三月街科技书展、图书宣传周、送书进校园、读者座谈会等。整合馆藏资源，开展一系列具有科学性、知识性、趣味性的讲座、培训和展览、优秀影视片展播等活动。2012年，通过主办、协办的方式，共举办讲座、培训累计12余次。举办建国六十周年成果图片展，协助文体广电局举办非物质文化遗产图片展。2012年，用世界读书日、全民读书月及文化三下乡、图书馆服务宣传周等契机，通过发放宣传资料、好书推荐等方式，共开展了四次阅读推广活动，更多的人了解图书馆、走进图书馆。

业务研究、辅导、协作协调

2011年以来，大理市图书馆积极参与由省图书馆组织的《中华古籍总目·云南卷》的编纂工作，全国古籍普查平台上进行录入，截止目前共录入160多部，1500多册。

2012年，大理市图书馆共组织举办了11期基层业务培训班，对各乡镇文化站站长，村（社区）基层站点管理人员累计325人次进行培训。定期组织工作人员深入乡镇、村（社区）进行实地业务辅导，各个基层图书馆服务网点的业务进行统计分析，查找问题，及时解决。

大理市辖区内参与图书馆服务网络建设的乡镇图书馆（室），2012年流通总人次为29121人次，外借书刊流通册数为21340册。

管理工作

大理市图书馆认真制定每年的年度计划，确保各项业务工作的正常运行，严格执行有关财务财经制度，有一套完整规范的财务管理、监督制度。馆内设有六室一部，每个部室都实施岗位责任制。有明确的财产设备管理制度，有领用物资财产登记和固定资产明细账。有完善的人事档案、业务档案、工程项目档案等。设立严格的统计分析制度，各类统计数据齐全。成立专门工作小组负责相关工作，且制定了相关的应急预案，为图书馆内的人员安全、消防安全、数据及网络安全提供了保障。

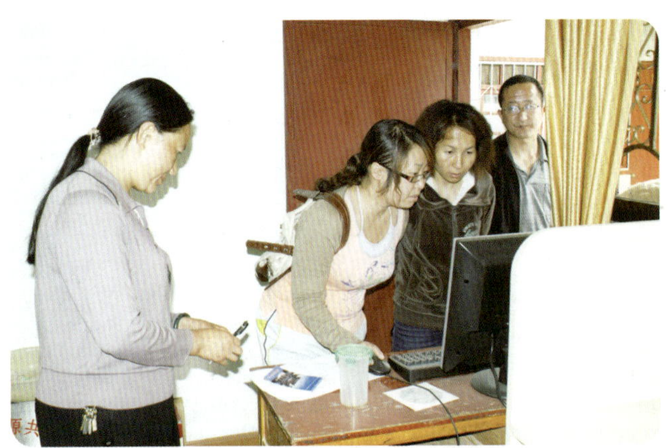

共享工程基层服务点业务指导

乡镇图书室业务指导

党课培训

举办培训班

表彰、奖励情况

2009年以来，大理市图书馆先后被国家文化部授予“二级图书馆”称号，被州、市党委、政府授予“文明单位”的荣誉称号及被大理市公安消防大队评为消防安全“四个能力”建设达标单位。

馆领导介绍

杨红银，男，1971年8月出生，大专学历，中共党员，馆长，支部书记。1992年6月参加工作，1998年8月调入图书馆，2008年起任大理市大理图书馆馆长、党支部书记。以“读者第一、服务至上”为理念，坚持“内强素质、外树形象”，全心全意为读者服务。

张玉千，女，1977年5月出生，本科学历，馆员，副馆长。1999年7月毕业于云南大学档案学专业，1999年10月进入大理市大理图书馆工作。2008年起任图书馆副馆长，认真履行副馆长职责。

未来展望

大理市图书馆继续坚持“读者至上，服务第一”的原则，以数字图书馆建设为目标，以自动化服务为手段，以满足读者需求为出发点，以开展读者服务活动为重点，以传播知识和传递信息为职能，使图书馆成为文化、科技、传播、社会教育、信息交流的中心，为丰富群众文化生活，提高全民文化素质，构建和谐大理做出新的、更大的贡献。

共享工程十八大学习

联系方式

地　址：大理白族自治州大理古城复兴路321号
邮　编：671003
联系人：杨红银

少儿读书活动

图书下乡活动

弥渡县图书馆

概述

弥渡县图书馆源于民国六年（1917年）建立的弥渡县通俗图书馆。民国二十一年（1932年）通俗图书馆归并成立民众教育馆。1951年建立弥渡县文化馆，内设图书室，开展图书业务活动。1984年文化、图书两馆分立，1985年元旦正式建立弥渡县图书馆，馆址在原民众教育馆旧址。1993年12月，新建图书馆竣工开馆，占地面积5000多平方米，建筑面积865平方米。坐落在青螺公园内。连续四次参加全国公共图书馆评估，均获三级图书馆。馆址几经变迁，2012年10月10日，位于弥渡县城清螺古坊内的新馆建成开放。该馆占地面积2306平方米，建筑面积2110平方米，以雅、静、美的风貌向广大读者开放。新馆分设图书阅览室、儿童阅览室、电子阅览室、外借室、采编室、古籍资料室、地方文献室、过刊室、展示室、多功能播放厅、书库等。每年订有期刊300余种，报纸100多种供读者阅览。可容纳读者座位155个。存储容量6TB。有电脑38台（其中29台供读者免费上网）。宽带接入20兆，选用中国图书馆网自动化管理系统。

业务建设

截止2012年底，弥渡县图书馆总藏量64692册(其中古籍资料216册)。2009年，弥渡县图书馆新增图书购置费10万元，2010年起增至15万元。2009年—2012年，共入藏图书2124种、8567册。我馆历来重视地方文献收藏，从1986年开始收集本县发表在各类报刊上反映当地各行业动态的资料做成《剪报》，至今已有27年。藏书品类众多，涉及各专业、各领域，初步形成具有地方特点的藏书体系。本馆本着“读者第一、服务至上”的宗旨，通过外借、阅览、咨询、宣传等多种方式，为读者提供便捷、高效、优质的“免费开放”服务。2012年实现了从手工借还到自动化管理的跨越。

读者服务工作

从2009年起，弥渡县图书馆全年365天天天对外免费开放，周开放63小时。2009—2012年，书刊总流通91240人次，书刊外借101240册次。有22个流通服务点。馆外书刊流通总人次83678人次，书刊外借58926册。2009—2012年共收集《剪报》资料2328份，收集地方文献686册。

2009—2012年，弥渡县图书馆共举办讲座、展览、培训、阅读推广等读者活动36场次，参与人数4536人次。为了发挥图书馆在新时期的多种社会功能作用，提高公众对图书馆的认知度，吸引广大读者，充分利用图书馆读好书、用好书，将图书馆的服务深入社会、深入群众。简化办证手续，改善服务态度，提高了服务水平，深受广大读者好评。图书馆将以自己的努力尽可能为广大读者提供一个读书交流、研讨、提高的场所与机会。认真做好基层图书馆（室）的服务工作，为其送去积极向上、有意义的图书，宣传科学精神、普及科技知识，为基层图书室送书8次1108册，积极为残疾人捐款、捐物，帮助挂钩村贫困户解决生产困难。举办丰富多彩的活动吸引读者。为配合每年的“科普活动周”“图书宣传周“的开展，丰富青少年的科普知识，引进了外部资源，在图书馆举办了科普展览。上街发放宣传材料，展出学生读物及科技书目。还和其它单位联合举办了“迎新春书画展”、百幅春联赠读者、为残疾读者送书上门等活动，将该馆的全民读书系列活动推向高潮。

业务研究、辅导、协作协调

2009年—2012年，弥渡县图书馆职工发表论文6篇。从2009年起，弥渡县图书馆以文化信息资源共享工程为依托，在全县范围内与各乡镇文化站开展协作协调、资源共享工作，实现了农文网培学校全覆盖。期间举办“农家书屋管理员”、“文化信息共享工程业务管理”、“旅游、餐饮就业服务人员”、“图书管理业务”等培训。每年新增图书流动点4个。并为图书流动点、部分村小、街道办事处捐赠图书和期刊，定期不定期下乡进行辅导。

管理工作

2010年，弥渡县图书馆完成第五次岗位聘任，本次聘任共设8类岗位，有8人竞争上岗，同时，制定了工作量化考核指标，年终进行总体工作考核。2009年—2012年，共清理图书2次，图书、文献排架共5次，录入书目数据5万多册。图书馆也从手工借阅跨跃到电脑借阅。

表彰、奖励情况

2009—2012年，弥渡县图书馆共获得各种表彰、奖励9次，

免费开放服务宣传

图书馆开展馆际交流工作

电子阅览室

图书外借室

阅览室一角

其中，国家级表彰1次、省级表彰2次、其他表彰、奖励6次。

馆领导介绍

石宁波，女，1963年11月生，中共党员，图书资料馆员，馆长。1983年10月参加工作，历任德苴乡文化站站长，2004年至今任弥渡县图书馆馆长。中国图书馆学会会员，云南省图书馆学会会员，大理州图书馆学会理事，弥渡县第七届政协委员，弥渡县民间艺术家协会会员。

未来展望

图书馆始终坚持“读者第一、服务至上”的宗旨，坚持倡导以人为本的人性化服务，通过外借、阅览、咨询、宣传等多种方式，为读者提供便捷、高效、优质的“免费开放”服务。

联系方式

地　址：云南省大理州弥渡县青螺古坊
邮　编：675600
联系人：石宁波

开展农家书屋培训

鹤庆县图书馆

概述

鹤庆县图书馆成立于1980年10月，初期与鹤庆县文化馆合院办公，馆舍面积150平方米。1996年“2.3”地震后，馆舍遭到严重破坏，所有馆舍成为危房，在鹤庆县委、政府的关心重视下，把图书馆列为重点恢复项目，拨付重建资金140万，并争取到省级补助30万，新建了现位于云鹤镇南大街富贵巷1127.6平方米的新馆，并于2000年1月1日正式开馆。现有职工6人，设立有外借室、采编室、期刊阅览室、少儿阅览室、中控室、电子阅览室、综合播放室、农村图书流通室、资料室、古籍地方文献室。

业务建设

近年来，在鹤庆县委、县政府的正确领导和关怀重视下我馆有了长足发展，设施设备得到很大改善，经费投入逐年增多。从2007年开始，每年把6万元购书经费列入县财政预算，年均征订报刊139份，图书购买纳入政府采购，每年新入库3千册以上，大大丰富和提高了馆藏质量，为开展图书馆各项工作打下了坚实基础。截止2014年6月，鹤庆县图书馆总藏量70696册（件），其中古籍地方文献参考室藏量11901册（件）。我馆于2006年向上级争取资金20万元，购买了硬件设备，加入“中国专业图书馆网”，2007年实现了图书采编、流通、办公自动化。2009年县财政拨给我馆4.1万元文化信息资源共享工程鹤庆支中心建设专项经费，县支中心和辛屯、云鹤镇、金墩、松桂、西邑、朵美、六合7个乡镇基层服务点建设完成，同年6月份投入试运行。目前，我县已完成全部乡镇基层服务点、80个行政村级基层网点、2个文化惠民示范村建设任务，鹤庆县文化信息资源共享工程建设全面完成，实现了免费提供公共电子阅览室上网、视频点播、E-mail咨B询、BBS留言、实时咨询等服务。2012年8月鹤庆县图书馆门户网站http://www.hqtsg.cn/正式运行，建成云南省首家县级图书馆“地方文献特色数据库”。2013年，新建卫生间，增加绿化盆景，悬挂书画作品，营造出图书馆浓厚的文化氛围，服务设施进一步改善。

读者服务工作

截止2014年6月，我馆办理借书证3598个，读者稳步增加，日外借100至400册次。2013年，外借室年外借图书37309册，接待读者37185人次，报刊阅览室年接待读者人数13920人次，少儿阅览室2508人次，地方文献室年86人次，农村图书流通室年流通44999册次，其中农村图书网点年外借41920册次，资料室外借192册次，电子阅览室年接待6057人次，综合播放室年接待1805人次。各项流通数据在大理州县级图书馆中名列前茅。

为贯彻落实《文化部、财政部关于推进全国美术馆、公共图书馆、文化馆（站）免费开放工作的意见》的要求，我馆积极开展丰富多彩的读者活动，通过精心组织和大力宣传，创新活动方式，多举措提升本馆免费开放服务水平，真正让公共图书馆的免费开放服务惠及广大百姓。一是开展每年文化三下乡活动，二是在本馆举办“迎新春、新书展”；三是利用民间集会，在人群聚集地摆“流动书摊”，每年不低于2次；四是在“读书月”——4月23日的“世界读书日”期间组织和开展与全民阅读相关的各类活动。五是5月份利用街天，在街头开展“图书馆服务宣传周”活动；六是举办“借一本好书回家看”，图书馆精品藏书推荐，暑假精读活动；七是“图书馆，我想对你说”有奖征言，让广大读者积极为图书馆建言献策，选出最有意义征言进行奖励；八是每年开展“图书进校园”、“图书进军营活动”活动2—3次；九是开展“科技兴农、科技富农”宣传活动；十是每年在国庆节期间开展专题读书、作文、演讲比赛系列活动。2010年、2011年分别开展了10次活动，2012年开展了24次活动，2013年开展了27次活动。通过以上读者活动的广泛开展和新闻媒体的深入宣传报道，我馆读者人数大幅增加，读者接待量直线上升。

业务研究、辅导、协作协调

我馆一直不断加强基层网点服务工作，积极对基层图书室、农家书屋、文化站、电子阅览室进行业务培训辅导，开展对113个农家书屋、23个村图书流通网点的书分类、书目著录、加工、上架等业务辅导，联系了剑川、弥度、宾川、大理、丽江等县馆作图书馆自动化软件系统的交流。

管理工作

2011年，我馆完成第二次《鹤庆县图书馆服务窗口及岗位设置、岗位职责、考核办法》，实现了岗位聘用制，随后制定出《鹤庆县图书馆免费开放工作考核办法》，建立起工作量化考核指标体系，每月通过《鹤庆县图书馆奖励性绩效工资分配试

赴基层网点进行业务辅导

开展文化共享工程技术培训班

开展文化科技三下乡活动

开展读书作文竞赛活动

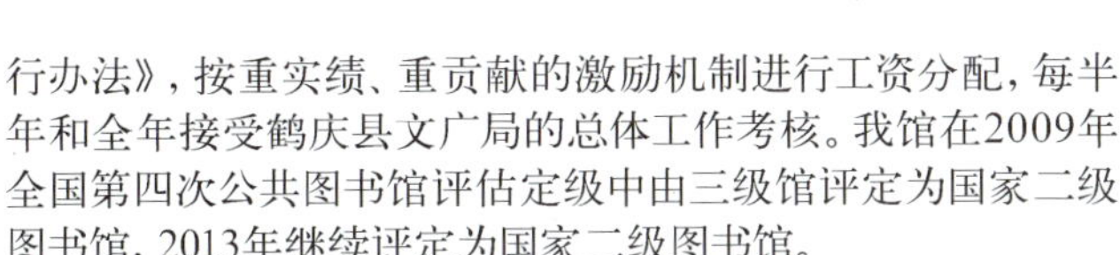

行办法》，按重实绩、重贡献的激励机制进行工资分配，每半年和全年接受鹤庆县文广局的总体工作考核。我馆在2009年全国第四次公共图书馆评估定级中由三级馆评定为国家二级图书馆，2013年继续评定为国家二级图书馆。

表彰、奖励情况

连续三届被评为鹤庆县县级文明单位。

馆领导介绍

张学仁，男，1956年6月生，大专学历，中共党员，副研究馆员，馆长。1971年11月参加工作，云南省图书馆学会会员、大理州图书馆学会理事。

崔琼芬，女，1971年10月生，大专学历，馆员。1994年7月参加工作，中国图书馆学会会员、云南省图书馆学会会员、大理州图书馆学会会员。

未来展望

进一步争取鹤庆县委、县政府的重视和支持，增加投入，解决发展滞后问题。加快发展步伐，努力向国家一级馆迈进，继续争取增加人员编制。加强对现有人员专业技术技能，特别是计算机、网络技术知识的培训，尽快适应现代化图书馆的要求。创新服务手段，拓展服务方式，加强免费开放、读者服务、基层辅导、读者活动、服务宣传、图书流通网点建设等工作。加强古籍保护，研究、开发、利用和地方文献收集整理。

联系方式

地　址：大理州鹤庆县云鹤镇南大街鹤庆县图书馆
邮　编：671500
联系人：赵兴伟

武定县图书馆

概述

武定县图书馆沿革于民国六年，成立于1979年。现有业务用房1552㎡，馆内设有图书外借、过期刊库、少儿阅览室、电子阅览室、多媒体室、报刊阅览室、工具书库、参考资询、古籍库、采编室、办公室、辅导宣传室、地方文献室等17个库室即服务窗口。藏有各种文献162000册（其中图书131379册、古籍1621册卷、报刊24000册、视听文献5000种）。正式从业人员5人，中级职称3人，初级职称2人，获有大专以上学历3人，高中2人，聘请合同制人员4人。馆外负责建设和辅导有县辖内11个乡（镇）综合文化站图书室即图书馆分馆、134个村委会社区图书室即农家书屋、14个军营、机关、事业单位等流动图书室、33个自然村图书室；建设和辅导有11个乡（镇）综合文化站文化共享工程基层服务点即农文网培学校和133个村委会社区村级服务点暨农文网培分校。馆内于2008年建成文化共享工程县级支中心，宽带接入20Mbps，同时使用中国专业图书馆管理系统服务读者，图书馆是武定县目前最大的文献存储中心。为全面普及科学文化知识，丰富群众文化生活，促进当地三个文明建设发挥着应有的职能作用。

业务建设

（一）抓党建、抓学习，不断促进政治素质和业务技能的提高。2009年来，图书馆主要以县委政府提出的工作目标结合党的路线方针政策抓紧抓好学习和业务技能培训，坚持做好单位每周半天的例会学习和每月一次的主管局集中学习。平时认真抓好业务知识的学习实践和积极参加省、州业务主管部门组织的业务学习培训，不断提高全馆人员的政治素质和专业业务能力。全体干部职工根据所学内容，先后撰写有学习十七届六中全会精神、州委八届二次全会精神、杨善洲先进事迹、十八大精神等心得体会20篇；上报主管局和上级业务主管部门《武定县图书馆免费开放服务工作初显成效》、《武定县图书馆开展“我喜欢的一本书”读者荐书活动》“等工作业务简讯48篇；发表《浅谈县级公共图书馆地方文献建设工作》等业务论文6篇；4人次参加了云南省古籍普查登记和修复技能培训；8人次参加了省中心文化共享工程业务培训；6人次参加了州图书馆组织的业务培训。

（二）不断开展服务宣传活动。为使广大读者随时了解图书馆，利用图书馆，多读书、读好书。每年，武定县图书馆分别在4月23日的世界读书日、5月28日至6月3日的图书馆服务宣传周、6月9日的文化遗产保护日、10.1国庆节、春节等期间，均以拟制“公共图书馆不同服务内容”的传宣传单，配套制作横幅布标和不同内容的宣传版面，分别到部分图书室、机关、学校、街上等，进行悬挂标语版面、发放服务宣传单、作现场新书展览、新书推荐、免费办理借书证等服务活动；平时利用图书馆阵地宣传专栏，做好每月一期的《武定县图书馆报刊阅读专栏》、《武定县图书馆工作宣传专栏》和《武定县图书馆服务专栏》的板报宣传，真正在图书馆与读者之间起到了一定的推介作用。

（三）读者服务工作扎实有效。为全面贯彻图书馆免费开放服务工作，图书馆做到天天开馆，每天71小时开放时间做好服务。以2013年为例，正常服务在册读者（借书证）2006个。外借、报刊阅览室、电子阅览室等15个服务窗口年均接待读者达6万余人次；外借、阅览、查询各类文献达7万余册，提供解答查询年均在200多条人次。专题辅导猫街镇玉米制种和大棚疏菜等种植户3户。

（四）图书馆数据库建设全面提升。支中心建成以来，图书馆全体工作人员不断探究，认真向州馆相关业务人员请教，反复操作。至今，能熟练利用中国图书馆网分编、录入书目数据16万多条，全面使用图书馆业务自动化系统进行图书采购、编目、典藏、流通借阅、期刊管理、馆藏查询、报表统计等业务自动化管理服务。

（五）文献资源建设不断发展。随着免费开放服务的实施，资金的不断落实，图书馆不断加强地方文献资源的建设保护，坚持做到收齐收全《武定县志》、《中共武定县委年鉴》等各种地方文献。至今，共收集有县志年鉴2600余册；各种音像制品2000多张；年均征订报刊杂志200多种；年购置图书近10000册以上；年均装订过期刊200多册、报纸100多份；平时不断做好破损图书修复。最大限度的满足了广大到馆读者需求。

（六）进一步加强古籍保护和地方文献的收集整理及文献交流工作。截止2012年底，馆内认真做好古籍普查和登记工

上级业务主管领导莅临我馆指导工作

图书馆举办服务示范区落实指示培训会

基层农家书屋倍受老年人喜欢

图书馆常年利用文化共享工程设备播放电影、讲座

图书馆到基层农家书屋举办读书、讲故事活动

作，上报云南省古籍保护中心中华古籍名录云南卷编纂目录36条。在地方文献搜集整理工作中，注重做好收集与整理，在收齐县内所有出版物的情况下，注重与省、州馆和周边馆做文献交换工作，对丰富馆藏和促进地方文献的利用取得了一定效果，也受到了广大读者、作者的一致好评。

（七）全面做好全国文化信息资源共享工程县级支中心和乡镇基层服务点的建设与服务工作。文化共享工程实施以来，图书馆以抓好文化共享工程建设与服务作为重要工作之一，在省、州、县业务主管部门的关心支持下。至2012年底，建成有武定县文化信息资源共享工程县级支中心1个、文化信息资源共享工程基层服务点暨农民素质教育网络培训学校11个、村级农民素质教育网络培训学校126个。文化共享工程建成后，县支中心认真做好电子阅览室和多媒体教室的免费对外开放服务。同时以刻录光盘数据下发和下载数字电影巡回放映等手段提供便捷的数字化信息服务，取得了良好的社会效益，受到了各级领导和社会大众的广泛赞誉。辅导好11个乡镇综合文化站数据加工、电子阅览室服务工作，统一配置电脑桌椅、统一制定开展服务的具体内容、办法和措施。

（八）不断加强流动图书室和农家书屋建设工作。随着农家书屋工程的实施，武定县图书馆在认真做好馆内服务工作的同时，不断加强流动图书室和农家书屋建设。至2012年底，在部分机关和村组建有流动图书室47个、建成农家书屋134个。每个点全部按标准录入国家新闻出版总署农家书屋建设网平台，并全面通过国家新闻出版署、省新闻出版局和州文体局的验收，切实解决了全县广大人民群众看书难，音像制品缺乏的状况。

（九）不断做好延伸服务和基层文化建设与辅导工作。随着农家书屋、文化共享工程乡（镇）点、村级点的全面建成，在主管局的高度重视和统一安排下。图书馆形成制度，坚持做到每个季度对乡镇综合文化站图书阅览室、全国文化信息资源共享工程乡镇基层服务点和部分文化共享工程村级服务点、村农家书屋的工作进行一次督查、辅导；每个季度为乡镇综合文化站进行一次业务培训；每年为全县文化室管理员和文化站工作人员进行集中培训一次、分批到乡镇培训一次，确保了建成项目后的乡镇综合文化站和村文化室，组织管理规范、运行服务有效，真正发挥基层文化阵地的作用。

表彰奖励

武定县图书馆于1994年、1999年、2004年、2009年的四次评估中，均被评为国家三级图书馆；2013年被评为国家二级图书馆；2004年被州文化局授予全州公共图书馆先进单位，2009年被州文化局授为全州示范性公共图书馆；2008年至今，年年被文体广电旅游局评为先进工作单位。

馆领导介绍

高玉明，男，1970年10月生，大专学历，中共党员，党支部书记，馆员，馆长。1986年10月参加工作，先后从事军人、文化局办公室文秘、文化市场管理、工会、会计等工作，2001年任图书馆长至今。

陈余媛，女，1962年9月生，高中文化，中共党员，馆员，副馆长。1980年1月到图书馆工作至今，先后任采编、阅览室、图书外借、会计、副馆长等工作。

未来展望

武定县图书馆本着读者第一、服务至上的宗旨，不断总结和提高服务质量和效果，使图书馆工作在建设和谐社会的建成中进一步发挥出应有的职能作用。二是不断做好延伸服务和基层文化建设与辅导工作，全面提高管理人员业务能力，尽力做到全体文化工作者会管理、能使用，懂服务。三是不断积极争取领导支持，创新工作内容，加强管理工作，完善网点建设，积极举办各种读书活动、讲座和报告会。进一步加强图书馆建设工作，尽力争取2015年9月前新馆落成投入使用，争取在第六次全国公共图书馆评估时，达到国家一级图书馆等级。

图书馆报刊阅览室一角

图书馆开架图书一角

图书馆馆舍

曲靖市图书馆

概述

曲靖市图书馆始建于1960年，现有馆舍面积2280平方米，馆藏文献40余万册，馆藏地方文献7500余册，古籍文献3000余册，报刊阅览室提供报纸100余种，期刊500余种，供读者阅览，电子阅览室馆藏电子图书70万册，供读者查阅。馆内设报刊阅览室、开架外借室、成人外借室、地方文献阅览室、少儿外借室、电子阅览室、过刊外借室、内部借书处等服务窗口，并实施文化信息资源共享工程、公共电子阅览室建设计划和中华古籍保护计划三大重点文化工程。2012年曲靖市委市政府决定新建“五馆一中心”（即图书馆、博物馆、美术馆、科技馆、规划展览馆、体育中心）项目，预计2014年底建成开馆。

业务建设

截止2013年底，曲靖市图书馆已入藏的图书、古籍、期刊和报纸的合订本、微缩制品、光盘等文献总藏量为73.5332万册（件）。其中，纸质文献385332册（件），电子图书350000册。曲靖市图书馆数字资源总量为22TB，其中，存有电影库1.2万部，8TB，另有2500种电子期刊以及文化共享工程资源6TB等，电子图书8TB。

2012年，市级财政补助购书专项经费100万元，经费已全部订购图书。2012年购入电子信息资源——“五车”电子图书，支付货款10万元，占新购藏量的10%。

读者服务工作

从2011年11月起，曲靖市图书馆全年365天对外免费开放，周开放69小时。2012年年外借318519册次，年借阅文献年流通人数204576人次。与9个县（市、区）图书馆建立馆际互借关系、与市委党校图书馆、曲靖师院图书馆开展跨系统的馆际互借、馆际互借等工作。

2012–2013年开展读者活动40余场次，由曲靖市图书馆自办的春节灯谜活动、曲靖历史文化讲坛、你选我购大家看等读者活动已成为特色项目。

业务研究、辅导、协作协调

2009–2012年，曲靖市图书馆职工发表论文18篇，调研报告4篇。每年都鼓励职工积极参加中国图书馆协会年会的征文活动，曲靖市图书馆还是“西部地区（地、州、市）公共图书馆协作网”的会员馆，还参加了全国公共图书馆讲座联盟和云南省公共图书馆讲座联盟，并签订协议。与曲靖师院联合编辑出版了《滇东北地区地方文献目录汇编》，同时两馆还开展文献资源互借工作，现在正联合开发曲靖地区地方文献全文数据库。

管理工作

曲靖市图书馆在编人员31人，大专以上学历者占总人数的91%，本科以上69%，高级职称9人、中级18人，读者服务队伍朝着专业化、职业化方向发展。2010年，完成了事业单位岗位设置工作，同时建立了工作量化考核指标体系，每月进行工作进度通报，每半年和全年进行绩效考核。

表彰、奖励情况

2009–2012年，曲靖市图书馆共获得各种表彰、奖励21次，其中，中国图书馆学会表彰、奖励3次，省级业务主管部门、地级党委、政府表彰12次，地市级业务主管部门表彰、奖励6次。

馆领导介绍

浦绍鑫，男，1963年12月生，本科学历，民盟盟员，副研究馆员，馆长。1983年7月参加工作，历任曲靖市图书馆综合部主任、副馆长，1997年1月任曲靖市图书馆馆长。兼任云南省图书馆学会常务理事、曲靖市图书馆学会理事长、中国民主同盟曲靖市委员会副主委等职，曲靖市第四届人大代表。

徐朝武，男，1966年8月生，本科学历，中共党员，副研究馆员，党支部书记。1983年10月参加工作，历任曲靖市图书馆外借部主任、副馆长等职，2013年4月任曲靖市图书馆党支部书记。分管支部工作、工青妇、老年、考勤管理工作，协调管理全市文化信息资源共享工程工作。

侯思莹，女，1963年12月生，本科学历，民盟盟员，副研究馆员，副馆长。1983年8月参加工作，1988年8月到曲靖市图书馆工作，2006年8月至2010年12月任曲靖市电影管理站站长，2010年12月回到曲靖市图书馆工作，被曲靖市文化局任命为曲靖市图书馆副馆长（正科级），分管全馆业务工作，主持组织

领导视察

古籍培训

书库

古籍室

大型读者活动，协调馆内各业务部门，兼管古籍阅览室，兼任曲靖市图书馆学会副理事长。

陈昆琼，女，1970年11月生，本科学历，中共党员，副研究馆员，副馆长。1990年7月参加工作，1992年9月至2008年8月在富源县图书馆工作，先后任副馆长、馆长，2008年8月调入曲靖市图书馆工作，任文献服务部主任，2013年4月任曲靖市图书馆副馆长，分管文献服务部工作，市图书馆学会工作，少年儿童图书馆管理工作，搬入新馆前的准备协调工作，兼任曲靖市图书馆学会秘书长。

李建良，男，1968年1月生，本科学历，民盟盟员，中级职称，馆长助理。1990年到曲靖市图书馆参加工作，先后在资料室、外借处、办公室、信息自动化部工作。负责协助馆长做好行政后勤工作，消防、安全、卫生工作，管理好信息自动化部的工作。

未来展望

2009年9月，曲靖市“五馆一中心”工程项目正式启动，4年来，所有场馆均顺利开工建设并于2014年初全部完工并改名“曲靖市文化体育公园”，现全部进入装修布展阶段。在未来的半年里，曲靖市图书馆将建成一座建筑面积近2万平方米的新馆舍，能够为读者提供一个现代化的图书馆，实现文献资源全覆盖、不间断、无时空限制的服务。同时，还具有支撑保障全市公共图书馆服务体系良好运行的文献与技术能力，成为与曲靖师院图书馆实现资源共享互补的大型图书馆，达到地市级一级图书馆的基本标准。

报刊阅览室

联系方式

地　址：曲靖市文化路48号
邮　编：655000
联系人：邵 纬

过刊室

馆舍

曲靖市少年儿童图书馆

概述

1981年3月，云南省曲靖地区图书馆新馆在文化路竣工，占地545平方米，建筑面积2280平方米。地区图书馆新馆建成后，先开设了少年儿童阅览室，面积120平方米，座位80个。1982年2月被文化部授予全国少年儿童图书馆（室）先进集体。1983年经云南省文化厅批准，正式建立曲靖地区少年儿童图书馆，年经费由省厅专拨，成为了云南省首家少年儿童图书馆。为满足儿童求知的要求，1983年7月又增设少年儿童图书外借处。

1984年实行机构改革，根据当时新组建的领导班子和设置的内部机构，曲靖地区少年儿童图书馆和曲靖地区图书馆为两块牌子一套班子，少儿图书馆作为地区图书馆的一个业务部门单独开展业务工作。1997年曲靖地区撤地设市后改名“曲靖市少年儿童图书馆”。

业务建设

截止2012年底，少儿馆年财政拨款的购书经费为81.43万元，文献总藏量总藏量25916册，过刊合订本5171册，电子图书160000册，年增加图书约864余种，年增加报刊杂志152余种。文献按国家标准进行著录、分类、上架，规范健全“文献出入库等藏书管理规章制度”、“图书保护规章制度”等制度，不断完善图书馆建设，提高服务质量和办馆水平。“十一五”以来，政府加大对图书馆的投入，新馆建设纳入全市社会经济建设总体规划，新馆舍的建盖顺利进行。财政拨款逐年增加：2009年39.7万元，2010年40.7万元，2011年103.7万元，2012年141.6万元，四年平均81.43万元。并逐年增加图书购置经费，由2009年的10万元增至2012年的50万元，增加新书藏量。随着全国信息资源共享工程的实施，建立了电子阅览室，购置电子文献，建起地面卫星接收设备等。

读者服务工作

从2009年8月起，云南省曲靖市少年儿童图书馆全年365天天天对外免费开放，每周开放54小时。少儿馆牢固树立“少儿读者是少儿图书馆主人”的工作理念，根据少年儿童的心理、生理特点和成长轨迹，突出少儿读者的主体地位，提出了“零距离服务”、自我服务的理念和吸引小读者参与管理的管理理念，形成了有本馆特色的服务举措，先后从闭架模式过渡到半开架模式。2010年3月，由于曲靖市图书馆电子阅览室的建设工作，馆领导决定将少儿外借处和少儿阅览室从原来的一楼搬迁到三楼，业务用房面积不变，将外借和阅览合二为一，实行全开架服务，此举大大方便了少儿读者查询各类文献。半年来接待读者人数大幅增加。在做好传统的文献借阅服务同时，利用网络资源在电子阅览室开展资源共建共享服务；延伸服务范围，利用春节、图书馆服务宣传周等国家重大节日开展图书馆优质服务和全面阅读活动，譬如演讲比赛、国学知识竞赛、新书宣传报道、读者书评、“你选、我购、大家看”评选活动及课外兴趣活动如才艺表演、书法绘画培训等，年接待读者8万余人次，外借（阅览）图书6.2万余册次。

业务研究、辅导、协作协调

曲靖市少年儿童图书馆组织员工积极参加业务知识技能学习，提高业务技能，结合工作实际，积极撰写论文，2009-2012年间有11篇论文发表。少年儿童图书馆先后参加全国图书馆少儿服务工作座谈会，分别与昆明市少年儿童图书馆、各县（市、区）公共图书馆少儿阅览室开展协作协调活动。与曲靖市第一小学、麒麟小学、麒麟区六中、麒麟区七中开展阅读经典书评活动。与马龙县教育局、会泽县教育局开展“辛亥革命百年”征文竞赛活动。

管理工作

曲靖市少年儿童图书馆实行岗位设置管理，建立分配激励制度。其中：1.按需设岗；2.按岗聘用；3.竞争上岗；4.岗位责任制；5.按月考核，年终考核；6.建立分配激励制度，效果显著。每年在制定全年工作计划时，将《评估指标》为依据，制定各项工作的指标，作为完成一年工作的目标进行落实，每年的年终总结也都是对照《评估标准》对全年工作进行评估总结。

表彰、奖励情况

2010年10月在“闻一多杯”第二届全国少儿书法、绘画作品征集赛获中国图书馆学会颁发等单位“组织奖”；2011年3月8日获曲靖市文化体育局颁发的2010年全市组织开展“全民

借阅服务

少儿英语培训

儿童阅览室

少儿活动

才艺表演

阅读活动"一等奖；2011年8月获由中国图书馆学会、中山图书馆联合承办"辛亥革命百年纪念"征文活动颁发的"优秀组织奖"称号；2011年5月获中国图书馆学会颁发2010年"全民阅读活动"优秀组织奖；2011年12月获云南省图书馆学会颁发"先进集体"称号；2012年12月获云南省图书馆学会颁发"先进集体"称号。

馆领导介绍

浦绍鑫，男，1963年12月生，本科学历，民盟盟员，副研究馆员，馆长。1983年7月参加工作，历任曲靖市图书馆综合部主任、副馆长，1997年1月任曲靖市图书馆馆长。兼任云南省图书馆学会常务理事、曲靖市图书馆学会理事长、中国民主同盟曲靖市委员会副主委等职，曲靖市第四届人大代表。

徐朝武，男，1966年8月生，本科学历，中共党员，副研究馆员，党支部书记。1983年10月参加工作，历任曲靖市图书馆外借部主任、副馆长等职，2013年4月任曲靖市图书馆党支部书记。分管支部工作、工青妇、老年、考勤管理工作，协调管理全市文化信息资源共享工程工作。

侯思莹，女，1963年12月生，本科学历，民盟盟员，副研究馆员，副馆长。1983年8月参加工作，1988年8月到曲靖市图书馆工作，2006年8月至2010年12月任曲靖市电影管理站站长，2010年12月回到曲靖市图书馆工作，被曲靖市文化局任命为曲靖市图书馆副馆长（正科级），分管全馆业务工作，主持组织大型读者活动，协调馆内各业务部门，兼管古籍阅览室，兼任曲靖市图书馆学会副理事长。

陈昆琼，女，1970年11月生，本科学历，中共党员，副研究馆员，副馆长。1990年7月参加工作，1992年9月至2008年8月在富源县图书馆工作，先后任副馆长、馆长，2008年8月调入曲靖市图书馆工作，任文献服务部主任，2013年4月任曲靖市图书馆副馆长，分管文献服务部工作，市图书馆学会工作，少年儿童图书馆管理工作，搬入新馆前的准备协调工作，兼任曲靖市图书馆学会秘书长。

李建良，男，1968年1月生，本科学历，民盟盟员，中级职称，馆长助理。1990年到曲靖市图书馆参加工作，先后在资料室、外借处、办公室、信息自动化部工作。负责协助馆长做好行政后勤工作，消防、安全、卫生工作，管理好信息自动化部的工作。

未来展望

云南省曲靖市少年儿童图书馆在市委、市政府和市文体局主管部门的领导下，通过不懈努力，取得长足发展：一是市委、市政府决定，曲靖市图书馆搬入新馆以后，现曲靖市文化路48号的2280平方米老馆舍将用于少儿图书馆单独使用，解决少儿图书馆的馆舍面积小的问题。二是大力宣传图书馆，扩大和增强社会和广大读者对图书馆的了解，以积极的因素引起政府的关注和重视，争取政府的更大投入。加大财政资金投入，逐年加大新出版文献藏量，加快图书馆自动化管理工作步伐，实施自动化借阅服务，建立地区联网服务，网上联合资源共享工作等。满足读者多层次、个性化借阅需求。三是积极争取增加人员编制，加强图书馆人员队伍建设。四是利用馆舍处于城市中心，人员密集的优势，拓展服务功能，开展读者阅读和培训、展览等活动，充分发挥图书馆教育和引导功能，力争少年儿童图书馆成为未成年人重要的文化活动场所，成为传播先进文化的重要阵地。

联系方式

地　址：云南省曲靖市麒麟区文化路48号
邮　编：655000
联系人：陈昆琼

电子阅览室

少年儿童图书馆馆舍

昭通市图书馆

概述

昭通地处滇、川、黔、渝三省一市的结合地带，素有“鸡鸣三省”之美誉，是古代中原文化进入云南的咽喉要道，也是早期云南文化的发祥地之一，由于一直深受中原文化的影响，读书之风浓郁，清末兴起并盛行的书院藏书楼更是具备了昭通图书馆的早期雏形。

昭通市图书馆于1979年在昭通地区文化馆图书室的基础上独立建馆后，经过多年的发展建设，已由原藏书不足4千余册、结构单一的小资料室，发展为现阶段初具各类学科文献齐全的综合藏书体系、传统阅览和数字化网络阅览并重的图书馆，能为昭通市的工农业生产、科研工作提供情报信息服务，同时也是昭通市社会教育和两个文明建设的重要窗口。至今，昭通市图书馆馆舍建设面积3020㎡，读者坐席位260个，计算机100台，宽带接入20Mbps，选用CSLN图书馆自动化管理系统，藏有各类书籍、报刊近20万册。馆存包括《乾隆镇雄州志》、《乌蒙纪年》、《昭通志稿》《西楼文选》、《关于唐袁滋题名摩崖》、《昭通东晋墓壁画记》、《汉孟孝琚碑》、《朱提文化》等重要的地方文献和近代历史文献资料。

目前，为满足社会发展和人民群众对公共文化日益增长的需求，昭通市图书馆正在筹建新馆。

业务建设

自1994年以来年，昭通市图书馆专项购书经费为10万元每年，2012年新增藏量购置费30万元，电子资源购置费占资源购置费的10%。2012年图书年入藏量增至2000种，其中报刊502种（不含电子期刊），视听文献600余件，昭通作家群作品入藏率100%，多卷书及连续出版物入藏完整率90%。截至2012年底，昭通市图书馆馆藏图书总量18万6千余册，电子文献达6000种以上。

截止2012年底，昭通市图书馆辅助完成1个市级、11个县级文化信息资源共享工程支中心、143个乡镇、92个村级文化信息资源共享工程基层站点建设，建成75家农民网络素质教育培训学校。共享工程已全部覆盖昭通市县级以上公共图书馆，在2013年末，昭通市各乡镇、各社区已得到全面履覆盖。

2010年以来，昭通市图书馆自动化系统逐步投入使用，为更好地为读者服务，昭通市图书馆尽力做好书目数据的录入工作。目前，昭通市图书馆数字资源总量为10TB，已完成地方文献数据库的建设，数字图书馆推广工程在持续建设中。2009年昭通市图书馆完成网站建设，读者可通过此网页进行图书资料查询、检索、浏览、下载等。同年，实现读者服务区无线网络全面覆盖。

读者服务工作

自2009年起，昭通市图书馆开始实行全免费开放服务，每周开放66小时。截至2012年底，年外借率为总馆藏量的45%。

昭通市图书馆致力于基层图书流通点的创建和管理工作，把它与送书下乡、送书上门、送书进社区活动紧密地联系起来，作为其服务创建的一个品牌项目。

此外，昭通市图书馆不定期编印种植、养殖、田间管理和农村致富信息资料汇编等适用性强的科技资料，利用农村赶集日向农民群众免费发放。定期或不定期在各大广场开展图书、期刊及图书馆知识宣传。开展“昭通地方文化史”系列讲座及其他主题讲座、编辑出版图书宣传册、利用国家下发的共享工程设备，为群众播放《影像中国》、《中国民族文化——中秋节》、《健康十二讲》、《百年昭通》等视频资料。

业务研究、辅导、协作协调

自2009年起，昭通市图书馆完成了本馆的图书网络服务建设，并组织协调昭通市各县区的网络服务建设工作。

昭通市图书馆通过委派专人蹲点、专门指导、电话指导和交流学习等多种方式，重点对基层图书馆进行加工分编上架和自动化管理方面的指导和辅导。另外，昭通市图书馆举办各类培训班对各县区图书馆及流通点的工作人员进行业务培训，配合市教育局开展全市中小学图书馆（室）业务、管理培训班，为各类学校培养了图书管理专业人才。

管理工作

2009年以来，昭通市图书馆根据工作需求，按需设岗、按岗聘用、建立岗位工作制度，明确工作职责。实行分配激励制度，以工作实绩，考核成绩建立奖惩机制，以激励职工，促进图书馆工作有效开展。

表彰、奖励情况

自1989年相继被云南省委、省政府、昭通市委、市政府授予“文明单位”荣誉称号以来，昭通市图书馆在每年的考核中都顺利通过考核复查，保持“文明单位”称号至今。多次获得由云南省文化厅、昭通市委、市政府表彰的表彰的“先进集体”、“先进平安基层单位”荣誉称号。在全市文体工作目标考核中，昭通市图书馆连续多年被市文体局评为一等奖。2011年又获得云南省政府颁布的“云南省科普教育示范基地”称号。

讲座

科普宣传

少儿绿色上网专区

读书讲座

图书进广场

阅览室

馆领导介绍

吴明俊，男，1956年12月生，本科学历，副研究馆员。1970年12月参加工作，1985年3月调昭通地区图书馆工作，历任副馆长、馆长职，云南省图书馆学会理事，2000年被文化部、人事部联合表彰授予"全国文化先进工作者"称号，2001年7月起，当选昭通市第一届人大代表，同时任当届人大常委委员及市政协委员。

未来展望

昭通市图书馆秉承"读者第一，服务至上"的办馆宗旨，一步步完善各类硬件设施、服务类别，尽最大的努力满足读者的需求，为广大人民群众提供丰富的精神食粮。在未来的工作中，昭通市图书馆在不断强化自身综合实力的同时，通过建立昭通公共图书馆服务联盟，带动全市公共图书馆事业的整体发展，更好地体现公共图书馆的职能职责。

馆舍内观

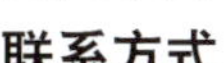
联系方式

地　址：昭通市迎丰路197号
邮　编：657000
联系人：张 丽

临沧市图书馆

概述

临沧市图书馆成立于1962年，1984年重建，馆舍面积2500平方米。截止2012年底，有人员编制20名，实有在编在职职工19人，其中男职工6人，女职工13人，平均年龄43岁；学历结构：本科生8人，大专生8人，中专3人；专业技术结构：副高6人、中职8人、初职4人、中级技工1人。有退休职工7人。内部机构设置：三室、四部，即：综合办公室、文化信息资源共享工程支中心办公室、古籍保护中心办公室、读者服务部、采编部、情报信息开发部、宣传教育培训部。馆内设有图书外借室、儿童阅览室、报刊阅览室、图书书库、报刊资料库、地方文献室、特殊读者服务室、电子阅览室（一、二）、多媒体视听教室、展厅、文化沙龙、咨询台等13个对外服务窗口。图书馆现有浪潮英信nf5220服务器5台，惠普proliantGL380G5服务器1台、华为S2300交换机3台、h3cs1026t交换机一台、tp-link TL-sf1048交换机一台，华为usg2000防火墙一台。图书馆现有有线接入节点144个，因采用了wifi无线接入技术，又提供了120个无线信息接入点，使图书馆总节点数达到264个，并留有较大的后续发展余地。拥有华为V1800磁盘阵列专用存储器一台，硬盘存储容量达到了22T。

业务建设

近年来，随着国家对文化事业重视力度的不断增强，当地政府也相应增加了对图书馆的投入，呈现逐年递增的趋势。2011年的文献购置费为32万元，2012年为66万元，2013年为74万元。图书馆的藏书也随拨款的增加和数字图书的引进而发生了较大的变化。到目前为止，图书馆的总藏量达到了30.5万册。其中，纸质图书14.5万册，数字图书16万册。自2010年评估以来，平均每年增加4.1万册。14.5万册纸质文献中：普通图书75564册，报刊合订本44799册，古钱币172枚（套），1912年前汉文古籍34册，云南省志、12个州市志、108个县志等2513册，盲文图书74册，临沧市地方文献2166册。2003年以来通过文化部评估命名为“国家三级图书馆”。2007年文化信息资源共享工程支中心成立并设于临沧市图书馆。

读者服务工作

2011年，根据文化部的要求，图书馆实行了365天天天免费开放。同时为了更好地满足读者的要求，我们首先是延长了开馆时间，把开馆时间从每周65小时增加至68小时。其次是完善了服务内容。新设立了多媒体视听教室、文化沙龙、独立的儿童阅览室和展览厅、利用wifi技术实现了无线局域网对馆内的全覆盖等。开展了电脑知识培训、假期少儿读书活动、少儿美术培训班、美术书法专家讲座等。根据读者日益增长的文献信息需求和图书馆数字化、网络化发展的趋势，我馆提出了“立足阵地建设实施开门办馆，积极开辟特色资源和数字资源，探索开放、特色、实用复合型新路子”的办馆指导思想，并围绕这一指导思想积极探索能够满足网络环境下读者文献需求的图书馆服务环境和服务体系，建立了13个图书流动点和图书流动服务小分队，构建了以资源共享为目的的馆际合作网络，搭建了数字图书馆基础平台。组建图书流动服务小分队，利用春节、农村街天，经常到八县区城市中心、双江县勐库镇、耿马县勐简、孟定、清水河、镇康县的勐堆、南伞、永德县的勐汞、凤庆县的大寺、合家庄、临翔区的南美等基层及城市市民广场沧江园、玉龙湖、临沧影剧院、社区、部队、敬老院等人群聚集地，开展图书流动服务，仅2012年就下乡48场次，服务不同层次读者43100人次，发放宣传资料24000份和科普资料14000份，实现图书流通49800册次，春节为民众义务写春联6700对，并免费送到老百姓手中。为了不断扩大图书流动服务的战果，分别在南美乡政府、临沧市中心敬老院、临沧佳原食品有限公司、临沧泛华林业、云县新云洲社区、云县漫湾镇昔宜村、云县爱华镇永胜村、耿马县孟定镇芒团村、南京章、弄么、贺海、河底岗边防检查站、中国人民解放军77266部队60分队等地方建立了流动点，送出图书15000多册。在77266部队建立的分馆受到了成都军区首长的赞扬。通过坚持不懈的开展图书流动服务，大大提高了馆藏资源的利用率，扩大了服务面、增加了读者量。实现了图书流通率（87.7%）和人均参加图书馆活动次数（732人次/万人）的直线跃升。

同时，根据图书馆信息开发利用的职责，认真做好参考咨询服务，进行优秀文献的二三次开发利用。自2009至2013年3月底，共编辑《文化信息》19期，304000字，《决策参考》25期，425675字，《临沧科普之窗》25期，131325字。为当地决策者们提供决策性信息307则，文化信息327则。为科研人员及农村各族民众提供各类信息417则。

另外，“共享工程”和“农家书屋”于2007和2008年开始在我市实施，到现在已经实现了全覆盖。业务指导一直由我馆负责，由于工作量巨大，我们采取了分散指导与集中培训相结合的方式不定期到县区、乡镇村进行业务培训和指导工作，仅2012年就培训基层业务人员69次1492人。使全市的“共享工程”和“农家书屋”建设工作得以顺利实施。

电子阅览室

书库一角

图书外借室

业务骨干培训

武警边防检查站图书流动点

村级农文网培学校

业务研究、辅导、协作协调

四年来共在省级以上刊物发表论文11篇，达到了年人均0.13篇。先后加入了全国联合编目联盟和讲座联盟。与各县区和普洱市图书馆签订了馆际互借协议。

管理工作

2012年，临沧市图书馆根据图书馆业务发展的需要，对内部机构设置进行了调整完善。将原来的科技信息开发部、借阅部改成了情报信息开发部和读者服务部，增设了宣传教育培训部和古籍保护中心办公室，使内设机构更趋完善合理。

表彰、奖励情况

全馆员工的不懈努力，换来的是社会各界以及当地党委政府、主管部门的认可。四年来获得国家部级表彰1次，省内地厅级表彰2次，处级表彰7次。

馆领导介绍

张继周，馆长，男，1962年9月生，大学本科学历，中共党员，二级编剧。1982年7月参加工作，历任耿马县文体局副局长，临沧市民族歌舞团团长，临沧市艺术研究所所长等职，2011年7月调临沧市图书馆任馆长。兼任云南省图书馆学会常务理事、文化信息资源共享工程临沧市支中心主任。

李双强，图书馆党支部书记，男，1956年3月22生，中专学历，中共党员，副研究馆员。1976年11月26日参加工作，历任临沧地区、临沧市图书馆副馆长、馆长等职。2011年7月改任党支部书记。

未来展望

未来几年，临沧市图书馆本着“立足阵地建设，实施开门办馆，积极开辟特色资源和数字资源，积极探索特色实用复合型新路子”的办馆指导思想，积极发挥图书馆“保存人类文化遗产，开展社会教育，传递科学信息，开发智力资源的四大功能。在硬件软件方面全方位的进行完善，用五年时间使图书馆的面貌发生翻天覆地的变化。

1、加快数字图书馆建设的步伐。数字图书馆是图书馆未来发展的趋势，它能够给读者提供更加快捷、多样的阅读方式，以及更多的人类智力资源，而且成本低廉、管理更方便，随着电子信息时代的不断推进，这种阅读方式将逐步成为人们阅读的主流方式。根据文化部和财政部的安排，我市市级图书馆的数字图书馆推广工程必须于3013年底实施。因此市图书馆的推广工程必须于2013年底开始布局，尽快搭建数字图书馆平台，尽快实现与国家图书馆虚拟专网的互联互通。同时建立本馆的基础平台，将现有数字资源上传供读者阅览。

2、建立临沧市特色资源库——佤文化资料库和茶文化资料库。临沧是佤文化的荟萃之地，是茶的故乡，我们具有相当明显的优势。2013-2014年将尽快启动该项工作，这将对图书馆的发展起到很好的促进作用。

3、继续实施图书延伸——开门办馆服务。不断完善图书流动服务工作管理，争取每年新建不少于10个图书流动服务点，同时加大图书流动服务小分队的活动频率，使图书流动服务常态化，每年完成不少于50场的下乡流动服务。

4、继续开展“共享工程”和“农家书屋”管理人员的培训工作，加强对基层的业务指导。并将其纳入全市图书馆服务网络建设之中，使这两大工程的作用在基层得到充分发挥。

5、国家对文化的重视将会使图书馆的业务不断增加，读者、藏书都会随之增多，现有馆舍面积已经很难适应需求。下一步我们将积极争取当地政府的支持，尽快完成图书馆新建7500平米主馆馆舍的建设，力争2年内迁入新馆。同时逐步推出少儿馆等分馆建设项目。

6、随着图书馆业务和服务范围的不断拓展，对图书馆工作人员业务素质的要求也在不断提高，现有的人员结构和知识层次远远满足不了现代图书馆发展的需要，下一步有必要加大图书馆业务人员的培训力度，以提高职工的综合业务素质。

7、认真开展古籍保护工作，一是对一些散落在民间的古籍进行征集。二是对现有的已经破损严重的馆藏古籍进行修补、改善保存条件。三是对记录临沧文化历史的木刻牌匾石雕作品进行临拓记录保存。

图书流动服务

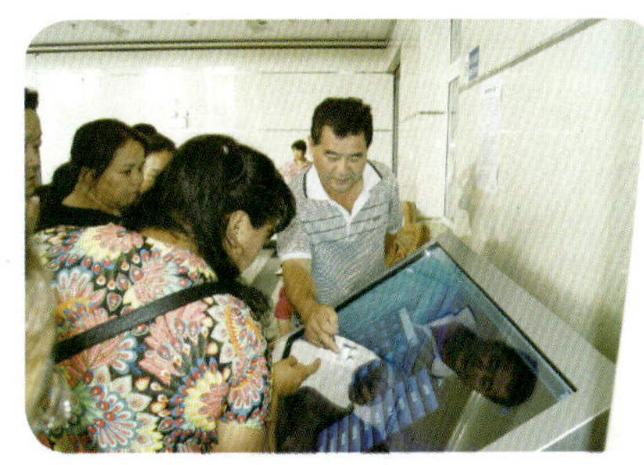
业务指导

义务为民众写春联

红河哈尼族彝族自治州图书馆

概述

红河哈尼族彝族自治州图书馆（以下简称红河州图书馆）于1984年5月23日在原州政府所在地个旧市成立，无馆址。2003年随州行政中心迁移，位于蒙自天马路63号的新馆于11月竣工，2004年2月从个旧搬迁至蒙自新馆，2005年7月7日正式对外开馆服务。新馆占地面积3014平方米，建筑面积7265平方米，设计藏书容量71.78万册，1020个阅览座席。2009年首次参加第四次全国公共图书馆评估，获三级图书馆。2012年，有阅览座席501个，计算机138台，网络节点196个，宽带接入50Mbps，选用图书馆自动化集成系统ILAS（II）。

业务建设

截止2012年底，红河州图书馆总藏量为30.24万册（件），其中，纸质文献11.37万册、电子图书18.6万册、视听文献0.27万件。

2009–2012年，红河州图书馆新增藏量购置费共86.3万元，共入藏中文图书11523种，16847册，视听文献2674件。2009年，入藏中外文报刊2639种。2009–2012年，收集地方文献图书384种、报刊334种。

截止2012年底，数字资源总量为20TB。2012年，启动哈尼族多媒体资源库建设工作，通过图书馆网站实现哈尼族多媒体资源库图片、文字、音频、视频等资料的在线浏览、下载服务。目前该项目已完成第一阶段工作。

读者服务工作

从2011年5月起，全面实行免费开放服务，每周开放60小时。

2009–2012年，书刊总流通40.47万人次、书刊外借37.12万册次。建成馆外流通服务点25个，书刊流通12.83万册次。

2009–2012年，共举办讲座、展览、培训、阅读推广等活动213场次，参与人数2.58万人次。

2009–2012年，利用丰富的馆藏资源为红河州“两会”提供服务；利用承办的红河干部学习网向州委、州政府等领导机关部门提供在线学习等服务；为州人大等领导机关提供文献检索服务。

业务研究、辅导、协作协调

2009–2012年发表论文21篇。其中调查报告3篇。

2009年–2012年，与高校图书馆、医疗系统图书馆建立资源共建共享、馆际互借和文献传递协作；与云南省图书馆、国家图书馆签订联合编目合作协议；与红河州直机关工委合建“红河州干部学习网”；与州政协联合出版《人民日报中的红河》。

2009–2012年，为推动基层图书馆业务规范化和标准化进程，到基层图书馆（室）进行业务指导共10次，辅导67人次。

2009–2012年，举办全州古籍普查培训班、全州公共图书馆馆长培训班、中国专业图书馆网自动化管理系统培训班，与州文体局、州文化馆合办2012年红河州图书馆馆长、文化馆（站）馆长培训等。

管理工作

全面实行岗位设置管理，建立分配激励制度，职工考核制度。

表彰、奖励情况

2009–2012年，共获得各种表彰14次，文化部表彰2次，省级表彰5次，州级表彰6次，其他表彰1次。

馆领导介绍

赵正良，男，1969年4月生，本科学历，中共党员，馆长、党支部书记。1992年7月参加工作，历任河口县委办公室综合科和调研科、秘书科科长，河口县政府办公室副主任、河口县委宣传部副部长、文联主席，2003年10月任红河州图书馆馆长。分管办公室、参考咨询部工作，兼任红河州图书馆学会理事长。

马慧，女，回族，1963年11月生，本科学历，中共党员，副研究馆员，副馆长。1981年12月参加工作，历任个旧市图书馆馆长、红河州图书馆馆长等职，2003年10月任红河州图书馆副馆长。分管典阅部、采编部工作，兼任红河州图书馆学会常务副理事长。

邹云峰，男，1974年8月生，研究生学历，中共党员，副馆长。1997年9月参加工作，2006年6月任红河州图书馆副馆长。分管网管中心、共享工程州级支中心、安全生产工作。

未来展望

红河州图书馆将顺应知识经济和信息时代发展需要，打造全州的文化、科技、教育、信息等服务和交流中心，使之成为知识信息的集散地，市民终身教育的学校，并充分利用现代化的技术设备和采取自动化、网络化服务手段，进一步完善服务功能，扩大服务范围，提升服务水平，为全州经济和社会发展以及小康目标的实现发挥更加重要的作用。

联系方式

地　址：云南省红河州蒙自市天马路63号
邮　编：661199
联系人：全为民

中共红河州委常委部长伍皓等领导观看我馆举办的“弘扬雷锋精神图片展”

原创诗歌朗诵会

报刊阅览室

保山市图书馆

概述

保山市地处云南西部边陲，与缅甸接壤。市图书馆成立于1980年。现馆舍建筑面积2800平方米。有二十五个对外服务窗口。读者坐席500个。现有计算机70台，宽带接入60M，无线网络全覆盖。现为国家三级图书馆。

业务建设

保山市图书馆现有总馆藏135万册(件)，其中，纸质文献15万册(件)，电子图书120万册。电子期刊3000种/册，数字报纸1300种。2012年，新增藏量购置费50万元。2009–2012年，共入藏新书25000种30000册，中文报刊2200种，视听文献1000种。地方文献入藏完整率为95%。

截止2012年，保山市图书馆自建数字资源5TB，完成了《翡翠珠宝》、《杨善洲》、《滇西抗战》、《国家公共文化服务体系建设保山市创建信息库》等专题数据库建设。2012年，通过“网图”系统，实现了全市各县区图书馆及重要分馆的通借通还服务。

读者服务工作

保山市图书馆365天免费开放。周开放时间72小时。2009–2012年，书刊总流通60万人次，书刊外借80万册次。引进数字图书借阅机1台，建成7个分馆，20个流动服务点。

建成了国家数字图书馆推广工程市级馆推广项目，在馆内分别建设了保山市图书馆数字图书馆网、桥头堡文化网和中国文化传媒网云南频道三个网站。开通了“桥头堡文化”和保山市图书馆官方微博，三个网站点击量已超过200万次。微博已有12万粉丝参与。

2009–2012年，共举办讲座、展览、培训、阅读推广等读者活动300场次，参与人数15万人次。创建了对缅甸、泰国等华文学校师生的特色培训工作，已开展对外专题文化培训三十多次，培训缅泰华校师生1000多人次。

目前，文化信息资源共享工程市级中心和文化共享工程农民素质网络培训学校市级总校已建成市、县、乡、村四级服务网络，年服务群众30余万人次。

业务研究、辅导、协作协调

2009–2012年，职工发表论文10篇，出版专著2部，参与国家级课题1项。举办联合编目、业务技能等培训班4期，培训200人次。联合省图书馆共办了展览联盟和讲座联盟。联合武汉大学国家文化政策研究中心共同创办了“国家文化创新政策研究中心实验基地”。

管理工作

完成全员岗位聘任工作，建立了内部考核激励机制，保山市是首批国家公共文化服务体系示范区创建单位，市图书馆全部达示范区创建国家西部标准，每项指标考核均为优。在2013年文化部评估中，管理项评为满分。

表彰、奖励情况

2009–2012年，保山市图书馆共获得各种表彰、奖励3次，其中，省委、省政府表彰、奖励1次，市政府表彰、奖励2次。

馆领导介绍

鲁兴勇，男，1957年4月生，大学学历，馆长、馆党支部书记，副研究馆员。1982年2月参加工作，1996年7月至今任保山市图书馆馆长。兼任云南省图书馆学会常务理事、文化信息资源共享工程保山市分中心主任、保山市人大常委会委员、市侨联副主席、市作家协会主席等职。2009年评为全国归侨侨眷先进个人、2010年评为云南省基层文化先进个人、2011年评为保山市文化工作先进工作者、2012年评为保山市社会科学优秀专家。

（无副馆长）。

未来展望

争取于“十三五”期间完成市图书馆1万平方米新馆的建设，并达国家一级馆标准。根据“规范化、标准化、现代化、社会化、数字化、特色化”的标准进行建设，不断探索公共图书馆“学习型、信息型、研究型、咨询型、休闲型”综合发展之路，将保山市图书馆建成特色鲜明，广惠民生，在全国独树一帜的示范性市级公共图书馆。

联系方式

地　址：云南省保山市永昌文化园3号

邮　编：678000

联系人：杨润艳

文化沙龙

市民免费到市图书馆看书学习

培训缅甸华文学校师生

西双版纳傣族自治州图书馆

概述

西双版纳傣族自治州图书馆始建于1976年，正式落成于1980年12月，1981年2月正式对外开放。馆址位于西双版纳傣族自治州景洪市勐泐大道43号（勐泐文化广场旁）。2001年1月18日，新馆在原址建成开放。新馆占地2254.8平方米，建筑面积3520.88平方米。设计藏书容量40万册，可容纳读者坐席500个。2012年西双版纳傣族自治州图书馆有读者座席569个，计算机233台，宽带接入160Mbps。2009年，参加第四次全国公共图书馆评估，首次获得三级图书馆。

业务建设

截止2012年底，总藏量为113.9283万册，其中，纸质文献12.4683万册，电子图书100万册，电子期刊0.36万种/册，电子优秀连环画1.1万册。

2009—2012年，新增藏量购置费共90万元，共入藏中文图书1.1040万种，1.6321万册，报刊0.0188万种，视听文献1242件。地方文献入藏完整率95%。

截止2012年底，拥有数字资源总量为28.2607TB，其中，自建数字资源总量1.760TB。

读者服务工作

2011年5月起，实现全年365天无馆休免费开放。每周开放时间112小时。2009—2012年，书刊总流通86.3963万人次，纸质书刊外借6.2316万册次。2009—2012年，建有10个图书流动站点，馆外纸质书刊流通总人次13.1864万人次，纸质书刊外借13.1864万册。

2009—2012年，西双版纳傣族自治州图书馆电子图书、期刊网站访问量273.7671次。截止2012年，西双版纳傣族自治州图书馆发布使用的数字资源总量26.5007TB，均可通过西双版纳傣族自治州图书馆电子图书、期刊网站向全州县级公共图书馆、乡镇“共享工程”基层服务点免费提供检索、浏览和下载服务。

2009—2012年，共举办讲座、展览、阅读推广等读者活动49场次，参与人数18440人次。

业务研究、辅导、协作协调

2009—2012年，职工发表论文3篇；全州乡镇综合文化站工作调研报告1篇；全州“农家书屋”工作调研报告1篇。

2009—2012年，共举办图书馆业务培训4期；91课时；接受培训人数210。实地辅导基层“共享工程”专、兼职技术人员236人次。

2009—2012年，开展全州公共图书馆、乡镇文化站和3所学校图书馆馆际间文献资源共建互借工作，初步实现文献资源共享。

管理工作

2010年，完成第二次全员岗位聘任，本次聘任共设置管理、专业技术和工勤技能三类岗位20个，20个在编人员全数重新上岗，同时，建立了工作量化考核体系，年终进行总体工作考核。

表彰、奖励情况

2010、2011年获云南省文化厅表彰2次。2011、2012年获西双版纳傣族自治州州直机关工委表彰2次。

馆领导介绍

尚延岑，男，1956年3月生，汉族，中专学历，中共党员，馆长。1972年3月参加工作，1976年10月毕业于云南省文艺学校图书管理专业，统招分配到州图书馆工作。1984年12月任西双版纳傣族自治州图书馆副馆长。1993年2月至今任西双版纳傣族自治州图书馆馆长（七级职员）、2004年兼任文化信息资源共享工程西双版纳傣族自治州分中心主任。1985年元月被自治州政协授予全州“四化”建设先进工作者；1989年10月被云南省文化厅授予云南省公共图书馆先进工作者；2000年11月被自治州州委、州政府授予全州“科教兴州”科技工作先进工作者；2001年4月被自治州文化体育局授予全州先进体育先进工作者；2003年7月被自治州文化体育局授予2001—2003年全州文化体育先进个人；2007年6月29日被自治州州委州直机关工作委员会授予2005—2006年度优秀共产党员；2010年1月被云南省人力资源和社会保障局、云南省文化厅授予云南省基层文化工作先进个人；2011年1月被云南省文化厅十一五云南文化建设先进个人；2011年6月被自治州州委州直机关工作委员会授予年度优秀共产党员；2012年7月被自治州州委州直机关工作委员会授予2010—2012年创先争优优秀共产党员。

赵云惠，女，1964年4月生，初中学历，副馆长。1981年参加工作，1981—2002年在采编部工作、2003年任副馆长（八级职员）。

送书至西双版纳州武警一中队

辅导小读者查电子书刊

开展文化发展展望活动

过刊室

外借室

报刊阅览室

未来展望

西双版纳傣族自治州图书馆将坚持“读者第一，服务育人”的服务宗旨，以管理创新、服务创新为中心，以文献信息资源建设、开发、利用为重点，以数字化图书馆建设为方向，建立与西双版纳傣族自治州社会发展相适应、纸质文献与电子文献互为补充的文献资源保障体系，使文献资源指标逐步达到评估要求。强化图书馆信息服务功能，提高图书馆管理水平。把图书馆建设发展成为管理科学、业务规范、功能完备、环境优良的数字图书馆。

公共电子阅览室

联系方式

地　址：西双版纳傣族自治州景洪市勐泐大道43号
邮　编：666100
联系人：依旺叫

德宏州图书馆

概述

德宏州图书馆现有21名工作人员，全部达大专以上学历。德宏州图书馆，全国文化信息资源共享工程德宏支中心，德宏州古籍保护中心三块牌子一套人马合署办公。馆内设有办公室、服务流通部、信息资源部室。2013年被文化部评为国家三级图书馆。

2010年成立了文化信息资源共享工程德宏州支中心，负责指导全州六个县（市）支中心及全州54个农民素质网络培训学校的建设工作；开设图书馆对外宣传网站。2013年成立德宏州古籍护中心，现收藏27册傣族古籍文献（含一部贝叶经、一部象牙经），翻译整理出版3部傣文古籍《京省勐晃》、《萨缅帕拉乌》和《扎柁柞律嘎》，促进了傣族文化传承与交流。2014年成立德宏州图书馆学会。

2011年，按文化部免费开放的工作要求，实行365天天天开馆工作制度。建立了阅读示范点129个，为公共图书馆在传播先进文化，号召“全民学习、终身学习”起到积极作用。

业务建设

德宏州图书馆总藏量90万册，其中纸质文献10万册，电子图书14806册，电子期刊80万册，购书经每年费10万元，视听文献102片，每年征订期刊118种，地方文献藏书3000余册。

2013年全国第五次公共图书馆评估定级中，全州除畹町图书馆外，其余州、县市图书馆都评为部颁三级图书馆，基本实现全州县市级有设施达标、布局合理、功能完善的公共图书馆。德宏州图书馆在评估定级上报数据：总藏量87035余册（件），其中，纸质文献万册（件），电子图书14806册，电子期刊万种/册；购书费每年10万元。2012年止，共入藏图书5344.5种，报刊118种，视听文献102片。地方文献入藏完整率为3000余册。截止2012年底，德宏州图书馆数字资源总量为2TB，实现馆内无线网络全覆盖。

2010年–2012年，已建立德宏州支中心并在各乡镇文化站创建文化信息资源共享工程农民素质教育网络培训学校，现全州53个乡镇（含姐告区、1个街道办事处、一个农场管委会）336个村（居）委会都建成农文网培学校，每个农文网培学校配备电脑和数字播放设备。全州336个行政村各配备1台电脑，使农文网培学校覆盖到每个乡镇及行政村，覆盖率达100%。建立起州、县（市）、乡镇（街道）、行政村四级公共文化设施网络，为构建城乡公共文化服务体系打下坚实基础。州、县市支中心积极指导各乡镇农文网培学校的建设，累计服务读者达50万人次，举办各类培训千余场次。各农文网校以“文化乐民”、“文化育民”、“文化富民”为宗旨，努力为农民提供图书借阅、信息服务、文化娱乐、影视放映、农村实用技术培训、公益文化讲座等服务，切实提高农民群众的思想道德和科学文化素质，为边疆的稳定、民族和谐，为社会主义新农村建设培养新型农民。

2013年1月，德宏州机构编制委员会批准成立德宏州古籍保护中心，职责是做好民族古籍保护工作，按照2012年云南省古籍保护工作视频会议要求，制定我州古籍保护工作规划及方案，确保各项工作落到实处。加强少数民族古籍整理、翻译、出版工作，现已翻译出版4部民族古籍：《京省勐晃》、《萨缅帕拉吾》、《扎柁柞律嘎》、《达古达楞格莱标》。

读者服务工作

德宏州图书馆全年365天天天对外免费开放，周开放76小时。2009–2012年，书刊总流通89000人次，书刊外借28080册次。2010–2012年，德宏州图书馆网站读者访问率16820人次。

2009–2012年，德宏州图书馆共举办讲座、讲座75次、展览16次、阅读推广活动14次等读者活动100场次，参与人数24万人次。

随着对文化事业的经费投入增加，图书馆各项条件得到改善。德宏州图书馆截止2012年底财政补助收入为1181321元，比1996年的199300元，增加982021元。2011年文化部、财政部出台的《关于推进全国美术馆公共图书馆文化馆（站）免费开放工作的意见》明确了公共图书馆向公众全免费开放，安排了州级图书馆50万元、县级图书馆20万元的专项免费开放资金。由于经费投入增加，图书馆实现全面免费开放，图书馆办证费、借阅费、自修室使用费、电子阅览室上网费等费用一概取消，馆内所有公共空间、设施及服务项目全部免费开放，图书馆真正步入了无障碍、零门槛、全免费开放的公众服务体系。收费项目的取消、读者阅览环境和条件的改善，使公众到馆率大大增加，这标志着我州公共图书馆建设进入新的发展阶段。

免费开放工作实施以来，图书馆以读者活动为载体，不断创新服务理念，延伸服务内容，不断满足不同层次读者的阅读需求图书馆以书为媒，对老弱病残等特殊群体实行了上门服务，通过上门免费办理借书证、上门送书、上门咨询等形式，让特殊群体同样能够享受到阅读的快乐。同时开展以农民、进城务工人员、老年人、未成年人、下岗失业人员、残障人群等特殊群体为对象的培训活动，通过免费培训、讲座进行培训，变“全覆盖”服务为“针对性”服务，只为了让更多的特殊人群能够享受到知识的真温暖，感受到文化的大繁荣。

以芒市、瑞丽市、陇川县、盈江县为重点，兼顾梁河县，积极开展送书下乡活动。通过举办书展、发放宣传资料、播放民语译制影片、中缅小读者读书活动等活动形式，积极向群众宣传政策、法律、科技卫生的知识，对维护边境地区的稳定将

起到积极的促进作用。以2013年为例，全州公共图书馆共开展送书下乡活动40余次，参与读者20000余人次，发放宣传资料20000余份。

德宏州图书馆在搞好日常开放的同时，开展了一系列活动，做到了免费开放正常进行，文化活动有声有色，全面推进了图书服务事业。2011年12月，经云南省社科联批准德宏州图书馆设为科普示范基地，充分发挥公共图书馆职能作用。全州各图书馆扩展服务内容，开展多元化的服务，把图书馆服务的重心延伸、下移，在乡镇、社区、学校，部队设立"流动图书箱"、"流动服务点"，定期"送书下乡"为农民服务等。广泛开展书刊宣传、咨询服务、讲座、读书活动、社会教育以及用户培训活动。州图书馆建设成立28个流动图书点；与宣传部等单位在瑞丽、陇川共同打造"国门书社"；与州团委共同打造青帆夜校、青年读书会，举办各种讲座、培训活动；积极为德宏"两会"开展服务等。各县市图书馆在基层都纷纷建立流动书箱；为农家书屋的建设提供技术支持；翻译民语译制片送电影下乡；组织农民群众开展读书活动，各项工作得到各级部门和群众的一致好评。

业务研究、辅导、协作协调

2009–2012年，德宏州图书馆职工发表论文25篇。无出版著作。

管理工作

我馆把干好本职工作、促进事业发展、服务社会大众作为重要任务，在管理上求规范，气氛上求和谐，作风上求垂范，服务上求实效，全馆上下团结拼搏，自我加压，开拓创新，出现了干实事、求实效的工作局面。一是在人事管理上实行岗位绩效考核，极大的调动了全体职工工作的积极性。二是建立健全了学习制度、工作制度、考勤制度、服务准则和绩效考核制度。三是聘用了保安人员，购置了安防设施，加强了安全管理。四是规范工作行为，优化工作环境。

表彰、奖励情况

2009–2012年，德宏州图书馆共获得各种表彰、奖励18次，其中，省文化厅表彰、奖励3次，其他表彰、奖励15次。

馆领导介绍

任伟，男，1968年12月生，大专学历，中共党员，馆长。1986年10月参加工作。

王丹，女，1973年7月生，大学学历，副研究馆员，副馆长。1991年7月参加工作，1996年到德宏州图书馆工作，2003年–2009年被任命为德宏州图书馆副馆长主持工作。

杨丹，1978年3月生，大专学历，中共党员，2012年5月任副馆长，1995年8月到州图书馆参加工作至今。

未来展望

1、全力配合完成德宏州图书馆新馆建设工作。

2、大力争取地方财政投入和社会多方支持。图书馆免费开放是图书馆事业建设又出现了一个前所未有的大好发展机遇。为此，全州各公共图书馆应紧紧抓住国家对文化事业的政策倾向，以建设现代化图书馆为方向，利用一切可利用的条件，切实增强政府办公益事业的观念，树立公共服务意识，将图书馆事业经费纳入当地财政年度总预算，逐年使图书购置经费等投入大副增加。各级图书馆要积极主动争取政府在资金、政策上的支持，呼吁社会各界都来支持图书馆事业发展，确保"十三五"规划的可持续发展。

相信在各级党委政府、上级部门的关心支持下，全州图书馆员共同努力下，力争在"十二五"期末，初步形成我州布局合理、发展均衡、覆盖面广、全面开放的公共图书馆服务网络，全州公共图书馆专业化的服务能力、服务质量与服务效益得到显著提高，全州公共图书馆事业实现跨越式大发展。

联系方式

地　址：云南省德宏州芒市勇罕街25号
邮　编：678400
联系人：任 伟
微博号：德宏州图书馆

迪庆州图书馆

概述

迪庆州图书馆由迪庆州人民政府和香格里拉县人民政府和建于2004年，正式落成于2006年4月，同年6月正式对外开放，是云南省内州县两级政府共建的公共图书馆之。馆址位于云南省香格里拉县建塘镇绒巴路5号，建筑面积3166万平方米。2013年，参加第四次全国公共图书馆评估，被评定为三级图书馆。2013年，云南省图书馆有阅览坐席200个，计算机91台，宽带接入50兆，采用华夏2000图书馆自动化管理系统。

业务建设

截止2013年底，迪庆州图书馆总藏量12.6万册（件），其中，纸质文献9.2万册（件），电子图书3.4万册。

2007年至2011年，迪庆州图书馆每年藏量购置费4万元，2012年起增至8万元。2007–2013年，共入藏中文和藏文图书19500种，21570册，中文报刊300种，视听文献934种。2013年，地方文献入藏完整率为96%。截止2013年底，迪庆州图书馆数字资源总量为3TB，其中，自建数字资源总量2.1TB。

读者服务工作

从2009年8月起，迪庆州图书馆全年365天天天对外免费开放，周开放70小时，2014年3月，引进歌德电子借阅系统，实现了文献的免费电子自动借阅。2009–2012年，书刊总流通46506万人次，书刊外借89670万册次。2011年3月，开通全州公共图书馆的馆际互借服务。2009–2013年建成5个分馆，有21个图书流通服务点。2011年起，为“两会”提供服务。

迪庆州共享工程VPN专网向全州公共图书馆、共享工程基层服务中心提供检索、浏览、下载和维护服务。

2009–2012年，迪庆州图书馆共举办讲座、展览、培训、阅读推广等读者活动138场次，参与人数37654人次。其中，参赛群体涵盖全州中小学学生的“迪庆州图书馆‘读书杯’中小学生作文竞赛”已连续举办六届，每年组织各学校进行选拔赛和预赛，然后进行总决赛。是迪庆州图书馆阅读推广工作的特色。

业务研究、辅导、协作协调

从2011年起，迪庆州图书馆在全州范围内组建图书馆服务网络体系，并成立迪庆州图书馆网络体系工作领导小组，业务范围涉及图书流通服务、电子文献资源共享、地方文献联合征集、阅读推广与讲座展览资源服务、业务培训与技术支持、乡镇文化站和乡村农家书屋管理等。截止2012年底，成员馆（室）发展到274家，占全州图书馆（室）总数的92%，常年进行常规巡回辅导，每年举办图书馆（室）业务培训班两期，2009年–2012年410人次接受培训。2009–2012年，迪庆州图书馆职工发表论文21篇。

2010年10月，迪庆州图书馆组织发掘“纳格拉崖洞古藏文”，开创了现代野外发掘古籍文献的先例。目前，“纳格拉崖洞古藏文”的修复与研究工作正在进行之中。

2009–2014年，迪庆州图书馆结合创建精神文明单位活动，连续六年在州内开展农村图书室业务骨干志愿者行动，开展校园和农村图书室帮扶活动。

管理工作

迪庆州图书馆实行全员岗位聘任制，全馆在职职工15人，共设26个岗位，每人身兼数职。同时，在全州事业单位中首家建立工作量化绩效考核指标体系，每月进行工作进度通报，每半年进行业务大检查，全年进行总体工作考核。每年抽查文献排架和书目数据各两次，同时各部室提交分析报告和工作提案，编写单位工作进度报表。

表彰、奖励情况

2009–2012年，迪庆州图书馆共获得各种表彰、奖励5次，其中省文化厅表彰、奖励2次，省人力资源和社会保障厅奖励1次、州文化局奖励2次。

馆领导介绍

李永明，男，1962年3月生，本科学历，中共党员，党支部书记，馆长，副研究馆员。1981年8月参加工作，2004年5月任迪庆州图书馆馆长。2009年6月兼任迪庆州图书馆党支部书记。2010年9月获迪庆州人民政府“民族团结进步模范个人”荣誉奖，2011年获云南省文化厅“十一五云南文化建设先进个人”荣誉奖，2012年获迪庆州州直机关“先进党务工作者”荣誉称号。

和军，男，1963年8月生，本科学历，副研究馆员，1985年6月参加工作，2006年5月任迪庆州图书馆副馆长，分管图书馆

建立军营图书分馆

电子政务培训

馆内幼儿阅读活动

基础业务培训

援建乡村图书室

业务、精神文明建设、馆务工作保障等，2011年4月获“迪庆州十一五先进文化工作者”荣誉称号。

张庆尧，男，1977年7月生，本科学历，中共党员，副馆长，中级职称。1999年7月参加工作，2012年5月任迪庆州图书馆副馆长，分管办公室工作。2013年至今由迪庆州文化局借调离馆。

未来展望

迪庆州图书馆以“文化兴州”为己任，以提高偏远少数民族地区的文化水平为目的，致力于推广社会性群众阅读。结合现代图书馆事业的发展需要和基层广大群众的阅读需求，不断创新、完善和充实多渠道、多功能的服务方式，构建和扩大图书馆城乡服务网络体系，推动地区文化事业发展。在不断强化自身综合实力的基础上，带动全州图书馆事业的整体发展。

作文比赛颁奖场景

联系方式

地　址：云南省迪庆州香格里拉县建塘镇绒巴路五号
邮　编：674400
联系人：和　军

怒江州图书馆

概述

1954年11月，在丽江专区召开的全区文化馆、站工作会议，决定在怒江建立自治区文化馆，馆址选在自治区所在地（原碧江县知子罗），1955年4月建成砖木结构楼房4间，建筑面积为266㎡，内设阅览室、图书室、文娱室、保管室和宿舍，据1956年底统计：图书2396册，杂志33种，报纸5种；阅览室共接待读者12750人次，外借图书780册，发放借书证221个。1957年整风运动开始后，因无人接替工作，自治区文化馆关闭，从建立至关闭仅二年多时间。

1975年州府迁至泸水县六库镇，重新筹建州文化馆，馆址选在六库镇渡口路10号，1977年建成二层砖混结构瓦屋面房，建筑面积560㎡，用174㎡开展州文化馆图书室工作。其中：阅览室与书库、外借出纳台共用120㎡的大开间，其余二间各为24㎡和30㎡用于办公室与职工宿舍。

1978年，根据云南省文化厅的要求，决定将州文化馆一分为二，成立州图书馆与州群艺馆，1979年初两馆经费分开下拨，分开使用经费，统一作帐。1979年5月1日，阅览室对外开放，内设双人木靠椅25把，每次可容纳50人阅览，报纸25份，期刊200多种。报纸悬挂室内东西两边的隔板上，画报放在阅览桌面上，供读者自由取阅，期刊放入木制期刊架内，实行半开架借阅。10月1日，图书正式对外开放，馆藏图书约10000多册，实行闭架式借阅工作。

1991年底州工人文化宫4层楼划拨给图书馆，供开展阅览室，过刊外借服务工作。1988年省政府怒江办公会议决定立项兴建怒江州图书馆大楼，新馆2002年4月竣工验收，2003年4月投入使用，建筑面积2230.45㎡，总投资320万元。截止2012年12月31日，怒江州图书馆馆舍面积2230.45㎡，人员编制由建馆时1人增加到15人；其中获副研究馆员1人，馆员8人，初级6人。

业务建设

截止2012年底，怒江州图书馆总藏量569468册、件册（件），其中图书91512册，期刊32554册，报纸合订本25228册，视听文献资料463件，电子图书419711册，总藏量569468册、件。

2009、2010年，怒江州图书馆新增藏量购置费6万元，2011年起增至10万元，2011年起增至30万元。2009–2012年，共入藏中外文图书1304册，中外文报刊5697种。

2006年8月，云南省图书馆在怒江州泸水县图书馆试点建立文化信息资源共享工程电子阅览室，截止2010年12月，怒江州建成州级支中心1个，县级分中心4个，完善“共享工程”基层站、点：泸水县9个乡级基层服务站，30个基层服务点；福贡县7个乡级基层服务站，25个基层服务点；兰坪县8个乡级基层服务站，26个基层服务点；贡山县4个乡级基层服务站，26个基层服务点，形成纵横交错，脉络贯通，结构合理，布局规范的“共享工程”网络体系，我馆专用存储设备容量为15TB，数字资源总量为5TB，2013年年初，2013年实现馆内阅览区域无线网络覆盖。

读者服务工作

从2012年1月起，怒江州图书馆全年365天对外免费开放，周六、周日、节假日均正常开放，周开放时间62.5小时，2009年–2012年，书刊总流通57490人次，书刊外借108623册次，并积极开展好馆外流动服务点的工作。

我馆每年都举办全州农文网培学校培训班，假期青少年电脑培训班，并充分利用文化信息共享工程的资源举办素质教育、名家讲堂、健康知识等培训班，平均每月举办2次，每举办展览4次，每月举行一次阅读推广活动，并利用服务宣传周、全民读书月、世界读书日做好图书馆服务宣传工作，并充分利用报纸、广播、电视等媒体做好宣传工作，不定期进行送书下乡活动，2009年–2012年举办各类活动80场次，参与读者32000人次。

业务研究、辅导、协作协调

2009–2012年，单位员工在省级以上刊物发表论文2篇，单位员工撰写了业务调研报告5篇。

管理工作

2010年，怒江州图书馆完成全员岗位聘任，本次聘任共设6类岗位，有15人重新上岗，2011年建立了绩效工资分配制度体系，每月进行工作进度通报，每季度根据考核进行绩效工资分配，年终进行总体工作考核。

表彰、奖励情况

2009–2012年，怒江州图书馆共获得各种表彰、奖励3次，其中，文化厅表彰、奖励1次，州委、州政府表彰、奖励2次。

馆领导介绍

高映梅，女，1975年1月生，本科学历，中级职称，馆长，1994年参加工作，2010年12月被怒江州文化局评为首届中国怒江皮划野水国际公开赛主题晚会“先进个人”，2011年1月被云南省文化厅评为“十一五”云南文化建设“先进个人”。

克秀南，男，1970年12月生，本科学历，中级职称，副馆长，1991年7月参加工作。

未来展望

怒江州图书馆本着“一切为了读者，为了读者的一切”的理念，不断服务设施，提升服务能力，切实保障全民享受基本公共文化权益，促进文化事业繁荣发展的基本条件。积极搭建标准化和开放性的数字图书馆系统，将为广大公众提供多层次、多样化、专业化、个性化的数字图书馆服务，打造基于新媒体的图书馆服务新业态。不断努力，开拓进取，加大投入，缩小与内地先进图书馆的差距，着力推进图书馆事业的跨越发展，为边疆公共文化服务体系建设做出应有的贡献。

联系方式

地　址：云南省怒江州泸水县渡口路
邮　编：673100
联系人：高映梅

昆明市呈贡区图书馆

概述

呈贡区图书馆成立于1983年1月，位于昆明市呈贡区兴呈路111号文化广场内，馆舍面积1209平方米。1994年首次参加全国公共图书馆评估，获得三级图书馆。呈贡区图书馆有阅览坐席185个，计算机33台，宽带接入10Mbps，选用ILAS图书馆自动管理系统。

业务建设

截止2012年底，呈贡区图书馆总藏量67210册，其中纸质文献54010册，电子图书13200册，数字资源总量为6TB。2010年至2012年平均入藏新书1500种，报刊272种。

读者服务工作

呈贡区图书馆公共空间设施场地对读者全部免费开放，基本服务项目：图书借阅室、报刊借阅室、少儿借阅室、电子阅览室全部免费开放，读者阅览无需支付任何费用。截止2012年底，建有15个图书流动点，馆内设有盲文图书专柜，在区残联建立流通点，定期上门更换图书；馆内设有少儿借阅室，电子阅览室设有未成年人专区，并未残疾人举办专题电脑培训服务；为老年人创造良好的阅读环境，并未老年人提供电脑上机指导服务。建有图书馆网站并对外服务，定期维护。

业务研究、辅导、协作协调

参与上级图书馆组织的协作协调工作：于昆明市馆及五华、盘龙、官渡、安宁馆开展联合编目及馆际互借工作。安排专人负责辅导工作，定期开展农家书屋管理员培训、共享工程基层站点管理员培训等业务辅导。

管理工作

规范岗位管理工作，按需设岗、按岗聘用、竞争上岗、择优聘用、严格执行岗位责任制，建立考核、分配激励机制。建立了工作量化考核指标体系，每月进行工作进度通报，每半年和全年进行总体工作考核。

馆领导介绍

吴海涛，男，1967年7月生，大专学历，助理馆员，馆长。1989年10月参加工作，1994年4月任馆长至今。

联系方式

地　址：云南省昆明市呈贡区兴呈路111号
邮　编：650500
联系人：吴海涛

电子阅览室

全民阅读月

残疾人电脑知识培训

文化专干培训

农家书屋培训

华宁县图书馆

概述

华宁县图书馆成立于1980年11月，在三十几年的发展中，馆址几经变迁，1990年位于华宁县宁昌街4号的新馆建成并使用。新馆建筑面积1455平方米。可容纳读者座席240个。根据人事部门下达的编制，华宁县图书馆有编制10个，现有在职工12人，其中副研究馆员1人、馆员2人、助理馆员1人、工人8人。本科学历4人、专科5个、中专3人。馆内设有：办公室、外借室、阅览室、采编室、古籍室、古籍修复室、电子阅览室、资料室、过刊室。2009年参加第四次全国公共图书馆评估，获得"国家三级图书馆"称号。截止2012年底，共有计算机35台，宽带接入30M，选用中国专业图书馆网CSLN自动化图书管理系统。

业务建设

截止2012年底，华宁县图书馆图书总藏量100626册（件），其中：纸质文献92327册，古籍文献7404册，木刻板590块，视听文献260件。地方文献入藏率为100%。

2011年10月，华宁县图书馆开始运用计算机录入图书文献，截止2012年底图书文献录入已经完成30%。完成古籍普查4000余册且修复有价值的、珍贵的古籍文献71册。截止2012年底，华宁县图书馆数字资源量为4TB。

读者服务

多年来，华宁县图书馆坚持"读者至上、服务第一"的宗旨，利用各种手段开发文献信息资源，为读者提供外借、阅览等服务，最大限度地满足读者对书刊、资料的需要，并在学校、部队建立图书流通网，通过送书下乡，把服务延伸到学校、部队。从2012年4月1日起，华宁县图书馆实行天天对外免费开放，每周开放56小时。2012年，书刊11820人次，书刊外借4万册次，有馆外流通点6个，书刊外借2千册次，办理有效借书证640个。

2012年底，华宁县图书馆共举办知识培训、讲座10次，参与人员3000余人。举办书法、绘画、盆景、古籍等展览共四次，500余人次参观。阅读推广活动三次，100余人参与活动。其他宣传活动二次（报纸、网络、电视、宣传单、问卷调查），33000人次受益。

农家书屋调研

业务研究

华宁县图书馆职工积极围绕本馆业务工作，2012年底共发表论文2篇。

管理工作

2012年5月，华宁县图书馆完成了首次全员岗位聘任，本次聘任共八个岗位，有12人上岗，同时，建立了华宁县图书馆量化考核实施方案，每月进行工作进度通报，每半年和全年进行总体工作考核。

表彰奖励情况

2012年，华宁县图书馆荣获玉溪市农家书屋建设工作"先进集体"荣誉称号。

馆领导介绍

闫淑琴，女，1967年3月生，本科学历，馆员，馆长。1989年10月参加工作在华宁县广播电视局，2011年4月，由于工作需要，借调到华宁县图书馆工作，并任馆长。2012年11月任政协华宁县第八届委员会常务委员。

赵刚，男，1962年12月生，大专学历，高级工，副馆长。1981年11月参加工作在华宁县盘溪贸易公司，1984年11月调入华宁县图书馆工作，先后从事外借、阅览、图书流通、基层图书业务辅导、采编、古籍文献管理等工作。

未来展望

华宁县图书馆将继续坚持"读者至上，服务第一"的办馆宗旨，以"国家二级图书馆"评估标准作为发展目标，努力打造现代化图书馆。在文化共享工程、公共电子阅览室建设、免费开放政策等文化惠民措施的支持下，抓住机遇，加快图书馆自动化和网络化进程。同时，在深化事业单位改革的大背景下，积极推进人才队伍建设，合理构建人才管理机制，使图书馆成为学习型社会的典范和倡导者，从而使华宁县图书馆的建设迈上一个新台阶。

联系方式

地　址：云南省玉溪市华宁县宁州镇宁昌街4号
邮　编：652800
联系人：闫淑琴

岗位及外来务工人员电脑培训

各中心校图书业务知识培训

开展送书活动

施甸县图书馆

概述

一九六三年，施甸县文化馆设有图书室，这就是施甸县图书馆的前身。该图书室仅有两、三百册普通图书，九种期刊和报纸，有一个兼职的管理员。后来，施甸县文化馆新建了藏书室和阅览室，藏书增至四千多册。一九八〇年九月，从县文化馆分出来，正式建立施甸县图书馆，当时馆舍面积二百三十平方米。一九八六年省文化厅拨款五万元，县政府拨款十万零六仟三百元，划给土地两亩，新建起一幢八百一十二平米的图书馆大楼。一九八八年一月迁入新馆办公。2013年，参加第五次全国公共图书馆评估，获得三级图书馆。2012年，施甸县图书馆有阅览坐席120个，计算机25台，信息节点50个，宽带接入20Mbps，选用专业图书馆网（CSLN.NET）自动化管理系统。

业务建设

截止2012年底，施甸县图书馆总藏量12.87万册（件）。

20011、2012年，施甸县图书馆新增藏量购置费10万元。

截止2012年底，施甸县图书馆数字资源总量为6.5TB，其中，自建数字资源总量13.38TB。2013年年初，实现馆内无线网络覆盖。

读者服务工作

从2011年8月起，施甸县图书馆全年天天对外免费开放，周开放57小时。2009–2012年，书刊总流通6万多人次，书刊外借2万余册次。

2009–2012年，施甸县图书馆网站访问量1.2万余次。截止2012年，施甸县图书馆发布使用的数字资源总量为10种，1.2 TB，均可通过施甸县图书馆网站向读者提供检索、浏览和播放服务。

2009–2012年，施甸县图书馆共举办讲座、展览、培训、阅读推广等读者活动20余场次，参与人数1.2人次。

业务研究、辅导、协作协调

2009–2012年，施甸县图书馆共组织培训乡镇业务骨干600余人次，选派单位和基层骨干到国家、省、市参加业务培训12余次。

管理工作

2010年，施甸县图书馆完成岗位聘任，本次聘任共设9个岗位，有9人重新上岗，同时，建立了工作量化考核指标体系，每月进行工作进度通报，每半年和全年进行总体工作考核。

表彰、奖励情况

2009–2012年，施甸县图书馆共获得各种表彰、奖励2次。

馆领导介绍

杜海生，男，1976年12月生，大学学历，中共党员，馆员，馆长。1997年4月参加工作，历任施甸县图书馆副馆长、馆长，2005年9月任施甸县图书馆馆长，兼文体联合支部书记。

未来展望

施甸县图书馆遵循“开放、共管、共建”的办馆宗旨，践行“文化乐民、文化育民、文化富民”的政策指引，在不断强化自身综合实力的同时，通过创建公共文化服务体系的契机，带动了我县图书馆事业的整体发展。2012年，施甸县图书馆新馆项目正式启动，在未来的几年里，将在新文化广场建设一座建筑面积近4000万平方米的新馆舍。全面建成后的施甸县图书馆，阅览座位300个，可容纳纸质文献30万册，年服务人次可达10万人次以上，数字资源设计存储能力100TB，努力实现数字资源全覆盖、不间断、无时空限制的为读者提供服务。达到一级馆的服务标准。

联系方式

地　址：施甸县图书馆
邮　编：678200
联系人：杜海生

巧家县图书馆

概述

巧家县图书馆历史悠久，清道光三十年（1850）建月潭书院，设图书馆，民国时称通俗图书馆。1931年通俗图书馆改建成立县民众教育馆，设阅览、出版、健康、教学各部。1982年3月，县图书馆与县文化局馆分设，划拨龙潭公园正殿及两侧房屋馆舍，总面积327.8平方米，其中，书库76平方米，阅览室98.56平方米。1988年由省、地、县拨款170000元新建馆舍1幢，建筑面积986平方米，1990年初投入使用，2000年上级拨款扩建650平方米的院坝，现使用面积1636平方米。馆内设有图书外借室、成人期刊外借室、儿童期刊外借室、图书资料室、采编室、农村图书流通辅导室、财务保管室。

2010年随着文化信息资源共享工程电子阅览室、多媒体室的建设，有阅览坐席120个，计算机45台，宽带接入30Mbps，采用中国专业图书馆自动化网络管理系统。巧家县图书馆自1999年以来，连续被评为“国家级三级图书馆”。

巧家县图书馆人员结构：现有职工6人，其中大专及以上学历4人，中专2人。中职4人，初职1人，高级工1人。

业务建设

2013年，巧家县图书馆总藏量6.2万册（件），其中，纸质文献5.2万册（件），电子图书1万册，数字资源总量为4.5TB。2009、2011年，巧家县图书馆新增藏量购置费为3万元，2012年起增至5万元。2010至2013年建成1个文化信息资源共享工程巧家县支中心、16个乡镇的农文网培学校及村基层服务点；2009年至2012年完成了183个农家书屋建设。

读者服务工作

从2009年起，巧家县图书馆实行全周对外免费开放，每周开馆时间56小时，2010年，随着文化信息资源共享工程的建设，来图书馆借阅图书、上网查阅资料的读者增加很多；2012年，图书馆业务工作全面实行网络管理。

2009—2012年，书刊总流通19.6万余人次，书刊外借15.9万余册次。

巧家县图书馆坚持请进来，走出去，打造免费开放的新平台，实现公共文化服务的最大化。2009—2012年，巧家县图书馆共举办讲座、展览、培训、阅读推广等读者活动156场次，参与人数6.15万人次。

下基层，抓普及，服务社会主义新农村，2009—2012年，帮助办好农文网培学校，现场培训乡村农文网培学校管理人员60余次；指导、培训全县农家书屋和农家文化大院管理人员110余次；为乡镇文化站、学校、行动不变的残疾人、留守儿童、白鹤滩电站项目指挥部工人及驻地武警官兵开展送书上门服务活动150余次。

业务研究、辅导、协作协调

2009—2012年，巧家县图书馆职工发表论文2篇，国家级和省级的各1篇；获国家级全国群文、系统文艺作品选集优秀奖2幅，省级书画摄影展优秀奖1幅，出版个人作品集《巧山家水》。

2010—2013年，巧家县图书馆以文化共享工程为依托，举办图书馆职工业务培训51次，参加人次为357人。

2009—2012年，巧家县图书馆业务骨干多次到学校、企业的图书馆对管理人员进行业务培训，并积极参加省馆、市馆举办的图书管理业务培训班。

管理工作

2009年以来。巧家县图书馆根据工作需求，按需设岗、建立岗位制度、按岗聘用、实行分配激励制度、重实绩、重贡献，并向优秀人才及关键岗位倾斜，以激励职工，促进图书馆工作有效开展，实行全年总体工作考核。

2009年—2012年，共抽查文献排架10次，报刊乱架15次，写出季度、半年、全年工作总结24篇。

表彰、奖励情况

2009—2012年，巧家县图书馆共获得各种表彰、奖励6次，其中，市、县文明办授以“文明单位”4次，县文化体育广播电视和旅游局表彰、奖励2次。

馆领导介绍

周天翠，女1970年4月生，大专学历，馆员，馆长。1988年12月参加工作，先后在巧家县包谷脑乡乡政府、巧家县图书馆

巧家县图书馆老年电脑基础知识培训班

巧家县图书馆学生电脑打字比

阅览室、资料室、采编室工作，2009年3月任巧家县图书馆副馆长，2013年1月任巧家县图书馆馆长。2011年获得云南省农家书屋工程先进个人奖。

李永武，女，1975年8月出生，本科学历，助理馆员，副馆长。1995年8月参加工作，先后在巧家县老店镇中心学校任教、蒙姑乡中心学校任教，2008年8月调入巧家县图书馆，负责阅览室、资料室工作，2013年1月任巧家县图书馆副馆长。

未来展望

服务无止境、奉献到永远。服务基层，让文化生活成为人民群众的重要精神食粮是一项持久的工作，是一项光荣的职责。在未来的几年里，力争在国家、上级部门的关心支持下，新建一幢适应巧家县57万人口、人均拥有0.4册图书的现代化、网络化、数字化的图书馆。在今后的工作中，巧家图书馆将一如既往、开拓创新，秉承“读者第一，服务至上”理念做好文化惠民工程，认真落实“三贴近”要求，提高服务水平，进一步加强基层文化建设，为巧家县打造“金沙江畔明珠，亚热带风光城市”守好文化阵地，浓厚城市的文化氛围，创建更和谐的巧家努力工作。

联系方式

地　址：巧家县白鹤滩镇新华路花桥社区059号
邮　编：654600
联系人：周天翠

巧家县图书馆春节举办上网订票培训活动

大关县图书馆

概述

大关县图书馆是一座历史悠久、古籍文献较为丰富的县级公共图书馆。图书馆的前身为民众教育馆，1950年更名为文化站，1952年改为大关县文化馆（图书室），1982年大关县图书馆从文化馆的图书室分离出来，成立大关县图书馆，1990年得到上级主管部门的专项拨款44万元修建大关县图书馆546㎡，1993年投入使用。在2000年省文化厅又拨专项资金36万元，扩建图书馆业务楼510㎡，2003年投入使用。现有占地面积2.24亩，办公用房1056㎡。2019、2013年我馆通过评估达国家标准"三级图书馆"。2013年被评为"县级文明单位"。现有工作人员3人，副高1人、中职1人、管理人员1人。设有8个服务窗口：外借室、期刊阅览室、少儿阅览室、特藏.地方文献阅览室、电子阅览室、多媒体教室、采编室、自习室。现有计算机29台。宽带接入10兆光纤，选用csln.net/dgxtsg图书馆自动化管理系统。

业务建设

截止2012年底，大关县图书馆总藏量71220册（件），自1998年至今政府没有安排购书经费，每年拨给3万元报刊杂志费。1993年建立特藏·地方文献阅览室，现有文献5769册。截止2012年底，大关县图书馆数字资源总量为6.894TB，其中，自建数字资源总量0.284TB。光盘545盘。2009年，实现业务自动化管理，使用csln.net/dgxtsg联合馆系统，以适应公共图书馆服务联盟建设的需要，同时，实现馆内局域网络覆盖。并在馆内实现读者"一卡通"，实现零收费服务。2009年至2011年建设完成了9个乡镇"农文网培学校"建设，并完成了46个行政村共享工程建设。2008年至2012完成古籍普查工作并录入全国古籍普查平台。2009年至2010年完成了78个农家书屋建设。

读者服务工作

从2009年5月起，大关县图书馆全年365天天天对外免费开放，周开放60小时，实现了业务自动化管理文献，2009至2013年，书刊总流通356142人次，书刊外借192638册次。有80个图书室服务点，书刊外借58976册次。2010年免费开通了政务信息查询。2009至2012年，大关县图书馆网站访问量98653次。截止2012年，大关县图书馆发布使用的数字资源均可通过大关县图书馆网站共享工程基层服务中心提供检索、浏览和下载服务。

2009至2012年，大关县图书馆共举办讲座、展览、培训、阅读推广等读者活动268场次，参与人数116080人次。2009年至2012年通过大关县电视台播放共享工程节目实现村村通。

拓宽服务领域，让群众共享文化成果。一是为监区提供服务。为了推动监区的文化建设，促进罪犯思想教育的改造，为监区图书室送流动图书3000余册，丰富了监区服刑人员的精神文化生活。二是为军营服务。由于军营的图书馆不能满足官兵的阅读需求，图书馆经常开展为军营送书活动，每年向武警官兵送流动图书5000余册，解决了军营官兵多年来"读书难的问题。

业务研究、辅导、协作协调

2009年至2012年，大关县图书馆职工在国家级刊物9发表论文篇，省级刊物发表论文4篇，从2009年起，大关县图书馆以文化信息资源共享工程为依托，在馆内实现局域网和实现业务自动化管理，期间，举办图书管理培训班5期96课时，468人次接受培训。

管理工作

2009年至2012年大关县图书馆完成全员全员岗位聘任，本次聘任共设2类岗位（专业技术岗位、管理岗位），同时，建立了工作量化考核指标体系，每月进行工作进度通报，每半年和全年进行总体工作考核。2009年至2012年，共抽查文献排架10次，书目数据5次，编写图书馆《新闻》112条，撰写专项调研、分析报告和工作提案3篇。

馆长常绍慧

表彰、奖励情况

2009、2012年我馆通过评估达国家标准"三级图书馆"。2013年被评为"县级文明单位"。2010年得到市级表彰为"十一五"期间文化工作"先进集体"；2人表彰为"先进个人"。2012年县政府表彰1人为政务信息先进个人。在国

家级刊物发表的论文有三篇评为“优秀论文”。2012年吉利镇龙坪农家书屋被国家新闻出版总署表彰为“2012年示范农家书屋”（昭通市唯一的一家）。

馆领导介绍

常绍慧，女，1964年12月生，大学文化，馆长，副研究馆员。1981年9月参加工作，2003年任图书馆馆长至今，2010年获得昭通市表彰为“十一五”期间文化工作“先进个人”；2012年获得县人民政府表彰为政务信息“先进个人”。在中国图书馆学会发表论文有《图书馆特色服务》《浅谈地方文献工作》《图书馆资源整合与和谐大关建设》等6篇有三篇论文被评为“优秀论文”。省级刊物发表论文4篇。

周荣燕，女，1971年生，大学文化，党员，副馆长，馆员。2012年任命为副馆长至今。

未来展望

大关县图书馆遵循的基本方针是“生产发展、生活宽裕、乡风文明、村容整洁、管理民主”。完善单体服务功能，扩大服务辐射区域，带动图书馆、室事业发展。实现文化信息资源城乡共享。能够提供全覆盖、不间断、无时空限制的数字文献远程和移动服务，同时，为了体现地方特色，满足地方读者需求，重点收集地方历史文献资料，建立地方人物室，设置地方名人陈列室，把他们的画像、事迹、作品陈列展出以激励后代。今后，还将推出特色讲座活动，进行乡土教育、爱国主义教育，以此弘扬优秀传统文化，满足广大读者的文化需求。特藏文献的宣传工作不仅为读者提供了展示特色资源的平台，同时也使特藏文献的收集成倍地增长，质量不断地提高。展望未来，特藏文献的宣传将开创一个新的文献信息增值点，也将开辟一块新的服务领域。在今后的工作中，将与时俱进，不断完善检索系统，加强参考咨询服务，整合特色资源，拓展服务领域，最大限度地发掘和利用特藏文献资源，逐步形成具有地方特色的服务模式和服务品牌。

联系方式

地　址：云南省昭通市大关县图书馆
邮　编：657400
联系人：常绍慧

水富县图书馆

概述

1979年，水富区文化馆成立，馆址在县城体育运动场边，内设图书室、阅览室、办公室等，1981年10月，更名为水富县文化馆。1986年，水富县图书馆由水富县文化馆分出单独成立，有藏书1万余册；1991年与水富县文化馆同时迁入临江公园内文化大楼办公。2006年，水富县文化馆综合楼建成投入使用后，临江公园内文化大楼归水富县图书馆管理使用。2008年，云南省文化厅职工捐资16万元，地方政府配套解决10万元，对水富县图书馆大楼进行全面维修，办公条件和活动环境得到明显改善。馆舍面积1560平方米，馆藏图书4万余册。现有在编职工6人，内设藏书室、电子阅览室、多媒体教室、办公室、采编室、书库6个工作部门；有阅览坐席100余个，计算机31台，宽带接入10兆，采用专业图书馆网（CSLN.NET）自动化管理系统。2013年5月，修建北大门公园图书馆大楼拆除，水富县图书馆搬迁到高滩新区与青少年活动中心合署办公。

业务建设

2013年，水富县图书馆纸质文献总藏量3.6万册（件）。同时将自动化管理系统升级改造为专业图书馆网（CSLN.NET）自动化管理系统。2011—2013年投入25万余元购买图书5000余册，北京共达文化发展有限公司捐赠2万元1000余册图书。建成1个文化信息共享工程水富县支中心、3个乡镇基层点、20个村级基层点；2009年至2012年完成了25个农家书屋建设。

读者服务工作

水富县图书馆以“读者第一、服务至上”为宗旨，本着人性化服务的理念，坚持优质服务、便民服务、惠民服务，处处为读者着想，事事以读者为先，不断提升图书馆在读者心中的认知度和美誉度。1986年，水富县图书馆有藏书1万余册，读者到图书馆自由阅读；1993年，县图书馆有藏书2.1万册，阅览室年订购各类杂志报刊约200种，实行凭证阅读；全年365天天天对外免费开放，每周开放56小时。2013年底，县图书馆藏书3.6万册，年借阅图书1万余册。1993年起开始向各乡镇、村社、学校及监狱等单位开展流动图书工作，每年流动图书8批次及以上；每年召开读者座谈会不少于2次。2008年，开始有电子阅览图书，年阅读6000人次。各镇办每年分别借阅图书1万余人次。

业务研究、辅导、协作协调

水富县图书馆努力完善公共文化服务体系，利用自身文献资源的优势，以“资源共享、协调发展”为目标，建立起统一的服务网络，无偿提供书刊，并提供业务指导和人员培训，努力为城乡居民提供文献信息和文化休闲服务。2010—2013年，水富县图书馆共举办展览、培训、阅读推广、送书下乡等读者活动40余场次，参与人数3.4万余人次。积极参加省馆、市馆举办的图书管理业务培训班。1990年至今，水富县图书馆馆办刊物《致富之友》每年4期，发送到全县各乡镇农民手中，同时报送到云南省图书馆、昭通市文体局及市内各县图书馆；每年出版图书宣传栏12期。

管理工作

2009年以来，水富县图书馆根据工作需求，按需设岗、建立岗位制度、按岗聘用、实行分配激励制度，向优秀人才及关键岗位倾斜，激励职工，促进图书馆工作有效开展。每半年、年终单位及个人写出总结，根据日常工作记录及年终总结进行全年总体工作考核。

表彰、奖励情况

2013年，被国家文化部评定为“国家三级图书馆”；2009年5月，成立全国首家文化信息共享工程农民素质网络培训学校。

馆领导介绍

李天彬，男，汉族、出生于1973年5月，大专学历，中共党员，馆员，馆长。1994年参加工作，先后在水富县文体局稽查队、办公室、图书馆工作；2004年任水富县图书馆馆长。

未来展望

水富县图书馆可容纳纸质文献6万余册，年服务人次可达10万人次以上。在今后的工作中，将积极争取资金，不断增加藏书量，继续完善服务功能，优化馆内人员结构，扩大服务辐射区域，带动地区事业发展。定期更新各乡镇文化站藏书，更好地为广大读者提供优质图书资源。以高度的政治责任感和社会责任感，以解决最广大人民群众文化生活需求为目的，提供最好的文化精神食粮，进一步丰富发展社会主义先进文化，推动全县公共图书馆免费开放上一个新台阶。

联系方式

地　址：水富县高滩新区（县青少年活动中心）
邮　编：657800
联系人：李天彬

省领导到我馆调研

黄玲副厅长调研镇文体站

共享工程县级支中心

凤庆县图书馆

概述

凤庆县图书馆早在明万历初年（1573年）即已成立。当时顺宁土知府勐楹就购有经、史、子、集，创建了聚书楼，又名万卷楼。顺宁府时辖人口只有一万多人，人均有图书近一册，可惜在清咸丰年间毁于战争。民国9年（1920年）12月又到上海购进四库全书等书籍，私人也捐赠了部分图书。民国17年设图书馆于文庙后殿，民国28年（1939年）建立顺宁县图书馆。

中华人民共和国成立后，从上世纪50年开始，图书馆设在凤庆文庙内，由文化馆负责开设阅览室，供读者借阅图书。1979年后，图书馆从文化馆分离出来单独设立。由于政府重视，于1987年财政拨款新建凤庆县图书馆大楼。当年就搬到新建的馆舍内，分别设有书库、阅览室、采编室、儿童阅览室、图书外借室、期刊外借室、打字室、培训教室、服务窗口等。

2003年为支持市政建设，图书馆搬至县粮食局收储公司，租得仓库开展工作。直到2008年4月，图书馆搬至原中心幼儿园，馆舍面积1076.6平方米。通过对原有教室改造，设立了书库、外借室、采编室、儿童阅览室、期刊和地方文献外借室、综合阅览室、报纸库、古籍室、教室等。服务窗口。2010年新建一间图书外借室，将原有书库改建为现在的电子阅览室。成立了全国文化信息资源共享工程凤庆支中心。2010年元月，被评定为"国家三级图书馆"。凤庆县图书馆始终坚持"服务第一、读者至上"的理念，从2011年按照文化部的部署向读者免费开放，所有读者零门槛进入。

凤庆县图书馆现有编制6人，现有职工7人，其中：大专6人、高中1人；具有中级职称4人。图书馆藏书、阅览等条件的改善，满足了广大读者读书、研究的需求。对农村基层文化站、室的辅导，图书服务流动网点的广泛建立、赠书、送书下乡等活动的开展，沟通了图书馆对外的联系。近年来，图书馆业务活动深入开展，建立了乡镇农文网培学校13个、建设完成了村级农家书屋187个，在县武警中队建立了"警营流动图书室"。在县公安局看守所建立了"流动图书服务站"。使图书馆发挥了较大的作用。

业务建设

截至2013底，有藏书69000多册，其中图书37533册、报刊23385册、古籍5825册、地方文献2286册。

从2011年8月起，凤庆县图书馆根据文件精神实行对外免费开放，2009–2013年，总流人次10万人次，书刊外借8万册次。2012年4月，开通与临沧市8个县图书馆的馆际互借服务。

2009–2013年，凤庆县图书馆共举办讲座、展览、培训、阅读推广等读者活动30场次，参与人数2万人次。

业务研究、辅导、协作

2013年，图书馆在重点核心刊物上发表论文4篇、调查研究报告1篇、学习古籍普查、古籍修复侧记一篇。

从2009年起，凤庆县图书馆以文化信息资源共享工程为平台，在全县范围组建公共图书馆服务联合为读者服务，搜集地方文献。多次组织举办各类培训班，多次对13个乡镇文化站站长进行业务培训，对中小学图书管理员进行业务培训。对13个乡镇4个社区的农家书屋管理人员进行业务培训，手把手的教他们图书分类、编目、登记、上架等工作，提高了他们的业务素质。

管理工作

2010年起，凤庆县图书馆全面实行岗位设置管理，建立了分配激励制度，按图书馆工作细则按需设岗、按岗聘用、竞争上岗。共设6类岗位，职工通过竞争上岗，每个职工都有自己的岗位。同时，建立了工作量化考核指标体系。

表彰、奖励情况

2009–2012年，凤庆县图书馆图书馆共获得各种表彰、奖励5次，其中，文化部表彰奖励1次，临沧市表彰4次。

领导介绍

谢玉红，女，1966年12月生，大专学历，中共党员，1986年7月参加工作，馆员、图书馆副馆长（主持工作）。1991年调入图书馆工作至今有23年，多次评为优秀工作者，2011年和2013年被评为优秀共产党员。

未来展望

凤庆县图书馆遵循"科学、效率、创新、发展"的办馆方针，扩大服务辐射区域，在不断强化自身综合实力的同时，完善创建凤庆县与临沧市8个县的馆际互借，进一步提高图书的流动数量。完善与乡镇文化站的网络服务，带动全县13个乡镇农家书屋及共享工程的进一步发展。2014年，凤庆县图书馆纳入全县市镇建设规划。在未来的几年里，凤庆县图书馆将在现有馆舍内开展正常的业务工作。在不久的将来建立现代化的图书馆后，将跟先进的图书馆接轨，实现图书馆数字资源建设，实现图书馆自动化网络化管理。

联系方式

地　址：凤庆县凤山镇文明社区郭家寺36号
邮　编：675900
联系人：谢玉红

省图书馆领导检查工作

业务培训

老年人电脑培训

云县图书馆

概述

云县图书馆成立于1980年，当时文化馆、图书馆合署办公，一套班子，两块牌子。1984年两馆分设。1987年，建筑面积996.5平方米的云县图书馆大楼，在云县三角地建成。1999年10月云县图书馆被评为国家三级图书馆。2003年因云县城市建设发展的需要拆除重建。2009年9月在政府的统一规划下，总建筑面积2200平方米的图书馆在县城中心开工建设，2011年完工投入使用。云县图书馆共有少儿阅览室、期刊阅览室、图书外借室、期刊外借室、地方文献室、信息资源共享电子阅览室6个阅览室和多功能厅等多种公共服务设施，配有先进的智能数字化硬件，集借阅、参观、学习交流、展厅于一体。2014年全馆完成阅览桌凳、工作台、书架、书柜等设备的更新，云县图书馆变得更加漂亮、温馨和富有文化气息。

云县图书馆有阅览坐席288个，计算机30台，宽带接入20Mbps，采用计算机管理。

业务建设

截止2013年底，云县图书馆总藏量55000册（件）。2009—2012年，云县图书馆每年图书购置经费5万元，免费开放经费20万元。每年年均入藏图书1000册，报刊140种，视听文献20种。2013年，地方文献入藏完整率为90%。

读者服务工作

从2009年8月起，云县图书馆实行全天对外免费开放，周开放57小时。2009—2012年，书刊年均总流通2万人次，书刊年均外借5万册次。有12个流动图书服务点，馆外书刊流通总人次2.4万人次。积极为少年儿童、残疾人、老年人等提供借阅服务。

2009—2013年，云县图书馆共举办国画绘画技巧培训讲座，书法、绘画、摄影展，农家书屋管理和正版软件使用及老年人学习电脑培训、阅读推广等读者活动20场次，参与人数10余万人次。

业务研究、辅导、协作协调

2009—2013年，云县图书馆职工发表论文2篇，文史文章及读书文章二十余篇。积极开展乡镇农家书屋培训活动，并与凤庆县图书馆开展馆际互借。

管理工作

全馆现有7名在职职工，其中大专以上学历5人，中级职称3人，初级职称4人。

表彰、奖励情况

2010年我馆被评为国家三级图书馆，2012年被表彰为农家书屋建设优秀单位。

馆领导介绍

刘伟胤，男，1970年12月生，云南云县人。1990年参加工作。2013年3月任图书馆馆长。对图书馆工作，心存十分热爱。工作理念和追求是，努力为读者提供优良的阅读环境，努力为读者提供优质的借阅服务。

未来展望

随着文化发展作为软实力，以及文化大发展大繁荣，越来越受到各级政府的重视，云县图书馆发展迎来了更加美好的发展前景。云县图书馆将本着“真诚为读者服务，一切为读者着想”、“为读者找书，为书找读者”的服务、发展理念，更加注重对图书馆的建设，做好图书馆的图书、期刊、电子阅览室的借阅、浏览服务，努力为读者提供优质服务；继续做好图书馆免费开放工作，办好云县图书馆老年人电脑培训班、国画绘画技法培训，围绕挖掘地方文献资料、服务云县文化繁荣、发展，编辑出版云县具有史料、文献价值的图书，针对读者开办各种不同类别的讲座；加强云县图书馆网页（博客）的建设，使云县图书馆变得更加美丽、和谐和富有文化的吸引力。

联系方式

地　址：云南省云县东大街云县图书馆
邮　编：675800
联系人：陈梦云

镇雄县图书馆

概述

镇雄县图书馆始建于1980年，原馆位于镇雄县乌峰镇白果社区，1999年，镇雄县图书馆新馆建设经市发改委立项，2009年，镇雄县图书馆新馆建设正式启动，2011年竣工验收，投入使用。新馆占地2000多平方米，建筑面积3000多平方米，现馆舍面积达3000多平方米。其中有办公室、采编室图书外借室、成人阅览室、资料室、儿童阅览教室、电子阅览室、主控机房、编辑制作室、培训教室、多功能活动室、馆长办公室；成人阅览座席80个，儿童阅览席12个。用于服务读者的电脑30台，办公电脑15台，摄像机、照相机、电视机、投影仪各1台（件），宽带网络全部接通，图书总藏量达到8万册。图书馆现有职工5名，其中管理人员4名，图书馆员3名，初级工人2名。在图书馆职工中，大专以上学历的3人，中专学历的2人。

业务建设

近年来，镇雄县图书馆为了满足不同层次读者的精神文化需求，更加注重搜集整理、收藏和流通图书资料放在首位，一是注重增加图书馆图书藏量。新馆落成后，县财政在十分困难的情况下，每年都安排一定的资金购置书刊和图书及电子出版物，图书数量逐年递增。书刊进馆后，严格按照《中图法》有关章节的内容进行分类标引，使用《普通图书著录规则》进行著录、登记、建账建卡；对过期的图书、报刊及时清理，并建账、建卡、入库收藏。二是注重了地方文献收藏、保护和上架借阅，做到有专柜、专门目录、专人管理，积极开展征集活动。

读者服务工作

镇雄县图书馆始终把服务读者、丰富活动、强化宣传、提高业务和辅导基层等工作作为重中之重，建立健全图书馆工作人员职业规范、图书馆工作人员守则、采编室管理制度、图书馆书库管理制度、图书馆阅览室管理制度、电子阅览室管理制度、图书赔偿制度、检索室管理制度、图书馆工作职责、图书馆工作人员职责、图书借阅制度、图书馆电子阅览室管理制度等各项规章制度，狠抓落实，取得了较好成绩。一是全民读书日、图书月活动，累计共举办各类读者活动68次，开展专题读者活动24次。二是发挥图书馆社会教育职能，深入县直部门、乡镇村社举办各类知识讲座18场次，听众达6千多人次。同时我们下基层开展共享工程基层网点技术培训工作28次，培训基层网点信息员230余人次，下基层文化站指导培训25次，协助指导基层站点分类、编目、上架，办农家书屋管理培训23次，参训248人次，指导并实施农家书屋图书分类、编目、上架图书6万多册。

业务研究、辅导、协助协调

镇雄县图书馆在规范管理、实行免费开放服务读者的同时，更加注重信息采摘、业务研究，充分发挥图书馆文化辅导作用，同时，认真开展调查研究，2012年以来，图书馆工作人员结合新形势下图书馆的发展和对基层工作的辅导等方面进行了广泛调研，撰写对基层图书工作有指导意义的调研文章。在调研中，培训了乡村图书馆（室）业务骨干，建起了基层图书馆(室)名录，摸清了基层馆室的底子。

加强与有关部门和行业系统的协作，整合资源，多渠道、多角度开展服务，使图书馆在社会上的影响力逐步提升。镇雄县图书馆已经在全县人民的生活中拥有一席之地。2011年，镇雄县图书馆与镇雄县委组织部党员远程教育中心合力共建，参与了对城乡党员的培训工作，社会反响很好。

管理工作

图书馆事业是以彰显社会效益的公益事业，是全心全意为社会、为读者服务的主要阵地；是党和政府通过图书馆联系人民群众的桥梁和纽带。因此，镇雄县图书馆站在对党和人民高度负责的高度，不断探索管理经验，不断完善管理制度，不断健全管理机制，不断提升服务能力，管理出效益，服务出成效。镇雄县图书馆以强管理、强素质、强服务为目标，在县内外受到高度赞誉。图书馆及其工作人员多次获得各级表彰奖励。

未来展望

镇雄县图书馆工作在上级主管部门和县委、县政府的领导下，上下一心，克难奋进，各项工作取得了长足发展。但与人民群众的要求，仍有一定的差距和不足。下步工作中，我们将进一步丰富图书馆藏量，进一步提高图书馆数字化、信息化管理服务水平，以更加开放的姿态、更加精细的管理、更加优质的服务为镇雄政治经济社会和谐发展跨越发展，实现文化强县提供智力支持。

联系方式

地　址：镇雄县乌峰镇人民巷92号
邮　编：657200
联系人：王春霞

永德县图书馆

概述

永德县图书阅览服务始于1933年1月（民国22年），附设在原镇康县（今永德县）民众教育馆内，倡导人为当时的县长纳汝珍，首任馆长杨在富。开办经费主要靠民间募捐，当时的募捐者现知的有：杨应甲、杨应朝、鲁效周、李有升等各募捐票洋一千元以上。当时馆里曾有国内、省内出版的部分书刊和《四库备要》、《万有文库》等多种藏书。抗日战争期间，军队进驻镇康，民众教育馆业务中断。1949年，共革盟之乱，馆藏大部分损失。1950年2月14日，国民党当局呈报："民众教育馆仅余古书822册。"同年4月，永德县人民政府成立并接收所有残存图书。建国后图书阅览长期由县文化馆统筹，在文化馆内兼设图书室，开办图书阅览服务工作，有文化馆馆长毕光廷主持工作，有专职人员3人，馆藏图书逐年有增。文革期间，文化馆受到冲击，大量图书作为不健康读物被封存，（名为封存，实际多数被造反派劫走）馆藏图书损失藏重。

改革开放以来、党和政府十分重视图书阅览工作，于1984年7月正式成立永德图书馆。由刘芝芹副馆长主持工作，有专职人员4人，馆舍面积146平方米，馆藏图书34429册。当时由于馆舍狭窄，许多图书无从上架，阅览及借阅服务都很有限，特别是1988年"11.6"地震后，馆舍严重受损成危房，原来就无法上架的许多图书出现了霉变虫蛀等现象。后来，县委政府根据临抗指[90]19号文及永抗办[90]4号文《关于下达（一九九0年恢复重建家园第一批计划）的通知》，于1992年主管部门向国家申请到了32万元资金，新建了800平方米的图书馆综合楼。2002年，向上级有关部门争取到10万元资金对图书馆进行扩建，目前图书馆馆舍面积已达1千平方米，由杨体聪馆长主持日常工作。

业务建设

永德县图书馆内设有服务窗口7个，图书外借室、报刊阅览室、地方文献资料室、儿童阅览室、电子阅览室、图书流动服务、读者服务活动等。馆办活动有图书收藏、地方文献收集、图书采购、分编整理、外借、阅览、电子阅览服务、文献信息咨询服务、科技情报跟踪、情报检索、文献展览服务，举办各种培训班、橱窗宣传图、送书下乡服务等。2007年被省文化信息资源共享工程分中心列为基层示范点，并在同年4月无偿地接受到了国家中心发放的价值3万多元的设备一套。2008年，我馆又被云南省共享工程分中心列为50个县级支中心建设，接受了国家中心拨款省分中心配备的价值55万的设备，5月16日开始试运行，6月2日顺利通过了全国文化信息共享工程县级支中心建设验收。为了满足广大读者的需求，2011年图书馆全面实现李免费服务开放，年底，我们又利用免费开放经费添置电脑20台，目前，县支中心拥有计算机40台，全部对读者实行免费开放，深受广大读者的欢迎，每天接待读者100多人次，是广大读者查询资料的好地方。

读者服务工作

截止2013年12止，现有总藏量83972册。其中图书50323册（件）、期刊25465册、报刊3362册、少儿读物900册、古籍898册、地方文献780册、视听文献1158册（件）。馆外流通图书7250册，期刊9064。报刊阅览室接待各类读者13507人次，外借书刊10942册、5829人次；电子阅览室接待读者39584人次；2013年馆内总流通人次53091人次。农家书屋接待读者36519人次，外借册次达21948册；农文网培学校接待读者95862人次；基层服务点接待读者68465人次。开展各类型读者活动14次，接待读者26000多人次。

业务研究、辅导、协作协调

2009年至2012年，永德县图书馆针对全县文化共享工程农文网培学校和全县农家书屋进行业务管理与辅导。作专题文化共享工程技术人员培训14期，作专题农家书屋管理员培训14期，共接受培训4500人次。使图书馆对基层文化惠民工作扎实有效的稳步推进。在多年的实际工作中，通过学习不断提高自身的理论知识水平，不断总结经验，把实践转化为理论，2012年至2013年图书馆职工先后撰写出论文5篇，都在省级以上刊物上发表，并获得了一定的奖项。

管理工作

永德县图书馆现有在职职工5名，其中大专以上学历2人，中级职称3人，初级职称2人。近年来，永德县图书馆首先结合新形势对图书馆发展的要求与图书馆所面临的挑战和机遇，建立健全了学习制度、工作制度、考勤制度、服务准则和绩效考核制度等，规范了工作行为，优化了工作环境。其次为保证图书馆免费开放顺利实施，永德县图书馆制定了《免费开放管

喜迎建军节 好书送军营

永德县图书馆开展六一儿童节
"绿色上网、快乐阅读"活动

理制度》、《图书馆工作人员管理制定》、《读者须知》等。

表彰、奖励情况

1993年被评为全省先进图书馆；1998年被评为临沧地区先进集体，1999年获得了“公共图书馆发展成果宣传活动奖“同年10月被文化部命名为国家三级图书馆；2002年获县级文明单位称号；2005年和2010年在全国开展的第三次第四次县级以上公共图书馆评估定级中，经审查和公示，再次被文化部命名为“国家三级图书馆”。

馆领导介绍

杨体聪，女，汉族，生于1961年7月，1981年8月参加工作，永德县图书馆馆长，副研究馆员。1988年8月至1994年10月，管理员；1994年10月至1998年10月，助理馆员；1998年10月至2013年11月任馆员，2013年12月至今任图书馆副研究馆员。2013年在第五次县级以上公共图书馆评估定级中又以900分的成绩通过验收。

未来展望

（一）在继续加强常规管理的前提下，加强业务学习和培训，进一步提高工作效率和服务质量。

（二）继续做好文化信息共享工程建设工作，巩固好已建成的10个乡镇农文网培学校及行政村基层服务网点，以网络建设为基础，数字资源建设为重点，进一步推进图书馆实现网络化建设，完善基层公共文化服务体系建设，让人民群众更好、更多地享受公共文化服务的新成果。

（三）继续加强农家书屋建设，指导好活动开展，定期不定期进行检查指导，让更多的农民休闲时能够有个看书学习的地方，使农家书屋在新家园建设中发挥出更好的作用。

（四）继续做好地方资料征集等工作，不断丰富馆藏资源。

（五）积极开展专题服务活动，举办多种形式的读书活动。

（六）举办各类型讲座，充分发挥图书馆在公共文化中的作用。

联系方式

地　址：永德县德党镇德党北路永德影剧院旁
邮　编：677600
联系人：杨体聪

沧源县图书馆

概述

沧源佤族自治县开展图书收藏和服务工作始于1957年至今已有半个世纪的历史。1982年前图书服务属于文化馆群众文化工作的范畴。随着沧源县政治、经济、社会的空前发展，为丰富人民群众文化生活，1982年以文化馆图书室为基础正式成立沧源佤族自治县图书馆，核定编制7人。1997年云南省文化厅拨款80万元在广场路建盖了一栋面积为809平方米的图书馆馆舍。内设综合阅览室、连续性出版物借阅室、图书外借室、地方文献资料室、技术资料借阅室。由于设施完备，年人均流通量达2.2万人次。2002年全国公共图书馆评估定级，沧源县图书馆被评定为国家三级图书馆。因城市建设需要，2002年10月图书馆被迁到司岗里大道体育馆中，面积3200平方米，图书馆利用先进的CSLN图书馆管理系统实现了图书采购、编目、典藏、流通控制、期刊管理、报表统计、馆藏查询等图书馆业务的全方位自动化。随着服务手段的不断增强，图书馆服务范畴和职能作用也在不断扩大，在提高两个文明建设，提高民族素质、发展沧源经济、丰富人民群众文化生活等方面发挥着越来越重要的作用。

沧源县图书馆的藏书量

沧源佤族自治县图书馆是全县最大的公共文化服务机构。县图书馆馆舍被卖后，2003年–2008年6年间县财政相继停拨了购书经费。为了确保图书馆资料的连续性，2009年开始，县财政恢复拨付购书经费，每年5万元均列入财政预算。图书馆每年保持购新书800册。购期刊100种。现已有馆藏图书53324册。

本馆的特色藏书

为落实文体广电旅游局领导班子“关于筹备建设佤族文化资源数据库”的工作安排，图书馆积极发挥作用，深入全县机关、单位、民间进行收集。已整理入库的有：手写体小乘佛教经书3部15卷，哲学1册，政治21册，经济9册，文化体育19册，语言文字10册，文学37册，艺术7册，历史47册，农业3册，工业1册，综合性图书6册，具有研究价值本地文物照片特藏资料46份。这些收集到的地方文卒、风光、风情、饮食、工艺等文献资源为挖掘地方资源提供了共建共享平台。

开展的各种服务活动

主要开展基本图书资料收藏；地方文献和少数民族文献收藏；科技宣传工作；图书外借和报刊阅览服务；送书下乡送科技下乡工作；乡镇及农村基层图书室业务辅导；农家书屋建设与服务工作；文化信息资源共享工程电子阅览服务；文化共享工程乡镇站点建设；指导农民素质教育网络培训；古籍图书名录普查登记等工作。

图书馆作为全县公共文化体系建设的重要中间力量，坚持以“服务致上、读者第一”为宗旨，以免费开放为抓手，最大限度满足读者需求。依托自动化管理，实行免费办证、免费阅览、免费培训、实现常态化服务。以2013年为例，馆内馆外共服务群众4.87万人次，其中馆内接待读者27789人次，少年儿童读者13224人次。随着信息化的普及发展，应少年儿童读者的要求，图书馆每星期举行两场青少年电脑培训，一场讲座；每月举行一次五进活动（开展全民阅读进社区、进学校、进农村、进特殊群体和进机关）；每年举办200个课时老年电脑培训，开展一次进城农民工的主题活动，按照需要适时深入乡镇和农村举行农文网校管理员和村干部现场业务服务。真正实行了零门槛、无障碍免费开放服务。为使图书馆的功能得到更大发挥，为最大限度的服务读者，我们确定了以馆内阵地为主，扩大馆外延伸服务的以点带面的工作方法。与乡镇文化站签定了“文献资源互助协议”在全县建立了11个分馆，99个农村服务点，3个社区图书流通点，进一步完善了与县职业中学关于资源建设协作共建关系。每年为流通点配送图书3000多册次；馆内馆外举办宣传展览70场次；举办讲座100场次；举办培训15场次（含教唱本地主体民族佤族歌曲、文化共享业务学习）；电子阅览室免费开放4356小时；为全县各族群众搭建了学习科学文化知识和提升致富能力的平台，提供了精神食粮。

为更好服务读者，图书馆建立了沧源县图书馆网页（http://www.csln.net/yncytsg）。组建了文化信息资源共享QQ群250783760。建成11个乡镇共104个文化信息资源共享基层站点。配置PC机212台，浪潮应用服务器11台，投影机14台，高清移动播放器11台，DVD机3台。依托乡镇文化信息资源共享基层站点设备在全县成立11所农民素质网络培训学校，学校按照“文化乐民，文化育民，文化富民”的服务宗旨结合农民群众的需求开展活动。

市文化体育局领导、市图书馆领导视察沧源县图书馆坝卡村图书流通点

沧源县图书馆全体职工合影（从左起）李红英、田胡兰、李惠玲、岳红良、王泽友、肖明

深入乡镇辅导“文化信息资源共享工程”业务

晋宁县图书馆

概述

晋宁县图书馆成立于1979年，现馆建于1992年，位于云南省晋宁县县城昆阳——郑和文化广场（昆阳大街509号），建筑面积1748平方米。在第五次全国公共图书馆评估定级工作中被评为三级图书馆，2012年，有阅览坐席213个，全馆计算机53台，提供读者使用的计算40台，宽带接入为10Mbps，选用CSLN中国专业图书馆网络自动化管理系统。

业务建设

截至2012年底，本馆馆藏各类文献109046册，其中，纸质图书101236册，电子图书4460册，视听文献3350件。

2013年，晋宁县图书馆新增藏量购置费8万元，办公经费26000元，购书经费单列。

2009年引入CSLN系统，2010年3月正式开始使用该系统，并实现了数字化管理。2013年，馆内实现无线网络覆盖。

读者服务工

自2005年起，晋宁县图书馆周开放时间为57小时。馆藏纸质图书101236册，其中古籍16000册。2012年全年流通图书53292册，接待读者66259人次，参与图书馆组织的各类活动人数5200余人次。2012年，共完成公益讲座6期，公益培训3期，基层业务培训12期共2期次，展览3次，读书活动5次，组织参与各种宣传活动6次。

业务研究、辅导、协作协调

2009–2012年，晋宁县图书馆职工发表学术研讨和专题调研业务论文20篇、专题调研报告1篇，在各级刊物上发表的论文4篇。

晋宁县图书馆参与了《昆明市公共图书馆馆藏地方文献联合书目题要选编》、《昆明市全国文化信息共享工程建设情况概览》的编制出版工作，积极参与《昆明市农家书屋建设成果展》和《昆明市公共图书馆古籍挹翠展》，积极参与昆明市公共图书馆读书月活动、图书馆服务宣传周等活动。

管理工作

晋宁县图书馆根据本单位的工作实际，每年年初都合理制定出本年度的工作计划，年终有对全年工作进行总结。

本馆的财务管理按县委、县政府的要求于2008年纳入晋宁县会计核算中心进行集中管理，每年均由县级财政、审计部门的进行监督、管理。

2003年启动人事制度改革，晋宁县图书馆全面实施事业单位聘用合同制管理，按照人事部门的要求，2009年本馆开展实施岗位聘用管理，实行按需设岗、按岗聘用、竞争上岗以及绩效工资考核分配激励机制，充分调动了全体干部职工的工作积极性和主动性。

表彰、奖励情况

2009年至2012年，晋宁县图书馆共获得各种表彰、奖励18次，其中文化厅表彰1次，市委有关部门1次，县委2次，省、市图书馆学会14次。

馆领导介绍

穆汇勇，男，1967年3月出生，大专学历，中共党员，副研究馆员，中共晋宁县文体广电旅游局总支委员会委员，馆长，1988年9月参加工作。2009年被云南省图书馆学会评为“优秀会员”；2010年被云南省文化厅评为“云南省基层文化工作先进个人”；2010年被昆明市图书馆学会评为“先进工作者”；2012年被晋宁县委、晋宁县人民政府评为“宣传思想文化工作先进个人”。

孔宝忠，男，1970年5月生，本科学历，中共党员，副研究馆员，党支部书记，1988年7月参加工作。2008年获云南省昆明市晋宁县“创建昆明市文明县城”工作先进个人称号；2009年被云南省昆明市委授予“昆明市第二批深入学习实践科学发展观活动先进工作者”荣誉称号；2009年、2011年被昆明市图书馆学会评为“优秀会员”。负责单位的党建工作，兼管单位业务管理、自动化管理工作。

马丽萍，女，1966年2月生，大专学历，副研究馆员，副馆长，1985年7月参加工作。2009年、2011年被昆明市图书馆学会评为“优秀会员”，分管全馆业务工作。

未来展望

晋宁县图书馆建成于上纪90年代，由于当时地方经济发展水平的限制，现馆规模与广大人民群众的文化需求已不相适应，应重新规划建设晋宁县图书馆。在未来的几年里，根据有关文件要求，晋宁县图书馆将建成服务人口为30万，藏书量不少于30万册，建筑面积为5000平方米左右的现代化图书馆。

联系方式

地　址：云南省昆明市晋宁县昆阳大街509号
邮　编：650600
联系人：穆汇勇

业务学习

中老年人计算机培训

少儿阅览服务窗口

盈江县图书馆

概述

盈江县图书馆于1982年1月从县文化馆分离，独立办公，现有馆舍2500平米，在职职工10人，编制7人，馆址位于盈江县平原镇永盛路花园巷11号，对外开服务放窗口有：图书外借室、期刊阅览室、儿童阅览室、电子阅览室、地方文献室、书画展室、多媒体室等。馆内有：采编室、综合业务室。2013年盈江县图书馆有读者阅览坐席300个。计算机37台。选用Csln图书馆自动化管理系统。

业务建设

截止2013年底，盈江县图书馆有馆藏纸质图书73600万余册，电子图书10万册；电子阅览室有30台读者服务用机，志愿者管理人员2人。2009–2011年县财政每年纳入购书专项资金预算为8万元，从2012年起县财政每年安排购书经费15万元，从2009年开始图书借阅服务全部实行Csln系统自动化管理。2012年共新增馆藏图书5247余册；订阅期刊250种。2012年县图书馆及流通服务点共接待读者9312人次，流通图书20013册次；“文化共享工程”电子阅览室共接待上机读者3671余人次。2013年订阅报刊252种。所有图书、报刊均采取计算机管理，开架率达到100%，业务管理实现了自动化。

读者服务工作

从2008年开始，盈江县图书馆全年365天天天对外免费开放，每周开放60个小时。开通了德宏州内5县市、州图书馆的馆际互借服务。有一个少儿分馆，9个流动服务点全年开展流动服务。

盈江县图书馆在新书采购中每次都有20–30名读者利用周末的时间参与新书选购活动。我们称之为——“我的阅读我做主”。

2010年–2013年，盈江县图书馆共举办（其中讲座8次、展览16次、培训20班次、阅读推广活动9次）53次，参与人数6519人次。

2011年投入20万元，对地震中损坏的书架、期刊架、书柜、阅览桌椅全部更新。为读者提供温馨舒适的阅读环境，2012年投入20万元完成了图书馆维修改造工作，图书外借、期刊阅览室、少儿阅览室、廉政图书阅览室完成改造向读者开放。购置了规范的外墙LED电子显示屏，改善了免费服务宣传质量。在2个综合阅览室安装了空调进一步提高了服务质量。

从2012年起每年都根据读者调查结果和学生家长的要求在暑假开展少儿硬笔书法、绘画培训班，得到家长的一致好评。收到了良好社会成效。

2011年“3.10”地震发生后，盈江县图书馆及时组建帐篷阅览室开展读者服务，在阅览室里摆放了免费赠阅的1千册《抗震救灾手册》、4千份宣传单、2千套宣传挂图等。还在大盈江广场“帐篷阅览室”边设立一个电视新闻播报点，每天与“帐篷阅览室”一起对外开放，日接待读者600人次以上。另外组织3个科普放映队，分别到灾民安置点放映科教片《地震灾害预防》、《地震知识》、《废弃农药问题解决》等科教片65场。

根据企业事业单位要求，先后为盈江县思源水业有限公司、县一小、计生办等单位举办4期“计算机运用技术培训班”，经过专业培训，事业单位和公司职工都能运用计算机开展业务工作。2011年6月为帮助在“3.10”地震中受灾青年创业，6月9–13日，县图书馆与红十字会、淘宝网工作人员一起开展了一期青年创业者培训班，培训了38名有志青年。

业务研究、辅导、协作协调

1、文化共享工程为保障15个乡镇“文化共享工程”基层点的正常运行，先后组织人员下乡到弄璋、那帮、平原、铜壁关、新城、苏典、支那等乡镇辅导业务工作、维修设备8次。帮助维护电脑37台，网络维护1次。从而有效的保证了乡村两级基层服务点的正常运行。

2、积极开展农家书屋业务辅导，配合送书下乡，帮助乡（村）图书室管理人员进行分类、编目等业务辅导，基本保证了103个农家书屋运行。

从2012年起为边境基层15个党小组订阅了45种报刊杂志供他们平时学习。

表彰奖励情况

2010年–2013年盈江县图书馆共获得各种表彰奖励18次，其中省级2次，州级8次，县级8次。

馆员风采

盈江县图书馆有副研究官员1名，馆员5名。

联系方式

地　址：云南省德宏州盈江县平原镇永盛路花园巷11号
邮　编：679300
联系人：冯乾宁

电子阅览室

少儿阅览室

挑选自己喜欢的图书

富民县图书馆

概述

富民县图书馆成立于1983年1月，业务用房源为县文化馆和县图书馆合用的四层砖混结构。1997年9月在原址拆旧新建，独立建成富民县图书馆大楼，新馆占地1.5亩，建筑面积1500平方米，设计藏书能力10万册、阅览座席150个。目前开设有外借室、阅览室、公共电子阅览室、多媒体播放室、少儿图书室、纪检监察图书室等六个服务窗口；有各类阅览座席110个，工作人员4人（编制3人）。参加2004年第三次公共图书馆评估，首次获得三级图书馆。

业务建设

截止2013年底，富民县图书馆总藏量10.3785万册，其中，纸质文献3.3785万册，电子图书6万册，电子资源1.5TB。

2012年前，每年仅有报刊费1.5万元。从2012年起，县财政每年安排书报刊经费10万元。年入藏书刊4000余册。及时收集地方文献，入藏率为95%。

全县建成农家书屋75个，每家配书1500种、1600册，报刊23种，年有新书增加。建成全国文化信息资源共享工程县支中心1个，乡级服务点6个，覆盖率为100%；村级服务点61个，覆盖率为87.14%；建成县级公共电子阅览室1个，乡级6个，覆盖率100%。开设有馆外图书流动点10个，每半年更换一次图书。

读者服务工作

从2011年起，富民县图书馆全面实行免费服务，365天天天对外开放，周开放时间56小时。书刊服务采取馆内流通和馆外流动相结合，2005年至2013年，书刊流通19.126万人次，外借书刊11.783万册次。每周播放视频节目2次因人员和经费制约，目前尚未完成图书馆自动化和网站建设。全县75个农家书屋年流通1.985人次，外借书刊2.9854万册次，文化共享工程服务点年接待群众2.2654人次。

2011年开展免费服务以来共举办各类读书活动16次，举办各类讲座18次，举办各类展览9期。长期开展传统文化进校园活动：组织中小学生进行《三字经》、《弟子规》等诵读和《蒙童养正·少年养志》等讲座。

业务研究、辅导、协作协调

2005年至今，富民县图书馆职工发表论文3篇，获奖论文5篇。

2011年以来，每年举办基层文化管理人员培训班5期，下基层辅导45人次。

参与昆明图书馆学会举办各种活动。参加省市图书馆举办和各类培训和业务活动。

管理工作

2010年，富民县图书馆完成全员岗位聘任，设有岗位11个，全体职工重新上岗，建立了工作量化考核指标，每半年和年终进行考核，根据考核结果发放绩效工资。每月定期进行书刊排架、工作进度、清洁卫生、安全防火防盗等检查，发现问题及时整改。

表彰、奖励情况

2009年来，富民县图书馆共获各种表彰、奖励5次，其中中国图书馆学会论文表彰2次，省市奖励3次。

领导介绍

何祖坤，男，1966年7月生，本科学历，理学士学位，中共党员，副研究馆员，馆长。1988年7月起从事中学教学4年，1992年11月到富民县图书馆工作，次年同月任馆长。

联系方式

地　址：富民县永定街道办事处文化路15号
邮　编：650400
联系人：何祖坤

图书馆大楼

少儿图书室

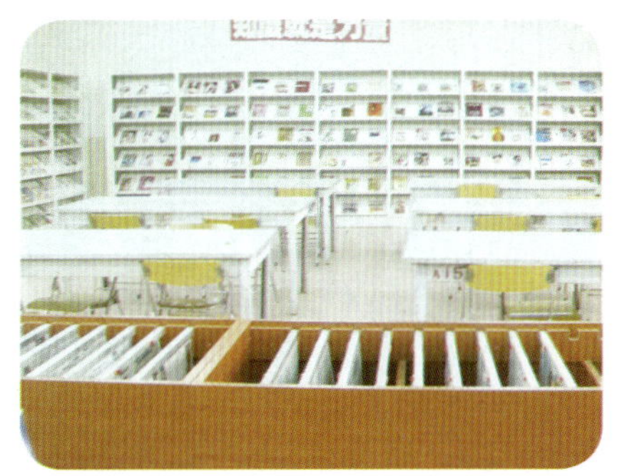

报刊阅览室

基层培训

嵩明县图书馆

概述

嵩明县图书馆独立建制于1979年11月，馆址位于县城北街下巷41号，馆舍面积637平方米，建于1986年8月，是嵩明县的信息服务和地方文献收藏中心。1994、1998、2003、2009、2013年五次通过全国公共图书馆评估定级考核，文化部授予三级图书馆。

业务建设

截止2013年年底，嵩明县图书馆共有成人座椅120个，少儿座椅60个，书架138个1300米，电脑40台，书刊资料62000余件册，其中报刊合订本4000余册，各类工具书1800余种（册），古籍书1200余册，磁盘、光盘资料500余件。2014年年初，实现馆内无线网络全覆盖。从2014年6月起，选用中国图书馆网系统实施借阅自动化管理。

读者服务工作

近年来，嵩明县图书馆在馆舍面积不足、购书经费紧缺、馆藏书籍陈旧、工作人员较少的情况下，坚持全心全意为读者服务，借阅窗口保证按时、按规定开放，从2014年5月起实现天天开放，每周开放70小时。每年有不少于30种报纸和80种杂志上架，五年来，社科外借室、文学、科技外借室、报刊阅览室等主要借阅窗口累计接待读者达15800多人次，为读者提供资料查询、参考咨询等项服务达2300多人次。

从2009年起，我县开始实施文化信息资源共享工程，县级支中心及嵩阳、杨林、小街、牛栏江等乡镇基层服务站点全部建成，建设了55个农文网校（分校），全部投入正常运行。四年来，县支中心电子阅览室接待读者15500人次，查阅各种信息资料10000余条，电子政务查询300余人650余条，多媒体播放500余场次，放映科技教育片、故事片700余部，服务读者5000余人次。

图书馆外貌

到2013年7月份，全县圆满完成“农家书屋”建设任务，建设农家书屋75个，通过项目的实施，共为农家书屋配置政治经济、科学技术、生活文化等类图书和音像制品18157种112500册，总价值150万元，惠及我县30多万农村群众。通过“送书下乡”等活动，共向全县各地文化室和广大群众赠送科技、法律等方面的书籍8000多册，为群众免费书写春联2000多对，服务群众30000多人次，先后举办各种读书活动和绘画、舞蹈、文化各种培训班50余次。为县人武部、县看守所、县武警中队、县消防大队、县审批中心、海潮村、暖阳阳老年公寓、兴隆村等图书流通点配送书籍4000多册，进一步拓展了图书馆的服务范围、创新了服务形式，取得了较好的社会效益。

业务研究、辅导、协作协调

几年来，全馆先后多人20余篇论文获奖并在国家、省、市级刊物上发表。

管理工作

现有专职工作人员8人，平均年龄43岁。其中副高职1人、中职4人、助理3人。

馆领导介绍

吴绍珍，女，1978年9月生，本科学历，中共党员，馆员，馆长。1997年2月参加工作，2014年3月，由嵩明县文体广电旅游局办公室调到图书馆工作。

张娇，女，1986年7月生，本科学历，中共预备党员，助理馆员，副馆长。2009年9月到嵩明县图书馆工作。

未来展望

2014年5月，嵩明县图书馆馆舍经专业机构鉴定为D级危房，不能正常使用，7月，嵩明县委、政府正式将嵩明县园博公园规划展览馆划归给图书馆使用，现正在装修设计中。预计到2015年年中，一个座落在山水园林美景中、总面积达3722平方米、借阅设施现代化、服务方式多元化，集阅读、学习、休闲功能于一身的现代图书馆将正式投入使用。嵩明县图书馆阅览座席将达到500个，年服务读者人次可达10多万人次。

联系方式

地　址：嵩明县嵩阳镇北街下巷41号
邮　编：651700
联系人：吴绍珍

基层文化骨干培训

节假日学生到阅览室上网

农文网培学校开展计算机培训

宜良县图书馆

概述

1930年11月成立宜良县通俗图书馆；1931年8月，改称宜良民众教育馆阅览部；1951年11月，成立宜良人民文化馆图书室；1954年1月，改称宜良县文化馆图书室。1978年10月成立宜良县图书馆。址几经变迁，1999年文化广场扩建，馆址迁入文化广场对面的狮子楼；2001年10月迁入雉山坡56号（原老县委会大院）办公；2007年3月迁入匡远镇温泉路30号（原县委党校）办公；2009年11月馆址迁入宜良一中老校址至今，现有面积为2000平方米。2013年5月评估定级为三级图书馆。

业务建设

截止2013年底，宜良县图书馆总藏量达53873册（纸质文献）。

除做好免费开放工作外，还承担文化共享工程暨公共电子阅览室建设、农家书屋工程的相关工作。文化共享工程自2009年实施以来，7个文化站建设点2013年达到全覆盖，115个村级（社区）点已完成101个点的建设；公共电子阅览室建设自2012年9月实施以来，已建4个文化站公共电子阅览室（狗街镇点5台；北古城镇点5台；耿家营乡点4台；九乡乡点4台；匡山社区点4台）。农家书屋工程自2007年开始建设以来，至2011年，已建成137个（其中汤池22个），实现农家书屋覆盖全县所有行政村。

读者服务工作

从2010年起，县图书馆以文化信息资源共享工程为依托，在全县范围内举办或协办各类培训、讲座、展览、读书活动等，参与者达1万余人次。

宜良县图书馆全年对外免费开放，2012年统计外借册次达4万余册次。2010年至2013年6月，县图书馆举办公益性讲座、展览、培训、阅读推广、文化下乡等活动30余次，参与人数近4万人次。

管理工作人员配置

2009年至今编制7人，现在职职工7人；专业技术人员6人。

表彰、奖励情况

宜良县图书馆先后多次被省、市文化主管部门评为文化先进单位。1982年被授予“全省文化战线先进集体”称号，1991年、1994年两次荣获“昆明市级文明图书馆”称号；2010年，宜良县被评为农家书屋省先进集体；2012年6月，宜良县被评为农家书屋市先进集体等。

馆领导介绍

馆长：陆玉弘，女，1969年11月生，专科学历，馆员，馆长。1989年7月参加工作，1996年12月到宜良县图书馆工作，先后在外借室、采编室等岗位工作，2004年8月主持图书馆工作，2005年4月任命为图书馆馆长，2013年兼任联合支部副书记。2007年，获昆明市社科联、昆明市文化局表彰为先进工作者，2011年评为省图书馆学会优秀会员。

副馆长：邱继红，女，1963年8月生，专科学历，馆员，副馆长。1981年12月参加工作，2008年到宜良县图书馆工作，先后在外借阅览室、采编室、宣传辅导室工作。2013年7月被宜良县旅文广体局任命为县图书馆副馆长，现负责采编、辅导、农家书屋等工作。2012年被授予昆明市农家书屋工程建设“先进个人”称号。

未来展望

宜良县图书馆将继续遵循“科学、效率、创新、发展”的办馆方针，不断完善服务功能。

联系方式

地　址：宜良县匡远镇匡山东路148号
邮　编：652100
联系人：张宇曼

寻甸县图书馆

概述

寻甸县民族图书馆，1983年前为县文化馆下属图书室，1983年1月从文化馆中分出，正式建立民族图书馆。寻甸县民族图书馆建于1990年，于1992年3月落成投入使用，坐落在寻甸县仁德镇文苑路15号。

总建筑面积1531.71平方米。全馆有阅览坐席数128个，少儿阅览室坐席数36个。2011年4月免费开放电子阅览室。现有计算机27台，提供读者使用的有20台，宽带接入10兆光纤，存储容量1TB，目前图书馆自动化管理系统刚建设完，正在试用期。

业务建设

寻甸县图书馆截止2012年，图书总藏量为5万册次，图书年入藏500种，报刊年入藏量200种。文献标引均按《中图法》和《普通图书馆著录规则》著录。自动化网络建设刚完成，计算机已经用于编目、流通、书目检索等工作中，已建立地方文献数据库和馆内局域网。在2011年4月免费开放公共电子阅览室，硬件达标，截止2013年，数字资源总量达1TB。并为未成年人提供绿色上网的空间，为老年人及农民工举办初级培训服务。公共电子阅览室资源与组织部建设的“村村通”资源共建共享。

读者服务工作

服务工作是图书馆的重点。从2011年开始寻甸县图书馆免费开放，公共空间设施场地免费开放，基本服务项目健全并免费开放。所开设的外借处、综合阅览室、少儿阅览室、工具书地方文献室、过刊室、宣传流通部、自修室、电子阅览室八个对外窗口全方位为社会提供免费服务。

年流通总人数6万人次，年外借册次8万余册。开架及半开架书刊册数占总藏量的82%，每周开馆56小时，人均年到馆5次/年。馆外设立的流通服务点10个，书刊借阅2万册次/年。每年利用宣传橱窗、办报、宣传单等方式，宣传推荐图书、期刊600余种。

检索咨询服务，利用图书馆学情报学等知识和工具，年解答咨询600余条。积极为特殊群体服务，到特殊学校举办活动，为进城农民工宣传各种知识和提供培训服务，为未成年人提供绿色上网空间及开展各种益智类活动，为老年人提供送书上门等服务。

举办讲座、培训20次/年，展览10次/年，阅读推广活动7次/年，年参加读者活动人次3.6万人。

业务研究、辅导、协作协调

寻甸县图书馆积极参与上级图书馆组织的各类业务合作的协调工作。参与协作全县174个农家书屋建设，并对174个农家书屋进行了专业调查研究及业务辅导。参与协作全县11个“农文网培学校”和132个“农文网培分校”建设，并对基层文化工作者进行业务培训300多人次。

管理工作

在人事管理上，寻甸县图书馆根据机构改革的要求实行聘用、岗位管理和工作目标管理责任制。遵守按需设岗，按岗聘用，竞争上岗，择优聘用，严格考核的制度；财务管理制度健全。设备物资管理制度严格，馆内有固定资产登记册，接交手续严格。档案管理规范。设立安全保卫值班室。

表彰、奖励情况

2009—2012年，寻甸县图书馆共获得各种表彰、奖励6次，其中，省建设厅表彰、奖励1次，市政府表彰、奖励1次，市图书馆学会表彰、奖励1次，县委、县政府表彰、鼓励2次，其他表彰、奖励1次。

馆领导介绍

姜艳红，女，1973年12月生，本科学历，馆员，馆长。1997年7月参加工作。

马景娣，女，1969年10月生，本科学历，中共党员，馆员，副馆长。1989年7月参加工作。

未来展望

寻甸县图书馆遵循“科学、效率、创新、发展”的办馆方针，完善图书馆服务功能，扩大服务辐射区域，积极争取县委、县政府和上级部门的支持，多方筹措资金，努力完善办馆条件，使图书藏量逐年增加，面向社会开展的服务活动越来越丰富。使图书馆真正发挥知识载体的作用，满足人民群众日益增长的精神文化需求。

联系方式

地　址：寻甸县仁德街道办文苑路15号
邮　编：655200
联系人：姜艳红

禄劝彝族苗族自治县图书馆

概述

禄劝图书馆始建于1957年，隶属禄劝文化馆。新馆于1986年落成，占地面积416平方米，馆舍面积1410.96平方米，10月1日正式向社会开放，位置在县城南街25号，1987年1月经有关部门批准，正式从县文化馆中独立出来，直属禄劝文化局。2013年参加第五次全国公共图书馆评估，首次获得三级图书馆。

业务建设

建馆以来，禄劝图书馆在各有关部门及县委、县政府的大力支持下，在搜集、整理、加工、贮存地方文献、读者服务等方面做出了很大的贡献。经过多年来的不懈努力，藏书每年都在不断递增。至2012年止藏书达6万2千册，(其中纸质图书3万2千册，电子图书3万册)，民国文献1200册，光盘视听600盘，地方文献1500册，馆内分设有：办公室、采编室、外借室、报刊阅览室、少儿阅览室、电子阅览室、多媒体教室、文献古籍收藏室、书画摄影展厅等业务部门为我县的文化建设做出积极的贡献。

读者服务工作

禄劝图书馆一直坚持“为人民服务、为社会服务”的办馆方向，以“读者第一、服务至上”为宗旨，以社会效益为最高原则，通过馆内阅览、书刊外借、资料查询、送书上门、图书流通、搭乘文化大篷车送书下乡、公益性培训及利用世界读书日、宣传服务周、科技宣传月及节假日举办各种读书活动，通过展厅展览、展板宣传等方式无偿为广大读者服务、对各乡镇、部队、学校图书室进行业务指导培训等方式，为禄劝各族各界人民提供较广泛深入的服务。并已建立11个图书流通点，提高了馆藏书刊的流通率，同时，也解决了基层单位购书难、看书难等问题。2004年开始，县图书馆实行全开架式免费开放服务，每周开放56小时。支中心为广大读者提供科技信息、致富门路、新闻浏览、安全知识、各种检索、浏览和下载等服务。

业务研究、辅导、协作协调

2012年止禄劝图书馆建成文化信息资源共享工程支中心一个，协作协调省文化厅和新闻出版局在全县13个乡镇创建了十三个农民素质教育网络培训学校，127个村级服务点和农家书屋165个，在我县实现了农家书屋全覆盖。为了宣传禄劝的发展变化，人民生活的幸福安康，让大家了解禄劝改革开放的成果，在市图书馆的协调帮助下，在昆明市图书馆成功举办“最美禄劝摄影展”。

对辖区内乡镇（街道）、村委会图书室、农文网培学校、农家书屋进行业务辅导、对基层业务骨干进行定期、不定期的业务培训;协助学校、部队等建立图书室，并对其业务进行辅导。

管理工作

2011年，禄劝图书馆完成岗位聘任，现有7个编制，7名业务人员。馆内各项管理制度健全。做到以制度管人，我们的管理方针就是：管理制度上墙，人人照章执行，群众监督到位，读者满意为荣。

表彰、奖励情况

2010—2011年度被昆明市图书馆学会评为先进集体“荣誉奖”。

馆领导介绍

设有馆长1名，副馆长2名由馆内业务人员兼任。

李润梅，女，1969年生，中共党员，大专学历，馆员，馆长，1990年参加工作，历任文化馆副馆长、馆长，2006年调图书馆任馆长。

张红燕，女，1970年生，中共党员，大专学历，馆员，副馆长，群文支部书记，1988年参加工作，历任民族歌舞剧团副团长、书记，2012年调图书馆。

王静，女，1974年生，大专学历，馆员，副馆长，1992年参加工作，历任采编室主任、古籍办主任。

未来展望

回顾过去，展望未来，随着我国公共图书馆建设的不断深入，禄劝图书馆将在公共文化服务体系中不断更新服务理念，改进工作方法、加强业务学习，强化自身综合素质，积极争取新馆的建设，争取多方支持，拓展业务范围，深入基层，吸纳更多高素质的专业人才加入图书馆建设。加快我馆数字化平台的建设，努力实现馆际互借，馆际合作，积极争取资金来源渠道，增加馆藏资源，提高工作人员服务意识，更新服务理念，最大限度为广大读者服务。

联系方式

地　址：禄劝彝族苗族自治县南街25号
邮　编：651500
联系人：李润梅

元江县图书馆

概述

元江县图书馆于1981年从文化馆脱离出来，属公益事业型全额拨款事业单位，馆址几经变迁，1990年定于元江县凤凰路10号的文化中心大楼内。与县文化馆在同一大楼内，图书馆建筑面积1700平方米，全馆可容纳读者座位100个，设计藏书容量10万册。

元江县图书馆设有综合阅览室、全开架综合外室借、电子阅览室、资料室等免费开放服务窗口。共有编制10个，现在职在编职工8人，其中：馆员4人，助理馆员3人，工人1人。

2004年和2009年的公共图书馆评估定级中均获"国家三级图书馆"称号。截止2013年，我馆拥有阅览坐席60个，计算机30台，光纤接入10Mbps，选用中国专业图书馆网自动化管理系统。

业务建设

截止2013年底，我馆共有藏书22517册（件），2009至2012年，投入购书经费10万元，购入图书811种，3430册，截止2012年底，我馆数字资源总量为1TB。

随着文化信息资源共享工程、农家书屋等惠民工程的实施，我馆的设施设备得到较好改善，在免费开放专项资金的保障下，图书馆服务内容越来越丰富。从2011年开始，"青少年计算机培训班"、"农民工电脑培训"及老年人活动室等免费项目成为新的服务内容。2009年至2012年，元江县图书馆辅助完成全县81个农家书屋建设任务，通过不断完善服务手段和内容，让"文化乐民、文化育民、文化富民"成为元江县图书馆开展基层文化建设的宗旨与标准。

读者服务工作

多年来，我馆坚持"以人为本、读者至上、服务第一"的宗旨，最大限度地满足读者的需求，从2011年12月起，我馆实行天天对外免费开放，每周开放56小时。另外，我馆还通过建立图书流通点的方式，把服务延伸到农村、基层和部队。同时，还积极开展各种读书活动及培训班。

2009–2012年，书刊总流通52156万人次，书刊外借94578册次，有馆外流通点13个，馆外书刊流通5848册次，有效借书证1522个。共举办讲座、展览、培训及阅读推广等读者活动18场次，参与人数18300人次。

业务研究、辅导、协作协调

2009–2012年，我馆职工共发表过论文9篇、调查报告1篇。

2009年以来，我馆共参加省中心培训5次7人次，市支中心培训1次2人次，计算机业务培训1期3人次；组织全县文化站基层站点、村级站点、农文网培学校工作人员培训12次302人；各乡镇基层站点、村级服务点管理员均参加过县支中心举办的业务培训。四年来为各类书屋、农文网培学校及基层站点业务辅导共21次419人。

管理工作

元江县图书馆一直以来都坚持以制度管人，以岗位责任定工作量，结合实际情况，每年均制定本年度的《图书馆内部管理制度》。2012年，我馆完成全员岗位聘任及绩效工资改革，本次聘任共设5类岗位，有6人重新上岗，同时，建立绩效工资考核方案并严格执行。2009–2012年，共抽查文献排架9次，书目数据4次，修改各项规章制度4项，编写各项工作进度通报或简讯36篇。

表彰、奖励情况

2009–2012年元江县图书馆共获得市新闻出版局表彰1次，局机关表彰1次。

馆领导介绍

杨燕，女，1970年4月生，经济管理专科学历，高级工，馆长。1997年12月调入元江县图书馆工作，从事图书馆工作6年。担任玉溪市第四届政协委员，元江县第四届政协委员。

何艳，女，1975年11月生，经济管理专科学历，中共党员，馆员，副馆长。1994年7月参加工作，2003年7月调入元江县图书馆工作，从事图书馆工作11年。

未来展望

以"国家三级图书馆"的标准向县财政要求人均0.5元拨款；根据元江县人口发展规划，"十二·五"期间我馆编制应达13人，尽量满足现代图书馆对各类人才的需求。同时，扩大服务辐射区域，以我馆图书流通网络为渠道，通过与文化站和农家书屋等点面结合的方式，带动我县图书馆事业的发展，力争在"十二·五"期间达到国家二级图书馆的评估标准。

联系方式

地　址：云南省元江县凤凰路10号
邮　编：653300
联系人：杨 燕

马龙县图书馆

概述

马龙县图书馆前身为马龙县文化馆图书室，于1951年3设立在县文化馆内。1983年7月，图书室正式从文化馆中分出独立建馆，馆舍为砖木结构，面积92平方米，配有书库、阅览室、办公室。当时有工作人员3人，图书2.8万册，杂志150余种，报纸40余份。1985年省文化厅、市文化局和县财政拨款新盖图书馆、文化馆办公楼，1987年2月，图书馆迁入新馆与文化馆共有办公楼，馆舍面积820平方米，并配有书库、阅览室、外借室和办公室，增设儿童阅览室。2003年1月县文化馆搬迁，图书馆面积增加到1642平方米，办公条件得到了进一步改善。2003年，马龙县图书馆争取资金30余万元对馆舍进行了装修改造，同时购买了新的书架、书柜以及办公桌椅，进一步完善了消防设备和防盗设备，为读者提供了一个安静优雅、宽敞明亮的阅览和借阅环境，为马龙的政治、经济及精神文明建设作出了积极的贡献。

读者服务工作

经过30多年的建设和发展，马龙县图书馆现有职工7人，其中大专以上学历7人，副研究馆员3人，馆员3人，助理馆员1人。多年来，马龙县图书馆坚持“为人民服务，为社会主义服务”的办馆方针，遵循“读者至上，服务第一”的服务宗旨，设电子阅览室、少儿借阅室、外借室、报刊阅览室、资料室等服务窗口。2012年1月，马龙县图书馆实现365天对外免费开放，平均开放时间56小时/周，接待读者2万余人次/年，外借图书4万余册/年。马龙县图书馆现有计算机35台，服务器4台，拥有下载文化共享工程数字资源1TB，地方资源数据库正在建立中。2009年以来，我馆依托文化共享工程、互联网延伸公共图书馆的服务领域，年均利用电子阅览室或通过互联网积极开展上网辅导45次、网上阅读服务36次，解答读者咨询600余次，帮助、指导读者下载信息资源108次；利用文化共享工程优秀文化信息资源，适时为读者免费播放优秀影片和专题讲座24次；电子阅览室年均接待读者1.8万人次，图书馆网站点击率2.5万余次。2009年至2013年，马龙县图书馆拓展服务领域，与部队、学校、企事业单位等公建图书流通点12个，年均举办讲座、展览、培训、阅读推广等活动60余次，参与人数1.38万人次。

业务建设

马龙县图书馆2012年以来年均购书经费10万元，现有馆藏纸本图书1.5万余册（2010年6月，马龙县图书馆遭遇百年未遇洪灾，外借室57240余册图书和部分书架及办公设备被洪水浸泡全部报废，受损价值达170余万元）；有《探索发现》、《环游国家地理》、《有声数字图书馆》等电子文献40余册；五车电子图书25万余册；2013年新建《博看期刊数据库》，现拥有3500余种人文电子期刊。重点藏书有《新纂云南通志》、《册府元龟》、《续云南通志长编》、《云南水道考》等233册。

业务研究

马龙县图书馆历来重视对图书管理工作的探索和研究，2012年以来干部职工发表论文30余篇，其中18篇在省级以上刊物和报纸上发表，部分论文获奖。

管理工作

马龙县图书馆注重图书馆管理工作，按照要求，建立了完善的管理制度，实行制度化管理。工作中做到有章可依，有条不紊和做到“五好”，即：业务学习好、团结学习好、勤政廉洁好、完成任务好、读者反映好。有了规章制度及科学的管理方法，使得图书馆各项工作顺利开展，图书管理工作赢得了读者的一致好评。

表彰、奖励情况

我馆2009、2013年县级以上公共图书馆评估定级评定为“国家三级图书馆”；2010年参加曲靖市文化体育局开展的全民阅读活动，获“二等奖”。2011年参加中国图书馆学会主办的“辛亥革命百年纪念征文”活动，获“优秀组织奖”。干部职工多次获上级部门“优秀工作者”“三八红旗手”等荣誉称号。

馆领导介绍

罗锡琼，女，1963年2月出生，中共党员，本科学历，副研究馆员。1979年12月在马龙县文艺宣传队参加工作，1984年6月调入图书馆工作，1998年1月任马龙县图书馆副馆长，2004年1月至今任马龙县图书馆馆长。

未来展望

在未来的几年里，马龙县图书馆将努力加强网络化建设，围绕图书馆业务与信息技术相结合的特点，积极探索网上参考咨询服务的新模式；以网络建设为基础，做好馆藏文献特别是地方文献资源数字化建设的工作，促进图书馆现代化建设和图书馆事业的再发展。

图书展览

播放优秀电影

网上阅读

会泽县图书馆

概述

明、清时代，公共藏书是和当时官办教育机构庙学、学宫、书院、义学等结合为一体，即会泽公共藏书的开始。清康熙五年（公元1727年）在（原东川府）县城内设有东郭义学，又名西林书院。至清雍正十年（1732年）又改为日新书院。设县义学，又设县府署右义学。

县城内设有东门义学。农村义学有：者海义学、待补义学、隐伍义学、施家义学、璧谷义学、娜姑鲁务村义学。民国十一年（公元1922年）成立民众教育馆，地址先在文庙（今会泽第一中学），后迁至十字街土地庙。1950年初，在原东门内女子小学成立会泽县人民图书馆，接收“民众教育馆”、“城乡联络委员会”古旧书籍约17000册，这是新中国成立后会泽县图书馆的新开端。1952年，会泽县人民图书馆改为文化馆，并内设图书室，配备专职人员管理图书室工作。文革期间，十年浩劫，图书室处于瘫痪，损毁古旧图书4000多册。1981年，会泽县文化馆与图书室正式分开，成立独立建制的会泽县图书馆。馆址设在会泽县钟屏镇米市街27号（原刘氏住宅内）。总面积约407平方米，使用面积190平方米。1987年底，为适应社会发展的需要，省、地、县三级政府投资43万元建盖一幢图书楼。地址在会泽县古城办事处南内街63号（原老蔬菜公司内）。面积为1659平方米，设计藏书容量20万册。一九九四年十二月，首次荣获“全国公共图书馆三级图书馆”称号。文化部授予铜牌及证书。2012年会泽县图书馆有阅览坐席145个，计算机36台，宽带接入10Mbps，选用网图图书馆自动化管理系统。

业务建设

截止2012年底，会泽县图书馆总藏量11.1万册（件），其中，纸质文献5.7万册（件），电子图书5.2万册，电子期刊0.2万种/册。

2009—2012年会泽县图书馆年藏量购置费5万元。共入藏中外文图书0.2万种，0.4万册，电子期刊0.2万种，中文报刊814种，视听文献30种。

截止2012年底，会泽县图书馆数字资源总量为4TB，其中，自建数字资源总量2TB。

读者服务工作

从2009年1月起，会泽县图书馆全年365天天天对外免费开放，每周开放60小时，2009—2012年，书刊总流通16.2万人次，书刊外借26.8万册次。2011年1月，开通与曲靖市、县级9个图书馆的馆际互借服务。与乡（镇）图书室开通10个图书流动服务点。馆外书刊流通总人次0.025万人次，书刊外借0.5万册。

2009—2012年，会泽县图书馆共举办各类读者活动10次，开展专题读者活动5次，举办各类培训班6次，各类讲座66次，在馆内播放电影200余场。参与人数5.4万人次。

2009—2012年，会泽县图书馆共送书下乡10次，累计送书4100册。

业务研究、辅导、协作协调

2009—2012年，会泽县图书馆职工发表作品10篇，组织有关人员40余次对基层图书室及农家书屋进行业务辅导，协助指导怎么购买、分类、编目、上架图书8万余册。对共享工程基层网点技术培训工作12次，培训基层网点信息员24人次。

2009—2012年，会泽县图书馆组织21个乡镇业务骨干参加培训班4次，参培人员279人。

姜仕华馆长

段志成副馆长

电子阅览室

报刊室

少儿书画展

图书宣传周活动

管理工作

会泽县图书馆认真开展体制改革工作。结合本馆工作实际拟定了《图书馆内部工资分配方案》、《会泽县图书馆考勤制度》，对全馆专业技术人员进行了聘任合同的签订及考核。出台了《图书馆读者服务工作承诺书》、《图书馆工作人员日常行为规范》。每个室都认真按照图书馆岗位职责制作了《岗位职责》标志牌并上墙。

表彰、奖励情况

2009–2012年，会泽县图书馆职工共获得各种表彰、奖励4次，其中，文化部表彰、奖励1次，县委、县政府表彰、奖励3次。

馆领导介绍

姜仕华，男，1976年9月生，本科学历，中共党员，馆员，支部书记、馆长。2002年12月参加工作，2008年9月任图书馆支部书记、副馆长。2012年7月至今任支部书记、馆长。2003年在参加曲靖市第二届少数民族传统体育运动会中荣获会泽县委、政府表彰的“先进个人”及曲靖市文化局表彰的“二等奖”。2007、2009、2013年被文化局党委评委“优秀共产党员”。2008年被会泽县委、政府评为“会泽县新农村建设优秀指导员”。

段志成，男，1973年3月生，本科学历，中共党员，公务员，副馆长。1992年参加工作。1992年–2004年在会泽县纸厂乡小路沟小学任教。2004年–2014年在会泽县文化市场综合执法队工作。2014年4月至今任图书馆副馆长。

未来展望

会泽县图书馆工作在县委、政府的领导和省、市主管部门的指导下，通过不懈努力，取得了长足发展。但与二级馆标准要求仍有很大的差距和不足。在未来的10年中一是争取藏量达到15万册，报刊年入藏量500种，电子文献和视听文献年入藏量1000种；二是建立完善的馆藏中文图书书目数字化；三是进一步提高图书馆自动化管理；四建立会泽县图书馆网站，进一步加大联合借阅工作。在以后的工作中，我们将按照省市有关要求，进一步寻找差距，增强措施，创造条件，狠抓落实。同时以这次评估定级为契机，知难而进，确保县级三级图书馆建成达标，并为增创县级二级图书馆乃至一级馆而努力奋斗。

联系方式

地　址：会泽县古城办事处南内街63号
邮　编：654200
联系人：姜仕华

基层文化业务骨干培训班

春节灯谜游园活动

沾益县图书馆

概述

沾益县图书馆是沾益县唯一一所县级公共图书馆。1997年沾益重新恢复县置后，1998年1月设立沾益县图书馆。2005年10月，沾益县图书馆新馆建成并投入使用，馆舍位于沾益县玉林广场九龙湖边，面积1500平方米。馆藏总量8.6万册。2012年订阅期刊、报纸150余种。有读者座席211个，计算机30台，宽带接入10Mbps。使用“网图”系统作为图书馆自动化管理系统。图书馆内设外借室、综合阅览室、少年儿童阅览室、过刊室、采编室、古籍室、培训教室等业务和服务部门。

业务建设

截止2012年底，图书馆馆藏总量8.6万册（件）。其中图书6.6万册、纸质期刊和报纸合订本1.7万册、电子期刊2000种、古籍592册。为增加馆藏，图书馆开展倡议捐书捐款活动，发动社会力量支持图书馆建设，2012年筹集了24000元用于图书购置。

为加强地方文献收集工作，图书馆争取沾益县委办印发了《关于征集沾益县地方文献的通知》，共征集到地方文献631册（件）。

2010年起图书馆开始使用文化共享工程配置的中国专业图书馆网进行馆藏图书书目数据的制作，到2012年底加工制作了15000余条书目数据。

读者服务工作

沾益县图书馆始终坚持以服务读者为中心，采取了调整和延长开放时间、改善借阅环境、全开架借阅、期刊外借、建立馆外流动服务点等办法，扩大读者队伍，提高图书报刊利用率。2009年5月沾益县图书馆建成文化信息资源共享工程县级支中心，开设了电子阅览室供读者浏览查询网上资源。2011年图书馆全面实行免费开放。图书馆书刊借阅、检索与查询、公共上网服务、基层辅导、馆外流动服务、公益性讲座、培训、读者活动等基本文化服务项目全部免费提供。为保障基本职能实现的一些辅助性服务如办证、换证及存包等向读者免费提供，图书馆服务得到读者认可，持证读者明显增加。

为提高图书报刊利用率，同时克服基层图书室书刊缺少的困难，沾益县图书馆在各乡镇图书室和部分单位图书室建立流动服务点，不定期为他们更换书刊资料提供阅读。到2012年先后建立了12个流动借阅服务点，长期开展合作服务。2009年至2012年年均馆外流动服务点借阅书刊5010册。

为各企事业单位和社会公众提供免费的报纸查询、资料复印、上网咨询、提供线索等服务210人次。

沾益县图书馆重视为未成年人和老年人服务。指导未成年读者阅读健康有益的书籍，鼓励未成年人通过阅读开扩视野、增长知识。在公共电子阅览室服务上限制未成年人上网时间，注意监管其浏览内容。对老年人和进城务工人员适当延长上网服务时间。积极为其提供计算机基本技能的培训和指导。

培训工作是图书馆的基础业务工作。2009年以来图书馆每年举办一次农家书屋管理员培训活动。为本年度建设的各农家书屋的管理员讲解图书室管理和服务工作。暑期举办计算机基本操作技能培训。帮助读者掌握基本的上网查寻资料、收发电子邮件、下载音乐、电影等基本的技能。

业务研究、辅导、协作协调

2009年至2012年，图书馆工作人员共撰写论文、调查报告、心得体会15篇。从基层工作的角度思考和探索工作中存在的问题和解决的办法。

基层业务辅导是县级公共图书馆的基本职责。沾益县图书馆每年开展基层业务辅导工作，辅导对象主要以乡镇图书室和新建的农家书屋为主，包括分编图书、指导上架、制定借阅规则、开展服务等。2009–2012年共开展基层图书室业务辅导16次。

2012年沾益县图书馆参与曲靖市图书馆组织的馆际互借工作，签定了馆际互借协议，在图书馆之间开展书刊互借，在各乡镇图书室开展流动借阅服务。

管理工作

沾益县图书馆每年的工作都实行年初有计划、有工作目标责任书，年底有总结有考核。2007年以来，图书馆修改和补充了9个管理制度。根据业务工作需要调整了工作岗位。按照岗位要求聘任工作人员，实行竞争上岗和岗位责任制。制定和修改细化各岗位工作职责，年底按岗位考核工作人员。2011年，在上级文化主管部门的领导下，图书馆改革了分配激励制度，制定和实行了绩效工资分配方案。

表彰、奖励情况

2009–2012年，沾益县图书馆工作人员共受到市、县级表彰5人次。沾益县图书馆被中共沾益县委、沾益县人民政府评为县级文明单位。

馆领导介绍

王晓慧，女，1972年5月出生，大学本科学历，中共党员，副研究馆员，馆长。1995年8月参加工作，2004年4月任沾益县图书馆馆长。

李乔英，女，1979年1月出生，大学本科学历，中共党员，馆员，副馆长。2003年12月参加工作，2012年12月任沾益县图书馆副馆长。2012年被中共沾益县委表彰为优秀共产党员。

未来展望

作为县级公共图书馆，沾益县图书馆以“服务读者，服务基层”为目标，在未来的工作中，首先要加快推进图书馆管理和业务工作自动化进程，争取2015年实现馆藏图书文献加工、管理和借阅自动化。加强地方文献的收集整理工作，努力实现地方文献收集连续完整。开展形式多样的培训、讲座、展览、放映等服务活动，增强图书馆的吸引力和影响力。加强与乡镇图书室、村图书室（农家书屋）的协作和协调，积极支持基层图书室建设，发展壮大基层读者队伍。努力使本馆各项管理、业务和服务工作再上新台阶，促进图书馆事业的全面发展，为地方文化建设作出应有的贡献。

联系方式

地　址：云南省沾益县西平街道湖滨路84号
邮　编：655331
联系人：王晓慧

龙陵县图书馆

概述

龙陵县图书馆成立于1983年9月，位于龙陵县城宣传文化广场旁，图书馆大楼于1987年建成投入使用，2009年由国家文化部评定为国家“三级图书馆”。图书馆占地面积550平方米，使用面积1331平方米，主楼四层。总藏书量为7万余册（含过刊合订本），年订报刊70余种。有阅览坐席120个，有计算机35台，宽带接入信息10兆，选用“网图”图书自动化管理系统。

业务建设

截止2012年龙陵县图书馆共有藏书71.918册。龙陵县图书馆入藏图书、期刊和报纸合订本7.1897万册，电子图书2.4万册，光盘500张。

读者服务工作

龙陵县图书馆公共空间设施场地、所有服务项目都免费开放、每周开馆时间为60小时。龙陵县图书馆书刊文献开架比例达80%以上，馆藏书刊年外借率40.9%，书刊年外借册次29408册，馆外流动点书刊借阅12780册次，开展为残疾人、进城务工人员、未成年人、老年人服务，年接待到馆读者55857人次，每年出宣传栏4期。为单位以及公众提供服务，网站建成并投入使用；年举办讲座、培训9次，办展览3次，举阅读推广活动4次，活动参与人数为0.5万人，在宣传周、全民读书月、世界图书与版权日、媒体宣传等工作。

具体做法：1、龙陵县图书馆始终坚持“读者第一、服务至上”的服务宗旨，在馆内开办有外借室、报刊阅览室、资料室、少儿阅览室、电子阅览室、过刊室等服务窗口，开设有残疾人专柜，实行免费服务，为读者提供图书外借、报刊阅览、上网服务、资料查询，参考咨询等服务项目。2、依托馆藏7.1万册图书资料，在县直机关单位、企事业单位、驻龙武警部队、乡镇文化站、中小学校、社区和村文化室建有分馆4个，流动图书点20余个，年均流动图书1.2万册以上。3、由图书馆牵头，充分发挥图书馆公益性和文化主阵地作用，在校园内广泛开展全民性的读书活动，年举办各种读书活动四次以上。5、利用“世界读书日”期间，以“阅读，让我们的世界更丰富”为主题，在馆内开展“争做文明小读者”的读书活动，畅谈读书在学习和成长中的意义，养成良好的读课外书习惯对人的行为道德有什么帮助；通过扮演图书管理员，为他们提供社会实践平台以及走进社会、了解社会的机会，让更多学生体验和了解遵守公共道德，既方便了大家，又锻炼了自己。通过创作、张贴文明提示语，在认知和行为两方面引导孩子形成正确的价值观，让孩子树立起“心系他人，心系集体，心系社会”的思想观念，增强学校与社会的密切联系，培养学生的社会责任感，从中体会社会对自己的期望，携手共创“人人共享快乐阅读，共建和谐阅读环境”。5、举办“地方文献展”，全面、真实反映了龙陵的发展轨迹及灿烂的文化历史。6、以农文网培学校县级总校为依托，扶贫互助资金项目点为载体，与龙陵县扶贫办共同开展了规模性的农村劳动力转移培训。自2010年与扶贫办合作以来，共开办了农村实用技术培训班5期，培训学员650人次。

业务研究、辅导、协作协调

龙陵县图书馆参与本地图书馆联合编目，没有参与馆际互借；分馆及流动点建得多，而且大多建在有特色的地方，服务特殊人群（如铅锌公司、森警中队、龙山小学、县医院等），有县、乡、村图书服务网络，参与建设乡镇、社区、村达100%；年基层业务辅导、培训基层业务不少于30次，对基层业务辅导、培训有计划、总结，效果明显。

管理工作

龙陵县图书馆共有在职职工人数8人，其中馆长1人，副馆长各1人。大专以上学历（含大专）6人，占职工总人数的85.7%，高中一人，占职工总人数的14.3%；中级以上职称人数4人，占职工总人数的57%。初级以上职工人数3人，占职工总人数的43%。年龄结构，四十岁及四十岁以上的有4人，占职工总数的57%，三十及三十岁以上的三人，占职工总人数的43%。

馆领导介绍

刘勇，馆长，男，汉族，47岁，1979年9月参加工作，学历专科、中文专业，1987年7月毕业于云南电大。2000年8月被评聘为馆员，2003年3月任图书馆馆长。任馆长以来，曾参加云南省图书馆举办的各种培训，并取得证书。近期的分别有：2008年5月19日至5月22日，参加2008年云南省文化信息共享工程县级支中心培训班；2009年3月9日至12日，参加云南省共享工程县级之中心馆长培训班；2009年8月3日至8月5日，参加了中国图书馆学会“志愿者行动”——基层图书馆馆长培训。

未来展望

1、争取在“十二五”期间把县图书馆撤除重建，列入我县的发展规划。

2、积极争取上级部门的支持，解决图书馆设备、设施老化的问题。

3、加强业务人员的培训，争取脱产培训每年不少于15天，提高图书馆员的综合素质。

4、利用各种节假日、“世界图书日”、“图书宣传周”，加强宣传，扩大图书馆的知名度，吸引更多的读者走进图书馆。

5、加强与教育局、供销社的协调，做好中小学校图书管理员以及专业合作社的培训工作。

6、进一步完善古籍保护工作机制，加强古籍保护的力度。

7、按照创建公共文化服务体系示范区的要求，做好各项工作。

联系方式

地　址：龙陵县文化路5号
邮　编：678300
联系人：杨明微

腾冲和顺图书馆

概述

和顺图书馆建于1928年，是和顺旅缅华侨为振兴家乡文化教育事业而捐资创办的乡村图书馆，至今已有86年的历史，曾被誉为“中国乡村图书馆第一”的美誉。2005年，和顺被中央电视台评为中国第一魅力名镇，和顺图书馆则被评为“魅力之最”。1980年经省文化厅批准正式纳入国家公共图书馆建制。2010年起，连续被评为县级三级馆。2006年被国务院公布为“全国重点文物保护单位”，先后被中国侨联、云南省政府命名为“爱国主义教育基地”，2012年被全国社会科学联合会颁布为“全国人文社会科学普及基地”。近年来，已先后接待了20多位党和国家领导人，接待了来自国内外的参观者300多万人次。

业务建设

和顺图书馆现有馆舍面积6000平方米，拥有国保单位图书馆主楼、藏珍楼、中华再造善本楼、文宫等特色鲜明的建筑群。共有藏书9万册，其中古籍及民国文献2万册。

现有工作人员5人。内设采编、外借阅览、藏书管理、资料、电子阅览室。从事图书外借，提供阅览、咨询、网上查阅等服务。和顺图书馆拥有阅览座席80个，计算机43台，接入20M光纤网络，配置图书阅览软件1套（含13万册电子图书）。配置网络传输设备、图书管理服务器、电子图书阅览软件、触摸查询一体机、电子显示屏等电子设备。2011年我馆在互联网上注册了一个网站，通过互联网建设，更好的宣传了图书馆，使资源达到充分共享。

和顺图书馆现已成为集旅游观光、文物保护和基层文化服务为一体的多功能图书馆。

读者服务工作

在读者服务工作中，我馆以“读者至上”为服务宗旨，坚持做好窗口服务工作，采取对所有读者实行免费开放，使读者真正感受到读者至上的服务准则。从2012年1月1日起，和顺图书馆全年365天对外免费开放，周开放77小时，2010－2013年共接受社会各界赠书35282册，整理赠书18383册，由于建成了四个基层服务点，读者人数逐年增多，服务对象随之加大，书刊总流通168530人次，外借图书40544人次，电子阅览室服务人数9057人次，咨询、查阅资料98起，举办讲座、展览、培训、阅读推广等读者活动34场次，参与人数14.1489万人次。

业务研究、辅导、协作协调

2010－2013年，和顺图书馆职工在省级以上刊物上发表论文2篇，出版著作3部。

2013年9月和顺图书馆与云南师范大学图书馆签订了合作共建协议，以“合作共建，优势互补，共同发展”为目的，开展特色资源研究、古籍数字化等多层面的合作。

2013年12月，和顺图书馆成功举办“华夏阅读论坛－读书评论与乡镇社区阅读推广研讨会”，并荣获由中国图书馆学会阅读推广委员会，中国写作协会阅读研究会联合颁授的《华夏书香之乡——书香和顺》称号。

管理工作

和顺图书馆建立了工作量化考核指标体系，每个岗位都制定了严格的管理制度，加强了岗位管理职责，对各岗位内的工作必须按质按量完成，做到了用制度管理，除此之外，每月进行工作进度通报，每半年和全年进行总体工作考核，使图书馆工作得到健康有序的发展。

表彰、奖励情况

2010－2013年，和顺图书馆共获得各种表彰、奖励3次，其中，全国人文社会科学联合会表彰1次，其他奖励2次。

馆领导介绍

寸宇，男1976年5月生，大学本科学历，中共党员，助理馆员，馆长。2000年8月参加工作，担任“和顺文化研究会”会员、《和顺乡》编委会副主编、中国图书馆学会“阅读推广委员会”委员、“保山市青年联合委员会”常委。2009-2010年度被图书馆、文化馆联合支部评为优秀共产党员。

未来展望

在今后的工作中，将强化服务意识，提高服务质量和水平；充分发挥图书馆文献信息中心的作用；积极争取上级支持，加大对图书馆软、硬件建设资金投入，改善办馆条件；不断创新，努力满足广大读者的需求，进一步做好免费开放服务工作，为图书馆的发展作出新的贡献。

联系方式

地　址：云南省腾冲县和顺镇水碓村上三社8号
邮　编：679116
联系人：寸 宇

鲁甸县图书馆

概述

鲁甸县图书馆的前身，即1952年建立鲁甸县图书馆，内设图书馆，有工作人员1人，1965年9月，工作人员增至3人，由1人专管图书馆，借用的俱乐部隔为阅览室和18平方米藏书室。

2003年起由于鲁甸遭受三次强烈地震的破坏，图书馆已成危房无法使用，在上级部门的大力支持帮助下，图书馆现已搬至县文化广场文化活动中心内上班，现办公地点总建筑面积约300平方米，其中图书外借室和阅览室合用一间办公室共同办公共计约150平方米，电子阅览室约80平方米，办公室30平方米，采编室40平方米，报刊杂志收藏室约25平方米，新的图书馆建设政府正在规划中。

业务建设

1978年党的改革开放政策以来，随着国民经济的增长，人民群众的物质增长，现有的体制及文化娱乐的落后已无法满足人民群众日异增长的需求，在一手抓物质文明建设一手抓精神文明建设的要求下，在县委政府的支持下1980年文化馆新建混结构楼房一幢，占地160平方米，1982年9月，图书馆与文化馆分开，1985年5月，省文化历拨款5万元，县财政拨款3万元，征土地3.6亩，修建职工宿舍一幢，建筑面积424平方米，在县委政府，以及省文化厅的大力支持下，1987年8月省文化厅拨款5万元，县财政拨款5万元，在鲁甸县文屏西路257号即鲁甸县第二中小学对面修建了图书馆业务楼一幢，建筑面积为816.8平方米，用于开展各种服务性活动有的：书库外借室220平方米，阅览室220平方米，办公室28平方米，采编室28平方米，下架图书，报刊杂志收藏仓库27.12平方米，合计业务用房523.12平方米，阅览室有读者座席54个，1988年10月竣工使用，年底有职工6人，有图书3.49万册。

读者服务工作

业务方面：图书馆现已全部免费开放主要有

1、图书外借

图书借阅是图书馆的基本服务项目，是图书馆对读者服务的重要窗口之一。为方便广大读者，鲁甸县图书馆馆藏图书实行全开架、借、阅一体化的管理模式，凡在我馆办证的读者或没办证的读者，均可持图书证查找、阅览您所需要的图书，并按图书借阅规定办理借书手续。

2、期刊、报纸阅览

我馆每年征订杂志170余种，有学术方面的，也有生活方面的，还有体育等方面的。凡在我馆办阅览证或没办阅览证的读者，均可持阅览证查找、阅览您所需要的期刊，报纸，并按阅览证规定办理借书手续。

3、资料查询

为了更好地保护和开发鲁甸县地方文献资源，让广大读者更好地了解昭通鲁甸，弘扬鲁甸文化、促进鲁甸的建设和发展，多方位地收集、整理和展示与昭通、鲁甸有关的资料。图书室积极为鲁甸广大读者提供阅览、文献查询、文献检索、参考等服务。

4、宣传指导培训

宣传指导是图书馆重要职能之一。通过“世界读书日”、“图书宣传周活动”和“重大节日庆祝活动”等形式，加强新书宣传，加强与读者交流、沟通，把广大读者与图书馆紧密地联系在一起；通过“下乡送书”、“指导基层文化室建设”、“指导周边学校图书分类”和开展各种各样内容丰富的业务培训和知识讲座等服务工作。

5、电子阅览室主要服务内容

(1) 馆藏图书目录查询，新书通报，读者借阅、超期信息。

(2) 电子图书、期刊浏览。

(3) 提供上网服务。

管理工作

我馆不仅对图书及其杂志等进行网络自动化的管理而且也建立了相应的工作量化考核指标体系，每月进行工作进度通报，每半年和全年进行总体工作考核。

馆领导介绍

馆长：马殿荣，男，回族，大专学历，1997年分配到图书馆工作至今，2003年被文体局任命为鲁甸县图书馆馆长。

副馆长：陈斌，女，汉族，大专学历，1994年9月调入图书馆工作至今，2009年被文体局任命为鲁甸县图书馆副馆长。

副馆长：朱建萍，女，汉族，大专学历，2011年12月调入图书馆工作至今，2012年1月被文体局任命为鲁甸县图书馆副馆长。

未来展望

进入21世纪，全国信息产业和文化产业迅猛的发展形势我县图书馆迎接着许多的发展机遇和挑战。所以我馆对未来的发展做出以下几方面的改变。

1、图书馆功能趋于多样化

2、图书馆文献趋于数字化

3、图书馆服务趋于自助化

4、图书馆建筑趋于现代化

5、图书馆管理趋于科学化

联系方式

地　址：鲁甸县文化广场会务中心二楼
邮　编：657100
联系人：马殿荣

昭通市昭阳区图书馆

概述

昭阳区图书馆历史悠久，清光绪二十六年（1900年）地方乡绅重修凤池书院，境内始有图书馆，民国时称通俗图书馆。1931年通俗图书馆改建成立县民众教育馆，设阅览、出版、健康、教学各部。1981年11月，县图书馆与县文化局馆分设，划拨清官亭公园正殿及两侧房屋馆舍，总面积380平方米，其中，书库126平方米，阅览室254平方米。1996年由省、地、县拨款1500000元新建馆舍1幢，建筑面积1485平方米，1998年投入使用。2008年，因城市改扩建需要，图书馆拆迁。2009年，文化信息资源共享工程昭阳支中心部署实施，经区委政府批准，暂将昭阳区文化体育局5楼会议室改造装修为文化信息共享工程昭阳区支中心。同年8月，在园宝山公园设阅览室及地方作家群作品展室；2011年，因工作需要，图书馆阅览室、外借室又搬迁至昭阳区区委党校4楼（260平方米）；2013年，昭阳区区委党校老城改造拆迁，8月，图书馆外借、阅览室再次搬迁至原昭阳区二中（660平方米），后又缩减为220平方米。近六年来，图书馆颠沛流离，全馆人员感觉到无边的无奈、无助。

2009年随着文化信息资源共享工程电子阅览室、多媒体室的建设，有阅览坐席160个，计算机25台，宽带接入10Mbps，采用中国专业图书馆自动化网络管理系统。昭阳区图书馆自2005年以来，连续被评为“国家级三级图书馆”。

昭阳区图书馆人员结构：现有职工12人，其中大专及以上学历7人、中专1人、高中2人、初中2人。副研究馆员2人、中职4人、初职1人、高级工2人、中级工2人、初级工1人。

业务建设

2013年，昭阳区图书馆总藏量7.5万册（件），其中，古籍11675册，善本420册。数字资源总量为4.5TB。1990—2009年，20年时间昭阳区图书馆财政单列购书经费2万元，2010年，在局领导的积极争取下，昭阳区图书馆新增藏量购置费为3万元，2010年起增至5万元。2009至2013年建成1个文化信息资源共享工程昭阳区支中心、20个乡镇的农文网培学校、10个社区、98个行政村基层服务点；迄今为止完成全区20个乡镇办事处10个社区公共电子阅览室建设工作。2008年至2012年完成了178个农家书屋、11个红领巾书屋建设。2013年负责协助新华书店对129个行政村农家书屋进行补配上架工作。

读者服务工作

从2009年起，昭阳区图书馆实行全周对外免费开放，每周开馆时间56小时，2009年，随着文化信息资源共享工程的建设，来图书馆借阅图书、上网查阅资料的读者增加很多。2009—2013年，书刊总流通19.8万余人次，书刊外借16.7万余册次。昭阳区图书馆坚持请进来，走出去，打造免费开放的新平台，实现公共文化服务的最大化。2009—2013年，昭阳区图书馆共举办讲座、展览、培训、阅读推广等读者活动166场次，参与人数16.15万人次。在服务中体现人文关怀，昭阳区图书馆提供人性化、便利化服务，致力于消除公众利用图书馆的困难，保障社会弱势群体获得图书馆服务的权利。2009—2013年，帮助办好农文网培学校，现场培训乡村农文网培学校管理人员160余次；指导、培训全区农家书屋和农家文化大院管理人员150余次；为乡镇文化站、学校、行动不变的残疾人、留守儿童、昭阳区敬老院、昭阳区儿童福利院、溪洛渡电站移民搬迁金江社区、昭通市强制隔离戒毒所、昭通国际玩具城文体服务中心、及驻地武警官兵开展送书上门服务活动260余次。

业务研究、辅导、协作协调

2009—2012年，昭阳区图书馆职工发表论文15篇，国家级3篇和省级的各9篇、地方刊物3篇。209—2013年，昭阳区图书馆以文化共享工程为依托，举办图书馆职工业务培训及乡镇、行政村、社区业务培训共计62次，参加人次为1357人。2009—2012年，昭阳区图书馆业务骨干多次到学校、企业的图书馆对管理人员进行业务培训，组织职工积极参加省馆、市馆举办的图书管理业务培训班。

管理工作

2009年以来。昭阳区图书馆根据工作需求，按需设岗、建立岗位制度、按岗聘用、实行分配激励制度、重实绩、重贡献，并向优秀人才及关键岗位倾斜，以激励职工，促进图书馆工作有效开展，实行全年总体工作考核。做到年初有计划、季度有小结、半年有总结、全年工作总结有考核。

表彰、奖励情况

2009—2013年，昭阳区图书馆共获得各种表彰、奖励3次，市、区文化体育新闻出版局表彰、奖励2次。

馆领导介绍

王文刚，男，汉族，1973年2月生，1998年毕业于云南大学档案系图书馆学专业。同年10月分配至昭阳区图书馆工作，2001年11月担任昭阳区图书馆副馆长，2003年8月竞争上岗担任昭阳区图书馆馆长至今，2013年12月评为副研究馆员，馆长。2011年获得昭通市先进文化工作者。

未来展望

服务无止境、奉献到永远。服务基层，让文化生活成为人民群众的重要精神食粮是一项持久的工作，是一项光荣的职责。在未来的几年里，力争在国家、上级部门的关心支持下，新建一幢适应昭阳区85万人口、人均拥有0.6册图书的现代化、网络化、数字化的图书馆。在今后的工作中，昭阳区图书馆将一如既往、开拓创新，秉承“读者第一，服务至上”理念做好文化惠民工程，认真落实“服务于民”的要求，提高服务水平，进一步加强基层文化建设，为昭阳区打造历史文化名城守好文化阵地，推动全民阅读，创建更和谐、美丽的昭阳而努力工作。

联系方式

地　址：云南省昭通市昭阳区昭阳大道343号
邮　编：657000
联系人：王文刚

华坪县图书馆

概述

华坪县图书馆正式成立于1984年，接管1953年成立的华坪县文化馆图书室。当时有藏书5000余册，工作人员2人。由于没有独立的馆舍，一直与文化馆共用馆舍合馆办公。1990年3月，搬迁到县工人俱乐部三楼独立开展业务。有藏书10000余册，馆舍建筑面积250㎡，开设有70㎡书库一间，150㎡综合阅览室一间，30㎡办公室一间，工作人员增加到4人，开始对所有藏书进行清理，开展规范化的分编管理。1992年，工作人员增加到5人。2001年，开始动工新建华坪县图书馆办公大楼。2006年3月，搬迁到位于文化广场西北侧的新馆办公。馆舍建筑面积增加到1200㎡。2010年，馆内设立"文化共享工程华坪县支中心"，工作人员增加到6人。有阅览坐席130余个，计算机30台，光纤接入10Mbps，选用csln图书馆自动化管理系统进行图书馆管理。在文化部2013年开展的第五次县以上公共图书馆的评估定级工作中，经审查确定达到三级图书馆标准，荣获"三级图书馆"称号。

业务建设

截至2013年底，华坪县图书馆总藏量3.7554万册（件）；拥有数字资源总量为2.19TB。有编制6人，在编职工6人，其中：大专以上学历4人，馆员3人。免费开放经费和地方配套经费达28万元。书刊采用《中国图书馆分类法》（四版）分编。馆藏书刊资料98%以上采用开架方式管理，排架正确率不低于96%。

2010年，建立"全国文化信息资源共享工程华坪县支中心"，设立电子阅览室、多媒体视听室两个对外服务窗口。目前，图书馆开设有书库图书借阅室、综合阅览室、过刊资料室、电子阅览室、多媒体视听室五个对外服务窗口。除可以向广大群众提供图书、报刊、杂志的室内阅览和书刊外借等传统服务外，还可以向广大群众提供网络文化信息服务和绿色的公共上网场所，提供讲座、培训、展览等服务。

2011年，图书馆利用"文化共享工程"提供的中国专业图书馆网这个网络平台及其运用软件启动实施了图书馆的自动化管理工作。2012年，图书馆自动化管理工作全面实施完成。图书馆在财产管理、图书采购、分编、服务等各个业务环节都逐步实现了电脑自动化管理。图书馆还充分利用"文化共享工程"这个网络平台，设立了自己的网页http://www.csln.net/hpxtsg，建立了华坪县网上图书馆。

读者服务工作

从2011年7月起，华坪县图书馆除法定假日外天天对外免费开放，周开放35.5小时。2012年书刊外借13564册次，图书总藏量为3.0894万册，书刊年流通率44%；年流通总人次为21578人次，累计持证读者914人，人均年到馆次数为23.6次；电子阅览室年总流通5249人次，多媒体视听室举办讲座、培训共计7场次，服务243人次。

业务研究、辅导、协作协调。

乡镇、村都建立了农家书屋和农文网培学校，图书馆每年都对乡镇农文网培学（分）校和农家书屋进行业务指导和培训，工作有计划，有总结。2013年到兴泉、石龙坝、新庄、荣将、永兴、船房、中心等乡镇开展业务辅导9次，在图书馆开展共享工程设备使用维护、农家书屋管理、摄影、乐理、村村通等内容的业务培训5场次，培训效果良好。

管理工作

建立有明确的岗位管理规章制度、财经管理制度、考勤制度、书刊采分编及读者服务工作制度，图书馆管理工作有章可循，有据可依，规范明了。

馆领导介绍

馆长：陈兴栋，男，生于1968年7月，大专学历，馆员。

副馆长：杜线，男，生于1962年4月，中共党员，中专学历，馆员。

未来展望

华坪县图书馆在2013年文化部开展的第五次县以上公共图书馆的评估定级工作中，经审查确定达到三级图书馆标准。但图书馆工作中还存在许多的不足。图书馆将以评估工作为契机，发扬成绩，改进不足，进一步加强基础业务建设，努力提高服务效能和管理水平，为达到二级图书馆建设标准而努力，争取各项工作再迈上新的台阶，充分发挥图书馆在公共文化服务体系建设中的重要作用，为全面建设小康社会和构建社会主义和谐社会作出新的贡献。

联系方式

地　址：云南省丽江市华坪县中心镇东街27号

邮　编：674800

联系人：陈兴栋

电子阅览室

多媒体视听室

书库借阅室

盐津县图书馆

概述

盐津，因曾拥有盐井产盐并设渡口渡汛而得名。古为僰人居住地。夏商周三代属梁州域，后几易其隶属。公元587年置开边县，治所今滩头乡集镇所在地。1727年改土归流，盐津归属乌蒙府大关厅。1917年正式设县，定名为盐津。全县总面积2091.5平方公里，总人口39万多人，辖4乡6镇。

盐津县图书馆于1984年由县文化馆分出后组建县图书馆，现有编制7名，在职员工4人，1人病养，现有中级专业技术职称人员4名，职工平均年龄48岁，正值年富力强。图书馆业务用房总建筑面积为1080平方米，建于1990年，座落在老县城广场边，框架结构，共五层。

业务建设

截止2012年底，馆内书、报、刊总藏量10万余册，内容有政治、科技、文化教育、医疗卫生、法律法规等。设有电子阅览室、成人阅览室、儿童阅览室、图书外借室、图书采编室、报刊典藏库、图书典藏库、资料陈列库五室三库办公用房。成人阅览室有座席60位，儿童阅览室有座席20位，电子阅览室有座席26位。

读者服务工作

2009—2013年，书刊总流通1.7392万人次，书刊外借6.3117万册次。

2010—2013年，盐津县图书馆共举办讲座、培训、展览、阅读推广等读者活动31场次，参与人数149万人次。

多年以来，图书馆利用节假日和每年一次的图书宣传周在全县各乡镇认真开展送书下乡图书宣传活动，向广大群众发放各类科普宣传小册，内容有《盐津县城乡居民社会养老保险宣传手册》、《爱滋病预防须知》、《高速铁路安全常识》、《关爱生命·平安出行》、《珍爱生命·拒绝酒后驾驶》等。

业务辅导

2009—2013年，5年在县内学校、机关、厂矿等开展基层图书馆（室）开展业务骨干的辅导工作13次，辅导29人。

管理工作

2011年，盐津县图书馆完成全员岗位聘任，本次聘任共设6类岗位，有6人重新上岗，同时，建立了工作量化考核指标体系，每半年和全年进行总体工作考核。

表彰、奖励情况

2003年被昭通市授予文明单位称号。

馆领导介绍

徐国春，男，1963年4月生，高中文化，中共党员，助理馆员，馆长。1980年11月参加工作，1983年12月任盐津县文工团副团长，1988年7月任盐津县文工团团长，1990年9月任盐津县文体局人事股股长兼盐津县文工团团长，1994年5月任盐津县文体局任办公室主任，2002年4月任盐津县图书馆馆长。2009年获盐津县委、政府表障的先进工作者，2011年获昭通市文体新闻出版工作先进工作者。

周丽梅，女，1970年3月生，大专文化，馆员，副馆长。1993年8月参加工作，2009年3月任盐津县图书馆副馆长。

联系方式

地　址：云南省昭通市盐津县盐井镇文兴街56号
邮　编：657500
联系人：徐国春

宁蒗彝族自治县图书馆

概述

宁蒗彝族自治县图书馆是县政府开办的县内唯一一个公共图书馆，其前身为1962年筹建的县文化馆内设图书阅览室。1984年，从县文化馆分迁搬出，在1200多平方米的新馆址上，修建了670平方米的图书借阅办公综合楼，2005年在其址上加修了一幢670平方米的新借阅楼，至此，建筑面积共1340㎡。全馆职工6人，设服务坐席80个，电脑33台，书架总长2100m，宽带接入10Mbps。目前，新三馆建筑又在2民族广场旁，主体工程已竣工，等室内装修完毕即可搬迁至超3000㎡的新馆为读者服务。

业务建设

截止2012年底，宁蒗县图书馆总藏量5万册（件），电子图书0.5万册。年被列入县财政预算报刊款2万元，新增藏量购置费因属国家级贫困县，随地方财政收入而不确定，多数年份为零。截止2012年底，数字资源总量为10GB。

读者服务工作

图书馆自开展读者服务工作特别是近几年，基本服务项目健全，馆内设有电子阅览室、外借室、综合阅览室、地方文献资料室、采编室、自修室、农村服务图书流通室等服务窗口，做到空间设施场地免费开放，坚持双休日、节假日照常开放，每周开放时间达56小时，除特殊和重要藏书外，书刊、文献开架借阅。年服务读者达3万人次，流通图书4万册次。同时，负责对基层乡镇文化站及村级文化共享工程、农文网培学校、农家书屋的建设、辅导等工作，建4个馆外固定图书流动服务点，不定期更换图书。

图书馆每年举办讲座、培训班，开展展览、阅读推广等读者活动。2012年举办讲座、培训6次，展览2次，宣传活动4次，书刊宣传4次，参与人数3万多人次。

业务研究、辅导、协作协调

图书馆职工在服务工作之余，利用外出培训、单位统一网络培训机会、珍惜业余时间，提高理论水平，2012年职工发表论文4篇，书法及摄影作品入展4幅。

充分利用文化共享工程网络培训平台，对乡镇农文网培学校人员进行轮换培训，通过书画展、图书馆服务工作图片及宣传展对各中小学校进行巡回宣传、展览活动。

管理工作

为提高图书馆管理水平，在原有图书馆一些基本制度的基础上，加强制度建设，完善制定了《宁蒗县图书馆岗位责任制、业务规章制度》，设立10个服务工作岗位，进一步规范图书馆工作人员考核、文明服务、设备管理及安全防范等制度，保障图书馆各项工作有章可依，有规可循。

表彰、奖励情况

宁蒗县图书馆曾获多次表彰，2008年至今，一直保持丽江市市级"文明单位"、市级"花园式单位"称号；县委、县政府授予"民族团结先进集体"、"精神文明先进单位"、"社会治安综合治理先进单位"、"县级巾帼文明示范岗"称号；1989年、1993年曾分别荣获省文化厅颁发的"文明图书馆"、"先进图书馆"殊荣。

馆领导介绍

杨跃，男，1963年11月生，纳西族，大专学历，馆员，馆长。1982年参加工作，1999年4月任馆长，2010年荣获省文化厅"云南省基层文化工作先进个人"称号，2012年被市文广局授予农家书屋建设"先进个人"，历年被县文广局评为先进工作者。

李一红，女，1964年6月生，白族，大专学历，馆员，副馆长。1981年参加工作，2003年任副馆长。

未来展望

宁蒗县图书馆本着"以人为本，服务至上"的公共服务理念，最大限度发挥县图书馆及支中心职能作用，努力推进图书馆事业发展。目前，近4000㎡的新馆主体已竣工，待室内装修完毕，将以崭新的风貌和全新的服务迎接读者，届时各项服务功能设施齐全，预设席位300个，其中电子阅览室80个，努力使藏书达10万册，年服务读者达8万人次。同时，形成以支中心为中心的覆盖乡镇电子阅览室的联网服务系统，使图书馆资源在县范围内充分发挥作用。建立具有地方民族特色的文献资料阅览室，自建数字资源量明显上一个台阶。

联系方式

地　址：云南省丽江市宁蒗县赤格阿龙路96号
邮　编：674300
联系人：杨 跃

赠书活动

书法展活动

图书馆馆貌

宁洱县图书馆

概述

宁洱哈尼族、彝族自治县图书馆起源于清代乾隆年间，于公元1795年建立凤鸣书院，藏书1005册，1863毁于兵燹；又于光绪二十二年（1896）建宏远书院，藏书3840册。后以1928年设宁洱镇通俗图书馆，又于1931年成立宁洱镇民众教育图书馆。1951年归普洱县文化馆管理，1979年7月1日正式成立“普洱县图书馆”，无馆舍，暂用县文化馆土木结构平房一间；藏书14000册。到了1986年与县科委联合共建了“科技图书大楼”，“科技图书大楼”建筑平积2000余平方米；有馆舍1060平方米，馆藏图书增至36000余册。现馆址在宁洱哈尼族彝族自治县凤鸣路民族团结园内，现有职工7人，2013年底馆藏图书73516册。在外租用房子开设综合阅览室一个，面积100平方米，可摆放图书5000余册，一次可容纳60余人。2013年，参加第五次全国公共图书馆评估，首次获得三级图书馆。2013年，宁洱县图书馆有阅览坐席60个，计算机30台，宽带接入10兆，选用中国专业图书馆网自动化管理系统。

业务建设

截止2013年底，宁洱县图书馆总藏量73516册（件），其中，纸质文献48516册（件），电子图书25000册，期刊和报纸：2100余册，视听文献：649件，地方文献入藏完整率为96%。

我馆于2009年安装全国文化资源共享工程，用于服务读者的电脑20台，数字资源总量为6TB。

读者服务工作

我馆服务窗口设有：外借室、图书报刊综合阅览室、资料室及地方文献室、电子阅览室、流动图书室。全年365天为读者免费开放，每天开馆9小时。全年共接待读者23667人次。共借阅图书册次42460余册。举办讲座、展览、培训、阅读推广等读者活动37场次，参与人数1万余人次。读者满意率为90%，外借率为66%。没有图书馆自己的网站建设。

业务研究、辅导、协作协调

2009—2012年，宁洱县图书馆职工发表论文7篇。2013年利用文化共享工程设施设备到乡村、学校、敬老院等地免费放映23场次，观众1万余人次；举办免费培训、讲座10期，参加培训人员700余人次。新增流动图书点4个，流通图书1594册。

每年安排业务人员到市图书馆参加继续教育学习。

管理工作

2013年，宁洱县图书馆在岗职工7人，其中聘任副研究员1人，馆员2人。助理馆员2人，管理员1人，工勤人员1人。人事管理上制定了图书馆管理聘用工作方案，根据单位内部工作岗位需求，和每个职工签订聘用协议，实行岗位绩效责酬挂钩，每年进行工作考核，极大的调动了全体职工工作的积极性。

表彰、奖励情况

2010—2013年，我馆获得市局表彰1次，获县级表彰1次。

馆领导介绍

郭朝燕，女，1973年2月生，本科学历，中级职称，馆长。2005年7月从凤阳乡文化站在调入宁洱县图书馆工作，2013年2月任馆长职务。

未来展望

宁洱县图书馆，一直以来都认真履行图书馆的各项工作职责，但是为了今后更好的发展，对图书馆未来发展提出了一些思考。

1、积极取得政府支持和投入，把图书馆列入城市开发的重点，从而保证图书馆为整个社会做好服务。2、与时俱进、不断创新，坚持以读者为中心，结合自己特点搞好图书馆服务工作。紧紧围绕党的路线方针政策开展学习，使每个职工通过自身学习和单位培训，重视服务观念的转变，能熟练地运用现代科技采取灵活多样的方式为读者服务。3、在服务上做出地方特色。采取灵活有效的宣传策略，结合科普宣传周、全民阅读活动、图书馆服务宣传周等活动，分别在各集镇开展宣传，吸引社会关注。进一步巩固和塑造图书馆在公众心目中的良好形象，在突出贡献图书馆自身优势与特色的同时，跟踪调查读者群体，推陈出新，占领青少年读者市场。培养忠诚读者，与读者建立亲和力，让读者不仅成为图书馆的常客、熟客，还会以亲身体会介绍亲朋好友来学习，从而提高图书馆的知名度。

联系方式

地　址：宁洱哈尼族彝族自治县凤鸣路民族团结园内
邮　编：665100
联系人：杨东萍

墨江县图书馆

概述

1923年建立墨江县立通俗图书馆。同年，在省政府任职的墨江人庾恩荣先生捐款倡建墨江县普益图书馆。1937年建立墨江县民众教育馆。1945年庾恩錫捐款兴建墨江县图书馆。1953年，上述各馆遗存图书并入墨江县文化馆。

1979年7月，图书馆从文化馆分离出来，正式成立墨江县图书馆。当时有藏书19000余册，有职工4人。1986年新建钢混馆舍一栋420㎡。至1993年，图书馆内设资料工作室、采编外借室、综合阅览室、少儿阅览室等，阅览室有座位64个，设农村流动书箱10个，流动图书1500余册。馆藏图书增至43633册，其中《四库全书》1500册、报刊合订本5962册、年订报刊200余种。管理人员6人，实行每周7天都开馆，开馆时间每周48小时。

1980年总藏书量20590册，按全县31.5万人平均0.06册；1990年总藏书量33938册，按全县35.9万人平均0.095册；2000年总藏书量46152册，按全县35.031万人平均0.13册；2010年总藏书量63091册，按全县38万人平均0.166册；1998年8月搬入现馆，现有馆舍面积1100平方米，2012年末，总藏书量达76220册，馆内设办公室、采编室、图书借阅室、报刊阅览室、少儿阅览室、全国文化信息资源共享工程县级支中心、放映室（报告厅）、地方文献（资料）室等8个部室。现有职工8人，一个副高职、四个中职、三个初职，均为大专以上学历。

阅览座席150个，少儿阅览室座席50个，计算机45台，提供读者使用的计算机27台，10兆光缆接入，选用CSLN网图图书馆自动化管理系统。每年5万元购书费单列。

自2011年12月起，实行免费开放，基本实现图书阅览、电子借阅及流动图书服务常态化，文化服务功能得到充分发挥，实现了县图书馆从传统向现代的转变。2004年、2009年分别顺利通过评估，被文化部评为国家级“三级图书馆”。

业务建设

截止2012年底墨江县图书馆总藏量76220册（件），其中，纸质文献58496册（件），报刊16894册，电子文献5205种，视听文献830种。新入藏图书3000种，订阅报刊255种。专用存储设备容量4TB；馆内自动化管理使用中国图书馆专业网系统，开展书目数据、流通管理、读者管理、业务数据统计等，实现业务系统自动化管理。

中华古籍保护工作制度健全、专人专职管理，坚持开展古籍知识宣传普及、人才培养。修复工作行之有效，投入人力物力开展古籍普查工作，较好的完成了普查任务，投入经费两万元整理出版了《墨江县古籍普查名录》，录入上传古籍普查平台墨江县古籍名录数据47条。加强对地方文献资料收集整理工作，开展各种地方文献征集宣传活动。现有地方文献资料两千余种供读者利用，馆内专门设有地方文献室，做到专人管理、专柜陈列地方文献、有专门目录供读者查阅。

读者服务工作

自2011年11月起，墨江县图书馆通过在馆内开辟免费开放宣传专栏，及时将免费开放的各项内容、开放形式、工作职责、服务方式等进行宣传，馆外利用群众赶集日发放宣传单和利用电视新闻开展专题报告等多种方式方法，让广大群众知晓和了解了免费开放工作和墨江图书馆的功能及作用，吸引广大群众走进文化设施，享受政府提供的公共文化服务。使人民群众成为免费开放的重要参与者和最大受益者。

在推进免费开放的过程中，建立了基本文化服务内容和方式，制定并公示了全年开放，节假日不休的开馆作息时间；免费开放了图书外借室、报刊阅览室、儿童阅览室、资料室、文化共享工程电子阅览室、文化共享工程放映室、报告厅。实现了图书、期刊、过刊借阅、资料、地方文献咨询查询、数字资源和网络资源浏览等免费开放服务。做到了公共空间设施场地全免费开放，基本服务项目健全并完全实现免费开放。周一至周日全天开馆，节假日不休，每周开馆63小时以上；普通图书、期刊、报纸全开架借阅；年外借图书40000册次，馆藏书刊外借率70%以上人均年到馆次数50次以上；新书推荐宣传12期，宣传推荐图书2000种以上。开展专题目录编制、农业科技知识展播、“进校园”阅读普及和作文竞赛等，为领导机关提供决策信息服务、为科研与经济建设及社会大众提供信息服务；积极主动为残疾人、进城务工人员、未成年人、中老年人服务。

建立墨江图书馆网站，积极宣传图书馆工作和发展动态，做到及时更新、维护和管理，让读者多角度、多方位了解和融入图书馆各项服务；2012年共开展讲座、培训18次，图书宣传和阅读推广活动6次，每万人年平均参与活动0.05次以上；每年认真组织开展图书馆服务宣传周活动、全民读书月活动，利用海报、宣传图片、资料、当地电视媒体等多种方式宣传图书馆服务宗旨，积极引导读者利用图书馆，走进图书馆学习。

为已建成的4个乡镇文化站“农文网培学校”提供县级支中心计算机技术指导、辅导、培训；为县级支中心举办培训提供资料，收集整理培训信息，上传、上报。

认真收集和听取读者意见，坚持“读者至上”的服务宗旨。年发放读者调查问卷200份，收回200份，满意率达95%以上。

业务研究、辅导、协作协调

参与普洱市市县馆联合编目、馆际互借工作；积极辅导和配合乡镇文化站开展全国文化信息资源共享工程及农文网培学

校建设，做到及时联络指导、帮扶，共建，信息收集、数据整理分析等，为社区和乡镇文化站提供了计算机技术和图书管理业务、农家书屋管理指导；每年有计划有目的开展乡镇文化站业务骨干培训和业务辅导、农家书屋管理培训工作，成效显著。

全馆职工勤奋工作，努力钻研业务，在省、市级公开出版刊物上发表论文13篇。各科室每年撰写调查研究报告1—2份，为工作开展总结经验，出谋划策。

员工岗位培训、继续教育：每年参加省市举办的继续教育培训学习，人均85学时以上。

管理工作

年度工作计划明确，总结认真细致；制定财务管理制度，严格按章执行；坚持馆务公开、民主集中制原则，人事管理制度规范全面，岗位职责明确，竞争上岗，奖优惩劣，严格职工考评、考核制度，积极吸纳志愿者、应届毕业生参与图书馆工作和社会实践；设备、物资管理制度健全，职责分明；职工考核档案、各项业务工作档案齐备，资料详实，归档及时，内容全面；各项业务活动统计数据齐全，统计分析及时有效；县级支中心建立以来，设立了专人专职管理，制定了《电子阅览室管理制度》、《电子阅览室工作人员工作制度》、《文化共享工程设施设备管理制度》、《信息上报制度》等，县级支中心文化信息资源共享工程的开展做到了有计划有总结，有章可行、有据可依，保障了广大读者的利益，为我县各族群众，尤其是青少年提供了绿色上网空间。本着信息资源共建共享的原则，积极采集地方特色的信息资源，加工整理，为广大读者提供及时、生动、丰富的地方民族信息资源。

公共电子阅览室的建设计划周详，目的明确，规划科学、制度健全、管理规范。通过努力，做到了环境空间整洁美观、服务质量细致高效。为更好地服务读者，我馆积极主动与电视台，科协、文联等沟通联系，搭建了数据资源的共建共享服务协议，共享数字资源达到了4TB以上。电子阅览室实行全天开放，积极主动为全县农民工、青少年、中老年人等开展形式多样，内容丰富的专题服务。

表彰、奖励情况

图书馆阅读学习环境整洁、美观、安静，标牌规范、标准，设施维护良好；消防、安全防范措施得当、器材合格，管理职责明确。自上次评估以来，我馆先后受市文化局表彰2次，市级业务部门、图书馆学会表彰4次；受墨江县委、县政府表彰3次；受县级主管部门、党总支（党委）表彰4次。

馆领导介绍

林艳华，女，1972年7月生，本科学历，中共党员，副研究馆员，馆长。1992年7月参加工作，1998年年10月任墨江县图书馆馆长。兼任普洱市图书馆学会理事、墨江县文化信息资源共享工程县级支中心主任等职。

王明甦，男，1961年10月生，专科学历，中共党员，中级职称，副馆长。1982年8月参加工作，1997年6月调入墨江县图书馆，先后在阅览室、图书借阅室、资料室等部门工作，1999年6月任墨江县图书馆副馆长。

未来展望

墨江县图书馆将按照《文化部关于加强流动文化服务工作的意见》（文公共发[2014]21号）要求，开展流动服务。适时实施以县图书馆为总馆，乡镇（街道）文化站为分馆，以村（社区）文化室、农家书屋为流动服务点的总分馆制，定期为分馆和流动服务点配送和更新图书、报刊和农业技术资料，开展读书活动、读者咨询、培训讲座等延伸服务。开展图书漂流、阅读推广、图书换读等流动图书服务活动。充分发挥全国文化信息资源共享工程、公共电子阅览室项目的资源优势和传播优势，为流动文化服务提供数字资源支持、搭建对接平台并开展宣传推广。打造流动文化服务社会品牌。组织开展以“关爱空巢老人、留守儿童、农民工和残疾人”等为重点，打造一批流动文化服务品牌。在未来的几年里，墨江县图书馆将争取在县城新开发区新建一座建筑面积3千平方米以上的新馆舍：阅览座位300个，可容纳纸质文献12万册，年服务人次可达10万人次以上，数字资源设计存储能力10TB，能够提供全覆盖、不间断、无时空限制的数字文献远程和移动服务，数字资源年利用率300件/次以上。主要指标位居普洱市县级公共图书馆前列，达到国家一级图书馆的基本标准。

联系方式

地　址：墨江县联珠镇武庙街95号
邮　编：654800
联系人：王明甦

墨江县图书馆
墨江县图书馆是由政府拨款设立的公益性服务机构，它作为人类知识的宝库,作为人们获取、检索、传播知识的重要场所,在现实生活中有着不可替代的地位。它以继承文化、传递信息、支持公民的终身教育和休闲娱乐为己任。通过提供各种形式的资源与服务来满足个人和团体在终身教育、自主决策、文化发展和休闲娱乐等方面的需求。
墨江县图书馆现有馆藏图书7万余册，每年入藏图书1000余册，订购报刊200余种。馆内设有图书室外借室、报刊阅览室、少儿阅览室、地方文献资料室、放映室和文化信息资源共享工程县级支中心（电子阅览室）6个读者服务窗口。
根据文化部、财政部《关于推进全国美术馆、公共图书馆、文化馆（站）免费开放工作的意见》以及云南省、普洱市有关文件，保障人民群众的基本文化权益，墨江县图书馆自2011年12月1日起向全社会公众免费开放。
开馆时间：周一至周日每天上午8:00—11:00，下午12:30—17:30（全年开放，节假日不休）
免费开放内容：图书期刊借阅查询、文献资源借阅查询、全国文化信息资源共享工程（电子阅览室）、公益性讲座和展览、基层辅导、图书流动服务等。
地址：墨江县联珠镇武庙街95号（县文化馆后）
电话：0879-4232473
图书馆外貌
图书外借室
报刊阅览室
地方文献资料室
放映室
全国文化信息资源共享工程县级支中心
少儿阅览室
图书馆流动点

景谷县图书馆

概述

景谷县图书馆最早成立于1952年，1984年成为独立的文化事业单位，属财政全额拨款事业单位，馆内实有编制8人，目前在岗6人。馆址几经变迁，1999年投资九十余万元（其中：省级项目资金10万元）对图书馆进行了新建，新建后的图书馆位于白龙公园内，占地面积3.4亩，建筑面积1080平方米。馆藏图书52181册，平均每年订有报刊杂志120种以上，全年365天天天为读者开放服务，可容纳读者座席200个。2004年参加第三次全国公共图书馆评估，首次获得国家二级图书馆。2010年建立全国文化信息资源共享工程县级支中心，计算机31台，信息存储2TB，宽带接入10M光纤速率。

业务建设

截止2012年底，景谷县图书馆总藏量52181册，其中，纸质文献52081册，视听文献100件，地方文献4800册。

2011年，景谷县图书馆争取到县财政购书经费5万元，至2012年购买新书5181册，平均每年订报刊杂志120种。

读者服务工作

从2010年8月起，景谷县图书馆全年实行356天天天对外免费开放，周开放63小时，实行全开架借阅。为进一步提升服务理念，拓展图书馆的教育功能，使图书馆服务深度和广度得以延伸，除正常开放阅览室以外，本馆还建立了十个流动图书点。近两年以来，电子阅览流通总人次40308人次，报刊综合阅览总流通人次35862人次，少儿阅览流通总人次6320人次，图书流动点图书流通4万册。

2010年–2012年，景谷县图书馆共举办讲座、展览、培训、阅读读者活动43场次，参与人数41320人次。以宣传党的路线、方针、政策为主线，同时宣传推广图书馆服务工作等内容，提升图书馆知名度，也让广大读者形成一种意识：好读书、读好书就到图书馆来。

业务研究、辅导、协作协调

2010年–2012年，景谷县图书馆职工发表论文8篇，获奖励2篇。

从2010年开始，景谷县图书馆建立了城乡文化信息资源共享网络服务建设规划，以县图书馆支中心为龙头，带动乡镇服务点，发展了10个乡镇基层点和83个村级点，宣传推广资源服务。举办乡镇基层服务点业务人员培训3期，72课时，187人次接受培训。

2012年10月，景谷县图书馆与市图书馆签订联合编目协作，书目数据共享协议，馆际之间建立业务建设平台，依靠市图书馆业务技术力量，规范本馆业务管理，提高本馆的业务水平。

管理工作

2010年以来，景谷县图书馆实行全员岗位聘任，设有专业技术人员岗位为：中职岗位3人，初职岗位4人，工勤技术岗位1人，实行岗位责任制。同时，建立有工作量化考核指标体系，每半年进行工作岗位检查，年终进行总结、考核，按绩效考核办法发放绩效奖励工资，对成绩突出的职工进行表彰奖励。

表彰、奖励情况

2010年–2012年，景谷县图书馆共获得各种表彰奖励11次。

馆领导介绍

李烨，女，1963年5月生，大专学历，中共党员，馆员，馆长。1980年12月参加工作，1990年任景谷县图书馆副馆长，2003年任馆长。兼任普洱市图书馆学会理事、文化信息资源共享工程景谷县支中心主任。2004年获普洱市图书馆先进工作者，2011年被评为县文体广电系统“优秀共产党员”。

赵琛，女，1980年3月生，大专学历，助理馆员，1996年7月参加工作，2003年5月调到县图书馆工作，2011年任副馆长。2009年、2012年荣获县文体广播电视局先进个人奖。

未来展望

景谷县图书馆将进一步解放思想，更新观念，严格遵循科学发展观，进一步完善单位服务功能，在不断强化自身业务功能的同时，带动乡镇我和共享工程事业的发展。力争在未来的几年里，建设一个崭新的县级中型图书馆，建筑面积4500平方米，阅览座席240个，可容藏书20万册。与市馆保持馆际关系，继续依靠市馆业务技术力量，实现资源互补和共建共享目标，达到国家县级图书馆达标标准。

联系方式

地　址：普洱市景谷县孔雀广场影剧院

邮　编：666400

联系人：赵 琛

建军节开展活动

安全生产宣传展览

图书宣传周开展活动

江城县图书馆

概述

成立于1983年12月的江城县图书馆，是江城县内唯一的公共图书馆，面向社会和公众免费开放，为全县12万各族人民提供书籍、文献借阅及信息咨询等服务，为社会公众及乡镇文化站、村、社区、学校、单位图书室提供书刊借阅、资料查询、农村图书流通、业务辅导等服务。

江城县图书馆现有馆舍面积1286平方米；文献总藏52495册（件）；拥有阅览坐席200个，配备电脑51台，宽带接入10Mbps，选用CSLN图书馆管理系统。

业务建设

2009年至今，江城县图书馆的购书经费为每年2万元。2012年，新入藏图书2000多种（包括自购图书和送书下乡图书），订阅报刊杂志120种，电子文献21种。

2013年底，整合办公室，在二楼设立书吧，努力改善读者阅读空间，书吧内无线网络信号全覆盖，读者只要持有具有无线上网功能的终端设备，就可以随时随地共享本馆提供的数字期刊、电子图书等数字资源，获取自己所需用的资讯信息；书吧内提供咖啡、茶水等，为读者日常学习阅读提供方便，同时书吧还承办学术沙龙、讲座、展览等形式多样的读书活动。

读者服务工作

从2011年起，江城县图书馆实现全年365天对外开放，每周开放70小时以上。馆外建有11个流通服务点。年服务读者11570人次，流通图书12560册次。

江城县图书馆除做好图书馆服务宣传周等各种宣传活动外，还通过增加服务内容、开展送书下乡下基层，利用各种载体开展读者活动，深化图书馆服务，根据科技文献资料用户的情况，结合县情、选择重点，从开展种植、养殖课题跟踪服务，从大量的文献资料中查找筛选出用户需要的资料提供给用户。从2009年起与县残联为残疾人提供职业技能培训187人次，为弱势人群免费送书上门服务300余人次。每年对《普洱日报》上发表的江城信息进行统计，为县委政府免费提供参考资料。不定期在江城手机报上刊登新书推介信息或图书馆相关情况介绍，向更多的人展示多姿多彩的信息资源、文化资源。为了加强读者与图书馆的互动与交流，开展读者之星评选活动，对年借阅图书数量在前10名的读者进行奖励，鼓励读者多读书、读好书，积极参与图书馆建设，充分享受阅读的体验和汲取知识的乐趣。

业务研究、辅导、协作协调

2009年—2014年，江城县图书馆职工在国家、省、市级刊物发表论文30余篇。

为使馆藏地方文献资料能更完整地发挥江城县政治、经济、文化等方面的发展状况，近年来，江城县图书馆加强了对地方文献资料的收集整理工作，与各县区开展各种地方文献交换、赠阅等活动，现有地方文献资料300多种供读者利用。

管理工作

江城县图书馆现有在职职工9人，其中副研究馆员1人，馆员3人，助理馆员5人。馆内建立了规范的工作岗位职责和工作量化考核指标体系，每月进行进统计上报，年底进行总体工作考核。2009年至2012年，共抽查文献排架21次，书目数据21次。

表彰、奖励情况

江城县图书馆在第五次评估定级工作中，受到国家文化部三级图书馆表彰，先后荣获普洱市图书馆学会先进集体、江城县总工会先进职工之家等表彰。

馆领导介绍

苏琼，女，1964年7月生，本科学历（云南省委党校函授法律专业），副研究馆员，馆长。1982年12月参加工作，受过系统的图书馆学培训，所撰写的论文多次在国家、省级刊物获奖。

未来展望

今后，江城县图书馆将坚持以科学发展观为指导，遵循"对读者真诚、对社会奉献、对文献珍爱、对知识追求"的服务宗旨，以满足广大广大人民群众、党政、科研部门对文献的需求为目标，不断加强藏书建设及全面推进图书馆数字化、网络化建设，努力把江城县图书馆建设成特色鲜明、管理科学、功能齐全、服务优良、环境文明的县级现代图书馆，为全县经济文化建设作出应有的贡献。

联系方式

地　址：普洱市江城县勐烈大街104号
邮　编：665900
联系人：苏　琼

孟连县傣族拉祜族佤族自治县图书馆

概述

图书馆的前身为县文化馆下设的图书室，1983年经县人民政府批准，成立孟连县图书馆，馆舍建筑面积为216平方米，仍在文化馆内办公。1985年底，与文化馆合建楼房竣工，图书馆从文化馆迁出，在大楼二层办公和开展业务。图书馆设综合报刊阅览室1个，面积97平方米，座位60个，藏书室2间，面积96平方米，书架26个。1985年图书馆从文化馆迁出时结转图书5901册，杂志5784册。2006年初新馆建成验收，于2006年8月底迁入，现馆馆舍建筑面积为1275.6平方米。阅览室座席数136个，少儿阅览室座席数30个，计算机有39台提供读者使用的计算机为33台，宽带接入为10Mbps。

业务建设

截止2012年底，孟连县图书馆总藏量共计34319册，其中已入藏的贝叶经49册、图书24547册、期刊6604册、报纸1705册、视听文献资料791件、地方文献623册。我馆新增藏量购置费1万每年，2009年图书入藏204种，2010年图书入藏323种，2011年图书入藏1385种，2012年图书入藏645种，共2557种，平均年入藏511种。2009年报纸入藏11种，期刊入藏57种；2010年报纸入藏12种，期刊入藏47种；2011年报纸入藏11种，期刊入藏32种；2012年报纸入藏11种，期刊入藏52种；共233种，平均年入藏58.25种。视听文献年入藏量为197件。

截止2012年底，孟连县图书馆数字资源总量为1TB。

读者服务工作

从2010年1月起，每周开馆时间为84小时，周六和周日、节假日不闭馆。孟连县图书馆根据文化部、财政部《关于推进全国美术馆、公共图书馆、文化馆（站）免费开放工作的意见》及财政部《关于加强美术馆、公共图书馆、文化馆（站）免费开放经费保障工作的通知》等文件的具体规定实行免费开放。

孟连县图书馆图书综合阅览室、报刊阅览室、少儿阅览室、电子阅览室、地方文献室、学术报告厅等公共空间设施场地全部免费开放。免费提供馆藏文献资源借阅、检索与咨询、公共性讲座和展览、优秀影视片、基层辅导培训、流动图书服务的基本文化服务项目。以上2011年度统计表为依据，我馆外借册次（含流通点）达15478册，而我馆的馆藏文献总量为34319册，书刊文献外借率达到30%以上。我馆书刊文献年外借册次达到15478册。我馆有流动服务点9个：县一中、民小、消防大队及6个乡镇，年平均书刊借阅册次达到5732.25册次/年。

孟连县图书馆每年开展讲座24次，参加人数0.07万人，举办培训班12次，参加人数0.12万人。我馆每年开展各类展览5次，参加人数0.1万人。我馆每年开展阅读推广活动6次以上。按年参加图书馆活动的总人次/全县人口数计算，28600/138000*10000，我馆每年平均参与活动次数为2072次/万人。

业务研究、辅导、协调工作

2009—2012年，孟连县图书馆职工发表论文7篇。

孟连图书馆有网络建设规划，有建设总结。已实现农家书屋和资源共享基层站点的全面覆盖，规范化。孟连图书馆与县城各基层图书室之间实行通借通还，资源共享，另还积极实施在图书流通站之间的图书流转工作。对具备自动化管理的图书室进行全面指导。对42个行政村基层站点自动化管理，从系统安装，人员培训，均进行了细致的指导。

管理工作

2011年，孟连县图书馆完成岗位设置及竞聘上岗，本次聘任共设1类岗位，有13人重新上岗，同时，建立了工作量化考核指标体系，每半年和全年进行总体工作考核。

表彰奖励情况

1、2010年在第四次全国公共图书馆评估定级中被评为三级图书馆；2、2012年陶春丽同志被普洱市图书馆学会评为优秀会员；3、纪念“三八”妇女节100周年文化局职工排球赛第三名；4、纪念“三八”妇女节100周年文化局职工拔河赛第一名；5、金凤同志论文《浅谈农家书屋建设过程中存在的问题及对策》发表在《教育理论与实践》（第十五辑）上，书刊号为ISBN—900393—50—1，评为一等奖，《浅谈孟连县图书馆地方文献征集工作》荣获2011年云南省图书馆学会年征文三等奖。

馆领导介绍

陶春丽，女，1966年11月生，傣族，大专学历，中共党员，中级职称，馆长。全面负责图书馆工作。

杨春林，女，1969年6月生，汉族，本科学历，中共党员，副研究馆员，副馆长。主要负责文化共享工程工作。

金凤，女，1957年7月生，拉祜族，本科学历，中级职称，副馆长。主要负责图书馆采编工作。

未来展望

孟连县图书馆遵循“科学、效率、创新、发展”的办馆方针，在不断强化自身综合实力的同时，通过建设孟连县图书馆信息公开网站、文化共享工程、农家书屋、流动图书室建设工作，不断提高我县图书馆事业的整体发展。在开展好阵地服务的同时，图书馆要以展览、讲座、培训等形式宣传特藏文献资源，为读者提供学习、交流、休闲的平台。在今后的工作中，将与时俱进，不断加强网站建设，不断完善馆内检索系统，加强参考咨询服务，整合特色资源，拓展服务领域，最大限度地发掘和利用特藏文献资源，逐步形成具有地方特色的服务模式和服务品牌。

联系方式

地　址：孟连县金塔路
邮　编：665899
联系人：陶春丽

西盟县图书馆

概述

西盟县，解放前没有图书馆，1956年开始建有图书室，由文化馆兼管，有图书千余册。1962年文化馆调入一名管理图书的专职人员，至1965年馆藏图书增至三余册。1996年至1976年文化大革命时期时期，文化馆工作人员全部解散，专管图书的人员被调往外单位，加之发生滑坡，房屋坍塌，图书无人管理，全部流失。1973年重建文化馆，1975年竣工。1976年重新购买图书，从教育局调入一名老师专管图书工作。至1980年馆藏图书11100余册。1984年至1987年调增二人为图书专职管理人员，1994年又调增二人，有专职管理人员五人。1984年国家提出县级馆独立建制，因西盟财政困难没有建盖图书馆的能力，虽图书馆和文化馆实行两块牌子一套人员的状况，但图书馆管理人员一直保持相对稳定，业务工作能正常开展。图书馆占地馆面积439.5平方米，内设采编室、资料室、图书外借室、综合阅览室。1989年被评为云南省先进图书馆，馆藏图书达24890册。1998年图书馆老城搬迁至勐梭镇，投资130多万元建设新图书馆，建筑面积1157.46平方米，极大地改善了图书馆条件。2005年参加图书馆评估定级为国家三级图书馆。2008年建设成立“文化共享西盟县支中心”。图书馆现有阅览坐席124个，计算机29台，使用中国专业图书馆网自动化管理系统。西盟县图书馆现有在职人员4人，其中学历结构为：本科：2人、专科：2人，取得专业技术职称：馆员：2人、助理馆员：1人、管理员：1人。

业务建设

到2013年底，西盟县图书馆总藏量69775册，其中，纸质文献54691册，电子图书15214册。地方文献606册。

2008年，由手工办公变为自动化办公，使用中国专业图书馆网管理图书。

2008–2012年，建设完成40个“农家书屋”、6个“爱民书屋”覆盖全县所有的行政村，建有流动图书室15个。

2013年新增设了少儿阅览室，坐席40个，有少儿图书2073册。

读者服务工作

从2010年1月起，西盟县图书馆全年365天天天对外免费开放，每周开放70小时。2010–2012年，书刊总流通50733人次，书刊外借23650册次。2010–2013年，有15个流动图书室，2012年至2013年参加了“文化、科技、卫生”三下乡活动，分别到嗡嘎科镇龙坎村、中课镇班箐村、岳宋乡班帅村、勐卡镇马散村、力所图地村送书下乡1200册，发放光盘600盘。

2010–2013年，西盟县图书馆共举办讲座、展览、培训、阅读推广等读者活动25场次，参与人数17000人次。

业务研究、辅导、协作协调

2010–2013年，西盟县图书馆职工发表论文9篇。

从2012年起西盟县图书馆与普洱市图书馆联合编目协作书目数据（含地方文献）共享协议书。

2011–2013年，连续三年开展文化广播服务中心及农家书屋管理员培训班。

2008年，西盟县图书馆成立文化资源共享支中心2009–2010，分别成立8个文化资源共享工程农民素质网络培训学校和21个村级学习点。

管理工作

2010年，西盟县图书馆完成全员岗位聘任，聘任共设10岗位，同时，建立了工作量化考核指标体系，每月进行工作进度通报，每半年和全年进行总体工作考核。2010–2012年，共抽查文献排架20次，编写各部门工作进度通报6篇。

表彰、奖励情况

2010–2012年，西盟县图书馆共获得各种表彰、奖励6次，其中，市级奖励1次，县级表彰、奖励5次。

馆领导介绍

李有兰，女，1973年6月生，大专学历，馆员，馆长。1992年参加工作。

李惠，女，1974年6月生，大专学历，馆员，副馆长。1994年参加工作。

未来展望

西盟县图书馆遵循“科学、效率、创新、发展”的办馆方针，即完善单位服务功能，扩大服务辐射区域。2009–2012年，在不断强化自身综合实力的同时，通过创建馆站服务联盟，带动了全县公共图书事业的整体发展。

澜沧拉祜族自治县图书馆

概述

澜沧是我国唯一的拉祜族自治县，位于云南省西南部，地处西双版纳、临沧、普洱三州（市）交汇处，与七个县（区）相邻，县境与缅甸接壤，国境线长80.563公里；全县总面积8807平方公里，辖20个乡镇、158个村（居）委会、1943自然村、2699个村民小组，县域面积居云南省第二位、普洱市第一位，全县总人口50万人，其中拉祜族20.99万人，占全县总人口的42.13%，常住总户数118193户。

澜沧县图书馆始建于1982年，建筑面积1000平方米，总藏书量8万余册（件），馆内设施先进，功能齐全，实行计算机管理，已初具现代化图书馆的规模。馆内设有：报刊杂志阅览室、少儿阅览室、电子阅览室、图书外借室、流动图书室、地方文献室、参考资料室、采编室等服务窗口。

2009年9月，参加第三次全国公共图书馆评估，首次获得三级图书馆。2013年5月，参加第五次全国公共图书馆评估，评为三级图书馆。截止2014年7，澜沧县图书馆有阅览坐席146个，有少儿阅览座椅74个，提供读者阅览计算机38台，宽带接入20兆。2009年4月实施文化信息资源共享工程，建立一个县级支中心，到目前为止，文化共享工程已覆盖20个乡镇农文网培学校，每个乡镇文化站配备提供群众阅览电脑11台，60个行政村，每个行政村配备1台阅览电脑。

业务建设

2011年县图书馆共到位种类经费87.8519万元，2012年到位108.0869万元，其中含国家、省级免费开放专项经费20万元，人员工资36.3180万元，县级财政业务经费拨款51.7689万元。比2011年增长23%，财政拨款增长与地方财政收入增长比例135%。截止2014年7月澜沧县图书馆总藏量8万册（件），其中，纸质文献79051万册（件），电子文献949种/册。

2012年，澜沧县图书馆新增藏量购置费16.8万元，2012年新增各类图书4000余册，新增各类报刊300余种。文献标引与著录逐步标准与规范化。为保证本馆的文献分编和目录组织等技术标准能够适应现代图书馆发展的需要，我馆根据《中国图书馆分类法第四版》、《中国文献编目规则》、《汉语拼音著者号码表》、《新版中国机读目录格式使用手册》以及市图书馆的采编及目录组织使用细则，结合本馆实际制定了澜沧县图书分类、编目、目录组织等业务实施细则。截止2014年7月，澜沧县图书馆数字资源总量为6TB，2013年3月建设实施《澜沧县图书馆信息公开网》网站建设。

读者服务工作

我馆目前已实现公共空间设施场地及基本服务项目的全免费开放。每周开馆不少于60小时，书刊文献开架比例达100%。与此同时，还积极开展各类宣传活动，主动为政府、学校、部队等部门提供信息资源参考服务，并为残疾人、未成年人、老年人等特殊群体开展针对性服务。在开展好阵地服务工作的同时，我馆还主动外出对外服务，努力实施本地区图书馆服务网络建设。一是在条件较为成熟的糯扎渡镇和惠民镇设立县图书馆乡镇分馆；二是积极为各部门、基层和社会各届合作建立流动图书室，现已建立28个(不含乡镇文化站)，其中与路政大队共同建立的流动图书室曾在省级路政部门内部刊物发表，受到了行业内部的一致好评；三是定期不定期开展文化下乡活动，2013年9月至2014年7月期间图书馆结合各单位开展“文化走基层、欢乐进万家”系列活动，目前为止共开展活动5次，受到了广大群众的好评。2009年至2014年7月文化共享工程县级支中心共为全县20个乡镇文化站农文网培学校培训辅导30余次。2008年农建书屋在我县开始实施以来，到目前为止共完成全县165个行政村农建书屋建设，在此期间培训辅导165个农家书屋业务培训200余次。

管理工作

2009年，澜沧县图书馆完成澜沧县图书馆岗位设置及竞聘上岗，本次聘任共设2类岗位，有10人重新上岗，同时，建立了工作量化考核指标体系，每半年和全年进行总体工作考核。

表彰、奖励情况

2009-2013年被县文体局评为系统内“五好文明家庭”、“先进女职工”、“先进集体”、“全民健身家庭”、“系统体育活动”。2010年1月被国家文化部授予三级图书馆。2011年3月被普洱市人事局、文化局评为基层文化工作先进单位。

馆领导介绍

崔洪，男，1958年11月生，大专学历，中共党员，技师，馆长。1974年12月参加工作，1996年调入图书馆任馆长至今。全面负责图书馆工作。

王春洲，男，1981年5月生，大专学历，中共党员，助理馆员，党支书记。2002年2月参加工作，历任文化体育局办公室主任，2011年7月调入图书馆，主要负责图书馆党务、思想宣传工作。

地方文献室

电子阅览室

期刊阅览室

开展活动

培训活动

李素华，女，1968年11月生，大专学历，中共党员，馆员，副馆长。1991年11月参加工作，2003年9月调入图书馆工作，先后在阅览室、办公室、采编室工作，主要负责图书馆采编工作。

石炳健，男，1985年3月生，大专学历，助理馆员，副馆长。2006年参加工作，2007年2月调入图书馆，先后在阅览室、外借室、采编室、电子阅览室工作，主要负责文化共享工程工作。

未来展望

澜沧县图书馆遵循“科学、效率、创新、发展”的办馆方针，在不断强化自身综合实力的同时，通过建设澜沧县图书馆信息公开网站、文化共享工程、农家书屋、流动图书室建设工作，不断提高我县图书馆事业的整体发展。在开展好阵地服务的同时，图书馆要以展览、讲座、培训等形式宣传特藏文献资源，为读者提供学习、交流、休闲的平台。在今后的工作中，将与时俱进，不断加强网站建设，不断完善馆内检索系统，加强参考咨询服务，整合特色资源，拓展服务领域，最大限度地发掘和利用特藏文献资源，逐步形成具有地方特色的服务模式和服务品牌。

联系方式

地　址：澜沧县建设路
邮　编：660099
联系人：石炳健

图书馆外貌

镇康县图书馆

概述

镇康县图书馆初创于1984年4月23日，原馆址在凤尾镇（原镇康县城）。2005年镇康县县城迁移到南伞，现在的图书馆于2005年5月29日投入使用，位于南伞镇公主路22号，建筑面积为1100平方米，设计藏书容量10万册，可容纳读者座位150个。1999年、2005年、2010年、2013年参加全国公共图书馆评估连续4次获得三级馆。2013年有藏书41095册，设有图书外借室、综合阅览室、公共电子阅览室、图书库、报刊库、地方文献室，有阅览坐席80个，有计算机28台，宽带接入10Mbps。

业务建设

截止2013年底，镇康县图书馆总藏量41095册（件），其中，纸质文献40052册，光盘读物1043碟。

读者服务工作

从2009年8月起，镇康县图书馆全年365天对外免费开放，周开放56小时，2009–2013年，书刊总流通45585人次，书刊外借19860册次。2012年11月，开通与临沧市图书馆及其他7县图书馆的馆际互借服务。有83个乡村服务点，2009–2013年，馆外书刊流通总人次101520人次，书刊外借203040册。2009–2013，镇康县图书馆共举办讲座、展览、培训、阅读推广等读者活动58场次，参与人数2320人次。

业务研究、辅导、协作协调

从2010年起，镇康县图书馆以文化信息资源共享工程为依托，在全县范围内开展图书馆服务工作，2013年7月开设了镇康文化网。截止2013年底，有76个农家书屋服务点（其中2个爱民书屋）和7个农网培学校及74个农网培分校。2009–2013年，举办联合培训班15期，240课时，4960人次接受培训。

管理工作

2010年机构改革设立镇康县文体广电旅游局，人事、财务由局统一管理，图书馆业务人员在全局内调配充实，财务实行报账制。

表彰、奖励情况

2013年，镇康县图书馆获临沧市文化体育局奖励1次。

馆领导介绍

孟德华，男，1963年5月生，中专学历，中共党员，馆员，馆长。1978年9月参加工作。

未来展望

镇康县图书馆遵循“传承民族优秀文化、建设边疆和谐家园”的办馆方针，不断强化自身综合实力的同时，通过公共图书馆的高效服务，带动全县公共文化服务体系事业的整体发展。通过不断的努力，力争主要指标达到公共图书馆规范要求。

联系方式

地　址：南伞镇公主路22号
邮　编：677704
联系人：孟德华

公共电子阅览室

综合阅览室

举办诗书画展

书刊流动到佤族村寨

开展全民读书月宣传

管理员辅导当地小朋友

双江自治县图书馆

概述

双江自治县图书馆于1982年6月20日成立，随着现代化服务方式不断提高，县图书馆目前已实现了图书采购、编目、典藏、流通控制、期刊管理、报表统计、馆藏查询等图书馆业务的全方位自动化。建成了文化信息资源共享县级支中心和6个乡镇基层服务点，6个乡镇公共电子阅览室，72个村基层服务点，6个农文网培训学校，72个农文网培训分校，建立了基本覆盖城乡的服务网络。

业务建设

截止2012年底，双江县图书馆图书馆藏书总量为78876册，图书严格按照《中图法》第五版要求进行分类标引，使用《普通图书著录规则》进行著录、登记，并录入专业图书馆网站数据库，进入系统管理。双江县图书馆现有数字资源总和2.6T。电子文献从无到有，现已收存了82种460张光碟，并进行标引、著录、登记。近年来先后收集地方文献374种580册；对于收藏的地方文献资料，均按要求进行标引、著录、登记、建账建卡、上架排列，按要求开放借阅。双江县图书馆于2009年对全县古籍文献进行了普查登记，2011年征集了213册傣文和经文书籍，均为1860年至1949年的手抄本。

读者服务工作

双江县图书馆借助服务宣传周、全民读书月、世界读书日等契机，深入县直部门和农村举办“践行雷锋精神，倡导文明社会新风”活动、“全民阅读进村组”等各类宣传活动，2009年至2012年共举办了24场次，听众达3000多人次。并通过本县电视台、报刊等媒体进行了广泛宣传，取得良好效果。同时利用现有条件，开展各种免费服务项目：如书法摄影艺术作品展、“书香茶乡，和谐双江”读书活动、专柜推荐优秀书刊等。2009年至2012年双江县图书馆共接待图书外借读者27354人次，借阅图书82082册次，电子阅览室接待读者19764人次。

业务研究、辅导、协作协调

2009年至2012年，双江县图书馆针对全县文化共享工程农文网培学校和分校进行管理和业务培训，对全县农家书屋和基层图书室进行业务辅导。此外，每年组织一次“全县农家书屋和共享工程总结表彰暨培训会议”，总结工作经验，安排新的工作计划，使图书馆基层文化惠民工作扎实有效的稳步推进。

管理工作

近年来，结合新形势对图书馆发展的要求和图书馆所面临的挑战和机遇，双江县图书馆建立健全了学习制度、工作制度、考勤制度、服务准则和绩效考核制度。购置了安防设施，加强了安全管理。规范工作行为，优化工作环境。同时，双江县图书馆对服务工作、基层辅导等方面进行了广泛调研，图书馆干部职工分别撰写了《少数民族文献的收集与利用》、《农家书屋管理中的困难与对策》、《公共图书馆延伸服务》、《边疆地区农文网培训工作的思考》等论文并在《云南图书馆》、《云南民族大学学报》等刊物上发表。其中《少数民族文献的收集与利用》获得了中国图书馆工作者协会颁发的一等奖。

表彰、奖励情况

2009–2012年，双江县图书馆共获得各种表彰、奖励5次。其中，国家级表彰、奖励1次，省级表彰、奖励1次，市级表彰、奖励2次，其他表彰、奖励1次。

馆领导介绍

李玫宏，女，1963年9月生。大专学历，副研究馆员，馆长。1980年9月参加工作，在双江县勐勐镇教育组担任小学教员。1992年9月到双江县图书馆工作。

未来展望

双江县图书馆秉承“读者第一、服务至上”的宗旨，以国家数字图书馆工程建设为契机，不断探索总结，力争用几年的时间努力构建一个资源丰富、服务快捷、技术先进、稳定可靠的数字图书馆服务网络，充分利用数字图书馆的服务手段，拓展图书馆公共文化服务能力和传播范围，使数字图书馆在保障人民群众基本文化权益，促进城市文化建设方面发挥重要作用。

联系方式

地　址：双江自治县青少年活动中心二楼
邮　编：677300
联系人：陶　芳

电子阅览室服务

农家书屋建设总结表彰暨管理业务培训会

送春联下乡活动

耿马县图书馆

概述

耿马傣族佤族自治县图书馆成立于1988年并对外开放，其前身为耿马县文化馆下设的一个图书阅览室。成立后馆舍地址几经搬迁，于2009年底搬迁至现址，现馆建筑面积1460平方米，馆内设综合阅览室、电子阅览室、地方文献室等8个业务管理室。2005年和2010年两度被评为国家三级图书馆。现有馆藏文献34291册，阅览座位175个，职工6人；有计算机25台，接入宽带10兆，磁盘阵列容量5T和两个移动硬盘容量1T，合计6T的存储容量。

业务建设

截止2013年底，全馆藏书总量达34291册，其中图书19047册，报刊15244册，地方文献250册。此外，馆内还珍藏有二十世纪六七十年代的小人书600余册。

自2008年启动农家书屋工程以来，全县共建成89个农家书屋点（包括2个爱民书屋），每个书屋投资2.14万元，总投资达190万元以上。各个书屋均配置图书1500册，图书品种1200种，音像制品100种，期刊59期。

2008年至2012年，5年内在全县建成1个文化信息资源共享工程县支中心，9个文化信息资源共享工程农民素质网络培训学校；建成了82个村（社区）级文化信息资源共享工程农民素质网络培训分校，并配齐了移动播放机、投影幕、计算机等设备。在武警耿马县中队、允楞村允楞组等建立了6个图书流动点。全县农家书屋工程建成率达100%，文化信息资源共享工程覆盖率达97%。

读者服务

图书馆每个工作日开馆时间为8小时（包括双休日），每周开馆时间合计56小时，实现全年对外免费开放。仅2012年度馆内借阅书刊流通总人次达6638人次，接待上网读者2100人次。为残疾人提供服务30余人次；为进城务工人员服务80余人次；为未成年人服务2100人次；为老年人提供服务300余人次。

仅2012年度，图书馆在馆内开展各项业务知识讲座、培训18场241人次。深入各中小学开展阅读推广活动6场1800多人次。为县内编撰《政区大典》、《文化志》和地名普查活动等提供了必要的参考文献。应用共享资源深入基层第一线组织开展知识培训11场1559人次；指导各乡镇基层服务站应用共享工程信息资源为基层群众开展各类知识培训206场18597人次，播放优秀电影和科教片等300余场次。全县累计在共享工程电子阅览室进行上网学习的读者达到2万人次以上。

业务研究、辅导、协作协调

2008年以来馆内组织工作人员业务学习及上网培训56场248人次；参加市内外业务培训9场27人次；参加省级“古籍普查登记”培训等培训5人次。撰写论文、调研报告6篇。与临沧市图书馆签订馆际互借协议，积极参与图书馆之间的联合编目等其他各类业务合作活动。仅2012年就深入9个乡镇开展业务指导检查和进行图片宣传展览活动11场7200多人次。

管理工作

馆内各工作岗位都按照本馆实际合理设置后实行竞争上岗，实行聘用制，各岗位奖惩分明，考核机制健全；各项管理制度健全，且重在抓落实，所有资产都登记编目，实行专人明细化管理。

表彰、奖励情况

2009年被国家文化部评定为“三级图书馆”，2012年荣获全市公共图书馆农家书屋工程建设先进单位、古籍保护工作先进单位、图书流动服务工作先进单位。

馆领导介绍

张蕾，女，1969年1月生，大专学历，馆员职称，现任馆长职务。1987年12月参加工作，原在县政府招待所任会计，2006年8月调入县图书馆工作，2012年3月任图书馆馆长。

未来展望

耿马县图书馆始终坚持“文艺为人民服务、为社会主义服务”的“二为”方向，本着一切为读者服务的宗旨，以建设现代化、数字化图书馆为发展目标，利用先进的计算机技术和数字信息系统，开展各种图书服务活动，提高广大人民群众整体素质，为推动耿马经济发展提供智力支持。在未来几年，我们将不断提高自身综合实力，继续借助农家书屋、文化信息资源共享工程，推动农村文化事业再上新台阶。通过多种渠道增加文献资源，扩大服务范围，实现科技和文化的完美结合，努力把图书馆办成知识信息中心，文化教育中心，成为重要的知识信息枢纽和三个文明建设的重要窗口，为下一步申报“国家二级图书馆”打牢基础。

联系方式

地　址：耿马县耿马大街128号
邮　编：677500
联系人：张　蕾

综合阅览室

乡镇文体广播电视服务中心业务培训

整理规范的农家书屋

南华县图书馆

概述

南华县图书馆始建于1979年，总面积970平方米，2013年被评为国家三级图书馆，设：采编室、外借室、报刊阅览室、少儿阅览室、电子阅览室、资料查阅室、农村图书部、资源加工室等业务用房。图书馆编制4人，现有4人，其中3人馆员资格，1人获得助理馆员资格；本科2人，专科2人。

馆藏资源

南华县图书馆馆藏资源包括图书、期刊、报纸、工具书、年鉴、视听资料，截止2013年底共有馆藏图书48000册，藏书分为哲学类、文学类、经济类、农村科学类、历史地理类、政治法律类等22大类及地方文献。文学类书籍占总藏书的50%，能够满足广大读者的阅读需求，注重搜集开发利用彝族文献资料，具有一定馆藏特色。

读者服务及管理

县图书馆服务项目主要以报刊阅览、电子信息阅览、图书外借、资料查询、科技文化咨询、预约借阅、流动书车送书、农村信息服务等。收藏、整理、保管好文献资料，广泛搜集各种信息资源，建立地方文献资料库；推进农家书屋建设工作，截止目前全县已建成农家书屋137个，实现全县农家书屋全覆盖；做好南华县文化信息资源共享工程项目建设工程，建成支中心1个、农民素质教育网络培训学校10个农民素质教育网络培训学校分校128个；做好图书宣传与阅读指导；着力做好送书下乡工作，帮助指导建立农村图书室，图书流通点，强化对乡镇图书室的指导和辅导工作；建设图书馆网站，方便全县读者；建立数据库，实现全方位自化管理。

图书流通及业务工作开展

(1) 牢固树立“读者第一，服务至上”的宗旨，每周开馆70小时，实现全开架借阅，年图书馆流通达2.9万册次 (2) 做好图书宣传，向读者推荐优秀书刊，年平均出板报6期十二版；(3) 积极开展送书下乡活动，辅导建立农村图书室和图书流通点；(四) 指导农家书屋和文化共享工程农文网培学校开展业务工作；(五) 加强图书馆业务研究工作，向州级以上刊物发表专业论文10余篇。

表彰、奖励情况

近年来，县图书馆曾被共青团云南省委评为先进集体、被州文化局、省文化厅授予“文明图书馆”称号，2009年获得团州委授予的“青年文明号”荣誉称号，1994年、2003年和2010、2013年三次评估被定级为国家“三级图书馆”、2011年被县委表彰为“关心下一代先进集体”，2000年、2012年分别被县委评为“县级文明单位”。

馆领导介绍

馆长：吉红，女，1976年8月生，云南省南华县人，中共党员，馆员。

未来展望

南华县图书馆在下步工作中将进一步深化服务，提高服务质量，扩大藏书的使用范围、加强文献资源建设、以优质的服务来赢得更多的读者群。不断运用智慧头脑，动用勤劳双手，多做一些实事，同心协力，团结奋进，为使我县的图书馆事业进一步发展而继续努力。

联系方式

地　址：云南省楚雄州南华县西街工会球场
邮　编：675200
馆　长：吉 红
联系人：林 莉

馆长吉红

到基层开展业务指导

开办第二阅览室

举办图书自动化管理培训班

双柏县图书馆

概述

双柏县图书馆事业历史悠久，清代南安州山天书院建有藏书楼，有书一百余册。民国十九年（1930年），省教育厅拟发了《全省民众教育馆实施纲要》并拨出专款，还赠送《万有书库》等成套的图书给新成立的双柏县通俗图书馆，尹任仁当馆长，馆址在县城云龙孔庙内，藏书100余册。民国二十八年（1939年）成立双柏县民众教育馆，设民众阅览室一间，室内有数十种报刊杂志图书供民众阅览。1953年4月，双柏县人民文化馆成立，文化馆内设阅览室，为读者提供图书资料。到六十年代初期，藏书已有2000多册，报刊杂志110多种，连环画100多册。1966年至1976年的十年中，图书馆事业受到严重摧残，丰富的文化资源被当做封资修黑或“四旧”封存起来，阅览工作和图书外借工作被迫中断达七年之久。1978年以后，随着国民经济的恢复和发展，图书馆事业又出现了新的面貌，各乡镇建起了文化站图书室、文化室，县文化馆设立了为农村文化站（室）服务的流动书袋。1983年双柏县图书馆正式成立，为股所级财政全额拨款事业单位，1992年由省、州、县三级共同投资22万元，占地1000平方米，总建筑面积876.4平方米的新馆(人民路44号)正式投入使用。2009年搬迁到现在的馆址（文卫路13号），1995年被评定为国家三级图书馆，1998年经复评仍被评定为国家三级图书馆，2010、2013年再次被评定为国家三级图书馆。

业务建设

馆内设有藏书、外借室、综合阅览室（含少儿阅览室）、电子阅览室、文献资料室、采编室、办公室等功能，计算机30台，宽带接入20M。多年来，图书馆的业务始终围绕着服务人民群众这条主线来开展，图书采购、分类、编目、上架、借阅坚持规范工作，目前共有藏书4.7万册，电子图书6万种，地方文献1700册，报刊杂志166种。每年县财政拨给购书经费3万元。结合工作实际，图书馆已实行“网图”系统化管理，对馆藏图书进行了数据化录入，纸质书刊借阅达到半数字化水平。开通了数字图书馆移动阅读平台和数字图书馆移动阅读平台，数字资源量为256.51TB。8个乡镇和2个社区建成标准公共电子阅览室，其余73个行政村，均建成文化信息资源共享工程，配备一台电脑，建立了“农文网培学校分校”设置率100%。

读者服务工作

从2011年起，图书馆全年365天天天对外免费开放，长期与武警消防大队、看守所建立警民共建关系，开展流动图书活动。2012年建立老干部活动中心图书流动阅读点，在10多所中小学持续开展文化进校园图书流动阅读活动，流动图书1300册。2013年配合纪委建立文化廉政书屋。每年均举办国学经典音乐诵读比赛，读者座谈会、读书心得征文比赛等活动，创新并建立了“双柏县图书馆”网站，850M免费WIFI无线网络覆盖服务，建立读者qq交流群。2012年我图书馆共接待读者10720人多次，图书借阅流通9852册次，2013年全年接待读者15620人次，图书外借流通11895册次。

业务研究、辅导、协作协调

帮助建立基层图书室，建设图书流通网络。逐步建立了文化站图书室8个，村级文化室25个，89个农家书屋(包括3个红领巾书屋、2个县“6·10”办争取建设的书屋)。图书馆工作人员深入到基层，对基层图书管理人员进行专业培训，使他们不断提高图书管理专业理论知识，熟悉掌握图书分类编目排架，借阅的管理方法，能独立开展工作，2012年至2013年举办基层文化管理员、图书数据录入、电脑知识等各类培训班13期，培训人员350人次。为吸引更多的读者到图书馆来学习，图书馆开展书评、书展、服务宣传周等活动，向读者介绍馆藏图书资料，推荐优秀作品，充分发挥图书馆在普及文化科学知识，提高国民素质中的作用。馆内建立宣传橱窗一个，经常展出书刊资料，内容简介，向读者推荐好书，指导读书活动。自1991年以来，每年5月的最后一周都开展图书馆服务宣传周活动，在宣传周活动中，组织图书上街摆摊设点，展出各类书刊，发放科普资料；深入到校园宣传，在城区中小学开展读书活动，把青少年吸引到图书馆来。以此来推动青少年多读书，读好书的良好风气。

老年人电脑培训班

元宵节游园活动

经典诵读活动

图书馆外貌

图书馆大门

管理工作

近年来，图书馆加强管理建立了工作量化考核指标体系，每月进行工作通报，每半年和全年进行总体工作考核，分析总结工作中在的问题，组织馆内职工参加各种培训学习，不断创新工作思路。

表彰、奖励情况

2013年度，馆内职工撰写的文章《双柏县图书馆开展图书漂流活动》被中国图书馆学会主办刊物采编，并被评为优秀奖。

馆领导介绍

自伟军，男，馆长，大专，在职。

未来展望

通过建设新图书馆，努力达到国家二级图书馆标准，环境优美，纸质图书和电子期刊充裕，全县行政区实现数字图书馆通借通还，读者可以进入图书馆数据库进行书目查询、浏览图书馆网站。

联系方式

地　址：云南省楚雄州双柏县妥甸镇文卫路13号
邮　编：675100
馆　长：自伟军

（本文撰稿：自伟军，杨达军）

国学经典诵读

读书心得征文颁奖

图书进校园阅读活动

春节送春联活动

图书流动活动

元谋县图书馆

概述

元谋县图书馆成立于1983年，是一个专门收集、整理、保存、传播文献并提供科学、文化、教育和科研的机构。肩负着保存人类文化遗产、开展社会教育、传递科学情报、开发智力资源、提供文化娱乐的职能。

读者服务工作

多年来，在县委、政府、主管局以及县财政部门的大力支持下，馆内已藏有各类图书5万多册。报刊年入藏248种，视听文献年入藏30件以上。馆内设有少儿阅览室、综合阅览室、电子阅览室、外借书库、资料查阅室、古籍室6个服务窗口，单位办出借书证1130个，电子阅览室常年为青少年读者提供绿色上网服务，年接待青少年读者达2万多人次，阅览室年均接待老年读者达5千多人次，年接待读者8万多人次，年均接待读者达15万余人次；人均年到馆次数达25次以上。开架图书排架正确率在96%以上，架位维护管理有专门制定和专门人员，有文献保护规章制度，书库中采取了防火、防盗、防虫、防潮、防尘等措施，设备及效果很好，每天都对书库进行清扫，对破损书刊及时修补，对无法修补的图书经馆内研究作剔旧处理。我馆利用文化共享工程服务器平台，存有国家中心、省中心资源和单位自己存储资源达2TB以上。馆内综合阅览室、少儿阅览、电子阅览、外借书库、资料查阅室室等全部实行免费开放服务。做到认真做好电子阅览室和多媒体教室的免费对外开放服务，不断采取刻录光盘、下载数字电影巡回放映等手段提供便捷的数字化信息服务，取得了良好的社会效益，受到了各级领导和社会大众的广泛赞誉，同时辅导好10个乡镇综合文化站电子阅览室工作，制定开展服务的具体内容、办法和措施。每周开馆时间70小时。我馆对乡镇综合文化站图书室、全国文化信息资源共享工程乡镇基层服务点和部分文化共享工程村级服务点、农家书屋工作进行讲座培训活动，年达12次以上，我馆每在的世界读书日、图书馆服务宣传周、全民全民读书月、文化遗产保护日、中秋、国庆节等期间，制作横幅标语、发放服务宣传单、新书推荐等展览活动年达5次以上。随着农家书屋、文化共享工程乡镇点、村级点的全面建成，我馆在主管局的统一安排下，形成制度，做到每个季度对乡镇综合文化站图书阅览室、全国文化信息资源共享工程乡镇基层服务点和部分文化共享工程村级服务点、村农家书屋的工作进行一次督查、辅导；每个季度为乡镇综合文化站进行一次业务培训；每年为全县文化室管理员和文化站工作人员进行集中培训一次、分批到乡镇培训一次，每次辅导工作有计划、有总结、有课件、有成效。

管理工作

我馆分别于94年、99年被国家文化部授为”国家二级图书馆”，但由于建筑面积不达标，2004、2009、2013年被国家文化部降为“国家三级图书馆”。馆外建成全县境内10个乡（镇）综合文化站10个图书室及10个“农文网培学校”、两个社区、60个村级点，建成全县10个乡镇82个农家书屋点，这些工作的开展，最大限度的满足了全县广大人民群众日益增长的文化需求，为当地党委、政府和各部门的中心工作提供了良好的文献资源服务，尽力发挥着图书馆的职能作用。

元阳县图书馆

概述

元阳县图书馆于1983年与县文化馆分馆，正式成立。1988年，由于图书馆所在地新街镇出现山体滑坡，原有馆舍毁坏，无馆舍7年。1995年，在南沙建盖新馆，馆舍面积1130平方米，2001年3月新馆正式开放。2009年，参加第四次全国公共图书馆评估，首次获得三级图书馆。2012年，有阅览座席174个，计算机26台，信息节点37个，宽带接入10Mbps，选用CSLN中国专业图书馆网自动化管理系统。

业务建设

截止2012年底，元阳县图书馆总藏量41320册（件），其中，纸质文献41195册，视听文献125件。

2009—2012年，元阳县图书馆新增藏量购置费共8万元。共入藏中文图书4452种，4460册，视听文献170件，地方文献40种，78册。2010年，入藏中文报刊209种。

截止2012年底，元阳县图书馆数字资源总量为1TB，其中，自建数字资源总量201GB。

读者服务工作

从2012年1月起，元阳县图书馆实行免费对外开放服务，每周开放时间为59.5小时。2009—2012年，书刊总流通76555人次，书刊外借95694册次。2009—2012年，在13个乡镇设立了流动读书点，馆外书刊流通总人次6500人次，书刊外借9750册次。从2012年起，为元阳县党代会、“两会”代表提供信息服务。

元阳县图书馆重视为弱势群体服务，专门为老年人举办健康知识讲座、为残疾人、未成年人开设残疾人专用座、未成年人绿色上网专座、为考生免费提供报名和查询成绩等服务。

2010—2012年，元阳县图书馆网站访问量为148979次。

2009—2012年，共举办讲座、培训、阅读推广等读者活动186场次，参与人数9300人次。

业务研究、辅导、协作协调

2011年，元阳县图书馆发表论文1篇。

2011年，通过CSLN中国专业图书馆网自动化管理系统，实现了网上联合编目。

2009—2012年，定期选派业务骨干到各乡镇文化站进行业务辅导共7次，培训人员28人次。

截止2012年底，元阳县文化共享工程建成县级支中心1个，基层站点（农文网培学校）14个，村服务点（农文网培学校分校）134个，形成县乡村三级公共文化信息资源共享工程服务体系。2009—2012年，共举办共享工程业务培训8次，培训人员320人次。

管理工作

从2009年起，元阳县图书馆加大对图书馆业务研究的管理，制定奖励机制，并将业务研究纳入职工考核方案。2012年，元阳县图书馆完成了第4次全员岗位聘任，共设7类岗位，10人完成聘任，每年进行总体工作考核。2009—2012年，共抽查文献排架16次，书目数据8次。

表彰、奖励情况

2009—2012年，元阳县图书馆共获得各种表彰、奖励6次。其中，州委、州政府表彰、奖励2次，州文化体育局表彰、奖励1次，其他表彰、奖励3次。

馆领导介绍

王倩，女，1981年6月生，大专学历，馆员，馆长。2000年参加工作，2005年调入元阳县图书馆工作，2009年任馆长。2011年获“十一五”红河州文化工作先进个人称号。

张智英，女，哈尼族，1963年12月生，中专学历，馆员，副馆长。1981年参加工作，1997年调入元阳县图书馆工作，2004年任副馆长，分管全馆业务工作。

未来展望

元阳县图书馆在未来的工作中，将努力充实馆藏，适应读者的阅读需求。特别是要加强地方文献的收集整理工作，建立较完善的地方文献保障体系，使馆藏地方文献资源日趋丰富与系统化。筹划建设地方文献数据库和有声数字图书馆。举办形式多样的阅读推广活动，引导辖区居民多读书、读好书。加强图书馆工作人员业务能力的培养，建设一支高素质的图书馆工作队伍，提升图书馆服务的能力。力争在下一次的全国图书馆评估定级工作中，主要指标达二级图书馆标准。

联系方式

地　址：云南省红河州元阳县城南沙花园街北段
邮　编：662400
联系人：王　倩

到基层开展业务指导

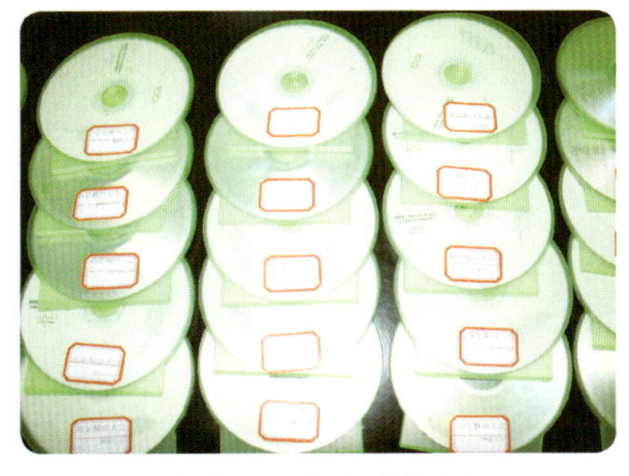

刻录、下发本地资源

各乡镇文化站参加的业务培训班

屏边县图书馆

概述

屏边县图书馆1984年6月成立，位于屏边县城玉屏镇建设路73号，成立之初没有办公地点，利用文化馆图书室开展业务。老馆舍于1986年8月建成，共三层，建筑面积536平方米。1999年11月，新馆舍建成，共四层，建筑面积1451平方米。2009年，参加第四次全国公共图书馆评估，首次获得三级图书馆。2010年，选用CSLN中国专业图书馆网自动化管理系统。2012年，屏边县图书馆共有阅览座席148个，计算机47台，信息节点50个，宽带接入6Mbps。

业务建设

截止2012年底，屏边县图书馆总藏量为5.41万册（件），其中纸质文献5.3508万册，视听文献592件。

2009–2012年，屏边县图书馆新增藏量购置费共8万元，入藏中文图书2001册，中文报刊97种，视听文献592件，地方文献110册。

截止2012年，屏边县图书馆数字资源总量为2TB。

读者服务工作

从2011年12月起，屏边县图书馆所有服务项目设施和场地全部免费对外开放，所有藏书开架借阅，每周开馆时间60小时。2009–2012年，书刊总流通7.008万人次，书刊外借4.2614万册次。2009–2012年，在县武警中队、消防大队、玉屏镇卫国社区、大龙树社区、高级中学、民族中学、玉小民小等7个图书馆（室）设立图书流动服务点，分别与他们签订了馆际互借协议，开展馆际互借服务。2009–2012年，馆外书刊流通总人次达3.6835万人，书刊外借达2.5230万册。

屏边县图书馆重视对未成年人、农民工、残疾人等弱势群体的服务，在阅览室专门设置了残疾人阅读专栏，电子阅览室设立了安装盲用读屏软件的残疾人专用机1台，为弱势人群提供良好的服务。并多次为政府部门和企事业单位提供文献信息咨询、论文资料查新查证等服务。

2009–2012年，屏边县图书馆网站访问量438689次。

2009–2012年，先后举办各种讲座、展览、培训、阅读推广等读者活动21场次，参与人数9514人。

业务研究、辅导、协作协调

2009–2012年，屏边县图书馆职工共发表论文6篇。

2009–2012年，对乡文化站图书室及农村农家书屋、玉屏镇社区图书室等图书管理员进行业务辅导4次，参加人数187人。协助辅导管理人员分类、编目、上架图书1.3万多册。

管理工作

2009年，图书馆在人事管理上通过职能调查摸底，制定了管理聘用工作实施方案和岗位设置方案，根据单位内部工作岗位需求，公开评聘，竞争上岗，聘任图书馆管理岗位1个，专业技术岗位6个，工勤岗位2个，并和每个职工签定了聘用协议，同时，建立了工作量化考核指标体系，实行岗位绩效与工资挂钩。2009–2012年，建立了学习制度、工作制度、考勤制度、服务准则和绩效考核制度。为加强安全管理，与各部室签定消防安全生产责任书，按时对各部室安全进行检查考核。2009–2012年，抽查文献排架20次，书目数据15次，安全检查60次，共撰写图书馆业务活动工作简讯40余期，工作计划、工作总结8篇。

表彰、奖励情况

2009–2012年，屏边县图书馆共获得各种表彰、奖励2次。其中，屏边县文体旅广局表彰、奖励1次，其他表彰、奖励1次。

馆领导介绍

白树云，男，彝族，1956年5月出生，初中文化，助理馆员，馆长。1971年11月参加工作，1998年调入屏边县图书馆工作，并任馆长职务，全面负责图书馆各项工作。

吴静兰，女，苗族，1971年4月出生，本科学历，馆员，副馆长。1991年6月参加工作，2009年10月调入屏边县图书馆工作。2012年9月任副馆长。分管图书馆外借室、少儿室、杂志室、工青妇等工作。

未来展望

屏边县图书馆将更新办馆理念，不断提高管理服务水平，发挥图书馆的社会效益，满足读者不断增长的文化需求。创新办馆机制，深入挖掘服务内涵，扩宽服务领域，提高服务效力。高度重视队伍建设，注重专业人员的培训。充分调动职工各方面的积极性，发挥主人翁意识，树立“馆兴我兴”的观念，全面提高图书馆的服务水平，促进图书馆事业的蓬勃发展。

联系方式

地　址：云南省红河州屏边县玉屏镇建设路73号
邮　编：661299
联系人：李雪纲

图书外借室

送书到消防大队

共享工程建设工作交流

金平县图书馆

概述

金平县图书馆于1982年1月成立，无馆址，借文化馆一室开展工作。1996年7月，位于文化路14号的新馆建成开放，馆舍面积900平方米。2004年，参加第三次全国公共图书馆评估，首次获得三级图书馆。2008年12月，图书馆搬迁到河东南路16号文化综合办公大楼。2009年3月，图书馆对外开放，馆舍面积共1040平方米，其中，文化综合办公大楼900平方米，设外借室、书库、地方文献室、古籍室、采编室、电子阅览室、多媒体播放室、报库资料室、过刊室、馆长室、办公室；体育广场左侧设报刊阅览室，面积140平方米。2012年，金平县图书馆有计算机25台，信息节点31个，宽带接入20Mbps，选用CSLN中国专业图书馆网自动化管理系统。2013年，参加第五次全国公共图书馆评估，再次获得三级图书馆。

业务建设

截止2012年底，金平县图书馆总藏量54925册（件），其中，纸质文献54247册，电子图书678种。

2009、2010年，金平县图书馆新增藏量购置费6万元，2011年增至8万元，2012年增至12万元。2009—2012年，共入藏中文图书2144种、6860册，电子图书678种，视听文献120件，地方文献38种、112册。2012年，入藏中文报刊269种。

截止2012年，金平县图书馆数字资源总量为1TB。

读者服务工作

从2009年3月起，金平县图书馆实行天天开门服务，每周开馆时间63小时。2009—2012年，书刊总流通58140人次，书刊外借84688册次。2009—2012年，有图书流通服务点19个，馆外书刊流通总人次为1502人次，书刊外借4798册次。2011年，与县中队、十里村中学、阿得博中学图书室开通了馆际互借服务。

2012年，金平县图书馆网站访问量2766次。

2009—2012年，金平县图书馆共举办讲座、展览、培训、阅读推广等活动18场次，参与人数8365人次。

业务研究、辅导、协作协调

2009—2012年，金平县图书馆职工出版专著1本。2012年，参加CSLN中国专业图书馆网自动化管理系统联合编目。2009—2012年，金平县图书馆先后对全县13个乡镇文化站及村图书室、社区、学校和部队图书室进行业务培训，培训人员151人次。在全县范围内举办“共享工程建设和管理”、“农家书屋管理员及村文化宣传员”等培训41次，共培训人员317人次。

管理工作

2009年，金平县图书馆制定《金平图书馆岗位设置方案》，并完成图书馆全体职工岗位聘任，同时，建立了工作量化考核指标体系，每年进行年终考核。2009—2012年，抽查文献排架18次，书目数据48次。

表彰、奖励情况

2009—2012年，金平县图书馆共获表彰、奖励4次，其中，县文体局表彰、奖励2次，其他表彰、奖励2次。

馆领导介绍

邱丽，女，1963年4月生，大专学历，中共党员，馆员，馆长。1979年参加工作，1997年到金平县图书馆工作，先后在采编室、办公室工作，2009年任副馆长，2011年任馆长。

未来展望

2013年，位于河东南路的金平县民族图书馆新馆建设工程正式启动，全面建成后的新馆，建筑面积1639平方米，设计藏书容量8万册，阅览座席360个，年服务人次可达5万人次以上。在未来的建设发展中，新馆将以建设现代化、数字化图书馆为发展目标，同时，针对金平县是国家级贫困县、村寨分散、交通条件落后的实际情况，积极探索，不断创新服务方式，延伸服务范围，整合县、乡镇（街道）、村（社区）图书室资源，建立覆盖城乡的服务网络，使之形成文献资源统一调配、服务质量基本一致、运行高效节约、普遍均等的公共图书馆服务体系。

联系方式

地　址：云南省红河州金平县河东南路16号
邮　编：661500
联系人：朱自学

举办讲座

外借室

书库

报刊阅览室

红河县图书馆

概述

红河县图书馆成立于1985年5月，原馆址位于西山公园内，馆舍面积为660平方米，1998年参加第二次全国公共图书馆评估，首次获得三级图书馆。2009年，在红河县城中心地段文庙街2号建盖新馆。新馆于2012年12月竣工，占地面积1650平方米，总建筑面积2292.52平方米，建筑高度20米，建筑层数为地上五层，地下一层，设计藏书容量为67万册，可容纳读者座位320个。新馆于2013年7月正式对外开放，有阅览座席147个，计算机25台，信息节点137个，宽带接入10Mbps。2012年，选用CSLN中国专业图书馆网自动化管理系统。2013年，参加第五次全国公共图书馆评估，第二次获得三级图书馆。

业务建设

截止2012年底，红河县图书馆总藏量53960册（件），其中，纸质文献53632册（件），视听文献328件/套。

2009、2010、2011年，红河县图书馆新增藏量购置费为1.2万元，2012年增至8.3万元。2009–2012年，共入藏中文图书1763种，3575册，中文报刊128种，视听文献81件。2012年，地方文献入藏完整率为83%。

截止2012年底，红河县图书馆数字资源总量为6TB，其中，自建数字资源总量3.7TB。2012年，在建《红河县哈尼族文化资源宝库》数据库。

读者服务工作

从2009年11月起，红河县图书馆全年天天对外免费开放，每周开放62小时。2009–2012年，书刊总流通44150人次，书刊外借20633册次。在全县有10个图书流动服务点，馆外书刊流通总人次18760人次，书刊外借12500册次。

2012年，红河县图书馆网站访问量1129人次。

2009–2012年，红河县图书馆共举办讲座、展览、培训、阅读推广等读者活动31场次，参与人数51289人次。

业务研究、辅导、协作协调

2009–2012年，红河县图书馆职工发表论文3篇。

2009–2012年，红河县图书馆以文化信息资源共享工程县支中心为依托，在全县13个乡文化站和91个自然村基层服务点组织开展文化信息资源共享工程培训工作，共举办管理员业务培训班10期，128课时，培训人员307人次。

2009–2012年，联合全县中小学、机关、企业、街道、乡镇、社区、村图书室开展地方文献征集工作，并定期上门指导基层图书室业务工作。

管理工作

2010年，红河县图书馆完成第三次全员岗位聘任，本次聘任共设5类岗位，有5人重新上岗，同时，建立了工作量化考核指标体系，每月进行工作进度通报，每半年和全年进行总体工作考核。2009–2012年，共抽查文献排架4次，书目数据1次，撰写专项调研、分析报告5篇，编写各种新闻信息13篇。

表彰、奖励情况

2009–2012年，红河县图书馆共获得各种表彰、奖励8次，其中，州文化部门表彰、奖励2次，县委、县政府表彰、奖励3次，其他表彰、奖励3次。

馆领导介绍

张黎，男，1973年4月生，大专学历，馆员，馆长。1994年8月在红河县图书馆参加工作，先后在成人报刊阅览室、过刊资料阅览室、采编室、办公室工作。2003年12月，任红河县图书馆馆长，分管全馆业务工作。

高丽荣，女，1967年7月生，大专学历，馆员，副馆长。1984年5月参加工作，1990年8月调到红河县图书馆工作，先后在图书基藏、外借室工作。

未来展望

红河县图书馆遵循“读者第一，服务至上”的宗旨，新馆将以建设现代化、数字化图书馆为发展目标，利用CSLN中国专业图书馆网自动化管理系统平台启动红河县图书馆总分馆建设，争取在2016年实现全县“一卡通”通借通还服务；继续完善《红河县哈尼族文化资源宝库》数据库的建设；进一步开展形式多样的阅读推广活动，提高市民整体素质，把图书馆建成红河县重要的知识信息枢纽和两个文明建设的重要阵地。争取在下一次全国公共图书馆评估定级中，主要指标达二级图书馆标准。

联系方式

地　址：云南省红河州红河县迤萨镇文庙街2号
邮　编：654400
联系人：张　黎

成人报刊阅览室

数字图书培训

网点技术指导

麻栗坡县图书馆

概述

麻栗坡县图书馆成立于1979年8月。历经2次迁址，1996年建成玉尔贝路新馆舍，建筑总面积1031.98平方米，馆占515平方米。

业务建设

截止2012年底，麻栗坡县图书馆总藏书总量为4.6万册。其中，纸质文献4.5万册（件），电子图书730种。

读者服务工作

从2011年3月起，麻栗坡县图书馆全年365天天天对外免费开放，周开放58小时。2009–2012年，书刊总流通4万人次，书刊外借12万册次。

2009–2012年，麻栗坡县图书馆共举办讲座、展览、培训、阅读推广等读者活动83次，参与人数15万人次。

业务研究、辅导、协作协调

2009–2012年，麻栗坡县图书馆职工发表论文10篇。每年深入基层辅导24次。

管理工作

2011年，麻栗坡县图书馆实施全员岗位一年一聘制，建立了工作量化考核指标体系，每月进行工作进度通报，每半年和全年进行总体工作考核。

表彰、奖励情况

2009–2012年，麻栗坡县图书馆共获得各种表彰、奖励14个，其中，省文化厅表彰1个，其他奖励13个。

馆领导介绍

关文闻，女，1975年11月生，本科学历，中共党员，馆员，馆长。1996年5月参加工作，2003年11月任麻栗坡县图书馆馆长。2010年获云南省文化厅、人社厅云南省基层文化工作先进个人。

邓正芬，女，1975年9月生，本科学历，馆员，副馆长。1993年4月参加工作，2003年11月任麻栗坡县图书馆馆长。

未来展望

麻栗坡县图书馆秉承“无私奉献、艰苦奋斗”的老山精神，将不断完善服务功能，扩大服务辐射区域，为地方经济文化发展服务。2012年，麻栗坡县图书馆新馆规划蓝图出台，在未来的几年后，一个总建筑面积2000平方米的新馆将呈现在大家面前。届时麻栗坡县图书馆将以崭新的面貌、全方位的服务为地方经济文化发展做出积极贡献。

联系方式

地　址：麻栗坡县玉尔贝路186号
邮　编：663600
联系人：关文闻

电子阅览室

阅览室

书库

图书馆全貌

农家书屋管理员培训

砚山县图书馆

概述

砚山县图书馆始建于1983年，馆舍几经修建，现为三层，占地860平方米，建筑面积1218.96平方米，设计馆藏书容量8万册，可容纳读者200人，历届参加全国公共图书馆评估，均获三级图书馆，目前有馆藏图书4.8万册，阅览座席120个，计算机服务台40台。

业务建设

截止2013年底，砚山县图书馆总藏量4.6万册，电子书籍、期刊等为零。

至2009年起，县人民政府将每年划拨10万元征订费，5万元文化共享工程运行费用纳入了财政预算。解决了图书馆能征订期报刊，又能适当增加馆藏的历史问题。文化共享工程在全县十一个乡镇得以正常运行，现目前已建有11个乡镇、13个社区"农文网培学校"，服务工作得以正常运转，活动有序正常开展。

读者服务工作

砚山县图书馆全年365天全部对外免费开放，周开放时间达52个小时，2009年–2013年，年平均图书流通4000余册，年均借阅人次14353人次，借阅29663册次，阅览人数6000余人，解答咨询200条，业务辅导10次以上。

坚持每年的图书下乡、图书室共建、图书流通工作，积极利用"图书馆宣传服务周、世界读书日、六一儿童节、文化三下乡"等活动，年平均送书下乡进基层流通图书4000余册，共建设立图书流通室13个，分别在武警砚山县中队、县消防大队、武警直属二中队、驻砚山几个部队，城区派出所等成立了"军警民图书流通室"，还开创性地在文山监狱成立了"砚山县图书馆驻监狱分馆"，2011年起，图书馆自编印制了《砚图资讯》宣传刊物，受到读者好评和上级的肯定，砚山县图书馆连续于2009–2012年四年被县委政府评为"宣传思想文化工作先进单位"，连续于2011年–2013年被县委政府评为"拥军拥属先进单位"，并为砚山县的社会、文化、经济发展提供了积极的参谋作用。

业务研究、辅导工作

2009–2012年，砚山县图书馆职工发表论文9篇，被省州级刊物网站点采用的宣传信息23篇。

自2007年起，文化信息资源共享工程砚山县支中心启动设立（设图书馆），全县11个乡镇文化站于2012年止全部覆盖，建成了单独的文化共享工程乡镇基站点（农民素质网络培训学校），县委政府高度重视，对县级支中心及乡镇基站点的运行经费纳入财政预算，并制定了工作规章制度和服务要求，使公益文化真正服务社会、服务基层，农民群众真正受益。

管理工作

2011年，砚山县图书馆完成了第二次全员岗位聘任，本次聘任共设5类岗位，有10人重新上岗，同时，建立了岗位工作量化考核责任体系，每半年进行工作进步通报，年底结合工作实际和考勤记录进行个人工作考核，并要求个人和组室认真写出工作总结和工作计划。馆内各组室设立有针对性强的规章制度和服务承诺，免费开放工作启动以来，紧紧以此为核心，签订了组室目标责任书，对照目标责任书认真落实对照检查，并纳入年终考核范畴。

表彰、奖励情况

2009年–2013年，砚山县图书馆个人被省文化厅表彰一人，州委政府表彰1人，县委政府表彰先进集体单位7次，在全州公共图书馆业务技能竞赛中，分别获团体一等奖2次，二等奖1次，三等奖1次。其他奖励（县科级）7次。

馆领导介绍

杨虎，男，1973年12月生，大专学历，中共党员，馆员，馆长（党支部书记）。1992年9月参加工作，历任县图书馆副馆长、馆长，2011年获省文化厅"先进工作者"一次。

崔明英，女，1965年5月生，大专学历，馆员，副馆长，1978年参加工作。

未来展望

砚山县图书馆现目前馆舍狭小，馆藏内容较少，人员结构不合理，专业人员严重缺乏，工作开展制约较为突出，在县委政府的关注重视下，新馆于2014年4月动工，计划于2016年春完工并投入使用，设计建造的新馆建筑面积达4000余平方米，馆藏容量20万册，功能完善，布局合理，阅览坐席500位以上，计算机阅读服务台100台以上，并同时设计具备数字化功能的一级图书馆标准建设。

联系方式

地　址：文山州砚山县图书馆（振江路189号）
邮　编：663100
联系人：杨　虎

免费开放的电子阅览室

世界图书日开展读书活动

开展图书活动

景洪市图书馆

概述

景洪市图书馆于1990年12月成立，隶属于景洪市文化体育广播电视局。馆舍面积843平方米，2013年，景洪市图书馆人员编制数为9人，现有职工8人，其中：中级职称1人，初级职称6人，管理岗1人；本科学历4人，专科学历4人。馆内设有：外借室、电子阅览室、儿童阅览室、成人阅览室、采编室、资料室六个服务窗口。有阅览座席78个，计算机25台，宽带接入10Mbps，服务器存储容量4.5TB，使用中国专业图书馆网著录。

业务建设

截止2012年底，景洪市图书馆总藏量44624册，其中，纸质文献42224册，电子文献2500种，视听文献100种。地方文献征集工作开展正常，有专柜、专门目录、专人管理。馆内数字资源总量为6.1TB，图书借阅实行全开架借阅。重点文化工程：文化信息资源共享工程覆盖10个乡镇和1个农场管委会；农家书屋工程覆盖景洪市所有行政村和部分村小组、社区，共105个，形成了辐射到基层的图书借阅服务网络。

读者服务工作

从2010年5月起，景洪市图书馆全年实行对外免费开放，每周开放时间为72小时。2009–2012年书刊总流通20801人次，书刊外借20999册次。建有图书流动服务点5个，馆外书刊流通总人次7043人次，共流动图书7048册次。举办各种讲座、培训、展览、阅读推广等读者活动20场次，参与人数6727人次。免费为盲人读者送书上门24册次。

业务研究、辅导、协作协调

2009–2012年，景洪市图书馆职工撰写专项调研报告3篇。利用西双版纳州图书馆的数字资源，依托文化信息资源共享工程，建立电子期刊阅读平台，并与基层服务点共享。组织举办青少年电脑培训、农家书屋管理员培训、共享工程基层服务的工作人员培训、学校图书馆工作人员培训6期，316人次接受培训。

管理工作

自2010年，景洪市图书馆开始实行岗位聘任制，设有专业技术岗和管理岗两类岗位，共有7人签订了聘用合同。每个岗位都有明确的岗位责任，建立了岗位工作量化考核指标体系，各项管理制度健全，管理规范。每年不定期的对各个岗位进行检查，2009–2012年共检查文献排架50次，书目管理44次。年底按照岗位工作量化考核指标进行考核。

表彰、奖励情况

2009–2012年，景洪市图书馆共获得各种表彰、奖励3次。其中，省级1次，市级2次。

馆领导介绍

尹卫华，女，1971年12月生，大专学历，八级职员，馆长。1993年参加工作，一直从事图书管理工作，负责景洪市图书馆的全盘工作。2010年荣获景洪市“三八红旗手”称号。

郑君杰，男，1972年5月生，本科学历，馆员，副馆长。1992年参加工作。2009年从学校调入景洪市图书馆，分管图书业务及农家书屋工程建设。2011年荣获景洪市“科技先进工作者”称号。

未来展望

景洪市图书馆本着“为人民服务，为社会服务，科学，创新，发展”的办馆方针，坚持“以人为本，读者至上”的服务宗旨，完善阵地服务功能，扩大服务范围。在不断强化自身综合实力的同时，通过创建乡镇基层图书服务网络，带动全市各乡镇图书服务的整体发展。争取在未来几年，建设一座建筑面积为3000平方米以上的新馆舍，优化服务环境，提高服务质量，使我馆的硬件及服务达到国家公共图书馆县级一级馆的要求。加强职工队伍建设，积极向州级、省级业务部门学习先进的服务技术，在条件成熟的情况下，启动数字化图书馆建设，建立地方文献数据库，拓展各种服务功能，更好地为读者服务。

联系方式

地　址：景洪市嘎兰中路61号
邮　编：666100
联系人：尹卫华

开展“红色经典图书”展览

图书馆书库

古籍普查工作

中小学图书管理员培训班

丘北县图书馆

概述

丘北县图书馆成立于1983年9月，为“纪念毛泽东主席诞辰九十周年”，同年将12月26日定为建馆纪念日。馆原址位于锦屏镇原东正街1号，与县文化馆同楼，各拥有一半。2006年11月1日迁入县宣传文化中心B幢二楼开展服务工作，拥有馆舍面积1500平方米。设计藏书容量10万册，可容纳读者座位100个。2004年参加第四次全国公共图书馆评估，首次获得三级图书馆。2009年6月5日设立了“全国文化信息资源共享工程县级支中心”并对外开放，2011年12月1日正式实施免费开放，启动图书馆自动化管理。2012年，丘北县图书馆有阅览坐席105个，计算机40台，宽带10兆，选用CSLN图书馆自动化管理系统。

业务建设

截止2012年底，丘北县图书馆总藏量5.5632万册（件），其中纸质文献5.5469万册（件），视听文献163件。

2010至2012年，丘北县图书馆新增藏量购置费6万元。2010至2012年，共入藏图书5496种，5496册，期刊426种，收集地方文献53种128册，入藏完整率为90%。

截止2012年底，丘北县图书馆从省图书馆FTP服务器和互联网上共下载了4TB的数字资源。

读者服务工作

2010年至2012年，丘北县图书馆全年365天天天对读者开放，周开放56小时，总流通5.1407万人次，书刊文献外借0.9171万人次，外借书刊3.182万册次，建成馆外图书馆室1个，流通点10个，馆外流通总人数0.243万人次，书刊外借0.486万册。2011年，在馆内电子阅览室设置政府信息公开服务窗口，供广大读者查询借阅。

2010年至2012年，丘北县图书馆共举办讲座、培训、阅读推广读者活动46场次，参与人数3.5226万人次。

业务研究、辅导、协作协调

2010年至2012年，丘北县图书馆职工在《文山文化》、《春城图书馆》、《云南省图书馆》等刊物上发表论文共12篇。

2010年至2012年：举办培训班12次，培训人数278人次。

管理工作

2011年，丘北县图书馆根据《云南省事业单位岗位设置实施意见》（云厅字[2007]13号）、《丘北县文化事业单位岗位设置实施方案》、《丘北县文化事业单位竞聘上岗实施办法（试行）》等有关的文件精神和要求，顺利完成丘北县图书馆全员岗位竞聘，本次聘任共设8类岗位，有9人重新上岗，同时建立绩效工资考核办法，理顺各种分配渠道，充分体现责、权、利相统一的原则。

表彰、奖励情况

2010年至2012年丘北县图书馆受到文山州文化局表彰11次。

馆领导介绍

陈忠萍，女，1963年8月生，大专学历，中共党员，馆员，馆长。1980年12年参加工作，1983年12月到丘北县图书馆工作，先后在图书外借室、采编室、参阅室，2003年10月任丘北县图书馆馆长。

施红英，女，1967年8月生，大专学历，副研究馆员，副馆长。1987年参加工作，1990年1月调入丘北县图书馆，先后在图书外室、采编室，2003年10月任丘北县图书馆副馆长。

王丽淑，女，1975年2月生，本科学历，中共党员，馆员，副馆长。1994年7月分配到县图书馆工作，先后在采编室、阅览室、电子阅览室、外借室；2008年2月任丘北县图书馆副馆长；2011年荣获文山州“十一五”文化工作先进个人光荣称号。

未来展望

2010年至2012年，丘北县图书馆坚持“为社会主义服务，为人民服务”的文化工作方向，以“读者满意是我们的追求”为办馆理念，扩大服务范围，带动地区事业的发展，热情为广大读者服务，努力发挥县图书馆的职能作用。在未来的几年里，丘北县图书馆扩大服务辐射区域，改进服务方式，提高服务质量，力争达到国家县二级馆的基本要求。

联系方式

地　址：丘北县锦屏镇东正街1号
邮　编：663200
联系人：陈忠萍

电子阅览室

4月23世界读书日宣传活动

业务培训会

祥云县图书馆

概述

祥云县图书馆坐落于历史文化底蕴深厚，自然风光绮丽的祥云县，始建于1983年。2008年9月祥云县图书馆由祥城镇古楼西街迁至县文体活动中心，位于龙翔路中段，使用面积1200平方米，馆藏6万余册。

我馆以"读者第一、服务至上"的理念，用现代化图书馆的眼光审视和改进图书馆工作，加强队伍建设，文献资源建设，提升服务质量，加强科学管理馆内设：图书外借室、报刊阅览室、儿童阅览室、地方文献参考室、过刊过报室、书刊采编室、读者自学室和多媒体播放室。

业务建设

图书馆外借室设文体活动中心三楼，面积600多平方米，截止2013年底，共设置图书4.9万册，图书外借凭图书外借证实行全方位开架借阅。报刊阅览室设文体活动中心四楼，面积400多平方米，每年订阅报纸40多种，各类期刊150多种，共设150多个坐席，期刊外借凭期刊外借证实行全方位开架借阅。儿童阅览室设文体活动中心四楼，面积40多平方米，设置儿童读物2000多册，40多个坐席，儿童读者可自由阅览。地方文献参考室收集祥云县本土出版的文献、手稿700多册，设祥云县作者著作专柜，有各种参考资料3000多册，线装古籍700多册，本室以藏为主，专供资料查询服务，2012年完成在线全国古籍普查登记。过刊过报室藏有近15年的过刊过报，供读者资料查询服务。读者自学室设60多个读者坐席，为读者提供一个自学的活动场所。电子阅览室共设置电脑25个台位，2012年增加数字资源——县级数字图书馆，2013年设置一台视障人群专用机并添加"心声·音频馆"供读者使用。多媒体播放室设置60多个读者坐席，是读者机读查询、文化娱乐欣赏的活动场所。

读者服务工作

从2011年12月起，实行了免费开放，已推出公共空间设施场地全部免费开放，所提供的基本服务项目全部免费的举措。祥云县图书馆全年365天天天对外免费开放，周开放56小时。

为提高公众对图书馆免费开放的了解，增加人民群众的知晓度，吸引更多群众走进图书馆，享受公共文化资源建设成果，祥云县图书馆开展了一系列宣传及服务活动。

2012年1月24日至26日春节期间，祥云县图书馆在文体中心一楼举行了新书展览活动，参展的新书一千余册，与读者"零距离接触"。

4月23日是世界读书日，我馆于2012年4月21日至于3日在文体中心广场举行世界读书日以及图书馆免费开放宣传活动。通过散发传单、制作宣传栏、影片播放、解答群众咨询等形式，倡导全民读书以及宣传图书馆免费开放的内容、形式和服务措施。

2012年6月1日儿童节当天，图书馆在多媒体播放室举行了儿童影片播放活动，受到了广大儿童读者的欢迎和喜爱。

2012年5月4日至6月10日期间，祥云县图书馆在云驿四中和云驿一中开展了图书进校园的系列活动，包括送书进校园，举行"爱书、读书、用书"征文大赛，评奖以及进行颁奖等活动。

2013年至今祥云县图书馆在节假日和不定期的举行书展、读者服务和图书馆宣传活动。

业务研究、辅导、协作协调

2011年至今，祥云县图书馆职工发表论文12篇，积极参加上级部门组织的培训学习，每年不定期对全县10个乡镇文化站、农家书屋进行图书采编、图书借阅、共享工程和读者服务等方面的业务辅导，和其他县级图书馆保持着良好的业务交流和协作。

管理工作

2014年，祥云县图书馆共有职工12人，全部为大专及以上文凭，按照图书馆管理制度，严格遵守上班纪律，保持各室干净整洁，每月定期上报各室读者服务情况并上交工作日志，每年参加图书馆工作考核。

表彰、奖励情况

2009–2014年，祥云县图书馆先后被评为"国家三级图书馆"、"先进图书馆"和"县级文明单位"。

馆领导介绍

熊丽琼，女，1971年6月生，大专学历，中共党员，高级工，馆长。先后在采编部、阅览部、图书借阅部等部门工作。

杨燕榕，女，1970年10月生，大专学历，中共党员，高级工，副馆长。先后在采编部、阅览部、图书借阅部等部门工作。

未来展望

祥云县图书馆以建设综合性、全方位、立体式的服务为发展目标，努力成为全县知识信息中心和文化教育中心。进一步推进图书馆自动化建设和信息化建设，力争朝大流通、大开放、人性化的管理和服务模式迈进，并不断地拓展网上信息服务功能，为读者提供更高层次的服务。

联系方式

地　址：祥云县祥城镇龙翔路10号
邮　编：672100
联系人：张斌书

讲座及影片播放

宣传活动

阅览室

富宁县图书馆

概述

富宁县图书馆位于富宁县文华社区滨河路155号，占地面积1179.91平方米，是一座历史悠久、古籍文献较为丰富的县级公共图书馆。1983年11月从文化馆分离出来单独建馆，1990年富宁县图书馆正式建成面向读者开放。现在，富宁县图书馆除传统的文献信息服务以外，还借助"文化共享工程"平台免费提供绿色上网、信息资源的浏览、下载以及知识讲座、电脑培训等活动，并积极开展送书下乡、电影放映等公益性服务。富宁县图书馆开设图书外借室、报刊阅览室、资料室、儿童阅览室、电子阅览室、图书流通点等服务窗口。

业务建设

富宁县图书馆馆舍建筑面积1500平方米，现有阅览坐席120个，少儿阅览坐席34个。全县已建成农家书屋（图书室）152个，总藏书量共计371200册，全县总人口为41万，平均每一万人约有藏书9054册。富宁县图书馆电子阅览室，现有30台电脑供读者使用，2013年全国文化信息资源共享工程富宁县支中心完成了以富宁县图书馆为中心、13个乡镇基层服务点的服务网络，全面开发利用图书馆信息资源，充分发挥图书馆作为社会知识中心、信息中心和文化服务中心的作用，积极组织开展各种培训，以真正实现"文化乐民"、"文化育民"和"文化富民"。

读者服务

为更好地为广大读者服务，2011年10月1日富宁县图书馆所有服务窗口已向读者免费开放。图书馆以方便读者为出发点，坚持每天对外开放，实行每周（56小时）工作日制度。富宁县图书馆现有馆藏图书54898余册，有社会科学、民族宗教、医药卫生、文学、整治、经济、地理等22类。2012年书刊文献外借册次为10393册次，书刊文献年外借册次10393，自2010年至今书刊借阅年平均册次为20千册次。富宁县图书馆除图书外借室部分图书闭架外，报刊阅览室、资料室、儿童阅览室均实行开架借阅、书刊文献开架比例为80%。富宁县图书馆经常利用黑板报、宣传栏进行图书宣传，同时利用图书服务宣传周、全民读书日以及送书下乡等方式进行书刊宣传活动。富宁县图书馆还是富宁县政府公共信息查阅点，为社会各界提供各种公共信息服务查阅服务。现有30台电脑供读者使用，10兆宽带接入，存储设备容量6TB。

业务研究、辅导、协作协调

根据国家文化部、财政部及上级主管部门的有关文件精神，富宁县图书馆开展了培训、展览、信息咨询、文献资源借阅、基层辅导等服务，并全部免费向群众开放。富宁县图书馆积极为残疾人、进城务工农民、未成年人、老年人开展各种针对性服务，丰富他们的精神文化生活。如残疾人读书活动，为老年人、未成年人开展各类电脑培训等。富宁县图书馆2012年举办培训班16次。其中举办小学生暑假、寒假电脑绘画培训班4期，老年人柔力球知识培训1期，乡镇文化站业务培训班1期，网络业务培训共10期。富宁县图书馆每年均对乡镇文化站工作人员及农家书屋管理人员进行业务培训，培训效果较好。

2012年图书馆举办展览1次，推广读者活动4次。一是开展"党在我心中"读书演讲活动；二是利用共享平台广泛开展"党的声音进万家"文化网络宣传活动；三是开展"全民读书月"宣传活动；四是开展共享工程电影进学校、社区军营活动。富宁县图书馆年参与活动总人次达2.0万人次。富宁县图书馆在每年的服务宣传周期间和全民读书月活动中，充分发挥馆藏效益，从藏书中精选出部分科技图书、期刊、资料，在馆内外开展读书活动，深受读者的欢迎。富宁县图书馆积极参与省、州级图书馆举办的各种业务培训活动，并到周边县城图书馆进行学习和业务交流。

截止2012年底，富宁县图书馆在残联、消防大队、高速公路管理处等单位建立了5个图书流动点，在全县13个乡镇文化站建立了13个图书室，在全县145个（居）村委会都建立了农家书屋，建设的比例达100%，群众"看书难"的问题得到有效解决。

管理与表彰

富宁县图书馆实行按需设岗、按岗聘用、竞争上岗、择优聘用的原则进行岗位管理，对职工实行年度考核。做到年初有计划，年终有总结。富宁县图书馆各项规章制度健全，并严格按照纪律执行。富宁县图书馆各种档案立卷准确，装订整齐，内容齐全，每卷有目录。

富宁县图书馆阅读设施设备较好，环境整洁、美观、安静，标牌规范、标准，设施维护良好节能减排措施得当，建有突发事故应急预案、网站信息安全预案等。近年来，每年大学生暑假期间，富宁县图书馆均吸纳大学生自愿者到馆内参与图书馆工作，对他们进行科学管理，指导他们如何做好读者服务工作。

少儿Flash动画制作培训

少儿绘画培训

老年人柔力球培训

图书馆业务学习

州图书馆检查组查看图书馆软件设施

上级表彰：富宁县图书馆共获得州级业务主管部门表彰7次，县级业务部门表彰2次。2011年9月参加文山州文化局举办的“文山州第五届图书馆业务竞赛”中，荣获团体三等奖，3名职工个人获三等奖一次，优秀奖5次；2名职工于2012年1月获县文化局表彰为“优秀文化工作者”。

馆领导介绍

沈明，男，1980年5月生，大学专科学历，中共党员，馆员，馆长。2003年10月参加工作，2011年3月到富宁县图书馆工作。

张红乐，女，1963年6月生，大学专科学历，中共党员，馆员，副馆长。1979年12月参加工作，1992年4月到富宁县图书馆工作。

未来展望

一是完善免费服务项目，打造本地免费服务品牌，提高服务效果。二是开展内容丰富，形式多样的免费服务项目，满足各阶层读者的需求。三是创造良好的服务环境，增强图书馆的吸引力。

联系方式

地　址：富宁县文华社区滨河路155号

邮　编：663400

联系人：沈 明

送书下乡

街头宣传

读书宣传月图片

州图书馆检查组查看资源共享室软件设施

各站、所骨干培训

漾濞彝族自治县图书馆

概述

1926年（民国15年），漾濞县成立民众教育馆，内设有图书报刊、阅览室，征订报刊5–6种，开创了本县图书馆服务事业的先河；1930年，在县城的上街初等小学内设立通俗图书馆，藏书200余种，经费从孔庙款项中开支；1950年成立人民文化馆图书室，藏书3000余册；1980年，图书室从文化馆中分出来单独成立漾濞县图书馆。1985年因成立彝族自治县，更名为漾濞彝族自治县图书馆。馆址由南边变迁为北边，1989年5月，位于苍山中路24号新馆建成开放，新馆建筑面积835.77平方米。2009年，参加第四次全国公共图书馆评估，首次获得三级图书馆。2012年，漾濞彝族自治县图书馆有阅览坐席127个，计算机31台，宽带接入10Mbps，选用CNMARC图书馆自动化管理系统。

业务建设

截止2012年底，漾濞彝族自治县图书馆总藏量4.4222万册(件)，其中，纸质文献4.3222万册，光盘0.1万种。

2009、2010年，漾濞彝族自治县图书馆新增藏量购置费1.5万元，2011年起增至3万元。2009–2012年，共入藏中文图书1800种，1800册。2011年地方文献入藏完整率为90%。

截止2012年底，漾濞彝族自治县图书馆数字资源总量为1TB。

读者服务工作

从2009年1月起，漾濞彝族自治县图书馆全年365天天天对外免费开放，每周开放58个小时。2009–2012年书刊总流通6.84万人次，书刊外借8.23万册次。我县共享工程乡镇服务网点有9个，农村书屋服务网点有65个；有9个图书流动服务点，馆外书刊流通总人次2120人次，书刊外借6321册次。

2009–2012年，漾濞县图书馆共举办讲座、展览、培训、阅读推广等读者活动63次，参与人数1.9782万人次。

业务研究、辅导、协作协调

2009–2012年，漾濞彝族自治县图书馆职工发表论文3篇，积极协作协调省文化信息资源共享工程中心在我县组织的培训工作。截止2013年我县共享工程乡镇服务网点有9个，农村书屋服务网点有66个全部建设完成，并统一了规章制度。2011年底，建立了本馆自己的数据库。

我馆积极开展各类业务培训，年初有计划，年终作总结，对乡镇文化站和基层服务点业务人员以及农家书屋管理人员进行培训，共培训15次。

管理工作

2010年，漾濞县图书馆完成第三次全员岗位聘任，本次聘任共设5个岗位，有5人重新上岗，同时，建立了工作量化考核指标体系，每季度进行工作进度通报，每年进行总体工作考核。2009–2012年，共抽查文献排架30次，书目数据2次，对于设备、物资有健全的管理制度，档案按要求立卷、装订、归档，环境整洁、美观、安静，标牌规范、标准，阅读学习的设施维护良好。安全制度健全，有《漾濞县图书馆应急预案》，安装防盗门、窗。严格按消防要求管理，经县消防大队进行消防监督抽查，均符合相关要求。

表彰、奖励情况

我馆2006年至今一直被评为县级“文明单位”称号，2009年被文化部颁布为三级图书馆，2012年文体广旅局全局被评为州级“文明单位”，职工先后多人多次被表彰为“县文体广旅系统先进集体”、“县文体广旅系统先进个人”和“优秀共产党员”。

未来展望

图书馆遵循“创新、服务、发展”的办馆方针，践行“加强共享工程建设、提高服务质量、做好农村书屋业务辅导工作”的战略，带动地区事业发展。2009–2012年，在不断强化自身综合实力的同时，通过对各个共享工程服务网点的指导和培训，带动了全县图书馆事业的整体发展。

联系方式

地　址：漾濞县苍山西镇苍山中路24号
邮　编：672500
联系人：陈　芳

巍山彝族回族自治县图书馆

概述

巍山彝族回族自治县图书馆初创于民国11年（1922年），原名蒙化图书馆（当时为蒙化县），几经变迁，于1983年3月正式成立了“巍山彝族回族自治县图书馆”。1998年，于蒙阳公园内建盖了建筑面积1280平方米的新馆舍，并于1999年正式对外开放。馆内设图书外借室、报刊阅览室、少儿阅览室、古籍室、地方文献室、流动图书室、过刊（报纸）查阅室7个对外服务窗口。2008年，巍山县图书馆建成了文化信息共享工程县级支中心，增设了电子阅览室、多媒体室。2012年，巍山县图书馆有阅览坐席214个，服务器4台、业务用机10台、客户机20台，宽带接入14Mbps，使用CSLN图书馆自动化管理系统。2005年参加第三次全国公共图书馆评估，评定为“三级图书馆”。1997年至今一直保持着县级“文明单位”称号。

业务建设

截止2012年底，巍山县图书馆总藏量71218册（件），其中纸质文献39284册（件），古籍6060册，电子图书21000种，视听文献4874件（套）。

巍山县图书馆2009至2012年，年报刊费3万元，2012年订购报刊238种；2009至2011年年图书购置费5万元，2012年增至7万元，2012年图书年入藏数量2912种。

2013年宽带接入增至40Mbps，开通WIFI，馆内无线网络全覆盖。

读者服务工作

2009年起，巍山县图书馆全年365天天天对外开放，周开放56小时，并实行一证通用，借书证不再分部室。自2011年起全部实行免费开放，书刊文献开架比例达100%。2012年书刊借阅部共接待读者86345人次，其中书刊文献外借78630人次，100821册次；电子阅览室共接待上机人员11482人次。

2012年巍山县图书馆举办讲座、培训27次，展览7次，阅读推广活动4次，每万人年平均参与活动次数达2.4次。

业务研究、辅导、协作

巍山县图书馆参加大理州图书馆学会每年一届的学术研讨会及其它学术交流活动。2009–2012年，职工发表专业论文13篇，28篇入选大理州图书馆学会各届学术研讨会。

巍山县图书馆馆外开办图书流通网点5个，83个村委会（社区）设立了农家书屋。全县建文化信息共享工程乡镇基层服务点10个，村级服务点50个。与文化信息资源共享工程基层服务站点建设同步，各乡镇成立了“文化信息资源共享工程农民素质教育网络培训学校”。

2012年，巍山县图书馆与巍山县南诏镇中心校联合创办期刊《南诏教育》，开设了“好书推荐”、“校园征文”、“图书馆介绍”等栏目。

2012年5月，开设巍山县“图书馆讲坛”，邀请县内各界文化名人、大家主讲。

管理工作

巍山图书馆实行岗位设置管理制度，按岗聘用，竞争上岗，进行岗位管理和工作目标考核制。2009年，馆内编制8个，内设4个部室，现有人员8人，8人聘用上岗。

馆领导介绍

张家全，男，1964年7月生，大专学历，中共党员，副研究馆员，馆长。1983年3月参加工作，1994年7月调巍山县图书馆工作，并任馆长。中国图书馆学会会员，云南省图书馆学会会员，大理州图书馆学会理事。

展望未来

巍山现有人口33万，未来几年，规划建一座总建筑面积6000平方米，总藏量20万册的二级公共图书馆。

联系方式

地　址：巍山县南诏镇大水沟街15号
邮　编：672400
联系人：陈春艳

图书馆外貌

警民共建

阅览室一角

服务宣传周活动现场

宾川县图书馆

概述

宾川县图书馆成立于1983年8月，馆舍面积859平方米，位于县城世纪广场西南角。在2003年和2009年第三次、四次全国公共图书馆评估定级中均被评为“三级图书馆”。到2012年，宾川县图书馆有阅览室座席200个，少儿阅览室座席60个，计算机45台。

业务建设

截止2012年，宾川县图书馆图书总藏量64291册（件）。

宾川县图书馆开设了采编室、资料室、电子阅览室、农村辅导室、少儿阅览室和综合阅览室、外借室、古旧图书修复室等，建立完善了相应的规章制度。全国文化信息资源共享工程于2007年在宾川县实施，宾川县图书馆作为县级支中心建立了设备价值68万元的电子阅览室，并接入10兆光纤，供读者上网查询资料，到2012年止，县内共建75个共享工程服务点。另外全县范围内建立了85个农家书屋，16个图书流通点。2011年5月至2012年12月期间，宾川县图书馆顺利完成了回溯建库工作，实现了图书流通形式从手工借阅到自动化管理。按照《文化部、财政部关于推进全国美术馆、公共图书馆、文化馆（站）免费开放工作的意见》（文财务发〔2011〕5号）文件要求，宾川县图书馆从2012年1月起实现了免费向公众开放，成功实现了图书馆“零收费、无障碍”免费借阅服务。

读者服务工作

宾川县图书馆每周开放时间是56小时。书刊文献开架比率是54%，馆藏书刊文献年外借册次是4.84万册，外借率是87%，馆外流动服务点书刊借阅册次每年2.5千册次，持证读者每年人均到馆48次；每年都到各乡镇和学校开进行书刊宣传，每年宣传书刊1500册次以上。

2009年–2012年，宾川县图书馆共举办讲座、展览、培训阅读推广活动22场次，参与人数4.8万人次。在“图书服务宣传周”、“全民读书日”、“世界图书与版权日”都举办图书服务宣传活动，并利用媒体进行了宣传报道。

业务研究、辅导、协作协调

2009年–2012年，宾川县图书馆职工在省级以上刊物或专业会议上发表论文8篇。

从2011年起，宾川县图书馆参与了图书馆专业网站的联合编目。在本地区图书馆服务网络建设方面，与周边县馆开展协调、进行资源共建共享；对县城及周边学校、乡镇图书室以及农家书屋实行义务的业务指导、培训和流通服务。

宾川县图书馆每年定期和不定期组织业务人员对我县75个共享工程基层点和88个农家书屋、16个图书流通点进行业务辅导；同时，每年为乡镇文广中心和农家书屋管理员组织一次以上的业务培训。

管理工作

宾川县图书馆每年年初都有年度工作计划，财务制度健全；人事制度实行岗位设置管理，按需设岗、择优聘用、严格考核；设备物资管理有制度，有台账，分工明确，责任到人，政务公开；档案有专人管理，档案健全；统计齐全。

表彰、奖励情况

2009年3月被县妇联授予县级“巾帼文明示范岗”的荣誉称号，2010年3月又获得省级“巾帼文明示范岗”荣誉称号，2010年1月被县委、政府命名为县级“文明单位”。

馆领导介绍

李红萍，女，1964年3月生，大专学历，中共党员，助理馆员，1991年1月参加工作。2008年2月–2014年3月任宾川县图书馆馆长。

孙敬梅，女，1975年12月生，大学学历，中共党员，馆员，2014年4月起任代理馆长。1995年11月参加工作。

王云峰，男，1972年2月生，大专学历，中共党员，助理馆员，副馆长兼支部书记。1991年7月参加工作，分管综合阅览室工作。

谢学惠，女，1968年8月生，大学学历，中共党员，馆员，副馆长。1989年7月参加工作，分管外借室工作。

展望未来

2012年8月开工实施的新图书馆用地总面积6852平方米，建筑面积4650平方米，配备有电子阅览室、报告厅、图书阅览室、藏书室等功能室，达到县级一级馆的硬件设施标准，可满足我县未来30年发展需求。回顾过去，展望未来，宾川县图书馆将不断改革创新，力争在第六次公共图书馆评估定级中达到二级馆。

联系方式

地　址：宾川县金牛镇世纪广场07号
邮　编：671600
联系人：孙敬梅，王会琴

全体职工合影

开展图书宣传周活动

2013被评为国家三级图书馆

云龙县图书馆

概述

云龙县图书馆的前身是文化馆图书室，1984年图书馆正式成立。1994年，参加第一次全国公共图书馆评估，首次获得三级图书馆。1996年图书馆大楼建成，1997年投入使用，建筑面积810平方米，2006年从新建的文化活动中心划拨120平方米的房屋作为图书馆文化共享工程县级支中心用房。现有藏书40578册，职工6人，有外借室、综合阅览室、少儿阅览室、资料室、农村流动图书工作室、电子阅览室6个服务窗口，146个坐席。计算机35台，宽带接入10Mps，选用CSLN图书馆自动化管理系统。

业务建设

截止2012年底，云龙县图书馆总藏量40578册。计算机35台，供读者使用27台，宽带接入10Mbps。专用存储设备容量为9TB，其中磁盘陈列为8TB，移动高清播放器为1TB。2013年实现全馆无线网络全覆盖，已实现图书馆管理的全自动化。

2012年免费开放经费全到位，财政拨款为50万元。新增藏量购置费10万元，入藏图书1000种，2000册。每年征订报刊145份，视听文献150种，本县地方文献入藏率为80%以上。

读者服务工作

从2011年起，云龙县图书馆全年365天，实行天天免费对外开放，每天8小时，周开馆时间56小时。资料室、儿童阅览室、外借室文学类图书、综合阅览室全开架，开架书刊文献已占总藏量的60%以上。2012年流通总人次为54536人，书刊文献外借册次34613册，持证读者数为612人。馆外流动服务点有流动图书箱3个，一年共交换图书约1000册。

从2008年开始，在综合阅览室设立政府公开信息专柜，为读者提供云龙县人民政府信息公开查阅。利用本馆馆藏资源为社会大众提供各种所需的信息服务。同时加大宣传力度，充分利用宣传栏、发宣传单、网页宣传的形式介绍新购图书达400种以上。

2012年，云龙县图书馆分别进行了儿童防疫知识、养猪知识、农家书屋管理员管理知识讲座；对老年活动中心图书室、农家书屋管理员进行图书分类上架等业务培训；举办了儿童书画展、迎新春摄影展等活动。共举办讲座、展览、培训、阅读推广活动35场次，参与人数4670人次。

业务研究、辅导、协作协调

2012年，图书馆职工发表论文3篇，参与了与全州公共图书馆的联合编目、馆际互借等活动。与本地区服务网络构成共享工程网络体系，由县级支中心下设乡级、村级分点构成，有兼职人员管理，同时配合农家书屋一起使用，实现资源共享。

对基层业务辅导工作有计划，有总结。对本县内每一个乡镇图书室，每一个行政村农家书屋点进行业务辅导工作，业务辅导活动数量超过90次以上，成效显著。由于各种原因，本地区基层图书馆暂无自动化管理。

管理工作

图书馆实行按需设岗、竞争上岗、签定聘用合同、岗位责任制，严格考核。有健全的内部分配激励制度。财务、设备、物资、档案等管理做到制度化、合理化、公开化、透明化，各项业务工作有统计分析。

表彰、奖励情况

被评为县级文明单位。同时每年都受到县级业务主管部门的表彰和奖励。

馆领导介绍

赵文花，女，白族，1972年12月生，大学学历，馆员，馆长。1991年7月参加工作，在云龙县检槽乡清朗完小任教，2006年调入云龙县图书馆工作。

未来展望

云龙县图书馆本着一切为读者服务的宗旨，围绕优化服务、拓展图书馆教育和信息的功能，从读者服务、业务管理、读书活动、提高人员素质入手，提高服务质量，在未来的几年里，结合我县实情，一是努力从各个渠道争取资金，改善图书馆办馆条件；二是要强化服务意识，改变服务观念，努力提高服务质量，开展形式多样的读者活动；三是要加强对基层网点的辅导工作，加强对“农家书屋”、共享工程基层网点的建设的监管力度，使我县的农村图书工作上一个新台阶；四是要加大职工队伍的培训力度，使之努力适应图书馆事业的发展需求，推动我县图书馆事业向着规范化、标准化方向稳步发展。

联系方式

地　址：云南省大理白族自治州云龙县诺邓镇虎山路200号
邮　编：672700
联系人：赵文花

南涧县图书馆

概述

南涧县位于云南省西部、大理白族自治州南端，地处100° 06′ –100° 41′，北纬24° 39′ –25° 10′之间。东与弥渡县接壤，南与景东县毗邻，西南与云县以澜沧江为界，西至黑惠江与凤庆县隔水相望，北与巍山县相连。县域东西横距59千米，南北纵距55千米，总面积1731.63平方千米。县人民政府驻南涧镇，距省会昆明356千米，至州府下关90千米。

1996年，现在的图书馆建成，使用面积810平方米，人员编制5人。2005年至今，人员编制为7人。

2000年，国家文化部实施的“文化信息资源共享工程”在南涧县图书馆设立了“共享工程”支中心，并建成设有24台计算机的电子阅览室一个。

2011年，国家文化部提出全国美术馆、公共图书馆、文化馆（站）进一步向社会免费开放的要求，为贯彻落实文件精神，我馆在局领导的帮助下，收回了原来出租的图书馆一楼，增设了少儿阅览室、多功能报告厅，由于人员不足，聘请了3名临时人员。

现在的图书馆有工作人员10（在编人员7名，临时人员3名），属“国家三级图书馆”。

业务建设

南涧县图书馆内设综合阅览室、多功能报告厅、外借室、少儿阅览室、电子阅览室、过刊室、资料室、办公室、采编室9个窗口。兑现“全年365天天天开门服务”的服务承诺，为读者推荐书目、查找所需、解答各类咨询，每年流通图书11万册次，接待读者12万多人次。

读者服务工作

南涧县图书馆于2012年1月1日实行免费开放。图书管理工作，是为广大读者服务的，理应尽可能做到方便读者。相对沿袭许久的闭架借阅图书的方式而言，目前所采用的开架借阅方式不失为一项便利读者借阅图书的明智举措。图书开架借阅的好处是显而易见的，图书开架之后，实现了读者与图书零距离接触。文献资料借阅、检索与咨询、公益性讲座和展览、基层辅导、流动服务等基本文化服务项目健全并免费提供。为保障基本职能实现的一些辅助性服务如办证、验证等全部免费。为了让读者更好地了解图书馆的免费开放时间，我馆在图书馆大门口最显眼的地方公示每天的开放时间，节假日照常开放。为了让更多的读者走进图书馆读书以及有更充足的读书时间，我馆每周开馆时间保证在56小时以上。若有读者提出特殊请求（例如：有读者正在看，却还没看完一点儿等）或电影播放不完，我们就酌情延长开放时间，以便更好的服务读者、观众。因此少儿阅览室和综合阅览室、多功能报告厅经常都会出现延长开放时间的情况。

为了更好地方便读者了解各科室，我馆在各科室门口显眼处公示科室名称、科室人员照片、姓名。我馆在各科室门口公示监督电话，以便读者监督，以确保开馆时间和服务质量。我馆实行图书架完全开架借阅，全部书刊文献实行免费服务读者，我馆总藏书量35036册，在藏量中开架书刊35036册，开架率100%。这标志着我馆已经由传统向现代、由封闭向开放、由文献的重藏向重用转变，这种转变体现了图书馆读者至上，一切为了读者的现代办馆理念。图书馆常常被人们誉为“知识宝库”，开架借阅有利于直接揭示馆藏。

我馆近年来外借服务有了极大改善，再加免费开放的推动作用，迎来了大量的读者，而我馆作为县级图书馆，总藏书册数相对较少，故外借率较高。加强宣传、营造氛围。通过召开读者座谈会，开展知识竞赛、“图书进校园”、“图书进军营”等活动，利用报刊、广播电视、宣传橱窗、宣传展板、公开栏等多形式、多渠道对热门书刊和新购图书等进行宣传，吸引广大读者走进图书馆，享受政府提供的公共文化服务。

公共图书馆应承担当地政府出版物的征集、保存与服务职能，设置政府公开信息查阅点，并做好服务工作。具体为：对于纸质文件，及时录入并归档开架服务；对于电子文件，及时接受并处理，以便查阅。

我馆作为经济欠发达地区的中小型公共图馆之一，由于文献资源相对匮乏，参考咨询服务的发展始终受有一定局限性。随着图书馆与信息技术的不断融合，当前图书馆正处于纸质资源与电子资源共存、传统服务方式与数字服务方式相结合的复合图书馆阶段。当代中国，社会弱势群体问题日益凸显，公共图书馆作为社会公益单位，应承担对弱势群体特殊服务的重要职责，让他们感受到人文关怀，使公共图书馆成为弱势群体的温馨家园。随着老龄化社会的到来，老年人已成为图书馆读者队伍中一支稳定的、不断发展壮大的特殊群体。公共图书馆应针对老年读者这一特殊群体的特点与需求，为其提供周到的服务，使图书馆成为老年读者安度晚年的精神家园。具体为：当他们走进图书馆时，给他们送上一声亲切的问候；当他们坐在图书馆里，给他们端上一杯开水或热茶；当他们找不到要看的报纸或书刊时，及时给他们送上；当他们看完报纸或书刊，及时帮他们放回原位。当他们遇到困难，尽量帮忙，以上这些，我们都努力做到。

近年来，我国工业化和城市化进程的速度日益加快，农村大量剩余劳动力涌进城市，大量农村劳动力的转移，必然会带来非农产业对这类劳动者的文化素质提出更高要求，进而表现为对教育的需求。公共图书馆是一个为公共利益服务的公益组织，加强对城市外来务工者的图书服务工作对建设学习型城市、提升整个城市的文化品位具有重要意义.我馆不断拓展图书馆读者群，开展针对外来务工者的教育和培训，拓展公共图书馆服务空间和教育服务功能，为外来务工者提供“零门槛”、灵活、广泛、形式多样的教育服务。

阅读兴趣和意识在阅读能力形成过程中占据决定性地位，提高少儿的阅读能力，首先要培养少儿的阅读兴趣和意识，我馆特设少儿阅览室，为他们提供专门的读书环境。为了满足他们的兴趣，在购买新书和征订期刊前，对部分读者进行调查。使买来的书满足不同年龄的少年儿童。残疾人也是弱势全体的一个组成部分。我馆为他们提供特殊服务。根据他们的需要提供不同的服务（例如：为行动不便的人送书、送报；跟耳背的人交流时口手并用。）同时不忘了为他们端茶递水。我馆建有一个文化信息资源共享工程县级支中心，设有24个电子阅览坐席，专业管理人员二人，分别辅导乡级、村级的网点，开展业务工作。

由于各种条件的限制，我馆没有组织馆外大型的展览。但在馆内进行新购图书展、领导干部推荐图书展、廉政书籍展、热门图书展览，并且设置专用新书架。

我馆为扩大图书馆影响，吸引读者走进图书馆，举办阅读推广活动吸引读者参加，增加图书馆在民众心中印象，提升图书馆地位：(1) 发放宣传单；(2) 召开读者座谈会；(3) 举行图书进军营活动；(4) 举行图书校园、图书进军营、图书进社区、图书进企业等等活动，收到很好的社会效益。

为适应时代的发展，营造良好的读书氛围，吸引更多的读者走进图书馆，利用图书资源。近年来，我馆利用广播电视、宣传橱窗、宣传展板、公开栏等多形式、多渠道对图书馆服务进行宣传。同时利用人流集中的节假日发放宣传单。吸引广大读者走进图书馆，享受政府提供的公共文化服务。

业务研究、辅导、协作协调

南涧县图书馆有在职人员7名，其中，本科以上学历4人，大专学历3人，副研究馆员2人，中级职称4人，初级职称1人。我馆现有人员文化水平较高，但专业人员数量不足，图书管理的专业人才缺乏。针对上述队伍状况，我馆注重各种类型的业务学习，积极参加继续教育培训。

管理工作

我馆积极参与本州图书馆联合编目、体系建设以及其他各类理论研讨和业务合作活动，及时总结管理及取得的成效。服务街道、乡镇、社区、村图书室，分馆文献借阅册次10000册。对全县80个农家书屋、8个文化信息资源共享点管理员进行业务辅导，有辅导纪录及基层图书室的材料，及时总结辅导工作中取得的经验和存在的不足，提出改进的意见或建议，按照年初制定的工作计划，认真组织6个分馆、80个农家书屋、8个共享点管理员的业务培训。全年共举办业务培训班2期100人次。

表彰奖励

我馆每年认真制定工作计划，并按计划认真落实。认真执行财务制度，制定考核分配制度。各类档案健全。学习环境整洁、美观，馆内标牌规范。我馆职工在完成好平时的常规服务外，还配合局机关和各个单位完成好其他工作。也得到上级部门的表彰。被国家文化部评为国家三级图书馆。

馆领导介绍

领导设馆长1人毕业于云南行政学院，大学专科、副高职称，全面管理图书馆行政和业务，每年都参加省州举办的馆长培训和专业技术业务培训。

未来展望

1、在未来五年，我们必须坚持正确领导，实事求是，稳抓稳打让图书馆的明天“书香弥漫遍南涧”。坚持科学发展观重要思想，深入贯彻十八大精神和省、州、县党代会精神，沿着先进文化的前进方向，以观念创新、思维创新为先导，以改革为动力，以“读者至上，服务第一”为宗旨，切实抓好图书馆的各项工作。坚持把“全年365天天天开门服务”做的更好，并且要不断提高我们的个人素质和科学素质，以更积极的态度和更热情的服务，迎接下一个属于我们自己的五年计划。

2、目标：(1) 积极向上级部门争取，五年内建一个面积和功能都很齐全的新图书馆。(2) 争取在未来三年内建设好数字图书馆。

3、主要任务：

(1) 工作人员各尽职责，做好岗位工作，人员灵活流动做到365天天天开门服务。

(2) 馆内人员积极与省、州、县、乡各地图书馆（站）学习交流，加强合作，从而促进彼此进步与联系。

(3) 加强计算机技能的水平，努力在未来五年内实现自动化管理。

(4) 跟进送书下乡及建设农家书屋工程。

联系方式

地　址：云南省大理州南涧彝族自治县图书馆
邮　编：675700
联系人：潘虹喜

永平县图书馆

概述

大理州永平县图书馆成立于1984年2月，位于永平县博南镇新华街一号，占地面积1000平方米，建筑面积2105平方米。可容纳读者座位231个。2013年，参加全国第五次公共图书馆评估定级，获得三级图书馆。2011年5月，永平县图书馆实现全免费开放，现有阅览坐席231个（其中少儿阅览坐席48个），有计算机32台，宽带接入20Mbps，2006年1月选用专业图书馆自动化办公管理系统。

业务建设

截止2012年底，永平县图书馆藏书4.5万册（件），每年征订报纸、期刊300多种。每年新增藏量购置费列入永平县财政预算，2009、2010年新增藏量购置费6万元，2011年新增藏量购置费3万元。2012年新增12.5万元，图书馆年入藏中外文图书2500种，中外文报刊300多种，2012年底共有捐赠视听光盘文献720张，有地方文献13种，1300册，数字资源总量有310种。

为适应公共图书馆服务的需要，2006年实现了图书馆办公自动化管理，宽带接入逐年提升，2012年底达到20Mbps，实现了图书馆光纤接入网络全覆盖。

读者服务工作

从2011年5月起，永平县图书馆全年365天天天对外免费开放，基本服务项目健全，现开设有图书外借室、地方文献室、综合阅览室、少儿阅览室、电子阅览室、读者活动室6个服务窗口，周开放时间56小时，图书、期刊实行开架借阅，电脑管理，开架率达到100%，2009–2012年，书刊文献年外借流通4万册次。截止2012年底，建成4个图书流动点，馆外图书流动点每年书刊借阅约2千册次。

2009–2012年，永平县图书馆共举办讲座、展览、培训、阅读推广、读者座谈会、惠民服务等活动14场次，参与人数4.8万人次，活动的开展对传承中华优秀的传统文化、活跃群众文化生活，营造良好文化氛围，推动永平文化事业的繁荣发展起到了积极的作用。

业务研究、辅导、协作协调

永平县图书馆班子高度重视员工技能培养，根据工作需要，与上级职能部门及时沟通协调，选派员工到上级图书馆进行业务学习；积极参与上级图书馆举办的各类业务培训及一年一度的大理州图书馆年会。2012年永平县图书馆邀请了州馆老师授课，组织开展了永平县图书馆、乡镇文化广播电视服务中心、村农家书屋管理人员业务培训，对文化共享工程网络管理、图书分类及编目、图书室管理、共享工程设备应用等进行了专题培训。2002年轮值主办了大理州图书馆学会第九次学术研讨会。

2009–2012年，图书馆同仁认真撰写专题论文10篇，发表论文7篇，获中国西部少数民族地区图书信息协作网、川陕甘黔渝图书情报协作网第十一届年会暨云南省大理州图书馆学会第十七届学术研讨会优秀论文2篇。

管理工作

2011年，永平县图书馆完成全员岗位聘任，本次聘任共设5类岗位，按照岗位设置及个人工作实际进行岗位聘用，同时制定了各项规章制度及相关的岗位职责，建立了工作量化考核机制，每半年进行一次工作小结，年底进行总体工作考核，考核结果作为年底绩效评定及职称评聘的重要条件之一。年初制定相应工作计划，财务管理制度健全、设备物资造册建账、各项工作建档且有专人管理。

表彰、奖励情况

单位各项工作得到上级的肯定认可，刘殿伟获得永平县文化广播电视旅游局2011年度优秀个人表彰。

馆领导介绍

刘殿伟，男，汉族，1955年4月出生，中专学历，副研究馆员，1979年1月参加工作，1979年1月至1997年5月在教育系统从事教学工作。1997年6月调入永平县图书馆从事图书采编工作。1998年至今任图书馆馆长。

未来展望

永平县图书馆遵循“优质服务、创新发展”的办馆方针，切实加强工作人员队伍建设，加大免费开放工作力度及图书馆业务宣传，拓展免费开放服务功能，不断强化自身综合实力，扩大服务辐射区域，带动地区文化事业发展。不断改善基础设施建设，2013年以来，图书馆在现有馆舍的基础上，积极配合永平县文化广播电视旅游局做好图书馆改建基础信息上报工作，在未来的几年里，图书馆将紧紧紧围绕党和国家文化建设的方针、政策，发挥图书馆资源优势，为地方文化事业提供创新、优质服务，让更多的人认识图书馆，了解图书馆，走进图书馆，享受图书馆，真正体现“文化乐民、文化育民、文化富民”的精神方针。

联系方式

地　址：永平县博南镇新华街1号
邮　编：672600
联系人：刘殿伟

创建图书流动点

开展读书宣传周活动

期刊阅览室

剑川县图书馆

概述

剑川县图书馆是在建于清光绪2年（1876年）金华书院的基础上，传承至1979年4月建立的。馆址几经变迁，2001年1月1日，位于剑川县金华镇永丰北路的新馆建成开放。大楼面积936平方米，经1998、2003、2008、2013年的四次“全国县级以上公共图书馆评估定级”考核，均被文化部评定为三级图书馆。图书馆现有阅览坐席128个，计算机31台，10兆光纤专线接入。

业务建设

截止2013年，图书总藏量63137册（件），其中：古籍文献资料室23140册(件)、图书外借室33680册，少儿阅览室264册，过刊工具书282册，报纸合订本2760册，期刊合订本2243册；摄影图片资料21种；视听文献747张（盒）。

2009年10月按CNMARC格式将馆藏图书1949年以来中文书刊的90%做成机读目录，建立了书目数据库，实现图书自动化管理与服务、联合目录等，实行网上借、还等工作。

完成本馆1949年以前2228种10722册古籍的普查、目录健全工作和“史部”条目编纂工作，为古籍整理和数字化提供底本等编制工作。

读者服务工作

本馆实行无休开馆服务，每周开放63个小时。本馆期刊阅览室、少年儿童阅览室实行全开架服务。普通图书外借室、工具书过刊合订本借阅室、古籍文献资料室实行半开架服务。2012年书刊文献年外借73168册次，年读者达57735人次。馆外流动服务点、流通站（11个），年书刊借阅为51480册次。

设有残疾人阅览室，以代借代还等方式为青少年、老年人、进城务工人员服务。为本县木雕企业、各部门、社会大众提供设计图案、书刊、网络、政务等信息参考咨询服务。

经常举办培训、阅读推广、送书下乡等活动，利用街天进行图书展览、宣传等工作，2012年群众参与活动达1.6万人次。每年“三下乡组织100余种农村实用技术书刊，4000余份农村实用技术资料发放群众，为本馆的工作特色。本馆建立了网站，并逐步加强网页美化、更新、维护、管理服务工作。

业务研究、辅导、协作协调

本馆与大理州图书馆、剑川一中、县志办等单位开展图书流通；编纂联合目录；资料互借等资源共享协作协调工作。每周五上午本馆开展各种关于图书资料专业方面的辅导学习两小时，年人均96学时。

从2007年起，剑川县图书馆职工发表论文9篇，编撰了《剑川古今文献述略》一书，系统地概述了从明正德年始至2006年止500多年来的剑川古今文献，为研究和揭示地方古今文献做出了贡献。

管理工作

本馆实行按需设岗，一年一次竞争上岗择优聘用，年终进行履职考核。建有岗位目标责任制和工资分配绩效制度。每年都有年度工作计划，建有严格的财务管理和监督制度，并在工作中严格执行，做到所有设备、物资均造册登记，每年盘点一次。

建有文书档案，人事档案，科技档案，职工考核档案，参考咨询档案，课题服务档案，业务辅导等档案。人事管理、财务、业务统计齐全，每半年作一次统计分析。每年寒暑假都有大专院校学生来馆担任志愿者，本馆均做到妥善安排和管理。

馆领导介绍

沈劲松，男，白族，1974年10月生，大专学历，馆员，馆长。1994年5月参加工作，2005年10月任剑川县图书馆副馆长，2013年4月任剑川县图书馆馆长。

杨傲蕾，女，白族，1973年2月生。本科学历，馆员，副馆长。1991年12月参加工作，2014年2月任剑川县图书馆副馆长。

刘珊，女，白族，1983年5月生。本科学历，馆员，副馆长。2002年11月参加工作，2014年2月任剑川县图书馆副馆长。

未来展望

在今后的工作中，加快信息资源共享建设，积极引进和培养数字化加工应用方面的人才，对本馆的工作人员进行知识的更新和相关培训。加强数字化图书建设，整合特色资源，拓展服务领域，最大限度地发掘和利用特藏文献资源，逐步形成具有地方特色的服务模式和服务品牌。在未来的几年里，争取在现有馆舍的基础上进行提升改造，解决本馆无书库、报告厅的情况。

联系方式

地　址：云南大理剑川县金华镇永丰北路
邮　编：671300
联系人：沈劲松

洱源县图书馆

概述

1930年，洱源县建立了民众教育馆，1951年成立文化馆，在馆内设立了图书室。1984年，成立了洱源县图书馆。1990年建成了建筑面积516平方米的综合楼。2002投资169万元，新建了白族民居形式——典雅古朴、功能齐全的洱源标志性建筑图书馆大楼，建筑面积1050平方米。阅览坐席230个，计算机40台，宽带接入10Mbps选用中国图书馆自动化管理系统。

业务建设

洱源县图书馆现有编制9人，占岗8人，其中副高1人，中职4人，初职2人，工勤1人。内设报刊阅览室、图书外借室、古籍文献室、地方文献室、科技阅览室、电子阅览室、少儿阅览室、报告厅8个服务窗口，建立10个农村基层流动图书室6个报刊阅览点。藏书分基本藏书和特色藏书两大类。基本藏书四万六千册，特色藏书6947册的线装古籍图书。

截止2012年底，洱源县图书馆总藏量5.079万册（件），其中，纸质文献5.0万册（件），古籍线装6979册。电子图书500册，地方文献收藏有、专项经费、专室专柜专架专人管理。

读者服务工作

从2009年8月起，洱源县图书馆全年365天天天对外免费开放，周开放56小时，以2012年为例，全年接待读者10.2万人次，书刊借阅11.6万册次，解答咨询456条，帮助查找资料475人次，送书下乡20次。举办讲座、展览、培训、阅读推广等读者活动19场次，参与人数达万人次。

多渠道积极开展宣传服务工作

充分发挥文化共享工程设备的作用，拓宽服务渠道，延伸服务领域是图书馆实现社会公益化的一项重要手段。

1、图书馆和县农业局园艺站、植保站联合开展蔬菜园艺、病虫防治培训10次，受训人数520人次。

2、利用电子阅览室、多媒体室开展老年人健康讲座、未成年人教育讲座、保护妇女儿童合法权益讲座5次，15场，观看人数1026人次。

3、雷锋是实践社会主义、共产主义思想道德的楷模。3月15日，图书馆在多媒体室组织播放雷锋光荣事迹视频6场次，280人参加观看。

4、利用电子阅览室对洱源县老科协进行计算机应用基础知识培训2场次，48人参加了培训。

5、2012年“九九敬老节”图书馆在茈碧湖镇海口村、运亭村老人活动中心赠送图书资料，播放老年人健康讲座，积极营造全社敬老、爱老、助老社会氛围，同时进一步宣传图书馆，让全社会深层次地了解图书馆、走进图书馆、利用图书馆。共播放视频节目4场次，观看人数达200多人次。发放宣传纪念品200多份。

6、2012年“六一”儿童节，利用文化共享工程设备在大庄小学、鹅堆小学、运亭小学开展以“做一个有道德的人”为主题的“图书馆宣传周‘勤奋杯’有奖征文暨六一儿童节”庆祝活动。活动中设“勤奋杯”一等奖7名，二等奖7名，三等奖7名，游园活动奖项1250个奖。

7、洱源县“8、06”泥石流灾害发生后，积极为灾区群众捐款捐书，在凤羽镇铁甲村灾民安置点设立了流动图书室，流动图书室成为灾民安置点内一道靓丽的风景线。

业务研究、辅导、协作协调

洱源县图书馆根据县情实际，把服务着眼于农村。聘请了农业、畜牧、林业专家深入农村开展木瓜、梅子树的栽培技术以及病虫害防治技术，烤烟生产技术、乳饲养技术等科学讲座。利用当地喜庆节日开展科普宣传，发放科技资料，引导农民学科学，用科学，提高农民的科技知识水平。洱源县图书馆通过各种服务渠道为该县的梅果产业、乳蓄产业、和农特产业提供了有力的科技保障措施，推动着县域经济的健康发展。

洱源县图书馆始终坚持“读者第一，服务至上”的服务理念充分发挥图书馆的社会职能作用，积极开展阵地服务和特色服务。

管理工作

从2010年，洱源县图书馆实行全员岗位聘任，建立了工作量化考核指标体系，每月进行工作进度通报，每半年和全年进行总体工作考核。

表彰、奖励情况

洱源县图书馆在第三次、四次、五次评估中评为“国家三级图书馆”的称号，2005-2012年，被洱源县委县政府命名为县级文明单位，县妇联命名为“巾帼示范岗”。

馆领导介绍

杨瑞花，女，1966年11月生，大学学历，中共党员，副研究馆员，馆长。1988年7月参加工作，历任洱源县图书馆副馆长、馆长。

未来展望

进一步以县图书馆、镇乡文化站为实施主体，加强信息资源的建设，促进基层文化设施网点网络化、自动化、数字化，加大专业技术人员的培训力度，为深入推进文化信息资源共享工程提供坚实的人才保障。

努力把文化信息资源共享工程用活、用好。积极采用图书馆成熟技术，借助数字电视和远程教育服务网络，大力开展公益性服务。改进创新体制和运行机制，使文化共享工程真正成为文化创新工程、惠民工程。

联系方式

地　址：洱源县城文康路3号
邮　编：671200
联系人：杨瑞花

维西县图书馆

概述

维西县图书馆始建于一九八九年，至今已有二十多年的历史。二十多年来，维西县图书馆始终按“为读者服务，满足社会需求，促进社会发展与进步。”为办馆宗旨，认真全面准确地开展了图书馆的工作，得到了政府的充分肯定和读者的信任。国家实施“两馆一站”建设项目以来，在省文化厅和州文化局的关心、重视、支持下，通过文化行政主管部门及图书馆的积极努力下，在“硬件”和“软件”基础设施上加大了投入力度，维西县图书馆办馆条件从质上得到了彻底的改观，办公设备全部更新，馆舍建筑面积从原来的几百平方米，改变为1500平方米。目前我馆馆舍建设规范环境舒适基本到达图书馆的要求。2005年参加第三次全国公共图书馆评估，首次获得三级图书馆。因马上面临新馆搬迁暂时没实现办公自动化录入。

业务建设

在上级部门的关心重视下，我馆的图书及设备都得到了一定的增加，截止2013年底，图书总藏量已达到7万多册（件），其中，纸质文献56618册（件），电子图书15000册。成人阅览室和拥有40个座席。少儿阅览室的报刊杂志，得到了一定数量的补充。电子阅览室提供读者使用的计算机也从原来的15台增加到了30台，并且10M光纤专线接入，资源存储量达到了4TB。

为更好的服务读者、满足读者需求，我馆从2012年开始从阵地服务转变为上门服务，相继开展了图书进校园、送书乡下、送资源下乡、全民读书、举办县级中小学生作文大赛、建立图书流动服务点、共享工程进校园等活动。

读者服务工作

从2011年十月起，根据我馆实际情况，每周开馆56小时，坚持周六、日不闭馆，书刊文献开架比例达50%，馆藏书刊文献年外借率20%，书刊文献年外借册次达2万册次。同时和县武警中队、县武装部建立长期合作关系，为官兵提供上门图书借阅服务和图书流通点。2009–2014年，书刊总流通59882人次，书刊总流通81340册次。电子阅览室开放时间10230小时，读者流通15474人次。

2009–2014年，共举办培训、阅读推广活动24场次，参与人数3万多人次。

表彰、奖励情况

2003年–2014年，共获得表彰、奖励5次，其中州文化局2次，县文体局3次。

馆领导介绍

陈璐，女，1978年10月生，大专学历，馆员，馆长。1998年参加工作，先后在图书外借室、成人阅览室、电子阅览室、工作。

董文胜，男，1969年3月生，大专学历，高级工，副馆长，1986年参加工作，先后在乡镇文化站、县图书馆阅览室工作。

未来展望

在知识与科技飞速发展的今天，图书馆的工作面临着巨大的挑战，需要我们不断的探索与创新服务，在未来我们将在做好基础工作的前提下，不断学习外界丰富的服务体系来改善我馆服务质量，引进先进的技术满足读者的需求，总之顺应时代的发展才能开展好图书馆的工作。

联系方式

地　址：维西县保和镇白鹤山社区白鹤路33号
邮　编：674600
联系人：陈　璐

维西县图书馆外景

读书日服务活动

组织作文竞赛活动

芒市图书馆

概述

芒市图书馆成立于1956年，归属于芒市文化馆；1987年从市文化馆分离出来，独立建立新馆；现馆址位于芒市斑色路1号，人口密集的市中心地段；建筑面积为1005平方米，共有4层。馆内设有办公室、图书综合借阅室、资料室、地方文献室、电子阅览室、视频点播室等六个部门及珠宝分馆、少儿分馆两个分馆。

图书馆目前共有阅览席位245个，其中综合借阅室48个；视频点播室74个；地方文献室8个；资料室10个；电子阅览室30个；珠宝分馆15个，少儿分馆60个。

业务建设

芒市图书馆目前图书总藏量7.8184万册，其中芒市图书馆7.0827万册；芒市图书馆少儿分馆藏书5620册；芒市图书馆珠宝分馆藏书1737册。电子文献藏量171种。

图书馆每年购书经费为3万元，中央和省级财政拨款20万元全免经费。

按照省里规定的标准，建设了228平方米电子阅览室、接收机房、资源加工室等高标准的服务平台。并按要求安装了空调、避雷、监控、防盗等配套系统。为安全需要修缮、加固了楼道栏杆，并重新装修了卫生间等配套设施，有30台电脑供读者使用。

图书馆实行了专线接入，有了固定的IP地址，（存储设备容量）10兆光纤接入，现在，依靠中国专业图书馆网，全馆实现文献资源的采访、编目、检索查询、图书流通借阅等业务和办公自动化管理，建立局域网并开展各项工作。2008年开通了对外宣传的网站www.lxstsg.com，使读者用最快捷、最有效的方式把握图书馆的服务脉搏，利用网络的优势扩大图书馆的知名度。

读者服务工作

一、提供免费服务，让群众共享文化成果

芒市图书馆外借室、儿童阅览室和报刊阅览室自2010年1月1日起实行免费开放，随着公共文化服务设施免费开放工作的不断深化，芒市图书馆认真贯彻落实文化部、财政部《关于推进全国美术馆、公共图书馆、文化馆（站）免费开放工作的意见》精神，坚持节假日不休息、周末开放，自2011年10月1日起，图书馆基本服务项目的全面免费开放。免费开放综合借阅室、电子阅览室、视频点播室，免费为读者办证、验证，免费提供文献资源借阅、公益性讲座基层辅导、流动服务、公益性展览、资源展播等基本服务项目。实现无障碍、零门槛进入。

二、建设文化信息共享工程，实现总分馆制管理

2008年10月芒市文体广电旅游局与中国电信股份有限公司与芒市公司签署了电路租用合同，图书馆实行了专线接入，为芒市全国文化信息资源共享工程的工作奠定了扎实的基础。现在，芒市图书馆在11个乡镇和街道办开展图书流动服务点，总馆与12各流动服务点基本实现通借通还。

三、建立芒图资讯，扩大对外宣传

芒市图书馆创新理念，规划并整合部门各类文献及服务信息，积极挖掘报刊资源丰富内涵，拓展新的宣传空间和形式，创建了独具特色的自主宣传工具——《芒图资讯》，为政府机关、教育、科研和企事业单位及社会公众提供参考咨询服务。

四、创建特色主题分馆，扩展服务领域

在芒市三小建立了德宏州首个主题图书馆——少儿分馆，馆舍面积140平方米，免费借阅。国内第一家珠宝类专题图书馆——芒市图书馆·珠宝分馆2012年10月1日在芒市德宏（国际）珠宝小镇隆重开馆。

五、广泛开展阅读推广服务宣传活动

此外图书馆还利用全民阅读月、世界图书与版权日等宣传日，开展图书馆有奖猜谜、办证有礼等服务宣传活动，在社会上营造了浓厚的读书氛围。在“春节”、“目瑙纵歌”、“三·八妇女节”、“十·一国庆节”等节假日，开展了一系列读者喜闻乐见的活动，凝聚了旺盛的人气，展示了我馆的形象，受到媒体、读者和市民的一致好评。

六、抓好民语译制片，促进民族文化融合

2009年至2013年，芒市图书馆结合边疆少数民族特色，译制了傣语、载瓦语版的多部主旋律电影，有《康定情歌》《喋血孤城》、《八一》、《夜袭》、《秋收起义》、《厨子、戏子、痞子》等。制作了一张民族语红歌专辑《弘扬雷锋精神　榜样再度唱响》，专辑用傣语、景颇族载瓦语译制了《学习雷锋好榜样》、《我们走在大路上》、《没有共产党就没有新中国》等脍炙人口的10首红色经典歌曲，电影和歌曲的推出，受到了当地民族群众的欢迎，并得到了广泛好评。

七、创新服务方式，译制民族版手偶剧《小熊请客》表演

2013年，芒市图书馆独立译制了民族语手偶剧《小熊请客》，并到遮放户弄和西山营盘两个农家书屋开展傣语和载瓦语版的《小熊请客》手偶表演。

全国文化志愿者边疆行云南启动仪式

傣语《夜袭》首映式

到深圳图书馆交流学习

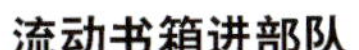

流动书箱进部队

载瓦语《康定情歌》首映式

你选书·我买单荐书活动

业务研究、辅导、协作协调

芒市是个农业县市，70%以上都属农业人口。近年来，通过深入调查，根据农民的需求，对进城务工人员开展了计算机使用培训，在农闲期间通过农民素质教育网培训学校开展种植、养殖、文艺、公务礼仪等培训班。每年开展“农文网培学校”4期，通过培训展示了“农文网培”学校的办学特色、办学理念和教学模式，得到了广大农村群众的充分肯定和认可，增强了农民致富的能力，拓宽了农民致富之路。

在风平芒赛小学、轩岗丙茂小学、西山乡中学等学校建成了5个示范基地，在德宏州特殊教育学校建了流动书箱，并按时为书箱更换图书。

管理工作

目前，芒市图书馆在职职工11人，其中，中级职称5人，初级职称6人，图书馆馆长、副馆长各设一名。为改变图书馆馆员普遍学历底的现状，鼓励职工参加函授大专等学历教育；并想方设法创造条件输送人员参加各种短期业务培训、外出参观学习等提高职工文化及业务素质。2011年我馆积极与广东佛山图书馆取得联系，分批派送职工跟岗学习。此外还远赴全国图书馆界具有首创性工作的浙江嘉兴图书馆和北京市东城区图书馆学习，通过学习提升了芒市图书馆的服务质量及管理水平，进一步推进为云南边疆少数民族地区广大读者提供更优质的文化服务。

表彰、奖励情况

2011年4月22日被德宏州文化局授予“德宏州‘十一五’文化建设先进集体，2011年11月被德宏州新闻出版局授予德宏州农家书屋建设工作先进组织。

周忠桦2010年1月被云南省文化厅授予云南省基层文化工作先进个人，来马成2012年11月被德宏州新闻出版局授予德宏州农家书屋建设工作先进个人。

馆领导介绍

周忠桦，女，1973年12月生，本科学历，中共党员，馆长。1991年7月参加工作，先后陇川县幼儿园工作，任教务主任等职；2007年12月被潞西市文体局任命为芒市图书馆馆长分管全馆业务工作。2010年被德宏州人民政府授予“先进个人”称号；同年被云南省文化厅授予“云南省基层文化先进个人”称号；2012年被中国德宏景颇目瑙纵歌节组委会授予“特殊贡献奖”。

朱月莲，女，1978年9月生，大专学历，中共党员，副馆长。1997年8月参加工作，先后借调在芒市文体广电旅游局社文股、综合行政股工作，任社文股副股长、综合行政股股长等职，2014年4月被芒市文体广电旅游局任命为芒市图书馆副馆长。

未来展望

芒市图书馆也将随着时代的步伐，在上级领导的领导下，攻坚克难、不断进取，今后将进一步扩大图书馆阵地，进一步完善办馆条件，不断增强图书馆综合实力，以满足人民群众日益增长的文化需求为出发点，发挥图书馆在构建和谐社会中的重要作用，为全市经济、社会、文化的蓬勃发展做出努力，为公共图书馆事业的发展而努力奋斗！

联系方式

地　址：云南省德宏州芒市斑色路1号
邮　编：678400
联系人：周忠桦

图书馆外貌

珠宝分馆

瑞丽市图书馆

概述

瑞丽市图书馆于1980年12月从瑞丽市文化馆分离出来，于1986年12月，独立建馆。1988年4月正式对外开放，是我省较早成立的县市公共图书馆之一。办公大楼坐落在瑞丽市文化广场左侧，建筑面积831.91平方米，2007年，云南省文化厅拨款40万元对办公大楼进行了改扩建。现图书馆内藏书4.8万册，有132个阅览坐席，电脑26台，服务器4台，卫星接收设备一套，视频点播系统一套，数字摄像摄影设备一台，图书办公自动化系统一套。年均接待读者1.2万人次，图书、杂志、报刊年流通1.65万册次。2004年，参加第三次全国公共图书馆评估，首次获得三级图书馆。

业务建设

截止2013年底，瑞丽市图书馆总藏量4.8万册（件），其中，纸质文献4.77万册（件），电子图书300册。2012、2013年，瑞丽市图书馆新增藏量购置费20万元，2011年起增至25万元。2011–2013年，共入藏中文图书500多种，6000册，中文报刊30多种，视听文献35种。2013年，地方文献入藏完整率为65%。

2013年5月以来，瑞丽市图书馆把传统工作方法转入办公自动化管理时代，提高管理效率，以适应瑞丽市公共图书馆服务广大市民建设的需要。同时，积极开展送书下乡，送电影下乡活动。

读者服务工作

从2011年5月起，瑞丽市图书馆全年365天天天对外免费开放，每周开放60小时，2013年，购买办公自动化设备，实现了馆藏文献的办公自动化借还。2011–2013年，书刊总流通5.85万人次，书刊外借2.5万册次。

2011–2013年，瑞丽市图书馆共举办讲座、展览、培训、阅读推广等读者活动30场次，参与人数3万多人次。为丰富小学生课余生活、增长知识及丰富村民的精神文化生活，瑞丽市图书馆定期到文化惠民示范村喊沙、帮养小学、等嘎小学配送图书。

业务研究、辅导、协作协调

2011年–2013年，瑞丽市图书馆职工共发表论文5篇。积极组织工作人员到乡镇文化站、农家书屋进行图书分编、文化信息资源共享工程等业务辅导。利用农文网校平台和乡镇协作，聘请有理论知识和实践经验的科技人员到乡镇开展农业科技知识培训，使其当地的广大农民增产、增收起到了良好的作用。

管理工作

2010年以来，瑞丽市图书馆实行岗位责任制管理，同时，建立了工作量化考核指标体系，每月进行工作进度、服务读者情况进行通报，每年进行总体工作考核。

表彰、奖励情况

2010–2013年，瑞丽市图书馆荣获各种表彰4次，其中德宏文体局、新闻出版局授予瑞丽市图书馆“农家书屋建设工作优秀组织奖”，瑞丽市文体广电旅游局授予3位职工，先进个人。

馆领导介绍

张德焱，男，1971年9月生，大学专科学历，中共党员，馆长。1990年2月参加工作，先后在采编室、综合阅览室、图书外借、地方文献室工作，现兼任瑞丽市文体广电旅游局办公室主任。

潘丽芳，女，1969年10月生，大学专科学历，副馆长。1988年12月参加工作，先后在采编室、图书外借室、综合阅览室、少儿室工作，现主持瑞丽市图书馆日常工作。

梅和都，男，1978年10月生，大学专科学历，中共党员，副馆长。2001年2月参加工作，先后在综合阅览室、图书外借室、装订室、地方文献室工作，现主管装订室、地方文献室工作。

未来展望

瑞丽市图书馆遵循“坚持科学、注重效率、改革创新、持续发展”的办馆方针，践行“瑞丽市图书馆与瑞丽市开发开发试验区共发展”的战略思想，即完善现有的服务功能，扩大服务辐射区域，带动瑞丽市开发开放试验区的事业发展。2011–2013年，在不断强化自身综合实力的同时，通过创建农家书屋、农文网培训学校、卫星农家书屋，流动书屋等，带动了全市公共图书馆事业的整体发展。2012年，瑞丽市市政府正式筹划建“四馆一中心”，即：体育馆、文化馆、博物馆、图书馆、文化中心于一体。在未来的几年里，瑞丽市图书馆将有一个建筑面积2700平方米的新馆舍。全面建成后的瑞丽市图书馆，将由原来老、旧、拥挤的馆舍变成一个集现代化功能于一体的新型图书馆，阅览座位500个，可容纳纸质文献50万册，年服务人次可达4万人次以上。将来随着新馆的投入使用，瑞丽市图书馆馆藏文献将以崭新的姿态迎接新的挑战。在今后的工作中，将与时俱进，不断完善检索系统，加强参考咨询服务，整合地方特色资源，拓展服务领域，最大限度地发掘和利用馆藏文献资源，逐步形成具有地方特色的服务模式和服务品牌。

联系方式

地　址：瑞丽市友谊巷北段2号
邮　编：678600
联系人：潘丽芳

图书馆外借室

读者座谈会

免费发放光盘、科技资料

贡山独龙族怒族自治县图书馆

概述

贡山独龙族怒族自治县图书馆始建于1956年10月，1983年2月独立建制，是自治县唯一的公共图书馆。1993年贡山县图书馆被省文化厅评为先进图书馆。2008年，建筑面积为1333.33平方米的新馆建成并投入使用。我县图书馆在2010年第四次全国县级公共图书馆评估定级工作中被评定为国家三级图书馆。2013年第五次全国公共图书馆评估定级工作中顺利保级。2014年，贡山县图书馆有阅览坐席80个，计算机20台，宽带接入20兆。

业务建设

贡山独龙族怒族自治县图书馆内设图书阅览室、少儿阅览室、电子阅览室、多媒体放映室、参考资料室、图书外借室、过刊外借室、数字资源编辑室。截止2014年底，贡山县图书馆总藏量27万册（件），其中，纸质文献6万册（件），电子图书、期刊21万册。

读者服务工作

从2010年起，贡山县图书馆全面实行免费开放。我馆实行开架式的对外服务方式，实行两班倒的工作制度。馆内设有书刊阅览室、图书外借室、电子阅览室、书刊外借室、参考资料室、少儿阅览室、多媒体放映室等7个对外服务窗口。周开放时间为61.5小时。县图书馆各科室全年累计接待读者3200人次，借阅书刊达7000册次。2010–2014年实行免费开放工作以来累计接待读者16000人次、借阅图书35000册次。

我县图书馆除开展正常的馆内读者服务工作外，还设有流动图书服务网点36个，涉及三乡两镇文化站图书阅览室、26个村级农家书屋、2个社区图书室、2个学校图书阅览室、1个流动图书服务车。我县图书馆工作人员定期到各个服务网点配送图书，进一步提升了馆藏图书的利用率。

管理工作

我县图书馆实行竞争上岗、采用聘用制。建立了工作量化考核指标，每月进行工作进度通报，全年进行工作考核。

馆领导介绍

和真全，男，1962年11月生，大专学历，中共党员，馆员，馆长。1980年参加工作。

和新，男，1980年8月生，大专学历，助理馆员，副馆长。2000年参加工作。

未来展望

1、积极争取在5–8年内，从经费投入、人员编制、设备设施、自动化程度等达到国家二级馆标准要求。

2、完善“共享工程”建设项目，挖掘、整合贡山各民族文化信息资源，建立地方民族文献数据库，实现纵横交错、脉络贯通的电子通讯网络传输系统。

3、紧紧围绕我县“生态立县、科教兴县、产业富县、民族文化旅游活县、构建连接滇缅藏交通要道，打造三江明珠国内知名旅游品牌”的目标，搜集、整理、加工和传递我县各类型出版物，及时抢救民族口碑传承文献，为我县各项建设事业提供定题、追踪的信息服务，提供强大的智力支持和信息保障。

4、进一步完善全日制、全开架、全免费服务，坚持每周开放时间不少于65个小时，竭力满足广大读者阅读需求，不断提高他们的整体文化素质，使其有效调整产业结构，提高产品的文化附加值。

5、建设一支业务娴熟，敬业乐群，爱岗敬业，全心全意为广大读者服务，热爱图书馆事业的专业队伍。

联系方式

地　址：贡山县茨开镇青山路2号
邮　编：673500
联系人：和真全

梁河县图书馆

概述

梁河县图书馆始建1955年，其前身是梁河县文化馆图书室，1980年与文化馆分离，正式成立梁河县图书馆。图书馆现有图书54000余册，拥有覆盖全县的基层网点的国家三级图书馆。

梁河县图书馆现有在编职工8人，在岗职工8人，其中中级职称3人，初级职称3人，高级工1人，中级工1人，大学生志愿者管理人员1人。梁河县图书馆现有馆舍面积835平方米，对外服务窗口有：图书外借室、综合阅览室、少儿阅览室、资料室、电子阅览室、多媒体演播室，面向公众提供文献借阅、书目检索、资料查询、文化信息资源共享、网上浏览、知识讲座、政府公开信息查询等服务。可以同时上百人看书学习和查阅资料。

2012年县财政每年纳入购书专项资金预算为2万元。2012年共新增馆藏图书2000余册；订阅期刊120多种。2012年县图书馆及流通服务点共接待读者19620人次，流通图书26080册次；“文化共享工程”电子阅览室共接待上机读者4716余人次。2013年订阅报刊128种。现拥有馆藏图书54320册，其中图书33600册、过刊19000册、其他文献1720册，计算机终端30台。所有图书、报刊均采取计算机管理，开架率达到100%，业务管理实现了自动化。

服务工作

图书馆是公益性的文化事业单位，我馆零门槛全免费向读者开放，主要的服务工作分为，传统业务工作、文化信息共享工程建设及管理工作、农家书屋及基层服务网点的建设管理工作三大块。

（一）传统业务工作及延伸

免费开展图书外借、报刊阅览、资料查询、参考咨询、等服务工作，逐步完善CSLN网图图书管理系统，免费办理PVC借阅卡，依靠中国专业图书馆网，全馆实现文献资源的采访、编目、检索查询、图书流通借阅等业务和办公自动化管理，提高了管理水平和提升服务质量。为主动提供服务，拓宽借阅人群，我馆和宏康医院结成友好单位，建立流动自助图书馆，配送杂志期刊29种187册，图书64种106册，报纸18种4000多份。借阅效果好，但管理难度大，目前图书、报刊、杂志流失了80%以上。今年还准备开展图书进监狱、进军营、进校园活动。

（二）梁河县共享工程支中心建设情况

1、建设情况

我县被列入2007年云南省38个边境、邻边、藏区县的建设规划，成为云南省首批共享工程建设县。根据《云南省文化信息资源共享工程建设实施方案》，梁河县支中心于2008年5月正式开工建设，2008年10月9日建成并通过省文化厅的验收，2009年元月1日正式向读者开放。支中心由中心机房（中控室）、多媒体演播室、电子阅览室卫星接收系统组成，支中心承担接收并下发国家中心、省分中心的资源，加工本地特色数字资源，为读者提供阅读电子图书。

基层服务点建设情况，我县的文化网络服务体系已经完全建成。2009年建成勐养、遮岛、曩宋三个乡镇基层服务点，2010年建成平山、大厂、九保三个乡镇基层服务点和54个村级服务点，根据省文化厅的布署在已建成的乡镇村基层服务点建成相应的“农民素质教育网络培训学校”，乡镇基层服务点依托农文网培学校开展服务三农的各项工作。2011年建成小厂、芒东、河西等三个乡镇基层服务点及12个村级服务点。

2、工作开展情况

⑴宣传推广工作

制作宣传栏、悬挂宣传横幅、制作发放宣传单，下到自然村开展信息共享工程、农文网培学校宣传工作。2012年到芒东乡平坝村、小厂乡勐竜村进行农文网培学校工作宣传和电脑知识培训。宣传文化共享工程政策。因为群众对文化共享工程免费开放政策还不很了解，很有必要对群众大力宣传文化共享工程免费开放政策。培训计算机知识，让他们了解使用计算机最基本的知识。

(2) 惠民服务措施

县级支中心在做好设备的使用、维护工作的同时，积极做好电子阅览室的管理工作，完善阅览证办理和发放手续。积极做好未成年人上网指导工作，严格监管未成年人上网，上课期间一律不允许未成年人上网，为未成年人提供绿色上网通道。积极接收和下发国家中心和省分中心下发的种植、养殖知识、致富信息及优秀文学作品数字资源。

电子阅览室

办公室（采编室）

地方文献专架

第二书库

外借室书库

3、培训管理工作

(1) 培训工作

2012年5月全县各乡镇从事图书、农文网培学校管理的文化站站长、干部职工图及书馆的工作人员，进行了业务培训。内容包括：学习免费开放相关文件；图书分类、著录、目录组织知识培训和图书馆自动化（网图）学习；灯光、音箱、摄像、摄影操作培训。

(2) 管理工作

依托共享工程，进行远程培训工作。多年来图书馆组织职工参加国家中心、省分中心的远程培训。进行业务指导培训，签订考核责任书，多次下乡检查、督导共享工程和农文网培学校建设。每年进行2次检查1次考核。

图书馆外貌

农家书屋工程建设及管理工作

根据国家八部委下发的《农家书屋工程实施意见》和《农家书屋工程建设管理暂行办法》的要求，农家书屋工程建设按统一规划、统一标准，分级实施、分级负责，农家书屋的图书资料由省工程建设领导小组统一采购，统一配送，县乡村负责书架、书柜、视听设备和农家书屋的管理工作、使用工作。

我县农家书屋工程建设情况是：2008年建成16个，具体由县委组织部负责，2008年后由文体局负责，2008年建设12个农家书屋，2009年建设19个农家书屋，2010年建成20个农家书屋，2011年完成14个农家书屋建设任务，我县初步实现村村有农家书屋，基本解决了广大农村看书难的问题。

2012年11月被德宏州新闻出版局授予德宏州农家书屋建设工作先进集体，我馆职工杨加雄、和宋春梅被评为农家书屋建设工作先进个人。

今天评估组对我馆进行评估，是对我馆四年工作的一次检查，我馆全馆职工会诚恳的接受评估组提出的意见和建议，在今后的工作中努力改进，完善技术平台，打造特色资源，创新服务理念和工作机制，加强专业化队伍建设，深化合作共建，丰富服务活动，推进公共电子阅览室建设和资源共享形式多样化，使我县的文化惠民工作在初见成效的基础上，取得更大的进步。

联系方式

地　址：云南省德宏州梁河县遮岛镇振兴路24号
联系人：胡朝亮

泸水县图书馆

概述

1984年8月，图书馆从文化馆分离出来，建立了泸水县图书馆，职工有3人，总藏书有13770册。1986年8月，投资18万元，在鲁掌建盖建筑面积为410平方米的图书馆业务用房。1987年2月，由于碧江县撤销，部分图书、办公设备、人员充实到泸水，图书馆职工增至4人，藏书达21000册。1988年，图书馆工作进行规范化管理，设办公室、采编室、外借室、阅览室、资料室、书库等。在管理方面，制定了图书馆规章制度，馆长负责制、各业务部门及人员岗位责任制等。图书按《中国图书馆分类法》进行分类和按著录标准进行著录。1999年10月，参加第三次全国公共图书馆评估，获得三级图书馆。2009年和2003年参加第四次和第五次全国公共图书馆评估，评定为三级图书馆。2002年4月，由于泸水县城搬迁，泸水县图书馆从鲁掌搬到六库，在现在的六库镇园丁巷租用泸水县老干局三间房子，共90平方米开展工作。职工有6人，每周开放48个小时，藏书3.6万册。2003年10月10日，泸水县文化局在六库镇园丁巷12号职工住宅楼前建盖临时性办公室，图书馆又搬到临时办公室内，在40平方米的房间内力所能及地开展工作。2005年6月13日，为了更好地服务读者，图书馆又从临时性办公室内搬到泸水县民族体育场内，在140平方米内开展读者服务工作。2012年5月，投资1200万元的泸水县宣传文化活动中心竣工落成。6月，泸水县图书馆从民族体育场搬迁到泸水县宣传文化活动中心内。泸水县图书馆使用3500平方米。设办公室、采编室、资料室、图书外借室、期刊外借室、报刊阅览室、少儿阅览室、图书典藏室、期刊典藏室、报纸典藏室、公共电子阅览室、多功能报告厅、展厅。有阅览坐席442个，计算机25台，宽带接入20Mbps。

业务建设

截止2012年底，泸水县图书馆藏总量198656册，其中：电子图书15万册，图书33437册，期刊10677册，报纸4542册。

2010年9月，建立了文化共享工程泸水县支中心公共电子阅览室，使用面积为150平方米，共有25台电脑；公共电子阅览室安装了15万册电子图书，从2010年至2012年，报刊文献年均入藏169种，视听文献年均入藏163种。地方文献入藏完整率为80%。

截止2012年底，泸水县图书馆数字资源总量达到5TB；其中：电子图书1.5TB，，信息数字资源3.5TB。

读者服务工作

从2012年起，泸水县图书馆全年365天天天对外免费开放，周开放66个小时。书刊实行全开架，开架书刊排架正确率在99%。从2010年9月建立了文化共享公共电子阅览室，数字资源量达5TB，每个月向群众播放一次讲座，播放内容包括名家讲堂、素质教育、健康知识等，截止目前，泸水县图书馆共举办讲座、展览、培训、阅读推广等读者活动26场次，参与人数3082人次；书刊总流通人次36200人次，书刊外借124500册次。书刊年平均流通人次12066人次，外借41300册次。

泸水县图书馆除了开展读者服务，做好阵地工作以外，不断的拓展服务方式，开展送书下乡活动；开展流动图书室建设、利用文化共享工程设备进行送科技下乡等活动。据统计，建立流动图书点6个；开展送科技下乡，为群众播放种植养殖技术13场次，受训人员达3610人次；开展送书下乡活动16次，流动给乡镇文化站、村图书室和学校图书室图书共5388种，9412册。通过开展各种方式的服务，极大的满足了群众的文化生活，解决了基层群众看书难的问题。

业务研究、辅导、协作协调

2009年至2012年，泸水县图书馆发表论文1篇，撰写调研报告3篇，项目论证报告1篇。

2011年起，泸水县图书馆参与国家图书馆组织的联合编目，参与数字图书馆建设；馆与乡镇文化站开展互借。

2010年，泸水县以县图书馆为龙头，以乡镇文化站图书室为纽带，依托村农家书屋以及农户家庭、农家文化大院，规划建立遍布城乡的县、乡、村、居四级图书服务网络。局分管领导、县图书馆为具体责任人和责任单位，通过强化组织领导、协调，结合送书下乡等工作，分别为乡镇文化站、村农家书屋进行图书配送，在符合条件的乡镇文化站、村农家书屋及农户家庭、农家文化大院建立起县图书馆乡镇分馆、图书馆流动服务点和农民读书点。泸水县有9个乡镇、5个社区、72个村委会都建立了图书室，乡镇、社区、村图书馆参与服务网络建设的比例为100%。

泸水县图书馆重视对基层的业务辅导工作，帮助乡镇文化站、村图书室、学校分编图书、帮助处理工作中遇到的问题，

召开读者座谈会

对社区人员进行业务辅导

对学校进行业务辅导

读书活动

送书下乡活动

年均下基层辅导3次以上。如：在每年召开全县文化工作会议上对基层进行业务培训工作，2009年12月对全县完小图书室管理人员进行培训；2010年9月帮助泸水一小分编图书；2011年6月帮助泸水二小分编图书。2011年10月举办了一期"泸水县文化共享工程设备发放和培训工作会议"；培训的内容包括图书管理、分类、编目、排架、文化共享工程设备的管理、使用；文化共享工程资源介绍。通过辅导、组织培训，乡镇文化站和学校的图书室的图书都按《中图法》进行分类，按著录规则进行著录；电子阅览室正常开放，提高了管理图书和使用文化共享工程设备的能力。

管理工作

2012年10月，泸水县文化局与图书馆的全体职工签定，《聘用合同书》；对获得中级职称的5名人员中聘用了4名。建立了工作量化考核指标体系，每月进行工作进度通报，每半年和全年进行总体工作考核。做到按需设岗，按岗聘用、竞争上岗、择优聘用、年终考评。

泸水县图书馆制定了《岗位职责》、《学习制度》、《考勤制度》等16项规章制度，对职工严格按照制度管理，实现管理科学化，推进图书馆服务工作。

表彰

2009年至2012年，泸水县图书馆获得云南省图书馆表彰1次，泸水县文体广电局表彰2次。

馆领导介绍

密均锋，男，1969年3月生，大专学历，中共党员，馆员，馆长。1988年7月参加工作，历任泸水县文物管理所副所长，泸水县文化局办公室主任。2002年1月任泸水县图书馆馆长。中国图书馆学会会员，云南省图书馆学会会员，文化信息资源共享工程泸水县支中心主任、泸水县文体影视系列初评委主任、泸水县文体广电局第一支部组织委员等职。2011年9月被选为中国共产党怒江傈僳族自治州第七次党代表。

未来展望

泸水县图书馆以实现泸水跨越发展为目标，以满足人民群众日益增长的阅读需求为出发点，坚持"传承文明，服务社会"的宗旨，全面贯彻落实科学发展观，进一步转变观念、创新工作思路，积极主动地、有计划、按步骤地培养一批能胜任现代化图书馆岗位要求的专业技术队伍。全面推进图书馆数字化、网络化建设；充分发挥图书馆在知识创新体系和构建和谐社会中的基础作用，为实现县级一流的现代化图书馆目标而奋斗。

联系方式

地　址：云南省怒江州泸水县宣传文化活动中心（泸水县图书馆）

邮　编：673100

联系人：密均锋

图书馆馆貌

多功能厅举办讲座

流动图书服务

学生借阅图书

陇川县图书馆

概述

1957年成立陇川县文化馆，内设图书室，1982年将文化馆的图书室分离出来，正式成立陇川县图书馆（新馆位于陇川县城章凤镇同心路中段），馆舍面积1040m²。

内设机构有：共享工程陇川县支中心、办公室、采编室、资料（地方文献）室、外借室、综合阅览室、少儿阅览室、电子阅览室、视频点播室及共享工程综合业务加工室。

人员情况

人员结构：县里核编6人，现有工作人员11人。其中男2人，女9人；本科学历2人，专科7人，其中图书馆专业1人；年龄结构：40岁以上6人，340岁以下5人。馆员3人，助理馆员1人；高技工1人；中技工4人，初技工1人，公务员1人。

馆藏资源情况

馆藏资源情况：现共收藏有各类图书、报刊合计本及当地少数民族文献合计58000册，馆内收藏了一定数量的景颇文、傣文文献。并藏有一套解放前由国外传入的以十二片象骨制品——贝叶式傣文象骨写经较为珍贵。

列入县财政预算经费费7万元，其中购书经费2万元、报刊费2万元、共享工程建设运行费3万，年计报刊240种以上。用中国图书馆专业网对图书馆工作进行自动化管理，所有藏书都用《中国法》分类，图书排架采用分类号加作者号结合的方法，作者号按《通用汉语著者号码表》取号，著录按《普通图书著录规则》著录，共设有三种目录，即分类目录、书名目录、著者目录，共四套，其中读者目录三套、公务目录一套。

阵地服务工作

陇川县图书馆坚持天天开放接待读者，年均接待读者24000人次，开放时间是周六至周二：中午13：00−17：00，晚上：18：00−21：30；周三至周五开放时间是：早上9：00−11：30，中午：13：00−17：00，晚上：19：00−21：30。近四年来共接待各类读者90000多人次。每年坚持开展形式多样的图书馆服务宣传活动及读者座谈会。常年坚持开展送书下乡，送书到军营、学校的活动；2003年设立培训中心，开展少儿书法及少儿英语培训班；2005年又增加了电脑培训班。四年的时间共培训各类中小学生及电脑爱好者600多人。2005年争取到国家文化信息资源共享工程，成为德宏州第一家拥有电子阅览室（40台电脑）、视频点播室的图书馆。年电子阅览室及视频点播室共接待各类读者年均16000人次。同时又增加了将资源共享工程的视频节目送到基层及农村的活动。

农家书屋建设情况

从2008年开始，按照陇川县文体局的安排，陇川县图书馆全面开展陇川县农家书屋建设。到2012年共建72家，陇川县农家书屋建设2013年受到了德宏州文体局的表彰，其中先进组织奖一名、先进集体5名、先进个人6名。

共享工程及农文网培学校建设情况

陇川县图书馆于2005年开始共享工程建设，组建了德宏州公共图书馆第一家电子阅览室，于2008年建设完成了共享工程陇川县支中心，并于2008年10月至11月顺利通过了云南省文化厅及文化部的验收；设有电子阅览室、机房、多媒体室及综合业务加工室。现有电脑46台及相关的现代化办公设备，陇川县支中心年均接待16000人次以上，在2008年11月协助共享工程云南省中心在陇川县图书馆完成了云南省西部片区19个县级支中心的培训工作。至2012年完成了11个乡镇级及25个村级站点建设。并按照云南省文化厅的要求全部完成了农文网培学校的建设，重点打造拉影文化中心、章凤镇文化站及勐约乡文化站等3个农文网培学校。

培训工作

我馆每年开展针对乡镇文化站工作人员的业务培训2−3期，近4年主要开展了共享工程建设、农文网培学校及农家书屋建的培训，共培训300多人次。每年协助每个乡镇农文网培学校开展针对农村2−3次相关培训，近四年共培训农民6000多人次。

馆外延伸服务

近几年来，我馆利用馆藏资源，分别建立了：拉影国门分馆、缅甸雷基市华侨小学图书室、陇川县地方税务局图书室、陇川县看守所图书室及武警陇川三中队图书室。4年来将我馆的26000册图书进行了流通，接待读者30000多人次。

文化部杨志今副部长到拉影国门分馆视察

流动图书室

外借室

少儿阅览室

资料（地方文献）室

国门文化建设工作

根据陇川县文体广电旅游局的安排，把拉影文化中心的工作划归我馆来管理，我馆按照陇川县县委宣传部及陇川县文体广电旅游局统一要求，积极在拉影文化中心开展各项工作，分别在拉影文化中心建立了：共享工程公共电子阅览室、拉影国门分馆、国门书社、陇川县老年大学拉影办学点、共享工程拉影文化中心农文网培学校，将拉影文化中心打造成集图书借阅、电子阅览、电影放映、培训、展览、群众体育活动及文艺演出我一体的中缅文化交流的窗口。拉影文化中心每年接待10000多名读者，其中40%是缅甸人，每年开展3－4期针对中缅边民培训，分别培训了：出入境管理、计算机基础及农村种植养殖实用技术，特别是针对缅甸人开展替代种植技术深受缅甸居民的欢迎，近4年共培训2200多人次，其中缅甸居民600多人次，陇川县老年大学拉影办学点每周在拉影文化中心受课半天，有40%的学员是缅甸侨民。不定期的在拉影文化中心为中缅边民开展电影放映、文艺演出及体育活动等服务。我们在拉影文化中心的各项工作维护了边境文化的安全，促进中缅两国的文化交流。

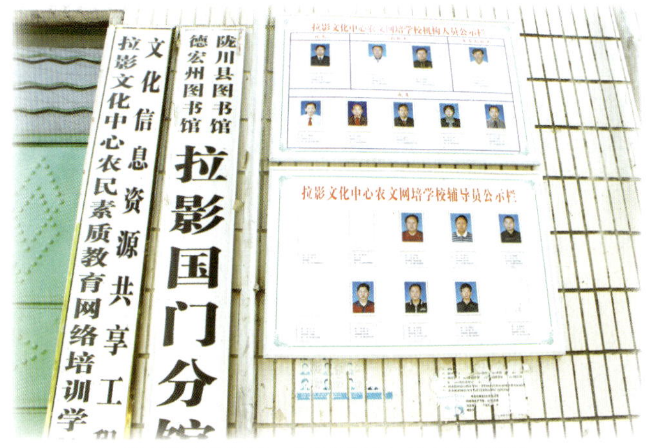

拉影国门分馆、农民素质网络培训学校

四年来，我馆在开展好阵地工作的同时，依托文化共享工程、农家书屋及拉影文化中心积极开展各种延伸服务，在构建陇川县公共文化服务建设体系、维护边境文化安全及中缅文化交流上做出了应有的贡献。

昌都地区图书馆

概述

昌都地区图书馆是重庆市贯彻中央第四次西藏工作座谈会精神，对口援助昌都地区的援藏项目，建筑面积4124平方米，总投资1000万元。2001年7月18日开工建设，2002年9月3日竣工，为交钥匙工程。馆内设有：书库5个、图书阅览室1个、报刊阅览室1个、电子阅览室（88个机位）1个、多功能报告厅（164座）1个，音像阅览室1个，会议室1个、办公室等。2007年被昌都地区精神文明办公室命名为绿色上网单位，青少年指定上网单位。2010年获得国家文化部颁发的三级图书馆称号，是西藏自治区内唯一获得国家级别的图书馆。2013年获得国家二级图书馆称号，也是西藏自治区内唯一获得国家二级的图书馆。2012年，全国文化信息资源共享工程昌都支中心建设完成，昌都图书馆有了自己的门户网站。2014年7月7日，昌都红岩文化室建设完成并正式对外开放。

2013年7月，昌都图书馆改扩建工程开工，2014年7月28日竣工，总投资1420万元，改扩建后，建设1000多平方米的书吧；100平方米的美术之家；100平方米的藏文阅览室；电子阅览室面积将达到600平方米，拥有电脑120台。图书馆总面积将达到6000多平方米。2014年，将完成昌都数字图书馆建设，积极实施文化公共文化服务体系示范项目昌都公共图书馆服务拓展与创新项目。

业务建设

截止，2014年12月，昌都图书馆藏书总量165000册（件）（藏文图书5200册）。包括图书110000册、报刊5000册、电子图书50000册。2014年新购报刊种类530种，电子阅览室终端数120个，阅览室座席总数192个，其中图书阅览室座席数64个，报刊阅览室座席数64个，电子阅览室座席数64个。发放借书证1520个。2014年总流通人次3.5万次。书刊文献外借册次5万次。为读者举办11场次各种活动（其中组织各类讲座8次，举办展览3场）。流动书刊借阅5000人次，流动书刊借阅量达30000多册。

读者服务工作

一是积极组织开展读书活动，兴起读书之风。4月23日是“世界读书日”。这是书的节日，也是读书人的节日。为了贯彻落实昌都地区文化发展大会和自治区文化厅、财政厅《关于推进全区公共图书馆、群艺馆、县综合文化活动中心和乡镇文化站免费开放工作的意见》的精神，昌都图书馆积极组织开展了读书活动。2011年开展了“读书日”系列活动，6月开始，8月结束。2012年、2013年组织开展了读书周活动。在活动中，通过发放《倡议书》、赠阅图书等形式吸引读者图书，通过电视、报纸和悬挂横幅等方式大力宣传读书乐趣，通过举办“影响我一生的一本书”有奖征文活动唤起广大市民读书的热情。

二是拓展服务项目，扩展服务范围。从2011年开始，昌都图书馆先后帮助建成了2个军营书屋、2个机关书屋，45个便民书窗。向地委党校、地区职业学校、地区一高、二高、三高，昌都县初级中学、二中，实验小学、第一小学，地区福利院、驻昌部队、地区商务局以及边坝县、洛隆县、贡觉县等县和单位，广大市民捐赠图书近10万余册。2012年起与地区群艺馆联合举办了“庆七一”书美影唐卡展活动。2013年组织开展了首届“康巴少年”讲故事活动。2014能组织开展了“红岩怀”康巴少年讲故事活动，云南迪庆州应邀参与，分设了汉语组和藏语组，得到了师生的广泛认同，得到了社会各界的大力支持和赞助。2013年6月1日，昌都图书馆将多功能报告厅改建成数字电影院，免费为广大市民播放电影，效果良好。2013年起，举办闹元宵，猜灯谜活动。还有，我们通过印发图书袋和赠送电子图书让读者享受读书的快乐，宣传读好书、好读好，共发放图书袋5000个，赠送电子图书300万册。

三是电子阅览室发挥作用明显。2012年9月，全国文化信息资源共享工程昌都支中心建成。以此为契机昌都图书馆进一步加大了电子阅览室的设备配置，共配备电脑70台，购买数字资源1000G，同时实现了与重庆市图书馆和少儿图书馆、天津市图书馆和少儿图书馆的资源共享，让读者们在电子阅览室方便快捷获得所需知识，尽情享受上网冲浪的快乐。还与驻昌部队联系，定期组织部队官兵上网与家人上网见面，解决了他们想家和与家人难见面的难题。

四是开展昌都图书馆形象标识征集，扩大影响。2013年9月至12月，昌都图书馆面向社会征集形象标识，活动共收到来自全国23个省、直辖市、自治区，194位作者创作的306件作品。为了组织好本次活动，昌都图书馆在国家图书馆、今日西藏昌都、藏东文化网、昌都电视台、昌都报、全国文化信息资源共享工程昌都支中心等相关网站、媒体上发布了《昌都图书馆关于面向社会征集形象标识（LOGO）的公告》，立即指定专人收集整理，保证了作品及时登记，及时处理，及时反馈。从整

2014年7月7日昌都红岩文化室正式开放

免费发放图书

图书馆改扩建前

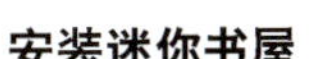
安装迷你书屋

灯谜活动

读者自己解读红岩精神

体效果上看，参赛作品简洁明快，具有较强的视觉感染力，便于识别和记忆，体现了昌都图书馆地方特色，体现了现代图书馆事业发展趋势。浙江省乐清市章云途同志的作品为昌都地区图书馆馆徽。

五是迷你书屋建设。今年我单位在昌都地区惠民班试点建设了5个迷你书屋。该校远离城区，学生来自于昌都地区11县，都是住校生，便于管理。鉴于以上情况，我馆在该校进行了迷你书屋试点建设。迷你书屋配备图书500册，管理采取“拿走一本，归还一本”的原则，学生选取适合自己的相关课外书籍，并将自己喜欢的图书推荐给大家。通过该书屋建设，很好地解决了学生借书难的问题，也丰富了学生的课外阅读范围。

六是流动书屋建设。为了更好地为读者服务，我馆与部队、机关单位、公安等部门积极联合，在条件成熟的情况下建立流动书屋或书柜。目前已在昌都地区经济技术开发区公安分局、地区工商局、地区党校、地区商务局、地区一高、地区二高、地区实验小学、昌都地区消防支队、驻藏部队等单位建设了15个流动图书屋或流动书柜。流动书屋配备图书5000－8000册，流动书柜配备图书500－800册。流动书屋、流动书柜建设即方便了读者，也扩大了我馆的影响。

七是通过援藏渠道，建设爱国主义教育基地。昌都地区通过重庆市文化委员会联系，由重庆红岩联线援助建设了昌都地区红岩文化室，长期布置《千秋红岩》文字图片展，成为了昌都地区学校、机关、部队等单位重要的爱国主义建设基地。昌都红岩文化室自2014年7月7日挂牌后，已接待各类参观者3000多人。

八是举办少儿特培班。从2014年10月起，昌都图书馆聘请具有书法、美术、舞蹈资格的老师，举办少儿书法美术舞蹈，共招收学员60名，成效显著。

管理工作

因昌都图书馆人员太少，现有图书馆人员3名（其中2名临时工），为方便读者，图书馆实行365天，天天开馆，每天开馆时间为8个小时以上。同时，昌都图书馆采用全开放式管理，读者通过图书查询系统，找到自己想要的书，再去书库自行借阅。

表彰、奖励情况

2012年获西藏自治区免费开放先进集体称号。

2014年获昌都地区文化系统先进单位称号。

2014年参加“全国少年儿童中华经典读物诵读视频大赛”，获积极组织奖。

馆领导介绍

段冬林，男，汉族，大专学历，1996年参加工作，2009年任馆长。

王敏群，女，汉族，大专学历，中级职称，1999年参加工作，2009年任副馆长。

未来展望

昌都图书馆将以“一切为了读者，营造文明社会”为本馆的总体指导思想，努力做好如下几个方面。一是完成昌都数字图书馆建设；二是进一步完善功能，吸引广大读者走进图书馆；三是2015年建设完成100个便民书窗，迷你书屋50个；四是充分利用场馆建设，举办各类活动，提高图书馆利用率；五是加强昌都地区公共图书馆服务拓展与创新示范项目的创建工作，突出图书馆功能作用，服务读者。

联系方式

地　址：西藏昌都县昌都西路368号

邮　编：854000

联系人：王敏群

图书送到办事大厅

军营书屋

举办书美影唐卡展

西藏自治区图书馆

概述

西藏自治区图书馆是自治区"八五"重点建设项目之一，于1983年设计，1991年动工，投资1843万元，1996年正式开馆，馆舍面积11000平方米。于2002年和2011年分别增设了全国文化信息资源共享工程西藏自治区分中心和西藏自治区古籍保护中心的职能；内设8个部门，即办公室、典藏部、图书采编部、阅览部、服务部（培训部）、网络部、资源部、古籍保护部。2013年，参加第五次全国公共图书馆评估，首次获得三级图书馆。

业务建设

西藏自治区图书馆藏书量达36万余册，其中藏文古籍达15000函、10万余册，收藏期刊1016种，报纸247种。可容纳读者座位200个，计算机80台。免费提供4万多册电子书，其中藏文电子书300多册、电子图文300GB以上，在线视频3000多部，有声读物320部。全年免费开放少儿阅览室、电子阅览室、期刊阅览室、藏文阅览室、开架外借室。

选用ILLASS图书馆自动化集成系统，实现了图书分类、编目、检索、流通自动化。2007年参加了全国性联合编目中心。

采取"区内求全、区外求精"的采选方针的基础上，2012年与全国八大民族出版社联系，签定合同，购买、收藏每年所有的藏文和藏学书籍，突出了特色馆藏。馆外建立了4个分馆、157个服务点、和1个"图书漂流站"。

读者服务工作

西藏自治区图书馆做好各项免费开放阵地服务工作。一是实现了全天候免费开放服务，除每周一（进行内务整理和系统维护）关闭一天外，做到全天候免费开放。二是加强与读者的沟通服务工作，在公共服务区域设置"馆长信箱"，"你点菜，我买单"等服务；开通了西藏自治区图书馆、文化共享工程西藏分中心藏汉双语网站，截止目前累计访问量达到77万人次；制作了"读者手册"。三是为读者提供馆藏资源自动化检索功能。基本实现IPAC检索，读者可在任何地方、任何时间随意检索西藏图书馆馆藏书目。四是阅览区域安装了WIFI无线网络，开通了无线上网服务，实现了借阅自动化系统，读者可以通过扫描二代身份证实现借还书。五是接待读者人数大幅增加，2014年我馆共接待各类读者5万余人次（比往年增加了8%），借阅各类图书和期刊5.12万册次（比往年增加了5%）。六是举办了讲座、展览、培训等30多次各种阅读推广活动。制作发放37种阅读文化产品总价值40多万元，受益人群20万人左右。

业务研究、辅导、协作协调

2009年至2002年，西藏自治区图书馆职工发表论文45篇，出版专著2部，获准立项的国家社会科学基金课题1项，承担了文化部课题1项。

文化信息资源共享工程西藏分中心完成了《西藏藏北赛马文化资源库》、《格萨尔史诗专题资源库》、《西藏红色歌舞多媒体资源库》的建设。

西藏自治区古籍保护中心编纂出版了《雪域宝典—西藏自治区第一、二、三批国家珍贵古籍名录藏汉对照图录》等4部古籍普查保护成果图书。

管理工作

事业编制55名，其中县级领导职数4名，现有在编人员50

名（含1名援藏干部），其中高级职称11人，占现有人员的22%，中级职称10人，占现有人员的20%。公益性岗位19人。

表彰、奖励情况

2009年来我馆获得的各种奖项8次，区党委常委、宣传部长董云虎、原自治区政府副主席多托等自治区领导先后对图书馆免费开放工作给予了高度评价和重要指示。

馆领导介绍

努木，男，1972年生，本科学历，中共党员，副研究馆员，馆长。1997年分配到西藏自治区文化厅系统，先后在自治区博物馆、厅政工人事处、西藏民族艺术研究所、西藏图书馆等工作，2011年10月担任西藏自治区图书馆馆长。

旦增卓玛，女，1964年生，本科学历，副研究馆员，副馆长。2002年担任西藏自治区图书馆副馆长。

边巴次仁，男，1969年生，本科学历，副研究馆员，副馆长。曾担任西藏图书馆古籍保护中心副主任，2013年担任西藏自治区图书馆副馆长。

刘淑丽，女，1973年生，西藏自治区图书馆副馆长。

未来展望

2015年西藏自治区图书馆将正式启动改扩建工程，力争在不久的将来为广大读者打造一个集学习空间、交流空间、创意空间、展示空间于一体的“第三文化空间”，“要让图书馆成为市民除家庭、单位以外最想去的地方”。

林芝地区图书馆

概述

林芝地区图书馆系福建省第三批援建项目，于2002年开工建设，2004年7月完工，总投资700万元。2005年7月1日正式向读者开放。图书馆大楼建筑面积3104.4平方米，馆内设有综合阅览室、青少年阅览室、报刊期刊阅览室、社会科学书库、自然科学书库、新书编目书库、地方文献室和藏文图书室。现有在职人员6人，其中，馆员4人，助理馆员1人。自2011年起林芝地区图书馆全天开放，开馆时间为每周日至周二，周一闭馆，每周开放时间在49小时以上，中午、节假日期间正常开馆。

业务建设

藏书及借阅情况：目前林芝地区图书馆藏书62000余册，期刊报纸270种；地方文献图书256册，58种，光碟43盘；2013年图书馆流通人次为5642人次，比去年同期增加503人次，增长率9.79%；书刊文献外借册次为6077册次，比去年同期增加1782册次，增长率31.92%；办理借阅证191个，比去年同期增加72个，增长率48.64%。每年购书在2000至5000册。每年向学校、基层捐赠图书在1000至5000册以上。

经费情况：自2010年起，林芝地区图书馆实行免费开放，中央财政每年拨付免费开放经费为40万元，地区财政配套10万元，共计50万元，地区财政每年拨付购书经费为20万元。

读者服务创新工作

林芝地区图书馆开馆以来，始终坚持"读者第一，服务至上，以人为本"的服务理念，实行免费开放，同时以传统服务模式为依托，积极开拓业务，不断创新服务方式和方法，取得了一定的成绩受到了广大读者的一致好评。

（一）图书馆除做好日常的工作外，在消防支队、看守所等四个单位设立了流动图书馆，定期更换不同类型图书。同时设立了流动服务宣传车，覆盖地区厦门广场等14个服务点。

（二）发挥图书资源优势，培养青少年良好的阅读习惯，设立小学生集中接待日，每年不宝藏接待地区一小、二小学生整班集中阅读，阅读人数达6000余人次。

（三）拓宽服务信息渠道，积极与地区移动公司合作，建立了图书信息发布平台，通过手机向读者提供最新图书动态信息，已发送信息10000余条。

（四）积极争取各级领导对图书馆事业的关怀和支持，向地区领导、各部门主要领导及每一届援藏干部发放VIP借阅证。

（五）发展图书馆特色馆藏从2009年起专设了地方文献室，现收集、整理地方文献资料59种，259册，光碟43盘，为保护、发展和利用地方文献资源起到了积极的的作用。

（六）扩大服务范围，提高社会效益，面向农村、面向基层延伸服务工作：

1、2012年在八一镇21个便民警务站，4个派出所和两个维稳指挥中心共设立27个点设立了图书漂流中心；截止2013年4月，借阅人次为3698人次，借阅图书5557册次。今年11月我馆还向各图书漂流点补充了期刊杂志1521册，价值3920元。图书调换工作已于2013年5月初进行完毕。

2、2013年，开展首届"超级读者"评选活动，庆祝第18个4.23"世界读书日"。为进一步营造学习型社会氛围，提高全民阅读的积极性，林芝地区图书馆开展了第一届"超级读者"评选活动，时间为2013年3月1日至4月23日，评选出了"超级读者"1名，"达人级读者"2名，"牛人级读者"10名，并为获奖的读者颁发了奖品、奖金，授予了荣誉证书等。同时还为参与报名的其他读者发放了纪念品。此次活动投入资金近3万元。

3、"三下乡"活动中向农牧民群众送书9388册；向"新农村、新文化"16个点配备图书4000册。

表彰、奖励情况

2011年获得了全区基层文化建设先进集体。2012年获得了全区公共文化设施免费开放先进集体。在2013年开展的全国县以上公共图书馆第五次评估定级中被评为市级三级馆。

馆领导介绍

王炜，女，1974年7月生，本科学历，中共党员，馆员，馆长。1996年参加工作。先后在1997年8月–2002年12月在波密县人大办工作，2002年12月–2005年11月在波密县政府办工作，2002年12月任波密县政府办公室副主任兼机关后勤主任。2007年6月8日任地区图书馆副馆长。2010年12月27日任地区图书馆馆长。

未来展望

全馆人员经过多年不懈努力，图书馆环境面貌发生了巨大变化。文献资料入藏量每年递增，读者队伍逐年壮大，图书资料的流通方式实行全开架借阅，使馆藏图书期刊得以充分利用，做到活而不乱，成效显著，职工综合素质大大提高。馆内管理有序，制度健全，得到社会各界领导充分肯定和赞誉，并先后获得了国家级和省级的奖励。

今后，在上级领导和业务部门的指导下，在文广局的正确领导下，图书馆认真贯彻落实党的"十八大"精神和"三个代表"重要思想，按照代表先进文化前进方向的要求，努力做先进文化的建设者和和保持者，进一步解放思想、振奋精神，以全心全意为读者服务为宗旨，树立科学的发展观，与时俱进，改善工作中的不足，巩固和发展文化信息资源共享工程，不断完善运行机制，做好乡镇共享服务点技术辅导和信息交流工作，逐步向数字化图书馆迈进，使广大基层群众能够普遍享受到数字化图书馆提供文化服务，为构建和谐社会，做出应有的努力和贡献。

札达县图书馆

概述

札达县图书馆总面积为569.8平方米，2010年5月建立正式投入使用，由国家投入资金60万元。下设1个办公室，图书室2间；培训教室、电子阅览室各1间；2013年10月获三级图书馆称号。在2013年投资2万元，为我县图书馆购买了新图书184种，517册。目前共有图书5200册，30台计算机，服务器1台，8兆互联网出口宽带，投影机1台，在全县范围内实现免费共享。

业务建设

札达县图书馆，通过丰富的培训、宣传手段，实现惠民惠农政策。利用札达县电视台，对阅览场所进行拍摄，进行宣传。使广大基层的群众了解图书馆，并利用好。不断的拓展馆内服务方式，充分利用自身的载体，开创基层文化工作的新局面。开展培训活动，首先提高了农牧民的爱国意识和科技意识，既能让他们增强了爱国主义意识又学习到了农牧业方面的科学知识。特别是在畜牧养殖业和蔬菜种植方面，通过全国阅读日，举办读书阅览活动，使农牧民群众学习到养殖、种植的先进技术。同时为广大学生青年提供了以图书、文本、视频等多元化的学习平台，提供了大量的文化内容，并丰富了广大干部职工的业余文化生活，使广大干部职工在工作之余，有了娱乐和提高的场所。由于自然条件的约束，札达县图书馆以聘用的方式聘请管理人员进行管理。且制定了相应的管理制度并上墙，如《电子阅览室管理制度》《图书馆管理制度》等，更好的满足农牧民群众日益增长的文化生活需求，为全县经济快速发展和社会全面进步提供强大的思想保障和精神动力。

管理工作

札达县属我国边境县之一，历史悠久，文化底蕴深厚，但自然条件差，气候恶劣，经济发展滞后，人员匮乏的情况下，札达县图书馆聘用了一名管理员，填报图书借阅登记本、图书归类、设备维护等工作，同时对馆内外环境卫生进行管理与监督，县文广局进行不定期抽查。

读者服务工作

札达县图书馆每日免费开放9个小时，月借阅图书者可达20人次，读者可在室内进行阅读，也可登记，并填写身份证号码，联系方式借走图书，且在4月23日“世界读书日”开展阅读活动。

未来展望

文化设施免费共享是一项民心工程，惠民工程，札达县图书馆将随着人民群众不断增长的精神文化需求，将馆内图书丰富化、实际化，同时电子阅览室、下一步将存储大量的本土文化艺术产品视频资料，如国家级、自治区级非物质文化遗产阅读资料可供阅览，不仅能吸引更多的群众，同时起到并保护传承的作用，组织展开更多的特色活动，如培训及技术学习，对当地老百姓及蔬菜协会种植人员推荐关于养殖、种植类的图书资料，让基层农牧民学到农业方面的科学知识，且在“世界读书日”“全民读书月”等特别时期开展相关特色活动。

联系方式

地　址：西藏阿里地区札达县托林寺路
邮　编：859600
联系人：索朗旺堆

陕西省图书馆

概述

陕西省图书馆初创于清光绪三十三年（1907年），正式落成于清宣统元年（1909年）农历五月，同年农历八月正式对外开放，是我国较早成立的省级公共图书馆之一。馆址几经变迁，2001年9月30日，位于西安市长安北路18号的新馆建成开放。新馆占地2.03公顷，建筑面积4.2万平方米，设计藏书容量400万册，可容纳读者座位2000个。2004年，参加第三次全国公共图书馆评估，首次获得一级图书馆。2005年5月，西大街少儿部对外开放，建筑面积2027平方米。2012年，全馆有阅览坐席1863个，计算机427台，信息节点1134个，宽带接入300Mbps，选用Symphony图书馆自动化管理系统。

业务建设

截止2012年底，总藏量474.1287万册（件），其中，纸质文献374.9306万册（件），电子图书90.6228万册，电子期刊1.0171万种/册。

2009年，新增藏量购置费750万元，2010年800万，2011年起增至1000万元。2009—2012年，共入藏中外文图书25.4749种，70.3552册，中外文报刊2.0961种，视听文献6045种。2011年，地方文献入藏完整率为96%。

截止2012年底，数字资源总量为75.05TB，其中，自建数字资源总量13.38TB。2009—2012年，完成《西安事变数据库》、《陕西帝王陵数据库》、《"秦腔秦韵"——陕西地方戏剧数据库》、《陕西非物质文化遗产数据库》、《影视资料库》、《陕西景观数据库》、《陕西民间美术》、《陕西文史资料数据库》、《省情文献数据库》数据库建设。在建的数据库有《陕甘宁边区红色记忆》之人物库和事件库。

2009年，将自动化管理系统升级改造为Symphony3.3联合馆系统，以适应陕西公共图书馆服务联盟建设的需要，同时，增加了RFID智能架位导航和智能借还功能。2013年初，实现馆内802.11N无线网络覆盖。

读者服务工作

从2009年8月起，全年365天对外免费开放，周开放79小时。同年，引进RFID技术，实现了馆藏文献的自助借还。2009—2012年，书刊总流通1018.3273万人次，书刊外借503.8308万册次。2012年4月，开通与西安54所高校图书馆的馆际互借服务。2009—2012年，引进街区自助图书馆1台，建成15个分馆，有15个流动服务车服务点。馆外书刊流通总人次34.1286万人次，书刊外借25.7624万册。2012年7月，中国政府公开信息整合服务平台陕西分站上线服务。2008年起，为省委宣传部一日一报《舆情信息》，连续被中共陕西省委宣传部评为全省舆情信息工作先进单位。2010年起，为"两会"提供服务。

2009—2012年，网站访问量3299.2105万次。开通陕图微博，引入手机图书馆，开发移动播客平台。截止2012年，发布使用的数字资源总量46种，58.43TB，均可通过陕西省图书馆网站、陕西公共图书馆服务联盟网站、陕西省共享工程VPN专网向全省公共图书馆、共享工程基层服务中心提供检索、浏览和下载服务。

2009—2012年，举办讲座、展览、培训、阅读推广等读者活动1589场次，参与人数54.5149万人次。以陕西公共图书馆服务联盟为平台，由省馆创意阅读推广主题活动，在所有联盟成员馆中同时举行，年底进行单项奖评选，是阅读推广工作的特色。

业务研究、辅导、协作协调

2009—2012年，全馆职工发表论文142篇，出版专著3部，获准立项的国家级课题2项，省部级课题3项，其他课题5项。

2010年起，以文化信息资源共享工程VPN专网为依托，在全省范围内发起组建公共图书馆服务联盟，并在馆内设立联盟工作委员会，下设联合编目、流通服务、地方文献联合征集、阅读推广与讲座展览资源服务、业务培训与技术支持等工作组。截止2012年底，成员馆发展到85家，占全省公共图书馆总数的76%，联合编目成员馆发展到68家，37个图书馆开始了基于统一系统平台的文献借阅服务。期间，举办联合编目等联盟培训班15期，486课时，827人次接受培训。

2009年9月，组织举办西北五省（区）图书馆首届峰会，就共建共享西北特色文献数据库、馆员联合培训和建立联合参考咨询平台等达成广泛共识。

2009年，成立陕西公共图书馆联合编目中心。2011年，建

陕西省图书馆全景

百年馆庆现场

成全国图书馆联合编目中心陕西省分中心。2012年4月，获得全国图书馆联合编目中心上传资格。

2009–2011年，继中国图书馆学会志愿者行动之后，陕西省图书馆学会连续三年在省内开展基层图书馆业务骨干培训志愿者行动。2010年起，开展高校图书馆与基层公共图书馆结对帮扶活动。2011年，举办《中图法》五版在陕西、甘肃、宁夏、新疆的巡回培训。2012年，轮值主办西北五省（区）图书馆第十一次科学讨论会。

管理工作

2010年，完成第三次全员岗位聘任，本次聘任共设112类岗位，有153人重新上岗。同时，建立工作量化考核指标体系，每月进行工作进度通报，每半年和全年进行总体工作考核。2009–2012年，共抽查文献排架71次，书目数据27次，编写《工作质量周报》105期，撰写专项调研、分析报告和工作提案44篇，编写各部门工作进度通报48篇。

表彰、奖励

2009–2012年，获得各种表彰、奖励48次，其中，文化部表彰、奖励3次，省委、省政府表彰、奖励9次，省文化厅表彰、奖励18次，其他表彰、奖励16次。

馆领导介绍

谢林，男，1954年1月生，大专学历，中共党员，研究馆员，馆长。1970年12月参加工作，历任陕西省文化厅社会文化处副处长、处长，2001年10月任陕西省图书馆馆长（副厅级）。兼任中国图书馆学会常务理事、中国图书馆学会乡镇社区专业委员会副主任、陕西省图书馆学会理事长、文化信息资源共享工程陕西省分中心主任、陕西省古籍保护中心主任等职。2008年获文化部“全国群星服务奖”，2002年获陕西文化界杰出新闻人物奖。

马民玉，男，1957年10月生，本科学历，中共党员，研究馆员，党总支书记。1975年2月参加工作，历任延安大学党委组织部副部长、延安市甘泉县副县长、陕西省图书馆馆长等职。分管党的工作、精神文明建设、扶贫工作等，兼任陕西省图书馆学会副理事长。

徐大平，男，1953年10月生，本科学历，中共党员，研究馆员，副馆长。1970年6月参加工作，1982年1月到陕西省图书馆工作，先后在历史文献部古籍阅览室、业务办公室、历史文献部工作，任副主任、主任等职，1998年2月被陕西省文化厅任命为陕西省图书馆副馆长，分管全馆业务工作，兼任陕西省图书馆学会秘书长。2013年荣获陕西省劳动竞赛标兵。

张海翔，男，1963年3月生，大学专科学历，中共党员，副研究馆员，副馆长。1980年4月到陕西省图书馆参加工作，先后在采编部、阅览部、图书借阅部等部门工作，任副主任、主任等职。2011年7月被陕西省文化厅任命为陕西省图书馆副馆长。

谢林馆长给孩子们赠书

陆路，男，1973年2月生，本科学历，中共党员，中级职称，副馆长。1993年到陕西省图书馆参加工作，先后在报刊部、馆长办公室工作。2012年5月被陕西省文化厅任命为陕西省图书馆副馆长。

未来展望

陕西省图书馆遵循“科学、效率、创新、发展”的办馆方针，践行“陕图发展三步走”战略，即完善单体服务功能，扩大服务辐射区域，带动地区事业发展。2009–2012年，在不断强化自身综合实力的同时，通过创建陕西公共图书馆服务联盟，带动全省公共图书馆事业整体发展。2012年，陕西省图书馆扩建工程正式启动，在未来的几年里，陕西省图书馆将在现有馆舍的基础上，在西安高新区另建一座建筑面积8万平方米的新馆舍。全面建成后的陕西省图书馆，将由高新馆区、长安路馆区和西大街馆区三部分组成，总建筑面积12.43万平方米，阅览座位6300个，可容纳纸质文献1220万册，年服务人次可达730万人次以上，数字资源设计存储能力600TB，能够提供全覆盖、不间断、无时空限制的数字文献远程和移动服务，数字资源年利用率600万件/次以上。同时，还具有支撑保障全省公共图书馆服务体系良好运行的文献与技术能力，成为与省内高校、科研系统图书馆实现资源共享互补的特大型省级图书馆，主要指标位居全国公共图书馆前列，达到国际一流图书馆的基本标准。

联系方式

地　址：西安市长安北路18号
邮　编：710061
联系人：张海翔

中美图书馆员交流项目·陕图高级研修班

流动服务车内景

《如何为自己读书》讲座现场

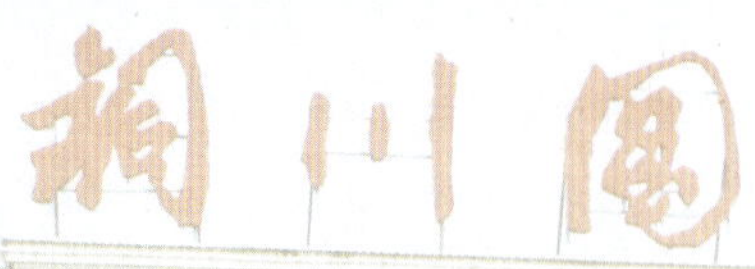

铜川图书馆

概述

铜川图书馆始建于1960年，2009年之前名为铜川市图书馆，2010年新馆建成后更名为铜川图书馆。新馆投资约5000万元，建筑面积1.34万平方米，绿化面积1350平方米，设计藏书容量50万册，可容纳读者座位800个，于2010年11月1日正式对外开放，设11个服务部室，计算机108台，电子读报机1台。截止2012年，数字资源总藏量6TB，共用省图书馆的Symphony自动化管理系统。

馆藏资源

截止2012年，铜川图书馆有普通藏书30万册，电子图书15万册，电子期刊1100种，报纸80种。2009、2010年，铜川图书馆新增藏量购置费30万元，2011年起增至50万元。2009–2012年，共入藏中文图书2万种，4.5万册，中文报刊2000种，视听文献1500种。2011年，地方文献入藏完整率为96%。

读者服务工作

从2010年11月1日起，铜川图书馆全年365日对外免费开放，周开放62.5小时。4年书刊总流通10.7256万人次，书刊外借19.0488万册次。建成6个分馆，馆外书刊流通总人次4.5万人次，书刊外借5万册。2011年起，为"两会"提供服务。

2009–2012年，铜川图书馆网站访问量2万次。4年举办讲座、展览、培训、阅读推广等读者活动158场次，参与人数6.5万人次。

业务研究、辅导、协作协调

2009–2014年，铜川图书馆职工发表论文72篇，邀请著名文化学者，每年常态化举办"铜川文化大讲堂"，每季度编辑一期《铜川图书馆通讯》，分发至省文化厅、省图书馆、各地市图书馆以及市文广局和各区县文广局、图书馆等相关单位。同时，承上启下开展基层业务辅导工作。2009–2012年，举办业务辅导培训班8次，参训300余人次；组织在岗职工参加"铜川市专业技术人员继续教育参训"2次，44人次接受培训。

2011年，成功申报国家公共文化服务体系示范项目——铜川公共图书馆服务一体化建设，在铜川地区实行以"统筹规划、统一采编、馆际流通、分级管理、资源共享、一证通用"的服务公共图书馆服务模式，集中有效资源，提升整体服务能力，把分散、孤岛式的图书馆建设成为上下贯通、相互联动的统一服务体系，实现了资源最大化利用。

表彰、奖励情况

2011年，被省委、省政府授予省级文明单位，被文化部评为社会主义精神文明先进集体和"读者喜爱的图书馆"，被市政府授予"庭院绿化先进单位"和模范职工之家称号。

馆领导简介

李勇，男，1959年生，本科学历，副研究馆员，馆长。1979年参加工作，1983年1月到铜川市图书馆工作，曾任副馆长兼工会主席。2004年任馆长，兼任陕西省图书馆学会常务理事。2012年9月作为文化战线代表出席铜川市科学技术协会第五次代表大会。

靳启文，男，1968年生，中共党员，本科学历，支部书记。1985年参加工作，曾任铜川市川口影剧院经理，2008年任铜川市图书馆党支部书记。

赵明，男，1980年8月生，硕士研究生学历，中共党员，经济师，副馆长。2003年参加工作。2003年7月–2013年2月在铜川市政府办公室工作，任主任科员（期间，2006年9月–2009年7月在西北大学经济管理学院工商管理硕士专业学习，获工商管理硕士学位），2013年3月到铜川图书馆工作，任副馆长。

赵艳莲，女，1966年生，馆员，副馆长。1985年在铜川市图书馆工作，2005年任副馆长。

未来展望

铜川图书馆将坚持以人为本，读者至上的服务理念，不断完善服务设施，提升综合服务能力。在做好RFID图书管理系统建设项目，最大限度方便读者自助借阅的同时，加强技术帮扶，强化基层图书馆服务能力建设，依托省公共图书馆服务联盟，使一体化建设各项服务向乡镇、社区、农家书屋辐射，加强乡镇、社区、村级图书室的标准化建设。吸引社会力量、社会资本参与图书馆建设。加强志愿者队伍建设，鼓励和吸引更多的人士了解和参与图书馆的工作。

联系方式

地　址：铜川市新区正阳路
邮　编：727031
联系人：赵艳莲

安康市汉滨区少年儿童图书馆

概述

安康市汉滨区少年儿童图书馆始建馆于1956年9月，原系综合性的安康县图书馆，1968年10月至1976年8月，并入安康县工农兵文化馆，1976年9月恢复独立建制，1983年7月安康特大水灾后业务陷入停顿，1988年12月5日搬入新馆对外开放，馆舍建筑面积2114.5平方米，其中图书楼面积1887平方米（另有1007平方米职工住宿楼1栋）。迁入新馆后，经原市人民政府批准，更名为“安康市青少年儿童图书馆”，1996年10月馆名再次规范为“安康市少年儿童图书馆”，2000年12月地改市后使用“安康市汉滨区少年儿童图书馆”至今。截止2012年底，有阅览坐席300个，计算机45台，信息节点50个，宽带接入10Mbps，共用省图书馆Symphony图书馆自动化管理系统。

业务建设

截止2012年底，汉滨区少年儿童图书馆总藏量9.9万册（件），其中，电子、视听文献800余件；年新增藏量3000种，其中连环画、低幼读物年入藏量达到1000种3000册；报刊征订205种；电子文献、视听文献达到200种。地方文献入藏完整率为90%。

2011年，加入陕西公共图书馆服务联盟，共用省图书馆自动化管理系统Symphony3.3联合馆系统。2013年初，实现馆内无线网络覆盖。

读者服务工作

从2011年7月起，全年免费开放360天以上，周开放48小时，并结合少儿特点错时开放。2009—2012年，每均书刊总流通10.6万人次，书刊外借12.78万册次。建成5个分馆，有50个流动书箱服务点，馆外书刊流通年均5万人次，书刊外借3万册次。

2013年第五次评估前，在陕西公共图书馆服务联盟帮助下建立网站。2009—2012年，共举办讲座、展览、培训、阅读推广等读者活动130场次，参与人数4万人次。

业务研究、辅导、协作协调

2009—2012年，汉滨区少年儿童图书馆职工发表论文11篇。在业务辅导工作方面，按照调查研究、抓点带面的思路，紧紧抓住“乡镇文化站建设”、“农家书屋建设”、“共享工程基层点建设”等良好契机，先后派辅导人员深入乡镇、村、社区、机关、城乡中小学进行业务辅导培训、调查研究，数次组织开展中小学阅读问卷调查活动，初步摸清了全区基层阅读工作开展状况。仅2012年下基层辅导培训23个站点，分编整理图书5.1721万册，协助指导创建10个示范文化站、30个村级示范文化室。

管理工作

近几年来，为切实提高管理工作水平，相继制订了《汉滨区少儿图书馆岗位责任制》和《汉滨区少儿图书馆业务工作岗位规范实施细则》、《汉滨区少儿图书馆工作月报制度》等各项管理制度，并在具体实施中充分体现按需设岗、按岗择人的原则，按照“公开、公正、竞争、择优”的原则，努力搞好本馆的“双聘”工作。与此同时，还建立起适应本馆需要的馆务、业务工作日志及绩效、考勤、奖惩制度，使全馆工作逐步纳入规范化建设轨道。

表彰、奖励情况

2009—2012年，汉滨区少年儿童图书馆共获得各种表彰奖励14次。其中，文化部表彰、奖励1次，省委、省政府表彰奖励1次，省文化厅表彰奖励1次，市区文化局表彰奖励3，其他表彰、奖励8次。

馆领导介绍

王蓉，女，1974年6月生，本科学历，中共党员，助理馆员，馆长、支部书记。1994年7月参加工作，2009年被汉滨区文化文物广播电视局评为“工作先进个人”，2012年被安康市文化文物广播电视局评为“图书馆工作先进个人”。

吴涛，男，1976年2月生，本科学历，中共党员，助理馆员，副馆长。1996年10月参加工作，2010年被市文化局授予“优秀群文辅导员”称号，2011年被区委区政府评为双创工作“先进个人”，2011年被市文化局评为“图书馆工作先进个人”。

徐石，女，1964年4月生，本科学历，副研究馆员，副馆长。1983年7月参加工作，2009年2月被汉滨区文化文物广播电视局评为“2008年度全区文化文物广播电视工作先进个人”。

未来展望

汉滨区少年儿童图书馆始终遵循“服务至上，读者第一”的办馆方针，发扬艰苦奋斗、克难奋进的工作作风。在办馆条件差、经费紧缺、人员少的情况下，通过馆领导的带领和全体馆员的共同努力，在全国公共图书馆第三次、第四次、第五次评估定级中均被评为县级少儿图书馆国家一级馆。回顾过去展望未来，汉滨区少年儿童图书馆各方面工作虽取得了前所未有的突破性发展和进步，但在发展过程中也突显出了很多不可回避的现实问题，需要汉滨区少儿馆的工作者不断探索、寻求发展的新举措，与时俱进，共同为汉滨区未成年人的健康成长而努力奋斗。

联系方式

地　址：安康市金洲南路45号
邮　编：725000
联系人：王　蓉

世界读书日宣传服务

少儿综合借阅区

少儿剪纸艺术培训

延安市图书馆

概述

延安市图书馆（原延安市宝塔区图书馆，延安中山图书馆）始建于1937年5月。毛泽东亲笔题写了馆名，林伯渠担任第一任馆长。该馆是中国共产党成立后建立的第一所红色图书馆，历经风雨沧桑。1950年7月，更名为“延安图书馆”（林伯渠题）。1979年因改造等原因闭馆。

1992年，宝塔区图书馆建成对外开放，1996年5月，经原延安地委行署（今延安市政府）批准，加挂“中山图书馆”馆名。2012年8月，根据中共延安市委常委会纪要[2012]第10号，同意成立延安市图书馆，加挂延安中山图书馆馆名，核定事业编制40名，将原延安市宝塔区图书馆的人、财、物整体划归延安市图书馆，原宝塔区图书馆作为一个阅览室继续在老城区开放。2004年，宝塔区图书馆参加第三次全国公共图书馆评估，被命名为二级图书馆；2013年，参加第五次评估，晋升为一级图书馆。

截止2012年，延安市图书馆原宝塔区图书馆部分有阅览坐席246个，其中少儿坐席48个，计算机63台，信息节点80个，宽带接入10Mbps，共用省图书馆的Symphony3.3自动化管理系统。

业务建设

截止2012年底，延安市图书馆拥有馆藏文献27.8万册（件），其中，古籍2.1万册（件）。

2006年起，年购书经费从前一年的2.6万元增至8万元。2009–2012年，入藏图书5200余种，16000余册；报刊110种；视听文献132套；盲文图书112种，182册；地方文献1160种，3156册。

2007–2011年，延安市图书馆使用“纵横3000自动化管理系统”，依托省图丰富的数字资源（75.05TB）和VPN专网。为适应陕西省公共图书馆服务联盟建设的需要，成为陕西公共图书馆服务联盟委员馆后，于2012年3月起共用省图书馆的Symphony3.3自动化管理系统开展联合编目等工作，同年12月开通统一借阅服务。馆内阅览区无线网络达全覆盖。

2009–2012年，馆内设9个对外服务窗口，馆外有8个流动书屋，20个流动服务点。

读者服务工作

从2011年7月起，全面实行免费开放，周开放60小时。同年起，全馆实行全开放、大开架借阅服务。2009–2012年，书刊总流通48万人次，外借约36.8万册次。截止2012年底，馆外服务点总流通12万人次，书刊外借6.8万册次。

2009–2012年，延安市图书馆网站访问量1.5万余次，利用陕西省共享工程VPN专网，适时发布业内新闻，为社会各界读者提供文献信息检索、浏览和下载服务。2012年起，为延安市区“两会”提供服务。

2009–2012年，延安市图书馆共举办讲座、展览、培训、阅读推广等读者活动共计126场次，参与人数12.2万人次。形成“中山杯”阅读推广系列品牌活动。

业务研究、辅导、协作协调

2009–2012年，延安市图书馆职工发表论文54篇，编辑出版《陕西古籍总目（延安中山图书馆分册）》、《风雨中山》等。

2012年加入陕西省公共图书馆服务联盟并履行委员馆职责，并依托延安中山图书馆学会，积极开展各项业务研究、辅导及协作协调工作。负责指导宝塔区611个农家书屋、665个文化共享工程服务网点的业务培训与指导。2012年，率先在全市开通基于陕西公共图书馆服务联盟统一平台的联合编目和借阅服务，积极参与地方文献联合征集、交换等工作，大力进行阅读推广与讲座展览资源服务。2009–2012年期间，举办基层图书室业务技术培训40期，2400人次接受培训。

管理工作

2012年，延安市图书馆核定事业编制40人，设置领导职数4名，其中馆长1人，副馆长3人；内设机构科级职数5人，副科级职数3人。在总编制中，管理人员5人（部分科级职数由专业技术人员兼任），占总编制的12.5%；专业技术人员35名，占总编制的87.5%。

全馆实行工作量化考核，制定考核指标体系，每月进行工作进度通报，每半年和全年进行总体工作考核。2009–2012年，共抽查文献排架12次，书目数据6次，撰写工作调研、分析报告和工作提案5篇。

表彰、奖励情况

2009–2012年，延安市图书馆共获得各种表彰奖励56次，其中，国家级（文化部）表彰奖励1次，省级表彰奖励12次，市级表彰奖励6次，区级表彰奖励28次，其他表彰奖励9次。

领导视察（刘云山）

榜样人物（高巧玲）

送书进监狱

送书下乡

读者座谈会

知识竞赛

地方文献室

全民读书活动

馆领导介绍

高巧玲，女，1966年1月生，本科学历，中共党员，副研究馆员。2005年3月任延安市宝塔区图书馆馆长，2012年12月任延安市图书馆馆长。历任宝塔区体委副主任、宝塔区文体事业局副局长等职，兼任延安中山图书馆学会理事长、陕西省图书馆学会阅读推广委员会委员。是延安宝塔区人民代表大会常务委员会第十六、十七届委员，中共延安市第四次党代会代表。2012年被文化部授予"中国图书馆榜样人物"。

贾荣，女，1969年11月生，专科学历，中共党员，馆员，副馆长。1989年7月参加工作。曾任宝塔区元龙寺乡副乡长，2000年任宝塔区图书馆副馆长。

白富平，男，1962年10月生，专科学历，中共党员，馆员，1982年9在宝塔区图书馆参加工作，2011年12月任宝塔区图书馆副馆长。

赵亚娜，女，1972年6月生，专科学历，中共党员，馆员，副馆长。1992年9月分配至延安中山图书馆工作，曾任采编部主任，2011年11月任副馆长。

未来展望

延安市图书馆践行"爱馆如家，亲如兄妹，以人为本，和谐发展"的办馆方针，以"有为才能有位"的理念引领全馆工作，积极创新思路，努力拓展服务范围，带动延安地区图书馆事业发展。目前，由延安市政府投资建成的新馆已落户延安新城，即将开放。届时，新馆将以更加丰富的馆藏资源和网络资源、更加先进的设施设备，向社会开展文献借阅、参考咨询、讲座展览、教育培训等全方位、多层次的文化和知识服务，成为革命圣地新的文化标志。

联系方式

地　址：延安市南大街94号
邮　编：716000
联系人：赵亚娜

服务两会

现图书大楼

神木县图书馆

概述

神木县图书馆于1982年脱离神木县文化馆，独立建馆。馆址几经变迁，新馆位于神木县麟州街北段，毗邻神木县第六小学、教育中心等，于2007年立项，2010年12月下旬建成投用，建筑面积1.2万平方米，是陕西省面积最大的县级公共图书馆。设计藏书容量60万册，可容纳读者座位800个。2013年，参加第五次全国公共图书馆评估，首次获得一级图书馆。截止2012年，神木县图书馆共有阅览座位889个，计算机231台，中国电信神木县分公司接入百兆光纤、陕西广电接入十兆VPN虚拟专线。

业务建设

截止2012年，神木县图书馆总藏量共计20.0471万（册/张），在陕西公共图书馆服务联盟系统实现联合编目的图书15.5371万册，报纸2054份，期刊6396本，捐赠图书3574册，地方文献1679册，古旧书籍3384册，视听文献5450张，电子报刊28份，盲文图书465册，库存图书2.207万册。购进的“榆林市数字图书馆”拥有正版图书220万册，期刊2700种；购进的超星汇雅电子图书数据库拥有电子图书6.22万种。

神木县图书馆2011年新增藏量购置费43.5417万元，2012年增至91.764298万元。2011—2012年，收集地方文献100余种1211册。

读者服务工作

从2010年12月末神木图书馆全面开放以来，全年360天对外免费开放，冬季周开馆61小时，夏季周开馆64小时。2012年，年流通总人次29.5716万人次，图书外借18.9513万册次。持证读者1.1415万人。成立了广电系统、人民检察院、民爆公司等7个基层流通点，年借阅图书约5700册。

依托神木县支中心，神木县图书馆2010年底完成3个乡镇、60个村级共享工程基层点建设；2011年完成5个乡镇、4个文化活动室基层服务点建设；2012年建成4个乡镇、25个文化活动室及525个村级基层服务点。

2011年3月20日成立参考咨询部，当年首次完成供政府机关决策参考的二次文献汇编《参考资讯》，后应上级部门建议暂停出刊；2012年，开通图书馆新浪官方微博、腾讯官方微博、微信、网站在线、qq群、电话、表单等7个互动渠道，为读者提供实时在线的参考咨询服务，并通过邮件向企事业单位提供专题文献资料。

2011年4月，开通神木图书馆新浪、腾讯官方微博，2012年开通微信公众平台，引入智能移动终端阅读推广服务，形成具有地域特色的品牌化线上阅读推广栏目，提供定期推送和下载资源服务。并根据自身推广经验形成有效可复制的线上推广模式，其经验在中国图书馆学会第四届百县馆长论坛上进行案例分享，获得一等奖。

2011—2012年，神木县图书馆共举办讲座、展览、培训、阅读推广等读者活动88场次，除参与陕西公共图书馆服务联盟平台的联盟阅读推广活动外，自主创新了线上推广与线下系列品牌活动、节日主题活动相结合的模式，形成地域性较强的阅读推广等读者服务模式，是神木县图书馆阅读推广工作的特色。连续两年获得“陕西省年度联盟阅读推广工作先进集体”等荣誉。

业务研究、辅导、协作协调

2011—2012年，神木县图书馆职工发表论文16篇，调查报告12篇，共计28篇。

从2011年起，神木县图书馆作为陕西公共图书馆服务联盟的成员馆之一，积极参与联盟组织的各类协作协调工作，包括联合编目、地方文献联合征集、联合参考咨询、国家文津图书奖巡展等。对县域下属行政村的“农家书屋”等村图书室实施图书管理、借阅管理等制度建设规划。自2009年以来，与646个行政村建立农家书屋，社区、村图书馆已基本实现全覆盖，2012年全年开展的农家书屋及企业社区图书馆等基层业务辅导10次，举办全县农家书屋、企业社区图书室业务培训2次。

少儿借阅区

热感触屏检索书目

管理工作

2009–2012年，神木县图书馆完成三批次分配人员岗位安置与相应的岗位聘任工作，在健全管理岗位的同时，就岗位设置、图书馆职工管理制度、职工考勤办法、文明规范、职工考核方案等设计了管理目标，每半年和全年进行总体工作考核。并吸纳志愿者参与图书馆工作，对其进行科学合理有效的面试、培训、考核、上岗、激励等，形成了一套志愿者管理体系。

表彰、奖励情况

2011–2012年，神木县图书馆共获得省、市、县各级表彰7次。并有4人次受省、市级表彰。

馆领导介绍

乔泰山，男，1978年3月生，本科学历，中共党员，中级职称，2009年任馆长。

未来展望

神木县图书馆遵循“民主、和谐、创新、发展”的管理理念和“平等、免费、惠及全民”的办馆思路，践行“读者第一，服务至上”的服务宗旨。2010–2012年，通过不断学习与摸索，形成了具有自身发展特色的读者服务模式，通过承办中国图书馆学会第四届百县馆长论坛等平台带动县级图书馆的服务建设。

2012年开始，神木县图书馆不断加强馆藏建设，以期形成更加丰富的基本馆藏与特色馆藏并肩的服务基础，并借助数字资源及自媒体平台的合理利用，进行地方文献、古籍普查工作的宣传与推广；在馆舍方面，神木图书馆的馆舍改造与维护也已经提上日程，本着为更多读者提供更好的阅读环境的理念，通过增加阅览座椅，改建区域划分等形式，为社会考生、普通读者在三楼自修区增加工具书应用专区；在数字资源方面，也已经开始增加电子图书借阅机、读报读刊机等在公共场所的投放使用，增设少儿数字资源专区，实现对不同学习阶段少年儿童的合理引导和分阶阅读；同时，为了更好地为读者提供专业的参考咨询及阅读推广服务，将通过更多的途径不断提升馆员的综合素质，通过“三边人才培训”等外出培训的多种专业学习渠道，增加对馆员业务技能的锻炼，也是我们将要努力的方向。

联系方式

地　址：神木县麟州街北段神木图书馆
邮　编：719300
联系人：许 婷

神木图书馆外景

西安图书馆

概述

西安图书馆建设项目1996年立项，1997年6月16日奠基破土，2000年10月26日建成开馆，馆址位于西安市西安经济技术开发区，是西安市政府当年为市民办的十件好事之一。

西安图书馆占地面积3万平方米，建筑面积1.5751万平方米。2012年，西安图书馆有服务窗口23个，阅览坐席1200个，计算机307台，信息节点1596个，宽带接入210Mbps，读者服务区无线网络全覆盖，使用ILASⅡ图书馆自动化管理系统。2013年参加第五次全国公共图书馆评估，被文化部命名为二级图书馆。

业务建设

截止2013年6月，西安图书馆总藏量为70.593万册，其中纸质图书57.1098万册，电子图书12.2584万册，电子期刊1.1248万种/册。新增藏量购置费从2008年的267万元增至2013年的400万元；电子资源购置费从2008年的8.5万元增至2012年的72万元。2009年至2012年，图书年均入藏3.74万种，报刊年均入藏2243种，视听文献年均入藏1827种。

截止2013年6月，西安图书馆数字资源总量为34.66TB，其中，自建数字资源总量8.2TB。自建西安非物质文化遗产数据库、西安图书馆天禄讲坛视频数据库、西安地方特色数据库，于2013年2月申报国家数字图书馆全国公共图书馆自建数字资源。

读者服务工作

西安图书馆全年365天对外免费开放，周开放79.5小时，并建立了9个分馆及6个流动服务点，与陕西省高校图书馆和省图书馆开展馆际互借。2012年，文献外借28.0582万册次。2012年、2013年连续两年为西安市“两会”提供图书馆服务。2013年5月，在全国副省级城市公共图书馆中率先开通中国政府公开信息整合服务平台（西安站）服务。

2009–2012年，西安图书馆网站年均访问量712.8949万次。开通西安图书馆微博，开通移动阅读平台，34.66TB的数字资源全部可通过门户网站访问浏览、下载，并全部向西安市各区县公共图书馆开放。

2012年，开展讲座、培训等读者活动106次，展览26场。包括“公益文化走向身边、春日书香盈满心灵”——世界读书日主题活动、“小荷读书会”系列活动、“书香检察学习建院”等阅读推广活动15项20场，参加活动人数近百万人次。

业务研究、辅导、协作协调

2009–2012年，西安图书馆职工发表论文31篇，出版专著3部，获准立项的国家级课题1项，省级课题1项。

2012年，对户县图书馆、阎良区图书馆等进行新馆立项、建设、开馆、自动化建设等实地指导。全年对西安地区基层图书馆进行业务辅导16次，举办西安市基层图书馆员培训、中美馆员交流、陕西省图书馆学会志愿者行动培训班和图书馆文明礼仪、公共图书馆免费开放、公共图书馆服务规范等多场主题报告会。

组织建立西安市公共图书馆服务协作网，对本地区10个区县图书馆进行业务协调管理。西安图书馆和各区县图书馆在数字资源、展览、讲座、培训、地方文献征集等方面实现了文献资源和智力资源的共享共建。

2012年6月，西安市图书馆学会第二次会员代表大会选举产生了第二届领导机构，修订了学会章程，制定了工作计划，成立了学术研究、阅读推广、中小学图书馆工作3个专业委员会，至2012年11月，共发展会员210名。

管理工作

西安图书馆制定各项管理制度73项。2012年5月进行全员岗位聘任，实行了岗位设置、目标管理、职工考核等规范管理。

2013年3月聘请专业公司进行“西安图书馆视觉识别系统”设计，使馆内标牌、导引规范清晰，为读者创造整洁美观的环境。

表彰、奖励情况

西安图书馆2009–2012年共获得各项表彰、奖励18次，其中，国家级1次，省级1次，市级14次。

西安图书馆馆长、西安市图书馆学会理事长胥文哲

西安图书馆读者等候开馆

西安图书馆报纸阅览区

西安图书馆电子阅览室

少儿阅览室小读者在借阅

西安图书馆古籍藏阅室

西安图书馆期刊阅览室

西安图书馆综合阅览室

馆领导介绍

胥文哲，男，1965年11月生，大专学历，中共党员，馆长。1982年10月参加工作，历任西安市文广新局办公室副主任、组织人事处副处长，2011年12月任西安图书馆馆长，兼任陕西省图书馆学会副理事长、西安市图书馆学会理事长、全国文化信息资源共享工程西安市支中心主任、西安市古籍保护中心主任等职。

贺永良，男，1961年9月生，本科学历，中共党员，副研究馆员，副馆长，党支部副书记。1981年1月参加工作，1999年12月到西安图书馆工作，2001年5月起任西安图书馆副馆长、党支部副书记，兼任陕西省社会科学信息学会副理事长。

王东文，女，1967年5月生，本科学历，中共党员，副研究馆员，副馆长。1989年10月参加工作，2001年7月到西安图书馆工作，2006年9月任西安图书馆副馆长。兼任陕西省图书馆学会阅读推广委员会主任、西安市图书馆学会阅读推广委员会副主任。

未来展望

西安图书馆在2000年开馆以来的短短十几年里，加强基础业务建设，努力跟上事业发展步伐，在不断强化自身服务能力的同时，创立西安市公共图书馆服务协作网，带动全市公共图书馆事业的整体发展。今后五年，将是西安图书馆实现跨越式发展的关键时期，西安图书馆新馆建设已列入西安市“十二五”发展规划，西安市政府将投资4亿元，建成馆舍面积为4万平方米的西安图书馆新馆，这是西安市委、市政府“文化惠民”工程的标志性项目，将为西安图书馆的进一步发展提供强大动力。

联系方式

地　址：西安市未央路145号
邮　编：710018
联系人：胥文哲

西安图书馆大厅馆藏资源检索处读者在查询检索

西安图书馆读者在门前广场等候开馆

咸阳图书馆

概述

咸阳图书馆是由咸阳市政府投资修建的地市级公共图书馆，馆舍坐落于咸阳市渭阳西路中段，占地9333平方米，建筑面积8401平方米，1996年正式对外开放。馆藏各类图书文献50多万册。2012年，咸阳图书馆有阅览座席438个，计算机共计91台，宽带接入100兆，共享陕西省图书馆的Symphony3.3图书馆自动化管理系统。有工作人员56人，其中95%人员取得大专以上文化程度，35%人员取得中级以上职称。2009年参加第四次全国公共图书馆评估，首次被文化部命名为二级图书馆，2013年第五次评估后继续保持国家二级图书馆称号。

业务建设及读者服务工作

截止2012年底，咸阳图书馆总藏量50多万册（件），其中报刊合订本15080册，电子视听文献1677件，古籍善本8393册，英文图书5000册。盲文图书200册。

2010年11月30日起，咸阳图书馆向社会实行全面免费开放服务，全年365天开放，周开放65小时。阅览区域内所有书刊实行开架式服务，有对外开放服务窗口16个。2009–2012年，书刊总流通84万人次，书刊外借65万人次。咸阳图书馆始终坚持"走出去·请进来"的思路，在此期间，走出馆门，到机关、走学校、进社区、下乡村，开展上门服务，4年共走访单位200余个，学校50余所，社区30余个，村庄30余个，发放宣传单3万余份，同时，收到社会各界捐赠图书2万余册。建成11个馆外阅览室，5个流动车服务点，每年向各阅览点送书1.5万册，馆外书刊流通总人次35万人次。

咸阳图书馆文化信息资源共享工程于2007年3月3日与陕西省图书馆实现专网连接，读者通过网络可直接看到5963种电子期刊、3.5484万种电子图书及505部中外优秀影视，同时可以聆听名家讲座及查阅地方特色专题资源库。

咸阳图书馆以为市民终身教育为己任，积极举办、承办多种形式的读者活动，推广阅读，营造全民学习的良好风气。2009–2012年，共举办讲座、展览、培训、阅读推广等读者活动268场次，参加人数1.5183万人次，包括参与举办的陕西省公共图书馆服务联盟、省图书馆学会及省馆推广的各类阅读推广主题活动。

业务研究、辅导、协作协调

2009–2012年，咸阳图书馆职工共发表论文42篇，专著及调研报告4篇。累计向陕西省文化信息网发布各类新闻260篇。

2009–2012年，咸阳图书馆积极组织针对县区图书馆的业务辅导和培训，内容包括编目分类、图书馆管理制度、回溯建库、数字资源管理、地方文献、古籍保护等。2012年初，组织召开咸阳市第五次图书馆馆长研讨班，促进了基层馆工作的开展。

2007年3月开始使用省馆Symphony3.3系统开展文献编目工作，是最早加入到省联编中心的成员馆。截止2012年，共上传新书数据4万余条，联合编目图书8万余条。2011年11月13日，加入全国图书馆联合编目中心。2012年，咸阳图书馆两名编目人员参加省图书馆组织的高级编目员培训班，在承担起咸阳地区联编书目审校工作的同时，还承担起了咸阳地区县级图书馆的联编辅导工作，以保障联编数据的规范。

2010年11月，咸阳图书馆加入陕西省公共图书馆服务联盟后，积极推进联盟工作发展，促进服务网络建设。到2012年，咸阳市共有9个图书馆加入服务联盟，6个图书馆开通了流通外借服务。咸阳图书馆还在全市范围内建立了地方文献征集工作协作网，成员单位包括全市11个县级图书馆。

管理工作

咸阳图书馆坚持"以人为本"，"科学管理"积极推行聘任制，考核制度，激励制度，分别于2005年、2007年、2009年和2011年进行了四次全员聘任工作，实行岗位管理和工作目标责任制，并建立分配激励机制。职工考核、考勤一月一公布，一年一汇总。人事、财务、业务工作方面有统计，有分析。消防、安全、卫生工作多次受到相关单位的表扬奖励。常年招募义工，并制定有《图书馆志愿者管理办法》，设立义工档案，让更多人了解并参与公共图书馆建设和服务。

表彰、奖励情况

2009–2012年，咸阳图书馆共获得各种表彰、奖励25次，其中文化部表彰奖励1次；省委、省政府表彰奖励2次；省文化厅表彰奖励2次；中国图书馆学会表彰奖励1次；省图书馆表彰奖励7次；市委、市政府表彰奖励7次；其他表彰奖励5次。

馆领导介绍

何发团，男，1960年1月生，本科学历，中共党员，馆员，馆长。1981年8月参加工作，历任乾县县委办公室综合组组长，乾县石牛乡党委副书记，咸阳市文化局秘书科副科长。2005年3月任咸阳图书馆馆长、党支部书记。兼任中国图书馆学会会员、陕西省图书馆学会常务理事、阅读指导委员会副主任等职。先后获得咸阳市先进工作者（劳模）、咸阳市先进宣传思想工作者、咸阳市精神文明先进个人、优秀共产党员、优秀党务工作者等荣誉。

杨岳，男，1968年11月生，本科学历，中共党员，馆员，副馆长。1990年2月参加工作，1998年任咸阳图书馆副馆长至今。

刘波，男，1970年3月生，本科学历，中共党员，馆员，副馆长。1990年2月参加工作，1998年任咸阳图书馆副馆长至今。

郭旭晔，男，1968年6月生，本科学历，中共党员，副研究馆员，副馆长。咸阳市“三五”人才。1990年2月参加工作，2001年任咸阳图书馆副馆长至今。

艾力，男，1971年6月生，本科学历，中共党员，馆员，工会主席。1990年2月参加工作，2000年任咸阳图书馆工会主席至今。

未来展望

咸阳图书馆遵循“走出去·请进来”的办馆方针，践行“一切为了读者”“一切服务于读者”，让广大读者能够“了解图书馆，走进图书馆，利用图书馆”。不断强化自身实力，带动我市公共图书馆事业的整体发展。未来，我馆将着重数字图书馆建设和分馆建设。2013年6月，咸阳市市民文化中心项目破土动工，正式启动了咸阳图书馆新馆建设项目。新馆坐落于咸阳市北塬新城，总面积1.3833万平方米，预计2015年竣工，2016年投入使用。届时，咸阳图书馆将成为一座集藏、借、阅为一体的现代化综合性公共图书馆，更好地满足人民群众的精神文化需求。

联系方式

地　址：咸阳市渭阳西路53号
邮　编：712000
联系人：杨　岳

高陵县图书馆

概述

高陵县图书馆成立于1982年，2009年3月动工修建新馆，2010年2月竣工，5月11日正式对社会开放。建筑面积2050平方米，有各类读者服务窗口12个。馆内接入广电10兆光纤，同时提供免费无线网络服务。2012年4月5日，共享省图书馆的Symphony自动化管理系统。2013年，参加第五次全国公共图书馆评估，被评定为国家二级图书馆。

业务建设

截止2012年底，高陵县图书馆总藏量10.5万册（件）。其中，纸质文献9万册（件），电子图书1.5万册，电子期刊825种/册。高陵县图书馆年事业经费237万元（包括办公经费、购书经费、人员工资等），购书经费单列15万元，年入藏图书2500种、5000余册。地方文献入藏完整率为96%。2012年，高陵县图书馆完成了《高陵县地方文献名录》的编辑和出版工作。

2013年开通高陵县图书馆网站（http://www.glxlib.com），实现读者网上检索、查询及网上续借等功能。

读者服务工作

2011年7月起，高陵县图书馆对外免费开放，实现“零门槛”进入，周开放60小时。2009–2012年，书刊总流通35.2万人次，外借42.3万余册次。建成基层图书服务点98个。2009年1月，高陵县政府信息公开查询点在县图书馆成立，共接待查询5500余人次。

2012年2月，开通高陵县图书馆腾讯、新浪微博，2013年2月，开通高陵县图书馆公众微信。

高陵县图书馆长年在馆内举办各类展览、讲座、培训活动，2009–2012年，共举办270场次，参与群众35万人次。特别是2011年，隆重推出“书苑讲坛”栏目，为读者开展各类知识讲座、培训210场次，受益读者3200人次。

针对不同群体广泛开展各类阅读推广主题活动。平均每年举办大型活动5次以上。案例“‘阅读梦想，美丽人生’留守儿童讲故事比赛”、“‘共享美文’手抄小报比赛”荣获2012年社区乡镇阅读推广活动优秀案例征集优秀案例奖及推广奖。

业务研究、辅导、协作协调

2009–2012年，高陵县图书馆职工发表论文7篇。

馆内骨干人员相继参加了省、市图书馆举办的图书分类编目、信息参考咨询、地方文献征集等专业课和微机技能等培训。

近年来，高陵县图书馆承担着基层图书室的帮建工作，定期上门指导，组织专业业务培训，使基层图书室达到规范化管理并具备独立的服务能力。目前，高陵县图书馆已建立起基层服务点98个，开展基层管理员培训10期，接受培训人次达1000人次。

管理工作

高陵县图书馆从2010年起建立起了一套岗位靠竞争、分配比贡献的激励竞争机制，并建立起单位内部综合、创建、综治等完整文书档案的计算机管理和用软盘存储文件资料的制度，基本走上了“五化”发展轨道，即正规化、标准化、自动化、网络化和数字化。

表彰、奖励情况

2009–2012年，高陵县图书馆共获得各种表彰、奖励16次，其中，中图学会表彰、奖励2次，省公共图书馆服务联盟表彰、奖励4次，市文体局表彰、奖励2次，市图书馆表彰、奖励4次，其他表彰、奖励4次。

馆领导介绍

任建国，男，1970年11月生，大专学历，中共党员，馆长。1989年7月参加工作。2009年10月任高陵县图书馆馆长，兼任文化信息资源共享工程高陵县支中心主任。2012年获高陵县争先创优优秀共产党员。

龚雪，女，1977年12月生，本科学历，中共党员，副馆长。2002年5月参加工作，2005年6月调入高陵县图书馆，2012年4月任高陵县图书馆副馆长。

李洲陵，男，1963年1月生，大专学历，中共党员，馆员，副馆长。1983年1月参加工作，曾任高陵县文化馆副馆长，主管文物保护工作。2009年10月任高陵县图书馆副馆长。

未来展望

在未来的几年里，高陵县图书馆将尽力争取上级领导支持，争取资金改善馆内软硬件设施，加大新书入藏量，优化馆藏结构，并不断加强图书馆宣传，开展各种主题的读书活动及阅读推广活动，吸引读者走进图书馆、利用图书馆。同时，积极走进学校、幼儿园、军营、企业、工地等，将图书馆服务的触角伸及社会的各个角落，使图书馆的各项业务工作走在全省公共图书馆前列，力争在第六次全国公共图书馆评估时上一个台阶，达到一级图书馆标准。

联系方式

地　址：高陵县城南街82号
邮　编：710200
联系人：龚 雪

宽敞明亮的阅览大厅

为留守儿童播放动画片

走进特教中心为自闭症及残疾孩子讲故事

铜川市耀州区图书馆

概述

耀州区图书馆成立于1982年，1986年与区文化馆分离独立开展业务，1998年迁入由中宣部出资扶持建设的新馆舍。新馆座落于耀州区步寿路，占地面积4.72亩，建筑面积1683平方米，藏书8万多册。2012年，耀州区图书馆有240个阅览坐席，计算机45台，VPN专网光纤接入，2011年加入陕西公共图书馆服务联盟，共享省图书馆的自动化管理系统。2004年，被文化部列为文化信息资源共享工程示范点，并参加第三次全国公共图书馆评估定级，被文化部命名为三级图书馆，2009年第四次评估后继续保持三级图书馆，2013年第五次评估后晋升为二级图书馆。

业务建设

截止2012年底，耀州区图书馆总藏量8万多册，电子书26万余册。图书年入藏2304种，报刊年入藏100余种，视听文献年入藏300余张。地方文献1000余册，设有专柜，有专人管理和专门目录，年征集100余册。对外开放7个阅览室和基藏书库，实行开架借阅。年接待读者2万余人次，书刊年外借4万余册次。2007年，建成文化信息资源共享工程耀州区支中心，区财政每年拨款6.2万元作为网络运行经费。共享工程配备2名专职人员，专职人员参加培训40余次。截止2012年底，耀州区图书馆数字资源总量4TB以上，馆藏中文文献书目数字化比例超过50%。

读者服务工作

2011年7月起，耀州区图书馆实行免费开放。2012年，对馆舍进行升级改造，购置办公桌椅，极大地改善了阅读环境。公共空间设施场地实行免费开放，基本服务项目健全。书刊文献全部开架。各阅览室设专人为社会公众提供服务，对读者在借阅过程中遇到的问题进行登记、总结。馆内设有残疾人通道以及轮椅，并为残疾人以及进城务工人员提供送书服务。少儿阅览室由专人看管，有专人负责接待老年人读者。建成图书馆网站，内容涉及范围广，读者可通过网站了解该馆更多的最新信息。以“世界读书日”、“图书馆服务宣传周”、“科技文化三下乡”等为载体，进行广场宣传、现场办证、新书推荐等服务，让更多读者了解图书馆，走进图书馆。

业务研究、辅导、协作协调

2009–2012年，耀州区图书馆职工发表论文10篇。

耀州区图书馆是第二批陕西公共图书馆服务联盟成员馆，同时也加入了铜川市公共图书馆服务一体化建设。采编部参与铜川图书馆的联合编目工作，与市图书馆实行馆际互借。2011年，在省图书馆学会和陕西高校图工委的组织下，与西安理工大学图书馆结为帮扶对子。

耀州区图书馆担负着9个乡镇、3个街道办综合文化站图书室及178个农家书屋的业务辅导工作，每年深入馆外图书室，指导管理员编目、分类，开展免费借阅服务。为广大群众提供种植、养殖技术信息，先后扶持帮助行政村建立农家书屋171个，使全区农家书屋覆盖率达100%。

管理工作

每年年初与上级单位签订年度目标责任书、党风廉政建设责任书、安全稳定责任书、综合治理责任书，年终均通过上级考核。设有规章制度汇编，利用会议进行有关法规制度教育，使全馆工作更加制度化、规范化，班子更加团结，全馆各项工作呈上升势头。实行岗位责任制，要求馆员上班期间严格履行规章制度，坚持上班签到制度，馆员不得擅自离岗和脱岗。因公外出需办理登记手续。固定资产由财政局监管，设备、物资管理实行年年登记，年年维修，使国家财产和资金得到有效利用和保护。档案管理整齐规范，各室建立参考咨询档案、课题服务档案、业务辅导档案等。年底进行汇总，撰写分析报告后归档。

表彰、奖励情况

2009–2012年，耀州区图书馆共获得各种表彰、奖励7次，其中，省文化厅表彰、奖励1次，其他表彰、奖励6次。

馆领导介绍

赵拴正，男，1965年4月生，大专学历，馆员，馆长。1988年7月参加工作，1998年担任耀州区图书馆馆长。2012年度被陕西公共图书馆服务联盟工作委员会授予联盟组织工作先进个人。

冯爱侠，女，1963年3月生，大专学历，中共党员，馆员，支部书记。1983年7月参加工作，2014年7月到耀州区图书馆工作，2011年9月被任命为耀州区图书馆支部书记。任铜川市第十届党代表，第十六届区人大代表。

未来展望

未来几年，耀州区图书馆将以数字图书馆建设为目标，以满足读者需求为重点，以传播知识和传递信息为职能，全方位地做好读者服务工作，使图书馆成为文化、科技、社会教育、信息交流的中心，为丰富群众文化生活，提高全民文化素质，构建耀州区文化建设，做出更新、更大的贡献。

联系方式

地　址：铜川市耀州区步寿路耀州区图书馆
邮　编：727100
联系人：张青莉

广场宣传活动

群众纷纷前来观看

组织书法艺术讲座

宝鸡市金台区图书馆

概述

金台区图书馆成立于1980年，和文化馆一套人马，两个牌子，1984年与文化馆分离，1992年7月在原址修建新馆舍。1999年5月与区档案局合并，2002年从档案局划出，由区委党校托管。2008年，从区委党校分出获得独立，归区文化旅游局管理，为区文化旅游局下属事业单位，正科级建制，核定编制5人，实有工作人员8人，为满足工作需要临时聘用5人。馆舍面积1200平方米，藏书5万册，有计算机50台，其中可供读者使用的30台。电子阅览室接入文化共享工程省中心VPN专网。为保证办公、读者查询等需要，分别接入电信8兆、4兆宽带。1994年、2009年分别参加第一次、第四次全国公共图书馆评估，均被文化部命名为三级图书馆，2013年参加第五次评估，晋升为二级图书馆。

业务建设

截止2012年，金台区图书馆总藏量5万册（件），可共享省图书馆电子图书90.6228万册，电子期刊1.0171万种/册。

2009—2012年，年文献购置费12万元，共入藏图书4635种，9270册，视听文献337种，订阅报刊146种，收藏地方文献494种。

读者服务工作

自2010起，金台区图书馆全年365天对外免费开放，周开放56小时。2012年加入省公共图书馆服务联盟，开始回溯建库工作，计划完成后开通流通外借工作。馆内除少数下架老旧图书外全部实行开架借阅，开架比例达到80%以上，馆藏书刊年外借率达到44.7%，书刊文献年外借2.3564万册次，馆外流动服务点书刊借阅2125册次。

2010年，金台区图书馆网站开通。2012年开通微信平台，定期向读者发送图书馆信息及活动公告。

2009年建成全国文化信息资源共享工程金台区支中心，2012年共享工程基层服务点实现全覆盖。

2010—2012年，金台区图书馆共举办讲座、展览、培训、阅读推广等读者活动58场次。2012年，举办"4.23世界读书日"、"庆元宵佳节"等广场亲子阅读活动10次。自2012年起，在区东岭幼儿园、育才幼儿园开展送故事、送图书上门活动。并利用世界读书日、服务宣传周、全民读书月在馆外开展宣传活动9次，当地各类媒体宣传报导10次。

业务研究、辅导、协作协调

2012年，馆员岗位培训54课时，发表论文7篇。

2012年加入省公共图书馆服务联盟后，金台区图书馆充分利用省图书馆的支持资源，开展联合编目、统一外借和参考咨询等工作。2009—2012年，与宝鸡市图书馆交换地方文献21种。2011年，开展以"分享阅读快乐，共建书香社区"为主题的演出3场。每年和宝鸡市图书馆联合开展"4.23"宣传等多项活动。

金台区有农家书屋102个，4镇2街15社区有独立的图书室，覆盖率达到75%。金台区图书馆全程参与了全区102个农家书屋的建设过程，为书屋的布局、上架提供指导。定期对书屋管理员进行业务培训指导，为其提供技术、文献资源支持。年均业务辅导8.7次，培训9.3次。

管理工作

金台区图书馆根据实际工作需要，设管理岗位和技术岗位，制定明确的岗位责任，坚持按岗聘用、竞争上岗原则。严格财务管理、监督制度，明确会计、出纳岗位职责，做到收支程序合法，账目清楚；图书、电脑、车辆等国有资产均按工作岗位设置进行专人管理；人事、业务、工程项目等档案健全，资料详实，归档及时，立卷准确，装订整齐；每年进行详细的人事管理、财务、业务工作统计分析工作，并以统计分析结果指导和改进工作。

表彰、奖励情况

2009年获宝鸡市图书馆和图书馆学会奖励1次；2010年获市文化局和市新闻出版局奖励1次；2011年获市图书馆学会奖励1次，金台区人民政府奖励1次；2012年获宝鸡市图书馆和市图书学会奖励3次，金台区人民政府奖励1次。

馆领导介绍

陈玉，女，1977年3月生，本科学历，民盟盟员，副馆长。1998年7月参加工作，曾任金台区文化稽查队队长，2009年8月任区图书馆副馆长，主持全馆工作。

未来展望

未来，金台区图书馆将继续加强图书馆文献资源、服务设施、现代化设备和数字化设施的建设，不断完善图书馆的各项功能，更好的服务群众。探索多元化图书馆建设模式，协助镇、街、社区图书室、农家书屋做好服务工作，早日实现通借通还；探索多元化图书馆建设模式，鼓励物业小区、企业、个人兴办向公众开放的图书馆。

联系方式

地　址：宝鸡市金台区宏文路196号
邮　编：721004
联系人：邢育军

馆外借阅

社区业务培训

正月十五闹元宵

三原县图书馆

概述

三原县图书馆成立于1979年，馆址先后位于城隍庙、新合巷、宴友思大街，2008年迁入县人民广场政府科技大楼二、三楼。馆舍面积3000平方米，馆藏图书13万册，其中古籍近3万册，可容纳读者座位500个，年接待读者近10万人次。有计算机54台，信息节点120个，宽带接入10Mbps。2011年加入陕西公共图书馆服务联盟，共享省图书馆的自动化管理系统。1998年第二次全国公共图书馆评估，首次被文化部评定为三级图书馆，2013年第五次评估，晋升为二级图书馆。

业务建设

截止2012年底，三原县图书馆总藏量13万册（件），其中，中文图书9万余册，古籍近3万册，报刊300多种，地方文献300多种，电子图书1万册，电子期刊500种/册。

2009、2010年，三原县图书馆新增藏量购置费10万元，2011年起增至15万元。2009–2012年，共入藏中外文图书9361种，3.972万册，报刊1031种，视听文献534种。2011年，地方文献入藏完整率为92%。

读者服务工作

从2008起，三原县图书馆坚持每周开放60小时以上，年书刊总流通12万人次，书刊外借6.118万册次。建成1个分馆，有3个流动服务点，馆外书刊总流通1724人次，书刊外借5525册。2012年起，为当地的“两会”提供服务。

2013年4月1日建成三原县图书馆网站。依托陕西公共图书馆服务联盟，可使用省图书馆的数字资源总量为46种，58.43TB。

2009–2012年，三原县图书馆共举办讲座、展览、培训、阅读推广等读者活动128场次，参与人数2.1万人次，并以陕西公共图书馆服务联盟为平台，通过举办信息密集、内容丰富、形式多样的讲座，进一步提升了图书馆的读者服务水平。

业务研究、辅导、协作协调

2009–2012年，三原县图书馆职工撰写调研报告8篇、论文12篇。坚持通过有计划、有步骤，定辅导内容、定辅导人员，定完成时限的方式，年均到基层图书馆辅导230次以上，期间，举办基层管理员集中培训班6期，24个课时，260人次接受培训。

管理工作

2011年，三原县图书馆以学习贯彻《公共图书馆服务规范》为契机，制定本馆员工行为规范，对全馆人员重新进行了岗位设置，制作了工作岗位牌，规定了岗位职责、工作标准，规范了服务行为，有效地提升了为读者服务工作的水平。

表彰、奖励情况

2009–2012年，三原县图书馆共获得各种表彰、奖励18次，其中，文化部表彰、奖励1次，省图书馆表彰、奖励5次，咸阳市委、市政府表彰、奖励3次，咸阳市图书馆2次，多次受到县委、县政府、县文体局的表彰奖励。

馆领导介绍

廉鹏，男，1972年11月生，大专学历，中共党员，2003年由部队转业到地方，先后在三原县文化局、县文化馆工作，2010年10月任三原县图书馆馆长、支部副书记。2011年被咸阳市委、市政府、咸阳市妇联、三原县妇联授予“学习型家庭”荣誉称号，2012年被三原县评为“十大优秀青年”、“优秀共产党员”，连续多年被文化体育局评为先进工作者。

惠爱玲，女，1966年3月生，大专学历，中共党员，副馆长。1996年到三原县图书馆参加工作，先后在报刊部、办公室工作。2007年10月任副馆长。

张璇，女，1972年10月生，大学学历，副馆长。2003年到三原县图书馆参加工作，先后到少儿阅览室、办公室工作。2012年3月任副馆长。

马志忠，男，1971年1月生，大专学历，中共党员，副馆长。1999年由部队转业到三原县图书馆工作，先后在办公室、报刊阅览室工作。2012年3月任副馆长。

未来展望

三原县图书馆未来的发展定位将是以数字化图书馆为基础，体现知识交互理念，融合传统图书馆功能的现代化城市中心图书馆，形成三原地区知识信息的集散地、市民终身教育的学校、县域内文献的宝库、图书馆事业的中枢，成为群众学习文化、科技、教育信息服务的交流中心。读者在这里可以体验到阅读的快乐，感受知识的魅力，接受文化熏陶，开展思想交流，得到心灵的慰籍，最终发展成为一处高雅的文化休闲场所。

联系方式

地　址：三原县政府科技大楼
邮　编：713800
联系人：王　娟

二楼书画展览大厅

地方文献展柜

图书外借室

乾县图书馆

概述

乾县图书馆始建于1979年，馆舍建筑面积1500多平方米，截止2012年底，全馆现有干部职工23人，馆内设有9个科室，馆藏图书6万余册。其中线装书籍2144册，有阅览席位240个，1998年参加全国公共图书馆评估，被文化部评定为“三级图书馆”，2013年参加第五次评估，普升为“二级图书馆”。

业务建设

截止2012年，乾县图书馆年新增购置经费14.9万余元。图书年入藏量2000种以上，报刊年入藏180种以上，视听文献20多件，年收集地方文献39种，设有地方文献专柜，专人管理。对于收藏的图书、报刊、试听文献，均按要求进行标引、著录、登记、建账建卡、编目、上架排列，及时提供借阅服务。标引误差率、闭架图书排架误差率，开架图书排架误差率控制到了3%以内，开架图书排架正确率达97%。对于古籍文献的保护工作，做到专柜收藏，专账专卡登记，专人管理，做到“九防”。

2009年至2012年，乾县图书馆建成乡村级农家书屋256家。配备近200台电脑，建成了乡镇、乡村级文化站、文化点，实现了县、乡、村三级支中心服务体系。

读者服务工作

2009年，乾县图书馆实行免费服务，全年免费向读者开放，开展自助借阅、免费上网等便民服务，周开放时间58小时，书刊年流通8.4万人次，外借4.1万册次，有持证读者3177人，建立联谊流通服务点8个，服务点书刊年流通6950册次，书刊文献开架达96.5%，馆藏文献年外借率65.3%。

2009年到2012年，乾县图书馆面向青少年和老年人开展“红读”活动和“康乐益寿”读书活动，面向特殊群体开展“送书上门”活动，“图书进社区”活动，做到为读者提供全方位服务。同时，充分利用馆藏资源和网络资源，定期为党政机关、社会团体提供各种文化宣传及培训活动。组织承接各类文化培训、知识讲座活动达70余次，组织并参加与省、市举办的各种业务培训40余次。

业务研究、辅导、协作协调

2009年到2012年，乾县图书馆职工发表论文15篇，调研报告6篇，2012年，乾县图书馆正式成为陕西公共图书馆服务联盟成员馆，不定期安排业务骨干参加省、市组织的相关培训，同时邀请省、市专家对全馆进行培训及岗位指导。先后与国税局、县中队、西街小学、县周城乡董城村、薛录镇薛杵村、大墙乡大墙村、赵里村、敏德村等点建立资源共建共享的协作协调关系，并与相邻县各兄弟馆之间进行馆际互借，相互学习，交流工作经验。

自09年文化资源共享县支中心建成以来，乾县图书馆逐步进入现代化网络建设，资源共享有力促进了图书馆的各项工作。建成乡镇文化站20个，村级数字农家书屋12个，并已与省文化共享分中心信息系统相连接。同时，利用资源共享设备在军营、学校、广场、机关、社区、农村播放“红色影片，科技影片”，使广大干部、群众真正感受到资源共享带来的实惠。为提高基层图书室的业务管理水平，扎实推进农家书屋建设，顺利开展基层各项工作，馆内组织业务辅导人员每月定期下基层辅导业务一次，确保基层的业务辅导工作及图书管理员业务水平的提高，让其发挥真正的基层文化阵地作用。

管理工作

2009—2012年，乾县图书馆制定管理聘用工作实施方案，根据内部需求，竞争上岗，和每位职工签订聘用协议，馆内共设9类岗位，在岗人数23人。同时，健全学习制度、工作制度、考勤制度、财务管理制度和设备、物资管理制度。2010年，新购置了安防设施，加强安全管理，安排专人定期进行消防安全检查，保证安全出口畅通。

表彰、奖励

2009—2012年，乾县图书馆共获得各种表彰、奖励16次，其中，市级表彰、奖励1次，县级表彰、奖励3次，其他表彰、奖励12次。

馆领导介绍

畅大伟，男，1964年12月生，大专学历，中共党员、县政协委员、馆长。

李彦华，男，1967年5月生，大专学历，中共党员，支部书记。

闫伟岳，男，1965年4月生，大专学历，中共党员，副馆长。

马莉，女，1976年3月生，大专学历，中共党员，副馆长。

张小成，男，1972年月生，高中学历，中共党员，副馆长。

田娟娟，女，1972年12月生，大专学历，中共党员，工会主席。

未来展望

多年来，乾县图书馆始终坚持以“读者至上、服务第一”的宗旨，不断扩展业务，强化服务质量，各项工作取得了良好的社会效果。展望未来，乾县图书馆将以建设现代化、数字化图书馆为发展目标，利用先进的计算机技术和网络系统，开展各种读者服务活动，为推动乾县文化发展提供智力支持，努力把图书馆办成知识信息中心，文化教育中心，成为重要的知识信息枢纽和三个文明建设的重要窗口。

联系方式

地　址：咸阳市乾县高庙巷54号

邮　编：713300

联系人：畅大伟

彬县图书馆

概述

彬县图书馆是由民国中期的“民众图书馆”、“中山教育图书馆”沿革而来，1950年成立文化馆后，改为内设图书借阅室，1980年成立彬县图书馆至今。2012年，馆舍面积1242平方米，内设办公室、电子阅览室、报刊杂志阅览室、文献资料室、地方文献室、少儿阅览室、古籍室、盲人图书室、过期报刊阅览室、采编部等9室1部，有阅览坐席260个，计算机47台，宽带接入10Mbps。2009年参加第四次全国公共图书馆评估，被文化部命名为三级图书馆，2013年第五次评估晋升为二级图书馆。

业务建设

截止2012年底，彬县图书馆藏书8.3万册，其中地方文献3300册，电子图书576册（种）；视听文献580种。年订阅报刊300多种。2011–2012年新增藏量购置费约10万，购置图书2000多册。截止2012年底，彬县图书馆数字资源总量为3.5TB。

读者服务工作

彬县图书馆坚持全年免费对外开放，周开放62小时。2011–2012年，流通总人次15.7248万人次，书刊外借5.1568万册次，发放借书证1624人，资料查询2997人次。定期下农村、进社区、进厂矿、进学校搞调研，建立文化资源共享工程基层服务点和图书借阅网点，并进行业务指导工作，坚持开展咨询服务、科普知识下乡、读书征文、各类演讲、展览等活动。

业务研究、辅导、协作协调

2011–2012年，彬县图书馆职工发表论文6篇，在《陕西日报》、《咸阳日报》、《今日彬县》发表各种新闻报道18篇。彬县图书馆以文化信息资源共享工程VPN专网为依托，在陕西公共图书馆服务联盟工作委员会的指导下，已成为第4批联盟成员馆，即将开展联合编目工作。2012年共收集地方文献122种523册，并与陕西省图书馆交换地方文献21种47册，与咸阳图书馆交换21种46册，与淳化图书馆交换15种20册。对95个文化共享工程基层点和215个农家书屋管理员进行设备使用和图书分类、编目、上架的集中业务培训。

管理工作

彬县图书馆编制7人，2012年底在册职工12名。2011年5月完成全员岗位聘任，其中管理岗位3人，工勤技能岗位9人，同时建立了工作量化考核指标体系，每月进行工作进度通报，每半年和全年进行总体工作考核。

表彰、奖励情况

彬县图书馆2009年被文体事业局授予体育道德风尚奖；2011年被咸阳市城镇妇女“巾帼建功”活动领导小组评为“巾帼文明岗”；2012年被咸阳图书馆评为咸阳市公共图书馆系统“创评”活动最佳单位及地方文献工作先进单位。

馆领导介绍

潘粉绒，女，1966年12月生，大学专科学历，中共党员，副馆长（主持工作）。1982年参加工作，1992年至今在图书馆工作。2007年8月被中共彬县县委组织部任命为图书馆副馆长，分管业务，基层点建设、培训，文化信息共享工程等工作，2012年兼任中国彬县古豳历史文化研究会秘书长。

未来展望

彬县图书馆遵循“科学、效率、创新、发展”的办馆方针，经过多年坚持不懈的努力，按照《公共图书馆建设标准》中中型图书馆的标准设计的新馆于2010年动工，预计2014年全面建成，新馆建筑面积1万余平方米，可设阅览座位700多个，容纳纸质文献100多万册，年服务人次可达10万人次以上。届时，彬县图书馆还将和彬县新区多家学校实现图书资源共享互补，争取主要业务指标位居全省县级图书馆前列，达到国家一级图书馆的基本标准。

联系方式

地　址：彬县泾河新区文化图书大楼
邮　编：713500
联系人：高鹏宇

旬邑县图书馆

概述

旬邑县图书馆1985年与文化馆分设，2008年在原址建成新馆，馆舍建筑面积3600平方米，有阅览坐席150个。藏书5万余册，计算机45台，信息节点50个，宽带接入10Mbps。开设图书借阅室、少儿借阅室、电子阅览室、视障借阅室、地方文献借阅室、报刊阅览室、古籍特藏室等9个服务窗口。2010年，参加第四次全国公共图书馆评估，首次获得三级图书馆；2013年，参加第五次全国公共图书馆评估，获得二级图书馆。

业务建设

截止2012年底，旬邑县图书馆馆藏文献5.45万册（件），其中，纸质文献5.4万册（件），电子图书500册。

2009、2010年，新增藏量购置费5万元，2011年起增至10万元。2009–2012年，共入藏中文图书4749种，9763册，中文报刊154种，视听文献436种。2012年，地方文献收藏78种，270册。

2010年建成文化资源共享工程旬邑县支中心，与陕西省图书馆通过VPN专网连接，并共享陕西省图书馆的全部数字资源。2012年，旬邑县图书馆加入陕西公共图书馆服务联盟，使用陕西省图书馆提供的Symphony3.3自动化管理系统。

读者服务工作

从2009年8月起，旬邑县图书馆全年无节假日对外免费开放，周开放56小时。2009–2012年，书刊总流通9.6万人次，书刊外借5.2万册次。

2010年起，读者在馆内可通过VPN专网享受陕西省图书馆全部数字资源的检索、浏览和下载服务。

2009–2012年，共组织各类讲座、展览、培训、阅读推广等读者活动21场次，参与人数6.5万人次。

业务研究、辅导、协作协调

截止2012年，旬邑县图书馆职工共撰写专业论文21篇，刊发11篇。

从2010年起，旬邑县图书馆以文化资源共享工程VPN专网为依托，组织馆内职工和基层服务点管理人员参加远程培训70余次；组织开展业务讲座、技能培训12次。截止2012年底，建成共享工程乡镇基层服务点9个，村级服务点实现全覆盖；建成乡镇文化站图书室12个，基本实现了村村都有“农家书屋”，并定期对基层站点的管理人员开展各类培训、讲座。

管理工作

2012年，旬邑县图书馆完成了第二次全员岗位聘任，本次聘任共设24个岗位，有24人重新上岗。馆内制定了岗位责任考核制度，进行周考评、月通报和每半年与全年进行总体考核的机制。

表彰、奖励情况

2009–2012年，旬邑县图书馆共获得各种表彰、奖励11次，其中，省市表彰、奖励5次，其他奖励6次。

馆领导介绍

秦金厚，男，1961年2月生，大专学历，中共党员，馆员，馆长，党支部书记。1973年7月参加工作，历任旬邑县剧院院长，旬邑县剧团团长兼支部书记，2008年1月任旬邑县图书馆馆长兼支部书记。

唐东云，男，1969年3月生，本科学历，中共党员，助理馆员，副馆长。1989年参加工作。先后任旬邑县体委文书、体育中心副主任，2004年11月任旬邑县图书馆副馆长。

李梅，女，1969年12月生，大专学历，中共党员，馆员，党支部副书记。1991年3月调入旬邑县图书馆工作，主要负责党支部工作和办公室工作。曾荣获县级党组织奖励十余次；2009–2012年当选为旬邑县党代表；2011、2012年当选为旬邑县妇联妇女代表和工会妇女代表。

未来展望

旬邑县图书馆遵循“读者第一，服务至上”的服务宗旨，力争完善单体服务功能，扩大服务辐射区域，带动旬邑县文化事业的发展。2009–2012年，通过加入陕西公共图书馆服务联盟，不仅带动了自身的整体发展，还具有了支撑保障全县公共图书馆服务体系良好运行的文献与技术能力。未来将继续保持这种发展势头，开拓创新，进一步提高办馆能力和服务质量，更好地服务于旬邑的文化事业。

联系方式

地　址：陕西省咸阳市旬邑县泰塔路
邮　编：711300
联系人：焦礼荣

阅读推广宣传

为“农家书屋”整理图书

为孤寡老人送书送电影

渭南市临渭区图书馆

概述

滑南市临渭区图书馆始建于1956年，占地4260平方米，位于渭南市区东风大街东段91号，是渭南市区唯一的一家公共图书馆。1986年新建了图书大楼，建筑面积1500平方米。1995年被国家文化部、人事部授予“全国文化工作先进集体”称号，2009年在全国第四次县以上公共图书馆评估定级中被文化部命名为“国家三级图书馆”。2012年临渭区图书馆对二、三楼进行了维修改造，新增辅导部、参考咨询部、少儿阅览室、盲人阅览室和多媒体播放室5个功能部室。临渭区图书馆现有阅览坐席200个，计算机50台，宽带接入50Mbps。

业务建设

截止2012年底，临渭区图书馆馆藏总量9.7354万册（件），其中纸质文献9.1354万册，视听文献6000种。2012年，临渭区图书馆先后从省、市、区财政争取藏量购置费50余万元。2009–2012年，共入藏中文图书1.5万册次，中外文报刊120种，视听文献1000种，地方文献1500余种。2012年，临渭区图书馆顺利开通图书自动化借阅系统，对办证、借阅、检索、读者信息、借阅统计等业务实现计算机管理，使图书馆服务质量和工作效率上升到一个新的台阶。

读者服务工作

从2011年7月1日起，临渭区图书馆全年365天无节假日免费开放，周开放时间66小时。2011年在临渭区杜桥街道盈田村建立临渭区图书馆盈田分馆。2012年盈田分馆（农家书屋）获得国家新闻出版总署“全国示范农家书屋”称号。临渭区图书馆为政府机关、学校、社区、渭南监狱、看守所等送书点和图书室等23个送书点定期更换图书活动40余次，更换书刊2万册次。2012年起，为“临渭区两会”提供服务。2012年在省数字资源部和网络部的帮助下，临渭区图书馆网站正式建成。2009–2012年，临渭区图书馆共举办讲座、培训、阅读推广等读者活动57场次，印制主题横幅百余条，更新制作宣传展板60余块，发放各种宣传资料3万余份、视频光盘200张，制作主题幻灯片百余张，播放宣传片50余部，参与市民5万余人次。

业务研究、辅导、协作协调

从2009年起，临渭区图书馆先后派出业务骨干到社区图书室、乡镇文化站、农家书屋进行业务规范化指导30余次。举办“图书管理员培训班”5期，培训学员600余人次。截止2012年，1个中心馆、20个镇街道图书室、54个社区图书室、431个农家书屋的四级图书馆服务网络初具规模。2011年举办“全区文化发展与阅读推广工作经验交流会”，评选表彰了6个阅读推广工作先进社区（村）；2012年官路镇云祥村农家书屋管理员朱禾获得“全国农家书屋优秀管理员”称号；2013年4月召开全区农家书屋工程建设推进会，表彰奖励“十佳农家书屋”、“十佳农家书屋管理员”、5个农家书屋建设管理先进单位、5名农家书屋建设管理先进个人，进一步推动了我区图书馆服务网络建设。

2009–2012年临渭区图书馆组织业务培训班20余次，共撰写业务论文16篇、征文23篇、体会文章50余篇，其中3篇入编西北五省图书馆科学论文集，2篇分获陕图联盟论文二、三等奖，8篇入编论文集，2篇在《渭南日报》、《渭南晚报》上刊登。

2010年6月，首批加入陕西省公共图书馆服务联盟。同年10月，成为陕西省图书馆联合编目成员馆，开始了科学规范、共建共享的机读联合编目。

管理工作

2012年底，临渭区图书馆完成了首次岗位聘任制，本次聘任制共设14个功能部室，30个岗位，30名职工获聘上岗，上岗职工将根据所聘岗位要求，分别承担相应的岗位职责，完成相应的工作指标和任务，同时实行相应的考核奖惩管理办法。

表彰奖励情况

2009–2012年，临渭区图书馆共获得各种表彰、奖励16次，其中，国家级荣誉3次，省级荣誉6次，市级荣誉1次，区级荣誉6次。

管领导介绍

李瑞玲，女，1963年9月出生，大专学历，中共党员，馆长。1983年6月参加工作，1994年任渭南市临渭区原河刘乡副乡长，1998年至2000年9月任临渭区博物馆副馆长，2000年调入临渭区图书馆任副馆长，2012年任临渭区图书馆馆长(副科级)。

李文宏，男，1961年6月出生，本科学历，中共党员，党支部书记。1981年参加工作，1981年于部队服役，1995年10月转业至临渭区社会文化市场管理办公室任副主任，2012年调入临渭区图书馆任党支部书记(副科级)。

赵辉，女，1973年1月生，大专学历，中共党员，副馆长。1987年12月参加工作，1987年于部队服役，1993年6月转业至临渭区图书馆任办公室主任，2012年任临渭区图书馆副馆长。

段耀武，男，1968年12月生，大专学历，副馆长。1987年10月参加工作，1987年于部队服役，1991年转业至临渭区东风电影院，2000年调入临渭区图书馆任资料室主任，2012年任临渭区图书馆副馆长。

未来展望

临渭区图书馆树立和践行“平等、免费、无区别服务”的公共图书馆服务理念。2009–2012年，不断拓展阅读服务内容和宣传活动，在加强图书馆自身建设的同时，取得了良好的社会效应。在今后的工作中，临渭区图书馆继续加强基础设施建设，做大做强图书馆事业，向数字图书馆迈进。积极争取省、市、区项目资金，实施一楼馆舍改造，完善少儿、盲人、多功能服务部室功能，更新设施设备。争取国家公共馆改扩建项目，扩大馆舍面积。同时，紧跟省图书馆业务工作步伐，开展科学管理、业务技能、服务保障、职业道德等创先争优活动，树立图书馆服务新特色。发挥渭南委员馆桥梁纽带作用，带领县市成员馆紧跟省馆工作步伐，为全省公共图书馆联盟共建共享努力拼搏！

联系方式

地　址：渭南市临渭区东风大街东段91号
邮　编：714000
联系人：邱　燕

华县图书馆

概述

华县图书馆创建于1930年，原名民众图书馆，是我省创办较早的公共图书馆之一。2009年8月位于古郑路南段的新馆建成并对外开放。新馆占地4.8亩，建筑面积3420平方米，馆藏文献6.1万册（件），设阅览坐席300余个。2012年，加入陕西省公共图书馆服务联盟，有计算机49台，信息节点40个，数字读报机一台，宽带接入22兆，使用Symphony图书馆自动化管理系统。2013年，参加第五次全国公共图书馆评估，获得二级图书馆。

业务建设

截止2012年底，华县图书馆总藏量6.1万册（件），其中，纸质文献5.9207万册（件），视听文献750套，电子图书9种，电子期刊65种。2009年至2012年，新增中外文图书10596种，12527册，中文报刊350种，视听文献150种。征集地方文献430种，691册。2011年12月加入陕西省公共图书馆服务联盟，成为全省公共图书馆联合编目成员馆，次年10月，开通计算机外借流通系统，实现了文献编目、检索、外借，由传统手工操作转为计算机一体化管理的跨越式发展。2013年4月加入国家图书馆联编中心，成为国图联编中心成员馆。

截止2012年底，先后建成农家书屋242个，社区图书室5个。建成全国文化信息资源共享工程华县支中心及14个乡镇综合文化站和242个行政村基层服务点，实现了全国文化信息资源共享工程华县区域全覆盖。2013年初，实现馆内无线网络全覆盖。

读者服务工作

从2011年7月起，华县图书馆全年365天对外免费开放，每周开放63小时。2009年–2012年，书刊总流通27.8万人次，书刊外借23.4万册次。2012年9月，开通2个馆外图书流通服务点，馆外书刊外借1860册，书刊流通总人次317人。2012年起，图书馆开展进“两会”服务活动，为两会代表和委员提供文献信息咨询服务。2012年5月，引入数字读报机一台，可供阅读报刊65种。同月，建成华县图书馆网站，年底网站访问量1135次，可共享陕西省图书馆数字资源46种。2009年–2012年，华县图书馆共举办讲座、展览、培训、阅读推广等主题活动73场次，参与人数23900人次。举办的年度“农家书屋主题演讲比赛”和每月定期举办的“华图大讲堂”群众参与度和社会知名度高，服务品牌逐渐显现。

业务研究、辅导、协作协调

2009年–2012年，华县图书馆职工撰写论文14篇，其中发表论文8篇。

从2012年起，华县图书馆组建农林机电、科教文卫体等多方面专家，依托农家书屋为平台，定期在全县14各镇、242个行政村举办农业科技实用技术讲座以及农家书屋、文化共享工程基层管理员培训，获得省新闻出版局表彰的“农家书屋建设先进单位”称号。

管理工作

2011年，华县图书馆修订完善各类规章制度42个，开展各科室及工作人员流动红旗和服务之星评比活动。2012年初，建立了全员岗位聘任制度，完成了第一次全员岗位聘任工作，本次聘任共设17类岗位，有23人重新上岗，同时，建立了目标考核体系，确定量化考核标准，每半年和全年进行总体工作考核。

表彰、奖励情况

2009–2012年，华县图书馆共获得各种表彰、奖励14次，其中省级表彰、奖励2次，市级表彰、奖励2次，县级表彰、奖励10次。有18人荣获先进个人，优秀共产党员，联盟工作先进个人等。

华县图书馆领导介绍

王翠侠，女，1972年出生，大专学历，中共党员，助理馆员，馆长。1993年10月参加工作，2005年6月调入华县文化馆，2007年7月借调县文体局市场产业股，任文体局市场股股长，文化馆副馆长，三城联创办公室副主任；2011年8月被县文体局任命为县图书馆副馆长，主持图书馆工作；2012年5月被县委组织部任命为华县图书馆馆长(副科级）。2011年获华县县委“王兴民式优秀共产党员”称号；2012年获陕西公共图书馆服务联盟组织工作先进个人。

温建新，男，1975年12月5日出生，中共党员，中级职称，党支部副书记，大专学历，2004年取得自学考试会计专业大专学历；1994年–1998年在华县高塘镇渭华起义纪念馆工作；1998年至今在图书馆工作，2006年5月任华县图书馆党支部副书记。曾被陕西省文化厅表彰为文化共享工程建设先进个人、被华县县委表彰为优秀党务工作者。

刘艳，女，1975年7月出生，大专学历，中共党员，中级职称，副馆长。1994年12月到华县图书馆参加工作，先后在图书室，报刊阅览室，采编室，办公室等部门工作，任部室主任等职，2004年10月被华县文化体育局任命为华县图书馆副馆长，分管全馆业务工作。

种合欢，男，1982年9月23出生，中共党员，大专学历，2006年7月–2009年4月在文体局工作；2009年5月至今在华县图书馆工作，并担任华县图书馆副馆长一职。

未来展望

华县图书馆始终坚持“读者第一、服务至上”的宗旨，不断优化服务环境，丰富和完善自身服务功能，扩大服务辐射区域，带动本县域公共图书馆事业整体发展。继续提升和打造“华图大讲堂”“华县农家书屋主题演讲比赛”、“农家书屋专家咨询导师制度”等公共文化服务项目。2012年，启动了本县域公共图书馆总分馆服务体系建设，先后建成1个分馆1个馆外流通点，力争通过几年时间，建成以县级图书馆为总馆，社区、乡镇图书室为分馆，基层农家书屋为流通点公共图书馆服务体系。

联系方式

地　址：华县古郑路南段
邮　编：714100
联系人：姚现成

韩城市司马迁图书馆

概述

明洪武四年（1371）修建的“典库司”和“尊经阁”是韩城最早的图书馆。民国二十三年（1934），韩城创建了韩城民众教育馆，购置了大量书籍资料，设专人管理。1951年，改名为韩城县文化馆，内设图书室，开展对外图书借阅和报刊阅览。1979年4月，成立了韩城县图书馆，与文化馆合署办公。1982年6月，韩城县图书馆在金城中街正式开馆。1995年3月迁至新城区太史大街西段，更名为韩城市司马迁图书馆。主体建筑3100平方米，设计藏书60万册。1998年，参加第二次全国公共图书馆评估，被文化部命名为二级图书馆。2012年11月，开通了计算机借阅系统，接入宽带20M，数字资源存贮量6.9TB，阅览坐席276个，计算机49台。2013年参加第五次评估，再次被评为二级图书馆。

业务建设

截止2012年底，韩城市司马迁图书馆馆藏文献10.8707万册（件），其中，古籍7607册，纸质图书8.6962万册，报刊1.4018万件，视听文献120种。

2011年3月，开始古籍保护工作，年上传古籍信息200条。2012年5月，开始回溯建库工作，截止2012年底，已完成30%。2012年，地方文献室与省图书馆互换交流地方文献30余册。

读者服务工作

2009年，韩城市司马迁图书馆外借书库、报刊阅览室、少儿阅览室、电子阅览室全部向读者开放。2012年11月起，全年365天对外免费开放，周开馆63小时。除特殊文献外，所有藏书全部免费借阅。

2009–2012年，每年7月启动流动电影放映活动，将免费电影送到基层群众家门口。同时，利用文化共享工程移动播放设备和共享资源，经常为市中心敬老院播放优秀影片。开展信息资料发放活动，帮助村民解决生产和生活中遇到的困难。

2009–2012年，举办讲座、培训等活动36次，展览20次，参与活动2万余人次。坚持年年举办三秦书月、世界读书日活动及图书馆服务周宣传活动。

业务研究、辅导、协作协调

2009年，韩城市司马迁图书馆开设了辅导讲座，定期组织职工系统学习图书馆学、目录学、藏书与读者、计算机基础、图书编目等专业知识。2012年，文化共享工程韩城市支中心工作人员参加省中心组织的青少年网页制作培训及文化信息资源共享工程知识与技能培训。同年10月，根据回溯建库的完成情况，对外借服务工作人员进行了相关培训。每年组织一次基层业务辅导培训。2012年10月，组织主要领导和业务人员到三原县、华县、大荔县图书馆参观、学习和交流工作经验。

管理工作

实行岗位责任制，建立考核、分配激励制度。制定并完善工作制度、学习制度、财务管理制度、卫生制度、请假考勤制度，实行指纹考勤。同时，制定了工作人员行为规范和用语规范，明确接待读者的22条服务敬语和17条服务忌语，职工之间比服务质量、比服务态度、比文明礼貌、比科学管理。

表彰、奖励情况

2010年被省文化厅评为文化信息资源共享工程先进单位，被中共韩城市委评为先进党支部。2012年被省文化厅评为全国文化信息资源共享工程·公共电子阅览室示范点，被省公共图书馆服务联盟工作委员会评为联合编目工作先进集体，被省新闻出版局评为省级农家书屋管理先进单位，被市文体局评为综合工作先进集体。

馆领导简介

宋春锁，男，1963年3月生，大专学历，中共党员，馆长。1982年参加工作，历任市人民艺术剧院党支部书记、市社管办主任，2012年任司马迁图书馆馆长。先后被评为全省扫黄打非先进个人、优秀共产党员。

马文娣，女，1969年9月出生，大专学历，中共党员，党支部书记。1997年6月参加工作。2003年6月到司马迁图书馆工作，担任支部副书记，2011年8月担任支部书记。2011年被韩城市委评为“优秀党务工作者”。

孙自炜，男，1962年7月出生，中专学历，民盟盟员，馆员，副馆长。1983年参加工作，1991年起担任司马迁图书馆副馆长。

陈少维，女，1966年11月出生，大专学历，中共党员，馆员，副馆长。

刘增平，男，1976年10出生，大专学历，中共党员，馆员，副馆长。

田丽，女，1975年5月出生，大专学历，中共党员，馆员，工会主席。

未来展望

未来5年内，韩城市司马迁图书馆将秉司马遗风，兴名城图书馆事业。一是继续加快图书馆硬件设施建设，提高办馆条件，增加馆藏量，进一步提高服务质量。二是进一步做好全市文化信息资源共享工程基层服务点、农家书屋、基层图书室业务辅导培训工作，使基层群众充分享受文化权益。三是加强人才培养，建设一支素质过硬、能打硬仗的图书馆工作队伍。四是以司马大讲堂为载体，组织丰富多彩的读者活动和阅读推广活动，充分体现本馆特色。

联系方式

地　址：韩城市新城区太史大街西段
邮　编：715400
联系人：董　波

吴起县图书馆

概述

吴起县图书馆的前身是由文化馆分专人管理的图书借阅室，藏书7000余册，1978年2月25日因火灾烧毁12间房，原藏书全部化为灰烬。1984年重新规划，1985年建成，借文化馆楼6间开展业务活动。馆址几经变迁，2005年位于县文化大楼的吴起县图书馆正式投入使用，馆舍面积达1762㎡，馆藏文献资源总量8万余册，可容纳读者座位124个，计算机55台，网络对外接口有专线接入，选用Sirsi图书编目系统。2011年，实现全部免费对外开放。2013年，成为陕西公共图书馆服务联盟成员馆，并于同年参加第五次全国公共图书馆评估，10月首次获得二级图书馆。

业务建设

截止2013年第五次评估前，吴起县图书馆馆藏文献资源达13万册，其中地方文献325种、1500余册，电子文献8万册，纸质文献5万册。图书年入藏量1500余种，3500册左右；期刊年入藏量200余种；电子文献年入藏量40余种；视听文献年入藏量40余件；地方文献主要以吴起县志、年鉴和各单位的宣传资料为主；展览室则以米粘画、剪纸、鞋垫等地方特色为主。

读者服务工作

从2011年7月1日起，吴起县图书馆免费对外开放，周开放不低于56小时，同时，采用纵横3000图书借还系统。2012年，书刊总外借4.3万册次。从2009年开始，建设6个图书流动服务点，包括2009年成立的吴起采油厂图书流动服务点、2010年成立的薛岔社区图书流动服务点、2011年成立的吴起县第二中学和吴起县城关小学图书流动服务点、2012年成立的吴起县第一中学和第二小学图书流动服务点，截止2012年底，流动点书刊流动4.28万册。

春节知识竞猜活动

2012年，吴起县图书馆共举办讲座、展览、培训、阅读推广等读者活动30场次，参与人数3.18万人次。

业务研究、辅导、协作协调

2011年吴起县图书馆实施免费开放以来，注重基层业务辅导培训。2012年，新建3个社区图书室和20个村级图书室，并对新建图书室的图书管理员进行了业务辅导和培训。2013年又对所有基层图书室、基层服务点完善管理和健全规章制度。截止2013年第五次评估前，共建成全国文化信息资源共享工程县支中心1个，设有基层服务点172个，其中村级服务点164个，乡镇服务点3个，社区服务点5个。

管理工作

2010年起，吴起县图书馆连续聘任4名大学毕业生，单位人员年轻化、专业化程度更高。2011年建立工作考勤制度，每年进行一次总体工作考核。

表彰、奖励情况

2009–2012年，吴起县图书馆先后获得县级各种表彰、奖励13次。

馆领导介绍

史建宏，女，1976年9月生，本科学历，中共党员，馆长。1995年9月参加工作，历任吴起县盐务局副局长、吴起县文体广电局副局长，2013年5月任吴起县图书馆馆长。

未来展望

多年来，吴起县图书馆始终秉承"读者至上，服务第一"的理念，进行各项基础业务建设，以"宣传优秀文化"为口号，结合自身条件，按照国家县级公共图书馆的相关建设要求，努力把图书馆打造为县级优秀文化服务窗口。未来，吴起县图书馆馆舍面积将进一步扩大，新的扩建工程正在规划中。同时，在阅读推广、参考咨询、共享工程、地方文献收藏、基层服务等方面将加大工作安排和投入，力争把图书馆建设成为吴起县具有代表性的文化服务窗口和陕西公共图书馆服务联盟成员馆典范。

联系方式

地　址：陕西省延安市吴起县长征街文化大楼
邮　编：717600
联系人：王海艳

少儿阅览室

报刊阅览室室

阅读文化节宣传现场

黄陵县轩辕图书馆

概述

黄陵县轩辕图书馆正式成立于1978年12月，1991年4月建成图书馆大楼，更名为黄陵县轩辕图书馆，隶属于黄陵县文体广电局，位于黄陵县中心街15号，建筑面积2056平方米，设办公室、财务室、采编室、电子阅览室、图书外借室、地方文献特藏室、少儿阅览室、期刊阅览室、视障阅览室、期刊资料储藏室、报纸储藏室、书库。有阅览坐席205个，计算机51台，报刊阅读机1台，年接待读者逾3万人次。是一所功能齐全、设备先进、现代化程度较高的综合性图书馆。2013年参加第五次全国公共图书馆评估，被文化部命名为二级图书馆，同时被陕西省科协确定为省级科普教育基地。

业务建设

截止2013年3月底，黄陵县图书馆总藏量8.0526万册。其中，图书外借室20936册，少儿阅览室4182册，地方文献特藏室1586册，图书采编室4811册，书库39917册，光盘1094张，报刊合订本500册，过刊合订本7500册，订阅报纸188种（其中电子报165种）。

2012年7月起，开始陕西公共图书馆服务联盟的联合编目工作，到2013年5月，联编图书2.306万册。

2008年，建成文化资源共享工程黄陵县支中心，设立电子阅览室，接入10M电信宽带。县财政年拨付20万元作为支中心的日常运行经费，并列入预算。截止2012年底，建成共享工程乡镇服务站7个，社区服务站9个，村级服务点191个，实现了全覆盖。在此基础上，建立黄陵县轩辕图书馆服务网站。

读者服务工作

自2011年5月1日开始，黄陵县轩辕图书馆全年365天免费开放，周开放61小时。2010–2012年，共接待读者7.9032万人次，图书外借20万册次。2012年，深入县直部门、乡镇村组举办各类知识讲座18场次，听众4500多人。同时组织展览活动5次，阅读推广活动6次，参观人次分别为5000人左右。

2012年12月，黄陵县轩辕图书馆设立政府信息公开查阅点，开设参考咨询服务。春节前为农民工免费提供购火车票服务，高考前，为考生开通高考填报志愿绿色通道。另外，还积极开展为残疾人送书上门工作。

业务辅导、协作协调

黄陵县轩辕图书馆利用每年的“科技三下乡”、“4·23世界图书日”、“图书馆服务宣传周”、文化信息资源共享工程、设立宣传点等途径，运用广播、电视、移播宝、宣传展板、横幅等宣传工具，组织开展新书推荐、共享工程下基层活动；进社区、学校、军营、农户、厂矿等开展送图书、送知识、送影片活动。2012年，各类宣传活动服务读者共计9000余人，回答口头咨询2000余人次，散发传单600份，播放电影15部，播放技术讲座12小时，分别为敬老院、县看守所和消防大队赠送图书共计3000余册。

2012年，组织骨干人员对11个乡镇、社区基层文化站的23名工作人员就图书编目、共享工程设备利用的理论知识及实际操作能力等进行统一的培训。全年共计开展各类服务基层活动15次。培训基层网点信息人员45人次，下基层文化站指导培训24次，协助辅导基层站点分类、编目、上架图书3000多册，举办农家书屋管理员培训4次，参训118人次，指导并实施农家书屋图书分类、编目、上架图书7.34万册。

2012年，积极配合县旅游文物局、县非物质文化遗产办公室开展古籍存藏情况调查活动。积极组织县书协会员在城区和乡镇进行春联义写义送，免费为群众赠送春联8000余幅。

管理工作

建立健全各项规章制度。制定“入馆须知”、《黄陵县轩辕图书馆文献资料赔偿条例》、《公共图书馆员职业道德准则》、办公室工作职责、外借室工作职责、安全保卫等制度，设立服务监督栏。同时还要求所有工作人员必须佩戴工作证服务，以便于读者监督。

表彰、奖励情况

2010年3月，黄陵县轩辕图书馆文化信息资源共享工程被评为延安市文化信息资源共享工程先进单位。

馆领导介绍

蔡佰虎，男，1972年12月生，硕士研究生学历，馆长。1992年7月参加工作，先后在黄陵县文化馆、黄陵县政协工作，2006年5月任黄陵县轩辕图书馆馆长，兼任黄陵县文联副主席。

祁万春，男，1964年3月生，大专学历，中共党员，党支部副书记。1981年10月参加工作，2009年7月任黄陵县轩辕图书馆党支部副书记。

未来展望

黄陵县轩辕图书馆始终秉承“以人为本，服务第一”的发展理念，立足黄陵，放眼世界，积极探索适应新时期经济社会发展的办馆模式，不断开拓现代图书馆事业发展的新领域、新空间。在丰富自身视野的前提下，扎实学习、始终如一，坚持下乡辅导和实地调研，不讲形式，务求实效，力求把轩辕图书馆建成馆藏丰富、设施现代、功能齐全、环境优美的精神家园。

联系方式

地　址：黄陵县中心街015号
邮　编：727300
联系人：马 亮

免费开放宣传和赠书活动

汉中市图书馆

概述

汉中市图书馆成立于一九五七年，位于汉中市莲花池公园内，属于县级公共图书馆。

2012年12月4日，汉中市图书馆新馆建成全面开放。建筑面积3409平方米，设计藏书容量54万册，可容纳读者座位500个。新馆具有功能基本完备的硬、软件支撑体系，在陕西公共图书馆服务联盟的平台上实现联合编目、统一外借阅功能。馆内设文化信息资源共享工程汉台支中心、图书外借部、报刊借阅部、儿童阅览室、古籍文献、地方文献阅览室、电子阅览室、多功能报告厅等10多个服务窗口，阅览坐席480个，读者用计算机37台，读者可在馆内无线上网。在职人员22人。1994、1998年两次参加全国公共图书馆评估，获得二级图书馆，2004年评估，成为三级图书馆，2013年评估重回二级图书馆。

业务建设

截止2012年，汉中市图书馆馆藏图书20.1万册，其中古籍2.1万册。馆藏中有关汉中各县县志、行业志和汉江流域人文学科的地方文献具有一定特色。

2010年文献购置费2万元，2011年文献购置费增至10万元，2012年财政单列文献购置费20万元。年入藏中文图书3552册，订阅中文期刊152种，报纸55种。

2012年5月开始陕西公共图书馆服务联盟的联合编目工作。

读者服务工作

汉中市图书馆新馆2012年1月开馆运试行，同年11月开通联盟计算机管理系统流通外借服务。同年12月起，全年365天免费开放，周开放56小时。年接待读者4.1万人次。2013年起，为汉台区“两会”提供服务。

2011–2012年，汉中市图书馆共举办讲座、展览、培训、阅读推广等读者活动23场次，参与人数6.2万人次（包括馆外活动）。以陕西公共图书馆服务联盟为平台，创立了“三个品牌”服务项目：“汉图讲坛”、《信息与资料》、“诵读经典、普及国学”朗诵会是汉中市图书馆阅读推广工作的一大特色。其中，自办的《信息与资料》全年不少于12期，免费向机关、事业单位、乡、镇文化站及专业户发放。

汉中市图书馆外貌

业务研究、辅导、协作协调

2009–2012年，汉中市图书馆职工发表参加论交流研讨会计11篇。

2011年，汉中市图书馆加入陕西公共图书馆服务联盟，成为委员馆。截止2012年底，汉中市11个县区图书馆全部加入成为该联盟的成员馆。

2012年12月，汉中市图书馆承办陕西省文化工作暨公共图书馆服务联盟会议。

2013年5月，陕西理工学院文旅学院教学实习基地、青年志愿者服务基地在汉中市图书馆揭牌。

管理工作

汉中市图书馆以内抓管理、外树形像为抓手，着力打造一支“政治强、业务精、纪律严、作风正”的干部职工队伍。在图书馆硬环境建设得到极大改观的基础上，及时调整建设思路，把工作重点从硬环境建设转移到软环境建设，明确发展目标，健全各项制度，优化管理软环境。全馆人员自觉遵守馆里的规章制度，明确工作目标。减少工作盲点，做到“人人有责任，事事有程序，科学化、现代化管理”的工作标准。2012年，建立年度绩效量化考核指标体系，年终进行工作绩效考核。

表彰、奖励情况

2009–2012年，汉中市图书馆共获得各种表彰、奖励5次，其中，省联盟1次、区奖励1次，其他奖励3次。

馆领导介绍

杨汉军，男，1962年9月生，大专学历，中共党员，馆员，馆长。1980年10参加工作，历任办公室主任，支部副书记、副馆长等职，2012年6月任馆长，兼任文化信息资源共享工程汉台区支中心主任、陕西省图书馆学会理事、陕西省图书馆学会阅读推广委员会委员。

梁国庆，男，1968年5生，大专学历，中共党员，馆员，支部书记。1985年12月参加工作，2001年7月到汉中市图书馆工作，曾任副馆长，2007年3月任支部书记。

朱鹏飞，男，1978年11月生，大专学历，中共党员，副馆长，1996年12月参加工作。2012年6月到汉中市图书馆担任副馆长。

未来展望

汉中市图书馆遵循“读者第一，服务至上”的服务宗旨，不断完善服务功能，扩大服务辐射区域，带动本地区图书馆事业的发展。未来的4年，汉中市图书馆将进一步规范、完善内部管理，大力提升工作人员的业务水平，广泛开展阅读推广活动，争取达到“一级馆”的标准。年读者接待量在现在的基础上增加百分之三十，持证读者增加百分之四十，馆藏文献增加到25万册，成为集文化、科技、信息传播、保存文化遗产、开展社会主义教育、免费服务为一体的综合性文化服务机构，为汉中市的经济建设和社会发展发挥重要作用。

联系方式

地　址：汉中市北大街莲花池公园内
邮　编：723000
联系人：杨汉军

南郑县图书馆

概述

南郑县图书馆始建于1978年6月，与县文化馆两馆合一。1992年6月，由省文化厅、县财政拨款修建的图书馆大楼竣工，建筑面积2050平方米。1994年1月，图书馆人员、经费与县文化馆分离后迁入新址，1995年12月对外开放，馆舍建筑面积2050平方米，设计藏书容量10万册，可容纳读者座位300个。馆内设外借室、报刊阅览室、儿童阅览室、电子阅览室、数字资源放映室、参考咨询室6个服务窗口。截止2012年底，南郑县图书馆有阅览坐席300个，计算机42台，服务器3台，宽带接入100Mbps，共享省图书馆的Symphony自动化管理系统。2004年、2009年参加第三、四次全国公共图书馆评估定级，均被文化部命名为三级图书馆。2013年评估后晋升为二级图书馆。

业务建设

截止2012年底，南郑县图书馆馆藏文献11.3万册（件），其中图书10.9万册，报刊合订本4000册，纸质文献占全部文献的95%以上。共享陕西省图书馆的电子资源。2011年3月，南郑县图书馆加入陕西公共图书馆服务联盟，开始联合编目，完成图书编目4.7万册，2013年5月开通基于联盟统一平台的文献外借服务。

读者服务工作

从2011年11月起，南郑县图书馆对外免费开放，周开放56小时，年总流通10万人次，书刊外借6万册次。实现与南郑中学馆校联办图书馆，全面代管学校图书馆管理与服务工作。建成5个分馆，20个流动服务点，年馆外书刊流通总人次3万人次，书刊外借2万册。建立395个农家书屋，425个共享工程基层服务点，年开展培训辅导100余次。利用电子阅览室举办各类培训、讲座30余次。每年举办阅读宣传推广活动4次。为未成年人服务和分馆服务已成为南郑县图书馆的特色。

业务研究、辅导、协作协调

近年来，南郑县图书馆职工累计发表论文20余篇，撰写专题调研报告3篇。从2008年农家书屋和文化信息共享工程建设之日起，南郑县图书馆就和镇、村、社区建立了稳定的协作关系。每年举办文化站长和基层业务骨干培训班2期。深入基层服务点进行业务指导80余次。建立了南郑县县委工会、阳光新居廉租房小区、县看守所、县工会、县财政局、县消防中队分馆。

管理工作

南郑县图书馆实行全员岗位聘任制，岗位分管理、专业技术、工勤技能三类，其中管理岗位1人，专业技术岗位8人，工勤技能岗位6人。建立工作量化考核指标体系，制定图书馆岗位责任目标和图书馆工作人员规范。实施严格的上下班打卡制，制作年度考核手册，形成周报、月评、年考核的总体考核方法。实行干部职工去向公示牌、桌牌、胸牌制度，自觉接受社会和读者监督。

表彰、奖励情况

2011—2012年，南郑县图书馆先后获得南郑县优秀党支部、先进单位、平安单位、文明单位标兵，汉中市公共图书馆免费开放先进单位等。

馆领导介绍

李虹，女，1966年12月生，本科学历，中共党员，副研究馆员，馆长。1987年10月参加工作，2006年5月任南郑县图书馆馆长、支部书记，兼任文化信息资源共享工程南郑县支中心主任。

刘斌，男，1972年4月生，本科学历，中共党员，馆员，副馆长。1995年7月参加工作，2002年2月任南郑县图书馆副馆长。

黄雷，女，1983年10月生，大专学历，民建会员，副馆长。2008年3月在南郑县运动中心工作；2010年10月调至图书馆办公室工作，2013年3月被任命为图书馆副馆长。

未来展望

南郑县图书馆贯彻“服务、创新、发展”的办馆方针，将以获得二级图书馆为动力，不断提升综合实力，坚持在服务中发展，在发展中超越，积极完善服务功能，扩大服务范围，提高服务效率，在实现自动化管理的基础上，加快数字图书馆建设步伐，努力建设现代化图书馆，进一步推动县域图书馆事业发展，不断满足人民群众对数字化阅读的需要。

联系方式

地　址：南郑县汉山镇西大街79号
邮　编：723100
联系人：刘 斌

榆林市星元图书楼

概述

星元图书楼原名榆林县图书馆，始建于1956年。1983年，由榆林籍爱国港商胡星元先生捐资70万元重新修建，被省政府命名为“星元图书楼”（1988年9月，榆林县改为县级榆林市。2000年7月，榆林撤地设市，原县级榆林市改为榆阳区，星元图书楼机构建制、人员隶属榆阳区）。位于榆林市中心的世纪广场东侧，是榆林市区重要的文化建筑标志之一。馆舍建筑面积3157平方米，设计藏书容量20万册，可容纳读者坐席400个。2012年有阅览坐席375个，计算机53台，使用IlasⅡ2.0图书馆自动化管理系统。

1994年参加第一次全国公共图书馆评估定级，被文化部命名为二级图书馆。2004年参加第三次评估时为一级图书馆。2009年参加第四次评估时为二级图书馆。2013年参加第五次评估时为二级图书馆。

业务建设

馆内基础功能分为“三室一部”，即采编室、科信室、办公室、流通部。服务设施分为“五室一馆”，二楼设有借书室、老年阅览室、综合阅览室；三楼设有儿童阅览室、电子阅览室（全国文化信息资源共享工程区级支中心）；四楼设有胡星元纪念馆。

截止2012年底，榆林市星元图书楼总藏量14万册。

2009、2010年，榆林市星元图书楼图书购置费为10万元，2011–2012年新增至15万元。2009–2012年，共入藏图书11600种，报刊1135种，视听文献120种。采取走出去上门征集的办法收集地方文献，到2012年底，有地方文献1100种，1261册。

读者服务工作

从2010年起，星元图书楼全年365天对外免费开放，周开馆60小时。2009–2012年，年书刊外借为10万册次，外借率达71%。2011年有馆外服务点110个，当年书刊借阅5465册次；2012年有馆外服务点344个，书刊借阅1.74万册次。2009–2012年，共举办讲座、展览、培训、阅读推广等读者活动119场次，参与人数24.62万人次，为政府、政协、人大等机构提供专题文献和决策依据等200条，为特殊群体服务80次。截止2012年，星元图书楼网站访问量8万多人次，读者可通过网站浏览图书馆的最新动态，检索和下载所需的数字资源。

业务研究、辅导、协作协调

2009–2012年，榆林市星元图书楼职工发表论文14篇。

2010年12月，加入陕西省图书馆组建的公共图书馆服务联盟，成为陕西省公共图书馆服务联盟委员馆。

2012年星元图书楼已拥有364个基层服务点，20个乡镇图书室。期间，举办基层业务培训21次，举办农家书屋，职工书屋管理员及乡镇图书室指导员培训5次。

管理工作

2010年，星元图书楼共设管理岗5个，业务技术岗26个，全面实行“按需设岗、竞聘上岗、按岗聘用、合同管理”的管理体制，全馆33人重新聘用上岗，同时，建立了工作量化考核指标体系，每半年和全年进行总体工作考核。

表彰、奖励情况

2009–2012年，共获得各种表彰、奖励21次，其中省文化厅表彰、奖励6次，市、区级表彰、奖励10次，其他表彰、奖励5次。

馆领导介绍

李立，男，1961年生，大专学历，中共党员，馆长。1978年参加工作，2007年9月任星元图书楼馆长。

王欣，男，1976年生，本科学历，中共党员，书记。1998年参加工作，2011年12月任党支部书记。

李亚梅，女，1970年生，本科学历，中共党员，图书馆员，副馆长。1990年参加工作，2007年9月任副馆长。

郭富强，男，1981年生，本科学历，副馆长。

白艳伟，男，1982年生，本科学历，副书记。

未来展望

2012年，星元图书楼对馆舍进行了维修改造，新增读者自休室，并将原来的宿办楼改造为阅览室和书库，增加面积400平方米。在未来几年里，将逐步拓展服务功能，带动乡镇图书室、农家书屋和社区图书室的发展。

联系方式

地　址：榆林市榆阳区新建北路24号
邮　编：719000
联系人：赵红梅

定边县图书馆

概述

定边县图书馆成立于1984年12月，1985年6月挂牌对外开放，2004年11月建成新馆对外开放，建筑面积2932平方米。目前有阅览座席384个，计算机52台，接入10M带宽电信光纤。2012年5月加入陕西公共图书馆服务联盟，2014年加入了定边中学分馆，共享使用Symphony3.3系统，实现了图书馆自动化管理。2008年以来，积极响应共建共享先进文化建设理念，先后在县图书馆成立了建设书香定边指导委员会办公室，县党员远程教育服务中心，职工书屋管理服务中心，文化信息资源共享工程县支中心，农家书屋办公室5个业务机构，建起各类分馆375个，数字农家书屋72家，职工书屋及中小学校分馆43个。2009年参加第四次全国公共图书馆评估定级，被文化部命名为二级图书馆，2013年评估后继续保持二级图书馆。

业务建设

截止2014年底，总藏书97.34万册（件），其中图书7.74万册，期刊5.68万册，电子文献14.6万册，视听文献720件，农家书屋57.85万册，职工书屋12.6万册。图书年入藏数量5280种，报刊年入藏数量485种。每年为部分农家书屋、社区书屋及乡镇文化站订购报刊100余种。地方文献有专门阅览室，有专人管理，征集工作每年开展。2014年增设了视障阅览室，购买盲文点写器2台，电子助视器1台，手持电子听书机2台，手持电子助视器2台，盲文图书500余册。馆藏中文文献书目数字化达98%。

读者服务工作

2011年4月实行全年365天对外免费开放，每周开馆62小时。2014年全县图书馆及各网点年外借图书433012册次，各网点年流通人次291658人次。全年开展读者活动44场次，各类社会教育培训活动6期，展览8次，举办迎春谜语活动5次，成功举办了五届全民读书月活动启动仪式。

馆内设立书刊宣传专柜、图书飘流区、电子图书借阅机和阅报机，并在馆外人流集中的4个服务点摆放电子图书借阅机和阅报机，在县医院服务点设立图书、报刊专架，每月定期开展阅读推广活动3次。每年为政府机关提供决策服务信息300余条，为县委组织部、科协、定边中学等单位提供专题服务20次。

利用文化共享工程设备长期为进城务工人员提供网上订购火车票服务，建有农民工书屋。

业务研究、辅导、协作协调

2009年至2014年，全馆职工在各类刊物发表论文20篇。

县图书馆积极推行“城乡多位一体”公共图书馆服务体系建设。目前全县拥有乡镇中心分馆20个，社区、村级分馆341个，企事业单位、中小学校分馆43个，实现行政村全覆盖。基层分馆实行统一图书加工整理，悬挂统一标识牌，统一设备配置，图书馆统一业务管理。每年开展基层业务辅导工作52次。

管理工作

实行岗位管理和目标管理责任制。全馆设管理岗3个，业务岗25个，岗位、职称实行聘用制，采取竞争上岗，每年按照目标管理对职工进行业务技能考核，实行绩效工资与职工考核考评工作挂钩，建立内部激励机制。

表彰、奖励情况

2009年—2014年，定边县图书馆共获国家、省部级奖励9项。2010年被共青团中央授予“国家青年文明号”；2011年被中宣部、文化部、广电总局、新闻出版总署评为“全国服务农民服务基层文化建设先进集体”；被中国图书馆学会授予全民阅读先进单位，被省文化厅、共享工程省中心评为全省文化共享工程知识竞赛优秀组织奖；2012年被省文化厅授予“陕西省文化共享工程·公共电子阅览室省级示范点”，被中国图书馆学会授予“全民阅读先进单位”；2013年被全国文化共享工程陕西省分中心评为“第一届‘文化共享杯’全国群众摄影艺术作品征集大展陕西省县级支中心优秀组织奖”，荣获陕西公共图书馆服务联盟“2013年度联盟工作创新奖”；2014年被省委宣传部表彰为“全省宣传文化工作先进单位”。

馆领导介绍

赵泉清，男，1966年1月出生，中共党员，本科学历，副研究馆员。1982年3月参加工作，1996年9月任馆长至今。兼任陕西省图书馆学会理事，文化共享工程定边县支中心主任，建设书香定边指导委员会办公室副主任，县党员干部远程教育服务中心主任，县农家书屋、职工书屋办公室主任。获市、县两级劳动模范，榆林市有突出贡献专家。

侯志武，男，1964年4月生，大专学历，中共党员，馆员，党支部书记。1981年1月参加工作，2005年任图书馆党支部书记至今。

刘向前，男，1973年9月生，大专学历，中共党员，馆员，副馆长。1989年参加工作，2005年委任定边县图书馆副馆长至今。

未来展望

定边县辖20个乡镇，335个行政村，7个居民社区，文化较落后，定边县图书馆必须立足县域特点，进一步解放思想，以建设县乡村三级一体化公共图书馆服务体系为目标，实施农家书屋、职工书屋、文化共享工程、党员远程教育、书香定边建设项目工程，加快推进多元化数字图书馆建设，让城乡人民尽早享受到网络化数字图书馆的多元服务，并为建设书香定边提供支撑力量。

联系方式

地　址：定边县鼓楼南大街中段文化广场西侧
邮　编：718699
联系人：赵泉清

洛南县图书馆

概述

洛南县图书馆始建于1978年，是我省较早成立的县级公共图书馆之一。2007年2月迁入新馆，新馆位于洛南县人民广场东南角。建筑面积1500平方米，设计藏书容量10万册，可容纳读者座位150个。2009年，参加第四次全国公共图书馆评估，首次获得国家三级图书馆，2013年参加第五次全国公共图书馆评估，获得国家二级图书馆。2014年，洛南县图书馆有阅览坐席110个，其中电子阅览坐席30个，成人借阅坐席30个，儿童借阅坐席50个。所有窗口实行全免费服务。2014年底，洛南县图书馆拥有计算机52台，信息节点37个，电子图书借阅机一台，共用陕西省图书馆Symphony图书馆自动化管理系统。

业务建设

截止2014年底，馆内藏书刊4.7万册。其中，图书3.9万余册，期刊合订本1500余种4000多册，报纸合订本210种3000多册，音像制品500余张；可供读者使用的“移播宝”、移动硬盘等的数字资源总量6TB。

2012年财政拨款总额120万元，年增长率为27.28%，其中，新增藏量购置费6万元/年，免费开放经费到位20万元。

读者服务工作

从2011年元月起，洛南县图书馆全年365天对外实行免费开放，周开放56小时。2012年，加入陕西公共图书馆服务联盟，开展联合编目工作，并于2012年12月开通外借端口，实现了馆藏文献的计算机借还。全馆借阅实行开架借阅，开架比例为100%，馆藏文献年外借率为120%，书刊文献年外借3.7万册，馆外流动借阅2100册次/年，读者满意率为95%。

2012年建成的陕西公共图书馆服务联盟洛南县图书馆网站访问量1327人次。洛南县图书馆利用陕西公共图书馆服务联盟发布使用的数字资源，通过陕西省图书馆网站、陕西公共图书馆服务联盟洛南县图书馆网站、陕西省共享工程VPN专网向全县读者提供检索、浏览和下载服务。

2009—2014年，洛南县图书馆共举办讲座、展览、培训、阅读推广等读者活动60场次，参与人数3546人次。在陕西公共图书馆服务联盟工作委员会的指导下的图书馆进校园阅读推广活动，是洛南县图书馆阅读推广工作的特色。从2013—2014连续两年开展“两会”服务，获得代表委员好评。

业务研究、辅导、协作协调

2009—2014年，洛南县图书馆职工积极开展业务研究工作，公共发表论文21篇。

在加强职工自身建设的同时，洛南县图书馆还积极开展基层辅导工作，定期培训全县共享工程基层服务点、农家书屋管理人员，共计培训60场次，培训人员达2000余人。

从2012年起，洛南县图书馆在陕西公共图书馆服务联盟的帮助和支持下，开展了联合编目、地方文献联合征集、阅读推广与讲座展览资源服务、业务培训与技术支持等工作。

管理工作

洛南县图书馆实行全员目标责任制管理，建立了工作量化考核指标体系，每月进行工作进度通报，每半年和全年进行总体工作考核，将年度考核情况记入个人档案。

表彰、奖励情况

2009年被省文化厅评为全省文化系统“创佳评差”最佳单位；被商洛市文广局评为文化信息资源服务先进单位；2011年在“颂歌献给党”群众歌咏活动中，县支心选送的合唱《红梅赞》，获国家信息中心“优秀提名奖”；2012年被陕西公共图书馆服务联盟评为2012年度联盟联合编目工作“先进集体”；2012年电子阅览室获得省文化厅颁发陕西省文化信息资源共享工程公共电子阅览室“省级示范点”；2008—2012连续五年被评为全县文广系统先进单位。

馆领导介绍

苏安良，男，1960年10月生，大专学历，中共党员，副研究馆员，馆长。1977年3月参加工作。1999年12月到洛南县图书馆工作。2000年7月任馆长。2009年获陕西省文化资源共享工程“先进个人”。

王红霞，女，1968年9月生，大专学历，馆员，副馆长。1992年7月参加工作。1997年10月到洛南县图书馆工作，2004年任副馆长。

闫晓荣，女，1970年1月生，大专学历，助理馆员，副馆长。1989年7月参加工作，1996年6月到洛南县图书馆工作，先后在书库、少儿阅览室等部门工作。2004年任副馆长。

未来展望

洛南县图书馆遵循“服务、创新、发展”的办馆方针，践行“科学发展观”战略，逐步完善服务功能，扩大服务辐射区域，带动地区事业发展。在不断强化自身综合实力的同时，通过陕西公共图书馆服务联盟，带动了本地图书馆事业的整体发展。洛南县图书馆目前发展空间不足，已经引起各级政府的重视，图书馆扩建工程已经提到政府议事日程，在未来的几年里，洛南县图书馆将在现有馆舍的基础上，面积扩至二到三倍，总建筑面积3300平方米。全面扩建后的洛南县图书馆，可容纳纸质文献20万册，阅览座位350个，年服务人次可达10万以上，数字资源设计存储能力10TB，在共享工程陕西省分中心、陕西公共图书馆服务联盟的支持下，能够提供全覆盖、不间断、无时空限制的数字文献远程和移动服务，数字资源年利用率6万件/次以上。同时，还具有支撑保障全图书馆服务体系良好运行的文献与技术能力，主要指标位居全省县级公共图书馆前列，争创省内一流县级图书馆。

联系方式

地　址：陕西省洛南县人民广场东南角宣传文化中心
邮　编：726100
联系人：钟书哲

柞水县图书馆

概述

柞水县图书馆创立于1934年，后因战乱关闭，1969年恢复开馆。2009年7月迁至迎春广场柞水县艺术中心大楼内，馆舍面积1650平方米。截止2013年5月，总藏书6.5354万册，可容纳读者座位200个，计算机42台。职工编制8人，其中本科学历2人，专科学历6人，专业技术人员5人，工人技术等级3人。2009年参加第四次全国公共图书馆评估，被评定为三级图书馆。2013年第五次评估，晋升为二级图书馆。

业务建设

截止2012年底，柞水县图书馆馆藏文献6.5354万册，其中，图书3.8万册，报刊2.2万册，地方文献5000册，古籍54册。

2012年，县财政以及争取的上级财政拨款总额为72.8万元，新增藏量购置费16万元，中央财政转移支付以及地方配套免费开放经费20万元。

2009年7月，文化信息资源共享工程柞水县支中心建成并投入使用，相继又建成柞水县13个乡镇服务点、2个社区和45个村级基层服务点，基本形成了县、乡、村三级服务点全覆盖。建成农家书屋122个，实现了农家书屋全覆盖。2009–2012年，建设卫星数字农家书屋10个。

读者服务工作

从2011年8月起，柞水县图书馆全年365天天天免费开放，周开放56小时。2011年12月，柞水县图书馆加入陕西公共图书馆服务联盟。2009年至2013年5月，书刊总流通15万人次，书刊外借6.8万册次。2012–2012年，开通馆外图书流动点5个，设立服务点46个，年外借书刊5000册次。

2009–2012年，柞水县图书馆共举办讲座、展览、培训、阅读推广等读者活动118场次，参与人数1.86万人次。

业务研究、辅导、协作协调

2009–2012年，柞水县图书馆职工发表论文12篇。

2009年7月，全国文化共享工程柞水县支中心建成并投入使用。截止2012年底，柞水县图书馆针对文化共享信息上传、农家书屋日常管理、卫星数字农家书屋设备使用及管理等方面的知识，对基层图书管理人员进行业务培训12期。

管理工作

2012年9月，柞水县图书馆进行新的全员竞聘上岗，设立8个岗位，明确制定岗位责任制，建立了工作量化考核指标体系，每月召开一次全馆职工工作汇报例会，每半年和全年进行总体工作考核。

表彰、奖励情况

2009–2012年，柞水县图书馆共获得各种表彰、奖励10次，其中，获市级表彰2次，县级表彰3次，其他表彰5次。

馆领导介绍

张兰，女，1984年12月生，本科学历，中共党员，馆长。2007年8月参加工作，2008年1月–2013年2月任柞水县文化广播影视局会计，2013年3月调至柞水县图书馆任馆长。

未来展望

柞水县图书馆本着“一切为读者服务”的宗旨，未来，将注重理论和实际相结合，图书文化工作和地方社会经济发展相结合。全面建设所需馆舍功能区，加大新书购置力度，添置电子阅览器材等必要设备；在专业建设上通过在职学习和参加各级组织的培训学习，打造一支业务能力强、作风过硬的馆员队伍，并不断将业务培训向下延伸到镇村和农家书屋管理人员，以发挥图书事业的最大效能。

联系方式

地　址：柞水县迎春广场艺术中心大楼
邮　编：711400
联系人：张 兰

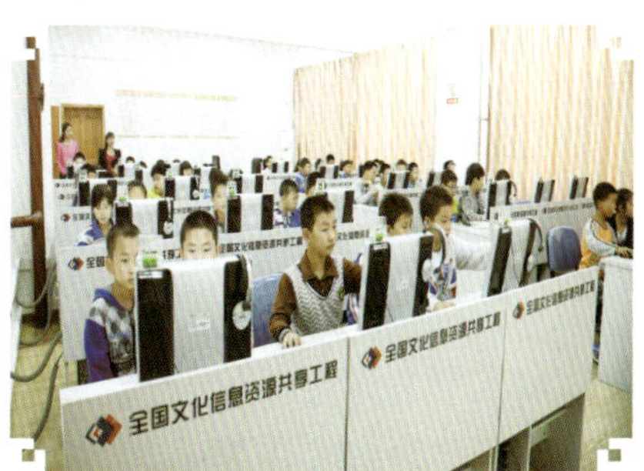

铜川市少年儿童图书馆

概述

铜川市少年儿童图书馆成立于1987年6月，是陕西省最早建成的一座专业性少儿图书馆。馆舍面积2050平方米，设有少儿外借室、成人外借室、讲座室、电子阅览室、自修室、期刊阅览室、低幼儿童玩具室等科室。共有阅览坐席200余个，书架23个，期刊架5个，报刊架4个。内设7个机构，编制10人。

业务建设

截止2012年底，馆藏文献5万余册（件），期刊100余种，计算机45台。在文献资源建设上始终坚持以"少儿读物为主，成人读物为辅"的原则。图书类型以陕西政治、经济、文化、地理、历史、科技、风俗人情、儿童文学、世界名著、人物生平事迹以及本省各出版社出版的中小学教材等图书为主。

读者服务工作

铜川市少儿图书馆每周开放60小时。定期举办少儿灯谜会、演讲比赛、有奖征文、夏令营等常规性读者活动，根据不同节庆及社会需求不定期开展诸如报告会、读书演讲会、故事会、读书心得笔记展览、读者园地等活动。

截止2012年底，共建成2个流动服务点，8个分馆，2个乡镇文化站图书室，39个文化信息资源共享工程室（其中包括10个数字农家书屋），12个社区电子阅览室。

管理工作

截止2012年，铜川市少儿图书馆完成三次全员岗位聘任，同时，建立工作量化考核指标体系，每月进行工作进度通报，每半年和全年进行总体工作考核。2010–2012年，共抽查文献排架41次、书目数据113次，编写各部门工作进度通报18篇。

表彰、奖励情况

2009–2012年，铜川市少儿图书馆共获得各种表彰、奖励26次，其中，省委、省政府表彰、奖励6次，市委、市政府表彰、奖励3次，区委、区政府、区文明办表彰、奖励15次，其他表彰、奖励2次。

馆领导介绍

韩桢，女，1974年1月生，本科学历，中共党员，馆员，2011年3月到铜川市少儿图书馆任馆长。

联系方式

地　址：铜川市王益区七一路15号
邮　编：727000
联系人：谢 璇

宝鸡市图书馆

概述

宝鸡市图书馆始建于1957年，1988年1月由建国路西巷迁址渭滨区滨河北路1号，馆舍面积3800平方米。截止2012年底，馆藏文献60万册（件），声像资料6万余件，古籍文献1.2万册，地方文献3000余册，文渊阁《四库全书》原文电子版一套，电子文献数据库10个，计算机80台，配备文化信息资源共享工程声像设备、网络设备和信息技术设备，文化信息资源共享工程流动服务车一辆。1994年参加第一次全国公共图书馆评估，获得三级图书馆，1998年评估晋升为二级图书馆，第三次至第五次评估后均为三级图书馆。

业务建设

截止2012年底，宝鸡市图书馆总藏量60.5397万册（件），其中，纸质文献47.4678万册（件），电子图书13.0599万册。2012年新购藏量2.768万件，订购报刊597种，新增有效借书证7117个。

2011年，宝鸡市图书馆购书专项经费75万元，2012年根据宝鸡市财政局经费预算的通知精神，购书经费增至224.3万元。

截止2012年底，宝鸡市图书馆数字资源总量为2.5TB，其中，自建数字资源总量1.5TB。

读者服务工作

从2009年起，宝鸡市图书馆全年365天对外免费开放，周开放64小时。2009—2012年，书刊总流通19.2万人次，书刊外借32.8万册次。截止2012年底，建成30个分馆和借阅点，馆外年均接待读者5万余人次。

2009—2012年，宝鸡市图书馆网站访问量80余万人次，举办各种读者活动57次，其中，讲座34次，参加3720人次，展览12次，参观1100人次，培训班11次，培训1100人次。

业务研究、辅导、协作协调

2009—2012年，全馆职工撰写论文11篇。

2012年开展各项宣传服务活动16次，培训辅导8次，各种展览8次，讲座6次。2012年10月协助陕西省图书馆学会举办以“机遇·挑战·变革——新形势下西北地区图书馆事业创新与发展”为主题的西北五省（区）图书馆第十一次科学讨论会。

管理工作

宝鸡市图书馆实行全员岗位聘任制，建立了工作量化考核指标体系，每年进行考核。

表彰、奖励情况

2009—2012年，宝鸡市图书馆共获得各种表彰、奖励14次，其中，国家级表彰1次，省级表彰9次，地市级表彰2次，其他奖励2次。

馆领导介绍

索新全，男，1956年12月生，本科学历，中共党员，副研究馆员，馆长。1982年8月参加工作，历任麟游县文教局政工科干事、副局长，宝鸡市豫剧团团长，宝鸡市河滨影剧院经理，2004年9月至2012年11月任宝鸡市图书馆馆长，兼任陕西省图书馆学会常务理事，宝鸡市图书馆学会理事长。

刘掌全，男，1964年11月生，本科学历，中共党员，副研究馆员，党支部书记。1985年7月参加工作，先后在宝鸡市电影公司，宝鸡市图书馆技术部、办公室工作，2002年4月任宝鸡市图书馆副馆长、党支部书记，2012年11月主持全馆工作。

陈碧红，女，1967年7月生，本科学历，农工党员，副研究馆员，副馆长，政协宝鸡市第十届、第十一届委员。1985年2月参加工作，1986年10月调至宝鸡市图书馆工作，2007年任副馆长，分管办公室、采编部、阅览部、流通部工作。

姚建平，男，1969年2月生，本科学历，中共党员，馆员，副馆长。1985年10月参加工作，1989年11月到宝鸡市图书馆工作。2011年任副馆长，分管业务工作。

未来展望

宝鸡市图书馆坚持“读者至上，服务第一”的工作宗旨，大力开展免费开放服务工作，不断创新文化服务品牌，扩大服务受众面，加快文献资源流通率、利用率，全面提升服务水平。在第一批国家公共文化服务体系示范区建设带动下，新馆建设已于2012年7月正式立项，将新建图书馆综合楼一座，总建筑面积2.438万平方米，项目估算总投资11290万元。建成后的宝鸡市图书馆新馆综合指标将居于全省图书馆前列，达到国家一级图书馆的基本标准。

联系方式

地　址：陕西省宝鸡市渭滨区滨河北路1号
邮　编：721000
联系人：李 平

宝鸡市图书馆大门

读者服务

新馆建设模拟图

安康市图书馆

概述

安康市图书馆位于兴安西路103号，占地面积5758平方米，建筑面积1353平方米。该馆筹建于1979年，1984年10月正式对外开放，编制15人，用编15人，拥有读者座席300个，可供工作人员和读者使用的计算机70台，读者服务区无线网络全覆盖，宽带接入100兆以上，实行广电和电信双网运行。业务部设有文献采编部、书刊流通部、文献参考部、培训教育部、财务后勤部、综合办公室和文化资源共享安康市支中心。2009年公共图书馆第四次评估定级时被文化部评为“国家三级图书馆”。

业务建设

截止2012年底，安康市图书馆藏各类文献达15.35万册。2009年至2012年新购置图书1572种，5245册；征集地方文献1031种，2941册；装订过报2081册、过刊2218册。2009、2010年安康市图书馆每年新增藏量购置费5万元，2011年起免费开放后增至15万元，但未列入预算。2012年11月购置一台46英寸高清液晶大屏幕电子阅报机，拥有200多种电子报，解决了读者阅读个性化和信息及时性的问题，这也是安康市图书馆加快推进传统服务向自动信息化服务的一大举措。2012年4月起，将自动化管理系统升级为Symphony3.3联合馆系统，以适应陕西省公共图书馆服务联盟建设的需要。在网站建设方面开通了陕西省图书馆服务联盟安康市数字图书馆网站，办理数字资源阅览证书352个。

读者服务工作

安康市图书馆按照免费开放时间要求，实行天天开放，周开放56小时。2009—2012年，共接待读者25.053万余人次，书刊总流通22.941万人次，书刊外借12.664万册次。建成分馆2个，馆外书刊流通总人次8.64万人次。2012年起，为“两会”提供服务。2009年以来，安康市图书馆不断加强阅读推广力度，举办了“迎新春，庆元旦回馈读者灯谜有奖竞猜”、“4·23”世界读书日、服务宣传周、“我读书，我受益”演讲比赛、庆“三八”诗文朗诵联谊活动，“关注乡村学生，分享阅读快乐”等阅读推广活动52场次，参与人数4.51万人次，共赠送图书2万册。在为特殊人群服务方面，设立了残疾人专座，为盲人读者提供了多功能LED照明助视器、远近两用智能助视器、博朗听书机等设备，配备了老年人阅读服务的设备，为进城务工人员实行网上购票，为未成年人进行红色影片展播等系列活动。

业务研究、辅导、协作协调

2009—2012年，先后有6人20多篇论文在图书馆界研讨会上交流或学术刊物上发表，由馆长撰写的《安康城市文明建设应充分发挥图书馆的作用》一文发表在《安康文化》上，引起安康市相关领导的重视。2009年3月中旬，安康市图书馆历时15天，分三批14人次，深入到九县一区对全市资源共享县级支中心，乡镇村基层服务点和农家书屋就资源共享县级支中心的场地面积情况，日常运行经费落实情况，专业技术人员配备情况，项目责任书签订情况等方面进行了专题调研，对农家书屋进行了现场检查和业务指导。2009—2012年，先后举办《中图法》业务学习班，评估定级培训班，全市图书馆馆长和主要业务人员培训会，资源共享县级分中心主任培训，图书馆联盟成员馆业务培训，加强馆员职业培训，提高馆员从业素养，受训业务人员800余人次。并深入到平利、旬阳、白河、紫阳、汉阴、宁陕等县级馆进行业务辅导，解决业务中存在的问题。在抓好各县公共图书馆业务辅导的同时，又将业务范围拓展到城区及中省市专业图书馆（室），加强业务协作和联系，帮助建立了市中心医院图书室、安康技工学校图书室、市博物馆徐山林“藏一角”、移动安康分公司图书室等10余个单位。经常与城区院校图书馆联谊联合，举办图书馆服务宣传周、图书馆讲座，项目调研，项目合作，召开学习研讨会，加强业务交流和学习，取长补短，共谋安康市图书馆事业发展大计。

管理工作

2011年，为了充分调动广大馆员的积极性，安康市图书馆先后修改制定了《安康市图书馆工作人员服务规范化规定》、《安康市图书馆关于进一步加强公休假、病事假及工作纪律管理的办法》、《绩效工资考核发放办法》、《安康市图书馆文明部室评选条件》等30多种规章制度。

表彰、奖励情况

2009年至2012年连续评为安康市文化系统“最佳单位”、“先进党支部”，2012年被陕西省图书馆服务联盟被评为“先进单位”。单位馆员有6人次受到上级表彰和奖励。

馆领导介绍

张恩周，男，1958年6月生，本科学历，中共党员，副研究馆员，馆长，党支部书记。

王永护，男，1962年6月生，本科学历，副研究馆员，副馆长。

来宝屏，男，1960年11月生，本科学历，副研究馆员，副馆长。

未来展望

安康市图书馆正以建设美好安康为奋斗目标，牢固树立“读者至上，服务第一”的工作理念。以外有一个好形象；内有一个好秩序；树立一个好馆风；培养一支好队伍为管理目标。积极探索现代化图书馆服务的新模式，“十二五”期间，安康市图书馆新馆建设已列入重点工程，届时一所藏书特色化，职能多样化，人员专业化，工作规范化，服务人性化，管理现代化，陕南一流，全省领先，全国闻名，具有标志和示范意义的现代化图书馆将更好地服务于广大市民。

（撰稿人：李大梅）

西安市灞桥区图书馆

概述

灞桥区图书馆成立于1985年11月25日，原同文化馆合署办公，1986年1月1日正式对外开放，当时馆舍面积70平方米。2000年，新建文化图书大楼，2003年5月正式建成交付使用，2004年2月图书馆与文化馆完全分离，并于同年7月实现对外开放。截止2012年底，馆舍面积1000平方米，可容纳读者座位172个，藏书3.4万余册。计算机58台，宽带接入10Mbps，共用陕西省图书馆Symphony图书馆自动化管理系统。2009年参加第四次全国公共图书馆评估，首次获文化部评定得三级图书馆称号，2013年参加第五次评估，继续保持三级图书馆称号。

业务建设

截止2012年底，灞桥区图书馆总藏量6万余册。其中纸质文献2万册、电子图书4万册、电子期刊2000册、地方文献50种。2009年、2010年，政府对图书馆的经费投入分别为25.4万元、26.6万元。2009–2012年，灞桥区图书馆新增藏量总购置费4.83714万元，共入藏图书2000种，报刊480种。

灞桥区农家书屋建设开始于2005年，截止2012年底共建成226家，总藏量12万余册，服务人口60余万人。

2009年成立第一个馆外服务点骏马分馆，馆舍面积约1000平方米，总藏量7000余册，主要开展图书外借服务和报刊阅览服务。

读者服务工作

2010年12月起实行全免费开放服务，周开放56小时。2009–2012年，书刊总流通6万人次，书刊外借4万册次。建成3个分馆，226个基层服务点，已达到100%覆盖。

灞桥区图书馆是灞桥区政府政务信息公开服务点挂牌服务单位，为读者提供各类政务公开信息，并为区政府提供各类参考信息服务。

2011年，建立灞桥区图书馆网站及盲人视听阅览室。是西安首家建立盲人视听阅览室的区县级图书馆。

2009–2012年，举办讲座、展览、培训、送书下乡、图书漂流、阅读推广等读者活动40余场次，参与人数4万多人次。

业务研究、辅导、协作协调

2009–2012年，灞桥区图书馆分次派主管农家书屋的工作人员对各书屋管理员进行了6次业务指导，并举办6次共享工程基层服务点管理员培训。参加省、市图书馆及区级各种培训50余次。职工论文发表10篇。

管理工作

灞桥区图书馆是区属公益性全民事业单位，在编11人，每年按时完成事业单位岗位聘任并进行目标管理考核，建立了工作量化考核指标体系，各项管理制度建全。

表彰、奖励情况

2009–2012年，灞桥区图书馆共获得各种表彰、奖励10余次。

馆领导介绍

张健，男，1967年8月出生，中共党员，本科学历，研究馆员。1986年7月参加工作，2005年1月任馆长，西安市有突出贡献专家，负责全盘工作。

支农，男，1972年10月出生，中共党员，本科学历，馆员。1996年7月参加工作，2009年10月调至灞桥区图书馆工作，2011年4月任副馆长，分管馆内业务工作。

魏萍，女，1980年4月出生，中共党员，本科学历，馆员。1999年参加工作，2005年至2010年在灞桥区文体旅游局工作，2013年3月任图书馆副馆长，分管共享工程及馆外服务点业务工作。

展望未来

灞桥区图书馆在抓还阵地服务的同时积极加强多项软硬件建设，以更好地服务读者，今后将不断完善计算及自动化、网络建设，以全新的面貌、现代化的设施和高科技的手段更好地为广大市民、广大读者服务。以下是对图书馆未来发展的初步规划：

1、积极加强建设馆外辅导和分馆工作。

2、实现馆藏文献的数字化。建设有本馆特色的数据库，结合本馆实际，开发有特色的数字化信息资源。

3、在现有馆舍面积不能满足服务的情况下争取各个方面支持，建设新的图书馆。

4、完善本馆自己的网站，发布信息，提供读者访问、浏览。

5、建立数字化图书馆，采用各种可行的方式为读者提供网上浏览、网上借阅等服务。

联系方式

地　址：灞桥区纺织城纺一路108号

联系人：张　苗

西安市阎良区图书馆

概述

阎良区图书馆初建于1974年，2012年8月30日，位于阎良区蓝天路区文体中心的新馆建成并面向社会免费开放。新馆总建筑面积2700平方米，截至2012年底，有阅览座席210个，计算机55台。

业务建设

截止2012年底，阎良区图书馆馆藏文献4.6325万册，报纸30种，视听文献200件；图书年均入藏5761种，报刊30种，视听文献31件。

2012年度财政拨付阎良区图书馆经费总额为120.9万元，其中新增藏量购置费45.5万元。

截止2012年底，阎良区图书馆专业存储设备容量为4.5TB，实现馆内无线网络覆盖。加入陕西公共图书馆服务联盟联合编目系统，引入省广电网络，设立地方文献区和非物质文化遗产展厅。

读者服务工作

阎良区图书馆每周免费开放服务60小时，截止2012年底，书刊文献开架比例78%，人均年到馆26次，馆藏书刊年外借率64%，书刊文献年外借2.9504万册次；成立阎良区公共图书馆联盟，设立6个分馆，分馆每年书刊借阅1.0923万册次；利用电视、报纸、网络开展阅读宣传，设立参考咨询台和政府公开信息服务点，有专人负责，有管理细则，为全区机关企事业单位提供专题服务；设立独立的少儿阅览区、视障阅览室，制定《为特殊群体服务方案》，并定期为其开展阅读辅导服务活动。

2009－2012年，共开展各类讲座培训78场次，参加活动1.3059万人次；举办各项展览15次，参加人数1.7904万人次；开展各种阅读推广活动24次，参加人数11万余人次。

业务研究、辅导、协作协调

2012年12月，阎良区图书馆加入陕西公共图书馆服务联盟，同时联合本地区图书馆（室），签订资源共建共享联合发展服务网络建设协议书，成立阎良区公共图书馆联盟。建立《基层业务辅导工作计划》，开展农村书屋、共享工程管理、学校图书馆管理等专题辅导18次；建立《基层业务培训工作计划》，开展文献编目、目录指导、资源管理等专题培训60次。

管理工作

2010年，阎良区图书馆实行岗位聘任制，全体干部职工分别参加了图书管理、编目、免费开放工作、联合编目等相关方面的教育和岗位培训。

表彰、奖励情况

2012年阎良区图书馆被市图书馆评定为“西安市图书馆学会工作先进单位”。

馆领导介绍

王进龙，男，1958年10月生，大专学历，中共党员，党支部书记。1975年3月参加工作，2011年10月调入阎良区图书馆工作，2011年12月任阎良区图书馆党支部书记。

刘小转，女，1977年8月生，大学学历，中共党员，馆长。1996年9月参加工作，2007年2月调入阎良区图书馆工作，2007年5月任阎良区图书馆副馆长，2010年10月任阎良区图书馆馆长。

未来展望

阎良区图书馆遵循“开放、共享、平等、公益、尚学、服务、创新、发展”的办馆方针，高标准建馆，将逐步做好特色馆藏资源建设和资源共享联盟发展工作，使之成为全区藏书中心、文化信息资源共享中心、阅读中心、培训辅导中心、公共文化服务中心。

联系方式

地　址：西安市阎良区蓝天路东段
邮　编：710089
联系人：张晓云

向农村书屋发放设备

读书会

读书月

向共享工程基层服务点配发器材

西安市临潼区图书馆

概述

临潼区图书馆始建于1978年3月，原址位于临潼区东环路3号，2006年7月11日搬迁至姜寨路8号，馆舍面积2027平方米。2009年参加第四次全国公共图书馆评估，首次获得三级图书馆。2013年参加第五次评估，继续保持三级图书馆。截止2012年底，临潼区图书馆有阅览坐席300个，计算机46台。

业务建设

截止2012年底，临潼区图书馆藏书10.5537万册（件），其中，纸质文献10.3911万册，视听文献580件，盲文图书270册，地方文献776册。

读者服务工作

从2011年7月起，临潼区图书馆全年对外免费开放312天，周开放56小时，2010年11月，加入陕西公共图书馆服务联盟，2012年12月开通联盟的统一外借服务。

2009–2012年，临潼区图书馆共举办各类讲座、展览、培训、阅读推广、读书征文等读者活动123场次，参与人数1.3621万人次。截止2012年底，临潼区图书馆已连续成功举办了七届读书征文活动。

业务研究、辅导、协作协调

2009–2012年底，临潼区图书馆专业技术人员先后为农家书屋、资源共享基层服务点进行培训辅导10余次，参加省、市业务培训学习数十次。

管理工作

截止2012年底，在职职工24人，实行年度目标管理。

表彰、奖励情况

2009–2012年，临潼区图书馆获得各种表彰、奖励9次，其中省级表彰、奖励2次，市级表彰、奖励2次，区级表彰、奖励5次。

馆领导介绍

何婷，女，1968年2月生，本科学历，中共党员，党支部书记兼馆长。1987年5月参加工作，历任临潼区鸿门坂文管所副所长、临潼区文物管理委员会办公室副主任、临潼区图书馆党支部书记，2011年4月任馆长。2013年1月被市图书馆学会评为先进个人。

张向月，女，1973年9月生，大专学历，中共党员，副馆长。1996年7月参加工作，2011年4月任临潼区图书馆副馆长。

未来展望

临潼区图书馆遵循“全心全意为读者”的服务宗旨，不断加强自身建设，提升服务功能，通过加入陕西公共图书馆服务联盟，促使各项工作迈上了一个新的台阶。今后，将继续开拓创新，力争达到国家二级图书馆的基本标准。

联系方式

地　址：西安市临潼区姜寨路8号
邮　编：710600
联系人：朱晓祥

临潼区图书馆外貌

图书漂流进社区

好书进校园

走基层

学生走进图书馆

蓝田县图书馆

概述

蓝田县图书馆建于1984年，位于蓝田县东街4号，建筑面积750m²，馆藏文献10万余册，年订报刊300余种，馆员23人。2004年，参加第三次全国公共图书馆评估，首次评定为三级图书馆。蓝田县图书馆现有阅览坐席120个，计算机47台，信息节点52个，宽带接入10Mbps，业务管理系统采用省联盟统一的Symphony3.3联合管理系统。

业务建设

截止2012年底，蓝田县图书馆总藏量10.0243万册（件）。2012年新增藏量购置费31.85万元，入藏图书5245种，15638册，新增数字资源约200GB。

截止2013年3月，通过征集、捐赠、交换、购买等方式，收藏地方文献808种，1360册。

在陕西公共图书馆联盟的指导下，蓝田县图书馆于2010年3月加入联盟成员馆，2012年6月实现联盟流通服务，将传统借阅模式转变为数字化借阅模式。

读者服务工作

从2011年1月起，蓝田县图书馆对外免费开放，周开放60小时。2012年，总流通人次6.3万，书刊文献外借3.9万册次。已建成分馆1个，年外借书刊1.2千册次。

2009—2012年，蓝田县图书馆共举办讲座、展览、培训、阅读推广等读者活动155场次，参与人数49.56万人次。2012年全民读书月期间，蓝田县图书馆举办的“留守儿童课外阅读”、图书馆服务宣传周红色经典革命史知识讲座及图书捐赠、招募志愿者、读者座谈会、经典信息进村组等活动得到了广大读者的高度赞誉。多次被陕西省文化信息网、蓝田县电视台专题报道。2012年春节的灯谜竞猜、图书漂流活动获中国图书馆学会推广奖。

业务研究、辅导、协作协调

2009—2012年，蓝田县图书馆职工发表论文13篇。组织举办基层图书管理业务培训5次、共享工程业务培训12次，并配合省市县搞好镇服务点和村级服务点的建设，及时解决基层服务点遇到硬件与软件的故障，定期到各镇基层服务点进行指导。同时，与县委组织部联合，结合农村党员干部现代远程教育工作，搞好村级服务点设备的发放与管理工作。并召开了全县党员干部现代远程教育工程与文化信息资源共享工程共建共享工作会，向各镇发放了村级文化共享工程设备，制定了《蓝田县镇、村文化共享工程服务点及图书室管理服务细则》，与各镇村签订了责任书，明确责任。

2012年成立了蓝田县图书馆“康而寿”分馆。同时，对全县22个镇、519个行政村和9个社区及部门、单位的图书馆（室）统一业务培训指导，规范服务，逐步形成服务联盟的统一模式，实现以县图书馆为中心的“总分馆”制网络体系。

管理工作

蓝田县图书馆从抓内部管理入手，实行考勤、考核、考绩管理，实行岗位目标责任制，量化、细化工作任务，做到任务到人，责任到人。并结合实际，修订完善了各项工作制度、细则，严格建立考核档案，使各项工作有章可循，不断走向科学化、规范化、制度化的轨道。

表彰、奖励情况

2009—2012年，蓝田县图书馆荣获各项表彰、奖励13次，其中，省级3次，市级4次，县级6次。

馆领导介绍

王光年，男，1963年2月生，本科学历，中共党员，研究馆员、高级政工师，馆长、书记。1981年4月参加工作，历任乡镇文化站长、县文化馆副馆长，1999年12月任蓝田县图书馆馆长、书记。先后被县上评为“群众心目中的共产党员”、优秀党务工作者、先进个人等荣誉称号。

未来展望

在各级政府和领导的重视关怀下，蓝田县图书馆新馆建设即将竣工，总建筑面积7781平方米。蓝田县图书馆将本着以人为本、开放性、便利性、舒适性、灵活性的原则，以高层次信息服务为重点，以数字化图书馆建设为目标，集藏、借、阅、展、咨询、交流、培训、休闲等服务为一体，集传统纸质文献服务与海量数字资源服务为一体，成为服务蓝田的公益性、开放型、多功能的现代化文献中心，成为蓝田人民群众的“大书房”，成为体现蓝田人文山水改革发展创新形象的“城市名片”和地标性建筑。

联系方式

地　址：西安市蓝田县东街4号
邮　编：710500
联系人：王光年

4·23世界读书日经典诵读

服务宣传周趣味知识竞猜活动

图书漂流现场人潮涌动

户县图书馆

概述

户县图书馆创始于1976年，原址位于户县文庙前院。2013年6月迁入人民路中段户县文化中心（1至3层），建筑面积3521.66平方米，内部为大开放、大开架、大空间布局、“一口式”管理。设有现期期刊、少儿、视障、电子阅览、古籍、地方文献、学术报告厅等16个功能区，拥有藏书12.8万册，阅览席位354个，学术报告厅观众席位238个，电子阅览区供读者使用的计算机72台，多媒体电子互动触摸屏3台，宽带接入30Mbps。2013年被文化部评定为三级图书馆。

业务建设

截止2012年底，户县图书馆藏书12.8万册。其中古籍1942册，可开架书刊12.6058万册；2013年，户县图书馆与陕西省图书馆实现数字资源共享，可共享电子图书110万册。

2012年，户县图书馆新增藏量购置费90.13万元。到2012年底，入藏图书1.0197万种，报刊620种，视听文献120种，征集地方文献544册。

截止2012年底，户县图书馆数字资源设计总储存容量4.5TB，各种来源的电子文献（含采购、捐赠、购买）共500种。

读者服务工作

户县图书馆全年365天对外免费开放，周开放56小时以上。书刊年外借9054册。2011年，户县图书馆开始建设馆外流动服务点，共建成戒毒所、人民路小学服务点2个，年书刊借阅516册次。

2009–2012年，户县图书馆共举办讲座、展览、培训、阅读推广等读者活动55次，参与人数2.1261万人次。从2013年开始，户县图书馆多次举办培养少儿阅读习惯的活动，注重阅读从儿童抓起，成为户县图书馆阅读推广工作的特色。

业务研究、辅导、协作协调

截止2012年底，户县图书馆职工共发表论文5篇。

2012年，户县图书馆共组织基层图书室、文化共享工程村服务点投影机使用培训及讲座48次，培训工作人员1018人次。

2012年底，户县图书馆加入陕西公共图书馆服务联盟，实现联合编目。

管理工作

2009–2012年建立了馆内工作量化考核指标体系，考核采取领导意见和群众意见相结合、平时和定期相结合、定性与定量相结合的方法，分为平时考核和年度考核。同时，与户县武警中队联系商讨吸纳志愿者工作，共吸纳武警中队官兵16人作为志愿者。

表彰、奖励情况

2009–2012年，户县图书馆共获得各种表彰、奖励4次，其中市级表彰1次，县级业务主管部门表彰3次。

馆领导介绍

高力，男，1960年12月生，大专学历，中共党员，1981年3月参加工作，2010年至今任馆长。

闫飞会，男，1963年11月生，大专学历，中共党员，1986年7月到户县图书馆参加工作，2010起任党支部书记。

未来展望

户县图书馆秉承“读者第一，服务至上”的办馆理念，以满足不同读者的需求为服务标准。不断完善服务功能，扩大服务辐射范围，带动地区事业发展。在未来几年里，将不断丰富图书总藏量，力争达到设计容量50万册以上；拓宽地方文献资料的征集渠道，不断增加地方文献入藏量；提升阅读推广活动的质量和数量，努力达到平均每月举办阅读推广活动2次以上；年书刊外借册次8万册次以上。同时，强化馆员的业务培训和素质考核，加大与村镇服务点的有效联系和协作，争取早日达到二级图书馆标准，努力实现“全国有名，全省一流”图书馆的目标。

联系方式

地　址：户县人民路中段文化中心
邮　编：710300
联系人：高　力

少儿阅览区

为老年人开展电脑培训活动

下架书籍分类打包

一楼阅览区读者

铜川市印台区图书馆

概述

1994年5月，铜川市印台区图书馆成立，2006年3月搬至宣传文化中心新址开放，馆舍建筑面积1600平方米。截止2012年底，藏书3.2万册，订阅期刊100种。设借书室、图书阅览室、报刊阅览室、电子阅览室、多媒体讲座室、老年活动室等服务窗口。有阅览坐席372个，计算机37台，电子阅览室接入10M广电网络宽带。

业务建设

2012年，印台区文化广电局投资300万元对区图书馆进行维修改造，提高了读者服务功能。2011、2012年，区财政分别给拨款59.9万元、73万元，拨付专项购书费6万元、共享工程运行经费6.2万元，财政拨款增长率为21.8%。2012年新购图书2500余册，新增儿童读物600种1200册。2011年加入陕西公共图书馆服务联盟，共用陕西省图书馆的自动化管理系统。

读者服务工作

2012年开展农家书屋演讲比赛、科普知识宣传、社区大讲堂、文化大讲堂、印台大讲堂等各具特色的主题活动，共举办各类读者活动8次。同时举办知识讲座、培训12场次，展览3场次，内容涉及科普知识、社会教育、图书馆服务等方面，参与读者2万余人次。2012年，图书流通2.51万人次，借阅1.1万册次。

铜川市印台区图书馆外景

业务研究、辅导、协作协调

2012年，印台区图书馆开展共享工程基层网点技术培训5场次，培训信息员32人；开展基层文化站指导培训10场次，协助指导基层站点分类、编目、上架图书1.1万多册；举办农家书屋管理员培训5场次，培训管理员118人，指导并实施农家书屋分类、编目、上架图书3.4万多册。截止2012年底，建成8个镇（办）服务点、10个社区服务点、107个村级服务点。

管理工作

2009年制定《印台区图书馆聘用工作实施方案》，根据单位内部工作岗位设置及需求，进行公开招聘、竞争上岗，并与聘任的每个干部职工签订《聘用协议书》，实行岗位绩效责酬挂钩。同时完善学习制度、工作制度、考勤制度、服务准则和绩效考核制度，使全馆上下有章可循、依则（责）而行。

表彰、奖励情况

2011年获铜川市农家书屋演讲比赛一等奖1名、二等奖2名。2012年获全省农家书屋建设先进集体，同年获全国及省级示范农家书屋荣誉称号。

馆领导介绍

王宏民，男，1963年4月生，大专学历，中共党员，1982年10月参加工作，2004年3月起任印台区图书馆馆长。

牛万仓，男，1970年9月生，大专学历，中共党员，馆员，1993年9月参加工作，2000年5月起任印台区图书馆副馆长。

袁泽江，男，1971年10月生，大专学历，中共党员，馆员，1989年3月参加工作，2003年4月起任印台区图书馆副馆长。

未来展望

印台区图书馆将围绕城乡一体化建设战略目标，按照结构合理、发展均衡、网络健全、运行有效、惠及全民的原则，坚持政府主导、社会参与、整体规划、统一实施的方针，不断创新公共图书馆服务的内容和方式，构建以区图书馆为中心，以乡镇图书馆为纽带，以村（社区）图书室为基础，图书馆馆外服务点为延伸的覆盖全区、城乡一体、功能完善、资源共享、管理规范的新型公共图书馆服务体系。

联系方式

地　址：铜川市印台区城关南街
邮　编：727007
联系人：牛万仓

八一进军营

举办讲座

下乡科技宣传

宜君县图书馆

概述

宜君县图书馆于1993年5月动工修建，总投资92万元，1997年8月竣工，1998年10月开放。馆舍建筑面积1104.4平方米，可容纳读者座位172个。2009年，参加第四次全国公共图书馆评估，首次获得三级图书馆，2013年评估，继续保持三级图书馆。

业务建设

截止2012年底，宜君县图书馆馆藏文献3.0167万册。

2009年购买图书5004册，2010年购买图书4096册。2009–2012年，购买书架40个，期刊架4个。2012年6月1日起对3.3935万册藏书进行回溯建库。

读者服务工作

从2011年7月1日起，宜君县图书馆免费开放，周开放60小时。2009年–2012年，书刊总流通7.1444万人次，书刊外借11.3976万册次。

2011年5月，铜川市实施公共图书馆服务一体化项目建设，同年，宜君县图书馆建成5个分馆，全部加入到全市图书馆“一馆办证、多馆借书、通借通还”的服务体系之中。

2009年开始，宜君县图书馆实施“全国文化信息资源共享工程”，截止2012年，建成1个县级支中心、178个行政村基层服务点、10个乡镇电子阅览室。

2009–2012年，建成178个行政村农家书屋，实现全覆盖，每个行政村按照1508册图书、5个书架配备。

2012年起为当地“两会”提供服务。2013年5月，建成宜君县图书馆网站。

2009–2012年，宜君县图书馆共举办讲座、展览、培训、阅读推广等读者活动45场次，参与活动27.6万人次。

业务研究、辅导、协作协调

2009–2012年，宜君县图书馆职工发表论文4篇。2010年7月起，先后派职工参加各类业务学习3次7人次。2011年4月28日，宜君县图书馆与宜君县公安消防大队、武警宜君县中队举行了军民共建签约仪式。

2009–2012年，宜君县图书馆对10个乡镇文化站、180个村级农家书屋（含两个社区）组织开展业务辅导，协助分编图书27万余册。

截止2012年底，建成5个分馆。2011年11月加入陕西公共图书馆服务联盟，2011年，成立联合编目中心，开始联盟的联合编目工作。

管理工作

2010年，宜君县图书馆完成第三次全员岗位聘任，同时，建立工作量化考核指标体系，每半年和全年进行总体工作考核。

表彰、奖励情况

2009–2012年，宜君县图书馆共获得各种表彰、奖励4次。

馆领导介绍

王静，女，1981年4月生，大学学历，中共党员，2009年3月起担任宜君县图书馆馆长。

未来展望

宜君县图书馆遵循“读者第一，服务至上”的服务宗旨，在不断强化自身综合实力的同时，通过加入陕西公共图书馆服务联盟，带动全县公共图书馆事业的整体发展。2013年5月，宜君县图书馆新馆建设项目立项，新馆设计建筑面积1560.6平方米，总投资856.10万元。届时，宜君县图书馆将成为一个设施齐备、馆藏丰富、服务功能齐全、服务范围宽广的现代化图书馆。

联系方式

地　址：宜君县宜阳北街33号
邮　编：727299
联系人：刘妮妮

宝鸡市渭滨区图书馆

概述

宝鸡市渭滨区图书馆始建于1982年，地处公园路东段210号，为明清仿古建筑风格，南倚市体育场，北临周秦文化示范园，建筑面积800平方米，内设图书借阅室、报刊阅览室、未成年人阅览室、电子阅览室、读者自修室、文献资料室、多功能厅、志愿者服务站和读者参考咨询处。截止2012年底，拥有阅览坐席120个，计算机30台。2013年参加第五次全国公共图书馆评估，获得三级图书馆称号。

业务建设

截至2012年底，渭滨区图书馆总藏量5.082万册，其中，纸质文献5万册，电子文献800余册，电子报纸20种。

2009–2011年，渭滨区图书馆新增藏量购置费10万元，2012年增至15万元。4年共入藏图书2.65万种、3.201万册，视听文献1520种。年订阅报刊105种，2012年，地方文献入藏完整率90%。

读者服务工作

从2011年7月起，渭滨区图书馆全年免费开放，周开放56小时。2009–2012年，书刊总流通4.2万人次，书刊外借8.3万册次。建成9个分馆，馆外书刊流通总人次1.8万人次，书刊外借1.2万册次。

2011年建成图书馆网站，到2012年底，网站访问量4530人次。

2009–2012年，渭滨区图书馆共举办讲座、展览、培训、阅读推广等读者活动68场次，参与人数3560人次。其中推出的《宝鸡石鼓讲坛》讲座，是渭滨区图书馆阅读推广的特色活动。

业务研究、辅导、协作协调

2009–2012年，渭滨区图书馆职工发表论文6篇。

2010–2012年，渭滨区图书馆以文化信息资源共享工程为依托，在全区建立3镇、5街、54个社区电子阅览室。开展地方文献征集、举办阅读推广与宝鸡石鼓讲坛讲座、展览服务，共举办全区农家书屋、电子阅览室管理人员培训18次，680人次接受培训。

2012年，渭滨区图书馆加入陕西公共图书馆服务联盟。

管理工作

2011年，渭滨区图书馆完成全员岗位聘任，共设5类岗位，有7人上岗，同时，建立了工作量化考核指标体系，每月进行工作进度通报，每半年和全年进行总体工作考核。

表彰、奖励情况

2009–2012年，渭滨区图书馆共获得各种表彰、奖励9次。其中，陕西省新闻出版局表彰1次，宝鸡市图书馆学会表彰、奖励6次，渭滨区文化广电局表彰、奖励2次。

馆领导介绍

张南枫，男，1971年6月生，大专学历，民进会员，馆长。2006年调入图书馆任副馆长，2010年10月任馆长。

未来展望

未来几年，渭滨区图书馆力争在现有三级馆的基础上，加快图书馆自动化建设步伐，拓展服务方式和领域，不断提高办馆实力和服务水平，为传承社会文明和传播先进文化发挥更大的作用。

联系方式

地　址：宝鸡市公园路210号
邮　编：721006
联系人：梁阳萍

渭滨区图书馆楼外观

“石鼓讲坛”讲座

三乡下宣传

图书管理员培训

宝鸡市陈仓区图书馆

概述

宝鸡市陈仓区图书馆始建于1950年，1978年单独建制，人员编制7人。原名宝鸡县图书馆，2003年5月，随着撤县建区，更名为宝鸡市陈仓区图书馆。馆舍建筑面积1500平方米，可容纳读者座位232个，计算机60台，宽带接入10Mbps。参与1994年、1998年、2004年和2013年全国公共图书馆评估，均被文化部命名为三级图书馆。2008年因“5.12”地震，图书馆大楼受损，在各级领导的共同努力下，建筑面积为3000多平方米的新馆主体已落成。

业务建设

截止2012年，陈仓区图书馆总藏量9.8万册（件），其中，图书8万余册，报刊1.8万册，视听文献320件，地方文献749册。自2010年起，财政每年拨付购书专款5万元，2011年免费开放到位资金20万元。2012年初，实现馆内10兆光纤无线网络覆盖。

读者服务工作

自2011年7月起，陈仓区图书馆全年天天对外免费开放，周开放56小时。建立图书外阅点11个，建成农家书屋222个。馆藏文献年外借5.6万余册，年流通率在70%以上。每年定期开展春节文化活动，组织元宵节灯谜晚会。参与组织宝鸡市暑期中小学生读书征文活动，连续多年荣获组织奖。

2009—2012年，陈仓区图书馆共举办讲座、展览、培训、阅读推广等读者活动66场次，参与人数8.6万人次。

业务研究、辅导、协作协调

近年来，陈仓区图书馆人员撰写业务研究论文、演讲稿、通讯稿20多篇，5篇获奖，并正式发表。陈仓区图书馆在做好服务的同时，不断加强业务协作协调，与省、市图书馆交流地方文献，为基层服务点送书，送宣传资料，逐步完善了点、线式的网络服务体系。对基层借阅点的人员进行不定期培训，经常深入基层图书室、电子阅览室和农家书屋指导业务，每年业务培训不少于10次。文化资源共享工程建设进展顺利，信息资源覆盖1个支中心，14镇（街）、1个社区服务中心、13个社区及238个行政村。

管理工作

2009—2012年，陈仓区图书馆结合馆内实际，重视各项规章制度的建设和完善，基本形成了行之有效的各项管理制度。工作开展年初有计划，年终有总结，财务管理规范（财政集中管理），设备、物资管理井然有序，档案管理规范，统计工作资料较齐全，卫生好，环境美，安全措施好，有三防措施。

表彰、奖励情况

2009—2012年，陈仓区图书馆共获得各种表彰、奖励18次。包括市级“文明单位标兵”、区级创佳评差“最佳单位”、“巾帼文明岗”等荣誉称号。

馆领导介绍

杜小平，男，1959年7月出生，大学专科学历，中共党员，馆长兼党支部书记。1975年参加工作，2001年任馆长，2006年因病休息，仅负责馆内财务及重大事务决策。

孙晓梅，女，1975年2月出生，本科学历，中共党员，馆员，副馆长。1994年到馆工作，任宝鸡市图书馆学会常务理事。自2007年10月任副馆长以来，主持工作。

展望未来

新馆建设目前已进入装修阶段，随着下一步新馆建成开放，陈仓区图书馆将在“手段现代化、载体多样化、功能综合化、人才专业化”四个方面，凭借计算机技术、数字技术、网络技术及其它相关技术，实现采编、流通、检索以及服务的自动化。打破时间、地域限制，积极寻求资源共享之路。在文献资料数字化过程中，加强馆际之间的交流，最大限度地满足读者要求，在文化传播、社会发展等方面起到重要作用。

联系方式

地　址：宝鸡市陈仓区虢镇西大街225号
邮　编：721300
联系人：孙晓梅

旧馆外景

新馆在建

阅读推广

凤翔县图书馆

概述

凤翔县图书馆创建于1933年，到2012年，馆舍面积1180平方米，工作人员7名。连续5次参加全国公共图书馆评估，均被文化部评定为三级图书馆。凤翔县图书馆承担着全县12个镇和233个行政村的文化共享工程建设、农家书屋工程建设以及全县各级各类图书馆（室）的业务指导与培训工作。

业务建设

从2011年起，县财政落实了每年30万元的图书购置经费。2009—2012年，共采购中文图书7000种、2万余册，报刊700余种，年订购报刊200余种。截止2012年底，馆藏总量10万余册，其中，古籍7200余册，视听文献500余种，地方文献300余种，盲人图书100余种。有计算机30台。2012年底，加入陕西公共图书馆服务联盟，2013年5月完成正在流通的3.2万册图书的回溯建库工作。

读者服务工作

从2011年起，凤翔县图书馆全年365天天天对外免费开放。2009—2012年，书刊总流通10万人次，书刊外借3.7万册次。截止2012年底，建成馆外借阅点43个，流动服务车服务点1个，馆外书刊流通总人次1.7121万人次，书刊外借8612册次。

2009—2012年，共举办讲座、展览、培训、阅读推广等读者活动70场次，参与人数1.12万人次。

业务辅导

凤翔县图书馆承担着全县255个全国文化共享工程资源服务点、233个农家书屋管理人员的业务培训与技术支持。2009—2012年，共举办培训班23期、240课时，926人次接受培训。

管理工作

按照公益性文化单位改革要求，制定《凤翔县图书馆岗位设置聘用制度》、《凤翔县图书馆绩效考核办法》等管理制度，对全馆职工工作实绩进行量化考核，考核内容包括德、能、勤、绩四个方面，考核结果与职工绩效工资挂钩。

表彰、奖励情况

2003—2012年，连续9年被市文化局和市图书馆学会评为全市“图书馆工作先进单位”。

馆领导介绍

党肖婷，女，1973年2月生，本科学历，中共党员，馆员，馆长。1995年7月参加工作，2012年8月任凤翔县图书馆馆长，宝鸡市图书馆学会常务理事。

许敏笃，男，1956年12月生，大专学历，中共党员，馆员，党支部书记。1975年2月参加工作，2008年5月至2012年8月任凤翔县图书馆馆长，2012年8月至今任凤翔县图书馆党支部书记。

未来展望

凤翔县图书馆将按照“读者第一、服务至上”的办馆宗旨，严格落实免费开放政策，加强“馆、点、线”制管理，推进数字农家书屋工程建设，逐步向数字化图书馆迈进，为读者提供多元化、深层次、优质高效、快捷便利的现代化知识服务，力争把图书馆建设成广大群众终生学习的场所。

联系方式

地　址：凤翔县秦凤路11号
邮　编：721400
联系人：赵 星

凤翔县图书馆大楼外侧

凤翔县图书馆院内石雕

凤翔县图书馆免费开放公示牌

电子阅览室

少儿阅览室一角

阅览室

岐山县图书馆

概述

《岐山县志》记载："民国二十一年，在城东大街始建图书馆一处，次年该馆改为民众教育馆"。现在的岐山县图书馆正式成立于1978年7月，当时馆名为岐山县博物图书馆，1991年9月岐山县图书馆分设，次年5月迁至凤鸣东路8号，馆舍面积794平方米。截止2012年底，馆内设有办公室、图书借阅室、报刊阅览室、电子阅览室（视障阅览室）、业务辅导室、图书采编室、文献资料室等，在职人员11人。成立全国文化信息资源共享工程岐山县支中心1个，为全县10个镇级、144个村级服务点提供业务指导和技术服务。1999年至2013年，岐山县图书馆连续4次参加全国公共图书馆评估，均被文化部评为三级图书馆。

业务建设

截止2012年底，岐山县图书馆馆藏文献5.4万册，其中，纸质文献5.15万余册，电子图书1000册，地方文献1500多册。

2012年7月，岐山县图书馆共用陕西省图书馆Symphony系统，全面实现图书借阅自动化管理。

到2011年底，岐山县文化共享工程镇、村基层服务点全面建成。到2012年底，建成村级农家书屋144个，实现全覆盖。

读者服务工作

2011年7月起，岐山县图书馆实行全年每天对外免费开放，周开放56小时。2009–2012年，举办各类培训讲座18次，展览、阅读推广26场次，图书下乡36次，服务群众3万余人次。年均接待读者2.5万人次，书刊流通3.5万册次，解答咨询500条。年读者办证300多个，同时为读者提供电话续借图书、"一卡通"借阅等服务。

业务研究、辅导、协作协调

2009–2012年，岐山县图书馆干部职工发表论文6篇。

2010年10月，岐山县图书馆加入陕西公共图书馆服务联盟。2011年4月，开始联盟馆的回溯建库工作。2011年10月，加入国家图书馆联合编目中心。截止2012年底，完成联合编目数据3万多条。

截止2012年底，岐山县图书馆面向全县10个镇、144个村中的56个图书室开展了业务培训，给15个镇、村图书服务点送书3200多册，并坚持为文化共享工程镇级、村级服务点提供业务培训及技术支持。

管理工作

2011年，岐山县图书馆完成第二次全员岗位聘任，本次聘任共设管理、专业技术、工勤岗位3类，有11人聘任上岗。建立工作量化考核指标体系，每年进行总体工作考核。

表彰、奖励情况

2009–2012年，岐山县图书馆共获得各种表彰、奖励22次，其中，省级表彰、奖励3次，市级表彰、奖励7次，县级表彰、奖励12次。

馆领导介绍

郭改翠，女，1963年1月生，大专学历，中共党员。1982年4参加工作，1997年1月任岐山县图书馆副馆长，2008年12月任馆长。

赵敏涛，男，1962年9月生，大专学历，中共党员。1983年7参加工作，2010年10月任岐山县图书馆副馆长。

徐建军，男，1971年2月生，大学学历，中共党员。1990年7参加工作，2010年10月任岐山县图书馆党支部副书记。

未来展望

岐山县图书馆将继续遵循"读者第一、服务至上"的宗旨，坚持"开放、共享、平等、公益"的服务理念，不断推动岐山县文化事业大发展大繁荣。一是抓住重点，力求突破。以争取资金和项目为突破口，不断加大图书馆建设投入，努力改善馆内设施，提升和优化阅读环境，力争向国家二级图书馆标准迈进；二是创新理念，拓展领域。强化县、镇、村、学校图书室"馆点线制"建设，逐步将10个镇、144个村和部分学校图书室纳入图书馆基层服务点，实现图书馆流动服务全覆盖；三是多措并举，强化服务。大力开展讲座、培训、展览、阅读推广、读书等活动，为城乡群众提供灵活多样的文化服务，让全民共享文化改革和发展新成果。

联系方式

地　址：岐山县凤东路8号
邮　编：722400
联系人：刘晓云

世界读书日宣传

镇级管理员培训

暑期文化下乡

科普知识进课堂

扶风县图书馆

概述

扶风县图书馆成立于1978年，建筑面积1580平方米，地址在县城老区文艺路8号，内部设置有图书借阅、电子阅览、多媒体放映、报刊少儿阅览、盲人视障阅览，信息咨询、基层辅导及采编等科室，分别于1994年、1999年、2005年、2013年被文化部评选为三级图书馆。

业务建设

到2012年底总藏量10万册，其中图书8万册，古籍、地方文献藏量1万册，报刊杂志1万册，近年新增图书8225册，征订报刊杂志290种，音像资料三百张，购置书目检索触摸屏一台。从2011年开始，购书经费由原来的每年4000元增加到2万元。

我馆建有电子阅览室坐席30个，2009年建立视障阅览室，投资3.5万元购置电脑，盲文读书器，盲文书籍和阅览桌椅等。投资5万元购置演讲台，培训桌椅58套，添置报栏、新书介绍栏、报纸架和简单的健身器材，着力改善阅读环境。

读者服务工作

我馆全年365天免费对外开放，年接待读者2万人次，流通图书2.2万册次，在胜利社区、降帐社区、公安局等建有十个外阅点，年接待读者2万人次，流通图书2.1万册次。

扶风县图书馆网站已经开通，广大群众可以登录浏览各种文化信息，同时可以与工作人员进行互动，发表各种对图书馆的意见和建议。强化网络建设，完善县级支中心网络系统，接入网络通信10兆，为广大群众上网查阅相关文化信息提供方便。

我馆有图书流动车一辆，内有各类书籍三千册，投影仪一套，不定期去各乡镇和各村进行图书借阅及投影放映。我们进行联合编目工作，网上办理证借阅，同时免费为读者办理陕西省图书馆数字资源阅览证。

举办丰富多彩的读者活动。近五年来共举办了五次图书宣传周活动和四次全民读书月活动；举办了36次美术书法比赛、灯谜活动、读书用书讲座会、环保安全知识图片展览、普法知识竞赛和地方文献展览活动。我们挑选文学、历史、农业等类书籍12360册分三次为社区、农业示范村及学校送去。

业务研究、辅导、协作协调

扶风县图书馆向全县人民实行无障碍、零门槛进入，为广大干部群众和学生提供免费服务。有多媒体阅览室、报纸期刊阅览室、视障阅览室、多功能厅全部免费开放，文献资源借阅、检索与咨询、公益性讲座与展览、基层辅导、流动服务等基本文化服务项目，并免费办证、验证及存包等。

开展农民工、下岗职工免费电脑培训，农家书屋管理员培训及职工专业知识培训，为让基层群众切实感受到公共文化服务体系化成果，我们已拓展了169个村图书室，10个图书外阅点，定期更换图书，深受广大群众欢迎。

管理工作

我馆实行岗位聘任制度，共设10类岗位，有8人上岗，每个岗位都规定工作职责、岗位工作标准、任职条件。每月进行工作进度通报，每半年和全年进行总体工作考核。同时，还设有志愿者招募制度及工作制度等。

表彰奖励

2009—2012年，扶风县图书馆共获各种表彰奖励12次，其中，市图书馆、市图书馆学会表彰奖励5次，县文化广电局表彰奖励6次，扶风县妇女联合会表彰奖励1次。

馆领导介绍

仵斌昌，男，1962年4月生，大专学历，中共党员，现任馆长。1984年参加工作，1984年至2006年在乡镇工作，2006年8月调至扶风县图书馆。

王芝娟，女，1965年1月生，大专学历，中共党员，现任书记。1981年参加工作，1981年至1990年在青海石油管理局工作，1990至2001年在乡镇工作，2001年12月调至扶风县图书馆工作。

杨萍，女，1972年12月生，大专学历，中共党员，现任副馆长。1989年参加工作，1989年至1993年在县变压器厂工作，1993年5月调至扶风县图书馆工作。

未来展望

我们打算在县城新区建一座图书馆，建筑面积2500平方米，藏书24万册，可容纳读者1000人。由于我馆工作人员短缺，我们将与上级部门积极协调，争取编制两名，招聘有专业特长的年轻人。购书经费短缺一直是我馆发展的瓶劲，未来几年，着力解决购书经费不足的问题，多采购读者喜欢的新书。

联系方式

地　址：扶风县文艺路8号
邮　编：722299
联系人：强亚萍

扶风县图书馆外貌

“美丽中国、环保随行”科普展览

为农村小学生捐书

眉县图书馆

概述

眉县图书馆成立于1977年，2007年迁址平阳街279号，馆舍建筑面积1500平方米。馆藏普通图书6.287万册。有阅览坐席160个，计算机41台，在职人员10人。

业务建设

截止2012年底，眉县图书馆共有藏书6.287万册，包括古籍1870册，地方文献500册。配备图书服务车2辆。2010年加入陕西公共图书馆服务联盟。年征订报刊80余种。

读者服务工作

2010年起，实行全年天天对外免费开放，周开放56小时。同年，新设眉县看守所、老荔农家书屋等馆外借阅点6个，引导全县8个镇图书室和123个农家书屋开展全民阅读活动。同时，在寄宿制学校和建设工地开设流动小书角，与长安大学图书馆结成帮扶对子。年流通书刊2.759万册次，直接受益群众3.053万人次。

2008年起，建立图书馆工作博客，2011年建立图书馆网站，利用博客和网站的便捷功能辅助完成对基层图书馆的业务辅导和培训。

2009—2012年，共举办讲座、展览、培训、阅读推广等读者服务活动80场次，参与人数2.6万人次。

业务研究、辅导、协作协调

2010—2012年，眉县图书馆组织图书管理员业务培训10次。组织本馆职工参加各界举办的年会并积极撰写论文，先后有3名职工的10篇论文荣获“川陕甘毗邻地区图书情报协作网”、“西部地区图书情报协作网”等年会一、二、三等奖，作品均入选年会论文集。

管理工作

2011年，眉县图书馆实行全员岗位聘任，建立了工作量化考核指标体系，每月进行工作进度通报，每半年和全年进行总体工作考核。

表彰、奖励情况

2009—2012年，眉县图书馆共获得各种表彰、奖励6次，其中，文化部表彰奖励1次，省文化厅表彰奖励1次，其他表彰奖励4次。

馆领导介绍

胡晓媚，女，1968年6月生，大专学历，馆员，馆长。1987年7月参加工作，历任眉县文化馆办公室主任、眉县图书馆副馆长等职务，2009—2012年，由于文化馆、图书馆、博物馆三馆合一，图书馆无独立建制，期间一直负责图书馆业务工作。2012年被县政府评为文化工作先进个人，同年被宝鸡市文化广电局评为非物质文化遗产普查工作先进个人。

未来展望

眉县图书馆始终贯彻“读者至上，服务第一”的服务理念，全面坚持免费开放服务，切实保障公民的基本文化权益，为实施“书香眉坞”建设营造浓厚的文化氛围。

眉县图书馆今后将不断改善服务设施，争取更多的经费投入。计划于2016年搬迁至滨河新区新馆。新馆总建筑面积2000平方米，具备综合性的服务功能，届时，眉县图书馆的综合实力和服务水平必将会有一个大的跨跃。

联系方式

地　址：眉县首善镇平阳街279号
邮　编：722300
联系人：武爱萍

图书馆全貌

好书伴我行读书活动启动仪式

老荔大院图书外阅点

古籍文献室

陇县图书馆

概述

陇县图书馆成立于2003年12月，馆址位于县城中心地带东大街9号，馆舍建筑面积1500余平方米，可容纳读者坐席100个。截止2012年底，有计算机42台，文化共享工程服务车1辆。馆内设图书借阅室、多功能室、新书报刊阅览室、电子阅览室、采编室、行政办公室，有职工8人，周开放56小时。具有举办专题讲座、电子信息试听、培训、学术交流等服务功能。2010年，参加第四次全国公共图书馆评估，首次获得三级图书馆。2013年参加第五次评估，再次获得三级图书馆。

业务建设

截止2012年底，陇县图书馆藏书9万余册（件）。其中纸质文献8万余册，线装书1000余册，期刊70余种、2000多册（合订本），报纸80余种、1000多册（合订本）。

2011、2012年，陇县图书馆新增藏量购置费26万元，共新购图书2万余册（件）。地方文献入藏完整率为90%。

读者服务工作

从2009年起，陇县图书馆坚持全年天天对外开放，周开放56小时。每年开展“4.23”世界读书日和“书香陇州”读书活动，引导读者多读书、读好书，提高全民阅读水平。组织读书征文活动，鼓励中小学生积极参加。通过征文评比，形成图书馆与读者的互动，展示图书馆吸引力。为读者提供图书外借、报刊阅览、资料查询、信息导航等全方位人性化服务。近两年投资45万元，对馆内环境进行装修美化，更新更换了书架桌椅。

2009年12月，建成全国文化信息资源共享工程陇县支中心电子阅览室，有阅览电脑30台，工作电脑7台，拥有投影仪、摄像机、照相机、服务车等配套设备。文化资源共享工程建成投用几年来，共接待各阶层读者近10万人次。

业务研究、辅导、协作协调

2009—2012年，建成12个镇、6个社区、158个行政村文化共享工程基层服务点和农家书屋，为文化信息资源共享工程镇、村、社区服务网点和农家书屋举办技术培训10期，参加人员300人次；为文化站、农家书屋举办图书编目、上架培训12期，培训260人次。2011年，与县计生局建立协作单位，成为“陇县人口计生干部信息化培训中心”、“陇县青少年健康人格网络教育基地“。至2012年底，共举办计生干部信息化电脑业务培训6期，200余人次接受了培训。制定地方文献征集方案，对珍贵文献进行有偿征集，入藏率达到90%以上。

管理工作

2009年以来，实行全员岗位聘任制，签订聘任合同书。按年初下达各部门的指标任务进行考核，每季度考核一次并进行通报公示，严格执行绩效工资发放办法，并将考核情况作为年终评优条件之一。

获奖情况

2009—2012年，陇县图书馆共获得表彰奖励7项，分别是：2009年度宝鸡市图书馆学会先进单位，宝鸡市中小学生第四届读书征文活动组织奖；2010年中共陇县县委县人民政府文明单位；2011年宝鸡市图书馆学会先进单位，陇县文化广电旅游局“创先争优”先进单位和年度目标责任考核优秀单位；2012年宝鸡市图书馆学会先进单位。

馆领导介绍

赵军辉，男，1960年1月生，大专学历，中共党员，馆员，馆长。1979年10月参加工作，历任陇县电视台副台长，文化支部书记等职。

未来展望

在文化大发展、大繁荣的背景下，陇县图书馆将紧抓历史机遇，未来几年在陇县文化产业园建成3000平米以上的陇州图书馆新馆，届时，陇县图书馆将利用现代化的服务功能和设施，最大限度地满足广大人民群众享受公共文化的权利，使图书馆真正成为人人终身受教育的学校，成为人们享受知识文化、陶冶情操、娱乐修身的圣地。

联系方式

地　址：陕西省陇县县城东大街9号
邮　编：721200
联系人：赵军辉

三下乡阅读推广活动

基层文化管理员培训

广场阅读推广活动

凤县图书馆

概述

民国十六年（1927年），凤县设立平民教育书报阅览所。民国二十年（1931年），更名为民众教育馆。民国三十七年（1948年）撤销民众教育馆，报刊杂志交凤州镇中心国民学校保存，“万有文库”图书由凤县初级中学接收。1949年11月27日凤县解放。1950年元月5日凤县设立人民教育馆。1951年更名为凤县人民文化馆。1953年更名为凤县文化馆，内设图书阅览室。建国以后，县文化馆图书阅览室图书不断增加，一些厂矿、单位、学校也成立了图书室。1981年凤县遭洪灾，地处嘉陵江边的县文化馆，藏书一万余册全部损毁。灾后，省、市、县拨款新建了面积1297平方米的办公楼一座。1982年成立凤县图书馆，与县文化馆合署办公，一套人马、两个牌子，其工作人员均为文化馆编制。2004年7月，建筑面积3000㎡的县文化中心大楼在县城天水路中段落成，县图书馆迁入，馆舍面积增至1500㎡。2013年7月，凤县图书馆单设，正科级建制，全额拨款事业单位，核定编制5名，领导职数1名。2013年10月，凤县图书馆在第五次全国公共图书馆评估定级中被评为三级图书馆。

业务建设

2009年元月，凤县开始实施文化信息资源共享工程建设。截止2012年底，建成了标准的县级支中心1个，全县9个镇、100个村全部建成了服务点，形成了以县支中心为枢纽，连接国家共享工程中心、省分中心、市支中心，覆盖全县的文化信息资源共享工程网络。农家书屋实现全覆盖，全县100个农家书屋共有藏书15万余册，其中10个村建成了数字农家书屋。

2012年，凤县图书馆实施了改造达标提升工程，采购了一批办公、业务设备，对图书馆各功能室重新进行了布局调整，增设了少儿阅览室、阳光阅览室、地方文献室，安装了取暖、饮水、资料复印等设施设备。现有阅览坐席256个，阅览电脑30台，办公电脑15台，摄像机、照相机、电视机各1台（件），投影仪4台，宽带接入20兆。截止2012年底，藏书达到13万册（件）。其中：图书2.01万，期刊和报纸合订本、小册子、手稿0.5万册，缩微制品、录像带、录音带、光盘等视听文献资料130件，电子文献藏量10万册。

2009—2012年，凤县图书馆共入藏新书3647种、9084册，报刊80余种，视听文献132件，地方文献64种、824册。

读者服务工作

从2011年5月1日起，凤县图书馆全年对外免费开放，周开放56小时。2009—2012年，书刊总流通13.2万人次，书刊外借8.4万册次。2012年5月，开通与双石铺中学图书馆的馆际互借服务。2009—2012年，建有13个流动服务车服务点，馆外书刊流通总人次11.1286万人次，书刊外借2.7万册。

2009—2012年，凤县图书馆共举办讲座、展览、培训、阅读推广等读者活动59场次，参与人数4.98万人次。2012年，建立了凤县图书馆网站（http://www.sxfxtsg.com）。

业务研究、辅导、协作协调

2009—2012年，凤县图书馆职工共发表论文12篇。2009—2012年，凤县图书馆共发展20名基层图书馆业务骨干志愿者行动成员。

管理工作

从2009年，凤县图书馆实行全员岗位聘任，建立了工作量化考核指标体系。制定了《凤县图书馆免费开放实施方案》，修订了“办证须知”、“借阅须知”、“阅览规则”等各项规章制度。建立健全了学习制度、工作制度、考勤制度、财务管理制度、服务准则等各项规章制度，规范了工作行为，每半年和全年进行总体工作考核。

表彰、奖励情况

2009—2012年，凤县图书馆共获得各种表彰、奖励5次。

馆领导介绍

韩满林，男，1964年4月生，大专学历，中共党员，馆长。1983年7月参加工作，历任凤县双石铺镇人民代表大会主席、凤县文化体育局副局长，2010年8月任凤县文化广电局副局长兼凤县图书馆馆长。

未来展望

凤县图书馆牢固树立“读者至上、服务第一”理念，大力提倡微笑多一点、行动快一点、做事早一点、质量好一点、效率高一点的工作方法，进一步强化了馆员的服务意识。凤县图书馆承诺：完善服务项目，改善服务条件，改进服务手段，提高服务水平，让读者满意，让社会满意。

联系方式

地　址：陕西省凤县双石铺镇天水路
邮　编：721799
联系人：韩满林

科技之春活动现场

全国科普日宣传活动

驻地官兵参观借阅

大荔县图书馆

概述

大荔县图书馆于1979年6月成立，为县文化馆图书组，2003年5月独立建制，馆舍面积40平方米，藏书1万册，实行闭架借阅，编制5人。2008年1月1日，新馆正式投入使用，馆舍建筑面积1050平方米，县财政每年拨付7万元文献购置费，藏书全部实行开架借阅。2008年5月，建成文化信息资源共享工程大荔县支中心，配备37台计算机。截止2012年底，馆内设阅览座位200个，网络节点38个。2009年，参加全国第四次公共图书馆评估，被命名为三级图书馆。2013年参加第五次评估，再次被命名为三级图书馆。

业务建设

截止2012年，大荔县图书馆有纸质文献2万余册，年新增藏书2000余册，订阅中文期刊100种，报纸40种。共享陕西省图书馆电子图书9万余种、17万册。2012年，大荔县图书馆加入陕西公共图书馆服务联盟。

读者服务工作

大荔县图书馆周开放42小时，于2008年5月开设“同州讲坛”，截止2010年12月，同州讲坛已开讲39期，参加群众8000余人。2009—2012年，大荔县图书馆共举办讲座、展览、培训、阅读推广等读者活动50次，参与人数1.1万人次。

业务研究、辅导、协作协调

2009—2012年，大荔县图书馆职工撰写学术论文5篇；举办基层服务点管理员培训辅导16次，培训管理人员2400人次。

管理工作

大荔县图书馆实行全员竞聘上岗和工作绩效考核管理制度。

表彰、奖励情况

2010—2012年底，大荔县图书馆共获得各类奖励12次，其中省级奖励5次，市级奖励1次，县级奖励6次。

馆领导介绍

马师学，男，1965年生，2011年5月任大荔县图书馆书记，2013年2月任大荔县图书馆馆长。

李军，男，1974年生，馆员，2012年7月任大荔县图书馆副馆长。

未来展望

未来的大荔县图书馆新馆建成并投入使用后，将成为该县集文化、科技、信息传播、保存文化遗产、开展社会主义教育、展示改革开放成就为一体的综合性公共图书馆，力争成为大荔人民群众读书学习的重要场所，并为大荔县经济建设和社会发展发挥一定的促进作用。

联系方式

地　址：大荔县东大街20号
邮　编：715100
联系人：马师学

泾阳县图书馆

概述

泾阳县图书馆创建于1974年，位于县城中心街四明巷11号，建筑面积约1605平方米，设计藏书容量10万册，可容纳读者座位200个。2004年，参加第三次全国公共图书馆评估，首次获得三级图书馆，2012年，泾阳县图书馆有阅览坐席170个，计算机46台，宽带接入10Mbps。2011年12月加入陕西公共图书馆服务联盟，逐步实现了图书馆业务工作的自动化管理。2004年、2009年、2013年，连续三次参加全国公共图书馆评估，均被文化部命名为三级图书馆。

业务建设

截止2012年底，泾阳县图书馆总藏量8.1759万册（件），其中纸质文献8万册，视听文献1759册（种）。与省图书馆共享电子图书90.6228万册，电子期刊1.0171万种/册。2009年至2012年新购纸质图书1.6076万册，入藏地方文献1115册。

读者服务工作

2011年7月1日起，泾阳县图书馆根据文化部、财政部《关于推进全国美术馆、公共图书馆、文化馆（站）免费开放工作的意见》的精神，实行全年365天免费对外开放，周开放56小时以上。馆藏文献开架比例80%以上，书刊年外借4万余册次，外借率达到67%，人均年到馆次数达到25次/人以上。

2009—2012年，年均开展书刊宣传活动和阅读推广活动20余次，举办各类培训30场次，服务读者3万人次。

业务研究、辅导、协作协调

文化资源共享工程和农家书屋工程落户泾阳县以来，泾阳县图书馆便承担起对全县镇、社区电子阅览室、文化共享工程服务点及农家书屋管理员的业务培训工作，2009—2012年，组织基层培训活动24次。

自泾阳县图书馆加入陕西公共图书馆服务联盟以来，积极参与上级图书馆组织的协作协调工作，联合编目、馆际互借、地方文献互换等业务工作正常开展。

管理工作

2008年泾阳县图书馆实施全员岗位聘任制，设置岗位24个（种），27人上岗，同时建立了工作量化考核指标体系，每季度由馆综合办公室对各科室进行工作目标任务量化考核，每半年和全年由县委组织部和县文体广电局进行总体工作目标任务量化考核。

表彰、奖励情况

2009—2012年，泾阳县图书馆共获得文化部表彰、奖励3次，陕西省文化厅及陕西省文化共享工程分中心表彰、奖励4次，泾阳县委、县政府及县文体广电局表彰、奖励3次。

馆领导介绍

王峰，男，1978年1月生，大专学历，中共党员，馆长。2001年1月参加工作，曾任泾阳县委宣传部办公室主任，2012年4月调入泾阳县图书馆，任馆长。

胡平，男，1963年11月生，大专学历，中共党员，副馆长。1975年6月参加工作，1994年10月调入泾阳县图书馆工作，2003年4月任副馆长。

牛玉峰，男，1964年5月生，大专学历，中共党员，副馆长，1975年5月参加工作，曾任泾阳县剧团副团长，2007年5月调入泾阳县图书馆工作。

未来展望

泾阳县图书馆遵循“科学、效率、创新、发展”的办馆方针，坚持以人为本的服务理念，科学合理的规划、分布、整合县域有限的文献资源，建立面向全社会开放的区域共建共享的文化资源服务体系。传承文明，传播知识，满足民众文化娱乐需求，提高民众文化素质。

联系方式

地　址：泾阳县中心街四明巷11号
邮　编：713700
联系人：王 峰

千阳县图书馆

概述

千阳县图书馆初创于1932年（民国20年），当时，民国县政府在县城东大街11号创立了民众阅报社，1940年改名民众图书馆。1949年千阳解放，当年11月成立县文化馆，图书馆并入县文化馆，成立图书阅览室。1963年，图书阅览室随县文化馆迁址儒家大院（现东大街1号）。文革期间，馆藏上万册图书被焚，图书阅览活动被迫取消。1979年恢复图书馆建制，有书籍1.2万余册，各种报刊60多种。2011年8月，位于千阳县东海路5号的新馆建成开放，建筑面积2300平方米，设计藏书容量10万册，可容纳读者座位200个。截止2012年底，有阅览坐席150个，计算机36台，基层信息点7个，光纤接入，共用陕西省图书馆Symphony图书馆自动化管理系统。2013年参加第五次全国公共图书馆评估，获得三级图书馆。

业务建设

截止2012年底，千阳县图书馆总藏量4万余册（件），其中，地方文献2000余册（件），电子光盘400余盘。2011年初，实现馆内无线网络覆盖。

读者服务工作

从2012年6月起，千阳县图书馆全年对外免费开放，周开放64小时。同年，引进RFID技术，实现了馆藏文献的自助借还。年均书刊流通2.3万人次，书刊外借2.6册次。2012年，建成15个农家书屋，2辆流动服务车下乡为群众提供阅览服务，全年馆外书刊流通4300人次，书刊外借1万余册次。2009—2012年，共举办讲座、展览、培训、阅读推广等读者活动112场次，参与人数1.6万人次。

业务研究、辅导、协作协调

2009—2012年，千阳县图书馆职工发表论文16篇，出版专著2部，其他课题2项。

2009—2012年，千阳县图书馆给7个乡镇、15个农家书屋送书7次，连续4年在南寨镇闫家村、柿沟镇英明村图书室开展业务骨干培训志愿者行动，并培训业务骨干32名。

管理工作

2011年，千阳县图书馆完成第一次全员岗位聘任，本次聘任共设8个岗位，同时，建立工作量化考核指标体系，每月进行工作进度通报，每半年和全年进行总体工作考核。

表彰、奖励情况

2009—2012年，千阳县图书馆共获得各种表彰、奖励18次，其中，省文化厅表彰、奖励4次，市级表彰、奖励3次，其他表彰、奖励7次。

馆领导介绍

寇玉强，男，1971年生，中共党员，大学文化程度。2008年11月任千阳县图书馆馆长，党支部书记。兼任宝鸡市图书馆学会理事，陕西省农民画协会副主席，陕西省青年书法家协会会员，陕西省民间艺术家协会会员，宝鸡市作家协会会员，宝鸡市文艺家协会理事。

罗俊梅，女，1974年生，中共党员，本科学历，馆员，2008年11月任千阳县图书馆副馆长。

未来展望

千阳县图书馆遵照“一切为群众服务”的办馆理念，为文化强县、实现中国梦而增砖千瓦。未来几年，将通过加入陕西公共图书馆服务联盟联合编目系统，实现文献的统一编目；地一步做好文化信息资源工程基层服务点的服务工作和人员培训；添置特殊人群阅览设备；在增加农业科技类图书的同时，争取资金，购买电子书设备，为城乡群众提供高质量的服务，争创国家二级图书馆。

联系方式

地　址：千阳县东海路5号
邮　编：721100
联系人：朱 维

礼泉县靳宝善图书馆

概述

1998年之前，与文化馆两馆合一，对外称礼泉县图书馆。1998年，美籍华人靳宝善投资100万元，政府投资50万元，兴建图书馆大楼，1999年9月29日正式对外开放，馆舍建筑面积1452平方米。同时，图书馆与文化馆分设，并更名为礼泉县靳宝善图书馆。2008年建成文化信息资源共享工程礼泉县支中心，配备计算机38台，其中可供读者使用的30台，全部接入10兆宽带，服务器存储容量4.5TB。截止2012年底，设读者坐位198个。2013年参加第五次全国公共图书馆评估，获得三级图书馆。

业务建设

截止2012年底，礼泉县靳宝善图书馆藏书5.5376万册（件），其中中文图书4.2262万册，期刊186种1237份，光盘320件，过刊3880余册（份），古籍1870册（其中善本282册）。另外，文献特藏室设有地方文献专柜，共征集地方文献200余种1000余册。

礼泉县靳宝善图书馆针对自身读者群的特点（中小学生和老年读者），重点采购少儿、史料、典籍类书籍，复本量控制在3本左右。截止2012年底，少儿类书籍有4000余册，并于2013年2月设立了少儿阅览室，专门为少年儿童服务。

2009–2012年，礼泉县靳宝善图书馆先后建成10个数字农家书屋和15个农家书屋示范点，317个村级图书室，完成了图书室县域全覆盖。

读者服务工作

自2011年开始，礼泉县靳宝善图书馆开放时间由原来的每周48小时调整为每周63小时，周二至周日8：00–18：30对外免费开放，图书开架率在50%以上。

2009–2012年，书刊总流通1.336万人次，书刊外借1.3万册次。

2009–2012年，礼泉县靳宝善图书馆先后在金家沟武警总队、心特软食品公司、县国税局建成3个图书借阅服务点，年均图书流通4560册次。

2009–2012年，礼泉县靳宝善图书馆共举办培训、讲座、展览、阅读推广活动等读者活动36场次。

业务研究、辅导、协作协调

共建成15个乡镇文化站阅览室，317个农家书屋及三个图书服务点，已经全部纳入礼泉县靳宝善图书馆日常业务辅导之中。截止2012年底，对农家书屋和各图书服务点管理员有计划地开展业务辅导8次，144课时，416人次接受培训。

管理工作

2012年9月，礼泉县靳宝善图书馆在礼泉县考评办的指导下，完善了岗位考评工作，通过明确岗位职责，细化工作量，采取按需设岗、以岗定员、竞聘上岗、择优聘用、末位淘汰的用人原则，全馆实行岗位聘任制。2009–2012年，图书馆共制定各种规章制度14项。

表彰、奖励情况

2009–2012年，靳宝善图书馆共获得上级表彰8次，其中咸阳市奖励1次，礼泉县委县政府奖励7次，县文化广电新闻出版局连年表彰奖励。

馆领导介绍

刘剑琦，男，1968年2月生，大专学历，中共党员，馆长，1998年参加工作，2006年任图书馆馆长，2009年任文化局副局长兼任图书馆馆长。

赵灵芝，女，1974年1月生，本科学历，中共党员，副馆长，1996年10月参加工作，2006年任图书馆副馆长。

梁杰，男，1972年1月生，大专学历，中共党员，副馆长，1994年9月参加工作，2011年任图书馆副馆长。

未来展望

在今后的工作中，礼泉县靳宝善图书馆将在不断强化自身综合实力的同时，努力贯彻、落实《公共图书馆服务规范》，认真查漏补缺，积极创新发展思路和服务模式，满足广大群众多元化的精神文化需求，为礼泉县经济文化的发展做出应有的贡献。

联系方式

地　址：礼泉县兴礼南路
邮　编：713200
联系人：张艳艳

图书馆外貌

农家书屋管理员培训

全民阅读活动

永寿县图书馆

概述

永寿县图书馆成立于1982年，其前身为县文化馆图书室。2001年5月图书馆与文化馆机构分设，2003年5月迁入新址，建筑面积823平方米，可容纳藏书3万余册，读者座位300余个。2012年，永寿县图书馆设有阅览坐席120个，计算机45台，共用陕西省图书馆Symphony图书馆自动化管理系统。

业务建设

截止2012年年底，永寿县图书馆总藏量3.0215万册（件），其中，地方文献1570册（件），电子图书645册，图书2.8万册。

2013年年初，实现馆内无线网络全覆盖。

2010年–2012年，共入藏报刊46种，期刊82种，视听文献469种，地方文献284种。

读者服务工作

从2010年7月起，永寿县图书馆全年365天对外免费开放。2010–2012年，书刊总流通5.382万人次，书刊外借2.58万册次。2012年起，为永寿县"两会"提供服务。

2008年起，为全县广大读者免费提供《永寿图苑》。2012年4月，永寿县图书馆开通网站。

2010–2012年，永寿县图书馆共举办讲座、展览、培训、阅读推广等读者活动83场次，参与人数8510人次。

业务研究、辅导、协作协调

从2010年起，永寿县图书馆以文化信息资源共享工程VPN专网为依托，在馆内设立联盟工作委员会，下设联合编目、流通服务、地方文献联合征集、阅读推广与讲座展览资源服务、业务培训与技术支持等科室。截止2012年底，基层文化点发展到249家，永寿县图书馆不定期对全县范围内下设图书室（屋）开展业务辅导，进一步提高基层图书室（屋）管理人员管理水平。期间，举办业务技能和管理水平等培训班26期，723人次接受培训。

2012年，咸阳市图书馆馆长会议在永寿县召开，全市各县区图书馆长就共建共享、陕西公共图书馆服务联盟工作及如何发挥公共图书馆职能作用等达成广泛共识。

管理工作

2012年，永寿县图书馆完成第二次全员岗位聘任，本次聘任共设8类岗位，上岗人数22人，同时，建立了工作量化考核指标体系，每月进行工作进度通报，每半年和全年进行总体工作考核。

表彰、奖励情况

2010–2012年，永寿县图书馆共获得各种表彰、奖励23次，其中，市级表彰、奖励5次，县委、县政府表彰、奖励12次，其他表彰、奖励6次。

馆领导介绍

韩刚，男，1984年4月生，研究生学历，中共党员，馆长、书记。2006年8月参加工作，历任永寿县广电中心记者、通联部主任，2012年7月任永寿县图书馆馆长。兼任文化信息资源共享工程永寿县支中心主任。

未来展望

永寿县图书馆遵循"读者第一、服务至上"的服务宗旨，今后将不断优化服务环境，改进服务方式，提升服务质量。在不断强化自身综合实力的同时，通过开展各类读书活动，在全社会形成"多读书、读好书"的文明风尚，让更多的人认识图书馆、了解图书馆、利用图书馆。

联系方式

地　址：永寿县县城北街
邮　编：713400
联系人：孟欣钰

淳化县图书馆

概述

淳化县图书馆始建于1951年，1980年正式成立，与县文化馆合并办公。2009年新馆落成，馆舍面积800平方米，2013年首次被评为三级图书馆。截至2012年底，藏书3万册，其中，纸质图书2.9232万册，电子图书100册，报刊合订本521册，视听文献138种，有阅览坐席175个，其中少儿阅览室座位55个。计算机30台。

业务建设

截止2012年年底，淳化县图书馆电子文献藏量为105种。2009—2012年，图书年均入藏量为534种，报刊年均入藏量为46种，视听文献年均入藏量为66件，地方文献89种。实现了图书馆“藏阅一体化，单一通道控制，开架式服务，超市化管理”的模式，形成了具有本馆地方特色的藏书体系。

读者服务工作

在服务工作方面，树立“以人为本，服务为先”的服务思想，各书库均实行全方位开架式借阅服务，书库、成人阅览室、报刊阅览室、少儿阅览室、电子阅览室和多功能厅每周开放时间均为62小时。其次，建立了淳化县图书馆服务网站，增设政府公开信息服务专柜和专机，并为特殊群体开展各种服务，进一步扩展了服务面。

2009—2012年，组织开展书刊宣传、图书馆宣传和各类社会教育活动30余次，参与活动群众2万人次。

协作协调

2009—2012年，全馆职工积极参加业务培训、继续教育和业务研究，先后参加省市业务培训11人（次），继续教育5人（次），开展业务研究创作3次，发表省级论文3篇，专著三部，撰写图书论文15篇。

在省市图书馆组织的协作协调工作方面，能够积极参与省市举办的各类学术交流活动。注重并开展馆际交流和馆际互借工作，扬长避短，不断提高图书、文献资料的利用率和科学管理水平。

对于本地区的图书馆服务网络建设，淳化县图书馆进行了长期规划和统一管理，不定期对乡镇文化站、农家书屋进行基层业务培训和辅导，截至目前，参与服务网络建设的街道、乡镇、社区、村占全县总数的40%。2009—2012年，下基层开展共享工程基层网点技术培训工作5次，培训基层网点信息员32人次，协助指导基层站点分类、编目、上架图书3000多册；举办农家书屋管理培训2次，参训118人次，指导并实施农家书屋图书分类、编目、上架图书73400多册。

管理工作

淳化县图书馆在职人员13人。近年来，全馆坚持把干好本职工作、促进事业发展、服务社会大众作为重要任务，在管理上求规范，气氛上求和谐，作风上求垂范，服务上求实效，公开招聘，竞争上岗，和每个职工签定了聘用协议，实行岗位绩效责酬挂钩，极大的调动了全体职工工作的积极性。建立健全了学习制度、工作制度、考勤制度、服务准则和绩效考核制度。

表彰、奖励工作

2009—2012年，淳化县图书馆共获得各种表彰奖励10次，其中市文体广电局3次，市图书馆3次，其它奖励4次。

馆领导介绍

王汉忠，男，1963年9月生，大专学历，中共党员，馆长。1981年参加工作，先后在办公室等部门工作。

未来展望

图书馆在文化领域中所处的位置正在发生着翻天覆地的变化——服务手段的改变、服务方式的创新、服务理念的变化，都为图书馆的发展提供了机遇和挑战。图书馆工作由资源型向应用型、需求型的转变是社会发展的一个必然趋势。因此，“内强素质，外树形象”是我们坚持的宗旨；积极创新，逐步实现图书馆技术化、数字化、现代化是淳化图书馆奋斗的目标。在今后的工作中，我们会以高质量的服务理念为读者打造一个舒适、优雅、安静、和谐的阅览环境，让读者体会到阅读的快乐。最终把图书馆打造成“社会职能与信息职能兼顾的文献信息服务中心”。

联系方式

地　址：淳化县县城正街
邮　编：711200
联系人：王园园

澄城县图书馆

概述

澄城县图书馆成立于1985年，1987年和文化馆分开独立办公，1991年建成图书大楼。图书馆占地面积2400平米，大楼建筑面积1154平米；馆藏图书4万余册，合订报刊8000余册，年征订报刊90余种，馆藏古籍1000余册；现有工作人员16名，其中专业技术人员10名，馆员9名，助理馆员1名。参加的第四次、第五次全国公共图书馆评估，2010年、2013年荣获国家三级图书馆荣誉称号。

业务建设

我县公共文化服务的一个文明窗口，目前下设办公室、财务室、采编室、共享办4个内部办公机构以及报刊阅览室、图书借阅室、电子阅览室、少儿阅览室、视障阅览室、资料室等10个对外服务窗口。合订报刊8000余册，年征订报刊90余种，馆藏古籍1000余册；电子图书和电子期刊和陕西省图书馆资源共享共58.43TB，(电子图书90.6228万册，电子期刊1.0171万种/册）。

读者服务工作

从2011年7月起，澄城县图书馆实行免费开放，全年365天天天对外免费开放，周开放56小时，2012年起为“两会”提供服务。2010年、2011年我们做了大量工作，加入全省图书联盟，为读者提供方便快捷的服务。为少儿阅览室新入藏书800余种，但距读者的需求仍相差较远；我馆书刊、电子阅览室、多功能厅均向读者免费开放，读者年流通人次为8万人次，书刊年流通为5万册次。我馆每周开馆时间56小时，节假日正常开馆。我馆为现已基本覆盖全县各行政村的266个农家书屋工程服务点提供业务辅导，并能协助其有效地开展工作；读者检索、咨询服务：我馆努力完善参考咨询服务，积极拓展图书馆的深层服务，年代检索课题10项，年解答读者各种咨询一千多条；读者活动：我馆年举办讲座、报告会、少儿阅览讲堂等各类读者活动20余次，年读者活动1万人次；积极深入开展“图书馆服务宣传周”活动，我馆配合局积极搞好文化“三下乡”活动，不断提升图书馆的社会服务职能。

业务研究、辅导、协作协调

2009—2013年，澄城县图书馆职工发表论文7篇。从2007年起，澄城县图书馆以文化信息资源共享工程VPN专网为依托，在馆内设立联盟工作委员会，联合编目、流通服务、地方文献联合征集、阅读推广与讲座展览资源服务、业务培训与技术支持等工作组。服务人次有所提升。2010年起，开展与基层服务点农家书屋结对帮扶活动；定期开展农家书屋和共享工程基层服务点管理人员培训活动。

辅导、协作协调方面

坚持将工作做细、做扎实。我馆广大业务工作人员在开展日常工作的同时，不断进行业务研究的探索工作，从理论高度强化武装自己，以便更好地为读者服务；我们为了更有效地提高图书流通率，实现馆藏文献价值的最大化，积极广泛开展馆际合作工作，借送书、科技下乡的良好契机，坚持集中培训和现场业务培训辅导相结合，扎实开展业务轮流培训工作，并尽最大限度地充实各服务点的馆藏，提高馆员业务素质；另一方面横向强化与当地企事业单位图书室的沟通工作，对各自馆藏资源互通有无，技术资源优势互补，全面开展合作业务，为实现地域、行业领域的资源共享提供了切实可行的保障。另外，我馆加强职工业务培训力度，成为全省图书联盟成员馆，做好各项技术、人力、软件资源等等的工作。

表彰、奖励情况

2010—2013年，澄城县图书馆共获得各种表彰、奖励20次，其中，省表彰、奖励3次，渭南奖励1次，其他表彰、奖励16次。

馆领导介绍

王建军，男，1959年5月生，大专学历，中共党员，馆长。1978年12月参加工作，2010年1月任澄城县图书馆馆长。

任　丽，女，1978年10月生，本科学历，中共党员，馆员，党支部书记。1999年8月参加工作。2000年1月到澄城县图书馆工作，先后在图书借阅、报刊阅览、电子阅览室、共享办副主任、办公室主任等工作，2008年荣获澄城县三八红旗手标兵光荣称号。2013年10月任澄城县图书馆支部书记。

杨晓丽，女，1971年2月生，大专学历，中共党员，馆员，副馆长。1991年2月参加工作，1992年9月到澄城县图书馆工作，先后在历史文献部、古籍阅览室、业务办公室、图书借阅等部门工作。2013年6月任图书馆副馆长。

未来展望

澄城县图书馆，完善单体服务功能，扩大服务辐射区域，我们将依靠图书馆本身的数字化优势担负好对基层的管理资源的更新等等，客服困难、解放思想、开拓创新、共同努力把图书馆事业推向新阶段，利用好共享工程这一平台使人民基本文化权益得到更好保障，惠及广大群众，使社会文化生活更加丰富多彩，使人民精神风貌更加昂扬向上。

联系方式

地　址：澄城县长宁街三路口澄城县图书馆

邮　编：715299

文化三下乡

世界读书日宣传

两会服务

富平县图书馆

概述

富平县图书馆成立于1924年，旧址位于老城正街31号，遗存的两层仿日式砖木混合结构的藏书楼，留有康有为题写的“图书馆”和明末清初著名诗人、关学大师李因笃书“万卷书楼”石额，属省级文物保护单位；2000年富平县图书馆随县城中心搬迁至城关镇杜村东街育英巷2号现馆办公，占地面积1568平方米，阅览座席200个，计算机47台。2013年通过全国公共图书馆第五次评估，再次获得三级图书馆。

业务建设

截止2012年底，富平县图书馆资源总藏量100492册，其中古籍类18578册；电子文献藏量245种。图书年均入藏量1379种，报刊年均入藏量126种，视听文献年均入藏量64件。资源建设方面，把数字资源与传统文献并重作为馆藏建设方向，在收集综合性与普及性文献的同时，注重地方文献、地方特色数据库建设。2011年加入陕西省公共图书馆服务联盟联合编目系统。

读者服务工作

2011年7月，借阅室、阅览室、少儿阅览室、电子阅览室、参考咨询室、多媒体教室、艺术展厅等公共空间设施场地，文献资源借阅、检索与咨询、公益讲座和展览、基层辅导、流动服务等服务项目全面对外免费开放。实施365天对外免费开放，周开放60小时。书刊文献开架比例81%；馆藏书刊文献年外借率40%；书刊文献年流通册次共计31796册；人均年到馆次数25次/人。2013年3月开通联盟内统一系统平台的文献借阅服务。

2011年以来，以规范化管理为目标，对全县300多家农家书屋、图书馆8个基层图书室业务工作逐一培训指导，逐步形成了以县馆为核心，以农家书屋、基层图书室等为组成部分的富平县图书馆图书服务网络体系。在搞好阵地服务的同时，积极开展了形式多样的阅读推广活动：面向不同群体举办图书漂流活动；响应陕西省图书馆服务联盟号召积极举办“关注乡村学生·享受阅读快乐”阅读推广活动；充分发挥馆藏资源优势，关注特殊群体阅读，获赠卤阳强戒所“毒品无情人有情，图书室里享温情”匾牌。2009–2012年，共举办各类公益培训、展览、讲座、阅读推广等读者活动123场次，参与人数50万人次，最大限度的满足不同群体享受精神文化生活的需求。

全国文化信息资源共享工程富平支中心给图书馆注入了新的活力。2008年成立以来，电子阅览室实行网吧管理模式，免费为群众提供查阅资料、浏览新闻、观看优秀影视等服务；2012年底，实现了馆内无线网络覆盖；2013年在省分中心的支持下，建成富平县图书馆网站，用于宣传工作动态，提高服务效率。

业务研究、协作协调

2011以来年我馆员工岗位培训、继续教育年总学时1346课时，人均年学时71课时；在各级刊物上发表论文26篇，馆内工作调研6篇，人均1.4篇。2011年加入陕西省公共图书馆服务联盟联合编目系统，2013年初开通了图书借阅管理系统；在陕西高校图工委和陕西省图书馆学会倡议下，与西安财院建立帮扶结对关系，加强了我馆馆藏资源与人才建设。

表彰、奖励情况

2011渭南市妇女联合会授予富平县图书馆“巾帼文明岗”荣誉；2012年度省图学会授予“年度先进集体”；渭南市政府授予“先进集体”荣誉；2013年获第一届“文化共享杯”全国群众摄影艺术作品征集大展陕西省县级支中心优秀组织奖；渭南市公共图书馆业务知识技能竞赛中分别荣获集体和个人一等奖。

馆领导介绍

董朝辉，男，1973年10月生，大学学历，中共党员，中级职称，富平县图书馆馆长。

路海玲，女，1971年3月生，大专学历，中共党员，馆员，党支部书记、副馆长。分管借阅流通及阅读推广工作，论文多次在专业期刊上发表。

张丽萍，女，1968年1月生，大专学历，中共党员，馆员，副馆长，全国共享工程富平支中心副主任。发表多篇论文，分管行政办公室和支中心工作。

车春丽，女，1969年1月生，本科学历，馆员，工会主席。分管文献资源建设、参考咨询、古籍保护工作。服务案例《富平县图书馆开展图书漂流服务活动的实践和探索》参加陕西省图书馆学会七届学术研究委员会及图书馆服务案例交流研讨会，并在研讨会上展示；2012年论文《新形势下县级图书馆地方文献工作新思路》获西北五省论文三等奖。

未来展望

富平县拥有深厚的地域文化资源，是一个80万人口的文化大县，拟建一座与经济发展相适应的，集阅读、休闲、娱乐与一体的现代化数字图书馆，以实现县乡村一条龙服务，读者借阅一卡通，二十四小时自助借还图书，形成馆际互借，达到文献资源共享。我们有理由相信，富平图书馆将不断开拓进取，创新理念，内强素质，外树形象，造就一支素质高，业务精，服务优的专业队伍，使图书馆的事业蒸蒸日上。

联系方式

地　址：富平县杜村东街育英巷2号
邮　编：711799
联系人：瞿晓燕

兴平市图书馆

概述

兴平市图书馆的前身是民国时期的民众教育馆。建国后，1985年7月15日在县文化馆阅览组的基础上单独建馆，1999年7月迁入兴平市文化大楼，馆舍面积850平方米。2009年参加第四次全国公共图书馆评估，首次被评为三级图书馆。2013年第五次评估继续保持三级图书馆。到2012年底，有阅览坐席179个，计算机46台，接入宽带10Mbps。2012年2月，兴平市图书馆加入陕西公共图书馆服务联盟，实现业务管理自动化。

业务建设

截止2012年底，兴平市图书馆藏书6.8773万册，其中，中文图书4.48万册，期刊240种，光盘733件。可共享省图书馆的电子文献9869种。2012年，兴平市图书馆新增藏量购置费为10万元。

2012年上半年，完成5万余册图书的回溯建库工作，开通了基于省公共图书馆服务联盟统一平台的外借服务。

读者服务工作

从2011年5月起，兴平市图书馆全面对外免费开放，周开放63小时。2009–2012年，馆藏书刊文献年外借3.7万册以上，外借率53%。其中，兴平市华茂学校、武警中队、消防中队3个分馆平均年外借1万册次以上。

2009–2012年，兴平市图书馆共举办讲座、展览、培训、阅读推广等读者活动120次，年均1.4万余人参与活动。其中，图书馆服务宣传周暨庆六一"金色童年"文艺演出和"传递友谊，放飞希望"图书漂流活动成为兴平市图书馆阅读推广工作的亮点。

业务研究、辅导、协作协调

2009年，建立文化信息资源共享工程兴平支中心1个、乡镇服务点14个、村级基层服务点238个。在市图书馆设立文化共享工程管理办公室，统一协调建设、管理和业务培训、辅导工作。

兴平市农家书屋工程的建设实现了全市13个镇（办）223个行政村全覆盖，期间，市图书馆为基层图书室举办培训、讲座80余次。

管理工作

兴平市图书馆实行全员岗位聘任制。设置岗位51个，其中，管理岗位5个，专业技术岗位36个，工勤技能岗位10个。每半年和全年进行一次工作考核。

表彰、奖励情况

2009–2012年，兴平市图书馆共获得上级表彰奖励13次，其中，省级表彰1次，市级表彰奖励12次。

馆领导介绍

杨皓，男，1969年10月生，大专学历，中共党员，馆长。1991年7月参加工作，曾任兴平市影剧院副经理，兴平市文化稽查队副队长，2004年9月任馆长。

李参亚，女，1977年12月生，大专学历，中共党员，支部副书记。1996年7月参加工作，2009年12月任支部副书记，分管党建工作及办公室事务。

张俊萍，女，1971年6月生，大专学历，中共党员，副馆长。1993年参加工作，曾任兴平市阜寨乡政府计生主任一职，2003年10月调至兴平市图书馆工作，先后在借阅部、办公室工作，任主任等职，2011年12月任副馆长。

边晚霞，女，1972年11月生，大专学历，馆员，副馆长。1992年7月参加工作，2011年12月任副馆长，分管借阅部、阅览部、采编部。

葛粉宁，女，1979年6月生，大专学历，中共党员，图书馆支部副书记。1999年11月参加工作，先后在历史文献部、借阅部、办公室等部门工作。2011年12月任支部副书记。

未来展望

兴平市图书馆目前从馆藏量、场地面积等硬件设施方面处于较为落后状态，已引起市委、市政府的高度关注。市委、市政府多次召开专题会议研究图书馆建设事宜，要求新建图书大楼要高于行业标准，并要加大新书入藏量，积极推进数字化建设步伐，不断提升服务功能和水平。届时，兴平市图书馆将成为一个设施齐备、馆藏丰富、服务功能齐全、服务范围宽广的现代化图书馆。

联系方式

地　址：兴平市南大街46号

邮　编：713100

联系人：杨　皓

志丹县图书馆

概述

志丹县图书馆成立于2008年7月，事业单位，科级建制，隶属志丹县文体广电局，位于志丹县宣传文化中心三楼，建筑面积2100平方米，工作人员18名，有阅览坐席323个，其中少儿阅览区48席；计算机64台，其中电子阅览室47台，接入VPN专网以及政府网。2009年12月，图书馆工作人员正式确定，机构开始运作。2010年2月，文化资源共享工程电子阅览室建成对外开放。2011年11月，志丹县图书馆加入陕西公共图书馆服务联盟。2013年参加第五次全国公共图书馆评估，首次获得三级图书馆。

业务建设

截止2012年底，志丹县图书馆总藏量5.4878万册，其中图书1.9万册，报刊合订本4966册，杂志412册。省图书馆少儿分馆赠送500册合订本，国家新闻出版总署赠书3万册。

截止2012年底，志丹县图书馆有地方文献268种739册，平均年征集89种。已编目图书9468册，累计为1.086万册图书添加了数字标签。

读者服务工作

自志丹县图书馆成立以来，始终坚持开架借阅，全年365天免费开放，每周开馆时间不低于63小时。2009–2012年，书刊总流通9.3264万人次，书刊外借7.0883万册次。

2009–2012年，志丹县图书馆先后建立农家书屋9个，流动书屋2个，馆外书刊总流通2.1346万人次，书刊外借7835册次。

2009–2012年，志丹县图书馆共举办讲座、展览、培训、阅读推广等活动98场次，参与人数2.4863万人次。

业务研究、辅导、协作协调

2009–2012年，志丹县图书馆先后派出5人次参加全省第二期地方文献征集培训班、第五期图书馆新人专业培训班、联合编目培训班。同时，利用图书馆丰富的网络资源，积极组织全体馆员参加共享工程国家中心、省中心举办的远程培训，年均培训不低于5次。

2011年3月，志丹县图书馆成立了地方文献征集工作小组，专人负责、专人征集。同年12月，加入陕西公共图书馆服务联盟。2012年4月启动联合编目工作。

2009–2012年，志丹县图书馆共向陕西文化信息网上传文化信息107条。

管理工作

志丹县图书馆有正式职工15人，实行每周二、周五学习制度，每半年和全年进行总体工作考核。

表彰、奖励情况

2009–2012年，志丹县图书馆共获得各种表彰、奖励5次，其中包括市级文化信息资源共享工程工作先进单位1次，县级文体系统先进单位1次，县人民政府文化工作先进单位1次。

馆领导介绍

王磊，男，1971年9月出生，本科学历，中共党员，馆长。1993年7月参加工作，先后在志丹县金丁中学、志丹县杏河派出所、志丹县政府办公室、志丹县文体事业局工作，曾任志丹县文体事业局副局长，2009年10月任志丹县图书馆馆长。2007年荣获城乡环境综合整治工作先进个人，2009年荣获创建全国文明县城先进工作者，2010年3月荣获陕西省文化共享工程先进个人，2010年4月荣获全市文化信息资源共享工程工作先进个人。

杨文英，女，1969年9月出生，高中学历，副馆长。1987年参加工作，2009年10月任志丹县图书馆副馆长。

未来展望

2009–2012年，志丹县图书馆不断强化自身的综合实力，通过加入陕西公共图书馆服务联盟，参加陕西省图图书馆组织的各项学习，提高了馆员的整体素质和工作能力，促进了图书馆事业的整体发展。在今后的工作中，志丹县图书馆将继续遵循“读者第一、服务至上”的宗旨，践行平等公益的发展理念，进一步完善各项服务职能。

联系方式

地　址：延安市志丹县文化宣传中心3楼
邮　编：717500
联系人：王　磊

图书下乡

老年人电脑知识培训

读者阅读

延川县图书馆

概述

延川县图书馆创建于2003年10月，位于延川县城中心街。2010年加入陕西公共图书馆服务联盟，2011年7月1日全面实行免费开放。馆舍面积1200平方米，可供读者使用的面积800平方米，总藏书量3.78万册。2012年底，有阅览坐席60个，计算机43台。2013年，参加第五次全国公共图书馆评估，首次获得三级图书馆。

业务建设

截止2012年底，延川县图书馆总藏书3.78万册，其中开架图书3.56万册，期刊65种，报纸30种，地方文献530册；拥有数据库4个，分别为曲艺、影视、音乐、防震减灾；自建数据库1个，为地方文艺。

文化共享工程延川县支中心创建于2009年7月份，在建设过程中严格按照《2008年度陕西省文化信息资源共享工程建设工作实施方案》及县人民政府与省文化厅签订的《陕西省文化信息资源共享工程建设责任书》的要求实施。至2009年12月底，建立电子阅览室一间，配备阅览机31台；多媒体室一间，增加多媒体桌椅70套；机房一个；地面卫星接收站一个；安装监控视频头10个。

2012年，实现了乡镇基层服务点的全覆盖。

读者服务工作

从2011年7月起，延川县图书馆全年365天对外免费开放，周开放56小时。2009–2012年，书刊年均流通1.8万人次，书刊外借3.8万册次。

2009–2012年，延川县图书馆共举办讲座、展览、阅读推广等读者活动232场次，参与人数约2.5万人次。

表彰奖励

2010年，延川县图书馆分别被陕西省文化厅和延安市评为文化共享工程先进单位。

馆领导介绍

郝占胜，男，1965年1月生，大专学历，中共党员，馆长。1983年6月参加工作，历任延川县南河乡政府副乡长。2003年10月任延川县图书馆馆长。2010年3月，荣获陕西省文化先进工作者。

展望未来

延川县图书馆坚持“读者至上、服务第一”的宗旨，严格内部管理，不断规范和完善服务设施。计划于2016年前新建图书馆一座，面积5000平方米，计划正在进行中。

联系方式

地　址：延安市延川县图书馆
邮　编：717200
联系人：陈 婷

延川县图书馆全貌

馆长郝占胜（左）向副县长吕勤芳（右）汇报工作

共享工程宣传栏

阅览室

电子阅览室

西乡县图书馆

概述

西乡县图书馆初创于1929年，相继开展民间问字、阅报、读书、展览等活动。1930年，民教馆与图书馆合并，直至西乡解放。建国后，图书阅览工作为文化馆业务之一。1978年10月，分设图书馆，当时由于馆舍条件与文化馆分为两块牌子，一套人马，馆址由原县城汉白路迁至樱花大道中段。新馆建成于2008年，年末对外开放。新馆占地5000余平方米，图书楼为单设建筑，建筑面积1200平方米，可容纳读者座位120人，计算机33台，宽带接入12Mbps。

业务建设

截止2012年底，西乡县图书馆藏书4.8万册（件），报纸30余种，杂志120种；重点建设了能够满足农村群众需求的讲座、戏曲、图书、电影等专题资源库，特别是农民朋友急需的种植养殖技术等资源，可一次性容纳80人观看；西乡名人展厅，征集了西乡籍历代名人文史资料陈列展出。

读者服务工作

从2011年5月23日起，西乡县图书馆对外免费开放，周六、周日正常上班，年均外借图书2.6万册次，接待读者8万人次，并建成3个分馆。2011–2012年，为社会免费开展电脑培训12期，培训600余人次；开展各类公益讲座8次，参加人数800余人次。举办展览、阅读推广、图书下乡15场次，参与人数1万人次；利用学术报告厅举办各类讲座、报告、培训，服务人次达1万余人次。

图书周宣传活动

业务研究、辅导、协作协调

2009–2012年，为文化信息资源共享工程镇、村、社区服务网点举办技术培训5期，参加人员150人次；为文化站、农家书屋举办图书编目、上架培训4期，培训50人次；2011–2012年，协作县国库支付局、县烟草公司进行业务专业技能电脑培训4期，500余人次接受培训。制定地方文献征集方案，对珍贵文献进行有偿征集。

管理工作

实行全员聘任制，按年初下达各部门的指标任务进行考核，每季度考核一次并进行通报公示，严格执行绩效工资发放办法，并将考核情况作为年终评优条件之一。

表彰、奖励情况

2009年–2012年，西乡县图书馆共获得各级表彰奖励5次。

馆领导介绍

李华，男，1963年11月生，大学学历，中共党员，馆员，馆长。1982年7月参加工作，历任西乡县文化馆副馆长、西乡县午子山文物管理所所长，2011年任西乡县图书馆馆长（文化馆馆长），兼任文化信息资源共享工程西乡县支中心主任、西乡县非物质文化遗产保护中心办公室主任等职。

未来展望

西乡县图书馆的工作在政府的重视下、社会各界的支持下、全体职工的共同努力下取得了长足发展。今后将遵循“科学、效率、创新、发展”的办馆方针，不断拓展读者群体，不断创新服务模式，不断完善服务功能，为公共图书馆事业发展做出新的贡献。

联系方式

地　址：陕西省西乡县樱花大道中段

邮　编：723500

三秦书月启动仪式

迎新春送春联下乡活动

城固县图书馆

概述

城固县图书馆初创于1956年，成立于1980年，原与县文化馆合署办公，2004年分设，2007年由原县城钟楼街搬迁至县城西环三路新世纪广场西侧文化大厦三、四楼，同年农历九月正式对外开放。馆舍建筑面积1578.90平方米，设计藏书容量20万册，可容纳读者座位280个。截止2012年底，城固县图书馆有阅览坐席300个，计算机40台，信息节点82个，宽带接入10Mbps。2009年参加第四次全国公共图书馆评估，首次获得三级图书馆，2013年第五次评估后继续保持三级图书馆。

业务建设

截止2010年底，城固县图书馆馆藏量6.83万册（件），全部为纸质文献，2011年剔旧图书3.12万册。

2012年，新增藏量购置费5万元。

2009–2012年，地方文献入藏完整率为95.6%。

建成文化信息资源共享工程城固县支中心，有电脑40台，建成18个乡镇基层服务点，392个村农家书屋。

读者服务工作

从2008年10月起，城固县图书馆实行对外免费开放，周开放56小。2009年，实行开架借阅。2009–2012年，书刊总流通19.12万人次，书刊外借13.65万册次。

2011年，加入陕西公共图书馆服务联盟，同年，利用文化共享工程投影设备，在县城广场和体育场播放传统戏曲，坚持每周一场，已经形成服务品牌。2011年8月建成城固县图书馆网站。2012年开通“大碗茶”阅读快车流动服务，购买帐篷、便携式桌椅，送书到农村、集镇、机关、厂矿、企业、工地、广场，为群众提供阅读服务。

2009–2012年，城固县图书馆共举办讲座、展览、培训、阅读推广等读者活动132场次，参与人数11.216万人次。

业务研究、辅导、协作协调

2009–2012年，城固县图书馆职工发表论文6篇，完成县委、县政府专题调研报告4篇，县文广局调研报告6篇。为全县的全民阅读工作提出建议和意见4次8条，其中4条提交县长常务会议研究并落实。

从2009年起，城固县图书馆以文化信息资源共享工程和农家书屋建设为依托，在全县范围内发起文化志愿者服务，广泛深入开展读者服务和业务培训、指导工作，馆内工作人员全年下乡平均每人不得低于30次，对全县农家书屋和共享工程管理员业务培训不低于每年2次。截止2012年底，举办图书管理、计算机操作等培训班13期，104课时，4704人次接受培训。

管理工作

2010年，城固县图书馆实行全员岗位聘任制，本次聘任共设10个岗位，建立工作岗位责任制，对馆员实行量化考核，每月进行工作进度通报，每半年和全年进行总体工作考核。

表彰、奖励情况

2009–2012年，城固县图书馆共获得各种表彰、奖励14次，其中，陕西省文化厅表彰、奖励1次，汉中市文广局表彰奖励1次，汉中市中心图书馆表彰奖励5次，县委、县政府表彰、奖励1次，县文广局表彰、奖励3次，获得其他奖励5次。

馆领导介绍

黄明亮，男，1972年1月生，大专学历，中共党员，馆员，副馆长，主持工作。1991年12月参加工作，2008年调至城固县图书馆任副馆长。

孙克秀，女，1964年3月生，大专学历，中共党员，馆员，党支部副书记。1984年7月参加工作，2012年调至城固县图书馆任党支部副书记。负责党建、单位内部管理事务、单位责任者考核工作，分管计生、妇女工作。

王蓉，女，1971年11月生，大专学历，馆员，工会主席。1993年4月参加工作，2011年任城固县图书馆工会主席，兼任办公室主任。负责图书馆工会工作，办公室工作，兼财务工作和图书馆联盟和阅读推广工作。

未来展望

城固县图书馆遵循“务实创新、发展奋进”的办馆方针，以“全心全意为读者服务”为宗旨，不断提升自身服务水平。积极争取上级政府的支持力度，多方联系相关部门单位，深入广泛开展读者活动，强力打造“书香城固”，并积极争取社会各届的支持，力争3–5年内重新修建城固县图书馆，达到国家二级图书馆的标准。

联系方式

地　址：城固县西环三路北段文化大厦
邮　编：723200
联系人：王　蓉

图书馆大楼外景

书香城固启动仪式

文化阅读快车活动

镇巴县图书馆

概述

镇巴县图书馆位于泾洋镇河西路，南有苗乡广场，北有红军广场。占地面积1320平方米，建筑面积834.5平方米。1991年动工兴建，1992年投入使用。

镇巴县图书馆以服务当地人民群众的文化生活和地方经济建设为目标，以传统借阅为基础，加快数字图书馆的建设工作。采用开放灵活的藏、借、阅、查、展一体的综合服务模式，除特殊文献之外，馆藏图书全部免费对外开放。2010年2月文化共享工程完成建设并投入使用，馆内阅读借阅工作基本实现数字化。

截至2013年底，编制5人，实有6人。其中：馆长一人，本科学历1人，大专4人，中专2人，大专以上学历占职工人数的80%，高级职称1人，中级2人，初级3人。

镇巴县图书馆有借阅座位100个，网络接点50个，设有文化信息共享工程镇巴县支中心、流动图书室、少儿室、报刊室、资料室、基层服务部等窗口，每周开放56小时，开展外借、阵地借阅、参考咨询、电子信息、视听服务等，举办讲座，读书报告会等服务活动。

馆藏资源

截止2010年底，馆藏图书4.5万册，其中：普通类图书4万册，地方文献5000册，中文报刊120种，电子阅览器30台。图书馆坚持“读者至上，服务第一”的服务宗旨，为读者提供图书外借、报刊阅览、资料咨询、信息导航等全方位服务。

读者服务工作

读书活动：每年都举办文学、历史、科学、艺术等知识讲座，邀请知名学者、作家主讲。每年4月2日“儿童读书日”、4月23日“世界读书日”都举办“读者座谈会”。每年在全县中小学中举办一次“读书征文”活动，加强图书与广大青少年的联系，提高图书服务效率。每年都择机举办“知识讲座、图片展览、征文比赛、演讲等活动”，强化图书馆与读者的互动活动。调动馆内同志积极性，主动参与全县文化活动，强化图书馆的社会影响力。

宣传周活动：每年都举办图书服务宣传周活动，主要开展知识讲座、读者座谈会、街头宣传，送书到单位、机关、企业，扩大图书馆的社会影响。

送书下乡：我们每年组织近5000册的图书送到21个乡镇的文化服务站开设分馆，在16所中小学开始分架，在人口集中的村建立图书点。让馆藏图书走向基层，服务基层，满足基层人民群众的求知欲，推动社会主义新农村建设。

获奖情况

1995年，镇巴县图书馆被中共镇巴县委、县人民政府授予“文明单位”；2012年、2013年被评为汉中市免费开放工作先进单位。2011年，2012年被中共镇巴县委，镇巴县人民政府表彰为“创佳评差”先进单位，2013年被中共镇巴县委，县人民政府表彰为“青少年道德教育”先进集体。2000年、2005年、2010年，2013年镇巴县图书馆被文化部评定为国家三级图书馆。

馆领导及馆属部门负责人简介

馆长：郝明华，男，1961年出生，陕西省镇巴县人，中共党员，文学学士，副研究馆员，陕西省作协会员。

副馆长：程丽，女，1973年12月出生，陕西省镇巴县人，管理员。

魏超，女，1965年3月出生，陕西省镇巴县人，馆员，综合业务负责人。

马良敏，女，1967年8月出生，陕西省镇巴县人，馆员，报刊借阅处负责人。

姚于芝，1972年10月出生，陕西省镇巴县人，助馆，编录处负责人。

李彬，女，1980年10月出生，陕西省镇巴县人，管理员，网络技术负责人。

未来展望

在信息社会条件下，镇巴县图书馆一定会在知识经济时代发挥重要的地区信息枢纽和镇巴县精神文明基地的重要作用，成为知识信息的集散地、市民终身教育的学校、地方文献的宝库、高雅的文化传播场所。随着社会经济的不断发展，文化信息资源共享工程的全面建成，镇巴县图书馆将获得更大的资源空间，将成为集文化‘信息、科技传播、文化遗产保存、开展社会主义教育、展示改革开放成就等为一体的综合性图书馆，成为全县群众读书、了解多种文化信息、享受文化服务和开展文化交流的中心，为全县经济建设和社会发展发挥重要作用。

联系方式

地　址：陕西省镇巴县泾洋镇河西路176号
邮　编：723600
馆　长：郝明华

勉县图书馆

概述

勉县图书馆于1978年5月成立，当时和县文化馆为两个机构一套人马，1986年征地2.95亩修建馆舍，1989年迁入新址。1990年被县政府批准为县直文化事业单位，隶属县文化局。

基本建设

1987年在县城人民路修建办公楼825平方米，1992年修建配套用房38平方米，1993年修建文化经营用房96平方米，2004年贷款修建了934平方米的综合楼，全馆总面积1795平方米。2012年省文化厅投资近50万元维修改造了办公楼，处理了地下排水及地面硬化。

业务建设

全馆在编人员七名（中级职称2人，初级5人），设图书借阅室、报刊阅览室、资料室和办公室。馆藏图书8万余册，古籍1万余册，藏书含盖22大类，以文学、艺术、历史、教育为主。年订报纸、杂志100余种，2009年后，年新增图书1000余册。接受上级部门及企事业单位捐赠图书18115册。2008年文化共享工程勉县支中心成立。2012年加入陕西省图书馆服务联盟。2009年、2013年被文化部授予国家三级图书馆。在每年的图书馆服务宣传周活动中，利用广播、电视、标语、横幅、发放宣传品等方式，大力宣传图书馆的社会教育职能，深入学校、工矿、部队、乡镇、村文化站（室）进行业务辅导和培训。坚持参加每年本系统专业技术人员业务培训和再教育学习，全馆人员均受过系统的业务培训。2010年论文《图书馆现状调查与思考》获汉中市专业论文一等奖、2011年《农家经济养殖》获市专业论文优秀奖、2012年《农家书屋与村级共享工程》获市专业论文三等奖、2013年获市级《公共图书馆免费开放工作先进单位》等。

读者服务

馆内设图书借阅室、报刊、杂志阅览室、资料室、少儿阅览室、办公室、图书业务辅导组及电子阅览室和古籍特藏室。每周开放60小时，2011年7月起全面实行免费开放服务，每年不定期开展送书下乡活动和基层业务辅导及读者座谈会。举办科普讲座及资料图片展览。

佛坪县图书馆

概述

佛坪县图书馆成立于1979年，于与文化馆合署办公，1991年单设，迁入河堤街37号，馆舍建筑面积1078平方米，藏书4万余册，可容纳读者座位300个。到2012年底，有计算机36台。1998年，参加第二次全国公共图书馆评估，首次获得三级图书馆。2013年初，正式开通计算机图书外借业务。

业务建设

截止2012年底，佛坪县图书馆馆藏文献4万册，其中，中文普通图书4万余册，线装古籍200册，地方文献100多种，电子图书400余册。

2010–2012年，完成全县59个农家书屋、8个镇综合服务站和三个社区电子阅览室建设任务。4年间，新增图书4000册。地方文献入藏完整率为60%。

2012年，佛坪县图书馆加入陕西公共图书馆服务联盟。

读者服务工作

2009–2012年，佛坪县图书馆全年免费对外服务，周开放56小时，有9个流动服务车服务点，3个分馆。年书刊流通1.25万人次，书刊外借1.2万册次。2011–2012年，开展为特殊群体上门服务12次，更换图书356册。

2009–2012年，文化信息资源共享工程佛坪县支中心电子阅览室累计接待读者4650人次。

2010–2012年，举办各类讲座、展览、培训、阅读推广等读者活动62场次，参与人数1.98万人次。

业务研究、辅导、协作协调

2009–2012年，佛坪县图书馆职工先后发表学术论文30余篇。

2011–2012年，实现8个文化信息资源共享工程基层服务点、3个社区、59个农家书屋文化服务网络建设全县覆盖，并培训辅导基层图书管理员进行图书保管、分类、借阅、制度修订等，共计20次，参加人数1500余人。基层点年书刊借阅1.8万册次。

管理工作

2011–2012年，佛坪县图书馆实行了岗位、工作目标管理责任制，建立健全了学习、工作纪律、考核、安全等多项制度。并建立"定员、定岗、定量、定分"四位一体的量化评估奖励分配机制。

表彰、奖励情况

2010–2012年，佛坪县图书馆共获得各种表彰、奖励10次。其中，省级表彰2次，市级表彰2次，其他表彰6次。

馆领导介绍

马述平，女，1968年11月出生，大专学历，助理馆员，2010年8月任馆长。

未来展望

佛坪属山区贫困县，在做好图书馆的各项服务工作的同时，还要积极采取措施，遵循"自我发展，自我完善"的新观念，为读者提供多元化、个性化、深层次的服务。让读书成为一种习惯，成为一种社会风气，并以网络资源信息为平台，融合传统的图书馆服务功能为交互模式，使佛坪县图书馆成为文化、科技、教育、信息和交流中心，为佛坪县经济建设和社会发展发挥重要作用。

联系方式

地　址：陕西省佛坪县河堤街图书馆37号
邮　编：723400
馆　长：马述平

留坝县图书馆

概述

留坝县位于秦岭南麓，是汉中市的北大门，县域面积1970平方公里，辖8镇98个行政村，人口4.7万人。境内自然风光秀丽，文化积淀深厚。县图书馆始建于1956年。2009年投资115.2375万元，新建县图书大楼，馆舍建筑面积1580平方米，与县文化馆两馆合一，馆内编制8人。共有阅览、培训坐席200余个。用于服务读者的电脑30台，办公电脑9台，摄像机、照相机、电视机、投影仪各一台（件），10兆光纤接入，设有地方文献专柜。

业务建设

截止2012年，馆藏图书4.3万册，年新增图书1000余册，征订报刊80余种。2010年7月，留坝县图书馆向读者免费开放，周开放52小时。2012年，接待读者1.2万人次，书刊外借1.8万册次。

读者服务工作

2009−2012年，留坝县图书馆以读者为中心，开展多种形式的读者服务工作，将残疾人、下岗失业者、进城务工人员、未成年人、老年人等纳入重点服务范围，在寒暑假期间开展优秀少儿影片展播活动，开办中老年电脑培训班、美术培训班，全方位、多角度地为弱势群体服务，并按照陕西公共图书馆服务联盟的工作安排，积极开展阅读推广活动，四年共举办讲座、展览、培训、阅读推广等读者活动24场次，参与人数1.5万人次。

业务研究、辅导、协作协调

2009−2012年，留坝县图书馆深入基层和部门开展指导培训，召开基层农家书屋管理员指导培训会8场次，协助指导并实施农家书屋图书分类、编目、上架图书1.5万余册。并建起基层图书馆(室)名录。截止2012年底，全县共有农家书屋98个，全县中小学图书室19个、部门图书室3个，共有藏书32万余册。在开展“流动图书馆”服务活动中，挑选条件成熟的学校、部门作为流动图书馆的流动服务站，设立“图书馆外借点”，定期为外借点配送、更换流动图书。截止2012年底，已设立县武警中队、县检察院、闸口石完全小学3个外借点。此外，留坝县图书馆对8个文化共享工程镇基层服务点，98个村级服务点与党员远程教育、农家书屋等进行大力整合，积极与县委组织部联系，组织技术人员将各基层文化共享设备有效联网，调试运行，扩大了镇、村级服务点的信息资源量。

管理工作

留坝县图书馆建立了规范的学习、工作、考勤、财务管理、档案管理、设施设备管理等制度，落实安全责任。认真贯彻落实《公共图书馆服务规范》，规范工作行为，优化工作环境，强化服务意识。在人事管理上，2008年起按省、市人事部门要求，实行岗位设置，根据单位内部工作岗位需求，竞争上岗。面向社会招募志愿者，加强志愿者服务队伍建设。

表彰奖励情况

2009−2012年，留坝县图书馆获得“非物质文化遗产保护先进单位”、“免费开放工作先进单位”2项市级表彰奖励，“宣传思想工作先进集体”、“年度综合工作先进部门”、“创佳评差竞赛活动先进单位”、“元宵节灯展书画剪纸作品展优秀组织奖”等4项县级表彰奖励。

馆领导介绍

刘建梅，女，1980年9月生，本科学历，中共党员，馆长。1999年参加工作，先后在留坝县武关驿镇中心小学、留坝县教育体育局工作，2012年9月任留坝县文化馆（图书馆）馆长。

未来展望

展望未来，留坝县图书馆将以“一切为了读者，为了一切读者”的办馆理念，创造条件，狠抓落实，不断增加馆藏量，不断提高馆内专业干部业务能力，依托省公共图书馆服务联盟开展书目数字化工作及自动化管理工作，建立留坝县图书馆网站，做好地区联网服务，以满足人民群众日益增长的精神文化生活需求，增强图书馆综合实力和办馆效益。

联系方式

地　址：陕西省汉中市留坝县紫柏路86号
邮　编：724100
联系人：刘建梅

“紫柏金秋”摄影大赛颁奖仪式

共享设备培训

世界读书人活动

汉阴县图书馆

概述

汉阴县图书馆建创于1989年，1990年正式对外开放，2005年与县文化馆合署办公并迁址城南凤凰广场至今。馆内设立图书外借室、电子阅览室、期刊报刊阅览室等服务窗口。2013年参加全国第五次公共图书馆评估，获得三级图书馆称号。

业务建设

截止2012年，馆藏书刊2.1万余册，年征订期刊、报刊120余种，电子文献藏量600余种，视听文献年入藏8件，地方文献入藏200余册。

读者服务工作

周开馆49小时，除工具书外，所有书刊全部实行开架借阅，书刊外借年均约1.1万册次，年均接待读者2余万人。建立馆外服务点3个，扶持和发展馆外读书场所。

截止2012年底，汉阴县图书馆共举办讲座、展览、培训、阅读推广等读者活动40余场次，参与人数1.5万余人次。

业务研究、辅导、协作协调

2009–2012年，汉阴县图书馆职工撰写调研报告9篇，发表论文2篇。

2012年底，汉阴县图书馆加入陕西公共图书馆服务联盟。全县14个乡镇文化站、179个村都建立起图书室(农家书屋)，基本实现全覆盖。举办全县农家书屋管理员培训班、共享工程基层管理员培训班各1期，24课时，236人次接受培训。并深入乡镇、社区举行培训、辅导20余次，约120位基层管理员接受培训。

管理工作

汉阴县图书馆根据图书馆业务性质制定详细的管理制度。全馆实行岗位聘任制，建立工作考核指标，年终进行工作考核。

表彰、奖励情况

2009–2012年，汉阴县图书馆共获得省级表彰1次，市级表彰2次，县级表彰4次。

馆领导介绍

张渝鑫，女，1980年12生，本科学历，2009年7月任县文化中心主任兼图书馆馆长。

赵新菊，女，1968年12月生，大专学历，副馆长。1992年9月调入图书馆，2006年担任副馆长。

未来展望

汉阴县图书馆始终遵循“读者第一，服务至上”的工作原则，在工作中不断探索改善服务态度、提高服务质量的途径和方法。新馆搬迁在即，新馆功能和配套服务设备较为完善，汉阴县图书馆将以此为契机，进一步优化服务软环境，为读者提供内容更为丰富、形式更为多样、更加方便快捷的文化与知识服务。

联系方式

地　址：陕西省汉阴县城南开发区
邮　编：725100
联系人：赵新菊

佳县国桢图书馆

概述

佳县国桢图书馆的前身是民众教育馆，始建于1937年，1941年停办，1947年复建。1950年改称为佳县文化馆。1952年，为了纪念佳县籍早期中共革命烈士乔国桢，改称佳县国桢图书馆。1986年，乔国桢的战友、原全国人大常委会委员长彭真亲笔题写馆名。2012年，佳县国桢图书馆总建筑面积1400平方米，设15个公共阅览厅、室(库)，有阅览坐席160个，计算机60台，宽带接入10Mbps，选用Symphony图书馆自动化管理系统。2013年参加第五次全国公共图书馆评估，被文化部命名为三级图书馆。

业务建设

截至2012年底，佳县国桢图书馆总藏量6.1万册（件），其中，图书4.2万册，期刊1.9万册。2012年购进图书1万册，价值12.0984万元。

2011年下半年至2013年4月，全面改造维修了图书楼，按照国家三级图书馆标准建起了各种自动化阅览、办公设施，使工作瘫痪10余年的图书馆焕发出新的活力。

读者服务工作

从2012年起，佳县国桢图书馆全面对外免费开放，周开放56小时，周末不闭馆。截止2013年4月，书刊流通2.1万人次，书刊外借1.3万册次。

2009年以来，通过接受图书捐赠，向城乡中小学、社会各界免费赠送图书3000余册，向300个农家书屋捐赠图书6.483万册。

截止2012年，佳县国桢图书馆举办讲座、展览、培训、阅读推广活动31场次，参与人数约1.3万人次；承办文化共享工程省中心举办的资源征集交流会1次。

业务研究、辅导、协作协调

2012年，佳县国桢图书馆馆长高建军撰写论文4篇，其中两篇被县文体广电局评为优秀论文，公开发表。

2011年以来，佳县国桢图书馆业务骨干深入基层服务点开展业务辅导20余场次，参加辅导的人员110余人次。

2012年，佳县国桢图书馆加入陕西公共图书馆服务联盟。建立乡镇图书馆10个，社区、农家书屋602个。

管理工作

佳县国桢图书馆岗位实行聘任制，设管理岗2个，服务岗30个。每年对在岗人员进行一次综合考核。建立职工管理、财务管理、安全保卫、阅览管理等规章制度20余项。

表彰、奖励情况

2012年，佳县国桢图书馆被佳县文体广电局评为年度考核先进单位，被县委县政府评为年度考核先进单位。

馆领导介绍

高建军，男，1972年11月生，大专学历，中共党员，馆员，馆长。1990年5月参加工作，2012年任佳县国桢图书馆馆长。2011–2013年，连续3年被县委、县政府评为优秀科级干部。

未来展望

未来几年，佳县国桢图书馆将通过实施改造维修馆舍外部工程项目，扩建少儿阅览室以增加公共阅览区域面积，逐步提升数字资源建设储存能力等手段，进一步夯实办馆实力。在此基础上，力争纸质文献藏量达到15万册，年服务人次达到3万人次以上，各项指标达到国家二级图书馆的基本要求。

联系方式

地　址：榆林市佳县佳芦镇东街26号

邮　编：719299

联系人：高建军

平利县图书馆

概述

平利县图书馆初创于六十年代，当时为县文化馆的图书借阅室。一九八三年正式设立图书馆。馆舍建设长达十年之久，在省文化厅和地区文化教育局的支持下，于九三年图书馆大楼落成，同年正式挂牌对外开放。图书馆建筑面积800平方米，位于县城中心，和县委政府毗邻，地理位置十分优越，设计藏书20万册，可容纳读者座位120个。从1989年始创建国家等级馆，2013年获得国家三级图书馆。2008年文化信息资源共享工程落户我馆，极大地改善了图书馆的办馆条件，服务方式多样化，使图书馆功能得以充分发挥。

业务建设

2012年底，平利县图书馆总藏量8万余册（件），其中纸质文献7万余册。

读者服务工作

从2012年初起，平利县图书馆全年365天开放，周开放时间不低于56小时，每日接待不低于40人次，同时还在重点乡镇设有图书馆分馆。

管理工作

全馆编制6人，大学文化1人，中专文化4人，均为馆员职称，除年龄结构偏大外，其知识结构基本合理，基本上能满足图书馆业务开展的需要。

馆领导介绍

王德生，男，大专，馆员，馆长。

未来展望

2015年，平利县图书馆将迁址县文化活动中心，新馆将成为一张名片，以新的面貌展示于平利县，我们将按照“读者第一、服务至上”的办馆宗旨，为读者提供多元化、深层次的服务，力争为平利县创建省级文化大县发挥重要作用。

联系方式

地　址：安康市平利县城关镇新正街200号
邮　编：725500
联系人：王德生

石泉县图书馆

概述

石泉县图书馆1979年独立建馆。原馆舍、馆藏在1987年9月9日的特大暴雨洪灾中损失殆尽。1995年底建成新馆，1996年初投入使用，建筑面积786平方米，属国家三级图书馆，为陕西公共图书馆服务联盟成员馆。

业务建设

全年实行365天天天开放，共有阅览坐席230个。截止2012年，累计藏量3万册，其中，地方文献1432册，光碟等电子资源610张，年购书经费增至3.6万元。自2012年1月实行免费开放起，持证读者共420个，年接待读者数量3万余人次，年外借1万余册次，年均开展读者活动5次，参加人次累计6万人。

读者服务工作

自石泉县政府办[2003（43号）]文指定石泉县图书馆为石泉县地方文献呈缴中心后，提供地方文献服务便成为石泉县图书馆一大服务亮点。自2001年起，石泉县图书馆陆续与县武警中队、县消防大队、向阳社区图书室、北街社区图书室签订共建协议，建立4个分馆服务点，开展集体外借、书刊流动借阅、业务辅导等活动。使用文化信息资源共享工程广电专网，适时上传县域文化信息动态资源到省文化信息资源分中心，实现共建共享。2009年电子阅览室开放，除开办老年协会电脑扫盲培训班外，每年春节免费为当地农民工提供网上购买火车票服务。

2011年11月30日，加入陕西公共图书馆服务联盟。2012年，参加联盟组织的第五期联合编目培训，同年8月正式开始联合编目，截止2012年底，完成回溯建库书目数据1万条。

业务研究、辅导、协作协调

2011年4月22日，石泉县图书馆与陕西师范大学图书馆结成陕西地区高校图书馆与县级图书馆业务帮扶对子，实施高校图书馆对县级图书馆开展业务辅导的馆际合作新模式。同时，实施业务辅导进社区、进校园、进军营、进乡村、进机关，对县域基层馆（站、室）开展图书管理及文化信息资源共享业务辅导，年均不低于12次。

管理工作

实施岗位聘任制，年度职工奖惩考核与日常考勤制度相挂钩。

表彰、奖励情况

2009—2012年，共获得各种表彰、奖励4次，其中文化部表彰、奖励1次；陕西省文化厅表彰、奖励1次；陕文社表彰、奖励1次；安康市文化文物广电局表彰、奖励1次。

馆领导介绍

崔青玲，女，1968年8月出生，大专学历，中国党员，助理馆员，1990年7月参加工作。2010年3月至2012年7月担任石泉县图书馆副馆长，2012年7月起担任馆长。

姚汉石，男，1968年9月出生，大专学历，助理馆员，1985年9月参加工作，2012年7月起担任石泉县图书馆副馆长。

未来展望

石泉县图书馆将以科学发展观为统领，坚持把夯实事业基础作为第一目标，把增强服务功能、提升服务水平作为根本目的，力争把图书馆建设成为基本文化服务项目健全、服务功能完善的现代化图书馆，力争服务辐射全县区域，带动区域事业发展。

联系方式

地　址：石泉县城关镇人民路

邮　编：725200

联系人：何　健

深入社区、乡镇、学校开展阅读推广活动

少儿读者及家长积极参与读书活动

驻地部队官兵到馆开展读书活动

整洁优雅的少儿阅览室

电子阅览室

阅读推广系列活动

商洛市商州区少儿图书馆

概述

商洛市商州区少儿图书馆始建于1956年，是陕西省最早设立的县级图书馆之一。1988年省文化厅批准更名为商洛市商州区少年儿童图书馆，也是目前全省仅有的三家少儿馆之一。2004年新馆建成开放，馆舍面积1640平方米，总投资120余万元。内设总书库、资料室、采编室、成人阅览室、少儿阅览室、文化信息资源共享电子阅览室、多功能报告厅等。2013年被文化部授予国家"三级图书馆"称号。

业务建设

截止2012年12月31日，商州区少儿图书馆文献藏量9.2736万册（件），其中，图书6.9063万册，古籍4333册，报刊合订本1.8444万册，字画、拓片892幅，视听文献4套。

2012年，商州区少儿图书馆图书新增藏量218册，其中新购图书111册，地方文献41种，98册（含地方人士书画作品），光盘7件，电子版2份。

截止2012年底接入VPN虚拟专用网10兆，上传博客平台视频25部。

读者服务工作

商州区少儿图书馆实行免费开放，节假日不闭馆，年接待读者4万人次，图书借阅4万册次，借阅实行全开架。

在少儿阅览室设立专门坐席，对留守儿童有专门的服务措施。每年举办讲座等读者活动5次以上，参加人数约5000人次。

资料室让读者免费查阅，为读者复印资料等服务做到全免费。地方文献为当地电台专题片提供陕甘革命根据地红色记忆资料计32册/次，常年为地方党史研究室提供党史专题资料。

近年来建设分馆8个，流动网点书刊年借阅2000人次。

业务研究、辅导、协作协调

近年来，商州区少儿图书馆职工积极参加图书馆工作研讨会和论文征集活动，发表论文10篇，荣获一、二等奖比例占80%。

商州区少儿图书馆对全区23个镇文化站、30个社区共享工程服务点不间断检查，并进行现场技术辅导和图书业务辅导。

与本地区少儿教育机构合作，为城关小学图书馆、富兴学校图书馆、城关二小图书馆提供书刊。和商洛市图书馆联合举办《快乐读书讲座》、《弘扬商洛历史文化知识讲座》。

管理工作

2012年商州区少儿图书馆核定编制9人，设管理岗1人，专业技术岗7人，工勤岗1人。中级职称核定数3名。9人通过聘任上岗。

表彰、奖励情况

2009—2012，商州区少儿图书馆共获各种奖励7次。其中省级奖励3次，市级奖励2次，区级以下奖励2次。

馆领导介绍

席明，男，1965年3月生，中共党员，大学文化，副研究馆员，2005年4月担任馆长至今。

陈旭丽，1959年6月生，中共党员，大专文化，图书馆学专业，馆员，2005年4月担任副馆长至今。

未来展望

商州区少儿图书馆未来将继续组织职工利用共享工程参加远程培训，并参加各级图书馆学会举办的培训班，以提高职工的专业技术水平。在近年内实现馆内无线网络全覆盖，为未成年人思想道德建设和促进商州和谐社会建设贡献智慧和力量。

联系方式

地　址：商洛市商州区中心街5号
邮　编：726000
联系人：葛慧荣

旬阳县图书馆

概述

旬阳县图书馆创建于1984年4月，截止2012年底，馆舍建筑面积1000余平方米，内设办公室、采编室、图书借阅室、报刊阅览室、少儿阅览室、电子阅览室、资料查阅室、地方文献室，有阅览坐席82个，计算机45台，网络对外接口为广电10Mbps宽带，自动化管理使用Symphony3.3系统。1998年参加第二次全国公共图书馆评估，首次获得三级图书馆，以后连续参加第三、四、五次评估，一直保持三级图书馆。

业务建设

截止2012年底，旬阳县图书馆总藏量10万余册，包括纸质文献5万余册（报刊合订本231种、5000余册），电子图书、电子期刊3000余种、4万余册。专用存储设备容量4.5TB，馆内数字资源总量1TB。2011年底加入陕西公共图书馆服务联盟后，开始进行联盟联合编目工作，到2012年底，馆藏图书书目数字化达到40%以上。

读者服务工作

旬阳县图书馆2011年7月起实行免费开放，周开放62小时。馆内设服务窗口5个，馆外借阅点11个。2012年，持证读者800余人，年接待读者3.2万人次，其中电子阅览室年流通1.1万人次，书刊年外借2.6万余册次，其中馆外流动服务点年文献外借6000册次。书刊100%开架。每年对外推荐书刊4次以上，每次不低于200种。2012年，旬阳县图书馆为县聋哑学校学生开展读书服务，并向该校赠书200余册；通过电话预约提供上门服务，为老年人群提供阅读服务；利用文化共享工程资源为进城务工人员开展服务。旬阳县图书馆坚持每年组织开展春节谜语有奖竞猜、4.23世界读书日、服务宣传周等阅读推广活动。2012年举办展览5次，阅读推广活动6次，开展讲座、培训18场次，参加活动人数3万人次。

业务研究、辅导、协作协调

2009–2012年，旬阳县图书馆工作人员在省市以上刊物发表论文12篇。截止2012年底，已建成新城借阅点和318个农家书屋，实现了全县行政村农家书屋全覆盖。

管理工作

2009–2012年，旬阳县图书馆修订完善了《工作制度》、《学习制度》、《纪律制度》、《财务管理制度》、《安全制度》、《奖惩制度》等多项制度。实行岗位责任制，平时抽查、季度检查，年底根据岗位责任书进行考核兑现绩效工资。重视加强对职工的安全防范教育工作，每年进行一次消防器材安全使用培训。

表彰、奖励情况

2009–2012年，旬阳县图书馆获得省级表彰3次，市级表彰2次、县级表彰4次。

馆领导介绍

向永杰，男，1973年3月生，本科学历，中共党员，馆员，馆长、支部书记，兼任共享工程旬阳县支中心主任。2002年任副馆长，2007年11月任馆长。

刘明，男，1969年12月生，大专学历，中共党员，馆员，2007年11月任旬阳县图书馆副馆长，分管图书馆业务及农家书屋建设管理工作。

陈恂，女，1973年10月生，本科学历，中共党员，馆员，2012年1月任旬阳县图书馆副馆长，分管单位建设及内部管理工作。

未来展望

旬阳县图书馆以建设现代化、数字化图书馆为发展目标，利用先进的计算机技术和数字信息系统服务广大人民群众，努力把图书馆打造成集文化、科学、信息传播、保存文化遗产、开展社会教育为一体的综合性文化服务中心，成为旬阳县人民群众享受生活、享受文化的一个好去处。

联系方式

地　址：陕西省旬阳县城关镇人民北路54号
邮　编：725700
联系人：向永杰

全民阅读推广活动

业务培训

为未成年人服务

甘肃省图书馆

概述

甘肃省图书馆创建于1916年，始名甘肃省公立图书馆，后馆名几经更改。1944年，著名图书馆学家刘国钧先生在兰州创办了国民政府三大国立图书馆之一的国立西北图书馆（后更名国立兰州图书馆）。1949年10月两馆合并更名为兰州人民图书馆，1953年10月始称甘肃省图书馆。甘肃省图书馆馆舍包含总馆、古籍分馆（四库全书藏书馆）和复本书库（甘草店）三处，总面积3.7万平方米。总馆位于兰州市百里黄河风情线东段，于1986年建成使用。在文化部历次举办的公共图书馆评估中，甘肃省图书馆成绩喜人，在1994年首次省级公共图书馆评估中名列全国第五，1998年第二次评估定级中获得西部地区唯一的省级一级图书馆称号，2004年第三次评估定级因馆舍改造未参加，2009年第四次评估定级、2013年第五次评估定级中连续获得一级图书馆称号。2012年，甘肃省图书馆有阅览坐席1495个，计算机389台，信息节点698个，宽带接入300Mbps，选用SIRSI公司的Unicorn图书馆自动化管理系统。

业务建设

截止2012年底，甘肃省图书馆总藏量398万册（件），其中电子图书23.5万册，电子期刊7181种，古籍38万册，外文书刊40余万册。

2012年，甘肃省图书馆新增藏量购置费1050万元，其中电子资源购置费273.7万元，2009–2012年，年均入藏中外文新书3.2万种，印刷型报刊5070种，视听文献1845种。2012年，地方文献入藏完整率为96.5%。

截止2012年底，甘肃省图书馆数字资源总量为58TB，其中，自建数字资源总量15TB。自建的特色数据库主要有《沙尘暴研究专题数据库》《四库全书研究专题资源库》《甘肃地方戏曲专题资源库》《甘肃省图书馆周末名家讲坛专题资源库》等。

读者服务工作

多年来，甘肃省图书馆坚持全年365天开馆制度，每周开馆84小时。随着免费开放的深入，读者到馆率持续攀升，2012年全馆持证读者6.6万个，到馆读者150万人次，外借图书近93万册次。甘肃省图书馆现有馆外服务点56个，流动图书车1个，每年为馆外服务点配送图书60万册次，借阅书刊5万册次。从2007年开始，开辟政府公开信息阅览场所，并为省委、省政府等领导机关定期寄送《决策参考》等专题资料，2011年，加入“全国图书馆参考咨询联盟”，为读者提供实时在线联合咨询和远程文献传递服务，2013年，与教育部兰州大学查新中心签订协议，启动科技查新服务。

近年来先后建成的甘肃省残疾人阅览服务中心、甘肃省少儿图书馆、农民工之家等推出多项特色服务，受到社会各界好评。尤其是免费上门接送盲人读者来馆阅读并免费提供午餐的“阳光工程”等，成为图书馆延伸服务的知名品牌。

甘肃省图书馆网站信息内容齐全、发布及时，读者关注度日增，所有网页年均访问量突破900万次。开通甘肃省图书馆微博和短信平台，并与甘肃移动无线城市合作推出“掌上图书馆”。甘肃省图书馆引进的12个商业数据库和自建的17个特色资源数据库均通过广域网或局域网发布，2012年访问量804万次，检索量32万次，下载量33万篇次。

2012年甘肃省图书馆举办各类读者讲座、培训活动107场，参与读者1.5万人。其中尤以曾获文化部“群星奖”的“周末名家讲坛”最具特色。公益展览2012年举办28场，参观读者18.9万人。其中“千古巨制——四库全书展”是全国首个有关《四库全书》主题的大型展览，已成为各级领导专家来兰州文化参观的首选项目之一。培训工作依托甘肃省图书馆学会和继续教育中心开展，甘肃省图书馆学会重点针对全省图书馆员举办培训活动，继续教育中心重点面向社会开展教育培训。

业务研究、辅导、协作协调

甘肃省图书馆拥有甘肃省领军人才1人，2009–2012年，甘肃省图书馆职工发表论文91篇，出版专著10部，主持国家社科基金项目3项，参与2项；主持甘肃省社科规划项目2个；主持兰州市社科规划项目2项。

作为上世纪90年代建立的全国九个地区中心图书馆之一，甘肃省图书馆自始至终积极主持或参与跨省、跨系统的协作协调工作。2008年，与西北地区其他兄弟图书馆一道，恢复了2000年后一度停办的“西北五省（区）图书馆科学讨论会”。与省内图书情报单位共同组织实施了“甘肃科技文献共享平台建设”项目。

作为全省公共图书馆界的龙头，甘肃省图书馆通过建立遍布全省的分馆、流通站，成立甘肃图书情报界讲座展览联盟等方式，将全省公共图书馆紧密地联系在了一起。每年都通过举办短期业务培训班、学术研讨班、专题讲授班以及学历教育等措施来提高全省图书馆员的业务素质。2012年通过“志愿者行动——基层图书馆员培训”等形式举办各类培训班、研讨班7期，培训学员694人次。

甘肃省图书馆学会作为行业学术组织，致力于推动全省图书情报界的学术研究和交流，因在倡导学术创新、扩大交流

座无虚席的周末名家讲坛

读者自学室

少儿图书馆举办亲子阅读活动

合作、开展全民阅读、基层人才培养等方面卓有成效的成绩，多次受到中国图书馆学会、甘肃省社科联的表彰奖励，2012年被甘肃省民政厅评为4A级社会组织。

甘肃省图书馆重视编目工作中的协作交流，是全国图书馆联合编目中心(OLCC)的成员馆。2008年成立甘肃省联合编目中心，参与全省联合编目的图书馆达到87%以上。

管理工作

近年来，甘肃省图书馆制定了《甘肃省图书馆"十二五"发展规划》《甘肃省图书馆2011—2016年人才培养规划》，作为指导和推动未来发展的纲领性文件；出台了《甘肃省图书馆财务管理制度》、《甘肃省图书馆工作人员差旅费管理办法》等相关财务管理制度，规范财务工作流程；制定《人事制度改革实施方案》《中层干部竞聘上岗实施办法》，2011年完成中层干部竞聘上岗工作；制定《甘肃省图书馆招募志愿者方案及工作章程》，积极吸纳社会爱心人士参与图书馆工作；积极做好设备、物资管理，档案管理及业务统计，为全馆的业务建设持续发展提供强有力的保障；做好环境与安全管理工作，给读者创造阅读学习的良好环境。

表彰、奖励情况

2009—2012年，甘肃省图书馆共获得文化部表彰、奖励2次，省委、省政府表彰、奖励3次，省文化厅表彰、奖励2次，其他厅局级奖励表彰、奖励3次。

馆领导介绍

郭向东，男，1956年7月生，博士研究生，中共党员，研究馆员，馆长（副厅级）。兼任甘肃省图书馆学会会长，甘肃省四库全书研究会会长，甘肃省出版协会副主席，甘肃省科技情报学会副理事长，《图书与情报》主编，中国图书馆学会常务理事，中国图书馆学会地方文献委员会副主任，《中国图书馆学报》编委等职。曾获国家教育部先进工作者、文化部优秀专家、文化部优秀党员等多项荣誉称号，是甘肃省领军人才第一层次人选、"555创新人才工程"人选、全省宣教文化系统拔尖创新人才、享受国务院政府特殊津贴专家。2013年在甘肃省领军人才考核中获优秀等次。

魏孔俊，男，1964年2月生，本科学历，中共党员，党委书记。1984年7月参加工作，历任中共甘肃省委组织部副处级组织员、副主任、正处级组织员，甘肃省图书馆党委副书记、党委书记（副厅级）。多次被评为甘肃省直机关优秀共产党员，创作电视专题片数十部，其中，《教坛保尔》获得全国"红星"三等奖。

许新龙，男，1963年1月生，研究生学历，中共党员，研究馆员，副馆长，1986年7月参加工作，2006年任甘肃省图书馆副馆长。兼任甘肃省图书馆学会副会长、中国文献影像技术协会理事，是甘肃省财政厅、甘肃省发改委办公自动化设备类政府采购评审专家。2013年被甘肃省文化厅评为"先进个人"。

2004年改扩建后的甘肃省图书馆

李芬林，女，1963年生，本科学历，中共党员，研究馆员，副馆长。1982年7月参加工作，先后在历史文献部、信息咨询部工作。2009年任甘肃省图书馆副馆长。发表论文10余篇，出版专著《四库全书研究论文篇目索引》《公共图书馆读者工作》两部，主持国家社科基金项目《四库全书研究资源数据库建设》1项。

陈军，男，1969年9月生，本科学历，中共党员，研究馆员，副馆长。甘肃省图书资料专业、档案专业高评会委员，甘肃省财政厅政府采购专家，甘肃省图书馆学会常务理事，甘肃省科技情报学会常务理事。发表论文30余篇，著作2部；主持、参加国家社科基金项目、甘肃省哲学社会科学规划项目、科技攻关项目6项。多次被评为甘肃省图书馆学会"优秀志愿者"。

未来展望

甘肃省图书馆将立足西北，放眼全国，继续秉承"以书籍为公有而公用之"的办馆思想，海纳知识信息，传承陇右文化，服务大众、奉献社会。肩负带动全省公共图书馆事业发展的重要责任，在做强传统服务的基础上，创新服务手段、服务内容、服务模式，不断扩大图书馆服务的辐射力和影响力，把图书馆工作推向深入，为全省公共文化服务体系的全面构建贡献心力。

联系方式

地　址：兰州市南滨河东路488号
邮　编：730000
联系人：祁自顺

文溯阁《四库全书》书影

周末名家讲坛

2005年落成的文溯阁《四库全书》藏书馆

兰州市图书馆

概述

兰州市图书馆成立于1957年，现馆址位于城关区雁宁路415号，由兰州市政府于1997年12月投资建成，其中馆舍建筑面积8318平方米。主体服务大楼四层，局部行政业务办公楼五层。安装有防火、防盗报警监控安防系统、供电照明系统、程控电话交换系统、计算机网络系统、金盘自动化集成管理系统、音响播放系统等基本较完善的综合智能系统。设有咨询、报纸、期刊、中文图书、地方文献、特藏、电子、少儿、盲文、自学等13个全开架服务窗口，读者报告厅和展厅各一个，大小停车场2个，读者阅览座席526个，拥有计算机118台，每周全免费开放70小时，在2004年、2009年第三次、第四次公共图书馆评估中均获得“一级图书馆”称号。

业务建设

截止2012年底，兰州市图书馆年财政拨款1044万元，文献购置费为160万元，馆藏各类文献达60多万册（件）以上，年入藏各类文献14300种，纸质图书年入藏量均达到5000种以上，报刊1304种，电子文献218395种，地方文献5718种7552册。

我馆自2009年开始数字资源建设，平均每年投入60万元购置同方知网、人大报刊复印资料、超星数字图书馆和读秀学术搜索等数字资源，累计已投入近300万元购置了15T的数字资源。

读者服务工作

从2008年5月起，兰州市图书馆实现了免费办证，免费借阅，免费检索，免费上网等基本全免费开放服务。2011年初，按照文化部、财政部《关于推进全国美术馆、公共图书馆、文化馆（站）免费开放工作的意见》要求，在2008年原有的大部分服务项目已经实现免费开放的基础上，继续落实实行基本项目的全部免费开放，周开放70小时。2009—2012年，书刊总流通931533人次，书刊外借1546794册次。到2012年，兰州市图书馆已建成64个具有典型意义的街道社区、边远学校、老年公寓、军营、监狱流动图书站，书刊外借15201册/年。兰图网站开设了《兰州市政府信息公开》专栏，设立政府公开信息服务专架。

2009—2012年，兰州市图书馆访问量约14万次。开通了手机移动图书馆，读者通过手机可以实现图书借阅到期提醒和短信通知等业务，方便读者了解借阅信息和我馆相关活动动态。2012年6月，“兰州市民卡”工程图书馆应用启动仪式在兰州市图书馆隆重举行，标志着“兰州市民卡”工程图书馆业务已正式对广大读者开通运行，读者可在图书馆浏览期刊、借阅书籍，足不出户免费使用数字资源，享受馆内持有读者借书证读者的同等服务。

2009—2012年，兰州市图书馆共举办讲座、展览、培训、阅读推广等读者活动357场次，参与人数151380人次。

业务研究、辅导、协作协调

2009—2012年，兰州市图书馆职工发表论文84篇。

2010年，兰州市图书馆承办了“第十九届中国西部地区市（地、州）公共图书馆协作网2010年年会”，来自云南、贵州、四川、广西、陕西、青海以及甘肃等西部地区市（地、州）和县（区）公共图书馆工作者100多人汇聚一堂，共同探讨西部地区公共图书馆的合作、创新服务与可持续发展等问题，进行学术交流和业务协作。2011年成功承办了“中德儿童阅读活动”。邀请德国法兰克福市公共图书馆副馆长爱娃·冯·约旦布宁女士、法兰克福市图书馆学校图书馆工作处处长汉克·苏尔女士，以报告会和工作坊形式，介绍德国学校图书馆如何充分利用软、硬件建设方面的资源激发儿童阅读习惯，开展儿童阅读活动的宝贵经验，并详细介绍德国图书馆所开展的阅读推广活动项目。主办了以“我运动、我快乐、我健康”为主题的2011年兰州市图书馆学会趣味运动会。2011年7月，举办了“志愿者行动——基层图书馆员培训活动”兰州站培训活动。

2011年兰州市残联为兰州市图书馆提供价值5万元的盲文及盲人有声读物设备，并于同年6月在兰州市图书馆举行兰州市残疾人阅览服务中心、兰州市盲文及盲人有声读物阅览室挂牌仪式。2012年与兰州市政府合作，图书馆被纳入到“无线城市”这一新的数字平台上，“兰州市民卡”工程应用启动仪式在图书馆隆重举行。

参加国图联合编目中心的联合编目，2012年下载书目数据4900条。

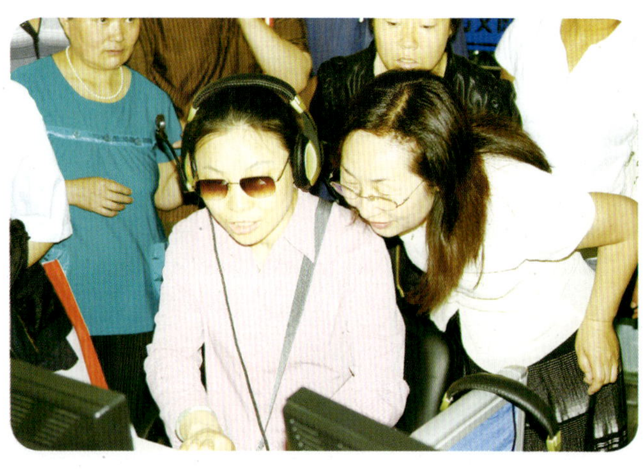

领导和盲人读者亲切交流

第19届西部公共图书馆协作网年会开幕式

盲文阅览室

志愿者行动兰州站培训闭幕式颁奖

中德儿童活动工作坊

管理工作

2011年，兰州市图书馆完成第二次全员岗位聘任，本次聘任共设56个岗位，其中管理岗位16个（含兼岗8个），专业技术岗位42个（含兼岗8个），工勤技能岗位6个。主体岗位是专业技术岗位，占岗位总量的75%。职工56人中大学本科以上学历职工占48%，大专以上学历职工占95%，中级职称以上人员占业务人员总数的100%。同时，建立了工作量化考核指标体系，现每半年进行工作考核。

表彰、奖励情况

2009–2010年，兰州市图书馆共获得各种表彰、奖励15次，其中国家级表彰、奖励2次，国务院业务主管部门及省级党委、政府表彰、奖励3次，省级业务主管部门、地级党委、政府表彰、奖励5次，地市级业务主管部门表彰、奖励4次，公共文化服务体系示范区项目表彰1次。

馆领导介绍

王保玉，男，1965年4月生，本科学历，中共党员，副研究馆员，馆长。1986年7月参加工作，1992年至1999年期间在兰州市文化出版局工作，任基建处副主任，2000年1月起任兰州市图书馆馆长。兼任甘肃省图书馆学会副会长，兰州市书法家协会副主席等职。省文化厅表彰“甘肃省基层文化建设工作先进个人”，城关区精神文明办表彰“精神文明建设先进个人”，中国图书馆学会表彰“优秀会员”。

王红芳，女，1968年4月生，大学本科学历，中共党员，副研究馆员，副馆长。1991年7月参加工作，在兰州市文化出版局市场处、计财处任副处长，2001年1月起任兰州市图书馆副馆长。

未来展望

在未来五年内，兰州市图书馆将坚持以社会效益为首位原则，在上级领导、各有关部门和社会各界的关心支持下，抢抓机遇，通过全馆职工扎实有效的工作，使兰州图书馆成为较现代化中型国家一级公共图书馆。其达到的总体水平是：由传统型图书馆向现代化图书馆转变，服务单一型向功能多元化转变，资料型文献向电子数据库转变，常规服务向网络服务转变，被动服务型馆员向主动提供信息及咨询服务型人才转变，使它真正成为兰州市民继续教育和精神文明建设的终身学校，政府公共信息资源传播的重要枢纽，具有兰州地域特色的各类文献资源的收藏中心，西部区域性图书馆馆际协作和业务研究发展中心，广大读者文化休闲的重要公共场所，与兰州市省会城市地位相称。

联系方式

地　址：兰州市城关区雁宁路415号
邮　编：730010
联系人：谢 晖

金昌市图书馆

概述

金昌市图书馆始建于1987年，2008年8月由群艺馆搬迁至金昌市文化中心大楼南侧。搬迁前，金昌市图书馆藏书约3.4万册，当时内设期刊报纸阅览室和图书阅览室。新馆现有馆舍面积8000多平米，编制18人，内设社科类阅览室、视障阅览室、期刊阅览室、少儿图书馆、综合类阅览室、地方文献资料室等六个阅览室，并成立了读者服务中心、采编加工室，藏书共计25万多册。2010年参加第四次全国公共图书馆评估，首次获得国家一级图书馆。2013年参加第五次全国公共图书馆评估，再次获得国家一级图书馆。2013年，金昌市图书馆有阅览坐席350个，计算机200台，信息节点21个，宽带接入30Mbps，选用Interlib图书馆自动化管理系统。

业务建设

截止2012年底，金昌市图书馆总藏量346921册，其中纸质图书222067册，报纸、期刊合订本20686册，视听文献2905件，电子图书18.5万册，地方文献近2000册。

2012、2013年，金昌市图书馆新增藏量购置费分别为50万元、60万元。2009–2012年，共入藏中外文图书90156种，187168册，中外文报刊617种，视听文献2905件。2012年，地方文献入藏完整率为87%。金昌市图书馆数字图书馆于2013年8月建成，随着图书馆电子资源的逐步采购，馆内的数字资源亦趋于完善。

2013年，将自动化管理系统由金盘系统升级改造为Interlib图创系统，以适应公共图书馆发展及总分馆建设的需要。同时，开通电话预约借阅、短信续借平台，极大地方便了全市读者的借阅，并实现了馆内无线网络覆盖。

读者服务工作

从2010年7月起，金昌市图书馆全面实现免费开放，周开放58小时。2009–2012年，书刊总流通86.3521万人次，书刊外借64.9532万册次。为统筹文化均衡发展，盘活图书资源，市图书馆将公共文化服务职能延伸到社区各个区域。目前，已在全市12个乡镇、26个社区和138个行政村建立了图书室，并在监狱、驻金部队、武警部队等地建立了流动图书站4所，初步实现了图书资源的全覆盖。馆外书刊流通总人次6.1742万人次，书刊外借12.7215万册。

自2011年以来，全市上下着力推进创建国家公共文化服务体系示范区，把创建工作点滴成果和典型经验，汇集成刊物《金昌文化》，该刊物由市图书馆承办。截至目前，《金昌文化》刊印14期，发放至省文化厅、省新闻出版广电局、省文物局、省广电网络公司、省广播电视台、全省13个市州文广局，以及市上四大班子、市直部门单位，县、区文广部门、乡镇及村文化室，促进了文化艺术成果的展示交流。

作为全省唯一被列入国家首批创建公共文化服务体系示范区的城市，自2011年以来，政府不断加大资金投入，推进文化民生工程。2012年规划把现有图书馆改造建设成在国内同等城市中具有一流办馆条件和办馆水平的，集读书学习、信息交流和文化休闲等功能为一体的综合性、开放型、多功能、现代化的公共数字图书馆，使之成为金昌市重要的标志性公共文化设施、重要的文献资源保障中心、公共信息导航中心、阅读指导教育中心和全市图书馆事业发展的协调指导中心。

现已建成的数字图书馆，通过安装在金昌市图书馆内的统一平台，连通县、区公共图书馆，实现文献信息资源网络共享的一体化建设、一站式服务。市图书馆购买的数字资源，全市读者可免费学习、查阅、下载，让读者足不出户就可以随时随地、方便、快捷地阅览国内数千种学术期刊、报纸、电子图书等数字文献资源。随着清华同方期刊数据库、清华社区书屋、考试系统、超星视频、点点书、超星电子图书等六大数字资源的建设，读者利用图书馆的渠道将会越来越广，也越来越快捷。

业务研究、辅导、协作协调

2009–2012年，金昌市图书馆职工发表论文36篇，获得中图学会、甘图学会征文奖若干。

金昌市图书馆先后多次对全市企事业单位、学校及乡镇农家书屋图书管理员进行业务辅导：对甘肃有色冶金职业技术学院图书管理员的分编、借阅工作培训，对金化集团图书室管理员进行金盘系统操作培训，对农民工电脑基础知识培训，对全市12个乡镇文化站、138个农家书屋管理人员进行分编法培训等，每年都派图书管理人员参加省图书馆学会的培训。2012年5月组织开展为期一周的"甘肃省图书馆学会志愿者行动"——基层图书馆员培训活动。2012年9月组织"春雨工程"全国文化志愿者边疆行——陕西宝鸡、甘肃金昌图书馆员文化交流培训。

金昌市图书馆建有全国文化信息资源共享工程支中心，依托全国文化信息共享工程资源与服务网络，快速推进图书馆实现数字化管理，运用先进的网络技术，为读者提供"一站式"文献信息检索和文献服务的统一平台。这一平台到目前已

"春雨工程"全国文化志愿者边疆行

优秀读者表彰

红西路军军史讲座

少儿图书馆

综合类阅览室

图书馆前厅

实现了馆藏图书在线检索、CNKI论文和学位论文原数据以及地方戏曲视频资源和农村实用技术视频资源在线收看。

金昌市图书馆通过引导阅读、推荐图书、培训读者、举办知识竞赛、开办公益讲堂等形式，加大公益性服务，让读者切实享受到文化发展的实惠，为提高市民道德素质修养搭起向上的阶梯。

管理工作

2013年，金昌市图书馆完成了全市第二次岗位竞聘，竞聘共设3类岗位，有18人重新竞聘上岗。同时，建立了目标管理和绩效考核制度，每月定期上报月报表，每半年和全年进行绩效考核。2012年，全馆文献盘点一次，编写《金昌文化》14期，《金昌市文化中心简报》150期，撰写调研报告12篇。

表彰、奖励情况

2009—2013年，金昌市图书馆共获得的各种表彰、奖励9次，其中，省级表彰1次，市级表彰2次，上级主管部门表彰6次。

馆领导介绍

曹学英，男，1972年6月生，教育硕士，中共党员。1994年7月参加工作，历任金昌市委组织部电教中心主任，党员教育科科长，远程办副主任，金昌市文化广播影视新闻出版局副局长，2012年5月兼任金昌市文化中心主任、金昌市图书馆馆长、金昌市科技馆馆长，2013年兼任金昌市图书馆学会会长。

雒兴莲，女，1965年3月生，本科学历，中共党员，副研究馆员。1982年3月参加工作，历任甘肃省金昌市文化出版局文化科副科长、科长，2010年1月任金昌市文化中心图书管理科科长，兼任甘肃省图书馆学会常务理事、金昌市图书馆学会副会长、金昌市古籍保护中心办公室主任等职。

赵岚，女，1972年1月生，本科学历，九三社员，副研究馆员，金昌市文化中心图书管理科副科长。2008年9月到金昌市图书馆工作。现负责采编部、社科类图书阅览室等部门工作。

未来展望

金昌市图书馆以“用微笑诠释服务，用细节铸就品牌”为馆训，倡导“诚心、关心、用心、热心”服务，在优化服务环境、简化服务程序、拓展服务方式上狠下功夫，努力实现服务“零距离”、沟通“零障碍”。

金昌市图书馆将全面落实免费开放政策，着力丰富馆藏种类，根据季节变化实行灵活开馆时间，全体馆员坚持挂牌上岗，推行微笑服务，确保每周开放时间达58小时。合理利用购书经费，严把图书采编质量，年新增图书4万册。2013年以来，又采取多种措施在拓展阅览空间，提高服务质量上狠下功夫，一方面针对原有阅览空间狭窄，公共空间过大，采光通风较差问题，积极筹措资金进行改造，改造后的图书馆阅览面积是原面积的3倍，以采光足、通风好、通透性强的特点吸引了越来越多的读者走进图书馆；另一方面努力探索数字图书服务，集中建设门户网站、数字资源、统一身份认证、电话语音服务、一卡通系统、手机短信服务系统、手机掌上图书馆等数字服务，在数字图书服务上走在了全省前列。

在未来的几年里，金昌市图书馆将积极探索图书馆总分馆制建设，实现“整合资源、统一管理、共建共享”的图书馆建设理念，节约全市各级公共图书馆的建设投入和运行管理成本，提高资源的使用效率，实现图书馆文献资源的优化组合。同时逐步建立图书自助借还机服务点，方便社区居民读书，以更加完善的设施服务于公共文化服务体系的建设，争取馆舍及图书流通等主要指标位居甘肃省公共图书馆前列，以自身的努力带动河西走廊地区公共图书馆事业的发展。

联系方式

地　址：金昌市建设路82号
邮　编：737100
联系人：赵 岚

爱阅读、爱生活全民读书节讲座

馆员培训

图书馆全貌

白银市图书馆

概述

白银市图书馆成立于1995年，同年12月正式向社会公众开放。虽然起步晚，但发展快，2004年、2009年、2013年连续三次被文化部评定为国家一级馆。目前，馆舍建筑面积8060平方米（其中王岘东路中心馆5200平方米，文化中心西区分馆2860平方米），各流通站总建筑面积3562平方米。2013年，白银市图书馆拥有阅览坐席600个，计算机100台，信息节点135个，宽带接入30兆，选用金盘图书馆自动化管理系统。

业务建设

截止2012年底，白银市图书馆总藏量50.8万册（件），其中，纸质文献37.5万册（件），电子图书13.5万册。

2012年，白银市图书馆新增藏量购置费143万元。2009–2012年，共入藏中外文图书32165种、69896册，中外文报刊3200多种，视听文献3356种，地方文献入藏完整率95%。

截止2012年底，白银市图书馆数字资源总量为32TB，其中自建数字资源5.5TB。2009–2012年，已建成“红军会宁会师暨长征途径白银史料专题馆藏”、“白银文史数字馆藏”、“资源枯竭城市转型专题数据库”、“全国黄河沿岸城市信息数据库”、“丝绸之路沿线省市信息数据库”、“白银市文化旅游专题数据库”。白银市科技数字图书馆挂牌开馆，为读者提供图书外借、报刊阅览、参考咨询、数字资源查阅、信息导航等全方位的优质服务。

2012年，将自动化管理系统升级为金盘管理系统，以适应白银市公共图书馆服务联盟建设的需要，同时，增加了易瑞馆外授权访问系统，2012年，实现馆内读者服务区80%无线覆盖。

读者服务工作

近年来，白银市图书馆确立了“服务中求突破，创新中求发展”的办馆理念，牢记“一切为了读者，为了一切读者”的服务宗旨，把提高办馆效益作为工作重点和努力方向，提出了“打造人文白银、建设书香之城”的发展方略，确立了“强化服务读者这一主体，突出数字化建设和文献开发两个重点，建设特色馆藏”的工作原则，着力打造名副其实的全市精神文明建设基地和文献信息中心。

从2009年起，白银市图书馆实现全面年费开放，周开放时间67小时，2009–2012年，接待读者148.2万人次，书刊文献外借186.8万册次。目前，建成2个行业分馆，35个图书流通站，馆外书刊流通总人次82.6万人次，书刊外借73.2万册次。

2009–2012年，白银市图书馆网站访问量20.5万人次，开通了易瑞馆外授权访问系统和图书馆政务微博，引入手机移动图书馆，目前，白银市图书馆发布使用的数字资源达到32TB，均可通过白银市图书馆网站面向广大读者提供检索、浏览和下载服务。

2009年–2012年，白银市图书馆紧密结合实际，创新服务载体，提升服务质量，发挥“育民”职能，引导全民读书学习。深入开展“评报评刊”、“与读者交朋友”、“读书状元评选”等活动，年接待读者35万人次以上。着力打造服务品牌，形成了“温馨读书过大年”、“迎春有奖猜谜”、“少儿读书有奖比赛”、“读者座谈会”、“读者沙龙”、“凤凰大讲台”、“双休日剧场”等相对固定的读者活动，并逐渐成为一种品牌，年开展活动都在100场次以上，大大丰富了市民的文化生活。通过建立图书流通站、读书示范基地、组织开展预防青少年违法犯罪图片展、禁毒展、科普展、演讲比赛、知识竞赛、主题图书活动、召开读者座谈会、播放爱国主义教育影片等活动延伸服务，参与人数达8.5万人次。

业务研究、辅导、协作协调

2009–2012年，白银市图书馆职工发表论文30多篇，全馆学术氛围活跃。

为推动公共图书馆事业的发展，我馆非常重视馆际之间的协作协调，取得了明显成效。一是积极参与跨地区、跨系统协作协调工作。与甘肃省中心图书馆委员会签订“甘肃省公共图书馆地方文献工作合作协议”，与白银市三县两区5个公共图书馆签订地方文献工作合作协议，并积极开展工作。二是强化本地区服务网络建设。为打造城乡一体化文化服务体系，逐步建立覆盖城乡、结构合理、功能健全、实用高效的服务网络，我馆积极延伸服务触角，拓宽服务领域，目前建立了2个行业分馆，在社区、企业、学校、军营、机关建立图书流通站32个。初步建立了市、县（区）、街道（乡镇）图书馆三级“一卡通”信息网络服务体系。截止2012年，市图书馆“一卡通”联网服务的公共图书馆达32家，累计有效读者证11134册，平均每月外借图书1万多册，参与服务网络的基层图书馆达到80%以上。三是加强业务辅导。对基层图书馆（室），如育才学校、白银公司八校、白银区少儿图书馆、会宁县图书馆、景泰县图书馆、靖远县图书馆、平川区图书馆、白银市房产局图书室、白银公司技校图书馆、各图书流通站、服务点（从采购、分编到借阅）等进行业务辅导，受培训人员达到220人次。积极配合全市“农家书屋”建设工作。2012年，主动承办“志愿者行动——基层图书馆员培训班（白银站）”活动，通过“请进来”集中授课、与专家面对面互动交流等方式，对全市图书馆员进行培训，开阔馆员视野，积累工作经验，提升全市图书馆服务品质。四是加强图书馆学会工作。2012年组织召开了市图书馆学会第二届会员代表大会，审议通过了《白银市图书馆学会章程》、《白银市图书馆学会会费收取办法》，选举产生了

举办航空航天科普展

文化信息资源共享工程播放视频资料

阅览室

理事会。2011年，白银市图书馆学会获得白银市社科联优秀社团奖。五是完善联合目录、采购协调工作。与国家图书馆签订了联合编目协议书。2007年，由我馆牵头成立了白银地区公共图书馆联合编目中心，完善“联合目录”、“馆际互借”、“采购协调”工作，并制定了《白银地区公共图书馆文献联合编目中心章程》及《白银地区公共图书馆联合编目中心协议书》，设立专门的联合编目管理机构，配备专业人员，通过金盘图书馆系统中的联合编目功能，使白银地区实现了图书馆编目资源的共建共享，减少了重复劳动，提高了各成员馆的编目工作效率。

管理工作

2012年，白银市图书馆完成了第二次全员岗位聘任，本次聘任共设33类岗位，有42人重新上岗。实现了“两个打破”，即打破了岗位津贴平均发放格局，打破了干部工人界限，实行同岗同酬，全员聘用制，岗位管理。实行了目标管理责任制，做到了工作目标和任务层层分解，部室有任务，个人有指标，服务效能进一步得到提升。财务管理、设备物资管理方面，制定了《白银市图书馆财务管理制度》、《财务制度监督机制》、《白银市图书馆财务工作流程》、《白银市图书馆设备物资管理办法》、《白银市图书馆国有资产管理办法》等规章制度，并且每半年将财务管理制度执行情况和财务制度机制执行情况向职工大会公开。

表彰、奖励情况

2009年–2012年，白银市图书馆共获得各种表彰、奖励22次，其中，文化部表彰奖励2次，省级表彰2次，其他奖励18次。

馆领导介绍

张立红，男，汉族，1968年5月生，甘肃白银人，本科学历，中共党员，主任记者，馆长。1990年9月参加工作，1996年9月加入中国共产党，历任白银市广播电影电视局办公室主任、白银人民广播电台台长，2013年8月，任白银市图书馆馆长。2002年5月，被白银市委组织部等10部（局）评为第三届白银市十大杰出青年。

王海雯，女，汉族，1974年1月出生，甘肃景泰人，本科学历，中共党员，图书资料馆员，副馆长。1998年9月参加工作，2005年12月入党。历任白银市图书馆业务辅导部副主任、办公室主任，2011年任白银市图书馆副馆长。

倪天元，男，汉族，1966年6月出生，甘肃古浪人，本科学历，中共党员，图书资料副研究馆员，副馆长，1986年7月参加工作，1995年1月加入中国共产党。历任白银市音像制品发行站法人代表、白银市群众艺术馆文博部负责人、白银市图书馆办公室副主任、信息技术部主任、业务辅导部主任，2011年任白银市图书馆副馆长。

未来展望

白银市图书馆遵循“服务立馆、科技建馆、创新强馆、人才兴馆”的办馆方针，在不断强化自身综合实力的同时，通过实施“中心分馆制”，带动全市公共图书馆事业整体发展。白银市图书馆西区中心馆将规划建设，在未来几年里，白银市图书馆全体员工将继承和发扬团结一致、艰苦奋斗、爱岗敬业、文明服务的精神，全面实现市图书馆的信息网络化、典藏数据化、服务个性化、管理自动化的目标，在白银市全面转型的划时代进程中发挥职能，以凝练特色文化、打造城市精神、提升文化软实力、增强城市竞争力为己任，为建设“和谐白银”、“数字白银”、“科技白银”、“魅力白银”而努力奋斗。

联系方式

地　址：白银市王岘东路15号
邮　编：730900
联系人：王海雯

送文化下乡

展厅

图书馆全貌

兰州市西固区图书馆

概述

西固区图书馆是西固区政府兴办的综合性公共图书馆，公益性文化事业单位，始建于1974年6月，1998年4月机构独立。图书馆现地处福利路山丹街521号，设有报刊阅览室、全国文化信息资源共享工程西固支中心暨电子阅览室、借阅室、综合书库、报纸资料室、地方史志资料室、信息资源加工室、办公室、培训室；分馆地处西固中路105号，设有少儿借阅室、史志资料室、盲文图书室、综合阅览室、多功能室、会议室暨职工培训室、文献资源加工室、咨询接待暨办证室。拥有馆舍面积2993平方米，馆藏图书78460册，年接待读者56916人/次，年图书流通达103464册/次。目前馆内拥有计算机70台，阅览、自学坐席390个，信息节点140个，宽带接入10Mbps，图书著录流通采用INTERLIB自动化管理系统，为方便读者随时查阅，馆藏图书全部免费开放，每周开放时间达56小时以上。2013年在第五次全国县以上公共图书馆评估定级工作中，被文化部命名为“国家一级图书馆”。

业务建设

截止2013年底，西固区图书馆总藏量78460册(件)，其中，馆藏图书52016册，报纸期刊合订本2747册，电子图书18000册，地方史志资料4675册，盲文图书325册、光盘资料468种，书画作品200多幅，古籍及善本49册。

从2009—2011年，图书馆新增图书购置费102048元，从2011年起，得到国家“三馆一站”免费开放政策，拨入免费开放省级财政16万元，地方财政4万元，2012年增至26.2万元，2013年26.8万元，2009—2012年，共新购馆藏图书22627种/册。

截止2012年底，西固区图书馆数字资源总量为6TB，其中，自建数字资源总量1TB。2009—2012年，完成与甘肃省图书馆联网的INTERLIB数据库建设。

从2010—2013年，实现馆内网络全覆盖。2013年将新增馆舍作为分馆，购进盲文专用设施设备，开设盲文图书室，增设了集自学、讲座、培训、报告为一体的多功能室，成人报刊阅览室增加了图书的阅览，开通了24小时电子书借阅，少儿阅览室增加了图书借阅，并配备了图书杀菌机，为少儿读者、盲文读者及中老年读者提供了优质、健康的服务设施和良好的阅读环境。

读者服务工作

从2009年10起，西固区图书馆全年365天天天对外免费开放，每周开放达56小时以上，同年，运用INTERLIB管理系统，实现了馆藏文献的电子著录及借阅。2009—2012年，书刊总流通254428万人次，书刊外借171030万册次。2009—2013年，建成西固区图书馆乡(镇)、村、街道、社区、部队、学校图书流动站15个，初建时为每个流动站配备了1—2万元的综合性图书，之后逐年为每个流动站配备3000—5000元的图书，并同各流动站签订了图书流动站管理协议。几年来，各流动站图书、期刊流通总人次165000万人(次)，书刊外借247500万册。2010年起，在综合阅览室开设政府公开信息专架，2013年初，建成了西固区图书馆网站。

2009—2013年，图书馆共举办讲座、展览、培训、阅读推广、迎新春系列活动等80场次，参与人数10.2万人次，如：每年举办的兰州读书节系列活动、组织全国文化信息资源共享工程基层服务点及农家书室管理员培训、利用多媒体播放新闻、国学、家庭教育、保健等各类讲座培训、迎新春有奖猜谜活动等。

业务研究、辅导、协作协调

2009—2013年，西固区图书馆职工发表获奖论文18篇，截止2013年，我馆在组织参加中图学会、省、市图书馆学会以及西北五省(区)图书馆组织的学术征文中成绩优异，已连续11年获得甘肃省图书馆学会年会征文“优秀组织奖”荣誉称号。

从2010年起，西固区图书馆以文化信息资源共享工程为依托，在全区41个农家书屋和文化信息资源共享工程基层服务点进行业务知识培训与技术辅导。

2009—2012年，我馆职工为兰州市技术工人（图书报刊发行员）培训授课。

2011—2013年，我馆职工参加了甘肃省图书馆学会举办的“志愿者行动——基层图书馆员培训”活动的授课。

2010年继续与驻区乡镇、街道、大中专院校等6个馆(室)开展馆际互借、资源共享，业务交流、协作协调等工作。

管理工作

自2008年4月，西固区委、区政府实施事业单位机构改革聘用制，图书馆制定了各室工作制度，各岗位目标责任制及各岗位聘用条件，实行按需设岗，按岗聘用，竞争上岗，择优聘用，严格考核，实行激励机制，核定编制6人，同时，建立了工作量化考核指标体系，全年进行总体工作考核，2013年新增馆舍后增编7人，由此区图书馆核定编制为13人。目前，现有职工13人，其中馆长1人，研究生学历1人，本科学历12人；副高级职称1人，中级职称5人，初级职称7人。

2009—2013年，每年有计划、有预算、有安排地进行图书的购置、报纸、期刊的订购，图书文献的排架抽查，并撰写专题调研、分析报告和工作计划、总结等。

团结奋进的团队

馆藏图书实行电子化借阅

图书杀菌--健康阅读

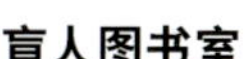
盲人图书室

少儿借阅室

集自学培训讲座为一体的多功能室

表彰、奖励情况

2009—2013年，西固区图书馆共获得各种表彰、奖励17次。其中：文化部表彰、奖励2次，中国公共文化设施管理单位表彰1次，甘肃省图书馆、甘肃省图书馆学会表彰奖励7次，兰州市读书节组委会、兰州市图书馆、兰州市图书馆学会表彰奖励5次，区委、区政府表彰、奖励2次。

馆领导介绍

张晓萍，女，1963年6月生，中共党员，研究生学历，馆长，副研究馆员。中共兰州市第十一次、十二次党代会代表。1981年3月参加工作，2001年3月任西固区图书馆副馆长，2003年5月任西固区图书馆馆长。中国图书馆学会会员、中国文化管理协会会员、甘肃省图书馆学会常务理事、兰州市图书馆学会副会长、兰州市图书系列中级职称评审委员会委员、西固区文化广播影视局党支部宣传委员。2012年荣获"全国基层文化设施建设成就展示"暨"中国公共文化设施管理"推选活动"先进个人"荣誉称号。曾荣获中国图书馆学会、甘肃省图书馆学会"优秀会员"，发表获奖论文14篇。甘肃省图书馆学会"优秀志愿者"，甘肃省文化厅颁发的图书馆工作"三十年服务奉献奖"等荣誉称号。

未来展望

我馆在做好阵地宣传、读者服务的同时，以图书为载体开展各种读书系列活动，始终坚持"读者第一、服务至上"的办馆宗旨。根据读者需求，及时补充馆藏文献，丰富馆藏种类、扩大借阅范围，延伸服务领域。积极参与全区大型群众文化系列活动，走出去热心为基层群众服务，坚持送书下乡（镇）、村、街道、社区，继续广泛建立图书流动站；"文化信息资源共享工程"进农村、进学校、进企业、进社区、进部队；继续开展"馆际互借"资源共享业务交流，基层业务辅导及社会教育培训等工作。

2014年年底，我区图书馆开发扩建工程将正式启动，在未来的几年里，我区图书馆在做好分馆服务工作的同时，将期待一座功能更加齐全，设施更加完善，环境更加优美的新型标准化图书馆落成。

总结过去，我们取得了可喜的成绩，面对未来，我们深感肩负的责任重大，同时我们也满怀热情和信心，倍加珍惜"国家一级图书馆"这个荣誉，要以崭新的工作姿态和昂扬的工作热情投入到这平凡、神圣的为大众提供精神食粮和传播知识的社会实践中，要始终以服务好读者为宗旨，不断提高服务质量和管理水平，丰富馆藏资源，充分发挥图书馆功能作用，为促进我区社会文化事业的繁荣发展做出新的更大的贡献！

联系方式

地　址：兰州市西固区福利路山丹街521号、西固中路105号
邮　编：730060
联系人：瞿莉英

西固区图书馆外景

共享工程支中心暨电子阅览室

电子书借阅

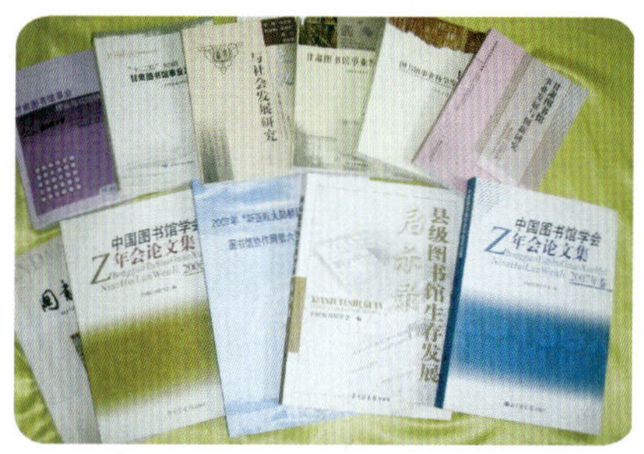
馆员发表论文的部分刊物

张掖市甘州区图书馆

概述

甘州区图书馆成立于1956年，现在的图书馆于1993年建成。总建筑面积2719平方米，现有职工20人。藏有图书20万余册，其中收藏有8000多册古籍善本书籍和大量珍贵的地方文献，全部业务已实现自动化管理。馆内设置有图书、报纸、期刊、儿童阅览室；文化共享工程主控机房、资源加工办公室、电子阅览室、多媒体室；石景宜、石汉基、百家期刊赠书陈列室；甘肃省图书馆流通站；儿童流动图书馆等服务窗口。300多个阅览座位，50多个网络节点，近100平方米的文化共享工程电子阅览室，经常性义务开展的各类科普知识讲座，能同时满足不同层次读者的需求。2004年参加第三次全国公共图书馆评估，首次获得国家一级图书馆。

文化共享工程和农家书屋在各乡镇村的覆盖，使图书馆服务更广的延伸到农村，为广大农民朋友提供更快捷更方便的文化信息服务。自2007年以来建成了18个共享工程乡镇基层服务点及245村级服务点，2010年建成农家书屋270个、社区书屋20个。成功构建起了区、乡镇（社区）、村三级文化信息网络体系，实现了共享工程文化信息的全区覆盖。

业务建设

甘州区图书馆至今馆藏达到200158册，其中电子文献藏量达15000种，地方文献累计入藏1140册，视听文献入藏100套。2009年来，我馆年新书入藏2500种，报刊年入藏量319种。

我馆现与省图书馆共享使用SIRS图书馆管理系统，馆内外网连接电信10兆光纤，局域网内有50多个节点，其中20多个节点用于图书自动化管理。数字资源总量达到6TB，通过自购、接收等方式建立了超星数字图书、《四库全书》（文渊阁）、中外电子经典视听图书馆等数字资源，读者可通过我馆服务器实现免费阅读。

读者服务工作

甘州区图书馆全部窗口、公共空间设施场地和基本服务项目健全并免费开放。流通图书16.5万册次。经常性为农村、社区、学校、机关等图书馆流动点调配图书年均7972册次，共享工程服务网络覆盖全区各乡镇。馆内服务实行全年开放，节假日不闭馆，每周开放60小时，书刊文献开架比例80%。全馆年读者满意率达96%。

围绕免费开放工作，我们始终本着"读者第一、服务至上"的宗旨，严格落实《图书馆服务规范》，更加突出为特殊群众服务，加强对老年人、残疾人、未成年人和务工人员的人性化服务，本馆设立了老年人服务专架，为残疾人设立了专用服务室，为未成年人在电子室设立了服务指南，是全市爱国主义教育示范基地。在区残联共建了残疾人图书室，与区总工会共建了务工人员图书室、与区敬老院共建了老年人图书室，并加强图书资源配送服务，配送图书量达7972册次。

甘州区图书馆坚持以"书香甘州、全民阅读"活动总揽图书推广和读者服务工作，据统计，群众年均参与达20万人次。近三年的"世界读书日"活动推进大会年均参与人数达1.2万人以上。为农民送去农林科技书籍，组织开展农业知识竞赛、讲座、图书图片展览等大型活动30余次，分发各类科技资料4800多份，参考咨询5万余人次。为单位、企业、团体、个人提供各类文献信息210条，接待读者咨询8012人次。

业务研究、辅导、协作协调

1、服务网络建设

为不断提高文献资源的利用率，让群众更加方便地读到书、读好书，在抓好馆内阵地、文献资源建设的同时，将基层服务网络建设作为延伸工作的重点，以建立图书流动点，将农家书屋和社区书屋纳入图书馆体系建设两种方式，不断完善服务体系建设。至2013年5月，我馆共建有44个流动图书点，其中学校点18个，机关单位点6个，社区书屋20个，成为了我馆图书借阅的重要形式之一，在新农村建设和和谐社区建设中发挥了很好的效益。

2、业务辅导及业务研究

充分发挥中心馆的作用，做好业务辅导工作，在农家书屋、社区书屋建设工作中，以图书馆为主阵地，制定了工作实施方案和共建协议，完善了农家（社区）书屋借阅制度、管理制度、农家书屋管理人员岗位职责等，对农家（社区）书屋的建设从制度上提出了合理化建议，进一步规范了全区农家书屋的建设。完成了对全区270个农家书屋和20个社区书屋、6个机关单位书屋的规范化建设，全部达标，2013年我区被原省新闻出版局评为农家书屋工程建设先进单位。

近年来，我馆作为省图书馆学会理事单位，积极参加省图学会年会和召开的各类会议，选派业务骨干参与业务交流，先后派出24人次参加各类外出业务培训学习和馆际交流，入选会议论文和在《中国图书馆学报》、《图书馆与情报》、《21世纪中国图书馆建设与发展》等专业期刊发表论文18篇，有18篇论文获奖，参与了《甘州文化志》、《甘州党校志》等文化项目的编撰工作。

3、参与上级图书馆组织的协调工作

负责承办了省图书馆学会志愿者培训张掖站的培训班，落实会议经费4万元，组织全市六县区的图书馆业务干部60人全程参加了培训活动，安排课时24个，邀请6位专家进行了集中授课，取得了很好的工作效果。

管理工作

全面推行了绩效工资制，制定完善了《甘州区图书馆奖励性绩效工资考核实施办法》，最大限度地激发了工作人员的潜能。制定了《岗位练兵计划》、《岗位练兵考核要求》，把岗位练兵同年底考核结合起来。在练兵活动中以学习计算机基本操作知识、图书自动化管理系统的使用等为主要内容。采取传、帮、带的学习方式，在平时的学习中除业务骨干辅导外，我们还不定时的通过网络向省馆技术部的老师请教，解决问题，提高职工的业务能力。

推行图书馆文明服务行动。结合落实《图书馆服务规范》，积极开展各类创建活动，规定了图书馆工作文明用语，制定了《图书馆馆员职业道德准则》10条、《甘州区图书馆文明服务公约》10条、《图书馆服务承诺》5条，在工作中推行以“六比六看”为主要内容的岗位竞赛，坚决要求职工做到微笑服务，主动热情，想读者所想，急读者所急，坚决杜绝冷板凳、冷面孔、冷话语现象出现，切实做到热情、文明、周到的服务，被列为全市语言文字规范化示范单位。同时，制定了《图书馆工作制度》、《业务工作规范》、《图书馆安全工作制度》等管理措施21项。进一步优化了全馆工作人员岗位结构，增强了全馆工作人员的工作积极性、责任性和主动性，提高了工作效率，图书馆人事行政管理进一步规范化。

表彰、奖励情况

在2005年、2010年、2013年全国公共图书馆评估定级中，甘州区图书馆连续三次被文化部评定为国家一级图书馆，多次被文化部、省、市主管部门评为“全国文明图书馆”、“甘肃省文明图书馆”、“张掖市爱国主义教育基地”、“张掖市巾帼文明岗”和先进单位。2007年建成文化共享工程甘州区支中心主控中心，实现了本区文化共享工程文化信息在全区最大化覆盖，构建起了县（区）、乡（镇）、村三级文化信息网络体系。2008年被文化部评为文化共享工程全国示范区。

馆领导介绍

王树平，男，1956年4月出生，陕西高陵人，高中学历，中共党员，1976年2月参加工作，现任甘州区图书馆馆长。主管图书馆财务、人事、项目建设等主要工作。

韩康梅，女，汉族，1959年6月出生，甘肃酒泉人，高中学历，中共党员，1977年1月参加工作，现任甘州区图书馆党支部书记。图书馆党建，精神文明等方面工作。

陈玉平，男，1975年1月出生，甘肃甘州人，大专，中共党员，1994年7月参加工作，现任甘州区图书馆副馆长。分管图书馆业务工作，安全工作及其他临时性工作。

展望未来

2013年新馆建设工程正式启动，2014年底将投入使用。随着新馆的投入使用，甘州区图书馆将以崭新的姿态迎接新的挑战。在今后的工作中，将与时俱进，不断完善图书馆服务功能，扩大服务辐射区域，最大限度地发掘和利用图书馆馆藏资源和社会资源，逐步形成具有地方特色的服务模式和服务品牌，带动本地区文化事业的各项发展。

联系方式

地　址：张掖市甘州区民主西街160号
邮　编：734000
联系人：陈玉平

高台县图书馆

概述

高台县图书馆成立于1979年9月。1980年9月，在省、地文化主管部门和当地政府的关心和支持下，于县城大什字以南300米处，征地3418平方米，投资12万元，新建建筑面积为883平方米的图书馆，馆内设综合阅览室、少年儿童阅览室及书库等。

1993年由国家文化部、省文化厅及地方财政共投资55万元，在原址重新修建了占地面积1366平方米，建筑面积2012.68平方米的图书馆大楼，其中，书库面积800平方米，阅览室面积693平方米。

2010年4月，在高台县委、县政府的关怀下，图书馆另选新址，历时3年，于2013年4月，在风景优美的高台县湿地新区建成了建筑面积为2150平方米的四层图书馆大楼。新建馆舍内布局合理，功能齐全，能满足县级公共图书馆文献信息资源的收藏、读者借阅等业务工作管理和现代化的发展需要。

高台县图书馆根据普及与提高相结合，以普及为主的藏书建设原则，收藏适合本地广大城乡群众实际文化水平的社会科学、自然科学方面图书、报纸、期刊，收藏马列主义、毛泽东思想等经典著作，并以收藏地方文献资料、古籍为特色，以保存、保护人类文化遗产为己任，传承和弘扬中华文化，充分利用馆藏文献资料，丰富广大人民群众的文化生活，普及科学文化知识，进行社会教育，为本县经济社会发展提供科技信息服务。

本馆现有职工11人，其中设馆长1人，副馆长1人；有本科学历5人，大专学历6人，大专以上学历者占职工人数的100%；有专业技术人员4人，其中中级职称3人，初级职称1人。

馆内共设阅览坐席350多个，设有报刊阅览室、少年儿童阅览室、残疾人阅览室、电子阅览室、自学室、多媒体室、采编室、社会科学书库、自然科学书库、报刊库、少儿读物库、音像资料库、特藏书库、“爱心书苑”、业务辅导组、文化信息资源共享工程高台支中心、甘肃省图书馆高台流通站等业务部门和服务窗口。搜集、整理、保存文献信息资源，为读者提供图书借阅、报刊阅览、参考咨询、网上阅览等服务，并利用馆藏资源举办知识讲座、科技培训、图书宣传、展览、征文、知识竞赛、猜谜、演讲等多种形式的读者活动。书刊实行开架免费借阅，为方便读者，节假日正常开放。

馆藏资源

馆内现有藏书93911册。其中古籍868册，期刊合订本19469册，其他各类图书72674册、视听文献900件。

读者服务工作

书刊借阅：自实行免费开放以来，新增持证读者400多人，书刊流通量逐年增加，年平均借阅书刊达7万多人次，9万多册次。

读书活动：为提高全县人民的综合素质和丰富广大群众的文化生活，近年来，图书馆积极组织开展了“书香高台”全民阅读系列活动，开展了“小手拉大手、读有益书做文明人”，“‘迎新春’万名农民走进农家书屋”，“常读书、好读书、读好书、做文明人”，“红领巾每日走进图书馆”等形式多样的大型读书活动和“书香家庭”、“优秀读书家庭”、“优秀读者”等评选表彰活动；还充分利用馆藏资源，围绕每年开展的“全民阅读活动”、“4.23世界读书日”、“图书馆服务宣传周”等活动，通过走上街头、散发资料、图书展览、推荐新书、赠送书刊、送书下乡，为全县广大读者提供优质服务；与城区学校联合开展了“我的梦·中国梦”中小学生走进图书馆课外阅读活动，举办了“美丽高台·湿地新城”为主题的灯谜竞猜活动，“书香高台——阅读引领未来”读书演讲比赛暨全民阅读评选表彰活动，“天利杯”“庆七一”少年儿童中华经典诵读大赛，以“地球与我”为主题的大型宣传活动等。

以文化信息资源共享工程为平台，每月开展涉及创业、礼仪、养身、健康、文化、科技等内容的专题知识讲座；以“以书为友·书香高台”为主题，在读者中发展读书志愿者，义务承担起图书馆阅读的宣传者，同时成立了图书馆读者协会，并定期开展读者志愿者及读者协会会员交流座谈会。

业务辅导

为使农村、社区和学校图书馆（室）的图书管理逐步达到统一化、标准化、规范化，图书馆工作人员先后深入到本县9个乡镇综合文化站、155个农家书屋、8个社区图书室、14个学校图书室开展业务辅导，并协助工作，累计完成分编图书30多万册。

学术、科研成果及获奖情况

1982年10月，高台县图书馆被文化部评为“全国少年儿童图书馆（室）先进集体”。1982年12月，高台县图书馆荣获团中央少年部等8单位联合颁发的“红领巾”读书奖章。1983年10月，在“全国红领巾奖章”活动中，高台县图书馆儿童阅览室被共青团高台县委员会评为先进集体。1987年5月高台县图书馆被甘肃省少儿工作协调委员会授予“为儿童创造良好环境先

残疾人阅览室

电子阅览室

期刊室

多媒体室

少儿阅览室

期刊室举办青少年绘画培训

进集体”奖。1990年12月，高台县图书馆被张掖地区行政公署文化处评为“一九九零年图书馆工作先进集体”。1993年7月，中共高台县委、高台县人民政府命名图书馆为“拥军优属”模范单位。1996年被高台县委、县人民政府评为“县党风廉政建设先进单位”、“县拥军优属先进单位”。1998年，高台县图书馆被张掖地区行政公署文化处评为“一九九八年图书馆先进集体”。2001年12月被文化部授予“全国文化工作先进集体”称号。从1994年起，在全国公共图书馆评估定级中，高台县图书馆连续三次经文化部评估定级为“国家三级图书馆”。2010年，高台县图书馆被文化部评定为“国家二级图书馆”。2013年，高台县图书馆被文化部评定为“国家一级图书馆”。

馆领导简介

馆长：周彩萍，女，1974年生，本科学历，甘肃省张掖市高台县人，高台县文化影视新闻出版局副局长。

书记：李延明，男，1957年生，大专学历，甘肃省张掖市高台县人，馆员。

副馆长：闫应标，男，1972年生，本科学历，甘肃省张掖市高台县人。

未来展望

以新建馆舍和现有的设施设备及文献资源为基础，以全国文化信息资源共享工程县级支中心为平台，加快数字图书馆建设。逐步实现从传统图书馆向现代化图书馆转型，筹建高台县少儿图书馆。为方便城乡广大读者阅读需求，以县图书馆为总馆，在本县9个乡镇创建图书馆分馆。

逐年增加馆藏资源，年入藏量达1万册（件），力争在第六次评估期间，纸质文献总藏量达16万册，电子文献达10万册（件），以丰富的馆藏资源，充分发挥国家一级图书馆的职能和作用，为高台县的社会经济发展做出应有的贡献。

图书馆外景

联系方式

地　址：甘肃省张掖市高台县湿地新区
邮　编：734300
联系人：李延明（高台县图书馆党支部书记）

（撰稿人：李延明）

书香高台-阅读引领未来演讲比赛

4.23读书日活动

华亭县图书馆

概述

华亭县图书馆初创于1979年12月，1985年正式挂牌成立。馆址几经变迁，2009年10月迁入位于华亭县人民广场西侧的新馆。新建筑面积3002.6平方米，为二层四合院式仿明清风格建筑，馆舍气势恢宏、庄重典雅，整体设计群错落有致、色彩相宜，富有浓郁的传统地域特色。设计藏书容量20万册，可容纳读者座位500个。2009年参加第四次全国公共图书馆评估，首次获得“三级图书馆”。2011年4月，华亭县图书馆面向社会免费开放。2013年参加第五次全国公共图书馆评估，获得“一级图书馆”。华亭县图书馆有阅览坐席300个，其中少儿阅览坐席48个、电子阅览室阅览座席30个、成人阅览座席61个、多功能报告厅有阅览座席161个；有计算机55台，信息节点110个，宽带接入30Mbps，选用Interlib图书馆自动化管理系统。

业务建设

截止2012年底，华亭县图书馆总藏量100100册，其中，报刊1269种、期刊18466册、视听文献1175件、电子图书22000册，地方文献1348册。2012年财政拨款191.8万元，其中免费开放经费20万元、专项购书经费5万元、农家书屋运行保障费10万元，新增馆藏购置费16万元。2009–2012年，共入藏图书54100册、2500种以上，报刊年入藏量120种。

截止2012年底，华亭县图书馆数字资源总量为4TB，其中，自建数字资源总量1.3TB。2012年，建成华亭县图书馆网站和地方文献数据库。

读者服务工作

从2009年11月起，华亭县图书馆全年对外免费开放，周开放62小时。2009–2012年，书刊总流通13.68万人次，书刊外借10万册次以上。开通了与城区11所中小学图书室的馆际互借服务。2009–2012年，建成12个流动服务点，馆外书刊流通总人次3.4万人次，书刊外借2.7万册。2009–2012年，华亭县图书馆网站访问量5.9万人次。

2009–2012年，华亭县图书馆共举办讲座、展览、培训、阅读推广等读者活动112场次，参与人数5.7万人次。以图书馆、农家书屋和基层服务站点服务为平台，定期举办形式多样、内容丰富的读者活动，年终评选读书活动先进集体和个人，这一活动已成为华亭县图书馆阅读推广工作的特色。

业务研究、辅导、协作协调

2009–2012年，华亭县图书馆职工发表论文20余篇，分别在《文化大视野》、《甘肃图书馆事业发展现状与研究》等刊物刊载并获得一、二、三等奖。自免费开放以来，年开展职工业务培训36期，培训人员720人次。

从2010年起，华亭县图书馆深入基层开展共享工程基层网点技术培训16次，培训基层网点工作人员105人次，开展乡镇文化站工作人员培训3次，举办农家书屋管理员业务培训6次，培训农家书屋书屋管理人员618多人次，指导分编图书98120册。

2009年，华亭县图书馆与平凉地区各县区图书馆开展联合编目、馆际互借以及其他各类业务合作活动。

管理工作

2009–2012年，华亭县图书馆实行岗位管理，按照按需设岗的原则，完成三次全员岗位聘任，聘任共设7类岗位，通过公开竞选，共有26人重新上岗。同时，建立了工作量化考核指标体系和分配激励机制，每月进行工作进度通报，每半年进行总体工作考核。2009–2012年，共抽查文献排架32次，编写《工作简报》105期，撰写专项调研、分析报告14篇，编写各部门工作进度通报36篇。

表彰、奖励情况

2009–2012年，华亭县图书馆集体、个人共获得各种表彰奖励47次，其中：省级1次，市级1次，省文化厅表彰1次，个人奖励44次，其中：国家级奖励2人次，省级3人次，市级3人次，县级4人次，局级32人次。

馆领导介绍

赵连璧，男，汉族，中共党员，馆长，大专学历，生于1961年10月。1980–1983年6月在甘肃省农业机械化学校读中专；1983年7月–1985年2月在华亭县神裕乡工作；1985年2月–1996年2月在华亭县农机工作管理站工作；1988年9月–1990年7月在中央农业管理干部学院北京农机化分院读大专；1996年2月–1996年12月在华亭县农机监理站任副站长；1996年12月–2001年9月在西华乡任副乡长、纪检书记；1996年9月–2007年12月在华亭

中老年健康知识讲座

摄影展

免费开放的图书借阅室

少儿技能大赛动

少儿童话剧表演

县水保局任副局长；2007年12月–2010年1月在华亭县水务局任工会主席；2010年1月–2012年3月在华亭县文体广电局任工会主席。2012年4月至今任华亭县图书馆馆长，2012年12月加入甘肃省图书馆学会，成为甘肃省图书馆学会理事。

史春霞，女，汉族，中共党员，副馆长，本科学历，生于1979年4月，1998年7–2000年11月在华亭县南川乡人民政府工作；2000年12月–2003年6月在华亭县河西乡人民政府工作，2001年3月–2002年6月任乡团委书记；2002年7月–2003年6月任乡妇联主席，2003年7月至2012年9月在华亭县文广局工作（期间：2005年1月–2006年9月被抽调到县委先进性教育活动领导小组办公室工作；2007年7月–2007年8月抽调到全县秦皇祭天文化旅游节联络接待组工作；2011年9月–2011年11月被抽调到全县人大换届选举办公室工作；2009年4月任文化局办公室主任；2010年7月任文广局办公室副主任）。2012年10月至今任华亭县图书馆副馆长，2012年12月加入甘肃省图书馆学会，成为甘肃省图书馆学会会员。

刘敏，女，汉族，中共党员，副馆长，本科学历，生于1974年11月，1994年6月–1996年8月在甘肃省张掖师范专科学校学习，1996年8月–2013年7月在华亭县广播电视台工作，1998年9月–2000年12月在中央党校经济管理专业函授学习，2013年8至今任华亭县图书馆副馆长，2013年12月加入甘肃省图书馆学会，成为甘肃省图书馆学会会员。

未来展望

华亭县图书馆是全县的文献信息中心，遵循“读者至上，服务第一”的工作理念，依托先进的信息网络技术和资源共享设备，将实现业务管理、办公管理的程序化、规范化、自动化和网络化。图书馆坚持以人为本的管理理念，造就了一支高水平高素质的员工队伍，使图书馆真正成为集收藏、整理、保存、流通各类文献信息资源，传播先进文化，承担社会教育职能的主要阵地。

2009–2012年，在不断强化自身综合实力的同时，通过加强自身建设、农家书屋工程建设、资源共享工程支中心和村级服务点建设，建成了符合城乡文化一体化发展的格局。建成了华亭县图书馆网站和地方文献资源数据库，为建成数字图书馆搭建了平台。

联系方式

地　址：华亭县文化街四馆两中心
邮　编：744100
联系人：郭晓娥

（撰稿人：郭晓娥）

华亭县图书馆

酒泉市肃州区图书馆

概述

肃州区图书馆是酒泉市、区两级唯一的综合性公共图书馆，是酒泉市文献收藏利用中心、信息咨询服务中心、市民社会教育中心，是引导全市市民进行读书活动、创建学习型城市的重要载体，是加强全市公民思想道德建设，创建文明城市的主要阵地。

肃州区图书馆于2009年由市、区投资920多万元建成投入使用。新馆位于新城区宝泉西路1号，建筑面积5070平方米。全馆设有综合借阅室、报刊阅览室、少儿借阅室、电子阅览室、残疾人阅览室、多功能报告厅、地方文献室、古籍文献馆、采编室、自学室和办公室等。其中书库面积1390平方米，阅览室面积1468平方米，书刊阅览室面积为1180平方米，电子阅览室为280平方米。拥有800多个阅览座席，60多台计算机。2013年，参加第五次全国公共图书馆评估，评为一级图书馆。

业务建设

肃州区图书馆现有总藏书11万册，其中古籍藏量2693册，视听资料596件，电子书3504部。图书馆馆藏内容丰富，收藏了清代的官修方志，如：《肃镇志》、《肃州新志》等，这些珍贵的史料对研究了解地方历史具有极高的参考价值；收藏了马列主义、毛泽东思想、哲学、社会科学、自然科学、综合性图书等五个部类，二十二个大类资料；还收藏有1938年以来的报纸近20万份，以及近现代当地名人书画作品和独具特色的地方文献资料。

读者服务工作

1、免费开放及普通服务

重点做好11万册馆藏图书管理借阅、古籍善本保护利用和图书流动服务。具体工作中，认真贯彻落实图书馆免费开放政策，保证每周开放6天，节假日正常开放。读者可在图书馆免费借书阅读报刊、书籍，免费网上读书、自学，免费参观各类展览、听取专题讲座、观看电影展播。认真做好图书采编、顺架、装订整理、破损图书修补。年接待读者60000人次，流通图书70000册次。

2、参考咨询服务

利用门前电子显示屏，及时传递图书信息，发布读书活动。通过各种信息简报，及时宣传报道图书馆工作动态，编制图书情报23期，将最新时政要闻、经济热点、文化视角、馆藏古籍作简要介绍，定期发布社区服务信息，方便居民、服务大众，促进经济社会持续协调发展。

3、为特殊群体服务

肃州区图书馆在规划设计建设中，在馆门口专门修建了无障碍坡道、盲道，在馆内设置了残疾人通道、无障碍卫生间，极大地方便了残疾人读者进馆阅读。在残疾人阅览室专门配备了工具书、文学类书籍、盲文书籍等各类书籍2000余册，各类报纸和期刊20多种，配备了专用电脑，视听光盘200多张，配备了轮椅、拐杖、盲杖、助听器等专用器材。专门设置了“残疾人阅读区”、“音像资料服务区”、“盲文图书专架”、“视障人士有声阅读区”，进一步方便了残疾人读者借阅。在馆内日常服务中，为残疾人读者开通“绿色通道”，为前来办理借阅事宜的残疾人读者，免收工本费并安排专人优先办理，确保残疾人读者花费较短时间享受到优质服务。还开辟了电话续借、他人代为办理借阅、预约上门服务等便利服务形式，使残疾人读者在家中同样享受到其他来馆读者一样的服务。至目前，共办理借阅证33个，接待残疾读者300多人次。还为残疾人读者举办丰富多样的读者活动，丰富残疾人朋友文化生活，让他们感受到社会的关爱，增强自信心。先后和区残联联合发放《致残疾读者的一份信》，组织开展了“生命中的太阳“读书征文。让更多的人了解残疾人阅览室，吸引残疾人走进图书馆。

4、社会教育活动

搭建平台，创造条件，开展丰富多彩的读者活动。创办了“酒泉名家讲坛”，主旨为报告时政形势、讲析经济热点、传播优秀文化、指导百姓生活。目前讲坛举办32期，听众达3000多人。前来作专题报告的专家涉及青海、新疆、宁夏、兰州等地，报告内容延伸至奇石文化、文学创作、古玩鉴赏等领域。举办专题展览，先后举办了酒泉古家具展、书画展、古籍图书展、酒泉奇石展等一系列有影响的展览，截止目前共举办各类展览25期。邀请酒泉知名作家创办了“酒泉读书沙龙”，为作家创作提供了交流平台。协助市文明办在多功能报告厅建设“道德讲堂”，为创建全国文明城市发挥作用。

充分发挥文化阵地功能，利用现有场地设施，开展了别开生面、寓教于乐的活动。先后组织开展革命歌曲演唱会，激发职工、读者爱国热情，节庆之际组织秦腔戏剧、现代歌舞展演，将历史名书名剧搬上舞台，每年举办职工“庆新春、赞酒泉”歌舞汇演，增添节日喜庆氛围，举办“庆元旦·强体质”体育竞赛，以强体质、促工作。重视文艺人才培养，定期举行才艺展示，对书画、演唱、外语翻译、写作等人才表彰奖励，激励

辩论会

古籍陈列馆

红色文化展

持之以恒发展。先后参与、观看文艺活动的读者达8000多人次，有力丰富了群众文化生活。

业务研究、辅导、协作协调

2010年至2013年肃州区图书馆职工共写图书信息300余篇，有200篇被省市区报纸、网站等新闻媒体采用。论文《浅谈新时期下基层图书馆馆员角色的转变》获文化部图书馆文集论文评选一等奖，《图书馆免费开放舆情分析》在《图书与情报》杂志上发表，《市县公共图书馆期刊开架借阅服务存在的问题与对策》在《发展》杂志上发表。定期组织专家学者开展学术研讨，研究成果"林则徐和玉酒泉"被酒泉电视台录制纪录片播放，并被《甘肃档案》杂志、《石友》杂志刊登。为湖南省湘阴县提供左宗棠在酒泉实物及文献资料，编印出版《历史伟人左宗棠》。配合肃州电视台制作播放《百年古籍》、《酒泉民间收藏》等专题片。

肃州区图书馆积极开展图书漂流，扩大读者服务面。将酒泉饭店、汉唐南社区、汉唐北社区、西汉胜迹景区、生态观光植物园、银达乡银达村六个图书漂流点作为示范点，配发书柜、书架、书箱及图书资料。延伸扩建酒泉戒毒所、南关工商银行、水磨花园、消防支队、南苑小学、银监局6个图书漂流点，配发了设施及图书资料。并做好图书漂流业务辅导，规范图书漂流管理。

肃州区图书馆建成古籍文献馆。投资3万多元，利用原有场地设施，建成200多平米的酒泉首个古籍文献馆。展示了甲骨文、汉简、岩画、敦煌经书、酒泉宝卷等，展示2700册馆藏善本，1938年以来的20多万份红色图书期刊报纸，图书馆变迁历史，古今思想家、文学家。建成开放后，得到市区领导的好评和鼓励，极大的方便了读者参观了解古籍，查阅资料，接受参观读者1000多人。

肃州区图书馆坚持抓好农村基层服务点指导和管理人员培训，先后派专人对清水镇、泉湖乡、果园乡、总寨镇、西洞镇、银达镇银达村进行了资源共享基层服务点指导。在多功能报告厅邀请省图书学会专家对全市的图书馆员和农家书屋管理人员共200余人，进行了专业培训，规范了书屋的业务管理，提高了书屋管理的规范化、科学化。

管理工作

肃州区图书馆为使服务创新扎实有效推进，着力落实四项制度。一是落实责任制。制定《职工目标管理责任书》，按岗定责，量化细化任务。凡重大活动集体研究，细化部署，从细节中求质量，从落实中要效果。二是推行轮岗制。力争让人人组织活动，人人有展示才能的机会，人人走上锻炼的舞台。三是检查评比，实行《职工值周制度》、《领导一线坐班制度》，进行周检查、月评比，评选读者满意岗，促进服务质量提高。制定详细的《绩效考核制度》细化量化考核指标，与绩效工资挂钩，达到多劳多得，少劳少得，不劳不得的激励目标。

表彰、奖励情况

肃州区图书馆1994年被评为国家县市区"三级图书馆"，1998年、2004年被评为国家县市区"二级图书馆"，2008年被评为国家县市区"三级图书馆"，并获得"甘肃省文明图书馆"荣誉称号，并连续被市区评为模范文明单位、"平安单位"。2012年获得"酒泉市宣传思想文化工作创新提名奖"、2012年获得"甘肃省文化信息资源共享工程先进支中心"。2013年被评为国家县市区"一级图书馆"。

馆领导介绍

秦国顺，男，1970年生。先后在某小学、乡学区、区教育局、区政府办工作，2009年担任图书馆馆长。先后在《诗选刊》、《诗歌报》、《北方作家》、《牧笛》、《青年晚报》、《西北师大学报》、《酒泉日报》等刊物发表诗歌、诗论、剧本，诗歌编入《首届新崛起青年抒情诗大展》、《初中现代文阅读训练大全》、《敦煌的诗》等多个选本。在《甘肃档案》等刊物发表文史文章30多篇，多次举办个人大型收藏展、书画展。著有长篇小说《县长秘书》、诗选集《秦国顺诗选》、考古文集《秦国顺探险笔记》。现为甘肃省诗词学会会员、兰州聚文社书画研究会会员，酒泉作家协会会员。

焦玉环，女，自学毕业于兰州大学。曾从事教育工作，2008年任图书馆副馆长，先后有多篇论文在学术刊物上发表，2014年论文《新时期基层图书馆馆员角色的转变》获得酒泉市第三届社科奖三等奖。

未来展望

肃州区图书馆经过全馆工作人员的共同努力，图书馆从无到有，从小到大，业务工作逐步走上规范化、科学化的道路。在未来的几年里，肃州区图书馆将推进数字图书馆建设，进一步丰富充实馆藏图书，提高业务管理水平和服务水平，将逐步建立起以图书馆为中心、乡镇（社区）为支中心以及行政村为基层点的共享工程网络。不断配套完善设施条件，建设石窟壁画文献馆，促进馆藏文献研究利用。扩大延伸名家讲坛、读书沙龙、专题展览等活动，使图书馆更好地发挥职能作用。

党的讲堂

名家讲坛

通渭县图书馆

概述

通渭县图书馆历史悠久，据《通渭县志》记载，早在明清时期已具雏形。1950年成立文化馆时内设图书室。1979年11月正式挂牌成立。2006年7月位于通渭县文化广场新馆建成并投入使用。通渭县图书馆馆舍面积2008平方米，有阅览席座288个，建有少儿阅览室，面积120个平方米，有阅览席座52个。现有计算机61台，并接入10兆宽带。自2006年实现了自动化管理，2010年建成了全国文化共享工程通渭县支中心。全馆现有职工18人，大专以上学历人数16人。有专业技术人员11人，其中副研馆员2人，馆员5人。

业务工作

截止2012年底，通渭县图书馆总藏量为104335册（件），其中有普通图书79952册，古籍8000册，过刊10244册，书画资料5526册（杭图赠书），光盘等视听文献资料613件。

2008年杭州市图书馆事业基金会在通渭县图书馆建立了杭州市图书馆事业基金会美术资料阅览室。该阅览室现有美术类图书资料5526册。五年来杭州市图书馆基金会持续捐建，共捐书画类图书4215册价值46万元。

2009至2012年四年财政拨款平均增长率为13.9%。其中2011年全年财政总拨款121.03万元，新增馆藏购置费12.8万元，其中购置图书11.2万元。

读者服务工作

多年来通渭县图书馆坚持节假日正常开馆，保证每周开馆时间在56个小时。2009–2012年书刊总流通321854人次，图书外借242581册次。

通渭县图书馆读者服务工作在美国青树教育基金会的帮助与支持，近年来先后开展了“通渭人家”讲坛，悦读导报、少儿安全知识教育、少儿故事会、携老上网游、宝贝，请阅读经典吧等读者活动，其“通渭人家”讲坛和携老上网游已成品牌服务项目。通渭县图书馆以通渭人家讲坛为平台，先后开展了健康知识讲座24场次，书法讲座3次，少儿口腔保健知识3次，少儿安全知识讲座5场次，培训村共享工程村级管理员4场次，全县中小学图书馆（室）图书管理员1次，四年来参加活动的总人次达3.21万人次。

业务研究、辅导、协作协调

2009–2012年，通渭县图书馆职工发表专业论文21篇，在各类学术研究会上交流论文6篇。

2006年在美国青树教育基金会的指导下，通渭县图书馆和县一中图书馆协作尝试建立了农村图书服务网络。一中图书馆以基层学校为主线，相继建立了马营中学流通站、通和初中流通站，通渭县图书馆以基层乡镇为主线相继建立了义岗镇流通站、常河镇流通站，农业园区流通站。形成了校馆辐射农村中小学、县馆辐射农村乡镇综合文化站的联合辐射模式。双方资源共享，互利互补。这种图书馆社区服务模式在第70届国际图联大会上，荣获“求知机会拓展奖”。

2010年开始，通渭县图书馆尝试以“农家书屋”为平台，将图书馆服务逐步向村社推进。选择了中林村陈家庄进行了“农家书屋”、私人图书馆、县图书馆流通点三位合一的试点工作，取得了成功的经验。该流通点年接待读者1.1万人次，流通图书1.5万册次。2010年管理员石亚坤老人受邀参加了青树基金会在兰州举办的信息技术国际年会，2011年受北大王子舟教授的邀请，在北京参加了首届中国民间图书馆论坛。2012年《定西日报》对石亚坤老人的农家书屋进行了报道。

美国青树教育基金会是赵耀渝教授(Dr.Faith Chao)及海外侨胞和友人于2001年在美国加州成立的非盈利组织。从2004年开始，通渭县图书馆与美国青树教育基金会建立了协作关系。多年来，青树为通渭县图书馆配备了大量的图书和设备，帮助完成了业务的自动化管理。从2009年开始转向了读者服务活动的开展，利用小项目的形式，鼓励援助单位开展各种形式的读者服务活动，四年来通渭县图书馆先后成功申请到青树的6个小型项目。通渭县图书馆先后有23人次参加了青树的培训和学术研讨会，提高了图书管理员的素质，开拓了图书管理员的眼界，引进国际上最先进的图书馆服务理念。

杭州市图书馆基金会，是中国第一家图书馆基金。通渭县图书馆于2008年与杭州市图书馆基金会取得联系，其后杭图

朱培尔书法讲座

青树基金会负责人赵耀渝在通渭县图书馆少儿室

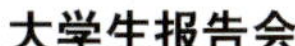
大学生报告会

杭州市图书馆基金会美术资料阅览室

老年人学电脑

基金会派基金会副会长、北京美缘艺联图书有限公司朱明总经理多次来通渭进行了考察和指导，决定在通渭县图书馆创办一个美术资料阅览室，并争取建成全国县级馆中美术资料藏量最大的阅览室。截止日前，杭州市图书馆基金会共为我馆捐赠图书4215册，价值46万余元。

管理工作

2008年通渭县图书馆制定了《通渭县图书馆岗位设置管理实施办法》，对全馆职工按需按岗进行了聘任，聘期三年。2012年制定了《通渭县图书馆绩效工资考核办法》，全馆实行了绩效工资的考核发放。

表彰、奖励

2010年11月通渭县图书馆被定西市精神文明办评为“全市未成年人道德建设先进单位”。2012年通渭县图书馆被甘肃省文化厅评为“全省文化信息资源共享工程先进支中心”。

馆领导介绍

张雁，男，1967年3月出生，本科学历，馆长。1990年参加工作，先后在通渭县二中、一中任教。2004年3月调通渭县书画院任副院长，2008年3月任通渭县文化出版局副局长，2009年3月任通渭县图书馆馆长。中国乡村青年文化名人，通渭县县管拔尖人才。

魏丽霞，女，1977年2月生，本科学历，中共党员，支部书记兼副馆长。1999年7月参加工作，先后在平襄镇政府，鸡川镇政府工作。2003年3月任鸡川镇政府副镇长，2006年8月调任通渭县图书馆副馆长，2008年5月任通渭县图书馆支部书记兼副馆长。先后分管采编党务等工作。

李春晖，男，1981年4月生，本科学历，中共党员，副馆长。2004年4月在通渭县广电局参加工作，2010年4月调通渭县图书馆工作，分管少儿阅览室、美术资料阅览室、电子阅览室等业务。

段红霞，女，1985年10月生，本科学历，中共党员，副馆长。2004年1月参加工作，先后在通渭县襄南乡政府、通渭县电视台工作。2013年6月调通渭县图书馆，分管图书外借室、期刊部、自学室等业务。2006年被中共通渭县委宣传部、共青团通渭县委、通渭县青年联合会授予“通渭县十大杰出青年”称号；2008年被中共通渭县委、通渭县人民政府授予“通渭县第二届劳动模范”荣誉称号；2009年被共青团定西市委评为“2008年度定西市优秀共青团干部。

未来展望

展望未来，通渭县图书馆距离奋斗目标还有很长的路要走，还有大量的工作需要去作。图书馆的现代化、数字化、网络化的建设亟需提高，18个文化站的分馆建设亟需起步，随着读者的不断增长，图书馆馆舍面积亟需扩大，数字资源建设亟需增强。在社会各界的共同关心和支持下，通渭县图书馆一定会有一个灿烂的明天。

联系方式

地　址：甘肃省通渭县平襄镇西街2号
邮　编：743300
联系人：王维平

北大教授王子舟在通渭县图书馆作报告

定西旅游文化暨书画艺术节摄影展

陇西县图书馆

概述

陇西县图书馆成立于1958年，1959年并入陇西县文化馆。1985年9月县文化馆大楼建成后，图书馆随即搬入，图书馆作为县文化馆的“图书组”开展业务。1996年8月，县文化馆分设为“三馆一院”（文化馆、图书馆、博物馆、书画院），图书馆馆舍未变，与文化馆合署办公。2000年8月，县图书馆迁入新址，占地面积1732平方米。2005年，在原址投资兴建面积2214平方米的集阅览、自动化、办公为一体的图书馆综合楼，2007年10月建成使用。2012年将阅览坐席增设至350个，计算机68台，信息节点80个。2009年参加第四次公共图书馆评估，被命名为二级图书馆。年接待读者10万多人次，借阅量达到12万多册。

业务建设

截止2012年底，陇西县图书馆总藏量为9.3万册（件），其中纸质文献8万册（件），电子图书1.2万册，电子期刊0.1万种、册。

从2010年起，陇西县图书馆逐步建立了以综合藏书为特征、地方文献为特色的藏书体系，并于2001年3月设立地方文献特藏室。县财政每年拨付图书购置费15万元。先后共入藏图书3000种，10000册，视听文献320种，地方文献600册。

有馆藏古籍504部2585册，四明丛书635册，地方文献1600多册，拍摄上传书影2500多个。其中古籍359部1859册，作为编印《收藏单位古籍普查登记目录档》的材料。《雍音四卷》（胡缵宗编，明嘉靖二十七年（1548）清渭草堂刻本）入选第二批《国家珍贵古籍名录》；《水经注四十卷》、《雍音四卷》、《大乐元音七卷》、《胡氏荣哀录》入选《甘肃省珍贵古籍名录》。制定完善了古籍管理、古籍查阅制度等各项规章制度，使馆藏古籍保护工作逐步规范化、正规化。

2009年起，陇西县图书馆的图书编目、流通、书目检索、连续出版物的管理均实现了自动化。从2012年起，对过期期刊资料重新装订整理和计算机编目，试听文献也逐步实现了计算机编目。建立了古籍文献数据库、报刊文献数据库、图书回溯建库，以全开架的借阅方式重新对外开放，实现了采编、流通、典藏、公共查询、参考咨询与信息开发等服务功能的现代化、网络化、开放式服务，方便了读者借阅，提高了自动化管理水平。数字资源总量为3.5TB。

2009年建成文化信息资源共享工程陇西县支中心，网络以10兆宽带接入，县财政财政预算拨付运行维护经费7.5万元。目前有电脑68台，其中可供读者查阅、视听的电脑45台，OPAC专用10台；共享工程硬盘存储容量为5TB。对全县215个文化共享工程村级服务点进行培训辅导，并利用支中心资源，开展特色数据库建设，围绕具有地方特色的李氏文化研究、陇西中医药、陇西秧歌选题建设地方文献数据库。制作上传《陇西非物质文化遗产》、《李氏文化》、《全民阅读活动纪实》、《建党90周年活动纪实》等视频光盘，对外展示了地方文化特色。对曲艺、戏剧、经典电影、生活保健、种植养殖等视频内容分类整合，刻制光盘500张。向乡镇文化站、文化共享工程村级服务点投放，定期开展文化传播服务。同时，负责县政府信息公开查阅点信息资料的管理查询、维护管理、资料更新等工作。建成了电子阅览室和内部局域网，开通了陇西县图书馆网站。

读者服务工作

从2011年6月1日起全面实施免费开放。全年365天正常开馆，每周开馆时间不少于56小时。

在馆内建立了省图书馆陇西图书流通站，实现文献资源共享，年流通图书2000册。在当地学校、社区、军营、企业、青少年活动中心、看守所等单位建立图书流通点16个，年流通图书期刊2万册次。

建成农家书屋215个，实现行政村全覆盖。向驻陇部队、县实验小学、青少年活动中心、县幼儿园等6个单位捐赠总价值15万元的图书1万余册。积极争取把基层图书网点建设纳入全县精神文明和文化工作目标责任考核范畴，在机关企事业单位、军营、学校、乡镇文化站、社区推进图书室建设，并与各服务网点单位签订服务网络协议，开展业务辅导、文化信息资源共享等活动，发挥了信息服务、教育培训、传播知识的功能。

2009年起先后开展了“图书馆服务宣传周”、“公益讲座”、“红领巾读书读报”、“读书伴我成长·主题演讲”、“灯谜竞猜”、“农家书屋阅读讲演”等主题活动。2011年开展了“深情迎华诞，阅读伴成长”读书有感征文活动，结集出版优秀作品集1000册。利用文化信息资源，积极开展图书进学校、进农村、进社区、进军营活动，扩大了阅读推广工作的参与面。

先后举办了“全县文化知识”、“摄影艺术与古城文化”等专题讲座以及“共享工程节目播放”、“文化共享心向党”、“夏日电影展播”等视频讲座。共举办各类讲座15期，接待读者2600多人次，解答咨询500多人次。利用上海市图书馆及省图书馆资源，先后举办了“黄河颂优秀摄影展”、“上海丝网版画展”、“第四届‘读书乐’全国摄影比赛优秀

.陇西县图书馆综合楼

古籍地方文献室

组织学生观看红色影片

作品展”、“域外风情展”、“梨园韵.第八届什川梨园岛摄影大赛优秀作品展”、“西藏风情摄影展”、“舟曲新闻摄影记实作品展”等各类展览活动，实现了馆际资源交流共享。

以弘扬国学为主旨，在馆内长期开设了德慧智经典诵读班。

业务研究、辅导、协作协调

有工作人员19人，其中大专以上学历18人，图书资料专业技术人员18名（其中：副高2名、中级7名、助理9名）。

从2009年起，每年举办1期“全县图书馆基础业务知识暨农家书屋图书管理培训班”，对17个乡镇文化站和215个农家书屋的图书管理员从图书分类、编号、登记、上架、等方面进行集中培训和现场培训，促进了全县图书服务点的规范管理。

每年组织馆内专业技术人员参加上级业务部门组织的图书馆公共基础、共享工程、古籍管理和计算机编目等业务培训，提高了图书业务的实际操作能力，人均学时达到72学时/年。

2009年以来，陇西县图书馆职工先后撰写论文30篇，并被各学术期刊登载，其中有18篇分别在中国图书馆学会、西北五省（区）图书馆征文讨论会、甘肃省图书馆学会征文活动中获奖。

管理工作

2012年，陇西县图书馆完成第一次全员岗位聘任制，实行岗位管理和工作目标管理责任制，使各室有任务，个人有指标，做到了工作目标任务层层分解落实。建立绩效考评制度，把职工的出勤、工作业绩、目标任务与年终考核工作相结合。

表彰奖励情况

2009至2012年荣获市、县级各类荣誉称号8项，被甘肃省图书馆学会授予“全民阅读活动先进单位”、“征文优秀组织奖单位”。2009年被命名为“全省三八红旗先进集体”。2010年被定西市委、市政府授予“文明单位”荣誉称号。2010年被中宣部、文化部、广电总局、新闻出版总署命名为“全国服务农民服务基层文化建设先进集体”。2011年被中共定西市委宣传部、定西市社会科学界联合会命名为“社会科学普及基地”。2011年被省图书馆学会命名为“全民阅读基地”。2012年被文化部命名为“全国文化信息资源共享工程·电子阅览室示范点”。被定西市妇联命名为“巾帼文明岗”。2013年在第五次全国公共图书馆评估工作中，被文化部评定为“一级图书馆”。2014年被文化部授予2014最美基层图书馆。

馆领导简介

周文，女，1967年出生，本科学历，中共党员，副研究馆员，馆长。1988年9月参加工作，历任陇西县昌谷乡副乡长、县图书馆副馆长，2000年2月任陇西县图书馆馆长（正科级）。中国图书馆学会会员，甘肃省图书馆学会常务理事。定西市党代表、陇西县党代表，陇西县政协委员。

2013年5月19日由省文化厅社文处副处长薛占平带队的全国公共图书馆第五次评估定级工作组来我馆检查指导

王月萍，女，1968年出生，本科学历，中共党员，副研究馆员，副馆长。1990年7月参加工作，先后在县文化馆、图书馆工作，2003年4月任图书馆副馆长。

陈治军，男，1980年出生，本科学历，中共党员，副馆长。2000年8月参加工作，先后在种和学区、县文广局工作，2014年11月任县图书馆副馆长。

未来展望

随着现代信息技术的迅速发展和社会环境的的变化，图书馆事业也面临挑战。陇西图书馆将继续坚持“读者第一，服务至上”的理念，以全新的姿态，努力向远程学习教育、数字图书服务、文化休闲娱乐等新型多功能服务模式发展，管理模式向自动化、规范化、网络化、现代化转型。将以科学发展观为引领，面向未来，开拓创新，夯实基础，提升服务，着力把县图书馆发展成环境条件优越、文化氛围浓厚、能够对外展示陇西经济特征和人文环境的重要公共文化活动场所，吸引更多的人走进图书馆，利用信息资源，汲取文化知识，使之成为除学校体系之外最重要的文化传播和社会教育机构，为推进当地文化建设发挥积极的作用。

联系方式

地　址：甘肃省陇西县文化广场11号
邮　编：748100
联系人：莫彦彬

2013年6月农家书屋管理员知识竞赛

少儿阅览室

电子阅览室

天水市图书馆

概述

天水市图书馆始建于1916年，现为国家二级图书馆，馆舍占地6.95亩，主体办公大楼6000平方米。有各类藏书34万余册，其中古籍藏书60000余册，特别是1052部10023册古籍善本和著名爱国人士邵力子先生于1937年捐赠的13000余册私人藏书更是独具特色，弥足珍贵，无论古籍数量还是质量均位居全省地、市级公共图书馆之首。馆藏地方文献3000余册，各类报刊合订本50000余册，儿童读物5000余册，拥有各类阅览坐席500个。现有职工56人，馆内设有7个业务部室、11个读者服务窗口，另设有“全国文化信息资源共享工程市级分中心”和“中国科学院资源环境科学信息中心天水工作站”以及多处馆外图书流通点和1处少儿分馆。

业务建设

随着读者服务、公益讲座、基层辅导、免费开放、古籍保护和数字图书馆建设等工作的全面开展，天水市图书馆各项业务均有了新的突破，社会影响力和作用力进一步得到提升。

2010年6月，天水市图书馆被国务院和省政府先后公布为“全国古籍重点保护单位”和“甘肃省古籍重点保护单位”，馆内珍藏的《保安志略》、《太师诚意伯刘文成公集》等五部古籍入选国务院颁布的第一、二批《国家珍贵古籍名录》成为“国宝级”藏品，另有二十七部古籍入选《甘肃省珍贵古籍名录》。

2012年全年共采购图书文献6385种17753册，征集地方文献30种80册，接受捐赠图书43种73册，订阅各类报纸56种73份、期刊329种345份。

截止2012年底，天水市图书馆数字资源总量为15TB，初步建成伏羲文化专题数据库和石窟文化专题数据库。被文化部、财政部列为2012年度全国地市级数字图书馆建设单位。

读者服务工作

从2008年起，天水市图书馆即遵照省文化厅关于图书馆免费开放的有关精神率先将公共空间设施场地免费开放，基本服务项目多数从未收费或已逐步减免。2011年11月起全面实现了所有公共空间场地免费开放，基本服务项目健全并365天面向社会免费开放。

2009年底，大型公益讲座“陇右讲堂”在天水市图书馆挂牌开讲，截止2012年底共举办三十八讲，天水市广播电台，天水日报天天天水网对讲座进行现场直播，天水电视台进行录播，现场听众2万余人次，通过媒体受众逾百万人次。

2012年，馆内共接待读者128000余人次，流通图书215300余册次，新办借阅证件2000余个，天水监狱、老年大学、青少年活动中心等馆外图书流通点接待读者61424人次、借阅图书223562册次。

2012年，天水市图书馆举办各类阅读推广活动23场次，举办展览3场次，举办讲座、培训活动54场次。

业务研究、辅导、协作协调

2009—2012年，天水市图书馆先后帮助市财政局、市国家税务局、市建设局、市建行、市工行、市环境检测站、市疾控中心、华天电子集团公司等多家单位筹建了图书资料馆（室），并在各市直机关单位、社区、学校及天水监狱、老年大学、清水县白驼镇杨坪村等地设立馆外图书流通点二十余处，在青少年活动中心建成少儿分馆1处。同时，对基层图书馆工作管理人员进行业务培训和专业指导，并承担全市千余家农家书屋的图书调配和管理员培训等业务工作。

天水市图书馆与省内外兄弟图书馆共同组建并积极参与“川陕甘滇黔渝图书情报协作网”、“关中—天水经济区公共图书馆联盟”、“中国西部少数民族地区图书信息协作网”、“中国西部地区公共图书馆协作网”等图书馆协作协调组织，加入甘肃省公共图书馆地方文献工作协调组织和甘肃省图书情报界讲座展览联盟。

2011年承办了关中——天水经济区公共图书馆联盟第二次联席会议和2011甘肃省图书馆学会年会，在人才培养、工作研讨、信息交流、地方文献特色资源的整合、免费开放等诸多方面开展更加深入的合作交流，促进区域共同发展。

2012年，共有12人撰写学术论文18篇，在省级以上刊物或专业会议上发表获奖。

天水市图书馆少儿分馆成立

大型公益知识讲座“陇右讲堂”在学术报告厅举办

邵力子捐书陈列室

社会科学第一借阅处

开心阅读快乐成长活动

管理工作

通过不断完善各项规章制度，公开招聘引进人才，结合图书馆未来发展方向及现有人员情况，积极争取增加了16个岗位编制，并制定了天水市图书馆文化体制改革实施方案、中层干部竞争上岗实施细则和收入分配制度改革实施细则及职称评聘办法等，明确了岗位职责，完成岗位聘任，与职工签订了聘用合同。

2010年，天水市图书馆经市编委批准，由原来5个业务部室增设为办公室、采编部、流通部、古籍部、研究辅导部、报刊资料部、信息技术部等7个部室，核定内设机构科级领导职数10名，并正式聘任8名同志担任各部室副主任。

表彰、奖励情况

近年来，天水市图书馆先后被文化部、省政府、省文化厅及市文化主管部门命名为国家二级图书馆、全国古籍重点保护单位、全省古籍重点保护单位、全民阅读基地、全民阅读活动先进单位、全省文化信息资源共享工程建设市级先进集体、古籍普查先进单位、区级文明单位、市直文化系统先进党支部等；共有9人次被评为全市优秀党务工作者、先进个人、优秀共产党员以及全省文化信息资源共享工程建设先进个人、古籍普查工作先进个人、统计工作先进个人、中国图书馆学会优秀会员等。

馆领导介绍

陈建中，1964年1月出生，男，汉族，中共党员，副研究馆员，馆长。1982年毕业于兰州大学图书馆学专业，1983年5月参加工作，曾在天水市文化局群文科、办公室、文物科从事文化行政管理工作，先后担任办公室副主任、文物科科长等职。2005年至今任天水市图书馆馆长、书记。兼任甘肃省图书馆学会副会长。

姚春晓，1957年12月出生，男，汉族，中共党员，副研究馆员，副馆长。甘肃省图书馆学会第四、五、六、七届理事。现为天水市图书馆学会副理事长、秘书长、天水市民协秘书长。

熊俐君，1964年5月出生，女，汉族，中共党员，副研究馆员，副馆长。毕业于甘肃省广播电视大学图书馆专业，大专学历。2001年5月任天水市图书馆副馆长至今。

未来展望

在市委、市政府的高度重视和关怀下，天水市图书馆新馆建设项目被列为天水市“十二五”期间重大文化建设工程，国家发改委和文化部也将该项目列入了“十二五”期间全国地市级公共文化设施建设规划项目储备库。规划新馆占地14674平方米，建筑面积20000平方米。新馆建成并投入使用后，将是全市文献收藏、情报传递和信息服务中心，成为市民终身教育的学校、天水地方文献的宝库和精神文明建设的重要基地。

联系方式

地　址：天水市秦州区环城西路1号
邮　编：741000
联系人：周 涛

全民阅读宣传活动

天水市图书馆业务大楼

兰州市安宁区图书馆

概述

兰州市安宁区图书馆最早机构为兰州市安宁区宣传站图书室，建于1965年，1981年区政府批准成立“兰州市安宁区图书馆”，图书馆属于安宁区文广局直属二级科。馆址几经变迁，于2008年7月，搬入安宁区枣林路20号，占地面积11亩（包括操场），使用面积1878平方米，可容纳读者座位300个，计算机49台，可供读者使用的计算机30台，12兆光纤接入，专用存储设备容量为5TB。安宁区馆采用Interlib图书馆自动化集成管理系统。2009年参加第四次全国公共图书馆评估，首次获得三级图书馆，2013年晋级为二级图书馆。

业务建设

截止2012年底，安宁区图书馆总藏量10.4498万册（件），其中电子文献总藏量为45000种，纸制图书总量为5.9498万册。自2008年以来增长1.5万册以上，年平均入藏量为3590种；报刊年入藏量平均为191种；视听文献入藏量自2008年以来从211件增至为2509件，年平均入藏63套。

自2009年以来，安宁区图书馆数字文化工程本地资源自建、外购、收集信息约3TB。各类文献资源按CNMARC格式建立机读目录98%。

读者服务工作

从2009年8月起，安宁区图书馆利用各种形式大力宣传图书馆免费开放新举措，馆内实行全天开放，节假日、双休日不闭馆，每周开馆时间达60小时。各业务窗口均为开架借阅，开架书刊的册数占总藏量的80%以上。全馆实行借阅一体化，提供电话续借、预约借书、上门送书等服务措施，2012年底馆内持证人数3276个，人均年到馆42.82次，2012年外借书刊文献4.2万册次以上。

2009—2012年，安宁区图书馆在社区、村先后成立3家图书流动站，定期为流动站更换图书，并派专人进行业务指导，书刊年平均借阅量达5183册次。

2009—2012年，安宁区图书馆为特殊群体开展温馨服务，送书上门活动，图书馆派专人每星期定时为不方便来图书馆阅读的群众送书、指导阅读等服务，每年送书达上百册次。

2011年8月，安宁区图书馆成立了“兰州市首家县级公共图书馆盲文有声读物阅览室”，面积约40平方米，阅览座席20个。2012年底已接待视障读者100余人/次，培训视障读者上机使用220人/次以上。

2008年，安宁区图书馆与兰州市少年儿童图书馆携手建立“兰州市第一家少年儿童图书馆安宁分馆”。2009—2012年，分馆经常组织形式活泼、健康益智的读书活动，以“义务小馆员”、“快乐少年”为活动主题，锻炼孩子们的实践能力，体验到公益活动的快乐，使校外四点半工程在安宁区图书馆得到了体现。

2009—2012年，安宁区图书馆组织老年人开展“读者之家”、“志愿者服务”、“电脑培训”等活动10次以上，参加人数达300人次。

2009—2012年，安宁区文化共享支中心有计划地针对青少年、老年人、农民工开展形式多样的服务活动。电子阅览室每天对外开放10个小时，为广大基层群众和学生提供了更多更好的公共数字文化服务。2012年被评为全市唯一一家“全国公共电子阅览室示范点”。

2012年底建立了图书馆网站(www.lzanlib.com.cn)。

2009—2012年，安宁区图书馆举办讲座、展览、培训、阅读推广等读者活动，年平均讲座培训活动达到23次；各类展览达10次以上；阅读推广活动达10次以上；平均参加活动年总人数1.5万多人。

业务研究、辅导、协作协调

自2009年以来，全馆获奖论文5篇以上，发表论文1篇，调查报告5篇。

2009—2012年，安宁区图书馆加强对基层图书室业务辅导培训和支持力度，下基层辅导10余次，累计辅导培训500余人次。

管理工作

2009—2012年，安宁区图书馆重新修改完善了图书馆

志愿者服务基地及社会实践基地揭牌

安宁区关爱留守流动儿童庆六一活动

成人阅览室

少儿阅览室

外借部

内部管理制度23个，单位与个人签订目标责任书，并将目标责任书与年终考核和群众监督结合起来，奖优罚劣，竞聘上岗。

2009以来，安宁区图书馆工作环境在逐年的改善，各类设施定期维护。每年撰写专项调研、分析报告、工作方案以及工作动态共计上百篇。

表彰、奖励情况

2009–2012年，安宁区图书馆多次荣获上级表彰奖励，国家级2次，省级5次，市级3次，区级1次，其他奖励5次。

领导介绍

刘漪，男，汉族，1934年3月生。1957年毕业于西北师范大学艺术系；1971年从兰州十四中学调入安宁区文化馆工作；1982年任安宁区图书馆馆长。

于生改，女，汉族，1952年10月生。1971年7月在岷山水利局工作；1979年调入安宁区文化馆工作；1981年调入安宁区图书馆，1994年7月任安宁区图书馆馆长；1999年1月病逝。

李桂兰，女，汉族，1958年10月生，大学专科学历。1976年在甘肃通渭县吉川插队；1979年到甘肃省通渭县县政府工作；1980年调入兰州市安宁区政府工作；1985年在安宁区文化局工作；1991年调入安宁区图书馆，2007年任安宁区图书馆馆长。

朱爱莲，女，汉族，1972年11月生，大学本科学历，中共党员。1991年在安宁乡企局工作；1994年在体育运动委员会工作；1997年调入文化体育局；2012年至今在安宁区图书馆任馆长一职，兼任兰州市图书馆学会副会长。

未来展望

安宁区图书馆以实现卓越的知识服务为工作目标，牢固树立“以人为本”的服务理念，认真落实科学发展观，不断开拓创新，以实现安宁区图书馆事业的新跨越、新发展为目标。作为“国家二级图书馆”、全国文化共享工程公共电子阅览室示范点、全民阅读基地，我们将不懈的努力，力争把图书馆建成具有地方特色的文献信息收藏、传递中心，社会教育中心，文化休闲娱乐中心，图书馆服务网络中心。使之为安宁区的历史文化传承和现代文明发展做出应有的贡献。

图书馆全景

联系方式

地　址：甘肃省兰州市安宁区枣林路20号
邮　编：730070
联系人：吴莉萍

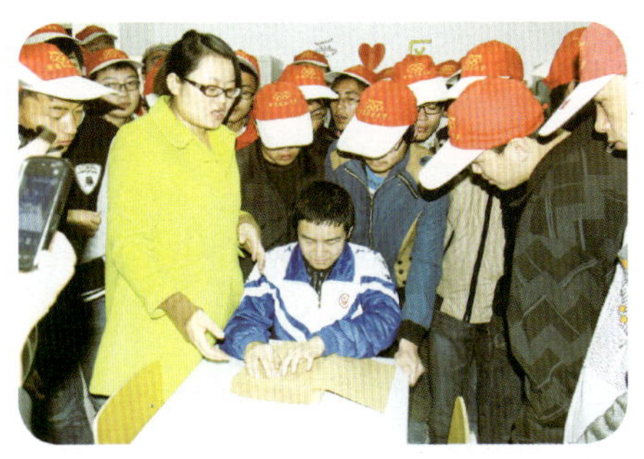
点亮心灯

老年人电脑培训班

少儿缤纷刮画比赛

天水市麦积区图书馆

概述

天水市麦积区图书馆的历史可推溯到1916年创建的“阅报社”、“公立图书馆”，1979年3月正式成立天水县图书馆。1985年随行政区划变更，更名为北道区图书馆，2005年更名为麦积区图书馆。现有工作人员18人，建筑面积2247㎡，阅览座席255个，计算机41台，于2008年3月接入电信宽带，带宽10M，存储容量5TB。2003年购进重庆惠尔图书馆管理软件（网络版4.0），2004年建成书目数据库，文献查重、分类编目、文献外借、业务统计、文献检索实现了自动化。

业务建设

截止2012年底，麦积区图书馆总藏量13.87万册（件），其中图书10.94万册，报刊合订本2.7032万册，视听文献1263件，古籍135种1055册，建成较规范的古籍阅览室，已全部录入古籍普查数据平台。建有13个服务部门，包括借书处、成人期刊阅览室、成人报纸阅览室、未成年人阅览室、电子阅览室、自学阅览室、采编室、《信息简报》编辑室、业务辅导部、“共享工程”支中心、资料室、古籍阅览室及区政府大楼文献信息室分馆等。2012年财政拨款147.6万元，购书费单列，新增藏量购置费5.547万元。开架书库现配49个书架，其中包括1个新书专架，读者可凭借书证自行挑选书籍。于2012初重新补充、完善了开架书库管理规章制度和工作人员职责。目前，馆藏中文图书72%已建成书目数据库，数字资源总量达3.01TB。地方文献全部实现书目数字化管理，制定了《麦积区图书馆书目数据库建设规划》。按照馆藏资源数字化和社会资源共享化的数字资源建设方针，积极参加地区联网服务。

不断加大地方文献征集力度，制定了《麦积区图书馆地方文献征集方案》，复本达到5册。2008年与甘肃省图书馆签订了合作协议，与天水市图书馆建立了交换关系。至今，通过呈缴本制度、捐赠、购买、复制、交换等多种有效方式共征集到地方文献1039册。建立了地方文献书目数据库和“西部大开发”文献专架，提供馆内和网上查询、借阅服务。2013年制定了《麦积区图书馆“麦积山石窟文化”地方专题数据库建设规划》。举办了多次地方文献展，进一步弘扬了我区特色文化。

读者服务工作

2004年起，麦积区图书馆各服务窗口延长开放时间，取消闭馆日，周六和周日正常开放，制定了严格的签到制度，每周开放达63小时。并实行大开放大开架服务，书刊文献开架率达71%。2012年馆藏书刊外借171600册，外借率达123.7%，2012年流通总人次268100人，持证读者8400人，人均年到馆次数达32次。利用专栏、本馆网站等媒体宣传书刊、推荐图书560种。2009年至2012年为五龙乡王咀村、马跑泉镇什字坪村等13个馆外流通服务点流动图书，书刊借阅平均达6080册/年。读者对我馆工作的满意率达97%。

麦积区图书馆网站始建于2009年7月，为读者网上提供QQ在线续借图书、业务咨询、本馆公告、书目查询、活动资讯、新书推荐等服务。并在显著位置链接天水日报电子版、远程参考咨询、国家数字图书馆、政府信息公开等内容。

于2011年2月21日率先在全市实施免费开放，所有公共空间设施场地免费向公众开放，简化了办证手续，减免了折旧费、工本费和上网费。基本服务项目健全，并全部实施了免费开放，真正实现了公众无障碍、零门槛进入。并在《天水周刊》、麦积电视台、中国甘肃网全方位宣传报道，制作醒目公告和永久性公告牌。随着免费开放工作的全面深化推进，吸引了更多的人走进图书馆，连续两年办证人数逐年增加，文献利用率平均增长了35%。

近年来，以读者活动来推动服务工作，努力创建“未成年人读者活动品牌”和“共享工程”服务品牌，吸引更多的人走进图书馆、利用图书馆。2012年，麦积区图书馆共举办读者活动60多次，31500人次参与，其中讲座、培训等活动37次。举办阅读推广活动6次，包括在未成年人阅览室建立雷锋图书专架，4·23世界读书日在步行街设立大型宣传站、送图书馆服务到甘泉镇黄家庄小学及马跑泉中学等。加大宣传推广力度，2012年在《甘肃图书馆工作》、《天水图书馆通讯》、《天水日报》、麦积电视台、甘肃省图书馆学会网站、麦积区政府网站、麦积区图书馆网站等媒体报道新闻15篇。

业务研究、辅导、协作协调

2009—2012年，麦积区图书馆职工撰写论文25篇，获奖并发表15篇。

2006年与甘肃省图书馆签订了图书流通站协议书，平均每年为我馆流通新颖图书4000册。

政府大楼文献信息室

成人期刊阅览室

电子阅览室

2009年与甘肃省图书馆签订了地方文献工作合作协议。

2009年8月，上海浦东新区陆家嘴图书馆的数字资源跨库检索系统为麦积区图书馆开通了访问权限，共享国研网、中国知网（CNKI）、万方数据库等13种数字资源数据库。

2009年，上海浦东新区陆家嘴图书馆投资10万元建成马跑泉镇李家湾村及麦积镇贾河村农家书屋；2012年投资6万元建成甘泉镇包文小学爱心书屋，并支助4名小学生完成九年义务教育。同时，为麦积区图书馆赠书500册。

2010年与天水市图书馆建立地方文献交换关系，共享地方资源。

2011年5月，上海浦东新区图书馆与麦积区图书馆签订《馆际协作协议书》，支助一名馆员参加浦东新区图书馆举办的盲人信息服务培训班。同年7月，两馆在麦积区举办了“图书馆内涵发展与拓展服务暨十二五时期东西部地区图书馆协作交流座谈会”。

2012年4月，浦东新区图书馆一行2人来麦积区图书馆参观交流、指导工作，并赠送价值3万元的新颖图书。

2012年，加入甘肃图书情报界讲座展览联盟，将有力地促进麦积区图书馆的讲座、展览工作再上新台阶。

至2012年底，在全区共创建了13个村图书室，指导农家书屋建设，和区内50多个学校图书馆（室）均已建立业务联系，逐步实现麦积地区的资源共享。并常年开展业务指导，联合开展校园读者活动。其次，针对基层图书馆（室）普遍自动化水平低的现状，经常对图书室管理人员进行自动化管理的培训，为将来实现通借通还创造条件。

借鉴发达地区经验，尝试总—分馆模式，由区政府提供60㎡馆舍，于2006年成立了区政府大楼文献信息室分馆。现有工具书、图书、报刊合订本等各种文献1500册，每年征订报刊40种。2008年被区妇联评为“巾帼文明岗”。2012年读者外借3878人次，4171册次。

2012年12月举办了全区乡镇文化站站长免费培训班。全区19名各乡镇文化站的站长参加。

管理工作

每年初召开职工大会倾听建议，制定切合可行的年度计划，制作重点工作安排表，有条不紊开展工作。每季度馆班子督查工作落实情况，确保全年工作的顺利完成。实行目标管理责任制，严格考核制度，年终根据考核结果评选先进，予以表彰奖励。同时，完善财务管理制度，严格设备、物资管理，固定资产登记建账。各类档案立卷准确、装订整齐、内容齐全、专人管理。建立了统计制度，各项业务统计细致规范，并有真实、客观、科学的统计分析，作为馆内决策的依据。加强环境和安全管理，为读者营造温馨舒适、卫生安全的阅读环境，馆内标牌规范统一，制度上墙，环境整洁，服务优质。全馆树立了安全防保意识，齐抓共管，做到万无一失。2011年12月，被天水市公安局评为治安保卫工作先进单位。近年来根据免费开放服务工作的需要完善了《麦积区图书馆规章制度汇编》，做到依法依制度办馆。

表彰、奖励情况

2009—2012年，获得了各级政府和主管部门的表彰奖励计11项，其中包括7项省级表彰、2项市级表彰、2项区级政府及主管部门表彰。2009、2010年被甘肃省图书馆学会评为“全民阅读活动”先进单位，2011年又授予“全民阅读基地”荣誉称号；2009、2010、2012年三年获甘肃省图书馆学会学术征文活动“优秀组织奖”；2011年被天水市总工会评为“天水市模范职工之家”；2012年被天水市麦积区文广局评为先进单位。

馆领导介绍

周改珠，女，1969年9月生，本科学历，中共党员，副研究馆员，馆长，党支部书记。1988年9月参加工作，2004年任麦积区图书馆副馆长，2012年11月任麦积区图书馆馆长。系中国图书馆学会会员、甘肃省图书馆学会理事。2006年被天水市文化文物出版局评为文化工作先进个人；2007年被中国图书馆学会评为优秀会员；2009年被麦积区委、区政府评为巾帼建功先进标兵。已发表（获奖）论文22篇。

赵芳，女1984年1月生，本科学历，中共党员，副馆长，2007年3月参加工作。2012年11月任麦积区图书馆副馆长。

未来展望

近年来，麦积区图书馆在文化事业大发展大繁荣的背景下，抓住免费开放机遇，充分发挥了公共图书馆的情报职能、教育功能，为提高全区群众文化素养，构建覆盖麦积的公共文化服务体系做出了积极贡献。但还存在许多不足：服务理念有待更新，硬件设施设备较落后，自动化水平较低，读者服务工作还需提升等。麦积区图书馆将继续创新理念，改善硬件条件，规范业务工作，强化科学管理，提升服务效能，建立“团结协作、无私奉献、崇德向善、追求卓越”的图书馆文化，进一步激发发展正能量。同时，以免费开放为契机，拓宽服务领域，增加服务项目，满足公众多元化多层次文献信息需求，力争把麦积区图书馆打造成全区人民的第二起居室，人人向往的精神家园。

联系方式

地　址：天水市麦积区前进南路7号
邮　编：741020
联系人：曹雪梅

开架书库

图书馆正门

天水市麦积区图书馆外貌

武威市凉州区图书馆

概述

凉州区图书馆位于武威市中心的文化广场，凉州区图书馆始建于1926年，重建于1956年。馆舍面积2860平方米，现有藏书16.8万多册，设阅览席位150个。图书馆覆盖全区39个乡镇、449个村、6个街道、24个社区，重点涉及城乡及周边常驻及流动人口，服务人口达110多万，面向社会，承担图书、期刊借阅，资料查询、网上电子信息查询以及讲座、咨询、展览、培训等工作，2008年起已面向社会全部实行免费借阅。

业务建设

截止现在有藏书18万多册，其中图书有，102349册，期刊合订本31000册，报纸合订本56200册，最早由1950年至今连续收藏的报刊，图片3800多张，《四库全书》1500册、《宛委别藏》120册，古籍善本和珍贵文献5000多册，地方文献990册。2006年我馆申请的国家级非物质文化遗产——《凉州宝卷》。武威项目在我馆实施，现收集原始资料56册，刻录光盘8张。电子阅览室有电脑30台，2013年安装了管理系统，下载了电子书和盲人有声读物3000多册。馆内每年订报纸186种，期刊159种。2014年入藏的新书有9280册，极大地丰富了馆藏，满足了读者的需求。

去年区财政给图书馆新增报刊杂志征订费4万元，原来一直是6万元，现在总共是每年10万元报刊征订费。

截止今年5月份，全馆除过刊室外，综合室、特藏室、少儿室已全部完成数据库建设。目前正在准备自动化管理系统的筹备工作。今年全馆实现无线网络全覆盖。

读者服务工作

2009年8月起，全馆实行开架借阅，坚持节假日双休日开放，每周开放56小时。年接待读者8万多人次，借阅18万8千多册次。

从2008年起每年的4月23日，图书馆在文化广场组织开展“我读书，我快乐”图书阅读宣传活动。共展出各类图书6000多册，期刊1200多册；活动现场为读者免费办理借书证，答疑解惑；印发宣传材料8000多份。从而引导全民阅读，促进图书事业和谐发展。

表彰奖励情况

2013年5月，凉州区图书馆通过了全国图书馆第五次评估定级专家组的评估，被国家文化部评定为国家二级图书馆，使凉州区图书馆由国家三级晋升为国家二级图书馆。2013年11月凉州区图书馆被中宣部文化部评为“全国第五次服务基层服务农民”先进集体荣誉称号。

第五次评估定级凉州区图书馆汇报会

第五次评估定级评估团领导凉州区图书馆特藏借阅室查看我馆地方文献《四库全书》

电子阅览室

农家书屋

2012年志愿者培训活动

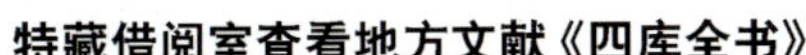

特藏借阅室查看地方文献《四库全书》

报刊阅览室

2012年图书宣传活动

馆内人员构成

图书馆为正科级事业单位，现有编制15名，设馆长1名，副馆长2名，现有人员14人，副馆长1名，馆长和副馆长各空缺1名，正科级干部2名，副科级干部1名，大专学历以上人数占100%，专业技术人员8人，其中中级职称6人，初级职称2人。

未来展望

积极向上级争取数字图书馆建设项目。尽快实现自动化借阅，实现馆藏文献的自助借还。扩大建筑面积，扩大服务辐射区域，带动凉州区文化事业健康发展。

联系方式

地　址：武威市西大街56号

邮　编：733000

联系人：李秀梅

第五次评估定级评估团领导凉州区图书馆综合借阅室实地查看

肃南县图书馆

概述

肃南裕固族自治县图书馆于1996年10月三馆分设成立，是该县唯一的公共图书馆。现有干部职工7人，其中正副馆长2人，一般干部2人，工人3人；干部职工中本科学历3人，大专学历4人，中级专业技术人员1人，初级专业技术人员1人。馆舍面积1565平方米，设有成人阅览室、少儿阅览室、电子阅览室、全国文化资源共享工程县级支中心多媒体室等服务窗口。在第三、四次全国公共图书馆评估定级中被评定为三级图书馆，在第五次全国公共图书馆评估定级中被评定为二级图书馆。2012年，肃南县图书馆有阅览坐席140个，计算机45台，信息节点104个，宽带接入10Mbps，采用Interlib图书馆自动化管理系统。

业务建设

截止2012年底，肃南县图书馆总藏量19.5万册（件），其中：纸质文献4.5万册（件），电子图书15万册（件）。2011—2012年，共征集具有浓郁地方文化特色的字画16副、图书186册，视频资料26盘。

自2009年以来，先后建成了文化信息资源共享工程县级支中心1个、乡镇综合服务点及电子阅览室8个、村（社区）服务点104个、村（社区）农家书屋102个，第一批加入了国家免费开放行列。2010年，争取国家文化传媒项目资金70万元，对图书馆书库进行了维修改建，建成了能容纳85人的多媒体室，购置了密集型书架等设备。

2009—2012年，该县政府逐步加大财政投入力度，对图书馆书刊采购给予了大力支持，先后新购纸制图书4000多册次，数字图书1.9万册，年订购报刊80种，使馆藏图书总量逐年得到增加。2013年，投资15万元，建成了移动图书馆和数字图书馆，不仅优化了服务条件，拓展了服务渠道，而且为更好地满足人民群众精神文化需求，为充分享受优质的公共文化资源创造了有利条件。

读者服务工作

从2009年3月起，肃南县图书馆实行免费开放，年开馆天数达350天以上，周开放时间56小时。2009—2012年，书刊总流通7.2万人次，书刊外借4.8万册次，书刊宣传1600种以上，建成基层图书流动服务点16个。2009—2012年，肃南县图书馆共举办讲座、演讲、培训、阅读推广等读者活动236场次，参与人数达8万人次。2013年建设开通肃南县图书馆网站、肃南县数字移动图书馆，实现了图书馆数字化。截止2013年底，肃南县图书馆发布使用的资源总量为28.17TB，通过肃南县图书馆网站、“书香家园”公益讲座、文化大讲堂、共享工程视频展播专栏、资源拷贝、光盘刻录等方式向全县各级群众及共享工程基层服务点提供检索、浏览、下载和服务。从1997年起，16年坚持不懈开展“121”家庭读书“十佳户”评选活动，截止2012年，共评选表彰奖励“十佳户”160户。2012年，肃南县图书馆创新开展了“农家书屋”流通服务袋服务模式。

业务研究、辅导、协作协调

2009—2012年，肃南县图书馆职工上报省图书馆学会论文22篇，获奖论文8篇，发表论文及调研报告3篇。

加强农家书屋及共享工程管理服务工作，2009—2012年间，组织各村管理员集中培训12次，每年集中人力深入8个乡镇的102个农家书屋进行巡回业务辅导培训，完成了4.4万多册图书的规范登记、分类、标引、上架任务，建成了35个农家书屋示范点。定期对8个乡镇的“农家书屋”管理运行工作进行检查调研，向上级主管部门提供可行性的调研报告，为农家书屋长足发展提供了建设性意见。

管理工作

肃南县图书馆加大内部管理改革力度，采取建立按需设岗制，签订工作目标责任制，择优聘用上岗制等管理手段，制定目标管理责任制考核办法，严格日常考核考评。加强制度建设，修订完善了《阅览室工作人员制度》等16项内部管理制度，使馆员服务意识和责任意识进一步增强，工作作风明显转变，内部环境更加和谐，有力地促进了各项工作顺利开展。

表彰、奖励情况

2009—2012年，肃南县图书馆共获得各种表彰、奖励15次，其中，2012年，肃南县图书馆电子阅览室被国家文化部评为全国文化信息资源共享工程·公共电子阅览室示范点，

开展地方文献资料宣传

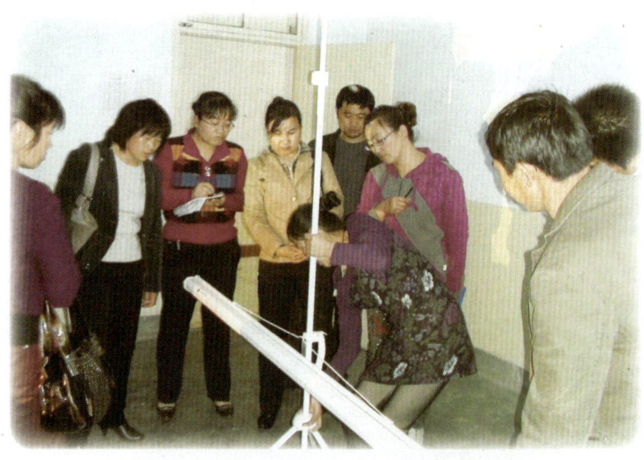

共享工程基层服务点设备使用操作培训

电子阅览室

借阅览室

开展“书香家园”公益讲座

2009—2011年全民阅读活动中，被甘肃省图书馆学会评为省全民阅读“先进单位”，命名为“全民阅读基地”。2011–2012年共享工程活动中，连续3次获得优秀组织奖。

馆领导介绍

马雪梅，女，1965年7月生，藏族，本科学历，中共党员，文广局副局长兼图书馆馆长。1987年3月参加工作，曾在肃南县祁丰区、皇城区、康乐区工作，曾任肃南县康乐区公署副区长，1998年12月调图书馆工作任图书馆副馆长，2010年11月任图书馆馆长，2014年12月任文化广播影视新闻出版局副局长。2009年获甘肃省农家书屋先进个人，2013年获甘肃省文化信息资源共享工程先进个人。

李琦，男，1965年11月生，藏族，大专学历，中共党员，副馆长。1983年10月参加工作，在肃南县广播电视局工作，曾任肃南电视台副台长，2010年11月调图书馆工作任图书馆副馆长。分管业务工作。

未来展望

肃南县图书馆以建设“书香肃南”为己任，在图书馆数字化、甘肃省华夏文明创新区及张掖市公共文化体系建设机遇下，强化管理，创新思路，大胆探索，坚持“以人为本”的服务理念，不断学习借鉴先进的办馆经验，加强图书馆的自动化、网络化、数字化建设水平及步伐，做好数字图书馆及数字移动图书馆的宣传推介及读者服务，使读者能充分享有应用先进数字文化。同时，不断建设完善检索系统，加强参考咨询服务，整合特色资源，拓展服务领域，最大限度地发掘和利用裕固族地方文献资源，逐步形成具有地方特色的服务模式和服务品牌。

数字移动图书馆启动仪式

联系方式

地　址：肃南县红湾寺镇祁丰路35号
邮　编：734400
联系人：梁玲娟

（撰稿人：梁玲娟）

进行数字移动图书阅读推介

多媒体室开展公益讲座

静宁县图书馆

概述

静宁县图书馆于1982年10月从原静宁县文化馆分离出来，建立了独立完整的馆舍，同时正式对外开放。1997年投资130万建设新馆，于1999年11月建成并投入使用，馆址位于县城中心成纪文化城院内，建筑面积1665平方米，设计藏书容量10万册，可容纳读者座位200个。分别于2005年、2009年，在第三次、第四次全国公共图书馆评估中，被文化部命名为国家“三级图书馆”。静宁县图书馆有阅览坐席170个，计算机39台，信息节点46个，宽带接入10Mbps，选用文津图书馆自动化管理系统。

业务建设

截止2012底，静宁县图书馆总藏量82582册（件），其中纸质文献81916册，包括图书60983册，报刊20933册；视听文献36件，电子文献500种，古籍130册。

2009年–2012年，静宁县图书馆每年新增藏量购置费5万元，年入藏图书平均1500种，报刊年入藏量95种以上，视听文献36件，电子文献500种。

馆藏图书依照《中图法》（第四版、第五版）进行分类标引。图书依据《普通图书著录规则》著录。2012年，馆内图书进入自动化管理系统，馆藏中文文献书目实现数字化、自动化管理，普通图书、报刊等文献资料，CNMARC格式建立机读目录，实现了自动化借阅。

2009年底建成全国文化信息资源共享工程静宁县支中心，支中心配有服务器4台，电脑35台，同时配有磁盘阵列、交换机等设备。2010年投入使用，接收文化信息资源共享工程资源，为广大读者开展丰富多彩的活动。

读者服务工作

静宁县图书馆本着“读者至上、服务第一”的办馆宗旨，开展读者服务活动。全年开放345天，每周开放60小时。

2009–2012年，书刊总流通11.196万人次，书刊外借10.695万册次，采取开架式服务方式。2012年1月1日起馆内所有服务场地及服务项目免费向公众开放。

2009–2012年，静宁县图书馆共举办读者活动124场次，参与人数10.3542万人次。重点有元宵节灯谜晚会、4.23世界读书日阅读推广活动、图书馆服务宣传周活动，农家书屋管理员业务培训、基层业务辅导、专题展览、知识讲座、读者座谈会等内容。

馆内设立了老年人、残疾人阅览室座位，定期开展特殊人群活动，推荐学习资料，供他们方便阅览。

利用广播、网站、文化共享工程平台广泛宣传图书馆，展示各种活动图片内容，利用广告、传单、宣传牌等形式做新书推介、告知读者定期的活动项目。

业务研究、辅导、协作协调

调研工作不断深化。在图书馆事业不断发展、网络化、自动化、数字化图书馆相继出现的新形势下，对自身的发展和基层工作辅导方面都进行了广泛调研，指导撰写对基层图书工作有指导意义的调研文章8篇。在图书馆自身发展调研中，把信息化、自动化管理作为静宁县图书馆目前的两个重要课题来研究，撰写调研文章6篇。多次派业务人员到省图书馆、周边县图书馆进行业务学习。

2009–2012年，联合城区各学校图书馆、社区图书室、乡镇农家书屋，广泛征集地方文献、加强古籍保护、阅读推广与讲座展览资源服务、业务培训与技术支持等工作。截止2012年底，共征集地方文献18种，举办乡镇农家书屋管理员培训6次，参训人员330余人。基层业务辅导56次，指导基层站点的图书分类、编目、上架10000册以上。完成了古籍普查工作和平台录入工作。2012年，举办了全县图书管理员《中图法》五版的业务培训。

管理工作

2010年，静宁县图书馆完成首次全员岗位聘任，建立了工作量化考核指标体系，每半年和全年进行总体工作考核。2009–2012年，共抽查文献排架16次，书目数据8次，撰写专项调研、分析报告和工作提案10篇。

表彰、奖励情况

2009–2012年，静宁县图书馆获得奖励4次，其中个人获得平凉市文化出版局表彰2次，集体获得平凉市图书馆奖励1次，静宁县委精神文明办奖励1次。

馆领导介绍

杜立萍，女，1972年7月出生，静宁县威戎镇武高村人，本科学历，中共党员，馆长。1995年10月参加工作，先后在静宁县古城乡政府、甘沟乡政府工作，任副乡长，纪检书记等职务，于2012年3月调入图书馆任馆长。

未来展望

静宁县图书馆本着“读者至上，服务第一”的办馆宗旨，免费为读者开展图书、期刊借阅，少儿阅览、报刊阅览、电子阅览及网上资料查询等服务，并开展各种读者活动，培训，讲座，报告会，展览，基层业务辅导等。2012年12月，安装了图书馆自动化管理系统——文津系统，实现了图书馆业务自动化管理。随着网络化、信息化的发展，静宁县图书馆要紧跟时代步伐，加大网络化、信息化、数字化建设，逐步完成古籍数字化、地方特色数据库建设，不断创新服务模式，提升服务质量，扩大服务辐射区域，加强基层服务点管理，联合社区图书室、城区各学校图书馆，建立县区公共图书馆服务联盟，实现馆际文献资源共享互借，带动全县图书馆事业的整体发展。

联系方式

地　址：静宁县成纪文城院内图书馆
邮　编：743400
联系人：刘 芳

环县图书馆

概述

环县图书馆是由民国中期的“曲子县鲁迅馆”和“民众教育馆”沿革而来。1950年秋曲环两县合并，于1951年成立环县人民文化教育馆，设立了图书阅览室。1979年与县文化馆分设成立图书馆至今，隶属县文化广播影视局。2012年8月挂牌成立了全国文化信息资源共享工程县级支中心。2013年10月被文化部命名为“二级公共图书馆”。

业务建设

目前馆内设现设综合办公室、图书借阅室、藏书库、电子阅览室、综合阅览室、采编室、机房、地方文献书库、古籍书库、多功能报告厅、地方特色文化成果展厅等11个服务窗口。馆内现有计算机45台，其中，电子阅览室有计算机30台。现有各类藏书报刊5.01万册，其中，各类图书36671册（14680册正在上架整理中），古籍线装书682册，报刊11196册，地方文献1020册，电子图书31种，视听文献569件。

读者服务工作

根据文化部关于取消公共图书馆服务收费项目的通知精神，我馆于2005年取消了所有收费项目，实行全免费开放。馆内设服务窗口4个，每天向读者开放时间约8小时，每周服务时间56小时，全年开放时间350天左右。同时坚持双休日、节假日服务制度。馆藏资料实行开架借阅，开架图书占总藏量的72%。年读者流通总人次3.2万人左右，图书、期刊外借册次4.6万册左右，馆藏书刊文献年外借率90.2%。年发放借书证500多个，累计持证读者1180人。年搞阅读推广活动6次，新到书刊宣传300种左右。办书画、地方古籍保护成果展览5场次，展出字画、皮影150多件。

业务研究、辅导、协作协调

在馆外建立了县中队、老年活动中心、南北两个社区、南关小学等5个图书流动点，采取每月流通一次的形式，每次流通图书100册左右，全年共流通图书1.1万册左右，同时对县城城区的110名残疾人、245名离退休老干部、未成年人、进城务工等特殊群体进行了送书服务等，全年共送书350多人次，图书1700多册次。在基层图书室和农家书屋业务辅导方面，根据上级的安排及要求，我县2007–2012年共建成了251个农家书屋，4个街道社区图书室，237个文化共享工程基层服务点，21个乡镇文化站，我们对已建成农家书屋、图书室、文化站的业务工作作了全面和重点的指导培训。2008年至今，我们分批次对全县所有“农家书屋”管理员进行图书管理、分类、编目等业务知识的培训。同时对曲子镇的五里桥、双城村、环城镇的十八里、北郭塬、张滩滩村，山城乡山城堡村等6个示范农家书屋的业务工作进行了较全面的现场指导培训。

管理工作

环县图书馆属于正科级事业单位，现有事业编制8人，实有工作人员10人。为了使本馆的理论和业务学习经常化、规范化，不断增强领导班子和干部职工的党性修养和理论素养，提高思想认识水平和实际工作能力，结合群众路线教育实践活动和双联活动的安排意见，特制定本制度。

馆长：龚新民

4.23读书日活动

为读者办证、借阅

1、每周集体学习为二次，周三为理论学习日，周四为业务学习日，每次学习时间不少于2小时，若遇特殊情况集体学习活动受到冲击时，可另行安排。本馆干部职工都必须按时参加集体学习，不得无故缺席。

2、集体学习由主管办公室业务的副馆长召集。建立点名册和集体学习笔记，指定专人进行考勤登记，并对每次集体学习时间、内容、讨论发言等情况作详细记录。

3、年初提出总体学习计划，分阶段落实。主要学习马列主义、毛泽东思想、邓小平理论和江泽民论述的原著，中央、省地重要文件和重大政策、工作业务。同时学习现代科技、市场经济、法律法规及金融、历史、文学等方面的知识，全面提高干部职工素质。

4、每个干部职工都要挤时间坚持自学，按照统一学习计划和内容记笔记，写心得体会。每人每年记学习笔记2万字以上，撰写体会文章或调查报告1篇以上。要端正学习态度，加强世界观改造，努力形成认真学习、民主讨论、积极探索、求真务实的良好学风。

5、对干部职工学习笔记及学习成果，每半年检查评比一次，年终进行全面考核，分出等次，作为干部职工年终考核和评优选模的依据。

馆领导介绍

龚新民，男，汉族，1964年3月出生，甘肃省庆阳市环县人，1984年7月参加工作。大学文化程度，1995年8月加入中国共产党。1984年7月至1992年3月，先后在洪德许旗小学和环城小学任教8年，1992年4月调入环县老干部局工作。1997年7月任环县县直机关工委副书记兼县委正科级组织员，2012年5月调入环县图书馆任馆长。

王永宝，男，1975年4月出生，甘肃环县人，1997年9月参加工作，2000年12月加入中国共产党，在乡镇工作16年，先后从事计生、武装、行政文书等工作，担任副乡长、纪委书记等职务，2013年6月调入环县图书馆，任副馆长。

电子阅览室

表彰、奖励情况

获省支中心先进单位、先进个人奖各1次；2009年3月获县委、县政府颁发的全县档案工作先进集体奖、2009年3月获县委宣传部文化出版局颁发的全县文化工作先进集体奖、2010年3月获县委宣传部颁发的2009年度思想政治工作先进集体奖、2011年9月获县委、县政府颁发的“甘肃环县第三届中国道情皮影民俗文化节”先进单位奖。其他奖励：县文广局奖励3次县档案局1次，县道情皮影艺术节奖1次；机关工委奖2次。

镇原县图书馆

概述

镇原县图书馆前身是原镇原县民众教育馆图书室，设立于1934年。1949年7月更名为镇原县文化馆图书室，1986年8月正式成立镇原县图书馆。馆舍建筑面积2100㎡，总藏书6万册，阅览席位247个，除设有成人阅览室、少儿阅览室、报纸阅览室、期刊阅览室、电子阅览室、多媒体培训室等8个阅览室、培训室外，还建办有镇原籍作者图书展室，中国近现代图片展室和镇原县图书馆网站。馆内古籍及地方文献室收藏有《甘宁青史略》、《四部丛刊》、《万有文库》等古籍和民国文献4800多种，具有较高的文献史料价值。报纸阅览室和期刊阅览室收藏有1954年以来的各类报纸12548册、期刊6397册、珍贵画报2148册，保存完整，史料珍贵。另外，2009年，省文化厅给我馆投放了68万元的设施设备，建立了全国文化信息资源共享工程镇原支中心，开辟了电子阅览的新途径。2013年5月，全国公共图书馆评估定级时，我馆被评为“二级图书馆”。

业务建设

镇原县图书馆2009年11月搬迁至县文化广场。新馆为三层框架式钢混结构，馆舍面积2100平方米，设有成人阅览室等11个阅览室、展室。全国文化信息资源共享工程镇原支中心接入县移动公司10兆宽带网。同时，配备500G移动硬盘2个，500G存储器10个，存储容量达到了6.85TB，另外，我们利用文化共享工程配送的“文津”图书管理系统，对馆藏图书进行电子录入。现已完成新购图书、古籍、地方文献和成人阅览室部分图书电子编目。并定制了电子借书卡，购买了刷卡器，实行电子借阅。

目前，我馆共藏有图书和期刊、报纸合订本及视听文献共6.6万件。其中，电子文献500种。

自2009年以来，我馆年入藏图书在1500本以上。2012年入藏图书3000种。报刊年入藏80种，视听文献年入藏41种。对地方文献征集和管理我们特别重视。从2012年8月开始我们在电视、报纸、网络上刊登启事，通过发函、上门请索等方式，集中征集镇原籍作者出版的图书和有关镇原的文献资料。共征集图书600多种，图片380幅。现在文献征集工作已转入常态化，不断有人捐赠图书。对地方文献实行专室专柜专人管理，建立有专门目录。为了方便读者查询、检索，我们在网站上建立了镇原县地方文献数据库，随后，还将安装触摸式电脑查询机。

数字化建设。数字资源总量达到了6.85TB。镇原图书馆网站设立了“专题书室”、“地方文献”、“特藏古籍”、“好书推荐”、“新书书目”等专栏，对旧画报、旧期刊、旧报纸等特色资源和古籍、地方文献、新购图书等一一作了介绍，文献书目数字化占馆藏图书的65%。另外，还设立了“诗文荟萃”栏目，录入了镇原籍作者的代表作品。建立了“镇原地方文献数据库”，在提供检索、查询帮助的同时，正在进行数字化转化。目前，《甘宁青史略》（40本）、《潜夫论》、《梁希孔诗文选》、《杜元寿论文集》等已完成了数字化转化。

读者服务工作

1、免费开放。公共空间设施免费开放，增加阅览座席、添置饮水机等，基本服务项目健全并免费开放。

2、普通服务。每周开放时间61小时，除古籍和电子书刊外，全部开架。馆藏书刊年外借4万册次，外借率达82%。设立了镇原中学、城关中学、澳凯公司、马渠景原村等5个馆外服务点。服务点书刊年借阅3000册次。人均年到馆18次。田树智、朱轩麟等读者每周到馆阅借达三、四次。馆外设置了宣传栏，每半月更新一次内容。图书馆网站每月更新一次，重点介绍新购图书和特色书刊。另外，每年的“4.23世界读书日”、“图书馆宣传服务周”和文化下乡活动，通过制作展板，散发传单，广泛进行宣传。图书馆网站和“镇原县政府网站”、“镇原时讯”网站建立了链接，为读者提供信息服务。

3、参考咨询服务。在此项服务中，我们作了大量工作。为县地志办编写了《镇原历代文人著述名录》（民国以前）、《当代镇原籍作者著述名录》等，为编纂《镇原县志》提供方便。协助中国人寿保险镇原分公司举办了“决战6·30成功创富训练营”活动，协助县电力局举办了“镇原县电力局2011年计算机应用与操作竞赛”，协助县科技局举办了全县电子专利申请培训会；协助县电力局举办了输配电网地理信息系统应用培训班。以建国62周年为契机，与城关初级中学联合举办了“优秀电影资源展播”活动。影印了《甘宁青史略》，提供给甘肃民族学院、兰州城市学院、陇东学院等高校供其教学、科研之用。

4、为特殊群体服务。开通了残疾人通道，开放电子阅览室，建立青少年爱国主义教育基地，为残疾人、进城务工人员、未成年人、老年人提供优质服务。

5、图书馆网站建设。镇原县图书馆网站于2012年11月26

“全民读书月活动”启动仪式

省精神文明办王主任来我馆指导工作

市委副秘书长胡正平来我馆参观并进行书法交流

日正式开通运行。经过不断地更新完善，现网站布局更趋科学，内容更加丰富。一是开设了地方文献、专题书室、特藏古籍、新书书目、好书推荐等栏目，宣传馆藏资源，吸引读者，开辟了网上阅览的新媒介。二是开设了镇原文化专栏，以图片滚动的方式，直观展示镇原书法、绘画、剪纸、刺绣、香包等。同时，建立了镇原历史人物、文化名人、山水形胜等数据库，打造了宣传镇原的新名片。三是在重点介绍镇原地方文献、名人诗文的同时，将特藏古籍和珍贵文献电子化，逐步提交上传，建立了资源共享的新媒介。

6、社会教育活动。举办"文明礼仪"、"图书馆——我的选择"等讲座和"电子专利申请"、"计算机的应用与操作"等培训活动32次。举办了中国共产党历史图片展览、英雄模范人物事迹图片展览和镇原籍作者图书展览。其中，党史图片展和英模事迹图片展巡回城关中学等中小学展出21场次。每年有46586人次参与了图书馆活动。图书馆服务宣传活动形式多样，成效显著。今年5月23日成功举办了2014年"全民读书月"启动暨中国近现代史图片展开展仪式，市县领导、省内外专家、学者和县城中小学校学生代表共2000多人参加了活动。

业务研究、辅导、协作协调

与陇东学院图书馆建立了密切合作关系，分批组织人员到其图书馆跟班培训，学习其自动化管理和数字化建设。我们也将多余的地方文献与其图书馆馆藏长余文献进行互换，互补余缺。对全县215个村农家书屋管理员进行了全面系统的培训、指导，共举办培训班36场次。

为使更多的读者走进图书馆，利用图书馆，我们充分利用征集的700多种镇原作者编纂出版的图书和馆藏的上世纪初至八十年代的12000多幅旧照片，建办了镇原籍作者图书展室和"中国近现代史图片展"展室。

镇原籍作者图书展室分设"先贤文论"、"泰斗文存"、"地方文献"、"诗咏镇原"四个版块。"先贤文论"在介绍王符生平，展示《潜夫论》研究成果的同时，还全面介绍了自东汉以来历代文人著述情况及代表作品。"泰斗文存"以年谱和主要著作名录的形式，全面介绍了慕寿祺生平和功绩，并陈列了慕寿祺68部著作手稿和出版物。"地方文献"遴选并陈列了镇原籍作者出版的200多部图书。"诗咏镇原"以电视专题片的形式，播放介绍镇原文人及外阜人士咏赞镇原的诗作。

"中国近现代史图片展"展室，精选800多幅旧照片，分设分设"光辉历程"、"燃情岁月"、"英模人物"、"领袖风采"、"原州旧影"5个板块。"光辉历程"主要展示中国共产党从"一大"到"十二大"历次全国代表大会的会议场景和主题，集中反映中国人民在共产党的领导下进行抗日战争、解放战争等革命斗争史；"燃情岁月"主要展示一代代建设者战天斗地创业的感人场面，集中反映改土造田、大办工业、文化活动、体育运动、国防建设、外交活动等社会主义建设史；"英模人物"集中展示革命战争年代和社会主义建设时期涌现出的英雄模范人物；"领袖风采"主要展示共和国元勋的人生历程和革命实践；"原州旧影"主要展示镇原沧海桑田的变化、镇原人民改天换地、建设家园以及重大活动等场景。

管理工作

修订完善职工业务考核制度，严格职工综合素质考核，采取周学习、月总结、季考评的考核办法推选出业务能力强、工作严谨的同志推向管理层，树立标杆，凸显价值。

表彰奖励情况

镇原县图书馆以前因馆舍狭小，条件简陋，不为社会所关注。2009年迁入新馆后，随着条件的改善，图书馆的功能和作用得到了较好的发挥。特别是2012年以来，积极创新服务方式，创办服务载体，拓展服务范围，图书馆受社会各界关注，专家学者不断到馆参观、查阅，各级各界捐款捐物，以不同的方式支持图书馆的发展。现在，已被确定为陇东历史文化人文社科学术研究基地。目前，正在打造甘肃省青少年爱国主义教育基地和党的群众路线教育基地。

馆领导介绍

馆长：畅恒，男，汉族，1969年10月出生，本科文化程度，1989年8月参加工作。先后从事文秘，新闻，政工等工作，曾任镇原电视台副台长，镇原县武装部政工科代科长，镇原县委政研室主任，现任镇原县图书馆长，擅长文学，共发表诗歌、散文、论文及各类新闻作品130多件80多万字。其中9篇在全国、省、市组织的征文活动中获奖，3篇论文被《中国广播电视年鉴》、《跨世纪改革发展战略》等大型辞书收编，著有《杂花集》一书。现为甘肃省延安精神研究会会员、甘肃省作协会员、镇原县作协理事。

未来展望

今后，镇原图书馆将继续遵循"务实、高效、科学、严谨"的方针，坚持社会主义核心价值观，结合党的群众路线教育活动，完善服务功能，扩大服务范围，推动文化事业的大发展、大繁荣，力争第六次评估达标国家一级馆。

联系方式

地　址：镇原县文化广场东侧
邮　编：744500
联系人：张莉锋

整理扫描旧照片

镇原籍作者图书展室开展仪式

优秀读者颁奖活动

定西市安定区图书馆

概述

1926年成立定西县民众教育馆，1931年设民众阅览室，1934年改称民众图书馆，1941年改称县立民众教育馆，1956年7月正式成立定西县图书馆，2003年更名为安定区图书馆，2005年被文化部确定为"全国文化信息资源共享工程市级分中心"，2009年被确定为"全国文化信息资源共享工程县级支中心"，建筑面积1513.6平方米。现为国家"二级图书馆"，设图书借阅室、报刊借阅室、少儿借阅室、电子阅览室、特藏室、报告厅、自修室、古籍室等服务窗口，阅览座位250个，职工19人，其中中级职称6人，副研究馆员1人。

业务建设

截止2012年底，安定区图书馆总藏量为12.5万册（件），其中中文图书97833册、历年报纸、期刊合订本11567册，其中开架书刊85000多册，开架率达72.3%。

馆藏古旧图书《御纂周易折中二十二卷》（清李光地著，康熙五十四年御制武英殿刻本）、《国史经籍志五卷附录一卷》（明焦竑辑、徐象櫄校刊，明曼山馆刻本）、《晚唐诗抄二十六卷》（清查克弘、凌绍乾著，清康熙四十二年刻本）等1297部，内容涉及经、史、子、集四部中的43个小类。其中古籍765部，《御纂周易折中》被列入首批国家珍贵古籍名录，《国史经籍志》、《晚唐诗抄》、《新编事文类聚翰墨大全》3部被列入甘肃省珍贵古籍名录。

2009年区财政拨付文化信息资源共享工程配套资金10万元，完成了电子阅览室、机控室、编辑室、报告厅等配套建设，公共电子阅览室正式向公众投入使用。2010、2011、2012年财政分别拨付购书经费10万、12万、14万元，新增图书1538种、1503种、2968种，年均新增图书3000册以上。2010–2012年共征集地方文献510多种，890多册。2012年，设盲人阅览区、设盲文专架，安装读屏软件、购置盲人听书机等，为视障读者提供服务。

2011年7月，依托全国文化信息资源共享工程，CDI文津图书馆管理系统安装到位，读者管理和图书管理走上了自动化的路子。截止2012年底，数字资源总量达到3.28TB。馆藏中文文献机读目录记录数达18033条，占馆藏1949年以来中文文献资料29753种的47.16%。

读者服务工作

2009年–2012年，安定区图书馆继续拓宽服务渠道、强化服务措施、扩大服务内容，坚持编印《报刊信息选编》和《农村科技信息》，为地方党委和政府提供政策信息和决策依据，为农民群众传播农业适用技术；坚持开展送图书、送科技下乡活动，丰富群众文化生活，加强农村文化阵地建设、繁荣农村文化；设"节假日剧场"，每逢"双休日"、节假日组织读者观看爱国主义教育、人生励志等影片，播放老年人养生保健、国学讲座等视频；举办文物、禁毒、计划生育、水土保持、交通安全、科普知识等主题展览，开展读书征文、演讲比赛、绘画摄影大赛、青少年手工制作、亲子阅读、灯谜竞猜等读者活动200多场次。2010年底，逐步取消了办证费、验证费、自修室使用费、电子阅览室上网费、存包费、公益性讲座和展览收费，实现了免费开放，年均接待读者达6.3万人次，图书流通量达8.1万册次。

业务研究、辅导、协作协调

安定区图书馆每年组织职工积极参加省、市各级业务部门组织的古籍保护、自动化建设、中图分类法、共享工程等业务培训。全体职工结合本职工作，积极开展业务研究工作，2009–2012年先后撰写论文、调查报告70多篇，在省级以上刊物发表15篇，获奖作品2件（项）。积极配合国家古籍保护中心、甘肃省古籍保护中心对馆藏古籍进行整理，全部录入全国古籍普查平台，完成了数据库建设任务，荣获甘肃省"古籍保护工作先进集体"称号，1名馆员被授予"全省古籍保护工作先进个人"殊荣。为了促进古籍保护和利用工作，2010年，配合区文史资料委员会办公室对馆藏古旧图书《重修定西县志》进行校注和出版发行，2012年对馆藏古籍《本地风光文集》4卷进行整理、校注和出版发行。

管理工作

安定区图书馆为了实现各项工作的制度化、规范化，修订完善了《安定区图书馆规章制度汇编》，内容涉及馆员服务规范、读者文明公约、读者须知、馆员岗位职责及安全、财务财产、业务统计、违规读者处理等方面，并装框上墙公开公示，

规范了单位内部管理及职工和读者的行为。实行目标管理，每年单位与各室、各室与职工层层签订目标管理责任书，采取阶段性考核与年终考核相结合、考核结果与绩效工资相挂钩的办法，强化了职工管理。

表彰、奖励情况

先后被文化部、省文化厅、市科协、市妇联、区委区政府授予"全国文明图书馆"、"全省文明图书馆"、"全市科普教育基地"、"全市巾帼文明岗"、"区级文明单位"、"爱国主义教育基地"等荣誉称号。

馆领导简介

冯哲，男，1968年出生，本科学历，中共党员，馆长。1992年10月参加工作，2010年8月任定西市安定区图书馆馆长。

汪茏，女，1965年出生，研究生学历，中共党员，党支部书记。1984年10月参加工作，2010年8月任定西市安定区图书馆党支部书记。

未来展望

安定区图书馆将继续认真遵循"读者第一、服务至上"的服务宗旨，以推动全区文化大发展、大繁荣为目标，以保障公民基本文化权益为落脚点，强化队伍建设，优化借阅环境，转变服务理念，积极探索和建设以区图书馆为中心、以乡镇图书室为纽带、以农家书屋为基础、以企业和学校等行业图书室联合加盟为补充，覆盖全区、城乡一体、功能完善、资源共享、管理规范的新型公共图书馆服务体系，走出一条适合本地实际的优秀文化资源共享的路子。

联系方式

地　址：甘肃省定西市安定区解放路63号
邮　编：743000
馆　长：冯 哲

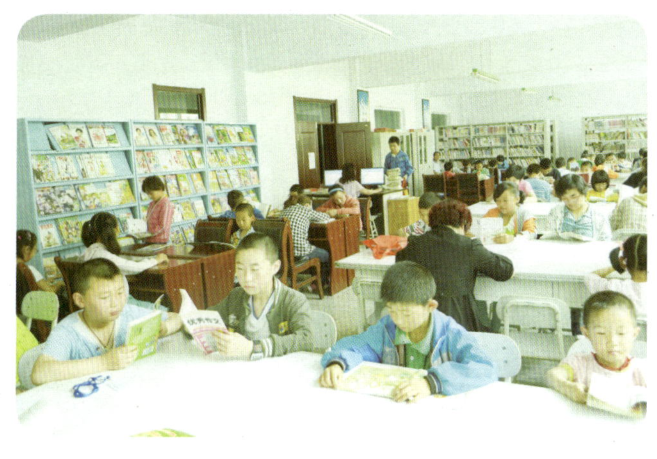

临洮县图书馆

概述

临洮县图书馆创办于民国十三年（1924年），起初命名为“狄道县图书馆”，民国十八年（1929年）“狄道县”更名为“临洮县”，随更名为“临洮县图书馆”。后几经更名，1956年正式成立了“临洮县图书馆”，沿用至今。馆址由（1924年）东大街土地祠旧址迁入城隍庙（1955年），占地4.87亩。1989年10月，位于临洮县椒山街31号——城隍庙后院新馆建成开放，总面积为2640平方米。总藏书量13万多册（件），可容纳读者座位300个。2013年参加第五次全国公共图书馆评估，首次获得二级县级公共图书馆。2012年，临洮县图书馆有计算机60台，信息节点60个，宽带接入10兆光纤。选用Interlib图书馆自动化管理系统。

业务建设

截止2012年，临洮县图书馆总藏量137385册（件），其中：古籍9184册，图书97775册，报纸期刊27389册，地方文献1937册，视听文献1100个，电子文献10000册。

2009–2012年，临洮县图书馆投入资金24.44775万元，新入藏图书6520种，12778册，征订报纸84种，杂志516种，视听文献380种，入藏地方文献130种，265册；入藏捐赠图书1376种，2498册。

截止2012年图书馆数字资源存贮容量4TB。图书馆自动化管理系统Interlib系统正常运行，服务管理工作自动化。

读者服务工作

自2011年7月1日起馆内所有服务项目全部免费开放，周开放70小时，2009–2012年，书刊流通30多万人次，书刊外借36万多册次；30个流动图书点，书刊流通102369人次，书刊外借29298册次；临洮县图书馆免费向县内外专业人员和社团组织提供各类馆藏文献参考资料，出版发行了《临洮人物》、《临洮新县志》、《临洮颂》，短篇小说《别说爱情》，长篇小说《三生石》、《黑旗军转》，诗集《初恋》，散文集《陇中风情录》等60多部有一定文学水平的作品。编纂《临洮——历代兵家争夺的重镇》、《临洮岳麓山诸葛武侯祠》等文史资料130期、《临洮诗词》44期、洮河》杂志12期、《老子文化探索》7期、《联谊与研究》8期、《寺洼文化》3期、《马家窑文化源流》10期、《老子文化论文集》、《临洮花儿》、《老子文化诗词选集》等书籍和期刊，形成了临洮文化特色和图书馆特色馆藏。

2009年建成了共享工程支中心，共享工程支中心免费提供检索、浏览和下载服务。

2009–2012年，图书馆共举办各类讲座、培训、读书演讲赛、有奖征文、阅读推广等读者活动40多场次，10万多人次。活动荣获共享工程国家管理中心表彰个人奖1个，共享工程甘肃省分中心表彰集体奖4次，个人奖6个，甘肃省图书馆学会表彰集体奖1次，个人奖173个。

业务研究、辅导、协调

2009–2012年，图书馆职工共撰写发表论文6篇，调研报告2篇。获得文化部艺术服务部、文化研究与论坛奖1篇，获得省图书馆学会奖4篇，获得中图奖1篇。

2009–2012年，临洮县图书馆先后举办基层图书管理员培训班6期，受训810人次，共享工程基层站点负责人培训班2期，受训700多人次，同时将图书馆9名工作人员责任到全县18个乡镇，承担着随时辅导辖区内所在乡镇图书室和农家书屋、基层站点业务工作。据统计工作人员先后218次深入到18个乡镇图书室和324个农家书屋、基层站点进行辅导，使全县所有乡镇图书室、农家书屋的书籍排架整齐，分类规范，制度完善，规范运营，及时运转，作用发挥的好。

管理工作

实行岗位管理和工作目标责任制。根据上级有关规定，结合临洮图书馆实际，按需设岗，按岗聘用，严格考核，每半年考核一次，年终根据考核情况评定等次。

表彰奖励情况

2009–2012年，临洮图书馆共获得各种表彰、奖励4次，其中：省图学会1次，省共享工程分中心3次。国家共享工程管理中心1人，省文化厅1人，省图学会，省共享工程分中心个人表彰，奖励178人次。

农家书屋业务指导

宣传周发放宣传材料

家庭亲子阅览

网上阅览

全民阅读活动启动仪式

馆领导介绍

陈晓萍，女，1965年12月生，本科学历，中共党员，主任科员，馆长。1987年5月参加工作，1987年5月–2007年8月分别在窑店乡、西坪乡、卧龙乡、洮阳镇政府工作，先后担任乡团委书记、副乡长、副科级组织员等职务，2007年9月任县文化局副主任科员兼图书馆馆长，2012年10月任县文化广播影视局主任科员兼图书馆馆长。期间：1996年4月当选并出席中国共产主义青年团甘肃省第九次代表大会代表，共青团甘肃省第九届委员会委员；1998年被评为定西市“十佳优秀妇女干部”；2006年当选为中国共产党临洮县第十三次代表大会代表；2008年被临洮县政协文史委员聘请为文史委员；2010年被临洮县政协评委“优秀文史委员”；2013年被中共临洮县委评为“精神文明先进个人”。

郑洁，女，1962年5月生，本科学历，中共党员，馆员，副馆长。1979年11月参加工作，2002年被县文化局任命为副馆长，担任图书馆图书分类采编工作、业务辅导研究工作、地方文献收集整理、古籍整理版本鉴定等业务，从事图书馆工作多年。2012年被省文化厅评委“全省古籍普查先进个人”。

临洮县图书馆办公大楼

未来的展望

临洮县图书馆遵循建设“平等、包容、开放”的办馆理念，以“服务基层，服务读者”为原则，以数字化图书馆建设为重点，以县委、县政府提出的“文化兴县战略”为目标，立足实际，改善办馆条件，创新服务方式，拓宽服务领域，创新技术服务，力争把临洮县图书馆建设成为具有管理手段现代化，服务自动化、网络化、数字化的新型图书馆，满足各类型读者不同层次需求，使之成集文化展示、社会教育、信息传播、娱乐休闲、文献收藏为一体的新型开放型现代化图书馆。

一是加快新馆建设进度，改善阅览环境。积极协调施工单位抓紧临洮县图书馆新馆内装修工程的建设进度，争取2014年年底完工，2015年投入使用。二是加强队伍建设，解决人才不足的问题。向县编委申请重新核定人员编制，争取人社局配备相应紧缺的计算机网络维修、维护、数字资源加工开发利用、古籍研发等方面的复合型专业技术人才，建立以县级图书馆为中心，覆盖县、乡镇、村、社（社区）站、点网络服务管理系统化人才队伍。三是加大经费投入力度，力争新增馆藏文献达到30万册以上。四是加强数字化图书馆建设力度。注重策划选题、挑选专家、把握内容、精心组织、搜集、整理、加工、存贮，建立相应的链接，组建比较完善的免费数据资源导航库，提供各种模式的网络化服务工作，利用覆盖全国的网络系统为全县广大基层群众提供优质的文化信息服务，实现资源的共建共享。通过3–5年的努力发展，使临洮县图书馆工作上台阶、上水平。

领奖

流动图书站

送书下乡

庄浪县图书馆

概述

庄浪县图书馆可追溯到民国二十三年（1934年），始设民众教育馆，民国三十年（1941年）正式建馆，陈列少量图书、报刊、文物供阅览，1949年8月解放时解体，同年中华人民共和国建立，县政府设县文化教育馆。1958年12月庄浪并入静宁县，改称静宁县文化馆水洛分馆。1961年12月恢复庄浪县建置，改成庄浪县文化馆。1968年4月改称毛泽东思想宣传站文化组。1970年9月恢复文化馆，设图书室。1983年6月改图书室为图书馆。1989年分出图书业务，独设庄浪县图书馆，馆址几经变迁，2009年3月辟址新建“三馆”（图书馆、文化馆、博物馆），“三馆”位于县城中心街紫荆广场东侧，建筑总面积8400平方米。其中图书馆使用面积3000平方米，馆内设图书室、阅览室、资料室、少儿阅览室、少儿活动室、采编室、古籍室、地方文献收藏室、电子阅览室、主机室、多媒体室、多媒体演示大厅、办公室、会议室、职工活动室、贮藏室等。2010年在省文化厅“文化信息资源共享工程县级支中心项目建设”的支持下，电子阅览室配置计算机35台，宽带接入10Mbps，选用文津图书馆自动化管理系统。2013年，参加第五次全国公共图书馆评估，首次获得二级图书馆。

业务建设

截止2013年底，庄浪县图书馆馆内藏书89253册，其中图书53865册，报纸、期刊30938册，视听文献800种。古籍3520册（其中善本273册），地方文献有《庄浪县志》、《庄浪风物》、《庄浪画册》、《花甲抒怀》、《帝王之诗》、《庄浪史话》等800多册。馆内收藏1964年以来各种历史图片11000多张。

读者服务工作

从2011年3月起，庄浪县图书馆对外实行免费开放，周开放56小时，开展图书借阅、阅览、参考咨询、电子阅览等。2012年引进文津系统，实现了馆藏文献的自助借还。2008–2013年，庄浪县图书馆指导各乡镇建成293家基层农家书屋，实现了图书进基层服务群众的宏伟目标。2008–2013年，庄浪县图书馆多次举办“春节元宵灯谜竟猜”、“送书下乡”、“4.23世界读书日”、“文化遗产日”、“全民阅读活动”、“图书馆服务宣传周”、举办“文化共享”专题讲座、基层农家书屋业务培训、参加农家书屋管理员知识竞赛、举办“我的书屋我的家”农家书屋阅读讲演比赛、读者交流等活动，使县图书馆的服务能力不断提高。

业务研究、辅导、协作协调

2008–2013年，庄浪县图书馆职工发表论文10篇。

2010年，庄浪县图书馆组织职工耗时八个月整理古籍3520册。2012年，庄浪县图书馆组织职工耗时三个月整理归档各种历史图片1.1万张。2008–2013年，庄浪县图书馆在县志办、县文联、县档案馆及道南协会的大力支持下，征集地方文献800多册。设立“地方文献陈列室”。

管理工作

庄浪县图书馆职工实行全员岗位聘任制度，建立了工作量化考核指标体系，每半年和全年进行总体工作考核。

表彰、奖励情况

2008–2013年，庄浪县图书馆先后得到了省、市主管部门的多次奖励，庄浪县图书馆被省图书馆学会授予“全民阅读活动”先进单位、在全市农家书屋讲演比赛中被授予“团体优秀组织奖”称号、被省文化厅授予“甘肃省乡镇综合文化站建设先进县”荣誉称号、基层服务点被省文化厅授予“甘肃省文化信息资源共享工程先进服务点”称号。

馆领导介绍

李永祥，男，1962年生，中共党员，馆长。1983年7月参加工作，历任大庄、白堡、朱店副镇（乡）长，赵墩纪委书记（副书记）。2007年8月任庄浪县图书馆馆长（副科级）。

张丽，女，1973年生，本科学历，中共党员，副馆长。1996年9月参加工作。历任杨河副乡长。2006年8月任庄浪县图书馆副馆长（副科级）。

贾善亮，男，1972年生，大专学历，中共党员，副馆长。1994年8月参加工作。历任良邑经委主任。2011年1月任庄浪县图书馆副馆长（副科级）。

未来展望

庄浪县图书馆遵循“高位求进、创新突破、彰显特色、跨越发展”的办馆方针。以改革创新为动力，以“读者第一，服务至上”为宗旨，进一步抓好公共图书馆的资源建设和读者服务工作，同时积极抓好图书馆自动化、网络化、数字化建设，加快传统图书馆向现代化图书馆的转变步伐，努力把庄浪县图书馆建成特色鲜明、管理科学、功能齐全、服务优良、环境优美、能最大限度满足读者需要、为庄浪县事业发展和科研提供切实有效的文献信息保障的复合型图书馆。

联系方式

地　址：平凉市庄浪县水洛镇文化巷10号
邮　编：744699
联系人：李永祥

兰州市红古区图书馆

概述

兰州市红古区图书馆始建于1985年，主要负责红古区文献资料征集、收藏、读者借阅和读者文化活动等工作，2004年前与红古区文化馆合署办公。1989年由窑街镇搬迁至海石湾镇，2001年“三馆”大楼落成，2004年图书馆独立办公。2007年5月由高汉文任图书馆馆长，2008年12月至今由闫生谦任图书馆馆长，图书馆分二楼和五楼两层，建筑面积1200平方米，五楼600平方米，由资源编辑室、财务室和图书借阅室组成。二楼600平方米，分图书阅览室、电子阅览室和少儿阅览室三部分组成。每周开放52小时，日接待读者100余人次。截至2013年底藏书量达到100000余册，图书馆现有工作人员17名。2013年被国家文化部评为国家三级图书馆。

业务建设

加强基础业务建设，推动图书事业发展。目前，红古区图书馆图书藏量达到100000余册，每年新增图书2000余册，征订报刊杂志100多种，吸引广大读者走进图书馆。建立了红古区图书馆网站，打开了一个对外宣传的窗口。对地方文献进行整理，为读者了解本地区政治经济、文化和社会事业发展，方便图书检索以及保存本地区重要的地方史料起到重要作用。近年来，红古区图书馆把业务学习当做首要任务来抓，理论联系实际，始终坚持集中学习和业余自学等方式，不断加强理论和实际操作能力，强化服务水平，改善了服务条件，拓宽了服务渠道。

读者服务工作

红古区图书馆切实发挥每个职工的工作积极性，始终坚持“读者至上，服务第一”的理念，大力推动全民阅读，为构建社会主义和谐社会服务，为了方便弱势群体读者能正常进行阅览，在阅览室设立了盲人阅览区和弱视阅览区，由专人负责帮助弱势群体进行阅览。同时，充分利用“全民读书月”活动，广泛开展宣传、组织开展灯谜竞猜、知识讲座、征文比赛、摄影展、书画展等活动，丰富了当地群众的业余文化生活。红古区图书馆还按时定期安排专人进行送图书下乡活动，深入农村第一线，把农民喜爱的图书、杂志送到田间地头，受到了辖区群众的一致好评。

业务研究、辅导、协作工作

在抓好服务工作的同时，红古区图书馆还注重加强全馆工作人员的业务研究、辅导、协作协调工作，鼓励督促全馆工作人员定期不定期地进行业务交流，撰写业务研究论文和团结协作等方面的心得体会，不断探索图书馆工作发展的新路子、新途径。图书馆工作人员自己撰写的专项研究论文还多次荣获省图书馆学会各个奖项。

管理工作

根据工作实际，红古区图书馆每年与每一位馆员都签订岗位目标责任书，通过加强管理，制定目标责任书、实行目标考核、集中学习等方法，督促全馆职工相互学习、相互促进。严格执行各项规章制度，强化服务手段，创新服务理念、拓宽服务领域，促进各项工作再上一个新台阶。

表彰、奖励情况

红古区图书馆曾荣获甘肃省少儿主题摄影大赛优秀组织奖，甘肃省2012年至2013年度全民阅读活动先进单位，兰州市农家书屋管理员知识竞赛优秀组织奖，第九届、第十届兰州读书节组织奖和先进单位等荣誉称号。

馆领导介绍

闫生谦，女，1967年11月生，大学本科学历，汉语言文学专业，九三学社红古支社委员，红古区图书馆馆长。1987年至2003年曾在兰州市永登县河桥镇任教，2003年8月至2008年11月在红古区文化馆、图书馆从事会计、办公室管理等工作。2008年12月，任红古区图书馆馆长。

未来展望

今后的几年，是红古区图书馆发展的重要时期，红古区图书馆将继续本着“以人为本”的服务理念，以给广大读者创造人性化服务为己任，不断增加馆藏量，拓宽服务领域，以求真务实的工作作风，脚踏实地，攻坚克难，努力使图书馆的各项工作再上一个新台阶。

联系方式

地　址：兰州市红古区海石湾镇583号
邮　编：730084
联系人：达晓岚

红古区图书馆工作人员合影

红古区图书馆图书联展活动

与武警红古中队建立图书流动点

永登县图书馆

概述

永登县图书馆最早成立于1958年10月13日，1962年4月23日撤销，1979年8月，又恢复县图书馆至今。2002年12月从旧址搬迁于新址城关镇和平街94号（三馆一中心），地处体育场路北侧，馆舍周边视野开阔，环境优美。现有建筑面积1696.05㎡，共计五层，内设电子阅览室、成人阅览室（含少儿阅览室）、图书借阅室、地方文献室、古籍室、制作室、主机房、报告厅。图书馆现有阅览坐席150个，计算机43台，宽度接入4Mbps，选用文津图书馆自动化管理系统。图书馆自2011年8月1日起，实行基本服务项目的全面免费开放。

业务建设

截止2013年底，永登县图书馆总馆藏文献资源87468万册（件），其中图书61231册，期刊100种10369册，古籍3100册，地方文献360余册，电子文献12043件，视听资料465件2000多张。现有工作人员15人，具有本科学历5人，大专学历6人，中专、高中学历4人，其中馆员4人，助理馆员4人。2004年县图书馆被县精神文明办评为“文明单位”。2005年、2010年、2013年在全国第三、四、五次公共图书馆评估定级工作中，被文化部命名为“三级图书馆”。

读者服务工作

2007年8月份县图书馆被列为“全国文化信息资源共享工程”甘肃省首批试点县之一，建成文化共享工程永登支中心。该中心的建成彻底改善了图书馆软硬件条件。县图书馆充分利用文化共享工程先进的技术设备和优秀文化资源，开展了一系列读者服务活动，2009—2013年图书馆共举办讲座、展览、培训、阅读推广等读者活动20次，参与人数20224万人次。

业务研究、参加培训

2009—2013年，永登县图书馆职工发表论文4篇，获奖论文10篇，参加共享工程文化发展中心、省中心、省图书馆学会举办的各类专业技术、业务知识培训10期，5人次接受培训。

馆领导介绍

潘发祥，男，1956年6月出生，高中学历，中共党员，馆长。

陈学平，男，1961年10月出生，大专学历，中共党员，副馆长。

未来展望

永登县图书馆将不断遵循“创新发展，服务大众”的办馆方针，发挥图书馆在本地区承担公共文化服务体系中的主体作用，不断完善服务功能，扩大服务覆盖范围，带动本地区文化事业的发展，在未来几年里，永登县图书馆将不断增加纸质文献、数字资源存储量，满足广大民众的阅读需求，争取图书馆评估上等级、服务上水平、馆藏更合理、优势更突出的现代公共文化服务体系建设中的重要组成部分。

联系方式

地　址：永登县城关镇和平街94号
邮　编：730300
联系人：刘永洁

榆中县图书馆

概述

榆中县图书馆始建于1954年。历经风雨沧桑，七迁馆址，于2004年10月迁入集图书馆、文化馆、博物馆为一体的文化中心大楼。图书馆位据大楼二、三层，建筑面积1557平方米，藏书容量10万册，可容纳读者座位300个。2007年文化共享工程榆中县支中心建立，计算机增加到46台，接入6Mbps宽带。2008年参加第四次全国公共图书馆评估，首次获得三级图书馆。2010年5月，兰州市少儿图书馆榆中分馆建立。2011年，实现图书馆集群自动化管理。

业务建设

截至2012年底，榆中县图书馆总藏量82892册(件)，其中纸质文献66735册（件），电子图书15000册、视听文献达1157件（套）。

2011年，根据文化共享工程图书馆业务自动化建设需求，采用Interlib图书馆集群管理系统，以适应公共图书馆服务建设的需要。

2012年，榆中图书馆从免费开放经费中固定5万元购置费，以保证每年500册图书、30种报刊、150种期刊的入藏量。2009年–2012年，地方文献收藏量达到762册。2012年底，完成1919年以前100余部古籍的著录工作。

截止2012年底，接收各类数字资源总量达4TB。

读者服务工作

2011年11月1日，榆中县图书馆实行了全免费开放，周开放56小时，除古籍外各室实行全开架，以最大限度地满足广大读者需求。免费开放一年，年接待读者12万人次、流通图书15万册/次、办理借书证624个，其中少儿图书的外借率达到323.1%。

截止2012年，我馆图书馆流动站达到10个，流动图书达7000余册（含期刊）。

2009年–2012年，榆中县图书馆共举办讲座、展览、培训、阅读推广活动30场次，参与人数达10万人次。利用阵地开设的德慧智国学经典诵读、少儿电脑报和动画设计制作培训已成为榆中县图书馆的工作特色。

业务研究、辅导、协作协调

2009–2012年，工作人员岗位培训（含网络培训）、继续教育年人均学时在70小时以上。在职职工年人均撰写论文或调查报告1–2篇，每年获奖论文至少3篇。

自2010年以来，每年对乡（镇）文化站、农家书屋、学校图书室等业务人员进行图书管理培训。

管理工作

榆中县图书馆从严治馆，在人事、设备、物资、档案、环境、统计、消防保卫等管理中，做到了责任到人，职责范围明确，已健全了权、责统一的20多项制度，实行定员定岗，每年对工作人员从德、能、勤、绩、纪等五个方面进行量化考核。

表彰、奖励情况

2009–2012年，先后获得第六届、第七届、第八届兰州读书节组织奖，“阳光少年热爱党”、“像雷锋那样……”少儿电脑报设计比赛优秀组织奖，2012年甘肃省图书馆学会年会征文优秀组织奖，2013年被省文化厅授予甘肃省文化信息资源共享工程先进支中心。

馆领导介绍

谈永红，女，1968年11月生，大专学历，馆员职称，馆长。1992年参加工作，一直从事图书工作。2004年任图书馆业务负责人，2012年4月提拔为图书馆馆长，现为甘肃省图书馆学会会员、兰州市图书馆学会常务理事，先后多次参加中图、省市图书馆学会的各种业务知识培训，多次在省、市图书馆学会年会征文活动中获奖，2013年荣获甘肃省文化信息资源共享工程先进个人荣誉称号。

未来展望

榆中县图书馆遵循“服务至上，读者第一”的服务宗旨，将以建设现代化、数字化图书馆为发展目标，利用先进的计算机技术，为全县国民经济发展、提高国民整体素质服务，实现科技和文化的完美结合，努力把榆中县图书馆办成知识信息中心、文化教育中心，把图书馆建成榆中重要的知识信息枢纽的重要阵地，为文化榆中建设做出应有的贡献。

联系方式

地　址：榆中县兴隆路307号
邮　编：730100
联系人：谈永红

专题讲座进社区

成人阅览室一角

图书馆工作人员

白银市平川区图书馆

概述

平川区图书馆机构成立于1993年，副科级建制。1999年9月16日借用文化馆场地正式开馆运行面向社会开放，2009年10月搬入与区会展中心统一设计、统一建成建筑面积2051平方米的新馆并全面开馆服务广大读者。全国第四次、第五次公共图书馆评估定级被评为国家三级公共图书馆。平川区图书馆设有7个服务窗口和3个业务工作室，为读者提供300个阅览席位。全馆拥有计算机40台，可供读者使用的30台，接入电信互联网10兆光纤，专用存储容量达到5TB，运用文津自动化管理系统，2011年全面实现业务管理自动化。

业务建设

截止2012年底，平川区图书馆总藏量2.3万册（件），图书20188万册（件），报刊2522件，视听文献290件。

2012年新增藏量购置费为5.7万元。2012年图书入藏1600余种，3000余册（件），自2010年来年均入藏500余种。报刊入藏年均110种以上，2012年征订各类报刊126种。试听文献年入藏量30种以上，2012年入藏70种。地方文献65种210册。

截止2012年底，平川区图书馆各类数字资源总量达到2TB，其中自建数字资源总量达到300GB，主要资源为地方人文历史图片、数字图书馆、电影、讲座、电子文献等。

读者服务工作

2011年4月23日世界读书日开始，平川区图书馆实施免费开放，周开馆时间不少于56小时。书刊文献年外借1万册次。馆外流动服务点书刊借阅300余册次，人均年到馆25次。为党政机关、企事业单位和公众提供参考咨询服务，为两届陶瓷峰会、屈吴山红色教育纪念馆和向阳杯全国青少年乒乓球大赛提供丰富的图片及文献资源。在福利院和两所（拘留所、戒毒所）设立2个服务点，在政务大厅设立1个便民阅读点。积极建设图书馆网站，完成了域名注册，网站正在建设之中。

2011-2012年先后开展讲座、培训14场次，展览5场次，影视放映12场次，参与上万人次。每年举办全民阅读宣传推广活动不少于4次。

业务研究、辅导、协作协调

2012年，平川区图书馆5人完成业务论文各一篇，在甘肃省图书馆学会2012年年会征文活动中获交流论文三篇，获一等奖论文一篇，获三等奖论文一篇。

积极参与省市图书馆组织的业务活动，多次获优秀组织奖和个人奖项。积极参与图书馆联合编目工作。现阶段全区7个乡镇61个村乡镇综合文化站、共享工程基层服务点和农家书屋实现全覆盖。4个街道28个社区，已配备设备的3个街道2个社区，建成7个社区农家书屋，图书馆服务网络初步形成。赴基层辅导、现场培训图书分类、排架、流通等工作，指导共享工程基层服务点开展工作，辅导面实现乡镇全覆盖，村级30余家。

管理工作

平川区图书馆编制数15人，在开展图书馆服务工作的同时，加强设备物资、档案管理工作，完善各类规章制度，建立考勤奖罚制度，制定消防应急预案，各室配备消防器材，加强人员安全意识，无安全事故发生，促进了工作的全面发展。

表彰、奖励情况

2010-2012年，平川区图书馆共获得各种表彰、奖励7次，其中，省部表彰、奖励5次，市级表彰、奖励2次。

馆领导介绍

郁映辉，男，1975年12月生，本科学历，中共党员，馆员，馆长。1996年12月到平川区图书馆参加工作，先后在图书馆办公室、文化体育局办公室工作。2009年10月任白银市平川区图书馆馆长。2010年9月获甘肃省农家书屋工程先进个人（甘肃省新闻出版局）2013年1月获甘肃省文化共享工程建设先进个人（甘肃省文化厅）。管理图书馆全面工作，分管共享工程工作。

贺竹慧，女，1973年10月生，本科学历，事管八级职员，副馆长。2002年8月任白银市平川区图书馆副馆长，协助馆长工作，分管读者服务工作。

省残联理事长姚振华调研图书馆残疾人阅读服务工作

评估照片

少儿阅览室新貌

电子阅览室青少年服务活动现场

广大青少年享受绿色网络

"手拉手"少儿阅读活动现场

《教子有方》讲座现场

未来展望

平川区图书馆以"读者至上"为准则，制定一个系统全面的公共图书馆服务体系建设规划。整合区、乡镇街道、村社图书室（农家书屋）和共享工程基层服务点资源，建立覆盖城乡的公共图书馆服务网络和服务体系。开通图书馆网站，开通视频点播、书目检索、读者服务、资源链接、查找资料、数字图书馆等模块，对我区的黄河文化、陶瓷文化、丝路文化、工矿企业文化及平川地方特色文化资源进行加工，形成平川独特的数字文化资源，推进我区公共图书馆事业全面、协调和可持续发展。

联系方式

地　址：白银市平川区会展中心一楼
邮　编：730913
联系人：王世芳

送图书下乡活动

世界读书日宣传活动

靖远县图书馆

概述

靖远县图书馆创建于中华民国十九年（1930年），初命名“中山图书馆”，1935年更名为“靖远县图书馆”，1938年并入民众教育馆。一九四九年九月靖远解放时，新政府将伪民众教育馆命名“靖远县文化馆”，藏书二千余册。至1978年8月县革委会行文成立“靖远县图书馆”。之前，馆趾几经变迁，征集的古籍文献也有流失，但最终收藏保存的224套1373册古籍文献，以及其他单位和个人收藏的数量不菲的古籍文献，增加了靖远县文化底蕴的厚重感。2013年，维修改造后的县图书馆占地1000平方米，建筑面积700平方米，简易平房140平方米。有阅览坐席133个，电脑45台，宽带接入20Mbps，选用文津图书馆自动化管理系统。全部11名工作人员，其中中级职称2名。

业务建设

靖远县图书馆现有纸质文献7.8万册（件），电子文献1千种，地方文献数字资源约1TB，进行馆藏古籍、地方文献及其他珍贵文献普查、保护、征集并数字化工作，224条古籍普查数据上传全国古籍普查平台，征订报刊180种。免费开放运行经费2012年18万元。2012年开始，实现自动化管理，2013年，实现馆内无线网络覆盖。

读者服务工作

靖远县图书馆从2012年3月开始除特藏库外全部免费开放，周开放56小时，同年，开放的各室实现馆藏文献自助借还。当年书报刊总流通9766人次，外借2.6万册次。建成的县图书馆网站、开放的文化资源共享工程、部分特藏文献实行数字化服务以及恢复的图书流动箱借阅服务，给各阶层读者提供了更便捷服务。仅2012年一年，靖远县图书馆举办讲座、展览、培训、阅读推广等读者活动就多达16场次，参与人数1.6万人次。

业务研究、辅导、协作协调

靖远县图书馆职工2012年前后发表论文2篇。

2011年资源共享工程安装调试、开通运行后，靖远县图书馆业务研究势头大增，向上积极参加上级业务部门组织的图书分类编目、古籍普查、资源共享工程等相关业务培训，向下分期分批，对18个乡镇的文化专干和174家农家书屋管理员，达到全覆盖的、系统性的业务培训和辅导，取得明显实效。与上级馆的业务联系日趋紧密，与兄弟馆的业务交流俞益频繁，与属地图书馆（室）业务互动更加多样。

管理工作

靖远县图书馆实行全员岗位聘任制，细化各岗位目标责任、量化各岗位考核指标，分工明确、责任到人、权责分明，定期撰写工作分析报告和工作提案建议。

表彰、奖励情况

2009–2012年，靖远县图书馆多次获得各种表彰、奖励，其中，省文化厅表彰、奖励1次，市局奖励1次，主管局奖励数3次。

馆领导介绍

杨庆国，女，1978年8月生，本科学历，中共党员，馆长，1997年10月参加工作，2012年7月到县图书馆工作。

李彦伟，男，1970年4月生，本科学历，中国民主促进会，中级职称，副馆长，1992年8月参加工作，2013年9月到县图书馆工作。

未来展望

靖远县图书馆遵循“务实、高效、敬业、思变”的办馆宗旨，践行科学发展观，营造“学习型、服务型、创新型、适用型”图书馆。在扎实推进现有业务的基础上，稳步推行读者需要和欢迎的新兴业务，创造条件打造更多有益于文化事业繁荣发展、各阶层群众喜闻乐见的服务平台。在未来几年里，靖远县图书馆争取另建一座达到一级县级馆建筑标准的，集纸质文献、电子文献、数字化、网络化诸多服务于一身的，功能齐全、设施先进、覆盖面广、服务精良的新型图书馆。

联系方式

地　址：甘肃省靖远县东街13号
邮　编：730600
联系人：丁永贵

景泰县图书馆

概述

景泰县图书馆成立于1956年，位于景泰县条山镇西街最繁华街道，经过半个世纪的发展变迁，已发展成为规模较大、藏量丰富、管理规范的县级公共图书馆，馆内现设图书借阅室、期刊报刊阅览室、少儿阅览室、电子阅览室、图书借阅室、多媒体室、多功能报告厅等服务窗口，全部实行免费开放。馆藏图书8万余册，内容涵盖社会科学、自然科学、综合性图书等5大部类、22大类。开展图书资料借阅、报刊阅览、网络浏览等免费服务，可容纳读者座位90个，少儿阅览座位30个。2008年，成立“全国文化信息资源共享工程景泰支中心”，支中心电子阅览室配备电脑30台，宽带接入10Mbps，选用文津图书馆自动化管理系统。

业务建设

2010年我馆实行免费开放，总藏量60236册，其中纸质文献58567册，电子图书8000册，每年新增加图书4000册左右递增趋势，按照全国推进公共文化设施免费开放工作部署，2011年，本馆享受到公共图书馆免费服务项目补助，全面实现免费开放，主要有：(1) 借书证免费办理，取消工本费、图书损耗费；(2) 实行馆内所有数字资源免费查阅服务；(3) 免费为读者提供互联网检索、浏览服务；(4) 实行馆内所有报刊免费阅览服务；(5) 免费举办各类展览、公益讲座等；(6) 免费为领导决策提供参考资料、为科研单位提供信息检索服务；(8) 免费为乡镇图书室、“农家书屋”提供业务辅导；(9) 免费为读者提供书刊检索和电脑知识培训服务。截止2013年，实现馆内无线网络覆盖。

读者服务工作

自2010年免费开放以来，年开馆350天左右，每周开放48小时，读者每天不断递增，图书借阅实行电脑自动化借还。年接待读者30000余人次，先后与白银市图书馆，景泰县第一小学，第三中学，第四中学、景泰县公安局，景泰县各乡镇文化站建立互借服务。建立了景泰县政府公开信息网络服务平台，景泰县图书馆网站服务，年举办讲座、展览、培训阅读推广等读者活动达20多次，参与人数达6000人次以上。送图书下乡到边远山区为弱势群体搞好延伸服务，真正做免费开放是群众得到实惠，资源共享使百姓非富生活。

管理工作

全馆实行岗位聘任制，正式职工6人，均为大专以上文化程度，研究生一人，馆员一人，每月进行工作进度通报，每半年和全年进行总体工作考核，每年发表论文2篇以上。

表彰、奖励情况

2010年被评为资源共享文化中心优秀奖，2011年被评为县级三级图书馆。其他奖励6次。

展望未来

信息化数字化，文化大发展大繁荣，公共图书馆事业的发展进入了一个日新月异的时代，作为县区信息资料中心，为全县信息资源建设奠基，为全县精神文明建设服务，并进一步推动县域经济社会的全面进步与繁荣，成为新的历史条件下景泰县图书馆的重要职能和使命，景泰县图书馆将一如既往，高瞻远瞩，把传统服务模式和现代化服务手段相结合，在更加广阔的层面上提升读者服务质量和效益，不断让公众在享受到公共财政阳光的同时，共享文化发展的成果，使图书馆事业的发展走向新的辉煌。

联系方式

地　址：甘肃省景泰县条山镇西街
邮　编：730400
联系人：丁　睿

省市评估会

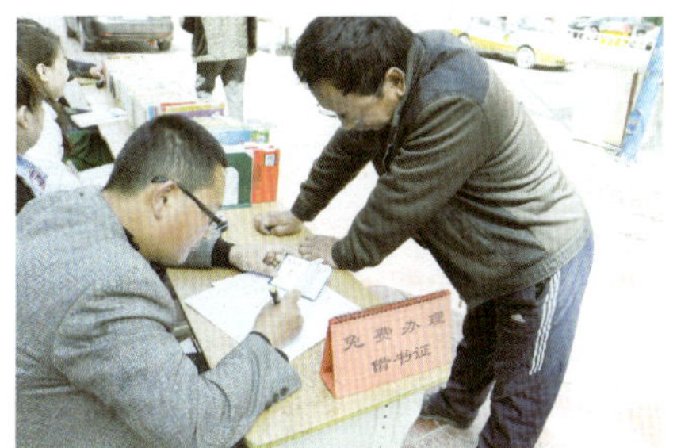

现场办理借阅证

图书馆流通站

免费办理借书证

上街免费办理借阅证

上街宣传

会宁县图书馆

概述

会宁县图书馆始建于1979年，为副科级建置，财政拨款事业单位，隶属于会宁县文化体育和广播影视局。后几经变迁，至2007年新馆落成，馆舍位于环境优美、人口相对集中的会师广场东侧，三层砖混结构，建筑面积1000多平方米，馆藏书10万余册，其中馆藏古籍242部，5112册，被录入"全国古籍普查平台"，3部26册入选《国家珍贵古籍名录》，14部172册入选《甘肃省珍贵古籍名录》，属白银市唯一一家藏有珍贵古籍善本的县级图书馆。馆内订有各类报刊杂志180余种，设有9个服务窗口，建立了10个图书流通站，年接待读者6万余人，图书流通量11万余册次。成为集图书收藏、借阅和信息资料采集、整理、汇编于一体的高品味、现代化、综合性的县级公共图书馆，在保存文化遗产、开发信息资源、参与社会教育、丰富群众文化生活和促进县域经济发展方面发挥了重要作用。

馆内现在编职工7人，其中专业技术人员7人，其中副研究馆员1人，馆员2人，助理馆员4人。大专以上学历7人，占职工总数的100%。

2012年，在第五次全国公共图书馆达标定级活动中，经过专家评估小组对馆舍、馆藏、基础业务等7个方面的量化考评，我馆被文化部命名为"国家三级图书馆"。2012年，被会宁县人民政府评为"县级先进单位"。2014年甘肃省图举办的"网络书香·掠美瞬间"摄影比赛中我馆荣获优秀组织奖。2014年在会宁县文体影视局举办的文化系统普通话演讲比赛中我馆荣获优秀组织奖。2014年，我馆在甘肃省图书馆举办的"网络书香·掠美瞬间"摄影比赛中荣获二等奖一名，三等奖二名。馆内组织拍摄的家庭情景剧《孝心少年》，在全国文化信息资源共享工程甘肃省分中心举办的家庭教育情景剧推选展播活动中荣获国家级优秀奖，省级二等奖。在白银举办的"我最喜爱的一本书"演讲比赛中荣获一等奖一名，三等奖1名，优秀奖3名。

业务建设

近年来，在文化建设大发展大繁荣的时代背景下，会宁县图书馆以建设新时代高标准、高质量、高效益、全面服务为格局的业务建设。发挥馆藏优势，争取项目资金，先后启动并实施了文化信息资源共享工程、图书馆业务自动化系统、古籍普查与保护系统。实现了各服务窗口全免费开放，主要有：(1) 借书证免费办理，取消工本费、图书损耗费；(2) 实行馆内所有数字资源免费查阅服务；(3) 免费为读者提供互联网检索、浏览服务；(4) 实行馆内所有报刊免费阅览服务；(5) 免费举办各类展览、公益讲座等；(6) 免费为领导决策提供参考资料、为科研单位提供信息检索服务；(8) 免费为乡镇图书室、"农家书屋"提供业务辅导；(9) 免费为读者提供书刊检索和电脑知识培训服务。截止2013年底，图书馆总藏书量达10.658万册，电子图书1.18万册，期刊2.3万册。

文献收藏方面，会宁县图书馆历来坚持以读者需要为导向，注重文学价值和地域特色，积极开辟图书资料收藏的新渠道、新途径。利用近年来国家和地方对文学创作和文化发展的重视优势，通过多方、多渠道搜集，采取上门索取、电话求赠、信函及网络征集等多种形式，收集到县内外会宁籍作者各类专著1000余册，设立了会宁县地方文献特藏室，共有地方文献藏书1000余册，形成鲜明的地方文献收藏特色。近年来，先后争取到文化部、财政部送书下乡工程，甘肃省图书馆配送国家图书馆捐赠图书，国家旅游局、红色旅游办公室共捐赠图书20000余册。同时2012年，会宁县图书馆通过中国红十字会巴蜀力量基金会争取到香港汉荣书局捐赠图书3000余册，价值12万元。丰富了馆藏，满足了不同层次读者的阅读需求，实现了公益性质和公益服务的巧妙融合。同时，会宁县图书馆积极组织人员参加培训，结合图书馆实际，培养各种适用人才。长期组织管理人员及业务骨干参与省市两级组织的各种图书管理培训，全面提高工作能力和操作技巧，满足不同岗位的服务需求。

读者服务工作

服务读者，是图书馆工作的重中之重，至今为止，图书馆所有服务项目全面实现免费开放，利用网络、电话咨询和现场指导相结合的方法，为全县284个行政村，14个社区的"农家书屋"和十个县级图书流通站免费提供业务指导。

积极开展各类特色服务活动，注重在实践中探索完善为青少年、基层网点、低收入群体多样化的服务模式，逐步形成独具特色的文化服务体系，主要表现在：

1、常年（特别是寒暑假）举办各类少儿书画、手工制作、拼图、亲自阅读等活动，覆盖城区各中小学，把资源共享、免费服务等内容穿插其中，构建与读者的和谐关系，使读者能更充分的了解利用图书馆资源，进一步宣传图书馆。

2、电子阅览室有针对性的为中、高考考生提供资料查询服务活动，免费打印材料，针对有害或不良信息对青少年身心健康的危害，结合青少年在利用网络过程中遇到的一些不健康内容，组织开展网络信息资源安全知识讲座，教育和引导青少年克服猎奇心理，文明上网，举报不良网站，共同营造良好的网络环境。每年定期举办城镇居民、中老年网络爱好者培训班2期，引导这部分人群学会利用网络资源和网络工具，查询

2014年会宁县图书馆10部古籍入选甘肃省古籍名录

市可移动文物小组在图书馆鉴定古籍

专业人员深入基层检查指导农家书屋工作

图书流动车服务现场

少儿阅览室一角

借阅室一角

和搜索自己爱好的知识，丰富精神文化生活。

3、根据文化部确定的宣传主题，办好“世界读书日”“图书馆服务宣传周”等大型宣传活动，在全社会营造读书的良好氛围，争取县直各单位及各乡镇教育主管部门的支持和协助，在4.23“世界读书日”期间，积极开展全民阅读征文比赛活动，举办优秀作品展览，选送优秀作品参加市级征文比赛；图书馆服务宣传周期间，发放宣传资料、播放宣传片、开展读者座谈会、送书进校园、进社区、进企业、进村进社及各服务网点，扩大图书馆的社会影响，让广大读者都能读好书。

4、组织广大农民读者及进城务工人员参与种植养殖及相关专业技能培训。通过知识讲座及相关内容的光盘播放，使其掌握对应的技术。每年举办2–3次农家书屋管理人员培训。

5、每月举办1–2次名家讲坛等系列活动。

6、每年组织召开2–3次读者座谈会，了解读者的需求，以便更好的服务读者。

7、图书流动车每月下乡2–3次，成为家门口的图书馆，为偏远山区读者提供更便利的服务。

管理工作

会宁县图书馆建立了工作人员考勤制度、各部门管理制度、工作量化考核制度，每季度进行工作进度通报，每半年或全年进行总体工作考核。采取绩效管理办法，结合个人工作量、读者意见反馈调查情况、工作成效及量化考核情况评优选先，进行表彰、奖励。各窗口、各部门本着为读者真诚服务的态度，依据各自岗位管理制度，认真履行工作职责，每半年以文字形式汇报个人在工作中取得的实际成果和读者服务情况，每年年终交一篇不少于3000字的《如何做好一名优秀的图书管理员》心得体会，并进行全馆讨论交流，把好的经验和办法全面推广，装订成册，纳入图书馆档案。

表彰、奖励情况

2008–2014年，会宁县图书馆共获得各项表彰、奖励19次，其中，国家图书馆表彰、奖励2次，省图书馆表彰、奖励7次，市级图书馆表彰、奖励3次，县级表彰、奖励及其他7次。

馆领导介绍

朱朝淑，女，甘肃会宁人，中共共产党员，本科学历，1996年7月参加工作。现为高级摄影师，摄影技师，中国民俗摄影协会会员、甘肃省摄影家协会会员、甘肃省现代摄影学会会士、白银市摄影协会会员、会宁县摄影家协会副主席。甘肃省民间艺术家协会会员、白银市民间艺术家协会副主席、会宁县民间艺术家协会主席。现任会宁县图书馆馆长。

参加工作以来，一直在文化部门工作，主要从事新闻摄影工作，担任全县各类大型会议及演出活动的摄影摄像，曾在省、市、县各类报刊杂志上发表新闻报道300余条。有40余幅摄影作品荣获国家、省、市一、二、三等奖和优秀奖，有80余幅作品在市级以上展览中展出，在省、市级刊物上发表摄影专业论文10余篇。2009年12月，被授予白银市第六届“德艺双馨”文艺工作者称号。2011年3月，被评为会宁县“巾帼建功”标兵。2013年11月调入县图书馆工作以来，全面主持图书馆各项工作，组织各类不同读者活动，如举办少儿拼图大赛、刮画比赛、知识竞赛、少儿联谊等活动，积极参加省、市举办的各类读者活动。在甘肃省图书馆举办的“网络书香 掠美瞬间”摄影比赛中本人作品分别荣获二、三等奖。本人自编自拍的家庭情景剧《孝心少年》，在全国文化信息资源共享工程甘肃省分中心举办的2014年家庭教育情景剧推选展播活动中荣获国家级优秀奖，省级二等奖。

未来展望

公共图书馆事业的发展进入了一个日新月异的时代，会宁县图书馆也将不负历史重托，不断强化本馆作为县区信息资料中心的职能，丰富馆藏特色，重视读者需求，充分利用文化信息资源共享工程提供的现代化设施，把传统服务模式和现代化服务手段相结合，在更加广阔的层面上为读者提供优质高效的服务，把会宁县图书馆建设成为集图书收藏、借阅和信息资料采集、加工、整理于一体的高品味、现代化、综合性的县级公共图书馆，为会宁县信息资源建设服务，进一步推动县域经济、文化、社会的全面进步与繁荣。

（撰稿人：张 超，摄影：朱朝淑）

电子阅览室培训农家书屋管理员编目现场

期刊阅览室一角

送书进企业建立图书流通站

秦安县图书馆

概述

设施方面：图书馆成立于1954年，新馆于2007建成并投入使用，并正式对外开放。现有馆舍总面积1516.2平方米，2010年4月年68万元的文化共享工程项目在我馆建成。馆内设电子阅览室、多媒体室、主控机房、少儿阅览室、成人阅览室、和两个图书综合借阅室。阅览座椅220个，硬件设备符合评估条件。

设备方面：目前我馆有计算机数量42台，其中电子阅览室30台，采编室3台，办公室2台，外借处2台，多媒体室1台，相关办公室4台，所有馆藏资源和设施均对外免费开放。

经费方面：随着免费开放资金逐步到位。馆内软硬件设备不断改进，近年来图书馆得到了政府和局机关的大力支持，购书费和报刊经费逐年增加，经费使用没有乱支乱用情况，图书馆正常免费开放工作得到了有力保障。

人员方面：目前我馆有在编职员工12人，其中大专以上文化程度11人。有副高级职称1人，中级职称馆员4人，助理馆员职称7人。领导班子均具备大专文化程度并参加过业务培训，2010-2012年馆内职工4人参加省上组织的业务培训和计算机培训，全馆干部职工通过馆内业务培训和网络培训，整体素质得到了不断提高。但由于近两年我馆业务技术骨干较少，计算机人才和图书专业人才缺乏，使我馆系统管理、网络维护和维修较为被动。

图书入藏：我馆现有藏书6.4万多册。2010年争取省文明办赠书5000多册，12年4月我馆新购4.5万元图书。报刊征订工作采纳读者意见，每年订阅报刊杂志120多种，基本满足读者需求。

业务建设

文献入藏：全年图书入藏和报刊入藏1620种，电子文献和视听文献入藏35种，并有地方文献专柜。

图书标引与著录：我馆依据《中图法》第四版标引，图书依据《普通图书著录规则》著录。图书标引误差率均控制在2%，采用省上提供“联合编目系统”进行图书的规范管理，馆藏图书数字化达到80%以上，书标登录号、馆藏章均做到规范统一，整齐美观。

藏书组织管理：我馆实行馆藏图书、期刊全开架借阅，便于读者查找，文献保护基本做到了防火防盗，防虫，确保室内卫生，做到定期对被损的图书及时修补装订。

自动化、网络化建设：我馆因计算机人才缺乏，自动化启动较迟，目前已完成图书联合编目，进入自动化管理，网络化建设方面，根据自评中出现的不足，2012年12月我们组织人员建立了“秦安图书馆”（www.qatsg.com）网站，建立业务自动化办公局域网，实现了信息公开，提高了管理水平，加大了对外宣传力度，方便了读者查询借阅，并使读者能够及时了解馆藏信息和各部门服务职能。

读者服务工作

免费开放程度：每周开放时间56小时以上，报刊阅览室、过期资料查询室、电子阅览室、图书综合借阅处均实行免费开放，双休日不闭馆。取轮流上班服务，确保读者窗口正常借阅。我们遵循“读者至上、服务第一”的宗旨，根据读者需求，有针对性地订购书刊，并将期刊对外实施借阅，同时开展优质服务，受到读者好评。图书、期刊年外借5万多册次，读者流通6万多人次，馆藏图书实行开架服务，开架册数占总藏书量的90%以上。新订购图书报刊均进行了宣传推介，年宣传推介新书500余册以上，通过读者调查满意度达96.8%。

读者活动：春节前后我馆开展义务写春联活动、灯谜有奖竞猜活动，受到过往群众的喜爱。每年开展4次阅读推广活动，馆内开展学校学生参观阅览活动4次，年接待读者和群众3万多人。

图书服务宣传：每年我馆积极开展了图书宣传周活动，一是将图书服务点深入街头，现场宣传阅读；二是现场办证，解答咨询等。还利用世界读书日、助残日进行宣传。三是采取发放宣传单方式进行新书推介和免费开放宣传，每年印发宣传单8000多份，对图书馆全方位进行了大力宣传，并在天水市、我

第五次省专家评估组在秦安图书馆馆门前和馆职工合影

第五次省专家组评估

县有线电视台均进行了服务宣传报道。

社会教育与用户培训：2011年和2012年我馆先后联合县农技中心开展了农业科技培训6次，参训者达1800多人。开展培训农村放映队4次，200多人，开展与学校联合讲座4次，参与人达到1500多人。

业务研究、辅导、协作协调

业务研究：近年来我馆干部职工撰写业务论文6篇，其中一篇论文获"全国群众文化协会"三等奖，并且在2010年获省文化厅颁发的"三十年优秀奉献奖"其它5篇论文分别发表在《甘肃艺苑》、《发展》、《天水日报》、《少年文摘报》等刊物上。

业务辅导工作：目前有乡镇文化站服务点17个，基层农家书屋428个，目前均能正常对外开放。各类馆藏图书总计达11万多册，自2010年以来我县每年组织2次基层管理员集中培训。我馆每年组织开展基层培训和辅导工作18次，年培训人次达到600人，主要解决基层管理员实际存在的问题，如图书分类、编目、上架、基本服务和流通管理等方面进行培训和辅导。通过我们的努力，我县农家书屋图书的分类和上架规范合理，管理制度健全，实行定时借阅，管理员的业务素质和服务观念大幅提升。在全省农家书屋工程建设获奖两项，全省先进个人一个，农家书屋优秀管理员一个。

古籍普查工作：我馆业务管理员参与我县古籍图书的整理、分类、编目和维护工作，共计4180册。

文化共享工程建设

县级"支中心"建设：我县文化共享工程"支中心"建成后，管理运行基本良好，有专门机构，有专兼职人员，专用设备基本达标，制度健全。截止2012年8月，资源下载达到1TB，管理员能够做到对资源及时下载，及时发布，电子阅览室一直为读者免费开放服务。年接待上网人数和各类培训人员达到1.5万多人。

基层业务技术培训：我馆一方面选送业务技术骨干参加省级培训7人次，同时积极配合省中心组织的网络培训工作，观看网络培训4次，向省中心上报信息10次。并且能够认真完成省主管部门各项活动任务。我们利用下乡辅导加强基层站点人员培训工作，如（电脑、投影仪、卫星接收器等）设备使用，卫星接收、如何下载和观看等。

农家书屋培训

管理工作

图书馆实行定岗定人定职责，分工协作，建立了工作岗位职责和相关工作制度，在考勤考核方面，建立职工签到制度，把出勤纳入年度考核评比。由于管理制度健全，责任到位，奖惩措施到位，平时注重职工思想政治工作和职业道德学习，全馆职工克服各种困难，能够以饱满的热情开展读者服务，个人的主观能动性得到了充分的发挥；财产管理健全管理规范。档案管理基本完善。我馆各窗口有读者登记册和读者借阅统计表；每月有财务统计报表。在消防安全保卫方面，我们经常开展防火防盗的宣传教育，加强全馆干部职工的安全意识，落实安全责任，认真做好防火防盗，确保单位安全，截至目前，我馆未发生一起安全责任事故。在全系统年度考核中，我馆连续3年获得全系统先进单位的称号。

联系方式

地　址：秦安县解放路宣传文化中心大楼
邮　编：741600
联系人：王广霞

电子阅览室

多媒体室

甘谷县图书馆

概述

甘谷县图书馆始建于1913年，至民国二十二年（1933年）在教育局中山纪念室创办了甘谷图书阅览室，向社会开放。民国二十五年（1936年）正式成立了甘谷县民众教育馆，馆址设在当时的城防局（原县政府前院东侧），图书阅览附设其中。民国三十二年（1943年）民教馆迁至北街报恩寺岳王庙，图书阅览为其主要业务。

1951年，民教馆更名为甘谷县人民文化教育馆，简称文教馆。1953年文教馆正式更名为文化馆。1958年12月至1961年12月，甘谷与武山合县，改称武山县甘谷文化馆。1962年两县分制，即恢复了甘谷县文化馆。1979年省文化局批准建立甘谷县图书馆，隶属于县文化馆。2000年3月，先图书馆从文化馆分离单设，为副科级事业单位。

2008年5月，国家和地方财政投资660万元，在冀城大道东侧建成图书馆大楼。2010年9月投入使用，图书馆面积1600平方米，儿阅览室、电子阅览室、多媒体室，有阅览座位200个，计算机35台，宽带接入10Mbps，开展外借、阅览、参考咨询、特藏书刊检索、网上信息查询以及讲座、培训、展览、学术交流、电影放映、读书竞赛、演讲比赛等活动。

甘谷县图书馆现有藏图书共六万多册，其中古籍藏书23366册，古籍书中有善本5713册。其中《吾学编》、《诗人玉屑》、《伏羌县志》等为本馆藏书之精品。现代图书四万多册，主要以政治、文学、历史、农业及艺术综合类图书为主。

2012年5月，参加第五次全国公共图书馆评估，被评为三级图书馆。甘谷县图书馆现有图书管理人员7人，由一名馆长和两名副馆长分管图书馆工作，其中文化结构为大专2人，本科3人，硕士2人；获专业技术职务的3人。

业务建设

截止2013年年底，甘谷县图书馆图书总藏量七万余册，报刊杂志70余种，电子文献300余册。其中，图书年入藏量1500多册，报刊杂志年入藏量30余种。

地方文献有专藏，配备专柜，有专门目录，并有专人管理。

读者服务工作

2010年10月–2011年4月，全面展开摸底自查工作，完善办馆条件、制定各项规章制度。完成资源共享工程的硬件安装，并投入使用。2011–2013年，书刊总流通1.9万人次。

2011–2013年，甘谷县图书馆共举办讲座、展览、培训、阅读推广等读者活动120场次，参与人数3000余人次。

业务研究、辅导协作协调

2011–2013年，甘谷县图书馆职工发表论文5篇。参加省市图书馆组织的培训30余次。

管理工作

甘谷县图书馆全员聘任上岗，每月进行工作进度总结，年底进行总体工作考核。

表彰、奖励情况

2013年通过第五次全国公共图书馆评估，获得三级图书馆荣誉。

馆领导介绍

林天山，男，出生于1970年4月，大专学历，中级职称，馆长。1988年12月参加工作。2012年8月任甘谷县图书馆馆长。

王晓英，女，出生于1963年4月，大专学历，中共党员，副研究馆员，副馆长。1983年参加工作以来一直从事图书馆工作。

张国栋，男，出生于1981年3月，本科学历，中共党员，副馆长，2007年9月参加工作。

未来展望

甘谷县图书馆以为广大读者服务为宗旨，以建设现代化、数字化图书馆为发展目标，开展各种图书服务活动，提

书法展览

2014年4月联村联户

灯谜晚会

小学生书画展

多媒体室

成人阅览室

电子阅览室

古籍室

高广大人民群众整体素质，为推动甘谷经济发展提供智力支持。在今后的工作中，将与时俱进，不断完善各项服务，整合特色资源，拓展服务领域，最大限度地满足广大读者朋友的需求，逐步形成具有地方特色的服务模式和服务品牌。

联系方式

地　址：甘肃省甘谷县冀城广场南侧图书馆大楼
邮　编：741200
联系人：林天山

民勤县图书馆

概述

民勤县图书馆始建于七十年代初，原来与文化馆合署办公，“两个牌子、一套人马”，2010年底，图书馆与文化馆分设。馆址几经搬迁，2009年9月，位于民勤县文化广场西侧文化中心大楼的新馆建成开放，新馆建筑面积1090平方米，设计藏书容量10万册，可容纳读者186个，有计算机35台，信息节点60个，接入10M光纤。

业务建设

截止2012年底，民勤县图书馆总藏量5.8万册(件)，其中，图书2.8万册，报刊3万册。2011年积极争取设备购置费50万元，其中藏入少儿图书3000种、5000册，报刊杂志26种，购置书架364米，阅览桌椅125套。地方文献入藏率达90%。数字资源总量2.6TB。

读者服务工作

民勤县图书馆开设7个服务窗口，有少儿阅览室、成人阅览室、新书阅览室2个、报刊杂志阅览室、资料查阅室、电子阅览室、多媒体室，2010年11月起，实行365天对外免费开放，周开放时间60小时。书刊总流通9.6万人次，书刊外借6.6万册次，解答咨询2万条，为领导、科技大户、种植、养植能手等提供信息服务520条。

2009年9月，民勤县图书馆成立了文化信息资源共享工程支中心，建立了卫星地面接受设备，县政府配套10万元资金，开通10M光纤，文化信息资源共享工程进入正常运行的轨道，接待读者3万人次，下载培训讲仪120篇，下载各类影片100部，打印宣传资料6000册。多媒体收视率达到0.8万小时，收视观众3500人次。

2009–2012年，民勤县图书馆共举办讲座、展览、培训、阅览推广等读者活动60场次，参与人数3000人次。通过开展活动，让群众了解图书馆，走进图书馆，利用图书馆，发挥图书馆的社会教育职能。

业务研究、辅导、协作协调

2009–2012年，民勤县图书馆职工发表论文6篇，获省级奖励1篇。

2009–2012年，民勤县图书馆采取“走出去，请进来”的方式进行业务辅导培训工作，共辅导培训29场次，其中省级培训8场次、市级2场次，县级19场次，122人次接受培训。并向外聘请网络专业技术人员1名，对全县18个乡镇、文化站的文化信息资源共享工程设备进行安装、调试、运行、维护，实现了全县文化信息资源共享工程的正常运行和全面开放。2009–2012年开展送文化下乡帮扶活动，结成对子，送政策、送技术，送资料，共下乡辅导100人次，分类编目上架图书2.5万册次，制定各项业务细则40项，对科技状元户进行重点追踪，为他们提供信息服务。

管理工作

2011年，民勤县图书馆完成第三次全员岗位聘任，定编定岗，有8人重新上岗，同时建立了工作量化考核体系，每月进行工作进度通报，每半年和全年进行总体工作考核。

表彰、奖励情况

2009–2012年，民勤县图书馆共获得各种表彰、奖励4次，市级1次，县级3次。

馆领导介绍

李辉年，男，1965年6月生，大学学历，中共党员，馆长。1985年7月参加工作，历任民勤县薛百乡、重兴乡、新河乡、苏武乡副乡长、副书记兼人大主席、蔡旗乡乡长，2010年1月任民勤县图书馆馆长职务。2012年获“甘肃省文化信息资源共享工程先进个人奖”。

未来展望

民勤县图书馆十分注重藏以致用的办馆方向，坚持和遵循“以服务为宗旨、传承文化、全民共享”的办馆方针，围绕优化服务功能、增强业务管理、提高人员素质为抓手，加大力度拓展图书馆教育和信息功能，从日常工作、读者活动、读者服务、文化资源共享等几方面入手，针对图书馆的实际情况，努力争取扩大阅览面积，增加阅览座位，进一步调整馆藏结构，增加图书储量，扩大服务范围，创建盲人阅览室，为特殊群体提供周到服务。加快数字图书馆的发展步伐，增加电子图书藏量，建立图书自动化管理系统，完善服务体系、扩大服务领域，创建高效、一流的县级图书馆。

联系方式

地　址：甘肃省民勤县文化广场文化中心大楼
邮　编：733300
联系人：李辉年

泾川县图书馆

概述

泾川县图书馆成立于1950年，距今64年，由于历史原因，我馆于1958年和1966年两次被动闭馆。1984年和文化馆分割业务和人事，单独挂牌开放。1989年晋升副科级建制，当时核定事业编制7个。2003年省文化厅支持建成图书馆办公楼并投入使用。2008年至今，搬迁至地处泾川县城定定街西文化中心一、二楼，馆舍面积1500平方米，读者查寻阅览的书刊文献43000册，其中包括省图书馆提供的流通图书10000册和线装古籍4000册。现有专、兼职工作人员13名，内设古籍珍藏室、多媒体服务室、主控中心、编辑室、电子阅览室、地方文献室、借阅室和流通站8个服务窗口。2012年，泾川县图书馆共设阅览坐席860个，有计算机78台，信息节点673个，宽带接入20兆光纤。

业务建设

截止2014年底，泾川县图书馆总藏量14万册（件），其中纸质文献4万册（件），电子图书7万册，电子期刊3万种/册。2013年地方文献入藏量4136册，数字资源总量为4.8TB，其中，自建数字资源总量为2.5TB。

2012年5月下旬，全国文化信息资源共享工程泾川县支中心项目建成并正式开放，内设电子阅览室、主控中心、资源编辑室、多媒体服务室4个工作窗口，县支中心拥有68万元的国有电子设备。

读者服务工作

从2012年5月起，泾川县图书馆全年365天对外免费开放，周开放50小时以上，同年，馆藏图书（包括地方文献和报纸期刊）全部应用Interlib图书馆自动管理系统进行管理，2012年5月建成数字图书馆和图书馆网站。2009–2012年，书刊总流通89万人次，书刊外借21万册次，申请建立了甘肃省图书馆泾川县分馆，并提供流通图书10000册，与我县馆藏图书形成了很强的互补性。

2012年底，泾川县图书馆网站访问量16万次，发布使用的数字资源总量为12种1TB，均可通过泾川县图书馆网站，文化共享工程泾川支中心专网进行检索、浏览和下载服务。泾川县图书馆为加强乡村、社区图书馆建设，弥补各室藏书不足，定期不定期举行图书流动阅览、书刊宣传、新书推介、以张贴新书目及期刊目录宣传的形式，宣传书刊500余种，并建立学校、乡、村、社区流动站点15个，为残疾人、青少年开展各种图书借阅服务。

业务研究、辅导、协作协调

泾川县图书馆一向注重业务的培训进修学习，积极组织业务人员岗位培训、进修学习，近几年经过各类学历学习和业务培训，目前已有5人已获得大专以上学历。泾川县图书馆以文化信息资源共享工程专网为依托，与泾川县各中学、档案馆、乡镇文化站、村（社）图书室发起组建公共图书馆服务联盟，并在馆内设立联盟工作委员会，下设联合编目、流通服务、地方文献联合征集、阅读推广与讲座展览资源服务、业务培训与技术支持等工作组。截至2012年底，成员馆发展到10家，举办联盟培训班8期，36人次接受培训。

管理工作

2012年，泾川县图书馆已全部完成全员岗位聘任，同时，建立了工作量化考核指标体系，每月进行工作进度通报，每半年和全年进行总体工作考核，2009–2012年，共抽查文献排架26次，书目数据19次，撰写专项调研、分析报告和工作提案20多篇。

表彰、奖励情况

2009–2012年，泾川县图书馆共获得表彰18次，其中省文化厅表彰2次，泾川县委县政府表彰3次。

馆领导介绍

李秀竹，女，1970年10月生，本科学历，中共党员，馆长。1992年7月参加工作，1992年8月至1995年11月在县人大办从事文秘工作，自1995年12月起，先后在玉都镇担任副镇长、县广播电视台担任副台长。2005年至今在图书馆工作。

杨淑叶，女，1969年5月生，中专学历，副馆长。

未来展望

泾川县图书馆继续坚持“服务、共享、创新、超越”的办馆方针，坚持走出泾川把好的做法带回来的工作思路，完善服务功能，扩大服务辐射区域，带动地区事业发展，在不断加强自身建设的同时，通过创建泾川县公共图书馆服务联盟，带动了全县公共图书馆事来的整体发展。2014年，县委、县政府计划在城北修建新图书馆大楼，新馆建成后馆舍面积将达6000平方米，阅览座位1200个，可容纳纸质文献30万册，年服务人次可达12万人次以上，数字资源设计存储能力20TB，能够提供全覆盖、不间断、无时限的数字文献远程和移动服务，数字资源年利用率18万件/次以上，达到国家一级图书馆的基本标准。

联系方式

地　址：泾川县定定街一号
邮　编：744300
联系人：谢 君

共享工程电子阅览室

图书馆图书

图书馆灯谜晚会

民乐县图书馆

概述

民乐县图书馆始建于1985年，现地处县府东街6号。1985年根据县政府（1985）56号文件精神，原县文化馆分设为三个馆，即县文化馆、县图书馆、县博物馆，经过筹备，图书馆于1987年9月正式成立，1998年迁入县文化中心大楼分别在一、二、三层。现有馆舍建筑面积约1600平方米。副科级建制，属国家三级图书馆。目前，工作人员7人，正、副馆长各1人，中级专业技术人员1人，计算机专业人员1人，其他人员3人。图书馆独立建制，实行定员定编，财政全额拨款的公益性事业单位。一楼为自学、培训、讲座为一体的多功能室、会议室、财务室、咨询接待室及门卫等；二楼设有儿童阅览室、成人阅览室、借阅室、综合书库、全国文化信息资源共享工程民乐支中心、机房、资源加工室、办公室等；三楼设有报纸资料室。现馆内供读者查阅目录、阅览、培训学习的座席达189个，其中报刊、综合阅览室座席40个，支中心暨电子阅览室座席30个，少儿借阅室座席34个，多功能室坐席85个。

近年来，得到了省、市上级部门及县委县政府的关心和大力支持，我馆2012年度全年经费达到101.78万元，其中馆舍维修改造专项资金30万元，免费开放经费20万元，文化共享工程设施购置专项资金10万元；在职职工、退休职工工资、公务费、水、电、网、暖气费等，年购图书2620册，其中地方史志资料123册，盲文图书65册、光盘资料143种，年订报刊(成人、少儿阅览室、业务期刊等)96种，电子图书15100种，年购书经费128380元，制作宣传图片、资料、展板，购置电脑、复印机、打印机、装订机、照相机等设备137864元，共计支出296652元。

业务建设

一直以来，在做好本职工作的同时，我馆注重馆员的业务知识培训和学术交流，把提高职工学术理论水平作为一项任务、制度和考核内容，鼓励职工积极参加中图及省市图书馆学会的学术征文活动，职工人均每年完成学术论文1-2篇，在参加历年年会主题“特色文化建设与图书馆”、“以人为本、服务创新”、“构建和谐社会与图书馆”、“图书馆：新环境、新变化、新发展”“新农村建设与图书馆”、“图书馆服务创新”、“科学、法治、合作”、“机遇、挑战、变革”等学术征文活动中，全馆职工积极参与共递交论文16篇，获中国群众文化年度论文评选中获得优秀奖；获西北五省（区）图书馆第十一次科学讨论会征文活动中获得了三等奖1篇；获省图学会三等奖1篇。深入基层，调查研究，不但了解了读者的阅读需求，也掌握了驻县企事业单位、学校、乡村、图书馆(室)基层服务点的情况，为我们开展馆际协作交流奠定了基础，并写出调查研究报告《民乐县农家书屋建设与后续管理创新研究》、《新形势下县级图书馆如何提高图书借阅率，提升读者服务水平》《全县文化工作调研报告》、《关于“文化信息资源共享工程”农村基层服务点建设方案的调研报告》等5篇。

文献总藏量

至目前，民乐县图书馆现拥有馆藏图书70139册（包括报纸期刊合订本2747册、电子图书15100册、地方史志资料123册、盲文图书65册、光盘资料143种、仅12年香港慈恩及省馆捐赠图书8000册）。

数字化建设

在建成支中心的基础上，按照省中心建设要求，馆藏图书（包括地方文献和报纸期刊）全部实行Interlib图书馆自动化管理系统，在图书电子著录的同时，将采访工作、编目工作、流通工作、书目检索等全部编入管理程序，馆内所有电脑全面接通，正常开展各项业务工作。今后我们要以图书馆自动化、网络化建设作为工作的重点，全面提升图书馆现代化服务水平。

截止2012年底，接收各类数字资源总量达3TB。

读者服务工作

图书馆自实行了全免费开放以来，通过馆内阅览和借阅图书、期刊、视听文献、电子文献、观看视频讲座、各图书流动站等形式的读者达46916人/次，年图书流通达63464册/次，其中图书流动站接待人数21400人/次，图书流通达46015册/次，人均年到馆次数平均达20次以上；为方便读者随意查阅，馆藏图书全部开放，开放率达100%；建立学校、乡、村、社区流动站点达15个。

2009年—2012年，民乐县图书馆共举办讲座、展览、培训、阅读推广活动35场次，参与人数达6万人次。利用一楼演讲报告厅开展“金山大讲堂”举办开心假日系列活动已成为民乐县图书馆的工作特色。

业务研究、辅导、协作协调

每年完成学术论文1-2篇，在参加历年年会主题“特色文化建设与图书馆”、“以人为本、服务创新”、“构建和谐社会与图书馆”、“图书馆：新环境、新变化、新发展”“新农村建设与图书馆”、“图书馆服务创新”、“科学、法治、合作”、“机遇、挑战、变革”等学术征文活动中，全馆职工积极参与共递

服务宣传周活动

金山讲堂

图书馆工作人员为农家书屋编码

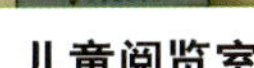

儿童阅览室

成人阅览室

电子阅览室

交论文16篇，获中国群众文化年度论文评选中获得优秀奖；获西北五省（区）图书馆第十一次科学讨论会征文活动中获得了三等奖1篇；获省图学会三等奖1篇。书写调查研究报告《民乐县农家书屋建设与后续管理创新研究》、《新形势下县级图书馆如何提高图书借阅率，提升读者服务水平》《全县文化工作调研报告》、《关于"文化信息资源共享工程"农村基层服务点建设方案的调研报告》等5篇。

每年安排1–2次乡村文化站管理员培训，积极开展业务辅导工作，先后举办了民乐县图书馆（室）业务知识培训班五期，对各馆（室）管理人员进行图书馆基本知识、图书分类、读者服务工作、图书馆自动化、网络化建设培训讲座，并组织学员参观乡镇图书馆(室)。

管理工作

1、图书馆制定了各室工作职责和制度，各岗位目标责任制及各岗位聘用条件，实行按需设岗，按岗聘用，竞争上岗，择优聘用，严格考核，实行激励机制。2、严格实行财务管理制度，实行专款专用，确保购书经费落到实处。3、档案专人管理，并做好职工考核档案、参考咨询、课题服务及业务档案的管理，并做到内容齐全，装订成册，便于查阅。4、做好各类统计工作，建立健全档案管理有关资料，定期做好统计结果上报和分析工作。5、为做好图书馆的消防安全管理工作，在支中心、阅览室及借阅室书库等放置了灭火器等，确保图书馆公共财产的安全。6、为做好安全消防工作，特请消防队来我馆进行消防安全知识的宣传讲座，现场演习示范，使每个职工从思想上、行动上、作风上长期树立防火、防潮、防尘、防蛀、防盗等安全消防意识。近几年来，馆内未发生任何重大责任事故，无发生失火、失盗等事件。7、在人员少、任务重的情况下，为加快馆藏图书实行电子化服务，招募志愿者参与图书馆管理服务工作，如：电子著录、分类上架等工作，志愿者圆满完成了各项任务，为我馆馆藏图书实行电子化服务管理做出了一定的成绩。8、人人树立良好形象，处处爱护阅读设施，节约能源，绿色环保，搞好环境卫生，以整洁、优美、安静的环境服务于每位读者，"让读者高兴而来，满意而归"。

近年来，我馆得到了国家资源中心、省、市、县财政的大力支持，也得到了省、市、县文化部门的关心帮助以及省、市、县图书馆界同仁的厚爱，各项工作取得了可喜成绩，我县图书馆事业得到了长足发展。

表彰、奖励情况

在全馆职工的共同努力下，2009年图书馆被文化部命名为"国家三级图书馆"；连续2年荣获省学会全民阅读活动先进单位，荣获张掖市文化局先进单位；连续3年荣获民乐县文化局先进单位。

馆领导介绍

王波，男，1969年10月生，大专学历，馆长。2005年调图书馆工作，2010年7月任图书馆馆长，2013年被市文广新局评为2012年度全市文化系统先进工作者。

杜晓萍，女，1976年11月生，大专学历，副馆长。2011年7月调图书馆任副馆长。

未来展望

民乐县图书馆遵循"服务至上，读者第一"的服务宗旨，将以建设现代化、数字化图书馆为发展目标，利用先进的计算机技术，促进民乐经济社会的发展、提高国民整体素质服务，实现科技和文化的完美结合，努力把民乐县图书馆办成知识信息中心、文化教育中心，为推进全县文化事业大发展、大繁荣发挥积极作用。

联系方式

地　址：民乐县县府街6号
邮　编：734500
联系人：朱 沛

大学生演讲比赛

图片展进军营

手抄报比赛

山丹县培黎图书馆

概述

山丹培黎图书馆初建于1950年。上世纪80年代初，在中国人民的老朋友，新西兰著名社会活动家路易·艾黎的倡导和县委、县政府积极努力下，由省政府拨款，图书馆于1984年9月落成开馆。山丹培黎图书馆2013年被国家文化部评估定级为“三级图书馆”。现全馆占地面积为3580平方米，其中：建筑面积为1600平方米。馆内设有借书处、资料室、期刊室、报纸阅览室、儿童阅览室、采编室、电子图书室、文化信息工程县级支中心等8个对外服务窗口，阅览座席近300个。

业务建设

截止2013年底，山丹培黎图书馆馆藏图书12.9万多册，其中艾黎捐赠图书2400册，古籍书1600册，地方文献250多册，工具资料书8000册，文学艺术类图书42000多册，期刊资料单本51800多册（合订本8800册），报纸合订本2600多册，儿童读物9500多册，电子文献500多种，计算机70台，其中办公用电脑10台，电子阅览室60台。宽带为10兆光纤接入，专用存储设备容量5TB，图书馆自动化管理系统初步使用，业务管理系统运行基本正常。图书馆全年开馆，节假日正常借阅，每周开馆时间为56个小时，年外借书籍8.8万册以上，2014年夏季，实现馆内无线网络覆盖。

读者服务工作

2011年底，我馆按照省市文化部门文件精神，实现了无障碍、零门槛进入，公共空间设施场地及基本服务项目全部免费开放。几年来，从我县图书馆工作的实际出发，根据读者需求、馆舍条件、资源优势等，制定完善了较为科学细化的免费开放制度及服务规范标准，努力做到免费公益、便捷高效，切实体现普惠均等、读者至上、共享服务的文化工作理念。同时在图书馆大厅设宣传专栏1块，张贴培黎图书馆免费借阅制度和各类宣传教育活动的主要图片，每季度向读者公示1次信息资料、新书内容。大厅内还配制新书展柜2个，展放珍贵图书。在馆前门口设新书预告牌一块，每半年预告新购图书目录1期，每年及时向读者推荐图书。

山丹培黎图书馆每年将4000册左右的各种书、刊、儿童读物流通到各图书室和服务点，提高图书的利用率。近年来，我们为基层图书馆（室）赠送各类图书7800册。开展图书交流活动，2010年与培校图书室交流科技书刊2500多册，2011年与清泉镇图书室交流1100多册，2012年与县村农家书屋交流图书4320多册。

山丹培黎图书馆在每年“三八”节前举办女读者读书座谈会，“六一”儿童节前开展城区中小学生读书活动和演讲比赛，适时举办退休老干部读者座谈会和开办少儿乒乓球培训班。配合县政法委、公安局、文化局联合先后举办了青少年普法和禁毒教育图片展、科学文化知识竞赛、纪念建党90周年知识竞赛、《张掖红色革命史》图片展、喜迎党的十八大图书展等活动，参加人次共计16万左右。我们每年按照省图书馆学会的安排部署有计划地开展“图书服务宣传周”和“全民读书月”活动。

业务研究、辅导、协作协调

2010—2013年，山丹培黎图书馆职工发表论文12篇，出版专著2部。

山丹县培黎图书馆对基层图书馆（室）工作人员定期进行业务辅导与实地指导。定期到村农家书屋进行实地指导，使全县城乡图书馆（室）工作人员的业务素质得到了明显提高。几年来集中培训8次，参加培训人员1200人次左右。

在省图书馆学会及各级文化行政部门的领导支持下，我县专门制定图书事业发展规划，在全县已建成了县乡村三级图书服务网络。其中：图书馆有培黎图书馆、山丹一中、山丹二中、培校、95876部队等图书馆5个；单位内设图书室的有国税局、地税局、检察院、城关小学、东街小学、南关小学、工商局7个；乡镇图书室有东乐乡、陈户乡、霍城镇、清泉镇、老军乡、马营乡、李桥乡、位奇镇8个乡镇图书室，全县建有村级农家书屋141个，这些图书室（农家书屋）都有专人负责和管理，为读者提供日常借阅服务。

管理工作

山丹培黎图书馆进一步完善和健全了馆长工作职责、书刊借阅制度、财务管理制度、采编工作职责、借阅室工作职责、文献保护制度、安全卫生制度、考勤考核制度、学习制度，资产管理制度等，并将完善后的各项制度全部装订成册，集中学习掌握，并严格执行。我们结合事业单位绩效考核管理

规定，于2011年在县人社局和文广新局的统一领导下，重新进行了岗位设置，充实和完善了岗位管理和工作目标管理责任制，为今后按岗聘用、竞争上岗、择优聘用机制的运行打下了基础。

表彰、奖励情况

2009–2013年，我馆2次被市文广新局评为文化工作先进单位，3次被县文广新局评为年度目标责任完成一等奖。6人次被市县文广新局评为先进个人。位奇芦堡村农家书屋被评为全国示范性农家书屋。大寨村周森被评为全省优秀农家书屋管理员。图书馆馆长吴多彬被评为全省文化信息共享工程先进个人。张俊秋被甘肃省文化厅评为甘肃省图书馆事业做出积极贡献，终身奉献奖。

馆领导介绍

吴多彬，男，1969年10月生，本科学历，中共党员，馆长，1991年7月参加工作，2008年6月调入山丹培黎图书馆工作，2013年被评为全省文化信息共享工程先进个人，2014年被甘肃省图书馆评为个人优秀推广奖。

杨兰花，女，1974年3月生，大专学历，中共党员，副馆长，1994年7月参加工作，2012年2月调入山丹培黎图书馆工作。

未来展望

山丹培黎图书馆本着“服务第一，读者至上”的办馆方针，完善单体服务功能，扩大服务辐射区域，带动地区使用发展。山丹县培黎图书馆将继续发挥其不可替代的作用，竭力保障全县基层图书室服务体系良好的运行，积极与省、市图书馆及兄弟县区图书馆实现资源共享互补，达到服务山丹及进驻山丹的各类市民的基本标准。并将在信息社会中为社会信息资源管理作出更大贡献，将图书馆事业发展推向新高度。2015年，山丹县培黎图书馆新建工程将正式启动，在

未来的几年里，山丹县培黎图书馆将在新城区新建一座建筑面积3000平方米的新馆舍。全面建成后的山丹县培黎图书馆，阅览室座位增设至1000个，可容纳纸质文献100万册，年服务人次可达10万人次以上，数字资源设计储存能力5TB，能够提供全覆盖、不间断无时空限制的数字文献远程和移动服务，数字资源年利用率10万次以上，同时，还具有支撑保障全县公共图书馆服务体系良好运行的文献与技术能力成为与县内学校、各系统图书室实现资源共享互补的县级图书馆。

联系方式

地　址：甘肃省张掖市山丹县文化街3号山丹培黎图书馆
邮　编：734100
联系人：张宏琴

灵台县图书馆

概述

灵台县图书馆前身为“民众教育馆”，成立于1935年（民国二十四年）。1949年灵台县民众教育馆改为县文化馆。1980年4月正式成立灵台县图书馆，与博物馆、文化馆在古灵台合署办公。1985年，扩大规模后的灵台县图书馆，实行三馆党委领导下馆长负责制，内设馆长办公室、图书外借室、办刊阅览室、儿童阅览室和资料室。馆址馆名几经变迁变易，2005年10月，新馆迁址灵台县城南环路129号宣传文化中心大楼一、二层，建筑面积1200平方米，现有干部职工16人，其中大学学历1人，大专学历8人。图书馆内设综合办公室、图书室、成人阅览室、少儿阅览室、过刊室、古籍室、闭架书库、资料室、电子阅览室、编辑制作室、多媒体教室、采编室等10多个部室，可容纳读者坐席400个，计算机47台，光纤接入30Mbps，可向社会公众提供多类型、多层次的文化服务。

业务建设

截止2013年底，灵台县图书馆总藏量63219册（件），其中纸质图书、报刊等59431册（件），电子文献3788件。古籍742册，地方文献603册。

读者服务工作

基础服务：从2013年起，灵台县图书馆实行全年无假日免费开放，周开放时间56小时。2013年年借阅量5.6万人次，流通书刊5.8万册次，电子阅览量2.7万人次。2013年5月，开通了灵台县图书馆门户网站，至年底网站访问量6428人次。

读书活动：每年在世界读书日、图书馆宣传服务周、五一、国庆及春节等节假日，举办送文化下乡、讲座、培训、阅读讲演、优秀影视展播、新书推荐、元宵灯谜等活动20场次，参与人数2.34万人次。

延伸服务：积极承担全县184个行政村的农家书屋和共享工程村级服务点建设管理工作，指导书屋的图书分类、编目、建账和上架流通工作及共享工程村级服务点的技术服务工作、管理员培训工作等。

业务研究、辅导、协作协调

2010年–2013年，灵台县图书馆干部职工发表论文8篇，其中国图学会1篇，甘肃省图学会7篇。组织干部职工赴外学习交流16次48人次，其中参加甘肃省图学会、甘肃省文化共享工程分中心培训14次37人次，市县图书馆学习交流2次11人次。

2013年，灵台县支中心安装了互联网终端传输系统客户端，建成了甘肃省文化共享工程资源管理与传输平台，实现了甘肃地方戏曲、非物质文化遗产等17项新资源的有效接收。

2010年–2013年，以农家书屋工程、文化共享工程为依托，举办农家书屋管理员、文化共享工程管理员培训班7期，培训管理员1052人次。

管理工作

2010年–2013年，灵台县图书馆完成了甘肃省事业单位岗位聘任工作，设置3类岗位，聘任13人重新上岗，实行了事业单位岗位绩效工资制度。

表彰奖励情况

2010年–2013年，灵台县图书馆荣获各种表彰奖励24次，其中省文化厅“甘肃省文化信息资源共享工程先进支中心”、省新闻出版局“‘飞天出版传媒杯’全省农家书屋管理员知识竞赛”优秀组织奖等奖励7次，“模范职工小家”等县级奖励4次，“中心工作考核一等奖”等局级奖励13次。2010年首次、2013年二次被文化部授予“三级图书馆”。

馆领导介绍

乔笃学，男，1963年6月生，大专学历，中共党员，馆长、支部书记。2011年获甘肃省新闻出版局“先进农家书屋工作者”称号。

张泓，男，1965年9月生，大专学历，中共党员，中共党员，副馆长。

朱清亮，女，1962年8月生，大专学历，中共党员，中共党员，副馆长。2010年–2013年5次被灵台县妇联、灵台县文广局授予“先进妇女工作者”、“优秀共产党员”和“先进工作者”等称号。

连林世，男，1968年2月生，大专学历，中共党员，中共党员，副馆长。2013年被灵台县文广局授予“先进工作者”称号。

未来展望

未来的三年，我们将以华夏文明传承创新区建设为发展契机，预算投入1200万元资金改扩建图书馆，形成一个多功能、人性化、开放型、现代化的二级图书馆，充分发挥社会文化服务的主阵地作用，为建设富裕文明和谐秀美灵台做出积极贡献。

联系方式

地　址：灵台县城南环路129号宣传文化中心
邮　编：744400
联系人：潘　勇

电子阅览室

整理图书

农家书屋管理员知识竞赛

金塔县图书馆

概述

甘肃省金塔县图书馆成立于1986年，建制为正科级事业单位，建筑面积877平方米，现有工作人员7人，馆藏图书5.2万册，电子计算机37台，光纤接入。向读者开放服务窗口5个，拥有阅览座席80个，期刊300余种，报纸50多种；年购书经费10万元，开展外借、阅览、参考咨询、电子信息等服务，举办假日公益讲座、培训、读者交流等活动。年图书外借达到3万册次以上，年读者流通人次达6.8万人次，每周开馆时间达50小时以上，在馆外设立8个流动服务场所，读者满意率达98%以上。2005年、2009年、2012年被文化部评定为“国家三级馆”。2001年被县委、县政府评为“县级文明单位”。

业务建设

2004年建成拥有30台计算机的电子阅览室，电子图书2000多种，纸质图书3.8万册，古籍书231册，地方文献160多册。

2009年建成共享工程县级支中心，建成92家农家书屋，87个文化资源共享工程基层服务点。

2009年–2010年新增购书经费5万元，共入藏图书4.2万册。

2013年开始购书经费增至10万元，截止目前金塔县图书馆藏书量5.2万册，购置了触摸查询机及图书数字化录入系统，完成了自动化管理系统的安装运行工作。

读者服务工作

自2007年7月1日起，金塔县图书馆实行全年365天免费对外开放，开放时间平均每天达到12小时，每周开放时间达80小时以上。2013年–2014年实现了自动化管理，馆藏书刊流通量每年达3.2万人次以上，书刊外借每年达2.8万册次。

2010年起，我县图书馆开始举办周末讲坛，截止目前，共举办各类讲座120多场次，新书推荐38期。

截止2014年建成6个图书漂流点，每月进行图书流动，全年图书漂流达2.16万册次。

金塔县图书馆每年下基层辅导农家书屋、资源共享工程基层服务点60天以上，举办两期农家书屋管理员培训班，共举办“图书征文”、“演讲比赛”、图书爱心捐助等各类读者活动30多场次，参与人数4.5万人次。

表彰、奖励情况

2010年–2013年，金塔县图书馆共获得各种表彰、奖励4次，其中，省文化厅表彰3次，市文广局表彰1次。

馆领导介绍

向光俊，男，1973年11月出生，中共党员，大学本科学历，馆长。1991年7月参加工作，先后任学区教师、副乡镇长、县政府办公室副主任、应急办主任、县司法局局长等职，2014年10月调入金塔县图书馆工作，主持全馆工作。

柴艳，女，1979年7月生，大专学历，中共党员，副馆长，2002年参加工作，先后在乡政府任妇联主席、计生办主任、副乡镇长等职，2012年11月调入金塔县图书馆工作，分管全馆业务工作和人事、财务、项目管理等工作。

未来展望

金塔县图书馆将进一步调整思路，大胆革新，努力扩大和完善服务体系，带动本县图书馆事业发展。

一是把“形成全民学习、终身学习的学习型社会”作为今后努力的主攻方向。

二是突出工作重点，加快自动化、网络化建设。第一步，全馆各工作环节实现计算机管理，并实现内部联网，变手动作业为自动化管理；建立全面开放的电子阅览室、音像阅览室和网络控制中心，各服务窗口安装电子监控设备。第二步，建立特色数据库，包括读者数据库、书目数据库、地方文献全文数据库，并与政府部门网络连接，在本县局域网中运行。第三步，在全面实现自动化管理，建立起自己的数据库的基础上，建立金塔县图书馆网站和数字图书馆，并与省内外大图书馆联网，实现网上阅览、电子检索，真正实现管理自动化，信息典藏数字化，知识传播网络化，服务形式个性化。

联系方式

地　址：甘肃省酒泉市金塔县文化街13号
邮　编：735300
联系人：张晓敏（金塔县图书馆办公室主任）

瓜州县图书馆

概述

瓜州县图书馆成立于1979年，是综合性公共图书馆，是向全县社会公众提供各类图书、报刊阅读和传播科学知识、共享文化信息的中心。现有馆舍面积822平方米，2009年成立全国文化信息资源共享工程瓜州县支中心，2012年争取中国红十字会图书捐赠88000册，现馆内综合藏书13万册，计算机35台10M光纤接入，网络自动化办公，选用瑞天图书馆管理系统软件。2013年被国家文化部评为国家三级图书馆。

历史沿革

1938年，安西县民众教育馆成立，设有图书阅览室。1949年新中国成立时，县文化馆兼管图书阅览，仅藏书300多册。"文化大革命"中，图书文献遭到严重摧残，4000多册历史、文学等书籍被"破四旧"销毁。1979年正式成立安西县图书馆。1984年与文化馆分家，成为独立的法人单位。2006年更名为瓜州县图书馆。

机构编制

图书馆现有事业编制9名。其中馆长1名。现有职工均为大专以上学历，2006年成立图书馆党支部，支部书记由馆长兼任，现有党员4名。

业务开展

阵地借阅工作开展常态化。成人借书室、报刊借阅览室、少儿借阅室、文献资料借阅室、电子阅览室和多媒体综合室等阵地服务窗口常年开放，年开放时间360天以上，全部实行一本通开架借阅。元旦、春节、清明、五一、端午、十一等节日期间，正常上班，积极推介新书，扩大办证范围，每年新增持证读者500个左右，接待读者53369人次以上，全年图书、期刊、文献资料流通达到24800册次，做好书报刊购置、采编、上架工作。积极增加馆藏书刊，每年新购图书2000册以上，订阅报纸、期刊130种以上，满足了读者需求，较好的发挥了图书馆职能作用。

服务延伸工作形成制度。围绕全县经济社会中心工作，每年组织开展纪念"世界读书日"、"图书馆服务宣传周""知识工程"宣传活动、"读书征文"、"电影展播周"、图片展览、灯谜竞猜等各项活动；有计划组织开展"流动图书"进校园、进军营、进监区、进企业"送书上门"活动。较好的发挥了公共文化服务的职能作用。

管理工作

近年来我馆认真落实《县级公共图书馆工作条例》，积极开展标准化图书馆活动，坚持"读者至上，服务第一"的理念，以服务为中心不断延伸服务领域，开展读书活动，巩固读者队伍，强化服务手段、创新服务理念、拓宽服务领域。2013年，瓜州县图书馆在瓜州县第二次岗位设置中转换了岗位类别，由最初的管理岗全部变为专业技术岗位，年初与馆员签订目标责任书，并实行五定工作机制（即：定任务、定责任、定进度、定时限、定目标）推进图书馆事业稳步向好发展。

馆领导介绍

杨霞，女，1979年7月生，本科学历，中共党员，馆长，党支部书记，文化信息资源共享工程瓜州县支中心主任。2000年6月参加工作，2013年4月调任于瓜州县图书馆工作。

未来展望

瓜州县图书馆遵循"读者至上、服务兴馆"的办馆方针，不断提高服务能力、服务水平、强化综合实力。2013年新建的图书馆工程项目计划于2015年9月竣工并面向广大读者开放。新建图书馆位于县府街体育场北侧，建筑面积3500平方米，建成后的图书馆可容纳纸质文献50万余册，阅览座位300多个，年服务人次可达8万人次以上，数字资源存储能力3.6TB。能够提供全覆盖、不间断、无时空限制的数字文献远程和移动服务。

联系方式

地　址：甘肃省瓜州县渊泉镇文化街71号
邮　编：736100
联系人：杨 霞

"爱我瓜州"征文活动

"世界读书日"活动

春节灯谜竞猜活动

漂流图书进学校

阿克塞哈萨克族自治县图书馆

概述

阿克塞哈萨克族自治县图书馆，成立于1964年。2013年评定为"国家三级图书馆"。为改善我县图书馆的基础设施，完善图书馆的各项功能，更好地服务人民群众，不断满足人民群众日益增长的精神文化生活需求，2014年，我县新建成文化中心大楼，总建筑面积12500平方米，含文化馆、图书馆、美术馆等，其中县图书馆建筑面积3000平方米，馆藏书籍5.7万册。馆内设置科技图书外借室、文学艺术图书外借室、少儿图书外借室、科技报刊阅览室、少儿报刊阅览室、老年报刊阅览室、电子读物阅览室、过期报刊阅览室、采编室、信息咨询室、业务辅导室、书库、甘肃省文化资源信息共享工程阿克塞县级中心等科室。

业务建设

截止2014年底，阿克塞哈萨克族自治县图书馆藏书达5.7万册，其中哈萨克族语图书15000册，年增藏书5000册以上，订有期刊70余种，报纸30余种。在馆藏建设中，坚持把"为地方经济建设服务"作为指导原则，以经济、法律、科学技术、文化教育、社会政治等科类图书作为重点。同时还十分重视地方文献搜集，已收集地方文献1000余册（件）。

2014年开展了以"图书因漂流而精彩"为主题的图书漂流志愿者服务活动，在全县建成了9个图书漂流服务点，漂流点覆盖乡镇、社区、学校、军营、企业，年漂流图书5000余册，让更多的人获得了阅读的机会，更好地发挥了图书的功效，让沉睡在书架上的图书"活"起来。

截止2014年10月，全县共建成1个县级文化共享中心、3个共享工程乡镇基层服务点、4个社区基层服务点和11个村级基层服务点，目前共享工程已达到乡镇村全面覆盖，实现了全国文化信息资源共享。

读者服务工作

近年来，该馆在服务形式上采取全开架借阅管理办法，现有持证读者4200人，多年来开展了多种形式的读者服务活动，坚持各服务窗口每周50小时工作，免费为广大读者服务。除正常业务外，图书馆还积极开展形式多样、内容丰富的读书征文比赛、智能竞赛、学习讲座、书画展览和培训班等多项活动，充分发挥了图书馆宣传教育阵地作用。2007年我馆启动了文化信息资源共享工程建设，先后开展了文化进学校、进牧区、进军营、进社区的"四进"活动。县级支中心于2009年建成，电子阅览室、多媒体室对广大读者开放，最大限度的实现了资源共享。

业务研究、辅导、协作协调

近几年在全县开展基层图书馆业务骨干志愿者行动。2009年起，开展学校图书馆与社区图书馆结对帮扶活动。2014年设立了哈萨克族文学艺术奖。

管理工作

图书馆隶属于县文化体育局的科级事业单位，现有编制人员5人，专业技术人员3人，建立了工作量化考核指标体系，每月进行工作进度通报，每半年和全年进行总体工作考核。

表彰奖励情况

2009–2014年，图书馆共获得各种表彰、奖励12次，其中，县级表彰、奖励8次，其他奖励4次。

馆领导介绍

娜再发，女，哈萨克族，1966年12月生，大学学历，中共党员，馆长。1988年7月参加工作，历任阿克塞县人大常委会信访室主任（正科），2013年任阿克塞哈萨克族自治县图书馆馆长。

张建铃，男，汉族，1974年8月出生，中共党员。本科学历，群文馆员职称。1992年7月参加工作，2011年6月份任县图书馆副馆长。2003年、2006年被评为县级优秀党员。

未来展望

阿克塞哈萨克族自治县图书馆本着"以人为本，服务至上"的公共服务理念，以读者工作为指南，努力推进图书馆的各项工作，实现图书馆功能的最大化。以建设现代化、数字化图书馆为发展目标，利用先进的计算机技术和数字信息系统，开展各种图书服务活动，提高广大人民群众整体素质，为推动阿克塞县经济发展提供智力支持，实现科技和文化的完美结合，努力把图书馆办成知识信息中心，文化教育中心，成为重要的知识信息枢纽和三个文明建设的重要窗口。

联系方式

地　址：阿克塞哈萨克族自治县民主路
邮　编：736400
联系人：聂 磊

开展4.23世界读书日活动

读者在图书馆内挑选借阅图书

开展阅读活动

肃北蒙古族自治县图书馆

概述

肃北县图书馆成立于1958年，当时和电影放映队、新华书店、广播站、文艺队在一起合署办公，1980年正式分开成立文化馆，内设有图书馆，博物馆，为三块牌子一班人马，为科级事业单位。自治县文化馆大楼2009年底因城市建设拆除，正在筹备建设现代化的、新型的三馆合一大楼。自治县图书馆2006年10月搬入原疾控中心大楼改建的新馆址，建筑面积1200平方米，使用面积908.33平方米。2013年，参加全国第五次公共图书馆评估，首次获得三级县级图书馆。2013年，肃北县图书馆有阅览座位120个，计算机34台，宽带接入10兆。肃北县总人口为1.3万，县图书馆现有资源能正常开展各项图书收藏、借阅工作。

业务建设

截止2013年底，肃北县图书馆总藏书量2.1万册，其中，图书1.9万册，报刊杂志0.2万册。

2008年–2011年，肃北县图书馆新书购置费为3万元，2012年起增至5万元，2008年–2013年共入藏图书0.8万册，蒙汉两种语言报刊杂志32种。地方文献入藏完整率为90%。

2009年3月由全国共享工程投资68万元建立的共享工程肃北县县级支中心共有工作机34台，建立了检索查询机3台，并建有自己的网页。2009年肃北县政府投资10万元共享工程启动运行经费，2010年–2013年每年5万元的共享工程运行经费，共享工程县级支中心正常运行，免费开放，全年接待读者6200人次以上。

读者服务工作

肃北县图书馆是全县的文献信息中心，是为肃北县各条战线服务的事业机构。机构设制为六个部门，即图书采编部、图书借阅室、成人阅览室、少儿阅览室、蒙文资料及文献资料室、电子阅览室。建立健全了各项规章制度和岗位工作职责。图书馆现有工作人员12人，设馆长1人，副馆长1人，部门主任1人。大专以上学历10人，具有中级以上职称的2人，是一支具有丰富的实践经验，能熟练开展图书馆读者服务及相关业务的团队。

自2008年以来，肃北县图书馆全年对外免费开放，周开放49小时，全部实行全免费开架借阅。2008年–2013年，书刊总流通量7.2万人次，书刊外借0.83万册次。

业务研究、辅导、协作协调

2008年–2013年肃北县图书馆职工发表论文2篇，出版专著1部。

自2009年以来，肃北县图书馆以文化信息资源共享工程县级支中心为依托，大力开展电子文献借阅服务，开办了老年人计算机培训班、残疾人培训班6期，120个学时，140人次接受了培训。

2012年5月，肃北县图书馆5人参加了甘肃省酒泉市图书馆志愿者培训，2008年–2013年，肃北县图书馆参加省、市图书馆业务培训23人次，注重业务骨干培训，提高了业务管理能力。肃北县图书馆坚持每年组织参加“图书馆服务宣传周”、“图书下乡”、“农家书屋管理人员辅导”系列活动。

管理工作

肃北县图书馆不断探索、运用科学的管理理念，达到资源、技术及人才的合理调配，以实现运行机制协调、管理模式先进、业务操作规范、制度建设完善的管理机制目标，适应读者需要。图书馆的六个部门分别承担书刊分编、典藏、流通、阅览以及信息服务、读者服务和文献检索等工作，各部门各司其职，相互协调，规范管理，保证了图书馆基本功能正常发挥。图书馆以制度、教育和管理为手段，以大幅度提高读者的知识拥有量和增强读者获取知识的能力为目的，全面推行藏、阅、借、管一体化的全新管理模式，整体实行开架流通和阅览。馆内提供书目检索和复印设备，方便读者及时有效地获取所需文献资料。

未来展望

2015年，肃北县图书馆即将搬入3800平方米的新馆址，肃北县图书馆将依托文化共享工程，以数字图书馆建设为目标，以自动化服务为手段，以满足读者需求为出发点，以开展服务活动为重点，以传播知识和传递信息为职能，以馆藏文献为依托，努力实现全方位开放式读者服务工作，使图书馆成为文化、科技、传播、社会教育、信息交流的中心，为丰富群众文化生活，提高全民文化素质，构建城市文化建设，做出新的、更大的贡献。

表彰、奖励情况

肃北县图书馆2010年肃北县委、县政府授予"县级模范文明单位"称号；2012年获得甘肃省文化厅文化共享工程先进个人一次；2013年首次获得文化厅"国家三级图书馆"。

馆领导介绍

戴友春，男，汉族，1965年5月生，大专学历，中共党员，馆长。

傲登高娃，女，蒙古族，1983年8月生，本科学历，副馆长。

李淑娟，女，汉族，1965年5月生，大专学历，图书馆员，文化信息资源共享工程肃北县支中心主任。

联系方式

地　址：肃北县图书馆

邮　编：736300

联系人：李淑娟

玉门市图书馆

概述

玉门县立图书馆创办于民国8年（1929年），可谓当时最早的官办文化事业机构，位于县三官街的三官楼上。至1930年，县立图书馆藏书达101部，953册，多为宣扬孔孟之道的儒家书刊。1976年，由于当时尚未正式建立图书馆，文化馆便设立了图书组，代管图书阅览。1980年8月原文化馆的图书室取消，由市政府批准成立了"玉门市第一图书馆"，当时藏书已达5.6万册。同时，将原"少年之家"的图书室取消，成立了"玉门市第二图书馆"。1992年市政府将"玉门市第一图书馆"和"玉门市第二图书馆"合并，成立了玉门市图书馆，位于现玉门老市区文化综合办公楼一楼，对外开放。馆址几经变迁，2012年11月，位于玉门新市区文化三馆综合楼建成，图书馆搬迁至文化三馆综合楼一楼正式免费开放。馆建筑面积3000平方米，设计藏书量20万册，可容纳读者座位100个，计算机39台，宽带接入10M光纤，选用上海紫兴图书馆自动化管理系统。2013年参加第五次公共图书馆评估定级，被评为三级图书馆。

业务建设

截止2013年底，图书馆馆藏图书107738册，其中期刊杂志1580册，图书藏量16158册。

读者服务工作

从2012年11月起，图书馆除星期一闭馆外，星期二至星期日全天对外免费开放。2012年–2014年，书刊流通总量4931人次，书刊外借19726册次。

该馆通过开展形式多样、丰富多彩的读者服务活动，增进与读者的交流和相互理解，使服务更贴近读者，使读者更熟悉图书馆、热爱图书馆。1、开展图书馆参观活动。在每年"世界读书日"来临之际，分别开展"多读书、读好书，让生活更精彩"，"阅读走进图书馆"，"传承优秀传统文化，建设民族精神家园"等为主题的系列宣传纪念活动，并邀请社区群众和广大市民来馆积极参与，营造了世界读书日良好氛围。2、以广场文化活动为契机，举办"走进图书馆"等为主题的系列宣传活动。在每年玉门市广场文化艺术节开幕式之际，通过在广场周围悬挂宣传横幅，散发宣传单、展示图书宣传专栏展板、咨询服务、现场办理借书卡等形式进行对外宣传和交流。3、每年定期举办全民读书月活动。在寒暑假来临之际，该馆领导主动与各小学校联系、让学生积极走进图书馆、了解图书馆，积极参加图书报刊阅读活动，通过阅读开展了"阅读伴成长"，"我读书、我快乐"的等为主题小读者征文活动，对写的好文章，积极进行筛选评比。4、积极开展图书"四进"活动。为了更加丰富读者的精神文化生活，使更多的人享受到精神文化食粮。在全市范围内，积极开展了图书"四进"（进乡镇、学校、社区、进企业）的送书上门服务活动。5、开展了送卡上门服务活动。新馆开馆之际，安排专人分别深入新市区街道办、玉门市第二小学、市广电局、玉门市委党校等单位，赠送图书借阅卡500多张，由"进门变上门"服务，转变了传统的服务方式，加强了与外单位的沟通和联系，为方便读者借阅提供了更好的服务平台。6、开展了免费宣传活动。为了让更多的读者走进图书馆、了解图书馆，把宣传工作做为我馆的一项重要任务来抓，邀请玉门市电视台记者来馆做专题报道，制作《走进图书馆》影视同期声节目，在电视台播放，起到了良好的宣传效果。

业务研究、辅导、协作协调

新馆建成后，该馆积极拓展进书渠道，通过积极联系，争取到中国红十字会，先后两次捐赠价值700万元图书，分别在全市12个乡镇、3所学校、5个社区、5家驻玉单位、20多个部门帮建成图书室。共计捐赠图书10多万册，价值500余万元。

2012年开始，该馆树立服务地方经济发展的理念，加强图书服务的覆盖面，积极创建图书服务流动站，把图书服务延伸到玉门的大中型国有企业。分别在玉门中海油风电企业分公司，北车塔筒玉门风电分公，玉港电站建成3家图书服务流动站。每次配送图书1000余册，每季度或半年进行一次图书更换。为企业职工枯燥的工作环境，创造了充实的精神生活。

2013年，该馆承办了各乡镇农家书屋代表队参加的农家书屋知识竞赛活动，此次活动为进一步探索建立健全农家书屋长效机制，规范全市农家书屋管理工作，提升农家书屋运行效率和农家书屋管理员服务技能，激发广大农家书屋管理员自觉学习科学文化知识，提高自身综合素质的热情，从而建立一支具备较高管理和服务水平的管理队伍，使农家书屋在全省农村经济社会中发挥了更积极的作用。

2012年–2014年，馆内同志前后多次前往省图书馆、酒泉市文广新局等地参加培训学习。

管理工作

2013年，该馆建立工作量化考核指标体系，每月进行工作进度报告，每半年和全年进行总体工作考核。

表彰奖励

2012年–2014年，该馆共获得各种表彰奖励5次，其中，省图书馆奖励1次，玉门市政府奖励1次，玉门市文体局奖励3次。

馆领导介绍

王凤英，女，1977年4月生，本科学历，馆长。1998年参加工作，2004年1月任玉门市文化体育局副局长，2008年兼任玉门市图书馆馆长至今。2009年被推荐为玉门市党外知识分子联谊会会长。

张玉红，女，1972年11月生，本科学历，中共党员，副馆长。1993年8月参加工作，2012年11月，任副馆长。2012年荣获玉门市三八红旗手光荣称号。

未来展望

该馆遵循“馆藏资源，面向社会，读者至上，服务第一”的服务理念，不断完善服务功能，扩大服务辐射区域，带动地方事业发展。在未来的几年里，该馆在利用原有馆藏资源的基础上，建立图书网站、开展图书漂流志愿服务活动，为信息资源共享搭建良好的平台，使馆内资源“活”起来。

联系方式

地　址：甘肃省酒泉市玉门市新市区文化三馆综合楼
邮　编：735211
联系人：张玉红

华池县图书馆

概述

县图书馆成立于1985年，属副科级公益性文化事业单位。2003年9月迁入现馆址——县城东山双塔森林公园文化大楼一楼，现有馆舍面积1000平方米，设有图书室、阅览室、电子阅览室、多媒体室、资料室。2013年第五次公共图书馆评估获得三级图书馆，由于地理位置较偏僻，读者借阅不便，资源不能被充分利用，2014年9月图书室、阅览室搬迁至县城步行街。现有馆藏图书32331册，阅览坐席120个，少儿阅览坐席20个。电子阅览室配备计算机40台，存储容量5TB，宽带接入20Mbps，使用兰州天拓图书管理系统。

业务建设

该馆已入藏的古籍、图书、期刊和报纸合订本、小册子、手稿，以及缩微制品、录像带、录音带、光盘等视听文献资料3.2万（册、件）。电子文献藏量560种。图书年入藏量约1300种；报刊年入藏量约80种；视听文献年入藏量120种；地方文献藏量约300册，自2010年以来，我馆注重对我县关于红色革命事迹和人物以及非物质文化遗产有关著作的收集，设专人专柜管理。自2010年起购书经费每年5万元。

读者服务工作者

该馆于2011年全面实行免费开放，包括图书室、阅览室、电子阅览室、培训室、多媒体室、少儿阅览室等基础服务项目和公共设施场地的免费开放。周开放时间至少56小时，周六、周日正常开放。图书室图书为半开架式提供，阅览室内设开架图书，全馆书刊文献开架比例达到80%以上。我馆书刊文献外借册次3.2万册次，馆藏总量3.2万册。我馆持证读者约820人，年流通总人次2.5万，人均年到馆次数25次/人；在县内设流动图书点7个，四年来平均书刊借阅册次约1千册次/年；我馆在馆内设立新书预告、好书导读、图书馆宣传栏以及本馆网站宣传书刊，馆外在政府网站发布馆藏目录，利用各种图书馆服务发放宣传单以及现场书展等方式宣传书刊；利用政府网站公开馆内服务信息。为更好地让社会大众都能平等的享受图书馆服务，我馆专门针对残疾人、进城务工人员、未成年人以及老年人等特殊群体提供残疾人视频讲座、进城务工人员法律知识讲座、老年养生讲座等服务。2013年我馆初步建立了华池县图书馆网站，最大程度上揭示我馆馆藏资源、馆内外服务、读者服务以及电子图书建设等，设专门人员进行维护、更新、管理。我馆每年举办公益知识讲座6次、免费人员培训4次，举办专题书展1次，世界读书日、图书馆服务宣传周等阅读推广活动4次，每年参与活动人数约为3600人。

管理工作

该馆每年制定年度工作计划，每半年和全年进行总体工作考核，制定各项管理制度，按需设岗，每周开展三次理论学习，每年撰写4篇心得体会，调研报告2篇。

表彰、奖励情况

2008年至2013年共受到县级及上级主管部门表彰奖励四次。

馆领导介绍

张丽娟，女，1975年7月生，大专学历，中共党员，馆长。1995年7月参加工作，2006年进入华池县图书馆，2008年任华池县图书馆副馆长，2009年任华池县图书馆馆长。

杨晓霞，女，1975年1月生，本科学历，中共党员，助理馆员，副馆长。1996年9月参加工作，2009年任华池县图书馆副馆长。

未来展望

华池县文化资源共享工程起步相对较晚，虽然尚未实现县内村村全面覆盖，这一概念尚未深入人心，但随着共享工程的迅速发展和宣传力度的不断加大，实现村村全覆盖必定指日可待，共享工程必将成为华池县人民文化生活的一大支柱，成为丰富华池人民精神生活，推动华池人文科技进步的强大动力源泉。华池县支中心希望在国家、省、市以及上级领导部门的大力支持下为华池共享工程建设提供更好的发展空间和更加丰富的文化资源，打造华池特色，繁荣华池文化。

联系方式

地　址：华池县东山公园文化大楼
邮　编：745600
联系人：张灵霞

书香校园——阅读引领未来

书画大赛

阅览室

天祝藏族自治县图书馆

概述

天祝县图书馆创建于1984年，初建时与县博物馆、文化馆合署办公，馆址在原县城安远镇。1989年，随着县城整体搬迁，县图书馆迁址到华藏寺。2009年7月图书馆与博物馆、文化馆分设，为科级建制事业单位。2012年，天祝县图书馆拥有业务用房1140平方米，有阅览坐席60个，少儿阅览坐席24个，计算机45台，宽带接入10Mbps，采用文津图书自动化管理系统。2013年，参加第五次全国公共图书馆评估，被评为三级图书馆。

业务建设

截止2012年底，天祝县图书馆总藏量8万多册（件），其中馆藏纸质文献图书76210册，报刊合订本5790册，电子文献500多册（件），视听文献200多种。2009、2010、2011年，新增藏量购置费3万元，2012年增加至5万元。200–2012年，共入藏图书1000多种，4000多册，报纸、期刊200多种，视听文献120多种，地方文献10多种，100多册。截止2012年底，数字资源存储容量为6TB，宽带流量10Mbps以上。图书自动化管理系统启用文津系统。

读者服务工作

天祝县图书馆全年每天对外免费开放，周开放时间56小时。2009–2012年，书刊总流通48423人次，书刊外借58846册次，电子阅览室服务读者18340人次。图书借阅部年服务读者5000多人次，阅览部年服务读者7000多人次。

2009–2012年，共举办讲座、展览、培训、阅读推广等读者活动48次，参与人数38400多人次。

业务研究、辅导、协作协调

2009–2012年，全馆职工共发表论文12篇，其中国家级2篇，省级10篇，获奖5篇。

对全县19个乡镇的农家书屋进行图书分类编目、流通服务等方面培训38次。在基层乡镇和单位设有服务点、流通站，长期为农、林、牧及相关科研单位提供信息资料服务工作。与天祝一中建立协作协调关系，参与青树基金会联合编目工作，实现区域内图书资源共建共享。

管理工作

实行全员聘任制，设管理、专业技术、工勤三类岗位。2012年，完成全员岗位聘任。完善了图书馆的各项规章制度，建立健全了业务考核制度体系，实行年终考核制。

表彰奖励

2009–2012年，获得各种奖励4次。其中甘肃省图书馆学会奖励2次，县委、县政府奖励2次。

馆领导介绍

张国锋，男，1964年6月生，大专学历，中共党员，党支部书记，馆长。1984年6月参加工作，曾任天祝县东大滩乡经联委主任，天祝县纪律检查委员会常委、纪检监察科科长。2010年6月任天祝藏族自治县图书馆馆长。2005–2007年获天祝县优秀领导干部奖，2006年获天祝县优秀共产党员奖，2009年获天祝县优秀纪检监察干部奖。

杨金辉，女，1969年6月生，本科学历，中共党员，副研究馆员，副馆长。1995年7月参加工作，从事过文博、编辑工作，2009年10月任天祝县图书馆副馆长。2008年12月被评为“天祝县十大优秀知识分子”。

未来展望

天祝县图书馆践行科学发展观，遵循“以人为本，公益优先”的办馆理念，坚持“资源、管理、服务”三位一体全面、协调、可持续的发展思路，大力开展文献信息资源建设和信息服务体系建设，努力提升图书馆的服务水平，为自治县各项事业的发展需要提供优质服务支持。2012年8月，天祝县图书馆新馆动工建设，总投资1773万元，占地面积5744平方米，建筑面积4994平方米。

在未来几年里，新馆将如期建成并投入使用，设阅览座位400个，容纳纸质文献25万册，年服务人次可达8万人次以上。将遵循整理、保存、开发、应用文献信息资源，服务于全县公众的宗旨，坚持以读者为中心，积极着手全面加强图书馆自动化、网络化、数字化建设，努力向管理科学化、业务标准化、服务规范化推进，尽快形成具有藏区特色的文献信息资源馆藏服务体系，充分发挥公共图书馆终身学校的服务功能，将图书馆建成融服务、教育与学术型为一体的公共图书馆，最大限度地满足全县人民的文化教育需求，高量、高效为全县人民提供强大的服务支撑。力争建设成一个设施精良、资源丰富、队伍精干、服务一流、独具特色、运行良好的民族地区图书馆，力争达到二级图书馆基本标准。

联系方式

地　址：天祝县华藏寺团结路25号
邮　编：733200
联系人：华银草

天祝县图书馆五次评估现场

阅读推广活动现场

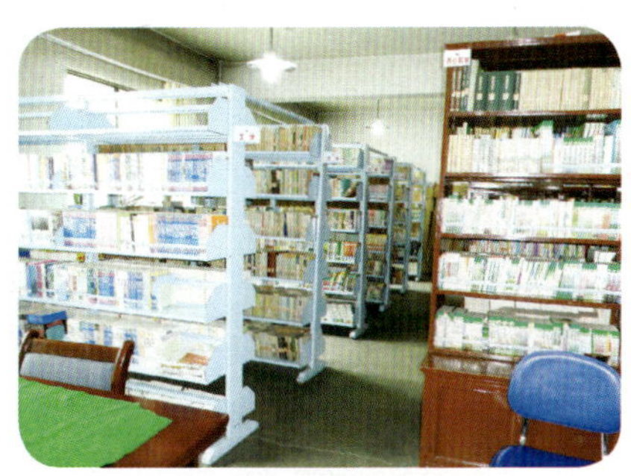
天祝县图书馆图书外借库

正宁县图书馆

概述

正宁县图书馆成立于1979年2月，2007年3月搬迁于人民广场文化大楼重新布置，开馆服务。目前馆舍面积800余平方米，设有文化信息资源共享工程正宁县支中心、图书借阅室、报刊阅览室、少儿阅览室、资料室、电子阅览室、多媒体室等七个服务窗口及资源编辑室、报刊藏书室、地方文献收藏室等多个工作室。在第四次、五次全国公共图书馆评估中，均获三级图书馆。目前，图书馆有阅览坐席60个，计算机35台，宽带接入10Mbps，选用文津图书馆自动化管理系统。现有职工13人，其中馆长、副馆长各一人，管理员8人，本科学历3人，大专5人，馆员职称1人，助理馆员2人。

业务建设

截止2013年底，馆藏图书3万余册，其中古籍及地方文献1140余册、上架图书22000余册，报纸、期刊3000余册，视听资料1000余册。

近年来，每年图书购置费仅2万元，2013年申请资金购置图书4000余册。

读者服务工作

2013年初，我馆开始运用文津图书馆自动化管理系统，实现了馆藏文献的自动化借还。同年，建立了正宁县图书馆网站，通过网站可以查阅、预借图书、了解新到图书，浏览我馆最近动态，以及馆内活动通知等，网站的建立极大的促进了我县人民对图书馆的了解，更方便了读者的借阅。2013年我馆书刊总流通量达5.2万人次，书刊外借量达4.1万册次。举办各类培训13期，参加培训人数共2236人。

馆领导介绍

王新鸿，男，出生于1970年12月，大专学历，中共党员，图书馆支部书记、馆长。1991年7月参加工作，历任正宁县文化局文化市场管理稽查队队长、县纪委驻文化广播影视局纪检组长，2013年9月任正宁县图书馆馆长。

杜惠萍，女，出生于1974年，本科学历，中共党员，副馆长。1996年参加工作，历任正宁县榆林子镇计划生育副站长，经委副主任，2005年任图书馆副馆长。

未来展望

我馆从2007年由原文化馆院内搬至广场文化大楼，这里环境开阔，优雅，舒适，离居民区近，方便读者来馆借阅。随着图书馆事业进一步的发展，馆舍需求面积的不断增大，读者需求的多元化，馆员素质的不断提升，现有馆舍面积已经无法满足当前需求，经过我馆领导努力及县上领导的大力支持，新馆已经在筹建之中，新馆馆舍面积1500多平方面，拥有阅览座位200多个，可容纳纸质文献40万多册，年服务人次可达15万人次以上，数字资源存储能力12.3TB，能够提供全面化的、动态化的、数字化的多功能服务。同时，我馆还与县上各个中小学共结联谊，实现资源优势互补，与乡镇文化站、农家书屋相结合，建立流动图书站，实现图书进村，服务农民，图书资源利用率最大化，充分发挥了图书馆的便民利民作用。

联系方式

地　址：正宁县南大街04号
邮　编：745300
联系人：王新鸿

宁县图书馆

概述

宁县图书馆成立于1981年4月。1991年4月经县政府批准正式动工新建，1994年4月，位于宁县文体广场北侧的新馆建成并开放。新馆占地面积约2000多平方米，建筑面积1230.4平方米，坐北面南，西临公路，东依居民小区，环境优雅，交通便利。宁县图书馆现有阅览坐席130多个，书库面积220多平方米，阅览室面积280多平方米，计算机45台。2009年列入文化共享工程县级支中心建设单位，宽带接入10兆，成立文化信息资源共享工程宁县支中心，选用CDI文津系统图书馆自动化管理系统。

业务介绍

截止2013年12月，馆藏图书51716册，其中图书26639册，地方文献1560册，古籍559册，报刊22341册、电子文献45件，视听文献572件。年订阅各类期刊120份以上，新购图书800多种，年外借图书2.1万册（次），年图书流通量4.2万人。

读者服务工作

从2010年起，省文化厅配套68万元的资源共享工程配套设施，建成电子阅览室80平方米，多媒体室60平方米，主控机房15平方米，资源编辑室20平方米。设有图书借阅室、报刊阅览室、电子阅览室、少儿阅览室、地方文献与古籍书库、资料室、采编室、多媒体报告厅、资源编辑室等9个服务窗口。每周开馆56小时，积极开展外借、阅览、咨询、讲座、展览、学术交流等读者活动。

读书活动：宁县图书馆充分利用文化资源共享工程先进设备积极发挥共教育功能，每年都为广大读者播放优秀电影、科技知识、实用技术等，并定期开展各种专题讲座。积极举办禁毒展、国情展、香包展、书画展、优秀读书家庭评选及演讲比赛等读书活动。加强了同广大读者的互动，拓宽了服务范围，提高了图书馆在公共文化服务体系中的影响力，也充分的展示了优秀文化发展的成果。

宣传周活动：每年都开展了图书馆服务宣传周活动。采用送书上门、张贴标语、悬挂横幅、书目介绍、图书图片展览等多种形式，积极开展图书进校园、进机关、进社区、进农户等宣传服务活动。大力倡导全民读书，建设阅读社会，扩大了图书馆的社会影响。

送书下乡：为进一步促进社会主义新农村建设，满足人民群众日益增长的精神文化需求，图书馆每年都开展送图书下基层活动，年均送图书达2400多册，积极建立基层图书服务点18个；县直图书流通点10个；并积极承担全县257处“农家书屋”的业务培训和图书流通指导工作。

表彰、奖励情况

2000年宁县图书馆被县委县政府授予“巾帼建功文明示范岗”；2002年宁县图书馆被县委县政府授予“党报党刊征订先进单位”；2005年宁县图书馆被宁县文化出版局评为年度目标责任管理考核综合奖；2006年宁县图书馆被宁县文化出版局评为年度重点工作目标责任管理考核二等奖；2007年宁县图书馆被宁县文化出版局评为年度重点工作目标管理责任考核先进单位；2009年，2010年，2012年宁县图书馆被宁县文化出版局评为年度目标管理责任制考核一等奖。2010年宁县图书馆被文化部评定为国家三级图书馆。

馆领导介绍

张陇宁，男，1964年8月生，大专学历，中共党员，馆长。1984年8月参加工作，历任宁县博物馆馆长。

李红梅，女，1975年8月生，大专学历。中共党员，副馆长。1996年9月参加工作。

郭瑛，女，1982年9月生，本科学历，中共党员，副馆长。2002年10月参加工作。

未来展望

宁县图书馆坚持遵循“读者至上，服务第一”的宗旨，为读者提供图书外借、报刊阅览、资料咨询、信息导航、讲座培训等全方位的优质服务。

联系方式

地　址：甘肃省宁县新宁镇辑宁南路9号
邮　编：745200
联系人：夏　依

渭源县图书馆

概述

渭源县县图书馆为股级文化事业单位，隶属渭源县文化广播影视局。现有正科级兼职领导1人，专业管理员9人，其中男3人、女6人。有专业技术人员9人，现有工作人员结构合理，人员业务素质和文化修养符合图书馆岗位要求。馆内设有图书借阅室、报刊杂志阅览室、少儿阅览室、资料文献室、特藏室、采编室、电子阅览室、文化信息资源编辑室、多媒体活动室等。现有馆藏书刊85000册，有些期刊存档年限达55年以上。《陇右金石录》、《陇右方志录》、《万有书库》（现存1564册）、线装《二十四史》（45函1399册）等都具有一定的历史及收藏价值。

历史沿革

渭源县图书馆事业机构设置于明清时期，称为儒学。民国十六年（1927年）设立渭源县“讲习社”和“阅报社”。民国二十三年（1934年），正式成立渭源县图书馆。1935年，图书馆借用城内马王庙为馆址，正式举行了开馆典礼。1940年，渭源县图书馆改为“民众教育馆”。1949年8月，渭源和平解放，人民政府接收了“民众教育馆”。1951年10月成立“渭源县人民文化教育馆”。1953年改称渭源县文化馆。文化馆设置图书室，图书借阅阅览成为文化馆的主要活动内容。1966年开始的文化大革命，文教战线首当期冲，深受其害。在所谓破“四旧”中，馆藏图书被封存，停止借阅，大量中外文学名著被列入“四旧”，冠以“封资修”的罪名遭清理而散失。1981年5月，渭源县委、县政府根据省文化厅关于设立县图书馆的通知精神，正式批准成立渭源县图书馆，隶属文教局领导，但因房屋设施的限制，仍和文化馆合属办公。1990年，文化馆、图书馆分设，图书馆正式成为一个独立的文化事业单位。

馆舍设备

2000年后图书馆先后拆除了原有旧房屋，用国家投资的60万元，省上补贴的20万元和县上配套的18万元，在原址上新建了一幢建筑面积为1392平方米的图书馆大楼，大楼于2005年9月投入使用。2008年底，“全国文化信息资源共享工程县级支中心”建设项目的申报成功，为图书馆争取到了价值70万元的设备，成功建立了电子阅览室、文化信息资源编辑室、多媒体活动室。

基础业务工作

1、馆藏资源情况

图书馆现有各类图书85000册，其中马列主义、毛泽东思想类2980册，哲学类1920册，社会科学类39746册，自然科学类21541册，综合类图书9223册，期刊、报刊类7590册，些期刊存档年限达50年以上。特藏有线装《二十四史》一部、《万有文库》一套、《陇右金石录》、《陇右方志录》及地方文献等。

2、历年藏书统计

1935年建馆时藏书3000册左右；从建馆初至1949年8月渭源和平解放，由于各种历史原因，藏书量几乎没有什么发展；五十年代，图书馆有藏书4000册左右，文革前发展到5000册；1966年大量中外文学名著被列入“四旧”，冠以“封资修”的罪名遭清理而散失；1978年图书馆事业得到逐步恢复，馆藏图书达12000册以上；1988年藏书近40000册；1998年藏书达50000册；2012年各类图书达75000册。

大事记

1、民国十六年（1927年）设立渭源县“讲习社”和“阅报社”。

2、1935年，图书馆借用城内马王庙为馆址，正式举行了开馆典礼。

3、1940年，渭源县图书馆改为“民众教育馆”，增设了各项游艺活动。

4、1949年8月，渭源和平解放，人民政府接收了“民众教育馆”。

5、1951年10月成立“渭源县人民文化教育馆”，1953年改称渭源县文化馆。

6、1958年渭源县制撤消合并于陇西县，文化馆仍保留，馆址迁到原渭源县政府左侧院内。

7、1962年恢复渭源县制，文化馆遂迁到现址（新街县人民电影院西院）。

8、1966年开始的文化大革命期间，大量中外文学名著被列入“四旧”，冠以“封资修”的罪名遭清理而散失。

9、1977年派专人到省图书馆学习培训，此后，对馆藏图书进行了统一分类，建立了读者分类目录与公务分类目录各一套。增加了基本设备，添置了报架5个，铁书架25个，书架长度

达1042米，制作目录箱两套，增添了图书。

10、1981年5月，渭源县委、县政府根据省文化厅关于设立县图书馆的通知精神，正式批准成立渭源县图书馆。

11、1984年，鉴于文化馆、图书馆合属办公，省文化厅给图书馆拨款4万元，修建砖木结构书库一座，180平方米。

12、2000年后图书馆先后拆除了原有旧房屋，用国家投资的60万元，省上补贴的20万元和县上配套的18万元，在原址上新建了一幢建筑面积为1392平方米的图书馆大楼，大楼于2005年9月投入使用。

13、2007年5月，经多方努力筹措资金，购置了一批少儿图书及阅览桌椅，成功开办了少儿阅览室。

14、2008年底，"全国文化信息资源共享工程县级支中心"建设项目的申报成功，为图书馆争取到了价值70万元的设备，成功建立了电子阅览室、文化信息资源编辑室、多媒体活动室。

15、2009年，图书馆扎实准备，补充各类软硬件中的不足，迎接全国第四次图书馆评估，于2010年元月被为国家"三级图书馆"。

馆领导介绍

曾彩萍，女，甘肃渭源人，生于1966年。1985年毕业于临洮师范，同年被分配到渭源县清源镇河口学校任教；1990年调入清源一小任教；1997年调入中共渭源县委宣传部，搞宣传报道工作，2001年任县委报道组组长。在工作中每年在地级以上报刊、电台发表稿件100多篇，有力的宣传了渭源，扩大了渭源在外界的知名度。由于工作突出，2002年被定西市委宣传部评为全市"优秀记者"。2005年7月调入县总工会任党支部书记；2006年1月又调入县文化旅游局，任党支部书记、副局长，兼图书馆馆长，上任伊始，狠抓了图书馆的管理工作、职工队伍建设以及各项制度建设，有力地提高了职工的服务能力和服务水平。

未来展望

对于一座县城来说，图书馆就是一座知识的储备所，就像国家的粮仓，储藏着该县城人们最需要的知识。公共图书馆作为公益性的重要场所和阵地，在建设小康社会机构建设社会主义和谐社会中的地位和作用正日益被人们认识，也日益受到社会各方面的高度重视。我馆作为一个县级公共图书馆也要因地制宜，发挥县城特色，开展丰富多样的读书活动。

1、积极搜集地方文献。我们必须加大搜集地方文献的力度。采取调查研究，掌握信息，瞄准对方，上门求索等方法，把散藏在个别单位、个人手里的珍贵资料统一收藏起来，并和附近的出版社、印刷厂经常保持联系，凡有印刷出版的符合馆藏范围的资料，请求入馆；对各种大型会议期间的资料，要及时收集。

2、人性化服务理念。公共图书馆的人性化服务理念，就是以尊重读者、关怀读者为宗旨，与读者相互沟通合作，并建立一种亲切的、平等的、相互的服务关系，给读者全方位地感受环境与人的亲和力。

3、加强数字化图书馆建设。人类社会已进入信息时代，知识作为一种生产投入的作用越来越大，我们必须明确图书馆的服务由图书文献借阅转向定期服务，由手工检索转向联机检索，纸张文献转向电子文献，图书事业必须进入自动化、网络化、标准化的新阶段。

4、加强藏书建设，提高藏书数量和质量。确定好重点和一般的关系，"保证重点""加强基础""照顾一般"。举办图书资料实物展览和各种读书竞赛活动，让读者在图书室直接接触书刊资料，感受文化熏陶。

总之，新世纪的一个重要特征是创新，图书馆事业是国家创新体系的重要支撑力量，我们要把图书馆蕴藏的丰富知识资源开发出来，为知识创新并终身学习提供深层次服务，为构建社会主义和谐社会做出应有贡献，促进渭源政治、经济、文化和社会协调发展，这是新世纪图书馆事业肩负的重要任务。

联系方式

地　址：甘肃省定西市渭源县清源镇新街19号
邮　编：748200
联系人：曾彩萍

岷县图书馆

概述

1934年（民国23年）由本县绅仕捐款，购置了《万有文库》第一集，共1000册交给当时县政府教育局存藏，教育局做了两只木箱写上“图书馆”名称，并指定专人担任图书管理员，经管借阅事务。从此，岷县历史上第一个图书馆初具雏形。

1936年，筹办“民众教育馆”，将图书馆藏书搬移其中。图书借阅又成为民众教育馆事业业务的一部分。岷县民众教育馆，从建馆到岷县解放，共经历了十四个春秋。

1950年9月，岷县人民政府责成教育局成立岷县“文化馆”。在接过来的“民众教育馆”的基础上（包括已不齐全的《万有文库》），重新增订图书、报刊，初步建立图书登记、阅览、外借等各项制度，展开了以借阅览阅为中心的正规业务活动。1950年至1980年这三十年中，图书馆工作一直作为文化馆业务的一个重要组成部分而存在和发展。

（1）单位名称的变化

1934年，教育局做了两只木箱上写“图书馆”名称，1936年“民众教育馆”；1950年文化馆图书业务组；1980年为岷县图书馆名称至今。

（2）隶属关系的变化

1950年至1980年3月图书馆一直隶属于教育局；1982年至1985年隶属于岷县文化教育局；1986年至今隶属于岷县文化局。

基本情况

岷县图书馆成立于1980年4月，仅有旧平房10余间，建筑面积180平方米；现有综合业务楼二栋，总建筑面积2242.64平方米。设有成人阅览室、儿童阅览室、书库、报刊库、借阅室、会议报告厅、电子阅览室、多媒体室等。拥有读者席座260个。2004年以来，在第三次、第四次全国公共图书馆评估定级工作中被评为三级图书馆。现有在册人员9人，男5人，女4人，有党员5人，大学学历2人，大专学历3人，高中学历4人。内设秘书组、业务组、后勤组，各组设组长1名，由馆长、副馆长和各组组长组成馆务会，馆内重大事情由馆务会讨论决定。图书馆有藏书5万多册，其中图书4万册，电子图书1万余册。有书架55个，总长度635米。

藏书情况

1、文献资源体系概貌：文、史、哲类图书占馆藏图书文献的60%，马列著作类20%，工农业类10%，工具类图书及地方文献占10%。

2、历年藏书统计

①1986年藏书概况：23000册

②1996年藏书概况：25000册

③2006年藏书概况：36000册

④2010年藏书概况：50000册

读者服工作

1、全年成人阅览室、儿童阅览室、图书借阅处3个服务窗口正常开放。年接待读者32000人次以上，其中儿童读者12000余人，提供给读者阅读的各类报刊80余种。借阅处年外借册次7500余册，书刊全部开架借阅。

2、为专业技术人员及科研人员提供资料，进行跟踪服务。年为专业技术人员和科研人员提供信息50余次，提供资料800余份；年代读者检索课题20项左右，解答咨询600条左右。

3、设置图书报刊宣传栏，为读者搞好导读服务。宣传推荐精品图书、期刊，每年共计都在860种以上。并坚持每周开馆48小时，周六周日开馆，周二业务人员休息，行政人员正常上班。

4、积极开展对读者的延伸服务工作，搞好送书到校，送书下乡活动。每年都先后去回民小学、教场小学、东照小学、南川小学、十里小学、清水乡文化站、十里乡文化站、蒲麻中小学和文化站、禾驮乡禾驮村和安家山卓洛署光村等图书室送流动图书5000册以上，还给少数学校和村图书室捐赠了图书，并组织本馆专业技术人员对上述图书室和有些学校图书馆及社区图书室进行了业务进行了辅导。

5、充分利用文化共享工程信息资源，搞了电子阅览室读者服务工作。接待了以中小学生和社会弱势群体为主体的电子阅览读者群，丰富了他们的精神文化生活。

6、拓宽本馆业务工作领域，搞了全县农家书屋业务辅导工作。对基层农家书屋管理人员每年在馆内集中培训两次。同时组织馆内专业技术人员经常深入农村基层各农家书屋，从图

书编目、分类、上架等业务工作，对书屋管理人员进行手把手的辅导，使农家书屋逐渐走上正规化、科学化的发展轨道。

开展的主要活动情况

1、每年举办读书演讲会（读书讲座）活动。特邀我县文化名人李璘先生等，作了内容包括地方文史、名著导读、读书与治学、岷县人民革命斗争史等社科与人文讲座，年举办5次左右，给读者提供了精神大餐。

2、举办“元宵少儿趣味猜谜”活动。每年精选涉及自然科学、文史知识、地方文化科技知识为主要内容的谜语800条左右，部分勇跃参加了此项活动，从一定程度上使他们的智力得到提高。

3、举办大型书展活动。充分利用馆藏资源，分类举办了如“馆藏珍品万有文库展览”、“馆藏文史哲精品展览”，“少儿精品书刊展览”、“岷县地方文献展览”等大型书展活动，年举办10次左右，酿造读书氛围，培养读者读书兴趣。

4、和部分中小学联办“中华古诗文朗诵赛”活动。先后去和平学校、岷阳一小等中小学举办以中华传统古诗文为内容的诗歌朗诵比赛，丰富了校园文化生活，也从一定程度上培养了有些中小学生弘扬祖国传统文化的志趣。

5、届时举办“图书馆服务宣传周”及“全民读书月”活动。每年5月份的最后一周（图书馆服务宣传周）和12月份（全民读书月），利用广播、临街大幅标语、书展、发放宣传单、设立咨询台等形式，组织全馆人员，在城区主要街道开展宣传活动。积极宣传《岷县知识工程实施方案》和馆内各服务窗口业务介绍，次每年还利用录音播放、设立咨询台、办书展等多种形式专题举办图书馆服务宣传周活动，使人们能够充分认识图书馆、走进图书馆、利用图书馆。同时还开展了以“建设社会主义新农村”为主题的农民优秀文学作品征文评选活动。也开组了优秀读书家庭评选活动，其中在2003年度评选全县优秀读书家庭活动中我县二十七户家庭被入选，荣居全区第二名。以上举办的各种活动，均收到了良好的社会效益，为打造文化岷州做出了一定的贡献。

成县图书馆

概述

甘肃省成县图书馆旧馆大楼始建于1992年，位于莲湖公园西侧，建筑面积860平方米。2008年8月12日因汶川大地震损坏。2012年底搬迁至成县西大街文化广场北侧、莲湖公园东南边新址。新馆建筑面积2000平方米，设计藏书容量20万册，可容纳读者座位400个。2004年，参加第三次全国公共图书馆评估，首次获得三级图书馆。2012年，甘肃省成县图书馆有阅览坐席158个，计算机52台，宽带接入两路10兆光纤，其中一路用于网上阅读，一路用于政务外网。

业务建设

截止2012年底，甘肃省成县图书馆总藏量：纸质文献50000余册（件），电子图书3TB。2009、2010年，甘肃省成县图书馆购书经费4万元，2012年藏量购置费增至8.2万元。2009–2012年，共入藏图书2500余种，8000余册，报刊10种，视听文献30种。2013年年初，实现馆内无线网络覆盖。

读者服务工作

从2004年8月起，甘肃省成县图书馆全年365天天天对外免费开放，周开放56小时。2009–2012年，每年书刊总流通1.2万人次，书刊外借6380册次。充分利用节假日、图书宣传周、县上组织的送文化下乡等活动进行科普知识传播：一方面在17个乡镇文化站设立了流动图书点；另一方面在我县245个村建立了“农家书屋”（文化信息资源共享工程，村级文化活动室）。服务农村小学，向沙坝乡杨坝小学捐赠1000余册下架图书组建了图书室；2012年4月，向成县看守所捐赠下架图书615册，木质书架10个。2012年7月，中国政府公开信息整合服务平台甘肃省成县分站上线服务。2009–2012年，甘肃省成县图书馆共举办讲座、展览、培训、阅读推广等读者活动45场次，参与人数5.4万人次。

县领导视察指导工作

业务研究、辅导、协作协调

甘肃省成县图书馆每年开展下基层共享工程基层网点技术培训工作5次，培训基层网点信息人员20人次以上，下基层文化站指导培训5次，协助基层站点完善图书分类、编目，累计上架书籍25万余册；培训农家书屋管理及文化共享工程设备维护和使用人员2次200人以上，并指导农家书屋完成图书分类、编目、上架20余万册。

管理工作

2007年，甘肃省成县图书馆完成第一次全员岗位聘任，本次聘任共设3类岗位，有22人竞聘上岗，同时，建立了工作量化考核指标体系，每月进行工作进度通报，每半年和全年进行总体工作考核。

表彰、奖励情况

2013年元月甘肃省成县图书馆文化文化信息资源共享工程支中心被甘肃省文化厅评为“先进县级支中心”。

馆领导介绍

郝晓霞，女，1970年11月生，大专学历，中共党员，馆员，馆长。兼任甘肃省西狭书画促进会理事、陇南市书法家协会理事等职。1991年12月参加工作，历任甘肃省成县同谷书画院支部书记一职。1994年获陇南“十佳青年书画家”称号，2004年其书法获中国书协公安部联合举办书画展“特别奖”，2008年其书作获甘肃省第五届书法篆刻展“三等奖”。

韩琨，男，1967年3月生，大专学历，中共党员，副馆长。1988年7月参加工作。

未来展望

甘肃省成县图书馆已向当地主管门申报，争取新建一栋符合国家二级图书馆标准、外观汉唐风格的仿古图书馆楼，在硬件上具备提升空间；尽快安装图书馆自动化管理系统；加大力度增加图书入藏量、搜集地方文献。向国家二级图书馆大踏步迈进。

联系方式

地　址：甘肃省成县西大街文化广场北侧
邮　编：742500
联系人：李　荞

成人阅览室

电子阅览室

老年服务

合水县图书馆

概述

合水县图书馆创建于1978年，占地面积1100平方米，内设图书室、少儿图书室、阅览室、少儿阅览室、地方文献室、报刊查阅室、电子阅览室、采编室和多媒体室。馆藏图书5.96万册（件），年均借阅图书3.2万册（次），人均年到馆26次/人。职工总数14人，其中正式职工8人，公益性岗位6人；大专以上学历8人，占职工总人数的57%，中专、高中以上学历14人，占职工总人数的100%；领导2人，均为大专以上学历。

业务建设

自2012年底，合水县财政每年在财政预算中列支图书购置、报刊征订经费4万元，列支文化信息资源共享工程运行经费10万元，2012年、2013年每年拨付免费开放经费20万元。每年平均新购图书1500种，征订报刊120种，新购视听文献45件；更换了馆内原有陈旧的书架、桌椅等设施，接入了10兆光纤专线，添置了复印扫描一体机、打印机等办公设备。

2009年成立了全国文化信息资源共享工程合水县支中心建设工作领导小组，2010年3月支中心正式运行，县财政每年核拨运行经费10万元。目前，现有阅览座席170个，少儿阅览座席48个，文化信息资源共享工程配套计算机37台，其中提供给读者使用的计算机30台。支中心先后开展了全民读书周活动、青少年读者系列活动、文化拥军等活动，年接待读者1万余人。

2012年投资14.89万元新购雪佛兰轿车一辆。2013年初，购置安全防盗仪、针式打印机、条码打印机、扫描仪等图书管理自动化相关设备，安装CDI文津图书管理系统，2014年购置办公电脑10台，基本实现了图书馆业务自动化。

读者服务工作

2009年起，合水县图书馆每周开馆时间达60小时以上。2011年开始实行全方位免费开放，书刊文献开架比例为100%。2012年累计开展设点宣传5次，发放有关书刊知识资料1.1万份，重点推介宣传农村实用栽培技术、报刊等各类书刊达到410多种。

合水县图书馆常年坚持开展送书上门服务，设馆外服务点15个，流动服务点书刊借阅册次达5000册次/年，扩大了图书流通范围，方便了农村读者借阅。

结合服务宣传周、全民读书月等活动，定期为福利院和看守所提供送书上门服务，积极做好古籍保护宣传和免费开放宣传，年发放古籍保护和免费开放宣传资料5000份，组织开展读书讲座、报告会21次，开展阅读推广活动8次，举办各类展览6次，参与馆办活动的读者总人次为5万人次。

2013年初，共发放读者问卷调查220份，收回211份，读者满意率达到100%。

业务研究、辅导、协作协调

合水县图书馆积极主动开展调查研究和业务辅导，组织撰写有参考价值的调查报告，为科研与经济建设提供信息服务。自2009年以来，干部职工共撰写有参考价值的调查报告5篇，在省级刊物发表专业学术论文5篇，其中1篇获三等奖，4篇获四等奖。年代检索课题15项、解答咨询950条，为相关单位提供信息资料14篇。

自2009年以来，合水县图书馆狠抓县、乡、村三级服务网络建设，先后为全县12个乡镇文化站图书室和66个行政村农家书屋进行业务辅导。年组织各类业务培训6次，业务指导23次，受训人员达200余人次，使基层图书室借阅及管理逐渐步入规范化轨道。目前，乡镇图书室覆盖率达100%，村农家书屋覆盖率达80%以上。为进一步开展协作协调，达到资源共享，先后与市图书馆、陇东学院图书馆和正宁、庆城、宁县等兄弟县馆多次进行学习交流，与店子、老城、何家畔、吉岘、西华池等乡镇图书室开展协作，效果显著。

学术、科研成果及获奖情况

1998年，合水县图书馆被省文化厅评为甘肃省文明图书馆。2005年，2009年，2013年连续三次被文化部授予三级图书馆荣誉称号。2000年，被评为县级文明单位和文明卫生单位，受到县委、县政府的表彰奖励。2011年被中共合水县委评为先进基层党组织。

馆领导简介

馆长：魏希梅，女，1967年生，合水县人。

副馆长：禹霞，女，1980年生，合水县人。

联系方式

地　址：甘肃省庆阳市合水县西华北街31号

邮　编：745400

联系人：魏希梅

读者活动

合水县图书馆为福利院送书

合水县图书馆为看守所送书

迭部县图书馆

概述

迭部县图书馆，建于1982年，建筑面积约为1800㎡，现设有图书借阅室、电子阅览室、成人报刊阅览室、少儿报刊阅览室、多媒体室、采编室、学术研究室和文化创作室。2013年，参加第五次全国公共图书馆评估，首次获得三级图书馆。现有成人阅览座席40座，儿童阅览席24座，培训席位40座。用于服务读者的电脑30台，办公电脑6台，宽带网络全部接通，机房专用存储设备容量为4.8TB，安装有H3C SecPath U200系统、EX1000存储系统和文津编目系统，已实现图书馆自动化管理。

业务建设

截止2013年底，馆内图书总藏量为1.5万册，县财政在非常困难的情况下，每年都安排一定的资金购置书刊和图书。特别是2012年新增图书200种，成人期刊杂志31种100多册，各类报刊12种，各类儿童读物12种80册。书刊进馆后，都按照《中图法》有关章节的内容进行分类标引，使用《普通图书著录规则》进行著录、登记、建账建卡。经评估检查，馆内图书标引误差率、图书著录误差率分别控制在了4%以内，目录组织误差率、闲架图书排架误差率、开架图书排架误差率分别控制在了5%、2%和5%以内。

馆内先后收集地方文献10余种300多册。对于收藏的资料，均按要求进行标引、著录、登记、建账建卡、上架排列，按要求开放借阅，设立了专柜收藏，专账专卡登记，专人保管，书库防火、防盗、防虫、防潮、防尘等措施良好、并设有安全通道、安全标识，应急方案。馆内正在实现馆藏中文文献书目数字化，建设地方文献数据库。

读者服务工作

图书馆把读者服务、读者活动、对外宣传、业务研究和对基层的辅导作为重中之重，狠抓落实工作，取得了较好成绩。馆内基本服务项目有成人阅览、少儿阅览、电子阅览、图书借阅、文化讲座、文化娱乐、舞蹈排练等，并已全部实行了免费开放。免费开放的时间：根据群众文化活动的内容和特点及免费开放空间大小确定参加人数规模和开放时间。其中成人阅览室、少儿阅览室、电子阅览室、图书借阅室、文化娱乐室、借阅室实行常年免费开放，周一至周日全天开馆，并设有为特殊群体少儿和退休的老年干部服务的少儿阅览室和报刊阅览室。

馆内每年至少举办培训讲座3次，2013年先后举办了全县图书管理人员培训班，邀请州图书馆工程师来我县图书馆围绕图书分类、编号、上架、管理等内容进行讲座。先后举办展览4次，先后组织“全县青少年书画大赛”、庆“七一·爱家乡”书法大赛、绘画大赛和摄影展。先后举办读书推广活动2次，与当地学校联合举办了“书香伴我成长”阅读推广活动，开展专题读者活动。我县图书馆坚持“以人为本，服务为先”管理理念，受到了读者的一致好评。

辅导、协作协调

馆内积极配合上级图书馆的各项工作任务，充分发挥图书馆社会教育职能，深入乡镇村社举办各类知识讲座3场次，听众达600多人（次）。同时下基层文化站指导培训3次，协助指导乡村图书室分类、编目、上架图书500多册。

管理工作

县图书馆把干好本职工作、促进事业发展、服务社会大众作为重要任务，在管理上求规范，气氛上求和谐，作风上求垂范，服务上求实效，全馆上下团结拼搏，自我加压，开拓创新，出现了干实事、求实效的工作局面。一是在人事管理上通过职能调查摸底，制定了图书馆管理聘用工作实施方案，根据单位内部工作岗位需求，公开招聘，竞争上岗，和每个职工签定了聘用协议，实行岗位绩效责酬挂钩，极大的调动了全体职工工作的积极性。二是建立健全了学习制度、工作制度、考勤制度、服务准则和绩效考核制度。三是规范工作行为，优化工作环境。在馆内大力提倡“微笑多一点、行动快一点、做事早一点、说话柔一点、理由少一点、脾气小一点、胆量大一点、质量好一点、效率高一点”的“十点工作法”，进一步强化了服务意识。

馆领导介绍

房曙东，男，汉族，1973年出生，大专学历，毕业于中央电大，中共党员，馆长。1994年参加工作。2014年7月调任迭部县图书馆工作。

未来展望

在当今信息社会条件下，迭部县图书馆将不断发挥迭部县精神文明建设基地的重要作用，成为知识信息的集散地，迭部县地方文献的宝库，高雅的文化休闲场所。迭部县图书馆将打造成为该县集文化、科学、信息传播、保存文化遗产、开展社会主义教育、展示改革开放成就为一体的综合性公共图书馆，成为群众读书学习文化、科学、教育、信息、服务和交流中心，为促进本地经济建设和社会发展发挥重要作用。

联系方式

地　址：迭部县中心广场
邮　编：747400
联系人：房曙东

成人阅览室

少儿阅览室

采编室

漳县图书馆

概述

漳县图书馆始建于1986年5月，建筑面积1068平方米，总藏书量8.6万余册，报刊300余种，读者座席172个，年接待量达到18000余人次，在2009年全国公共图书馆评估验收中被评为三级图书馆。我馆设有书库、报刊阅览外借室、图书阅览外借室、报纸查阅室、地方文献室、电子阅览室、少儿阅览外借室、多功能厅、自学室共九个窗口。馆内设施先进，功能齐全，全面实行计算机管理，已初具现代化图书馆的规模。

业务建设

截止2012年底，漳县图书馆总藏量8.6万册，期刊2.3万种/册。2009、2010年，漳县图书馆新增藏量购置费2万元，2011年起增至5万元。2009–2012年，共入藏图书1.2万册，报刊206种，视听文献135种。2011年，地方文献入藏完整率为86%。2009年，运用文津自动化管理系统，全面实现了图书管理自动化。

读者服务工作

从2010年10月起，漳县图书馆全年365天各个服务窗口全部对外免费开放，2009–2012年，书刊总流通7.2万人次，书刊外借8.2万册次。2012年4月，开通与县内各农家书屋馆际互借服务，全面建成5个流动服务点，馆外书刊流通总人次1.2万人次，书刊外借1.9万册。

2009–2012年，漳县图书馆利用各大节日，以及“世界读书日”、“服务宣传周”、“全民读书月”、“科技周”等节日，举办各种读者喜闻乐见的文化活动和主题阅读活动。共举办讲座、展览、培训、阅读推广等读者活动31场次，参与人数2300多人次。鼓励读者多读书、读好书，并长期为读者提供免费、周到、细致、温馨的服务，充分发挥了公共图书馆自身服务职能，为丰富漳县人民的文化生活，提高人民的科学文化素质，加强精神文明建设等方面发挥了重要作用。

业务研究、辅导、协作协调

2009年建设农家书屋以来，漳县图书馆派专业人员到基层进行业务指导，2010年，对全馆人员以“走出去、请进来”的培训方式提高全员素质，截至目前，外出培训24期52人次，邀请专业人员讲座16期，培训80人次；组织乡镇文化站长及农家书屋管理员培训班10期1360人次；举办网络培训班10期，参加人数300人次。

表彰、奖励情况

2009–2012年，漳县图书馆共获得各种表彰、奖励14次，其中，市级表彰奖励2次，县级表彰奖励4次，部门奖励8次。

馆领导介绍

张彩虹，女，1973年5月出生，大学学历，中共党员，正科级，馆长。

许玉萍，女，1980年12月出生，大学学历，馆员，办公室主任。

李雪梅，女，1982年9月出生，大学学历，助理馆员，业务室主任。

未来展望

漳县图书馆以“服务读者，服务社会”为宗旨，以“信息资源、网络共享“为目标，以提供“免费、周到、细致、温馨”服务的办馆方针，完善服务功能，扩大服务辐射区域，带动县内图书事业发展。2009–2012年，在不断强化自身综合实力的同时，通过对基层书屋的带动，为全县公共图书馆事业的整体发展开拓了新的思路。

联系方式

地　址：漳县武阳路中心街4号
邮　编：748300
联系人：李雪梅

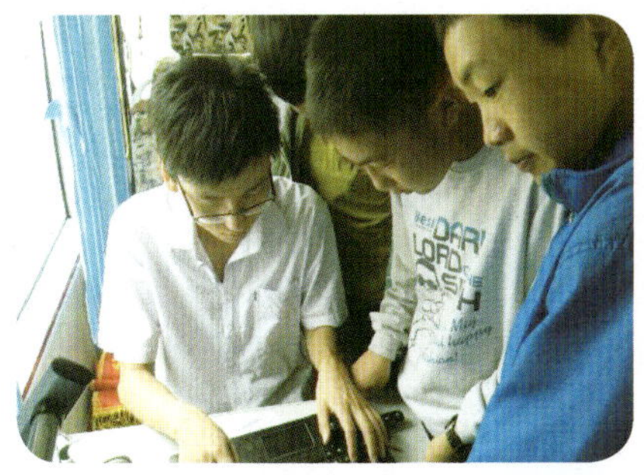

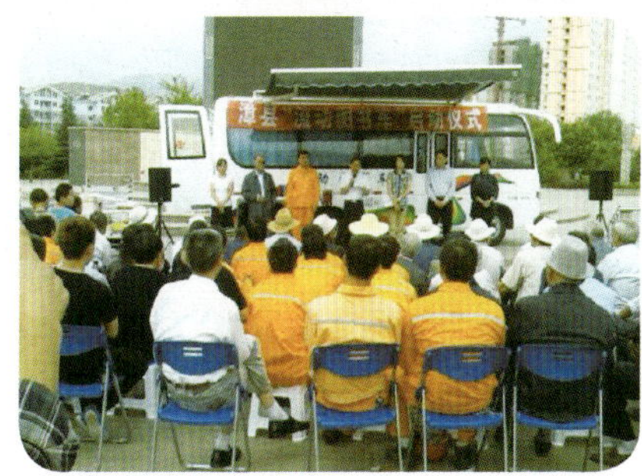

海西州图书馆

概述

青海省海西州图书馆成立于1979年2月，是海西州州府所在地德令哈市唯一的一所公共图书馆。馆址几经变迁，2012年7月底，位于德令哈市滨河西路的新馆正式投入使用。新馆占地面积3000平方米，建筑总面积为8000平方米，分为读者服务区和密集书库和办公区三个部分，其中：密集书库面积2100平方米；办公区面积420平方米；读者服务区面积5480平方米（占总面积的68%），设有：图书借阅室、报刊阅览室、少年儿童图书馆、电子阅览室、民族图书借阅室、视障人借阅室、地方文献工具书阅览室、文化沙龙、视听室、读者自修室、培训教室等共11个对外服务窗口，内设阅览席位600个，供读者使用的电脑85台，自助借还书机2台、24小时自助还书机1台。所有服务窗口及服务设施全部免费开放，形成了藏、借、阅、咨询、管理一体化的管理模式。2009年第四次全国公共图书馆评估定级工作，被文化部命名为二级图书馆；2013年在第五次全国公共图书馆评估定级工作中，再次被文化部命名为二级图书馆。

业务建设

截止2013年底，青海省海西州图书馆总藏量357000册，现平均每年接待读者15万人次，书刊文献年外借册次15万（其中馆内外借12万册次，流动3万册）。

2012年8月馆内引进天艺图书借阅管理自动化系统，全面实现了业务管理的自动化，并启用了集图书外借、报刊借阅、电子阅览于一体的IC卡“借阅证”。

2013年，青海省海西州图书数字图书馆推广工程经费投入120万元，现有计算机台数105台，其中供读者使用的计算机台数85台，全部实行免费开放。读者服务区无线网络覆盖范围100%，宽带接入100兆光纤。图书馆业务自动化管理系统全面运行，并建立了“海西州图书馆”网站，网页规范、内容全面，结构合理，网址为www.hxzts.com。

读者服务工作

2009—2013年，青海省海西州图书馆共接待读者442506人次，书刊外借414987册次。自2000年实行全年开馆服务无闭馆日，至2013年已连续13年实现了365天天天对外免费开放，每周开馆时间达60小时。

2009—2013年实行现刊阅览、过刊合订外借的服务方式，打破了期刊“只能阅览”的限制，向读者提供期刊合订本外借服务。同年订购期刊460种，报纸115种，极大的满足了广大读者学习、阅读、休闲的文化需求。

2012年新设立了具有民族特色的民族图书借阅室，并专门安排熟通少数民族语言及文字的工作人员为少数民族读者服务并解答咨询。室内藏有蒙文、藏文图书4000余册，图书借阅期限30天，极大的方便和满足了少数民族读者学习、阅读、休闲的文化需求。

2012—2013年，青海省海西州图书馆共举办讲座、展览、培训、阅读推广等读者活动近百次，参与人数达5000余人次，充分发挥了图书馆社会教育职能。

2010—2013年先后在街道社区、军营、企业等地建立图书流动点27个，共送去精选图书10800册，同时配备书柜、阅览桌、阅览椅等阅览设备，切实解决了广大群众“买书难、借书难、看书难”的问题，进一步加强了基层文化建设，更好地发挥了图书馆文化传播的公益性功能，实现了图书资源的共享。

业务研究、辅导、协作协调

2009—2013年，青海省海西州图书馆职工发表论文31篇，撰写对本地区图书馆事业建设的综合性报告1篇。

2010年起，青海省海西州图书馆每年按计划针对海西州内基层图书馆（室）开展业务辅导帮扶工作。截止2013年底，共派遣业务骨干32人次，帮扶基层图书馆（室）8个，按《中图法》依次分类编目图书共计57500册。

2010年起，参与社区志愿者服务，结对帮扶困难群众孤寡老人等。截止2013年底，共捐助爱心款41029元。

2013年与青海省海西州残联沟通协调，建立残疾人档案，为残疾人读者提供多样化、个性化服务。

管理工作

2012年起，根据窗口工作实际情况，规范着装，将工作中的基本用语、电话用语、接待服务的文明用语及服务忌语进行了统一规范。同时，修定了各阅览室管理制度、考勤制度、安全保卫制度、党支部各项制度、事务公开等行政制度。

2012—2013年，青海省海西州图书馆整理排架原有馆藏图书12万册，新分类编目图书3万册。

获得的荣誉

2009—2013年青海省海西州图书馆共获得各种表彰、奖励4次，其中中国图书馆学会奖励2次；青海省海西州精神文明委奖励2次。

馆领导介绍

李玉梅，女，1963年5月生，本科学历，中共党员，副研究馆员，馆长，党支部书记。

李爱春，女，1973年8月生，本科学历，中共党员，助理馆员，副馆长。

未来展望

青海省海西州图书馆今后将以新馆的基础建设为支撑，加强数字资源建设、软硬件基础设施建设、数字图书馆应用系统建设、数字信息服务体系建设。大力整合现有图书资源，扩大图书馆的服务功能，协同全州公共图书馆共同推出文献借阅“一卡通”服务，实现文献的通借通还，资源共享。

联系方式

地　址：青海省海西州德令哈市滨河西路
邮　编：817000
联系人：李玉梅

大通县图书馆

概述

青海省大通县图书馆位于青海省东部、祁连山麓之南、湟水上游北川河流域，距省会西宁市35公里。图书馆坐落于巍巍老爷山下，县城中心地带，交通便利，城乡通衢，全县20个乡（镇）289个村委会，20个城镇居民委员会，有汉、回、土、藏、蒙等26个民族45万人。大通县图书馆建立于1978年，已拥有1号、2号服务楼，总占地面积2615平方米，建筑面积1654平方米。设有采编、成人外借、电子、期刊文献、少儿借阅、古籍文献特藏、地方文献查阅室、基本书库、多功能厅、办公室9个服务窗口。阅览席位203个，计算机45台，宽带接入5000G，3.6TB。2013年参加全国公共图书馆第五次评估工作中，被文化部命名为获得三级图书馆。

业务建设

截止2013年底大通县图书馆总藏书量20万余册，其中，地方文献483种，古籍文献366涵2753册；报刊资料33种、期刊资料46种11574册，电子图书3万册，年征订报刊180余种。

2013年大通县图书馆新增藏书购置费50万元，共入藏中外文图书15357册，8628种。征订报刊资金3.4万元。

2013年免费开放经费中央财政拨款16万元，地方财政配套拨款4万元，共计20万元。

读者服务工作

从2009年起大通县图书馆全年天天对外免费开放，每周开放时间不少于56小时。

2009年–2012年大通县图书馆接待读者90331万人次，书刊外借145816万册，提供地方信息检索8043条，举办讲座、展览、培训、阅读推广、诗歌郎诵等主题活动65场次，参与人数126707人次。以大通公共图书馆服务为平台，创意若干个阅读主题活动，进行评选奖，是我大通县图书馆阅读活动开展的特色。

读书宣传，阅览活动每年都举办，鼓励广大读者爱读书，多读书，读好书，提高其文学修养及写作水平。参加每年县“科技、文化、卫生”三下乡，每年免费为群众发放急需的种植、养殖、病虫害防治类等图书资料1200册、发放宣传手册2800册，宣传手提书包2100个，促进了社会主义新农村建设，满足了基层群众的求知欲望。每年都举办图书宣传周活动，主要有图片展览、文献资料展阅，为社区、老年公寓、监狱、乡村中小学校捐赠图书，丰富了他们的文化生活。

业务研究、业务辅导、协作协调

截止2014年底，大通县图书馆干部职工发表论文36篇。

从2011年起到2013年大通县图书馆在“农家书屋”工程建设中，全县20个乡镇的289个行政村“农家书屋”全面建成，实现了“村村有书屋，人人有书看”的新发展格局。为20个乡镇文化宣传中心，289个村“农家书屋”管理员进行了业务培训。同时对全县“农家书屋”进行了检查验收，评出了57个示范点，大大推动了农村文化宣传中心、“农家书屋”服务工作。

2013年已建立了四级文化业务网络建设，20个乡镇文化宣传中心，289个行政村“农家书屋”，20个社区书屋。

为加强图书馆之间合作交流，2012年我馆馆长及业务骨干参加了“青海省图书馆馆长第四次联席会议”和由文化部、东莞市政府联合举办的“2013年中国图书馆学会年会”。通过会议交流学习，对文献保护、读者服务工作、免费开放等服务理念有了新的提高，学到了先进经验，增进友谊，对图书馆事业的建设和发展起到了推动作用。

管理工作

大通县图书馆在根据现有岗位重新修订了岗位职责，按照县人力资源和社会保障局的考核要求，每年上半年和全年度进行职工考核、自评、领导考核办法进行考核，并将考核结果上报县人社局。

年度有工作计划安排，有总结，狠抓目标任务的落实工作，各项制度完善，财务实行“一支笔”审批。

图书馆人事、业务、工程项目、设备、物资管理档案健全。

表彰奖励情况

2009年–2013年大通县图书馆共获得各种表彰、奖励6次，其中，中国图书馆学会表彰1次，市级1次，县主管局4次。

馆领导介绍

鲍先成，男，1982年3月19日生，中共党员，本科学历，2004年4月参加工作，2015年1月任大通县图书馆馆长。

黄莺，女，1956年5月1日生，中共党员，馆员，1985年1月3日参加工作，2012年7月任大通县图书馆副馆长。

未来展望

大通县图书馆遵循“科学、效率、创新、发展”的办馆方针，完善服务功能，扩大服务领域，推动图书馆事业发展。大通县图书馆将为大通县的经济、创建公共文化服务体系示范区发挥重要的作用，成为知识信息的集散地，广大读者终身教育的学校，大通地方文献的宝库，高雅的文化休闲场所。将不断更新服务理念，加快自动化管理系统步伐，为大通县经济建设、文化建设和社会发展发挥重要作用。

联系方式

地　址：青海省大通县桥头镇解放南路付89号
邮　编：810100
馆　长：鲍先成
联系人：哈金花

果洛藏族自治州图书馆

概述

果洛州图书馆前身系果洛州文化馆，成立于1957年，1968年更名为毛泽东思想宣传站，1984年更名为果洛藏族自治州图书馆。

2006年，果洛州人民政府投资新建图书馆综合大楼，大楼占地面积4287.5平方米，建筑面积2874.2平方米，馆藏20万册。该建筑造型新颖，功能设施齐全，内设少儿阅览室、少儿卡通室、综合阅览室、地方文献室、报刊阅览室、电子阅览室、红色典藏及毛泽东图片展厅室、新书阅览室，阅览坐席480个。并设有格萨尔艺人之家、格萨尔信息中心等，一直免费开放。果洛州图书馆现有事业编制8人，其中离退休人员5人。年接待读者达4000余人次，受到了社会及广大读者的一致好评。

业务建设

果洛州图书馆在抓好硬件设施建设的同时，对各项业务工作也常抓不懈，做到抓实、抓牢。

一是积极争取经费，及时更新添购新图书，调整藏书结构，逐步增加藏书量，使藏书在品种和数量上日趋丰富、合理，为读者营造一个更好的阅读环境。

二是通过各种图书宣传及丰富多彩的读书活动，更好地营造浓郁的读书氛围，引导更大的读者参与到阅读中来。

三是对新增的图书及时进行分类编目和管理，主动做好图书的宣传、咨询、新书推荐以及图书的核对、著录、回溯建库工作。

四是及时做好书籍的修补与整理工作。

五是继续加强学习，提高馆员自身素质。积极参加上级主管部门举办的各项培训交流活动，学习有关图书馆管理方面的知识，并在工作中不断总结经验，切实提高自身素质。

六是做好馆员年终考核工作。加强安全防范工作，提高防范意识，杜绝各类事故发生。

读者服务工作

全心全意为读者服务是图书馆的宗旨，也是图书馆工作的出发点和归宿，读者服务工作在整个图书馆业务工作中占有主要地位。为了将更多的人吸引到知识的“王国”来，我们主动诱导，努力激发人们的求知欲望和读书热情，不断促进广大人民群众综合素质的提高。

业务研究、辅导、协作协调

我们非常重视业务研究工作，2009年至2013年，州图书馆共有干部职工发表论文2篇，分别被有关部门采用。

管理工作

图书馆从读者需求出发，只要读者提出合理要求，我们就想尽一切办法努力满足读者，力求最大限度地提供最高水准的服务，并以读者对图书馆的满意程度作为衡量图书馆工作的最终标准。为让所有读者在阅读过程中提高精神修养，有所收益，实现“读好书、好读书”的目的，州政府领导非常重视图书馆的建设管理工作，图书馆内也明确提出对图书馆的管理、运作的要求，馆内不但有专职图书管理员，主管单位还派一位领导分管图书工作，对图书馆的工作事事做到有计划，有总结，对馆内的建设管理目标逐条细化，还不定期地对图书馆工作进行检查指导。

表彰、奖励情况

不懈的努力换来的是组织和广大人民群众的肯定，2011年度果洛州图书馆被评为“省级工作先进集体”；2012度被评为“青海省爱国教育基地”和“州级文明示范窗口”；2013年度被评为“省级文明单位”。2013年年底，在全国第五次公共图书馆评估定级中，被文化部命名为“三级图书馆”。

管领导介绍

昂亲拉毛，女，藏族，中共党员，本科学历，1974年出生，1985年12月参加工作，现任果洛州图书馆馆长。

未来展望

2014年果洛州图书馆新馆在建，借此机会，我馆提出了建设数字化图书馆的理念，其主要分为数字图书馆的资源需求、特色馆藏资源建设、服务理念三个方面。

（一）数字图书馆的资源需求

1、数字图书馆海量存蓄和媒体多样化

图书馆的基础是书刊文献信息资源，而数字图书馆的基础是数字信息资源。由于社会的进步促使信息产量飞速增长，网络的普及和电子出版物等及科技新型手段使得信息的发布和使用更便利。数字图书馆的存储介质由传统的纸质将逐步转变为多种媒体、数字信号可以处理多种媒体的信息，如文字、声音、图像、动画、三维体、虚拟空间等。

2、具有良好的网络应用环境和管理方法

读者在对传统的图书馆的使用中，往往被图书馆的地理位置所束缚，图书馆和图书馆之间的相互使用性，无法更好的发挥。而数字图书馆已远远超越了地理位置的限制，通过网络和计算机，建立各个图书馆之间的数字门户网站，将各地、甚至全国、全世界的数字图书馆有组织的连接起来，读者可以在任何时候，任何地方去获得任何自己所需要的信息资源。

3、拥有多种媒体、多种语言、全文检索

数字图书馆所收藏的资源信息不限于印刷体，而是具有声音、图像、形视等多种媒体，它的存储载体也相应地有光盘、录音、录像带及各种类型的数字化、电子化装置。因此数字图书馆将提供生动、具体、逼真的形象资源。此外，由于读者提供信息资源一致性的服务，要求数字图书馆具有兼容多种语言的能力。不同文化背景、使用了不同语言的读者，都可以在数字图书馆中访问到多种数据库和知识库，取得自己的目标文献资源。

4、加强信息传播和服务模式，打造图书馆门户网站

数字图书馆是一个将收藏、服务和人集成在一起的一个环境，它支持数字化数据、信息和知识的整个生命周期的活动，包括生成、发布、传播、利用和保存，图书馆建立门户网站，可以解决上述问题。门户网站所提供的服务是主动型的，随时发布和广播各种信息资源的消息，它不断地、主动地为读者提供所需的信息资源，提供导航式和个性化服务。这样图书馆服务模式就由被动式转变为主动式服务。从根本上改变未来教育的模式和方法。

（二）特色馆藏资源建设

图书馆作为人类信息和知识的集散地，在整个社会文明发展传承中有着发挥着及其重要的作用。其中，公共图书馆作为国家重要的公益性文化服务机构，承担着保存人类文化遗产、传播先进文化和开展社会教育等多项职能。这些职能的发挥都离不开图书馆的馆藏资源，然而随着数字图书馆技术的发展，人们获取信息的渠道日趋多样，信息鸿沟在一定程度上不断减少，普遍性的信息资源一个国家图书馆已经可以满足大多数用户需求。因此，在公共图书馆发展过程中基于地方历史

文化、风土人情等的特色馆藏资源建设日益成为图书馆建设的趋势。中山大学图书馆馆长程焕文先生提出“特色馆藏决定了一个图书馆未来的价值”，这句话充分道出了特色馆藏建设对一所图书馆建设的重要意义，尤其在果洛藏族自治州一直流传着岭·格萨尔王史诗，此类资源建设尤其重要。

（三）新馆建成与服务理念的提升

在“文化部关于印发《全国公共图书馆事业发展“十二五”规划》的通知”中，明确指出了“公共图书馆是保障人民基本文化权益的重要阵地，是开展社会教育活动的终身课堂，是国家公共文化服务体系的重要组成部分，是城市文明进步的标志。”在“十二五”时期公共图书馆事业发展总体思路中，提到了要以：“政府主导，社会参与。政府主导，社会参与。统筹兼顾，分类指导。以人为本，提升服务。”为基本原则，在此新馆建成之际，我们认为采用新技术的出现和应用是图书馆服务的技术保障。总分馆制、通借通还、虚拟参考咨询系统、一站式检索、元数据检索等依靠新技术得以实现。云计算、RFID无线射频技术、移动阅读、数字电视等新媒体技术将为公共图书馆服务带来全新的内容，通过以上种种方式，来为果洛州人民提供更加优秀的服务，引领读者进入知识的海洋。

联系方式

地　址：青海省果洛州图书馆
邮　编：814000
联系人：向　桑

民和县图书馆

概述

青海省民和县图书馆始建于1958年，与县文化馆合署办公，1978年从文化馆分离出独立建馆。2006年搬入新馆舍，建筑面积810平方米，其中书库面积240平方米，阅览室面积220平方米。计算机46台。馆内设有报刊阅览室、借阅室、电子阅览室、采编室、少儿阅览室、多功能厅。座位数共计135个。电子阅览室面积100平方米，可供读者使用的计算机32台。少儿阅览室面积85平方米，座位数36个。公用面积165平方米。并已接通了2M电信网络出口，专用存储容量为6TB。2010年被文化部命名为三级图书馆。

业务建设

截止2013年底，馆藏总量81000册，报刊年入藏量59份。可供读者阅读的电子文献达到册，视听文献入藏量为30件，搜集到地方文献图30册。

年财政拨款总额50万元，专项补助资金到位，专项资金支出率95%。地方配套资金足额到位并纳入年度预算，经文体广电局领导积极争取，投资14万元，对报刊阅览室、少儿阅览室进行了装修，购置了阅览桌椅、期刊架、报刊架等设施，为读者提供了舒适的阅览场所；投资6万元对楼道进行装饰，安装了十七个灯箱介绍文化信息资源共享工程、农家书屋、民俗、图书馆工作情况、名人名言等。

读者服务工作

从2009年8月起，民和县图书馆实行免费开放，每周开馆时间为56小时，周末、周日正常开馆；年累计接待读者14560人次，外借图书5700册次；在电视台的配合下，拍摄了题为《沃土》的专题片，在民和电视台《文化生活》栏目中播出，使人们对图书馆有了进一步了解。积极为政府机关决策、重点教育、科研和企事业以及社会公众提供专题服务；搞好参考咨询和为特殊人群服务工作。2009–2013年，民和县图书馆共举办讲座、展览、培训、阅读推广等活动40场次，参与人数2万人次，根据年终群众问卷调查，读者满意率为90%。

业务研究、辅导、协作协调

2009年–2013年，民和图书馆职工发表论文3篇，调研报告一篇。

加强对“农家书屋”工程的管理，对全县的312家“农家书屋”和44家“寺院书屋”工程进行培训、验收。在图书馆多功能厅举办了文化信息资源共享工程远程教育基层点培训，参加培训的有22个乡镇270个行政村的负责人共292名。培训由西宁电力实业总公司电通分公司的技术人员授课，培训的主要内容为设备使用方法、注意事项、故障解决办法等。

建立了两个流动图书点和四家“职工书屋”。

管理工作

2008年完成了全员岗位聘任，共设四个岗位，6人中有4人上岗。进一步明确岗位职责，更新、完善了多项规章制度和业务工作规范及流程，激发了职工工作的积极性，工作效率也明显提高，充分体现了分工不分家，整体观念强的工作作风。同时常抓不懈综合治理工作，保证了全馆工作安全正常运行。

表彰、奖励情况

2010年1月，被文化部命名为“三级图书馆”，2010年2013年，被县文体广电局5次授予先进单位的荣誉称号，其中目标考核3次，综合治理2次。

馆领导介绍

吕清芳，女，1964年9月生，大专学历，中级职称，副馆长。1984年12月参加工作，1992年6月调至民和县图书馆工作，先后在报刊室和采编室工作。

未来展望

在今后的工作中，以科学发展观为指导，继续解放思想，实现观念上的转变，进一步探索电子阅览室等各项管理工作，探索图书馆服务的创新与变革。争取经费、设备等，加快地方文献的搜集整理工作，更好的为读者服务，开创图书馆工作的新局面。

重视环境的设计与布置，使读者进入图书馆后便有一种舒适宁静的感觉，让读者聚精会神的阅读，专心致志的思考，最大限度地满足读者的心理需求。加强馆际协作，满足读者需求。连接以省级图书馆为中心的公共图书馆网络，发挥资源共享和优势互补的作用，逐步实现图书馆的资源共享。

联系方式

地　址：民和县川口镇南大街9–2号（文化广场）
邮　编：810800
联系人：马兰花

湟中县图书馆

概述

青海省湟中县图书馆前身为湟中县文化馆图书室，1979年独立建馆。1986年-1997年湟中县图书馆位于鲁沙尔镇和平路2号，馆舍为平房，使用总面积1300平方米。2005年新建湟中县宣传文化中心楼（图书馆），馆舍面积630平方米，设计藏书容量9万余册，可容纳读者坐席300个。2013年，参加全国公共图书馆第五次评估，被文化部命名为三级图书馆。2012年，新增图书1000余册，2013年新增图书240种10230册，各类儿童书籍58种403册。书刊进馆后，我馆使用Interlib集群管理系统，进行自动化图书的分类和编目。

业务建设

图书馆工作涉及面广，业务量大。为了满足不同层次读者精神文化需求，我们把搜集整理、收藏盒流通图书资料放在首位，贯穿于工作之中。

一是注重了图书馆藏书量的增加。

2012年前我县图书馆藏书仅90000余册，报刊170余种。2005年搬迁到湟中县宣传文化中心以后，县财政在非常困难的情况下，每年都安排一定的资金购置书籍和报刊。2012年底新增图书1000余册；2013年新增图书240种10230册，各类儿童书籍58种403册。

二是注重了地方文献收藏、保护和上架借阅

近年来，我馆先后收集地方文献200多册。对于收藏的资料，均按自动化系统的要求进行标引、著录、登记、建账、建卡、上架排列，免费开放借阅。

读者服务工作

我馆把读者服务、读者活动、对外宣传、业务研究和对基层的辅导作为重中之重，狠抓了落实工作，取得了较好成绩。

2007年"全国文化信息资源共享工程"在图书馆实施，挂牌成立"全国文化信息资源共享工程湟中县支中心"，设有中控室、中心电子阅览室、综合业务加工室；业务终端计算机40台、日常管理工作计算机5台；年接待读者网上读书、查阅资料4000余人次。自2009年以来，为了加强基层文化建设，落实为民办实事的政策，文化部、青海省文化和新闻出版厅在全省实施了"农家书屋"项目工作，湟中县15个乡镇的393个村配发图书1500册、音像制品100盘、报刊7种、书柜4个、报刊架1个；393个村实施了文化信息资源共享工程村基层点设备，使之为社会主义新农村建设发挥应有作用。

从2010年起，湟中县图书馆全年365天对外免费开放，周开放56小时，2012年实现了电子借阅借还。2010年至2012年共接待读者31000多人次，书刊借阅46000册次。

2013年，全县给企事业单位和驻军部队建成湟中县流动图书室8个，方便了单位和部队借书难、看书难的实际问题。同年建成了7个寺庙书屋，给当地僧人解决了看书的问题。全年接待读者15000多人次，书刊借阅32000册次。

业务研究、辅导、协作协调

2012年至2013年，开展全民读书日、图书月等读者活动8次，举办专题讲座6场。利用广播、报刊《新湟中》杂志等媒体进行广泛宣传，共撰写各类新闻稿件6篇，被刊载和播出3篇。发挥图书馆社会教育职能，深入县直部门、乡镇村社举办各类知识讲座6场，听众达到600多名，同时下基层开展共享工程基层网点技术培训班5期，培训基层网点信息员100人次，到基层文化站指导培训3次，协助指导基层站点分类、编目、上架图书3000多册，举办农家书屋管理员培训班2期，培训人员达到400人次，指导并实施农家书屋图书分类、编目、上架图书73400多册。

管理工作

规范管理，健全协调高效的工作机制，湟中县图书馆把干好本职工作、促进事业发展、服务社会大众作为重要任务。

一是在人事管理上通过职能调查摸底，制定了图书馆管理聘用工作实施方案，根据单位内部工作岗位需求，公开招聘，竞争上岗，和每个工作人员签定了聘用协议，实行岗位绩效挂钩，极大的调动了工作人员的积极性。

二是建立健全了学习制度、工作制度、考勤制度、财务制度和服务准则等考核制度。

三是每两个月到全县农家书屋、流动图书室、寺庙书屋进行实地检查免费开放工作情况，对负责人员进行严格的业务指导和培训。

对工作不负责任的工作人员进行整顿和培训，以提高他们的业务能力。

表彰、奖励情况

1989年11月份，湟中县图书馆在全省创建文明图书馆活动中成绩显著，为社会主义物质文明建设建设，为青海图书馆事业发展做出了有益的贡献，特授予文明图书馆称号。

1992年湟中县图书馆被国家教育委员会、文化部、共青团中央、新闻出版署评为先进集体。

1994—2013年，湟中县图书馆被文化部命名为三级图书馆。

1999年1月份，湟中县图书馆被湟中县社会治安综合治理委员会评为安全单位。

未来展望

图书馆是湟中县文化传播的重要机构。过去的几年里，在不断强化自身综合实力的同时，通过创建国家公共文化服务示范园区，带动全县的图书事业整体发展。2014年湟中县图书馆将建成数字图书馆，集数字图书自动化管理系统、本地文献管理系统、文化共享工程系统整合、非物质文化遗产管理系统、图书馆内部发布系统等五大管理系统为一体，充分发挥电子图书馆的作用，给当地群众网络查询资料提供了方便。

2014年至2015年在全县建成15个流动图书室，年服务人次可达到20000人次以上。同时还具有支撑保障全县公共图书馆服务体系良好运行的文献能力，与省图书馆、省内高校、市图书馆实现资源共享的电子阅览室，努力实现更高的标准争创先进的图书馆而努力奋斗。

联系方式

地　址：湟中县鲁沙尔镇和平路2号
邮　编：811600
联系人：郭世宏

海晏县图书馆

概述

青海省海晏县图书馆与文化馆、博物馆合署办公。现馆为2005年"两馆"建设工程项目所建，2006年底建成开放使用，基本满足了当时条件下的需求。2013年完成了第五次图书馆评估定级工作，被国家文化部命名为"三级图书馆"。馆舍建筑面积706平方米，其中图书馆占有260平方米。开设有图书室、期刊阅览室、电子阅览室；在车站、宾馆、学校、监所等9处开设公共场所免费流动图书阅览窗，全部服务项目实现免费开放。阅览座席80个，计算机40台，宽带接入10Mbps，储存容量达3.6TB。

2013年新建成文化、图书、博物馆为一体的海晏县文体活动中心位于海晏县西海大街，总投资投资3487多万元，总占地面积12413平方米，建筑面积9303平方米，其中图书馆建筑面积为800平方米。目前，我馆已完成搬迁前的全部藏书的清点、登记、下架、打包等项工作。

业务建设

截止2013年底，海晏县图书馆总藏量26498册，地方文献367册，电子文献14345册，近几年接受捐赠图书9882册，每年征订报刊平均805份，68种，总藏量达52550册。为使新建县文体活动中心投入使用后，丰富馆藏量，提升服务能力，2014年5月，购进新书8028册。

读者服务工作

自2011年图书馆免费开放以来，在原有免费开放项目的基础上继续开放电子阅览室、文化娱乐活动室、非物质文化遗产展厅、博物馆展厅等；在人员集中的公共场所开设了10处宽松阅读的免费流动图书阅览窗，并创设牧民夏季草场流动图书阅览窗1处；增加了免费培训乡镇图书室管理员和农牧家书屋管理员、电子阅览室业务工作；采录、整合地方文化资源刻制光盘送基层等服务项目。

业务研究、辅导、协作协调

2009年–2013年，海晏县图书馆职工共发表论文7篇。

每年开展"下基层指导图书业务"、农（牧）家书屋管理员培训班两次，新书推介等各项工作。

管理工作

2010年，海晏县图书馆实现全员岗位聘用，本次聘用重新核定了工作岗位，规范了岗位管理，完善岗位设置管理制度，对正式职工采取竞争上岗、双向选择等方式择优聘用，建立了工作量化考核聘任指标体系。

表彰、奖励情况

2009年–2013年，海晏县图书馆及个人共获得县级各类表彰、奖励3次。

在2012年度，经青海省文化和新闻出版厅考评免费开放绩效考评工作中，考评为良好馆，2013年考评为优秀馆，2013年全国第五次图书馆评估定级工作中，被国家文化部命名为"三级图书馆"。

馆领导介绍

李启录，男，1971年5月2日生，蒙古族，本科学历，中共党员，中级职称，馆长。1991年7月海晏县民族完全中学任美术教师，在2002年3月调入海晏县文化图书西海郡博物馆，任"三馆"馆长职务，主持县文化馆全盘工作。2005年3月至2006年3月参加青海省全国重点文物保护单位记录档案备录工作中被评为省级先进个人。2010年获得青海省第三次全国文物普查田野调查先进个人，2012年获得青海省第三次全国文物普查优秀个人。

姚海琴，女，1991年参加工作，中共党员，大专文化，中级职称，副馆长。2007年被授予县级优秀共产党员；2009–2012年度在县文化系统评为先进工作者；2013年被海北州人民政府评为全州"保护非物质文化遗产"先进个人。

未来展望

海晏县图书馆坚持"以文化为先导"，通过弘扬"爱国、爱馆、爱书、爱人"的图书馆精神，彰显"以人为本"的办馆理念。不断完善各项服务功能，扩大服务辐射区域，推进地方文化事业发展。2014年底，新建县文体活动中心（图书馆）投入使用后，软、硬件环境将得到极大的改善，各项服务工作得到很大提升。开设各类空白服务项目内容，图书馆信息自动化管理、数据化网络服务建设有望展开，将有效地拓展公共文化服务的受众范围，丰富公共文化服务的内容，创新公共文化服务的形式和手段，最大限度满足广大读者日益增长的文献信息需求，最大发挥本职能作用。

联系方式

地　址：海晏县西海大街
邮　编：812299
联系人：李启录

图书流动车下基层开展读书活动

海晏县图书馆图书流动点

电子阅览室

湟源县图书馆

概述

青海省湟源县图书馆成立于1978年5月，馆址几经变迁，1996年10月，搬迁至城关镇公园路1号，建筑面积为680平方米，使用面积为375平方米，可容纳藏书8万册，读者座席50个。现有专业技术人员6人，均为大专以上的文化程度，中级职称，在第一次全国公共图书馆评估中，被命名为三级图书馆，成为青海省首批达标定级馆之一。现拥有计算机40台，宽带接入10Mbps，选用Dlib图书馆自动化管理系统。

业务建设

截至2012年底，湟源县图书馆总藏量5万册，其中纸质文献4万册，电子图书1万册，所有藏书均按《中国法》进行分类，根据《中国机读目录格式》、《普通图书著录规则》的要求进行编目著录，图书目录设公务目录和读者目录，两套目录均设分类目录和书名目录。2012年，在西宁市图书馆的帮助下，安装了新一代的图书馆自动化软件。湟源县图书馆的图书编目和著录已实现了自动化管理，借阅正逐步实现自动化管理，正在从传统的图书馆管理方式向数字图书馆管理方式转变。

湟源县图书馆作为西宁市图书馆“数字西宁”市民学习中心县级支中心，利用互联网和数字文献与西宁市图书馆实现了文献资源的共建共享。利用“数字西宁”这一平台，为湟源县党政军和普通读者提供上万册数字文献资源服务，满足了广大读者对电子文献及数字资源的需求。湟源县图书馆电子阅览室依托全国文化信息资源共享工程公共文化服务网络，为广大读者提供健康、便捷的电子文献查询及网络浏览服务，该室拥有电脑30台，可免费供读者上网查询所需资料。

读者服务工作

2011年，根据省上级部门的有关文件精神，实行了全方位的免费开放：(1)公共空间设施场地实行免费开放，包括阅览室、电子阅览室、借书室；(2) 基础服务项目免费，包括文献资源借阅、检索与咨询；(3) 辅助性的服务，如办证、验证。湟源县图书馆每年在“4.23”世界读书日，到县城中心进行为期一周的图书馆业务宣传及新书推介，使读者到馆率、藏书利用率逐年递增。2009–2012年，共接待读者51989人次，流通图书101766册次。2009–2012年，举办全县范围内的读书征文活动5次，举办讲座、报告会10次。参与人数达3万人次。2012年，投资3万元购买图书1500册，建立了三个流动图书室，每半年更换一次新书。

湟源县图书馆重视地方文献的收集工作，2009–2012年，共收藏到地方文献238册。

业务研究、辅导、协作协调

2009–2012年，湟源县图书馆积极参加青海省图书馆、西宁市图书馆举办的业务培训班、论文研讨会，参加湟源县举办的继续教育培训，共计21次，培训率100%。

2012年，利用拥有专业技术人员的优势，免费举办了全县7乡2镇“农家书屋”培训班9次，共316名“农家书屋”管理员参加了培训。2011年，湟源县图书馆派专业技术人员到基层文化站帮助建立了146个行政村的“农家书屋”，为促进“农家书屋”规范化、科学化、更好的发挥“农家书屋”为新农村文化建设服务打下了坚实的基础。

管理工作

2011年，湟源县图书馆实行全员岗位聘任，按需设岗，按岗聘用，共设8个岗，有7人聘用。同时，建立了工作量化核实指标体系，年终进行总体工作考核。2009–2012年，撰写专项调研、分析报告和工作提案9篇，编写各部门工作进度简报了6篇。

表彰、奖励情况

2013年，湟源县图书馆因在“全民阅读”活动中表现突出获西宁市宣传部的表彰奖励。

馆领导介绍

张英，女，1967年2月生，本科学历，中共党员，馆员，馆长。1984年3月参加工作，2001年任湟源县图书馆副馆长，2011年任湟源县图书馆馆长。2013年获湟源县“三八”红旗手称号。

未来展望

湟源县图书馆遵循“以人为本、读者至上”的方针，为读者提供多层次、全方位、高质量的服务为宗旨，践行湟源县图书馆上三个台阶战略。即人才上台阶：引进专业技术人才，特别是懂现代化技术的专业技术人才，对现有专业技术人员强化业务培训，提高其业务素质；服务上台阶：拓展服务方式，创新服务理念，加强宣传、变被动为主动、继续做好免费开放工作的同时，优化服务，举办丰富多彩的读书活动，并形成一个个品牌活动，把服务及延伸至各个社区，在全县5个社区建立流动图书室，扩大读者群；管理上台阶：湟源县图书馆所有的业务工作实现计算机管理，具备基本的数字化服务能力。

联系方式

地　址：青海省湟源县公园路28号
联系人：张　英
邮　编：812100

平安县图书馆

概述

平安县馆作为综合性公共图书馆，始建于1980年10月。2000年9月搬入文化综合大楼，图书馆使用面积480平方米。馆藏各类文献12万册，其中地方文献200余册，电子图书3万5千册，有声电子图书4万2千册。图书馆的基本机构设置及免费开放服务窗口包括：电子阅览室，成人阅览室，儿童阅览室、资料室、综合书库、新书书库等“四室二库”以及馆办公室，每年定购报纸期刊120多种。

读者服务工作

我馆坚持读者服务窗口开放，不断提高服务质量和水平，积极开展图书馆的日常服务工作。全年共接待读者7620人次，借阅书刊6980多册次，查阅资料100余人次。

开展工作情况

平安县图书馆认真落实农家书屋建设任务，扎实推进农家书屋工程建设。从2008年创建2个农家书屋开始，2009年新增24个，2010年增加31个，2011年我县又争取到54个农家书屋工程实施村，实现了全县行政村农家书屋全覆盖，工程建设成效显著。

为进一步推进我县基层公共文化服务体系建设，构建和谐社会提供人才保障与智力支持，我馆每年在各乡镇举办以农家书屋管理员为主的基层公共文化服务体系建设培训班。

县图书馆注重业务的对外延伸和辐射。2012年以来，先后在海东武警支队、湟中路社区、县老干部活动中心、海东公安局特警支队、武警七中队设立流动图书室，将6千多册科技、军事、励志、文学等图书配送到各流动图书室，把新书、好书及时送到流动图书室供广大读者阅读。

我馆积极参加《文化、科技、卫生、法律“四下乡”》活动，分别在沈家、仲家、黎明、三合等村现场展出、赠送图书近两千册。

元月6日配合县农业科技局将一批科技、种养殖、农民工维权等书籍发放到平安镇东村农民手中，将图书馆的知识资源渗入到最基层的读者手中，让这些和农民生活息息相关的实用知识，激发农民看书、爱书的积极性；利用古城村“二月二”物资交流活动，群众比较集中的机会，我馆开展送书下乡活动，将科技、农业、法律等类600余册图书现场发放到了村民的手中。

为营造欢乐、祥和的春节氛围，农历正月十五在平安县中心广场举办了主题为“欢乐文明过春节，和谐喜庆闹元宵”的猜谜活动。活动以趣味性、知识性为主要内容，张贴了猜字、猜成语、猜地名、猜动植物、日常用品等400多道谜语。活动中，群众充分发挥自己的聪明才智，积极踊跃地参加猜谜语，每猜对一道谜语，都得到了一份奖品。本次活动使系列文化春节活动推向了高潮。

世界读书日期间，县图书馆在县城中心广场举办了主题为“暖暖春意，浓浓书香”的读书宣传活动，由此拉开了我县全民读书月系列活动的序幕。活动通过悬挂标语、摆放图片展板、散发图书宣传手册、设立解答咨询台等形式，向市民宣传普及“4.23”世界读书日的意义和图书馆免费开放、公共文化共享工程等方面的知识。活动中悬挂横幅10条，发放宣传资料600余册，展出、发放科技、军事、励志、文学类等图书500多册，解答市民咨询100多人次。

2014年6月6日图书馆联合文化馆、文物管理所，在三合镇举办了以“平安县基层公共文化服务体系建设暨图书馆服务宣传周”为主题的观摩培训班。参加此次培训的有各乡镇分管领导、文化站长、农家书屋管理员、大学生村官等共计80人。此次培训采取集中授课、座谈与现场观摩学习相结合的方式进行。

表彰、奖励情况

平安县图书馆多次被文广局评为先进集体。

2013年11月6日，中宣部、文化部、国家新闻出版广电总局在北京联合召开“服务农民、服务基层”文化建设先进集体表彰会，对全国241个先进集体进行表彰。我县平安镇张家寨村“农家书屋”作为青海省惟一一家入选的“农家书屋”被评为全国“服务农民、服务基层”文化建设先进集体。

对上年免费开放工作做出了全面总结，编写装订了2013年度平安县图书馆免费开放绩效考核报告书。经过上级部门检查考核，考核组对我馆免费开放工作给予了充分肯定，并评为全省免费开放优秀单位。

馆领导介绍

星亚公，女，1965年10月生，大专学历，馆员。1986年7月参加工作，1991年到平安县图书馆工作至今，主抓图书馆全盘工作。

未来展望

在当今信息社会条件下，平安县图书馆将不断发挥知识经济时代地区信息枢纽和平安县精神文明建设基地的重要作用，成为知识信息的集散地，市民终身教育的学校，平安地方文献的宝库，高雅的文化休闲场所。并将打造成为我县集文化、科学、信息传播、保存文化遗产、开展社会主义教育、展示改革开放成就为一体的综合性公共图书馆，成为群众读书学习文化、科学、教育、信息、服务和交流中心，为促进本地经济建设和社会发展发挥重要作用。

门源县图书馆

概述

青海省门源县图书馆前身是1945年设立的民众馆，1951年成立县文化馆，内设图书阅览室，1980年在县文化馆图书阅览室的基础上建成县图书馆，馆舍建筑面积830平方米，内设有阅览室、借阅室、书库、采编室、资料室等。1996年海北州政府搬迁后，将州群艺馆办公大楼移交给县文化馆使用，其馆舍面积2911平方米，馆舍面积得到增加，办公条件大为改善，馆藏图书8万册，1999年10月参加全国公共图书馆评估中，首次获得三级图书馆，2009年第二次评估定级以后，由于城镇建设的需求，原2911平方米的图书馆综合大楼已拆除，新馆正在新建中，现搬迁至原浩门镇政府旧址临时开展活动，其建筑面积1000平方米，其中有阅览坐席94个，其中少儿阅览坐席24个。计算机40台，宽带接入4兆。

业务建设

截止2012年底，门源县图书馆总藏量8万册。图书年入藏750种；报刊年收藏80种；视听文献年收藏10种；地方文献收藏专人专柜管理，每年征集地方文献，馆年收藏文献150册。依据国家标准进行编目，图书文献编目与制定的《编目细则》和编目数据一致，地方文献入藏完整率为90%。

1999年文化信息数字化共享工程建成后，40台计算机全年免费向公众开放。

读者服务工作

从2009年起，门源县图书馆全年天天对外开放，每周开放56个小时，普通图书和报刊全部开架服务，馆藏图书8万册，外借率为20%，书刊文献年外借6万册，年人均到馆次数为10次/人，在书刊宣传中，充分利用图书宣传周，读书月、讲座等开展宣传活动，并向政府重要会议提供信息服务，为政府决策服务和本地区教育，企事业单位以及为社会公众提供服务，每年开展送图书下乡活动，同时，因地制宜，送图书进寺院、进社区，深入田园地头等开展读书活动，年均参与阅览读者万余人，每年进行讲座12次，参与人数100余人，并邀请省图书馆图书专家对基层文化站，农家书屋工作人员进行图书专业培训，参加人员80余人。

从2010年开始对全县12个乡镇文化站和109个自然村农家书屋选派专业人员进行辅导工作，每年深入基层2次，年参与培训人员200余人。

自1999年共享工程投入运行后，全年免费开放，为读者提供检索、浏览和下载服务，年查阅资料等读者11800人。

业务研究

2009–2012年，门源县图书馆职工发表省级以上刊物论文6篇，完成2篇地区公共图书馆建设综合性报告。

表彰、奖励情况

2009–2012年，门源县图书馆共获得县委、县政府的表彰奖励6次，文化系统表彰奖励3次。

未来展望

门源县图书馆大力提供新农村建设为主旋律，以“转变服务模式，拓展服务领域”为宗旨，面向农村，突出建设农村、方便读者、地方特色的办馆方向，应该以公益性、服务性、知识性、先进性和娱乐性为目标，完善服务功能，扩大服务辐射区域在未来的几年里，门源县文化馆新馆建成后，在不断强化自身综合实力的同时，以县馆为中心，以十二个乡（镇）文化站为纽带，逐步向全县109个村辐射，带动全县公共图书资源共享互补，力争齐声二级图书馆行列。

馆领导介绍

马学智，男，1975年8月生，研究生学历，研究馆员，馆长，1996年参加工作，2003年任副馆长，2007年5月任馆长，青海省音乐家协会会员，海北州音协会员，曾多次在省内外音乐报刊杂志发表了10余首音乐作品，在门源“回族宴席曲”一书中谱写180余首音乐作品。

2006年获共青团中央，2006年度青海“乡村青年文化名人”2007年获青海省第四届群文干部业务技能大赛三等奖，曾多次获县级文化先进个人。

海东市乐都区图书馆

概述

乐都县图书馆位于青海省海东地区乐都县古城大街48号，成立于1978年9月，为全额拨款的公益性文化事业单位，截止2013年，在册职工有13人，其中男1人，女12人，高级职称1人，中级4人，初级8人，大学本科学历4人，大专7人，中专1人，高中1人。馆藏量10万册，其中图书年入藏量为2000多种，报刊194种，电子图书30多种；馆舍建筑面积1500平方米，内设行政办公室、书库、电子阅览室、少儿阅览室、资料室、中心机房、书库、多功能厅、地方文献室等。

近年来，在上级部门的大力支持下，我馆全面实施免费开放工作，图书馆工作不断创新，图书馆总藏量102800册，电子文献藏量300余种，图书年入藏量2300种，报刊年入藏量194种，视听文献年入藏量35件，地方文献入藏量164册，数字资源3TB，免费开放时间达到每周48小时，书刊文献开架比例达到90%以上，馆藏书刊文献年外借率达到30%，文献的年外借册次流通3万册次，年人均到馆次数20次，开展送书下乡活动12次，各类培训讲座23场次，图书宣传10次。举办农家书屋管理员、乡镇图书管理员、基层业务培训等项目的培训活动共23次。在全县各乡镇文化室、看守所、社区等建立流动图书室10个，并且每季度对图书进行一次更换，促进了图书的流通，取得了良好的社会效益。2014年随着乐都拆县建区，乐都县图书馆更名为海东市乐都区图书馆，新馆的建设也在加紧建设中。

馆领导介绍

马云才，男，1963年9月生，大专学历，馆员、副馆长（代理馆长），文化信息资源共享工程乐都区支中心主任。

李雪梅，女，1973年7月出生，大专学历，助理馆员，副馆长。

未来展望

乐都区图书馆以拆县建区为契机，在未来公共图书馆体系建设中，以适合我区区域经济建设的文献服务为主导，不断提高服务水平，为我区的经济发展与社会和谐做出贡献。

联系方式

地　址：海东市乐都区图书馆

邮　编：810799

联系人：马云才

贵德县图书馆

概述

贵德县图书馆成立于民国十五年（1926年）。初名为贵德通俗图书馆，当时仅有少量的图书、报刊。民国三十年（1941年），时任贵德县县长吴世瑾为了发展文化事业，重建图书馆，占地面积6765平方米。新修藏书楼、展室、音乐室等文化设施作为群众文化活动、旅游和进行抗日宣传、传播知识的场所。解放后，1950年更名为贵德县文化馆，除开展图书借阅、公共阅览业务外，主要负责全县的群众文化生活、文物收藏保护等工作。1978年图书馆正式成立。2007年搬入新建的青少年文化活动中心大楼内，与休闲文化广场相毗邻。新馆建筑面积880平方米。藏书75000余册，阅览坐席144个，计算机40台，宽带接入10Mbps。2009年评为国家三级图书馆。

业务建设

截止2013年底，贵德县图书馆总藏书量75795册，其中图书73000册，古籍善本87册，报刊2708册。

从2011年起，国家给图书馆下拨免费开放经费20万元。阅览室和借阅室的书籍、报刊品种、数量也逐年增加，收集地方文献647册（件），非遗、社火等声像资料20余册。2013年争取到购书经费50万元。购置各类图书5000余册，视听文献376种，完成地方文献入藏率为90%。

读者服务

从2011年开始，贵德县图书馆全年天天对外免费开放，每周开放56小时，节假日不休息、双休日不关门。实现了开展外借阅览、参考咨询、专题、电子信息视听服务。2009年–2013年书刊总流通30.2万人次，书刊外借19.4万册次。2012年4月，全县119个行政村农（牧）家书屋图书、设备全部发放到位，并对书屋管理员进行了业务培训和指导工作，截止9月底完成全县大部分农（牧）家书屋图书归类、排架、建档工作。建成县武警中队、县看守所、社区、自来水公司5个流动阅览室；河阴镇中心小学1个定点全民阅读基地。书刊流通总人次4.5万人次，书刊外借2.3万册。

2009年–2013年，贵德县图书馆举办知识讲座、书画展览、基层服务培训，全民阅读推广等活动180场次，参与人数11.3万人次，以平安县公共图书馆服务联盟为平台，由省图书馆创意“4.23”世界读书日阅读推广主题活动，在联盟馆中互动进行，到年底进行奖项评选，使贵德县图书馆形成了阅读推广的工作特色。

业务研究、辅导、协作协调

2008–2013年，贵德县图书馆职工发表论文13篇。从2013年起，贵德县图书馆设有八个服务窗口：借阅室、综合阅览室、报刊室、精品书屋、电子阅览室、少儿阅览室、地方文献室、盲文平台，在此基础上以文化信息资源共享工程、乡镇文化站为依托，在全县七个乡镇建成公共图书室、电子阅览室5个，并在乡镇文化站开展流通服务，地方曲艺、阅读推广与科普讲座资源服务、业务培训与技术支持等工作。

管理工作

贵德县图书馆实行全员岗位聘任制度，共设8类岗位，有9人上岗，建立了年度目标岗位责任书，工作量化考核指标体系，每季度进行工作进度通报，每半年由主管局进行总体工作考核。

表彰、奖励情况

2010年，贵德县图书馆被国家四部委评为全国服务农民、服务基层“双服”文化建设先进集体；2011年被评为全国电子阅览室示范点；2012年被贵德县委党校授牌为爱国主义教育基地。州委、州政府、县委、县政府、县文体广电局奖励5次。

管领导介绍

袁志强，男，汉族，1963年7月出生，大专学历，中共党员，馆员，馆长。1982年4月参加工作。

尹红，女，藏族，1962年2月出生，高中学历，馆员，副馆长，1980年12月参加工作。

未来展望

贵德县图书馆本着以人为本，坚持“读者至上，服务第一”的服务宗旨，践行“倡导全民阅读，构建和谐社会”战略，即完善在本地区为经济社会服务，扩大服务区域，带动地区各项事业发展，提供信息资源服务。起到了倡导读书、组织读书、服务读书的重要作用。成为全县各族群众读书学知识、科技、信息服务的交流中心，达到传播先进文化的最佳场所，成为弘扬全县精神文明建设的重要窗口。

联系方式

地　址：青海省海南藏族自治州贵德县河阴镇北大街64号
贵德县图书馆
邮　编：811799
联系人：乔继荣

举办世界读书日阅读活动

地方文献展板

河南蒙古族自治县图书馆

概述

河南蒙古族自治县图书馆始建于1958年6月，1964年10月改为“河南蒙古族自治县文化馆”，（以下简称为河南县图书馆），为河南县文教科下属股级文化事业单位，业务范围包括群众文化和公共图书两部分，为文化馆、图书馆合属办公，一套人马两种业务，是青海牧区较早成立的县级公共图书馆之一。馆址几经变迁，县城没有相对固定的馆址，常随机构变更而搬迁。1984年投资27万元修建文化馆、新华书店、电视台综合文化楼，建筑面积36间1064.85平方米，文化馆占用23间700平方米，位于优干宁镇东大街1号（县城大十字东北右侧）。馆内设有图书阅览室、图书外借室、图书采编室、电子图书阅览室等图书传播机构，馆内能够容纳藏书20万册，年征订各类种报刊杂志55种以上，阅览室可容纳读者席位150个，电子阅览室可容纳读者座位40个。自建馆以来，一直实行全天候向读者免费开放。2011年，参加公共图书馆第五次全国公共图书馆评估，首次获得三级图书馆。

业务建设

截止2013年底，河南县图书馆馆藏纸质图书25318册，其中纸质重要文献8417册（件），电子图书1831册，电子期刊4500种/册，每年均能投入20万元购置新的图书资料，投入5万元订购报刊杂志。

读者服务工作

自2005年10月起，河南县图书馆除春节之外全年360天几乎天天全天候对外免费开放，尤其是自2009年开始，周开放时间达到54小时，每年书刊总流通达2万人次，书刊外借1500册次，阅览室每天参与阅读55人次，文献资料查阅资料每年达120人次，电子阅览室接待查阅资料2450人次。

自2003年3月开展县城5所中小学校3800多名学生互动读书活动，至今每年向学校班级送图书开展现场借阅阅读约152次，76000册图书。每年以班级为单位邀请学生到馆内阅览室阅览，阅览并参观图书借阅流程等活动162次4500人。

自2008–2012年，开通送图书下村活动，每年向村级牧民发员牧民送图书开展借阅活动达21次，借阅达1680册次。

自2012年，引进村级图书馆平台，建成村级图书馆39个，乡级图书馆6个，达到全县5乡1镇39个村全覆盖。书刊流通总人次达2.1万人次，书刊借阅达1.8万册次。

2010–2013年，河南县图书馆共举办讲座、展览、培训等读者活动40场次2万人次参加活动。

业务研究、辅导、协作协调

2010年–2013年，河南县图书馆职工发来论文33篇，出版专著，黄河南蒙古族历史研究和《先祖言教》、《黄河南蒙古志》2部，河南蒙古族文史资料8册，合作出版《河南县志》一部、《河南县蒙古族自治县年鉴》2部。

自2012年起，河南县图书馆在村级图书馆为平台，建立县乡村三级联合编目、流通服务、非物质文化遗产联合征集，阅读推广与讲座展览资料服务，业务培训与技术支持等工作机制，现已基本进入正常的工作状态。

管理工作

2009年，河南县图书馆完成全员岗位聘任，本次聘任共设13类岗位、14个重新上岗，同时，建立了工作量化考核机制，每季度一次考核，每年进行总体工作考核，2010–2013年，共抽查图书、报架、借阅8次，书目采编6次，撰写专项调研报告、分析报告6篇。

表彰、奖励情况

2001–2013年，河南县图书馆共获得各种表彰、奖励17次，其中，青海省文化厅表彰、奖励7次，州级表彰、奖励6次。

馆领导介绍

久雪加，男，本科学历，助理馆员，2012年7月任河南县文化馆馆长。

未来展望

河南县图书馆遵循“面向群众、提升素质、实干实效”的办馆方针，践地“完善单位服务功能，扩大服务辐射区域，促进区域事业发展”。借文化大发展之力，将现馆搬迁到“文化馆、博物馆、图书馆”为一体的三馆新大楼。每年投入30万元购置纸质图书、报刊，进一步完善健全电子阅览图书室，充分利用网络资源，建立县、乡村三级图书管理借阅区域网络，支撑保障全县各级图书馆服务体系良好运行，主要指标走在青海牧区县的前列。

联系方式

地　址：青海省黄南州河南县文化图书馆
邮　编：811500
联系人：桑杰东智

格尔木市图书馆

概述

格尔木市图书馆成立于1984年，2008年搬迁至昆仑中路1号，新址建筑面积800平方米，内设采编室、借阅室、电子阅览室、报刊期刊阅览室、少儿阅览室、资料室、总藏书库，其中书库面积300平方米，阅览室面积400平方米，阅览座席130个，电子阅览室座席40个，光纤接入10M，选用Interlib图书自动化管理系统。

业务建设

截至2013年底，格尔木市图书馆总藏书量为50.6万册，其中纸质图书7万册、电子图书43.6万种；报纸53种，期刊249种。视频资源4000集，享有330万种电子图书、中外文期刊、论文、报纸。2013年8月，建成格尔木市数字图书馆，实现了图书管理自动化、文献数字化，实现图书馆结构化网络综合布线系统覆盖的网络信息点，能够为采访、编目、借阅、公共查询、录入建库等诸多业务岗位提供网络支撑平台。

读者服务平台

根据《文化部、财政部关于推进全国美术馆公共图书馆文化馆（站）免费开放工作的意见》精神，格尔木市图书馆自2011年5月起实行免费开放，零门槛进入。以创建公共文化服务体系建设为契机，在免费开放宣传中，馆外通过电视媒体、报刊等向广大读者宣传免费开放通知及免费开放内容，让广大市民充分了解图书馆免费开放情况。馆内及时制作LED电子屏、宣传栏、宣传册等进行免费开放的宣传及图书馆概况、藏书情况、服务设施及开展的读书活动等方面知识的介绍，使读者最大限度地了解图书馆，利用图书馆。每周开放时间为56小时。2011年–2013年，累计接待读者150000余人次，书刊外借70000册次。

2009年建成图书馆文化信息资源共享工程支中心；2013年共建26个社区图书室；2010年共建农（牧）家书屋40个；2012年共建成文化信息资源共享工程基层服务点42个；至2013年底，建立图书流动站15个。

2013年，格尔木市数字图书馆建成后，图书馆网站访问量达4704次，并开通了移动图书馆平台。

4.23广场宣传活动

业务研究、辅导、协作协调

2009年–2013年，格尔木市图书馆以馆藏资源为依托，举办"4·23世界读书日"等各种主题系列活动50余次；2013年，为已建成的26个社区图书室（2002年建立）更换流动图书累计31200册；开展图书"三下乡""十下乡"活动，为大格勒乡，郭勒木德镇等4个乡镇送去科普读物500余册；为40个农（牧）家书屋的图书管理员进行业务指导工作12次。2012年9月，我馆成功承办了青海省全省图书馆馆长第四次联席会议。

管理工作

格尔木市图书馆共有编制7名，其中具有大专以上学历7名，中级职称6人。2012年，图书馆进行全员岗位聘任，明确了方向和目标，激发了馆员的工作热情和服务水平，优化了图书馆工作提升了服务效益。

表彰、奖励情况

2010年图书馆在第四次全国公共图书馆评估定级工作中被评为"三级图书馆"。2011年图书馆荣获"市级文明单位"称号。2012年荣获全国文化体制改革工作先进单位。2013年荣获"州级文明单位"称号。2013年图书馆在第五次全国公共图书馆评估定级工作中被评为"三级图书馆"。

馆领导介绍

沈红燕，女，1972年11月出生，大专学历，1990年12月参加工作，1992年8月调入市图书馆工作，2009年5月抽调至格尔木市文化体育广播电视局，负责办公室工作，2012年12月任图书馆副馆长。

未来展望

随着格尔木经济社会的不断进步，格尔木市市委、市政府始终把图书馆的建设与发展列入关注民生、文化惠民，构建和谐社会的重要议事日程。将于2015年建成建筑面积4000多平米的新馆舍；引进新技术，实现馆藏文献的自助借还；2014年，将在原有的藏书总量上增加100000册图书。全面建成后的格尔木市图书馆，不仅在社会服务和硬件设施上有很大程度的提高，而且将为格尔木市的精神文明建设做出积极的贡献并发挥重要的推动作用。

书库

读书活动

为农牧家书屋配送图书

互助县图书馆

概述

青海省互助县图书馆位于青海省海东市互助县威远镇南大街9号，成立于1978年9月。截止2013年底，在职职工15人。馆舍建筑面积2107.9平方米，馆总藏书量达到22万册。2008年9月电子阅览室建成并投入使用，计算机44台，电子文献藏量500余种。

业务建设

截止2013年底，互助县图书馆总藏量22万册，电子图书500余种。图书馆工作涉及面广，业务量大。为了满足不同层次读者的精神文化需求，我馆把搜集整理、收藏和流通图书资料放在首位，贯穿于工作之中。2011年前我县图书馆馆藏图书仅8万余册。2012年，新增价值25万元图书，2013年新增价值35万元图书。

读者服务工作

近年来，我馆把读者服务、读者活动、对外宣传和基层辅导作为重中之重，狠抓落实工作，取得了较好成绩。

互助县图书馆全年对外免费开放，周开放时间63小时。为了解决图书陈旧和读者看书难的问题，我馆积极争取，得到国台办海峡两岸出版交流中心、青海省文化馆捐赠的25万元的图书和省文化厅捐赠的价值35万元的图书。在县一中、职中、看守所、派出所、工会、消防中队、社区等地建立流动图书室10个，藏书量2.5万册；建立寺庙书屋13个，藏书量8859册；全县19个乡镇文化站都设有图书室，藏书量2.3万册；全县294个行政村“农家书屋”覆盖率达100%，藏书量达44.5万册。经统计，全县县乡村图书馆藏达到60.7万册，人均藏书达1.5册，人均购书费达24元。切实解决了群众“买书难、看书难”的问题。

文化资源信息共享工程的实施，为读者分享各个领域信息提供了网上平台。我馆为配合国家信息共享工程建设进度，首先在条件相对好一些的乡镇村级图书室实现网络化服务，全县294个行政村中有120个行政村建立了网络图书室，占全县19个乡镇图书馆室的41%。我馆分设在南街社区、威远镇看守所、东和派出所等八个图书室实现了网络服务，县一中、二中、民中、职校等学校图书室都实现了网络服务，做到了县城图书服务网络全覆盖。

开展丰富多彩、形式多样的全民读书活动。2011–2013年，共举办各类读书活动21次，受益群众37850人。

业务研究、辅导、协作协调

2011–2013年，参加脱产培训的时间每年不少于15天，乡镇（街道）、村（社区）基层文化专兼职人员参加集中培训时间每年不少于5天。

发挥图书馆社会教育职能。深入学校、工会、社区、乡镇村社举办各类知识讲座36场次，听众达4500名。同时到基层文化站、学校、社区开展指导工作32次，协助基层站点进行图书分类、编目、上架。举办农家书屋管理员培训27次，参训8400人，指导并实施农家书屋图书分类、编目、上架。

管理工作

县图书馆把干好本职工作、促进事业发展、服务社会大众作为重要任务，在管理上求规范，气氛上求和谐，作风上求垂范，服务上求实效，全馆上下团结拼搏，自我加压，开拓创新，出现了干实事、求实效的工作局面。

建立健全了学习制度、工作制度、考勤制度、服务准则和绩效考核制度。每月进行工作进度通报，每半年和全年进行总体工作考核。

规范工作行为，优化工作环境。在馆内大力提倡微笑多一点、行动快一点、做事早一点、说话柔一点、理由少一点、脾气小一点、胆量大一点、质量好一点、效率高一点的十点工作法，进一步强化了服务意识。

表彰、奖励情况

2011–2013年，互助县图书馆共获得各种表彰、奖励2次。

2013年，我馆被文化部命名为三级馆。

近几年，我馆被省文化新闻出版厅考核为免费开放优秀馆。

馆领导介绍

王统国，男，1962年3月出生，初中学历，助理馆员，馆长。1976年9月参加工作。曾任互助县文化馆副馆长。

梁玉成，男，1977年3月出生，大专学历，中共党员，助理馆员，副馆长。1995年6月参加工作。曾任互助县文物管理所副所长。

未来展望

今后，我们将努力完善单位服务功能，扩大服务辐射区域，分层次地推进读者服务全方位拓展，并不断深化、创新，为读者提供优质、满意服务，开展丰富多彩的文化活动，扩大图书馆影响力、凝聚力，争取各级党委、政府以及社会各界关注和支持。

联系方式

地　址：青海省海东市互助县南大街9号

邮　编：810500

联系人：蒋平山

宁夏回族自治区图书馆

概述

宁夏回族自治区图书馆（简称宁夏图书馆）成立于1958年10月。1963年，郭沫若先生受邀为宁夏图书馆题写馆名。宁夏图书馆是宁夏地区最大的也是唯一的省级综合性公共图书馆，为宁夏地区社会公众提供文献信息服务的社会公益性事业单位。建馆初期，宁夏图书馆无专门馆舍。1980年落成的馆舍位于宁夏银川西夏区同心北路，占地2.4万㎡，馆舍使用面积6256㎡；投资总额291.4万元；设计藏书容量150万册。2008年，宁夏图书馆新馆落成，新馆位于银川市金凤区人民广场东侧，占地41.28亩，建筑面积32610㎡，投资总额约2.4亿元，设计藏书容量300万册，设计阅览座位2000余个。建成后的新馆，成为集文献收藏、知识信息传播、咨询服务、文化休闲娱乐、书刊阅览流通、社会教育等诸多功能为一体的大型综合性公共图书馆。

业务建设

截止2012年底，宁夏图书馆文献总藏量207万余册/件，电子书藏量12000种，电子期刊藏量5000种以上；外文文献订购了爱墨瑞得（图书馆专业外文文献）“图书馆学信息知识管理专集”数据库240种期刊与8种纸质期刊。

数字资源建设方面，共有数字资源总量40TB以上，其中自建数字资源3.314TB，2004年之后馆藏新增中文文献书目数字化近100%。2012年宁夏图书馆组织开发了宁夏地方特色文献数据库平台，主要建设4个方面的子库：(1) 回族暨伊斯兰文献数据库；(2) 西夏文献数据库；(3) 宁夏地方文献数据库；(4) 西什库教堂数据库。其中，回族暨伊斯兰文献数据库主要涵盖回族、伊斯兰教相关文献、图片、视频资源。西夏文献数据库主要涵盖西夏相关文献及图片。宁夏地方文献数据库主要涵盖宁夏地方文献、图片及视频资源。西什库教堂数据库收录宁夏图书馆收藏的7000多册西什库教堂藏书。

截止到2012年底，宁夏图书馆共有计算机信息节点933个，配置计算机504台，其中提供读者使用的计算机数量210台；读者服务区无线网覆盖范围100%；共有2条100兆电信宽带接入，存储容量达126TB；使用文化集群数字图书馆管理系统，包括图书馆读者服务管理系统（一卡通）、MyLibrary、手机图书馆、语音电话系统、短信平台、电子阅览室监控系统、统计分析与辅助决策系统、电子资源统一检索系统等功能模块，自动化程度高，可操作性和实用性强，是宁夏图书馆乃至宁夏地区数字图书馆建设的重要软件支撑平台。

读者服务工作

从2009年起，宁夏图书馆全年365天对外免费开放，平均每周开馆78.5小时。开设“书香人家”休闲阅览，馆藏图书、报刊均实行全开架，办证37000个。馆藏书刊文献年外借率23.18%，持证读者年人均外借册次12.99册/人，人均年到馆次数7次以上（不含自学、无证读者到馆数）。宁夏图书馆依托本馆网站向读者推送数字资源，开展网上咨询、网上预借图书、网上续借等服务，近日还开通了移动图书馆。多样化的数字资源服务使宁夏图书馆网站的点击率逐年增长，截至目前，网站总点击数已达到32万次，总访问量达到近10万人次。

宁夏图书馆先后为自治区党委、政协、武警宁夏总队、宁夏人民出版社、自治区文化厅民盟宁夏区委会等单位提供大型信息定题、咨询服务，并将本馆10万余条数据导入宁夏科技信息中心，供科研技术人员使用。每年的“两会”服务，受到党委、政府、人大、政协的重视与好评。

每年举办“塞上人文论坛”讲座12次；举办展览15场，阅读推广活动12次以上。2009—2012年共编写48期《社区生活报》，利用《华兴时报》创办“阅读新视界”栏目共50期，都成为向广大居民介绍图书馆服务信息、推介新书好书的重要窗口。

业务研究、辅导、协作协调

2009年—2012年，宁夏图书馆业务研究工作成绩卓著，员工在省级以上刊物或国际会议上发表论文139篇，出版相关学科专著6部。主办中文社科核心期刊《图书馆理论与实践》，参与完成《2012年中国图书馆年鉴·宁夏卷》及《2012年中国图书馆事业发展（蓝皮书）·宁夏卷》，承担全国文化信息资源共享工程地方资源建设项目。截止2012年底，共享工程宁夏分中心利用“信息大篷车”对基层群众进行现场培训、与网络技术部配合对市县图书馆工作人员进行数字图书馆和业务自动化系统培训，共完成各市县及分中心培训1554人次，农村实用人才培训4200人次、农民工培训650人次，举办网络培训1351人次。

2009年承担西北五省图书馆学会“回族伊斯兰教文献数据库”的编制，2010年主持西北五省（区）图书馆馆长暨学会理事长、秘书长联系会议，2012年与科技厅合作举办“科技创新·美好生活”的主题活动，多次组织开展馆长与业务骨干赴外省区业务参观考察活动，特别是2011年组织全区公共图书馆馆长赴广东参与了“粤——宁两地文化志愿者活动”，收到良好效果。

宁夏图书馆自2004年启动“回溯建库”起就购买了全国联合编目中心的数据光盘，下载套录。2009年与国家图书馆签订了联合编目协议书，2010年底制定了本地区图书馆联合编目章程，并与2011年5月与贺兰县馆、中卫市图书馆、中宁县图书馆、青铜峡市图书馆、吴忠市图书馆、永宁县图书馆、银川市图书馆等7个地市县公共图书馆签订了联合编目协议，占本地区图书馆总量的26%。通过开通VPN专线、业务自动化系统，全区市县馆将实质性实现联合编目。

阅览室

馆内大厅

图书馆夜景

管理工作

宁夏图书馆现在有在职人员133人，其中业务人员120人，行政工勤人员13人；大学本科以上共83人，占职工总数62.4%；高级职称24人，占业务人员总数20%；中级职称51人，占业务人员总数42.5%。每年编写12期宁夏图书馆通报。

表彰、奖励情况

2009–2012年，宁夏图书馆共获得10项上级表彰，国家级2个，分别为：国家发展和改革委员会颁布的“全国企事业单位改革创新科研成果奖”一等奖，中国图书馆学会授予的“全民阅读”先进单位；省级党委、政府表彰2个，分别为：党委等多部门联合授予的“宁夏实施《全民科学素质行动计划纲要》”工作先进集体，自治区人民政府授予的“首届中国（宁夏）国际文化艺术旅游博览会”最佳参展单位，省级业务主管部门表彰6个，分别为：自治区文化厅授予的“2009年度直属单位考核”二等奖，“2010年度直属单位考核”二等奖”，“2011年度直属单位考核”二等奖，“2012年度直属单位考核”二等奖，2010年“全区图书馆工作”先进集体，2011年“文化厅系统人才工作”先进单位。

馆领导介绍

丁力，男，回族，中共党员。1953年8月生，大学学历，研究馆员，馆长。1977年毕业于武汉大学图书馆学系。现任宁夏回族自治区图书馆馆长兼党支部书记。为宁夏图书馆学会常务副理事长，中国图书馆学会理事。自1978年以来，致力于图书馆学、目录学、回族史研究，取得了较为突出的学术研究成果，在国内相关学术领域产生了一定的影响。1978年至1981年，作为宁夏古籍善本书编目小组成员承担了《中国古籍善本书目》宁夏部分的编选工作；1983年发表论文《中国的古典文献索引》，获1984年宁夏社会科学优秀成果三等奖；撰写的《回族研究参考资料题录》1990年获中国图书馆学会二次文献成果奖；1982年3月，作为正式编纂者参加了由著名历史学家白寿彝先生主编的《回族人物志》元、明、清、近代四卷的编写工作，并为该书编纂了《元代回族人名录》《回回人著述传知见目录》，作为“附录”收入书中。其中《元代回族人名录》被宁夏回族研究会推荐获得宁夏社会科学优秀成果三等奖。2006年至2007年曾主持筹备宁夏图书馆新馆工程建设工作，为宁夏图书馆新馆落成并顺利搬迁开馆以及宁夏数字图书馆的规划建设做出了突出贡献。

张欣毅（1957–2012），男，汉族。1982年初毕业于武汉大学信息管理学院本科，获学士学位。同年分配至宁夏回族自治区图书馆工作。曾为常务副馆长，研究馆员，宁夏图书馆学会副理事长兼秘书长，《图书馆理论与实践》（全国中文核心期刊）主编。张欣毅长期致力于信息学、文献学、图书馆管理研究，兼及文化史、民族文献及宁夏地方文献研究，取得了丰硕的学术成果。1979年至2007年底，累计在国家级、省级公开刊物上发表各类学术论文90余篇、译文20余篇，出版著作7部（独著2部、合著5部），参与主持国家级重点研究项目5项。张欣毅以其突出的学术成就和工作业绩，不但在全国图书馆界产生了广泛的影响，还得到了社会各界的认可。2007年荣获“文化部优秀专家”称号。1992年，被国际知名组织（ISKO）接纳为会员，1993年破格晋升为副研究馆员，1995年获“宁夏出版系统优秀工作者”称号，1998年破格晋升为研究馆员，2002年被授予宁夏第二届“十佳编辑”称号，2005年首批入选宁夏宣传文化系统“四个一批人才”，2006年被聘为宁夏社科“十一五”规划学科专家组专家。1992年，当选中国索引学会理事，2001年、2005年当选中国图书馆学会理事，中国图书馆学会第五、六、七届图书馆学期刊委员会副主任，第六、七届民族图书馆委员会副主任，宁夏社科联第二、三、四、五届委员，曾任宁夏青科联第一、二届副理事长。个人传记被收录进《中国专家人才库》（人民日报2001年编）等。张欣毅2000年6月加入中国民主同盟。2002年当选民盟宁夏区委会常委，兼民盟宁夏区直工委副主委、教育文化专委会副主委、区直文化支部主委。2007年5月当选民盟宁夏区委会副主委，兼任民盟宁夏区直工委主委，是政协宁夏第八届委员会委员、常委（八届四次会议增补为常委），宁夏监察厅特约监察员。

任智慧，男，1955年8月生，本科学历，中共党员，高级政工师。党支部书记。1972年3月参加工作。历任宁夏艺术学校政工科科长，副校长。2007年1月任宁夏图书馆副书记，宁夏文化信息资源共享工程分中心副主任。

吕毅，男，1966年10月生，本科学历，中共党员，副研究馆员，副馆长。1986年7月大学毕业分配到宁夏图书馆工作，先后在流通部、参考部、辅导部、会展与培训部等部门工作，历任副主任、主任等职，2011年9月被任命为宁夏图书馆副馆长。2008年10月获宁夏回族自治区成立50周年文化活动先进人。

未来展望

近年来，宁夏地区各级政府对公共文化事业的关注度越来越高，投入逐年增加。公共图书馆事业发展的社会环境、经济环境、保障机制等都出现了很大的改观，进入了快速发展的轨道中。未来几年宁夏地区图书馆事业将会逐步缩小城乡、川区和山区的发展差别；在免费开放服务的环境里，读者服务工作进入到内容逐步拓展和模式不断创新的时期；区域间图书馆联盟会随着服务网络的延伸和数字图书馆的快速发展而得到加强。

未来几年宁夏地区数字图书馆建设成为各级图书馆发展的主流，依托实力雄厚的图书馆服务平台，联合社会力量建立公共文化服务平台和网络平台，使区域间图书馆服务网络不断健全延伸。同时借助“共享工程”丰富的数字资源和网络服务平台，实施数字图书馆联盟成为可能。特别是区域间图书馆服务和资源共建共享联盟，随着服务网络的健全和延伸及数字图书馆的快速发展，使跨系统合作范围逐步扩大加强，合作内容更加丰富，为建立起全方位、多层次的公共文化服务体系提供了保障。

联系方式

地　址：宁夏银川市金凤区人民广场东路8号
邮　编：750011
联系人：菊秋芳

读书沙龙

读者座谈会

报告会

银川市图书馆

概述

银川市图书馆的前身是1934年9月成立的宁夏省立图书馆，1956年正式更名为“银川市图书馆”，1967年与自治区图书馆合并，前后6易其名，1978年恢复建馆，1979年7月对外正式开放，馆址设在玉皇阁之上，1988年建新馆，一期建筑面积3678㎡，2000年一期工程改造、二期工程扩建，建筑面积达到6000㎡。2005年、2009年、2013年第三、四次、五次全国公共图书馆评估定级工作中被评为“国家一级图书馆”。2003年被银川市文明委命名为银川市文明单位；2007年被宁夏回族自治区文明委命名为自治区级文明单位。现有在职职工61人，其中大专以上学历51人，高级职称4人，中级职称25人，初级职称31人。馆内设采编部、辅导部、外借部、少年儿童部（含亲子阅览室）、自学阅览部、综合外借部、文献参考部、期刊部、技术服务部（共享工程部）、图书流通服务部、视障读者阅览部、读者活动部和办公室13个部（室），15个服务窗口，设有880个阅览座位。

业务建设

截止2014年底，银川市图书馆总藏量86.3万册，其中，纸质文献43万册、电子图书43万种，电子资源总量45TB。年订购中文期刊1200余种，中文报纸80余种。

银川市图书馆自2004年起使用ILASII图书馆自动化管理系统，2012年开始实施银川市数字图书馆建设，建设资金3000万元，分三年完成，搭建银川市数字图书馆的技术服务平台，建立以银川市图书馆为总馆、三个区级图书馆为分馆、全市22个街道图书馆和156个公共电子阅览室为服务中心的总分馆制管理体系，2015年2月将全面实现通借通还、资源共享。2013年5月银川市图书馆自动化管理系统升级为DLIBS图书馆自动化管理系统。同时，增加了RFID自助借还书系统，以适应银川市公共图书馆数字化建设。馆内100兆电信光纤宽带接入互联网，全馆无线网络全覆盖。

读者服务工作

银川市图书馆自2009年10月10日实行了365天免费开放，每周平均开放60个小时。现办理各类读者借书证近20000个，年接待读者40万人（次）、年流通图书80万册(次)。

银川市图书馆积极发挥图书馆的社会教育职能，开展丰富多彩的阅读推广活动，让更多的人了解图书馆、走进图书馆、利用图书馆，营造热爱阅读的良好社会风气。目前银川市图书馆已打造“书香银川·百姓讲堂”、“共享阳光·爱心助盲”、“共享读书乐”、“暑期荣誉小馆员”等读者服务活动品牌。2009年—2014年银川市图书馆举办各类读者活动256场次，深受广大市民的好评，扩大了银川市图书馆的社会影响力，拓展了图书馆的服务功能和服务方式，丰富了银川市民精神文化生活。银川市图书馆努力拓展服务范围，2012年在银川市三区两县一市建立了“百家图书流通服务点”，定期为各图书流通点免费配送图书，年书刊外借24万册次，满足基层群众的阅读需求，充分体现了公共文化服务的公益性、基本性、均等性、便利性。

业务研究、辅导、协作协调

2012年，银川市图书馆举办了中国西部地区公共图书馆协作网第二十一届年会暨学术研讨会，征集学术论文168篇，评选出获奖论文40篇编制成论文集，并进行了学术交流。

银川市图书馆对银川市三区两县一市的公共图书馆及馆外百家图书流通点经常进行业务指导、培训工作。2012年银川市图书馆启动了银川市数字图书馆建设，搭建银川市公共图书馆的总分馆服务体系，实现全市公共图书馆文献联合采编和资源统一加工调配、共享资源，并通过系统提供的统一检索功能供全体市民使用，实现文献就地通借通还、自助借还。目前正在建设的银川市数字文化云平台，将整合银川文化所涵盖的文化、艺术、文物、非遗、广播影视、新闻出版等各个方面的数字资源。

银川市图书馆2008年开通了银川市图书馆网站，2011年开通了官方微博，2014年12月底开通了银川市图书馆公众微信平台，对本馆活动情况进行及时更新，与读者进行互动交流，加强了对银川市图书馆宣传力度，加强了银川市图书馆与业内同行及读者间的交流沟通。

管理工作

银川市图书馆实行岗位管理和工作目标管理责任制，按需设岗、按岗聘用、竞争上岗，年终根据德、能、勤、绩四个方面进行考核，建立分配激励制度，实行绩效考核。

亲子阅览室书刊阅览区

24小时街区自助图书馆

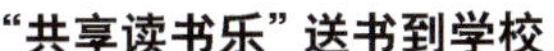
"共享读书乐"送书到学校

举办"书香银川·百姓讲堂"讲座

庆"七一"少儿现场书画大赛

表彰、奖励情况

2009年至2014年，银川市图书馆集体获得国家级表彰奖励5次；获得省级表彰奖励4次；获得市级表彰奖励16次；个人获得国家级表彰奖励13次；获得省级表彰奖励17次；获得市级表彰奖励12次。

馆领导介绍

强朝辉，女，回族，1968年9月出生，本科学历，中共党员，高级政工师，馆长、副书记。1990年12月至1997年2月在银川市图书馆工作，后调银川市文广局、银川市艺术研究室工作，2003年2月任银川市图书馆馆长至今。

王涛，男，汉族，1972年7月出生，大专学历，中共党员，2010年1月调到银川市图书馆工作，任党支部书记至今。

戴茜，女，汉族，1965年8月出生，本科学历，中共党员，馆员，副馆长。1994年调到银川市图书馆工作，2003年2月任副馆长至今。

赵春红，女，1970年1月出生，本科学历，馆员，工会主席。1988年银川市图书馆参加工作，2008年任副馆长，2014年任工会主席。

未来展望

银川市图书馆部室分布科学合理，读者服务工作开展得有声有色，深受广大市民的欢迎。银川市数字图书馆建设2015年2月全面结束，建成银川市图书馆与银川市三区图书馆及银川市22个街道图书馆之间的总分馆体系，实现全市公共图书馆文献联合采编和资源统一加工调配、共享资源，并提供统一检索功能方便市民使用，实现文献通借通还、自助借还。

由自治区政府和银川市政府共同投资建设的银川市中心图书馆项目已启动，计划投资3亿元，占地50亩，建筑面积3万平方米。银川市中心图书馆集收藏、借阅、交流、休闲于一体，是综合性公共文化设施，建成后受益人群将达到202.57万人，最大限度地满足群众的文化需要，将成为银川市重要的公共文化设施及银川市标志性建筑，为构建银川市和谐社会提供资源支持，实现文化信息资源在全市范围的共建共享，为营造全民学习、终身学习的学习型社会，提高全民素质、提升城市文化品位做出重要的贡献。

银川市图书馆外景

联系方式

地　址：银川市解放东街102号
邮　编：750001
联系人：戴 茜

举办"盲人象棋比赛"

春节期间举办"灯谜有奖竞猜活动"

吴忠市图书馆

概述

吴忠市图书馆成立于1956年9月，1994年文化部第一次评估时，被评为西北唯一一家县级一级公共图书馆。第二次、第三次评估定级工作，都被国家文化部评定为县级一级馆。撤地建市后，又在第四次、第五次评估中，被评为市级一级馆。现有老馆新馆两处馆址，老馆位于吴忠市利通区朝阳步行街，馆舍建筑面积3600平方米。新馆位于吴忠市利通区盛元广场西侧，占地面积20.3亩，建筑面积9024平方米。设计藏书容量76万册，2009年4月30日建成开放。吴忠市图书馆新馆老馆现有阅览坐席878个、计算机164台，宽带使用一条50兆光纤、一条50兆VPN专用线路同时接入，选用DLIBS数字集群图书馆管理平台系统。

业务建设

截至2013年5月，吴忠市图书馆总藏量631961册。其中，纸质图书229187册、纸质期刊和报纸的合订本39964册；缩微制品、录像带、录音带、光盘等视听文献资料数量之和为2810册；电子文献360000册。2009–2012年，共入藏中文图书18963种、47407册，报刊513种，视听文献2810种。地方文献4698种、11749册。

截至2013年5月，吴忠市图书馆馆内专用存储设备容量为51TB，已存储数字资源量30TB。自建数字资源总量660GB。在建的数据库有《吴忠市非物质遗产资源库》同时，新馆实现馆内无线网络覆盖。

2009年9月，吴忠市图书馆结束以前长期使用的手工借还服务方式和半开架书库管理模式，选用DLIBS数字集群图书馆管理平台系统和全开架服务，读者办证、借阅、检索都使用计算机操作，有独立的机读目录数据库，图书馆网站结构合理、操作简便、界面优美、实时更新，与自动化系统对接，并实现了与自治区图书馆的数字资源链接，读者可自由地进入进行检索、续借等业务及直接在线阅读。

读者服务工作

从2009年9月起，吴忠市图书馆全年免费开放，周开放61.5小时。馆藏图书、期刊实行全开架，一证通用，可电话预约、续借。2009–2012年，书刊总流通54.5595万人次，书刊外借103.6632万册次。同时，实现与宁夏区内4家公共图书馆和1家高校图书馆馆际互借服务。

吴忠市图书馆“送书下乡”至今已坚持了四十余载，他们以图书互动、互借、文献资源共享方式在市区10个乡镇及部队、学校、家庭、社区、企业、机关等建立了36个不同类型的流动图书室，形成了以图书馆为龙头，乡镇文化站为枢纽，村级、家庭、学校、部队、社区图书室为基础的图书流通服务网络，每季度送书上门、书刊定期轮换。2009–2012年基层图书流动站（室）借阅轮换图书27.88万册。

在配送、互借图书、业务辅导同时，吴忠市图书馆还有针对性地指导基层开展阅读推广活动，鼓励扶持先富起来的有识之士投资文化产业、文化事业。如马莲渠杜海文化大院，吴忠市图书馆免费为其配送了图书、桌椅等设备，协助建立了图书阅览室、棋牌室、旱冰场等设施，为农民群众免费开放。关注弱势群体和特殊群体的阅读需求，先后在自治区劳教所、吴忠公安局拘留所、戒毒所设立基层图书流动点，与市残联联合设立了残障人士图书阅览室，使残障人士享受共公文化服务权益。

2009–2012年，吴忠市图书馆共举办讲座、展览、培训、阅读推广等读者活动186次，参与人数22万人次。春节期间的大型灯谜活动，已坚持举办27届。迎春文化“三下乡”书展和科普资料免费发放，不同主题的“4.23世界读书日”，图书馆服务宣传周活动多形式、多内容持续进行；每年“八一”建军节与共建部队共同举办演讲比赛和各种军民联谊活动；全市中小学生读书节活动；“我爱祖国”少儿知识竞赛；“知荣辱、树新风、从我做起”少儿小报比赛；“读经典、读好书、尽享读书之乐”少儿演讲比赛；“读一本好书”有奖征文；“爱祖国·爱家乡”主题演讲；数字阅读大体验；“以书交友，快乐阅读”图书馆服务进社区活动；“为你打开一扇窗”残障人士读书活动；每年至少6次聘请名家举办各类讲座等活动。

业务研究、辅导、协作协调

2009–2012年，吴忠市图书馆职工发表论文20篇；撰写吴忠市公共图书馆事业建设的综合性和专题性报告、业务调研

吴忠市图书馆图书馆新馆外景

图书馆少儿部

春节灯谜晚会

少儿故事大赛

少儿书画大赛现场

报告5篇。编撰了《吴忠市、青铜峡市、盐池县、同心县地方文献联合书目》。

借助讯库平台及时检索相关资讯，将其自动推送到图书馆网站上，丰富网站信息，增加浏览量。根据读者需求检索出专业的资讯动态或制作专业的剪报，增加读者对图书馆的满意度。

对下辖的青铜峡市、盐池县、同心县图书馆自动化管理进行经常性的指导、检查和交流。每年协助指导一至两个基层图书站（室）对其图书进行分类编目整理。至今已在多个基层图书室规范分编图书10余万册。

吴忠市图书馆2004年被确认为吴忠支中心，在共享工程推广中确立了以农民文化大院为基层服务网点的服务模式。先后建立了兴国、蔡桥、杜海文化大院和秦韵社区的共享网络。

数字图书馆创建从2011年开始，通过政府采购方式购置了相关硬件，软件平台按照配置标准进行部署，购买了《CNKI中国政报公报文献总库》、《VIPEXAM考试系统数据库》以及以绘本、漫画为主要形式的《点点书动漫书库》等数据库。

吴忠市图书馆将共享工程、图书馆和网络资源进行整合，在电子阅览室安装了绿坝软件，净化青少年上网环境。充分保障服务时间，面向青少年及老年朋友，推荐《点击书（digibook）漫画资源库》，向特殊读者（盲人）推荐《启讯有声资源平台》。春运期间利用电子阅览室资源优势为农民工朋友订购火车票，与吴忠市人口计划生育局共同建立了基层卫生站所服务人员培训基地。

管理工作

吴忠市图书馆制订了详细的岗位设置方案和相应的规章制度，按需设岗，定职定责，按岗聘用，竞争上岗，实行岗位管理和工作目标管理责任制，从德、能、勤、绩等方面对每个工作人员进行全面考核，并兑现奖惩措施，重实绩、重贡献，充分调动工作人员的积极性。

建立了固定资产帐，图书入藏帐，借书读者底卡，职工考核档案，参考咨询档案、课题服务档案、业务辅导档案，读者效果登记等，均由专人负责，专人统计，立卷准确，装订整齐，内容齐全。

吴忠市图书馆各部室室内设置布局充分考虑了不同年龄阶段读者的身心特点，保持了色调统一，创造了一个宁静、宽敞的整体环境，充分彰显了图书馆的人文精神。

表彰、奖励情况

吴忠市图书馆2012年在全国第五次公共图书馆评估定级工作中被评定为市级一级馆；2010年荣获自治区文化工作先进集体荣誉称号，2012年被自治区文化体制改革领导小组授予文化体制改革先进单位称号，2009–2012年，被市委、市政府授予吴忠市文明单位称号，被市人民政府授予园林绿化示范单位称号，2012年在市文体局年度绩效考核中名列第一。

馆领导介绍

周雪景，女，1968年3月生，大学学历，中共党员，馆员，党支部书记、馆长。1987年12月参加工作，历任吴忠市利通区图书馆副馆长、吴忠市图书馆副馆长。兼任宁夏图书馆学会常务理事，2010年荣获宁夏回族自治区“三八红旗手”荣誉称号。

刘志伟，男，1974年5月生，大专学历，中共党员，副馆长。1992年7月参加工作，2011年1月任吴忠市图书馆副馆长，2013年荣获自治区先进文化工作者。

焦向东，男，1971年9月生，大学本科学历，中共党员，1988年12月参加工作，2012年4月任吴忠市图书馆副馆长。

未来展望

吴忠市图书馆将始终遵循“智慧、服务”的办馆理念，努力建设一只友善的、喜欢书，更喜欢人们读书的馆员队伍来为读者提供信息服务和知识服务。将吴忠市图书馆建设成为读者自由读书、自由思想、自由交流的场所；自由地摄取知识，接受信息教育，享受阅读快乐的理想空间。

联系方式

地　址：吴忠市利通区盛元广场西侧
邮　编：751100
联系人：马晓明

吴南大寺—赠书活动

贺兰县图书馆

概述

贺兰县新图书馆位于县城光明西路宣传文化中心北侧，建筑面积4346平方米，外观设计采用欧式风格，四层框架结构，独家使用，主体及内外装饰工程、阅览设备总投资1500万元。内设一楼服务大厅、少儿借阅区、动漫展播厅；二楼成人借阅区、报刊借阅区、数字报刊阅览区；三楼公共电子阅览室、光盘视听区、3D体验区；四楼书画展厅、高清影音体验区、书画体验区、数码摄影体验区、五楼自学区等12个服务窗口，拥有阅览坐席540个。其中，少儿阅览室坐席102个；计算机141台，可供读者使用的计算机130台，建有标准化公共电子阅览室1个，有终端电脑66台、计算机培训教室一个、终端电脑54台、自助查询机8台、工作人员用机13台、笔记本电脑6台、投影机5台。拥有110M光纤宽带接入和11.6TB资源存储量。

2012年，贺兰县图书馆率先实施第三代文华数字图书馆系统和RFID智能管理系统，可实现图书自助借还、智能查询、3D定位、24小时自助图书借还服务。

业务建设

截至2012年6月，贺兰县图书馆藏书达212472册。其中，图书103024册、报刊76551件，电子文献、视听文献30823种。2010年，入藏图书9001种；2011年，入藏图书22407种，2012年入藏图书6388种。2013年上半年，入藏图书360种、订阅各类报刊340种、视听文献藏量257件，设有地方文献专架及地方文献数据库，在建编目1226种。财政预算专项书刊购置费25万元。

共享工程数字资源总量达7.6TB(共享工程资源1TB，自建自采资源4TB，磁盘阵列储存2.6TB)，馆藏中文文献数目数字化47.5%。

读者服务工作

2008年，贺兰县图书馆实行全免费借阅，每周开馆时间56小时，开架半开架书刊册数占总藏量的47.5%。读者流通量年均33万人次，书刊文献年外借12万册次，馆外设有8个图书流动服务点（6个社区、雷达站、看守所武警中队）。

近年来，贺兰县图书馆因地制宜，组织开展了形式多样的读者服务活动，每年开展的图书宣传周及全民读书月活动，为读者提供新书信息服务；每年的科技文化“三下乡”、种养技术图书及共享资源下乡活动，为广大农民群众提供信息服务。2005–2013年，连续8年独家承办元宵节“幸福贺兰”迎春灯谜竞猜活动，吸引了广大群众参与，参加有奖竞猜的人数过万。2007年，贺兰县图书馆在全区率先设立盲人、盲文及有声读物阅览室，电子阅览室设有青少年及老年阅览区，并设有少儿借阅室，为全民阅读创造了良好的环境。

贺兰县图书馆充分利用共享工程设备，已举办免费书法、摄影培训班4期，培训286人次；举办免费电脑培训班4期、培训224人；书画摄影展览4期，参观读者达2000多人次，开展科学发展观专题讲座4次，播放购进名家专题讲座6次，新书推介、共享资源推介及读者联谊每年2次；开展图书宣传、全民读书、科技文化、书画摄影展、十八大大型图片展等展览8次；开展元宵节万人谜语竞猜、新书推介、全民读书、中华经典诵读、农家书屋读书活动等阅读活动6次以上，专题、资源讲座10次；每年图书及共享资源下乡活动6次以上（各乡镇集市），每万人年平均参与读者活动7次，每年坚持开展图书馆服务宣传周、全民读书月活动，通过新华网、文化报、光明日报、银川晚报等媒体进行宣传，扩大了图书馆的知名度，读者满意率达95%以上。

业务研究、辅导、协作协调

2010年以来，领导及馆员共计发表论文8篇，荣获部级以上奖励2篇、省级2篇、市级1篇。积极参加宁夏图书馆及宁夏图书馆学会组织的各类活动，开展资源共享、互帮互学工作。先后有区内20多家图书馆到贺兰县图书馆交流学习。为了更好地开展业务辅导工作，2012年，贺兰县图书馆对学校、机关、乡镇村文化站等63个图书室的83名图书管理人员进行业务培训和开展辅导工作。

管理工作

自2010年以来，贺兰县图书馆每年都安排年初工作计划、半年工作总结、全年工作总结。县财政设有会计核算中心，财务管理规范。按照县编办设定的人员编制数量，按需设岗、按岗聘用、竞争上岗，并按岗建立了岗位职责，绩效考核、预安销号考核等分配激励制度。

贺兰县图书馆设有设备、固定资产管理制度、国有资产管

24小时自助借还服务

光盘视听区

免费国画培训班

免费书法培训班

期刊阅览

理规范、台帐清楚、固定资产的注销、调拨均有财政、核算中心签字盖章。档案资料齐全、装订整齐。馆内标牌规范、指示清楚、整洁干净、消防安全达标。

表彰奖励情况

2008年5月，贺兰县被国家文化部命名为全国文化信息资源共享工程示范县；2010年4月被自治区文化厅授予图书馆工作先进集体荣誉称号；2011年6月荣获首届华语帛书杯"书香宁夏"阅读知识竞赛优秀组织奖；2012年荣获自治区新闻出版局农家书屋工作先进集体、银川市宣传文化思想工作先进集体称号，县级业务部门表彰4次；2013年荣获国家县级一级馆称号、宁夏图书馆协会优秀会员单位、银川市宣传思想文化工作先进集体、银川市"书香银川·银川书香"优秀组织奖。

馆领导简介

馆长：蔡生福，男，1962年9月生，大专学历，中共党员，高级政工师，馆长。历任贺兰县县委办秘书、县文广局副局长，2004年2月任贺兰县图书馆馆长至今。2007年荣获全国第十四届群星奖，2013年获中国图书馆榜样人物入围奖。论文《共享工程促小康》获中国新时期人文科学优秀成果评选一等奖、论文《共享文化新资源，共建和谐新农村》荣获中国图书馆学会第八届社区乡镇图书馆发展战略研讨会征文一等奖，荣获文化部《文化大视野》优秀论文最高奖。

副馆长：方建斌，男，1966年生，宁夏贺兰县人，中共党员，科员，副馆长。历任贺兰县委组织部秘书、贺兰县体育中心党支部书记，2013年1月任贺兰县图书馆副馆长。

未来展望

贺兰县图书馆在实现阅读数字化、借还自动化、系统智能化、体验个性化、活动经常化、服务公益化的同时，紧盯沿海地区公共图书馆发展新趋势，努力为居民打造一个互动交流、多元便捷的学习中心。目前已开设了少儿动漫放映、3D体验、健康国学讲堂、光盘视听、高清影音、书画摄影培训及免费个展等功能区，开通24小时城市街区自助图书馆、手机移动图书馆。今后准备立项建设8个城市社区24小时智能自助书屋，内置2000–5000册图书、期刊报纸，数字文化一体机、WIFI热点，真正为居民打造身边的图书馆、移动图书馆。

联系方式

地　址：贺兰县光明西路
邮　编：750200
联系人：汪淑梅

平罗县图书馆

概述

平罗县图书馆成立于1978年12月15日，建馆于1982年12月。新馆位于县城西区文化展览中心，于2012年5月正式对外开放，建筑面积3052平方米，馆藏图书10万册。设有阅览坐席400个，年接待读者6万余人次。现有职工16人，其中管理人员3人，馆员5人，助理馆员4人，管理员4人。大专以上学历达100%，助理馆员以上职称9人，占职工总人数的56%。拥有计算机98台，其中用于服务读者的计算机74台，办公用计算机25台，摄像机、照相机、电视机、投影仪、投影幕布、电子屏各一台（件）。宽带为10M，存储容量为6TB，使用DlibS集群数字图书馆自动化管理系统进行借阅服务。馆内环境优美、设施完备、功能齐全，是一座集学习阅读、信息交流、展览讲座、文献存贮等综合功能和数字化网络服务为一体的现代化公共图书馆。2013年，在第五次全国公共图书馆评估定级中，荣获一级图书馆称号。

业务建设

截止2013年5月，平罗县图书馆总藏书量10万册，其中纸质文献98800册（件），电子文献1200种/册。

2012年，财政拨款为378.4万元，其中购书及免费借阅经费82.4万元，免费开放经费20万元，设备购置经费160.05万元，搬馆经费35.4万元，电子阅览室综合布线21万元。2012至2013年，年均入藏图书2000种，4000册，报刊240种，电子文献1200种，地方文献1200种。为适应图书馆业务自动化、数字化发展需求，2012年5月，安装了DlibS图书馆自动化管理系统，实现了图书借阅自动化。

读者服务工作

自2012年5月新馆开馆后，平罗县图书馆全面实行免费对外开放服务，使用集群数字图书馆自动化管理系统进行对外借阅，每周对外开馆48小时。2014年起，为方便群众借阅，每周开放时间增加为56小时，节假日正常借阅，做到一年365天天天都开馆。2012年5月至2013年5月，书刊总流通65036人次，书刊外借65866册次。先后在石嘴山监狱、平罗县中队、平罗县消防大队、前西社区、北郊社区等设立图书流动点10个。

2012—2013年，平罗县图书馆以电子阅览室为平台，共举办讲座、培训等读者活动18场次，参与人数3000余人次。同时，以新馆开馆为契机，结合世界读书日、图书馆服务宣传周、科技周等活动，开展主题鲜明、内容丰富的阅读活动共计16次，参与人数3500人次。

业务研究、辅导、协作协调

2012—2013年，平罗县图书馆职工发表论文4篇。加强与上级图书馆之间的沟通协调，认真配合做好各类业务合作活动，2013年，被宁夏图书馆学会授予优秀会员单位。在全县142个行政村建立农家书屋，先后举办农家书屋管理员培训班3次，受训人员达400余人次，并组织职工深入各书屋，做好图书分类、编目、登记、上架等项工作，规范上架各类图书共计133500余册。

管理工作

2010年，平罗县图书馆坚持“按需设岗、公平竞争、择优录用、严格考核”的聘任原则，完成全员岗位聘任，馆内职工15人均参与了此次聘任活动。同时，严格实行考勤管理制度及绩效工资制度，每季度对工作进展情况进行检查通报，每半年进行总体工作考核。

表彰、奖励情况

2009—2012年，平罗县图书馆共获得各种表彰、奖励14次，其中区级表彰、奖励4次，市级表彰、奖励3次、其他表彰奖励7次。

馆领导介绍

戚桂萍，女，1962年7月生，汉族，大专学历，中共党员，馆长。1984年12月参加工作，先后任平罗县黄渠桥镇党委副书记、城关镇玉皇阁社区党支部书记、主任，县城市建设监察大队队长等职。先后荣获全区社会救助先进工作者、文化体制改革先进工作者、文化工作先进个人等荣誉称号。

任娟，女，1973年12月生，汉族，大专学历，中共党员，副馆长。1992年10月参加工作，曾任平罗县宾馆副经理，2012年12月任平罗县图书馆副馆长。

举办农家书屋管理员培训班

演讲比赛现场

学生参观图书馆

开展暑期读者服务活动

李娜，女，1979年11月生，汉族，大专学历，民进会员，副馆长。2001年1月参加工作，从事电视台记者工作，2013年6月任平罗县图书馆副馆长。

余恩霞，女，1964年7月生，汉族，大专学历，中共党员，馆员，副馆长。1983年7月参加工作，1988年到平罗县图书馆工作，先后在办公室、采编室工作。分管党建工作。

陈华，女，1967年9月生，汉族，大专学历，中共党员，助理馆员，副馆长。1986年12月参加工作，1991年到平罗县图书馆工作，先后在采编室、少儿室工作。分管精神文明建设及社会治安综合治理工作。

未来展望

充分发挥图书馆作为公民终身学校的职能，始终奉行“读者第一、服务至上”的服务宗旨，秉承公平、开放、共享的管理理念，积极发扬巾帼文明岗的引领示范作用，内强素质，外树形象，精诚团结、优质服务，并以先进图书馆为标杆，不断创新资源建设、读者服务、管理运行机制，不断改善读者阅读环境，为建设一流图书馆而不懈奋斗。

举办人文平罗大讲堂活动

联系方式

地　址：平罗县团结西路98#文化展览中心三楼

邮　编：753400

联系人：周惠琴

“4·23世界读书日”活动

读者阅读场景

青铜峡市图书馆

概述

青铜峡市图书馆位于青铜峡市小坝镇文化南街66号，建成于1986年，馆舍面积1593平方米，其中，书库面积588平方米。随着服务范围不断扩大，于2002年在人口密集的怡园社区及忆江南社区开设分馆，面积分别为240平方米、260平方米，目前共有阅览座位255席，其中，少儿座位60席。现有在职干部职工24人，其中，45岁以下19人，占职工总数的79%；大专以上学历22人，占职工总数的92%；助理馆员以上职称18人，占职工人数的75%。图书馆内设图书借阅室、综合阅览室、书库办证采编室、电子阅览室、资源共享室、自修室、道德讲堂、办公室、工会等部门。现有馆藏文献26万册，其中，纸质图书13万册、电子图书13万册，有中外文期刊280余种、各类光盘资料3766件和6TB资源存储量。有固定读者近3500人、临时读者5000余人。建有标准化公共电子阅览室1个，10M光纤宽带接入，有终端电脑40台，工作人员用机20台，笔记本电脑1台，投影仪2台。在管理模式上，实行便于读者利用的全开架式借阅，周开放时间为56小时。2012年，青铜峡市图书馆率先实施第三代文华数字图书馆系统和RFID智能管理系统；2013年，安装读报机、检索机4台，目前已实现图书电子借阅及智能查询等服务。

业务建设

2010年以来，青铜峡市图书馆不断丰富藏书总量，每年投入10余万元购书经费，截至目前，总藏书量为26万册，其中，纸质图书13万册，电子图书13万册。年图书入藏量为4000册以上，报刊入藏量为300种以上，视听文献入藏量为50件以上。地方文献有专柜专人专目管理，能正常开展工作。青铜峡市图书馆严格按照《中图法》有关规定，科学分类、著录、登记、建帐、建卡、回溯。对过刊及时清理入库，在全免费开架服务过程中，严格按照要求进行排架，图书排架正确率达到98%以上。图书馆外借室有专人负责，按制度执行，业务副馆长不定期检查，使排架图书外观整齐、美观；对于文献的保护管理，青铜峡市图书馆设地方文献专柜，并有专人管理。今年共收集地方文献58种182册，建立保护制度，采取防火、防盗、防虫、防潮、防尘等措施对文献进行科学管理。对于破损图书有专人及时修补，防止破损严重无法修补。对相关人员进行培训，及时检查火、盗、电等隐患，经常保证书库通风及卫生情况。馆内数字化建设方面存在设备和技术上不足，目前基本实现采、编、借自动化。

读者服务工作

青铜峡市图书馆已实现办证、借阅等10项免费措施，使图书馆无障碍、零门槛进入，实现基本服务项目全免费，公共空间设施全免费。举办世界读书日、图书宣传周、读者座谈会、读者征文、万人灯谜竞猜等活动3次；举办培训、展览8次；举办阅读推广活动6次。利用广播、报刊、图书馆学会杂志等媒体进行了广泛宣传。发挥图书馆社会教育职能，深入市直部门、镇（村）、社区举办各类知识讲座31场次。调研工作扎实认真，馆班子成员结合新形势下图书馆发展和基层工作辅导等方面进行了调研，撰写调研文章5篇。2008年来，青铜峡市图书馆在全区率先实行了办证免费、看书免费、上网免费等10项内容的免费开放工作，读者到馆率提高。2010年，书刊流通22.3万册（次），借阅人次达到12.13万人（次）；2012年，流通书刊25.33万（册）次，借阅人次达到13.21万人（次），读者来馆借阅满意率达99%以上。开展为读者服务宣传活动，利用集会开展宣传，年宣传不少于12次，书刊宣传达5000册以上。截至目前，先后在全市建立了怡园，东街、敬老院、看守所等12个基层服务流通点，采取多种形式对弱势群体开展送书上门活动。登记注册的残疾人、老年人达50余人，常年坚持送书送资料上门服务，受到社会好评。电子阅览建设严格按照《公共电子阅览室建设计划实施方案》实施，配备电脑40台，内储存设备达标，网络环境安全，实行免费上网。建立了相关管理制度，保证每天8小时开放，配备专业人员进行维护和服务。对于不同类型的读者人群采取不同措施进行服务。利用全国文化信息资源共享工程优势，为全市8镇开展服务工作。在85个村及11个社区建设农家书屋96家，形成以图书馆为中心、辐射全市各基层服务点的服务体系。

业务研究、辅导、协作协调

自2010年以来，青铜峡市图书馆工作人员发表论文10余篇，组织参加自治区图书馆及图书馆学会组织的各类活动，并与兄弟县市图书馆开展资源共享、互帮互学工作。青铜峡市图书馆不断加强对基层点管理员业务培训，每年举办培训班4次以上。积极参加社会服务活动，充分利用共享资源为各养殖户、专业户、弱势群体送资料、送电影、送视频、送书刊，深受群众好评。

管理工作

多年来，青铜峡市图书馆建立了完备的档案资料和比较完善的制度。中层管理人员实行竞聘上岗，公开岗位责任和考核

报刊阅览室

电子阅览室

农家书屋管理员培训班

农家书屋作用凸显

为基层图书室捐赠图书

为种植大户开展知识讲座培训

奖励机制，绩效工资按岗发放，实行目标管理。科室评选实行量化，年度考核实行责任制评比。各类人事和财务档案管理规范，聘请档案专业人员对相关档案进行归档装订。办公室人员按季进行人事、财务、业务的统计上报工作，并根据上报数据进行分析研究，写出分析报告，提出存在问题。为达到创建等级要求，青铜峡市图书馆规范各类馆内指示标牌，从细微处做起，从点滴做起，设置无障碍设施和标志，给读者创造一个安静、幽雅的读书环境。为了保障国家和人民群众生命财产安全，在人员培训、设施配置、经费投入方面做了大量工作，安全知识培训率达100%。在防盗网、监控器、防火栓灭火器网络安全建设等方面每年投入近万元。值班人员24小时不离岗，安全防范365天不松懈。多年来，青铜峡市图书馆没有发生过一起安全事故。

表彰、奖励情况

2008年以来，先后被全国文化信息资源共享工程命名为"全国文化信息资源共享工程·公共电子阅览室示范点"和"文化共享之星"；在第四次、第五次全国公共图书馆评估定级工作中，分别被国家文化部评定为县级二级图书馆、县级一级图书馆；被自治区精神文明委重新确认为2013-2015年度文明单位；被自治区爱卫会命名为自治区级卫生先进单位，被自治区新闻出版局评为农家书屋先进单位，被自治区文化体制改革工作领导小组评为全区文化体制改革工作进单位，被吴忠市文化体育广播电视局、吴忠市新闻出版局评为农家书屋先进集体，连续三年被市委宣传部评为宣传文化工作先进单位；先后获得全市科普工作先进单位、"红旗党支部"、先进基层党组织；多次被吴忠市文化体育广播电视局、青铜峡市文化旅游广电系统评为文化工作先进集体、"双文明考核先进单位"、重点工作先进单位等。

馆领导简介

杨泾锋，男，1957年7月生，中专学历，宁夏青铜峡人。2005年8月任图书馆馆长（正科级）至今。2011年被自治区党委宣传部评为宣传文化工作先进个人，2003年荣获全国图书馆界榜样人物提名奖。

李占荣，男，1964年7月生，大专学历，宁夏青铜峡市人，中共党员。历任青铜峡市文化体育局办公室主任、青铜峡市文化执法大队队长，2013年3月任青铜峡市图书馆党支部书记。

哈彦成，男，1968年11月生，大学学历，宁夏青铜峡市人，中共党员，馆员职称。曾任青铜峡市文物管理所所长，2011年1月任青铜峡市图书馆副馆长。

未来展望

青铜峡市图书馆在实现阅读数字化、借还自动化、活动经常化、服务公益化同时，紧盯全区公共图书馆发展新趋势，努力为读者打造一个互动交流、多元便捷的学习中心。在今后工作中将进一步改进、探索和总结，逐步立项建设数字文化一体机、WIFI热点、手机图书馆等，使工作更加规范，服务更加全面，效果更加良好，读者更加满意，真正符合国家等级馆要求。早日迈进数字图书馆行列，真正为市民打造身边的图书馆、移动的图书馆。

联系方式

地　址：青铜峡市小坝镇文化南街66号
邮　编：751600
联系人：王新梅

为敬老院孤寡老人送电影

青铜峡市图书馆馆貌

中宁县图书馆

概述

中宁县图书馆成立于1978年12月，馆舍历经三次变迁。最早建在县城北大街不足300平方米的平房。1984年县委、政府投资96万元在原址建成建筑面积3358平方米的图书馆大楼，于1986年7月交付使用，内设少儿、成人、报刊三个阅览室和底本书库。在1994年至2009年全国图书馆达标定级工作中连续四次被文化部评定为国家二级图书馆。2009年，县委、政府在中宁县城新区投资2000多万元新建了7100平方米的中宁县宣传文化中心，即图书馆和文化馆。其中，图书馆建筑面积3500平方米，新馆按照国家一级馆标准和图书馆自动化、数字化、信息化的要求建设。2010年11月，新馆正式投入使用，包括藏书区、借阅区、公共活动与辅助服务区、业务区、办公区、技术设备区和后勤保障区。馆内设有综合借阅室、报刊借阅室、少儿借阅室、电子阅览室、杞乡书吧等5个阅读窗口，以及采编室、自学室、多功能报告厅、展厅、资料室、地方文献室、特藏室、共享支中心、报刊库等十多个功能区域。近3年，新馆投入130多万元用于改善办公设施、自动化管理设备和数字化建设，建成电子阅览室，开通与区馆连接的VPN专网，实现了全大楼文化资源共建共享。2013年，在全国第五次公共图书馆评估定级工作中，中宁图书馆被文化部评为国家县级一级图书馆。

业务建设

上世纪90年代初到上世纪末，由于县级财政状况欠佳，图书馆购书经费不足，每年购置图书只有几百册。2000年初，县财政情况逐渐好转，购书经费增加。从2004年起每年7万元的购书经费被列入政府预算，逐年增加，到2012年达到16万元。2013年，全年购书经费增加到20万元，每年新增图书六七千册，征订期刊350多种，事业经费由过去的几万元增加到20多万元。

读者服务工作

加强图书馆阵地窗口管理。一是根据读者反馈的意见，加强对图书管理人员的业务培训，把上架新书摆放在明显位置并给读者提示。对新读者，工作人员主动向他们推荐优秀书刊，并宣传本馆的藏书、借阅方式、检索方法等，使广大读者都能找到自己喜欢的图书文献。二是数字资源建设启动实施，馆藏资源巩固提高。借助现代化技术手段，利用网络信息机构开展联合采访、合作编目、网络检索和网络查询等工作。目前，馆藏机读目录信息达到9万多条，中宁县图书馆工作人员和读者可以利用中宁县图书馆局域网进行书名，著者，分类，主题，ISBN等检索和查询。利用集群数字图书馆系统实现了图书、刊物的自动化管理，一卡通借还。中宁县图书馆数字化信息服务已初具规模，基本实现图书采编、流通、检索、办卡、借阅、统计等环节的自动化运行和有序化管理。

实行全方位免费服务。一是根据不同读者的阅读习惯，合理安排开放时间，实施全年365天开放、错时延时开馆服务，每周开放时间达到了56个小时，为读者提供了更加人性化、合理化、优质化的服务。二是实行全开放免费服务制度。对图书馆免费开放服务项目进行公示，馆内所有公共空间设施场地免费开放，各类活动、各项服务一律免费，图书借阅只收押金，电子阅览室实行实名登记制度，凭读者卡免费上网。三是实行零门槛准入制度，凡9岁以上的居民均可到图书馆办理读者卡，免费享受图书报刊借阅、网上浏览查询、参与各项活动等服务。四是开展延伸服务，通过开展警图共建“双拥”协作单位“绿色书屋”，企图共建职工书屋、图书馆分馆等方式，延伸图书馆服务链条，扩大服务范围。全县已建立118个农家书屋、10个图书流通点、112个基层信息点、1个行政中心分馆，有效满足了县区群众开展图书阅读活动需求。

扎实做好图书流通工作。在不断总结经验，深入调查研究，优选试点的基础上建立图书流动点10个，农家书屋118个，流通图书已达到15000余册。指导并实施农家书屋图书分类、编目、上架图书10万多册。中宁县图书馆和中宁县红苑等社区结成帮扶并建立协作关系，一次性免费赠送新书300余册。中宁县图书馆与中宁消防中队、中宁旅部结成“双拥”协作单位，开展警民共建活动，创建“绿色书屋”，建立图书流动点，每季度为图书流动点更换新书300余册。

提升数字化管理服务水平。2011年，财政投入80万元用于购置数字化设备，投入40万元用于更新办公设施、专业设备；2012年投入20万元用于购置电子阅览室电脑桌椅和建设网络升级改造、图书馆自办网站；2013年投入20多万元用于购置电子读报机、数字资源加工设备、流动图书车等，中宁县图书馆工作不断向网络化、信息化、数字化迈进，图书馆工作基本实现自动化管理。

业务研究、辅导、协作协调

2011年，利用自治区图书馆数据库建成中宁县图书馆中央数据库，并实现与区图书馆的网络连接，共享区馆数字资源。2011年，参加贵州省图书馆举办的全国图书馆学会年会，2012年参加银川市图书馆组织举办的中国西部地区公共

读者在报刊借阅室阅览书刊、报纸

举办2012年高考状元学习经验交流会

开展“道德讲堂”活动

图书馆第二十一届年会和西北五省第十届图书馆学会征文活动。

中宁县图书馆坚持开展基层业务辅导工作。一是每年利用寒暑假开设各类辅导班、讲座班、书画培训班，建立道德讲堂和少儿口才主持人培训基地，建立“红领巾”读书班，举办读书报告会、高考状元学习交流会，讲故事、学英雄、读书成就梦想征文，弘扬雷锋精神、争做文明好少年和诵读中华经典、弘扬传统美德演讲比赛、迎新春青少年“感恩的心”诗歌朗诵比赛，消防安全知识讲座。每年“六一”举办少儿智力有奖竞赛活动，组织少年文化志愿者队伍到敬老院开展尊老爱老敬老孝老活动。二是开展以传播新知识、新文化、新技术为宗旨的系列讲座、报告会、展览、培训等活动，先后举办中老年健康知识讲座、保健知识讲座、环保系列讲座、书画展，开展评选图书馆“优秀读者”活动、与团县委联合举办了“读书让生活更美好”专题座谈会、为下岗人员举办“图书馆助您成功”座谈会、科普知识展览、公文安全传输和计算机能力培训等社科普及活动。三是举办农家书屋管理培训15次，参训800余人次；开展共享工程基层网点技术培训工作4次，培训基层网点信息员250人次；下基层文化站指导培训18次。通过这些活动的开展，发挥了图书馆社会教育功能，提高了县级公共图书馆文化服务能力。

管理工作

中宁县图书馆制订了岗位设置方案，实行按需设岗、公开聘用、竞争上岗；制订了各岗位工作责任制，建立了绩效工资考核办法，严格按照考核结果，兑现各岗位绩效工资。制订了财务监督管理条例，成立了财务监督领导小组，对财务开支实行民主监督；建立了财务管理制度，对财务收支情况实行每月公布；认真执行收支两条线管理，无违规违纪行为。

表彰、奖励情况

1992年被自治区文化厅命名为文明图书馆，1998年至2011年，先后多次被县委、政府、文化旅游广播电视局评为先进单位、文明单位、卫生先进单位和五好党支部。2012年5月获全区农家书屋工程建设先进单位。2013年被中卫市委授予中卫市文明单位称号，又被中卫市爱国卫生运动委员会办公室授予卫生先进单位。

为基层社区、农家书屋赠送图书、光盘并指导图书借阅工作

馆领导介绍

宋振兴，男，1967年9月生，本科学历，中共党员，馆长，1988年7月参加工作，2006年调入图书馆任馆长至今。兼任宁夏图书馆学会第五届、第六届理事。2012年获全区农家书屋建设先进个人。2013年获宁夏图书馆学会先进个人。

未来展望

在信息飞速发展的时代，中宁县图书馆坚持用科学的发展观指导图书馆的创新和实践，不断在观念、管理体制和运行机制以及工作内容、服务方法和技术手段上进行创新，以文化共享为依托，整合技术力量，挖掘独特资源，借势造势，扩大影响，建立起独具特色的公共图书馆。开辟崭新的公众服务领域，真正把特色图书馆做大做强，使图书馆成为中宁县群众读书学习的中心，为社会主义新农村建设提供丰富多样的信息服务，为中宁县经济建设和社会发展发挥重要作用。

联系方式

地　址：中宁县城新区宣传文化中心
邮　编：755100
联系人：宋振兴

中衛圖書館
ZHONGWEI LIBRARY

中卫市图书馆

概述

中卫市图书馆，原名中卫县图书馆，始建于1950年，与县文化馆合署办公。1951年图书馆归属到县文化馆改为图书室。1964年后暂停借阅业务。1973年文化馆图书室恢复对外借阅业务。1978年10月，文化馆图书室改为中卫县图书馆，馆址在高庙保安寺院内。1986年，图书馆由高庙迁至原中卫县文化宫大楼，2002年8月，中卫县文化宫大楼由于城市改扩建被整体拍卖拆迁，县图书馆迁至临时馆舍办公。2004年4月28日，原中卫县撤县设立地级市，中卫县图书馆随之更名为中卫市图书馆。2009年5月，中卫市政府投资兴建新图书馆，2011年9月交付使用。新馆位于中卫市沙坡头区应理南街西侧，占地面积40亩，建筑面积6013平方米；设计藏书量80万册，可容纳读者座位500个。下设采编室、成人借阅室、少儿借阅室、报刊阅览室、科技资料室、地方文献和工具书室、自学室、公共电子阅览室、多功能厅及大厅服务总台等10个服务窗口。采用深圳文华数字图书馆自动化管理系统。2013年，参加第五次全国公共图书馆评估定级，首次获得二级图书馆。中卫市图书馆是一座具有现代建筑风格、集学习阅读、信息交流、文化休闲为一体的地市级图书馆。

业务建设

截至目前，中卫市图书馆文献总藏量26万余册，每年入藏图书2000种、4000册以上，报刊年入藏量300种。建有标准化公共电子阅览室一个，供读者使用的计算机65台，拥有光盘300套，3TB数字资源存储量。2013年，中卫市图书馆被列为第二批国家数字图书馆推广工程，下拨建设资金120万元。目前，数字图书馆正在建设中。市财政每年拨款购书经费为10万元；国家每年划拨免费开放经费40万元，主要用于外聘人员的工资支出以及水电费，送书下乡，图书宣传，业务培训等方面。现有在编职工16人，现有编制16人，在职职工16人，大学学历4人，大专学历12人，副高职称1人，中级职称的5人，初级职称4人。

读者服务工作

从2011年9起，中卫市图书馆全年365天全免费对外开放，周开放60小时。2011–2013年，书刊总流通13.7万人次，书刊外借24.8万册。建有流动图书服务点12个，馆外书刊流通总人次1.3万次，书刊外借2.8万册。

近年来，中卫市图书馆不断创新和延伸服务，在电子阅览室设立政府信息公开专栏，实施政府信息公开服务；为上级领导和机关决策提供信息服务。为残疾人、未成年人、老年人、监狱服刑人员等特殊人群定时配送书刊。2013年，中卫市图书馆筹措资金建立中卫市图书馆网站，提供数字化服务。

2011–2013年，中卫市图书馆共举办各类讲座、展览培训、阅读推广等读者活动320场次，参与人数1.8万人次。

中卫市图书馆每年开展图书馆服务宣传周、全民读书月、好书推荐、读书征文等活动，向读者推荐优秀书刊，倡导全民学习，终身学习。

业务研究、辅导、协调

2010–2013年，中卫市图书馆职工发表论文18篇，出版专著2部，获得自治区级三等奖一篇。

从2010年起中卫市图书馆以文化信息资源共享工程VPN专网为依托，发起组建公共图书馆服务联盟，下设联合编目、流通服务、地方文献联合征集、阅读推广与讲座展览资源服务、业务培训与技术支持等工作组。参加联合编目培训班8期，42人次接受培训。

管理工作

2010年，中卫市图书馆完成第三次全员岗位聘任，本次聘任共设12类岗位，有18人重新上岗。同时，建立了工作量化考核指标体系，每月进行工作进度通报，每半年和全年进行总体工作考核。2010–2013年，共抽查文献排架38次，书目数据27次，编写《工作简报》85期，撰写专项调研、分析报告和工作提案24篇，编写各部门工作进度通报12篇。

表彰、奖励情况

2010–2013年，中卫市图书馆获得各种表彰、奖励8次。其中，自治区文化厅表彰、奖励2次，市委政府表彰、奖励2次，其他奖励4次。

馆领导介绍

韩忠文，男，1962年5月出生，本科学历，中共党员，馆长。1983年参加工作，历任中卫种子公司经理，农业技术推广中心

上级部门检查指导

表彰读书征文活动中的优秀者

阅览室

期刊阅览区

图书服务宣传活动

副主任，西园乡党委副书记，迎水镇副书记，文化馆馆长、图书馆馆长等职务。

王凤菊，女，1970年9月出生，本科学历，中共党员，副研究馆员，副馆长。1994年参加工作，先后在永康学校、中卫博物馆、市文体广电局等单位工作。先后任工会主席、办公室主任等职务。2009年中卫市图书馆工作，并任命为中卫市图书馆副馆长职，分管全馆业务工作，兼任采编部主任。

侯晓燕，女，1975年11月出生，本科学历，中共党员，副馆长。1991年7月参加工作，先后在中卫影剧院、文化稽查队等单位工作。2013年4月任命为中卫市图书馆副馆长，分管党建、精神文明、安全生产等工作。

未来展望

中卫市图书馆加快高新技术在公共图书馆领域的应用与推广，进一步夯实公共图书馆的业务基础，加强对文献信息资源建设的整体规划，提高文献信息资源保障能力，强化公共文化产品供给能力。

在建立健全设施网络基础上，进一步利用图书流动服务点、数字远程服务等形式延伸图书馆服务，提高图书馆服务获取的便捷性。推进公共数字文化服务体系建设，以文化共享工程、数字图书馆推广工程、公共电子阅览室建设计划等重大项目为抓手，将中卫市图书馆建设成为一个资源丰富、服务快捷、技术先进、稳定可靠的地市级公共图书馆。重点开展地方特色资源建设，实现对地域性文化资源的传承与利用。

联系方式

地　址：中卫市沙坡头区应理南街中卫市图书馆
邮　编：755000
联系人：王凤菊

（撰稿人：王凤菊）

银川市西夏区图书馆

概述

西夏区图书馆始建于1986年，原馆址面积450平方米。2013年6月1日，位于西夏区朔方路166号的新馆建成开放，建筑面积3000多平方米。2013年，参加第五次全国公共图书馆评估定级，获得国家二级图书馆称号。馆内开设成人借阅室、报刊阅览室、少儿借阅室、电子阅览室、文化共享支中心5个服务窗口和3个书库，即流通书库、辅助书库、农村流通书库。

业务建设

2013年开馆以来，西夏区图书馆新馆总藏书量6万册。其中，图书5万多册，报刊、杂志400多种。2014年，西夏区图书馆新增藏书5800多册。其中，成人图书3980册，儿童图书1820册。

读者服务工作

从2013年6月起，西夏区图书馆全年365天对外免费开放，周开放56小时。2014年引进RFID技术，实现了馆藏文献的自助借还。2013–2014年，西夏区图书馆共接待读者近8万余人次，流通书刊49200万册；2014年10月，开通与银川市三区图书馆馆际通借通还服务。2014年5月引进自助借还机3台、自助阅报机一台。7月在西夏区打造中心图书馆一个，建成图书馆分馆。

2013–2014年，西夏区图书馆开展了以“书香润西夏·知识助腾飞”为主题的各类全民读书活动50多场次。

业务研究、辅导、协作协调

西夏区图书馆开展向社会募集图书活动；每年有针对性地征订成人、少儿杂志300多种、报纸80多种。建成全国文化信息资源共享工程西夏区支中心和装机40台电脑的电子阅览室，加快了图书馆数字化建设进程，对整合西夏区文化资源，传播先进文化，实施“文化信息资源共享”战略，产生了深远而重大的影响。编发信息资料，引导农民致富。西夏区图书馆利用馆藏资源和文化信息共享资源编发、刻印、传输、发送农业科技信息、实用技术信息，深受农民欢迎。加强对乡镇、社区综合文化站（室）和农家书屋服务点的指导、服务。近年来，对两个乡镇、6个社区文化站（图书室）信息站点进行业务指导，引导农民学文化、用文化，转变观念，走适合自己发展的科学致富之路。

2013年争取资金30余万元购置桌椅、休闲沙发、饮水机等，摆放花卉，为读者创造了优美的读书环境。每年利用寒暑假开设各类辅导班、讲座，满足市民的文化需求。推进农家书屋建设，在两镇打造17家农家大院百姓书屋，以西夏区图书馆服务联盟为平台，在两镇六街道开展全民阅读活动，打造西夏区图书馆阅读活动特色。

文化信息共享工程西夏区支中心和电子阅览室工作有序进行。依托文化共享工程、互联网资源延伸图书馆服务工作，与相关单位联合开展以计算机网络服务和传输为主的培训工作。

图书宣传工作深入开展。利用“读书宣传月”活动，通过制作展板、展示图书、散发材料、赠送图书杂志、悬挂横幅、播放录音带、读者服务咨询等形式进行宣传。深入到各机关单位进行调查活动，全面了解掌握服务对象的情况。深入各乡镇、社区、街道开展送图书进社区宣传活动。每年展示阅读图书5000余册、刊物80余种、散发宣传材料10000多份，赠送图书及刊物3000余册，为广大农民开展读者咨询服务活动，传授文化科技知识，收到良好的社会效果。

管理工作

建立健全各岗位考核体系，提升管理水平；完善民主管理、监督机制，认真落实各项规定。以建设现代化图书馆为目标，构建服务为先、结构精简、高效运行的现代化图书馆业务服务体系。合理设岗，做到知人善任、人尽其用，充分调动全体工作人员的工作积极性、主动性。在馆内设立服务监督台，公开接受读者监督。

表彰、奖励情况

西夏区图书馆获得各种表彰、奖励3次，曾多次被西夏区委、西夏区政府评为先进单位。

重温最美古诗词专题讲座

新老读者交流会

成人书库

成人期刊阅览区

老年人电脑培训班

馆领导介绍

杜霞，女，1979年7月生，大专学历，中共党员，馆长。1999年9月参加工作，2013年6月任银川市西夏区图书馆馆长（副科级）。2013年获文化厅优秀图书管员。

贾淑梅，女，1963年8月生，大专学历，馆员，副馆长。1981年2月参加工作。2013年任西夏区图书馆副馆长。分管全馆业务工作。

未来展望

坚持走“五化”发展道路。一是正规化。即读者第一，服务至上；挂牌上岗；文明接待、有问必答；标示规范、借阅迅速；设施完好、环境整洁。公开向社会承诺，广泛接受读者和社会监督。二是标准化。既开、闭馆准时、敞开办证，语言文明，开架借阅、微机管理、活动丰富。三是自动化。即采用微机管理、采访、编目、流通、报刊治理、馆藏文献检索等工作实行计算机业务管理。读者到馆进行计算机单项题录检索保证30分钟内完成。四是网络化。即利用广域网，局域网（图书馆内部）由计算机组成局域网络，读者及馆内工作人员实现各阅览室职能内部联网。安装图书管理系统，馆内工作人员通过电脑操作，即可查知图书借阅情况及相关信息汇总。读者在终端即可查找所需图书。五是数字化。计算机网络连接。读者上网查阅资料、阅读新闻、网上读书。

联系方式

地　址：宁夏银川市朔方路166号
邮　编：750021
联系人：贾淑梅

石嘴山市图书馆

概述

石嘴山市图书馆是一所集学习阅读、信息交流、文化休闲为一体的综合性地市级公共图书馆，始建于1978年，原址位于解放东街，比邻市区中心转盘。1998年，图书馆由解放街迁至中心街区朝阳街。由于城市发展需要，2012年9月，石嘴山市图书馆随市政府搬迁至位于石嘴山市大武口区世纪大道以东、长庆街以北的三馆一中心新址，成为进入市区主干道上的标志性建筑。新馆于2012年12月28日正式开放，建筑面积12500平方米，可容纳读者阅览座席800个。2013年，参加第五次全国公共图书馆评估定级，获得国家二级图书馆称号。

业务建设

石嘴山市图书馆现有文献总藏量共计30万余册，电子文献藏量4000种。2014年前，每年购书经费23万，图书年入藏量3000种，报刊年入藏量近500种，视听文献年入藏量200余种。石嘴山市图书馆建有可容纳100人的会议室、容纳150人的多功能厅、容纳300人的报告厅、标准化公共电子阅览室一个，供读者使用的计算机40台，3TB数字资源存储量。石嘴山市图书馆现有编制23个，在编职工20人，大学学历9人，大专学历11人，副高职称2人，中级职称8人，初级职称4人。

读者服务工作

从2009年1月1日起，石嘴山市图书馆全年365天全免费对外开放，每周开放不少于60小时。普通图书、报刊实行开架借阅。近3年的馆藏书刊每年平均外借率达到60%，书刊文献年均外借册次为191871册，人均到馆20次/人。开展馆际互借，建立流动图书服务网点12个，书刊借阅6000册次，编制《农民致富之友》《农业科普》等二三次文献资料，服务农业、农村和农民。

业务研究、辅导、协作协调

2010–2013年，石嘴山市图书馆职工共发表论文15篇。撰写图书馆调研论文2篇。近年来，石嘴山市图书馆依托文化信息资源共享工程VPN专网，参与跨地区、跨系统协作协调工作，加强服务网络建设，发挥市级图书馆辐射和影响作用，带动县（区）图书馆参与服务网络建设工作，为下一步开展总分馆式的图书馆网络服务建设奠定基础，催生网络环境下图书馆的活力和张力。组织基层工作人员参加各类培训班，并对基层图书馆的业务人员进行业务辅导，参加图书馆学会有关工作，开拓视野，增长见识，为图书馆事业发展服务。

管理工作

石嘴山市图书馆建立了工作量化考核指标体系，每季度进行工作进度通报，每半年及全年进行总体工作考核。2010–2013年，共抽查文献排架38次，书目数据26次，编写《工作简报》72期，撰写专项调研、分析报告和工作提案21篇，编写各部门工作进度通报45篇。

表彰、奖励情况

2010–2013年，石嘴山市图书馆获得各种表彰、奖励11次。其中，自治区文化厅表彰、奖励2次，市委政府表彰、奖励5次，其他奖励4次。

馆领导介绍

周鸿娟，女，1976年10月出生，本科学历，中共党员，馆长。1997年参加工作，历任石嘴山市惠农区广播站站长，石嘴山市广播电视台广播节目中心副主任，石嘴山市图书馆副馆长，图书馆馆长等职务。

马建，男，1970年11月出生，大专学历，馆员，副馆长。1991年到石嘴山市图书馆工作，2013年任命为石嘴山市图书馆副馆长，分管业务工作，兼任采编部主任。

王静，女，1975年1月出生，本科学历，中共党员，副馆长。1995年参加工作，先后在陶乐县城小学、石嘴山市文管所、文化稽查队等单位工作。2013年4月到石嘴山市图书馆工作，被任命为副馆长，分管党建、精神文明、安全生产等工作。

未来展望

石嘴山市图书馆以传统服务和现代技术相结合为手段，以文献资源保障和知识服务为核心竞争力，加快高新技术在公共图书馆领域的应用与推广，在建立健全设施网络基础上，进一步利用图书流动服务点、总分馆制等形式延伸图书馆服务，提高获取图书馆服务的便捷性。积极推进公共数字文化服务体系建设，以数字图书馆推广工程、公共电子阅览室改造、文化共享工程、残疾人阅览室、地方特色数据库建设等重大项目为抓手，将石嘴山市图书馆建设成为一个资源丰富、服务快捷、技术先进的地市级公共图书馆，使石嘴山市图书馆真正成为石嘴山市精神文明建设的主阵地。

联系方式

地　址：石嘴山市大武口区世纪大道三馆一中心石嘴山市图书馆
邮　编：753000
联系人：张惠茹

少儿读者

书海读者

志愿者活动

灵武市图书馆

概述

灵武市图书馆原隶属灵武县文化局，1998年机构改革隶属灵武市文化体育局管理，2009年机构改革后隶属文化旅游广播电视局管理。馆内设有阅览座位130个，并设有文化信息资源共享工程灵武市支中心、普通书库、少儿借阅室、报刊借阅室、采编室、综合刊物开架借阅室、资料室等9个股室。开展外借、阅览、参考咨询等读者服务活动。

业务建设

截至目前，灵武市图书馆馆藏约13万余册。图书事业经费在1979–1988年年均2.2万元，1999–2003年增加到3万元，2004–2008年增至6万元。2008年起年拨经费20万元，并列入市级财政预算。

灵武市图书馆强化内功，始终坚持“读者第一、服务至上、以人为本”的服务宗旨，以阵地建设为重点，积极开展工作，努力提高服务水平，最大限度地为读者提供优质服务。

读者服务工作

灵武市图书馆先后举办迎新春中小学生有奖知识竞赛、校园有奖知识大挑战，读者联谊座谈会及以乒乓球、跳棋、跳绳、象棋等比赛为主的游艺活动等。在各股室举办“读书收获”读者座谈会、读优秀书、讲精彩故事和“红领巾”读书班等读书活动，让读者在寓教于乐中感受知识的活力。

利用宣传周活动，多次开展以学生读者为主的益智类游戏比赛活动；开展民防知识讲座，组织读者观看电影视频，宣传公共场所、学校、建筑等消防安全知识；免费发放光盘，内容包括养殖、种植、电脑办公、电子产品维护、革命歌曲等。

积极开展农家书屋各项工作。灵武市现有农家书屋75家，为确保农家书屋能够按时开放，灵武市图书馆先后为农家书屋统一制作了制度牌、借阅登记表、征求意见本、书标模板，发放了书标等。根据灵武市实际，采取集中和分散相结合的方法多次对全市各农家书屋管理人员和乡镇文化站长进行业务培训，规范图书的上架、分编和借阅工作，并采取以奖代补方式对验收合格的农家书屋进行物质奖励，充分调动了农家书屋管理人员的积极性，全市形成了乡与乡、村与村之间“比、学、赶、帮、超”的良好氛围。

业务研究、辅导、协作协调

2010–2012年，灵武市图书馆职工先后发表论文5篇。除了利用机会派馆员参加相关业务培训外，每月馆内都有一次业务指导学习等。

管理工作

2013年，灵武市图书馆完成第三轮全员岗位聘任，并建立了工作量化考核指标体系，年底根据所签订的目标管理责任书进行总体考核。

表彰、奖励情况

灵武市图书馆先后被灵武市市委命名为“五个好党支部”；被市委、市政府、市人武部评为军民共建先进集体；被市文体局评为党建工作先进党支部、被市文明委命名为市级文明单位；被市委、市政府评为全市宣传思想先进集体；被市委宣传部、市文化旅游广播电视局评为先进集体；被自治区农家书屋工程建设领导小组办公室评为农家书屋工程建设先进集体。

馆领导介绍

马灵芬，女，1962年出生，中共党员，馆长兼支部书记。1980年9月参加工作，历任灵武市安监局副局长，2007年12月任灵武市图书馆馆长。

未来展望

灵武市图书馆馆舍建设被纳入全市“十二五”规划中，将进一步完善硬件设施。在当今信息社会的条件下，灵武市图书馆一定会发挥其阵地作用，成为知识收集传播的集散地、市民终身教育的平台、灵武地方文献的宝库，为市经济建设和社会发展发挥重要作用。

联系方式

地　址：灵武市西平街44号
邮　编：750400
联系人：丁　平

永宁县图书馆

概述

永宁县图书馆成立于1978年11月，现有在编职工12人，其中管理人员1人，专业技术人员11人，本科学历5人，大专学历6人；中级职称5人，初级职称5人。2010年，政府投资新建的图书馆，坐落于永宁县新区宁和路，2012年5月正式向读者免费开放。新建图书馆馆舍建筑面积5000平方米，共有阅览席座247个。计算机40台。其中电子阅览室席座35个，报刊阅览室席座48个，自习室席座36个，多媒体视听室席座80个，宽带接入自治区文化共享工程10兆VPN专线。

业务建设

截至2012年底，永宁县图书馆总藏量10.0640万册（件）。2008至2012年，永宁县图书馆新增图书2500种，5000册。2012年报刊入藏量272种，视听文献130件，地方文献342册。截至2012年底，永宁县图书馆数字资源总量为1TB。

读者服务工作

永宁县图书馆基本服务项目健全，从2011年6月1日起，全年365天天天对外免费开放，每周开放56小时，节假日不休息，实现了读者进馆全免费服务。2011年书刊外借2.8万册次。截至2012年底，图书馆共有16个流通服务点。

永宁县图书馆始终坚持"读者第一，服务至上"的服务宗旨，不定期开展宣传活动、系列读书活动以及系列文化服务活动。坚持举办4.23世界读书日、图书馆服务宣传周、全民读书月等常规宣传活动。

2009—2012年，永宁县图书馆开展了形式多样的读者服务活动。一、举办迎新春知识谜语竞猜下乡活动；二、在永宁县利民广场举办正月十五知识谜语竞猜活动；三、举办六一儿童游艺活动；四、举办中小学生征文活动；五、举办中学生诗歌朗诵会；六、刻录种植养殖光盘，下乡免费发放给广大农民读者，共下乡50场，发放光盘6000张；七、举办图书精品展；八、举办"红色阅读有你有我"快乐读书主题活动；九、举办书香永宁·百姓讲堂活动，2012年共办讲堂10期；十、举办设施园艺培训班和书画展务；十一、为特殊群体读者服务，如：举办进城务工人员知识讲座、未成年人思想道德知识竞赛，开设视障读者阅览室为视障读者服务等。通过开展形式多样的活动，吸引更多的读者走进图书馆，利用图书馆，宣传图书馆，取得了较好的社会效益和文化效应。

业务研究、辅导、协作协调

永宁县图书馆承担全县农家书屋管理员培训、业务指导、活动组织、基本建设等工作任务。基层图书室的管理人员大多都是兼职，对图书室的管理知识较为浅薄，管理手段较为落后，况且还频繁调动，业务工作难以展开。鉴于这样的客观情况和实际需求，永宁县图书馆对全县69个农家书屋6个涉农点，进行有针对性的业务辅导，还定期为图书流通点进行业务辅导，通过辅导基本实现了业务工作正常开展，并逐步向规范化、标准化发展。

2009—2012年，永宁县图书馆共举办讲座、展览、培训、阅读推广等读者活动200场次，参与人数4万人次。

管理工作

2009年开始到2012年每两年进行一次竞聘上岗，目前已进行两轮，永宁县图书馆制定了岗位考核办法和工作目标责任制，按需设岗，按岗聘用，严格考核，建立分配激励机制。

表彰、奖励情况

2009—2012年，永宁县图书馆先后获得国家级、银川市级表彰。其中，2012年获得国家示范农家书屋。2011年获银川市农家书屋先进单位。

馆领导介绍

潘星桦，女，1963年10月生，大学学历，中共党员，经济师，图书馆支部书记、馆长。1980年6月参加工作，1998年5月调任图书馆馆长。

未来展望

永宁县图书馆始终坚持"读者第一，服务至上"的服务理念，依托文化共享工程，以数字化建设为目标，以自动化服务为手段，创建环境优美、功能齐全"以人为本"的现代化图书馆，为地方经济及各项事业的发展提供信息资源。

联系方式

地　址：宁夏回族自治区银川市永宁县宁和北街
邮　编：750100
联系人：马韶琴

图书馆领导在开班动员讲话

永宁县图书馆残疾人风采展示

图书馆领导向拘留所图书流通点捐赠

盐池县图书馆

概述

盐池县图书馆创建于1979年，同年8月正式对外开放。馆址几经变迁，现图书馆位于花马池东街，2001年6月建成开放。馆舍面积1400平方米，馆内设有成人借阅室、阅览室、少儿借阅室、电子阅览室、采编室、资料室、农村书库等室。设有阅览座位60个。为三级图书馆。现有在编职工12人，其中大专以上学历9人，全馆专业技术人员中，高级职称1人，中级职称6人。

业务建设

经过几年的扩容增量，盐池县图书馆现有藏书6.5万册、电子图书有音像制品近300种。年订期刊300余种、报纸30余种。2009年实现VPN专线网络输入。

2011年起，图书购置费每年按20%递增，2013年图书经费17万元，其中图书14万元；期刊2万元；报纸1万元。

2013年底，实现全馆自动化系统改造工程，以适应县级图书馆联盟建设需要。

2014年以来，图书馆在不断强化自身综合实力的基础上，通过创建公共图书馆服务联盟，带动全县公共图书馆事业的整体发展。完成基层中心的联网，完成所有乡、镇、社区、街道网点的建设，逐步推进文化资源的建设，使优秀文化信息资源走进农村、走进社区、走进企业、走进校园，最大限度的实现优秀文化信息资源在全县范围的共建共享。

读者服务工作

盐池县图书馆全年实施365天对外免费开放，每周开放56小时。截至2013年办理读者借书证2000多个，年接待读者4万余人次，年图书流通量4.8万册次。图书馆坚持“读者至上，服务第一”的宗旨，全面开展各项服务活动。在做好阵地服务的同时，开展了丰富多彩的读书活动。积极改善服务方式，延伸服务范围。在消防、武警等单位建立了图书流动点，定期无偿配送图书。同时开办农家书屋，现有109个基层网点，馆外书刊流动总人数7万人，书刊借阅9万册。

2010-2013年，盐池图书馆共举办讲座、展览、培训、阅读推广等读者活动30场次，参与人数3520多人次。举办农家书屋管理人员培训8次，参训人员800多人次。

业务研究、辅导、协作协调

2008年初，盐池县图书馆启动共享工程，目前图书馆共享工程已形成了初具规模的技术服务平台，整合了一批内容丰富、具有地方特色的文化信息资源，构筑了较为通畅的地面宽带和卫星传输信息渠道。电子阅览室可向广大读者提供共享工程的文化信息资源浏览，数字化电影的播放，适合各年级的课件、资源等多项文化资源服务项目。

馆内依托共享工程资源，充分利用图书馆里丰富的信息资源优势，积极开展文化服务。建立了农村图书站，送书进社区。对群众喜闻乐见的戏曲和地方特色文化进行重点采集和整合。先后收集地方文献200种500余册。每年对农家书屋管理者进行集中培训，并轮流深入基层网点辅导。

管理工作

盐池县图书馆坚持严要求、高标准，打造服务一流、环境整洁，优雅静谧的阅读空间。同时，建立工作量化考核体系，2010年以来，共清库3次；抽查文献排架10次，编写数目数据21次，整理归档各种期刊1000余种。

表彰、奖励情况

2010年、2012年图书馆党支部先后被盐池县委命名为“先进基层党组织”；2011年图书馆被自治区新闻出版局评为“全区农家书屋先进集体”，2011图书馆年被县文化旅游广播电视局评先进集体。

馆领导介绍

卢巧丽，女，1973年1月出生，大学学历，1994年8月参加工作，先后在文化旅游广播电视局广播电视台工作。现任图书馆支部书记、馆长。

未来展望

目前，盐池县图书馆正在积极申报新馆建设，新馆规划建设面积8000平方米，建成后可藏各类书刊12万册，阅览座席达70-90个，年服务人次可达6万人次以上。同时建立大容量的数字资源，保障全县及全区公共图书馆服务体系良好运行，并提供技术支撑能力，成为全县乃至周边市县、自治区等图书馆实现资源共享互补的大型县级图书馆，主要指标位于县级前列，达到二级图书馆标准。

联系方式

地　址：盐池县花马池东街116号
邮　编：751500
联系人：单巧云

开展“六一”送书活动

少儿借阅室

在看守所建立流动图书室

石嘴山市惠农区图书馆

概述

惠农区图书馆位于惠农新区静安街和天津路交界处，占地3000平方米，现有藏书118570余册，在职图书管理员10名。

业务建设

建有标准成人阅览室、综合阅览、青少年阅览室、电子阅览室、幼儿亲子阅览室、报刊借阅大厅、图书采编室和书库等，硬件建设到位，基础设施齐全。现有藏书11.3万册、阅览坐席235个、计算机89台，宽带使用一条100兆光纤、选用深圳拓迪数字集群图书馆管理平台系统。2013年10月被文化部授牌命名为国家三级图书馆。

惠农区图书馆立足于保存人类文化遗产、开展社会教育、传递科学情报、开发智力资源和提供文化娱乐等，以科学的管理和优质的服务向周边社区居民传递书香气息，满足周边社区居民的阅读需求。自2011年6月迁至现址以来，年接待读者30000余人，借阅图书80000余册，为提升居民文化素养提供有力保障。

读者服务工作

从2009年9月起，惠农区图书馆全年免费开放，周开放56小时。馆藏图书、期刊实行全开架，一证通用，可电话预约、续借。2009—2012年，书刊总流通18万人次，书刊外借24万册次。为使更多人在阅读中体验快乐，提升自我，惠农区图书馆深入社区、农村建立流动图书借阅点。截至目前，已建成礼和乡、庙台乡、燕子墩乡、园艺镇、红果子镇、尾闸镇、北街办事处、中街办事处、南街办事处，育才办事处、河滨街道办事处、火车站办事处和消防二中队等13个流动图书借阅点，每个流动图书点最少配置图书500册，在各个借阅点半年流动一次，使得借阅点周边共计6万余人受益。今年年内还计划在武警二中队、移民点新建社区、政协办公室设立三个流动图书点，配送新书2000余册。同时，计划选配图书200—500册补充到各流动点，保证每个图书流动点藏书年年有更新。

管理工作

惠农区图书馆制订了岗位设置方案和相应的规章制度，按需设岗，定职定责，按岗聘用，竞争上岗，实行岗位管理和工作目标管理责任制，从德、能、勤、绩等方面对每个工作人员进行全面考核，并兑现奖惩措施，重实绩，重贡献，充分调动了工作人员的积极性。

建立了固定资产帐，图书入藏帐，借书读者底卡，职工考核档案，业务辅导档案，读者效果登记等，均由专人负责，专人统计，立卷准确，装订整齐，内容齐全。

惠农区图书馆充分考虑了不同年龄读者的身心特点，各部室室内保持色调统一，为读者构建了一个宽敞、舒适典阅读环境。

馆领导介绍

李学兵，男，1977年10月出生，2012年通过公开招聘被聘为惠农区图书馆馆长至今。

未来展望

惠农区图书馆将始终遵循“一切为了读者”的办馆理念，努力建设一支热爱图书馆工作的馆员队伍，为读者提供信息服务和知识服务，将惠农区图书馆建设成为读者读书的最佳场所，让读者舒心地摄取知识，接受信息教育。

联系方式

地　址：石嘴山市惠农区新区文体中心
邮　编：753200
联系人：马　兵

惠农区文化体育活动中心外景

电子阅览室

青少年阅览室

小朋友们在幼儿亲子阅览室读书

固原市原州区图书馆

概述

原州区图书馆正式成立于1956年5月，名为固原县图书馆，雏形是民国时期固原县城内的一阅报所。建馆时藏书已达16383册，设阅览室、借书室、儿童阅览室，向社会各界读者提供借阅服务。1958年3月图书馆并入到县文化馆，为文化馆图书室。1979年6月，重新设固原县图书馆，藏书增加到85767册，年接待读者上万人次。

目前，图书馆占地面积2194平方米，建筑面积1272平方米。设有编目室、资料室、借书室、普通阅览室、电子阅览室、农村流动图书室6个服务窗口。

业务建设

图书馆自成立以来，业务建设不断推进。1983年图书馆藏书楼建成；1995年争取到联合国儿童基金会、宋庆龄儿童基金会，设立农村儿童流动图书馆；2008年6月成立全国文化信息资源共享工程原州区服务支中心；2011年建成157家农家书屋；2013年对157家农家书屋扩建，成为数字农家书屋。

截至2013年底图书馆共收藏图书20.31万册，报纸9579册，地方文献1363册，中文工具书1177册，古籍图书4534册，杂志5.8万册，总计藏书27.41万册。图书馆设有图书总库、报纸库房、资料库房，地方文献和工具书库房、古籍库房。现有阅览座席100个，儿童阅览座席48个，用于服务读者的电脑70台，办公电脑16台，摄像机、照相机、投影仪各1台（件），宽带网络全部接通。馆内现有各类图书架270个，半开放图书25架，全开放图书4架，报刊架4组，各类阅览架7组。

读者服务工作

1998年开设为老年人服务窗口，更名为“怀古忆昔”古籍阅览室，除设有原来的老年人喜欢的五种专柜外，还有橡棋、跳棋等娱乐休闲席位，并配热水器提供饮用开水。2006年维修了藏书楼、办公楼，装饰了古籍特藏室，安装电子防盗监控系统。9月宋庆龄基金会拨款3万元，为青少年电子阅览室购置电脑、桌椅8台（套），增加了阅览者的席位。2011年利用自治区文化传媒发展基金投资50万元，以政府采购的形式采购图书，采购《四库全书》一套和部分文学类、科技类和少儿类图书。

截至2012年底，图书馆先后为农村设立18所图书流动网点，配置图书1.2万册，收集编印种养殖、医疗卫生等科技资料，刻录各类科技知识、娱乐等光盘5000余盘，开通11个乡镇文化活动中心文化信息资源共享工程基层服务点。帮助指导原州区157个农家书屋的图书编目整理工作。

业务研究、辅导、协作协调

2009–2013年底，图书馆职工共计发表论文64篇，专著2部。举办农家书屋图书管理员业务培训7次，参加培训213人次。举办中小学生征文比赛4次，征稿536篇，获得一等奖53人次，二等奖104人次，三等奖152人次。获得宋庆龄基金会第四届“曙光杯”征文大赛最佳组织奖。

管理工作

原州区图书馆各任馆长从图书馆当时的实际工作和社会发展的需要出发，加强自身建设，探索图书馆的管理办法，不断修订、完善、创新各项管理规章、制度，使图书馆的管理工作逐步走向制度化、规范化。

表彰奖励

2009–2013年底，图书馆先后获得自治区级奖项2次，市级奖项3次，原州区及奖项7次。其中被自治区新闻出版局、宁夏农家书屋工程建设领导小组评为先进集体。

馆领导介绍

宋明轩，男，汉族，1965年10月出生，宁夏固原人，中共党员，高级政工师。1983年参加工作，1996年8月调至原固原县图书馆任副馆长，2007年1月任党支部书记兼馆长。

未来展望

图书馆学发展的多元化趋势。是图书馆当今深入挖掘研究的课题，尽快进入数字化建设为第一要务。

联系方式

地　址：固原市人民街224号
邮　编：756000
联系人：欧阳秉聪

同心县图书馆

概述

同心县图书馆成立于1979年。老城区图书馆位于县城文化南街1号，建筑面积2139平方米，1987年6月建成开馆服务，设有电子阅览室、文化共享工程同心支中心、少儿阅览室、期刊杂志阅览室、图书借阅室、残疾人阅览区、采编室、馆藏室以及各类书库等十多个功能区。2013年被评定为三级图书馆。

业务建设

目前，图书馆图书总藏量达到了13.5多万册，年订阅报刊杂志100多种，图书年入藏量1500多册，现有阅览座位120个，年接待读者2万多人次，书刊流通4万多册次，开架书刊册数超过了4万多册。

截至2013年底，全县共建成171个农家书屋、149个卫星数字书屋、131个文化共享基层点和2个社区图书室，与其他部门协作建成穆斯林书屋100多个。2011年至2013新增图书各类图书1万多册，接受捐赠图书1万多册。藏书质量逐年提高。多年来，共收集地方文献5大类443册。对现存的1500多册现代古籍和线装书分类存放，专帐专卡登记保管，并采取了防腐、防虫、防潮、防晒、防尘等特别处理和保护措施，确保入库文献图书和古籍善本安全保洁。

读者服务工作

目前，同心县图书馆对外免费开放，每天开馆8小时，周六、周日、节假日不休息。2013年全馆阅读外借人次超过了3万多人次。

在做好免费开放的同时，图书馆扎实做好图书服务点工作。年流通图书超过了6万册，累计指导流动点图书分类、编目、上架图书20多万册。与武警县中队、消防中队、武装部建立“双拥”共建单位，开展警民共建活动；在县公安局、法院、检察院、卫生局等单位建设职工书屋8个；与全县90多个穆斯林书屋建立帮扶关系，并定期整理书刊，受到了穆斯林群众的一致好评。

图书馆还以免费开放等惠民政策为依托，创造性地开展了以传播新知识、新文化、新技术系列讲座，先后举办了职工书画比赛、“优秀读者”评选、“书香之家”评选等活动，读书风尚在全社会逐步形成。三年来共举办乡镇文化干部和农家书屋管理员培训9次，下基层文化站指导培训26次，接受培训人数达到了3000多人次，有效提高了县级图书馆文化服务能力。

图书馆利用共享工程提供的信息资源自行加工、整理，刻录成光盘和印成资料手册，内容涵盖了种养殖技术、花卉栽培、农业科技讲座等当前农民所急需的实用资源。自2008年以来，图书馆先后多次通过送科技下乡、农村大集等活动，将10000余份新型实用技术资料、20000多张光盘等农业信息资源分发到村民的手中，让他们在简单易学、易看的基础上提高了驾驭农业生产的本领和技巧。

管理工作

同心县图书馆实行了岗位管理和工作目标管理责任制，按需设岗、按岗聘用、竞争上岗，年终根据德、能、勤、绩四个方面进行严格考核，建立分配激励制度。

馆领导介绍

马汉成，男，1975年生，大专学历，中共党员，1996年7月参加工作，现任宁夏同心县图书馆馆长，宁夏图书馆协会会员。

周桂林，女，1975年11月出生，本科学历，副馆长、馆员，1993年7月参加工作，历任同心县图书馆办公室主任、采编室、电子阅览室科室主任、共享工程主任。

未来工作展望

2013年同心县投资5600万元在县城新区开工新建10000平方米的（图书馆和博物馆）大楼，其中图书馆建筑面积6640多平方米，阅览座位将由现在的80个增加到400个，藏书保有量将达到80万册，新馆按照国家县级一级图书馆标准建设，为实现图书馆自动化、数字化、网络化、信息化的目标奠定良好基础。

联系方式

地　址：宁夏同心县文化南街004号
邮　编：751300
联系人：周桂林

同心县图书馆全貌

学生读者室阅览书刊

吴忠市文体局领导在同心县图书馆进行调研

书展会上读者挑选图书

彭阳县图书馆

概述

彭阳县图书馆建于1986年10月，位于县城怡园广场对面，建筑面积1511.45平方米。有职工10人。设有少儿阅览室、图书借阅室、报刊杂志阅览室、电子阅览室、采编室、资料查阅室、旧图书收藏查阅室、培训中心和书画娱乐为一体的多媒体室等8个服务窗口。各功能室年接待读者累计6万多人次，是一所多功能综合性图书馆。

业务建设

图书馆现有藏书84000册，其中少儿图书10016册，各种报刊装订成册1万余册。阅览室有报刊136种，少儿阅览室报刊70种。视听文献资料1000种。地方文献资料图书90种。馆内设有办公局域网。借书室内设有地方文献收藏专柜。阅览室座位60个，电子阅览室座位55个，少儿阅览室座位50个，培训中心有座位60个。

读者服务工作

彭阳县图书馆始终坚持全免费开放，周六、周日及节假日全天开放，每周开放时间56小时，接待读者逐年增加。定期出示、介绍新书目录和推荐好书。

在每年世界读书日和图书宣传周期间，图书馆积极开展多种形式的读书活动，现场开展新书展。开展“送书下乡”、“送书进农村”、“送书进校园”、为残疾人、老年人送书活动。激发民众读书热情，掀起全民读书热潮，为建立读书社会营造良好环境。

充分发挥图书效益，利用寒暑假开展形式多样的读书活动，组织开展免费学生教材讲座和电脑网络培训班活动。认真采纳读者的建议，并正确处理读者的意见和投诉，不定期发放读者调查表，对读者满意情况进行整理归类，并制定整改方案加以改进。

开展文化共享惠民工作。在服务工作中，以“共享工程”建设为契机，建立电子阅览室，全力推进图书馆数字化建设。建成拥有终端机55台的电子阅览室和可同时容纳100人的多媒体，建立村级电子阅览室4个。

建立农家书屋和“共享工程”服务站点，提升图书馆服务效益，“共享工程”乡级服务站12个，村级服务点13个。156个行政村农家书屋全覆盖，每个农家书屋配套图书1500册和数字农家书屋卫星接收设备一套。视频光盘100盘，流动图书室11个，极大地解决了农民读书难问题。近4年，为图书馆“共享工程”服务站点刻送光盘1万多张，发放科技文字资料9万余份，播放科教片200场（次），年平均举办各类电脑网络培训班3期，年累计接待群众6万余人。

业务研究、辅导、协作协调

2009年–2012年，彭阳县图书馆职工供发表论文20篇。争取和固原地区馆开展馆际互借。

管理工作

2012年实行岗位聘任制，图书馆五个室的负责人采取民主测评、述职的办法竞聘上岗，实行岗位找人，工作人员找负责人办法，并和绩效工资挂钩，让职工在自己的工作岗位上认真负责、毫无怨言、尽职尽责的工作。门厅设有职工监督岗和馆训，制订了各项责任到人、措施得力、管理规范的工作制度和岗位职责。

表彰、奖励

2009–2013年，彭阳县图书馆共获得各种表彰、奖励16次，其中中宣部、文化部、国家广电总局新闻出版总署表彰、奖励1次。国家新闻出版总署表彰1次。文化厅和新闻出版局共表彰奖励5次。其它表彰奖励9次。

馆领导介绍

徐枫兰，女，1976年11月，本科学历，中共党员，馆长。1995年7月参加工作，历任彭阳县交岔、孟塬两乡副乡长、县文广局副局长等职。

马少萍，女，1967年6月，专科学历，副馆长。1988年4月参加工作。1988年至今在图书馆工作。先后在采编室、期刊阅览室、资料室、电子阅览室等室工作。

未来展望

目前，彭阳县新图书馆正在建设中，建筑面积10000余平方米。新馆建成后，阅览座位可达900个，可容纳纸质文献80万册。配备办公和读者使用电脑200台以上，并实现无线网络全覆盖。安装24小时自助借还系统，电子资源借助区馆地域建立数字资源库。更新服务理念，从知识服务到智慧服务，打造资源丰富、环境优雅、全免费开放的信息化、网络化、数字化“以读者为主”的特色图书馆。

联系方式

地　址：宁夏固原市彭阳县图书馆兴彭路170号
邮　编：756500
联系人：马少萍

馆长在县四小宣传周活动

图书馆工作人员加工图书

图书馆借书室

西吉县图书馆

概述

西吉县图书馆成立于1985年8月。2011年6月新建西吉县文化艺术中心，图书馆设在三楼，馆舍面积1400平方米，内设外借室、报刊阅览室、少儿阅览室、电子阅览室、过刊室、分编室、文化信息资源共享工程机房等。现有职工15名，其中大专以上学历11人，中级职称4人，副高1人。2013年被评为三级图书馆。

业务建设

图书馆现有图书藏量13万册，地方文献资料173种、古籍图书296种，设阅览座席140个，电脑55台。年征订报刊杂志200种，其中少儿读物50余种，可同时接待读者140余人/次。

2008年4月，文化信息资源共享工程西吉县支中心成立，开通文化共享工程VPN专线。2009年8月电子阅览室正式向读者开放，同年10月，为19个乡镇服务站、68个村级服务点配备了文化信息资源共享工程设备。2013年4月，会同宁夏新闻出版局为全县306个行政村配发安装了数字农家书屋项目工程设备。

2013年共分编加工新购图书31000册。整理、修补破损图书630余册，外借室接待读者借书10600册，对历年的杂志、期刊、报纸进行了整理、装订、上架、入库。

2014年负责全县306个行政村配发农家书屋图书，精选出适合当地农民阅读需求的出版物85个品种，两年为306个农家书屋补助61.2万元。

读者服务工作

西吉县图书馆实行每周56小时开馆制，节假日不休息。大力开展群众性读书活动，已联合全县19个乡镇文化中心和各村文化室，形成县、乡、村三级图书流通网络。每年参加“文化、卫生、科技、法律”四下乡活动，开展图书服务宣传周活动，接受图书咨询、散发各类科普种养殖图书、资料2600份/次。长期开展“军民共建”活动，图书流通20700余册。

在世界图书日、图书服务宣传周期间，举办了内容丰富的图书宣传活动，散发宣传材料及科普读物5000余份，现场办理借阅证52个。接待群众咨询280余人次。年内共办理图书借阅证642个。报送信息简报8期。

举办摄影和少儿电脑培训班3期，共有426人参加，书法美术讲座班5期，培训572人，收到了良好的社会效益。

业务研究、辅导、协作协调

自2008年以来，西吉县图书馆领导及职工共发表论文7篇，荣获国家级奖励1篇、省级2篇、县级4篇，积极参加区图书馆学会各种业务培训活动。积极参与文化信息资源共享指导学习，更好的开展了业务知识辅导。

2013年4月对全县19个乡镇，306个行政村农家书屋管理人员，进行了培训指导工作。

管理工作

西吉县图书馆在年初有学习工作安排计划。严格执行图书馆岗位责任制度，财务制度管理规范，实行绩效考核制度。

建立健全文化信息资源共享和农家书屋信息资料，做到档案齐全，装订整齐，准确无误。馆内标志牌规范，指示清楚；整洁明了。消防安全设施齐全，定期进行安检登记。

表彰、奖励情况

自建馆以来，西吉县图书馆多次受到上级部门的表彰奖励。1992年被自治区文化厅评为“文明图书馆”，1994年被西吉县评为“文化工作先进单位”和“文明单位”，1999年、2000年、2001年、2002年、2005年被县文化局评为“文化工作先进单位”，2004年被县综治委员会评为“平安模范单位”，2011年度被固原市总工会授予“工人先锋号”，2012年被自治区文化体制改革工作领导小组评为“先进单位”。

领导介绍

康建平，男，1963年9月出生，大专学历，中共党员，馆长。1982年12月参加工作。

郭建，男，1966年10月出生，大专学历，图资馆员、中共党员、党支部书记。1986年参加工作。

苏芳，女，1966年6月出生，大专学历，图资助理馆员，中共党员，副馆长。1996年参加工作。

未来展望

更细致，更严谨地做好业务管理工作，不断提高工作人员的整体素质。调整馆内业务管理，进一步充实专业技术力量，提高内部管理和对外服务水平。

联系方式

地　址：西吉县吉强中街55号

邮　编：756200

联系人：安玉红

报刊阅览室

分编图书

送书下乡

泾源县图书馆

概述

泾源县图书馆成立于1984年5月。馆址几经变迁，2006年，县委、政府争取闽宁帮扶资金援助修建图书馆，馆址位于县城香水西街行政中心西侧，高级中学内，建筑面积3200平方米，2008年9月竣工。10月为庆祝自治区成立五十周年，泾源县图书馆正式开馆。2012年，县委、政府重新立项修建群众文化艺术中心，总面积59800平方米，现已基本竣工，包括图书馆、文化馆等单位。新图书馆位于县城龙潭西街，面积4200平方米，设计藏量40万册，可容纳读者座位400个。设有采编室、图书借阅室、综合阅览室、儿童阅览室、文献资料查询室、电子阅览室、办公室等服务窗口。截至2013年底，图书馆在编职工10人。其中，大专学历6人，中级职称2人，初级职称7人。

业务建设

图书馆工作涉及面广，业务量大，为满足不同读者的精神文化需求，泾源县图书馆把搜集整理、收藏和流通图书资料放在首位，贯穿于工作之中，注重图书馆藏书量的增加。2010年前，泾源县藏书量近5万册，报刊10余种。近年来，县政府在财政困难的情况下安排工作经费，为图书馆采购书架、阅览桌、办公桌、流动服务车等，征订报刊90多种。争取区民委捐赠图书2.7万册，争取中国红十字巴蜀力量基金捐赠图书1万册，广东中山图书馆捐赠1.6万册。注重地方文献保护和上架。近几年，泾源县图书馆先后收集地方文献10种、30册。

截至2013年底，泾源县图书馆总藏量8.8万册。其中，借阅室藏书4.8万册、资料室藏书1.58万册、儿童阅览室藏书1.82万册、期刊合订本6000多册，数字资源1TB。泾源县图书馆有阅览坐席300个，计算机40台。信息节点50个，宽带接入10Mbps。

读者服务工作

从2011年起，泾源县图书馆全年365天对外免费开放，周开放56小时，供读者到馆进行图书外借、期刊阅览、文献查询等。2009–2012年，图书馆与电视台合作，利用文化共享工程国家中心下发的资源播放一些科教片、专题片、优秀故事片等。继续在校园做好图书漂流爱心助学活动。利用文化“三下乡”活动，向基层群众免费发放图书、资料和加工制作的科技视频光盘等。

业务研究、辅导、协作协调

2010年7月，宁夏文化信息资源共享工程业务骨干培训班在泾源县图书馆举办，全区19个市县级公共图书馆业务骨干42人参加培训，并邀请国家图书馆共享工程培训处刘刚处长前来泾源县图书馆指导工作。目前，馆员在《图书馆理论与实践》中发表论文两篇。

管理工作

2008年11月，泾源县图书馆完成第一次全员岗位设置聘任和工作目标管理责任制，按需设岗，按岗聘用，竞争上岗，根据德、能、勤、绩四个方面进行考核，建立绩效分配激励制度。

表彰、奖励情况

截至2013年底，受到自治区级表彰、奖励7次。其中，先进集体4次，先进个人3次。县级业务主管部门表彰、奖励6次。2009–2013年，泾源县图书馆被文化部评为国家三级图书馆。

未来展望

在当今信息社会的条件下，泾源县图书馆将成为地区信息枢纽，在泾源县精神文明建设方面发挥重要作用，成为泾源县知识信息集散地。建成集文化、科技、信息传播、保存文化遗产、开展社会主义教育、展示改革开放成就于一体的综合性公共图书馆，为该地经济建设和社会发展发挥重要作用。

馆领导介绍

于国华，男，回族，1972年出生，中共党员，图资馆员，馆长。

联系方式

地　址：泾源县城龙潭西街

邮　编：756400

联系人：于国华

图书借阅室一角

采编室图书编目

采编室工作人员给图书编目

读者上网浏览信息

图书阅览室

图书阅览室

隆德县图书馆

概述

隆德县图书馆于1985年4月成立，为股级事业单位，2009年被文化部命名为国家三级图书馆。馆舍建筑面积2321.3平方米，使用面积1248.78平方米，阅览坐席100个，图书总藏量为10万多册，年图书报刊入藏量1000多册。2007年6月，建成全国文化信息资源共享工程——隆德县支中心，占用面积168平方米，机构设置为机房一个、综合业务加工室一个、电子阅览室一个，室内设有36个阅览坐席，现有计算机40台。

业务建设

截至2013年底，隆德县图书馆总藏量为10.9543万册。其中，纸质文献10.7931万册，视听文献790件。

读者服务工作

从2010年12月起，隆德县图书馆实行全年365天对外免费开放，馆内实行“藏、借、阅”三位一体的借阅格局，每周开馆56个小时，实行开架和半开架服务形式。2012年10月，建成第二阅览室1个、流动图书室2个。年阅览人次达4万多人次，流通册次达5万多册次。每年世界读书日举办阅读知识竞赛活动；开展送书下乡活动，将1000册图书送到农村基层图书室。2008–2013年，共举办讲座、培训等读者活动124场次。文化信息资源共享工程隆德县支中心先后在13个乡镇、12个村建成村级服务点，将共享工程资源送到基层、农村、家庭。将文化信息资源共享工程宁夏分中心配置的种植技术、农村党建、戏曲曲艺等内容归纳整理，刻成光盘，送到乡镇、村级服务点。隆德县农家书屋工程2008年在全县铺开。目前，已实现全县13个乡镇、118个村全覆盖的建设任务并投入使用。

业务研究、辅导、协作协调

2008–2013年底图书馆工作人员共发表论文16篇。

表彰、奖励情况

2008–2013年共获得表彰、奖励8次。其中，自治区文化厅表彰、奖励2次，其他表彰、奖励8次。

管理工作

隆德县图书馆建立健全规章制度，对各个阅览室每个季度进行一次业务检查，主要是对图书和期刊排架是否科学、合理，图书返还后上架是否及时等情况进行检查，采取提问、倾听、查看、操作等方式，做到发现问题及时解决，以此提高工作人员业务管理能力，为今后业务工作标准化奠定良好基础。

馆领导介绍

吴鸿林，男，1959年8月，大专学历，中共党员，馆员，馆长。1979年1月参加工作。1999年获自治区首届群众文化专业岗位技能大赛铜奖；2010年获全区公共图书馆工作先进个人；2012年获隆德县“六盘英才·专业技术人才”；2012年获隆德县2011年度发展文化事业先进工作者；2012年获固原市文化体育广播电视工作先进个人。

未来展望

隆德县图书馆将围绕“创新突破、彰显特色、跨越发展”的工作思路，认真抓学习，努力提高职工素质，做好基础服务工作；继续贯彻服务育人和管理育人并重的原则，自觉接受读者监督，树立窗口服务意识，转变工作作风，开展全方位、多层次服务；及时采集文献，合理补充馆藏，满足读者阅读需求。认真抓落实，努力实施文化惠民工程，充分发挥文化资源共享县级支中心的辅导作用。利用隆德县县党员现代远程教育、“村村通”等网络设施，实现文化信息资源共建共享，逐步构建覆盖县、乡、村三级的文化网络服务体系。扎实抓好农家书屋工程建设。通过培训、辅导提高农家书屋管理员服务管理水平，使农家书屋切实服务于农民。继续开展好送文化下乡活动，克服资金和人员紧缺等困难，支援农村图书室、部队官兵，丰富他们的文化生活。做好地方文献征集工作。利用“世界读书日”、“图书馆服务宣传周”、“全民读书月”开展好读书服务活动，充分宣传图书馆资源、发挥图书馆教育职能，让更多的人走进图书馆、受益图书馆。

联系方式

地　址：隆德县人民路172号
邮　编：756300
联系人：魏　蔚

读者阅览图书

宣传活动现场

知识竞赛现场

海原县图书馆

概述

海原县图书馆始建于1980年初，前身为海原县文化馆图书借阅室，1980年底开馆。随着业务逐年递增，也为了更好地满足广大读者的需求，2003年7月动工兴建了2710平方米的集图书阅览、办公于一体的综合性大楼，于2005年5月交付使用，现向广大读者免费开放，提供图书借阅、网上查询服务。并承担全县185个农家书屋、12个流动图书室、17个乡（镇）、14个村（社区）文化共享工程基层服务点的业务指导和培训工作。

业务建设

海原县图书馆设有办公室、图书采编部、报刊借阅部、少儿借阅部、图书借阅部、地方文献资料部、电子阅览部、综合阅览部、共享工程（农家书屋）部等，可提供阅览座位200个。年均图书借阅3.67万人次，外借图书6.37万册次。馆藏由2005年的不足4万册增加到2013年底的11万册，年征订杂志140余种、报纸30余份。2011年10月1日对广大读者免费开放。

读者服务工作

海原县图书馆自1980年底开馆以来，周开放时间56小时以上。年均接待读者3.67万人（次）、年流通图书6.37万册（次）。不定期举办读者报告会，引导读者多读书、读好书。利用文化信息资源共享工程平台，举办各种类型的知识讲座与培训，以优秀的作品鼓舞人、塑造人。每年举办图书馆服务宣传周活动，主要内容有图书图片展览、知识讲座、读者座谈会等。每年开展送书下乡活动5次，选出近1000册图书送到农村基层图书室。建立首个图书馆残疾人阅览室，将图书馆服务延伸到弱势群体，保证残疾人能够就近参加读书活动。借助全国文化信息资源共享工程平台，开展绿色网上阅读、网上查询活动，年均接待上网读者20000人（次）。每年抽调专业技术人员，深入部分乡（镇）、村、社区，检查指导文化共享工程基层服务点、农家书屋、流动图书室服务工作。

业务研究、辅导、培训工作

组织图书馆员积极参加上级业务部门举办的各类培训班、学术报告会、网络培训等；每年开展中小学生假期培训班两期培训800余人次。依托基层农家书屋、共享工程服务点，开展农村党员冬训，农村劳动力就业和农业科技培训。开展图书流动服务活动，使馆内图书、期刊杂志与社区农家书屋、军营、学校、敬老院等进行互动，实行图书漂流，先后建立馆属流动图书室12家。

管理工作

海原县图书馆实行岗位管理和目标管理责任制，按需设岗、按岗聘用、竞争上岗，年终根据德、能、勤、绩四个方面进行考核，建立分配激励制度。

表彰、奖励情况

2007年被县委、政府授予县级文明单位，被自治区文化厅授予全区文化工作先进集体；2010年被国家文化部评定为二级图书馆，被自治区文化厅授予全区图书馆工作先进集体；2012年被自治区文化改革领导小组授予文化体制改革工作先进单位，海原县图书馆暨文化信息资源共享工程海原县支中心被文化部全国公共文化发展中心授予全国文化信息资源共享工程、公共电子阅览室示范点称号。2013被文化部评定为三级图书馆。

馆领导介绍

薛永奋，男，汉族，1964年2月出生，大专学历，中共党员，1982年7月参加工作，先后在海原县农业局、经委、计委工作，2003年5月调任海原县图书馆馆长至今。其论文《贫困地区如何创新文化发展》、《提高图书馆工作人员素质的思考》获宁夏回族自治区第三届群众文化专业岗位大赛铜奖。

未来展望

抓住新馆建设机遇，改变和提升图书馆软硬件建设，实现图书馆业务自动化，建成图书馆门户网站，数字图书馆和移动数字图书馆，提升图书馆服务功能。由国家项目资金和海原县政府投资建设的海原县图书馆项目已启动建设，投资1000多万元，占地15亩，建筑面积3300平方米。这是集图书收藏、借阅、交流、休闲于一体的综合性公共文化设施，建成后受益人群将覆盖海原县城区6万人，可最大限度满足群众的求知需要和公民基本的文化权益，将成为海原县的公共文化设施及海原县城的标志性建筑。

联系方式

地　址：海原县政府南街图书馆
邮　编：755299
联系人：胡玉东

利用图书馆电子阅览室上网的少儿读者

为乡村留守儿童送去优秀科普读物

元宵节灯谜活动上小朋友猜谜

乌鲁木齐市图书馆

概述

乌鲁木齐市图书馆成立于1979年9月，隶属于乌鲁木齐市文化局，是我市唯一一家综合性地（市）级公共图书馆。馆址先后经14次变迁，2005年9月，位于乌鲁木齐市南湖南路121号的新馆建成开放。新馆与市博物馆合建，总建筑面积11490㎡，其中图书馆面积8282㎡。2009年、2013年，在第四次、第五次全国公共图书馆评估中，两次荣获一级图书馆、自治区特级图书馆。2013年，乌鲁木齐市图书馆有阅览坐席756个，计算机152台，信息节点288个，宽带接入100M，选用北京清大新洋公司开放的Glis8.0图书馆自动化管理系统。

业务建设

截止2012年底，乌鲁木齐市图书馆总藏量64.07万册（件），其中，纸质文献27.16万册（件），电子图书、期刊39.16万种（件）。

2009年乌鲁木齐市图书馆藏量购置费84万元，2010年42万元，2011年增至111万元，2012年增至270.64元。2009–2012年，共入藏中文图书26028种42338册，中文报纸376种，中文期刊3627种，试听文献2692件；维哈文图书1170种2302册，维哈文报纸56种，维哈文期刊231种。地方文献入藏量达到17321种24784册。我馆收藏的多卷书、连续出版物入藏完整率达到95%。

截止2012年底，乌鲁木齐市图书馆数字资源总量为16.6TB。完成自录讲座视频40部，上传至国家文化信息资源建设管理中心。2007年实现对维吾尔文、哈萨克文纸质图书和视听资料的数字化编目管理。

2013年年初，实现馆内无线网络覆盖。

读者服务工作

2011年6月，乌鲁木齐市图书馆实现免费开放。次年2月，实现全年365天无闭馆服务，周服务时间达到73小时。

2005年图书馆新馆开放至今，除特藏室地方文献外所有图书、报刊均实行开架借阅。2009年至2012年，书刊总流通72.67万人次，书刊外借137.27万册次。2009–2012年，建成13个分馆，馆外书刊流通5万册次。2009年，乌鲁木齐市图书馆在网站上设立“政府信息公开查询”板块，并在本馆电子阅览室客户端设置“乌鲁木齐之窗”、“乌鲁木齐在线”快捷链接。2009年起，为乌鲁木齐市“两会”提供服务，累计发放自制刊物7000册，服务800余人次。2009–2012年开展定题服务3次。

2009–2012年，乌鲁木齐市图书馆网站访问量153147次。2011年，开通乌鲁木齐市图书馆微博，发布微博5988条，粉丝1987人。截止2012年，乌鲁木齐市图书馆发布使用的数字资源总量为20TB，可通过乌鲁木齐市图书馆网站提供检索、浏览和下载服务。

2009–2012年，乌鲁木齐市图书馆共举办讲座294场、展览10个主题100余场次、培训91场、阅读推广活动79场，累计参与人数达156263人次。其中“乌鲁木齐文化讲坛”、“机关大讲堂”、“国学经典亲子诵读”及展览等主题活动，是乌鲁木齐市图书馆阅读推广工作的特色。

业务研究、辅导、协作协调

2009年至2012年，乌鲁木齐市图书馆职工在省级以上及图书馆学会年会论文集上发表论文共计17篇。2012年对乌鲁木齐地区251个基层图书馆（室）调研并撰写各类调研报告17篇。我馆《乌鲁木齐文化讲坛“新疆情”系列讲座》课题荣获文化部、财政部第一批国家公共文化服务体系示范项目。

2009–2012年，以乌鲁木齐市图书协会为依托，协助全市219家中小学校实现自动化管理。配合市教育局对全市34家中小学图书馆（室）进行评估挂牌。发挥跨系统、跨地区协作协调能力，送讲座、展览进学校、机关、部队，共13场参与人数5万人次。2012年，与军区联勤部车队、克拉玛依图书馆等4家单位签订共建共享协议。

2012年，乌鲁木齐市图书馆与地区6个区县图书馆签订服务网络协议，开展馆际互借和资源共享。2012年–2013年初，乌鲁木齐市图书馆在社区、学校、部队等单位建立9家分馆，年借阅量为1985册次。2012年9月，市政府常委会讨论《乌鲁木齐市三级图书馆网络建设规划》的意见。

截止2012年底，乌鲁木齐市图书协会共发展个人会员438人，集体会员219个。2012年被评为“乌鲁木齐市2007–2012年度科协工作先进集体”。

2009年加入自治区图书馆联合编目中心，2012年加入国家图书馆联合编目中心。

上海艺术家与新疆艺术家文化交流座谈

举办《中国民俗文化》图片展

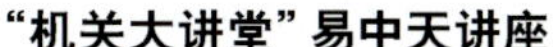
“机关大讲堂”易中天讲座

国学经典诵读亲子读书班

2012年度文化下乡

管理工作

2012年9月，乌鲁木齐市图书馆完成第三次全员岗位竞聘，本次聘用共设30个岗位，其中新增部室1个，全馆30人参与了竞聘。实行自评、出勤考核、部室评定、民主测评、考核小组评定相结合的考核方式，确保考核结果公平、公正。

表彰、奖励情况

2009–2012年，乌鲁木齐市图书馆共获得各种表彰、奖励31次，其中，国家级表彰5次，自治区级表彰4次，市级表彰22次。

馆领导介绍

靳艺星，男，1964年6月生，大学本科，中共党员，馆员，党支部副书记、馆长，1982年9月参加工作，历任乌鲁木齐市图书馆办公室主任，工会主席，八路军驻新疆办事处纪念馆副馆长，乌鲁木齐市革命历史纪念地管理中心副主任，乌鲁木齐市图书馆党支部副书记、馆长，乌鲁木齐市图书协会副理事长，2000年荣获乌鲁木齐市优秀工作者称号。

计津，女，1963年1月生，本科学历，中共党员，副研究馆员，党支部书记、副馆长。1981年10月参加工作，历任乌鲁木齐市群众艺术馆党支部副书记、副馆长，2004年任乌鲁木齐市图书馆党支部书记、副馆长。分管党的工作、精神文明工作、学会工作、读者服务工作等，兼任新疆维吾尔自治区图书馆学会理事，乌鲁木齐市图书协会秘书长。2010年被国家文化部评为全国第十五届“群文之星”。2011年，其负责的“文化讲坛”“新疆情”系列列为国家公共文化服务体系示范项目。

陈建，女，1972年6月生，本科学历，中共党员，副研究馆员，副馆长。1997年2月到乌鲁木齐市图书馆工作，先后在采编部、技术部、行政办公室工作，历任主任、馆长助理等职。

“助残日”活动残疾读者游植物园

未来展望

乌鲁木齐市图书馆遵循“以人为本”的办馆方针，努力完善单体服务功能，扩大服务辐射区域，带动地区事业发展。2009–2012年，在不断强化自身综合实力的同时，通过推进乌鲁木齐地区公共图书馆三级网络建设，带动了全市公共图书馆事业的整体发展。2013年，乌鲁木齐市图书馆新建工程正式启动，在未来的几年里，乌鲁木齐市图书馆将在现有馆舍的基础上，另建一座建筑面积近2万平方米的新馆舍。全面建成后的乌鲁木齐市图书馆，将由南湖馆和红光山馆两部分组成，总建筑面积3.1万平方米，将成为乌鲁木齐市的纸质及电子资源中心，信息咨询中心，市民学习、教育、休闲中心，努力达到国内一流图书馆的基本标准。

联系方式

地　址：乌鲁木齐市南湖南路121号
邮　编：830063
联系人：靳艺星

中文报刊阅览厅

中文借阅厅

多功能报告厅

克拉玛依市图书馆

概述

克拉玛依市图书馆始建于1989年12月，1990年正式对外开放，20多年来先后荣获国家一级图书馆、自治区特级图书馆、全国文化工作先进集体等多项荣誉。并在新疆图书馆领域获得多个第一，如：新疆第一个地（州）级国家一级图书馆、第一个文化信息资源共享工程支中心、第一个国家公共文化服务体系示范项目及联建共享一体化服务体系、第一个实现自动化管理服务的公共图书馆等。

克拉玛依市图书馆新馆于2010年10月动工开建，新馆位于世纪大道南侧，总建筑面积为26100平方米，其中地下一层，地上五层，建筑高度为30.8米。新馆于2014年4月26日面向全体市民免费开放，自开放以来，短短一个多月的时间内，已接待读者近6万人次，新办借书证近5000张。新馆的开放更好的满足了读者的阅读愿望，符合全体市民的需求，得到了全市上下的一致认可。为全市营造浓郁读者氛围、创建公共文化服务体系示范区、数字化城市及学习型城市打下了坚实的基础，已成为名副其实的市民心目中的大书房和城市的会客厅。

业务建设

截止2013年5月，克拉玛依市图书馆全馆拥有各类文献553461册（件），电子图书藏量15万册，克拉玛依区拥有各类文献179080册（件），总计852541册（件）。

我馆图书年入藏量近三年来的平均值为51241种，报刊年入藏量1391种，视听文献年入藏量4356件，地方文献有专门经费、专人管理、有专架、有机读目录，书目达到数字化检索。

目前数字资源总量达到31.2TB。（文化共享工程6.8TB、清华同方学术期刊7.7TB、中国数图电子图书0.7TB、下发数字图书馆资源1TB，总计16.2TB。），2013年5月新增万方数据数字资源15TB(含新方志、中小学数据库、万方视屏、学术期刊等)。馆藏中文文献书目数字化达到100%。地方文献书目数字化达到100%，有全文检索功能的全文数据库正在建设中。

2012年财政拨款1193.85万元，2013年财政拨款1343.58万元。财政拨款年增长率与克拉玛依市财政收入增长率的比率为12.54%。新增藏量购置费223.8万元/年。电子资源购置费占资源购置费的比例为15.1%。免费开放经费，2012年中央补助40万，地方财政补助97.5万已到位。

读者服务工作

克拉玛依图书馆在2011年6月1日实行了免费开放，免费开放的场所有：图书外借室、成人阅览室、民文借阅室、少儿借阅室、电子阅览室、盲文阅览室、多媒体活动室、过刊室、地方文献室。基本服务项目健全并免费提供。免费提供图书资源借阅、咨询、检索，电子资源检索免费服务；提供多媒体室公益性讲座、会议、展览、演讲比赛等免费服务；提供办证、验证、存包等免费服务；免费提供各街道基层文化共享工程服务点和乡镇文化共享工程服务点的技术辅导；免费提供对基层图书馆业务辅导。

在服务方式上也一改初期被动，单一的书刊借阅，增加了预约外借，资料代查，代借代还，送书上门，免证借阅，特别是制定了对老年人、少儿、残疾人等服务举措，赢得了社会的好评。二是克服重重困难，延长每周开馆时间。每周开馆时间达到了72.5小时，现有服务窗口全部免费对外开放。三是增加办证方式，特别是集体办证，如我馆加班加点为中心医院、第一小学等单位集体办证来发展壮大读者队伍。几年来，我馆坚持运用电视、广播、报纸、讲座等多种宣传媒介对本馆进行全方位的宣传。广泛地吸引读者，随到随办。四是积极宣传馆藏图书，尽可能提高书刊利用率。这是我馆一贯坚持的做法。我们在办好新书展示架，图书宣传板报的基础上，并定期打印活页式推荐书目及专题书目。另外，我馆网站建成后，在网页上进行了大量的新书推荐，信息传送等宣传工作，受到了读者的好评。我馆办证大厅还设有两台触摸式查询机，与常用网站都有链接。由于措施得当，在各方面的努力下，我馆的馆藏书刊文献年外借率达到了61.6%，书刊文献年外借册次达到了30.3850万册，馆外流动服务网点书刊借阅册次达到了2.5万册，人均年到馆次数达到了20.0026次。

业务研究、辅导、协作协调

我馆的基层业务辅导工作做得扎实有力，作为我市唯一的公共图书馆，自建馆以来，一直把业务辅导工作规定为图书馆的主要任务之一，为此，我馆成立了专门的业务辅导小组，进行培训讲座。目的主要有两个方面：一方面对我市的图书事业存在的问题提出意见并加以改进。另一方面可以缩小我馆与先进图书馆之间的差距。随着社区、企业、学校文化建设的开展，图书馆作为文化的重要组成部分，在文化建设中发挥着越来越为重要的作用。我市图书馆的建设无论是在数量、规模和设施上都有了较大改善和提高。

克拉玛依市图书馆联建共享一体化服务体系是一个跨系统的图书馆集群管理系统，2011年5月被文化部批准为第一批公共文化示范项目。在市委、市政府领导的协调下，在市信息

办、油田公司信息中心、教育局电教科，市政府、区政府网络管理中心等单位的支持与参与下，最终形成了一个跨图书馆、政府、油田、教育、科研等系统的超大网络平台，以支撑公共图书馆一体化服务的运行。另独山子区、白碱滩区图书馆与市图书馆作为集群管理模式也成功连接，市图书馆国家公共文化服务体系示范项目经过近两年的建设和运行，成效显著，受到广大市民和各界的好评。目前全市4个公共图书馆、96个街道社区图书室、13个油田二级单位图书馆、30个中小学图书室全部纳入了联建共享一体化服务体系建设，整合文献资源总量达190万册，人均达到了4.75册。

管理工作

年度计划：我馆的年度计划坚持以科学发展观为指导，更好地服务于读者工作。充分体现“一切为新疆石油工业的发展服务，一切为油城的各族人民服务”，不断加快图书馆的现代化和信息化建设，努力提高广大职工的业务能力和综合素质，提升图书馆的服务质量和管理水平。

财务管理：我馆2000年在市政府的统一部署下，财务工作移交市核算中心统一管理。财务收支都由馆长亲自主抓，各类支出有馆长一人签字同意，经办人也必须签字，核算中心严格把关。

人事管理：我馆实行按需设岗，引进竞争机制。全馆工作由馆长领导下的馆务会统一进行协调，下设业务办公室，行政办公室，两个职能部门。其中业务办公室又下设采编部，流通部，阅览部，参考咨询部，技术部，部门主任竞聘上岗。部下设室，对全馆各项业务工作做了具体明确的量化分工，实行目标管理。全馆形成自上而下层层管理，自下而上层层负责的管理体制。

此外，我们在志愿者管理、档案管理、设备物资管理等方面也制定了详细的规章制度，并严格遵守执行。

表彰、奖励情况

多年来，我馆以优质的服务工作赢得了市局领导及油城各族人民的充分肯定，取得了一些成绩，自2009年评估以来获得的表彰主要有：

国家一级图书馆。

自治区特级图书馆。

国家公共文化服务体系示范项目。

2011年被文化厅评为自治区全民读书月活动先进单位。

2011年被文化厅评为自治区全民读书月活动优秀组织奖。

2012年被文化厅评为自治区全民读书月活动组织奖。

2012年被文化厅评为自治区全民读书月活动先进单位。

2012年10月被市委宣传部评为2012年度党报党刊发行工作先进集体。

2012年自治区文明单位。

2012年被克拉玛依市总工会评为工人先锋号。

2013克拉玛依市市妇联授予我馆三八红旗集体称号。

馆领导介绍

李军，1958年出生，1976年参加工作，本科学历，1996年12月担任克拉玛依市图书馆馆长一职，兼任党支部书记，副研究馆员。李军同志自任克拉玛依市图书馆馆长以来，组织带领全馆人员努力实现图书馆为读者服务的社会职能，具有履行职责所需要的理论水平和政策水平，具有丰富的专业知识和工作经验，有较强的宏观决策、组织协调和管理能力。其主要荣誉有：2006年被自治区人民政府授予“自治区优秀专业技术工作者”的称号。2009年度获得自治区文化厅小岛康誉新疆文化、文物事业个人优秀奖。2013年入选文化部“榜样人物”候选人名单。

未来展望

克拉玛依市图书馆遵循“一切为新疆石油工业的发展服务，一切为油城的各族人民服务”的办馆方针。多年来，我们在为前线石油工人服务，为油城各族人民主动服务方面做了大量的工作，成绩较为突出。2013年年底克拉玛依市图书馆新馆竣工完成，2014年4月建筑面积26000平米，阅览席位2000余个，设计藏书120万册的克拉玛依市图书馆新馆正式对外开放，短短一个多月的时间内，已接待读者近6万人次，新办借书证近5000张。新馆的建成，必将为全市打造世界石油城，营造浓郁读者氛围、创建公共文化服务体系示范区、数字化城市及学习型城市打下了坚实的基础。

昌吉回族自治州图书馆

概述

昌吉回族自治州图书馆初创于1957年9月，同年正式对外开放，是新疆和平解放后成立较早的地市级公共图书馆之一。历经五十余年，馆舍几经搬迁、改建、扩建、新建。2006年9月至2013年5月与新疆农业职业技术学院图书馆合并，在相关业务方面，联合开展读者服务工作。2013年6月昌吉州图书馆新馆交付使用，位于昌吉市南公园西路号，占地面积34.18亩，建筑面积8860平方米。设计藏书容量100万册，阅览座席760个，读者用计算机146台，宽带接入20Mbps，WIFI无线覆盖率达95%以上，目前使用清大新洋GLIS8集成管理系统，待国家数字图书馆推广工程设备安装完成后，启用图创集成管理系统。2009年被文化部评为国家二级图书馆，2013年被文化部评为国家一级图书馆。

业务建设

截止2012年底，昌吉回族自治州图书馆与新疆农业职业技术学院图书馆文献总藏量为：1499046册（件）。其中：中文图书：680106册；古籍：4593册（善本12册）；报刊：1064716册；视听文献：11905件；电子文献：756969种，万方数据电子期刊年均6000余种。

2010年—2013年，两馆购入图书35256种，年均8925种，年均入藏8814种；购入报刊5061种，年均1265种；购入视听文献4221件，年均购入895件；征集地方文献4865种，近万册。

2012年，昌吉回族自治州图书馆财政拨款总额929.2万元，与当地财政收入增长率相比增长了569.04%；2013年，财政预算指标501.9万元，其中文献购置费78万元（电子资源购置费34万元），新馆设备购置费241.9万元，共计743.8万元。

截止2013年6月，昌吉回族自治州图书馆数字资源总量已达13TB，自建资源500GB，数字图书馆容量可达20TB，文献书目数字化率100%。

读者服务工作

每天外借阅览开放时间10小时，每周70小时，电子阅览室每周开放60小时。2012年馆藏书刊文献年外借率为76.6%，外借文献为337102册。在借阅区域配置了老花镜、放大镜、台灯等服务，制作宣传版面，设立新书推荐专柜，同时开展政务公开信息查阅服务，向读者提供满意服务。

在配合昌吉州党委提出率先在全国创建“全国民族团结模范进步州”，“昌吉州民俗文化展”、“昌吉市民族团结教育基地展厅”“昌吉州回民饮食一条街项目”建设中，开展了专项定题服务，派出研究馆员海杰，提供相关文献服务和拟定相关方案。

在二、三次文献编制方面，充分利用网上资源和共享工程资源，组织专人对下载的文献按类目及专题进行二、三次的编制，并刻录成光盘，在全州开展信息咨询、文献提供和实地技术培训等服务。

2012年共举办涉及机关、学校和特殊群体的主题讲座、培训、报告会、演讲比赛、展览、征文等活动30多场次，受众者达30000多人，其中为特殊群体开展讲座、活动7次，在昌吉监狱、昌吉劳教所、老年活动中心、打工子弟学校、聋哑学校开设了馆外服务点。在社区、农民工工地等开展阅读活动。特别是2009年创办大型公益性文化类讲座《庭州文化讲坛》和坚持了十二年的《图书馆讲座走进劳教所》活动，其特色鲜明，主题明确，赢得了社会各界的好评和认可。

2012年，召开两次读者座谈会，即社会读者和农民工子女读者座谈会。针对州图书馆的读者服务工作，特别是免费开放后的服务，两次分别发放读者问卷调查表200份，回收率达100%，基本满意率以上占90%以上。与此同时，州图书馆还在图书馆大厅内设置了两处馆长信箱和在网上开通了馆长信箱，征求读者的意见和建议。

业务研究、辅导、协作协调

2009—2012年，昌吉回族自治州图书馆职工共发表论文31篇，出版专著1部，在省级以上刊物发表论文占职工总数的29%以上。

2010年，在全州县市公共图书馆、博物馆、文化馆、档案、卫生、教育、民族宗教行业古籍情况开展了古籍普查登记和普查宣传工作，建立了昌吉州古籍普查登记目录，古籍151种1881册。

2009—2012年，每年开展专题性县市图书馆研究辅导，举办全州农家书屋管理员培训班、专业技术人员继续教育培训班、古籍普查培训班等，组织参加“区文化信息共享工程培训班”，培养业务骨干423名。

2009—2012年，与国家图书馆建立了文献数据联合编目系统；与自治区图书馆建立了“新疆地区文献资源共建共享协作网联合编目”协议和“讲座、展览联盟”协议；与厦门图书馆达成“全国文化志愿者边疆行”合作协议；与塔城图书馆达成馆际互借协议；与全州七县市公共图书馆签订《中文工具书联合目录》编纂协议、馆际互借协议；与14个馆外服务点建立图书过刊集体外借协议，年均馆际互借流通3.6万册次，馆外服务点流通2万册次。

新疆维吾尔自治区党委宣传部副部长张可让在《庭州文化讲坛》讲课

文化志愿者边疆行暨闽南印象展览

全民读书月活动启动现场

图书馆一楼展览区

综合阅览室

电子阅览室

管理工作

昌吉回族自治州图书馆共设置专业技术岗位31个，现有专业技术人员27人，取得副高级及以上职称8人，取得中级职称13人。

每年根据公共图书馆业务职能和社会职责及本地社会发展情况，结合国家实施的公共图书馆免费开放工作要求，将工作细化量化后，分解到各业务部室，通过签订年度责任书的形式，把工作落实到每一个人，建立起了半年有小结，年终有总结，考核有内容，优秀有依据的年度工作考核机制。

2011年6月，认真制定了“昌吉州图书馆免费开放实施方案”，并向社会公示了“昌吉州图书馆免费开放窗口及服务项目”、“昌吉州图书馆服务承诺及服务监督电话”和“昌吉州图书馆开、闭馆时间”，取消借阅证的工本费和验证费和存包费。

在图书采编上，使用《中国文献编目规则（第二版）》进行规范著录，按照《新版机读目录格式使用手册》编制规范数据，使用《中国图书馆分类法（第五版）》分类标引，制定了《昌吉州图书馆文献采选方针》、《昌吉州图书馆编目细则》、《昌吉州图书馆分类细则》、《昌吉州图书馆加工细则》等规章制度，多卷书、连续出版物入藏完整率达到92%以上。在开架排架方面，严格按照《中图法》分类排架，具体工作分解到个人，定期检查图书排架情况，发现问题及时处理，上架图书正确率在96%以上。在文献加工保护方面，制定了《昌吉州图书馆图书加工制度》，严格按规定加工和整理，对图书逐一进行验收、查重、盖章、贴标等，将加工好的图书移交相关部门。定期检查和维护书库，对破损图书下架修补或剔旧，各开架区域，有专门的工作人员负责定期检查书库的防火、防盗、防潮、防虫等情况，及时发现及时解决。

表彰与奖励情况

2011—2013年，昌吉回族自治州图书馆共获各种表彰、奖励6次，其中文化部表彰、奖励1次，国家图书馆学会表彰、奖励1次，区文化厅表彰、奖励1次，其他表彰、奖励3次。2011—2013年，职工获各级组织表彰、奖励36人次，其中全州文化体育广播影视系统表彰、奖励24人次，其他表彰、奖励12人次。

馆领导介绍

王向东，男，1959年8月生，本科学历，中共党员，副研究馆员，馆长。1977年7月参加工作，历任昌吉市宣传部副部长、昌吉市文体局书记、昌吉州群艺馆馆长、昌吉州图书馆馆长，兼任昌吉图书馆学会理事长。

巫建斌，女，1964年4月生，本科学历，中共党员，副研究馆员，党支部书记、副馆长。1980年5月参加工作，历任昌吉州图书馆采编部主任、副馆长，党支部书记、副馆长，兼任昌吉图书馆学会副理事长。

姬玲，女，1961年4月生，本科学历，中共党员，副研究馆员，副馆长。1978年9月参加工作，历任木垒县图书馆馆长、昌吉州图书馆采编部主任、办公室主任、副馆长，兼任昌吉图书馆学会常务理事。

未来展望

2015年全面实现采访、编目、流通和书目检索的自动化，建立多网络、多终端、全媒体的服务体系。建成昌吉州回族文献研究中心，形成多种载体、多种形式、多种类型的文献资源结构，基本实现读者网上借阅服务，建成国家标准的地州级支中心，建立拥有300台计算机的普通电子阅览室及视听资料室、专家学者专用检索室和特色专题资源库，为党委、政府决策，科研与经济建设，社会大众等提供信息服务。

联系方式

地　址：昌吉市南公园西路传媒大厦南侧
邮　编：831100
联系人：黎亚峰

庭州文化讲坛走进监狱

夕阳红阅读赠书活动

阅读点亮农民工心中的梦想

克拉玛依市独山子区图书馆

概述

独山子区图书馆由独山子区政府出资筹建，克拉玛依职业技术学院图书馆整体迁入和组织管理，为学院师生和独山子区各族人民提供借阅图书、查阅文献等各种综合服务，于2011年4月正式开馆。

图书馆建筑面积约1.4万平方米，采用无隔间，开放式结构，馆内网络与校园网、政府局域网、Internet相联，全馆无线网络覆盖。阅览座位2000余个，电子阅览座位300个，印刷类藏书设计容量约70万册；宽带接入50Mbps，全面采用RFID射频识别技术及其计算机自动化设备管理系统，实现了借、阅、藏、查询功能一体化，选用Interlib第三代图书馆自动化系统。

业务建设

截止2012年底，独山子区图书馆拥有纸质文献36万余册，电子图书37万余种，光盘1648张。

2011–2012年，图书馆共入藏中外文图书20524种，40631册，中外文报刊312种，试听文献40种。2011、2012年地方文献入藏完整率为99%。

截止2012年底，独山子区图书馆数字资源总量为11.92TB，2011年，将自动化管理系统升级改造为Interlib第三代图书馆自动化系统，以适应新疆公共图书馆服务建设的需要，同时，增加了(RFID)无线射频识别技术、智能借还功能、以及全馆无线网络覆盖。

读者服务工作

从2011年4月起，独山子区图书馆全年对外免费开放，周开放68小时，同时，引进RFID技术，实现了馆藏文献的自助借还。2011、2012年，进馆读者27万余人次，书刊外借28499册次。2012年初，开通与街道办、部队、消防大队等流动服务点。馆外书刊流通总人次3000人次，书刊外借4000册次。

2011、2012年，独山子区图书馆共举办讲座、展览、培训、阅读推广等读者活动19场次，参与人数2000人次。以独山子区图书馆服务为平台，向街道、社区宣传推广阅读主题活动，在所有社区同时进行，年底进行评选，是独山子区图书馆阅读推广工作的特色。

业务研究、辅导、协作协调

2012年4月，与克拉玛依市图书馆人员讨论联合编目问题，就克拉玛依市各图书馆实现通借通还等问题达成广泛共识。5月图书馆工作人员去到各个街道及社区进行联合编目工作，并不定期的对基层图书室进行培训、辅导等工作，提高图书流通率，方便读者自助借还图书。独山子区图书馆自开馆，每月都会举行一次大型的培训活动，内容包括日常工作、礼仪、采编等。不断提高馆内工作人员的服务质量，以便更好的为各族人民群众服务。

管理工作

独山子区图书馆目前工作人员34人，20人为克职院职工，另外14人为政府聘用人员。同时建立了工作量化考核指标体系，每周二一次例会，每月进行工作进度通报，每季度和全年进行总体工作考核。2011、2012年，共抽查文献排架24次，书目数据20次，盘点数据2次，编写每月工作总结30篇。

表彰、奖励情况

2011、2012年，独山子区图书馆共获得各种表彰、奖励2次。其中，文化部、自治区表彰、奖励1次，市文化局表彰、奖励1次。

馆领导介绍

冯亚林，男，1959年生，大学本科学历，独山子区政协委员，馆长。

刘胜，男，1976年生，大学本科学历，工程硕士，中共党员，副馆长。

未来展望

独山子区图书馆遵循“服务立馆、资源强馆”的办馆宗旨和“读者第一，服务育人”的工作理念，不断加快图书馆的

图书馆外景

图书馆内景

电子阅览室

书架

阅读区

图书馆讲座

小朋友参观图书馆

休闲区

现代化和信息化建设，努力提高广大职工的业务能力和综合素质，提升图书馆的服务质量和管理水平，使图书馆更好的为广大群众服务。自开馆至今，图书馆坚持通过“问卷调查”、“读者座谈会”、“读者意见簿”等形式收集读者对图书馆工作的意见和建议，不断改进和提高图书馆为读者服务的水平，带动全市公共图书馆视野的整体发展。在未来的几年里，独山子区图书馆将继续为全区读者提供更好的免费服务。根据图书馆的制度，将图书馆近期采编的图书及时上架，同时完善电子图书室网络系统和上机制度，提高数字资源存储能力，提供无时空限制的数字文献远程和移动服务，实现无障碍、零门槛进入图书馆，做好基础服务工作。积极开展读者服务活动。充分利用多种节假日，开展丰富多彩的读者活动，充分宣传图书馆资源，发掘图书馆教育职能，让更多的人走进图书馆、受益于图书馆，为独山子区的文化建设作出最大的努力。

联系方式

地　址：独山子区大庆东路34号文化中心A座
邮　编：833699
联系人：唐 霞

图书馆宣传活动

残疾人走进图书馆

吉木萨尔县图书馆

概述

中华人民共和国成立之前，吉木萨尔县没有正规的图书馆。民国33年（1944），吉木萨尔县（当时的孚远县）成立了民众教育馆，内设图书室，藏书很少，管理也很落后。1950年10月，我县将原有的民众教育馆进行改造，建立了人民文化馆，内设图书阅览室。1983年11月，图书借阅业务由文化馆析出，建立图书馆，初期，人事、业务仍由文化馆管理，馆舍面积300平方米，书架10个，单层总长度400米，阅览座位16个，人员编制5人。1988年1月，图书馆开始独立工作，为股级事业单位，由文体局管理，并正式对外开放，馆址几经变迁，2008年4月28日，位于吉木萨尔县中心路的文博中心建成。图书馆占文博中心第三层，面积3000平方米，设计藏书容量11万册，可容纳读者座位500个。2009年、2013年，参加第四、五次全国公共图书馆评估，获得国家一级图书馆称号。

业务建设

吉木萨尔县图书馆现馆址面积为3000平方米。开设报刊借阅、少儿借阅、图书外借、民文借阅、电子阅览、资料查询室，设阅览座席400多个。购置计算机76台，笔记电脑1台，供读者使用的计算机64台，其中供读者检索的专用计算机2台。工作人员专用机9台。2009年电子阅览室建立时与吉木萨尔县电信局签订合同2兆光钎，2011年升级为10兆光钎接入因特网。另外安装图创集成管理系统，实现了全馆计算机管理，读者可以通过网络完成信息查询、书目检索、网上阅读等。

2013年吉木萨尔县财政为本馆拨付经费904429元。财政拨款年增长率与当地财政收入增长率是70%，新增藏量购置费16万元。中央财政下拨免费开放经费16万元，地方财政补助4万元，共计20万元。

图书馆目前共有职工9人、其中本科生6人，大专2人，中专1人。高中以上学历达100%。取得高级职称2人、中级5人，初级2人，初级以上职称占总人数的100%。图书馆馆长目前为副高职称，接受过系统的图书馆培训与继续教育；为了提高职工的业务素质，每年都参加区、州、县继续教育，均不低于50课时；通过培训使职工业务素质大大提高。自2010年至今馆内职工共发表论文23篇，调查研究报告2篇，均具有一定的参考价值。

图书馆从1988年建馆开放至今总藏量为111699册。电子文献藏量16368种，图书年入藏量3000种，报刊年入藏量275种，视听文献年入藏量6431件，专设地方文献书库，有专柜、有目录、有专人负责管理，并且每年都开展地方文献征集工作，年入藏量611本。

本馆文献标准与著录，汉文普通图书编目规范。使用《中国文献编目规则（第二版）》规范著录，并按《新版机读目录格式使用手册》编制规范数据，依照《中国法》第四版进行分类标引。由于本馆制定了相关编目规则，保证了编目数据规范一致，目前对少数民族图书文献也进行了全部编目著录。中文报刊编目使用《中国文献编目规则（第二版）》第十一章规范著录，使用《新版机读目录格式使用手册》编制规范数据，使用《中国法》（第四版）（第五版）进行分类标引，并制定编目细则，保证编目数据规范一致。依据国家标准我馆普通图书的文献编目、期刊报纸、视听文献编目都有相关的编目细则，编目数据规范一致，图书文献到馆1月内完成编目，期刊报纸1个工作内完成记到，视听文献到馆1月内完成编目。为保证加工整理质量，我馆书刊上的书标、登录号、馆藏章、条形码等都按规范的尺寸、位置，进行贴写、盖章。做到规范、统一、整齐、美观。另外我馆的目录、卡片目录并有专人管理，和提供读者自己查找目录。读者还可以自己通过机读目录自己检索所需要的文献。

数字化建设图书馆含有关数字化工程资源量3TB。馆藏中文图书、中文期刊88%建立机读书目、目录数字化，对地方文献数据库建设图书馆做了选题规划。

读者服务工作

我馆从2011年6月1日起实行公共图书馆免费开放，全免费向读者开放（包括办证、存包、公共活动场地等）。

为进一步提高馆内资源的利用率，图书馆延长开馆时间，增加流通点23个，全天候开放，每周开放时间为64小时。我馆综合阅览室的图书开架率为85.3%，年外借82536册次，馆藏书刊文献年外借率是73.8%，馆外流通点借阅册次70365册，累计接待读者40875人次，经统计人均年到馆34次，并积极利用宣传橱窗、网站、电话等形式开展书刊宣传活动，书刊宣传总数达600种以上。

自免费开放工作实施以来，每年向读者发放《图书馆读者调查表》200份，收回196份，回收率为99%，读者满意率达99%。

业务研究、辅导、协作协调

为促进我馆图书馆事业的发展建设，加快图书馆数子化网络化信息化以及资源共享步伐。我馆与州馆签订了文献资源采购联盟协议，成为加盟单位，平等享受联盟提供的各项服务。与州图书馆还签订了编制中文工具书联合目录的协议，促进馆际协调协作，实现文献资源共建共享。与国家图书馆联合编目中心达成协议签订了成员馆协议书，最大限度地实现资源共享。与兄弟县市奇台县图书馆、阜康市图书馆签订了业务合作协议，充分利用各馆的优势加强交流合作，共同发展。还与

社区、学校、乡镇等进行联合编目，并于他们签订了馆际互借协议和友好协作协议。

图书馆充分利用现有文献资源，开展了馆外基层服务网络建设，从业务到办公全部实行自动化管理，工作局域网6台，电子阅览室电脑64台，服务器1台等，介入10兆宽带，根据网络建设情况制定了规划及规章制度，通过运行取得了很好的成就。图书馆共有23个流通点，全部参与网络建设的比例为88%。

在基层业务辅导方面，首先制定了计划，并对各基层图书室的工作进行了调研，先后进行多次辅导。经过辅导后的图书室焕然一新，规范有序，借还方便。

管理工作

近年来我馆从建立健全各项规章制度入手，强化内部管理，根据吉木萨尔县事业单位改革实施方案，实现全馆聘用制，实行岗位管理和工作目标管理责任制，按需设岗、按岗聘用、以岗定薪、岗变薪变的原则，并对全体职工进行年终考核。

吉木萨尔县图书馆向社会各界发出招募志愿者的倡议，让人人有机会参与图书馆管理，从享受者变成体验者，与读者形成良好互动，更好地为读者服务。

图书馆设备种类很多，为了保证其使用率，我馆建立了严格的科学管理制度，并指定专人负责。对所有的固定资产都逐一进行登记、造册。

图书馆的统计是图书管理工作的一个重要组成部分，也是图书馆工作过程中各种信息的真实反映和记录，对图书馆各项工作的安排、总结、评比以及检查工作提高效率，提供非常重要的数据。我馆在藏书、读者借阅、书刊流动、财务报表等各项工作做了认真的统计、分析并及时进行了上报。

表彰、奖励情况

2006至2010年连续五年被昌吉州文化体育局评为文化工作先进单位；自治区、州级文明单位；自治区、州级卫生红旗单位；自治州、吉木萨尔县关心下一代工作委员会先进集体，2010–2013年荣获自治区“全民读书”组织奖和先进单位，2013年被州关心下一代工作委员会评委“五好关工委”；2009、2013年全国公共图书馆评估定级为国家一级馆、新疆维吾尔自治区特级馆。

馆领导介绍

李红珍，女，1972年6月生，本科学历，中共党员，副研究馆员，馆长。1991年8月参加工作，2012年3月任吉木萨尔县图书馆馆长，兼图书馆党支部书记及采编。

陈丽，女，1975年5月生，本科学历，中共党员，馆员。2003年7月参加工作，2013年4月任吉木萨尔县图书馆副馆长。分管党建、电子阅览室工作等。

未来展望

地方文献是吉木萨尔县图书馆特藏文献资源建设的重要组成部分，吉木萨尔县图书馆地方文献记载、反映了北庭古城的历史沿革、风土人情，是历史上著名的丝绸之路。早在1982年，吉木萨尔县图书馆就开始开展征集工作，明确专人负责，建立健全地方文献收集制度；接受各单位和社会各界人士赠送；联系新闻出版单位，掌握地方文献出版动态……截止目前，已收藏包括吉木萨尔县北庭文史、北庭文化、北庭攒珠、北庭春秋等文献资料。构成了具有鲜明特色的地方文献特色资源，对吉木萨尔县的地方政治、经济、文化建设起到了积极的推动作用。

以展览等形式宣传特藏文献资源，为读者提供学习、交流、休闲的平台，同时使特藏文献工作得到全社会的理解、重视和支持，是吉木萨尔县图书馆拓展特藏文献工作的一个重要服务层面。我们将推出特色讲座活动，进行乡土教育、爱国主义教育，以此弘扬优秀传统文化，满足广大读者的文化需求。特藏文献的宣传工作不仅为读者提供了展示特色资源的平台，同时也使特藏文献的收集成倍地增长，质量不断地提高。展望未来，特藏文献的宣传将开创一个新的文献信息增值点，也将开辟一块新的服务领域。

联系方式

地　址：吉木萨尔县中心路文博中心图书馆
邮　编：831700
联系人：钱文梅

和静县东归图书馆

和静县东归图书馆作为全县精神文明建设的窗口之一，始终坚持全心全意为读者服务的宗旨，充分发挥其传播知识、传递信息、开发智力、开展教育活动的公共文化建设服务阵地作用。尤其是近年来，全体干部职工齐心协力，转变观念，不断创新，努力把图书馆办成全县各族群众的精神乐园和文化活动中心。

概述

1996年，和静县图书馆与文化馆分设，正式挂牌，隶属和静县文体局。2009年4月，和静县图书馆搬迁至和静县东归科技文化中心综合办公楼A区，随之更名为和静县东归图书馆（以下简称“东归图书馆”），总面积2002平方米，在编职工5人，志愿者1人，聘用2人，由汉、维、蒙三个民族。馆内分设为图书借阅、成人期刊借阅、少儿阅览、资料书库、电子阅览5个服务窗口。现有藏书205000册（纸质图书55000册、电子图书150000册），年订各种期刊杂志255种。阅览坐席269张，计算机总数达到45台。图书馆网络以10兆光缆接入服务器网，存储设备容量为7个TB，形成一个实用、便捷、安全的应用网络，读者可以在图书馆各个服务窗口进行查询、下载和利用，不受限制，2013年12月，被中国文化部命名为县级一级图书馆。

业务建设

1、增加图书馆藏量。2012–2013年，东归图书馆共增加纸质图书23300册、电子图书15万册，主要来源是：①政府倡议全县各族干部捐书共10300册。②争取工会职工书屋13000册。③争取政府投入购进15万册的电子图书；并且争取到每年10万元的购书经费。截至目前，本馆共有图书20余万册，其中纸质图书5.5万册，电子图书15万册，征集地方文献717册。

2、增加硬件设备。东归图书馆在原有设备基础上，2013年初，计算机增加至45台，坐席增加至269个，电子阅览室安装了空调。

3、读者服务功能不断优化。2012年5月，东归图书馆进一步完善“图创”信息自动化管理系统，实行业务工作的集成化管理，全面实现了书刊采编、书目查询、图书借还、网上续借、业务统计在内的各项工作的自动化、网络化和书刊编目的标准化。截至目前，已逐步建立展厅、活动室，配齐音响、灯光、空调等基础设备。2013年底，实现馆内无线网络覆盖。

4、构建网络，让图书馆走向农村。为更好地服务基层广大读者，东归图书馆以人为本，积极探索技术路线和服务模式，主动与乡（镇）综合文化站建设项目相结合，把公益服务的触角延伸、拓展到社区、部队、企业等公共场所，逐步建成县、乡（镇）、村、社区4级读书服务“网络体系”。截至目前，共建成馆外流动服务点10个、分馆11个，乡（镇）图书室12个、社区图书室21个、村级图书室54个。定期选派专业技术人员为流动服务点更换书目，为分馆进行业务指导培训。

读者服务工作

1、确保开放时间，扩大社会效益。自2011年免费开放之日起，和静县东归图书馆图书借阅、成人阅览室、少儿阅览室、电子阅览室、地方文献室、五个对外窗口实施免费开放，全年无节假日，服务窗口坚持周六、周日中午不休息，全馆每周开馆时间累计达到56个小时以上。达到年流通人数达10.5万人次，年流通册次16万册次。

2、读书活动有声有色。自2011年6月开始，图书馆全体工作人员不断探索改进图书馆免费开放服务工作的新途径、新办法，制定翔实周密、操作性较强的活动方案。3年来，始终坚持举办“迎新春儿童故事比赛”“图书馆过大年”“喜迎十八大图片展”“经典名篇朗诵比赛”“少儿古诗词朗诵比赛”“青少年成语知识竞赛”“热爱伟大祖国，建设美好家园征文比赛”“阅读红色经典，重温红色历程”征文比赛、“民族团结在我心”征文比赛、庆六一“少儿现场书画比赛”等多姿多彩的读书活动，共130余场次，参与人数达到10万人次。

3、信息资源百姓共享。近年来，充分发挥图书馆的资源优势，依托电子阅览室文化资源共享工程，为老年人、青少年、各行政事业单位举办专题讲座和优秀影片展播40次；利用电子阅览室开展“小票大爱”活动，免费为农民工网购火车票；为县镇社区文化骨干举办培训班，为各行政事业单位举办网络培训提供场所。

4、送书上门，让图书馆成为殿堂。和静县东归图书馆为喜欢读书的弱势群体、残疾人提供送书上门服务。工作人员详细了解并认真登记全县弱势群体、残疾人的住址和联系电话等信息之后，每月为弱势读者更换书籍，并把送书上门服务作为本馆的一种长效机制进行实施和坚持。

5、创造温馨的读书环境。和静县东归图书馆员每天提前10分钟上班，认真打扫馆内卫生，每周进行一次大扫除。每年春季积极种植花卉，让图书馆内一年四季都绿意盎然，给读者营造安宁、干净、优雅的读书环境，让人流连忘返。

世界读书日宣传活动

部队建流动服务点

喜迎十八大图片展

成人阅览室

电子阅览室

儿童阅览室

6、定期召开读者座谈会。和静县东归图书馆每年年初和年底组织读者召开座谈会，真诚征求读者对服务、购书、环境等方面的意见和建议。不定期发放读者调查表，根据读者要求订阅图书、报刊，主动改进服务方式，让图书馆真正成为一个为民服务的公共场所。

业务研究、辅导、协作协调

2012年-2013年，和静县东归图书馆职工发表论文6篇，撰写调研报告3篇，出版专著1部。

开办《和静科普》报。从2013年1月起，截止目前，共发行17期，共19500份，向全县各单位、乡镇、社区发放。

截至目前共建成馆外流动服务点10个、分馆11个，2012年-2014年平均两次为乡镇、社区文化骨干进行集中面授图书分类、编目、上架及共享工程等基础业务知识的培训，不定期的下乡指导、辅导、培训。

2013年9月，巴州举办首届中小学图书管理员培训班在和静东归图书馆召开。向全州各学校图书管理员讲解图书分类编目、上架等专业知识。

2014年3月，巴州图书馆业务骨干培训暨馆长联席会在和静县东归图书馆举办，来自全州八县一市的图书馆馆长及业务骨干，共同研讨巴州地区公共图书馆事业的发展，提升巴州地区公共图书馆馆长和专业技术人员的专业技能与管理服务水平。

管理工作

2012年进一步完善了图书馆各项制度建设，认真执行岗位责任制，把读者入馆率与职工考核、评先、发展党员紧密结合起来，建立了工作量化考核指标体系，每月进行工作进度通报，每年年终进行总体工作考核，形成了一套较好的管理模式。

表彰、奖励情况

2003年和静县图书馆被命名为国家三级馆、自治区二级馆；2012年，东归图书馆被授予自治区级职工书屋、自治区级科普示范基地；2012年、2013年，连续两年荣获自治区全民阅读先进集体；2013年12月，被中国文化部命名为县级一级图书馆。

馆领导介绍

刘菊花，女，汉族，1978年5月出生，本科学历，中共党员，馆长。1997年参加工作，2000年8月从基层学校调入和静县文化、图书两馆工作，从事群文工作兼文书档案工作。2007-2009年兼两馆文书档案、馆长助理、工会主席，2010年任两馆副馆长，2011年代理两馆馆长，2011年12月至今任和静县东归图书馆馆长。

未来展望

1、建立自助图书馆：和静县东归图书馆预计在近3年内在县域人口繁华地段安装5个自助图书馆，解决图书馆借书时间的限制，方便各族群众随时可以利用自助图书馆借书、还书。

2、建立通借通还系统：在十三五期间和静县东归图书馆图书馆将以县城为中心，12个乡镇图书馆、21个社区图书室为辐射区域，建立图书通借通换系统，实现城乡两级图书馆"一馆办证、多馆通借；一馆借书、多馆通还"文献资源通借通还的目标。进一步推动全县文化公益事业的全面发展，实现全县城乡图书资源共享。

如今，和静县东归图书馆已成功创建为国家一级馆，但与国家的标准还存在一定差距。在今后的工作中，和静县东归图书馆将会进一步完善单体服务功能，扩大服务辐射区域，用形式更加丰富，内容更加新颖，服务更加周到的方式，为和静县公共图书馆事业作出新的更大的贡献，为达到国家一流图书馆的标准而努力。

联系方式

地　址：新疆省和静县东归科技文化中心A区1楼
邮　编：841300
联系人：刘菊花

5.19宣传活动

灾区图书流动点

图书下乡深入民心

莎车县图书馆

概述

莎车县图书馆始建于1956年，是新疆较早成立的县级公共图书馆之一。馆址几经变迁，2013年位于莎车县城南新区的图文信息中心的新馆建成开放。新馆使用面积3290平方米，可同时容纳读者座位256个。2013年，参加全国第五次全国公共图书馆评估首次获得国家一级图书馆。莎车县图书馆有计算机138台，信息节点8个，宽带接入50M，选用Interlib图书馆集群自动化管理系统。

业务建设

截止2013年底，莎车县图书馆总藏量17.6万册（件），其中纸质图书16.9万册，电子图书2931种，6100册。

2012年，莎车图书馆新增藏量购置费100万元，2013年新赠藏量购置费10万元。

2009−2013年，共入藏汉文图书3.4万册，维汉文报刊822种，视听文献2931种。2012年，地方文献入藏完整率为40%。

截止2013年底，莎车县图书馆数字资源总量为4.7TB，其中，共享中心卫星网络下载资源186件，莎车县图书馆网站访问量104896次。

读者服务工作

莎车县图书馆遵循“科学、效率、创新、发展”的办馆方针，主要为读者提供报刊阅读、图书外借、参考咨询、情报检索、社会培训、业务辅导、电子图书阅览、学术交流活动等多种特色化服务及个性化服务。是集文献收藏、信息开发、读者工作、业务辅导、社会培训等功能为一体的综合性公共图书馆。

从2009年1月起，莎车县图书馆全年365天天天对外免费开放，周开放63小时，2012年，引进Interlib图书馆集群自动化管理系统，实现了馆藏文献的全开放，管理自动化、借、阅、藏一体化的全新图书馆。2009−2013年，书刊总流通48420人次，书刊外借86264册次。

2009−2013年，有6个流动服务点，馆外书刊流通总人次61287人次，书刊外借17458册。上报信息81篇。

2009−2013年，莎车县图书馆网站访问量104896次。开通莎车县共享共程网站。截止2013年底，莎车县图书馆发布使用的数字资源总量为186种，4.7TB，基层服务点均可通过莎车县共享工程专用网站进行浏览和下载服务。

2009−2013年，莎车县图书馆共举办讲座、展览、培训、阅读推广等读者活动54场次，参与人数26033人次。2009−2013年，莎车县图书馆职工发表论文8篇。

2013年起，与国家图书馆、上海图书馆、上海浦东图书馆、新疆图书馆签订了联合编目协议。与新疆喀什地区图书馆签订了资源共建共享协议。

2009−2013年，莎车县文化信息共享支中心进行了30余次各类培训，其中对全县各乡镇文化站、社区图书室工作人员进了9次培训，对全馆工作人员先后进行了20余次网络培训，参加人次达到2000余人次。

管理工作

2009年，莎车县图书馆完成全员岗位聘任，本次聘任共设3类岗位，有10人上岗，同时，建立了工作量化考核指标体系，每月进行工作进度通报，每半年和全年进行总体工作考核。2009−2013年，共抽查文献排架30次，书目数据2次。

表彰、奖励情况

2009−2013年，莎车县图书馆共获得各种表彰、奖励11次，其中，自治区表彰、奖励2次，地区表彰、奖励1次，其他表彰、奖励8次。

馆领导介绍

刘霞，女，1968年1月生，本科学历，中共党员，副研究馆员，馆长。1985年4月参加工作，1997年9月任莎车县图书馆馆长。先后在采编室、阅览室、图书借阅室等部门工作，兼任文化信息资源共享工程莎车县支中心主任、莎车县古籍保护中心主任等职。

未来展望

随着新馆的投入使用，莎车县图书馆将以崭新的姿态迎

北疆片区培训

举办书画展览

创建学习型机关

教师培训中心学员开展阅读课

读书活动

电子阅览室

少儿阅览室

五楼借阅室

接新的挑战。在今后的工作中，将与时俱进，不断完善检索系统，加强参考咨询服务，整合特色资源，拓展服务领域，最大限度地发掘和利用特藏文献资源，逐步形成具有地方特色的服务模式和服务品牌。

莎车县图书馆将以传播社会主义先进文化为己任，以丰富市民生活、提升市民综合素质为目标。以人为本，通过内容丰富、形式多样的读者活动，努力打造群众身边的“大书房”。

联系方式

地　址：新疆喀什地区莎车县浦莎路图文信息中心
邮　编：844700
联系人：陈茂洋

新源县图书馆

概述

新源县图书馆位于新源县中心建设街02号，占地面积3000平方米，建筑面积2500平方米，建筑总投资392万元2006年11月15日正式动工兴建，2008年10月28日开馆服务。新源县图书馆的定位是文明积累传播的中心，是信息中心，是学术交流中心，更是新观念、新思想传播中心和解放思想的中心。采用开放灵活的藏、借、阅、查、展、售一体的新型服务模式，除了特定或特殊的文献外，藏书全部对读者开放。截止2014年6月，在编人员7人，其中设馆长1人，副馆长1人；有本科学历3人，大专学历3人，具有副高职称2人，中级职称1人，初级职称4人。新源县图书馆有阅览座位600个，网络点12个，设有文化信息资源共享工程新源县支中心、流动图书馆、外借室、期刊室、少儿室、资料室等服务窗口近7个，每周开放60小时，开展外借、阅览、参考咨询、专题、电子信息、视听等服务，举办讲座、培训、展览、学术交流、读者沙龙等活动。

馆藏资源

截止2014年6月，馆藏书、刊10万余册。其中中文平装新旧图书7万册，民文图书3万多册，中文期刊300种，6千多册(合订本)，中文报纸100种，3000多册(合订本)。以人为本，提供全方位的优质服务。图书馆要做到以人为本，坚持“读者至上，服务第一”的宗旨，为读者提供图书外借、报刊阅览、资料咨询、信息导航等全方位的优质服务。

读者服务工作

读书活动：

每年都举办文学、历史、科学、等知识讲座，邀请知名学者任主讲嘉宾，以优秀的作品塑造人。每年都举办“世界读书日”活动，鼓励中、小学生踊跃参加，提高文学修养和写作水平。不定期举办读书演讲比赛，引导读者多读书、读好书，提高演讲水平。不定期举办评选优秀读者活动。让读者自己投票，选出好学上进的读者。读书活动，彰显图书馆的缤纷魅力。图书馆要经常举办知识讲座，征文比赛、图片展览、谜语竞猜、演讲比赛等读书活动，实现图书馆与读者的互动，充分展示图书馆的魅力。

宣传周活动：

每年都举办图书馆服务宣传周活动，主要项目有图片展览、知识讲座、谜语竞猜、读者座谈会、送书到基层单位等活动，扩大了图书馆的社会影响。

送书下乡：

为促进社会主义新农村建设，满足基层人民群众的求知欲，每年都开展送书下乡活动，组织近2000册图书送到农村基层图书室，供基层人民群众借阅，让基层读者也能品偿到丰富的文化大餐。

学术、科研成果及获奖情况

2006年评为自治区第六个全民读书月先进单位；2010年，新源县图书馆被文化部评定为国家二级图书馆、2010年评为全国服务农民服务基层文化建设先进集体、2013年在全国第五次公共图书馆评估定级中被评为县级“一级图书馆”、“自治区特级图书馆”。

馆领导及馆属部门负责人简介

馆长：严新，男，1962年生，新疆新源县人，副研究馆员。

副馆长：富荣，女，1964年生，新疆新源县人，副研究馆员。

"春雨工程"——新疆文化共享工程县级支中心（北疆）骨干培训班

新源县图书馆宣传周

新源县图书馆
民族精神长存心间 爱国情怀代代传承

新疆维吾尔自治区图书馆

概述

自治区图书馆的前身是创办于1930年的新疆省立图书馆。1949年9月，新疆和平解放，改名为新疆省人民图书馆。1955年10月，新疆维吾尔自治区成立，定名为新疆维吾尔自治区图书馆。1986年，在乌鲁木齐市北京南路破土兴建新馆大楼。1999年10月，新馆大楼竣工开馆。2013年1月，国家发改委委托相关部门评估，将自治区图书馆二期扩建规模由2.26万平方米调整至2.88万平方米。中央和自治区财政将为自治区图书馆二期改扩建工程投资1.836亿元。

业务建设

自治区图书馆占地55亩，总建筑面积3万平方米。现有阅览面积9110平方米。阅览席位1402个。少儿阅览席位148个。

自治区图书馆现有计算机368台，提供读者使用的计算机有186台。读者服务区无线覆盖范围达到了100%。计算机网络信息节点582个。接入电信宽带100Mbps，接入自治区信息中心电子政务外网宽带100Mbps。专用设备存储容量118TB。为自治区图书馆开展网上编目和地区联合编目，提高服务效率，改善服务手段，奠定了坚实的网络基础。

目前，自治区图书馆使用的图书馆管理系统为图创Interlib系统，支持多种文字的本民族语言著录。该系统采访、编目等七个模块在自治区图书馆平稳运行，满足了各项业务的发展需要。完成了汉、维、哈、蒙四种文种本民族语言文献书目数据的数字化工作。开通了Webopac互联网功能，实现了文献Opac书目检索、网上续借、新书通报等功能。

自治区图书馆文献总藏量238万册（件）。电子图书45万种。数字资源总量48.5TB。维、哈、柯、蒙、锡伯5个语种少数民族文献16万册。馆藏古籍11万余册，包括汉、察合台、阿拉伯、波斯等文种。有文澜阁《四库全书》（影印本）一套及中华再造善本8990册。形成了以新疆少数民族文献、地方文献和古籍为特色的藏书体系。

近年来，自治区图书馆不断完善文献采访原则并严格实行。严格依照《中国文献编目规则》（第二版）等文件规定，根据自治区图书馆实际情况，制定了普通图书、古籍、期刊报纸、视听文献编目、标引细则，对文献进行加工整理。目前，自治区图书馆文献布局合理，入藏图书、报刊、电子文献均具有一定的知识信息含量。图书及报纸期刊均实行开架借阅，计算机集成化管理，方便了读者，提高了工作效率。

读者服务工作

2011年6月1日，自治区图书馆率先在全疆实行免费开放。制定了《免费开放业务工作考核标准》等文件，为免费开放工作顺利开展提供了指引。坚持每年365天全天候向读者开放，每周开馆时间达72小时。2011年6月-2012年底，自治区图书馆持证读者达到8.8万人，书刊外借册次达到66万，流通人次达到178万。馆外流动服务点（含流动图书服务车、自助图书馆等）书刊借阅每年达13.1万册次。共举办大众阅读、讲座、展览等各类读者活动255场次，参与读者达15万人次。建立了公益性阅读基地，组建了全疆公共图书馆讲座、展览联盟，打造了“昆仑讲坛”“作家大讲堂”“书香新疆”等品牌服务，带动全疆图书馆开展文化惠民活动，充分发挥图书馆的阵地作用和社会教育功能。

倡导全民阅读、引领阅读风尚。十八大首次将“大力开展全民阅读”写入党的报告，充分表明全民阅读在我国经济社会发展中的重要作用。近年来，我们一手抓深入开展各种形式的群众阅读活动；一手抓建立健全全民阅读长效机制，努力为自治区实现两大历史任务营造良好的文化氛围。围绕自治区“天山读书节”举办了“书香新疆，全民阅读”活动190场次；联合全疆公共图书馆每季度发布1期维汉文“书香新疆——阅读流行指数排行榜”，努力打造引导各族群众阅读和实现“以现代文化为引领”的风向标；在军营、工地等基层单位举办“让阅读更声动”诗文朗诵会12场次；举办了“书香佳苑，尚书品读”活动7场次，邀请名家向读者推介优秀图书；利用“微博”等新媒体发布新书推荐。努力为建设学习型社会、促进社会和谐做出自己的贡献。

积极倡导并率先在全国开展“让爱凝聚，送您回家”为农民工网购火车票活动。认真筹划部署，制定服务方案并下发到全疆各级支中心，组织馆员为春节期间返乡农民工及市民成功购票百余张，影响带动全疆106个公共图书馆、近万个公共文化服务点参与此项工作。重庆等省区图书馆也纷纷加入到此行动中来。正如《中国文化报》的评论一样：“乞丐进图书馆”的道德大讨论，和“图书馆为农民工订票”一起，成为文化场馆激发民众温情、弘扬传统美德的标志性事件。此项工作在全社会引起了广泛关注、高度赞誉和争相报道。

加大业务及读者服务工作的宣传推广力度。2012年，自治区图书馆媒体报道有130多条，其中包括中央电视台等多家中央媒体。以开放积极的心态于2011年4月同时开通了新浪和腾讯微博。经过两年多的努力，自治区图书馆微博粉丝已经超过10万人。2012年，自治区图书馆腾讯微博荣获自治区十大政务

下基层为农民工赠书活动

热爱伟大祖国展开幕式

“多彩校园，放飞梦想”经典课文朗诵会

微博第八名，走在了全国省级馆微博的前列，成为了自治区图书馆的服务新平台和宣传新视野。

业务研究、辅导、协调协作

充分利用新疆文化艺术人才定向培养的契机，大力做好自治区图书馆在北京大学等单位的研究生班、业务骨干特培班工作。目前，已经完成学习培训19人。为提高馆员的专业素养和业务能力，自治区图书馆多次组织馆员赴内地省馆考察学习，组织外出学习人员汇报学习心得，邀请相关专家来馆开展业务讲座。

承办了“全国少数民族地区图书馆工作会议”，全国11家高校、科研及公共图书馆的90多位代表参会。协助完成了“春雨工程——全国文化志愿者边疆行”系列活动，邀请全国六个省市的图书馆专家，开展了“新疆图书馆二期改扩建工程研讨活动”，全疆14个地（州、市）图书馆派代表参加。举办了“2012年文献共享新疆行——上海图书馆、NSTL、CALIS文献获取服务宣传推广会议”，邀请了上海图书馆、CALIS管理中心、国家科技图书文献中心（NSTL）及新疆大学图书馆参加会议。

积极参与全国图书馆文献联合编目及全国图书馆讲座、展览联盟工作。2011–2013年由国家图书馆讲座联盟推荐的4名专家，在6个地（州、市）举办讲座8场次。积极参与国家图书馆“文津奖”图书评选活动，举办了“文津奖”图书展览，宣传推广优秀图书。建立了全疆公共图书馆联合编目中心，全疆基层馆加盟率达到100%。与全疆50个基层公共图书馆签订了讲座展览联盟协议。

立足新疆实际，充分发挥自治区图书馆的信息资源和服务资源优势，以服务联盟的方式打破了层级管理，将服务延伸到党政机关、学校以及部队、监狱、社会福利院等单位。截至目前，自治区图书馆与相关单位已经建成分馆8个、流通站109个。实现了文献资源的通借通还。2012年，自治区图书馆各级服务网点共计接待读者20万人次。

注重发挥行业引领作用，为基层馆提供服务和指导。2012年，自治区图书馆组织全疆图书资料继续教育培训学员168人；协助举办了文化部全疆公共图书馆免费开放培训班，培训全疆基层图书馆馆长及业务骨干60余人；深入全疆7个地（州、市）开展各类辅导培训10次，培训学员1000多人次。举办了“全国图书馆简报舆情工作”培训班及全疆图书馆业务建设交流培训班。

管理工作

近年来，自治区图书馆不断加大管理体制和运行机制改革的力度，营造良好的内部发展环境。科学制订了5年发展规划，为事业发展提供指引。进一步深化人事管理制度改革，按照“三定”方案的要求，不断完善岗位责任制，完善考核与分配激励制度，激发员工积极性和创造力。加强人事、工程项目等档案管理以及财务、业务工作统计分析工作。积极吸纳志愿者来馆参加图书排架等工作。坚持“安全第一、预防为主”的长效管理机制，制定了综合应急、突发事件疏散演练、网络与信息安全、网络突发事故应急等处理预案，确保场馆安全运行和文化安全。将综合治理、安全生产工作细化、量化、规范化、常态化，提高场馆运行保障能力。

表彰、奖励情况

近年来，自治区图书馆荣获了中央宣传部等五部门授予的“热爱伟大祖国，建设美好家园”主题教育活动先进单位，文化部授予的“全民阅读”先进单位，自治区“天山读书节优秀组织奖”，自治区工人先锋号，自治区女职工建功立业标兵岗，文化厅系统先进基层党组织、文化厅系统好班子、文化厅系统先进集体、文化厅系统安全生产先进单位等荣誉。

馆领导介绍

历力，女，汉族，1967年2月生，山东日照人，中共党员，本科学历，职称：正高。现任新疆自治区图书馆馆长、中国图书馆学会八届理事会理事、中国图书馆学会图书馆统计与分析专业委员会委员。从事图书馆专业工作27年。

艾尔肯·买买提，男，中共党员，1964年9月6日生，新疆大学政治系经济管理专业，本科，现任新疆维吾尔自治区图书馆党委书记，副馆长。1988年7月至2008年4月在新疆文化艺术学校任职。获自治区文化厅系统先进个人，先进党务工作者。

获奖情况

2012年被自治区委宣传部授予“天山读书节先进个人”称号；2013年被中国图书馆学会“全民阅读优秀组织奖”称号；2006年获中国图书馆学会2006年年会征文论文二等奖；2008年获中国图书馆学会2008年年会征文论文一等奖；2010年获第十一次全国民族地区学术研讨会论文一等奖；2012年获西北五省（区）第十一次科学讨论会论文一等奖；2013年获中国图书馆学会学术研讨会论文一等奖。

未来展望

自治区图书馆新馆建成总建筑面积为5.35万平方米，其中读者服务面积3.5万平方米，馆藏容量将达到500万册，阅览座位4500个，日接待读者能力6000人次。新馆服务功能得到完善，空间布局得到优化，将极大增强自治区图书馆服务能力。新馆将具备较完善的服务场所、完备的文献保存条件，实现藏借阅一体化，形成文献典藏、学习阅览、信息交流、文化休闲、参考咨询等服务体系，成为获取文献信息、传承文化、教育交流的现代化大型公共图书馆。

联系方式

地　址：新疆维吾尔自治区乌鲁木齐市北京南路78号
邮　编：830011
联系人：办公室

获得表彰奖牌

讲座

军歌嘹亮，让阅读更生动

巴音郭楞蒙古自治州图书馆

概述

巴州图书馆成立于1979年，现位于巴音郭楞蒙古自治州州府所在地——库尔勒市人民广场东侧，2012年参加国家第五次、自治区第四次公共图书馆评估中获得国家二级图书馆、自治区一级图书馆称号。馆舍建筑面积4052.93平方米，设有期刊、报纸阅览室，少儿阅览室，汉、民文图书外借室，过刊外借室，过报室，公共电子阅览室，盲文阅览室，工具书库，自习室等十个对外服务部门。2012年，巴州图书馆设置阅览座席总计为555个，计算机104台，宽带接入20Mbps，无线网络覆盖全馆，选用第三代Interlib图书馆自动化管理系统。

业务建设

截止2012年底，巴州图书馆总藏量30.6728万册（件），其中，纸质文献23.9258万册（件），电子图书6.25万册（件），电子期刊0.3万册（件）。

2009年，巴州图书馆新增藏量购置费32万元，2012年新增藏量购置费55万元。截止2012年，巴州图书馆电子文献藏量达到6000种，中外文报刊800种，视听文献600种。包括我馆自建《巴音郭楞蒙古自治州东归、楼兰特色资源库》数据库在内，巴州图书馆数字资源总量为10TB。

2011年，引进第三代Interlib图书馆自动化管理系统，并在全州各县市公共图书馆进行推广，建设全州公共图书馆服务网络。2012年初，实现馆内无线网络全覆盖。

读者服务工作

自2011年起，巴州图书馆实行365天开馆，周开放68小时。2009–2012年，书刊总流通4896000人次，书刊外借2199000册次。巴州图书馆为加强与各县市和高校图书馆的协作、实现文献资源共享的目标，以满足全州读者的文献信息需求。2009–2012年，巴州图书馆在机关单位、企业、社区建立22个馆外服务点，年平均书刊借阅14200册次。2011年起成立自治州政府公开信息查询点，连续两年为自治州“两会”人员提供免费信息咨询、参考和书刊借阅服务。

巴州图书馆积极开展各项为特殊群体服务活动，为残疾人提供免费上门服务，为进城务工人员提供免费购票和农民工子女免费赠书活动，在寒暑假期间开展未成年人主题系列活动，2009–2012年开展为特殊群体服务活动50场，受益人次达50000人。

2009–2012年，巴州图书馆网站访问量40万次，开通巴州图书馆新浪微博和腾讯微博，及时发布图书馆最新动态和活动信息月550条。截止2012年，网站发布数字资源10TB，汇集博看、五车电子书刊和《巴音郭楞蒙古自治州东归、楼兰特色资源库》数据库供广大读者浏览阅读。

2009–2012年，巴州图书馆共举办讲座、展览、培训、阅读推广等读者活动400场次，参与人数100万人次。

业务研究、辅导、协作协调

2009年–2012年，巴州图书馆职工6次在省级刊物上发表论文。

举办倡导亲子阅读签名活动

开展为农民工子女送书活动

开展送书活动

少儿图书室

期刊阅览室

图书馆正面照

自治州民族服饰和手工艺展

举办书香巴州 经典诵读活动

电子阅览室

近年来，巴州图书馆作为地区的中心馆努力采取多种方式对基层图书馆进行辅导工作，业务辅导活动达6次以上，使他们掌握基本业务知识、业务技能和工作方法。

与八县一市公共图书馆均签订资源共享协议书、组织开展了联合编目和共建共享服务工作，参与基层图书馆比例达到100%。

管理工作

2012年，巴州图书馆按需设岗，共设置各类岗位16个，其中：管理岗位2个，专业技术岗位13个，工勤技能岗位1个。并实行竞争上岗制度，实行岗位责任制，制定相关条例进行员工考核，形成激励制度。同时，建立了工作量化考核指标体系，每月进行工作进度报告，全年进行总体工作考核。

表彰、奖励情况

2012年公共图书馆评估荣获国家二级图书馆、自治区一级图书馆称号，获得各种表彰、奖励21次，其中国家级表彰1次，自治区级表彰5次，地市级表彰15次。

创建国家公共文化服务体系示范项目

2013年巴州图书馆成功申报“幸福家园·特阅服务”公共图书阅览及文化信息资源共享工程项目，针对老年人、青少年、残疾人以及进城务工人这四类特殊人群提供免费知识援助，开展弱势群体阅读需求研究，建立弱势群体阅读需求信息库，掌握不同群体、不同阶段阅读需求的特点和规律。开展弱势群体公共图书借阅及文化信息共享“差别化保障”研究，探索“政府组织，专家指导，公众参与，多方兴办”的弱势群体差别化服务途径，为政府开展公共文化差别化服务提供社会力量支撑。

未来展望

巴州图书馆在未来的工作当中，将不断强化自身综合实力，坚持“科学、务实、创新、发展”的办馆方针，完善服务功能，依托“幸福家园·特阅服务”国家公共文化服务体系示范项目和文化信息资源共享工程，创造性的扩大服务辐射区域，构建巴州地区公共图书馆服务联盟，带动本地区公共图书馆事业的整体发展。

馆领导介绍

张丽华，女，汉族，1966年11月出生，本科学历，中共党员，副研究馆员，馆长。1983年10月参加工作，历任博湖县图书馆馆长，2008年任巴州图书馆馆长。

阿玉孜曼，女，蒙古族，1972年8月出生，本科学历，中共党员，副研究馆员，副馆长。1994年1月参加工作，2011年1月任巴州图书馆副馆长。

联系方式

地　址：新疆维吾尔自治区巴音郭楞蒙古自治州库尔勒市广场路1号
邮　编：841000
联系人：聂 倩

开展免费书籍阅览活动

举办书法培训

塔城地区图书馆

概述

新疆塔城地区图书馆成立于1954年，新建平房250平方米，书架16个，藏书1万册，1958年向社会开放。后馆址几经变迁、于1986年建成建筑面积为2500平米的图书馆大楼，馆址位于塔城市文化路，藏书量也由最初的1万册、1.6万册、3.5万册增加至20万册，可容纳读者座位500个。2004年，参加第三次全国公共图书馆评估，首次获得国二级、自治区一级图书馆。2009年10月，位于塔城市塔尔巴哈台南路的新馆建成开放，新馆建筑面积为4874平方米。2012年，有阅览座席724个，读者使用计算机104台，宽带接入20Mbps，选用图创2图书馆自动化管理系统。完成业务管理系统、办公自动化系统、馆内各系统的链接。

业务建设

截止2012年底，塔城地区图书馆总藏量363614册（件），其中，纸质文献20万册（件），电子图书16万册。

2010年、2011年，图书馆新增藏量购置费50万元，2012年起增至70万元。2009–2012年，年购书5000册。年平均入藏图书6000种（其中包括2010年接受国家图书馆捐赠1000册；2011年国家图书馆捐赠20000册；辽宁省新闻出版局捐赠12000册；2012年国家图书馆捐赠18000册）；中外文报刊800种；视听文献600种。

截止2012年底，图书馆数字资源总量为10TB，2011年–2012年，完成数据库建设，馆藏中文文献书目数字化占总藏量的54.3%。

2013年年初，馆内共安装5套WiFi设备，无线网络覆盖率为100%。利用文化共享工程开展读者服务。

读者服务工作

从2009年8月起，塔城地区图书馆全年365天对外免费开放，周开放70小时。2009–2012年，书刊总流通20万人次，书刊外借全年借阅册次79090册次。充分发挥各项职能，不断拓宽服务领域，实行延伸服务，坚持送书上门图书流动服务。2009–2012年，建成20个分馆，有20服务点，馆外书刊流通总人次8万人次，书刊外借4万册次。实行馆际互借，在本地区所辖的五县二市图书馆开展图书漂流、图片漂流活动。

2009–2012年，塔城地区图书馆开展特色服务工作，向少儿服务，强化馆外网点服务，将弱势群体纳入服务范围，开展“六进”活动。积极组织参加2011年新疆第六届天山读书节，圆满地完成了天山读书节的各项活动。与塔城地、市有关单位联合举办的读书活动，内容丰富、形式多样，举办了“热爱伟大祖国，建设美好家园”，“阅读红色经典，重温红色历程”为主题的全民读书活动和图书馆宣传周活动。使全民读书活动走进了千家万户，达到了提高全民共同参与的目的，使全社会更加重视读书活动的重要性，同时发挥了图书馆的社会作用，社会知名度明显提高。图书馆的职能作用得到广大读者的认可，得到上级文化部门的表彰。电视台、报纸、广播等多家媒体对全民读书活动进行宣传报道。共举办讲座、展览、培训、阅读推广等读者活动160场次，参与人数达10万人次。

业务研究、辅导、协作协调

图书馆职工在各类图书馆刊物上发表论文11篇，交流论文2篇。获奖3篇。2012年9月有两名同志参加了在福州武夷山召开的第十一届中国社区乡镇图书馆发展战略研讨会。论文大会进行交流并获奖。

每年对员工进行岗位培训、继续教育，不断进行知识更新。派职工到北京、辽宁、武汉、自治区图书馆学习、深造，并邀请自治区图书馆专家来我馆授课：讲授图书馆自动化管理系统和文献编目；每年对我区五县二市图书馆进行巡回业务辅导、培训6次，图书馆自动化管理辅导、图书馆基本业务知识辅导等。帮助指导5个县市图书馆实现图书馆自动化管理，完成书目数据库建设。举办中小学图书室管理人员培训班、农家书屋管理人员培训班，培训学员300人次。

管理工作

2010年，建立了工作量化考核指标体系，2012年建立了绩效考核目标管理，每季度进行考核。抽查文献排架、书目数

市民文化大讲堂

县级图书馆评估验收、辅导

读书活动

举办各类活动及讲座

培训

据、图书加工、报刊记到、装订工作。撰写专项调研、分析报告和工作提案20余篇。

表彰、奖励情况

塔城地区图书馆坚持以人为本、以读者服务为工作中心，多项工作取得了较好的成绩。获得自治区级、地区级、市级的各种奖项。2009-2012年，图书馆在2010年、2012年被评为全民阅读活动开展先进集体。

2013年馆领导介绍

尹照东，男，1960年10月出生。本科学历，中共党员，副研究馆员，馆长。1980年9月参加工作，曾任采编部主任、副馆长等职，兼任新疆图书馆学会常务理事。

刘超，男，1968年7月出生，本科学历，中共党员，馆员，行政副馆长兼党支部书记。1990年9月参加工作，分管党务工作、精神文明建设工作等，新疆图书馆学会会员。

古加娜，女，1974年3月出生。大专学历，馆员，业务副馆长。2000年参加工作，先后在民文外借、采编部等部门工作，新疆图书馆学会会员。

未来展望

塔城地区图书馆将一如既往的秉承“读者至上，服务第一”的宗旨，深化优质服务，不断开拓创新，在传承和弘扬优秀民族文化、传播现代文明成果、服务经济建设、提高公民科学文化素质、推进社会进步发挥重要作用。

2013年，图书馆扩建工程正式启动，在辽塔新区建一座建筑面积6128平方米的新馆舍。全面建成后的图书馆，阅览座位达800个，可容纳纸质文献30万册，年服务人次可提高，安装国家配备128万元的自动化管理系统设备后，数字资源设计存储能力可达100TB，利用文化共享工程建设的设备和数字资源，推动数字化图书馆建设的进程。

图书馆馆貌

联系方式

地　址：塔城市塔尔巴哈台南路
邮　编：834700
联系人：刘春英

举办各类活动及讲座

县级图书馆评估验收、辅导

克拉玛依市白碱滩区图书馆

概述

白碱滩区图书馆严格按照国家一级馆的标准开展工作，积极发挥公共图书馆文化阵地的宣传教育作用，取得了较好的社会效益。连续两年被评为区级文明服务示范窗口，2013年被评为市级“全民读书日”活动先进集体等。图书馆坐落于白碱滩文化科技中心大厦，场馆面积2727.54平方米，2010年2月6日正式建成开馆，服务辖区6万余人，其中流动人口1万余人。图书馆现有工作人员13人，其中编业务人员4名，劳务派遣5名，实训人员4名，具有中高级职称2人，初级职称2人。馆藏纸质及电子书籍达20多万册，国内各类期刊260多种，图书种类涵盖文化、地理、文学等多个门类。图书馆一楼为中文图书外借室，是该馆最大的流通库，收藏综合性图书5万余册。二楼为少儿借阅室等儿童读书区域、三楼为电子阅览室、四楼则是自习室区域。

白碱滩区图书馆的开设填补了白碱滩区没有公立图书馆的历史，也成为白碱滩区在新的历史时期，文化事业发展的里程碑。

以读者为本、创新服务模式

白碱滩区图书馆按照“总分馆”模式建立市、区、街道、社区“联建共享一体化”服务体系。服务系统覆盖了全区2个街道、17个社区、3个管委会，在图书馆、街道、社区间实现了通借通还，覆盖率达100%。白碱滩区图书馆采用全方位计算机管理，免费办理“一卡通”磁卡业务。通过一张磁卡便可以在馆内任意藏室使用。同时，白碱滩区图书馆通过使用“图创”软件，实现了市、区、街道、社区“四级”联网，使得克拉玛依市和白碱滩区的图书通借通还，促使书籍能“流动”起来，减少了市民借书还书的不便，提高了借阅积极性。

坚持服务第一、提升服务水平

白碱滩区图书馆始终坚持“强管理、优服务”理念，从细节出发，不断提升服务水平，工作中坚持服务第一的理念，着重抓好管理，优化服务。通过科学规范管理，建立健全各项规章制度，对图书馆工作人员实行严格的绩效考核，严格抓好职工业务能力培训，促进服务水平提升。严格按照《中图法》要求对新增图书进行分类标引，分类、排架，图书编目科学、分类明确，便于操作。对古版书籍文献设立专柜收藏，专人保管。为更好地服务读者，图书馆对基层文化站30余名网点信息员定期开展专业技能培训，并协助指导基层站点分类、编目、上架图书。图人书馆专门设置了盲人读书区，配备了电脑、盲人有声读物、光盘等现代化盲文阅读设备。为更好地服务盲人借阅书籍，白碱滩区残联和区图书馆专门制定了盲人图书借阅制度，提供电话借书服务，并由馆员将书送到盲人手里，还可实行电话续借。同时建立馆员与盲人联系制度，使盲人足不出户就能看到盲文图书。图书馆二楼设置有少儿借阅室又名“鹤堂书舍”，馆室高悬1001只鲜艳漂亮的千纸鹤，每一只千纸鹤寓意承载祝福、放飞希望；儿童阅览室又名“童乐园”，收藏了全国公开发行的主要儿童报刊、连环画、图书、画册等适合小学二年级以下的儿童读物。此馆寓教于乐，孩子们喜欢的玩具摆设其中，让小小读者感觉仿佛来到了儿童乐园。

争创一流、拓展服务途径

面对新时期、新任务、新需求，白碱滩区图书馆不断创新服务理念，拓展服务途径，提升服务水平。图书馆早已超越“借”与“还”的范畴，承载了更多的文化职能和社会职能，承载着人类文明发展的成果，是民族文化积累、存储、整理、传承、散发的重要平台。白碱滩区图书馆自建馆以来，就确立了“一切为了读者、为了一切读者、以创新谋发展、以服务求生存”的服务宗旨。根据不同时段、不同群体需求，定期开展不同主题、形式多样的讲座、学术交流、书画展览等活动，做到了“月月有活动，主题各不同”。每年世界读书日期间，白碱滩区图书馆都举办系列活动，从“免费开放参观活动”到“人人爱读书、读书乐无穷”有奖竞猜活动，都受到了群众的积极响应，营造出了良好的人文氛围。2013年世界读书日期间，白碱滩区图书馆携手当地书法家举办了“拥抱春天，追逐梦想”为主题的书画提字活动，吸引了大批市民前来参与，完成的50余

世界读书日启动仪式

优秀读者表彰会

图书馆周末文化大讲堂

图书进校园

义务小馆员培训活动

鹤堂书舍

中文图书外借室

童乐园

幅书法作品，作为捐赠品装裱悬挂于各个馆室之中，增添了浓郁的文化氛围。

服务延伸、主动走向基层

为满足人民群众不断增长的精神文化需求，白碱滩区图书馆严格按照“以人为本、读者至上、服务第一、争创一流”的馆训开展工作，服务群众，想读者之所想，急读者之所急。节假日期间，根据读者阅读需求，适时开展延时服务、预约服务、上门服务等活动。同时，通过建立汽车流动图书馆“走军营、进工地、入校园”，给武警官兵、民工兄弟、校园学生送去时下最畅销的书籍，让他们能及时享受到读书的乐趣，白碱滩汽车流动图书馆在克拉玛依市尚属首例。春节期间，白碱滩区图书馆还利用馆内有利的条件为缺乏网络知识、难于购票的农民工无偿代购火车票服务，截至目前已为百余名农民工兄弟姐妹购买火车票。作为传播先进文化的公共图书馆，近年来，白碱滩区图书馆在为农民工服务方面，进行了积极的尝试，创造性地开展了各项工作，赢得了社会公众的认可，取得了极大的社会效益。今年5月，白碱滩区图书馆开展为农民工免费放映优秀国产电影的展播活动，观众超过300人。在这个活动的影响下，有更多的农民工了解和熟悉了白碱滩图书馆。现在，每逢节假日，送书、送电影到工地，已成为图书馆的常态化工作，许多农民工把白碱滩图书馆的服务已视为他们的节日文化大餐。

白碱滩区图书馆在文化建设的具体工作实践中坚持以现代文化为引领，服务群众、服务基层，把图书馆工作作为辖区繁荣辖区文化事业发展的重要载体，为实现跨越式发展和长治久安提供强大的文化基础和精神动力。

图书进军营

庆六一、迎七一绘画活动

鄯善县图书馆

概述

鄯善县图书馆初创于1936年2月，当时叫“兴化馆”，是在盛世才统治时期兴建的，王任担任馆长，马和文担任副馆长，“兴化馆”有一所阅览室，内有2000余册汉文书籍，专门为有权势的人服务。1950年10月，“兴化馆”改名为文化馆，成为人民群众读书看报的文化娱乐场所，1986年2月，图书馆从文化馆分列出来，成立自己的独立馆。

鄯善县图书馆位于鄯善县老城路，建筑面积1700平方米，分为上下三层，当时一楼有汉、维外借二科室组成，二楼阅览室、儿童阅览室二科室组成，三楼书库、报刊室二科室组成。图书馆一直在县委、县政府的领导下坚持党的文化方针，努力适应改革开放与社会主义市场经济接轨，充分发挥图书阅读为人民服务的功能，成为我县群众文化娱乐的窗口。

鄯善县图书馆从1986–1999年一直在老馆开展工作，由于县委、政府为了改善更好的服务场所，于1999–2000年闭馆两年，2010年元月正式启动对外开放，新馆位于鄯善县市民文化活动中心，建筑面积3100平方米，馆内藏书84680册，可容纳读者席座位300个，2013年参加第五次全国公共图书馆评估，获得国家级二级图书馆。

业务建设

截止2013年底，鄯善图书馆总藏书量86790万册，其中纸质文献86790万册，电子图书10万册。

2010年–2012年底鄯善图书馆新增藏书购置费60万元，2011–2012每年增加购书费10万元，维、汉文报刊8万元。

2013年5月份，电子阅览室正式启动对外开放，同时安装10万册电子图书，提供读者阅读，可下载回去看，进一步实行资源共享的目标。

读者服务工作

鄯善县图书馆从建馆以来，全年365天，每天对外免费开放，实行每周56小时开放。实现了馆藏文献自动借还，2011–2013年书刊总流量98991册，2012年元月开通了与楼兰社区、蝴蝶泉等社区图书室互借服务工作，2013年鄯善图书馆共举办演讲1次、展览2次、阅读推广等活动3次，共计2250人次。

业务研究、辅导、协作协调

2011–2013年鄯善图书馆职工发表论文7篇。

鄯善县图书馆近几年开展各类业务工作和读者活动，本馆工作人员经常去民政局孤儿院帮助孤儿们搞活动，并让孤儿们到图书馆阅读图书，了解图书馆的工作职能，并派工作人员到各文化站图书室辅导业务工作，在自治区图书馆和地区图书馆的业务指导、培训下开展各类读者活动。我馆与吐鲁番市图书馆是友好协作馆，在业务上学习市馆的先进工作作风。2011–2012年我馆与驻军部队雷达营、武警中队搞联营活动5次，并不定期去各社区搞互借活动。

管理工作

2011–2012年鄯善县图书馆有职工10人，聘请1人，同时建立了工作量化考核指标体系，每月进行效能考核，和每月工作进度通报，全年进行总体工作考核。2011–2012年总抽查文献排架25次，书目数据10次。

表彰、奖励

2011–2012年鄯善县图书馆共获得各种表彰、奖励16次，其中地区级4次、县级9次、局机关1次、其他奖励2次。

领导介绍

周士明，男，1968年8月生，本科学历，中共党员，文广局局长，2005年3月担任文广局局长、党委副书记，主管图书馆工作。

张建琴，女，1968年3月生，中专学历，中共党员，1995年在图书馆担任外借管理工作，2011年3月任图书馆馆长一职，分管全馆业务工作。

未来展望

鄯善县图书馆遵循“科学、效率、创新、发展”的办馆方针，践行鄯善县政府三步走的战略，即完善针对全县服务功能，扩大服务全县，带动全县社区事业的各项发展，准备在未来的几年里把图书馆的阅览坐席增加到800个，再把电子阅览室电脑增加到50台，带动各社区的数字文献运程和移动服务，使图书馆的各项体系项目能达到地区级图书馆的基本标准。

木垒县图书馆

概述

木垒县图书馆成立于1985年1月，位于木垒县城人民北路（三馆）。是集文献收藏、信息开发、读者工作、基层辅导、流动服务等功能为一体的综合性县级公共图书馆。

本馆新馆舍建成于2011年10月，面积1500平方米。其中书库面积240平方米，读者使用面积800平方米，设阅览座位200席。电子阅览室微机60台，馆内所有公共空间设施场地一律免费为广大读者提供服务。

馆内开设采编室、流通借阅、信息咨询、电子阅览五个业务部门，开展了图书外借、民文书刊借阅、少儿书刊借阅、报刊阅览、过刊借阅和地方文献查阅、文献信息服务以及文化信息资源共享工程服务工作，基层业务辅导、采购、分编等业务。

2009年被自治区文化厅评为自治区一级图书馆，被文化部评为国家二级图书馆。

业务建设

截止2012年木垒县图书馆总藏书量12万册，纸质文献6.5万册电子图书5.5万册，木垒县图书馆每年新增藏量购置费10万元，每年购书不少于2000册，报纸期刊200余种。

读者服务工作

从2011年6月起，木垒县图书馆全年365天都免费对外开放，积极开展各类活动，拓展服务范围。

1、举办业余爱好者书画展，奇石展、青少年硬笔书法展。

2、举办送图书"四进"活动，即送书送画进乡村、进社区、进军营、进校园。

3、为基层文化站、村文化室培训图书管理员，为文化站、村文化室送书，送画。

4、为丰富节假日文化生活，举办适合节假日文化活动的如："春节"我馆向离退休及社区三老人员送祝福、送春联，"七一"举办党员职工书画展。积极配合有关单位开展反"四风"教育，举办"廉政"教育展等活动。

5、通过开展读者演讲会、有奖征文等活动来扩大图书馆的社会影响力。

业务研究、辅导、协作协调

2009－2012年，木垒县图书馆职工发表论文9篇。

2009年发表论文：《论图书馆员的职业道德建设》；《试论图书馆网络环境下编目人员如何完成好编目任务》。

2010年发表论文：《试论县级图书馆如何发挥好社会教育职能》；《论社区图书馆的发展》；《政府信息公开条例》的实施促进图书馆的发展。

2011年发表的论文：《浅谈公共图书馆开发地方文献信息工作策略》；《基层图书馆的现状与发展》。

2012年发表的论文：《文化共享工程对基层图书馆发展的调查研究报告》；爱你——哈萨克名歌专辑。

近年来木垒县图书馆一直注重基层服务网络建设，通过馆外流通点使图书馆各项工作有了很大的提高。对我县6个社区、13个乡镇、60个行政村、县直3个学校、乡镇12个学校，进行了全面的业务辅导，加强了基层图书室的力量，每年举办基层图书馆的知识培训和各种读书活动，为基层图书室增加了新的读者群。

管理工作

对本馆在职人员多种渠道进行培训，参加短期培训班，鼓励自学成才，送出去观摩学习，请进来授课辅导，以提高干部职工的业务水平。根据事业单位人事制度改革的要求，建立岗位责任制、考核制度、考勤制度，实行全馆聘用制、岗位管理和工作目标责任制以及内部收入分配激励机制。

目前我馆有副研究员一名，馆员4名，助理馆员2名。我们的目标是"内部整洁，工作有序，环境优雅，特色鲜明，功能齐全，服务一流"。我们在取得二级图书馆的基础上，又申报了一级图书馆。2013年4月，我馆已通过全国第五次县及以上公共图书馆评估验收组的验收，目前我馆正在努力，迎接下一次的评估验。

表彰奖励情况

2010年获国家级二级图书馆、自治区一级馆、州级宣传周活动县先进单位、县级文化先进单位、文明单位、先进集体。

2011治安模范单位、先进集体。

2009年全民阅读先进单位、文化下乡先进单位。

领导介绍

刘世明，男，1958年生，本科学历，中共党员，副研究员，原图书馆馆长（1999年－2013年）。

孙红，女，1965年生，大专学历，中共党员，馆长。1985年参加工作，1985年－1990年3月雀仁乡文化专干，1990年－2103年文物局工作，2003年4月被教育文体局党委任博物馆副馆长，2007年12月被县人民政府任文物局副局长，2013年8月调整到图书馆任馆长。

未来展望

"丰富人民精神文化生活，让人民享有健康的精神文化生活是全面建成小康社会的重要内容"（注：引自十八大报告）我们认识到公共图书馆在丰富人民精神文化生活，培养人们社会主义核心价值观以及让人民文化资源方面有着重要的不可代替的作用。"增进文化整体实力"完善内部竞争机制，进一步增强服务意识，提升和优化服务水平，拓宽服务领域，努力做好公共图书馆的各项工作，是我们木垒县图书馆全体馆员的奋斗目标。

联系方式

地　址：新疆昌吉木垒县图书馆
邮　编：831900
联系人：赵 芳

昌吉市图书馆

概述

昌吉市图书馆原馆成立于1985年1月1日。当时馆舍面积为406平方米。2002年在市委、市人民政府及社会各界的大力支持和亲切关怀下，昌吉市文化中心落成。市图书馆分配到二楼，现馆舍面积达2482平方米，目前全馆实有读者座席300个，其中少儿阅览座席96个。2004年参加了第三次全国公共图书馆评估，首次获得三级图书馆。2009年第四次全国公共图书馆评估，获得国家二级图书馆。2013年参加第五次全国公共图书馆评估，荣获"国家二级图书馆"。

业务建设

截止2013年昌吉市图书馆总藏量为：12.0146（万册、件），其中图书8.8万册，盲文图书150册，报刊合订本15350册，视听文献950件，电子图书15696册。

2010-2013年图书年入藏平均达到2772种，报刊年入藏达255种，视听文献年入藏超过30件。从2011年开始其购书费（单列）15万元。

目前我馆数字资源总量达4个TB。馆藏中文文献数目数字化比例占中文图书50%以上。地方文献特色数据库的建设已列入规划当中。

目前我馆计算机总数已达52台，提供给读书使用的有30台。网络对外接口使用的是10兆光纤。存储设备容量达5.7TB，有图书馆自动化管理软件，系统都正常运行。

读者服务工作

从2010年6月1日起我馆全面实行免费开放服务。为了方便读者借阅，我们延长开馆时间，周六、周日、节假日不休息。每周开放时间达56小时。原来每周只有300人光顾图书馆，现在免费以后达到每周470人流动量。

我馆始终坚持开展馆外图书流动服务工作。目前馆外流动点达25个。馆藏书刊文献年外借册次比例占总藏量的83.3%。

为提高书刊的借阅率，积极开展图书文献宣传工作。利用电视媒体，新书专栏，发放宣传单等形式进行宣传。推荐图书、期刊、向读者宣传书刊400种以上。还利用出简报的形式，为政府提供有价值的信息服务。

本馆根据读者和用户的需求，以口头或书面方式向他们提供文献或其线索的服务。近一年来利用各种形式解答咨询200多条，同时为科研与经济建设提供信息服务。如：我馆为昌吉市林业部门的"优质果树栽培"等项目提供大量有参考价值的技术信息，在该项目的设施中充分发挥了图书馆信息服务的职能。

在为领导机关决策和科研与经济建设等提供信息服务工作方面，我们抽调业务骨干，在网上和本馆订阅的大量报刊中搜集一些有参考价值的决策信息和经济信息以简报的形式及时上报市科技局、党办、政办及各乡镇，为领导科学决策和社会经济建设做出了应有的贡献。目前这项工作已做为一项长期的工作一直坚持着，现共出信息简报4期。

2011年我馆建立了自己馆的网站，对网站管理制定了详细的规章制度。网站结构：首页、共享站群首页、本站首页、图书馆概况、读者服务、共享资源、特色服务、送书下乡、政务公开、读者论坛等。

网站栏目有：

1、图书馆要闻与一周要闻。

2、通知公告。

3、图书推荐与报刊推荐。

4、读者心得与参考咨询。

5、读者指南与网上借阅。

6、共享工程资源、分中心电子资源与支中心电子资源。

服务项目有：新书推荐和网上借阅、查询资料、检索等服务。网站每月更新一次，管理上有专人维护。

2012年我馆举办讲座、培训达12次以上，举办展览5次，阅读推广活动6次，年参与活动总人次达75000人次。同时利用每年的图书馆服务宣传周、全民读书月、世界读书日举办丰富多彩的馆办活动30多场次。

业务研究、辅导、协作协调

目前我市各社区、乡镇，村90%以上建有图书资料室，但大部分图书管理员都是兼职的，没有受过正规业务培训，

图书业务知识比较缺乏，根据实际情况，每年我馆都派业务骨干下基层辅导，现场指导工作。去年先后三次集中辅导，办班培训人次达150人次。分别派专业技术人员到三工镇、榆树沟、四畦村、勇进村，大西渠、幸福村、玉堂村，阿什里、努尔加村，建国路、南五工二村、小三四工二村、二六工、三畦村、泰昆社区等，进行了农家书屋的辅导工作。

通过辅导，提高了社区、乡镇图书室的图书管理人员的业务技能和管理水平，进一步促进了基层图书室的业务发展。

为促进我馆图书馆事业的发展建设，加快图书馆数子化网络化信息化以及资源共享步伐。我馆与州馆签订了文献资源采购联盟协议，成为加盟单位，平等享受联盟提供的各项服务。与州图书馆还签订了编制中文工具书联合目录的协议，促进馆际协调协作，实现文献资源共建共享。与国家图书馆联合编目中心达成协议签订了成员馆协议书，最大限度地实现资源共享。与兄弟县玛纳斯馆签订了业务合作协议，充分利用各馆的优势加强交流合作，共同发展。

在本地区图书馆服务网络建设方面：制定了我馆网络建设的规划方案。由于本市各街道社区，乡镇村网络建设条件不成熟所以我们只有充分利用本馆丰富的文献资源，开展馆外基层服务，尽可能更便利的把文献资源送到读者手中。近几年，我馆建立馆外流动点25个。年馆外流动点流动册次达2万册。

管理工作

近年来我馆从建立健全各项规章制度入手，强化内部管理，搞好自身建设，实行岗位目标管理，极大调动了工作人员的积极性。我馆根据昌吉市事业单位改革实施方案，已实现全馆聘用制，实行岗位管理和工作目标管理责任制，按需设岗、按岗聘用、以岗定薪、岗变薪变的原则，取得了较好的成效。我馆实行定期考核制度，对全体职工施行上半年一次考核和年终一次考核，对工作突出的业务骨干将优先公费派出学习，优秀者进行奖励。实行考核以来，工作人员的竞争意识，敬业精神显著增强了，工作积极性和业务水平也不断提高。

表彰、奖励

2009年被昌吉市关工委授予关心教育下一代先进单位。

2012年：州级文明单位、市级文明单位、市文化体育广电影视局授予先进单位、市综合治理先进单位。

馆领导介绍

潘虹，女，1964年11月20出生，本科学历，中共党员，副研究馆员，馆长。1983年参加工作。1990年10月1日从呼图壁图书馆调入昌吉市图书馆。历任昌吉市图书馆采编室主任，副馆长，2010年5月至今任昌吉市图书馆馆长。

未来展望

依据昌吉市到2020年人口发展45万人的目标，昌吉市公共图书馆现状离国家建设标准相差甚远。根据国家《公共图书馆建设标准》昌吉市图书馆发展目标是建一座中型公共图书馆，图书馆建筑面积4000㎡以上的现代化（数子化），总藏书量60万册，总阅览座席600座席。

联系方式

地　址：新疆昌吉市图书馆(宁边东路19号文化中心二楼)
邮　编：831100
联系人：潘　虹

阜康市图书馆

概述

阜康市图书馆前身为文化馆的一个图书室，1984年从文化馆分离。馆址几经变迁，目前所在馆2003年建成，位于阜康市天池街231号，占地面积3500平方米，建筑面积2000平方米，有阅览坐席292个，计算机68台，接入一条10兆专用光纤。2011年在阜康市党委、政府的高度重视下，在阜康市新城区再建面积3600平方米新馆，2014年7月将完工并投入使用。

业务建设

目前总藏量238411（册、种、件），其中纸质文献65211册（件）、电子图书173000册（种），电子期刊200种。

2010年以前，阜康市图书馆每年新增藏量购置费5万元，自2011年起增至每年10万元，2010–2013年，共入藏中民文图书10048种，12230册，中民文报刊1374种，视听文献192种。

截止2013年底，阜康图书馆数字资源总量为5TB，其中，自建数字资源总量1TB。

2006年我馆引进新洋图书管理系统，2010年升级改造为Interlib系统，目前馆内采访、编目、流通、书目检索等工作都已实现了自动化、网络化管理。

为了做好地方文献工作阜康专门制定了地方文献的征集办法和管理办法，依照办法进行征集和收藏，现有地方文献797册，书日数字化345条，设有专架专柜，有专人负责管理。

读者服务工作

从2011年6月起，阜康市图书馆全年365天天天对外免费开放，每周开放56小时，对读者实行借阅一体的“一卡通”服务，2010–2013年，书干总流通135679人次，书刊外借88539册次。

阜康市图书馆现有9个流动服务点，馆外书刊流通总人次23123人次，书刊外借16484册。

2010–2013年，阜康市图书馆共举办讲座、展览、培训、阅读推广等读者活动124场次，参与人数40532人次。阜康市图书馆始终坚持“读者第一，服务至上”的服务原则，不定期开展宣传活动和系列读书活动及系列文化服务活动。坚持举办4.23世界读书日、图书馆服务宣传周、全民读书月等常规宣传活动。适时举办科技下乡赶大集、红色影片进校园、文化共享助春耕、纪念建党九十周年红色经典展播、迎新春书画展等主题宣传活动。不定期举办新书展示、廉政图书进机关、捐赠图书、春联义写等文化服务活动；加强特殊群体服务，面向下岗职工、中老年读者、中小学生连续开展了计算机、书法免费培训活动；利用共享工程在农民工、福利企业中开展数字资源展播活动，吸引了更多的读者走进图书馆，利用图书馆，宣传图书馆，取得了较好的社会效益和文化效应。

业务研究、辅导、协作协调

2010年–2013年阜康市图书馆多次组织干部职工参加了区、州、市举办的业务培训、研讨交流活动，职工发表论文12篇。

2011年阜康市图书馆馆参加了昌吉州公共图书馆文献采购联盟，使得购书经费实现了效益的最大化。与木垒县、奇台县、吉木萨尔县图书馆签订友好合作协议，与其开展馆际互借，业务交流活动。

从2008年起，阜康市图书馆承担了全市106家农家书屋管理员培训、业务指导、活动组织、基本建设等工作任务，2010–2013年针对基层工作人员进行业务辅导68次，其中开展片区集中培训8次。依托“农家书屋”组织开展了演讲、征文、讲座等活动，宣传农家书屋建设工程，使农民群众成为文化建设的受益者。

管理工作

2013年阜康市图书馆按照市文广局事业单位聘用工作实施方案，按照岗位设置科学、运行管理规范、职务能上能下、待遇能高能低的改革方向，建立了适合图书馆各类人员特点的岗位管理制度，通过双向选择，完成了新一轮的岗位聘用工作。

上户沟乡“农家书屋培训”

读书演讲活动

综合借阅室

中小学生书法免费培训活动

表彰、奖励情况

2010–2013年，阜康市图书馆共获得各种表彰、奖励10次，其中，获国家级奖励1次，区级3次，州级1次，市级5次，有11人次获得州、市级奖励。

馆领导介绍

郑新，男，1958年2月生，大专学历，中共党员，馆长。1979年2月参加工作，2002年任阜康市图书馆馆长，任职期间多次被昌吉州、阜康市文化系统评选为先进工作者。

未来展望

在信息社会的今天，阜康市图书馆将依托文化共享工程，以建设现代化、数字化图书馆为发展目标，以自动化服务为手段，以满足读者需求为出发点，以开展服务活动为重点，以传播知识和传递信息为职能，以馆藏文献为依托，努力实现全方位开放式读者服务工作，使图书馆成为文化、科技、传播、社会教育、信息交流的中心，为丰富群众文化生活，提高全民文化素质，构建城市文化建设，做出新的、更大的贡献。

联系方式

地　址：新疆阜康市天池街231号
邮　编：831500
联系人：颜 萍

迎新春猜灯谜活动

开展红色电影展播活动

送书下乡–为牧民赠送书刊、光盘

玛纳斯县图书馆

概述

玛纳斯县图书馆在县文博中心一楼，2011年6月落成，2012年1月投入使用。新馆使用面积2005平方米。

我馆在编8人都是大专以上学历，都是中级职称。

业务建设

1、藏量：文献主要有：图书、期刊、视听文献、地方文献、电子文献，文献总藏量为8.2万册。

2、藏书质量：我馆制定了“玛纳斯县文献采选办法”、“玛纳斯县文献采选方针”，做到年初有计划，年终有总结，保证图书馆文献采选的重点性、连续性、针对性，并保证合理的复本量。

3、文献编目：制定了《玛纳斯县图书馆图书、期刊、报纸、视听文献编目细则》，保证了编目数据的规范一致。

4、藏书组织管理：馆藏文献都进行了回溯建库，实现了图书馆自动化管理，图书的排架、维护及书库防火、防盗、防虫、防尘、防潮措施到位，文献保护完好。

5、数字化建设：我馆目前共存储数字资源总量为3TB、馆藏中文图书、地方文献、视听文献都实现了文献书目数字化，文献书目数字化率达60%。

读者服务工作

1、免费开放服务：根据自治区图书馆（站）免费开放服务标准，公共空间设施场地：多功能厅、少年儿童阅览区、电子阅览室、汉文（民文）外借区、综合阅览室、采编室等；基本文化服务项目：文献资源借阅、检索与咨询、公益性讲座和展览、基层辅导、流动图书服务、服务于群众文艺作品创作、存包、打印、复印等公共文化服务项目。通过阵地服务、流动服务、拓展服务、以及个性服务、为广大读者提供全方位的文化艺术服务活动。

2、普通读者服务：图书馆每周开放时间不少于56小时，书刊文献的开架比率达90%，从2012年的统计数据可以计算出我馆的馆藏书刊文献年外借率为161%。

3、参考咨询服务：我馆结合县委、县人民政府的中心工作和不同读者、不同季节有针对性的开展宣传、咨询服务。

4、为特殊群体服务：为了给特殊群体做好服务，我馆制定了《特殊群体、弱势群体免费开放制度》、《特殊群体、弱势群体特殊服务方式》，对到馆的老年读者、残疾读者，外来务工人员、未成年人、拔尖人才实行零门槛免费开放服务，尤其对一些弱势群体提供特殊、优待服务。

5、图书馆网站建设与服务：我馆2012年建立了玛纳斯图书馆网站，结合我县实际，制定了网站建设规划、管理制度。定期更新网站内容，使更多读者从图书馆网站就能便捷地了解图书馆。

6、社会教育活动：2012年共举办讲座3次、展览3次、培训9期、阅读推广活动6次。我县人口总数约为14万，参加图书馆活动的总人数约15万人次，每万人平均参加活动次数约为1.0万次。通过讲座、培训，使参与者受到了很大启发和教育。

业务研究、辅导、协作协调

1、参与上级图书馆组织的协作协调工作：为了开展好图书馆各项工作，及时做到取长补短。2012年我馆同自治区联编中心、自治区图书馆学会、昌吉州图书馆、昌吉市图书馆都签订了合作协议。并和县教委、各社区也签订了合作协议。文献数据可以共享；讲座的授课教师、展览资料也可互通有无。

2、本县（市、区）图书馆服务网络建设：2012年1月制定了“玛纳斯县服务网络建设规划”按照结构合理、运行有效、惠及全民的原则，坚持政府主导、统一实施的方针，创新公共图书馆服务内容和方式，构建以县图书馆为中心，以各社区、乡镇场图书室为纽带，农家书屋为基础，以企业、部队、学校图书室联合加盟为补充，最终达到覆盖全县、功能完善、资源共享、管理规范的公共图书馆服务网络体系。

图书馆馆外服务点共32个，其中：8个社区、1个乡镇场、2个中队、一个企业图书室都参与了服务网络建设，8个学校目前还正在筹备参与。因此我县基层馆室参与服务网络建设的比率为68%。2012年基层各馆室与县馆之间文献互借周转册次为2000册。

3、业务研究、基层业务辅导、培训工作：2012年我馆共办班8期，下基层辅导每人全年不少于10天，辅导内容增加了自

动化管理内容，通过辅导、培训对图书分类、编目、上架、共享工程基础知识有了一定的认识和掌握，各基层图书室都能按我们的要求对文献进行规范化管理和借阅。

管理工作

我馆通过多年来的不断补充完善，制定了一系列管理制度，以制度管人，人性化管理、个性化服务，集中加强财务、人事、志愿者、设备物资、档案、统计工作、环境与安全等管理工作，努力把我馆工作人员打造成自治区一级馆工作人员的素质。

表彰、奖励情况

多年来图书馆先后被区州县评为未成年人思想教育基地、文化工作先进单位、爱国卫生先进单位、全民读书月先进单位、平安单位、全民阅读活动先进单位等。2009年被评为国家三级馆、自治区二级馆。

管领导介绍

馆长：范晓玲，女，1962年生，新疆玛纳斯县人，中共党员，大专，2012年图书馆工作至今。

副馆长：肖开提，男，1973年生，新疆玛纳斯县人，中共党员，大专，1994年图书馆工作至今。

未来展望

在信息社会的今天，玛纳斯县图书馆将依托文化共享工程，以数字图书馆建设为目标，以自动化服务为手段，以满足读者需求为出发点，以开展服务活动为重点，以传播知识和传递信息为职能，以馆藏文献为依托，努力实现全方位开放式读者服务工作，使图书馆成为文化、科技、传播、社会教育、信息

交流的中心，为丰富群众文化生活，提高全民文化素质，构建城市文化建设，做出新的、更大的贡献。

联系方式

地　址：玛纳斯县文博中心一楼
邮　编：832200
馆　长：范晓玲
联系人：张　红（玛纳斯县图书馆采编室）

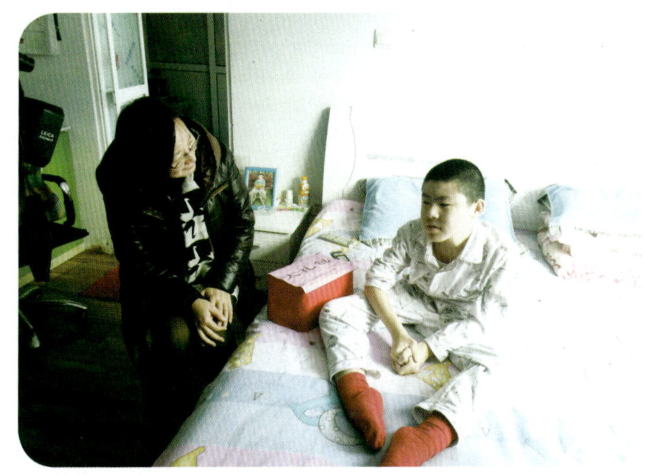

奇台县图书馆

概述

奇台县图书馆位于东大街77号始建于1947年，1950年业务归属于县文化馆，1980年1月奇台县图书馆正式成立。1992年10月新建，于1995年正式投入使用，馆舍建筑面积2200平方米，设计藏书容量12.1万册，可容纳读者坐席218个，计算机35台，可供读者使用的计算机有25台，网络数据传输速率为10M，专用存储设备容量为4TB。2013年全国第五次县以上公共图书馆的评估定级中被评为国家二级公共图书馆，自治区第四次县以上公共图书馆评估定级工作中被评为自治区一级公共图书馆。奇台县图书馆的定位是以地方特色文献为基础，逐步向数字图书馆发展，采用开发灵活的藏、借、阅、查、印于一体的新型服务模式，除了特定古籍文献外，藏书全部对读者开放，2009年全部启用“图创软件”实现办公自动化。

业务建设

截止2012年底，奇台县图书馆总藏量为12.1（万册、件），电子文献电子图书500种、电子期刊200种，图书年入藏量已达到2064种、报刊年入藏量为241种、视听文献年入藏量为30件。截止目前，共征集到地方文献546册，图书馆将收集的所有资料进行整理、分类、编目，建立地方文献特色资源库，设立专室专架，供广大读者查阅。

为顺应现代信息和网络技术的发展，图书馆采取多项措施，不断加强数字化建设，切实提升图书馆现代化发展水平。截止2012年底，奇台县图书馆馆数字资源总量为4TB，馆藏中文文献书目数字化达61.7%。

读者服务工作

从2011年6月起，奇台县图书馆实施无障碍、零门槛进入，公共空间设施场所全部免费开放。每周免费开放时间达56小时。2009−2012年，书刊总流通20.3万人次，书刊外借25.2万册次。其中书刊文献开架比例为85.3%，馆藏书刊文献年外借率为69.5%，书刊文献年外借册次为8.2万册，馆外流动服务点书刊借阅册次3.3（千册次/人），人均年到馆次数为26（次/人）。2009−2012年，奇台县图书馆建成了19个图书流动服务点。

2009−2012年，奇台县图书馆共举办讲座、展览、培训达阅读推广活动等读者活动62场次，每万人平均参与活动次数为1251次。

业务研究、辅导、协作协调

2009−2012年，奇台县图书馆职工发表论文5篇，有职工8名，其中少数民族1人，大专以上学历6人，中专以上学历2人，大专以上学历占职工人员总数的75%，中专以上学历占职工人员总数的100%。职工学历的提高为职称晋升奠定了基础，目前获得中级职称有6人，初级职称2人。中级以上职称人数占职工人员总数的75%，初级以上职称人数占职工人员总数的100%。其中馆长为副高职称、副馆长为中级职称两位领导均为大专学历，并系统学过图书情报学专业。奇台县图书馆十分注重职工的培训学习，在继续教育工作方面及时安排，按要求将专业技术人员分级派往自治区图书馆、昌吉州图书馆参加培训学习，2012年奇台县图书馆岗位培训、继续教育为70（人均学时/年），其中两名工作人员分别在武汉大学参加新疆文化艺术人才定向生培训班学习。

奇台县图书馆与兄弟县吉木萨尔县、阜康市签订了馆际互借协议。充分利用现有文献资源，开展馆外基层服务网络建设，尽可能更便利的把文献送到读者手中。2009年至2012年，奇台县15个乡镇文化站分批建成文化信息资源共享乡级服务点，60个行政村建成文化信息资源共享村级服务点，县图书馆负责指导设备的调试、运行、人员培训、业务开展等工作，目前各基层服务点设备运行良好。

管理工作

为强化内部管理，搞好自身建设，近年来奇台县图书馆从建立健全各项规章制度入手，实行岗位目标管理，每月进行工作进行通报，每半年和全年进行总体工作考核。

表彰、奖励

2009−2012年，奇台县图书馆共获得各种表彰、奖励5次，其中自治区3次，州级2次。

建立图书流动服务点

图书馆开展文化下乡活动

东风工程农家书屋培训班

举办第二期电脑培训班

举办画报展览

世界读书日读书宣传活动

举办第一期文学讲座

馆领导介绍

张强，男，1964年4月生，大专学历，中共党员，副研究馆员，馆长。入党时间1983年5月，1984年8月参加工作。

未来展望

奇台县图书馆始终坚持“读者第一，服务至上”的理念，既从体制机制上保障免费开放顺利实施，又把创新服务内容、开展精品活动作为免费开放、服务读者的重要内容。今后会将图书馆数字化，利用网络、计算机等现代信息工具，丰富和拓展传统图书馆的功能和作用。

联系方式

地　址：奇台县东大街77号
邮　编：831800
联系人：张　强

开展送书下乡、送春联活动

开展“喜迎建军节　好书送军营”活动

库尔勒市图书馆

概述

库尔勒市图书馆成立于1985年4月，同年正式对外开放。馆址几经变迁，2008年8月，位于库尔勒市石化大道59号的新馆建成开放，馆舍面积3200平方米，馆藏汉、维吾尔两种文字图书共计11万册，可容纳读者座席200个。读者上网电脑48台，30Mbps。是集文献收藏、读者服务、业务辅导为一体的综合性公共图书馆。2009年参加第四次全国公共图书馆评估定级，获得国家二级、自治区一级图书馆。2014年9月，库尔勒市延安路市民中心B区图书馆新馆建成开放，新馆建筑面积7500平方米，设计藏书容量80万册，可容纳读者坐席800个。计算机125台，信息节点296个，宽带接入100Mbps，选用Interlib图书馆自动化管理系统及RFID24小时自助图书馆系统。初现借阅藏一体化，实行自动化管理的智慧图书馆雏形。

业务建设

截止2014年7月，库尔勒市图书馆总藏量80万册（件），其中，纸质文献30万册（件），电子图书50万册。

2008–2013年，总藏量108960册，其中中文图书94498册，中文报刊5502种，视听文献360种。地方文献入藏完整率为96%。

截止2014年7月，库尔勒市图书馆数字资源总量为13TB，其中，自建数字资源总量10TB。

2014年7月新入馆藏70万册（件），其中，纸质文献20万册（件），电子图书50万册。同年将自动化管理系统升级改造为Interlib2.0系统，以适应库尔勒市公共图书馆（室）服务联盟建设的需要，同时，增加了RFID24小时自助借还和智能导航功能。实现馆内wifi全覆盖。

读者服务工作

一直以来，库尔勒市图书馆始终从保障人民群众基本文化权益、丰富人民群众精神文化需求出发，以“文化惠民”为着力点，始终贯彻读者第一的服务理念，突出公益属性、强化服务职能、增强发展活力，努力提高公共文化服务的质量和水平，努力使公共图书馆（站）成为弘扬社会主义核心价值体系。

免费开放后，我馆基本形成了以借阅文献为主，辅以文化活动、社会培训；以服务广大市民为主，关注弱势群体；以继续强化传统服务为主，积极探索新型知识服务等主次结合、轻重有序、中长期科学发展的工作模式，通过这些举措吸引不同层次、不同背景、不同类型、不同需求的市民和机关企事业单位走进图书馆、利用图书馆，实现公共图书馆普遍均等的服务理念。

业务研究、辅导、协作协调

2014年，库尔勒市图书馆职工发表论文2篇。

一直以来，我馆把实现好、维护好、保障好广大群众的基本文化权益作为图书馆工作的出发点和落脚点，充分发挥基层文化设施的阵地作用，有效地保障了广大人民群众的基本文化权益。目前，全市建有乡（镇）基层图书室17个，平均图书室面积130㎡，图书藏量总计8万册，均通过自治区文化站评估定级（其中：8个被确定为自治区一级文化站，1个被确定为二级文化站的，3个被确定为三级文化站，5个被确定为地区级以上标准文化站），合格率达100%。有农家书屋43个，总藏书量6.88万册，基本实现了“农家书屋”全覆盖。这些图书室覆盖面广，功能布局和设备配套齐全，向广大群众提供图书报刊阅览、宣传教育、文艺活动、科普教育、文化信息资源共享等文化服务。我市公共文化阅读体系网络已基本实现了市、乡镇(街道)、村(社区)三级全覆盖。

2009–2014年，我们对我市公共文化阅读体系三级网络举办图书馆业务讲座等培训班12期，48课时，623人次接受了培训。

管理工作

库尔勒市图书馆现有在编工作人员5人，公益性岗位33人。平均年龄30岁，中级职称3人，本科33人，大专5人，是一个具有较高素质的集体，库尔勒市图书馆作为我市信息文献汇集的中心，发挥着信息传播及社会教育职能作用，良好的工作作风，较高的思想素质是做好图书管理工作的基础，也是满足人民群众日益增长的精神文化需求的有力保障。馆领导注重加强对干部职工的政治业务学习，努力做到内强素质，外树形象。以每周星期三、五作为理论和业务学习日，带领全馆

利用资源共享设施开展为农民工购票活动

进企业进入新疆富丽达纤维有限公司慰问企业职工

利用阅览室开展演讲比赛活动

向官兵们送去新春祝福

现场发放宣传单及图书展阅

小志愿者们帮工作人员将报纸上架

走进福利院慰问

开展古籍收藏活动，康熙辞典

同志认真学习相关的业务知识，强化服务意识，转变服务观念，不断提高全体工作人员爱岗敬业的意识和业务素质、服务质量。

表彰、奖励情况

2009–2012年，库尔勒市图书馆共获得各种表彰9次，其中，国家级表彰2次，自治区级表彰3次，地州级表彰1次，市级表彰3次。

2009年获得国家级二级、自治区级一级图书馆称号。

2011年获得库尔勒市城镇妇女“巾帼建功”先进单位。

2012年获得库尔勒市拥军优属工作先进单位。

2013年获得国家级二级、自治区级一级图书馆称号。

2013年获得自治区“全民阅读活动”创新奖。

2013自治州“全民读书”活动先进集体。

2013年库尔勒市示范性未成年人活动场所之一。

馆领导介绍

普泽琼，女，1978年11月生，汉族，本科学历，中共党员，汉语言文学专业、图书管理专业，副馆长。

未来展望

2013年库尔勒市成为全国首批90个国家智慧城市试点之一，库尔勒市图书馆以“智慧图书馆”为建设理念，进行场馆的设备配置和信息化建设。随着“智慧城市”建设的展开，云处理、计算机技术和信息技术的快速发展，市民将通过“智慧图书馆”服务，可以在任何地点浏览、利用图书馆资源，在飞机场、家里、旅途中、办公室等地都可以享受到“智慧图书馆”带来的便捷，真正实现阅读无处不在。

联系方式

地　址：库尔勒市石化大道59号
邮　编：841000
联系人：普泽琼

开展“健康生活，幸福人生讲座”

图书馆服务宣传周活动

尉犁县图书馆

概述

尉犁县位于巴州腹地，总面积5.9万平方公里，辖7乡1镇50个行政村，9个社区，有生产建设兵团农二师直驻县单位7个团场，县域总人口11.06万人，其中：地方人口6.33万人，维吾尔族占51.9%，汉族占47.4%。

尉犁县县图书馆2006年机构编制和文化馆分设正式成立，核编3人，现实有6人，副高1人，中级2人，编外3人。汉族2人、维族4人。财务和文广局统一核算。馆舍搬迁3次；2009年首创国家二级、自治区三级图书馆。2013年创建"国家二级、自治区一级图书馆"。

业务建设

2012年9月新馆搬迁到县文化艺术中心，馆舍面积1510平方米，共设阅览座席340个。计算机33台，用于服务读者26台，宽带接入20M，存储容量达5TB，有"图创"软件业务管理系统。纸质图书已实行电子化系统管理，借阅方式已转变为电子刷卡借阅。图书馆实行财政全额拨款，每年拨入购书经费5万元。2012年县财政拨付到位资金共计62.9万元，其中：人员工资17.9万元，设备、图书等购置45万元。

2013年县图书馆全年实行360天免费开放。馆藏图书、期刊96023册，实现了自动化使用"图创"数字化管理，由过去手工借阅转变为刷卡借阅。电子阅览室向全县广大读者免费开放，一年新增办理图书借阅证由128人增加到633人。文化资源共享工程得到进一步的实施。成功创建了"国家二级、自治区一级图书馆"。荣获自治区"全民阅读活动"创新奖及巴州"全民阅读活动"先进集体。

馆内设有6个对外服务窗口，其中：1、图书、期刊借阅室；馆藏资质图书4.6万册，其中收藏有历年期刊文献2万册，近代汉文图书2.2万册，维文0.6万册。每年新订购期刊229种。报纸22种。设阅览席位40个，每周开放7天，56小时。2013年免费阅读人次达2.2万人次，图书流通4.5万册，其中期刊流通3.5万册。2、现刊阅览及馆长室：阅览座席30个。有220种现刊，地方文献166册。3、电子阅览室：专门为到馆读者提供20兆宽带上网服务。该室环境优雅、舒适，设有25台全新的液晶显示计算机。电子图书5万册。4、机房及资料办公室：两间套件，静电地板，在文化资源共享服务器上安装了交换机，网络布线。5、多功能活动自习室；四楼，专门为到馆读者提供学习场所。该室环境优雅、舒适，设有40张全新的办公桌椅100个座位。液晶电视2台，4米幕布、投影仪等。6、会议室：三楼，配有2米幕布、投影仪等为到馆读者提供演讲活动场所。

读者服务工作

1、各项管理制度健全，星期一至星期五、周六和周日全天开放。节假日轮班开放，每周开馆时间56小时。免费为老年人办证。每月新增期刊229种，每日新增报纸22种。读者满意率达95%以上。

2、平均年外借期刊、图书4.5万册。（手工统计），期刊借阅室、图书借阅室电子阅览室实行全开架形式。

3、图书服务点4个，县老干局和县武警中队。服务方式定期送图书、期刊平均种类380种以上。

4、年开展图书宣传服务活动32次，上报信息32次，人次达2万人。

5、年举办业务培训班12次。开展农家书屋图书用户培训5次。我们的服务承诺是一切为了读者！

开展业务研究、辅导、协作协调

1、在省级以上发表论文6篇：2007年3月在西域图书馆论坛上（总第92期）发表《谈如何做好基层公共图书馆工作》；2008年2月在西域图书馆论坛上（总第95期）发表《谈基层公共图书馆发展》。2011年第4期在上海高校图书工作情报研究论坛上（总第84期）发表《县级公共图书馆的建设与发展趋势》；2012年3月在中国公共文化设施建设交流论文上发表《关于基层公共图书馆(室)建设发展的探索》。2013年第2期（总第115期）发表《新技术下的尉犁县公共图书馆资源共建共享》在<文化大视野>2013年9刊登《新技术应用与县级图书馆服务创新-实践报告》在州级以上发表论文2篇，2007年10月在巴音郭楞日报上发表《浅谈公共图书馆职能的发挥》和《三大工程给图书馆带来的机遇和挑战》。

2、以图书室服务点为基础在县武警中队、老干局、银华

开展"你选书，我买单"活动

图书进工地

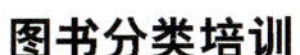

图书分类培训

小走进图书馆

图书捐书活动

社区、县科协设立了4个图书流动服务点。

3、在进一步新建馆的基础上，充分发挥社区、乡镇、村图书室阵地作用，建立健全了社区、乡镇、村等基层单位农家书屋、东风工程配发的图书组织。乡基层文体站8个，50个村、9个社区，每个乡文体站均配备了图书工作人员2-3名，编制16名，在职馆员23人。在人员统计、职称、岗位设置等基本情况上，局统一管理，县图书馆协助指导、培训、分类、排架。年下乡文化图书技术培训、业务指导68次。基层文化站图书室有图书分类目录、书标覆盖率达80%，社区、村覆盖率达90%。

管理工作

建立健全了各项工作制度上墙，工作量化考核指标体系，每月进行工作进度通报，全年进行总体工作考核。

表彰、奖励情况

2011年上报尉犁县文体局妇儿工委规划，荣获尉犁县妇联、巴州妇联2001-2010两个规划先进单位，冯雪梅先进个人。2012年荣获自治区党委宣传部、教育厅、新闻出版局、团委、妇联“热爱伟大祖国，建设美好家园”主题热心读者征文活动先进单位、个人。2013年荣获自治区“全民阅读活动”创新奖，荣获巴州“全民读书月活动”先进集体。

馆领导介绍

冯雪梅，女，汉1962年12月出生，大专学历，图书馆馆长，图书副研究馆员。

未来展望

尉犁县图书馆将是一座具有地方民族特色的开放式、多功能、研究型、现代化的公共文献信息中心，局域网可实现馆内与各乡站、点传递，馆外读者可通过因特网访问尉犁县图书馆，在深化收集保存文献职能的基础上，同时担负起网络信息资源的收集、加工整理、指导乡站使用的职责，应多引进先进科学技术和专业技术人员，为繁荣和发展尉犁文化事业，做出应有的贡献。

电子阅览室培训获奖

联系方式

地　址：新疆巴州尉犁县团结东路希望广场文化艺术中心二楼图书馆

邮　编：841500

图书馆下村分类

图书进军营

沙雅县图书馆

概述

沙雅县图书馆1957年建馆，目前位于沙雅县科技文化艺术中心南侧，建筑面积1032平方米，是沙雅县唯一对全县各族群众免费开放的公共图书馆。馆内设有办公室、采编借阅室、报刊阅览室、地方文献特藏室、电子阅览室、信息查阅点等服务窗口，阅览座位160个，计算机30台，网络节点50个，选用广州图创图书馆自动化管理系统。2009年，参加第四次全国公共图书馆评估，获得三级图书馆；2013年，参加第五次全国公共图书馆评估，获得二级图书馆。

业务建设

截止2013年底，沙雅县图书馆总藏量4.5万册。其中，维吾尔文藏书1万册，汉文藏书3.5万册，年订阅各类报刊246种。数字资源总量4.6TB，视听文献630种。2011年至2014年，沙雅县图书馆新增藏量购置费41万元。2011年，沙雅县图书馆成立联合编目中心。2012年9月新疆维吾尔自治区图书馆联合编目中心沙雅县分中心在沙雅县图书馆建成。2013年2月全国图书馆联合编目中心沙雅县分中心在沙雅县图书馆建成。2013年3月，沙雅县图书馆获得全国图书馆联合编目中心上传资格。

读者服务工作

2011年6月1日起，沙雅县图书馆365天免费对外开放，周开馆时间56小时。2012年1月开通了沙雅县图书馆微博、设立了QQ读者服务群、图书自由交流群为读者开展网上续借、参考咨询、专题讲座等服务。2009–2012年共举办各类活动120场次，其中讲座、培训20场，图书展览及推广活动20次，读者活动80余场，受益人数达20万余人，书刊外借册次达16.12万册次，总流通人次达21.9万人次。2012年2月设立15个馆外流通服务点，馆外流通总人次5.8万人次，书刊外借7.5万册。

管理工作

2012年，沙雅县图书馆完成第二次全员岗位聘任，有8人重新上岗，同时，建立了工作量化考核指标体系，每月做工作计划小结，每半年和全年进行总体工作考核。

表彰、奖励情况

2013年10月，被文化部授予国家二级馆荣誉称号，被新疆维吾尔自治区文化厅授予自治区一级馆荣誉称号。

2013年10月，被新疆阿克苏地区老龄委授予地区级“敬老文明号”单位。

馆领导介绍

孙华，女，1965年4月生，本科学历，中共党员，馆长。1983年6月参加工作，历任新疆沙雅县县委办副主任科员，新疆沙雅县总工会副主席，2010年1月任新疆沙雅县图书馆馆长。

未来展望

我馆坚持社会主义公益事业的办馆方针，不断改进和提升服务质量和水平，强化管理，加大图书馆的宣传力度，吸引广大读者了解图书馆，走进图书馆，利用图书馆，取得更好的社会效益。满足不同民族、不同层次、不同深度、不同文献需求的读者。积极利用现代科技成果，以网络为依托，借助现代技术手段和服务手段，建立有特色、数字化的现代文献保障体系，建成沙雅的文献信息资源与服务中心，为沙雅的经济发展和社会全面进步提供可靠的文献信息资源保障；为我县的政府决策、经济、社会发展提供知识支撑。

图书馆是传播知识、信息的机构，是建设学习型社会和青少年思想道德教育的重要场所，是“没有围墙的大学”。我县图书馆将坚持依靠丰富的馆藏资源和设备、人才，最大限度发挥图书馆的社会教育功能，传播先进文化，开发智力资源，使之成为我县各族群众的终身学校和我县精神文明建设的基地。

联系方式

地　址：新疆沙雅县图书馆
邮　编：842200
联系人：王小娟，齐　才

额敏县图书馆

概述

民国33年（1944）9月额敏县成立民众教育馆，内设书报阅览室，同时开展图书外借工作。1965年由自治区文化厅和县财政局共同筹集资金3万元，修建420m²的平房，内设图书室2个，总藏书4000余册，开展图书借阅工作。1982年额敏县公共图书馆成立，图书馆和文化馆合署办公，藏书1.65万册。1989年，额敏县公共图书馆迁至文化路北侧，面积为335m²，工作人员7人。现如今的额敏县图书馆位于额敏县红花路150号，2004年在县委、县政府和文体局的关心下，多方筹集资金在原址的基础上建起570m²砖混结构的平房，于同年8月1日正式开馆为读者服务。内设服务窗口8个：采编室、民汉文图书室、地方文献室、民汉文期刊阅览室、报纸室、儿童阅览室、过刊室、电子阅览室。读者阅览座席位共200个，其中儿童座席位88个。种植花卉1000余株，绿地200多m²。

业务建设

截止2013年上半年，额敏县图书馆文献资源收藏总量43700余册，其中哈萨克文字图书4800余册，维吾尔文字图书5300余册，蒙古文字图书1000余册，地方文献200余册，视听文献3700余种，年订购报刊275种，其中民文54种，少儿72种，报纸35种。2010–2013年，额敏县图书馆新增藏量购置费42.8万元。2010–2013年，共入藏民汉文图书1.1余万种，2.1余万册，视听文献3587种。截止2013年上半年，额敏县图书馆数字资源总量为5TB。其中，接收捐赠数字图书馆2TB，文化中心配备视屏资源量1TB，万方数字资源量2TB，地方文献资源25G。图书馆现有计算机45台，提供给读者使用的30台，办公电脑15台，摄像机、照相机、电视机、投影仪各一台。2009年接入光纤10兆。资源存储容量为5TB。2009年至今图书馆自动化管理系统运行正常。

读者服务

自2011年6月起，额敏县图书馆无节假日全天对外免费开放，每周开放达72小时。2009年实现馆藏文献的自助借还以来，2010–2013年上半年，书刊总流通17.6万人次，书刊外借8..82万册次。2010–2013年上半年建立分馆7个。自2010年开展政府公开整合服务以来，我馆利用文化资源共享资源优势，搜集、整合群众感兴趣的热点话题印制成册7种类型，600余册免费发放给到图书馆看书的读者。收集、整理、编辑富有地方特色的《哈萨克族民俗》、《中国传统节日》宣传手册，共印制9000册，免费发放给读者参考阅读。2010年–2013年上半年，额敏县图书馆网站访问量13.6万次。截止2013年上半年，额敏县图书馆发布使用的数字资源存储总量为5.025TB，均可通过额敏县图书馆网站查询、检索和浏览。2010年–2013年上半年，额敏县图书馆共举办讲座、展览、培训、阅读推广等读者活动达100余场次，参与人数1.6万人次。

协作协调

一是积极参与上级图书馆组织的图书联合编目。馆际业务交流、参与上级图书馆组织的各类培训活动等。二是服务网络化建设不断普及，我县17个乡（镇）、场已实现资源共享。三是深入乡（镇）场、村开展业务指导培训30余次。举办农家书屋管理培训4次，参训人员300余人。下基层开展共享工程基层服务点年辅导17次。辅导基层信息员10人。四是调研工作扎实认真。到目前，全县乡（镇）图书室达到17个，农家书屋133个，共有藏书5万册，馆舍面积达到6000平方米，借阅人次2万人，流通图书3.5万册。

管理工作

图书馆把干好本职工作，促进文化事业发展，服务社会大众作为重要任务，在管理上规范，作风上求垂范，服务上求实效，全馆上下团结拼搏，开拓创新，出现了干实事，求实效的工作局面。一是健全财务制度、严格按照制度实行管理。二是根据单位内部工作需求设岗，中级职称馆员实行竟聘上岗，干部职工每年签订量化管理目标责任书，评优实行年底与考核挂钩的制度，极大地调动了全体干部职工工作的积极性。三是在塔城日报上刊登志愿者招募公告，吸纳志愿者参与图书馆工作，2012年吸纳志愿者4名，志愿服务工作开展有序，四是设备、物资每年进行一次清点。有专人保管。五是各类档案健全、资料详实、归档及时。六是统计齐全、有统计分析。七是优化工作环境，规范工作行为。几年来，图书馆制作提示牌并购置花卉，在馆内提倡微笑多一点，说话温柔点，质量好一点，效率高一点的工作方法为读者提供一个整洁、美观、安静的读书环境。八是安全保卫工作落实到位。每年与安保公司签订安保协议，聘用安保人员负责安全保卫工作。注重消防，购置了新的消防设备，并定期请专人检查设备的完好性。通过以上方式、方法进一步强化了干部职工的安全意识。

表彰、奖励情况

通过图书馆干部职工的共同努力，先后被全国妇女“巾帼建功”委员会命名为“巾帼文明岗”被地区命名为“文明单位”，“民族团结模范单位”，“模范职工小家”；业务主管部门评为“2010年度文化工作先进集体”，“2011年度文化工作先进集体”，“2012年度文化工作先进集体”；中共额敏县机关工委评为“2010–2012年党风廉政先进集体”等荣誉称号。

馆领导介绍

吴梅冬，女，汉族，1966年6月生，大学本科，额敏县文化体育广播影视局副主任科员，额敏县图书馆馆长。1983年10月参加工作，担任过县文化馆美术辅导员、县图书馆副馆长、馆长、文化体育广播影视局副主任科员、图书馆馆长等职务，负责额敏县图书馆全盘工作。

沙力木江，男，哈萨克族，1967年2月生，中共党员，大学本科，额敏县图书馆党支部书记、副馆长，中级馆员。分管党的建设、综合治理等工作。

未来展望

进入新世纪，图书馆事业面对的当前文化产业形势正在迅猛发展，迎来了新的发展机遇和挑战。对县级图书馆的要求也随之增加，因此额敏县图书馆在未来几年中将在现有馆舍的基础上，与文化馆、博物馆共同另建一座三馆合一的综合楼，届时额敏县图书馆的建筑面积将达3000平方米以上；阅览坐席600个；馆藏达20万册；年服务人次可达8万人次以上；数字资源存储量达6TB；继续做好二次文献的编目工作，争取将具有额敏县地方特色的文化以简单易懂的手册呈现给更多的读者；参加地区联网服务，开展塔城地区联合借阅工作，并建设额敏县本地社区、乡镇场文化室通借通还工作。额敏县图书馆全体工作人员将继续努力坚持高标准、严要求使各项工作更上一个台阶，为更多的读者提供更高质量的服务。

联系方式

地　址：塔城地区额敏县红花路150号
邮　编：834600
联系人：吴梅冬

拜城县图书馆

概述

拜城县文化馆1975年前称文化服务站，1975年3月正式文称文化馆。图书馆成立于1979年8月。目前，两馆合属办公，一套班子、两块牌子，主管局为文化体育广播影视局。至2012年10月图书馆实有人数10人，其中：管理人员2人、副高级职称1人，中级1人，初级职称5人，工勤人员1人，在职人员学历全部达到专科以上。

馆址几经变迁，2005年5月，位于拜城县团结路5号的新馆建成开放。新馆建筑总面积为3434.58平方米。2009年，参加全国第四次自治区第三次图书馆评估，首次获得自治区二级图书馆。2013年，拜城县图书馆有计算机66台，10兆光纤接入，广州图创图书馆自动化管理系统。

业务建设

截止2013年底，拜城县图书馆总藏量民汉图书30.1754万册（件），其中，纸质文献5.0254万册（件），电子图书25.1500万册。

县文化信息资源共享工程（电子阅览室）有拜城县图书馆网站，文化信息资源共计：4TB存储容量和251500册电子图书及各类丰富的节目内容。

读者服务工作

从2011年4月1日起，拜城县图书馆实施免费开放服务，全年免费开放时间在300天以上，周开放56小时，做到以人为本，坚持“读者至上、服务第一”的宗旨，提供全方位的优质服务。免费开放工作的实施极大的丰富了我县各级群众的业余文化生活，并结合我馆工作在个节假日期间现场免费办理图书借阅证，扩大图书馆的社会影响。

2011—2013年，阅览室年均征订新报刊杂志250余种、坐席数80个；儿童阅览室年征订新报刊100余种、坐席数60个。截止到2013年底，拜城县图书馆服务总人次达到144215人次余人（次）；其中：馆内图书借阅5560人次，汉文图书3120人次，民文图书2440人次，借阅图书8998册，阅览室服务读者45000余人次，办理“一卡通”1360余张；馆外活动服务138655人次，展出图书17000余册，现场借阅图书2413册，其中汉文1810册，民文603册，展出报刊杂志300余种。拜城县图书馆共举办讲座、展览、培训、阅读推广活动等读者活动69场次。

2013年底，建成馆外图书流通点达到10个，派专人定期更换图书，极大方便读者借阅。

随着县域经济的快速发展，县财政对图书馆事业建设的投入也在不断增加。自上次评估以来县委、县政府高度重视图书馆事业，把图书馆建设作为县域文化事业发展的重要内容。2005年图书馆搬迁到文化中心大楼后，馆舍面积达到到现在的1500㎡。其中：办公室1间32㎡；图书室2间260㎡；成人阅览室2间110㎡；资料室（地下室）1间130㎡；儿童阅览1间80㎡；电子阅览室1间120㎡；主控机房1间12㎡；培训教室1间80㎡；学术报告厅1间200㎡。

拜城县文化信息资源共享工程（电子阅览室绿色网吧）暨拜城县青少年爱国主义教育基地，共有终端电脑65台，包容全国各地的文化共享成果可供读者浏览其中电子阅览室可同时提供60人同时上网、学习、培训。包括：儿童阅览席，老人阅览席、农民工阅览席、残疾人阅览席。图书馆实行免费开放以来，建立了免费开放制度，落实人员措施到位，设立值班制度，除正常工作日外，周六、周日图书室、阅览室、电子阅览室安排工作人员正常上班。办公电脑5台，摄像机、照相机、电视机、影仪各一台（件），宽带网络全部接通。

图书馆工作涉及面广，业务量大。为了满足不同层次读者的精神文化需求，我们把搜集整理、收藏和流通图书资料放在首位，贯穿于工作之中。一是注重了图书馆图书藏量的增加。每年都安排一定的资金购置书刊和图书。2010年、2011年新增图书1万余册。书刊进馆后，及时按照《中图法》分类标引，使用《普通图书著录规则》进行著录、登记、建卡，及时与读者见面；对过期的图书、报刊及时清理，并建账、建卡、入库收藏。经自查，馆内图书标引误差率、图书著录误差率分别控制在了6%以内，目录组织误差率、闲架图书排架误差率、开架图书排架误差率分别控制在了6%、5%和6%以内。

注重地方文献收集、保护和整理上架。近年来，我们先后收集地方文献480余册。对于收藏的资料，均按要求进登记、建账建卡、上架排列，按要求开放借阅。重视对文献古籍的保护，设立了专柜收藏，专账专卡登记，专人保管和专项管理制度。

业务研究、辅导、协作协调

2009年—2013年，拜城县图书馆职工发表论文7篇。

2012年7月春雨工程：——自治区文化信息资源共享工程县（市）级支中心骨干培训班在我馆举办。

图书馆每年每人下基层文化站、文化室进行业务辅导达60天，保证基层文化阵地发挥作用。

管理工作

拜城县图书馆把干好本职工作、促进事业发展、服务社会大众作为重要任务，在管理上求规范，气氛上求和谐，作风上求垂范，服务上求实效，全馆上下团结拼搏，自我加压，开拓创新，出现了干实事、求实效的工作局面。一是在人事管理上通过职能调查摸底，制定了图书馆工作人员管理聘用办法，根据单位内部工作岗位需求，公开招聘，竞争上岗，和每个职工签定了聘用协议，实行岗位绩效责酬挂钩，极大的调动了全体职工工作的积极性。建立健全了学习制度、工作制度、考勤制度、服务准则和绩效考核制度。三是聘用了保安人员，购置了安防设施，加强了安全管理。四是规范工作行为，优化工作环境。在馆内大力提倡高质量高效率进一步强化服务意识。

表彰、奖励

2009–2013年，拜城县图书馆共获得各种表彰、奖励15次。其中，地区表彰、奖励2次，县奖励13次。2007年获得中宣部文化部命名的"文化服务基层服务农村先进单位"。

馆领导介绍

周学军，男，1967年9月生，大学学历，中共党员，馆长，1986年10月参加工作，历任拜城县广播电视宣传中心新闻部主任、广播电视宣传中心副主任，2007年至今任文化馆图书馆馆长。1990年–2003年多次被《新疆日报》、《新疆经济报》、新疆人民广播电台、《阿克苏报》等评为优秀通讯员。

苏比亚·吐尼亚孜，女，1975年2月生，本科学历，中共党员，副馆长，1995年10月参加工作，历任温巴什乡党委委员、大桥乡副乡长、2013年11月任文化馆副馆长。

未来展望

拜城县图书馆工作在县委、县政府的领导和自治区、地区主管部门的指导下，通过不懈努力，取得了长足发展。但与县级馆标准要求，我们的工作仍有一定的差距和不足。一是图书馆藏量还很低，报刊年入藏量还很少，电子文献和视听文献年入藏量还不到位；二是图书馆自动化管理工作水平不够；三是参加地区联网服务，联合借阅工作还未开展。四是财政经费不足，图书购置数量不够；五是人员专业水平有待提高以上问题，我们将按照上级有关要求，进一步寻找差距，增强措施，创造条件，狠抓落实。同时以这次评估定级为契机，知难而进，确保自治区县级二级图书馆建成达标。

喀什市图书馆

概述

新疆喀什市于1952年5月从疏附县辖区内析置建市，是喀什地区政治、经济、交通以及宗教的中心，是一座具有悠久历史的古城，是古丝绸之路上一颗璀璨的明珠、是中国最西部的一座城市。

新疆喀什市图书馆于1956建馆，是新疆维吾尔自治区成立较早的市（县）级图书馆。馆址几经变迁，2009年7月，搬迁至位于喀什市天南路16号的新馆。新馆建筑面积3100平方米，设计馆藏容量70万册，可容纳读者座席215个，计算机72台，10兆光千宽带接入，使用广州图创自动化管理系统。2013年参加第五次全国公共图书馆评估，获得国家二级、自治区一级图书馆。2013年5月，深圳援喀项目为喀什市建设一座占地40亩，建筑面积9000平方米新馆，计划藏书容量150万册，可容纳读者座席800–1000个，计算机250台，信息节点560个，宽带接入200Mbps，选用Symphony自动化管理系统，预计2015年5月交付使用。

业务建设

截止2013年底，喀什市图书馆总藏书量20万册（件），其中，纸质文献18万册（件），电子图书90000册，电子期刊2700种/册。

2011、2012、2013年，喀什市图书馆新增图书购置费20万元，2014年起新增至25万元。2010–2013年，共入藏维汉图书12500种，29000册，维汉文报刊758种，视听文献700余种。2013年，地方文献入藏完整率为86%。

截止2013年底，喀什市图书馆数字资源总量为1.5TB。2009年全馆实现图创自动化管理系统操作。

读者服务工作

从2009年6月起，喀什市图书馆全年365天对外开放，自2011年开始免费开放，一周开放56小时（双休日、节假日）。2010–2013年，书刊总流通200000人次，书刊外借690000册次。目前对外设图书流动服务点（分馆）6个，馆外年借阅书刊总人次80000人次，书刊外借195000册次。市图书馆连续三年被喀什市委评为优秀党支部、先进单位等荣誉称号，2011年荣获国家共享工程电子阅览室先进点光荣称号。

2010–2013年，喀什市图书馆电子阅览室接待读者共计26580名，网站访问量89000次。

2010–2013年，喀什市图书馆共举办讲座、展览、培训、阅读推广活动、少儿活动142场次，参与人数720000人次。由我馆创意的“你主讲·我来听”、“少儿才艺表演”、“走进图书馆，创建学习型组织”等主题活动是我馆特色活动。均被喀什市委评委2012年“创先争优”先进基层党支部荣誉称号、自治区2013年“全民阅读活动”创新奖荣获称号。

业务研究、辅导、协作协调

2010–2013年，喀什市图书馆职工发表论文10篇，其中一篇获自治区图书馆协会二等奖。

从2010年起，喀什市图书馆以文化信息资源共享工程VPN专网为依托，在喀什地区开展公共图书馆联合编目、流通服务、地方文献联合征集、阅读推广和讲座展览资源服务、业务培训与技术支持工作，期间，举办联合编目培训班12期，126人接收培训。

管理工作

2011年，喀什市图书馆完成第二次全员岗位聘任，本次聘任共设8类岗位，有14人重新上岗，同时，我管建立了工作量化考核指标体系，每月开展技能大赛并及时通报，每半年和全年进行总体工作考核。2010–2013年，共抽查文献排架32次书目数据8次，编写简报120篇，撰写专项调研、分析报告和工作报告11篇。

表彰、奖励情况

2010–2013年，喀什市图书馆共获得各种表彰、奖励10次，其中，文化部表彰、奖励1次，自治区文化厅表彰、奖励3次，喀什地区文体局党委、喀什市文体局党委表彰、奖励1次，喀什市市委、市政府表彰、奖励5次。

馆领导介绍

任燕，女，1971年11月生，大专学历，中共党员，中级馆员，图书馆党支部书记，馆长，1991年10月参加工作至今，历任喀什市图书馆党支部书记、馆长、市文体局党政办办公室主任等职，2010至2012年获喀什市优秀党员、优秀党务工作者、“创先争优先进个人”等光荣称号。

矫健，男，1971年1月生，本科学历，中级馆员，图书馆副馆

长、办公室主任。1992年7月参加工作，历任喀什市图书馆办公室主任、副馆长等职，兼任文化信息资源共享工程喀什市支中心主任，2012年获得全国文化信息资源共享工程电子阅览室示范点光荣称号，2013年荣获自治区文化厅摄影增级作品二等奖。分管全馆业务工作。

未来展望

喀什市图书馆遵循“科学、效率、创新、发展”办馆方针，完善单体服务功能，扩大服务辐射区域，带动喀什事业发展。在未来几年里，喀什市图书馆将充分利用好深圳援建图书馆项目，最大限度的做好读者服务工作，不断完善图书馆设施设备，提升全体馆员服务群众的能力，争取在下一次图书馆评估工作中，达到国家一级馆的基本标准和要求。

联系方式

地　址：喀什市天南路16号
邮　编：844000
联系人：任燕，娇健

疏附县图书馆

概述

疏附县图书馆的前身是县文化馆的图书室，始建于1956年9月，1984年5月正式成立了疏附县图书馆。县图书馆从创建至2001年综合面积不足400平方米，在县委、县人民政府的高度重视下，随着经济的发展，以及为满足人民群众对知识的需求，2008年一座崭新的疏附县文化体育活动中心落成，新的图书馆面积1488平方米，并于2009年7月开放正式接待读者。

业务建设

截止2013年底，疏附县图书馆总藏量16.4万册，其中图书12.9万册，期刊1.15万册、报纸1.8万、电子图书藏书5000余种、电子期刊100种（汉）12种（维），总容量1000G，光碟820张（418种）。馆内设有：成人阅览室、儿童阅览室、电子阅览室、期刊（过刊）阅览室、汉文外借室、维文外借室等。图书馆共开放7个服务窗口，拥有近300个借阅座位。

2010年以前疏附县图书馆只有两个对外开放服务窗口，馆藏图书6.4万册，仅有50人的借阅座位。

图书馆藏书的主要来源是通过正规图书市场或新华书店购买、接受捐赠及少量订购的方式获得。2011年4月份采编图书2.4万册，11月份广东中山大学地质系84级同学捐赠图书2700多册，2013年9月广州市图书馆向疏附县图书馆捐赠图书12000册。

疏附县图书馆于2011年始正式使用数字化建设，当年就购买51万元图书，3万元设备，在两馆人员大力协作下花费近2年时间利用马克数据加工图书4万余册，与此同时，馆内的报刊、杂志也同时实现了数字化管理，馆内7个免费开放服务窗口都安装终端器，来馆人员可以通过电子阅览室查找相关资料。

读者服务工作

疏附县图书馆自2011年8月1日依照政策要求全面实施免费开放，实现无障碍、零门槛进入，开放全部公共空间、设施，取消原有办证收费项目，7个服务窗口全部免费开放。按照上级免费开放的工作要求，每周开馆时间达56小时以上，免费检索、复印、存包、办证等，并且在执行夏季作息时间的同时，延长开馆时间，直至晚上10：30闭馆，此举受到广大读者的欢迎。

疏附县图书馆在总结上年读者的报纸、杂志的具体需求方面的综合考量，不断优化报纸、杂志的种类，使读者看到自己心中最中意的那份报纸、那本杂志，使得资源良好的利用起来。这样不仅提高了报纸、杂志的阅读率，同时优化资源，使得我馆更好的利用有限资源去开辟新的阅读书籍、征订更贴合读者心意的报刊、杂志。近年来，我馆报刊杂志的征订始终保证在4万元以上，成人阅览室征订维汉文报纸53种63份，杂志126种119份，儿童阅览室维汉文报纸15种16份，杂志9种11份。2014年在原有的基础上，按照图书馆的报刊杂志的征订连续性才体现馆藏价值和读者的要求比上年度略有增加。图书馆每月定时更新民汉文杂志100种150份，以及每日更新民汉文报纸30种30份每份报纸和杂志都实现当天录入，报纸一月一装订，杂志三月一装订，装订后收入采编室进入流通，图书馆同时可容纳300人借阅。充分利用对口援疆的大好形式我馆在不断的增加馆藏量及各类书籍的种类，广泛收集地方文献，已实现专柜并专人管理，进一步满足了广大读者的需求。

疏附县图书馆数字资源藏量5000余种、电子期刊112种，其中汉文期刊12种，维文期刊总容量1TB(F盘)和县招商局、旅游局、农办等部门合作，将全县的招商引资信息，旅游资源、农副产品生产销售信息等录入主机，及时将上级下发的光碟标准化编目，录入图创系统，并设立专柜，摆入整齐，便于查询，自建资源数据库光碟418种（820张）容量3TB，服务器总容量4TB。实现了政府资源共享，凡到本馆电子阅览室的所有人员均可阅读和参考以上信息，及时更新网页，突出时效性和广泛性，让读者及进了解更多信息。

业务研究、辅导、协作协调

疏附县图书馆数字化建设是依托文化共享工程建设加以进行的，目的是提高图书馆综合能力、推进自动化、网络化、数字化建设的需要。其建设的内容有：图书馆服务自动化系统的应用、数据库的建立信息资源共享保障、建议网络

疏附图书馆外景

服务宣传周活动

信息服务和信息技术服务等。与此同时，馆内的报刊、杂志也同时实现了数字化管理，馆内7个免费开放服务窗口都安装终端器，来馆人员可以通过电子阅览室查找相关资料，馆内干部经过“以岗代培、以干代培”等方式都能熟练操作数字化借阅图书、办证、录入当天的杂志、报纸等项业务。各窗口工作人员在编目的同时，还有专人负责把关数字化的正确率。图书数字化建设大大提高了工作效率，加快图书加工的速度。

为了使疏附县图书馆发挥传播科学文化知识的基地，建立图书馆化共服务体系，让每一位公民自由平等寺享受公共图书馆服务，促进社会和谐社会建设、保障公民文化权利提升全民精神文化素质的有效保证。疏附县图书馆适应社会发展变化和图书馆事业发展模式的要求，以公共服务理念为工作思路，构建起以县图书馆为龙头，社区、村图书室为基础的公共图书馆服务体系，截止2013年年底疏附县图书馆与县二中、县武警中队及四个社区开展馆外流动服务点。服务点的建立，让人人享有图书馆服务的理念得到初步实现。

管理工作

多年以来，疏附县图书馆在县广电局的领导下，紧紧围绕年度工作目标，创新思维、励精图治、克难攻坚，以繁荣文化事业，加强图书馆工作为基础，以创建省级文化先进县为目标，强力推进文化信息资源共享工程建设,图书业务自动化管理建设,农家书屋建设,图书馆达标评估建设，使其各项工作保持良好发展势态，我县图书馆发展建设也逐步迈向了新台阶。

首先从认真抓学习，提高职工业务素质做起，认真组织职工学习上级党组织和行政部门下发的各项文件，并且开展讨论，领会精神实质，贯彻于实际工作中，建立完善、切实可行的学习制度。选好与时代同步、与业务相适应的学习内容，保证充足的学习时间，形成良好的学习习惯和学习风气，创建学习型单位，切实提高全体职工的思想素质和业务技能，使每个职工通过自身学习和单位培训，能熟练地运用现代科技服务于人民，服务于社会。其次，高效开展好主题教育活动，提高职工政治修养。在全体职工中开展好主题教育活动，固定学习时间，重申学习纪律，每周三下午闭馆学习，安排馆内各项工作，总结本周工作中出现的情况、问题，并提出相应的改进方法。学习馆内业务知识，并就我馆的工作方式、发展等工作展开积极讨论。结合我馆的目前实际，进一步健全和完善各项制度，已制定出《疏附县文化馆、图书馆制度汇编》。第三，群策群力，充分发挥干部职工的主观能动性。经常召开研讨会，鼓励大家开动脑筋想办法出主意，并及时采纳好的意见和建议，既规范各项业务工作又拓宽工作的思路和形式。第四，不断完善管理措施，建立健全各项规章制度、业务规范、岗位职责和考核办法，努力提升服务水平。我馆还建立与读者联系制度，定期不定期召开读者座谈会，广泛听取读者的意见和建议，及时调整和改进工作方法、服务举措，加强与读者的互动，来馆借阅群众明显增多，服务职能得到良好展现。

表彰、奖励情况

2005年疏附县图书馆荣获国家级三级馆，自治区二级馆称号。

2013年疏附县图书馆荣获国家级二级馆，自治区一级馆称号。

馆领导介绍

王继平，男，汉族，中共党员，生于1972年，籍贯甘肃，本科学历。1990年3月至1994年3月在乌市36007部队服兵役，代理排长；1994年3月至1994年11月在喀什地委党校学习；1994年11月至1995年11月任疏附县英吾斯坦乡乡党委书记；1995年11月至1999年9月任疏附县纪委监察局办公室秘书；1999年9月至2003年5月任疏附县执法监察室主任；2003年5月至2006年2月任疏附县阿瓦提乡党委副书记；2006年2月至2007年6月任疏附县阿瓦提乡副乡长；2007年6月至2009年3月任疏附县站敏乡副乡长；2009年3月至2010年2月任疏附县塔什米力克乡党委副书记。参加工作至今，获得的奖励有：优秀共产党员、优秀纪检工作者、优秀工作队员等。2010年2月至今任疏附县文化馆馆长主管文化馆、图书馆全盘工作。

常瑱，女，汉族，1971年2月出生。1993年7月至1998年1月在县党校任职；1998年1月至1999年7月在县委组织部基层办干部；1999年7月至2006年2月任县妇联副主任；2006年2月至2009年5月任县吾库萨克乡副乡长；2009年5月至2012年4月任县计生指导站副站长；2012年4月至今任县文化馆副馆长分管图书馆工作。

未来展望

大力发展数字图书馆建设，减少读者的借阅手续与时间，更好地享受阅读的乐趣。主动荐书，推广图书漂流，拉近书籍与读者的距离。针对图书馆的特色，经常组织一些专业性、学术性、趣味性的研讨活动，让读者在图书馆真正享受到文化大餐、精神乐趣，增强图书馆的感召力和吸引力。

联系方式

地　址：新疆喀什市疏附县胜利东路8号

邮　编：844100

联系人：张丽霞

电子阅览室

成人阅览室

读书日活动

于田县图书馆

概述

于田县图书馆始建于1956年，五十多年来，由于多种原因一直没有固定办公场所。后经三次大的搬迁，2007年5月份，位于于田县文化活动中心。馆舍建筑面积1500㎡，设有维、汉图书室2个、维汉报刊杂志阅览室2个、电子阅览室1个、于田县少儿图书馆天津分馆1个，各类座位近150个，地下儿童舞蹈厅可同时容纳100名儿童使用。图书馆总藏量近9万册，年入藏量近2000册，各类报刊、杂志250多种。1999年于田县图书馆被评为自治区级三级图书馆，2009年，已达到国家三级、自治区二级图书馆评估要求。2013年评为国家二级、自治区一级图书馆。

业务建设

2007年5月份，在于田县委、县人民政府以及自治区国资委、华凌集团等多个对口帮扶单位的鼎力支持下，搬迁至新建的于田县文化活动中心。

于田县图书馆自身建设不断完善，各项制度不断健全，采购、使用、保管淘汰等已形成常态化管理工作机制。每年进行一次全面征集文献活动，搜取地方文献、内部发行及各大局的党政机关内部资料和视听文献，包括录音带、录像带、DVD、VCD、唱片、知识讲座及载件等，并进行科学分类。

2013年，我馆结合文化信息共享工程投入近10万元资金，在馆内建立了图书、杂志借阅、报刊自动化系统、图书安全防盗系统等。重视县域内乡镇、社区文化站（室）图书室建设发展，近年来先后派出技术人员120余人次对全县16个乡镇文化站、8个社区、170个村文化室图书阅览室、23个农家书屋进行专业辅导和直接帮助。

经过多年发展，现今于田县图书馆各类图书总藏量已近9万册，年入藏量近2000册，各类报刊、杂志250多种。纸质文献逐年增长，截止目前，馆藏电子文献349册、电子报刊200多份。年均印刷图书复制刻录文献，纸质文献复印10册，电子文献复制刻录500盘，期刊发表论文复印100份。

读者服务工作

目前图书馆已基本形成印刷型文献与电子文献并存，现实资源与虚拟资源有机结合，网上资源每天8小时开通，每周开放52小时。每年接待来馆读者万人次，外借图书万册次。采取分类别分人群等形式开展特色读者服务工作。

与县孤儿院开展共建帮扶工作。积极与县孤儿院沟通，切实了解孤儿的学习生活等方面的需要，以实际行动感染带动孤儿好好学习、增长知识，长大后成为社会有用之才。通过与孤儿院孩子过集体生日、送书、送学习用品、送文艺等娱乐活动形式，让孩子们充分感到社会大家庭的温暖，并与孤儿院建立了长效服务机制。

在于田县监狱设立了一个长期服务点。通过为监狱干警和服刑人员定期更换图书、慰问、开展联欢共建等服务模式，充分发挥资源利用率。定期为监狱更换图书，帮助辅导监狱图书室整理分类，使图书馆走进大墙之内，通过在监狱开办读书讲座，让服刑犯人读书学法、明白事理、悔罪改造。

改变以往坐等服务的传统模式，开展为读者量身找书，为书找人的服务模式活动。首先，要求工作人员为弱势群体开展送书上门服务，我馆组织人员每月定期为残疾人、孤寡老人、行动不便的离退休老干部，去医院为患者读者开展送书上门服务，为残障读者读报纸讲新闻。在学生寒暑假期间，组织学生开展讲故事、制作手工、书法班舞蹈培训班、青少年手抄报设计制作比赛等，发挥同学们的聪明才智，让广大青少年在寓教于乐中学习知识，健康成长。

为外地进城务工人员、农牧民群众开展特色服务活动，把知识和文艺送去田间与农牧民同乐。电子阅览室开通后，年底，义务为外地进城务工人员开展网上订票服务，为进城务工人员提供建筑、电工、建材等方面的资料，极大地方便了各族群众。同时，每年在春秋季节，我馆把共享资源光盘中选取农、林、种植、养殖、手工等方面的知识刻录成光盘，免费发放给农牧民群众，使他们从中学种植养殖知识尽早脱贫致富。

业务研究、辅导、协作工作

实现以往“自我服务”向“资源共享联合服务整体发展”方向转变。服务模式从单一转向全方位，实行“送出去，走进

来”战略，积极把工作人员送到发达地区交流和学习培训，学习先进管理经验，同时，邀请专家开展讲座，以实际行动深入乡村、学校和共建帮扶单位进行业务培训、业务辅导，不断提高工作人员的实际能力。

开展社会服务培训，为返乡学生、个体户、驻于官兵开展网络计算机培训、就业培训、保障知识培训，2013年度培训人10次，人数达250人次。举行一些学术研究与调研活动，包括区域性系统文献的资源调研，筹备启动地方数据库建设等实用性强的调研项目，关注国内外图书馆事业发展动向、自动化趋势、图书馆人员队伍结构等方面的调研，整理研究图书馆发展工作中存在的问题，并组织人员每年进行一次全面征集文献活动，搜取地方文献、内部发行及各大局的党政机关内部资料和视听文献，并进行科学分类。

管理工作

于田县图书馆编制12人，实有人数15人，现在职人员大专学历以上5人、本科3人、中专2人，副高级职称2人、中级职称4人，初级职称7人。人员年龄结构、知识结构、专业结构及能力结构合理。近年来不断加强人才队伍的引进和培养，逐步形成了一支高素质的馆员队伍，满足适应了目前自动化、网络化、信息化图书馆管理的要求。结合我馆实际，逐步建立健全各项规章制度，包括管理制度、业务制度、安全制度、读者制度等，做到有章可循，有据可依，分工明确，责任到人，推进图书馆各项工作规范化、合理化和科学化发展。

表彰、奖励情况

2004、2012年被评为自治区级“全民读书月”活动先进单位。2011年、2012年连续2年被评为县级文化思想宣传工作先进单位。连续几年县委扩大会议上表彰为县级先进单位。小奖10次。

馆领导介绍

刘萍，女，1962年02月出生，学历大专，中共党员，副研究馆员，职务馆长。

未来展望

于田县图书馆坚持“科学建馆，资源共享，服务发展”的管理理念，不断完善自身建设，创新服务形式，进一步加强对乡镇、村级点的协助指导工作。稳步推进文化信息共享工程，最终在全县170个村级文化室实现“现代远程教育网”、“党员先锋网”、“文化信息共享工程”三网共建共享，在广大农村建设好一片群众喜闻乐见生活文化园地。推进于田县图书馆事业提档升级，更好地服务广大群众和社会主义建设。

联系方式

地　址：新疆维吾尔自治区和田地区于田县文化活动中心
邮　编：848200
联系人：刘 萍

伊宁县图书馆

概述

伊宁县文化、图书馆始建于1984年，于1986年与县文化馆正式分设，成立伊宁县图书馆。1986年县委、政府为祝贺图书馆成立新建了两层图书馆楼，总建筑面积735平方米。随着社会的发展原图书馆面积已不能满足读者需求，2008年9月县委、政府决定又投资新建了伊宁县图书馆办公楼，馆舍面积为3000平方米，馆内设有民、汉图书室，电子阅览室、儿童阅览室、成人阅览室、过刊室、自习室6个服务窗口，阅览席座共521个，其中：民、汉图书室座席数是91个，电子阅览室的席座为60个、电脑50台，成人阅览室的座席为120个，儿童阅览室的座席为50个。

业务建设

伊宁县图书馆自建馆以来，在县委、政府及主管部门和局领导的大力支持和关心下，图书馆总藏量已达10万余册（包括各分馆图书室的藏书），地方文献有30余种，同时我馆还采取各种读书活动和走出去宣传，吸纳社会各方组建了10个分图书室，改变了过去单靠政府财政投入而办馆的封闭思想。

文献资料是支撑图书馆工作的重要环节，我们在藏书组织管理方面配备了专业的图书采编人员和各项规章制度，图书馆所有的文献全部面向广大读者免费借阅。并制定了具体可行的管理措施和制度，并作为年底考核职工的重要依据。截至目前图书总藏量是10万余册，电子文献200余种，图书每年入藏量是8000余种，报刊年入藏量是252种，视听文献年入藏量是35件。所有的文献编目是按照国家标准图书法第五进行编目上架的。

读者服务

我馆始终把“读者之上，服务第一”作为服务宗旨，自实行免费开放以来，共办理图书借阅证3000个，新增图书17000余册，增加报刊180余种，接待读者近4万余人次，提供咨询1000人次，图书期刊流通5万余册次。

为了进一步扩大图书馆免费开放的影响力，切实发挥图书馆现代文化阵地的宣传教育作用，丰富广大群众的业余文化生活，为全面开展文化“六进”工作，本馆除设有6个服务窗口外，还设立了集体借阅和流动分馆：五个社区、县第一中学、县消防中队、县看守所、庆华集团、博泰面粉厂（温亚尔乡、萨地克于孜乡、愉群翁回族乡）、吉里于孜镇。同时我馆还开展了多种形式的服务方式，深入到机关事业主动送书上门服务。

业务研究、辅导、协作协调

自2001年以来，我馆十分重视业务人员的自身素质和业务知识的教育，除有计划的每年派出1–2名业务人员参加学习培训和继续教育培训外，同时还利用每星期三政治业务学习时间进行政治思想教育和业务研究工作，并且把双语学习作为今天的重点工作任务来抓，提高工作人员的汉语水平，规定本馆具有中级职称的业务人员必须每月要为本馆人员进行一次业务知识讲座，需求授课人员必须认真备课、有讲稿，这样不但可以提高自身业务知识，也使新到馆内的同志学习到专业知识，同时也有能力为“东风工程农家书屋”基层图书室工作人员进行业务辅导。我们把辅导基层图书室的业务落实到人，不定期到基层图书室进行督导，帮助其开展业务工作。我馆的10个基层服务点都留下了本馆工作人员的辛苦劳动，辅导率100%，年平均培训业务人员20余人，我馆在业务上从严要求，规定任何助理馆员以上职称的业务人员必须写1–2篇专业论文，作为业务人员年底考核的依据。

管理工作

人事体制的改革，不仅给图书馆事业管理带来了机遇，更重要的是给图书馆工作人员的思想观念、思维方式带来了很大的冲击。如何激发图书工作人员的事业心和责任感，我馆在敬业精神教育的同时还十分重视制度化的管理，根据图书馆业务建设规范化、标准化的要求，对全馆各项制度进行了认真详细的研究，补充和完善了图书工作规范规章制度和各项行政管理办法，形成规章制度。这种规范化管理不仅为全馆各项工作的顺利开展提供了制度保证，而且也是工作人员了解、认识到自己所从事事业的重要性。

表彰、奖励情况

2012年我馆被县委宣传部评为“文明服务窗口”、“州级文明单位”。同年被县文体局评为“文化系统先进集体”、“免费开放先进集体”。

馆领导介绍

蔡兰凤，女，1965年5月生，大专学历，馆长。1983年7月参加工作，2001年1月任伊宁县图书馆馆长（副科级）。2012年获伊宁县民族团结个人优秀。

未来展望

数字化与网络时代对图书馆提出了更高的要求，资源共建共享是图书馆发展事业的必然趋势，尤其是对于县级图书馆来说，实现全网络、全数字化是其终极目标。我馆正在努力建立一体式的数字化平台，除了可以检索、查找资料外，还可以实现对数字资源的下载应用，使得地方数字资源得到了充分的运用。数字化时代下的县级图书馆正在建立网络式的体系，争取实现信息资源的共享。在这个体系中，县级图书馆加强了与省、市、国家图书馆的联系，和其他跨地区的县级图书馆之间的联系也可以明显加强，实现文献信息资源共建共享。

联系方式

地　址：伊宁县广场路图书馆

联系人：蔺　燕

沙湾县图书馆

概述

沙湾县图书馆位于沙湾县文化广场西侧，新馆大楼于2002年11月竣工，总建筑面积2200平方米，总造价格120万元，藏书为56万册、其中纸质书籍18万册，光盘内存藏书存量38万册，是一个具有综合功能的社会文化中心，在文化层面上具有不可或缺的存在价值。馆舍内部结构独特，层次鲜明，设有大小免费窗口10个，其中：汉文图书室、民文图书室、少儿图书阅览室，现刊室、过刊室1个、资料查询室1个、地方文献室1个、电子阅览室1个、共设阅览坐席220个。现有干部职工15个，其中汉族7人、哈族8人，本科学历6人，大专7人、高中1人，副高职称1人，中级7人，助理职称6人、主任科员1人。2004年，参加第三次全国公共图书馆评，首次获得国家二级图书馆。2012年，沙湾县图书馆计算机48台，宽带接入10兆光纤，选用图创自动化管理系统。

业务建设

截止2012年底，藏书为56万册，其中纸本书籍18万余册，光盘内存藏书存量38万册，为大力实施自治区民生工程，积极开展"两馆一站"免费开放服务，图书馆今年将购买新书的经费由去年的8万元加到12万元，报刊征订费由去年的2万元增加到今年的3万余元。电子文献2T资源。

查询机1台，液晶电视1台（2013年项目中已报），电子贮物柜（30箱），移动硬盘2个（2×4T），通过各种有利于广大群众的积极措施，积好地发挥了图书馆为广大群众提供知识服务的作用。

自2006年开始，沙湾县图书馆购买了"新洋"自动化系统，由手工著录转为电子自动化借阅。并选择了读者喜爱学校等13个单位开始图书"周转借阅"活动。根据乡镇需求，2008年12月国家共享工程在沙湾县支中心落实实施，2009年，沙湾县图书馆采用了自治区统一的图书馆管理系统——图创管理系统，并继续对所藏图书进行著录、加工。2010年实行了"一卡通"借阅方式，对乡镇借阅也改为刷卡借阅周转，逐步形成了总分馆格局。2011年，根据工作需要和我县实际情况，沙湾县图书馆开设了"沙湾县图书馆盟"QQ群进行乡镇业务培训辅导等相互协作管理。2012年，沙湾县图书馆听取了克拉玛依的总分馆借阅经验后，开始筹划"总分馆"通借通还工作，在以往我县已形成的总分馆基础上，沙湾县图书通过网站地址形式，与金沟河镇、大泉乡、三道河子镇、安集海镇四个乡镇实现了"图创图书馆管理"统一管理平台，实现了真正意义上的通借通还，至此，形成以沙湾县图书为轴心，覆盖全县各乡镇村的总分馆体系，并形成了在同一管理平台的馆际互借互还格局，为沙湾县本区域的群众实现了最大化的优质服务。

读者服务工作

沙湾县图书馆于2003年1月8日正式开馆，这是沙湾县县委、政府实践"三个代表"和贯彻落实中央提出的"形成全民学习、终身学习的学习型社会，促进人的全面发展"的具体体现，是沙湾文化建设史上的一个里程碑，是沙湾各族干部群众文化生活中的一件盛事。沙湾县图书馆以服务为宗旨，遵循图书馆以服务为宗旨、遵循图书馆服务的五大原则，即：开放原则、方便原则、平等原则、创新原则和满意原则、尽最大努力把所有的馆藏资源和设施向读者开放。2003年5月，沙湾县委宣传部将图书馆命名为沙湾县爱国主义教育基地，因此该馆积极开展馆内馆外的读者活动，组织全县各机关、学校及企业进行参观学习，开设了10个馆外服务点，与驻县部队、公安武警部队签定了共建服务协议，与全县14个社区建立了共建图书室，与全县15个乡镇建立了图书轮换协议，现已形成覆盖全县15个乡镇社区、驻县部队的网络化服务网点，对有困难的残疾、失业、特困户读者提供送书上门的服务。

2009年–2013年，沙湾图书馆举办讲座、展览、培训、阅读推广等读者活动120余次，参与人数325882人次。以沙湾县图书馆服务联盟为平台，由乡镇文化站创意若干个阅读推广主题活动，在所有联盟成员中同时进行，年底进行评选，评出阅读推广活动先进单位给予奖励。

业务研究、辅导、协作协调

2009年–2013年，沙湾县图书馆职工发表论文30余篇。

自2006年开始，沙湾县图书馆购买了"新洋"自动化系统，由手工著录转为电子自动人借阅。并选择了读者读者喜爱的图书进行著录加工后，与乡镇、村社区、驻县部队、学校开始图书"周转借阅"活动，根据乡镇需求，对借阅到各个乡镇

村图书室的图书，每季度周转轮换一次。2008年12月国家共享工程在沙湾且支中心落实实施，2009年，沙湾图书馆采用了自治区统一的图书馆管理系统——图创管理系统，并继续对所藏图书进行著录、加工。2010年实行了"一卡通"借阅方式，对乡镇借阅也改为刷卡借阅周转，逐步形成了总分馆借阅经验后，开始筹划"总分馆"通借通还工作，在以往我县已形成的总分馆基础上，沙湾县图书馆管理"统一管理"平台，2013年初，实现了真正意义上的通借通还。至此，形成了以沙湾县图书馆为轴心，覆盖全县各乡镇村的总分馆体系，并形成了在同一管理平台的馆际互借。

管理工作

2012沙湾县图书馆完成第二次全员岗位聘任，本次聘任共13个岗位，有15个人重新上岗中，同时，建立了工作量化考核指标体系，每月进行工作通报，每半年和全年进行总体工作考核。2009年至2013年，共抽查文献排架30余次，书目数据10余次，编写业务工作信息90余篇，撰写专项调研、分析报告、图书专业学术论文30余篇。2013年10月文广局下发沙文广字[2013]49号关于公开选拔中层干部的通知，经过笔试、面试、考察及公示程序，2014年2月文广局下发沙文字[2014]03号文件关于干部任职的能知，任命刘淑亚、马军同志为图书馆副馆长。

表彰、奖励情况

通过努力2004年在全国第三次县以上公共图书馆评估达标定级工作中、被文化部命名为国这二级馆、自治区级一级馆、2004年被塔城地区文明委命名为"地区级文明单位"；在2003年至2006年自治区举办的"全民读书月"活动中，沙湾县图书连续四年荣获"先进集体"称号，自2005年来连续被评为县级先进单位，2011年绩效考核"优秀单位"，2012年度"两馆一站"免费开放"先进县市"。

馆领导介绍

孔祥萍，女，1960年出生，新疆阜康人，本科学历，副研究馆员。1977年7月至1980年5月阜康市城关乡知青下乡再教育，1980年6月至1984年5月阜康市城关医院，1984年6月至1994年7月沙湾县图书馆阅览室工作，1994年8月至1999年6月在图书馆汉文图书室工作，1999年7月至今任馆长，负责全盘工作。

刘淑亚，女，1975年10月出生，大专学历，中共党员，馆员，2000年11月参加工作，经人事部门分配在沙石老街管理处工作，2006年11月调入图书馆工作，一直在采编室工作，2014年2月被文广局任命为副馆长。分管党的工作、精神文明建设、扶贫工作、业务工作等。

未来展望

沙湾县图书馆遵循"科学、效率、创新、发展"的办馆方针，践行"沙湾图书馆三步走"战略，即完善个体服务功能，扩大服务辐射区域，带动县域事业发展。2009年–2013年，在不断强化自身综合实力的同时，通过创建沙湾县公共图书馆服务联盟，带动了全县乡镇文化站事业的整体发展。在大力开展社会主义精神文明的今天，在党的十八大精神的指引下，沙湾县图书馆集文化、教育、科技、信息传播、保存文化遗产、开展爱国主义教育等方面为一体的综合性文化休闲场所、在全县起着举足轻重的作用，将会继续努力开展各种读者服务活动，加强乡镇图书管理人员的培训工作，将以饱满的政治热情和扎实的工作作风努力开创图书事业的新局面。

联系方式

地　址：新疆维吾尔自治区沙湾县火车站路
邮　编：832100
馆　长：孔祥萍

吐鲁番地区图书馆

概述

吐鲁番地区图书馆成立于1979年，正科级事业单位，馆址几经变迁，2002年由青年路搬迁至文化路，馆舍面积1400平方米。2009年搬迁至老城东路210号，2011年成为地市合并的图书馆，馆舍面积4500平方米，实际使用2300平方米，现有藏书20万余册，阅览坐席500个，其中少儿阅览座席171个。有计算机111台，读者使用计算机87台，检索机2台，办公计算机15台，建有广域网和局域网，光纤接入10M。2007年开始使用清大新洋图书馆管理系统，2012年底更换使用图创图书馆自动化管理系统。

业务建设

截止2013年底共有维、汉文各类藏书20万余册，其中纸质文献15万余册，2013年度财政总预算187.7万元；年均订报刊406种；年均入藏图书2102种；年均新办借阅卡960个；地方文献入藏632种，1139册；图书馆共开设7个流通科室。

电子图书5万册、自建视频12小时，资源共享下发资源1TB，共2.5TB；馆藏中文文献书目数字化，书目数字化达到81.27%。2013年实现全馆无线网络覆盖。

建立了吐鲁番图书馆网站，为将来数字图书馆奠定了基础。建立图书馆微信平台，及时发布信息，扩大宣传，传播正能量。

读者服务工作

2011年以来，365天对外免费开放，全馆年接待读者4.5万人次，年均书刊外借2.7万多册次；建立5个分馆，12个流动服务点，年平均流通书刊1.3万册次。

2011年–2013年，共举办讲座、展览、培训、阅读推广等活动70场次，参与人数2万余人。

举办公益性讲座22场次。主要有吐鲁番历史地理、心理、养生、摄影、玉石知识讲座。打造“丝路明珠讲坛”品牌效应，扩大社会影响，成为专家、学者与百姓之间互通的桥梁；举办各类培训，假期针对中小学生进行培训，如打字、电脑操作、双语、街舞培训；2011–2013年举办读者活动34场次，结合节假日围绕吐鲁番特色和假期开展阅读推广和读者活动，如：“我说交河高昌”读者座谈会和“为申遗加油助威”、“我读书、我快乐”签名活动，爱家乡、赞交河朗诵会，“最美吐鲁番”摄影比赛及颁奖摄影知识交流会；举办展览14场次；利用全国共享数字资源在假期为中小学生播放学习资源和电影。

2013年免费提供报告厅及电子阅览室举办培训25场次。

业务研究、辅导、协作协调

三年共发表论文16篇；对基层业务辅导48次，辅导81人次。对两县及基层图书馆、室自动化管理系统回溯建库、对文化站社区图书室书刊编目管理进行辅导培训；带动两县开展讲座和读者活动。实施送书下乡工程，建立农村基层点，开展送讲座、送科技到农村活动，定期为农民发放科技信息，为农民读书提供方便，解决农民缺少科技知识的问题。

管理工作

实行竞聘上岗，按需设岗18人，建立岗位责任制和“五定”方案。设立领导职数2人，科室主任4人；采取年终考核与季度考核挂钩的办法，对全馆工作进行总体考核，并编写各科室工作报告、计划，从而促进图书馆整体工作的进展。

加强各种管理工作：包括财务管理、设备、物资管理、档案管理、统计工作、消防保卫、环境管理为读者营造了一个温馨、舒适、宽敞、文明的服务环境。

表彰、奖励情况

2013年第五次评估达标被评为国家三级图书馆、自治区二级图书馆；2013年文明单位零基启动复验创建获得自治区级文明单位称号。三年受到各级奖励23次：省级2次，地区级5次，市级16次。

馆领导介绍

戴建萍，女，1971年4月生，大专学历，中共党员，馆长，1994年10月参加工作，历任吐鲁番市委办公室副主任科员、信息督查科科长；吐鲁番市保密委办公室主任；2012年11月任吐鲁番市图书馆馆长。

胡志道，男，1982年5月生，大专学历，中共党员，副馆长，2000年12月参加工作，历任吐鲁番地区体育彩票中心负责人，2008年5月任吐鲁番地区图书馆副馆长，2010年11月挂任鄯善县鄯善镇蒲昌社区党支部副书记，2012年1月兼任吐鲁番市图书馆副馆长。

未来展望

吐鲁番图书馆根据“服务、开拓、创新、发展”的方针，不断完善服务功能，拓展服务范围，扩大服务辐射区域，将基层图书馆、室纳入成员馆，带动我地区文化事业发展。力争在下个阶段达标评估上一个台阶。

联系方式

地　址：新疆吐鲁番市老城东路210号
邮　编：838000
联系人：凌　莉

交河高昌座谈会

流通点服务

对托克逊县图书馆进行辅导

喀什地区图书馆

概述

喀什地区图书馆成立于1984年9月，馆楼1992年5月落成投入使用，建筑面积3090平方米。2009年，参加第四次全国公共图书馆评估，获得国家三级馆、自治区级二级馆。2011年6月，实行免费对外开放。2012年，喀什地区图书馆有阅览坐席408个，计算机121台，读者服务区无线网覆盖为90%，宽带接入10Mbps，选用Interlib图书馆自动化管理系统。

业务建设

截止2013年年初，喀什地区图书馆总藏量15.2万册，其中：纸质图书10.14万册（汉文图书7.3893万册，维文图书2.7507万册）、报刊3.02万册、电子文献1.99万册。

2011年，新增藏量购置费为57.2694万元，2009–2012年，图书年入藏数量超过8000种，视听文献年入藏量为392件，共征集各类地方文献4237册。2012年，建成数字图书馆。截止2013年年初，喀什地区图书馆共有存储容量13TB，数字资源5.5TB。

2010年，本馆业务软件由ILAS改为Interlib软件，于2010年完成了图创软件的安装，数据转换，人员培训，服务器设置，数据库调整等工作，2011年维文书目开始使用维吾尔文进行编目和索引。2013年年初，布置无线网点2个，可覆盖全部9个读者服务区，读者服务区无线网覆盖率为90%以上。

读者服务工作

从2011年6月起，喀什地区图书馆全年365天天天对外免费开放，周开放56小时。2012年，书刊文献年外借册次7.2498万册，人均年到馆次数11.38人次，建立2个流动服务点，馆外年借阅图书2004册。自2011年，喀什地区图书馆编纂《聚焦喀什——文化篇、援疆篇、安居富民篇》等二次文献资料。

2013年3月，喀什地区图书馆在自治区图书馆制作的共享中心站群网站建立共享中心子站，并不断对站群喀什地区图书馆网站进行了内容填充和版面的修定。

2012年，喀什地区图书馆开展讲座、培训、展览、阅读推广活动等读者活动69场次，参与人数11000人次。

业务研究、辅导、协作协调

2009年–2012年，喀什地区图书馆职工发表论文12篇，撰写调研报告11份。参与撰写国家级课题1篇，地区咨询课题1篇。

2009年–2012年，喀什地区图书馆多次组织开展图书馆自动化管理的指导工作，2012年对地区11县市图书馆进行了业务调研和业务指导，举办全地区业务培训班，2013年，举办数字图书馆推广工程业务培训班。

2011年，喀什地区图书馆参与全国性联合编目工作，从国家图书馆和自治区图书馆下载书目数据进行编目。

管理工作

喀什地区图书馆按需设岗、按岗聘用，建立健全《喀什地区图书馆考核管理办法》、《喀什地区图书馆出勤考核奖惩办法》等规章制度。实施免费开放以来，对各项工作做到日记、周评、月总结，年底进行考核。

表彰、奖励情况

2009–2012年，喀什地区图书馆共获得各种表彰、奖励9次，其中，省级党委、政府表彰2次，省级业务主管部门、地级党委、政府表彰、奖励3次，地市级业务主管部门表彰、奖励4次。

馆领导介绍

孙秋景，女，1959年8月出生，本科学历，中共党员，副研究馆员，党支部书记。1978年8月参加工作，自1997年以来担任喀什地区图书馆党支部书记一职，多次荣获“优秀共产党员”、“先进个人”等称号。

吴志琳，女，1974年4月出生，本科学历，中共党员，中级职称，馆长。1995年7月参加工作，自2010年以来担任喀什地区图书馆馆长一职。多次荣获“优秀共产党员”、“先进工作者”等称号，2011年，参加自治区图书馆举办的“阅读红色经典，重温红色历程”征文活动荣获二等奖。

友力瓦斯·买买提依明，男，维吾尔族，1969年11月出生，本科学历，中共党员，中级职称，副馆长。1995年7月参加工作，自2010年以来担任喀什地区图书馆副馆长一职，多次荣获“优秀共产党员”、“民族团结先进个人”等称号。

未来展望

喀什地区图书馆将坚持围绕中心，服务大局，做好新馆项目建设，逐步建立覆盖城乡、结构合理、方便快捷、惠及全民的服务网络，进一步增强活力，提高效能，服务能力、服务水平与服务效益明显提升。加强公共图书馆与其他系统图书馆的共建共享，使公共图书馆成为满足人民群众基本文化需求的重要阵地。

联系方式

地　址：新疆维吾尔自治区喀什市解放南路240号
邮　编：844000
联系人：吴志琳

在社区建立流动图书服务站

在军营建立流动图书服务站

开展“送图书下乡”活动

阿克苏地区图书馆

概述

阿克苏地区图书馆系阿克苏地区文化体育广播影视局直属事业单位，位于阿克苏市迎宾路57号阿克苏职业技术学院内，由上海对口支援550万元、阿克苏地区出资170万元建设，于2002年7月开工、2003年8月峻工投入使用，占地面积5508平方米，建筑面积6017平方米，现有藏书30万册（其中电子图书5.5万册）、报刊550种，是阿克苏地区最大的公共图书馆，承担着面向阿克苏地区社会各界、广大群众及职业技术学院师生提供公共文化服务的重要职能。

业务建设

我馆严格落实采选计划和采选制度，确保图书种类和藏书结构合理，图书年入藏量达5500种以上，报刊年入藏量达550种。设有电子阅览室、文化信息资源共享工程地市级分中心及多功能会议室等设施，有汉文报刊、民文报刊、少儿、工具书、残疾人、地方文献、资料室等普通阅览室8间，可同时容纳700人阅览。我馆于2009年实现了图书馆业务、行政管理自动化，配备计算机台数109台，供读者使用的计算机台数为74台，电子文献藏量达55000种，视听文献349件；建有完善的馆内局域专网，连接互联网带宽为15兆，实现了无线WIFI网络全覆盖，极大地方便了读者的借阅，提高了图书馆服务效率和质量。

读者服务工作

自开馆以来，坚持每周不少于56小时，一年365天免费对外开放，普通图书、报刊全部实现开架借阅，文献外借率达到50%以上。为了方便读者，设置了24小时“还书处”并开通了电话续借业务，外借图书可以全天随到随还。书刊文献外借册次达到19.2万册次，流通总人次达到21.6万人次；馆外流通点达到20个，并经常为基层送书上门，全年借阅量达1.2万册次。每月定期发布新书推荐2期，每年共发布新书通报24期，导读作用明显、深受读者欢迎。我馆围绕党的中心工作，常年不断开展了丰富多彩的读者活动，强化了公共文化的社会教育职能，每年举办各类读者活动，直接服务群众13万人次，展出新书2000余册次，制作新书推荐、红色经典、地方特色等各类宣传展板20余块，制作免费开放宣传袋、宣传笔，在节假日、世界读书日、图书馆宣传周、全民读书月期间，利用手机平台向广大市民宣传图书馆，通过图书馆电子大屏幕发布新书通告和读者活动预告，并通过中国图书馆报、新疆电视台、天山网、阿克苏电视台、阿克苏日报、阿克苏政府网、地区图书馆官方微博等多种渠道进行宣传报道，社会反响良好。

业务研究辅导、协作协调

我馆始终坚持开发办馆，积极开展对外协作与交流，弥补资源不足和局限，实现资源共享。地区图书馆与八县一市签订了《馆际互借协议》，实现馆际通借通还。为提升基层图书馆馆员的业务素质、服务水平，我馆每年把对基层的辅导工作纳入到地区图书馆全年工作计划，定期下基层进行业务指导。先后举办了《公共图书馆免费开放工作》、《地区公共图书馆免费开放工作绩效考核办法》及各类业务培训班。为强化县（市）图书馆业务自动化和共享工程运行维护工作，我馆根据县（市）实际情况，通过举办培训班、远程协助、现场指导等多种形式，有针对性的开展技术指导服务，确保了基层馆的设备正常运行。

管理工作

我馆坚持实行开放的人才政策，通过面向社会公开招聘等方式引进优秀人才，组成了一支思想素质好、业务强、结构合理的馆员队伍，现有职工27人中，高级职称1人，中级职称6人，本科以上学历14人，大专以上学历23人，班子成员均受过系统的图书馆专业学习和科班培训。

表彰奖励情况

在地区文化体育广播影视局的领导、支持和全馆职工的共同努力下，地区图书馆分别于2011年、2012年、2013年连续3年荣获自治区“全民读书月”先进单位，2012年度、2013年度被地区文广系统授予“三馆”免费开放先进单位荣誉称号。极大激励了全馆职工的工作热情和积极性。

馆领导介绍

毛军，男，1971年7月生，本科学历，党支部书记。1990年12月参加工作，1995年9月至2002年2月任阿克苏地区卫校团委副书记，副科；2005年1月至2008年6月任阿克苏地区图书馆副馆长，副科；2008年7月至今阿克苏地区图书馆党支部书记，正科。

开展走访促送书下乡活动

全民阅读系列活动

阿克苏地区图书馆全貌

多功能厅

汉文阅览室

电子阅览室

热汗古力·喀德尔，女，1967年12月生，本科学历，副馆长、副研究馆员。1990年9月在阿克苏地区图书馆参加工作，先后在汉文书库，采编室工作。2005年1月至今任阿克苏地区图书馆副馆长，副科。

未来展望

今后我们将以“评估”工作为契机，充分发挥图书馆的双重职能，扬长避短，努力提高办馆水平，建设一个与新疆的社会发展相适应的现代化公共图书馆。

联系方式

地　址：阿克苏市迎宾路57号
邮　编：843000
联系人：李 娜

进社区开展健康知识讲座

全民阅读图书展

和田地区图书馆

概述

和田地区图书馆成立于1980年，于1981年正式开馆。现位于和田市中心广场，地理位置十分优利。现拥有馆舍面积3900平方米；至2013年馆藏图书50万册(电子图书36万册，纸质14万册)；电脑67台；阅览坐席310个。无线网覆盖全馆服务区。宽带接入20Mbps，服务器存储量达到6T，实行了自动化管理。下设有和田监狱分馆，使用面积100平方米。和田地区图书馆设有图书借阅室、期刊借阅室、少儿图书阅览室、电子阅览室、多媒体阅览室、特藏文献阅览室、政府查阅室等诸多服务窗口，另设办公室、采编部、技术部等部门。并在馆外设立多个图书流通点。实行全面免费开放的“藏、借、还、阅、询、查”一体化的管理与人性服务。并且严格实行每周开放56小时的标准对外服务。全馆实行计算机自动化管理，开通了图书馆网站，可提供数字化、网络化的电子信息资源服务。2014年6月初，和田第一家数字图书馆落户于地区图书馆，不久，各族群众可持借阅证便可“足不出户”，通过电脑或手机网络24小时享受和田地区数字图书馆免费提供的电子图书、期刊、报纸的在线阅览和百万数字资源的检索、下载服务。

业务建设

截止2013年底，和田地区图书馆总藏量50万册(电子图书36万册，纸质14万册)。和田地区图书馆2011年图书期刊购置费为25.5万元，2012年购置费33万元，电子资源购置费9.1万元，占全年购置费的27.5%。共入藏维汉图书16644种，报刊608种，视听文献1000种。

读者服务工作

从2011年6月起，和田地区图书馆实行了全年365天对外开放，周开放56小时，2012年以来，我馆新增图书12739册，书刊总流通81845人次，书刊外借35628册次。设有一个分馆（和田监狱分馆）和五个图书流通点，与和田地区下属各县市签订了馆际互借协议，实行了馆际互借，资源共享。制定了近五年的网络服务规划，和部分街办、社区签订了网络服务协议。参与服务网络的基层图书馆包括县、市、社区街道办事处，比例达到80%以上。

2010年–2012年，和田地区图书馆共举办讲座、展览、培训、阅读推广等读者活动60余场次，参与人数5万人次，读者满意率达到95%以上。2011开通的和田地区图书馆网站至2013年网站访问量达到8万次。

业务研究、辅导、协作协调

和田地区图书馆现有职工11名，大学本科以上学历5人，专科6人；副高职称1人，中级4人。2010年–2012年，和田地区图书馆职工共发表论文7篇。

和田地区图书馆对和田地区七县一市图书馆及乡镇图书室进行结对帮扶，下乡指导工作20余次，使6000余人次接受培训。

管理工作

和田地区图书馆从2010年–2012年严格按照《中图法》第五版和国家著录标准的要求，按时完成年度报刊杂志的全部装订及新增图书编目工作。

和田地区图书馆对全馆工作人员实行绩效考核办法，每月进行工作通报，每半年和全年进行总体工作考核，严格执行考勤制度，各项规章制度。各科室签订岗位目标责任状。对在工作中拥现出的文明个人、先进工作者、民族团结先进个人、先进科室每半年进行一次表彰。

表彰、奖励情况

2011年荣获地区先进集体称号；2011年被自治区文化厅评为全民读书先进单位、组织奖；2012年自治区文化厅评为全民读书先进单位、组织奖；2012年荣获地区级绿色机关、卫生红旗单位、绿化合格单位等称号；2012年被和田地区文体局评为先进单位；2012年评定为地区级文明单位；2013年和田市荣获爱国卫生月先进集体奖；2013年荣获和田地区关心妇女儿童事业“最佳贡献奖”和“最佳爱心奖”荣誉称号；2013年开展全国第五次公共图书馆评估定级工作，被评为国家三级、自治区二级图书馆；2013年被自治区文化厅评为全民读书组织奖。

馆领导介绍

储鑫，女，1978年生，本科学历，中共党员，馆长。于2004年在和田地区图书馆工作，并于2009年至今担任和田地区图书馆馆长职务。

未来展望

和田地区图书馆将本着“读者至上、服务第一”的工作根本，在地委、行署的关心支持和地区文体局的正确领导下，认真贯彻落实有关重要指示精神。继续加强图书馆各项工作的管理，及时做好各类读者服务工作和各项业务工作的数字统计和分析工作，确保图书馆资源的充分利用。推进文化创新，繁荣文化普及面，加大公共图书馆在传播科学知识，弘扬先进文化，坚持党的领导，维护民族团结与社会稳定方面的作用。继续充分发挥好图书馆的宣传文化阵地作用，为更好地服务和田广大读者而努力，从而为和田经济社会事业的发展提供智慧援助、文化给养和精神支持。

联系方式

地　址：和田地区图书馆（团结广场路32号）
邮　编：848000

伊犁哈萨克自治州图书馆

概述

伊犁哈萨克自治州图书馆（简称伊犁州图书馆）始建于1980年7月，位于伊宁市斯大林街112号，占地面积1913.15平方米，可容纳藏书20万册，阅览席位320个，供读者使用的计算机为121台，宽带接入20兆，存储容量达10TB，其中数字图书馆4TB、磁盘阵列4.9TB、数字推广1TB、移动硬盘0.1TB。无线网络覆盖率为85%，选用图创软件图书馆自动化管理系统。新馆于2013年6月28日开工建设，位于我市文化广场的西南角，总投资3375万元（中央资金1420万元，地方自筹资金1955万元），占地面积15亩，建筑面积7761.15平方米，可容纳50万册藏书，目前新馆主体工程建设已接近尾声，预计2014年8月交付投入使用。

业务建设

截止2012年底，伊犁州图书馆总藏量165077册（件），其中纸质文献66500册，电子图书32000册，各类报刊、杂志共66377册。

2012年，财政拨款总额208万元，新增藏书购置费为20万元，年报刊征订经费4万元，免费开放资金全部到位。

读者服务工作

从2011年6月起，伊犁州图书馆全年365天均对外免费开放，每周服务时间66小时，同年，引进伊犁首家电子触摸屏报刊阅读系统，方便了广大读者。2009至2012，书刊总流通37.7039万人次，书刊文献外借1.9952万册次，书刊文献开架比例为95%，馆藏书刊文献年外借率为80%，人均到馆35次/人。

2009年至2012年，伊犁州图书馆共举办讲座、展览、培训、阅读推广等读者活动150场次，参与人数3.0371万人次，以伊犁州图书馆服务为基础平台，创意了若干个阅读推广主题活动，如：为残障人士、进城务工人员、老年人送阅读送知识跟踪服务；与学校建立阅读课堂；为未成年人提供阅读辅导、集体阅读等系列活动；为老年读者提供书刊介绍、保健知识讲座、征求老年读者阅读信息反馈意见、开设中老年电脑培训班等活动；寒暑假举办“快乐阅读计划”活动、世界读书日举办“你选书、我买单”等活动。让广大读者及时了解图书馆最新书刊信息和图书馆的活动内容，做好图书馆的宣传服务工作，建设打造出为人民群众服务的“大书房”特色。

业务研究、辅导、协作协调

2009–2012年底，伊犁州图书馆职工发表图书馆专业论文14篇。

截止2012年底，伊犁州图书馆共设立流动图书室共计6个，书刊借阅18000册次/年。2012年，与自治区图书馆签订了讲座、展览联盟协议书、联合编目协议，做到资源共享，优缺互补，业务交流，共同发展。2013年，与察布查尔县图书馆建立了馆际互借协议，建立业务指导、协作协调关系，同时不定期开展送文化送书下乡活动。

管理工作

2009年，伊犁州图书馆完成全员岗位聘任，本次聘任共设17个岗位，同时，建立了相应管理体系，年底对全体馆员进行总体工作考核。

表彰、奖励情况

2009、2011、2012年连续被自治区文化厅评为“全民读书月”活动先进单位，并获得组织奖。2013年度伊犁州图书馆党支部被伊犁州文化体育广播影视局机关党委评为先进基层党组织。2013年荣获中国图书馆学会“全民阅读”先进单位称号、新疆自治区文化厅“全民阅读活动”优秀组织奖。2013年在全国第五次、自治区第四次公共图书馆评估活动中被中华人民共和国文化部评为国家三级图书馆、被新疆维吾尔自治区文化厅评为自治区二级图书馆。2014年度在鲁豫皖赣新图书馆学会学术年会征文工作中获得优秀组织奖。

馆领导介绍

张莉，女，1966年10月生，大专学历，中共党员，伊犁州图书馆馆长。1983年7月参加工作，任尼勒克县图书馆管理员，1986年1月在伊犁州文化体育广播影视局工作。2009年8月至今，先后担任伊犁州图书馆副馆长、馆长。1999年被伊犁州文化局授予先进工作者称号，2001年在全疆文化产业统计汇总汇编中，荣获自治区文文化厅先进个人称号，2000年度至2002年度在全疆文化、文物、文化市场统计工作中荣获优秀奖。2011至2014年度连续四年被伊犁州图书馆评选为先进工作者。2006年11月在教育教学论坛上独著《论图书馆在分配制度上的六个要素》，同年发表《论图书馆的创新性管理》独著。2014年在鲁豫皖赣新五省（区）图书馆学会学术年会精选论文集发表《浅析数字阅读与图书馆服务》，并荣获三等奖。

未来展望

伊犁州图书馆作为全州公共图书馆的中心馆，承担着州直八县两市公共图书馆的业务指导和培训工作，始终遵循“读者第一、服务至上”的服务宗旨，完善服务的各项功能，扩大服务辐射的区域，带动全伊犁州直公共图书馆事业的发展。在未来，伊犁州图书馆将在新馆的完备建设基础上，加大服务力度，利用全面开放式的管理模式，提高我们的服务质量和办馆水平，使伊犁州图书馆工作更上一个台阶，成为伊犁州图书文献的典藏中心，知识资讯的传播和服务中心，成为伊犁州不可或缺的文化服务中心，将伊犁州图书馆建立为一流的知识殿堂。

联系方式

地　址：伊宁市斯大林街112号
邮　编：835000
联系人：王金玲

石河子市图书馆

概述

石河子市图书馆成立于1979年，位于市北三路1号小区66号，现馆舍始建于1984年4月，建筑面积2115平方米，其中基本书库面积720平方米，截止2013年，编制22人，在编人员16人，图书馆现有计算机131台，采用宽带接入的方式，带宽为：20Mbps，无线网络覆盖。馆自动化管理采用ILASIII。

业务建设

截止2013年底，馆藏文献20万余册（件），每年新订期刊500余种，报纸100种，电子文献藏量5000种，图书馆购书经费不断增加，从2009年以前的12万元增至20万，2013年又增至30万元。

馆内特设立了“石河子军垦文献库”收集单位、个人出版的期刊、报纸、画册、公报、文集、地图、设计图及文学作品集等，向社会兵团军垦文献资料查阅服务，已逐步形成反映和研究军垦文化及石河子历史与现状的文献资料基地。

读者服务工作

2012年被市文体局推荐免费开放先进单位，实行免费开放，每周开放时间56小时以上，双休日、节假日正常开馆。定期开展宣传周、全民读书月、世界图书与版权日的宣传活动及各种形式的展览，积极为广大市民提供信息查阅服务，2013年，到馆读者借阅量近10万册次。在社会上取得了良好的社会效应。

业务研究、辅导、协作协调

2009年以来本馆员工在省级以上刊物或专业会议上发表论文31篇，专著、调查研究报告6篇。参与了跨地区、跨系统的协作协调工作，加强与上级、各类型馆的馆际交流，将服务延伸到市区5个街道、2个乡及14个农牧团场，培养了一批基层业务骨干。

管理工作

每月月底通过局务会向文体局汇报月工作小结与计划，在人员管理方面，按需设岗，实行全员聘用制，职称评定与聘用分开，择优上岗，各部门有完善的岗位责任制，每年进行一次年度考核，考核程序公开、公平、公正，广泛向社会群体招募志愿者参与工作，并对其进行科学管理。

表彰、奖励情况

2007年获得“全国第十四届群星奖(服务奖)”、荣获自治区“红旗卫生单位”、兵团“精神文明单位”。全民读书月活动先进单位、优秀组织奖、师市“科技周活动先进单位”、“拥军图书馆”等称号，连续多年被师市文体局评为系统“先进党支部”、“文明单位”、“综合治理先进单位”。

馆领导介绍

黄利娟，女，汉族，1968年3月生，本科学历，中共党员，副研究馆员，馆长。1993年2月参加工作，先后在采编部、流通部、少儿部等部门工作，历任馆办公室主任、副馆长，兼任石河子图书、情报学会理事。

马玉新，男，汉族，1958年5月生，大专学历，中共党员，高级政工师，党支部书记，1974年9月参加工作，历任巴管处团委副书记、纪委委员，石河子市电影发行放映公司副经理，石河子市文体局文化市场管理办公室主任，兵团军垦博物馆书记、副馆长，曾获得新疆维吾尔自治区扫黄打非工作先进个人，兵团综合治理工作先进个人，国家文化市场管理工作先进个人。

王菊兰，女，汉族，1964年5月生，本科学历，中共党员，中级职称，副馆长。2005年到石河子市图书馆参加工作，先后在采编、少儿部工作。

未来展望

图书馆，始终秉承“读者至上，服务第一”的服务宗旨，通过近三十年的努力，已成为垦区文献信息资源服务、搜集和保存文化文献遗产、进行社会教育的中心。在市委、市政府的高度重视下，石河子市图书馆新馆将于2015年5月开馆，图书馆新馆建筑面积7300平方米。本馆以新馆建成及第二批全国公共文化服务体系示范区申报成功为契机，将新馆建成一座集资源收藏、文献借阅、信息咨询、培训教育、学术研究于一体的开放式的现代化公共图书馆。

联系方式

地　址：新疆石河子市北三路1小区66号
邮　编：832000
联系人：王菊兰

黄利娟馆长赴书店挑选图书

马玉新书记在查阅党务文件

王菊兰副馆长在整理文件

乌鲁木齐市米东区图书馆

概述

米东区图书馆成立于1984年7月。1997年7月撤县建市，米泉县图书馆更名为米泉市图书馆。2007年6月，原米泉市与乌鲁木齐市东山区合并成乌鲁木齐市米东区，2008年米泉市图书馆更名为乌鲁木齐市米东区图书馆。现主管局为米东区文化体育旅游局，隶属于乌鲁木齐市。馆舍面积由最初的250平方米变810平方米增至现在1600平方米。馆址位于乌鲁木齐市米东区府前西路。图书馆可容纳读者座位100个。计算机60台，2010年图书馆接入10兆光纤，选用“图创”自动化管理系统。米东区图书馆现有事业编制6名，共有5名工作人员，馆长1名，副高3人，中级1人，管理员1人。

业务建设

截止2013年底，米东区图书馆总藏量6.7万册（件），电子文献1个TB。购书经费从2009年的4万增到2012年的12万，平均年新入藏量2000册，报刊每年平均148种。馆藏中文纸质图书文献全部自动化管理。

读者服务工作

2011年6月1日起米东区图书馆服务实行免费。现对读者免费开放的服务窗口有：阅览室，儿童阅览室，资料查阅室；外借室，电子阅览室，地方文献工具书室。

图书馆保持每周7日开馆制，节假日开放接待读者，每周开放56小时。书刊文献全开架式服务读者，馆藏书刊外借率达60%，书刊年外借4万册。馆外流动服务点13个。利用电子阅览室设政府信息公开查阅点。连续多年同米东区残联、妇联、团委等单位在“全民读书月”、“六一”儿童节、“八一”建军节为残疾、留守儿童、部队开展捐赠、慰问活动。假期利用资源共享设备为小学生放映有教育意义的电影。在系列活动中利用各种形式宣传图书馆，参加活动上万人次，读者满意率达95%以上。

业务研究、辅导、协作协调

2009–2013年，米东区图书馆干部职工发表论文18篇。

米东区图书馆对街道、社区、乡镇等基层图书室自动化管理做不定期的技术指导，每年对13个图书馆服务点、农家书屋做业务辅导。为基层图书室培训业务骨干20人次。

管理工作

米东区图书馆完成事业单位人事制度改革，全馆人员竞聘上岗，建立岗位责任考核分配激励制度。

表彰、奖励情况

2009–2013年，连续4年被米东区文体旅游局评为达标单位。5人被评为先进个人。我馆在“全民读书月”活动中被自治区文化厅知识工程领导小组授予“先进单位”荣誉称号。在“新疆图书馆学会”年会上，我馆工作人员撰写的论文获自治区专业论文三等奖。一人撰写的专业论文获西北五省区论文二等奖。2013年5月，第五次全国县级以上公共图书馆评估，被定级为国家“三级”图书馆，自治区“二级”图书馆。连续四年被评为“区级精神文明单位”和“市级”综合治理先进单位。2013年度被区委组织部评为群众满意好班子。

领导介绍

王燕，女，1964年5月生，本科学历，中共党员，副研究馆员，馆长。1983年4月调入米泉县文化馆工作，1984年在图书馆工作，先后从事群众文化工作，图书外借、阅览室、外兼出纳工作，2002年5月任图书馆馆长至今。2004年度获米东区文化系统优秀共产党员荣誉称号。2008年度获文化体育工作先进个人荣誉称号。2013年获乌鲁木齐市天山读书月“全民阅读”先进个人。

未来展望

米东区图书馆完善服务功能，扩大馆舍面积，为本地区读者提供更大的服务空间。增加藏书量尽可能满足读者需求扩大社会效益。增加技术人员及人员编制。保证目前图书馆各服务窗口免费开放工作。削除安全隐患，为读者提供安全、舒适的读书环境。

联系方式

地　址：乌鲁木齐市米东区府前西路园艺西十二巷241号
邮　编：831400
联系人：王　燕

工作人员给分馆整理图书

庆六一活动

图书馆赠书

乌鲁木齐市水磨沟区图书馆

概述

水磨沟区域面积266.57平方公里，总人口41万人，居住着29个民族，辖区2个片区管委会，6个街道办事处，一个农村管理办公室，89个社区，6个村。全区三级文化网络建设工作逐年得以健全和完善，现有文化馆1个，图书馆1个，街道文化站9个，社区（村）文化活动室75个，组建艺术团1个。2010年水磨沟区图书馆创建为国家三级、自治区二级图书馆。

业务建设

一、设施与设备

（一）设施建设

图书馆占地面积975㎡，已有藏书两万五千余册，各类杂志百余种。申请专项资金，建立青少年电子科技阅览室，为未成年人免费开放提供良好的阅览环境，水区9个街道文化站，馆舍面积共计2165㎡。

（二）设备

图书馆完成了各类设备的配置，并在原来的基础上又完成了35万元图书的购置，为免费开放工作继续加大实施力度。

区财政每年为各文化站投入专项设备及活动资金4500元，积极争取自治区文化厅、市文化局为28个街道文化站、社区文化室配置了图书、桌椅、电视、照相机、电脑、电子琴、摄影摄像等专用设备，为辖区各族居民开展各类文化活动提供了保障。

二、经费与人员

（一）经费拨款

区委、政府高度重视图书馆建设，从资金上全力给予保障。图书馆免费开放，按照中央和地方财政的8：2比例配套资金40万已到位，政府财政拨付400多万用于图书馆设施建设和设备购置，图书馆设备和图书购置资金65万，图书馆设施建设资金拨付70多万，人员经费每年40万，设备购置资金30万。

（二）队伍建设

1、图书馆在编人员5人，全馆平均年龄36.7岁，党员1人；中级职称2人，初级职称3人；男女比例是1：4；其中本科以上有2人，大专以上有3人。

2、图书馆成员不断加强自身建设，提高业务学习。参加了乌鲁木齐市图书业务培训班、自治区文化厅资源共享培训。

（三）职称

通过自我业务学习现在有3名同志有专业技术职称，2名同志有中等专业技术职称。

（四）业务人员

图书馆5名同志为业务人员，完成每年的岗位培训和继续教育。

2010年，全国第四次自治区第三次公共图书馆评估，我图书馆被评为自治区二级图书馆。

文献资源

我馆文献入藏书量为1000余种；预订报刊125种。报刊入藏量为126种；今年新购电子文献320种，视听文献260种。在藏书质量方面，根据我馆采选的实际情况，制定采选方针，采用网上与实地采选相结合的办法，做到查重、查漏、查缺。保证文献采购的连续性、完整性、工作程序较为规范。

在地方文献专藏方面，我馆历年来都十分重视地方文献的收集和专藏工作，专设地方文献书库、有专门目录、专人管理。有专人收集地方文献工作，先后曾几次联合发文、征集地方文献成绩良好。

为保证加工整理质量，我馆书刊上的书标、登录号、馆藏章、条形码等都按规范的尺寸、位置，进行贴写、盖章。

书库管理都订有文献保护的规章制度，有防虫、防盗、防潮、防尘措施，定期实行防虫、防尘的处理，书库卫生良好，并及时装订修补破损图书。

馆藏中文图书、中文期刊，保证部份对外借阅。满足机关、街道社区的干部群众。

在自动化、网络化建设方面，我馆购置了深圳图书馆研制的IELAS Ⅱ自动化集成系统，并运用到编目，流通、书目检索工作，在办公自动化方面，已购置了复印机、电脑、投影等现代化设备。馆内建有局域网，连接馆内各系统运行正常。我馆网站建成进行了网页结构的调整，使网页更符合我馆的地方特色，网页内容经常更新，今年又新增电子文献与视听文献的内容。网页设计美观，有专人负责网页的维护、管理。

服务工作

大力实施文化服务工程。社区（村）文化服务工程的开展，

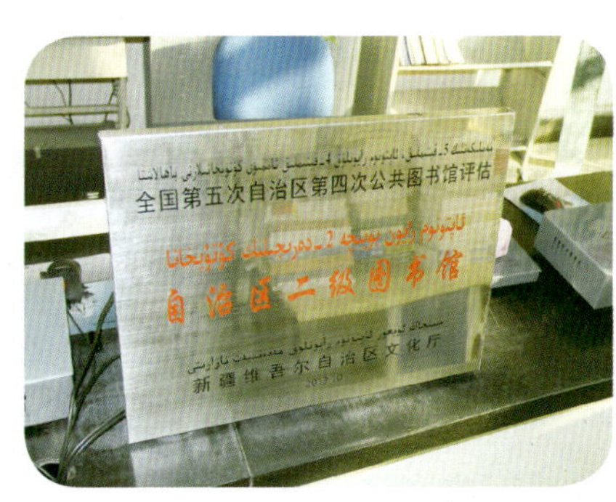

将免费公共文化服务带出本馆有限的馆舍，在空间上扩大服务半径。始终坚持“文化为基层服务、文化为社区（村）服务”理念，面向街道社区（村），通过文化大物流的方式，将文艺演出、辅导培训、艺术展览、文艺资料等送到街道社区（村），丰富活跃了基层群众文化生活，实现“送文化”和“种文化”的有机结合。开展免费送文化进社区辅导40余次，实施东风工程、加大农家书屋建设，免费赠阅图书音像制品7789册，共计120859.81元。

为深入开展水磨沟区百姓讲坛活动及全民阅读活动，传承民族文化、促进全民学习，努力建设学习型社会，创建学习型城市的精神，水磨沟区文化体育旅游局在全区干部职工中开展“荐好书献好书读好书”活动。

让更多的读者从中受益，共享文明，让图书发挥更大的价值，为建好图书馆、阅览室（图书室）这个精神家园添砖加瓦。引导广大市民群众从好书中吸取精神营养、积累知识，自我充实、自我提高，为推进水磨沟区文化事业作出积极贡献。

协作协调

加大基层图书管理员协作力度。坚持实施基层图书管理员培育工程，努力实现免费公共文化服务的全覆盖。面向基层队伍和业余骨干队伍、指导基本文化服务项目，坚持基层培训制度和图书馆业务干部下社区免费辅导制度，培育以点带面、典型示范的基层文化人才网络体系，使每个街道、社区（村）都有基层辅导员，确保图书文化活动能够在基层常年开展。每年集中开展基层培训工作，图书馆业务干部下基层协助开展培训活动。深入到街道、社区以及三个村等进行基层辅导培训，受到基层干部群众的一致好评。

管理与表彰

图书馆立足本馆实际，充分考虑活动场地与群众需求之间的矛盾，设计场馆使用规则、时限规定、设备维护、适用范围等方面的制度，新定场地使用管理和场地管理使用登记制度等，从制度层面保证活动场地使用的透明和公平。

今年投入经费用于图书馆的场地装修建设，区财政投入50余万用于图书馆的设备购置，从硬件上对公共文化服务开放做好保障，在经费、人力等方面给予保障，不断增大服务项目，使活动场地达到群众的需求。

开放的项目涵盖到位。为了让群众了解图书馆开放的基本情况，将场地和基本公共文化服务项目、开放的时间、相关的制度上墙，并公布监督电话。

制定应急预案，完善应急处理机制，加强安全措施，专门成立应急问题处理领导小组，及时解决和处理突发事件。任何区域发生突发事件，都及时报告，启动应急预案，力争在第一时间采取措施解决问题。建立通信联络组、应急抢险组、突发事件技术处理组、突发事件善后处理组联动机制。及时解决和处理突发问题，确保馆内的安全。做好安全预防工作，确保万无一失。

在人事管理方面，我馆从2003年就按市政府、人事部门的文件要求，实行岗位设置管理。建立财务管理制度，严格财务管理，坚持原则，有监督机制，无违规情况发生。设备、物资管理制定有制度，并按国资局、国有资产管理的规定办理。档案管理统计工作、环境管理、消防、保卫等工作规范。

重点文化工程

文化共享工程设立了专门机构，经费投入，购置设备。配备了专职人员，每年按照整体规划、年度计划总结；人员、设备等管理制度；服务、活动档案；统计信息报送制度等完成各项工作。对基层网点指导的内容及效果建立完善的管理机制。

今后，我们将按照市文化局上级部门的总体安排部署，切实发挥公共图书文化服务体系的作用，实现文化大发展大繁荣，逐步满足人民群众日益增长的精神文化需求，为实现水区文化跨越式发展做出积极贡献。

托克逊县图书馆

概述

托克逊县图书馆建馆于1987年10月。2011年12月，县文化活动中心落成后，图书馆正式搬迁。馆舍面积由初步划定的700平米增加到1567平方米。分别设有汉文图书室，汉文阅览室，维文图书室，维文阅览室，儿童阅览室，电子阅览室，期刊室，过刊室、采编室，自习室等。设有阅览室坐席154个,其中，成人阅览室坐席106个；儿童阅览室坐席48个。有电子阅览室，维汉报刊阅览室，维汉图书室5个服务窗口。宽带网络全部接通。电子阅览室有供读者使用的计算机25台。建立馆外图书服务点4个，分别山泉社区、龙泉社区、玉泉社区和金泉社区。图书馆编制人员有8名，实有工作人员5名，中级职称有3名，助理馆员2名，本科学历2名，大专学历4名，中专学历2名。图书馆实行财政全额拨款。2012年，县级财政拨付58.57万元，拨付专项购书费5万元。近年来，图书馆在县委，县政府和上级主管部门的正确领导下，图书馆以免费开放为契机，加大对馆员的教育培训力度，坚持“读者至上，服务第一”的服务宗旨，不断提高读者服务水平，促进各项业务工作稳步开展。

业务建设

为了满足不同层次读者的精神文化需求，图书馆把收集整理、收藏和流通图书资料放在首位，贯穿于工作之中。

一是注重图书馆图书藏量的增加。2011年以前，我县图书馆图书藏量仅27000余册，报刊10余种。2011年年底，图书馆搬迁后，县财政在十分困难的情况下，每年都安排一定的资金购置书刊和图书。特别是2012年新购图书5万元。目前，县图书馆总藏书量达38700册，其中：汉文书刊杂志22800册；维文书刊杂志15900册。图书年入藏数量为500种。报刊年入藏量达120种以上，电子文献和视听文献(捐赠)入藏数量有一定增加，达到7439册。2013年4月开始实行汉文图书系统录入。文献编目按照系统统一设定的行业标准，编目数据规范一致。

二是加强业务培训。图书馆免费开放以后，不断加强基础业务建设，加大对图书馆工作人员的业务培训力度，仅2012年我们就选派一名工作人员到内地省级图书馆学习；选派两名工作人员参加文化信息共享工程学习；选派一名工作人员参加“农家书屋“培训学习。2012年图书馆1名工作人员参加继续教育学习。2012年托克逊县员工岗位培训，继续教育人均学时为814学时/年。

三是积极开展文献保护。2012年，图书馆对现有馆藏资源中破损的图书花费近一年的时间进行了全部修复整理。同时建立有效的消防安全制度，做到两个确保，既确保图书馆文献资料安全，又确保读者阅读安全。

四是积极配合地区馆参与古籍保护普查工作。2009年至2010年，图书馆积极参与地区馆组织的古籍保护普查工作，按照普查方案要求，积极协调县教育局、民宗委、科技局等相关单位做好古籍的摸底、调查和登记工作。

读者服务工作

近年来，图书馆把读者服务、读者活动、对外宣传、业务研究和对基层的辅导作为重中之重，狠抓工作落实，取得了一定成绩。

(一) 全面实施图书馆免费开放。图书馆免费向社会公众开放以后，公共空间设施场地免费开放，基本项目健全并免费开放，每周开馆时间不少于56小时。图书馆馆员解答读者的问题时态度和蔼，文明礼貌，耐心细致，受到读者的好评。书刊文献开架比例高达95%以上，馆藏文献的利用率有所提高，达40%，年图书外借4千册次，图书馆开展展览和宣传活动，向社会公众宣传图书文献资料，每年利用两个假期在青少年中和学校散发宣传单500份，图书宣传800种以上。

(二) 创新服务理念，变等读者为找读者。一是开展送书“六进”活动，即送书进社区，进机关，进单位，进学校，进农村，进企业。使广大读者有较多的机会阅读到我们的图书，报刊和杂志，平均每年送图书杂志多场，每次200册次，直接服务读者1万/次。扩大了图书馆的社会影响力。二是建立“图书基层外借点”，满足基层群众的阅读需求。托克逊县图书馆自免费开放以来，开展主要服务措施是跟四个社区建立了“图书基层外借点”活动，分别跟社区签订联办图书馆合作协议，建立以各自的责任和义务为主要内容的基层分馆，借阅的图书达9500册，有效提高了图书馆文献资料的利用率，最大限度地满足基层单位的借阅需求。三是举办多种活动，提升图书馆服务能力。举办“世界读书日”专题讲座2期，参加人数达280余人；举办读者培训2场，参加人数270余人。2013年春节期间，在少儿阅览室举行了少儿猜谜语比赛，参加人数200余人；开展新春送春联活动，邀请当地书法名人现场赠送春联100余幅；年接待各类读者6255人次，在2012年和2013年的世界读书日期间开办读书讲座，邀请县上的文化名人主讲读书的重要性和意义，鼓励和引导中小学生养成良好的读书风尚，让读者在阅读中学习，陶冶情操。2013年2月，我县图书馆协同县文联积极创新和丰富文化发展空间，举办为期一周的“情系绿色风城·胡大成夏定书画邀请展”，展出作品100余

读书日活动

读者活动

免费写春联

电子阅览室

汉文储藏室

维文阅览室

幅，前来参观的书法爱好者到1000人次；3月，由县图书馆和文化馆联合举办少数民族民间书画展，共展出作品50余幅，吸引了近千名书画爱好者前来参观；5月13日，由县图书馆和教育局联合举办的中小学生绘画展，共展出作品3000余幅。四是服务特殊群体，拓展服务功能。对残障人士采取送书上门，使他们通过学习增长知识，增长情趣。继续办好托克逊县儿童阅览室的少儿读书服务工作，扩大服务场所，改善服务环境，丰富服务手段，加强亲子阅读，分级阅读以及阅读辅导等方面的实践。在阅览室内专为老年读者配备暖水瓶，茶杯，老花镜以及记录用的笔和纸等用品，对老年人采用人性化的服务方式。

（三）加强业务培训，增强馆员综合素质。在业务研究方面，图书馆的工作人员除了把本职工作做好以外，还努力钻研业务，对图书馆出现的问题多思考，提出一些有见解的建议，在省级刊物上发表论文4篇。在馆外设立流通图书服务点4个。对"农家书屋"的图书整理派专人指导，所有图书及时上架，服务读者。

（四）加强文献资源整理，为政府决策、读者服务做支撑。一是密切关注县域政治，经济，文化发展，结合政府决策需求，加大文献资源整合力度，为政府决策提供文献支撑和智力支撑。二是打造适合为科学研究服务的体系，优化参考咨询服务平台，加强深层次，专业化信息咨询服务的能力。购置新书时，及时将图书目录送有关领导过目圈定阅读。三是为残疾人，老年人，农民工，未成年人等社会弱势群体提供图书馆知识援助，开展分龄分众服务，实现图书馆服务的均等普惠。保障农民工知识权利，稳步推进农民工流动图书馆的建设，继续坚持送书下乡，送科技下乡等活动，积极拓展为建设新农村服务的途径。

管理工作

图书馆作为和谐社会建设的重要窗口，同时，又担负着提高国民素质、普及文化知识的重要任务。对此，我县图书馆把干好本职工作、促进事业发展、服务社会大众作为重要任务，在管理上求规范，在气氛上求和谐，作风上求垂范，服务上求实效，全馆上下团结拼搏，自加压力，开拓创新，呈现出干实事，求实效的工作局面。

一是结合事业单位人事制度改革，实行岗位设置管理，按需设岗，竞争上岗，择优聘用，严格考核。制定并实施图书馆岗位设置方案，将现有的在编在册的工作人员，按其现任职务等级进入相应的岗位，合理配置人力资源，馆员的工作积极性明显提高，工作作风有了明显转变。二是建立健全了学习制度，工作制度、考勤制度和服务准则等一系列规章制度。三是规范工作行为，优化工作环境。坚持"公平""自由""适时""便利"、方便读者和以人为本的原则，提高主动服务，创新服务能力，图书馆服务水平得到了显著提升。图书馆环境干净整洁，馆员文明礼貌，细致周到的服务，让每一位到馆的读者来的放心，去得满意。

表彰、奖励情况

2013年第五次评估达标被评为国家三级图书馆、自治区二级图书馆。

馆领导介绍

米合日古丽·阿不都热，女，1965年11月生，大专学历，馆长，1984年8月参加工作，一直在图书馆工作 2010年3月任托克逊县图书馆馆长。

未来展望

托克逊县图书馆根据"服务、开拓、创新、发展"的方针，进一步完善建设内容，功能布局和设备配置，加强馆内图书资料的收集整理，规范管理制度，提高服务质量和办馆水平，力争在下个阶段达标评估上一个台阶。

联系方式

地　址：新疆吐鲁番地区托克逊县友好中路文化活动中心
邮　编：838100
联系人：卡合曼·尔西

猜灯谜

儿童阅览室

书画展

吐鲁番市图书馆

概述

吐鲁番市图书馆成立于2011年，正科级事业单位，是地市合并的图书馆，馆舍面积4500平方米，实际使用2300平方米，现有藏书20万余册，阅览坐席500个，其中少儿阅览座席171个。有计算机111台，读者使用计算机87台，检索机2台，办公计算机15台，建有广域网和局域网，光纤接入10M。2012年底使用图创图书馆自动化管理系统。

业务建设

截止2013年底共有维、汉文各类藏书20万余册，其中纸质文献15万余册，2013年度财政总预算187.7万元；年均订报刊406种；年均入藏图书2102种；年均新办借阅卡960个；地方文献入藏632种，1139册；图书馆共开设7个流通科室。

电子图书5万册、自建视频12小时，资源共享下发资源1TB，共2.5TB；馆藏中文文献书目数字化，书目数字化达到81.27%。2013年实现全馆无线网络覆盖。

建立了吐鲁番图书馆网站，为将来数字图书馆奠定了基础。建立图书馆微信平台，及时发布信息，扩大宣传，传播正能量。

读者服务工作

2011年以来，365天对外免费开放，全馆年接待读者4.5万人次，年均书刊外借2.7万多册次；建立5个分馆，12个流动服务点，年平均流通书刊1.3万册次。

2011年–2013年，共举办讲座、展览、培训、阅读推广等活动70场次，参与人数2万余人。

举办公益性讲座22场次。主要有吐鲁番历史地理、心理、养生、摄影、玉石知识讲座。打造“丝路明珠讲坛”品牌效应，扩大社会影响，成为专家、学者与百姓之间互通的桥梁；举办各类培训，假期针对中小学生进行的培训，如打字、电脑操作、双语、街舞培训；2011–2013年举办读者活动34场次，结合节假日围绕吐鲁番特色和假期开展阅读推广和读者活动，如：“我说交河高昌”读者座谈会和“为申遗加油助威”、“我读书、我快乐”签名活动，爱家乡、赞交河朗诵会，“最美吐鲁番”摄影比赛及颁奖摄影知识交流会；举办展览14次；利用全国共享数字资源在假期为中小学生播放学习资源和电影。

2013年免费提供报告厅及电子阅览室举办培训25场次。

业务研究、辅导、协作协调

三年共发表论文16篇；对基层业务辅导48次，辅导81人次。对两县及基层图书馆、室自动化管理系统回溯建库、对文化站社区图书室书刊编目管理进行辅导培训；带动两县开展讲座和读者活动。实施送书下乡工程，建立农村基层点，开展送讲座、送科技到农村活动，定期为农民发放科技信息，为农民读书提供方便，解决农民缺少科技知识的问题。

管理工作

实行竞聘上岗，按需设岗18人，建立岗位责任制和“五定”方案。设立领导职数2人，科室主任4人；采取年终考核与季度考核挂钩的办法，对全馆工作进行总体考核，并编写各科室工作报告、计划，从而促进图书馆整体工作的进展。

加强各种管理工作：包括财务管理、设备、物资管理、档案管理、统计工作、消防保卫、环境管理为读者营造了一个温馨、舒适、宽敞、文明的服务环境。

表彰、奖励情况

2013年第五次评估达标被评为国家三级图书馆、自治区二级图书馆；2013年文明单位零基启动复验创建获得自治区级文明单位称号。

受到各级奖励23次：省级2次，地区级5次，市级16次。

馆领导介绍

戴建萍，女，1971年4月生，大专学历，中共党员，馆长，1994年10月参加工作，历任吐鲁番市委办公室副主任科员、信息督查科科长；吐鲁番市保密委办公室主任；2012.11任吐鲁番市图书馆馆长。

胡志道，男，1982年5月生，大专学历，中共党员，副馆长，2000年12月参加工作，历任吐鲁番地区体育彩票中心负责人，2008年5月任吐鲁番地区图书馆副馆长，2010年11月挂任鄯善县鄯善镇蒲昌社区党支部副书记，2012年1月兼任吐鲁番市图书馆副馆长。

未来展望

吐鲁番图书馆根据“服务、开拓、创新、发展”的方针，不断完善服务功能，拓展服务范围，扩大服务辐射区域，将基层图书馆、室纳入成员馆，带动我地区文化事业发展。力争在下个阶段达标评估上一个台阶。

联系方式

地　址：新疆吐鲁番市老城东路210号
邮　编：838000
联系人：凌　莉

下乡流动服务

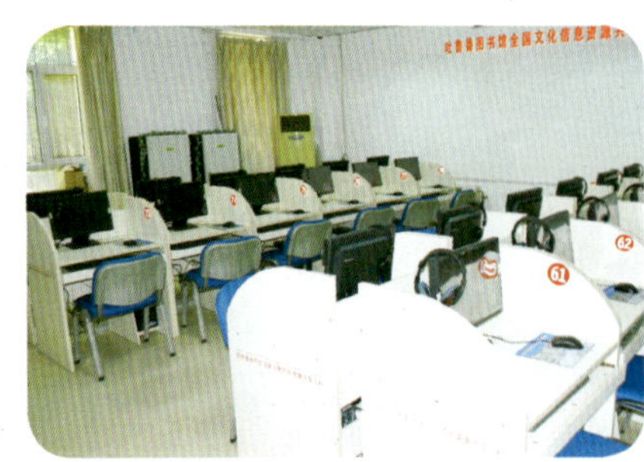

县市级资源共享工程

最美吐鲁番摄影展

哈密市图书馆

概述

哈密市图书馆是该市唯一一个公益性公共图书馆，成立于2004年6月，2005年3月31日正式挂牌开馆。馆舍建筑面积1200平方米。采取全开架式借阅，采用藏、借、阅、查、展一体的服务模式。截止2012年年底，在职干部职工7人，其中设馆长1人；本科学历5人，大专学历2人；副高职称1人，中级职称2人，初级职称2人，工人2人；中共党员4人。馆内设有汉（维）文报刊阅览室、汉文图书借阅室、维文图书借阅室、过刊借阅室、青少年自修室、资料室、地方文献借阅室7个服务窗口，共计120个阅览坐席。2009年，参加全国第四次公共图书馆评估定级工作，被评为三级图书馆。

业务建设

截止2012年底，哈密市图书馆书刊总藏量9.5041万册（件）。其中，图书藏量8.4万册，报刊藏量1.04万册（件），电子文献1043件（套），496种。

2009—2012年，共入藏汉、维文图书3652种，10531册，每年征订汉、维文报刊近200种。馆内设有地方文献专柜，截止2012年底，共收集514册地方文献。

读者服务工作

坚持周六、节假日开馆，图书馆年流通总人次6.6万，书刊年外借9.1万册次，年外借率达95.8%。为深入推进图书馆免费开放工作，促进全民阅读活动的深入开展，通过阅报栏、设立新书专架、哈密市图书馆群、赠书、滚动电子屏、宣传媒体以及阅读推广等活动开展书刊宣传活动。2009年—2012年，共举办图书漂流、送书下基层、讲座、展览、培训等阅读推广等读者活动36场次，参与人数10万余人次。

业务研究、辅导、协作协调

2009—2012年，哈密市图书馆工作人员分别在《西域图书馆论坛》和《管理学家》上发表4篇论文，撰写《哈密市图书馆地方文献收集方法初探》、《县级公共图书馆如何做好免费开放工作》等业务研究报告6篇。

为方便群众就近看书，哈密市图书馆共建立了乡镇、村、街道、社区、学校、军营、企业馆外服务点共115个，定期配送流动图书。同时，每年制定基层业务培训和辅导工作计划，通过举办培训班、个别培训、下基层辅导等方式，向基层管理人员教授最基本的图书分类、上架、管理基本知识，手把手地指导基层图书管理人员如何开展工作，并帮助将图书室里的图书分类上架。2009年—2012年，共举办培训班8期，下基层业务辅导40次，提升基层图书室的管理服务水平。

管理工作

哈密市图书馆健全财务、人事、安全、作风建设等各项规章制度，按需设岗，实施全员岗位聘任，严格实行岗位责任制。同时，制定了绩效考核制度，每年进行一次总体工作考核。

表彰、奖励情况

2009年—2012年，哈密市图书馆被评为哈密市“三八”红旗集体、人口和计划生育目标管理责任制先进单位、“五一”巾帼奖先进集体、市级文明单位、市级平安单位等市级表彰9次，被评为市文体系统先进单位3次。

馆领导介绍

馆长：杨辉，女，汉族，1961年生，副研究馆员。

未来展望

在当今信息社会的条件下，哈密市图书馆要加快自动化网络建设，以数字图书馆建设为目标，以自动化服务为手段，以满足读者需求为出发点，以开展服务活动为重点，以传播知识和传递信息为职能，不断加强资源建设，创新科学发展的服务理念，拓宽服务功能，优化服务环境，深化全民阅读活动，努力实现全方位开放式读者服务工作，使图书馆成为文化、科技、传播、社会教育、信息交流的中心，为丰富群众文化生活，提高全民文化素质，构建城市文化建设，做出新的、更大的贡献。

联系方式

地　址：新疆哈密市文化东路6号
邮　编：839000
联系人：杨　辉

图书漂流活动送漂流图书进军营

开架图书借阅室

哈密首届图书漂流活动

巴里坤哈萨克自治县图书馆

概述

新疆巴里坤哈萨克自治县图书馆创建于民国33年（1944年），原名为民众教育馆，1954年改称巴里坤哈萨克自治县图书馆。馆址几经变迁，2005年6月，搬迁至位于满城军民团结路15号。占地面积800平方米，建筑面积600平方米，设计藏书容量10万册，可容纳读者座位40个。2013年10月参加第四次全国公共图书馆评估，获得三级图书馆。

图书馆编制9人，其中高级职称1人，中级职称6人，初级职称2人。图书馆设汉语外借室、哈语外借室、图书库存室、阅览室、电子阅览室、少儿阅览室、采编室等。现有计算机31台，提供读者使用的计算机有24台，接入10兆光纤。

业务建设

截止2013年底，新疆巴里坤哈萨克自治县图书馆总藏量6.6万册（件），其中，纸质文献6万册（件），电子图书31万册，电子期刊1万种/册。

2011年新增图书购置费3万元，2012年增至6万元，2013年起增至10万元。现订有报纸58种，杂志300种。

截止2013年底，巴里坤哈萨克自治县图书馆数字资源总量为3000GB。

读者服务工作

从2011年7月起，新疆巴里坤哈萨克自治县图书馆全年365天对外开放，周开放79小时。2011年－2013年，书刊总流通13万人次，书刊外借26万册次。2012年，开通与各乡镇场、社区、军营等图书室的互借服务。建立13个分馆，有13个流动服务点，馆外书刊流通总人次1万人次，书刊外借1.8万册。

2011年－2013年，新疆巴里坤哈萨克自治县图书馆文化信息网站访问量2.8万次。同时在电子阅览室开展网上培训活动，以“Internet资料查询和下载”、“青少年幻灯片制作”、“成人计算机办公自动化培训”等20余次。

业务研究、辅导、协作协调

以阅读丰富人生，知识完善人生为主题开展全民读书月活动，为读者提供最新的图书名录，如在莫言获得诺贝尔文学奖后，各大书店他的作品被抢购一空，我馆就网买电子版书籍，提供给广大读者免费阅读；为中考、高考、公务员考试备战的学生搜集最新的复习备考资料；利用公示栏、展板、电视网站等给读者提供最新的阅读信息。以文化信息资源共享工程为依托，做好服务工作。截至2013年底，由县支中心组织开展的电影播放、展览、讲座、报告会、读书活动、用户培训等常规服务活动，近万人次参加了活动。其中包括电子阅览室播放电影89场，未成年人活动87场，各种展览和讲座108次，其它活动50余次。举办丰富多彩的读者活动，图书馆得到了群众的认可和好评。

管理工作

2011年，巴里坤哈萨克自治县图书馆完成第二次全员岗位聘任。同时，建立了工作量化考核指标体系，每年进行总体工作考核。

2010年－2013年共抽查文献排架12次，书目数据6次。

馆领导介绍

牛顺清，女，1962年5月生，大专学历，中共党员，副研究馆员，馆长。1986年9月参加工作，历任巴里坤哈萨克自治县花园乡党委宣传干事，广播文化站站长，2005年1月任巴里坤哈萨克自治县图书馆馆长。兼任文化共享工程巴里坤哈萨克自治县支中心主任，哈密地区作协副主席。带领全体干部，发扬“黄牛”精神，逐渐将图书馆建设成为一个团结进取的集体。为此，她连续几年获巴里坤哈萨克自治县“精神文明先进个人”、“优秀科级干部”“优秀共产党员”等荣誉称号；获哈密地区优秀党务工作者称号。

未来展望

新疆巴里坤哈萨克自治县图书馆遵循“服务育人”的方针，坚持“读者至上”、“一切为读者服务”的原则，在不断强化自身综合实力的同时，通过与基层图书馆（室）的互助，带动了全县公共图书馆事业的整体发展。明年，在社区建立图书馆分馆，建立覆盖全县的图书馆网络，更加方便、快捷的为全县各族人民服务。《十三·五规划》新疆巴里坤哈萨克自治县图书馆将另建一座建筑面积0.3万平方米的新馆舍。全面建成后的巴里坤哈萨克自治县图书馆，阅览室座位300个，可容纳纸质文献40万册，年服务人次可达10万人次以上，成为与新疆高校、地区图书馆实现资源共享的县级图书馆。

联系方式

地　址：新疆巴里坤哈萨克自治县满城军民团结路15号
邮　编：839200
联系人：李朋飞

读者座谈会

送书下乡

图书馆免费开放启动仪式

轮台县图书馆

概述

轮台县图书馆1958年2月份文化馆图书室形式成立，1987开始独立对外开放。建筑面积1206平方米，馆内设立儿童综合室、报刊阅览室、图书外借室、过刊室、电子阅览室、媒体室等6个窗口，在编人员8名，馆内现有藏书12.6余万册、征订报刊种类245种、读者阅览座席228个、书架长度1200米、计算机数量38台、宽带接入3.8TB、已实现图书馆图创自动化管理系统。2013年参加第五次全国公共图书馆评估定级，获得国家三级、自治区二级图书馆。

业务建设

截至今，轮台县图书馆总藏量12.6万册，其中图书63210册、电子书5万册，过刊过报13417册。

2010年－2012年，轮台县图书馆每年新增藏量购置费为3万元，2013年购书费10.7万元，2014年购书费25万元。

轮台县图书馆从2011年6月实行免费开放，在2013年3月开始建立了图创软件，实现图书馆自动化管理系统。

读者服务工作

轮台县图书馆免费开放工作以来，优化图书馆服务职能，拓展服务领域发展，继续把读者至上，服务第一的服务宗旨贯穿到各项基础服务工作之中。继续贯彻服务育人与管理育人并重的原则，培养工作人员的规范服务意识，自觉接受免费开放工作读者监督，服务工作要做到“热心、细心、耐心、虚心”树立窗口服务意识，开展全方位、多层次服务，主动向读者介绍新书，征求免费开放工作读者意见，真正贯彻“读者第一、服务至上”的服务理念。满足轮台县广大读者的需求，增加开放时间，保证了图书馆每周开放时间56个小时。实行免费开放后读者数量增加比以前多3倍，开展报刊阅览、图书外借、资料查询以及培训、指导基层图书资料管理工作，少儿读书和正文活动、图书下乡、图书馆服务宣传州活动、全民读书月等活动举办了讲座、展览、培训、阅读比赛、征文比赛、讲故事大赛、绘画、摄影比赛、演讲比赛以及寒假暑假期间的培训等丰富多彩读者活动，2013年共服务活动41次，参与人数达12300人次。

2013年外借人次26332人次，年外借册次30128册次，图书年总流通量达到41200人次。

业务研究、辅导、协作协调

轮台县图书馆每年召集乡镇人员举办计算机基本知识，农家书屋的书籍的编目、排架及管理等内容的业务辅导培训，文化图书技术培训、业务指导43次。基层文化站图书室有图书分类目录、书标覆盖率达95%，社区、村覆盖率达90%。

管理工作

轮台县图书馆形成了用制度“管人、管事、管权”的局面。主要是：一是注重队伍素质建设，确保理论业务学习时间，定期开展业务知识考试，全面提升职工素质；二是注重政策宣传工作，采取不同形式加大宣传力度；三是注重提升服务水平，建立严格的工作人员举报处理制度；四是注重工作质量等方面。根据局里的工作制度和安排，制定了月份工作绩效考核制度，每月进行业务工作考核，进行进行业务工作总结，对未完成工作任务的进行通报及整改。

表彰、奖励情况

轮台县图书馆荣获2009年度“巾帼建功”先进集体荣誉称号。

2009年县人民政府被评为“婚育新风进万家”活动先进单位荣誉称号。

2009被轮台县总工会评为2009年度工会工作先进集体。

2013荣获工会女职工委员会荣获女工工作先进集体。

2013年参加第五次全国公共图书馆评估定级，获得国家三级、自治区二级图书馆。

馆领导介绍

帕提古丽·阿木提，女，维吾尔族，1981年6月出生，本科学历，图书馆馆长。

未来展望

在积极推进县图书馆事业发展中、使我们更加清醒地认识到：数字化图书馆建设是文化信息服务的基础实施，是图书信息化的重要内容。我们要今后工作中及时调整工作思路、围绕数字化图书馆建设的核心、结合我县实际、与文化信息资源共享过程同步推进继续开展全国文化信息优秀资源进学校、进乡村、进社区等等一系列活动。今后工作中，思想解放、充分认识免费开放工作的各项任务，不断努力把传统图书馆改革数字化图书馆，为社会提供更好地科学文化教育文献服务和数字化信息服务。

送书进社区活动

下基层辅导培训活动

有奖读书征文活动

伊吾县图书馆

概述

伊吾县位于新疆维吾尔自治区东北部，天山东段北麓，地处东经93°35″—96°23″，北纬42°54″—44°29″。东北部与蒙古国交界，西部与巴里坤哈萨克自治县相邻，南部与哈密市隔山相望。总面积19735平方公里，县城海拔1700米。

伊吾县辖4乡3镇、2个牧民搬迁定居开发区、32个行政村。总人口23077人，其中：维吾尔族占41.6%、汉族占35.1%、哈萨克族占19.3%、其他少数民族占4.0%。

伊吾县文化馆组建于1957年7月，建馆初期有两名干部，到1981年增至4人。1985年修建了县文化馆办公楼，建筑面积是520平方米，办公楼于2005年5月被拆除并修建新馆，现在使用的办公楼是2006年2月建成投入使用的，新馆建筑面积为2008平方米，室外活动场地800平方米，内设：阅览室、汉文图书室、维文图书室、展厅、舞蹈室、资源信息共享室等功能室。伊吾县文化馆是集文化馆、图书馆二馆合一的单位，属全额拨款的副科级事业单位。现有工作人员12人，其中本科学历3人，副研究馆员职称1人，中级职称3人，助理职称1人。

业务建设

伊吾县图书馆利用由自治区文化厅文化信息资源共享工程配备的图创系统对馆藏的图书进行电子编目工作，代替了此前的手工编目、著录、查阅等一系列工序，大大节省了人力、物力及新书上架的期限。截止2014年底，伊吾县图书馆总藏量340702册（件），其中，纸质文献40702册（件），其中：汉文图书为35249册，维文图书5453册，电子图书30万册；2014年度，共订阅报刊杂志350种。

伊吾县图书馆坚持以满足读者需求为着眼点和出发点，不断完善各项制度和措施，着力提升服务水平，充分发挥公共图书馆知识平台的作用，举办了农家书屋征文比赛、少儿读书活动、读者座谈会、春联送读者、送书下乡等各类活动。

每年的“元旦”“三八”“五一”“六一”“十一”开展书画展、手工作品展等丰富多彩的文化活动，活跃我县群众文化生活。寒暑假期间，伊吾县文化馆根据自身资源和当地孩子的兴趣爱好，免费开设了美术、舞蹈、英语、都塔尔、吉他等培训班，为增强学生的文化艺术修养提供了有力的学习平台。

读者服务工作

牢固树立“读者至上，服务第一”的思想，以服务读者为根本职责，积极、热情、主动的为读者服务。自免费开放之日起，伊吾县图书馆阅览室、图书室、资源信息共享室等对外窗口实施免费开放，图书馆在管理模式上，实行便于读者利用的全开放式管理；图书馆周开馆时间达56小时，节假日不闭馆等方式尽可能为读者利用图书馆提供方便。2014年度，阅览室为读者免费办理阅览证222个，图书室为读者免费办理借书证115个。

工作人员在搞好书刊外借服务的同时，开展各种特色服务，不断拓宽为读者服务的新领域。利用设施设备优势，为读者提供特色服务项目，如为读者复印所需图书报刊资料，进行影视片播映；为政府机关、企事业单位进行文献信息咨询、检索服务，对读者的咨询均给予热情周到的解答；为了充分提示馆藏，作好图书宣传推荐，工作人员不定期发布新书通报，向读者介绍馆藏文献，推荐新书，推动读书活动的开展。

业务研究、辅导、协作协调

工作人员分别在《西域图书馆论坛》和《群文天地》上发表《新时期图书馆职业道德建设》、《书馆制度与公民知识权利》、《网络图书馆的特点和信息资源服务》，《谈知识经济时代的图书馆与知识创新》《谈如何提高图书馆管理员队伍素质》2篇论文在山西科技报刊2010年第10期登载，并获优秀奖。

伊吾县图书馆全体职工牢固树立服务基层的意识，把基层文化宣传和基层文化阵地建设作为加强基层文化工作的头等大事，积极开展送图书到基层活动。乡镇文化站书刊数量和种类都非常缺乏，且书刊陈旧，“送图书到基层活动”既是响应中宣部、中央文明办、国家新闻出版广电总局提出更好地贯彻党的十八大、十八届三中全会精神，广泛开展“我们的中国梦”文化进万家活动的要求，也是开展全民阅读活动，多读书、读好书、把好书送到基层，送给各族群众的实际行动。5月26日，伊吾县图书馆为伊吾镇社区共赠送了价值6000元的图书，涉及政治、经济、法律、科技、农业技术、医药保健、文艺、少儿类等方面，丰富了基层职工的精神文化生活。同一天为吐葫芦乡村文化室送去一批农牧业种植、养殖科技读物和健康知识等读者喜爱的优秀图书，每年年初都制定详细的下乡计划，工作人员每年赴淖毛湖、苇子峡、盐池、下马崖等基层乡、镇文化站指导工作。帮助基层各乡、镇文化站整理图书7920册，报刊、杂志2240册，培训管理人员32人次。

自2013年开始我馆将连续三年为淖毛湖镇西坎村、民光村等5个村文化室进行图书配送。这批图书是由县总工会根据自治区总工会要求，通过中国工人出版社职工书屋建设新疆服务站配置图书，由伊吾县图书馆根据其提供的图书目录负责征订、货到验收并配送到各个文化室。

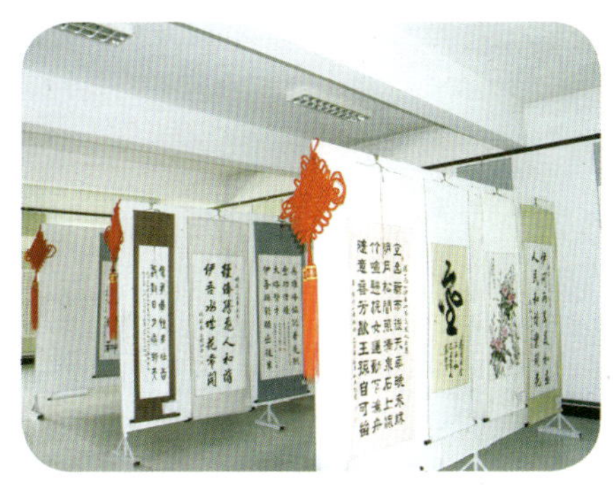

管理工作

伊吾县图书馆每年都制定详细的工作计划，严格按照计划开展图书馆工作和各项读者服务活动。

人事管理：图书馆实施了岗位聘用制和岗位责任制，每年初与工作人员签定目标责任书，有效地杜绝了工作中的马虎、冷漠等工作态度，年底有严格的考核奖惩制度，收到良好的管理效果。

财务管理：财务管理制度健全，制定有《伊吾县图书馆财务管理制度》、《票据管理制度》、《伊吾县图书馆免费开放专项资金管理制度》，严格按照制度办事。

环境管理：在图书馆全体职工的努力下，馆内整齐清洁，环境美观，图书馆各种标牌规范，馆内制定了卫生规章制度，并在公共服务场所种植了大量的绿色植物，为读者阅读、学习提供了舒适幽雅的阅读环境。

档案管理：图书馆档案管理比较规范，每年年底各种档案都按照归档要求存档，馆内各种资料齐全，并有各种统计数据。

消防保卫：馆内成立了消防安全领导小组，并与各科室签定了消防安全责任书，购置了消防设备，健全了安全生产管理制度，经常性开展彻底自查工作和日常巡查工作。伊吾县图书馆自成立以来，没有发生一起安全事故。

表彰奖励情况

1999年1月，伊吾县文化馆被县精神文明建设活动委员会命名为县级“文明单位”。

2001年8月，伊吾县文化馆被县精神文明建设活动委员会命名为县级“文明示范窗口”，9月被哈密地区精神文明建设活动委员会命名为地区级“文明示范窗口”。

2010年以来，我馆被评为“地区级文明单位”、县级“宣传工作先进集体”、县级“平安单位”等，市、县级表彰9次，被评为县文体系统先进单位3次。

在第五次公共图书馆评估定级工作中，伊吾县图书馆荣获“三级图书馆”称号。

馆领导介绍

凌云志，男，汉族，大专学历，中共党员，1977年7月3日出生，籍贯江苏金坛，毕业于新疆教育学院音乐系，2004年8月入党，1995年8月–2003年，在伊吾县中心小学任教；2003年–2007年，任伊吾县中心小学任副校长；2007年–2012年任文体局副局长兼文化馆馆长。

孙金玲，女，汉族，大专学历，中共党员，1966年7月7日出生，籍贯江苏，毕业于新疆教育学院教育行政管理专业，1983年7月参加工作，1983年7月–1986年7月在伊吾县劳动服务公司工作，1986年8月至今在伊吾县文化馆工作。2000年12月取得图书资料专业馆员任职资格，2012年12月取得图书资料专业副研究馆员任职资格，1998年9月30日至今任文化馆副馆长。

吾甫尔·尕力，男，维吾尔族，本科学历，1974年6月18日出生于伊吾县。2012年毕业于新疆大学维吾尔语言文学专业，1997年10月至1999年11月在伊吾县淖毛湖县办农场工作。1999年12月至2003年6月在伊吾县建设局规划设计室工作。2001年至2004年在新疆教育学院学习行政管理专业（专升本）。2003年6月调入伊吾县广播电视局工作至今，工作期间本人从事播音、记者、节目主持人等工作。多次在哈密地区广播电视局、哈密地区广播电视学会广播电视播音（主持）奖评奖会上获一、二等奖。2014年12月11日，任吾甫尔·尕力同志为文化馆馆长，主持文化馆工作。

未来展望

一是大力发展现代数字图书馆建设。建立一定规模的数字化资源，供读者在线阅读。二是不断增加图书馆藏量，来满足读者日益增长的文化需求。

联系方式

地　址：伊吾县文化馆
邮　编：839300
联系人：吾甫尔·尕力

博乐市图书馆

概述

博乐市图书馆座落于市中心地带，于1997年建成，图书馆业务开展全部使用面积为1500多平方米，大楼内设有成人阅览室、儿童阅览室、地方文献资料室、期刊室、过刊室、外借室、采编室、特种馆藏书刊阅览室、电子阅览室、文化信息共享工程市支中心、中控机房、多媒体室、自习室、多功能厅、展厅等读者服务窗口，阅览席位达200多个，少儿阅览席位50个。拥有先进的现代化办公设备和技术装备，配备服务器3台、数据库管理系统2套，数码摄像机1部、数码相机1部、多功能扫描仪1台、激光打印机2台、液晶电视2台、空调1台、多媒体投影仪各2台、供读者服务的计算机终端20台、工作人员用计算机6台，全馆高速光纤接入，无线网络已覆盖全馆，通过无线网络读者自己携带笔记本电脑、iPad、智能手机等无线网络终端，在图书馆内的任意场所，快捷地进入图书馆的数据库，共享我馆的图书资源。具备了开展外借、阅览、参考资料、电子信息、视听等服务，举办讲座、培训、图书展览、学术交流、读者座谈等活动的基本功能，是市区人民提高自身素质的好去处。为了方便读者，专门开设免证阅览、预约借书、代借代还、军人、残疾人优先、团体上门和学校定期互动等纵横服务项目。

目前，博乐市图书馆实有在职人数12人，其中：设馆长1人。中级职称5人，初级职称2人，管理岗3人，工勤人员2人，有大专以上学历（包括大专学历）的12人，占总人数的100%。

业务建设

截止2013年底，博乐市图书馆拥有各类图书57000册，其中：汉文图书22680册；维文图书1973册、哈文图书810册、蒙文图书1630册；地方文献197册，盲文图书30册，少儿图书1300册、视听文献530册，期刊10950册（合订本）；报纸16900册（合订本）。除了特定或特殊的文献资料外，藏书全年对读者开放，图书馆职工本着“读者至上，服务第一”的总之，为读者提供图书外借、报刊阅览、资料咨询、信息导航，等全方位的优质服务。2013年4月，开始馆内所有的文献标引和图书著录均按照图书馆业务标准和规定执行，开始使用图创系统操作。

读者服务工作

1、读书活动：博乐市图书馆常年举办多项读书活动，不定期组织各类知识讲座、图书展览及读者座谈活动，如：每年4.23世界读书日启动全民读书活动，图书馆服务宣传周活动，文明月读书活动、民族团结月图书展、少儿讲故事比赛、青少年演讲比赛以及各类节庆日图书展等活动引导读者读书，实现图书馆与读者的互动，充实展示图书馆的魅力。年累计参加人数达1300余人。

2、图书宣传周活动：每年都利用主题活动开展宣传服务活动，主要项目有图书展览、知识讲座、读者座谈会、演讲比赛、讲故事比赛、送书下乡，广泛利用现有的图书资源，服务群众，提高图书流通量，扩大图书馆的社会地位。

3、送书下乡：为了充分发挥博乐市图书馆的职能作用，进一步加大对基层文化室的帮扶力度，提高服务成效，使图书馆为基层服务真正落到实处。在各乡、镇、场及部分村队、边防派出所、社区等单位建立了图书流动站，并每年都定期或不定期到各流动站赠送图书资料，巡回辅导，广泛开展送书下乡活动。利用农村集日、以及农闲季节，经常提供农作物、蔬菜种植、经济作物等书籍，解决了农民、农业生产中有待解决的问题，受到农民的热烈欢迎，取得了良好的社会效益。利用图书馆得天独厚的优越条件，年累计送书近1500余册，使图书馆的服务延伸到最基层的百姓中，使人人都能享受到图书馆的服务。

获奖情况

图书馆在1998第一次评估达标中被评为国家二级馆、自治区一级公共图书馆；2004年图书馆在第三次评估达标中被评为在国家三级、自治区二级公共图书馆；2009年的第四次评估达标中被评为国家三级公共图书馆、自治区二级公共图书馆；2013年的第五次评估达标中被评为国家三级公共图书馆、自治区二级公共图书馆。

馆领导及馆属部门负责人简介

馆长：保·乌兰，女，蒙古族，1978年生；1999年2月参加工作，大专学历，2010年7月任博乐市图书馆副馆长，2012年11月任图书馆馆长。

赠书进社区活动

送书下乡

送书到养老院

少儿阅览室

成人阅览室

办公室：吉尔格力，女，蒙古族，1971年生；1990年9月参加工作，本科学历。

读者工作部：宾白，女，蒙古族，1973年生；1995年7月参加工作，共产党员，本科学历。

网络技术部：张顺雅，男，汉族，1975年生；1995年7月参加工作，大专学历。

未来展望

进入21世纪，人类社会正面临知识经济和信息社会的急剧变革，面对这样的形势，图书馆作为社会重要的信息资源基地、国家信息基础设施和资源的提供者，其作用和地位已发生了根本的变化，图书馆核心价值也有了新的内容。图书馆已由过去收藏图书和借阅图书这一简单的服务模式演变成为信息和知识的生产、传播、利用的场所，更成为迎接知识经济时代挑战及实施科教兴国战略的重要阵地。随着图书馆成为国家创新信息服务体系的组成部分，借阅服务人员的工作不再只是简单的借书还书，他们已成为知识生产传递和利用之间的媒体，是直接决定信息、知识发挥社会效益的关键。我们要发挥好图书馆核心价值的作用，充分调动借阅服务人员的积极性，最大限度提升他们的职业价值，要求图书馆员要在自身加强学习的基础上对此进行认真研究和讨论，按照社会和现实的需要去引导读者阅读并培养他们的阅读兴趣和阅读热情。今后我们要做好图书馆的宣传，使公民了解图书馆，改变旧观念，真正树立读者为本、服务至上的理念，开展形式多样的活动，以此规范读者的阅读行为，使读者在政治上受到有益的教育，在知识上得到合理的扩充，在情操上获得净化和陶冶。

博乐市图书馆全貌

联系方式

地　址：博乐市青得里大街96号
邮　编：833400
联系人：宾　白

（撰稿人：保·乌兰，宾　白）

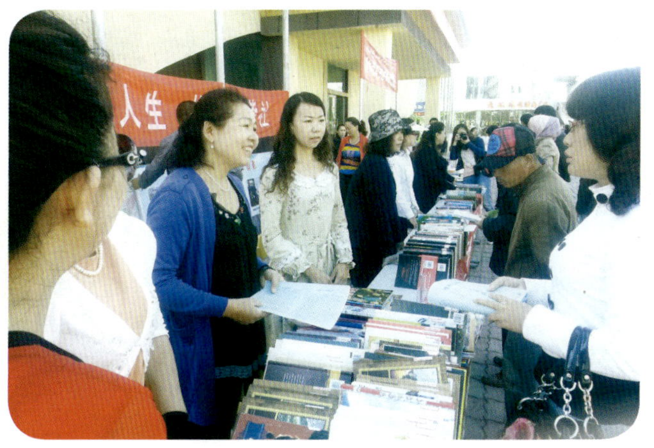
举办地方文献展

举办图书宣传周活动

精河县图书馆

概述

精河县图书馆位于精河县城镇幸福西路，全馆有汉、蒙、哈、回等干部职工10人，职工文化程度均在大专以上。馆内开设了外借室、成人阅览室、少儿阅览室、电子阅览室、采编室、资料室等科室。2009年经自治区文化厅评估定级精河县图书馆达到自治区二级馆标准。精河县图书馆是精河县唯一一家公共图书馆。近年来，精河县图书馆坚持以邓小平理论、“三个代表”重要思想和科学发展观为指导，始终按照自治区二级馆的标准开展各项工作，与时俱进，开拓进取，不断发展和完善，积极发挥公共图书馆文化阵地的教育引领作用。在各级党委、政府、主管局和图书馆的正确领导下，在我馆各族职工的共同努力下，图书馆各项工作取得了长足发展。精河县图书馆先后获得“自治区第五个全民读书日活动先进单位”、“自治州文化工作先进集体”、“精河县平安单位”、“精河县安全文明单位”、“精河县文体广电系统目标管理综合考核工作先进集体”等荣誉称号。

业务建设

精河县图书馆拥有面积2683.5平方米（其中包括精河镇和平社区、幸福社区、团结社区、县武警中队、看守所、县高级中学、县职专、县四中、县一小、县二小、县国税局11流动图书服务点），有阅览室席位802个，少儿阅览室席位52个。图书馆和各流动图书服务点共有计算机数量431台，提供读者使用的计算机数量424台。图书馆宽带接入10M，存储容量5TB，自动化管理系统不断加强，先后安装了图书自动化管理图创软件、电子阅览室管理系统和电子图书软件。

2012年财政拨款总额为944188元。2011年财政拨款年增长率与当地财政收入增长率的比率为60.5%。2012年财政拨款年增长率与当地财政收入增长率的比率39.7%。2013年新增藏量购置费为13万元。2012年免费开放经费到位20万元。馆内工作人员大专以上学历人数占职工人员总数的100%。中级以上职称5人，占职工总数的50%。初级以上职称7人，占职工总数的70%。领导班子中，大专以上学历2人。其中副高职称1人。主管业务负责人古丽娜（副馆长）受过系统的图书馆学培训。近年来，馆内领导先后接受了在乌市、昌吉、克拉玛依等地举办的继续教育及文化资源共享等各类培训。我馆注重加强员工岗位培训、继续教育，提升工作水平和能力，馆内每位工作人员每年人均40学时。同时馆内工作人员能结合本职工作，强化业务研究，积极发表论文、撰写调查研究报告等8篇。

文献资源

截止2013年4月，精河县图书馆总藏量15万余册（件）。电子文献藏量为300种，图书入藏量为3000种，报刊年入藏量为30种，视听文献年入藏量20件。地方文献设有专柜，图书著录按《中图法》要求著录，安排专人负责地方文献工作。普通图书文献编目：期刊、报纸文献编目：视听文献编目均依据有关国家标准或行业标准进行编目著录，有相关编目细则，编目数据规范一致。设有卡片目录或者机读目录，有专人管理维护，提供查目辅导。开架图书排架正确率为98%。文献保护相关制度、设备齐全，措施得力。数字化建设不断推进，目前，馆内数字资源总量为5TB，馆藏中文文献书目数字化为65%。地方文献征集和数据库建设也在有序进行中。

服务工作

2011年精河县图书馆实行免费开放以来，做到了公共空间设施场地对社会公众免费开放，基础项目健全并免费开放。每周开馆时间56小时。书刊文献开架比例为85%。馆藏书刊文献年外借率80%，年外借册次为4万。馆外流动图书服务点书刊借阅年1000册次。人均年到馆次数10次。书刊宣传形式多样。设有政府公开信息服务查询点。为政府机关提供决策服务、为社会公众提供专题服务等参考咨询服务及时有效。有针对性地为残疾人、进城务工人员、未成年人、老年人提供各种读书服务。依托自治区图书馆搭建的精河县图书馆网站平台，组织人员参加专门培训，及时对精河图书馆网页进行维护更新管理并提供网上服务。社会教育活动蓬勃开展，年举办讲座、培训等活动6次举办展览1次，年参与

迎新春读者座谈会暨2013年度十佳读者表彰会

打造书香精河阅读引领未来

成人阅览室

少儿阅览室

外借室书库

图书馆服务活动1万人次。同时利用图书服务宣传周、全民读书月、世界图书与出版日等有利时机开展形式多样的图书服务宣传，吸引更多的群众走进图书馆，多读书，读好书，形成全民阅读的良好氛围。通过不管强化服务，端正服务态度，提高服务质量，读者满意率不断提高，2012年调查结果为97%。

协作协调

我管积极加入自治区图书馆学会和自治区图书馆展览讲座联盟，开展了各项活动，更好地实现资源共享。于此同时积极做好流动图书服务点图书更新、整理指导等工作，确保馆藏资源能充分发挥作用。加强图书馆服务网络建设规划，提高服务效能。县内社区、学校、军队等参与服务网络建设的比例95%。基层业务辅导工作有计划、总结等。基层业务培训工作有序开展。

管理与表彰

管理工作方面。首先认真贯彻科学发展观，坚持科学用人观，积极做好岗位设置工作，逐步建立人员能进能出，职务能上能下，待遇能高能低，把工作量化、细化到每个职工的身上，做到人尽其才。为确保各项工作落到实处，县文体广新局主管领导与馆长、馆长与各科室负责人、科室负责人与职工分别签定了岗位责任书，做到责任层层落实，任务。我馆先后出台了图书馆岗位管理制度、奖惩制度等18项内部的管理制度，充分调动职工的工作积极性。在档案管理工作方面，我馆各类档案全部装订归档，建立有职工考核档案、读者借阅档案、课题档案、业务辅导档案等。每年度计划文件齐全。财务制度健全，执行监督良好。人事岗位管理制度健全，考核严谨。志愿者招聘管理有方。设备物资管理到位。各类统计及时、准确，并有分析研究，利于改进工作。馆内各科室环境整洁美观，标牌规范。安全保卫工作扎实，未出现任何问题事故。能创新开展工作，取得各项荣誉。

未来展望

1、加强数字图书馆建设。要积极做好数字图书馆建设的前期准备工作，为提高图书馆信息化服务夯实基础。

2、努力探索利用文化信息资源共享工程服务的新路子。利用这一阵地，开展丰富多彩的活动，满足信息时代读者的多种需求，把共享工程办成惠民工程、民心工程。

3、加强馆员的学习培训力度。通过请进来、走出去的办法，全面提高馆员的专业工作水平，尤其要注重加强对馆员的微机操作使用及共享工程相关软件的操作使用培训，以适应图书馆事业现代化发展的需要。

4、抓住新疆全民读书月以及其他重大节假日等有利时机，开展形式多样的活动。进一步扩大流动图书服务点建设，在全社会营造全民读书、终身学习的良好氛围。

5、做好地方文献和古籍文献的征集、整理、开发利用及服务工作，推动图书馆地方文献与古籍文献工作深入开展。

联系方式

地　址：博州精河县城镇幸福西路4号
邮　编：833300
联系人：布加·其米格

举办猜灯谜闹元宵活动

电影、学模范、写征文、赢图书

若羌县图书馆

概述

若羌县地处巴音郭楞蒙古自治州东南部，塔克拉玛干沙漠东南缘，西接且末，北邻尉犁县及鄯善县和哈密市，东与甘肃省、青海省交界，南与西藏自治区接壤，行政面积20.23万平方千米，是全国辖区总面积最大的县。全县辖两个管委会、四镇、四乡、一团场，即祁曼管委会、罗布泊管委会、若羌镇、依吞布拉克镇、罗布泊镇、瓦石峡镇、铁干里克乡、吾塔木乡、铁木里克乡、祁曼塔格乡、农二师36团。总人口5.6万人，有维、汉、回、东乡等15个民族，其中少数民族人数占40%。

若羌县图书馆成立于2013年8月，前身是若羌县文化馆图书室。2013年10月12日，位于胜利路的若羌县图书馆建成投入使用。新馆面积建筑2000平方米，供读者使用的座席240个。图书馆接入20Mbps光纤专线，多媒体电子阅览室供读者使用的计算机46台。馆内设少儿阅览室，面积100平方米，阅览室席位40个。2013年首次参加第五次全国公共图书馆评估，获得国家三级图书馆、自治区二级图书馆。

业务建设

若羌县图书馆现有文献资源总藏量7万册，其中电子图书5万册，纸质文献2万，入藏文献以汉、维吾尔两种文字为主。

2013年，若羌县图书馆新增藏量购置费达20万元，入藏图书1.2万册；期刊购置费2万元，新增期刊203种，报纸50种。

若羌县图书馆设立维、汉图书外借处、过刊（报）外借处，少儿阅览室室、多媒体电子阅览室及综合阅览室等服务窗口，书库实现全开架借阅。

2013年，使用第三代图书馆集成化管理系统。

读者服务工作

从2011年起，若羌县图书馆实现全年365天面向社会公众免费开放，每周开放时间56小时。建立健全免费开放各项管理制度，做好向老年人、青少年、残疾人等社会弱势群体的服务工作。

2013年，总流通人次达2.4万人次，书刊外借达1.8万册次。

2013年开展图书各类读者活动12次，利用世界读书日、重大节假日、纪念日等开展图书馆服务宣传活动26次。

开展业务研究、辅导、协作协调

2013年，在省级以上刊物发表论文1篇。

2013年，举办乡镇（村）图书室管理人员业务培训班2次43人次，集中下乡开展文化站图书室业务指导6次42天，开展农家书屋读者培训6次140人次。

管理工作

建立健全了各项管理制度，实现岗位责任制上墙，制定量化考核指标体系，每月进行工作进度通报，每半年进行总体工作考核。

表彰、奖励情况

2013年荣获自治区“全民阅读活动”先进单位，巴音郭楞蒙古自治州“全民读书月活动”先进集体。

未来展望

若羌县图书馆遵循“一切为了读者，为了读者的一切”的办馆方针，在若羌县实现以县级图书馆为中心，覆盖全县各乡镇、村的三级图书馆网络，实现县馆与各乡镇、村文献信息共享。充分运用现代信息技术，搜集整理若羌地方文献，打造具有地方特色的开放式、多功能的公共文献信息中心。

联系方式

地　址：新疆若羌县胜利路图书馆
邮　编：841800
联系人：陈艳丽

电子阅览室

书库

且末县图书馆

概述

且末县图书馆成立于1999年11月，目前馆址位于教育巷县文教大楼四楼，面积为820余平方米，馆内有阅览室（有读者席位120）、电子阅览室（有25台电脑）、书库、分编室、少年儿童阅览室（有读者席位50）、展览室、休息室及读者服务窗口等设施设备。同时图书馆已实现了自动化管理，您可在家很便捷的上网下载查阅馆藏资源、预借所需图书资料。

业务建设

且末县图书馆1999年6月1日成立，当时图书藏量只要5000余册，藏书量的不足远远满足不了读者的需求，在2009年且末县政府向全县干部职工中发起了向图书馆捐书的倡议，当时收到全县干部职工的捐书6000余册，另外就是单位在财政每年的拨款中，拿出一部分资金购置图书，目前馆藏量达到42638册。其中有维、汉22大类、13893种、3万余册各类图书，200余种报刊杂志，10638件电子文献。且末县图书馆从2011年6月实行免费开放，在2012年11月开始建立了图创软件，在2013年正式投入使用。且末县图书馆从2011年6月免费开放。在2012年制作发布了文广系统门户网站，为党政工作的公开，群众提供便利，促进信息工作打好了很好的平台，图书馆信息资源共享工作取得了阶段性进展。

读者服务工作

且末县图书馆自免费开放以来，每周开馆时间为56小时，到目前为止书刊总流通量为18650余人次，书刊外借册次8200册次，电子阅览室上网浏览2460人次。图书馆建立了两个馆外服务点，分别是且末县生产连和且末县敬老院馆外服务点的书刊流通总人次2460人次，书刊外借1540人次。且末县图书馆每月排专人为两个馆外服务点送新的报刊杂志一次。坚持每周2次为4个便民文化橱窗更换报纸。图书馆结合“三下乡”活动，到各乡镇举办图书展览，办理借书证，技术咨询等活动，

自免费开放以来且末县图书馆共举办讲座、展览、培训、阅读比赛、征文比赛、演讲比赛等读者服务64次，参与人数达2158人次。

业务研究、辅导、协作协调

图书馆每季度下基层去乡、村、社区农家书屋，对他们的工作进行检查辅导，针对业务工作进行指导培训，提高他们是管理和服务水平。在2012年召集全县乡镇“两馆一站”的工作人员，来图书馆进行为期一周的业务培训，培训主要内容有：信息的撰写、计算机基本知识，农家书屋的书籍的编目、排架及管理。在2012年和若羌图书馆实现了馆籍互借。

管理工作

图书馆根据局里的工作制度和安排，制定了工作绩效考核制度，实行周报制，每周把个人的工作业绩情况报局办公室。把每周星期五的下午定为图书馆的例会时间，在会上学习局有关文件外，规定每个职工对本周的工作进行总结，找出工作中的不足之处，并对下周的工作进行计划安排。到每月末进行个人工作总结，对未完成工作任务的进行通报。

馆领导介绍

麦合甫再木，女，维吾尔族，1982年1月出生，大专学历，中共党员，现任馆长。

未来展望

且末县图书馆在今后的工作中将增加馆外服务点的数量，加大藏书量，满足读者的阅读需求。开展形式多样的活动，让更多的人走进图书馆，把免费开放的工作真正落到实处，让全县人民都欣起爱读书的良好氛围。另外争取资金对馆内的环境进行改造，让读者有一个安静、优雅的环境，努力使图书馆的标准能达到国家二级馆的标准。

焉耆县图书馆

焉耆县图书馆是精神文明建设重要阵地和窗口，是我县文化工作建设的重要组成部分。几年来，县图书馆在县委、县人民政府的领导下，全面贯彻党的十八大全会精神，以科学发展观统领全县文化工作，以实现、维护和保障全县各族人民基本文化权益为重要任务。努力做好图书馆工作，服务于广大读者。

概述

焉耆县图书馆成立于一九九三年三月十日，位于县解放路广场青少年活动中心一楼，总面积800平方米，阅览席位60个，少儿图书阅览40个，电子阅览室20个，计算机30台。

1、部门设置：馆内设4个服务窗口、汉维图书借阅、汉维期刊借阅、少儿读物借阅、电子阅览查阅、馆外设3个服务点。

2、人员情况：现有编制6名，实有人数7人，馆长1人，其中汉族1人，回族2人，维族4人，中级职称1人，初级职称3人，管理人员1人，本科1人，大专6人，组织机构健全，业务活动规范。

3、馆藏文献建设：图书年入藏数14763种，报刊年入藏量400种，电子文献1500种，视听文献入藏量19件，截止2012年我馆图书总入藏量53380册。

4、2012年我馆购入图书：5441本，电子图书、视听文献21000册。

5、接待读者情况：图书馆年外借图书册次为3万册以上，年流通总人次3万以上人次，开架书刊册次占总藏量的80%以上。每周开馆时间均在56个小时以上，常年坚持周六、周日开馆。

6、借阅服务：为使图书馆工作得到读者认可，我们采取规范、科学化服务，从提高整体素质入手，对图书馆的办馆条件、环境、服务质量、服务效果等方面，采取座谈会、发放调查表、设读者意见箱等形式，自查读者满意率在95%以上。

工作情况

1、文献标引与著录：图书馆图书标引与著录标准依据《中图法》第四版标引；图书依据《普通图书著录规则》著录。图书标引误差率在3%以下；图书目录误差率在3%以下。书标、著录号、馆藏章等均达到规范、整齐、统一、美观。

2、藏书组织管理：图书馆开架图书排架误差率在3%以下。文献保护有规章制度，书库、阅览室均有防火、防盗、防尘、防湿措施，效果较好，能经常保持书库、阅览室空气通畅，环境优美。坚持做到破损图书能及时修复。

4、自动化、网络化建设：自2011年初，我馆已率先实行电子化借阅，截止目前，已录入图书14763种，17912册图书。

5、读者活动：为最大限度地满足读者的需求，本馆开展系列活动已形成制度化、规范化、常规化，如每年的开展世界读书日活动、每月8日有奖读书活动、全民读书月活动、“推荐一本好书”“活动、大力开展馆外借阅活动、定期为我县武警中队、消防中队置换图书、开展全县范围专家讲座活动、利用寒暑假为青少年开展各类爱国教育活动定期下乡送书，解决农牧民看书难问题。开辟了定期举办新书预告、期刊预告，充分利用广播、电视、文化下乡、发放宣传单、街头咨询服务、实行定点服务等形式，树立了公共图书馆形象，建立了读者群，从而促进了校园文化、军营文化相互促进、协调发展，年读者参加活动达50000人次以上，社会教育与用户培训取得了很好的效果。

6、业务辅导：本馆在搞好馆办活动的同时，把基层图书室建设当作一项重要工作来抓，先后与各乡镇文化站（室）建立起业务辅导，并于全县4乡4镇2场的文化站（室）的管理人员进行业务辅导，为基层图书室业务人员辅导年达10次以上。几年来为基层文化站室赠送图书、报刊达4000余册。

7、文化共享工程建设

自2008年，我馆建立文化共享工程以来，有专人负责，有专项经费投入，规章制度、档案管理已健全。技术培训有计划、有方案、有总结，指导基层服务。接收数字资源以及自建数字资源7TB，接收国家共享资源光碟19套，为各乡镇文化站（室）刻录共享资源光碟200余套。

8、“东风工程、农家书屋”工作

截止2012年，我县高标准、高质量地圆满完成了46个东风工程，47个农家书屋建设任务并全部投入使用。

目前在全县11个乡镇场46个行政村建立“东风工程、农家

邀请讲师来我县进行讲座

开展每季度为消防中队流动图书点换置图书活动

开展每月8日有奖读书活动

开展图书馆服务宣传周活动

下乡镇开展培训工作

电子阅览室

开展读者座谈会活动

培训讲座室

书屋”农村图书室、挑选有文化有责任心的年轻人管理各村的文化室，并对管理人员进行了业务培训，为村民学习党的方针政策和农业科技知识提供了方便。

自2011年6月，全国3馆一站免费开放实施后，我局大力开展各项惠民服务，派图书馆专业人员下乡为各乡镇东风工程图书管理人员培训图书分类方法；免费举办各类知识讲座16场次，受益人数达2万人次；按时召开半年、全年“东风工程、农家书屋”表彰大会，为优秀管理发放奖励金达3万元。

取得的成绩

2009年5月被自治区文化厅评为开展“全民读书月活动先进单位”。

2010年5月被自治区文化厅评为开展“全民读书月活动先进单位”。

2011年5月被自治区文化厅评为开展“全民读书月活动先进单位”。

2011年10月被自治区文化厅评为开展“东风工程”先进县。

2012年12月我县焉耆镇上四号渠村农家书屋评为“全国优秀农家书屋示范点”。

馆领导介绍

李翔君，女，汉族，1975年7月出生，大专学历，现任馆长。

未来展望

焉耆县图书馆在今后的工作中坚持“以人为本、读者至上，服务第一”的宗旨，为读者提供图书外借、报刊阅览、资料咨询、信息导航等全方位的优质服务。

开展“全民读书月”图书进社区宣传活动

开展“让爱凝聚，送您回家”为农民工网购火车票活动

和硕县图书馆

概述

和硕县图书馆成立于1985年，同年正式对外开放。馆址几经变迁，于2005年位于和硕县清水河北路1043号的综合楼建成开放。新馆占地面积860平方米，馆内现有藏书10.4余万册，可容纳读者座位350个。2013年参加第五次全国公共图书馆评估定级，获得国家三级、自治区二级图书馆。2013年和硕县图书馆有阅览座席358个，计算机32台，宽带接入10兆，选用图书馆图创自动化管理系统。

业务建设

截至2013年底，和硕县图书馆总藏量10.45万册，其中图书30452册、电子书62000册，过刊过报12000册。

2010年–2012年，和硕县图书馆每年新增藏量购置费为5万元，2013年起增至8万元。

和硕县图书馆从2011年6月实行免费开放，在2012年11月开始建立了图创软件，在2013年初正式投入使用。和硕县图书馆从2011年6月免费开放。在2012年制作发布了文广系统门户网站，为党政工作的公开，群众提供便利，促进信息工作打好了很好的平台，图书馆信息资源共享工作取得了阶段性进展。

读者服务工作

和硕县图书馆自免费开放以来，每周开馆时间为56小时，2011年6月到目前为止书刊总流通量为63093余人次，书刊外借册次77402册次，电子阅览室上网浏览4460人次。图书馆建立了五个馆外服务点，分别是和硕县政府、和硕县看守所、和硕县残联、和硕县敬老院、武警中队馆外服务点的书刊流通总人次7380人次，书刊外借4620人次。和硕县图书馆每季度派专人为五个馆外服务点更换图书和期刊报纸。图书馆结合“三下乡”活动，到各乡镇举办图书展览，免费办理借书证、咨询等活动。

自免费开放以来和硕县图书馆共举办讲座、展览、培训、阅读比赛、征文比赛、讲故事大赛、绘画、摄影比赛、演讲比赛以及寒假暑假期间的培训等读者服务78次，参与人数达31647人次。

业务研究、辅导、协作协调

图书馆每季度下基层去乡、村、社区农家书屋，对他们的工作进行检查辅导，针对业务工作进行指导培训，提高他们是管理和服务水平。在2011年开始每年召集全县乡镇“两馆一站”的工作人员，来图书馆进行为期一周的业务培训，培训主要内容有：信息的撰写、计算机基本知识，农家书屋的书籍的编目、排架及管理。在2011年和焉耆县、博湖县图书馆实现了馆籍互借。

管理工作

图书馆根据局里的工作制度和安排，制定了工作绩效考核制度，实行周报制，每周把个人的工作业绩情况报局办公室。把每周五的下午定为图书馆的例会时间，在会上学习局有关文件外，规定每个职工对本周的工作进行总结，找出工作中的不足之处，并对下周的工作进行计划安排。到每月末进行个人工作总结，对未完成工作任务的进行通报。

表彰、奖励情况

通过和硕县图书馆全体干部不懈的努力，2001年被县妇联评为“巾帼文明师范岗”，2004年被授予自治区读书宣传月活动先进集体；被自治州文化局评为“图书馆建设先进集体”；2007年被自治州文化卫生发展年协调小组评为“文化卫生发展年先进集体”；2008年被州妇联评为“巾帼文明岗”；2008年被县总工会评为2003–2008年度女工工作先进集体等荣誉称号。2014年分别荣获文化部第五次公共图书馆评估定级国家三级、自治区二级称号的公共图书馆；自治区文化厅颁发的2013年度“全民阅读活动”先进单位称号。

馆领导介绍

布尔曼，女，蒙古族，1973年1月出生，大专学历，中共党员，现任馆长。

未来展望

和硕县图书馆在今后的工作中坚持“以人为本，读者至上，服务第一”的宗旨，为读者提供图书外借、报刊阅览、资料咨询、信息导航等全方位的优质服务。

将进一步增加馆外服务点的数量，加大藏书量，满足读者的阅读需求。开展形式多样的活动，让更多的人走进图书馆，把免费开放的工作真正落到实处，让全县人民都欣起爱读书的良好氛围。另外争取资金对馆内的环境进行改造，让读者有一个安静、优雅的环境，努力使图书馆的标准能达到国家二级馆的标准。

少儿现场绘画比赛现场

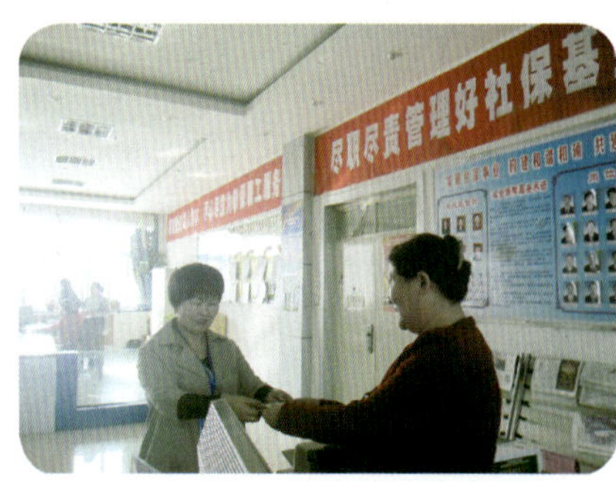

推广“一卡通”借书证进机关活动

春节前期下乡送春联活动

博湖县图书馆

概述

博湖县图书馆成立于1991年，经过了几次搬迁，于2012年搬至博湖县博湖镇团结西路，博湖县文体体育广播影视局二楼，总面积2486.4平方米。2013年在新址正式开馆服务至今。

业务建设

博湖县图书馆现采用开放灵活的藏、借、阅、查、展一体的新型服务模式，实行免费开放以来，藏书全部对读者免费开放。馆内现有藏书图书总藏量为14981种38186册；期刊总藏量5212册（汉2929册，维202册，蒙463册，少儿1618册）；视听文献786种1804册；地方文献84种120册。预购电子书30000册，每年征订中、维、蒙期刊报纸373种。下设9个服务窗口，分综合图书借阅室、汉文期刊借阅室、民文期刊借阅室、少儿图书借阅室、地方文献古籍室、电子阅览查室、过刊过报借阅等。用于服务读者的计算机52台。摄像机、照相机、电视机、投影仪各一台（件），电子检索机1台。10兆光纤宽带网络全部接通，为读者提供快捷、高速的网络服务。搬至新馆后对馆藏图书进行了全面的回溯建库，开始使用自动化系统，初步建立了县图书馆基础书目数据库。2013年又投入10万元改造文化共享工程机房及计算机设备，以提升我馆现代化技术设备配备，借、阅、藏已实现自动化管理模式。

读者服务工作

博湖县图书馆从2005年起执行全年365天开放，每周开馆时间56小时。自免费开放以来，书刊文献100%开架；年外借册次年13210册，书刊外借率达54%，2013年累计接待读者5510人次，2013年流通总人次15000人次，人均年到馆181人次。在武警中队、敬老院设立2个馆外服务流动站，年平均流通2077册书刊文献。2013年开展好书刊宣传活动7次，宣传图书50种、期刊120种，参加人次4550人次。

将青少年、老年人、农民工服务作为服务重点，制定切合实际实施方案。2013年为残疾读者、老年读者送书上门服务100人次，图书240册。根据不同孩子需求特点，开展了"故事会"、"智力竞赛"、"寒暑假招募中小学生志愿者"等系列活动。针对农民工实际情况，一是免费办理借阅证；二是延长利用电子阅览室时间；三是开展农民工读者问卷调查。切实解决他们文化需求。

2013年共举办展览、培训、阅读比赛、征文比赛、绘画以及寒假暑假期间的培训等读者服务10次，参与人数达12000人次。

业务研究、辅导、协作协调

博湖县图书馆2012年初与巴州图书馆、和硕县图书馆签订馆际互借协议实现资源共建共享。我县现有村文化室、农家书屋兼职图书管理员50名，图书馆每季度去乡、村、社区文化室、农家书屋，进行检查辅导，针对业务工作进行指导培训，提高他们是管理和服务水平。自2008年起每年召集全县乡镇"两馆一站"的工作人员，进行为期一周的业务培训，主要培训：书籍的编目、排架及管理、信息撰写。

管理工作

博湖县图书馆实行双向管理，一是严格遵守文化体育广播影视局制定各项制度，二是遵守图书图书馆制定工作绩效考核制度，将工作人员德、能、勤、纪、日常工作作为主要考核内容。按月考核，进行个人工作总结，不能胜任工作的及时调整岗位。

表彰、奖励情况

2005年被评为"国家三级图书馆"、"自治区二级图书馆"。

2006年被自治州评为"文明单位"。

2008年被博湖县文化体育局评为"先进集体"。

2009年被博湖县文化体育局评为"先进集体"。

2010年被博湖县文化体育评为"文明服务窗口"。

2011年被博湖县文化体育广播影视局评为"优秀科室"。

2013年被博湖县文化体育广播影视局评为"优秀科室"。

2014年第五次公共图书馆评估定级国家三级、自治区二级称号的公共图书馆。

馆领导介绍

牛向华，女，汉族，1961年8月出生，大专学历，中共党员，主任科员，现任馆长。

未来展望

博湖县图书馆的定位是以数字图书馆为基础，体现知识交互理念、融合传统图书馆功能的现代城市中心图书馆。更大限度实现藏、借、阅、查、展一体的新型服务模式。在工作中坚持"以人为本、读者至上，服务第一"的宗旨，为读者提供图书外借、报刊阅览、资料咨询、信息导航等全方位的优质服务。

"世界读书日"宣传

图书进军营

图书下乡

新和县图书馆

概述

新和县总人口17万多人，是一个以维吾尔为主体的多民族聚居县。新和县图书馆成立于1952年，与文化馆合署办公，系股级建制，事业编制3名。1966年12月文化馆（图书馆）并入县文化站，1975年恢复原建制。1985年县文化馆与图书馆分设，并由土坯房搬入楼房办公，设立了维、汉成人阅览室，面积50多平方米，可容纳读者32人，藏书1万多册，每年订阅期刊30多种。2004年新建了文体广电图书综合楼，图书馆的建筑面积达到800多平方米，藏书16000多册，可容纳读者座位32个。2008年接受了价值68万元全国文化信息资源共享工程设备一套，截止2013年新和县图书馆的藏书达到31139册（不包括电子书），可容纳读者座位200个，计算机35台，光纤接入10Mbps，选用图创图书馆自动化管理系统。

业务建设

截止2013年底，新和县图书馆总藏量28万多册（包括电子书），其中纸质文献31139册，电子图书25万册，电子期刊5300种。2010、2011年，新和县图书馆新增藏量购置费4万元，2012年底起增至6万元。2010—2012年，共入藏图书15139种/册，报刊260余种，视听文献100多种。2012年，地方文献入藏完整率为96%。截止2012年底，新和县图书馆数字资源总量为4TB。

2011年新和县图书馆使用图创图书馆自动化管理系统。

读者服务工作

从2005年起，新和县图书馆全年365天，天天对外免费开放，每周开放56小时，2010—2012年书刊总流通54577人次，书刊外借56164册次，2011年开通与阿克苏地区2个图书馆的馆际互借服务。2010年—1012年，建立图书流动服务点9个，馆外书刊流通总人次21830人次，书刊外借22582册次。2008年8月开展政府公开信息接收和利用工作。2012年为“两会”提供服务。2010年，开通新和县图书馆官方微博。2010年—2012年，新和县图书馆共举办讲座、展览、培训、阅读推广等读者活动63场次，118900人次。

业务研究、辅导、协作协调

2010年—2012年，新和县图书馆干部职工发表论文2篇。参考咨询服务上设立了专门的参考咨询辅导室，为重点单位提供数字资源使用快捷通道；积极为特殊人群服务；五是建设网站，开展丰富多彩的读书活动等，扩大了服务范围；协作协调不断加强。积极参与上级图书馆、兄弟馆的馆际互借交流，帮助基层图书室、农家书屋、文化站、电子阅览室进行业务培训辅导。重点文化工程稳步推进。

管理工作

2012年，新和县图书馆完成第二次全员岗位聘用，本次聘任共设5类岗位，有5人上岗。按照《新和县图书馆工作人员考核办法》对全体人员进行考核。

表彰、奖励情况

2010年—2012年，新和县图书馆共获得各种奖励4次。均为本县和本系统奖励。

馆领导介绍

李莉，女，1978年9月生，本科学历，中共党员，助理馆员，馆长。1997年8月参加工作，曾经在新和县文化馆工作，2008年2月任新和县图书馆馆长（股级）。兼任新和县文化信息资源共享工程新和县支中心主任。

未来展望

第一，充分利用“文化信息资源共享工程”的契机，开发信息资源，加快数字图书馆的建设。同时，加快图书流通，开展多种形式为广大农村服务。县图书馆要紧紧抓住文化部建设此项工程的机会，办好电子阅览室，加强自身的自动化建设、网络化程度。也注意保存好电子信息资源。县级图书馆是为县城居民和广大农民服务的，主要任务是普及科学文化知识，丰富群众文化生活。随着社会经济的发展，农村出现了一批又一批科技户和专业户等，图书馆的专业技术资料，可以指导他们进行生产实践。一些外出务工后回乡创业的农村青年，正苦于找不到技术，得不到指点。如果图书馆能及时给他们提供最新的科技信息，就可以帮助他们尽快走上致富道路，为县域经济的发展提供了有利的条件。第二，上级领导部门的重视和强有力的监督。县级图书馆的建设是地方文化事业发展的一个重要部分，政府部门对其发展做出科学规划并提供所需经费、场地，积极引导人民群众到图书馆借阅书籍，进一步提高文化素质。第三，加强岗位培训，提高工作人员素质。领导者要善待人才，协调组织，合理分工，创建和谐的环境，激发职工钻研业务的热情。举办培训，使职工能够灵活地学以致用；向上级市、区图书馆学习。通过培训，使职工能掌握最新的图书馆业务知识，增强全体干部职工的业务能力。鼓励职工自学，提高自身素质。全馆5名干部职工学历水平偏低，只有提高干部职工的素质，才能不断提高县图书馆的服务质量及自身的地位。经常与外县图书馆开展交流活动。在职工对业务更加熟悉的条件下，与外县图书馆加强交流，借鉴其良好经验，弥补不足，重新焕发新和县图书馆的活力。

联系方式

地　址：新疆阿克苏地区新和县解放路7号
邮　编：842100
联系人：朱玉玲

乌什县图书馆

概述

乌什县图书馆建馆于1985年10月，位于乌什县热斯太街东大街45号，馆舍建筑面积1150平方米，2002年新疆自治区公共图书馆评估获得三级馆，2009年国家第四次公共图书馆评估会获得三级图书馆，2013年国家第五次公共图书馆评估获得三级馆，阅览座席250个，宽带接入20Mbps，客户端使用计算机30台，人员编制6名，中级职称1名。图书馆以免费开放为契机，加强馆员培训力度，提高人员素质，不断提高读者服务水平。

业务建设

截止2012年底，乌什县图书馆总藏量10万册（件），其中，纸质文献4万册（件），电子图书6万册，视听文献500余种。报刊年入仓数量为200多种；2011年，地方文献入藏完整率为90%。2009年财政拨款5.2万元，2010年县财政拨款7万元，2011拨款7万元，用于图书购置和读者服务开支。2010年开始图书馆安装使用了国家共享工程统一配发的图创管理系统，方便了读者，方便了管理。

读者服务工作

从2009年8月起，乌什县图书馆一年365天，全年候、全天候对外免费开放，有图书阅览室、借阅室，多媒体室等3个服务窗口，每周开放时间达到56小时，截止2012年底，接待各类读者4万人次，书刊文献外借4.2万册次，2010年底，实现了馆藏文献的电子系统录入系统借还图书馆自2011年开始，每年的4–5月份开展“你选书，我买单”活动、读者阅读推广活动、召开读者代表座谈会等形式，开展形式多样读者活动，吸引读者来馆进行文化休闲。图书馆广泛开展送书进社区、进学校、进机关、进企业、进军营等“五进”活动，送书每年不少于80场次，直接服务读者5000多人次，每年利用寒假和暑假期间向青少年发放图书馆宣传单2000多份，宣传图书馆的服务及业务。2010年–2013年多媒体室播放讲座和各类节目100多场，为农民工网上购票200人次。

业务研究、辅导、协作协调

2010–2013年，乌什县图书馆职工发表论文4篇，从2010年起，图书馆以文化信息资源共享工程网为依托，在全县范围内7乡2镇建起了公共电子阅览室，并在馆内设立乡镇基层服务点工作办公室，负责流通服务、地方文献联合征集、阅读推广与讲座、图书展览、资源服务、业务培训与技术支持等工作。截止2013年底 举办培训班8期，来自乡镇基层服务点的100多人次接受培训，设立馆外服务点4个，馆外接待读者5000多人次。

管理工作

2008年开始，乌什县图书馆完成首次次全员岗位聘任，本次聘任共设6个岗位，有6人上岗岗，同时，建立了工作量化考核指标体系，每季度进行工作进度通报，每半年和全年进行总体工作考核。2010–2013年，共抽查文献排架16次，书目数据8次，撰写专项调研、分析报告和工作建议6篇。

表彰、奖励情况

2010–2013年，乌什县图书馆共获得各种表彰、奖励10次，其中2013年获得国家三级馆荣誉。

馆领导介绍

赵永统，男，1962年9月生，大专学历，中共党员，馆员，馆长。1985年8月参加工作，先后从事县中学教师、乡党委秘书、县电视台记者等工作，2004年8月任乌什县图书馆馆长。

未来展望

乌什县图书馆在今后继续坚持“读者至上，服务第一”的服务宗旨，以免费开放为契机，突出抓好队伍建设、资源建设，业务建设，把读者服务做得更好。乌什县新的图书馆楼已经竣工，面积2200多平方米，目前在装修阶段，预计今年下半年可以搬迁新馆，新馆搬迁后，图书馆读者的阅读环境有改善、服务能力有提高、服务人数有增加，各项业务上台阶，为乌什县社会稳定、经济发展，大美乌什提供精神动力和智力支持。

联系方式

地　址：乌什县热斯太街东大街45号
邮　编：843400
联系人：赵永统

阿图什市图书馆

概述

阿图什市图书馆于1996年从阿图什市文化馆分设出来，隶属于市文化广播影视局直接领导，属股级事业单位，是面向社会和公众开放的图书馆，是以服务、教育全市24.5万群众为已任的公益性文化事业机构。该馆是在1954年成立的阿图什县文化馆图书室的基础上发展起来的，已走过了60多年的辉煌旅程。她积极发挥自身具有的社会性、科学性、教育性和服务性等作用，为我市两个文明建设做出了巨大的贡献。近年来，在市委、市人民政府的正确领导下，在上级各有关部门的关心和大力支持下，阿图什市图书馆在办馆条件、组织管理、藏书建设、读者服务等各项工作中都得到了发展。于2013年被授予国家级三级馆、自治区级二级馆。

2006年，在国家、自治区的关心下，在辽宁沈阳的无私援助下，投资283万元（其中辽宁援疆项目资金170万元，国家拨付85万元，自筹资金20余万元），建盖了面积为3660平方米的文化综合大楼，图书馆占地面积1700平方米（其中电子阅览室占地200平方米）。馆内藏书2.5万册，其中汉文1.9万册，维文0.6万册。近年来，市财政加大图书馆投入力度，每年订阅杂志120种，报纸32种，基本满足广大人民群众读书需求。

业务建设

我馆共有干部职工5名，大专以上学历者3名；中级职称1名，助理职称4名。

每年国家为我馆下拨25万元用于免费开放工作的开展。

管理工作

该馆共设有6个服务窗口：维、汉阅览室、藏书室各1个，少年儿童阅览室1个，电子阅览室1个，共拥有阅览座席120个，其中电子阅览室20个，少儿阅览室40个座席，全部采用开架借阅的方式服务。拥有电脑26台（其中阅览室20台，笔记本电脑1部），以及数码摄像机、扫描机、数码照相机、刻录机、打印机、复印机、传真机等先进设备。

我馆图书依据《中国图书馆图书分类法》标引，按《普通图书著录规则》著录，馆员基础业务扎实，文献标引、著录、加工规范，差错率较低，不足2%。

读者服务工作

我馆在百日广场文化和送文化下乡活动中，以及世界读书日、儿童节等活动中，每年组织读书活动20次，并不断扩大服务范围，经常深入学校、乡村、军队开展送书上门服务，全年接待读者6000人次，活跃了城乡群众的精神文化生活。2013年底，累计发放个人借书证102个，接待读者5000人次，流通书刊1.1万册次。

业务辅导情况

为了提高管理人员业务技能，该馆每年都派出管理人员接受自治区有关单位的培训和再教育。同时，经常举办各种业务培训班，深入乡村、学校开展业务指导，帮助文化站、文化室、学校图书室整理书籍、杂志，受到各界一致称赞。

资源共享工程

“文化信息资源共享工程”是文化部、财政部组织实施的一项文化工程，它利用现代化的信息技术，对文化信息资源进行数字化加工和整合，通过网络使文化信息快速传送到各地，最大限度地为社会公众提供文化信息服务，实现优秀文化信息在全国范围内的共建共享。它开辟了一个不受地域、时空限制的崭新的文化信息资源传播渠道，将迅速扭转边缘地区，特别是贫困地区文化信息资源匮乏的状况，促进这些地区的文化建设和经济发展。

我市党委、政府非常重视该工程建设，严格依照设备配置标准，拨付资金对机房和电子阅览室进行装修，并安装防盗钢窗，将上级配备的联想万全电脑R515服务器综合服务器、业务管理服务器、视频点播服务器安装调试，将笔记本电脑、投影仪、数码摄像机、数码照相机与打印机等设备安装并由专人管理使用，建成了设施较为完备的市级服务平台。目前，已经可以接待读者。

乌恰县图书馆

概述

乌恰县图书馆成立于1956年6月，隶属县文化馆，初建时馆内藏书200册、到1965年县文化图书馆图书增至3.1万册，有固定资产5.3万元，图书馆能正常开放。

1984年，县文化馆新建了一幢民族风格的大楼，内设图书馆、阅览室、办公室、等。图书馆分汉族、少数民族两室。1984年图书馆藏书12000册，其中少数民族文字书籍3000册，汉文图书9000册。1985年少数民族文字书籍增加到4437册。阅览室民汉杂志123种。

1985年8月23日，乌恰县发生了7.4级强烈地震，图书馆遭受地震破坏，被迫停止一切活动。

馆址几经变迁，2011年10月15日位于乌恰县托云路4号的新馆建成开放。新馆占地面积6500平方米，使用面积1204平方米，可容纳读者座位85个，阅览室坐席25个，计算机25台，光纤接入，2013年，参加第三次全国公共图书馆评估，首次获得三级图书馆。

业务建设

截止2013年底，乌恰县图书馆总藏量45065册，其中，电子图书10万册。

2010年、2011年，乌恰县图书馆新增藏量购置费34万元，2013年又增至10万元，2010–2013年共入藏图书2500种。

读者服务

从2010年起，乌恰县图书馆全年对外开放，2010年–2013年，书刊98350万人次，书刊外借27216万册次。2011–2013年，乌恰县图书馆共举办讲座、培训、阅读比赛等活动35场次参与人数2300人次。

管理工作

2010至今乌恰县图书馆共有四个岗位编制，有五人上岗，同时，建立了工作考核制度，每季度进行工作进度通报，半年进行一次考核。

馆领导介绍

谷连枝，女，1972年3月出生，大专学历，中共党员，中级职称，馆长。1998年10月参加工作，2012年11月任乌恰县图书馆馆长（股级）。

未来展望

乌恰县图书馆以“科学创新、发展、效率的办馆宗旨，践行乌恰图书馆发展趋势，完善服务功能，扩大服务面，带动全县各乡镇图书室、农家书屋及东风工程的整体发展。

联系方式

地　址：乌恰县托云路4号
邮　编：845450
联系人：谷连枝

英吉沙县图书馆

英吉沙县位于新疆维吾尔自治区西南部，塔里木盆地西缘，昆仑山系公格尔峰的东北麓的丘陵和平原地带。隶属喀什地区，东南隔戈壁滩与莎车县接壤，南靠昆仑山，西接阿克陶，东北部与疏勒、岳普湖县毗邻。县城英吉沙镇距乌鲁木齐公路里程1541千米。全县总面积3420.9平方千米，总人口28.3万人。有维吾尔、汉、回、乌孜别克、柯尔克孜、哈萨克等民族。英吉沙县辖1个镇、13个乡、163个行政村、9个社区。

概述

英吉沙图书馆成立1982年，现图书馆是2006年建，建筑面积800平方米。由文化馆内部图书室迁出，独立的馆舍，可容纳读者座位96个。2013年，首次参加第五次全国公共图书馆评估，获得三级图书馆。

业务建设

截止2012年底英吉沙县图书馆总藏量35695余本，其中有图书30695册，各种杂志167册，电子文献5000种。2011年、2012年新增图书10522册。馆藏图书、地方文献资料都是按CNMARC格式建立机读目录，建立地方文献数据库有规划，有内容。2012年7月使用图创软件。设有电子阅览室、维汉阅览室、安装调试电脑25台，内设书架、报架。2011年接入光纤2兆，馆内有30台电脑，25台提供读者使用。自建数字资源5TB，其中国家赠送1TB数字图书、图片、纪录片，自建4TB英吉沙县发生视频素材、专题片等。

读者服务工作

2009年–2012年，每周开馆56小时，书刊文献开架100%。馆藏书刊文献年外借率20%，书刊文献年外借15000册，馆外流动服务点书刊借阅0.3千册次/年，人均年到馆25次/人。每年定期举办"全民读书月"、"书刊宣传周"等四下乡活动。英吉沙图书馆积极上门为残疾人、未成年人、为老年人、为进城务工人员服务。英吉沙县举办美术展览4次、培训2次，阅读推广读者活动12次，参与人数3.5万人次。设立流动图书站点4个。

业务研究、辅导、协作协调

2009–2012年，馆员们为提高自身素质，积极参加学历学习和各类培训，2012年5月，图书馆馆员参加过图书资料管理培训，2012年7月参加"春雨工程"新疆文化共享工程骨干培训班，2011年参加新疆维吾尔自治区文化信息资源共享技术人员培训班，参加2011年度中图法五版培训课程.图书馆开展基层图书馆业务骨干志愿者行动。对全县各乡镇14个乡文化站图书室和163个行政村的农家书屋管理人员进行业务培训辅导。

管理工作

建立了工作量化考核指标体系，每月进行工作进度通报。共抽查文献排架51次。

表彰、奖励情况

2009–2012年，图书馆共获得表彰、奖励2次，其中，宣传部表彰1次，文化体育广播影视局表彰1次。

馆领导介绍

丁新梅，女，1975年2月生，本科学历，中共党员，新闻中级，馆长。2001年9月参加工作，2001年9月至2012年9月7日英吉沙县电视台，2012年9月至今任英吉沙县文化馆副主任科员、图书馆馆长。

未来展望

2012年开始自筹部分资金和援疆资金建设我县第一个标准化图书馆，图书馆场地占地面积3300㎡。全面建成后的英吉沙图书馆是一个现代化功能齐全的图书管，阅览座位277个，可容纳纸质文献20万册，年服务人次可达2万人次以上，数字资源设计存储能力5TB，能够提供全覆盖、不间断、无时空限制的数字文献远程和移动服务，同时，还具有支撑保障全县公共图书馆服务体系良好运行的文献与技术能力。英吉沙县图书馆遵循国家图书馆原则"科学、效率、创新、发展"的办馆方针，完善服务功能，扩大服务辐射带动周边，促使英吉沙图书馆事业发展。

联系方式

地　址：英吉沙县图书馆
邮　编：844500
联系人：丁新梅

泽普县图书馆

概述

泽普县图书馆新建于2012年，将于2013年底投入使用。新建馆占地面积2200平方米，内设维文、汉文图书室，成人阅览室、儿童阅览室，老年人、残疾人阅览室以及电子阅览室，馆内阅览坐席210个，少儿坐席50个。馆内藏书量3.5万册，其中汉文2.3万册，维文1.2万册，各类报刊杂志260余种。泽普县图书馆在编5人，实有9人，人员全部是大专以上学历，其中中级职称两人。于2009年被评为自治区二级、国家三级图书馆。

业务建设

泽普县图书馆总藏量5.5万，其中图书3.5万册（汉文2.3万余册，维文1.2万余册），期刊、报纸合订本1.1万册，视听文献资料9千种。电子文献藏量210种，储存于电子阅览室。图书年入藏2500种。报刊年入藏217种。视听文献年入藏31种。

泽普县图书馆2012年财政拨款总额30万元，2011年拨款总额10万元，拨款年增长率200%，2011年县财政收入1亿，2012年县财政收入1.8亿，收入增长率80%，财政拨款年增长率与当地财政收入增长率的比率为250%。2013年新增购书经费10万元，免费开放经费全部到位，提供免费专项入账凭单。上述所有经费都有文化体育广播影视局财务室提供的财务凭证。数字资源总量4TB，主要是电子阅览室资源量，因新馆未投入使用，所以没有对图书进行机读目录的注入，也还没有建设地方文献数据库。

读者服务工作

我馆自免费开放以来，每周开馆56小时，周末不闭馆，节假日实行轮班制，悬挂有开放时间铜牌。通过阅读推广活动、全民读书月活动、巴扎书市活动等开展书刊宣传，取得较好的成效。

我馆专门设立了老年人阅读室，为老年读者提供开水，耐心帮助他们，尽量为他们找到他们所需要的报纸书籍。我馆还专门举办老年人健康知识讲座，希望给他们送去健康的身体，也是我们馆对老年读者的祝福。对进城农民工、下岗和失业职工的服务。随着社会的发展进步，越来越多农村的群众进城务工，他们也需要了解新的知识，学习新的科学技术，下岗失业职工也需要再次创业，所以我馆成立专门的阅览室，并且提供免费的服务项目，比如专门的技术培训，免费的网购火车票服务等。对残疾人的服务。残疾人身体不便，所以更需要我们的关心和帮助，我馆有专门的残疾人阅览室，提供方便的设施，并且提供必要的心理援助。拿取图书不方便时，我们馆工作人员会主动耐心的帮助他们。对未成年人的服务。未成年人是祖国未来的建设者，是中国特色社会主义事业的接班人，面对未成年人图书馆有责任和义务起一个正确的引导和普及阅读的作用。图书馆利用电子阅览室，免费开放，为未成年人上网提供健康绿色的网络环境。同时图书馆也和学校联合开展阅读活动，引导未成年人多读书、读好书。

我馆开展讲座、培训、展览阅读推广活动年参与活动总人数3万人。讲座、培训、展览和阅读推广活动全部附有计划、总结、图片等资料。

业务研究、辅导、协作协调

泽普县有12个乡镇文化站图书室参与服务网络建设，全县公共图书馆包括县图书馆，12个乡镇文化站图书室以及6个社区图书室，本县乡镇、社区图书馆参与服务网络建设的比例为63%，县图书馆与各乡镇文化站图书室签订协议。

管理工作

人事管理有《泽普县机构编制委员会文件》，制定有《员工考核制度》、《事业单位人事管理条例》。设备、物资管理制定了《泽普县图书馆设备、物资管理制度》，提供泽普县图书馆设备清单。档案管理有档案资料详实、立卷准确、装订整齐、每卷有目录。

表彰、奖励情况

泽普县图书馆受到县级业务主管部门文体局表彰奖励十余次，其他表彰奖励9次。

馆领导介绍

蒋建民，男，1975年1月出生，本科学历，中共党员，泽普县图书馆馆长。1998年7月参加工作，2011年任泽普县图书馆馆长。连续4年被评为优秀公务员。

米热班·胡大白地，女，1975年9月出生，大专学历，中共党员，1995年8月参加工作，2011年任泽普县图书馆副馆长。

未来展望

坚持以人为本，图书馆是公益性的服务机构，为读者服务是图书馆的本职工作，图书馆学的研究也必须秉承“以人为本”的理念。读者服务研究必须得到相应的重视。要在制度上创新。同时，还要建立相应的配套机制。其次，要在服务方式上创新“体制创新引发服务创新，采取灵活多样的方式，提高图书馆的竞争力”。再次，要在产品上创新，以地方特色的博大体系作为坚实后盾，经营好图书馆，在服务上做出地方特色。

联系方式

地　址：泽普县法桐大街60号
邮　编：844800
联系人：米热班·胡大白地

叶城县图书馆

概述

叶城县图书馆创建于1974年，同年5月正式对外开放，是我县最早成立的县级公共图书馆，已有40年的馆龄，现有工作人员11名，为我县的经济发展、社会稳定和构建和谐社会等方面，发挥了应有的作用。1991年–2003年，叶城县图书馆在文化东路04号院内，面积673平方米。2004年图书馆迁至新修的文化中心二楼，面积1500平方米，2008年8月迁入新馆，新馆位于新城南路，文化集会广场斜对面，建筑面积2500平方米，阅览总坐席310个，新建了电子阅览室，儿童阅览室2个，计算机31台，接入光纤，已实现图书馆办公自动化管理，地理位置和阅览环境优越，从而更好的为叶城人民的生产生活服务。

业务建设

总藏量为5.2万册，汉文图书1.4万册、维文图书1.16万，维、汉期刊4110册和维、汉报纸1799册，光盘502盘；电子文献14827种。在2012年采购中外文图书659种，接受农家书屋捐赠1503种，2013年订阅维、汉文报纸65种和期刊337种；视听文献包括录音带、录像带、DVD/VCD、CD唱片等29件；有地方文献36种，有专人专柜管理，CNMARC格式目录，主要针对广大用户所需及图书馆馆藏刊物连续性合理采购复本数，能满足广大读者的需求。图书加工整理、整齐、美观，有书标，条码号，馆藏章等；设有专人管理、维护目录；有文献保护规章制度、书库防火、防盗、防虫、防潮、防尘等措施、设备及效果；破损图书修补情况良好。有数字文化工程资源量2TB；馆藏中文文献3.69万册，现已有18820册中文文献建立机读目录，地方文献数据库还有待于进一步完善，制定地方文献数据库实施方案，将把收集、整理地方文献资源开发同数据库建设结合起来，建成地方文献目录、题录、文摘数据库，配有专业负责人员管理。

读者服务工作

每周开馆时间56小时；图书、期刊等文献开架比例为100%；2012年外借册次为2.65万册；外设有5个流动服务点，分别是政府、学校、军营、幼儿园、福利院，共外借书刊5100册；在2012年总流通人次为5.3万人次持证人数为1080人。人均年到馆次数为48次/人；内设6个服务窗口（维文成人阅览室、汉文成人阅览室、儿童阅览室、电子阅览室、维文图书借阅、汉文图书借阅），每周六、周日正常开放，办理图书借阅、期刊借阅、报刊阅览、电子阅览、解答读者咨询等日常工作，还配有自助学习的桌椅、网络端口。长年开展“读好书，做好人”活动，“服务宣传周”、“全民读书月”等活动，开展“送书下乡、送书到机关、学校、街道、送书进军营”等服务活动，开展了全县各中小学校“爱国教育”专题活动等，逐渐在全县形成了一个良好的育人环境，为社会尽责、为人民服务。

业务研究、辅导、协作协调

图书馆与各乡镇文化站图书室开展馆际互借，签订了协议；图书馆网络管理制度、规划，总结；为县街道、乡镇、社区、村图书馆参与服务网络建设占全县（市、区）公共图书馆总数的比例1.2%；未做到通借通还；可提供开展辅导工作计划、总结、工作纪录及有关材料；提供各项业务工作统计分析表；为全县各乡镇文化站辅导自动化管理；在业务辅导活动数量和成效显著；积极参与基层业务培训工作的计划、总结；培训内容及次数；培训效果及反馈。

管理工作

可提供近三年年度工作计划；可提供财务管理制度；是按需设岗、按岗聘用、竞争上岗、岗位责任制、考核、分配激励制度；并提供全馆岗位设置、目标管理、职工考核等原始材料；有两名志愿者为我馆提供服务；有专门的设备物资管理制度，并有馆领导监督国有资产管理情况；关内有专人负责档案管理工作，档案内容健全，资料详实，装订整齐，内容齐全，每卷有目录；人事管理统计、财务统计、业务工作统计分析等资料详实；为给读者创造一个良好的阅读环境，充分利用现有的条件，积极改善设施，每日做好卫生清洁工作。

表彰、奖励情况

近年来被自治区评为巾帼文明岗荣誉称号和自治区全民读书月先进集体，先后6次被县委、县人民政府及业务主管部门评为先进集体。

馆领导介绍

邱燕，女，1972年8月生，大专学历，中共党员，馆长。1997年5月参加工作，历任文体广电局出纳，2006年11月任叶城县图书馆馆长。兼文体广影局局机关党支部组织委员。先后被文体广影局评为优秀工作者、优秀党员和先进工作个人和被叶城县妇联评委“三·八”红旗手。

阿依古丽·艾亚斯丁，女，1989年9月生，本科学历，中共党员，副馆长，助理馆员，2010年11月参加工作，先后被文体广影局评为优秀党员、先进工作者和民族团结个人。

展望未来

我馆将创新服务特色，为广大读者提供方便、快捷、优质的服务，未来几年内要积极争取资金，引进优秀人才，争取在2016年达到国家二级图书馆标准。

联系方式

地　址：叶城县新城南路07号
邮　编：844900
联系人：邱 燕

伽师县图书馆

概述

伽师县图书馆于1922年5月23日正式开馆服务，行政隶属伽师县文化广播电影电视局，为全额拨款公益性事业单位，国家三级图书馆、自治区二级图书馆。伽师县图书馆位于伽师县文化活动中心内，馆舍建筑占地面积1500平方米。伽师县图书馆的图书是按"中图法"四版标引著录，目录有专人管理，是一所体现只是交互理念、融合传统图书馆功能的现代化城镇中心图书馆。采用开放灵活的藏、借、阅、查、展一体的新型服务模式，除了特定或特殊的文献外，藏书全部对读者开放。截止2012年底，在编人员5人，其中设馆长1人，副馆长1人；有本科学历1人，大专学历2人，大专以上学历者站职工人数60%；中级职称2人，初级职称3人。

伽师县图书馆有阅览坐席300个，网络节点25，内设"四部一室"，即：采编部、流通部、阅览部、技术部、行政办公室。开设九个服务窗口，即：汉文成人阅览室、维汉文少儿借阅室、维汉文报纸期刊阅览室、维汉文工具书资料室、文化信息资源共享工程伽师县之中心等。每周开放56个小时（开班培训时期电子阅览室周六周日也对外开放），开展外借、阅览、参考咨询、专题、电子信息、视听等服务，举办讲座、培训、展览、学术交流等活动。

业务建设

截止2012年底，该馆现有藏书约5万余册，其中：维汉文图书3.8万册，报纸（含订本）近5000多册。期刊约200种，5000多册（含订本），维汉文报纸30多种，4000多册（含订本）。伽师县图书馆本着以人为本的宗旨，提供全方面的优质服务。坚持"读者至上，服务第一"的服务理念，为读者提供图书外借、报刊阅读、资料咨询、信息导航等全方位的优质服务。

读者服务工作

伽师县图书馆每年都举办文学、新疆地方史、科学、艺术等知识讲座、读书活动，邀请权威人士任主讲嘉宾，通过系列的活动为众民提供精神粮食，以优秀的作品塑造人。每年都举办"4.23世界读书日"征文活动，鼓励中、小学生踊跃投稿，提高文学修养和写作水平。不定期举办读书演讲比赛，引导读者多读书、读好书，提高演讲水平。不定期举办评选优秀读者活动。让缤纷魅力。图书馆还经常举办知识讲座，征文比赛、图片展览、谜语竞猜、演讲比赛等读书活动，实现图书馆与读者的互动，充分展示图书馆的魅力。

业务研究、辅导、协作协调

从2012年起伽师县图书馆与喀什地区图书馆开展馆际互借，签订了协议；为县街道、乡镇、社区、村图书馆参与服务网络建设占全县（市、区）公共图书馆总数的比例15%；本馆在本县英买里乡和个社区开办了分管，在这些管里可以进行通借通还。

管理工作

我馆是按需设岗、按岗聘用、竞争上岗、岗位责任制、考核、分配激励制度；并提供全馆岗位设置、目标管理、职工考核等原始材料；我馆有专门的设备物资管理制度，并有馆领导监督国有资产管理情况；关内有专人负责档案管理工作，档案内容健全，资料详实，装订整齐，内容齐全，每卷有目录；我馆的人事管理统计、财务统计、业务工作统计分析等资料详实，内容齐全；为给读者创造一个良好的阅读环境，我馆利用现有的条件，积极改善设施，每日做好卫生清洁工作。馆内标牌规范程度良好；节能减排措施实施得当；图书馆人员安全、数据及网络安全、有应急预案等方面的考核；有当地公安、消防部门出具的消防合格材料。

表彰、奖励情况

2009年–2012年伽师县图书馆被评为国家三级图书馆，自治区二级图书馆，2008年荣誉获得伽师县文光系统先进单位等荣誉称号。

馆领导介绍

李凯春，男，汉族，1969年2月生，大专学历，中共党员，馆长。1986年10月参加工作，历任库尔勒陆军二七三医院医士，伽师县委宣传部宣传干事，伽师县委办公室副主任科员，伽师县文化体育广播影视局副局长。2003年10月任伽师县文化馆、图书馆馆长。

未来展望

在当今信息社会的条件下，图书馆未来发展方向是数字图书馆。现代化数字图书馆的功能是收藏信息，实现数字化管理，并提高上网服务。读者对数字图书馆的利用不在受时间和地理位置的限制，可以通过当地的计算机网络，坐在办公室或自己的家中的计算机前，就可以进行联机预览、检索、套录。现代数字图书馆的建成，能够提高信息共享工程度，缩短信息传递与反馈的速度，减少信息处理费用，降低信息服务成本。伽师县图书馆一定会在只是经济时代发挥重要的城镇信息枢纽和伽师县精神文明基地建设发挥重要作用，成为知识信息的集散地，民众终身教育的学校，伽师县地方文献的宝库，高雅的文化休闲场所。在不久的将来伽师县图书馆会成为一个集文化、科技、信息传播、保存文化遗产、开展社会主义教育、展示改革开放成就为一体的综合性公共图书馆，为伽师县经济建设和社会发展发挥十分重要的作用。

联系方式

地　址：伽师县迎宾路01号
邮　编：844300
联系人：买买提吐逊·艾依提

奎屯市图书馆

概述

奎屯市图书馆始成立于1986年6月，成立初期，仅有一间图书室，藏书仅有几千册，1987年5月正式对外开放，是奎屯市唯一的一所公共图书馆。2010年1月建成新馆，建筑面积为9427.1平方米。纸质藏书5万余册，期刊藏量2万余册，电子图书2千余册，数字资源5千余册，计算机95台，宽带接入30Mbps，选用图创图书馆自动化管理系统。2013年参加全国第五次自治区四次公共图书馆评估，获得国家三级、自治区二级公共图书馆荣誉。

业务建设

图书馆新馆大楼于2010年3月正式投入使用。奎屯市图书馆现有汉、哈2个民族的工作人员10人。其主要机构有：馆长办公室、采访编目部、汉文借阅部、报刊阅览部、电子阅览部。截止2013年底图书藏书容量7万余册，期刊34937册，数字资源（视频资料）5千余册，阅览席位329个。奎屯市图书馆布局如下：一楼为图书馆书画展示厅；二楼为少儿图书阅览室及图书借阅室，图书藏书量约5万余册；三楼为报纸阅览室、期刊阅览室工具书阅览室、过期期刊报刊库；四楼为文广局局办公室；五楼为图书馆办公室、图书采编室、电子阅览室、视听室及学术报告厅。

读者服务工作

2010年1月自新馆建成。图书藏书容量5万余册，期刊36214册，阅览席位265个。新馆于2010年3月正式投入使用。主要机构有：馆长办公室、采访编目部、汉文借阅部、报刊阅览部、电子阅览部。使奎屯市图书馆的硬件设施上升到了一个新的阶段，有了独立的馆址，为今后图书馆事业的发展奠定了坚实的基础。2012年，新增多媒体放映室1个、今年接待读者10732人次，借阅图书11736册，电子阅览室接待读者：1086人次，报告厅开展活动18次，接待参观团12次，参观人达1200多人次，图书宣传2次，下社区、街道、村、乡8次。2013年奎屯市图书馆阅览室订阅期刊210种，报纸31份。阅览接待读者为4996余人次，老年读者3695人次，中青年读者738人，学生563人次。流通室借书读者为5886人次，借出图书11953册次。老年读者2693人次，青年读者2405人次，少儿读者803人次。开展了首届以“倡导全民阅读，共建书香奎屯”为宣传主题的全民读书月活动。

业务研究

1998–2014年，奎屯市图书馆职工发表论文31篇，2014年3月至4月，奎屯市图书馆对各街道、社区、农家书屋进行图书管理员培训。

表彰、奖励情况

2007–2013年，奎屯市图书馆获得各种表彰、奖励5次。

馆领导介绍

罗生元，男，本科学历，中共党员，部队转业，1996年转业后在奎屯市历任、文化稽查队长、体彩中心副主任，文化体育市场办公室主任。2007年1月任奎屯市图书馆馆长。2007–2009年被市评为先进个人，2011–2012年被评为优秀党员，2012年被评为优秀公务员。2013年参加在广州东莞全国图书馆年会，2014年在西安参加中西部图书馆年会。

馆员介绍：10名馆员中，副研究馆员共两名，分别是夏洁，本科学历，副研究馆员，在采编部工作；曹平，现被文广局局办公室借用；中级职称人员共四名，分别是卓礼舸，陈蕾，罗红梅，阿依努尔。为解决图书馆工作人员短缺情况，文广局另招聘了四名工作人员分别是刘斌、沙根、马哈巴丽、宋慧。2014年底奎屯市图书馆馆员的民汉比例为1:4。

未来展望

奎屯市图书馆始终遵循“读者第一，服务至上”的原则，在开展图书馆业务工作中深入贯彻执行党的各项方针政策，认真履行工作职责，按照公共图书馆的业务职能开展各项工作，在未来的日子里，我们将不断提高服务质量和管理水平，改善工作方式，朝着功能多样化、资源数字化、服务自助化、管理科学化、规模扩大化的现代化公共图书馆的目标努力前行。

联系方式

地　址：奎屯市乌鲁木齐西路金波园70号
邮　编：833200
联系人：罗生元

塔城市图书馆

概述

塔城市图书馆位于塔城市团结路18号（原解放路87号）。1985年6月正式成立，原为塔城县文化馆图书室。2002–2008年，在原址建设文体综合楼，图书馆馆舍面积1500平方米。2006年塔城市图书馆成为“全国文化信息资源共享工程”县级站点，2009年引入图创“图书馆集群管理系统”，建立起了依托于共享工程的公共图书馆电子阅览室，并于2011年10月开始正式对外开放。全馆计算机数量46台，提供读者使用计算机30台，接入塔城联通公司10Mbps宽带，专用存储容量达到6TB，其中文化共享工程下发2TB，自购4TB。从图书加工、报、刊记到、装订到流通、借阅，全面实现图书馆自动化管理。

业务建设

塔城市图书馆内设民汉文阅览、儿童阅览、地方文献与工具书室、电子阅览、过期期刊室、资料室、多媒体视听室等7个服务窗口，阅览坐席242个，其中少儿阅览室坐席数50个。

塔城市馆总藏量88787册（含图书、期刊、报纸合订本、电子音像制品），图书年均入藏数量513种，报刊年均入藏数量194种，视听文献年均入藏179种。地方文献设有专柜、建立专门目录，对地方文献选题进行规划，制定地方文献征集方案，设定样书、工具书、地方文献工作细则。依据《中国文献编目规则》和《中国机读目录格式使用手册》，制定《塔城市图书馆报纸、期刊标引与编目规则》、《塔城市图书馆视听资料编目规则》，保证编目数据规范一致；期刊、报纸到馆当日完成记到，视听文献到馆1个月内完成记到；制定图书加工工作细则，设立机读目录，专人管理并提供查目辅导。全馆图书、报、刊全开架，制定开架书库管理制度，维护管理架位。制定文献保护制度，书库防火、防盗、防潮、防虫、防尘措施。数字资源总量3TB，馆藏中文文献书目19640种。

读者服务工作

自2011年6月起，塔城市图书馆公共空间设施场地免费开放，提供图书阅览及相关设施的免费服务，如饮水、无线手机上网、史料查询等。

每周开馆56小时，全年无休不闭馆；馆藏书刊文献年外借率50%，馆外流动服务点书刊年借阅35000册/年，人均到馆20.54次。在本馆入口显著位置以及网站上对新书进行推荐，设立政府公开信息查询点。

在报刊阅览室设立专架，将本馆工作人员提炼加工过的信息，供读者参考咨询。主动将特殊教育学校的学生请进馆内，向他们介绍工作流程，让弱势群体能更加方便的进入图书馆，利用图书馆；春运期间工作人员轮班制，为过年回家外来人员提供网上购票服务；电子阅览室的工作人员手把手的教老年读者上网，为他们展示出了网络世界的丰富多彩。

本馆网站建设初具规模。图书推荐、读者须知、本馆公告等信息源源不断，向社会展现出塔城市图书馆的生机与活力。社会教育活动层出不穷，方式方法多姿多彩，2012年举办的书法培训、计算机培训以及文化讲座等活动43次/年，爱国主义影片展播、展览7次/年，参加活动总人次15万人次，在塔城市市中心及生活小区等人口聚焦区域进行图书馆服务宣传，推广全民读书月、图书服务宣传周以及世界图书与版权日，读者满意率96%。

协作协调

与塔城地区图书馆签订协议，联合进行全民读书宣传活动、免费开放宣传活动以及地方文献资源建设。在本市的乡村文化室、社区文化室、机关事业单位、学校、边防派出所等共建立起了43个流动图书站，并提供基本业务辅导。

管理与表彰

塔城市图书馆财务规章制度健全，监督到位，支付操作符合规定；帐、物定期盘点；定期公布各项开支及资金使用状况；制定各工作岗位工作职责，上下班以指纹记录为依据，严格考勤制度；各项业务统计形成半年报、年报制度；人事档案、业务档案、工程项目档案健全，内容齐全，归档及时。在本馆网站上进行图书馆志愿者招募，并相应制定出志愿者管理办法，对其进行科学管理。阅读环境安静、整洁；馆内服务窗口指示、工作人员去向等标牌规范明确；在报刊阅览室、电子阅览室、书库这样的人员密集场所和重点防护场所，有相应的防火措施、防火应急预案、网络应急预案等；在2009–2013年4月期间，受到市委宣传部奖励4次，地区主管部门表彰3次，市级业务主管级部门表彰6次。

馆领导介绍

阿丽帕·艾合迈特，女，塔塔尔族，1967年7月生，馆员，馆长。1983年12月参加工作，先后在采编、外借、阅览部门工作，2011年3月任图书馆馆长。

未来展望

塔城市图书馆在布局上，要使图书馆内部设施的安排更加科学合理，文献信息提供能力的最大化，为读者、用户提供更多的便利；在业务建设上，长期关注地方文献的整理、开发和利用，要衔接以往的历史文化，还要关系着未来的发展。适应信息化时代公众的文化获取方式变化，把建设资金重点放在数字文献资源获取、管理与服务。保证适量的资金用于建设全文文本、图像、语音、影视和软件等数字馆藏，配置相当的网络设备，把各种文献信息资源设置到阅览桌面，为读者提供快速、准确、及时的信息服务满足公众不同层次、不同种类的信息需求。

联系方式

地　址：新疆塔城市团结路18号
邮　编：834700
联系人：阿丽帕·艾合迈特

托里县图书馆

概述

托里县图书馆始建于1956年1月，于2001年与县文化馆正式分设，单独成立托里县图书馆。2004年7月在自治区、地区的大力支持下，新建了"文化馆、图书馆两馆业务综合楼"建筑面积为800平方米。随着社会的发展原图书馆面积已不能满足读者需求，2012年县委、政府决定又投资新建了托里县图书馆办公楼，馆舍面积为2063平方米，馆内设有民、汉图书阅览室，民、汉期刊阅览室、儿童阅览室、电子阅览室、过刊室等7个服务窗口，阅览席座共257个，其中：汉文图书阅览室坐席42个，民文图书阅览室坐席34个，儿童阅览室座席48个，汉文期刊阅览室座席34个，民文期刊阅览室座席42个，过刊阅览室坐席32个，电子阅览室的席座为25个，供读者使用的计算机25台，并已接入10兆光纤。2013年，托里县图书馆被文化部评定为国家三级图书馆，自治区二级图书馆。

业务建设

托里县图书馆自建馆以来，在县委、政府及主管部门和局领导的大力支持和关心下，图书馆总藏量已达4.6万余册，图书年入藏量是4000余种，报刊年入藏量是240种，视听文献年入藏量是33种，数字资源总量1.75TB，所有的纸质文献编目是按照国家标准图书法第五版进行编目上架的，有详细的编目细则。各基层流动图书借阅点8个。

文献资料是支撑图书馆工作的重要环节，我们在藏书组织管理方面配备了专业的图书采编人员和各项规章制度，图书馆所有的文献全部面向广大读者免费借阅。并制定了具体可行的管理措施，加强了书库（阅览室）的防火、防盗、防尘、防虫（鼠）工作，严格履行有关的规章制度，保证相关措施的落实与设备设施的良好运行。

2009年自治区统一给我馆配备了68万元的文化资源共享工程的设备，依托这套设备，我馆配备了专职人员，制订了相应的制度和管理措施。自启动文化信息资源共享工程以来，我馆充分发挥文化信息资源的重要作用，积极通过数字资源整合等形式，把文化信息资源传送到群众身边，为宣传党的方针政策开辟了新的渠道，为丰富群众业余生活、弘扬文明新风开辟了新的阵地。自免费开放以来，我馆电子阅览室每年接待读者达5000余人次。

读者服务工作

按照上级文件精神，图书馆于2011年6月1日正式实行免费开放。

1、健全了文献资源借阅、检索与咨询、公益性讲座、基层业务辅导等基本文化服务项目并免费提供。制定了各项制度，并保证了每周开馆时间不少于60小时。

2、加大宣传力度，营造良好氛围。通过多种途径宣传"4.23世界读书日"，"服务宣传周"，"全民读书月"，在馆舍内外、街道、学校、社区以大幅标语、黑板报、条幅等形式渲染气氛，并通过报社、电台、网站等媒体的协助，大力宣传图书馆系列活动，大大提高了广大群众对图书馆服务的认识。

3、支持基层图书室建设，开展送书进基层活动

2009年以来，结合各乡及各村农家书屋建设，充分利用文化下乡、乡村百日文体竞赛等活动，及时对农村文化阵地开展送书下乡活动，并发挥图书馆职能，适时组织基层图书管理员开展相关业务培训活动，帮助其解决图书管理过程中出现的困难。及时开展送书进军营、进社区、进学校及进老年活动中心等六进活动，为基层图书室建设作出重要贡献。

近年来我馆始终把"读者之上，服务第一"作为服务宗旨，自实行免费开放以来，每周免费开放时间为60个小时，读者满意率98%。2013年累计接待读者18502人次，新办借阅证390张，免费供读者借阅图书5502余册次，解答读者咨询2000余人次。

业务研究、辅导、协作协调

为更好的开展图书馆的各项工作，最大程度的实现资源共享，积极参与上级图书馆组织的各项工作。我馆与国家图书馆签订了协议书，成为了国家图书馆的成员馆，共享国家图书馆的资源；2010年与地区图书馆签订了联合编目协议书和图书馆讲座、联盟协议书；之后又与额敏县、裕民县图书馆签订了馆际互借协议书和数字资源共享协议书。各项协议书的签订使托里县图书馆壮大了力量，充实了资源，更好的服务于读者。

管理工作

托里县图书馆把干好本职工作、促进事业发展、服务社会大众作为重要任务，在管理上求规范，气氛上求和谐，作风上求垂范，服务上求实效，全馆上下团结拼搏，自我加压，开拓创新，出现了干实事、求实效的工作局面。一是在人事管理上通过职能调查摸底，制定了图书馆管理聘用工作实施方案，根据单位内部工作岗位需求，公开招聘，竞争上岗，实行岗位绩效制，极大的调动了全体职工工作的积极性。二是建立健全了学习制度、工作制度、考勤制度、服务准则和绩效考核制度。三是规范工作行为，优化工作环境。在馆内大力提倡读者至上，服务第一的服务宗旨，进一步强化了服务意识。

领导介绍

王亮，男，1983年6月出生，大专学历，馆长。2002年3月参加工作，2012年8月担任托里县图书馆馆长。

未来展望

图书馆将本着全心全意为读者服务的态度，完善服务功能，扩大服务辐射区域，带动全县图书事业发展。

联系方式

地　址：托里县文化西路
邮　编：834500
联系人：王　亮

我的中国梦·文化志愿者服务基层

管理人员图书专业培训

“中国梦，团结美”青少年书画展

电子阅览室

开展科技文化下乡活动

公安边防大队战士上网学习

建立人才发展激励机制。实行岗位目标责任制，积极探索、健立、完善图书馆建设发展、运行机制和优质服务的管理新模式，增强图书馆干部职工服务意识、竞争意识和时代紧迫感。全员实行绩效考核，与工资挂钩，最大限度调动每个干职工的工作积极性，充分发挥每一位员工的聪明才智，为我们工作取得优异成绩，奠定了基础。

表彰、奖励工作

2012年被吉木乃县委宣传部评为“全民阅读”活动先进单位称号，2009年、2013年被自治区文化厅评为全民阅读”活动先进单位称号。

馆领导介绍

周学芬，馆长，女，1961年1月生，1978年工作，大专学历，副研究馆员，党员。

王梅，副馆长，女，1967年1月生，1989年工作，大专学历，中级职称。

未来展望

吉木乃县图书馆始终坚持“读者第一、服务至上”的这一原则，求真务实、开拓创新，在提高服务质量、深化机构改革、拓宽服务渠道、落实综合目标管理等方面做了大量的、卓有成效的工作，探索了一条符合本地实际的改革和发展之路，使吉木乃县图书馆已成为我县广大人民群众求知益智的文化场所和精神文明建设的主要窗口。促进了图书馆各项工作得以顺利进行，不断创新工作思路，优化和增加图书馆服务项目，提升服务水平，更好的服务于广大读者。

开展科技文化下乡活动

公安边防大队战士上网学习

阿勒泰市图书馆

概述

阿勒泰市图书馆始建于1999年10月，位于金山路一道巷，馆舍建筑面积1052平方米。图书馆下设：电子阅览室、综合阅览室、少儿图书室、地方文献室、特藏室、采编室、民（汉）图书流通室、过刊资料室等多个科室及服务窗口。2012年，阿勒泰市图书馆有阅览坐席256个，计算机39台，宽带接入10M，选用图创软件自动化管理系统。

业务建设

截止2012年底，阿勒泰市图书馆总藏量10万册（件），其中，纸质文献8.1万册（件），电子文献0.6万种。2006年11月阿勒泰市图书馆购入新洋通用图书馆集成软件系统，图书采访、编目、流通、书目检索等工作逐步步入计算机管理。2010年9月，市图书馆启用“图创”系统机读目录工作。真正实现图书馆各项业务自动化办公。

读者服务工作

阿勒泰市图书馆开馆时间达到每周56小时，节假日、双休日正常开馆。年流通总人次98600人次，年外借11.9万册次。阿勒泰市辖7乡4镇2个牧场102个行政村，3个街道15个社区，市图书馆共建立馆外服务点及分馆73个，覆盖率55%，2009—2012年馆外流动服务点书刊借阅年平均值2.09千册次。

2009年—2012年阿勒泰市图书馆举办各类讲座、展览、培训、征文比赛、演讲比赛、故事会、签字赠书、网上订票、阅读推广等活动260余次。既宣传了图书馆，又丰富了群众的文化生活，取得较好的社会效益。

业务研究、辅导、协作协调

2009—2012年阿勒泰市图书馆职工发表论文2篇，调研报告1篇。

阿勒泰市图书馆与自治区图书馆、地区图书馆签定文献资源共建共享协作协议书。并全面开展工作。阿勒泰市图书馆一方面积极与各社区、边防大队、公路总段建立了“流动图书室”，方便广大群众就近借阅图书馆图书；另一方面，与地区图书馆签订了“协作协调、资源共建共享”协议，开通馆际互借业务。

阿勒泰市图书馆组织业务人员对各乡镇、社区、学校、边防大队、公路总段等基层图书室管理人员进行业务辅导，帮助他们逐步规范基层图书室、东风工程、农家书屋的管理，更好地发挥图书室为民服务的作用。

管理工作

阿勒泰市图书馆制定了岗位设置实施方案，方案中按需设岗，按岗聘用；阿勒泰市图书馆实行了工作目标管理责任制，馆长与职工签订目标责任书，作为年终考核评优的重要依据。并建立分配激励制度。

表彰、奖励情况

2009—2012年，阿勒泰图书馆共获得各种表彰、奖励9次，其中，国家图书馆学会表彰、奖励1次，自治区政府表彰、奖励1次，自治区文化厅表彰、奖励1次，其他表彰、奖励6次。

馆领导介绍

马玉英，女，汉族，1962年4月生，中共党员，馆长兼任党支部书记，本科学历，副研究馆员职称，负责图书馆全盘工作。1983年2月参加工作，1996年7月入党。2012年7月参加“春雨工程”培训，8月16日参加文化部主办的新疆公共图书馆免费开放培训班，10月28日参加西部片区2012年县级图书馆业务骨干培训班。

未来展望

阿勒泰市图书馆在未来几年内在将在新城区建立一个4千平米以上的图书综合楼，全面建成后的新馆在馆藏、服务设施空间、接纳读者数量、服务功能等方面都有所提升，将大力加强数字阅读、阅读推广、读者服务等工作，为读者提供更优质的阅读环境。

联系方式

地　址：新疆维吾尔自治区阿勒泰地区阿勒泰市金山路一道市图书馆
联系人：孔令花
邮　编：836500

全民阅读启动

你选书我买单

综合阅览室

哈巴河县图书馆

概述

哈巴河县图书馆于2006年7月搬入哈巴河县青少年活动中心，总面积1200平方米，现有藏书6.5万册（其中哈语言图书1.5万册），报刊年入藏量250种。共设有7个服务窗口，即：图书外借室、成人、少儿、工具书、电子、残疾人阅览室以及采编室，阅览室座席300个，做到全部免费开放，每周开放时间不少于56小时，为广大读者借阅、查询提供方便。哈巴河县公共图书馆核定编制4人，实有工作人员6人，其中汉族3名，哈族3名。读者年流通量达3.5万人（次），年外借5.5万册次，充分发挥了图书馆的职能作用。

业务建设

2010年，投入68万元的全国文化信息资源共享工程哈巴河支中心正式运行，配有服务器3个，电脑30台，及时将接收到的优秀资源提供给广大读者，制定《电子阅览室工作人员制度》、《读者须知》等相关制度，保障电子阅览室按时向公众开放。同时，图书管理软件正常使用，完成了馆藏文献的录入工作，实现了图书馆自动化管理。

2011年，哈巴河县图书馆被评估室级为国家三级图书馆，自治区二级图书馆。

哈巴河县已构建县、乡、村三级文化服务网络，做到县有公共图书馆，乡有文化站，村有文化室，农家书屋工程实现全覆盖，并设有专人管理，及时为农牧民群众提供信息服务。

读者服务工作

以“世界读书日”、“图书馆服务宣传周”、节假日为契机，依托图书馆、文化站、村文化室，在县城、乡镇、社区、校园积极开展诗歌诵读、讲演、读书节、讲堂等各项读书活动，做到活动形式多样，内容丰富。

业务研究、辅导、协作协调

哈巴河县图书馆认真做好业务研究、辅导、协作协调、参考咨询工作，为本地社会经济发展提供有价值的文献资源服务。

管理工作

认真做好公共图书馆文献资料的采访、加工、编目等工作，管好用好馆藏文献资料，不断满足各族读者的需求。

表彰、奖励情况

2012年哈巴河县阿克齐镇坎门尔村获全国示范农家书屋称号；县图书馆电子阅览室被评为全国示范电子阅览室；2011—2014年连续四年被评为自治区级全民阅读先进单位。

馆领导介绍

李燕，女，1973年5月出生，大专学历，中共党员，1992年参加工作，从事图书馆专业6年，2013年荣获自治区东风工程管理先进个人。

未来展望

今后，哈巴河县图书馆将继续以“读者至上，服务第一”为宗旨，不断拓展服务范围，提高服务质量，争取向“自治区一级公共图书馆”目标迈进。

联系方式

地　址：哈巴河县团结路五号

邮　编：836700